Scholz · **GmbH-Gesetz** · Kommentar

Scholz
Kommentar zum GmbH-Gesetz

mit Anhang Konzernrecht

Bearbeitet von

Prof. Dr. Georg Bitter
Dr. Carsten Cramer
Prof. Dr. Georg Crezelius
Dr. Johannes Cziupka
Prof. Dr. Volker Emmerich
Prof. Dr. Klaus-Stefan Hohenstatt
Prof. Dr. Hans-Joachim Priester
Prof. Dr. Thomas Rönnau
Prof. Dr. Dr. h.c. mult. Karsten Schmidt
Dr. Sven H. Schneider
Prof. Dr. Dr. h.c. Uwe H. Schneider
Prof. Dr. Christoph H. Seibt
Dr. Georg Seyfarth
Dr. Joachim Tebben
Prof. Dr. Rüdiger Veil
Prof. Dr. Dirk A. Verse
Prof. Dr. Dres. h.c. Harm Peter Westermann
Dr. Hartmut Wicke

I. Band
§§ 1 - 34
Anh. § 13 Konzernrecht
Anh. § 34 Austritt und Ausschließung
eines Gesellschafters

12. neubearbeitete und erweiterte Auflage

2018

ottoschmidt

Bearbeiter

Prof. Dr. Georg Bitter
o. Professor, Universität Mannheim

Dr. Carsten Cramer, LL.M. (Columbia)
Notar in Hamburg

Prof. Dr. Georg Crezelius
o. Professor em.,
Friedrich-Alexander-Universität
Erlangen-Nürnberg,
Steuerberater in München

Dr. Johannes Cziupka
Notarassessor in Hamburg

Prof. Dr. Volker Emmerich
o. Professor em., Universität Bayreuth,
Richter am OLG Nürnberg a.D.

Prof. Dr. Klaus-Stefan Hohenstatt
Rechtsanwalt in Hamburg,
Honorarprofessor, Bucerius Law School in
Hamburg

Prof. Dr. Hans-Joachim Priester
Notar a.D. in Hamburg,
Honorarprofessor, Universität Hamburg

Prof. Dr. Thomas Rönnau
o. Professor, Bucerius Law School in
Hamburg

Prof. Dr. Dr. h.c. mult. Karsten Schmidt
o. Professor em., Rheinische
Friedrich-Wilhelms-Universität Bonn,
Professor, Bucerius Law School in Hamburg

Dr. Sven H. Schneider, LL.M. (Berkeley)
Rechtsanwalt in Frankfurt am Main,
Attorney-at-Law (New York)

Prof. Dr. Dr. h.c. Uwe H. Schneider
o. Professor em., Technische Universität
Darmstadt, Direktor des Instituts für
deutsches und internationales Recht des
Spar-, Giro- und Kreditwesens, Johannes
Gutenberg-Universität Mainz

Prof. Dr. Christoph H. Seibt, LL.M.(Yale)
Rechtsanwalt in Hamburg,
Attorney-at-Law (New York),
Honorarprofessor, Bucerius Law School in
Hamburg

Dr. Georg Seyfarth, LL.M. (Duke)
Rechtsanwalt in Düsseldorf

Dr. Joachim Tebben, LL.M. (Michigan)
Notar in Düsseldorf

Prof. Dr. Rüdiger Veil
o. Professor, Ludwig-Maximilians-Universität
München

Prof. Dr. Dirk A. Verse, M.Jur. (Oxford)
o. Professor, Direktor des Instituts für
deutsches und internationales Recht des
Spar-, Giro- und Kreditwesens,
Johannes Gutenberg-Universität Mainz

Prof. Dr. Dres. h.c.
Harm Peter Westermann
o. Professor em.,
Eberhard Karls Universität Tübingen,
Mitglied der Akademie Athen

Dr. Hartmut Wicke, LL.M.
(Stellenbosch)
Notar in München

Zitierempfehlung:
Bearbeiter in Scholz, GmbHG, 12. Aufl., § … Rdnr. …

*Bibliografische Information
der Deutschen Nationalbibliothek*

Die Deutsche Nationalbibliothek verzeichnet diese
Publikation in der Deutschen Nationalbibliografie;
detaillierte bibliografische Daten sind im Internet
über http://dnb.d-nb.de abrufbar.

Verlag Dr. Otto Schmidt KG
Gustav-Heinemann-Ufer 58, 50968 Köln
Tel. 02 21/9 37 38-01, Fax 02 21/9 37 38-943
info@otto-schmidt.de
www.otto-schmidt.de

ISBN 978-3-504-32564-0 (I. Band)
ISBN 978-3-504-32567-1 (I.–III. Band)

©2018 by Verlag Dr. Otto Schmidt KG, Köln

Das verwendete Papier ist aus chlorfrei gebleichten
Rohstoffen hergestellt, holz- und säurefrei, alterungs-
beständig und umweltfreundlich.

Einbandgestaltung: Lichtenford, Mettmann
Satz: WMTP, Birkenau
Druck und Verarbeitung: Kösel, Krugzell
Printed in Germany

Vorwort

Der Scholz geht mit Band I in seine zwölfte Auflage. Wie schon die zehnte und elfte Auflage wird auch diese Auflage in drei Bänden erscheinen.

Band I enthält mit den §§ 1 bis 34 das Gründungsrecht, das Recht der Geschäftsanteile und der Gesellschaftsfinanzierung sowie den Anhang zum Konzernrecht. Die Rechtsfragen des Austritts und der Ausschließung von Gesellschaftern sind außerhalb des § 15 im Anhang zu § 34 behandelt. Steuerrechtliche Kommentierungen bei allen einschlägigen Vorschriften sorgen für eine praxistaugliche Verzahnung der Materien.

Im Zuge der Schaffung des Transparenzregisters hat der Gesetzgeber mit dem Gesetz zur Umsetzung der 4. EU-Geldwäscherichtlinie vom 23. Juni 2017 die inhaltlichen Vorgaben für die Erstellung von GmbH-Gesellschafterlisten (§ 40 GmbHG) erweitert. Auswirkungen dieser Änderungen gibt es bereits in Band I bei der Anmeldung (§ 8 GmbHG), der Gründung im vereinfachten Verfahren (§ 2 GmbHG) und der Satzung (§ 3 GmbHG). Mit der neuen Strafbarkeit von Sportwettbetrug und der Manipulation von berufssportlichen Wettbewerben (Gesetz vom 11. April 2017) hat sich möglicherweise ein neuer Ausschlussgrund für den Geschäftsführer eingeschlichen. In § 6 GmbHG wird dazu Stellung genommen. In ständiger Bewegung befindet sich auch das internationale Privatrecht der GmbH (Anhang zu § 4a GmbHG). Die EuGH-Rechtsprechung über die Freizügigkeit von Gesellschaften („Centros", „Überseering", „Inspire Art", „Vale") bleibt relevant. Kurz vor Drucklegung entschied der EuGH in Sachen „Polbud" (EuGH vom 25. Oktober 2017 – C-106/16), so dass auch dieses Verfahren noch Eingang in die Kommentierung finden konnte. Auch der Brexit wirft seinen Schatten voraus. Immer neue Gestaltungs- und Haftungsfragen stellen sich in dem auf dem MoMiG beruhenden Recht der Unternehmergesellschaft (haftungsbeschränkt). Die Treupflicht hat in der Kommentierung des § 14 GmbHG eine grundlegende Neubearbeitung mit praxisrelevanten Fallbeispielen erfahren. Als Beispiele für richtungsweisende Entscheidungen, die Einzug in die Kommentierungen gehalten haben, seien das Grundsatzurteil BGHZ 203, 303 über die Einziehung von Geschäftsanteilen (§ 34 GmbHG) und die neue BGH-Rechtsprechung zur Kapitalerhaltung bei aufsteigenden Sicherheiten (§ 30 GmbHG) hervorgehoben.

Wie in den Vorauflagen versteht sich der Scholz als eine auf die Zukunftsaufgaben der Praxis ausgerichtete wissenschaftliche Kommentierung. Nach wie vor wendet sich der Kommentar in erster Linie an Praktiker, die sich auf wissenschaftlicher Grundlage mit Rechtsfragen rund um die GmbH auseinandersetzen. Neben der systematischen Darstellung gesicherter Positionen und einer differenzierten Folgenanalyse werden zu diesem Zweck – auch in kritischer Prüfung der Vorauflagen – Neuentwicklungen konzipiert und diskutiert. In diesem Sinne trägt der Kommentar auch zur Fortbildung des Gesellschaftsrechts bei. Anregungen für Lösungen der Gestaltungspraxis kommen hinzu. Diesen selbstgesteckten Zielen bleibt der Kommentar in der zwölften Auflage treu.

Der erfahrene Bearbeiterkreis wird sich in der zwölften Auflage weiter verjüngen. In Band I sind Herr Notar Dr. Carsten Cramer (§§ 1 und 2 GmbHG; § 2 Abs. 1a wird weiterhin von Herrn Notar Dr. Hartmut Wicke betreut) und Herr Notarassessor Dr. Johannes Cziupka (§§ 3–4a GmbHG) hinzugetreten. Im Band II wird Herr Rechtsanwalt Dr. Georg Seyfarth die Kommentierungen der §§ 36 und 52 GmbHG und im Band III wird Herr Notar Dr. Joachim Tebben die Kommentierungen der §§ 53 bis 59 GmbHG vorlegen. Gedankt sei an dieser Stelle Herrn Nikolaus Koch für die Betreuung des Sachregisters.

Der erste Band befindet sich im Wesentlichen auf dem Stand von Oktober 2017. Die Bände zwei und drei werden voraussichtlich Ende 2018 und im ersten Halbjahr 2019 erscheinen. Wir bitten unsere Leser, uns auch zukünftig mit Anregungen und Hinweisen zu unterstützen. Diese können gerne per E-Mail (lektorat@otto-schmidt.de) an den Verlag geschickt werden.

Oktober 2017   Verfasser und Verlag

Es bearbeiten in Band I:

Georg Bitter	§ 13
Carsten Cramer	§§ 1, 2 (ohne § 2 Abs. 1a)
Georg Crezelius	Steuerrecht, und zwar § 11 Rdnr. 192 ff., § 33 Rdnr. 48 ff.
Johannes Cziupka	§§ 3–4a
Volker Emmerich	Anhang § 13 Konzernrecht, §§ 21–28
Karsten Schmidt	§ 11, §§ 32a, 32b a.F.
Uwe H. Schneider/ Sven H. Schneider	§ 6
Christoph H. Seibt	§§ 14–18, Anhang § 34 Austritt und Ausschließung eines Gesellschafters
Rüdiger Veil	§ 5, §§ 7–10, § 12, § 19, § 20
Dirk A. Verse	§§ 29–32
Harm Peter Westermann	Einl., Anhang § 4a Die GmbH im internationalen Privatrecht, § 5a, §§ 33, 34
Hartmut Wicke	§ 2 Abs. 1a

Inhaltsverzeichnis

I. Band

Kommentierung des GmbH-Gesetzes

Erster Abschnitt: Errichtung der Gesellschaft

Zweiter Abschnitt: Rechtsverhältnisse der Gesellschaft und der Gesellschafter

II. Band

§§ 35–52

III. Band

§§ 53–88

Allgemeines Schrifttumsverzeichnis

Adler/Düring/Schmaltz	Rechnungslegung und Prüfung der Unternehmen. Kommentar, 6. Aufl. 1997 ff.
Bamberger/Roth (Hrsg.)	Kommentar zum Bürgerlichen Gesetzbuch, 3. Aufl. 2012
Bartl/Bartl/Fichtelmann/Koch/ Schlarb/Schmitt	Heidelberger Kommentar zum GmbH-Recht, 7. Aufl. 2014
Baumbach/Hopt	HGB, 37. Aufl. 2016
Baumbach/Hueck	GmbHG, 21. Aufl. 2017
Beck'scher Bilanz-Kommentar	Handelsbilanz und Steuerbilanz. Herausgegeben von Grottel/Schmidt/Schubert/Winkeljohann, 10. Aufl. 2016
Beck'sches Handbuch der GmbH	Herausgegeben von Prinz/Winkeljohann, 5. Aufl. 2014
Bitter/Heim	Gesellschaftsrecht, 3. Aufl. 2016
Bitter/Schumacher	Handelsrecht, 2. Aufl. 2015
Bork/Schäfer (Hrsg.)	Kommentar zum GmbHG, 3. Aufl. 2015
Brandmüller	Der GmbH-Geschäftsführer im Gesellschafts-, Steuer- und Sozialversicherungsrecht, 18. Aufl. 2006
Brodmann	Kommentar zum GmbH-Gesetz, 2. Aufl. 1930
Centrale für GmbH (Hrsg.)	GmbH-Handbuch (Loseblatt)
Centrale für GmbH (Hrsg.)	Das neue GmbH-Recht in der Diskussion, 1981
Ebenroth/Boujong/Joost/Strohn	Handelsgesetzbuch (HGB), Kommentar, 3. Aufl. 2014/2015
Erman	Handkommentar zum BGB, 15. Aufl. 2017
Fabricius (Hrsg.)	Gemeinschaftskommentar zum Mitbestimmungsgesetz (Loseblatt)
Feine	Die Gesellschaft mit beschränkter Haftung, in: Ehrenberg, Handbuch des gesamten Handelsrechts, Bd. III, 3, Leipzig 1929
Fitting/Engels/Schmidt/ Trebinger/Linsenmaier	Betriebsverfassungsgesetz, 28. Aufl. 2016
Fleischer (Hrsg.)	Handbuch des Vorstandsrechts, 2006
Flume	Allgemeiner Teil des Bürgerlichen Rechts, Bd. 1 2. Teil, Die juristische Person, 1983
Gehrlein/Witt/Vollmer	GmbH-Recht in der Praxis, 3. Aufl. 2015
Gersch/Herget/Marsch/Stützle	GmbH-Reform 1980, 1980
Godin/Wilhelmi	Aktiengesetz, Kommentar, 4. Aufl. 1971
Goette	Die GmbH, 2. Aufl. 2002
Gottwald (Hrsg.)	Insolvenzrechts-Handbuch, 5. Aufl. 2015
Großkommentar zum AktG	Herausgegeben von Hopt/Wiedemann, 4. Aufl. 1992 ff. Herausgegeben von Hirte/Mülbert/Roth, 5. Aufl. 2016 ff.
Großkommentar zum GmbHG	siehe Ulmer/Habersack/Löbbe
Großkommentar zum HGB	siehe Staub
Hachenburg	Großkommentar zum GmbHG. Begründet von Hachenburg, herausgegeben von Ulmer, 8. Aufl. 1990 ff.
Happ	Die GmbH im Prozess, 1997

Heckschen/Heidinger	Die GmbH in der Gestaltungs- und Beratungspraxis, 3. Aufl. 2014
Henssler/Strohn (Hrsg.)	Gesellschaftsrecht, Kommentar, 3. Aufl. 2016
Henssler/Willemsen/Kalb (Hrsg.)	Arbeitsrecht Kommentar, 7. Aufl. 2016
Henze	Handbuch zum GmbH-Recht, Höchstrichterliche Rechtsprechung, 2. Aufl. 1997
Hesselmann/Tillmann/Mueller-Thuns	Handbuch GmbH & Co. KG, 21. Aufl. 2016
Heymann	HGB, 2. Aufl. 1995 ff.
Hoffmann/Liebs	Der GmbH-Geschäftsführer, 3. Aufl. 2009
Hucke	Gesellschafter und Geschäftsführer der GmbH, 1996
Hüffer/Koch	AktG, 12. Aufl. 2016
Kallmeyer	UmwG, 6. Aufl. 2017
Kayser/Thole (Hrsg.)	InsO, 8. Aufl. 2016
Kölner Kommentar zum AktG	Herausgegeben von Zöllner, 2. Aufl. 1988 ff. Herausgegeben von Zöllner/Noack, 3. Aufl. 2004 ff.
Koller/Kindler/Roth/Morck	Handelsgesetzbuch (HGB), 8. Aufl. 2015
Koppensteiner/Rüffler	GmbH-Gesetz (Österreich), 3. Aufl. Wien 2007
Kübler/Assmann	Gesellschaftsrecht, 6. Aufl. 2006
Kübler/Prütting/Bork	InsO (Loseblatt)
Liebmann/Saenger	Kommentar zum GmbHG, 7. Aufl. 1927
Lutter	UmwG. Herausgegeben von Bayer/J. Vetter, 5. Aufl. 2014
Lutter/Hommelhoff	GmbH-Gesetz, Kommentar, 19. Aufl. 2016
Lutter/Scheffler/U. H. Schneider (Hrsg.)	Handbuch der Konzernfinanzierung, 1998
Meyer-Landrut/Miller/Niehus	GmbHG, 1987
Michalski (Hrsg.)	GmbHG, 2. Aufl. 2010
Michalski/Heidinger/Leible/J. Schmidt (zit. Michalski u.a.)	GmbHG. Herausgegeben von Heidinger/Leible/J. Schmidt, 3. Aufl. 2017
Münchener Anwaltshandbuch GmbH-Recht	Herausgegeben von Römermann, 3. Aufl. 2014
Münchener Handbuch des Gesellschaftsrechts	Bd. 2 Kommanditgesellschaft, GmbH & Co. KG, Publikums-KG, Stille Gesellschaft. Herausgegeben von Gummert/Weipert, 4. Aufl. 2014; Bd. 3 Gesellschaft mit beschränkter Haftung. Herausgegeben von Priester/Mayer/Wicke, 4. Aufl. 2012; Bd. 4 Aktiengesellschaft. Herausgegeben von Hoffmann-Becking, 4. Aufl. 2015
Münchener Kommentar zum AktG	Herausgegeben von Goette/Habersack, 3. Aufl. 2008 ff., 4. Aufl. 2014 ff.
Münchener Kommentar zum BGB	Herausgegeben von Säcker/Rixecker, 6. Aufl. 2012 ff. Herausgegeben von Säcker/Rixecker/Oetker/Limperg, 7. Aufl. 2015 ff.
Münchener Kommentar zum GmbHG	Herausgegeben von Fleischer/Goette, 2. Aufl. 2015/2016
Münchener Kommentar zum HGB	Herausgegeben von Karsten Schmidt, 3. Aufl. 2010 ff., 4. Aufl. 2016 ff.
Nerlich/Römermann (Hrsg.)	Insolvenzordnung (Loseblatt)

Palandt	Bürgerliches Gesetzbuch (BGB), 76. Aufl. 2017
Prütting/Gehrlein (Hrsg.)	ZPO, 9. Aufl. 2017
Raiser/Veil	Recht der Kapitalgesellschaften, 6. Aufl. 2015
Raiser/Veil/Jacobs	Kommentar zum Mitbestimmungsgesetz und Drittel-beteiligungsgesetz, 6. Aufl. 2015
Reich-Rohrwig	Das österreichische GmbH-Recht in systematischer Darstellung, 1983, 2. Aufl., Bd. I, 1997
Röhricht/Graf von Westphalen/ Haas (Hrsg.)	HGB, 4. Aufl. 2014
Roth/Altmeppen	GmbHG, 8. Aufl. 2015
Rowedder/Schmidt-Leithoff	GmbHG. Herausgegeben von Schmidt-Leithoff, 5. Aufl. 2013
Saenger/Inhester (Hrsg.)	GmbHG, 3. Aufl. 2016
Schlegelberger	Kommentar zum HGB, 5. Aufl. 1973 ff.
Karsten Schmidt	Gesellschaftsrecht, 4. Aufl. 2002
Karsten Schmidt	Handelsrecht, 6. Aufl. 2014
Karsten Schmidt (Hrsg.)	InsO, 19. Aufl. 2016
Karsten Schmidt/Lutter (Hrsg.)	AktG, 3. Aufl. 2015
Karsten Schmidt/Uhlenbruck (Hrsg.)	Die GmbH in Krise, Sanierung und Insolvenz, 5. Aufl. 2016
Soergel	BGB, Kommentar, 13. Aufl. 1999 ff.
Spindler/Stilz (Hrsg.)	AktG, 3. Aufl. 2015
Staub	Großkommentar zum Handelsgesetzbuch. Herausgegeben von Canaris/Schilling/Ulmer, 4. Aufl. 1983 ff. Heraus-gegeben von Canaris/Habersack/Schäfer, 5. Aufl. 2008 ff.
Staudinger	Kommentar zum Bürgerlichen Gesetzbuch, 13. Bearbei-tung 1993 ff.
Tillmann/Mohr	GmbH-Geschäftsführer, 10. Aufl. 2013
Tillmann/Schiffers/Wälzholz/ Rupp	Die GmbH im Gesellschafts- und Steuerrecht, 6. Aufl. 2015
Uhlenbruck	InsO. Herausgegeben von Uhlenbruck/Hirte/Vallender, 14. Aufl. 2015
Ulmer	Gesetz betreffend die Gesellschaften mit beschränkter Haf-tung (GmbHG), Großkommentar. Herausgegeben von Ulmer/Habersack/Winter, 2005 ff. Ergänzungsband zum MoMiG. Herausgegeben von Ulmer/Habersack/Winter, 2010
Ulmer/Habersack/Henssler	Mitbestimmungsrecht, 3. Aufl. 2013
Ulmer/Habersack/Löbbe	Gesetz betreffend die Gesellschaften mit beschränkter Haftung (GmbHG), Großkommentar, 2. Aufl. 2013 ff.
Vogel	Kommentar zum GmbHG, 2. Aufl. 1956
Wicke	Gesetz betreffend die Gesellschaften mit beschränkter Haftung (GmbHG), 3. Aufl. 2016
Widmann/Mayer	Umwandlungsrecht, Kommentar (Loseblatt)
Wiedemann	Gesellschaftsrecht, Bd. 1: Allgemeine Grundlagen, 1980, Bd. 2: Recht der Personengesellschaften, 2004

Windbichler	Gesellschaftsrecht, 23. Aufl. 2013
Wißmann/Kleinsorge/Schubert	Mitbestimmungsrecht, 5. Aufl. 2017
Wünsch	Kommentar zum GmbHG (Österreich), 1988
Würdinger	Aktienrecht und das Recht der verbundenen Unternehmen, 4. Aufl. 1981
Zöller	ZPO, 32. Aufl. 2018

Abkürzungsverzeichnis

a.A.	anderer Ansicht
a.a.O.	am angegebenen Ort
abl.	ablehnend
ABl. EG/EU	Amtsblatt der Europäischen Gemeinschaften/Union
Abs.	Absatz
Abschn.	Abschnitt
Abt.	Abteilung
abw.	abweichend
AbzG	Abzahlungsgesetz
AC	Adler-Clemens, Sammlung handelsrechtlicher Entscheidungen (Österreich)
AcP	Archiv für die civilistische Praxis
ADHGB	Allgemeines Deutsches Handelsgesetzbuch von 1861
a.E.	am Ende
AEUV	Vertrag über die Arbeitsweise der Europäischen Union
a.F.	alte Fassung
AFG	Arbeitsförderungsgesetz
AG	Die Aktiengesellschaft (Zeitschrift); Aktiengesellschaft; Amtsgericht
AGB	Allgemeine Geschäftsbedingungen
AGG	Allgemeines Gleichbehandlungsgesetz
AktG	Aktiengesetz
allg. M.	allgemeine Meinung
Alt.	Alternative
a.M.	anderer Meinung
AnfG	Anfechtungsgesetz
AngKSchG	Angestellten-Kündigungsschutzgesetz
Anh.	Anhang
Anl.	Anlage
Anm.	Anmerkung
AnwBl.	Anwaltsblatt
AO	Abgabenordnung
AöR	Archiv des öffentlichen Rechts
AP	Arbeitsrechtliche Praxis (Nachschlagewerk des Bundesarbeitsgerichts)
ApoG	Gesetz über das Apothekenwesen
ApSL	Lov Nr. 371a 13.6.1973 om anpartsseleskaber
ArbG	Arbeitsgericht
ArbGG	Arbeitsgerichtsgesetz
ArbN	Arbeitnehmer
ArbNErfG	Gesetz über Arbeitnehmererfindungen
arg.	argumentum
Art.	Artikel
art.	article
ARUG	Gesetz zur Umsetzung der Aktionärsrechterichtlinie
AT	Allgemeiner Teil
AtomG	Atomgesetz
AÜG	Arbeitnehmerüberlassungsgesetz
AufenthG	Gesetz über den Aufenthalt, die Erwerbstätigkeit und die Integration von Ausländern im Bundesgebiet

Aufl.	Auflage
AuR	Arbeit und Recht
AuslG	Ausländergesetz
AVG	Angestelltenversicherungsgesetz
AWD	Außenwirtschaftsdienst des Betriebsberaters
AWG	Außenwirtschaftsgesetz
AWV	Außenwirtschaftsverordnung
Az.	Aktenzeichen
AZO	Arbeitszeitordnung
BABl.	Bundesarbeitsblatt
BadNotZ	Badische Notariatszeitschrift
BadWürttVGH	Verwaltungsgerichtshof Baden-Württemberg
BÄO	Bundesärzteordnung
BaFin	Bundesanstalt für Finanzdienstleistungsaufsicht
BAG	Bundesarbeitsgericht
BAGE	Entscheidungen des Bundesarbeitsgerichts
BankArch	Bank-Archiv
BAnz.	Bundesanzeiger
BAnzDiG	Gesetz zur Änderung von Vorschriften über Verkündung und Bekanntmachungen sowie der Zivilprozessordnung, des Gesetzes betreffend die Einführung der Zivilprozessordnung und der Abgabeordnung
BauersZ	Der Handelsgesellschafter, hrsg. von Bauer
BauR	Baurecht
BausparkG	Bausparkassengesetz
BAV	Die Betriebliche Altersversorgung, Mitteilungsblatt der Arbeitsgemeinschaft für betriebliche Altersversorgung e.V.
BayObLG	Bayerisches Oberstes Landesgericht
BayObLGSt.	Entscheidungen des Bayerischen Obersten Landesgerichts in Strafsachen
BayObLGZ	Entscheidungen des Bayerischen Obersten Landesgerichts in Zivilsachen
BayVerfGH	Bayerischer Verfassungsgerichtshof
BB	Der Betriebs-Berater
BBankG	Gesetz über die Deutsche Bundesbank
BBergG	Bundesberggesetz
BBG	Bundesbeamtengesetz
Bd.	Band
BDSG	Bundesdatenschutzgesetz
BeckOK	Beck'scher Online-Kommentar
Begr.	Begründung
Begr. RegE	Begründung zum Regierungsentwurf
Beil.	Beilage
BerDGesVölkR	Berichte der Deutschen Gesellschaft für Völkerrecht
BetrAV	Betriebliche Altersversorgung
BetrAVG	Gesetz zur Verbesserung der betrieblichen Altersversorgung
BetrVG	Betriebsverfassungsgesetz
BeurkG	Beurkundungsgesetz
BewG	Bewertungsgesetz
BfA	Bundesversicherungsanstalt für Angestellte
BFH	Bundesfinanzhof

BFHE	Sammlung der Entscheidungen und Gutachten des Bundesfinanzhofs
BFH/NV	Sammlung amtlich nicht veröffentlichter Entscheidungen des BFH
BFuP	Betriebswirtschaftliche Forschung und Praxis
BGB	Bürgerliches Gesetzbuch
BGBl.	Bundesgesetzblatt
BGH	Bundesgerichtshof
BGHSt.	Entscheidungen des Bundesgerichtshofs in Strafsachen
BGHZ	Entscheidungen des Bundesgerichtshofs in Zivilsachen
Bil-Komm.	Bilanz-Kommentar
BilMoG	Bilanzrechtsmodernisierungsgesetz
BilanzrichtlG, BiRiLiG	Bilanzrichtliniengesetz
BImSchG	Bundesimmissionsschutzgesetz
BKK	Die Betriebskrankenkasse
BKR	Zeitschrift für Bank- und Kapitalmarktrecht
BlfG	Blätter für Genossenschaftswesen
BlStSozArbR	Blätter für Steuerrecht, Sozialversicherung und Arbeitsrecht
BMF	Bundesministerium der Finanzen
BMJ	Bundesminister der Justiz
BNotO	Bundesnotarordnung
BörsZulVO	Börsenzulassungs-Verordnung
BR	Bundesrat
BRAK-Mitt.	Mitteilungen der Bundesrechtsanwaltskammer
BRAO	Bundesrechtsanwaltsordnung
BR-Drucks.	Bundesrats-Drucksache
BRRG	Beamtenrechtsrahmengesetz
BSG	Bundessozialgericht
BSGE	Entscheidungen des Bundessozialgerichts
BStBl.	Bundessteuerblatt
BT-Drucks.	Bundestags-Drucksache
BürgA	Archiv für Bürgerliches Recht
BUrlG	Bundesurlaubsgesetz
BUV	Betriebs- und Unternehmensverfassung
BuW	Betrieb und Wirtschaft
BVerfG	Bundesverfassungsgericht
BVerfGE	Entscheidungen des Bundesverfassungsgerichts
BVerwG	Bundesverwaltungsgericht
BVerwGE	Entscheidungen des Bundesverwaltungsgerichts
BW	Burgerlijk wetboek
BWNotZ	Zeitschrift für das Notariat in Baden-Württemberg
BZRG	Bundeszentralregistergesetz
Cc	Code civil
CFL	Corporate Finance law (Zeitschrift)
c.i.c.	culpa in contrahendo
Cod. civ.	Codice civile
Cod. com.	Code de Commerce
COMI	center of main interest
Cornell L.Rev.	Cornell Law Review
CR	Computer und Recht

DAV	Deutscher Anwaltverein
DB	Der Betrieb
DBW	Die Betriebswirtschaft
DCGK	Deutscher Corporate Governance Codex
Décr.	Décret
DepotG	Depot-Gesetz
DGVZ	Deutsche Gerichtsvollzieher-Zeitung
DGWR	Deutsches Gemein- und Wirtschaftsrecht
DIHT	Deutscher Industrie- und Handelstag
Diss.	Dissertation
DJ	Deutsche Justiz
DJT	Deutscher Juristentag
DJZ	Deutsche Juristenzeitung
DNotI	Deutsches Notarinstitut
DNotI-Report	Informationsdienst des Deutschen Notarinstituts
DNotV	Zeitschrift des Deutschen Notarvereins
DNotZ	Deutsche Notarzeitschrift
D&O	Directors and Officers
DR	Deutsches Recht (1939–1945)
DrittelbG	Drittelbeteiligungsgesetz
DRiZ	Deutsche Richterzeitung
DRpfl.	Der deutsche Rechtspfleger
DRZ	Deutsche Rechtszeitschrift (1946–1950)
DStR	Deutsches Steuerrecht
DStZ	Deutsche Steuer-Zeitung
DurchfVO	Durchführungsverordnung
DVBl.	Deutsches Verwaltungsblatt
DZWIR/DZWiR	Deutsche Zeitschrift für Wirtschaftsrecht; ab 1999: Deutsche Zeitschrift für Wirtschafts- und Insolvenzrecht
E	Entwurf
EBLR	European Business Law Review (Zeitschrift)
EBOR	European Business Organization Law Review
ecolex	Zeitschrift für Wirtschaftsrecht
EFG	Entscheidungen der Finanzgerichte
EFTA	European Free Trade Association
EG	Europäische Gemeinschaft; Einführungsgesetz; Vertrag zur Gründung der Europäischen Gemeinschaft
EGAktG	Einführungsgesetz zum Aktiengesetz
EGBGB	Einführungsgesetz zum Bürgerlichen Gesetzbuch
EGGmbHG	Einführungsgesetz zum Gesetz betreffend die Gesellschaften mit beschränkter Haftung
E-GmbHG	Entwurf zum GmbHG
EGHGB	Einführungsgesetz zum Handelsgesetzbuch
EGInsO	Einführungsgesetz zur Insolvenzordnung
EGR	Entscheidungssammlung Gewerblicher Rechtsschutz
EG-VO	Verordnung der Europäischen Gemeinschaft
EHUG	Gesetz über elektronische Handelsregister und Genossenschaftsregister sowie das Unternehmensregister
EinfG	Einführungsgesetz
Einl.	Einleitung
EinzelhG	Einzelhandelsgesetz

EKV	Europäische Kooperationsvereinigung
EO	Exekutionsordnung (Österreich)
EPG	Europäische Privatgesellschaft
ErbbauRG	Gesetz über das Erbbaurecht
ErbR	Zeitschrift für die gesamte erbrechtliche Praxis
ErbStG	Erbschaftsteuer- und Schenkungsteuergesetz
ErbStR	Erbschaftsteuer-Richtlinien
ErbStRG	Gesetz zur Reform des Erbschaftsteuer- und Schenkungsteuerrechts
ErfK	Erfurter Kommentar zum Arbeitsrecht
Erg.	Ergebnis/Ergänzung
Erg.-Band	Ergänzungsband
Erl.	Erläuterung(en)
EStB	Der Ertrag-Steuer-Berater
EStG	Einkommensteuergesetz
EStR	Einkommensteuer-Richtlinien
EU	Europäische Union
EuGH	Europäischer Gerichtshof
EuGHE	Sammlung der Entscheidungen des Europäischen Gerichtshofs
EuGRZ	Europäische Grundrechte-Zeitschrift
EuInsVO	Europäische Insolvenzverordnung
EuR	Europarecht
EuroEG	Euro-Einführungsgesetz
EuZW	Europäische Zeitschrift für Wirtschaftsrecht
e.V.	eingetragener Verein
EvBl.	Evidenzblatt der Rechtsmittelentscheidungen (Beilage zur ÖJZ)
EWG	Europäische Wirtschaftsgemeinschaft
EWGV	Vertrag zur Gründung der Europäischen Wirtschaftsgemeinschaft
EWiR	Entscheidungen zum Wirtschaftsrecht
EWIV	Europäische wirtschaftliche Interessenvereinigung
EWIVG	Gesetz über die Europäische wirtschaftliche Interessenvereinigung
EWR	Europäischer Wirtschaftsraum
EWRA	Abkommen über den Europäischen Wirtschaftsraum
EWS	Europäisches Wirtschafts- und Steuerrecht
f., ff.	folgende
FamFG	Gesetz über das Verfahren in Familiensachen und in den Angelegenheiten der freiwilligen Gerichtsbarkeit
FamRZ	Zeitschrift für das gesamte Familienrecht
FAZ	Frankfurter Allgemeine Zeitung
Festg.	Festgabe
FG	Finanzgericht; Freiwillige Gerichtsbarkeit
FGG	Gesetz über die Angelegenheiten der freiwilligen Gerichtsbarkeit
FGO	Finanzgerichtsordnung
FGPrax	Praxis der Freiwilligen Gerichtsbarkeit
FiMaNoG (2.)	Zweites Gesetz zur Novellierung von Finanzmarktvorschriften auf Grund europäischer Rechtsakte (Zweites Finanzmarktnovellierungsgesetz) vom 23.6.2017
FKVO	Fusionskontrollverordnung
FMStBG	Gesetz zur Beschleunigung und Vereinfachung des Erwerbs von Anteilen an sowie Risikopositionen von Unternehmen des Finanzsektors durch den Fonds „Finanzmarktstabilisierungsfonds – FMS" (Finanzmarktstabilisierungsbeschleunigungsgesetz) vom 17.10.2008

Fn.	Fußnote
FR	Finanz-Rundschau
FRUG	Finanzmarktrichtlinie-Umsetzungsgesetz
FS	Festschrift
G	Gesetz
GA	Goltdammer's Archiv für Strafrecht
GBl.	Gesetzblatt
GBO	Grundbuchordnung
GbR, GdbR	Gesellschaft des bürgerlichen Rechts
GBVfg.	Allgemeine Verfügung über die Einrichtung und Führung des Grundbuchs
GebrMG	Gebrauchsmustergesetz
GenG	Genossenschaftsgesetz
GeschäftsO	Geschäftsordnung
GeschmMG	Geschmacksmustergesetz
GesO	Gesamtvollstreckungsordnung
GesR	Gesellschaftsrecht
GesRZ	Der Gesellschafter, Zeitschrift für Gesellschaftsrecht (Österreich)
GewA	Gewerbearchiv
GewO	Gewerbeordnung
GewStG	Gewerbesteuergesetz
GewStR	Gewerbesteuer-Richtlinien
GG	Grundgesetz
ggf.	gegebenenfalls
GK	Gemeinschaftskommentar
GKG	Gerichtskostengesetz
gl. M.	gleicher Meinung
GmbH	Gesellschaft mit beschränkter Haftung
GmbHÄndG, ÄndG	Gesetz zur Änderung des Gesetzes betreffend die Gesellschaften mit beschränkter Haftung und anderer handelsrechtlicher Vorschriften vom 4.7.1980
GmbHG	Gesetz betreffend die Gesellschaften mit beschränkter Haftung
GmbHR	GmbH-Rundschau
GmbHRspr.	Die GmbH in der Rechtsprechung der deutschen Gerichte
GmbH-StB	Der GmbH-Steuer-Berater
GmS-OGB	Gemeinsamer Senat der obersten Gerichtshöfe des Bundes
GoB	Grundsätze ordnungsgemäßer Buchführung
GoltdArch	Goltdammer's Archiv für Strafrecht
GPR	Zeitschrift für das Privatrecht der Europäischen Union
grdl./grdlg.	grundlegend
grds.	grundsätzlich
Großkomm.	Großkommentar
GrErwStG, GrEStG	Grunderwerbsteuergesetz
Gruch.	Beiträge zur Erläuterung des Deutschen Rechts, begründet von Gruchot
GrundbuchR	Grundbuchrecht
GrünhutsZ	Zeitschrift für das Privat- und öffentliche Recht der Gegenwart, begründet von Grünhut
GRUR	Gewerblicher Rechtsschutz und Urheberrecht
GS	Der Gerichtssaal (Zeitschrift)
GStB	Gestaltende Steuerberatung

GüKG	Güterkraftverkehrsgesetz
GuV	Gewinn- und Verlustrechnung
GVBl.	Gesetz- und Verordnungsblatt
GVG	Gerichtsverfassungsgesetz
GVGA	Geschäftsanweisung für Gerichtsvollzieher
GWB	Gesetz gegen Wettbewerbsbeschränkungen
GWR	Gesellschafts- und Wirtschaftsrecht
h.A.	herrschende Ansicht
HandelsR	Handelsrecht
HandReg.	Handelsregister
HandwO	Handwerksordnung
HansGRZ	Hanseatische Gerichtzeitung
HansOLG	Hanseatisches Oberlandesgericht
Hdb.	Handbuch
HdU	Handbuch der Unternehmensbesteuerungen
HGB	Handelsgesetzbuch
h.L.	herrschende Lehre
h.M.	herrschende Meinung
Holdh., HoldheimsMS	Monatszeitschrift für Handelsrecht und Bergwesen, begr. von Holdheim
HRefG	Handelsrechtsreformgesetz
HReg	Handelsregister
HRegGebNeuOG	Handelsregistergebühren-Neuordnungsgesetz
HRegV	Verordnung über das Handelsregister
HRegVfg.	Handelsregisterverfügung
HRR	Höchstrichterliche Rechtsprechung
Hrsg.	Herausgeber
HRV	Handelsregisterverordnung
HS	Handelsrechtliche Entscheidungen, begr. v. Stanzl, hrsg. v. Steiner (Österreich)
HWB	Handwörterbuch
IAS	International Accounting Standard
i.d.F.	in der Fassung
i.d.R.	in der Regel
IdW	Institut der Wirtschaftsprüfer
i.E.	im Ergebnis
i.e.S.	im engeren Sinne
IFRS	International Financial Reporting Standards
IHK	Industrie- und Handelskammer
InsO	Insolvenzordnung
IntGesR	Internationales Gesellschaftsrecht
InvG	Investmentgesetz
InVo	Insolvenz und Vollstreckung
IPG	Gutachten zum internationalen und ausländischen Privatrecht
IPR	Internationales Privatrecht
IPRax	Praxis des Internationalen Privat- und Verfahrensrechts
IPRspr.	Die deutsche Rechtsprechung auf dem Gebiete des internationalen Privatrechts
i.S.	im Sinne

i.V.m.	in Verbindung mit
IWRZ	Zeitschrift für Internationales Wirtschaftsrecht
JA	Juristische Arbeitsblätter
JB	Jahrbuch
JbFfSt.	Jahrbuch der Fachanwälte für Steuerrecht
Jb.Int.R.	Jahrbuch für internationales Recht
JBl.	Justizblatt; Juristische Blätter (Österreich)
J. B. L.	Journal of Business Law
JFG	Jahrbuch für Entscheidungen in Angelegenheiten der freiwilligen Gerichtsbarkeit und des Grundbuchrechts
JherJB	Jherings Jahrbücher der Dogmatik des Bürgerlichen Rechts
JKomG	Justizkommunikationsgesetz
JMBlNRW	Justizministerialblatt Nordrhein-Westfalen
JR	Juristische Rundschau
JStG	Jahressteuergesetz
Jura	Juristische Ausbildung
JurA	Juristische Analysen
JurBl.	Juristische Blätter
JurBüro	Das Juristische Büro
JurP	Juristische Person
JuS	Juristische Schulung
JW	Juristische Wochenschrift
JZ	Juristenzeitung
KAGB	Kapitalanlagegesetzbuch
Kap.	Kapitel
KapAEG	Kapitalaufnahmeerleichterungsgesetz
KapCoRiLiG	Kapitalgesellschaften- und Co-Richtlinie-Gesetz
KapErhG	Kapitalerhöhungsgesetz
KapGes.	Kapitalgesellschaft
KapGesR	Kapitalgesellschaftsrecht
KartG(er)	Kartellgericht
KartRdsch.	Kartell-Rundschau
KfW	Kreditanstalt für Wiederaufbau
KG	Kammergericht; Kommanditgesellschaft
KGaA	Kommanditgesellschaft auf Aktien
KGBl.	Blätter für Rechtspflege im Bezirk des Kammergerichts
KGJ	Jahrbuch für Entscheidungen des Kammergerichts in Sachen der freiwilligen Gerichtsbarkeit
KO	Konkursordnung
KölnKomm.	Kölner Kommentar
KonsG	Konsulargesetz
KonTraG	Gesetz zur Kontrolle und Transparenz im Unternehmensbereich
KoordG	Koordinierungsgesetz zur Umsetzung von EG-Richtlinien
KostO	Kostenordnung
krit.	kritisch
KSchG	Kündigungsschutzgesetz
KStDV	Körperschaftsteuer-Durchführungsverordnung
KStG	Körperschaftsteuergesetz
KStR	Körperschaftsteuer-Richtlinien
KTS	Zeitschrift für Konkurs-, Treuhand- und Schiedsgerichtswesen

KVStDV	Kapitalverkehrsteuer-Durchführungsverordnung
KVStG	Kapitalverkehrsteuergesetz
KWG	Kreditwesengesetz
LAG	Landesarbeitsgericht
LBO	Leveraged Buy-Out
L.Coord.	Lois coordonnées par arrêté royal d. 30.12.1935 (Belgien)
Lfg.	Lieferung
LG	Landgericht
lit.	Buchstabe(n)
Lit.	Literatur
LK	Leipziger Kommentar zum Strafgesetzbuch
LLC	Limited Liability Company
LM/LMK	Lindenmaier-Möhring (Nachschlagewerk des Bundesgerichtshofs)
LöschG	Löschungsgesetz
LSC	Loi no. 66–537 d. 24.7.1966 sur les sociétés commerciales (Frankreich)
LSC lux.	Loi d. 10.8.1915 concernant les sociétés commerciales (Luxemburg)
LSG	Landessozialgericht
l.Sp.	linke Spalte
lt.	laut
Ltd.	Limited
LuftverkehrsG, LuftVG	Luftverkehrsgesetz
LZ	Leipziger Zeitschrift für Deutsches Recht
MarkenG	Gesetz über den Schutz von Marken und sonstigen Kennzeichen
m.a.W.	mit anderen Worten
MDR	Monatsschrift für Deutsches Recht
MitbestErgG	Mitbestimmungsergänzungsgesetz
MitbestG	Gesetz über die Mitbestimmung der Arbeitnehmer (Mitbestimmungsgesetz)
MittBayNot	Mitteilungen des Bayerischen Notarvereins, der Notarkasse und der Landesnotarkammer Bayern
MittRhNotK	Mitteilungen der Rheinischen Notarkammer
MMR	Multimedia und Recht
m.N.	mit Nachweisen
MoMiG	Gesetz zur Modernisierung des GmbH-Rechts und zur Bekämpfung von Missbräuchen
MontanMitbestErgG	Montanmitbestimmungsergänzungsgesetz
MontanMitbestG	Montanmitbestimmungsgesetz
MünchHdb.	Münchener Handbuch
MünchKomm.	Münchener Kommentar
MuW	Markenschutz und Wettbewerb
m.w.N.	mit weiteren Nachweisen
Nachw.	Nachweis(e)
NB	Neue Betriebswirtschaft
N. B. W.	Nieuw Burgerlijk Wetboek
NdsRpfl.	Niedersächsische Rechtspflege
n.F.	Neue Fassung
NJW	Neue juristische Wochenschrift
NJWE-WettbR	NJW-Entscheidungsdienst Wettbewerbsrecht

NJW-RR	Rechtsprechungsreport der Neuen Juristischen Wochenschrift
NotBZ	Zeitschrift für die notarielle Beratungs- und Beurkundungspraxis
NotVORPräs.	Notverordnung des Reichspräsidenten
Nr.	Nummer
NStZ	Neue Zeitschrift für Strafrecht
NWB	Neue Wirtschafts-Briefe für Steuer- und Wirtschaftsrecht
NZ	Notariatszeitung (Österreich)
NZA	Neue Zeitschrift für Arbeitsrecht
NZA-RR	Rechtsprechungsreport Arbeitsrecht
NZG	Neue Zeitschrift für Gesellschaftsrecht
NZI	Neue Zeitschrift für Insolvenz und Sanierung
NZM	Neue Zeitschrift für Miet- und Wohnungsrecht
NZS	Neue Zeitschrift für Sozialrecht
öABGB	österreichisches Allgemeines Bürgerliches Gesetzbuch
öAktG	österreichisches Aktiengesetz
öBankArch	österreichisches bank-Archiv
ÖBl.	Österreichische Blätter für gewerblichen Rechtsschutz und Urheberrecht
öGmbHG	Gesetz über die Gesellschaften mit beschränkter Haftung v. 6.3.1906 (Österreich)
ÖJZ	Österreichische Juristen-Zeitung
ÖstOHG	Österreichischer Oberster Gerichtshof
ÖstZ	Österreichische Steuerzeitung
öVwGH	österreichischer Verwaltungsgerichtshof
ÖZW	Österreichische Zeitschrift für Wirtschaftsrecht
OFD	Oberfinanzdirektion
OGH	(Österreichischer) Oberster Gerichtshof; auch Oberster Gerichtshof für die britische Zone
OGHZ	Entscheidungen des Obersten Gerichtshofs für die britische Zone in Zivilsachen
OHG	Offene Handelsgesellschaft
OLG	Oberlandesgericht
OLGE/OLGR	Die Rechtsprechung der Oberlandesgerichte auf dem Gebiet des Zivilrechts
OLG-NL	OLG-Rechtsprechung Neue Länder
OLGZ	Entscheidungen des Oberlandesgerichts in Zivilsachen einschließlich der freiwilligen Gerichtsbarkeit
OR	Schweizerisches Obligationenrecht
OstEuR	Osteuropa-Recht (Zeitschrift)
OVG	Oberverwaltungsgericht
OWiG	Gesetz über Ordnungswidrigkeiten
PartGG	Gesetz über Partnerschaftsgesellschaften Angehöriger Freier Berufe
PatAnwO	Patentanwaltsordnung
PatG	Patentgesetz
PharmaZ	Pharma-Zeitschrift
PrOVG	Preußisches Oberverwaltungsgericht
PSV	Pensionssicherungsverein
PublG	Publizitätsgesetz
PVV	Positive Vertragsverletzung

RabelsZ	Zeitschrift für ausländisches und internationales Privatrecht, begr. v. Rabel
RAG	Reichsarbeitsgericht; Entscheidungen des Reichsarbeitsgerichts
RBerG	Rechtsberatungsgesetz
RdA	Recht der Arbeit
Rdnr.	Randnummer
RdW	Recht der Wirtschaft
Recht	Das Recht, Rundschau für den deutschen Juristenbund
RefE	Referentenentwurf
RegE	Regierungsentwurf
Regl.	Regelment
rev.	revidiert
Rev. Int. Dr. Comp.	Revue Internationale de Droit Comparé
RFH	Reichsfinanzhof
RFHE	Sammlung der Entscheidungen des Reichsfinanzhofs
RG	Reichsgericht
RGBl.	Reichsgesetzblatt
RGSt.	Entscheidungen des Reichsgerichts in Strafsachen
RGZ	Entscheidungen des Reichsgerichts in Zivilsachen
RIW	Recht der internationalen Wirtschaft
RJ	Reichsjustizministerium
RJA	Entscheidungen in Angelegenheiten der freiwilligen Gerichtsbarkeit und des Grundbuchrechts
rkr.	rechtskräftig
RL	Richtlinie
RNotZ	Rheinische Notar-Zeitschrift
ROM I-VO	Verordnung (EG) Nr. 593/2008 des Europäischen Parlaments und des Rates vom 17. Juni 2008 über das auf vertragliche Schuldverhältnisse anzuwendende Recht
ROM II-VO	Verordnung (EG) Nr. 864/2007 des Europäischen Parlaments und des Rates vom 11. Juli 2007 über das auf außervertragliche Schuldverhältnisse anzuwendende Recht
Rpfleger	Der Deutsche Rechtspfleger (Zeitschrift)
RPflG	Rechtspflegergesetz
r.Sp.	rechte Spalte
Rspr.	Rechtsprechung
RStBl.	Reichssteuerblatt
RWP	Kartei der Rechts- und Wirtschaftspraxis
RZ	(österreichische) Richterzeitung
S.	Seite
s.	siehe
SächsA	Sächsisches Archiv für Bürgerliches Recht und Prozeß
SAE	Sammlung arbeitsrechtlicher Entscheidungen
SAG	Die Schweizerische Aktiengesellschaft
SARL	Société à responsabilité limitée
ScheckG, SchG	Scheckgesetz
sched.	schedule
SchiedsVZ	Zeitschrift für Schiedsverfahren
SchlHA	Schleswig-Holsteinische Anzeigen
SchwerbehG	Schwerbehindertengesetz
Schw. Jb. Int. R.	Schweizerisches Jahrbuch für Internationales Recht

SchwZStrafR	Schweizerische Zeitschrift für Strafrecht
SE	Societas Europaea; Europäische Gesellschaft
SeuffArch., SeuffA	Seufferts Archiv für Entscheidungen der obersten Gerichte in den deutschen Staaten
SGb.	Die Sozialgerichtsbarkeit
SGB	Sozialgesetzbuch
SGG	Sozialgerichtsgesetz
SJZ	Süddeutsche Juristenzeitung; Schweizerische Juristenzeitung
SK	Systematischer Kommentar zum Strafgesetzbuch
Slg.	Sammlung
Sp.	Spalte
SPE	Societas Privata Europaea (Europäische Privatgesellschaft)
SpruchG	Gesetz über das gesellschaftsrechtliche Spruchverfahren
SRL	Sociedad de Responsabilidad Limitada
s. stat.	salve statuto = vorbehaltlich anderer Regelung im Gesellschaftsvertrag
StAnpG	Steueranpassungsgesetz
StBerG	Steuerberatungsgesetz
StbJb.	Steuerberater-Jahrbuch
StBp.	Die steuerliche Betriebsprüfung
StEntlG	Steuerentlastungsgesetz
StG	Stille Gesellschaft
StGB	Strafgesetzbuch
StPO	Strafprozessordnung
str.	strittig
StrEG	Gesetz über die Entschädigung für Strafverfolgungsmaßnahmen
StRK	Steuerrechtsprechung in Karteiform
st. Rspr.	Ständige Rechtsprechung
StrVert	Strafverteidiger
StuW	Steuer und Wirtschaft
StVG	Straßenverkehrsgesetz
SUP	Societas Unius Personae
SZ	Entscheidungen des OHG in Zivilsachen
TransPuG	Transparenz- und Publizitätsgesetz
TreuhG, TreuhandG	Treuhandgesetz
TVG	Tarifvertragsgesetz
tw.	teilweise
Ubg	Die Unternehmensbesteuerung
U.C.C.	Uniform Commercial Code
U.Chi.L.Rev.	University of Chicago Law Review
UG	Unternehmergesellschaft
UGB	Unternehmensgesetzbuch (Österreich)
UmwG	Umwandlungsgesetz
UmwGÄndG	Gesetz zur Änderung des Umwandlungsgesetzes
UmwStG	Umwandlungssteuergesetz
unstr.	unstreitig
UR	Umsatzsteuer-Rundschau
UrhG	Urheberrechtsgesetz
UStG	Umsatzsteuergesetz
UStRG	Unternehmensteuerreformgesetz

U Tor L.J.	University of Toronto Law Journal
u.U.	unter Umständen
UWG	Gesetz gegen den unlauteren Wettbewerb
VAG	Versicherungsaufsichtsgesetz
Var.	Variante
VerBAV	Veröffentlichungen des Bundesaufsichtsamtes für das Versicherungswesen
VereinsG	Vereinsgesetz
Verf.	Verfasser
VermBG	Gesetz zur Förderung der Vermögensbildung der Arbeitnehmer
VerschmG	Verschmelzungsgesetz
VerschmRiLiG	Verschmelzungsrichtlinie-Gesetz
VersR	Versicherungsrecht
VerwR	Verwaltungsrecht
vGA	verdeckte Gewinnausschüttung
VGH	Verwaltungsgerichtshof
vgl.	vergleiche
VglO	Vergleichsordnung
VGR	Gesellschaftsrechtliche Vereinigung
v.H.	von Hundert
VkBkmG	Verkündungs- und Bekanntmachungsgesetz
VO	Verordnung
vs.	versus
VVaG	Versicherungsverein auf Gegenseitigkeit
VVG	Versicherungsvertragsgesetz
VwGO	Verwaltungsgerichtsordnung
VwVfG	Verwaltungsverfahrensgesetz
VZS	Vereinigte Zivilsenate
WährG	Währungsgesetz
WarnR, WarnRspr.	Rechtsprechung des Reichsgerichts auf dem Gebiete des Zivilrechts, hrsg. von Warneyer
WBl.	Wirtschaftsrechtliche Blätter (Österreich)
WFBV	Wet Formeel Buitenlandse Vennootschappen (Niederlande)
WG	Wechselgesetz
WGG	Gesetz über die Gemeinnützigkeit im Wohnungswesen
WHG	Wasserhaushaltsgesetz
WiB	Wirtschaftsrechtliche Beratung
WiRO	Wirtschaft und Recht in Osteuropa
wistra	Zeitschrift für Wirtschaft, Steuer, Strafrecht
WM	Wertpapier-Mitteilungen
WPg	Die Wirtschaftsprüfung
WpHG	Gesetz über den Wertpapierhandel
WPO	Wirtschaftsprüferordnung
WRP	Wettbewerb in Recht und Praxis
WuB	Entscheidungssammlung zum Wirtschafts- und Bankrecht
WuM	Wohnungswirtschaft und Mietrecht
WuW/E	Wirtschaft und Wettbewerb. Entscheidungssammlung zum Kartellrecht
WvK	Wetboek van Koophandel (Niederlande)
WZG	Warenzeichengesetz

Yale L.J.	Yale Law Journal
ZAkDR	Zeitschrift der Akademie für Deutsches Recht
z.B.	zum Beispiel
ZBB	Zeitschrift für Bankrecht und Bankwirtschaft
ZBH	Zentralblatt für Handelsrecht
ZErb	Zeitschrift für die Steuer- und Erbrechtspraxis
ZEuP	Zeitschrift für Europäisches Privatrecht
ZEV	Zeitschrift für Erbrecht und Vermögensnachfolge
ZfA	Zeitschrift für Arbeitsrecht
ZfB	Zeitschrift für Betriebswirtschaft
ZfgG, ZgesGenW	Zeitschrift für das gesamte Genossenschaftswesen
ZfPW	Zeitschrift für die gesamte Privatrechtswissenschaft
ZfRV	Zeitschrift für Rechtsvergleichung, internationales Privatrecht und Europarecht
ZGB	Schweizerisches Zivilgesetzbuch
ZGR	Zeitschrift für Unternehmens- und Gesellschaftsrecht
ZGS	Zeitschrift für das gesamte Schuldrecht
ZgS	Zeitschrift für die gesamte Staatswissenschaft
ZHR	Zeitschrift für das gesamte Handelsrecht und Wirtschaftsrecht
Ziff.	Ziffer
ZInsO	Zeitschrift für das gesamte Insolvenzrecht
ZIP	Zeitschrift für Wirtschaftsrecht
ZLR	Zeitschrift für Lebensmittelrecht
ZMR	Zeitschrift für Miet- und Raumrecht
ZNotP	Zeitschrift für die Notar-Praxis
ZPO	Zivilprozessordnung
ZRP	Zeitschrift für Rechtspolitik
ZRvgl	Zeitschrift für Rechtsvergleichung
ZSR	Zeitschrift für schweizerisches Recht
ZStW	Zeitschrift für die gesamte Strafrechtswissenschaft
zust.	zustimmend
zutr.	zutreffend
ZVglRWiss	Zeitschrift für vergleichende Rechtswissenschaft
ZWH	Zeitschrift für Wirtschaftsstrafrecht und Haftung im Unternehmen
ZZP	Zeitschrift für Zivilprozess

Einleitung

Schrifttum: *Altmeppen*, Die Auswirkungen des KonTraG auf die GmbH, ZGR 1999, 291; *Ballerstedt*, Kapital, Gewinn und Ausschüttung bei Kapitalgesellschaften, 1949; *Ballerstedt*, 75 Jahre GmbH, GmbHR 1967, 66; *Bayer*, „MoMiG II"-Plädoyer für eine Fortführung der GmbH-Reform, GmbHR 2010, 1289; *Claussen*, Überlegungen zur Rechtsform der GmbH – Ist die KGaA eine Alternative?, GmbHR 1996, 73; *Feine*, Die Gesellschaft mit beschränkter Haftung, in: Ehrenbergs Handbuch des gesamten Handelsrechts, Band III, Abt. 3, 3. Aufl. 1929; *Fleischer*, Die geschlossene Kapitalgesellschaft im Rechtsvergleich – Vorüberlegungen zu einer internationalen Entwicklungs- und Ideengeschichte, ZGR 2016, 36; *Fleischer/Wansleben*, Die GmbH & Co. KG als kautelarjuristische Erfolgsgeschichte, GmbHR 2017, 169; *Fränkel*, Die Gesellschaft mit beschränkter Haftung, 1905; *Geßler*, Probleme der GmbH-Reform, GmbHR 1966, 102; *Goette/Habersack* (Hrsg.), Das MoMiG in Wissenschaft und Praxis, 2009; *Hadding*, Die Initiativen des Reichsjustizamts und des Reichsjustizministeriums zur Gestaltung des Gesellschaftsrechts, in: FS zum 100jährigen Geburtstag des Reichsjustizamts, 1977, S. 263; *Happ*, Deregulierung der GmbH im Wettbewerb der Rechtsformen, ZHR 169 (2005), 6; *Harbarth*, Zum Reformbedarf im GmbH-Recht: Generalrevision oder punktuelle Fortentwicklung?, ZGR 2016, 84; *Hippeli*, Treupflichten in der GmbH, GmbHR 2016, 1257; *Heidenhain*, Katastrophale Rechtsfolgen verdeckter Sacheinlagen, GmbHR 2006, 455; *Höfer*, „Flex-GmbH" statt UG, 2015; *Immenga*, Die personalistische Kapitalgesellschaft, 1970; *Koberg*, Die Entstehung der GmbH in Deutschland und Frankreich, 1992; *Kremer*, Die GmbH als Rechtsform freiberuflicher Partnerschaften, 1979; *Lehmann*, Die ergänzende Anwendung von Aktienrecht auf die Gesellschaft mit beschränkter Haftung, 1970; *Lieder/Ringloge*, Kein Sonderrecht der zweigliedrigen GmbH, GmbHR 2017, 1065; *Limbach*, Theorie und Wirklichkeit der GmbH, 1966; *Lutter*, Kapital, Sicherung der Kapitalaufbringung und Kapitalerhaltung in den Aktien- und GmbH-Rechten der EWG, 1964; *Lutter*, Das System der Kapitalgesellschaften, GmbHR 1990, 377; *Lutter*, Theorie der Mitgliedschaft, AcP 180 (1980), 86; *Martens*, Mehrheits- und Konzernherrschaft in der personalistischen GmbH, 1970; *Noack*, Gesellschaftervereinbarungen bei Kapitalgesellschaften, 1994; *Priester*, Die deutsche GmbH und Inspire Art – brauchen wir eine neue?, DB 2005, 1315; *Priester*, „GmbH-light" – ein Holzweg, ZIP 2005, 921; *Reher*, Die Zweipersonen-GmbH – Notwendigkeit eines Sonderrechts?, 2003; *Reuter*, Privatrechtliche Schranken der Perpetuierung von Unternehmen, 1973; *Roth* (Hrsg.), Die Zukunft der GmbH vor dem Hintergrund deutscher und internationaler Novellen vom 1.1.1981, 1983; *Schäfer*, Interessenkonflikte und Unabhängigkeit im Recht der GmbH und der Personengesellschaften, ZGR 2014, 731; *Karsten Schmidt*, Brüderchen und Schwesterchen für die GmbH?, DB 2006, 1095; *Karsten Schmidt*, Grundzüge der GmbH-Novelle, NJW 1980, 1769; *Karsten Schmidt*, Insolvenzordnung und Gesellschaftsrecht, ZGR 1998, 633; *Karsten Schmidt*, Zur Einheits-GmbH & Co. KG. Kautelarjurisprudenz an ihren Grenzen oder Triumph der Typizität des Atypischen, in: FS H. P. Westermann, 2008, S. 1425; *Karsten Schmidt*, Das Recht der Mitgliedschaft – Ist „korporatives" Denken passé?, ZGR 2011, 108; *Schröder* (Hrsg.), Die GmbH im europäischen Vergleich, 2005; *Seibert*, BB-Gesetzgebungsreport: Entwurf eines Mindestkapitalgesetzes – substantielle Absenkung des Mindeststammkapitals, BB 2005, 1061; *Stimpel*, „Durchgriffshaftung" bei der GmbH: Tatbestände, Verlustausgleich, Ausfallhaftung, in: FS Goerdeler, 1987, S. 601; *Triebel/Otte*, 20 Vorschläge für eine GmbH-Reform: Welche Lektion kann der deutsche Gesetzgeber vom englischen lernen?, ZIP 2006, 311; *Ulmer*, Richterrechtliche Entwicklungen im Gesellschaftsrecht 1971 bis 1985, 1986, S. 9 ff.; *Ulmer*, Sacheinlageverbote im MoMiG – umgehungsfest?, GmbHR 2010, 1298; *Wachter*, Der Entwurf des „MoMiG" und die Auswirkungen auf inländische Zweigniederlassungen von Auslandsgesellschaften, GmbHR 2006, 793; *H. P. Westermann*, Auf dem Weg zum Wettbewerb der Gesellschaftsrechtsordnungen: Die Kapitalbindung im Recht der GmbH, ZIP 2005, 1849; *H. P. Westermann*, Erfahrungen mit der Runderneuerung von Rechtsformen des Gesellschaftsrechts, GmbHR 2017, 683; *H. P. Westermann*, Die GmbH in der nationalen und internationalen Konkurrenz der Rechtsformen, GmbHR 2005, 4; *H. P. Westermann*, Die GmbH & Co. KG im Lichte der Wirtschaftsverfassung, 1973; *H. P. Westermann*, Die GmbH – ein Allzweckinstrument?, in: Pro GmbH 1980, 23; *H. P. Westermann*, Vertragsfreiheit und Typengesetzlichkeit im Recht der Personengesellschaften, 1970; *H. P. Westermann*, Wohin steuert die GmbH? – Benutzerkreis und Verwendungszwecke der Rechtsform im künftigen deutschen Gesellschaftsrecht, in: FS Priester, 2007, S. 835; *H. P. Westermann*, Zur Theorie der Grundtypenvermischung – am Beispiel der GmbH & Co. KG, in: FS Karsten Schmidt, 2009, S. 1709; *Wiedemann*, Aufstieg und Krise des GmbH-Konzernrechts, GmbHR 2011, 1009; *Wiedemann*, Verbandssouveränität und Außeneinfluss, in: FS Schilling, 1973, S. 105; *Wiedemann*, Unternehmensrecht und GmbH-Reform, JZ 1970, 593; *Wiedemann*, Haftungsbeschränkung und Kapitaleinsatz in der GmbH, in: Wiedemann/Bär/Dabin, Die Haftung der Gesellschafter in der GmbH, 1978; *Wiedemann*, Zu den Treupflichten im Gesellschaftsrecht, in: FS Heinsius, 1991, S. 949; *Wiethölter*, Die GmbH in einem modernen Gesellschaftsrecht und der Referentenentwurf eines GmbH-Gesetzes, in: Probleme der GmbH-Reform, 1969, 11; *Wilhelmi*, Der Grundsatz der Kapitalerhaltung im System des GmbH-Rechts, 2001; *Winkler*, Die Lückenausfüllung des GmbH-Rechts durch das Recht der Personengesellschaften, 1967; *Winter*, Mitgliedschaftliche Treuebindungen im GmbH-Recht, 1988; *Zöllner*, Gläubigerschutz durch Gesellschafterhaftung bei der GmbH, in: FS Konzen, 2006, S. 999; *Zöllner*, 100 Jahre GmbH, JZ 1992, 381; *Zöllner*, Schranken mitgliedschaftlicher Stimmrechtsmacht bei den privatrechtlichen Personenverbänden, 1963. Das neue GmbH-Recht in der Diskussion, 1981 (Centrale-Arbeitstagung vom 8.9.1980, mit Beiträgen von *Deutler, Raiser, Ulmer, Karsten Schmidt, Hesselmann, Tillmann*); Festschrift 100 Jahre GmbH-Gesetz, 1992, mit Beiträgen von *Schubert, Lutter, Zöllner, Hueck, Priester, Immenga, Reichert u. Winter, Roth u. Thöni, Joost, Crezelius, Stimpel, Ulmer, Fleck, Hommelhoff u. Kleindiek, H. P. Westermann, Uwe H. Schneider, Schulze-Osterloh, Hüffer, Behrens, Karsten Schmidt, Raiser, Martens, Reuter, Assmann, Knobbe-Keuk*; *Roth* (Hrsg.), Das System der Kapitalgesellschaft im Umbruch – ein internationaler Vergleich, 1990, mit Beiträgen von *Hommelhoff, Mosthaf, Stedile-Foradori, Druey, Vidal, Borgioli, Karjala, Birds, Cheffins*.

I. Die dogmatische und praktische Bedeutung der GmbH

1. Die Funktion des „Leitbildes" der GmbH

1 Gesellschaftsrechtliche Organisationsgesetze werden zumeist auf einen bestimmten dem Gesetzgeber vorschwebenden Lebenstyp eines wirtschaftlichen Personenverbandes zugeschnitten. Das betrifft die Finanzierung, die Art der Zusammenarbeit im Gesellschafterkreis, das Ausmaß der Verselbständigung des Gesellschaftsvermögens (einschließlich der Verbindlich-

keiten) von den Vermögen der Gesellschafter, die Stabilität oder Flexibilität der Beteiligung, die Art der Zwecksetzung und vor allem das Ausmaß der Gestaltungsfreiheit. Diese Vorstellungen lassen sich als **Strukturtypus** bezeichnen und sind von den häufig als „**Begriff**" zusammengefassten zwingenden Elementen der Rechtsform zu unterscheiden[1], wobei klar ist, dass es einen gesetzlichen Begriff der GmbH nicht gibt[2]. Rechtsdogmatisch bedeutet die Bezeichnung eines Strukturtyps, dass einzelne Elemente eines Rechtsverhältnisses („Strukturmerkmale") zu einem Sinnganzen zusammengefasst werden, von dem aus sich die einzelnen Normen des gesetzlichen Status „typgerecht" interpretieren und Lücken ausfüllen lassen[3]. In neuerer Zeit ist der Strukturtyp „geschlossene Kapitalgesellschaft" vor allem ein Ansatzpunkt für rechtsvergleichende, aber auch auf Rechtsangleichung blickende Grundsatzüberlegungen[4]. Umgekehrt kann ein Wandel der überwiegenden tatsächlichen Verwendungsformen der in einer Rechtsform auftretenden Personenverbände zu Schwierigkeiten in der Anwendung des gesetzlichen Statuts führen.

Das Leitbild der GmbH ist nach früher oft vertretener und im Grundsatz auch zutreffender   2
Ansicht die „**kleine Kapitalgesellschaft**", die eine Abart der Aktiengesellschaft darstellt[5]. Diese begegnet aber in zunehmendem Maße nicht nur als kapitalmarktorientiertes Großunternehmen, sondern auch als „Familien-AG", die sich allerdings selten der verhältnismäßig neuen Form der „kleinen AG"[6] bedient und trotz (selbstverständlicher) Einhaltung der zwingenden Rechtsformelemente der AG durchaus mit der stärker personalistisch orientierten GmbH konkurriert. Deshalb kommt es bei der GmbH nicht zu einer Dominanz personengesellschaftsrechtlichen Denkens; zu groß ist die Auswirkung der kapitalgesellschaftsrechtlichen Notwendigkeit, das Mitgliedschaftsverhältnis, vor allem seinen Bestand und die aus ihm fließenden Mitverwaltungsrechte, an den Geschäftsanteil, d.h. die Beteiligung an einem festen Stammkapital, und nicht an die Gliedstellung des Gesellschafters in einem Personenverband anzuknüpfen. Schon bei der Schaffung des GmbHG wurde an die Verwendung hauptsächlich in der mittelständischen Wirtschaft gedacht, der die Möglichkeit einer **Personengesellschaft mit beschränkter Haftung** gegeben werden sollte (näher dazu und zum „Durchgriff" Rdnr. 10), wobei ein entsprechendes Bedürfnis der Wirtschaft angenommen wurde[7]. Derartige Wünsche sind bei der konkreten Gestaltung der einzelnen GmbH auf Grund der weitgehenden **Vertragsfreiheit bei der Regelung des Innenverhältnisses** auch realisierbar, was freilich für die Fragen der Finanzierung durch ein festes Stammkapital nicht zutrifft, dessen

---

1 Zur Bedeutung des „Strukturtyps" eines Personenverbandes s. *Koller*, Grundfragen einer Typuslehre im Gesellschaftsrecht, 1967, S. 44 ff.; *Leenen*, Typus und Rechtsfindung, 1971, S. 46 ff., 177 ff.; *H. P. Westermann*, Vertragsfreiheit, S. 98 ff., 110 ff.; *Karsten Schmidt*, GesR, § 3 II 1; zum Unterschied von „Begriff" und „Wesen" der GmbH ganz ähnlich bereits *Feine*, S. 35 ff.; *Michalski*, in: Michalski, 2. Aufl. 2010, Syst. Darst. 1 Rdnr. 2; zur Bezeichnung der rechtlichen Ordnung durch die Realstruktur des Verbandes mit Blick auf die „Zweipersonen-GmbH" die Schrift dieses Titels von *Reher*, 2003.
2 *Fastrich*, in: Baumbach/Hueck, Einl. Rdnr. I; zu früheren gesetzlichen Definitionsversuchen *Ulmer*, in: Ulmer/Habersack/Löbbe, Einl. A Rdnr. 1; *Fleischer*, in: MünchKomm. GmbHG, Einl. Rdnr. 1.
3 *H. P. Westermann*, Vertragsfreiheit, S. 11.
4 Etwa von *Fleischer*, ZGR 2016, 36 ff.; ähnlich die Vorschläge von *Höfer* (GmbHR 2016, 398) zur „Flex-GmbH"; zu den ersten damit gemachten Erfahrungen *H. P. Westermann*, GmbHR 2017, 683.
5 Zahlreiche Nachw. aus der Entstehungsgeschichte des Gesetzes zu dem angestrebten Ziel, eine kollektivistische Gesellschaftsform ohne die Fesseln des Aktienrechts zu schaffen, bei *Schubert*, in: FS 100 Jahre GmbHG, 1992, S. 4 ff.
6 Das Gesetz über die „kleine AG" vom 2.8.1994 (BGBl. I 1994, 1969) ist dargestellt bei *Lutter*, in: FS Vieregge, 1995, S. 603 ff.; *Hommelhoff*, AG 1995, 529 ff.; s. auch *Seibert/Kiem/Schüppen*, Handbuch der Kleinen AG, 5. Aufl. 2008. Näher zum Verhältnis zur GmbH *H. P. Westermann*, GmbHR 2005, 4, 8 f.; *Planck*, GmbHR 1994, 501 ff.
7 *Hallstein*, RabelsZ 13 (1938/39), 335 f.; *Hadding*, in: FS zum 100jährigen Geburtstag des Reichsjustizamtes, 1977, S. 263 ff.; *Schubert*, S. 7 ff., 22 ff. Zur Originalität der Neuschöpfung *Zöllner*, JZ 1992, 381.

theoretische Beibehaltung in der rechtspolitisch umstrittenen UG (haftungsbeschränkt) oder in diese ersetzenden neuen Rechtsformen[8] noch als rechtspolitisches Problem angesehen wird.

3 Die GmbH und ihre Finanzierung sind schon immer Gegenstand kritischer rechtspolitischer Einschätzung und – damit zusammenhängend – einer lebhaften Entwicklung im Zuge **rechtsfortbildender** Richtersprüche gewesen, die den **Gläubiger-** und **Minderheitenschutz** verstärken wollen. Immer wieder – etwa im Hinblick auf das Hin- und Herzahlen von Geldeinlagen oder die verdeckten Sacheinlagen – wird offen beklagt, dass die Praxis namentlich bei der Gründung der GmbH die gläubigerschützenden Vorkehrungen des Gesetzes zu umgehen suche[9]. Andererseits ist das Bedürfnis marktwirtschaftlich geprägter Rechtsordnungen nach einer als juristische Person voll ausgebildeten Vertragsgesellschaft mit grundsätzlicher Haftungsfreistellung der Gesellschafter, die trotzdem die Geschäftsführung weitgehend in der Hand behalten können, bei rechtsvergleichender Umschau[10] allgemein, ohne dass die Formen kapitalgesellschaftsrechtlichen Gläubigerschutzes für alle Typen von Kapitalgesellschaften identisch sein müssen. Dass die GmbH nicht **börsengängig** ist und zumindest in der Tendenz auch kein breites Anlegerpublikum ansprechen soll[11], passt zum Leitbild, aber auch zu dem in ihm angelegten **Spannungsverhältnis von beschränkter Haftung und Entscheidungsfreiheit** der Gesellschafter, jedenfalls bei der nicht konzernverbundenen GmbH, wobei man sich darüber klar sein muss, dass für den sehr verbreiteten Typus der reinen Komplementär-GmbH, auch in einer Publikums-Personengesellschaft, sowie für eine GmbH in einem Unternehmensverband einschließlich eines Gemeinschaftsunternehmens[12] speziellere Betrachtungen angebracht sind.

a) Die körperschaftliche Struktur

4 Die Vorstellung von einer körperschaftlichen (auch: kapitalistischen) Struktur der GmbH ist praktisch schon allein dadurch wichtig, dass sie eine ausschließlich objektive, also nicht auf die Vorstellungen der Gesellschaftsgründer oder die Verfasser der Satzung blickende Auslegung von Satzungsvorschriften ermöglichen soll[13]. „Körperschaftlich" ist nämlich die Ablösung der rechtlichen Regelung des inneren Verbandslebens von der Person der Mitglieder und der Zusammensetzung des Gesellschafterkreises[14]. Ereignisse in der Person oder im Vermögen der Mitglieder haben somit keinen Einfluss auf den Bestand der Gesellschaft. Was die Verwaltung anbelangt, so handeln nicht wie bei der Personengesellschaft die Gesellschafter kraft einer vertraglichen Befugnis für sich und ihre Partner, sondern institutionalisierte Organe der Gesellschaft werden kraft abstrakter Kompetenzzuweisung durch Gesetz oder Satzung tätig. Die Folgerung freilich, dass angesichts eines möglichen Mitgliederwechsels die **Satzung** von vornherein eher den Charakter einer die jeweiligen Anteilseigner bindenden Norm als den eines Vertrages unter den Gründern habe, weshalb ihr bei Willens- oder Einigungsmängeln erhöhter Bestandsschutz und bei Auslegung und Lückenfüllung höhere Dignität als den subjektiven Vorstellungen der Satzungsverfasser zukomme[15], greift in Gesellschaften mit einem klaren personalistischen Zuschnitt oft zu kurz, sie sollte eine Heranziehung von nicht in der Satzung niedergelegten Umständen zu ihrer Auslegung nicht ganz ausschließen. Die Organwalter,

---

8 Dazu *H. P. Westermann*, GmbHR 2005, 4, 5 f., zuletzt eingehend *Harbarth*, ZGR 2016, 84 ff.
9 Zur Umgehungsfestigkeit „liberaler" Neuregelungen etwa *Ulmer*, GmbHR 2011, 1289.
10 Zur Rechtsvergleichung den alle GmbH-Gesetze der Welt umfassenden Sammelband von *Süß/ Wachter*, Handbuch des internationalen GmbH-Rechts, 3. Aufl. 2016; *Schröder*, Die GmbH im europäischen Vergleich, 2005; *Fleischer*, in: MünchKomm. GmbHG, Einl. Rdnr. 229 ff.
11 So *Lutter*, GmbHR 1990, 378.
12 Dazu in diesem Zusammenhang *Ulmer*, in: Ulmer/Habersack/Löbbe, Einl. A Rdnr. 11, 13.
13 So BGH v. 27.9.2011 – II ZR 279/09, GmbHR 2012, 92 zum Verständnis von Satzungsregeln über die Abfindung eines ausgeschiedenen Gesellschafters.
14 *Wiedemann*, GesR I, § 2 I 1.
15 *Ulmer*, in: Ulmer/Habersack/Löbbe, Einl. A Rdnr. 25.

die hier nicht Gesellschafter zu sein brauchen (Fremd- oder Drittorganschaft, s. Rdnr. 13), werden von der Gesamtheit der Mitglieder bestellt oder abberufen und müssen sich bei ihrer Tätigkeit an Gesetz, Satzung und Gesellschafterbeschlüsse halten, wobei ihnen im Hinblick auf Fragen der Kapitalerhaltung und des Verhaltens in Insolvenzsituationen Aufgaben zwingend zugewiesen sind. Die laufende Unternehmensleitung und der Unternehmensbesitz sind also getrennt[16]. Anders als in der Publikums-Kapitalgesellschaft haben die Gesellschafter die oberste Organisationsgewalt und eine Zuständigkeit für Sachentscheidungen, die nicht nur die Grundsätze der Unternehmenspolitik und außergewöhnliche Geschäftsführungsmaßnahmen, sondern auch die laufenden Geschäfte umfasst (näher 11. Aufl., § 37 Rdnr. 4 ff.)[17]. Mit der Vorstellung von der körperschaftlichen Struktur hängt ferner die Annahme zusammen, dass bei der GmbH wie bei der AG ein Rechtsverhältnis unter den Mitgliedern vom Gesetz nicht voll entwickelt ist, wohl aber dasjenige zwischen dem Mitglied und dem Verband, ferner, dass Konflikte über die Willensbildung im Verband und die sonstigen Mitgliederinteressen zwischen Mitglied und Verband ausgetragen werden[18]. Die vom Gesetz vorgesehene **Veräußerlichkeit** der Geschäftsanteile dient der Stabilisierung des Verbandes für den Fall, dass Mitglieder den wirtschaftlichen Wert des im Unternehmen investierten Vermögens realisieren wollen; in der personalistischen Gesellschaft begegnen allerdings sehr häufig abweichende Satzungsvorschriften. Kapitalgesellschaftsrechtlich gedacht ist ferner die Sicherung des Einlageanspruchs der Gesellschaft gegen den Gesellschafter (§§ 19–25), ähnlich die Vorkehrungen zum Kapitalschutz (§§ 30 ff., s. hierzu näher Rdnr. 16).

Die körperschaftliche Struktur kann in der Satzung deutlich verstärkt werden, z.B. durch Anlehnung an das Aktienrecht. So kann auch außerhalb der Anordnungen des MitbestG ein **Kontrollorgan** eingerichtet werden, dessen Befugnisse so weit gehen können, dass die grundsätzlich unbegrenzten Weisungsrechte der Gesellschafterversammlung gegenüber der Geschäftsführung eingeschränkt sind. Bei der Einrichtung eines fakultativen Aufsichtsrats besteht Satzungsautonomie. Soweit die Satzung schweigt, sind nach § 52 bestimmte Vorschriften des AktG anzuwenden[19]. Die Praxis richtet besonders bei größerer Gesellschafterzahl gelegentlich Organe wie einen Gesellschafterausschuss oder einen auch aus Nicht-Gesellschaftern zusammengesetzten Beirat mit überwiegend beratenden und streitschlichtenden Funktionen, manchmal aber auch mit Einfluss auf die Besetzung der Geschäftsführung oder die Zusammensetzung des Gesellschafterkreises ein, ohne freilich der Gesellschafterversammlung die Verantwortung für die Unternehmensführung ganz abzunehmen. Gewissermaßen gegenläufig kann eine Gesellschaft stärker, als das gesetzliche Organisationsstatut es vorsieht, von der Person und der Tätigkeit der Mitglieder abhängig gemacht werden. Hierzu gehören etwa **Sonderrechte** eines Gesellschafters auf Zugehörigkeit zu Gesellschaftsorganen, Sicherungen eines Gesellschafter-Geschäftsführers gegen Abberufung aus seinem Amt, Regelungen über Einziehung von Geschäftsanteilen oder über Auflösung der Gesellschaft bei nachhaltiger Störung des Vertrauensverhältnisses unter den Gesellschaftern. Häufig finden sich solche Regelungen auch in schuldrechtlichen Gesellschaftervereinbarungen. Insgesamt bildet die körperschaftliche Struktur der GmbH keine einschneidende Grenze der Gestaltungsfreiheit.

5

---

16 *Feine*, S. 38, 41 ff.; *Wiedemann*, JZ 1970, 593 f.; differenzierend *Michalski*, in: Michalski, 2. Aufl. 2010, Syst. Darst. 1 Rdnr. 31.
17 *Kleindiek*, in: Lutter/Hommelhoff, § 37 Rdnr. 17 ff. Einen Kernbereich unentziehbarer Entscheidungsmacht des Geschäftsführers betonen aber *Hommelhoff*, ZGR 1978, 119, 127 f.; *Immenga*, Die personalistische Kapitalgesellschaft, 1970, S. 93; *Winkler*, Lückenausfüllung, S. 31; *Gieseke*, GmbHR 1996, 486 ff.
18 Dazu *Karsten Schmidt*, GesR, § 22 II 2.
19 Zu den Schwierigkeiten der Rechtsanwendung bezüglich der Kompetenzen des Kontrollorgans in AG und GmbH *Thiessen*, ZGR 2011, 275 ff.; zu den Möglichkeiten der Anpassung der GmbH-Organisation an das im US-amerikanischen Aktienrecht geltende board-System *Loges*, ZIP 1997, 437.

b) Die juristische Persönlichkeit

6 Die GmbH ist **juristische Person**, s. § 13 Rdnr. 3, 10, was grundsätzlich die Gesellschafter von der Haftung für Gesellschaftsschulden entbindet und Organe mit voller Vertretungsmacht im Außenverhältnis erforderlich macht[20]. Im Entwurf *Oechelhäusers* (Rdnr. 43) war an eine gesamthänderische Bindung des Vermögens und eine gesamtschuldnerische, bis zur Höhe des eingetragenen Grundkapitals reichende Haftbarkeit der Gesellschafter, aber eben nicht an eine eigene Rechtspersönlichkeit des Verbandes gedacht. Die juristische Persönlichkeit eines Verbandes ist Organisationselement zur Bewältigung der rechtstechnischen Probleme, die durch das Auftreten des Verbandes, inzwischen anerkanntermaßen auch einer Einmann-Gesellschaft (näher Rdnr. 9), im Rechtsverkehr im Hinblick auf die Zurechnung von Vermögensgegenständen, Willenserklärungen und Haftungsfolgen entstehen[21]. Die Rechtsfähigkeit einer juristischen Person ist nicht auf vermögensmäßige Geschäfte begrenzt, sondern erstreckt sich auf alle Rechte, die nicht die menschliche Natur ihres Trägers voraussetzen[22]. Eine weitere Neuentwicklung betrifft das Persönlichkeitsrecht, das als Unternehmenspersönlichkeitsrecht ausgestaltet sein kann[23], aber bis zur Anerkennung der „Reputation" als Schutzgut i.S. des Deliktsrechts und des § 1004 BGB gehen kann[24]. Nachdem die Entwicklung der Gesellschaft bürgerlichen Rechts deutliche Differenzierungen zwischen Rechtsfähigkeit und eigener juristischer Persönlichkeit hat zutage treten lassen[25], besagt es nicht mehr viel, wenn es heißt, dass die juristische Person ein von der positiven Rechtsordnung eingerichtetes **rechtstechnisches** Zweckgebilde ist, das bestimmte Ordnungszusammenhänge gedanklich zusammenfasst und in einer abstrakten Kurzformel sprachlich ausdrückt. Wichtiger ist, dass die eigene juristische Persönlichkeit eines Verbandes und damit das Maß der rechtstechnischen Verselbständigung eines Vermögens und eines Wirkungskreises vom Vorliegen bestimmter **zwingender Voraussetzungen** abhängt, die in der gesetzlichen Regelung der einzelnen Rechtsformen enthalten sind. Das beeinflusst aber nicht entscheidend die Art der Rechtsbeziehungen unter den Mitgliedern der juristischen Person[26]. So könnte etwa die Verleihung der Rechtsfähigkeit an die Sicherung der Aufbringung eines bestimmten Mindestkapitals und an seinen Schutz gegen Vermischung mit dem Vermögen der Mitglieder geknüpft werden, wobei die Trennung des allein das Haftungssubstrat bildenden Gesellschaftsvermögens von dem jeweiligen der Verbandsmitglieder durch Publizität offengelegt werden müsste. Zur juristischen Persönlichkeit eines Verbandes gehört auch noch die tendenziell stärkere Verselbständigung der Gesellschaft gegenüber ihren Mitgliedern, obwohl die Grenzen auch insoweit fließend geworden sind[27]. Die eigene Rechtsfähigkeit der GmbH dauert an, bis die Gesellschaft im Handelsregister gelöscht ist, was zu ihrer ebenfalls konstitutiven Eintragung der Gesellschaft ins Handelsregister passt.

---

20 *Ulmer*, in: Ulmer/Habersack/Löbbe, Einl. A Rdnr. 17; *Fleischer*, in: MünchKomm. GmbHG, Einl. Rdnr. 5.

21 Zum Folgenden hier nur *John*, Die organisierte Rechtsperson, 1977, S. 72 ff., 115 ff.; *Flume*, Allg. Teil I 2, § 1 V; Überlegungen zu einer Kodifikation des Begriffs der juristischen Person bei *Raiser*, ZGR 2016, 781.

22 BVerfG v. 26.2.1997 – 1 BvR 2172/96, BVerfGE 95, 220, 242; *Reuter*, in: MünchKomm. BGB, 7. Aufl. 2015, Vor § 21 BGB Rdnr. 15; *H. P. Westermann*, in: Erman, 15. Aufl. 2017, Vor § 21 BGB Rdnr. 9.

23 BGH v. 22.11.2005 – VI ZR 204/04, NJW 2006, 601; dazu *Klippel*, JZ 1988, 625; *Rixecker*, in: MünchKomm. BGB, 7. Aufl. 2015, Allg. PersönlRecht Rdnr. 40.

24 Dazu *Klöhn/Schmolke*, NZG 2015, 691 ff.; *H. P. Westermann*, in: FS Karakostas, 2017, S. 1531 ff.

25 Zu den Folgen der Urteile BGH v. 29.1.2001 – II ZR 331/00, BGHZ 146, 341; BGH v. 27.9.1999 – II ZR 371/98, BGHZ 142, 315, 319 = GmbHR 1999, 1134, s. etwa *Beuthien*, NJW 2005, 855 ff.; *H. P. Westermann*, in: FS Konzen, 2006, S. 957 ff.; *Buchner*, in: FS Georgiadis, 2006, S. 609 ff.; *Beuthien*, NZG 2011, 481; *Altmeppen*, NJW 2011, 1905 ff.

26 Aus dem früheren Schrifttum zur GmbH bereits *A. Hueck*, ZHR 83 (1920), 32 ff.; *Feine*, S. 51; s. weiter *Fabricius*, Relativität der Rechtsfähigkeit, S. 61 ff.; *H. P. Westermann*, Vertragsfreiheit, S. 7 f.

27 *Flume*, Personengesellschaft, § 7 I (S. 89 f.); zum Verhältnis zur Rechtsfähigkeit grundlegend *Mülbert*, AcP 199 (1999), 38, 48 f.

aa) Die Mitgliedschaft als Rechtsverhältnis unter den Gesellschaftern und als subjektives Recht

Die vermögensrechtlichen und die auf Mitwirkung an der gesellschaftlichen Willensbildung gerichteten Rechte jedes Gesellschafters sind gedanklich zusammengefasst in der **Mitgliedschaft**[28], die durch den Erwerb eines Geschäftsanteils begründet und durch seine Veräußerung oder Einziehung (§ 34) verloren wird. Aus der Mitgliedschaft folgen auch Pflichten, etwa auf Leistung der Einlage, des Gesellschafters gegenüber der Gesellschaft. Trotz der dem Verband verliehenen eigenen Rechtspersönlichkeit besteht auch ein **internes Rechtsverhältnis unter den Gesellschaftern**, aus dem auch konkrete Pflichten im Hinblick auf die Erreichung des Verbandszwecks und Sanktionen bei Pflichtverletzung folgen können[29]. Internes Gesellschaftsverhältnis und externe Rechtsfähigkeit schließen sich nicht aus, die Verbandsorganisation hat allenfalls Einfluss auf die Intensität, nicht auf das Bestehen eines Rechtsverhältnisses und einer Treupflicht unter den Mitgliedern sowie zwischen Mitglied und Gesellschaft[30]. Freilich kann die Gesamtheit der Teilhaberechte an der Verbandsorganisation zwar durch einen Individualvertrag (im Rahmen von Gründung und Beitritt) begründet[31], aus ihm allein aber nicht mehr vollständig erklärt werden, da die Rechte und Pflichten des Verbandsmitglieds bis zu einem gewissen Grade von seinem Willen unabhängig durch Gesetz, Satzung oder auch tatsächliche Handhabung im Gesellschaftsleben konkretisiert und modifiziert werden können.

7

bb) Die Treupflicht

Wegen der verhältnismäßig engen Interessenverknüpfung zwischen der Gesellschaft und ihren Gesellschaftern, aber auch der Gesellschafter untereinander, ist dem Grunde – nicht der Ausdehnung im Einzelfall – nach die Anerkennung einer Treupflicht des Gesellschafters in beiden Richtungen unproblematisch. Die mitgliedschaftliche Treupflicht gehört zu den wichtigsten Quellen der **Beschränkung** willkürlicher **Ausübung** von Mitgliedschaftsrechten, aber auch des Entstehens konkreter Einzelpflichten, auch außerhalb positiver gesetzlicher Regelung. Sodann ist sie eines der flexibelsten Instrumente der Reaktion der Rechtsprechung auf drohende oder bereits geschehene Interessenverletzungen der Gesellschafter und der Gesellschaft im GmbH-Recht[32]. Gegenüber der allgemeinen privatrechtlichen Bindung an die Anforderungen von Treu und Glauben (§ 242 BGB) weist die gesellschaftsrechtliche Treupflicht eine gesteigerte Intensität auf, namentlich durch die bisweilen anerkannte Zumutung, die Verfolgung eigener Interessen und die Durchsetzung individueller Sachentscheidungen hinter das Unternehmenswohl, aber auch hinter gewichtige Interessen der Mitgesellschafter zurückzustellen[33].

8

---

28 Grundlegend zur Mitgliedschaft als subjektives Recht *Lutter*, AcP 180 (1980), 86 ff.; *Habersack*, Die Mitgliedschaft – subjektives und „sonstiges" Recht, 1996, S. 62 ff.; zur Gegenansicht *Hadding*, in: FS Steindorff, 1990, S. 31 ff.; krit. besonders zum Deliktsschutz der Mitgliedschaft *Hadding*, in: FS Kellermann, 1991, S. 91 ff.; Diskussion bei *Beuthien*, AG 2002, 68.

29 *Ulmer*, in: Ulmer/Habersack/Löbbe, Einl. A Rdnr. 35; *J. Schmidt*, in: Michalski u.a., Syst. Darst. 1 Rdnr. 27; zur Mitgliedschaft als Grundelement des korporativen Denkens *Karsten Schmidt*, ZGR 2011, 108, 113 f.

30 Vgl. *Wiedemann*, GesR I, § 2 I 1; *Ulmer*, in: Ulmer/Habersack/Löbbe, Einl. A Rdnr. 36.

31 Etwas weitergehend *Habersack*, Die Mitgliedschaft, 1996, S. 78.

32 Grundlegend hierzu *Lutter*, AcP 180 (1980), 86, 102 ff.; *Winter*, Mitgliedschaftliche Treubindungen im GmbH-Recht, 1988, S. 43 ff.; *Immenga*, in: FS 100 Jahre GmbHG, 1992, S. 189 ff.; *Karsten Schmidt*, GesR, § 35 I 2; s. auch *Weller*, in: Liber amicorum Martin Winter, 2011, S. 755 ff.; zur Klagbarkeit der Treupflichten *Weller*, Die Vertragstreue, 2009, S. 268 ff. *Wiedemann*, in: FS Heinsius, 1991, S. 949 ff., will den Gedanken der Treupflicht aufteilen und zwischen mitgliedschaftlichen, organschaftlichen und mehrheitsbezogenen Treupflichten unterscheiden.

33 Zur Wahrnehmung eigennütziger Gesellschafterrechte, positiven und negativen Stimmrechten, Verschwiegenheitspflichten, Unterlassung von Wettbewerb anhand neuester Judikatur eingehend *Hippeli*, GmbHR 2016, 1257 ff.

Das kann zur Ausbildung von **Verhaltenspflichten** und Loyalitätsanforderungen an Gesellschafter führen, ferner zu Begrenzungen der Mehrheitsmacht und zur Entwicklung von Mitwirkungspflichten (auch der Minderheit) im Zusammenhang mit der Anpassung der Satzung und anderer Ordnungen an veränderte tatsächliche und rechtliche Umstände[34]. Das gilt auch für Formulierungen wie die fortwährende Verpflichtung auf den gemeinsamen Vertragszweck und die Unterlassung aller Handlungen, die dessen Verwirklichung hindern oder gefährden können[35], die man als Leistungstreuepflichten und Unterlassungspflichten zusammenfassen kann. Solche bestehen nicht nur bei unternehmensbezogenen und alltäglichen Entscheidungen, sondern auch in Bezug auf Struktur- und Vertragsänderungen sowie im Rahmen der Gewinnverwendung, wo Ausschüttungs- und Thesaurierungsinteressen abgewogen werden müssen[36]. Eine große Rolle spielt die Treupflicht auch bei der Begründung eines Wettbewerbsverbots für Gesellschafter und Geschäftsführer, das ja – im Gegensatz zur Personengesellschaft – nicht kodifiziert ist (s. hierzu § 14 Rdnr. 64 ff.), wobei sich freilich für die Rechtsgrundlage wie für die Intensität der Pflichtenbindung Unterschiede zwischen dem „organschaftlichen" Wettbewerbsverbot für Geschäftsführer und Vorstände und der mitgliedschaftlichen Verhaltenspflicht ergeben[37]. Einen besonderen Tatbestand stellt schon wegen der Schwierigkeiten der Rechtsfolgenbestimmung die treupflichtwidrige Stimmrechtsausübung dar[38], obwohl das Gesetz Stimmverbote nur in der tatbestandlich eng umrissenen Norm des § 47 Abs. 4 kennt und nicht etwa – worüber allerdings manchmal nachgedacht wird – solche Verbote allgemein bei Vorliegen von Interessenkollisionen erlässt[39]; anerkannt ist aber die ganz einzelfallbezogene Kategorie des pflichtwidrigen Stimmverhaltens (s. hierzu 11. Aufl., § 47 Rdnr. 29 ff.)[40]. Im Einzelnen ist dies immer auch im Zusammenhang mit den gesellschaftsrechtlichen Instrumenten des **Minderheitenschutzes** zu sehen (Rdnr. 14, 15). Wegen der grundsätzlichen Treupflichtbindung von Mehrheit wie Minderheit kann auch ein generell von der Organisationsverfassung gedeckter Beschluss im Einzelfall, etwa wegen des Erstrebens gesellschaftsfremder Sondervorteile[41], angreifbar sein. Eine Treupflichtverletzung kann auch Ansprüche begründen oder den Anlass für eine Gestaltungsklage bilden. Die Treupflicht hat schließlich eine erhebliche Rolle gespielt, als es darum ging, Verhaltensanforderungen an eine **konzernverbundene Gesellschaftermehrheit** und Klagerechte für die dadurch geschädigte oder bedrohte Minderheit zu entwickeln; hierfür steht besonders das ITT-Urteil des BGH, das als Ausgangspunkt eines nicht kodifizierten Konzernrechts der GmbH gesehen wurde, allerdings als fortbildungsbedürftig empfunden werden kann[42]. Die Treupflicht im Konzern kann

---

34 Zu den Grundlagen *Winter*, Mitgliedschaftliche Treubindungen im GmbH-Recht, 1988, S. 175 ff.; *Armbrüster*, ZIP 1997, 261, 266. Treue- und – fast eine sprachliche Neuschöpfung – Aufopferungspflichten können sich vor allem im Hinblick auf Sanierungsmaßnahmen ergeben, dazu näher *Bitter*, ZGR 2000, 147 ff.; *H. P. Westermann*, NZG 2016, 9 ff.
35 BGH v. 26.1.1961 – II ZR 240/59, NJW 1961, 724; zu Zustimmungspflichten BGH v. 28.4.1975 – II ZR 16/73, BGHZ 64, 253.
36 Im Einzelnen dazu *Einhaus/Selter*, GmbHR 2016, 1177 ff.
37 Näher *Weller*, ZHR 175 (2011), 110, 127 f.
38 Dazu als allgemeiner Erscheinung *Henze* und *Windbichler*, in: Henze/Timm/H. P. Westermann, Tagungsband Gesellschaftsrecht 1995, 1996, S. 1 ff., 23 ff.
39 Grundlegend hierzu *Schäfer*, ZGR 2014, 731, 741; *Zöllner*, Schranken mitgliedschaftlicher Stimmrechtsmacht, S. 155 f.; z.T. anders *Lutter*, in: FS Canaris, 2007, Bd. II, S. 245 ff.
40 Im Einzelnen zu verschiedenen Typen *Hüffer/Schürnbrand*, in: Ulmer/Habersack/Löbbe, § 47 Rdnr. 204.
41 Dazu näher *Flume*, ZIP 1996, 161 f. Hier ist auch der Fall der Befreiung eines Gesellschafters von einem statutarischen Wettbewerbsverbot durch Mehrheitsbeschluss einzuordnen, BGH v. 16.2.1981 – II ZR 168/79, BGHZ 80, 69, 73 f. = GmbHR 1981, 189; dazu eingehend *Pietzcker*, Wettbewerbsverhalten in Unternehmensgruppen, 1996, S. 38 ff., 179 ff. Zur Treupflichtbindung von Minderheitsgesellschaftern, die in der Literatur oft vernachlässigt wird, s. *Bungert*, DB 1995, 1749 ff.; *Göbel*, Mehrheitsentscheidungen in Personengesellschaften, 1992, S. 201 ff.
42 BGH v. 5.6.1975 – II ZR 22/74, BGHZ 65, 18 ff.; s. dazu *Schilling*, BB 1975, 1491; *Ulmer*, NJW 1976, 192 f.; *Wiedemann*, JZ 1976, 384; *E. Rehbinder*, ZGR 1976, 386, 391; *H. P. Westermann*, GmbHR

auch gegenüber einer ehemals konzernverbundenen Gesellschaft bestehen[43]. Ein derartiges Lösungsmodell stößt freilich an gewisse Grenzen, wenn man sich nicht entschließen kann, eine Treupflicht auch des einzigen Gesellschafters gegenüber der Gesellschaft anzunehmen, der dann ein gewisses Eigenleben zugestanden ist[44], im Einzelnen s. Anh. § 13 Rdnr. 117 ff. Der Realisierung von gesellschaftsrechtlichen Treupflichten im Prozess können sich Bedenken gegen die uneingeschränkte Klagbarkeit einzelner derartiger Pflichten entgegenstellen[45].

cc) Die Einmann-Gesellschaft

Eine formal-rechtstechnische Betrachtung der juristischen Persönlichkeit erlaubt die Anerkennung einer Einmann-Gesellschaft, obgleich eine organisierte Verbandsperson hier fehlt. Die Einmann-Gesellschaft, die praktisch sehr verbreitet ist, bedeutet eine Inkorporation der Haftungsbeschränkung und einen Verzicht auf eine überindividuelle Zwecksetzung[46]. Die Unterschiede in Bezug auf die fehlende effektiv gehandhabte Verbandsorganisation begründen nicht mehr als eine Relativierung der der juristischen Persönlichkeit an sich gemäßen Trennung von GmbH und Gesellschafter mit Rücksicht auf den Zweck der jeweils zur Anwendung stehenden Gesetzesnorm. Positiv-rechtlich ist das Problem auch unter dem Einfluss der Ein-Personen-Gesellschafts-Richtlinie, die in Deutschland nur ganz geringfügige Modifikationen nötig machte[47], weitgehend bewältigt. Die früher gesehene Schwierigkeit, dass der Gesellschafter bei einer Einmann-Gründung vor Eintragung eine Sicherheit für ausstehende Bareinlagen stellen sollte, ist durch die Aufhebung des § 7 Abs. 2 Satz 2 im Zuge des MoMiG erledigt; zur Behandlung der Einmann-Gründung s. im Übrigen § 11 Rdnr. 164 ff. Eine besonders zugespitzte Anforderung an die rechtskonstruktive Leistungsfähigkeit der Rechtsfigur der juristischen Persönlichkeit bedeutet die Sonderform der **„Keinmann-GmbH"**, s. dazu § 33 Rdnr. 44.

9

dd) „Durchgriff" durch die juristische Person

Die vermögensrechtliche Selbständigkeit der juristischen Person und die Trennung ihrer Rechtssphäre von derjenigen ihrer Gesellschafter ist als normative Erscheinung von bestimmten Voraussetzungen abhängig und wird als Prinzip nicht aufgegeben, auch wenn die Vorstellung von der Selbständigkeit der juristischen Person nicht in jeder Rechtsfrage gleichermaßen strikt durchgehalten wird. Vielmehr gibt es Konstellationen, in denen Rechtsprechung und Wissenschaft Rechte und Pflichten, die sich zunächst allein auf die Gesellschaftssphäre beziehen, mit einem Bezug zum Privatvermögen der Gesellschafter versehen. Beispiele können etwa sein die Prüfung eines möglichen gutgläubigen Erwerbs eines Grundstücks von der nur buchberechtigten Gesellschaft durch einen Gesellschafter, der Geschäftsführer der Gesellschaft ist, oder die Frage der Vernehmung eines Gesellschafters als Zeuge im Prozess der Gesellschaft,

10

1976, 77. Zu den Treupflichten als Grenzen einer Verbundintegration und Verbundleitung in der Unternehmensgruppe *Tröger*, Treupflicht im Konzernrecht, 1999, S. 65 ff.

43 Dazu näher *H. P. Westermann*, in: Festheft Knauth, Beil. ZIP 22/2016, 85 ff.

44 Dazu *Wiedemann*, GmbHR 2011, 1009-1011 zum Urteil BGH v. 29.3.1999 – II ZR 265/91, BGHZ 122, 123 – TBB; ablehnend *Lutter*, ZIP 1985, 1425, 1428; *Semler*, in: FS Goerdeler, 1987, S. 551, 558 f.; *Röhricht*, WPg 1992, 766, 784; a.M. *Wilhelm*, Rechtsform und Haftung, S. 330 ff.; *Ulmer*, ZHR 148 (1984), 391, 418; zum Problem auch *Priester*, ZGR 1993, 512 ff.; *Winter*, ZGR 1994, 570.

45 Näher dazu *Weller*, in: Liber amicorum Martin Winter, 2011, S. 755 ff.

46 Sie hatte allerdings schon vor ihrer gesetzlichen Zulassung der Praxis keine unüberwindlichen Probleme verursacht, *Zöllner*, JZ 1992, 382.

47 Richtlinie 89/667/EWG v. 21.12.1989, dazu Gesetz vom 18.12.1991 (BGBl. I 1991, 2206); dazu *Schimmelpfennig/Hauschka*, NJW 1992, 942 ff.; *Fleischer*, in: MünchKomm. GmbHG, Einl. Rdnr. 267; rechtsvergleichend *Lutter*, in: FS Brandner, 1996, S. 81 ff.

ferner – so genannter Haftungsdurchgriff – die persönliche Haftung eines Gesellschafters für Verbindlichkeiten der GmbH, diese wiederum zu unterscheiden von der vielleicht als „Ausgleichshaftung" zu bezeichnenden Haftung der Gesellschafter gegenüber der Gesellschaft wegen Verantwortlichkeit für die mangelnde Solvenz[48]. Konstruktiv anders einzuordnen sind – ebenfalls recht heterogene – Fälle eines „Zurechnungsdurchgriffs", bei dem Kenntnisse oder subjektive Verhältnisse einem Gesellschafter oder – bei der Bewilligung von Prozesskostenhilfe – seine Vermögensverhältnisse der Gesellschaft zugerechnet werden[49], näher § 13 Rdnr. 75 ff. Bei einer Personengesellschaft, die Vermieterin einer Wohnung war, wurde der Eigenbedarf eines der Gesellschafter als relevant angesehen[50]. Voraussetzungen und Rechtsfolgen solcher „Durchgriffs"-Lösungen unterscheiden sich so grundlegend, dass die Bezugnahme auf das Vorstellungsbild des „Durchgriffs" über den genauen rechtlichen Inhalt nichts aussagt[51]. Die Rechtsprechung hat es von jeher abgelehnt, sich auf ein bestimmtes theoretisches Konzept festzulegen, auch nicht für den gerade im GmbH-Recht wichtigen Haftungsdurchgriff auf Gesellschafter, was sich vor allem auch im Konzernrecht auswirkt[52]. „Durchgriff" als Anspruchsgrundlage gibt es somit nicht, sondern nur Urteile über Umstände, unter denen die Trennung der Vermögenssphären von juristischer Person und Gesellschaftern eine Falllösung nicht mehr entscheidend zu bestimmen vermag.

11 Hinter Durchgriffsversuchen kann die Annahme einer im Einzelfall gegebenen **objektiven** Normwidrigkeit der Trennung von juristischer Person und Gesellschafter oder eines **subjektiven** Missbrauchs von Gestaltungsformen stehen, die sich allerdings nicht ausschließen[53]. Rein praktisch hat sich die Ansicht weitgehend durchgesetzt, dass die Kombination von weitgehender Freiheit in der Bestimmung des haftenden Kapitals und des Ausschlusses der Gesellschafter von der Schuldenhaftung trotz der bei der GmbH stark betonten Rigidität der Kapitalaufbringung und des Kapitalschutzes gegenüber Auskehrungen an Gesellschafter aus der Sicht des Gläubigerschutzes Lücken aufweist; zur Gesellschafterhaftung und zum Haftungsdurchgriff unter diesem Gesichtspunkt s. § 13 Rdnr. 55 ff., 91 ff., zur heute stärker betonten Haftung wegen eines **existenzvernichtenden Eingriffs** in das Gesellschaftsvermögen, durch die ein mittelbarer Gläubigerschutz aus der Binnenhaftung der Gesellschafter abgeleitet wird, s. § 13 Rdnr. 153 ff. Allerdings sind die Maßstäbe und Rechtsfolgen eines existenzvernichtenden Ein-

---

48 Zu dieser Unterscheidung *Zöllner*, in: FS Konzen, 2006, S. 999, 1004.
49 Zum zweiten BGH v. 5.11.1985 – X ZR 23/85, GmbHR 1986, 315 = NJW 1986, 2058; zur Wissenszurechnung *Reuter*, ZIP 2017, 310 ff.
50 BGH v. 14.12.2016 – VIII ZR 232/15, ZIP 2017, 122.
51 Gegen ein einheitliches Rechtsinstitut des Durchgriffs auch *Wilhelm*, Rechtsform und Haftung bei der juristischen Person, 1981, S. 285 ff.; *Flume*, Juristische Person, Bd. I 2, S. 63 ff. Zwischen „echten" Durchgriffslehren und Zurechnungs-, Auslegungs- und Normzweckmethoden unterscheidet *Karsten Schmidt*, GesR, § 9 II 1, 2, der (§ 9 IV 5) Lösungen über eine auch den Gläubigern zugute kommende Binnenhaftung der Gesellschafter bevorzugt. Ähnliche Unterscheidungen schon zum Haftungsdurchgriff bei *Th. Raiser*, in: FS Lutter, 2000, S. 637, 639 f.
52 RGZ 99, 232, 234; RGZ 104, 128; BGH v. 30.1.1956 – II ZR 168/54, BGHZ 20, 4, 14; BGH v. 8.7.1970 – VIII ZR 28/69, BGHZ 54, 222, 224; BGH v. 13.1.1973 – VI ZR 53/72, BGHZ 61, 383; BGH v. 4.5.1977 – VIII ZR 298/75, BGHZ 68, 314; BGH v. 5.11.1980 – VIII ZR 230/79, BGHZ 78, 318, 333; *Stimpel*, in: FS Goerdeler, 1997, S. 604 ff.; zu den Methodenfragen beim Haftungsdurchgriff *Ehricke*, AcP 199 (1999), 257 ff.; *Boujong*, in: FS Odersky, 1996, S. 739 ff.; *Zöllner*, in: FS Konzen, 2006, S. 999, 1006 ff. Zur Entwicklung der Existenzvernichtungshaftung im Konzern *Tröger/Dangelmayer*, ZGR 2011, 558 ff.
53 *Kuhn*, Strohmann-Gründung bei Kapitalgesellschaften, 1964; *Immenga*, Die personalistische Kapitalgesellschaft, S. 405 ff.; *Erlinghagen*, GmbHR 1962, 561. Diese sprachen sich für eine objektiv-institutionelle Sichtweise aus; s. dazu auch *Fastrich*, in: Baumbach/Hopt, § 13 HGB Rdnr. 10, während bei *Serick*, Rechtsform und Realität, S. 2 ff.; *Stauder*, GmbHR 1968, 70, eher ein subjektiver Ansatz verfolgt wurde; zu einer die strikte Trennung von juristischer Person und Gesellschaften relativierenden Betrachtung näher *Wiedemann*, GesR I, § 4 III.

griffs und der Vermischung von Gesellschafts- und Gesellschaftervermögen[54] noch immer in einer auch rechtspolitisch bedingten Bewegung.

Die Trennung zwischen der GmbH und ihrem Gesellschafter kann sich auch zum Nachteil des letzteren auswirken, wenn nach einer Schädigung des Gesellschaftsvermögens die Interessen des Gesellschafters durch den Schadensersatzanspruch der GmbH nicht befriedigend ausgeglichen werden können. Da der Gesellschafter den Einsatz einer selbständigen Rechtsperson zum Betrieb seiner Geschäfte selbst gewollt hat, wird er i.d.R. nicht persönlich als Anspruchsteller oder Bezugsperson für die Schadensberechnung auftreten können[55]. Es kann aber Konstellationen eines sog. **„gesellschafterfreundlichen Durchgriffs"** geben, indem dem Alleingesellschafter gestattet wird, wegen der Schädigung des Gesellschaftervermögens einen eigenen Schadensersatzanspruch zu erheben. So konnte aufgrund schadensrechtlicher Erwägungen ein durch Unfall arbeitsunfähig gewordener Alleingesellschafter einen Schadensersatzanspruch in Höhe des weitergezahlten Geschäftsführergehalts geltend machen und dadurch verhindern, dass den Schädiger das Auseinanderklaffen von natürlicher und juristischer Person entlastet[56]. Hier kommen freilich auch gesicherte zivilrechtliche Institute wie die Drittschadensliquidation als Lösungskonzept in Betracht (s. § 13 Rdnr. 182), die allerdings auch an Grenzen stoßen, etwa dann, wenn einem klagenden Gesellschafter das Risiko eines Scheiterns der fälschlich im eigenen Namen erhobenen Schadensersatzklage abgenommen werden soll oder wenn der Schaden im Gesellschaftsvermögen als einem in besonderer Form verwalteten Teil des Gesellschaftervermögens aufgetreten ist[57]. Diese Berücksichtigung von Reflexschäden stimmt allerdings kaum mit den recht vorsichtigen Erwägungen zum Haftungsdurchgriff gegen den Gesellschafter überein. Vertreten wird daneben auch, dass eine Schädigung der Gesellschaft zugleich das im Gesellschaftsanteil verkörperte Vermögen des Gesellschafters beeinträchtige, so dass ihm ein eigener Ersatzanspruch zustehe[58]. Auch dabei wird ein allgemein-zivilrechtliches Institut für die Bewältigung der aus rechtstechnischen Gründen für notwendig gehaltenen Verselbständigung der juristischen Person von den Personen und dem Vermögen ihrer Träger nutzbar gemacht. Insoweit zeigt sich, dass die eigene juristische Persönlichkeit eines Personenverbandes als eine Zweckschöpfung der positiven Rechtsordnung relativierenden Lösungen im Rahmen ihrer legislatorischen Zielsetzung zugänglich ist.

c) Die Drittorganschaft

Die Verfassung der GmbH ist durch das Erfordernis mindestens zweier Organe gekennzeichnet, wobei der Geschäftsführer das stets notwendige Handlungsorgan darstellt (§ 6 Rdnr. 3), während die Gesellschafterversammlung trotz der Möglichkeit gewisser satzungsmäßiger Beschränkungen ihres Zuständigkeitsbereichs oberstes Willensbildungsorgan bleibt, dessen Weisungen oder sonstige die Geschäftsführung betreffenden Beschlüsse den Geschäftsführer – von Ausnahmen wie Verstößen gegen die Kapitalerhaltung abgesehen[59] – binden. Eine zwin-

12

13

---

54 BGH v. 15.1.1986 – VIII ZR 6/85, NJW-RR 1986, 456; dazu *Lutter*, ZGR 1982, 251 f.; *Karsten Schmidt*, GesR, § 9 IV 2; s. auch die Fallstudie bei *H. P. Westermann*, AG 1985, 201. Im Einzelnen § 13 Rdnr. 131 ff.

55 *Karsten Schmidt*, GmbHR 1974, 179; *Kowalski*, Der Ersatz von Gesellschafts- und Gesellschafterschaden, 1990, S. 32 ff.

56 BGH v. 3.4.1962 – VI ZR 162/61, GmbHR 1962, 134; BGH v. 9.3.1971 – VI ZR 158/69, GmbHR 1971, 137 = JR 1971, 329 mit Anm. *Schwerdtner*.

57 BGH v. 13.11.1973 – VI ZR 53/72, BGHZ 61, 380 und *Bauschke*, BB 1974, 429; noch weitergehend BGH v. 8.2.1977 – VI ZR 249/74, NJW 1977, 1283, wo wegen Verletzung des Gesellschafters der Gesellschaft ein Anspruch zugebilligt wurde.

58 *Lieb*, in: FS R. Fischer, 1979, S. 385 ff.; Analyse der Rechtsprechung hierzu bei *Müller*, in: FS Kellermann, 1991, S. 317 ff.

59 Überblick bei *Kleindiek*, in: Lutter/Hommelhoff, § 43 Rdnr. 64; hier 11. Aufl., § 64 Rdnr. 2 f., 15.

gende Verbindung zwischen Mitgliedschaft und Geschäftsführerstellung kennt das GmbHG nicht[60], die Zulässigkeit einer Drittorganschaft unter der Oberleitung durch die Gesellschafterversammlung wird als Schritt zur kollektivistischen Ausgestaltung der GmbH gedeutet[61]. Zwar sind auf diesem Wege die Mitglieder von der grundsätzlichen Mitarbeitspflicht entbunden, sie bleiben aber wegen ihrer Zugehörigkeit zum obersten Organ[62] der Gesellschaft, an dessen Entscheidungen sie schon kraft ihrer Treupflicht teilzunehmen haben (Rdnr. 8), tragende Kräfte der Gesellschaft, die somit wie die Personengesellschaften letztlich doch in Selbstverantwortung geleitet wird. Auch kann die Satzung den Gesellschaftern eine Pflicht zur Geschäftsführung auferlegen[63]. Trotz Zulässigkeit der Drittorganschaft im Geschäftsführungsbereich hat sich im Hinblick auf die Willensbildung der Gesellschaft das allgemeine gesellschaftsrechtliche Problem der Wahrung der „Verbandssouveränität"[64] gegenüber dem Einfluss von Aufsichts-, Kontroll- und Schlichtungsgremien aus nicht-gesellschaftsangehörigen Personen ergeben, so dass in der Praxis der Auslegung und Ausgestaltung der Gesellschaftsverträge manchmal zweifelhaft ist, inwieweit die Gesellschafterversammlung zu Gunsten eines Aufsichtsrats oder Beirats auf Kompetenzen verzichten kann und will, und ob sie nicht mindestens im Stande sein muss, diese Rechte wieder an sich zu ziehen[65]. Vorbehalte aus diesem Gesichtspunkt treffen auch Stimmbindungen gegenüber Dritten, Stimmrechtsvollmachten und -beschränkungen. Unabhängig hiervon wird rechtstatsächlich ein großer Teil der mittelständischen Unternehmen, die sich der Rechtsform der GmbH bedienen, von einem oder mehreren Gesellschafter/Geschäftsführern geleitet. Schließlich bedarf es in der GmbH kraft des Prinzips der Drittorganschaft stets eines besonderen **Bestellungsakts** für das Organ, der nach ganz h.M. von seinem Anstellungsvertrag zu trennen ist[66]. Von der Bestellung, die eines Beschlusses der Gesellschafterversammlung bedarf, zu unterscheiden ist eine Regelung, kraft derer ein einzelner Gesellschafter ein Sonderrecht auf Tätigkeit in der Geschäftsführung oder – wie häufig – ein Gesellschafterstamm ein Präsentationsrecht[67] hat.

13a Schon aufgrund seines Anstellungsvertrages unterliegt das Fremdorgan einer eigenständigen Treupflicht (Rdnr. 8), die sich nicht in einem Wettbewerbsverbot erschöpft, sondern so weit gehen kann, „außerdienstliches" Verhalten des Organs bis zu einem gewissen Grade auf die Belange der Gesellschaft auszurichten, und die ihm verbieten kann, im Geschäftsbereich der Gesellschaft eigene wirtschaftliche Interessen zu verfolgen. Auf dieser Linie liegt es auch, dass

---

60 *Ulmer*, in: Ulmer/Habersack/Löbbe, Einl. A Rdnr. 20.
61 *Fleischer*, in: MünchKomm. GmbHG, Einl. Rdnr. 26.
62 Zum Organbegriff im Gesellschaftsrecht *H. P. Westermann*, Vertragsfreiheit, S. 159 ff.; *Schürnbrand*, Die Organschaft im Recht der privaten Verbände, 2007, S. 30 ff.
63 *Ulmer*, in: Ulmer/Habersack/Löbbe, Einl. A Rdnr. 20; *Fleischer*, in: MünchKomm. GmbHG, Einl. Rdnr. 27.
64 Ausdruck von *Wiedemann*, in: FS Schilling, 1973, S. 105 ff.; s. auch *Priester*, in: FS Werner, 1984, S. 105, 111 ff.; differenzierend *Reuter*, in: FS Steindorff, 1990, S. 229, 236 f.
65 Näher *Beuthien/Gätsch*, ZHR 155 (1993), 483 ff.; *Fleck*, ZHR 149 (1985), 387 ff.; *Reuter*, in: FS 100 Jahre GmbH-Gesetz, 1992, S. 631 ff.; *Voormann*, Der Beirat im Gesellschaftsrecht, 2. Aufl. 1990; *Weber*, Privatautonomie und Außeneinfluss im Gesellschaftsrecht, 2000, S. 48 ff., 302 ff. Eine bedeutende Aufwertung kann ein fakultativer Aufsichtsrat erfahren, wenn er nach den Grundsätzen des Corporate Governance Kodex zu arbeiten, insbesondere die Geschäftsführung zu überwachen hat, dazu im Einzelnen *E. Vetter*, GmbHR 2011, 449 ff.
66 *Zöllner/Noack*, in: Baumbach/Hueck, § 35 Rdnr. 16; etwas weitergehend im Sinn eines einheitlichen Rechtsverhältnisses *Baums*, Der Geschäftsleitervertrag, 1987, S. 33 ff.; Diskussion bei *Paefgen*, in: Ulmer/Habersack/Löbbe, § 35 Rdnr. 17 ff.
67 Zur satzungsmäßigen Begründung eines Bestellungsrechts BGH v. 4.10.1973 – II ZR 31/71, WM 1973, 1295; OLG Hamm v. 8.7.1985 – 8 U 295/83, ZIP 1986, 1188 mit Anm. *Lutter*; BGH v. 10.10.1988 – II ZR 3/88, WM 1989, 250 mit Anm. *H. P. Westermann*, WuB II C, § 46 GmbHG 1/89.

der Geschäftsführer eine langjährig gehandhabte Geschäftspolitik nicht ohne die Zustimmung der Gesellschafterversammlung ändern und sich dabei insbesondere nicht mit der Zustimmung des Mehrheitsgesellschafters begnügen darf[68], so wenig wie er andererseits den Gesellschaftern oder auch nur dem Alleingesellschafter Informationen vorenthalten darf[69].

d) Das Mehrheitsprinzip

Ein zentrales Strukturelement, insbesondere bei der Auslegung von Gesellschaftsverträgen, ist das für die Willensbildung innerhalb der Gesellschaft grundsätzlich geltende Mehrheitsprinzip, wobei nach § 47 Abs. 2 die Mehrheit der abgegebenen Stimmen **auf Kapitalgrundlage** ermittelt wird. Hierin liegt auf den ersten Blick ein bedeutender Unterschied zum Personengesellschaftsrecht, doch kann angesichts der rechtstatsächlichen Entwicklung dieses Gebiets der Mehrheitsgrundsatz nicht mehr als ausgesprochen kapitalgesellschaftsrechtlich bezeichnet werden[70], sondern erweist sich als passend und notwendig für alle Gruppen, die langfristig und möglicherweise über die Lebensdauer bestimmter Personen hinaus zusammenbleiben sollen. Tatsächlich begegnet auch die Aufteilung der Geschäftsanteile von einzelnen Gesellschaftern und Gesellschafterstämmen im prozentualen Verhältnis 51: 49 so häufig, dass daraus Rückschlüsse auf das Bewusstsein vom Wert der Entscheidungsbefugnis gezogen werden können, die mit einer auch noch so knappen Mehrheit verbunden ist. Das Gesetz schreibt nämlich qualifizierte Mehrheiten nur in §§ 53, 60 Abs. 1 Nr. 2 vor; zur Frage, inwieweit mit Rücksicht auf die Bedeutung eines Beschlussgegenstandes auch ohne Satzungsvorschrift eine Dreiviertelmehrheit erforderlich ist, s. § 47. Die Möglichkeit mehrheitlicher Entscheidung betrifft grundsätzlich auch Beschlüsse mit weit tragenden Folgen wie die Auflösung der Gesellschaft. Doch bildet die gesellschaftliche **Treupflicht** eine allgemeine Grenze der Freiheit der Stimmrechtsausübung, die auch im Kapitalgesellschaftsrecht wirksam ist (s. näher schon Rdnr. 8).

14

Die aus § 53 Abs. 2 ersichtliche Möglichkeit **satzungsändernder Beschlüsse mit Stimmenmehrheit** hebt die normal-typische GmbH vom Vorstellungsbild der engen Arbeitsgemeinschaft einer kleinen Gesellschaftergruppe ab[71]. Abgesehen von den allgemeinen Grenzen der Mehrheitsherrschaft unter dem Aspekt der Treupflicht (Rdnr. 8), die in Ermangelung eines expliziten gesetzlichen Minderheitenschutzes hierfür herhalten muss, wird von manchen Autoren an eine mehrheitliche Satzungsänderung in grundlegenden Fragen, also etwa eine Umstrukturierung der Gesellschaft durch Mehrheitsentscheidung, ein **Austrittsrecht** der überstimmten Gesellschafter geknüpft, dies jedenfalls dann, wenn die Geschäftsanteile nicht ohne Zustimmung der Gesellschafter veräußerlich sind[72]. Dies wird bei beständiger Majorisierung eines Gesellschafters in Betracht kommen, wenn diese den Rang eines „wichtigen Grundes" annimmt, wofür die bloße Vinkulierung aber nicht ausreicht[73]; im Übrigen darf auch kein anderes Mittel zur Verfügung stehen, um die Lage des Minderheitsgesellschafters zu verbes-

15

---

68 BGH v. 25.2.1991 – II ZR 76/90, GmbHR 1991, 197; das Urteil hält allerdings ein solches Verhalten des Geschäftsführers nicht ohne weiteres für einen Kündigungsgrund, hierzu krit. *Kort*, ZIP 1991, 1274 ff.

69 OLG Frankfurt v. 24.11.1992 – 5 U 67/90, GmbHR 1994, 114 = DB 1993, 2324; OLG München v. 23.2.1994 – 7 U 5904/93, GmbHR 1994, 551 = DB 1994, 828.

70 S. auch *Hirte*, KapitalGesR, Rdnr. 1.15.

71 Rechtspolitische Kritik bei *Martens*, in: FS 100 Jahre GmbHG, 1992, S. 607, 614 f.

72 Zum Austrittsrecht s. *Röhricht*, in: FS Kellermann, 1991, S. 361, 378 ff.; *Fastrich*, in: Baumbach/Hueck, Anh. § 34 Rdnr. 22; zum Austritt wegen Verhaltens der Mitgesellschafter *Ulmer/Habersack*, in: Ulmer/Habersack/Löbbe, Anh. § 34 Rdnr. 54.

73 OLG Hamm v. 28.9.1992 – 8 U 9/92, GmbHR 1993, 656 f.; *Altmeppen*, in: Roth/Altmeppen, § 60 Rdnr. 108.

sern[74]. Nicht durchgesetzt hat sich, auch weil Mehrheitsherrschaft im Grundsatz legitim ist, die Forderung nach einem nicht von einem wichtigen Grund abhängigen Austrittsrecht[75].

e) Aufbringung und Erhaltung des Stammkapitals

16 Die Mitgliedschaft in der GmbH ist vom Gesetz zunächst auf der Kapitalbeteiligung, die Gründung der Gesellschaft demnach auf der **Aufbringung des Stammkapitals** aufgebaut worden. Das entspricht kapitalgesellschaftsrechtlichem Denken[76], das zwar nicht zu einer Pflicht zur Bildung eines für die unternehmerischen Zwecke der Gesellschaft ausreichenden Stammkapitals geführt hat, wohl aber im Zuge der Solidarhaftung jedes Gesellschafters für die Einlagepflichten der anderen (§ 24), die sich auch in der Haftung für unzulässige Ausschüttungen von Gesellschaftsvermögen an Gesellschafter im Rahmen der §§ 30, 31 Abs. 3 niederschlägt, das unternehmerische Risiko jedes Gesellschafters charakteristisch erhöht. Dem Bemühen des Gesetzes um effektive Aufbringung des Kapitals bei Gründung und Kapitalerhöhung dienen zum einen das Aufrechnungsverbot für den Gesellschafter (§ 19 Abs. 2 Satz 2) und die der Gesellschaft auferlegte Beschränkung der Aufrechnungsmöglichkeit auf liquide und vollwertige Forderungen des Gesellschafters[77]. Am Grundsatz der realen Kapitalaufbringung scheitert dann auch die Einlagefähigkeit der Verpflichtung zu eigenen Dienstleistungen[78] – charakteristisch anders als in der OHG –, das Aufrechnungsverbot verhindert auch eine bei der Gründung von Personengesellschaften zulässige und keineswegs seltene Vereinbarung wie die „Einbringung" von Arbeitsleistungen an Stelle eines Kapitalbeitrages[79].

17 In diesem Bereich hat die Rechtsprechung den Gläubigerschutz gegen bedenkliche Finanzierungspraktiken bedeutend verstärkt. Dabei wurde die an sich durch das Haftungsprivileg im Gesetz weniger betonte Verantwortung der Gesellschafter als Mitunternehmer[80] deutlich akzentuiert. Ausdruck dieses Bestrebens sind die im Zusammenhang mit der Bindung kapitalersetzender Gesellschafterdarlehen entwickelte Finanzierungsverantwortung bzw. auch Finanzierungsfolgenverantwortung (dazu 11. Aufl., Anh. § 64 Rdnr. 16 f.) sowie die Haftung eines beherrschenden Gesellschafters für die Auswahl ungeeigneter Führungskräfte, die zwar nichts mit Finanzierung zu tun haben muss, aber doch einigen Tendenzen entgegenwirken könnte, die unternehmerische Verantwortung in Krisensituationen weitgehend bei der Geschäftsführung abzuladen. Die Tendenzen der Judikatur werden überwiegend geteilt[81], um ein Gegengewicht gegen die bekannte Kapitalschwäche der GmbH und das Haftungsprivileg der Gesellschafter schaffen zu können. Bisweilen tauchte aber doch die Frage auf, ob nicht die Perfektion des Gläubigerschutzes mit zahlreichen als durchaus drakonisch empfundenen Ergebnissen zu weit geht[82]. So bei Doppelzahlung von Einlagen, bei mehrfacher Erstattung ei-

---

74 OLG Karlsruhe v. 25.4.1984 – 6 U 20/84, BB 1984, 2015, 2016; *Sosnitza*, in: Michalski u.a., Anh. § 34 Rdnr. 50; *Ulmer/Habersack*, in: Ulmer/Habersack/Löbbe, Anh. § 34 Rdnr. 55; zum Ganzen *Goette*, DStR 2001, 533, 540 f.

75 *Reuter*, Perpetuierung, S. 125 ff.; *Immenga*, S. 77 ff.; s. auch *Wiedemann*, NJW 1964, 282 in Bezug auf die nachträgliche Vinkulierung von Anteilen; noch weiter gehend *Reuter*, GmbHR 1977, 77 ff.; bei Nebenleistungsgesellschaften ebenso *Wiedemann*, Übertragung und Vererbung von Mitgliedschaftsrechten bei Handelsgesellschaften, 1965, S. 91; *Vollmer*, DB 1983, 95 f. Gegen eine Subsidiarität des Austrittsrechts gegenüber der Anteilsveräußerung *Röhricht*, in: FS Kellermann, 1991, S. 361, 374 ff.

76 Grundlegend dazu *Ballerstedt*, GmbHR 1967, 66 f.; *Raiser/Veil*, KapGesR, § 1 Rdnr. 2; *Wiedemann*, GesR I, § 2 I 3a.

77 BGH v. 13.10.1954 – II ZR 182/53, BGHZ 15, 52.

78 Im Einzelnen § 5 Rdnr. 48.

79 BGH v. 21.9.1978 – II ZR 214/77, GmbHR 1978, 268; zur steuerrechtlichen Behandlung BFH v. 9.6.1997 – GrS 1/94, GmbHR 1997, 851 = ZIP 1998, 471.

80 Hierzu und zum Folgenden *Wiedemann*, ZGR 2011, 183, 210 ff.

81 S. hier nur *Ulmer*, Richterrechtliche Entwicklungen im Gesellschaftsrecht 1973–1985, 1986, S. 9 ff.

82 S. etwa *Meilicke*, GmbHR 2003, 1271, 1273; *Grunewald/Noack*, GmbHR 2005, 189 f.; *H. P. Westermann*, ZIP 2005, 1849 ff.

nes ausgekehrten Betrages bei verbundenen Gesellschaften[83], bei Kumulation von Gründungsprüfung und Differenzhaftung – obwohl diese richterrechtliche Lösung in die Gesetzesnovelle von 1980 eingegangen ist[84] –, bei der „Mantelverwendung", der Einzahlung einer Einlage auf ein debitorisches Konto der Gesellschaft[85], schließlich bei dem wahren Kosmos sich selbst fortzeugender Regelwerke der kapitalersetzenden Finanzierungsmittel[86]. Die insbesondere im letzteren Bereich, aber auch im Hinblick auf die Kapitalaufbringung durch Sacheinlagen[87] und auf die Finanzierungsinstrumente im Cash-Pool auch unter konzernrechtlichen Gesichtspunkten[88] aufgekommene Kritik hat wesentlich zu den grundlegenden Neuerungen des MoMiG beigetragen (dazu Rdnr. 53), wobei nicht verwundert, dass dessen Ergebnisse deutlicher Kritik aus dem Gesichtspunkt der Abschwächung des Gläubigerschutzes unterliegen[89]. Eine weitere Akzentuierung des Problemkreises etwa um die verdeckten Sacheinlagen ist durch die Einführung der **Unternehmergesellschaft (haftungsbeschränkt)** mit dem extrem niedrigen Stammkapital durch § 5a geschehen. Im gesamten Bereich ist zwar weniger an eine Durchgriffshaftung wegen Unterkapitalisierung gedacht, problematisch ist aber die Anwendung der die Folgen einer verdeckten Sacheinlage bestimmenden Anrechnungslösung gemäß § 19 Abs. 4, auch in ihrer Abgrenzung zum Hin- und Herzahlen[90], wobei es praktisch weniger um die Gründung der Gesellschaft als um ihre Umwandlung in eine „normale" GmbH durch Kapitalerhöhung geht (§ 5a Rdnr. 29).

Das alles ist als Charakteristikum der GmbH zu bezeichnen, wobei aber einige Ärgernisse im Hinblick auf die Ausstattung der Gesellschaften mit **Stammkapital** nicht behoben worden sind und vermutlich bestehen bleiben werden. So konnte das Problem der geringen Mindesteinzahlung bei Registereintragung (§ 7 Abs. 2) offensichtlich nicht durch Richterspruch gelöst werden; eine vorsorgende Kontrolle als Voraussetzung der Legitimität des Haftungsprivilegs der Gesellschafter würden auch höhere Beträge unter den bestehenden wirtschaftlichen Verhältnissen nicht gestatten. Die regelmäßig sofortige Investition der Mittel und die bekannt niedrigen Liquidationserlöse, ganz zu schweigen vom Verhältnis zwischen Höhe des Stammkapitals und regelmäßigem Ausfall in Insolvenzen, erwecken ohnehin große Zweifel, 18

---

83 BGH v. 24.9.1990 – II ZR 174/98, GmbHR 1990, 552 mit Anm. *H. P. Westermann*, WuB II C § 30 GmbHG 1/91; s. auch KurzKomm. *Müller*, EWiR § 31 GmbHG 2/90.

84 Zu den Bedenken gegen die Kumulation von Gründungsprüfung und Haftung *H. P. Westermann*, Gläubigerschutz bei der Neuordnung der GmbH, 1971, S. 23 ff.

85 Dazu BGH v. 15.3.2004 – II ZR 210/01, GmbHR 2004, 736 mit Anm. *Heidinger* = JZ 2004, 684 mit Anm. *Ulmer*.

86 Übersicht bei *von Gerkan/Hommelhoff* (Hrsg.), Handbuch des Kapitalersatzrechts, 2. Aufl. 2002; *Raiser/Veil*, Kapitalgesellschaften, § 38; später von *Grunewald*, GmbHR 1997, 7 ff.; *Claussen*, in: FS Forster, 1992, S. 141 ff.; *Koppensteiner*, AG 1998, 308; *T. Bezzenberger*, in: FS G. Bezzenberger, 2000, S. 23 ff.; *Fastrich*, in: FS Zöllner, 1998, S. 143 ff., was sich teilweise in einer gesetzlichen „Rechtsrückbildung" niedergeschlagen hat, dazu *H. P. Westermann*, in: FS Zöllner, 1998, S. 607 ff.

87 Zum Problem der Kapitalaufbringung durch Sacheinlagen der Modernisierung durch das MoMiG zustimmend *Maier-Reimer/Wenzel*, ZIP 2008, 1449 ff.; ähnlich vorher *Hentzen/Schwandtner*, ZGR 2009, 1007 ff.

88 Zum Cash-Pooling im Hinblick auf die vor der Reform bestehenden Praxisprobleme *Habersack/Schürnbrand*, NZG 2004, 689; *J. Vetter/Stadler*, Haftungsrisiken beim konzernweiten Cash-Pooling, 2003; zu den gestiegenen Ansprüchen an die Geschäftsführer ausführlich *Klein*, ZIP 2017, 258 ff. zur Vergabe eines Upstream-Darlehens als möglicher nachteiliger Weisung BGH v. 1.12.2008 – II ZR 102/07, GmbHR 2009, 199 = ZIP 2009, 70 mit Aufsatz *Altmeppen* S. 49; zum Cash-Pooling nach dem MoMiG *Hömme*, Die Kapitalerhaltung nach dem MoMiG unter besonderer Berücksichtigung des Cash-Poolings, 2015.

89 Ebenso *Bayer*, GmbHR 2010, 1289; scharf antikritisch *Kerber*, ZGR 2005, 437.

90 Dazu, ebenfalls mit Blick auf das MoMiG, *Schall*, ZGR 2009, 126 ff.

ob die noch weitgehend anerkannte Funktion des Kapitals als Garantieziffer[91] praktisch noch aufrechterhalten werden kann[92]; hier wie auch bei den Regeln zur Kapitalaufbringung wird ernstlich erwogen, ob man in einem normgemäßen Verhalten unter diesen Umständen noch mehr als ein Seriositätsindiz sehen kann[93]. Wie die Entwicklung bei der UG (haftungsbeschränkt), aber auch bei der sehr verbreiteten Anwendung dieser Variante der GmbH als KG-Komplementärin (§ 5a Rdnr. 40) zeigt, verspricht man sich vom Stammkapital als Instrument des Gläubigerschutzes nicht mehr viel.

19 Das in den §§ 30–32, 33 Abs. 1, 34 Abs. 3 niedergelegte System der **Erhaltung des Stammkapitals** wurde rühmend als „einfach aber wirksam" bezeichnet[94]. Dabei ist „Erhaltung" des Kapitals nicht als Reservierung für die Gläubiger zu verstehen, sondern als Zwang zur ausschließlichen Verwendung für Gesellschaftszwecke, so dass sich nur ein mittelbarer Gläubigerschutzeffekt durch Stärkung des haftenden Gesellschaftsvermögens ergibt. Zur Regelung der §§ 30, 31 passt die Sperrwirkung des Einsatzes des Stammkapitals als Passiv-Posten in der Bilanz, die zeigt, dass die GmbH-rechtliche Vermögensbindung nicht bei den Gegenständen des Gesellschaftsvermögens ansetzt, sondern zu laufenden Prüfungen zwingt, ob durch Auskehrung von Vermögensgegenständen an Gesellschafter das Gesellschaftsvermögen unter einen zur Unterbilanz führenden Wert sinkt (näher § 30 Rdnr. 52 ff.), dort dann auch zu der zeitweise propagierten, schon vor Erlass des MoMiG aber widerrufenen „Abkehr vom bilanziellen Denken". Wenn das GmbH-Recht nur das zur Deckung der festen Stammkapitalziffer notwendige Vermögen bindet, so kommt hierin wiederum zum Ausdruck, dass abgesehen von einer möglichst effektiven Einlageverpflichtung, die bei verbotenen Auszahlungen praktisch wieder auflebt[95], die Gesellschafter in der Bestimmung, im Einsatz und im Abziehen wirtschaftenden Kapitals grundsätzlich frei sein sollen. Eine andere Frage ist, ob der Gesellschafter in jeder Situation, auch in der Krise der Gesellschaft, frei bleiben kann, zu bestimmen, ob er der Gesellschaft zur Verfügung gestellte Mittel außer als Eigenkapital auch als formelle Fremdmittel gewährt. Dies war einer der Leitgedanken des Rechts der kapitalersetzenden Gesellschafterdarlehen, in dessen Rahmen daran festgehalten wurde, dass der Gesellschafter niemals gehindert sei, sich für eine Liquidation (oder die Insolvenz) der in eine Krise geratenen Gesellschaft statt für ihre Fortsetzung mit neuen Finanzmitteln zu entscheiden, dass aber die Gesellschaft in der Krise nicht mit Fremdmitteln statt mit dem von ordentlichen Kaufleuten für nötig gehaltenen Eigenkapital fortgesetzt werden durfte; zur Neuregelung s. Rdnr. 53. Die **kapitalmäßige Flexibilität** der GmbH ist unter diesen Umständen als eingeschränkt anzusehen.

f) Gestaltungsfreiheit der Gesellschafter

20 Die Aufbringung des Kapitals durch einen Kreis untereinander bekannter Gesellschafter, die ihre Anteile auch nicht am Kapitalmarkt handeln sollen, gibt die Möglichkeit, die Voraussetzungen und Formen des Mitgliederwechsels, die Organisation der Geschäftsführung, bis zu

---

91 *Ballerstedt*, Kapital, Gewinn und Ausschüttung, S. 91; *Lutter*, Sicherung der Kapitalaufbringung, S. 50.

92 Krit. *Eidenmüller/Engert*, GmbHR 2004, 433 ff.; *Grunewald/Noack*, GmbHR 2005, 189 f.; schon früher *H. P. Westermann*, Gläubigerschutz, S. 18 f. Zurückhaltend auch *Ulmer* in: Ulmer/Habersack/Löbbe, Einl. A 45; zur internationalen Vergleichbarkeit einer Regelung *Roth*, in: Roth/Altmeppen, Einl. Rdnr. 27, 28.

93 Überlegungen in diese Richtung bei *H. P. Westermann*, ZIP 2005, 1849 ff.; *Karsten Schmidt*, GesR, § 18 II 4a; eher krit. *Roth*, in: Roth/Altmeppen, Einl. Rdnr. 30.

94 *Ballerstedt*, GmbHR 1967, 66, 67; s. auch die auf die Einrichtung des Stammkapitals bezogenen Bemerkungen von *Wiedemann*, GesR I, § 10 IV 1b; skeptisch *Mülbert*, Der Konzern 2004, 151; *Schön*, Der Konzern 2004, 62, 164.

95 *Lutter*, Kapital, S. 381.

einem gewissen Grade auch die Finanzierung des Unternehmens weitgehend der **privatautonomen Entscheidung** der Gesellschafter zu überlassen. Dies ist trotz weiter Verbreitung auch in anderen Rechtsordnungen zwar nicht zwingendes Prinzip für die Regelung personalistischer Verbände[96] und gilt auch nicht für das Außenverhältnis und die Gestaltung der Kapitalverhältnisse, ist aber doch regelmäßig sachgerecht. Bekanntlich hat die Vertragspraxis in Ausnutzung dieser Freiheit die GmbH, anders als es die Gesetzesverfasser vorsahen, in einer großen Zahl der Fälle als **personalistischen Verband** ausgestaltet, und die Freiheit hierzu wird als einer der das Leitbild der GmbH prägenden Vorzüge gewertet[97]. Das bedeutet aber auch eine Bindung an Vertragsregelungen, die ohne besondere Vorkehrungen in der Satzung nur mit qualifizierter Mehrheit überwunden werden können, § 53, auch bei Erhöhung des Stammkapitals, die also trotz eventueller wirtschaftlicher Notwendigkeit von einer Minderheit der Gesellschafter verhindert werden kann. Da ferner die Gesellschaft, wenn entsprechende Vertragsbestimmungen fehlen, nicht ordentlich kündbar ist, entsteht so eine langfristige Bindung der Gesellschafter, die nur bei Bestehen eines Vertrauensverhältnisses tragbar ist, weil bezüglich der Willensbildung in Geschäftsführungs- und sogar in Satzungsfragen das **Mehrheitsprinzip** herrscht. Bei streng personalistisch strukturierten Gesellschaften werden daher grundlegende Entschlüsse öfter von qualifizierten Mehrheiten, wenn nicht vom einstimmigen Beschluss aller Partner abhängig gemacht. Aufsichts- oder Kontrollgremien, die das Gesellschaftsrecht nicht vorschreibt, sind nicht sehr verbreitet und dienen, wenn sie eingesetzt werden, eher der Beratung sowie der Streitschlichtung in Gesellschaften mit etwa gleich starken Gesellschafterstämmen als der Unterstützung der Geschäftsführung[98].

Trotz der grundsätzlichen Satzungsautonomie kann in einem allerdings begrenzten Rahmen auch eine gewisse **Inhaltskontrolle** stattfinden. So werden z.B. trotz der grundsätzlichen Unanwendbarkeit der AGB-Inhaltskontrolle auf das Gesellschaftsrecht (§ 310 Abs. 4 BGB) die Gesellschaftsverträge so genannter Publikumspersonengesellschaften, die für eine Vielzahl von Anlegern „vorformuliert" und nicht durchweg von der Vorstellung getragen waren, Chancen und Risiken der Kapitalgeber angemessen zu verteilen[99], nicht uneingeschränkt akzeptiert. Diese Vorstellungen sind aber auf die normaltypische GmbH, die in solchen Verbänden hauptsächlich nur als Komplementärin fungiert (auch als Einmann-Gesellschaft), nicht übertragbar. Einiges Gewicht haben aber – z.T. einfach in Anwendung der zivilrechtlichen Generalklauseln wie § 138 BGB – Schutzgedanken etwa zugunsten einer Minderheit oder der Vermögensinteressen eines Gesellschafters, z.B. im Zusammenhang mit der Einziehung von Geschäftsanteilen und der Abfindung des hierdurch ausscheidenden Gesellschafters, näher § 34 Rdnr. 26 ff. Auch kann aus dem Umstand, dass die rechtliche Regelung die Interessensphären jetzt noch nicht bekannter Partner in einer weiten und ungewissen Zukunft betreffen kann, ein besonderes Bedürfnis nach einer ergänzenden und reduzierenden Auslegung entstehen, das auch eine Kontrolle der Ausübung der aus Vertragsklauseln u.U. folgenden Gestaltungsmacht einzelner Gesellschafter oder der Mehrheit erfordern kann. Dies

21

---

96 *Wiedemann*, JZ 1970, 593, 594; rechtsvergleichend *Fleischer*, ZGR 2016, 36, 75 ff.

97 *Ulmer*, in: Ulmer/Habersack/Löbbe, Einl. A Rdnr. 21; *Roth*, in: Roth (Hrsg.), Das System der Kapitalgesellschaften im Umbruch, S. 1, 11 f.; *Schippel*, GmbHR 1992, 414, 415 ff.; *J. Schmidt*, in: Michalski u.a., Syst. Darst. 1 Rdnr. 11; differenzierend aber *Zöllner*, in: FS 100 Jahre GmbH-Gesetz, S. 85 ff.

98 Näher *Sigle*, NZG 1989, 619 ff.; *Vollmer*, WiB 1995, 578 ff.

99 Zur Angemessenheitskontrolle im Gesellschaftsrecht grundlegend *Wiedemann*, in: FS H. Westermann, 1974, S. 585 ff.; *Wiedemann*, in: Festgabe Kummer, 1980, S. 172 ff.; *Martens*, DB 1973, 413, 419; krit. *Zöllner*, in: FS 100 Jahre GmbH-Gesetz, 1992, S. 85, 102 ff.; *Fastrich*, Richterliche Inhaltskontrolle im Privatrecht, 1992, S. 137 ff. An der grundsätzlichen Unanwendbarkeit der AGB-Inhaltskontrolle auf Gesellschaftsverträge hat auch die EG-Richtlinie über missbräuchliche Klauseln in Verbraucherverträgen nichts geändert – die GmbH-Satzung ist eben kein Verbrauchervertrag (zum Ganzen eingehend *Drygala*, ZIP 1997, 968 ff.).

kann praktisch werden etwa im Hinblick auf vertraglich festgelegte Thesaurierungspflichten oder die Anordnung, dass mehrere in die Gesellschaft – etwa im Erbfall – nachgerückte Gesellschafter, wenn sie durch Erbteilung das Hindernis aus § 18 beseitigt haben, einen gemeinsamen Repräsentanten bei der gesellschaftlichen Willensbildung für sich auftreten lassen müssen, ohne diese Bindung jeweils abschütteln zu können. Gegenstand von Überlegungen zur Inhaltskontrolle sind bisweilen auch rigorose Anteilsvinkulierungen[100]. Insgesamt besteht nach dem aktuellen Stand von Rechtsprechung und Lehre kein Anlass für die Befürchtung, die Gestaltungsfreiheit in Gesellschaftsverträgen könne für Willkür missbraucht werden. Auch kann der Gesichtspunkt des Minderheitsschutzes, der für die unverbundene wie für die konzernangehörige Gesellschaft immer noch zunehmend betont wird, neben seiner Bedeutung für eine Inhaltskontrolle zu einer Ausübungskontrolle im Hinblick auf die **Treupflichtbindung** der Gesellschaftermehrheit gegenüber der Gesellschaft und den Mitgesellschaftern führen. Daraus folgen Einschränkungen der privaten Entscheidungsmacht[101], die sich in erster Linie bei einer Beschlusskontrolle auswirken (näher Rdnr. 58).

g) Die GmbH als Kaufmann

22   Neben der Flexibilität des Innenverhältnisses, die zur praktischen Verbreitung der GmbH maßgeblich beigetragen hat, steht die **Zweckneutralität** der Gesellschaftsform, die lediglich durch die selbstverständlichen Anforderungen an die gesetzliche Erlaubtheit eines Gesellschaftszwecks eingeschränkt ist (§ 1 Rdnr. 17). Obwohl hiermit das Betreiben eines Handelsgewerbes nicht der einzige zulässige Zweck ist, sondern unbedenklich auch nichtwirtschaftliche (etwa politische, soziale oder kulturelle), jedenfalls Non-Profit- oder Stiftungszwecke verfolgt werden können[102], fingiert § 13 Abs. 3 die **Kaufmannseigenschaft** der GmbH als Handelsgesellschaft (§ 13 Rdnr. 33). Daher kann die Gesellschaft außer dem oder den Geschäftsführern kaufmännische Hilfspersonen im Sinne des Handelsrechts einsetzen. Hiervon abgesehen, sind durch die immer noch verhältnismäßig einfache Gründung und wegen des auf Satzungsänderungen und Umwandlungsakte beschränkten Erfordernisses der umfassenden Beurkundung von Gesellschafterbeschlüssen[103] die **Rechtsformkosten** bei der GmbH im Vergleich zur AG verhältnismäßig niedrig. Die GmbH-Gesellschafter sind als solche nicht Kaufleute, da die Gesellschaft, nicht die Gesellschafter ein Handelsgewerbe betreiben. Die Vor-GmbH ist nicht Kaufmann, es sei denn, ihre Tätigkeit fällt bereits unter § 1 HGB, was nur in Betracht kommt, wenn sie einen kaufmännisch eingerichteten Betrieb benötigt; es entstünde dann eine OHG.

23   Die Kaufmannseigenschaft der GmbH führt zur Anwendung der Vorschriften des HGB über die Rechnungslegung (s. §§ 264 ff. HGB), was auch die Prüfung und Offenlegung betrifft, allerdings mit Erleichterungen für „kleine" Gesellschaften. Die GmbH ist Unternehmer i.S. des § 14 BGB. Was die **Publizität** anbelangt, so hat die durch §§ 40, 16 i.d.F. des MoMiG in ihren Funktionen deutlich aufgewertete Gesellschafterliste Auseinandersetzungen insbesondere um die Möglichkeit eines gutgläubigen Erwerbs von Geschäftsanteilen ausgelöst (s. im Einzelnen § 16 Rdnr. 57 ff.). Für die GmbH gibt es auch spezielle Vorschriften im **Umwandlungsrecht** (§§ 46 ff.; 138 ff., 226 ff. UmwG). Schließlich sind die Registrierungspflichten der §§ 13 ff. HGB für Zweigniederlassungen ausländischer GmbH anwendbar, näher Anh. § 4a Rdnr. 4.

---

100 Dazu etwa *H. P. Westermann*, in: FS U. Huber, 2006, S. 997, 999 ff.; *Karsten Schmidt*, GmbHR 2011, 1289 ff.
101 *Ulmer*, in: Ulmer/Habersack/Löbbe, Einl. A Rdnr. 37.
102 Auch dazu *Ulmer*, in: Ulmer/Habersack/Löbbe, Einl. A Rdnr. 98; *Fleischer*, in: MünchKomm. GmbHG, Einl. Rdnr. 15; zur GmbH ohne erwerbswirtschaftliche Zielsetzung Rdnr. 35.
103 Übersicht bei *Zöllner/Noack*, in: Baumbach/Hueck, § 47 Rdnr. 28.

2. Rechtstatsächliche Funktionen der GmbH

a) Zahlenverhältnisse

Die sorgfältig recherchierten, laufend erneuerten, nach den Bundesländern und sogar Gerichtsbezirken aufgegliederten Angaben über die absolute **Zahl von GmbH** sowie von denen anderer Unternehmensformen lassen Schlüsse zu[104] auf den aktuellen Bestand mit Zuwachs oder Abgängen der einzelnen Rechtsformen und auf dieser Grundlage zur Konkurrenz mit ausländischen, in Deutschland benutzten Rechtsformen[105]. Die Angaben des statistischen Bundesamts über die Aufteilung der Rechtsformen auf die Wirtschaftszweige und zu den Größenordnungen der eingesetzten Kapitalien, obwohl nicht so aktuell[106] und nicht in allen Punkten auf die GmbH ausgerichtet, ermöglichen immerhin Einsichten zu den Nominalkapitalien und zu ihrer Steigerung. Gut erfasst sind neuerdings auch die UG, von denen es schon etwa 10 000 geben soll (näher § 5a Rdnr. 1). Nicht feststellbar sind auf diesem Wege aber die durchschnittlichen Gesellschafterzahlen, gewisse Hinweise gibt es immerhin auf den Einsatz von Drittorganen in der Geschäftsführung[107]. Nur Gegenstand von Vermutungen ist die Zahl registrierter GmbH, die als Komplementärin einer KG fungieren, sie dürfte – nach allerdings nicht ganz aktuellen Angaben – bei 75 % der KG liegen[108]. Sicherheit besteht danach insoweit, dass in der Bundesrepublik über 1 Mio. GmbH existieren, im Vergleich zu 250 000 KG, 15 000 AG und immer noch 160 000 Einzelkaufleuten[109], wobei auch klar hervortritt, dass die KG von der wachsenden Zahl von GmbH und besonders UG (haftungsbeschränkt) profitiert[110]. Schwer zu erkennen sind nach wie vor die Abgänge durch Insolvenz, Liquidation und Umwandlung[111] sowie die Größenklassen des Stammkapitals; insofern dürfte es aber – auch angesichts der Popularität der UG (haftungsbeschränkt) – weiterhin so sein, dass ein sehr großer Teil der Gesellschaften mit dem gesetzlichen Mindeststammkapital arbeitet. Immerhin spielt die GmbH eine nicht zu übersehende Rolle bei den Großunternehmen mit Stammkapitalien über 50 Mio. Euro[112]. Auf der anderen Seite gibt es einen unübersehbaren Trend zur Einmann-Gesellschaft, der von der Einzelunternehmung zur GmbH und zur GmbH & Co. KG führt[113]; deutlich höher noch sind die Schätzungen für Gesellschaften mit zwei bis fünf Gesell-

24

---

104 Im Einzelnen dazu *Kornblum*, GmbHR 2010, 739 ff.; *Kornblum*, GmbHR 2011, 692 f.; *Kornblum*, GmbHR 2015, 687 ff.; *Kornblum*, GmbHR 2016, 691; zul. *Kornblum*, GmbHR 2017, 739; s. auch *Fleischer*, in: MünchKomm. GmbHG, Einl. Rdnr. 501.

105 Etwa bei *Harbarth*, ZGR 2016, 84 ff.

106 S. immerhin *Hansen*, GmbHR 1995, 507; *Hansen*, GmbHR 1997, 204; Stat. Bundesamt für 1955–1990, Fachserie 2, Reihe 2.2, ferner wiederum *Kornblum*, GmbHR 2005, 39 ff.; *Hansen*, GmbHR 1995, 507; *J. Schmidt*, in: Michalski u.a., Syst. Darst. 1 Rdnr. 113.

107 Zu diesen Angaben *J. Schmidt*, in: Michalski u.a., Syst. Darst. 1 Rdnr. 112; *Kornblum/Hand/Neß*, GmbHR 2008, 1240, 1250.

108 *Meyer*, GmbHR 2002, 177, 183; folgend *Michalski*, in: Michalski, 2. Aufl. 2010, Syst. Darst. 1 Rdnr. 181.

109 *Kornblum*, GmbHR 2011, 692 ff.; *Kornblum*, GmbHR 2015, 688; *Kornblum*, GmbHR 2016, 691; *Kornblum*, GmbHR 2017, 746; *Ulmer*, in: Ulmer/Habersack/Löbbe, Einl. A Rdnr. 102.

110 Die Rede ist von über 4 000 UG (haftungsbeschränkt) als KG-Komplementärinnen (*Kornblum*, GmbHR 1012, 729; *Kornblum*, GmbHR 2016, 691); die absolute Zahl der UG wird auf über 105 000 geschätzt, *Kornblum*, GmbHR 2015, 688; s. auch *J. Schmidt*, in: Michalski u.a., Syst. Darst. 1 Rdnr. 101.

111 Hierzu immerhin *Ulmer*, in: Ulmer/Habersack/Löbbe, Einl. A Rdnr. 69.

112 *Ulmer*, in: Ulmer/Habersack/Löbbe, Einl. A Rdnr. 110; *Meyer*, GmbHR 2002, 179 unter Bezugnahme auf *Hansen*, GmbHR 1988, 15 ff., *Hansen*, GmbHR 1997, 183; *Hansen*, GmbHR 1997, 204, 205. Zu den Gesellschaften mit einem Stammkapital von über 100 Mio. DM die Angaben von *Hansen*, GmbHR 1998, 15 ff.

113 Auch dazu *Kornblum*, GmbHR 1997, 632 ff.; *J. Schmidt*, in: Michalski u.a., Syst. Darst. 1 Rdnr. 108.

schaftern, was auf eine personalistische Struktur hindeutet[114]. Unter den Einmann-Gesellschaften befinden sich auch eine beachtliche Zahl von Konzernunternehmen, während sonst Gesellschaften mit zwei bis fünf Gesellschaftern überwiegen, näher Rdnr. 37.

b) Das wirtschaftliche Gewicht der GmbH

25 Die Erkenntnisse über die Aufteilung der registrierten GmbH auf **Wirtschaftsbereiche**[115] sollten noch durch Erhebungen zu den Beschäftigtenzahlen ergänzt werden, deren Kenntnis Verzerrungen zwischen eher arbeits- und mehr kapitalintensiven Branchen entgegenwirken könnte. Was die Aufteilung nach Wirtschaftsbereichen anbelangt, so spielt jedenfalls die GmbH im **verarbeitenden Gewerbe** eine zwar erhebliche Rolle, die aber, nach dem versteuerten Industrieumsatz gerechnet, hinter den Personengesellschaften erkennbar und hinter den Aktiengesellschaften deutlich zurücksteht. Die Abstände verschieben sich zu Gunsten der Kapitalgesellschaften, wenn man auf den Durchschnittsumsatz je Unternehmen abstellt[116].

26 Eines der hauptsächlichen Gewichte der GmbH liegt in den Bereichen **Dienstleistung** und **Handel**, die an Bedeutung dem verarbeitenden Gewerbe gleichkommen, deutlich geringer ist der Anteil des **Baugewerbes**[117]. Einen zusätzlichen Zug zum Bereich „Dienstleistungen" begründen die zahlreichen Beteiligungs- und Verwaltungsgesellschaften[118]; noch verhältnismäßig neu ist die inzwischen zugelassene Nutzung der GmbH als Rechtsform von **Freiberufler-Gemeinschaften**[119]. Bekannt, wenn auch nicht durch genaue Zahlen belegbar, ist die große Bedeutung der GmbH als **Komplementärin** einer **KG**[120]. Seitdem die Publizitätspflichten bei der GmbH & Co. KG an diejenigen der GmbH angepasst sind, gehen hiervon keine Impulse mehr aus, und auch die notwendige Firmierung bei einer UG (haftungsbeschränkt) als Komplementärin hat die Praxis offenbar nicht abgeschreckt. Auch bei diesem Typ ist der Gesellschafterkreis in der Regel nur klein, und die Führung der Unternehmen liegt wie bei der per-

---

114 *Ulmer*, in: Ulmer/Habersack/Löbbe, Einl. A Rdnr. 110; *Meyer*, GmbHR 2002, 179.

115 Dazu *Hansen*, GmbHR 1993, 149; *Michalski*, in: Michalski, 2. Aufl. 2010, Syst. Darst. 1 Rdnr. 182.

116 So schon *Hansen*, GmbHR 1991, 1992 ff.; zur aktuellen Lage *J. Schmidt*, in: Michalski u.a., Syst. Darst. 1 Rdnr. 113, 114.

117 Zu den Tendenzen die Angaben bei *Hansen*, GmbHR 1988, 17; *Hansen*, GmbHR 1987, 832; *Hansen*, GmbHR 1997, 204 f.; *Ulmer*, in: Ulmer/Habersack/Löbbe, Einl. A Rdnr. 113; s. auch bereits *Kornblum/Kleinle/Baumann/Steffan*, GmbHR 1985, 42, 47.

118 *Hansen*, GmbHR 1981, 103; *Kornblum/Kleinle/Baumann/Steffan*, GmbHR 1985, 42, 47.

119 Dazu *Henssler/Streck*, Handbuch Sozietätsrecht, 2. Aufl. 2011; zur GmbH *Bayer*, in: Lutter/Hommelhoff, § 1 Rdnr. 8; die Entwicklung um die Rechtsform der Freiberufler-Gesellschaften wird als „Chaos" empfunden, dazu *Wachter*, GmbHR 2011, R 289; *Henssler*, NZG 2011, 1121 zur Rechtsanwalts-GmbH & Co. KG; zur „Anwalts-GmbH", von denen es im Jahre 2012 schon über 500 gab, s. §§ 59c–m BRAO; zur „Nur-Notar-GmbH" *Ulmer/Löbbe*, in: Ulmer/Habersack/Löbbe, § 1 Rdnr. 28, 29. Die GmbH ist in Bayern aufgrund von Landesrecht für Ärzte und Tierärzte verboten, s. BayVerfG v. 13.12.1999 – Vf 5.-VII-95, NJW 2000, 3418; zur Anwalts-GmbH & Co. KG abl. BGH v. 18.7.2001 – AnwZ 18/10, GmbHR 2011, 1036; anders wieder für Steuerberater BGH v. 15.7.2014 – II ZB 2/13, GmbHR 2014, 1194 mit Anm. *Römermann* = NZG 2014, 1179; zu den Entscheidungen des BGH v. 10.10.2011 – AnwZ 1/10 und v. 18.7.2011 – AnwZ 18/10 *Römermann*, GmbHR 2012, 64; allgem. *Henssler/Markworth*, NZG 2015, 1 ff.

120 Die Schwankungsbreite ist außerordentlich hoch: Die Rede war z.T. von 26,7 % aller GmbH (Umfrage des BMJ vom Jahre 1980, s. LG Köln v. 21.3.1980 – 29249, GmbHR 1981, 81), von 16,2 % (Umfrage des DIHT für das Jahr 2004, s. dazu *Meyer*, GmbHR 2004, 1417, 1419); aber auch – in einigen Registerbezirken – von nur 8,7 % (Untersuchungen von *Kornblum*, GmbHR 2016, 691), aber doch wiederum durchschnittlich 18,5 %, *Kornblum*, GmbHR 2002, 1157, 1272; s. auch *Ulmer*, in: Ulmer/Habersack/Löbbe, Einl. A Rdnr. 112.

sonalistischen GmbH meist in Händen von Gesellschaftern[121]. Das lenkt den Blick auf die auch bei der GmbH verbreiteten **Familiengesellschaften**, bei denen durch Zusammentreffen von unternehmerischen und familiären Zielsetzungen spezifische Probleme auch des GmbH-Rechts auftreten können, ohne dass die GmbH ein typisches Instrument gerade für solche Unternehmen wäre[122]. Obwohl es bei der GmbH & Co. KG in den vergangenen Jahren besonders im Hinblick auf die steuerrechtliche Lage viele Änderungen gegeben hat, ist dieser Typus nach wie vor für die Familiengesellschaften am besten geeignet, auch weil ohne Ausscheiden der Familienangehörigen aus der Unternehmensleitung die alltägliche Geschäftsführung einem Drittorgan übertragen werden kann[123].

Aus diesen Tatsachen lassen sich einige **Folgerungen** für die Festigkeit einiger Strukturelemente der GmbH gegenüber Abdingungs- oder Umgehungsmöglichkeiten ziehen. In den Wirtschaftsbereichen Handel und Dienstleistungen ist in der Regel ohne persönliches Engagement der Gesellschafter in der Geschäftsführung auf die Dauer nicht auszukommen, anders wahrscheinlich im Baugewerbe. Die Kapitalverhältnisse der hier tätigen Gesellschaften machen zudem den persönlichen Kredit der Unternehmensleiter und manchmal auch der nicht an der Geschäftsführung beteiligten Gesellschafter notwendig. Wegen der großen Bedeutung der Einmann-Gesellschaften und der Häufung von Gesellschaften mit niedrigem Stammkapital sind Erwägungen zur Gefahr der Unterkapitalisierung weiterhin keineswegs von der Hand zu weisen. Hingegen besteht der Eindruck, dass die Bedeutung der Sachgründungen überbetont wird. Große Aufmerksamkeit gebührt wiederum dem Minderheitenschutz, dessen Notwendigkeit sich aus der starken Bindung der Gesellschafter an die Gesellschaft bei gleichzeitiger Geltung des Mehrheitsprinzips bei der Willensbildung ergibt (s. Rdnr. 14 ff.). Für die **rechtliche Behandlung** wichtig ist aber auch, dass das **Haftungsproblem**, namentlich bei Fehlentwicklungen in der Finanzierung, immer wieder auf die Gesellschafter – und keineswegs nur auf beherrschende oder Mehrheitsgesellschafter – zuläuft, so dass das Verhältnis zwischen Geschäftsführung und Gesellschafterversammlung, namentlich auch einzelner Mehrheitsgesellschafter, sehr sensibel ist, wobei gerade auch für Krisen-Situationen klar ist, dass benötigtes neues Kapital praktisch nur aus dem Gesellschafterkreis zu haben ist. Deshalb muss wie bei der Personengesellschaft auf den Generationenwechsel im Gesellschafterkreis Bedacht genommen werden.

c) Die wirtschaftlichen Funktionen und ihre Probleme

In Ansehung der im vorherigen festgestellten hauptsächlichen rechtstatsächlichen Einsatzfelder der GmbH darf die Charakterisierung als **„Allzweck-Instrument"** nicht darüber hinwegtäuschen, dass die Eignung der Rechtsform für personalistische Zusammenschlüsse und für kapitalistische Großunternehmen die rechtliche Ordnung gewissen Spannungen unterwirft[124], und zwar in zweierlei Richtungen. Zum einen geht es um die gemeinsame Finanzie-

27

28

---

121 Nach den Feststellungen von *Limbach*, Theorie und Wirklichkeit, S. 58, übten 44 % aller Gesellschafter das Amt des Geschäftsführers aus; der Prozentsatz sinkt bei Gesellschaften mit mehr als 5 Gesellschaftern; nach *Kornblum/Kleinle/Baumann/Steffan*, GmbHR 1985, 46 war der Prozentsatz von Gesellschafter-Geschäftsführern höher; die Angaben über die folgenden Jahre haben eine „erhebliche Streubreite", *Ulmer*, in: Ulmer/Habersack/Löbbe, Einl. A Rdnr. 112; zu der Frage, ob die Entscheidungsmacht hauptsächlich bei den Kommanditisten oder den GmbH-Gesellschaftern liegt, s. *Karsten Schmidt*, in: FS Röhricht, 2005, S. 511 ff. zu OLG München v. 19.11.2003 – 7 U 4505/03, GmbHR 2004, 587. Zu den Folgerungen auch *H. P. Westermann*, in: FS Priester, 2007, S. 835 ff.
122 *Fleischer*, in: MünchKomm. GmbHG, Einl. Rdnr. 40; zu den Besonderheiten von Patchwork-Familien im Gesellschaftsrecht *H. P. Westermann*, NZG 2015, 649 ff.
123 Ebenso im Ergebnis *Binz/Sorg*, GmbHR 2011, 481.
124 Näher hierzu *H. P. Westermann*, in: Pro GmbH, 1980, S. 23, 33 ff., 45 ff.; *Hommelhoff*, in: Roth (Hrsg.), Das System der Kapitalgesellschaften im Umbruch, S. 26, 32.

rung und Verfolgung bestimmter erwerbswirtschaftlicher (wozu jetzt auch fast uneingeschränkt die freiberufliche Tätigkeit zählt) oder auch nichtwirtschaftlicher Ziele als Gesellschaftszweck der GmbH. Zum anderen wird die GmbH aber auch im Rahmen weiter gespannter unternehmerischer Ziele als Instrument zur Erreichung begrenzter wirtschaftlicher oder auch rechtlicher Absichten eingesetzt; sie ist dann nur Einzelteil einer rechtlich mehrschichtigen und häufig aus mehreren Gesellschaften bestehenden unternehmerischen Konzeption. Das GmbHG hat nur die erste Fallgruppe gesehen und sie – wie geschildert – durch Einrichtung einer nicht allzu schwer zu handhabenden kapitalistischen Organisation zu regeln versucht. Besondere Vorkehrungen für die Gesellschaft ohne wirtschaftliche Zielsetzung schienen entbehrlich. Zu beachten ist aber, dass die GmbH für eine Reihe von Zwecken nicht zugelassen ist (§ 8 ApoG, § 8 Abs. 2 VAG, § 2 Abs. 2 BausparkG), anders jetzt für Unternehmensbeteiligungsgesellschaften verschiedener Art (§ 2 UBGG, § 8 KAGB).

aa) Die GmbH als Trägerin mittelständischer Unternehmen

29   Neben der Funktion der GmbH als Trägerin eines werbenden Unternehmens kann eine bestehende Gesellschaft auch als so genannte **Mantel**- oder **Vorratsgesellschaft** fungieren, und die Mantelgründung ist erlaubt. Bedenken bestehen freilich im Hinblick auf eine mögliche Umgehung der Gründungsvorschriften[125], während vor allem bei der „Grundtypenvermischung", die mittlerweile einen stark verselbständigten Strukturtypus darstellt, eigenständige Betrachtungen zur grundsätzlichen rechtsdogmatischen Einordnung erforderlich scheinen[126], so dass manche traditionelle Einsichten zur Struktur der Personengesellschaft mit beschränkt haftenden Gesellschaftern, also der Kommanditisten, im Gegensatz zum Komplementär, modifiziert werden müssen. Das zeigt sich hauptsächlich bei abweichenden Beteiligungen der Gesellschafter an der Komplementär-GmbH und an der KG, mit einigem Gewicht aber auch beim sog. Nur-Kommanditisten (s. auch Rdnr. 39), weiter bei den keineswegs seltenen am Kapital der KG (und folglich am Stimmrecht) nicht beteiligten Komplementär-GmbH[127]. Die beschränkte Haftung, kombiniert mit der Drittorganschaft, erlaubt es den Gesellschaftern, die Rolle als Kapitalgeber einzunehmen und lediglich über die Gesellschafterversammlung an der Unternehmensleitung mitzuwirken. Ebensogut können aber alle oder einzelne Gesellschafter in der GmbH das rechtliche Gewand für ihre eigene unternehmerische Tätigkeit finden[128], was dann auch für die GmbH die aus dem Personengesellschaftsrecht bekannten Probleme des Generationenwechsels und der Kooperation von Gesellschafterstämmen relevant werden lässt, wobei die Gruppen untereinander nicht selten durch Schutzgemeinschafts- oder Poolverträge in der Rechtsform der BGB-Gesellschaft zusammengehalten werden sollen. Dies kann auch einen – oft für notwendig gehaltenen – Überfremdungs- und Bestandsschutz der Gesellschaft bezwecken, muss dann aber mit dem wirtschaftlichen Bedürfnis eines Gesellschafters in Einklang gebracht werden, über den Anteil nach seinen Wünschen und den Versorgungsnotwendigkeiten seiner Familie zu verfügen.

30   Die bekannten Gefahren der Entwicklung zur **„Zweiklassengesellschaft"** aus geschäftsführenden und durch Tätigkeitsvergütung abgesicherten Gesellschaftern auf der einen und lediglich kapitalistisch beteiligten, auf Gewinne angewiesenen Teilhabern auf der anderen Seite[129] treten bei der GmbH ebenso auf wie in der KG; sie folgen im Grunde bereits aus der beschränkten Haftung. Die Probleme entzünden sich im Einzelnen an Fragen wie Gewinnverwendungspolitik, Entnahmerechten, Geschäftsführergehälter, Kreditaufnahme u.a., weil

---

125 *Heinze*, GmbHR 2011, 162 ff.; *Peetz*, GmbHR 2011, 178 ff.; *Podewils*, GmbHR 2010, 684 ff.
126 Dazu die Überlegungen von *Karsten Schmidt*, in: FS H. P. Westermann, 2008, S. 1425 ff. (besonders zur sog. Einheitsgesellschaft) sowie H. P. *Westermann*, in: FS Karsten Schmidt, 2009, S. 1709 ff.
127 Zu ihren Eigenheiten H. P. *Westermann*, in: FS Schütze, 2014, S. 717 ff.
128 Zu diesem Unterschied von Privat- und Kollektivunternehmung s. schon *Wieland*, Handelsrecht II, S. 283 f.; gegen eine Überbetonung dieses Gegensatzes aber *Ballerstedt*, GmbHR 1967, 66, 70.
129 Dazu *Wiedemann*, GesR I, § 2 I 3b.

gelegentlich die Gesellschafter-Geschäftsführer dazu neigen, ihre persönlichen Interessen mit denen des Gesellschaftsganzen zu identifizieren. Die häufige Befreiung des Gesellschafter-Geschäftsführers von den Beschränkungen des § 181 BGB[130] tut ein Übriges. Verbreitet sind Auseinandersetzungen über die Bestellung eines Gesellschafters oder des Repräsentanten einer Gesellschaftergruppe zum Geschäftsführer, ebenso – nicht selten kurz danach mit umgekehrten Vorzeichen – um die Abberufung, wobei dann auch die Grenzen der Stimmrechtsausübung und die Möglichkeiten einstweilen Rechtsschutzes zur Sprache kommen. Die Verteidigung von Mitgliedschaftsrechten gegen Angriffe seitens der Gesellschaft oder von Mitgesellschaftern wirft auch in der GmbH & Co. KG rechtliche Fragen auf[131]. Ein wichtiger Streitpunkt ist auch die von einem Gesellschafter begehrte Zustimmung zur Anteilsveräußerung. Ein schneidiges Führungsinstrument für eigenwillige Unternehmerpersönlichkeiten ist die GmbH insgesamt, jedenfalls bei Vorhandensein mehrerer Gesellschafter, also nicht[132].

bb) Die GmbH als Großunternehmen

Die Eignung der GmbH für einen großen, möglicherweise fluktuierenden Mitgliederkreis mit einer Kapitalausstattung, die einzelne an selbständiger kaufmännischer Tätigkeit Interessierte nur selten aufbringen können, kann nach dem gesetzgeberischen Ansatz nicht zweifelhaft sein. Es bedarf dann allerdings einer genauen Fixierung der Rechte der nicht geschäftsführenden Gesellschafter gegenüber der Gesellschaft (Auskunfts- und Informationsrechte, Nichtigkeit und Anfechtung von Gesellschafterbeschlüssen), sodann der Einflüsse der Gesellschafter auf die Rechnungslegung und auf Entscheidungen über die Begründung oder Auflösung von Unternehmensverbindungen. Auch kann es zweckmäßig sein, auch außerhalb der Mitbestimmung in solchen Gesellschaften gemäß § 52 ein **Aufsichtsgremium** einzuführen, dem auch wichtige unternehmensstrukturelle Entscheidungen zur Zustimmung oder Entscheidung übertragen werden können[133]. Auch ein Einfluss solcher Gremien auf Gestaltungselemente wie Anteilsvinkulierungen, Vorkaufsrechte[134] oder Sonderrechte von Gesellschaftern, gerade auch im Hinblick auf Sitz und Stimme in diesem Organ, kann nützlich sein. Das Problem des Minderheitenschutzes (Rdnr. 14, 15) stellt sich hier etwas akzentuiert insofern, als die Information der Gesellschafter in Geschäftsangelegenheiten bei großer Mitgliederzahl meist von vornherein geringer ist. Hier haben freilich §§ 51a, b veränderte Verhältnisse geschaffen.

Die GmbH begegnet auch als Rechtsform von **Gemeinschaftsunternehmen**. Ihre Problematik liegt z.T. im Konzern- und Kartellrecht[135], daneben in der Erreichung des Gleichgewichts zwischen den unternehmerischen Zielen der Gesellschafter. Da der Zweck der Gesellschaft häufig darin besteht, die unternehmerischen Aktivitäten der Gesellschafter – häufig ihrerseits Kapitalgesellschaften – zu koordinieren, möglicherweise auch durch Auslagerung aus den Unternehmen der Gesellschafter, sind Regelungen über die Finanzierung des Gemeinschaftsunternehmens, hauptsächlich aber über die Nutzung der Gesellschaftseinrichtungen durch die Gesellschafter und dadurch bedingt die Verrechnung von Leistungen zwischen den Gesellschaftern und der Gesellschaft und dergl. erforderlich. Sie finden sich selten in der Sat-

31

32

---

130 Dazu rechtstatsächlich *Kornblum/Kleinle/Baumann/Steffan*, GmbHR 1985, 42, 47 f.

131 Dazu *H. P. Westermann*, NZG 2012, 1121.

132 S. schon *H. P. Westermann*, in: Pro GmbH, 1980, S. 42.

133 Bezüglich der Kompetenzen ist freilich die Regelung in § 52 unbefriedigend, zu ihrer Entstehung *Thiessen*, ZGR 2011, 275 ff.

134 Zur Verwendung von Vorkaufsrechten im Gesellschaftsrecht näher *H. P. Westermann/Klingberg*, in: FS Quack, 1991, S. 545, 547, 552 f.; *G. Hueck*, in: FS Larenz, 1973, S. 749 ff.; vertiefend *H. P. Westermann*, in: FS Wiedemann, 2002, S. 1349 ff.; *Topf*, Das Vorkaufsrecht an GmbH-Anteilen, 2005.

135 Eingehend dazu *Gansweid*, Gemeinsame Tochtergesellschaften im deutschen Konzern- und Wettbewerbsrecht, 1976; zur Gesetzwidrigkeit der Verfolgung von Kartellzwecken BGH v. 27.1.2015 – KZR 90/13, GmbHR 2015, 532 = ZIP 2015, 678; *Paschke*, ZHR 155 (1991), 1, 16 ff.

zung, sondern regelmäßig in schuldrechtlichen Abreden der Gesellschafter, die dann auch Bindungen bezüglich der Abstimmung in der Gesellschafterversammlung oder anderen Organen der Gesellschaft (etwa den so genannten policy-committees) begründen.

33 Sonderprobleme der „**Zwei-Mann-Gesellschaft**"[136] ergeben sich bei Streit der Gesellschafter, besonders, wenn dies auf die Geschäftsführung durchschlägt, daraus, dass häufig keine Mehrheitsentscheidung möglich ist. Daher kann ein Zerwürfnis der beiden Partner aus der Sicht der Gesellschaft eine unüberwindbare Stagnation in der Unternehmensführung und damit letztlich die Auflösung der Gesellschaft über § 61 oder ein einverständliches Ausscheiden des einen Gesellschafters erzwingen. Eine Lösung über eine Abberufung oder Ausschließung scheitert unter diesen Umständen daran, dass Gesellschafter über die Veränderung ihrer eigenen Organstellung mitstimmen dürfen, solange hierfür nicht wichtige Gründe geltend gemacht werden, in welchem Fall aber meistens wechselseitige Angriffe stattfinden, und nach den „Beschlüssen" einer Gesellschafterversammlung die Betroffenen regelmäßig bis zur Entscheidung des angerufenen Gerichts im Amt bleiben[137]. Die Handlungsfähigkeit im Außenverhältnis ist regelmäßig paralysiert, auch die Vertretung ist gestört[138]. Bei den hier häufigen Beschlussmängelstreitigkeiten sollte eine Feststellungsklage tunlichst unter den Gesellschaftern stattfinden, da dann eine Inter-partes-Wirkung eintritt, dies ist aber rechtsdogmatisch nicht gesichert[139], was insbesondere auch für den einstweiligen Rechtsschutz gilt[140]; ein wenig kann eine analoge Anwendung der §§ 241 ff. AktG helfen.

34 Einen weiteren Sonderfall bilden die gelegentlich vorkommenden GmbH, die materiell **genossenschaftliche Zwecke** wie den Betrieb von Förderungsgemeinschaften und Einkaufsvereinigungen verfolgen[141]. Durch Satzungsgestaltung können Gesellschaftszweck und Geschäftsführung auf die Förderung des wirtschaftlichen Geschäftsbetriebs der Mitglieder zugeschnitten werden. Wiederum können hier bisweilen kartellrechtliche Bedenken erhoben werden. Dasselbe gilt für die sog. **Nebenleistungs-GmbH**, bei der die Pflicht der Gesellschafter bestehen kann, bestimmte Lieferungen und Leistungen ausschließlich der GmbH zu erbringen (zum Ganzen § 3 Rdnr. 69 ff.).

cc) Die GmbH ohne erwerbswirtschaftliche Zielsetzung

35 In vielfältigen Erscheinungsformen begegnen die GmbH ohne erwerbswirtschaftliche, d.h. mit wissenschaftlicher, kultureller, sozialer oder politischer (einschließlich berufs- und standespolitischer) Zielsetzung[142]. Das muss nicht unbedingt alleiniger Zweck einer Gesellschaft sein, es kann durchaus vorkommen, dass eine GmbH bestimmte ideelle, soziale oder politische Zwecke aus dem Tätigkeitskreis größerer Unternehmen ausgliedert[143] oder als Treuhänderin für einen solche Zwecke verfolgenden Verband gewisse Vermögensteile hält. Die Finan-

---

136 Zum Folgenden näher *Uwe H. Schneider*, in: FS Kellermann, 1991, S. 403 ff.; *Oppenländer*, DStR 1996, 922 ff.; *Reher*, Die Zweipersonen-GmbH – Notwendigkeit eines Sonderrechts?, 2003; *Winkler*, GmbHR 2017, 334.

137 Dazu im Einzelnen *Reher*, Die Zweipersonen-GmbH – Notwendigkeit eines Sonderrechts?, 2003, S. 105 ff. Gegen die Notwendigkeit eines Sonderrechts aber *Lieder/Ringlage*, GmbHR 2017, 1065 ff.

138 Dazu *Klose*, GmbHR 2010, 1139.

139 *Reher*, Die Zweipersonen-GmbH – Notwendigkeit eines Sonderrechts?, 2003, S. 127 ff., 142 ff., 152 ff.

140 Zu diesem Problem allgemein *Damm*, ZHR 154 (1990), 413 ff.; *von Gerkan*, ZGR 1985, 167 ff.; *Michalski*, GmbHR 1991, 12 ff.; *G. Vollkommer*, in: Zöller, 32. Aufl. 2018, § 940 ZPO Rdnr. 8 (Stichwort „Gesellschaftsrecht").

141 Schon früher *Feine*, S. 61; *Limbach*, Theorie und Wirklichkeit, S. 84 f.; auch *Beuthien/Götz*, ZfgG 1978, 375 ff.; eingehend *Turner*, GmbHR 1993, 390 ff.

142 *Feine*, S. 61; *Loidl*, Die GmbH ohne erwerbswirtschaftliche Zielsetzung, S. 20 ff.; *Schlüter*, GmbHR 2002, 535 ff., 578 ff.; *Ulmer/Löbbe*, in: Ulmer/Habersack/Löbbe, § 1 Rdnr. 34 ff.

143 *Limbach*, Theorie und Wirklichkeit, S. 84 f.

zierung von Gesellschafterseite oder durch Nichtmitglieder nimmt hier meist die Gestalt von Zuschüssen an, die Geschäftsführung unterliegt oft der Kontrolle durch Aufsichtsgremien, soweit nicht eine staatliche Aufsicht eingreift[144]. Wenn in der Rechtsform einer GmbH **Stiftungszwecke** verfolgt werden, führt dies oft auch zur Anwendung der steuerrechtlichen Regeln über Gemeinnützigkeit. Da hier die Interessen der Mitglieder gewöhnlich hinter die von der Gesellschaft zu verfolgenden, meist altruistischen Zwecke zurücktreten, ist auch die Bindung des Stimmrechts und überhaupt des Einflusses des Gesellschafters an seine Kapitalbeteiligung gelockert, zum Teil um der öffentlichen Kontrolle willen sogar weitgehend aufgehoben[145]. Auch in diesem Typ bleibt die GmbH übrigens meist auf verhältnismäßig wenige Gesellschafter beschränkt, größere Gruppen bedienen sich vorzugsweise der Rechtsform des Idealvereins, in der der Mitgliederwechsel leichter ist.

In der GmbH werden bisweilen auch **öffentliche Zwecke** verfolgt, wobei ein Anreiz in der – freilich nur begrenzt möglichen – Lockerung der für die öffentliche Verwaltung bestehenden Bindungen liegt, s. auch § 1 Rdnr. 19. Verfolgt werden können nichtwirtschaftliche Zwecke, etwa der Daseinsvorsorge, nicht selten ist aber auch Gewinnerzielung beabsichtigt. In der GmbH ist eine flexible unternehmerische Geschäftsführung, die zugleich Kontinuität auch bei kommunalpolitischen Veränderungen ermöglicht, erreichbar, ohne dass die auf dem Wege über die Gesellschafterversammlung oder sonstige Beschlussgremien beteiligte öffentliche Hand ihren entscheidenden Einfluss preisgeben müsste[146]. Ist ein Aufsichts- oder Beirat unter Beteiligung von durch die öffentlich-rechtliche Körperschaft entsandten Personen vorhanden, so kann sich ein Konflikt zwischen den kapitalgesellschaftsrechtlichen Grundsätzen der Eigenständigkeit der Aufsichtsratstätigkeit und den Einwirkungswünschen kommunaler Träger ergeben, den das BVerwG in einer im Privatrecht überwiegend abgelehnten Weise zugunsten der Letzteren entschieden hat[147]. Aus gesellschaftsrechtlicher Sicht ebenfalls bedenklich waren die bei öffentlichen Unternehmen der Wohnungswirtschaft bisweilen vorkommenden Anordnungen von Ausschüttungen an die Träger-Körperschaften. Wenn in solchen Fällen die Satzungen nur kostendeckende Erträge und für die Gesellschafter eine angemessene Verzinsung des eingelegten Kapitals, nicht aber Gewinnausschüttungen vorsehen, was in der Wohnungswirtschaft auch mit früheren Vorschriften über die Gemeinnützigkeit zusammenhing, so ist es zwar nicht zu beanstanden, dass bei der Gestaltung der von der Gesellschaft zu erzielenden Erlöse (in der Wohnungswirtschaft etwa der Mieten) die sozialen Zwecke maßgeblich sind, doch kann dies nicht von der Beachtung der grundlegenden kapitalgesellschaftsrechtlichen Normen des Gläubiger- und Minderheitenschutzes, namentlich nicht der Kapitalaufbringung und der -erhaltung entbinden[148]. Wohl ist die Einbeziehung der Gesellschafter in die Haushaltskontrolle und die Rechnungsprüfung zu billigen[149]. Schließlich können konzernrechtliche Probleme entstehen, da nach der höchstrichterlichen Rechtsprechung eine Kör-

36

---

144 S. *Loidl*, Die GmbH ohne erwerbswirtschaftliche Zielsetzung, S. 85 ff.

145 *Loidl*, Die GmbH ohne erwerbswirtschaftliche Zielsetzung, S. 121; zur Vertragsgestaltung bei der non-profit-GmbH eingehend *Priester*, GmbHR 1999, 149 ff.; zur Firmierung angesichts des § 18 Abs. 2 HGB *Wagner*, GmbHR 2016, 858.

146 Dazu *Keßler*, GmbHR 2000, 71 ff.; zu den landesrechtlichen Regelungen *J. Schmidt*, in: Michalski u.a., Syst. Darst. 1 Rdnr. 109; zu gemischt-wirtschaftlichen Unternehmen unter Beteiligung privater Dritter *Kiethe*, NZG 2006, 45 ff.; *Fleischer*, in: MünchKomm. GmbHG, Einl. Rdnr. 49.

147 BVerwG v. 31.8.2011 – 8 C 16/10, NJW 2011, 3735; nur im Ergebnis zustimmend *Altmeppen*, in: FS Uwe H. Schneider, 2011, S. 1, 10; *Weckerling/Wilhelm/Mirtsching*, NZG 2011, 327 ff.; *Lutter*, ZIP 2007, 1991. Zum Einfluss des Haushaltsrechts auf die Rechnungslegung *Lutter/Grunewald*, WM 1984, 385 ff., bei der gemeinnützigen GmbH *Hüttche*, GmbHR 1997, 1095; zum Verhältnis beamtenrechtlicher und gesellschaftsrechtlicher Bindung der Organmitglieder *Schwintowski*, NJW 1995, 1316 ff.

148 Zum Problem *Schön*, ZGR 1996, 429 ff., 452 ff.

149 S. dazu eingehend *Spannofsky*, ZGR 1996, 400; *Habersack*, ZGR 1996, 544; *Raiser/Veil*, Kapitalgesellschaften, § 4 Rdnr. 20 ff.; *Wiedemann*, GesR I, § 2 II 2d.

perschaft des öffentlichen Rechts, namentlich auch der Bund oder auch ein Bundesland, als herrschendes Unternehmen i.S. der §§ 15 ff. AktG in Betracht kommt[150].

dd) Die GmbH in einer Unternehmensgruppe und in einer Grundtypenvermischung

37 Die GmbH kann nach ihrem gesetzlichen Statut über die Gesellschafterversammlung geleitet werden, es gibt eine legale Leitungsmacht der Gesellschafter. Daher kann die GmbH dazu dienen, bestimmte Zwecke im Rahmen einer Unternehmensgruppe derart zu verselbständigen, dass von einem die Gesellschafterversammlung dominierenden, wenn nicht allein beteiligten Unternehmen die Zweckverfolgung in seinem Interesse oder dem einer Gruppe einheitlich gelenkt werden kann. Es entsteht dann eine **abhängige Gesellschaft**, wobei eine GmbH auch als Konzernspitze oder Zwischenholding fungieren kann; einen Sonderfall stellt die Ausgliederung bestimmter Tätigkeitsbereiche durch mehrere Unternehmen und ihre Zusammenfassung in einer GmbH (Gemeinschaftsunternehmen, Rdnr. 32) dar. Das GmbHG hat den hierdurch entstehenden **Konzerntatbestand** nicht geregelt. Die praktische Bedeutung dieser Gestaltungen ist außergewöhnlich groß, die Grundfragen und die Einzelheiten sind im Anhang zu § 13 erörtert. Auch im Rahmen eines sog. **Gleichordnungskonzerns** kann eine GmbH die Zusammenarbeit mehrerer verbundener, aber nicht voneinander abhängiger Unternehmen organisieren, ohne dadurch herrschendes Unternehmen zu werden. Allerdings kann der Vertrag über die Gründung eines Gleichordnungskonzerns kartellrechtlichen Vorschriften unterfallen[151].

38 Eine wichtige Rolle spielt die GmbH auch im Rahmen der sog. **Betriebsaufspaltung**. Diese teilt in ihrer wirtschaftlichen Grundform ein wirtschaftlich einheitliches Unternehmen in eine das Anlagevermögen verwaltende Personen- und eine das Umlaufvermögen im Geschäft einsetzende Betriebs-Kapitalgesellschaft auf; dies geschieht aus haftungsrechtlichen, früher auch aus steuerrechtlichen Erwägungen[152]. Die Anlagegüter werden durch Pacht oder Leasing der Kapitalgesellschaft zur Verfügung gestellt, haften dann aber nicht für im Geschäft der GmbH bestehende Verbindlichkeiten. Allerdings kann eine Betriebsaufspaltung durch Ausgliederung des Vertriebs aus einer meist als Personengesellschaft betriebenen Unternehmung – vorbehaltlich der Anwendung des § 105 Abs. 2 HGB – die Kaufmannseigenschaft in Frage stellen. Auch hier statten die Gesellschafter der Personengesellschaft, die meist in derselben Zusammensetzung auch die Geschäftsanteile der GmbH halten, die GmbH oftmals nur mit knappem Kapital aus, so dass sowohl Durchgriffs- als auch Konzerntatbestände verwirklicht werden können. Ein gewisses Risiko bei solchen Konstruktionen bestand angesichts der durch das MoMiG etwas abgeschwächten Gefahr der Gleichstellung der Gebrauchsüberlassung mit langfristigen Gesellschafterdarlehen[153].

39 Bei der Verwendung der GmbH als **Komplementärin einer KG** (Grundtypenvermischung) handelt es sich wirtschaftlich gewöhnlich um ein- und dasselbe Unternehmen, dessen Träger die KG ist. Doch ist bei entsprechender Formulierung des satzungsmäßigen Zwecks der

---

150 Hier nur: BGH v. 13.10.1977 – II ZR 123/76, BGHZ 69, 334 (VEBA-Gelsenberg); BGH v. 17.3.1997 – II ZB 3/96, NJW 1997, 1855 (VW-Land Niedersachsen); zum Haftungsproblem *Paschke*, ZHR 152 (1988), 263 ff.

151 BGH v. 19.1.1993 – KVR 32/91, BGHZ 121, 137, 146; BGH v. 8.12.1998 – KVR 31/97, AG 1999, 181; näher dazu *I. Schmidt/Fritz*, in: FS Kantzenbach, 1996, S. 119 ff.; *Karsten Schmidt*, in: FS Rittner, 1991, S. 561 ff.; *J. Vetter*, in: Karsten Schmidt/Lutter, § 18 AktG Rdnr. 26; *Fett*, in: Bürgers/Körber, § 18 AktG Rdnr. 16 ff.

152 Die letzteren sind durch Veränderungen des Steuerrechts fragwürdig geworden, im Einzelnen dazu *Brandmüller*, Die Betriebsaufspaltung nach Handels- und Steuerrecht, 7. Aufl. 1997; *Kaligin*, Die Betriebsaufspaltung, 9. Aufl. 2015; *Karsten Schmidt*, GesR, § 12 II 3d. Zum Haftungsrecht *Ulmer*, in: Ulmer/Habersack/Löbbe, Einl. A Rdnr. 16.

153 Ähnlich *Ulmer*, in: Ulmer/Habersack/Löbbe, Einl. A Rdnr. 16; im Einzelnen näher *Haritz/Wisniewski*, GmbHR 2000, 795.

GmbH eine von der KG losgelöste Geschäftätigkeit der Komplementär-GmbH nicht ausgeschlossen, wenn auch die Kommanditisten einverstanden sind. Schon hieran zeigt sich, dass die Grundtypenvermischung weniger ein Problem des GmbH- als des Personengesellschaftsrechts ist, indem die Komplementärin meist als haftungsbeschränkendes Instrument einer personengesellschaftsrechtlichen Organisation eingesetzt wird[154]. Allerdings haben sich vielfältige Strukturtypen entwickelt, wobei im Einzelfall, etwa bei Konzerntatbeständen, auch von einer Dominanz der Komplementär-GmbH gesprochen werden kann[155]. Praktisch ist die Grundtypenvermischung seit ihrer als „funktionsblind"[156] kritisierten höchstrichterlichen Anerkennung zunächst durch die berühmte Entscheidung des BayObLG[157], sodann durch RGZ 105, 101 und die Regelung einzelner Folgen durch Vorschriften des Steuerrechts und später auch des Gesellschaftsrechts (§§ 130a, 177a HGB sowie den durch das MoMiG aufgehobenen § 172a HGB)[158] in Rechtsprechung und Lehre voll anerkannt, mögen auch ihre wenig gut beleumundeten Ziele wie Haftungsbeschränkung oder die Vermeidung der Nachteile des früheren Körperschaftsteuersystems oder auch die Einsetzung eines Drittorgans für Geschäftsführung und Vertretung als ordnungspolitischer Störfaktor diskutiert worden sein[159]. Entscheidend kommt es heute darauf an, in einem spezifischen Verständnis der Binnenverfassung Klarheit darüber zu gewinnen, welche der hier eingesetzten Rechtsformelemente im Hinblick auf die Finanzverfassung, die Willensbildung sowie die Beendigung oder Veränderung der Mitgliedschaft durchgehalten werden können oder an die spezielle Situation angepasst werden müssen[160]. In manchen Punkten, so bei Vorgängen, die als Rückzahlung von GmbH- oder KG-Vermögen an Gesellschafter betrachtet werden können[161], oder auch bei Überlegungen zum Haftungsdurchgriff kann pauschal gesagt werden, dass die zur Kapitalerhaltung bei der GmbH aufgestellten Regeln durch das Ausweichen auf die Grundtypenvermischung nicht umgangen werden können. Ein weiteres Problemfeld bei der GmbH & Co. KG eröffnet sich bei Meinungsverschiedenheiten in einem Kreis an der GmbH und an der KG unterschiedlich beteiligter Gesellschafter[162]. Auf solche Entwicklungen hat die Gestaltungspraxis mit der – allerdings unter Gesichtspunkten des Gläubigerschutzes problematischen – sog. **Einheitsgesellschaft** reagiert, bei der die GmbH-Geschäftsanteile ins Vermögen der KG eingelegt werden, was den Gesetzgeber zur Schaffung des § 172 Abs. 6 HGB bewogen hat, aber nicht ganz ausschließen kann, dass die beabsichtigte Alleinherrschaft der Kommanditisten im Rahmen einiger gesellschaftsrechtlicher Sonderfragen an Grenzen stößt[163]. Schließlich muss sich die Grundtypenvermischung mit dem zunehmenden öffentlichen Argwohn gegenüber

154 *H. P. Westermann*, in: FS Karsten Schmidt, 2009, S. 1709 ff.
155 *Karsten Schmidt*, in: FS Röhricht, 2005, S. 512, 516, der aber (s. auch JZ 2008, 425 ff.) die GmbH & Co. KG als „Lehrmeister des Personengesellschaftsrechts" bezeichnet.
156 Aus neuerer Zeit, immerhin aus 1970, noch *Wiedemann*, JZ 1970, 593, 597; Kritiken aus früherer Zeit bei *Brockmann* JZ 1923, 683; dagegen *Flechtheim*, JZ 1923, 227 ff.
157 BayObLGZ 1913, 69; umfassende Nachweise und Würdigung bei *Fleischer/Wansleben*, GmbHR 2017, 169 ff.
158 Zusammenstellung bei *Fleischer/Wansleben*, GmbHR 2017, 169, Fn. 171 S. 175 ff.
159 Übersicht bei *H. P. Westermann*, Die GmbH & Co. KG im Lichte der Wirtschaftsverfassung, 1974; entschiedenster Gegner war *Reuter*, Perpetuierung, S. 230, 279 ff. Zur GmbH & Co. KG als „verfremdeter GmbH" *Hesselmann*, in: Pro GmbH, 1980, S. 81 ff.; anders – Überwindung der Mängel von GmbH- und KG-Statut, besonders auch zur Kritik an der Verwendung der GmbH – bei *Wiethölter*, Aktuelle Probleme, S. 11 ff.
160 Zu diesem Ansatz einer Theorie der Grundtypenverschmelzung *H. P. Westermann*, in: FS Karsten Schmidt, 2009, S. 1709, 1711; zur Interpretation der Haftungsverfassungen ebenda S. 1724 ff.
161 S. etwa die Urteile BGH v. 13.2.1967 – II ZR 158/65, BGHZ 47, 149 und BGH v. 29.3.1973 – II ZR 25/70, BGHZ 60, 324.
162 *H. P. Westermann*, in: FS Karsten Schmidt, 2009, S. 1712 ff.
163 Zu dieser Konstellation näher *Fleck*, in: FS Semler, 1993, S. 114, 115; *Karsten Schmidt*, in: FS H. P. Westermann, 2008, S. 1425, 1428 ff.; zum Vorwurf der „Überkonstruktion" kritisch *Karsten Schmidt*, ZGR 2011, 108, 127. Zuletzt hat das OLG Celle v. 14.3.2017 – 9 W 18/17, GmbHR 2017, 979, den Kommanditisten die GmbH-rechtlichen Informationsrechte versagt.

Publikumspersonengesellschaften in der Rechtsform der GmbH & Co. KG[164] auseinandersetzen. Eine weitere, ebenfalls hierher gehörige Verwendungsform ist die **„GmbH & Still"**, die zwar nicht so verbreitet ist wie die GmbH & Co. KG, aber trotzdem in ihrer typischen Form grundsätzlichen Bedenken begegnet ist[165]. Das alles hat aber an der hohen Flexibilität und daher Praktikabilität dieses Typus nichts geändert, auf die vor allem die für die Entwicklung fast allein verantwortliche Kautelarjurisprudenz[166] großes Gewicht legt.

40   Eine bis zu einem gewissen Grade noch zukunftsträchtige Neuerung ist die durch einen Beschluss des BGH[167] zugelassene, jetzt in § 278 Abs. 2 AktG kodifizierte **KGaA** mit einer GmbH oder einer GmbH & Co. KG als Komplementärin, die als **„GmbH & Co. KGaA"** firmiert. Auch eine Außengesellschaft des bürgerlichen Rechts kommt in einer solchen Konstruktion als Komplementärin in Betracht[168]. Dabei ist die typologische Einordnung eines solchen Gebildes als „kapitalistische KGaA"[169] missverständlich, da das kapitalistische Element in Gestalt der Kommanditaktionäre schon vorhanden ist, während es umgekehrt durch die gegenüber der AG stärkere Stellung der Komplementäre einer KGaA (und damit auch der Gesellschafter-Geschäftsführer einer Komplementär-GmbH), die insbesondere nicht der Personalhoheit des Aufsichtsrats unterliegen, zu einem Einfließen mittelständischer Elemente in die KGaA kommen kann[170]. Auch ist die etwas größere Gestaltungsfreiheit, wie sie § 278 Abs. 2 AktG durch die Anlehnung an das Modell der Personenhandelsgesellschaft einrichtet, für eine „große" mittelständische Unternehmung vorteilhaft. Wichtig ist schließlich, dass ohne allzu bedeutende Abstriche im Hinblick auf die unternehmerische Leitungsmacht, die bei der Komplementär-GmbH verbleiben kann, eine Finanzierung über die Börse erreicht werden kann[171].

II. Die Quellen des GmbH-Rechts

1. Das GmbHG und seine Nebengesetze

41   Schon in der Entstehungsgeschichte des Gesetzes ist ein Bruch angelegt zwischen den kapitalgesellschaftlichen Zügen des gesetzlichen Typus und dem praktischen Bedürfnis an einer personalistischen Innenstruktur bei beschränkter Haftung aller Mitunternehmer (Rdnr. 1, 2). Der zunächst für die neue Gesellschaftsform vorgeschlagenen weitgehenden Verweisung auf das Recht der OHG stand von Anfang an der Gedanke gegenüber, dass das durch die Reform des Jahres 1884 stärker formalisierte Aktienrecht durch die Einführung einer kollektivistischen Gesellschaftsform mit eigener juristischer Persönlichkeit, Mehrheitsherrschaft, beschränkter Haftbarkeit der Mitglieder und Verzicht auf Bilanzpublizität ergänzt werden

---

164   Überblick über das einschlägige Sonderrecht bei *Krieger*, in: FS Stimpel, 1985, S. 307 ff.; zum „Zentralverwaltungsmodell" *Karsten Schmidt*, in: FS Röhricht, 2005, S. 511 ff. Zur doppelstöckigen GmbH & Co. KG aber BFH v. 25.2.1991 – GrS 7/89, BStBl. II 1991, 691 = GmbHR 1991, 281.

165   *Schulze zur Wiesche*, GmbHR 1991, 533. Zu späteren Entwicklungen aber *Bitz*, GmbHR 1997, 769 und (aus steuerrechtlicher Sicht) *Horn/Martins*, GmbHR 1995, 816.

166   Wertende Betrachtungen dazu bei *Fleischer/Wansleben*, GmbHR 2017, 169, 177.

167   BGH v. 24.2.1997 – II ZB 11/96, BGHZ 134, 392; dazu *Haase*, GmbHR 1997, 917 ff.; *Hommelhoff*, in: Die GmbH & Co. KGaA nach dem Beschluss BGHZ 134, 392, ZHR-Beiheft Nr. 67, 1998, S. 9 ff.; *Ihrig*, ZHR-Beiheft Nr. 67, 1998, S. 33 ff.; *Kornblum*, GmbHR 2011, 699; im wissenschaftlichen Schrifttum war dies schon früher von *Priester*, ZHR 160 (1996), 250 ff., *Claussen*, GmbHR 1996, 73, 77 vertreten worden. In der Rspr. dazu OLG Hamburg, GmbHR 1969, 135; abl. aber *Karsten Schmidt*, ZHR 160 (1996), 265, 269 ff. Zur heutigen Bedeutung eingehend *Fett/Stütz*, NZG 2017, 1121 ff. Zur SE & Co. KG a.M. *Mayer-Uellner/Otte*, NZG 2015, 737, 741.

168   *Perlitt*, in: MünchKomm. AktG, § 278 AktG Rdnr. 37; *Förl/Fett*, in: Bürgers/Körber, § 278 AktG Rdnr. 14.

169   *Hesselmann*, BB 1989, 2344.

170   *Haase*, GmbHR 1997, 919 f.

171   Näher *Haase*, GmbHR 1997, 919.

solle[172]. Dies wurde durch zahlreiche Gutachten der Handelskammern und kaufmännischen Korporationen belegt. Gemeinsamer Tenor aller Überlegungen zur Schaffung der GmbH war das Offenhalten praktischer Entwicklungsmöglichkeiten in einem möglichst knapp gehaltenen, auch zum Gebrauch nicht juristisch gebildeter Geschäftsführer taugenden Gesetz. Dabei war aber auch klar, dass die Haftungsbeschränkung gesetzgeberische Vorkehrungen zur finanziellen Ausstattung der Gesellschaft notwendig machte. Eine Vorbildfunktion des Aktienrechts hat es im Wesentlichen nur in diesem Bereich gegeben, die Anlehnung an das Personengesellschaftsrecht ist im Lauf der Diskussion in den Hintergrund getreten.

Neben dem GmbHG selbst sind Quellen des GmbH-Rechts einige Gesetze, deren **die GmbH betreffende Anordnungen** nicht in den Text des GmbHG eingearbeitet worden sind: Die Umwandlung und die sonstigen unternehmensstrukturellen Maßnahmen unter Beteiligung von GmbH sind im **UmwG** geregelt, siehe dort §§ 46–59 (Verschmelzung), §§ 138–140 (Spaltung), §§ 226–257 (Formwechsel). Diese Bestimmungen sind durch das UmwBerG vom 28.10.1994 sowie durch das 2. Gesetz zur Reform des UmwG am 19.4.2007 modifiziert worden[173]. Die Vorschriften des **BilanzrichtlinienG** sind in die auch die GmbH erfassenden Regelungen der §§ 264 ff. HGB eingegangen. Im **HGB** finden sich die die GmbH betreffenden Vorschriften über die registerrechtliche Behandlung ihrer inländischen Zweigniederlassungen (§§ 13, 13d, 13g). Die InsO enthält Bestimmungen über Antragspflichten und Eröffnungsvoraussetzungen, im Wesentlichen insolvenzrechtlich konzipiert ist durch das MoMiG (Rdnr. 53 ff.) das Recht der kapitalersetzenden Gesellschafterfinanzierungen. Die Regeln über die Löschung oder Auflösung nichtiger Gesellschaften und die gerichtlichen Reaktionen auf Firmierungs- und Satzungsmängel enthält das an die Stelle des FGG getretene FamFG. Für die GmbH von Bedeutung sind ferner Vorschriften, die sich vorsichtig als **unternehmensrechtlich** kennzeichnen lassen, weil sie sich auf die unternehmerische Mitbestimmung beziehen; näher dazu die Erläuterungen zu § 52. Zum Unternehmensrecht der GmbH gehört auch, dass die konzernrechtlichen Definitionsnormen der §§ 15–19 AktG auch für GmbH herangezogen werden[174]. Zu den Änderungen des § 33 und des Bilanzrechts Rdnr. 48.

42

2. Die Entstehungsgeschichte des Gesetzes

Die Entwicklung ist vielfach dargestellt worden[175]. Am Anfang stand der Gedanke, die zwischen AG und OHG bzw. KG klaffende Lücke durch eine neue Gesellschaftsform zu schließen. Dies hing auch mit der Aufgabe des Konzessionsprinzips in den wichtigen Industrieländern zusammen. Die seinerzeit wichtige Frage der Kolonialgesellschaften, aber auch die Bedürfnisse des heimischen Handels und der Industrie überzeugten neben den Wissenschaftlern[176] insbes. die Reichtagsabgeordneten *Oechelhäuser* und *Hammacher* von der Notwendigkeit einer neuen Gesellschaftsform, insbesondere mit dem Ziel, die Organisation und Finanzierung eines größeren, nicht zwingend persönlich für das Unternehmen tätigen Gesellschafterkreises von den starren Regeln des Aktienrechts frei zu machen. Ursprünglich sollte auch die Finanzierung

43

---

172 Zu den diesbezüglichen Wünschen der Handelspraxis vor Erarbeitung des Gesetzesentwurfs und zur Diskussion über den Entwurf eingehend *Schubert*, in: FS 100 Jahre GmbHG, 1992, S. 10 ff.; *Ulmer*, in: Ulmer/Habersack/Löbbe, Einl. A Rdnr. 3.
173 BGBl. I 2007, 3210; BGBl. I 2007, 542; weitere Änderungen durch das Gesetz vom 24.9.2009, BGBl. I 2009, 3145.
174 Ebenso *Ulmer*, in: Ulmer/Habersack/Löbbe, Einl. A Rdnr. 100.
175 Zu den Vorüberlegungen bis zum Jahre 1889 *Rießer*, Beilage ZHR 35 (1888), 290 ff.; im Übrigen s. *Fränkel*, S. 5 ff.; *Hadding*, in: FS Reichsjustizamt, S. 307 ff.; *Feine*, S. 1 ff.; *Wieland*, Handelsrecht II, S. 264 ff.; *Schubert*, in: FS 100 Jahre GmbHG, 1992, S. 1 ff.; *Koberg*, Die Entstehung der GmbH in Deutschland und Frankreich, 1992, S. 35 ff.
176 Nachweise bei *Feine*, S. 2; über kritische Stimmen bald nach Vorliegen des Entwurfs bzw. Inkrafttreten des Gesetzes *Schubert*, in: FS 100 Jahre GmbHG, S. 27 f., 40 f.

des Kapitalbedarfs durch ein System von Zubußen und Preisgabe des Anteils gelöst werden. Eine Befragung der Handelskammern ergab freilich hierfür wenig Interesse, da man das Zubußensystem für mittlere und kleinere Unternehmen nicht als geeignet ansah, zumal ihm eine gewisse Gefahr für den Minderheitenschutz anhaften sollte[177]. Sodann trat der von *Oechelhäuser* geförderte Gedanke einer Gewährung des Haftungsprivilegs auch an einen kleineren Kreis zusammenarbeitender Gesellschafter in den Vordergrund, der als passend für das ganze „moderne Erwerbsleben" empfunden wurde[178]. Er führte zu einem ausgearbeiteten Gesetzentwurf von prägnanter Kürze[179], der *Oechelhäusers* Zustimmung besonders deshalb fand, weil es gelungen sei, den Raum zwischen der OHG und der AG „mit einmal" zu überbrücken[180]. Die Handelskammern neigten einer Form zwischen „individualistischen und kollektivistischen Gesellschaften" zu, ohne so weit gehen zu wollen wie *Hammacher*, der im Wesentlichen nur eine Lockerung der starren Gründungs- und Organisationsvorschriften der AG anstrebte[181]. In dieser Situation wollte der Entwurf eines Gesetzes betreffend die Gesellschaften mit beschränkter Haftung[182] eine Mittelstellung zwischen der personalistischen und der kapitalistischen Konzeption schaffen (S. 35), die sich in großen Teilen an den vermuteten Vorstellungen der Wirtschaft ausrichtete. Dieser Vorschlag wurde nach nur kurzer Beratung, in der der Entwurf besonders von *Oechelhäuser* trotz seiner ursprünglich andersartigen Vorstellungen lebhaft unterstützt und vom Reichstag nur geringfügig geändert wurde[183], am 21.3.1892 verabschiedet, um am 10.5. desselben Jahres in Kraft zu treten.

44 Die Absicht, zwischen personalistischer und kapitalistischer Grundordnung zu vermitteln, bestimmte zeitweise die **weitere Entwicklung**. Dabei bestand lange Zeit kein prinzipieller Zweifel an der Richtigkeit der vom Gesetzgeber gewährten Gestaltungsfreiheit bezüglich des Innenverhältnisses. Bedenken stellten sich erst ein, als klar wurde, dass im Gegensatz zur Vorstellung des Entwurfs (S. 34) die Zahl der Gesellschafter meistens doch eine „ganz geringe" war, die sich die beschränkte Haftung zunutze machten. Schon im Jahre 1929 hieß es daher kritisch[184], das Gesetz und mehr noch die daran anschließende Entwicklung bezüglich der Einmann-Gesellschaft habe „dem Grundsatz der beschränkten Unternehmerhaftung ein Feld von einer Weite eröffnet", „an das man noch vor einem Jahrzehnt gar nicht zu denken wagte". Die Zahl der GmbH stieg in allen Branchen schnell an, wobei die Verteilung auf die verschiedenen Wirtschaftszweige von Anfang an Ähnlichkeit mit der heutigen Lage (Rdnr. 34 ff.) aufweist[185]. Die **Konkursstatistik** war zunächst nicht besonders auffällig, zumal man sich offenbar schon zu dieser Zeit über die begrenzte Bedeutung der persönlichen Haftung für das Verhalten der Vertragspartner der Gesellschaften klar war[186]. Allerdings tauchten schon früh Probleme der Umgehung der Vorschriften über die Kapitalaufbringung im Zusammenhang mit Sacheinlagen auf[187]. Dennoch ist die Kritik an der GmbH im Zeichen der Vorbehalte gegen die Haftungsbeschränkung zum großen Teil aus theoretischen und ideologischen Erwä-

---

177 S. hierzu die bei *Schubert*, in: FS 100 Jahre GmbHG, 1992, S. 1 ff., ausgewerteten Kammergutachten. Erschöpfend insoweit *Koberg*, Die Entstehung der GmbH in Deutschland und Frankreich, 1992, S. 78 ff.
178 Stenographische Berichte des Reichstags, IV. Session 1884, Bd. I, S. 220 f.
179 Abgedr. bei *Wieland*, Handelsrecht II, S. 399; *Schilling*, in: FS Kunze, 1970, S. 205.
180 Nachw. dazu bei *Lutter*, GmbHR 1992, 419.
181 Stenographische Berichte des Reichstages, II. Session 1887/88 Bd. II, S. 77 f. Über die Diskussion im Reichstag eingehend *Koberg*, Die Entstehung der GmbH in Deutschland und Frankreich, 1992, S. 164 ff.
182 Herausgegeben vom Deutschen Handelstag 1892; Nachw. zu den näheren Umständen der Überlegungen im Reichsjustizamt *Schubert*, in: FS 100 Jahre GmbHG, 1992, S. 1, 22 ff.
183 Nachw. dazu bei *Lutter*, GmbHR 1992, 419.
184 *Feine*, S. 12.
185 Zusammenstellung bei *Schubert*, in: FS 100 Jahre GmbHG, 1992, S. 30 ff.
186 S. *Bauer*, Holdheims Wochenschrift, 1895, S. 3 ff.
187 RGZ 36, 108; RGZ 41, 120.

gungen begründet, die z.T. auch der später aufkommenden GmbH & Co. KG galten, dann allerdings durch ein zunehmend schlechtes Bild der GmbH bei den Insolvenzen bestätigt wurden.

3. Die Reformen der Jahre nach 1980

In der langen Zeit seit Inkrafttreten des Gesetzes ist das hierdurch geschaffene eigenständige Organisationsrecht trotz insgesamt 45 **Gesetzesänderungen**[188] nur in Randbereichen geändert worden, bis ab dem Jahre 1980 im Anschluss an frühere Überlegungen größere Reformvorhaben diskutiert wurden. Zu erwähnen sind Bestimmungen über Registeranmeldungen, über Insolvenzen sowie einige Tatbestände des Straf- und Ordnungswidrigkeitenrechts, die Handelsrechtsreform vom Jahre 1998 erfasste auch einige Vorschriften des GmbHG, die hierbei an das allgemeine Recht der kaufmännischen Unternehmen angepasst wurden. Zu erwähnen sind hier auch die Neuordnung des Firmenrechts (§ 4) und die Reduzierung der Prüfungspflicht des Registerrichters (§ 9c). Zunehmende Bedeutung haben die europäischen Richtlinien, die zumeist schlechthin die Kapitalgesellschaften betrafen, eine Entwicklung, die andauert (Rdnr. 49). Erstmals wurde dann in den Jahren nach 1970 ein größeres, nicht auf Randkorrekturen beschränktes gesetzgeberisches Reformvorhaben unternommen. Dies mündete in eine gesetzliche Regelung vom Jahre 1980, in der das Mindeststammkapital auf 50000 DM angehoben, die Regeln über Gründung und Kapitalerhöhung geändert und erstmalig die kapitalersetzenden Darlehen behandelt wurden. Während dies überall als befriedigend empfunden wurde, ist die ausdrückliche Zulassung der Einmann-Gründung und die Verstärkung der Informationsrechte des Gesellschafters umstritten geblieben. Mit dem Jahr 2006 begannen die Überlegungen zu einer größer angelegten Reform, dem sog. MoMiG, das heute das Bild bestimmt (Rdnr. 53 ff.). Insgesamt ist daher die lange Zeit vorherrschende Einschätzung, dass das Gesetz von 1892 ein „genialer Wurf des Gesetzgebers" gewesen sei[189], der „weit mehr Lob als Tadel verdiene"[190], heute nicht mehr unangefochten.

Ein am 5.11.**1971** dem Bundesrat zugeleiteter, ausführlich begründeter **RegE** eines neuen GmbHG (BT-Drucks. 595/71), der auf einem RefE vom Jahre 1969 beruhte, legte ein in allen Teilen neu formuliertes Gesetz vor. Die Diskussion um diese Reform begann auf der Grundlage des RefE im Jahre 1969 mit einem Aufschrei, indem *Wiethölter*[191] meinte, der Entwurf werde die GmbH nicht reformieren, sondern ermorden. Das Gespenst einer verfehlten GmbH-Reform[192] sowie auch die Befürchtung, ein stark an das AktG angelehntes Gesetz könne für Laien nicht mehr zu handhaben sein, mögen den Rechtsausschuss des Bundestages und insbesondere die von ihm eingesetzte interfraktionelle Arbeitsgruppe mit dazu veranlasst haben, das Programm eines zweiten RegE vom Jahre 1977 (BT-Drucks. 8/1347) so radikal zusammenzustreichen, dass dem Ausschuss die ehrenvolle Bezeichnung als „Streichtrio" zuerkannt wurde[193]. In dieser Form ist das Gesetz, das immerhin einige wichtige Neuerungen schuf (Rdnr. 45), am 11.7.1980 verkündet worden (BGBl. I 1980, 836) und am 1.1.1981 in Kraft getreten. In der

45

46

---

188 *Ulmer*, in: Ulmer/Habersack/Löbbe, Einl. A Rdnr. 55; s. noch den Überblick von *Geßler*, GmbHR 1966, 102 ff.; ausführliche Darstellung bei *Mosthaf*, Die Reformen des Rechts der Gesellschaften mit beschränkter Haftung, 1994.

189 *Vogel*, GmbHR 1953, 137.

190 *Ballerstedt*, GmbHR 1967, 66, 71.

191 Probleme der GmbH, S. 11; dazu *Mosthaf*, S. 31 ff.

192 *Martens*, Mehrheits- und Konzernherrschaft, S. 171; s. auch „Gefahr für die GmbH", hrsg. vom DIHT 1969; auch *Kreplin*, BB 1970, 93; später auch *Zöllner*, JZ 1992, 381, 382.

193 *Ulmer*, in: Das neue GmbH-Recht in der Diskussion, S. 55, 67; Bericht des Rechtsausschusses – BT-Drucks. 8/3908 – auch abgedruckt in ZIP 1980, 392 ff.; zur Geschichte der Reform im Übrigen *Mosthaf*, S. 56 ff.

Grundtendenz sollte die vielseitige Verwendungsmöglichkeit für die GmbH, damit also die Gestaltungsfreiheit für das Innenverhältnis, namentlich aber auch die Verwendbarkeit der Rechtsform für mittelständische und Kleinunternehmen bis hin zum handwerklichen Betrieb, aufrecht erhalten bleiben[194], ohne ihre Eignung für große „kapitalistische Unternehmungen" einzubüßen. Das mag dazu beigetragen haben, dass die Novelle einige zum Teil für dringlich gehaltene Probleme nicht in Angriff nahm, etwa ein umfassendes Konzept für die GmbH & Co. KG unter Einschluss der Publikumsgesellschaften oder die Funktionsbestimmung der unternehmerischen Mitbestimmung in einer Rechtsform, in der es für ein Kontrollorgan keine genuine Aufgabe gibt. Offen blieben auch eine Lösung der Ausschließung von GmbH-Gesellschaftern[195] sowie die Handhabung der praktisch zunehmend wichtigen Beschlussmängelklagen[196].

47 Immerhin wurde bereits hier in nicht wenigen Punkten die **rechtsfortbildende Judikatur** nachgezeichnet, etwa bei der Differenzhaftung der Sacheinleger, die vorher stark umstritten war[197]. Wenig erfolgreich war der Versuch der Kodifizierung der Rechtsprechungsgrundsätze zum kapitalersetzenden Gesellschafterdarlehen, da nach einiger Zeit der Unsicherheit noch vor dem Inkrafttreten der in der Novelle niedergelegten §§ 32a, b[198] in einer vielbeachteten Grundsatzentscheidung des BGH neben dem „Novellenrecht" die Grundsätze der bisherigen Rechtsprechung beibehalten[199] und in der Folgezeit ständig weiter ausgebaut wurden, bis der Gesetzgeber gewisse, verbreitet als „Kleinbeteiligten"- und als „Bankenprivileg" abqualifizierte, praktisch allerdings kaum sehr wichtige Beschränkungen vornahm[200]. Der Rechtsprechung überlassen blieb im Wesentlichen auch die bilanzielle Behandlung derartiger Finanzierungsinstrumente. Die Differenzhaftung nach § 9 wird nach überwiegender Ansicht trotz der fast drakonischen Härte des Konzepts für die Partner eines Sacheinlegers als sachgemäß betrachtet, wohl weil vielfach bei der GmbH-Gründung Versuche der Gründer und ihrer Berater gesehen werden, die Regeln einer effektiven Kapitalaufbringung zu umgehen. Inzwischen behoben ist ein Fehler, der für die Einmann-Gründung eine Sicherheitsleistung des Gründers vorsah (§ 7 Abs. 2 Satz 3 a.F.), was vor der Entstehung der juristischen Person rechtstechnisch unmöglich erschien[201]. Neben der Erhöhung des Mindest-Stammkapitals von 20 000 auf 50 000 DM kam es zu einer Erhöhung der Mindesteinzahlung auf 25 000 DM (heute ausdifferenziert in § 7 Abs. 2). Die Kritik der Praxis an der als sehr weitgehend empfundenen zwingenden Neuregelung der Informationsrechte der Gesellschafter[202]

---

194 Näher *Claussen*, GmbHR 1996, 73 ff.; s. im Einzelnen den Bericht des Rechtsausschusses des Deutschen Bundestages, BT-Drucks. 8/3908.
195 S. etwa *Eser*, DB 1985, 29 ff.; *H. P. Westermann*, in: FS 100 Jahre GmbHG, 1992, S. 447, 468.
196 S. dazu den rechtsvergleichenden Überblick bei *Lutter*, ZGR 1998, 191 ff.; ferner *Schröder*, GmbHR 1994, 532.
197 Rechtsvergleichend dazu *Battes*, Die Überbewertung von Sacheinlagen im in- und ausländischen GmbH-Recht und bei der englischen Private Company, 1967.
198 Dazu *Karsten Schmidt*, ZGR 1980, 567; zur Entstehungsgeschichte *Mosthaf*, S. 54 ff.
199 Grundlegend BGH v. 26.3.1984 – II ZR 14/84, BGHZ 90, 370, 376 = GmbHR 1984, 313 = ZIP 1984, 698, 699.
200 Übersicht bei *Dauner-Lieb*, DStR 1998, 609; *Seibert*, GmbHR 1998, 309; *H. P. Westermann*, in: FS Zöllner, 1999, S. 607, 611 ff.; zur Verteidigung *H. P. Westermann*, DZWiR 2000, 1 ff.; scharf kritisch *von Gerkan*, GmbHR 1997, 677 ff.; anders *Dörrie*, ZIP 1999, 12 ff.; *Lutter/Hommelhoff*, in: Lutter/Hommelhoff, Einl. Rdnr. 8.
201 *Lutter*, DB 1980, 1320; die Lösung der damaligen Reform wurde daher als Danaergeschenk bezeichnet von *Ulmer*, BB 1980, 1001; nicht ganz so kritisch *Fezer*, JZ 1981, 608; s. aber auch *Flume*, DB 1980, 1781; *Brinkmann*, GmbHR 1982, 269 ff.; *Hüffer*, ZHR 142 (1978), 486; *Karsten Schmidt*, ZHR 145 (1981), 540.
202 Dazu näher *Lutter*, ZGR 1981, 1 ff.; *Grunewald*, ZHR 146 (1982), 211 ff.; *Mertens*, in: FS Werner, 1984, S. 557.

ist in der Rechtsprechung, die das neue Recht häufig extensiv handhabt[203], ohne große Wirkung geblieben, obwohl die Regelung nach wie vor einen erheblichen Störfaktor bildet. Den Entschluss des Gesetzgebers, auf die ursprünglich vorgesehene umfassende Kodifizierung des Konzernrechts zu verzichten, nahm die Rechtsprechung zum Anlass für richterrechtliche Lösungen, die systematisch ausgebaut worden sind, so dass es einer Kodifikation kaum mehr bedarf (näher Rdnr. 59).

Den nächsten Schritt bildeten wichtige gesetzliche Neuansätze des **Jahres 1998**, die aber nicht zu einem geschlossenen Reformvorhaben zusammengeführt worden waren. Die Währungsumstellung von der DM auf den Euro zum 1.1.1999, die erst nach einer Übergangszeit voll wirksam wurde und zu lästigen Rundungsdifferenzen führte[204], ist seit dem 1.1.2002 voll durchgesetzt. Die gesetzgeberischen Bestrebungen, die Kontrolle der Unternehmensführung durch die Gesellschafter zu verbessern und die Unabhängigkeit der Rechnungsprüfung zu stärken, daneben aber auch Elemente der „Corporate Governance" einzubringen, haben auch für die GmbH Auswirkungen gehabt. Das gilt besonders für das **Gesetz zur Kontrolle und Transparenz im Unternehmensbereich** vom 1.5.1998[205], daneben auch für das **KapitalaufnahmeerleichterungsG** vom 20.4.1998[206], das besonders im Kapitalersatzrecht stark umstrittene Änderungen gebracht hat. In diesen Zusammenhang gehören das **Justizkommunikationsgesetz** aus dem Jahre 2005 und das **EHUG** (Gesetz über das Elektronische Handelsregister sowie das Unternehmensregister) aus dem Jahre 2006, das den elektronischen[207] Bundesanzeiger zum Gesellschaftsblatt i.S. des § 12 bestimmte, der dann auch das Medium für Pflichtveröffentlichungen i.S. der §§ 325 ff. HGB geworden ist, ohne dass die Formerfordernisse für die Pflichtveröffentlichung entfallen wären[208]. Gewisse Neuregelungen hat allerdings die **Rechnungslegung** erfahren[209]. So ist der Umfang der Anforderungen an den Lagebericht (§§ 289 Abs. 1, 315 Abs. 1 HGB) erweitert worden, in dem nicht nur auf die voraussichtliche Entwicklung, sondern in diesem Rahmen auch auf künftige Risiken einzugehen ist, wobei über das Verständnis des „Risikos" Meinungsverschiedenheiten möglich sind. Gemäß § 317 Abs. 2 HGB erstreckt sich auf diesen Punkt nunmehr auch die Abschlussprüfung. Nach wie vor können allerdings „kleine" GmbH i.S. des § 267 Abs. 1 HGB auf einen Lagebericht verzichten. Betroffen ist die GmbH u.U. auch von den Bestimmungen über das Verhältnis des Konzernabschlusses nach dem HGB zu einem nach internationalen Regeln aufgestellten Konzernabschluss; für vertraglich konzernierte GmbH ändert sich aber nichts daran, dass sie ihr Rechenwerk an den für die Muttergesellschaft geltenden Vorschriften ausrichten müssen und durch den Konzernrechnungsprüfer geprüft werden. Inzwischen ist das auch für die GmbH maßgebliche Bilanzrecht des HGB durch zahlreiche, die eigentliche Bilanzierung und ihre Kontrolle intensiv verstärkende, auch durch einzelne Befreiungsmöglichkeiten kaum

48

---

203 S. etwa OLG Köln v. 26.4.1985 – 24 W 54/84, GmbHR 1985, 358 = WM 1986, 36; BayObLG v. 27.10.1988 – BReg. 32, 100/88, WM 1988, 1791; zur Vollstreckung BayObLG v. 22.12.1988 – BReg. 32, 57/88, WM 1989, 372; zur missbräuchlichen Ausübung *Marsch-Barner*, WM 1984, 41; *v. Bitter*, ZIP 1981, 825; Übersicht über die Praxis bei *Gustavus*, GmbHR 1989, 181; s. aber auch *Zöllner*, in: FS 100 Jahre GmbHG, 1992, S. 93.

204 Kurze Übersicht bei *Lutter/Hommelhoff*, in: Lutter/Hommelhoff, Einl. Rdnr. 11; näher *H. P. Westermann*, Bankrechtliche Vereinigung, Bd. 11 (1998), S. 3–39.

205 BGBl. I 1998, 786 ff.; zur Auswirkung des Gesetzes auf die GmbH im Einzelnen *Altmeppen*, ZGR 1999, 291.

206 BGBl. I 1998, 707 ff.; dazu *Zimmer*, NJW 1998, 3521.

207 Seit dem 1.4.2012 wird der Bundesanzeiger ausschließlich elektronisch über das Internet herausgegeben (s. das Gesetz zur Änderung von Vorschriften über Verkündung und Bekanntmachungen sowie der Zivilprozessordnung, sowie das Gesetz betreffend die Einführung der Zivilprozessordnung und der Abgabenordnung vom 22.12.2011, BGBl. I 2011, 3044), dazu *Schlotter*, BB 2007, 1.

208 Zu diesen Gesetzen *Noack*, DB 2005, 599; *Schlotter*, BB 2007, 1; *Paefgen*, ZIP 2008, 1653; *Mödel/Schicht*, ZIP 2008, 2332.

209 Zum Folgenden *Küting/Hütten*, AG 1997, 250 ff.; *Remme/Theile*, GmbHR 1998, 909 ff.

praktikabler gewordene Bestimmungen – nicht zuletzt aus dem europäischen Bereich erneuert worden, näher 11. Aufl., § 41 Rdnr. 1–3, zu den wichtigen Änderungen des § 33 durch das BilMoG vom 25.5.2009 (BGBl. I 2009, 1102) s. § 33 Rdnr. 1 ff. Die besonders durch das **KonTraG** verstärkten Pflichten zur Einrichtung eines internen Überwachungs- und Früh-warnsystems haben zu einer ausdrücklichen Erweiterung oder Konkretisierung der Pflichten des GmbH-Geschäftsführers bisher keinen Anlass gegeben, doch sind entsprechende Anforderungen an die Geschäftsführer großer Unternehmen realitätsnah. Die weitreichenden Änderungen des auf die GmbH bezogenen Verfahrensrechts durch das das FGG ablösende FamFG ändern die Anforderungen des Handelsregisterrechts nicht grundlegend[210].

4. Die GmbH im Prozess der europäischen Rechtsangleichung

49 Naturgemäß nimmt die GmbH an der Gesamtentwicklung des europäischen Unternehmens-rechts in vollem Umfang teil, wozu auch der Einfluss der EU auf das Steuerrecht gehört. Die Bedeutung der gesellschaftsrechtlichen Richtlinien der EG und später der EU erschöpft sich nicht darin, dass sie durch ihre Umsetzung zu Rechtsquellen des Gesellschaftsrechts gewor-den sind, sondern sie erfordern weiterhin eine richtlinienkonforme Auslegung des nationa-len Handels- und Gesellschaftsrechts[211]. Auch zum europäischen Bilanzrecht gibt es weit-gehende Reformvorschläge[212], nachdem schon aufgrund des BilRUG vom 17.7.2015 (BGBl. I 2015, 1245) in Umsetzung einer Richtlinie § 29 Abs. 4 modifiziert worden war. Nach den Erfahrungen im Bereich des Verbraucherschutzes ist auch nicht mehr auszuschließen, dass hierzu auch richtlinienkonforme Rechtsfortbildung gehören wird[213]. Die Regelungen betra-fen zunächst nur die Kapitalgesellschaften, sind aber durch eine eigens auf die GmbH & Co. KG gemünzte ergänzende Richtlinie[214] auch auf diese Unternehmensform ausgedehnt wor-den. Das Bild wird heute im Wesentlichen bestimmt durch die Jahresabschluss-, Konzernab-schluss-, Prüferbefähigungs-, EU-Angleichungs-Richtlinie[215], die zusammengefasst sind im BiRiLiG vom 19.2.1985 (umgesetzt in BGBl. I 1985, 2355). Von Anfang an waren in Bezug auf Art und Intensität der Publizität der Rechnungslegung im Rahmen der Bildung von Größenklassen kleinerer Gesellschaften, damit einem nicht unerheblichen Teil der GmbH, Erleichterungen eingeräumt worden, wobei die hierfür maßgeblichen Schwellenwerte Än-derungen unterworfen wurden, die der deutsche Gesetzgeber nachvollzogen hat[216]. Das GmbH-Recht weist daher eigenständige Vorschriften für die Jahresabschlüsse auf, z.T. in Ver-bindung mit den §§ 242, 264 ff. HGB, in deren Zusammenhang dann auch auf die Bedeu-tung der internationalen Rechnungslegungsstandards einzugehen ist[217].

---

210 *Lutter/Hommelhoff*, in: Lutter/Hommelhoff, Einl. Rdnr. 17 ff.
211 EuGH v. 13.11.1990 – Rs. C-106/89, Slg. 1990, 4135 ff. – Marleasing; dazu *Lutter*, JZ 1992, 593, 604; eine wesentliche Bedeutung der europäischen Rechtsangleichung für die GmbH ist aber noch nicht zu sehen, *Ulmer*, in: Ulmer/Habersack/Löbbe, Einl. A Rdnr. 140.
212 S. schon *van Hulle*, ZGR 2000, 537; *Grünwald*, in: FS Koppensteiner, 2001, S. 15 ff.; später *Bayer/J. Schmidt*, BB 2012, 3, 5 f.; *Hennrichs*, GmbHR 2011, 1065.
213 Zur Methodik *Canaris*, in: FS Bydlinski, 2000, S. 8 ff.; *Riesenhuber/Domröse*, RIW 2005, 922; zu den Grenzen *Schürnbrand*, JZ 2007, 916.
214 RL 90/605, ABl. EG Nr. L 317 v. 16.11.1990, S. 60; zur Umsetzung durch das Richtlinien-G im Ein-zelnen *Zimmer/Eckhold*, NJW 2000, 1361 ff.
215 Vierte RL 78/660 v. 25.7.1978 (ABl. EG Nr. L 222 v. 14.8.1978, S. 11), Siebte RL 83/349 v. 13.6.1983 (ABl. EG Nr. L 193 v. 18.7.1983, S. 1); Achte RL 87/253 v. 10.4.1984 (ABl. EG Nr. L 126 v. 12.5.1984, S. 20), ersetzt RL 2006/43 v. 17.5.2006 (ABl. EG Nr. L 157 v. 9.6.2006, S. 87); zur Ab-schlussprüfer-RL *Eisenhardt/Wachter*, DStR 2010, 2532 ff.; *Bayer/J. Schmidt*, BB 2012, 3, 6.
216 Dazu etwa das „Bilanzrechtsreformgesetz" vom 4.12.2004, BGBl. I 2004, 3166.
217 S. auch *Kleindiek*, in: Lutter/Hommelhoff, § 42a Rdnr. 50 ff.

Die **Publizitätsrichtlinie** (68/151/EWG), ursprünglich aus dem Jahre 1968 und mehrfach   50
geändert[218], bezweckte, die das Außenverhältnis der Gesellschaften, hauptsächlich die Vertretung durch Organe und Organpersonen sowie die Offenlegung des haftenden Kapitals betreffenden Regeln zu vereinheitlichen[219]. Sie ist zuerst im Jahre 2003 geändert, nach der Umstellung des Handelsregisters auf elektronischen Betrieb durch das EHUG vom 10.11.2006 (BGBl. I 2006, 2553) im Zuge der Kodifizierung des acquis communautaire neu gefasst worden[220]. Von der Offenlegungspflicht erfasst sind seitdem insbesondere Angaben über Einzel- und Gesamtvertretung der Gesellschaft durch Organpersonen, für die Publizität der Rechnungslegung gibt es nach wie vor Erleichterungen für kleinere Gesellschaften, §§ 326, 327 HGB. Das Richtlinienrecht schreibt Eintragungen bei einem zentralen Handels- oder Gesellschaftsregister, öffentliche Bekanntmachungen der dort erfolgten Eintragungen sowie auch bestimmte Angaben auf den Geschäftsbriefen der Gesellschaft vor, was besonders beim Auftreten im europäischen Ausland gegründeter Gesellschaften in einem der EU-Mitgliedstaaten praktische Bedeutung gewonnen hat; ohnehin gehört die europäische Harmonisierung der Rechnungslegung und der sonstigen Publizität zu den Zielen der Gemeinschaft in diesem Bereich[221]. Umfangmäßige Beschränkungen der Vertretungsmacht sowie die Geltendmachung von Gründen, aus denen eine – auch im Außenverhältnis wirkende – Nichtigkeit der Gesellschaft folgen könnte, werden ebenfalls durch Richtlinienrecht in ihrer Wirkung eingegrenzt.

Da die **Kapitalrichtlinie**, die die Finanzierung von Aktiengesellschaften bei ihrer Gründung   51
sowie bei Änderung und Erhaltung des Kapitals betrifft[222], nur für Aktiengesellschaften gilt, gibt es keine unmittelbaren Auswirkungen für das GmbH-Recht. Allerdings sind solche Regeln, wenn sie etwa eine Flexibilisierung namentlich der Regeln über Kapitalaufbringung und -erhaltung betreffen, auch für das GmbH-Recht nicht uninteressant, weil derartige Entwicklungen in einem nationalen Recht auch auf die „kleine" Kapitalgesellschaft durchschlagen können und dann im Zuge der gemeinschaftsrechtlichen Niederlassungsfreiheit (dazu auch Anh. § 4a Rdnr. 16 ff.) von den im Ausland gegründeten Gesellschaften ins Inland „mitgenommen" werden könnten. In diesen Rahmen gehört auch die **Zweigniederlassungsrichtlinie** vom 21.12.1989[223], durch deren Neufassung in der Richtlinie vom 14.6.2017[224] die in der Publizitätsrichtlinie geschaffenen Offenlegungspflichten auf Zweigniederlassungen in der Weise ausgedehnt wurden, dass die Niederlassungen ausländischer Gesellschaften durch eine Tochtergesellschaft derselben Publizität unterliegen; nach internationalem Gesellschaftsrecht richtet sich dann, ob dies auch für Gesellschaften gilt, die – ohne Tochtergesellschaften einer ausländischen Gesellschaft zu sein – im europäischen Ausland gegründet sind, einen Verwaltungssitz aber nur in einem anderen Mitgliedstaat haben. Die Richtlinie war durch Gesetz vom 22.7.1993 umgesetzt[225] und (unter Aufhebung des § 12 a.F.) in die §§ 13 ff. HGB eingegangen. Bei der Anwendung ist – im Sinne von Richtlinienkonformität – vor allem von dem Gedanken auszugehen, dass die Publizität von Zweigniederlassungen und dann auch von EU-Auslandsgesellschaften in den Mitgliedstaaten gleich oder gleichwertig zu sein hat, was es

---

218 ABl. EG Nr. L 65 v. 14.3.1968, umgesetzt durch Gesetz vom 15.8.1969, BGBl. I 1969, 1146; zu den Reaktionen des deutschen Gesetzgebers auf die Änderungsrichtlinie 2003/58/EG (ABl. EG Nr. L 221 v. 15.7.2003, S. 13) näher *Noack*, AG 2003, 537; *Scholz*, EuZW 2004, 172.
219 Dazu *Lutter*, EuR 1969, 1 ff.; *Leible*, ZHR 162 (1998), 594.
220 Richtlinie 2009/101/EG vom 16.10.2009, ABl. EU Nr. L 258 v. 1.10.2009, S. 11; dazu *Lutter/Bayer/J. Schmidt*, Europäisches Unternehmens- und Kapitalmarktrecht, 5. Aufl. 2012, § 19.
221 *Lutter/Hommelhoff*, in: Lutter/Hommelhoff, Einl. Rdnr. 41.
222 Richtlinie 77/91/EWG vom 13.12.1976, ABl. EG Nr. L 26 v. 31.1.1977, S. 1. Zum gegenwärtigen Stand *Bayer/J. Schmidt*, BB 2012, 3, 4.
223 ABl. EG Nr. L 395 v. 30.12.1989, S. 33, 36; dazu *Lutter/Bayer/J. Schmidt*, Europäisches Unternehmens- und Kapitalmarktrecht, 5. Aufl. 2012, § 28.
224 ABl. EU Nr. L 169 v. 30.6.2017, S. 46.
225 BGBl. I 1993, 1282.

(auch) verbietet, die Offenlegungspflichten über den Standard der Richtlinie hinaus zu verschärfen. Auf der Zweigniederlassungsrichtlinie beruhen auch die Vorschriften über Offenlegung der Rechnungslegung in § 325a HGB und über die Angaben auf Geschäftsbriefen (§ 35a Abs. 4).

52 Ebenfalls aus dem Jahre 1989 stammt die **Einpersonengesellschaftsrichtlinie**[226], die die in Deutschland schon früher anerkannte Einpersonen-Gesellschaftsgründung in allen Mitgliedstaaten ermöglichen sollte, grundsätzlich, ohne dass daran die persönliche Haftung des „Einmanns" geknüpft werden darf, ebensowenig grundsätzlich bei Veränderungen des Gesellschafterbestandes auf eine Person, was aus der Sicht der Länder, die als Grundlage auch einer Kapitalgesellschaft einen Vertrag forderten, eigentlich nicht sein konnte[227]. Hiervon sind aber Ausnahmen möglich für den Fall, dass der „Einmann"-Gesellschafter eine juristische Person ist, desgleichen dann, wenn der (natürliche) „Einmann" auch alleiniger Gesellschafter anderer Gesellschaften ist. Solche Beschränkungen führen fast zwangsläufig dazu, dass getreu der früheren Praxis die Reduzierung des Gesellschafterkreises auf eine Person durch die Hinzunahme von Treuhändern oder Splitter-Beteiligten vermieden wird, ähnlich, wenn mit der Einmann-Gründung Nachteile verbunden sind[228]. In Deutschland konnte sich die Umsetzung auf eine Pflicht zur Offenlegung der nachträglichen Entstehung eines solchen Gebildes beschränken, die mit dem heutigen § 40 Abs. 1 erfasst wird, ebenso auf Änderungen des § 35, die im jetzigen Abs. 3 Satz 2 enthalten sind. Zu den Richtlinien über grenzüberschreitende **Sitzverlegung** und **Verschmelzung** Anh. § 4a Rdnr. 75, 77. Ob darüber hinaus die rechtsangleichenden Aktivitäten der Europäischen Gemeinschaft in absehbarer Zeit zu einer wesentlichen Vereinheitlichung der materiellen nationalen Regeln der „kleinen" Kapitalgesellschaften führen werden, ist als Frage noch spekulativ; eine sehr intensive Vereinheitlichung ist aus der Sicht des praktischen Bedürfnisses nach einem ins nationale Recht stimmig eingefügten Gleichgewicht von Gläubigerschutz und Gestaltungsfreiheit sowie Minderheitenschutz und Anreizen für Investitionen nicht einmal wünschenswert. Eine andere Betrachtung würde vielleicht für die von der Kommission im Jahre 2008 vorgeschlagene Einführung einer Societas Privata Europaea (SPE) gelten, das Projekt scheint jedoch vorerst gescheitert[229], während die SE für die GmbH keine direkte Bedeutung hat. Ob sich dies für die in einem Richtlinienvorschlag vom Jahre 2014 näher ausgearbeitete Rechtsform einer Societas Unius Personae (SUP) anders entwickeln wird, ist angesichts der zurückhaltend-kritischen Aufnahme des Vorschlags im Schrifttum[230] eher zweifelhaft.

5. Der große Wurf: Das MoMiG

53 Da Rechtsfortbildungen stets nur eine punktuelle Änderung ergeben können, und da die Novellen von 1980 und 1986 keine umfassenden Neuansätze verfolgten bzw. damit gescheitert waren, fühlte sich der Gesetzgeber angesichts der vom Gesetz in vielerlei Hinsicht abwei-

---

226 Elfte gesellschaftsrechtliche Richtlinie vom 21.12.1989, ABl. EG Nr. L 395 v. 30.12.1989, S. 33, 40; umgesetzt durch Gesetz vom 18.12.1991, BGBl. I 1991, 2206; dazu *Hirte*, ZIP 1992, 1122; *Schimmelpfennig/Hauschka*, NJW 1992, 942.

227 Dazu die Erörterungen bei *Lutter*, in: FS Brandner, 1996, S. 81, 83, u.a. mit Blick auf das italienische Recht.

228 So *Lutter*, in: FS Brandner, 1996, S. 90 mit Blick auf das belgische Recht.

229 Zum ersten Kommissionsentwurf näher *Bayer/J. Schmidt*, BB 2010, 387 f.; zu den Gründen der Ablehnung durch Deutschland und Schweden näher *Hellwig/Behme*, AG 2011, 740; *Ulrich*, GmbHR 2011, R 241 f.; zum vorläufigen Scheitern *Bayer/J. Schmidt*, BB 2012, 3 ff.; s. aber die Äußerungen im Bundestag (BT-Drucks. 18/4843, S. 4).

230 Zu dem Vorschlag vom 9.4.2014 (COM-2014, 212 Final) *Dreher*, NZG 2014, 967; *Bayer/J. Schmidt*, BB 2014, 1129; *Beurskens*, GmbHR 2014, 738; vorwiegend aus registerrechtlicher Sicht *Wicke*, ZIP 2014, 1414; *Eickelberg*, NZG 2015, 81; zul. *J. Schmidt*, in: Michalski u.a., Syst. Darst. 1 Rdnr. 87.

chenden tatsächlichen Gestaltungswünsche und Reaktionen der juristischen Praxis – auch Rechtsfortbildungen praeter und contra legem – darauf angesprochen, eine „große" Reform zu unternehmen, der es hauptsächlich um Bekämpfung missbräuchlicher Praktiken und Deregulierung mancher als überzogen empfundener Institute ging, wie es rechtspolitisch gewünscht wurde. Dies geschah in Gestalt des am 1.11.2008 in Kraft getretenen „Gesetzes zur Modernisierung des GmbH-Rechts und zur Bekämpfung von Missbräuchen" (MoMiG)[231], das sich durch einige Neuerungen auszeichnete wie die Zulassung einer Variante der GmbH praktisch ohne Stammkapital, die Möglichkeit der Übernahme mehrerer Geschäftsanteile sowie die Teilbarkeit von Geschäftsanteilen, die vereinfachte Gründung mit einem vom Gesetz vorgelegten Musterprotokoll, die nur durch Gesetz und eben nicht durch rechtsfortbildenden Richterspruch geschaffen werden konnten. Auch die Aufwertung einer Gesellschafterliste beim Handelsregister, die sogar einen Erwerb vom Nichtberechtigten ermöglichen soll, ist hierher zu zählen. Dem Gesetz sind jahrelange Überlegungen und Diskussionen unter Praktikern und Wissenschaftlern[232] vorausgegangen, in deren Mittelpunkt vor allem nach dem Erscheinen des Referentenentwurfs und des Regierungsentwurfs Fragen zur Kapitalaufbringung und -erhaltung, das künftige Schicksal des Regelwerks über kapitalersetzende Darlehen, die Neuregelungen zur Gründung und die künftige Stellung der GmbH im internationalen Wettbewerb der Gesellschaftstypen sowie die Insolvenzverschleppungshaftung standen, mit einem gewissen Gewicht auch unabhängig vom MoMiG die Europäische Privatgesellschaft (zu ihr Rdnr. 52 a.E.). Die literarische Auseinandersetzung mit dem neuen Recht ist unübersehbar[233], die Akzeptanz von Neuschöpfungen wie der UG (haftungsbeschränkt) und des Musterprotokolls überraschend groß. Die praktischen Schwierigkeiten mit der Gesellschafterliste und der auf sie zu stützenden Möglichkeit eines gutgläubigen Erwerbs bestimmen in einem großen Teil das von der Reform betretene Neuland, während – auch durch das Scheitern der europaweit einzuführenden SPE – die international-rechtlichen Impulse sich in einem Rückgang der Bedeutung der Ltd. zu Gunsten der UG (haftungsbeschränkt) niedergeschlagen haben. Insgesamt ist die Wertschätzung des MoMiG in der gestaltenden Praxis höher als diejenige bei den Gerichten und in der Wissenschaft; die Richter, von denen manche vor zentralen Reformvorhaben gewarnt hatten[234], wenden das überwiegend positiv aufgenommene neue Recht[235] aber loyal an.

---

231 BGBl. I 2008, 2026.
232 Zum RegE etwa *Drygala*, NZG 2007, 561; *Eidenmüller/Grunewald/Noack*, Das Mindestkapital im System festen Nennkapitals, in: Lutter, Das Kapital der AG in Europa, ZGR 2006, 17; *Freitag*, WM 2007, 1681; *Gesmann/Nuissl*, WM 2006, 1756; *Grunewald*, WM 2006, 2333; *Haas*, ZIP 2006, 1373; *Habersack*, ZHR 170 (2006), 667; Handelsrechtsausschuss des DAV, NZG 2007, 2011; *Heckschen*, DStR 2007, 1442; *Hirte*, Reform des gesellschaftsrechtlichen Gläubigerschutzes, in: 66. DJT Band II, 2007; *U. Huber*, in: FS Röhricht, 2005, S. 259 ff.; *Huber/Habersack*, BB 2006, 1; *Joost*, Der Eigenkapitalschutz vor neuen Herausforderungen, in: Gesellschaftsrechtliche Vereinigung (VGR), Die GmbH-Reform in der Diskussion, 2006, S. 31; *Kleindiek*, ZGR 2006, 335; *Noack*, DB 2007, 1395; *Seibert*, GmbHR 2007, 679; *Triebel/Otte*, ZIP 2006, 1321; *Ulmer*, in: Liber amicorum W. Happ, 2006, S. 325; *Goette*, WPg 2008, 231; *Wachter*, GmbHR 2006, 793; Übersicht bei *Ulmer*, in: Ulmer/Habersack/Löbbe, Einl. A Rdnr. 61.
233 Beste Zusammenstellung bei *Goette/Habersack*, Das MoMiG in Wissenschaft und Praxis; *Michalski*, in: Michalski, 2. Aufl. 2010, Syst. Darst. 1 vor Rdnr. 102 (S. 37–40).
234 S. etwa *Goette*, WPg 2008, 231; *Goette*, Status: Recht 2007, 236; *Goette*, DStR 2009, 51; zu den Auswirkungen der Reform auf die aktuelle höchstrichterliche Rechtsprechung *Goette*, in: Goette/Habersack, Das MoMiG in Wissenschaft und Praxis, S. 283 ff.
235 DAV, NZG 2007, 211, 735; *Fastrich*, in: Baumbach/Hueck, Einl. R 47; *Hirte*, NZG 2008, 761; *Fleischer*, in: MünchKomm. GmbHG, Einl. Rdnr. 121; krit. *Eidenmüller*, ZGR 2007, 168; s. immerhin die im Vorfeld des MoMiG angestellten Überlegungen zum Gegensatz von Gesetzes- und Rechtsprechungsrecht von *Karsten Schmidt*, ZIP 2006, 1925.

a) Die wichtigsten Ziele der Reform

54 Die wichtigsten Ziele der Reform lassen sich aus dem praktischen Umfeld der GmbH über 100 Jahre nach ihrer Entstehung erklären: Bekämpfung von missbräuchlichen Praktiken – einschließlich der „Bestattung" einer Gesellschaft – bei insolventen oder in einer Krise befindlichen Gesellschaften, sodann Herstellung von Wettbewerbsfähigkeit der GmbH gegenüber aufgrund der Niederlassungsfreiheit in Europa für einen Betrieb in Deutschland zugelassenen anderen in Europa gegründeten Gesellschaftsformen[236], Auseinandersetzung mit – teils Bestätigung, teils Rücknahme – rechtsfortbildenden Entwicklungen bei der Kapitalaufbringung und -erhaltung, besonders mit der Finanzierung durch Gesellschafterdarlehen. Durch Bestrebungen zur Deregulierung hervorgerufen[237] waren etwa die Regeln zur Beschleunigung und Vereinfachung des Gründungsvorgangs, Erhöhung der Flexibilität der Beteiligungen am Kapital der GmbH, Verhinderung von Missbräuchen bei der Organbestellung und bei der Transparenz von Verantwortlichkeiten besonders in der Krise und bei der Beendigung der Geschäftstätigkeit der Gesellschaft, letzteres auch durch Schaffung neuer Straftatbestände. Manche dieser Ansätze hatten ihre Ursachen in den Besorgnissen der juristischen, hauptsächlich der anwaltlichen Praxis gegenüber als überzogen empfundenen richterlichen Rechtsfortbildungen, die unter dem Stichwort, dass der Gläubigerschutz nicht in allen Belangen vor dem Gesellschafterschutz rangieren müsse, auch im politischen Raum offen angesprochen worden waren[238]. Die in diesem Zusammenhang besonders deutliche Haftungsverschärfung vor allem der Geschäftsführer trifft aber nicht nur Personen zweifelhafter Herkunft und umstrittenen Ansehens, sondern auch alle Unternehmensleiter, denen Erfahrungen und spezielle Sachkenntnis für die z.T. intrikaten Probleme der Kapitalaufbringung und -erhaltung fehlen[239].

55 Vorstellungen bezüglich der personellen **Zielgruppe** der Reformansätze leiteten das Gesetzgebungsverfahren nicht, da es wesentlich darum ging, die mehr als 115 Jahre alte Erfolgsgeschichte der GmbH als beliebtester Rechtsform des deutschen Mittelstandes zu erhalten[240]. Die Schärfe und Vielgestaltigkeit der Diskussionen um die richtige Bewältigung des Phänomens des Cash-Pooling durch die vorhandene Rechtsprechung, die zu den von der Rechtspolitik besonders ernst genommenen Reformansätzen zählt, zeigt aber auch, dass die Rolle der GmbH in Unternehmensgruppen und damit zumeist im Rahmen groß-kapitalistischer Strukturen durchaus nicht aus dem Blickfeld herausfiel. Besonderes Augenmerk, so bei der „Modernisierung" des Gründungsvorgangs und bei den Anforderungen an die anfängliche Kapitalausstattung, wurde aber auch den erstmalig in die Selbständigkeit gehenden, oft auch jungen, Existenzgründern (auch: im freiberuflichen Bereich) gewidmet. Dies zählt zu den Ursachen einer der Neuschöpfungen des MoMiG, nämlich der Zulassung der mit (nur) einem Euro, höchstens 25 000 Euro ausgestatteten UG (haftungsbeschränkt). Weniger Gewicht – auch angesichts eines nicht voll geklärten kollisionsrechtlichen Hintergrundes – haben die mit den Regeln über die Verlegung des Satzungs- oder Verwaltungssitzes ins Auge gefassten Möglichkeiten deutscher Konzernobergesellschaften, ihre Auslandstöchter bei Verlagerung der Geschäftstätigkeit ins Ausland als Kapitalgesellschaften deutschen Rechts zu führen, also deutschen Gesellschaften weitere ausländische Tätigkeitsfelder zu eröffnen[241]. Auf diese Weise wurden außer den mittelständischen Unternehmen doch auch grenzüberschreitend tätige Unternehmer und Unternehmensgruppen angesprochen. Das Gesetz wurde nach lebhafter

---

236 *Ulmer*, in: Ulmer/Habersack/Löbbe, Einl. A Rdnr. 62, 63, 66, 67.
237 Näher *Grunewald/Noack*, GmbHR 2005, 198; *Bayer*, ZGR 2007, 233 ff.
238 Von *Gehb/Heckelmann*, GmbHR 2006, R 349.
239 Zur GmbH-Reform auf Kosten der Geschäftsführer etwa *Karsten Schmidt*, GmbHR 2008, 449; zu den Anforderungen aus der Sicht durchschnittlicher Gesellschafter und Geschäftsführer auch *H. P. Westermann*, in: FS Priester, 2007, S. 835 ff.
240 *Wachter*, in: Goette/Habersack, Das MoMiG in Wissenschaft und Praxis, S. 54 f.
241 Dazu RegE, BT-Drucks. 16/6140, S. 29 und den Überblick von *Kindler*, in: Goette/Habersack, Das MoMiG in Wissenschaft und Praxis, S. 246 ff.

Diskussion eines Referentenentwurfs vom Jahre 2006 und des RegE vom Jahre 2007 im Jahre 2008[242] verabschiedet und ist seit dem 1.11.2008 in Kraft. Schon bald wurde aber auch über Reformen des MoMiG gesprochen[243].

b) Anwendung von Einzelregelungen des MoMiG

Die Beschleunigung und zugleich Verbilligung des Gründungsvorgangs im Zusammenhang mit der Benutzung des Musterprotokolls gemäß § 2 Abs. 1a hat – auch wegen der mit manchen schwierigen Fragen verbundenen Beratungskosten – offenbar keine Umwälzungen ergeben (näher § 2 Rdnr. 123, § 5a Rdnr. 26 ff.). Der begrüßenswerten Neuregelung zur Teilung, Zusammenlegung und Stückelung von Geschäftsanteilen standen Probleme bei der Anwendung des in § 5 Abs. 2 Satz 3 enthaltenen Gebots der Konvergenz der Summe der Nennbeträge der Geschäftsanteile mit dem Stammkapital bei der Einziehung gegenüber (näher § 34 Rdnr. 56 ff.). Abzuwarten bleibt, ob das Gesetz den viel kritisierten Rechtszustand um das „Hin- und-Herzahlen" bei der Kapitalaufbringung sowie um die verdeckte Sacheinlage durch die Neufassung des § 19 Abs. 4, die rechtsdogmatisch umstritten ist, praktikabel gelöst hat, während § 19 Abs. 5 die Fragen um das Hin-und-Herzahlen wohl einer Lösung näher gebracht und auch einen Einklang mit dem System der Kapitalerhaltung erreicht haben könnte, was besonders für Vorgänge im Rahmen des Cash-Pooling beachtlich ist (dazu im Einzelnen § 19 Rdnr. 171 ff.). Die auch hier wirkende „bilanzielle Betrachtungsweise" hat einen entscheidenden Stellenwert bei Fragen der Kapitalerhaltung. Wenn auch bei der Behandlung so genannter Upstream-Darlehen die Rechtsprechung und das Schrifttum bezüglich der Bewertung des Rückzahlungsanspruchs zunächst schwankten, sind inzwischen aufgrund intensiver wissenschaftlicher und praktischer Diskussionen Fortschritte gemacht worden (im Einzelnen § 30 Rdnr. 76 ff.). Der als besonders schwerwiegend, aber auch als begrüßenswerte Klärung der Rechtslage, empfundene grundlegende Neuansatz im Problemkreis des Kapitalersatzes (nicht nur durch Gelddarlehen) hat über das materiell-rechtliche Stichwort von der „Finanzierungsfolgenverantwortung" hinaus eine schwerpunktmäßig insolvenzrechtliche Konzeption gebracht (§§ 32a, 32b a.F. Rdnr. 8 ff.). Das ist angesichts des jahrelangen heftigen Streits um den gesamten Fragenkreis sicher ein Fortschritt, auch an den Schnittstellen zum Konzernrecht. Natürlich ist nicht zu verkennen, dass die Pflichtenlage des Geschäftsführers im Zusammenhang mit Zahlungen, die gegen § 64 verstoßen könnten, zugespitzt im möglichen Vorwurf der Insolvenzverschleppung, rechtspolitisch bedenklich erscheinen kann, deutlich weniger die jetzt geltende Regelung von Praktiken der „Firmenbestattung", die ja zu den ersten Forderungen nach einer Gesetzesreform gehört hatte. Das ganz neue Rechtsinstitut „Gesellschafterliste" (§§ 16, 40) gehört zu den gegenwärtig meist diskutierten, aber auch in der Praxis stark beachteten Rechtsformelementen[244], mit dem die Praxis aber offenbar Schwierigkeiten hat, welche einzelnen hiermit befassten Gerichten bereits den Vorwurf eingetragen haben, „Totengräber der Gesellschafterliste" zu sein[245]. Demgegenüber steht die in § 5a kodifizierte neue Rechtsform der UG (haftungsbeschränkt), deren zahlenmäßig eindrucksvolle Verbreitung Überraschung ausgelöst hat, auch unter einem gewissen Missbrauchsverdacht, näher § 5a Rdnr. 11 ff., 23 ff., 29 ff., 40.

56

---

242 Darstellung bei *Ulmer*, in: Ulmer/Habersack/Löbbe, Einl. A Rdnr. 66–70; *Fleischer*, in: Münch-Komm. GmbHG, Einl. Rdnr. 116–119.
243 *Bayer*, GmbHR 2010, 1289, 1295.
244 Im Einzelnen *Löbbe*, GmbHR 2016, 141 ff.
245 *Heidinger*, GmbHR 2017, 273.

III. Die heutige rechtspolitische Situation des GmbH-Rechts

1. Vom MoMiG nicht behandelte Fragen

57　Das Gesetz konnte nicht gut die Grundlagen des Kapitalgesellschaftsrechts in Frage stellen und war deshalb daran gebunden, dass das Kräfteverhältnis unter den Gesellschaftern sich nach der kapitalmäßigen Höhe ihrer Beteiligungen richtet. Das bedeutet, dass der Gedanke eines notwendigen **Minderheitenschutzes** keine umfassende eigenständige Institution rechtfertigt, aber Niederschlag findet in einzelnen Anforderungen an das Verfahren und die Wirksamkeit von Gesellschafterbeschlüssen sowie den Stimmverboten. Da die Grenzen der Entscheidungsfreiheit im Wesentlichen durch die gesellschaftliche Treupflicht und den Gleichbehandlungsgrundsatz (dazu § 14 Rdnr. 51 ff., 64 ff.) bestimmt sind, was die Rechtsprechung auch stets ernst genommen hat, kann es um der Flexibilität des Innenverhältnisses willen dabei bleiben, dass im Grundsatz jede Zweckmäßigkeitsentscheidung mehrheitsfähig ist. Eine sachliche Rechtfertigung ist nur bei direkten oder mittelbaren Eingriffen in die Rechtsstellung der Minderheitsgesellschafter nötig[246]. Neben den Minderheitsrechten i.S. von Teilhabe und Kontrolle steht also die Verteidigung wichtiger, z.T. mehrheitsfester, wenn auch unter bestimmten Umständen antastbarer, mitgliedschaftlicher Rechtspositionen gegen Eingriffe der Mehrheit. Zum Problem wird diese Lage, wenn fest etablierte Gesellschaftergruppen ihr Abstimmungsverhalten in Gesellschaftsangelegenheiten mehr nach Gruppenzugehörigkeit als nach sachlichen Kriterien ausrichten, so dass ein der Minderheit angehöriger Gesellschafter außerhalb der vorbehaltenen Geschäfte nicht mehr die reale Chance hat, mit seiner Ansicht durchzudringen oder seine mitgliedschaftlichen Rechte zu verteidigen. Noch deutlicher wird dies, wenn Entscheidungen in einer Gesellschaft Teil des übergeordneten Plans werden, einer Gesellschaftergruppe die Beteiligung zu verleiden (sie „auszuhungern"). Dies alles kann auch dann gelten, wenn ein einzelner Gesellschafter allein die Mehrheit besitzt. Im Hinblick auf die bekannt hohe Komplexität von Gesellschafterstreitigkeiten, besonders auch in der GmbH & Co. KG[247], bedarf es dringend eines Systems der dem Minderheiten- und Individualschutz dienenden **innergesellschaftlichen Klagen**[248], das die Anfechtung oder Nichtigerklärung von Beschlüssen der Gesellschafterversammlung, die sog. positive Beschlussfeststellungsklage, und zumindest ein Grundkonzept des einstweiligen Rechtsschutzes voraussetzt; das betrifft dann auch die Durchsetzung von aus der Treupflicht folgenden Zustimmungspflichten[249]. Das aktienrechtliche Modell der Anfechtungs- und Nichtigkeitsklagen gegen einen Gesellschafterbeschluss (§§ 246 ff. AktG) gibt insoweit manche Hinweise[250], reicht aber nicht aus, um die in der GmbH nicht seltenen Streitigkeiten um Leistungen an die Gesellschaft, aus dem Gesellschaftsvermögen an Gesellschafter, vor allem aber Abwehr- und Unterlassungsklagen gegen Gesellschafter und Geschäftsführer zu bewältigen.

58　Angesichts der formal gesicherten Zuständigkeit der Gesellschafterversammlung für Lenkungs- und Entscheidungsbefugnisse[251] findet sowohl der Minderheitenschutz als auch der Grundsatz der gleichmäßigen Behandlung (obwohl man die einzige explizite gesetzliche Erwähnung in § 53a AktG entsprechend anwenden kann) im Kern über eine allgemeine Lehre

---

246　*Karsten Schmidt*, GesR, § 16 III 1a.

247　Dazu etwa BGH v. 13.3.1978 – II ZR 142/76, BGHZ 71, 40, 44; BGH v. 19.4.1982 – II ZR 55/81, BGHZ 83, 319, 328; *Timm*, ZGR 1987, 403 ff.; *Wiedemann*, ZGR 1990, 147, 155 ff.; *Ulmer*, in: Ulmer/Habersack/Löbbe, Einl. A Rdnr. 135; *Martens*, in: FS Fischer, 1979, S. 437 ff.; zum Inhalt des Unternehmensinteresses im GmbH-Recht *Fleischer*, GmbHR 2011, 1307.

248　Umfassend dazu neuerdings auch *Binnewies/Wollweber*, Der Gesellschafterstreit, 2017; *Lutz*, Der Gesellschafterstreit, 4. Aufl. 2015; s. auch *H. P. Westermann*, NZG 2012, 1121 ff.

249　*Ulmer*, in: Ulmer/Habersack/Löbbe, Einl. A Rdnr. 135.

250　Zur Entwicklung *Raiser*, in: FS 100 Jahre GmbH-Gesetz, 1992, S. 585 ff.; s. auch *Zöllner*, ZGR 1988, 392, 407 ff.; *Grunewald*, Die Gesellschafterklage in der Personengesellschaft und der GmbH, 1990, S. 66 ff.

251　Hierzu *Immenga*, GmbHR 1973, 5, 7.

von den **Ausübungsschranken** statt[252]. Das Prinzip besteht in der Annahme, dass der Minderheitsgesellschafter Anspruch darauf hat, dass jeder Partner bei Ausübung des Stimmrechts nur auf das Wohl der Gesellschaft sieht und gesellschaftsfremde Sonder-Interessen nicht verfolgt, obwohl er natürlich seiner individuellen Sicht der zu entscheidenden Fragen Spielraum geben darf. Ihm steht dann die Pflicht der Minderheit gegenüber, Mehrheitsentscheidungen, die im Gesellschaftsinteresse getroffen sind, auch dann hinzunehmen, wenn ihre Beteiligung dadurch an Wert verliert. In engen Grenzen gibt es auch Mitwirkungspflichten der Minderheit bei den Entscheidungen, in denen es auf ihre Zustimmung ankommt (s. schon Rdnr. 8). Etwas auch qualitativ anderes steht in Rede, wenn unter Berufung auf Richtigkeitsüberzeugungen unterhalb der Schwelle des § 138 BGB Erfordernisse der inhaltlichen Angemessenheit einer Regelung aufgestellt und ihnen widersprechende Vertrags- oder Satzungsbestimmungen verworfen werden[253]. Da die GmbH-Satzungen aber bisher nicht wie bisweilen die Verträge einer Personengesellschaft eine einseitig vorformulierte Ordnung der Verhältnisse einer großen Zahl von reinen Anlegern darstellen, ist eine allgemeine Inhaltskontrolle nicht gerechtfertigt, eine (im Einzelfall greifende) Ausübungskontrolle reicht im Allgemeinen aus. Zwar kann durch die ursprüngliche Satzung oder nachträglich mit Einverständnis der betreffenden Gesellschafter eine **ungleiche Rechts- und Machtstellung** der Gesellschafter begründet worden sein, der Gesellschafter kann sich aber in der Gesellschaft niemals ganz entrechten, so dass ihm auch stets die Befugnis bleibt, rechtswidrige oder in seine Rechte eingreifende Gesellschafterbeschlüsse im Rahmen des für die GmbH Entwickelten anzufechten[254].

Ein kodifiziertes **GmbH-Konzernrecht** gibt es nach wie vor nicht, was aber nicht bedeutet, dass Rechtsprechung und Wissenschaft an dem Phänomen einer in eine Unternehmensgruppe eingefügten und nach Maßgabe der Interessen dieser Gruppe geleiteten GmbH vorbeigegangen wären. Allerdings besteht hier die Besonderheit, dass die Gesellschafter in legitimer Weise auf die Geschäftsführung Einfluss nehmen können, so dass auch die Ausgestaltung einer von den Weisungen der Gesellschafter weitgehend abhängigen Geschäftsführung dem Gesetz entspricht. Da die Mitwirkung an der Unternehmensleitung die Haftungsbeschränkung nicht beseitigt, haben sich die Bemühungen um „Konzernhaftung" weitgehend auf die Ausarbeitung von Regeln zur Gesellschafterveranwortung für interne Einflussnahmen konzentriert, allerdings mit einem starken Akzent gegen die Verfolgung anderweitiger, nicht in der betreffenden GmbH verkörperten unternehmerischen Interessen[255], wobei in der Rspr. für eine nicht vertraglich begründete, also „faktische" Unternehmensverbindung dem herrschenden Unternehmen kein aus §§ 311–318 AktG abgeleitetes Recht zur Verfolgung von Gruppen-Interessen zugebilligt wurde[256]. In diesem Zusammenhang wurde einem herrschenden Unternehmen – auch einem Gesellschafter – zunächst eine Art Organisations- und Zustandshaftung namentlich für die Schaffung und Ausübung qualifizierter faktischer Konzernherrschaft auferlegt, bis in einer Wende im Jahre 1993 eine verschuldensunabhängige Handlungshaftung in den Vordergrund trat[257]. Die Entwicklung (von „Autokran" über „Vi-

59

---

252 Grundlegend dazu *Zöllner*, Schranken mitgliedschaftlicher Stimmrechtsmacht bei den privatrechtlichen Personenverbänden, 1963, S. 287 ff.; *Winter*, Mitgliedschaftliche Treubindungen im GmbH-Recht, 1988, S. 43 ff.; *Ulmer*, in: Ulmer/Habersack/Löbbe, Einl. A Rdnr. 95.

253 Dazu eingehend *Zöllner*, in: FS 100 Jahre GmbH-Gesetz, 1992, S. 85, 99 f.; gegen eine solche Inhaltskontrolle aber *Karsten Schmidt*, GesR, § 5 III 4.

254 So bezüglich des Stimmrechts BGH v. 14.7.1954 – II ZR 342/53, BGHZ 14, 264, 269; allgemeiner *Teichmann*, Gestaltungsfreiheit in Gesellschaftsverträgen, S. 208 f.

255 *Winter*, ZGR 1994, 570 ff.; *Karsten Schmidt*, GmbHR 2008, 449 ff.; *Grigoleit*, Gesellschafterhaftung für interne Einflussnahme im Recht der GmbH, 2006; *Habersack*, ZGR 2008, 533 ff.

256 BGH v. 5.6.1975 – II ZR 23/74, BGHZ 65, 15, 18 – ITT; dazu schon *H. P. Westermann*, GmbHR 1976, 77.

257 Zu dem dies entscheidenden TBB-Urteil v. 29.3.1992 – II ZR 265/91, BGHZ 122, 123 = GmbHR 1993, 283; *Lutter*, JZ 1993, 580; *H. P. Westermann*, ZIP 1993, 554 ff.

deo" bis zu „TBB" und „Bremer Vulkan") ist vielfach dargestellt worden[258], näher Anh. § 13 Rdnr. 94. Die Wandlung zu einer deliktischen Handlungshaftung des herrschenden Unternehmens war auch damit begründet, dass die Aneinanderreihung mehrerer Vermutungen mit den Folgen entsprechend §§ 17 Abs. 2, 18 AktG und die dem verwandte Möglichkeit, faktische Einflussnahme als konkludenten Abschluss eines Beherrschungsvertrages zu verstehen, nicht nur den Schutz der GmbH vor rechtswidrigen Handlungen ihrer Gesellschafter verstärken sollte, sondern das Wirtschaften mit beschränkter Haftung bei u.U. unzureichendem Eigenkapital der Gesellschaft und damit einen der Grundzüge des GmbH-Rechts in Frage stellte. Diese Entwicklung zur Existenzvernichtungshaftung hat aber keineswegs die notwendigen Reaktionen auf die Beherrschung einer abhängigen GmbH im Konzernverbund und auf die Führung einer Unternehmensgruppe durch eine GmbH als herrschendes Unternehmen behindert; dass mangels spezieller gesetzlicher Regeln manche Einzelheiten ungeklärt sind[259], schwächt die Brauchbarkeit des gegenwärtigen, z.T. auf Analogien und Rechtsfortbildung beruhenden GmbH-Konzernrechts gegenüber dem eingehend kodifizierten Aktienkonzernrecht nicht. Es ist daher verständlich, dass der Gesetzgeber des MoMiG die wenig ermutigenden Erfahrungen mit dem ausführlichen Entwurf eines Konzernrechts im GmbH-Gesetz[260], der in der Reform von 1980 ad acta gelegt wurde, nicht wiederholen wollte. Erwägenswert wäre aber eine – derzeit nur über die Figur einer nachvertraglichen Treupflicht zu bewältigende – Lösung der Probleme, die sich aus der Beendigung einer Vertragsabhängigkeit und der daraus u.U. folgenden Entlassung der bis dahin abhängigen Tochtergesellschaft in eine problematische unternehmerische Freiheit ergeben[261].

2. Weitere Verstärkung des Gläubigerschutzes

60 Nach der Reform durch das MoMiG müssen Überlegungen zur Verstärkung des Gläubigerschutzes beim derzeitigen Zustand besonders des Rechts der Kapitalaufbringung und der Kapitalerhaltung, beide mit Blick auf die Folgen eines Cash-Pooling, sodann auf die Gewährung von Upstream-Darlehen ansetzen, deren positiv-rechtliche Bewältigung nach den bisherigen Erfahrungen Schwierigkeiten bereitet und daher auch die erhoffte Stärkung der Rechtssicherheit nicht durchweg erreicht hat, was zu Überlegungen und Vorschlägen geführt hat, namentlich die durch das MoMiG eingeführte UG abzuschaffen oder dem Vorbild der niederländischen Flex-b.v. folgende deutsche „Flex-GmbH" zu ersetzen (dazu Rdnr. 62). Diesen Vorstellungen ein wenig entgegenzukommen, könnten einzelne Schritte zur Verstärkung des Gläubigerschutzes dienen. Frühere Reizthemen wie die Differenz- und die Vorbelastungshaftung bei der Gründung, die Haftung bei wirtschaftlicher Neugründung oder auch der Zwang zu einer umfassenden Sachgründungsprüfung ohne Entlastung von der Differenzhaftung bei unrichtigem Prüfungsergebnis, wurden zuletzt nicht wieder aufgegriffen; man könnte auch meinen, dass hier der Gläubigerschutz schon de lege lata, natürlich auf der Grundlage der höchstrichterlichen Judikatur, einstweilen ausreicht[262]. Hingegen wird den Neuregelungen

---

258 Grundlegend *Röhricht*, in: Festgabe der Wissenschaft, 50 Jahre BGH, Bd. II, 2000, S. 83 ff.; kürzlich wieder *Wiedemann*, GmbHR 2011, 1909 ff.

259 *Wiedemann*, GmbHR 2011, 1913 ff.; das Fehlen eines gesetzlich verfassten Konzernverbunds vermisst (auch für das Aktienrecht) *Karsten Schmidt*, ZGR 2011, 108, 128; zum „unvollendeten" Konzernrecht auch *Lutter*, in: FS Karsten Schmidt, 2009, S. 1065 ff.

260 Zu den Grundsatzfragen in der damaligen konzernrechtlichen Diskussion s. den Sammelband „Der GmbH-Konzern", 1976, mit Referaten von *Emmerich* (S. 4 ff.), *H. P. Westermann* (S. 25 ff., 169 f.), *Gäbelein* (S. 50 ff.) nebst ausführlichen Diskussionsberichten; schon früher *Würdinger*, in: Probleme der GmbH-Reform, 1969, S. 122 ff.; *Schilling*, ZHR 140 (1976), 528 ff.

261 Dazu *H. P. Westermann*, in: FS Hüffer, 2009, S. 1071 ff.; *H. P. Westermann*, in: Festheft Knauth, Beil. ZIP 22/2016, S. 85 ff.

262 Eine Ausnahme, allerdings nicht mit der Tendenz der Ausweitung des Gläubigerschutzes, zeichnet sich neuerdings bezüglich der Folgen einer „wirtschaftlichen Neugründung" ab, dazu *Adolff*,

der verdeckten Sacheinlage, die auch die UG (haftungsbeschränkt) betrifft, und derjenigen der Erfüllungswirkung eines Hin- und Herzahlens dogmatische Schlüssigkeit und Ausgewogenheit des Interessenausgleichs vielfach abgesprochen[263]. Es ist davon die Rede, der Gesetzgeber habe seine Ziele, besonders die Gewährleistung von Rechtssicherheit, „in eklatanter Weise" verfehlt[264]. Andererseits ist nicht zu bestreiten, dass in den betreffenden Punkten eine einfache Rückkehr zum früheren Rechtszustand mit der an sich billigenswerten Tendenz, den Gesellschaftern die weithin als überzogen empfundenen Folgen der Rechtsprechung ersparen zu können, nicht in Betracht kommt, zumal Geschäftsführern und Gesellschaftern im Hinblick auf Insolvenzrisiken nicht immer leicht zu erfüllende Pflichten und Haftungsrisiken auferlegt worden sind. Ein „Weiterdenken" der Reform mit dem Ziel in sich schlüssiger Ergebnisse erscheint unter diesen Umständen in der Tat schwierig[265]. Verbreitet wird auch eine Lösung des Problems der Durchgriffshaftung mit deliktsrechtlichen Ansprüchen der Gläubiger, also nicht als bloße Innenhaftung, angestrebt. Freilich ist nicht zu vergessen, dass – so im Bereich der Durchsetzung von Steuer- und Sozialversicherungsforderungen – der Gläubigerschutz häufig auf die Privilegierung einzelner Gesellschafter hinausläuft[266]. Vor diesem Hintergrund ist der Vorschlag bemerkenswert, Schlüssigkeit des gesetzlichen Gläubigerschutzes durch einen Verzicht auf das Prinzip der realen Kapitalaufbringung herzustellen und stattdessen die Gesellschafterhaftung am Modell der kommanditischen Haftung auszurichten[267]. Mit einem solchen Schritt ginge der nationale Gesetzgeber ein Stück auf die in Europa und in den USA vorherrschende skeptische Einstellung zu einem institutionellen Gläubigerschutz zu, man darf aber auf der anderen Seite nicht das Beharrungsvermögen traditioneller und durch vielfältiges Fehlverhalten der Gesellschafter hervorgerufener Schutzbedürfnisse unterschätzen. Die in der Entwicklung stark schwankende **Höhe des Mindeststammkapitals** ist in Deutschland für die „normale" GmbH angesichts der Einführung und wirtschaftlichen Bedeutung der UG rechtspolitisch nicht aktuell[268]; auch gehen die Ansichten über die Funktion dieses Rechtsinstituts (als Verhinderung unseriöser Gründungen oder masseloser Insolvenzen) ziemlich weit auseinander, was auch durch Einblicke in andere Rechtsordnungen verstärkt wird[269].

3. Weitere mögliche Reformvorhaben

Überlegungen zur künftigen Entwicklung des GmbH-Rechts könnten sich im Zuge allgemeiner kapitalgesellschaftsrechtlicher Neuregelungen ergeben, so etwa bei einer umfassenden Konzeption eines die Kapitalgesellschaften betreffenden Beschlussmängelrechts (s. schon

61

---

in: Gesellschaftsrechtliche Vereinigung (VGR), Gesellschaftsrecht in der Diskussion 2011, 2012, S. 49.

263 Zur verdeckten Sacheinlage § 19 Rdnr. 116 ff. sowie *Bayer*, in: Lutter/Hommelhoff, § 19 Rdnr. 51; *Fastrich*, in: Baumbach/Hueck, § 19 Rdnr. 47; *Schwandtner*, in: MünchKomm. GmbHG, § 19 Rdnr. 175 *Veil*, ZIP 2007, 1241; *Ulmer*, ZIP 2008, 45, 50; zum Hin- und Herzahlen *Gehrlein*, Der Konzern 2007, 771, 782 f.; *Goette*, WPg 2008, 231, 235; *Heckschen*, DStR 2007, 1442, 1447; *Priester*, ZIP 2008, 55; *Fastrich*, in: Baumbach/Hueck, § 19 Rdnr. 70; *Bayer*, in: Lutter/Hommelhoff, § 19 Rdnr. 89.

264 *Bayer*, GmbHR 2010, 1289, 1293.

265 *Bayer*, GmbHR 2010, 1289, 1294.

266 Krit. dazu *H. P. Westermann*, in: FS Fikentscher, 1998, S. 456 ff.

267 *Bayer*, GmbHR 2010, 1289, 1295 ff. unter Bezug auf sein Gutachten für den 67. DJT, 2008, F 118 ff.; sympathisierend etwa *Dauner-Lieb*, AG 2009, 212, 226; *Grunewald*, WM 2006, 2333, 2335; *Eidenmüller*, ZGR 2007, 1442, 1448.

268 Eingehend dazu *Harbarth*, ZGR 2016, 84, 104 ff.; *Fliegner*, DB 2008, 1668; *Eidenmüller/Engert*, GmbHR 2005, 433.

269 S. etwa *Fleischer*, in: MünchKomm. GmbHG, Einl. Rdnr. 233 (Schweiz), 241 (Frankreich), 249 (UK), 257 (USA).

Rdnr. 57). In nicht wenigen wichtigen, auch und gerade rechtspolitisch richtungweisenden Materien, etwa in Bezug auf das Bilanzrecht, z.T. aber auch auf das Kapitalmarktrecht und die unternehmerische Mitbestimmung, genießt die GmbH nur dann eine Sonderbehandlung, wenn sie bestimmte Größenkriterien nicht erreicht, im Übrigen setzen sich hier allgemeine kapitalgesellschaftsrechtliche Prinzipien und Sichtweisen tendenziell immer mehr durch. Somit kann das GmbH-Recht zumindest seit seiner Fortbildung durch Gesetzgebung und Rechtsprechung und systematisch durch wissenschaftliche Aufarbeitung **autonom ausgelegt** und unter Berücksichtigung eines stark ausgestalteten Gläubigerschutzes als Organisationsrecht einer ihre Verhältnisse selbständig gestaltenden Gesellschaftergruppe gehandhabt werden. Denkbar sind aber einige nur auf die GmbH bezogene Neuerungen, die z.T. auch dazu dienen könnten, die Rechtsform ohne allzu großen legislatorischen Aufwand auf den Wettbewerb in der europäischen Konkurrenz einzurichten. Zu denken ist hier[270] an Erleichterungen und eine Beschleunigung des Gründungs- und Eintragungsvorgangs und an eine Vervollständigung des nicht ganz gesicherten Konzepts der Behandlung von Sacheinlagen; schon ausdiskutiert ist die Einführung eines Beurkundungserfordernisses für die Veräußerung von Geschäftsanteilen. Ein Desiderat wäre eine für Familiengesellschaften wichtige Klärung des Innenverhältnisses von Gesellschaftern, die als Miterben einen Geschäftsanteil halten[271].

62   Die Befürworter einer an das niederländische Recht angelehnten Flex-GmbH fordern eine **Abschaffung der UG** (haftungsbeschränkt)[272]. Ob sich die mit der Einführung dieser Rechtsform verbundene Erwartung einer Zurückdrängung der Verbreitung der Limited in Deutschland bestätigt hat oder ob ein gewisser „Terrainverlust" dieser Rechtsform andere oder auch überwiegende Gründe hatte[273], ist für die Beurteilung des UG-Modells nicht entscheidend. Es kann aber festgestellt werden, dass die beachtliche Steigerung von UG-Gründungen mit einer im Vergleich zur GmbH deutlich stärkeren Insolvenzanfälligkeit verbunden ist, ohne dass die absolute Zahl von Unternehmensinsolvenzen gestiegen wäre[274]. Wenn man die Wettbewerbsfähigkeit der GmbH im Verhältnis zu Rechtsformen des ausländischen Rechts beibehalten oder stärken will, muss an die Stelle der UG ein Gesellschaftstyp treten, der für Unternehmensgründer mit geringerem Kapital interessant erscheint, was zu einem geringen Mindeststammkapital führt, dessen Aufbringung aber gesichert werden muss, wenn nicht das Haftungsprivileg verloren gehen soll. Dazu gehören Regelungen mit Gläubigerschutzfunktion wie die Pflicht zur Aufstellung und Registrierung eines Gründungs-Finanzplans; wenn die darin vorgesehene Kapitalisierung sich als nicht ausreichend erweist und es innerhalb von drei Jahren zur Insolvenz kommt, unterliegen die Gründer einer gesamtschuldnerischen Haftung[275]. Das würde zusammen mit dem Gebot, Ausschüttungen nur vorzunehmen, wenn ein Insolvenztest positiv war, verbunden mit einer Haftung des Geschäftsführers, dem die unzureichende Liquidität bewusst war, auf die Ausschüttungssumme, die Attraktivität solcher Rechtsformen gerade für „kleinere" Anleger stark beeinträchtigen, was erst recht für die Gefahr gilt, einen Insolvenznachschuss leisten zu müssen. Ob eine „Flex-GmbH" anstelle oder neben der UG eingeführt werden wird, ist daher zweifelhaft[276].

---

270   Im Einzelnen dazu *Harbarth*, ZGR 2016, 84, 106 ff.
271   Kernpunkt wäre eine Konkretisierung des nach §§ 2038 Abs. 2 Satz 1, 745 Abs. 1 Satz 1 BGB maßgeblichen Kriteriums der „ordnungsmäßigen Verwaltung" des Geschäftsanteils, dazu *Schürnbrand*, NZG 2016, 241.
272   Ausführliche Darstellung bei *Höfer*, Flex-GmbH statt UG, 2015, S. 85 ff.; s. auch *Höfer*, GmbHR 2016, 398; ähnlich *Grimm*, Die Finanzverfassung der kleinen Kapitalgesellschaft, 2013, 418 ff.; schon früher *Priester*, GmbHR 2005, 921 (zur GmbH-Light).
273   Hierzu näher *Harbarth*, ZGR 2016, 88 ff.
274   *Harbarth*, ZGR 2016, 88, 99 ff.
275   *Höfer*, GmbHR 2016, 398 Fn. 3.
276   Abl. *Harbarth*, ZGR 2016, 88, 103; s. auch *H. P. Westermann*, GmbHR 2017, 683 ff.

4. Corporate Governance Kodex für die GmbH?

Entsprechend der Situation im Aktienrecht auch für die GmbH einen Corporate Governance   63
Kodex zu entwickeln, würde sich lohnen, wenn hierdurch eine Verbesserung des durch die
Insolvenzstatistik begründeten unbefriedigenden Ansehens der GmbH und eine die Gesellschafter und Gesellschaftergruppen befriedigende Unternehmensverfassung erreicht werden
könnte[277]. Obwohl dies ein optionales Regelwerk wäre, würde, insbesondere wenn wie in
§ 161 AktG die Pflicht zu einer Entsprechenserklärung eingeführt würde, in den im Kodex
enthaltenen Empfehlungen die Tendenz zur Bildung von Normen im faktischen Sinne[278]
entstehen, was dem Umstand zuwiderläuft, dass im Aktienrecht der Kapitalmarkt angesprochen werden soll, wofür im GmbH-Recht angesichts der Beschränkung des principal-
agent-Konflikts auf das Verhältnis von Mehrheit und Minderheit im Gesellschafterkreis kein
Bedürfnis besteht. Geschäftsführungsmacht, Kontrolle, Risikovorsorge sind schon im derzeitigen GmbH-Recht stark entwickelt. Es könnte allerdings erwogen werden, dass durch Gesetz
für die Gestaltung der GmbH-Satzungen Regelungsaufträge kodifiziert würden[279], die etwa
das im derzeitigen Recht nicht geregelte Austrittsrecht, Kriterien der Gewinnverteilung, Regeln zur Organbestellung oder auch die Einführung eines Beirats betreffen könnten[280]. Ein
Teil dieser Regelungsbedürfnisse kann wiederum schon jetzt im Zuge kautelarjuristischer Beratung bei der Gründung der GmbH befriedigt werden, was allerdings ohne diesbezügliche
Bereitschaft der Gesellschafter nicht zustande kommen kann. Im Hinblick etwa auf Austritt,
Ausschließung, Einziehung und Finanzierung wäre eine Vertiefung und Präzisierung der derzeitigen Gesetzeslage durch dispositive Neuregelungen vielleicht vorstellbar; wenn man aber
sieht, in welchem Ausmaß die neueren Überlegungen zur Ausweitung des DCGK dazu ten-
dieren, die unternehmerische Gestaltungsfreiheit einzuengen[281], scheint hier deutliche Zurückhaltung geboten. So ist auch ein mittelbarer Zwang wie durch die aktienrechtliche Entsprechenserklärung und die Folgen ihrer Fehlerhaftigkeit[282] abzulehnen. Vorzugswürdig –
auch für die Entwicklung von Compliance-Regeln in der GmbH – wären wohl Vereinbarungen zu den arbeitsrechtlichen Inhalten, also zu Betriebsvereinbarungen, auch zu den daten-
schutzrechtlichen Aspekten[283]. Inhaltlich könnte ein solcher Kodex einige Schwachstellen der
GmbH-Verfassung aufgreifen, so für die Satzung „Regelungsaufträge" formulieren, etwa zu
der häufig konfliktträchtigen Problematik von Thesaurierung und Gewinnverwendung[284].
Weniger erfolgversprechend erscheinen Überlegungen zur Schaffung einer Aufsichtsratsver-
fassung[285].

---

277 *Konnertz-Häußler*, GmbHR 2012, 68 ff. mit ausführlichem Entwurf eines Kodex.
278 OLG München v. 6.8.2008 – 7 U 5628/07, ZIP 2009, 133, 134.
279 In diesem Sinne etwa *Weller*, ZGR 2012, 386 ff.
280 Dabei ist (*Weller*, ZGR 2012, 386, 395) sogar an einen Beirat mit die Gesellschafterversammlung
      verdrängenden Kompetenzen gedacht, was aber dem System der GmbH widerspräche; zur Corpo-
      rate Governance in der GmbH in Bezug auf den Aufsichtsrat *E. Vetter*, GmbHR 2011, 449.
281 *Baur/Holle*, NZG 2017, 170, 172; zum Stand der Überarbeitung auch *Nikoleyczik/Graßl*, NZG 2017,
      161 ff.
282 Folge ist zunächst Anfechtbarkeit wegen eines Gesetzes- oder Satzungsverstoßes (BGH v.
      25.11.2002 – II ZR 133/01, BGHZ 153, 47, 50 ff.), mit der weiteren Konsequenz, dass auch ein Ent-
      lastungsbeschluss zugunsten der für den Fehler verantwortlichen Verwaltung angefochten werden
      kann (BGH v. 25.11.2002 – II ZR 133/01, BGHZ 153, 47; OLG München v. 19.11.2008 – 7 U
      2405/08, AG 2009, 450, 451; *Ulmer*, ZHR 166 [2002], 150, 165; krit. *Krieger*, ZGR 2012, 202 ff.).
283 Eingehend dazu *Stück*, GmbHR 2016, 561 ff.
284 Dazu näher *Hommelhoff*, GmbHR 1979, 162, 189; eingehend auch schon *Weller*, ZGR 2012, 386,
      410.
285 Zurückhaltend auch *Weller*, ZGR 2012, 386, 410 f.

Erster Abschnitt
Errichtung der Gesellschaft

§ 1
Zweck; Gründerzahl

Gesellschaften mit beschränkter Haftung können nach Maßgabe der Bestimmungen dieses Gesetzes zu jedem gesetzlich zulässigen Zweck durch eine oder mehrere Personen errichtet werden.

Text i.d.F. der GmbH-Novelle von 1980 (BGBl. I 1980, 836).

Schrifttum: *Ahlers*, Die GmbH als Zusammenschluss Angehöriger freier Berufe zur gemeinsamen Berufsausübung, in: FS Rowedder, 1994, S. 1; *Brandner*, Geschäftsführungsbefugnis, Unternehmensgegenstand und Unternehmenszweck, in: FS Rowedder, 1994, S. 41; *Rud. Fischer*, Die Bedeutung des Zwecks für die Aktiengesellschaft, JherJb 63 (1913), 327; *Fränkel*, Die Gesellschaft mit beschränkter Haftung. Eine volkswirtschaftliche Studie, 1915; *Großmann*, Unternehmensziele im Aktienrecht, 1980; *W. Horn*, Gründung einer vermögensverwaltenden GmbH, GmbHR 2001, 386; *Ivens*, Das Fördergebot des GmbH-Gesellschafters, GmbHR 1988, 249; *Kiethe*, Gesellschaftsrechtliche Spannungslagen bei Public Private Partnerships, NZG 2006, 45; *Koller*, Grundfragen einer Typuslehre im Gesellschaftsrecht, 1967; *Loidl*, Die GmbH ohne erwerbswirtschaftliche Zielsetzung, 1970; *Mengiardi*, Strukturprobleme des Gesellschaftsrechts, ZSR 109 (1968), 1; *Müller-Erzbach*, Das private Recht der Mitgliedschaft als Prüfstein eines kausalen Rechtsdenkens, 1948; *Oppenländer*, Von der Rechtsprechung entwickelte Sonderregeln für die Zweipersonen-GmbH, DStR 1996, 922; *Ott*, Die Problematik einer Typologie im Gesellschaftsrecht, 1972; *Priester*, Nonprofit-GmbH – Satzungsgestaltung und Satzungsvollzug, GmbHR 1999, 149; *Prühs*, Non-Profit-GmbH, Wesen, Besteuerung, gesellschaftsrechtliche Besonderheiten, GmbH-Steuerpraxis 2010, 69; *Scholz*, Zu welchem Zweck kann eine GmbH gegründet werden?, GmbHR 1942, 281; *Schröder*, Die steuerpflichtige und steuerbegünstigte GmbH im Gemeinnützigkeitsrecht, DStR 2008, 1069; *Tieves*, Der Unternehmensgegenstand der Kapitalgesellschaft, 1998; *Ullrich*, Die gemeinnützige GmbH nach dem MoMiG, GmbHR 2009, 750; *Ullrich*, Gesellschaftsrecht und steuerliche Gemeinnützigkeit, 2011; *Wessel/Zwernemann/Kögel*, Die Firmengründung, 7. Aufl. 2001, Rdnr. 366 ff. (S. 267 ff.); *H. Westermann*, Die Anpassung der GmbH an den Zweck des Unternehmens, 1959; *K. Winkler*, Nichtgewerbliche, ideale, insbesondere politische Zielsetzungen als Inhalt von Gesellschaftsverträgen und Satzungen, NJW 1970, 449; *H. Wünsch*, Die Bedeutung des FGG für die GmbH und deren Eintragung im Handelsregister,

GesRZ 1982, 155; *Zöllner*, Die Schranken mitgliedschaftlicher Stimmrechtsmacht bei den privatrecht-lichen Personenverbänden, 1963; *Zöllner*, Inhaltsfreiheit bei Gesellschaftsverträgen, in: FS 100 Jahre GmbHG, 1992, S. 85.

I. Überblick

Gemäß § 1 kann eine GmbH[1] nach Maßgabe des GmbHG durch eine oder mehrere Personen zu jedem gesetzlich zulässigen Zweck errichtet werden (zu den Besonderheiten der Einper-sonengründung Rdnr. 49 ff.). Die GmbH ist damit als eine in jeder Hinsicht zweckoffene Ge-sellschaft konzipiert. Die Zweckverfolgung findet ihre Grenze lediglich in den allgemeinen Gesetzen. Neben den §§ 134, 138 BGB (Rdnr. 40 f.) kommen insbesondere spezielle Rechts-formverbote (Rdnr. 38 f.) oder Regelungen des Berufsrechts (Rdnr. 21 ff.) in Betracht, welche eine Betätigung in der GmbH beschränken. Dieser weite Anwendungsbereich unterscheidet die GmbH von den Personenhandelsgesellschaften, die nach dem Gesetz den Betrieb eines Handelsgewerbes oder – unter der weiteren Voraussetzung der Eintragung im Handelsregister – eine kleingewerbliche oder eigenes Vermögen verwaltende Tätigkeit voraussetzen (§§ 105 Abs. 2, 161 HGB) sowie von der Genossenschaft (§ 1 Abs. 1 GenG). Die GmbH zeichnet sich damit als eine vielfältig einsetzbare Gesellschaftsform aus[2]. Die Gesellschafter können dabei die ihnen zustehende Gestaltungsfreiheit nutzen und ihr Binnenrecht in der Weise ausgestal-ten, wie es zur Verfolgung des Gesellschaftszwecks zweckmäßig ist (s. demgegenüber § 23 Abs. 5 AktG)[3]. Die GmbH ist stets, d.h. unabhängig von dem tatsächlich verfolgten Zweck, Handelsgesellschaft (§ 13 Abs. 3) und damit Formkaufmann. 1

Das GmbHG fasst die Vorschriften zur Entstehung der GmbH im Ersten Abschnitt unter der Überschrift „Errichtung der Gesellschaft" zusammen. Damit unterscheidet sich das GmbHG terminologisch vom AktG. Im Aktienrecht wird der gesamte Entstehungsprozess der AG im Zweiten Teil des Ersten Buches als „Gründung" bezeichnet. Die Errichtung der AG ist nach dem AktG mit der Übernahme aller Aktien durch die Gründer vollzogen (§ 29 AktG) und stellt lediglich einen Zwischenschritt innerhalb des Gründungsvorgangs dar, der erst mit der Eintragung der AG im Handelsregister endet. Der GmbH-Gesetzgeber arbeitet terminologisch weniger präzise. Er verwendet den Begriff der Errichtung (§§ 1, 5 Abs. 2 Satz 2, 9a Abs. 1, 9c Abs. 1 Satz 1, 14 Satz 2) sowie der Gründung (§§ 2 Abs. 1a Satz 1 und 2, 5a Abs. 1, 46 Nr. 8) ohne erkennbare Systematik. Gleichwohl herrscht heute in Anlehnung an das Aktienrecht das Verständnis vor, dass auch die GmbH mit dem Abschluss des Gesellschaftsvertrages als errichtet und mit ihrer Eintragung im Handelsregister als (vollständig) gegründet gilt[4]. 2

II. Zweck und Gegenstand

Das Gesetz spricht in den §§ 1 und 61 Abs. 1 vom Zweck der Gesellschaft und unterscheidet davon in den §§ 3 Abs. 1 Nr. 2, 6 Abs. 2 Satz 2 Nr. 2, 10 Abs. 1 Satz 1, 75 Abs. 1 und 76 sowie in der Anlage zu § 2 Abs. 1a (Nr. 2 der Musterprotokolle) den Gegenstand des Unterneh-mens. In dieser Hinsicht unterscheidet sich das GmbHG vom AktG, das lediglich den Begriff 3

---

1 S. zur Kritik an dem Terminus „beschränkter Haftung" *Fleischer*, in: MünchKomm. GmbHG, Rdnr. 3; zum Versuch einer Definition *Schmidt-Leithoff*, in: Rowedder/Schmidt-Leithoff, Rdnr. 3.
2 S. auch *Fleischer*, in: MünchKomm. GmbHG, Rdnr. 1 („Universalinstrument"); *Wicke*, Rdnr. 3 („All-zweckinstrument im Rechtsverkehr"); *Flume*, Juristische Person, § 9 II (S. 323); *Priester*, GmbHR 1999, 149, 150; s. den rechtstatsächlichen Überblick bei *Schmidt-Leithoff*, in: Rowedder/Schmidt-Leit-hoff, Einl. Rdnr. 161 ff.
3 *Fastrich*, in: Baumbach/Hueck, Rdnr. 6.
4 *Bayer*, in: Lutter/Hommelhoff, Rdnr. 1; *Fleischer*, in: MünchKomm. GmbHG, Rdnr. 4; *Roth*, in: Roth/Altmeppen, Rdnr. 2.

des Gegenstandes des Unternehmens verwendet (§§ 3 Abs. 1, 23 Abs. 3 Nr. 2, 39 Abs. 1 Satz 1, 76 Abs. 3 Satz 2 Nr. 2, 179 Abs. 2 Satz 2, 179a Abs. 1 Satz 1, 275 Abs. 1 Satz 1, 276 AktG). Es besteht weitgehend Einigkeit darüber, dass beide Begriffe nicht gleichbedeutend sind[5]. Im Einzelnen ist ihr **Verhältnis zueinander** jedoch umstritten[6]. Die Unterscheidung ist bedeutsam[7], weil für den Gesellschaftszweck und den Unternehmensgegenstand teils unterschiedliche Regeln gelten. So erfolgt die Änderung des Unternehmensgegenstandes als Satzungsbestandteil mit Dreiviertelmehrheit gemäß § 53 Abs. 2 Satz 1[8], während eine Änderung des Gesellschaftszwecks grundsätzlich aufgrund des in § 33 Abs. 1 Satz 2 BGB zum Ausdruck kommenden verbandsrechtlichen Grundsatzes die Zustimmung aller Gesellschafter erfordert[9]. Das GmbHG bestimmt in § 3 Abs. 1 Nr. 2, dass der Gegenstand des Unternehmens zwingend im Gesellschaftsvertrag anzugeben und in das Handelsregister einzutragen ist (§ 10 Abs. 1), nicht jedoch der Gesellschaftszweck[10]. Die Auflösungsklage setzt gemäß § 61 Abs. 1 voraus, dass die Erreichung des Gesellschaftszwecks unmöglich wird, während das Fehlen oder die Nichtigkeit des Unternehmensgegenstandes die Erhebung der Nichtigkeitsklage gemäß § 75 ermöglicht.

4   Dem Gesetz lassen sich keine Anhaltspunkte für das Verhältnis der beiden Begriffe zueinander entnehmen[11]. Auch in der Rechtsprechung werden beide Begriffe nicht immer auseinandergehalten[12]. Die wohl überwiegend vertretene Ansicht geht im Ausgangspunkt davon aus, dass der Unternehmensgegenstand die **Tätigkeit der Gesellschaft** festlegt, mittels derer diese ihre (wirtschaftlichen oder nichtwirtschaftlichen) Zwecke verfolgt[13]. Im Detail werden dabei unterschiedliche Akzente gesetzt[14]. Das Verhältnis beider Begriffe zueinander wird meist als **Mittel-Zweck-Beziehung** interpretiert. Der Unternehmensgegenstand stelle das Mittel zur

---

5   LG Köln v. 10.4.2007 – 87 O 26/07, BeckRS 2009, 11118; *Ulmer/Löbbe*, in: Ulmer/Habersack/Löbbe, Rdnr. 5; *Bayer*, in: Lutter/Hommelhoff, Rdnr. 2; *Schmidt-Leithoff*, in: Rowedder/Schmidt-Leithoff, Rdnr. 5; *Fastrich*, in: Baumbach/Hueck, Rdnr. 5; *C. Schäfer*, in: Henssler/Strohn, Gesellschaftsrecht, Rdnr. 4; *Tieves*, Unternehmensgegenstand, S. 15 f., 23; s. aber noch *Flume*, Juristische Person, § 9 II (S. 324).

6   S. *Brandner*, in: FS Rowedder, S. 41, 42 ff.; *Tieves*, Unternehmensgegenstand, S. 15 ff.

7   *Ulmer/Löbbe*, in: Ulmer/Habersack/Löbbe, Rdnr. 7; *C. Schäfer*, in: Henssler/Strohn, Gesellschaftsrecht, Rdnr. 7; *Brandner*, in: FS Rowedder, S. 41, 43; *Tieves*, Unternehmensgegenstand, S. 19; s. aber *Bayer*, in: Lutter/Hommelhoff, Rdnr. 2: „dogmatischer (weniger praktischer) Streit".

8   *Ulmer/Löbbe*, in: Ulmer/Habersack/Löbbe, Rdnr. 4; *Fleischer*, in: MünchKomm. GmbHG, Rdnr. 9, 15; *Fastrich*, in: Baumbach/Hueck, Rdnr. 5; *Bayer*, in: Lutter/Hommelhoff, Rdnr. 20; s. zur AG § 179 Abs. 2 Satz 2 AktG; a.A. *Großmann*, Unternehmensziele, S. 27 f. aufgrund des unterschiedlichen Verständnisses von Unternehmensgegenstand und Gesellschaftszweck.

9   *Schmidt-Leithoff*, in: Rowedder/Schmidt-Leithoff, Rdnr. 6; *Fleischer*, in: MünchKomm. GmbHG, Rdnr. 15; *Karsten Schmidt*, GesR, § 4 II 3 a (S. 65); eine Zweckänderung mit der Mehrheit von drei Vierteln der abgegebenen Stimmen gestattet § 60 Abs. 1 Nr. 2.

10 *Ulmer/Löbbe*, in: Ulmer/Habersack/Löbbe, Rdnr. 4; s. demgegenüber § 57 Abs. 1 BGB zum Verein.

11 *Fleischer*, in: MünchKomm. GmbHG, Rdnr. 9; *Großmann*, Unternehmensziele, S. 14; s. den Überblick zum Meinungsstand bei *Ulmer/Löbbe*, in: Ulmer/Habersack/Löbbe, Rdnr. 5 f.; kritisch *Brandner*, in: FS Rowedder, S. 41, 42 f., nach dem sich die Abgrenzungsversuche durch eine „gewisse Undeutlichkeit und Unanschaulichkeit" auszeichnen; s. auch *Karsten Schmidt*, GesR, § 4 II 3 (S. 64 ff.).

12 S. etwa BGH v. 15.1.2013 – II ZR 90/11, NZG 2013, 293, 294.

13 BGH v. 10.10.1994 – II ZR 32/94, BGHZ 127, 176, 179 f. = GmbHR 1995, 224 = NJW 1995, 192, wobei der Unternehmensgegenstand dort auch als „sachliches Unternehmensziel" und der Gesellschaftszweck als „formales Unternehmensziel" bezeichnet wird; BayObLG v. 15.12.1975 – BReg. 2 Z 53/75, BayObLGZ 1975, 447; LG Köln v. 10.4.2007 – 87 O 26/07, BeckRS 2009, 11118; *J. Schmidt*, in: Michalski u.a., Rdnr. 4; *Schmidt-Leithoff*, in: Rowedder/Schmidt-Leithoff, Rdnr. 6; *Karsten Schmidt*, GesR, § 4 II 3 b (S. 65 f.); *Wochner*, DStR 1998, 1835; vgl. auch *Fleischer*, in: MünchKomm. GmbHG, Rdnr. 6 mit dem Hinweis, dass auch das Steuerrecht in § 60 AO die Satzungszwecke und die Art ihrer Verwirklichung unterscheidet.

14 S. auch *Ulmer/Löbbe*, in: Ulmer/Habersack/Löbbe, Rdnr. 5.

Verfolgung des Gesellschaftszwecks dar[15]. Während der Gesellschaftszweck typischerweise die Tätigkeit der Gesellschaft als eine auf Gewinnerzielung angelegte Tätigkeit festlege, beschreibe der Unternehmensgegenstand, mit welchen Mitteln das Ziel der Gewinnerzielung erreicht werde (z.B. durch den Betrieb eines Restaurants oder eines Versandhandels). Andere kommen zu dem Ergebnis, dass sich der Gesellschaftszweck, jedenfalls im Regelfall, auf den Unternehmensgegenstand erstrecke und mit diesem teilidentisch sei. In diesem Sinne stelle der Gesellschaftszweck den **Oberbegriff** dar[16]. Nach einem weiteren, als **funktional** bezeichneten Ansatz, soll die Bedeutung des Gesellschaftszwecks im Innenverhältnis und diejenige des Unternehmensgegenstandes im Außenverhältnis liegen. Der maßgebliche Unterschied zwischen beiden Begriffen liege darin, dass der Gesellschaftszweck das Verhältnis der Gesellschafter untereinander betreffe und ihre gemeinsame Zielsetzung zum Ausdruck bringe, während der Gegenstand des Unternehmens die Tätigkeit der Gesellschaft im Verhältnis zu außenstehenden Dritten festlege[17]. Schließlich wird vertreten, dass der konkrete Bedeutungsgehalt von Unternehmensgegenstand und Gesellschaftszweck angesichts der unklaren gesetzlichen Regelung, die ein stimmiges Gesamtkonzept beider Begriffe vermissen lasse, nur anhand der jeweiligen Norm festgemacht werden könne („**Relativität der Rechtsbegriffe**")[18].

Eine **Stellungnahme** zu der vorgenannten Frage muss berücksichtigen, dass die Gesellschafter die Möglichkeit haben, den Unternehmensgegenstand sowie den Gesellschaftszweck innerhalb der gesetzlichen Grenzen **frei zu vereinbaren**[19]. Als Ausfluss der Privatautonomie entscheiden die Gesellschafter selbst darüber, welchen Zweck die von ihnen gegründete GmbH verfolgt. Inhaltlich können die Gesellschafter den Gesellschaftszweck in einem **sehr allgemeinen Sinn** vereinbaren und diesen etwa auf die Gewinnerzielung oder allgemein auf den wirtschaftlichen Erwerb festlegen[20]. In diesem Fall entspricht das Verhältnis von Unternehmensgegenstand und Gesellschaftszweck am ehesten einem Verhältnis von **Mittel und Zweck**. Während der Gesellschaftszweck das übergeordnete Verbandsziel der Gewinnerzielung bzw. des wirtschaftlichen Erwerbs festlegt, bestimmt der Unternehmensgegenstand, in welcher Art und Weise dieses Ziel erreicht wird. Dabei beschränkt sich die Funktion des Unternehmensgegenstandes jedoch nicht auf die Information des Rechtsverkehrs im Außenverhältnis[21]. Er begrenzt zugleich die Geschäftsführungsbefugnis und legt die Geschäftsführer auf die Verfolgung des Unternehmensgegenstandes fest[22]. Die Gesellschafter können den Gesellschaftszweck aber auch wesentlich **konkreter** fassen und sogar den Unternehmensgegenstand oder einzelne seiner Teile zum Bestandteil des Gesellschaftszwecks machen und auf diese Weise miteinander verbinden[23]. So kann der Gesellschaftszweck nach der Vereinbarung der Gesellschafter nicht allein in der Gewinnerzielung, sondern in dem Betrieb eines ganz bestimmten

5

15 OLG Hamburg v. 18.9.1967 – 2 W 125/67, GmbHR 1968, 118 = BB 1968, 267; *Wicke*, Rdnr. 2; *Schmidt-Leithoff*, in: Rowedder/Schmidt-Leithoff, Rdnr. 6; *Reuter*, ZHR 151 (1987), 237, 240; *Kort*, NZG 2011, 929, 931; ausdrücklich dagegen *Fastrich*, in: Baumbach/Hueck, Rdnr. 5; nach *Roth*, in: Roth/Altmeppen, Rdnr. 4 bezeichnet der Unternehmensgegenstand die Art und Weise der gesellschaftlichen Betätigung, die sowohl Mittel zur Erreichung des Zwecks als auch Bestandteil des Zwecks als dem umfassenderen Begriff ist.

16 *Bayer*, in: Lutter/Hommelhoff, Rdnr. 3.

17 *Ulmer/Löbbe*, in: Ulmer/Habersack/Löbbe, Rdnr. 8.

18 *Fleischer*, in: MünchKomm. GmbHG, Rdnr. 10.

19 *Fleischer*, in: MünchKomm. GmbHG, Rdnr. 10; *Roth*, in: Roth/Altmeppen, Rdnr. 4a.

20 *Roth*, in: Roth/Altmeppen, Rdnr. 4a.

21 S. auch OLG Hamburg v. 18.9.1967 – 2 W 125/67, GmbHR 1968, 118 = BB 1968, 267; *Brandner*, in: FS Rowedder, S. 41, 45; ausdrücklich a.A. aber *Ulmer/Löbbe*, in: Ulmer/Habersack/Löbbe, Rdnr. 8, die jedenfalls die primäre Bedeutung des Unternehmensgegenstandes im Verhältnis der GmbH zu außenstehenden Dritten sehen.

22 *Fastrich*, in: Baumbach/Hueck, Rdnr. 5; *Karsten Schmidt*, GesR, § 4 II 3 b (S. 66).

23 *Fleischer*, in: MünchKomm. GmbHG, Rdnr. 10.

Unternehmens liegen[24], etwa darin, durch die Entwicklung eines neuen Medikaments zur Heilung einer bestimmten Krankheit Gewinne zu erzielen. In diesem Fall entspricht das Verhältnis von Unternehmensgegenstand und Gesellschaftszweck nicht in jeder Hinsicht einem Verhältnis von Mittel und Zweck, weil jedenfalls einzelne Elemente des Unternehmensgegenstandes Zweckbestandteil sind.

6 Angesichts dieser Gestaltungsfreiheit der Gesellschafter kann eine **allgemeingültige Abgrenzung** zwischen dem Unternehmensgegenstand und dem Gesellschaftszweck **nicht gelingen**[25]. Im Ausgangspunkt lässt sich zwar festhalten, dass der Gesellschaftszweck das übergeordnete Verbandsziel zum Ausdruck bringt, während der Unternehmensgegenstand das Tätigkeitsgebiet der Gesellschaft festlegt (s. bereits Rdnr. 5). Inwieweit sich beide Begriffe im Einzelfall voneinander unterscheiden und im Verhältnis einer Mittel-Zweck-Beziehung zueinander stehen oder jedenfalls eine Teilidentität zwischen beiden Kategorien besteht, obliegt der Vereinbarung der Gesellschafter. Das Verhältnis von Unternehmensgegenstand und Gesellschaftszweck können die Gesellschafter ausdrücklich in der Satzung festlegen, indem sie dort nicht nur den Unternehmensgegenstand (§ 3 Abs. 1 Nr. 2), sondern auch den Gesellschaftszweck bestimmen. Eine ausdrückliche Satzungsregelung hinsichtlich des Gesellschaftszwecks – und damit eine Abgrenzung zum Unternehmensgegenstand – ist sogar erforderlich, wenn er nicht in der Gewinnerzielung zugunsten der Gesellschafter liegt[26]. Im praktischen Normalfall findet sich eine entsprechende Satzungsklausel jedoch nicht. Der Gesellschaftszweck ist zwar auch in diesem Fall Bestandteil der Satzung[27]. Sein genauer Inhalt und sein Verhältnis zum Unternehmensgegenstand muss dann jedoch mit den **Mitteln der Satzungsauslegung** (s. dazu § 2 Rdnr. 39 ff.) ermittelt werden. Das Ergebnis dieser Auslegung muss nicht zwangsläufig sein, dass der Unternehmensgegenstand den Gesellschaftszweck bezeichnet[28]. Man wird den Unternehmensgegenstand zwar als wichtigste Erkenntnisquelle im Rahmen der Auslegung berücksichtigen müssen[29]. Daneben sind aber auch der Gesamtinhalt des Gesellschaftsvertrags, die Anlage des Unternehmens sowie sonstige Umstände, die nach den Regelungen der Satzungsauslegung herangezogen werden dürfen (s. dazu § 2 Rdnr. 39 ff.), zu berücksichtigen[30]. Die Auslegung kann zu dem Ergebnis führen, dass der Gesellschaftszweck in der Gewinnerzielung durch das Betreiben des konkreten Unternehmensgegenstandes liegt, aber

---

24 *Roth*, in: Roth/Altmeppen, Rdnr. 4a; *Fastrich*, in: Baumbach/Hueck, Rdnr. 5; s. auch LG Köln v. 10.4.2007 – 87 O 26/07, BeckRS 2009, 11118.

25 So auch *Schmidt-Leithoff*, in: Rowedder/Schmidt-Leithoff, Rdnr. 6.

26 *Bayer*, in: Lutter/Hommelhoff, Rdnr. 4; *J. Schmidt*, in: Michalski u.a., Rdnr. 5; *Ulmer/Löbbe*, in: Ulmer/Habersack/Löbbe, Rdnr. 9 und Rdnr. 20 für den Fall der GmbH, deren Anteile allein oder mehrheitlich von der öffentlichen Hand gehalten werden; *Roth*, in: Roth/Altmeppen, Rdnr. 4a. Folgerichtig setzt daher auch die steuerliche Anerkennung gemeinnütziger Gesellschaften voraus, dass der gemeinnützige Zweck der Gesellschaft möglichst präzise in der Satzung genannt wird (§§ 59 und 60 Abs. 1 AO), s. dazu *Priester*, GmbHR 1999, 149, 151; *Schlüter*, GmbHR 2002, 535, 538.

27 *Fleischer*, in: MünchKomm. GmbHG, Rdnr. 12; *Ulmer/Löbbe*, in: Ulmer/Habersack/Löbbe, Rdnr. 9; *Winter*, Mitgliedschaftliche Treubindungen im GmbH-Recht, 1988, S. 198; *Brandner*, in: FS Rowedder, S. 41, 42 f.; möglicherweise anders *Schmidt-Leithoff*, in: Rowedder/Schmidt-Leithoff, Rdnr. 5.

28 In diese Richtung *Ulmer/Löbbe*, in: Ulmer/Habersack/Löbbe, Rdnr. 9; *Haas*, in: Baumbach/Hueck, § 61 Rdnr. 7 („i.d.R."); *Winter*, Mitgliedschaftliche Treubindungen im GmbH-Recht, 1988, S. 198; *Sina*, GmbHR 2001, 661; nach *Bayer*, in: Lutter/Hommelhoff, Rdnr. 3 soll sich der Gesellschaftszweck „regelmäßig (aber nicht zwingend)" auf den Unternehmensgegenstand erstrecken.

29 RG v. 4.6.1940 – II 171/39, RGZ 164, 129, 140; *Fleischer*, in: MünchKomm. GmbHG, Rdnr. 14; *J. Schmidt*, in: Michalski u.a., Rdnr. 6; *Schmidt-Leithoff*, in: Rowedder/Schmidt-Leithoff, Rdnr. 6; *Fastrich*, in: Baumbach/Hueck, Rdnr. 5; *Kort*, NZG 2011, 929, 931; kritisch zur Bedeutung des Unternehmensgegenstandes als „Haupterkenntnisquelle" für den Gesellschaftszweck *Karsten Schmidt*, GesR, § 4 I 1 (S. 65).

30 Insoweit kann auch das Geschäftsgebaren der Gesellschaft berücksichtigt werden, wenn dies nach den für den Gesellschaftsvertrag geltenden Auslegungsgrundsätzen zulässig ist, s. *Fleischer*, in: MünchKomm. GmbHG, Rdnr. 14; weiter noch *Emmerich*, 11. Aufl., Rdnr. 3a.

auch darin, dass der Gesellschaftszweck einen wesentlich allgemeineren Aussagegehalt als der Unternehmensgegenstand hat und sich etwa auf das Ziel der Gewinnerzielung durch einen beliebigen Unternehmensgegenstand beschränkt.

Auf der Grundlage dieses Verständnisses von Unternehmensgegenstand und Gesellschafts- **7** zweck lassen sich in denjenigen Fällen, in denen die Unterscheidung der beiden Begriffe bedeutsam ist, sachgerechte Ergebnisse erzielen. So ist im Fall der **Änderung des Unternehmensgegenstandes** durch Auslegung zu ermitteln, ob dieser (teil-)identisch mit dem Gesellschaftszweck ist. Liegt der Gesellschaftszweck nur allgemein in einer auf Gewinnerzielung ausgerichteten Tätigkeit, können die Gesellschafter den bestehenden Unternehmensgegenstand (z.B. Betrieb eines Versandhandels) unter Beibehaltung des Gesellschaftszwecks mit der Mehrheit von drei Vierteln der abgegebenen Stimmen ändern oder völlig neu festlegen (z.B. in den Betrieb eines Restaurants[31] oder einer Holdinggesellschaft[32]). Die Zustimmung aller Gesellschafter ist erst dann erforderlich, wenn z.B. die Gewinnerzielung aufgegeben und rein karitative Zwecke verfolgt werden sollen[33]. Soweit der Unternehmensgegenstand jedoch mit dem Gesellschaftszweck identisch ist, kann eine Änderung nicht ohne Zustimmung aller Gesellschafter erfolgen (vgl. § 33 Abs. 1 Satz 2 BGB)[34]. Die Gesellschafter könnten etwa in dem in Rdnr. 5 aufgeführten Beispiel nicht mit qualifizierter Mehrheit beschließen, dass die Gesellschaft künftig ein Medikament zur Heilung einer anderen, nicht von dem Gesellschaftszweck gedeckten Krankheit entwickelt. Von einer solchen Teilidentität von Unternehmensgegenstand und Gesellschaftszweck dürfte insbesondere in den Fällen der Freiberufler-GmbH auszugehen sein, so dass eine Rechtsanwalts-GmbH nicht ohne Zustimmung aller Gesellschafter ihre Tätigkeit in eine nicht freiberufliche, gewerbliche Tätigkeit ändern kann. Nach denselben Regeln ist zu entscheiden, ob die **Auflösungsklage** nach § 61 erhoben werden kann (s. Rdnr. 45).

III. Zulässige Zwecke

Gemäß § 1 kann eine GmbH zu **jedem gesetzlich zulässigen Zweck** errichtet werden. Damit **8** ist vor allem gesagt, dass die GmbH nicht auf erwerbswirtschaftliche Zwecke oder gar auf den Betrieb eines Handelsgewerbes beschränkt ist, sondern auch jeden anderen zulässigen Zweck verfolgen kann. In der Literatur werden die in Betracht kommenden Zwecke üblicherweise in erwerbswirtschaftliche, sonstige wirtschaftliche und ideelle Zwecke eingeteilt (Rdnr. 9 ff., 15 ff., 35 f.)[35], ohne dass damit eine Einschränkung des Kreises zulässiger Zwecke verbunden

---

31 A.A. *Bayer*, in: Lutter/Hommelhoff, Rdnr. 20, nach dem wesentliche Änderungen des Gegenstandes zu einer Änderung des Zwecks führen; wie hier für den Fall der GmbH, die ein Handelsgewerbe betreibt *Michalski*, in: Michalski, 2. Aufl. 2010, Rdnr. 6; anders jetzt *J. Schmidt*, in: Michalski u.a., Rdnr. 7.

32 *Karsten Schmidt*, GesR, § 4 II 3 (S. 66); a.A. *Ulmer/Löbbe*, in: Ulmer/Habersack/Löbbe, Rdnr. 10; *Schmidt-Leithoff*, in: Rowedder/Schmidt-Leithoff, Rdnr. 6; *C. Schäfer*, in: Henssler/Strohn, Gesellschaftsrecht, Rdnr. 8, die jeweils in dem Übergang zur bloßen Vermögensverwaltung zugleich eine Änderung des auf eigene Wirtschaftstätigkeit am Markt ausgerichteten Gesellschaftszwecks erblicken. Sofern der Gesellschaftszweck lediglich in der Gewinnerzielung liegt, kann jedoch auch in dem Übergang auf die auf Gewinnerzielung angelegte Vermögensverwaltung noch keine Änderung des Gesellschaftszwecks gesehen werden.

33 *C. Schäfer*, in: Henssler/Strohn, Gesellschaftsrecht, Rdnr. 8; *Karsten Schmidt*, GesR, § 4 II 3 c (S. 66); *Kort*, NZG 2011, 929, 931 (zur AG); s. auch *Bayer*, in: Lutter/Hommelhoff, Rdnr. 20.

34 S. auch *Fastrich*, in: Baumbach/Hueck, Rdnr. 5; *J. Schmidt*, in: Michalski u.a., Rdnr. 7; *Fleischer*, in: MünchKomm. GmbHG, Rdnr. 15 spricht von einem „Durchschlagen" des Unternehmensgegenstandes auf den Gesellschaftszweck.

35 S. *Fleischer*, in: MünchKomm. GmbHG, Rdnr. 17 ff.; *Fastrich*, in: Baumbach/Hueck, Rdnr. 6; *Roth*, in: Roth/Altmeppen, Rdnr. 5 ff.; *Schmidt-Leithoff*, in: Rowedder/Schmidt-Leithoff, Rdnr. 7 ff.

ist[36]. Für bestimmte Tätigkeitsbereiche steht die GmbH kraft gesetzlicher Anordnung als Rechtsform nicht zur Verfügung (Rdnr. 38 f.). Unzulässig ist die Verfolgung gesetzwidriger oder sittenwidrige Zwecke (§§ 134, 138 BGB, Rdnr. 40 f.).

1. Erwerbswirtschaftliche Zwecke

9   Eine GmbH kann zu **jedem erwerbswirtschaftlichen Zweck**[37] errichtet werden, wobei es keine Rolle spielt, ob es sich um ein Handelsgewerbe handelt oder nicht (s. demgegenüber §§ 105 Abs. 1 und 161 Abs. 1 HGB). Ebenso bedeutungslos ist der Umfang des von der Gesellschaft angestrebten Gewerbes (s. § 13 Abs. 3). *Jeder* gewerbliche Zweck stellt – im Rahmen der Gesetze – einen zulässigen Gesellschaftszweck der GmbH dar. Danach sind auch kleingewerbliche Unternehmen und Unternehmen der Land- und Forstwirtschaft ohne weiteres einbezogen[38].

10 Die **Genehmigungsbedürftigkeit** des Gewerbes steht der Eintragung der GmbH im Handelsregister seit dem Inkrafttreten des MoMiG am 1.11.2008 nicht mehr entgegen[39]. Mit der Streichung des § 8 Abs. 1 Nr. 6 a.F. sollte das Eintragungsverfahren beschleunigt werden[40]. Dementsprechend stellt das **Fehlen der Genehmigung** ebenso wie der etwaige spätere Widerruf der Genehmigung nur noch einen **Auflösungsgrund** nach den §§ 61 und 62[41] dar. In einigen wenigen Fällen darf aber auch heute noch die Eintragung kraft spezialgesetzlicher Anordnung nur bei Vorliegen und Nachweis einer Erlaubnis erfolgen (s. Rdnr. 13).

11 Hinsichtlich der **GmbH & Co. KG** als Grundtypenvermischung zwischen der GmbH und der KG ist zu unterscheiden. Die GmbH dient auch bei Beteiligung an einer KG erwerbswirtschaftlichen Zwecken. Dies gilt jedenfalls dann, wenn die GmbH am Gewinn der KG beteiligt ist und sich ihre Funktion nicht auf die bloße Übernahme der Geschäftsführung gegen Aufwendungsersatz beschränkt[42]. Die GmbH kann aber auch als nicht am Gewinn der KG beteiligte persönlich haftende Gesellschafterin eingesetzt werden und verfolgt dann sonstige wirtschaftliche Zwecke (vgl. Rdnr. 15 ff.)[43]. Hinsichtlich der KG gelten die allgemeinen handelsrechtlichen Regelungen (§ 161 HGB), d.h. sie muss entweder ein Handelsgewerbe betreiben oder als kleingewerbliche oder rein vermögensverwaltende KG im Handelsregister eingetragen sein[44]. Dieselben Grundsätze gelten hinsichtlich der GmbH als persönlich haftende Gesellschafterin einer **KGaA**[45].

12 Auch im Rahmen von **Unternehmensverbindungen** kann die GmbH erwerbswirtschaftlichen Zwecken dienen. Sie lässt sich auf allen Ebenen der Unternehmensverbindung einset-

---

36 *Fleischer*, in: MünchKomm. GmbHG, Rdnr. 17; *Fastrich*, in: Baumbach/Hueck, Rdnr. 6.

37 Zum Begriff *Ulmer/Löbbe*, in: Ulmer/Habersack/Löbbe, Rdnr. 12.

38 *Fleischer*, in: MünchKomm. GmbHG, Rdnr. 18; *Roth*, in: Roth/Altmeppen, Rdnr. 6; *Schmidt-Leithoff*, in: Rowedder/Schmidt-Leithoff, Rdnr. 8; siehe zur Gewerbeeigenschaft der Land- und Forstwirtschaft BGH v. 7.7.1960 – VIII ZR 215/59, BGHZ 33, 321 = NJW 1961, 725 (zu § 196 BGB a.F.); *Hopt*, in: Baumbach/Hopt, § 3 HGB Rdnr. 3.

39 S. zur alten Rechtslage *Gottwald*, DStR 2001, 944 f.

40 BT-Drucks. 16/6140, S. 34.

41 *Fastrich*, in: Baumbach/Hueck, Rdnr. 7; *Roth*, in: Roth/Altmeppen, Rdnr. 18; *Schmidt-Leithoff*, in: Rowedder/Schmidt-Leithoff, Rdnr. 48.

42 *Ulmer/Löbbe*, in: Ulmer/Habersack/Löbbe, Rdnr. 14; *Bayer*, in: Lutter/Hommelhoff, Rdnr. 7; *Roth*, in: Roth/Altmeppen, Rdnr. 6; s. auch *Fleischer*, in: MünchKomm. GmbHG, Rdnr. 19.

43 Vgl. *Fastrich*, in: Baumbach/Hueck, Rdnr. 8 („Grenzfall zur Gruppe sonstiger wirtschaftlicher Zwecke").

44 *Roth*, in: Roth/Altmeppen, Rdnr. 6.

45 *Fleischer*, in: MünchKomm. GmbHG, Rdnr. 19; zur Zulässigkeit der GmbH & Co. KGaA *Karsten Schmidt*, in: Karsten Schmidt/Lutter, § 278 AktG Rdnr. 19; zum Ausschluss des persönlich haftenden Gesellschafters der KGaA von der Gewinnteilhabe *Bachmann*, in: Spindler/Stilz, § 288 AktG Rdnr. 3.

zen, insbesondere als unter einheitliche Leitung zusammengefasste Konzerngesellschaft (§ 18 AktG) oder als herrschende Gesellschaft innerhalb des Konzerns und kann dabei jeweils erwerbswirtschaftliche Zwecke verfolgen[46].

Bankgeschäfte bzw. **Finanzdienstleistungen** dürfen auch von einer GmbH betrieben bzw. erbracht werden (s. zu **Versicherungsunternehmen** und zu **Bausparkassen** Rdnr. 38). Voraussetzung hierfür ist die Erlaubnis der BaFin gemäß § 32 KWG. Ebenso steht das **Investmentgeschäft** der GmbH als externe Kapitalverwaltungsgesellschaft[47] offen (§ 18 Abs. 1 KAGB), wenn sie über die gemäß § 20 KAGB erforderliche Erlaubnis verfügt. Als interne Kapitalverwaltungsgesellschaften kommen demgegenüber nur Investmentaktiengesellschaften und Investmentkommanditgesellschaften in Betracht[48]. Für **Unternehmensbeteiligungsgesellschaften** bestimmt § 2 Abs. 1 UBGG, dass diese in der Rechtsform der GmbH betrieben werden können. Der Geschäftsbetrieb bedarf der Anerkennung durch die oberste Landesbehörde (§§ 15 Abs. 1, 14 UBGG). Registerrechtlich besteht die Besonderheit, dass die für den Betrieb von Bankgeschäften bzw. Finanzdienstleistungen erforderliche Erlaubnis gemäß § 43 Abs. 1 KWG dem Handelsregister nachgewiesen werden muss. Dasselbe gilt für die Betätigung externer Kapitalverwaltungsgesellschaften (§ 3 Abs. 5 KAGB i.V.m. § 43 Abs. 1 KWG)[49] sowie hinsichtlich der Anerkennung der Unternehmensbeteiligungsgesellschaften (§§ 15 Abs. 1 und 2 Satz 2 Nr. 3, 20 Abs. 2 UBGG).

13

Die gesetzliche Beschränkung auf die Rechtsform der AG oder KGaA für **Hypothekenbanken** und Schiffspfandbriefbanken wurde durch das PfandbriefG vom 22.5.2005[50] aufgehoben. Das Pfandbriefgeschäft kann damit ebenfalls in der Rechtsform der GmbH betrieben werden[51]. Die GmbH kann außerdem als **Handelsvertreter** (§ 84 HGB) eingesetzt werden[52].

14

2. Sonstige wirtschaftliche Zwecke

Die GmbH eignet sich als Rechtsform zur Verfolgung sonstiger wirtschaftlicher Zwecke. In Betracht kommen nicht auf die Gewinnerzielung ausgerichtete wirtschaftliche Zwecke und auf Gewinnerzielung ausgerichtete Zwecke, die nicht in dem Betrieb eines Gewerbes liegen[53]. Letzteres betrifft insbesondere die Ausübung freier Berufe in der GmbH (Rdnr. 21 ff.)[54].

15

---

46 *Fleischer*, in: MünchKomm. GmbHG, Rdnr. 19; *Ulmer/Löbbe*, in: Ulmer/Habersack/Löbbe, Rdnr. 13; *Fastrich*, in: Baumbach/Hueck, Rdnr. 8; *Bayer*, in: Lutter/Hommelhoff, Rdnr. 7; s. *Karsten Schmidt*, GesR, § 17 IV 2 (S. 508): „natürliche Konzernoffenheit der GmbH".

47 *Habersack*, in: MünchKomm. AktG, Einl. Rdnr. 166; *Eckhold/Balzer*, in: Assmann/Schütze, Hdb. Kapitalanlagerecht, § 22 Rdnr. 84; *C. Schäfer*, in: Henssler/Strohn, Gesellschaftsrecht, Rdnr. 10; *Poelzig/Volmer*, DNotZ 2014, 483, 487.

48 *Winterhalder*, in: Weitnauer/Boxberger/Anders, KAGB, 1. Aufl. 2014, § 17 Rdnr. 49; *Eckhold/Balzer*, in: Assmann/Schütze, Hdb. Kapitalanlagerecht, § 22 Rdnr. 82; *Poelzig/Volmer*, DNotZ 2014, 483, 487 f.

49 Speziell dazu *Poelzig/Volmer*, DNotZ 2014, 483, 491.

50 BGBl. I 2005, 1373.

51 *Habersack*, in: MünchKomm. AktG, Einl. Rdnr. 164; *Schäfer*, in: Boos/Fischer/Schulte-Mattler, KWG, CRR-VO, 5. Aufl. 2016, § 1 KWG Rdnr. 20.

52 *Schmidt-Leithoff*, in: Rowedder/Schmidt-Leithoff, Rdnr. 8; *R. Emde*, GmbHR 1999, 1005; *Westphal*, BB 1999, 2517.

53 *Fleischer*, in: MünchKomm. GmbHG, Rdnr. 21; *Roth*, in: Roth/Altmeppen, Rdnr. 7. Anders *C. Schäfer*, in: Henssler/Strohn, Gesellschaftsrecht, Rdnr. 11, der unter dieser Kategorie nur die Betätigungen ohne Gewinnerzielungsabsicht fasst.

54 S. aber *Fastrich*, in: Baumbach/Hueck, Rdnr. 9, der die Ausübung der freiberuflichen Tätigkeit den erwerbswirtschaftlichen Zwecken zuordnet, dies jedoch als „Grenzfall" bezeichnet.

a) Beispiele

16 Als Beispiele für sonstige wirtschaftliche Zwecke, die in der GmbH verfolgt werden können, sind die **Vermögens- und Kapitalverwaltung** einschließlich der Grundstücksverwaltung zu nennen[55]. Weitere Fälle sind die Tätigkeit der **Wirtschafts- und Berufsverbände**[56], **Kartelle** (soweit heute noch zulässig)[57] und **Treuhandgesellschaften**[58].

17 **Gemeinnützige Unternehmen** (sog. **Nonprofit-GmbH**) können sich der Rechtsform der GmbH bedienen[59]. Sie werden teilweise den Gesellschaften mit ideeller Zwecksetzung zugeordnet[60]. Häufig sind auch sie jedoch wirtschaftlich ausgerichtet mit der einzigen Ausnahme, dass die GmbH die Gewinne nicht zur Verteilung unter den Gesellschaftern erwirtschaftet[61]. Die Voraussetzungen für die steuerrechtliche Anerkennung der Gemeinnützigkeit ergeben sich im Einzelnen aus den **§§ 51 ff. AO**. Die Satzung muss gemäß § 60 Abs. 1 Satz 2 AO die aus der Anlage 1 der AO ersichtlichen Feststellungen enthalten[62]. Die gemeinnützige GmbH, die ausschließlich und unmittelbar steuerbegünstigte Zwecke i.S. der §§ 51 ff. AO verfolgt, darf gemäß § 4 Satz 2 den Rechtsformzusatz **„gGmbH"** tragen[63].

18 Auch zu **Stiftungszwecken** kann die GmbH ohne weiteres dienstbar gemacht werden (sog. **Stiftungs-GmbH**)[64]. Der Vorteil der GmbH gegenüber der bürgerlich-rechtlichen Stiftung kann in einem geringeren finanziellen Aufwand, in der Bewahrung der Dispositionsfreiheit der Gründer bzw. ihrer Rechtsnachfolger sowie darin liegen, dass die Errichtung der Stiftungs-GmbH keiner staatlichen Genehmigung bedarf und sie nicht der laufenden Aufsicht unterliegt[65]. Allerdings erweist sich die Zweckbindung des Vermögens als Problem, weil die Stiftungs-GmbH dem GmbH-Recht unterliegt und die Gesellschafter den Gesellschaftszweck zumindest einvernehmlich jederzeit ändern können (s. Rdnr. 3)[66]. Im Gesellschaftsvertrag muss zur Erreichung der stiftungsartigen Struktur der Gesellschaft bestimmt werden, dass

---

55 *Fleischer*, in: MünchKomm. GmbHG, Rdnr. 21; *Schmidt-Leithoff*, in: Rowedder/Schmidt-Leithoff, Rdnr. 13; *W. Horn*, GmbHR 2001, 386.
56 *Fleischer*, in: MünchKomm. GmbHG, Rdnr. 21; *Ulmer/Löbbe*, in: Ulmer/Habersack/Löbbe, Rdnr. 18; *Fastrich*, in: Baumbach/Hueck, Rdnr. 10; *Bayer*, in: Lutter/Hommelhoff, Rdnr. 9; *Roth*, in: Roth/Altmeppen, Rdnr. 10; *Schmidt-Leithoff*, in: Rowedder/Schmidt-Leithoff, Rdnr. 13.
57 *Fleischer*, in: MünchKomm. GmbHG, Rdnr. 21; *Ulmer/Löbbe*, in: Ulmer/Habersack/Löbbe, Rdnr. 18; *Fastrich*, in: Baumbach/Hueck, Rdnr. 10; *Roth*, in: Roth/Altmeppen, Rdnr. 10; *Schmidt-Leithoff*, in: Rowedder/Schmidt-Leithoff, Rdnr. 13.
58 *Fastrich*, in: Baumbach/Hueck, Rdnr. 11; *Roth*, in: Roth/Altmeppen, Rdnr. 7; *Schmidt-Leithoff*, in: Rowedder/Schmidt-Leithoff, Rdnr. 13; *Milatz/Wegmann*, GmbHR 2013, 1024.
59 *Fastrich*, in: Baumbach/Hueck, Rdnr. 10; *Bayer*, in: Lutter/Hommelhoff, Rdnr. 9; *Schlüter*, GmbHR 2002, 535 ff., 578 ff.; s. zur gemeinnützigen SUP *Omlor*, NZG 2015, 665; zur gemeinnützigen UG (haftungsbeschränkt) *Ullrich*, GmbHR 2009, 750.
60 S. etwa *Fleischer*, in: MünchKomm. GmbHG, Rdnr. 28; *Roth*, in: Roth/Altmeppen, Rdnr. 11; wie hier *Bayer*, in: Lutter/Hommelhoff, Rdnr. 9; *Schmidt-Leithoff*, in: Rowedder/Schmidt-Leithoff, Rdnr. 13; *Priester*, GmbHR 1999, 149.
61 *Fastrich*, in: Baumbach/Hueck, Rdnr. 10; *Schmidt-Leithoff*, in: Rowedder/Schmidt-Leithoff, Rdnr. 13.
62 S. zu der Frage, ob eine wörtliche Übernahme erforderlich ist, *Ullrich*, DStR 2009, 2471.
63 Eingefügt mit Gesetz vom 21.3.2013 (BGBl. I 2013, 556); s. zuvor noch OLG München v. 14.12.2006 – 31 Wx 89/06, GmbHR 2007, 267.
64 *Fleischer*, in: MünchKomm. GmbHG, Rdnr. 30 ff. (mit Abgrenzung zur GmbH als Stiftungsträger); *Bayer*, in: Lutter/Hommelhoff, Rdnr. 11; *Roth*, in: Roth/Altmeppen, Rdnr. 13; *Schmidt-Leithoff*, in: Rowedder/Schmidt-Leithoff, Rdnr. 45; *Wochner*, DStR 1998, 1835; *Priester*, GmbHR 1999, 149, 155 f.; *Schlüter*, GmbHR 2002, 578; s. auch *Ulmer/Löbbe*, in: Ulmer/Habersack/Löbbe, Rdnr. 36, die die Stiftungs-GmbH als solche mit ideeller Zwecksetzung qualifizieren.
65 *Fleischer*, in: MünchKomm. GmbHG, Rdnr. 30; *Ulmer/Löbbe*, in: Ulmer/Habersack/Löbbe, Rdnr. 36; *Roth*, in: Roth/Altmeppen, Rdnr. 13.
66 S. dazu *Schlüter*, GmbHR 2002, 578, 579 f.

die Gesellschafter keinen Anspruch auf die Erträge oder auf den Liquidationserlös der Gesellschaft haben[67]. Die GmbH darf den Firmenzusatz „Stiftung" verwenden[68].

Die GmbH ist als Rechtsform auch für **öffentliche Unternehmen** verbreitet[69]. Der Gesellschaftszweck kann dabei in der Gewinnerzielung liegen oder der Verfolgung anderer Ziele ohne Gewinnerzielung dienen[70]. Die öffentliche Hand kann in der Rechtsform der GmbH u.a. Zwecke der Daseinsfürsorge verfolgen (z.B. Verkehrsbetrieb, Energieversorgung), soziale oder kulturelle Einrichtungen betreiben (z.B. Stadtbibliothek) oder Aktivitäten des Umweltschutzes oder der Struktur- und Arbeitsmarktförderung entfalten[71]. Der Vorteil der GmbH liegt in diesem Zusammenhang nicht nur in der Haftungsbeschränkung, sondern auch darin, dass das Binnenrecht der GmbH aufgrund ihrer Gestaltungsoffenheit den Vorstellungen der öffentlichen Hand entsprechend angepasst werden kann und der Geschäftsführung gegenüber Weisungen erteilt werden können[72]. Auf diese Weise wird der Einwirkungs- und Kontrollpflicht der öffentlichen Hand (sog. Ingerenzpflicht) mit den Mitteln des Gesellschaftsrechts Rechnung getragen[73]. Auch für **gemischtwirtschaftliche Unternehmen**, an denen die öffentliche Hand und Private beteiligt sind, eignet sich die GmbH als Rechtsform[74], insbesondere im Zusammenhang mit einer Private-Public-Partnership (PPP)[75]. Aufgrund der Gestaltungsfreiheit und der Einwirkungsmöglichkeiten, die das GmbH-Recht bietet, besteht nach h.M. **kein Bedürfnis** für eine **Überlagerung des GmbH-Rechts durch öffentlich-rechtliche Vorgaben i.S. eines Verwaltungsgesellschaftsrechts**[76]. Im Fall von öffentlichen und gemischtwirtschaftlichen Unternehmen muss der Gemeinwohlcharakter des Gesellschaftszwecks jedoch Ausdruck im Gesellschaftsvertrag finden[77]. Auf diese Weise kann die Anfechtbarkeit von Gesellschafterbeschlüssen, die sich am Gemeinwohl orientieren, ausgeschlossen werden, wenn die Anfechtung mit einem diesbezüglichen Treuepflichtverstoß oder mit der Verfolgung gesellschaftsfremder Sondervorteile begründet wird[78].

Unterstützungskassen der betrieblichen Altersversorgung können in der Rechtsform einer GmbH betrieben werden (s. zu **Pensionskassen** Rdnr. 38)[79].

19

20

---

67 *Fleischer*, in: MünchKomm. GmbHG, Rdnr. 31.

68 OLG Stuttgart v. 12.2.1964 – 8 W 229/63, GmbHR 1964, 116 = NJW 1964, 1231; *Fleischer*, in: MünchKomm. GmbHG, Rdnr. 32.

69 *Ulmer/Löbbe*, in: Ulmer/Habersack/Löbbe, Rdnr. 19; *Fleischer*, in: MünchKomm. GmbHG, Rdnr. 23; *Fastrich*, in: Baumbach/Hueck, Rdnr. 10; *Bayer*, in: Lutter/Hommelhoff, Rdnr. 10; *Roth*, in: Roth/Altmeppen, Rdnr. 7.

70 *Bayer*, in: Lutter/Hommelhoff, Rdnr. 10.

71 *Fleischer*, in: MünchKomm. GmbHG, Rdnr. 23; *Ulmer/Löbbe*, in: Ulmer/Habersack/Löbbe, Rdnr. 21; *Towfigh*, DVBl. 2015, 1016.

72 *Kiethe*, NZG 2006, 45, 48 f.

73 *Ulmer/Löbbe*, in: Ulmer/Habersack/Löbbe, Rdnr. 19; *Fleischer*, in: MünchKomm. GmbHG, Rdnr. 23; *Keßler*, GmbHR 2000, 71.

74 *Ulmer/Löbbe*, in: Ulmer/Habersack/Löbbe, Rdnr. 19; *Fleischer*, in: MünchKomm. GmbHG, Rdnr. 24.

75 Zum Begriff *Kiethe*, NZG 2006, 45, 46.

76 S. dazu *Ulmer/Löbbe*, in: Ulmer/Habersack/Löbbe, Rdnr. 19; *Bayer*, in: Lutter/Hommelhoff, Rdnr. 10; *J. Schmidt*, in: Michalski u.a., Rdnr. 18; *Kiethe*, NZG 2006, 45, 47 f.; s. auch *Emmerich*, Das Wirtschaftsrecht der öffentlichen Unternehmen, 1969, S. 162 f.

77 *Ulmer/Löbbe*, in: Ulmer/Habersack/Löbbe, Rdnr. 20.

78 *Ulmer/Löbbe*, in: Ulmer/Habersack/Löbbe, Rdnr. 20; *Fleischer*, in: MünchKomm. GmbHG, Rdnr. 24; *Schön*, ZGR 1996, 429, 452.

79 *Fastrich*, in: Baumbach/Hueck, Rdnr. 11, 14; *Schmidt-Leithoff*, in: Rowedder/Schmidt-Leithoff, Rdnr. 10, 13; s. auch *Ulmer/Löbbe*, in: Ulmer/Habersack/Löbbe, Rdnr. 35, die diese Betätigung als eine solche mit ideeller Zwecksetzung einordnen; s. auch *Fleischer*, in: MünchKomm. GmbHG, Rdnr. 21, nach dem die Grenzen fließend sind.

b) Freie Berufe

aa) Überblick

21 Die GmbH eignet sich als Organisationsform für die Angehörigen der freien Berufe[80]. Aufgrund der in § 1 zum Ausdruck kommenden Zweckoffenheit der GmbH setzt das GmbH-Recht der Ausübung freier Berufe in der GmbH keine Schranke[81]. Allerdings wurde lange Zeit aus **berufs- und standesrechtlichen Erwägungen** gefolgert, dass der Ausübung eines freien Berufs in der GmbH Grenzen gesetzt sind[82]. Nach traditionellem Verständnis sollte ein Zusammenschluss in einer Kapitalgesellschaft nicht mit dem Wesen der freien Berufe vereinbar sein, da sie die persönliche, eigenverantwortliche und unabhängige Erbringung von Dienstleistungen höherer Art zum Gegenstand haben[83]. Derartige Beschränkungen konnten jedoch in weiten Teilen einer **verfassungsrechtlichen Rechtfertigung** (Art. 3 Abs. 1, 12 Abs. 1, 19 Abs. 3 GG) nicht standhalten[84], so dass in den vergangenen Jahrzehnten eine Öffnung der GmbH zugunsten der freien Berufe zu beobachten war[85]. In jüngerer Zeit hat sich diese Entwicklung mit der weiteren Liberalisierung der **interprofessionellen Zusammenarbeit** fortgesetzt (Rdnr. 32 ff.).

22 Bereits seit dem Jahr 1961 zulässig ist die GmbH als Rechtsform für die Berufsausübung der **Wirtschaftsprüfer** (§§ 1 Abs. 3, 27 Abs. 1 WPO) und der **Steuerberater** (§§ 3 Nr. 3, 49 Abs. 1 StBerG). Die Wirtschafsprüfungs-GmbH wird nur unter den Voraussetzungen des § 28 WPO anerkannt, insbesondere muss sie über ein eingetragenes Stammkapital von 25000 Euro verfügen (§ 28 Abs. 6 Satz 1 WPO). Die UG (haftungsbeschränkt) scheidet damit als Rechtsform aus[86]. Die Voraussetzungen für die Anerkennung der Steuerberater-GmbH finden sich in den §§ 50, 50a StBerG. Eine gesetzliche Grundlage der Berufsausübung der **Rechtsanwälte** in der GmbH existiert seit dem 1.3.1999 (Rdnr. 29)[87]. Diese Möglichkeit steht auch den **Patentanwälten** (Rdnr. 29) sowie **Architekten** und **Ingenieuren** (Rdnr. 25) offen. Für **Notare** bleibt die GmbH aufgrund ihrer Stellung als Träger eines öffentlichen Amtes verschlossen (Rdnr. 30 f.). Nicht zur Verfügung steht die GmbH de lege lata für den Betrieb einer **Apotheke**[88] oder des **Versteigerungsgewerbes** (Rdnr. 39).

---

80 *Ulmer/Löbbe*, in: Ulmer/Habersack/Löbbe, Rdnr. 22; *Fleischer*, in: MünchKomm. GmbHG, Rdnr. 22; *Ost*, DStR 2015, 442.

81 *Ost*, DStR 2015, 442, 443.

82 Vgl. *Ulmer/Löbbe*, in: Ulmer/Habersack/Löbbe, Rdnr. 23; *Bayer*, in: Lutter/Hommelhoff, Rdnr. 8; *Schäfer*, in: MünchKomm. BGB, Vorb § 1 PartGG Rdnr. 15; *Kremer*, GmbHR 1983, 261, 265.

83 *Schäfer*, in: MünchKomm. BGB, Vorb § 1 PartGG Rdnr. 15; s. zu diesem Gedanken auch heute noch OLG München v. 3.2.2015 – 31 Wx 12/14, GmbHR 2015, 318, 319.

84 S. BGH v. 25.11.1993 – I ZR 281/91, BGHZ 124, 224 = GmbHR 1994, 325 = NJW 1994, 786 (zur Zahnarzt-GmbH); BayObLG v. 24.11.1994 – 3Z BR 115/94, BayObLGZ 1994, 353, 361 f. = NJW 1995, 199 = GmbHR 1995, 42, 43 = ZIP 1994, 1868 (zur Rechtsanwalts-GmbH); s. auch BVerfG v. 14.1.2014 – 1 BvR 2998/11, 1 BvR 236/12, GmbHR 2014, 301 = NZG 2014, 258 (zur interprofessionellen Zusammenarbeit zwischen Rechts- und Patentanwälten); BVerfG v. 12.1.2016 – 1 BvL 6/13, NJW 2016, 700 (zur interprofessionellen Zusammenarbeit von Rechtsanwälten, Ärzten und Apothekern in einer PartG).

85 *Ulmer/Löbbe*, in: Ulmer/Habersack/Löbbe, Rdnr. 23 („radikaler Wandel"); *C. Schäfer*, in: Henssler/Strohn, Gesellschaftsrecht, Rdnr. 12.

86 *Fastrich*, in: Baumbach/Hueck, Rdnr. 9.

87 BGBl. I 1998, 2600.

88 Für diese wird allerdings auch die Gewerbeeigenschaft bejaht, so dass es sich nicht um einen freien Beruf im Sinne der hier behandelten Berufe handelt, vgl. dazu BVerwG v. 14.11.2001 – 6 B 60/01, NVwZ-RR 2002, 187; *Holzner*, in: Beck'scher OK GewR, Stand: 1.9.2016, § 6 GewO Rdnr. 15; *Roth*, in: Roth/Altmeppen, Rdnr. 8; *Hopt*, in: Baumbach/Hopt, § 1 HGB Rdnr. 19; s. jedoch BGH v. 12.4.2016 – II ZB 7/11, NJW 2016, 2263, 2264: Ausübung eines freien Berufs bei nur gutachterlicher oder fachlich beratender Tätigkeit.

Der Praxis vieler Registergerichte entspricht es, im Eintragungsverfahren die zuständige Berufskammer zu einer **Stellungnahme** hinsichtlich der Vereinbarkeit der Satzung mit den berufsrechtlichen Anforderungen **aufzufordern** und die Eintragung der GmbH bis zur „Freigabe" der Satzung durch die Kammer auszusetzen. Die Praxis muss sich darauf einstellen. Empfehlenswert ist es in der Regel, den Inhalt der Satzung bereits vor Stellung des Eintragungsantrags mit der zuständigen Kammer abzustimmen. 23

Der Zugang zur **GmbH & Co. KG** bleibt für den Kernbereich[89] der freien Berufe versperrt, weil die KG den Betrieb eines Gewerbes[90] voraussetzt (vgl. etwa § 2 Abs. 2 BRAO, § 2 Abs. 2 PAO, § 32 Abs. 2 Satz 2 StBerG; § 1 Abs. 2 BÄO)[91]. Die GmbH konkurriert im Bereich der freien Berufe daher im Wesentlichen mit der **PartG**, die seit dem Jahr 2013[92] auch in der Rechtsformvariante der **PartG mbB** existiert[93]. Ein wesentlicher Vorteil der GmbH im Wettbewerb der Gesellschaftsformen liegt darin, dass die GmbH anders als die PartG mit nur einem Gesellschafter gegründet werden kann (Rdnr. 49 ff.) und dem Freiberufler auch in diesem Fall die Möglichkeit der Haftungsbeschränkung bietet[94]. 24

bb) Architekten, Ingenieure

Architekten und **Ingenieure** können sich in der GmbH organisieren[95]. Hinsichtlich der Architekten sehen die jeweils einschlägigen Landesgesetze[96] teils unterschiedliche Anforderungen an die Satzungsgestaltung, insbesondere hinsichtlich des Unternehmensgegenstandes, der Kapitalbeteiligung und der Organisationsstruktur vor, ohne deren Einhaltung die Firma der GmbH keinen Hinweis auf die Berufsbezeichnung Architekt enthalten darf[97]. Mitunter wird auch die Eintragung der GmbH in ein bei der Kammer geführtes Gesellschaftsverzeichnis[98] oder zumindest die Eintragung der Geschäftsführer in die Architektenliste[99] zur Vorausset- 25

---

89 S. dazu *Hopt*, in: Baumbach/Hopt, § 1 HGB Rdnr. 19.

90 *Henssler/Markworth*, NZG 2015, 1, 3; kritisch in rechtspolitischer Hinsicht neben den Vorgenannten *Hopt*, in: Baumbach/Hopt, § 1 HGB Rdnr. 19. *Karsten Schmidt*, in: FS Kreutz, 2010, S. 837 ff. und *Karsten Schmidt*, DB 2011, 2477, 2478 f. hält die freiberufliche GmbH & Co. KG bereits de lege lata handelsrechtlich für zulässig.

91 Zur Unzulässigkeit der Rechtsanwalts-GmbH & Co. KG BGH v. 18.7.2011 – AnwZ (Brfg) 18/10, GmbHR 2011, 1036 und BVerfG v. 6.12.2011 – 1 BvR 2280/11, GmbHR 2012, 341, das die Verfassungsbeschwerde nicht zur Entscheidung angenommen hat; s. zur Zulässigkeit der Steuerberatungs-KG, wenn deren Gesellschaftszweck neben der Hilfestellung in Steuersachen die Treuhandtätigkeit umfasst BGH v. 15.7.2014 – II ZB 2/13, BGHZ 202, 92, 95 = GmbHR 2014, 1194 = ZIP 2014, 2030; dazu *Karsten Schmidt*, ZIP 2014, 2226; zum Formwechsel in die GmbH & Co. KG durch eine Steuerberatungs- und Wirtschaftsprüfungs-GmbH KG v. 27.9.2013 – 12 W 94/12, GmbHR 2014, 38 = NZG 2013, 1313; zur gesamten Problematik auch *Henssler*, NZG 2011, 1121; *Henssler/Markworth*, NZG 2015, 1.

92 BGBl. I 2013, 2386.

93 Vgl. *Roth*, in: Roth/Altmeppen, Rdnr. 9b.

94 *Ulmer/Löbbe*, in: Ulmer/Habersack/Löbbe, Rdnr. 22.

95 BayObLG v. 21.3.2002 – 3Z BR 57/02, ZIP 2002, 1032, 1033 f. (für die Entwicklung und den Vertrieb von Software); s. jedoch noch BadWürttVGH v. 6.10.1998 – 9 S 2652/96, DVBl. 1999, 50 f.

96 In Baden-Württemberg § 2b ArchG, in Bayern Art. 8 BauKaG, in Berlin § 7 ABKG, in Brandenburg § 7 ArchG, in Bremen § 4 ArchG, in Hamburg § 10 ArchG, in Hessen § 6 HASG, in Mecklenburg-Vorpommern § 13 ArchIngG, in Niedersachsen § 4b NArchtG, in Nordrhein-Westfalen § 8 BauKaG, in Rheinland-Pfalz § 8 ArchG, im Saarland § 7 SAIG, in Sachsen § 9 SächsArchG, in Sachsen-Anhalt § 7 ArchtG-LSA, in Schleswig-Holstein § 11 ArchIngKG-SH und in Thüringen § 9 ThürAIKG.

97 BadWürttVGH v. 6.10.1998 – 9 S 2652/96, DVBl. 1999, 50 f.; OLG Nürnberg v. 12.10.1982 – 3 U 1398/82, GRUR 1983, 453; OLG Frankfurt a.M. v. 24.1.2000 – 20 W 411/98, OLGR 2000, 95 = GmbHR 2000, 623 (nur Leitsatz); *Schäfer*, in: MünchKomm. BGB, Vorb § 1 PartGG Rdnr. 21.

98 So etwa § 10 HmbArchG.

99 S. etwa OLG Düsseldorf v. 28.11.1995 – 20 U 25/95, NJW-RR 1996, 1322. A.A. OLG Nürnberg v. 12.10.1982 – 3 U 1398/82, GRUR 1983, 453.

zung für die Führung der Berufsbezeichnung in der Firma gemacht[100]. Die Vereinbarkeit dieser Beschränkungen mit Art. 12 Abs. 1 GG ist noch nicht abschließend geklärt[101].

cc) Ärzte, Heilpraktiker

26 Hinsichtlich der Tätigkeit der Ärzte, Tierärzte und Zahnärzte wurde früher überwiegend davon ausgegangen, dass als Rechtsform für eine Sozietät allein die GbR sowie seit 1995 die PartG in Betracht komme, während ihnen die Kapitalgesellschaften einschließlich der GmbH versperrt seien[102]. Daran hat die Rechtsprechung in einigen Entscheidungen unter Berücksichtigung verfassungsrechtlicher Erwägungen nicht festgehalten[103]. Der BGH hat insbesondere die Ausübung des Berufs des **Zahnarztes**[104] und des **Heilpraktikers**[105] in der GmbH für zulässig erklärt. Dasselbe muss hinsichtlich der **Tierärzte** gelten[106].

27 Viele **Kammer- und Heilberufsgesetze der Länder** sehen inzwischen vor, dass eine ärztliche Praxis in der Rechtsform der GmbH geführt werden kann, jedenfalls dann, wenn bestimmte Anforderungen an die Organisation und Beteiligungsstruktur eingehalten werden[107]. Lediglich das Bundesland Bayern verbietet in Art. 18 Abs. 1 Satz 2 BayHKaG weiterhin die Führung einer ärztlichen Praxis in der Rechtsform einer juristischen Person[108]. Auch das Gebot, die ärztliche Praxis in eigener Niederlassung zu betreiben, das in einzelnen Landesgesetzen zum Ausdruck kommt[109], wird teilweise als faktisches GmbH-Verbot verstanden[110]. Ob diese Beschränkungen einer verfassungsrechtlichen Kontrolle standhalten, wird verschiedentlich bezweifelt[111]. An einer sachlichen Rechtfertigung dürfte es fehlen[112]. Den fachübergreifenden Zusammenschluss zu einem **medizinischen Versorgungszentrum** (MVZ) in der Rechtsform der GmbH gestattet § 95 Abs. 1a SGB V[113].

---

100 *Schmidt-Leithoff*, in: Rowedder/Schmidt-Leithoff, Rdnr. 13d.
101 Zweifelnd *Schäfer*, in: MünchKomm. BGB, Vorb § 1 PartGG Rdnr. 21.
102 AG Saarbrücken v. 19.2.1988 – 17 AR I 199/87, GmbHR 1989, 297; AG Hannover v. 5.3.1992 – 81 AR 528/91, GmbHR 1994, 120; *Stehle*, DStR 1983, 100, 101.
103 Kritisch auch *J. Meyer/V. Kreft*, GmbHR 1997, 193; *Taupitz*, NJW 1996, 3033.
104 BGH v. 25.11.1993 – I ZR 281/91, BGHZ 124, 224 = NJW 1994, 786; dazu *Henssler*, ZIP 1994, 844; *Meyer/Kreft*, GmbHR 1997, 193; *Taupitz*, NJW 1996, 3033.
105 BGH v. 5.12.1991 – I ZR 11/90, GRUR 1992, 175.
106 So im Grds. OLG Düsseldorf v. 6.10.2006 – 3 Wx 107/06, NZG 2007, 190, allerdings nur dann, wenn die Berufsordnung die Anforderungen im Einzelnen festlegt; kritisch dazu *C. Schäfer*, in: Henssler/Strohn, Gesellschaftsrecht, Rdnr. 12; *Ulmer/Löbbe*, in: Ulmer/Habersack/Löbbe, Rdnr. 24. A.A. OLG München v. 3.2.2015 – 31 Wx 12/14, GmbHR 2015, 318 aufgrund Art. 18 Abs. 1 Satz 2 BayHKaG.
107 In Brandenburg (§ 31 Abs. 4 Satz 1 HeilBerG), Bremen (§ 27 Abs. 2 Satz 3 HeilBerG), Hamburg (§ 27 Abs. 3 Satz 2 HmbKGH), Hessen (§ 25 Nr. 18 HeilBerG), Mecklenburg-Vorpommern (§ 32 Abs. 2 HeilBerG), Niedersachen (§ 32 Abs. 1 Nr. 6, Abs. 2 HKG), Nordrhein-Westfalen (§ 29 Abs. 2 Satz 3 HeilBerG), Sachsen (§ 16 Abs. 4 HKaG), Sachsen-Anhalt (§ 20 Abs. 1 Nr. 4 KGHB), Schleswig-Holstein (§ 29 Abs. 2 Satz 3 HBKG) und Thüringen (§ 20 Abs. 2 Satz 3 ThürHeilBG).
108 S. dazu *Meyer/Kreft*, GmbHR 1997, 193, 194; kritisch *J. Schmidt*, in: Michalski u.a., Rdnr. 16.
109 In Berlin (§ 4a Abs. 5 Satz 1 Berliner Kammergesetz) und Rheinland-Pfalz (§ 21 Abs. 2 Satz 2 HeilBG).
110 *Meyer/Kreft*, GmbHR 1997, 193, 194.
111 S. jedoch BayVerfGH v. 13.12.1999 – Vf. 5-VII-95, NJW 2000, 3418, der die Vereinbarkeit mit der Bayerischen Verfassung bejaht; s. auch OLG München v. 3.2.2015 – 31 Wx 12/14, GmbHR 2015, 318.
112 Ebenso *Bayer*, in: Lutter/Hommelhoff, Rdnr. 13; *C. Schäfer*, in: Henssler/Strohn, Gesellschaftsrecht, Rdnr. 16; *J. Meyer/V. Kreft*, GmbHR 1997, 193, 194; *Taupitz*, NJW 1996, 3033, 3038 ff.; Bedenken äußert auch *Schmidt-Leithoff*, in: Rowedder/Schmidt-Leithoff, Rdnr. 13b.
113 Dazu *Schmidt-Leithoff*, in: Rowedder/Schmidt-Leithoff, Rdnr. 13c; *Ulmer/Löbbe*, in: Ulmer/Habersack/Löbbe, Rdnr. 24.

dd) Rechtsanwälte, Patentanwälte

Auch **Rechtsanwälte** sollten sich nach traditionellem Verständnis nicht innerhalb einer Anwalts-GmbH organisieren dürfen[114]. In den neunziger Jahren des vorigen Jahrhunderts setzte sich die gegenteilige Auffassung durch. Den Auftakt in der Rechtsprechung machte das BayObLG mit einem Beschluss aus dem Jahr 1994[115]. Voraussetzung der Zulässigkeit einer Anwalts-GmbH war danach nur noch, dass die Satzung der Gesellschaft bestimmten Mindestanforderungen genügte, um sie mit der BRAO in Einklang zu bringen[116].

Angesichts der geschilderten Entwicklung sah sich der Gesetzgeber zum Handeln gezwungen und hat die Anwalts-GmbH mit Wirkung zum 1.3.1999[117] in § 59c Abs. 1 BRAO ausdrücklich zugelassen. Zugleich hat der Gesetzgeber in den **§§ 59c bis 59m BRAO** die Anforderungen für die Zulassung der Rechtsanwalts-GmbH festgelegt[118]. Für die Patentanwälte finden sich Regelungen in der **Patentanwaltsordnung** (§§ 52c bis 52m PAO)[119], die denjenigen der BRAO weitgehend entsprechen[120]. Soweit diese Regelungen die **interprofessionelle Zusammenarbeit** beschränken, konnten sie jedoch einer verfassungsrechtlichen Überprüfung durch das BVerfG nicht standhalten (Rdnr. 32 ff.). Im Übrigen ist hervorzuheben, dass die Gesellschaft eine hohe **Berufshaftpflichtversicherung** schließen (§ 59j BRAO) und in ihrer Firma den Zusatz **Rechtsanwaltsgesellschaft** führen muss (§ 59k Abs. 1 BRAO). Sachfirmen und Phantasienamen sind zulässig[121].

ee) Notare

Im Hinblick auf **Nur-Notare** ist zu berücksichtigen, dass diese als unabhängige Träger eines öffentlichen Amtes (§ 1 BNotO) die ihnen übertragenen notariellen Aufgaben kraft Gesetzes **persönlich** und **eigenverantwortlich** erbringen müssen (vgl. § 9 Abs. 3 BNotO). Das notarielle Auftragsverhältnis besteht unmittelbar zwischen dem Notar und seinem Auftraggeber. Für etwaige Berufsfehler haftet der Notar gemäß § 19 Abs. 1 Satz 1 BNotO ohne die Möglichkeit einer Haftungsbeschränkung persönlich. Vor diesem Hintergrund ist die Ausübung der beruflichen notariellen Tätigkeit in einer GmbH mit den Regelungen der BNotO unvereinbar[122]. Möglich erscheint die Gründung einer GmbH durch Nur-Notare zur Zusammenfassung der persönlichen und sachlichen Hilfsmittel (Mietverträge, Personal etc.) unter der

28

29

30

---

114 S. dazu *Michalski*, Gesellschafts- und Kartellrecht der berufsrechtlich gebundenen freien Berufe, 1989, S. 1 ff.; *Stehle*, DStR 1983, 100, 101; *Donath*, ZHR 156 (1992), 134, 136 ff.; *Taupitz*, JZ 1994, 1100; *Taupitz*, NJW 1995, 369.

115 BayObLG v. 24.11.1994 – 3Z BR 115/94, BayObLGZ 1994, 353 = NJW 1995, 199 = GmbHR 1995, 42 = ZIP 1994, 1868 – Seufert GmbH; s. auch BayObLG v. 28.8.1996 – 3Z BR 75/96, BayObLGZ 1996, 188 = GmbHR 1996, 922 = ZIP 1996, 1706; BayObLG v. 24.9.1998 – 3Z BR 58/98, GmbHR 1999, 483 = ZIP 1998, 1959; OLG Bamberg v. 1.2.1996 – 3 W 11/96, MDR 1996, 423; OLG Köln v. 12.5.1997 – 2 Wx 57/96, GmbHR 1997, 945 = NZG 1998, 230; LG Baden-Baden v. 13.5.1996 – 4 T 1/96, GmbHR 1996, 924; s. zuvor schon *Henssler*, JZ 1992, 697, 700 ff.; *Ahlers*, in: FS Rowedder, 1994, S. 1, 2, 7 ff.

116 BayObLG v. 24.11.1994 – 3Z BR 115/94, BayObLGZ 1994, 353, 361 f. = NJW 1995, 199 = GmbHR 1995, 42 = ZIP 1994, 1868; OLG Köln v. 12.5.1997 – 2 Wx 57/96, NZG 1998, 230, 231 = GmbHR 1997, 945.

117 BGBl. I 1998, 2600 und dazu *Henssler*, NJW 1999, 241.

118 S. zu den Regelungen im Einzelnen *Schmidt-Leithoff*, in: Rowedder/Schmidt-Leithoff, Rdnr. 14 ff.; *Offermann-Burckart*, AnwBl. 2015, 18.

119 Dazu BGH v. 9.7.2001 – PatAnwZ 1/00, BGHZ 148, 270 = NJW 2002, 68.

120 *Römermann*, NZG 2014, 481.

121 *Schmidt-Leithoff*, in: Rowedder/Schmidt-Leithoff, Rdnr. 40.

122 Ebenso *Görk*, in: Schippel/Bracker, 9. Aufl. 2011, § 9 BNotO Rdnr. 5, 12a; *Ulmer/Löbbe*, in: Ulmer/Habersack/Löbbe, Rdnr. 29.

Voraussetzung, dass jeder Notar die Möglichkeit der Inanspruchnahme der Hilfsmittel zur persönlichen und eigenverantwortlichen Ausübung seiner notariellen Tätigkeit hat[123].

31 Für **Anwaltsnotare** gelten die vorstehenden Ausführungen entsprechend. Allerdings ist bei ihnen zwischen der Ausübung der notariellen und der rechtsanwaltlichen Tätigkeit zu unterscheiden. Anwaltsnotare können sich zur Ausübung ihrer anwaltlichen Tätigkeit in einer GmbH zusammenschließen (vgl. §§ 59e Abs. 1 Satz 3, 59a Abs. 1 Satz 3 BRAO, § 9 Abs. 2 BNotO)[124]. Hiervon unberührt bleibt jedoch die Verpflichtung der Anwaltsnotare, die ihnen übertragenen notariellen Aufgaben entsprechend den gesetzlichen Vorgaben der BNotO persönlich und eigenverantwortlich auszuüben (vgl. auch § 59a Abs. 1 Satz 4 BRAO)[125]. Hierzu muss der Anwaltsnotar über hinreichende Handlungsfreiheit innerhalb der GmbH verfügen und den für die Ausübung der notariellen Tätigkeit erforderlichen Zugriff auf die personellen und sachlichen Mittel haben[126]. Ob die aus der Notartätigkeit stammenden Gebühren in der GmbH vergemeinschaftet werden dürfen, ist umstritten[127].

ff) Interprofessionelle Zusammenarbeit

32 Das Berufsrecht der freien Berufe beschränkt bisweilen die **interprofessionelle Zusammenarbeit** zwischen den Angehörigen verschiedener (freier) Berufe. Die Ausübung des Berufs des Rechtsanwalts ist derzeit etwa gemäß § 59a Abs. 1 Satz 1 BRAO zusammen mit Patentanwälten, Steuerberatern, Steuerbevollmächtigten, Wirtschaftsprüfern und vereidigten Buchprüfern möglich. Andere freie Berufe, wie z.B. Ärzte, zählten bislang nicht zu dem Kreis derjenigen, mit denen Rechtsanwälte ihre berufliche Tätigkeit gemeinsam ausüben durften. Zudem sahen insbesondere die §§ 59e Abs. 2 Satz 1, 59f Abs. 1 Satz 1 und 2 BRAO bislang für die Zusammenarbeit der Rechtsanwälte mit anderen Berufen innerhalb einer GmbH besondere Anforderungen in Form von Mehrheitserfordernissen und Vorgaben für die Geschäftsführung vor.

33 Die vorgenannten Regelungen konnten einer verfassungsrechtlichen Prüfung nicht standhalten. Das BVerfG hat in den **§§ 59e Abs. 2 Satz 1, 59f Abs. 1 Satz 1 und 2 BRAO** und korrespondierenden Regelungen der PAO (§§ 52e Abs. 2 Satz 1, 52f Abs. 1 Satz 1 PAO) eine verfassungswidrige Einschränkung der interprofessionellen Zusammenarbeit zwischen **Rechtsanwälten und Patentanwälten** gesehen, soweit danach zugunsten einer der Berufsgruppen deren Anteils- und Stimmrechtsmehrheit sowie deren Leitungsmacht und Geschäftsführermehrheit vorgeschrieben wird und bei Missachtung die Zulassung als Rechtsanwalts- oder Patentanwaltsgesellschaft ausgeschlossen ist[128]. Das BVerfG sah in den Zielen, die mit den entsprechenden Regelungen verfolgt werden (Schutz der beruflichen Unabhängigkeit, Sicherstellung der beruflichen Qualifikationsanforderungen, Verhinderung von Berufsrechtsverstößen) zwar legitime Zwecke. Die berufsrechtlichen Vorgaben seien zur Erreichung dieser Zwecke jedoch nicht erforderlich, weil dies bereits durch die allgemeinen

---

123 *Ulmer/Löbbe*, in: Ulmer/Habersack/Löbbe, Rdnr. 29.
124 *Görk*, in: Schippel/Bracker, 9. Aufl. 2011, § 9 BNotO Rdnr. 9, 12a; *Fastrich*, in: Baumbach/Hueck, Rdnr. 9.
125 *Görk*, in: Schippel/Bracker, 9. Aufl. 2011, § 9 BNotO Rdnr. 9, 12a; *Ulmer/Löbbe*, in: Ulmer/Habersack/Löbbe, Rdnr. 28.
126 *Görk*, in: Schippel/Bracker, 9. Aufl. 2011, § 9 BNotO Rdnr. 12a.
127 Dafür OLG Celle v. 9.12.2009 – Not 12/09, BRAK-Mitt. 2010, 97 (bei entsprechender Beteiligung des Anwaltsnotars am Gewinn der GbR); *Schäfer*, in: Schippel/Bracker, 9. Aufl. 2011, § 17 BNotO Rdnr. 30a; *Ulmer/Löbbe*, in: Ulmer/Habersack/Löbbe, Rdnr. 28. A.A. OLG Celle v. 30.5.2007 – Not 5/07, NJW 2007, 2929; *Görk*, in: Schippel/Bracker, 9. Aufl. 2011, § 9 BNotO Rdnr. 24.
128 BVerfG v. 14.1.2014 – 1 BvR 2998/11, 1 BvR 236/12, NZG 2014, 258; s. dazu *Römermann*, NZG 2014, 481; *Ost*, DStR 2015, 442; *Kment/Fechter*, JA 2016, 881; s. zuvor BGH v. 10.10.2011 – AnwZ (BrfG) 1/10, GmbHR 2012, 94 = NZG 2012, 141; im Anschluss BGH v. 12.4.2016 – II ZB 7/11, NJW 2016, 2263.

berufsrechtlichen Pflichten der beteiligten Rechts- und Patentanwälte sichergestellt sei. In einem weiteren Beschluss hat das BVerfG in § 59a Abs. 1 Satz 1 BRAO einen Verstoß gegen Art. 12 Abs. 1 GG erblickt, soweit danach Rechtsanwälten eine gemeinsame Berufsausübung mit **Ärzten oder Apothekern** in einer **PartG** untersagt ist[129].

Das BVerfG hat in beiden Fällen die Unwirksamkeit nur für den konkreten Fall ausgesprochen, d.h. die entsprechenden Regelungen der BRAO und der PAO zur Mehrheits- und Leitungsmacht nur für die Zusammenarbeit von Rechtsanwälten und Patentanwälten in einer GmbH und § 59a Abs. 1 Satz 1 BRAO nur für die Zusammenarbeit von Rechtsanwälten und Ärzten und Apothekern in einer PartG für nichtig erklärt[130]. Die Erwägungen des BVerfG lassen sich aber auch auf **andere Konstellationen** übertragen, in denen die interprofessionelle Zusammenarbeit in gleicher Weise beschränkt wird. Es besteht etwa kein sachlich gerechtfertigter Grund, Rechtsanwälten und Ärzten die berufliche Zusammenarbeit in einer PartG, nicht jedoch in einer GmbH zu ermöglichen[131]. Außerdem dürfte das Verbot der interprofessionellen Zusammenarbeit in der GmbH zwischen Rechts- und Patentanwälten und Mitgliedern anderer freier Berufsgruppen, etwa mit Ingenieuren oder Architekten, in seiner allgemeinen Form verfassungsrechtlich nicht haltbar sein[132]. Schließlich bedürfen Verbote bzw. Beschränkungen hinsichtlich der interprofessionellen Zusammenarbeit in anderen Gesetzen einer sachlichen Rechtfertigung. Insbesondere halten die Regelungen in der WPO und im StBerG (Rdnr. 22) oder in den Architektengesetzen[133], soweit sie an den deutschen Grundrechten zu messen sind und soweit sie denjenigen der BRAO bzw. der PAO entsprechen, über die das BVerfG zu entscheiden hatte, einer verfassungsrechtlichen Kontrolle nicht stand[134]. Offen bleibt die Frage nach der verfassungsrechtlichen Zulässigkeit von Verboten hinsichtlich **auswärtiger Kapitalbeteiligungen** an einer Freiberufler-GmbH zu Investitionszwecken (sog. Fremdbesitzverbot)[135]. 34

3. Ideelle Zwecke

Eine GmbH kann nach § 1 auch zur Verfolgung ideeller, d.h. **nichtwirtschaftlicher Zwecke** errichtet werden. Hervorzuheben sind gesellige, künstlerische, sportliche, politische, karitative oder wissenschaftliche Zwecke[136]. Weil der Gesellschafterwechsel bei der GmbH an die Form des § 15 gebunden ist[137], erweist sich der eingetragene oder der nicht eingetragene Ver- 35

---

129 BVerfG v. 12.1.2016 – 1 BvL 6/13, NJW 2016, 700; dazu *Henssler/Trottmann*, NZG 2017, 241, 242 f.; s. zuvor BGH v. 16.5.2013 – II ZB 7/11, NJW 2013, 2674; aus der Literatur früher etwa schon *Römermann*, AnwBl. 2009, 681, 684 ff.

130 Kritisch insofern *Römermann*, NJW 2016, 682; zur Rechtfertigung dieser Beschränkung *Gaier*, ZNotP 2016, 254.

131 So auch *Singer*, DStR 2016, 991; *Römermann*, GmbHR 2016, 1121, 1128.

132 *Singer*, DStR 2016, 991, 992; *Henssler/Trottmann*, NZG 2017, 241, 242 f.; zu den Auswirkungen auf die Berufsausübung der Notare s. *Gaier*, ZNotP 2016, 254, 256 ff.

133 Vgl. etwa § 10 Abs. 2 Nr. 3, 4 HmbArchtG.

134 *Kämmerer*, DStR 2014, 670 f.; *Glindemann*, AnwBl. 2014, 214, 219; *Ost*, DStR 2015, 442, 445 ff. (mit Hinweisen auch zu den europarechtlichen Grundlagen der Regelungen in der WPO); *Henssler/Trottmann*, NZG 2017, 241, 243; s. auch *Römermann*, NZG 2014, 481, 486 f.; *Römermann*, GmbHR 2016, 1121, 1128; *Römermann*, NJW 2016, 682, 683; anders *Singer*, DStR 2016, 991, 992 mit Hinweis auf § 50 Abs. 3 StBerG.

135 S. zu diesem Verbot für die Rechtsanwalts-GmbH *Schmidt-Leithoff*, in: Rowedder/Schmidt-Leithoff, Rdnr. 28; *Singer*, AnwBl. 2010, 79, 82 ff.; nach *Singer*, DStR 2016, 991, 992 soll das Festhalten am Fremdbesitzverbot in Zukunft „schwer fallen"; kritisch auch *Glindemann*, AnwBl. 2014, 214, 220; s. auch *Ost*, DStR 2015, 442, 447.

136 *Fleischer*, in: MünchKomm. GmbHG, Rdnr. 25 und 27 mit rechtsvergleichenden Hinweisen.

137 Zur Rechtfertigung des Formerfordernissen für die Anteilsübertragung bei der GmbH OLG München v. 20.3.1996 – 7 U 5523/95, MittBayNot 1996, 385, 386 = GmbHR 1996, 607; *Walz/Fembacher*, NZG 2003, 1134, 1135.

ein i.d.R. jedoch als die passendere Rechtsform für solche Betätigungen, die typischerweise auf einen großen Mitgliederkreis und häufigen Mitgliederwechsel bzw. Mitgliederbeitritt und -austritt angelegt sind[138].

36 Verfolgt die Gesellschaft **politische Zwecke**, findet ergänzend das Vereinsgesetz vom 5.8.1964[139] Anwendung (s. § 2 Abs. 1 und § 17 VereinsG)[140]. Dagegen bestehen seit Art. 137 Abs. 4 der Weimarer Reichsverfassung (i.V.m. Art. 140 GG) keine Beschränkungen mehr für die Verfolgung **religiöser Zwecke** in der Rechtsform einer GmbH. Jede „Kirche" kann sich als GmbH organisieren.

IV. Unzulässige Zwecke

37 Eine GmbH kann gemäß § 1 nur zu einem gesetzlich zulässigen Zweck gegründet werden. Für bestimmte Betätigungsfelder scheidet die GmbH aufgrund spezieller gesetzlicher Verbote als Rechtsform aus (Rdnr. 38 f.). Unzulässig sind entsprechend den allgemeinen Regeln verbotene oder sittenwidrige Zwecke (§§ 134, 138 BGB, Rdnr. 40 f.). Von der Gesetz- oder Sittenwidrigkeit des (ganzen) Zwecks ist der Fall zu unterscheiden, dass **lediglich einzelne Bestimmungen** der Satzung gesetz- oder sittenwidrig sind, weil sich dann die Nichtigkeit auf die fraglichen Bestimmungen beschränkt, während die Gültigkeit der Satzung im Übrigen nicht berührt wird[141]. Dies ist etwa der Fall, wenn der Gesellschaftsvertrag eine unzulässige Hinauskündigungsklausel enthält[142] oder die Abfindungsregelung im Gesellschaftsvertrag für den Fall der Einziehung unangemessen niedrig vereinbart ist[143]. Ergänzende Vorschriften finden sich in den §§ 61, 62 und 75 sowie in den **§§ 395 ff. FamFG** (s. im Einzelnen Rdnr. 45 ff.).

1. Rechtsformverbote

38 **Private Bausparkassen** dürfen nicht in der Rechtsform der GmbH betrieben werden und müssen die Rechtsform der AG haben (§ 2 Abs. 2 Satz 1 BausparkG)[144]. Auch für **Versicherungsgeschäfte** steht die GmbH nicht zur Verfügung, da nach § 8 Abs. 2 VAG die Erlaubnis zum Betrieb des Versicherungsgeschäfts gegen Prämie nur Unternehmen in der Rechtsform der AG, einschließlich der SE, und des VVaG erteilt werden darf[145]. Dasselbe gilt hinsichtlich **Pensionskassen**, auf die einzelne Vorschriften des VAG Anwendung finden (§ 234 VAG)[146]. Auch das **Rückversicherungsgeschäft** darf seit der VAG-Novelle 2004[147] nicht mehr in der Rechtsform der GmbH betrieben werden[148]. Rückversicherungsunternehmen sind gemäß

---

138 *Fleischer*, in: MünchKomm. GmbHG, Rdnr. 26; *Ulmer/Löbbe*, in: Ulmer/Habersack/Löbbe, Rdnr. 34; *Fastrich*, in: Baumbach/Hueck, Rdnr. 12; *Bayer*, in: Lutter/Hommelhoff, Rdnr. 11.
139 BGBl. I 1964, 593.
140 *Fleischer*, in: MünchKomm. GmbHG, Rdnr. 25.
141 *Ulmer/Löbbe*, in: Ulmer/Habersack/Löbbe, Rdnr. 42.
142 S. zu diesen BGH v. 19.9.2005 – II ZR 173/04, GmbHR 2005, 1558; *Miesen*, RNotZ 2006, 522.
143 Dazu etwa BGH v. 16.12.1991 – II ZR 58/91, GmbHR 1992, 257; OLG München v. 5.10.2016 – 7 U 3036/15, DStR 2017, 113, 114 = GmbHR 2017, 40; *Fastrich*, in: Baumbach/Hueck, § 34 Rdnr. 27 f.
144 *Schäfer*, in: Boos/Fischer/Schulte-Mattler, KWG, CRR-VO, 5. Aufl. 2016, § 1 KWG Rdnr. 20; *Ulmer/Löbbe*, in: Ulmer/Habersack/Löbbe, Rdnr. 17.
145 S. zum verbleibenden Tätigkeitsbereich der GmbH im Versicherungswesen *Schmidt-Leithoff*, in: Rowedder/Schmidt-Leithoff, Rdnr. 10.
146 Vgl. *Leisbrock*, in: Münchener Anwaltshandbuch ArbR, 4. Aufl. 2017, § 36 Rdnr. 151; *Eichenhofer*, in: MünchKomm. BGB, § 45 VersAusglG Rdnr. 18, allerdings mit Hinweis nicht auf § 8 Abs. 2 VAG, sondern noch auf § 7 VAG a.F.
147 BGBl. I 2004, 3416.
148 *Schmidt-Leithoff*, in: Rowedder/Schmidt-Leithoff, Rdnr. 10.

§ 7 Nr. 33 VAG Versicherungsunternehmen, so dass § 8 Abs. 2 VAG auf sie Anwendung findet[149]. Für eine GmbH, die das Rückversicherungsgeschäft bereits vor dem 21.12.2004 betrieben hat, gilt Bestandsschutz nach Maßgabe von § 340 Abs. 1 VAG.

Zu den Betätigungsbereichen, in denen die GmbH als juristische Person ausgeschlossen ist, zählen auch der Betrieb einer **Apotheke** (§ 8 ApoG)[150] und der Betrieb des **Versteigerungsgewerbes** (§ 34b Abs. 5 Satz 1 GewO)[151]. Sachliche Gründe für diese Diskriminierungen von Kapitalgesellschaften sind nicht erkennbar, so dass erhebliche Bedenken gegen die Wirksamkeit der fraglichen Bestimmungen bestehen (Art. 3 Abs. 1, 12 Abs. 1, 19 Abs. 3 GG). Verfassungsrechtlich gebilligt wurde, dass die Übernahme einer **Insolvenzverwaltung** gemäß § 56 Abs. 1 Satz 1 InsO nicht durch eine GmbH erfolgen darf[152].

39

2. Gesetzesverstoß

Die Gesellschafter dürfen den Gesellschaftszweck nicht in einer Weise vereinbaren, die gegen ein **gesetzliches Verbot** verstößt (**§ 134 BGB**)[153]. Gesetz in diesem Sinne ist jede Rechtsnorm gleich welchen Ranges, von den Satzungen der Gemeinden bis zur Verfassung und den Bestimmungen des Unionsrechts und zwar unabhängig davon, ob das Verbot allgemeinen Interessen oder dem Schutz einzelner Personen dient[154]. **Beispiele** sind der Eingriff in staatliche Monopolrechte[155] oder die Organisation des verbotenen Glücksspiels oder des Schmuggels[156]. Wird die GmbH zum Zwecke der Steuerumgehung gegründet, ist zu differenzieren: Unzulässigkeit gemäß § 134 BGB liegt vor, wenn eine Steuerhinterziehung der eigentliche Zweck der Gesellschaft ist. Anders verhält es sich, wenn lediglich eine steuerliche Gestaltung, die mit der Rechtsform der GmbH verfolgt wird, gemäß § 42 Satz 1 AO nicht anerkannt wird[157]. Ein in der Praxis nicht selten zu beobachtender Fall ist die Gründung einer GmbH durch einen **Ausländer** ohne Aufenthaltserlaubnis. In diesem Fall ist umstritten, ob der Zweck unzulässig ist (s. § 2 Rdnr. 47). Ein unzulässiger Zweck liegt jedenfalls nicht vor, wenn die Gesellschaft der staatlichen Genehmigung bedarf und diese nicht vorliegt (Rdnr. 10)[158].

40

---

149 Zuvor § 120 VAG a.F.

150 *Ulmer/Löbbe*, in: Ulmer/Habersack/Löbbe, Rdnr. 17; *Schmidt-Leithoff*, in: Rowedder/Schmidt-Leithoff, Rdnr. 11; *Roth*, in: Roth/Altmeppen, Rdnr. 8; *Schiedermair*, PharmaZ 1983, 286.

151 *Ulmer/Löbbe*, in: Ulmer/Habersack/Löbbe, Rdnr. 17; *Bayer*, in: Lutter/Hommelhoff, Rdnr. 13; *Schmidt-Leithoff*, in: Rowedder/Schmidt-Leithoff, Rdnr. 11.

152 BVerfG v. 12.1.2016 – 1 BvR 3102/13, NJW 2016, 930; zustimmend *Mitlehner*, NZI 2016, 248; s. auch *Schmidt-Leithoff*, in: Rowedder/Schmidt-Leithoff, Rdnr. 11; *Roth*, in: Roth/Altmeppen, Rdnr. 8; kritisch *Piekenbrock/Bluhm*, NJW 2016, 930, 935; *Römermann*, GmbHR 2013, 1249; s. auch AG Mannheim v. 14.12.2015 – 804 AR 163/15, ZIP 2016, 132 zur Aufnahme einer spanischen Sociedad Limitada Profesional (SLP) in die Vorauswahlliste aufgrund der Vorgaben der europäischen Dienstleistungsrichtlinie, RL 2006/123/EG v. 12.12.2006, ABl. EU Nr. L 376 v. 27.12.2006, S. 36.

153 S. etwa BayObLG v. 27.3.1972 – BReg 2 Z 60/70, BayObLGZ 1972, 126, 128 f. (für den Fall der Satzungsänderung).

154 *Fleischer*, in: MünchKomm. GmbHG, Rdnr. 38; *Ulmer/Löbbe*, in: Ulmer/Habersack/Löbbe, Rdnr. 41; *Fastrich*, in: Baumbach/Hueck, Rdnr. 15.

155 Vgl. für das (inzwischen aufgehobene) Zündwarenmonopol BayObLG v. 27.3.1972 – BReg 2 Z 60/70, BayObLGZ 1972, 126, 129 ff.; für das (frühere) Arbeitsvermittlungsmonopol des Bundes BayObLG v. 22.12.1970 – 9 Ws (B) 19/70, BayObLGSt. 1970, 261 = NJW 1971, 528.

156 Vgl. RG v. 30.9.1919 – III 106/19, RGZ 96, 282 f.

157 *Fastrich*, in: Baumbach/Hueck, Rdnr. 16; *Roth*, in: Roth/Altmeppen, Rdnr. 17; *Bayer*, in: Lutter/Hommelhoff, Rdnr. 14.

158 *Ulmer/Löbbe*, in: Ulmer/Habersack/Löbbe, Rdnr. 40; *Roth*, in: Roth/Altmeppen, Rdnr. 18; *Bayer*, in: Lutter/Hommelhoff, Rdnr. 15; *C. Schäfer*, in: Henssler/Strohn, Gesellschaftsrecht, Rdnr. 19; im Grundsatz auch *Fastrich*, in: Baumbach/Hueck, Rdnr. 15, der aber Unzulässigkeit annimmt, wenn die Erlaubnis oder Genehmigung endgültig versagt oder nicht bzw. nicht mehr angestrebt wird.

3. Sittenverstoß

41 Ein Verstoß gegen § 138 BGB liegt vor, wenn der von der Gesellschaft nach dem Willen der Gesellschafter verfolgte Zweck gegen die guten Sitten verstößt. **Beispiele** sind Gesellschaften, die zum Betrieb wucherischer Geschäfte oder zur Organisation eines systematischen Austauschs von Finanzwechseln gegründet worden sind[159]. Der Betrieb eines Bordells stellt als solcher nach den geänderten Moralanschauungen sowie der in § 1 ProstG zum Ausdruck kommenden Wertentscheidung des Gesetzgebers keinen sittenwidrigen Zweck (mehr) dar[160].

4. Rechtsfolgen vor Eintragung

42 Bei Verfolgung eines unzulässigen Zwecks ist der **Gesellschaftsvertrag insgesamt nichtig** (§§ 134, 138 BGB)[161]. Das kann bis zur Entstehung der GmbH durch Eintragung im Handelsregister **von jedermann geltend gemacht** werden[162]. Eine Ausnahme kommt nach den Regeln über die **fehlerhafte Gesellschaft** zwar grundsätzlich in Betracht, wenn die Vorgesellschaft bereits in Vollzug gesetzt ist. Handelt es sich um einen Gesetzes- oder groben Sittenverstoß, verhelfen allerdings auch die Grundsätze über die fehlerhafte Gesellschaft nicht zur Überwindung der Nichtigkeit des Gesellschaftsvertrages[163].

43 Das **Registergericht** muss die Zulässigkeit des Zwecks **prüfen**. Gegenstand der Prüfung ist der wirkliche, nicht ein etwaiger nur vorgeschobener Gesellschaftszweck[164]. Bei Zweifeln kann das Gericht Ermittlungen nach dem wahren Zweck anstellen, dies jedoch nur, wenn sich Anhaltspunkte für dessen Verschleierung ergeben (§ 26 FamFG). Stellt es die Unzulässigkeit des Gesellschaftszwecks fest, hat das Gericht die Eintragung der GmbH **abzulehnen**[165]. Dies folgt aus § 9c Abs. 1 Satz 1. Da im Falle der Unzulässigkeit des Gesellschaftszwecks wegen Verstoßes gegen die §§ 134, 138 BGB der gesamte Gesellschaftsvertrag nichtig ist, steht die nur eingeschränkte Prüfungskompetenz des Gerichts der Ablehnung gemäß § 9c Abs. 2 Nr. 3 nicht

---

159 BGH v. 28.4.1958 – II ZR 197/57, BGHZ 27, 172, 176 ff. = NJW 1958, 989.

160 *Fleischer*, in: MünchKomm. GmbHG, Rdnr. 41; *Ulmer/Löbbe*, in: Ulmer/Habersack/Löbbe, Rdnr. 42; *Fastrich*, in: Baumbach/Hueck, Rdnr. 16 („i.d.R"); ebenso *Bayer*, in: Lutter/Hommelhoff, Rdnr. 14; s. jedoch noch BGH v. 20.5.1964 – VIII ZR 56/63, BGHZ 41, 341 = NJW 1964, 1791.

161 *Fleischer*, in: MünchKomm. GmbHG, Rdnr. 42; *Fastrich*, in: Baumbach/Hueck, Rdnr. 17; *Roth*, in: Roth/Altmeppen, Rdnr. 15a; *J. Schmidt*, in: Michalski u.a., Rdnr. 26; einschränkend *Ulmer/Löbbe*, in: Ulmer/Habersack/Löbbe, Rdnr. 39 (nur im Regelfall Gesamtnichtigkeit).

162 S. BayObLG v. 27.3.1972 – BReg 2 Z 60/70, BayObLGZ 1972, 126, 129 zur Satzungsänderung; *Fleischer*, in: MünchKomm. GmbHG, Rdnr. 42; *Fastrich*, in: Baumbach/Hueck, Rdnr. 17; *Bayer*, in: Lutter/Hommelhoff, Rdnr. 17.

163 BGH v. 12.5.1954 – II ZR 167/53, BGHZ 13, 320, 322 f. = NJW 1954, 1562; *Fastrich*, in: Baumbach/Hueck, Rdnr. 17, § 2 Rdnr. 39; *Karsten Schmidt*, GesR, § 6 III 3 a (S. 149 f.); s. auch *Fleischer*, in: MünchKomm. GmbHG, Rdnr. 42; *Ulmer/Löbbe*, in: Ulmer/Habersack/Löbbe, Rdnr. 46; *Schmidt-Leithoff*, in: Rowedder/Schmidt-Leithoff, Rdnr. 50; *Bartels/Wagner*, ZGR 2013, 482, 484; a.A. *C. Schäfer*, in: Henssler/Strohn, Gesellschaftsrecht, Rdnr. 26; *C. Schäfer*, in: MünchKomm. BGB, § 705 BGB Rdnr. 334.

164 *Ulmer/Löbbe*, in: Ulmer/Habersack/Löbbe, Rdnr. 45; *Fastrich*, in: Baumbach/Hueck, Rdnr. 13; *Riemenschneider/Freitag*, in: MünchHdb. III, § 4 Rdnr. 2; s. auch *Fleischer*, in: MünchKomm. GmbHG, Rdnr. 35. Die Marleasing-Entscheidung des EuGH v. 13.11.1990 – Rs. C 106/89, Slg. 1990, I-4135 = DB 1991, 157 steht der vorbeugenden Registerkontrolle anhand des wirklichen Zwecks nicht entgegen, vgl. zum Aktienrecht auch *Hüffer/Koch*, § 275 AktG Rdnr. 17 zur vorbeugenden Kontrolle des Unternehmensgegenstandes; s. allgemein zur Interpretation der Marleasing-Entscheidung *Wicke*, in: MünchKomm. GmbHG, § 3 Rdnr. 21.

165 BayObLG v. 27.3.1972 – BReg 2 Z 60/70, BayObLGZ 1972, 126, 128 f.; *Fleischer*, in: MünchKomm. GmbHG, Rdnr. 43; *Fastrich*, in: Baumbach/Hueck, Rdnr. 17; *Ulmer/Löbbe*, in: Ulmer/Habersack/Löbbe, Rdnr. 45; *Roth*, in: Roth/Altmeppen, Rdnr. 15a; *Wünsch*, GesRZ 1982, 155, 156.

entgegen[166]. Die Abgrenzung zwischen dem **Gesellschaftszweck** und dem **Unternehmens-gegenstand** (Rdnr. 3 ff.) spielt hinsichtlich der gerichtlichen Prüfungskompetenz keine Rolle, weil das Gericht auch bei Unzulässigkeit (nur) des Unternehmensgegenstandes die Eintragung ablehnen muss (vgl. § 9c Abs. 2 Nr. 1 i.V.m. § 3 Abs. 1 Nr. 2)[167].

5. Rechtsfolgen nach Eintragung

Wird die Gesellschaft trotz Unzulässigkeit ihres Gesellschaftszwecks im Handelsregister eingetragen, ist die Gesellschaft **entstanden**[168]. Allerdings kann der Mangel auch nach Eintragung der GmbH geltend gemacht werden. Eine automatische Heilung (Rdnr. 48) tritt nicht ein[169].

44

In welcher Weise die Geltendmachung der Unzulässigkeit zu erfolgen hat, hängt nach der Eintragung der Gesellschaft davon ab, ob die Unzulässigkeit den Gesellschaftszweck, den Unternehmensgegenstand oder beides betrifft. Betrifft der Mangel nur den **Gesellschaftszweck**, kann jeder Gesellschafter **Auflösungsklage** gemäß § 61 erheben[170] oder auf der Grundlage des gewohnheitsrechtlich anerkannten **Austrittsrechts** aus wichtigem Grund aus der Gesellschaft ausscheiden[171]. Das Austrittsrecht soll allerdings nur dann zur Verfügung stehen, wenn der Gesellschafter das Quorum des § 61 Abs. 2 Satz 2 für die Auflösungsklage nicht erreicht[172]. Richtigerweise besteht es neben der Auflösungsklage, weil das Austrittsrecht für den Gesellschafter das einfachere und schnellere Mittel sein kann, um sich von der Gesellschaft und ihren gesetz- oder sittenwidrigen Zwecken loszusagen[173]. Im Fall der Gefährdung des Gemeinwohls kann eine Auflösung nach § 62 in Betracht kommen[174]. Betrifft der Mangel nur den **Unternehmensgegenstand**, kann die **Nichtigkeitsklage** gemäß § 75 erhoben werden, die zur Auflösung der Gesellschaft führt[175]. Außerdem kommt eine Amtslöschung gemäß **§ 397 Satz 2 FamFG** in Betracht[176]. An dieser Stelle zeigt sich, dass die Frage nach der **Abgrenzung von Gesellschaftszweck und Unternehmensgegenstand** bedeutsam ist (Rdnr. 3 ff.)[177]. Nach der hier vertretenen Auffassung obliegt es der Autonomie der Gesellschafter, ob sie den Gesellschafts-

45

---

166 S. auch *Fastrich*, in: Baumbach/Hueck, Rdnr. 17.
167 OLG Düsseldorf v. 6.10.2006 – 3 Wx 107/06, NZG 2007, 190, 191; OLG München v. 3.2.2015 – 31 Wx 12/14, GmbHR 2015, 318 = NZG 2015, 401; das Ergebnis lässt sich auch über § 9c Abs. 2 Nr. 3 gewinnen, wenn man den Gesellschaftsvertrag bei Nichtigkeit des Unternehmensgegenstandes für insgesamt nichtig hält, s. dazu *Bayer*, in: Lutter/Hommelhoff, Rdnr. 17; *C. Schäfer*, in: Henssler/Strohn, Gesellschaftsrecht, Rdnr. 26.
168 *Fleischer*, in: MünchKomm. GmbHG, Rdnr. 44; *Fastrich*, in: Baumbach/Hueck, Rdnr. 17; *Ulmer/Löbbe*, in: Ulmer/Habersack/Löbbe, Rdnr. 47.
169 *Fleischer*, in: MünchKomm. GmbHG, Rdnr. 44; *Fastrich*, in: Baumbach/Hueck, Rdnr. 17; *J. Schmidt*, in: Michalski u.a., Rdnr. 28; *Bayer*, in: Lutter/Hommelhoff, Rdnr. 19.
170 *Ulmer/Löbbe*, in: Ulmer/Habersack/Löbbe, Rdnr. 47; *C. Schäfer*, in: Henssler/Strohn, Gesellschaftsrecht, Rdnr. 27.
171 *Ulmer/Löbbe*, in: Ulmer/Habersack/Löbbe, Rdnr. 47; *C. Schäfer*, in: Henssler/Strohn, Gesellschaftsrecht, Rdnr. 27.
172 *Fleischer*, in: MünchKomm. GmbHG, Rdnr. 44; *J. Schmidt*, in: Michalski u.a., Rdnr. 29; *Ulmer/Löbbe*, in: Ulmer/Habersack/Löbbe, Rdnr. 47.
173 So wohl auch *Bayer*, in: Lutter/Hommelhoff, Rdnr. 19. S. allgemein zum Verhältnis von Austrittsrecht und Auflösungsklage *Limpert*, in: MünchKomm. GmbHG, § 61 Rdnr. 12 ff.; *Gesell*, in: Rowedder/Schmidt-Leithoff, § 61 Rdnr. 3. Allgemein zum Austrittsrecht des GmbH-Gesellschafters *Fastrich*, in: Baumbach/Hueck, Anh. § 34 Rdnr. 18 ff.
174 *Ulmer/Löbbe*, in: Ulmer/Habersack/Löbbe, Rdnr. 47; *Fastrich*, in: Baumbach/Hueck, Rdnr. 17.
175 *Fleischer*, in: MünchKomm. GmbHG, Rdnr. 44; *Ulmer/Löbbe*, in: Ulmer/Habersack/Löbbe, Rdnr. 47; *Fastrich*, in: Baumbach/Hueck, Rdnr. 17.
176 *Fleischer*, in: MünchKomm. GmbHG, Rdnr. 44; *Ulmer/Löbbe*, in: Ulmer/Habersack/Löbbe, Rdnr. 47; *Fastrich*, in: Baumbach/Hueck, Rdnr. 17.
177 Kritisch hinsichtlich der gesetzlichen Differenzierung *Bayer*, in: Lutter/Hommelhoff, Rdnr. 19.

zweck als bloß übergeordnetes Verbandsziel zum Ausdruck bringen oder den Unternehmensgegenstand bzw. einzelne seiner Teile zum Bestandteil des Gesellschaftszwecks machen. Soweit sich nach der Vereinbarung der Gesellschafter der Gesellschaftszweck und der Unternehmensgegenstand überschneiden, gelten die vorstehenden Regelungen nebeneinander.

46 Besonderheiten gelten, wenn ein Gesetzes- oder Sittenverstoß **erst nachträglich im Wege der Änderung des Gesellschaftsvertrages begründet** wird. Ein derartiger satzungsändernder Beschluss ist **nichtig**. Dies folgt aus einer Analogie zu § 241 Nr. 3 AktG[178]. Der nichtige Beschluss darf vom Registergericht nicht eingetragen werden (§ 54)[179]. Geschieht dies dennoch, ist zu unterscheiden, ob der Beschluss einen nichtigen **Gesellschaftszweck** oder einen nichtigen **Unternehmensgegenstand** zum Inhalt hat. Handelt es sich um einen nichtigen Unternehmensgegenstand, ist Raum für die Anwendung des § 75; zugleich kommt eine Amtslöschung nach § 397 Satz 2 FamFG oder in Ausnahmefällen die Löschung des Beschlusses nach § 398 FamFG in Betracht[180]. Bei Nichtigkeit allein des **Gesellschaftszwecks** ist dagegen nur Raum für die Anwendung der §§ 61 und gegebenenfalls 62[181] sowie für das Austrittsrecht aus wichtigem Grund.

47 Von der nachträglichen Beschlussfassung zur Einführung eines neuen Gesellschaftszwecks zu unterscheiden ist der Fall, dass die Gesellschaft auf Veranlassung der Gesellschafter lediglich **tatsächlich** (im Wege der faktischen Satzungsänderung) **einen unzulässigen Zweck verfolgt**. Dies ist der Fall, wenn die Gesellschafter die GmbH ursprünglich zu einem zulässigen Zweck gründen, die Gesellschaft später jedoch ohne ausdrückliche Satzungsänderung zur Verfolgung eines unzulässigen Zwecks übergeht[182]. Dies führt mangels rechtsgeschäftlichen Charakters nicht zur Nichtigkeit des Gesellschaftsvertrages gemäß § 134 BGB[183], noch begründet dieser Vorgang einen Nichtigkeitsgrund i.S. des § 75[184]. In Betracht kommt die Erhebung der Auflösungsklage (§ 61) oder das Austrittsrecht aus wichtigem Grund und, bei Schädigung des Gemeinwohls, die Auflösung nach § 62[185]. Ob § 75 im Fall der faktischen Änderung (nur) des **Unternehmensgegenstandes** gilt, ist umstritten[186].

6. Heilung

48 Die Gesellschafter können an die Stelle des unzulässigen Zwecks einen **zulässigen Zweck** setzen und den Mangel des Gesellschaftsvertrags heilen[187]. Hierzu erforderlich ist ein einstimmiger (§ 33 Abs. 1 Satz 2 BGB) Gesellschafterbeschluss, der entsprechend § 53 Abs. 2 Satz 1

---

178 *Fleischer*, in: MünchKomm. GmbHG, Rdnr. 45; *Fastrich*, in: Baumbach/Hueck, Rdnr. 18. A.A. noch *Emmerich*, 11. Aufl., Rdnr. 23 sowie *Schmidt-Leithoff*, in: Rowedder/Schmidt-Leithoff, Rdnr. 53: §§ 134, 138 BGB.
179 BayObLG v. 27.3.1972 – BReg 2 Z 60/70, BayObLGZ 1972, 126, 129.
180 *C. Schäfer*, in: Henssler/Strohn, Gesellschaftsrecht, Rdnr. 28; zur Anwendbarkeit von § 398 FamFG neben § 397 FamFG *Heinemann*, in: Keidel, § 398 FamFG Rdnr. 6.
181 *Fleischer*, in: MünchKomm. GmbHG, Rdnr. 45; *Schmidt-Leithoff*, in: Rowedder/Schmidt-Leithoff, Rdnr. 52 f.
182 S. das Beispiel bei *Bayer*, in: Lutter/Hommelhoff, Rdnr. 21: Übergang von der Au Pair Vermittlung zum Mädchenhandel.
183 Vgl. *Tieves*, Unternehmensgegenstand, S. 240.
184 *Ulmer/Löbbe*, in: Ulmer/Habersack/Löbbe, Rdnr. 49; *Bayer*, in: Lutter/Hommelhoff, Rdnr. 21.
185 *Fleischer*, in: MünchKomm. GmbHG, Rdnr. 45; *J. Schmidt*, in: Michalski u.a., Rdnr. 29; *Schmidt-Leithoff*, in: Rowedder/Schmidt-Leithoff, Rdnr. 53; *Fastrich*, in: Baumbach/Hueck, Rdnr. 18; *Winkler*, NJW 1970, 449. A.A. *Tieves*, Unternehmensgegenstand, S. 240 f.: Anwendung von § 75 und § 144 FGG (heute: §§ 397, 398 FamFG).
186 S. 11. Aufl., § 75 Rdnr. 11 und *Haas*, in: Baumbach/Hueck, § 75 Rdnr. 16 m.w.N.
187 *Bayer*, in: Lutter/Hommelhoff, Rdnr. 23; *J. Schmidt*, in: Michalski u.a., Rdnr. 31; s. auch *Fleischer*, in: MünchKomm. GmbHG, Rdnr. 46, allerdings in Analogie zu § 76; kritisch dazu *Ulmer/Löbbe*, in: Ulmer/Habersack/Löbbe, Rdnr. 50 Fn. 123.

notariell zu beurkunden ist. Eine formelle Satzungsänderung samt Anmeldung und Eintragung in das Handelsregister (§ 54) ist nur dann erforderlich, wenn der Gesellschaftszweck ausdrücklich in der Satzung festgelegt ist (s. dazu Rdnr. 6)[188]. Betrifft der Nichtigkeitsgrund dagegen den **Unternehmensgegenstand**, ist § 76 zu beachten. Danach kann ein Mangel, der die Bestimmung über den Gegenstand des Unternehmens betrifft, **(nur) mit Zustimmung aller Gesellschafter**[189] geheilt werden. Das Gesetz weicht damit von § 53 Abs. 2 Satz 1, der für bloße Änderungen des Unternehmensgegenstandes eine satzungsändernde Mehrheit ausreichen lässt, sowie von der Rechtslage im Aktienrecht (§ 276 AktG) ab. Verfolgt die Gesellschaft dagegen im Wege einer **faktischen Satzungsänderung** einen unzulässigen Zweck, stellt sich die Frage nach der Heilung durch Rechtsgeschäft nicht. Stellt die Gesellschaft in diesem Fall die Verfolgung des unzulässigen Gesellschaftszwecks ein und kehrt sie zu dem ursprünglich vereinbarten zulässigen Zweck zurück, entfallen grundsätzlich die Möglichkeiten zur Auflösung der Gesellschaft oder zum Austritt aus wichtigem Grund (Rdnr. 47).

V. Einpersonen-GmbH

Schrifttum: *Albach*, Die Einmanngründung der GmbH, 1986; *Dürr*, Die nach- bzw. nicht-bevollmächtigte Einpersonen-Gründung einer GmbH. Zur Frage der Anwendbarkeit des § 180 S. 1 BGB auf Vertreter-Gründungen, GmbHR 2008, 408; *Grooterhorst*, Gründungsmängel und ihre Folgen bei der Einmann-GmbH, NZG 2007, 605; *Hasselmann*, Die vollmachtlose Gründung einer Einpersonen-GmbH, ZIP 2012, 1947; *Heil*, Die Rechtsnatur der Einpersonen-Vor-GmbH, 2007; *John*, Die Gründung der Einmann-GmbH, 1986; *Merkt*, Die Einpersonen-Vor-GmbH im Spiegel der rechtswissenschaftlichen Diskussion, FS *Karsten Schmidt*, 2009, S. 1161; *Petersen*, Die Fehlgeschlagene Einmanngründung – liquidationsloses Erlöschen oder Fiktion des Fortbestandes, NZG 2004, 400; *Karsten Schmidt*, Einmanngründung und Einmannvorgesellschaft, ZHR 145 (1981), 540; *Steding*, Die gesellschafterlose GmbH – eine rechtlich zulässige Unternehmensvariante?, NZG 2003, 57; *Stenzel*, Vollmachtsmängel bei der GmbH-Gründung, GmbHR 2015, 567.

1. Überblick, Geschichte

Die Zulässigkeit der Einpersonen-GmbH ist seit langer Zeit **anerkannt**[190]. Es besteht ein großes **praktisches Bedürfnis**, Gesellschaften entweder von Beginn an mit nur einem Gesellschafter zu errichten (z.B. als Tochtergesellschaft innerhalb eines Konzerns) oder nachträglich sämtliche Geschäftsanteile in der Hand eines Gesellschafters zu bündeln (z.B. im Fall des Erwerbs der Minderheitsbeteiligung durch den Mehrheitsgesellschafter). Nicht zuletzt wegen dieser praktischen Notwendigkeiten werden früher noch feststellbare Bedenken gegen die Einpersonen-GmbH[191] heute nicht mehr geäußert[192]. Auch der Gesetzgeber hat die Zulässigkeit der Einpersonen-GmbH in § 1 ausdrücklich anerkannt, indem er formuliert, dass eine GmbH durch „eine oder mehrere Personen" errichtet werden kann. Diese Regelung ist allerdings erst durch die **GmbH-Novelle von 1980** in das GmbHG aufgenommen worden. Zuvor verlangte das Gesetz für die Errichtung der GmbH das Vorhandensein von mindestens

49

---

188 Grundsätzlich für das Erfordernis einer formellen Satzungsänderung *Ulmer/Löbbe*, in: Ulmer/Habersack/Löbbe, Rdnr. 50; anders *Bayer*, in: Lutter/Hommelhoff, Rdnr. 23 und *Fleischer*, in: Münch-Komm. GmbHG, Rdnr. 46, die jeweils davon ausgehen, dass im Zusammenhang mit der Heilung eine Satzungsänderung herbeigeführt werden „kann".

189 So die h.M., s. etwa *Kleindiek*, in: Lutter/Hommelhoff, § 76 Rdnr. 2. A.A. *Karsten Schmidt*, in: FS Kollhosser II, 2004, S. 679, 694 f.: Beschluss mit satzungsändernder Mehrheit ausreichend.

190 BGH v. 9.10.1956 – II ZB 11/56, BGHZ 21, 378 = NJW 1957, 19; BGH v. 14.12.1959 – II ZR 187/57, BGHZ 31, 258, 271 = NJW 1960, 285; *Fastrich*, in: Baumbach/Hueck, Rdnr. 51.

191 S. etwa *Berg*, NJW 1974, 933, 935: „Krebsübel unseres Wirtschaftslebens"; *Meyer-Cording*, JZ 1978, 10.

192 *Fleischer*, in: MünchKomm. GmbHG, Rdnr. 62.

zwei Personen, weil nach früherem Verständnis der Abschluss eines Gesellschaftsvertrages in Ermangelung einer anderslautenden Regelung innerhalb des GmbHG durch nur eine Person nicht möglich war. Dies führte dazu, dass eine Einpersonen-GmbH nur über den Umweg einer sog. **Strohmanngründung** errichtet werden konnte[193]. Der Gründer musste sich mit einer weiteren Person, die die Geschäftsanteile treuhänderisch für den Gründer übernahm, zur Errichtung einer Zweipersonen-GmbH zusammenschließen. Nach der Errichtung der GmbH trat der Treuhänder die von ihm übernommenen Geschäftsanteile an den Gründer ab, wobei die Abtretung i.d.R. bereits direkt im Anschluss an die Beurkundung des Gesellschaftsvertrages aufschiebend bedingt auf die Eintragung der GmbH in das Handelsregister erfolgte. Die Notwendigkeit einer solch umständlichen und zusätzliche Kosten (§ 15 Abs. 3) auslösenden Strohmanngründung ist seit der GmbH-Novelle von 1980 entfallen mit der Folge, dass sie als Mittel zur Errichtung einer Einpersonen-GmbH praktisch nicht mehr zu beobachten ist. Bedeutung hat hingegen die Errichtung der Einpersonen-GmbH im Wege der **Umwandlung nach Maßgabe des UmwG**, d.h. durch Formwechsel (§§ 190 ff. UmwG), durch Verschmelzung im Wege der Neugründung (§§ 2, 56 ff. UmwG) und durch (Auf-)Spaltung oder Ausgliederung zur Neugründung (§§ 152, 158 ff., 123 Abs. 1 bis 3 jeweils Nr. 2, 135, 138 ff. UmwG). Der Vorteil dieser Errichtungsform liegt in dem Prinzip der Gesamtrechtsnachfolge, das zur Übertragung des Vermögens auf die GmbH nutzbar gemacht werden kann. Auch das **Unionsrecht** verpflichtet die Mitgliedstaaten, die Einpersonen-GmbH anzuerkennen[194].

50 Die Einpersonen-GmbH lässt sich verstehen als eine GmbH, bei der sämtliche Geschäftsanteile in der Person eines Gesellschafters vereinigt sind und daneben allenfalls der GmbH selbst eigene Geschäftsanteile zustehen[195]. Obwohl bei Vorliegen eigener Geschäftsanteile der GmbH formal betrachtet zwei Gesellschafter vorhanden sind, handelt es sich auch dann nicht um eine Mehrpersonen-GmbH (vgl. §§ 35 Abs. 3 Satz 1, 48 Abs. 3)[196]. Die Einpersonen-GmbH ist abzugrenzen von der sog. **Keinpersonen-GmbH**[197]. Bei dieser werden sämtliche Geschäftsanteile von der Gesellschaft selbst gehalten oder es bestehen überhaupt keine Geschäftsanteile. Eine Keinpersonen-GmbH kann nicht im Wege der Gründung[198], sondern allenfalls nachträglich entstehen, etwa durch den Erwerb sämtlicher Geschäftsanteile durch die GmbH im Wege der Abtretung. Nach h.M. kann sie jedenfalls nicht dauerhaft existieren[199].

51 Das bereits angesprochene praktische Bedürfnis für die Verwendung einer Einpersonen-GmbH zeigt sich in einer **großen Zahl** eingetragener Einpersonengesellschaften. Rechtstatsächliche Untersuchungen kommen zu dem Ergebnis, dass derzeit **ca. 60 %** aller eingetragenen GmbH nur einen Gesellschafter haben[200]. Dabei zeigt sich ein überaus vielfältiger Einsatzbereich[201]. Die Einpersonen-GmbH ist als **Konzernbaustein** verbreitet, stellt für den

---

193 S. BGH v. 9.10.1956 – II ZB 11/56, BGHZ 21, 378, 384 = NJW 1957, 19, 20; BGH v. 14.12.1959 – II ZR 187/57, BGHZ 31, 258, 271 = NJW 1960, 285; *Fleischer*, in: MünchKomm. GmbHG, Rdnr. 65; *Flume*, DB 1980, 1781.
194 S. Art. 2 Abs. 1 der Zwölften gesellschaftsrechtlichen Richtlinie 89/667/EWG vom 21.12.1989: „Die Gesellschaft kann bei ihrer Errichtung sowie infolge der Vereinigung aller Gesellschaftsanteile in einer einzigen Hand einen einzigen Gesellschafter haben (Einpersonengesellschaft).“
195 *Fleischer*, in: MünchKomm. GmbHG, Rdnr. 61; *Fastrich*, in: Baumbach/Hueck, Rdnr. 49; *C. Schäfer*, in: Henssler/Strohn, Gesellschaftsrecht, Rdnr. 30.
196 *Michalski*, in: Michalski, 2. Aufl. 2010, Rdnr. 47.
197 Teilweise auch Keinmann-GmbH genannt, s. etwa § 13 Rdnr. 13, § 33 Rdnr. 44 oder auch *C. Schäfer*, in: Henssler/Strohn, Gesellschaftsrecht, Rdnr. 32.
198 *Ulmer/Löbbe*, in: Ulmer/Habersack/Löbbe, Rdnr. 56; *J. Schmidt*, in: Michalski u.a., Rdnr. 40; *C. Schäfer*, in: Henssler/Strohn, Gesellschaftsrecht, Rdnr. 32; *Steding*, NZG 2003, 57, 59.
199 S. zum Meinungsstand *Fleischer*, in: MünchKomm. GmbHG, Rdnr. 81 f.; *J. Schmidt*, in: Michalski u.a., Rdnr. 41.
200 *Bayer/Hoffmann*, GmbHR 2014, 12, 13; s. auch *Wedemann*, Gesellschafterkonflikte in geschlossenen Kapitalgesellschaften, 2013, S. 13; s. allgemein zur Zahl der vorhandenen GmbH *Kornblum*, GmbHR 2017, 739.
201 S. dazu *Fleischer*, in: MünchKomm. GmbHG, Rdnr. 63; *Fastrich*, in: Baumbach/Hueck, Rdnr. 52.

Einzelunternehmer, insbesondere im **mittelständischen Bereich**, eine Gesellschaftsform zur Erzielung der Haftungsbeschränkung dar und fungiert als Komplementärin bei der **GmbH & Co. KG**. Die Einpersonengesellschaft kann sich als ein Instrument zur erleichterten Veräußerung von Unternehmen oder sonstigem Vermögen anbieten, weil die Übertragung der Geschäftsanteile (share deal) einfacher, günstiger und steuerlich attraktiver als die Veräußerung der Vermögensgegenstände (asset deal) sein kann. Wird eine GmbH & Co. KG in der Variante der sog. **Einheitsgesellschaft**[202] gegründet, hat die GmbH ebenfalls nur einen Gesellschafter (die KG). Auch als **Vehikel zur Beteiligung** an anderen Gesellschaften findet sie häufigen Einsatz, z.B. im Startup-Bereich (dort mitunter in der Rechtsformvariante der UG (haftungsbeschränkt)). In der Zulässigkeit der Einpersonengesellschaft zeigt sich im Wettbewerb der Gesellschaftsformen ein wesentlicher Vorteil der GmbH gegenüber den Personengesellschaften, die nach ganz h.M. mit nur einem Gesellschafter nicht existieren können[203].

Dem GmbHG ist ein **gewisses Misstrauen** gegenüber der Einpersonen-GmbH zu entnehmen. Der Gesetzgeber hat mit der GmbH-Novelle von 1980 Sonderregelungen für die Einpersonen-GmbH in das GmbHG aufgenommen, insbesondere zur **Sicherung der Kapitalaufbringung**, die mit dem **MoMiG** zum Teil wieder entfallen sind (s. 11. Aufl., Rdnr. 27 ff.). Übrig gebliebenes Sonderrecht der Einpersonen-GmbH ist die **Dokumentationspflicht** für Beschlüsse (§ 48 Abs. 3) sowie für Geschäfte zwischen der Gesellschaft und ihrem Gesellschafter (§ 35 Abs. 3 Satz 2). Außerdem besteht auch bei der Einpersonen-GmbH kraft gesetzlicher Anordnung die Notwendigkeit, den Alleingesellschafter-Geschäftsführer für Rechtsgeschäfte mit „seiner" Gesellschaft von den Beschränkungen des **§ 181 BGB** zu befreien (§ 35 Abs. 3 Satz 1). 52

Auf europäischer Ebene steht derzeit eine **weitere Deregulierung** des Rechts der Einpersonengesellschaft zur Debatte. Der Entwurf einer Richtlinie „über Gesellschaften mit beschränkter Haftung mit einem einzigen Gesellschafter"[204] sieht die Einführung einer sog. Societas Unius Personae (**SUP**) vor und beschäftigt das Europäische Parlament[205]. Der Entwurf soll u.a. die Errichtung der SUP im Wege der Online-Eintragung ermöglichen (Art. 14 Abs. 3)[206]. Zu befürchten ist eine Schwächung des deutschen Handelsregisters (s. auch § 2 Rdnr. 11)[207] und die erhöhte Gefahr von Geldwäsche. Ob es zur Verabschiedung der Richtlinie kommt, ist aufgrund der Erkenntnisse im Zusammenhang mit den sog. Panama-Papers offen[208]. Die Europäische Kommission scheint derzeit in Abkehr von dem Richtlinienvorschlag zur Einführung der SUP bestrebt, die Digitalisierung im Gesellschaftsrecht voranzutreiben[209]. 53

2. Gründung

Die Einpersonengründung ist nach dem Wortlaut des § 1 durch jede **„Person"** möglich. Da das Gesetz in § 1 hinsichtlich der Gründer nicht zwischen der Einpersonen-GmbH und der 54

---

202 S. zur GmbH & Co. KG in der Variante der Einheitsgesellschaft *Fleischer*, in: MünchKomm. GmbHG, Rdnr. 83, 89.

203 *Karsten Schmidt*, in: MünchKomm. HGB, § 105 HGB Rdnr. 25 (zu möglichen Ausnahmen); *Bartels/Wagner*, ZGR 2013, 482, 484; *Fett/Brand*, NZG 1999, 45.

204 Vgl. Europäische Kommission COM (2014) 212 final vom 9. April 2014.

205 S. im Überblick *J. Schmidt*, in: Michalski u.a., Syst. Darst. 1, Rdnr. 87 ff.

206 Kritisch dazu u.a. *Ries*, NZG 2014, 569; *Kindler*, ZHR 179 (2015), 330, 339 ff.; *Eickelberg*, NZG 2015, 81; zustimmend hingegen *Teichmann*, NJW 2014, 3561, 3563; s. auch den Kompromissvorschlag des zuständigen Berichterstatters im Europäischen Parlament vom 26.01.2016, der durch Änderung des Art. 14 die Prüfung der Identität in den Mitgliedstaaten sicherstellen soll, Dok. EP JURI_DT (2016)575031.

207 *Kindler*, ZHR 179 (2015), 330, 340.

208 S. auch *Hirte*, NJW 2016, 1216, 1218.

209 S. Arbeitsprogramm der Europäischen Kommission für das Jahr 2017, COM (2016) 710 final, v. 25.10.2016, S. 9.

GmbH mit mehr als einem Gesellschafter unterscheidet, kann die Einpersonen-GmbH nach heutigem Verständnis von jeder Person gegründet werden, die auch Mitgründer einer Mehrpersonengesellschaft sein kann. In Betracht kommen nicht nur natürliche und juristische Personen, sondern auch die rechtsfähigen Personengesellschaften, einschließlich der BGB-Außengesellschaft[210], sowie der nichtrechtsfähige Verein[211]. Aber auch die sonstigen **Gesamthandsgemeinschaften**, d.h. die Erbengemeinschaft und die eheliche Gütergemeinschaft, können entgegen einer früher häufig vertretenen Auffassung[212] eine Einpersonen-GmbH gründen[213]. Die vorgenannten Gesamthandsgemeinschaften als solche können in Ermangelung ihrer Rechtsfähigkeit zwar nicht selbst Träger von Rechten und Pflichten sein. Erfolgt die Gründung durch eine Erbengemeinschaft oder durch eine eheliche Gütergemeinschaft, werden die Geschäftsanteile jedoch nicht jeweils von verschiedenen Gesellschaftern, sondern alle Geschäftsanteile werden von den Gesamthändern in ihrer gesamthänderischen Verbundenheit gehalten, so dass es sich begrifflich um einen Fall der Einpersonengründung handelt. Auch die Vor-GmbH, die Einpersonen-GmbH und die Einpersonen-Vor-GmbH[214] sind taugliche Gründer der Einpersonengesellschaften. Im Übrigen kann auf die Ausführungen § 2 Rdnr. 46 ff. verwiesen werden.

55 Auf die Erklärung des Einpersonengründers sind die **§§ 2 ff. anzuwenden**. Eine Besonderheit liegt darin, dass die Erklärung als einseitige, nicht empfangsbedürftige Willenserklärung (s. Rdnr. 60) nach h.M. gemäß § 180 Satz 1 BGB **nicht** von einem **Vertreter ohne Vertretungsmacht** abgegeben werden kann[215]. Hierfür wird angeführt, dass die Errichtung einer juristischen Person aus Sicht des Rechtsverkehrs ein wichtiger Vorgang sei, über dessen Wirksamkeit sogleich Klarheit herrschen müsse. Der Gründungsvorgang und damit die Handlungsfähigkeit der Vor-GmbH, die Handelndenhaftung nach § 11 Abs. 2 und die Vorbelastungshaftung des Alleingesellschafters dürften zur Gewährleistung der Sicherheit des Rechtsverkehrs nicht in der Schwebe gehalten werden[216]. Die von einem falsus procurator abgegebene Erklärung ist damit auf der Grundlage der h.M. **unheilbar nichtig**. Stellt sich der Fehler erst nach der Beurkundung der nichtigen Gründungserklärung heraus, muss das Errichtungsgeschäft **neu vorgenommen** werden (vgl. § 141 Abs. 1 BGB). Dies gilt auch dann, wenn der Vertreter aufgrund einer nur **mündlich erteilten Vollmacht** gehandelt hat. Das Formerfordernis in § 2 Abs. 2 ist

---

210 *Karsten Schmidt*, BB 1983, 1697, 1699 f.
211 S. zur Rechtsfähigkeit des nichtrechtsfähigen Vereins, wenn dieser am Rechtsverkehr teilnimmt *Ellenberger*, in: Palandt, § 54 BGB Rdnr. 2, 7; *Arnold*, in: MünchKomm. BGB, § 54 BGB Rdnr. 17 ff.; offen gelassen von BGH v. 21.1.2016 – V ZB 19/15, MittBayNot 2016, 405.
212 Auch heute noch a.A. für den Fall der Erbengemeinschaft *Bayer*, in: Erman, 15. Aufl. 2017, § 2032 BGB Rdnr. 4; *Werner*, in: Staudinger, 2002, § 2032 BGB Rdnr. 23; anders jetzt *Löhnig*, in: Staudinger, 2016, § 2032 BGB Rdnr. 31; zweifelnd auch *Karsten Schmidt*, GesR, § 34 II 1 (S. 1000).
213 *Ulmer/Löbbe*, in: Ulmer/Habersack/Löbbe, § 2 Rdnr. 96; *Roth*, in: Roth/Altmeppen, Rdnr. 30, 48; *Fastrich*, in: Baumbach/Hueck, Rdnr. 49; *Roth*, FamRZ 1984, 328, 329.
214 *Ulmer/Löbbe*, in: Ulmer/Habersack/Löbbe, § 2 Rdnr. 97; *U. John*, BB 1985, 626, 627; anders LG Mosbach v. 28.6.1984 – KfH T 1/84, BB 1984, 1963; s. zum Problem der Kaskaden-Gründung *Priester*, DStR 2016, 1555.
215 LG Berlin v. 15.8.1995 – 98 T 34/95, GmbHR 1996, 123; KG v. 14.12.2011 – 25 W 48/11, GmbHR 2012, 569; OLG Stuttgart v. 3.2.2015 – 8 W 49/15, MittBayNot 2016, 168 = GmbHR 2015, 487, dazu *Cramer*, EWiR 2015, 603; *J. Mayer*, in: MünchKomm. GmbHG, § 2 Rdnr. 74; *C. Schäfer*, in: Henssler/Strohn, Gesellschaftsrecht, Rdnr. 34; s. zur gesamten Thematik auch *Grooterhorst*, NZG 2007, 605, 610; *Dürr*, GmbHR 2008, 408; *Hasselmann*, ZIP 2012, 1947; *Tonikidis*, MittBayNot 2014, 514, 516 f.; *Stenzel*, GmbHR 2015, 567, 576; s. zum vergleichbaren Problem der Errichtung einer Teilungserklärung durch einen Vertreter ohne Vertretungsmacht DNotI-Report 2016, 189.
216 LG Berlin v. 15.8.1995 – 98 T 34/95, GmbHR 1996, 123; KG v. 14.12.2011 – 25 W 48/11, GmbHR 2012, 569, 570; OLG Stuttgart v. 3.2.2015 – 8 W 49/15, MittBayNot 2016, 168 = GmbHR 2015, 487; *Grooterhorst*, NZG 2007, 605, 610.

– anders als etwa § 29 GBO – ein materiell-rechtliches (s. § 2 Rdnr. 31)[217]. Der nur mündlich Bevollmächtigte ist Vertreter ohne Vertretungsmacht. Eine **Genehmigung** (§ 177 Abs. 1 BGB) kommt **nicht in Betracht**. Gemäß § 180 Satz 2 BGB sind einseitige Rechtsgeschäfte zwar genehmigungsfähig, wenn sie einem anderen gegenüber abzugeben sind und dieser die mangelnde Vertretungsmacht nicht beanstandet bzw. mit ihr einverstanden ist. Ein Erklärungsempfänger existiert bei der Errichtung der Einpersonen-GmbH jedoch nicht. Er kann insbesondere nicht in dem beurkundenden Notar, dem Handelsregister, der Gesellschaft oder dem Geschäftsführer gesehen werden[218]. An diesem Ergebnis wird in jüngerer Zeit zu Recht kritisiert, dass damit im Fall der Einpersonengründung strengere Maßstäbe gelten als im Fall der Mehrpersonengründung. Da bei der Errichtung der Mehrpersonen-GmbH unstreitig Vertretung ohne Vertretungsmacht zulässig ist[219] und der Gesetzgeber die Einpersonengesellschaft der Mehrpersonengesellschaft gleichgestellt hat, ist die in vollmachtloser Stellvertretung abgegebene Erklärung zur Gründung einer Einpersonen-GmbH in **teleologischer Reduktion des § 180 Satz 1 BGB** als genehmigungsfähig anzusehen[220]. Die Interessen des Rechtsverkehrs können eine unterschiedliche Behandlung nicht rechtfertigen, da auch im Fall der Gründung einer Mehrpersonen-GmbH Ungewissheit für den Rechtsverkehr entsteht, wenn Gründer bei der Errichtung der GmbH vollmachtlos vertreten werden. Ein sachlicher Grund dafür, diese Ungewissheit nur bei der Mehrpersonen-GmbH hinzunehmen, ist nicht ersichtlich.

Mit der Abgabe der (rechtswirksamen) **Erklärung** ist das **Gründungsgeschäft vollendet**. Auf seine Wirksamkeit ist es ohne Einfluss, wenn der Einpersonengründer danach geschäftsunfähig wird oder stirbt. In dem zuletzt genannten Fall werden sein Erbe oder, wenn mehrere Erben vorhanden sind, sämtliche Erben in Erbengemeinschaft zum Gründungsgesellschafter. Soll stattdessen jeder Erbe für sich Gesellschafter werden, bedarf es vor Eintragung der GmbH einer Änderung der Errichtungserklärung in der Form des § 2 Abs. 1 Satz 1[221]. Dann handelt es sich nicht (mehr) um eine Einpersonen-GmbH, so dass die besonderen Vorschriften über die Einpersonengründung nicht mehr anwendbar sind.

56

Die Errichtungserklärung ist bis zur Eintragung der GmbH im Handelsregister **frei widerruflich**[222]. Der Widerruf erfolgt durch Rücknahme des Eintragungsantrags gegenüber dem Handelsregister, wenn die Gesellschaft bereits zur Eintragung beantragt wurde. Im Übrigen bedarf der Widerruf keiner besonderen Form. Der Sache nach stellt der Widerruf die Aufgabe der Eintragungsabsicht dar, so dass auf Rdnr. 66 verwiesen werden kann.

57

Die Einpersonen-GmbH verfügt ebenso wie die Mehrpersonen-GmbH über einen **Gesellschaftszweck**. Dieser wird naturgemäß nicht von mehreren Gründern gemeinsam vereinbart, sondern einseitig von dem Alleingesellschafter gesetzt. Gleichwohl ist auch der Gesellschaftszweck der Einpersonen-GmbH **überindividueller Verbandszweck**[223]. Dies zeigt sich etwa in der Fortgeltung als Verbandszweck im Fall der Rechtsnachfolge. Solange nur der Gründer an

58

---

217 LG Berlin v. 15.8.1995 – 98 T 34/95, GmbHR 1996, 123, 124; *Grooterhorst*, NZG 2007, 605, 610; *Stenzel*, GmbHR 2015, 567, 568.

218 *J. Mayer*, in: MünchKomm. GmbHG, § 2 Rdnr. 74; *Hasselmann*, ZIP 2012, 1947, 1949; s. demgegenüber OLG Frankfurt a.M. v. 24.2.2003 – 20 W 447/02, GmbHR 2003, 415 = DNotZ 2003, 459: Genehmigung der Stimmabgabe durch vollmachtlosen Vertreter in Einpersonen-GmbH ist möglich, weil in diesem Fall die Gesellschaft Erklärungsempfängerin i.S. des § 180 Satz 2 BGB ist.

219 *J. Mayer*, in: MünchKomm. GmbHG, § 2 Rdnr. 72.

220 *Hasselmann*, ZIP 2012, 1947, 1951; *Tonikidis*, MittBayNot 2014, 514, 516 f.; s. auch *Dürr*, GmbHR 2008, 408, 411 f.

221 S. allgemein zum Gesellschafterwechsel vor Eintragung der GmbH BGH v. 13.12.2004 – II ZR 409/02, GmbHR 2005, 354; OLG Jena v. 5.12.2012 – 2 U 557/12, GmbHR 2013, 145 = RNotZ 2013, 446.

222 *Roth*, in: Roth/Altmeppen, § 2 Rdnr. 11; a.A. *Fastrich*, in: Baumbach/Hueck, § 2 Rdnr. 7: formloser Widerruf allenfalls, solange kein Sondervermögen gebildet bzw. Einpersonen-Vor-GmbH noch nicht in Vollzug gesetzt wurde.

223 *Karsten Schmidt*, GesR, § 4 II 1 b (S. 61 f.).

der Gesellschaft beteiligt ist, setzt der Gesellschaftszweck dem Gesellschafter allerdings keine Grenzen, bindet aber einen etwaigen Fremdgeschäftsführer. Für die **Zulässigkeitsschranken** gilt im Übrigen dasselbe wie bei den Mehrpersonengesellschaften (Rdnr. 37 ff.).

59 Kostenrechtlich wird die Einpersonengründung privilegiert. Für die Beurkundung des Mehrpersonen-Gesellschaftsvertrags fällt gemäß KV Nr. 21100 GNotKG eine 2,0 Gebühr an, während für die Beurkundung der Einpersonengründung gemäß KV Nr. 21200 GNotKG eine 1,0 Gebühr anzusetzen ist[224].

3. Gesellschaftsvertrag

60 Auch für die Einpersonen-GmbH gilt § 2 Abs. 1 Satz 1, so dass es zu ihrer Gründung eines **„Gesellschaftsvertrages"** bedarf[225]. Der Begriff des Vertrages ist streng genommen nicht richtig, weil es in Ermangelung eines Mitgesellschafters an einem Vertragspartner fehlt. Auch die (Vor-)GmbH kann nicht Vertragspartner des Gründers sein[226], weil sie erst durch die Beurkundung der Errichtungsurkunde entsteht[227]. Gleichwohl steht es dem Gesetzgeber frei, die Satzung auch der Einpersonen-GmbH als Gesellschaftsvertrag zu bezeichnen[228]. Die Einpersonen-GmbH wird allerdings durch **einseitige, nicht empfangsbedürftige Willenserklärung** des Gründers errichtet, die fortan als Gesellschaftsvertrag bzw. **Organisationsakt** (s. dazu auch § 2 Rdnr. 5) die Grundlage der neuen Gesellschaft bildet[229].

61 Der Gesellschaftsvertrag der Einpersonen-GmbH erfordert typischerweise nicht denselben **Regelungsumfang** wie der Gesellschaftsvertrag der Mehrpersonen-GmbH. Beispielsweise sind Regelungen zu Gesellschafterversammlungen, Einziehungsrechten, Wettbewerbsverboten oder sonstigen Mehrheits-/Minderheitskonflikten typischerweise entbehrlich. Aus diesem Grund greift die Praxis häufig auf stark verkürzte Gesellschaftsverträge zurück, welche die für die Einpersonengesellschaft wesentlichen Regelungen enthalten. Hierzu zählen jedenfalls die **zwingenden Mindestangaben** des § 3 Abs. 1 sowie etwaige **fakultative Regelungen** gemäß § 3 Abs. 2 (s. § 3 Rdnr. 56 ff.)[230]. Für die Einpersonengesellschaft kann sich prinzipiell auch die Verwendung des **Musterprotokolls** im vereinfachten Verfahren gemäß § 2 Abs. 1a anbieten. Ob der Einsatz eines verkürzten Satzungstextes oder die Gründung im vereinfachten Verfahren eine sachgerechte Entscheidung ist, muss im Einzelfall festgestellt werden. Einpersonengesellschaften, die darauf ausgerichtet sind, weitere Gesellschafter aufzunehmen, sollten von vornherein einen ausführlichen Gesellschaftsvertrag erhalten, der den bei Eintritt eines weiteren Gesellschafters entstehenden Regelungsbedarf vorwegnimmt.

62 Für die Bestimmung des Sitzes, des Unternehmensgegenstandes und des Stammkapitalbetrages gelten keine Besonderheiten. Der Einpersonengründer kann auch **mehrere Geschäfts-**

---

224 Zu den Gebühren bei der Einpersonengründung *Böhringer*, BWNotZ 2014, 165, 167 f.

225 S. jedoch noch den Gesetzentwurf der Bundesregierung zur GmbH-Novelle von 1980, BT-Drucks. 8/1347, mit dem in § 2 ein neuer Abs. 2 mit folgendem Wortlaut eingefügt werden sollte: „Wird die Gesellschaft nur durch eine Person errichtet, steht dem Gesellschaftsvertrag die Erklärung über die Errichtung der Gesellschaft gleich."

226 A.A. aber nicht überzeugend *Mümmler*, JurBüro, 1981, 837 aus der Sicht des Notarkostenrechts.

227 *Hasselmann*, ZIP 2012, 1947, 1949; *Tonikidis*, MittBayNot 2014, 514, 516 f.

228 *J. Mayer*, in: MünchKomm. GmbHG, § 2 Rdnr. 11.

229 BGH v. 7.5.1984 – II ZR 276/83, BGHZ 91, 148, 149 = NJW 1984, 2164 = GmbHR 1984, 316; LG Berlin v. 15.8.1995 – 98 T 34/95, GmbHR 1996, 123; *Fleischer*, in: MünchKomm. GmbHG, Rdnr. 68; *Ulmer/Löbbe*, in: Ulmer/Habersack/Löbbe, Rdnr. 53; *Roth*, in: Roth/Altmeppen, § 2 Rdnr. 11; *Schmidt-Leithoff*, in: Rowedder/Schmidt-Leithoff, § 2 Rdnr. 4; *Karsten Schmidt*, GesR, § 40 II 2 a (S. 1247 f.); *Grooterhorst*, NZG 2007, 605, 606; s. jeweils aus kostenrechtlicher Sicht BayObLG v. 30.12.1982 – BReg 3 Z 93/82, BayObLGZ 1982, 467, 470 = GmbHR 1984, 45; KG v. 28.2.1984 – 1 W 4274/83, JurBüro 1984, 910 f.

230 *Michalski*, in: Michalski, 2. Aufl. 2010, Rdnr. 49 f.

anteile übernehmen, die gemäß § 3 Abs. 1 Nr. 4 in dem Gesellschaftsvertrag anzugeben sind. Die **Firmenbildung** richtet sich nach den allgemeinen Regeln. Die **Firma** ist nicht bereits dann **irreführend** i.S. des § 18 Abs. 2 Satz 1 HGB, wenn sie auf das Vorhandensein **mehrerer Gesellschafter** hinweist[231]. Nach heutigem Verständnis lässt sich aus der Aufnahme eines Personennamens in die Firma kein Rückschluss auf die Identität und die Zahl der Gesellschafter ziehen[232]. Weitgehend anerkannt ist daher, dass die Firma auch einen (fiktiven) Namen enthalten darf, ohne dass ein Gesellschafter der Gesellschaft diesen Namen führt[233]. Soll der Alleingesellschafter-Geschäftsführer dauerhaft von dem **Verbot des Selbstkontrahierens** befreit werden (§ 35 Abs. 3), bedarf es dazu einer entsprechenden Satzungsbestimmung. Das ist zwar im Gesetz nicht ausdrücklich ausgesprochen, entspricht jedoch dem Willen des Gesetzgebers[234], weil die Gläubiger durch den publizierten Gesellschaftsvertrag auf die Möglichkeit solcher Geschäfte hingewiesen werden sollen.

Die **Schranken der Satzungsautonomie** stimmen bei der Einpersonen-GmbH nicht in allen Beziehungen mit denen bei einer Mehrpersonengesellschaft überein; vielmehr entfallen diejenigen Einschränkungen, die sich nach ihrem Sinn und Zweck ausschließlich auf die Ordnung einer „echten" Personenvereinigung beziehen. Die Satzung kann dagegen nicht von solchen zwingenden Vorschriften abweichen, die den Schutz außenstehender Dritter bezwecken oder die die notwendigen Gesellschaftsorgane und deren Mindestzuständigkeit festlegen (Rdnr. 69). 63

4. Mängel

Für Mängel des einseitigen Errichtungsgeschäfts gilt im Wesentlichen dasselbe wie beim Gesellschaftsvertrag der Mehrpersonen-GmbH[235]. **Nach** der **Eintragung** der Einpersonen-GmbH in das Handelsregister kann die Gesellschaft folglich grundsätzlich nur noch bei Vorliegen der in **§ 75 Abs. 1** genannten Voraussetzungen durch ein gerichtliches Urteil für nichtig erklärt oder durch das Registergericht von Amts wegen als nichtig gelöscht werden (§ 397 Satz 2 FamFG). **Andere Mängel** sind lediglich in den Grenzen des § 399 Abs. 4 FamFG beachtlich und führen zu dem dort geregelten registergerichtlichen Beanstandungsverfahren mit der möglichen Folge der Auflösung nach § 60 Abs. 1 Nr. 6. Der Alleingesellschafter kann jedoch jeden Mangel zum Anlass nehmen, die Auflösung gemäß § 60 Abs. 1 Nr. 2 herbeizuführen. 64

Ist die **Errichtungserklärung** des Gründers **unheilbar nichtig**, sollte nach früherem Verständnis die Einpersonen-GmbH nicht entstehen und als nicht existente „Scheingesellschaft" von Amts wegen gelöscht werden[236]. Diese Auffassung überzeugt nicht, weil auch die Mehr- 65

---

231 Für den umgekehrten Fall einer Zweipersonengesellschaft, die den Namen nur eines Gesellschafters enthält BayObLG v. 29.6.1984 – BReg 3 Z 136/84, GmbHR 1985, 117 = BayObLGZ 1984, 167; a.A. noch BGH v. 18.9.1975 – II ZB 5/74, BGHZ 65, 89 = BGH NJW 1975, 2293.

232 BayObLG v. 29.6.1984 – BReg 3 Z 136/84, GmbHR 1985, 117 = BayObLGZ 1984, 167, 170; OLG Jena v. 22.6.2010 – 6 W 30/10, DNotZ 2010, 935, 936 f. = GmbHR 2010, 1094.

233 LG München I v. 26.10.2006 – 17 HK T 16920/06, MittBayNot 2007, 71; OLG Jena v. 22.6.2010 – 6 W 30/10, DNotZ 2010, 935, 936 f.; OLG Rostock v. 17.11.2014 – 1 W 53/14, NJW-RR 2015, 491; OLG Düsseldorf v. 11.1.2017 – I-3 Wx 81/16, GmbHR 2017, 373, 374; offen ist, ob zumindest ein sonstiger Bezug des Unternehmens zu dem Personennamen bestehen muss, so etwa *Krafka/Kühn*, Registerrecht, 10. Aufl. 2017, Teil 1 F Rdnr. 235 (anders jedoch bei Verwendung eines fiktiven Namens); s. auch OLG Karlsruhe v. 24.2.2010 – 11 Wx 15/09, RNotZ 2010, 482, 484; grundsätzlich a.A. LG Frankfurt/O. v. 16.5.2002 – 32 T 3/02, GmbHR 2002, 966; *Clausnitzer*, DNotZ 2010, 345, 352 f.

234 BT-Drucks. 8/3908, S. 74.

235 *Michalski*, in: Michalski, 2. Aufl. 2010, Rdnr. 48.

236 S. etwa *Emmerich*, 11. Aufl., Rdnr. 41, § 2 Rdnr. 77; *J. Mayer*, in: MünchKomm. GmbHG, 1. Aufl., § 2 Rdnr. 195, die jeweils eine Löschung gemäß § 397 FamFG befürworten; s. auch *Hueck/Fastrich*, in: Baumbach/Hueck, 19. Aufl., § 2 Rdnr. 46: Löschung analog §§ 395, 397 FamFG; für die Anwendung von § 395 FamFG *Wicke*, § 75 Rdnr. 4; *Schmidt-Leithoff*, in: Rowedder/Schmidt-Leithoff,

personengesellschaft trotz der Nichtigkeit einzelner Beitrittserklärungen wirksam entsteht[237] und es nicht zu rechtfertigen ist, das Bestandsschutzinteresse nur dann als vorrangig anzusehen, wenn wenigstens eine Beitrittserklärung wirksam ist[238]. Zudem verbieten es die Vorgaben der Publizitätsrichtlinie 2009 (PublRL)[239], dass die Einpersonen-GmbH bei Nichtigkeit der Errichtungserklärung trotz ihrer Eintragung in das Handelsregister als Scheingesellschaft qualifiziert wird, weil die Geschäftsunfähigkeit des Alleingründers allenfalls einen Nichtigkeits-, d.h. Auflösungsgrund, darstellen darf (Art. 12 Abs. 1 Satz 1 lit. b v PublRL)[240]. Ob im Fall der Nichtigkeit der Errichtung aufgrund **Geschäftsunfähigkeit** des Gründers **analog § 75** Nichtigkeitsklage erhoben werden kann und die Amtslöschung gemäß **§ 397 Satz 2 FamFG** in Betracht kommt, wird unterschiedlich beurteilt[241]. Die Befürworter der Analogie sehen eine planwidrige Regelungslücke darin, dass der Gesetzgeber den in der PublRL angesprochenen Fall der Geschäftsunfähigkeit aller Gründer nicht ausdrücklich in § 75 geregelt habe[242]. Nach anderer Auffassung soll eine Analogie aufgrund des abschließenden Charakters des § 75 nicht in Betracht kommen[243]. Stattdessen wird eine Analogie zu § 399 Abs. 4 FamFG[244] oder die Anwendung von § 395 FamFG[245] befürwortet. Kein Lösungsvorschlag bietet dabei ein in jeder Hinsicht stimmiges Konzept zur Bewältigung des Problems. Gegen die Anwendung von § 399 Abs. 4 FamFG spricht, dass es sich bei den dort genannten Mängeln um durch Satzungsänderung behebbare Mängel handelt, während das in § 399 FamFG vorgesehene Heilungsverfahren im Fall der (dauernden) Geschäftsunfähigkeit bereits in Ermangelung eines tauglichen Adressaten praktisch keinen Sinn ergibt[246]. Auch eine Löschung gemäß § 395 FamFG kann nicht überzeugen, weil § 395 FamFG durch die insoweit spezielle-

---

§ 2 Rdnr. 71; *Büterowe*, in: Henssler/Strohn, Gesellschaftsrecht, § 75 Rdnr. 1; *Kleindiek*, in: Lutter/Hommelhoff, § 75 Rdnr. 4; ebenso zumindest für den Fall der Fälschung aller Beitrittserklärungen *C. Schäfer*, Die Lehre vom fehlerhaften Verband, S. 167 f.

237 *Ulmer/Löbbe*, in: Ulmer/Habersack/Löbbe, § 2 Rdnr. 147; *Fastrich*, in: Baumbach/Hueck, § 2 Rdnr. 45.

238 Für das Entstehen der Gesellschaft daher heute die überwiegende Auffassung, s. etwa KG v. 14.11.2000 – 1 W 6828/99, GmbHR 2001, 33, 34 f.; *Fastrich*, in: Baumbach/Hueck, § 2 Rdnr. 46; *J. Mayer*, in: MünchKomm. GmbHG, § 2 Rdnr. 195a ff.; *Roth*, in: Roth/Altmeppen, § 2 Rdnr. 45; *Bayer*, in: Lutter/Hommelhoff, § 2 Rdnr. 46; *Ulmer/Löbbe*, in: Ulmer/Habersack/Löbbe, § 2 Rdnr. 149; *Paura*, in: Ulmer/Habersack/Löbbe, § 75 Rdnr. 8; *C. Schäfer*, in: Henssler/Strohn, Gesellschaftsrecht, § 2 Rdnr. 73; *C. Schäfer*, Die Lehre vom fehlerhaften Verband, 2002, S. 285 f.; *Grooterhorst*, NZG 2007, 605, 606.

239 RL 2009/101/EG vom 16.9.2009, ABl. EU Nr. L 258 v. 1.9.2009, S. 11.

240 *J. Mayer*, in: MünchKomm. GmbHG, § 2 Rdnr. 195a ff.; *Fastrich*, in: Baumbach/Hueck, § 2 Rdnr. 46; *Stenzel*, GmbHR 2015, 567, 572 f.

241 Für die Analogie zu § 75 *Fastrich*, in: Baumbach/Hueck, § 2 Rdnr. 46; *C. Schäfer*, Die Lehre vom fehlerhaften Verband, 2002, S. 285 f.; ebenso *J. Mayer*, in: MünchKomm. GmbHG, § 2 Rdnr. 195a ff., der aber wohl auch bei anderen schwerwiegenden Beitrittsmängeln eine Analogie befürwortet. Dagegen spricht, dass jedenfalls insoweit nicht von einer planwidrigen Regelungslücke ausgegangen werden kann, da Art. 12 Abs. 1 Satz 1 lit. b v PublRL nur den Nichtigkeitsgrund der Geschäftsunfähigkeit regelt. Unklar *C. Schäfer*, in: Henssler/Strohn, Gesellschaftsrecht, § 2 Rdnr. 73: „§ 75 bzw. § 399 FamFG".

242 *J. Mayer*, in: MünchKomm. GmbHG, § 2 Rdnr. 195b; *Fastrich*, in: Baumbach/Hueck, § 2 Rdnr. 46.

243 *Haas*, in: Baumbach/Hueck, § 75 Rdnr. 12; *Hillmann*, in: MünchKomm. GmbHG, § 75 Rdnr. 5, 7; *Grooterhorst*, NZG 2007, 605, 607.

244 *Bayer*, in: Lutter/Hommelhoff, § 2 Rdnr. 46; *Altmeppen*, in Roth/Altmeppen, § 75 Rdnr. 17; *Grooterhorst*, NZG 2007, 605, 608 (§ 144a Abs. 4 FGG a.F.); *Stenzel*, GmbHR 2015, 567, 574 f.

245 *Kleindiek*, in: Lutter/Hommelhoff, § 75 Rdnr. 4, insoweit allerdings unklar, ob auf der Grundlage der Annahme einer Scheingesellschaft oder auf der Grundlage der Existenz der Gesellschaft die Anwendung von § 395 FamFG befürwortet wird.

246 *J. Mayer*, in: MünchKomm. GmbHG, § 2 Rdnr. 195a ff.; *Fastrich*, in: Baumbach/Hueck, § 2 Rdnr. 46. Dies einräumend etwa auch *Grooterhorst*, NZG 2007, 605, 608 als Vertreter der entsprechenden Analogie.

ren §§ 397 Satz 2, 399 Abs. 4 FamFG grundsätzlich verdrängt wird[247] und nach der PublRL im Fall der Geschäftsunfähigkeit zwingend ein Liquidationsverfahren stattzufinden hat (Art. 13 Abs. 2 PublRL)[248]. Daher ist die Nichtigkeitsklage analog § 75 zuzulassen sowie korrespondierend die Löschung gemäß § 397 Satz 2 FamFG. Die dazu erforderliche Annahme einer planwidrigen Regelungslücke ist zwar ebenfalls nicht zwingend, weil es dem Gesetzgeber freisteht, nicht alle Nichtigkeitsgründe in Art. 12 Abs. 1 Satz 1 lit. b PublRL im nationalen Recht umzusetzen. Allerdings besteht ein Interesse daran, dass eine trotz Geschäftsunfähigkeit des Gründers entstandene Gesellschaft nicht dauerhaft im Rechtsverkehr in Erscheinung tritt, zumal den Gründer keine Haftungsfolgen oder sonstigen Rechtsnachteile treffen, er insbesondere nicht zur Leistung der (Rest-)Einlage verpflichtet ist[249]. Die Nichtigkeitsklage analog § 75 und die Amtslöschung gemäß § 397 Satz 2 FamFG stellen im Unterschied zu den §§ 395, 399 Abs. 4 FamFG ein hinsichtlich ihrer Rechtsfolgen passendes Regelungsmodell zur Verfügung. Ungeklärt ist, ob und unter welchen Voraussetzungen im Einzelfall ein Rückgriff auf die Nichtigkeitsklage bzw. eine Löschung gemäß § 397 Satz 2 FamFG ausgeschlossen sein kann. Hiervon ist jedenfalls dann auszugehen, wenn der geschäftsunfähige Gründer nicht mehr an der Gesellschaft beteiligt ist[250], weil ein Interesse an der Auflösung der Gesellschaft dann nicht mehr besteht.

5. Vor-GmbH

Ein Kernproblem der Einpersonengesellschaft stellt die Frage nach der **Rechtsnatur der Einpersonen-Vor-GmbH** dar[251]. Nach zutreffender Auffassung stellt die Vor-GmbH kein (nicht rechtsfähiges) Sondervermögen ihres Gründers dar[252], sondern es entsteht mit dem Abschluss des Gesellschaftsvertrages, nicht anders als bei der Mehrpersonengründung, eine **rechtsfähige**[253] **Vor-GmbH**, die überwiegend als Rechtsträger sui generis[254], teilweise aber auch als vorläufige juristische Person[255] bezeichnet wird[256] (s. ausführlich § 11 Rdnr. 30 ff.).

66

---

247 *J. Mayer*, in: MünchKomm. GmbHG, § 2 Rdnr. 195c; *Heinemann*, in: Keidel, 19. Aufl. 2017, § 395 FamFG Rdnr. 7 f.; *Holzer*, in: Prütting/Helms, 4. Aufl. 2018, § 397 FamFG Rdnr. 2, § 399 FamFG Rdnr. 3; *Harders*, in: Bumiller/Harders/Schwamb, 11. Aufl. 2015, § 395 FamFG Rdnr. 4, 6; anders für den Fall wesentlicher Verfahrensmängel, z.B. fehlender Eintragungsantrag, *Haas*, in: Baumbach/Hueck, Anh. § 77 Rdnr. 19; *Altmeppen*, in Roth/Altmeppen, § 75 Rdnr. 42.

248 *J. Mayer*, in: MünchKomm. GmbHG, § 2 Rdnr. 195c; *Fastrich*, in: Baumbach/Hueck, § 2 Rdnr. 46.

249 KG v. 14.11.2000 – 1 W 6828/99, GmbHR 2001, 33, 35; *J. Mayer*, in: MünchKomm. GmbHG, § 2 Rdnr. 195b; *Fastrich*, in: Baumbach/Hueck, § 2 Rdnr. 46. A.A., aber unvereinbar mit den Wertungen des BGB zur Geschäftsunfähigkeit *C. Schäfer*, in: Henssler/Strohn, Gesellschaftsrecht, § 2 Rdnr. 73.

250 So lag der Sachverhalt, über den das KG zu entscheiden hatte, KG v. 14.11.2000 – 1 W 6828/99, GmbHR 2001, 33.

251 S. zur Rechtsnatur der Einpersonen-Vor-GmbH ausführlich § 11 Rdnr. 165 ff. sowie *Merkt*, in: MünchKomm. GmbHG, § 11 Rdnr. 198 ff.

252 So aber *Ulmer/Habersack*, in: Ulmer/Habersack/Löbbe, § 11 Rdnr. 24 f.; *Flume*, Juristische Person, § 5 IV (S. 172 ff.); *Flume*, DB 1980, 1781, 1783; *Flume*, ZHR 146 (1982), 205, 208; *Ulmer/Ihrig*, GmbHR 1988, 373, 376 f.; gegen die Entstehung einer Einpersonen-Organisation daher auch *Ulmer*, BB 1980, 1001 ff.; *Hüffer*, ZHR 145 (1981), 521, 522, 532.

253 S. dazu und zu dem ebenfalls verwendeten Begriff der „Teilrechtsfähigkeit" § 11 Rdnr. 34 ff

254 *Bayer*, in: Lutter/Hommelhoff, § 11 Rdnr. 5; *Blath*, in: Michalski u.a., § 11 Rdnr. 74; s. auch *Fleck*, GmbHR 1983, 5, 7.

255 *Fastrich*, in: Baumbach/Hueck, § 11 Rdnr. 7, 42; *Raiser/Veil*, Kapitalgesellschaften, § 35 Rdnr. 120; s. auch § 11 Rdnr. 30 („Körperschaft").

256 S. aber auch *Merkt*, in: MünchKomm. GmbHG, § 11 Rdnr. 204, nach dem weder die Sondervermögenslehre, noch die Teilrechtsfähigkeitslehre eine dogmatisch und rechtstechnisch einwandfreie Lösung der Problematik der Einpersonen-Gründerorganisation liefern könne.

Wenn die **Eintragung scheitert**, weil etwa der Eintragungsantrag rechtskräftig zurückgewiesen oder zurückgenommen wird oder weil der Gründer die Eintragung endgültig nicht mehr betreibt (zum Widerruf der Erklärung s. schon Rdnr. 57), erlischt die Vor-GmbH automatisch und ein etwaiges **Vermögen fällt ohne Liquidation an den Gründer** zurück (s. § 11 Rdnr. 168 ff.)[257]. Hinsichtlich der **Haftungsverhältnisse**[258] der Einpersonen-Vor-GmbH besteht Einigkeit insoweit, als die **Handelndenhaftung** aus § 11 Abs. 2 zur Anwendung gelangt. Sie beginnt mit der Errichtung der Gesellschaft[259] und setzt voraus, dass der Gründer zugleich zum Geschäftsführer bestellt ist oder als faktischer Geschäftsführer agiert[260]. Daneben trifft den Gründer in seiner Funktion als Gesellschafter die **Verlustdeckungshaftung**. Die bei der Mehrpersonen-Vor-GmbH intensiv geführte Debatte darüber, ob die Verlustdeckungshaftung eine **Innenhaftung**[261] darstellt oder die Gesellschafter den Gläubigern gegenüber im **Außenverhältnis** haften[262], entschärft sich an dieser Stelle insoweit, als auch nach dem Haftungskonzept des BGH im Fall der Einpersonen-Vor-GmbH aus Gründen der Prozessökonomie ausnahmsweise eine Außenhaftung gelten soll[263]. Es bleibt die Frage, ob die Verlustdeckungshaftung erst mit dem Scheitern der Eintragung Platz greift[264] oder ob der Gründer beginnend mit der Errichtung der GmbH analog § 128 HGB für sämtliche Verbindlichkeiten haftet[265]. Würde die Verlustdeckungshaftung erst mit dem Scheitern der Eintragung entstehen, hätte sie allerdings im Fall der Einpersonengründung keine eigenständige Bedeutung. Da die Vor-GmbH mit dem Scheitern der Eintragung automatisch erlischt und sämtliche Verbindlichkeiten auf den Alleingesellschafter übergehen, führt bereits die Gesamtrechtsnachfolge zur unbeschränkten Haftung des Gründers und es bedürfte keines darüber hinausgehenden Haftungsgrundes in Form der Verlustdeckungshaftung. Dies und Interessen des Gläubigerschutzes sprechen für die unbeschränkte persönliche Haftung des Gründers für die Verbindlichkeiten der Einpersonen-Vor-GmbH ab ihrer Errichtung und bis zu ihrer Eintragung. Mit

257 BGH v. 25.1.1999 – II ZR 383/96, GmbHR 1999, 612 = ZIP 1999, 489, 490 f. = NZG 1999, 960, 961 f.; LG Berlin v. 18.5.1987 – 81 T 330/87, GmbHR 1988, 71; s. auch BayObLG v. 18.3.1987 – BReg 2 Z 8/87, NJW-RR 1987, 812 = GmbHR 1987, 393; *Bayer*, in: Lutter/Hommelhoff, § 11 Rdnr. 40; *Roth*, in: Roth/Altmeppen, § 11 Rdnr. 87; *Blath*, in: Michalski u.a., § 11 Rdnr. 76; *John*, Einmann-GmbH, S. 62 ff.; *Karsten Schmidt*, GmbHR 1988, 89 f.; *Ulmer/Ihrig*, GmbHR 1988, 373, 383 f.

258 Wegen der Einzelheiten s. § 11 Rdnr. 174 ff.

259 BGH v. 7.5.1984 – II ZR 276/83, BGHZ 91, 148, 149 f. = NJW 1984, 2164, 2165 = GmbHR 1984, 316, 317.

260 *Merkt*, in: MünchKomm. GmbHG, § 11 Rdnr. 218; *Fastrich*, in: Baumbach/Hueck, § 11 Rdnr. 44, 47; *Blath*, in: Michalski u.a., § 11 Rdnr. 77.

261 BGH v. 27.1.1997 – II ZR 123/94, BGHZ 134, 333, 338 ff. = GmbHR 1997, 405, 408; *Ulmer/Habersack*, in: Ulmer/Habersack/Löbbe, § 11 Rdnr. 80 ff.; *Wicke*, § 11 Rdnr. 7; *Stimpel*, in: FS Fleck, 1988, S. 358, 361 ff.

262 S. § 11 Rdnr. 85 ff. sowie *Blath*, in: Michalski u.a., § 11 Rdnr. 67 ff.; *Schmidt-Leithoff*, in: Rowedder/Schmidt-Leithoff, § 11 Rdnr. 96 ff.; *Altmeppen*, ZIP 1997, 273.

263 BGH v. 27.1.1997 – II ZR 123/94, BGHZ 134, 333, 341 = GmbHR 1997, 405, 408; ebenso *Merkt*, in: MünchKomm. GmbHG, § 11 Rdnr. 82. Unterschiede zwischen dem Innenhaftungs- und dem Außenhaftungskonzept bestehen aber auch in dem Umfang der Haftung, s. dazu *Fastrich*, in: Baumbach/Hueck, § 11 Rdnr. 29.

264 So überwiegend die Vertreter des Binnenhaftungskonzepts, s. BGH v. 27.1.1997 – II ZR 123/94, BGHZ 134, 333, 341 = GmbHR 1997, 405, 408; ebenso *Merkt*, in: MünchKomm. GmbHG, § 11 Rdnr. 89; *Schmidt-Leithoff*, in: Rowedder/Schmidt-Leithoff, § 11 Rdnr. 150; *Fastrich*, in: Baumbach/Hueck, § 11 Rdnr. 44. Für die Haftung bereits im Zeitpunkt des Entstehens von Verlusten *Ulmer/Habersack*, in: Ulmer/Habersack/Löbbe, § 11 Rdnr. 121; *Blath*, in: Michalski u.a., § 11 Rdnr. 69; *Roth*, in: Roth/Altmeppen, § 11 Rdnr. 87. Differenzierend *Fastrich*, in: Baumbach/Hueck, § 11 Rdnr. 26, nach dem der Anspruch auf Verlustdeckungshaftung mit dem Eintritt von Verlusten entsteht, aber erst mit dem Scheitern der Vor-GmbH fällig wird.

265 S. zu diesem Unterschied zwischen den Haftungsmodellen auch *Fastrich*, in: Baumbach/Hueck, § 11 Rdnr. 29; *Roth*, in: Roth/Altmeppen, § 11 Rdnr. 57.

der Eintragung der Einpersonen-GmbH setzt sich die Verlustdeckungshaftung als **Vorbelastungs**- bzw. **Unterbilanzhaftung** fort[266], die auch bei der Einpersonengesellschaft stets eine Innenhaftung ist[267].

6. Juristische Person

Mit ihrer Eintragung in das Handelsregister wird die Einpersonen-GmbH zur juristischen **67** Person (§ 13 Abs. 1). Sie hat daher ihr **eigenes Vermögen**, das rechtlich von dem ihres Alleingesellschafters zu trennen ist. Jeder Rechtsträger haftet nur für die eigenen Verbindlichkeiten, die GmbH nur für **Gesellschaftsverbindlichkeiten** und der Gesellschafter für seine privaten Verbindlichkeiten (§ 13 Abs. 2)[268]. Eine Mithaftung des einzigen Gesellschafters neben der Gesellschaft kommt nur in Betracht, wenn ein selbständiger Verpflichtungsgrund dafür besteht.

Aufgrund der wirtschaftlichen Identität zwischen der Gesellschaft und ihrem Alleingesell **68** schafter spielen **Durchgriffserwägungen** bei der Einpersonen-GmbH traditionell eine große Rolle. Dies betrifft namentlich die **Durchgriffshaftung** (s. § 13 Rdnr. 110 ff.), aber auch Fragen des **Zurechnungsdurchgriffs** (s. § 13 Rdnr. 75 ff.)[269]. Die rechtliche Trennung kann etwa nicht dazu führen, dass im Zusammenhang mit Rechtsgeschäften zwischen der Gesellschaft und ihrem Alleingesellschafter, die nach den allgemeinen Regeln zulässig sind, ein gutgläubiger Eigentumserwerb stattfindet. In diesem Fall fehlt es an dem für den Gutglaubenserwerb erforderlichen Verkehrsgeschäft[270]. Ein vertragliches Wettbewerbsverbot zwischen der Gesellschaft und einem Dritten ist in der Regel in der Weise auszulegen, dass auch der Alleingesellschafter die verbotene Wettbewerbstätigkeit zu unterlassen hat[271]. Hinsichtlich der Einzelheiten der Durchgriffsfragen wird auf § 13 Rdnr. 69 ff. verwiesen.

7. Organe

Auch die Einpersonen-GmbH muss die gesetzlich vorgeschriebenen Gesellschaftsorgane ha **69** ben. Es sind also **Geschäftsführer** in der zur Vertretung erforderlichen Zahl zu bestellen. Ebenso ist ein gesetzlich angeordneter **Aufsichtsrat** zu bilden[272]. Die Funktion des Organs „**Gesellschafterversammlung**" übt der Alleingesellschafter aus (§ 48 Abs. 3). Seine Entscheidungen erfolgen nach der Vorstellung des Gesetzgebers wie bei der Mehrpersonen-GmbH im Wege der Beschlussfassung (§ 48 Abs. 3), auch wenn es sich nicht um ein mehrseitiges

---

266 *Merkt*, in: MünchKomm. GmbHG, § 11 Rdnr. 217; *Fastrich*, in: Baumbach/Hueck, § 11 Rdnr. 44.

267 BGH v. 24.10.2005 – II ZR 129/04, GmbHR 2006, 88.

268 RG v. 27.10.1914 – Rep. III 127/14, RGZ 85, 380, 382 f.; RG v. 4.6.1915 – Rep. III 582/14, RGZ 87, 18, 25; RG v. 21.1.1918 – Rep. VI 339/17, RGZ 92, 77, 84 f.; BGH v. 29.11.1956 – II ZR 156/55, BGHZ 22, 226, 229 f. = NJW 1957, 181 = GmbHR 1957, 28; BGH v. 4.5.1977 – VIII ZR 298/75, BGHZ 68, 312, 314 = NJW 1977, 1449; BGH v. 26.11.1957 – VIII ZR 301/56, GmbHR 1958, 111; *Fastrich*, in: Baumbach/Hueck, Rdnr. 56.

269 S. zu den Begrifflichkeiten des Haftungs- und des Zurechnungsdurchgriffs *Wiedemann*, GesR I, § 4 III (S. 217 ff.).

270 BGH v. 5.11.1980 – VIII ZR 230/79, BGHZ 78, 318, 335 = NJW 1981, 522, 524; BGH v. 29.6.2007 – V ZR 5/07, BGHZ 173, 71, 77 = NJW 2007, 3204, 3205; BGH v. 23.5.1989 – XI ZR 82/88, NJW-RR 1989, 1207; *Merkt*, in: MünchKomm. GmbHG, § 13 Rdnr. 351; *Fastrich*, in: Baumbach/Hueck, § 13 Rdnr. 15; *Raiser*, in: Ulmer/Habersack/Löbbe, § 13 Rdnr. 105; *Geißler*, GmbHR 1993, 71, 73 f.

271 *Merkt*, in: MünchKomm. GmbHG, § 13 Rdnr. 359; *Fastrich*, in: Baumbach/Hueck, § 13 Rdnr. 14; *Pentz*, in: Rowedder/Schmidt-Leithoff, § 13 Rdnr. 169.

272 §§ 1 Abs. 1 Nr. 1, 6 Abs. 1 MitbestG; § 1 Abs. 1 Nr. 3 DrittelbeteiligungsG.

Rechtsgeschäft handeln kann[273]. Der Alleingesellschafter kann Geschäftsführer oder Aufsichtsratsmitglied sein; beide Ämter zugleich kann er jedoch nicht übernehmen, selbst wenn es sich lediglich um einen fakultativen Aufsichtsrat handelt[274].

8. Umwandlung in eine Mehrpersonen-GmbH

70 Die Einpersonen-GmbH wird zur Mehrpersonengesellschaft, wenn ein Dritter, der nicht die Gesellschaft selbst ist, einen oder mehrere Geschäftsanteile an der Gesellschaft erwirbt, sei es von dem Alleingesellschafter oder von der GmbH. Dasselbe gilt, wenn ein Dritter einen neuen Geschäftsanteil im Rahmen einer Kapitalerhöhung (§§ 55 ff.) übernimmt. Der derivative Erwerb des Geschäftsanteils erfordert **keine Satzungsänderung** (§ 53), im Fall des Entstehens der Mehrpersonen-GmbH durch Kapitalerhöhung ist zumindest die Stammkapitalziffer der Satzung anzupassen. Bestimmungen des Gesellschaftsvertrages, die mit zwingendem Recht der Mehrpersonen-GmbH unvereinbar sind, gelten jedenfalls für die Dauer der Beteiligung von mehr als einem Gesellschafter nicht mehr, können jedoch im Fall der Vereinigung aller Geschäftsanteile in der Person eines Gesellschafters wieder Bedeutung erlangen[275]. Statutarische Regelungen, die zwar nach ihrem Wortlaut auf die Einpersonen-GmbH abstellen, aber auch für eine GmbH mit mehreren Gesellschaftern sinnvoll sind, gelten weiter, sofern nicht ausdrücklich das Gegenteil bestimmt ist (was im Regelfall nicht der Fall sein wird). Sofern der Gesellschaftsvertrag den Besonderheiten einer Mehrpersonen-GmbH noch nicht Rechnung trägt (s. dazu Rdnr. 61), empfiehlt sich mit dem Entstehen der Mehrpersonengesellschaft die Verabschiedung eines **ausführlichen Gesellschaftsvertrages**. Dies gilt namentlich, wenn die Einpersonen-GmbH unter Verwendung des gesetzlichen Musterprotokolls gegründet wurde.

---

273 S. daher auch *Fastrich*, in: Baumbach/Hueck, Rdnr. 55a: Entschluss.
274 OLG Frankfurt a.M. v. 7.7.1981 – 20 W 267/81, WM 1981, 1095 = GmbHR 1982, 159; OLG Frankfurt a.M. v. 21.11.1986 – 20 W 247/86, WM 1987, 211 = GmbHR 1987, 232.
275 A.A. *Emmerich*, 11. Aufl., Rdnr. 50: Unwirksamkeit der entsprechenden Regelungen.

§ 2
Form des Gesellschaftsvertrages

(1) Der Gesellschaftsvertrag bedarf notarieller Form. Er ist von sämtlichen Gesellschaftern zu unterzeichnen.

(1a) Die Gesellschaft kann in einem vereinfachten Verfahren gegründet werden, wenn sie höchstens drei Gesellschafter und einen Geschäftsführer hat. Für die Gründung im vereinfachten Verfahren ist das in der Anlage bestimmte Musterprotokoll zu verwenden. Darüber hinaus dürfen keine vom Gesetz abweichenden Bestimmungen getroffen werden. Das Musterprotokoll gilt zugleich als Gesellschafterliste. Im Übrigen finden auf das Musterprotokoll die Vorschriften dieses Gesetzes über den Gesellschaftsvertrag entsprechende Anwendung.

(2) Die Unterzeichnung durch Bevollmächtigte ist nur auf Grund einer notariell errichteten oder beglaubigten Vollmacht zulässig.

Abs. 1 Satz 1 und Abs. 2 geändert durch das Gesetz vom 28.8.1969 (BGBl. I 1969, 1513); Abs. 1 Satz 1 erneut geändert durch die GmbH-Novelle von 1980 (BGBl. I 1980, 836); Abs. 1a eingefügt durch das MoMiG vom 23.10.2008 (BGBl. I 2008, 2026).

Schrifttum: *Ballerstedt*, Kapital, Gewinn und Ausschüttung bei Kapitalgesellschaften, 1949; *Bayer/Hoffmann/J. Schmidt*, Satzungskomplexität und Mustersatzung, GmbHR 2007, 953; *Geier*, Anpassung von Gesellschaftsverträgen an sich verändernde Realstrukturen, ZGS 2008, 8; *Hommelhoff*, Gestaltungsfreiheit im GmbH-Recht, in: Lutter/Wiedemann, Gestaltungsfreiheit im Gesellschaftsrecht, 1998, S. 36; *Immenga*, Die personalistische Kapitalgesellschaft, 1970; *Joussen*, Gesellschafterabsprachen neben Satzung und Gesellschaftsvertrag, 1995; *Körber/Effer-Uhe*, Anforderungen an den Nachweis der Vertretungsmacht von Prokuristen und GbR-Gesellschaftern bei der Gründung von Kapitalgesellschaften, DNotZ 2009, 92; *M. Lutter*, Kapital, Sicherung der Kapitalaufbringung und Kapitalerhaltung in den Aktien- und GmbH-Rechten der EWG, 1964; *Noack*, Gesellschaftervereinbarungen bei Kapitalgesellschaften, 1994; *Noack*, Satzungsergänzende Verträge der Gesellschaft mt ihren Gesellschaftern, NZG 2013, 281; *Schröder/Diller*, Antidiskriminierung bei der Aufnahme als Gesellschafter, NZG 2006, 728; *Teichmann*, Gestaltungsfreiheit in Gesellschaftsverträgen, 1970; *Tieves*, Der Unternehmensgegenstand der Kapitalgesellschaft, 1998; *Wachter*, Vertretungsfragen bei der Gründung einer Einpersonen-GmbH, GmbHR 2003, 660; *H. P. Westermann*, Das Verhältnis von Satzung und Nebenordnungen in der Kapitalgesellschaft, 1994; *Wicke*, Echte und unechte Bestandteile im Gesellschaftsvertrag der GmbH, DNotZ 2006, 419; *Wicke*, Die Bedeutung der öffentlichen Beurkundung im GmbH-Recht, ZIP 2006, 977; *Wiedemann*, Die Übertragung und Vererbung von Mitgliedschaftsrechten bei Handelsgesellschaften, 1965. Schrifttum zum vereinfachten Gründungsverfahren s. vor Rdnr. 121.

I. Überblick

1 § 2 regelt die **Form** des Gesellschaftsvertrages, die Gründung der GmbH in einem **vereinfachten Verfahren** und die **Vertretung** bei der Errichtung der GmbH auf der Grundlage einer Vollmacht. Der Gesellschaftsvertrag bedarf der notariellen Form und muss von sämtlichen Gesellschaftern unterzeichnet werden (§ 2 Abs. 1; Rdnr. 10 ff.). Dies gilt auch für die Errichtung

einer Einpersonengesellschaft (§ 1 Rdnr. 60). § 2 Abs. 1a, der das **vereinfachte Gründungsverfahren** regelt, ist durch das **MoMiG** mit Wirkung zum 1.11.2008 in das Gesetz eingefügt worden und stellt eine kostengünstige Variante der GmbH-Gründung dar (Rdnr. 121 ff.). Die Gesellschafter können sich bei dem Abschluss des Gesellschaftsvertrages vertreten lassen, jedoch ist die Vollmacht zum Abschluss des Vertrages abweichend von § 167 Abs. 2 BGB gemäß § 2 Abs. 2 formbedürftig, um die ordnungsmäßige Legitimation des für einen Gesellschafter tätig gewordenen Vertreters sicherzustellen (Rdnr. 30 ff.). Eine im Wesentlichen übereinstimmende Regelung findet sich in § 4 Abs. 3 Satz 2 öGmbHG. Der **Inhalt** des Gesellschaftsvertrages ergibt sich im Einzelnen aus § 1 und aus den §§ 3 bis 5.

Der **Abschluss des Gesellschaftsvertrages** in der durch § 2 vorgeschriebenen Form ist nach dem Gesetz die **erste Stufe**, die **zur Entstehung einer GmbH** führt. Damit ist die Gesellschaft errichtet (s. § 1 Rdnr. 2) und die **Vor-GmbH** entsteht (s. im Einzelnen § 11 Rdnr. 27 ff.). Die nächste Stufe umfasst die Bestellung der Geschäftsführer (§ 6), die i.d.R. bereits in der Gründungsurkunde erfolgt, sowie die Leistung der Einlagen in dem durch § 7 umschriebenen Mindestumfang. Erst danach ist die Anmeldung der Gesellschaft zum Handelsregister gemäß den §§ 7 und 8 zulässig. Darauf folgt die Prüfung der Anmeldung durch das Registergericht (§ 9c). Fällt die Prüfung positiv aus, wird die Gesellschaft in das Handelsregister eingetragen (§ 10), womit der Gründungsvorgang abgeschlossen ist (§§ 11, 13). Eine GmbH kann **außerdem** nach dem UmwG durch **Verschmelzung** und **Spaltung** (Aufspaltung, Abspaltung, Ausgliederung) jeweils zur Neugründung oder durch **Formwechsel** gegründet werden. § 2 gilt dafür nicht; jedoch ergeben sich für diese Fälle aus dem UmwG entsprechende Formvorschriften (s. insbesondere die §§ 6, 36, 37, 135 Abs. 2, 158, 193, 197, 217 ff. UmwG)[1]. 2

II. Gesellschaftsvertrag

1. Rechtsnatur

Der Gesellschaftsvertrag hat eine **doppelte Funktion**[2]: Er ist erstens die Grundlage der angestrebten Gesellschaft, d.h. ihre Verfassung im Sinne des § 25 BGB, und schafft damit letztlich (zusammen mit weiteren Tatbestandsmerkmalen wie der Eintragung der Gesellschaft) einen **organisatorischen Rahmen**, der grundsätzlich **für alle** gegenwärtigen und zukünftigen **Mitglieder** der Gesellschaft sowie für **Dritte**, insbesondere für die Gläubiger der Gesellschaft, gleichermaßen **verbindlich** ist. Der Vertrag begründet zweitens ein **Rechtsverhältnis zwischen den Gründern**, aus dem sich für alle Gründer gegenseitige Rechte und Pflichten ergeben und das deshalb – jedenfalls auch – ein **Schuldverhältnis unter den Gründern** darstellt. Hervorzuheben sind die Pflicht zur Leistung der Einlagen und zur Mitwirkung bei der Herbeiführung der Eintragung der Gesellschaft[3]. In den §§ 3 Abs. 1 Nr. 4, 3 Abs. 2, 5 Abs. 4, 7 Abs. 2 Satz 1 und 7 Abs. 3 geht das Gesetz ausdrücklich von dem Bestand solcher Pflichten aus, deren Erfüllung daher im Gründungsstadium nicht nur die Vorgesellschaft (durch die möglicherweise bereits bestellten Geschäftsführer), sondern auch jeder Gründer von den anderen Gründern verlangen kann, so dass auch jeder bei einer Verletzung dieser Pflichten gemäß § 280 Abs. 1 BGB **Schadensersatz** verlangen kann. 3

---

1 *J. Mayer*, in: MünchKomm. GmbHG, Rdnr. 2.
2 *J. Mayer*, in: MünchKomm. GmbHG, Rdnr. 4; *Fastrich*, in: Baumbach/Hueck, Rdnr. 3; *Ulmer/Löbbe*, in: Ulmer/Habersack/Löbbe, Rdnr. 4; *C. Schäfer*, in: Henssler/Strohn, Gesellschaftsrecht, Rdnr. 4; *Bayer*, in: Lutter/Hommelhoff, Rdnr. 16.
3 S. § 11 Rdnr. 52; *Bayer*, in: Lutter/Hommelhoff, Rdnr. 16; s. zur Pflicht zur Durchführung einer Kapitalerhöhung BGH v. 3.11.2015 – II ZR 13/14, GmbHR 2015, 1315 = NJW 2015, 3786.

4   Die angedeutete Doppelfunktion des Gesellschaftsvertrages (s. Rdnr. 3) kommt auch in der schwankenden **Terminologie** zum Ausdruck[4]. Soweit man vom „**Gesellschaftsvertrag**" spricht, hat man in der Regel die Funktion des Vertrages im Auge, ein auf die endgültige Gründung der Gesellschaft gerichtetes Rechtsverhältnis zwischen den Gründern zu schaffen, aus dem sich (unter anderem) wechselseitige Rechte und Pflichten der Gründer ergeben können. Soweit man dagegen mehr die in die Zukunft weisende Funktion des Vertrages betonen möchte, nach Eintragung der Gesellschaft deren „**Verfassung**" im Sinne des § 25 BGB zu regeln, wird im Schrifttum vielfach im Anschluss an das BGB (s. die §§ 25, 26 Abs. 1 Satz 3, 33 BGB usw.) und an das AktG (s. etwa die §§ 5, 23 AktG) der Begriff „**Satzung**" oder gelegentlich auch „Statut" bevorzugt. Das GmbHG spricht in den jeweiligen Paragraphen durchgängig von dem „Gesellschaftsvertrag", allerdings wird der Begriff „Satzung" in den Überschriften zur Satzungsänderung verwendet (s. §§ 53, 54). Auch im Folgenden werden entsprechend den Gepflogenheiten in der Praxis[5] beide Begriffe als gleichbedeutend verwandt[6].

5   Mit der Doppelfunktion des GmbH-Gesellschaftsvertrages (s. Rdnr. 3) hängt die Diskussion über seine **Rechtsnatur** zusammen[7]. In dieser Frage stehen sich im Wesentlichen **drei Meinungen** gegenüber[8]. Während nach der **Vertragstheorie** der Gesellschaftsvertrag eine besondere Erscheinungsform des Vertrages ist (s. § 705 BGB)[9], schaffen nach der **Normentheorie** die Gründer (kraft staatlicher Delegation) im Wege eines Verbandsschöpfungsaktes objektives Recht[10]. Eine vermittelnde Position nimmt die heute überwiegend vertretene **modifizierte Normentheorie** ein, nach der zwar der Abschluss des Gesellschaftsvertrages rechtsgeschäftlichen Regeln untersteht, die durch den Gesellschaftsvertrag geschaffene Verbandsverfassung jedoch ab der Eintragung der Gesellschaft wie objektives Recht behandelt wird[11]. Die **praktische Bedeutung** der Kontroverse ist gering[12]. In den meisten früheren Streitfragen zeichnet sich unabhängig von dem dogmatischen Verständnis von der Rechtsnatur des Gesellschaftsvertrages eine weitgehende Übereinstimmung in Literatur und Rechtsprechung ab. Diese Entwicklung ist zu begrüßen, weil die sachgerechte Bewältigung von Einzelproblemen vorrangige Bedeutung gegenüber der Lösung der dogmatischen Vorfrage hat[13]. Im Hinblick auf die vertretenen Meinungen ist aber zumindest anzumerken, dass die **Vertragstheorie** und die **Normentheorie in ihrer allgemeinen Form nicht überzeugen können**[14]. Die **Vertragstheorie**

---

4   S. auch *Karsten Schmidt*, GesR, § 5 I 2 (S. 80 ff.).
5   Vgl. *J. Mayer*, in: MünchKomm. GmbHG, Rdnr. 4; *Schmidt-Leithoff*, in: Rowedder/Schmidt-Leithoff, Rdnr. 2; *Karsten Schmidt*, GesR, § 5 I 2 a (S. 81).
6   S. auch *Wicke*, Rdnr. 2.
7   *Fastrich*, in: Baumbach/Hueck, Rdnr. 5; *Ulmer/Löbbe*, in: Ulmer/Habersack/Löbbe, Rdnr. 6; s. zu dieser Diskussion eingehend *J. Mayer*, in: MünchKomm. GmbHG, Rdnr. 5 ff.; *J. Schmidt*, in: Michalski u.a., Rdnr. 33 f.; *D. Reuter*, in: MünchKomm. BGB, § 25 BGB Rdnr. 16 ff.; *Karsten Schmidt*, GesR, § 5 I 1 (S. 75 f.); *Weick*, in: Staudinger, 2005, Vorbem. 35 ff. vor § 21 BGB.
8   S. etwa den Überblick bei *Wiedemann*, GesR I, § 3 II 1 b (S. 160 ff.).
9   *Emmerich*, 11. Aufl., Rdnr. 7; *Flume*, Juristische Person, § 9 I (S. 316 ff.).
10   Grdl. *O. v. Gierke*, Genossenschaftstheorie, 1887, S. 132 ff.; *O. v. Gierke*, Deutsches Privatrecht Bd. I, S. 150 f., 486; *Meyer-Cording*, Die Vereinsstrafe, 1957, S. 43, 46 ff.; s. zum Vereinsrecht *D. Reuter*, in: MünchKomm. BGB, § 25 BGB Rdnr. 17 ff.
11   S. zum Vereinsrecht RG v. 29.10.1940 – VII 44/40, RGZ 165, 140, 143 f.; BGH v. 4.10.1956 – II ZR 121/55, BGHZ 21, 370, 373 ff. = NJW 1956, 1793; BGH v. 6.3.1967 – II ZR 231/64, BGHZ 47, 172, 179 f. = NJW 1967, 1268; OLG Frankfurt a.M. v. 19.12.1984 – 9 U 107/83, WM 1985, 1466, 1468; zustimmend *J. Mayer*, in: MünchKomm. GmbHG, Rdnr. 9; *J. Schmidt*, in: Michalski u.a., Rdnr. 34; *Ellenberger*, in: Palandt, § 25 BGB Rdnr. 3; *R. Veil*, Unternehmensverträge, 2003, S. 194 ff.; s. auch *Karsten Schmidt*, GesR, § 5 I 1 c (S. 77 f.).
12   *J. Mayer*, in: MünchKomm. GmbHG, Rdnr. 8; *Ulmer/Löbbe*, in: Ulmer/Habersack/Löbbe, Rdnr. 6; *J. Schmidt*, in: Michalski u.a., Rdnr. 33; *C. Schäfer*, in: Bork/Schäfer, Rdnr. 9.
13   S. auch *J. Mayer*, in: MünchKomm. GmbHG, Rdnr. 8 Fn. 18; *Fleischer*, DB 2013, 1466, 1471 f.
14   S. auch *J. Schmidt*, in: Michalski u.a., Rdnr. 34.

kann im Ausgangspunkt zwar zutreffend erklären, dass der Abschluss des Gesellschaftsvertrages durch Rechtsgeschäft der Gründer erfolgt. Sie vermag jedoch nicht überzeugend zu erklären, warum der Erwerber eines Geschäftsanteils, der diesen durch Vertrag mit dem Veräußerer erwirbt, ohne Vereinbarung mit den restlichen Gesellschaftern oder der GmbH den Regelungen des Gesellschaftsvertrages untersteht[15]. Die Unterwerfung unter den Gesellschaftsvertrag folgt nicht etwa aus einer Vertragsübernahme, sondern aus der Rechtsstellung des Gesellschafters als Mitglied der juristischen Person[16]. Auch können auf der Grundlage der Vertragstheorie die Existenz des Gesellschaftsvertrages bei der Einpersonengesellschaft (s. § 1 Rdnr. 60) oder bei der Keinpersonengesellschaft (s. § 1 Rdnr. 50) nur schwer erklärt werden. Für die Vertreter der **Normentheorie** bereiten diese Fälle weniger Erklärungsschwierigkeiten. Allerdings bringt die Normentheorie den rechtsgeschäftlichen Charakter der Verabschiedung des Gesellschaftsvertrages nicht hinreichend zum Ausdruck. So beruht etwa die Verpflichtung der Gesellschafter zur Mitwirkung bei der Eintragung der Gesellschaft (s. Rdnr. 3) auf der (gesellschafts-)vertraglichen Vereinbarung der Gesellschafter und ist nicht Ausfluss einer im Wege der staatlichen Delegation ausgenutzten Rechtsetzungsmacht, für deren Vorhandensein dem Gesetz keine Anhaltspunkte zu entnehmen sind[17]. Zu folgen ist daher der **modifizierten Normentheorie**. Sie betont zutreffend die rechtsgeschäftliche Natur des Abschlusses des Gesellschaftsvertrages und die durch die Eintragung der Gesellschaft in das Handelsregister eintretende Verselbständigung der Organisation gegenüber ihren Mitgliedern. Der Gesellschaftsvertrag ist danach **Rechtsgeschäft besonderer Art**, das die Rechte und Pflichten der Gründer untereinander regelt, aber auch die Verbandsverfassung bestimmt, die ab dem Zeitpunkt der Handelsregistereintragung gleichsam wie objektives Recht behandelt wird. Zutreffend wird der Gesellschaftsvertrag insoweit als **Organisationsvertrag**[18], der „Gesellschaftsvertrag" der Einpersonengesellschaft als **Organisationsakt**[19] qualifiziert (s. zum Gesellschaftsvertrag der Einpersonengesellschaft § 1 Rdnr. 60 ff.).

Für den Abschluss des Gesellschaftsvertrages gelten folglich grundsätzlich die **Vorschriften des BGB** über die Abgabe von Willenserklärungen und den Abschluss von Verträgen (§§ 105 ff., 116 ff., 125, 134, 138, 145 ff. BGB)[20]. **Modifikationen** der genannten Vorschriften sind jedoch in der Zeit nach Vollzug der Vorgesellschaft erforderlich (s. Rdnr. 86 ff.). Der Gesellschaftsvertrag ist hingegen **nicht gegenseitiger Vertrag i.S. der §§ 320 bis 326 BGB**[21]. Er ist nicht auf den gegenseitigen Austausch von Leistungen gerichtet, sondern auf die Verfolgung des vereinbarten Gesellschaftszwecks[22]. Auch die gesellschaftsvertraglichen Verpflichtungen zur Leistung der Einlagen (vgl. § 3 Abs. 1 Nr. 4) stehen nicht im Gegenseitigkeits- 6

---

15 *J. Mayer*, in: MünchKomm. GmbHG, Rdnr. 8; *Ulmer/Löbbe*, in: Ulmer/Habersack/Löbbe, Rdnr. 6.

16 *J. Mayer*, in: MünchKomm. GmbHG, Rdnr. 8; *Ulmer/Löbbe*, in: Ulmer/Habersack/Löbbe, Rdnr. 6; s. insofern auch *Karsten Schmidt*, GesR, § 5 I 1 c (S. 78) zur Geltung satzungsmäßiger Schiedsklauseln gegenüber dem Rechtsnachfolger.

17 *J. Mayer*, in: MünchKomm. GmbHG, Rdnr. 8; *Michalski*, in: Michalski, 2. Aufl. 2010, Rdnr. 6.

18 *Fastrich*, in: Baumbach/Hueck, Rdnr. 5; *J. Mayer*, in: MünchKomm. GmbHG, Rdnr. 7; *Roth*, in: Roth/Altmeppen, Rdnr. 10; *Schmidt-Leithoff*, in: Rowedder/Schmidt-Leithoff, Rdnr. 2; *Raiser/Veil*, Kapitalgesellschaften, § 35 Rdnr. 14.

19 *Fastrich*, in: Baumbach/Hueck, Rdnr. 7; *J. Mayer*, in: MünchKomm. GmbHG, Rdnr. 11; *Roth*, in: Roth/Altmeppen, Rdnr. 10; *Raiser/Veil*, Kapitalgesellschaften, § 35 Rdnr. 14.

20 *Fastrich*, in: Baumbach/Hueck, Rdnr. 6; *Roth*, in: Roth/Altmeppen, Rdnr. 10; *J. Schmidt*, in: Michalski u.a., Rdnr. 35; *Schmidt-Leithoff*, in: Rowedder/Schmidt-Leithoff, Rdnr. 2.

21 *Fastrich*, in: Baumbach/Hueck, Rdnr. 6; *J. Mayer*, in: MünchKomm. GmbHG, Rdnr. 9; *J. Schmidt*, in: Michalski u.a., Rdnr. 35; *Schmidt-Leithoff*, in: Rowedder/Schmidt-Leithoff, Rdnr. 2; *Wicke*, Rdnr. 3; *Roth*, in: Roth/Altmeppen, Rdnr. 10 („grundsätzlich" keine Anwendung der §§ 320 ff. BGB). Für eine zumindest ergänzende Heranziehung der §§ 320 bis 326 BGB *Emmerich*, 11. Aufl., Rdnr. 9.

22 *Wiedemann*, GesR I, § 3 II 1 b bb (S. 164).

verhältnis, weil die Einlagen nicht unter den Gesellschaftern ausgetauscht, sondern der Gesellschaft zur Verfolgung des Gesellschaftszwecks zur Verfügung gestellt werden. Zudem wird die Qualifikation des Gesellschaftsvertrages als gegenseitiger Vertrag dem organisationsrechtlichen Charakter nicht gerecht[23]. Dies steht einer Anwendung von § 273 BGB allerdings nicht entgegen, so dass jeder Gesellschafter die Erfüllung der von ihm übernommenen Einlageverpflichtung gegenüber den Mitgesellschaftern von der Erfüllung der jeweiligen Verpflichtung der Mitgesellschafter abhängig machen kann[24]. Auch ein Zurückbehaltungsrecht des Gesellschafters im Verhältnis zur GmbH ist anzuerkennen[25]. Vorstehendes gilt jedenfalls in der zweigliedrigen Gesellschaft[26], richtigerweise aber auch in Gesellschaften mit mehr als zwei Gesellschaftern[27]. Das Zurückbehaltungsrecht kann sich dann zwar zulasten solcher Gesellschafter auswirken, die ihre Einlage bereits erbracht haben[28]. Jeder Gesellschafter hat es jedoch in der Hand, seine Leistung von der Leistung aller anderen Gesellschafter abhängig zu machen, so dass er nicht schutzbedürftig ist, wenn er vorgeleistet hat. Das Zurückbehaltungsrecht erlischt mit der Eintragung der GmbH im Handelsregister[29]. Ab diesem Zeitpunkt treten die Gründerinteressen zurück und die körperschaftliche Verfassung entsteht[30]. Hinsichtlich der Leistung der Geldeinlagen gilt nur noch § 19 Abs. 1.

2. Inhalt

7   Für den Abschluss des Gesellschaftsvertrages der GmbH besteht grundsätzlich **Vertragsfreiheit (§ 311 Abs. 1 BGB)**, so dass die Gesellschafter – anders als bei der AG (§ 23 Abs. 5 AktG) – beliebige Regelungen in den Vertrag aufnehmen können[31]. Die Folge ist eine große **Typenvielfalt**, zumal die Gesellschafter eine GmbH gemäß § 1 für jeden beliebigen gesetzlich zulässigen Zweck gründen können (§ 1 Rdnr. 8 ff.)[32]. Zu dem **zwingenden Mindestinhalt** des Gesellschaftsvertrages zählen lediglich die in § 3 Abs. 1 vorgesehenen Satzungsbestandteile. Danach bildet – auch insoweit im Unterschied zur AG (vgl. §§ 23 und 29 AktG) – die **Beteiligungserklärung** der Gründer durch Übernahme eines Geschäftsanteils einen notwendigen Bestandteil des Gesellschaftsvertrages (§ 3 Abs. 1 Nr. 4)[33].

---

23 *Roth*, in: Roth/Altmeppen, Rdnr. 10.
24 *J. Mayer*, in: MünchKomm. GmbHG, Rdnr. 9. A.A., allerdings nur vor dem Hintergrund des § 320 BGB, *Fastrich*, in: Baumbach/Hueck, Rdnr. 6; *J. Schmidt*, in: Michalski u.a., Rdnr. 35.
25 *Roth*, in: Roth/Altmeppen, Rdnr. 14.
26 *Roth*, in: Roth/Altmeppen, Rdnr. 14 sieht nur in diesem Fall Raum für ein Zurückbehaltungsrecht des Mitgesellschafters und für ein Zurückbehaltungsrecht im Verhältnis des Gesellschafters zur GmbH.
27 So auch *J. Mayer*, in: MünchKomm. GmbHG, Rdnr. 9.
28 So die Kritik von *Wiedemann*, GesR I, § 3 II 1 b bb (S. 164).
29 Für die Annahme eines Zurückbehaltungsrechts nur in der Zeit zwischen dem Abschluss des Gesellschaftsvertrages und dem Vollzug der Vorgesellschaft *J. Mayer*, in: MünchKomm. GmbHG, Rdnr. 9; s. auch *Emmerich*, 11. Aufl., Rdnr. 9: Zurückbehaltungsrecht „auf jeden Fall" in der Zeit zwischen dem Abschluss des Gesellschaftsvertrages und dem Vollzug der Vorgesellschaft.
30 Vgl. BGH v. 6.3.1967 – II ZR 231/64, BGHZ 47, 172, 179 f. = NJW 1967, 1268.
31 *Bayer*, in: Lutter/Hommelhoff, § 3 Rdnr. 2; *Karsten Schmidt*, GesR, § 34 II 2 g (S. 1004); s. auch empirisch *Bayer/Hoffmann/J. Schmidt*, GmbHR 2007, 953, 954 ff.
32 S. den Versuch einer Typisierung aus Sicht der Kautelarpraxis bei *J. Mayer*, in: MünchKomm. GmbHG, Rdnr. 13.
33 Vgl. BGH v. 16.2.1959 – II ZR 170/57, BGHZ 29, 300, 303 = NJW 1959, 934; *M. Lutter*, Kapital, S. 90; *J. Mayer*, in: MünchKomm. GmbHG, Rdnr. 13; *C. Schäfer*, in: Henssler/Strohn, Gesellschaftsrecht, Rdnr. 8; anders *Feine*, in: Ehrenbergs Hdb. III/3, S. 166.

Die Regelungen des Gesellschaftsvertrages lassen sich weiter in **echte**[34], **materielle**[35], **korporative**[36], **körperschaftliche**[37] **Satzungsbestandteile** und in **unechte**[38], **formelle**[39], **nichtkorporative**[40], **individualrechtliche**[41] **Satzungsbestandteile** unterteilen[42]. Während erstere die Organisation der Gesellschaft und die Grundlagen der Gesellschafterstellung regeln[43], handelt es sich bei den unechten Satzungsbestandteilen um solche, die lediglich **bei Gelegenheit** in den Satzungstext aufgenommen worden sind, ohne dass ihnen Satzungsqualität zukommt[44]. Derartige unechte Satzungsbestandteile können die rechtliche Natur eines Beschlusses (Bestellung des ersten Geschäftsführers in der Satzung[45]) oder einer schuldrechtlichen Vereinbarung haben oder ggf. sogar nur von tatsächlicher, informatorischer Bedeutung sein[46]. Die Abgrenzung ist mitunter schwierig (s. § 3 Rdnr. 93 ff., 97 ff.), aber unter anderem für die Auslegung und die Änderung der betreffenden Regelungen bedeutsam[47]. Werden Abreden in den Gesellschaftsvertrag aufgenommen, spricht dies im Zweifel dafür, dass es sich um einen echten Satzungsbestandteil handelt[48], weshalb der Praxis zu empfehlen ist, ausschließlich echte Satzungsbestandteile in diesen aufzunehmen[49]. Durch den Gesellschaftsvertrag können ferner **Rechte Dritter** gegen einzelne Gesellschafter (§ 328 BGB) und – auch ohne Beteiligung der Geschäftsführung – gegen die Gesellschaft begründet werden[50]. Denkbar ist auch die Begründung von Verpflichtungen Dritter im Satzungstext[51]. Da Dritte jedoch typischerweise nicht an dem Abschluss des Gesellschaftsvertrages beteiligt sind und deren Zustimmung zur Begründung von Verpflichtungen erforderlich ist, sind derartige Regelungen in der Praxis nicht zu beobachten. Vereinbarungen mit Dritten sind stets unechte Satzungsbestandteile (s.

8

---

34 BGH v. 25.10.1962 – II ZR 188/61, BGHZ 38, 155, 161; BGH v. 8.2.1988 – II ZR 228/87, BGHZ 103, 219, 222 = NJW 1988, 1729; *Zöllner/Noack*, in: Baumbach/Hueck, § 53 Rdnr. 6; *Winkler*, DNotZ 1980, 578, 584.

35 *Ulmer/Löbbe*, in: Ulmer/Habersack/Löbbe, Rdnr. 9; *Fastrich*, in: Baumbach/Hueck, § 3 Rdnr. 3.

36 BGH v. 30.6.2003 – II ZR 326/01, GmbHR 2003, 1062 = DNotZ 2004, 62, 64; *Priester*, DB 1979, 681.

37 BGH v. 16.12.1991 – II ZR 58/91, BGHZ 116, 359, 364 = GmbHR 1992, 257 258 = NJW 1992, 892; OLG Nürnberg v. 20.12.2013 – 12 U 49/13, NZG 2014, 222, 225 f. = GmbHR 2014, 310.

38 BGH v. 25.10.1962 – II ZR 188/61, BGHZ 38, 155, 161; BGH v. 8.2.1988 – II ZR 228/87, BGHZ 103, 219, 222 = NJW 1988, 1729; *Wicke*, Rdnr. 2; *Zöllner/Noack*, in: Baumbach/Hueck, § 53 Rdnr. 6.

39 *Ulmer/Löbbe*, in: Ulmer/Habersack/Löbbe, Rdnr. 10; *Fastrich*, in: Baumbach/Hueck, § 3 Rdnr. 3.

40 *Priester*, DB 1979, 681.

41 BGH v. 16.12.1991 – II ZR 58/91, BGHZ 116, 359, 364 = GmbHR 1992, 257 = NJW 1992, 892; OLG Nürnberg v. 20.12.2013 – 12 U 49/13, NZG 2014, 222, 225 f. = GmbHR 2014, 310.

42 S. zur Terminologie *J. Mayer*, in: MünchKomm. GmbHG, Rdnr. 14; *Ulmer/Löbbe*, in: Ulmer/Habersack/Löbbe, Rdnr. 9 Fn. 15; *Karsten Schmidt*, GesR, § 34 II 2 g bb (S. 1005); *Wicke*, DNotZ 2006, 419 f. Kritisch zur Unterscheidung zwischen formellen und materiellen Satzungsbestandteilen *Zöllner/Noack*, in: Baumbach/Hueck, § 53 Rdnr. 6.

43 *Karsten Schmidt*, GesR, § 34 II 2 g bb (S. 1005).

44 *J. Mayer*, in: MünchKomm. GmbHG, Rdnr. 15; *Ulmer/Löbbe*, in: Ulmer/Habersack/Löbbe, Rdnr. 10; *J. Schmidt*, in: Michalski u.a., Rdnr. 40.

45 Soll hingegen ein Sonderrecht der Geschäftsführung begründet werden, handelt es sich um einen echten Satzungsbestandteil, s. dazu BGH v. 4.11.1968 – II ZR 63/67, NJW 1969, 131; *J. Mayer*, in: MünchKomm. GmbHG, Rdnr. 16; *Ulmer/Löbbe*, in: Ulmer/Habersack/Löbbe, Rdnr. 10.

46 *J. Mayer*, in: MünchKomm. GmbHG, Rdnr. 15; *Wicke*, DNotZ 2006, 419, 420.

47 S. dazu *Wicke*, DNotZ 2006, 419, 420 ff.

48 *Ulmer/Löbbe*, in: Ulmer/Habersack/Löbbe, Rdnr. 11.

49 *Michalski*, in: Michalski, 2. Aufl. 2010, Rdnr. 46.

50 Vgl. näher *Wicke*, DNotZ 2006, 419, 433.

51 A.A. *Roth*, in: Roth/Altmeppen, § 3 Rdnr. 46; wohl auch *Wicke*, DNotZ 2006, 419, 431. Insoweit ist zwar richtig, dass der Gesellschaftsvertrag typischerweise nur von den Gesellschaftern geschlossen wird. Dies schließt jedoch die (theoretische) Möglichkeit nicht aus, dass die Gesellschafter anlässlich der Verabschiedung des Gesellschaftsvertrages unter Beteiligung eines Dritten eine Verpflichtung zu dessen Lasten begründen und diese in dem Text des Gesellschaftsvertrages verlautbaren.

§ 3 Rdnr. 95)[52]. Dies gilt auch für in der Satzung enthaltene **Vollmachten** und **dingliche Verfügungsgeschäfte**[53].

9   Die §§ 305 bis 310 BGB über **AGB** finden gemäß **§ 310 Abs. 4 Satz 1 BGB** keine Anwendung auf Gesellschaftsverträge. Vereinbarungen, die unmittelbar auf der Satzung beruhen, mitgliedschaftlicher Natur sind und der Verwirklichung des Unternehmensgegenstandes dienen, betreffen nicht den Austausch von Leistungen und unterliegen daher nicht der AGB-Kontrolle[54]. Soweit der Kern der Regelung jedoch nicht das korporationsrechtliche Rechtsverhältnis, sondern den schuldrechtlichen Leistungsaustausch betrifft, findet § 310 Abs. 4 Satz 1 BGB keine Anwendung[55]. Damit werden insbesondere nicht auf der Mitgliedschaft beruhende Austauschverträge bzw. Beziehungen zwischen der Gesellschaft und den Gesellschaftern einer AGB-Kontrolle unterstellt, wie dies in der Rechtsprechung z.B. bei Genussscheinbedingungen angenommen wurde[56]. Zudem steht § 310 Abs. 4 Satz 1 BGB einer **Inhaltskontrolle** (§ 242 BGB) von Gesellschaftsverträgen nicht entgegen, wenn die Richtigkeitsgewähr des Vertrages im Einzelfall gestört ist. Daher unterliegen nach der Rechtsprechung die Gesellschaftsverträge von Publikumsgesellschaften[57] und von Vereinen, die im wirtschaftlichen und sozialen Bereich eine überragende Machtstellung innehaben[58], einer Inhaltskontrolle. Einer solchen Inhaltskontrolle müssen auch GmbH-Gesellschaftsverträge unterliegen[59], zumindest dann, wenn es sich um **Publikumsgesellschaften** oder um vergleichbare Gesellschaften mit einem großen, nicht mehr persönlich verbundenen Gesellschafterkreis handelt[60]. Solche Gesellschaften kommen in der Praxis aber nur selten in der Rechtsform der GmbH vor[61]. Auch eine Inhaltskontrolle des Gesellschaftsvertrages nach Maßgabe des **AGG** kommt praktisch nur selten in Betracht, weil der Anwendungsbereich des AGG regelmäßig nicht eröffnet ist[62].

---

52 So die ganz h.M., s. *Wicke*, DNotZ 2006, 419, 430 f. A.A. etwa *Beuthien/Gätsch*, ZHR 156 (1992), 459, 477 zu Zustimmungsvorbehalten zugunsten Dritter.
53 *Wicke*, DNotZ 2006, 419, 433. A.A. BGH v. 30.6.2003 – II ZR 326/01, GmbHR 2003, 1062 = DNotZ 2004, 62, 64 zur antizipierten Geschäftsanteilsübertragung für den Fall der Kündigung; kritisch dazu *Barth*, GmbHR 2004, 383; *Heckschen*, NZG 2010, 521, 524 f.
54 BGH v. 8.2.1988 – II ZR 228/87, BGHZ 103, 219 = NJW 1988, 1729; *Becker*, in: Bamberger/Roth, § 310 BGB Rdnr. 29; *Wicke*, in: MünchKomm. GmbHG, § 3 Rdnr. 153; *Wicke*, DNotZ 2006, 419, 421 f. Anders für das Angebot von Leistungen außerhalb des eigentlichen Unternehmensgegenstandes auf mitgliedschaftlicher Grundlage BGH v. 11.11.1992 – II ZR 44/91, NJW-RR 1992, 379.
55 *Basedow*, in: MünchKomm. BGB, § 310 BGB Rdnr. 89; *Becker*, in: Bamberger/Roth, § 310 BGB Rdnr. 31. Streitig ist, ob § 310 Abs. 4 Satz 1 BGB auch dann zurücktritt, wenn Gesellschaftsverträge zur privaten Kapitalanlage geschlossen werden, dafür OLG Oldenburg v. 20.5.1999 – 1 U 24/99, NZG 1999, 896; *Basedow*, in: MünchKomm. BGB, § 310 BGB Rdnr. 92; dagegen zu Recht *Becker*, in: Bamberger/Roth, § 310 BGB Rdnr. 31; *Zöllner/Noack*, in: Baumbach/Hueck, § 45 Rdnr. 8; *Bayer*, in: Lutter/Hommelhoff, § 3 Rdnr. 73; *Wicke*, in: MünchKomm. GmbHG, § 3 Rdnr. 154 f. Offen gelassen von BGH v. 23.4.2012 – II ZR 75/10, NJW-RR 2012, 1312, 1315.
56 BGH v. 5.10.1992 – II ZR 172/91, BGHZ 119, 305 = NJW 1993, 57.
57 BGH v. 14.4.1975 – II ZR 147/73, BGHZ 64, 238 = GmbHR 1975, 155 = NJW 1975, 1318; BGH v. 3.5.1982 – II ZR 78/81, BGHZ 84, 11 = NJW 1982, 2303; BGH v. 9.11.1987 – II ZR 100/87, BGHZ 102, 172 = NJW 1988, 969; BGH v. 21.3.1988 – II ZR 135/87, BGHZ 104, 50 = NJW 1988, 1903.
58 BGH v. 2.12.1974 – II ZR 78/72, BGHZ 63, 282, 285 = NJW 1975, 771; BGH v. 24.10.1988 – II ZR 311/87, BGHZ 105, 306 = NJW 1989, 1724.
59 *J. Mayer*, in: MünchKomm. GmbHG, Rdnr. 18; *Roth*, in: Roth/Altmeppen, Rdnr. 15; *Basedow*, in: MünchKomm. BGB, § 310 BGB Rdnr. 87; *Flume*, Juristische Person, § 9 I (S. 320 f.); *Wiedemann*, GesR I, § 3 II 3 (S. 172 ff.).
60 LG Münster v. 29.8.1995 – 9 S 82/95, NJW-RR 1996, 676 f.; *J. Mayer*, in: MünchKomm. GmbHG, Rdnr. 18; *Roth*, in: Roth/Altmeppen, Rdnr. 15.
61 *J. Mayer*, in: MünchKomm. GmbHG, Rdnr. 18; *Roth*, in: Roth/Altmeppen, Rdnr. 15; *C. Schäfer*, in: Bork/Schäfer, Rdnr. 12.
62 Möglicherweise a.A. *Ring*, in: Ring/Grziwotz, Systematischer Praxiskommentar GmbH-Recht, 2. Aufl. 2012, Rdnr. 10; im Grundsatz wie hier *J. Mayer*, in: MünchKomm. GmbHG, Rdnr. 18; *J. Schmidt*, in: Michalski u.a., Rdnr. 30; s. zur Anwendung des AGG auf GmbH-Geschäftsführer BGH v. 23.4.2012

Bei dem Abschluss eines Gesellschaftsvertrages handelt es sich typischerweise nicht um ein Massengeschäft i.S. des § 19 Abs. 1 Nr. 1 AGG oder um einen Fall des § 19 Abs. 2 AGG[63]. Zudem liegt regelmäßig keine Regelung des Zugangs zur selbständigen Erwerbstätigkeit oder des beruflichen Aufstiegs i.S. der §§ 2 Nr. 1, 6 Abs. 3 AGG vor[64].

3. Notarielle Form

a) Zweck des Formerfordernisses

Der Gesellschaftsvertrag bedarf nach § 2 Abs. 1 Satz 1 der notariellen Beurkundung (§ 128 BGB)[65]. Den Notar trifft die allgemeine Amtspflicht, den Willen der Parteien zu erforschen, den Sachverhalt zu klären und die Beteiligten hinsichtlich der rechtlichen Tragweite des Geschäfts zu belehren (§ 17 BeurkG). Als qualifizierter und unabhängiger Berater klärt der Notar die Beteiligten über Haftungsrisiken auf, wirkt auf den Schutz der Minderheitsgesellschafter gegenüber der Mehrheit hin und bewahrt die Gläubiger vor einer Verwässerung des Haftungsfonds sowie die Öffentlichkeit vor GmbH-Gründungen, durch die unerlaubte oder unredliche Zwecke verfolgt werden (§ 4 BeurkG)[66]. Das Formerfordernis verwirklicht damit eine **Vielzahl von Zwecken**[67]. Im Vordergrund steht der Schutz des Rechtsverkehrs durch die Gewährleistung erhöhter **Rechtssicherheit**[68]. Daneben kommt dem Formgebot Individualschutz in Form einer **Warnfunktion** zugunsten der Gesellschafter zu[69] und es dient der **Gewährleistung der materiellen Richtigkeit der Satzungsbestimmungen**[70]. Die (auch) der Richtigkeitsgewähr dienende Prüfungs- und Belehrungspflicht des Notars ist entgegen einer teilweise vertretenen Auffassung[71] als öffentlich-rechtliche Verpflichtung nicht verzichtbar (s. noch Rdnr. 20)[72]. Besondere Relevanz hat auch die mit der Einschaltung des Notars ein- 10

— II ZR 163/10, BGHZ 193, 110 = GmbHR 2012, 845; dazu *Bauer/Arnold*, NZG 2012, 921; zur Behandlung des Gesellschafter-Geschäftsführers s. *Thüsing*, in: MünchKomm. BGB, § 6 AGG Rdnr. 11 einerseits und *Schröder/Diller*, NZG 2006, 728, 730 andererseits.

63 Ebenso *Fastrich*, in: Baumbach/Hueck, § 1 Rdnr. 38, § 3 Rdnr. 4; *Schröder/Diller*, NZG 2006, 728, 729.

64 *Schröder/Diller*, NZG 2006, 728, 729 ff.; grds. auch *Bauer/Krieger*, 4. Aufl. 2015, § 2 AGG Rdnr. 16 mit Ausnahme für den Fall, dass die Aufnahme eines Gesellschafters im konkreten Fall die einzig mögliche Form der Erwerbstätigkeit ist; a.A. *Thüsing*, in: MünchKomm. BGB, § 2 AGG Rdnr. 5 für den Aufstieg vom Associate zum Partner.

65 S. ebenso § 4 Abs. 3 öGmbHG; anders jedoch § 9a Abs. 4 Satz 1 öGmbHG in der Fassung des Deregulierungsgesetzes 2017 mit Wirkung zum 1.1.2018 für die vereinfachte Gründung einer GmbH, deren alleiniger Gesellschafter auch Geschäftsführer ist.

66 *Roth*, in: Roth/Altmeppen, Rdnr. 24; *J. Mayer*, in: MünchKomm. GmbHG, Rdnr. 22.

67 S. die ausführliche Darstellung bei *J. Mayer*, in: MünchKomm. GmbHG, Rdnr. 21 ff.; *Kießling*, Vorgründungs- und Vorgesellschaften, 1999, S. 18 ff.

68 AG Berlin-Charlottenburg v. 22.1.2016 – 99 AR 9466/15, GmbHR 2016, 223, 226; *J. Mayer*, in: MünchKomm. GmbHG, Rdnr. 22; *Bayer*, in: Lutter/Hommelhoff, Rdnr. 23; *Roth*, in: Roth/Altmeppen, Rdnr. 24; *Wicke*, Rdnr. 5.

69 Vgl. BGH v. 21.9.1987 – II ZR 16/87, NJW-RR 1988, 288, 289 = GmbHR 1988, 98; s. auch *J. Mayer*, in: MünchKomm. GmbHG, Rdnr. 22; *Ulmer/Löbbe*, in: Ulmer/Habersack/Löbbe, Rdnr. 13; *C. Schäfer*, in: Henssler/Strohn, Gesellschaftsrecht, Rdnr. 1; *Bayer*, in: Lutter/Hommelhoff, Rdnr. 23.

70 In diesem Sinne BGH v. 24.10.1988 – II ZB 7/88, BGHZ 105, 324, 338 = GmbHR 1989, 25, 29 = NJW 1989, 295, 298 – Supermarkt-Beschluss; AG Berlin-Charlottenburg v. 22.1.2016 – 99 AR 9466/15, GmbHR 2016, 223, 226; *J. Mayer*, in: MünchKomm. GmbHG, Rdnr. 22; *Ulmer/Löbbe*, in: Ulmer/Habersack/Löbbe, Rdnr. 13; *Bayer*, in: Lutter/Hommelhoff, Rdnr. 23; *Wicke*, ZIP 2006, 977.

71 BGH v. 16.2.1981 – II ZB 8/80, BGHZ 80, 76 = GmbHR 1981, 238 = NJW 1981, 1160; BGH v. 17.12.2013 – II ZB 6/13, BGHZ 199, 270, 276 = GmbHR 2014, 248 = NJW 2014, 2026; *Emmerich*, 11. Aufl., Rdnr. 13; *Thorn*, in: Palandt, Art. 11 EGBGB Rdnr. 10.

72 Zutreffend AG Berlin-Charlottenburg v. 22.1.2016 – 99 AR 9466/15, GmbHR 2016, 223, 225; *J. Mayer*, in: MünchKomm. GmbHG, Rdnr. 23; *Ulmer/Löbbe*, in: Ulmer/Habersack/Löbbe, Rdnr. 21; *Beckmann/Fabricius*, GWR 2016, 375, 377.

hergehende **Filter-** und **Kontrollfunktion**[73]. Die Filterfunktion kommt in der zweistufigen Prüfung durch Notar und Gericht zum Ausdruck[74]. Sie bewirkt eine erhebliche Entlastung der Justiz, und zwar sowohl auf Seiten der Registergerichte[75] als auch auf Seiten der streitigen Gerichtsbarkeit durch Vermeidung oder zumindest Reduzierung streitiger Gerichtsprozesse[76]. Die Bedeutung der notariellen (Vor-)Prüfung ist insbesondere durch die Einschränkung der gerichtlichen Prüfungskompetenz (vgl. § 9c) weiter gestiegen[77]. Ihren Ausdruck hat sie inzwischen auch in § 378 Abs. 3 Satz 1 FamFG gefunden[78]. Die Kontrollfunktion zeigt sich darin, dass die Mitwirkung des Notars die Rückdatierung von Gründungsurkunden oder deren nachträgliche Änderungen verhindert und die Einhaltung gesetzlicher Anzeigepflichten gewährleistet (§ 54 EStDV)[79].

11   Angesichts dieser Vielzahl von unterschiedlichen Zielen, die mit dem Beurkundungserfordernis verfolgt werden, hat der Gesetzgeber auch für die GmbH-Gründung im vereinfachten Verfahren gemäß § 2 Abs. 1a an dem Beurkundungserfordernis festgehalten und nicht die bloße Unterschriftsbeglaubigung genügen lassen[80]. In Zeiten der Digitalisierung des Wirtschaftslebens muss sich das Zuständigkeitsmonopol des Notars heute gegenüber der Online-Gründung, die auf europäischer Ebene immer wieder aufgegriffen wird, etwa im Zusammenhang mit der Einführung der **SUP** (s. dazu § 1 Rdnr. 53), behaupten. Für die Beibehaltung des Beurkundungserfordernisses spricht, dass wesentliche Zwecke, insbesondere die Warnfunktion, die Gewährleistung materieller Richtigkeit sowie die Filterfunktion im Fall einer Online-Gründung nicht oder nicht mehr vollständig erreicht werden könnten. Die mit der Einschaltung der Notare verbundenen Kosten sind in Anbetracht der mit ihr verwirklichten Ziele auch volkswirtschaftlich gerechtfertigt[81].

b) Umfang des Formerfordernisses

12   Das Formerfordernis des § 2 erstreckt sich auf den **gesamten Inhalt des Gesellschaftsvertrages**. Es betrifft nicht nur den **obligatorischen**, sondern auch den **fakultativen Inhalt** des Gesellschaftsvertrages, d.h. **alle Abreden** der Parteien, die nach ihrem Willen einen Bestandteil des Gesellschaftsvertrages bilden sollen, der auch Dritten gegenüber, insbesondere künftigen Erwerbern, verbindlich sein soll[82]. Hierzu zählt etwa die Begründung von Sonderrechten für einzelne Gesellschafter[83].

---

73 *J. Mayer*, in: MünchKomm. GmbHG, Rdnr. 23a; *Roth*, in: Roth/Altmeppen, Rdnr. 24; *Wicke*, ZIP 2006, 977 f.
74 S. allgemein hierzu *Preuß*, RNotZ 2009, 529.
75 *C. Schäfer*, in: Henssler/Strohn, Gesellschaftsrecht, Rdnr. 12.
76 *Roth*, in: Roth/Altmeppen, Rdnr. 24.
77 *J. Mayer*, in: MünchKomm. GmbHG, Rdnr. 23a; *Ulmer/Löbbe*, in: Ulmer/Habersack/Löbbe, Rdnr. 21.
78 S. dazu das Gesetz zur Neuordnung der Aufbewahrung von Notariatsunterlagen und zur Einrichtung des Elektronischen Urkundenarchivs bei der Bundesnotarkammer sowie zur Änderung weiterer Gesetze vom 1.6.2017, BGBl. I 2017, 1296.
79 *J. Mayer*, in: MünchKomm. GmbHG, Rdnr. 23a; s. zu § 54 EStDV im Zusammenhang mit der Diskussion über die Zulässigkeit der Auslandsbeurkundung auch *Heinze*, NZG 2017, 371.
80 *J. Mayer*, in: MünchKomm. GmbHG, Rdnr. 23a; *Bayer*, in: Lutter/Hommelhoff, Rdnr. 23.
81 Zutreffend *Roth*, in: Roth/Altmeppen, Rdnr. 24; *Wicke*, ZIP 2006, 977 f.
82 *Roth*, in: Roth/Altmeppen, Rdnr. 25; *Bayer*, in: Lutter/Hommelhoff, Rdnr. 25; *J. Schmidt*, in: Michalski u.a., Rdnr. 46; *Fastrich*, in: Baumbach/Hueck, Rdnr. 12.
83 RG v. 4.2.1943 – II 94/42, RGZ 170, 358, 367 f.; BGH v. 4.11.1968 – II ZR 63/67, NJW 1969, 131; BGH v. 16.2.1981 – II ZR 89/79, GmbHR 1982, 129; *Bayer*, in: Lutter/Hommelhoff, Rdnr. 25; *Waldenberger*, GmbHR 1997, 49, 51.

Nicht unter das Formgebot des § 2 fallen **schuldrechtliche Nebenabreden** der Gründer[84]. 13
Übernehmen die Gründer untereinander oder gegenüber der Gesellschaft (§ 328 BGB) **weitere schuldrechtliche Verpflichtungen**, verpflichten sie sich etwa bestimmte zusätzliche Leistungen an die Gesellschaft zu erbringen, sind solche Nebenabreden **formlos** möglich. Nebenabreden können aber aus anderen Gründen formbedürftig sein, etwa wegen § 15 Abs. 4 Satz 1,
wenn durch sie eine Verpflichtung zur Anteilsübertragung begründet wird. Spätere Erwerber
sind nicht an schuldrechtliche Nebenabreden gebunden, es sei denn, sie treten den Vereinbarungen (ausdrücklich oder konkludent) bei[85].

c) Zuständigkeit des in Deutschland zugelassenen Notars

Die Zuständigkeit des Notars für Beurkundungen im Inland folgt unmittelbar aus § 2 Abs. 1   14
Satz 1 („notarieller Form"), ohne dass es eines Rückgriffs auf § 20 BNotO bedarf[86]. Der Sitz
der GmbH ist für die Zuständigkeit des Notars irrelevant, so dass jeder in der Bundesrepublik Deutschland zugelassene Notar an der Errichtung von Gesellschaften mit beliebigem Satzungssitz innerhalb Deutschlands mitwirken darf[87]. Der Notar darf allerdings nur innerhalb
seines Amtsbezirks tätig werden (§ 11 Abs. 1, 2 BNotO). Eine Überschreitung der Grenzen seines Amtsbezirks macht die Beurkundung nicht unwirksam (§ 11 Abs. 3 BNotO; § 2 BeurkG).
Anders verhält es sich im Fall der Beurkundung eines in Deutschland zugelassenen Notars im
Ausland, weil sich die Beurkundungsbefugnis als öffentliche Tätigkeit auf das Staatsgebiet beschränkt (s. zur Beurkundung durch im Ausland zugelassene Notare Rdnr. 15 ff.)[88]. Zuständig
für die Beurkundung im Ausland sind die deutschen Konsularbeamten (§ 10 KonsularG)[89].
Eine Zuständigkeit zugunsten der Gerichte und der Schiedsgerichte besteht im Rahmen des
§ 127a BGB[90] sowie des § 1053 Abs. 3 ZPO[91], es sei denn, die notarielle Form soll durch die
Wahl des Schiedsverfahrens bewusst umgangen werden[92].

d) Im Ausland zugelassene Notare

Schrifttum: *Becker*, GmbH-Gründungstourismus in die Schweiz, NotBZ 2016, 321; *Beckmann/Fabricius*,
„Beurkundungstourismus" – Gleichwertigkeit der Beurkundung gesellschaftsrechtlicher Dokumente im
Ausland, GWR 2016, 375; *Bredthauer*, Zur Wirksamkeit gesellschaftsrechtlicher Beurkundungen im Kanton Zürich, BB 1986, 1864; *A. Dignas*, Die Auslandsbeurkundung von gesellschaftsrechtlichen Vorgängen
einer deutschen GmbH, 2004; *Geimer*, Auslandsbeurkundungen im Gesellschaftsrecht – Bemerkungen

---

84 BGH v. 8.2.1993 – II ZR 24/92, GmbHR 1993, 214 = NJW-RR 1993, 607; BGH v. 15.3.2010 – II
    ZR 4/09, GmbHR 2010, 980, 981 = NJW 2010, 3718, 3719; *Bayer*, in: Lutter/Hommelhoff, Rdnr. 25;
    Roth, in: Roth/Altmeppen, Rdnr. 25; *Ulmer/Löbbe*, in: Ulmer/Habersack/Löbbe, Rdnr. 27; *J. Schmidt*,
    in: Michalski u.a., Rdnr. 47; *Schmidt-Leithoff*, in: Rowedder/Schmidt-Leithoff, Rdnr. 46; a.A. hinsichtlich Nebenleistungen i.S. des § 3 Abs. 2 *Ullrich*, ZGR 1985, 235; für die Formbedürftigkeit aller
    Abreden der Gesellschafter *J. Mayer*, in: MünchKomm. GmbHG, Rdnr. 40 ff.
85 *Schmidt-Leithoff*, in: Rowedder/Schmidt-Leithoff, Rdnr. 46.
86 *J. Mayer*, in: MünchKomm. GmbHG, Rdnr. 25; anders *Emmerich*, 11. Aufl., Rdnr. 17; *Michalski*, in:
    Michalski, 2. Aufl. 2010, Rdnr. 21.
87 *J. Mayer*, in: MünchKomm. GmbHG, Rdnr. 26; *Ulmer/Löbbe*, in: Ulmer/Habersack/Löbbe, Rdnr. 12;
    Bayer, in: Lutter/Hommelhoff, Rdnr. 22; *Schmidt-Leithoff*, in: Rowedder/Schmidt-Leithoff,
    Rdnr. 39.
88 *J. Mayer*, in: MünchKomm. GmbHG, Rdnr. 26; *Ulmer/Löbbe*, in: Ulmer/Habersack/Löbbe, Rdnr. 12;
    Schmidt-Leithoff, in: Rowedder/Schmidt-Leithoff, Rdnr. 39.
89 Gesetz über die Konsularbeamten, ihre Aufgaben und Befugnisse (Konsulargesetz) vom 11.9.1974,
    BGBl. I 1974, 2317; näher dazu *Ulmer/Löbbe*, in: Ulmer/Habersack/Löbbe, Rdnr. 22.
90 *J. Mayer*, in: MünchKomm. GmbHG, Rdnr. 26; *Ulmer/Löbbe*, in: Ulmer/Habersack/Löbbe, Rdnr. 16;
    Bayer, in: Lutter/Hommelhoff, Rdnr. 24.
91 *Ulmer/Löbbe*, in: Ulmer/Habersack/Löbbe, Rdnr. 16; *Bayer*, in: Lutter/Hommelhoff, Rdnr. 24.
92 OLG München v. 26.7.2005 – 31 Wx 50/05, GmbHR 2005, 1568, 1569 f.

zum Urteil des BGH v. 16.2.1981 – II ZB 8/80, DNotZ 1981, 406; *Goette*, Auslandsbeurkundungen im Kapitalgesellschaftsrecht, in: FS Boujong, 1996, S. 131 = DStR 1996, 709 = MittRhNotK 1997, 2; *Heckschen*, Auslandsbeurkundung und Richtigkeitsgewähr, DB 1990, 161; *Heinze*, Die Bedeutung der steuerlichen Anzeige- und Übersendungspflichten der Notare (insbesondere nach § 54 I EStDV) für die Zulässigkeit der Auslandsbeurkundung im Gesellschaftsrecht, NZG 2017, 371; *H.-J. Hellwig*, in: Hommelhoff/Röhricht, Gesellschaftsrecht 1997, 1998, S. 285; *St. Kröll*, Beurkundung gesellschaftsrechtlicher Vorgänge durch einen ausländischen Notar, ZGR 2000, 111; *Lerch*, Der Verzicht der Urkundsbeteiligten auf ihren Anspruch auf Belehrung nach § 17 Abs. 1 BeurkG?, NotBZ 2016, 452; *Löber*, Beurkundung von Gesellschafterbeschlüssen einer deutschen GmbH vor spanischen Notaren, RIW 1989, 94; *Mohr*, Auslandsbeurkundung bei der deutschen GmbH, GmbH-StB 2011, 310; *van Randenborgh/Kallmeyer*, Pro und Contra – Beurkundung gesellschaftsrechtlicher Rechtsgeschäfte durch ausländische Notare?, GmbHR 1996, 908 und 910; *A. Reuter*, in: Hommelhoff/Röhricht, Gesellschaftsrecht 1997, 1998, S. 277; *Schervier*, Beurkundung GmbH-rechtlicher Vorgänge im Ausland, NJW 1992, 593; *Sick/A. Schwarz*, Auslandsbeurkundungen im Gesellschaftsrecht, NZG 1998, 540; *Stenzel*, Formfragen des internationalen Gesellschaftsrechts, GmbHR 2014, 1024; *Stenzel*, Vollmachtsmängel bei der GmbH-Gründung, GmbHR 2015, 567.

15 Ob die Gründung einer GmbH nur **durch einen in Deutschland zugelassenen Notar**[93] beurkundet werden kann **oder** ob generell oder im Einzelfall eine Beurkundung durch einen **im Ausland zugelassenen Notar** oder eine gleichstehende Urkundsperson dem Formerfordernis genügt, ist seit langer Zeit umstritten[94]. In der Praxis beruht der Wille zur Einschaltung eines Notars im Ausland nahezu ausschließlich auf der Motivation, die in Deutschland anfallenden Notargebühren zu umgehen[95]. Hinsichtlich der GmbH-Gründung erfolgt dies teilweise in Verkennung der tatsächlich in Deutschland anfallenden moderaten Gebührensätze und der allenfalls geringen Kostenvorteile einer Auslandsbeurkundung[96].

16 Im Ausgangspunkt ist festzuhalten, dass sich die Gründung einer GmbH **allein nach deutschem Recht** bemisst. Auch bei Beurkundung im Ausland ist damit zwingend die notarielle Form des § 2 Abs. 1 Satz 1 einzuhalten. Dies folgt aus **§ 11 Abs. 1 EGBGB**. Danach ist ein Rechtsgeschäft zwar nicht nur dann formgültig, wenn es den Formerfordernissen des Rechts genügt, das auf das seinen Gegenstand bildende Rechtsverhältnis anzuwenden ist (sog. **Geschäfts- oder Wirkungsstatut**), sondern auch dann, wenn es die Formerfordernisse des Rechts desjenigen Staates erfüllt, in dem es vorgenommen wird (sog. **Ortsstatut**). Für die Gründung einer GmbH gilt jedoch nach zutreffender h.M. allein das Wirkungsstatut[97]. Ge-

---

93 Die Verwendung des Begriffs „deutscher Notar" oder „ausländischer Notar", s. etwa *Fastrich*, in: Baumbach/Hueck, Rdnr. 9, ist spätestens seit der Entscheidung des EuGH v. 24.5.2011 – C-54/08, NJW 2011, 2941 missverständlich, weil danach Staatsbürgern aller EU-Mitgliedstaaten der Zugang zum Notarberuf eröffnet werden muss, mithin ein in Deutschland zugelassener Notar nicht die deutsche Staatsangehörigkeit haben muss.

94 S. den Überblick zum Streitstand bei *J. Mayer*, in: MünchKomm. GmbHG, Rdnr. 44 ff.

95 *Ulmer/Löbbe*, in: Ulmer/Habersack/Löbbe, Rdnr. 20; *Schmidt-Leithoff*, in: Rowedder/Schmidt-Leithoff, Rdnr. 44.

96 S. dazu *Becker*, NotBZ 2016, 321 f.

97 OLG Hamm v. 1.2.1974 – 15 Wx 6/74, NJW 1974, 1057 f.; LG Augsburg v. 4.6.1996 – 2 HK T 2093/96, GmbHR 1996, 941 = NJW-RR 1997, 420; LG Kiel v. 25.4.1997 – 3 T 143/97, GmbHR 1997, 952 = BB 1998, 120; LG Mannheim v. 27.7.1998 – 24 T 2/98, BWNotZ 2000, 150; AG Köln v. 14.8.1989 – 42 HRB 8123, GmbHR 1990, 172 = MittRhNotK 1990, 22; AG Berlin-Charlottenburg v. 22.1.2016 – 99 AR 9466/15, GmbHR 2016, 223; *Ulmer/Löbbe*, in: Ulmer/Habersack/Löbbe, Rdnr. 19; *Schmidt-Leithoff*, in: Rowedder/Schmidt-Leithoff, Rdnr. 41; *C. Schäfer*, in: Henssler/Strohn, Gesellschaftsrecht, Rdnr. 16; *C. Schäfer*, in: Bork/Schäfer, Rdnr. 33; *Roth*, in: Roth/Altmeppen, Rdnr. 23; *Fastrich*, in: Baumbach/Hueck, Rdnr. 9; *Goette*, MittRhNotK 1997, 1, 2 ff.; *Haerendel*, DStR 2001, 1802 f.; *Stenzel*, GmbHR 2014, 1024, 1031; ebenso *Bayer*, in: Lutter/Hommelhoff, Rdnr. 27 und *J. Schmidt*, in: Michalski u.a., Rdnr. 57 jeweils im Wege der analogen Anwendung des Art. 11 Abs. 4 EGBGB sowie *J. Mayer*, in: MünchKomm. GmbHG, Rdnr. 44 (teleologische Reduktion des Art. 11 Abs. 1 EGBGB).

gen die Geltung (auch) des Ortstatuts[98] spricht neben dem Willen des Gesetzgebers[99], dass das Beurkundungserfordernis (auch) öffentlichen Interessen dient, insbesondere der Rechtssicherheit und der Richtigkeitsgewähr (s. Rdnr. 10), und diesen Interessen bei Geltung des Ortsstatuts nicht genügt würde. Zudem würde die Anerkennung der Ortsform die Verlässlichkeit des deutschen Handelsregisters erheblich beeinträchtigen, wenn aufgrund privatschriftlich errichteter Urkunden Strukturmaßnahmen wie die Errichtung einer GmbH zur Eintragung in das deutsche Handelsregister gelangen könnten. Etwas anderes folgt auch nicht aus Art. 11 Rom I-VO, weil die Rom I-VO gemäß ihrem Art. 1 Abs. 2 lit. f auf Fragen betreffend das Gesellschaftsrecht nicht anwendbar ist[100].

Geht man von der Maßgeblichkeit (nur) des Wirkungsstatuts aus, stellt sich die Frage, ob den Anforderungen der nach deutschem Recht vorgeschriebenen notariellen Beurkundung im Wege der **Substitution** durch die Beurkundung im Ausland genügt werden kann. Nach der bislang wohl herrschenden Auffassung soll dies möglich sein, wenn die Beurkundung durch den im Ausland zugelassenen Notar der Beurkundung durch einen in Deutschland zugelassenen Notar **gleichwertig** ist. Voraussetzung hierfür soll die Gleichwertigkeit der **Beurkundungsperson** und die Gleichwertigkeit des **Beurkundungsverfahrens** sein[101]. Die Beurkundungsperson muss nach ihrer Vorbildung und Stellung im Rechtsleben dem Notar in Deutschland gleichwertig sein, nicht jedoch über besondere Kenntnisse im deutschen Gesellschaftsrecht verfügen[102]. Zudem muss der Notar ein Verfahrensrecht beachten, das den tragenden Grundsätzen des deutschen Beurkundungsrechts entspricht. In diesem Sinne wurde in der Rechtsprechung teilweise die Beurkundung durch einen Notar in den Niederlanden[103], in Österreich[104] und in einzelnen Kantonen der Schweiz anerkannt[105], die Gleichwertigkeit ei-

17

---

98 Dafür, jedoch unter teilweiser Missachtung des Willens des Gesetzgebers OLG Düsseldorf v. 25.1.1989 – 3 Wx 21/89, GmbHR 1990, 169 = NJW 1989, 2200; BayObLG v. 18.10.1977 – BReg 3 Z 68/76, NJW 1978, 500; OLG Frankfurt a.M. v. 10.4.1981 – 20 W 460/80, DB 1981, 1456; *Spellenberg*, in: MünchKomm. BGB, Art. 11 EGBGB Rdnr. 173 ff.; *Thorn*, in: Palandt, Art. 11 EGBGB Rdnr. 12 f.; offen gelassen von BGH v. 16.2.1981 – II ZB 8/80, BGHZ 80, 76, 78 = GmbHR 1981, 238 = NJW 1981, 1160; BGH v. 22.5.1989 – II ZR 211/88, GmbHR 1990, 25, 28 = NJW-RR 1989, 1259, 1261.

99 Dazu *Ulmer/Löbbe*, in: Ulmer/Habersack/Löbbe, Rdnr. 19; *J. Mayer*, in: MünchKomm. GmbHG, Rdnr. 44; *Bayer*, in: Lutter/Hommelhoff, Rdnr. 27; *Stenzel*, GmbHR 2014, 1024, 1031.

100 EuGH v. 7.4.2016 – C-483/14, EuZW 2016, 339, 341 = NZG 2016, 513, 515; BGH v. 21.10.2014 – II ZR 330/13, BGHZ 203, 68, 73 = DNotZ 2015, 207; AG Berlin-Charlottenburg v. 22.1.2016 – 99 AR 9466/15, GmbHR 2016, 223; *Fastrich*, in: Baumbach/Hueck, Rdnr. 9; *J. Schmidt*, in: Michalski u.a., Rdnr. 57; *Wicke*, Rdnr. 5.

101 BGH v. 16.2.1981 – II ZB 8/80, BGHZ 80, 76, 78 = GmbHR 1981, 238 = NJW 1981, 1160; OLG Frankfurt a.M. v. 25.1.2005 – 11 U 8/04, GmbHR 2005, 764, 766 f.; LG Nürnberg-Fürth v. 20.8.1991 – 4 HK T 489/91, GmbHR 1991, 582.

102 BGH v. 16.2.1981 – II ZB 8/80, BGHZ 80, 76, 78 f. = GmbHR 1981, 238 = NJW 1981, 1160.

103 So OLG Düsseldorf v. 25.1.1989 – 3 Wx 21/89, GmbHR 1990, 169 = NJW 1989, 2200, allerdings auf der Grundlage der Anerkennung der Ortsform.

104 BayObLG v. 18.10.1977 – BReg 3 Z 68/76, DB 1977, 2320; LG Kiel v. 25.4.1997 – 3 T 143/97, GmbHR 1997, 952 = BB 1998, 120 (Verschmelzung); offen gelassen von BayObLG v. 18.10.1977 – BReg 3 Z 68/76, GmbHR 1978, 39 (Anteilsübertragung).

105 BGH v. 16.2.1981 – II ZB 8/80, BGHZ 80, 76 = GmbHR 1981, 238 = NJW 1981, 1160 (Zürich); kritisch dazu *Bredthauer*, BB 1986, 1864; *Goette*, DStR 1996, 711. Für den Fall der Anteilsübertragung OLG München v. 19.11.1997 – 7 U 2511–97, GmbHR 1998, 46 (Basel); OLG Düsseldorf v. 2.3.2011– 3 Wx 236/10, GmbHR 2011, 417 (Basel). Für den Fall des Treuhandvertrages OLG Frankfurt a.M. v. 25.1.2005 – 11 U 8/04, GmbHR 2005, 764, 766 f. (Basel). Für den Fall der Verschmelzung LG Nürnberg-Fürth v. 20.8.1991 – 4 HK T 489/91, GmbHR 1991, 582 (Basel). Gegen die Gleichwertigkeit des Beurkundungsverfahrens in Bern AG Berlin-Charlottenburg v. 22.1.2016 – 99 AR 9466/15, GmbHR 2016, 223, 224 f.; *Becker*, NotBZ 2016, 321, 322 f. Gegen die Gleichwertigkeit des Beurkundungsverfahrens in Zürich AG Köln v. 14.8.1989 – 42 HRB 8123, MittRhNotK 1990, 22. Angesichts der teils erheblichen Unterschiede in den jeweiligen Kantonen ver-

nes notary public im US-Bundesstaat Kalifornien jedoch verneint[106]. In der Literatur werden teilweise auch Beurkundungen in allen Ländern des lateinischen Notariats als grundsätzlich gleichwertig erachtet[107]. Bisweilen wird dabei jedoch die Gleichwertigkeit vorschnell ohne eine vertiefte Prüfung der Besonderheiten des ausländischen Rechts angenommen[108]. Ein praktisches Problem stellt im Fall der Auslandsbeurkundung die erforderliche elektronische Handelsregisteranmeldung (§ 12 HGB) dar, das aber zumindest durch die Einschaltung eines in Deutschland zugelassenen Notars als Bote überwunden werden kann[109].

18 Bei näherer Betrachtung zeigt sich, dass die Frage der Zulässigkeit der Auslandsbeurkundung zur Errichtung einer GmbH jedenfalls **höchstrichterlich nicht entschieden** ist. Der BGH hatte in seiner Entscheidung aus dem Jahr 1981 nicht über die Gründung einer GmbH, sondern über eine Satzungsänderung zu entscheiden und sich in diesem Zusammenhang auf ein äußerst umstrittenes Gutachten[110] berufen[111]. In weiteren Entscheidungen hat sich der BGH mit der Abtretung von Geschäftsanteilen[112], mit der Einreichung der Gesellschafterliste[113] und mit dem Beurkundungsort der Hauptversammlung der AG[114] befasst. Diese lassen sich jedoch allesamt nicht auf den Fall der GmbH-Gründung übertragen[115].

19 Inzwischen mehren sich die Stimmen, nach denen jedenfalls die Gründung der GmbH unter Einschaltung eines Notars im Ausland entweder überhaupt nicht[116] oder nur bei strikter Gleichwertigkeit[117] erfolgen kann. Diesen Stimmen ist beizupflichten. Richtigerweise ist die Beurkundung einer GmbH-Gründung, die nach den Vorschriften über die Beurkundung von Willenserklärungen erfolgt[118], durch einen im Ausland zugelassenen Notar **nicht anzuerkennen**. Das Formerfordernis gemäß § 2 Abs. 1 Satz 1 erschöpft sich nach heutigem,

---

bietet sich eine pauschale Aussage zur Gleichwertigkeit der Beurkundung durch einen in der Schweiz zugelassenen Notar, s. etwa *Herrler*, GmbHR 2014, 225, 231; s. allgemein auch zum unterschiedlichen Verfahrensrecht in der Schweiz *Heckschen*, in: Heckschen/Heidinger, § 2 Rdnr. 39.

106 OLG Stuttgart v. 17.5.2000 – 20 U 68/99, NZG 2001, 40, 43 = GmbHR 2000, 721.

107 So *Schmidt-Leithoff*, in: Rowedder/Schmidt-Leithoff, Rdnr. 42; *Thorn*, in: Palandt, Art. 11 EGBGB Rdnr. 9.

108 Zutreffend *J. Mayer*, in: MünchKomm. GmbHG, Rdnr. 56a; *Bayer*, in: Lutter/Hommelhoff, Rdnr. 29; *Heckschen*, in: Heckschen/Heidinger, § 2 Rdnr. 38 ff.

109 *J. Mayer*, in: MünchKomm. GmbHG, Rdnr. 56b; *Fastrich*, in: Baumbach/Hueck, Rdnr. 9; *Schmidt-Leithoff*, in: Rowedder/Schmidt-Leithoff, Rdnr. 43.

110 S. speziell dazu *J. Mayer*, in: MünchKomm. GmbHG, Rdnr. 46; *Goette*, MittRhNotK 1997, 1, 4; *Bayer*, GmbHR 2013, 897, 909.

111 BGH v. 16.2.1981 – II ZB 8/80, BGHZ 80, 76 = GmbHR 1981, 238 = NJW 1981, 1160.

112 BGH v. 22.5.1989 – II ZR 211/88, GmbHR 1990, 25, 28 = NJW-RR 1989, 1259, 1261 (obiter dictum).

113 BGH v. 17.12.2013 – II ZB 6/13, BGHZ 199, 270 = GmbHR 2014, 248.

114 BGH v. 21.10.2014 – II ZR 330/13, BGHZ 203, 68 = DNotZ 2015, 207.

115 S. auch *C. Schäfer*, in: Bork/Schäfer, Rdnr. 35.

116 LG Augsburg v. 4.6.1996 – 2 HK T 2093/96, GmbHR 1996, 941 = NJW-RR 1997, 420; *Bayer*, in: Lutter/Hommelhoff, Rdnr. 30; *J. Mayer*, in: MünchKomm. GmbHG, Rdnr. 56b („nach heutigem Diskussionsstand"); *C. Schäfer*, in: Henssler/Strohn, Gesellschaftsrecht, Rdnr. 17; *C. Schäfer*, in: Bork/Schäfer, Rdnr. 34; *Heckschen*, in: Heckschen/Heidinger, § 2 Rdnr. 41; *Goette*, in: FS Boujong, S. 131, 136 ff.; *Goette*, DStR 1996, 709, 713; *Goette*, MittRhNotK 1997, 1, 4 f.; *Beckmann/Fabricius*, GWR 2016, 375, 377. A.A. auch heute noch etwa *Schmidt-Leithoff*, in: Rowedder/Schmidt-Leithoff, Rdnr. 42; *Spellenberg*, in: MünchKomm. BGB, Art. 11 EGBGB Rdnr. 97.

117 LG Mannheim v. 27.7.1998 – 24 T 2/98, BWNotZ 2000, 150; AG Köln v. 14.8.1989 – 42 HRB 8123, GmbHR 1990, 172 = MittRhNotK 1990, 22; *Ulmer/Löbbe*, in: Ulmer/Habersack/Löbbe, Rdnr. 21; *Haerendel*, DStR 2001, 1802, 1804 f.; wohl auch AG Berlin-Charlottenburg v. 22.1.2016 – 99 AR 9466/15, GmbHR 2016, 223, allerdings mit zugleich erheblicher Kritik an der Theorie der Gleichwertigkeit des II. Zivilsenats.

118 S. *J. Mayer*, in: MünchKomm. GmbHG, Rdnr. 52 ff. zu möglichen Differenzierungen der Beurkundung von Willenserklärungen und reinen Tatsachenbeurkundungen; ebenso im Ansatz *Reithmann*, NJW 2003, 385, 387.

auch vom II. Zivilsenat geteilten Verständnis[119], nicht im Individualschutz zugunsten der Gründer, sondern dient maßgeblich dem Interesse der **Rechtssicherheit** sowie der **Richtigkeitsgewähr** des Gründungsvorgangs (s. Rdnr. 10)[120]. Diese Zwecke können im Fall einer Beurkundung der GmbH-Gründung durch einen im Ausland zugelassenen Notar, der nicht über die erforderlichen Rechtskenntnisse verfügt, regelmäßig nicht erreicht werden[121]. Dies mag im Einzelfall anders zu beurteilen sein, wenn der Notar angesichts seiner Ausbildung und Stellung ausnahmsweise auch im deutschen (Gesellschafts-)Recht qualifiziert beraten kann und auch entsprechend den in Deutschland zugelassenen Notaren unbeschränkt und unbeschränkbar persönlich haftet (§ 19 BNotO). Die Anerkennung der Auslandsbeurkundung kann im Interesse der Rechtssicherheit jedoch nicht von einer derartigen Einzelfallprüfung abhängig sein[122].

Die Urkundsbeteiligten können auch **nicht** auf die mit dem Beurkundungserfordernis einhergehenden Zwecke **verzichten**, indem sie einen im Ausland zugelassenen Notar mit der Beurkundung beauftragen[123]. § 17 BeurkG steht als öffentlich-rechtliche Amtspflicht nicht zur Disposition der Beteiligten[124]. Dies gilt selbst dann, wenn das Beurkundungserfordernis (nur) Individualinteressen dient, worauf der III. Zivilsenat im Zusammenhang mit der Verpflichtung des Notars zur Gestaltung des Beurkundungsverfahrens in § 17 Abs. 2a Satz 2 Nr. 2 BeurkG zutreffend hingewiesen hat[125]. Erst Recht muss dies gelten, wenn das Beurkundungserfordernis, wie in § 2 Abs. 1 Satz 1, (auch) dem überindividuellen Interesse der Rechtssicherheit und der Richtigkeitsgewähr dient. Ein Verzicht der Urkundsbeteiligten würde auf einen unzulässigen Verzicht zu Lasten Dritter hinauslaufen und die öffentlichen Zwecke leerlaufen lassen[126].

Schließlich ist zu berücksichtigen, dass auch die mit der Beurkundung einhergehende **Filter-** und **Kontrollfunktion** (s. Rdnr. 10) im Fall der Auslandsbeurkundung maßgeblich nicht mehr erfüllt werden kann[127]. Dies gilt insbesondere vor dem Hintergrund der ohnehin eingeschränkten Prüfungskompetenz des Registergerichts gemäß § 9c Abs. 2, weil die präventive Prüfung und Kontrolle durch den Notar, die durch die eingeschränkte gerichtliche Prüfungskompetenz an Bedeutung gewonnen hat, durch einen Notar mit Zulassung im Ausland nicht in gleicher Weise verwirklicht werden kann[128]. Dieses „Vieraugenprinzip" im deutschen Re-

20

21

---

119 Vgl. BGH v. 24.10.1988 – II ZB 7/88, BGHZ 105, 324, 338 = GmbHR 1989, 25, 29 = NJW 1989, 295, 298 – Supermarkt-Beschluss.

120 LG Augsburg v. 4.6.1996 – 2 HK T 2093/96, GmbHR 1996, 941 = NJW-RR 1997, 420; LG Mannheim v. 27.7.1998 – 24 T 2/98, BWNotZ 2000, 150.

121 AG Berlin-Charlottenburg v. 22.1.2016 – 99 AR 9466/15, GmbHR 2016, 223, 226; *Beckmann/Fabricius*, GWR 2016, 375, 377.

122 LG Augsburg v. 4.6.1996 – 2 HK T 2093/96, GmbHR 1996, 941 = NJW-RR 1997, 420; *J. Mayer*, in: MünchKomm. GmbHG, Rdnr. 54; *Haerendel*, DStR 2001, 1802, 1804 f.; nicht maßgeblich daher die Hinweise von *Sick/Schwarz*, NZG 1998, 540, 543.

123 So jedoch BGH v. 16.2.1981 – II ZB 8/80, BGHZ 80, 76, 79 = GmbHR 1981, 238 = NJW 1981, 1160; OLG Düsseldorf v. 25.1.1989 – 3 Wx 21/89, GmbHR 1990, 169, 170 = NJW 1989, 2200.

124 Zutreffend *Winkler*, 18. Aufl. 2017, § 17 BeurkG Rdnr. 1; *J. Mayer*, in: MünchKomm. GmbHG, Rdnr. 47; *Reithmann*, DNotZ 2003, 603, 604; *Armbrüster/Krause*, NotBZ 2004, 325; *Herrler*, GmbHR 2014, 225, 229 f.

125 BGH v. 7.2.2013 – III ZR 121/12, NJW 2013, 1451.

126 Zutreffend AG Berlin-Charlottenburg v. 22.1.2016 – 99 AR 9466/15, GmbHR 2016, 223, 226; s. ebenso *Winkler*, 18. Aufl. 2017, § 17 BeurkG Rdnr. 1; *Ulmer/Löbbe*, in: Ulmer/Habersack/Löbbe, Rdnr. 21; *Goette*, DStR 1996, 709, 713; *Goette*, MittRhNotK 1997, 1, 5; *Haerendel*, DStR 2001, 1802, 1805. A.A.: *Spellenberg*, in: MünchKomm. BGB, Art. 11 EGBGB Rdnr. 97; *Kröll*, ZGR 2000, 111, 135 ff.; *Benecke*, RIW 2002, 280, 284 f.; *Stenzel*, GmbHR 2014, 1024, 1031.

127 *J. Mayer*, in: MünchKomm. GmbHG, Rdnr. 55.

128 *J. Mayer*, in: MünchKomm. GmbHG, Rdnr. 51; *Ulmer/Löbbe*, in: Ulmer/Habersack/Löbbe, Rdnr. 21.

gisterrecht wird teilweise nicht hinreichend im Rahmen der Diskussion gewürdigt[129]. Die Beurkundung im Ausland dürfte zudem die Einhaltung der gesetzlichen Anzeigepflichten erschweren, so dass auch fiskalische Interessen für die hier vertretene Auffassung sprechen[130]. Ein Verstoß gegen die **europäischen Grundfreiheiten** liegt in dieser Beschränkung der Beurkundungszuständigkeit auf in Deutschland zugelassene Notare nicht vor[131].

e) Verfahren

22 Der Gesellschaftsvertrag bedarf nach § 2 Abs. 1 Satz 1 der **notariellen Form**. Das Gesetz meint damit die notarielle Beurkundung i.S. des **§ 128 BGB**, auch wenn es dies sprachlich weniger deutlich als etwa in § 311b Abs. 1 Satz 1 BGB zum Ausdruck bringt[132]. Für das Beurkundungsverfahren gelten die **§§ 6 bis 35 BeurkG**[133]. Das Protokollverfahren gemäß §§ 36 f. BeurkG kommt zwar für die Beurkundung von Satzungsänderungen[134], nicht jedoch für die Beurkundung der Errichtung der GmbH in Betracht[135]. Erforderlich ist demnach die Errichtung einer Niederschrift (§ 8 BeurkG) hinsichtlich des gesamten Gesellschaftsvertrages sowie der Übernahme- und Beitrittserklärungen der Gründer, die in Gegenwart des Notars vorzulesen, zu genehmigen und zu unterzeichnen ist (§ 13 BeurkG). In der Praxis üblich ist die äußerliche **Trennung der Urkunde in zwei Teile**[136]. In dem sog. **Urkundenmantel** werden die Errichtungserklärung der Gründer, die Bestellung der ersten Geschäftsführer, die Durchführungsvollmachten zugunsten der Mitarbeiter des Notars und die Notarhinweise aufgenommen. Diesem Mantel wird der Gesellschaftsvertrag als gemäß § 9 Abs. 1 Satz 2 BeurkG verlesungsbedürftige **Anlage** beigefügt[137]. Diese Beurkundungstechnik erleichtert die Erteilung von Satzungsbescheinigungen gemäß § 54 Abs. 1 Satz 2 Halbsatz 2 bei späteren Änderungen[138]. Zu unterzeichnen ist in diesem Fall lediglich der Urkundenmantel, nicht die Anlage[139]. Möglich ist die Abfassung des Gesellschaftsvertrages bzw. der gesamten Errichtungsurkunde in einer **fremden Sprache**, sofern der Notar dieser Sprache mächtig ist (§ 5 Abs. 2 BeurkG). Da die Gerichtssprache deutsch ist (§ 184 Satz 1 GVG), ist der Handelsregisteranmeldung eine deutsche

---

129 S. etwa *Spellenberg*, in: MünchKomm. BGB, Art. 11 EGBGB Rdnr. 98; *Stenzel*, GmbHR 2014, 1024, 1031; zutreffend demgegenüber *Goette*, MittRhNotK 1997, 1, 5.

130 *J. Mayer*, in: MünchKomm. GmbHG, Rdnr. 55; ausführlich *Heinze*, NZG 2017, 371.

131 AG Berlin-Charlottenburg v. 22.1.2016 – 99 AR 9466/15, GmbHR 2016, 223, 226; *J. Mayer*, in: MünchKomm. GmbHG, Rdnr. 56a. Bedenken äußert *Stenzel*, GmbHR 2014, 1024, 1031; s. auch *Zöllner/Noack*, in: Baumbach/Hueck, § 53 Rdnr. 75 nach denen die Einschränkung der Dienstleistungsfreiheit bei Gleichwertigkeit nicht gerechtfertigt wäre. In keinem Fall zwingen die Grundfreiheiten zur Anerkennung der Beurkundung durch einen in der Schweiz zugelassenen Notar. Auch das Abkommen zwischen der Schweizerischen Eidgenossenschaft einerseits und der Europäischen Gemeinschaft und ihren Mitgliedstaaten andererseits über die Freizügigkeit vom 21.6.1999 dürfte dies nicht gebieten.

132 S. zum terminologischen Hintergrund *J. Mayer*, in: MünchKomm. GmbHG, Rdnr. 25.

133 S. im Einzelnen *J. Mayer*, in: MünchKomm. GmbHG, Rdnr. 27 ff.; *J. Schmidt*, in: Michalski u.a., Rdnr. 48 ff.

134 Zur Zulässigkeit auch bei der Einpersonen-GmbH OLG Celle v. 13.2.2017 – 9 W 13/17, NZG 2017, 422 = GmbHR 2017, 419.

135 *J. Mayer*, in: MünchKomm. GmbHG, Rdnr. 52.

136 S. dazu *J. Mayer*, in: MünchKomm. GmbHG, Rdnr. 28; *Ulmer/Löbbe*, in: Ulmer/Habersack/Löbbe, Rdnr. 18; *Schmidt-Leithoff*, in: Rowedder/Schmidt-Leithoff, Rdnr. 36; *Röll*, GmbHR 1982, 251, 254 f.

137 *Ulmer/Löbbe*, in: Ulmer/Habersack/Löbbe, Rdnr. 18; *Schmidt-Leithoff*, in: Rowedder/Schmidt-Leithoff, Rdnr. 36; *Winkler*, DNotZ 1980, 578, 581 f.; *Röll*, DNotZ 1981, 16, 17.

138 *J. Mayer*, in: MünchKomm. GmbHG, Rdnr. 28; *Schmidt-Leithoff*, in: Rowedder/Schmidt-Leithoff, Rdnr. 36.

139 *J. Mayer*, in: MünchKomm. GmbHG, Rdnr. 33; *Ulmer/Löbbe*, in: Ulmer/Habersack/Löbbe, Rdnr. 18; *Schmidt-Leithoff*, in: Rowedder/Schmidt-Leithoff, Rdnr. 45.

Übersetzung beizufügen[140]. Verbreitet ist auch die Errichtung von **zweispaltigen Gesellschaftsverträgen** in deutscher und (zumeist) englischer Sprache. Bei diesen ist klarzustellen, dass die deutsche Fassung die maßgebliche Fassung darstellt.

Das Formerfordernis in § 2 Abs. 1 Satz 1 und die Notwendigkeit der Unterzeichnung des Gesellschaftsvertrages in § 2 Abs. 1 Satz 2 erfordern **nicht** die **gleichzeitige Anwesenheit** der Gründer zum Zwecke der Errichtung der GmbH[141]. Dies entspricht § 128 BGB. § 2 Abs. 1 sieht – anders als §§ 925, 1410 BGB – die gleichzeitige Anwesenheit nicht vor. Die Errichtung der Mehrpersonen-GmbH kann daher in der Weise erfolgen, dass die Gründer in getrennten Beurkundungsverhandlungen bei (verschiedenen) Notaren **übereinstimmende Willenserklärungen** zur Errichtung einer GmbH mit einem gleichlautenden Gesellschaftsvertrag abgeben und die jeweiligen Niederschriften unterzeichnen[142]. Unter den Voraussetzungen des § 13a BeurkG muss der Gesellschaftsvertrag nicht in jeder Verhandlung verlesen und der jeweiligen Niederschrift beigefügt werden[143]. Der Vertrag kommt in diesem Fall mit der Unterzeichnung durch den letzten im Gesellschaftsvertrag genannten Gründer zustande, und zwar unabhängig von dem Zugang bei den anderen Gründern[144]. Eine solche **sukzessive Beurkundung** ist rechtlich zulässig. Sie genügt dem Erfordernis der **Simultan-** oder **Einheitsgründung**[145], weil sämtliche Gesellschafter in dem Gesellschaftsvertrag festgelegt sind und diese Gesellschafter auch sämtliche Geschäftsanteile übernehmen. In der Praxis ist sie nicht verbreitet. Stattdessen wird auf Bevollmächtigte oder Vertreter ohne Vertretungsmacht zurückgegriffen[146], was auch gebührenrechtlich i.d.R. günstiger ist. **Unzulässig** ist eine **Stufengründung**, wie sie bis 1965 bei der AG zulässig war. Eine GmbH kann demnach nicht in der Weise gegründet werden, dass zunächst mehrere Gründer eine Gesellschaft gründen und sodann andere Interessenten in notarieller Form ihren Beitritt zu der bereits existierenden Gesellschaft erklären[147]. Nichtig ist eine Gründung, an der zwar alle beteiligten Gesellschafter sämtliche Geschäftsanteile übernehmen, aber unter bestimmten Voraussetzungen der Beitritt weiterer Gesellschafter im Gesellschaftsvertrag vorbehalten bleibt[148].

23

---

140 LG Düsseldorf v. 16.03.1999 – 36 T 3/99, GmbHR 1999, 609, 610; *Fastrich*, in: Baumbach/Hueck, Rdnr. 9; *J. Mayer*, in: MünchKomm. GmbHG, Rdnr. 28; *Schmidt-Leithoff*, in: Rowedder/Schmidt-Leithoff, Rdnr. 36; *Bayer*, in: Lutter/Hommelhoff, Rdnr. 31.

141 *Ulmer/Löbbe*, in: Ulmer/Habersack/Löbbe, Rdnr. 14; *Schmidt-Leithoff*, in: Rowedder/Schmidt-Leithoff, Rdnr. 37; *Bayer*, in: Lutter/Hommelhoff, Rdnr. 22.

142 S. zu der Frage, ob es sich insoweit um Angebot und Annahme handelt, *Ulmer/Löbbe*, in: Ulmer/Habersack/Löbbe, Rdnr. 14 einerseits und *J. Mayer*, in: MünchKomm. GmbHG, Rdnr. 30 andererseits.

143 *J. Schmidt*, in: Michalski u.a., Rdnr. 52; kritisch aus beurkundungsverfahrensrechtlichen Gründen (§ 17 Abs. 2a Satz 1 BeurkG) zu dieser Vorgehensweise *J. Mayer*, in: MünchKomm. GmbHG, Rdnr. 29.

144 *J. Mayer*, in: MünchKomm. GmbHG, Rdnr. 29; *J. Schmidt*, in: Michalski u.a., Rdnr. 51; *Ulmer/Löbbe*, in: Ulmer/Habersack/Löbbe, Rdnr. 14.

145 *J. Schmidt*, in: Michalski u.a., Rdnr. 53; zum Ein- und Austritt von Gründern noch vor Eintragung s. Rdnr. 29.

146 *Ulmer/Löbbe*, in: Ulmer/Habersack/Löbbe, Rdnr. 14; *Wicke*, Rdnr. 5; *Schmidt-Leithoff*, in: Rowedder/Schmidt-Leithoff, Rdnr. 37; s. auch *J. Mayer*, in: MünchKomm. GmbHG, Rdnr. 29 mit in Fn. 141 nicht berechtigter Kritik gegenüber der Einschaltung von Vertretern ohne Vertretungsmacht.

147 *Fastrich*, in: Baumbach/Hueck, Rdnr. 11; *Ulmer/Löbbe*, in: Ulmer/Habersack/Löbbe, Rdnr. 17; *J. Mayer*, in: MünchKomm. GmbHG, Rdnr. 31; *Schmidt-Leithoff*, in: Rowedder/Schmidt-Leithoff, Rdnr. 34; *Roth*, in: Roth/Altmeppen, Rdnr. 19.

148 RG v. 7.11.1913 – Rep. II 316/13, RGZ 83, 256, 259; *Feine*, in: Ehrenbergs Hdb. III/3, S. 166; *Ulmer/Löbbe*, in: Ulmer/Habersack/Löbbe, Rdnr. 17.

f) Formmängel

24 Ein Verstoß gegen die Formvorschrift des § 2 Abs. 1 Satz 1 sowie schwerwiegende Beurkundungsmängel (z.B. Nichtverlesung der Urkunde) führen **vor Eintragung** der Gesellschaft in das Handelsregister zur **Nichtigkeit** des Gesellschaftsvertrages (§ 125 BGB)[149]. Das Registergericht muss die Eintragung der Gesellschaft in diesem Fall ablehnen (§ 9c Abs. 1 Satz 1)[150]. Schon erbrachte Leistungen können bis zur Invollzugsetzung der Gesellschaft kondiziert werden (§ 812 Abs. 1 Satz 1 BGB). Auf die Nichtigkeit des Gesellschaftsvertrages kann sich jeder berufen oder diese unter den Voraussetzungen des § 256 ZPO zum Gegenstand einer Feststellungsklage machen[151]. Die Registereintragung muss auch dann unterbleiben, wenn die **Vorgesellschaft bereits in Vollzug gesetzt** wurde. Eine „Heilung" des nichtigen Gesellschaftsvertrages vor Eintragung der Gesellschaft ist nur durch Bestätigung (§ 141 BGB) unter Beachtung der Form des § 2 Abs. 1 Satz 1 möglich[152]. Für die Auseinandersetzung unter den Gesellschaftern gelten nach Invollzugsetzung der Gesellschaft die Regeln über die fehlerhafte Gesellschaft, so dass die Nichtigkeit nur als Auflösungsgrund mit Wirkung für die Zukunft geltend gemacht werden kann[153].

25 **Die Eintragung** der Gesellschaft in das Handelsregister **heilt** den Formmangel und lässt die Gesellschaft wirksam entstehen[154]. Die Erhebung einer Nichtigkeitsklage gemäß **§ 75 Abs. 1** scheidet aus, weil Verstöße gegen § 2 nicht unter den Nichtigkeitsgründen erwähnt sind[155]. Der Formmangel führt auch nicht zur Nichtigkeit des Unternehmensgegenstandes i.S. des § 75 Abs. 1. Allein inhaltliche Mängel des Unternehmensgegenstandes ermöglichen die Erhebung der Nichtigkeitsklage[156].

4. Vertragsänderungen im Gründungsstadium

26 Änderungen und Ergänzungen des Gesellschaftsvertrages sind bisweilen schon in der Zeit **zwischen** dem **Abschluss** des Gesellschaftsvertrages und der **Eintragung** der Gesellschaft in das Handelsregister erforderlich. Anlass hierfür können insbesondere Beanstandungen des Registergerichts sein, etwa hinsichtlich der Firma oder des Unternehmensgegenstandes. Aufgrund ihrer Treuepflicht können die Gesellschafter verpflichtet sein, solchen Änderungen zuzustimmen[157]. Den Gesellschaftern steht es aber frei, den Gesellschaftsvertrag auch aus anderen Gründen bereits vor der Eintragung im Handelsregister zu ändern oder zu ergänzen.

---

149 *Bayer*, in: Lutter/Hommelhoff, Rdnr. 37.
150 *Fastrich*, in: Baumbach/Hueck, Rdnr. 14; *Roth*, in: Roth/Altmeppen, Rdnr. 32; *Ulmer/Löbbe*, in: Ulmer/Habersack/Löbbe, Rdnr. 28.
151 *J. Mayer*, in: MünchKomm. GmbHG, Rdnr. 61; *Ulmer/Löbbe*, in: Ulmer/Habersack/Löbbe, Rdnr. 28; *J. Schmidt*, in: Michalski u.a., Rdnr. 65.
152 *Ulmer/Löbbe*, in: Ulmer/Habersack/Löbbe, Rdnr. 28.
153 *Fastrich*, in: Baumbach/Hueck, Rdnr. 14; *J. Mayer*, in: MünchKomm. GmbHG, Rdnr. 62; *Schmidt-Leithoff*, in: Rowedder/Schmidt-Leithoff, Rdnr. 48; *Ulmer/Löbbe*, in: Ulmer/Habersack/Löbbe, Rdnr. 29.
154 *Fastrich*, in: Baumbach/Hueck, Rdnr. 15; *Roth*, in: Roth/Altmeppen, Rdnr. 34; *Bayer*, in: Lutter/Hommelhoff, Rdnr. 39; *Ulmer/Löbbe*, in: Ulmer/Habersack/Löbbe, Rdnr. 30.
155 *Roth*, in: Roth/Altmeppen, Rdnr. 34; *Ulmer/Löbbe*, in: Ulmer/Habersack/Löbbe, Rdnr. 30; anders noch RG v. 13.5.1903 – Rep. I 55/03, RGZ 54, 418, 420 ff.; RG v. 7.11.1913 – Rep. II 316/13, RGZ 83, 256, 259; wie hier jedoch bereits RG v. 11.6.1926 – II 471/25, RGZ 114, 77, 80 (zur AG).
156 *Roth*, in: Roth/Altmeppen, Rdnr. 34; *Ulmer/Löbbe*, in: Ulmer/Habersack/Löbbe, Rdnr. 30.
157 BGH v. 25.9.1986 – II ZR 262/85, GmbHR 1987, 426 (zur Kapitalerhöhung); BGH v. 23.3.1987 – II ZR 244/86, GmbHR 1987, 349 (zur Kapitalerhöhung); *J. Mayer*, in: MünchKomm. GmbHG, Rdnr. 57.

Sogar die Änderung eines GmbH-Gesellschaftsvertrages dahingehend, dass nunmehr eine UG (haftungsbeschränkt) gegründet wird, soll zulässig sein[158].

Änderungen und Ergänzungen bedürfen vor Eintragung der Gesellschaft zwingend einer Vertragsänderung (vgl. § 311 Abs. 1 BGB) unter Mitwirkung **aller Gesellschafter** in der **Form des § 2 Abs. 1 Satz 1**[159]. Der Gesellschaftsvertrag kann abweichend hiervon bestimmen, dass Änderungen und Ergänzungen bereits vor Eintragung der Gesellschaft durch Mehrheitsbeschluss erfolgen können[160], jedoch kommt dies praktisch selten vor. Die Änderung des Gesellschaftsvertrages vor Eintragung der Gesellschaft ist zu unterscheiden von der zulässigen Beschlussfassung über eine Satzungsänderung mit der Mehrheit des § 53 Abs. 2 Satz 1, wenn die Satzungsänderung erst nach Eintragung der Gesellschaft angemeldet und vollzogen werden soll[161]. Die einfache Mehrheit genügt auch im Gründungsstadium entsprechend den §§ 46 Nr. 5 und 47 Abs. 1 für die Bestellung und Abberufung von Geschäftsführern[162]. Mit der qualifizierten Mehrheit kann analog § 60 Abs. 1 Nr. 2 die Auflösung der Vorgesellschaft beschlossen werden[163]. 27

Die **registerrechtliche** Behandlung von Vertragsänderungen im Gründungsstadium, d.h. vor Eintragung der Gesellschaft, richtet sich nach dem **entsprechend anwendbaren § 54 Abs. 1 Satz 2**, so dass nach jeder Änderung ein **neuer vollständiger Gesellschaftsvertrag** samt notarieller Satzungsbescheinigung zum Handelsregister einzureichen ist, weil bei dem Registergericht stets der aktuelle Satzungstext *in einer* Urkunde vorhanden sein muss[164]. Keine Anwendung vor Eintragung der Gesellschaft findet nach h.M. **§ 54 Abs. 1 Satz 1**, so dass eine formelle Anmeldung der Vertragsänderung in der Praxis entbehrlich ist[165]. Dem ist zuzustimmen. Eine Ausnahme muss jedoch gelten, wenn die Änderung des Gesellschaftsvertrages die abstrakte Vertretungsbefugnis betrifft[166]. Da die abstrakte Vertretungsbefugnis wegen § 8 28

---

158 OLG Frankfurt a.M. v. 20.12.2010 – 20 W 388/10, GmbHR 2011, 984, 985 mit zu Recht ablehnender Anm. *Wachter*; zustimmend jedoch *Ulmer/Löbbe*, in: Ulmer/Habersack/Löbbe, Rdnr. 23.

159 OLG Köln v. 28.3.1995 – 2 Wx 13/95, GmbHR 1995, 725 = MDR 1995, 888, 889 = WM 1996, 207 f. = DB 1995, 2413, 2414; *Winkler*, DNotZ 1980, 578, 590 ff.; *Bayer*, in: Lutter/Hommelhoff, Rdnr. 26; *J. Mayer*, in: MünchKomm. GmbHG, Rdnr. 57; *Schmidt-Leithoff*, in: Rowedder/Schmidt-Leithoff, Rdnr. 47; *Roth*, in: Roth/Altmeppen, Rdnr. 27. A.A. *Priester*, ZIP 1987, 280, 283; *Karsten Schmidt*, in: FS Zöllner I, S. 521, 526; *Karsten Schmidt*, GmbHR 1987, 77, 82 f.

160 *J. Mayer*, in: MünchKomm. GmbHG, Rdnr. 57; *Schmidt-Leithoff*, in: Rowedder/Schmidt-Leithoff, Rdnr. 47; *Ulmer/Löbbe*, in: Ulmer/Habersack/Löbbe, Rdnr. 24; *C. Schäfer*, in: Bork/Schäfer, Rdnr. 38.

161 *Schmidt-Leithoff*, in: Rowedder/Schmidt-Leithoff, Rdnr. 47; *Ulmer/Löbbe*, in: Ulmer/Habersack/Löbbe, Rdnr. 24.

162 BGH v. 23.3.1981 – II ZR 27/80, BGHZ 80, 212, 214 f. = GmbHR 1982, 67 = NJW 1981, 2125; *J. Mayer*, in: MünchKomm. GmbHG, Rdnr. 59.

163 *J. Mayer*, in: MünchKomm. GmbHG, Rdnr. 59.

164 BayObLG v. 14.9.1988 – BReg 3 Z 85/88, BayObLGZ 1988, 281, 285 f. = BB 1988, 21, 98 = GmbHR 1989, 40 = DB 1988, 2354; ebenso OLG Köln v. 11.8.1972 – 2 Wx 75/72, GmbHR 1973, 11; OLG Kiel v. 21.10.1974 – 2 W 99/74, GmbHR 1975, 183 f.; OLG Hamm v. 14.1.1986 – 15 W 310/84, GmbHR 1986, 311 f.; KG v. 24.9.1996 – 1 W 4534/95, GmbHR 1997, 412, 413; OLG Zweibrücken v. 12.9.2000 – 3 W 178/00, NJW-RR 2001, 31 f.; *H.-J. Hellwig*, in: Hommelhoff/Röhricht, Gesellschaftsrecht 1997, 1998, S. 285; *Ulmer/Löbbe*, in: Ulmer/Habersack/Löbbe, Rdnr. 25; *J. Mayer*, in: MünchKomm. GmbHG, Rdnr. 58; *A. Reuter*, in: Hommelhoff/Röhricht, Gesellschaftsrecht 1997, 1998, S. 277; *Karsten Schmidt*, GmbHR 1997, 869, 873; *Winkler*, DNotZ 1980, 578, 582; *Röll*, DNotZ 1981, 16.

165 BayObLG v. 28.9.1966 – BReg 2 Z 46 66, MittBayNot 1974, 228; BayObLG v. 31.1.1978 – BReg 1 Z 5/78, MittBayNot 1978, 22; OLG Zweibrücken v. 12.9.2000 – 3 W 178/00, GmbHR 2000, 1204 = NJW-RR 2001, 31 f.; *J. Mayer*, in: MünchKomm. GmbHG, Rdnr. 58; a.A. hier *Priester*, 11. Aufl., § 54 Rdnr. 4 sowie *Harbarth*, in: MünchKomm. GmbHG, § 54 Rdnr. 8.

166 So auch *Herrler*, in: MünchKomm. GmbHG, § 8 Rdnr. 80.

Abs. 4 Nr. 2 in der Anmeldung anzugeben ist, muss im Fall ihrer Änderung konsequenterweise auch eine neue Anmeldung zum Registergericht eingereicht werden. Andernfalls würde entgegen dem Gesetz eine abstrakte Vertretungsbefugnis angemeldet, die in dieser Form keine Geltung beansprucht.

29 Eine **Vertragsänderung in der Form des § 2** ist nach zutreffender h.M. auch bei Änderungen im Mitgliederbestand vor Eintragung der Gesellschaft durch den **Ein- und Austritt von Gesellschaftern** erforderlich[167]. Das gilt auch für die „Übertragung" eines Anteils von einem Strohmann oder einem sonstigen Treuhänder auf den hinter ihm stehenden Treugeber[168]. Von der Übertragung der Mitgliedschaft in der Vorgesellschaft ist die aufschiebend bedingte **Übertragung des zukünftigen Geschäftsanteils** nach Entstehung der Gesellschaft durch Eintragung im Handelsregister zu unterscheiden, für die unmittelbar § 15 gilt[169]. § 41 Abs. 4 Satz 1 AktG findet keine entsprechende Anwendung[170]. Die Rechtsstellung der Gründer vor Eintragung der Gesellschaft ist ferner **vererblich** (§ 1922 BGB); der oder die **Erben** treten daher ohne weiteres anstelle des Erblassers in die Vorgesellschaft ein[171].

III. Vertretung beim Vertragsabschluss

1. Form

30 Die Gründungsgesellschafter können sich gemäß § 2 Abs. 2 bei der Unterzeichnung des Gesellschaftsvertrages durch Bevollmächtigte (§§ 164, 167 BGB) vertreten lassen. Abweichend von § 167 Abs. 2 BGB muss in diesem Fall die **Vollmacht** entweder **notariell beurkundet oder notariell beglaubigt** sein (§§ 128, 129 BGB i.V.m. §§ 8 ff., §§ 39, 40 BeurkG). In der Praxis überwiegt die Beglaubigung. § 2 Abs. 2 gilt auch für die Erteilung einer **Untervollmacht**[172] und entsprechend für die Vollmacht zur Abgabe einer **Übernahmeerklärung**[173]. Eine vergleichbare, allerdings noch engere Regelung findet sich in § 4 Abs. 3 Satz 2 öGmbHG.

31 Die Ratio der Vorschrift liegt darin, im Interesse des Rechtsverkehrs sowie der Mitgründer spätere Zweifel und Streitigkeiten über die Legitimation des Vertreters zu vermeiden[174]. Deshalb ist § 2 Abs. 2 keine bloße Ordnungsvorschrift, sondern **echtes Wirksamkeitserforder-**

---

167 BGH v. 20.11.1954 – II ZR 53/53, BGHZ 15, 204, 206 = NJW 1955, 219; BGH v. 12.7.1956 – II ZR 218/54, BGHZ 21, 242, 246 = NJW 1956, 1435; BGH v. 16.2.1959 – II ZR 170/57, BGHZ 29, 300, 303 = NJW 1959, 934, 935; BGH v. 27.1.1997 – II ZR 123/94, NJW 1997, 1507 = GmbHR 1997, 405, 406 (insoweit nicht in BGHZ 134, 333 abgedruckt); OLG Frankfurt a.M. v. 14.8.1996 – 10 W 33/96, GmbHR 1997, 896, 897. Der h.M. ist auch seit der Neufassung des § 3 Abs. 1 Nr. 4 durch das MoMiG zu folgen, s. auch OLG Jena v. 9.10.2013 – 2 U 678/12, GmbHR 2013, 1258, 1261; *J. Mayer*, in: MünchKomm. GmbHG, Rdnr. 57a; *Fastrich*, in: Baumbach/Hueck, Rdnr. 13. A.A. *Reichert/Weller*, in: MünchKomm. GmbHG, § 15 Rdnr. 44; s. zuvor bereits a.A. *Karsten Schmidt*, GmbHR 1987, 77, 82; *Karsten Schmidt*, GmbHR 1997, 869 ff.; a.A. auch *C. Schäfer*, in: Henssler/Strohn, Gesellschaftsrecht, Rdnr. 19; s. zum Ganzen auch § 11 Rdnr. 48, 49.

168 BGH v. 14.12.1970 – II ZR 161/69, WM 1971, 306, 307.

169 BGH v. 12.7.1956 – II ZR 218/54, BGHZ 21, 242, 245 = NJW 1956, 1435; BGH v. 9.10.1956 – II ZB 11/56, BGHZ 21, 378, 383 = NJW 1957, 19, 20; *J. Mayer*, in: MünchKomm. GmbHG, Rdnr. 57b; *Fastrich*, in: Baumbach/Hueck, Rdnr. 13.

170 BGH v. 26.9.1994 – II ZR 166/93, GmbHR 1995, 119, 120; *J. Mayer*, in: MünchKomm. GmbHG, Rdnr. 57b.

171 *Fastrich*, in: Baumbach/Hueck, Rdnr. 13; *Ulmer/Löbbe*, in: Ulmer/Habersack/Löbbe, Rdnr. 23.

172 *Stenzel*, GmbHR 2015, 567, 570.

173 S. dazu *Bergjan/Klotz*, ZIP 2016, 2300, 2303.

174 BGH v. 5.5.1969 – II ZR 115/68, NJW 1969, 1856 = GmbHR 1969, 177; *Ulmer/Löbbe*, in: Ulmer/Habersack/Löbbe, Rdnr. 31; *J. Mayer*, in: MünchKomm. GmbHG, Rdnr. 65; *Wachter*, GmbHR 2003, 660; *Stenzel*, GmbHR 2015, 567, 568.

nis für die Vollmachterteilung[175]. Eine wirksame Stellvertretung ohne Vorliegen einer notariellen Vollmacht ist nicht möglich, insbesondere ein bloß **mündlich bevollmächtigter Vertreter** ist **Vertreter ohne Vertretungsmacht**. Nicht erforderlich ist es, dass die Vollmacht in notarieller Form im Beurkundungstermin vorliegt. Sie kann dem Notar nachgereicht werden, vorausgesetzt, sie hat zum Beurkundungszeitpunkt bereits existiert[176]. Dies ermöglicht eine Beurkundung bei Beteiligung eines Gründers aus dem Ausland etwa auch dann, wenn sich die Vollmacht auf dem Postweg befindet.

Zuständig sind die **Notare im Inland**[177]. Auch eine **öffentliche Urkunde einer öffentlichen Behörde** ist ausreichend, wenn sich aus ihr die Vollmacht ergibt[178]. Im Ausland kann eine öffentliche Beglaubigung oder Beurkundung **durch deutsche Konsularbeamte** oder durch **im Ausland zugelassene Notare** erfolgen[179]. Dies stellt keinen Widerspruch zu der hier vertretenen Auffassung hinsichtlich der Beurkundung des Gesellschaftsvertrages durch im Ausland zugelassene Notare dar (s. Rdnr. 19), weil sich der Zweck des Formerfordernisses in § 2 Abs. 2 von demjenigen in § 2 Abs. 1 Satz 1 unterscheidet und allein in der Feststellung der Identität des Vollmachtgebers liegt[180]. Die von einem Notar mit Zulassung im Ausland beglaubigte oder beurkundete Vollmacht bedarf zum Nachweis der Vollmacht gegenüber dem Handelsregister grundsätzlich einer **Legalisation** (§ 13 KonsulG) oder **Apostille**[181], wobei diese ebenso wie eine etwaige **Übersetzung** der Vollmacht zum Zeitpunkt der Beurkundung noch nicht vorliegen müssen[182]. — 32

Inhaltlich muss die Vollmacht den **Abschluss** des Gesellschaftsvertrages einer GmbH erfassen. — 33 Ob dies der Fall ist, kann nur im Einzelfall entschieden werden. Anders als in Österreich[183] muss die Vollmacht jedoch nicht speziell auf die konkrete Gesellschaftsgründung zugeschnitten sein. Es genügt, wenn sie allgemein die Befugnis zur Beteiligung an einem Errichtungsgeschäft beinhaltet, ohne dass sie die Einzelheiten, etwa die Höhe der Beteiligung des Vollmachtgebers oder die weiteren zwingenden Bestandteile des § 3 Abs. 1, bestimmen muss. Eine **Generalvollmacht** ermöglicht daher den Abschluss eines GmbH-Gesellschaftsvertrages[184]. Die **Prokura** für ein Handelsgeschäft umfasst gleichfalls grundsätzlich die Befugnis zur Beteiligung an der Gründung einer GmbH (§ 49 Abs. 1 HGB), wobei zum Nachweis einer im Handelsregister eingetragenen Prokura ein Handelsregisterauszug genügt[185]. Nicht

---

175 *Ulmer/Löbbe*, in: Ulmer/Habersack/Löbbe, Rdnr. 31 f.; *J. Mayer*, in: MünchKomm. GmbHG, Rdnr. 65; *Reinicke*, NJW 1969, 1830 f.; *Wachter*, GmbHR 2003, 660, 661; s. zum Aktienrecht auch *Hüffer/Koch*, § 23 AktG Rdnr. 12.

176 *Wachter*, GmbHR 2003, 660, 662.

177 Zu weiteren Zuständigkeiten innerhalb Deutschlands *J. Mayer*, in: MünchKomm. GmbHG, Rdnr. 67.

178 OLG Düsseldorf v. 20.8.1997 – 3 Wx 162/96, MittRhNotK 1997, 436 = GmbHR 1998, 238 (nur Leitsatz); *Fastrich*, in: Baumbach/Hueck, Rdnr. 20; *Roth*, in: Roth/Altmeppen, Rdnr. 29; *J. Mayer*, in: MünchKomm. GmbHG, Rdnr. 67; s. auch *Heckschen*, in: Heckschen/Heidinger, § 2 Rdnr. 45.

179 *Ulmer/Löbbe*, in: Ulmer/Habersack/Löbbe, Rdnr. 33; *Fastrich*, in: Baumbach/Hueck, Rdnr. 20; *Wachter*, GmbHR 2003, 660, 662.

180 *J. Mayer*, in: MünchKomm. GmbHG, Rdnr. 66 f.; *Fastrich*, in: Baumbach/Hueck, Rdnr. 20; *Heckschen*, in: Heckschen/Heidinger, § 2 Rdnr. 45b.

181 Hinsichtlich derjenigen Staaten, die dem Haager Übereinkommen vom 5.10.1961 zur Befreiung ausländischer öffentlicher Urkunden von der Legalisation beigetreten sind, vgl. BGBl. II 1965, 875.

182 *Wachter*, GmbHR 2003, 660, 662, dort auch zu Ausnahmen von dem Erfordernis der Legalisation oder Apostille.

183 S. § 4 Abs. 3 Satz 2 öGmbHG.

184 OLG Frankfurt a.M. v. 1.12.2016 – 20 W 198/15, GmbHR 2017, 371, 372; *Fastrich*, in: Baumbach/Hueck, Rdnr. 21; *J. Mayer*, in: MünchKomm. GmbHG, Rdnr. 69; *Wicke*, Rdnr. 7.

185 OLG Dresden v. 12.2.1915, KGJ 49, 272, 273; *Wicke*, Rdnr. 7; *Fastrich*, in: Baumbach/Hueck, Rdnr. 21; s. auch *Körber/Effer-Uhe*, DNotZ 2009, 92, 93 ff., 98 f. mit Ausnahme des Falls der Sachgründung als Grundlagengeschäft.

ausreichend ist eine bloße **Handlungsvollmacht** nach § 54 HGB, es sei denn, die Gründung der GmbH gehört zum gewöhnlichen Geschäftsbetrieb des Handelsgeschäfts (branchenübliches Geschäft)[186]. Letzteres kann etwa bei der Erteilung einer Handlungsvollmacht durch einen Vollmachtgeber angenommen werden, dessen Tätigeit die Errichtung und der Verkauf von Vorratsgesellschaften ist.

34   Dem Bevollmächtigten kann es gestattet werden, bei Abschluss des Gründungsgeschäfts zugleich im eigenen Namen oder als Vertreter mehrerer Gründer zu handeln (**§ 181 BGB**). In diesem Fall bedarf nach dem Zweck der Regelung (zuvor Rdnr. 31) die **Gestattung** gleichfalls der **Form des § 2 Abs. 2**[187]. Die Befreiung kann konkludent erfolgen, was i.d.R. der Fall ist, wenn die Vollmacht zum Abschluss des Gesellschaftsvertrages einem anderen Gründer in der Form des § 2 Abs. 2 erteilt wird[188]. Entsprechendes gilt für spätere **Vertragsänderungen** in der Zeit zwischen Errichtung und Eintragung der Gesellschaft[189]. Der **Widerruf** der Vollmacht kann materiell-rechtlich in jeder Form erfolgen, allerdings sind die §§ 172 Abs. 2 und 173 BGB zu beachten, so dass die Vertretungsmacht trotz Widerrufs der Vollmacht im Wege der Rechtsscheinhaftung fortgilt, bis die Vollmachtsurkunde (s. § 2 Abs. 2) dem Vollmachtgeber zurückgegeben oder für kraftlos erklärt wird (§ 172 Abs. 2 BGB)[190]. Etwas anderes gilt nur dann, wenn **sämtliche** Mitgründer Kenntnis von dem Widerruf hatten oder diesen kennen mussten (§ 173 BGB)[191].

2. Gesetzliche und organschaftliche Vertretung

35   Das besondere Formerfordernis des § 2 Abs. 2 gilt nur für die **Vollmacht**, d.h. für die rechtsgeschäftlich erteilte Vertretungsmacht (§ 167 BGB), nicht für die Fälle gesetzlicher und organschaftlicher Vertretungsmacht. Allerdings müssen auch gesetzliche und organschaftliche Vertreter ihre Vertretungsmacht gegenüber Notar und Gericht nachweisen. **Eltern** weisen sich durch die Geburtsurkunde des vertretenen Kindes aus. Besteht das alleinige Sorgerecht eines Elternteils, bedarf es weiterer Nachweise, etwa der Sterbeurkunde des anderen Elternteils oder der Ausfertigung des Beschlusses gemäß § 1671 BGB[192]. **Vormünder, Betreuer,** Pfleger, Nachlassverwalter und Insolvenzverwalter weisen sich durch ihre gerichtliche Bestallungsurkunde, **organschaftliche Vertreter** von juristischen Personen und Personenhandelsgesellschaften durch einen Registerauszug aus[193]. Letzteres gilt auch für **Prokuristen**, obwohl es sich bei ihnen um Bevollmächtigte i.S. des § 2 Abs. 2 handelt (§ 48 HGB; s. Rdnr. 33)[194].

---

186 *Stenzel*, GmbHR 2015, 567, 576; ebenso wohl diejenigen Autoren, nach denen die Handlungsvollmacht „regelmäßig" nicht ausreicht, so *Ulmer/Löbbe*, in: Ulmer/Habersack/Löbbe, Rdnr. 34; *Fastrich*, in: Baumbach/Hueck, Rdnr. 21; strenger (niemals ausreichend) *J. Mayer*, in: MünchKomm. GmbHG, Rdnr. 69; *Emmerich*, 11. Aufl., Rdnr. 27; ebenso *Michalski*, in: Michalski, 2. Aufl. 2010, Rdnr. 33; zurückhaltender jetzt („regelmäßig" nicht ausreichend) *J. Schmidt*, in: Michalski u.a., Rdnr. 70.
187 *Roth*, in: Roth/Altmeppen, Rdnr. 31; *J. Mayer*, in: MünchKomm. GmbHG, Rdnr. 70; *Stenzel*, GmbHR 2015, 567, 569 f.
188 *Fastrich*, in: Baumbach/Hueck, Rdnr. 21; *J. Mayer*, in: MünchKomm. GmbHG, Rdnr. 70.
189 *Roth*, in: Roth/Altmeppen, Rdnr. 31.
190 *Fastrich*, in: Baumbach/Hueck, Rdnr. 20; *Schmidt-Leithoff*, in: Rowedder/Schmidt-Leithoff, Rdnr. 55; *Stenzel*, GmbHR 2015, 567, 571.
191 *J. Mayer*, in: MünchKomm. GmbHG, Rdnr. 77; *Schmidt-Leithoff*, in: Rowedder/Schmidt-Leithoff, Rdnr. 55; auch *Michalski*, in: Michalski, 2. Aufl. 2010, Rdnr. 36 mit allerdings wohl irrtümlicher Beschränkung auf den Fall der positiven Kenntnis; anders jetzt *J. Schmidt*, in: Michalski u.a., Rdnr. 76.
192 *J. Mayer*, in: MünchKomm. GmbHG, Rdnr. 71.
193 *J. Mayer*, in: MünchKomm. GmbHG, Rdnr. 71; *J. Schmidt*, in: Michalski u.a., Rdnr. 71; *Schmidt-Leithoff*, in: Rowedder/Schmidt-Leithoff, Rdnr. 53.
194 *Ulmer/Löbbe*, in: Ulmer/Habersack/Löbbe, Rdnr. 34.

Wenn das Register bei demselben Gericht geführt wird, das über die Eintragung der Gesellschaft zu entscheiden hat, genügt ein Verweis auf das Handelsregister[195]. Die Vertretungsmacht der Vertreter der **Körperschaften** des öffentlichen Rechts ist häufig offenkundig (§ 291 ZPO), andernfalls ist sie durch eine Legitimationsurkunde nach den für die Verfassung der Körperschaft geltenden Vorschriften nachzuweisen, die nicht der Form des § 2 Abs. 2 bedarf[196]. Noch ungeklärt ist, ob § 2 Abs. 2 hinsichtlich des Nachweises der Vertretungsmacht des für die **GbR** handelnden Gesellschafters gilt. Da für die GbR kein Register existiert, spricht der Formzweck für die entsprechende Anwendung des § 2 Abs. 2, weil andernfalls Ungewissheit über die ordnungsgemäße Vertretung der GbR bestehen kann[197]. Da der Gesellschafter jedoch als organschaftlicher Vertreter und nicht aufgrund Vollmacht auftritt und es sich letztlich nur um ein Problem des Nachweises der Vertretungsmacht handelt, gilt § 2 Abs. 2 in diesem Fall richtigerweise nicht[198]. Bis zu einer Klärung dieser Frage sollte die Praxis aber vorsorglich die Form des § 2 Abs. 2 einhalten[199]. Dies kann durch die Vorlage des (zumindest) unterschriftsbeglaubigten Gesellschaftsvertrages oder Gesellschafterbeschlusses erfolgen[200]. Bei **ausländischen Gesellschaften**, die sich an einer deutschen GmbH beteiligen, kann der Vertretungsnachweis durch einen **Registerauszug** geführt werden, wenn ein Register existiert und eine verlässliche Aussage über die Vertretung enthält[201]. In geeigneten Fällen kommt ersatzweise die **Bescheinigung** eines in Deutschland[202] oder im Ausland[203] zugelassenen **Notars** in Betracht, oder es müssen weitere Unterlagen, etwa Satzungen oder z.B. hinsichtlich einer US-amerikanischen *corporation* eine Bescheinigung des *corporate secretary* beigebracht werden[204]. Die Vertretungsnachweise sind dem Registergericht grundsätzlich in öffentlicher Form einzureichen[205]. Die Beschaffung der für Auslandsgesellschaften erforderlichen Nachweisdokumente kann im Einzelfall zeitaufwändig sein, begründet für die Praxis

---

195 *J. Mayer*, in: MünchKomm. GmbHG, Rdnr. 71.

196 *J. Mayer*, in: MünchKomm. GmbHG, Rdnr. 71; *Bayer*, in: Lutter/Hommelhoff, Rdnr. 33; nach a.A. muss die Vertretungsmacht nur nachgewiesen werden, wenn sie beschränkt ist, so *Emmerich*, 11. Aufl., Rdnr. 29; *Michalski*, in: Michalski, 2. Aufl. 2010, Rdnr. 30; anders jetzt *J. Schmidt*, in: Michalski u.a., Rdnr. 71.

197 So *Pentz*, in: MünchKomm. AktG, § 23 AktG Rdnr. 24 zu § 23 Abs. 1 Satz 2 AktG.

198 *J. Mayer*, in: MünchKomm. GmbHG, Rdnr. 100; *Ulmer/Löbbe*, in: Ulmer/Habersack/Löbbe, Rdnr. 37; im Ergebnis wohl auch *Körber/Effer-Uhe*, DNotZ 2009, 92, 100 f., die eine Analogie zwar im Einzelfall erwägen, darin im Ergebnis jedoch keinen Gewinn an Rechtssicherheit sehen.

199 So auch die Empfehlung von *Ulmer/Löbbe*, in: Ulmer/Habersack/Löbbe, Rdnr. 37.

200 *Pentz*, in: MünchKomm. AktG, § 23 AktG Rdnr. 24 empfiehlt die Verwendung einer beglaubigten Vollmacht.

201 S. allgemein zu den Nachweiserfordernissen hinsichtlich ausländischer Gesellschaften *Heckschen*, in: Heckschen/Heidinger, § 2 Rdnr. 84 ff.

202 So etwa OLG Schleswig v. 13.12.2007 – 2 W 198/07, DNotZ 2008, 709 bei Einsichtnahme in das schwedische Handelsregister. Ablehnend hinsichtlich einer englischen *limited* für den Fall, dass der Notar in Deutschland seine Erkenntnisse nur durch Einsichtnahme des beim Companies House geführten Registers erlangt hat OLG Nürnberg v. 26.1.2015 – 12 W 46/15, GmbHR 2015, 196; KG v. 20.4.2010 – 1 W 164-165/10, DNotZ 2012, 604. Anders KG v. 28.3.2013 – 1 W 434/12, RNotZ 2013, 426 bei Vorhandensein einer eingetragenen Zweigniederlassung einer englischen *private company limited by shares* in Deutschland.

203 S. etwa OLG Nürnberg v. 25.3.2014 – 15 W 381/14, DNotZ 2014, 626 zur Bescheinigung eines englischen Notars hinsichtlich einer *limited*, wenn dieser neben dem Register auch das *memorandum*, die *articles of association* und das Protokollbuch einsieht und dies in der Bescheinigung angibt; s. auch OLG Schleswig v. 1.2.2012 – 2 W 10/12, GmbHR 2012, 799, 800; zur Vertretungsbescheinigung eines US *civil law notary* s. *Heggen*, in: Würzburger Notarhandbuch, 4. Aufl. 2015, Teil 7 Kap. 6 Rdnr. 131.

204 Dazu *Heggen*, in: Würzburger Notarhandbuch, 4. Aufl. 2015, Teil 7 Kap. 6 Rdnr. 124.

205 S. OLG Schleswig v. 1.2.2012 – 2 W 10/12, GmbHR 2012, 799, 800 zur Beibringung einer Apostille zum Registerauszug; *Heckschen*, in: Heckschen/Heidinger, § 2 Rdnr. 84; s. aber auch LG Hamburg v. 15.5.2009 – 415 T 5/09, RNotZ 2010, 69, 70 zur Einreichung unbeglaubigter Registerauszüge im Zusammenhang mit der Bestellung und Abberufung von Geschäftsführern.

jedoch keine unüberwindbaren Hindernisse, so dass die Einschaltung deutscher Treuhänder für ausländische Gründer heute kaum noch zu beobachten ist[206].

3. Mängel

36   Fehlt eine Vollmacht völlig oder genügt sie nicht der Form des § 2 Abs. 2, handelt der Vertreter als Vertreter ohne Vertretungsmacht (**§ 177 BGB**). Die von dem Vertreter abgegebene Erklärung und damit auch der Gesellschaftsvertrag sind schwebend unwirksam. Das Registergericht muss die Eintragung der Gesellschaft ablehnen (§ 9c Abs. 1 Satz 1) oder den Gründern eine **Frist** zur Beibringung einer ordnungsgemäßen Vollmacht setzen (§ 382 Abs. 4 Satz 1 FamFG)[207]. Ist die Vollmacht mit anderen Erklärungen in einer Urkunde zusammengefasst, hat die Unwirksamkeit der weiteren Erklärungen grundsätzlich keine Auswirkungen auf die Wirksamkeit der Vollmacht als selbständige Willenserklärung[208].

37   Der Vertretene kann die Erklärungen des Vertreters ohne Vertretungsmacht gemäß § 177 Abs. 1 BGB bis zur Eintragung der Gesellschaft in das Handelsregister **genehmigen**[209]. Für die Genehmigung gilt § 2 Abs. 2[210], weil angesichts dessen Formzwecks § 182 Abs. 2 BGB ebenso zurücktritt wie § 167 Abs. 2 BGB[211]. Ausreichend ist ferner die nachträgliche formgerechte Beglaubigung der Vollmacht, weil darin die Genehmigung des bisherigen Auftretens des Vertreters zu sehen ist[212]. Nach der hier vertretenen Auffassung kann auch im Fall der Errichtung einer **Einpersonengesellschaft** die Erklärung des falsus procurator genehmigt werden (s. § 1 Rdnr. 55). Ein **Anspruch** der anderen Gesellschafter **auf Genehmigung** der von dem Vertreter ohne Vertretungsmacht vorgenommenen Erklärungen besteht grundsätzlich nicht und zwar auch dann nicht, wenn der Vertretene eine formunwirksame privatschriftliche Vollmacht erteilt hatte[213]. Ein solcher Anspruch kann sich aber im Einzelfall aus einem formwirksamen **Vorvertrag** (dazu Rdnr. 103 ff.) ergeben[214]. § 2 Abs. 2 gilt entsprechend für die Genehmigung des **von einem Minderjährigen abgeschlossenen Gesellschaftsvertrages** durch den gesetzlichen Vertreter[215]. Anders wird dies hinsichtlich der Genehmigung des Vertrages durch den Minderjährigen selbst nach Eintritt der Volljährigkeit gemäß § 108 Abs. 3 BGB beurteilt[216].

---

206 Anders noch *Emmerich*, 11. Aufl., Rdnr. 25.
207 *J. Mayer*, in: MünchKomm. GmbHG, Rdnr. 75.
208 *J. Schmidt*, in: Michalski u.a., Rdnr. 68.
209 *Ulmer/Löbbe*, in: Ulmer/Habersack/Löbbe, Rdnr. 42.
210 OLG Köln v. 28.3.1995 – 2 Wx 13/95, GmbHR 1995, 725 = MDR 1995, 888 = WM 1996, 207 = DB 1995, 2413; *Fastrich*, in: Baumbach/Hueck, Rdnr. 22; *J. Schmidt*, in: Michalski u.a., Rdnr. 73; *Bayer*, in: Lutter/Hommelhoff, Rdnr. 34; *Ulmer/Löbbe*, in: Ulmer/Habersack/Löbbe, Rdnr. 32; *Roth*, in: Roth/Altmeppen, Rdnr. 30; *Schmidt-Leithoff*, in: Rowedder/Schmidt-Leithoff, Rdnr. 56; *Wachter*, GmbHR 2003, 660.
211 A.A. *Bayreuther*, in: MünchKomm. BGB, § 182 BGB Rdnr. 23; *H. Schmidt*, MDR 1995, 888, 889.
212 *J. Mayer*, in: MünchKomm. GmbHG, Rdnr. 72; *Wicke*, Rdnr. 8; *C. Schäfer*, in: Henssler/Strohn, Gesellschaftsrecht, Rdnr. 23; *Stenzel*, GmbHR 2015, 567, 575.
213 *Ulmer/Löbbe*, in: Ulmer/Habersack/Löbbe, Rdnr. 43.
214 *J. Mayer*, in: MünchKomm. GmbHG, Rdnr. 73; *Ulmer/Löbbe*, in: Ulmer/Habersack/Löbbe, Rdnr. 43; *C. Schäfer*, in: Henssler/Strohn, Gesellschaftsrecht, Rdnr. 23.
215 *J. Mayer*, in: MünchKomm. GmbHG, Rdnr. 72; *Ulmer/Löbbe*, in: Ulmer/Habersack/Löbbe, Rdnr. 38, 151.
216 S. Rdnr. 51; BGH v. 21.1.1980 – II ZR 153/79, GmbHR 1980, 299 = WM 1980, 866; *Schmidt-Leithoff*, in: Rowedder/Schmidt-Leithoff, Rdnr. 16; *Bayer*, in: Lutter/Hommelhoff, Rdnr. 34; dagegen mit guten Gründen *J. Mayer*, in: MünchKomm. GmbHG, Rdnr. 72; ablehnend auch *Bürger*, RNotZ 2006, 156, 161; zweifelnd auch *Ulmer/Löbbe*, in: Ulmer/Habersack/Löbbe, Rdnr. 151, unter Berufung auf den Formzweck des Übereilungsschutzes. Dieser wird jedoch nicht durch § 2 Abs. 2, sondern nur durch § 2 Abs. 1 Satz 1 verfolgt (s. Rdnr. 10). Entscheidend dürfte jedoch allein der Zweck des § 2 Abs. 2 sein, weil es sich auch im Fall der Genehmigung durch den Minderjährigen nach Erlangung der Volljährigkeit um einen Vertretungssachverhalt handelt.

Nach Eintragung der Gesellschaft in das Handelsregister (§ 11) ist nach ganz überwiegender Meinung zu unterscheiden, ob der angebliche Vertreter überhaupt keine Vollmacht hatte oder ob die Vollmacht „lediglich" wegen eines Verstoßes gegen § 2 Abs. 2 **formnichtig** war (§ 125 BGB). In dem zuletzt genannten Fall wird der **Mangel** der Vollmacht ebenso wie die Formunwirksamkeit des Gesellschaftsvertrages selbst durch die Eintragung **geheilt**. Ein Nichtigkeitsgrund i.S. des § 75 Abs. 1 liegt nicht vor[217]. Bei **gänzlichem Fehlen einer Vollmacht** hat dagegen der Gesellschaftsvertrag auch nach Eintragung der Gesellschaft in das Handelsregister **keine Wirkung** gegenüber dem angeblich Vertretenen (§ 177 BGB). Davon wird die Wirksamkeit der Gesellschaft im Übrigen jedoch nicht berührt. Da aber der Geschäftsanteil des angeblich Vertretenen nicht entstanden ist, kann die GmbH gemäß § 399 Abs. 4 FamFG von Amts wegen aufgelöst werden[218]. Die Gesellschafter können die Auflösung vermeiden, indem sie den Mangel durch eine Kapitalherabsetzung oder durch die Bildung eines neuen[219] Geschäftsanteils beseitigen (s. dazu näher Rdnr. 98). Durch die Schaffung eines neuen Geschäftsanteils kann auch der vollmachtlos Vertretene noch an der Gesellschaft beteiligt werden. Die bloße Genehmigung des Vertreterhandelns durch den Vertretenen genügt nach Eintragung der Gesellschaft in das Handelsregister nicht mehr, weil ab diesem Zeitpunkt feststeht, dass der Geschäftsanteil des Vertretenen endgültig nicht zur Entstehung gelangt ist (s. zum Fall der Beteiligung eines beschränkt Geschäftsfähigen unter Rdnr. 52, 94)[220]. 38

IV. Auslegung

Schrifttum: *Brandes*, Die Rechtsprechung des BGH zur GmbH, WM 1983, 286; *Coing*, Zur Auslegung der Verträge von Personengesellschaften, ZGR 1978, 659; *Fleischer*, Zur Auslegung von Gesellschaftsverträgen und Satzungen, DB 2013, 1466; *Grunewald*, Die Auslegung von Gesellschaftsverträgen und Satzungen, ZGR 1995, 68; *Hoffmann-Becking*, Der Einfluss schuldrechtlicher Gesellschaftervereinbarungen auf die Rechtsbeziehungen in der Kapitalgesellschaft, ZGR 1994, 442; *Lüderitz*, Die Auslegung von Rechtsgeschäften, 1966, S. 194 ff.; *Nitschke*, Die körperschaftlich strukturierte Personengesellschaft, 1970, S. 166 ff.; *Noack*, Gesellschaftervereinbarungen bei Kapitalgesellschaften, 1994, S. 80 ff.; *Ostheim*, Zur Auslegung des Gesellschaftsvertrages bei der Gesellschaft mit beschränkter Haftung, in: FS Demelius, 1973, S. 381; *Schockenhoff*, Die Auslegung von GmbH- und AG-Satzungen, ZGR 2013, 76; *Teichmann*, Gestaltungsfreiheit in Gesellschaftsverträgen, 1970, S. 127 ff.; *H. P. Westermann*, Das Verhältnis von Satzung und Nebenordnung in der Kapitalgesellschaft, 1994, S. 43 ff.; *Wiedemann*, Die Auslegung von Satzungen und Gesellschaftsverträgen, DNotZ 1977, Sonderheft S. 99.

Die Auslegung des Gesellschaftsvertrages ist seit langer Zeit Gegenstand der juristischen Diskussion[221]. Kern des Problems ist die Frage, ob Gesellschaftsverträge entsprechend den für Verträge geltenden Regeln (**§§ 133, 157 BGB**) auszulegen sind oder ob angesichts der besonderen Funktion des Gesellschaftsvertrages (s. Rdnr. 3) **eigenständige Auslegungsregeln** gel- 39

---

217 *Fastrich*, in: Baumbach/Hueck, Rdnr. 23; *J. Mayer*, in: MünchKomm. GmbHG, Rdnr. 78; *Michalski*, in: Michalski, 2. Aufl. 2010, Rdnr. 37; *Ulmer/Löbbe*, in: Ulmer/Habersack/Löbbe, Rdnr. 46; *Schmidt-Leithoff*, in: Rowedder/Schmidt-Leithoff, Rdnr. 57.

218 *J. Schmidt*, in: Michalski u.a., Rdnr. 78; *C. Schäfer*, in: Henssler/Strohn, Gesellschaftsrecht, Rdnr. 24; *C. Schäfer*, in: Bork/Schäfer, Rdnr. 47; *Schmidt-Leithoff*, in: Rowedder/Schmidt-Leithoff, Rdnr. 57.

219 Anders *Michalski*, in: Michalski, 2. Aufl. 2010, Rdnr. 37, der davon ausgeht, dass die anderen Gesellschafter den Geschäftsanteil des vollmachtlos Vertretenen übernehmen können; s. auch *Emmerich*, 11. Aufl., Rdnr. 32, der einerseits davon ausgeht, dass der Geschäftsanteil des angeblich Vertretenen nicht entstanden ist, andererseits aber den anderen Gesellschaftern die Möglichkeit eröffnet, den Geschäftsanteil des Vertretenen zu übernehmen; wie hier *Ulmer/Löbbe*, in: Ulmer/Habersack/Löbbe, Rdnr. 162 ff.

220 A.A. *Fastrich*, in: Baumbach/Hueck, Rdnr. 45; *Stenzel*, GmbHR 2015, 567, 576; wie hier *Ulmer/Löbbe*, in: Ulmer/Habersack/Löbbe, Rdnr. 163 f.; wohl widersprüchlich *J. Mayer*, in: MünchKomm. GmbHG, Rdnr. 78 einerseits und Rdnr. 199 andererseits.

221 S. auch *Fleischer*, DB 2013, 1466 („Faszinosum").

ten. Die Auslegung nach den allgemeinen Regeln der Rechtsgeschäftslehre hätte zur Folge, dass die Auslegung primär anhand des übereinstimmenden Willens der Gesellschafter zu erfolgen hätte und in Abwesenheit eines übereinstimmenden Willens hinterfragt werden müsste, wie der jeweilige Empfänger die jeweilige Regelung nach Treu und Glauben unter Berücksichtigung der Verkehrssitte verstehen durfte. Bei der Beantwortung dieser Frage müssten bzw. dürften sämtliche Umstände berücksichtigt werden, d.h. nicht nur der Gesellschaftsvertrag und sämtliche beim Handelsregister abrufbaren Unterlagen, sondern etwa auch die Entstehungsgeschichte des Gesellschaftsvertrages samt seiner früheren Entwürfe, Äußerungen und etwaige Nebenabreden der Gründer. Als gesichert kann gelten, dass **individualrechtliche Satzungsregelungen** in diesem Sinne auszulegen sind (§§ 133, 157 BGB). Ob dies auch für **körperschaftliche Satzungsregelungen** gilt, die Bedeutung nicht nur für die Vertragsschließenden, sondern auch für künftige Gesellschafter und Gläubiger haben (zuvor Rdnr. 8), ist umstritten. Die **Rechtsprechung** zu dieser Frage hat geschwankt. Das **RG**[222] ist grundsätzlich von der Geltung der §§ 133, 157 BGB ausgegangen, allerdings mit der Einschränkung, dass der Auslegung hier **engere Grenzen als sonst** gezogen seien, weil der Gesellschaftsvertrag für die Allgemeinheit bestimmt sei. Das RG hat daraus den Schluss gezogen, dass die wesentlichen Erfordernisse der formbedürftigen Erklärungen in der Urkunde selbst niedergelegt sein müssten, da sie sonst durch den Inhalt der Urkunde nicht mehr gedeckt seien[223]. Deshalb hat es solche Nebenabreden als unwirksam behandelt, die sich nicht aus der Urkunde ergaben (§ 2 GmbHG i.V.m. § 125 BGB), sowie **Deutungen** des Vertrags **abgelehnt, die für Außenstehende nicht erkennbar** sind. Soweit aber die Bestimmungen des Gesellschaftsvertrages unklar oder mehrdeutig sind[224] oder soweit die Bestimmungen des Gesellschaftsvertrages keine Bedeutung für die Allgemeinheit, die Gläubiger oder künftige Gesellschafter haben[225], wurde eine Auslegung unter Heranziehung der auch sonst üblichen Erkenntnismittel gebilligt.

40 Der **BGH** hat die Rechtsprechung des RG weiterentwickelt und die heute weithin gebilligte **Unterscheidung zwischen individualrechtlichen und körperschaftlichen Bestimmungen** geprägt. Unterscheidungskriterium ist danach, ob die fragliche Bestimmung **nur für das Verhältnis der Gründer** untereinander sowie zur Gesellschaft **oder auch für spätere Gesellschafter** oder die Gläubiger Bedeutung hat. Während für die **individualrechtlichen** Bestimmungen die §§ 133, 157 BGB uneingeschränkt ihre Gültigkeit behalten, wird bei den **körperschaftlichen Bestimmungen** mit Rücksicht auf ihre erforderliche einheitliche und gleichmäßige Geltung für gegenwärtige und zukünftige Gesellschafter sowie für die Gläubiger eine **objektivierte Auslegung** bevorzugt[226]. Diese Grundsätze hat der BGH – von seinem Standpunkt aus zu Recht – auch für personalistische Gesellschaften oder Familiengesellschaften angewandt, schon weil der spätere Beitritt anderer Gesellschafter niemals ausgeschlossen werden kann[227].

---

222 S. auch den Überblick bei *Schockenhoff*, ZGR 2013, 76, 78 ff.

223 RG v. 21.6.1912 – Rep. II 223/12, RGZ 79, 418, 422.

224 RG v. 20.6.1933 – II 41/33, RGZ 141, 204, 206; RG v. 23.12.1938 – II 102/38, RGZ 159, 272, 278; RG v. 25.1.1939 – II 94/38, RGZ 159, 321, 326; RG v. 12.10.1940 – II 33/40, RGZ 165, 68, 73.

225 RG v. 4.6.1940 – II 171/39, RGZ 164, 129, 140.

226 Grdl. BGH v. 9.6.1954 – II ZR 70/53, BGHZ 14, 25, 36 f. = NJW 1954, 1401; s. auch BGH v. 13.7.1967 – II ZR 238/64, BGHZ 48, 141, 143 f. = NJW 1967, 2159, 2160; BGH v. 11.11.1985 – II ZB 5/85, BGHZ 96, 245, 250 = NJW 1986, 1033, 1034 (Verein); BGH v. 16.12.1991 – II ZR 58/91, BGHZ 116, 359, 364, 366 = NJW 1992, 892, 893 = GmbHR 1992, 257, 259; BGH v. 11.10.1993 – II ZR 155/92, BGHZ 123, 347, 350, 352 = NJW 1994, 51 = AG 1994, 78 = ZIP 1993, 1709 – IBH/Powell Duffryn (zur AG); BGH v. 29.3.1973 – II ZR 139/70, LM Nr. 20 zu § 47 GmbHG = NJW 1973, 1039, 1040; BGH v. 24.1.1974 – II ZR 65/72, LM Nr. 21 zu § 47 GmbHG = GmbHR 1974, 107, 108; BGH v. 20.1.1983 – II ZR 243/81, GmbHR 1983, 196 = LM Nr. 32 zu § 47 GmbH = NJW 1983, 1910 f.; BGH v. 29.9.1954 – II ZR 331/53, LM Nr. 25 zu § 549 ZPO = MDR 1954, 734, 735; ebenso für Österreich OGH v. 25.11.1997 – 1 Ob 61/97, SZ Bd. 70 II (1997) Nr. 24, S. 704, 719 ff. = HS 28.080 = AG 1998, 199 f.

227 BGH v. 9.6.1954 – II ZR 70/53, BGHZ 14, 25, 36 f. = NJW 1954, 1401; BGH v. 16.2.1981 – II ZR 89/79, BB 1981, 926 f. = GmbHR 1982, 129, 130; BGH v. 25.9.1989 – II ZR 304/88, NJW-

Ausgangspunkt der Auslegung ist auf der Grundlage der objektivierten Auslegung – ebenso wie sonst (§§ 133, 157 BGB) – der **Wortlaut** der fraglichen körperschaftlichen Vertragsbestimmung. Dieser ist indes nicht allein maßgebend; vielmehr müssen **Sinn und Zweck** und der **systematische Bezug** der Klausel zu anderen Satzungsregelungen berücksichtigt werden. Dabei kann auch auf **Umstände außerhalb** der Vertragsurkunde zurückgegriffen werden, vorausgesetzt, dass sie, wie insbesondere die sonstigen Handelsregisterakten, für außenstehende Dritte gleichfalls ohne weiteres **erkennbar** sind[228]. Eine einzelne Bestimmung des Gesellschaftsvertrages kann infolgedessen durchaus auch gegen bzw. über ihren Wortlaut hinaus ausgelegt werden[229]. **Kollidieren zwei Bestimmungen** des Gesellschaftsvertrages, weil es bei einer späteren Vertragsänderung versäumt wurde, den geänderten Text mit dem früheren Text abzustimmen, sind die Regeln über sich widersprechende **Gesetze aus verschiedenen Zeiten** anzuwenden, so dass z.B. eine als generell gedachte Erhöhung der Mehrheitserfordernisse für Vertragsänderungen eine abweichende, speziellere frühere Regelung verdrängt[230]. Selbst eine **ergänzende Vertragsauslegung** zur Schließung von Lücken im Gesellschaftsvertrag ist im Rahmen der objektiven Kriterien möglich, sofern damit nur der Zweck verfolgt wird, die schon in der Vertragsurkunde selbst angelegte Regelung zu einem sinnvollen Ganzen fortzuschreiben[231]. Ausgeschlossen ist dagegen ein Rückgriff auf solche Umstände, die, wie die Entstehungsgeschichte, Vorentwürfe und nicht nach außen hervorgetretene Motive der Gründer, außenstehenden Dritten notwendigerweise verborgen sind[232]. Auf keinen Fall darf schließlich die Auslegung zu unterschiedlichen Ergebnissen im Innen- und Außenverhältnis führen; sie muss vielmehr für alle Beteiligten einheitlich und gleichmäßig erfolgen[233].

Aus der Unterscheidung zwischen körperschaftlichen und individualrechtlichen Satzungsbestandteilen wird schließlich der Schluss gezogen, dass allein die ersteren der freien **Nachprüfung durch** das **Revisionsgericht** unterliegen. Dagegen ist die Auslegung von Satzungsbestimmungen mit individualrechtlichem Charakter ebenso wie diejenige sonstiger Verträge in der Revisionsinstanz nur beschränkt nachprüfbar[234].

RR 1990, 99 f. = GmbHR 1990, 75, 76; zustimmend u.a. *Roth*, in: Roth/Altmeppen, Rdnr. 17; *Fastrich*, in: Baumbach/Hueck, Rdnr. 30.

228 Vgl. für bei den Handelsregisterakten befindliche frühere Fassungen der Satzung BGH v. 20.1.1983 – II ZR 243/81, GmbHR 1983, 196 = NJW 1983, 1910 f.; BGH v. 16.12.1991 – II ZR 58/91, BGHZ 116, 359, 366 = NJW 1992, 892, 894 = GmbHR 1992, 257, 259; zur Berücksichtigung einer beim Handelsregister eingereichten Einbringungsbilanz BayObLG v. 12.4.1979 – BReg 1 Z 13/79, BayObLGZ 1979, 97, 101 f. = GmbHR 1979, 139, 140 f.

229 Vgl. den Fall BayObLG v. 12.4.1979 – BReg 1 Z 13/79, BayObLGZ 1979, 97 = GmbHR 1979, 139.

230 OGH v. 25.11.1997 – 1 Ob 61/97, SZ. Bd. 70 II (1997) Nr. 242, S. 704, 721 ff. = AG 1998, 199, 200.

231 BGH v. 16.10.1989 – II ZR 2/89, NJW-RR 1990, 226, 227 = GmbHR 1990, 77 (Ausdehnung eines Wettbewerbsverbotes auf weitere Fälle); OLG Düsseldorf v. 8.1.1982 – 6 W 61/81, BB 1982, 1574 f.; OLG Köln v. 26.3.1999 – 19 U 108/96, NZG 1999, 1222, 1223 f. = GmbHR 1999, 712.

232 BGH v. 20.1.1983 – II ZR 243/81, GmbHR 1983, 196 = NJW 1983, 1910 f.; BGH v. 25.9.1989 – II ZR 304/88, NJW-RR 1990, 99 f. = GmbHR 1990, 75, 76; OLG Köln v. 26.3.1999 – 19 U 108/96, NZG 1999, 1222, 1223 f. = GmbHR 1999, 712.

233 RG v. 25.1.1921 – II 313/20, RGZ 101, 246 f.; RG v. 28.1.1930 – II 159/29, RGZ 127, 186, 192; RG v. 20.6.1930 – II 310/29, JW 1930, 3735, 3736; RG v. 19.11.1938 – II 68/38, JW 1939, 354 (zur AG); BGH v. 9.6.1954 – II ZR 70/53, BGHZ 14, 25, 36 f. = NJW 1954, 1401; BGH v. 29.9.1954 – II ZR 331/53, LM Nr. 25 zu § 549 ZPO = MDR 1954, 734; BGH v. 29.3.1973 – II ZR 139/70, LM Nr. 20 zu § 47 GmbHG = NJW 1973, 1039.

234 Vgl. etwa BGH v. 11.10.1993 – II ZR 155/92, NJW 1994 51, 52; *J. Mayer*, in: MünchKomm. GmbHG, Rdnr. 168; *Ulmer/Löbbe*, in: Ulmer/Habersack/Löbbe, Rdnr. 206; *Fastrich*, in: Baumbach/Hueck, Rdnr. 32; *C. Schäfer*, in: Bork/Schäfer, Rdnr. 54.

43 Im **Schrifttum** findet die Rechtsprechung des BGH auch heute noch überwiegend **Zustimmung**. Die Mehrheit der Autoren folgt im Wesentlichen dem Gebot objektiver Auslegung körperschaftlicher Satzungsregelungen und legt individualrechtliche Bestimmungen ganz überwiegend nach den allgemeinen Regeln der Rechtsgeschäftslehre aus[235]. Allerdings finden sich auch Stellungnahmen, die stärker **differenzieren**. So wird vertreten, dass zwischen personalistischen und kapitalistischen Gesellschaften unterschieden werden müsse und im Innenverhältnis der personalistischen Gesellschaften eine stärker vertragsähnliche Auslegung stattzufinden habe[236]. Auch eine Unterscheidung zwischen notwendigen und fakultativen körperschaftlichen Bestimmungen wird bisweilen befürwortet[237]. Nach einer vordringenden Ansicht soll im Wege einer **einzelfallorientierten Betrachtungsweise** danach gefragt werden, ob im konkreten Fall tatsächlich Interessen Dritter tangiert sind, die für eine von den allgemeinen Auslegungsregelungen abweichende Auslegung sprechen[238]. Das Gebot objektiver Satzungsauslegung soll nur in diesem Fall greifen, während im Übrigen auch körperschaftliche Satzungsbestandteile entsprechend den allgemeinen Auslegungsgrundsätzen (§§ 133, 157 BGB) ausgelegt werden sollen.

44 Der wesentliche Vorteil des Konzepts der objektiven Auslegung liegt darin, dass es einheitliche Auslegungsregelungen unabhängig von der Realstruktur der Gesellschaft und unabhängig von einer etwaigen Änderung der Zusammensetzung des Gesellschafterkreises bietet[239]. Dies dient der Rechtssicherheit, stellt aber zugleich die wesentliche Schwäche des Konzepts dar. Es ist nämlich schwer einzusehen, warum die Interessen Dritter *generell* Abweichungen von den sonst maßgeblichen Auslegungsregeln gebieten sollen, wenn sie im Einzelfall nicht betroffen sind. Die h.M. schießt über das Ziel hinaus, wenn letztlich unter Berufung auf die *theoretischen* Interessen Dritter Modifikationen der §§ 133, 157 BGB vorgenommen werden. Derartige Abweichungen können nur dort angebracht sein, wo die **Interessen Dritter tatsächlich** hereinspielen[240]. Solange sich der Gesellschafterkreis auf die **Gründer** und deren Erben beschränkt, ist eine Abweichung von den §§ 133, 157 BGB daher nicht gerechtfertigt[241]. Maßgebend ist dann in erster Linie **ihr Verständnis der betreffenden Bestimmungen**, wozu

---

235 So mit Unterschieden im Einzelnen *Fastrich*, in: Baumbach/Hueck, Rdnr. 29 ff.; *Ulmer/Löbbe*, in: Ulmer/Habersack/Löbbe, Rdnr. 194 ff.; *Schmidt-Leithoff*, in: Rowedder/Schmidt-Leithoff, Rdnr. 81; *J. Schmidt*, in: Michalski u.a., Rdnr. 90; *C. Schäfer*, in: Henssler/Strohn, Gesellschaftsrecht, Rdnr. 27; *Wicke*, Rdnr. 4; s. aber auch *Bayer*, in: Lutter/Hommelhoff, Rdnr. 19: gesetzesgleiche Auslegung, allerdings wiederum mit Modifikationen; s. auch *Reuter*, in: MünchKomm. BGB, § 25 BGB Rdnr. 23; gegen die Unterscheidung von körperschaftlichen und individualrechtlichen Regelungen *Ostheim*, in: FS Demelius, 1973, S. 381, 392.
236 *Wiedemann*, GesR I, § 3 II 2 (S. 169 f.); *Wiedemann*, DNotZ 1977, Sonderheft, S. 99 ff.; kritisch zu Recht *J. Mayer*, in: MünchKomm. GmbHG, Rdnr. 163; *Fastrich*, in: Baumbach/Hueck, Rdnr. 30.
237 *Kraft*, in: KölnKomm. AktG, 2. Aufl., § 23 Rdnr. 99 ff.; dagegen zu Recht *Ulmer/Löbbe*, in: Ulmer/Habersack/Löbbe, Rdnr. 197; *Arnold*, in: KölnKomm. AktG, 3. Aufl., § 23 Rdnr. 21 f.
238 So mit Unterschieden in den Einzelheiten *J. Mayer*, in: MünchKomm. GmbHG, Rdnr. 164 ff.; *Karsten Schmidt*, GesR, § 5 I 4 (S. 87 ff.); *Grunewald*, ZGR 1995, 86, 86 f.; *Schockenhoff*, ZGR 2013, 76, 101 ff.
239 *Ulmer/Löbbe*, in: Ulmer/Habersack/Löbbe, Rdnr. 195.
240 Nicht aufrechterhalten wird die Kritik an der h.M., dass die Abgrenzung zwischen körperschaftlichen und individualrechtlichen Satzungsbestandteilen praktisch schwierig ist, s. *Emmerich*, 11. Aufl., Rdnr. 38. Dieser Einwand ist in der Sache zwar richtig. Das Abgrenzungsproblem stellt sich aber auch auf der Grundlage der hier vertretenen Auffassung, weil die körperschaftlichen Regelungen der Satzung jedenfalls nach einem Gesellschafterwechsel grundsätzlich objektiv auszulegen sind, nicht jedoch die individualrechtlichen Bestimmungen.
241 So im Ergebnis auch *Bayer*, in: Lutter/Hommelhoff, Rdnr. 19; *Karsten Schmidt*, GesR, § 5 I 4 c (S. 90 f.); *Grunewald*, ZGR 1995, 68, 86 f.; *Oppenländer*, DStR 1996, 922; *Schockenhoff*, ZGR 2013, 76, 102; *Fleischer*, DB 2013, 1466, 1471, 1474.

auch eine entsprechende Praxis der Gesellschafter herangezogen werden kann. Dasselbe gilt für schuldrechtliche Nebenabreden der Gesellschafter[242].

Einschränkungen der vorstehend entwickelten Regeln (Rdnr. 44) werden erst, aber immer dann erforderlich, **sobald Interessen Dritter tatsächlich tangiert** werden. Interessen der Gläubiger[243] (die jede Satzungsregelung hinnehmen müssen)[244] oder der Allgemeinheit[245] rechtfertigen eine Einschränkung allerdings nicht, wohl aber die Interessen **neuer Gesellschafter.** Haben sie keine **positive Kenntnis** von dem Verständnis der Gründer, ihrer Handhabung der Satzung und über die Existenz ergänzender schuldrechtlicher Abreden[246] und mussten sich diese Umstände ihnen auch **nicht aufdrängen**[247], muss der Gesellschaftsvertrag unter Außerachtlassung dieser Umstände ausgelegt werden. Die fragliche Bestimmung des Gesellschaftsvertrages gilt dann – allerdings wiederum einheitlich[248] – in dem Sinne, den sie nach objektiver Auslegung hat, und nicht nach einem möglicherweise abweichenden Verständnis der Gründer und der anderen informierten Gesellschafter (§§ 133, 157 BGB). Eine gewisse **Schwäche** dieser Lösung liegt freilich darin, dass sich die „richtige" Auslegung im Zeitverlauf ändern kann. Dies kann für einen Gesellschafter, der sich auf das gemeinsame subjektive Verständnis einer Satzungsregelung beruft, misslich sein, wenn (möglicherweise erst im Prozess) ein Gesellschafterwechsel stattfindet und die Satzung sodann objektiv auszulegen ist. In der Praxis könnte sogar der Versuch unternommen werden, einen solchen Gesellschafterwechsel gezielt herbeizuführen, um dem klagenden Gesellschafter den Vortrag des übereinstimmenden subjektiven Verständnisses aus der Hand zu schlagen. In der Abwägung der widerstreitenden Interessen wiegen diese Bedenken aber nicht derart schwer, dass sie in sämtlichen Fällen, in denen Drittinteressen tatsächlich nicht betroffen sind, zu einer objektiven Auslegung zwingen. Zu berücksichtigen ist auch, dass sich die Gesellschafter durch die Vereinbarung gesellschaftsvertraglicher Vinkulierungsklauseln vor derartigen Gefahren schützen können und dass im Einzelfall die Berufung auf die objektive Auslegung aufgrund der

45

242 A.A. *J. Mayer*, in: MünchKomm. GmbHG, Rdnr. 161, 167; s. zu dieser Frage auch *Hoffmann-Becking*, ZGR 1994, 442, 455 f.

243 A.A. *Roth*, in: Roth/Altmeppen, Rdnr. 16; *J. Schmidt*, in: Michalski u.a., Rdnr. 90.

244 Entgegen *Michalski*, in: Michalski, 2. Aufl. 2010, Rdnr. 48 wird hier nicht bestritten, dass der Gesellschaftsvertrag ein Kriterium für die Kreditvergabe sein kann. Es wird lediglich bestritten, dass die Gläubiger angesichts der Satzungshoheit der Gesellschafter ein schutzwürdiges Interesse an der objektiven Auslegung haben. Wie hier *Grunewald*, ZGR 1995, 68, 88; *Schockenhoff*, ZGR 2013, 76, 91 f.; *Fleischer*, DB 2013, 1466, 1475 f.

245 *Schockenhoff*, ZGR 2013, 76, 92 f.

246 Hiervon zu unterscheiden ist die rechtsgeschäftliche Bindung des neuen Gesellschafters an die schuldrechtliche Nebenabrede, die ohne Vertragsübernahme oder Vertragsbeitritt nicht erfolgt, s. *Schockenhoff*, ZGR 2013, 76, 103.

247 Weitergehend („Kennenmüssen") *J. Mayer*, in: MünchKomm. GmbHG, Rdnr. 165; *Oppenländer*, DStR 1996, 922; *Grunewald*, ZGR 1995, 68, 87. Gegen eine solche weitergehende Einschränkung zulasten des Erwerbers spricht jedoch mit *Fleischer*, DB 2013, 1466, 1474 f., dass die vorhandenen Gesellschafter es in der Hand haben, dem Erwerber ihr abweichendes subjektives Verständnis zu offenbaren und nicht schutzbedürftig sind, wenn sie davon absehen. Dem Fall der positiven Kenntnis sollte aber zumindest derjenige Fall gleichgestellt werden, in dem der neue Gesellschafter gleichsam die Augen vor dem sich ihm aufdrängenden subjektiven Verständnis der Gesellschafter verschließt; in diese Richtung auch *Schockenhoff*, ZGR 2013, 76, 104: grobe Fahrlässigkeit.

248 Es ist daher nicht überzeugend, wenn für die objektive Auslegung angeführt wird, dass andernfalls keine einheitliche Auslegung allen Gesellschaftern gegenüber möglich wäre, so *Michalski*, in: Michalski, 2. Aufl. 2010, Rdnr. 48 f. Die Auslegung erfolgt auch nach der hier vertretenen Auffassung stets einheitlich nach denselben Regeln, die sich jedoch durch einen Gesellschafterwechsel ändern können. Der Vorteil des Konzepts der objektiven Auslegung kann daher nur darin gesehen werden, dass unabhängig von Änderungen auf Gesellschafterebene dieselben Auslegungsgrundsätze gelten, so zutreffend auf der Grundlage der dort vertretenen Ansicht *Ulmer/Löbbe*, in: Ulmer/Habersack/Löbbe, Rdnr. 195.

Treuepflicht versagt sein kann, insbesondere wenn eine Abtretung zum Zwecke der „Manipulation" der Auslegung erfolgt[249].

V. Gesellschafter

Schrifttum: *Apfelbaum*, Gütergemeinschaft und Gesellschaftsrecht, MittBayNot 2006, 185; *Bartl*, Bestellung eines Ausländers zum Geschäftsführer, BB 1977, 571; *Biddermann*, Die Rechtsstellung des minderjährigen GmbH-Gesellschafters bei Fehlen der vormundschaftsgerichtlichen Genehmigung zum Gründungsvertrag und zum Erwerb von Geschäftsanteilen, GmbHR 1966, 4; *Bohlscheid*, Ausländer als Gesellschafter und Geschäftsführer einer deutschen GmbH, RNotZ 2005, 505; *Brüggemann*, Der sperrige Katalog, FamRZ 1990, 5, 124; *Bürger*, Die Beteiligung Minderjähriger an Gesellschaften mit beschränkter Haftung, RNotZ 2006, 156; *H. C. Dölle*, Die Beteiligung der Gesellschaft bürgerlichen Rechts (GbR) an einer Gesellschaft mit beschränkter Haftung (GmbH), 1984; *Flume*, Gesamthand und juristische Person, in: FS L. Raiser, 1974, S. 27; *B. Grunewald*, Die Rechtsfähigkeit der Erbengemeinschaft, AcP 197 (1997), 305; *Haegele*, GmbH und Verfügungsbeschränkungen der Zugewinngemeinschaft, GmbHR 1965, 187; *Haegele*, Vertragliche Güterrechte und GmbH, GmbHR 1968, 69, 95, 138; *Haegele*, Geschäftsunfähige und beschränkt Geschäftsfähige im GmbH-Recht, GmbHR 1971, 198; *U. Koch*, Die Beteiligung einer Gesellschaft bürgerlichen Rechts an der GmbH-Gründung, ZHR 146 (1982), 118; *Kobei*, Die Übernahme einer Stammeinlage oder Aktie bei Gründung einer GmbH oder AG durch eine Personenmehrheit, GmbHR 1960, 84; *G. Kurz*, Die Problematik des § 1822 BGB, NJW 1992, 1798; *Kußmaul*, Zivilrechtliche Gestaltungsmöglichkeiten bei der Einbeziehung von Kindern, GmbHR 1983, 118; *K. W. Lange*, Erbengemeinschaft an einem GmbH-Geschäftsanteil, GmbHR 2013, 113; *Lutz*, Die Ernennung mehrerer Testamentsvollstrecker als Gestaltungsmittel der Unternehmensnachfolge, NotBZ 2016, 16; *Maiberg*, Übernahme einer Stammeinlage durch eine Erbengemeinschaft bei Erhöhung des Stammkapitals einer GmbH, DB 1975, 53; *G. Miller*, Eintragung ausländischer GmbH-Geschäftsführer und Gründung einer GmbH durch Ausländer, DB 1983, 977; *W. Müller*, Zur vormundschaftsgerichtlichen Genehmigung bei GmbH-Beteiligungen von Minderjährigen, JR 1961, 326; *Petzoldt*, Gesellschaftsvertrag und Erbrecht, GmbHR 1977, 25; *Philippi*, Testamentsvollstreckung an GmbH-Anteilen, 2000; *Priester*, Nachfolgeklauseln im GmbH-Vertrag, GmbHR 1981, 206; *Priester*, Kernbereich der Mitgliedschaft als Schranke der Testamentsvollstreckung?, in: FS Streck, 2011, S. 891; *Raue*, Die ordnungsgemäße Verwaltung eines GmbH-Anteils durch eine Erbengemeinschaft, GmbHR 2015, 121; *Reimann*, Unternehmensnachfolge und Testamentsvollstreckung, GmbHR 2011, 1297; *Roth*, Die Ehegatten-GmbH in Recht und Praxis, FamRZ 1984, 328; *Rust*, Die Beteiligung von Minderjährigen im Gesellschaftsrecht, DStR 2005, 1942, 1992; *J. Schmidt*, Die gemeinschaftliche Ausübung von Rechten an einem GmbH-Anteil, NZG 2015, 1049; *Karsten Schmidt*, Die GmbH-Beteiligung von Gesellschaften bürgerlichen Rechts als Publizitätsproblem, BB 1983, 1697; *Karsten Schmidt*, Die BGB-Außengesellschaft: rechts- und parteifähig, NJW 2001, 993; *Schürnbrand*, Die Ausübung von Gesellschafterrechten in der GmbH durch Erbengemeinschaften, NZG 2016, 241; *Tountopoulos*, Ausländerrecht und Handelsregister, Rpfleger 1997, 457; *Ulmer*, Die höchstrichterlich „enträtselte" Gesellschaft bürgerlichen Rechts, ZIP 2001, 585; *Wachter*, GmbH-Geschäftsanteile im Erbfall, 2012; *Wachter*, Ausländer als GmbH-Gesellschafter und Geschäftsführer ZIP 1999, 1577; *Werner*, Beteiligung Minderjähriger an gesellschaftsrechtlichen Transaktionen im Recht der GmbH und GmbH & Co. KG, GmbHR 2006, 737; *Wilde*, Der unter Betreuung stehende Gesellschafter, GmbHR 2010, 123; *Wilhelm*, Fehlerhafte Gesellschaftsverträge mit minderjährigen Kindern, BB 1966, 395; *Winkler*, Die Genehmigung des Vormundschaftsgerichts zu gesellschaftsrechtlichen Akten bei Beteiligung Minderjähriger, ZGR 1973, 177; *M. Wolf*, GmbH-Gründung mit einer Erbengemeinschaft, in: FS Schippel, 1996, S. 533; *Zelz*, Der Minderjährige in der GmbH, GmbHR 1959, 91; – zur Treuhand s. bei Rdnr. 66 und § 15 Rdnr. 227.

46 Gesellschafter einer deutschen GmbH kann jede **natürliche** oder **juristische Person** oder **Personengesellschaft** sein. Auch hinsichtlich der **Zahl der Gesellschafter** gibt es weder eine Unter- noch eine Obergrenze (§ 1). Lediglich bei Verwendung des gesetzlichen Musterprotokolls dürfen maximal drei Gründungsgesellschafter vorhanden sein (Rdnr. 123). Das Spek-

---

249 S. allgemein zum Gedanken der Treuepflicht im Zusammenhang mit der Auslegung *Ulmer/Löbbe*, in: Ulmer/Habersack/Löbbe, Rdnr. 204; *Karsten Schmidt*, GesR, § 5 I 4 c (S. 90 f.).

trum möglicher Gestaltungsformen reicht von der Einpersonengesellschaft bis zu Publikumsgesellschaften mit einer Vielzahl persönlich nicht verbundener Gesellschafter.

1. Ausländer

Angehörige der Mitgliedstaaten der **Europäischen Union** stehen deutschen Staatsangehöri- 47
gen in jeder Hinsicht gleich, so dass sie sich ebenso wie deutsche Staatsangehörige an der
Gründung einer GmbH beteiligen können[250]. Auch Angehörige von **Drittstaaten** können
nach einhelliger Ansicht unabhängig von ihrem Wohnsitz oder ihrem gewöhnlichen Aufent-
haltsort an der Gründung einer GmbH teilnehmen[251]. Das **Aufenthaltsgesetz** (AufenthG)[252]
verbietet dies nicht. Allerdings bedürfen Ausländer zur Aufnahme einer Erwerbstätigkeit in
Deutschland einer **Erlaubnis** (vgl. § 4 Abs. 2 und 3 AufenthG). Dies hat die Frage aufgeworfen, ob die Errichtung einer GmbH durch einen oder mehrere Ausländer, die nicht über die
erforderliche Erlaubnis zur Aufnahme einer Erwerbstätigkeit verfügen, aufgrund der Umgehung der aufenthaltsrechtlichen Verbote nichtig ist. Einigkeit besteht, dass die Nichtigkeit
zumindest im Fall einer nur geringfügigen Gesellschaftsbeteiligung des ausländischen Gesellschafters, die keinen Einfluss auf die Geschäftsführung vermittelt, nicht die Folge ist[253]. Auch
bei einer maßgeblichen Beteiligung des Ausländers verfolgt die Gesellschaft im Regelfall
keine **gesetzwidrigen Zwecke** (§ 134 BGB). Die gegenteilige Auffassung[254] ist abzulehnen,
weil sie nicht hinreichend zwischen der Tätigkeit der GmbH und derjenigen ihrer Gesellschafter unterscheidet[255]. Ist die Zweckverfolgung der GmbH als solche nicht zu beanstanden, kann die fehlende Erlaubnis des Gesellschafters nicht ohne weiteres die Nichtigkeit des
Gesellschaftsvertrages zur Folge haben. Vielmehr ist zwischen beiden Ebenen zu unterscheiden und der Verstoß gegen aufenthaltsrechtliche Vorschriften ist allein mit den Mitteln des
Aufenthaltsrechts zu sanktionieren[256]. Die Errichtung einer GmbH ist daher auch dann wirksam, wenn die Gesellschafter in diesem Zusammenhang gegen aufenthaltsrechtliche Verbote
verstoßen. Dass die Errichtung der GmbH im Einzelfall gemäß § 134 BGB[257] oder gemäß
§ 138 Abs. 1 BGB[258] nichtig sein kann, wenn mit ihr vorrangig der **Zweck** verfolgt wird, etwai-

---

250 *J. Mayer*, in: MünchKomm. GmbHG, Rdnr. 82; *Bayer*, in: Lutter/Hommelhoff, Rdnr. 4; *Ulmer/Löb-
be*, in: Ulmer/Habersack/Löbbe, § 1 Rdnr. 44; *Wachter*, ZIP 1999, 1577, 1582.

251 *J. Mayer*, in: MünchKomm. GmbHG, Rdnr. 82; *Fastrich*, in: Baumbach/Hueck, § 1 Rdnr. 29; *Wachter*, ZIP 1999, 1577, 1582.

252 S. das Gesetz in der Bekanntmachung vom 25.2.2008 BGBl. I 2008, 162.

253 S. etwa OLG Stuttgart v. 20.1.1984 – 8 W 243/83, OLGZ 1984, 143, 146 = GmbHR 1984, 156.

254 So noch unter Geltung des AuslG für den Fall der Versagung einer selbständigen Erwerbstätigkeit
OLG Stuttgart v. 20.1.1984 – 8 W 243/83, OLGZ 1984, 143, 145 f. = GmbHR 1984, 156; OLG Celle
v. 1.10.1976 – 9 Wx 5/76, DB 1977, 993 = MDR 1977, 758; KG v. 24.9.1996 – 1 W 4534/95,
GmbHR 1997, 412, 413 f. = DZWiR 1997, 120 = DB 1977, 270; LG Hannover v. 7.1.1976 –
24 T 5/75, GmbHR 1976, 111; LG Köln v. 16.3.1981 – 87 T 14/81, GmbHR 1983, 48; LG Krefeld
v. 30.6.1982 – 7 T 1/82, GmbHR 1983, 48 f. = DNotZ 1983, 676; *Schmidt-Leithoff*, in: Rowedder/
Schmidt-Leithoff, Rdnr. 8 und § 1 Rdnr. 47; *Tountopoulos*, Rpfleger 1997, 457, 458 ff.

255 So im Ergebnis auch LG Ulm v. 14.1.1982 – T 6/81-01, Rpfleger 1982, 228; *Bartl*, BB 1977, 571,
573 f.; *Fastrich*, in: Baumbach/Hueck, § 1 Rdnr. 16, 29; *Ulmer/Löbbe*, in: Ulmer/Habersack/Löbbe,
§ 1 Rdnr. 43 f.; *J. Schmidt*, in: Michalski u.a., § 1 Rdnr. 24; *G. Miller*, DB 1983, 977, 978 f.; *Roth*,
in: Roth/Altmeppen, § 1 Rdnr. 22; *Wachter*, ZIP 1999, 1577, 1582 f.; *Waldner*, Rpfleger 1997, 389,
390.

256 *J. Mayer*, in: MünchKomm. GmbHG, Rdnr. 82; *Fastrich*, in: Baumbach/Hueck, § 1 Rdnr. 16.

257 So jetzt *Ulmer/Löbbe*, in: Ulmer/Habersack/Löbbe, § 1 Rdnr. 44 aufgrund des in § 4 Abs. 2 und 3
AufenthG vorgesehenen Verbots mit Erlaubnisvorbehalt, das als Verbotsgesetz i.S. des § 134 BGB
qualifiziert wird.

258 *Fastrich*, in: Baumbach/Hueck, § 1 Rdnr. 16; *Bayer*, in: Lutter/Hommelhoff, Rdnr. 4 und § 1
Rdnr. 16; *Bartl*, BB 1977, 571, 573 f.; *Bohlscheid*, RNotZ 2005, 505, 512 f.; s. auch *J. Mayer*, in:
MünchKomm. GmbHG, Rdnr. 82: Nichtigkeit gemäß §§ 134, 138 BGB.

ge aufenthaltsrechtliche **Beschränkungen** für die Betätigung der an der Gründung beteiligten Ausländer im Inland **zu umgehen**, lässt sich zwar nicht generell ausschließen. Solch eine Annahme würde jedoch voraussetzen, dass der Zweck der Gesetzesumgehung bei der Gründung der Gesellschaft so eindeutig im Vordergrund steht, dass das ganze Gründungsvorhaben davon geprägt wird, der eigentliche Zweck der GmbH völlig in den Hintergrund rückt und die Errichtung der GmbH deshalb als Umgehung der ausländerrechtlichen Verbote eingestuft werden muss[259]. Ein solcher Fall dürfte in der Praxis eher selten vorkommen.

2. Geschäftsunfähige, Minderjährige, Betreuung

48   Geschäftsunfähige und beschränkt geschäftsfähige Minderjährige können sich an der Gründung einer GmbH beteiligen. Sie werden durch ihre gesetzlichen Vertreter vertreten. Beschränkt geschäftsfähige Minderjährige (§ 106 BGB) können die zur Gründung erforderliche Willenserklärung auch selbst abgeben[260]. Sie bedarf jedoch **gemäß § 107 BGB** der **Einwilligung des gesetzlichen Vertreters**, weil der Abschluss des Gesellschaftsvertrages mit Rücksicht auf die damit verbundenen Haftungsrisiken (§§ 24, 31) in keinem Fall „rechtlich lediglich vorteilhaft" ist, auch nicht im Falle der Schenkung der Einlagemittel seitens der übrigen Gründer oder sonstiger Dritter[261]. Ist der gesetzliche **Vertreter selbst** neben dem Minderjährigen an dem Vertragsabschluss **beteiligt** oder vertritt er zugleich andere Gründer, etwa ein weiteres Kind, oder liegt ein sonstiger Fall des § 1795 BGB vor[262], muss für den Minderjährigen ein **Pfleger** bestellt werden (vgl. für die Eltern §§ 181, 1629 Abs. 2 Satz 1, 1795 Abs. 1 und 2, 1909 BGB). Falls der gesetzliche Vertreter mehrere Kinder vertritt, ist **für jede vertretene Person** ein besonderer Pfleger zu bestellen; das Familiengericht kann nicht eine mehrfache Vertretung gestatten[263]. Zu beachten ist, dass dies alles **nur für den Abschluss** des Gesellschaftsvertrages gilt. Nach wirksamem Vertragsabschluss werden Minderjährige in der Gesellschaft durch ihren gesetzlichen Vertreter vertreten, wobei § 181 BGB allerdings bei sog. Grundlagenbeschlüssen nach h.M. anwendbar bleibt (s. im Einzelnen 11. Aufl., § 47 Rdnr. 178 ff.)[264].

49   Eine andere Frage ist es, ob der gesetzliche Vertreter zu dem Abschluss des Gesellschaftsvertrages bzw. zur Erteilung der Einwilligung gemäß § 107 BGB[265] der **Genehmigung des Familiengerichts** gemäß § 1822 BGB[266] bedarf. In Betracht kommt insbesondere die Anwen-

---

259   Zutreffend *Wachter*, ZIP 1999, 1577, 1583 f.

260   Die Willenserklärung eines Geschäftsunfähigen ist demgegenüber unheilbar nichtig und nicht genehmigungsfähig, so dass der gesetzliche Vertreter selbst an dem Gründungsgeschäft teilnehmen muss, s. dazu *Schmitt*, in: MünchKomm. BGB, § 105 BGB Rdnr. 34; *Ulmer/Löbbe*, in: Ulmer/Habersack/Löbbe, Rdnr. 150 m.w.N.; nicht ganz genau daher, wenn formuliert wird, dass nicht geschäftsfähige Personen i.S. des § 104 Nr. 2 BGB der „Zustimmung" des gesetzlichen Vertreters bedürfen, so aber *J. Mayer*, in: MünchKomm. GmbHG, Rdnr. 87.

261   Ganz h.M., s. etwa *J. Mayer*, in: MünchKomm. GmbHG, Rdnr. 87; *Schmidt-Leithoff*, in: Rowedder/Schmidt-Leithoff, Rdnr. 12; *J. Schmidt*, in: Michalski u.a., Rdnr. 11. A.A. jedoch *Knothe*, in: Staudinger, 2012, § 107 BGB Rdnr. 29 aufgrund der nur mittelbaren Folge der Haftung aus §§ 24, 31.

262   S. dazu etwa *Bürger*, RNotZ 2006, 156, 158.

263   RG v. 13.5.1909 – Rep. IV 248/08, RGZ 71, 162, 166 f.; BGH v. 9.7.1956 – V BLw 11/56, BGHZ 21, 229 = NJW 1956, 1433 (zur Umwandlung von Gesamthandseigentum in Bruchteilseigentum); *J. Mayer*, in: MünchKomm. GmbHG, Rdnr. 88; *Schmidt-Leithoff*, in: Rowedder/Schmidt-Leithoff, Rdnr. 14; *Bürger*, RNotZ 2006, 156, 158.

264   S. dazu *Zöllner/Noack*, in: Baumbach/Hueck, § 47 Rdnr. 60; *Cramer*, NZG 2012, 765, 767.

265   S. Rdnr. 48; statt aller *Ellenberger*, in: Palandt, § 107 BGB Rdnr. 10.

266   Die Norm gilt unmittelbar für den Vormund und kraft Verweis für die Eltern (im Umfang des § 1643 Abs. 1 BGB) und für den Pfleger (§ 1915 Abs. 1 Satz 1 BGB). Der Begriff der Genehmigung beinhaltet auch die Einwilligung, s. dazu *Kroll-Ludwigs*, in: MünchKomm. BGB, § 1828 BGB Rdnr. 4.

dung von § 1822 Nr. 3 und Nr. 10 BGB. **§ 1822 Nr. 3 Var. 3 BGB** ist einschlägig, wenn die Gesellschaft zu dem **Betrieb eines Erwerbsgeschäfts**[267] gegründet wird und zwar unabhängig von der Höhe der Beteiligung des Minderjährigen[268]. Dass das Erwerbsgeschäft von der GmbH und nicht von dem Minderjährigen betrieben wird, spielt keine Rolle[269].

Gemäß **§ 1822 Nr. 10 BGB** ist die Genehmigung des Familiengerichts zur Übernahme einer   50
fremden Verbindlichkeit erforderlich. Darunter fällt die Gründung einer (**Mehrpersonen-**) **GmbH**, weil mit ihr immer die Gefahr einer persönlichen Haftung für die Verbindlichkeiten der Vorgesellschaft sowie einer persönlichen Inanspruchnahme auf Grund der §§ 24, 31 verbunden ist[270]. Dies gilt entgegen einer verbreiteten Auffassung[271] auch dann, wenn die Einlagen auf die Geschäftsanteile **in voller Höhe geleistet** sind, weil dadurch eine Haftung des Minderjährigen auf Grund seiner Beteiligung an der Vorgesellschaft ebenso wenig wie eine spätere persönliche Haftung auf Grund der §§ 24, 31 ausgeschlossen wird[272]. Damit schließt § 1822 Nr. 10 BGB eine Lücke, die § 1822 Nr. 3 Var. 3 BGB in den Fällen hinterlässt, in denen die GmbH nicht auf den Betrieb eines Erwerbsgeschäfts ausgerichtet ist[273]. Handelt es sich um eine **Einpersonengründung**, ist dagegen nur Raum für die Anwendung des § 1822 **Nr. 3** BGB unter den dort genannten Voraussetzungen[274]. Dies hat zur Folge, dass die Errichtung einer nicht auf ein Erwerbsgeschäft gerichteten Einpersonen-GmbH durch einen Minderjährigen keiner Genehmigung des Familiengerichts bedarf[275].

Beteiligt sich ein beschränkt geschäftsfähiger Minderjähriger **ohne Einwilligung** des gesetz-   51
lichen Vertreters (§ 107 BGB) an der Gründung einer **Mehrpersonen-GmbH** oder fehlt die erforderliche Einwilligung des Familiengerichts (§§ 1643 Abs. 3, 1829 BGB), ist der Gesellschaftsvertrag **schwebend unwirksam**[276]. Der Beitritt kann aber **nachträglich genehmigt**

---

267 Zum Begriff *Götz*, in: Palandt, § 1822 BGB Rdnr. 5. Für die Anwendung des § 1822 Nr. 3 Var. 3 BGB auf alle Formkaufleute unabhängig vom Gesellschaftszweck *Schmidt-Leithoff*, in: Rowedder/ Schmidt-Leithoff, Rdnr. 15; *Bayer*, in: Lutter/Hommelhoff, Rdnr. 6; *J. Schmidt*, in: Michalski u.a., Rdnr. 13.

268 *Ulmer/Löbbe*, in: Ulmer/Habersack/Löbbe, Rdnr. 85; anders für den Fall der Anteilsveräußerung BGH v. 28.1.2003 – X ZR 199/99, DNotZ 2004, 152, 153 f.; KG v. 20.1.1976 – 1 W 1341/75, NJW 1976, 1946, was jedoch nicht auf die Gründung der GmbH übertragbar ist, so auch *Kroll-Ludwigs*, in: MünchKomm. BGB, § 1822 BGB Rdnr. 25.

269 *Bayer*, in: Lutter/Hommelhoff, Rdnr. 6; *Ulmer/Löbbe*, in: Ulmer/Habersack/Löbbe, Rdnr. 85; *J. Mayer*, in: MünchKomm. GmbHG, Rdnr. 89; *J. Schmidt*, in: Michalski u.a., Rdnr. 13; *Rust*, DStR 2005, 1942, 1944. A.A. *Winkler*, ZGR 1973, 177, 182.

270 OLG Stuttgart v. 20.9.1978 – 8 W 128/78, OLGZ 1978 426, 427 f. = Justiz 1979, 19 = GmbHR 1980, 102; ebenso schon KG v. 7.10.1926 – I X 598/26, JW 1927, 2578; *Brüggemann*, FamRZ 1990, 124, 125; s. auch *Pleyer*, GmbHR 1962, 49, 50 f.; im Ergebnis auch, aber gegen die Berücksichtigung der Risiken aus § 31 *Fastrich*, in: Baumbach/Hueck, Rdnr. 27; offen gelassen von BGH v. 3.2.1964 – II ZB 6/63, BGHZ 41, 71, 78 f. = NJW 1964, 766, 768.

271 *Ulmer/Löbbe*, in: Ulmer/Habersack/Löbbe, Rdnr. 86; *C. Schäfer*, in: Henssler/Strohn, Gesellschaftsrecht, Rdnr. 34; *Götz*, in: Palandt, § 1822 BGB Rdnr. 21; für den Fall des Anteilserwerbs auch BGH v. 20.2.1989 – II ZR 148/88, BGHZ 107, 24 = GmbHR 1989, 327.

272 Wie hier *J. Mayer*, in: MünchKomm. GmbHG, Rdnr. 89a; *Schmidt-Leithoff*, in: Rowedder/Schmidt-Leithoff, Rdnr. 15; *J. Schmidt*, in: Michalski u.a., Rdnr. 14; *Brüggemann*, FamRZ 1990, 124, 125; *Werner*, GmbHR 2006, 736, 738. Ebenso, aber jeweils gegen die Berücksichtigung der Risiken aus § 31 *Fastrich*, in: Baumbach/Hueck, Rdnr. 27. S. auch für den Fall der Umwandlung OLG Stuttgart v. 20.9.1978 – 8 W 128/78, OLGZ 1978, 426, 427 f. = GmbHR 1980, 102.

273 *Fastrich*, in: Baumbach/Hueck, Rdnr. 27; *Ulmer/Löbbe*, in: Ulmer/Habersack/Löbbe, Rdnr. 86; vgl. auch *C. Schäfer*, in: Bork/Schäfer, Rdnr. 66.

274 *Fastrich*, in: Baumbach/Hueck, Rdnr. 28; *J. Schmidt*, in: Michalski u.a., Rdnr. 14; *C. Schäfer*, in: Henssler/Strohn, Gesellschaftsrecht, Rdnr. 35; *Bürger*, RNotZ 2006, 156, 160; dagegen auch hier für die entsprechende Anwendung des § 1822 Nr. 10 BGB *Roth*, in: Roth/Altmeppen, Rdnr. 12.

275 *Fastrich*, in: Baumbach/Hueck, Rdnr. 28.

276 Wird der Vertrag für den Minderjährigen durch einen Pfleger ohne Einwilligung des Familiengerichts geschlossen, folgt dies aus §§ 1915 Abs. 1 Satz 1, 1829 BGB.

werden und zwar sowohl von dem Familiengericht als auch von dem gesetzlichen Vertreter bzw. nach Erlangung der Volljährigkeit von dem Minderjährigen selbst (§ 108 Abs. 3 BGB). Die Genehmigung durch den Minderjährigen nach Erlangung der Volljährigkeit kann auch durch schlüssiges Verhalten erfolgen. Die Form des § 2 Abs. 2 braucht nach h.M. nicht beachtet zu werden (s. Rdnr. 37). Anders ist die Rechtslage nach h.M. bei der **Einpersonengründung**, die ohne Einwilligung des gesetzlichen Vertreters und/oder ohne die erforderliche Einwilligung des Familiengerichts unheilbar **nichtig** sein soll (§§ 111 Satz 1, 1643 Abs. 3, 1831 Satz 1 BGB)[277]. Entsprechend der hier vertretenen Auffassung zur Errichtung einer Einpersonen-GmbH durch einen Vertreter ohne Vertretungsmacht (s. § 1 Rdnr. 55), sprechen die besseren Argumente auch an dieser Stelle für eine teleologische Reduktion der §§ 111 Satz 1, 1831 Satz 1 BGB und für die Anerkennung der Genehmigungsfähigkeit des (schwebend unwirksamen) Rechtsgeschäft zur Errichtung einer Einpersonen-GmbH.

52   Wird die Gesellschaft in das **Handelsregister eingetragen**, entsteht sie als juristische Person, allerdings unter Ausschluss des Minderjährigen, weil dessen Schutz Vorrang vor dem Verkehrsschutz hat (s. unter Rdnr. 94). Ab diesem Zeitpunkt kommt eine Genehmigung der Erklärung des Minderjährigen nicht mehr in Betracht (s. Rdnr. 94) und der Minderjährige kann nur noch unter Beachtung des unter Rdnr. 98 vorgesehenen Verfahrens an der Gesellschaft beteiligt werden.

53   Entsprechendes gilt im Falle der **Betreuung**, sofern ein **Einwilligungsvorbehalt** angeordnet ist (§§ 1903 Abs. 1, 1908i BGB)[278]. Unterschiede zu den Fällen der gesetzlichen Vertretung Minderjähriger (zuvor Rdnr. 48 ff.) bestehen in der Zuständigkeit des Betreuungsgerichts (§ 1915 Abs. 1 Satz 3 BGB) sowie darin, dass bei der Verhinderung des Betreuers gemäß **§ 181 BGB** keine Ergänzungspflegschaft in Betracht kommt; an ihre Stelle tritt die Bestellung eines weiteren Betreuers (Ergänzungsbetreuer) nach § 1899 Abs. 4 BGB[279]. Ist der Betreute geschäftsfähig und besteht **kein Einwilligungsvorbehalt**, konkurrieren die Zuständigkeit des Betreuten und des Betreuers (§ 1902 BGB), so dass es zu widersprüchlichen Willenserklärungen kommen kann. In diesem Fall hat diejenige Willenserklärung den Vorrang, die als erste den Mitgesellschaftern bei der Gründung zugeht (§ 130 BGB)[280].

3. Ehegatten, eingetragene Lebenspartner

54   Ehegatten können sich an der Gründung einer GmbH beteiligen. Aus dem Ehegüterrecht können sich lediglich **Beschränkungen hinsichtlich ihrer Einlageverpflichtung** ergeben. Leben die Ehegatten im Güterstand der Zugewinngemeinschaft, ist § 1365 BGB zu beachten, wenn ein Ehegatte eine Sacheinlage erbringt, die praktisch sein ganzes Vermögen ausmacht[281]. Bei der Gütergemeinschaft sind die §§ 1423 f. und 1437 f. BGB zu beachten[282]. Ehegatten, die in **Gütergemeinschaft** leben, können sowohl im Wege der Einpersonengründung (s. § 1 Rdnr. 54) als auch im Wege der Mehrpersonengründung zwischen ihnen und/oder mit Dritten eine GmbH gründen[283]. Der Geschäftsanteil der eingetragenen GmbH gehört zum Ge-

---

277 *J. Mayer*, in: MünchKomm. GmbHG, Rdnr. 91; *Ulmer/Löbbe*, in: Ulmer/Habersack/Löbbe, Rdnr. 151.

278 S. allgemein *Wilde*, GmbHR 2010, 123.

279 *Fastrich*, in: Baumbach/Hueck, § 1 Rdnr. 26; *Bayer*, in: Lutter/Hommelhoff, Rdnr. 8; *J. Mayer*, in: MünchKomm. GmbHG, Rdnr. 90.

280 S. dazu näher *Schwab*, in: MünchKomm. BGB, § 1902 BGB Rdnr. 20 ff.

281 S. dazu näher *J. Mayer*, in: MünchKomm. GmbHG, Rdnr. 83; *Fastrich*, in: Baumbach/Hueck, § 1 Rdnr. 27; für die Heranziehung des § 1365 BGB auch bei Vereinbarung einer Geldeinlage *C. Schäfer*, in: Bork/Schäfer, Rdnr. 71.

282 *Fastrich*, in: Baumbach/Hueck, § 1 Rdnr. 27; *J. Mayer*, in: MünchKomm. GmbHG, Rdnr. 84 f.

283 *Fastrich*, in: Baumbach/Hueck, § 1 Rdnr. 27, 37; *Roth*, in: Roth/Altmeppen, § 1 Rdnr. 24; *Kanzleiter*, in: MünchKomm. BGB, § 1416 BGB Rdnr. 10; *Apfelbaum*, MittBayNot 2006, 185, 191.

samtgut (§ 1416 BGB), es sei denn, es liegt eine Vorbehaltsgutsvereinbarung vor[284]. Diese Regeln gelten unterschiedslos für verschieden- und für gleichgeschlechtliche Ehegatten (§ 1353 Abs. 1 Satz 1 BGB)[285] sowie aufgrund der §§ 6 ff. LPartG für in der Vergangenheit geschlossene **eingetragene Lebenspartnerschaften**, die zwar nicht mehr begründet werden können, aber fortbestehen, wenn sie nicht in eine Ehe umgewandelt werden.

4. Kaufleute

Ein Einzelkaufmann kann einer GmbH unter seinem **bürgerlichen Namen** oder unter seiner **Firma** beitreten (§ 17 HGB)[286]. Aufgrund § 5 Abs. 2 Satz 2 in der seit dem MoMiG geltenden Fassung kann der Gründer einzelne Geschäftsanteile auch unter bürgerlichen Namen und andere im Namen seiner Firma übernehmen[287]. In der Gesellschafterliste ist allerdings stets der bürgerliche Name und die Firma als Zusatz aufzunehmen[288]. Verwendet der Gründer für den Beitritt seine Firma, folgt daraus, dass es sich bei dem Beitritt um ein **Handelsgeschäft** handelt (§§ 343 ff. HGB).   55

5. Testamentsvollstrecker

a) Schon bestehende GmbH

Bei der Testamentsvollstreckung müssen verschiedene Fallgestaltungen unterschieden werden[289]. Tritt der **Erbfall erst nach Eintragung der GmbH** in das Handelsregister ein, geht der Geschäftsanteil des Erblassers als Bestandteil des Nachlasses zwingend auf den oder die Erben über und unterliegt infolgedessen der **Verwaltung des Testamentsvollstreckers**, der mit ihm entsprechend den Anordnungen des Erblassers zu verfahren hat (§ 2203 BGB). Hinsichtlich der Aufgaben und Befugnisse des Testamentsvollstreckers ist zu unterscheiden, ob es sich um eine **Auseinandersetzungsvollstreckung** (§ 2204 BGB)[290] oder um eine **Verwaltungsvollstreckung** (§ 2209 Satz 1, Var. 1 BGB, ggf. auch als Fall der Dauervollstreckung i.S. des § 2209 Satz 1, Var. 2 BGB) handelt. Im ersten Fall stehen dem Testamentsvollstrecker die Verwaltungsrechte aus den Geschäftsanteilen zu, allerdings beschränkt auf die Aufgabe der Auseinandersetzung[291]. Im zweiten Fall kann der Testamentsvollstrecker **sämtliche Rechtshandlungen** in der Gesellschaft vornehmen, die die Gesellschaftereigenschaft des oder der Erben mit sich bringt, einschließlich der Ausübung des Stimmrechts[292]. Allerdings ergeben   56

---

284 *Ulmer/Löbbe*, in: Ulmer/Habersack/Löbbe, Rdnr. 66, 95; *Apfelbaum*, MittBayNot 2006, 185, 190 f. (dort auch zu dem Problem der Anwendung des § 18 sowie zur vorübergehenden Eigenschaft des Geschäftsanteils als Sondergut bei Übernahme des Geschäftsanteils durch einen Ehegatten).

285 Gesetz zur Einführung des Rechts auf Eheschließung für Personen gleichen Geschlechts vom 20.7.2017, BGBl. I 2017, 2787.

286 OLG Dresden v. 12.2.1915, KGJ 49, 272, 273 f.

287 *Roth*, in: Roth/Altmeppen, § 1 Rdnr. 25; *J. Schmidt*, in: Michalski u.a., Rdnr. 19; *J. Mayer*, in: MünchKomm. GmbHG, Rdnr. 92; anders noch OLG Frankfurt a.M. v. 22.2.1962 – U 190/60, GmbHR 1962, 157 (nur Leitsatz).

288 *Fastrich*, in: Baumbach/Hueck, § 8 Rdnr. 7. A.A. *Schmidt-Leithoff*, in: Rowedder/Schmidt-Leithoff, Rdnr. 18 und § 8 Rdnr. 10.

289 Vgl. zum Folgenden insbes. *Fastrich*, in: Baumbach/Hueck, § 1 Rdnr. 45 ff.; *J. Mayer*, in: Münch-Komm. GmbHG, Rdnr. 102 ff.

290 S. dazu *J. Mayer*, in: MünchKomm. GmbHG, Rdnr. 105.

291 *J. Mayer*, in: MünchKomm. GmbHG, Rdnr. 105; *Görner*, in: Rowedder/Schmidt-Leithoff, § 15 Rdnr. 144.

292 S. § 15 Rdnr. 251; BGH v. 10.6.1959 – V ZR 25/58, NJW 1959, 1820, 1821; BayObLG v. 29.3.1976 – BReg 1 Z 9/76, BayObLGZ 1976, 67, 86 ff. = NJW 1976, 1693; BayObLG v. 18.3.1991 – BReg 3 Z 69/90, BayObLGZ 1991, 127, 134 f. = NJW-RR 1991, 1252 = GmbHR 1991, 572; *J. Mayer*, in:

sich auch in diesem Fall verschiedene Einschränkungen[293]. Insbesondere kann der Testamentsvollstrecker **persönliche Verpflichtungen der Erben** nicht begründen (§§ 2206, 2207 BGB)[294]. Bedeutung hat diese Beschränkung vor allem für die Beteiligung des oder der Erben an einer Kapitalerhöhung gegen Einlagen[295]. Zudem kann der Gesellschaftsvertrag vorsehen, dass einzelne oder alle Verwaltungsrechte nicht von einem Testamentsvollstrecker wahrgenommen werden können[296]. Verwehrt ist dem Testamentsvollstrecker die Ausnutzung **höchstpersönlicher** Gesellschafterrechte[297], während auf der Grundlage der gesellschaftsrechtlichen **Kernbereichslehre** den Befugnissen des Testamentsvollstreckers richtigerweise keine Grenzen gesetzt sind[298].

57 War die GmbH bei dem Tod des Erblassers noch **nicht** in das Handelsregister **eingetragen**, tritt der Testamentsvollstrecker in die **Gründerposition** ein und hat im Rahmen seiner Aufgaben und Befugnisse alle Handlungen vorzunehmen, die erforderlich sind, um die Eintragung der Gesellschaft herbeizuführen, wozu auch die **Leistung der Einlage** gehört, soweit aus den Mitteln des Nachlasses möglich[299]. Im Übrigen trifft die Erben die Haftung für diese Nachlassverbindlichkeit, allerdings mit der Möglichkeit der erbrechtlichen Haftungsbeschränkung (§§ 1967, 1975 BGB).

b) Gründung einer GmbH

58 Davon zu trennen ist die Frage, ob sich der Testamentsvollstrecker, der mit der Verwaltung des Nachlasses betraut ist (§§ 2205, 2209 BGB), mit Wirkung für den Nachlass und damit für die Erben **an der Gründung** einer GmbH durch Abschluss eines neuen Gesellschaftsvertrages **beteiligen** kann. Probleme ergeben sich in diesem Fall wegen der nur beschränkten Verpflichtungsmacht des Testamentsvollstreckers (§§ 2206, 2207, 2209 BGB). Unproblematisch ist die Rechtslage, **wenn die Erben** dem Beitritt **zustimmen** oder der Testamentsvollstrecker einvernehmlich mit den Erben als deren **Treuhänder** an der Gründung mitwirkt[300]. Abgesehen von diesen Fällen ist die Rechtslage umstritten. Nach wohl **h.M.** besitzt der Testamentsvollstrecker **nicht** die **Befugnis** zur Beteiligung als Gründer an dem Vertragsabschluss, in erster Linie mit Rücksicht auf die mögliche persönliche Haftung der Gesellschafter, insbesondere aus § 24[301]. Andere stellen darauf ab, ob noch eine persönliche Haftung der Gesellschafter und Erben, insbesondere nach den §§ 3 Abs. 2, 24, in Betracht kommt, so dass im Fall der Volleinzahlung der Geschäftsanteile der Testamentsvollstrecker (vorbehaltlich des

---

MünchKomm. GmbHG, Rdnr. 106 ff.; *Görner*, in: Rowedder/Schmidt-Leithoff, § 15 Rdnr. 145 ff.; *Priester*, in: FS Stimpel, 1985, S. 463, 472 ff.; *Raue*, GmbHR 2015, 121, 127; *Wicke*, ZGR 2015, 161, 164.

293 S. ausführlich *J. Mayer*, in: MünchKomm. GmbHG, Rdnr. 108 ff.

294 S. *J. Mayer*, in: MünchKomm. GmbHG, Rdnr. 111; *Wachter*, GmbH-Geschäftsanteile, S. 89; *Priester*, in: FS Stimpel, 1985, S. 463, 477.

295 S. dazu *Löbbe*, in: Ulmer/Habersack/Löbbe, § 15 Rdnr. 34; *Wachter*, GmbH-Geschäftsanteile, S. 89 f.

296 OLG Frankfurt a.M. v. 16.9.2008 – 5 U 187/07, GmbHR 2009, 152; *J. Mayer*, in: MünchKomm. GmbHG, Rdnr. 106, 113; *Wicke*, ZGR 2015, 161, 167.

297 *Fastrich*, in: Baumbach/Hueck, § 1 Rdnr. 45; *J. Mayer*, in: MünchKomm. GmbHG, Rdnr. 108; *Löbbe*, in: Ulmer/Habersack/Löbbe, § 15 Rdnr. 33; *Raue*, GmbHR 2015, 121, 127.

298 Wie hier *Löbbe*, in: Ulmer/Habersack/Löbbe, § 15 Rdnr. 34; *Wachter*, GmbH-Geschäftsanteile, S. 92 ff.; *Priester*, in: FS Streck, 2011, S. 891, 894 ff.; *Reimann*, GmbHR 2011, 1297, 1299 f.; a.A. *Heinemann*, GmbHR 1985, 349; *Priester*, in: FS Stimpel, 1985, S. 463, 481 ff.

299 *Fastrich*, in: Baumbach/Hueck, § 1 Rdnr. 47.

300 *J. Mayer*, in: MünchKomm. GmbHG, Rdnr. 103; *J. Schmidt*, in: Michalski u.a., Rdnr. 27.

301 KG v. 21.12.1906 – 1 Y 1385/06, KGJ 33, 135, 137 f.; KG v. 11.7.1919, RJA 16, 102, 104; *Fischer*, JZ 1954, 426, 427; *Fastrich*, in: Baumbach/Hueck, § 1 Rdnr. 46 f.; *Michalski*, in: Michalski, 2. Aufl. 2010, Rdnr. 94; *Roth*, in: Roth/Altmeppen, § 1 Rdnr. 26 mit Hinweis auch auf § 31 Abs. 3.

§ 3 Abs. 2) für die Erben an der Gründung einer GmbH mitwirken könne[302]. Zu folgen ist der h.M. Für sie spricht, dass die Erben nur so gegen unabsehbare Verpflichtungen aus der Beteiligung an einer GmbH geschützt werden, zumal auch die Möglichkeiten einer erbrechtlichen Haftungsbeschränkung keineswegs in jedem in Betracht kommenden Fall bestehen.

6. Juristische Personen

In- und ausländische juristische Personen des Privatrechts und des öffentlichen Rechts können sich an einer GmbH beteiligen. Schranken können sich nur im Einzelfall aus einer Beschränkung der Vertretungsmacht der Organe der juristischen Person ergeben (vgl. §§ 26 Abs. 1 Satz 3, 86 Satz 2 BGB)[303]. Juristische Personen können durch die Gründung von Tochtergesellschaften in der Rechtsform der GmbH unter Umständen Restriktionen „umgehen", denen die Gesellschaft selbst nach dem Gesetz oder ihrem Gesellschaftsvertrag unterliegt. Dies betrifft etwa GmbH-Konzerne mit einem **Idealverein** als Konzernspitze, da nach h.M. die wirtschaftliche Tätigkeit solcher Tochtergesellschaften in der Rechtsform z.B. einer GmbH dem Idealverein als Konzern-Holding nicht zugerechnet wird, so dass ein Verstoß gegen § 22 BGB nicht vorliegt[304]. Juristischen Personen stehen die **Vor-GmbH und** die **Vor-AG** gleich (s. § 11 Rdnr. 39). Nur an ihrer eigenen Gründung kann sich die Vor-GmbH nicht beteiligen (sog. Verbot der Selbstzeichnung)[305]. Nach Eintragung der Gesellschaft gilt § 33.

59

7. OHG, KG, Partnerschaftsgesellschaft

Für die OHG und die KG gilt dasselbe **wie** für **juristische Personen** (zuvor Rdnr. 59), da sie im Außenverhältnis ebenso wie diese behandelt werden (§§ 105, 124, 161 HGB). Eine OHG oder KG kann außerdem zusammen mit einer ihrer Gesellschafter eine GmbH gründen. Personenhandelsgesellschaften haben ferner die Möglichkeit der Einpersonengründung[306]. § 18 ist nicht anwendbar, weil nur ein Berechtigter (die Gesellschaft) an den jeweiligen Geschäftsanteilen vorhanden ist (s. § 18 Rdnr. 3a)[307]. Die **Haftung** der Gesellschafter der an der GmbH beteiligten Gesellschaft für die Kapitalaufbringung richtet sich damit nach den allgemeinen Vorschriften (insbesondere §§ 128 und 171 HGB). Ob diese Haftung für den Einlageanspruch durch Vereinbarung mit der Vor-GmbH **ausgeschlossen** werden kann, ist umstritten. Einer solchen Vereinbarung kann nicht § 18 Abs. 2, sondern § 19 Abs. 2 Satz 1 entgegenstehen. Ein Haftungsausschluss würde den Einlageanspruch gegen den Gesellschafter als solchen zwar un-

60

---

302 BayObLG v. 29.3.1976 – BReg 1 Z 9/76, BayObLGZ 1976, 67, 86 = NJW 1976, 1693; BayObLG v. 18.3.1991 – BReg 3 Z 69/90, BayObLGZ 1991, 127, 134 f. = NJW-RR 1991, 1252 = GmbHR 1991, 572 (zur Rückübertragung bei Treuhand); *Ulmer/Löbbe*, in: Ulmer/Habersack/Löbbe, Rdnr. 39 f.; *Bayer*, in: Lutter/Hommelhoff, Rdnr. 14; *J. Schmidt*, in: Michalski u.a., Rdnr. 27; *J. Mayer*, in: MünchKomm. GmbHG, Rdnr. 103; *C. Schäfer*, in: Bork/Schäfer, Rdnr. 59.

303 S. für juristische Personen des öffentlichen Rechts BGH v. 28.2.1956 – I ZR 84/5, BGHZ 20, 119, 124 ff. = NJW 1956, 746; für ausländische juristische Personen LG Saarbrücken v. 24.7.1990 – 7 T 10/90 IV, GmbHR 1991, 581; KG v. 11.2.1997 – 1 W 3412/96, GmbHR 1997, 708 = NJW-RR 1997, 1127; *Bayer*, in: Lutter/Hommelhoff, Rdnr. 13; *Schmidt-Leithoff*, in: Rowedder/Schmidt-Leithoff, Rdnr. 22.

304 BGH v. 29.9.1982 – I ZR 88/80, BGHZ 85, 84 = NJW 1983, 569; wegen der Einzelheiten s. *Emmerich/Habersack*, Konzernrecht, 10. Aufl. 2013, § 37 Rdnr. 20 f. (S. 605 f.).

305 *Fastrich*, in: Baumbach/Hueck, § 1 Rdnr. 31; *Roth*, in: Roth/Altmeppen, § 1 Rdnr. 33; *Bayer*, in: Lutter/Hommelhoff, § 5 Rdnr. 10.

306 S. § 1 Rdnr. 54; *Fastrich*, in: Baumbach/Hueck, § 1 Rdnr. 32; *Roth*, in: Roth/Altmeppen, § 1 Rdnr. 28; *Schmidt-Leithoff*, in: Rowedder/Schmidt-Leithoff, Rdnr. 23.

307 *Ulmer/Löbbe*, in: Ulmer/Habersack/Löbbe, Rdnr. 91; *J. Mayer*, in: MünchKomm. GmbHG, Rdnr. 97.

berührt lassen[308]. Indes ist aus Gründen des Gläubigerschutzes davon auszugehen, dass § 19 Abs. 2 Satz 1 auch einen Haftungsausschluss mit demjenigen, der kraft Gesetzes für die Einlageverbindlichkeit des GmbH-Gesellschafters einzustehen hat, verbietet[309]. Die vorstehenden Ausführungen gelten für die **Partnerschaftsgesellschaft** entsprechend[310]. Einschränkungen sollen sich jedoch aus berufsrechtlichen Regelungen ergeben können[311].

8. Sonstige Gesamthandsgemeinschaften

61   Die **BGB-Außengesellschaft** kann an der Gründung einer GmbH teilnehmen und Geschäftsanteile übernehmen und zwar sowohl im Rahmen einer Einpersonengründung (s. § 1 Rdnr. 54) als auch im Rahmen einer Mehrpersonengründung neben weiteren Gesellschaftern. Dies dürfte infolge der Anerkennung der Rechtsfähigkeit der Außen-GbR[312] heute unstreitig[313] sein (s. zum früheren Meinungsstand 11. Aufl., Rdnr. 51 f.). Die Geschäftsanteile werden Bestandteil des Gesellschaftsvermögens. Entsprechend § 128 HGB **haften** die Gesellschafter der BGB-Gesellschaft **unbeschränkt persönlich** für die Aufbringung der Einlagen; abweichende Vereinbarungen sind wegen § 19 Abs. 2 Satz 1 nicht möglich[314]. § 18 gilt für die Außen-GbR nicht[315]. Die Rechtslage ist damit heute nicht anders als bei den Personenhandelsgesellschaften zu beurteilen (Rdnr. 60).

62   Die Anerkennung der Rechtsfähigkeit der BGB-Außengesellschaft (Rdnr. 61) hat die Frage aufgeworfen, wie die (rechtsfähige) BGB-Außengesellschaft **von der BGB-Innengesellschaft** (der die Rechtsfähigkeit nach wie vor fehlt) **abzugrenzen** ist, insbesondere dann, wenn sich der Zweck der Gesellschaft auf das Halten der Beteiligung an einer GmbH beschränkt. Der BGH zögert, in solchem Fall von einer „echten" Außengesellschaft zu sprechen[316]. Es sprechen dennoch gute Gründe dafür, dass die Übernahme von Geschäftsanteilen ausreicht, um

---

308 Daher für die Zulässigkeit eines Haftungsausschlusses oder einer Haftungsbeschränkung *Ulmer/Löbbe*, in: Ulmer/Habersack/Löbbe, Rdnr. 91.

309 *Fleck*, ZIP 1985, 1421, 1422; zur GbR *Fastrich*, in: Baumbach/Hueck, § 1 Rdnr. 34; *J. Mayer*, in: MünchKomm. GmbHG, Rdnr. 99; ebenso allgemein für Gesamthandsgesellschaften *Michalski*, in: Michalski, 2. Aufl. 2010, Rdnr. 104.

310 *Roth*, in: Roth/Altmeppen, § 1 Rdnr. 28.

311 S. BGH v. 20.3.2017 – AnwZ (Brfg) 33/16, GmbHR 2017, 576 = ZIP 2017, 811; dazu ablehnend EWiR 2017, 262 (*Römermann*): Partnerschaftsgesellschaft kann wegen § 59e Abs. 1 Satz 1 BRAO nicht Gesellschafterin einer Rechtsanwalts-GmbH sein.

312 BGH v. 29.1.2001 – II ZR 331/00, BGHZ 146, 341 = NJW 2001, 1056.

313 S. nur *Bayer*, in: Lutter/Hommelhoff, Rdnr. 11; s. auch bereits BGH v. 3.11.1980 – II ZB 1/79, BGHZ 78, 311, 313 ff. = GmbHR 1981, 188 = NJW 1981, 682; BGH v. 4.11.1991 – II ZB 10/91, BGHZ 116, 86, 88 = NJW 1992, 499 = LM Nr. 56 zu § 705 BGB (zur Genossenschaft); BGH v. 13.4.1992 – II ZR 277/90, BGHZ 118, 83, 99 f. = NJW 1992, 2222 = AG 1992, 312 = LM Nr. 87 zu § 328 BGB (zur AG); s. demgegenüber noch KG v. 21.12.1906 – 1 Y1385/06, KGJ 33 A 135, 138 = OLGE 14, 322.

314 S. Rdnr. 60 sowie BGH v. 27.9.1999 – II ZR 371/98, BGHZ 142, 315 = GmbHR 1999, 1134 = NJW 1999, 3483 = ZIP 1999, 1755; BGH v. 29.1.2001 – II ZR 331/00, BGHZ 146, 341 = NJW 2001, 1056; ebenso schon BGH v. 3.11.1980 – II ZB 1/79, BGHZ 78, 311, 316 f. = NJW 1981, 682 = GmbHR 1981, 188; OLG Hamm v. 18.12.1995 – 15 W 413/95, NJW-RR 1996, 482, 483 = GmbHR 1996, 363. A.A. *Ulmer/Löbbe*, in: Ulmer/Habersack/Löbbe, Rdnr. 93; *U. Koch*, ZHR 146 (1982), 118, 127 ff.

315 A.A. hinsichtlich § 18 Abs. 2 *Emmerich*, 11. Aufl., Rdnr. 52; zu Recht gegen die Anwendung des § 18 auf die Außen-GbR *Reichert/Weller*, in: MünchKomm. GmbHG, § 18 Rdnr. 25 ff.; *C. Schäfer*, in: Henssler/Strohn, Gesellschaftsrecht, Rdnr. 42; *C. Schäfer*, in: Bork/Schäfer, Rdnr. 75; *Ulmer/Löbbe*, in: Ulmer/Habersack/Löbbe, Rdnr. 92.

316 BGH v. 9.7.2001 – PatAnwZ 1/00, BGHZ 148, 270, 277 = NJW 2002, 68; s. *Karsten Schmidt*, NJW 2001, 992, 1001 f.; *Ulmer*, ZIP 2001, 585, 592 ff.

eine Außen-GbR und damit die Rechtsfähigkeit zu begründen[317]. Geht man davon aus, dass die Geschäftsanteile auch in Form einer BGB-Innengesellschaft gehalten werden können, wäre § 18 anwendbar[318].

Probleme ergeben sich im Zusammenhang mit der GbR vor allem aus ihrer mangelnden **Registerpublizität** (s. zur Vertretung der GbR Rdnr. 35). Deshalb müssen ungeachtet der Rechtsfähigkeit der BGB-Außengesellschaft nicht nur sie, sondern auch ihre sämtlichen Gesellschafter bei Gründung der GmbH in die **Satzung** aufgenommen werden. Dasselbe gilt hinsichtlich der **Gesellschafterliste** und zwar auch bei späteren **Veränderungen** in dem Gesellschafterkreis der BGB-Außengesellschaft. Das war in der Zeit nach dem Inkrafttreten des MoMiG umstritten[319], folgt jedoch seit dem Inkrafttreten des Gesetzes zur Umsetzung der Vierten EU-Geldwäscherichtlinie[320] unmittelbar aus § 40 Abs. 1 Satz 2[321].

Für den **nichtrechtsfähigen Verein** gilt mit Rücksicht auf § 54 BGB[322] grundsätzlich dasselbe wie für die BGB-Außengesellschaft (Rdnr. 61 ff.). Auch der nichtrechtsfähige Verein kann sich an der Gründung einer GmbH beteiligen[323]. Die Folge soll nach verbreiteter Auffassung auch hier die unbeschränkte persönliche Haftung der Vereinsmitglieder für die aus der Beteiligung resultierenden Verpflichtungen sein[324]. Dies überzeugt in dieser Allgemeinheit jedoch nicht. Eine Haftung lässt sich nicht mit § 18 Abs. 2[325], sondern nur mit § 128 HGB[326] begründen. Eine solche Haftung greift aber nur dann, wenn der Verein wirtschaftliche Zwecke i.S. des § 22 BGB verfolgt, nicht im Fall des Idealvereins[327].

Auch die **Erbengemeinschaft** (§§ 2032 ff. BGB), d.h. die Erben in ihrer gesamthänderischen Verbundenheit, kann sich an der Gründung einer GmbH beteiligen[328]. Während seit jeher

317 So auch *C. Schäfer*, in: MünchKomm. BGB, § 705 BGB Rdnr. 280.

318 *Bayer*, in: Lutter/Hommelhoff, § 18 Rdnr. 3; *J. Schmidt*, NZG 2015, 1049, 1050.

319 S. zur Rechtslage seit dem MoMiG befürwortend OLG Hamm v. 24.5.2016 – 27 W 27/16, NZG 2016, 1147; *J. Mayer*, in: MünchKomm. GmbHG, Rdnr. 100; *C. Schäfer*, in: Henssler/Strohn, Gesellschaftsrecht, Rdnr. 42; *C. Schäfer*, in: Bork/Schäfer, Rdnr. 75; *Damm*, BWNotZ 2017, 2, 7; *Scheuch*, GmbHR 2014, 568 ff.; auch *Fastrich*, in: Baumbach/Hueck, § 1 Rdnr. 33, nicht jedoch bei Veränderungen auf Ebene des Gesellschafters, vgl. § 16 Rdnr. 9; s. vor dem MoMiG bereits befürwortend BGH v. 9.7.2001 – PatAnwZ 1/00, BGHZ 148, 270, 276 f., 279 f. = NJW 2002, 68; BGH v. 16.7.2001 – II ZB 23/00, BGHZ 148, 291, 295 ff. = NJW 2001, 3121 (zur KG); OLG Hamm v. 18.12.1995 – 15 W 413/95, NJW-RR 1996, 482, 483 f. = GmbHR 1996, 363; *Karsten Schmidt*, GesR, § 34 II 1 (S. 1000 f.); *Karsten Schmidt*, NJW 2001, 993, 1002.

320 S. das Gesetz zur Umsetzung der Vierten EU-Geldwäscherichtlinie, zur Ausführung der EU-Geldtransferverordnung und zur Neuorganisation der Zentralstelle für Finanztransaktionsuntersuchungen vom 23.6.2017, BGBl. I 2017, 1822.

321 S. zu den Änderungen im Hinblick auf die Gesellschafterliste im Zusammenhang mit der GbR als Gesellschafterin *Schaub*, GmbHR 2017, 727, 728 f.; *Böhringer*, BWNotZ 2017, 61 f.; *Melchior*, NotBZ 2017, 281, 282.

322 S. zur Rechtsfähigkeit des nichtrechtsfähigen Vereins, wenn dieser am Rechtsverkehr teilnimmt *Ellenberger*, in: Palandt, § 54 BGB Rdnr. 2, 7; *Arnold*, in: MünchKomm. BGB, § 54 BGB Rdnr. 17 ff.; offen gelassen von BGH v. 21.1.2016 – V ZB 19/15, MittBayNot 2016, 405.

323 *Fastrich*, in: Baumbach/Hueck, § 1 Rdnr. 35; *C. Schäfer*, in: Henssler/Strohn, Gesellschaftsrecht, Rdnr. 43; *J. Mayer*, in: MünchKomm. GmbHG, Rdnr. 101.

324 *Emmerich*, 11. Aufl., Rdnr. 53b; *Ulmer/Löbbe*, in: Ulmer/Habersack/Löbbe, Rdnr. 93 Fn. 269; *Fastrich*, in: Baumbach/Hueck, § 1 Rdnr. 35; *Bayer*, in: Lutter/Hommelhoff, Rdnr. 11.

325 Zutreffend *Fastrich*, in Baumbach/Hueck, § 18 Rdnr. 2; s. auch *J. Schmidt*, NZG 2015, 1049, 1050.

326 S. zur Begründung im Einzelnen *Arnold*, in: MünchKomm. BGB, § 54 BGB Rdnr. 44 ff.

327 Vgl. BGH v. 30.6.2003 – II ZR 153/02, NZG 2003, 878; *Ellenberger*, in: Palandt, § 54 BGB Rdnr. 12. A.A. *Arnold*, in: MünchKomm. BGB, § 54 BGB Rdnr. 46 f.

328 S. zur Ausübung von Gesellschafterrechten durch die Erbengemeinschaft *Schürnbrand*, NZG 2016, 241.

anerkannt ist, dass sich die Erbengemeinschaft an einer bestehenden Gesellschaft beteiligen kann, sei es durch rechtsgeschäftlichen Erwerb eines Anteils unter Lebenden, sei es durch Erwerb von Todes wegen[329], wurde ihr früher verbreitet die Möglichkeit zur **Beteiligung an der Gründung** der GmbH abgesprochen. Heute kann als weitgehend gesichert gelten, dass die Erbengemeinschaft auch an der Errichtung der GmbH teilnehmen kann[330]. § 18 findet Anwendung mit der Folge einer **zwingenden** gesamtschuldnerischen Haftung nach § 18 Abs. 2[331]. Allerdings gilt der Vorbehalt der beschränkten Erbenhaftung (§ 2059 BGB), wenn es sich um einen Anteil an einer Vor-GmbH handelt, den die Erben von dem Erblasser geerbt haben[332]. Wurde die GmbH hingegen von der Erbengemeinschaft selbst (mit-)gegründet, haften die Miterben im Interesse der Kapitalaufbringung unbeschränkt und unbeschränkbar **persönlich** (s. § 18 Rdnr. 29).

9. Treuhänder

Schrifttum: S. § 15 Rdnr. 227 sowie *Armbrüster*, Die treuhänderische Beteiligung an Gesellschaften, 2001; *Armbrüster*, Zur Beurkundungsbedürftigkeit von Treuhandabreden über GmbH-Anteile, DNotZ 1997, 762; *Armbrüster*, Treuhänderische GmbH-Beteiligungen, Teile I und II, GmbHR 2001, 941, 1021; *U. Bälz*, Treuhandkommanditist, Treuhänder der Kommanditisten und Anlegerschutz, ZGR 1980, 1; *Beuthien*, Treuhand an Gesellschaftsanteilen, ZGR 1974, 26; *Bitter*, Rechtsträgerschaft für fremde Rechnung, 2006; *Blaurock*, Unterbeteiligung und Treuhand an Gesellschaftsanteilen: Formen mittelbarer Teilhabe an Gesellschaftsverhältnissen, 1981; *Eden*, Treuhandschaft an Unternehmen und Unternehmensanteilen, 1981; *Ehlke*, Zur Rechtsstellung von Treugeber und Treuhänder, DB 1985, 795; *Gebke*, Die Treuhand im Gesellschaftsrecht - ein Überblick vertieft an Einzelfällen, GmbHR 2014, 1128; *Geibel*, Treuhandrecht als Gesellschaftsrecht, 2008; *Geyrhalter*, Grenzüberschreitende Treuhandvereinbarungen bei GmbH-Beteiligungen, ZIP 1999, 647; *Gernhuber*, Die fiduziarische Treuhand, JuS 1988, 355; *Gruber*, Treuhandbeteiligung an Gesellschaften, 2001; *Grundmann*, Der Treuhandvertrag, 1997; *Hassemer*, Treuhandverhältnis zwischen Auftraggeber und Strohmann bei der GmbH, GmbHR 1962, 10; *D. Köhl*, Die Ausfallhaftung von Hintermännern bzw. Treugebern, GmbHR 1998, 119; *Roth/Thöni*, Treuhand und Unterbeteiligung, in: FS 100 Jahre GmbHG, 1992, S. 245; *Schiemann*, Haftungsprobleme bei der Treuhand an Gesellschaftsanteilen, in: FS Zöllner I, 1998, S. 503; *J. Tebben*, Unterbeteiligung und Treuhand an Gesellschaftsanteilen, 2000; *J. Tebben*, Die qualifizierte Treuhand im Personengesellschaftsrecht, ZGR 2001, 586; *Ulmer*, Zur Treuhand an GmbH-Anteilen, ZHR 156 (1992), 377; *Ulmer*, Zur Treuhand an GmbH-Anteilen – Notwendige Differenzierung zwischen einfacher (verdeckter) und qualifizierter (offener) Treuhand, in: FS Odersky, 1996, S. 873; *Walch*, Treuhandbeteiligung und die Transparenz der Anteilseignerstrukturen im GmbH-Recht, NZG 2015, 1259; *Weigel*, Anwendungs- und Problemfelder der stillen Gesellschaft, DStR 1999, 1568; *Weimar*, Zur Ausbildungsförderung – Rechtsfragen zur Einmann-GmbH, MDR 1981, 816; *Werner*, Treuhandverhältnisse an GmbH-Anteilen, GmbHR 2006, 1248.

---

329 KG v. 26.9.1961 – 2 U 266/61, NJW 1962, 54; BayObLG v. 18.3.1991 – BReg 3 Z 69/90, BayObLGZ 1991, 127, 134 f. = NJW-RR 1991, 1252, 1254 = GmbHR 1991, 572; OLG Hamm v. 18.11.1974 – 15 Wx 111/74, OLGZ 1975, 164 = GmbHR 1975, 83; *Grunewald*, AcP 197 (1997), 305, 310 f.; *M. Wolf*, in: FS Schippel, 1996, S. 533, 534 f.; s. allgemein auch *Lange*, GmbHR 2013, 113.

330 *J. Mayer*, in: MünchKomm. GmbHG, Rdnr. 101; *C. Schäfer*, in: Henssler/Strohn, Gesellschaftsrecht, Rdnr. 44; *Ulmer/Löbbe*, in: Ulmer/Habersack/Löbbe, Rdnr. 94; *Bayer*, in: Lutter/Hommelhoff, Rdnr. 12; *Roth*, in: Roth/Altmeppen, § 1 Rdnr. 30 ff.; *Gergen*, in: MünchKomm. BGB, § 2032 BGB Rdnr. 16; *Grunewald*, AcP 197 (1997), 305, 310 f.; *M. Wolf*, in: FS Schippel, 1996, S. 533, 534 ff.

331 *Ulmer/Löbbe*, in: Ulmer/Habersack/Löbbe, Rdnr. 94.

332 *Ulmer/Löbbe*, in: Ulmer/Habersack/Löbbe, Rdnr. 94; *Schmidt-Leithoff*, in: Rowedder/Schmidt-Leithoff, Rdnr. 24; *Bayer*, in: Lutter/Hommelhoff, Rdnr. 12; *C. Schäfer*, in: Henssler/Strohn, Gesellschaftsrecht, Rdnr. 44; anders (unbeschränkte Haftung, wenn Erbengemeinschaft am weiteren Gründungsvorgang aktiv teilnimmt bzw. dieser unwidersprochen fortgeht) *Fastrich*, in: Baumbach/Hueck, § 1 Rdnr. 36.

a) Überblick

Als Treuhänder bezeichnet man Gesellschafter, die sich im eigenen Namen, aber für fremde **66** Rechnung und im fremden Interesse, an einer Gesellschaft beteiligen[333]. Derartige Treuhandverhältnisse sind in der GmbH-Praxis **weit verbreitet**[334]. Für die Einschaltung von Treuhändern gibt es eine Reihe von **Motiven**[335], wobei der Wunsch, anonym zu bleiben, im Vordergrund steht[336]. Dies kann seinen Grund z.B. darin haben, dass einer offenen Beteiligung an der Gesellschaft arbeitsrechtliche, wettbewerbsrechtliche oder aufenthaltsrechtliche Gründe entgegenstehen[337] oder dass die Geschäftsanteile vinkuliert sind und eine Abtretung mangels Zustimmung der Mitgesellschafter nicht möglich ist[338]. Eine besondere Erscheinungsform der Treuhand an GmbH-Anteilen ist die heute nicht mehr verbreitete **Strohmanngründung**[339] zur Errichtung einer Einpersonen-GmbH (s. dazu schon § 1 Rdnr. 49). Von der Treuhand ist vor allem die **Unterbeteiligung** zu unterscheiden, auf die im vorliegenden Zusammenhang nicht näher eingegangen wird[340].

In der Literatur finden sich unterschiedliche **Einteilungen** für die in der Praxis vorkommen **67** den Treuhandverhältnisse[341]. Je nach der Art der **Rechtsstellung des Treuhänders** unterschei det man die fiduziarische Treuhand, bei der der Treuhänder Inhaber des Geschäftsanteils wird, sowie die Ermächtigungs- und die Vollmachtstreuhand. Im vorliegenden Zusammenhang in teressiert allein die **fiduziarische oder Vollrechtstreuhand**. Bei dieser wird weiter je nach den von den Parteien verfolgten Zwecken zwischen der Nutzungs-, der Sicherungs-[342] und der Verwaltungstreuhand unterschieden. Auch die hier allein betrachtete **Verwaltungstreuhand** kommt in verschiedenen Erscheinungsformen vor. Wichtig ist die Unterscheidung zwischen der **verdeckten** und der **offenen Treuhand**, je nachdem, ob das Treuhandverhältnis den Mit gesellschaftern offen gelegt wird oder nicht. Die Terminologie schwankt[343]. Innerhalb der offe nen Treuhand wird gelegentlich noch weiter zwischen einer **einfachen und** einer **qualifizier-**

---

333 S. etwa *Roth*, in: Roth/Altmeppen, § 1 Rdnr. 35.

334 S. zum Folgenden insbesondere *Armbrüster*, Die treuhänderische Beteiligung; *Armbrüster*, GmbHR 2001, 941; *J. Mayer*, in: MünchKomm. GmbHG, Rdnr. 117 ff.; *Reichert/Weller*, in: MünchKomm. GmbHG, § 15 Rdnr. 192 ff.; *Schiemann*, in: FS Zöllner I, S. 503, 505 f.; *E. Schmitz*, in: Freundesgabe Weichler, 1997, S. 129 ff.; *Tebben*, Unterbeteiligung und Treuhand, S. 33 ff.; *Ulmer*, in: FS Odersky, S. 873, 875 ff.

335 S. ausführlich *Reichert/Weller*, in: MünchKomm. GmbHG, § 15 Rdnr. 204 ff.; *Armbrüster*, Die treu händerische Beteiligung, S. 49 ff.; *Tebben*, Unterbeteiligung und Treuhand, S. 33 ff.; *Ulmer*, in: FS Odersky, S. 873, 875 ff.

336 *Ulmer/Löbbe*, in: Ulmer/Habersack/Löbbe, Rdnr. 68; s. zur Beteiligung des Testamentsvollstreckers als Treuhänder an der GmbH bereits unter Rdnr. 58.

337 *Ulmer/Löbbe*, in: Ulmer/Habersack/Löbbe, Rdnr. 69 Fn. 181; *Heckschen*, in: Heckschen/Heidinger, § 3 Rdnr. 97.

338 S. jedoch zur Geltung gesellschaftsvertraglicher Vinkulierungsklauseln für den Abschluss des Treu handvertrages § 15 Rdnr. 232 ff. sowie *Reichert/Weller*, in: MünchKomm. GmbHG, § 15 Rdnr. 217 ff.; *Löbbe*, in: Ulmer/Habersack/Löbbe, § 15 Rdnr. 263; *Bayer*, in: Lutter/Hommelhoff, § 15 Rdnr. 92; s. außerdem OLG Hamburg v. 30.4.1993 – 11 W 13/93, GmbHR 1993, 507 = NJW-RR 1993, 868 zum Auskunftsanspruch der Mitgesellschafter hinsichtlich der Person des Treugebers im Fall der Vinkulierung der Geschäftsanteile.

339 S. zum Begriff *J. Mayer*, in: MünchKomm. GmbHG, Rdnr. 118.

340 S. § 15 Rdnr. 224 ff.; *Reichert/Weller*, in: MünchKomm. GmbHG, § 15 Rdnr. 242 ff.; *Karsten Schmidt*, GesR, § 63 (S. 1865 ff.).

341 *J. Mayer*, in: MünchKomm. GmbHG, Rdnr. 119 ff.; *Karsten Schmidt*, GesR, § 61 III 1 b/c (S. 1827 f.).

342 Die Sicherungstreuhand kommt praktisch kaum vor und ist durch die Anteilsverpfändung ver drängt, s. etwa *Altmeppen*, in: Roth/Altmeppen, § 15 Rdnr. 44; *J. Mayer*, in: MünchKomm. GmbHG, Rdnr. 119.

343 S. etwa *Ulmer*, in: FS Odersky, S. 873, 878.

ten **Treuhand** unterschieden, wobei Unterscheidungskriterium ist, ob dem Treugeber eigene Rechte in der Gesellschaft eingeräumt werden oder nicht (s. Rdnr. 78)[344].

b) Zulässigkeit, Begründung

68 An der grundsätzlichen **Zulässigkeit der Verwaltungstreuhand** in ihren verschiedenen Spielarten (Rdnr. 67) besteht kein Zweifel[345]. Insbesondere handelt es sich **ohne Hinzutreten besonderer Umstände nicht** um ein **Scheingeschäft** im Sinne des § 117 BGB, weil die Beteiligten im Normalfall des Treuhandverhältnisses die Beteiligung des Treuhänders an der Gesellschaft ernsthaft wollen[346]. Etwaigen **Missbräuchen** kann im Einzelfall über die Anwendung der §§ 134, 138, 826 BGB begegnet werden[347]. Zu beachten bleibt, dass etwaige Verstöße im Zusammenhang mit der Gründung spätestens **durch die Eintragung** der Gesellschaft **geheilt** werden. Ein Nichtigkeitsgrund i.S. des § 75 liegt nicht vor[348].

69 Treuhandverhältnisse können auf unterschiedliche Weise begründet werden. Unter diesem Gesichtspunkt sind vor allem die Übertragungstreuhand, die Vereinbarungstreuhand und die Erwerbstreuhand zu unterscheiden: Während bei der **Übertragungstreuhand** der Geschäftsanteil vom *Treugeber* auf den Treuhänder übertragen wird, ist das Kennzeichen der **Erwerbstreuhand**, dass der *Treuhänder* im Auftrag und für Rechnung des Treugebers einen Geschäftsanteil bei der Gründung oder später von einem Dritten oder im Zusammenhang mit einer Kapitalerhöhung erwirbt. Von einer **Vereinbarungstreuhand** spricht man, wenn sich ein Gesellschafter vertraglich gegenüber dem Treugeber verpflichtet, den von ihm gehaltenen Geschäftsanteil fortan für Rechnung und im Auftrag des Treugebers zu halten. Es spielt keine Rolle, ob an der Gesellschaft noch Dritte oder lediglich neben dem Treuhänder der Treugeber oder ein anderer Treuhänder desselben Treugebers beteiligt sind.

70 Hinsichtlich der **Form** des Treuhandverhältnisses ist **§ 15** zu beachten und zwar sowohl hinsichtlich des Verfügungsgeschäfts (Abs. 3) als auch hinsichtlich des der Abtretung zugrundeliegende Rechtsgeschäfts (Abs. 4)[349]. Das notarielle Mitwirkungserfordernis hat zur Konsequenz, dass das Finanzamt in denjenigen Fällen, in denen eine gesetzliche Mitteilungspflicht des Notars (§ 54 EStDV) besteht, Kenntnis von dem Treuhandvertrag erlangt[350]. Im Einzelnen ist hinsichtlich der Geltung der **Formerfordernisse** wie folgt zu unterscheiden[351]:

---

344 S. *J. Mayer*, in: MünchKomm. GmbHG, Rdnr. 120; *Ulmer*, in: FS Odersky, S. 873.
345 BGH v. 19.4.1999 – II ZR 365/97, BGHZ 141, 207 = NJW 1999, 2594, 2595 = GmbHR 1999, 707; *Bayer*, in: Lutter/Hommelhoff, Rdnr. 15; *Reichert/Weller*, in: MünchKomm. GmbHG, § 15 Rdnr. 208.
346 BGH v. 9.10.1956 – II ZB 11/56, BGHZ 21, 378, 382 f. = NJW 1957, 19; BGH v. 22.9.2016 – III ZR 427/15, NJW 2016, 3525, 3526 = EWiR 2017, 135 (mit Bespr. *Cramer*) = GmbHR 2016, 1198; *J. Mayer*, in: MünchKomm. GmbHG, Rdnr. 122.
347 *Roth*, in: Roth/Altmeppen, § 1 Rdnr. 35; s. zu dem Fall der Knebelung etwa OLG Brandenburg v. 12.6.1996 – 7 U 156/95, GmbHR 1997, 168, 169.
348 BGH v. 9.10.1956 – II ZB 11/56, BGHZ 21, 378, 382 f. = NJW 1957, 19; KG v. 6.5.1968 – 1 W 2370/67, OLGZ 1968, 477, 481 = GmbHR 1968, 182; OLG Brandenburg v. 12.6.1996 – 7 U 156/95, GmbHR 1997, 168, 170 f.; *Heckschen*, in: Heckschen/Heidinger, § 3 Rdnr. 97c.
349 S. zur Formbedürftigkeit der Aufhebung der Treuhandvereinbarung *Heckschen*, in: Heckschen/Heidinger, § 3 Rdnr. 103.
350 S. zu den Mitteilungspflichten des Notars im Zusammenhang mit der Beurkundung von Treuhandverträgen BMF v. 14.3.1997 – IV B 2 - S 2244 - 3/97, NJW 1997, 2302; *Heidinger*, DStR 1996, 1353; *Küperkoch*, RNotZ 2002, 298, 309 f.
351 S. § 15 Rdnr. 230 ff. sowie noch *Armbrüster*, DNotZ 1997, 762; *Armbrüster*, DNotZ 1999, 758; *Armbrüster*, GmbHR 2001, 941, 945 f.; zur Rechtsform bei grenzüberschreitenden Verträgen gemäß Art. 11 EGBGB s. außerdem *Tebben*, Unterbeteiligung und Treuhand, S. 228 ff.; *Geyrhalter*, ZIP 1999, 647.

Bei der **Übertragungstreuhand**, die durch die Übertragung des fraglichen Geschäftsanteils 71
von dem Treugeber auf den Treuhänder begründet wird (zuvor Rdnr. 69), muss die Treuhandvereinbarung gemäß § 15 Abs. 4 beurkundet werden, weil der Treugeber zur Übertragung und der Treuhänder zum Erwerb verpflichtet werden[352]. Zudem gilt § 15 Abs. 3 für die
Abtretung des Geschäftsanteils, die zur Begründung des Treuhandverhältnisses erfolgt, ebenso wie für eine im Treuhandvertrag ggf. bereits enthaltene bedingte Rückabtretung des Geschäftsanteils an den Treugeber[353].

Auch die **Vereinbarungstreuhand unterliegt der Form des § 15 Abs. 4**[354]. Hier findet an 72
ders als bei der Erwerbs- und Übertragungstreuhand zwar kein Gesellschafterwechsel statt.
Allerdings folgt die Beurkundungsbedürftigkeit der Treuhandabrede gemäß § 15 Abs. 4 aus
der durch die Vereinbarungstreuhand begründeten Verpflichtung des Treuhänders zur Abtretung nach Beendigung der Treuhandbeziehung. Es kann keinen Unterschied machen, ob sich
ein Gesellschafter zur sofortigen Übertragung (dann unzweifelhaft § 15 Abs. 4) oder zur
Übertragung erst nach Beendigung eines Treuhandverhältnisses in Form der Vereinbarungstreuhand verpflichtet[355]. Zudem folgt die Beurkundungsbedürftigkeit aus dem Formzweck,
weil andernfalls durch die Begründung immer neuer Treuhandverhältnisse im Ergebnis ein
spekulativer Anteilshandel erzielt werden könnte[356]. Die Formbedürftigkeit gilt auch **schon
in der Gründungsphase**, d.h. in der Zeit nach Abschluss des Gesellschaftsvertrages[357]. Die
(aufschiebend bedingte) Abtretung an den Treugeber unterliegt wiederum § 15 Abs. 3.

---

352 Im Ergebnis ganz h.M., s. etwa BayObLG v. 18.3.1991 – BReg 3 Z 69/90, BayObLGZ 1991, 127,
132 f. = NJW-RR 1991, 1252, 1254 = GmbHR 1991, 572; *J. Mayer*, in: MünchKomm. GmbHG,
Rdnr. 124; *Schmidt-Leithoff*, in: Rowedder/Schmidt-Leithoff, Rdnr. 29; *Heckschen*, in: Heckschen/
Heidinger, § 3 Rdnr. 98; *Reichert/Weller*, in: MünchKomm. GmbHG, § 15 Rdnr. 211; anders *Löbbe*,
in: Ulmer/Habersack/Löbbe, § 15 Rdnr. 206 (Beurkundungsbedürftigkeit nur dann, wenn der
Treugeber bei Beendigung des Treuhandverhältnisses nicht die Rückübertragung verlangen kann);
Tebben, Unterbeteiligung und Treuhand, S. 231; *Armbrüster*, GmbHR 2001, 941, 946. Ob die Formbedürftigkeit auch aus der Rückübertragungsverpflichtung des Treuhänders bei Beendigung des
Treuhandvertrages erfolgt ist streitig, wird aber häufig wegen der gesetzlichen Herausgabepflicht
aus § 667 BGB vereint, so etwa *Reichert/Weller*, in: MünchKomm. GmbHG, § 15 Rdnr. 212. Dagegen spricht jedoch, dass die gesetzliche Folge erst durch die vertragliche Begründung des Treuhandverhältnisses ausgelöst wird. Relevanz hat diese Frage insbesondere hinsichtlich einer möglichen Heilung gemäß § 15 Abs. 4 Satz 2, vgl. *Löbbe*, in: Ulmer/Habersack/Löbbe, § 15 Rdnr. 203.
Von der Beurkundungsbedürftigkeit ist auch dann auszugehen, wenn die Übertragung zum Zwecke des Treuhänderwechsels erfolgt, s. BGH v. 22.9.2016 – III ZR 427/15, NJW 2016, 3525 =
GmbHR 2016, 1198.
353 I.d.R. wird die Abtretung von dem Treugeber an den Treuhänder jedoch sogleich auflösend bedingt auf die Beendigung des Treuhandvertrages vereinbart, s. Rdnr. 75.
354 Ebenfalls ganz h.M., s. etwa BGH v. 19.4.1999 – II ZR 365/97, BGHZ 141, 207, 211 f. = NJW 1999,
2594, 2595 = GmbHR 1999, 707; BGH v. 12.12.2005 – II ZR 330/04, GmbHR 2006, 875, 876;
BGH v. 14.12.2016 – IV ZR 7/15, DStR 2017, 163, 164; *Heckschen*, in: Heckschen/Heidinger, § 3
Rdnr. 98; *Armbrüster*, GmbHR 2001, 941, 946. A.A. *Beuthien*, ZGR 1974, 26, 77.
355 *Reichert/Weller*, in: MünchKomm. GmbHG, § 15 Rdnr. 215; *Armbrüster*, DNotZ 1997, 762, 782;
Armbrüster, GmbHR 2001, 941, 946.
356 BGH v. 19.4.1999 – II ZR 365/97, BGHZ 141, 207, 211 f. = NJW 1999, 2594, 2595 = GmbHR 1999,
707; *Armbrüster*, GmbHR 2001, 941, 946.
357 BGH v. 19.4.1999 – II ZR 365/97, BGHZ 141, 207, 211 = NJW 1999, 2594, 2595 = GmbHR 1999,
707; die Frage nach der Formbedürftigkeit der vor Errichtung der GmbH geschlossenen Vereinbarungstreuhand stellt sich richtigerweise nicht, weil eine Vereinbarungstreuhand begrifflich voraussetzt, dass der Treuhänder bereits Inhaber des Geschäftsanteils bzw. Gesellschafter der Vor-
GmbH ist, s. dazu zutreffend *Reichert/Weller*, in: MünchKomm. GmbHG, § 15 Rdnr. 216; anders
noch *Emmerich*, 11. Aufl., Rdnr. 55b.

73 § 15 Abs. 4 gilt auch hinsichtlich der Vereinbarung einer **Erwerbstreuhand**, wenn diese nach Gründung der Gesellschaft erfolgt[358]. Die Verpflichtung des Treuhänders, den Geschäftsanteil nach Vertragsende gemäß § 667 BGB herauszugeben, beruht zwar nicht auf Vertrag (§ 15), sondern auf Gesetz[359]. Für die Beurkundungsbedürftigkeit spricht jedoch auch hier der Zweck des § 15, einen formlosen Handel mit GmbH-Anteilen zu verhindern[360], sowie die sich aus der Treuhandabrede regelmäßig ergebende *Erwerbspflicht* des Treuhänders[361] und diejenige des Treugebers bei Beendigung des Treuhandverhältnisses[362]. Für den Erwerb der Geschäftsanteile und für eine etwaige (aufschiebend bedingte) Abtretung an den Treugeber gilt wiederum § 15 Abs. 3. Die Vereinbarung der Erwerbstreuhand ist nach der Rechtsprechung ausnahmsweise nur dann nicht beurkundungsbedürftig, wenn die Treuhandvereinbarung bereits **vor Beurkundung des Gesellschaftsvertrages** getroffen wird, weil in diesem Fall noch keine Geschäftsanteile existieren[363]. Diese Ausnahme gilt jedoch nur für die Treuhandabrede als solche (§ 15 Abs. 4), nicht für eine etwaige (aufschiebend bedingte) Abtretung des Geschäftsanteils an den Treugeber (§ 15 Abs. 3).

c) Rechtsstellung

74 Hinsichtlich der Rechtsstellung des Treuhänders ist zwischen dem Außenverhältnis gegenüber der Gesellschaft und deren Gläubigern und dem Innenverhältnis des Treuhänders zum Treugeber zu unterscheiden. Im **Außenverhältnis** gegenüber der Gesellschaft ist **Gesellschaf-**

---

358 BGH v. 12.12.2005 – II ZR 330/04, GmbHR 2006, 875, 876; *Heckschen*, in: Heckschen/Heidinger, § 3 Rdnr. 98.

359 Aus diesem Grund wurde die Beurkundungsbedürftigkeit der Erwerbstreuhand früher überwiegend verneint, s. dazu *Löbbe*, in: Ulmer/Habersack/Löbbe, § 15 Rdnr. 203 m.w.N. Gegen diese Argumentation jedoch *Armbrüster*, DNotZ 1999, 756, 758; *Armbrüster*, GmbHR 2001, 941, 945 f. Auch nach der inzwischen vom BGH vertretenen Auffassung steht die gesetzliche Herausgabepflicht aus § 667 BGB der Beurkundungsbedürftigkeit nicht entgegen, da der BGH formuliert, dass die Beurkundungsbedürftigkeit auch bei solchen Rechtsgeschäften angenommen werden kann, die „zwangsläufig" die Verpflichtung zur Geschäftsanteilsübertragung begründen, s. BGH v. 19.4.1999 – II ZR 365/97, BGHZ 141, 207, 211 = NJW 1999, 2594, 2595 = GmbHR 1999, 707; BGH v. 12.12.2005 – II ZR 330/04, GmbHR 2006, 875, 876; jetzt auch BGH v. 22.9.2016 – III ZR 427/15, NJW 2016, 3525, 3526 = GmbHR 2016, 1198, wobei in diesem Fall eher ein Fall der Übertragungstreuhand vorgelegen haben dürfte, s. *Bayer/Selentin*, WuB 2017, 138, 140 f.; s. zur Frage, ob dem Treugeber bei Nichtigkeit des Treuhandvertrages hinsichtlich der Geschäftsanteile an einer polnischen GmbH ein Anspruch aus Geschäftsführung ohne Auftrag auf Herausgabe der Geschäftsanteile (§§ 681 Satz 2, 667 BGB) zustehen kann BGH v. 4.11.2004 – III ZR 172/03, NZG 2005, 41, 43 = GmbHR 2005, 53, 59.

360 BGH v. 12.12.2005 – II ZR 330/04, GmbHR 2006, 875, 876; *J. Mayer*, in: MünchKomm. GmbHG, Rdnr. 126; insoweit kritisch und für eine teleologische Reduktion *Löbbe*, in: Ulmer/Habersack/Löbbe, § 15 Rdnr. 204; *Armbrüster*, DNotZ 1997, 762, 766 ff.; *Armbrüster*, GmbHR 2001, 941, 946.

361 *Armbrüster*, DNotZ 1997, 762, 779; *Armbrüster*, DNotZ 1999, 756, 760 f.; *Armbrüster*, GmbHR 2001, 941, 945 f.; ebenso vor diesem Hintergrund für die Beurkundungsbedürftigkeit *Löbbe*, in: Ulmer/Habersack/Löbbe, § 15 Rdnr. 205.

362 *Ebbing*, in: Michalski u.a., § 15 Rdnr. 208 allerdings mit unzutreffendem Verweis auf *Armbrüster*, DNotZ 1997, 762, 764 der die Beurkundungsbedürftigkeit insoweit gerade ablehnt und nur die Erwerbspflicht des *Treuhänders* für maßgeblich hält. Bedeutung hat die Unterscheidung für die Heilungswirkung nach § 15 Abs. 4 Satz 2, die bei Annahme einer beurkundungsbedürftigen Erwerbspflicht des Treugebers erst mit der Abtretung des Geschäftsanteils an den Treugeber eintreten würde, während bei Beurkundungsbedürftigkeit (nur) der Erwerbspflicht des Treuhänders Heilung bereits mit Abtretung an ihn die Folge wäre, s. *Armbrüster*, DNotZ 1997, 762, 779.

363 BGH v. 19.4.1999 – II ZR 365/97, BGHZ 141, 207, 211 ff. = NJW 1999, 2954 = GmbHR 1999, 707; BGH v. 12.12.2005 – II ZR 330/04, GmbHR 2006, 875, 876; OLG Bamberg v. 30.11.2000 – 1 U 72/00, NZG 2001, 509, 510; s. dazu *Armbrüster*, DNotZ 1999, 756, 758; *Armbrüster*, GmbHR 2001, 941, 946; *J. Mayer*, in: MünchKomm. GmbHG, Rdnr. 126; *Karsten Schmidt*, GesR, § 61 III 2 (S. 1828 f.); *Fr. Wagner*, NZG 1999, 656, 657.

ter mit allen Rechten und Pflichten allein der **Treuhänder**[364]. Ob im Rahmen der Rechtsanwendung an dieser Trennung der Rechtsverhältnisse festzuhalten ist oder ob angesichts der wirtschaftlichen Gesellschafterstellung des Treugebers Modifikationen vorzunehmen sind, kann nur im Einzelfall unter Berücksichtigung der jeweiligen Norm sowie der Interessenlage entschieden werden[365].

Die rechtliche **Verfügungsbefugnis** über den Geschäftsanteil steht allein dem Treuhänder als Inhaber des Geschäftsanteils zu. Eine Verfügung ist grundsätzlich auch dann wirksam, wenn der Treuhänder dadurch seine Pflichten aus dem Innenverhältnis zum Treugeber verletzt. Nach Ansicht des BGH lässt sich in diesem Fall nicht über die Grundsätze des *Missbrauchs der Vertretungsmacht* die (schwebende) Unwirksamkeit des Rechtsgeschäfts herleiten[366], weil der Treuhänder anders als der Stellvertreter, im eigenen Namen über ein eigenes Recht verfügt und das Verfügungsverbot im Treuhandvertrag wegen § 137 BGB keine dingliche Wirkung hat. Eine Ausnahme gilt damit nur unter den Voraussetzungen der §§ 138, 823 Abs. 2, 826 BGB[367], im Übrigen ist der Treugeber auf Schadensersatzansprüche gegen den Treuhänder verwiesen. In der Praxis spielt diese Frage jedenfalls dann keine Rolle, wenn – wie üblich – bereits eine **bedingte Abtretung** des Geschäftsanteils an den Treugeber im Treuhandvertrag vorgesehen wird (§ 161 Abs. 1 Satz 1, Abs. 2 BGB)[368]. Dabei handelt es sich in den Fällen der Erwerbs- und Vereinbarungstreuhand um eine **aufschiebend** bedingte Abtretung des Treuhänders an den Treugeber, während im Fall der Übertragungstreuhand die Abtretung des Treugebers an den Treuhänder sogleich **auflösend** bedingt vereinbart werden kann[369]. In Ermangelung einer solchen Abtretung führt die **Beendigung** des Treuhandverhältnisses durch Kündigung oder in sonstiger Weise nicht automatisch zur (Wieder-)Erlangung der Gesellschafterstellung des Treugebers[370].

75

Im Verhältnis zur Gesellschaft stehen dem Treuhänder außerdem die **Vermögensrechte** zu[371]. Der Treugeber kann sich die entsprechenden Ansprüche im Voraus abtreten lassen, insbesondere um den Zugriff der Gläubiger des Treuhänders zu verhindern (s. Rdnr. 80)[372]. Der Treuhänder übt ferner das **Stimmrecht** in der Gesellschaft aus, muss dabei jedoch im Innenverhältnis die Weisungen des Treugebers beachten (§ 665 BGB). Eine **gespaltene Stimmrechtsausübung** des Treuhänders aus *mehreren* Geschäftsanteilen ist zulässig und zwar un-

76

---

364 BGH v. 9.10.1956 – II ZB 11/56, BGHZ 21, 378, 382 = NJW 1957, 19; BGH v. 14.12.1959 – II ZR 187/57, BGHZ 31, 258, 263 f. = NJW 1960, 285; BGH v. 14.12.1970 – II ZR 161/69, WM 1971, 306, 307; BGH v. 19.1.1976 – II ZR 119/74, WM 1976, 736, 738; BGH v. 3.11.1976 – I ZR 156/74, WM 1977, 73, 75; BayObLG v. 18.3.1991 – BReg 3 Z 69/90, BayObLGZ 1991, 127, 133 f. = NJW-RR 1991, 1252 = GmbHR 1991, 572; *Armbrüster*, Treuhänderische Beteiligung, passim, bes. S. 198 ff.; *Armbrüster*, GmbHR 2001, 1021 ff.; *Karsten Schmidt*, GesR, § 61 III 3 (S. 1829 ff.); *Tebben*, Unterbeteiligung und Treuhand, passim.

365 Zutreffend daher im Grundsatz der Ansatz von *Armbrüster*, GmbHR 2001, 1021.

366 So aber *Ulmer/Löbbe*, in: Ulmer/Habersack/Löbbe, Rdnr. 80; *Karsten Schmidt*, GesR, § 61 III 3a (S. 1829).

367 BGH v. 4.4.1968 – II ZR 26/67, LM Nr. 30 zu § 164 BGB = NJW 1968, 1471 (mit ablehnender Anm. *Kötz*) = MDR 1968, 564 = JZ 1968, 428, 429 mit Anm. *U. Huber*, S. 791; BGH v. 4.11.1976 – II ZR 50/75, WM 1977, 525, 527; s. auch *Schaub*, DStR 1996, 65.

368 S. im Einzelnen *Schaub*, DStR 1996, 65; *E. Schmitz*, in: Freundesgabe Weichler, 1997, S. 129, 135 ff.

369 Anders *J. Mayer*, in: MünchKomm. GmbHG, Rdnr. 130, der allerdings wohl nur versehentlich von einer „auflösend bedingten" Abtretung in den Fällen der Erwerbs- und Vereinbarungstreuhand spricht.

370 BGH v. 14.12.1970 – II ZR 161/69, WM 1971, 306, 307; *J. Mayer*, in: MünchKomm. GmbHG, Rdnr. 139; *Karsten Schmidt*, GesR, § 61 III 4 a (S. 1833).

371 *Reichert/Weller*, in: MünchKomm. GmbHG, § 15 Rdnr. 225.

372 *Armbrüster*, GmbHR 2001, 1021, 1022.

abhängig von einem berechtigten Interesse[373]. Dasselbe gilt entgegen der (noch) herrschenden Ansicht[374] hinsichtlich der uneinheitlichen Stimmabgabe aus *einem* Geschäftsanteil[375]. Für beide Fälle kann die Satzung allerdings etwas anderes vorsehen[376]. Möglich ist auch eine (auch unwiderrufliche[377]) **Stimmrechtsvollmacht** zugunsten des Treugebers (§ 47 Abs. 3), es sei denn, die Satzung sieht eine Einschränkung des Kreises der Bevollmächtigten vor. Übt der Treuhänder das Stimmrecht **weisungswidrig aus**, ist die Stimmabgabe gleichwohl wirksam. Dies ist die notwendige Folge der gewählten Gestaltung und im Sinne der Rechtssicherheit geboten[378]. Etwas anderes gilt nur dann, wenn alle Mitgesellschafter von dem weisungswidrigen Stimmverhalten Kenntnis hatten, insbesondere also in den Fällen der Kollusion (§§ 138, 826 BGB)[379], oder wenn sich das weisungswidrige Stimmverhalten allen Mitgesellschaftern aufdrängen musste[380]. Unter bestimmten Voraussetzungen können Umstände aus der Person des Treugebers zum **Stimmrechtsausschluss** nach § 47 Abs. 4 zu Lasten des Treuhänders führen (s. 11. Aufl., § 47 Rdnr. 157).

77 Die **Informationsrechte** des Gesellschafters (§ 51a) stehen nur dem Treuhänder zu, so dass der Treugeber Informationen grundsätzlich nur über den Treuhänder erhält. Es kann allerdings auch ein eigenes Informationsrecht des Treugebers gegenüber der Gesellschaft vereinbart werden[381]. Anerkannt ist, dass für die **Ausschluss-, Einziehungs-, Austritts- und Auflösungsgründe** nicht nur Umstände in der Person des Treuhänders, sondern auch solche in der Person des Treugebers bedeutsam sein können, wenn und solange der Treugeber die Möglichkeit hat, aus dem Hintergrund auf die gesellschaftlichen Verhältnisse einzuwirken oder an Stelle des Treuhänders (wieder) in die Gesellschaft einzutreten[382]. Aufgrund seiner

---

373 H.M., s. etwa *Hüffer/Schürnbrand*, in: Ulmer/Habersack/Löbbe, § 47 Rdnr. 62; *Karsten Schmidt*, GesR, § 61 III 3 c (S. 1832); *Armbrüster*, GmbHR 2001, 1021, 1024; *Schauf*, GmbHR 2015, 799, 801 f.; *Blasche*, GmbHR 2016, 99, 102 f. A.A. *Zöllner/Noack*, in: Baumbach/Hueck, § 47 Rdnr. 20, die ein berechtigtes Interesse verlangen, dies jedoch im Fall der Treuhand anerkennen; ebenso *Bayer*, in: Lutter/Hommelhoff, § 47 Rdnr. 10.

374 BGH v. 17.9.1964 – II ZR 136/62, WM 1964, 1188 = GmbHR 1965, 32; *Bayer*, in: Lutter/Hommelhoff, § 47 Rdnr. 10; *Schauf*, GmbHR 2015, 799, 800 f.; s. auch *Karsten Schmidt*, GesR, § 61 III 3 c (S. 1832), der nur bei der mehrgliedrigen Treuhand von einer stillschweigenden Gestattung der Stimmrechtsspaltung ausgeht, nicht jedoch bei der typischen Treuhand.

375 Wie hier *Hüffer/Schürnbrand*, in: Ulmer/Habersack/Löbbe, § 47 Rdnr. 64; *Römermann*, in: Michalski u.a., § 47 Rdnr. 463; *Armbrüster*, GmbHR 2001, 1021, 1024; *Blasche*, GmbHR 2016, 99, 101 f.

376 *Hüffer/Schürnbrand*, in: Ulmer/Habersack/Löbbe, § 47 Rdnr. 65; *Blasche*, GmbHR 2016, 99, 103 f. Ausgeschlossen ist allerdings die uneinheitliche Stimmabgabe aus einem Geschäftsanteil, der nur eine Stimme vermittelt (z.B. Ein-Euro-Anteil mit einer Stimme), s. *Schauf*, GmbHR 2015, 799, 800.

377 *Bayer*, in: Lutter/Hommelhoff, § 47 Rdnr. 28; zum Widerruf aus wichtigem Grund *Reichert/Weller*, in: MünchKomm. GmbHG, § 15 Rdnr. 234; *Beuthien*, ZGR 1974, 26, 82.

378 *J. Mayer*, in: MünchKomm. GmbHG, Rdnr. 135.

379 Insoweit zustimmend auch *Ulmer/Löbbe*, in: Ulmer/Habersack/Löbbe, Rdnr. 71.

380 Wie hier *J. Mayer*, in: MünchKomm. GmbHG, Rdnr. 135; *Armbrüster*, GmbHR 2001, 1021, 1023; für die generelle Unbeachtlichkeit der weisungswidrigen Stimmabgabe *Reichert/Weller*, in: MünchKomm. GmbHG, § 15 Rdnr. 227; *Heining*, GmbHR 1954, 98, 102; *Henssler*, AcP 196 (1996), 37, 79 f.; für die Beachtlichkeit der Weisungswidrigkeit nur bei Gesetz- oder Sittenverstößen *Beuthien*, ZGR 1974, 24, 64.

381 Siehe dazu und zu der Frage, ob jedenfalls auch dann ein eigener Informationsanspruch besteht, wenn dem Treugeber eine persönliche Haftung droht *J. Mayer*, in: MünchKomm. GmbHG, Rdnr. 136; *Armbrüster*, GmbHR 2001, 1021, 1026; s. auch *Karsten Schmidt*, GesR, § 61 III 3 c (S. 1832): außerordentliches Informationsrecht auch bei offengelegten Treuhandverhältnissen, insbesondere bei Publikums-Treuhandgesellschaften. In der Rechtsform der GmbH kommen jedenfalls Publikums-Treuhandgesellschaften aber kaum vor.

382 *J. Mayer*, in: MünchKomm. GmbHG, Rdnr. 135; ohne diese Einschränkung auch *Fastrich*, in: Baumbach/Hueck, § 1 Rdnr. 43; *Roth*, in: Roth/Altmeppen, § 1 Rdnr. 37.

Treuepflicht ist der Treuhänder in der Regel, jedenfalls aber bei vinkulierten Geschäftsanteilen, verpflichtet, seine treuhänderische **Rechtsstellung** den Mitgesellschaftern **offenzulegen**[383].

Im Gesellschaftsvertrag kann die **Rechtsstellung des Treugebers verstärkt** werden. In diesem Zusammenhang wird von einer sog. **qualifizierten Treuhand** gesprochen[384]. Im Schrifttum wächst die Tendenz, den Treugeber in unterschiedlichem Umfang in das Gesellschaftsverhältnis mit seinen Rechten und Pflichten einzubeziehen[385]. Welche Rechte dem Treugeber im Einzelnen kraft Satzung zugewiesen werden können, ist jedoch nicht abschließend geklärt[386]. Unproblematisch dürfte es sein, dem Treugeber Informationsrechte (Rdnr. 77) und Teilnahmerechte an Gesellschafterversammlungen zuzusprechen. Problematisch ist dagegen, ob dem Treugeber auch das **Stimmrecht** aus den treuhänderisch gehaltenen Geschäftsanteilen eingeräumt werden kann. Entgegen einer vordringenden Auffassung[387] dürfte dies auch mit Zustimmung aller Gesellschafter nicht mit dem Abspaltungsverbot vereinbar sein[388]. Eine gleichwohl in die Satzung aufgenommene Regelung kann aber zumindest als Stimmrechtsvollmacht (s. Rdnr. 76) aufrechterhalten werden. 78

Von dem Verhältnis des Treuhänders zu den Mitgesellschaftern muss das **Innenverhältnis des Treuhänders zum Treugeber** unterschieden werden. In diesem Rechtsverhältnis findet im Regelfall **Auftragsrecht** Anwendung (**§§ 675 Abs. 1, 662 ff. BGB**)[389], so dass der Treuhänder verpflichtet ist, den Weisungen des Treugebers Folge zu leisten (**§ 665 BGB**), ihm jederzeit Auskunft zu erteilen und Rechenschaft abzulegen (**§ 666 BGB**) und ihm auf dessen Verlangen bei Vertragsende den Geschäftsanteil zu übertragen (**§ 667 BGB**), wobei wieder § 15 Abs. 3 zu beachten ist[390]. Der Treuhänder kann Freistellung und Aufwendungsersatz verlangen (**§§ 670, 257 BGB**), insbesondere die Überlassung der für die Einlageleistung erforderlichen Mittel. 79

In der **Insolvenz des Treuhänders**[391] stellt sich die Frage, ob dem Treugeber ein **Aussonderungsrecht** gemäß § 47 InsO zusteht. Nach der Rechtsprechung besteht ein solches Recht aufgrund des sog. Unmittelbarkeitsprinzips nur dann, wenn der Treuhänder den Geschäftsanteil *unmittelbar* vom Treugeber übertragen erhalten hat, also grundsätzlich **nur in den Fällen der Übertragungstreuhand**, nicht dagegen in den Fällen der Erwerbs- und der Vereinbarungstreuhand[392]. Eine solche Differenzierung nach der Entstehung des Treuhandverhältnisses 80

383 OLG Hamburg v. 30.4.1993 – 11 W 13/93, GmbHR 1993, 507 = NJW-RR 1993, 868; *C. Schäfer*, in: Henssler/Strohn, Gesellschaftsrecht, Rdnr. 46.

384 S. *Fleck*, in: FS R. Fischer, 1979, S. 107, 118 ff., 127; *Ulmer*, ZHR 156 (1992), 377, 386; *Ulmer*, in: FS Odersky, S. 873, 877 f., 893 ff.; für die Begründung einer qualifizierten Treuhand auch außerhalb der Satzung *Ulmer/Löbbe*, in: Ulmer/Habersack/Löbbe, Rdnr. 70; ablehnend gegenüber der qualifizierten Treuhand wegen § 16 Abs. 1 *Walch*, NZG 2015, 1259, 1260 ff.

385 So insbes. *Ulmer*, in: FS Odersky, S. 873, 889 f., 893 ff.; *M. Gruber*, Treuhandbeteiligung, S. 180 ff.; *Tebben*, Unterbeteiligung und Treuhand, S. 103, 175, 216 ff.; dagegen differenzierend *Armbrüster*, Die treuhänderische Beteiligung, S. 190 ff.; *Armbrüster*, GmbHR 2001, 1021 ff.

386 Sehr weitgehend die Rechtsprechung zum Recht der KG, s. etwa BGH v. 13.5.1953 – II ZR 157/52, BGHZ 10, 44, 49 f. = NJW 1953, 1548; BGH v. 11.10.2011 – II ZR 242/09, NZG 2011, 1432, 1433 f.; BGH v. 20.1.2015 – II ZR 444/13, NZG 2015, 387.

387 *Fleck*, in: FS R. Fischer, 1979, S. 107, 118 ff., 127; *Ulmer*, ZHR 156 (1992), 377, 389 f. (für die einvernehmliche Treuhand); *Armbrüster*, GmbHR 2001, 1021, 1025.

388 *Zöllner/Noack*, in: Baumbach/Hueck, § 47 Rdnr. 40; *Bayer*, in: Lutter/Hommelhoff, § 47 Rdnr. 4; *Reichert/Weller*, in: MünchKomm. GmbHG, § 15 Rdnr. 234; ablehnend wegen § 16 Abs. 1 auch *Walch*, NZG 2015, 1259, 1260 ff.

389 *J. Mayer*, in: MünchKomm. GmbHG, Rdnr. 128.

390 Wegen der Einzelheiten s. *Armbrüster*, GmbHR 2001, 1021 ff.; *Beuthien*, ZGR 1974, 26.

391 S. zur Insolvenz des Treugebers *J. Mayer*, in: MünchKomm. GmbHG, Rdnr. 131.

392 S. bereits RG v. 19.12.1914 – VII 448/13, RGZ 84, 214, 216 f.; RG v. 10.10.1917 – V 159/17, RGZ 91, 12, 14; s. weiter BGH v. 7.4.1959 – VIII ZR 219/57, NJW 1959, 1223, 1224 f.; BGH v. 2.2.1995 – IX ZR 147/93, NJW-RR 1995, 766, 767; BGH v. 24.6.2003 – IX ZR 75/01, BGHZ 155, 227, 231 ff. =

kann jedoch schwer überzeugen[393]. Hinter ihr steht zwar der berechtigte Gedanke, dass Beweisschwierigkeiten und Manipulationen zulasten der Gläubiger vermieden werden sollen[394]. Dieser Gedanke spielt angesichts der hier vertretenen Auffassung zur Beurkundungsbedürftigkeit des Treuhandvertrages (s. Rdnr. 70 ff.) im GmbH-Recht aber keine Rolle. In der Gestaltungspraxis empfiehlt sich in jedem Fall die Aufnahme einer **bedingten Abtretung** des Geschäftsanteils bereits im Treuhandvertrag für den Fall der Insolvenz des Treuhänders oder für den Fall von Vollstreckungsmaßnahmen durch Gläubiger des Treuhänders in den Geschäftsanteil (§ 767 ZPO; Rdnr. 75)[395].

d) Haftung

81 Da im Außenverhältnis gegenüber der Gesellschaft und den Gläubigern allein der **Treuhänder** Gesellschafter ist (Rdnr. 74), trifft an sich grundsätzlich auch ihn allein die **Haftung** für die Aufbringung und Erhaltung des Stammkapitals[396]. Dies gilt in der Praxis allerdings nur noch mit wesentlichen **Einschränkungen**. Bereits nach dem Gesetz (§ 9a Abs. 4) trifft die **Gründerhaftung** für falsche Angaben auch den Treugeber. Die Rechtsprechung wendet außerdem die Vorschriften, die die **Aufbringung und Erhaltung des Stammkapitals** sichern sollen (**§§ 19 Abs. 2, 24, 30 und 31**), entsprechend **auf den Treugeber** an, so dass er (neben dem Treuhänder) für die Aufbringung des Stammkapitals nach den §§ 19, 24[397] sowie für dessen Erhaltung im Rahmen der §§ 30, 31[398] zu sorgen hat. Im Schrifttum wird diese Form des „Durchgriffs" auf den Treugeber zur Sicherung der Kapitalaufbringung und Kapitalerhaltung vielfach kritisiert[399] und es werden differenzierende Lösungsansätze vorgeschlagen[400]. Hinsichtlich der Einzelheiten kann auf die Ausführungen zu der jeweiligen Norm verwiesen werden (s. insbes. § 30 Rdnr. 49 ff.).

NJW 2003, 3414; s. zu Ausnahmen im Zahlungsverkehr BGH v. 1.7.1993 – IX ZR 251/92, NJW 1993, 2622; ausführlich *E. Schmitz*, in: Freundesgabe Weichler, 1997, S. 129, 130 ff.; kritisch zum Unmittelbarkeitsgrundsatz u.a. *Henssler*, AcP 196 (1996), 37, 54 f.

393 S. auch die Kritik von *Henssler*, AcP 196 (1996), 37, 54 f.; *Schaub*, DStR 1996, 65, 68 f.; *Armbrüster*, GmbHR 2001, 941, 949; s. auch *Görner*, in: Rowedder/Schmidt-Leithoff, § 15 Rdnr. 79, der ein Aussonderungsrecht auch im Fall der Erwerbstreuhand annimmt.

394 *Reichert/Weller*, in: MünchKomm. GmbHG, § 15 Rdnr. 236; *Armbrüster*, GmbHR 2001, 941.

395 Hierauf ausdrücklich hinweisend BGH v. 24.6.2003 – IX ZR 75/01, BGHZ 155, 227, 231 ff. = NJW 2003, 3414, 3417; s. auch *Schmidt-Leithoff*, in: Rowedder/Schmidt-Leithoff, Rdnr. 29; *Schaub*, DStR 1996, 65, 69; zu dieser Gestaltung ausführlich *Uhlenbruck*, in: FS Rheinisches Notariat, 1999, S. 125 ff.

396 *Karsten Schmidt*, GesR, § 61 III 3 b (S. 1830 f.).

397 BGH v. 14.12.1959 – II ZR 187/57, BGHZ 31, 258, 263 f. = NJW 1960, 285 mit sehr weitgehendem Leitsatz; BGH v. 13.4.1992 – II ZR 225/91, BGHZ 118, 107, 110 ff. = GmbHR 1992, 525; zustimmend *Bayer*, in: Lutter/Hommelhoff, § 14 Rdnr. 27, § 24 Rdnr. 13; *Pentz*, in: Rowedder/Schmidt-Leithoff, § 24 Rdnr. 18.

398 BGH v. 14.12.1959 – II ZR 187/57, BGHZ 31, 258, 263 f. = NJW 1960, 285; BGH v. 26.11.1979 – II ZR 104/77, BGHZ 75, 334, 335 f. = GmbHR 1980, 28; BGH v. 20.2.1989 – II ZR 167/88, BGHZ 107, 7, 11 f. = GmbHR 1989, 196; BGH v. 24.11.2003 – II ZR 171/01, BGHZ 157, 72, 74 f. = GmbHR 2004, 302.

399 S. *Ulmer/Löbbe*, in: Ulmer/Habersack/Löbbe, Rdnr. 72 ff.; *Schmidt-Leithoff*, in: Rowedder/Schmidt-Leithoff, Rdnr. 31; *Ulmer*, in: FS Odersky, S. 873, 891 ff.; *Roth/Thöni*, in: FS 100 Jahre GmbHG, 1992, S. 245, 267 ff.; *Armbrüster*, GmbHR 2001, 1021, 1026 ff.; *Ehlke*, DB 1985, 795; *Geyrhalter*, ZIP 1999, 647, 648 f.; *Ulmer*, ZHR 156 (1992), 377, 381 ff.; s. auch *Karsten Schmidt*, GesR, § 61 III 3 b (S. 1830 ff.).

400 S. etwa *J. Mayer*, in: MünchKomm. GmbHG, Rdnr. 144 ff.; *Ulmer/Löbbe*, in: Ulmer/Habersack/Löbbe, Rdnr. 72 ff.

10. Anknüpfung der Gesellschaftereigenschaft an besondere Eigenschaften

Der Gesellschaftsvertrag kann die Gesellschaftereigenschaft an den Besitz besonderer Eigenschaften wie Alter, Geschlecht, Staatsangehörigkeit, Beruf oder Zugehörigkeit zu einer bestimmten Familie knüpfen. Insoweit besteht – vorbehaltlich der §§ 134, 138 BGB[401] – Vertragsfreiheit (§§ 45, 311 Abs. 1 BGB)[402]. Das AGG setzt der Gestaltungsfreiheit grundsätzlich keine Grenze (s. Rdnr. 9). Beteiligt sich ein Gesellschafter, dem die erforderliche Qualifikation fehlt, an dem Abschluss des Gesellschaftsvertrages, hat ein solcher Verstoß gegen die Satzung **keine Außenwirkung**. Das Registergericht darf die Eintragung nicht gemäß § 9c ablehnen[403]. In der Regel zielt eine entsprechende Satzungsklausel aber nicht auf die Gründungsgesellschafter, sondern auf potentielle Erwerber von Geschäftsanteilen, die durch Anteilsabtretung oder im Wege der Rechtsnachfolge von Todes wegen in den Gesellschafterkreis eintreten. Um eine wirksame Anteilsübertragung zu vermeiden, muss eine Vinkulierungsklausel (§ 15 Abs. 5) in den Gesellschaftsvertrag aufgenommen werden[404]. Der Übergang von Geschäftsanteilen im Wege der Rechtsnachfolge von Todes wegen kann hingegen nicht mit dinglicher Wirkung ausgeschlossen werden. Die Gestaltungspraxis sieht für diesen Fall Einziehungsregelungen vor.

82

Das Fehlen der gesellschaftsvertraglich vorgeschriebenen Eigenschaften bei einem Gesellschafter kann einem Mitgesellschafter **vor Eintragung** der Gesellschaft ein Recht zur Anfechtung seiner Beitrittserklärung geben (§§ 119, 123 BGB). Mit Involzugsetzung der Vorgesellschaft tritt die Auflösungserklärung entsprechend § 723 Abs. 1 Satz 2 BGB an die Stelle des Anfechtungsrechts[405]. **Nach Eintragung** der Gesellschaft kann das Fehlen der fraglichen Eigenschaft bei einem Gesellschafter allenfalls zu dessen **Ausschließung**, zur **Einziehung** seiner Geschäftsanteile auf der Grundlage einer vertraglichen Einziehungsregelung oder zur **Auflösung** der Gesellschaft führen (§ 61), während § 75 nicht anwendbar ist[406]. Dies gilt jedoch nicht, wenn den Gründern bei Abschluss des Gesellschaftsvertrages **bekannt** war, dass bei einem oder mehreren Gründern die vom Vertrag geforderten Voraussetzungen fehlten[407]. Gültigkeit behält die Klausel dann aber immerhin für später beitretende Gesellschafter[408]. **Verliert** ein Gesellschafter nachträglich die erforderliche **Qualifikation**, kommt ebenfalls nur seine Ausschließung aus wichtigem Grund, die Einziehung seiner Geschäftsanteile oder eine Auflösung gemäß § 61 in Betracht.

83

VI. Mängel des Gesellschaftsvertrages und des Beitritts

Schrifttum: S. die Erläuterungen zu § 75 sowie *Anton*, Nichtige GmbH-Satzung, GmbHR 1973, 75; *E. Dörr*, Die fehlerhafte GmbH, 1989; *Gonella*, Neubildung eines Anteils an Stelle eines nicht entstandenen Geschäftsanteils, GmbHR 1965, 30; *Habersack/Verse*, Europäisches Gesellschaftsrecht, 4. Aufl. 2011; *Hahn*, Der Einfluss von Willensmängeln auf Gründungs- und Beitrittserklärungen zu juristischen Personen, 1911; *Kort*, Bestandsschutz fehlerhafter Strukturänderungen im Kapitalgesellschaftsrecht, 1998; *Kort*, Bestandsschutz fehlerhafter Strukturänderungen, DStR 2004, 185; *Lobedanz*, Der Einfluß von Wil-

---

401 Zur Vorsicht mahnt insoweit *J. Mayer*, in: MünchKomm. GmbHG, Rdnr. 115 Fn. 540.
402 *J. Schmidt*, in: Michalski u.a., Rdnr. 30.
403 *Ulmer/Löbbe*, in: Ulmer/Habersack/Löbbe, Rdnr. 98; *Fastrich*, in: Baumbach/Hueck, § 1 Rdnr. 38; *J. Mayer*, in: MünchKomm. GmbHG, Rdnr. 115; *J. Schmidt*, in: Michalski u.a., Rdnr. 31.
404 *Fastrich*, in: Baumbach/Hueck, § 1 Rdnr. 38; *J. Schmidt*, in: Michalski u.a., Rdnr. 31.
405 *C. Schäfer*, in: Henssler/Strohn, Gesellschaftsrecht, Rdnr. 29.
406 *J. Mayer*, in: MünchKomm. GmbHG, Rdnr. 116.
407 *J. Mayer*, in: MünchKomm. GmbHG, Rdnr. 116; *Schmidt-Leithoff*, in: Rowedder/Schmidt-Leithoff, Rdnr. 26; *J. Schmidt*, in: Michalski u.a., Rdnr. 31.
408 *J. Mayer*, in: MünchKomm. GmbHG, Rdnr. 116; *Ulmer/Löbbe*, in: Ulmer/Habersack/Löbbe, Rdnr. 98.

lensmängeln auf Gründungs- und Beitrittsgeschäfte, 1938; *Moses*, Über unwirksamen Beitritt zu einer GmbH, JherJb 53 (1908), 395; *Palzer*, Kartellbefangene Gesellschaftsverträge: Anwendungsfall der Lehre von der fehlerhaften Gesellschaft?, ZGR 2012, 631; *Paschke*, Die fehlerhafte Korporation, ZHR 155 (1991), 1; *Ruth*, Eintritt und Austritt von Mitgliedern, ZHR 88 (1926), 454; *C. Schäfer*, Die Lehre vom fehlerhaften Verband, 2002; *O. Schultz*, Das Kontinuitätsprinzip im Gesellschaftsrecht, NZG 1999, 89; *O. Schultz*, Die Behebung einzelner Mängel von Organisationsakten in Kapitalgesellschaften: Eine Darstellung für die Aktiengesellschaft und die Gesellschaft mit beschränkter Haftung, 1997; *Tieves*, Der Unternehmensgegenstand der Kapitalgesellschaften, 1998; *Ullrich*, Registergerichtliche Inhaltskontrolle von Gesellschaftsverträgen und Satzungsänderungsbeschlüssen, 2006; *Wünsch*, Die Bedeutung des FGG für die GmbH und deren Eintragungen im Handelsregister, GesRZ 1982, 155.

1. Überblick

84   Der Gesellschaftsvertrag ist im Ausgangspunkt ein Vertrag (s. Rdnr. 3), für dessen Abschluss grundsätzlich **alle Vorschriften des BGB** über die Abgabe von Willenserklärungen und über den Abschluss von Verträgen gelten (Rdnr. 6). Ebenso anwendbar sind im Prinzip die Vorschriften über die **Nichtigkeit oder Anfechtbarkeit** von Willenserklärungen und Verträgen (§§ 119, 120, 123, 125, 134, 138 BGB). Die bürgerlich-rechtlichen Vorschriften sind jedoch primär auf reine Schuldverhältnisse zugeschnitten und können nicht ohne Modifikationen auf den GmbH-Gesellschaftsvertrag angewandt werden. Es wäre mit den Verkehrsinteressen Dritter und dem Bestandschutzinteresse der Gesellschafter regelmäßig nicht vereinbar, wenn der durch den Gesellschaftsvertrag geschaffenen Organisation rückwirkend die Anerkennung versagt werden würde, nachdem die Gesellschaft ins Leben getreten ist. Ob und in welcher Weise die allgemeinen Vorschriften einer Modifikation bedürfen, hängt von der Art des Mangels und der Phase ab, innerhalb derer der Mangel zu Tage tritt. Zudem ist zwischen Mängeln des Gesellschaftsvertrages und Mängeln des Beitritts zur Gesellschaft zu unterscheiden[409].

2. Mängel des Gesellschaftsvertrages

a) Gründungsphase

85   Die erste Phase ist die möglicherweise kurze Zeitspanne **zwischen** der Errichtung der Gesellschaft durch **Abschluss** des Gesellschaftsvertrages **und** dem **Vollzug** der Vorgesellschaft durch Aufnahme ihrer Tätigkeit oder Leistung der Einlagen (s. Rdnr. 86). (Nur) in dieser Zeitspanne besitzen die Vorschriften des **BGB** über die Nichtigkeit oder Vernichtbarkeit von Willenserklärungen oder Verträgen **uneingeschränkte Gültigkeit**[410]. Für Verstöße gegen die Formvorschriften des § 2 Abs. 1 und 2 (§ 125 BGB) ist das schon im Einzelnen ausgeführt worden (s. Rdnr. 24, 36). In diesem Zeitabschnitt wird auch noch nicht zwischen den Mängeln des Gesellschaftsvertrages und „bloßen" Mängeln der Beitrittserklärungen einzelner Gründer unterschieden. Stattdessen zieht **jeder Mangel**, der nach dem BGB die Nichtigkeit eines Vertrages zur Folge hat, auch die Nichtigkeit des Gesellschaftsvertrages nach sich. In der Gründungsphase ist ferner noch eine **Anfechtung der Beitrittserklärungen** durch einen oder mehrere Gründer nach den §§ 119, 123 BGB mit der Folge möglich, dass der Vertrag ex tunc nichtig ist, da bereits die Nichtigkeit der Willenserklärung eines einzigen Gründers zur Nichtigkeit des gesamten Gesellschaftsvertrages führt (§ 142 Abs. 1 BGB)[411]. Anders verhält es sich, wenn nur **einzelne Klauseln** des Gesellschaftsvertrages gegen die §§ 134 und 138 BGB verstoßen. Entgegen **§ 139 BGB** ist in diesem Fall anzunehmen, dass der Gesellschaftsvertrag im Übrigen

---

409   Kritisch insofern jedoch *J. Mayer*, in: MünchKomm. GmbHG, Rdnr. 184a.
410   *Fastrich*, in: Baumbach/Hueck, Rdnr. 38; *Schmidt-Leithoff*, in: Rowedder/Schmidt-Leithoff, Rdnr. 62; *Roth*, in: Roth/Altmeppen, Rdnr. 47.
411   *Busche*, in: MünchKomm. BGB, § 142 BGB Rdnr. 15.

grundsätzlich wirksam ist[412]. Nur im Einzelfall, wenn eine Klausel derart wichtig ist, dass der Gesellschaftsvertrag mit dieser „steht und fällt", kann sich das gegenteilige Ergebnis ergeben (s. jedoch zur Rechtslage nach Eintragung Rdnr. 91)[413]. Betrifft die Nichtigkeit jedoch eine notwendige Satzungsbestimmung gemäß § 3 Abs. 1, ist der Gesellschaftsvertrag stets nichtig[414].

b) Vollzug der Vorgesellschaft

Von der Gründungsphase (Rdnr. 85) ist die Zeitspanne **zwischen** dem **Vollzug** der Vorgesellschaft **und** der **Eintragung** der Gesellschaft in das Handelsregister zu unterscheiden[415]. Zwar sind in dieser Zeit noch nicht die Vorschriften des Gesetzes über den Bestandsschutz eingetragener Gesellschaften entsprechend anwendbar (§§ 75 ff.), wohl aber die **Regeln über die fehlerhafte Gesellschaft** in der Zeit nach Vollzug des Gesellschaftsvertrages[416]. Der **Vollzug** der Vorgesellschaft tritt spätestens ein, wenn sie im Außenverhältnis ihre **Tätigkeit aufgenommen** hat, wozu bereits der Abschluss von Vorbereitungsgeschäften genügt[417]. Ausreichend ist aber auch bereits die **Leistung der Mindesteinlagen** gemäß § 7 Abs. 2, 3[418]. Darüber hinaus genügt es ganz allgemein, wenn „das Organisationsgefüge in Gang gesetzt worden ist", d.h. wenn die Gesellschaft zu leben begonnen hat, insbesondere durch die **Fassung von Beschlüssen** in Gesellschafterversammlungen[419].

86

Ab dem Zeitpunkt des Vollzugs der Vorgesellschaft führen **Willensmängel und sonstige Nichtigkeitsgründe** grundsätzlich **nur noch** zur **Auflösung** der Vorgesellschaft ex-nunc mit der Folge ihrer Abwicklung, sofern nicht zwischenzeitlich Heilung eingetreten ist[420]. Umstritten ist, **welchen Weg** die Gesellschafter einschlagen müssen, wenn sie den Mangel des Gesellschaftsvertrages geltend machen wollen. Hierfür genügt nach zutreffender h.M. eine

87

---

412 *Wicke*, in: MünchKomm. GmbHG, § 9c Rdnr. 26; *Wicke*, Rdnr. 10; *Ulmer/Löbbe*, in: Ulmer/Habersack/Löbbe, Rdnr. 139; *J. Schmidt*, in: Michalski u.a., Rdnr. 131; *J. Mayer*, in: MünchKomm. GmbHG, Rdnr. 174. A.A. *Emmerich*, 11. Aufl., Rdnr. 67; *Fastrich*, in: Baumbach/Hueck, Rdnr. 37; auch *Roth*, in: Roth/Altmeppen, Rdnr. 47, allerdings mit dem Hinweis, dass die Regelvermutung heute ohnehin restringiert wird.

413 Auch diejenigen, die § 139 BGB für nicht einschlägig halten, kommen dann i.d.R. zur Gesamtnichtigkeit, s. etwa *Ulmer/Habersack*, in: Ulmer/Habersack/Löbbe, § 9c Rdnr. 56; *Ulmer/Löbbe*, in: Ulmer/Habersack/Löbbe, Rdnr. 143; *Wicke*, in: MünchKomm. GmbHG, § 9c Rdnr. 26.

414 *Bayer*, in: Lutter/Hommelhoff, Rdnr. 37; *Ulmer/Löbbe*, in: Ulmer/Habersack/Löbbe, Rdnr. 139; *Fastrich*, in: Baumbach/Hueck, Rdnr. 38; *Roth*, in: Roth/Altmeppen, Rdnr. 47.

415 Gegen einen Bestandsschutz vor Eintragung aber OLG Dresden v. 17.6.1996 – 2 U 546/96, GmbHR 1997, 746, 748.

416 S. § 11 Rdnr. 28 sowie für Formmängel schon Rdnr. 24; BGH v. 27.1.2015 – KZR 90/13, GmbHR 2015, 532 = NZG 2015, 478; OLG Dresden v. 17.12.1997 – 12 U 2364/97, GmbHR 1998, 186, 188 f. (zum fehlerhaften Gesellschafterwechsel in der Vor-GmbH); *Fastrich*, in: Baumbach/Hueck, Rdnr. 39; *Bayer*, in: Lutter/Hommelhoff, Rdnr. 38; *Kort*, Bestandsschutz, S. 31, 43, 46 f.; *Roth*, in: Roth/Altmeppen, Rdnr. 47; *Schmidt-Leithoff*, in: Rowedder/Schmidt-Leithoff, Rdnr. 65; *C. Schäfer*, Die Lehre vom fehlerhaften Verband, S. 149 ff.; *Karsten Schmidt*, GesR, § 6 II 1d (S. 143).

417 Vgl. BGH v. 12.5.1954 – II ZR 167/53, BGHZ 13, 320, 321 f. = NJW 1954, 1562, wobei im konkreten Fall auch die Einlagen geleistet waren.

418 BGH v. 11.11.1991 – II ZR 287/90, BGHZ 116, 37, 40 = GmbHR 1992, 34 = NJW 1992, 505; vgl. auch RG v. 13.1.1941 – II 88/40, RGZ 166, 51, 58 f.; BGH v. 12.5.1954 – II ZR 167/53, BGHZ 13, 320, 321 f. = NJW 1954, 1562; wobei die Gesellschaft in diesen Fällen auch schon nach außen hin aufgetreten war; s. weiter *J. Mayer*, in: MünchKomm. GmbHG, Rdnr. 174; *J. Schmidt*, in: Michalski u.a., Rdnr. 132; *Bayer*, in: Lutter/Hommelhoff, Rdnr. 38; a.A. *C. Schäfer*, in: MünchKomm. BGB, § 705 BGB Rdnr. 331.

419 BGH v. 11.11.1991 – II ZR 287/90, BGHZ 116, 37, 40 = GmbHR 1992, 34 = NJW 1992, 505; *Karsten Schmidt*, GesR, § 6 III 1 b (S. 148).

420 *J. Mayer*, in: MünchKomm. GmbHG, Rdnr. 175.

Auflösungserklärung entsprechend **§ 723 Abs. 1 Satz 2 BGB**[421], wobei diese gegenüber den Mitgesellschaftern zu erklären ist[422]. Die sich daran anschließende **Abwicklung** der Gesellschaft richtet sich nach heute h.M. entsprechend den §§ 66 ff., soweit diese nicht die Eintragung voraussetzen[423].

88   Hinsichtlich des Prüfungsumfangs des **Registergerichts** ist § 9c Abs. 2 zu beachten. Soweit einer der in § 9c Abs. 2 Nr. 1 oder 2 genannten Satzungsmängel vorliegt, zieht dies die **Ablehnung des Eintragungsantrags** nach sich. Umstritten ist, in welchen Fällen das Registergericht auf der Grundlage von § 9c Abs. 2 Nr. 3 die Eintragung wegen der Nichtigkeit des Gesellschaftsvertrages ablehnen darf. Da die Gesellschaft spätestens mit ihrer Anmeldung zum Handelsregister, die die Leistung der Mindesteinlagen voraussetzt (§ 7 Abs. 2, 3), in Vollzug gesetzt wird (Rdnr. 86), stellt sich die Frage, wie sich die **Prüfungskompetenz des Registergerichts** zu den Regeln über die **fehlerhafte Gesellschaft** verhält. Hierzu wird vertreten, dass das Registergericht dann, wenn die (Vor-)Gesellschaft nach den Regeln über die fehlerhafte Gesellschaft als wirksam anzusehen ist, die Eintragung nur ablehnen darf, wenn sich ein Gesellschafter auf den Mangel des Gesellschaftsvertrages beruft[424]. Dafür spricht, dass die Rechtsordnung eine (Vor-)Gesellschaft nicht einerseits als wirksam und andererseits als unwirksam (§ 9c Abs. 2 Nr. 3) behandeln kann. Dennoch ist die Prüfungs- und Ablehnungskompetenz des Registergerichts zu bejahen[425]. Ein Gericht darf nicht sehenden Auges einer Gesellschaft, die an einem derart schwerwiegenden Mangel leidet, dass der Gesellschaftsvertrag insgesamt nichtig ist (s. zur Unwirksamkeit einzelner Klauseln Rdnr. 85), zur Eintragung verhelfen. Das Interesse des Rechtsverkehrs und das Bestandsschutzinteresse der Gesellschafter rechtfertigen es nicht zwingend, einer Gesellschaft, die auf der Grundlage eines nichtigen Gesellschaftsvertrages errichtet wurde, kraft Staatsaktes[426] einen erhöhten Bestandsschutz zukommen zu lassen. Die Gesellschafter haben es in vielen Fällen in der Hand, den Gesellschaftsvertrag zu heilen. Sehen sie davon ab, müssen sie mit der Ablehnung der Eintragung rechnen. Hierfür spricht zuletzt, dass das Registergericht andernfalls aufklären müsste, ob sich ein Gesellschafter tatsächlich auf den Mangel berufen hat. Da der Mangel jedoch aus der Sphäre der Gesellschafter stammt, erscheint es interessengerechter, dass das Gericht von der Nichtigkeit des Gesellschaftsvertrages ausgehen darf, es sei denn, die Heilung wird ihm gegenüber nachgewiesen. Nicht gesagt ist allerdings, dass das Gericht in jedem Fall die erforderliche Kenntnis von der Nichtigkeit des Gesellschaftsvertrages hat. Gesellschafter, die die Eintragung ver-

---

421 *Bayer*, in: Lutter/Hommelhoff, Rdnr. 38; *Ulmer/Habersack*, in: Ulmer/Habersack/Löbbe, Rdnr. 145; teils wird die Auflösungserklärung auch als Kündigung bezeichnet, so BGH v. 27.1.2015 – KZR 90/13, GmbHR 2015, 532 = NZG 2015, 478 (allerdings ohne Hinweis auf § 723 Abs. 1 Satz 2 BGB); *C. Schäfer*, in: Bork/Schäfer, Rdnr. 113; s. auch *J. Mayer*, in: MünchKomm. GmbHG, Rdnr. 176: Auflösungserklärung durch außergerichtliche Kündigung; für die Auflösungsklage analog § 61 hingegen *Schmidt-Leithoff*, in: Rowedder/Schmidt-Leithoff, Rdnr. 67; dagegen – allerdings zur AG und nicht zu einem Fall der fehlerhaften Gesellschaft – BGH v. 23.10.2006 – II ZR 162/05, BGHZ 169, 270, 281 = NJW 2007, 589; missverständlich *J. Schmidt*, in: Michalski u.a., Rdnr. 133 einerseits und Rdnr. 139 andererseits.

422 Anders (Kündigung gegenüber der Gesellschaft und den Mitgesellschaftern) *J. Mayer*, in: MünchKomm. GmbHG, Rdnr. 176; *Michalski*, in: Michalski, 2. Aufl. 2010, Rdnr. 56.

423 BGH v. 28.11.1997 – V ZR 178/96, LM Nr. 49 zu § 50 ZPO = NJW 1998, 1079, 1080 = GmbHR 1998, 185; *Fastrich*, in: Baumbach/Hueck, Rdnr. 39; *C. Schäfer*, in: Bork/Schäfer, Rdnr. 113; *J. Mayer*, in: MünchKomm. GmbHG, Rdnr. 176; *Roth*, in: Roth/Altmeppen, Rdnr. 47; s. zur AG auch BGH v. 23.10.2006 – II ZR 162/05, BGHZ 169, 270, 281 = NJW 2007, 589; für die Anwendung der §§ 730 ff. BGB noch BGH v. 24.10.1968 – II ZR 216/66, BGHZ 51, 30, 34 = NJW 1969, 509; ebenso *Kort*, Bestandsschutz, S. 46.

424 *Ulmer/Habersack*, in: Ulmer/Habersack/Löbbe, § 9c Rdnr. 56; *Ullrich*, Registergerichtliche Inhaltskontrolle, S. 101 ff., 108 ff.

425 S. § 9c Rdnr. 17 sowie *Bayer*, in: Lutter/Hommelhoff, Rdnr. 38; *Fastrich*, in: Baumbach/Hueck, Rdnr. 38 und 39.

426 *J. Mayer*, in: MünchKomm. GmbHG, Rdnr. 171.

hindern und den Gesellschaftsvertrag z.B. anfechten wollen, müssen deshalb zur Vermeidung von Rechtsverlusten rechtzeitig der **Eintragung** der Gesellschaft in das Handelsregister **entgegentreten**. Möglich ist insbesondere die Erwirkung einer entsprechenden **einstweiligen Verfügung** nach den §§ 935 ff. ZPO[427].

c) Nach Eintragung

Mit der Eintragung in das Handelsregister entsteht die Gesellschaft, die ab diesem Zeitpunkt 89 einen weitgehenden **Bestandsschutz** genießt. Diese Rechtsfolge ist im Interesse des Gläubigerschutzes geboten, weil andernfalls die Einlagen entgegen der Regelung in § 30 Abs. 1 an die Gesellschafter ausgezahlt werden dürften[428]. Daher führen selbst schwerwiegende Mängel des Gesellschaftsvertrages nur unter den Voraussetzungen des **§ 75** dazu, dass ein Gesellschafter Nichtigkeitsklage erheben kann. Die Folge der Nichtigkeitsklage ist nicht die Nichtigkeit im bürgerlich-rechtlichen Sinne, sondern die Abwicklung der Gesellschaft gemäß den Regeln über die Auflösung (§ 77 Abs. 1). Liegt ein Nichtigkeitsgrund i.S. des § 75 nicht vor, scheidet auch ein Amtslöschungsverfahren nach **§ 397 Satz 2 FamFG** aus[429]. Dasselbe gilt für eine Amtslöschung nach **§ 395 FamFG**[430]. Möglich bleibt aber in bestimmten Fällen das Beanstandungsverfahren nach **§ 399 Abs. 4 FamFG**, das zur Auflösung der Gesellschaft nach Maßgabe von § 60 Abs. 1 Nr. 6 führt (s. 11. Aufl., § 60 Rdnr. 32 ff.)[431].

Alle anderen Mängel sind nach der Eintragung der Gesellschaft in das Handelsregister grund- 90 sätzlich unbeachtlich (s. zum unwirksamen Beitritt noch Rdnr. 93 ff.). Man spricht daher davon, dass die Mängel durch die Eintragung der Gesellschaft in das Handelsregister „geheilt" werden[432]. Gegen diese Formulierung ist nichts einzuwenden (s. zur Heilung wegen eines Formmangels oder Mangels der Gründungsvollmacht bereits Rdnr. 25 sowie 38). Die Heilung darf aber nicht in dem Sinne verstanden werden, dass sämtliche Klauseln des Gesellschaftsvertrages mit der Eintragung wirksam werden. **Einzelne Klauseln** können trotz Eintragung sehr wohl nichtig sein, insbesondere wenn sie gegen die §§ 134, 138 BGB verstoßen (z.B. unwirksame Einziehungsregelungen)[433]. Sie lassen nach Eintragung jedoch den Bestand der Gesellschaft und auch den Gesellschaftsvertrag im Übrigen unberührt (s. zu § 139 BGB vor Eintragung Rdnr. 85). Nach Ablauf von drei Jahren seit der Eintragung der Gesellschaft kann sogar die nichtige Klausel analog **§ 242 Abs. 2 Satz 1 AktG** geheilt werden[434].

Umstritten ist, ob sich der Bestandsschutz der Gesellschaft auch bei **schwerwiegenden Ver-** 91 **stößen gegen die §§ 134, 138 BGB**, insbesondere bei Verfolgung gesetz- oder sittenwidriger Zwecke durch die Gesellschaft, durchsetzt. Als Beispiel dienen Gesellschaften, die auf die Steuerhinterziehung ausgelegt sind oder deren Tätigkeit gegen das Kartellverbot (§ 1 GWB,

427 RG v. 10.6.1913 – Rep. II 95/13, RGZ 82, 375, 379 f.; LG Heilbronn v. 8.9.1971 – 1 KfH O 125/71, AG 1971, 372; *Ulmer/Löbbe*, in: Ulmer/Habersack/Löbbe, Rdnr. 140; *Stenzel*, GmbHR 2015, 567, 573; s. im Einzelnen *Littbarski*, Einstweiliger Rechtsschutz im Gesellschaftsrecht, 1996.
428 *Ulmer/Löbbe*, in: Ulmer/Habersack/Löbbe, Rdnr. 142; *J. Mayer*, in: MünchKomm. GmbHG, Rdnr. 177.
429 BGH v. 9.10.1956 – II ZB 11/56, BGHZ 21, 378, 381 f. = NJW 1957, 19, 20; KG v. 6.5.1968 – 1 W 2370/67, OLGZ 1968, 477, 482 ff. = GmbHR 1968, 182.
430 *J. Mayer*, in: MünchKomm. GmbHG, Rdnr. 179; *Fastrich*, in: Baumbach/Hueck, Rdnr. 41; anders jedoch bei Vorliegen wesentlicher Verfahrensmängel, z.B. fehlender Eintragungsantrag, *Haas*, in: Baumbach/Hueck, Anh. § 77 Rdnr. 19; *Altmeppen*, in Roth/Altmeppen, § 75 Rdnr. 42; *Ulmer/Löbbe*, in: Ulmer/Habersack/Löbbe, Rdnr. 141.
431 *Fastrich*, in: Baumbach/Hueck, Rdnr. 42; *J. Mayer*, in: MünchKomm. GmbHG, Rdnr. 180.
432 *Michalski*, in: Michalski, 2. Aufl. 2010, Rdnr. 60.
433 *Fastrich*, in: Baumbach/Hueck, Rdnr. 43.
434 BGH v. 19.6.2000 – II ZR 73/99, BGHZ 144, 365, 368 = NJW 2000, 2819 = GmbHR 2000, 822 = AG 2000, 515; *J. Mayer*, in: MünchKomm. GmbHG, Rdnr. 182; ablehnend im Zusammenhang mit nichtigen Abfindungsregelungen *Winkler*, GmbHR 2016, 519.

Art. 101 AEUV) verstößt[435]. Fehlerhaften **Personengesellschaften** wird in diesen Fällen auch nach Vollzug des Gesellschaftsvertrages nach h.M. die **Anerkennung versagt**[436]. Es besteht jedoch weitgehend Einigkeit, dass eine GmbH auch in den vorgenannten Fällen durch die Eintragung in das Handelsregister **wirksam entsteht**[437]. Hierfür sprechen Gesichtspunkte des Gläubigerschutzes[438], insbesondere der Umstand, dass die Gründer bei Nichtanerkennung der Gesellschaft und der damit einhergehenden Befreiung von ihrer Einlageverpflichtung besser stünden als im Fall ihrer Anerkennung[439]. Allerdings soll im Fall von schwerwiegenden Verstößen gegen die §§ 134, 138 BGB nach teilweise vertretener Auffassung die Erhebung der Nichtigkeitsklage gemäß § 75 bzw. eine Amtslöschung gemäß § 397 Satz 2 FamFG möglich sein[440]. Dies wird damit begründet, dass in den besprochenen Fällen aufgrund der Gesamtnichtigkeit des Gesellschaftsvertrages auch die Nichtigkeit des Unternehmensgegenstandes die Folge sei und damit der Rückgriff auf § 75 GmbHG und § 397 Satz 2 FamFG in Betracht komme[441]. Diese Auffassung überzeugt in dieser Allgemeinheit nicht. Es ist vielmehr zu differenzieren: Betrifft die Gesetz- oder Sittenwidrigkeit den Unternehmensgegenstand, weil (auch) dieser für sich betrachtet gegen die §§ 134, 138 BGB verstößt, kommen die Nichtigkeitsklage gemäß § 75 sowie die Amtslöschung gemäß § 397 Satz 2 FamFG unzweifelhaft in Betracht. Sofern der Unternehmensgegenstand für sich betrachtet aber nicht zu beanstanden ist, scheidet der Rückgriff auf § 75 und § 397 Satz 2 FamFG aus. Dies gilt insbesondere dann, wenn (nur) der Gesellschaftszweck unzulässig ist (s. unter § 1 Rdnr. 45). Dasselbe gilt, wenn einzelne Klauseln in schwerwiegender Weise gegen die §§ 134, 138 BGB verstoßen und die Gesellschafter den Gesellschaftsvertrag ohne diese Bestimmungen nicht geschlossen hätten[442]. In diesem Fall kann zwar vor Eintragung der Gesellschaft in seltenen Fällen die Gesamtnichtigkeit des Gesellschaftsvertrages die Folge sein, auch wenn § 139 BGB keine Anwendung findet (s. Rdnr. 85). Spätestens die Eintragung der Gesellschaft in das Handelsregister bewirkt aus Gründen des Bestandsschutzes jedoch die Heilung der „infizierten" Teile des Gesellschaftsvertrages[443]. Eine Gesamtnichtigkeit unter Einschluss des Unterneh-

---

435 S. zu diesen Beispielen *C. Schäfer*, in: MünchKomm. BGB, § 705 BGB Rdnr. 334; *J. Mayer*, in: MünchKomm. GmbHG, Rdnr. 183.

436 BGH v. 25.3.1974 – II ZR 63/72, BGHZ 62, 234, 241 = NJW 1974, 1201; BGH v. 21.3.2005 – II ZR 310/03, NJW 2005, 1784, 1785; *Sprau*, in: Palandt, § 705 BGB Rdnr. 18a; a.A. jedoch *C. Schäfer*, in: MünchKomm. BGB, § 705 BGB Rdnr. 334; speziell zur Behandlung kartellrechtswidriger Personengesellschaft *Theurer*, BB 2013, 137; *Wessels*, ZIP 2014, 101; *Wessels*, ZIP 2014, 857; *Karsten Schmidt*, BB 2014, 515; *Karsten Schmidt*, BB 2014, 863.

437 RG v. 14.12.1928 – II 143/28, RGZ 123, 102, 106 ff.; RG v. 13.5.1929 – II 313/28, RGZ 124, 279, 287 ff.; RG v. 28.1.1930 – II 159/29, RGZ 127, 186, 191; KG v. 6.5.1968 – 1 W 2370/67, OLGZ 1968, 477, 481 = GmbHR 1968, 182; *Schmidt-Leithoff*, in: Rowedder/Schmidt-Leithoff, Rdnr. 72 (zu sittenwidrigen Beitrittserklärungen); *C. Schäfer*, Die Lehre vom fehlerhaften Verband, S. 282 ff.; *Karsten Schmidt*, BB 2014, 515, 516; *Spiering/Hacker*, RNotZ 2014, 349, 351.

438 S. zu diesem Argument auch im Zusammenhang mit der fehlerhaften Personengesellschaft *C. Schäfer*, in: MünchKomm. BGB, § 705 BGB Rdnr. 334.

439 *J. Mayer*, in: MünchKomm. GmbHG, Rdnr. 182.

440 S. etwa *Emmerich*, 11. Aufl., Rdnr. 84; *Ulmer/Löbbe*, in: Ulmer/Habersack/Löbbe, Rdnr. 143; *Michalski*, in: Michalski, 2. Aufl. 2010, Rdnr. 62 (jedoch ohne die Einschränkung auf schwerwiegende Verstöße und zugleich für die Anwendung von § 399 Abs. 4 FamFG); *Wessels*, ZIP 2014, 101, 102; ebenso *J. Mayer*, in: MünchKomm. GmbHG, Rdnr. 182 f., der entgegen der hier vertretenen Auffassung (s. § 1 Rdnr. 44 ff.) offenbar im Fall eines gesetz- oder sittenwidrigen Gesellschaftszweck zugleich die Nichtigkeit des Unternehmensgegenstandes annimmt.

441 So *Ulmer/Löbbe*, in: Ulmer/Habersack/Löbbe, Rdnr. 143 für den Fall des Verstoßes einer Klausel gegen die §§ 134, 138 BGB, wenn diese von so zentraler Bedeutung ist, dass der Gesellschaftsvertrag ohne sie keinen Bestand haben kann.

442 S. zu diesem Fall *Ulmer/Löbbe*, in: Ulmer/Habersack/Löbbe, Rdnr. 143.

443 S. dazu im Zusammenhang mit der GbR *C. Schäfer*, in: MünchKomm. BGB, § 705 BGB Rdnr. 333.

mensgegenstandes liegt damit nicht vor[444]. Ein anderes Ergebnis wäre auch mit der Publizitätsrichtlinie 2009 (PublRL)[445] nicht vereinbar. Art. 12 PublRL benennt die Nichtigkeitsgründe abschließend und lässt die Nichtigkeit nur bei solchen Gesellschaften zu, deren „tatsächliche(r)" Gegenstand gesetzwidrig ist oder gegen die öffentliche Ordnung verstößt. Damit kommt in Ermangelung eines nichtigen Unternehmensgegenstandes lediglich die Auflösung gemäß § 61 und ein Verfahren gemäß § 62 in Betracht[446].

3. Die fehlerhafte Beitrittserklärung

Die fehlerhafte Beitrittserklärung eines Gründers ist bis zur Eintragung der Gesellschaft in das Handelsregister entsprechend den vorstehenden Grundsätzen zu behandeln, d.h. bis zur Invollzugsetzung der Gesellschaft gelten die allgemeinen Regeln des BGB (Rdnr. 85), während ab dem Vollzug die Grundsätze über die fehlerhafte Gesellschaft Anwendung finden (Rdnr. 86)[447]. Ist die Gesellschaft in das Handelsregister eingetragen, kann sich der fehlerhaft beigetretene Gesellschafter grundsätzlich nicht mehr auf den Mangel berufen. Er ist Gesellschafter der GmbH geworden (Rdnr. 99). Eine Ausnahme gilt bei Vorliegen schwerwiegender Beitrittsmängel (Rdnr. 93 ff.). Entsprechende Grundsätze gelten bei Mängeln einer **Kapitalerhöhung** (s. 11. Aufl., § 57 Rdnr. 52 ff.). Anders verhält es sich bei Mängeln der **Anteilsabtretung** (s. § 15 Rdnr. 103). Kein Fall des fehlerhaften Beitritts ist schließlich die Beitrittserklärung des Gründers, die dem Risiko der **Gläubiger- oder Insolvenzanfechtung** nach dem AnfG oder der InsO (§§ 129 ff. InsO) ausgesetzt ist[448]. In diesem Fall ist die Beitrittserklärung des Gesellschafters wirksam, aber es stellt sich die Frage, ob die Einlageleistung den Anfechtungsregelungen unterliegt. Nach zutreffender h.M. steht § 30 einer Anfechtung nicht entgegen[449]. Der Gesellschafter bleibt nach Rückgewähr der in anfechtbarer Weise erbrachten Einlage zur (erneuten) Einlageleistung verpflichtet[450].

a) Trotz Eintragung unwirksame Beitrittserklärungen

In einer Reihe besonders schwerwiegender Mängel von Beitrittserklärungen einzelner Gründer ist nach weiterhin h.M. selbst nach Eintragung der Gesellschaft in das Handelsregister die **Nichtigkeit der Willenserklärung** anzunehmen. Hierbei handelt es sich um Fälle, in denen die Beitrittserklärung dem vermeintlichen Gesellschafter **nicht zugerechnet** werden kann[451]. Die Nichtigkeit beschränkt sich dann aber grundsätzlich auf die fragliche Willenserklärung. Der Gesellschaftsvertrag ist nicht insgesamt nichtig und die Gesellschaft entsteht als juristische Person durch Eintragung in das Handelsregister, allerdings nur mit den übrigen Gründern als

92

93

---

444 So auch mehrheitlich die Kommentierungen zu § 75 und § 397 FamFG, s. etwa *Baukelmann*, in: Rowedder/Schmidt-Leithoff, § 75 Rdnr. 14; *Paura*, in: Ulmer/Habersack/Löbbe, § 75 Rdnr. 14; *Kleindiek*, in: Lutter/Hommelhoff, § 75 Rdnr. 4; *Altmeppen*, in: Roth/Altmeppen, § 75 Rdnr. 18; *Hillmann*, in: MünchKomm. GmbHG, § 75 Rdnr. 7; *Heinemann*, in: Keidel, § 397 FamFG Rdnr. 8.
445 RL 2009/101/EG vom 16.9.2009, ABl. Nr. L 258 v. 1.10.2009, S. 11.
446 S. 11. Aufl., § 75 Rdnr. 4 und 12 sowie *Baukelmann*, in: Rowedder/Schmidt-Leithoff, § 75 Rdnr. 14 mit dem Hinweis auf die Möglichkeit einer Auflösungsanordnung durch das Bundeskartellamt.
447 *J. Mayer*, in: MünchKomm. GmbHG, Rdnr. 184; *Ulmer/Löbbe*, in: Ulmer/Habersack/Löbbe, Rdnr. 146.
448 *J. Mayer*, in: MünchKomm. GmbHG, Rdnr. 206 f.
449 So etwa *J. Mayer*, in: MünchKomm. GmbHG, Rdnr. 206 f.; *Ulmer/Löbbe*, in: Ulmer/Habersack/Löbbe, Rdnr. 186 ff.
450 *Schmidt-Leithoff*, in: Rowedder/Schmidt-Leithoff, Rdnr. 77.
451 *J. Mayer*, in: MünchKomm. GmbHG, Rdnr. 185; *Ulmer/Löbbe*, in: Ulmer/Habersack/Löbbe, Rdnr. 153; *Stenzel*, GmbHR 2015, 567, 573 f.

Gesellschafter unter Ausschluss des fehlerhaft Beigetretenen, für den sich keine Bindungen ergeben[452]. Für eine Nichtigkeitsklage gemäß § 75 oder für eine **Amtslöschung** nach § 397 Satz 2 FamFG ist hier kein Raum (s. zu § 399 Abs. 4 FamFG unter Rdnr. 98)[453], jedenfalls, solange wenigstens *eine* wirksame Beitrittserklärung übrig bleibt (s. Rdnr. 96).

94 Ein Anwendungsfall der hier besprochenen Fälle ist die Beitrittserklärung eines **Geschäftsunfähigen**, die unheilbar nichtig ist (§ 105 BGB). Schwebend unwirksam und ohne Wirkung ist entgegen einer neueren Auffassung[454] auch die **Beitrittserklärung einer in der Geschäftsfähigkeit beschränkten Person** infolge mangelnder Einwilligung des gesetzlichen Vertreters (§ 107 BGB), Ergänzungspflegers (§ 1909 BGB) oder des Familiengerichts (§ 1822 Nrn. 3 und 10 BGB; s. Rdnr. 51)[455]. Der **Vorrang des Minderjährigenschutzes** vor den Erwägungen der Rechtssicherheit ist ein feststehender Grundsatz des deutschen Privatrechts, der auch im vorliegenden Zusammenhang keine Einschränkungen duldet. Die Beteiligung einer in der Geschäftsfähigkeit beschränkten Person bleibt unter den genannten Voraussetzungen ohne Folgen. Ist der Minderjährige der **einzige Gesellschafter**, muss allerdings aufgrund der zwingenden Vorgaben der Publizitätsrichtlinie 2009 die Gesellschaft als wirksam behandelt werden (s. Rdnr. 96). Die schwebend unwirksame Erklärung des beschränkt Geschäftsfähigen kann jedoch infolge der Genehmigung des gesetzlichen Vertreters, des bestellten Ergänzungspflegers in den Fällen des § 1909 BGB oder der Genehmigung des Familiengerichtes noch wirksam werden (s. bereits Rdnr. 51). Im Interesse der Rechtssicherheit kann eine Genehmigung aber nur **bis zur Eintragung** der Gesellschaft in das Handelsregister erfolgen[456]. Danach steht endgültig fest, dass der Geschäftsanteil nicht zur Entstehung gelangt ist. Der beschränkt Geschäftsfähige kann weiter an der GmbH beteiligt werden, allerdings nur noch nach Maßgabe des in Rdnr. 98 beschriebenen Verfahrens. Dieselben Grundsätze gelten im Fall der **Beteiligung eines Betreuten** bei Anordnung eines Einwilligungsvorbehalts ohne Mitwirkung des Betreuers oder des Betreuungsgerichts (§§ 1903 Abs. 1, 1908i Abs. 1, 1822 Nrn. 3 und 10 BGB; s. Rdnr. 53).

95 Ebenso zu behandeln sind Fälle, in denen die Unterschrift des Beitretenden **gefälscht** wird[457] sowie Fälle, in denen der Beitritt durch **Gewalt** oder **Drohung mit Gewalt** (§ 123 BGB) erzwungen wird[458]. Auch der **vollmachtlos Vertretene** wird nicht wirksam an der GmbH beteiligt. Im Fall des Widerrufs der durch den Vollmachtgeber ursprünglich erteilten Vollmacht

---

452 *Ulmer/Löbbe*, in: Ulmer/Habersack/Löbbe, Rdnr. 147; *Fastrich*, in: Baumbach/Hueck, Rdnr. 45; *Michalski*, in: Michalski, 2. Aufl. 2010, Rdnr. 67; *Bayer*, in: Lutter/Hommelhoff, Rdnr. 44.

453 *Ulmer/Löbbe*, in: Ulmer/Habersack/Löbbe, Rdnr. 155; *Fastrich*, in: Baumbach/Hueck, Rdnr. 45.

454 *C. Schäfer*, in: MünchKomm. BGB, § 705 BGB Rdnr. 335 ff.; *C. Schäfer*, Die Lehre vom fehlerhaften Verband, S. 269 ff.; jeweils für die bloße Beschränkung der Minderjährigenhaftung entsprechend § 1629a BGB; anders auch *Karsten Schmidt*, GesR, § 6 III 3 c, cc (S. 152 ff.).

455 In diesem Sinne RG v. 8.5.1908 – Rep. II 628/07, RGZ 68, 344, 352; RG v. 6.4.1935 – II B 5/34, RGZ 147, 257, 271 f.; BGH v. 30.4.1955 – II ZR 202/53, BGHZ 17, 160, 166 f. = NJW 1955, 1067; BGH v. 21.1.1980 – II ZR 153/79, LM Nr. 4 zu § 108 BGB = GmbHR 1980, 299 = BB 1980, 857 = WM 1980, 866; BGH v. 17.2.1992 – II ZR 100/91, LM Nr. 59 zu § 705 BGB = NJW 1992, 1503, 1504; *Fastrich*, in: Baumbach/Hueck, Rdnr. 44; *Bayer*, in: Lutter/Hommelhoff, Rdnr. 44; *J. Mayer*, in: MünchKomm. GmbHG, Rdnr. 186; *Roth*, in: Roth/Altmeppen, Rdnr. 39; *Schmidt-Leithoff*, in: Rowedder/Schmidt-Leithoff, Rdnr. 73.

456 *Ulmer/Löbbe*, in: Ulmer/Habersack/Löbbe, Rdnr. 152; *J. Mayer*, in: MünchKomm. GmbHG, Rdnr. 199, anders jedoch in Rdnr. 78. A.A. (Genehmigung auch nach Eintragung der Gesellschaft noch möglich) *Emmerich*, 11. Aufl., Rdnr. 76; *C. Schäfer*, in: Henssler/Strohn, Gesellschaftsrecht, Rdnr. 36; *C. Schäfer*, in: Bork/Schäfer, Rdnr. 68; *Fastrich*, in: Baumbach/Hueck, Rdnr. 45; *Stenzel*, GmbHR 2015, 567, 576 (zur vollmachtlosen Vertretung).

457 *Fastrich*, in: Baumbach/Hueck, Rdnr. 44; *Ulmer/Löbbe*, in: Ulmer/Habersack/Löbbe, Rdnr. 153; *Stenzel*, GmbHR 2015, 567, 573.

458 RG v. 8.5.1908 – Rep. II 628/07, RGZ 68, 344, 352; RG v. 6.4.1935 – II B 5/34, RGZ 147, 257, 271 f.; *Ulmer/Löbbe*, in: Ulmer/Habersack/Löbbe, Rdnr. 153; *Stenzel*, GmbHR 2015, 567, 573.

gelten die §§ 169 ff. BGB[459]. Gleich steht ferner das **Fehlen der Zustimmung des anderen Ehegatten** in den Fällen der **§§ 1365, 1423 und 1487 BGB**, jedenfalls wenn die Verpflichtung eines Gesellschafters zur Erbringung einer **Sacheinlage**, für die anderen Gesellschafter erkennbar, sein gesamtes Vermögen oder das Gesamtgut umfasst (sog. subjektive Theorie), während in den Fällen der §§ 1424 und 1487 BGB an die Stelle der unwirksamen Verpflichtung zur Einbringung eines Grundstücks die Pflicht zu einer entsprechenden Geldeinlage tritt[460].

Problematisch ist die Behandlung des Falles, in dem **sämtliche Beitrittserklärungen un-** **wirksam** sind. In diesem Fall sollte nach bisherigem Verständnis weder eine Vorgesellschaft noch durch Eintragung im Handelsregister eine GmbH entstehen. Stattdessen sollte eine **Scheingesellschaft** vorliegen, die als **gegenstandslos** von Amts wegen zu **löschen** ist (s. die Nachweise § 1 Rdnr. 65). Richtigerweise entsteht die Mehrpersonen-GmbH aber auch in diesem Fall. **Analog § 75** kann Nichtigkeitsklage erhoben werden und es kommt eine Amtslöschung gemäß **§ 397 Satz 2 FamFG** in Betracht (s. § 1 Rdnr. 65).   96

Rechtsfolge (s. bereits Rdnr. 93) des unwirksamen Beitritts ist, dass der Beitretende nicht   97 zur Leistung der von ihm versprochenen Einlage verpflichtet ist und bereits erbrachte Einlageleistungen **nach § 812 Abs. 1 Satz 1 Var. 1 BGB kondiziert** werden können[461]; dasselbe gilt umgekehrt für Leistungen der Gesellschaft an den vermeintlichen Gesellschafter. Die Einschränkungen der §§ 30 ff. gelten hier nicht, da der Betreffende rechtlich in keiner Hinsicht als Gesellschafter zu behandeln ist. Die übrigen Gesellschafter haften in diesem Fall auch **nicht** für den Ausfall gemäß **§ 24**, weil der betreffende Geschäftsanteil nie entstanden ist[462]. Allerdings findet § 30 insoweit Anwendung, als Zahlungen an die übrigen Gesellschafter erst nach Deckung der Stammkapitalziffer in Betracht kommen[463].

Da der Geschäftsanteil des unwirksam Beigetretenen nicht entstanden ist[464], fallen die   98 **Stammkapitalziffer und** die Summe der Nennbeträge der wirksam übernommenen **Geschäftsanteile auseinander**. Dies ist nach der Rechtsprechung des BGH zur Einziehung von Geschäftsanteilen[465] trotz § 5 Abs. 3 Satz 2 nicht generell als unzulässig anzusehen[466]. Allerdings kann dieser Zustand nicht dauerhaft bestehen, weil das Stammkapital andernfalls nicht in der gesetzlich vorgesehenen Weise aufgebracht werden würde[467]. Daher ist hier Raum für das Beanstandungsverfahren gemäß **§ 399 Abs. 4 FamFG**, d.h. die Gesellschaft kann aufgelöst werden, wenn die Gesellschafter den Mangel trotz Aufforderung nicht rechtzeitig beheben[468]. Die **Beseitigung der Divergenz** kann in der Weise erfolgen, dass die Gesellschafter eine **Kapitalherabsetzung** beschließen[469]. Dies kommt freilich bei der nur mit dem Mindeststamm-

---

459 KG v. 6.5.1968 – 1 W 2370/67, OLGZ 1968, 477, 481 ff. = GmbHR 1968, 182; *Ulmer/Löbbe*, in: Ulmer/Habersack/Löbbe, Rdnr. 153; *J. Mayer*, in: MünchKomm. GmbHG, Rdnr. 191 mit Hinweis auch zum Fall der Anfechtung der Vollmacht.

460 Diese Rechtsfolge soll sich nach *J. Mayer*, in: MünchKomm. GmbHG, Rdnr. 190 auch im Fall eines Verstoßes gegen § 1365 BGB ergeben können.

461 *J. Mayer*, in: MünchKomm. GmbHG, Rdnr. 196; *Bayer*, in: Lutter/Hommelhoff, Rdnr. 45; *Stenzel*, GmbHR 2015, 567, 574.

462 *Schmidt-Leithoff*, in: Rowedder/Schmidt-Leithoff, Rdnr. 75; *Bayer*, in: Lutter/Hommelhoff, Rdnr. 45; *J. Mayer*, in: MünchKomm. GmbHG, Rdnr. 197a; *Stenzel*, GmbHR 2015, 567, 574. A.A. *Temme*, RNotZ 2004, 2, 14.

463 *Fastrich*, in: Baumbach/Hueck, Rdnr. 45; *Roth*, in: Roth/Altmeppen, Rdnr. 42; *Ulmer/Löbbe*, in: Ulmer/Habersack/Löbbe, Rdnr. 160.

464 *Ulmer/Löbbe*, in: Ulmer/Habersack/Löbbe, Rdnr. 158.

465 BGH v. 2.12.2014 – II ZR 322/13, GmbHR 2015, 416 = NJW 2015, 1385.

466 S. auch *Ulmer/Löbbe*, in: Ulmer/Habersack/Löbbe, Rdnr. 159.

467 *Roth*, in: Roth/Altmeppen, Rdnr. 44.

468 *Fastrich*, in: Baumbach/Hueck, Rdnr. 45; *J. Mayer*, in: MünchKomm. GmbHG, Rdnr. 198; *Ulmer/Löbbe*, in: Ulmer/Habersack/Löbbe, Rdnr. 155.

469 *Ulmer/Löbbe*, in: Ulmer/Habersack/Löbbe, Rdnr. 165.

kapital ausgestatteten GmbH nicht in Betracht. In diesem Fall kann die Gesellschafterversammlung die **Bildung eines neuen Geschäftsanteils** beschließen[470]. Der Beschluss muss nicht notariell beurkundet werden, weil die im Handelsregister eingetragene Stammkapitalziffer unberührt bleibt und es sich damit nicht um eine Satzungsänderung handelt[471]. Auch eine vorherige Kapitalherabsetzung ist nicht erforderlich[472]. Eines einstimmigen Beschlusses bedarf es nicht[473], aufgrund der wirtschaftlichen Vergleichbarkeit mit einer Kapitalerhöhung aber zumindest entsprechend § 53 Abs. 2 Satz 1 einer Beschlussfassung mit Dreiviertelmehrheit, wenn über die Neubildung des Geschäftsanteils beschlossen wird[474]. Unproblematisch ist unter den vorgenannten Voraussetzungen die Übernahme des neu gebildeten Geschäftsanteils durch den ursprünglich fehlerhaft Beigetretenen (nach Wegfall oder Beseitigung des Unwirksamkeitsgrundes)[475] oder durch ausschließlich übernahmewillige Gesellschafter. Die Mehrheit kann den Geschäftsanteil einem Gesellschafter aber nicht gegen dessen Willen zuweisen, auch nicht als gemeinschaftlichen Geschäftsanteil mit allen anderen Gesellschaftern, weil dies eine unzulässige Nachschusspflicht bzw. eine Haftung für den nicht entstandenen Geschäftsanteil zur Folge hätte[476]. Ein eigener Geschäftsanteil kann wegen § 33 Abs. 1 nicht gebildet werden. Problematisch ist es darüber hinaus, wenn ein übernahmewilliger Gesellschafter vom Bezug ausgeschlossen wird. Hier finden daher die Grundsätze über das Bezugsrecht bei Kapitalerhöhungen Anwendung[477]. Die Übernahme erfolgt schließlich in der Form des **§ 55 Abs. 1**[478].

b) Durch Eintragung geheilte Beitrittsmängel

99 Der Kreis der Mängel einer Beitrittserklärung, die nach Eintragung der Gesellschaft noch beachtlich sind, ist nach dem Gesagten klein (s. Rdnr. 93 ff.). Sämtliche **anderen Mängel der Beitrittserklärung** haben nach Eintragung der Gesellschaft in das Handelsregister grundsätzlich **keine Auswirkungen** auf den Beitritt des Gesellschafters[479]. Der Beitretende erlangt damit die Stellung eines Gesellschafters und ist entsprechend zur Leistung der Einlage verpflichtet[480]. Die „Heilung" solcher Mängel bedeutet indessen nicht, dass sie als nicht gesche-

---

470 *Ulmer/Löbbe*, in: Ulmer/Habersack/Löbbe, Rdnr. 163; *J. Mayer*, in: MünchKomm. GmbHG, Rdnr. 199; *Schmidt-Leithoff*, in: Rowedder/Schmidt-Leithoff, Rdnr. 75.
471 Vgl. BGH v. 6.6.1988 – II ZR 318/87, NJW 1989, 168, 169 = GmbHR 1988, 337; anders *Fastrich*, in: Baumbach/Hueck, Rdnr. 45 („Satzungsänderung"); ebenso a.A. *Clevinghaus*, RNotZ 2011, 449, 464; *Stenzel*, GmbHR 2015, 567, 576.
472 Ebenso schon für die Einziehung KG v. 29.7.1943 – I Wx 258/43, DR 1943, 1230 f.; *J. Mayer*, in: MünchKomm. GmbHG, Rdnr. 199; *Bayer*, in: Lutter/Hommelhoff, Rdnr. 45; *Schmidt-Leithoff*, in: Rowedder/Schmidt-Leithoff, Rdnr. 75.
473 A.A. *Sieger/Mertens*, ZIP 1996, 1493, 1499.
474 *Ulmer/Löbbe*, in: Ulmer/Habersack/Löbbe, Rdnr. 163.
475 S. zur Frage, ob ein entsprechender Anspruch des fehlerhaft Beigetretenen bestehen kann *Ulmer/Löbbe*, in: Ulmer/Habersack/Löbbe, Rdnr. 152, 156 f.
476 S. auch *J. Mayer*, in: MünchKomm. GmbHG, Rdnr. 200, der aus diesem Grund eine „Zwangsbeteiligung" als Reparaturansatz verwirft.
477 S. auch *Ulmer/Casper*, in: Ulmer/Habersack/Löbbe, § 53 Rdnr. 122, allerdings auf der Grundlage des Gleichbehandlungsgrundsatzes; s. zum Bezugsrecht des GmbH-Gesellschafters *Zöllner/Fastrich*, in: Baumbach/Hueck, § 55 Rdnr. 20 ff.; s. zur vergleichbaren Diskussion im Zusammenhang mit der Veräußerung eigener Geschäftsanteile der Gesellschaft *Lutter/Hommelhoff*, in: Lutter/Hommelhoff, § 33 Rdnr. 34 m.w.N.
478 *Ulmer/Löbbe*, in: Ulmer/Habersack/Löbbe, Rdnr. 163; *J. Mayer*, in: MünchKomm. GmbHG, Rdnr. 199; unrichtig *Stenzel*, GmbHR 2015, 567, 576: notariell „beurkundete" Übernahmeerklärung.
479 *Fastrich*, in: Baumbach/Hueck, Rdnr. 44; *J. Mayer*, in: MünchKomm. GmbHG, Rdnr. 202 f.; *Roth*, in: Roth/Altmeppen, Rdnr. 38 ff.; *Schmidt-Leithoff*, in: Rowedder/Schmidt-Leithoff, Rdnr. 72; *C. Schäfer*, Die Lehre vom fehlerhaften Verband, passim, bes. S. 282 ff.
480 *Bayer*, in: Lutter/Hommelhoff, Rdnr. 43.

hen anzusehen sind; vielmehr können die Mängel in *anderen* Beziehungen nach wie vor **Rechtsfolgen** nach sich ziehen, wobei in erster Linie an **Schadensersatzansprüche** des betroffenen Gesellschafters aus c.i.c. (§§ 280 Abs. 1, 311 Abs. 2, 241 Abs. 2 BGB) oder unerlaubter Handlung zu denken ist (s. Rdnr. 102). Je nach Fallgestaltung kommen außerdem ein **Austritt** des betroffenen Gesellschafters aus wichtigem Grund oder die **Ausschließung** anderer Gesellschafter in Betracht.

Das Gesagte (zuvor Rdnr. 99) gilt insbesondere für die **Anfechtbarkeit** von Beitrittserklärungen nach den **§§ 119, 120, 123 BGB** (anders bei Drohung mit Gewalt, Rdnr. 95)[481]. Die Eintragung der Gesellschaft führt selbst dann zur „Heilung" des fraglichen Willensmangels, wenn ein Gründer **nicht erkannt** haben sollte, dass es sich bei seiner Erklärung um eine Beitrittserklärung handelt[482] oder wenn ihm sogar das **Erklärungsbewusstsein** fehlte[483]. Beide Fälle dürften angesichts der erforderlichen Mitwirkung des Notars (§ 2 Abs. 1 und 2) jedoch keine praktische Bedeutung haben. Es spielt außerdem keine Rolle, ob die Anfechtung bereits vor Eintragung der Gesellschaft erklärt worden ist. Kommt es trotz der Erklärung der Anfechtung gegenüber den anderen Gründern (§ 143 Abs. 1 BGB) zur Eintragung der Gesellschaft in das Handelsregister, entsteht die Gesellschaft und die **bereits erklärte Anfechtung** verliert ihre Wirkung[484]. Der anfechtende Gesellschafter muss deshalb das Handelsregister von der Anfechtung in Kenntnis setzen oder durch die Erwirkung einer einstweiligen Verfügung das Registergericht an der Eintragung der Gesellschaft hindern, will er die „Heilung" des Willensmangels durch Eintragung vermeiden (s. Rdnr. 88). **100**

Ebenso zu behandeln sind Beitrittserklärungen, die unzulässigerweise[485] unter einer **Bedingung oder Befristung** abgegeben werden. Die Beitrittserklärung ist in diesem Fall zwar unheilbar[486] nichtig mit der Folge, dass eine Eintragung in das Handelsregister nicht erfolgen darf. Wird jedoch die Gesellschaft unter Verkennung der Rechtslage **eingetragen**, wird der Mangel **geheilt**[487]. Heilung tritt auch bei solchen Willenserklärungen ein, die unter einem geheimen **Vorbehalt** oder zum **Schein** abgegeben oder nicht ernstlich gemeint sind (**§§ 116 bis 118 BGB**)[488]. Dabei wird auch nicht danach unterschieden, ob nur eine, mehrere oder sogar **alle Willenserklärungen** der Gründer von den genannten Mängeln betroffen sind. **101**

---

481 Grdl. RG v. 16.5.1904 – Rep. I 153/03, RGZ (VZS) 57, 292, 297 ff.; RG v. 4.4.1916 – Rep. II 427/15, RGZ 88, 187, 188; BGH v. 11.3.1976 – II ZR 127/74, LM Nr. 1 zu § 15 GenG = MDR 1976, 737 = AG 1976, 241; *Stenzel*, GmbHR 2015, 567, 573.
482 *Michalski*, in: Michalski, 2. Aufl. 2010, Rdnr. 69.
483 *J. Mayer*, in: MünchKomm. GmbHG, Rdnr. 202.
484 RG v. 10.6.1913 – Rep. II 95/13, RGZ 82, 375, 378 f.; *J. Mayer*, in: MünchKomm. GmbHG, Rdnr. 181; *Ulmer/Löbbe*, in: Ulmer/Habersack/Löbbe, Rdnr. 176; *Stenzel*, GmbHR 2015, 567, 573.
485 RG v. 7.11.1913 – Rep. II 316/13, RGZ 83, 256, 258; s. zur Zulässigkeit bloßer Rechtsbedingungen *Wicke*, in: MünchKomm. GmbHG, § 3 Rdnr. 50; *Ulmer/Löbbe*, in: Ulmer/Habersack/Löbbe, Rdnr. 166.
486 Heilung kann nur durch Neuvornahme in der Form des § 2 eintreten, s. *Ulmer/Löbbe*, in: Ulmer/Habersack/Löbbe, Rdnr. 167; *J. Mayer*, in: MünchKomm. GmbHG, Rdnr. 192a; anders die wohl noch h.M., die im Fall des Bedingungseintritts vor Eintragung der Gesellschaft in das Handelsregister Heilung annimmt, s. etwa *Emmerich*, 11. Aufl., Rdnr. 75; *C. Schäfer*, in: Henssler/Strohn, Gesellschaftsrecht, Rdnr. 5; *Fastrich*, in: Baumbach/Hueck, § 3 Rdnr. 20 m.w.N.
487 *Fastrich*, in: Baumbach/Hueck, Rdnr. 44 und § 3 Rdnr. 21; *J. Mayer*, in: MünchKomm. GmbHG, Rdnr. 192a; *J. Schmidt*, in: Michalski u.a., Rdnr. 141; *Roth*, in: Roth/Altmeppen, Rdnr. 41; *Schmidt-Leithoff*, in: Rowedder/Schmidt-Leithoff, Rdnr. 72.
488 RG v. 16.5.1904 – Rep. I 153/03, RGZ (VZS) 57, 292, 297; RG v. 17.9.1904 – I 176/04, JW 1904, 563, 564; RG v. 13.5.1929 – II 313/28, RGZ 124, 279, 287 f.; RG v. 27.8.1935 – II 387/34, JW 1935, 3613; BGH v. 9.10.1956 – II ZB 11/56, BGHZ 21, 378, 381 = NJW 1957, 19; KG v. 6.5.1968 – 1 W 2370/67, OLGZ 1968, 477, 481 = GmbHR 1968, 182 f.; *J. Mayer*, in: MünchKomm. GmbHG, Rdnr. 194; *Ulmer/Löbbe*, in: Ulmer/Habersack/Löbbe, Rdnr. 178 f.

Folglich können sich die Gesellschafter, selbst wenn sie ihre Erklärungen ohne Ausnahme nur zum Schein abgegeben haben sollten, nach Eintragung der Gesellschaft in das Handelsregister darauf nicht mehr berufen; die „Scheingesellschaft" ist vielmehr von diesem Zeitpunkt an eine vollgültige Gesellschaft. Die Folge ist, dass die Gesellschafter zur Leistung der Einlagen verpflichtet sind.

102 Aus der Heilung der meisten Mängel durch Eintragung der Gesellschaft in das Handelsregister (s. Rdnr. 100 f.) folgt, dass die betroffenen Gesellschafter auch **keine Schadensersatzansprüche**, etwa aus c.i.c. (§§ 280 Abs. 1, 311 Abs. 2, 241 Abs. 2 BGB) oder Delikt, **gegen die Gesellschaft** geltend machen können[489]. Unberührt bleiben jedoch **Ansprüche gegen Dritte**, insbesondere gegen Mitgründer, die z.B. für die arglistige Täuschung eines Gründers verantwortlich sind[490]. Außerdem kommt ein **Austritt** des geschädigten Gründers in Betracht, wenn ihm die weitere Mitgliedschaft in der Gesellschaft nicht mehr zuzumuten ist (s. im Einzelnen Anh. § 34 Rdnr. 6 ff). Schließlich ist von Fall zu Fall an eine **Auflösung** der Gesellschaft nach § 61 zu denken. Diese Grundsätze gelten entsprechend bei Mängeln der Beteiligung an einer Kapitalerhöhung (s. Rdnr. 92).

VII. Vorvertrag

Schrifttum: *Cebulla*, Haftungsmodelle bei der GmbH-Gründung, NZG 2001, 972; *R. Fischer*, Ist der Vorvertrag bei der Errichtung einer GmbH formbedürftig?, GmbHR 1954, 129; *Flume*, Die werdende juristische Person, in: FS Geßler, 1971, S. 3; *Gehrlein*, Die Haftung in den verschiedenen Gründungsphasen einer GmbH, DB 1996, 561; *Gehrlein*, Keine schlüssige Zustimmung des Gläubigers in Schuldübernahme, NJW 1998, 2651; *S. Grottke*, Die Vorgründungsgesellschaft der GmbH – Rechtliche Struktur und Haftungsfragen, 1992; *Henrich*, Vorvertrag, Optionsvertrag, Vorrechtsvertrag, 1965; *E. Kießling*, Vorgründungs- und Vorgesellschaft, 1999; *Kort*, Die Haftung der Beteiligten im Vorgründungsstadium einer GmbH, DStR 1991, 1317; *Michalski/Sixt*, Die Haftung in der Vorgründungs-GmbH, in: FS Boujong, 1996, S. 349; *Noack*, Gesellschaftervereinbarungen bei Kapitalgesellschaften, 1994, S. 299 ff.; *Priester*, Das Gesellschaftsverhältnis im Vorgründungsstadium – Einheit oder Dualismus?, GmbHR 1995, 481; *Reinicke*, Die Formbedürftigkeit einer Vollmacht zum Abschluss eines GmbH-Vorvertrages, NJW 1969, 1830; *Karsten Schmidt*, Rechtsgrundlagen der Mitunternehmerschaft im Vorgründungsstadium der GmbH, GmbHR 1982, 6 = GesRZ 1983, 1; *Karsten Schmidt*, Haftung aus Rechtsgeschäften vor Errichtung der GmbH, GmbHR 1998, 613.

1. Überblick

103 Die Gesellschafter können als Ausfluss der Vertragsfreiheit (§ 311 Abs. 1 BGB) bereits vor Abschluss des Gesellschaftsvertrages (§ 2) rechtsgeschäftliche Vereinbarungen mit Bezug auf die von ihnen geplante Errichtung einer GmbH treffen. In Betracht kommt insbesondere der **Abschluss eines Vorvertrages**, mit dem sich die Gesellschafter zur Errichtung der GmbH verpflichten (sog. **Vorgründungsgesellschaft im engeren Sinne**[491]). Die Gesellschafter können aber auch bereits vor Abschluss des Gesellschaftsvertrages die Geschäfte aufnehmen oder

---

[489] RG v. 10.6.1913 – Rep. II 95/13, RGZ 82, 375, 381; RG v. 4.4.1916 – Rep. II 427/15, RGZ 88, 187 f.; BGH v. 11.3.1976 – II ZR 127/74, LM Nr. 1 zu § 15 GenG = MDR 1976, 737 f. = AG 1976, 241 f.; *J. Mayer*, in: MünchKomm. GmbHG, Rdnr. 204; *Ulmer/Löbbe*, in: Ulmer/Habersack/Löbbe, Rdnr. 181.

[490] RG v. 10.6.1913 – Rep. II 95/13, RGZ 82, 375, 381; RG v. 4.4.1916 – Rep. II 427/15, RGZ 88, 187 f.; RG v. 14.12.1928 – II 143/28, RGZ 123, 102, 104.

[491] BGH v. 7.10.1991 – II ZR 252/90, NJW 1992, 362, 363; OLG Schleswig v. 4.7.2014 – 17 U 24/14, GmbHR 2014, 1317, 1321; *J. Mayer*, in: MünchKomm. GmbHG, Rdnr. 218; abweichend die Terminologie bei *Karsten Schmidt*, GesR, § 34 III 2 a (S. 1011): Vorvertragsgesellschaft.

zumindest Vorbereitungshandlungen treffen, ohne eine formwirksame (Rdnr. 108 ff.) Verpflichtung zur Errichtung einer GmbH zu begründen (**Vorgründungsgesellschaft im weiteren Sinne**[492]). Im Folgenden werden nur die mit dem Abschluss von **Vorverträgen** zusammenhängenden Fragen behandelt, während hinsichtlich derjenigen Fragen, die sich im Fall der Aufnahme der Geschäftstätigkeit und der Vornahme von Vorbereitungshandlungen ergeben, auf die Ausführungen in § 11 Rdnr. 6 ff. verwiesen wird. Dies betrifft auch die umstrittene Frage, ob im Fall der Aufnahme der Geschäftstätigkeit eine Außengesellschaft entsteht, die neben die Vorgründungsgesellschaft im engeren Sinne tritt, oder ob es sich auch in diesem Fall um eine einzige Gesellschaft handelt, d.h. die Vorgründungsgesellschaft als Innengesellschaft durch das Auftreten nach außen zur Außengesellschaft (GbR oder OHG) wird[493].

Vorverträge sind **ausgesprochen selten**[494]. Von einem solchen kann nur dann die Rede sein, wenn alle Beteiligten sich schon vor Abschluss des Gesellschaftsvertrages rechtlich binden wollen, eine GmbH zu errichten. Zwar treffen die Gründer im Vorfeld häufig die Abrede, eine GmbH errichten zu wollen. Ohne Einhaltung der auch für den Abschluss eines Vorvertrages geltenden Form des § 2 Abs. 1 Satz 1 (Rdnr. 108 ff.) liegt ein wirksamer Vorvertrag aber nicht vor. Gelegentlich enthalten Gesellschaftsverträge anderer Rechtsformen, insbesondere von Personengesellschaften, eine Regelung, dass die Gesellschaft unter bestimmten Voraussetzungen in eine GmbH „umgewandelt" wird[495]. Auch insofern lässt sich von einem Vorvertrag sprechen. Allerdings scheitert auch in diesen Fällen ein (einklagbarer) Anspruch auf Errichtung der GmbH häufig an der erforderlichen notariellen Beurkundung des (Personen-)Gesellschaftsvertrages.

104

2. Begriff, Voraussetzungen

Unter einem **Vorvertrag** versteht man eine „schuldrechtliche Vereinbarung, durch die für beide Teile oder auch nur für einen von ihnen die **Verpflichtung** begründet wird, einen anderen schuldrechtlichen Vertrag, den **Hauptvertrag zu schließen**"[496]. Die Besonderheit des Vorvertrages besteht darin, dass er eine Bindung zum Abschluss des Hauptvertrages herbeiführt. Aus ihm kann daher auf Abschluss des Hauptvertrages **geklagt** werden, wobei sich die **Vollstreckung** eines der Klage stattgebenden Urteils nach § 894 ZPO richtet[497]. Praktisch dürfte ein solches Vorgehen gegen einen nicht (mehr) mitwirkungsbereiten Gesellschafter aber nur selten zweckmäßig sein[498] und zumeist nur ein Anspruch auf Schadensersatz wegen der unterlassenen Mitwirkung erhoben werden. Nach h.M. entsteht durch den Abschluss eines derartigen Vorvertrages zwischen den Gründern eine **BGB-Innengesellschaft**, deren

105

---

492 BGH v. 7.10.1991 – II ZR 252/90, NJW 1992, 362, 363; OLG Schleswig v. 4.7.2014 – 17 U 24/14, GmbHR 2014, 1317, 1321; *J. Mayer*, in: MünchKomm. GmbHG, Rdnr. 218.

493 S. zu dieser Frage § 11 Rdnr. 15 sowie *J. Mayer*, in: MünchKomm. GmbHG, Rdnr. 219 einerseits und *Blath*, in: Michalski u.a., § 11 Rdnr. 20 ff.; *Karsten Schmidt*, GesR, § 34 III 2 b (S. 1012 ff.) andererseits jeweils m.w.N.

494 *J. Mayer*, in: MünchKomm. GmbHG, Rdnr. 211; *Ulmer/Löbbe*, in: Ulmer/Habersack/Löbbe, Rdnr. 48; *Karsten Schmidt*, GesR, § 11 II 2 b (S. 292); *Priester*, GmbHR 1995, 481, 483.

495 S. dazu BGH v. 5.5.1969 – II ZR 115/68, LM Nr. 6 zu § 2 GmbHG = NJW 1969, 1856 = GmbHR 1969, 177; BGH v. 15.11.1982 – II ZR 62/82, BGHZ 85, 350, 360 = NJW 1983, 1056 = GmbHR 1983, 297.

496 So BGH v. 17.12.1987 – VII ZR 307/86, BGHZ 102, 384, 388 = NJW 1988, 1261; BGH v. 8.6.1962 – I ZR 6/61, LM Nr. 9 zu Vorbem. zu § 145 BGB = NJW 1962, 1812; BGH v. 18.4.1986 – V ZR 32/85, LM Nr. 20/21 zu Vorbem. zu § 145 = NJW 1986, 2820; BGH v. 18.1.1989 – VIII ZR 311/87, NJW 1990, 1233; *Emmerich*, in: Staudinger, 2011, Vor § 535 BGB Rdnr. 91 ff.

497 *J. Mayer*, in: MünchKomm. GmbHG, Rdnr. 208.

498 Zutreffend *Michalski*, in: Michalski, 2. Aufl. 2010, Rdnr. 73.

Zweck in der Errichtung der zukünftigen GmbH gesehen wird (§ 705 BGB)[499]. Mit dem Abschluss des Gesellschaftsvertrages wird im Regelfall der Zweck der Gesellschaft erreicht und die Innengesellschaft gemäß § 726 BGB aufgelöst und sogleich beendet[500]. Um die Vollstreckung des auf den Abschluss des Hauptvertrages gerichteten Urteils zu ermöglichen (§ 894 ZPO), muss der Vorvertrag so **bestimmt** sein, dass ihm (jedenfalls im Wege der Auslegung [Rdnr. 106] ermittelbar) der **notwendige Mindestinhalt** des geplanten Hauptvertrages, hier des von den Parteien des Vorvertrages in Aussicht genommenen Gesellschaftsvertrages, **entnommen** werden kann[501]. Deshalb muss schon im Vorvertrag die geplante **Gesellschaftsform** (GmbH) festgelegt werden[502]. Erforderlich sind außerdem als **Mindestinhalt gemäß § 3 Abs. 1** die Regelung der Firma und des Sitzes der Gesellschaft sowie die Bestimmung des Gegenstandes des Unternehmens, des Betrags des Stammkapitals sowie die Zahl und die Nennbeträge der Geschäftsanteile, die jeder Gesellschafter gegen Einlage auf das Stammkapital übernimmt[503]. Fehlt es hieran und lässt sich dieser Mangel auch nicht beheben (s. Rdnr. 106), scheidet die Annahme eines Vorvertrages aus; von den Parteien bereits getroffene Vereinbarungen haben in diesem Fall höchstens die Bedeutung einer sog. Punktation[504].

106 Für die Bestimmtheit und die Vollständigkeit des Vorvertrages gelten nicht dieselben strengen Maßstäbe wie für den endgültigen Gesellschaftsvertrag, so dass etwaige **Lücken** in diesem Stadium auch **im Wege ergänzender Vertragsauslegung geschlossen** werden können (§§ 133, 157 BGB)[505]. So kann z.B. ein Vorvertrag von Erben über die Fortführung eines geerbten Einzelunternehmens in der Rechtsform einer GmbH dahin auszulegen sein, dass die bisherige Firma, der Sitz und der Unternehmensgegenstand beibehalten werden sollen. Entsprechendes kann gelten, wenn sich die Gesellschafter einer Personengesellschaft verpflichten, diese in Zukunft in eine GmbH umzuwandeln (s. bereits Rdnr. 104)[506]. In beiden Fällen kann jedoch nicht ohne weiteres angenommen werden, dass das Stammkapital dem buchmäßigen Gesellschaftsvermögen und die Nennbeträge der Geschäftsanteile den Kapitalkonten entsprechen sollen[507]. Vielmehr ist angesichts des „Normalfalls" der GmbH, die mit dem Mindeststammkapital ausgestattet ist, im Zweifel davon auszugehen, dass ein Stammkapital von 25000 Euro vereinbart ist und dass die Gesellschafter im Verhältnis ihrer Kapitalkonten

---

499 *Ulmer/Löbbe*, in: Ulmer/Habersack/Löbbe, Rdnr. 55; *Fastrich*, in: Baumbach/Hueck, Rdnr. 36; *Bayer*, in: Lutter/Hommelhoff, Rdnr. 47; *C. Schäfer*, in: Henssler/Strohn, Gesellschaftsrecht, Rdnr. 76; a.A. (schlichtes Schuldverhältnis) *Michalski*, in: Michalski, 2. Aufl. 2010, Rdnr. 72; im Grds. auch a.A. *Roth*, in: Roth/Altmeppen, Rdnr. 68.

500 *Ulmer/Löbbe*, in: Ulmer/Habersack/Löbbe, Rdnr. 56; *Karsten Schmidt*, GesR, § 34 III 2 b (S. 1012) m.w.N. Wurden die Geschäfte bereits vor der Errichtung der GmbH aufgenommen, tritt nach denjenigen Vertretern, die eine neben der Vorgründungsgesellschaft im engeren Sinne bestehende Gesellschaft nicht anerkennen, sondern von einer einzigen (dann Außen-)Gesellschaft ausgehen (vgl. Rdnr. 103), nur die Auflösung ein und das Gesellschaftsvermögen muss verteilt werden, s. etwa *Ulmer/Löbbe*, in: Ulmer/Habersack/Löbbe, Rdnr. 56 sowie in Rdnr. 58 gegen die zwingende Trennung der auf Gründung gerichteten Vorgründungsgesellschaft und einer Mitunternehmerschaft.

501 *Ulmer/Löbbe*, in: Ulmer/Habersack/Löbbe, Rdnr. 55; *Fastrich*, in: Baumbach/Hueck, Rdnr. 34; *J. Mayer*, in: MünchKomm. GmbHG, Rdnr. 214; *Roth*, in: Roth/Altmeppen, Rdnr. 63; *Kießling*, Vorgründungs- und Vorgesellschaften, 1999, S. 16 f.

502 RG v. 9.1.1923 – II 851/21, RGZ 106, 174, 177; OLG München v. 16.5.1958 – 6 U 655/58, GmbHR 1958, 195.

503 RG v. 28.1.1893 – Rep. I 377/92, RGZ 30, 94, 95 f.; RG v. 6.4.1898 – Rep. I 461/97, RGZ 41, 281, 283 f.; RG v. 8.5.1907 – Rep. I 237/06, RGZ 66, 116, 120 f.; RG v. 22.10.1937 – II 58/37, RGZ 156, 129, 138 (zur AG).

504 Ebenso *Roth*, in: Roth/Altmeppen, Rdnr. 65 f.

505 RG v. 8.5.1907 – Rep. I 237/06, RGZ 66, 116, 121; RG v. 22.10.1937 – II 58/37, RGZ 156, 129, 138 (zur AG); *J. Mayer*, in: MünchKomm. GmbHG, Rdnr. 214; vgl. auch BGH v. 5.5.1969 – II ZR 115/68, LM Nr. 6 zu § 2 GmbHG = NJW 1969, 1856 = GmbHR 1969, 177.

506 *J. Mayer*, in: MünchKomm. GmbHG, Rdnr. 214.

507 So jedoch *Ulmer/Löbbe*, in: Ulmer/Habersack/Löbbe, Rdnr. 55.

zu beteiligen sind[508]. Maßgebend sind jedoch immer die Umstände des Einzelfalls. **Ändern sich** nach Abschluss des Vorvertrages die **tatsächlichen oder rechtlichen Verhältnisse**, ist nur in Ausnahmefällen eine Verpflichtung der Gründer zu einer entsprechenden Änderung des Vorvertrages anzunehmen[509]. In der Regel ist von der Kündbarkeit des Vorvertrages (analog § 723 Abs. 1 Satz 2 BGB) auszugehen[510].

Der Vorvertrag kann die Bestimmung der Einzelheiten späteren **Mehrheitsbeschlüssen** der Gründer oder der **Entscheidung eines einzelnen Gründers** oder auch eines Dritten überlassen (**§§ 315, 317 BGB**)[511]. Nach dem Zweck der §§ 2 und 3 ist dann jedoch zu fordern, dass der mögliche Umfang der Pflichten der zukünftigen Gesellschafter von vornherein durch den Vorvertrag begrenzt wird und dass auch die Art ihrer Beitragsleistung bereits festgelegt ist[512]. Bei der Bestimmung der Einzelheiten ist außerdem der schon in diesem Stadium geltende Gleichbehandlungsgrundsatz zu beachten.   107

3. Form

Die Frage der Formbedürftigkeit von Vorverträgen (s. hier § 2) lässt sich nicht einheitlich beantworten. Maßgebend ist, ob nach dem Zweck der für den Hauptvertrag geltenden Formvorschrift die Erstreckung des Formerfordernisses auf einen Vorvertrag geboten erscheint[513]. Zweck des § 2 Abs. 1 Satz 1 ist neben der Beweissicherung und der Gewährleistung der Richtigkeitsgewähr auch der **Schutz der Gesellschafter** vor einem übereilten Vertragsabschluss (s. Rdnr. 10). Aus diesem Grund bedarf entsprechend **§ 2 Abs. 1** Satz 1 auch der Vorvertrag zum Abschluss eines Gesellschaftsvertrages der **notariellen Beurkundung**[514]. Ebenso wird die Rechtslage überwiegend in Österreich beurteilt[515]. Die Formbedürftigkeit des Vorvertra-   108

---

508 *J. Mayer*, in: MünchKomm. GmbHG, Rdnr. 214; *Michalski*, in: Michalski, 2. Aufl. 2010, Rdnr. 74.

509 Eine solche Verpflichtung kann aus § 313 Abs. 1 BGB oder, weil der Vorvertrag eine BGB-Innengesellschaft begründet, aus der gesellschaftsrechtlichen Treuepflicht hergeleitet werden, s. zur Abgrenzung *Finkenauer*, in: MünchKomm. BGB, § 313 BGB Rdnr. 175; *Karsten Schmidt*, GesR, § 5 IV 2 (S. 126 ff.); *Baier*, NZG 2004, 356, 359; a.A. *Emmerich*, 11. Aufl., Rdnr. 89: § 242 BGB; s. allgemein auch *Geier*, ZGS 2008, 8.

510 Im Ergebnis ebenso *J. Mayer*, in: MünchKomm. GmbHG, Rdnr. 216, der aber von einem Kündigungsrecht gemäß § 242 BGB ausgeht; anders auch *Emmerich*, 11. Aufl., Rdnr. 89: Analogie zu § 314 BGB. Da der Abschluss des Vorvertrages eine BGB-Innengesellschaft begründet (Rdnr. 105), liegt jedoch die Heranziehung von § 723 Abs. 1 Satz 2 BGB näher als § 314 BGB oder § 242 BGB.

511 RG v. 22.10.1937 – II 58/37, RGZ 156, 129, 138 (zur AG); *J. Mayer*, in: MünchKomm. GmbHG, Rdnr. 215; *Ulmer/Löbbe*, in: Ulmer/Habersack/Löbbe, Rdnr. 55.

512 *J. Mayer*, in: MünchKomm. GmbHG, Rdnr. 215.

513 *Ulmer/Löbbe*, in: Ulmer/Habersack/Löbbe, Rdnr. 51.

514 S. § 11 Rdnr. 13; RG v. 8.5.1907 – Rep. I 237/06, RGZ 66, 116, 120 f. (dort jedoch nicht entscheidungserheblich); RG v. 9.1.1923 – II 851/21, RGZ 106, 174, 176; RG v. 7.10.1930 – II 535/29, RGZ 130, 73, 75; RG v. 13.12.1935 – II 161/35, RGZ 149, 385, 395; RG v. 22.10.1937 – II 58/37, RGZ 156, 129, 138; RG v. 11.12.1928 – II 437/28, JW 1929, 645, 647; BGH v. 21.9.1987 – II ZR 16/87, LM Nr. 12 zu § 2 GmbHG = NJW-RR 1988, 288 = GmbHR 1988, 98 = WM 1988, 163; BGH v. 7.10.1991 – II ZR 252/90, LM Nr. 11 zu § 434 BGB = NJW 1992, 362, 363; *Fastrich*, in: Baumbach/Hueck, *Goette*, GmbH, § 1 Rdnr. 14; *Bayer*, in: Lutter/Hommelhoff, Rdnr. 47; *J. Mayer*, in: MünchKomm. GmbHG, Rdnr. 209; *Roth*, in: Roth/Altmeppen, Rdnr. 63; *Karsten Schmidt*, GesR, § 11 II 2 b (S. 292), § 34 III 2 a (S. 1011); anders *Flume*, in: FS Geßler, 1971, S. 3, 18 f.; *Kießling*, Vorgründungs- und Vorgesellschaften, 1999, S. 18 ff.

515 OGH v. 11.6.1931 – 1 Ob 226/31, SZ Bd. 13 (1931) Nr. 146, S. 531, 533 ff.; OGH v. 5.5.1981 – 5 Ob 570/81, SZ Bd. 54 (1981) Nr. 69, S. 318, 320 ff. = GesRZ 1981, 178 m. Anm. *Ostheim*; *Koppensteiner*, öGmbHG, § 3 Rdnr. 18.

ges kann jedoch nicht weiter reichen als die Formbedürftigkeit des Gesellschaftsvertrages, so dass **schuldrechtliche Nebenabreden** der Gründer auch in diesem Stadium **formfrei** vereinbart werden können[516]. Formbedürftig ist demgegenüber nach ganz h.M. eine **Vollmacht** zum Abschluss eines Vorvertrages (analog § 2 Abs. 2)[517]. Dies wird zwar teilweise bestritten mit dem Hinweis, dass der Schutzzweck des § 2 Abs. 2 nicht einschlägig sei[518]. Dabei wird jedoch übersehen, dass der Vorvertrag einen einklagbaren Anspruch auf Mitwirkung an der Errichtung der GmbH begründet und dass das Formgebot des § 2 Abs. 2 auch im Interesse der Gründer Streit über die Legitimation des Vertreters vermeiden soll[519].

109 Ein entgegen § 2 Abs. 2 Satz 1 geschlossener Vorvertrag, der eine Verpflichtung zum Abschluss des Gesellschaftsvertrages enthält, ist **nichtig** (§ 125 BGB). In diesem Fall bestehen keine Erfüllungsansprüche und auch keine Schadensersatzansprüche wegen Nichterfüllung des Vorvertrages[520]. Auch ein auf das negative Interesse gerichteter Schadensersatzanspruch darf selbst aus langwierigen und umfangreichen Verhandlungen der Parteien **nicht** vorschnell unter dem Gesichtspunkt der c.i.c. (§§ 280 Abs. 1, 311 Abs. 2, 241 Abs. 2 BGB) hergeleitet werden, etwa über die Annahme von Schadensersatzansprüchen bei „grundlosem" Abbruch der Vertragsverhandlungen, weil dies **mittelbar** eine **Bindung** der Parteien zur Folge haben könnte[521]. Eine andere Beurteilung kommt in der Regel nur bei *vorsätzlichen* Treuepflichtverletzungen in Betracht[522].

110 Das Formerfordernis für Vorverträge entsprechend § 2 Abs. 2 Satz 1 (Rdnr. 108) besteht nur im Hinblick auf die sich aus einem wirksamen Vorvertrag ergebende Verpflichtung zum Abschluss des Hauptvertrages, hier des Gesellschaftsvertrages (Rdnr. 105). Verzichten die Parteien auf eine derartige Verpflichtung, können sie ihre **Beziehungen** auch schon in der Gründungsphase **im Übrigen formlos** vertraglich **regeln**[523]. Aber selbst dann, wenn die Gründer eine formnichtige Verpflichtung zur Errichtung der GmbH treffen, lässt dies die Wirksamkeit der weiteren Vereinbarungen der Gründer grundsätzlich unberührt. Dies betrifft sowohl die innerhalb eines Vorvertrages getroffenen weiteren Vereinbarungen als auch die Wirksamkeit einer im Vorgründungsstadium durch die sofortige **Geschäftsaufnahme** entstandene Außen-Personengesellschaft, und zwar unabhängig davon, ob es sich bei der auf den Vorvertrag und bei der auf die Geschäftsaufnahme gerichteten Gesellschaft um eine einheitliche Gesellschaft oder um zwei nebeneinander stehende Gesellschaften handelt (s. Rdnr. 103)[524].

---

516 *Fastrich*, in: Baumbach/Hueck, Rdnr. 35; *J. Mayer*, in: MünchKomm. GmbHG, Rdnr. 209; *Blath*, in: Michalski u.a., § 11 Rdnr. 8.

517 *J. Mayer*, in: MünchKomm. GmbHG, Rdnr. 210; *Ulmer/Löbbe*, in: Ulmer/Habersack/Löbbe, Rdnr. 53; *Bayer*, in: Lutter/Hommelhoff, Rdnr. 47; *Reinicke*, NJW 1969, 1830 f.

518 *Stenzel*, GmbHR 2015, 567, 576; *Michalski*, in: Michalski, 2. Aufl. 2010, Rdnr. 76; anders jetzt aber *J. Schmidt*, in: Michalski u.a., Rdnr. 155; s. auch den Sonderfall BGH v. 5.5.1969 – II ZR 115/68, LM Nr. 6 zu § 2 GmbHG = NJW 1969, 1856 = GmbHR 1969, 177; zustimmend *Goette*, GmbH, § 1 Rdnr. 13.

519 So zutreffend *Ulmer/Löbbe*, in: Ulmer/Habersack/Löbbe, Rdnr. 53; *J. Mayer*, in: MünchKomm. GmbHG, Rdnr. 210.

520 *J. Mayer*, in: MünchKomm. GmbHG, Rdnr. 211.

521 So noch BGH v. 21.9.1987 – II ZR 16/87, LM Nr. 12 zu § 2 GmbHG = NJW-RR 1988, 288 = GmbHR 1988, 98; kritisch zu Recht *Fastrich*, in: Baumbach/Hueck, Rdnr. 33 Fn. 76.

522 BGH v. 29.3.1996 – V ZR 332/94, LM Nr. 144 zu § 276 (Fa) BGB (Bl. 2) = NJW 1996, 1884, 1885; BGH v. 23.5.2001 – IV ZR 62/00, LM Nr. 11 zu § 225 BGB (Bl. 3) = NJW 2001, 2713, 2714; *Emmerich*, in: MünchKomm. BGB, § 311 BGB Rdnr. 162 ff.

523 *Roth*, in: Roth/Altmeppen, Rdnr. 66; *Michalski/Sixt*, in: FS Boujong, S. 349, 358 f.; *Karsten Schmidt*, GesR, § 34 III 2 a (S. 1012); s. für den Fall der Kapitalerhöhung OLG Schleswig v. 4.7.2014 – 17 U 24/14, GmbHR 2014, 1317, 1321; s. auch § 11 Rdnr. 13.

524 *Ulmer/Löbbe*, in: Ulmer/Habersack/Löbbe, Rdnr. 54; *Bayer*, in: Lutter/Hommelhoff, § 11 Rdnr. 4; *J. Mayer*, in: MünchKomm. GmbHG, Rdnr. 219.

VIII. Vorgründungsgesellschaft

S. dazu ausführlich die Erl. zu § 11 Rdnr. 6 ff.   111

Einstweilen frei.   112–120

IX. Vereinfachtes Gründungsverfahren (§ 2 Abs. 1a)

Schrifttum: *Bayer/Hoffmann*, Die Musterprotokoll-Unternehmer-Gesellschaft (haftungsbeschränkt), GmbHR 2009, R 225; *Bayer/Hoffmann/Schmidt*, Satzungskomplexität und Mustersatzung. Eine Untersuchung vor dem Hintergrund des Regierungsentwurfs zum MoMiG, GmbHR 2007, 953; *Heckschen*, Gründungserleichterung nach dem MoMiG – Zweifelsfragen in der Praxis, DStR 2009, 166; *Blasche*, Musterprotokoll und Vertretungsmacht des bei der Gründung bestellten Geschäftsführers sowie etwaiger weiterer Geschäftsführer, GmbHR 2015, 40; *Heidinger/Blath*, Das Musterprotokoll – Mehr Fluch als Segen? Teil 1: Die Gründung, ZNotP 2010, 376; *Heidinger/Blath*, Das Musterprotokoll – Mehr Fluch als Segen? Teil 2: Folgeprobleme der Musterprotokollgründung, ZNotP 2010, 402; *Herrler/König*, Aktuelle Praxisfragen zur GmbH-Gründung im vereinfachten Verfahren (Musterprotokoll), DStR 2010, 2138; *Katschinski/Rawert*, Stangenware versus Maßanzug: Vertragsgestaltung im GmbH-Recht nach Inkrafttreten des MoMiG, ZIP 2008, 1993; *Melchior*, Das Musterprotokoll nach Eintragung der GmbH, notar 2010, 305; *Preuss*, Kampf der Kulturen – Die Bedeutung der vorsorgenden Rechtspflege im reformierten GmbH-Recht, RNotZ 2009, 529; *Ries*, Brauchen wir die „Unternehmergesellschaft" und den Verzicht auf die notarielle Beurkundung des GmbH-Gesellschaftsvertrages?, NotBZ 2007, 244; *Ries*, Muster ohne Wert?, NZG 2009, 739; *Römermann*, Die vereinfachte Gründung mittels Musterprotokoll, in: Römermann/Wachter (Hrsg.), GmbH-Beratung nach dem MoMiG, GmbHR-Sonderheft MoMiG, 2008, S. 16; *Sikora/Regler/Tiedtke*, Die Auswirkungen des MoMiG auf die Notarkosten, MittBayNot 2008, 437; *Tebben*, Die Reform der GmbH – das MoMiG in der notariellen Praxis, RNotZ 2008, 441; *Wachter*, Aktuelle Rechtsprechung zum MoMiG, GmbHR 2009, 785; *Wälzholz*, Das MoMiG kommt: Ein Überblick über die neuen Regelungen, GmbHR 2008, 841; *Wicke*, Abweichungen und Änderungen beim Musterprotokoll, DNotZ 2012, 15; *Wicke*, Gründung, Satzungsgestaltung und Anteilsabtretung nach der GmbH-Reform, NotBZ 2009, 1.

1. Überblick

Nach **§ 2 Abs. 1a** kann die GmbH, auch in ihrer Variante der Unternehmergesellschaft (haftungsbeschränkt), im sog. **vereinfachten Verfahren** gegründet werden, sofern sie **maximal drei Gesellschafter** und **einen Geschäftsführer** hat (§ 2 Abs. 1a Satz 1). Die durch das MoMiG[525] eingeführte Vorschrift hat zum Ziel, die Gründung in unkomplizierten Standardfällen zu erleichtern und auf diese Weise die Wettbewerbsfähigkeit der GmbH im Vergleich zu Auslandsgesellschaften zu erhöhen[526]. Die Vereinfachung soll dadurch erreicht werden, dass ein sog. **Musterprotokoll** verwendet wird (§ 2 Abs. 1a Satz 2), das dem **GmbHG als Anlage** in zwei Fassungen, für die Einpersonengesellschaft und für die Mehrpersonengesellschaft mit zwei oder drei Gesellschaftern, beigefügt ist (hier abgedruckt in Rdnr. 153). Es handelt sich um den „Blankoentwurf"[527] eines Gründungsdokuments, das nach den allgemeinen Grundsätzen der §§ 8 ff. BeurkG der **notariellen Beurkundung** bedarf (§ 2 Abs. 1a Satz 5) und neben dem Gesellschaftsvertrag und der Geschäftsführerbestellung auch gleichzeitig die Gesellschafterliste enthält, die abweichend von § 8 Abs. 1 Nr. 3 nicht gesondert zu erstellen ist (§ 2 Abs. 1a Satz 4). Neben dem Musterprotokoll ist lediglich eine Anmeldung zum Handelsregister erforderlich, deren Inhalt nicht vorformuliert ist. Der Gesetzgeber hat zudem in

121

---

525 Gesetz zur Modernisierung des GmbH-Rechts und zur Bekämpfung von Missbräuchen (MoMiG) vom 23.10.2008, BGBl. I 2008, 2026.

526 Vgl. Begr. RegE, zitiert nach *Goette*, Einführung in das neue GmbH-Recht, 2008, S. 149 sowie Begr. RA, zitiert nach *Goette*, Einführung in das neue GmbH-Recht, S. 156.

527 *Tebben*, RNotZ 2008, 441, 442.

§§ 105 Abs. 6, 107 Abs. 1 Satz 2 GNotKG (früher § 41d KostO) bewusst eine **kostenrechtliche Privilegierung** vorgesehen, die insbesondere bei der Unternehmergesellschaft (haftungsbeschränkt) zu einer messbaren, wenn auch geringfügigen Reduzierung der Gründungskosten führen kann. Inhaltlich beschränkt sich das Musterprotokoll (abgesehen von zwingenden beurkundungsrechtlichen Vorgaben) auf Bestimmungen zum Mindestinhalt des § 3 Abs. 1, zum Gründungsaufwand (§ 5 Rdnr. 111) und die Bestellung des Geschäftsführers. Weitere, vom Gesetz abweichende Bestimmungen dürfen bei der Gründung nicht getroffen werden (§ 2 Abs. 1a Satz 4), für spätere Satzungsänderungen gelten hingegen die allgemeinen Vorschriften der §§ 53 f.[528]

2. Positionen im Gesetzgebungsverfahren

122   Während der **Referentenentwurf zum MoMiG** noch **keinen Vorschlag zur Änderung des** § 2 enthielt, sah der **Regierungsentwurf**, einer Forderung von Teilen der Wirtschaft folgend, in einer Anlage zum GmbHG eine Mustersatzung vor, bei deren Verwendung als Ausnahme zum Beurkundungserfordernis des § 2 Abs. 1 die Schriftform und Unterschriftsbeglaubigung der Gesellschafter genügen sollten und die durch ein Muster für die Handelsregisteranmeldung flankiert wurde[529]. Der Verzicht auf die Beurkundung sollte Signalwirkung haben, dass die GmbH sich ebenso „einfach und unbürokratisch" gründen lasse wie die englische Limited oder andere vergleichbare Auslandsgesellschaften[530]. Die notarielle Beglaubigung der Unterschriften wurde zur rechtssicheren Identifizierung der Gesellschafter für erforderlich erachtet, um sicherzustellen, dass Transparenz über die Anteilseignerstrukturen der GmbH geschaffen und Geldwäsche verhindert wird[531]. Der **Ansatz des Regierungsentwurfs** wurde vielfach und vehement **kritisiert**, u.a. durch den Bundesrat in einer umfangreichen Stellungnahme. Nach **Auffassung des Bundesrats** würde die Verwendung von Mustersatzungen die GmbH-Gründung nicht merkbar beschleunigen, die damit einhergehende Verringerung der Gründungsberatung durch den Notar und die fehlende Flexibilität der Mustersatzung im jeweiligen Einzelfall würden jedoch zu erheblichen Nachteilen führen. Eine Mustersatzung würde zu unreflektierter Übernahme unpassender Regelungen ohne Berücksichtigung der individuellen Verhältnisse verleiten. Die notwendigen Zusatzregelungen würden in beratungs- und kostenintensiven schuldrechtlichen Nebenvereinbarungen oder nachfolgenden Satzungsänderungen getroffen. Darüber hinaus seien die Essentialia der Gründung wie Firma, Gegenstand, Höhe und Verteilung der Geschäftsanteile auch bei der Gründung mit Mustersatzung klärungsbedürftig und häufig auch beratungsintensiv. Würde dieser Bereich ohne notarielle Vorprüfung den Gründern überlassen, käme es zu einer Mehrbelastung der Gerichte und zu einer Verzögerung des Gründungsverfahrens. Die damit einhergehende Verlagerung von Aufgaben auf die öffentliche Hand widerspreche allgemeinen Politikzielen. Die individuelle Ausarbeitung des Gesellschaftsvertrags durch den Notar diene der Berücksichtigung der Interessen aller Beteiligten und beuge späteren Streitigkeiten über Inhalt, Wirksamkeit und Auslegung vor. Damit erhielten insbesondere Kleinunternehmer und Mittelstand anlässlich der Beurkundung eine häufig notwendige, vergleichsweise kostengünstige und kompetente Beratung. Die mit der Verwendung von Mustersatzungen einhergehende Abkehr vom Prinzip der Sat-

---

528 S. auch *Wicke*, Rdnr. 13 ff.
529 S. dazu *Goette*, Einführung in das neue GmbH-Recht, S. 149 ff.; vgl. auch *Römermann*, in: GmbHR-Sonderheft MoMiG, 2008, S. 16.
530 In jüngerer Zeit wurde in Italien ein (beurkundungspflichtiges) Musterprotokoll eingeführt, während dies in Luxemburg verworfen wurde. S. *Fleischer*, DB 2017, 291, 294, 296.
531 Eine noch weiter gehende Auffassung im Gesetzgebungsverfahren sprach sich für eine Online-Lösung nach englischem Vorbild aus, vgl. Protokoll der 85. Sitzung des Rechtsausschusses zur öffentlichen Anhörung von Sachverständigen vom 23.1.2008, 8, 20.

zungsautonomie stelle im Ergebnis einen maßgeblichen Systembruch im Recht der GmbH dar. Das nunmehr in § 2 Abs. 1a vorgesehene beurkundungspflichtige Musterprotokoll stellt sich vor diesem Hintergrund als eine Kompromisslösung unterschiedlicher Strömungen im Gesetzgebungsverfahren dar. Zu einer rechtspolitischen und rechtspraktischen Würdigung s. Rdnr. 149 ff.

3. Voraussetzungen (§ 2 Abs. 1a Satz 1)

a) Allgemeines

Das vereinfachte Verfahren ist eröffnet, wenn die **GmbH maximal drei Gesellschafter** und **einen Geschäftsführer** hat. Dieser Beschränkung liegt die Überlegung zugrunde, dass bei Gesellschaften mit einer geringen Zahl von Organvertretern regelmäßig weniger komplexe Gestaltungen erforderlich sind und eine standardisierte Gründung daher eher erfolgen kann. Sind die Voraussetzungen erfüllt, besteht ein **Wahlrecht**, das vereinfachte Verfahren ggf. mit entsprechenden Kostenvorteilen einzuschlagen, oder eine normale GmbH-Gründung unter Ausnutzung der weitergehenden inhaltlichen Gestaltungsmöglichkeiten vorzunehmen[532]. Bei der Gründung im vereinfachten Verfahren ist zwingend eines der beiden gemäß § 2 Abs. 1a Satz 2 in der Anlage zum GmbHG (hier Rdnr. 153) für die Einpersonengesellschaft bzw. die Mehrpersonengesellschaft aufgeführten Musterprotokolle zu verwenden, die sich nur redaktionell voneinander unterscheiden. Darüber hinaus dürfen keine vom Gesetz abweichenden Bestimmungen getroffen werden (§ 2 Abs. 1a Satz 3). Das Musterprotokoll gliedert sich in einleitende allgemeine Angaben betreffend den Eingang der Urkunde und sieben Unterpunkte, welche die Errichtungserklärung, Angaben zum Mindestinhalt im Sinne des § 3 Abs. 1, die Bestellung des Geschäftsführers und die Vertretungsregelung, die Gründungskosten, Urkundsabschriften und Notarhinweise regeln. Zu Erläuterungszwecken wurden in vier Fußnoten Hinweise aufgenommen, die allerdings angesichts der zwingenden Einschaltung eines Notars überflüssig erscheinen. Die vervollständigten Texte bedürfen der **Beurkundung nach Maßgabe der §§ 8 ff. BeurkG**. Die praxisübliche Aufspaltung der Gründungsurkunde in ein Mantelprotokoll mit den rechtsgeschäftlichen Erklärungen über die Errichtung der Gesellschaft und den eigentlichen Satzungswortlaut, der gemäß § 9 Abs. 1 Satz 2 BeurkG als Anlage beigefügt wird[533], ist nicht vorgesehen[534]. Da das **Musterprotokoll** die **Gründungserklärungen**, den **Gesellschaftsvertrag**, die **Geschäftsführerbestellung** und die **Gesellschafterliste** in einem einheitlichen Dokument zusammenfasst, bedarf es **daneben nur** noch der **Anmeldung zum Handelsregister**, die in der geltenden Gesetzesfassung im Unterschied zum Regierungsentwurf nicht vorformuliert ist.

123

b) Gesellschafter

Als **Gründer** kommen im Rahmen des vereinfachten Verfahrens sowohl **natürliche** als auch **juristische Personen** in Betracht[535]. Entsprechendes ist für **im Handels- oder Partnerschaftsregister eingetragene Personengesellschaften** anzunehmen, wenn auch die im Formular und den Anmerkungen hierzu vorgegebenen Alternativen („Herr/Frau", „Juristische Person") in dieser Beziehung nicht eindeutig sind[536]. Für die Ermittlung der zulässigen Gründerzahl ist

124

---

532 *J. Mayer*, in: MünchKomm. GmbHG, Rdnr. 230; *Römermann*, in: GmbHR-Sonderheft MoMiG, 2008, S. 16, 18.

533 S. dazu *Wicke*, in: MünchKomm. GmbHG, § 3 Rdnr. 6.

534 Vgl. *Wälzholz*, MittBayNot 2008, 425, 428; *J. Mayer*, in: MünchKomm. GmbHG, Rdnr. 234.

535 Vgl. auch *Schäfer*, in: Bork/Schäfer, Rdnr. 90: auch Minderjährige und Betreute.

536 H.M., vgl. *J. Mayer*, in: MünchKomm. GmbHG, Rdnr. 228; *Bayer*, in: Lutter/Hommelhoff, Rdnr. 54; a.A. *Noack*, DB 2007, 1395, 1398 zur Mustersatzung nach dem Regierungsentwurf.

nur die juristische Person oder Personengesellschaft selbst zu zählen und nicht die an ihr beteiligten Gesellschafter[537]. Zu weitgehend wäre es, das vereinfachte Verfahren auch sonstigen, nicht in einem öffentlichen Register eingetragenen Gesellschaften oder Personenmehrheiten zu eröffnen. Dies betrifft insbesondere die **Gesellschaft bürgerlichen Rechts**, auch wenn deren (Teil-)Rechtsfähigkeit von der Rechtsprechung anerkannt ist[538]. Die Führung eines hinreichenden Existenz- und Vertretungsnachweises in öffentlich beglaubigter Form ist bei der Gesellschaft bürgerlichen Rechts in der Praxis regelmäßig mit erheblichen Schwierigkeiten verbunden, die dem mit dem Musterprotokoll verfolgten Vereinfachungszweck zuwider laufen würden[539]. Hält man hingegen die Gründung im vereinfachten Verfahren durch eine Gesellschaft bürgerlichen Rechts für zulässig, wären entsprechend den Materialien zum „Gesetz zur Umsetzung der Vierten EU-Geldwäscherichtlinie, zur Ausführung der EU-Geldtransferverordnung und zur Neuorganisation der Zentralstelle für Finanztransaktionsuntersuchungen"[540] nicht nur deren Name und Sitz (soweit vorhanden), sondern in Anlehnung an § 40 Abs. 1 Satz 2 auch deren jeweilige Gesellschafter unter einer zusammenfassenden Bezeichnung mit Name, Vorname, Geburtstag und Wohnort anzugeben; im Interesse der Übersichtlichkeit sollten die Gesellschafter im Rubrum der Urkunde und nicht im variablen Feld zum Gesellschafter aufgeführt werden[541]. Erst recht ist die **Erbengemeinschaft** als nicht rechtsfähige Gesamthandsgemeinschaft vom vereinfachten Verfahren **ausgeschlossen**[542]. Im Übrigen ist für die Bestimmung der Höchstgrenze formal auf die Zahl von Gesellschaftern als die Personen abzustellen, die Geschäftsanteile übernehmen und in der Gesellschafterliste aufgeführt werden. Daher sind Treuhandverhältnisse oder Unterbeteiligungen, auch wenn sie gegenüber einer Vielzahl von Berechtigten bestehen, nicht zu berücksichtigen[543]. Maßgeblicher **Zeitpunkt** für die Ermittlung der zulässigen Gründerzahl ist derjenige der **Eintragung der GmbH im Handelsregister.** Es wäre daher auch möglich, dass einer vierten Person aufschiebend bedingt auf den Zeitpunkt der Eintragung der mit Musterprotokoll gegründeten Gesellschaft ein Teilgeschäftsanteil abgetreten würde[544]. Ein Rechtsmissbrauch liegt darin nicht, zumal es praktisch kaum vorstellbar ist, dass dieser seinerseits mit Kosten verbundene Weg gezielt eingeschlagen würde, um in den Genuss der sehr begrenzten Vorteile des vereinfachten Verfahrens zu gelangen. Die Gründung kann auch durch bevollmächtigte Vertreter erfolgen.

---

537 *Fastrich,* in: Baumbach/Hueck, Rdnr. 17.
538 BGH v. 29.1.2001 – II ZR 331/00, NJW 2001, 1056.
539 Wie hier etwa *Wicke,* Rdnr. 16; in gleicher Richtung auch *Wälzholz,* GmbHR 2008, 841, 842; zu Vorschlägen einer Reform der GbR durch Herstellung der Registerpublizität s. in diesem Zusammenhang *Wicke,* DNotZ 2017, 261, 262; a.A. aber die h.M., vgl. nur *Bayer,* in: Lutter/Hommelhoff, Rdnr. 54; *Ulmer/Löbbe,* in: Ulmer/Habersack/Löbbe, Rdnr. 101; *J. Schmidt,* in: Michalski u.a., Rdnr. 97; *Pfisterer,* in: Saenger/Inhester, Rdnr. 46. Nach einer Praxisauffassung werden im Fall der Beteiligung einer GbR für die Ermittlung der zulässigen Höchstzahl auch deren Gesellschafter mitgerechnet.
540 Vom 23.6.2017, BGBl. I 2017, 1822; s. BT-Drucks. 18/11555, S. 173. Vgl. dazu auch Rdnr. 133 f.
541 Beim Wechsel eines Gesellschafters einer solchen Gesellschaft bürgerlichen Rechts wäre eine Veränderung im Sinne des § 40 Abs. 1 anzunehmen, die eine Pflicht zur Einreichung einer (neuen) Gesellschafterliste begründet; s. BT-Drucks. 18/11555, S. 173. Vgl. dazu auch Rdnr. 133 f.
542 Vgl. *Ulmer/Löbbe,* in: Ulmer/Habersack/Löbbe, Rdnr. 102, der auch Ehegatten in Gütergemeinschaft (wohl nicht zutreffend) und Bruchteilsgemeinschaften (wohl zutreffend) vom vereinfachten Verfahren ausschließt. Nach *Schäfer,* in: Bork/Schäfer, Rdnr. 89, 92 sollen sich Gesamthandsgemeinschaften generell am vereinfachten als Gründer beteiligen können und nur als ein Gründer zu zählen sein.
543 *Römermann,* in: GmbHR-Sonderheft MoMiG, 2008, S. 16, 17; *Fastrich,* in: Baumbach/Hueck, Rdnr. 17.
544 *Heidinger/Blath,* ZNotP 2010, 376, 379; *J. Mayer,* in: MünchKomm. GmbHG, Rdnr. 229; *Bayer,* in: Lutter/Hommelhoff, Rdnr. 52; *Roth,* in: Roth/Altmeppen, Rdnr. 58.

c) Geschäftsführer und Vertretung

Die GmbH darf bei der Gründung im Rahmen des vereinfachten Verfahrens **maximal einen** **Geschäftsführer** haben. Dies gilt **auch im Fall einer Mehrpersonengesellschaft**. Möglich wäre es aber, unmittelbar nach Errichtung der Vor-GmbH und aufschiebend bedingt durch Eintragung der GmbH im Handelsregister weitere Geschäftsführer zu bestellen[545]. Eine Satzungsänderung wäre hierzu nicht erforderlich[546]. Die Begrenzung auf einen Geschäftsführer ist wiederum formal zu verstehen[547]. Etwaige faktische Geschäftsführer sind daher nicht zu berücksichtigen, auch ist es möglich, einen oder mehrere Prokuristen bei Gründung anzumelden und deren Vertretung nach allgemeinen Grundsätzen (Einzelvertretung, Gesamtvertretung, Erlaubnis von Grundstücksgeschäften gemäß § 48 Abs. 2 HGB) zu regeln[548]. Für die persönlichen Anforderungen an den Geschäftsführer gelten die allgemeinen Grundsätze (§ 6), insbesondere können **auch Fremdgeschäftsführer** berufen werden. Die Bestellung des Geschäftsführers erfolgt „im Gesellschaftsvertrag" im Sinne von § 6 Abs. 3 Satz 2 und darf daher bei Anwendung des vereinfachten Verfahrens nicht außerhalb der Satzung erfolgen[549]. Nach allgemeinen Grundsätzen bedeutet die Bestellung des Geschäftsführers im Rahmen des Gründungsprotokolls **nicht**, dass es sich um einen **sog. echten Satzungsbestandteil** mit der Folge handelt, dass eine spätere Abberufung oder die Bestellung weiterer Geschäftsführer nur im Wege der Satzungsänderung durchgeführt werden könnten[550]. Wenn der im Rahmen des Musterprotokolls bestellte Geschäftsführer gleichzeitig Gesellschafter ist, liegt darüber hinaus kein Sonderrecht im Sinne des § 35 BGB vor mit der Konsequenz, dass die Abberufung des Betreffenden nur aus wichtigem Grund zulässig wäre[551]. 125

Ebenso wie die **Abberufung des ersten Geschäftsführers** ist daher auch die **nachträgliche Bestellung von weiteren Geschäftsführern nach der Eintragung der Gesellschaft ohne Änderung des Gesellschaftsvertrags** zulässig. Zu beachten ist aber, dass das Musterprotokoll keine allgemeine Vertretungsregelung enthält. Sofern die Gesellschaft daher über **mehrere Geschäftsführer** verfügt, sind diese nach der gesetzlichen Regelung des § 35 Abs. 2 Satz 1 alle nur **gemeinschaftlich zur Vertretung befugt**[552]. Demgemäß gilt die Alleingeschäftsfüh- 126

---

545 So auch *Heidinger/Blath*, ZNotP 2010, 402, allerdings nur in den Grenzen des Rechtsmissbrauchs; weiter gehend *J. Mayer*, in: MünchKomm. GmbHG, Rdnr. 245; *Tebben*, RNotZ 2008, 441, 444: Bestellung durch Gesellschafterbeschluss der Vor-GmbH (und wohl unabhängig von deren Eintragung); enger wohl *Roth*, in: Roth/Altmeppen, Rdnr. 56; *Bayer*, in: Lutter/Hommelhoff, Rdnr. 52: Bestellung erst nach Eintragung.

546 Vgl. OLG Hamm v. 15.10.2009 – 15 Wx 208/09, GmbHR 2009, 1334 = NZG 2009, 1431; OLG Rostock v. 12.3.2010 – 1 W 83/09, GmbHR 2010, 872; a.A. *Armbruster*, Rpfleger 2009, 389.

547 *Michalski*, in: Michalski, 2. Aufl. 2010, Rdnr. 110.

548 *Heckschen*, Das MoMiG in der notariellen Praxis, Rdnr. 335.

549 *J. Mayer*, in: MünchKomm. GmbHG, Rdnr. 246.

550 H.M., vgl. DNotI-Report 2010, 16; OLG Nürnberg v. 15.7.2015 – 12 W 1208/15, NZG 2016, 153, 154 = GmbHR 2015, 1279; OLG Stuttgart v. 28.4.2009 – 8 W 116/09, GmbHR 2009, 827 = NZG 2009, 754; OLG Bremen v. 15.9.2009 – 2 W 61/09, GmbHR 2009, 1210 = NZG 2009, 1193; OLG Hamm v. 15.10.2009 – 15 Wx 208/09, GmbHR 2009, 1334 = NZG 2009, 1431; OLG Rostock v. 12.3.2010 – 1 W 83/09, GmbHR 2010, 872, 873; *Blasche*, GmbHR 2015, 405; *Heidinger/Blath*, ZNotP 2010, 376, 382; *Melchior*, notar 2010, 305, 306; LG Ulm v. 24.2.2009 – 10 T 3/09 KfH, Rpfleger 2009, 388, 389; *Tebben*, RNotZ 2008, 444; *Wicke*, NotBZ 2009, 1, 9; *Klutzny*, NotBZ 2009, 255, 258; *Pfisterer*, in: Saenger/Inhester, Rdnr. 50; a.A. *Weigl*, notar 2008, 378. Zur Unterscheidung zwischen echten und unechten Bestandteilen vgl. auch *Wicke*, DNotZ 2006, 419.

551 OLG Rostock v. 12.3.2010 – 1 W 83/09, GmbHR 2010, 872, 873; *Ulmer/Löbbe*, in: Ulmer/Habersack/Löbbe, Rdnr. 116; *Böhringer*, BWNotZ 2008, 104; *Wicke*, NotBZ 2009, 1, 9; s. auch § 6 Rdnr. 82.

552 OLG Nürnberg v. 15.7.2015 – 12 W 1208/15, NZG 2016, 153, 154 = GmbHR 2015, 1279; OLG Stuttgart v. 28.4.2009 – 8 W 116/09, NZG 2009, 754, 755 = GmbHR 2009, 827; OLG Celle v. 26.1.2011 – 9 W 12/11, GmbHR 2011, 305, 306; OLG Hamm v. 14.4.2011 – 15 Wx 499/10, NZG 2011, 705 = GmbHR 2011, 708; OLG Düsseldorf v. 12.7.2011 – 3 Wx 75/11, DStR 2011, 2106,

rungsbefugnis des ersten Geschäftsführers nur solange, wie kein weiterer Geschäftsführer ernannt ist[553]. Die gesetzliche Gesamtvertretungsbefugnis ist daher nach allgemeinen Grundsätzen (§ 8 Rdnr. 35 ff.) auch als abstrakte Vertretungsregelung – neben der konkreten Vertretungsbefugnis des bestellten Geschäftsführers – in die Anmeldung aufzunehmen und im Handelsregister einzutragen[554]. Da die Vertretungsbefugnis allein aus dem Handelsregister ablesbar sein muss, genügt für die Anmeldung der abstrakten Vertretungsregelung die Bezugnahme auf die gesetzliche Vertretungsregelung allein nicht[555]. Die Anmeldung der konkreten Vertretungsbefugnis des Geschäftsführers kann im Hinblick auf § 35 Abs. 2 nicht mit dem Zusatz verbunden werden, dieser sei einzelvertretungsberechtigt, da bei Bestellung weiterer Geschäftsführer zwingend gemäß § 35 Abs. 2 Gesamtvertretungsbefugnis besteht[556]. Möglich ist es aber, dass sich mehrere gesamtvertretungsberechtigte Geschäftsführer entsprechend § 78 Abs. 4 AktG gegenseitig zur alleinigen Vornahme bestimmter Geschäfte oder bestimmter Arten von Geschäften ermächtigen[557]. Die Anmeldung des Geschäftsführers und der Vertretung kann wie folgt formuliert werden: *„Die Vertretung der Gesellschaft ist allgemein wie folgt geregelt: Ist nur ein Geschäftsführer bestellt, so vertritt er die Gesellschaft allein. Sind mehrere Geschäftsführer bestellt, sind alle nur gemeinsam zur Vertretung der Gesellschaft berechtigt. Zum Geschäftsführer ist bestellt: … Der bestellte Geschäftsführer vertritt die Gesellschaft gemäß der allgemeinen Vertretungsregelung und ist von den Beschränkungen des § 181 BGB befreit.“*[558]

127 Der **Gründungsgeschäftsführer** ist nach dem Wortlaut des Musterprotokolls **von den Beschränkungen des § 181 BGB befreit**. Dies bedeutet, dass er die Gesellschaft sowohl bei Rechtsgeschäften mit sich selbst (Selbstkontrahieren), als auch mit einem von ihm vertretenen Dritten vertreten kann (Doppel- oder Mehrvertretung). In **zahlreichen Konstellationen**, wie insbesondere in Konzernsachverhalten, bei Mehrpersonengesellschaften oder auch bei Fremdgeschäftsführern wird dies regelmäßig **nicht den Vorstellungen der Gesellschafter** entsprechen, da § 181 BGB gerade möglichen Interessenkonflikten beim Vertreterhandeln für mehrere Personen begegnen soll[559]. Es bleibt insoweit nur die Möglichkeit, die damit verbundenen Risiken (zumindest vorübergehend) hinzunehmen oder den Weg des normalen Gründungsverfahrens einzuschlagen[560]. **Nicht abschließend geklärt** ist, ob entsprechend der Regelung des Gründungsformulars auch **für weitere Geschäftsführer die Befreiung von § 181 BGB gilt** oder ob eine Befreiung von § 181 BGB entsprechend den allgemeinen Grundsätzen erfolgt (11. Aufl., § 35 Rdnr. 98 ff.), also nach h.M. zumindest einer Satzungsgrundlage bedürfte. Die gesetzliche Regelung erscheint in dieser Hinsicht nicht hinreichend klar. Es empfiehlt sich daher, die Frage anlässlich der Bestellung weiterer Geschäftsführer ausdrücklich in der Satzung zu regeln[561]. Der Wortlaut des Musterprotokolls spricht aber dafür, dass die Befreiung von den Beschränkungen des § 181 BGB konkret und personenbezogen nur auf den

---

2107 = GmbHR 2011, 1319; *Ries*, NZG 2009, 1293, 1294; *J. Schmidt*, in: Michalski u.a., Rdnr. 114; *Bayer*, in: Lutter/Hommelhoff, Rdnr. 63; *Wicke*, Rdnr. 17; *Katschinski/Rawert*, ZIP 2008, 1993, 1999.

553 *Ulmer/Löbbe*, in: Ulmer/Habersack/Löbbe, Rdnr. 117.
554 OLG Stuttgart v. 28.4.2009 – 8 W 116/09, GmbHR 2009, 827 = NZG 2009, 754; OLG Hamm v. 15.10.2009 – 15 Wx 208/09, GmbHR 2009, 1334 = NZG 2009, 1431; OLG Bremen v. 15.9.2009 – 2 W 61/09, GmbHR 2009, 1210 = NJW 2010, 542; OLG Celle v. 26.1.2011 – 9 W 12/11, GmbHR 2011, 305; Formulierung bei *Wicke*, NotBZ 2009, 1, 9.
555 LG Stralsund v. 27.1.2009 – 3 T 7/08, NZG 2009, 915, 916 = GmbHR 2009, 829; *Ulmer/Löbbe*, in: Ulmer/Habersack/Löbbe, Rdnr. 120.
556 *Wälzholz*, GmbHR 2008, 841, 842.
557 *J. Mayer*, in: MünchKomm. GmbHG, Rdnr. 245; *Wälzholz*, GmbHR 2008, 841, 842 m.w.N.
558 Vgl. *Wicke*, NotBZ 2009, 1, 9; s. dazu auch OLG Stuttgart v. 28.4.2009 – 8 W 116/09, NZG 2009, 754, 755 = GmbHR 2009, 827; s. aber *Fastrich*, in: Baumbach/Hueck, Rdnr. 60, wonach die Anmeldung einer konkreten Vertretungsregelung irreführend und damit unzulässig sein soll.
559 *Heidinger/Blath*, ZNotP 2010, 376, 383.
560 *J. Mayer*, in: MünchKomm. GmbHG, Rdnr. 247.
561 S. auch *Plückelmann*, GWR 2009, 385.

ersten Geschäftsführer gemünzt ist. Da das Verbot des § 181 BGB dem gesetzlichen Regelfall der Verhinderung von Interessenkonflikten entspricht, kann ohne eindeutige abweichende Regelung nicht von einer Befreiung auch für einen anderen Geschäftsführer ausgegangen werden, gleich ob dieser ergänzend zu dem ursprünglichen Geschäftsführer oder als Nachfolger an dessen Stelle tritt[562]. Ebenso kann der Liquidator einer GmbH mit Musterprotokoll nicht ohne Schaffung einer entsprechenden Satzungsgrundlage von den Beschränkungen des § 181 BGB befreit werden, das Musterprotokoll enthält zur Liquidation keine von den allgemeinen Grundsätzen abweichenden Regelungen[563]. Die Befreiung des ersten Geschäftsführers von den Beschränkungen des § 181 BGB ist demgemäß als eine einmalige durch das Musterprotokoll angeordnete Suspendierung des Verbots des In-Sich-Geschäfts zu begreifen, der insoweit eine begrenzte materielle Satzungsqualität zukommt[564]. Die ursprünglich bestehende Befreiung des ersten Geschäftsführers von den Beschränkungen des § 181 BGB kann daher auch nachträglich durch einfachen Gesellschafterbeschluss aufgehoben werden[565]. Nach einer vor allem in der Rechtsprechung vertretenen Auffassung soll bei späterer Bestellung weiterer Geschäftsführer die dem ersten Geschäftsführer erteilte Befreiung sogar automatisch entfallen[566]. Demgegenüber ist mit der h.M. in der Literatur davon auszugehen, dass die Befreiung des ersten Geschäftsführers von den Beschränkungen des § 181 BGB in Ermangelung einer abweichenden Beschlussfassung auch nach Bestellung weiterer Geschäftsführer fort gilt, da sich für eine auflösend bedingte Befreiung weder im Wortlaut des Musterprotokolls, noch in den Gesetzesmaterialien eine Stütze findet und eine entsprechende Regelung nicht praxiskonform wäre[567].

4. Weitere Einzelheiten des „vereinfachten Verfahrens"

a) Urkundeneingang

Da die Gründung auch im vereinfachten Verfahren der notariellen Beurkundung bedarf, beginnt der Text des Musterprotokolls mit den üblichen Angaben zum Urkundseingang, der Nummer der Urkundenrolle, dem Datum der Errichtung der Niederschrift, den Personen der Erschienenen sowie dem Namen und dem Amtssitz des Notars. Neben der Bezeichnung des oder der Gesellschafter und den Angaben zur notariellen Identitätsfeststellung sind nach den gesetzlichen Anmerkungen zu dem Musterprotokoll ggf. der Güterstand und die Zustimmung des Ehegatten sowie die Angaben zu einer etwaigen Vertretung zu vermerken. Aus

128

---

562 So im Ergebnis auch die inzwischen ganz h.M., vgl. OLG Nürnberg v. 15.7.2015 – 12 W 1208/15, NZG 2016, 153, 154 = GmbHR 2015, 1279; OLG Stuttgart v. 28.4.2009 – 8 W 116/09, NZG 2009, 754, 755 = GmbHR 2009, 827; OLG Hamm v. 4.11.2010 – I-15 W 436/10, GmbHR 2011, 87; *Ulmer/Löbbe*, in: Ulmer/Habersack/Löbbe, Rdnr. 118; abweichend *Sandhaus*, NJW Spezial 2009, 607, 608; für einen nachfolgenden Alleingeschäftsführer auch *Roth*, in: Roth/Altmeppen, Rdnr. 56.

563 OLG Frankfurt v. 13.10.2011 – 20 W 95/11, GmbHR 2012, 394 für den mit Musterprotokoll berufenen ersten Geschäftsführer als geborenen Liquidator; zur Anwendung von § 181 BGB auf den Liquidator s. auch *Wicke*, § 68 Rdnr. 3.

564 Vgl. auch *Melchior*, notar 2010, 305, 306; *Herrler*, GmbHR 2010, 960, 964.

565 *Tebben*, RNotZ 2008, 441, 444; a.A. *Heidinger/Blath*, ZNotP 2010, 402, 404 sowie *Sandhaus*, NJW Spezial 2009, 607. Nach Aufhebung der Befreiung kann angesichts des einmaligen Charakters der Anordnung im Musterprotokoll ohne Satzungsänderung nachträglich nicht erneut Befreiung erteilt werden.

566 OLG Stuttgart v. 28.4.2009 – 8 W 116/09, GmbHR 2009, 827 = NZG 2009, 754; OLG Nürnberg v. 15.7.2015 – 12 W 1208/15, NZG 2016, 153, 155 = GmbHR 2015, 1279; AG Amberg v. 12.5.2015 – HRB 4588, BeckRS 2016, 21341; in diese Richtung auch *Westermann*, in: Scholz, 10. Aufl. 2010, Nachtrag MoMiG § 2 Abs. 1a Rdnr. 9.

567 S. *Ries*, NZG 2009, 739, 740; *Miras*, DB 2010, 2488; *J. Mayer*, in: MünchKomm. GmbHG, Rdnr. 247; *Ulmer/Löbbe*, in: Ulmer/Habersack/Löbbe, Rdnr. 119; *Wachter*, GmbHR 2009, 785, 791; *Plückelmann*, GWR 2009, 385.

beurkundungsrechtlichen Gründen sind **weitere Ergänzungen** vorzunehmen, die je nach Fallgestaltung variieren können und mit dem vereinfachten Verfahren gemäß § 2 Abs. 1a vereinbar sind (s. Rdnr. 140)[568]. Nach § 9 Abs. 2 BeurkG soll die Niederschrift den **Ort der Verhandlung** enthalten, der nicht mit dem Amtssitz übereinstimmen muss. Wenngleich es sich um eine „Sollvorschrift" handelt, deren Verletzung nicht zur Unwirksamkeit der Beurkundung führt, folgt hieraus doch eine Amtspflicht des Notars, die von diesem strikt zu beachten ist[569]. Aus der Niederschrift „soll" gemäß § 10 Abs. 2 BeurkG zudem hervorgehen, ob der **Notar** die Beteiligten kennt oder wie er sich **Gewissheit über ihre Person** verschafft hat[570]. Bei der Feststellung der Beteiligten ist nicht nur § 26 DONot zu beachten, sondern ebenso die erweiterte Identifizierungspflicht nach dem Geldwäschebekämpfungsgesetz (GWG)[571]. Aufzunehmen ist gemäß § 13 Abs. 1 Satz 2 BeurkG ferner die **Schlussformel**. Als weitere beurkundungsrechtlich geforderte Angaben können Vermerke zu Zweifeln hinsichtlich der Geschäftsfähigkeit, über die Zuziehung von Zeugen oder eines Dolmetschers und bei Anwaltsnotaren über das Fehlen einer Vorbefassung nach § 3 Abs. 1 Nr. 7 BeurkG zu ergänzen sein.

b) Errichtung der Gesellschaft, Firma und Sitz (Nr. 1 des Musterprotokolls)

129   Dem Urkundeneingang folgen die **Erklärungen** des bzw. der Erschienenen zur **Errichtung der Gesellschaft** mit beschränkter Haftung unter **Angabe von deren Firma und Sitz** und unter ausdrücklicher Bezugnahme auf § 2 Abs. 1a als Regelungsstandort des vereinfachten Verfahrens. Mit der Benennung als „Gesellschaft mit beschränkter Haftung" wird sowohl die „klassische" GmbH, als auch die Unternehmergesellschaft (haftungsbeschränkt) zutreffend bezeichnet, die nach Maßgabe des § 5a als Rechtsformvariante der GmbH zu begreifen ist[572]. Hinsichtlich der Firmierung gelten die allgemeinen Grundsätze (vgl. § 4), der Rechtsformzusatz GmbH oder Gesellschaft mit beschränkter Haftung bzw. Unternehmergesellschaft (haftungsbeschränkt) oder UG (haftungsbeschränkt) ist beizufügen. Dem Notar fällt bei der Beratung der Beteiligten über die Zulässigkeit der Firmenwahl und die insoweit bestehenden, nicht unkomplizierten rechtlichen Fragestellungen, die er ggf. mit dem Handelsregister und der Industrie- und Handelskammer abstimmen kann, eine wesentliche Funktion zu, die auch im Gesetzgebungsverfahren als wichtiges Argument für die Beibehaltung der Beurkundungspflicht im vereinfachten Gründungsverfahren angesehen wurde[573]. Als Sitz der Gesellschaft ist entsprechend den Vorgaben des § 4a der Satzungssitz anzugeben und nicht ein etwa davon abweichender Verwaltungssitz, der auch im Ausland liegen kann[574].

c) Unternehmensgegenstand (Nr. 2 des Musterprotokolls)

130   Der Unternehmensgegenstand kann bei der Gründung im vereinfachten Verfahren **frei gewählt** werden und ist entsprechend den üblichen Vorgaben hinreichend zu individualisieren[575]. Die Mustersatzung nach dem Regierungsentwurf hatte hingegen lediglich drei Varian-

---

568   *J. Mayer*, in: MünchKomm. GmbHG, Rdnr. 236 f.; *Jaeger*, in: BeckOK, Rdnr. 74; *Heckschen*, DStR 2009, 166, 168; *Römermann*, in: GmbHR-Sonderheft MoMiG, 2008, S. 16, 19; *Tebben*, RNotZ 2008, 441, 444.
569   Vgl. *Limmer*, in: Eylmann/Vaasen, 4. Aufl. 2016, § 9 BeurkG Rdnr. 26.
570   *Winkler*, § 10 BeurkG Rdnr. 48.
571   *J. Mayer*, in: MünchKomm. GmbHG, Rdnr. 236; s. dazu *Winkler*, § 10 BeurkG Rdnr. 25 ff.; s. auch Rdnr. 133 f.
572   *Römermann*, in: GmbHR-Sonderheft MoMiG, 2008, S. 16, 20; *J. Mayer*, in: MünchKomm. GmbHG, Rdnr. 239; s. auch unten Rdnr. 140.
573   *Ulmer/Löbbe*, in: Ulmer/Habersack/Löbbe, Rdnr. 109; *Wälzholz*, MittBayNot 2008, 425, 427; *Römermann*, in: GmbHR-Sonderheft MoMiG, 2008, S. 16, 20.
574   *Heckschen*, Das MoMiG in der notariellen Praxis, Rdnr. 286; *Ulmer/Löbbe*, in: Ulmer/Habersack/Löbbe, Rdnr. 109.
575   S. i.E. dazu *Wicke*, in: MünchKomm. GmbHG, § 3 Rdnr. 13 ff.

ten für den Unternehmensgegenstand vorgesehen, von denen (nur) eine durch Ankreuzen auszuwählen war. Jede der vorgegebenen Alternativen („Erbringung von Dienstleistungen", „Handel mit Waren" und „Produktion von Waren") war so allgemein gefasst, dass sie nach geltendem Recht nicht eintragungsfähig gewesen wären[576]. Damit wären auch die Anforderungen an die Individualisierung des Unternehmensgegenstands generell in Frage gestellt worden, wie sie von der Rechtsprechung im Laufe der Jahrzehnte heraus gebildet wurden, und angesichts der geringen Aussagekraft der zur Auswahl stehenden Varianten der Sinn einer entsprechenden Angabe überhaupt. Der Gesetzgeber hat daher zu Recht von seinem ursprünglichen Vorhaben wieder Abstand genommen[577].

d) Stammkapital, Geschäftsanteil, Einlage (Nr. 3 des Musterprotokolls)

aa) Stammkapital

Das Stammkapital muss auf **volle Euro** lauten und kann im Fall der UG (haftungsbeschränkt) zwischen 1 und 24 999 Euro liegen, bei der klassischen GmbH muss es 25 000 Euro oder mehr betragen. Eine **Obergrenze** ist für das Stammkapital auch im vereinfachten Verfahren **nicht vorgesehen**[578].

131

bb) Ein Geschäftsanteil

Abweichend von § 5 Abs. 2 Satz 2 kann **jeder Gesellschafter** bei Verwendung des Musterprotokolls **nur einen Geschäftsanteil** übernehmen[579]. Eine nachträgliche Teilung der Geschäftsanteile nach Maßgabe von § 46 Nr. 4 ist dadurch aber nicht ausgeschlossen[580]. Nach allgemeinen Grundsätzen müssen die Geschäftsanteile auf volle Euro lauten (§ 5 Abs. 2 Satz 1) und die Summe der Nennbeträge sämtlicher Geschäftsanteile dem Betrag des Stammkapitals entsprechen (§ 5 Abs. 3 Satz 2). Die Bezeichnung als „Geschäftsanteil Nr. 1" (bzw. als Nr. 2 und 3 bei der Mehrpersonengründung) ist darauf zurück zu führen, dass dem Musterprotokoll gleichzeitig die Funktion der Gesellschafterliste zukommt, bei welcher die Anteile gemäß § 8 Abs. 1 Nr. 3 in Verbindung mit § 40 Abs. 1 Satz 1 im Interesse ihrer eindeutigen Identifizierung und zur Vermeidung von Übertragungsmängeln zu nummerieren sind[581].

132

cc) Angabe der prozentualen Beteiligung?

Als Folge der Neufassung des § 40 durch das „Gesetz zur Umsetzung der Vierten EU-Geldwäscherichtlinie, zur Ausführung der EU-Geldtransferverordnung und zur Neuorganisation der Zentralstelle für Finanztransaktionsuntersuchungen"[582] ist gemäß § 40 Abs. 1 Satz 1 in der Gesellschafterliste nunmehr die durch den jeweiligen Nennbetrag eines Geschäftsanteils vermittelte jeweilige prozentuale Beteiligung am Stammkapital anzugeben. Diese Änderung

133

---

576 Vgl. *Schröder/Cannivé*, NZG 2008, 1; *Heckschen*, DStR 2007, 1442, 1444.
577 Vgl. auch *Heckschen*, Das MoMiG in der notariellen Praxis, Rdnr. 290; *Ulmer/Löbbe*, in: Ulmer/Habersack/Löbbe, Rdnr. 110; *Wicke*, in: MünchKomm. GmbHG, § 3 Rdnr. 12.
578 *Römermann*, in: GmbHR-Sonderheft MoMiG, 2008, S. 16, 21; anders insoweit etwa die spanische Sociedad Limitada Nueva Empresa (SLNE), vgl. *Müller/Müller*, GmbHR 2006, 583, 586.
579 Soweit eine Mehrpersonengründung nicht durch drei, sondern nur durch zwei Gesellschafter erfolgt, ist das dritte für einen weiteren Gesellschafter vorgesehene Feld zu streichen, auch wenn dies nicht ausdrücklich aus dem Musterprotokoll und den amtlichen Hinweisen hervor geht. Vgl. *Römermann*, in: GmbHR-Sonderheft MoMiG, 2008, S. 16, 24; *J. Mayer*, in: MünchKomm. GmbHG, Rdnr. 251.
580 *Wicke*, Rdnr. 16; *J. Mayer*, in: MünchKomm. GmbHG, Rdnr. 242.
581 *Ulmer/Löbbe*, in: Ulmer/Habersack/Löbbe, Rdnr. 111; *Römermann*, in: GmbHR-Sonderheft MoMiG, 2008, S. 16, 21; ferner *Wicke*, MittBayNot 2010, 283.
582 Vom 23.6.2017, BGBl. I 2017, 1822.

steht im Zusammenhang mit der Einführung des Transparenzregisters nach den §§ 18 ff. GwG, wonach juristische Personen ihre wirtschaftlich Berechtigten dem Transparenzregister mitteilen müssen[583]. Die im Handelsregister veröffentlichte Gesellschafterliste und auch das Musterprotokoll sind gemäß § 22 Abs. 1 Nr. 4 GwG über die Internetseite des Transparenzregisters zugänglich. Gleichzeitig gilt damit die in § 20 Abs. 1 GwG statuierte Pflicht, die Angaben zu den wirtschaftlich Berechtigten im Sinne des § 19 Abs. 1 GwG zur Eintragung in das Transparenzregister mitzuteilen, gemäß § 20 Abs. 2 GwG als erfüllt; eine weitere Anmeldung erübrigt sich somit. Durch die Angabe der prozentualen Beteiligung soll es dem Nutzer des Transparenzregisters erleichtert werden, sich über den wirtschaftlich Berechtigten zu informieren[584]. Demgegenüber ist im Rahmen des Musterprotokolls nach dem Wortlaut der Nr. 3 weiterhin lediglich die Nummer des Geschäftsanteils anzugeben und nicht die prozentuale Beteiligung. Da das Musterprotokoll eine Anlage zum GmbHG darstellt, kommt diesem Gesetzeskraft zu, so dass aufgrund der Neufassung des § 40 Abs. 1 Satz 1 nicht etwa von einer Änderung der Textfassung „kraft höheren Rechts" ausgegangen werden kann.

134 Ob die fehlende Anpassung auf einem Redaktionsversehen des Gesetzgebers beruht, lässt sich den Gesetzesmaterialien nicht entnehmen[585]. Eine Pflicht zur Angabe der prozentualen Beteiligung im Rahmen des Musterprotokolls, über den Wortlaut der Nr. 3 hinaus, wird man vor diesem Hintergrund, auch unter Berücksichtigung des Zwecks der vereinfachten Informationsvermittlung über den wirtschaftlichen Berechtigten nicht verlangen können[586]. Da eine Gründung mit Musterprotokoll auf maximal drei Gründer beschränkt ist, die jeweils nur einen Geschäftsanteil übernehmen dürfen, sind die erforderlichen Daten auch ohne zusätzliche Berechnung des Prozentsatzes ohne weiteres transparent[587]. Demgemäß kommt auch die in § 40 Abs. 1 Satz 3 n.F. vorgesehene Pflicht, bei Gesellschaftern, die mehr als einen Geschäftsanteil halten, den Gesamtumfang der Beteiligung am Stammkapital als Prozentsatz anzugeben, bei Verwendung des Musterprotokolls von vornherein nicht zum Tragen. In der bisherigen Registerpraxis scheint daher das Musterprotokoll in seiner geltenden Fassung, also ohne Prozentangabe, allgemein akzeptiert zu werden. Es ist auch nicht etwa erforderlich, die prozentuale Beteiligung ergänzend zum Transparenzregister zu melden, da die durch §§ 20 Abs. 1, 19 Abs. 1 GwG geforderte Angabe zu Art und Umfang des wirtschaftlichen Interesses in Form des Nennbetrags des jeweiligen Geschäftsanteils bereits zugänglich ist[588]. Umgekehrt dürfte es zu weit gehen, im Fall einer freiwilligen Angabe der prozentualen Beteiligung eine unzulässige Abweichung vom Musterprotokoll anzunehmen, da dadurch einerseits im Einklang mit dem Gesetzeszweck dem Nutzer des Transparegisters ein Rechenschritt erspart werden kann, und andererseits der damit verbundene Transparenzgewinn dem Vereinfachungszweck des § 2 Abs. 1a nicht zuwider läuft. *De lege ferenda* sollte allerdings über eine Angleichung des Texts der Nr. 3 an die Neufassung des § 40 Abs. 1 Satz 1 nachgedacht werden[589].

dd) Einlagen

135 Die Einlagen sind nach dem Wortlaut des Musterprotokolls **in Geld** zu erbringen, eine **Sachgründung** im Sinne des § 5 Abs. 4 ist damit **ausgeschlossen**. Werden dennoch anstelle der

---

583 S. BT-Drucks. 18/11555, S. 173; *Schaub*, GmbHR 2017, 727.
584 BT-Drucks. 18/11555, S. 173.
585 S. nunmehr aber *Seibert/Bochmann/Cziupka*, GmbHR 2017, R 241.
586 So auch DNotI-Report 2017, 129; *Seibert/Bochmann/Cziupka*, GmbHR 2017, R 241; möglich ist trotz Verwendung des Musterprotokolls die Einreichung einer gesonderten Gründerliste, allerdings mit Gebührenfolgen, vgl. *Böhringer*, BWNotZ 2017, 61, 64.
587 Diese Auffassung ist mit den Vorgaben der Vierten Geldwäscherichtlinie (EU) 2015/849 vereinbar, s. DNotI-Report 2017, 129; *Melchior*, NotBZ 2017, 281, 284.
588 DNotI-Report 2017, 129.
589 S. auch den Vorschlag Rdnr. 152; ferner *Melchior*, NotBZ 2017, 281, 284.

Bareinlagen verdeckte Sacheinlagen erbracht, ist zu differenzieren. Bei der klassischen GmbH beurteilen sich die Rechtsfolgen nach zutreffender Auffassung gemäß der Vorschrift des § 19 Abs. 4, da es sich bei dem Musterprotokoll und den darin enthaltenen Regelungen lediglich um eine aus Kostengründen angeordnete Verfahrensvereinfachung handelt; demgegenüber ist das für die UG (haftungsbeschränkt) maßgebliche Sacheinlageverbot des § 5a Abs. 2 Satz 2 auch im Gläubigerinteresse begründet[590]. Ein Hin- und Herzahlen der Bareinlage ist im vereinfachten Verfahren bei der klassischen GmbH unter den Voraussetzungen des § 19 Abs. 5 zulässig[591], nach zutreffender Auffassung aber nicht bei der UG (haftungsbeschränkt)[592]. Die **Einlagen** sind **alternativ in voller Höhe oder zur Hälfte sofort**, im Übrigen nach Einforderung durch die Gesellschafterversammlung zu zahlen; abweichend von § 7 Abs. 2 Satz 1 genügt daher die Einzahlung von einem Viertel des Nennbetrags des übernommenen Geschäftsanteils nicht. Im Fall der **UG (haftungsbeschränkt)** sind die Einlagen gemäß § 5a Abs. 2 Satz 1 **zwingend vollständig** zu leisten.

e) Geschäftsführer und Vertretung (Nr. 4 des Musterprotokolls)

S. dazu Rdnr. 125 ff.   136

f) Gründungskosten (Nr. 5 des Musterprotokolls)

Die **Kosten der Gründung** einer GmbH müssen entsprechend § 26 AktG in ihrem zu erwartenden Gesamtumfang **in der Satzung** beziffert sein, sofern den Gesellschaftern ein **Erstattungsanspruch gegen die GmbH** zustehen soll[593]. Demgemäß ist unter Nr. 5 des Musterprotokolls vorgesehen, dass die Gesellschaft die mit der Gründung verbundenen Kosten trägt, allerdings **nur bis zu einem Gesamtbetrag von 300 Euro bzw. höchstens bis zum Betrag des Stammkapitals**. Darüber hinausgehende Kosten tragen der oder die Gesellschafter. Sinn dieser Begrenzung ist es zu verhindern, dass die Gesellschaft von vornherein überschuldet in den Rechtsverkehr tritt und den Geschäftsführer unmittelbar eine Insolvenzantragspflicht trifft[594]. Mithilfe des Gesamtbetrags von 300 Euro bzw. einem darunter liegenden Stammkapital können aber im Wesentlichen nur die Kosten von Notar und Registergericht[595], nicht aber sonstige Aufwendungen, wie insbesondere Honorare für Rechtsanwälte oder Steuerberater beglichen werden, die im Übrigen zwingend von den Gründern aufzubringen sind[596]. Anzugeben ist lediglich der **Gesamtbetrag der Gründungskosten**, eine Einzelaufstellung ist nicht vorgesehen und damit auch nicht zulässig[597]. **Die Bestimmung in der Satzung** über den Gründungsaufwand muss auch bei einer mit Musterprotokoll gegründeten Gesellschaft **für die**   137

---

590 Vgl. auch *Roth*, in: Roth/Altmeppen, Rdnr. 54; *Fastrich*, in: Baumbach/Hueck, Rdnr. 55; *Wicke*, Rdnr. 16; *Witt*, ZIP 2009, 1102; *Römermann*, in: GmbHR-Sonderheft MoMiG, 2008, S. 16, 21; *Schäfer*, in: Bork/Schäfer, Rdnr. 98; *Schall*, ZGR 2009, 126, 152; *Herrler/König*, DStR 2010, 2138, 2141; a.A. *Bormann/Urlichs*, in: GmbHR-Sonderheft MoMiG, 2008, S. 37, 42; zur Problematik im Rahmen des § 5a Abs. 2 Satz 2 s. *Wicke*, § 5a Rdnr. 8; ferner § 5a Rdnr. 18 ff.

591 *Heidinger/Blath*, ZNotP 2010, 376, 380; *J. Mayer*, in: MünchKomm. GmbHG, Rdnr. 243.

592 Vgl. auch *Westermann*, hier § 5a Rdnr. 17; *Wicke*, § 5a Rdnr. 7; *Weber*, BB 2009, 845; a.A. *Roth*, in: Roth/Altmeppen, § 5a Rdnr. 12; *Rieder*, in: MünchKomm. GmbHG, § 5a Rdnr. 24.

593 Vgl. OLG Hamburg v. 18.3.2011 – 11 W 19/11, GmbHR 2011, 766; OLG Frankfurt v. 7.4.2010 – 20 W 94/10, GmbHR 2010, 589 = NZG 2010, 593; BGH v. 20.2.1989 – II ZB 10/88, GmbHR 1989, 250 = NJW 1989, 1610; *Wicke*, § 5 Rdnr. 19.

594 *Bayer*, in: Lutter/Hommelhoff, Rdnr. 64; *Ulmer/Löbbe*, in: Ulmer/Habersack/Löbbe, Rdnr. 121; *Tebben*, RNotZ 2008, 441, 444.

595 Bei der Mehrpersonengründung einer klassischen GmbH wird dieser Betrag bereits durch Beurkundungskosten (168 Euro zzgl. MwSt. und Auslagen) und Eintragungskosten (150 Euro) überschritten. Vgl. auch *J. Mayer*, in: MünchKomm. GmbHG, Rdnr. 251.

596 *J. Mayer*, in: MünchKomm. GmbHG, Rdnr. 248; *Ulmer/Löbbe*, in: Ulmer/Habersack/Löbbe, Rdnr. 121.

597 Vgl. auch *Weiler*, DNotZ 2011, 462; *Wachter*, NZG 2010, 734, 736.

Dauer von fünf Jahren beibehalten werden[598]. Das Änderungsverbot innerhalb der Sperrfrist steht aber redaktionellen Änderungen und sprachlichen Neufassungen der ursprünglichen Festsetzung nicht entgegen, sofern nur deren substanzieller Inhalt, nämlich der Höchstbetrag des von der Gesellschaft zu tragenden Aufwands, unverändert bleibt[599].

g) Erteilung von Ausfertigungen und Abschriften (Nr. 6 des Musterprotokolls)

138   Das Musterprotokoll legt unter Nr. 6 fest, **wer Ausfertigungen und (beglaubigte) Abschriften erhalten soll** (§ 51 Abs. 1, 3 BeurkG) und trägt damit gleichzeitig **notariellen Mitteilungspflichten** Rechnung (§ 51 Abs. 4 BeurkG). Entgegen den Vorgaben der Vorschrift des § 54 EStDV ist (wohl als Folge eines Redaktionsversehens des Gesetzgebers) vorgesehen, dass das Finanzamt für Körperschaften nur eine einfache und nicht eine beglaubigte Abschrift erhalten soll[600]. Die Beteiligten können weitere Ausfertigungen und Abschriften verlangen, eine Aufnahme in das Musterprotokoll erfolgt insoweit aber nicht[601].

h) Notarielle Hinweise (Nr. 7 des Musterprotokolls)

139   Unter Nr. 7 des Musterprotokolls wird schließlich die **Möglichkeit** eröffnet, dass die vom **Notar** anlässlich der Beurkundung gegebenen **Hinweise dokumentiert** werden. Die **Belehrungspflicht** des Notars nach Maßgabe des § 17 BeurkG besteht aufgrund der Beurkundung des Musterprotokolls ebenso wie die **Vollzugspflicht** gemäß § 53 BeurkG im Rahmen des vereinfachten Verfahrens **ohne Einschränkungen**[602]. Da der Notar hinsichtlich der Ausgestaltung des Beurkundungsverfahrens grundsätzlich frei ist und sich die erforderlichen Belehrungen auch bei einem standardisierten Gründungsprozess nicht abstrakt für alle Fälle antizipieren lassen, sieht das Musterprotokoll von einer Vorformulierung entsprechender Hinweise ab[603]. Die Bedeutung von Belehrungsvermerken liegt vornehmlich darin, im Fall der Geltendmachung von Amtshaftungsansprüchen gegen den Notar aufgrund § 19 BNotO Beweis darüber zu erbringen, dass eine gebotene Belehrung tatsächlich erfolgt ist[604]. Es empfiehlt sich vor diesem Hintergrund, die für die „klassische" GmbH **üblichen Hinweise** auch bei der Gründung im vereinfachten Verfahren aufzunehmen. In der **Literatur** werden darüber hinaus überwiegend Belehrungen über die **Risiken einer Verwendung des Musterprotokolls**, etwa im Hinblick auf die Befreiung des Geschäftsführers von den Beschränkungen des § 181 BGB oder die Unzulänglichkeiten des Musterprotokolls als solche, für erforderlich gehalten[605]. Tatsächlich wird in der Praxis, vom Fall der Gründung einer UG (haftungsbeschränkt) mit nur einem Gesellschafter-Geschäftsführer abgesehen, von der Verwendung des Musterprotokolls regelmäßig abzuraten sein und der Notar die Beteiligten hierüber entsprechend aufklären müssen (s. Rdnr. 150). Da der Gesetzgeber aber ausdrücklich ein eigenständiges Musterpro

---

598 Vgl. OLG München v. 6.10.2010 – 31 Wx 143/10, ZIP 2010, 2096 = GmbHR 2010, 1263; a.A. *Fastrich*, in: Baumbach/Hueck, § 5 Rdnr. 57: zehn Jahre; ebenso OLG Oldenburg v. 22.8.2016 – 12 W 121/16 (HR), GmbHR 2016, 1305 = NZG 2016, 1265.

599 Vgl. OLG München v. 6.10.2010 – 31 Wx 143/10, ZIP 2010, 2096, 2097 = GmbHR 2010, 1263: Neufassung der ursprünglichen Nr. 5 des Musterprotokolls nach einer Kapitalerhöhung von 2 Euro auf 10 Euro, wie folgt, zulässig: „Die mit der Errichtung der Gesellschaft verbundenen Kosten und Gebühren hat die Gesellschaft bis zu einem Höchstbetrag von 2 Euro zu tragen."

600 *Heckschen*, DStR 2009, 166, 167; *Heidinger/Blath*, ZNotP 2010, 376, 380.

601 *Heckschen*, Das MoMiG in der notariellen Praxis, Rdnr. 300; anders wohl *J. Mayer*, in: MünchKomm. GmbHG, Rdnr. 249.

602 *Roth*, in: Roth/Altmeppen, Rdnr. 17; *Fastrich*, in: Baumbach/Hueck, Rdnr. 19.

603 Vgl. *J. Mayer*, in: MünchKomm. GmbHG, Rdnr. 250.

604 Vgl. dazu *Hertel*, in: Staudinger, Vorbemerkungen zu §§ 127a und 128: Beurkundungsgesetz, Neubearbeitung 2012, Rdnr. 537 ff.

605 *Roth*, in: Roth/Altmeppen, Rdnr. 57; *Bayer*, in: Lutter/Hommelhoff, Rdnr. 66; *J. Mayer*, in: MünchKomm. GmbHG, Rdnr. 250; *Römermann*, in: GmbHR-Sonderheft MoMiG, 2008, S. 16, 24.

tokoll für mehrere Personen mit einer Befreiung des Geschäftsführers von den Beschränkungen des § 181 BGB vorgesehen hat, dürften aus dem Unterbleiben eines entsprechenden Hinweises im Normalfall keine Haftungskonsequenzen resultieren[606]. Bei Gründung einer UG (haftungsbeschränkt) mit nur sehr geringem Stammkapital wird grundsätzlich (und unabhängig vom vereinfachten Verfahren) eine **Belehrung über die Insolvenzantragspflicht** im Fall der Überschuldung bzw. Zahlungsunfähigkeit geboten sein.

5. Abweichungen vom Musterprotokoll (§ 2 Abs. 1a Satz 3)

a) Keine „vom Gesetz abweichenden Bestimmungen"

Bei Verwendung des Musterprotokolls dürfen nach § 2 Abs. 1a Satz 3 darüber hinaus „keine vom Gesetz abweichenden Bestimmungen" getroffen werden. Diese Formulierung ist mehrdeutig und bedarf der Auslegung. Gemeint sind damit nicht etwa Änderungen gegenüber dem GmbH-Gesetz im Allgemeinen, vielmehr sind **Abweichungen** und auch **Ergänzungen** grundsätzlich **nur zulässig**, wenn dies **im Musterprotokoll ausdrücklich vorgesehen** ist und **keine zwingenden gesetzlichen Vorschriften entgegenstehen**[607]. So würde die Zulassung weiterer Regelungen, wie eine Einziehungsklausel oder eine umfassendere Vertretungsregelung in der Satzung oder die Aufnahme von Abwicklungsvollmachten den Unterschied zwischen vereinfachtem Verfahren und normaler GmbH-Gründung verwischen und die Zielsetzung des Gesetzgebers, eine schnelle Gründung ohne größere Prüfung durch das Registergericht zu ermöglichen, konterkarieren[608]. Keine abweichenden Bestimmungen im Sinne des § 2 Abs. 1a Satz 3 liegen aber vor, soweit es sich um **beurkundungsrechtlich gebotene Zusätze** handelt[609]. Entsprechendes gilt, wenn der Urkundeneingang aus Zweckmäßigkeitsgründen anders formuliert oder die Notarurkunde mit einer Überschrift versehen wird[610]. Keine unzulässigen Änderungen des Musterprotokolls stellen nach der Rechtsprechung des OLG München und des OLG Düsseldorf ferner **völlig unbedeutende Abwandlungen bei Zeichensetzung, Satzstellung und Wortwahl** dar, die keinerlei Auswirkungen auf den Inhalt haben[611]. Dies wäre etwa beim Einsatz der weiblichen Form („Die Erschienene") oder Abkürzungen („geb.") und u.U. auch bei Schreibfehlern anzunehmen[612]. Unschädlich sind auch das Weglassen der vom Gesetzgeber in den Fußnoten gegebenen Erläuterungen, die Änderung der äußeren Gestaltung der Urkunde oder die Verwendung einer anderen Schriftart oder Schriftgröße, da der in der Verfahrensbeschleunigung liegende Zweck von vornherein nicht berührt wird[613]. Gene-

140

---

606 Zustimmend *J. Mayer*, in: MünchKomm. GmbHG, Rdnr. 250.

607 *Römermann*, in: GmbHR-Sonderheft MoMiG, 2008, S. 16, 24; *J. Mayer*, in: MünchKomm. GmbHG, Rdnr. 232.

608 *Römermann*, in: GmbHR-Sonderheft MoMiG, 2008, S. 16, 24; *J. Mayer*, in: MünchKomm. GmbHG, Rdnr. 232.

609 OLG Düsseldorf v. 12.7.2011 – 3 Wx 75/11, DStR 2011, 2106 = GmbHR 2011, 1319; *Wicke*, NotBZ 2009, 1, 8; *Heidinger/Blath*, ZNotP 2010, 376, 378; *Heckschen*, Das MoMiG in der notariellen Praxis, Rdnr. 304.

610 So LG Chemnitz v. 11.8.2009 – 2 HKT 546/09, ZIP 2010, 34; OLG München v. 28.9.2010 – 31 Wx 173/10, GmbHR 2010, 1262; im Ergebnis zustimmend *Wachter*, EWiR, § 2 GmbHR 1/10, Rdnr. 19; noch weitergehend wohl *Tebben*, RNotZ 2008, 441, 444: Feststellungen und Erklärungen in der Urkunde, die den Inhalt des Gesellschaftsvertrags sowie die Bestimmungen über die Geschäftsführung nicht betreffen, sind keine „abweichenden Bestimmungen".

611 S. OLG München v. 28.9.2010 – 31 Wx 173/10, GmbHR 2010, 1262; vorgesehen waren u.a. Spiegelstriche statt Klammern bei der Angabe der Nennbeträge, „in Worten" war nicht abgekürzt, sondern ausgeschrieben, die Adresse des Geschäftsführers wurde nicht wiederholt, der gleichzeitig Gesellschafter war; zustimmend OLG Düsseldorf v. 12.7.2011 – 3 Wx 75/11, DStR 2011, 2106 = GmbHR 2011, 1319; s. auch *Wicke*, Rdnr. 18.

612 *Heckschen*, Das MoMiG in der notariellen Praxis, Rdnr. 302.

613 *Heidinger/Blath*, ZNotP 2010, 376, 379; *Herrler/König*, DStR 2010, 2138, 2140.

rell **nicht vereinbar** mit dem vereinfachten Verfahren ist es hingegen, den Text des Musterprotokolls **umzuformulieren** oder **andere als die im Musterprotokoll vorgesehenen oder das Beurkundungsverfahren betreffende Ergänzungen** vorzunehmen[614]. Problematisch ist daher insbesondere jede Änderung der die Gründung der GmbH betreffenden Erklärungen in den Nrn. 1 bis 5, soweit sie nicht rein äußerlich-formaler Art sind, sondern Auswirkungen auf den Inhalt haben. Bei Gründung einer UG (haftungsbeschränkt), die keine eigenständige Rechtsform ist, sondern nur eine Rechtsformvariante der GmbH, wird vertreten, dass in Nr. 1 des Musterprotokolls die Worte „Gesellschaft mit beschränkter Haftung" nicht durch „Unternehmergesellschaft (haftungsbeschränkt)" ersetzt werden dürften[615].

b) Rechtsfolgen

141   In Fällen einer **unzulässigen Abweichung** vom Musterprotokoll, wie etwa bei einer Gründung durch mehr als drei Gesellschafter, bei Vorhandensein von zwei oder mehreren Geschäftsführern oder bei einem höher festgesetzten Gründungsaufwand, liegt eine **„normale" GmbH-Gründung** vor, für welche die Erleichterungen des § 2 Abs. 1a nicht gelten, sondern die allgemeinen Regelungen für die Gründung einer GmbH Anwendung finden[616]. Da § 2 Abs. 1a Satz 4 keine Anwendung findet, ist als Folge **zusätzlich** eine **Gesellschafterliste** einzureichen, zudem **entfällt** die **kostenrechtliche Privilegierung** der §§ 105 Abs. 6, 107 Abs. 1 Satz 2 GNotKG (früher § 41d KostO). Weitergehende Sanktionen, wie die Annahme von Nichtigkeit der abweichenden Bestimmung gemäß § 134 BGB oder gar nach § 139 BGB des gesamten Gründungsakts erscheinen nicht gerechtfertigt, zumal dies dem generellen Anliegen des Reformgesetzgebers, GmbH-Gründungen zu beschleunigen, zuwider laufen würde[617].

142   Demgegenüber soll nach Auffassung des **OLG München auch** ein **neuer Gesellschaftsvertrag** vorzulegen sein. Das Musterprotokoll könne im „normalen" Verfahren" zur Gründung einer GmbH nicht Grundlage für den Nachweis der darin zusammen gefassten Dokument sein, für die Befreiung des Geschäftsführers vom Verbot des Selbstkontrahierens gemäß § 181 BGB bedürfe es nach h.M. zudem einer satzungsmäßigen Grundlage[618]. Dem ist entgegen zu halten, dass das Musterprotokoll sämtliche Anforderungen an den Mindestinhalt des Gesellschaftsvertrags gemäß § 3 Abs. 1 erfüllt. Eine zwingende gesetzliche Vorschrift, die eine Zusammenfassung von Gründungsakt, Satzung und Geschäftsführerbestellung zu einem einheitlichen Dokument verbieten würde, besteht nicht[619], in den Text des Statuts einer GmbH können wohl unstreitig auch sog. unechte Satzungsbestandteile aufgenommen werden, die materiell nicht die Qualität einer gesellschaftsvertraglichen Regelung haben[620]. Der Befreiung des ersten Geschäftsführers von den Beschränkungen des § 181 BGB im Rahmen des Musterprotokolls kommt als eine einmalig angeordnete Suspendierung des Verbots des In-Sich-Geschäfts entgegen der Auffassung des OLG München durchaus eine begrenzte mate-

---

614   *Herrler/König*, DStR 2010, 2138, 2140; *Heckschen*, Das MoMiG in der notariellen Praxis, Rdnr. 302.

615   *Herrler/König*, DStR 2010, 2138, 2140; OLG Düsseldorf v. 12.7.2011 – 3 Wx 75/11, DStR 2011, 2106, 2107 = GmbHR 2011, 1319: „Einpersonen-Unternehmergesellschaft (haftungsbeschränkt)".

616   Insoweit wohl allgemeine Auffassung, vgl. nur *Wicke*, Rdnr. 18; *J. Mayer*, in: MünchKomm. GmbHG, Rdnr. 233; *J. Schmidt*, in: Michalski u.a., Rdnr. 104; *Bayer*, in: Lutter/Hommelhoff, Rdnr. 70.

617   H.M. in der Literatur, vgl. *J. Mayer*, in: MünchKomm. GmbHG, Rdnr. 233; *Ulmer/Löbbe*, in: Ulmer/Habersack/Löbbe, Rdnr. 127; *Tebben*, RNotZ 2008, 441, 444; *Römermann*, in: GmbHR-Sonderheft MoMiG, 2008, 16, 19; *Heidinger/Blath*, ZNotP 2010, 376, 385; *Schäfer*, in: Bork/Schäfer, Rdnr. 112; *J. Schmidt*, in: Michalski u.a., Rdnr. 104; *Fastrich*, in: Baumbach/Hueck, Rdnr. 18; *Pfisterer*, in: Saenger/Inhester, Rdnr. 54.

618   OLG München v. 12.5.2010 – 31 Wx 19/10, GmbHR 2010, 755 mit krit. Anm. Wachter.

619   *Römermann*, in: GmbHR-Sonderheft MoMiG, 2008, S. 16, 19.

620   Vgl. *Wicke*, DNotZ 2006, 419; *Herrler*, GmbHR 2010, 960, 964.

rielle Satzungsqualität zu[621]. Dem Verweis im Musterprotokoll auf § 2 Abs. 1a kann darüber hinaus nicht der objektive Erklärungswert beigelegt werden, die Gesellschafter wünschten die Errichtung im Wege des vereinfachten Verfahrens auch um den Preis der fehlenden Eintragungsfähigkeit[622]; die Beseitigung etwaiger daraus resultierender Unklarheiten, die lediglich interne Bedeutung für die Gesellschafter haben, kann durch das Registergericht auf der Grundlage des § 9c auch nicht verlangt werden, selbst wenn die Auslegung nicht zu einem eindeutigen Verständnis führt[623].

6. Satzungsänderungen

a) Anwendung der allgemeinen Vorschriften (§§ 53 f.) und Kostenprivileg (§§ 105 Abs. 6, 108 Satz 1 GNotKG)

Im Fall einer **Änderung** der im Musterprotokoll enthaltenen gesellschaftsvertraglichen Regelungen sind die **allgemeinen Vorgaben der §§ 53 f.** einzuhalten[624]. Die **Kostenprivilegierung** kommt aufgrund des Verweises in § 108 Abs. 1 Satz 1 GNotKG auf § 105 Abs. 6 GNotKG bei Satzungsänderungen unter der Voraussetzung zur Anwendung, dass „**die Gesellschaft auch mit dem geänderten Gesellschaftsvertrag hätte gemäß § 2 Abs. 1a GmbHG gegründet werden können**"[625]. Es besteht daher auch insoweit Wahlfreiheit der Gesellschafter, ob sie sich bei einer Satzungsänderung weiter im engen Rahmen des Musterprotokolls mit Kostenprivileg bewegen möchten oder ob sie ein maßgeschneidertes Rechtsgewand unter Aufgabe des Kostenprivilegs bevorzugen[626]. Der Geschäftswert für einen derartigen Beschluss beträgt nach §§ 108 Abs. 1 Satz 1, 105 Abs. 4, 6 Satz 1 Nr. 2 GNotKG 1 % des eingetragenen Stammkapitals, wobei der Mindestwert des § 105 Abs. 1 GNotKG nicht gilt[627]; Entsprechendes gilt gemäß §§ 105 Abs. 6 Satz 1 Nr. 2, 105 Abs. 4 GNotKG für die Anmeldung zum Handelsregister[628].

143

b) Anpassung des Texts des Musterprotokolls?

In der Rechtsprechung der vergangenen Jahren ist immer wieder die Frage aufgetreten, **wie die Formulierung nachträglicher Änderungen zu gestalten** ist, ohne die durch das Musterprotokoll vorgegebenen Grenzen überschreiten zu müssen[629]. Nach einer zutreffenden Entscheidung des OLG Düsseldorf kann eine **vollständige Neufassung** des Gesellschaftsvertrags **nicht verlangt** werden[630]. Die Verwendung des Musterprotokolls bei der Gründung der Gesellschaft zwingt hingegen nach Auffassung des OLG München **nicht** dazu, bei späteren Än-

144

---

621 S. Rdnr. 127. *J. Mayer*, in: MünchKomm. GmbHG, Rdnr. 233a, 246a.
622 *Herrler*, GmbHR 2010, 960, 964; *Heidinger/Blath*, ZNotP 2010, 376, 385; *Heckschen*, Das MoMiG in der notariellen Praxis, Rdnr. 306.
623 Vgl. *Wicke*, in: MünchKomm. GmbHG, § 9c Rdnr. 9 m.w.N.
624 OLG München v. 29.10.2009 – 31 Wx 124/09, GmbHR 2010, 40; *Heidinger/Blath*, ZNotP 2010, 402, 407; *Wicke*, Rdnr. 19; *Jaeger*, in: BeckOK, Rdnr. 74a.
625 Notarkasse AdÖR (Hrsg.), Streifzug durch das GNotKG, 12. Aufl. 2017, Rdnr. 1525.
626 *Omlor/Spies*, GmbHR 2010, 759, 760.
627 Notarkasse AdÖR (Hrsg.), Streifzug durch das GNotKG, 12. Aufl. 2017, Rdnr. 1526.
628 Notarkasse AdÖR (Hrsg.), Streifzug durch das GNotKG, 12. Aufl. 2017, Rdnr. 1528.
629 *Kallweit*, GmbHR 2010, 312, 313; *Herrler/König*, DStR 2010, 2138, 2143; *Wicke*, Rdnr. 19.
630 OLG Düsseldorf v. 10.5.2010 – I-3 Wx 106/10, GmbHR 2010, 757 mit zust. Anm. *Omlor/Spies*. Zustimmend auch *Herrler/König*, DStR 2010, 2138, 2143. Das Registergericht hatte hingegen bei einer Änderung des Unternehmensgegenstands verlangt, „durch Erstellung einer geänderten Satzung mit Notarbescheinigung gemäß § 54 Abs. 1 mit den Mindestbestandteilen nach Maßgabe des § 3 Abs. 1 bzw. durch Wiedergabe lediglich der Nr. 1 bis 5 des Musterprotokolls – unter Streichung aller auf die Gründung verweisenden Formulierungen" möglichen Missverständnissen zu begegnen; a.A. auch *Heckschen*, Das MoMiG in der notariellen Praxis, Rdnr. 324.

derungen der Satzung die nur **auf die Gründung bezogenen Formulierungen** beizubehalten, obwohl diese später inhaltlich falsch und irreführend sind. Vielmehr könne insoweit
vom Registergericht zur Vermeidung von Widersprüchen sogar eine redaktionelle Anpassung der sprachlichen Fassung verlangt werden[631]. Dies wurde insbesondere für Firma und
Sitz bejaht, da diese Angaben im Musterprotokoll im selben Satz enthalten sind mit dem –
einmalig – die Errichtung der Gesellschaft erfolgt[632]. Entsprechendes wird auch für eine spätere Änderung des Unternehmensgegenstands oder des Stammkapitals[633] angenommen, da
sich der Einleitungssatz auf den gesamten nachfolgenden Text beziehe[634]. Für nicht ausreichend zur Beseitigung von Unklarheiten hielt das OLG München bei einer Kapitalerhöhung
neben dem bloßen Austausch der Kapitalziffer eine Formulierung zu den neuen Gesellschaftern, wonach diese die Geschäftsanteile „halten" und nicht „übernehmen", solange die neue
Satzung noch die Überschrift „Errichtung einer Unternehmergesellschaft" und die Fassung
des Eingangssatzes „wird errichtet" beibehält[635]. Eine Änderung der im Urkundsmantel enthaltenen Erklärungen wird hingegen nicht für erforderlich gehalten[636]. Der Ansatz des OLG
München ist so zu begreifen, dass regelmäßig lediglich die punktuelle Abänderung einzelner
Formulierungen des Musterprotokolls und nicht die Neufassung des gesamten Gesellschaftsvertrags verlangt werden kann und steht damit nicht im Widerspruch zur Rechtsprechung
des OLG Düsseldorf[637]. Die Auffassung des OLG München verdient Zustimmung, soweit
das Gericht die Änderung der nur auf die Gründung bezogenen Formulierungen zulässt, sie
erscheint aber nicht zwingend, soweit eine entsprechende Anpassung für erforderlich gehalten wird, da auch bei einer normalen GmbH Gründung mit separater Satzung häufig Angaben beibehalten werden, obwohl sie im Laufe der Zeit unrichtig geworden sind[638]. In der
Praxis ist als Folge dieser Rechtsprechung genau auf eine **widerspruchsfreie Formulierung
des gesamten Musterprotokolls** auch bei der Änderung nur einzelner Satzungsbestimmungen zu achten. Als Reaktion auf die geschilderte Rechtsprechung ordnet § 105 Abs. 6 Satz 2
GNotKG nunmehr an, dass reine sprachliche Abweichungen vom Musterprotokoll oder die
spätere Streichung der auf die Gründung verweisenden Formulierungen der kostenrecht-
lichen Privilegierung nicht entgegenstehen. Mit dieser Regelung dürfte es vereinbar sein und
im Interesse erhöhter Rechtsklarheit und Praktikabilität damit auch **empfehlenswert** sein,
eine **Neufassung des Gesellschaftsvertrags mit den weiterhin gültigen gesellschaftsvertraglichen Regelungen** des ursprünglichen Musterprotokolls unter Streichung aller auf die

---

631 OLG München v. 3.11.2009 – 31 Wx 131/09, GmbHR 2010, 312; OLG München v. 6.7.2010 – 31
Wx 112/10, GmbHR 2010, 922; OLG München v. 6.10.2010 – 31 Wx 143/08, GmbHR 2010,
1263.
632 Die Nummer 1 des Musterprotokolls könnte demgemäß etwa wie folgt umformuliert werden: „Die
Gesellschaft führt die Firma X GmbH und hat ihren Sitz in M" (s. auch *Herrler/König*, DStR 2010,
2138, 2143). Zur Regelung der Gründungskosten s. auch OLG München v. 6.10.2010 – 31 Wx
143/08, GmbHR 2010, 1263 und oben Rdnr. 137 Fn. 599.
633 OLG München v. 6.7.2010 – 31 Wx 112/10, GmbHR 2010, 922. § 105 Abs. 6 GNotKG gilt für den
Kapitalerhöhungsbeschluss allerdings nicht, da die Vorschrift lediglich Beschlüsse mit unbestimm-
tem Geldwert betrifft, vgl. *Korintenberg/Tiedtke*, 20. Aufl. 2017, § 108 GNotKG Rdnr. 63.
634 *Herrler/König*, DStR 2010, 2138, 2143.
635 OLG München v. 6.7.2010 – 31 Wx 112/10, GmbHR 2010, 922, 924. Das OLG München weist aber
in der Entscheidung zutreffend darauf hin, dass die Angaben zu den ursprünglichen Geschäftsanteilen und ihren Übernehmern gemäß § 3 Abs. 1 Nr. 4 in späteren Satzungen entfallen können;
s. dazu *Wicke*, in: MünchKomm. GmbHG, § 3 Rdnr. 55 mit Nachw. zum Streitstand; einschränkend etwa *Melchior*, notar 2010, 305, 306: Aufhebung nur bei Volleinzahlung oder fünf Jahre nach
Eintragung.
636 OLG München v. 23.10.2014 – 31 Wx 415/14, MittBayNot 2015, 250.
637 Vgl. auch OLG Düsseldorf v. 10.5.2010 – I-3 Wx 106/10, GmbHR 2010, 757, 758.
638 Vgl. *Heidinger/Blath*, ZNotP 2010, 402, 406; dies gilt für die Angaben zu den Gründungsgesellschaftern und generell für unechte Satzungsbestandteile, s. *Wicke*, in: MünchKomm. GmbHG, § 3
Rdnr. 55, 108.

Gründung verweisenden Formulierungen, einschließlich der bereits durch voraus gegangene Maßnahmen unrichtig gewordenen Textbestandteile wie die Geschäftsführerbestellung, zu beschließen[639]. Aufrechterhalten werden müsste demgemäß der Mindestinhalt des § 3 Abs. 1, wahlweise ohne Übernahmeerklärung(en), die Regelung über die Gründungskosten und ggf. die Bestimmung über den ersten Geschäftsführer und dessen Befreiung von den Beschränkungen des § 181 BGB, soweit diese noch Gültigkeit hat, im Wesentlichen also die Nrn. 1 bis 5 des Musterprotokolls[640].

c) Beifügung von Satzungstext und Satzungsbescheinigung

Bei Anmeldung der Satzungsänderung ist **gemäß § 54 Abs. 1 Satz 2** der **vollständige Wortlaut des Gesellschaftsvertrags mit Notarbescheinigung** beizufügen. Es genügt folglich nicht, lediglich die Niederschrift der Gesellschafterversammlung vorzulegen, die im Rahmen der Beschlussfassung über die Änderung auch die neue Fassung der entsprechenden Bestimmungen des Musterprotokolls enthält[641]. Nicht abschließend geklärt ist die Frage, wie in einem solchen Fall die Satzungsbescheinigung des § 54 Abs. 1 Satz 2 auszugestalten ist. Nach zutreffender Auffassung ist es zulässig, die **Satzungsbescheinigung über das vollständige Musterprotokoll in der nunmehr geänderten Form** zu erstellen[642]. Einer Gegenansicht zufolge darf der bescheinigte Satzungstext nur die statutarischen Bestimmungen, verstanden als die Nrn. 1 bis 5, enthalten[643]. Zu berücksichtigen ist allerdings, dass nach h.M. hinsichtlich überholter bzw. unechter Satzungsbestandteile eine Anpassung im Rahmen der Zusammenstellung des Satzungstextes nur erfolgen darf, wenn über die Anpassung ein Gesellschafterbeschluss gefasst worden ist[644]. Ein solcher Gesellschafterbeschluss wäre nach hier vertretener Auffassung möglich, ohne dass darin eine „Abweichung" vom Musterprotokoll zu sehen wäre (s. Rdnr. 144). | 145

d) Satzungsänderungen vor Eintragung

Änderungen des Musterprotokolls vor Eintragung der GmbH ins Handelsregister erfolgen **nach allgemeinen Grundsätzen** durch entsprechende Vereinbarung sämtlicher Gesellschafter[645]. Soweit Abweichungen gegenüber dem Musterprotokoll erfolgen sollen, führt dies zum Übergang ins normale Gründungsverfahren. Halten sich die Änderungen hingegen im Rahmen des Musterprotokolls, ist eine **Nachtragsurkunde mit Satzungsbescheinigung** gemäß | 146

---

639 Einschränkend Notarkasse AdÖR (Hrsg.), Streifzug durch das GNotKG, 12. Aufl. 2017, Rdnr. 1549.

640 A.A. *Herrler/König*, DStR 2010, 2138, 2143 und 2144 Fn. 62 (vollständige Satzungsneufassung nicht privilegiert); ebenso DNotI-Report 2010, 217, 219; noch weiter einschränkend *Krafka*, NotBZ 2010, 110, 111, wonach auch redaktionelle Änderungen in den Variablen des Musterprotokolls nicht privilegiert sind.

641 H.M., vgl. OLG München v. 29.10.2009 – 31 Wx 124/09, GmbHR 2010, 40; OLG Zweibrücken v. 9.5.2011 – 3 W 1/11, BeckRS 2013, 15490; DNotI-Report 2010, 217, 218; *Wicke*, Rdnr. 19; *Zöllner/Noack*, in: Baumbach/Hueck, § 54 Rdnr. 10a; *Trölitzsch*, in: BeckOK, § 54 Rdnr. 5; a.A. *Wälzholz*, GmbHR 2008, 841, 843.

642 *Wicke*, NotBZ 2009, 1, 10; *Jaeger*, in: BeckOK, Rdnr. 74a; *Krafka*, NotBZ 2010, 110, 111; *Melchior*, notar 2010, 305, 307.

643 Vgl. DNotI-Report 2010, 217, 218; s. auch *Herrler/König*, DStR 2010, 2138, 2143; ferner *Heckschen*, Das MoMiG in der notariellen Praxis, Rdnr. 324: Satzungsbescheinigung nur bei Neufassung der Satzung möglich; s. auch *Hasselmann*, AnwBl. 2008, 659, 661.

644 *Inhester*, in: Saenger/Inhester, § 54 Rdnr. 14; *Zöllner/Noack*, in: Baumbach/Hueck, § 54 Rdnr. 11; *Bayer*, in: Lutter/Hommelhoff, § 54 Rdnr. 4; *Priester*, in: Scholz, 11. Aufl., § 54 Rdnr. 18; vgl. auch OLG Düsseldorf v. 10.5.2010 – I-3 Wx 106/10, GmbHR 2010, 757, 758; OLG München v. 3.11.2009 – 31 Wx 131/09, GmbHR 2010, 312; a.A. *Ulmer/Casper*, in: Ulmer/Habersack/Löbbe, § 54 Rdnr. 19; im vorliegenden Zusammenhang auch *Herrler/König*, DStR 2010, 2138, 2143.

645 S. Rdnr. 26; *Wicke*, § 2 Rdnr. 6.

§ 54 Abs. 1 Satz 2 zum Handelsregister einzureichen; es wird aber auch eine **Neuausfertigung des Musterprotokolls** für zulässig erachtet[646].

7. Gesellschafterliste und Registeranmeldung (§ 2 Abs. 1a Satz 4)

147 Das **Musterprotokoll** gilt nach § 2 Abs. 1a Satz 4 **zugleich** als **Gesellschafterliste** im Sinne des § 8 Abs. 1 Nr. 3. Eine separate Gesellschafterliste ist daher bei der Gründung im vereinfachten Verfahren nicht zum Handelsregister einzureichen. Dies gilt ebenso im Fall der Bestellung eines Fremdgeschäftsführers, der auch nicht etwa das Musterprotokoll unterzeichnen muss[647]. Die **Gesellschafter** sind im Musterprotokoll **entsprechend den Anforderungen des § 40 Abs. 1** mit Namen, Geburtsdatum und Wohnort bzw. im Fall von eingetragenen Gesellschaften mit Firma, Satzungssitz, zuständigem Register und Registernummer zu **bezeichnen**[648], wobei die Daten zweckmäßigerweise im Rubrum der Urkunde und nicht im variablen Feld zum Gesellschafter aufgeführt werden sollten. In der Eigenschaft als Gesellschafterliste bildet das **Musterprotokoll im Sinne des § 16 Legitimationsbasis** für das Rechtsverhältnis der GmbH zu ihren Gesellschaftern und auch den Rechtsscheinträger für einen gutgläubigen Erwerb von Geschäftsanteilen[649]. Kommt es **nachträglich zu einer Veränderung** in den Personen der Gesellschafter oder des Umfangs ihrer Beteiligung, z.B. durch Beschluss einer Kapitalmaßnahme oder aufgrund Abtretung eines Geschäftsanteils, ist **nach den allgemeinen Grundsätzen des § 40 eine neue separate Gesellschafterliste** zum Handelsregister einzureichen[650], nicht hingegen bei einer Satzungsänderung ohne Einfluss auf das Kapital oder die Beteiligungen[651]. Die **Anmeldung der Gründung im vereinfachten Verfahren** hat **nach allgemeinen Vorgaben** zu erfolgen[652]. Sie ist als separates Schriftstück zusammen mit dem Musterprotokoll elektronisch in öffentlich beglaubigter Form zum Handelsregister einzureichen (§ 12 HGB) und wurde vom Gesetzgeber nicht eigens vorformuliert. Weitere Dokumente neben der Anmeldung und dem Musterprotokoll sind, abgesehen von etwaigen Vollmachten (§ 8 Abs. 1 Nr. 1) und Vertretungsnachweisen, nicht vorzulegen[653].

8. Kostenprivilegierung

148 Der **maßgebliche Vorteil des vereinfachten Verfahrens** liegt in einer möglichen Kostenprivilegierung bei Gründung und Satzungsänderungen gemäß §§ 105 Abs. 6, 107 Abs. 1 Satz 2, 108 Abs. 1 Satz 1 GNotKG[654]. Demzufolge kommt nicht der Mindestwert des § 107 Abs. 1 Satz 2 GNotKG von 30000 Euro zur Anwendung, vielmehr ist bei der Gründung als Geschäftswert der Nominalbetrag des Stammkapitals anzusetzen, der im Fall einer klassischen GmbH mit Mindeststammkapital bei 25000 Euro und im Fall der UG (haftungsbeschränkt) zwischen 1 und 24999 Euro liegt. Bei Gründung einer Ein-Personengesellschaft beträgt die

---

646 *Roth*, in: Roth/Altmeppen, Rdnr. 61; *Jaeger*, in: BeckOK, Rdnr. 74a; s. zur Problematik ferner *Heidinger/Blath*, ZNotP 2010, 376, 386.

647 DNotI-Report 2011, 149; a.A. *Heidinger/Blath*, ZNotP 2010, 376, 384.

648 *Schäfer*, in: Bork/Schäfer, Rdnr. 99; zur Gesellschaft bürgerlichen Rechts s. Rdnr. 124.

649 *Ulmer/Löbbe*, in: Ulmer/Habersack/Löbbe, Rdnr. 129; *Wicke*, § 16 Rdnr. 2.

650 Vgl. OLG München v. 29.10.2009 – 31 Wx 124/09, GmbHR 2010, 40; DNotI-Report 2010, 217, 218; *Ulmer/Löbbe*, in: Ulmer/Habersack/Löbbe, Rdnr. 129.

651 *Jaeger*, in: BeckOK, Rdnr. 74a.

652 OLG Düsseldorf v. 12.7.2011 – 3 Wx 75/11, DStR 2011, 2106, 2107 = GmbHR 2011, 1319.

653 *Roth*, in: Roth/Altmeppen, Rdnr. 62. Zur ausnahmsweisen Vorlage von staatlichen Genehmigungen s. *Wicke*, § 9c Rdnr. 8.

654 Eingehend dazu *Sikora/Regler/Tiedtke*, MittBayNot 2008, 437, 438 ff.; ferner *Wachter*, in: GmbHR-Sonderheft MoMiG, 2008, S. 25, 27 ff.; *Römermann*, in: GmbHR-Sonderheft MoMiG, 2008, S. 16 f., 25; *Heckschen*, Das MoMiG in der notariellen Praxis, Rdnr. 308 ff.; *J. Mayer*, in: MünchKomm. GmbHG, Rdnr. 226.

1,0-Gebühr nach KV 21200 GNotKG mindestens 60 Euro, bei Gründung einer Mehrpersonengesellschaft beträgt die 2,0-Gebühr nach KV 21100 GNotKG mindestens 120 Euro; wobei die genannten Mindestgebühren bis zu einem Stammkapital von 7000 Euro nicht überschritten werden, während sich bei einer normalen Gründung Gebühren von mindestens 125 bzw. 250 Euro ergeben würden. Für Entwurf und Beglaubigung der Handelsregisteranmeldung wären bei einem Stammkapital bis zu 7000 Euro im vereinfachten Verfahren Gebühren von 30 Euro zu zahlen, bei der normalen Gründung von 62,50 Euro[655]. Ein weiterer nicht unerheblicher Kostenvorteil des vereinfachten Verfahrens liegt (insoweit unabhängig vom Stammkapital) darin, dass die Geschäftsführerbestellung als Teil des Musterprotokolls, obgleich sie vom Notar mitbeurkundet wurde, nicht gesondert bewertet wird[656], und auch mögliche Kosten für die Erstellung der Gesellschafterliste durch den Notar entfallen[657]. Bei einer Satzungsänderung im Rahmen des Musterprotokolls, die nicht mit einer Änderung des Stammkapitals verbunden ist, führt die Nichtanwendung der Mindestwertbestimmung dazu, dass als Geschäftswert für den Beschluss und die Anmeldung ein Prozent des Stammkapitals zugrunde zu legen ist und der Mindestwert von 30000 Euro wiederum nicht gilt (§§ 108 Abs. 1, 105 Abs. 6, 4 GNotKG)[658].

9. Rechtspraktische und -politische Bewertung

a) Rechtspolitischer Kompromiss

Das in § 2 Abs. 1a vorgesehene beurkundungspflichtige Musterprotokoll stellt einen Kompromiss zwischen unterschiedlichen Strömungen im Gesetzgebungsverfahren dar, die von einer Beibehaltung des status quo ante ohne Einführung von Gründungsmustern bis hin zur Schaffung ausführlicherer gesetzlicher Formulartexte nach angelsächsischem Vorbild reichen. Die Befürworter einer beurkundungsfreien Mustersatzung entsprechend der Position des Regierungsentwurfs waren von der Sorge geleitet, dass in der gesetzlichen Vorgabe schriftlicher Gründungsformulare ein Systemvorteil der englischen Limited liegen könnte, der zu einem weiteren Zuwachs dieser Rechtsform gegenüber der GmbH führen könnte[659]. Wie jüngere Zahlen belegen, hat sich diese Sorge aber als unbegründet erwiesen[660], die Bedeutung der Limited auf dem inländischen Markt ist spätestens mit Einführung der Unternehmergesellschaft (haftungsbeschränkt) vollständig in den Hintergrund getreten. Im Ergebnis hat sich jedenfalls die Erkenntnis durchgesetzt, dass Beratungsbedarf und die **Notwendigkeit einer präventiven Rechtskontrolle selbst bei der Verwendung einer Mustersatzung**, insbesondere im Hinblick auf die individuell festzulegenden Angaben besteht. Ein wesentlicher Gesichtspunkt, der in der Debatte für eine Beibehaltung der Beurkundungspflicht geltend gemacht wurde, war **neben der vorfilternden Funktion die Vollzugspflicht des Notars** im Falle der Beurkundung (§ 53 BeurkG) und damit die komplette Abwicklung durch den Notar als „Schnittstelle" zur registergerichtlichen Kontrolle („One-Stop-Shop")[661]. Unter diesem Gesichtspunkt wäre zu befürchten gewesen, dass der im Regierungsentwurf befürwortete Ansatz einer ungeprüften Satzung zu einer nicht unerheblichen Verzögerung des Eintragungsverfahrens und volkswirtschaftlich betrachtet zu einer Kostenerhöhung geführt hätte.

149

---

655 KV-Nr. 24102; für den elektronischen Vollzug und die XML-Strukturdaten kommen 15 Euro bzw. 37,50 Euro hinzu (KV-Nr. 22114).
656 S. OLG Celle v. 18.12.2009 – 2 W 350/09, DNotZ 2011, 70.
657 *Sikora/Regler/Tiedtke*, MittBayNot 2008, 437, 440, 441; Streifzug durch die Kostenordnung, 9. Aufl. 2012, Rdnr. 754, 1005.
658 Notarkasse AdÖR (Hrsg.), Streifzug durch das GNotKG, 12. Aufl. 2017, Rn. 1526, 1528.
659 Zu möglichen Folgen des Brexit s. etwa *Weller/Thomale/Benz*, NJW 2016, 2378; *Freitag/Korch*, ZIP 2016, 1361.
660 Vgl. *Kornblum*, GmbHR 2017, 739, 740; *Niemeier*, in: FS Roth, 2011, S. 533.
661 *Preuß*, RNotZ 2009, 529, 531.

b) Musterprotokoll als Fremdkörper im System

150 Aber auch in der geltenden Fassung wird das Musterprotokoll mit guten Gründen als „Fremdkörper im System" kritisiert[662]. Für **Mehrpersonengesellschaften** ist das **Formular ungeeignet**, da in der Praxis regelmäßig eine Reihe zusätzlicher Regelungen, wie insbesondere Vinkulierungsklauseln (im Sinne des § 15 Abs. 5), Bestimmungen zur Erbfolge, Güterstandsklauseln, Zustimmungsvorbehalte der Gesellschafterversammlung, Kündigungs- und Einziehungsklauseln oder auch Vereinbarungen zur Vermeidung von Pattsituationen, erforderlich werden, die den Rahmen des Musterprotokolls überschreiten[663]. Eine erwägenswerte Alternative kann das Musterprotokoll bei der **Einpersonengesellschaft in Form der Unternehmergesellschaft (haftungsbeschränkt)** angesichts der bei geringem Stammkapital bestehenden Kostenvorteile darstellen. Eine genaue **Einzelfallbetrachtung** ist aber auch in dieser Konstellation keinesfalls entbehrlich. So kann die Befreiung von § 181 BGB bei Bestellung eines Fremdgeschäftsführers unerwünscht sein, die Beschränkung der von der Gesellschaft zu tragenden Gründungskosten auf 300 Euro nachteilig sein oder bei absehbaren Änderungen der Gesellschaftsstruktur eine individuelle Satzung von vornherein einen passenderen und flexibleren Rahmen bieten. Aus den genannten Gründen würden im Übrigen reine Online-Registerverfahren, wie sie gegenwärtig immer wieder von der Europäischen Kommission angedacht werden[664], unter Verwendung einheitlicher Templates, Smart Contracts bzw. Blockchain zu einer erheblichen Simplifizierung des Gesellschaftsrechts führen, die zwangsläufig mit einem Verlust an Gestaltungsfreiheit, Transparenz und Rechtssicherheit verbunden wäre[665].

c) Keine Beschleunigung des Eintragungsverfahrens

151 Zu einer Beschleunigung des Gründungsverfahrens hat das Musterprotokoll neben der Kostenprivilegierung nicht geführt. Unmittelbar nach Inkrafttreten des MoMiG wurden sogar längere Eintragungszeiten für Gründungen im vereinfachten Verfahren ermittelt[666], was indessen eher auf vorüber gehende Kinderkrankheiten des neuen Modells, insbesondere aufgrund gewisser handwerklicher Mängel im Bereich der Vertretungsregelung zurück zu führen sein dürfte. Im Übrigen ist zu berücksichtigen, dass durch die mit dem EHUG eingeführte elektronische Registerführung Eintragungszeiten zwischen ein bis zwei Wochen – noch ohne Hinweis auf eine bestehende Eilbedürftigkeit – nunmehr die Regel sind. Eine bevorzugte und aufgrund gesetzlicher Anordnung beschleunigte Bearbeitung von GmbH-Gründungen im vereinfachten Verfahren durch das Registergericht hat der Gesetzgeber zu Recht nicht vorgesehen. Für einen routinierten Registerrichter dürfte die Überprüfung einer einmal vorliegenden durchschnittlichen GmbH-Satzung ohnehin in überschaubarem Zeitrahmen möglich sein. Wenn rechtspolitisch in der Frage der Gründungsdauer im europäischen Vergleich Spitzenzeiten gewünscht werden, sollte über einen anderen Ansatz nachgedacht werden: Würde man, wie dies etwa in Luxemburg der Fall ist, bereits dem notariellen Gründungsprotokoll konstitutive Wirkung zukommen lassen, könnte eine Gründung künftig binnen weniger Stunden erfolgen[667].

---

662 *Preuß*, RNotZ 2009, 529, 531; s. auch *Pfisterer*, in: Saenger/Inhester, Rdnr. 55: eher unausgegorenes Konstrukt; ferner *J. Mayer*, in: MünchKomm. GmbHG, Rdnr. 255; *Seebach*, RNotZ 2013, 261, 263.
663 *Heckschen*, DStR 2007, 1445; *Freitag/Riemenschneider*, ZIP 2007, 1487; *Wicke*, Rdnr. 15.
664 S. dazu die Nachweise bei *Bormann*, Die digitalisierte GmbH, ZGR 2017, 621, 623 Fn. 2 und 3.
665 *Bormann*, ZGR 2017, 621, 633 ff.
666 *Bayer/Hoffmann*, GmbHR 2009, R 225, 226.
667 S. auch *Wicke*, Rdnr. 20.

d) Reformvorschlag

Als Fazit ist daher festzuhalten, dass sich das Musterprotokoll letztlich als nicht notwendige, aber auch nicht als eine in jeder Hinsicht unpraktikable Reformmaßnahme darstellt. Im Fall einer möglichen künftigen Revision des GmbH-Rechts kann guten Gewissens über eine Streichung von § 2 Abs. 1a oder über eine Beschränkung auf die Einpersonengesellschaft nachgedacht werden. Sollte man sich hierzu nicht durchringen können, würde es sich empfehlen, die aufgetretenen Mängel, insbesondere im Bereich der Vertretungsregelung und bei späteren Satzungsänderungen zu beseitigen. Eine geänderte Fassung des Musterprotokolls in der für die Einpersonengesellschaft anwendbaren Variante, welche die Defizite des geltenden Rechts vermeiden würde, könnte (ohne die beurkundungsrechtlichen Vorgaben) wie folgt formuliert werden: 152

Der/die Beteiligte errichtet hiermit eine Gesellschaft mit beschränkter Haftung nach Maßgabe dieser Niederschrift und der ihr als Anlage beigefügten Satzung. Zum Geschäftsführer der Gesellschaft wird Herr/Frau …, geboren am …, wohnhaft in … bestellt. Der Geschäftsführer vertritt die Gesellschaft stets einzeln und ist von den Beschränkungen des § 181 des Bürgerlichen Gesetzbuchs befreit. Von dieser Urkunde erhält eine Ausfertigung der Gesellschafter, beglaubigte Ablichtungen das Finanzamt – Körperschaftsteuerstelle – und das Registergericht (in elektronischer Form). Der/die Beteiligte wurde vom Notar/von der Notarin insbesondere auf Folgendes hingewiesen:

Anlage Satzung

1. Die Gesellschaft führt die Firma …

2. Sie hat ihren Sitz in …

3. Gegenstand des Unternehmens ist …

4. Das Stammkapital der Gesellschaft beträgt … Euro (i.W. … Euro) und wird vollständig von … (Geschäftsanteil Nr. 1, 100 %) übernommen. Die Einlage ist in Geld zu erbringen, und zwar sofort in voller Höhe/zu 50 Prozent sofort, im Übrigen sobald die Gesellschafterversammlung ihre Einforderung beschließt.

5. Die Vertretung ist wie folgt geregelt: Ist nur ein Geschäftsführer bestellt, so vertritt dieser die Gesellschaft allein. Sind mehrere Geschäftsführer bestellt, wird die Gesellschaft entweder durch zwei Geschäftsführer oder durch einen Geschäftsführer zusammen mit einem Prokuristen vertreten. Einzelvertretungsbefugnis und Befreiung von den Beschränkungen des § 181 BGB können erteilt werden.

6. Die Gesellschaft trägt die mit der Gründung verbundenen Kosten bis zu einem Gesamtbetrag von 300 Euro, höchstens jedoch bis zum Betrag ihres Stammkapitals.

10. Musterprotokoll

Anlage 1 (zu Artikel 1 Nr. 50 des MoMiG vom 23.10.2008, BGBl. I 2008, 2026) 153

a) Musterprotokoll für die Gründung einer Einpersonengesellschaft

UR. Nr. …

Heute, den …,

erschien vor mir, …,

Notar/in mit dem Amtssitz in …,

Herr/Frau[1]

…

…

…[2].

1. *Der Erschienene errichtet hiermit nach § 2 Abs. 1a GmbHG eine Gesellschaft mit beschränkter Haftung unter der Firma ... mit dem Sitz in ...*
2. *Gegenstand des Unternehmens ist ...*
3. *Das Stammkapital der Gesellschaft beträgt ... Euro (i.W. ... Euro) und wird vollständig von Herrn/Frau[1] ... (Geschäftsanteil Nr. 1) übernommen. Die Einlage ist in Geld zu erbringen, und zwar sofort in voller Höhe/zu 50 % sofort, im Übrigen sobald die Gesellschafterversammlung ihre Einforderung beschließt[3].*
4. *Zum Geschäftsführer der Gesellschaft wird Herr/Frau[4] ..., geboren am ..., wohnhaft in ..., bestellt. Der Geschäftsführer ist von den Beschränkungen des § 181 des Bürgerlichen Gesetzbuchs befreit.*
5. *Die Gesellschaft trägt die mit der Gründung verbundenen Kosten bis zu einem Gesamtbetrag von 300 Euro, höchstens jedoch bis zum Betrag ihres Stammkapitals. Darüber hinausgehende Kosten trägt der Gesellschafter.*
6. *Von dieser Urkunde erhält eine Ausfertigung der Gesellschafter, beglaubigte Ablichtungen die Gesellschaft und das Registergericht (in elektronischer Form) sowie eine einfache Abschrift das Finanzamt – Körperschaftsteuerstelle –.*
7. *Der Erschienene wurde vom Notar/von der Notarin insbesondere auf Folgendes hingewiesen:*
   ...

Hinweise:

1 *Nicht Zutreffendes streichen. Bei juristischen Personen ist die Anrede Herr/Frau wegzulassen.*
2 *Hier sind neben der Bezeichnung des Gesellschafters und den Angaben zur notariellen Identitätsfeststellung ggf. der Güterstand und die Zustimmung des Ehegatten sowie die Angaben zu einer etwaigen Vertretung zu vermerken.*
3 *Nicht Zutreffendes streichen. Bei der Unternehmergesellschaft muss die zweite Alternative gestrichen werden.*
4 *Nicht Zutreffendes streichen.*

b) Musterprotokoll für die Gründung einer Mehrpersonengesellschaft mit bis zu drei Gesellschaftern

UR. Nr. ...

Heute, den ...,

erschienen vor mir, ...,

Notar/in mit dem Amtssitz in ...,

Herr/Frau[1]

...

...

...[2].

Herr/Frau[1]

...

...

...[2].

Herr/Frau[1]

…

…

…[2].

1. *Die Erschienenen errichten hiermit nach § 2 Abs. 1a GmbHG eine Gesellschaft mit beschränkter Haftung unter der Firma … mit dem Sitz in …*

2. *Gegenstand des Unternehmens ist …*

3. *Das Stammkapital der Gesellschaft beträgt … Euro (i.W. … Euro) und wird wie folgt übernommen: Herr/Frau[1]… übernimmt einen Geschäftsanteil mit einem Nennbetrag in Höhe von … Euro (i.W. … Euro) (Geschäftsanteil Nr. 1,*

   Herr/Frau[1] … übernimmt einen Geschäftsanteil mit einem Nennbetrag in Höhe von … Euro (i.W. … Euro) (Geschäftsanteil Nr. 2),

   Herr/Frau[1] … übernimmt einen Geschäftsanteil mit einem Nennbetrag in Höhe von … Euro (i.W. … Euro) (Geschäftsanteil Nr. 3).

   Die Einlagen sind in Geld zu erbringen, und zwar sofort in voller Höhe/zu 50 % sofort, im Übrigen sobald die Gesellschafterversammlung ihre Einforderungen beschließt[3].

4. *Zum Geschäftsführer der Gesellschaft wird Herr/Frau[4] …, geboren am …, wohnhaft in …, bestellt. Der Geschäftsführer ist von den Beschränkungen des § 181 des Bürgerlichen Gesetzbuchs befreit.*

5. *Die Gesellschaft trägt die mit der Gründung verbundenen Kosten bis zu einem Gesamtbetrag von 300 Euro, höchstens jedoch bis zum Betrag ihres Stammkapitals. Darüber hinausgehende Kosten tragen die Gesellschafter im Verhältnis der Nennbeträge ihrer Geschäftsanteile.*

6. *Von dieser Urkunde erhält eine Ausfertigung jeder Gesellschafter, beglaubigte Ablichtungen die Gesellschaft und das Registergericht (in elektronischer Form) sowie eine einfache Abschrift das Finanzamt – Körperschaftsteuerstelle –.*

7. *Die Erschienenen wurden vom Notar/von der Notarin insbesondere auf Folgendes hingewiesen:*
   …

Hinweise:

1 *Nicht Zutreffendes streichen. Bei juristischen Personen ist die Anrede Herr/Frau wegzulassen.*

2 *Hier sind neben der Bezeichnung des Gesellschafters und den Angaben zur notariellen Identitätsfeststellung ggf. der Güterstand und die Zustimmung des Ehegatten sowie die Angaben zu einer etwaigen Vertretung zu vermerken.*

3 *Nicht Zutreffendes streichen. Bei der Unternehmergesellschaft muss die zweite Alternative gestrichen werden.*

4 *Nicht Zutreffendes streichen.*

§ 3
Inhalt des Gesellschaftsvertrages

(1) Der Gesellschaftsvertrag muss enthalten:

1. die Firma und den Sitz der Gesellschaft,

2. den Gegenstand des Unternehmens,

3. den Betrag des Stammkapitals,

4. die Zahl und die Nennbeträge der Geschäftsanteile, die jeder Gesellschafter gegen Einlage auf das Stammkapital (Stammeinlage) übernimmt.

(2) Soll das Unternehmen auf eine gewisse Zeit beschränkt sein oder sollen den Gesellschaftern außer der Leistung von Kapitaleinlagen noch andere Verpflichtungen gegenüber der Gesellschaft auferlegt werden, so bedürfen auch diese Bestimmungen der Aufnahme in den Gesellschaftsvertrag.

Abs. 1 Nr. 4 geändert durch das MoMiG vom 23.10.2008 (BGBl. I 2008, 2026), Text im Übrigen seit 1892 unverändert.

I. Überblick; Satzungsinhalt

§ 3 bestimmt in **Abs. 1** den **Mindestinhalt**[1] **der Satzung**[2]. Dieser muss vollständig und rechtswirksam in einem einheitlichen, in sich geschlossenen Schriftstück enthalten sein[3].

1

---

1 Gleichbedeutend: „Obligatorischer" (*Fastrich*, in: Baumbach/Hueck, Rdnr. 1), „notwendiger" (*Roth*, in: Roth/Altmeppen, Rdnr. 2; *Schäfer*, in: Bork/Schäfer, Rdnr. 6) oder „wesentlicher" (*Ulmer/Löbbe*, in: Ulmer/Habersack/Löbbe, Rdnr. 1; *Wicke*, in: MünchKomm. GmbHG, Rdnr. 8) Satzungsinhalt.

2 Gesellschaftsvertrag und Satzung werden im Folgenden als Synonyme verwandt, so auch *Bayer*, in: Lutter/Hommelhoff, Rdnr. 1 sowie *Wicke*, DNotZ 2006, 419, 420. Näher zu diesen Begriffen § 2 Rdnr. 4.

3 OLG Stuttgart v. 29.11.1978 – 8 W 225/78, DNotZ 1979, 359, 359 f. (Gesellschaftsvertrag muss vollständig und in sich geschlossen in einem Schriftstück zusammengefasst sein); OLG Frankfurt v. 4.3.1981 – 20 W 370/80, GmbHR 1981, 243 (LS); OLG Hamm v. 14.1.1986 – 15 W 310/84, GmbHR 1986, 311, 312; aus der Literatur *J. Schmidt*, in: Michalski u.a., Rdnr. 6; *Ulmer/Löbbe*, in: Ulmer/Ha-

Wird dem Gründungsprotokoll die Satzung als Anlage (nach § 9 Abs. 1 Satz 2 BeurkG) beigefügt, genügt es nicht, den Mindestinhalt teils in das Gründungsprotokoll, teils in die Satzung aufzunehmen, auch wenn die Anlage kraft Verweisung Bestandteil einer *einzigen* notariellen Urkunde wird[4]. Insoweit wird § 54 Abs. 1 Satz 2 eine Vorwirkung für das Gründungsstadium entnommen (zur Kritik hieran, sofern die Angaben nach § 3 Abs. 1 Nr. 4 betroffen sind, Rdnr. 52). Der Mindestinhalt ist – mit Ausnahme der Angaben nach § 3 Abs. 1 Nr. 4 – im Handelsregister einzutragen (§ 10 Abs. 1 Satz 1) und entsprechend bekanntzumachen (§ 10 HGB). § 3 Abs. 1 gilt nicht nur für die Gründungssatzung; den Erfordernissen der Vorschrift muss **dauernd**, insbesondere auch nach einer Satzungsänderung, genügt sein[5]. Für den Fall der **vereinfachten Gründung** mittels Musterprotokoll wird die Vorschrift durch § 2 Abs. 1a als *lex specialis* verdrängt; das Musterprotokoll fordert aber inhaltsgleiche Mindestbestandteile (s. dazu § 2 Rdnr. 129 ff.). § 3 Abs. 1 ist abschließend[6] und damit schlanker als die Parallelnorm des § 23 AktG. Konkretisiert wird die Vorschrift durch die §§ 4, 4a, 5, 5a.

2 § 3 **Abs. 2** hebt – **exemplarisch** – zwei Satzungsbestimmungen hervor (Zeitbeschränkung der Gesellschaft, korporative Nebenleistungspflichten der Gesellschafter), deren Schaffung den Gesellschaftern freigestellt ist (sog. **fakultativer Satzungsinhalt**; s. dazu Rdnr. 56 ff.). Die Gesellschafter können in den Grenzen des zwingenden Rechts darüber hinaus nahezu beliebige andere Fragen mit Bezug auf ihr Verhältnis untereinander oder zur Gesellschaft in der Satzung regeln **(Satzungsfreiheit)**. Sofern kein **Satzungsvorbehalt** greift (s. Rdnr. 58), besteht **Wahlfreiheit**, ob Vereinbarungen körperschaftliche oder nur individualrechtliche (d.h. vor allem: schuldrechtliche) Bedeutung haben sollen. Nur im ersten Fall ist deren Aufnahme in den Satzungstext zwingend (als sog. „echter Satzungsbestandteil"), die Vereinbarungen wirken dann auch für und gegen die Gesellschaft sowie künftige Gesellschafter (ausf. dazu Rdnr. 93 ff.). Dagegen hat die freiwillige Aufnahme individualrechtlicher Vereinbarungen in die Satzung rein deklaratorische Wirkung (s. zu diesen sog. „unechten Satzungsbestandteilen" Rdnr. 93 ff.). Aus Gründen der Vertraulichkeit werden sie in Form von **Gesellschaftervereinbarungen** aber in der Regel außerhalb der Satzung als sog. Nebenvereinbarungen[7] oder „side-letters" getroffen (s. zu Gesellschaftervereinbarungen Rdnr. 104 ff.).

3 Aus dem Gesagten (s. Rdnr. 1 f.) folgt, dass (zumindest) **drei Satzungsbestandteile** zu unterscheiden sind, nämlich (1.) der zwingende Mindestinhalt der Satzung (§ 3 Abs. 1), (2.) der weitere echte, aber fakultative Satzungsinhalt sowie (3.) der unechte Satzungsinhalt, der seine Regelung genauso gut außerhalb der Satzung finden könnte. Auch die fakultativen Satzungsbestandteile müssen Teil des *einheitlichen* Schriftstücks der Satzung werden (s. dazu Rdnr. 1).

---

bersack/*Löbbe*, Rdnr. 5; *Wicke*, in: MünchKomm. GmbHG, Rdnr. 6; *Wicke*, Rdnr. 2. S. auch *Winkler*, DNotZ 1980, 578, 580.

4 Insofern letztlich missverständlich der Begriff der „urkundlichen Einheit" (s. etwa *J. Schmidt*, in: Michalski u.a., Rdnr. 6; *Wicke*, in: MünchKomm. GmbHG, Rdnr. 6). Vgl. weiter *Michalski*, in: Michalski, 2. Aufl. 2010, Rdnr. 2, wonach der Mindestinhalt „aus einer Urkunde" ersichtlich sein müsse. Dies ist ebenfalls missverständlich, weil im beurkundungsrechtlichen Sinne eine Urkunde vorliegt. Richtig aber jeweils der dortige Verweis auf § 54 Abs. 1 Satz 2. S. auch § 2 Rdnr. 22.

5 Vgl. auch *J. Schmidt*, in: Michalski u.a., Rdnr. 6; *Wicke*, in: MünchKomm. GmbHG, Rdnr. 6. Einzige Ausnahme bildet § 3 Abs. 1 Nr. 4 (s. dazu Rdnr. 53).

6 Vgl. statt aller *Ulmer/Löbbe*, in: Ulmer/Habersack/Löbbe, Rdnr. 36. Zur Erweiterung des Mindestinhalts *de lege ferenda Hommelhoff*, GmbHR 1979, 102, 109 ff.; weiter *Cziupka*, in: GS Hannes Unberath, 2015, S. 49 ff.; *Verse*, Konfliktvermeidung in Familienunternehmen, in: Schriften des Notarrechtlichen Zentrums Familienunternehmen, 2014, S. 33, 35 ff.; *Weller*, ZGR 2012, 386, 401, 408 ff.; ausf. hierzu *Wedemann*, Gesellschafterkonflikte in geschlossenen Kapitalgesellschaften, 2013, S. 546 f.

7 S. zur Abgrenzung dieser Nebenvereinbarungen von den sog. Nebenordnungen, die durch einfachen Gesellschafterbeschluss geschaffen werden und vor allem Geschäftsordnungen für Organe oder etwa auch Zustimmungskataloge der Gesellschafterversammlung betreffen, *Priester*, in: MünchHdb. GesR III, § 21 Rdnr. 5 sowie *Seibt*, in: MünchAnwHdb. GmbH-Recht, § 2 Rdnr. 14.

Gesellschaftervereinbarungen sollten dagegen zweckmäßigerweise, wenn sie nicht – wie meist zu empfehlen – in Nebenvereinbarungen ausgegliedert werden, nur in den Urkundsmantel (und damit in die Gründervereinbarung) aufgenommen werden. Denn die Satzung sollte nur solchen Inhalt aufweisen, der auch auf Dauer (und überindividuell) angelegt ist.

II. Mängel des Satzungsinhalts

1. Rechtsfolgen vor Eintragung

Jeder Verstoß gegen § 3 Abs. 1 (Fehlen, Nichtigkeit oder Unbestimmtheit eines Mindestbestandteils) führt unabhängig von § 139 BGB[8] zur **Nichtigkeit** des **gesamten Gesellschaftsvertrages**, denn dieser ist nur wirksam, wenn er den *gesamten* Mindestinhalt mangelfrei aufweist. Die **Eintragung** ist **abzulehnen** (§ 9c Abs. 1 und Abs. 2 Nr. 1)[9]. Ein Eintragungshindernis besteht auch, wenn die Angaben nach § 3 Abs. 1 – insbesondere die Beitrittserklärungen (dazu näher § 2 Rdnr. 92 ff.) – mit unzulässigen Bedingungen oder Befristungen versehen werden, solange die Bedingung noch nicht eingetreten oder ausgefallen oder die Frist nicht abgelaufen ist[10]. Bei Mängeln des Mindestinhalts kann sich u.U. aus dem Vorvertrag, an den nicht dieselben strengen Bestimmtheitsanforderungen gestellt werden, die (einklagbare)[11] Verpflichtung der Gesellschafter ergeben, an einer Änderung mitzuwirken, die den Gesellschaftsvertrag eintragungsfähig macht[12]. Es kommt darauf an, ob sich ein dahingehender Wille der Gesellschafter ermitteln lässt. Der wirksame Abschluss des Vorvertrages wird einen solchen Willen regelmäßig indizieren, jedoch ist auch zu hinterfragen, ob die Gesellschafter eine Gesellschaft in der geänderten Gestalt (etwa: mit dem geänderten und nun eintragungsfähigen Unternehmensgegenstand) überhaupt gründen wollten. Ggf. kann auch die Treuepflicht eine Mitwirkung fordern. Wird die Vor-GmbH mit mangelhaftem Gesellschaftsvertrag in Vollzug gesetzt, kann sie nur mit Wirkung für die Zukunft aufgelöst werden (fehlerhafte Gesellschaft)[13].

2. Rechtsfolgen nach Eintragung

Wird die Gesellschaft trotz Verstoßes gegen § 3 Abs. 1 eingetragen, können Mängel des Mindestinhalts nur noch mit **Einschränkungen** geltend gemacht werden. Die Folgen unterscheiden sich je nach betroffenem Mindestinhalt und der Fehlerart; Mängel bei den Angaben nach § 3 Abs. 1 Nr. 2 und 3 werden besonders streng behandelt.

---

8 Darauf weist *Roth*, in: Roth/Altmeppen, Rdnr. 2 zu Recht hin; ebenso *Pfisterer*, in: Saenger/Inhester, Rdnr. 6. Der Sache nach (ohne auf die Unbeachtlichkeit von § 139 BGB zu verweisen) allg. M.; s. etwa *Bayer*, in: Lutter/Hommelhoff, Rdnr. 20; *Fastrich*, in: Baumbach/Hueck, Rdnr. 22; *J. Schmidt*, in: Michalski u.a., Rdnr. 7;

9 Unstr.; s. etwa *Bayer*, in: Lutter/Hommelhoff, Rdnr. 20; *Fastrich*, in: Baumbach/Hueck, Rdnr. 22; *Roth*, in: Roth/Altmeppen, Rdnr. 2; *Schäfer*, in: Henssler/Strohn, Gesellschaftsrecht, Rdnr. 2; *J. Schmidt*, in: Michalski u.a., Rdnr. 7; *Wicke*, in: MünchKomm. GmbHG, Rdnr. 7.

10 Soweit unstr.; vgl. nur *Fastrich*, in: Baumbach/Hueck, Rdnr. 20.

11 Dagegen (nur Schadensersatz) *Freitag/Riemenschneider*, in: MünchHdb. GesR III, § 12 Rdnr. 15; *Freitag*, AcP 207 (2007), 287 ff. (zum Vorvertrag allgemein).

12 Vgl. etwa *Fastrich*, in: Baumbach/Hueck, Rdnr. 22; *Ulmer/Löbbe*, in: Ulmer/Habersack/Löbbe, Rdnr. 9; *Wicke*, in: MünchKomm. GmbHG, Rdnr. 7.

13 *Freitag/Riemenschneider*, in: MünchHdb. GesR III, § 12 Rdnr. 17; *Schäfer*, in: Bork/Schäfer, Rdnr. 17.

a) Nichtigkeitsklage, Amtslöschungsverfahren

6 Eine Nichtigkeitsklage nach § 75 kommt ebenso wie eine Amtslöschung der Gesellschaft nach § 397 Satz 2 FamFG nur in Betracht, wenn erstens die Angaben nach § 3 Abs. 1 **Nr. 2** (Gegenstand des Unternehmens) oder **Nr. 3** (Stammkapital) *fehlen*, was – gerade auch im Lichte der notariellen Beurkundung – kaum in der Praxis vorkommen dürfte, oder aber zweitens die Angaben nach **Nr. 2** *nichtig* sind[14] (s. zu praktischen Fällen Rdnr. 19). *Fehlt* die Festsetzung des Stammkapitals, kommt nach wohl überwiegender Ansicht aufgrund des insoweit klaren Wortlauts eine Heilung des Mangels nicht in Betracht[15] (zur Möglichkeit der Heilung bei Nichtigkeit s. jedoch Rdnr. 7). Dagegen können Mängel (Fehlen oder Nichtigkeit), die den Gegenstand des Unternehmens betreffen, durch einstimmigen Beschluss der Gesellschafter geheilt werden, § 76. Zur mangelnden Nichtigkeit bei zu unbestimmten Angaben über den Unternehmensgegenstand, s. Rdnr. 19. Zur nachträglichen Unrichtigkeit der Angabe des Unternehmensgegenstandes s. Rdnr. 20.

b) Amtsauflösungsverfahren

7 *Fehlen* Angaben nach § 3 Abs. 1 **Nr. 1** oder **4** (Firma, Sitz, Nennbeträge der Geschäftsanteile) – praktisch kaum relevant, es sei denn, die Angaben nach Abs. 1 Nr. 4 wurden nur im Gründungsprotokoll aufgeführt, dazu Rdnr. 1 – oder sind diese *nichtig* (weil etwa die Firma „rechtswidrig" ist oder der Satzungssitz im Ausland gewählt wurde), bleibt nach Eintragung kein Raum für die Anwendung des § 75 oder des § 397 Satz 2 FamFG. Möglich ist hier nur das Amtsauflösungsverfahren nach § 399 Abs. 4 FamFG i.V.m. § 60 Abs. 1 Nr. 6 GmbHG[16]. Dessen Betreiben steht nicht im Ermessen des Gerichts (anders als das Verfahren nach § 397 FamFG)[17]. Mängel können aber durch Satzungsänderung auch während des Verfahrens geheilt werden[18], § 399 Abs. 1 Satz 1, Abs. 2 FamFG; das Amtsauflösungsverfahren ist mithin ein „Verbesserungsverfahren"[19] mit Korrekturmöglichkeit der Gesellschafter. Auch eine *nichtige* Angabe über das Stammkapital wird von § 399 Abs. 4 FamFG erfasst (zur fehlenden Angabe dagegen Rdnr. 5).

III. Firma und Sitz (§ 3 Abs. 1 Nr. 1)

8 Die Gesellschaft wird wesentlich durch ihre Firma und ihren Sitz individualisiert. Insoweit finden sich in den **§§ 4 und 4a** konkretisierende Vorgaben für diese Regelungsgegenstände. Wegen der Einzelheiten wird auf die Erläuterungen zu diesen Vorschriften verwiesen.

---

14 *Bayer*, in: Lutter/Hommelhoff, Rdnr. 20; *Schäfer*, in: Henssler/Strohn, Gesellschaftsrecht, Rdnr. 2, 15; *Ulmer/Löbbe*, in: Ulmer/Habersack/Löbbe, Rdnr. 7 f.; *Wicke*, in: MünchKomm. GmbHG, Rdnr. 7.

15 Näher hierzu 11. Aufl., § 75 Rdnr. 10, § 76 Rdnr. 5.

16 *Bayer*, in: Lutter/Hommelhoff, Rdnr. 20; *Schäfer* in Henssler/Strohn, Gesellschaftsrecht, Rdnr. 2, 15; *J. Schmidt*, in: Michalski u.a., Rdnr. 7; *Ulmer/Löbbe*, in: Ulmer/Habersack/Löbbe, Rdnr. 8; *Wicke*, in: MünchKomm. GmbHG, Rdnr. 7.

17 *Bumiller/Harders/Schwamb*, 11. Aufl. 2015, § 397 FamFG Rdnr. 9; *Schmidt-Leithoff*, in: Rowedder/Schmidt-Leithoff, Rdnr. 5.

18 *Fastrich*, in: Baumbach/Hueck, Rdnr. 23; *Michalski*, in: Michalski, 2. Aufl. 2010, Rdnr. 3.

19 *Heinemann*, in: Keidel, 19. Aufl. 2017, § 399 FamFG Rdnr. 5a.

IV. Gegenstand des Unternehmens (§ 3 Abs. 1 Nr. 2)

Schrifttum (Auswahl): *Blasche*, Individualisierung sowie Über- und Unterschreitung des Unternehmensgegenstandes, DB 2011, 517; *Brandner*, Geschäftsführungsbefugnis, Unternehmensgegenstand und Unternehmenszweck, in: FS Rowedder, 1994, S. 41; *Schröder/Cannivé*, Der Unternehmensgegenstand der GmbH vor und nach dem MoMiG, NZG 2008, 1; *Sina*, Geschäftätigkeit und Unternehmensgegenstand der GmbH, GmbHR 2001, 661; *Streuer*, Die Gestaltung des Unternehmensgegenstands in der GmbH-Satzung - Flexibilität versus Fokussierung, GmbHR 2002, 407; *Thoma*, Der Handel mit Waren aller Art als Unternehmensgegenstand einer GmbH, RNotZ 2011, 413; *Tieves*, Der Unternehmensgegenstand der Kapitalgesellschaft, 1998.

1. Bedeutung und Zwecke

Der Unternehmensgegenstand bezeichnet den **Tätigkeitsbereich der Gesellschaft**, d.h. die   9
Aktivitäten, mittels derer die Gesellschaft ihren erwerbswirtschaftlichen oder sonstigen
Zweck verfolgt. Ihn in der Satzung festzulegen, hat folgende Zwecke:
- Die Geschäftsführungsbefugnis (nicht aber die Vertretungsmacht[20]) wird auf den definierten Tätigkeitsbereich beschränkt (§ 37 Abs. 1). Dadurch wird nicht zuletzt die Minderheit gegen eine unkontrollierbare Vergrößerung ihrer Risiken geschützt (sog. **Verbot der Überschreitung des Unternehmensgegenstandes**). Wird ein Tätigkeitsbereich dauerhaft eingestellt, kann darin eine pflichtwidrige sog. **Satzungsunterschreitung** liegen[21].
- Die beteiligten Verkehrskreise werden auf Grund der Eintragung des Unternehmensgegenstandes in das Handelsregister zumindest in den Grundzügen über die Tätigkeit der Gesellschaft informiert (**Publizitätsfunktion**)[22].
- Dem **Registergericht** wird die Prüfung ermöglicht, ob die Gesellschaft einen erlaubten Zweck verfolgt (s. § 9c)[23].
- Die **Reichweite des „gesetzlichen" Wettbewerbsverbots** (zum Wettbewerbsverbot Rdnr. 83 sowie § 14 Rdnr. 113 ff.) ist nach dem entsprechend anwendbaren § 112 HGB auf den (vertraglichen) Handelszweig der Gesellschaft beschränkt, der sich grundsätzlich nach dem Unternehmensgegenstand richtet[24].

---

20 Unstr.; vgl. nur *Bayer*, in: Lutter/Hommelhoff, Rdnr. 8; *Roth*, in: Roth/Altmeppen, Rdnr. 7.
21 Ausführlich für die AG OLG Köln v. 15.1.2009 – 18 U 205/07, AG 2009, 416 = ZIP 2009, 1469 = RNotZ 2009, 548 mit Anm. Schriftleitung.
22 BGH v. 3.11.1980 – II ZB 1/79, GmbHR 1981, 188 = DB 1981, 466; BayObLG v. 7.6.2000 – 3Z BR 26/00, NZG 2000, 987, 988 = GmbHR 2000, 872; BayObLG v. 8.1.2003 – 3 Z BR 234/02, GmbHR 2003, 414 = NZG 2003, 482; OLG Düsseldorf v. 6.10.2010 – I-3 Wx 231/10, 3 Wx 231/10, BB 2011, 272, 273 = GmbHR 2010, 1261; *Bayer*, in: Lutter/Hommelhoff, Rdnr. 8; *Schröder/Cannivé*, NZG 2008, 1, 1 f.; *Wicke*, in: MünchKomm. GmbHG, Rdnr. 10.
23 S. hierzu (allerdings teilweise überholt) BGH v. 3.11.1980 – II ZB 1/79, BGHZ 78, 311 = GmbHR 1981, 188 = BB 1981, 450 = WM 1981, 163 (insoweit nicht in BGHZ 78, 311 abgedruckt); BayObLG v. 15.12.1975 – BReg.2 Z 53/75 BayObLGZ 1975, 447 f.; BayObLG v. 16.9.1993 – 3Z BR 121/93, BayObLGZ 1993, 319, 320 f. = NJW-RR 1994, 227 = GmbHR 1994, 60; BayObLG v. 22.6.1995 – 3Z BR 71/95, GmbHR 1995, 722 = NJW-RR 1996, 413 = BB 1995, 1814; BayObLG v. 7.6.2000 – 3Z BR 26/00, GmbHR 2000, 872, 873 = NJW-RR 2001, 898 = NZG 2000, 987; *Tieves*, Unternehmensgegenstand, S. 45, 68 ff.
24 Im Einzelnen str.; s. *Emmerich*, in: Heymann, § 112 HGB Rdnr. 12 ff.; *Armbrüster*, ZIP 1997, 1269, 1274; *Sina*, GmbHR 2001, 661, 662 f.; *Wassermeyer*, GmbHR 1993, 329, 330; *M. Winter*, Treuebindungen, S. 252 ff.

2. Konkretisierung des Unternehmensgegenstandes

a) Allgemeine Anforderungen

10 Während die ältere Praxis geringe Anforderungen an die Konkretisierung des Unternehmensgegenstandes gestellt hatte[25], wird heute in Rechtsprechung[26] und Literatur[27] – zumeist in Anlehnung an § 23 Abs. 3 Nr. 2 Halbsatz 2 AktG[28] und unter Berufung auf den Zweck der Regelung (s. Rdnr. 9) – verlangt, dass zumindest der **Schwerpunkt der Geschäftstätigkeit** der Gesellschaft erkennbar werden muss. Daher verbieten sich nichtssagende Beschreibungen[29] (dazu Rdnr. 12). Die interessierten Verkehrskreise müssen aus der Angabe ablesen können, in welchem Bereich (z.B.: Auto-, Lebensmittel- oder Immobilienbranche oder auch nichterwerbswirtschaftlicher Bereich) und auf welche Weise (z.B.: Vertrieb, Produktion oder Vermittlung)[30] sich die Gesellschaft betätigen will[31]. Allzu ausdifferenzierte Angaben sind aber nicht erforderlich[32].

11 Wieweit der Unternehmensgegenstand konkretisiert wird, ist jenseits dieser Anforderungen eine **Frage der Zweckmäßigkeit**. Eine **enge Formulierung** wird in der Tendenz den mit der Eingrenzung verbundenen **Minderheitenschutz** verstärken, allerdings Freiräume und Flexibilität der Geschäftsführer beschneiden. Demgegenüber birgt eine **weite Fassung** des Unternehmensgegenstandes die Gefahr einer zu weitreichenden **Entkopplung der Geschäftsführung vom Gesellschafterwillen** (vor allem auch der Minderheitsgesellschafter).

b) Pauschale und unklare Angaben

12 Nicht ausreichend sind pauschale Angaben, wie „Handel mit Waren aller Art"[33], „Produktion von Waren aller Art"[34], „Betrieb von Handelsgeschäften"[35] (ausreichend jedoch: „Betrieb

---

25 RG v. 25.11.1905 – I 228/05, RGZ 62, 96, 98 (zulässig, dass im Gesellschaftsvertrag außer einzelnen besonders genannten Zweigen kaufmännischer Tätigkeit auch der Betrieb von anderen kaufmännischen Geschäften allgemein als Gegenstand des Unternehmens angegeben wird).

26 BGH v. 17.12.1980 – VIII ZR 307/79, WM 1981, 162, 164; BGH v. 16.3.1992 – II ZB 17/91, BGHZ 117, 323, 334; BayObLG v. 8.1.2003 – 3Z BR 234/02, GmbHR 2003, 414, 415; OLG Düsseldorf v. 6.10.2010 – I-3 Wx 231/10, GmbHR 2010, 1261, 1262.

27 *Bayer*, in: Lutter/Hommelhoff, Rdnr. 9; *Schmidt-Leithoff*, in: Rowedder/Schmidt-Leithoff, Rdnr. 10; *Ulmer/Löbbe*, in: Ulmer/Habersack/Löbbe, § 2 Rdnr. 15; *Wicke*, in: MünchKomm. GmbHG, Rdnr. 13; *Wicke*, Rdnr. 5.

28 *Fastrich*, in: Baumbach/Hueck, Rdnr. 8; *J. Schmidt*, in: Michalski u.a., Rdnr. 13; *Wicke*, in: Münch-Komm. GmbHG, Rdnr. 13.

29 Soweit wohl unstr.; vgl. auch *Bayer*, in: Lutter/Hommelhoff, Rdnr. 8. Zur Parallele bei der AG *Seibt*, in: Karsten Schmidt/Lutter, § 23 AktG Rdnr. 32.

30 Beispiele nach *Wicke*, in: MünchKomm. GmbHG, Rdnr. 9.

31 BGH v. 3.11.1980 – II ZB 1/79, GmbHR 1981, 188 = BB 1981, 450 = WM 1981, 163; OLG Düsseldorf v. 6.10.2010 – I-3 Wx 231/10, GmbHR 2010, 1261, 1262; OLG Rostock v. 15.11.2010 – 1 W 47/10, GmbHR 2011, 829, 831.

32 OLG Düsseldorf v. 6.10.2010 – I-3 Wx 231/10, GmbHR 2010, 1261, 1262: Konkretisierung darf im Ergebnis nicht auf eine von den Gesellschaftern nicht gewollte Beschränkung der tatsächlich geplanten Unternehmungen hinauslaufen; s. weiter *Thoma*, RNotZ 2011, 413, 415; *Ulmer/Löbbe*, in: Ulmer/Habersack/Löbbe, Rdnr. 17; *Wicke*, in: MünchKomm. GmbHG, Rdnr. 13.

33 OLG Düsseldorf v. 6.10.2010 – I-3 Wx 231/10, GmbHR 2010, 1261, 1262; BayObLG v. 8.1.2003 – 3Z BR 234/02, GmbHR 2003, 414, 415; *Bayer*, in: Lutter/Hommelhoff, Rdnr. 9; *J. Schmidt*, in: Michalski u.a., Rdnr. 16.

34 BayObLG v. 1.8.1994 – 3Z BR 157/94, BayObLGZ 1994, 224, 226 f. = GmbHR 1994, 705 = ZIP 1994, 1528.

35 BayObLG v. 22.6.1995 – 3Z BR 71/95, GmbHR 1995, 722, 722 f. = NJW-RR 1996, 413; BayObLG v. 19.1.1996 – 3Z BR 345/95, GmbHR 1996, 360.

von Gaststätten"[36]), „Handel und Vertrieb von Verbrauchs- und Konsumgütern"[37] oder aber auch: „Die Gesellschaft ist zu allen Geschäften und Rechtshandlungen befugt, die ihren Zwecken dienlich sind"[38]. Denn weder erfolgt hier eine Zuordnung zu einem Geschäftszweig noch wird über die wesentliche Art des Handels Auskunft erteilt[39]. Ist tatsächlich einmal ein „Handel mit Waren aller Art" ohne jede Einschränkung beabsichtigt, ist diese Angabe aber zulässig, weil ansonsten die unternehmerische Freiheit zur Bestimmung des Gegenstandes beschnitten würde[40], was nicht der Regelungsintention des § 3 Abs. 1 Nr. 2 entspräche (s. Rdnr. 9). Meist wird aber gleichwohl eine **Eingrenzung bzw. Spezifizierung** oder auch nur die Angabe eines Tätigkeitsschwerpunkts[41] möglich und dann auch erforderlich sein[42] (zum Beispiel: „Handel mit Waren aller Art aus China" oder „Handel mit Waren verschiedener Art, insbesondere…"[43]). Zu weitgehend ist es jedoch, den Gegenstand „Dienstleistungen für Campingplatzunternehmen sowie deren Betreiber und Dienstleistungen für die Campingbranche"[44] als unzulässige Leerformel einzustufen, weil hier der Tätigkeitsbereich mitsamt Geschäftszweig ausreichend deutlich wird. Eine zu pauschale Angabe wird nicht durch eine **Negativabgrenzung** zulässig („Handel mit Waren aller Art, mit Ausnahme…"). Denn hier bleibt weiterhin unklar, in welchem Geschäftszweig sich die Gesellschaft im Schwerpunkt betätigt[45]. Ebenfalls unzulässig sind **unklare Formulierungen**[46]. So ist der „Handel mit Architektur"[47] zu unklar (es bleibt offen, ob etwa mit Entwürfen oder schon errichteten Häusern gehandelt werden soll), der „Handel mit Baubedarf"[48] aber hinreichend verständlich.

c) Erweiternde Zusätze

Zusätze zu den Angaben über den Schwerpunkt der Tätigkeit müssen so konkret sein, dass sie den **zusätzlich eröffneten Geschäftszweig erkennen** lassen[49]. Inhaltslose Zusätze, wie etwa die Erlaubnis „aller sonstigen Geschäfte" oder „jeder anderen erwerbswirtschaftlichen Tä-   13

---

36 OLG Frankfurt v. 30.8.1979 – 20 W 49/79, OLGZ 1979, 493, 495.
37 OLG Düsseldorf v. 6.10.2010 – I-3 Wx 231/10, GmbHR 2010, 1261, 1262: Vielfalt beabsichtigter Geschäfte schließt Individualisierung nicht aus, wenn Schwerpunkt der Geschäftstätigkeit ohne besondere Schwierigkeiten hinreichend erkennbar gemacht werden kann.
38 OLG Köln v. 12.5.1981 – 2 Wx 9/81, GmbHR 1981, 195 = OLGZ 1981, 428, 430 ff.: inhaltsleere Floskel; *Tieves*, Unternehmensgegenstand, S. 118, 132 ff. Zu Zusätzen Rdnr. 13.
39 S. auch BayObLG v. 1.8.1994 – 3Z BR 157/94, BayObLGZ 1994, 224, 225 f. = GmbHR 1994, 705 = NJW-RR 1995, 413.
40 Wenn nähere Eingrenzung nicht möglich ist, *J. Schmidt*, in: Michalski u.a., Rdnr. 15; *Ulmer/Löbbe*, in: Ulmer/Habersack/Löbbe, Rdnr. 18. Offenlassend *Krafka/Kühn*, Registerrecht, 10. Aufl. 2017, Rdnr. 932 (Tätigkeitsschwerpunkt zu nennen sei jedenfalls empfehlenswert).
41 *Krafka/Kühn*, Registerrecht, 10. Aufl. 2017, Rdnr. 932.
42 *Wicke*, in: MünchKomm. GmbHG, Rdnr. 16.
43 OLG Düsseldorf v. 6.10.2010 – 3 Wx 231/10, GmbHR 2010, 1261, 1262.
44 OLG Rostock v. 15.11.2010 – 1 W 47/10, GmbHR 2011, 829, 831.
45 Trotz geminderter Verständlichkeit für Dritte sind nach der Rechtsprechung überdies die folgenden Angaben ausreichend: „Erfüllung eines mit einem Dritten abgeschlossenen Ingenieurvertrages zur Fertigstellung eines bestimmten Klinikums" (BGH v. 3.11.1980 – II ZB 1/79, BGHZ 78, 311 = GmbHR 1981, 188 = BB 1981, 450 = WM 1981, 163), „Betrieb einer Klinik nach § 30 GewO mit dem Schwerpunkt auf ambulanten Eingriffen" (BayObLG v. 7.6.2000 – 3Z BR 26/00, GmbHR 2000, 872, 873).
46 *J. Schmidt*, in: Michalski u.a., Rdnr. 18.
47 KG v. 28.2.2012 – 25 W 88/11, GmbHR 2012, 856: nicht deutlich wird, ob etwa Architektenentwürfe, schon errichtete Häuser oder etwas Anderes darunter zu verstehen ist.
48 KG v. 28.2.2012 – 25 W 88/11, GmbHR 2012, 856: bei unvoreingenommenen Dritten wird hier eine relativ konkrete Vorstellung über die damit gemeinten Gegenstände, wie Steine, Zement, Fliesen usw., vermittelt.
49 *Bayer*, in: Lutter/Hommelhoff, Rdnr. 10; *Fastrich*, in: Baumbach/Hueck, Rdnr. 8; *Ulmer/Löbbe*, in: Ulmer/Habersack/Löbbe, Rdnr. 19; *Wicke*, in: MünchKomm. GmbHG, Rdnr. 18; *Wicke*, Rdnr. 6.

tigkeit", dürfen nicht eingetragen werden[50]. Dagegen ist es zulässig, wenn eine pauschale Ausdehnung des Tätigkeitsbereichs auf alle Geschäfte erfolgt, die dem Hauptgegenstand dienen (oder ähnliche Formulierungen verwandt werden, wie: „...und damit verwandte Geschäfte")[51]. Denn die Konkretisierung der Haupttätigkeit gibt dann zugleich den Bereich vor, in dem die Hilfsgeschäfte liegen dürfen. Auch ohne einen solchen Zusatz ist es jedoch für die Geschäftsführer zulässig, Geschäfte auszuüben, die dem Hauptgegenstand dienlich sind bzw. mit ihm im Zusammenhang stehen[52], so dass der Zusatz letztlich obsolet ist. Gleichwohl kann er zur **Klarstellung** aufgenommen werden.

d) Beteiligungsklauseln

14 Zulässig und gebräuchlich zur Erweiterung des Handlungsspielraums der Geschäftsführung sind auch sog. Beteiligungsklauseln[53]. Sie sind **erforderlich**, soll die Gesellschaft sich an anderen Unternehmen (kapitalistisch oder unternehmerisch) beteiligen dürfen, und zwar unabhängig davon, ob es sich um Unternehmen gleichen Tätigkeitsbereichs handelt oder nicht. Diese Klauseln sind jedenfalls **hinreichend bestimmt**, wenn **einengend formuliert** wird, dass die Beteiligung an anderen Gesellschaften dem satzungsgemäßen Unternehmensgegenstand (ggf. mittelbar) zu dienen bestimmt sein soll. Aber auch ohne eine ausdrückliche Einengung dürfte eine typische Beteiligungsklausel („einschließlich des Erwerbs von Beteiligungen") in diesem Sinne auszulegen und dann zulässig sein[54]. Eine Angabe der konkreten Gesellschaften, die als Beteiligungsgesellschaften in Betracht kommen, ist nicht erforderlich[55], im Grundsatz auch nicht die Angabe des jeweiligen Tätigkeitsbereichs der Beteiligungsgesellschaften. Nach überzeugender Ansicht sind Beteiligungsklauseln zudem ohne weitere Präzisierung hinsichtlich der Obergrenze der Beteiligung zulässig[56]. Soll dagegen der Erwerb von Beteiligungen an Gesellschaften in **anderen Geschäftsfeldern** zum Tätigkeitsbereich der Gesellschaft gehören, ist dies **ausdrücklich** im Gesellschaftsvertrag anzugeben[57]. Abweichendes gilt, wenn es sich nur um eine Beteiligung geringen Umfangs und damit einen „Nebengegenstand" handelt[58]. Soll die Gesellschaft eine reine Holdingfunktion ausüben, ist diese Tätigkeit der Gruppenleitung nebst zusammenfassender Beschreibung der Tätigkeitsfelder der Beteiligungsgesellschaften oder deren gesonderter Auflistung anzugeben[59].

---

50 OLG Köln v. 12.5.1981 – 2 Wx 9/81, GmbHR 1981, 195 = OLGZ 1981, 428, 430 f.; BayObLG v. 8.1.2003 – 3Z BR 234/02, Rpfleger 2003, 301 = GmbHR 2003, 414; *Tieves*, Unternehmensgegenstand, S. 132 ff.; *Bayer*, in: Lutter/Hommelhoff, Rdnr. 10; *J. Schmidt*, in: Michalski u.a., Rdnr. 20.

51 Für die AG *Seibt*, in: Karsten Schmidt/Lutter, § 23 AktG Rdnr. 35. S. auch *Krafka/Kühn*, Registerrecht, 10. Aufl. 2017, Rdnr. 930: wenn von Haupttätigkeit schon mitumfasst, dann muss Eintragung im Handelsregister unterbleiben.

52 Zur AG *Seibt*, in: Karsten Schmidt/Lutter, § 23 AktG Rdnr. 35.

53 S. etwa OLG Frankfurt v. 12.11.1986 – 20 W 391/86, GmbHR 1987, 231, 232: § 3 Abs. 1 Nr. 2 verlange keine weitere Konkretisierung der neben dem eigentlichen „Unternehmenszweck" geplanten „Beteiligung an anderen Unternehmen".

54 S. ausf. *Wicke*, in: MünchKomm. GmbHG, Rdnr. 19.

55 *J. Schmidt*, in: Michalski u.a., Rdnr. 21.

56 A.M. 11. Aufl., Rdnr. 15 (wonach die mangelnde Konkretisierung „nicht unbedenklich" sei); mit Differenzierungen auch *Wicke*, in: MünchKomm. GmbHG, Rdnr. 19. Ohne Einschränkung etwa OLG Frankfurt v. 12.11.1986 – 20 W 391/86, GmbHR 1987, 231, 232; *Bayer*, in: Lutter/Hommelhoff, Rdnr. 10; *Ulmer/Löbbe*, in: Ulmer/Habersack/Löbbe, Rdnr. 17.

57 *Blasche*, DB 2011, 517, 520 f.; *Wicke*, in: MünchKomm. GmbHG, Rdnr. 19.

58 *Wicke*, in: MünchKomm. GmbHG, Rdnr. 19.

59 *Wicke*, in: MünchKomm. GmbHG, Rdnr. 19; für die AG etwa *Seibt*, in: Karsten Schmidt/Lutter, § 23 AktG Rdnr. 36 (Spiegelstrichlösung). A.M. *J. Schmidt*, in: Michalski u.a., Rdnr. 21.

e) Negative Zusätze

Der Unternehmensgegenstand muss erkennen lassen, ob für die Tätigkeit der Gesellschaft ei- **15** ne staatliche Genehmigung oder Erlaubnis erforderlich ist[60]. Zulässig sind in diesem Kontext sog. negative Zusätze, die bestimmte Tätigkeitsbereiche ausschließen[61]; häufig ist der Zusatz, dass Tätigkeiten, die einer **staatlichen Genehmigung** bedürfen, nicht ausgeübt werden sollen[62]. Allerdings hat dieser Zusatz durch die Aufhebung des § 8 Abs. 1 Nr. 6 GmbHG a.F. und die damit entfallene Vorlagepflicht von Genehmigungsurkunden bei der Anmeldung der Gründung der Gesellschaft an Bedeutung verloren[63]. *Zweckmäßig* ist der Zusatz jedoch, wenn sich der Unternehmensgegenstand „in der Nähe" einer erlaubnispflichtigen Tätigkeit bewegt[64]; *erforderlich* ist er, wenn der Unternehmensgegenstand (Bsp.: „Anlage- und Vermögensberatung") eng an Tätigkeiten heranrückt, die ohne Erlaubnisnachweis eine Registersperre auslösen (vgl. § 43 Abs. 1 KWG). An ein Negativattest (etwa der BaFin) ist das Registergericht gebunden; bei Negativzusatz in der Satzung kann das Registergericht aber nicht in jedem Fall ein solches verlangen[65]; hierin liegt der eigentliche Bedeutungsgehalt des Negativzusatzes.

f) Unternehmensgegenstand der Komplementär-GmbH

Während in der früheren Rechtsprechung angenommen wurde, dass zur Bestimmung des **16** Unternehmensgegenstandes bei der Komplementär-GmbH auch der **von der KG beabsichtigte Tätigkeitsbereich** genannt werden müsse[66], ist dies nach heute h.M. **nicht mehr erforderlich**[67]. Anderenfalls würde das Konkretisierungsgebot in Bezug auf den Unternehmensgegenstand von der allein angesprochenen GmbH auf die von ihr zu unterscheidende KG erstreckt. Damit würden letztlich auch Missverständnisse über den eigentlichen Unternehmensgegenstand der GmbH herbeigeführt werden[68]. Allerdings muss die KG nach h.M. namentlich genannt werden[69]; unzureichend ist danach die ganz blasse Angabe, Unternehmensgegenstand der GmbH sei ihre Beteiligung als Komplementärin (irgendeiner) KG[70]. Zu

---

60 Etwa nach § 2 GastG; § 3 GüKG; § 2 PBefG; § 34c Abs. 1GewO; s. hierzu auch *Elsing*, notar 2012, 68, 69 ff.

61 BayObLG v. 16.9.1993 – 3Z BR 121/93, BayObLGZ 1993, 319, 322= GmbHR 1994, 60, das zu Recht darauf hinweist, dass dies nur gilt, wenn der Unternehmensgegenstand hinreichend konkret angegeben wird; OLG München v. 21.5.2012 – 31 Wx 164/12, ZIP 2012, 2107 (bezüglich Anlage- und Vermögensberatung als Unternehmensgegenstand ohne Tätigkeiten, die erlaubnispflichtig sind); *Fastrich*, in: Baumbach/Hueck, Rdnr. 8; *Wicke*, in: MünchKomm. GmbHG, Rdnr. 19; *Wicke*, Rdnr. 6.

62 BayObLG v. 16.9.1993 – 3Z BR 121/93, BayObLGZ 1993, 319, 322 = GmbHR 1994, 60.

63 Vgl. *Mayer/Weiler*, in: Beck'sches Notar-Hdb., 6. Aufl. 2015, D.I. Rdnr. 58; *Weigl*, DNotZ 2011, 169 ff.

64 Beispiel: „Bebauung von Grundstücken, jedoch keine nach § 34c GewO erlaubnispflichtigen Tätigkeiten"; s. auch *Krafka/Kühn*, Registerrecht, 10. Aufl. 2017, Rdnr. 930.

65 OLG München v. 21.5.2012 – 31 Wx 164/12, WM 2012, 1733. Hierzu auch *Mayer/Weiler*, in: Beck'sches Notar-Hdb., 6. Aufl. 2015, D.I. Rdnr. 58.

66 BayObLG v. 15.12.1975 – BReg.2 Z 53/75, BayObLGZ 1975, 447, 448 ff. („unter Angabe des Geschäftszweigs der KG"); OLG Hamburg v. 18.9.1967 – 2 W 125/67, GmbHR 1968, 118 = BB 1968, 267; *Jeck*, DB 1978, 862; *Sachs*, DNotZ 1976, 355.

67 Vgl. BayObLG v. 22.6.1995 – 3Z BR 71/95, GmbHR 1995, 722; *Ulmer/Löbbe*, in: Ulmer/Habersack/Löbbe, Rdnr. 20; *Fastrich*, in: Baumbach/Hueck, Rdnr. 9; *Bayer*, in: Lutter/Hommelhoff, Rdnr. 14; *Wicke*, in: MünchKomm. GmbHG, Rdnr. 20.

68 *Fastrich*, in: Baumbach/Hueck, Rdnr. 9.

69 BayObLG v. 22.6.1995 – 3Z BR 71/95, GmbHR 1995, 722; *Bayer*, in: Lutter/Hommelhoff, Rdnr. 10; *Fastrich*, in: Baumbach/Hueck, Rdnr. 9; *Roth*, in: Roth/Altmeppen, Rdnr. 6; *Schmidt-Leithoff*, in: Rowedder/Schmidt-Leithoff, Rdnr. 11; *Ulmer/Löbbe*, in: Ulmer/Habersack/Löbbe, Rdnr. 20; a.M. aber *Wicke*, in: MünchKomm. GmbHG, Rdnr. 20; *Wicke*, Rdnr. 6.

70 A.A. mit Recht OLG Karlsruhe v. 22.11.2013 – 11 Wx 86/13, GmbHR 2014, 142, 144; *Pfisterer*, in: Saenger/Inhester, Rdnr. 11; *Wicke*, in: MünchKomm. GmbHG, Rdnr. 20.

Recht liberaler wird dies aber zunehmend in der Registerpraxis gehandhabt, wenn die GmbH Komplementärin einer Vielzahl noch **unbestimmter Kommanditgesellschaften** werden soll oder die betreffende Kommanditgesellschaft **namentlich** noch **nicht bekannt** ist. Sicherheitshalber kann hier, falls möglich, in Anlehnung an die ältere Rechtsprechung zugleich der Tätigkeitsbereich der Kommanditgesellschaften hinzugefügt werden (was nicht erforderlich, aber doch rechtlich zulässig ist).

g) Unternehmensgegenstand bei Vorratsgesellschaften

17 Eine Vorratsgesellschaft (zur Terminologie und rechtlichen Behandlung ausf. Rdnr. 22 ff.) verwaltet zunächst nur eigenes Vermögen. Wird dieser Zweck angegeben, steht die grundsätzliche Zulässigkeit einer dann **offenen Vorratsgründung** außer Frage, da eine GmbH zu jedem gesetzlich zulässigen Zweck und daher auch zu dem Zweck der Verwaltung des eigenen Vermögens gegründet werden kann (§ 1)[71]. Freilich werden damit die Anforderungen an die Konkretisierung des Unternehmensgegenstandes deutlich herabgemindert. Diese Aufweichung der sonst geltenden Anforderungen wird aber allgemein für zulässig eingestuft und ist Ausdruck eines entsprechenden praktischen Bedürfnisses nach der Existenz derartiger Gesellschaften[72]. Zur **verdeckten Vorratsgesellschaft** s. Rdnr. 19.

h) Angabe des Gesellschaftszwecks

18 Der Zweck der Gesellschaft muss – wie es sich aus dem Wortlaut ergibt – grundsätzlich nicht genannt werden (zur Abgrenzung von Gegenstand und Gesellschaftszweck s. § 1 Rdnr. 3 ff.). Mit Rücksicht auf das legitime **Informationsinteresse der Allgemeinheit** und der später hinzutretenden Gesellschafter (insbesondere der Minderheitsgesellschafter) gilt jedoch anderes, wenn die Gesellschaft einen **unüblichen**, etwa einen nicht-erwerbswirtschaftlichen, **Zweck** verfolgt[73]. Aus anderen Normen kann sich zudem unter anderen Gesichtspunkten die Notwendigkeit der Angabe des Zwecks ergeben: So ist **steuerrechtlich** die Anerkennung gemeinnütziger Gesellschaften davon abhängig, dass ihr besonderer Zweck – neben der Tätigkeit zur Zielerreichung – möglichst präzise im Satzungstext genannt wird (§§ 59 und 60 Abs. 1 AO; s. § 1 Rdnr. 17)[74].

3. Mängel – Verdeckte Vorratsgründung; nachträgliche Unrichtigkeit

19 Zur Rechtsfolge des Fehlens oder der Nichtigkeit der Bestimmung des Unternehmensgegenstandes allgemein s. Rdnr. 4 ff. Sind die Angaben über den Unternehmensgegenstand nur zu **unbestimmt**, aber vorhanden und nicht nichtig, liegt nur ein **Ordnungsmangel** vor, der nach Eintragung der Gesellschaft geheilt wird; die Unbestimmtheit ist aber Eintragungshindernis. Ein praktisch bedeutsamer Fall der *Nichtigkeit* ist die **verdeckte Vorratsgründung** (zur Vorratsgesellschaft ausf. Rdnr. 22 ff.), d.h. die Gründung einer Gesellschaft mit einem

---

71 BGH v. 16.3.1992 – II ZB 17/91, BGHZ 117, 323, 331, 333 = GmbHR 1992, 451 (zur AG). Für die GmbH BGH v. 9.12.2002 – II ZB 12/02, BGHZ 153, 158 ff. = GmbHR 2003, 227 ff. mit Anm. *Peetz*. S. zur Entwicklung *Bayer*, in: FS Goette, 2011, S. 15, 16 ff.; *Bayer*, in: Lutter/Hommelhoff, Rdnr. 79; *Ulmer/Löbbe*, in: Ulmer/Habersack/Löbbe, Rdnr. 153; *Winnen*, RNotZ 2013, 389, 392. S. weiter *Karsten Schmidt*, GesR, § 4 III 2b, bb (S. 70); *Karsten Schmidt*, NJW 2004, 1345, 1346 f.; *Tieves*, Unternehmensgegenstand, S. 184 ff.; *Wicke*, in: MünchKomm. GmbHG, Rdnr. 28.

72 Zutreffend *Fastrich*, in: Baumbach/Hueck, Rdnr. 11a.

73 Str., wie hier *Bayer*, in: Lutter/Hommelhoff, Rdnr. 8; *Roth*, in: Roth/Altmeppen, Rdnr. 5; *Wicke*, in: MünchKomm. GmbHG, Rdnr. 9; noch weitergehend *Flume*, Juristische Person, § 9 II (S. 323 f.).

74 *Mayer/Weiler*, in: Beck'sches Notar-Hdb., 6. Aufl. 2015, D.I. Rdnr. 59. Zudem muss die Satzung die in der als Anlage 1 zu § 60 AO Gesetzesbestandteil gewordenen Mustersatzung bezeichneten Festlegungen beinhalten.

Unternehmensgegenstand, den die Gründer gar nicht ernsthaft verfolgen und der deshalb fiktiv ist (§ 117 BGB)[75]. Dieser Mangel wird auch durch die Eintragung der Gesellschaft ins Handelsregister nicht geheilt, so dass die Gesellschaft auf Klage hin (§ 75) oder nach registergerichtlichem Einschreiten (§ 397 Satz 2 FamFG) aufzulösen ist, bis dahin aber besteht[76]. Gleichzustellen ist der Fall, dass die Gründer jedenfalls auf absehbare Zeit nicht ernstlich die Absicht haben, den von ihnen angegebenen Unternehmensgegenstand zu verfolgen, da auch in diesem Fall der wirkliche Unternehmensgegenstand (die Verwaltung des eigenen Vermögens der Gesellschaft) nicht genannt ist[77]. War ursprünglich die Aufnahme einer Geschäftstätigkeit geplant, ist diese Absicht aber nach Eintragung wieder aufgegeben worden, ist der Unternehmensgegenstand entsprechend zu ändern; anderenfalls entsteht nachträglich eine **(verdeckte) Vorratsgesellschaft**; dazu Rdnr. 25.

Eine Änderung des Unternehmensgegenstandes ist **nur durch Satzungsänderung** möglich (§§ 53 f.). Daraus ergibt sich das Problem, wie **tatsächliche Änderungen** des Unternehmensgegenstandes ohne entsprechende Satzungsänderung zu behandeln sind. Ein derartiger Fall liegt z.B. vor, wenn eine Gesellschaft, die nach der Satzung den Handel mit bestimmten Produkten betreibt, zur Produktion ganz anderer Produkte übergeht oder sich in eine Holding verwandelt. Wird die Angabe des Unternehmensgegenstandes in diesem Sinne aufgrund einer tatsächlichen Änderung nachträglich unrichtig, ohne dass die Satzung geändert wird, kommt eine Anwendung des § 75 oder des § 397 Satz 2 FamFG nicht in Betracht. Eine hier allenfalls denkbare nachträglich eintretende Nichtigkeit kennt das Bürgerliche Recht nicht[78]. Möglich wäre eine **entsprechende Anwendung** der genannten Vorschriften, die auch tatsächlich im Schrifttum verbreitet befürwortet wird, jedenfalls dann, wenn die Änderung des Unternehmensgegenstandes zur Folge hat, dass die Bestimmung nichtig (da fiktiv) gewesen wäre, wenn die jetzige Tätigkeit bereits bei Gründung ausgeübt worden wäre[79]. Die Rechtsprechung lehnt dies jedoch unter Berufung auf den Wortlaut des § 75 und des § 397 FamFG ab[80]. Dieser engen Auslegung ist beizupflichten: Denn § 75 gibt die Nichtigkeitsgründe, die auf Art. 12 Satz 1 lit. b Ziff. ii PublRL 2009[81] abgestimmt sein müssen, abschlie-

20

75 *Bayer*, in: Lutter/Hommelhoff, Rdnr. 80; *Fastrich*, in: Baumbach/Hueck, Rdnr. 11a; *Ulmer/Löbbe*, in: Ulmer/Habersack/Löbbe, Rdnr. 154; *Schmidt-Leithoff*, in: Rowedder/Schmidt-Leithoff, Rdnr. 13; *Wicke*, in: MünchKomm. GmbHG, Rdnr. 28.

76 BGH v. 16.3.1992 – II ZB 17/91, BGHZ 117, 323, 324 = GmbHR 1992, 451 (zur AG); vgl. dazu *Ahrens*, DB 1998, 1069, 1072; *Karsten Schmidt*, NJW 2004, 1345, 1352; *Wicke*, in: MünchKomm. GmbHG, Rdnr. 28.

77 BGH v. 16.3.1992 – II ZB 17/91, BGHZ 117, 323, 334 = GmbHR 1992, 451 (zur AG); *Tieves*, Unternehmensgegenstand, S. 183 f.; dagegen *A. Kraft*, DStR 1993, 101, 103 ff.; *Ebenroth/Müller*, DNotZ 1994, 75, 82.

78 S. für die Sitzverlegung BayObLG v. 8.3.1982 – BReg.1 Z 71/81, BayObLGZ 1982, 140, 142 = GmbHR 1983, 152.

79 *Roth*, in: Roth/Altmeppen, Rdnr. 10; *Schäfer*, in Henssler/Strohn, Gesellschaftsrecht, Rdnr. 9; *Wicke*, in: MünchKomm. GmbHG, Rdnr. 23, allerdings ohne auf das Problem der mangelnden Richtlinienkonformität einzugehen.

80 BayObLG v. 20.2.2002 – 3Z BR 380/01, GmbHR 2002, 490, 491 = ZIP 2002, 1400 (zur Sitzverlegung): Nichtigkeit gemäß § 134 BGB trete nicht durch eine nachträgliche Veränderung der Umstände ein, vielmehr müsse der Gesetzesverstoß im Zeitpunkt der Vornahme des Rechtsgeschäfts gegeben sein; BayObLG v. 29.6.1979 – BReg3 Z 83/76, BayObLGZ 1979, 207, 208 f. = GmbHR 1980, 11 zur Firma, die nachträglich durch Änderung des Geschäftsbetriebs unzulässig geworden ist; hierdurch könne eine ursprünglich zulässige Bestimmung des Gesellschaftsvertrags über die Firma nicht nichtig werden; BayObLG v. 8.3.1982 – BReg 1 Z 71/81, BayObLGZ 1982, 140, 141 ff. = GmbHR 1983, 152 = BB 1982, 578; BayObLG v. 26.3.1981 – BReg 1 Z 126/80, GmbHR 1981, 195 (LS) = Rpfleger 1981, 308 zum nachträglichen Auseinanderfallen von satzungsmäßigem und tatsächlichem Geschäftssitz einer GmbH im Kontext des damaligen § 4 a.F. S. auch *Schmidt-Leithoff*, in: Rowedder/Schmidt-Leithoff, Rdnr. 12.

81 Ursprünglich: RL 68/151/EWG.

ßend vor[82], enthält aber den vorliegenden Fall nicht. Auch eine analoge Anwendung der Vorschrift wäre wohl **nicht richtlinienkonform**, jedenfalls darf nach der sog. **Marleasing-Entscheidung** des EuGH[83] die Rechtsfolge der Nichtigkeit nur greifen, wenn die Nichtigkeit bereits aus dem **Satzungstext ersichtlich** ist (s. näher 11. Aufl., § 75 Rdnr. 7, dort allerdings mit deutlicher Relativierung der Bedeutung dieser Rechtsprechung für die Auslegung des § 75). Bei der tatsächlichen Änderung des Unternehmensgegenstandes kommt auch die Amtslöschung trotz bestehender Abhilfemöglichkeiten der Gesellschafter zur Verhinderung der Auflösung nach § 397 Satz 2 FamFG nicht in Betracht[84], ebenso wenig kann das Registergericht die unzutreffende Angabe des Unternehmensgegenstands nach § 399 Abs. 4 FamFG beanstanden[85]. Dieses Ergebnis ist hinzunehmen[86], zumal aus der mangelnden Nichtigkeit nicht der Schluss gezogen werden darf, dass den Geschäftsführern jederzeit eine sogar vollständige Veränderung des Unternehmensgegenstandes sanktionslos möglich wäre. Denn die Geschäftsführer **überschreiten** ihre **Geschäftsführungsbefugnis**, wenn sie nachträglich ohne vorhergehende Satzungsänderung den Tätigkeitsbereich der Gesellschaft verändern (§ 37 Abs. 1), so dass die Gesellschaft von ihnen Schadensersatz verlangen kann (§ 43 Abs. 2)[87]. Außerdem kann die nachträgliche Änderung der Gesellschaftstätigkeit zur Folge haben, dass die Firma der Gesellschaft unzulässig wird, weil sie jetzt täuschend ist (§ 5 UWG; § 18 Abs. 2 HGB). Trotz mangelnder analoger Anwendung des § 75 oder des § 397 Satz 2 FamFG fehlt es damit nicht gänzlich an Sanktionsmechanismen[88].

V. Exkurs: Wirtschaftliche Neugründung

Schrifttum (Auswahl): *Adolff*, Die Haftung des Gesellschafters der eingetragenen GmbH bei der wirtschaftlichen Neugründung, in: VGR, Gesellschaftsrecht in der Diskussion 2011, 2012, S. 49; *Altmeppen*, Zur Verwendung eines alten GmbH-Mantels, DB 2003, 2050; *Bachmann*, Abschied von der „wirtschaftlichen Neugründung"?, NZG 2011, 441; *Bachmann*, Die Offenlegung der wirtschaftlichen Neugründung und die Folgen ihrer Versäumung, NZG 2012, 579; *Bärwaldt/Balda*, Praktische Hinweise für den Umgang mit Vorrats- und Mantelgesellschaften – Teil 1: Vorratsgesellschaften, GmbHR 2004, 50; *Bayer*, Neue und gebrauchte Mäntel, „gestreckte" und „mutierte" Gründungen – Die Rechtsfigur der „wirtschaftlichen Neugründung" in der Rechtsprechung des BGH, in: FS Goette, 2011, S. 15; *Böcker*, Konkretisierung der Grundsätze der Haftung bei wirtschaftlicher Neugründung – Aus einem alten Mantel wird ein neues Wams –, DZWiR 2014, 389; *Göhmann*, Sind bei der wirtschaftlichen Neugründung einer GmbH die Sacheinlagevorschriften des § 19 Abs. 5 GmbHG zu beachten?, RNotZ 2011, 290; *Gottschalk*, Die wirtschaftliche Neugründung einer GmbH und ihre Haftungsfolgen, DStR 2012, 1458; *Habersack*, Wider das Dogma von der unbeschränkten Gesellschafterhaftung bei wirtschaftlicher Neugründung einer AG oder GmbH, AG 2010, 845; *Hacker/Petsch*, Leere Hülse, volle Haftung? Plädoyer für eine Insolvenzausnahme bei Unternehmensfortsetzung und wirtschaftlicher Neugründung, ZIP 2015, 761; *Heerma*, Mantelverwendung und Kapitalaufbringungspflichten, 1997; *Heidenhain*, Anwendung der Gründungsvorschriften des GmbH-Gesetzes auf die wirtschaftliche Neugründung einer Gesellschaft,

---

82 S. auch *J. Schmidt*, in: Michalski u.a., Rdnr. 26 sowie ausführlich zur Parallele im Aktienrecht *J. Koch*, in: MünchKomm. AktG, § 275 AktG Rdnr. 22 f.; dort auch zur Ablehnung der Möglichkeit einer analogen Anwendung.

83 EuGH v. 13.11.1990 – Rs. C-106/89, DB 1991, 157 (Nr. 11 f. der Gründe).

84 A.A. *Ulmer/Löbbe*, in: Ulmer/Habersack/Löbbe, Rdnr. 23; *Haas*, in: Baumbach/Hueck, § 75 Rdnr. 16. Anders auch 11. Aufl., § 75 Rdnr. 11, weil die Gesellschaft nicht „nichtig" sei, sondern nur durch Urteil aufgelöst werden könne. Hiergegen *J. Schmidt*, in: Michalski u.a., Rdnr. 26.

85 So jedoch *Fastrich*, in: Baumbach/Hueck, Rdnr. 10, obwohl der Wortlaut der Vorschrift Mängel des Unternehmensgegenstandes nicht erfasst.

86 Überzeugend (und entgegen der h.L.) *Altmeppen*, in: Roth/Altmeppen, § 75 Rdnr. 12; wohl auch *Schmidt-Leithoff*, in: Rowedder/Schmidt-Leithoff, Rdnr. 12; *J. Schmidt*, in: Michalski u.a., Rdnr. 26.

87 Vgl. *Wicke*, in: MünchKomm. GmbHG, Rdnr. 23.

88 So aber *Simon*, in: Gehrlein/Born/Simon, Rdnr. 15, der daher trotz dogmatischer Bedenken für eine analoge Anwendung der Vorschriften stimmt.

NZG 2003, 1051; *Heidinger*, Die wirtschaftliche Neugründung, ZGR 2005, 101; *Heidinger/Meyding*, Der Gläubigerschutz bei der „wirtschaftlichen Neugründung" von Kapitalgesellschaften, NZG 2003, 1129; *Heinze, Stefan*, „Präventivkontrolle" der Kapitalaufbringung bei der wirtschaftlichen Neugründung?, GmbHR 2011, 962; *H. Herchen*, Vorratsgründung, Mantelverwendung und geräuschlose Beseitigung der GmbH, DB 2003, 2211; *Hüffer*, Die Haftung bei wirtschaftlicher Neugründung unter Verstoß gegen die Offenlegungspflicht, NJW 2011, 1772; *Hüffer*, Wirtschaftliche Neugründung und Haftung des Geschäftsführers, NZG 2011, 1257; *Jeep*, Leere Hülse, beschränktes Risiko: Die Gesellschafterhaftung bei nicht offengelegter wirtschaftlicher Neugründung, NZG 2012, 1209; *Kantak*, Mantelgründung und Mantelverwendung bei der GmbH, 1988; *Kober*, Sonderformen des Beteiligungskaufes: Der Mantelkauf, 1995; *Krolop*, Zur Begrenzung der Unterbilanzhaftung bei der Vorrats- und Mantelgründung, ZIP 2011, 305; *Kuszlik*, Die Haftung bei der „wirtschaftlichen Neugründung" einer GmbH, GmbHR 2012, 882; *Lieder*, Zur Anwendbarkeit der Grundsätze der Mantelverwendung, NZG 2010, 410; *Lieder*, Wirtschaftliche Neugründung: Grundsatzfragen und aktuelle Entwicklungen, DStR 2012, 137; *Th. Meyding*, Die Mantel-GmbH im Gesellschafts- und Steuerrecht, 1989; *Meyding/Heidinger*, Der Gläubigerschutz bei der wirtschaftlichen Neugründung von Kapitalgesellschaften, in: 10 Jahre Deutsches Notarinstitut, 2003, S. 257; *Peetz*, Wirtschaftliche Neugründung einer GmbH und Haftung, GmbHR 2011, 178; *Peetz*, Noch einmal – Die Mantelverwendung, GmbHR 2004, 1429; *B. Peters*, Der GmbH-Mantel als gesellschaftsrechtliches Problem, 1989; *Podewils*, Offene Fragen zur wirtschaftlichen Neugründung, GmbHR 2010, 684; *Priester*, in: FS 100 Jahre GmbHG, 1992, S. 159; *Rohles-Puderbach*, Vorrats- und Mantelgesellschaften – Entwicklung, Haftungsrisiken und Umsetzung in der Praxis –, RNotZ 2006, 27; *Schaub*, Vorratsgesellschaften vor dem Aus?, NJW 2003, 2125; *Schaub*, Zur Anwendung der Gründungsvorschriften auf Vorratsgesellschaften, DNotZ 2003, 447; *Karsten Schmidt*, Vorratsgründung, Mantelkauf und Mantelverwendung, NJW 2004, 1345; *Swoboda*, Die Anwendung der Vorschriften zur „verschleierten Sachgründung" im Zusammenhang mit der „wirtschaftlichen Neugründung" von Vorratsgesellschaften, GmbHR 2005, 649; *Thaeter/St. Meyer*, Vorratsgesellschaften – Folgerungen für die Praxis aus der Entscheidung des BGH v. 9.12.2002, DB 2003, 539; *Theusinger/Andrä*, Die Aktivierung unternehmensloser Gesellschaften – Praktische Hinweise zur Verwendung von Vorrats- und Mantelgesellschaften, ZIP 2014, 1916; *Tieves*, Der Unternehmensgegenstand der Kapitalgesellschaft, 1998, S. 173 ff.; *St. Ulrich*, Gesellschafter: Keine Vorratsgründung bei Aufnahme nach außen gerichteter Geschäftstätigkeit, GmbHR 2010, 474; *R. Werner*, Haftungsvermeidung bei Aktivierung einer Mantelgesellschaft, GmbHR 2010, 804; *R. Wilhelmi*, Zur Begründung und den Konsequenzen der analogen Anwendung der Gründungsvorschriften auf die Verwendung eines gebrauchten GmbH-Mantels, DZWiR 2004, 177; *Winnen*, Die wirtschaftliche Neugründung von Kapitalgesellschaften, RNotZ 2013, 389.

1. Tatbestand der wirtschaftlichen Neugründung

a) Unternehmenslose Gesellschaft

Wird eine „unternehmenslose" Gesellschaft mit einem Geschäftsbetrieb ausgestattet[89], qualifiziert die ständige Rechtsprechung diesen Vorgang als wirtschaftliche Neugründung[90] (kritisch insgesamt zur Figur der wirtschaftlichen Neugründung § 11 Rdnr. 29, 67, 84, 109). Voraussetzung ist, dass die Gesellschaft vor ihrer Aktivierung eine „**leere Hülse**" bildet, die sich   21

---

89 BGH v. 18.1.2010 – II ZR 61/09, GmbHR 2010, 474, im Anschluss an BGH v. 7.7.2003 – II ZB 4/02, BGHZ 155, 318, 324 = GmbHR 2003, 1126; BGH v. 6.3.2012 – II ZR 56/10, GmbHR 2012, 630, 631.

90 Der BGH hatte sich bereits 1992 für eine Einstufung der späteren Verwendung einer Vorratsgesellschaft als „wirtschaftliche Neugründung" ausgesprochen, BGH v. 16.3.1992 – II ZB 17/91, BGHZ 117, 323, 331 = GmbHR 1992, 451. Die endgültige Bestätigung dieser Qualifizierung der Verwendung einer Vorratsgesellschaft brachten dann Beschlüsse aus den Jahren 2002 und 2003; BGH v. 9.12.2002 – II ZB 12/02, BGHZ 153, 158, 160 = GmbHR 2003, 227; BGH v. 7.7.2003 – II ZB 4/02, BGHZ 155, 318, 321 = GmbHR 2003, 1125. Anders aber vor dieser Rechtsprechung etwa BayObLG v. 24.3.1999 – 3Z BR 295/98, BayObLGZ 1999, 87, 89 ff. = GmbHR 1999, 607: Eintragungen in das Handelsregister anlässlich der Verwertung einer Mantel- oder Vorrats-GmbH rechtfertigen nicht die registergerichtliche Kontrolle der Unversehrtheit des Stammkapitals.

als Rahmen für eine beliebige zukünftige Geschäftstätigkeit eignet[91]. Die Gesellschaft darf mithin in keiner erkennbaren Form einen Geschäftsbetrieb (mehr) entfalten, an den die (Wieder-)Aufnahme des Geschäftsbetriebs – sei es auch unter wesentlicher Umgestaltung, Einschränkung oder Erweiterung seines Tätigkeitsgebiets – in irgendeiner wirtschaftlich noch gewichtbaren Weise anknüpfen kann[92].

b) Vorratsgründung und Mantelverwendung

22   Ein solcher „Mantel" einer Gesellschaft kann auf zwei Weisen entstehen. Im Falle der **Vorratsgründung** („Neu-Mantel") wird eine Gesellschaft errichtet, die sich zunächst auf die „Verwaltung" ihres in der Regel geringfügigen Vermögens beschränkt, bis sich ein „echter" Verwendungszweck („Gegenstand") für sie findet und sie infolge dessen mit einem Geschäftsbetrieb ausgestattet wird (sog. „Aktivierung" der Vorratsgesellschaft) (s. zum Unternehmensgegenstand schon Rdnr. 17). Im Vordergrund steht oft das Bestreben, das Eintragungsverfahren abzukürzen[93]. Im zweiten Fall wurde ein bisheriger Geschäftsbetrieb eingestellt und ein neuer (noch nicht) wieder aufgenommen, so dass die juristische Person als „leere Hülse"[94] (häufig ohne nennenswertes Vermögen) zurückbleibt. Danach wird dieser „Alt-Mantel" mit einem neuen Geschäftsbetrieb wiederausgestattet. Oftmals geht einer solchen Reaktivierung ein **Mantelkauf**[95] voran (d.h. ein Wechsel der Anteilseigner). Früher wurde mit einer Mantelverwendung ferner in zahlreichen Fällen versucht, bei der Gründung neuer Unternehmen steuerlich einen etwaigen **Verlustvortrag auszunutzen**. Die Folge war ein lebhafter Handel mit „GmbH-Mänteln", der den Gesetzgeber bereits 1988 zum Eingreifen veranlasste[96]. Die in der Folgezeit wiederholt verschärfte Regelung fand sich zunächst in § 8 Abs. 4 KStG, an dessen Stelle sodann **§ 8c KStG** getreten ist. Nach dieser Vorschrift ist ein Verlustabzug bereits ausgeschlossen, wenn innerhalb von fünf Jahren unmittelbar oder mittelbar eine Beteiligung von mehr als 25 % an einen Erwerber übertragen wurde (schädlicher Beteiligungserwerb). Der Handel mit „GmbH-Mänteln" hatte seitdem erheblich an praktischer Bedeutung eingebüßt. Diese Regelung in ihrer bis zum 31.12.2015 geltenden Fassung wurde jedoch jüngst für verfassungswidrig erklärt[97]. Der Gesetzgeber muss bis 31.12.2018 rückwirkend für die Zeit vom 1.1.2008 bis 31.12.2015 eine Neuregelung treffen. Zu einer neuerlichen Wiederbelebung der Verwendung von Mantelgesellschaften wird dies aber wohl nicht führen. Denn es ist zu berücksichtigen, dass durch die Einführung von § 8d KStG mit Wirkung vom 1.1.2016 der Anwendungsbereich des § 8c Abs. 1 Satz KStG eingedämmt wurde, so dass die gegenwärtigen Rechtslage wohl schon nicht mehr verfassungswidrig sein dürfte.

---

91   Ebenso *Lieder*, NZG 2010, 410, 412; *Podewils*, GmbHR 2010, 684, 686 f.; *St. Ulrich*, GmbHR 2010, 475 f.; *R. Werner*, GmbHR 2010, 804, 805 f.

92   BGH v. 18.1.2010 – II ZR 61/09, GmbHR 2010, 474, im Anschluss an BGH v. 7.7.2003 – II ZB 4/02, BGHZ 155, 318, 324 = GmbHR 2003, 1126; ebenso OLG Jena v. 1.9.2004 – 4 U 37/04, GmbHR 2004, 1468, 1469 f.; *Heidinger*, ZGR 2005, 101, 105.

93   *Bayer*, in: FS Goette, 2011, S. 15, 16; *Heidinger*, ZGR 2005, 101, 103; *Wicke*, in: MünchKomm. GmbHG, Rdnr. 27; *Winnen*, RNotZ 2013, 389, 390.

94   KG v. 3.7.1924 – 1 X 267/24, JW 1924, 1535. Aufgegriffen durch BGH v. 16.3.1992 – II ZB 17/91, BGHZ 117, 323 = GmbHR 1992, 451 (zur AG); BGH v. 18.1.2010 – II ZR 61/09, GmbHR 2010, 474; BGH v. 6.3.2012 – II ZR 56/10, GmbHR 2012, 630; BGH v. 10.12.2013 – II ZR 53/12, GmbHR 2014, 317.

95   Der Mantelkauf ist nicht wegen Sittenwidrigkeit nichtig. Die Rspr. geht vielmehr von der Zulässigkeit aus. Vgl. BGH v. 7.7.2003 – II ZB 4/02, BGHZ 155, 318 = GmbHR 2003, 1125; ebenso der Sache nach bereits BGH v. 25.11.1996 – II ZR 352/95, GmbHR 1997, 258, 259 f.; ebenso schon *Feine*, in: Ehrenbergs Hdb. III/3, S. 445 ff.; *Bommert*, GmbHR 1983, 209; *Kober*, Mantelkauf, S. 52, 114 ff.

96   BGBl. I 1988, 1093; s. dazu *St. Kudert/K. Saakel*, BB 1988, 1229; *J. Thiel*, GmbHR 1990, 223.

97   BVerfG v. 29.3.2017 – 2 BvL 6/11, GmbHR 2017, 710; dazu *Beckmann*, GWR 2017, 231; *Bode*, DStRK 2017, 167; *Gosch*, GmbHR 2017, 695; *Hasbach*, NZG 2017, 838 f.

c) Abgrenzungsschwierigkeiten in der Praxis

In der Praxis bestehen **erhebliche Schwierigkeiten**, eine wirtschaftliche Neugründung zu er- 23
kennen. Insbesondere die **Abgrenzung** der Alt-Mantelverwendung von einer **Umstrukturie-**
rung der Gesellschaft ist nicht immer trennscharf möglich, obwohl beide Vorgänge rechtlich
grundlegend verschieden behandelt werden („bloße" Satzungsänderung bei der Umstrukturierung, Anwendung der Gründungsvorschriften bei wirtschaftlicher Neugründung). Sämtliche neben der Unternehmenslosigkeit möglichen Abgrenzungskriterien sind aber nach dem
Konzept der Rechtsprechung nicht entscheidend; sie können allenfalls als Indizien der Unternehmenslosigkeit herangezogen werden. Nur in diesem Sinn haben die Änderung des Unternehmensgegenstandes, die entsprechende Neufassung der Firma und die Verlegung des Gesellschaftssitzes sowie die Einsetzung neuer Geschäftsführer[98] noch eine Restbedeutung,
insbesondere für die Praxis. Selbiges gilt für die Veräußerung des gesamten Anlagevermögens
der Gesellschaft in Verbindung mit der anschließenden Beschränkung auf die Verwaltung
des verbliebenen Vermögens der Gesellschaft, die Veräußerung sämtlicher Anteile an Dritte[99]
oder insbesondere auch (vor allem für die Alt-Mantelverwendung) die **Vermögenslosigkeit**
der Gesellschaft.[100] Im Lichte der Abgrenzungsschwierigkeiten wird aus diesem Grunde in
der Praxis häufig **vorsorglich** eine **wirtschaftliche Neugründung offengelegt**, um die scharfen Haftungsfolgen bei unterbliebener Offenlegung (s. ausf. Rdnr. 41 ff.) zu vermeiden.

d) Problematische Konstellationen im Einzelnen

aa) Die Dauer der Unternehmenslosigkeit spielt prinzipiell keine Rolle. Entscheidend ist nur 24
die endgültige **Aufgabe des Willens** der Gesellschafter, das bisherige Unternehmen **fort-**
zuführen[101]. Dies gilt auch, wenn noch keine Desinvestition erfolgt ist, weil die Gesellschafter sich den Betrieb eines neuen Unternehmens mit noch vorhandenen finanziellen Mitteln
vorbehalten wollen[102].

bb) Eine leere Hülse liegt nicht vor, wenn eine Gesellschaft nach ihrer Gründung **Vorberei-** 25
tungshandlungen zur Verwirklichung ihres geplanten Unternehmensgegenstandes entfaltet
hat, z.B. durch die Entwicklung von Geschäftsplänen oder vergleichbare Tätigkeiten[103] und
erst danach die Geschäftstätigkeit beginnt (**verzögerte Aufnahme der Geschäftstätigkeit**).
Der Umgehungsgedanke, der zur Rechtfertigung der Anwendung der Gründungsvorschriften herangezogen wird, liegt hier fern. Dies allemal, wenn die Vorbereitungshandlungen die
üblichen Zeiträume nicht verlassen. Aber auch bei längeren Vorbereitungshandlungen ist
eine wirtschaftliche Neugründung bei Beginn der Geschäftstätigkeit nicht zwingend. Entscheidend kommt es auf den **fortbestehenden Willen der Gesellschafter** an, die Vorbereitungshandlungen in die Geschäftsaufnahme zu überführen. Anders zu bewerten ist es demgegenüber, wenn die Gesellschafter zwischenzeitlich diesen Willen aufgegeben oder die
Vorbereitungshandlungen selbst eingestellt haben. In diesen Fällen entsteht zumindest für ei-

---

98 BGH v. 9.12.2002 – II ZB 12/02, BGHZ 153, 158, 163 = GmbHR 2003, 227.

99 OLG Schleswig v. 7.9.2006 – 5 U 25/06, ZIP 2007, 279; vgl. auch *Bayer*, in: Lutter/Hommelhoff,
Rdnr. 99; *Schubert*, NotBZ 2003, 383, 383 f.

100 OLG Jena v. 1.9.2004 – 4 U 37/04, GmbHR 2004, 1468, 1469. Dagegen auf die Vermögenslosigkeit
entscheidend abstellend (aber nur die damals überwiegende Ansicht wiedergebend) OLG Düsseldorf v. 27.6.2003 – 14 U 21/03, GmbHR 2003, 1062; immer noch dahin tendierend *Ulmer/Löbbe*,
in: Ulmer/Habersack/Löbbe, Rdnr. 162 ff. Der heute h.M. folgend aber OLG Schleswig v. 7.9.2006
– 5 U 25/06, ZIP 2007, 75. S. dazu auch *Bayer*, in: Lutter/Hommelhoff, Rdnr. 99.

101 S. zu dieser wenig geklärten Frage insbes. *Altmeppen*, NZG 2003, 145, 147 ff.; *Altmeppen*, DB 2003,
2050, 2053 f.

102 *Ulmer/Löbbe*, in: Ulmer/Habersack/Löbbe, Rdnr. 167. Als offen bezeichnet diese Frage *Fastrich*,
in: Baumbach/Hueck, Rdnr. 13f.

103 BGH v. 18.1.2010 – II ZR 61/09, GmbHR 2010, 474; *Fastrich*, in: Baumbach/Hueck, Rdnr. 13e; *Lie-*
der, NZG 2010, 410, 411.

ne kurze Zeitspanne eine unternehmenslose Gesellschaft[104]; sog. „mutierte" (nachträglich entstandene) Vorratsgesellschaft (s. Rdnr. 19). Wird diese aktiviert, liegt eine wirtschaftliche Neugründung vor.

26 **cc)** Eine wirtschaftliche Neugründung scheidet aus, wenn noch **vor Eintragung** der Gesellschaft Änderungen des Unternehmensgegenstandes und womöglich sonstige Satzungsänderungen durchgeführt werden[105]. Denn hier ist die GmbH noch gar nicht entstanden, die Prüfung der Kapitalausstattung steht noch bevor – die Gründungsregelungen können damit nicht dadurch umgangen werden[106].

27 **dd)** Sofern bei einer **aufgelösten Gesellschaft** noch nennenswerte Liquidationsaufgaben i.S. des § 70 wahrgenommen werden, führt die Revitalisierung der Gesellschaft durch Aufnahme einer werbenden Geschäftstätigkeit nicht zu einer wirtschaftlichen Neugründung. Wird allerdings die **Abwicklung** über **längere Zeit nicht mehr betrieben**, liegt ein leerer Gesellschaftsmantel vor[107], so dass bei der Wiedernutzung eine wirtschaftliche Neugründung gegeben sein kann. Wird diese nicht offengelegt, kann das Registergericht die Eintragung des Fortsetzungsbeschlusses verweigern; s. näher 11. Aufl., § 60 Rdnr. 86. Noch nicht abschließend geklärt ist, ob eine wirtschaftliche Neugründung auch in Betracht kommt[108], wenn die Gesellschaft durch die Eröffnung eines **Insolvenzverfahrens** nach § 60 Abs. 1 Nr. 4 aufgelöst wurde und nicht nach einem der in § 60 Abs. 1 Nr. 4 genannten Fälle fortgesetzt werden kann[109]. Das KG[110] hat jüngst, zu einer Auflösung nach § 60 Abs. 1 Nr. 5, angedeutet, dass womöglich Raum für eine wirtschaftliche Neugründung (wenn auch nicht im konkreten Fall) bleiben könnte. Hierfür spricht zumindest, dass bei einer wirtschaftlichen Neugründung eine entsprechende Anwendung der Gründungsvorschriften den Gläubigerschutz sicherstellt[111].

2. Anwendung der Gründungsvorschriften

28 **Rechtsfolge** der wirtschaftlichen Neugründung ist die analoge Anwendung der Gründungsvorschriften einschließlich der registergerichtlichen Kontrolle. Die entsprechende Anwendung der Gründungsvorschriften[112] wird nach dem Konzept der Rechtsprechung bei der Aktivierung einer Vorratsgesellschaft damit gerechtfertigt, dass es sich um einen **„gestreckten"** **Gründungsvorgang** handele[113] – die Gründung finde wirtschaftlich erst ihren Abschluss mit der Verbindung der Gesellschaft mit einem Unternehmen. Dahinter steht der Gedanke des

---

104 *Bayer*, in: FS Goette, 2011, S. 15, 17 f., 24 ff. Dazu auch *Goette*, DStR 2010, 764 f.; vgl. auch DNotI-Report 2011, 1, 3 f.
105 BGH v. 12.7.2011 – II ZR 71/11, GmbHR 2011, 1032, 1033.
106 *Bayer*, GmbHR 2011, 1034, 1035; *Hüffer*, NZG 2011, 1257, 1258; *Lieder*, DStR 2012, 137, 138 f.; *J. Schmidt*, in: Michalski u.a., Rdnr. 119.
107 BGH v. 10.12.2013 – II ZR 53/12, GmbHR 2014, 317, 318.
108 Dies annehmend *Casper*, in: Ulmer/Habersack/Löbbe, § 60 Rdnr. 147; *Gesell*, in: Rowedder/Schmidt-Leithoff, § 60 Rdnr. 76. A.A. *Arnold*, in: Henssler/Strohn, Gesellschaftsrecht, § 60 GmbHG Rdnr. 74; *Berner*, in: MünchKomm. GmbHG, § 60 Rdnr. 273.
109 Hierbei handelt es sich um abschließende Gründe BGH v. 28.4.2015 – II ZB 13/14, GmbHR 2015, 814, 815 f.
110 KG v. 17.10.2016 – 22 W 70/16, GmbHR 2017, 196, 197. Hierzu *Arens*, GmbHR 2017, 449 ff.
111 Dies andeutend OLG Celle v. 1.4.2014 – 2 W 89/13, GmbHR 2014, 874, 876. S. dazu auch *Krüger*, AnwZert InsR 1/2015 Anm. 2; *Podewils*, jurisPR-HaGesR 7/2015 Anm. 1.
112 BGH v. 9.12.2002 – II ZB 12/02, BGHZ 153, 158, 160 = GmbHR 2003, 227 im Anschluss an BGH v. 16.3.1992 – II ZB 17/91, BGHZ 117, 323, 333 = GmbHR 1992, 451; bestätigt durch BGH v. 7.7.2003 – II ZB 4/02, BGHZ 155, 318, 321 = GmbHR 2003, 1125.
113 In diesem Sinne auch früher schon ein Teil der Literatur etwa *Ahrens*, DB 1998, 1069 ff.; *Goette*, GmbH, § 1 Rdnr. 20 f. (S. 7 f.); *Goette*, DStR 2003, 300; *Goette*, DStR 2003, 887, 890; *Krolop*, ZIP 2011, 305, 306; *Lübbert*, BB 1998, 2221, 2222 ff.

Umgehungsschutzes. Es soll verhindert werden, dass eine Gesellschaft im Rechtsverkehr auftritt, die im Zeitpunkt ihrer wirtschaftlichen Entstehung, d.h. als Gesellschaft mit Unternehmen, keiner registergerichtlichen Präventivkontrolle mit Blick auf die Kapitalaufbringung unterworfen worden ist. Die Reaktivierung eines Alt-Mantels wird in der Judikatur der Aktivierung eines Neu-Mantels weitgehend gleichgestellt[114]. Der Gläubigerschutz fordert hier noch mehr als bei der Verwendung einer Vorratsgesellschaft, dass geprüft wird, ob das Stammkapital im Zeitpunkt der Vereinigung von Gesellschaft und Geschäftsbetrieb wertmäßig vorhanden ist. Im Lichte dieser gefestigten Judikatur[115] sind mittlerweile jene Ansichten überholt[116], die sich gegen eine Anwendung des Gründungsrechts auf wirtschaftliche Neugründungen insgesamt – oder jedenfalls auf die Aktivierung gebrauchter Mäntel[117] – aussprechen[118]. Im Einzelnen ist die Reichweite des Rückgriffs auf die Gründungsvorschriften aber noch ungeklärt. Zur Vorratsgründung einer UG (haftungsbeschränkt) § 5a Rdnr. 34.

a) Offenlegung der wirtschaftlichen Neugründung

Basis der „registergerichtlichen Präventivkontrolle" ist die Offenlegung[119] der wirtschaftlichen Neugründung gegenüber dem Registergericht, und zwar durch sämtliche Geschäftsführer entsprechend § 78[120]. Hierdurch sollen die Registergerichte der Last enthoben sein, die schwierige Abgrenzung einer wirtschaftlichen Neugründung von Umstrukturierungen oder Sanierungen vornehmen zu müssen[121]. Unstreitig ist eine ausdrückliche Offenlegung daher bei der Aktivierung eines Alt-Mantels erforderlich[122], richtigerweise aber auch bei der ein-

29

---

114 Der BGH hat die Einstufung der Ausstattung einer Vorratsgesellschaft mit einem Unternehmen als wirtschaftliche Neugründung schon im Jahre 2003 auf die Mantelverwendung erstreckt. S. BGH v. 7.7.2003 – II ZB 4/02, BGHZ 155, 318, 322 = GmbHR 2003, 1125; bestätigend BGH v. 12.7.2011 – II ZR 71/11, GmbHR 2011, 1032, 1033; BGH v. 6.3.2012 – II ZR 56/10, BGHZ 192, 341, 344 = GmbHR 2012, 630; dem folgend OLG Düsseldorf v. 27.6.2003 – 14 U 21/03, GmbHR 2003, 1062 = ZIP 2003, 150; OLG Celle v. 11.5.2005 – 9 U 218/04, GmbHR 2005, 1496, 1497; OLG München v. 11.3.2010 – 23 U 2814/09, GmbHR 2010, 425, 426.

115 Dem BGH in der Anwendung des Gründungsrechts grundsätzlich folgend etwa *Bayer*, in: Lutter/Hommelhoff, Rdnr. 85; *Krolop*, ZIP 2011, 305; *Hüffer*, NZG 2011, 1257; *Ulmer/Löbbe*, in: Ulmer/Habersack/Löbbe, Rdnr. 149 ff.

116 So auch *Bayer*, in: Lutter/Hommelhoff, Rdnr. 85.

117 S. vor allem *Altmeppen*, NZG 2003, 145, 147 f.

118 *Banerjea*, GmbHR 1998, 814, 815 ff.; *Banerjea*, NZG 1999, 817 ff.; *Bärwaldt/Schabacker*, GmbHR 1998, 1005, 1008; *Göz/Gehlich*, ZIP 1999, 1653, 1657; *Habersack*, AG 2010, 845; *Heerma*, Mantelverwendung, passim, bes. S. 91 ff.; *Heerma*, GmbHR 1999, 640, 642 ff.; *Hüffer*, NJW 2011, 1772; *Kleindiek*, in: FS Priester, 2007, S. 369, 379 ff.; *Meller-Hannich*, ZIP 2000, 354; *Peetz*, GmbHR 2011, 178, 184 f.; *Schaub*, NJW 2003, 2125, 2129; *Schaub*, DNotZ 2003, 447; *Karsten Schmidt*, NJW 2004, 1345, 1352 f.; *Thaeter/St. Meyer*, DB 2003, 539, 541; *Wicke*, NZG 2005, 409. Kritisch auch insgesamt *Roth*, in: Altmeppen/Roth, Rdnr. 14a.

119 Inhaltlich muss die Offenlegung bei der Aktivierung einer Vorratsgesellschaft beinhalten, dass die betreffende Gesellschaft als Vorratsgesellschaft gegründet worden ist und nunmehr erstmalig ihre Geschäftstätigkeit aufnimmt. Bei der Verwendung eines Alt-Mantels sollte demgegenüber mitgeteilt werden, dass eine zuletzt unternehmenslose Gesellschaft ihre Geschäftstätigkeit wieder aufgenommen hat. S. dazu *Apfelbaum*, notar 2001, 279, 280.

120 BGH v. 7.7.2003 – II ZB 4/02, BGHZ 155, 318, 323 = GmbHR 2003, 1125; BGH v. 6.3.2012 – II ZR 56/10, BGHZ 192, 341, 345 = GmbHR 2012, 630. S. auch *R. Werner*, GmbHR 2010, 804, 805 f.

121 Keine nähere Subsumtion durch das Registergericht, vgl. *Krafka/Kühn*, Registerrecht, 10. Aufl. 2017, Rdnr. 1109.

122 BGH v. 7.7.2003 – II ZB 4/02, BGHZ 155, 318, 323 = GmbHR 2003, 1125; BGH v. 6.3.2012 – II ZR 56/10, BGHZ 192, 341, 345 = GmbHR 2012, 630; vgl. auch *Fastrich*, in: Baumbach/Hueck, Rdnr. 13b.

facher zu erkennenden Aktivierung einer Vorratsgesellschaft[123]. Es genügt daher nicht, dass sich aus der Anmeldung begleitender Änderungen ggf. der Tatbestand der Mantelverwendung ableiten lässt[124]. Eine detaillierte Beschreibung der Gründe, die zur Annahme einer wirtschaftlichen Neugründung führen, ist jedoch nicht erforderlich[125]. Offenlegung und Versicherung nach § 8 Abs. 2 können, müssen aber nicht, **mit der Anmeldung verbunden** werden (**Kopplung**), wenn eintragungspflichtige Änderungen im Zuge der Mantelverwendung zum Handelsregister anzumelden sind.

30 In der Praxis erfolgt die Offenlegung regelmäßig in elektronisch beglaubigter Form. Es genügt aber eine **einfache elektronische Aufzeichnung** nach § 12 Abs. 2 HGB, weil eine Eintragungsmöglichkeit der wirtschaftlichen Neugründung abzulehnen ist[126]. Der noch weitergehende Vorschlag, sogar Textform i.S. des § 126b BGB ausreichen zu lassen[127], ist dagegen zu weitgehend. § 12 Abs. 2 HGB ordnet ohne Unterscheidung danach, ob eine Anmeldung erfolgt oder nicht, an, dass Dokumente als elektronische Aufzeichnung einzureichen sind; dies ist aber nicht mit Textform gleichzusetzen. Daher ist auf Grundlage der hier vertretenen Sicht der Rat[128] zweifelhaft, unmittelbar nach wirtschaftlicher Neugründung vorab per Fax dem Registergericht die wirtschaftliche Neugründung offenzulegen. Selbst wenn schon hierdurch die wirtschaftliche Neugründung nach außen in Erscheinung träte (und nicht erst durch Aufnahme der unternehmerischen Tätigkeit), wird jedenfalls die Beweislastumkehr (s. Rdnr. 41) nur vermieden werden können, wenn Offenlegung und Versicherung jeweils formgerecht erfolgen.

b) Versicherung nach § 8 Abs. 2

aa) Gegenstand der Versicherung

31 Für den Gegenstand der Versicherung entsprechend § 8 Abs. 2 wird überwiegend in Konkretisierung der Rspr.[129] verlangt[130], erstens **rückbezogen** zu versichern, welcher Gesellschafter

---

123 Ebenso *Wicke*, in: MünchKomm. GmbHG, Rdnr. 38. Dies ergibt sich letztlich aus BGH v. 7.7.2003 – II ZB 4/02, BGHZ 155, 318, 323 = GmbHR 2003, 1125, weil dort die Offenlegung aus der Rspr. zur Vorratsgesellschaft übertragen wird. A.A. *Ulmer/Löbbe*, in: Ulmer/Habersack/Löbbe, Rdnr. 157; *Fastrich*, in: Baumbach/Hueck, Rdnr. 12; *Simon*, in: Gehrlein/Born/Simon, Rdnr. 84: Offenlegung nur bei Wiederverwendung eines Alt-Mantels.

124 *Heidinger*, ZGR 2005, 101, 108 ff.; *R. Werner*, GmbHR 2010, 804, 805 f. A.M. 11. Aufl., Rdnr. 30.

125 *Rohles-Puderbach*, RNotZ 2006, 274, 277.

126 S. statt vieler nur *Roth*, in: Roth/Altmeppen, Rdnr. 14c.

127 So aber *Wicke*, in: MünchKomm. GmbHG, Rdnr. 38, der auch ein Fax für ausreichend hält; so auch *Mayer/Weiler*, in: Beck'sches Notar-Hdb., 6. Aufl. 2015, D.I, Rdnr. 499.

128 *Mayer/Weiler*, in: Beck'sches Notar-Hdb., 6. Aufl. 2015, D.I, Rdnr. 499.

129 Die Rspr. verlangt, und zwar sowohl bei der Aktivierung einer Vorratsgesellschaft als auch bei der Reaktivierung eines Alt-Mantels, eine Versicherung gemäß § 8 Abs. 2, dass die in § 7 Abs. 2 und 3 bezeichneten Leistungen auf die Geschäftsanteile bewirkt sind und dass der Gegenstand der Leistungen sich im Zeitpunkt der Offenlegung und der Abgabe der Anmeldeversicherung gegenüber dem Registergericht endgültig in der freien Verfügung der Geschäftsführer befindet. S. BGH v. 9.12.2002 – II ZB 12/02, BGHZ 153, 158, 162 = GmbHR 2003, 227; BGH v. 7.7.2003 – II ZB 4/02, BGHZ 155, 318, 321 f. = GmbHR 2003, 1125; BGH v. 12.7.2011 – II ZR 71/11, GmbHR 2011, 1032; aus der OLG-Rechtsprechung OLG Jena v. 1.9.2004 – 4 U 37/04, GmbHR 2004, 1468; OLG Hamburg v. 19.11.2004 – 11 U 45/04, GmbHR 2005, 164, 166; OLG Jena v. 27.9.2006 – 6 W 287/06, ZIP 2007, 124; KG v. 7.12.2009 – 23 U 24/09, GmbHR 2010, 476; OLG München v. 11.3.2010 – 23 U 2814/09, GmbHR 2010, 425; OLG Nürnberg v. 18.4.2011 – 12 W 631/11, GmbHR 2011, 582, 585 f.

130 So etwa *Melchior/Böhringer*, in: Gustavus, Handelsregister-Anmeldungen, 9. Aufl. 2017, M 101.1; *Lohr*, GmbH-StB 2014, 153 (Registeranmeldung nach Aktivierung einer bereits aufgelösten GmbH); *Miras*, in: Langenfeld/Miras, GmbH-Vertragspraxis, 7. Aufl. 2014, Rdnr. 824 ff.; *Krafka/Kühn*, Registerrecht, 10. Aufl. 2017, Rdnr. 1109a.

bei der Gründung was als Einzahlung zur freien Verfügung i.S. des § 7 Abs. 2 geleistet hat, sowie zweitens zu versichern, dass der Gegenstand der Leistungen **weiterhin oder wieder in der freien Verfügung** der Geschäftsführer steht und drittens das Stammkapital **wertmäßig vollständig vorhanden** ist. Bei der Verwendung eines **Alt-Mantels** wird jedoch von einem gewichtigen Teil der Literatur vertreten, dass bei noch vorhandenem Restvermögen die Versicherung über die Mindesteinlagen und ihre freie Verfügbarkeit durch diejenige über die Stammkapitaldeckung substituiert wird[131].

Stellungnahme: Richtigerweise ist der Bezug zur Einlagenerbringung entgegen der h.M. bei der Gründung nicht notwendig[132] (auch wenn er zur Substantiierung von Registergerichten zuweilen verlangt wird und daher, wenn möglich, erfolgen sollte). Die Versicherung hat sich allein darauf zu beziehen, dass zum Zeitpunkt der Offenlegung oder des erstmaligen Auftretens nach außen das Gesellschaftsvermögen *nunmehr* (d.h. ggf. durch Wiederauffüllung des Stammkapitals) gedeckt ist[133] und nicht durch Verbindlichkeiten ganz oder teilweise aufgezehrt ist (zur Feststellung kann auf eine Analogie zu § 220 UmwG zurückgegriffen werden[134]). Weiter hat sich die Versicherung darauf zu beziehen, dass der Mindestbetrag nach § 7 Abs. 2 und 3 wertmäßig zur freien Verfügung der Geschäftsführung steht (was aber wohl einen sinnvollen Anwendungsbereich nur bei der Aktivierung einer Vorratsgesellschaft und bzgl. der Wiederauffüllungszahlungen bei einem vermögenslosen Alt-Mantel hat). Zugleich muss der aktuelle Stand des Stammkapitals vor dessen etwaiger Wiederauffüllung angegeben werden, um dem Registergericht darzulegen, welche Beträge als einlageähnliche Leistungen zur Wiederauffüllung des Stammkapitals zu erbringen waren[135]. Nur dies ist im Zeichen des Gläubigerschutzes erforderlich. Sollten die (historischen) Einlagen nicht oder nicht mit erfüllender Wirkung erbracht worden sein, bestehen die Ansprüche der Gesellschaft auf Erbringung der Einlagen gegen die Gründer weiterhin fort – sie werden durch die wirtschaftliche Neugründung nicht berührt. Eine umfassende Versicherung, die sich auch auf den Gründungszeitpunkt bezieht, wird bei der Wiedernutzung eines **Alt-Mantels** nach dessen Kauf durch Neugesellschafter[136] zudem meist nicht möglich sein, weil es den Geschäftsführern kaum gelingen wird zu ermitteln, welcher Altgesellschafter im Stadium der Gründung welche Leistungen erbracht hat. Bei der Aktivierung von **Vorratsgesellschaften** wird eine rückbezogene Versicherung dagegen zwar vor allem dann möglich sein, wenn der eingezahlte Geldbetrag nach wie vor unversehrt auf einem Geschäftskonto der Gesellschaft befindlich ist[137]. Eine Differenzierung zwischen Alt- und Neu-Mantel erscheint aber nicht konsequent (und aus Gründen des Gläubigerschutzes auch nicht erforderlich), weil die Rspr. auch ansonsten eine einheitliche rechtliche Behandlung vornimmt[138]. Jedenfalls aber

32

---

131 *Bayer*, in: Lutter/Hommelhoff, Rdnr. 9; *Lindemaier*, RNotZ 2003, 503, 509 ff.; *Peetz*, GmbHR 2003, 229, 230; *Schäfer*, in: Bork/Schäfer, Rdnr. 22; *Simon*, in: Gehrlein/Born/Simon, Rdnr. 79; *Ulmer/Löbbe*, in: Ulmer/Habersack/Löbbe, Rdnr. 176.

132 Richtig *Bayer*, in: Lutter/Hommelhoff, Rdnr. 9; *Lindemaier*, RNotZ 2003, 503, 510 f.; *Ulmer/Löbbe*, in: Ulmer/Habersack/Löbbe, Rdnr. 157 (für Fälle der Mantelverwendung); so auch DNotI-Gutachten, Abrufnummer 119742; zu finden unter: www.dnoti.de. Dahin kann auch OLG Nürnberg v. 18.4.2011 – 12 W 631/11, GmbHR 2011, 582 für die Vorratsgesellschaft verstanden werden. S. weiter DNotI-Gutachten, DNotI-Report 9/2005, 75, 76.

133 *Bayer*, in: Lutter/Hommelhoff, Rdnr. 86; OLG Jena v. 1.9.2004 – 4 U 37/04, GmbHR 2004, 1468, 1470.

134 So zu Recht *Heidinger*, ZNotP 2003, 82, 86; *Wicke*, in: MünchKomm. GmbHG, Rdnr. 34; *Bayer*, in: Lutter/Hommelhoff, Rdnr. 100; für die AG auch *Seibt*, in: Karsten Schmidt/Lutter, § 23 AktG Rdnr. 43.

135 *Schubert*, NotBZ 2003, 383, 387: Stammkapital vor der Wiederauffüllung ist zu beschreiben, um die Höhe der Neueinzahlung transparent zu machen.

136 Vgl. etwa *Lindemaier*, RNotZ 2003, 503, 510 f.; *Schubert*, NotBZ 2003, 383, 386 f.

137 *Lindemaier*, RNotZ 2003, 503, 509.

138 DNotI-Gutachten, Abrufnummer 119742; zu finden unter: www.dnoti.de. Für Differenzierung aber *Ulmer/Löbbe*, in: Ulmer/Habersack/Löbbe, Rdnr. 176.

sollte die Rechtsprechung, die insoweit zu pauschal ihre Grundsätze der analogen Anwendung der Gründungsvorschriften bei der Vorratsgesellschaft auf die Aktivierung eines Alt-Mantels transferiert hat, überdacht werden. Der genaue Inhalt der Anmeldeversicherung insbesondere bei der Reaktivierung eines Alt-Mantels muss als noch ungeklärt gelten, er lässt sich auch nicht aus den Entscheidungen des BGH ableiten[139].

bb) Wertnachweis

33   Bestehen die Aktiva der Gesellschaft auch aus Sachwerten (weil die Gesellschaft mit den ursprünglichen Barmitteln Sachwerte angeschafft hat), ist ein Wertnachweis beizubringen, etwa (in entsprechender Anwendung des § 57i Abs. 1 und 2) durch Vorlage einer zeitnahen Jahresbilanz oder deren Fortschreibung[140]. Anderenfalls kann das Registergericht die Deckung des Stammkapitals nicht prüfen. Die Sachgründungsvorschriften sind allerdings nicht anzuwenden (s. aber auch Rdnr. 37).

cc) Haftung nach § 9a

34   Wenn die **Geschäftsführer** bei der Versicherung falsche Angaben machen, haften sie entsprechend nach § 9a[141], ebenso wenn sie gegen ihre Pflicht zur Offenlegung verstoßen[142], während für die Anwendung der **Strafvorschrift des § 82 Abs. 1 Nr. 1** mit Rücksicht auf das strafrechtliche Analogieverbot (Art. 103 GG) kein Raum ist[143].

c) Wiederauffüllung des Stammkapitals

aa) Grundsätze

35   Besteht im Anmeldezeitpunkt ein Defizit des Vermögens in Bezug zum statutarischen Stammkapital, begründet dies einen Anspruch der Gesellschaft auf Wiederauffüllung des Stammkapitals, anteilig gerichtet gegen die Gesellschafter im Verhältnis zu deren Beteiligung am Stammkapital. Dieser Anspruch ist einlageähnlich, hat seine Grundlage aber nicht in einer entsprechenden Anwendung des § 19 Abs. 1[144], sondern in der **modifizierten Unterbilanzhaftung** der Gesellschafter[145] (dazu Rdnr. 41 f.). Wie das Stammkapital aufgefüllt wird (durch bare Leistung oder die Erbringung von Sacheinlagen), ist unabhängig von den Vorgaben in der Gründungssatzung[146].

---

139 Richtig *Miras*, in: Langenfeld/Miras, GmbH-Vertragspraxis, 7. Aufl. 2014, Rdnr. 822.
140 *Schäfer*, in: Bork/Schäfer, Rdnr. 22; *Ulmer/Löbbe*, in: Ulmer/Habersack/Löbbe, Rdnr. 176; *Henze*, in: Großkomm. AktG, § 54 AktG Rdnr. 36 (für die AG). Zweifelnd *Simon*, in: Gehrlein/Born/Simon, Rdnr. 80, da die Wertdeckung auf den Tag der Registeranmeldung nachgewiesen werden muss.
141 BGH v. 12.7.2011 – II ZR 71/11, GmbHR 2011, 1032 mit zust. Anm. *Bayer*; s. zudem OLG Jena v. 1.9.2004 – 4 U 37/04, GmbHR 2004, 1468, 1470; *Bayer*, in: Lutter/Hommelhoff, Rdnr. 89; *Fastrich*, in: Baumbach/Hueck, Rdnr. 12; *Lieder*, DStR 2012, 137, 141.
142 Richtig *Bayer*, in: Lutter/Hommelhoff, Rdnr. 89; *J. Schmidt*, in: Michalski u.a., Rdnr. 122; anders *Kuszlik*, GmbHR 2012, 882, 887.
143 *Heidinger*, ZGR 2005, 101, 108, 110; *Krafka*, ZGR 2003, 577, 584; *Thaeter/St. Meyer*, DB 2003, 539, 540.
144 So aber *Rohles-Puderbach*, RNotZ 2006, 274, 278; *Wicke*, NZG 2005, 409, 410 „Pflicht zur Leistung der Einlage".
145 OLG Jena v. 27.9.2006 – 6 W 287/06, NotBZ 2007, 26, 28.
146 *Bärwaldt/Balda*, GmbHR 2004, 350, 352; *Bayer*, in: Lutter/Hommelhoff, Rdnr. 86.

bb) Entsprechende Anwendung des § 7 Abs. 2

Bei einer „baren Zuzahlung" gilt § 7 Abs. 2 entsprechend. Bei dem typischen Fall eines ver- 36
mögenslosen Alt-Mantels bedeutet dies: Die Wiederauffüllung des Stammkapitals muss – bezogen auf die jeweilige einlageähnliche anteilige Wiederauffüllungspflicht eines jeden Gesellschafters – nur jeweils zu einem Viertel zur freien Verfügung der Geschäftsführung erfolgen (Mindestbetrag), wobei insgesamt mindestens 12 500 Euro geleistet werden müssen, § 7 Abs. 2 Satz 2 entsprechend. Im Übrigen, d.h. hinsichtlich des Mehrbetrages, genügt, wie auch bei der Gründung, die **Einbuchung einer werthaltigen Forderung** gegen die Gesellschafter[147]. Anderenfalls würde die wirtschaftliche Neugründung strenger als die Gründung behandelt[148]. Hieran ändert sich nichts, wenn die Gründungssatzung das Gebot zur **Volleinzahlung** der Einlagen enthält[149], weil und sofern dieses nicht in der Satzung auch auf die wirtschaftliche Neugründung ausgedehnt ist. Ggf. kann sich hier empfehlen, eine Klarstellung in die Satzung aufzunehmen[150]. Bei der UG ist allerdings das Volleinzahlungsgebot zu beachten, § 5a Abs. 2 Satz 2 gilt insoweit entsprechend.

cc) Entsprechende Anwendung des § 7 Abs. 3 sowie der Sacheinlagevorschriften

Soll das Stammkapital durch die Leistung von **Sachwerten** wieder aufgefüllt werden, greift 37
in entsprechender Heranziehung des § 7 Abs. 3 das **Gebot zur vollständigen Leistung**[151]. Auch im Übrigen sind die Sacheinlagevorschriften mit gewissen Modifikationen im Grundsatz anwendbar[152]. Der BGH hatte sich zwar mit Fällen der Wiederauffüllung des Stammkapitals durch Sacheinbringung noch nicht entscheidungserheblich zu befassen, es ist aber konsequent, auch hier die Analogie zum Gründungsrecht fortzuführen. Somit ist wohl eine Satzungsergänzung zu fordern[153], um den Vorgaben des § 5 Abs. 4 zu genügen; zudem ist § 8 Abs. 1 Nr. 5 zu beachten[154]. Anderenfalls kann eine **verdeckte Sacheinlage** vorliegen[155], weil der „Austausch" der baren Wiederauffüllungs- durch eine Sachleistungspflicht offengelegt werden muss; für die Rechtsfolgen ist § 19 Abs. 4 entsprechend anzuwenden. Auch **§ 19 Abs. 5** ist entsprechend heranzuziehen[156]. Zur davon zu unterscheidenden, abzulehnenden Anwendbarkeit dieser Vorschriften bei der Berücksichtigung von Sachwerten im Rahmen der Ermittlung der Aktiva der Gesellschaft, Rdnr. 33.

---

147 Diese Frage ist aber noch weitgehend ungeklärt; wie hier OLG Nürnberg v. 18.4.2011 – 12 W 631/11, GmbHR 2011, 582, 586: Hinsichtlich der weitergehenden restlichen Stammeinlage muss diese nicht bereits eingezahlt sein, sondern lediglich im Vermögen der Gesellschaft stehen, wofür ein entsprechender Zahlungsanspruch der Gesellschaft gegen ihren Gesellschafter ausreichend ist; *Lieder*, DStR 2012, 137, 139. A.M. noch 11. Aufl., Rdnr. 45; im Ergebnis ablehnend auch DNotI-Report 2005/9, 75, 76.

148 *Bärwaldt/Balda*, GmbHR 2004, 350, 353.

149 *Wicke*, in: MünchKomm. GmbHG, Rdnr. 34.

150 DNotI-Gutachten, Abrufnummer 152891, zu finden unter www.dnoti.de.

151 *Wicke*, in: MünchKomm. GmbHG, Rdnr. 34. Zur Wiederauffüllung des Stammkapitals durch Sachwerte näher *Heidinger/Meyding*, NZG 2003, 1129, 1132 sowie *Peters*, Der GmbH-Mantel als gesellschaftsrechtliches Problem, 1989, S. 74.

152 S. etwa *Fastrich*, in: Baumbach/Hueck, Rdnr. 12. A.A. aber *Bayer*, in: Lutter/Hommelhoff, Rdnr. 85: keine allgemeine Anwendung der Sachgründungsvorschriften; *Heinze*, GmbHR 2011, 962, 967 f.; s. auch OLG Hamburg v. 19.11.2004 – 11 U 45/04, GmbHR 2005, 164. Ausführlich zu dem Problemkreis *Heidinger*, ZGR 2005, 101, 115 ff.; *Krafka*, ZGR 2003, 577, 586.

153 Genau anders *Wicke*, in: MünchKomm. GmbHG, Rdnr. 34; wie hier *Göhmann*, RNotZ 2011, 290, 294; *Jacobs*, DZWiR 2004, 309, 314; *Winnen*, RNotZ 2013, 389, 404.

154 Ebenso *Wicke*, in: MünchKomm. GmbHG, Rdnr. 34; *Pfisterer*, in: Saenger/Inhester, Rdnr. 17.

155 *Fastrich*, in: Baumbach/Hueck, Rdnr. 13; *Wicke*, in: MünchKomm. GmbHG, Rdnr. 34; für AG *Röhricht*, in: Großkomm. AktG, § 23 AktG Rdnr. 136. Anders jedoch *Heidinger*, ZGR 2005, 101, 115; *Swoboda*, GmbHR 2005, 649, 655.

156 Dazu ausf. *Göhmann*, RNotZ 2011, 290 ff.

d) Gründungsprüfung (§ 9c Abs. 1)

aa) Prüfungsinhalt

38   Die erforderliche Versicherung nach § 8 Abs. 2 ist vom Registergericht entsprechend § 9c Abs. 1 zu prüfen[157]. Die Prüfung bezieht sich entsprechend der h.M. zum Inhalt der Versicherung (s. Rdnr. 33) darauf, dass das **satzungsmäßige Stammkapital wertmäßig** gedeckt ist, das **Vermögen in Höhe der Mindesteinlagen zur freien Verfügung der Geschäftsführer** steht sowie **Sachwerte**, die zur Wiederauffüllung des Stammkapitals geleistet wurden, **werthaltig** sind (§§ 7 Abs. 2 und 3, 8 Abs. 2). Ergibt die Prüfung Anhaltspunkte für eine Unrichtigkeit der Versicherung, so hat das Registergericht diesen Bedenken gemäß § 26 FamFG nachzugehen[158]. Zeitpunkt der Werthaltigkeitskontrolle ist angesichts der Haftungszäsur, die mit der Offenlegung der wirtschaftlichen Neugründung einhergeht (s. Rdnr. 41), der Zeitpunkt der Offenlegung, oder, wenn dieser früher eintritt, der Zeitpunkt der nach außen in Erscheinung tretenden Geschäftsaufnahme[159].

bb) Registerrechtliche Folgen

39   Wird die Offenlegung unterlassen oder eine falsche Versicherung abgegeben, kann dies nach umstrittener Ansicht[160] zu einer faktischen **Registersperre** für „begleitende" Anmeldungen führen[161]. Gerade angesichts der nunmehr geschwächten Sanktion einer bloßen Beweislastumkehr bei fehlender Offenlegung (dazu Rdnr. 41) ist vor allem die **Ablehnung der Eintragung von Satzungsänderungen**, die mit der Neugründung oftmals einhergehen, wichtig, um ausreichende Anreize zur Offenlegung der wirtschaftlichen Neugründung zu setzen[162]. Abzulehnen ist aber eine Eintragungssperre bei **deklaratorischen Eintragungen**. Würde hier eine Eintragung verweigert, etwa bei einem Geschäftsführerwechsel, änderte dies nichts daran, dass der Geschäftsführerwechsel bereits wirksam geworden wäre. Das Handelsregister bliebe unrichtig, und dies, obgleich nach § 14 HGB sogar ein Zwang zur Anmeldung besteht; das Registergericht würde zu einer Beibehaltung eines unrichtigen Zustandes des Handelsregisters beitragen[163]. Selbiges gilt erst recht für die Aufnahme einer neuen Gesellschafterliste in den Registerordner; diese sollte nicht von der Offenlegung einer wirtschaftlichen Neugründung, bei welcher es zu einem Gesellschafterwechsel gekommen ist, abhängig gemacht werden[164].

---

157   S. etwa BGH v. 9.12.2002 – II ZB 12/02, BGHZ 153, 158, 160 ff. = GmbHR 2003, 227; BGH v. 7.7.2003 – II ZB 4/02, BGHZ 155, 318 = GmbHR 2003, 1125; BGH v. 6.3.2012 – II ZR 56/10, BGHZ 192, 341 = GmbHR 2012, 630; *Bayer*, in: Lutter/Hommelhoff, Rdnr. 88; *Ulmer/Löbbe*, in: Ulmer/Habersack/Löbbe, Rdnr. 158; *Winnen*, RNotZ 2013, 389, 402. Zur Anwendbarkeit des § 9c Abs. 2 s. *Heidinger*, ZGR 2005, 101, 106; *Swoboda*, GmbHR 2005, 649, 655 f.

158   BGH v. 9.12.2002 – II ZB 12/02, BGHZ 153, 158, 162 = GmbHR 2003, 227; BGH v. 7.7.2003 – II ZB 4/02, BGHZ 155, 318, 326 f. = GmbHR 2003, 1125.

159   *Vedder*, MittBayNot 2012, 490, 491; *Wicke*, in: MünchKomm. GmbHG, Rdnr. 38.

160   S. BGH v. 7.7.2003 – II ZB 4/02, BGHZ 155, 318, 326 f. = GmbHR 2003, 1125; OLG Nürnberg v. 18.4.2011 – 12 W 631/11, GmbHR 2011, 582, 584; außerhalb von Satzungsänderungen und Geschäftsführerwechseln offenlassend BGH v. 6.3.2012 – II ZR 56/10, GmbHR 2012, 630, 633.

161   Gegen eine solche Sperre *Heinze*, GmbHR 2011, 962; *Ulmer*, ZIP 2012, 1265, 1271; *Winnen*, RNotZ 2013, 389, 402; *Wicke*, in: MünchKomm. GmbHG, Rdnr. 35.

162   BGH v. 7.7.2003 – II ZB 4/02, BGHZ 155, 318, 326 f. = GmbHR 2003, 1125. Dem BGH folgend *Bayer*, in: Lutter/Hommelhoff, Rdnr. 88; *J. Schmidt*, in: Michalski u.a., Rdnr. 121; *Ulmer/Löbbe*, in: Ulmer/Habersack/Löbbe, Rdnr. 174. Auf die dadurch u.U. schwerwiegenden Folgen für die Gesellschaft verweisend *Wicke*, in: MünchKomm. GmbHG, Rdnr. 35.

163   *Heinze*, GmbHR 2011, 962; *Wicke*, in: MünchKomm. GmbHG, Rdnr. 35.

164   Wie hier *Fastrich*, in: Baumbach/Hueck, Rdnr. 13d; *Ulmer/Löbbe*, in: Ulmer/Habersack/Löbbe, Rdnr. 171, 174; DNotI-Gutachten, DNotI-Report 2012, 93, 95. Anders aber OLG Nürnberg v. 18.4.2011 – 12 W 631/11, GmbHR 2011, 582. Tendenziell weiter auch *Bayer*, in: Lutter/Hommelhoff, Rdnr. 88: Registergericht habe die Eintragung der angemeldeten Tatsachen zu unterlassen.

e) Gründungsaufwand

Die Gesellschafter können die Kosten der wirtschaftlichen Neugründung auf die Gesellschaft durch entsprechende **Festsetzung** in der Satzung (entsprechend § 26 Abs. 2 AktG)[165] nur dann überwälzen[166], wenn die Gesellschafter die Kosten der Gründung selbst getragen, mithin von einer entsprechenden Festsetzung in der Satzung abgesehen haben[167]. Eine **Kumulation** der zu übernehmenden Gründungskosten ist nach h.M. nicht zulässig[168]. Sie würde zu Lasten der Gläubiger der Gesellschaft gehen. Betroffen sind vor allem die Kosten für die regelmäßig im Zusammenhang mit der Neugründung erforderlichen Gesellschafterbeschlüsse (Satzungsänderungen und Änderung der Geschäftsführung), deren Anmeldung und Eintragung, also Notar-, Gerichts- und Bekanntmachungskosten. Nicht zu den Gründungskosten gehören die Kosten der Vorratshaltung der Gesellschaft, d.h. also vor allem Bankgebühren und Bankspesen nach Entstehung der Gesellschaft[169]. Keine Abwälzung ist auch mit Blick auf die Kosten einer Anteilsabtretung als vorbereitendem Schritt für eine Nutzung des neu erworbenen Mantels möglich – hierbei handelt es sich allein um Kosten, die von den Parteien selbst zu tragen sind[170].

40

3. Modifizierte Unterbilanzhaftung

a) Rechtsprechungslinie

Nach gefestigter Rechtsprechung[171] ist die sog. Unterbilanzhaftung[172] auf die wirtschaftliche Neugründung einer Mantelgesellschaft **entsprechend anzuwenden**. Die Konturen dieser Haftung sind mittlerweile durch die Rechtsprechung recht klar gezeichnet worden. Danach haften die Gesellschafter für die **Differenz** zwischen dem (statutarischen) **Stammkapital** und dem **Wert des Gesellschaftsvermögens** entsprechend ihrer Beteiligungsquote. Entgegen gewichtiger Stimmen in der Literatur[173] ist die Wahl der statutarischen Stammkapitalziffer als Bezugspunkt geboten, weil die Gesellschaft, die aktiviert, d.h. mit einem Unternehmen ausgestattet werden soll, als solche mit ihrem satzungsmäßigen Stammkapital im Rechtsverkehr auftritt und sich an dieser dem Rechtsverkehr offengelegten Stammkapitalhöhe festhalten lassen muss[174]. Maßgeblicher **Stichtag** für die Haftung der Gesellschafter ist im Ausgangspunkt die Offenlegung der Neugründung gegenüber dem Registergericht, nicht der Zeitpunkt der Eintragung etwaiger mit der wirtschaftlichen Neugründung verbundener Sat-

41

---

165 Dies hätte zur Konsequenz, dass die Gesellschaft im Verhältnis zu den Gesellschaftern zur Übernahme der Kosten verpflichtet ist und eine hieraus folgende Unterbilanz keine Unterbilanzhaftung auslöst. Zu diesen Konsequenzen bei der AG *Seibt*, in: Karsten Schmidt/Lutter, § 26 AktG Rdnr. 17.

166 *Apfelbaum*, notar 2011, 279, 281; *Winnen*, RNotZ 2013, 389, 405; *Wachter*, GmbHR 2016, 791 ff.

167 OLG Stuttgart v. 23.10.2012 – 8 W 218/12, GmbHR 2012, 1301; *Bayer*, in: Lutter/Hommelhoff, Rdnr. 85; *Theusinger/Andrä*, ZIP 2014, 1916, 1919.

168 OLG Jena v. 1.9.2004 – 4 U 37/04, GmbHR 2004, 1468, 1472; *Bayer*, in: Lutter/Hommelhoff, Rdnr. 85; *Wälzholz*, NZG 2005, 203, 205. Anders aber *Bärwaldt/Balda*, GmbHR 2004, 50, 52.

169 Andere Ansicht *Schaub*, NJW 2003, 2125, 2130.

170 *Wachter*, GmbHR 2016, 791, 792; *Rohles-Puderbach*, RNotZ 2006, 274, 280.

171 BGH v. 7.7.2003 – II ZB 4/02, BGHZ 155, 318, 326 = GmbHR 2003, 1125; BGH v. 26.11.2007 – II ZA 14/06, GmbHR 2008, 208; BGH v. 12.7.2011 – II ZR 71/11, GmbHR 2011, 1032, 1033; BGH v. 6.3.2012 – II ZR 56/10, BGHZ 192, 341, 348 ff. = GmbHR 2012, 630; BGH v. 10.12.2013 – II ZR 53/12, GmbHR 2014, 317, 318; OLG Jena v. 1.9.2004 – 4 U 37/04, GmbHR 2004, 1468; OLG Jena v. 27.9.2006 – 6 W 287/06, ZIP 2007, 124; OLG Düsseldorf v. 20.7.2012 – I-16 U 55/11, GmbHR 2012, 1135.

172 Zur Unterbilanzhaftung s. § 11 Rdnr. 86 ff., 139 ff.

173 *Priester*, DB 1983, 2291, 2295 f.; *Priester*, ZHR 168 (2004), 248, 260 f.; *Karsten Schmidt*, NJW 2004, 1345, 1348; *Karsten Schmidt*, ZIP 2010, 857, 863; *Wicke*, NZG 2005, 409, 411 f.

174 *Habersack*, AG 2010, 848, 849.

zungsänderungen[175]. Für eine Gewährleistung der Unversehrtheit des Stammkapitals über diesen Zeitpunkt hinaus ist kein Raum[176]. Kommt es nicht – oder aber nicht rechtzeitig – zur Offenlegung, ist die Haftung allerding auf das Defizit beschränkt, das in dem Zeitpunkt bestand, zu dem entweder die wirtschaftliche Neugründung durch die Anmeldung von Satzungsänderungen oder die Aufnahme der wirtschaftlichen Tätigkeit nach außen erstmals in Erscheinung getreten ist[177]. Dies bedeutet: Ist im Zeitpunkt der nach außen tretenden wirtschaftlichen Neugründung das Stammkapital gedeckt, scheidet eine Unterbilanzhaftung trotz mangelnder Offenlegung gegenüber dem Registergerecht auch dann aus, wenn es in der Folgezeit zu Einbußen am Stammkapital kommt, die womöglich gar zur Insolvenz der Gesellschaft führen[178]. Eine **Endloshaftung** bei mangelnder Offenlegung der wirtschaftlichen Neugründung wird in der Rechtsprechung damit abgelehnt. Die Begrenzung erfolgt zugunsten der Gesellschafter zu dem früheren der beiden Zeitpunkte „Offenlegung" oder „sonstiges Offenbarwerden" der Neugründung nach außen[179]. Die mangelnde Offenlegung hat aber Konsequenzen für die **Beweislast**. Denn in diesem Fall sollen die Gesellschafter darlegen und ggf. beweisen müssen, dass im Zeitpunkt, zu dem die wirtschaftliche Neugründung nach außen in Erscheinung trat und damit hätte offengelegt werden müssen, keine Differenz zwischen Stammkapital und tatsächlichem Vermögen gegeben war[180].

42 **Stellungnahme:** Die neuere Rechtsprechung zur Begrenzung der Haftung ist in ihrem Ergebnis insofern zu begrüßen, als sie die ohnehin teilweise drastisch wirkenden und für die Gesellschafter je nach Konstellation auch überraschenden Haftungsrisiken stark verringert (s. zur Bewertung der Rechtsprechung auch *Karsten Schmidt* § 11 Rdnr. 140). Überdies wäre aus Gläubigerschutzgesichtspunkten eine „Endloshaftung" auch nicht geboten gewesen. Sobald die wirtschaftliche Neugründung erfolgt ist, verdienen die Gläubiger keinen Schutz vor weiteren Verlusten – die Haftung der Gesellschafter ist nach der Konzeption der Rechtsprechung der Ausgleich dafür, dass die Mantelgesellschaft womöglich aufgrund früherer Geschäftstätigkeit besonders finanziell belastet und das Stammkapital aufgezehrt ist. Allerdings wird die Verletzung der Pflicht zur Offenlegung nun kaum mehr sanktioniert[181]. Die Anreize, die von dieser Haftungsbegrenzung ausgehen, sind bedenklich[182]: So dürften die Gesellschafter wenig geneigt sein, eine wirtschaftliche Neugründung offenzulegen, wenn eine Unterbilanz besteht, können sie doch darauf hoffen, dass die mangelnde Offenlegung (und die Tatsache der wirtschaftlichen Neugründung) unentdeckt bleibt. Sollte eine Entdeckung innerhalb der Verjährungsfristen (dazu Rdnr. 44) erfolgen, drohte ihnen allein eine Unterbilanzhaftung nach Maßgabe des damaligen Zeitpunkts der wirtschaftlichen Neugründung. Sie stünden mithin nicht anders da als bei rechtmäßigem Verhalten[183]. Ob die Aufbürdung der Darlegungs- und Beweislast dafür, dass das Stammkapital im Zeitpunkt der wirtschaftlichen Neugründung voll gedeckt war, ausreicht, um die geschilderte Taktik wirksam zu unterbinden, muss bezweifelt werden[184]. Ein weiterer Anreiz zur Offenlegung wird den Gesellschaftern aber dann gesetzt, wenn die unterlassene Offenlegung zu einer „faktischen Registersperre" führt (s. dazu Rdnr. 39). Überdies kommt es in **Non-Liquet-Fällen** (trotz tat-

---

175 BGH v. 12.7.2011 – II ZR 71/11, GmbHR 2011, 1032.
176 BGH v. 7.7.2003 – II ZB 4/02, BGHZ 155, 318, 326 = GmbHR 2003, 1125.
177 BGH v. 6.3.2012 – II ZR 56/10, BGHZ 192, 341, 348 ff. = GmbHR 2012, 630; BGH v. 10.12.2013 – II ZR 53/12, GmbHR 2014, 317.
178 Vgl. etwa *Fastrich*, in: Baumbach/Hueck, Rdnr. 13d.
179 *Ulmer/Löbbe*, in: Ulmer/Habersack/Löbbe, Rdnr. 179.
180 BGH v. 6.3.2012 – II ZR 56/10, BGHZ 192, 341, 350 ff. = GmbHR 2012, 630; BGH v. 10.12.2013 – II ZR 53/12, GmbHR 2014, 317.
181 *Bachmann*, NZG 2012, 579, 580; *Bayer*, in: Lutter/Hommelhoff, Rdnr. 91 ff.; *Wicke*, in: Münch-Komm. GmbHG, Rdnr. 33.
182 Ablehnend daher dezidiert *Bayer*, in: Lutter/Hommelhoff, Rdnr. 91.
183 *Bayer*, in: Lutter/Hommelhoff, Rdnr. 91; *J. Schmidt*, in: Michalski u.a., Rdnr. 124.
184 *Bayer*, in: Lutter/Hommelhoff, Rdnr. 91; weniger kritisch *Ulmer/Löbbe*, in: Ulmer/Habersack/Löbbe, Rdnr. 181 f.

sächlich erst nach Geschäftsaufnahme entstandener/vertiefter Unterbilanz) für die Unterbilanzfeststellung – wie vor dem Rechtsprechungswandel – weiterhin auf den Zeitpunkt der verspäteten Offenlegung bzw., bei deren Unterbleiben, auf den Zeitpunkt der Anspruchsgeltendmachung an[185].

b) Nachholung der Offenlegung

Eine noch ungeklärte Folgefrage der Absage an eine Endloshaftung (s. Rdnr. 41) ist, ob die **43** Gesellschafter die mit der mangelnden Offenlegung verbundene **Umkehr der Beweislast** für die Unterbilanz dadurch vermeiden können, dass sie zu einem späteren Zeitpunkt die Offenlegung nachholen. Dies wäre nur dann gerechtfertigt, wenn die Registergerichte die Offenlegung dazu nutzen würden und könnten, die Kapitalaufbringung rückwirkend für den Zeitpunkt der wirtschaftlichen Neugründung zu überprüfen, was zumindest faktisch zweifelhaft ist[186]. Zwar wäre ein solcher Rückbezug – über den die Rechtsprechung insoweit noch nicht entschieden hat – an sich geboten, weil der **Unterbilanzstichtag für die Werthaltigkeitskontrolle** mit jenem der Haftungszäsur (Rdnr. 42) korrespondieren muss (d.h.: bei verspäteter Offenlegung ist zu prüfen, ob im Zeitpunkt der früheren Geschäftsaufnahme eine Unterbilanz vorlag); praktisch wird aber (vor allem bei aktivierten Alt-Mänteln) die Stammkapitaldeckung nur schwer rückwirkend zu überprüfen sein, insbesondere dann nicht, wenn zwischenzeitlich das Stammkapital (aufgrund aktivierbarer Gewinne) wieder gedeckt ist (was nicht automatisch zu einem Erlöschen der Ansprüche aus der Unterbilanzhaftung führt[187]). Im Lichte dieser faktisch geminderten Prüfintensität kann eine verspätete Offenlegung die Beweislastumkehr nicht rückgängig machen[188]. Die rechtzeitige Offenlegung verliert sonst zunehmend ihre gewichtige Bedeutung im System der wirtschaftlichen Neugründung.

c) Verjährung

Für die Verjährung hatte der BGH[189] in Bezug auf einen Altfall (der sich vor Statuierung der **44** Offenlegungspflicht ereignete) § 9 Abs. 2 entsprechend herangezogen und die Verjährungsfrist mit dem Beginn der neuen Geschäftstätigkeit beginnen lassen. In der Folge ergaben sich allerdings Unklarheiten, wie der Verjährungsbeginn im Lichte der seither statuierten Pflicht zur Offenlegung zu bestimmen ist. Wäre eine zeitlich unbegrenzte Endloshaftung möglich gewesen, hätte konsequenterweise auf den Zeitpunkt der nachgeholten Offenlegung abgestellt werden müssen. Denn dieser Zeitpunkt wäre der „Eintragung", die § 9 Abs. 2 für entscheidend hält, vergleichbar gewesen. Da der BGH jedoch eine Endloshaftung ablehnt, sollte entweder die **Aufnahme der Geschäftstätigkeit oder** die **Offenlegung** (je nachdem, welches Ereignis früher eintritt) für den Beginn der Verjährung maßgebend sein[190]. Richtiger wäre hier aber, auch angesichts des einlageähnlichen Wesens der Pflichten zur Wiederauffüllung des Stammkapitals, eine entsprechende Anwendung des **§ 19 Abs. 6**[191]. Denn hiernach kommt es auf den **Fälligkeitszeitpunkt**[192] der Einlagepflicht (und damit in entsprechender

---

185 S. *Vedder*, MittBayNot 2012, 491, 484.
186 *Ulmer/Löbbe*, in: Ulmer/Habersack/Löbbe, Rdnr. 183.
187 BGH v. 6.3.2012 – II ZR 56/10, BGHZ 192, 341, 350 ff. = GmbHR 2012, 630.
188 Richtig *Vedder*, MittBayNot 2012, 491, 484. So auch tendenziell *Ulmer/Löbbe*, in: Ulmer/Habersack/Löbbe, Rdnr. 183; *Wicke*, in: MünchKomm. GmbHG, Rdnr. 38.
189 BGH v. 26.11.2007 – II ZA 14/06, GmbHR 2008, 208.
190 In diesem Sinne *Wicke*, in: MünchKomm. GmbHG, Rdnr. 38 sowie *Pfisterer*, in: Saenger/Inhester, Rdnr. 18. Vgl. zur Verjährungsproblematik auch OLG Köln v. 20.12.2007 – 18 U 172/06, GmbHR 2008, 704 = ZIP 2008, 973, 974; OLG Schleswig v. 7.9.2006 – 5 U 25/06, OLGR 2007, 62 = NZG 2007, 75, 76 f.
191 *Ulmer/Löbbe*, in: Ulmer/Habersack/Löbbe, Rdnr. 186. Dies erwägt auch *Bayer*, in: Lutter/Hommelhoff, Rdnr. 94.
192 *Bayer*, in: Lutter/Hommelhoff, § 19 Rdnr. 16; *Fastrich*, in: Baumbach/Hueck, § 19 Rdnr. 86.

Anwendung der Pflicht zur Leistung von Fehlbeträgen) an[193]; dieser Zeitpunkt wird sich aber häufig bei den Mindesteinlagen und den Resteinlagen unterscheiden (zur entsprechenden Anwendung des § 7 Abs. 2 s. Rdnr. 36).

d) Haftung der Anteilserwerber

45 Die Unterbilanzhaftung der Gesellschafter trifft auch Anteilserwerber[194]. In der Rechtsprechung des BGH wurde dies bereits unter Bezugnahme auf § 16 Abs. 3 a.F. bejaht[195]. Auch wenn es sich bei der Unterbilanzhaftung nicht um eine Haftung für „rückständige Einlageverpflichtungen" i.S. des § 16 Abs. 2 handelt, erfasst diese Vorschrift nach ihrer Ratio neben den Einlageverpflichtungen auch Verpflichtungen aus einer Unterbilanzhaftung[196]. § 16 Abs. 2 ist nach der Systematik überdies keine Vorschrift, die auf das Stadium der Gründung der Gesellschaft beschränkt ist. Die Haftung greift auch dann, wenn der Erwerber keine Kenntnis von einer vorangegangenen wirtschaftlichen Neugründung hatte[197]. Zur Absicherung bleiben in der Praxis nur **Freistellungsvereinbarungen** im Anteilskaufvertrag[198].

e) Handelndenhaftung

46 Wenn vor Offenlegung der wirtschaftlichen Neugründung die Geschäfte aufgenommen werden, ohne dass dem alle Gesellschafter zugestimmt haben, kommt nach der Rechtsprechung auch die spätestens mit Offenlegung endende Handelndenhaftung nach **§ 11 Abs. 2** in Betracht[199]. Dazu näher § 11 Rdnr. 109.

VI. Betrag des Stammkapitals (§ 3 Abs. 1 Nr. 3)

1. Angabe als beziffertet Betrag

47 Die Stammkapitalziffer in der Satzung indiziert die ursprüngliche Eigenkapitalausstattung der Gesellschaft und legt für Registergericht und Rechtsverkehr die Garantieziffer fest, die den Betrag markiert, der als Reinvermögen zur Befriedigung der Gläubiger zur Verfügung stehen soll[200]. Zur Funktion des Stammkapitals näher s. § 5 Rdnr. 7 ff. Das Stammkapital muss in der Satzung ziffernmäßig **in Euro**, und zwar **in bestimmter Höhe** angegeben wer-

---

193 *Ulmer/Löbbe*, in: Ulmer/Habersack/Löbbe, Rdnr. 186. Die Frage aufwerfend *Bayer*, in: Lutter/Hommelhoff, Rdnr. 94.
194 BGH v. 6.3.2012 – II ZR 56/10, BGHZ 192, 341, 354 ff. = GmbHR 2012, 630. Dem BGH zustimmend *Bayer*, in: Lutter/Hommelhoff, Rdnr. 90; *Fastrich*, in: Baumbach/Hueck, Rdnr. 13, 13b, 13c; *Hermanns*, ZNotP 2010, 242, 245; *Ulmer/Löbbe*, in: Ulmer/Habersack/Löbbe, Rdnr. 160, 184; *Wicke*, in: MünchKomm. GmbHG, Rdnr. 38; *Wicke*, Rdnr. 12; *Winnen*, RNotZ 2013, 389, 410. Gegen die entsprechende Anwendung des § 16 Abs. 2 aber *Gottschalk*, DStR 2012, 1458, 1461; *Krolop*, ZIP 2011, 305, 312; *Wahl/Schult*, NZG 2010, 611, 612.
195 BGH v. 6.3.2012 – II ZR 56/10, BGHZ 192, 341, 354 ff. = GmbHR 2012, 630; s. zudem OLG München v. 11.3.2010 – 23 U 2814/09, GmbHR 2010, 425, 428; ebenso *Werner*, GmbHR 2010, 804, 808; dagegen *Podewils*, GmbHR 2010, 684, 688 f.
196 BGH v. 6.3.2012 – II ZR 56/10, BGHZ 192, 341, 354 ff. = GmbHR 2012, 630.
197 *Winnen*, RNotZ 2013, 389, 410.
198 *Winnen*, RNotZ 2013, 389, 410.
199 BGH v. 12.7.2011 – II ZR 71/11, GmbHR 2011, 1032, 1033 ff.; s. auch BGH v. 7.7.2003 – II ZB 4/02, BGHZ 155, 318, 327 = GmbHR 2003, 1125. Ablehnend z.B. *Karsten Schmidt*, NJW 2004, 1345, 1349 f. Zustimmend bzw. ebenso aber die überwiegende Literatur: *Bayer*, in: Lutter/Hommelhoff, Rdnr. 89; *Bayer*, GmbHR 2011, 1034, 1035 f.; *Hüffer*, NZG 2011, 1257, 1258 f.; *Lieder*, DStR 2012,137, 141; *Rohles-Puderbach*, RNotZ 2006, 274, 283; *Schäfer*, in: Henssler/Strohn, Gesellschaftsrecht, Rdnr. 18; *Wicke*, in: MünchKomm. GmbHG, Rdnr. 38.
200 *Fastrich*, in: Baumbach/Hueck, Rdnr. 14. Vgl. auch *Wicke*, in: MünchKomm. GmbHG, Rdnr. 43.

den[201]. Bloße Bestimmbarkeit der Höhe des Stammkapitals genügt nicht. Die Höhe des Stammkapitals von vornherein als Variable zu definieren, die sich anhand des Finanzbedarfs des Unternehmens jeweils konkretisiert, ist damit unzulässig[202]. Unzulässig ist es auch, wenn in der Satzung zwar eine genaue Bezifferung erfolgt, diese sich aber nicht auf die aktuelle Soll-Höhe des Stammkapitals bezieht, sondern eine **Mindest- oder Höchstgrenze** vorgibt. Es ist mithin nicht möglich, einen Rahmen für die Kapitalausstattung vorzugeben, ohne eine fixe Kapitalisierungsgröße im Zeitpunkt der Gründung anzugeben[203].

Die Stammkapitalziffer muss jedenfalls ursprünglich mit dem **Gesamtbetrag der Nenn-** 48 **beträge** der Geschäftsanteile der Gesellschafter übereinstimmen (§ 5 Abs. 3 Satz 2). Daraus wird häufig der Schluss gezogen, dass es auch ausreiche, wenn sich die Stammkapitalziffer aus der Satzung nur mittelbar als Summe der Nennbeträge der Geschäftsanteile ergebe[204], das Ergebnis dieser **Addition** aber nicht ausdrücklich genannt werde[205]. Dem ist jedoch nicht zu folgen, da das Gesetz zwischen beiden Angaben unterscheidet und überdies die Bedeutung der gesonderten Angabe des Stammkapitals in § 75 Abs. 1 unterstreicht. Das **Registergericht** muss daher eine fehlende Angabe der konkreten Höhe des Stammkapitals beanstanden[206]. Wird die Gesellschaft trotz dieses Mangels eingetragen, sollte die fehlende Angabe aber nicht zur Nichtigkeit der Gesellschaft auf entsprechende Nichtigkeitsklage hin führen, wenn sich die Höhe des Stammkapitals aus den Geschäftsanteilen errechnen lässt[207]. Das Registergericht wird aber nach § 399 Abs. 1 und 4 FamFG die Gesellschaft aufzufordern haben, den Mangel der Satzung zu beheben[208].

2. Änderung der Stammkapitalangabe

Für eine Änderung der Ziffer des Stammkapitals **vor Eintragung** der Gesellschaft in das 49 Handelsregister ist ein Änderungsvertrag unter Mitwirkung aller Gesellschafter in der Form des § 2 erforderlich[209]. **Nach Eintragung** der Gesellschaft handelt es sich dagegen um eine Satzungsänderung in der Form von Kapitalherabsetzungen oder -erhöhungen nach Maßgabe der §§ 53 f. und §§ 55 ff.. Nach einer Änderung kann die ursprüngliche Stammkapitalziffer weggelassen werden[210]. Dafür ist das neue (erhöhte oder herabgesetzte) Stammkapital als Gesamtsumme zu nennen. § 3 Abs. 1 Nr. 3 will sicherstellen, dass der Rechtsverkehr schnell und zuverlässig durch Einsichtnahme in die Satzung die aktuelle Ziffer des Stammkapitals ermitteln kann[211]. Daher genügt es nicht, dass die aktuelle Ziffer des Stammkapitals nur aus

---

201 *Bayer*, in: Lutter/Hommelhoff, Rdnr. 12; *Fastrich*, in: Baumbach/Hueck, Rdnr. 15; *Schäfer*, in: Henssler/Strohn, Gesellschaftsrecht, Rdnr. 10; *Schmidt-Leithoff*, in: Rowedder/Schmidt-Leithoff, Rdnr. 15; *Wicke*, in: MünchKomm. GmbHG, Rdnr. 45; *Wicke*, Rdnr. 13.

202 *Wicke*, in: MünchKomm. GmbHG, Rdnr. 45. Gewisse Flexibilisierungen lassen sich aber über das genehmigte Kapital erzielen; vgl. die Kommentierung bei § 55a.

203 *Fastrich*, in: Baumbach/Hueck, Rdnr. 14; *Wicke*, in: MünchKomm. GmbHG, Rdnr. 45.

204 KG v. 28.2.1919, OLGR 40, 194; *Fastrich*, in: Baumbach/Hueck, Rdnr. 15; *Ulmer/Löbbe*, in: Ulmer/Habersack/Löbbe, Rdnr. 24.

205 *Bayer*, in: Lutter/Hommelhoff, Rdnr. 12; *Wicke*, in: MünchKomm. GmbHG, Rdnr. 45. Die mittelbare Angabe der Stammkapitalziffer für genügend einstufend aber KG v. 28.2.1919, OLGR 40, 194; *Fastrich*, in: Baumbach/Hueck, Rdnr. 15; *Ulmer/Löbbe*, in: Ulmer/Habersack/Löbbe, Rdnr. 24.

206 *Fastrich*, in: Baumbach/Hueck, Rdnr. 15.

207 *J. Schmidt*, in: Michalski u.a., Rdnr. 28; wohl auch *Bayer*, in: Lutter/Hommelhoff, Rdnr. 12. Wie hier auch *Fastrich*, in: Baumbach/Hueck, Rdnr. 15; *Ulmer/Löbbe*, in: Ulmer/Habersack/Löbbe, Rdnr. 26; *Wicke*, in: MünchKomm. GmbHG, Rdnr. 46.

208 *Fastrich*, in: Baumbach/Hueck, Rdnr. 15; *Ulmer/Löbbe*, in: Ulmer/Habersack/Löbbe, Rdnr. 26; *Wicke*, in: MünchKomm. GmbHG, Rdnr. 46.

209 *Fastrich*, in: Baumbach/Hueck, Rdnr. 15; *Wicke*, in: MünchKomm. GmbHG, Rdnr. 48.

210 S. KG v. 12.8.1937 – 1 Wx 353/37, JW 1937, 2655; *Fastrich*, in: Baumbach/Hueck, Rdnr. 15; *Priester*, GmbHR 1973, 169; *Wicke*, in: MünchKomm. GmbHG, Rdnr. 48.

211 Richtig *Pfisterer*, in: Saenger/Inhester, Rdnr. 21. A.A. *Roth*, in: Roth/Altmeppen, Rdnr. 19.

der Eintragung im Handelsregister, basierend auf der Anmeldung nach § 57, ersichtlich ist[212]. Die Satzungsanpassung kann in der Regel durch schlichten Austausch der Ziffer des Stammkapitals geschehen. Ein gesonderter Beschluss der Gesellschafter ist nicht erforderlich[213], weil der Kapitalerhöhungsbeschluss den Willen zur Anpassung der Stammkapitalziffer mit umfasst[214]. Sollte sich dadurch aber keine in sich widerspruchsfreie neue Fassung der Satzung ergeben[215], ist ein dahingehender **Anpassungsbeschluss** erforderlich, der sich aus Klarstellungsgründen ohnehin empfiehlt[216]. Von der Angabe der Stammkapitalziffer ist die Angabe über die neu geschaffenen Geschäftsanteile und die jeweiligen Übernehmer zu unterscheiden; diese Angaben müssen nicht in die Satzung mit aufgenommen werden (dazu Rdnr. 55).

VII. Zahl und Nennbeträge der Geschäftsanteile (§ 3 Abs. 1 Nr. 4)

1. Zahl und Nennbeträge, Gesellschafter

50 Zum Mindestinhalt gehören nach § 3 Abs. 1 Nr. 4 die Zahl und der jeweilige Nennbetrag der Geschäftsanteile (als fester Betrag in Euro, auch bei Sacheinlagen), die jeder Gesellschafter gegen Einlage auf das Stammkapital (Stammeinlage) übernimmt. Weiterhin sind auch die Gesellschafter nach allgemeiner Meinung mit Namen in der Satzung anzugeben, auch wenn sich dies aus dem Wortlaut der Vorschrift nicht unmittelbar ergibt (sondern allenfalls mittelbar durch die Wendung „jeder Gesellschafter"[217]). In ihrer ursprünglichen Fassung hatte die Vorschrift lediglich bestimmt, dass der Gesellschaftsvertrag den Betrag der von jedem Gesellschafter auf das Stammkapital zu leistenden Einlage (Stammeinlage) enthalten muss. Die gegenwärtige Fassung der Vorschrift beruht auf dem **MoMiG** von 2008. Die Einzelheiten ergeben sich aus den §§ 5, 7 Abs. 2, 14 und 15 (s. näher § 5 Rdnr. 19 ff.; § 14 Rdnr. 2 ff.).

51 Die Angaben sind erforderlich vor dem Hintergrund, dass jeder Gesellschafter nach § 5 Abs. 2 schon bei der Gründung auch mehrere Geschäftsanteile übernehmen kann[218] (s. dazu § 5 Rdnr. 22). In der Summe dieser Angaben ergibt sich erst die **Höhe** der jeweiligen **Einlageverpflichtung** eines jeden Gesellschafters und dessen Beteiligungsumfang („A übernimmt fünf Geschäftsanteile im Nennbetrag von jeweils 1000 Euro"). Eine fortlaufende **Nummerierung** der einzelnen Geschäftsanteile in der Satzung ist nach dem Gesetzeswortlaut nicht gefordert[219], wenngleich empfehlenswert (zudem erfolgt dies in der Liste der Gesellschafter). Erfolgt sie unter Zuordnung zu den betreffenden Gesellschaftern, ist die **Bezifferung der Anzahl der Anteile**, die jeder Gesellschafter übernommen hat, richtigerweise nicht mehr zwingend erforderlich[220]. Die Art und Weise der Bezeichnung der Gesellschafter sollte sich, ohne dass dies gesetzlich verankert wäre, an den Vorgaben für die Bezeichnung in der Gesellschafterliste orientieren, d.h. an dem neu gefassten § 40 Abs. 1. Damit gilt: Bei **natürlichen Personen** sind Name, Vorname, Geburtsdatum und Wohnort anzugeben, bei einem **Einzelkaufmann** ist die Firma anzugeben, wenn dieser sich unter seiner Firma als Gesellschafter beteiligt[221]. Bei **juristischen Personen** als Gesellschafter sind deren Firma und Sat-

---

212 So aber *Roth*, in: Roth/Altmeppen, § 55 Rdnr. 3.
213 BGH v. 15.10.2007 – II ZR 216/06, GmbHR 2008, 148 f. dazu näher 11. Aufl., § 55 Rdnr. 37.
214 *Lieder*, in: MünchKomm. GmbHG, § 55 Rdnr. 64.
215 Hierzu OLG München v. 6.7.2010 – 31 Wx 112/10, GmbHR 2010, 922, 923.
216 *Bayer*, in: Lutter/Hommelhoff, § 55 Rdnr. 8; *Lieder*, in: MünchKomm. GmbHG, § 55 Rdnr. 64.
217 Daraus leiten *Ulmer/Löbbe*, in: Ulmer/Habersack/Löbbe, Rdnr. 34 ab, dass sich aus § 3 Nr. 1 Abs. 4 ergebe, dass die Gründer im Gesellschaftsvertrag anzugeben sind.
218 Begr. RegE BT-Drucks. 354/07, S. 63.
219 *Bayer*, in: Lutter/Hommelhoff, Rdnr. 26; *Fastrich*, in: Baumbach/Hueck, Rdnr. 15.
220 So *Roth*, in: Roth/Altmeppen, Rdnr. 15.
221 *Wicke*, in: MünchKomm. GmbHG, Rdnr. 54; *Ulmer/Löbbe*, in: Ulmer/Habersack/Löbbe, Rdnr. 59.

zungssitz und überdies noch das zuständige Register[222] und die Registernummer aufzunehmen. Bei **Gesamthandsgemeinschaften** sollten deren Mitglieder mit Name, Vorname, Geburtsdatum und Wohnort angegeben werden[223]. Dies gilt auch für die rechtsfähige Außen-GbR, weil es auch bei ihr an einem ihre Mitglieder ausweisenden Register fehlt[224]. Die nunmehr in § 40 Abs. 1 Satz 1 und 3 n.F. geforderten **prozentualen Beteiligungsquoten** für jeden einzelnen Geschäftsanteil und (hält ein Gesellschafter mehr als einen Geschäftsanteil) die Summe seiner Beteiligung sind nicht zwingend in die Satzung aufzunehmen. Es ist eine Frage der Zweckmäßigkeit, ob die Aufnahme dennoch erfolgt. Ein Mehrwert ist darin allerdings nicht zu erkennen. Eine freiwillige Übernahme jener Angaben, die in der Gesellschafterliste aufgeführt werden müssen, etwa gar durch Hineinkopieren der Gesellschafterliste[225], führt tendenziell eher zu Unklarheiten, da zwar die Gesellschafterliste, nicht aber die Satzung bei Veränderungen aktualisiert werden muss. *Anstelle* von Nennbeträgen ist die Quotenangabe im Übrigen unzulässig, § 14 Rdnr. 8.

Bei der **Satzungsgestaltung** ist zu beachten, dass es nach der Rechtsprechung nicht ausreicht, was zuweilen übersehen wird, dass die Gesellschafter und die von ihnen übernommenen Geschäftsanteile nur im **Gründungsprotokoll** aufgeführt werden[226], auch wenn § 3 Abs. 1 Nr. 4 materiell an sich zur Gründungsvereinbarung gehört (dazu Rdnr. 1). Der Sache nach ist die Rechtsprechung allerdings zu kritisieren und nach hiesiger Ansicht auch überholt. Denn sie basiert noch auf der früher herrschenden Sichtweise, dass die Angaben nach § 3 Abs. 1 Nr. 4 erst dann gestrichen werden können, wenn die Einlagen vollständig geleistet sind (dazu Rdnr. 53). Diese Ansicht wird aber heute im Grunde nicht mehr vertreten. Auf dieser Prämisse ist aber nicht ersichtlich, warum die Angaben nach § 3 Abs. 1 Nr. 4 nicht im Gründungsprotokoll genügen sollen, sofern dieses mit der Satzung eine Urkunde (bestehend aus Urkundsmantel und Anlage) bildet. Der Rechtsverkehr kann sich auch hier ohne Schwierigkeiten im Handelsregister über die Angaben nach § 3 Abs. 1 Nr. 4 informieren. Gerade weil sie nach Eintragung weggelassen werden können, bestehen auch regelmäßig bei künftigen Satzungsänderungen keine Komplikationen bei der Erstellung der Satzungsbescheinigung des Notars nach § 54 Abs. 1 Satz 2. Im Lichte der bestehenden obergerichtlichen Rechtsprechung ist allerdings der Rat[227] aus Sicht der Praxis derzeit (noch) verfehlt, die Namen der Gesellschafter nur in die Gründungsvereinbarung aufzunehmen, um künftige Streichungen entbehrlich zu machen.

2. Streichung

§ 3 Abs. 1 Nr. 4 betrifft nur den Mindestinhalt des ursprünglichen Gesellschaftsvertrages (s. Rdnr. 1). **Nach Eintragung** gelangt die Vorschrift nicht mehr zur Anwendung[228]. Aus diesem Grunde kann bei späteren Veränderungen der Geschäftsanteile (etwa nach Kapitalerhöhungen), aber auch anlässlich einer jeden Satzungsneufassung, die Angabe von Zahl und Nennbetrag der Geschäftsanteile sowie der Namen ihrer Inhaber weggelassen werden. Die Strei-

52

53

222 So auch *Ulmer/Löbbe*, in: Ulmer/Habersack/Löbbe, Rdnr. 59.

223 *Wicke*, in: MünchKomm. GmbHG, Rdnr. 54; *Ulmer/Löbbe*, in: Ulmer/Habersack/Löbbe, Rdnr. 59.

224 *Wicke*, in: MünchKomm. GmbHG, Rdnr. 54.

225 Hierzu *Melchior*, NotBZ 2017, 281, 282, der dies auch ablehnt.

226 OLG Hamm v. 14.1.1986 – 15 W 310/84, GmbHR 1986, 311 f. = OLGZ 1986, 159; OLG Stuttgart v. 29.11.1978 – 8 W 225/78, DNotZ 1979, 359 f.; OLG Frankfurt v. 4.3.1981 – 20 W 370/80, GmbHR 1981, 24, 25. S. hierzu auch *Riemenschneider/Freitag*, in: MünchHdb. GesR III, § 5 Rdnr. 8.

227 *Schmidt-Leithoff*, in: Rowedder/Schmidt-Leithoff, Rdnr. 21. Dieser Rat wäre allerdings auf Basis der hier vertretenen Ansicht sinnvoll.

228 OLG Rostock v. 8.2.2011 – 1 W 81/10, GmbHR 2011, 710; OLG München v. 6.7.2010 – 31 Wx 112/10, GmbHR 2010, 922, 923; *Zöllner/Noack*, in: Baumbach/Hueck, § 55 Rdnr. 12.

chung ist nicht nur möglich, wenn die Einlagen im Zeitpunkt der Streichung schon voll ein-gezahlt sind, sondern auch dann, wenn noch Zahlungen auf die Geschäftsanteile offen ste-hen[229]. Denn Zahl und Nennbeträge der Geschäftsanteile im Gründungszeitpunkt sowie die Personen der Einlagenschuldner können jederzeit der bei den Handelsregisterakten befindli-chen, ursprünglichen Fassung der Satzung entnommen werden[230]. Im Übrigen ist es mög-lich, dass sich Zahl und Nennbeträge der Geschäftsanteile auch außerhalb der Satzung (und damit ohne entsprechende Anpassung der Gründungssatzung) durch Teilung, Zusammen-legung oder Einziehung verändern[231], so dass die Gründungssatzung insoweit ohnehin kein zutreffendes Bild der Beteiligungsverhältnisse an der eingetragenen Gesellschaft vermittelt. Die Streichung muss insoweit also der Klarheit nicht abträglich sein.

54   Bei der Streichung der Festsetzungen über **Sacheinlagen** wird überwiegend die fünfjährige **Sperrfrist** des § 26 Abs. 4 AktG (die eigentlich nur „Veränderungen", nicht aber „Streichun-gen" behandelt) entsprechend herangezogen[232], zum Teil gar (letztlich konsequent) auf den an sich *Streichungen* erst 30 Jahre nach Eintragung gestattenden § 26 Abs. 5 AktG entspre-chend zurückgegriffen[233] (s. dazu auch bei § 5 Rdnr. 86, wo eine entsprechende Anwendung des § 9 Abs. 2 und damit eine zehnjährige Frist vertreten wird). Diese Analogien überzeugen allerdings nicht. Da auch die Festsetzungen über Sacheinlagen in der ursprünglichen Satzung einsehbar bleiben, besteht kein Bedürfnis für eine Sperrfrist für Streichungen. Diese kann schon im Aktienrecht in ihrer Länge kaum überzeugen, erst recht ist aber bei der regelmäßig personalistisch strukturierten GmbH den Interessierten (vor allem dem Insolvenzverwalter) zuzumuten, in die Gründungssatzung Einblick zu nehmen[234].

3. Anpassung

55   Bei Veränderungen dürfen die **aktuellen Gesellschafter** genannt werden[235]; dies ist zuläs-sig[236] und zu empfehlen. Interessen Dritter können dadurch nicht beeinträchtigt werden. Vermittelt die Aufnahme der aktuellen Gesellschafter im Gesellschaftsvertrag allerdings im Ausnahmefall einmal den irreführenden Eindruck, es handele sich bei diesen um die Grün-dungsgesellschafter, wird nach der Rechtsprechung teilweise die Aufnahme für unzulässig er-

---

229 BayObLG v. 13.11.1996 – 3Z BR 168/96, GmbHR 1997, 73, 74; *Bayer*, in: Lutter/Hommelhoff, Rdnr. 17; *Fastrich*, in: Baumbach/Hueck, Rdnr. 18; *Schmidt-Leithoff*, in: Rowedder/Schmidt-Leit-hoff, Rdnr. 19; *Ulmer/Löbbe*, in: Ulmer/Habersack/Löbbe, Rdnr. 32; *Wicke*, in: MünchKomm. GmbHG, Rdnr. 55; a.A. aber (Beibehaltung der Angaben solange Einlagepflicht nicht voll erfüllt) OLG Hamm v. 27.1.1984 – 15 U 416/83, OLGZ 1984, 266; LG Köln v. 9.9.1983 – 87 T 7/83, GmbHR 1985, 24, 25 f.

230 BGH v. 6.6.1988 – II ZR 318/87, GmbHR 1988, 337, 338 f.; BayObLG v. 13.11.1996 – 3Z BR 168/96, GmbHR 1997, 73, 74; offen OLG Rostock v. 8.2.2011 – 1 W 81/10, GmbHR 2011, 710; *Wi-cke* in: MünchKomm. GmbHG, Rdnr. 55; ausführlich *Kl.-J. Müller*, GmbHR 1997, 923, 924 f.

231 *Fastrich*, in: Baumbach/Hueck, Rdnr. 18. S. m.w.N. bei § 5 Rdnr. 86.

232 OLG München v. 6.10.2010 – 31 Wx 143/10, GmbHR 2010, 1263; LG Berlin v. 25.3.1993 – 98 T 75/92, GmbHR 1993, 590; *Harbarth*, in: MünchKomm. GmbHG, § 53 Rdnr. 199.

233 So aber LG Hamburg v. 22.2.1968 – 26 T 9/67, GmbHR 1968, 207. Hierzu *Wachter*, GmbHR 2017, 1307.

234 Richtig *Simon*, in: Gehrlein/Born/Simon, Rdnr. 23.

235 OLG Frankfurt v. 27.3.1973 – 20 W 543/72, GmbHR 1973, 172, 173; LG Stuttgart v. 9.5.1972 – 4 KfH T 7/72, NJW 1972, 1977; LG Dortmund v. 18.4.1978 – 19 T 20/77, GmbHR 1978, 235: Feststel-lung, wer welche Gesellschaftsanteile hält, gehört nicht zum materiellen Teil einer Gesellschaftssat-zung, sondern ist deklaratorischer Natur; *Fastrich*, in: Baumbach/Hueck, Rdnr. 18; *Ulmer/Löbbe*, in: Ulmer/Habersack/Löbbe, Rdnr. 34. Einschränkend aber OLG Hamm v. 18.12.1995 – 15 W 413/95, GmbHR 1996, 363 = DB 1996, 321: nicht zulässig, wenn durch die Anmeldung der Eindruck erweckt wird, bei den neuen Gesellschaftern handele es sich um die Gründungsgesellschafter.

236 A.M. KG v. 17.7.1941 – 1 Wx 188/41, DR 1941, 2128 = HRR 1941 Nr. 958; LG Köln v. 3.12.1952 – 19 T 20/77, DNotZ 1953, 106; *Groß*, Rpfleger 1972, 126, 127.

achtet[237]. Weil die ursprüngliche Satzung bei den Registerakten verbleibt, überzeugt dies nicht. Gläubiger können sich durch einen Blick in die ursprüngliche Satzung Klarheit über die Einlageschuldner verschaffen. Auch nach einer Kapitalerhöhung ist es ausreichend, wenn sich die Angaben über die neuen Gesellschafter und deren Geschäftsanteile in den **Übernahmeerklärungen** (§ 55 Abs. 1) sowie in der **Liste der Übernehmer** (§ 57 Abs. 3 Nr. 2) befinden. Bleibt hier eine Anpassung der Angaben der Satzung aus, sollten Angaben über die ursprünglichen Gesellschafter und die diesen zugeordneten Geschäftsanteile aber nur dann beibehalten werden, wenn der Bezug zum Gründungskapital ausreichend deutlich ist. Zum Umgang mit der veränderten Höhe des Stammkapitals Rdnr. 49.

VIII. Freiwilliger korporativer Satzungsinhalt

1. Bedeutung und Erscheinungsformen

Zeitbestimmung (dazu ausf. Rdnr. 62 ff.) und **Begründung von Nebenleistungspflichten** (dazu ausf. Rdnr. 69 ff.) sind zwei vom Gesetz in § 3 Abs. 2 hervorgehobene **Beispiele freiwilliger korporativer Satzungsbestimmungen**, deren Vereinbarung den Gesellschaftern im Gegensatz zum Mindestinhalt freisteht (s. dazu schon Rdnr. 1). Da das GmbHG keine dem § 23 Abs. 5 AktG vergleichbare Bestimmung enthält, vielmehr – im Rahmen der zwingenden Bestimmungen des Gesetzes – Vertragsfreiheit besteht, können die Gesellschafter vielfältige Regelungen im Gesellschaftsvertrag mit bindender Wirkung für die Gesellschaft und zukünftige Gesellschafter treffen. Einer gesonderten **Ermächtigung** bedarf es hierzu nicht. Deshalb kommt auch der Unterscheidung zwischen Satzungsbestimmungen, die das dispositive Recht ergänzen oder von diesem abweichen, anders als im Aktienrecht (§ 23 Abs. 5 AktG), keine Bedeutung zu[238]. Der fakultative Satzungsinhalt gibt einer GmbH ihr spezifisches Gepräge[239]. Diese Bestimmungen haben in der Praxis zentrale Bedeutung, kann doch ihre Ausgestaltung (und ihr Umfang) an die jeweilige Gesellschaft angepasst werden. Die fakultativen Satzungsbestimmungen können insbesondere dazu genutzt werden, wirksame Konfliktvermeidungs- oder -lösungsregeln zu begründen, wovon nicht immer ausreichend Gebrauch gemacht wird[240]. Häufig stellen zudem die dispositiven Normen aufgrund ihrer starken Typisierung für einen bestimmten Realtyp ungeeignete Regelungen bereit, weshalb eine maßgeschneiderte Satzungsbestimmung erforderlich ist.

Übliche Satzungsbestandteile – über die §§ 3 bis 5 hinaus – sind in der Praxis vor allem Satzungsbestimmungen über die **Übernahme der Gründungskosten** durch die Gesellschaft (mit Bezeichnung der zu übernehmenden Positionen und des zu erwartenden Gesamtbetrages), die **Festsetzung des Geschäftsjahres** (meist „Geschäftsjahr ist Kalenderjahr", mit erstem Geschäftsjahr als Rumpfgeschäftsjahr), die **Vinkulierung der Anteile** (mit Festlegung, wer – Gesellschafter, Gesellschafterversammlung oder Geschäftsführer – unter welchen Voraussetzungen die Zustimmung zu erteilen hat), **Austritts- und Ausschließungsrechte** inkl. der Höhe der **Abfindung** ausgeschiedener Gesellschafter, die **Geschäftsführung** (zum Teil mit Benennungsrechten einzelner Gesellschafter oder mit Kriterien für die Organperson), die **Vertretung** (häufig abstrakte Regelung zur Möglichkeit der Befreiung von § 181 BGB), die **Gesellschafterversammlung** (mit Regeln über die Einberufung und Durchführung, insbesondere auch zu Beschlussfassungen ohne Anwesenheit), das **Stimmrecht** (etwa Einräumung von Mehr- oder Höchststimmrechten oder Stimmrechtsausschluss) sowie über das **Gesellschaftsblatt,** sofern Publikationen in weiteren Medien neben dem Bundesanzeiger im

56

57

---

237 OLG Hamm v. 18.12.1995 – 15 W 413/95, GmbHR 1996, 363, 365.
238 *Zöllner/Noack*, in: Baumbach/Hueck, § 53 Rdnr. 21: Unterscheidung spielt geringe Rolle.
239 S. nur *Riemenschneider/Freitag*, in: MünchHdb. GesR III, § 5 Rdnr. 3.
240 *Bayer*, in: Lutter/Hommelhoff, Rdnr. 4; *Cziupka*, Gestaltungsfreiheit, Satzungslücken und dispositive Satzungsunterstützung, in: Arnold/Lorenz (Hrsg.), GS Hannes Unberath, 2015, S. 49 ff.

Sinne einer Mehrfachveröffentlichung erfolgen sollen[241]. Je nach Konfliktpotential sind in der Satzung oftmals auch **Gerichtsstands-**, **Mediations-** oder **Schiedsgerichtsvereinbarungen** aufzufinden. Bei personalistischen Gesellschaften sind häufig überdies **Nachfolgeklauseln** enthalten. Wieweit der Inhalt der Satzung mit fakultativen Satzungsbestimmungen angereichert werden sollte, hängt wesentlich vom jeweiligen Realtyp der Gesellschaft ab[242].

2. Satzungsvorbehalt

58 Teilweise besteht ein sog. Satzungsvorbehalt, so dass eine Bestimmung nur in der Satzung (wenn auch freiwillig), nicht aber auf schuldrechtlicher Ebene oder im einfachen Beschlusswege getroffen werden kann. Soll beispielsweise ein bestimmtes Konfliktpotential in der Gesellschaft durch Rechtsvorsorge eingedämmt werden, bleibt in diesem Fall nur der Weg, eine fakultative Satzungsbestimmung zu treffen. Einen Satzungsvorbehalt beinhaltet zunächst § 3 Abs. 2 Var. 1, er drückt hier aber eine Selbstverständlichkeit aus: Eine **Zeitbeschränkung**, die unmittelbar in das Gefüge der Gesellschaft eingreift, weil sie ohne Weiteres bei Fristablauf zur Auflösung der Gesellschaft führt, kann nur mit korporativer Wirkung ausgestaltet werden; denn schuldrechtlich kann nicht mit unmittelbarer Wirkung (auch für künftige Gesellschafter und Gläubiger) der Bestand der Gesellschaft geregelt werden. **Vergleichbare Regelungen**, die einen Satzungsvorbehalt begründen, finden sich in § 5 Abs. 4 (Sacheinlagen), § 15 Abs. 5 (Vinkulierung), § 26 Abs. 1 (Nachschusspflicht), § 34 Abs. 1 (Einziehung, Amortisation), § 52 Abs. 1 (Bestellung eines Aufsichtsrats) und § 60 Abs. 2 (weitere Auflösungsgründe). In einer Reihe weiterer Fälle steht zudem eine **Abänderung des gesetzlichen Regelungsvorschlags** und damit des gesetzlichen Normalstatuts unter Satzungsvorbehalt, ist also ebenfalls nur in der Satzung möglich. Beispiele finden sich in § 28 Abs. 1 Satz 1 (Einforderung und Einzahlung von Nachschüssen), § 29 Abs. 1 Satz 1 (Gewinnverteilung), § 35 Abs. 2 Satz 1 (Abweichungen von der Gesamtvertretung), § 37 Abs. 1 (Beschränkungen der Geschäftsführungsbefugnis) sowie § 38 Abs. 2 (Beschränkung des Widerrufs von Geschäftsführern) und insbesondere in § 45 Abs. 2 (Rechte der Gesellschafter), § 53 Abs. 2 Satz 2 (Mehrheitserfordernisse bei Satzungsänderungen) und § 60 Abs. 1 Nr. 2 (Auflösung der Gesellschaft).

59 Überdies besteht für Regelungen, welche die Grundlagen des gesellschaftlichen Lebens und damit die Verfassung der GmbH berühren, ein ungeschriebener **organisationsrechtlicher Satzungsvorbehalt**[243]. So sind insbesondere Regelungen, die Zuständigkeiten von Organen begründen bzw. ändern oder diese Organe erst errichten[244], zwingend korporativ. Jeweils muss die Form des § 2 beachtet werden; bei einer späteren Hinzufügung handelt es sich um eine Satzungsänderung nach §§ 53 f.

3. Wahlfreiheit

60 Besteht kein Satzungsvorbehalt, ist es den Gesellschaftern nicht nur freigestellt, ob sie eine Vereinbarung über einen entsprechenden Regelungsgegenstand überhaupt treffen wollen, sondern regelmäßig auch, ob sie dieser korporative Wirkung beimessen wollen (s. zu Gesell-

---

241 S. auch *J. Schmidt*, in: Michalski u.a., Rdnr. 38; *Ulmer/Löbbe*, in: Ulmer/Habersack/Löbbe, Rdnr. 36 sowie *Bayer*, in: Lutter/Hommelhoff, Rdnr. 19.

242 S. hierzu ausf. und mit wertvollen Praxishinweisen für die Satzungsgestaltung aus anwaltlicher Sicht *Seibt*, in: MünchAnwHdb. GmbH-Recht, § 2 Rdnr. 21.

243 *Bayer*, in: Lutter/Hommelhoff, Rdnr. 62; *Roth*, in: Roth/Altmeppen, Rdnr. 40; *Wicke*, in: Münch-Komm. GmbHG, Rdnr. 117.

244 Beispiel: Errichtung eines Beirates als weiteres Organ der Gesellschaft; s. *Fastrich*, in: Baumbach/Hueck, Rdnr. 25; *Roth*, in: Roth/Altmeppen, Rdnr. 40.

schaftervereinbarungen Rdnr. 104 ff.). Nur wenn eine Vereinbarung demnach **Verhaltens- oder Organisationsnormen** auch mit **Wirkung für die Zukunft** (und damit auch für künftige Mitglieder) begründen soll, muss sie notwendig in der Satzung getroffen werden[245]. Als Ausdruck dieses allgemeinen Prinzips ist § 3 Abs. 2 Var. 2 zu verstehen: Sollen Nebenleistungspflichten als mitgliedschaftliche Pflichten begründet werden, muss hierfür eine Satzungsbestimmung vereinbart werden. Es bleibt hier aber die Möglichkeit, auch auf schuldrechtlicher Ebene vergleichbare Nebenleistungspflichten zu begründen, allerdings ohne korporative Wirkung. Die Wahlfreiheit wird allerdings noch insofern eingeschränkt, als es auch Regelungen gibt, die nicht in der Satzung mit korporativer Wirkung, sondern nur als schuldrechtliche Abreden möglich sind (s. Rdnr. 98).

4. Fehlerfolgen

Für die Nichtigkeit und die Rechtsfolgen von Willensmängeln gelten hinsichtlich der fakultativen Satzungsbestimmungen bis zur Eintragung der Gesellschaft in das Handelsregister die allgemeinen Regeln (s. § 2 Rdnr. 85 ff.). Bis zu diesem Zeitpunkt beurteilen sich somit die Auswirkungen der etwaigen Nichtigkeit einer dieser Satzungsbestimmungen auf den Gesamtvertrag nach **§ 139 BGB** (s. § 2 Rdnr. 85). Folglich liegt (nur) dann ein **Eintragungshindernis** nach § 9c Abs. 2 Nr. 3 vor, wenn die Nichtigkeit der fraglichen Bestimmung gemäß § 139 BGB (ausnahmsweise[246]) die des gesamten Gesellschaftsvertrages nach sich zieht, sonst also nicht[247]. Sobald jedoch die Gesellschaft in das Handelsregister **eingetragen** ist, kommt es auf diese Frage nicht mehr an. § 75 und die §§ 397 und 399 FamFG finden keine Anwendung, so dass die Wirksamkeit der Gesellschaft durch den etwaigen Mangel nicht mehr berührt wird. In schwer wiegenden Fällen kommt nur die Auflösungsklage des § 61 in Betracht[248]. 61

IX. Zeitbestimmung (§ 3 Abs. 2 Var. 1)

1. Anforderungen

Wird eine Zeitbestimmung nicht getroffen – dies ist den Gesellschaftern freigestellt (s. Rdnr. 2) –, besteht die Gesellschaft im gesetzlichen Ausgangspunkt auf **unbestimmte Zeit**. Es greifen allein die Auflösungsgründe des § 60 Abs. 1 Nr. 2 bis 7 sowie etwaige zusätzliche vertragliche Auflösungsgründe, § 60 Abs. 2. Soll dagegen eine Zeitbeschränkung getroffen werden, muss sie **präzise formuliert** sein und an ein Ereignis anknüpfen, dessen Eintritt objektiv nachprüfbar ist, so dass der Eintritt auch sicher festgestellt werden kann[249]. Dies wird dann nicht der Fall sein, wenn das „Ob" des Eintritts von unternehmerischen Beurteilungen abhängt (Bsp.: Erschöpfung einer Rohstoffquelle)[250]. Angesichts der einschneidenden Wirkung der Auflösung der Gesellschaft kraft Gesetzes muss jedenfalls vermieden werden, dass die Auflösung unbemerkt bleibt[251]. 62

Eine in diesem Sinne zulässige Zeitbeschränkung liegt vor, wenn die Dauer des Unternehmens durch ein **konkretes Datum** (31.12.2020) oder eine **Frist** (zehn Jahre nach Eintra- 63

---

245 Zur Abgrenzung von „echten" und „unechten" Satzungsbestandteilen s. Rdnr. 93 ff.
246 Näher hierzu *Wicke*, in: MünchKomm. GmbHG, Rdnr. 58.
247 *Fastrich*, in: Baumbach/Hueck, Rdnr. 24; *Schmidt-Leithoff*, in: Rowedder/Schmidt-Leithoff, § 2 Rdnr. 63; *Roth*, in: Roth/Altmeppen, § 2 Rdnr. 44; *Wicke*, in: MünchKomm. GmbHG, Rdnr. 58.
248 *Fastrich*, in: Baumbach/Hueck, Rdnr. 24; *J. Schmidt*, in: Michalski u.a., Rdnr. 40; *Simon*, in: Gehrlein/Born/Simon, Rdnr. 60; *Wicke*, in: MünchKomm. GmbHG, Rdnr. 58.
249 *Fastrich*, in: Baumbach/Hueck, Rdnr. 27.
250 Beispiel nach *Wicke*, in: MünchKomm. GmbHG, Rdnr. 61.
251 S. *Haas*, in: Baumbach/Hueck, § 60 Rdnr. 89 für die Auflösungsgründe nach § 60 Abs. 2.

gung)[252] begrenzt ist[253]. Erforderlich ist eine solche Bestimmtheit allerdings nicht. Es reicht aus, wenn der Zeitpunkt der Beendigung der Gesellschaft (§ 60 Abs. 1 Nr. 1) lediglich bestimmbar ist[254]. Daher ist es als **Befristung** etwa zulässig, die Dauer der Gesellschaft für die Zeit des Bestandes eines gewerblichen Schutzrechtes oder eines Pachtvertrages oder für die Lebenszeit eines Gesellschafters oder eines Geschäftsführers zu bestimmen (s. 11. Aufl., § 60 Rdnr. 9). Eine **Bedingung** genügt dagegen nicht, weil der Eintritt des auflösenden Ereignisses ungewiss ist. Unzulässig ist es damit auch, auf die Voluntativbedingung der Kündigungserklärung eines Gesellschafters abzustellen, da ihre Abgabe ungewiss ist[255].

64　§ 3 Abs. 2 fordert zwar die Aufnahme der Zeitbestimmung in die Satzung, verlangt aber nicht, dass die Zeitbestimmung außerdem *ausdrücklich* in der Satzung erfolgen müsse; im Einzelfall kann sich die Zeitbestimmung vielmehr durchaus auch **konkludent aus der Satzung** ergeben[256]. Wird sie dagegen **außerhalb der Satzung** vereinbart, kann diese unwirksame Regelung ggf. dahin ausgelegt werden, dass die Gesellschafter **schuldrechtlich** kraft Stimmrechtsvereinbarung zur Mitwirkung an einem Auflösungsbeschluss verpflichtet sind[257].

2. Rechtsfolgen

65　Durch den Ablauf der für die Gesellschaft bestimmten Zeit wird die Gesellschaft **automatisch aufgelöst** (§ 60 Abs. 1 Nr. 1) und muss abgewickelt werden. Soll die Gesellschaft fortgesetzt werden, so bedarf es einer Satzungsänderung durch einen sog. **Fortsetzungsbeschluss**[258], der vor wie nach Eintritt des auflösenden Ereignisses, hier des Endtermins der Gesellschaft, gefasst werden kann (s. im Einzelnen 11. Aufl., § 60 Rdnr. 9, 79, 87 ff.). Eine Verlängerung der Gesellschaft durch **stillschweigende Fortsetzung** gibt es demgegenüber grundsätzlich *nicht*; § 134 HGB gilt nicht[259], auch nicht entsprechend.

66　Die Befristung der Gesellschaft kann die Bedeutung der Vereinbarung einer **Mindestdauer** haben[260]. Ist dies (ausnahmsweise) der Fall, so hat die Befristung die weitere Wirkung, dass während der vereinbarten Mindestdauer auch ein **Auflösungsbeschluss** mit qualifizierter Mehrheit **ausgeschlossen** ist. Die Zulässigkeit einer derartigen Bestimmung folgt daraus, dass das Gesetz in § 60 Abs. 1 Nr. 2 ausdrücklich abweichende Abreden erlaubt, so dass auch die Bestimmung möglich ist, dass ein vorzeitiger Auflösungsbeschluss nur mit Zustimmung *aller* Gesellschafter erfolgen kann (s. 11. Aufl., § 60 Rdnr. 19).

3. Nachträgliche Einfügung oder Änderung

67　Vor Eintragung der GmbH im Handelsregister kann eine Zeitbeschränkung nur in der Form des § 2 mit **Zustimmung jedes einzelnen Gesellschafters** getroffen werden. Eine nachträgliche Änderung der im Gesellschaftsvertrag festgesetzten Zeitdauer der Gesellschaft ist durch **Satzungsänderung** möglich (§§ 53 f.). Das gilt gleichermaßen für eine Verkürzung wie für

---

252　Beispiele *J. Schmidt*, in: Michalski u.a., Rdnr. 43.
253　*Wicke*, in: MünchKomm. GmbHG, Rdnr. 61; *J. Schmidt*, in: Michalski u.a., Rdnr. 43.
254　*Ulmer/Löbbe*, in: Ulmer/Habersack/Löbbe, Rdnr. 53; *Wicke*, in: MünchKomm. GmbHG, Rdnr. 61.
255　*Ulmer/Löbbe*, in: Ulmer/Habersack/Löbbe, Rdnr. 51; *Wicke*, in: MünchKomm. GmbHG, Rdnr. 60.
256　RG v. 21.6.1912 – II 223/12, RGZ 79, 418, 422 f.; *Wicke*, in: MünchKomm. GmbHG, Rdnr. 59.
257　*J. Schmidt*, in: Michalski u.a., Rdnr. 41; *Ulmer/Löbbe*, in: Ulmer/Habersack/Löbbe, Rdnr. 51; *Wicke*, in: MünchKomm. GmbHG, Rdnr. 60.
258　*Ulmer/Löbbe*, in: Ulmer/Habersack/Löbbe, Rdnr. 56; *Wicke*, in: MünchKomm. GmbHG, Rdnr. 64.
259　*J. Schmidt*, in: Michalski u.a., Rdnr. 47; *Ulmer/Löbbe*, in: Ulmer/Habersack/Löbbe, Rdnr. 56.
260　S. *Schmidt-Leithoff*, in: Rowedder/Schmidt-Leithoff, Rdnr. 25.

eine Verlängerung der ursprünglich vereinbarten Dauer (wegen der Einzelheiten s. 11. Aufl., § 60 Rdnr. 9 f.). Die Zustimmung aller Gesellschafter ist nicht erforderlich[261]. Ein etwaiges **Recht auf Auflösung und Liquidation** zum Endtermin besteht nach überwiegender Ansicht nicht[262]. Widersprechende Gesellschafter können über ein **Austrittsrecht** wirksam geschützt werden. Ein schwerwiegender Grund im Einzelfall ist für das Austrittsrecht nicht erforderlich[263]. Ein genügender wichtiger Austrittsgrund liegt bereits in der Verlängerung selbst, zumal eine solche Verlängerung die Grundlage der getroffenen Entscheidung zur Beteiligung mitsamt Kapitalbindung verändert[264].

Ergibt sich aus der Satzung jedoch, dass alle oder doch einzelne Gesellschafter ein **unentzieh-** 68 **bares Recht auf Auflösung** der Gesellschaft zu einem bestimmten Zeitpunkt haben sollen, ist die **Zustimmung** aller oder doch der begünstigten Gesellschafter zu der Änderung der festgesetzten Zeitdauer erforderlich[265]. Im Einzelfall kann jedoch der begünstigte Gesellschafter aufgrund seiner **Treuepflicht** zur Zustimmung verpflichtet sein (§ 242 BGB; s. 11. Aufl., § 60 Rdnr. 10).

X. Nebenleistungspflichten

Schrifttum (Auswahl): *M. Dürr*, Nebenabreden im Gesellschaftsrecht, 1994; *Finke*, Die Sonderleistungspflichten bei der GmbH, 1931; *Herchen*, Agio und verdecktes Agio im Recht der Kapitalgesellschaften, 2004; *Immenga*, Die personalistische Kapitalgesellschaft, 1970; *Joussen*, Gesellschafterabsprachen neben Satzung und Gesellschaftsvertrag, 1995; *Lüssow*, Das Agio im GmbH- und Aktienrecht, 2005; *U. Noack*, Gesellschaftervereinbarungen bei Kapitalgesellschaften, 1994; *Reichert*, Vinkulierung von GmbH-Geschäftsanteilen – Möglichkeiten der Vertragsgestaltung, GmbHR 2012, 713; *R. Rohrer*, Die Nebenleistungspflichten des GmbH-Gesellschafters, 1991; *Karsten Schmidt*, Nebenleistungspflichten (§ 55 AktG, § 3 Abs. 2 GmbHG) zwischen Gesellschaftsrecht, Schuldrecht und Kartellrecht, in: FS Immenga, 2004, S. 705; *H. P. Westermann*, Das Verhältnis von Satzung und Nebenordnungen in der Kapitalgesellschaft, 1994; *Winkler*, Die Lückenausfüllung des GmbH-Rechts durch das Recht der Personengesellschaften, 1967.

1. Bedeutung und Begründung

Bei „Neben"-Leistungspflichten i.S. des § 3 Abs. 2 handelt es sich um **korporative Leistungs-** 69 **pflichten**, die neben die primäre Pflicht eines Gesellschafters zur Erbringung der Einlage treten. Die **Voraussetzungen**, um Nebenleistungspflichten zu schaffen, unterscheiden sich grundlegend vom Aktienrecht. Während § 55 Abs. 1 AktG nur unter engen Voraussetzungen als Nebenleistungspflicht der Aktionäre die Verpflichtung zulässt, neben den Einlagen auf das Grundkapital wiederkehrende, *nicht* in Geld bestehende Leistungen zu erbringen, kennt das GmbH-Recht (§ 3 Abs. 2) keine derartige Beschränkung der Zulässigkeit von Nebenleistungspflichten. Taugliche Nebenleistungspflicht ist daher alles, was Gegenstand einer schuldrechtlichen Verpflichtung sein kann[266].

---

261 So jedoch RG v. 29.4.1932 – II 368/31, RGZ 136, 185, 190.
262 *Bayer*, in: Lutter/Hommelhoff, Rdnr. 23; *Fastrich*, in: Baumbach/Hueck, Rdnr. 29; *J. Schmidt*, in: Michalski u.a., Rdnr. 47; *Ulmer/Löbbe*, in: Ulmer/Habersack/Löbbe, Rdnr. 57; *Wicke*, in: MünchKomm. GmbHG, Rdnr. 63.
263 So jedoch *Fastrich*, in: Baumbach/Hueck, Rdnr. 29.
264 *Bayer*, in: Lutter/Hommelhoff, Rdnr. 23; *Schmidt-Leithoff*, in: Rowedder/Schmidt-Leithoff, Rdnr. 25; *Wicke*, in: MünchKomm. GmbHG, Rdnr. 63.
265 *Ulmer/Löbbe*, in: Ulmer/Habersack/Löbbe, Rdnr. 57; *Wicke*, in: MünchKomm. GmbHG, Rdnr. 63.
266 *Ulmer/Löbbe*, in: Ulmer/Habersack/Löbbe, Rdnr. 69; *Wicke*, in: MünchKomm. GmbHG, Rdnr. 74; *Wicke*, Rdnr. 17.

70 In der **Praxis** wird von Nebenleistungspflichten in erheblichem Umfang Gebrauch gemacht. Dies kann so weit gehen, dass die Nebenleistungspflichten **wirtschaftlich** zu den **Hauptpflichten** der Gesellschafter werden, neben denen die Einlageverpflichtung in ihrer Bedeutung ganz zurücktritt[267]. Im Ergebnis kann die GmbH damit weitgehend einer Personengesellschaft angenähert werden[268]. Das Gegenstück zu Nebenleistungspflichten sind **Sonderrechte** der Gesellschafter. Darunter sind mitgliedschaftliche Vorrechte einzelner Gesellschafter zu verstehen, die diesen eine Vorzugsstellung vor anderen Gesellschaftern verschaffen, also eine in Relation zu allen oder einigen Gesellschaftern bessere Position[269] – etwa bei der Gewinnverteilung oder Stimmberechtigung[270] (dazu § 14 Rdnr. 27 ff.). Sonderrechte können den unterschiedlichsten Inhalt haben (Vermögens- oder Herrschaftsrechte) und entgeltlich oder unentgeltlich ausgestaltet sein; sie bilden einen **Bestandteil der Mitgliedschaft**, gehen also mit einer Anteilsabtretung auf den Erwerber über[271]. Treffen Sonderrechte mit Nebenleistungspflichten zusammen, so spricht man auch von **Pflichtrechten**, was insbesondere beim Zusammentreffen von Sonderrecht auf und Nebenleistungspflicht zur Geschäftsführung praktisch bedeutsam wird. Hierdurch wird regelmäßig eine **rechtliche Einheit** begründet mit der Konsequenz, dass Recht und Pflicht in der Wirksamkeit voneinander abhängig sind. Zu Sondervorteilen § 5 Rdnr. 115 ff.

71 Nebenleistungspflichten können bei Gründung der Gesellschaft oder später im Wege der Satzungsänderung begründet werden. Letzteres verlangt die **Zustimmung** sämtlicher von der Nebenleistungspflicht betroffener Gesellschafter, § 53 Abs. 3[272]. Da die auf Nebenleistungspflichten erbrachten Leistungen nicht zur Bildung des Stammkapitals bestimmt sind, können Nebenleistungspflichten – anders als die Einlageverpflichtungen – mit **Bedingungen** oder **Fristen** versehen werden[273]. Ihre **Fälligkeit** kann außerdem von einem **Einforderungsbeschluss** der Gesellschafterversammlung abhängig gemacht werden. Zulässig sind ferner sonstige Einschränkungen, z.B. ein Recht zum **Rücktritt** oder zur **Kündigung**. Die Gesellschafter besitzen insoweit Vertragsfreiheit. Die Nebenleistungspflicht kann auf **einmalige oder wiederkehrende Leistungen** gerichtet und **entgeltlich oder unentgeltlich** gestaltet sein. Bei entgeltlichen Nebenleistungen der Gesellschafter ist zu beachten, dass überhöhte Gegenleistungen der Gesellschaft als **verdeckte Gewinnausschüttungen** gegen § 30 Abs. 1 verstoßen können[274]. Auch können Nebenleistungen, die im zeitlichen Zusammenhang mit der Einlageleistung abgegolten werden, je nach Fallgestaltung die Gefahr einer verdeckten Sacheinlage begründen (§ 19 Abs. 4)[275]. Erfolgen die Nebenleistungen seitens der Gesellschafter dagegen unentgeltlich, so handelt es sich gleichwohl **nicht** um eine **Schenkung**, so dass die Leistungen bei der Gesellschaft steuerrechtlich gewinnneutral sind. Dies gilt allge-

---

267 *Ulmer/Löbbe*, in: Ulmer/Habersack/Löbbe, Rdnr. 60; *J. Schmidt*, in: Michalski u.a., Rdnr. 48.

268 BGH v. 12.6.1958 – II ZR 207/56, WM 1958, 1132 = DB 1958, 1038: durch Übernahme von Sonderverpflichtungen werde das Haftungsrisiko erweitert, haben alle Gesellschafter Sonderleistungen zu erbringen, sei eine Annäherung an eine Personengesellschaft festzustellen. S. zudem *Immenga*, Kapitalgesellschaft, S. 101 ff.; *Fastrich*, in: Baumbach/Hueck, Rdnr. 33; *Roth*, in: Roth/Altmeppen, Rdnr. 26; *J. Schmidt*, in: Michalski u.a., Rdnr. 48; *Wicke*, in: MünchKomm. GmbHG, Rdnr. 65 ff.

269 *Ulmer/Casper*, in: Ulmer/Habersack/Löbbe, § 5 Rdnr. 194.

270 BGH v. 10.10.1988 – II ZR 3/88, NJW-RR 1989, 542, 543 (Sonderrecht im Sinne eines Benennungsrechts in Bezug auf den Geschäftsführer); *Raiser*, in: Ulmer/Habersack/Löbbe, § 14 Rdnr. 27.

271 *Ulmer/Casper*, in: Ulmer/Habersack/Löbbe, § 5 Rdnr. 179, 193.

272 *Fastrich*, in: Baumbach/Hueck, Rdnr. 37; *Wicke*, in: MünchKomm. GmbHG, Rdnr. 67.

273 *Bayer*, in: Lutter/Hommelhoff, Rdnr. 34; *Roth*, in: Roth/Altmeppen, Rdnr. 32.

274 BGH v. 13.11.1995 – II ZR 113/94, GmbHR 1996, 111, 112; *Bayer*, in: Lutter/Hommelhoff, Rdnr. 33; *Rohrer*, Nebenleistungspflichten, S. 43; *Schmidt-Leithoff*, in: Rowedder/Schmidt-Leithoff, Rdnr. 32; *Ulmer/Löbbe*, in: Ulmer/Habersack/Löbbe, Rdnr. 81; *Wicke*, in: MünchKomm. GmbHG, Rdnr. 75.

275 *Bayer*, in: Lutter/Hommelhoff, Rdnr. 33; *Roth*, in: Roth/Altmeppen, Rdnr. 29.

mein bei *causa societatis* erbrachten Leistungen der Gesellschafter, daher selbst im Falle der freiwilligen Übernahme von Verlusten[276].

2. Bestimmtheit

Nebenleistungspflichten müssen in der Satzung soweit konkretisiert sein, dass es den aktuellen wie den zukünftigen Gesellschaftern möglich ist, das **Ausmaß** der auf sie zukommenden Verpflichtungen ohne Weiteres zu **überschauen**[277]. Unwirksam sind daher vor allem **inhaltslose, allgemeine Verpflichtungen**, wie z.B. die „Pflicht", die Gesellschaft „mit Rat und Tat" oder „mit Bürgschaften oder Sicherheiten" zu unterstützen[278]. Dies hat seinen dogmatischen Grund darin, dass Leistungsvermehrungen nach § 53 Abs. 3 nur mit Zustimmung des hiervon Betroffenen wirksam vereinbart werden können[279]. Somit muss schon bei Begründung der Nebenleistungspflicht der Umfang soweit konkretisiert sein (und zwar über die Anforderungen an die Bestimmtheit schuldrechtlicher Leistungspflichten hinausgehend), dass ermittelbar bleibt, wann eine Änderung des geplanten Umfangs der Nebenleistungspflicht vorliegt, die das Zustimmungserfordernis des § 53 Abs. 3 begründet. Dazu ist im Regelfall erforderlich, dass der fraglichen Klausel eine **betragsmäßige und zeitliche Eingrenzung** der Pflichten entnommen werden kann[280]. Lässt sich der Inhalt der Pflicht erst zu einem späteren Zeitpunkt konkretisieren, genügt die Vereinbarung eines Rahmens in der Satzung, sofern dieser im Kern die künftig entstehenden Pflichten deutlich macht[281]. Unschädlich ist weiter ein gewisses Maß vorläufiger Unbestimmtheit, da in solchen Fällen die §§ 315 ff. BGB anwendbar sind[282]. In der Satzung kann außerdem bestimmt werden, dass die weitere Konkretisierung der geschuldeten Nebenleistungen – in dem genannten Rahmen – einem Gesellschafterbeschluss vorbehalten bleiben soll, durch den die Nebenleistungen eingefordert werden[283]. Die Details der Pflichten können in einem **Ausführungsvertrag** geregelt werden.[284]

Wird eine grenzenlose Verpflichtung begründet, sind die Vereinbarungen zuweilen sogar sittenwidrig und daher nichtig (§ 138 BGB)[285], wobei aber immer auf den Einzelfall abzustellen ist. So sind etwa unbegrenzte **Verlustdeckungszusagen** der Konzernmutter anders zu beurteilen als solche eines nicht konzernverbundenen Gesellschafters, der in der Regel schutzbedürftiger sein dürfte. Hier ist besonders zu berücksichtigen, dass der Gesellschafter vor uferlosen Verpflichtungen auch deshalb zu schützen ist, weil die h.M. ein Abandonrecht (§ 27) aus Anlass der Nebenleistungspflicht ablehnt (dazu Rdnr. 92). Wird allerdings ein außerordentliches Kündigungsrecht der Nebenleistungspflicht bei Unzumutbarkeit anerkannt

72

73

---

276 BGH v. 8.5.2006 – II ZR 94/05, AG 2006, 548, 549 (zur AG); BGH v. 14.1.2008 – II ZR 245/06, ZIP 2008, 453 (zum Verein).

277 BGH v. 17.10. 1988 – II ZR 372/87, GmbHR 1989, 151, 152; BGH v. 22.10.2007 – II ZR 101/06, GmbHR 2008, 258, 259; *Noack*, Gesellschaftervereinbarungen, S. 78 ff.; *Rohrer*, Nebenleistungspflichten, S. 25 ff.; *Fastrich*, in: Baumbach/Hueck, Rdnr. 37; *Wicke*, in: MünchKomm. GmbHG, Rdnr. 68.

278 KartG v. 4.2.1924 – K 14/23, JW 1924, 724.

279 S. hierzu *Ulmer/Löbbe*, in: Ulmer/Habersack/Löbbe, Rdnr. 84.

280 BGH v. 17.10. 1988 – II ZR 372/87, GmbHR 1989, 151, 152; BGH v. 22.10.2007 – II ZR 101/06, GmbHR 2008, 258, 259; *Bayer*, in: Lutter/Hommelhoff, Rdnr. 34; *J. Schmidt*, in: Michalski u.a., Rdnr. 55; *Ulmer/Löbbe*, in: Ulmer/Habersack/Löbbe, Rdnr. 84.

281 *Fastrich*, in: Baumbach/Hueck, Rdnr. 38.

282 RG v. 29.10.1915 – II 137/15, RGZ 87, 261, 265 f.; *Bayer*, in: Lutter/Hommelhoff, Rdnr. 3; *Schilling/Winter*, in: FS Stiefel, 1987, S. 665; *Ulmer/Löbbe*, in: Ulmer/Habersack/Löbbe, Rdnr. 85; *Wicke*, in: MünchKomm. GmbHG, Rdnr. 68.

283 *U. Stein*, ZGR 1990, 357, 363 f.

284 *Fastrich*, in: Baumbach/Hueck, Rdnr. 47; *Wicke*, in: MünchKomm. GmbHG, Rdnr. 88.

285 RG v. 29.10.1915 – II 137/15, RGZ 87, 261, 265 f.

(dazu Rdnr. 91), kann auch dieses als Korrektiv einer anderenfalls drohenden Uferlosigkeit dienen[286]. Sittenwidrigkeit wird somit nur selten anzunehmen sein. Ist die Vereinbarung einer Nebenleistungspflicht nichtig, wird jedoch (in Entkräftung der Vermutungsregelung des § 139 BGB) die Wirksamkeit der Satzung im Übrigen grundsätzlich nicht berührt. Dagegen ist Gesamtnichtigkeit möglich, wenn zentrale Nebenleistungspflichten nichtig sind. Soll tatsächlich eine höhenmäßig unbegrenzte Verlustübernahmepflicht begründet werden, wird zum Teil empfohlen, auf eine schuldrechtliche Vereinbarung auszuweichen[287]; die Anforderungen an die Vorhersehbarkeit der Belastung gelten hier nicht in demselben Maße (zur Auslegung, ob diese auch in der Krise gelten sollen, Rdnr. 89). Die Grenze des § 138 ist aber auch hier zu beachten, wobei auch zu berücksichtigen ist, dass – anders als bei der Begründung der Nebenleistungspflicht – der Schutz der notariellen Beurkundung entfällt[288].

3. Willensmängel

74 Die Geltendmachung von Willensmängeln (Irrtum, Täuschung, Drohung, Scheinerklärungen) gegenüber der Gesellschaft ist im Ausgangspunkt unbeschränkt zulässig[289], auch nach Eintragung der Gesellschaft ins Handelsregister[290]. Anwendbar sind die **Vorschriften des BGB** über die Nichtigkeit oder Vernichtbarkeit von Willenserklärungen. Die frühere Rechtsprechung, die nach Eintragung der Gesellschaft ins Handelsregister vergleichbare Beschränkungen wie bei den notwendigen Satzungsbestimmungen angenommen hatte[291], ist überholt. Zwar kann dies unbeschränkte Zulassung der Geltendmachung von Willensmängeln letztlich Gläubiger beeinträchtigen. Ein schutzwürdiges Vertrauen besteht aber nicht, da Nebenleistungspflichten (auch wenn sie auf Geldleistung gerichtet sind) gerade nicht kraft Gesetzes den strengen Regeln der (Kapital-)Erhaltung unterworfen werden, wie dies bei den Einlagepflichten der Fall ist. Die Gläubiger sind nur insoweit geschützt, als sie darauf vertrauen können, dass die Aufhebung der Nebenleistungspflichten durch Satzungsänderung erfolgt.

75 Eine **Anfechtung** scheidet aber aus, wenn eine Nebenleistungspflicht untrennbar mit der Einlagepflicht verbunden ist und daher eine Anfechtung auch die Einlagepflicht berühren würde – hier erstreckt sich die Sonderbehandlung von den Einlage- auf die Nebenleistungspflichten[292]. So kann es etwa liegen, wenn ein Gesellschafter sich zur Einbringung eines Handelsgeschäfts verpflichtet, weil die Gesellschaft den Kundenstamm übernehmen möchte, und zugleich ein Wettbewerbsverbot vereinbart wird[293]. Selbiges gilt, wenn in die Übernahmeerklärung bei einer Kapitalerhöhung ein korporatives **Agio** aufgenommen wird und Übernahmeerklärung und Verpflichtung zur Leistung des Agios nicht voneinander getrennt werden können[294]. Kann allerdings getrennt werden, ist die Anfechtung der Erklärung zur Leistung des Agios zulässig, weil entgegen zum Teil anders lautender Ansicht auch ein im Handelsregister verlautbartes Agio nicht zu dem Garantiefonds der Gesellschaft gehört[295],

---

286 Richtig *Roth*, in: Roth/Altmeppen, Rdnr. 30b.
287 *Simon*, in: Gehrlein/Born/Simon, Rdnr. 61.
288 Darauf weist *Roth*, in: Altmeppen/Roth, Rdnr. 57 hin.
289 *J. Schmidt*, in: Michalski u.a., Rdnr. 54; *Ulmer/Löbbe*, in: Ulmer/Habersack/Löbbe, Rdnr. 67; *Wicke*, in: MünchKomm. GmbHG, Rdnr. 89.
290 *Ulmer/Löbbe*, in: Ulmer/Habersack/Löbbe, Rdnr. 67; *Wicke*, in: MünchKomm. GmbHG, Rdnr. 89.
291 RG v. 4.4.1916 – II 427/15, RGZ 88, 187, 188 ff.; OLG Rostock v. 14.7.1910, OLGE 22, 12.
292 *Ulmer/Löbbe*, in: Ulmer/Habersack/Löbbe, Rdnr. 67; *Wicke*, in: MünchKomm. GmbHG, Rdnr. 89.
293 Beispiel nach *Ulmer/Löbbe*, in: Ulmer/Habersack/Löbbe, Rdnr. 67.
294 BGH v. 15.10.2007 – II ZR 216/06, GmbHR 2008, 147, 149. Dazu *Herchen*, GmbHR 2008, 149 ff.; *Wicke*, in: MünchKomm. GmbHG, Rdnr. 77, 89.
295 In diese Richtung jedoch *Herchen*, GmbHR 2008, 149 ff.

da es nicht den gläubigerschützenden Regelungen zur Kapitalaufbringung- oder -erhaltung unterfällt[296] (s. dazu Rdnr. 77 und zum Sachagio Rdnr. 80).

4. Geldleistungspflichten

Neben der Verpflichtung der Gesellschafter zur Übernahme bestimmter Gesellschaftsschulden, zur Gewährung von **Gesellschafterdarlehen**[297] (s. dazu 11. Aufl., Anh. § 64 Rdnr. 1 ff.), zur „Einstellung" ausgeschütteter Gewinne in freie Rücklagen[298], zur **Deckung von Verlusten**, soweit inhaltlich begrenzt (s. Rdnr. 73)[299], sowie zur jährlichen Zahlung von Deckungsbeiträgen, entweder in fester Höhe oder abhängig von dem erwirtschafteten Gewinn[300], ist insbesondere auch die Verpflichtung zur Zahlung eines Aufgeldes (**Agios**) im Falle einer Überpariemission[301] von herausgehobener Bedeutung.

76

a) Agio

Das Agio kann, wie sonstige Nebenleistungen auch, auf rein schuldrechtlicher Basis oder als Nebenleistung i.S. von § 3 Abs. 2 Var. 2 geschuldet sein. Bei der Aufnahme der Vereinbarung in die Satzung spricht indessen eine Vermutung dafür, dass der Wille der Gesellschafter dahingeht, dass es sich um eine körperschaftliche (korporative) Regelung handelt, durch die auch zukünftige Gesellschafter gebunden werden sollen (zu dieser Vermutung Rdnr. 87). Soll ein Agio schuldrechtlich ausgestaltet, aber in die Satzung aufgenommen werden, empfiehlt sich eine dahingehende Klarstellung[302]; zwingend ist dies aber nicht[303], weil sich auch im Wege der Auslegung ergeben kann, dass eine schuldrechtliche Vereinbarung gewollt war. Handelt es sich um ein **korporatives Agio**, so ist dieses in die Kapitalrücklage nach § 272 Abs. 2 Nr. 1 HGB einzustellen; die Vorschriften über die Kapitalaufbringung und Kapitalerhaltung finden keine Anwendung[304]. Denn das Agio ist nicht Teil der Einlageleistung[305] (s. zur Anfechtbarkeit einer Agioverpflichtung Rdnr. 75). Die Einforderung des Agios setzt, wenn der Gesellschaftsvertrag nichts anderes bestimmt, analog § 46 Nr. 2 einen Gesellschafterbeschluss voraus. In der **Insolvenz** der Gesellschaft entfällt jedoch die Notwendigkeit eines derartigen Beschlusses, weil die Frage, ob Liquidität dem Unternehmen zur Verfügung gestellt werden muss, nicht mehr Gegenstand unternehmerischer Entscheidung ist. Damit ist die Einforderung Sache des Insolvenzverwalters, sofern anzunehmen ist, dass die Verpflichtung zur Leistung des Agios auch in der Insolvenz der Gesellschaft bestehen bleiben soll[306] (s. hierzu Rdnr. 89). Er ist an Einschränkungen der Fälligkeit, die etwaig in der Satzung festgelegt sind, ebenso wenig wie bei der Einforderung einer Einlage gebunden. Damit wird das

77

---

296 *Ulmer/Löbbe*, in: Ulmer/Habersack/Löbbe, Rdnr. 67; für eine Ausnahme auch *J. Schmidt*, in: Michalski u.a., Rdnr. 54.

297 BGH v. 17.10.1988 – II ZR 372/87, GmbHR 1989, 151, 152.

298 *Esch*, NJW 1978, 2529, 2531; *Schmidt-Leithoff*, in: Rowedder/Schmidt-Leithoff, Rdnr. 33.

299 BGH v. 22.10.2007 – II ZR 101/06, GmbHR 2008, 258, 259; *Gasteyer*, BB 1983, 934 ff.

300 BGH v. 8.2.1993 – II ZR 24/92, GmbHR 1993, 214 ff.

301 BGH v. 15.10.2007 – II ZR 216/06, GmbHR 2008, 147, 149; *Bayer*, in: Lutter/Hommelhoff, Rdnr. 27; *Herchen*, GmbHR 2008, 149 ff.; *Wicke*, in: MünchKomm. GmbHG, Rdnr. 77.

302 *Bayer*, in: Lutter/Hommelhoff, Rdnr. 27.

303 Richtig *Herchen*, GmbHR 2008, 149, 150.

304 BGH v. 15.10.2007 – II ZR 216/06, GmbHR 2008, 147, 149; *Bayer*, in: Lutter/Hommelhoff, Rdnr. 27; *Ulmer/Löbbe*, in: Ulmer/Habersack/Löbbe, Rdnr. 72; weitergehend offenbar *Herchen*, GmbHR 2008, 149 ff.

305 *Fastrich*, in: Baumbach/Hueck, Rdnr. 16; *Bayer*, in: Lutter/Hommelhoff, Rdnr. 27 und § 5 Rdnr. 8. Zur unterschiedlichen Verjährung von statutarischem und schuldrechtlichem Agio *Kaiser/Berbner*, GmbHR 2017, 732 ff.

306 BGH v. 15.10.2007 – II ZR 216/06, GmbHR 2008, 147, 149.

Agio in der Insolvenz der Einlage angenähert[307]. Die Pflicht zur Leistung des Agios kann auch an **Bedingungen** geknüpft werden (s. schon Rdnr. 71), was insbesondere bei der Beteiligung von Finanzinvestoren von Bedeutung ist, wenn diese Zahlungen bei Erreichen bestimmter Milestones zu erbringen haben[308].

b) Abgrenzung zur Einlage- und Nachschusspflicht

78   Die Abgrenzung der Nebenleistungspflichten von Einlage- und von Nachschusspflichten kann im Einzelfall Schwierigkeiten bereiten, ist aber wegen der abweichenden Rechtsfolgen zentral. Denn weder unterfallen die Nebenleistungspflichten, anders als die Einlagepflichten, den Regeln über die Kapitalaufbringung oder -erhaltung (insbesondere auch nicht den §§ 24 ff., 30 Abs. 1), noch gelten die §§ 26-28, 30 Abs. 2, die bei Nachschusspflichten anzuwenden sind[309]. Entscheidend ist eine Auslegung der Satzung nach den Regeln für körperschaftliche Bestimmungen[310]. Da sich die Leistung der **Einlage** dadurch von anderen Leistungen unterscheidet, dass sie in das Vermögen der Gesellschaft gerade auf das im Gesellschaftsvertrag genannte Stammkapital erbracht wird, ist in den Fällen, in denen die zu zahlende Summe mit der jeweiligen Summe der Nennbeträge der Geschäftsanteile bzw. dem Stammkapital übereinstimmt, regelmäßig von einer Einlageleistung auszugehen (§ 5 Abs. 3 Satz 2). Zu Nebenleistungspflichten neben Sacheinlagen s. Rdnr. 79. Bei der Abgrenzung zu **Nachschüssen** ist zu beachten, dass die Einforderung von Nachschüssen im Gegensatz zu der von Nebenleistungen nach § 26 *immer* eines Gesellschafterbeschlusses bedarf (§ 46 Nr. 2), die gezahlten Nachschüsse gemäß § 42 Abs. 2 Satz 3 in die Kapitalrücklage einzustellen sind und nur in den Grenzen des § 30 Abs. 2 an die Gesellschafter zurückgezahlt werden dürfen (s. § 26 Rdnr. 6a). Soll etwa die Fälligkeit unabhängig von einem Gesellschafterbeschluss, zum Beispiel von einer vorherigen Anforderung durch die Geschäftsführer abhängig sein, kommt daher nur eine Nebenleistungspflicht in Betracht[311]. Zudem ist bedeutsam, ob durch die Geldleistung die Kapitalstruktur der Gesellschaft gestärkt werden soll (dann eher Nachschusspflicht) oder dieser vielmehr beliebig verwendbare Mittel zur Verfügung gestellt werden sollen (dann Nebenleistungspflicht)[312]. Zur Abgrenzung weiter s. § 26 Rdnr. 6a.

5. Sachleistungspflichten

79   Gegenstand von Nebenleistungspflichten können auch Sachleistungen beliebiger Art sein, etwa die Leihe oder die Vermietung beweglicher oder unbeweglicher Sachen, Andienungs- und Bezugspflichten, soweit kartellrechtlich zulässig, sowie die Überlassung von Schutzrechten[313]. Derartige Nebenleistungspflichten sind von den **Sacheinlageverpflichtungen** zu unterscheiden, allein für die letzteren sind die Vorschriften des § 5 Abs. 4 und des § 7 Abs. 3 zu beachten. Dadurch wird es aber nicht ausgeschlossen, im Einzelfall Nebenleistungspflichten mit einer Sacheinlageverpflichtung zu verbinden. Dies kann etwa erfolgen, indem ein Gesellschafter, der als Sacheinlage ein Handelsgeschäft einbringt, zugleich die Garantie für den Eingang der zu dem eingebrachten Handelsgeschäft gehörenden Außenstände übernimmt oder ein Wettbewerbsverbot eingeht[314] (s. auch Rdnr. 75). Für derartige Fälle kann eine Ein-

---

307 *Herchen*, GmbHR 2008, 149, 151; *Bayer*, in: Lutter/Hommelhoff, Rdnr. 27.
308 Näher hierzu *Seibt*, in: MünchAnwHdb. GmbH-Recht, § 2 Rdnr. 80.
309 *Roth*, in: Roth/Altmeppen, Rdnr. 30.
310 *Bayer*, in: Lutter/Hommelhoff, Rdnr. 25; *Fastrich*, in: Baumbach/Hueck, Rdnr. 35; *J. Schmidt*, in: Michalski u.a., Rdnr. 50; *Wicke*, in: MünchKomm. GmbHG, Rdnr. 70.
311 *Fastrich*, in: Baumbach/Hueck, Rdnr. 35; *J. Schmidt*, in: Michalski u.a., Rdnr. 53.
312 *J. Schmidt*, in: Michalski u.a., Rdnr. 52; *Roth*, in: Altmeppen/Roth, Rdnr. 29a; *Ulmer/Löbbe*, in: Ulmer/Habersack/Löbbe, Rdnr. 64.
313 S. *Rohrer*, Nebenleistungspflichten, S. 34 ff.
314 RG v. 23.4.1912 – II 19/12, RGZ 79, 271, 273.

schränkung der sonst möglichen **Anfechtung** von Nebenleistungsverpflichtungen greifen (s. Rdnr. 75).

a) Sachagio

Beliebt ist in der Praxis die Vereinbarung eines Sachagios als korporative **Nebenleistungs-** 80 **pflicht** (oder als schuldrechtliche Verpflichtung) in Verbindung mit der Erbringung einer Bareinlage, wenn ein Betrieb, Teilbetrieb oder Mitunternehmeranteil in die Gesellschaft eingebracht werden soll. Dies wird vom BFH als Anwendungsfall des § 20 Nr. 1 UmwStG behandelt (Buchwertfortführung), die strengen Regeln über die Sachkapitalaufbringung sollen nicht anwendbar sein[315]. Noch weitgehend ungeklärt ist, ob dem Registergericht, insbesondere aufgrund der Nähe zur Sacheinlage[316], ein Prüfungsrecht in Bezug auf die Werthaltigkeit des Sachagios zukommt und wie es auszugestalten wäre (wohingegen ein Sachgründungsbericht jedenfalls nicht verlangt werden kann[317]). Zwar besteht ein solches Prüfungsrecht an sich bei einem Agio nicht, es muss aber zumindest ausgeschlossen werden, dass der eingebrachte Sachgegenstand einen negativen Wert hat (z.B. überschuldetes Unternehmen) und damit ggf. zu einer Unterbilanz und der Aufzehrung der Bareinlage führen kann[318]. Dafür ist ein **Wertnachweis**, der dies ausschließt, zu erbringen, wenn dies nicht schon wegen der Natur des Gegenstandes von vornherein ausgeschlossen erscheint, so etwa, wenn nur ein allenfalls mit Null zu bewertender Geschäftsanteil eingebracht wird. Eine volle Werthaltigkeitsprüfung muss der Nachweis aber jedenfalls nicht ermöglichen[319], zumindest dann nicht, wenn für das Sachagio kein Entgelt gezahlt wird. Zu beachten ist, gerade wenn überschuldete Unternehmen als Sachagio eingebracht werden, dass überdies die Anmeldeversicherung falsch sein kann, wenn dadurch Vorbelastungen des Stammkapitals erfolgt sind, die nicht ausgeglichen wurden, da das eingebrachte Agio dann wie sonstige Verluste im Gründungsstadium zu behandeln ist[320]. Hat das Sachagio keinen negativen Wert, sollte dies im Rahmen der Anmeldeversicherung nach § 8 Abs. 2 miterklärt werden[321]. Bei der Einbringung eines überschuldeten Unternehmens kann überdies eine verdeckte Sacheinlage vorliegen, wenn und weil die Gesellschaft Verbindlichkeiten übernimmt[322].

b) Vorkaufs-, Vorerwerbs- und Ankaufsrechte

Besondere Praxisbedeutung zur Steuerung des Gesellschafterkreises haben sog. Vorkaufs- 81 oder Vorerwerbsrechte sowie Ankaufsrechte der Gesellschaft selbst oder eines von dieser entweder im Vorhinein oder aus Anlass eines Verkaufsfalls zu benennenden Mitgesellschafters oder Dritten[323] (s. im Einzelnen § 15 Rdnr. 117 f.). Werden diese Rechte unmittelbar einem Mitgesellschafter gegenüber eingeräumt (was als Nebenleistungspflicht zulässig ist, auch wenn in § 3 Abs. 2 von „Verpflichtungen gegenüber der Gesellschaft" die Rede ist), wird in der Praxis allerdings regelmäßig der Weg über eine **Gesellschaftervereinbarung** gewählt (s.

---

315 BFH v. 7.4.2010 – I R 55/09, BFHE 229, 518 = GmbHR 2010, 1104.
316 Vgl. *Bayer*, in: Lutter/Hommelhoff, § 5 Rdnr. 44; *Heinze*, ZNotP 2012, 87, 89.
317 Zutreffend *Bayer*, in: Lutter/Hommelhoff, § 5 Rdnr. 44.
318 S. *Bayer*, in: Lutter/Hommelhoff, § 5 Rdnr. 44; vgl. auch *Lubberich*, DNotZ 2016, 164, 175 ff.
319 Anders wohl wegen der „Gefahr einer Irreführung" der auf eine Überpari-Ausgabe vertrauenden Gläubiger *Ulmer/Casper*, in: Ulmer/Habersack/Löbbe, § 5 Rdnr. 172 ff., 152.
320 *Lubberich*, DNotZ 2016, 164, 177.
321 S. nur *Wälzholz*, in: Fuhrmann/Wälzholz, Formularbuch Gesellschaftsrecht, 2. Aufl. 2015, Kap. 13 VI; Anm. zu M 13.30 Ziff. 7. S. *Heckschen/Heidinger*, DAI-Skript, Haftungsfallen im Gesellschaftsrecht, 2016, S. 105 f.
322 Vgl. *Lubberich*, DNotZ 2016, 164, 175. S. hierzu ausf. *Heckschen/Heidinger*, DAI-Skript, Haftungsfallen im Gesellschaftsrecht, 2016, S. 102 ff.
323 *Ulmer/Löbbe*, in: Ulmer/Habersack/Löbbe, Rdnr. 74.

Rdnr. 94). Ankaufs- oder Vorkaufsrechte können **keine Blockade mit dinglicher Wirkung** nach sich ziehen. Eine quasi-dingliche Wirkung können sie nur bei Verbindung mit einer **Vinkulierung** der Anteile nach § 15 Abs. 5 erlangen[324]. Daher werden diese Instrumente häufig kombiniert; die Vinkulierung dient als Veräußerungsbeschränkung, die Vorkaufs- oder Vorerwerbsrechte sowie Ankaufsrechte dienen dazu, schon im Vorfeld des dinglichen Vollzugs der Gesellschaft oder den Mitgesellschaftern die Möglichkeit einzuräumen, Anteile vom Veräußerungswilligen zu erwerben. Das Ankaufsrecht ist flexibler als das Vorkaufsrecht, da es nicht zu einer Bindung an die Vertragsbedingungen des Drittkaufs führt. Überdies kann es auch weiter eingesetzt werden, weil es nicht davon abhängig ist, dass tatsächlich ein Drittkauf vorliegt. Möglich sind auch **Abtretungspflichten** (oft gekoppelt mit einer aufschiebend bedingten Abtretung). Eine solche Abtretungspflicht kann ebenso wie ein Ankaufsrecht die Funktion eines **Ausschließungsrechts**[325] haben, zum Beispiel dann, wenn im Falle der Kündigung eines Gesellschafters aufschiebend bedingt dessen Geschäftsanteil einem anderen Gesellschafter mit dinglicher Wirkung anfallen soll[326]. Im Einzelfall können durch derartige Abreden ferner zugleich **Sonderrechte** anderer Gesellschafter begründet werden[327], weil einer Abtretungs- oder Andienungspflicht zugunsten eines Mitgesellschafters dessen dahingehendes Recht entsprechen kann.

6. Handlungspflichten (Geschäftsführertätigkeit, Stimmbindungen)

82 Relevant ist vor allem die **Erbringung von Dienstleistungen**[328]. Hier treten in der Regel keine Abgrenzungsschwierigkeiten zu den Einlagepflichten auf, da Dienstleistungen als Gegenstand der Einlageverpflichtung ausscheiden. Der wichtigste Fall ist die gesellschaftsvertragliche Verpflichtung einzelner Gesellschafter zur Übernahme der **Geschäftsführung**. Gleichwohl wird es sich zumeist bei der Bestellung der Geschäftsführer und der Festsetzung ihrer Vergütung (vgl. § 6 Abs. 3 Satz 2) um einen unechten Satzungsinhalt handeln[329] (s. näher § 6 Rdnr. 78). Etwas anderes gilt, wenn für den Gesellschafter zugleich ein **Sonderrecht** auf die Geschäftsführung begründet werden soll[330] (s. auch Rdnr. 70). Weitere Beispiele für Handlungspflichten sind die Pflicht zur Inanspruchnahme von Leistungen der Gesellschaft oder zur Einbringung eines Vertrages[331] sowie **Stimmrechtsbindungen**, etwa in Gestalt der Verpflichtung zur Unterlassung der Stimmabgabe in bestimmten Fällen oder zur Mitwirkung bei der Abstimmung generell oder zumindest bei besonderen Anlässen[332].

7. Unterlassungspflichten (Wettbewerbsverbot)

Schrifttum: (Auswahl): *Bouchon*, Konzerneingangsschutz im GmbH- und Aktienrecht, 2002; *Gresbrand*, Wettbewerbsverbote für den Gesellschafter-Geschäftsführer beim GmbH-Unternehmenserwerb, GmbHR 20913, 119; *Ivens*, Das Konkurrenzverbot der GmbH-Gesellschafter und § 1 GWB, DB 1988,

---

324 S. im Einzelnen § 15 Rdnr. 117 f.
325 *G. Hueck*, in: FS Larenz, 1973, S. 749; *Noack*, Gesellschaftervereinbarungen, S. 15, 284 ff.; *H. P. Westermann/D. Klingberg*, in: FS Quack, 1991, S. 545; *Wicke*, in: MünchKomm. GmbHG, Rdnr. 79 ff.
326 BGH v. 30.6.2003 – II ZR 326/01, GmbHR 2003, 1062, 1064.
327 OLG Stuttgart v. 22.5.1997 – 11 U 13/96, GmbHR 1997, 1108 f.; *Wicke*, in: MünchKomm. GmbHG, Rdnr. 98 f.
328 Dazu BAG v. 28.11.1990 – 4 AZR 198/90, GmbHR 1991, 460.
329 BGH v. 29.9.1955 – II ZR 225/54, BGHZ 18, 205, 207 f. = NJW 1955, 1716; BGH v. 16.2.1981 – II ZR 89/79, GmbHR 1982, 129, 130 = BB 1981, 926; *Wicke*, in: MünchKomm. GmbHG, Rdnr. 127.
330 S. BGH v. 16.2.1981 – II ZR 89/79, GmbHR 1982, 129, 130.
331 OLG Dresden v. 17.6.1996 – 2 U 546/96, GmbHR 1997, 746, 747.
332 *Ulmer/Löbbe*, in: Ulmer/Habersack/Löbbe, Rdnr. 79; *Wicke*, in: MünchKomm. GmbHG, Rdnr. 86 f.

215; *Kapp/Schumacher*, Das Wettbewerbsverbot des Minderheitsgesellschafters, WuW 2010, 481; *L. Lawall*, Das ungeschriebene Wettbewerbsverbot des GmbH-Gesellschafters, 1996; *N. Polley*, Wettbewerbsverbot und Geschäftschancenlehre, 1993; *Pröbsting/Peitz*, „Rettung" sittenwidriger Wettbewerbsverbote mittels einer salvatorischen Klausel?, BB 2016, 840; *Rudersdorf*, Wettbewerbsverbote in Gesellschafts- und Unternehmenskaufverträgen, RNotZ 2011, 509; *Salfeld*, Wettbewerbsverbot im Gesellschaftsrecht, 1987; *M. Winter*, Mitgliedschaftliche Treuebindungen im GmbH-Recht, 1988, S. 239 ff.

Bei Unterlassungen steht das sog. vertragliche Wettbewerbsverbot im Vordergrund, wenn dieses korporativ in der Satzung als Nebenleistungspflicht ausgestaltet wird. Von einem Wettbewerbsverbot spricht man generell, wenn es jemandem verboten ist, der Gesellschaft in einem bestimmten Geschäftskreis **Konkurrenz** zu machen. S. zum Wettbewerbsverbot auch § 14 Rdnr. 113 ff. Für die *Gesellschafter* (s. zum Geschäftsführer 11. Aufl., § 43 Rdnr. 153 ff.; 173 ff. zum nachvertraglichen Wettbewerbsverbot) einer GmbH besteht – anders als für die Gesellschafter einer OHG (§§ 112, 113 HGB) – kein generelles Wettbewerbsverbot. Weitgehend anerkannt ist allein, dass sich für GmbH-Gesellschafter aus ihrer Treuepflicht (§ 13 Rdnr. 50 ff.) dann ein Wettbewerbsverbot entsprechend den §§ 112 und 113 HGB ergibt, wenn sie, insbesondere auf Grund ihrer Mehrheitsbeteiligung oder auf Grund entsprechender vertragsmäßiger Sonderrechte, in der Lage sind, auf die Gesellschaft einen **beherrschenden Einfluss** auszuüben (§ 14 Rdnr. 113 m.N.). In anderen Fällen wird ein gesetzliches Wettbewerbsverbot zu Lasten von GmbH-Gesellschaftern allein auf Grund ihrer Treuepflicht gegenüber der Gesellschaft jedoch meistens verneint, insbesondere bei **Minderheitsgesellschaftern**[333]. Erst recht besteht für Gesellschafter auf Grund ihrer Treuepflicht kein Wettbewerbsverbot nach ihrem Ausscheiden. Aus diesen Gründen haben in der Praxis **vertragliche Wettbewerbsverbote** eine bedeutende Rolle. Die Grenzen der zulässigen Reichweite vertraglicher Wettbewerbsverbote sind jedoch ihrerseits im Einzelnen umstritten. Dies gilt für die zeitliche als auch die sachliche Reichweite

a) Kartellrechtliche Schranken

Schranken der Zulässigkeit eines vertraglichen Wettbewerbsverbots ergeben sich insbesondere aus dem Kartellrecht. Am Anfang der kartellrechtlichen Prüfung einer GmbH-Gründung hat die Frage zu stehen, ob der Abschluss des Gesellschaftsvertrages einen **Zusammenschluss** im Sinne des Art. 3 FKVO und des § 37 GWB darstellt, wobei weitere Besonderheiten zu beachten sind, wenn es sich, wie häufig, bei der Gründung um ein **Gemeinschaftsunternehmen** der Gründer handelt. Unabhängig davon ist die Frage, ob ein etwaiges Wettbewerbsverbot für die Gesellschafter gegen das **Kartellverbot** verstößt (Art. 101 AEUV und § 1 GWB). Die **Grenzziehung** zwischen Kartellrecht und Gesellschaftsrecht ist hier besonders schwierig. Maßgebend sind hier immer die Umstände des Einzelfalls, insbesondere die Marktverhältnisse sowie die von den Beteiligten verfolgten Zwecke. Im Prinzip anerkannt ist jedoch, dass ein Wettbewerbsverbot für die Gesellschafter einer GmbH in beschränktem Umfang erforderlich sein kann, um das Unternehmen der Gesellschaft in seinem Bestand und seiner Funktionsfähigkeit zu erhalten und davor zu schützen, dass ein Gesellschafter es von innen heraus aushöhlt oder gar zerstört[334]. Ein ohne Not **weitergehendes Wettbewerbsverbot** für die Gesellschafter der GmbH verstößt dagegen auch in einem Gesellschaftsvertrag gegen das Kartellverbot und ist deshalb **nichtig** (§ 134 BGB), so dass es nicht befolgt werden darf. Bei der Prüfung kommt es insbesondere darauf an, ob der jeweils betroffene Gesellschafter einen **wesentlichen Einfluss auf die Geschäftsführung** der Gesellschaft hat. Ist das nicht der Fall, so spricht dieser Umstand dafür, dass bei der Aufnahme des Wettbewerbsverbots in den Gesellschaftsvertrag wettbewerbsbeschränkende Zwecke der Beteiligten im Vordergrund

83

84

---

333 S. näher hierzu *Schiessl/Böhm*, in: MünchHdb. GesR III, § 34 Rdnr. 4 ff.
334 S. BGH v. 3.5.1988 – KZR 17/87, BGHZ 104, 246, 251 f. = GmbHR 1988, 334 – Neuform; BGH v. 30.11.2009 – II ZR 208/08, GmbHR 2010, 256, 257; BGH v. 23.6.2009 – KZR 58/07, NZG 2010, 76, 77.

standen – mit der Folge der Anwendbarkeit des Kartellverbotes. Verfolgen die Beteiligten mit der Gründung der Gesellschaft allerdings selbst wettbewerbsbeschränkende Zwecke, so führt dies in jedem Fall, und zwar auch, wenn zugleich ein Zusammenschluss vorliegt, ohne weiteres zur Anwendbarkeit des Kartellverbotes.

b) Zivilrechtliche Schranken

85 Eine weitere Schranke der Zulässigkeit ergibt sich aus § 138 BGB i.V.m. Art. 12 GG. Das Wettbewerbsverbot ist danach nichtig, wenn es sich nicht **räumlich, zeitlich und gegenständlich** auf das **unbedingt notwendige Maß** zum Schutze der Gesellschaft gegen ein treuwidriges Verhalten der Gesellschafter beschränkt, sondern darüber hinausgeht. Dies gilt besonders für **nachvertragliche Wettbewerbsverbote**, stellen diese doch eine besonders gravierende Belastung für die betroffenen Gesellschafter dar. Die Schranken sind grundsätzlich auch bei den weniger belastenden **Kunden- bzw. Mandantenschutzklauseln** zu beachten. Solche Klauseln dürfen grundsätzlich nicht über eine Dauer von zwei Jahren und über den Gegenstand der Gesellschaft hinaus ausgedehnt werden (§§ 138, 242 BGB)[335]. Auch wenn der betroffene Gesellschafter eine gewerbetreibende Kapitalgesellschaft ist, gelten diese vor allem im Kontext der freiberuflichen Tätigkeit entwickelten Grundsätze – eine längere Zeitgrenze ist auch hier im Regelfall nicht gerechtfertigt[336]. Werden die **zeitlichen Grenzen** eines nachvertraglichen Wettbewerbsverbots überschritten, kommt in der Rechtsfolge eine geltungserhaltende Reduktion auf den zulässigen Zeitraum in Betracht[337]; werden dagegen die gegenständlichen oder räumlichen Grenzen verlassen, hat dies die Gesamtnichtigkeit des Verbots zur Folge[338]. Ist nicht geregelt, dass ein Gesellschafter nach seinem Ausscheiden aus der Gesellschaft noch für eine bestimmte Zeit an das Wettbewerbsverbot gebunden bleibt, erlischt das Wettbewerbsverbot mit der **Beendigung der Mitgliedschaft** des betroffenen Gesellschafters, sei es durch seinen Ausschluss, seinen Austritt, eine Kündigung oder durch die Veräußerung des Geschäftsanteils (§ 15). Macht der Gesellschafter von einem vertraglichen Kündigungsrecht Gebrauch, so gilt die Befreiung von dem Verbot auch schon für die Zeit bis zu seinem endgültigen Ausscheiden aus der Gesellschaft, so dass er von der Gesellschaft jetzt nicht mehr an dem Verbot festgehalten werden kann[339]. Die Missachtung des vertraglichen Wettbewerbsverbots kann kautelarjuristisch am effektivsten mit der Möglichkeit einer Zwangseinziehung in der Satzung sanktioniert werden[340] (für das nachvertragliche Verbot muss allerdings primär auf Vertragsstrafen gesetzt werden).

c) Befreiung vom Wettbewerbsverbot, Öffnungsklauseln

86 Die Gesellschafter können einem Gesellschafter Befreiung von einem vertraglichen Wettbewerbsverbot im Einzelfall oder generell erteilen, unter klarer Aufgabenabgrenzung zwischen Gesellschaft und Gesellschafter. Die Mehrheitserfordernisse hängen in erster Linie davon ab, ob bereits der Gesellschaftsvertrag selbst eine Öffnungsklausel vorsieht. Ist dies der

---

335 S. etwa zum Wettbewerbsverbot nach Ausschluss aus einer Sozietät von Freiberuflern BGH v. 18.7.2005 – II ZR 159/03, NJW 2005, 3061 und zu einem sonstigen Ausscheiden BGH v. 29.9.2003 – II ZR 59/02, NJW 2004, 66. S. auch *J.-H. Bauer/Diller*, GmbHR 1999, 885.

336 BGH v. 20.1.2015 – II ZR 369/13, GmbHR 2015, 308 mit Anm. *Höger*, jurisPR-BGH, ZivilR 6/2015 Anm. 1.

337 Vgl. allerdings kritisch *Gehle*, DB 2010, 1981 ff.; *Mayer/Weiler*, in: Beck'sches Notar-Hdb., 6. Aufl. 2015, D.I. Rdnr. 88 (keine Geltungserhaltung jedenfalls, wenn Sittenwidrigkeit nicht allein in der zeitlichen Ausdehnung liegt).

338 BGH v. 10.12.2008 – KZR 54/08, NJW 2009, 1751, 1753; BGH v. 18.7.2005 – II ZR 159/03, NJW 2005, 3061, 3062.

339 BGH v. 30.11.2009 – II ZR 208/08, GmbHR 2010, 256, 257 f.

340 *Mayer/Weiler*, in: Beck'sches Notar-Hdb., 6. Aufl. 2015, D.I. Rdnr. 82.

Fall, wird für den Befreiungsbeschluss die **einfache Mehrheit** der Gesellschafter ausreichen, falls nicht ein anderes Quorum festgesetzt wird. Bei Fehlen einer Öffnungsklausel kommt eine Befreiung nur durch **Satzungsänderung** in Betracht[341]. Umstritten ist, ob in diesem Fall Raum für die Anwendung des § 47 Abs. 4 Satz 1 ist, so dass der betroffene Gesellschafter kein Stimmrecht hat (s. dazu 11. Aufl., § 47 Rdnr. 98, 123 ff.), sowie, ob der begünstigte Gesellschafter, der von dem Wettbewerbsverbot befreit wird, dafür (anders als bei Befreiung bei Gesellschaftsgründung) der Gesellschaft eine Gegenleistung erbringen muss, wie es aus steuerrechtlichen Gründen angenommen wird[342]. Die Möglichkeit, über eine Öffnungsklausel Befreiung von einem Wettbewerbsverbot zu erteilen, kann nicht dazu dienen, eine an sich unwirksame Klausel, die den verpflichteten Gesellschafter übermäßig belastet, derart abzumildern, dass die Klausel aufgrund der Befreiungsmöglichkeit zulässig wäre[343]. Denn der Gesellschafter hat keinen Anspruch auf eine derartige Befreiung, diese ist vielmehr von einem vorherigen Beschluss der Gesellschafter abhängig; die Gesellschafter sind grundsätzlich nicht zu einer bestimmten Stimmrichtung verpflichtet.

8. Nebenleistungspflichten in der Insolvenz

In der **Insolvenz der Gesellschaft** ist der Gesellschafter mit seiner Gegenleistungsforderung für bereits vor Eröffnung des Insolvenzverfahrens erbrachte Leistungen einfacher Gläubiger. Ist der Gesellschafter ausnahmsweise verpflichtet, Nebenleistungen auch noch in der Insolvenz der Gesellschaft zu erbringen[344] (zur Einforderung des Agios Rdnr. 77), so ist er für die nach Eröffnung des Insolvenzverfahrens erbrachten Leistungen bzw. die daraus folgenden Gegenleistungen Massegläubiger (§§ 103, 55 Abs. 1 Nr. 2 InsO)[345]. In der **Insolvenz des Gesellschafters** ist die Gesellschaft mit einer Nebenleistungsforderung Massegläubigerin[346]. Die Gesellschaft ist nicht darauf beschränkt, ihre Forderung zur Tabelle anzumelden; dies folgt bereits aus dem korporativen Charakter der Nebenleistungspflichten. Denn bei Veräußerung des Geschäftsanteils kann die Gesellschaft gegen den Erwerber vollumfänglich vorgehen; dies nicht gegen den insolventen Gesellschafter zu ermöglichen, würde dazu führen, dass der Insolvenzverwalter über den Umfang der Ansprüche der Gesellschaft bestimmen könnte, indem er sich für oder wider eine Übertragung des Geschäftsanteils entscheiden könnte[347]. Unberührt bleibt allerdings die Möglichkeit des Insolvenzverwalters, den Geschäftsanteil schuldbefreiend zu übertragen[348].

87

---

341 *Armbrüster*, ZIP 1997, 1269, 1275 f.; *Lawall*, Wettbewerbsverbot, S. 126 ff.; *Schulze-Osterloh*, FR 1993, 73, 79 f.; *M. Winter*, Treuebindungen, S. 258 ff.; *von der Osten*, GmbHR 1989, 450, 454; *Schiessl/Böhm*, in: MünchHdb. GesR III, § 21 Rdnr. 5; *Tillmann*, in: FS Felix, 1989, S. 507, 514 f.; *Timm*, GmbHR 1981, 177 ff.

342 S. *Lawall*, Wettbewerbsverbot, S. 159 ff.; *Mayer/Weiler*, in: Beck'sches Notar-Hdb., 6. Aufl. 2015, D.I. Rdnr. 85.

343 OLG München v. 11.11.2010 – U (K) 2143/10, GmbHR 2011, 137, 138; *Mayer/Weiler*, in: Beck'sches Notar-Hdb., 6. Aufl. 2015, D.I. Rdnr. 81.

344 Dazu *Fastrich*, in: Baumbach/Hueck, Rdnr. 52; *Michalski*, in: Michalski, 2. Aufl. 2010, Rdnr. 55; s. auch BGH v. 15.10.2007 – II ZR 216/06, GmbHR 2008, 147, 149. Zu Verlustdeckungszusagen Rdnr. 99.

345 *Ulmer/Löbbe*, in: Ulmer/Habersack/Löbbe, Rdnr. 104; *Wicke*, in: MünchKomm. GmbHG, Rdnr. 97.

346 *Bayer*, in: Lutter/Hommelhoff, Rdnr. 37; *Ulmer/Löbbe*, in: Ulmer/Habersack/Löbbe, Rdnr. 102. Anders *Fastrich*, in: Baumbach/Hueck, Rdnr. 52; *Wicke*, in: MünchKomm. GmbHG, Rdnr. 97: normale Insolvenzforderung.

347 *Bayer*, in: Lutter/Hommelhoff, Rdnr. 37.

348 *Ulmer/Löbbe*, in: Ulmer/Habersack/Löbbe, Rdnr. 102.

9. Übergang von Nebenleistungspflichten

88 Trotz Nebenleistungspflicht bleibt der Anteil grundsätzlich **frei veräußerlich**, da mit der Vereinbarung von Nebenleistungspflichten anders als im Aktienrecht (§ 55 Abs. 1 AktG) nicht automatisch eine Vinkulierung der Anteile i.S. des § 15 Abs. 5 verbunden ist. Allerdings kann sich eine solche gerade bei personalistisch strukturierten Gesellschaften empfehlen. Auf diese Weise können die Gesellschafter entscheiden, ob sie dem künftigen Anteilsinhaber die Erbringung der Nebenleistungspflicht zutrauen und daher der Veräußerung ihre Zustimmung erteilen. Die Möglichkeit der Veräußerung kann auch an die Übernahme einer Einstandspflicht des Veräußerers für die künftige Erfüllung der Nebenleistungspflichten des Erwerbers gebunden werden[349]. Im Falle der Veräußerung des Anteils **gehen** die **Nebenleistungspflichten**, sofern sie nicht höchstpersönlicher Art sind oder der Gesellschaftsvertrag etwas anderes bestimmt, grundsätzlich auf den Rechtsnachfolger **über**[350]. Einen Schutz des guten Glaubens gibt es insoweit nicht. Ebenso ist die Rechtslage im Falle des Todes eines Gesellschafters[351]. Mit dem Übergang der Nebenleistungspflichten auf den Anteilserwerber wird der Veräußerer grundsätzlich frei; lediglich für bereits fällige, rückständige Nebenleistungen haftet er neben dem Erwerber weiter (§ 16 Abs. 2)[352]. Veräußert ein Gesellschafter dagegen nur den Betrieb, aus dem er bisher die Nebenleistungen zu erbringen hatte, so ändert dies nichts an seiner Verpflichtung (s. § 26 HGB); hinsichtlich des Erwerbers ist § 25 HGB zu beachten. Ist die Nebenleistungspflicht dagegen höchstpersönlich ausgestaltet (etwa bei besonderen Fähigkeiten eines Gesellschafters oder besonderen Sachmitteln, die dieser überlässt)[353], geht diese mit Veräußerung des Anteils oder auch mit dem Tod des Anteilsinhabers unter. Je nach Ausgestaltung kann der Veräußerer eines Anteils bei einer höchstpersönlichen Nebenleistungspflicht auch weiterhin zur Leistungserbringung verpflichtet bleiben[354].

10. Leistungsstörungen

a) Satzungsregelungen; Anwendung des Schuldrechts

89 Den Gesellschaftern steht es frei, die Rechtsfolgen etwaiger Leistungsstörungen generell oder im Einzelfall in der Satzung zu regeln. Verbreitet ist die Vereinbarung von **Vertragsstrafen** (§§ 339 ff. BGB). Außerdem kann z.B. bestimmt werden, dass die Gesellschaft das Recht zur Ausschließung des Gesellschafters[355] bei einem Verstoß gegen seine Nebenleistungspflichten haben soll oder dass der vertragsbrüchige Gesellschafter entsprechend den §§ 21 ff. **kaduziert** werden kann[356] (s. § 21 Rdnr. 6). Soweit statutarisch ein **Schiedsgericht** eingesetzt ist, ist im Zweifel anzunehmen, dass sich seine Zuständigkeit auf Streitigkeiten über Nebenleistungspflichten erstrecken soll[357]. Fehlen Satzungsregelungen, sind Leistungsstörungen grundsätzlich nach dem BGB, d.h. nach den §§ 275, 280 und 320 ff. BGB zu behandeln. Einschränkungen können sich aber aus der **Treuepflicht** ergeben[358]; dies basiert darauf, dass

---

349 S. hierzu *Wicke*, in: MünchKomm. GmbHG, Rdnr. 95.
350 *Wicke*, in: MünchKomm. GmbHG, Rdnr. 95.
351 RG v. 8.10.1912 – II 133/12, RGZ 80, 175, 179.
352 RG v. 22.6.1940 – II 10/40, DR 1940, 2013 = HRR 1940 Nr. 1204; weitergehend RG v. 23.1.1914 –II 536/13, JW 1914, 477; *Rohrer*, Nebenleistungspflichten, S. 88 ff.
353 Vgl. auch *Bayer*, in: Lutter/Hommelhoff, Rdnr. 36.
354 *Roth*, in: Roth/Altmeppen, Rdnr. 35; *Wicke*, in: MünchKomm. GmbHG, Rdnr. 95.
355 Vgl. *Wicke*, in: MünchKomm. GmbHG, Rdnr. 90.
356 *Wicke*, in: MünchKomm. GmbHG, Rdnr. 90.
357 OLG Königsberg, GmbHR II § 3 Nr. 19; *Kornmeier*, DB 1980, 193 ff.; *Wicke*, in: MünchKomm. GmbHG, Rdnr. 92.
358 S. *Michalski*, in: Michalski, 2. Aufl. 2010, Rdnr. 62 ff.; *Schmidt-Leithoff*, in: Rowedder/Schmidt-Leithoff, Rdnr. 41 f.; *Wicke*, in: MünchKomm. GmbHG, Rdnr. 90 ff. S. näher auch *Ulmer/Löbbe*, in: Ulmer/Habersack/Löbbe, Rdnr. 87 f.

Nebenleistungspflichten eine gesellschaftsrechtliche Basis aufweisen, die eine Heranziehung allgemeiner schuldrechtlicher Normen unter den Vorbehalt einer Verträglichkeit mit den Besonderheiten des jeweiligen Gesellschaftsverhältnisses stellt.

Als Leistungsstörung auf **Seiten der Gesellschaft** wird vor allem ein Zahlungsverzug bei entgeltlichen Nebenleistungen in Betracht kommen. Die Treuepflicht gebietet hier dem Gesellschafter in der Regel, sich auf die Forderung nach Ersatz seines Verzugsschadens zu beschränken (§§ 280 Abs. 2, 286 BGB), während für einen Rücktritt oder eine Kündigung wegen des Zahlungsverzugs in solchen Fällen kein Raum sein dürfte (§§ 242, 314, 323, 490 und 543 Abs. 2 Nr. 3 BGB). Vergleichbare Überlegungen sind bei Leistungsstörungen auf **Seiten des Gesellschafters** anzustellen. Handelt es sich um wiederkehrende Pflichten der Gesellschafter und betrifft die Leistungsstörung nur einzelne Leistungen, so werden regelmäßig mit Rücksicht auf die gesellschaftsrechtliche Verbundenheit der Parteien die Rechtsfolgen der Leistungsstörungen auf die bereits erbrachten Teilleistungen zu beschränken sein, sofern der Vertrag für die Zukunft noch weiter durchgeführt werden kann[359]. 90

b) Kündigungsrecht

Nach überwiegender Meinung kann sich der Gesellschafter nicht einseitig durch ordentliche Kündigung von den Nebenleistungspflichten lösen[360], selbst wenn der Inhalt der Nebenleistungspflicht durch einen Ausführungsvertrag konkretisiert wird, für den nach schuldrechtlichen Grundsätzen ein **ordentliches Kündigungsrecht** bestünde (bei Darlehens-, Miet- und Dienstverträgen auf Grund der §§ 488 Abs. 3, 580a, 624 und 627 BGB). Besonderheiten gelten jedoch, falls es sich um besonders schwerwiegende Leistungsstörungen handelt, die dem anderen Teil – der Gesellschaft oder dem Gesellschafter – die Fortsetzung des Vertragsverhältnisses unzumutbar machen. Liegt die Leistungsstörung hierbei auf Seiten des Gesellschafters, so wird der Unzumutbarkeit über eine Ausschließung aus wichtigem Grunde Rechnung zu tragen sein[361]. Bei Leistungsstörungen auf Seiten der Gesellschaft hat der Gesellschafter richtigerweise[362] aber angesichts der Wertungen, die in den §§ 314, 543 Abs. 1 und 626 BGB zum Ausdruck kommen, in besonders schwerwiegenden Fällen, in denen ihm nach den ganzen Umständen die weitere Erbringung der Nebenleistungspflichten schlechthin unzumutbar ist, ein **Kündigungsrecht aus wichtigem Grund**, kann mithin die Nebenleistungspflicht als solche kündigen, ohne seine Gesellschafterstellung zu verlieren. Der Gesellschafter ist damit nicht auf gesellschaftsrechtliche Rechtsbehelfe wie die Auflösungsklage des § 61 oder den Austritt aus wichtigem Grund beschränkt[363]. Dabei wird es sich jedoch um besonders gelagerte Ausnahmefälle handeln, während im Regelfall die Parteien schon auf Grund der Treuepflicht verpflichtet sein dürften, nach einer für beide Seiten akzeptablen Lösung zu suchen[364]. 91

---

359 *Fastrich*, in: Baumbach/Hueck, Rdnr. 48; *Feine*, in: Ehrenbergs Hdb III/3., S. 349 ff.; *Wicke*, in: MünchKomm. GmbHG, Rdnr. 91.

360 *Michalski*, in: Michalski, 2. Aufl. 2010, Rdnr. 67 f. mit Nachw.; *Wicke*, in: MünchKomm. GmbHG, Rdnr. 93 (anders aber für § 624 BGB). A.A. RG v. 7.2.1930 – II 24/29, RGZ 128, 1, 17; *Feine*, in: Ehrenbergs Hdb. III/3, S. 345 f.; *Noack*, Gesellschaftervereinbarungen, S. 316 ff.; *Rohrer*, Nebenleistungspflichten, S. 69 ff.

361 *Wicke*, in: MünchKomm. GmbHG, Rdnr. 94.

362 RG v. 2.7.1926 – II 570/25, RGZ 114, 212, 215 ff.; RG v. 7.2.1930 – II 24/29, RGZ 128, 1, 15 ff.; *Fastrich*, in: Baumbach/Hueck, Rdnr. 51 f.; *Bergmann*, ZHR 99 (1934), 373; *Schwerdtner*, GmbHR 1976, 101, 106 ff.

363 S. Anh. § 34 Rdnr. 6 ff.; so *Bayer*, in: Lutter/Hommelhoff, Rdnr. 35; *Michalski*, in: Michalski, 2. Aufl. 2010, Rdnr. 49, 53; *Karsten Schmidt*, GesR, § 35 I 2b (S. 1035).

364 Ebenso im Ergebnis RG v. 7.2.1930 – II 24/29, RGZ 128, 1, 17 f.; *Karsten Schmidt*, GesR, § 35 I 2b (S. 1035).

11. Beendigung

92 Die Nebenleistungspflichten können jederzeit durch Satzungsänderung wieder **aufgehoben** werden (§ 53). Ein **Erlass** durch die Geschäftsführung (§ 397 BGB) ist dagegen nicht möglich, würde doch anderenfalls faktisch eine Satzungsänderung herbeigeführt, ohne aber deren Voraussetzungen zu beachten[365]. Eine einseitige Beendigung der Nebenleistungspflicht ist im Grundsatz nicht möglich, auch ist § 27 nicht entsprechend anwendbar[366]. Zur Kündigung aber Rdnr. 91.

XI. Unechter Satzungsinhalt

Schrifttum: (Auswahl): *Priester*, Nichtkorporative Satzungsbestimmungen bei Kapitalgesellschaften, DB 1979, 681; *Servatius*, Die Bestellung des GmbH-Geschäftsführers als materieller Satzungsbestandteil, NZG 2002, 708; *Wicke*, Echte und unechte Bestandteile im Gesellschaftsvertrag der GmbH, DNotZ 2006, 419. S. weiter das Schrifttum unter XII. (Rdnr. 104).

1. Begriffe und Erscheinungsformen

93 Die Differenzierung zwischen sog. echten und unechten Satzungsbestandteilen basiert darauf, dass nicht jede Satzungspassage zwangsläufig Bestandteil der Satzung im materiellen Sinne ist. Die Aufnahme einer Regelung in den Satzungstext ist notwendige, nicht aber hinreichende Bedingung dafür, dass der Regelung auch materielle Satzungsqualität zukommt[367]. Ihr muss hierfür auch korporativer Regelungsgehalt zukommen. Daran fehlt es bei unechten Satzungsbestimmungen. Deren Aufnahme in die Satzung erfolgt meist allein zu Zwecken der Dokumentation. Nach der oftmals nicht einheitlich verwandten **Terminologie**[368] sind unter den echten[369] Satzungsbestandteilen auch als Synonyme die Ausdrücke „materielle"[370] oder „korporative"[371] Satzungsbestandteile zu verstehen. Demgegenüber wird von den unechten Satzungsbestandteilen auch als „formellen" oder „nicht-korporativen" Satzungsbestandteilen gesprochen (zur Terminologie auch noch Rdnr. 96).

94 **Beispiele** für mögliche **unechte Satzungsinhalte** sind schuldrechtlich wirkende Andienungspflichten und Erwerbsvorrechte der Gesellschafter oder der Gesellschaft hinsichtlich der Gesellschaftsanteile[372], Verlustdeckungszusagen[373] (s. dazu Rdnr. 99; und bei korporativer Ausgestaltung Rdnr. 73), eine Geschäftsordnung für die Geschäftsführer, Regelungen über die personelle Zusammensetzung eines Beirats[374], die Präzisierung der im Gesellschaftsvertrag nur allgemein umschriebenen Nebenleistungspflichten[375], die Gesellschafter persönlich und deshalb möglicherweise auch noch nach ihrem Ausscheiden aus der Gesellschaft treffende

---

365 *Fastrich*, in: Baumbach/Hueck, Rdnr. 50; *Schäfer*, in: Henssler/Strohn, Gesellschaftsrecht, Rdnr. 29; *Wicke*, in: MünchKomm. GmbHG, Rdnr. 96; a.A. 11. Aufl., Rdnr. 87.
366 Etwa *Bayer*, in: Lutter/Hommelhoff, Rdnr. 35; *J. Schmidt*, in: Michalski u.a., Rdnr. 73.
367 *Bochmann/Cziupka*, in: GmbH-Handbuch, Rdnr. I 411.2.
368 S. *Bayer*, in: Lutter/Hommelhoff, Rdnr. 59; *J. Mayer*, in: MünchKomm. GmbHG, § 2 Rdnr. 14 f.; *Wicke*, in: MünchKomm. GmbHG, Rdnr. 102 f.
369 *Bayer*, in: Lutter/Hommelhoff, Rdnr. 59; *Roth*, in: Roth/Altmeppen, § 2 Rdnr. 5; *Wicke*, in: MünchKomm. GmbHG, Rdnr. 102 f.
370 *Schäfer*, in: Henssler/Strohn, Gesellschaftsrecht, § 2 Rdnr. 8 f.; *Ulmer/Löbbe*, in: Ulmer/Habersack/Löbbe, § 2 Rdnr. 9.
371 S. 11. Aufl., § 54 Rdnr. 6 ff.
372 S. *G. Hueck*, in: FS Larenz, 1973, S. 749; *Noack*, Gesellschaftervereinbarungen, S. 15, 284 ff.; *H. P. Westermann/D. Klingberg*, in: FS Quack, 1991, S. 545.
373 BGH v. 8.2.1993 – II ZR 24/92, GmbHR 1993, 214.
374 S. aber BGH v. 1.12.1969 – II ZR 14/68, NJW 1970, 706.
375 *W. Schilling/M. Winter*, in: FS Stiefel, 1987, S. 685.

Wettbewerbsverbote (s. Rdnr. 83 ff.) sowie zusätzliche Sachleistungspflichten der Gesellschafter neben ihrer Einlageverpflichtung, selbst wenn es sich dabei wirtschaftlich um die „Hauptleistungspflicht" der Gesellschafter handelt. Zudem sind die in der Praxis bedeutsamen Abreden über die Ausübung des Stimmrechtes in der Gesellschafterversammlung zu nennen, sei es durch einfache **Stimmbindungsverträge** oder durch **Konsortial- oder Poolverträge**, meistens zu dem Zweck, den dauernden Einfluss eines oder mehrerer Gesellschafter sicherzustellen, häufig mit der Folge der Abhängigkeit der Gesellschaft von einem oder mehreren Gesellschaftern (§ 17 Abs. 1 AktG; s. Anh. § 13 Rdnr. 28). Viele dieser Abreden dürften aber regelmäßig außerhalb der Satzung getroffen werden (dazu ausf. Rdnr. 104 ff.).

2. Wahlfreiheit

Ob eine Bestimmung als echter oder unechter Satzungsbestandteil ausgestaltet werden kann oder muss, hängt von dem Inhalt der konkreten Regelung ab. Wahlfreiheit der Gesellschafter besteht insoweit nur bei den sog. **indifferenten Regelungsgegenständen**. Die Gestaltungsfreiheit wird daher in zwei Richtungen beschränkt: Erstens, für eine Regelung besteht ein **Satzungsvorbehalt** (s. zu dieser wichtigen Grenze unechter Satzungsbestimmungen ausf. Rdnr. 58). Zweitens, eine Regelung kann nur als nicht-korporative Regelung getroffen werden. Es handelt sich insbesondere um Abreden mit Dritten über deren Beziehungen zu der Gesellschaft, und zwar nicht nur (unstr.), wenn den Dritten Pflichten gegenüber der Gesellschaft auferlegt werden, sondern auch, wenn ihnen Rechte in der Gesellschaft, z.B. Entsendungsrechte oder Zustimmungsvorbehalte eingeräumt werden. Als körperschaftliche oder korporative Regelungen sind derartige Abreden nicht vorstellbar, weil sie weder die Organisation der Gesellschaft noch die Beziehungen zu den Gesellschaftern (sondern zu Externen) betreffen[376]. Weitere Schranken bestehen dagegen nicht[377]. Es gibt auch keinen über die Mindestbestandteile hinausgehenden Wesentlichkeitsgrundsatz, der etwa gebieten könnte, sämtliche zentralen Abreden als echte Satzungsinhalte zu fassen[378]. Anderes ergibt sich auch nicht aus dem **beurkundungsrechtlichen Vollständigkeitsgrundsatz**, wonach das gesamte beurkundungsbedürftige Rechtsgeschäft einschließlich seiner Nebenabreden zu beurkunden ist. Denn dieser Grundsatz ist nach h.M. für den Bereich der Beurkundung von **Gesellschaftsverträgen** (§ 2) ausgehebelt[379]. Die Formzwecke des § 2 gebieten es nur, solche Abreden zu beurkunden, die neben dem Mindestinhalt korporativer Satzungsbestandteil werden sollen, nicht aber können sie eine Ausdehnung des Beurkundungszwangs auf schuldrechtliche Vereinbarungen begründen[380].

Um die verschiedenen Wahlmöglichkeiten bei den jeweiligen Regelungsgegenständen zu kategorisieren, wird terminologisch gemeinhin danach **differenziert**[381], ob eine Vereinbarung als **Wirksamkeitsvoraussetzung** zwingend in der Satzung enthalten sein muss (sog. „notwendig echter"[382] oder „formbedürftiger" fakultativer Satzungsinhalt), zwingend nicht-korporativ ausgestaltet sein muss (sog. „notwendig unechter" Satzungsinhalt) oder entweder korporativ

95

96

---

376 *Wicke*, in: MünchKomm. GmbHG, Rdnr. 120 ff.

377 S. statt aller *Zöllner*, in: Gesellschaftsrecht 1995, S. 89.

378 So noch 11. Aufl., Rdnr. 105; wohl auch *Schäfer*, in: Henssler/Strohn, Gesellschaftsrecht, Rdnr. 3 sowie § 2 GmbHG Rdnr. 11, wobei hier nicht klar danach unterschieden wird, ob eine Regelung als echter Satzungsbestandteil zu fassen ist oder nur aufgrund des Vollständigkeitsgebots mit zu beurkunden ist. Wie hier *Schmidt-Leithoff*, in: Rowedder/Schmidt-Leithoff, Rdnr. 53.

379 *Hertel*, in: Staudinger, Vor §§ 127a, 128 BGB, Rdnr. 103.

380 So aber *J. Mayer*, in: MünchKomm. GmbHG, § 2 Rdnr. 40 ff. Dagegen *Ulmer/Löbbe*, in: Ulmer/Habersack/Löbbe, § 2 Rdnr. 27.

381 Vgl. etwa *Pfisterer*, in: Saenger/Inhester, Rdnr. 3; *Seibt*, in: MünchAnwHdb. GmbH-Recht, § 2 Rdnr. 3.

382 So etwa *Harbarth*, in: MünchKomm. GmbHG, § 53 Rdnr. 12.

oder nicht-korporativ ausgestaltet werden kann (sog. „indifferenter" Satzungsinhalt). Die praktische Bedeutung dieser ausdifferenzierten Terminologie ist allerdings gering. Für den **Kautelarjuristen** stellt sich jeweils nur die Sachfrage, ob eine Vereinbarung in die Satzung aufgenommen werden muss oder gerade umgekehrt nur außerhalb der Satzung getroffen werden kann. Besteht Wahlfreiheit, ist der Sachverhalt dahin aufzuklären, ob die Gesellschafter der Vereinbarung korporative Wirkung beimessen wollen oder nicht. Ist letzteres der Fall, ist es eine Frage der Zweckmäßigkeit, ob die Vereinbarung als unechter Bestandteil in die Satzung aufgenommen wird. Aufgabe des Vertragsgestalters ist es hier, die Rechtsnatur einer bestimmten Vereinbarung klar zu kennzeichnen; unechte Satzungsbestandteile sollten als solche ausgewiesen werden[383]. Erfolgt dies nicht, kann es zuweilen erhebliche Schwierigkeiten bereiten, retrospektiv die Rechtsnatur einer Satzungsbestimmung zu ermitteln. Hier haben sich in der Praxis aber zahlreiche Auslegungsindizien herausgebildet (s. Rdnr. 97).

3. Abgrenzung; Auslegung

97 Ob ein Bestandteil der Satzung korporativen Charakter hat, ist eine Frage der **Auslegung**[384]. Die **Aufnahme** der fraglichen Bestimmung in die Satzung ist jedoch regelmäßig ein **Indiz** dafür, dass diese als echter Satzungsinhalt gewollt ist[385]. Für eine körperschaftsrechtliche Regelung spricht es außerdem, wenn ein Gesellschafter, der durch den Vertrag zur Erbringung einer wertvollen Leistung verpflichtet wird, dafür keine besondere Gegenleistung über die Beteiligung hinaus erhalten soll[386]. **Unechte Satzungsbestandteile** sind dagegen oftmals solche Abreden, die **allein** die **Gesellschafter bei der Gründung persönlich** und nicht auch spätere Mitglieder der Gesellschaft binden sollen. Aber auch hier darf nicht stets von einem unechten Satzungsbestandteil ausgegangen werden. Denn auch Nebenleistungspflichten nach § 3 Abs. 2 können höchstpersönlich ausgestaltet werden, sodass sie nur einen Gesellschafter selbst treffen und nicht auf einen Rechtsnachfolger übergehen. Besteht ein fortdauerndes Interesse der Gesellschaft an der Erbringung einer Sonderleistung eines bestimmten Gesellschafters (auch über dessen Ausscheiden hinaus), ist dies wiederum ein wichtiger Hinweis für eine schuldrechtliche Vereinbarung (die damit nicht an die Geschäftsanteilsinhaberschaft anknüpft)[387].

4. Rechtsfolgen

a) Grundsatz

98 Der Rechtsnatur nach kann es sich bei unechten Satzungsbestandteilen oftmals um **Gesellschaftervereinbarungen** zwischen allen oder einigen Gesellschaftern bzw. der Gesellschafter mit der Gesellschaft handeln. Weiterhin kann es sich um **einfache Beschlüsse** handeln (etwa: Geschäftsführerbestellung)[388]. Darüber hinaus kann es sich auch um **Verlautbarungen ohne Regelungscharakter** handeln (Bsp.: Nennung der Organmitglieder)[389].

---

383 S. *Seibt*, in: MünchAnwHdb. GmbH-Recht, § 2 Rdnr. 5.

384 OLG Karlsruhe v. 4.5.1999 – 8 U 153/97, NZG 2000, 264, 268 f.; *Wicke*, in: MünchKomm. GmbHG, Rdnr. 124 ff.

385 *Bayer*, in: Lutter/Hommelhoff, Rdnr. 64; *Wicke*, in: MünchKomm. GmbHG, Rdnr. 124; anders *Fastrich*, in: Baumbach/Hueck, Rdnr. 55.

386 So OLG Dresden v. 17.6.1996 – 2 U 546/96, GmbHR 1997, 746, 747; *Wicke*, in: MünchKomm. GmbHG, Rdnr. 117.

387 BGH v. 29.9.1969 – II ZR 167/68, BB 1969, 1410 f.; *Fastrich*, in: Baumbach/Hueck, Rdnr. 55; *Wicke*, DNotZ 2006, 419, 435.

388 *Ulmer/Löbbe*, in: Ulmer/Habersack/Löbbe, § 2 Rdnr. 205.

389 *Seibt*, in: MünchAnwHdb. GmbH-Recht, § 2 Rdnr. 4; *Zöllner/Noack*, in: Baumbach/Hueck, § 53 Rdnr. 17.

b) Auslegung

Die Auslegung der unechten Satzungsbestandteile richtet sich nach den **allgemeinen Regeln** 99
(**§§ 133, 157 BGB**)[390]. Die besonderen Regeln über die Auslegung der körperschaftrecht-
lichen Bestandteile im Sinne einer verobjektivierenden Auslegung und einer daher unbeschränkten revisionsrechtlichen Kontrolle finden keine Anwendung (s. § 2 Rdnr. 40 ff.). Daher kann auch etwa die Auslegung des Inhalts einer Verpflichtung zum Teil divergieren, je
nachdem, ob es sich um eine korporative Satzungsbestimmung oder um eine schuldrechtliche Nebenabrede handelt. So verhält es sich beispielsweise bei einer in der Satzung enthaltenen Verpflichtung eines Gesellschafters, Verluste der Gesellschaft auszugleichen (dazu
Rdnr. 73) mit Blick darauf, ob diese Pflicht auch in der Insolvenz der Gesellschaft fortbestehen sollte (keine Ausgleichspflicht bei ergänzender Auslegung der schuldrechtlichen Vereinbarung, weil aus Sicht der Gesellschafter ein Verlustausgleich bei Insolvenz der Gesellschaft
wenig sinnvoll erscheint[391]; Ausgleichspflicht bei objektiver Auslegung als korporative Regelung, wenn der Wortlaut keine Begrenzung enthält, weil insoweit auch die Interessen der
Gläubiger eingebunden werden müssen[392]).

c) Nichtigkeit, Willensmängel

Während bei den echten Satzungsbestandteilen die Regeln des BGB über die Nichtigkeit oder 100
die Vernichtbarkeit von Willenserklärungen jedenfalls *nach* Eintragung der Gesellschaft ins
Handelsregister nur **mit Einschränkungen** anwendbar sind (s. § 2 Rdnr. 89 ff.), gelten sie
für die unechten Satzungsbestandteile grundsätzlich **ohne Einschränkung**[393]. Wird ein einfacher Beschluss formell in die Satzung aufgenommen, gelten die besonderen Grundsätze
des Beschlussmängelrechts.

d) Änderung

Soll ein **echter Satzungsbestandteil** abgeändert werden, sind die Regelungen der §§ 53 f. zu 101
beachten; der Eintragung kommt hier konstitutive Wirkung bei. Die Abänderung der **unechten Satzungsinhalte** richtet sich demgegenüber nicht nach den §§ 53 f. Bei Beschlüssen kann
eine Änderung durch schlichten abändernden Beschluss mit einfacher Mehrheit und ohne
zu beachtende Form erreicht werden. So hängt etwa mit der Frage nach der Qualifikation
der Bestellung des ersten Geschäftsführers im Rahmen des Gründungsprotokolls als echter
oder unechter Bestandteil die Folgefrage zusammen, ob eine spätere Abberufung nur durch
eine Satzungsänderung möglich ist oder hierfür ein einfacher Beschluss genügt (letzteres entspricht der ganz hM, sofern nicht Anhaltspunkte für ein Sonderrecht zugunsten eines Gesellschafter-Geschäftsführers bestehen). Bei **Gesellschaftervereinbarungen** ist ein in der Regel
formloser Vertrag aller an der Abrede beteiligten Gesellschafter erforderlich[394]. Eine Satzungsänderung samt Handelsregisteranmeldung ist bei derartigen Regelungen weder erforderlich noch ausreichend (s. 11. Aufl., § 53 Rdnr. 17). Allerdings ist die Satzung anzupassen.

e) Übertragung

Sofern es sich bei den unechten Satzungsinhalten um schuldrechtliche Vereinbarungen han- 102
delt, gehen diese bei einer Veräußerung des Anteils *nicht* automatisch auf den Erwerber über;

---

390 *Bayer*, in: Lutter/Hommelhoff, Rdnr. 62; *Wicke*, in: MünchKomm. GmbHG, Rdnr. 135.
391 So OLG Schleswig v. 29.4.2015 – 9 U 132/13, GmbHR 2015, 990, 992 mit Anm. *Bormann*.
392 *Bormann*, GmbHR 2015, 993, 994.
393 *Wicke*, in: MünchKomm. GmbHG, Rdnr. 106.
394 BGH v. 15.3.2010 – II ZR 4/09, GmbHR 2010, 980, 981; *Bayer*, in: Lutter/Hommelhoff, Rdnr. 62;
    Fastrich, in: Baumbach/Hueck, Rdnr. 58; *Roth*, in: Roth/Altmeppen, Rdnr. 52; *Wicke*, in: Münch-
    Komm. GmbHG, Rdnr. 108.

ein Übergang ist vielmehr nur durch **Abtretung, Schuldübernahme** oder **Schuldbeitritt** sowie durch **Vertragsübernahme** möglich (§§ 398, 414, 415, 311 Abs. 1 BGB)[395]. Anders verhält es sich nur im Falle der **Gesamtrechtsnachfolge**, da der Erbe eines Geschäftsanteils gemäß § 1967 BGB auch in die sich aus den unechten Satzungsinhalten ergebenden Verpflichtungen des Erblassers eintritt[396]. Selbiges gilt bei Gesamtrechtsnachfolge nach einer Umwandlung nach dem UmwG. Handelt es sich bei den unechten Satzungsinhalten dagegen um in die Satzung aufgenommene Beschlüsse, wirken diese anders als schuldrechtliche Nebenabreden auch für künftige Gesellschafter; dies ergibt sich aber nicht aus ihrer (zufälligen) Aufnahme in die Satzung, sondern aus der Rechtsnatur des Beschlusses selbst. Demgegenüber zeichnet echte Satzungsbestandteile gerade ihre korporative Wirkung aus, d.h. sie wirken auch für künftige Anteilsinhaber. Einen Ausnahmefall bilden allerdings Nebenpflichten, wenn diese höchstpersönlich ausgestaltet sind und daher mit dem Ausscheiden des verpflichteten Anteilsinhabers enden[397] (s. Rdnr. 88).

f) Sanktionen

103 Während bei Verstößen gegen gesellschaftsrechtliche Pflichten, beruhend auf echten Satzungsinhalten, gesellschaftsvertragliche Sanktionen, wie ein Ausschluss des Gesellschafters, eingreifen können, hat eine Verletzung von Pflichten aus unechten Satzungsinhalten im Falle von schuldrechtlichen Vereinbarungen nur **schuldrechtliche Folgen**, wobei in erster Linie an Schadensersatzansprüche der aus der Abrede berechtigten Mitgesellschafter sowie gegebenenfalls der Gesellschaft gegen den betreffenden Gesellschafter zu denken ist (§§ 280, 281, 328 BGB). Ob daneben auch gesellschaftsvertragliche Sanktionen, namentlich in Gestalt der **Ausschließung** des betreffenden Gesellschafters oder der **Anfechtung** abredewidriger Beschlüsse in Betracht kommen, ist umstritten (s. für die Anfechtung von Gesellschafterbeschlüssen Rdnr. 116).

XII. Gesellschaftervereinbarungen

Schrifttum: (Auswahl): *Chr. Berger*, Nebenverträge im GmbH-Recht, Diss. Münster 1995; *Blasche*, Die Ausgestaltung schuldrechtlicher Vorerwerbsrechte bei GmbH-Geschäftsanteilen, NZG 2016, 173; *M. Dürr*, Nebenabreden im Gesellschaftsrecht, 1994; *Goette*, Satzungsdurchbrechung und Beschlussanfechtung, in: Gesellschaftsrecht 1995, RWS-Forum 8, 1996, S. 113; *Gores*, Gesellschaftervereinbarungen, in: Hauschild/Kallrath/Wachter, Notarhandbuch Gesellschafts-und Unternehmensrecht, 2. Aufl. 2017, § 20; *Janke*, Die Nebenleistungspflichten bei der GmbH, 1996; *E. Joussen*, Gesellschafterabsprachen neben Satzung und Gesellschaftsvertrag, 1995; *Kuntz*, Gestaltung von Kapitalgesellschaften zwischen Freiheit und Zwang, 2016; *Leitzen*, Neues zu Satzungsdurchbrechung und schuldrechtlichen Nebenabreden, RNotZ 2010, 566; *Lieder*, Schuldrechtliche Nebenabreden im Gesellschaftsrecht, in: Fleischer/Kalss/Vogt (Hrsg.), Aktuelle Entwicklungen im deutschen, österreichischen und schweizerischen Gesellschafts-und Kapitalmarktrecht 2012, 2013, S. 231; *Noack*, Gesellschaftervereinbarungen bei Kapitalgesellschaften, 1994; *Noack*, Der allseitige Gesellschafterbeschluss als „schuldrechtliche Abrede" und dessen korporationsrechtliche Folgen, NZG 2010, 1017; *Noack*, Satzungsergänzende Verträge der Gesellschaft mit ihren Gesellschaftern, NZG 2013, 281; *Tholen/Weiß*, Formfragen bei Finanzierungsrunden in der GmbH, GmbHR 2016, 915; *Ulmer*, Schuldrechtliche Gesellschafterabrede zugunsten der GmbH, in: Liber amicorum M. Winter, 2011, S. 687; *Wachter*, Gesellschaftervereinbarungen als Gestaltungsinstrument bei der Rechtsnachfolge von Familienunternehmen – Teil 1: Gesellschaftsrechtliche Zulässigkeit von Stimmbindungs- und Poolvereinbarungen, ErbR 2016, 114; *Wälzholz*, Alternative Regelungstypen zum Gesellschafterausschluss. Texan Shoot out, Tag along, Drag along, Russian Roulette, Bieterverfahren, GmbH-StB 2007, 84; *Wälzholz*, Gesellschaftervereinbarungen (side-letters) neben der GmbH-Sat-

---

395 *Noack*, Gesellschaftervereinbarungen, S. 171 ff.; *Wicke*, in: MünchKomm. GmbHG, Rdnr. 111.
396 *Noack*, Gesellschaftervereinbarungen, S. 184; *Priester*, DB 1979, 681, 685 f.
397 *Wicke*, DNotZ 2006, 419, 426.

zung – Chancen – Risiken – Zweifelsfragen, GmbHR 2009, 1020; *W. Weber*, Der side-letter zum GmbH-Vertrag als Grundlage und Grenze von Gesellschafterbeschlüssen, 1996; *H. P. Westermann*, Das Verhältnis von Satzung und Nebenordnungen in der Kapitalgesellschaft, 1994; *H.P. Westermann*, Hauptprobleme des Pool-Vertrages in Familienunternehmen, Der Gesellschafter (GesRZ) 2015, 161; *Wicke*, Schuldrechtliche Nebenvereinbarungen bei der GmbH - Motive, rechtliche Behandlung, Verhältnis zum Gesellschaftsvertrag, DStR 2006, 1137; *M. Winter*, Satzung und schuldrechtliche Gesellschaftervereinbarungen, in: Gesellschaftsrecht 1995, RWS-Forum 8, 1996, S. 131; *Zöllner*, Wechselwirkungen zwischen Satzung und schuldrechtlichen Gesellschaftervereinbarungen ohne Satzungscharakter, in: Gesellschaftsrecht 1995, RWS-Forum 8, 1996, S. 89.

1. Bedeutung

Gesellschaftervereinbarungen oder schuldrechtliche Nebenvereinbarungen sind Vereinbarungen der Gesellschafter über Fragen, die ihr gesellschaftsrechtliches Verhältnis zueinander betreffen. Spezifische Unterformen bilden Stimmbindungs-, Pool-, Beteiligungs- oder Joint-Venture-Verträge. Sie können außerhalb der Satzung getroffen werden, womit sie „selbständig" neben den Gesellschaftsvertrag treten[398], sie können aber auch in den Gesellschaftsvertrag aufgenommen werden, was allein deklaratorische Wirkung hat (unechter Satzungsbestandteil) (s. Rdnr. 93 ff.). An der rechtlichen Qualifikation ändert die Aufnahme in die Satzung nichts[399]. Häufig werden die Gesellschaftervereinbarungen aber bewusst nicht in die Satzung aufgenommen, um sie **nicht publik** werden zu lassen[400]. Gesellschaftervereinbarungen sind dann anders als die gesamte Registerakte nicht von jedermann im Handelsregister einsehbar, da sie nicht § 8 i.V.m. § 9 HGB unterfallen[401] und daher auch nicht zum Handelsregister einzureichen sind.   104

An Gesellschaftervereinbarungen können alle Gesellschafter beteiligt sein (**„omnilaterale" Gesellschaftervereinbarungen**) oder nur einzelne Gesellschafter (**Fraktionsabreden**). Die **Gesellschaft** ist an Gesellschaftervereinbarungen im Regelfall nicht beteiligt, möglich ist dies aber (s. Rdnr. 109). Soweit die Gesellschaft aus Gesellschaftervereinbarungen unmittelbar Rechte erwerben soll, handelt es sich meist um Verträge zu ihren Gunsten i.S. von §§ 328 ff. BGB[402]. Pflichten der Gesellschaft können dagegen durch solche Vereinbarungen ohne Mitwirkung der Gesellschaft nicht begründet werden, da Verträge zu Lasten Dritter unzulässig sind. Eine Beteiligung Dritter, d.h. von Personen, die keine Gesellschafter sind, ist ebenfalls im Grundsatz möglich (streitig ist aber die Frage, ob eine Stimmbindungsvereinbarung zugunsten Dritter zulässig ist, s. dazu 11. Aufl., § 47 Rdnr. 42).   105

2. Gegenstand

In der **Praxis** sind Gesellschaftervereinbarungen überaus **häufig anzutreffen**; sie prägen zuweilen maßgeblich das Verhältnis der Gesellschafter untereinander. Die Vielfalt denkbarer Vereinbarungen lässt sich kaum sinnvoll kategorisieren, wenn überhaupt, lässt sich danach   106

---

398 BGH v. 8.2.1993 – II ZR 24/92, GmbHR 1993, 214, 215 (Verpflichtung zur Leistung von Deckungsbeiträge); BGH v. 15.3.2010 – II ZR 4/09, GmbHR 2010, 980, 981 (Vereinbarung einer geringeren Abfindungshöhe als in der Satzung festgelegt); *Bayer*, in: Lutter/Hommelhoff, Rdnr. 60; *Fastrich*, in: Baumbach/Hueck, Rdnr. 56; *Ulmer/Löbbe*, in: Ulmer/Habersack/Löbbe, Rdnr. 119; *Wälzholz*, GmbHR 2009, 1020 ff.; *Wicke*, in: MünchKomm. GmbHG, Rdnr. 129.

399 *Lieder*, in: Fleischer/Kalss/Vogt (Hrsg.), Aktuelle Entwicklungen im deutschen, österreichischen und schweizerischen Gesellschafts- und Kapitalmarktrecht 2012, 2013, S. 231, 233.

400 S. insbes. *Priester*, in: FS Claussen, 1997, S. 319 ff.

401 *Heckschen*, in: Heckschen/Heidinger, Die GmbH in der Gestaltungs- und Beratungspraxis, § 4 Rdnr 2.

402 BGH v. 15.3.2010 – II ZR 4/09, GmbHR 2010, 980, 981.

differenzieren, ob die Vereinbarungen auf die Geschäftsanteile (Rdnr. 107), die Art der Ausübung von Mitwirkungsrechten in der Gesellschaft (Rdnr. 108) oder aber auf Beziehungen der Gesellschafter zur Gesellschaft (Rdnr. 109) bezogen sind[403].

a) Vereinbarungen in Bezug auf Geschäftsanteile

107 Ein wichtiger Bereich der Vereinbarungen über Geschäftsanteile ist die **Steuerung des Gesellschafterbestandes**, insbesondere in personalistisch geprägten Gesellschaften. Hierzu dienen häufig die **Verpflichtung zur Abtretung des Geschäftsanteils, Vor- oder Ankaufsrechte, Andienungsverpflichtungen** sowie **Mitverkaufsrechte und -verpflichtungen** (sog. Tag-along bzw. Drag-along). In diesem Zusammenhang flankieren Gesellschaftervereinbarungen häufig auch **Vinkulierungsklauseln** in der Satzung und legen im Einzelnen fest, unter welchen Voraussetzungen Gesellschafter zur Zustimmung bei einer Anteilsübertragung verpflichtet sein sollen. In diesem Kontext werden Gesellschaftervereinbarungen zunehmend zudem dazu verwandt, Lösungsregeln für Gesellschafterkonflikte vorzugeben, insbesondere sofern Patt-Situationen (etwa bei einer jeweils 50-prozentigen Beteiligung) drohen. Das Spektrum möglicher Gestaltungen ist breit, praxisbedeutend sind vor allem in verschiedenen Ausgestaltungen sog. **Russian Roulette-** oder **Texan Shoot Out-Klauseln**[404]. Bei Russian Roulette-Klauseln kann jeder Gesellschafter den anderen Gesellschafter auffordern, innerhalb einer bestimmten Frist zu einem bestimmten Preis entweder alle Geschäftsanteile an den auffordernden Gesellschafter zu verkaufen oder alle Geschäftsanteile des auffordernden Gesellschafters zu kaufen. Bei Texan Shoot Out-Klauseln ist jeder Gesellschafter verpflichtet, in einem anonymen Verfahren den Kaufpreis zu nennen, den er für die Anteile des jeweils anderen Gesellschafters zu zahlen bereit wäre, wobei jener Gesellschafter, der den niedrigsten Preis anbietet, an den Höchstbietenden zu veräußern hat.

b) Vereinbarungen in Bezug auf Mitwirkungsrechte

108 Auf eine bestimmte Art der Ausübung von Mitwirkungsrechten zielen die verbreiteten **Stimmrechtsbindungs-**[405]**, Konsortial- und Poolverträge**[406], mit denen einzelne Gesellschafter oder Gesellschaftergruppen versuchen, ihren Einfluss auf die Gesellschaft auf Dauer schuldrechtlich abzusichern (s. 11. Aufl., § 47 Rdnr. 35 ff.). Im Einzelfall können solche Abreden ein derartiges Gewicht haben, dass sie die Gefahr der Abhängigkeit der Gesellschaft von einzelnen Gesellschaftern oder einer Gesellschaftergruppe begründen (§ 17 Abs. 1 AktG), sofern diese Unternehmensqualität im Sinne des Konzernrechts besitzen, eine Frage, die gerade mit Rücksicht auf Pools, Familien und Familiengesellschaften noch keineswegs endgültig geklärt ist (s. Anh. § 13 Rdnr. 14 ff.). Hat die Gesellschaftervereinbarung den Zweck, den Beteiligten, gegebenenfalls unter persönlicher Einbeziehung der Geschäftsführer, einen weitgehenden Einfluss auf die Geschäftsführung der Gesellschaft zu sichern, so kann es sich bei der (formlos möglichen) Gesellschaftervereinbarung zuweilen um einen formbedürftigen (und deshalb im gegebenen Fall nichtigen) Beherrschungsvertrag handeln (§§ 291 und 294 AktG). Derartige **verdeckte Beherrschungsverträge** scheinen sich in jüngerer Zeit insbesondere unter dem Einfluss ausländischer Investoren zunehmender Beliebtheit zu er-

---

403 Differenzierung nach *Trölitzsch*, in: BeckOK, GmbHG, Syst. Darstellung Gesellschaftervereinbarungen, Stand: 1.2.2017, Rdnr. 4, mit weiteren Beispielen.

404 S. nur *Wälzholz*, GmbH-StB 2007, 84, 86 ff.

405 BGH v. 20.1.1983 – II ZR 243/81, GmbHR 1983, 196 – Kerbnägel; BGH v. 24.11.2008 – II ZR 116/08, BGHZ 179, 13 = GmbHR 2009, 306; *Baumann/Reiß*, ZGR 1989, 157, 183; *Priester*, in: FS Claussen, 1997, S. 319, 320; *Roth*, in: Roth/Altmeppen, Rdnr. 58; *Wälzholz*, GmbHR 2009, 1020, 1021; *Wicke*, in: MünchKomm. GmbHG, Rdnr. 131.

406 *Wälzholz*, GmbHR 2009, 1020, 1021.

freuen[407]. Weiter gehören hierher Abreden über eine vom Gesellschaftsvertrag abweichende Gewinnverteilung zwischen den Beteiligten.

c) Vereinbarungen in Bezug auf Beziehungen zur Gesellschaft

Die Beziehungen zur Gesellschaft werden von Gesellschaftervereinbarungen erfasst, die Verpflichtungen der Gesellschafter zur Leistung von **Zuschüssen** oder zur Gewährung von **Darlehen** an die Gesellschaft (§ 328 BGB)[408] sowie zur Erbringung weiterer **Sachleistungen** ohne Anrechnung auf die Einlage[409] oder zur **Übernahme von Verlusten**[410] (s. hierzu Rdnr. 99) oder die **Begrenzung** der ihnen nach dem Gesellschaftsvertrag zustehenden **Abfindungsansprüche** zum Gegenstand haben. Weitere Gesellschaftervereinbarungen in dieser Hinsicht sind die Gesellschafter persönlich treffende **Wettbewerbsverbote**, Abreden über die Auslegung des Gesellschaftsvertrages in einem bestimmten Sinne[411], außerdem **Liefer- und Bezugspflichten** der Gesellschafter oder ihre Verpflichtung zur Benutzung der Einrichtungen der Gesellschaft, Mitarbeiterbeteiligungsvereinbarungen[412] sowie schließlich der Zusammenschluss einzelner oder aller Gesellschafter zu einer BGB-Gesellschaft zwecks Unterstützung der Gesellschaft durch die Erbringung bestimmter weiterer Beiträge (§ 705 BGB). Stimmbindungsvereinbarungen werden zuweilen auch dazu genutzt, die gesellschaftsrechtlichen „Rechtsmachtverhältnisse" mit **sozialversicherungsrechtlicher Wirkung** zu verschieben; Ziel solcher Vereinbarungen ist es, mitarbeitende Minderheitsgesellschafter (Bsp.: leitender Angestellter mit Prokura) als selbständig beschäftigt, weil maßgeblichen Einfluss auf die Willensbildung in der GmbH ausübend, einzustufen (Sozialversicherungsfreiheit). Der BSG hat diesem Versuch aber jüngst beträchtliche Grenzen gesetzt, vor allem angesichts der Kündigungsmöglichkeiten dieser Vereinbarungen[413].

d) Weitere praxistypische Verträge

Als eigenständige gesetzlich nicht geregelte Vertragstypen, die Elemente der drei Arten von Inhalten von Vereinbarungen kombinieren, sind **Grundvereinbarungen der Mütter** aus Anlass der Gründung eines Gemeinschaftsunternehmens (**Joint-Ventures**)[414] sowie Grundvereinbarungen bei einer **Investition durch Finanzinvestoren** zu nennen[415]. Ihnen kommt erhebliche praktische Bedeutung zu. Bei den Joint Ventures in Gestalt des auch sog. Equity Joint Ventures[416] tritt die Grundvereinbarung neben die Satzung des Gemeinschaftsunternehmens, die sie in ihrer Bedeutung regelmäßig übertrifft[417], und beinhaltet oftmals Stimm-

109

110

---

407 OLG Schleswig v. 8.12.2005 – 5 U 57/04, AG 2006, 120; *Emmerich*, in: FS Hüffer, 2010, S. 179, 183 ff.; *Kienzle*, Verdeckte Beherrschungsverträge im Aktienrecht, 2010, passim.

408 RG v. 24.10.1913 – II 429/13, RGZ 83, 216, 219.

409 BGH v. 29.11.1969 – II ZR 167/68, WM 1969, 1321; andernfalls Mischeinlage (bei entsprechender Festsetzung) oder verdeckte Sacheinlage.

410 BGH v. 8.2.1993 – II ZR 24/92, GmbHR 1993, 214 ff.; OLG Nürnberg v. 4.6.1981 – 8 U 3216/80 GmbHR 1981, 242; OLG Hamm v. 2.2.1977 – 8 U 229/76, GmbHR 1978, 271 f.; *Gasteyer*, BB 1983, 934 ff.; *Noack*, Gesellschaftervereinbarungen, S. 311 ff.

411 BGH v. 27.10.1986 – II ZR 240/85, GmbHR 1987, 94; *H. P. Westermann*, Das Verhältnis von Satzung und Nebenordnungen in der Kapitalgesellschaft, 1994, S. 25 ff.

412 *Wälzholz*, GmbHR 2009, 1020, 1021.

413 BSG v. 11.11.2015 – B 12 KR 13/14 R, GmbHR 2016, 528, 529 ff.. S. dazu auch DNotI-Report 2016, 65; *Brand*, in: GmbH-Handbuch, Rdnr. IV 1300.4 ff. Kritisch dagegen *Bosse*, NWB 2016, 352; *Plagemann*, FD-SozVR 2016, 376989.

414 *Wälzholz*, GmbHR 2009, 1020, 1021.

415 *Wälzholz*, GmbHR 2009, 1020, 1021.

416 Vgl. etwa *Gores*, in: Hauschild/Kallrath/Wachter, Notarhandbuch Gesellschafts- und Unternehmensrecht, 2. Aufl. 2017, § 20 Rdnr. 124.

417 *Hoffmann-Becking*, ZGR 1994, 224, 444; *Wicke*, in: MünchKomm. GmbHG, Rdnr. 131.

bindungsvereinbarungen sowie Regelungen zur Finanzierung oder in Bezug auf Übernahmerechte bzgl. der Geschäftsanteile[418]. Bei den Grundvereinbarungen im Zuge der Beteiligung eines Finanzinvestors, insbesondere eines Wagniskapitalgebers, spielen Konsortialvereinbarungen der Altgesellschafter eine bedeutende Rolle, weil diese hierdurch zu einem koordinierten Auftreten gegenüber dem Finanzinvestor gebracht werden[419]. Vor einer Beteiligung im Rahmen einer Kapitalerhöhung werden zudem üblicherweise in den Nebenvereinbarungen umfangreiche Garantien gegeben, die den Finanzinvestor absichern, sollten wichtige Parameter des Unternehmens nicht zutreffend dargestellt worden sein. Essentiell ist überdies die Regelung des geplanten Exits des Finanzinvestors, aber auch der Ausstiegsmöglichkeit, sofern unplanmäßig bestimmte Milestones nicht erreicht worden sind. Hier können ggf. Put-Optionen auf die Geschäftsanteile sinnvoll sein (die die Vereinbarung dann häufig formbedürftig werden lassen, Rdnr. 112).

3. Rechtliche Behandlung

111   Die rechtliche Behandlung von Gesellschaftervereinbarungen ergibt sich aus ihrer schuldrechtlichen Natur (s. dazu ausf. die Darstellung bei unechten Satzungsbestandteilen Rdnr. 98 ff., § 14 Rdnr. 23). **Entstehung** (im Grundsatz formfrei, Schriftform aber zur Beweissicherung empfehlenswert; zu Ausnahmen der Formfreiheit Rdnr. 112), **Änderung** (durch formfreien Abänderungsvertrag mit Zustimmung aller Beteiligten, während die §§ 53 und 54 keine Anwendung finden[420]), **Übertragung** (nicht *ipso iure* mit Anteilsübertragung, sondern durch Schuld- oder Vertragsübernahme; dazu Rdnr. 113) und **Sanktionierung** (keine korporationsrechtlichen, sondern zivilrechtliche Mittel, vor allem Schadensersatzpflichten) richten sich damit nach den **bürgerlich-rechtlichen Vorschriften**. Die Beurteilung von Willensmängeln richtet sich gleichfalls nach den allgemeinen Grundsätzen (§§ 117, 119 und 123 BGB)[421]. Sofern bei dauerhaften, wiederkehrenden Pflichten eine **BGB-Innengesellschaft** entstanden ist, gelten die §§ 705 ff. BGB[422]. Das ist oftmals bei Stimmbindungs-, Pool- und Konsortialvereinbarungen der Fall, da diese regelmäßig auf Dauer angelegt und auf einen gemeinsamen Zweck gerichtet sind. Kommt es hier zu Willensmängeln, greift die Lehre von der fehlerhaften Gesellschaft.

a) Ausnahmen von der Formfreiheit

112   Gesellschaftervereinbarungen sind ausnahmsweise formbedürftig, wenn sich dies aus allgemeinen Formvorschriften, die für schuldrechtliche Vereinbarungen gelten, ergibt[423] oder aber solche Formvorschriften nach ihren Schutzzwecken eine erweiternde Anwendung verlangen[424]. Wird in der Gesellschaftervereinbarung (vor allem bei Investment- und Beteiligungsverträgen) eine **Pflicht zur Anteilsübertragung** begründet oder bereits ein (meist bedingtes) dahingehendes verbindliches Angebot abgegeben, greifen die Formvorschriften

---

418   Vgl. *Trölitzsch*, in: BeckOK GmbHG, System. Darstellung: Gesellschaftervereinbarungen, Rdnr. 6.

419   S. zu den Inhalten etwa *Weitnauer*, NZG 2001, 1065 ff.; *Wicke*, in: MünchKomm. GmbHG, Rdnr. 131.

420   *Bayer*, in: Lutter/Hommelhoff, Rdnr. 62, 77; *Ulmer/Löbbe*, in: Ulmer/Habersack/Löbbe, Rdnr. 122; *Wicke*, in: MünchKomm. GmbHG Rdnr. 134; *Priester*, in: FS Claussen, 1997, S. 319, 328 ff.

421   *Wicke*, in: MünchKomm. GmbHG, Rdnr. 135.

422   S. etwa *Baumann/Reiß*, ZGR 1989, 157, 200 f.; *Ulmer/Löbbe*, in: Ulmer/Habersack/Löbbe, Rdnr. 119.

423   *Ulmer/Löbbe*, in: Ulmer/Habersack/Löbbe, Rdnr. 122; *Wicke*, in: MünchKomm. GmbHG, Rdnr. 134.

424   Hierzu ausführlich *Gores*, in: Hauschild/Kallrath/Wachter, Notar-Hdb. Gesellschafts- und Unternehmensrecht, 2. Aufl. 2017, § 20 Rdnr. 56 ff.

des § 15 Abs. 3 bzw. Abs. 4 (bei bereits bedingter dinglicher Einigung) aus diesem Grunde ebenso wie im Falle der Begründung von verbindlichen **Optionsrechten** über Erwerb oder Veräußerung eines Geschäftsanteils (s. näher § 15 Rdnr. 55). Überdies sind richtigerweise sämtliche Nebenabreden zu einer solchen Abtretungsverpflichtung nach § 15 Abs. 4 Satz 1, die mit dieser stehen und fallen, nach dem sog. Vollständigkeitsgrundsatz beurkundungspflichtig (s. hierzu mit Nachw. § 15 Rdnr. 66), was mithin auf die übrige Gesellschaftervereinbarung bei Vorliegen einer rechtlichen Einheit ausstrahlt[425]. **Notarielle Beurkundung** ist weiter erforderlich, wenn sich die Parteien zur Durchführung einer formbedürftigen Umwandlungsmaßnahme nach dem UmwG verpflichten (erweiternde Auslegung)[426], zudem dann in direkter Anwendung des § 311b BGB, wenn sich eine Partei zur Übertragung oder zum Erwerb von Grundstücken verpflichtet[427]. Demgegenüber bedürfen Stimmbindungsvereinbarungen auch dann, wenn sie auf eine Satzungsänderung gerichtet sind, richtigerweise keiner notariellen Beurkundung, weil der Vorschrift des § 53 Abs. 2 vor allem Beweissicherungsfunktion, weniger aber eine Warn- oder Belehrungsfunktion zukommt (dazu näher 11. Aufl., § 47 Rdnr. 38)[428]. Zumindest aber dürften die letztgenannten Funktionen keine Ausstrahlungswirkung auf die vorgelagerte schuldrechtliche Verpflichtung haben. **Formfreiheit** besteht weiter, wenn sich ein Gesellschafter zur Übernahme eines Geschäftsanteils aus einer künftigen Kapitalerhöhung verpflichtet; das Formerfordernis des § 55 Abs. 1 ist hier nicht erweiternd anzuwenden, weil dieses Beglaubigungserfordernis vor allem Nachweis- und Publikationsfunktionen zum Schutz des Rechtsverkehrs verfolgt (s. 11. Aufl., § 55 Rdnr. 117) und insofern eine Erstreckung auf eine Verpflichtung zu einer Übernahme nicht erforderlich ist. Wollen Gesellschafter eine korporative Vereinbarung treffen, wählen sie hierfür aber nicht den Weg der formbedürftigen Regelung in der Satzung, kann die formnichtige Vereinbarung ggf. in eine schuldrechtliche Gesellschaftervereinbarung umgedeutet werden, s. Rdnr. 116.

b) Übertragung auf Rechtsnachfolger

Die Rechte und Pflichten eines Gesellschafters aus einer Gesellschaftervereinbarung bilden *keinen* Teil der Mitgliedschaft. Bei einer Veräußerung des Geschäftsanteils gehen sie daher **nicht automatisch auf den Erwerber** über. Ein Übergang ist vielmehr nur im Einzelfall durch Vertragseintritt des Erwerbers unter Mitwirkung aller Beteiligten (§ 311 Abs. 1 BGB) oder durch Abtretung, Schuldübernahme oder Schuldbeitritt möglich (§§ 398, 414, 415 BGB)[429] (zum Übergang durch Gesamtrechtsnachfolge Rdnr. 102). Auch wenn diese Abreden im Kontext einer Anteilsübertragung erfolgen, sind diese schuldrechtlichen Rechtsgeschäfte nicht formbedürftig[430]. Sie können auch konkludent aus Anlass der Veräußerung des Anteils abgeschlossen werden. Ob dies der Fall ist, ist eine Frage der **Auslegung** ihrer Erklärungen im Einzelfall. Dabei kommt es insbesondere darauf an, ob der Erwerber des Anteils die zusätzliche Gesellschaftervereinbarung kannte und ob er sich mit ihr in irgendeiner Form einverstanden erklärt hat. Die Kenntnis allein genügt allerdings nicht, sondern kann

113

---

425 *Gores*, in: Hauschild/Kallrath/Wachter, Notarhandbuch Gesellschafts- und Unternehmensrecht, 2. Aufl. 2017, § 20 Rdnr. 60. S. zum Problemkreis näher *Tholen/Weiß*, GmbHR 2016, 915.

426 S. *Gores*, in: Hauschild/Kallrath/Wachter, Notarhandbuch Gesellschafts- und Unternehmensrecht, 2. Aufl. 2017, § 20 Rdnr. 60; *Hermanns*, ZIP 2006, 2296, 2998.

427 *Bayer*, in: Lutter/Hommelhoff, Rdnr. 62; *Ulmer/Löbbe*, in: Ulmer/Habersack/Löbbe, Rdnr. 122; *Wicke*, DStR 2006, 1137, 1140.

428 *Lieder*, in: Fleischer/Kalss/Vogt (Hrsg.), Aktuelle Entwicklungen im deutschen, österreichischen und schweizerischen Gesellschafts- und Kapitalmarktrecht 2012, 2013, S. 231, 240.

429 *Noack*, Gesellschaftervereinbarungen, S. 171 ff.; *Priester*, in: FS Claussen, 1997, S. 319, 334; *Ulmer/Löbbe*, in: Ulmer/Habersack/Löbbe, Rdnr. 123; *Wicke*, in: MünchKomm. GmbHG, Rdnr. 136; *Wicke*, DStR 2006, 1137, 1140.

430 Vgl. etwa *Reichert/Weller*, in: MünchKomm. GmbHG, § 15 Rdnr. 70.

nur als gewichtiger Hinweis auf einen Willen zur Übernahme gedeutet werden. Von dem Eintritt des Erwerbers in die Vereinbarung wird es dann auch abhängen, ob der Veräußerer des Anteils von den übrigen Beteiligten aus der Vereinbarung entlassen wird. Bleibt er gebunden, z.B. an ein Wettbewerbsverbot, so ist zu beachten, dass solche Bindung nur in engen Grenzen zulässig ist (§ 138 BGB; § 1 GWB; Art. 101 AEUV; s. Rdnr. 85). In der Praxis wird der Übergang der Gesellschaftervereinbarungen auf den Erwerber eines Anteils regelmäßig dadurch abgesichert, dass sich die Gesellschafter in der Gesellschaftervereinbarung zur deren „Weiterreichung" verpflichten. Falls eine Vinkulierungsklausel vorliegt, wird oftmals die Pflicht zur Zustimmung zur Übertragung des Anteils an das Vorliegen eines Vertragseintritts des Erwerbers gebunden. Schwierigkeiten ergeben sich, wenn die Gesellschaftervereinbarung zur Entstehung einer BGB-Innengesellschaft geführt hat (s. Rdnr. 111). Im Lichte des § 727 BGB sind hier vor allem für den Fall des Todes eines Gesellschafters ggf. Fortsetzungs- und (qualifizierte) Nachfolgeklauseln in den Gesellschaftsvertrag der BGB-Innengesellschaft mit aufzunehmen[431].

c) Trennungsgrundsatz

114 **aa)** Gesellschaftervereinbarungen begründen grundsätzlich Rechte und Pflichten nur zwischen den an ihnen beteiligten Gesellschaftern, so dass, soweit nicht im Einzelfall § 328 BGB eingreift, **Erfüllung** der übernommenen Pflichten von einem Gesellschafter nur die anderen an der Abrede beteiligten Gesellschafter verlangen können. Bei einer Verletzung der Pflichten können sie außerdem **Schadensersatz** fordern (§§ 280 Abs. 1, 281 BGB). Das gilt auch für Stimmrechtsbindungsverträge mit der Folge, dass eine abredewidrige Stimmabgabe in der Gesellschafterversammlung grundsätzlich wirksam ist und im Regelfall lediglich Schadensersatzansprüche der anderen an der Abrede beteiligten Gesellschafter nach sich ziehen kann. Davon zu trennen ist die Frage der Durchsetzbarkeit von Stimmrechtsbindungsverträgen durch **Klage und Zwangsvollstreckung** (§ 894 ZPO), die heute grundsätzlich anerkannt ist[432]. Eine wieder andere Frage ist, ob – gegebenenfalls unter zusätzlichen Voraussetzungen – eine abredewidrige Stimmabgabe zur Anfechtung des fraglichen Beschlusses führen kann (dazu ausf. 11. Aufl., § 47 Rdnr. 116 ff. sowie unten Rdnr. 115). Auch die **Gestaltungsfreiheit** bei den Gesellschaftervereinbarungen wird letztlich durch den Trennungsgrundsatz beeinflusst: Unwirksam sind solche Gesellschaftervereinbarungen, die Regelungen betreffen, die nur in der Satzung wirksam getroffen werden können (s. hierzu ausf. Rdnr. 58).

115 **bb)** Die rechtliche Behandlung der Gesellschaftervereinbarungen nach allgemeinen zivilrechtlichen Grundsätzen stellt diese in einen klaren Gegensatz zu mitgliedschaftlichen Pflichten, die aus echten Satzungsregelungen begründet werden. Die Regelungen liegen auf verschiedenen Ebenen; das bedingt zugleich, dass Satzung und Gesellschaftervereinbarung auch inhaltlich voneinander abweichen können. Dies berührt im Grundsatz die Wirksamkeit der Regelungen (in der Satzung und in der schuldrechtlichen Abrede) nicht. Ob aus diesem Befund ein striktes rechtliches **Trennungsprinzip** abgeleitet werden kann[433] oder vielmehr die Trennung zwischen korporativer und schuldrechtlicher Ebene im Sinne einer **Einheits-**

---

431 S. *Bormann/Seebach*, in: Herrler, Gesellschaftsrecht in der Notar- und Gestaltungspraxis, 2017, § 15 Rdnr. 36.

432 BGH v. 29.5.1967 – II ZR 105/66, BGHZ 48, 163, 169 ff. = NJW 1967, 1963; s. im Einzelnen 11. Aufl., § 47 Rdnr. 55 ff.

433 So die herrschende Auffassung in der Literatur *Bayer*, in: Lutter/Hommelhoff, Rdnr. 68; *Dürr*, BB 1995, 1365; *Fleck*, ZGR 1988, 104, 107; *Lieder*, in: Fleischer/Kalss/Vogt (Hrsg.), Aktuelle Entwicklungen im deutschen, österreichischen und schweizerischen Gesellschafts- und Kapitalmarktrecht 2012, 2013, S. 231, 248 ff.; *Ulmer*, in: FS Röhricht, S. 633, 635 ff.; *Wicke*, in: MünchKomm. GmbHG, Rdnr. 144; *Winter*, ZHR 154 (1990), 259, 268 ff. Aus der Rechtsprechung OLG Stuttgart v. 7.2.2001 – 20 U 52/97, BB 2001, 796, 797 f.

betrachtung aufgeweicht werden sollte[434], wenn alle Gesellschafter aus der Gesellschaftervereinbarung verpflichtet sind, ist noch nicht vollends geklärt. Bei einer Aufweichung könnten inter partes wirkende Gesellschaftervereinbarungen unter Durchbrechung des Trennungsprinzips **Auswirkungen auf die Gesellschaftsebene** haben. Derartiges wird in der Rechtsprechung für die **Anfechtbarkeit** von Gesellschafterbeschlüssen, die auf einer abredewidrigen Stimmabgabe beruhen, angenommen[435], weiter für die Auslegung des Gesellschaftsvertrages (dazu § 2 Rdnr. 40 ff.) sowie für die Präzisierung der Treuepflicht der Gesellschafter (dazu § 14 Rdnr. 76 ff.) diskutiert, immer vorausgesetzt, dass an der Abrede *alle* Gesellschafter beteiligt sind.

cc) **Stellungnahme:** Überzeugend sind diese Aufweichungen nicht[436], sofern sie Rückwirkungen auf die Rechtsgültigkeit von Beschlüssen haben (dagegen wird eine Einwirkung der omnilateralen Abrede auf die ohnehin konkretisierungsbedürftige Treuepflicht eher zu begründen sein[437]). Für eine Beschlussanfechtung bei Widerspruch zu einer Gesellschaftervereinbarung mangelt es bereits formal betrachtet an einem **Verstoß gegen Gesetz und Satzung** und damit an einem Anfechtungsgrund i.S. des § 243 Abs. 1 AktG[438]. Abzulehnen ist gleichermaßen der **Ausschluss der Anfechtbarkeit**[439], wenn ein Beschluss zwar der Satzung widerspricht, aber inhaltlich in Übereinstimmung mit einer Gesellschaftervereinbarung gefasst wird[440]. Jede Aufweichung der Differenzierung von Satzung und Gesellschaftervereinbarung unterläuft die **Form- und Publizitätsanforderungen**, die an die Schaffung und Änderung von Satzungsrecht gesetzlich gestellt werden[441]. Diese Anforderungen dienen auch dem **Minderheitenschutz** sowie dem **Schutz des Rechtsverkehrs** und der Gläubiger; dieser Schutz würde gemindert, sofern korporative Wirkungen auch schuldrechtlich erzielt werden könnten. Auch prozessökonomische Vorteile, die mit der Sichtweise der Rechtsprechung verbunden sind, können diese Trennung rechtlich nicht überzeugend aufheben. Überdies würde bei Zulassung einer Beschlussanfechtung bei Widerspruch eines Beschlusses zu einer omnilateralen Gesellschaftervereinbarung die Gesellschaft in einen Rechtsstreit eingebunden, der aus einer Sphäre kommt, der sie nicht zugehörig ist. Gesellschafter sind vielmehr gehalten, ihre schuldrechtlichen Ansprüche im Verhältnis der Gesellschafter untereinander auszutragen –

116

---

434 BGH v. 20.1.1983 – II ZR 243/81, GmbHR 1983, 196 – Kerbnägel; BGH v. 27.10.1986 – II ZR 240/85, GmbHR 1987, 94, 96 = NJW 1987, 1890; OLG Saarbrücken v. 24.11.2004 – 1 U 202/04 – 35, GmbHR 2005, 546, 548; OLG München v. 9.9.2012 – 23 U 4173/11, GmbHR 2012, 1075, 1078; *Baumann/Reiß*, ZGR 1989, 157, 212 f.; *Hoffmann-Becking*, ZGR 1994, 442, 451 ff., 458 f.; *Noack*, Gesellschaftervereinbarungen. S. 65 ff., 107 ff.; *Zöllner*, RWS-Forum 8 (1996). S. 89, 98 ff., 110 ff.

435 Anfechtbarkeit bejaht durch BGH v. 20.1.1983 – II ZR 243/81, GmbHR 1983, 196 – Kerbnägel; BGH v. 27.10.1986 – II ZR 240/85, GmbHR 1987, 94, 96; ablehnend OLG Stuttgart v. 7.2.2001 – 20 U 52/97, DB 2001, 854, 859.

436 Ablehnend auch *Bayer*, in: Lutter/Hommelhoff, Rdnr. 68, § 47 Rdnr. 20; *Dürr*, BB 1995, 1365; *Fleck*, ZGR 1988, 104, 107; *Lieder*, in: Fleischer/Kalss/Vogt (Hrsg.), Aktuelle Entwicklungen im deutschen, österreichischen und schweizerischen Gesellschafts- und Kapitalmarktrecht 2012, 2013, S. 231, 248 ff.; *Ulmer*, in: FS Röhricht, S. 633, 635 ff.; *Ulmer/Löbbe*, in: Ulmer/Habersack/Löbbe, Rdnr. 131 f.; *Wicke*, in: MünchKomm. GmbHG, Rdnr. 144.

437 *Priester*, in: MünchHdb. GesR III, § 21 Rdnr. 28; ähnlich *Lieder*, in: Fleischer/Kalss/Vogt (Hrsg.), Aktuelle Entwicklungen im deutschen, österreichischen und schweizerischen Gesellschafts- und Kapitalmarktrecht 2012, 2013, S. 231, 253: im Rahmen einer Gesamtabwägung; *Wicke*, in: MünchKomm. GmbHG, Rdnr. 146.

438 Vgl. nur *Wicke*, in: MünchKomm. GmbHG, Rdnr. 144.

439 BGH v. 15.3.2010 – II ZR 4/09, GmbHR 2010, 980, 981.

440 *Bayer*, in: Lutter/Hommelhoff, Rdnr. 68; *Lieder*, in: Fleischer/Kalss/Vogt (Hrsg.), Aktuelle Entwicklungen im deutschen, österreichischen und schweizerischen Gesellschafts- und Kapitalmarktrecht 2012, 2013, S. 231, 258 ff.

441 Hierzu und zu den nachfolgenden Argumenten *Wicke*, in: MünchKomm. GmbHG, Rdnr. 114 m.w.N.; *Lieder*, in: Fleischer/Kalss/Vogt (Hrsg.), Aktuelle Entwicklungen im deutschen, österreichischen und schweizerischen Gesellschafts- und Kapitalmarktrecht 2012, 2013, S. 231, 258 ff.

besteht ein Anspruch auf Beschlussfassung in einem bestimmten Sinne, ist daher auf entsprechende Stimmabgabe zu klagen. Näher zur Anfechtbarkeit s. 11. Aufl., § 45 Rdnr. 116 ff., § 47 Rdnr. 52 ff., allerdings mit abweichender Ansicht von *Karsten Schmidt*.

117 Davon zu unterscheiden ist, dass Satzung und Gesellschaftervereinbarung auch dann, wenn sie sich inhaltlich widersprechen, über allgemeine zivilrechtliche oder zivilprozessuale Instrumente Wechselwirkungen zeitigen können. Kann etwa eine Gesellschaftervereinbarung, die für den Fall des Ausscheidens eine geringere Abfindungshöhe als in der Satzung festlegt, als **Vertrag zugunsten der Gesellschaft** i.S. des § 328 BGB ausgelegt werden, scheidet eine Anfechtbarkeit eines Beschlusses, der sich bei der Abfindungshöhe an der Gesellschaftervereinbarung ausrichtet, auf der Grundlage des Trennungsprinzips zwar nicht deshalb aus, weil der Beschluss im Einklang mit der Gesellschaftervereinbarung steht. Es kann hier aber eine **Treuwidrigkeit** darstellen, trotz anderslautender Gesellschaftervereinbarung die satzungsmäßige Abfindungshöhe gegenüber der Gesellschaft einzuklagen. Denn der betreffende Gesellschafter wäre schuldrechtlich verpflichtet, den Mehrbetrag bei einer höheren Abfindungssumme wieder an die Gesellschaft herauszugeben (qui-petit-Einwand)[442]. Hier ist die Gesellschaft ohnehin in den Rechtsstreit eingebunden, so dass der qui-petit-Einwand innerhalb der Schuldverhältnisse bleibt. Ein Verstoß gegen das Trennungsprinzip liegt auch nicht vor, wenn ein satzungsdurchbrechender Beschluss in eine schuldrechtliche Nebenabrede **umgedeutet** wird, es handelt sich um eine Frage der Auslegung, s. 11. Aufl., § 53 Rdnr. 30. Eine wirksame Umdeutung kommt aber nur in Betracht, wenn eine schuldrechtliche Abrede eines solchen Inhalts *möglich* wäre[443]. Das wird dann nicht der Fall sein, wenn der Beschluss eine organisationsrechtliche Regelung der Satzung ändern sollte (s. zu den Grenzen schuldrechtlicher Abreden Rdnr. 58) (Beispiel: Verkürzung der satzungsmäßigen Amtszeit eines Aufsichtsratsmitglieds; Einräumung eines doppelten Stimmrechts[444]). Unvereinbar mit dem Trennungsprinzip ist es dagegen wiederum, **korporative Wirkungen** aus individuellen schuldrechtlichen Vereinbarungen zwischen der Gesellschaft und ihren Gesellschaftern herzuleiten; dies gilt – entgegen einer zum Aktienrecht ergangenen Entscheidung des BGH[445] – auch für schuldrechtliche **Rückübertragungsverpflichtungen** zugunsten der Gesellschaft bei Kündigung eines an die Mitgliedschaft gekoppelten schuldrechtlichen Vertrages[446].

XIII. Satzungsautonomie

Schrifttum (Auswahl): *Bayer*, Vertragsfreiheit im Gesellschaftsrecht und ihre Schranken, in: Bayer/Koch (Hrsg.), Schranken der Vertragsfreiheit, 2007, S. 91; *Cziupka*, Gestaltungsfreiheit, Satzungslücken und dispositive Satzungsunterstützung, in: Arnold/Lorenz (Hrsg.), GS Hannes Unberath, 2015, S. 49; *Fastrich*, Richterliche Inhaltskontrolle im Privatrecht, 1992; *Fleischer*, Gesetz und Vertrag als alternative Problemlösungsmodelle im Gesellschaftsrecht – Prolegomena zu einer Theorie gesellschaftsrechtlicher Regelsetzung, ZHR 168 (2004), 673; *Habersack*, Richtigkeitsgewähr notariell beurkundeter Verträge, AcP 189 (1989), 403; *Hey*, Freie Gestaltung in Gesellschaftsverträgen und ihre Schranken, 2004; *Hommelhoff*, Gestaltungsfreiheit im GmbH-Recht, in: Lutter/Wiedemann, Gestaltungsfreiheit im Gesellschaftsrecht, ZGR-Sonderheft 13/1998, 36; *Reuter*, Privatrechtliche Schranken der Perpetuierung von

---

442 Der BGH v. 15.3.2010 – II ZR 4/09, GmbHR 2010, 980, 981, lässt offen, ob sich der Gesellschafter wegen „widersprüchlichen Verhaltens" an dem Beschluss festhalten lassen muss. Denn er lehnt schon die Anfechtbarkeit ab, was aber nach der hier zugrunde gelegten Ansicht mit dem Trennungsgrundsatz nicht übereinstimmt.

443 Ausf. *Leitzen*, RNotZ 2010, 566, 569.

444 OLG Hamm v. 9.3.2015 – I-8 U 78/14, ZIP 2015, 969, 971 f.

445 BGH v. 22.1.2013 – II ZR 80/10, GmbHR 2013, 301, 302 f. mit Anm. *Ulrich* und mit Anm. *Seibt*, EWiR 2013, 131. Kritisch *Cziupka/Kliebisch*, BB 2013, 715 ff.

446 Ob die Entscheidung auf das Recht der GmbH übertragbar ist, hält *Bayer*, in: Lutter/Hommelhoff, Rdnr. 67, richtigerweise für offen. Als strittig bezeichnet dies für das Recht der GmbH auch *Roth*, in: Roth/Altmeppen, Rdnr. 49.

Unternehmen. Ein Beitrag zum Problem der Gestaltungsfreiheit im Recht der Unternehmensformen, 1973; *Teichmann*, Vertragsfreiheit im Innenverhältnis der GmbH-Gesellschafter, RNotZ 2013, 346; *Verse*, Konfliktvermeidung in Familienunternehmen, in: Schriften des Notarrechtlichen Zentrums Familienunternehmen, 2014, S. 33; *Wedemann*, Gesellschafterkonflikte in geschlossenen Kapitalgesellschaften, 2013; *Zöllner*, Inhaltsfreiheit bei Gesellschaftsverträgen, in: FS 100 Jahre GmbH-Gesetz, 1992, S. 85.

1. Satzungsautonomie und Gestaltungsgrenzen

Die Anerkennung von Satzungsautonomie, vor allem in Bezug auf die Rechtsstellung der Gesellschafter, trägt der **Zweckoffenheit** der GmbH Rechnung, die sich ihrerseits als zentrale Vorbedingung für die Herausbildung diverser Erscheinungsformen der GmbH erwiesen hat (s. auch Rdnr. 2 sowie Einl. Rdnr. 20)[447]. Sie ist, in struktureller Annäherung an die Personengesellschaften, auch im internationalen Vergleich mit ausländischen geschlossenen Kapitalgesellschaften der Regelfall. Im nationalen Rechtsraum unterscheidet sich die GmbH dadurch grundlegend von der AG, die – trotz zunehmend lauter werdender Kritik aus ökonomischer und rechtsvergleichender Warte[448] – weiterhin durch den Grundsatz der Satzungsstrenge geprägt ist[449]. Die durch Satzungsautonomie ermöglichte private Ordnung besitzt als Ausdruck der Autonomie der Gesellschafter einen intrinsischen Wert an sich und erweist sich zudem als ökonomisch sinnvoll: Besteht Gestaltungsfreiheit, können die Gesellschafter als beste Hüter ihrer eigenen Interessen ihre Gesellschaft im Hinblick auf mitgliedschaftliche Mitverwaltungs- und Vermögensrechte interessengerecht gestalten und damit ihren gemeinsamen Kooperationsgewinn steigern[450] (Richtigkeitsgewähr[451]). Autonomes Satzungsrecht führt damit insgesamt, zumindest sofern die Gesellschafter zweckrational und vollständig informiert agieren und negative externe Effekte ausbleiben, zu Wohlfahrtssteigerungen[452]. Die Vielfältigkeit der GmbH-Realtypen hat in der Praxis zur Konsequenz, dass Gesellschaftsverträge im Kern „maßgeschneiderte" Rechtsprodukte sein müssen, wohingegen Muster-Satzungen allenfalls als erster Orientierungspunkt dienen können[453]. Dies sollte auch der Gesetzgeber bei etwaigen künftigen Bestrebungen nach weiterer Standardisierung der Gesellschaftsverträge, etwa auch im Zuge diskutierter Bestrebungen nach einer Online-Gründung, berücksichtigen. Zur Bewertung des Musterprotokolls s. § 2 Rdnr. 121 f. | 118

Vor allem zur Vermeidung negativer externer Effekte, teilweise aber auch aus paternalistischen Motiven und/oder zum Minderheitenschutz wird die Satzungsautonomie durch **zwingendes Recht**[454] begrenzt. Im Zeichen des Gläubigerschutzes wird das **Außenverhältnis der GmbH** vom Prinzip der Satzungsautonomie sogar im Grundsatz nicht erfasst, was den zwingenden Charakter etwa der Regelungen über die Kapitalaufbringung und der Kapitalerhal- | 118a

---

447 Zur Gestaltungsfreiheit näher *Hommelhoff*, ZGR-Sonderheft 1997, 36 ff.; *Zöllner*, in: FS GmbHG, 2000, S. 85 ff.

448 *Hopt*, in: FS Canaris, 2007, S. 105, 115; *Fleischer*, ZIP 2006, 451, 452.

449 *Henssler/Wiedemann*, in: Bayer/Habersack (Hrsg.), Aktienrecht im Wandel, Bd. 2, 2007, S. 8, 8 f.

450 Dementsprechend erfreute sich die Grundentscheidung für die Gestaltungsfreiheit in der GmbH, wie *Wicke*, MittBayNot 2011, 23, 24, bemerkt, „zu allen Zeiten ihrer Geschichte" positiver Bewertungen.

451 *Schmidt-Rimpler*, AcP 147 (1941), 130, 132 ff.; *Schmidt-Rimpler*, in: FS Raiser, 1974, S. 3 ff. Zur Differenzierung zwischen Richtigkeitsgewähr und Richtigkeitswahrscheinlichkeit bzw. Richtigkeitschance s. nur *Canaris*, Die Bedeutung der iustitia distributiva im deutschen Vertragsrecht, 1997, S. 51. Kritisch zur Richtigkeitsgewähr *Cziupka*, Dispositives Vertragsrecht, 2010, S. 92 ff.

452 S. nur *Fleischer*, in: MünchKomm. GmbHG, Einleitung Rdnr. 278.

453 Zutreffend *Schmidt-Leithoff*, in: Rowedder/Schmidt-Leithoff, Einleitung Rdnr. 1876: Muster-Gesellschaftsvertrag nur als Check-Liste.

454 Hierzu näher *Grziwotz*, in: MünchHdb. III, § 18 Rdnr. 11 sowie *Wicke*, in: MünchKomm. GmbHG, § 3 Rdnr. 149 ff.

tung erklärt (s. vor allem die §§ 5, 19, 30–32)[455], aber auch die nach außen unbeschränkte Vertretungsmacht des Geschäftsführers (§ 37) sowie dessen Kapitalsicherungspflicht (§§ 30, 33, 43 Abs. 3, 64)[456]. Auch das Außenverhältnis wird durch die Vorschriften zur Rechnungslegung und zur Publizität (§ 41 GmbHG, §§ 242, 264, 325 HGB) zwingend geregelt. Gleiches gilt für die Pflicht zur rechtzeitigen Stellung des Insolvenzantrags (§ 15a InsO)[457]. Als Bestandteil des sog. Systems der Normativbestimmungen und damit als Entstehungsvoraussetzung der GmbH ist auch § 3 Abs. 1 zwingendes Recht (dazu Rdnr. 1). Das **Innenverhältnis** ist demgegenüber grundsätzlich dispositiv ausgestaltet (hierzu näher 11. Aufl., § 45 Rdnr. 2 ff.), allerdings begrenzt durch zwingende Regelungen im Zeichen des Minderheitenschutzes. Diese Regelungen verfolgen paternalistische Zwecke, sofern sie nicht allein eine spätere Abbedingung durch Satzungsänderung mit qualifiziertem Mehrheitsbeschluss, sondern bereits eine Abbedingung (mit Zustimmung aller) im Gründungsstadium ausschließen. Hierzu zählen das jederzeitige Auskunfts- und Einsichtsrecht der Gesellschafter (§ 51a; dazu 11. Aufl., § 51a Rdnr. 50 f.) und das Recht der Minderheit, die Einberufung einer Gesellschafterversammlung zu verlangen (§ 50; dazu 11. Aufl., § 50 Rdnr. 6)[458]. Der paternalistische Einschlag dieser zwingenden Regelungen dürfte vor allem dem Befund eines anfänglichen Überoptimismus der Minderheits-Gründungsgesellschafter geschuldet sein, die es vor opportunistischer Machtausnutzung eines Mehrheitsgesellschafters zu schützen gilt. Das paternalistische Element verliert zugunsten des Regelungstopos des „reinen" Minderheitenschutzes mit Blick auf nach der Gründung beitretende Gesellschafter allerdings an Gewicht, da diesen Gesellschaftern die Möglichkeit des Selbstschutzes durch Verweigerung der Zustimmung zu einer bestimmten Ausgestaltung der Gründungssatzung versagt war[459].

119   Neben dem zwingenden Gesetzesrecht – und zwingenden Richterrecht[460], wie den Regeln über den Ausschluss eines Gesellschafters und den Austritt aus wichtigem Grund – sind überdies jene **Gestaltungsgrenzen** zu beachten, die sich aus **allgemeinen Prinzipien** des Körperschaftsrechts oder aus ungeschriebenen Regeln und Prinzipien des GmbH-Rechts[461] ergeben. Diese Prinzipien wirken als feinsteuerndes Korrekturinstrument der Gestaltungsfreiheit und dürften überwiegend als judikativ gebildete zwingende Regelungsschranken zu verstehen sein, ohne zumeist eine bestimmte Inhaltsgestaltung vorzugeben. Sie haben auch im Rahmen einer **Inhaltskontrolle** des Gesellschaftsvertrages Bedeutung, wohingegen eine AGB-Kontrolle der korporativen Satzungsregelungen nach § 310 Abs. 4 Satz 1 BGB ausscheidet[462], dazu näher § 2 Rdnr. 9. Die Inhaltskontrolle (s. hierzu auch Einl. Rdnr. 21 sowie näher 11. Aufl., § 45 Rdnr. 2) ist eine **Wirksamkeitskontrolle**, die vor allem anhand des Maßstabs des § 138 BGB als „Mindeststandard"[463] überprüft, ob im Zeitpunkt des Vertragsschlusses eine bestimmte Satzungsbestimmung wirksam vereinbart wurde. Mit dem Sittenwidrigkeitsverdikt ist äußerst zurückhaltend umzugehen; es bedarf hierfür einer gravierenden Verletzung der sittlichen Ordnung, die bereits bei Vertragsschluss vorgelegen haben muss. In Rechtsprechung und Literatur werden insoweit vor allem unangemessen ausgestaltete Abfindungs- und Hinauskündigungsklauseln diskutiert (hierzu § 34 Rdnr. 29 ff. so-

---

455   *Bayer*, in: Lutter/Hommelhoff, Rdnr. 69; *Roth*, in: Roth/Altmeppen, Rdnr. 45; *Wicke*, in: Münch-Komm. GmbHG, Rdnr. 149.
456   *J. Schmidt*, in: Michalski u.a., Rdnr. 104; *Wicke*, in: MünchKomm. GmbHG, Rdnr. 149.
457   *J. Schmidt*, in: Michalski u.a., Rdnr. 105; *Wicke*, in: MünchKomm. GmbHG, Rdnr. 149.
458   *J. Schmidt*, in: Michalski u.a., Rdnr. 104; *Wicke*, in: MünchKomm. GmbHG, Rdnr. 150.
459   *Fleischer*, in: MünchKomm. GmbHG, Einleitung Rdnr. 280 mit Verweis auf Forderungen nach Schutzvorkehrungen bei „midstream Änderungen".
460   *J. Schmidt*, in: Michalski u.a., Rdnr. 107; *Wicke*, in: MünchKomm. GmbHG, Rdnr. 150.
461   *Grziwotz*, in: MünchHdb. III, § 18 Rdnr. 13.
462   *Bayer*, in: Lutter/Hommelhoff, Rdnr. 67; *J. Mayer*, in: MünchKomm. GmbHG, § 2 Rdnr. 18; *Roth*, in: Roth/Altmeppen, § 2 Rdnr. 15.
463   *Grziwotz*, in: MünchHdb. III, § 18 Rdnr. 12.

wie Anh. § 34 Rdnr. 59). Eine geringfügig intensivierte Inhaltskontrolle durchzuführen, wird für Satzungsbestimmungen in sog. **Anlagegesellschaften** erwogen[464], bei denen (Minderheits-)Gesellschafter einer Gesellschaft mit existenter Satzung ohne reale Möglichkeit zu deren inhaltlicher Anpassung beitreten. Vereinzelt wird diese erhöhte Kontrolldichte auch für Familiengesellschaften als sachgerecht empfunden, wenn und weil hier der Beitritt aus „unfreier Motivations- und Machtlage" erfolgt[465], wohingegen andere Stimmen in der Literatur die Kontrolldichte bei auf Mitgliederwechsel angelegten Gesellschaften erhöhen, bei personalistischen Gesellschaften dagegen verringern wollen[466]. Unabhängig von der Struktur der jeweiligen Gesellschaft sollte die über § 138 BGB hinausgehende, an den Maßstäben von Treu und Glauben (§ 242 BGB) ausgerichtete Inhaltskontrolle richtigerweise davon abhängig sein, dass ein **prozeduraler bzw. struktureller Mangel** beim Vertragsschluss festzustellen oder bei einem späteren Beitritt typischerweise zu erwarten ist[467]. Ein solcher Mangel kann in der Tat vor allem dann vorliegen, wenn es sich um Anlagegesellschaften als sog. „Satzungsgesellschaften" handelt[468], bei denen sich Gesellschafter nicht im Wege privatautonomer Verhandlungen mit erhöhter „Richtigkeitschance" an der Satzungsgestaltung beteiligen, sondern einer im Wesentlichen vorformulierten Satzung ohne wesentliche Einflussmöglichkeit anschließen. Allerdings muss auch hier die Inhaltskontrolle sehr restriktiv gehandhabt werden, zumal der Beitritt (etwa im Zuge einer Anteilsabtretung, § 15 Abs. 3, oder einer Kapitalerhöhung, §§ 55 ff.) regelmäßig (mit Ausnahme insbesondere der erbrechtlichen Gesamtrechtsnachfolge) nicht ohne notarielle Begleitung des Beitretenden erfolgen wird[469]. Nur eine reale Chance auf Neuverhandlung der Satzung im Zuge des Beitritts besteht bei Anlagegesellschaften oftmals nicht. Dagegen ist es im Lichte der Heterogenität der Interessenlage bei den jeweiligen GmbH-Realtypen und der dadurch oftmals fehlenden „Passgenauigkeit" des dispositiven Rechts (dazu Rdnr. 122) von vornherein verfehlt, eine Inhaltskontrolle am Maßstab des im dispositiven Recht verkörperten „Leitbilds" durchzuführen[470]; die Überprüfung sollte vielmehr daraufhin erfolgen, ob eine im Grundsatz gerechte Machtverteilung im Innenrecht erfolgt ist (dazu 11. Aufl., § 45 Rdnr. 2). Im Verlaufe der Existenz der GmbH verwandelt sich die Inhaltskontrolle in eine **Ausübungskontrolle**, die zu überprüfen hat, ob eine ursprünglich wirksame Satzungsbestimmung aufgrund veränderter Umstände unangemessen geworden ist. Sollte dies der Fall sein, bleiben die betroffenen Satzungsbestimmungen zwar ihrerseits wirksam, allerdings werden der Ausübung dadurch begründeter Rechte Grenzen gesetzt[471]. Praktisch relevantes Beispiel ist eine Abfindungsvereinbarung, die zum Zeitpunkt ihrer Aufnahme in die Satzung als wirksam einzustufen war, im Verlaufe der Zeit

---

464 BGH v. 14.4.1975 – II ZR 147/73, BGHZ 64, 238 = NJW 1975, 1318 (zur Publikums-KG); *Bayer*, in: Lutter/Hommelhoff, Rdnr. 71; *Wicke*, in: MünchKomm. GmbHG, Rdnr. 156.

465 So *Bayer*, in: Lutter/Hommelhoff, Rdnr. 71. Dazu auch *Grziwotz*, in: MünchHdb. III, § 18 Rdnr. 9. Dies dürfte letztlich aber nur relevant sein, wenn der spätere Beitritt (bzw. der Erwerb einer Beteiligung aufgrund von Erbfolge) aufgrund von Nachfolgeplanungen vorgezeichnet ist, an welchen der Nachfolger selbst nicht beteiligt war.

466 *Reuter*, Privatrechtliche Schranken der Perpetuierung von Unternehmen. Ein Beitrag zum Problem der Gestaltungsfreiheit im Recht der Unternehmensformen, 1973, S. 228 f. Dazu auch *Wicke*, in: MünchKomm. GmbHG, Rdnr. 156.

467 Ähnlich auch *Bayer*, in: Lutter/Hommelhoff, Rdnr. 70.

468 Dies betont auch *Grziwotz*, in: MünchHdb. III, § 18 Rdnr. 10; s. zudem *Böttcher/Leif*, NotBZ 2011, 118 ff.

469 BGH v. 14.4.1975 – II ZR 147/73, BGHZ 64, 238 = NJW 1975, 1318 (zur Publikums-KG). Vgl. weiter BGH v. 21.3.1988 – II ZR 135/87, BGHZ 104, 50 = NJW 1988, 1903 (zur KG); BGH v. 27.11.2000 – II ZR 218/00 = ZIP 2001, 243, 244 (zur stillen Gesellschaft).

470 So auch zu Recht *Grziwotz*, in: MünchHdb. III, § 18 Rdnr. 13; *Wicke*, in: MünchKomm. GmbHG, Rdnr. 148. S. auch *Bayer*, Vertragsfreiheit im Gesellschaftsrecht und ihre Schranken, in: Bayer/Koch, Schranken der Vertragsfreiheit, 2007, S. 91, 95; *Kübler*, NJW 1984, 1857, 1863 f.

471 *Bayer*, in: Lutter/Hommelhoff, Rdnr. 74; *Grziwotz*, in: MünchHdb. III, § 18 Rdnr. 18; *Wicke*, in: MünchKomm. GmbHG, § 3 Rdnr. 157.

aber ein grobes Missverhältnis zwischen Abfindungssumme und Anteilswert entstanden ist[472]. In einem solchen Fall kann die Ausübungskontrolle der Gesellschaft versagen, sich auf eine (gleichwohl weiterhin wirksame) Klausel zu berufen. Zur deutlich über die Grundsätze des § 242 BGB hinausgehenden gesellschaftsrechtlichen Treuepflicht s. nur Einl. Rdnr. 21; § 14 Rdnr. 65 ff. Zum ebenfalls als Gestaltungsschranke fungierenden Gleichbehandlungsgrundsatz 11. Aufl., § 45 Rdnr. 105.

2. Konfliktprävention

120 Die **Ergänzung der Satzung** um materielle fakultative Satzungsbestandteile (s. dazu ausf. Rdnr. 56 ff.) wird in der Kautelarpraxis vornehmlich dazu genutzt, maßgeschneiderte Regelungen zur **Vermeidung von Konflikten** oder zumindest deren Lösung in die Satzung zu integrieren[473], die sich vor allem des Konfliktpotentials zwischen Gesellschaftermehrheit und -minderheit annehmen. Die Palette diesbezüglich denkbarer Regelungsmöglichkeiten ist breit, als typische Regelungen zum Schutze der Minderheit vor allem vor opportunistischer Machtausübung der Mehrheitsgesellschafter kann auf Veto-Rechte bei Grundlagengeschäften oder aber auch Mindestausschüttungsklauseln (s. dazu § 29 Rdnr. 74 ff.) zur Vermeidung einer sog. „Hungerdividende" verwiesen werden. Trotz weitreichender Möglichkeit autonomer Satzungsregelung ist die Satzung jedoch ein Exempel eines „**unvollständigen Vertrages**"[474]. Gesellschafter können schon im Lichte mangelnder Vorhersehbarkeit sämtlicher möglicher Eventualitäten bei der Satzungsgestaltung, trotz notarieller und oftmals anwaltlicher Mitwirkung, nicht für jeden möglichen regelungsbedürftigen Aspekt Vorsorge betreiben und einer sachgerechten Regelung zuführen. So wenig dieser Befund vor allem auch angesichts der langfristigen Konzeption von Satzungen verwundern mag, so sehr liegt doch intuitiv die Erwartung nahe, dass im geschäftlichen Rechtsverkehr im Allgemeinen und angesichts des Erfordernisses notarieller Beurkundung der Satzung im Besonderen die Gesellschafter für **typische Konfliktfelder** aktiv Vorsorge durch entsprechende Satzungsgestaltung treffen[475]. Empirische Studien[476] belegen allerdings für die personalistische GmbH zunehmend ein anderes Ergebnis[477]: Gesellschafter schöpfen danach das Gestaltungspotential der Satzung vor allem zur Errichtung von Regelungen zum Zwecke der Konfliktprävention nicht aus. Selbst

---

472 BGH v. 19.6.2000 – II ZR 73/99, NJW 2000, 2819, 2820; BGH v. 8.3.2004 – II ZR 265/02, ZIP 2004, 903. Vgl. dazu auch *Grziwotz*, in: MünchHdb. III, § 18 Rdnr. 19; *Wicke*, in: MünchKomm. GmbHG, § 3 Rdnr. 157.

473 *Bayer*, in: Lutter/Hommelhoff, Rdnr. 4; *Wicke*, in: MünchKomm. GmbHG, Rdnr. 102; zu den Konfliktpotentialen bei der GmbH auch *Bachmann/Eidenmüller/Engert/Fleischer/Schön*, Rechtsregeln für die geschlossene Kapitalgesellschaft (ZGR-Sonderheft 18), 2012, S. 25 ff.

474 *Fleischer*, ZGR 2001, 1, 4 f.; *Verse*, Konfliktvermeidung in Familienunternehmen, in: Schriften des Notarrechtlichen Zentrums Familienunternehmen, S. 33, 34; *Wedemann*, Gesellschafterkonflikte in geschlossenen Kapitalgesellschaften, 2013, S. 62 ff. S. auch *Fleischer*, in: MünchKomm. GmbHG, Einleitung Rdnr. 280.

475 So erwartet denn auch *Binder*, Regulierungsinstrumente und Regulierungsstrategien im Kapitalgesellschaftsrecht, 2012, S. 94, dass eine rechtstatsächliche Untersuchung der Vertragspraxis angesichts des Erfordernisses notarieller Beurkundung ergeben würde, dass Akteure entweder das dispositive Recht ausdrücklich abbedingen oder es aber bewusst zugrunde legen.

476 *Wedemann*, Gesellschafterkonflikte in geschlossenen Kapitalgesellschaften, 2013, S. 11 ff., sowie eine Studie an der Universität Aarhus den dänischen Mittelstand betreffend, derzufolge ungefähr die Hälfte der in der Studie erfassten Gesellschaften im Gesellschaftsvertrag keine Prävention für Gesellschafterkonflikte getroffen haben; auf diese Studie weist *Teichmann*, RNotZ 2013, 346, 350 hin im Anschluss an *Neville*, in: Hirte/Teichmann (Hrsg.), The European Private Company, ECFR Special Volume 3, 2013, S. 193, 213 ff.

477 Als „ernüchternd" bezeichnet *Verse*, Konfliktvermeidung in Familienunternehmen, in: Schriften des Notarrechtlichen Zentrums Familienunternehmen, S. 34, das Fazit der Studie von *Wedemann*.

typische Konfliktfelder werden in der Satzung oftmals entweder gar nicht oder zumindest inhaltlich nur unzureichend bzw. zu undifferenziert erfasst[478], obwohl sich in der Rechtspraxis ein diesbezügliches, umfassendes Erfahrungswissen gebildet hat, das sich in der kautelarjuristischen Warnung vor der Unzulänglichkeit der Mindestsatzungsregelungen widerspiegelt[479]. Dieser Befund zeigt mit Nachdruck die Bedeutung einer sorgfältigen Satzungsgestaltung[480]. Relativierend ist allerdings darauf hinzuweisen, dass der empirische Befund erheblicher **Regelungs*lücken*** in Satzungen nicht zwangsläufig mit der Feststellung von **Regelungs*defiziten*** verbunden ist. Denn die Satzung ist nicht das exklusive Mittel dezentraler Gestaltung der Gesellschafter, vielmehr treten neben dieses Gestaltungsmittel die in der Praxis beliebten und häufig anzutreffenden **satzungsergänzenden Nebenabreden**[481] (s. zu diesen ausf. Rdnr. 104 ff.). Um eine aussagekräftige Bewertung der Konfliktlösung durch die Kautelarjurisprudenz vorzunehmen, müssen daher Satzung und Nebenabreden zusammen betrachtet werden[482]. Welche Regelungsebene gewählt wird, ist eine Frage der Zweckmäßigkeit (s. Rdnr. 104).

3. Satzungslücken

Bestehen wesentliche Satzungslücken, weil der Mindestinhalt nicht enthalten ist, wird der Gesellschaft die Eintragung in das Handelsregister versagt (dazu ausf. Rdnr. 4). Abseits dieses schmalen Bereichs „zwingt" die Rechtsordnung die Gesellschafter allerdings nicht zur Ausschöpfung privater Gestaltungsmacht. In weiten Bereichen wird das Risiko der mangelnden Erfassung eines Regelungsgegenstandes in der Satzung vielmehr dort belassen, wohin es – bei unbewussten Lücken: zufällig, bei bewusster Aussparung einer Regelung: je nach Verhandlungsmacht – gefallen ist. Unterlassen es die Gesellschafter in der Satzung etwa, ein für die Minderheit besonders wichtiges Austrittsrecht zu vereinbaren, sind die austrittswilligen Gesellschafter nach dem gesetzlichen Ausgangspunkt auf die Veräußerung des Geschäftsanteils oder die an enge Voraussetzungen gebundene und zudem mit erheblichen Wertvernichtungen einhergehende Auflösungsklage (§ 61) verwiesen. Zwar hat hier die Judikative rechtsfortbildend ein bei wichtigem Grund zwingendes Austrittsrecht geschaffen (dazu ausf. bei Anh. § 34 Rdnr. 6 ff.); das Risiko, nur bei einem wichtigen Grund austreten zu können, wird aber bei den Austrittswilligen belassen, sofern die Satzung keine weiteren Gründe festgelegt, bei deren Eintritt ein Austrittsrecht entsteht oder den Austritt auch nach ordentlicher Kündigung der Mitgliedschaft erlaubt. | 121

Für einen Teilbereich an Regelungsmaterien besteht allerdings als Auffanglösung **dispositives GmbH-Recht**[483]. Dispositives Recht ist im Bereich des Rechts der GmbH im Vergleich zu anderen Rechtsgebieten allerdings nur in **geringem Umfang** vorhanden, was die Regelungslast verstärkt der Satzung auferlegt. Die geringe Zahl dispositiver Normen erklärt sich daraus, dass die Interessen sehr **heterogen** sind, weil die Breite der Nutzung der GmbH von personalistischen GmbHs über Publikums- bis zu Konzernholding-GmbHs reicht und auch innerhalb dieser Erscheinungsformen wiederum zahlreiche Subformen mit unterschiedlichen Interessenlagen existieren. Mit der Zweckoffenheit der GmbH korreliert eine Gestal- | 122

---

478 *Wedemann*, Gesellschafterkonflikte in geschlossenen Gesellschaften, 2013, S. 351 (Vertragspraxis zu grobteilig und lückenhaft).

479 *Binder*, Regulierungsinstrumente und Regulierungsstrategien im Kapitalgesellschaftsrecht, 2012, S. 94.

480 So *Bayer*, in: Lutter/Hommelhoff, Rdnr. 4.

481 Zutreffend *Bayer*, in: Lutter/Hommelhoff, Rdnr. 4; *Verse*, Konfliktvermeidung in Familienunternehmen, in: Schriften des Notarrechtlichen Zentrums Familienunternehmen, S. 35.

482 *Verse*, Konfliktvermeidung in Familienunternehmen, in: Schriften des Notarrechtlichen Zentrums Familienunternehmen, S. 34; *Bayer*, in: Lutter/Hommelhoff, Rdnr. 4.

483 Hierzu und zum Folgenden *Cziupka*, in: GS Hannes Unberath, 2015, S. 49 ff.

tungsvielfalt, die es oftmals nur schwer möglich macht, für einen bestimmten Regelungsaspekt einen dispositiven Regelungsvorschlag zu unterbreiten, der zumindest für die Mehrzahl der GmbHs interessengerecht ist[484]. Um die geringe Zahl dispositiver Normen auszugleichen, kann allerdings vorsichtig für die Außenbeziehung auf einzelne **Normen des Aktien- oder Vereinsrechts** zurückgegriffen werden, für das Innenverhältnis auf allgemeine Grundsätze bzw. Prinzipien (Treuepflicht, Gleichbehandlung) oder gar auf das Personengesellschaftsrecht[485]. Die Problematik der Heterogenität der Interessen impliziert, dass im Falle einer Satzungslücke mit Blick auf die konkurrierenden Ergänzungsmechanismen der Lückenfüllung mittels dispositiven Rechts und mittels **ergänzender Auslegung** ein Vorrang der ergänzenden Auslegung zweckgerecht ist[486]. Die ergänzende Auslegung ist nämlich als ein Mittel zu verstehen, das die Typisierungen des dispositiven Rechts im Einzelfall korrigiert; sofern die konkrete Betrachtung des Satzungsgefüges ergibt, dass das dispositive Recht „unpassend" ist, wird unter Rekurs auf den hypothetischen Satzungswillen im Wege der ergänzenden Auslegung die Satzung zu Ende zu denken sein.

123 Neuerdings wird zur Vermeidung von Satzungslücken verstärkt eine **Erweiterung des Kreises der Regelungsaufträge** und damit des Mindestinhalts der Satzung gefordert (vgl. auch Rdnr. 1). Dies steht vor allem im Zeichen mangelnder Ausschöpfung der Regelungsmöglichkeiten, die die Satzungsautonomie den Gesellschaftern belässt (dazu Rdnr. 120). Diskutiert wird *de lege ferenda* vor allem ein Regelungsauftrag zur Gewinnverwendung[487] sowie zum Austrittsrecht[488]. Diese Forderungen sind zu begrüßen. Regelungsaufträge verursachen zwar erhöhte Transaktionskosten bei der Gründung der Gesellschaft; werden sie aber auf Regelungspunkte beschränkt, die sich als häufig regelungsbedürftig erweisen, dürften die zusätzlichen Transaktionskosten durch den Effizienzgewinn infolge effektiverer Konfliktvermeidungs- und -lösungsregeln aufgewogen werden[489]. Regelungsaufträge sollten aber nur dann eingesetzt werden, wenn staatliche Regelsetzung durch dispositives Recht aufgrund mangelnder Typisierbarkeit nicht sachgerecht möglich ist[490].

---

484 *Verse*, Konfliktvermeidung in Familienunternehmen, in: Schriften des Notarrechtlichen Zentrums Familienunternehmen, S. 48.

485 S. nur *Grziwotz*, in: MünchHdb. III, § § 18 Rdnr. 24.

486 *Grziwotz*, in: MünchHdb. III, § § 18 Rdnr. 34; *Schäfer*, in: Bork/Schäfer, Einleitung Rdnr. 34. Grundsätzlich für einen Vorrang der ergänzenden Auslegung *Cziupka*, JuS 2009, 103, 105 f.

487 S. für einen Regelungsauftrag in diesem Bereich *Hommelhoff*, GmbHR 1979, 102, 109 ff.; *Wedemann*, Gesellschafterkonflikte in geschlossenen Kapitalgesellschaften, 2013, S. 239 ff.; *Weller*, ZGR 2012, 386, 401.

488 *Weller*, ZGR 2012, 386, 401, 408 ff.; *Wedemann*, in: Gesellschafterkonflikte in geschlossenen Kapitalgesellschaften, 2013, S. 546 f.

489 Ausführlich *Cziupka*, in: GS Hannes Unberath, 2015, S. 49 ff. S. weiter *Verse*, Konfliktvermeidung in Familienunternehmen, in: Schriften des Notarrechtlichen Zentrums Familienunternehmen, S. 33, 35 ff.

490 Die Vor- und Nachteile von Regelungsaufträgen gegenüber dispositivem Recht wurden vor allem im Kontext einer damals geplanten SPE-Verordnung diskutiert; als Reaktion auf den Verordnungsentwurf wurde zum Teil eine Anreicherung der Verordnung mit dispositivem Recht gefordert, so *Hadding/Kießling*, WM 2009, 145, 153; *Handelsrechtsausschuss des DAV*, Beilage zu NZG 2009/Heft 7, 1, 3; *Krejci*, Societas Privata Europaea, 2008, S. 115; *Wicke*, GmbHR 2006, 356, 358; *Vossius*, EWS 2007, 438, 442. S. dagegen aber etwa auch *Hügel*, ZHR 173 (2009), 309, 349; *Teichmann*, RIW 2010, 120, 124.

§ 4
Firma

Die Firma der Gesellschaft muss, auch wenn sie nach § 22 des Handelsgesetzbuchs oder nach anderen gesetzlichen Vorschriften fortgeführt wird, die Bezeichnung „Gesellschaft mit beschränkter Haftung" oder eine allgemein verständliche Abkürzung dieser Bezeichnung enthalten. Verfolgt die Gesellschaft ausschließlich und unmittelbar steuerbegünstigte Zwecke nach den §§ 51 bis 68 der Abgabenordnung, kann die Abkürzung „gGmbH" lauten.

Text i.d.F. des Handelsrechtsreformgesetzes vom 22.6.1998 (BGBl. I 1998, 1474, 1479). Satz 2 angef. durch Ehrenamtsstärkungsgesetz vom 21.3.2013 (BGBl. I 2013, 556, 559).

§ 18 HGB

(1) Die Firma muss zur Kennzeichnung des Kaufmanns geeignet sein und Unterscheidungskraft besitzen.

(2) Die Firma darf keine Angaben enthalten, die geeignet sind, über geschäftliche Verhältnisse, die für die angesprochenen Verkehrskreise wesentlich sind, irrezuführen. Im Verfahren vor dem Registergericht wird die Eignung zur Irreführung nur berücksichtigt, wenn sie ersichtlich ist.

Text i.d.F. des Handelsrechtsreformgesetzes vom 22.6.1998 (BGBl. I 1998, 1474, 1475).

Schrifttum (Auswahl): *Ammon,* Gesellschaftsrechtliche und sonstige Neuerungen im Handelsrechts-reformgesetz, DStR 1998, 1474; *Th. Beyerlein,* Die Firma, WRP 2005, 582; *Bokelmann,* Die Neuregelungen im Firmenrecht nach dem RegE des Handelsrechtsreformgesetzes, GmbHR 1998, 57; *Bokelmann,* Das Recht der Firmen und Geschäftsbezeichnungen, 5. Aufl. 2000; *L. Bülow/P. Baronikians,* Marken- und firmenrechtliche Beratung bei der Unternehmensgründung, MittBayNot 2002, 137; *Clausnitzer,* Das Firmenrecht in der Rechtsprechung (2000 bis 2009), DNotZ 2010, 345; *Goette,* GmbH, § 1 Rdnr. 24–27 (S. 5 f.); *Heckschen,* Firmenbildung und Firmenverwertung – aktuelle Tendenzen, NotBZ 2006, 346; *Heidinger,* Der Name des Nichtgesellschafters in der Personenfirma, DB 2005, 815; *P. Jung,* Firmen von Personenhandelsgesellschaften, ZIP 1998, 677; *Kanzleiter,* Zur Unterscheidungskraft und Kennzeichnungskraft einer Firma bei der Verwendung von Ortszusätzen bei Gattungsbezeichnungen, DNotZ 2008, 393; *Kiesel/Neises/Plewa/Poneleit/Rolfes/Wurster,* Das Firmenrecht in der IHK-Praxis – Klassische Probleme bei der Suche nach dem Unternehmensnamen, DNotZ 2015, 740; *St. Kögel,* Neues Firmenrecht und alte Zöpfe: Auswirkungen der HGB-Reform, BB 1998, 1645; *St. Kögel,* Sind geographische Zusätze im Firmennamen entwertet?, GmbHR 2002, 642; *St. Kögel,* Zulässigkeit von Fremdnamen und unrichtigen Personenzusätzen in der Firma der GmbH, GmbHR 2011, 16; *Kuhn,* Zulässigkeit und Folgen der Verwendung von Drittnamen in der Personenfirma, 2015; *Lamsa,* Die Firma der Auslands-gesellschaft, 2011; *Lutter/Welp,* Das neue Firmenrecht der Kapitalgesellschaften, ZIP 1999, 1073; *D. Möller,* Das neue Firmenrecht in der Rechtsprechung, DNotZ 2000, 830; *D. Möller,* Neues Kaufmanns- und Firmenrecht, 1998; *P.-H. Müther,* Überlegungen zum neuen Firmenbildungsrecht bei der GmbH, GmbHR 1998, 1058; *W.-H. Roth,* Zum Firmenrecht der juristischen Personen im Sinne des § 33 HGB, in: FS Lutter, 2000, S. 651; *W.-H. Roth,* in: Die Reform des Handelsstandes und der Personengesellschaften, 1999, S. 31; *Schaefer,* Handelsrechtsreformgesetz, 1999; *Karsten Schmidt,* Das Handelsrechtsreform-gesetz, NJW 1998, 2161; *Schulenburg,* Die Abkürzung im Firmenrecht der Kapitalgesellschaften, NZG 2000, 1156; *Chr. Schulte/R. Warnke,* Das neue Firmenrecht der GmbH im Handelsregisterverfahren, GmbHR 2002, 626; *Wachter,* Änderungen im Firmenrecht der GmbH, GmbHR 2013, R 145; *Wessel/Zwernemann/Kögel,* Die Firmengründung, 7. Aufl. 2001, Rdnr. 100, 403 ff. (S. 93, 312 ff.).

I. Normzweck; Liberalisierung des Firmenrechts

1 § 4 konkretisiert **§ 3 Abs. 1 Nr. 1** hinsichtlich des Rechtsformzusatzes, nicht hinsichtlich des Firmenkerns[1]. Satz 1[2] bestimmt, dass die Firma der Gesellschaft einen **GmbH-Rechtsform-**

---

1 *Bayer,* in: Lutter/Hommelhoff, Rdnr. 1; *Fastrich,* in: Baumbach/Hueck, Rdnr. 1; *Pfisterer,* in: Saenger/Inhester, Rdnr. 1: Vorschrift bemerkenswert knapp. Vgl. auch OLG Rostock v. 17.11.2014 – 1 W 53/14, GmbHR 2015, 37: „Die Firma des Beschwerdeführers enthält die Abkürzung ‚GmbH'. Damit ist der Anforderung des § 4 GmbHG Genüge getan." Ein Verstoß gegen § 4 kann mithin allein bei einer mangelnden Beachtung der Anforderungen an den Rechtsformzusatz, nicht aber etwa bei einer Missachtung sonstiger Grundsätze der Firmenbildung gerügt werden.
2 § 4 Satz 1 geht auf das Handelsrechtsreformgesetz von 1998 zurück, das am 1.7.1998 in Kraft getreten ist, BGBl. I 1998, 1474, 1479.

zusatz (ausgeschrieben oder als allgemein verständliche Abkürzung) enthalten muss (s. ausf. Rdnr. 9 ff.) und dies auch für zulässigerweise **fortgeführte Firmen** gilt (s. ausf. Rdnr. 70). Eine **Sonderregelung** für die **Unternehmergesellschaft (haftungsbeschränkt)** findet sich in § 5a Abs. 1 (hierzu s. § 5a Rdnr. 14). Satz 2, der im Zuge des Ehrenamtsstärkungsgesetzes[3] im Jahre 2013 eingeführt wurde, ergänzt noch, dass eine Gesellschaft, die steuerbegünstigte Zwecke i.S. der §§ 51 ff. AO verfolgt, den abgekürzten Rechtsformzusatz „**gGmbH**" führen darf[4] (s. dazu Rdnr. 12 f.); eine entsprechende Sonderregelung für die Unternehmergesellschaft (haftungs-beschränkt) fehlt (s. Rdnr. 12). § 4 Abs. 1 hatte in der **früheren Fassung** von 1892 noch nähere Vorgaben zur Firmenbildung im eigentlichen Sinne gemacht (s. dazu 11. Aufl., Rdnr. 2 sowie zur Sachfirma 11. Aufl., Rdnr. 16 f., zur Personenfirma 11. Aufl., Rdnr. 29 f. sowie zur Phantasiefirma 11. Aufl., Rdnr. 42a und zur Mischfirma 11. Aufl., Rdnr. 44).

Die Beschränkung des Regelungsinhalts des § 4 auf den Rechtsformzusatz ist Ausdruck der 2 **Liberalisierung** des Firmenrechts durch das **Handelsrechtsreformgesetz** von 1998[5]. Die Firmenbildung richtet sich seither grundsätzlich allein nach den **§§ 18, 30 HGB**, die über § 13 Abs. 3 GmbHG i.V.m. § 6 Abs. 1 HGB anwendbar sind und ebenfalls durch das Handelsrechtsreformgesetz geändert wurden. Die Liberalisierung des Firmenrechts hat für die GmbH vor allem zweierlei gebracht: die generelle **Zulassung von Phantasiefirmen** neben den bisher schon zulässigen Personen- und Sachfirmen sowie den **Fortfall des** früheren strengen **Entlehnungsgebots** bei der Wahl einer Sachfirma.

II. Die Firma der GmbH

1. Name der Gesellschaft; Firmeneinheit

Die Firma ist der Name der Gesellschaft, unter dem sie im Verkehr allein auftreten kann (vgl. 3 §§ 4, 13 Abs. 3 GmbHG i.V.m. den §§ 6 Abs. 1 und 17 Abs. 1 HGB). Sie hat die Aufgabe, die Gesellschaft im Rechtsverkehr zu **individualisieren** und dadurch von anderen zu **unterscheiden**[6] (zur Kennzeichnungs- und Unterscheidungskraft Rdnr. 21 ff.).

Ebenso wie eine natürliche Person kann auch eine Gesellschaft immer nur einen Namen, d.h. 4 eine einzige Firma haben (**Grundsatz der Firmeneinheit**)[7]. Selbst wenn die Gesellschaft mehrere Unternehmen, auch in verschiedenen Geschäftsbereichen[8], besitzt, darf sie daher – anders als ein Einzelkaufmann – für diese nicht verschiedene Firmen verwenden[9]. Das gilt auch, wenn die Gesellschaft ein weiteres Handelsgeschäft erwirbt, dessen Firma sie *neben* ih-

3 Gesetz zur Stärkung des Ehrenamtes (Ehrenamtsstärkungsgesetz) vom 21.3.2013, BGBl. I 2013, 556, 559.
4 Dagegen vor Einfügung des § 4 Satz 2 etwa OLG München v. 13.12.2006 – 31 Wx 84/06, GmbHR 2007, 267, 268 mit Anm. *Rohde*.
5 S. dazu die Begr. RegE, BT-Drucks. 13/8444, S. 36 ff., 74 f.; Ausschussbericht, BT-Drucks. 13/10332 = ZIP 1998, 712; RefE, ZIP 1996, 1401, 1445, 1485.
6 BGH v. 21.9.1976 – II ZB 4/74, BGHZ 67, 166, 168 = WM 1976, 1052 (zur KG); RG v. 30.10.1914 – II B 4/14 und 5/14, RGZ 85, 397, 399; BayObLG v. 4.4.2001 – 3Z BR 84/01, BayObLGZ 2001, 83, 84 = GmbHR 2001, 476 mit Anm. *Wachter* = NotBZ 2001, 227; *J. Mayer*, in: MünchKomm. GmbHG, Rdnr. 9.
7 *Ammon*, DStR 1994, 325; *Bokelmann*, Firmen- und Geschäftsbezeichnungen, Rdnr. 391 ff.; *Bayer*, in: Lutter/Hommelhoff, Rdnr. 3; *Emmerich*, in: Heymann, § 17 HGB Rdnr. 26; *Fastrich*, in: Baumbach/Hueck, Rdnr. 2; *Heinrich*, in: Ulmer/Habersack/Löbbe, Rdnr. 8; *Mock*, in: Michalski u.a., Rdnr. 14; *J. Mayer*, in: MünchKomm. GmbHG, Rdnr. 9; *Roth*, in: Roth/Altmeppen, Rdnr. 2; *Schäfer*, in: Bork/Schäfer, Rdnr. 3; krit. *Wamser*, Die Firmeneinheit, 1997; *W.-H. Roth*, Fachtagung der Bayer-Stiftung 1998, S. 31, 54 ff.
8 Vgl. etwa *Fastrich*, in: Baumbach/Hueck, Rdnr. 2.
9 BGH v. 21.9.1976 – II ZB 4/74, BGHZ 67, 166, 167 ff. = GmbHR 1976, 280; BayObLG v. 19.3.1992 – 3Z BR 15/92, BayObLGZ 1992, 59, 61 = GmbHR 1992, 619 = AG 1992, 455; *Bayer*, in: Lutter/Hom-

rer Firma fortführen möchte (§ 4 GmbHG i.V.m. § 22 HGB)[10]. Soll die erworbene Firma aufrechterhalten werden, bestehen drei Möglichkeiten: (1.) das hinzuerworbene Geschäft wird als Zweigniederlassung unter besonderer Firma betrieben (s. §§ 13 Abs. 1, 30 Abs. 3, 50 Abs. 3 HGB); (2.) das hinzuerworbene Geschäft wird in eine Tochtergesellschaft eingebracht; (3.) beide Firmen werden vereint (s. dazu ausf. Rdnr. 73 ff.)[11].

2. Firmenführungspflicht

5 Wenn die Gesellschaft am **Rechtsverkehr** teilnimmt, muss sie mit ihrer vollständigen Firma auftreten, eine andere Bezeichnung darf nicht verwandt werden (§ 37 Abs. 1 HGB; § 5 UWG). Wegen dieser sog. Firmenführungspflicht müssen die Geschäftsführer insbesondere bei der **Unterzeichnung von Erklärungen** im Namen der GmbH stets die vollständige Firma einschließlich des GmbH-Zusatzes verwenden (§ 4; s. § 35 Abs. 3 a.F.). Auf **Geschäftsbriefen** ist sie gleichfalls vollständig anzugeben, damit im rechtsgeschäftlichen Verkehr keine Zweifel über die Rechts- und Haftungsverhältnisse der Gesellschaft aufkommen können (§ 35a Abs. 1 Satz 1 GmbHG; vgl. § 37a HGB).

3. Unternehmensbezogene Geschäfte

6 Wird im Geschäftsverkehr eine Firma verwandt, so soll Vertragspartner nach dem Willen der Beteiligten grundsätzlich (allein) der Geschäftsinhaber werden (§ 17 HGB). Unbedeutend ist, ob der andere Teil den Inhaber kennt und ob er ihn sich richtig sowie ob die Firma richtig oder falsch, erlaubt oder unzulässig verwandt wird. Dies gilt auch, wenn eine Person unter der Firma einer GmbH auftritt, selbst wenn der andere Teil irrtümlich den Handelnden für seinen Vertragspartner gehalten hat[12]. Unberührt bleibt jedoch § 164 Abs. 2 BGB, so dass die Gesellschaft nur verpflichtet wird, wenn die Unternehmensbezogenheit des Geschäfts deutlich hervorgetreten ist. Anderenfalls wird der Handelnde selbst verpflichtet[13]. Die Auslegungsregeln über unternehmensbezogene Geschäfte schließen eine **Haftung des Vertreters** *neben* **der Gesellschaft** nicht aus, wenn der Geschäftsführer die Firma unzulässigerweise ohne den zwingend vorgeschriebenen GmbH-Zusatz im Geschäftsverkehr verwendet (s. dazu ausf. Rdnr. 79 ff.).

4. Materielles Firmenrecht

7 § 4 sowie die §§ 18 ff. HGB gehören zum formellen Firmenrecht und damit zu den Bestimmungen, die bei der Firmenbildung zu beachten sind (s. zu den Anforderungen näher Rdnr. 17 ff.). Den begrifflichen Gegensatz bildet das materielle Firmenrecht, das in erster Li-

melhoff, Rdnr. 3; *Fastrich*, in: Baumbach/Hueck, Rdnr. 2; *J. Mayer*, in: MünchKomm. GmbHG, Rdnr. 9; *Heinrich*, in: Ulmer/Habersack/Löbbe, Rdnr. 8.

10 BGH v. 21.9.1976 – II ZB 4/74, BGHZ 67, 166, 168 = GmbHR 1976, 280; RG v. 30.10.1914 – II B 4/14 und 5/14, RGZ 85, 397, 399; RG v. 30.3.1926 – II B 8/26, RGZ 113, 213, 216.

11 *Fastrich*, in: Baumbach/Hueck, Rdnr. 2; *J. Mayer*, in: MünchKomm. GmbHG, Rdnr. 9; *Michalski*, in: Michalski, 2. Aufl. 2010, Rdnr. 2.

12 BGH v. 18.3.1974 – II ZR 167/72, BGHZ 62, 216, 219 = NJW 1974, 1191; BGH v. 3.2.1975 – II ZR 128/73, BGHZ 64, 11, 16 ff. = NJW 1975, 1166; BGH v. 7.5.1984 – II ZR 276/83, BGHZ 91, 148, 152 = GmbHR 1984, 316; BGH v. 8.7.1996 – II ZR 258/95, GmbHR 1996, 764; BGH v. 18.5.1998 – II ZR 355/95, GmbHR 1998, 883, 884; OLG Hamm v. 26.4.1988 – 26 U 143/87, NJW-RR 1988, 1308 f.; OLG Hamm v. 24.3.1998 – 19 U 175/97, GmbHR 1998, 890, 891; s. auch *J. Mayer*, in: MünchKomm. GmbHG, Rdnr. 10.

13 Wohl unstr., s. nur BGH v. 4.4.2000 – XI ZR 152/99, BB 2000, 1209, 1210 f.

nie in den **§§ 5 und 15 MarkenG** sowie ergänzend in **§ 12 BGB** und **§ 5 UWG** geregelt ist. Die Firma gehört danach zu den **Unternehmenskennzeichen**, die zusammen mit den Werktiteln die geschäftlichen Bezeichnungen bilden (§ 5 Abs. 2 Satz 1 MarkenG) und an denen dem Inhaber ein ausschließliches Recht zusteht (§ 15 Abs. 1 MarkenG). Der Schutz dieses ausschließlichen Rechts gegen Dritte richtet sich vorrangig nach § 15 MarkenG sowie ergänzend nach den §§ 12, 823 Abs. 1, 1004 BGB und § 3 UWG. Eine allgemeine Schranke für die Zulässigkeit von Firmen ergibt sich außerdem aus dem Irreführungsverbot des § 5 UWG, das sich nicht voll mit § 18 Abs. 2 HGB deckt, sondern in einzelnen Beziehungen darüber hinausgeht.

Bei einer Personenfirma ist die Beachtung des **Namensrechts** von erheblicher praktischer Bedeutung (§ 12 BGB). Die Aufnahme des Namens eines Gesellschafters in die Firma der Gesellschaft bedarf dessen Zustimmung. Bei einem Gründungsgesellschafter wird diese in aller Regel bereits in seiner Mitwirkung bei dem Abschluss des Gesellschaftsvertrages liegen[14]. Anders dagegen, wenn der Name eines Gesellschafters erst nachträglich durch Satzungsänderung in die Firma aufgenommen wird: In diesem Fall ist seine gesonderte Zustimmung nach § 12 BGB erforderlich, falls er dem Änderungsbeschluss nicht zugestimmt hat. **Keine Anwendung** findet jedoch **§ 24 Abs. 2 HGB**. Daher ist – vorbehaltlich abweichender Vereinbarungen – bei einem späteren Ausscheiden des namensgebenden Gesellschafters dessen Einwilligung in die Fortführung der mit seinem Namen gebildeten Personenfirma grundsätzlich *nicht* mehr erforderlich[15]. Der Gesellschaft ist es außerdem im Zweifel gestattet, ihr **Unternehmen mit** der **Personenfirma zu veräußern** oder ihre Firma zur Bildung von Firmen für **Zweigniederlassungen** zu verwenden, selbst wenn der namensgebende Gesellschafter inzwischen ausgeschieden ist[16]. Eine **weitergehende Vervielfältigung** der Firma wird dagegen durch die Zustimmung des früheren Gesellschafters im Zweifel nicht mehr gedeckt, so dass es der Gesellschaft verwehrt ist, verschiedene Zweigniederlassungen mit der Firma selbständig zu veräußern[17].

8

III. Rechtsformzusatz (Regelungsgehalt des § 4)

Schrifttum: *Haas*, Die Vertreterhaftung bei Weglassen des Rechtsformzusatzes nach § 4 Abs. 2 GmbHG, NJW 1997, 2854; *Haas*, Gesellschaftsrecht: Geschäftsführerhaftung wegen Weglassens des Rechtsformzusatzes, DStR 2000, 84; *Sternberg*, Der Gesellschaftszusatz in der Handelsfirma, 1975; *Wachter*, Änderungen im Firmenrecht der GmbH, GmbHR 2013, R 145; *Winkler*, Ist die Eintragung einer GmbH unter der abgekürzten Bezeichnung „GmbH" in das Handelsregister zulässig?, GmbHR 1969, 77.

---

14 S. nur *J. Mayer*, in: MünchKomm. GmbHG, Rdnr. 37; *Schmidt-Leithoff*, in: Rowedder/Schmidt-Leithoff, Rdnr. 25.
15 BGH v. 20.4.1972 – II ZR 17/70, BGHZ 58, 322, 324 = NJW 1972, 1419; BGH v. 27.9.1982 – II ZR 51/82, BGHZ 85, 221, 224 = GmbHR 1983, 195 = NJW 1983, 755; BayObLG v. 1.6.1984 – BReg.3 Z 126/84, BayObLGZ 1984, 129, 132 = GmbHR 1985, 116; OLG Düsseldorf v. 20.7.1978 – 2 U 154/77, NJW 1980, 1284, 1285; OLG Rostock v. 20.3.1997 – 4 W 3/97, GmbHR 1997, 1064, 1065; s. weiter *Emmerich*, in: Heymann, § 24 HGB Rdnr. 10; *J. Mayer*, in: MünchKomm. GmbHG, Rdnr. 37.
16 BGH v. 27.9.1982 – II ZR 51/82, BGHZ 85, 221, 224 = GmbHR 1983, 195 = NJW 1983, 755; BayObLG v. 26.11.1997 – 3Z BR 279/97, BayObLGZ 1997, 328, 332 ff. = NJW 1998, 1158, 1159 f. – Vossius I; *Emmerich*, in: Heymann, § 22 HGB Rdnr. 14; *J. Mayer*, in: MünchKomm. GmbHG, Rdnr. 38.
17 BGH v. 27.9.1982 – II ZR 51/82 BGHZ 85, 221, 225 = GmbHR 1983, 195; BGH v. 13.10.1980 – II ZR 116/79, MDR 1981, 207: Auch wenn ein ausgeschiedener Gesellschafter der Namensfortführung zugestimmt hat, schließe dies im Zweifel nicht das Recht ein, die Firma zu vervielfältigen. S. auch *Fastrich*, in: Baumbach/Hueck, Rdnr. 3; *Schmidt-Leithoff*, in: Rowedder/Schmidt-Leithoff, Rdnr. 25. A.A. *Heinrich*, in: Ulmer/Habersack/Löbbe, § 4 Rdnr. 62.

1. Bedeutung des Rechtsformzusatzes

9   Dem Rechtsformzusatz kommt, gleichsam als Gegengewicht zu der Liberalisierung des Firmenrechts, **zentrale Bedeutung** zu. Nur durch ihn werden zumindest die Rechts- und Haftungsverhältnisse eindeutig klargestellt. Damit dient § 4 der Information des Rechtsverkehrs und hat eine **Verkehrsschutzfunktion**[18]. Zutreffend wird daraus abgeleitet, § 4 streng auszulegen[19]. Er ist nach dem insoweit keine Einschränkungen enthaltenen Wortlaut inklusive des Bestandteils „Gesellschaft" auch bei der Einpersonengesellschaft zwingend beizufügen, zumal im Rechtssinne der Begriff der „Gesellschaft" nicht auf Mehrpersonengebilde limitiert ist[20]. Zu den registerrechtlichen Folgen eines unzulässigen Rechtsformzusatzes Rdnr. 88 ff. Zur Rechtsscheinhaftung bei Auftreten ohne oder mit einem falschen Rechtsformzusatz Rdnr. 79 ff. Aus dem Zusammenhang der gesetzlichen Regelung folgt zugleich, dass allen anderen Gesellschaften die Führung von Rechtsformzusätzen, die mit denen einer GmbH i.S. des § 4 verwechselt werden können, untersagt ist (§ 18 Abs. 2 Satz 1 HGB).

2. GmbH-Zusatz (§ 4 Satz 1)

a) Abkürzungen, fremdsprachliche Bezeichnungen

10   Der Rechtsformzusatz darf nur in der vom Gesetz erlaubten Weise verwandt werden, d.h. also nur in der Form „Gesellschaft mit beschränkter Haftung" oder in Gestalt einer allgemein verständlichen Abkürzung, wobei der Begriff der „Gesellschaft" – anders als nach § 4 Abs. 2 a.F. – ausgeschrieben oder als Abkürzung zwingender Bestandteil ist (unzulässig daher „mbH"). Als allgemein verständliche Abkürzung kommt in erster Linie **„GmbH"** in Betracht, mit oder ohne Punktierung, mit Beachtung der Abkürzungsregeln („GmbH"), durchgängig in Großbuchstaben („GMBH") oder auch durchgängig kleingeschrieben („gmbh"). Das Gesetz schließt andere Abkürzungen nicht aus, verlangt aber, dass die Abkürzung „allgemein verständlich" ist, d.h. für jedermann ohne Weiteres auf das Vorliegen einer GmbH hinweist. Dies ist im Lichte der Bedeutung des Rechtsformzusatzes (s. Rdnr. 9) nur zurückhaltend anzunehmen[21]. Im Regelfall wird dies nur bei den auch tatsächlich gebräuchlichen Abkürzungen **„GmbH"** bzw. **„Gesellschaft mbH"** (mit oder ohne Punktierungen) zutreffen, schon die Abkürzung „Ges. mbH" ist weniger gebräuchlich, aber noch zulässig[22]. Werden die Abkürzungsregeln nicht beachtet, darf das Resultat nicht unverständlich wirken, was bei einer daher unzulässigen Umkehrung der Abkürzungsregel („gMBH")[23] oder einer für Dritte nicht erkennbaren Abkürzungslogik („Gmbh")[24] der Fall wäre. **Umformulierungen** sind ebenfalls unzulässig[25]. In diesem Sinne darf z.B. das Wort „Haftung" nicht in „Haftpflicht" abgewandelt werden[26] (unzulässig auch „Gesellschaft mit Haftungsbeschränkung"[27]) oder statt „Gesellschaft" auf die Wendung „und Partner" abgestellt bzw. das Vorliegen einer Mehr-

---

18 S. etwa *J. Mayer*, in: MünchKomm. GmbHG, Rdnr. 11; *Mock*, in: Michalski u.a., Rdnr. 1.
19 Wohl allg. M.; vgl. *Bayer*, in: Lutter/Hommelhoff, Rdnr. 25; *J. Mayer*, in: MünchKomm. GmbHG, Rdnr. 13 ff.; *Roth*, in: Roth/Altmeppen, Rdnr. 46.
20 S. nur *Fastrich*, in: Baumbach/Hueck, Rdnr. 14; *Roth*, in: Altmeppen/Roth, Rdnr. 45.
21 So zu Recht auch *Roth*, in: Roth/Altmeppen, Rdnr. 46. Weitergehender allerdings *J. Mayer*, in: MünchKomm. GmbHG, Rdnr. 13.
22 S. *Bayer*, in: Lutter/Hommelhoff, Rdnr. 24; *Pfisterer*, in: Saenger/Inhester, Rdnr. 17; tendenziell strenger wohl *Roth*, in: Roth/Altmeppen, Rdnr. 36.
23 Richtig *Heinrich*, in: Ulmer/Habersack/Löbbe, Rdnr. 37.
24 Zutreffend *Hecht*, in: Gehrlein/Born/Simon, Rdnr. 33.
25 S. nur *Roth*, in: Roth/Altmeppen, Rdnr. 47.
26 *Michalski*, in: Michalski, 2. Aufl. 2010, Rdnr. 37; *Roth*, in: Roth/Altmeppen, Rdnr. 47; *Schmidt-Leithoff*, in: Rowedder/Schmidt-Leithoff, Rdnr. 55.
27 *Heinrich*, in: Ulmer/Habersack/Löbbe, Rdnr. 37.

personengesellschaft gar nur durch die Namensverbindung „A & B"[28] angezeigt werden. Daraus folgt zugleich, dass selbst in fremdsprachlichen Firmen (nicht aber bei Auslandsgesellschaften) der Rechtsformzusatz in **deutscher Sprache** erfolgen muss. Die Verwendung des englischen Wortes „Company"[29] ist daher unzulässig, ebenso die Abkürzung „& Co.". Eine Zweigniederlassung einer **ausländischen GmbH** (etwa einer englischen Ltd.) muss dagegen einen entsprechenden ausländischen Rechtsformzusatz (ohne Übersetzung, aber ggf. mit Transkription der Schriftzeichen) beifügen[30]. Eine Herkunftsangabe bei EU- bzw. EWR-Auslandsgesellschaft zu fordern, wäre jedoch nach richtiger Ansicht unionswidrig, selbst bei Gesellschaftsformen, die mit inländischen Gesellschaftsformen identischer Bezeichnung verwechselt werden könnten (Bsp.: österreichische „GmbH")[31], s. dazu Anh. § 4a Rdnr. 39. Verlangt das ausländische Recht keine Führung des Rechtsformzusatzes oder ist dieser für den durchschnittlichen Teilnehmer des Rechtsverkehrs im Inland nicht als solcher verständlich, ist nach überwiegender Ansicht der Zweigniederlassung zwingend ein Zusatz beizufügen, der auf die Zugehörigkeit zur ausländischen Gesellschaft hinweist[32] (zu diesem Zusatz, der ansonsten bei identischer Firma nicht erforderlich ist, Rdnr. 86). Dies gilt richtigerweise im Lichte des hierdurch bedingten Gläubigerschutzes auch für Zweigniederlassungen von EU- bzw. EWR-Auslandsgesellschaften[33]. S. hierzu auch näher Anh. § 4a Rdnr. 39.

b) Stellung des Rechtsformzusatzes innerhalb der Firma

Unerheblich ist, **wo** der Zusatz steht[34]. Das Gesetz schreibt nicht vor, dass der Zusatz der Firma am Ende hinzugefügt werden muss. Deshalb darf der Zusatz auch an anderen Stellen in die Firma eingefügt werden, vorausgesetzt, dass diese dadurch nicht unklar oder täuschend wird (§ 18 Abs. 2 HGB)[35]. So kann der Rechtsformzusatz auch insbesondere zwischen einem individualisierenden Zusatz und einer Branchenbezeichnung eingefügt werden („Dialog GmbH EDV- und Textsysteme"[36]). Die Bestandteile „Gesellschaft" und „mit beschränkter Haftung" dürfen allerdings nach richtiger, aber sehr umstrittener Ansicht nicht getrennt werden[37]. Dies ergibt sich letztlich bereits aus dem eindeutigen Wortlaut des Gesetzes. Dies gilt auch, wenn für den Verkehr erkennbar wäre, dass trotz der auseinandergerissenen Wortstellung eine Zusammengehörigkeit besteht[38], da jeweils nur sehr schwer ermittelbar wäre, wann diese Voraussetzung erfüllt ist. Dagegen ginge es zu weit, für unzulässig zu halten, das Wort „**Gesellschaft**" mit anderen Wörtern **zusammenzufassen**. Solange auf das

11

---

28 S. *Roth*, in: Roth/Altmeppen, Rdnr. 47.
29 *Fastrich*, in: Baumbach/Hueck, Rdnr. 14; *Heidinger*, in: MünchHdb. GesR III, § 19 Rdnr. 72; *Heinrich*, in: Ulmer/Habersack/Löbbe, Rdnr. 38; *Schmidt-Leithoff*, in: Rowedder/Schmidt-Leithoff, Rdnr. 55.
30 *Kindler*, NJW 2003, 1073, 1079; *Ulmer*, JZ 1999, 662, 663; *Mock*, in: Michalski u.a., Rdnr. 79.
31 S. nur *Rehberg*, in: Eidenmüller, Ausländische Kapitalgesellschaften im deutschen Recht, 2004, § 5 Rdnr. 54 sowie *Heidinger*, in: MünchKomm. HGB, Vor § 17 HGB Rdnr. 62 und *Hopt*, in: Baumbach/Hopt, § 17 HGB Rdnr. 48.
32 Vgl. etwa *Krafka*, in: MünchKomm. HGB, § 13d HGB Rdnr. 22.
33 *Krafka*, in: MünchKomm. HGB, § 13d HGB Rdnr. 22; *Mödl*, RNotZ 2008, 1, 9.
34 Vgl. nur *Roth*, in: Roth/Altmeppen, Rdnr. 47: Platzierung freigestellt.
35 LG Köln v. 25.8.1978 – 29 T 20/78, GmbHR 1978, 256 f.; *Fastrich*, in: Baumbach/Hueck, Rdnr. 14; *Heidinger*, in: MünchHdb. GesR III, § 19 Rdnr 72; *Heinrich*, in: Ulmer/Habersack/Löbbe, Rdnr. 38; *J. Mayer*, in: MünchKomm. GmbHG, Rdnr. 16; *Mock*, in: Michalski u.a., Rdnr. 82; *Roth*, in: Roth/Altmeppen, Rdnr. 47.
36 LG Köln v. 25.8.1978 – 29 T 20/78, GmbHR 1978, 256 f ; ebenso *Roth*, in: Roth/Altmeppen, Rdnr. 47; *Wälzholz*, in: GmbH-Handbuch, Rdnr. I 156.
37 *Roth*, in: Roth/Altmeppen, Rdnr. 47; *Heinrich*, in: Ulmer/Habersack/Löbbe, Rdnr. 36; a.A. *Fastrich*, in: Baumbach/Hueck, Rdnr. 14; *J. Mayer*, in: MünchKomm. GmbHG, Rdnr. 16; *Michalski*, in: Michalski, 2. Aufl. 2010, Rdnr. 38; *Schmidt-Leithoff*, in: Rowedder/Schmidt-Leithoff, Rdnr. 55; *Wälzholz*, in: GmbH-Handbuch, Rdnr. I 156.
38 *Fastrich*, in: Baumbach/Hueck, Rdnr. 14.

Wort „Gesellschaft" der Zusatz „mbH" folgt, ist eine Zusammenfassung des Wortes „Gesellschaft" unschädlich, weil für den Rechtsverkehr dann der Bezug der Haftungsbeschränkung erkennbar ist („A-Autohandelsgesellschaft mbH"; unzulässig aber „A-Gesellschaft für Autohandel mbH")[39]. Im Zeichen der gesteigerten Bedeutung des Rechtsformzusatzes darf dieser **nicht in Klammern** gesetzt werden[40], weil dies seine Bedeutung mindern könnte.

3. „gGmbH"-Zusatz (§ 4 Satz 2)

12   Mit der Einfügung des neuen **§ 4 Satz 2** (dazu schon Rdnr. 1) hat der Gesetzgeber entschieden, dass eine „gemeinnützige" GmbH die Abkürzung „gGmbH" als Rechtsformzusatz führen darf, sofern sie ausschließlich und unmittelbar steuerbegünstigte Zwecke nach den §§ 51– 68 AO verfolgt. § 4 Satz 2 legt damit einen eigenen firmenrechtlichen Begriff der Gemeinnützigkeit zugrunde, da dieser in der Begrifflichkeit der AO nicht als Oberbegriff für die dort als steuerbegünstigte Zwecke genannten gemeinnützigen, mildtätigen oder kirchlichen Zwecke dient[41]. Durch die Einfügung des § 4 Satz 2 stellt der Gesetzgeber klar, dass durch diese Abkürzung der GmbH-Rechtsformzusatz nicht in seiner Allgemeinverständlichkeit beeinträchtigt wird, was zuvor überaus umstritten war[42]. **Zulässig** sind damit *erst recht* Firmierungen, die die Gemeinnützigkeit nicht durch einen entsprechend abgekürzten Rechtsformzusatz anzeigen, sondern darauf in anderer Weise hinweisen, etwa durch dessen Langfassung „gemeinnützige Gesellschaft mit beschränkter Haftung" oder auch die Mischform „gemeinnützige GmbH"[43]. Dies gilt auch für die UG, so dass jedenfalls der Rechtsformzusatz „gemeinnützige UG (haftungsbeschränkt)" zulässig sein sollte. Umstritten ist die Möglichkeit der Firmierung als „**gUG (haftungsbeschränkt)**". Ein Verweis in § 5a auf § 4 Satz 2 fehlt. Nach Sinn und Zweck sollte diese Firmierung aber zulässig sein[44], zumal der Verständlichkeit des Rechtsformzusatzes „UG (haftungsbeschränkt)" bzw. „Unternehmergesellschaft (haftungsbeschränkt)" die Hinzufügung des Buchstabens „g" nicht schadet. Auch dürfte mittlerweile die Unternehmergesellschaft mitsamt ihres Akronyms „UG" beim durchschnittlichen Teilnehmer des Rechtsverkehrs ausreichend bekannt sein[45], so dass bei der UG eine größere Verwirrung als bei der GmbH über die Ergänzung des Rechtsformzusatzes um den Buchstaben „g" nicht mehr zu erwarten sein dürfte. Daher ist es auch zu formalistisch, für die Unzulässigkeit dieser Firmierung darauf zu verweisen, dass § 5a nur die beiden dort ausdrücklich genannten Rechtsformzusätze zulässt, nicht aber (wie § 4 Satz 1) auch (weitere) allgemein verständliche Abkürzungen, zumal in die Abkürzung für die Unternehmergesellschaft selbst nicht eingegriffen, sondern nur ein Zusatz beigefügt wird. Die mangelnde Anpassung des § 5a im Zuge des Ehrenamtsstärkungsgesetzes dürfte insgesamt wohl als Redak-

---

39 *Heinrich*, in: Ulmer/Habersack/Löbbe, Rdnr. 37. Soweit übereinstimmend auch die überwiegende Sichtweise, vgl. *J. Mayer*, in: MünchKomm. GmbHG, Rdnr. 16; *Bayer*, in: Lutter/Hommelhoff, Rdnr. 23; *Roth*, in: Roth/Altmeppen, Rdnr. 48b.
40 A.A. aber noch zum alten Recht KG v. 20.2.1899 – I V 75/99, KGJ 19, 15 – Orlow. Richtig *Heinrich*, in: Ulmer/Habersack/Löbbe, Rdnr. 38.
41 Richtig *Roth*, in: Roth/Altmeppen, Rdnr. 48a.
42 Dagegen etwa OLG München v. 13.12.2006 – 31 Wx 84/06, GmbHR 2007, 267, 268 mit Anm. *Rohde*.
43 *J. Mayer*, in: MünchKomm. GmbHG, Rdnr. 16.
44 Wie hier *Fastrich*, in: Baumbach/Hueck, § 5a Rdnr. 9; *Kleindiek*, in: Lutter/Hommelhoff, § 5a Rdnr. 56; *J. Mayer*, in: MünchKomm. GmbHG, Rdnr. 18a; *Seebach*, RNotZ 2013, 261, 264; *Wachter*, GmbHR 2013, 145, 146. A.A. *Hecht*, in: Gehrlein/Born/Simon, Rdnr. 35; *Jaeger*, in: BeckOK GmbHG, Stand: 1.2.2017, Rdnr. 43; *Wicke*, § 5a Rz. 6; zweifelnd: DNotI-Gutachten, DNotI-Report 2013, 181, 182.
45 Dagegen lehnt *Heidinger*, in: MünchKomm. HGB, § 18 HGB Rdnr. 181 gerade die These ab, die UG habe sich im Verkehr bereits durchgesetzt.

tionsversehen zu betrachten sein, zumindest findet sich kein der hiesigen Ansicht widersprechender Hinweis in den Gesetzesmaterialien.

Ob die Gesellschaft als „gemeinnützig" im Sinne von § 4 Satz 2 einzustufen ist, hängt davon ab, ob sie ausschließlich und unmittelbar **steuerbegünstigte Zwecke nach den §§ 51–68 AO** verfolgt. Die tatsächliche Lage ist damit entscheidend. Im Registerverfahren, in dem die Berechtigung der entsprechenden Firmierung geprüft wird, ist hierfür aber die Satzung, nicht die tatsächliche Geschäftsausführung maßgebend, es sei denn, das Registergericht hat Anhaltspunkte für eine abweichende Geschäftsausführung (§ 18 Abs. 2 Satz 2 HGB)[46]. Ein **Feststellungsbescheid nach § 60a AO** kann vom Registergericht für die Eintragung nicht verlangt werden[47]. Es reicht aus, wenn in der Satzung sinngemäß auf die §§ 51–68 AO Bezug genommen wird[48] (s. zur Angabe des Unternehmensgegenstandes § 3 Rdnr. 18). Eine GmbH, die steuerbegünstigte Zwecke verfolgt, ist allerdings nicht gezwungen, den Hinweis auf die Gemeinnützigkeit in die Firma aufnehmen. Wird eine GmbH als „gGmbH" eingetragen, verfolgt sie aber tatsächlich keine steuerbegünstigten Zwecke, ist die Firma entsprechend zu ändern, weil sonst eine Irreführung vorläge. Das Registergericht kann bei mangelnder Änderung nach § 392 FamFG einschreiten[49]. 13

4. Anwendungsbereich des § 4

Mit **Entstehung der GmbH** als juristische Person ist diese **firmenfähig**, weil kraft Gesetzes Kaufmann (§ 6 Abs. 1 i.V.m. § 13); damit ist § 4 zu beachten. § 4 gilt auch für **Einpersonengesellschaften**, da das Gesetz sie in § 1 den anderen Gesellschaften gleichstellt[50] (s. schon Rdnr. 10). Auch muss in die Firma der **Zweigniederlassung**, wie immer sie im Übrigen gebildet wird, nach § 4 der GmbH-Zusatz aufgenommen werden (zur Firma der Zweigniederlassung Rdnr. 86 f.). Zur UG (haftungsbeschränkt) § 5a Rdnr. 14. Zum Rechtsformzusatz **ausländischer Gesellschaften** Anh. § 4a Rdnr. 39. 14

Auch die **Vor-GmbH** führt bereits eine Firma, sofern sie ein Handelsgeschäft betreibt[51]. Grundsätzlich, aber nicht zwingend, ist dies die Firma der zukünftigen GmbH (deren Firma sie auch als einfachen Namen führen kann, wenn sie kein Handelsgeschäft betreibt); s. hierzu § 11 Rdnr. 38. Aus dem Rechtsgedanken des § 19 HGB i.V.m. § 4 folgt, dass die Firma der Vor-GmbH mit einem auf den besonderen Status der Vor-GmbH hindeutenden Zusatz zu führen ist. Verbreitet ist namentlich der Zusatz **„in Gründung"** oder (abgekürzt) „i.G.". Wird dieser Zusatz im Rechtsverkehr weggelassen, so kommt nach h.M. eine persönliche Haftung des jeweils für die Vor-GmbH auftretenden Vertreters in Betracht (s. Rdnr. 79). 15

---

46 *J. Mayer*, in: MünchKomm. GmbHG, Rdnr. 71a; s. auch zu dem Komplex *Wachter*, GmbHR 2013, R 145, 146, der aber nur die Satzung im Registerverfahren für maßgeblich hält.

47 *Wicke*, Rdnr. 11. A.M. *Roth*, in: Roth/Altmeppen, § 4 Rdnr. 48 wegen des Gesamtverweises auf die Vorschriften der AO in § 4 Satz 2.

48 *Jaeger*, in: BeckOK GmbHG, Stand: 1.2.2017, Rdnr. 21a. S. auch *Wicke*, Rdnr. 11: keine Irreführung, wenn ohne ausdrücklichen Verweis auf die Vorschriften der §§ 51 ff. AO die Gesellschaft steuerbegünstige Zwecke ausübt.

49 *J. Mayer*, in: MünchKomm. GmbHG, Rdnr. 71b; *Wachter*, GmbHR 2013, R 145, 146. S. auch zur Irreführungsgefahr *Pfisterer*, in: Saenger/Inhester, Rdnr. 17.

50 *Fastrich*, in: Baumbach/Hueck, Rdnr. 14; *Michalski*, in: Michalski, 2. Aufl. 2010, Rdnr. 42; *Roth*, in: Roth/Altmeppen, Rdnr. 45.

51 BGH v. 29.10.1992 – I ZR 264/90, BGHZ 120, 103, 106 ff. = GmbHR 1993, 103; *Bayer*, in: Lutter/Hommelhoff, Rdnr. 42; *Fastrich*, in: Baumbach/Hueck, Rdnr. 18; *Heidinger*, in: MünchHdb. GesR III, § 19 Rdnr. 80; *Heinrich*, in: Ulmer/Habersack/Löbbe, Rdnr. 81. Zur Firmierung, wenn die Vorgesellschaft noch kein Handelsgewerbe betreibt, *Fastrich*, in: Baumbach/Hueck, Rdnr. 18.

16   Firmenfähigkeit (und damit auch die Pflicht zum Führen eines Rechtsformzusatzes) verliert eine Gesellschaft erst mit **Löschung im Handelsregister**. Die **Auflösung** oder die **Insolvenz** der Gesellschaft führt dagegen noch nicht zum Verlust der Firmenfähigkeit (zur Ersatzfirma Rdnr. 77), ebenso wenig ihre **Vermögenslosigkeit**. Während Auflösung und Abwicklung ist der Firma ein dies anzeigender Zusatz zur Rechtsform beizufügen, ohne dass dies eine Firmenänderung wäre (etwa: „GmbH i.L."), § 68 Abs. 2. S. näher 11. Aufl., § 69 Rdnr. 13.

IV. Firmenbildung

1. Freie Firmenbildung

17   Seit der Liberalisierung des Firmenrechts (dazu Rdnr. 2) hat die Unterscheidung zwischen Firmentypen (Sach-, Namens- und Phantasiefirmen) keine rechtliche Bedeutung mehr. Die spezifischen Anforderungen an die Firmenbildung, die sich früher je nach gewählter Firmenart ergaben oder diese einschränkten, sind weggefallen. Damit ist auch die reichhaltige **Rechtsprechung** zu diesen Firmentypen **nur noch** sehr **eingeschränkt aussagekräftig**[52].

18   Bei der Firmenbildung gilt im Ausgangspunkt der **Grundsatz der freien Firmenbildung**[53]. Dessen Schranken (s. zu den Anforderungen an die Bildung der Firma Rdnr. 21 ff.) unterliegen auch weiterhin mit Ausnahme des Gebots der Führung des Rechtsformzusatzes in der Tendenz einer **Auflockerung**. Dies lässt insgesamt den Schluss zu, dass die Bedeutung der Firma heutzutage im Lichte der Verfügbarkeit von Unternehmensdaten über das elektronische Handels- und Unternehmensregister gemindert ist[54].

2. Prüfungsprogramm (Checkliste)

19   Soll eine Firma der GmbH auf ihre Zulässigkeit geprüft werden, sind nachfolgende Voraussetzungen zu untersuchen. In der **Praxis** empfiehlt es sich in Zweifelsfällen schon vor der Gründung ein Gutachten der IHK zu beschaffen.

(1.) Die Firma muss zur **Kennzeichnung** der Gesellschaft geeignet sein (dazu ausf. Rdnr. 21 ff. und

(2.) **Unterscheidungskraft** besitzen (§ 18 Abs. 1 HGB; dazu Rdnr. 42 ff.).

(3.) Sie darf außerdem keine Angaben enthalten, die geeignet sind, über geschäftliche Verhältnisse irrezuführen, die für die angesprochenen Verkehrskreise wesentlich sind (so genanntes Täuschungs- oder **Irreführungsverbot** des § 18 Abs. 2 Satz 1 HGB; dazu Rdnr. 1 ff.).

(4.) Sie muss einen eindeutigen **Rechtsformzusatz** enthalten (s. § 4 Satz 1 und dazu Rdnr. 9 ff.).

(5.) Nach § 30 Abs. 1 HGB muss sich eine neue Firma ferner von allen an demselben Ort oder in derselben Gemeinde bereits bestehenden und in das Handelsregister oder in das Genossenschaftsregister eingetragenen Firmen deutlich **unterscheiden** (s. Rdnr. 65 f.).

(6.) Die Firma darf weiter nicht gegen gesetzliche Verbote, die öffentliche Ordnung oder das Sittengesetz verstoßen (**§§ 134 und 138 BGB**).

(7.) Teilweise ergeben sich zu wahrende Schranken aus **Spezialgesetzen**, etwa §§ 39 ff. KWG (für die Worte „Bank", „Bankier", „Sparkasse"), § 11 Abs. 1 PartGG (für die Worte „Part-

---

52 Ähnlich *Michalski*, in: Michalski, 2. Aufl. 2010, Rdnr. 13; *J. Mayer*, in: MünchKomm. GmbHG, Rdnr. 32. S. auch *Schäfer*, in: Bork/Schäfer, Rdnr. 6.

53 *Bayer*, in: Lutter/Hommelhoff, Rdnr. 4; *Schmidt-Leithoff*, in: Rowedder/Schmidt-Leithoff, Rdnr. 7; *Mock*, in: Michalski u.a., Rdnr. 13.

54 *Mock*, in: Michalski u.a., Rdnr. 4.

nerschaft" oder „und Partner"), § 3 KAGB (für die Worte „Kapitalverwaltungsgesellschaft", „Investmentvermögen", „Investmentfonds" oder „Investmentgesellschaft"), zum Teil aus **landesspezifischen** Normen (etwa: „ProArchitektur" für Projektgesellschaft in Hessen unzulässig[55]).

(8.) Besonderheiten gelten für **fortgeführte** oder **abgeleitete Firmen** auf Grund der §§ 21, 22 und 24 HGB i.V.m. §§ 4 und 13 Abs. 3 (s. Rdnr. 70 ff.).

(9.) Außerhalb des Bereichs registergerichtlicher Prüfung sind weiterhin das Irreführungsverbot gemäß **§ 3 UWG** und kollidierende Namen und Kennzeichen i.S. der **§§ 12 BGB** und **15 MarkenG** zu beachten[56] (dazu Rdnr. 7 f.).

3. Anspruch auf Eintragung

Sind die Voraussetzungen einer zulässigen Firmenbildung erfüllt, besteht ein Anspruch auf Eintragung der konkreten Firma[57]. In Bezug auf das gewählte **Schriftbild** besteht jedoch nur ein Anspruch auf Ausübung pflichtgemäßen Ermessens[58], was insbesondere bei Verwendung von Großbuchstaben Bedeutung erlangt[59]. Die **korrekte Rechtschreibung** ist jedoch zu beachten, sofern die Firma ihrerseits korrekt geschrieben ist. Mit Eintragung der Firma in das Handelsregister geht eine **Firmenpflicht** einher: Die Gesellschaft muss die Firma so führen, wie sie im Register eingetragen ist (dazu schon Rdnr. 5). Ausgenommen hiervon ist allein das Schriftbild: Wird dieses nicht Firmenbestandteil, besteht insoweit auch keine Pflicht, das Schriftbild zu verwenden, das der Registereintragung zugrunde gelegt ist[60]; dazu Rdnr. 30.

20

V. Kennzeichnungseignung (§ 18 Abs. 1 HGB)

1. Begriff und Abgrenzung zur Unterscheidungskraft

§ 18 HGB stellt Kennzeichnungseignung und Unterscheidungskraft als zwei selbständige Voraussetzungen für die Firmenbildung *nebeneinander*. Beide sind eng verwandt, so dass die Grenze zwischen ihnen fließend ist[61]. Die **Kennzeichnungseignung** zielt auf die **Namensfunktion** der Firma, die **Unterscheidungskraft** auf ihre **Individualisierungsfunktion** (zu letzterer Rdnr. 42 ff.)[62]. Von diesem überzeugenden Verständnis des § 18 Abs. 1 HGB geht auch die Rechtsprechung aus[63]. Näher zu dieser Abgrenzung 11. Aufl., Rdnr. 8 ff.

21

55 OLG Frankfurt a.M. v. 24.1.2000 – 20 W 411/98, NJW-RR 2001, 172 f.
56 *Heider*, in: MünchKomm. AktG, 4. Aufl. 2016, § 4 AktG Rdnr. 9.
57 Vgl. *Ries*, in: Röhricht/Graf von Westphalen/Haas, § 18 HGB Rdnr. 9.
58 *Bayer*, in: Lutter/Hommelhoff, Rdnr. 2; OLG München v. 28.7.2010 – 31 Wx 129/10, GmbHR 2010, 1155, 1156 – „TXXX …"; OLG München v. 13.4.2011 – 31 Wx 79/11, GmbHR 2011, 587, 588 – „A3 … GmbH"; KG v. 23.5.2000 – 1 W 247/99, GmbHR 2000, 1101, 1102; *Heidinger*, in: MünchKomm. HGB, § 18 HGB Rdnr. 14 m.w.N.
59 OLG München v. 28.7.2010 – 31 Wx 129/10, GmbHR 2010, 1155 – „TXXX …"; *Heidinger*, in: MünchKomm. HGB, § 18 HGB Rdnr. 14. S. auch *Schäfer*, in: Bork/Schäfer, Rdnr. 7.
60 *Wälzholz*, in: GmbH-Handbuch, Rdnr. I 115.
61 Ähnlich *Hopt*, in: Baumbach/Hopt, § 18 HGB Rdnr. 4 f.; *Ries*, in: Röhricht/Graf von Westphalen/Haas, § 18 HGB Rdnr. 9. S. weiter *Heidinger*, in: MünchKomm. HGB, § 18 HGB Rdnr. 9, wonach beide Begriffe dasselbe Ziel aus verschiedenen Blickwinkeln umschreiben.
62 *J. Mayer*, in: MünchKomm. GmbHG, Rdnr. 22; *Hopt*, in: Baumbach/Hopt, § 18 HGB Rdnr. 4 f.; *Schmidt-Leithoff*, in: Rowedder/Schmidt-Leithoff, Rdnr. 10; *Lutter/Welp*, ZIP 1999, 1073, 1077.
63 BGH v. 8.12.2008 – II ZB 46/07, GmbHR 2009, 249, 250 mit Anm. *Lamsa* – „HM & A"; KG v. 11.9.2007 – 1 W 81/07, GmbHR 2008, 146 – „Autodienst Berlin Limited".

22 Mit der Kennzeichnungseignung wird damit auf die grundsätzliche Fähigkeit einer Bezeichnung abgestellt, als Name im Rechtsverkehr zu dienen[64]. Daraus folgt, dass als Firma nur solche Zeichen geeignet sind, die im Verkehr überhaupt **Namensfunktion** besitzen. Die Bezeichnung muss mithin **schreibbar, lesbar** und **aussprechbar**[65] bzw. nur **artikulierbar**[66] sein[67]. Die Namensfunktion einer bestimmten Bezeichnung ist allerdings nicht statisch bestimmt, sondern wesentlich abhängig von den jeweiligen, sich auch ändernden Anschauungen der angesprochenen Verkehrskreise. Dies verbietet eine Verfestigung einer Ansicht über die Namensfähigkeit einer Bezeichnung; Änderungen der Anschauungen der einschlägigen Verkehrskreise sind vielmehr auch in der rechtlichen Bewertung zu berücksichtigen[68].

2. Zulässige Schriftzeichen

23 Neben bestimmten Zeichen (s. ausf. Rdnr. 26 ff.) darf eine Firma nur aus den in Deutschland ausschließlich üblichen **lateinischen Buchstaben** bzw. den Zeichen der deutschen Normalschrift[69] bestehen[70]. Andere Schriftzeichen scheiden aus, weil sie in Deutschland nicht für den durchschnittlichen Teilnehmer des Rechtsverkehrs lesbar sind[71].

24 Abzulehnen ist damit entgegen einer stark vertretenen Gegenansicht auch die Zulässigkeit der Verwendung **griechischer Schriftzeichen**[72]. Die Befürworter der Gegenansicht sind sich bereits uneins, welche griechischen Schriftzeichen zulässig sein sollen, was Folge der Unbe-

---

64 BGH v. 28.1.1981 – IVb ZR 581/80, BGHZ 79, 265, 270 = NJW 1981, 914 (zu § 4 ParteienG); BGH v. 26.6.1997 – I ZR 14/95, BB 1997, 2611 f.; *Bayer*, in: Lutter/Hommelhoff, Rdnr. 15; *J. Mayer*, in: MünchKomm. GmbHG, Rdnr. 23; *Müther*, GmbHR 1998, 1058, 1059.

65 BGH v. 6.7.1954 – I ZR 167/52, BGHZ 14, 155, 159 f. – „Farina" (Abgrenzung zum Bildzeichen); BayObLG v. 4.4.2001 – 3Z BR 84/01, BayObLGZ 2001, 83, 84 = GmbHR 2001, 476 mit Anm. *Wachter*; OLG Celle v. 19.11.1998 – 9 W 150/98, GmbHR 1999, 412; KG v. 23.5.2000 – 1 W 247/99, GmbHR 2000, 1101, 1102; *Bayer*, in: Lutter/Hommelhoff, Rdnr. 15; *Lutter/Welp*, ZIP 1999, 1073, 1077; *Heidinger*, in: MünchHdb. GesR III, § 17 Rdnr. 7.

66 Zu dieser Erleichterung im Sinne der Artikulierbarkeit BGH v. 8.12.2008 – II ZB 46/07, GmbHR 2009, 249, 250 mit Anm. *Lamsa* – „HM & A"; OLG Hamm v. 11.12.2007 – 15 W 85/07, GmbHR 2008, 707 = OLGR 2008, 351 = ZIP 2008, 791; *Fastrich*, in: Baumbach/Hueck, Rdnr. 6a; *Heidinger*, in: MünchHdb. GesR III, § 19 Rdnr. 20; *Lutter/Welp*, ZIP 1999, 1073, 107; *Schulenburg*, NZG 2000, 1156; anders noch zur obigen Entscheidung des BGH: OLG Celle v. 6.7.2006 – 9 W 61/06, OLGR 2006, 868: „AKDV GmbH"; dass die Konsonanten dieser Firmenbezeichnung mit entsprechenden Vokalen ausgesprochen werden könnten, soll hiernach unbeachtlich sein; Buchstabenkombinationen seien überdies zwar im Rechtsverkehr üblich, aber nur als Abkürzung für den eigentlichen Firmenbegriff. Nach *J. Mayer*, in: MünchKomm. GmbHG, Rdnr. 25 meint „artikulierbar" dasselbe wie buchstabierbar.

67 *Heidinger*, in: MünchHdb. GesR III, § 19 Rdnr. 15; *Bayer*, in: Lutter/Hommelhoff, Rdnr. 15.

68 Richtig *Heidinger*, in: MünchKomm. HGB, § 18 HGB Rdnr. 10; *J. Mayer*, in: MünchKomm. GmbHG, Rdnr. 23, auch mit dem Hinweis, dass dies erst im Hinblick auf den vom HRefG verfolgten Liberalisierungszweck gelte; *Michalski*, in: Michalski, 2. Aufl. 2010, Rdnr. 9, Fn. 24.

69 In diesem Sinne zu Recht *Lamsa*, Die Firma der Auslandsgesellschaft, 2011, S. 269; *Pfisterer*, in: Saenger/Inhester, Rdnr. 8; *Schäfer*, in: Bork/Schäfer, Rdnr. 9.

70 BGH v. 6.7.1954 – I ZR 167/52, BGHZ 14, 155, 160 – „Farina" (Abgrenzung zum Bildzeichen); BGH v. 8.12.2008 – II ZB 46/07, GmbHR 2009, 249, 250 mit Anm. *Lamsa* – „HM & A"; *Fastrich*, in: Baumbach/Hueck, Rdnr. 6a; *Heidinger*, in: MünchHdb. GesR III, § 19 Rdnr. 6; *Heinrich*, in: Ulmer/Habersack/Löbbe, Rdnr. 16; *J. Mayer*, in: MünchKomm. GmbHG, Rdnr. 23; *Mock*, in: Michalski u.a., Rdnr. 19; *Ries*, in: Röhricht/Graf von Westphalen/Haas, § 18 HGB Rdnr. 11: nur bei alleiniger Nutzung von lateinischen Buchstaben kann von durchschnittlichen Verkehrskreisen ausgesprochen werden; *Roth*, in: Roth/Altmeppen, Rdnr. 24.

71 *Mock*, in: Michalski u.a., Rdnr. 19.

72 Für Zulässigkeit bei Nähe zum lateinischen Alphabet *Schmidt-Leithoff*, in: Rowedder/Schmidt-Leithoff, Rdnr. 14; für Zulässigkeit von α, ß oder γ *Michalski*, in: Michalski, 2. Aufl. 2010, Rdnr. 10; für beide Möglichkeiten *J. Mayer*, in: MünchKomm. GmbHG, Rdnr. 25. Wie hier ablehnend *Lutter/*

stimmtheit des von ihnen herangezogenen Kriteriums der allgemeinen Bekanntheit[73] ist. Auch wenn einige **Sonderzeichen** seit der Einführung des elektronischen Handelsregisters verfügbar sind, muss überdies berücksichtigt werden, dass die Registergerichte nicht alle Buchstaben „verfügbar" haben müssen[74], da die Gerichtssprache „deutsch" ist. Bereits aus diesem Grund sind etwa **chinesische**, **japanische**, oder **arabische Schriftzeichen** abzulehnen[75]. Verwenden **ausländische Gesellschaften** ein Schriftsystem, welches nicht auf lateinischen Buchstaben aufbaut, ist die Firma zu transkribieren.

3. Bilder und Zeichen

a) Bilder, Bildzeichen, Satzzeichen, Wortzeichen

Bilder sind als Firmenbestandteil unzulässig, weil sie nicht als solche lesbar und aussprechbar sind. Das gilt auch für **Bildzeichen (Piktogramme)**[76] und **Begriffszeichen (Ideogramme)**. Sie sind nicht zur Namensbildung geeignet, sondern nur das Wort, für das das Zeichen steht[77]; unzulässig daher etwa das Zeichen „♦" (Karo) oder „♣"(Kreuz)[78]. **25**

Satzzeichen sind dagegen zulässig[79], allerdings nicht isoliert („? GmbH), sondern in **Kombination mit Buchstaben oder Zahlen** – sie werden regelmäßig nicht mitgesprochen[80]. Auf das mangelnde Mitsprechen kommt es aber richtigerweise nicht entscheidend an. Allgemein bekannte Satzzeichen sollten entgegen der wohl h.M. auch dann zulässig sein, wenn sie in kreativer Weise als Bestandteil der auszusprechenden Bezeichnung gewählt werden („3! Baubeton GmbH"). **26**

Wortzeichen sind ausnahmsweise zulässig, wenn sie eine feste Bedeutung haben und allgemeinverständlich sind. Anerkannt sind insoweit das kaufmännische „&" und das mathematische „+". Sie haben zwar nicht für sich alleine Kennzeichnungseignung[81], wohl aber dürfen sie in eine Firma als Zusatz aufgenommen werden[82]. Die reine Kombination von Zei- **27**

Welp, ZIP 1999, 1073, 1077; *Ries*, in: Röhricht/Graf von Westphalen/Haas, § 18 HGB Rdnr. 16; ebenso wohl auch *Fastrich*, in: Baumbach/Hueck, Rdnr. 6a.

73 *Mock*, in: Michalski u.a., Rdnr. 19.

74 So *Heinrich*, in: Ulmer/Habersack/Löbbe, Rdnr. 17.

75 *Lutter/Welp*, ZIP 1999, 1073, 1077; *J. Mayer*, in: MünchKomm. GmbHG, Rdnr. 26; *Michalski*, in: Michalski, 2. Aufl. 2010, Rdnr. 10; *Schmidt-Leithoff*, in: Rowedder/Schmidt-Leithoff, Rdnr. 13.

76 BGH v. 6.7.1954 – I ZR 167/52, BGHZ 14, 155, 159 – „Farina" (Abgrenzung zum Bildzeichen); BayObLG v. 4.4.2001 – 3Z BR 84/01, BayObLGZ 2001, 83, 84 = GmbHR 2001, 476 mit Anm. *Wachter*; KG v. 23.5.2000 – 1 W 247/99, GmbHR 2000, 1101, 1102. S. auch *Bayer*, in: Lutter/Hommelhoff, Rdnr. 19; *J. Mayer*, in: MünchKomm. GmbHG, Rdnr. 28; *Mock*, in: Michalski u.a., Rdnr. 24; *Roth*, in: Roth/Altmeppen, Rdnr. 26; *Schmidt-Leithoff*, in: Rowedder/Schmidt-Leithoff, Rdnr. 19.

77 *J. Mayer*, in: MünchKomm. GmbHG, Rdnr. 28; *Michalski*, in: Michalski, 2. Aufl. 2010, Rdnr. 11; *Schmidt-Leithoff*, in: Rowedder/Schmidt-Leithoff, Rdnr. 19.

78 *Mock*, in: Michalski u.a., Rdnr. 24; 28 für Skat-Zeichen; s. auch bündig *Ries*, in: Röhricht/Graf von Westphalen/Haas, § 18 HGB Rdnr. 11: „Eichel-Ober-GmbH" oder „Pik-As-e.K." wären firmenrechtlich zulässig, nicht aber die Wiedergabe der entsprechenden Bildzeichen aus den Kartenspielen.

79 *J. Mayer*, in: MünchKomm. GmbHG, Rdnr. 28; s. hierzu auch *Heidinger*, in: MünchKomm. HGB, § 18 HGB Rdnr. 12.

80 BayObLG v. 4.4.2001 – 3 Z BR 84/01, BayObLGR 2001, 45, 46 = NotBZ 2001, 227. Für „bemerkenswert" hält *Burgard*, in: Staub, § 18 HGB Rdnr. 9 zu Recht die Begründung, dass Satzzeichen als Firmenbestandteil möglich sein sollen, weil sie offensichtlich nicht ausgesprochen werden sollen.

81 *J. Mayer*, in: MünchKomm. GmbHG, Rdnr. 28; weitergehender aber *Schmidt-Leithoff*, in: Rowedder/Schmidt-Leithoff, Rdnr. 16: Firmierung als „+ . GmbH" zulässig, was als „Pluspunkt GmbH" im Rechtsverkehr verstanden würde.

82 BGH v. 8.12.2008 – II ZB 46/07, GmbHR 2009, 249, 250 mit Anm. *Lamsa* – „HM & A"; BayObLG v. 4.4.2001 – 3Z BR 84/01, BayObLGZ 2001, 83, 84 = GmbHR 2001, 476 mit Anm. *Wachter*; *Fastrich*, in: Baumbach/Hueck, Rdnr. 6a; *J. Mayer*, in: MünchKomm. GmbHG, Rdnr. 28.

chen dürfte demgegenüber im Rechtsverkehr nicht als Name verstanden werden (so eine „+ . GmbH")[83].

b) @-Zeichen

28 Mit Blick auf das praktisch relevante Zeichen „@" wird zunehmend die Auffassung vertreten, wegen seiner Verbreitung und Üblichkeit sei dieses Zeichen (als „a" oder „at") verständlich und deshalb zur Firmenbildung geeignet[84]. Dagegen wird weiterhin eingewandt, gerade die Mehrdeutigkeit des @-Zeichens spreche *gegen* seine Eignung zur Firmenbildung; es sei weder verständlich noch aussprechbar noch habe es eine übliche Bedeutung, so dass es als Firmenbestandteil ungeeignet sei[85].

29 **Stellungnahme:** Richtigerweise ist das @-Zeichen als Bestandteil der Firma **zulässig.** Die dogmatische Begründung muss danach unterscheiden, ob es als Wortzeichen oder kreative, „neumodische" Schreibweise für den Buchstaben „a" verwandt wird. Der erste Fall liegt insbesondere vor, wenn es zwischen zwei Wörtern oder Buchstaben steht („T...@Spree... GmbH"[86] oder „b&w Management"[87]). Dass es verschiedene Möglichkeiten der Aussprache gibt („at", „Klammeraffe", „Affen-A"), steht der Zulässigkeit nicht entgegen, weil sich eine entsprechende Verkehrsübung herausgebildet hat, die bei allen diesen Aussprechweisen erkennen lässt, dass es sich um ein @-Zeichen handelt. Im Übrigen wird auch das Zeichen „+" anerkannt, obwohl es teils als „plus" und teils als „und" gelesen wird.

30 Liegt nur eine **kreative Schreibweise** vor[88], wie in „Met@box oder „Speedw@y", und ist das Zeichen damit aussprechbar, kann allein bezweifelt werden, ob das @-Zeichen insofern auch eintragungsfähig ist, weil nach h.M. kein Anspruch auf eine bestimmte Schreibweise besteht (s. Rdnr. 20). Dieser ungeschriebene Grundsatz ist aber kein unumstößliches Dogma; zumindest im Einzelfall sind hiervon Ausnahmen zuzulassen. Dies zumindest dann, wenn es sich, wie beim @-Zeichen, nicht einmal um ein Sonderzeichen, sondern um ein Computerzeichen handelt, das ohne Schwierigkeiten genau so eingetragen werden kann (es befindet sich auf der PC-Tastatur und gehört zum AS C II-Zeichensatz). Hierfür besteht ein entsprechendes Bedürfnis des Rechtsverkehrs. Selbst wenn die Eintragung abgelehnt werden sollte, steht es der Gesellschaft frei, eine andere Schreibweise als in der Handelsregistereintragung zu nutzen[89]. Denn wird die gewählte Schreibweise nicht Firmenbestandteil, muss es auch zulässig sein, hier abweichend vom Handelsregister zu verfahren[90]. Dazu Rdnr. 20.

---

83 A.A. *Schmidt-Leithoff,* in: Rowedder/Schmidt-Leithoff, Rdnr. 16 mit der Begründung, dass dies als Pluspunkt ausgesprochen werden kann.

84 LG München v.15.12.2008 – 17 HKT 920/09, MittBayNot 2009, 315; LG Berlin v. 13.1.2004 – 102 T 122/03, GmbHR 2004, 428, 429 mit Anm. *Thomas/Bergs;* LG Cottbus v. 2.8.2000 – 11 T 1/00, CR 2002, 134 f.; *Bayer,* in: Lutter/Hommelhoff, Rdnr. 19; *Beyerlein,* WRP 2005, 582; *Clausnitzer,* DNotZ 2010, 345, 358; *Fastrich,* in: Baumbach/Hueck, Rdnr. 6a; *Heinrich,* in: Ulmer/Habersack/Löbbe, Rdnr. 17; *Mankowski,* EWiR 2001, 275 f.; *Odersky,* MittBayNot 2000, 533; *Wicke,* Rdnr. 3.

85 BayObLG v. 4.4.2001 – 3 Z BR 84/01, BayObLGZ 2001, 83, 84 – „B&D Ltd."; OLG Braunschweig v. 27.11.2000 – 2 W 270/00, OLGR 2001, 31 – „Met@box Sportmarketing AG"; LG Braunschweig v. 4.9.2000 – 22 T 900/0003, MittBayNot 2000, 569; *J. Mayer,* in: MünchKomm. GmbHG, Rdnr. 29; *D. Möller,* DNotZ 2000, 830, 842; *Müther,* GmbHR 1998, 1058, 1059; *Lutter/Welp,* ZIP 1998, 1073, 1077; *Roth,* in: Roth/Altmeppen, Rdnr. 26; 11. Aufl., Rdnr. 12; differenzierend *Heidinger,* in: MünchHdb. GesR III, § 19 Rdnr. 17: als „ät" aussprechbares Sonderzeichen zulässig, als modische Schreibweise des „a" nicht eintragungsfähig.

86 LG Berlin v. 13.1.2004 – 102 T 122/03, GmbHR 2004, 428, 429 mit Anm. *Thomas/Bergs.*

87 AG Stuttgart HRB 721840.

88 *Dürscheid,* Einführung in die Schriftlinguistik, 2012, S. 66.

89 *J. Mayer,* in: MünchKomm. GmbHG, Rdnr. 28.

90 *Wälzholz,* in: GmbH-Handbuch, Rdnr. I 115.

c) Sonstige Zeichen

Ähnliches wie beim @-Zeichen hat auch für das **€-Zeichen** zu gelten[91], weil es als Abkürzung hinreichende Verständlichkeit im Rechtsverkehr hat. Wird es als modische Schreibweise für ein „e" verwandt, dürfte auch dies zulässig sein („Mon€y"), wobei allerdings wiederum nach h.M. kein Anspruch auf Eintragung dieser Schreibweise besteht (s. Rdnr. 20). Derzeit sehr umstritten ist die Zulässigkeit des **Zeichens „®"** („registered trade mark") als Bestandteil einer Firma. Im Handelsregister finden sich bereits zahlreiche entsprechende Eintragungen. Zumindest dann, wenn dieses Zeichen bereits Bestandteil einer Marke ist, sollte richtigerweise die Möglichkeit bestehen, den „Markennamen" unverfälscht im Handelsregister wiederzugeben[92].

Nicht zulässig sind **Sonderzeichen** wie „#", „*" oder EDV-Zeichen wie „\"[93]. Sie sind zwar artikulierbar, weil sie in bestimmten Verkehrskreisen, vor allem Fachkreisen, eine klar definierte wörtliche Bezeichnung haben. Allerdings haben diese Bezeichnungen **noch keine hinreichend breite Verkehrsgeltung** erlangt. So ist es für Kreise des Rechtsverkehrs, die mit EDV-Zeichen weniger vertraut sind, nicht klar, dass das Zeichen „\" als „Backslash" gesprochen wird. Recht großzügig ist es, wenn gegen das „°" Zeichen als Bestandteil einer Firma „360°…" keine Beanstandungen erhoben werden[94]. Es kommt immer auf die jeweilige Bekanntheit des Zeichens und damit den konkreten Fall an.

4. Buchstabenkombinationen

a) Grundsätze

Buchstabenkombinationen haben Kennzeichnungseignung. Gegen eine „ABC"-Firma bestehen danach heute im Grundsatz keine Bedenken mehr[95]. Verkehrsgeltung ist, anders als früher, keine Voraussetzung mehr[96]. Auch muss der Buchstabenkombination keine Bedeutung zukommen[97], da vor allem innovative Buchstabenkombinationen besonders einprägsam[98] sein können. **Aussprechbarkeit** ist keine Voraussetzung für die Zulässigkeit, es genügt, dass die Buchstabenkombinationen artikulierbar sind (dazu bereits Rdnr. 22). Abgrenzungen nach diesem Kriterium wären ohnehin nicht trennscharf möglich. Dies gilt auch für die Unterscheidung danach, ob die Buchstabenkombination „am Stück" gelesen werden kann oder

31

32

33

---

91 *Roth*, in: Roth/Altmeppen, Rdnr. 26; *Schmidt-Leithoff*, in: Rowedder/Schmidt-Leithoff, Rdnr. 17.

92 *Heidinger*, in: MünchHdb. GesR III, § 19 Rdnr. 16. Ohne Einschränkung für Zulässigkeit *Mock*, in: Michalski u.a., Rdnr. 24; *Schmidt-Leithoff*, in: Rowedder/Schmidt-Leithoff, Rdnr. 17.

93 S. etwa *Krafka/Kühn*, Registerrecht, 10. Aufl. 2017, Rdnr. 214. S. auch *Heidinger*, in: MünchKomm. HGB, § 18 HGB Rdnr. 12.

94 LG München v. 18.10.2007 – 17 HK T 20 361/07 (nicht veröffentlicht), zitiert nach *Heidinger*, in: MünchHdb. GesR III, § 19 Rdnr. 19.

95 BGH v. 8.12.2008 – II ZB 46/07, GmbHR 2009, 249, 250 mit Anm. *Lamsa* – „HM & A"; OLG Hamm v. 11.12.2007 – 15 W 85/07, GmbHR 2008, 707 = OLGR 2008, 351 = ZIP 2008, 791; dahin tendierend, aber im konkreten Fall offenlassend OLG Frankfurt a.M. v. 28.2.2002 – 20 W 531/01, GmbHR 2002, 647, 648; *Bayer*, in: Lutter/Hommelhoff, Rdnr. 15; *Lutter/Welp*, ZIP 1999, 1073, 1077 f.; *Michalski*, in: Michalski, 2. Aufl. 2010, Rdnr. 24; *J. Mayer*, in: MünchKomm. GmbHG, Rdnr. 29; *D. Möller*, DNotZ 2000, 830, 831; *Schulenburg*, NZG 2000, 1156, 1157.

96 BGH v. 8.12.2008 – II ZB 46/07, GmbHR 2009, 249, 250 mit Anm. *Lamsa* – „HM & A"; *Bayer*, in: Lutter/Hommelhoff, Rdnr. 15; *J. Mayer*, in: MünchKomm. GmbHG, Rdnr. 25; *Ries*, in: Röhricht/ Graf von Westphalen/Haas, § 18 HGB Rdnr. 12 (mit Beispielen für ins Handelsregister eingetragene GmbH: „NIP GmbH", „2KSD GmbH", „IMD GmbH", „WHM GmbH"): Rechtspraxis habe Theoriediskussion überholt; *Schmidt-Leithoff*, in: Rowedder/Schmidt-Leithoff, Rdnr. 13.

97 *Bayer*, in: Lutter/Hommelhoff, Rdnr. 15; *Heinrich*, in: Ulmer/Habersack/Löbbe, Rdnr. 16; *J. Mayer*, in: MünchKomm. GmbHG, Rdnr. 25; *Mock*, in: Michalski u.a., Rdnr. 23.

98 Vollkommen zutreffend daher *Bayer*, in: Lutter/Hommelhoff, Rdnr. 15.

zu buchstabieren ist. Denn letztlich entstehen durch die beim Buchstabieren erfolgende Beifügung eines Vokals zu einem Konsonanten aussprechbare Kombinationen[99].

b) Aneinanderreihung von Buchstaben

34 Unzulässig[100] ist eine sinnlose Aneinanderreihung von Buchstabenblöcken („AAAA …"[101]). Hier wird allein der Zweck verfolgt, in Adressbüchern und Firmenverzeichnissen nach Möglichkeit die erste Position einzunehmen[102], was kein schutzwürdiges Anliegen ist. Eine Aneinanderreihung hat überdies oftmals bereits **keine Kennzeichnungseignung**[103], weil es an der **Artikulierbarkeit**[104] mangelt; es kann zudem Unterscheidungskraft fehlen. Daher sind auch Aneinanderreihungen unzulässig, wenn andere Buchstaben, die nicht am Anfang des Adressbuchs auftauchen könnten („OOOO…"), genutzt werden. Bei einer Aneinanderreihung verschiedenster Buchstaben („ABIMWM…") gilt Vergleichbares. Hier wird die Buchstabenkombination regelmäßig nicht mehr als Name wahrgenommen[105]. Wann allerdings die zulässige Zahl der Buchstaben überschritten ist, ist noch nicht geklärt. Im **Grenzbereich** dürfte die Buchstabenreihung „MGCMDR"[106] liegen. Es kommt darauf an, dass ein **wortähnliches Klangbild** entstehen kann, was bei dem Beispiel nicht zutrifft[107]. Anders könnte es liegen, wenn eine verwandte Kombination besonders einprägsam ist[108].

c) Erforderliche Anzahl der Buchstaben

35 Für die Kennzeichnungseignung sind **drei Buchstaben** ausreichend, zweifelhaft ist aber, ob dies auch bei **zwei**[109] oder gar **einem** Buchstaben der Fall ist. Zwar mag es zutreffend sein, dass in einigen Ländern auch Namen mit nur einem Buchstaben vergeben werden[110]; im deutschen Sprachraum ist dies aber nicht der Fall. *Ein* Buchstabe dürfte im Rechtsverkehr als

---

99 Zutreffend *Michalski*, in: Michalski, 2. Aufl. 2010, Rdnr. 25.
100 Vgl. nur *Bayer*, in: Lutter/Hommelhoff, Rdnr. 15; *Fastrich*, in: Baumbach/Hueck, Rdnr. 6a; *J. Mayer*, in: MünchKomm. GmbHG, Rdnr. 25; *Schmidt-Leithoff*, in: Rowedder/Schmidt-Leithoff, Rdnr. 13; *Lutter/Welp*, ZIP 1999, 1073, 1078.
101 OLG Frankfurt a.M. v. 28.2.2002 – 20 W 531/01, GmbHR 2002, 647, 648 – „A.A. …".
102 S. OLG Celle v. 19.11.1998 – 9 W 150/98, GmbHR 1999, 412 – „AAA"; OLG Frankfurt a.M. v. 28.2.2002 – 20 W 531/01, GmbHR 2002, 647, 648 – „A.A.A. …"; *Bayer*, in: Lutter/Hommelhoff, Rdnr. 15; *Heinrich*, in: Ulmer/Habersack/Löbbe, Rdnr. 16; *Ries*, in: Röhricht/Graf von Westphalen/Haas, § 18 HGB Rdnr. 13.
103 Für zulässig hält diese Firma allerdings KG v. 16.2.2010 – 1 W 60/10 (nicht veröffentlicht), zitiert nach *Kiesel/Neises/Plewa/Poneleit/Rolfes/Wurster*, DNotZ 2015, 740, 743. Ähnliches gilt zu Recht nach *Ries*, in: Röhricht/Graf von Westphalen/Haas, § 18 HGB Rdnr. 13 für eine „AAA A Der Tip Top-Umzug GmbH", der aber die Kennzeichnungseignung und Unterscheidungskraft hier für möglicherweise gegeben erachtet, aber die Eintragungsfähigkeit wegen Rechtsmissbrauchs ablehnt.
104 *Michalski*, in: Michalski, 2. Aufl. 2010, Rdnr. 25. Weniger streng in dieser Hinsicht aber *Ries*, in: Röhricht/Graf von Westphalen/Haas, § 18 HGB Rdnr. 13 mit der Begründung, „AAA AAA AAA" könne im Englischen auch als triple (oder three) A gesprochen werden.
105 *Heinrich*, in: Ulmer/Habersack/Löbbe, Rdnr. 16.
106 Vgl. AG Koblenz v. 20.8.2014 – 50 AR 531/14, zitiert nach *Kiesel/Neises/Plewa/Poneleit/Rolfes/Wurster*, DNotZ 2015, 740, 742.
107 *Kiesel/Neises/Plewa/Poneleit/Rolfes/Wurster*, DNotZ 2015, 740, 742.
108 *Kiesel/Neises/Plewa/Poneleit/Rolfes/Wurster*, DNotZ 2015, 740, 742.
109 Vgl. *Ries*, in: Röhricht/Graf von Westphalen/Haas, § 18 HGB Rdnr. 13: Kennzeichnungseignung könne bei zwei Buchstaben jedenfalls bejaht werden, wenn ein Verbindungszeichen verwendet werde, wie bei „P + R GmbH" oder „E-R GmbH"; aber auch sonst sei ausreichende Namensfunktion bei zwei Buchstaben zuzubilligen. Für zulässig erachtet die Firma mit zwei Buchstaben wohl *Heidinger*, in: MünchKomm. HGB, § 18 HGB Rdnr. 18.
110 *Heinrich*, in: Ulmer/Habersack/Löbbe, Rdnr. 16, die daher Kennzeichnungseignung auch bei Firmen bejaht, die nur aus einem Buchstaben bestehen („K GmbH").

Abkürzung, nicht aber als Name begriffen werden[111]. Daran ändert auch der Rechtsform-zusatz nichts. Sobald allerdings einzelne Buchstaben mit Ziffern oder Sonderzeichen verbun-den werden, wird die Namensfähigkeit häufig zu bejahen sein (Beispiel: „A 2000 GmbH" oder auch „3M GmbH"[112]). Es handelt sich hierbei aber um eine Frage des jeweiligen Einzel-falls.

d) Kombinationen von Ziffern und Buchstaben

Firmen, die aus einer bloßen Kombination von Buchstaben und Ziffern oder aus einer Kom-   36
bination von Ziffern und einem Wort bestehen, sind grundsätzlich zulässig[113] („SAT 1", „3 Sat", „tm 3"). Selbiges gilt für die Kombination von Ziffer mit zulässigem Wortzeichen („1+1"). Sie sind allesamt eindeutig **aussprechbar**[114]. Je origineller die Kombination, desto eher besteht Namensfähigkeit; ergibt die Kombination auch einen Aussagesinn, gilt dies um-so mehr.

e) Reine Ziffernkombinationen

Zweifelhaft ist, ob auch reine Ziffernkombinationen zulässig sind, wenn diese als solche kei-   37
ne Verkehrsgeltung erlangt haben[115] (Verkehrsgeltung läge etwa bei der „4711-GmbH" vor, die damit zulässig wäre) oder besonders einprägsam sind[116], was vom jeweiligen Einzelfall abhängig ist. So hat das KG[117] die Firma „23 GmbH" für unzulässig gehalten, weil die Zahl nicht ausreichend individualisiere. Die **jüngere Literatur** ist demgegenüber zum Teil **groß-zügiger**. Danach sollen auch ausgeschriebene Zahlen („Siebzehn GmbH"; „elf GmbH")[118] ebenso wie aus Ziffern bestehende Firmen („17-GmbH") zulässig sein[119]. Im Lichte der Un-terscheidungsfähigkeit bestünden hier keine Probleme, da mathematische Zahlen von sich aus stets unterscheidungsfähig seien[120]. Dieser weitergehenden Ansicht kann **nur ein-geschränkt zugestimmt** werden. Eine **bloße Ziffer** wird ebenso wie ein einzelner Buchstabe (s. Rdnr. 35) **nicht ausreichen**, um im Rechtsverkehr auf einen Namen einer Gesellschaft hinzudeuten. Auch sind Zahlen mathematisch zwar klar abgrenzbar, der Rechtsverkehr dürfte aber doch nicht mit der nötigen Sicherheit zwischen einer „253 GmbH" und einer

---

111 A.A. *Heinrich*, in: Ulmer/Habersack/Löbbe, Rdnr. 16; wie hier *Heidinger*, in: MünchKomm. HGB, § 18 HGB Rdnr. 19, wonach die Grenze bei zwei Buchstaben liege; *Ries*, in: Röhricht/Graf von Westphalen/Haas, § 18 HGB Rdnr. 13: bei einem Buchstaben keine Namensfunktion.

112 So *Schäfer*, in: Bork/Schäfer, Rdnr. 9.

113 *Bayer*, in: Lutter/Hommelhoff, Rdnr. 18; *Lutter/Welp*, ZIP 1999, 1073, 1078; *Heinrich*, in: Ulmer/Habersack/Löbbe, Rdnr. 18; *J. Mayer*, in: MünchKomm. GmbHG, Rdnr. 27; *Michalski*, in: Michalski, 2. Aufl. 2010, Rdnr. 29; *Ries*, in: Röhricht/Graf von Westphalen/Haas, § 18 HGB Rdnr. 15 mit weiteren Beispielen für eingetragene Firmen: „2 K Verwaltungsgesellschaft mbH"; „N 24 Gesell-schaft für Nachrichten und Zeitgeschehen mbH".

114 *Bayer*, in: Lutter/Hommelhoff, Rdnr. 18.

115 Ablehnend BGH v. 30.1.1953 – I ZR 88/52, BGHZ 8, 387, 389 (zum UWG); *Kögel*, BB 1998, 1645, 1646. A.A. *J. Mayer*, in: MünchKomm. GmbHG, Rdnr. 27. Für weitgehende Zulässigkeit auch *Bay-er*, in: Lutter/Hommelhoff, Rdnr. 17; *J. Mayer*, in: MünchKomm. GmbHG, Rdnr. 27.

116 *Hecht*, in: Gehrlein/Born/Simon, Rdnr. 50.

117 KG v. 17.5.2013 – 12 W 51/13, NZG 2013, 1153 f.

118 *Ries*, in: Röhricht/Graf von Westphalen/Haas, § 18 HGB Rdnr. 14: „Zwölf-GmbH", „Null Acht Fünfzehn GmbH", „Fifty one GmbH".

119 Nach *Ries*, in: Röhricht/Graf von Westphalen/Haas, § 18 HGB Rdnr. 14 sei nicht ohne weiteres er-sichtlich, warum sich an der Kennzeichnungseignung etwas ändern solle, wenn die Buchstaben („Zwölf-GmbH") in Zahlen geschrieben werden.

120 *Bayer*, in: Lutter/Hommelhoff, Rdnr. 18 sowie *Ries*, in: Röhricht/Graf von Westphalen/Haas, § 18 HGB Rdnr. 14, der auch Zahlen in Alleinstellung Kennzeichnungskraft nicht von vornherein ab-sprechen möchte. Wie hier aber *Müther*, GmbHR 1998, 1058, 1060; *Kögel*, BB 1998, 1645, 1646; *Lutter/Welp*, ZIP 1999, 1073, 1078 f.

„252" GmbH unterscheiden können. Anders ist es aber, wenn die Zahlen ausgeschrieben sind und auch zugleich als zulässige Buchstabenkombination verstanden werden könnten (zulässig daher „ELF GmbH", unzulässig dagegen „Siebzehn GmbH")[121]. Unzweifelhaft unzulässig ist es, wenn **Zahlen endlos aneinandergereiht** werden[122] (dazu mit Blick auf Buchstaben Rdnr. 34).

5. Fremdsprachliche Bezeichnungen

38   In der Rechtsprechung wächst die Bereitschaft, fremdsprachliche Bezeichnungen als Firmen einzutragen[123]. Dem ist zu folgen, immer vorausgesetzt, sie sind für den deutschen Verkehrskreis als Namen einer Firma abstrakt erkennbar und können auch als solche artikuliert werden[124]. Die richtige Aussprache bzw. die Annahme, dass der Verkehrskreis diese Begriffe überwiegend richtig aussprechen kann, ist nicht entscheidend[125]. Kennzeichnungseignung haben Fremdwörter insbesondere, wenn die fremdsprachliche Bezeichnung im deutschen Verkehr wie ein Phantasiewort wirkt. Soweit dagegen die fremdsprachlichen Begriffe **allgemein verständlich** sind und für sie entweder kein deutsches Wort gebräuchlich ist, wie z.B. bei „Software" oder „Internet"[126], oder sich die Begriffe in der Umgangssprache durchgesetzt haben[127], kann es an der **Unterscheidungskraft** fehlen[128], wenn die Begriffe bloß beschreibend sind[129]. Dann gilt selbiges wie für deutsche Begriffe, so dass z.B. fremdsprachliche bloße Gattungsbezeichnungen ausgeschlossen sind[130] (dazu Rdnr. 44).

6. Phantasiewörter, Trendbegriffe, Werbeslogans

39   **Phantasieworte** können Namensfunktion haben[131]. Auf ihre Verständlichkeit für den Rechtsverkehr kommt es nicht an, es schadet aber auch nicht, wenn die Firma für einen bestimmten sprachkundigen Personenkreis als Bezugnahme auf den Unternehmensgegenstand verstanden werden kann[132] (zu fremdsprachigen Bezeichnungen Rdnr. 38). Es dürfen mithin auch **Wortneuschöpfungen** verwandt werden, ist doch gerade diesen oftmals ein hoher Wiedererkennungseffekt und damit eine klare Kennzeichnungs- und Unterscheidungskraft zu attestieren.

40   Wird ein „**Trendbegriff**" verwandt, der sich zwar noch nicht im allgemeinen Sprachgebrauch etabliert hat, aber langsam in die Umgangssprache Eingang findet, gelten insoweit

---

121 Zumindest in diesem Falle Namensfunktion annehmend *Bayer*, in: Lutter/Hommelhoff, Rdnr. 17; *Heinrich*, in: Ulmer/Habersack/Löbbe, Rdnr. 18; *Roth*, in: Roth/Altmeppen, Rdnr. 25. Beschränkung auf als Wort ausgeschriebene Zahlen, wie hier, *Ries*, in: Röhricht/Graf von Westphalen/Haas, § 18 HGB Rdnr. 14.
122 *J. Mayer*, in: MünchKomm. GmbHG, Rdnr. 27.
123 LG Darmstadt v. 21.12.1998 – 22 T 10/98, GmbHR 1999, 482, 483 – „Printware supplies".
124 Tendenziell strenger wohl *J. Mayer*, in: MünchKomm. GmbHG, Rdnr. 25: Fremdworte müssen für deutsche Verkehrskreise verständlich sein; anders aber bei Rdnr. 43.
125 *Heinrich*, in: Ulmer/Habersack/Löbbe, Rdnr. 17.
126 *Bayer*, in: Lutter/Hommelhoff, Rdnr. 12.
127 *Bayer*, in: Lutter/Hommelhoff, Rdnr. 12 mit Beispielen („Fast Food"; „Fashion"; „Video Rent").
128 *Fastrich*, in: Baumbach/Hueck, Rdnr. 6b.
129 *Bayer*, in: Lutter/Hommelhoff, Rdnr. 12.
130 S. *J. Mayer*, in: MünchKomm. GmbHG, Rdnr. 43.
131 *Bayer*, in: Lutter/Hommelhoff, Rdnr. 9 mit Beispielen: „Orbis", „patho", „Pratta", „Tappox" oder „bizzy"; *J. Mayer*, in: MünchKomm. GmbHG, Rdnr. 45; *Mock*, in: Michalski u.a., Rdnr. 21.
132 Beispiele nach *Bayer*, in: Lutter/Hommelhoff, Rdnr. 12: „Sports Gear" für einen Sportartikelhersteller; „Buena Vista" für eine Filmproduktionsgesellschaft.

keine Besonderheiten[133]. Insbesondere lässt sich die Eintragungsfähigkeit nicht über ein etwaiges Freihaltebedürfnis verweigern[134] – unabhängig von der grundsätzlichen Berechtigung eines solchen Freihaltebedürfnisses ist dieses mit Blick auf Trendbegriffe schon deshalb nicht anzuerkennen, weil anderenfalls der Registerrichter vor der kaum lösbaren Aufgabe stünde, jeweils prüfen zu müssen, ob ein Wort sich bereits im Sprachgebrauch derart zu etablieren scheint, dass von einem Trendbegriff gesprochen werden kann[135].

Ebenso zulässig sind grundsätzlich **Werbeslogans**. Dafür ist Verkehrsgeltung, die ein Slogan erlangt hat („Nimm 2", „nix wie hin"[136], „ab in den Urlaub"[137]), keine notwendige Bedingung. Die Slogans müssen aber eine „geschlossene Einheit" bilden, dürfen also nicht als Satz, sondern müssen zumindest ebenfalls als Name wahrgenommen werden[138]. Zulässig sind auch **Domains**[139] (näher zur Unterscheidungskraft Rdnr. 46). 41

VI. Unterscheidungskraft (§ 18 Abs. 1 HGB)

1. Bedeutung und Grundsätze

Die Firma einer GmbH muss **Individualisierungseignung** haben; d.h.: es muss möglich sein, anhand des „Namens" der Gesellschaft diese generell von anderen zu unterscheiden. Das hiermit ausgedrückte Kriterium der Unterscheidungskraft des § 18 Abs. 1 HGB ist keineswegs mit jenem des § 30 Abs. 1 HGB identisch: Es kommt bei der Unterscheidungskraft i.S. des § 18 Abs. 1 HGB nicht darauf an, ob – wie bei § 30 Abs. 1 HGB – eine andere, verwechslungsfähige Gesellschaft im Handelsregister eingetragen ist[140]. Maßgebend ist allein, ob die Firma abstrakt geeignet ist, eine bestimmte Gesellschaft namentlich zu bezeichnen und sie hierdurch von anderen abzugrenzen[141]. Sie darf damit nicht dem Risiko ausgesetzt sein, dass es zwangsläufig zu Verwechslungen mit anderen Firmen, insbesondere gleicher Branche, kommt[142]. Diese Unterscheidungskraft besitzt die Firma einer Gesellschaft dabei naturgemäß umso stärker, je ausgefallener bzw. exotischer sie ist[143] – denn was ausgefallen ist, ist per definitionem selten anzutreffen. 42

Die **Anforderungen** an die Unterscheidungskraft dürfen, soll die Liberalisierung des Firmenrechts konsequent durchgeführt werden, nicht zu hoch angesetzt werden[144]. Es ist daher ausreichend, aber auch erforderlich, dass zwar nicht jeder Teilnehmer des Rechtsverkehrs, wohl aber der **Durchschnittsteilnehmer** im Grundsatz fähig wäre, eine Gesellschaft anhand einer bestimmten Firma von anderen zu unterscheiden[145]. Besonders geeignet sind in diesem Sinne jegliche **Phantasiebezeichnungen**, insbesondere wenn sie auf kreativen Phantasieworten beruhen. 43

133 *J. Mayer*, in: MünchKomm. GmbHG, Rdnr. 44; *Schmidt-Leithoff*, in: Rowedder/Schmidt-Leithoff, Rdnr. 27.
134 So aber *Müther*, GmbHR 1998, 1058, 1060.
135 Überzeugend *J. Mayer*, in: MünchKomm. GmbHG, Rdnr. 44.
136 *Bayer*, in: Lutter/Hommelhoff, Rdnr. 17; *Fastrich*, in: Baumbach/Hueck, Rdnr. 6a.
137 *Bayer*, in: Lutter/Hommelhoff, Rdnr. 17; *Mock*, in: Michalski u.a., Rdnr. 57.
138 *J. Mayer*, in: MünchKomm. GmbHG, Rdnr. 54.
139 *J. Mayer*, in: MünchKomm. GmbHG, Rdnr. 42a; *Mock*, in: Michalski u.a., Rdnr. 25.
140 *Bayer*, in: Lutter/Hommelhoff, Rdnr. 8; *Bülow*, DB 1999, 269, 270; *J. Mayer*, in: MünchKomm. GmbHG, Rdnr. 31.
141 S. nur *J. Mayer*, in: MünchKomm. GmbHG, Rdnr. 31.
142 Vgl. etwa *Bayer*, in: Lutter/Hommelhoff, Rdnr. 8.
143 *Bayer*, in: Lutter/Hommelhoff, Rdnr. 8; *Bokelmann*, GmbHR 1998, 57; *J. Mayer*, in: MünchKomm. GmbHG, Rdnr. 31; *Mock*, in: Michalski u.a., Rdnr. 26.
144 Zutreffend *J. Mayer*, in: MünchKomm. GmbHG, Rdnr. 31; *Schäfer*, in: Bork/Schäfer, Rdnr. 16: ältere Entscheidungen nur noch mit Vorsicht heranzuziehen.
145 *J. Mayer*, in: MünchKomm. GmbHG, Rdnr. 31.

2. Branchen- oder Gattungsbezeichnung

a) Grundsatz

44 Nach h.M. sind Sachfirmen, die aus reinen Gattungs- bzw. Branchenbezeichnung (bzw. Allgemeinbegriffen) gebildet werden, unzulässig, einmal mangels Unterscheidungskraft, zum anderen mit Rücksicht auf das (allerdings nicht zweifelsfreie) Freihaltebedürfnis[146] des Verkehrs, da solche Begriffe, auf die der Verkehr angewiesen ist, nicht für einzelne Unternehmen auf dem Weg über ihre Eintragung ins Handelsregister monopolisiert werden dürfen (s. § 15 Abs. 1 MarkenG)[147]. **Beispiele** sind Firmen wie „Handelsgesellschaft mbH"[148], „Kaufhof GmbH" für ein Schuhwarengeschäft[149], „Transportbeton GmbH"[150], „Staplervermietungs GmbH"[151], „Mineralölvertrieb GmbH"[152], „Gebäudereinigungs GmbH"[153], oder aber auch „Profi-Handwerker GmbH"[154], „Hessen-Nassauische Grundbesitz AG"[155], „Zahnarztpraxis GmbH"[156] sowie „Camping-Akademie"[157].

45 Zulässig sind diese Begriffe aber, sofern ihnen **individualisierende Zusätze** beigefügt werden („inter-handel-GmbH"[158] und „das Bad … alles aus einer Hand GmbH"[159]). Ausnahmsweise genügen Branchen- oder Gattungsbezeichnungen überdies, wenn die Firma Verkehrsgeltung besitzt, d.h. auch als bloße Branchenbezeichnung in dem betroffenen Wirtschaftsraum als Herkunftshinweis auf ein bestimmtes Unternehmen verstanden wird, sowie dann, wenn die gewählte Bezeichnung, obwohl dem Gegenstand des Unternehmens entlehnt, als Phantasiebezeichnung erscheint[160].

b) Anforderungen an Zusätze; Domains als Zusätze

46 In der **Rechtsprechung** werden zu Recht **keine strengen Anforderungen** an die erforderlichen[161] individualisierenden Zusätze zu Branchen- oder Gattungsbezeichnungen gestellt, insbesondere sofern Ortszusätze hinzugefügt werden (zulässig danach die Firmen „Autodienst Berlin Limited"[162], „Hausverwaltung Rhein-Main"[163] oder „Münchner Hausverwaltung GmbH"[164]). Die jeweiligen **Ortszusätze** ermöglichen eine hinreichende Individualisierung[165]. Überdies wird hier das Freihaltebedürfnis des Rechtsverkehrs weniger beeinträchtigt als bei alleiniger Verwendung bloßer Branchenbezeichnungen. Da das Freihaltebedürfnis oh-

---

146 Vgl. zum Freihaltebedürfnis etwa *Ries*, in: Röhricht/Graf von Westphalen/Haas, § 18 HGB Rdnr. 17. S. hierzu auch Rdnr. 46.
147 *Bayer*, in: Lutter/Hommelhoff, Rdnr. 10; *Fastrich*, in: Baumbach/Hueck, Rdnr. 6b; *J. Mayer*, in: MünchKomm. GmbHG, Rdnr. 41; *Schmidt-Leithoff*, in: Rowedder/Schmidt-Leithoff, Rdnr. 27.
148 KG, OLGE 43, 278 f.
149 KG, GmbH Rspr. IV, § 3 R. 23.
150 OLG Hamm v. 7.7.1961 – 15 W 42/61, GmbHR 1961, 163.
151 OLG Düsseldorf, BB 1971, Beil. Nr. 9, 15.
152 LG Hannover, BB 1969, Beil. 10, 14.
153 LG Aachen, BB 1971, Beil. 9, 15.
154 BayObLG v. 1.7.2003 – 3Z BR 122/03, GmbHR 2003, 1003.
155 OLG Frankfurt a.M. v. 10.1.2005 – 20 W 106/04, AG 2005, 403, 404.
156 OLG München v. 1.7.2010 – 31 Wx 88/10, GmbHR 2010, 1156, 1157.
157 OLG Rostock v. 15.11.2010 – 1 W 47/10, GmbHR 2011, 829, 831.
158 BayObLG v. 19.12.1972 – BReg.2 Z 46/72, BayObLGZ 1972, 388.
159 BayObLG v. 13.6.1997 – 3Z BR 61/97, BayObLGZ 1997, 187, 189 f. = GmbHR 1997, 1063.
160 BayObLG v. 17.5.1999 – 3Z BR 90/99, BayObLGZ 1999, 114, 116 f. = NJW-RR 2000, 111 – „Meditec".
161 A.A. *Mock*, in: Michalski u.a., Rdnr. 28, der Gattungsbezeichnungen ohne individualisierende Zusätze für zulässig hält.
162 KG v. 11.9.2007 – 1 W 81/07, GmbHR 2008, 146 f.
163 OLG Frankfurt a.M. v. 19.2.2008 – 20 W 263/07, GmbHR 2009, 214, 216.
164 OLG München v. 28.4.2010 – 31 Wx 117/09, DNotZ 2010, 933, 934.
165 So auch *Fastrich*, in: Baumbach/Hueck, Rdnr. 6b; *J. Mayer*, in: MünchKomm. GmbHG, Rdnr. 42.

nehin allein ein ungeschriebener firmenrechtlicher Grundsatz ist, der auf Zumutbarkeitserwägungen basiert, sollte jede geringfügige weitere Individualisierung, die über die Gattungs- oder Branchenbezeichnung hinausreicht, ausreichen, um Unterscheidungskraft anzunehmen. Das gilt auch, wenn diese Zusätze ihrerseits wieder solche sind, für die ein Freihaltebedürfnis bestehen mag[166]. Den Konkurrenten ist es zuzumuten, ihrerseits hiervon abweichende Zusätze zu verwenden. Dies gilt insbesondere (aber richtigerweise nicht nur) dann, wenn der beigefügte Ort ein kleiner und die Gattungsbezeichnung relativ speziell ist[167]. Zu weitgehend ist es aber, Unterscheidungskraft bei **Allgemeinbegriffen** anzunehmen, wenn ihnen ein **Possessivpronomen** vorangestellt wird. So soll zwar eine „Strom GmbH" unzulässig sein, nicht aber die Firma „Mein Strom GmbH"[168]. Hier fehlt es an der Namensfunktion.

Unterscheidungskräftig sind kreative **Abkürzungen von Branchen- oder Gattungsbezeichnungen**. Auch wenn für den Rechtsverkehr erkennbar sein mag, dass hinter der Abkürzung eine reine Branchen- oder Gattungsbezeichnung steckt, tritt hier doch der Charakter als Phantasiewort nach dem Klang- und Schriftbild in den Vordergrund („Transpobet GmbH" statt „Transportbeton GmbH"[169]).   47

Die ganz **überwiegende Ansicht**[170] geht davon aus, dass eine an sich zu unspezifische Gattungs- oder Branchenbezeichnung nicht dadurch hinreichende Unterscheidungskraft gewinnen kann, dass der Zusatz „.de" im Sinne einer **Top-Level-Domain** beigefügt wird („brillenshop.de GmbH"). Ausreichend soll es dagegen sein, wenn der Firma eine **Second-Level-Domain** hinzugefügt wird[171]. Dieser engen Ansicht ist nicht zuzustimmen. Schon nach dem Klangbild unterscheidet sich eine Firma durch die Zufügung einer Top-Level-Domain von anderen (ohne diesen Zusatz oder mit einem anderen Zusatz, z.B. „.eu") deutlich.   48

3. Reine geographische Bezeichnung

Bei reinen geographischen Bezeichnungen[172] mangelt es an der nötigen Individualisierungsfunktion, es sei denn, es wird ein individualisierender Zusatz beigefügt, etwa ein Personenname, eine Sach- oder Phantasiebezeichnung oder aber auch eine Buchstaben- und/oder Zahlenkombination. Zur Kombination zweier für sich selbst unzulässiger Bezeichnungen   49

---

166 Wohl anders *Kiesel/Neises/Plewa/Poneleit/Rolfes/Wurster*, DNotZ 2015, 740, 746 sowie *Kanzleiter*, DNotZ 2008, 392, 395: berechtigtes Freihaltebedürfnis besteht nicht nur für den Branchenbegriff allein, sondern auch für die Kombination von Branchenbezeichnung und Ortsnamen.

167 Die IHK geht offenbar von diesen Kriterien aus; vgl. *Kiesel/Neises/Plewa/Poneleit/Rolfes/Wurster*, DNotZ 2015, 740, 746.

168 OLG Dresden v. 20.10.2010 – 13 W 0817/10 zitiert nach *Kiesel/Neises/Plewa/Poneleit/Rolfes/Wurster*, DNotZ 2015, 740, 745.

169 Beispiel nach *Bayer*, in: Lutter/Hommelhoff, Rdnr. 13 mit dem weiteren Beispiel „Computech GmbH" statt „Computertechnik GmbH"; s. auch *Hecht*, in: Gehrlein/Born/Simon, Rdnr. 57.

170 Vgl. OLG Frankfurt a.M. v. 13.10.2010 – 20 W 196/10, GmbHR 2011, 202 f.; LG Köln v. 8.2.2008 – 88 T 4/08, Rpfleger 2008, 425 = RNotZ 2008, 553 – „brillenshop.de"; *Clausnitzer*, DNotZ 2010, 345, 350 f.; *Hecht*, in: Gehrlein/Born/Simon, Rdnr. 56; *Möller*, DNotZ 2000, 830, 833; *Schäfer*, in: Bork/Schäfer, Rdnr. 11. A.A. OLG Dresden v. 15.11.2010 – 13 W 890/10, Rpfleger 2011, 277: aus Zusammenhang der Second-Level-Domain mit der Top-Level-Domain könne sich die hinreichende Unterscheidungskraft einer Firmenbezeichnung ergeben; *Heidinger*, in: MünchKomm. HGB, § 18 HGB Rdnr. 33a.

171 *Ries*, in: Röhricht/Graf von Westphalen/Haas, § 18 HGB Rdnr. 18; *Seifert*, Rpfleger 2001, 395 ff.

172 OLG Frankfurt a.M. v. 10.1.2005 – 20 W 106/04, AG 2005, 403, 404 – „Hessen-Nassauische Grundbesitz AG"; vgl. aber auch KG v. 11.9.2007 – 1 W 81/07, GmbHR 2008, 146, 147 – „Autodienst Berlin Limited" (sehr weitgehend). S. hierzu *Bayer*, in: Lutter/Hommelhoff, Rdnr. 10 („Bonn-GmbH"); *J. Mayer*, in: MünchKomm. GmbHG, Rdnr. 41; *Lutter/Welp*, ZIP 1999, 1073, 1075.

(reine Branchen- und Ortsbezeichnung) Rdnr. 46. Zur Irreführung durch geographische Zusätze Rdnr. 59 ff.

4. Allerweltsnamen

50   Nach einer verbreiteten Meinung[173] fehlt Allerweltsnamen jede Kennzeichnungseignung, so dass sie jedenfalls in **Alleinstellung** (Beispiel: „Müller GmbH") nicht zur Firmenbildung verwandt werden dürfen sollen. Anderes soll nur bei Hinzufügung unterscheidungskräftiger **Zusätze** zu gelten haben, wofür von Fall zu Fall bereits ein (gegebenenfalls abgekürzter) Vorname genügen können soll (Beispiel: „Josef Müller GmbH")[174]. Das Problem ist entgegen dieser herrschenden Sichtweise aber wohl richtigerweise allein ein solches des § 30 HGB, weil es in jeder Stadt mehrere „Müller" usw. gibt, so dass schon deshalb unterscheidungskräftige Zusätze in aller Regel für Gesellschaften, die ebenfalls diesen Namen verwenden wollen, erforderlich sein werden[175]. Dasselbe gilt auch für **Vornamen** in Alleinstellung. Auch sie kommen für die Firmenbildung aufgrund des Erfordernisses der konkreten Unterscheidbarkeit nach § 30 HGB regelmäßig nur dann in Betracht, wenn unterscheidungskräftige Zusätze hinzugefügt werden oder der Vorname ausnahmsweise Verkehrsgeltung besitzt, weil er sich im Verkehr zur Bezeichnung einer Person durchgesetzt hat[176]. Auf der Ebene des § 18 Abs. 1 sind Allerweltsnamen aber zulässig, denn die Individualisierbarkeit eines Unternehmens, das einen Allerweltsnamen verwendet, ist möglich, wenn es in einem Registerbezirk bspw. nur eine „Müller GmbH" geben sollte. Die h.M., die dies für unzulässig bewertet, hat schon Schwierigkeiten, eine klare Trennlinie zwischen ausreichend spezifischen und zu allgemeinen Namen zu ziehen. Auch das Freihaltebedürfnis sollte nichts anderes gebieten[177], weil es nur schwer zu rechtfertigen ist, dass derjenige, der zuerst einen Allerweltsnamen für die Firma verwenden möchte, diesen zeitlichen Vorsprung nicht für sich reklamieren darf (zum Freihaltebedürfnis auch Rdnr. 46).

VII. Irreführungsverbot (§ 18 Abs. 2 HGB)

1. Verfahren

51   Die Eignung einer Firma zur Irreführung wird im Verfahren vor dem Registergericht nur berücksichtigt, wenn sie „ersichtlich" ist (§ 18 Abs. 2 Satz 2 HGB im Anschluss an § 37 Abs. 3 MarkenG). Durch § 18 Abs. 2 Satz 2 HGB soll die Ermittlungspflicht des Registergerichts gegenüber § 26 FamFG eingeschränkt werden, um die Registergerichte zu entlasten. Ersichtlich ist die Eignung zur Irreführung, wenn sie sich **ohne Weiteres aus den Akten und den sonstigen Umständen** ergibt, d.h. erkennbar ist. Die Prüfungsintensität ist damit auf ein „Grobraster" beschränkt[178]. Sobald aber der Verdacht eines Verstoßes gegen das Irreführungsver-

---

173   *Bayer*, in: Lutter/Hommelhoff, Rdnr. 11; *Fastrich*, in: Baumbach/Hueck, Rdnr. 6b; *Heinrich*, in: Ulmer/Habersack/Löbbe, Rdnr. 19; *W.-H. Roth*, Das neue Firmenrecht, in: Die Reform des Handelsstandes und der Personengesellschaft, 1999, S. 31, 36.

174   *Bayer*, in: Lutter/Hommelhoff, Rdnr. 11; *Michalski*, in: Michalski, 2. Aufl. 2010, Rdnr. 15; wohl auch *J. Mayer*, in: MünchKomm. GmbHG, Rdnr. 33 f.; *Ries*, in: Röhricht/Graf von Westphalen/Haas, § 18 HGB Rdnr. 19; *Schmidt-Leithoff*, in: Rowedder/Schmidt-Leithoff, Rdnr. 21; großzügiger *Heidinger*, in: MünchKomm. HGB, § 18 HGB Rdnr. 35; *Roth*, in: Roth/Altmeppen, Rdnr. 6 ff.

175   Ähnlich auch *Heidinger*, in: MünchKomm. HGB, § 18 HGB Rdnr. 35, der das Problem der Allerweltsnamen ebenfalls bei § 30 HGB sieht.

176   Statt vieler *J. Mayer*, in: MünchKomm. GmbHG, Rdnr. 34.

177   Darauf weist *Roth*, in: Roth/Altmeppen, Rdnr. 7 kritisch hin.

178   OLG Stuttgart v. 8.3.2012 – 8 W 82/12, GmbHR 2012, 571, 572.

bot besteht, bleibt es bei der umfassenden Prüfungspflicht des Registergerichts im Rahmen des § 26 FamFG[179].

2. Voraussetzungen

Der Begriff der **geschäftlichen Verhältnisse** in § 18 Abs. 2 Satz 1 HGB ist ebenso weit[180] wie die Beispiele in § 5 Abs. 1 Satz 2 Nr. 1–7 UWG zu verstehen. Gemeint sind damit sämtliche Umstände, die eine gewerbliche Tätigkeit im Wettbewerb zu fördern vermögen, wobei im vorliegenden Zusammenhang insbesondere an die Größe, den Sitz und den Gegenstand des Unternehmens der Gesellschaft zu denken ist.   52

Das Irreführungsverbot greift ein, wenn die fraglichen Angaben über geschäftliche Verhältnisse in der Firma für die angesprochenen Verkehrskreise **wesentlich**, d.h. relevant und nicht nur nebensächlich sind[181], und zu ihrer **Irreführung geeignet** sind. Mit den angesprochenen **Verkehrskreisen** meint das Gesetz die Adressaten der Firma[182], entweder das allgemeine Publikum oder engere Verkehrskreise wie z.B. Fachleute. Werden wie in der Mehrzahl der Fälle allgemein die Verbraucher angesprochen, so ist heute bei der Prüfung der Irreführungsgefahr im Rahmen des § 18 Abs. 2 HGB nicht mehr wie früher auf ein mögliches Missverständnis durch einen nicht völlig unerheblichen Teil der Verbraucher abzustellen, sondern auf das Verständnis eines durchschnittlich verständigen und informierten Verbrauchers[183] – entsprechend dem neuen Verbraucherleitbild, das sich im Anschluss an die Rechtsprechung des EuGH im UWG und MarkenG durchgesetzt hat (Stichwort: „situationsadäquate Aufmerksamkeit des Durchschnittsverbrauchers")[184]. Soweit § 5 UWG strengere Anforderungen an eine Firma stellen sollte, bleibt es den Konkurrenten überlassen, gegen die Firma vorzugehen (§§ 5, 8 Abs. 3 Nr. 1 UWG).   53

3. Problematische Firmenbildung

a) Unzutreffende Darstellung des Unternehmensgegenstandes

Mit Wegfall des Entlehnungsgebots kommt es bei der Sachfirma allein darauf auf, dass keine unrichtigen Aussagen über den Unternehmensgegenstand enthalten sind (s. Rdnr. 2). Unzulässig ist es etwa, wenn die Sachfirma den irrtümlichen Eindruck erweckt, die Gesellschaft stelle die Produkte selbst her, während sie sich tatsächlich auf den Handel damit beschränkt. Ebenso wenig darf z.B. ein Finanzvermittler durch entsprechende Firmenbildung den Eindruck erwecken, er gewähre selbst Kredite und betätige sich damit ebenso wie ein Kreditinstitut[185]. Die Unzulässigkeit der Firma kann sich auch aus einer Änderung des Unternehmensgegenstandes ergeben, wenn die dem alten Gegenstand der Gesellschaft entlehnte Sachfirma fortan nicht mehr zutrifft, so dass die Firma nunmehr täuscht. Zu den Rechtsfol-   54

---

179 BayObLG v. 17.5.1999 – 3Z BR 90/99, BayObLGZ 1999, 114, 116 f. = NJW-RR 2000, 111 – „Meditec"; *J. Mayer*, in: MünchKomm. GmbHG, Rdnr. 58 ff.

180 Für eine weite Auslegung auch etwa *Hopt*, in: Baumbach/Hopt, § 18 HGB Rdnr. 13.

181 BayObLG v. 17.5.1999 – 3Z BR 90/99, BayObLGZ 1999, 114, 116 = NJW-RR 2000, 111 – „Meditec". S. auch *Schmidt-Leithoff*, in: Rowedder/Schmidt-Leithoff, Rdnr. 34.

182 S. etwa *Krafka/Kühn*, Registerrecht, 10. Aufl. 2017, Rdnr. 223; *Schmidt-Leithoff*, in: Rowedder/Schmidt-Leithoff, Rdnr. 37.

183 OLG Stuttgart v. 17.11.2000 – 8 W 153/99, NJW-RR 2001, 755, 756; OLG Düsseldorf v. 16.8.2001 – 2 U 138/00, NJW-RR 2002, 472 (zu § 1 UWG); OLG Jena v. 22.6.2010 – 6 W 30/10, GmbHR 2010, 1094, 1095; *J. Mayer*, in: MünchKomm. GmbHG, Rdnr. 56; *Michalski*, in: Michalski, 2. Aufl. 2010, Rdnr. 49 f.

184 BGH v. 20.10.1999 – I ZR 167/97, NJW-RR 2000, 1490, 1491 – „Orientteppichmuster".

185 *Bokelmann*, GmbHR 1998, 57, 62.

gen Rdnr. 90. Im Lichte der Zulässigkeit von **Phantasiefirmen** und des Fortfalls spezifischer Anforderungen an Firmentypen sind dagegen nichtssagende Wortschöpfungen **unbedenklich**, selbst wenn sie in einem entfernten **Zusammenhang mit dem Unternehmensgegenstand** stehen[186] oder diesen abkürzen[187].

b) Irreführung über Größe des Unternehmens

55 Die Firma darf keinen falschen Eindruck über die Größe des Unternehmens der Gesellschaft hervorrufen. In der früheren Praxis wurden daraus verhältnismäßig enge Grenzen für die Zulässigkeit von Firmenzusätzen wie „Zentrale", „Fabrik", „Werk", „Industrie" hergeleitet[188], wurde doch mit solchen Bezeichnungen regelmäßig die Erwartung eines besonders bedeutsamen Unternehmens und nicht nur eines „Durchschnittsgeschäfts"[189] begründet[190]. Hier setzt sich jedoch zunehmend eine **großzügigere Beurteilung** als früher durch, nicht zuletzt wegen der Inflationierung solcher Zusätze[191]. Insofern dürfte der durchschnittliche Teilnehmer des Rechtsverkehrs aus solchen Zusätzen nicht auf eine besondere Größe des Unternehmens schließen. Auch wenn etwa die Verwendung eines Begriffs eine bestimmte Größe des Unternehmens (**„Supermarkt"** oder **„Großmarkt"**) oder aber auch ein vielseitiges Angebot (**„Markt"**, **„Center"**, „Börse"[192]) versprechen könnte, liegt keine Täuschungseignung vor, weil die Verkehrsanschauung derartige Eigenschaften bei solchen Firmen nicht mehr erwartet[193]. Strenger wird allerdings der Zusatz **„Zentrum"** beurteilt. Dieser soll – ebenso wie jener der „Zentrale"[194] – nach der Rechtsprechung weiterhin nur zulässig sein, wenn das Unternehmen den Mittelpunkt des einschlägigen Marktes bildet[195]. Dies mag damit zu begründen sein, dass gerade im Unterschied zum Begriff „Center" eine weniger inflationäre Verwendung des Begriffs (auch in den Medien) zu beobachten ist; dies dürfte in der Tat dazu führen, dass hier die Verkehrserwartung nach wie vor dahin geht, dass das betreffende Unternehmen, das diese Bezeichnung führt, eine besondere Stellung innehat, mithin zumindest die durchschnittlichen Konkurrenten in Bezug auf die Größe übertrifft[196]. Ähnliches gilt für den Begriff der „Gruppe" (der zumindest verlangt, dass eine Vereinigung bzw. ein Zusammenschluss mehrerer vorliegt)[197].

---

186 So OLG Saarbrücken v. 31.3.1999 – 1 U 586/98 – 107, NJWE-WettbR 1999, 258 f. für die Firma „Floratec". S. auch OLG Stuttgart v. 8. 3. 2012 – 8 W 82/12, GmbHR 2012, 571, 572 – „Solar".
187 *Bayer*, in: Lutter/Hommelhoff, Rdnr. 36. S. weiter *Hecht*, in: Gehrlein/Born/Simon, Rdnr. 70.
188 S. im Einzelnen *Emmerich*, in: Heymann, § 18 HGB Rdnr. 40 f.
189 *Bayer*, in: Lutter/Hommelhoff, Rdnr. 29.
190 *Fastrich*, in: Baumbach/Hueck, Rdnr. 11.
191 S. *Bayer*, in: Lutter/Hommelhoff, Rdnr. 29; *Lutter/Welp*, ZIP 1999, 1073, 1079 f.; *J. Mayer*, in: MünchKomm. GmbHG, Rdnr. 85 f.; *Roth*, in: Roth/Altmeppen, Rdnr. 17; anders *Schulte/Warnke*, GmbHR 2002, 626, 630. Wie hier auch *Schmidt-Leithoff*, in: Rowedder/Schmidt-Leithoff, Rdnr. 48, allerdings mit Ausnahme des Begriffs „Werk" im Zusammenhang mit „Fahrzeug"; so auch OLG Jena v. 29.8.2011 – 6 W 162/11, NZG 2011, 1191.
192 Etwa im Sinne von „Schuh-Börse", *Bayer*, in: Lutter/Hommelhoff, Rdnr. 29. Hier wird der Rechtsverkehr keine amtlich eingerichtete Börse verlangen; strenger aber noch OLG Frankfurt v. 5.2.1981 – 20 W 524/80, OLGZ 1981, 283; OLG Zweibrücken v. 24.2.1967 – 3 W 26/67, BB 1968, 311.
193 *Bayer*, in: Lutter/Hommelhoff, Rdnr. 29; *Heidinger*, in: MünchHdb. GesR III, § 19 Rdnr. 42; *J. Mayer*, in: MünchKomm. GmbHG, Rdnr. 85; *Mock*, in: Michalski u.a., Rdnr. 41; *Roth*, in: Roth/Altmeppen, Rdnr. 17; *Schmidt-Leithoff*, in: Rowedder/Schmidt-Leithoff, Rdnr. 48.
194 BGH v. 3.12.1976 – I ZR 151/75, GRUR 1977, 503, 504 – „Datenzentrale".
195 BGH v. 18.1.2012 – I ZR 104/10, NJW-RR 2012, 1066, 1067; OLG Frankfurt v. 28.10.2014 – 20 W 411/12, NZG 2015, 1239, 1240. Zustimmend *Hecht*, in: Gehrlein/Born/Simon, Rdnr. 62; s. auch *Kiesel/Neises/Plewa/Poneleit/Rolfes/Wurster*, DNotZ 2015, 740, 748.
196 *Ries*, in: Röhricht/Graf von Westphalen/Haas, § 18 HGB Rdnr. 86.
197 OLG Jena v. 14.10.2013 – 6 W 375/12, GmbHR 2014, 428, 428 f.

c) Irreführung über Rechtsform

Das Irreführungsverbot gilt für die gesamte Firma einschließlich des Rechtsformzusatzes 56
(§ 4; § 19 HGB). In die Firma der Gesellschaft dürfen deshalb keine Angaben aufgenommen werden, die zur Täuschung der angesprochenen Verkehrskreise über die Rechtsform der Gesellschaft geeignet sind[198]. Daraus folgt etwa das Verbot von Bezeichnungen, die auf den Buchstaben „ag“ oder „**AG**“ enden, weil dadurch der Anschein einer Aktiengesellschaft begründet werden kann[199]. Die Zusätze „**Partnerschaft**“ oder „und Partner“ (in welcher Schreibweise auch immer) sind außerdem nach § 11 Abs. 1 Satz 1 PartGG Partnerschaften im Sinne des genannten Gesetzes vorbehalten, so dass sie nicht von anderen Gesellschaften geführt werden dürfen[200]. Dasselbe gilt für das Wort „**Partner**“ allein, vorausgesetzt, dass das Wort in der Firma den Eindruck eines Rechtsformzusatzes hervorruft; dann ist es auch gleichgültig, wenn das englische „Partners“ genutzt wird, so dass etwa die Firma „Meier & Partners Finanzberatung GmbH“ unzulässig ist[201]. Anders ist es, wenn das Wort mit einem weiteren Wort verbunden wird, sofern dadurch dem Eindruck eines Rechtsformzusatzes entgegengewirkt wird[202]. Dies gilt insbesondere, wenn der Begriff „Partner“ dazu dienen soll, eine Dienstleistung zu kennzeichnen („Partner für Automobilhandel“)[203]. Im Grenzbereich dürfte die Firma „Partner Logistics Immobilien GmbH“ liegen, die, anders als das OLG Düsseldorf[204] annahm, wohl nicht täuschend wirkt.

Eine **Kombination von Rechtsformzusätzen** darf gleichfalls nicht täuschend wirken. Diese 57
Gefahr droht vor allem bei der Verbindung des GmbH-Zusatzes mit dem Zusatz „& Co.“, wenn nach dem Gesamtbild der Firma bei den angesprochenen Verkehrskreisen der Eindruck entstehen kann, es handele sich um eine KG[205]. Sofern eine Handelsgesellschaft oder eine juristische Person an einer GmbH beteiligt ist[206] und deren Name in die Firma aufgenommen werden soll, dürfen die von ihnen verwandten Rechtsformzusätze nicht mit aufgenommen werden, weil das sonst unvermeidliche Zusammentreffen von Rechtsformzusätzen verwirrend wirkt. Auch ausländische Gesellschafts- und Rechtsformzusätze sind bei der Bildung der GmbH-Firma fortzulassen[207].

---

198 *Bayer*, in: Lutter/Hommelhoff, Rdnr. 33; *Emmerich*, in: Heymann, § 18 HGB Rdnr. 26 f.; *Michalski*, in: Michalski, 2. Aufl. 2010, Rdnr. 47; *Schmidt-Leithoff*, in: Rowedder/Schmidt-Leithoff, Rdnr. 47, 49, 51.

199 BGH v. 25.10.1956 – II ZB 18/56, BGHZ 22, 88, 90 = NJW 1956, 1430 – „Indrohag“; BayObLG v. 7.3.1978 – BReg.3 Z 123/76, BB 1979, 1465, 1466 – „Trebag“; BayObLG v. 27.5.1982 – 3 Z 43/82, BayObLG v. 27.5.1982 – BReg.3 Z 43/82, GmbHR 1983, 152 – „BAG“. Großzügig aber OLG Dresden v. 21.4.2010 – 13 W 295/10, NZG 2010, 1237, 1238: „OBAG GmbH“ zulässig; dem OLG zustimmend *Hecht*, in: Gehrlein/Born/Simon, Rdnr. 62.

200 BGH v. 21.4.1997 – II ZB 14/96, BGHZ 135, 257, 258 = GmbHR 1997, 644 = NJW 1997, 1854; zum Übergangsrecht (§ 11 Abs. 1 Satz 2, 3 PartGG) s. BayObLG v. 19.2.2003 – 3Z BR 17/03, GmbHR 2003, 475.

201 Vgl. den ähnlichen Fall bei OLG Frankfurt a.M. v. 11.11.2004 – 20 W 321/04, GmbHR 2005, 96 sowie OLG Düsseldorf v. 9.10.2009 – I-3 Wx 182/09, GmbHR 2010, 38, 39: „Partner Logistics Immobilien GmbH“ unzulässig.

202 OLG München v. 14.12.2006 – 31 Wx 89/06, GmbHR 2007, 266, 267 – „GV-Partner“; krit. *J. Mayer*, in: MünchKomm. GmbHG, Rdnr. 66.

203 *Kiesel/Neises/Plewa/Poneleit/Rolfes/Wurster*, DNotZ 2015, 740, 749.

204 OLG Düsseldorf v. 9.10.2009 – I-3 Wx 182/09, GmbHR 2010, 38, 39 – „Partner Logistics Immobilien GmbH“, kritisch zu der Entscheidung auch *Bayer*, in: Lutter/Hommelhoff, Rdnr. 33 („zweifelhaft“); *Kiesel/Neises/Plewa/Poneleit/Rolfes/Wurster*, DNotZ 2015, 740, 749.

205 S. LG Bremen v. 21.10.2003 – 13 T 12/03, GmbHR 2004, 186: zulässig danach die Firmierung „X & Co. GmbH“; zum Rechtsformzusatz s. im Übrigen Rdnr. 76.

206 BayObLG, BayObLGZ 1970, 297, 298 – „Dortmunder Union“.

207 S. *Bokelmann*, ZGR 1994, 325, 331; *Bokelmann*, GmbHR 1994, 356, 358.

d) Geographische Zusätze

58 Die Zulässigkeit geographischer Zusätze ist **noch nicht endgültig geklärt**. Unter dem Rechtszustand vor der Handelsrechtsreform von 1998 war zuletzt überwiegend angenommen worden, dass geographische Zusätze[208] (sei es durch Gebiets- oder Landesangaben oder aber auch durch Ortsangaben) in erster Linie auf den Sitz und den Tätigkeitsbereich der Gesellschaft hinweisen (insoweit unproblematisch, wenn zutreffend), häufig aber auch eine weitergehende Bedeutung haben, indem sie für das fragliche Unternehmen eine herausragende oder doch zumindest führende Stellung in dem fraglichen Gebiet in Anspruch nehmen (vor allem bei attributiven Zusätzen). Für Zusätze wie „**deutsch**" oder „österreichisch" herrschte dementsprechend die Auffassung vor, das betreffende Unternehmen müsse nach Ausstattung und Umsatz auf den deutschen oder österreichischen Markt zugeschnitten sein. Ähnlich wurden meistens Zusätze wie „**Europa**", „Euro" oder „**international**" behandelt[209]. Maßgebend waren jedoch letztlich die Umstände des Einzelfalls.

59 In der Praxis sind jedoch **Auflockerungstendenzen** festzustellen[210]. Dem ist im Zuge der Liberalisierung und einer durchaus gewandelten Verkehrsanschauung zuzustimmen. Unstreitig ist, dass die Tätigkeit eines Unternehmens einen realen Bezug zu dem in der Firma angegebenen Gebiet aufweisen muss, dass die Tätigkeit (nicht notwendig die Waren[211]) m.a.W. auf das Gebiet zugeschnitten sein muss, das in der Firma in Bezug genommen wird[212]. Der Sitz der betreffenden Gesellschaft muss, soll keine Irreführung vorliegen, aber nicht zwingend in der betreffenden Gemeinde oder in einer Nachbargemeinde liegen, es genügt, wenn nur die Gesellschaft überhaupt ihren Sitz in der fraglichen Region (etwa im Ballungsraum des genannten Ortes) hat[213]. Aber auch ohne Sitz in der Region ist ein Ortszusatz schon dann zulässig, wenn nur ein realer Bezug (etwa im Sinne eines Schwerpunkts der Geschäftstätigkeit) zu dem genannten Ort besteht[214]. Eine Frage des Einzelfalles ist es dabei, ob mit dem **geographischen Zusatz** (wenn dieser eine Landschaftsbezeichnung beinhaltet, zum Beispiel „X Bauunternehmen Süddeutschland") zugleich eine **besondere Größe** oder **Bedeutung des Unternehmens** in Anspruch genommen wird[215], über die getäuscht werden könnte, wenn

---

208 S. im Einzelnen *Bokelmann*, Firmen- und Geschäftsbezeichnungen, Rdnr. 124 ff.; *St. Kögel*, GmbHR 2002, 642; *J. Mayer*, in: MünchKomm. GmbHG, Rdnr. 96 ff.; *D. Möller*, DNotZ 2000, 830, 834 f.; *Ries*, in: Röhricht/Graf von Westphalen/Haas, § 18 HGB Rdnr. 65 ff.

209 BayObLG v. 19.12.1972 – BReg.2 Z 46/72, BayObLGZ 1972, 388, 391; OLG Stuttgart v. 8.10.1985 – 8 W 198/85, NJW-RR 1987, 101. S. im Einzelnen *Emmerich*, in: Heymann, § 18 HGB Rdnr. 44 ff.; *St. Kögel*, GmbHR 2002, 642.

210 OLG Stuttgart v. 17.11.2000 – 8 W 153/99, NJW-RR 2001, 755, 756 f.; LG Heilbronn v. 30.10.2001 – 2 KfH T 2/01, Rpfleger 2002, 158; zustimmend *J. Mayer*, in: MünchKomm. GmbHG, Rdnr. 98 ff.; krit. dazu *St. Kögel*, GmbHR 2002, 642; offen gelassen aber in OLG Frankfurt a.M. v. 10.1.2005 – 20 W 106/04, AG 2005, 403, 404 – „Hessen-Nassauische Grundbesitz AG".

211 *Mock*, in: Michalski u.a., Rdnr. 39; s. aber noch BGH v. 1.3.1982 – II ZB 9/81, ZIP 1982, 567 – „Schwarzwälder Bauernspezialitäten".

212 OLG München v. 28.4.2010 – 31 Wx 117/09, DNotZ 2010, 933, 934; *Fastrich*, in: Baumbach/Hueck, Rdnr. 10; *J. Mayer*, in: MünchKomm. GmbHG, Rdnr. 99; *Roth*, in: Roth/Altmeppen, Rdnr. 18; *Mock*, in: Michalski u.a., Rdnr. 39.

213 OLG Hamm v. 19.7.2013 – 27 W 57/13, NZG 2013, 996, 997; OLG Zweibrücken v. 1.2.2012 – 3 W 16/12, juris; OLG Zweibrücken v. 31.1.2012 – 3 W 129/11, Rpfleger 2012, 547, 548; OLG Braunschweig v. 10.8.2011 – 2 W 77/11, Rpfleger 2012, 153; OLG Stuttgart v. 3.7.2003 – 8 W 425/02, FGPrax 2004, 40, 41.

214 So wohl OLG Hamm v. 19.7.2013 – 27 W 57/13, NZG 2013, 996: „Osnabrück M GmbH & Co. KG" zulässig, obwohl das Unternehmen seinen Sitz in einer anderen Gemeinde hat, da das Unternehmen im Wirtschaftsraum Osnabrück ansässig ist und seine Tätigkeit überwiegend in Osnabrück ausübt. Zustimmend auch *Kiesel/Neises/Plewa/Poneleit/Rolfes/Wurster*, DNotZ 2015, 740, 747.

215 Vgl. hierzu OLG Stuttgart v. 17.11.2000 – 8 W 153/99, NJW-RR 2001, 755, 757; OLG Hamm v. 26.7.1999 – 15 W 51/99, GmbHR 1999, 1254 = NZG 1999, 994.

sie tatsächlich nicht gegeben ist (im Beispiel: das Bauunternehmen ist nicht im gesamten süddeutschen Gebiet tätig). Insofern ist aber zu berücksichtigen, dass der heutige **durchschnittliche Teilnehmer** des Rechtsverkehrs in der Regel mit solchen geographischen Zusätzen keine bestimmte Unternehmensgröße oder eine besondere Bedeutung im Sinne einer hervorgehobenen Stellung in dem betreffenden Ort verbinden dürfte[216]. Eine Täuschung liegt dabei umso ferner, wenn der Ortszusatz substantivisch und nicht in attributiver Weise erfolgt[217]. Zum Teil wird auch noch, weniger überzeugend, dahingehend differenziert, ob die Ortsbezeichnung voran- oder hintangestellt ist[218].

Weitergehende Anforderungen bestehen auch für Zusätze wie „**Europa**", „Europäisch" oder 60 „European" in der Regel nicht[219]. Es genügt, dass Geschäfte auf dem europäischen Markt getätigt werden[220] bzw. das Unternehmen geeignet wäre, dies zu tun. Demgegenüber wird für den Zusatz „**deutsch**" in der insoweit kritisch zu bewertenden Rechtsprechung nach wie vor ein auf Deutschland als Ganzes zugeschnittenes Unternehmen mit entsprechender Größe und Aufgabenstellung[221], zum Teil sogar mit einer Sonderstellung[222], gefordert. Es kommt – wird nicht tatsächlich bereits in ganz Deutschland operiert – danach letztlich darauf an, ob das Unternehmen im konkreten Fall nach seiner Größe, Struktur, Ausstattung und seinem Unternehmensgegenstand im Grundsatz geeignet wäre, auch im gesamten deutschen Raum zu operieren[223]. Dagegen ist der Zusatz „**Deutschland**" als solcher unstreitig zulässig, was insbesondere für Tochtergesellschaften ausländischer Konzernmütter bedeutsam ist[224]; selbiges sollte für den Zusatz „deutsch" in diesen Fällen gelten[225]. Für den Zusatz „**International**" wird es schließlich heute wegen der Inflationierung derartiger Zusätze als ausreichend ange-

---

216 OLG München v. 28.4.2010 – 31 Wx 117/09, DNotZ 2010, 933, 934; OLG Jena v. 29.8.2011 – 6 W 162/11, NZG 2011, 1191; *Bayer*, in: Lutter/Hommelhoff, Rdnr. 29; *Fastrich*, in: Baumbach/Hueck, Rdnr. 10; *Heinrich*, in: Ulmer/Habersack/Löbbe, Rdnr. 34; *Mock*, in: Michalski u.a., Rdnr. 39.

217 BGH v. 19.10.1989 – I ZR 193/87, BB 1989, 2349; BGH v. 1.3.1982 – II ZB 9/81, ZIP 1982, 567 – „Schwarzwälder Bauernspezialitäten"; OLG Stuttgart v. 3.7.2003 – 8 W 425/02, FGPrax 2004, 40, 41 ff. – „Sparkasse Bodensee"; BayObLG v. 14.8.1985 – BReg.3 Z 181/84, GmbHR 1986, 51 = DB 1986, 105 – „Bayerwald Schuh-Center". S. dazu auch *Ries*, in: Röhricht/Graf von Westphalen/Haas, § 18 HGB Rdnr. 67.

218 S. hierzu *Pfisterer*, in: Saenger/Inhester, Rdnr. 13.

219 OLG Hamm v. 26.7.1999 – 15 W 51/99, DNotZ 1999, 842, 843 = GmbHR 1999, 1254 (nur Leitsatz) (Euro, European); LG Darmstadt v. 21.12.1998 – 22 T 10/98, GmbHR 1999, 482 (International); *Heinrich*, in: Ulmer/Habersack/Löbbe, Rdnr. 34; *J. Mayer*, in: MünchKomm. GmbHG, Rdnr. 103; *Mock*, in: Michalski u.a., Rdnr. 40; *Roth*, in: Roth/Altmeppen, Rdnr. 18; *Schmidt-Leithoff*, in: Rowedder/Schmidt-Leithoff, Rdnr. 4. Anders aber noch BGH v. 29.10.1969 – I ZR 63/68, BGHZ 53, 339, 343 – „Euro-Spirituosen"; OLG Stuttgart v. 8.10.1985 – 8 W 198/85 NJW-RR 1987, 101 – „Intermedia".

220 *Heidinger*, in: MünchKomm. HGB, § 18 HGB Rdnr. 159; *Burgard*, in: Staub, § 18 HGB Rdnr. 102.

221 BayObLG v. 9.9.1958 – BReg.2 Z 116/58, BayObLGZ 1958, 253, 254 f.; BayObLG v. 20.7.1983 – BReg.3 Z 72/83, GmbHR 1984, 45 = WM 1983, 1430 – „Westdeutsche Treuhand"; OLG Karlsruhe v. 21.1.1964 – 3 W 72/63, BB 1964, 572 f.; LG Oldenburg v. 24.9.2009 – 15 T 802/09, Rpfleger 2010, 145 f. – „Deutsche Biogas AG". S. auch *J. Mayer*, in: MünchKomm. GmbHG, Rdnr. 102.

222 So OLG Düsseldorf v. 20.11.1992 – 3 Wx 448/92, NJW-RR 1993, 297, 298 – „Dienst für das deutsche Handwerk".

223 *Kiesel/Neises/Plewa/Poneleit/Rolfes/Wurster*, DNotZ 2015, 740, 747; danach ist die IHK ablehnend gegenüber einer „Deutsche Ärztefortbildung GmbH" als Einpersonen-GmbH; ferner gegenüber der „Deutsches Edelmetall-Labor GmbH", wenn nicht nachvollziehbar ist, dass das Unternehmen nach seiner Größe, Ausstattung und Organisation in der Lage ist, den gesamten deutschen Raum abzudecken.

224 BayObLG v. 9.9.1958 – BReg.2 Z 116/58, BayObLGZ 1958, 253, 255; *Heidinger*, in: MünchKomm. HGB, § 18 HGB Rdnr. 155; *Wälzholz*, in: GmbH-Handbuch, Rdnr. I 147.

225 *Ries*, in: Röhricht/Graf von Westphalen/Haas, § 18 HGB Rdnr. 71.

sehen, wenn sich das Unternehmen überhaupt „international", d.h. grenzüberschreitend betätigt[226].

e) Personenfirma ohne Gesellschafterbezug

61 **aa)** Die Bestimmungen des früheren § 4 über Personenfirmen sind durch das Handelsrechtsreformgesetz von 1998 ersatzlos gestrichen worden. Daraus ergibt sich die Konsequenz, dass in die Firma einer Gesellschaft nach geltender Rechtslage auch die Namen von Personen aufgenommen werden dürfen, die der Gesellschaft niemals angehört haben, sofern dem nicht das Irreführungsverbot entgegensteht[227]. Dies ist nach der jüngeren Rechtsprechung nicht der Fall, wenn **Namen fiktiver Personen** aufgenommen werden, es sei denn, es handelt sich um **Namen noch lebender bekannter Personen**[228] (Paradigma: „Claudia Schiffer GmbH" für ein beliebiges Modegeschäft)[229]. Weitergehend soll auch die Verwendung des Namens eines (real existierenden) Nicht-Gesellschafters nicht irreführend sein, wenn die Namensnennung wirtschaftliche Entscheidungen nicht beeinflusst, weil die maßgeblichen Verkehrskreise mangels Kenntnis dieser Person ein Vertrauen mit ihr nicht verbinden[230] (und insoweit letztlich gleichgültig ist, ob es sich um eine reale oder fiktive Person handelt).

62 **bb) Stellungnahme:** Dieser Rechtsprechung ist zuzustimmen. Maßgeblich ist, welche **Erwartungen** durchschnittliche Teilnehmer des Verkehrskreises mit der Nennung eines Namens in einer Gesellschaftsfirma verbinden (§ 18 Abs. 2 Satz 1 HGB; § 5 UWG). Diese werden bei **Namen als solcher bekannter und noch lebender Personen** in einer Firma annehmen, dass die betreffenden Personen einmal der Gesellschaft angehört haben[231] oder zumindest in irgendeiner Weise eine besondere sachliche Verbindung zur Unternehmensführung besteht. Ist dies nicht der Fall, ist die Firma täuschend[232]. Dies gilt aber nicht, wenn die betreffende Person (entweder allgemein oder für die betreffenden Verkehrskreise) **keine Bekanntheit** besitzt[233]. Denn dem durchschnittlichen Teilnehmer des Rechtsverkehrs kommt es in diesen Fällen nicht auf die Personen der Gesellschafter an[234]. Dies kann schon damit begründet werden, dass die Gesellschafter nicht für die Verbindlichkeiten der Gesellschaft haften[235]. Ein

---

226 LG Stuttgart v. 11.4.2000 – 4 KfH T 4/00, BB 2000, 1213; LG Darmstadt v. 21.12.1998 – 22 T 10/98, GmbHR 1999, 482, 483; *Ries*, in: Röhricht/Graf von Westphalen/Haas, § 18 HGB Rdnr. 73.

227 *Bayer*, in: Lutter/Hommelhoff, Rdnr. 34 f.; *Fastrich*, in: Baumbach/Hueck, Rdnr. 12; *J. Mayer*, in: MünchKomm. GmbHG, Rdnr. 80 ff.; *Ries*, in: Röhricht/Graf von Westphalen/Haas, § 18 HGB Rdnr. 33. S. insgesamt hierzu auch *Heidinger*, DB 2005, 815 ff.

228 OLG Karlsruhe v. 22.11.2013 – 11 Wx 86/13, GmbHR 2014, 142; OLG Rostock v. 17.11.2014 – 1 W 53/14, GmbHR 2015, 37, 38; OLG Hamburg v. 21.2.2011 – 11 W 13/11, BeckRS 2011, 07893; OLG Jena v. 22.6.2010 – 6 W 30/10, GmbHR 2010, 1094; OLG Karlsruhe v. 24.2.2010 – 11 Wx 15/09, GmbHR 2010, 1096, 1097. S. zustimmend *Bayer*, in: Lutter/Hommelhoff, Rdnr. 35; *Fastrich*, in: Baumbach/Hueck, Rdnr. 12; *Heidinger*, in: MünchHdb. GesR III, § 19 Rdnr. 38; *Roth*, in: Roth/Altmeppen, Rdnr. 12.

229 *Bayer*, in: Lutter/Hommelhoff, Rdnr. 35; *Lutter/Welp*, ZIP 1999, 1073, 1081; *J. Mayer*, in: Münch-Komm. GmbHG, Rdnr. 81; *Michalski*, in: Michalski, 2. Aufl. 2010, Rdnr. 63 f.; *Roth*, in: Roth/Altmeppen, Rdnr. 12; *Schulte/Warnke*, GmbHR 2002, 626, 629 f.

230 OLG Düsseldorf v. 11.1.2017 – 3 Wx 81/16, GmbHR 2017, 373, 374; OLG Rostock v. 17.11.2014 – 1 W 53/14, GmbHR 2015, 37, 38; OLG Jena v. 22.6.2010 – 6 W 30/10, GmbHR 2010, 1094.

231 Großzügiger LG Wiesbaden v. 7.4.2004 – 12 T 3/04, NJW-RR 2004, 1106, wonach Irreführung nur vorliegen kann, sofern der Name einer Person verwendet wird, der (über-)regional bekannt ist und daher der Gesellschaft möglicherweise einen Wettbewerbsvorteil verschaffen soll.

232 Auf maßgeblichen Einfluss bezugnehmend OLG Karlsruhe v. 24.2.2010 – 11 Wx 15/09, GmbHR 2010, 1096, 1098.

233 OLG Düsseldorf v. 11.1.2017 – 3 Wx 81/16, GmbHR 2017, 373, 374.

234 OLG Rostock v. 17.11.2014 – 1 W 53/14, GmbHR 2015, 37, 38: Angesprochenen Verkehrskreisen sei es grundsätzlich gleichgültig, wer als Gesellschafter an einer GmbH beteiligt ist.

235 *Bayer*, in: Lutter/Hommelhoff, Rdnr. 34.

schützenswertes Vertrauen, dass eine bestimmte, in der Firma genannte Person Gesellschafter ist oder eine tragende Funktion in der Gesellschaft hat, besteht dann nicht[236].

cc) Zulässig ist die Verwendung erkennbarer **Phantasienamen** sowie von **Namen aus der** 63 **Mythologie** (z.B. „Zeus-GmbH") oder **längst verstorbener, historischer Persönlichkeiten**, von denen niemand mehr annimmt, dass sie mit einer heutigen Gesellschaft irgendetwas zu tun haben könnten (Beispiel: „Mozart GmbH")[237]. Dasselbe gilt, wenn durch Zusätze in der Firma klargestellt wird, dass die genannte Persönlichkeit nicht Gesellschafter ist, etwa, wenn die Firma zum Ausdruck bringt, dass die Gesellschaft nur die Verwertung der Produkte oder die Auswertung einer Erfindung der genannten Persönlichkeit zum Gegenstand hat[238]. Unbedenklich ist auch die Verwendung von **Künstlernamen**[239] oder **Pseudonymen**[240] zur Firmenbildung.

f) Akademische Grade oder Titel

Soweit eine Person zur Führung eines akademischen Grades oder Titels, z.B. des **Doktorgra-** 64 **des** oder der Bezeichnung „Diplomingenieur" berechtigt ist, darf sie sich dieser Titel oder Grade grundsätzlich auch zur Firmenbildung bedienen[241]. Keine Irreführung liegt vor, wenn der zur Titelführung Berechtigte als Gesellschafter maßgeblichen Einfluss auf die unternehmerische Ausrichtung der Gesellschaft hat[242]. Scheidet der Träger des Titels aus der Gesellschaft aus, ist eine Umfirmierung nicht erforderlich, sofern ein verbleibender oder neu eintretender Gesellschafter den gleichen, oder: in den Grenzen des Täuschungsverbots einen sachlich für den Unternehmensgegenstand ebenso einschlägigen Titel führt[243]; anderenfalls ist ein Nachfolgezusatz erforderlich[244]. Bei einer abgeleiteten Firma (§ 22 HGB) ist dies ebenfalls erforderlich, wenn der jetzige Inhaber des Unternehmens den Doktortitel nicht führen darf[245]. In Doktorfirmen ist zudem ein Fakultätszusatz zu fordern, wenn die Verwendung der Doktorfirma andernfalls täuschend wäre, d.h. wenn die angesprochenen Verkehrskreise aus der Verwendung des Doktortitels in der Firma auf eine besondere wissenschaftliche Qualifikation des betreffenden, in der Gesellschaft in herausgehobener Stellung tätigen Gesellschafters schließen[246].

---

236 OLG Rostock v. 17.11.2014 – 1 W 53/14, GmbHR 2015, 37, 38; *Bayer*, in: Lutter/Hommelhoff, Rdnr. 34; *Fastrich*, in: Baumbach/Hueck, Rdnr. 12; *Heinrich*, in: Ulmer/Habersack/Löbbe, Rdnr. 20; *J. Mayer*, in: MünchKomm. GmbHG, Rdnr. 80.
237 Ebenso schon KG v. 20.2.1899 – I. V. 75/99, KGJ 19, 15; KG v. 30.5.1908 – Ia ZS, OLGE 19, 379; *Bayer*, in: Lutter/Hommelhoff, Rdnr. 35.
238 KG v. 27.3.1930 – 1 b X 98/30, JW 1930, 2716.
239 *Bayer*, in: Lutter/Hommelhoff, Rdnr. 4; *Heinrich*, in: Ulmer/Habersack/Löbbe, Rdnr. 20; *J. Mayer*, in: MünchKomm. GmbHG, Rdnr. 24; *Roth*, in: Roth/Altmeppen, Rdnr. 9. Anders früher KG v. 3.12.1909 – I a. X. 929/09, KGJ 39 A 114, 115: nur bürgerlicher Name; KG v. 6.8.1919, OLGE 40, 178 f.; BayObLG v. 10.9.1954 – BReg.2 Z 115/54, BayObLGZ 1954, 203, 205 ff., 208.
240 *Bayer*, in: Lutter/Hommelhoff, Rdnr. 4; *J. Mayer*, in: MünchKomm. GmbHG, Rdnr. 24.
241 *Bayer*, in: Lutter/Hommelhoff, Rdnr. 32; *Fastrich*, in: Baumbach/Hueck, Rdnr. 13; *J. Mayer*, in: MünchKomm. GmbHG, Rdnr. 75; *Mock*, in: Michalski u.a., Rdnr. 44.
242 BGH v. 24.10.1991 – I ZR 271/89, WM 1992, 504, 505; *Ries*, in: Röhricht/Graf von Westphalen/ Haas, § 18 HGB Rdnr. 42.
243 BGH v. 10.11.1969 – II ZR 273/67, BGHZ 53, 65, 68 = NJW 1970, 704; BGH v. 5.4.1990 – I ZR 19/88, NJW 1991, 752 f.; OLG Köln v. 12.3.2008 – 2 Wx 5/08, RNotZ 2008, 551, 552. S. auch *J. Mayer*, in: MünchKomm. GmbHG, Rdnr. 77. Anders *Mock*, in: Michalski u.a., Rdnr. 44, wonach Gesellschaft den Doktortitel fortführen kann, solange auch Personenname des ausgeschiedenen Gesellschafters behalten wird.
244 BGH v. 2.10.1997 – I ZR 105/95, NJW 1998, 1150, 1151; OLG Köln v. 12.3.2008 – 2 Wx 5/08, RNotZ 2008, 551, 552.
245 *Fastrich*, in: Baumbach/Hueck, Rdnr. 13. A.A. *Mock*, in: Michalski u.a., Rdnr. 44.
246 *Bayer*, in: Lutter/Hommelhoff, Rdnr. 32; *Fastrich*, in: Baumbach/Hueck, Rdnr. 13; *J. Mayer*, in: MünchKomm. GmbHG, Rdnr. 78; *Mock*, in: Michalski u.a., Rdnr. 44. A.A. aber *Wälzholz*, in:

VIII. Unterscheidbarkeit (§ 30 HGB)

65 Eine Firma muss sich von allen an demselben Ort oder in derselben Gemeinde bereits bestehenden und in das Handelsregister oder in das Genossenschaftsregister (nicht aber in das Vereinsregister[247]) eingetragenen Firmen **deutlich unterscheiden**; Unterscheidbarkeit i.S. des § 30 Abs. 1 HGB. Es kommt nicht auf einen abstrakten Maßstab an (d.h. darauf, ob die Firma als solche geeignet, sich von anderen Firmen zu unterscheiden), sondern auf einen konkreten Vergleich mit anderen Firmen im Registerbezirk[248]. Ausschlaggebend ist der **Gesamteindruck** von der Unterscheidbarkeit, wie er sich vor allem aus dem Wort- und Klangbild ergibt[249]. Dabei ist zu berücksichtigen, dass § 30 Abs. 1 HGB nicht nur eine objektive Unterscheidungskraft verlangt, sondern eine deutliche Unterscheidbarkeit[250]. Es muss damit jede **ernsthafte Verwechslungsgefahr** ausgeschlossen sein[251]. In diesem durchaus strengen Rahmen sollten die Anforderungen dann aber nicht übertrieben hoch angesetzt werden, weil der Rechtsverkehr durchaus auch geringfügige Unterscheidungsmerkmale beachtet[252]. Vor allem ist insoweit auch eine gewandelte Verkehrsanschauung in Rechnung zu stellen. In diesem Sinne genügen zwar Zusätze, die nur die **Gesellschaftsform** betreffen, nicht[253]. Ausreichend sind aber – vor allem bei Gesellschaften ohne operative Tätigkeit[254] – beigefügte **Ordnungszahlen**, wenn diese nicht unüberschaubar hoch ausfallen, sondern für den Rechtsverkehr eine Zählfunktion erkennbar ist („SUNSPA 10 GmbH"[255]). Diese nimmt freilich ab, wenn die Zahl an versteckter Stelle innerhalb der Firma auftaucht[256], so dass jeweils eine Beurteilung der Gesamtumstände erforderlich ist.

66 Schwierigkeiten bereitet bei **Phantasiefirmen**, die oftmals aus kurzen **Schlagworten** gebildet werden, die Frage, wann die Nutzung einer ähnlichen Buchstabenkombination die hinreichende Unterscheidungskraft entfallen lässt. Hier wird man zwar ebenfalls keine strengen Anforderungen stellen dürfen, anderes gilt aber bei branchengleichen Unternehmen angesichts der drohenden Verwechslungsgefahr. Überzeugend erscheint der Ansatz von *Bayer*[257], auf das Verhältnis der Anzahl der unterschiedlichen Silben zur Gesamtzahl der Silben abzustellen.

GmbH-Handbuch, Rdnr. I 151; differenzierend *Heinrich*, in: Ulmer/Habersack/Löbbe, Rdnr. 24: nur erforderlich, wenn die besondere Art der Verwendung unzutreffenden Eindruck der besonderen fachlichen Leitung der Gesellschaft weckt, der für den Verkehr im konkreten Fall wesentlich ist.

247 Ausf. *Heinrich*, in: Ulmer/Habersack/Löbbe, Rdnr. 75.

248 *Bayer*, in: Lutter/Hommelhoff, Rdnr. 20; *Mock*, in: Michalski u.a., Rdnr. 36; *Ries*, in: Röhricht/Graf von Westphalen/Haas, § 30 HGB Rdnr. 1.

249 *Bayer*, in: Lutter/Hommelhoff, Rdnr. 20; *Heidinger*, in: MünchHdb. GesR III, § 19 Rdnr. 13.

250 *Bayer*, in: Lutter/Hommelhoff, Rdnr. 22; *Heidinger*, in: MünchHdb. GesR III, § 19 Rdnr. 13. Großzügiger *Mock*, in: Michalski u.a., Rdnr. 36.

251 OLG Hamm v. 19.6.2013 – 27 W 52/13, NJW-RR 2013, 1196 f.

252 *Mock*, in: Michalski u.a., Rdnr. 36.

253 BGH v. 14.7.1966 – II ZB 4/66, BGHZ 46, 7, 12 = WM 1966, 973; *Hecht*, in: Gehrlein/Born/Simon, Rdnr. 78; *Heidinger*; in: MünchHdb. GesR III, § 19 Rdnr. 13. A.A. *Mock*, in: Michalski u.a., Rdnr. 36, wonach auch schon Unterscheidungen allein mit Blick auf den Rechtsformzusatz ausreichen sollen.

254 Nach *Ries*, in: Röhricht/Graf von Westphalen/Haas, § 30 HGB Rdnr. 20 sollen Kardinalzahlen nur dann unterscheidungskräftige Zusätze bilden, wenn die Gesellschaft eine nicht operativ tätige Vorratsgesellschaft ist.

255 KG v. 23.10.2012 – 12 W 48/12, MDR 2013, 920 f.

256 Richtig *Kiesel/Neises/Plewa/Poneleit/Rolfes/Wurster*, DNotZ 2015, 740, 752.

257 *Bayer*, in: Lutter/Hommelhoff, Rdnr. 22.

IX. Internationales Privatrecht

1. Firma als Teil des Gesellschaftsstatuts

Die Firmenbildung einer Gesellschaft[258] ist international-privatrechtlich gesellschaftsrecht- 67
lich zu qualifizieren[259]. Durch den Systembegriff „**Gesellschaftsrecht**" werden die Voraussetzungen erfasst, unter denen eine Gesellschaft „entsteht, lebt und vergeht"[260]. Das Binnenleben der Gesellschaft, insbesondere ihre interne Organisation, ist damit ein Kernbereich
dessen, was dem Gesellschaftsrecht zugeordnet ist[261]. Zu diesem Binnenleben gehört auch
der Name einer Gesellschaft. In Bezug auf Gesellschaften, die in einem EU- oder EWR-Staat
gegründet worden sind, ist damit im Ausgangspunkt nach der insoweit anwendbaren **Gründungstheorie** (s. § 4a Rdnr. 29) das jeweilige Firmenrecht des Gründungsstaates anwendbar,
auch bei Verwaltungssitz im Inland. Für **Drittgesellschaften** mit Verwaltungssitz in Deutschland sind jedoch die deutschen Firmenregelungen des HGB uneingeschränkt anwendbar[262],
gilt doch nach der Rechtsprechung im Verhältnis zu diesen Staaten weiterhin die **Sitztheorie**,
so dass mit ihrem Grenzwechsel ein Statutenwechsel einhergeht (s. § 4a Rdnr. 30). Ebenfalls
uneingeschränkt anwendbar ist das deutsche Firmenrecht auf inländische Tochtergesellschaften ausländischer Unternehmen[263], handelt es sich bei diesen doch um selbständige Rechtsträger, die ihrerseits dem deutschen Gesellschaftsstatut unterliegen. Ansonsten gilt aber im
Ausgangspunkt der Grundsatz, dass eine nach Maßgabe ausländischen Rechts zulässig gebildete Firma einer Auslandsgesellschaft auch im Inland geführt werden darf[264].

2. Überlagerung durch nationales Firmenrecht

Das **deutsche Firmenrecht** kommt von Fall zu Fall als **Ordnungsrecht** allerdings richtiger- 68
weise kumulativ[265] (oder, nach anderer Ansicht: im Wege der Sonderanknüpfung des Firmenrechts bzw. dessen Durchsetzung als ordre public über Art. 6 EGBGB[266]) auch dann zur
Anwendung, wenn die Gesellschaft einem ausländischen Gesellschaftsstatut unterworfen
ist[267], falls die Firma im Inland substantiell tätig wird. Das wird bei der **Gründung einer
Zweigniederlassung** stets der Fall sein – wobei hier (bei der Zweigniederlassung) gewichtige
Stimmen in Durchbrechung des Grundsatzes des einheitlichen Gesellschaftsstatuts originär

---

258 Vgl. zur Firmenbildung im international-privatrechtlichen Zusammenhang auch ausf. *Mankowski/
     Knöfel*, in: Hirte/Bücker, Grenzüberschreitende Gesellschaften, 2. Aufl. 2006, § 13 Rz. 48 ff.; Reh-
     berg, in: Eidenmüller, Ausländische Kapitalgesellschaften, 2004, S. 141 ff. sowie *Lamsa*, Die Firma
     der Auslandsgesellschaft, 2011, passim.
259 So auch OLG Frankfurt v. 19.2.2008 – 20 W 263/07, GmbHR 2009, 214, 216; OLG München v.
     7.3.2007 – 31 Wx 92/06, GmbHR 2007, 979, 980: Firmierung unterliegt Gesellschaftsstatut; *Bayer*,
     in: Lutter/Hommelhoff, Anh. 4a Rdnr. 23; *Heinrich*, in: Ulmer/Habersack/Löbbe, Rdnr. 9.
260 BGH v. 11.7.1957 – II ZR 318/55, BGHZ 25, 134, 144 = NJW 1957, 1434.
261 Vgl. auch *Kindler*, in: MünchKomm. BGB, 7. Aufl. 2015, Band 11, Internationales Handels- und
     Gesellschaftsrecht, Rdnr. 567.
262 *Burgard*, in: Staub, Vor § 17 HGB Rdnr. 55.
263 Wohl unstr.; s. nur *Reuschle*, in: Ebenroth/Boujong/Joost/Strohn, Anh. § 17 HGB Rdnr. 5.
264 Vgl. nur *Reuschle*, in: Ebenroth/Boujong/Joost/Strohn, Anh. § 17 HGB Rdnr. 8.
265 Für Sonderanknüpfung OLG München v. 7.3.2007 – 31 Wx 92/06, GmbHR 2007, 979, 980.
266 Für ordre public etwa: *Hopt*, in: Baumbach/Hopt, § 17 HGB Rdnr. 49.
267 Ausführlich *Lamsa*, Die Firma der Auslandsgesellschaft, 2011, S. 255 ff.; *Bayer*, in: Lutter/Hommel-
     hoff, Anh. 4a Rdnr. 23. Davon geht auch die Rechtsprechung aus; mit Beschränkungen bei der An-
     wendung von § 18 Abs. 1 HGB OLG München v. 7.3.2007 – 31 Wx 92/06, GmbHR 2007, 979,
     980 („Planung für Küche und Bad Ltd."): kein zwingendes Interesse des Allgemeinwohls daran, ge-
     rade diese konkrete Zusammensetzung mehrerer beschreibender Begriffe zu untersagen; LG Aa-
     chen v. 10.4.2007 – 44 T 8/07, GmbHR 2007, 982 = ZIP 2007, 1011, 1012 f. – „Auskunft Ltd.":
     kann nicht deshalb versagt werden, weil die Firma nicht unterscheidungskräftig.

das Firmenrecht am Ort der Zweigniederlassung für anwendbar halten[268] – , so dass deutsches Firmenrecht im Ausgangspunkt (s. Rdnr. 69) auch auf eine Zweigniederlassung einer EU-ausländischen Gesellschaft anwendbar ist, und dies selbst dann, wenn die Firma mit jener der Hauptniederlassung übereinstimmt[269] (s. zur Firmierung der Zweigniederlassung Rdnr. 86 sowie Rdnr. 10). S. zur Firmierung ausländischer Gesellschaften weitergehend Anh. § 4a Rdnr. 39.

3. Unionskonformität

69 Die Marktortanknüpfung im Sinne einer kumulativen Anwendung des deutschen Firmenrechts (mit einer Durchsetzung des jeweils strengeren Rechts) muss sich ebenso wie eine (dogmatisch alternativ denkbare) Sonderanknüpfung, eine Durchsetzung des Firmenrechts als ordre public oder gar die zum Teil vertretene direkte Anwendung des deutschen Firmenrechts auf Zweigniederlassungen (dazu Rdnr. 68) als unionskonform erweisen. Die primärrechtliche, auch für Gesellschaften geltende **Niederlassungsfreiheit (Art. 49, 54 AEUV)** gebietet als Ausdruck ihres maßgeblich durch die Rechtsprechung des EuGH konturierten Gewährleistungsgehaltes nicht nur die unionsweite Anerkennung in einem Mitgliedstaat gegründeter Gesellschaften als rechtsfähige Gesellschaften dieses Gründungsstaates, sondern verlangt überdies, dass im Grundsatz Sonderanknüpfungen nationalen Gesellschaftsrechts gegenüber derartigen Auslandsgesellschaften zu unterbleiben haben[270]. Selbiges gilt für eine kumulative Anwendung des Marktortrechts. Die Anwendung deutschen Firmenrechts stellt insoweit eine Beschränkung der Niederlassungsfreiheit dar, die allerdings gerechtfertigt werden kann, wenn sie dem sog. Vier-Konditionen-Test standhalten sollte. Dies wird nicht pauschal für das gesamte Firmenrecht zu beurteilen sein, die jeweilige Vorschrift ist jeweils einer gesonderten Prüfung zu unterziehen. Hier ist im Einzelnen **vieles umstritten** (näher Anh. § 4a Rdnr. 36 ff.). Richtigerweise dürften aber jedenfalls dem Irreführungsverbot des § 18 Abs. 2 HGB sowie der Notwendigkeit eines **Hinweises auf die Haftungsbeschränkung** (d.h. der Rechtsformzusatz, ohne gesonderten Nationalitätshinweis) zwingende Interessen des Allgemeinwohls zugrunde liegen, überdies auch der Firmenunterscheidbarkeit[271]. Zweifelhaft und im Ergebnis abzulehnen ist dies aber bei der Kennzeichnungseignung, insbesondere sind EU-ausländische Zweigniederlassungen, die in ihrer Firma Gattungsbezeichnungen („Küche Ltd.") verwenden, zulässig, weil das Freihaltebedürfnis des Rechtsverkehrs kein zwingender Grund im Allgemeininteresse ist. Das vom Firmenrecht zu unterscheidende Registerrecht als öffentliches Recht gilt unabhängig hiervon für alle Auslandsgesellschaften, die eine inländische Niederlassung haben[272], so dass diese insbesondere die §§ 13d ff. HGB zu beachten haben[273]. Zur Firmierung der Zweigniederlassung einer ausländischen Gesellschaft auch Rdnr. 86.

---

268 So etwa *Reuschle*, in: Ebenroth/Boujong/Joost/Strohn, Anh. § 17 HGB Rdnr. 6; *Burgard*, in: Staub, Vor § 17 HGB Rdnr. 62; dagegen aber etwa *Roth*, in: Die Reform des Handelsstandes und der Personengesellschaften, S. 31, 63.

269 A.A. *Heinrich*, in: Ulmer/Habersack/Löbbe, Rdnr. 9, die in diesem Fall allein das Firmenrecht des ausländischen Gesellschaftsstatuts zur Anwendung bringen möchte.

270 *Roth*, in: Roth/Altmeppen, § 4a Rdnr. 29.

271 Ähnlich auch *Mödl*, RNotZ 2008, 1, 9; *Schmidt-Leithoff*, in: Rowedder/Schmidt-Leithoff, Rdnr. 54a. Noch weitergehend *Clausnitzer*, DNotZ 2010, 345, 363, der letztlich alle firmenrechtlichen Vorschriften abgesehen von der Vorschrift des § 30 HGB zur Anwendung bringen möchte.

272 *Mäsch*, in: BeckOK BGB, Art. 12 EGBGB Rdnr. 84-88a.

273 Ausführlich *Bayer*, in: Lutter/Hommelhoff, Anh. § 4a Rdnr. 15.

X. Abgeleitete Firma

Schrifttum: *Bokelmann*, Das Recht der Firmen- und Geschäftsbezeichnungen, 5. Aufl. 2000, Rdnr. 647 ff. (S. 369 ff.); *Kessen*, Die Firma als selbständiges Verkehrsobjekt, Diss. Bayreuth 2011; *D. Möller*, Das neue Firmenrecht in der Rechtsprechung – eine kritische Bestandsaufnahme, DNotZ 2000, 830; *Wessel/Zwernemann/Kögel*, Die Firmengründung, 7. Aufl. 2001, Rdnr. 524 ff. (S. 443 ff.); *Weßling*, Der Einwilligungsvorbehalt für eine Firmenfortführung bei Ausscheiden des namensgebenden Gesellschafters, GmbHR 2004, 487.

Nach **§ 4 Satz 1** muss die Firma der Gesellschaft, auch wenn sie nach **§ 22 HGB** oder nach **anderen gesetzlichen Vorschriften fortgeführt** wird, den Rechtsformzusatz enthalten. Soweit § 4 auf entsprechende andere gesetzliche Vorschriften Bezug nimmt, sind damit in erster Linie die vergleichbaren Bestimmungen des **UmwG** gemeint[274]. Hervorzuheben sind die §§ 18 Abs. 1, 36 Abs. 1 Satz 1, 125 Satz 1 und 200 UmwG, die die Fälle der Verschmelzung durch Aufnahme oder Neugründung, der Ausgliederung und des Formwechsels regeln. Im Folgenden soll lediglich ein kurzer Überblick über die bei der Anwendung des **§ 22 HGB** zu beachtenden Punkte gegeben werden. 70

1. Voraussetzungen

Eine Firmenfortführung nach § 22 HGB setzt den **Erwerb eines schon bestehenden Handelsgeschäftes** unter Lebenden oder von Todes wegen voraus. Es genügt dabei, wenn nur der *Kern* des Geschäfts auf die Gesellschaft übergeht, so dass der Gesellschaft eine Fortführung des Geschäfts in seinen wesentlichen Eigenschaften möglich ist. Es muss sich aber um ein schon *bestehendes* Handelsgeschäft i.S. der §§ 1 f. HGB handeln, so dass § 22 HGB bei der Fortführung des Geschäfts eines (nicht eingetragenen) Kleingewerbetreibenden durch die Gesellschaft keine Anwendung findet[275]. Bei einer gesonderten Veräußerung von Zweigniederlassungen und Hauptniederlassung steht dagegen nichts der Anwendbarkeit des § 22 HGB auf die einzelnen Veräußerungen entgegen. Die **Art des Erwerbs** unter Lebenden spielt keine Rolle. Neben dem Kauf oder der Pacht des Handelsgeschäfts (s. § 22 Abs. 2 HGB) kommt hier insbesondere dessen „**Einbringung**" in die Gesellschaft, etwa bei der Gründung oder im Rahmen einer Kapitalerhöhung, als Sacheinlage (§ 5 Abs. 4) oder als Sachagio (hierzu § 3 Rdnr. 80) in Betracht. Der Gesellschaft wird dadurch von Anfang an die Fortführung eines eingebrachten Handelsgeschäfts unter der bisherigen Firma ermöglicht. 71

Voraussetzung des Rechts der Gesellschaft zur Firmenfortführung ist weiterhin nach § 22 Abs. 1 HGB eine ausdrückliche **Einwilligung** des bisherigen Geschäftsinhabers oder seiner Erben (s. §§ 413, 398 BGB)[276]. Will die Gesellschaft die Firma einer Personengesellschaft fortführen, so bedarf sie dazu folglich der Einwilligung sämtlicher Gesellschafter, während bei Kapitalgesellschaften die Einwilligung von den gesetzlichen Vertretern der Gesellschaft erklärt wird. Analog § 179a AktG wird in aller Regel außerdem die **Zustimmung** der Hauptversammlung oder der Gesellschafterversammlung hinzukommen müssen[277]. 72

---

274 S. *Bayer*, in: Lutter/Hommelhoff, Rdnr. 41; *J. Mayer*, in: MünchKomm. GmbHG, Rdnr. 121 ff.; *Michalski*, in: Michalski, 2. Aufl. 2010, Rdnr. 76.

275 LG Berlin v. 30.7.2004 – 102 T 42/04, NZG 2005, 443; str.

276 Zur Einwilligung s. BayObLG v. 26.11.1997 – 3Z BR 279/97, BayObLGZ 1997, 328, 331 ff. = NJW 1998, 1158, 1159 – „Vossius I".

277 S. *Emmerich*, in: Heymann, § 22 HGB Rdnr. 12; *J. Mayer*, in: MünchKomm. GmbHG, Rdnr. 114; *Michalski*, in: Michalski, 2. Aufl. 2010, Rdnr. 73; *Roth*, in: Roth/Altmeppen, Rdnr. 39.

2. Rechtsfolgen

73 § 22 HGB begründet bei Vorliegen der Voraussetzungen lediglich ein **Recht**, nicht etwa eine Pflicht **zur Firmenfortführung**. Macht die Gesellschaft von diesem Recht Gebrauch, so bedeutet dies zugleich die Aufgabe ihrer bisherigen Firma mit der Folge, dass eine Satzungsänderung erforderlich ist (§ 53)[278]. Wenn die Gesellschaft dagegen ihre bisherige Firma beibehält, erlischt die erworbene Firma[279]. Der *bisherige* Geschäftsinhaber verliert durch die Veräußerung des Handelsgeschäfts mit Firma das Recht zur weiteren Führung seiner bisherigen Firma, so dass er eine neue Firma annehmen muss; s. zur Ersatzfirma im Falle der Insolvenz Rdnr. 77.

74 Die Gesellschaft, die ein Handelsgeschäft mit Firma erwirbt, steht damit grundsätzlich vor der **Wahl**, ob sie ihre bisherige Firma fortführen oder die erworbene Firma im Wege der Satzungsänderung annehmen will. Als dritte Möglichkeit kommt noch hinzu, die beiden Firmen zu vereinigen, vorausgesetzt, dass infolgedessen kein Zweifel an der Identität der Firmen aufkommen kann (§ 18 Abs. 2 Satz 1 HGB). Durch die **Vereinigung** der beiden Firmen entsteht dann eine neue Firma mit der Folge, dass das alte Firmenrecht an der übernommenen Firma ebenfalls untergeht und deshalb auch bei einer späteren Trennung der beiden Geschäfte nicht wiederauflebt[280].

75 Von dem Sonderfall der Firmenvereinigung abgesehen, muss die Gesellschaft, wenn sie sich für die Annahme der erworbenen Firma im Wege der Satzungsänderung entscheidet, die erworbene Firma grundsätzlich **unverändert fortführen**, nur ergänzt um den durch § 4 zwingend vorgeschriebenen Rechtsformzusatz. Dadurch werden jedoch geringfügige **Modifikationen** der erworbenen Firma[281], die an der Identität der fortgeführten Firma keinen Zweifel lassen, nicht ausgeschlossen. Im Einzelfall kann sich die Notwendigkeit solcher Änderungen auch aus dem Irreführungsverbot des § 18 Abs. 2 Satz 1 HGB ergeben[282]. Zu denken ist dabei vor allem an jetzt nicht mehr zutreffende Branchenbezeichnungen und Rechtsformzusätze sowie an akademische Grade und Titel in einer Personenfirma. Derartige Modifikationen beeinträchtigen nicht die Identität der Firma und tangieren daher auch nicht das Firmenfortführungsrecht des Erwerbers. Zu beachten bleibt, dass im Falle der Firmenfortführung durch die Gesellschaft grundsätzlich auch die Haftungsregelung des § 25 HGB eingreift.

XI. Änderung der Firma, Erlöschen

1. Satzungsänderung

76 Die Änderung der Firma einer GmbH ist jederzeit möglich. Erforderlich ist eine Satzungsänderung nach dem Verfahren der §§ 53 f. (vor Eintragung der GmbH ist ein Vertrag mit Zustimmung aller Gesellschafter in der Form des § 2 erforderlich)[283]. Bei der Änderung der Firma sind **dieselben Grundsätze wie bei der sonstigen Firmenbildung** zu beachten. Wird

---

278 BGH v. 21.9.1976 – II ZB 4/74, BGHZ 67, 166, 171 = WM 1976, 1052.
279 KG, OLGZ 1965, 315, 318; BayObLGZ, 1971, 163, 165.
280 RG v. 17.11.1936 – II 104/36, RGZ 152, 365, 368; RG v. 30.11.1938 – II 39/38, RGZ 159, 211; anders OLG Frankfurt a.M. v. 13.2.1970 – 6 W 521/69, OLGZ 1971, 50, 52.
281 Hierzu BGH v. 12.7.1965 – II ZB 12/64, BGHZ 44, 116, 119 f. = NJW 1965, 1915; OLG Hamm v. 19.3.2002 – 15 W 87/02, OLGR Hamm 2002, 423, 424. S. auch *J. Mayer*, in: MünchKomm. GmbHG, Rdnr. 116.
282 S. im Einzelnen *Emmerich*, in: Heymann, § 22 HGB Rdnr. 19 ff. und *J. Mayer*, in: MünchKomm. GmbHG, Rdnr. 116 f. sowie BayObLG v. 26.11.1997 – 3Z BR 279/97, BayObLGZ 1997, 328, 332 = NJW 1998, 1158, 1159 – „Vossius I"; OLG Hamm v. 19.3.2002 – 15 W 87/02, Rpfleger 2002, 572; OLG Rostock v. 20.3.1997 – 4 W 3/97, GmbHR 1997, 1064, 1065.
283 Zu dieser Differenzierung allg. *Bochmann/Cziupka*, in: GmbH-Handbuch, Rdnr. I 410.

im Wege der Satzungsänderung nachträglich eine unzulässige Firma vereinbart, ist der Beschluss entsprechend § 241 Nr. 3 AktG nichtig[284]. Erfolgt gleichwohl eine Eintragung, ist nach h.M. das **Amtsauflösungsverfahren** nach § 399 FamFG eröffnet[285]. Eine **Amtslöschung** nach § 398 FamFG soll dagegen nicht möglich sein, weil die alte Firma bei Nichtigkeit des Beschlusses zur Änderung nicht wiederauflebt. Dem ist mit der Gegenansicht zu widersprechen[286]. Denn nichtig ist nur der ändernde Beschluss als solcher; in der Folge vermag er die an sich wirksame Satzungsbestimmung nicht aufzuheben. Daher ist die ursprüngliche Firma weiter existent. Die Löschung des Beschlusses führt damit nicht zum Entfallen eines zwingend notwendigen Satzungsbestandteils.

Veräußert in der **Insolvenz der Gesellschaft** der Insolvenzverwalter das Unternehmen mit der Firma, muss die Firma der Gesellschaft geändert werden. Wie die erforderliche Änderung der Firma geschehen muss, ist aber im Detail noch nicht entschieden[287]. Richtigerweise sollte neben der Gesellschafterversammlung, die aber oftmals untätig bleiben wird, der Insolvenzverwalter für eine Änderung zuständig sein, was aus einer Annexkompetenz zu seiner Kompetenz folgt, die Firma zu veräußern[288]. Auch bei dieser Änderung der Firma handelt es sich um eine Satzungsänderung. Damit ist die entsprechende Entscheidung des Verwalters zu beurkunden und die Änderung zum Handelsregister anzumelden. 77

2. Erlöschen des Firmenrechts

Das materielle Firmenrecht (§ 15 Abs. 1 MarkenG) besteht so lange, wie die Gesellschaft besteht *und* sie die fragliche Firma gebraucht, d.h. führt[289]. Das formelle Firmenrecht erlischt allerdings noch nicht, wenn das unter der Firma betriebene **Unternehmen** endgültig und nicht nur vorübergehend **eingestellt** wird. Ebenfalls führt die Auflösung oder die **Insolvenz** der Gesellschaft nicht zum Erlöschen der Firma, so dass der Insolvenzverwalter das Unternehmen immer noch mit Firma veräußern kann, wozu er selbst dann nicht der Zustimmung der Gesellschafter bedarf, wenn ihr Name in der Firma der Gesellschaft enthalten ist[290]. Die Firma erlischt in diesen Fällen erst mit der tatsächlichen Beendigung der Liquidation oder der sonstigen Auseinandersetzung. Dieselbe Wirkung haben die Löschung der Gesellschaft wegen Vermögenslosigkeit (§ 60 Abs. 1 Nr. 7) sowie der Untergang der Gesellschaft durch Verschmelzung und Umwandlung, sofern der neue Rechtsträger die bisherige Firma der Gesellschaft nicht fortführt. Für die Eintragung des Erlöschens im Handelsregister gilt § 31 HGB mit § 393 FamFG. Das formelle Firmenrecht erlischt weiter dann, sobald die Gesellschaft im Wege der Satzungsänderung (§ 53) eine neue Firma bildet. 78

XII. Rechtsscheinhaftung

Verstöße der Geschäftsführer und der sonstigen für die Gesellschaft tätigen Personen gegen die Firmenführungspflicht ändern zwar **bei unternehmensbezogenen Geschäften** nichts da- 79

---

284 *Bayer*, in: Lutter/Hommelhoff, Rdnr. 49; *Wicke*, Rdnr. 17.
285 *Bayer*, in: Lutter/Hommelhoff, Rdnr. 49; *J. Mayer*, in: MünchKomm. GmbHG, Rdnr. 146a.
286 Für das AktG sehr klar in diesem Sinne *J. Koch*, in: MünchKomm. AktG, 4. Aufl. 2016, § 262 AktG Rdnr. 63.
287 Näher *Priester*, DNotZ 2016, 892 ff.
288 So richtig *Priester*, DNotZ 2016, 892, 895 m.w.N.; KG v. 10.7.2017 – 22 W 41/17, GmbHR 2017, 982 f. A.A. *Wachter*, GmbHR 2016, 930, 931.
289 S. *Emmerich*, in: Heymann, § 17 HGB Rdnr. 16 ff.; *Michalski*, in: Michalski, 2. Aufl. 2010, Rdnr. 91 ff.
290 BGH v. 27.9.1982 – II ZR 51/82, BGHZ 85, 221, 224 = GmbHR 1983, 195; BGH v. 14.12.1989 – I ZR 17/88, BGHZ 109, 364, 367 = GmbHR 1990, 211 – „Benner"; s. *Emmerich*, in: Heymann, § 17 HGB Rdnr. 38 ff.

ran, dass Vertragspartner die Gesellschaft wird, sofern nur das Handeln der für die Gesellschaft auftretenden Personen als Vertreter in der nötigen Weise nach außen hervorgetreten ist (§ 164 Abs. 2 BGB)[291]; sie können jedoch in verschiedenen Fällen zugleich zur persönlichen Haftung dieser Personen führen. Außerdem ist dann § 37 HGB anwendbar. Diese Grundsätze gelten auch für das Handeln für eine **Vor-GmbH**, sofern der Handelnde versäumt hat, deutlich zu machen, dass er für ein Unternehmen handelt, dessen Haftungsfonds künftig beschränkt sein wird[292]. Nicht ausreichend für eine persönliche Haftung ist es dagegen, wenn zwar die beschränkte Haftung deutlich wird (durch den Zusatz „GmbH"), dies aber ohne Zusätze geschieht, die auf die besonderen Haftungsverhältnisse bei der Vor-GmbH hindeuten, wie z.B. „GmbH i.G."[293] (hierzu näher § 11 Rdnr. 38).

1. Voraussetzungen

80 Eine **persönliche Haftung** des jeweils für die Gesellschaft **Handelnden** (das kann ein Geschäftsführer oder ein sonstiger Vertreter sein) kommt – neben der Haftung der Gesellschaft – im Falle der **Verletzung der Firmenführungspflicht** durch den Vertreter der Gesellschaft im Wesentlichen in den folgenden Fällen in Betracht[294]:

a) Auftreten ohne GmbH-Zusatz

81 Eine persönliche Haftung des Vertreters greift, wenn dieser unter der Firma der Gesellschaft, aber ohne GmbH-Zusatz auftritt und dadurch den **Rechtsschein einer persönlichen Haftung** des Vertreters hervorruft, weil sein Auftreten bei gutgläubigen Geschäftspartnern den Eindruck erwecken muss, der Vertreter der Gesellschaft, insbesondere also der Geschäftsführer, sei selbst der Geschäftsinhaber und hafte deshalb als solcher persönlich[295]. Das gilt auch bei Verwendung einer Sachfirma, weil Einzelkaufleute und Personengesellschaften heute gleichfalls solche Firmen führen dürfen (§§ 18, 22, 24 HGB). Neben diese Rechtsscheinhaftung tritt die Verpflichtung der GmbH als Vertragspartner selbst, wenn ein Unternehmensbezug deutlich wird, so dass die Grundsätze des unternehmensbezogenen Geschäfts greifen (dazu Rdnr. 6).

82 Eine persönliche Haftung des jeweils für die Gesellschaft Handelnden einschließlich insbesondere der Geschäftsführer kommt nach ständiger Rechtsprechung (analog § 179 Abs. 2 BGB) ferner in Betracht, wenn sich der Handelnde (zwar nicht wie im ersten Fall als Inhaber des Geschäfts, sondern durchaus) als Vertreter geriert, jedoch durch die Fortlassung des Rechtsformzusatzes den Eindruck erweckt, **der (von der handelnden Person) verschiedene Geschäftsinhaber** hafte persönlich. Auch dann haftet also der Geschäftsführer oder der sonstige Vertreter persönlich[296]. Dies wird in entsprechender Anwendung des § 179 Abs. 2 BGB

---

291 S. Rdnr. 8; insbesondere BGH v. 4.4.2000 – XI ZR 152/99, WM 2000, 1113, 114 f.; BGH v. 5.2.2007 – II ZR 84/05, GmbHR 2007, 593, 594 mit Anm. *Römermann*.

292 BGH v. 8.7.1996 – II ZR 258/95, GmbHR 1996, 764 f.; *Heinrich*, in: Ulmer/Habersack/Löbbe, Rdnr. 39 Fn. 203.

293 Demgegenüber will die wohl herrschende Ansicht auch dann eine Rechtsscheinhaftung eingreifen lassen, wenn der Rechtsschein einer eingetragenen GmbH erzeugt wird; so *J. Mayer*, in: Münch-Komm. GmbHG, Rdnr. 150; *Michalski*, in: Michalski, 2. Aufl. 2010, Rdnr. 114; *Schmidt-Leithoff*, in: Rowedder/Schmidt-Leithoff, Rdnr. 70; 11. Aufl., Rdnr. 62.

294 S. *Beck*, ZIP 2017, 1748 ff.; *Klein*, NJW 2015, 3607 ff.

295 S. etwa *J. Mayer*, in: MünchKomm. GmbHG, Rdnr. 146b.

296 BGH v. 18.3.1974 – II ZR 167/72, BGHZ 62, 216, 222 = NJW 1974, 1191; BGH v. 3.2.1975 – II ZR 128/73, BGHZ 64, 11, 17 = NJW 1975, 1166; BGH v. 8.5.1978 – II ZR 97/77, BGHZ 71, 354, 356 = NJW 1978, 2030; BGH v. 1.6.1981 – II ZR 1/81, GmbHR 1982, 154 = NJW 1981, 2569; BGH v. 15.1.1990 – II ZR 311/88, GmbHR 1990, 212; BGH v. 8.7.1996 – II ZR 258/95, GmbHR 1996, 764, 765; BGH v. 5.2.2007 – II ZR 84/05, GmbHR 2007, 593, 594; *Brandes*, WM 1983, 286,

aus dem Zweck des § 4 gefolgert, dem insoweit der Vorrang vor § 15 Abs. 2 HGB zugebilligt wird[297]. Dies gilt, wie besonderer Hervorhebung bedarf, auch dann, wenn ein **anderer Vertreter** (als ein Geschäftsführer) für die Gesellschaft unter deren Firma ohne GmbH-Zusatz auftritt, so dass den Vertreter dann ebenfalls eine persönliche Haftung trifft[298].

Die persönliche Haftung der für die Gesellschaft tätig gewordenen Personen aus Rechtsschein beschränkt sich aber auf die **jeweils handelnden Personen** und erfasst nicht zugleich andere Vertreter der Gesellschaft, die selbst gar nicht tätig geworden sind und daher auch keinen Rechtsschein der persönlichen Haftung begründen konnten[299]. Das gilt auch für den **Vollmachtgeber** der jeweils als Vertreter tätig gewordenen Person und für sonstige „Hintermänner": In keinem Fall kann die Rechtsscheinhaftung auf diese zusätzlichen Personen erstreckt werden[300]. Die Haftung ist nach dem Konzept der Rechtsprechung vom Verschulden des Handelnden unabhängig (analog § 179 Abs. 2 BGB), setzt aber – als Rechtsscheinhaftung – **Kausalität** des Rechtsscheins für den Vertragsabschluss sowie **Gutgläubigkeit** des Vertragspartners voraus, wobei freilich die **Beweislast** für das Fehlen dieser Voraussetzungen den Geschäftsführer oder den sonstigen Vertreter trifft, der persönlich in Anspruch genommen wird. Gelingt dieser Beweis nicht, so tritt die **Haftung der genannten Personen neben die der GmbH**. Die persönliche Haftung ist nicht etwa subsidiär gegenüber derjenigen der Gesellschaft; beide haften vielmehr als **Gesamtschuldner**[301]. Jedoch wird im Innenverhältnis der Beteiligten im Zweifel, d.h. jenseits von Missbrauchsfällen, die Gesellschaft die volle Haftung übernehmen müssen[302]. 83

b) Auftreten mit falschem Rechtsformzusatz UG

Eine persönliche **Haftung nach § 179 BGB entsprechend** soll nach der Rechtsprechung auch dann in Betracht kommen, wenn eine **UG mit dem Rechtsformzusatz „GmbH"** gehandelt hat[303]. Weil beide Rechtsformzusätze auf eine beschränkte Haftung hinweisen, sind die vorgenannten Grundsätze nicht direkt anwendbar. Durch das fälschliche Führen des Rechtsformzusatzes einer GmbH soll nach dem BGH aber im Geschäftsverkehr der unzutreffende Eindruck erweckt werden, dass die Gesellschaft „zumindest einmal" über ein Stammkapital in Höhe von mindestens 25 000 Euro verfügt und die Gesellschaft eine höhere „Soliditätsgewähr" habe, da die Gründer immerhin das Mindeststammkapital aufbringen mussten und damit zeigten, dass ihr Geschäftsmodell den Einsatz eines höheren Risikokapitals als bei der UG rechtfertige. Da dieses aber im Zeitpunkt des Auftretens im Rechtsverkehr schon aufgezehrt sein kann, ist dies – entgegen der Ansicht des BGH – für einen Ge- 84

296; *Bühler*, GmbHR 1991, 356, 357 f.; *J. Mayer*, in: MünchKomm. GmbHG, Rdnr. 146c; *Michalski*, in: Michalski, 2. Aufl. 2010, Rdnr. 111; krit. *Haas*, NJW 1997, 2854, 2856; *Haas*, DStR 2000, 84.

297 BGH v. 1.6.1981 – II ZR 1/81, GmbHR 1982, 154 = NJW 1981, 2569, 2570; BGH v. 15.1.1990 – II ZR 311/88, GmbHR 1990, 212 = NJW 1990, 2678, 2679.

298 BGH v. 1.7.1991 – II ZR 292/90, BGHZ 115, 78 = GmbHR 1991, 360, 361; BGH v. 8.7.1996 – II ZR 258/95, GmbHR 1996, 764; BGH v. 5.2.2007 – II ZR 84/05, GmbHR 2007, 593, 594; LG Aachen v. 16.9.1987 – 4 O 628/85, NJW-RR 1988, 1174, 1175; *Canaris*, NJW 1991, 2628; *Noack*, Anm., LM Nr. 79 zu § 164 BGB; *Roth*, Anm., LM Nr. 13 zu § 4 GmbHG.

299 BGH v. 8.7.1996 – II ZR 258/95, GmbHR 1996, 764 f.; BGH v. 5.2.2007 – II ZR 84/05, GmbHR 2007, 593; OLG Oldenburg v. 12.4.2000 – 2 U 39/00, OLGR 2000, 204 = GmbHR 2000, 822 (nur LS).

300 BGH v. 5.2.2007 – II ZR 84/05, GmbHR 2007, 593, 594.

301 BGH v. 15.1.1990 – II ZR 311/88, GmbHR 1990, 212, 213; BGH v. 1.7.1991 – II ZR 292/90, BGHZ 115, 78 = GmbHR 1991, 360; *Goette*, GmbH, § 1 Rdnr. 27 (S. 10).

302 *J. Mayer*, in: MünchKomm. GmbHG, Rdnr. 149.

303 BGH v. 12.6.2012 – II ZR 256/11, GmbHR 2012, 953 ff. mit abl. Anm. *Römermann*; *Weiler*, notar 2012, 291, 292; kritisch *Bayer*, in: Lutter/Hommelhoff, § 5a Rdnr. 59; *Heinrich*, in: Ulmer/Habersack/Löbbe, Rdnr. 39. Zustimmend aber *Miras*, NZG 2012, 1095, 1096.

schäftspartner nur von beschränktem Wert[304]. Zumindest ließe sich hierdurch nicht rechtfertigen, den Handelnden unbeschränkt persönlich haften zu lassen, denn der Eindruck einer unbeschränkten Haftung durfte nicht entstehen. In Betracht kommt daher nur, den Handelnden auf die Differenz zwischen statutarischem Stammkapital und Mindestkapital einer GmbH haften zu lassen[305]. Dogmatisch lässt sich eine solche Haftung aber nicht mehr auf eine Analogie zu § 179 BGB stützen, sondern auf die Grundsätze der Haftung aus *culpa in contrahendo*[306], weil der Geschäftspartner letztlich über die Kreditwürdigkeit der Gesellschaft getäuscht wird[307]. S. hierzu auch § 5a Rdnr. 14.

2. Anwendungsbereich

85 Die Firmenführungspflicht, deren Verletzung zur Rechtsscheinhaftung führen kann (s. Rdnr. 83), gilt grundsätzlich **nur im schriftlichen rechtsgeschäftlichen Verkehr**, wie aus § 35a Abs. 1 zu folgern ist[308]. **Mündliche Erklärungen** von Geschäftsführern und sonstigen Vertretern der Gesellschaft in deren Namen, aber unter Weglassung des GmbH-Zusatzes führen grundsätzlich *nicht* zur Rechtsscheinhaftung, weil im mündlichen Verkehr niemand mit der Verwendung der vollen Firma seines Verhandlungspartners rechnet[309]. Anders verhält es sich aber z.B., wenn auf konkrete Nachfrage die Haftungsbeschränkung bestritten wird (§§ 823 Abs. 2, 826 BGB). Je nach den Umständen des Falles kann eine persönliche Haftung des Handelnden ferner etwa bei der **Verwendung von Visitenkarten** im Rahmen von Verhandlungen in Betracht kommen, auf denen die Firma der GmbH ohne den zwingend vorgeschriebenen GmbH-Zusatz vermerkt ist[310].

XIII. Firma der Zweigniederlassung

86 Eine GmbH kann an beliebigen Orten Zweigniederlassungen errichten (§ 13 HGB). Die Firmenbildung richtet sich in diesem Fall nach § 4 i.V.m. §§ 13 Abs. 1 Satz 1, 30 Abs. 3 und 50 Abs. 3 HGB[311]. Aus diesen Vorschriften folgt, dass die Firmen der Haupt- und der Zweigniederlassung **identisch sein können**[312], richtigerweise auch dann ohne Notwendigkeit eines Zusatzes, der die Einordnung als Zweigniederlassung ermöglicht, sofern es sich um eine inländische Zweigniederlassung einer ausländischen Gesellschaft handelt[313]. Sie müssen aber nicht identisch sein. Vor allem, wenn für die Zweigniederlassung die Firma eines übernommenen Handelsgeschäfts nach § 4 i.V.m. § 22 HGB fortgeführt wird, kann für die Zweignie-

---

304 *Römermann*, GmbHR 2012, 955, 956.
305 Der BGH konnte diese Frage offenlassen.
306 *Bayer*, in: Lutter/Hommelhoff, § 5a Rdnr. 59.
307 *Bayer*, in: Lutter/Hommelhoff, § 5a Rdnr. 59.
308 BGH v. 8.7.1996 – II ZR 258/95, GmbHR 1996, 764; *J. Mayer*, in: MünchKomm. GmbHG, Rdnr. 148; *Roth*, in: Roth/Altmeppen, Rdnr. 49a; *Mock*, in: Michalski u.a., Rdnr. 83; dagegen *Haas*, NJW 1997, 2854.
309 BGH v. 8.7.1996 – II ZR 258/95, GmbHR 1996, 764, 7765; OLG Hamm v. 26.4.1988 – 26 U 143/87, NJW-RR 1988, 1308, 1309; OLG Naumburg v. 20.9.1996 – 6 U 82/96, GmbHR 1997, 445, 446.
310 OLG Naumburg v. 20.9.1996 – 6 U 82/96, GmbHR 1997, 445, 446; LG Aachen v. 16.9.1987 – 4 O 628/85, NJW-RR 1988, 1174, 1175.
311 Wegen der Einzelheiten s. *Ammon*, DStR 1994, 325; *Emmerich*, in: Heymann, § 17 HGB Rdnr. 28 f.; *Heinrich*, in: Ulmer/Habersack/Löbbe, Rdnr. 90 ff.; *Michalski*, in: Michalski, 2. Aufl. 2010, Rdnr. 85 ff.
312 *Fastrich*, in: Baumbach/Hueck, Rdnr. 17; *Heinrich*, in: Ulmer/Habersack/Löbbe, Rdnr. 87; *J. Mayer*, in: MünchKomm. GmbHG, Rdnr. 126; *Mock*, in: Michalski u.a., Rdnr. 54.
313 So zuletzt OLG Düsseldorf v. 22.2.2017 – I-3 Wx 145/16, GmbHR 2017, 586, 587 = ZIP 2017, 879; zum Meinungsstand näher *Krafka*, in: MünchKomm. HGB, § 13d HGB Rdnr. 20; *Koch*, in: Staub, § 13d HGB Rdnr. 24 f. und insb. Rdnr. 30.

derlassung auch eine von der Firma der Hauptniederlassung **abweichende Firma** gewählt werden; in diesem Fall muss jedoch durch Zusätze klargestellt werden, dass es sich gerade um die Firma einer Zweigniederlassung der Gesellschaft handelt[314]. In jedem Fall muss außerdem in die Firma der Zweigniederlassung, wie immer sie im Übrigen gebildet wird, nach § 4 der **GmbH-Zusatz** aufgenommen werden[315].

Eine von der Firma der Hauptniederlassung **abweichende Firmenbildung** bei der Zweignie-   **87** derlassung bedarf gemäß § 3 Abs. 1 der Regelung im **Gesellschaftsvertrag**[316]. Dies gilt nur dann nicht, wenn für die Zweigniederlassung dieselbe Firma wie für die Hauptniederlassung, jedoch mit dem Zusatz „Zweigniederlassung X", verwandt wird[317]. Sind die Firma von Haupt- und Zweigniederlassung identisch, so erstreckt sich eine Änderung der Firma der Hauptniederlassung automatisch auch auf die der Zweigniederlassung[318].

XIV. Rechtsfolgen bei Unzulässigkeit der Firma

1. Vor Eintragung: Wenn die von der Gesellschaft gewählte Firma gegen § 4 oder gegen die   **88** §§ 18 und 30 HGB verstößt, ist der **Gesellschaftsvertrag nichtig**, weil es sich bei den genannten Vorschriften um gesetzliche Verbote handelt (§§ 134, 139 BGB)[319]. Das Registergericht hat dies von Amts wegen zu prüfen (§ 9c Abs. 2 Nr. 1; § 26 FamFG) und die Eintragung abzulehnen, sofern der Mangel trotz Beanstandung im Wege einer Zwischenverfügung nicht beseitigt wird (§ 382 Abs. 4 FamFG). Umstritten ist dies lediglich für Verstöße gegen **§ 30 HGB**; doch gilt für diesen nichts anderes als etwa für § 18 Abs. 2 HGB[320].

2. Nach Eintragung: Nach Eintragung der Gesellschaft wird die **Wirksamkeit** der Gesell-   **89** schaft durch die Nichtigkeit der die Firma betreffenden Gesellschaftsvertragsbestimmungen **nicht mehr berührt** (§ 75 Abs. 1). Dies ändert jedoch nichts an der Unzulässigkeit der Firma nach Registerrecht (§ 4; §§ 18, 30 HGB), so dass das **Registergericht** gegen den Gebrauch einer derartigen unzulässigen Firma immer noch einschreiten kann. Hierfür stehen ihm zwei Wege zur Verfügung: Der Gebrauch der unzulässigen Firma verstößt zunächst gegen § 37 Abs. 1 HGB (§§ 4 und 13 Abs. 3 i.V.m. § 6 Abs. 1 HGB). Das Verfahren richtet sich nach § 392 FamFG i.V.m. den §§ 388–391 FamFG. Statt nach § 37 HGB kann das Registergericht gegen die unzulässige Firma auch in dem besonderen Amtsauflösungs- oder Beanstandungsverfahren des § 399 Abs. 4 und 1 FamFG vorgehen[321]. Ziel dieses Verfahrens ist nicht die „Löschung" der Firma, sondern deren Änderung in einer Weise, durch die der Mangel des Gesellschaftsvertrages behoben wird. Nur wenn die Gesellschafter zu einer derartigen Satzungsänderung nicht bereit sind, kommt es zur Auflösung der Gesellschaft (§ 60 Abs. 1

---

314 BayObLG v. 31.5.1990 – BReg.3 Z 38/90, BayObLGZ 1990, 151, 158 = BB 1990, 1364; BayObLG v. 19.3.1992 – 3Z BR 15/92, BayObLGZ 1992, 59, 62 = GmbHR 1992, 619.

315 BayObLG v. 31.5.1990 – BReg.3 Z 38/90, BayObLGZ 1990, 151, 158 = BB 1990, 1364; *J. Mayer*, in: MünchKomm. GmbHG, Rdnr. 126; *Heinrich*, in: Ulmer/Habersack/Löbbe, Rdnr. 88.

316 BayObLG v. 31.5.1990 – BReg.3 Z 38/90, BayObLGZ 1990, 151, 158 = BB 1990, 1364; BayObLG v. 19.3.1992 – 3Z BR 15/92, BayObLGZ 1992, 59, 62 = GmbHR 1992, 619; *J. Mayer*, in: Münch-Komm. GmbHG, Rdnr. 126; *Mock*, in: Michalski u.a., Rdnr. 54.

317 BayObLG v. 31.5.1990 – BReg.3 Z 38/90, BayObLGZ 1990, 151, 158 = BB 1990, 1364; BayObLG v. 19.3.1992 – 3Z BR 15/92, BayObLGZ 1992, 59, 62 = GmbHR 1992, 619.

318 BayObLG v. 31.5.1990 – BReg.3 Z 38/90, BayObLGZ 1990, 151, 158 = BB 1990, 1364; BayObLG v. 19.3.1992 – 3Z BR 15/92, BayObLGZ 1992, 59, 63 = GmbHR 1992, 619; LG Nürnberg-Fürth v. 4.1.1984 – 4 HK T 4764/83, BB 1984, 1066.

319 Z.B. *J. Mayer*, in: MünchKomm. GmbHG, Rdnr. 138.

320 *J. Mayer*, in: MünchKomm. GmbHG, Rdnr. 138; *Michalski*, in: Michalski, 2. Aufl. 2010, Rdnr. 97; *Roth*, in: Roth/Altmeppen, Rdnr. 58 f.; *Bayer*, in: Lutter/Hommelhoff, Rdnr. 47; dagegen *Fastrich*, in: Baumbach/Hueck, Rdnr. 28; *Heinrich*, in: Ulmer/Habersack/Löbbe, Rdnr. 101; *Schmidt-Leithoff*, in: Rowedder/Schmidt-Leithoff, Rdnr. 66; *Wälzholz*, in: GmbH-Handbuch, Rdnr. I 181.

321 *J. Mayer*, in: MünchKomm. GmbHG, Rdnr. 140a; *Wicke*, Rdnr. 16.

Nr. 6)[322]. 395 FamFG findet keine Anwendung mangels einer bestehenden Firma, die nach einer Löschung wiederaufleben könnte, so dass ein zwingender Bestandteil der Satzung fortfallen würde[323]. Zur nachträglichen Unzulässigkeit aufgrund Firmenänderung Rdnr. 90.

90 Besonderheiten gelten bei einer **nachträglichen Änderung des Unternehmensgegenstandes.** Ist die Folge, dass die dem alten Gegenstand der Gesellschaft entlehnte Sachfirma fortan nicht mehr zutrifft, so ist früher vielfach angenommen worden, die Sachfirma werde *nachträglich* unzulässig. Dabei war jedoch übersehen worden, dass es für die Anwendung des § 399 FamFG allein auf die Nichtigkeit des Gesellschaftsvertrages wegen eines etwaigen Verstoßes gegen den § 4 ankommt. An dem fehlt es hier, weil sich die Nichtigkeit eines Vertrages nur nach den Verhältnissen bei seinem *Abschluss* beurteilt[324]. Unabhängig davon ist jedoch die registerrechtliche Beurteilung der *jetzt* täuschenden Firma (§ 18 Abs. 2 Satz 1 HGB)[325]. Die Folge ist, dass das Registergericht gegen *nachträglich* täuschend gewordene Sachfirmen immer noch nach § 37 HGB (i.V.m. § 392 FamFG) einschreiten kann[326]. Anwendbar bleibt außerdem § 5 UWG. S. auch § 3 Rdnr. 20.

91 **3. Löschung:** Eine Löschung der Firma im Handelsregister gibt es nur in wenigen Fällen, da anderenfalls ein zwingender Satzungsbestandteil wegfiele. Hervorzuheben sind **§ 43 Abs. 2 KWG, § 3 Abs. 5 KAGB, § 4 Abs. 3 VAG**[327]. Das **Verfahren** richtet sich nach § 395 FamFG[328]. In diesem Verfahren ist ausnahmsweise auch eine (sonst nicht mögliche) Teillöschung unzulässiger Firmenzusätze möglich[329]. Auch kann ein Unterlassungsanspruch gegen einen unzulässigen Firmengebrauch, etwa nach § 12 BGB oder § 15 MarkenG, auf Löschung der Firma gerichtet sein. Der entsprechende Klageantrag ist dann auf die Abgabe einer Löschungsanmeldung durch die Gesellschaft zu richten, die mit Rechtskraft einer stattgebenden Entscheidung gemäß § 894 ZPO als abgegeben gilt. Einer Satzungsänderung bei der betroffenen Gesellschaft bedarf es hierfür nicht[330].

---

322 Dazu eingehend BayObLG v. 23.2.1989 – BReg.3 Z 136/88, BayObLGZ 1989, 44, 49 = GmbHR 1989, 291; *Wälzholz*, in: GmbH-Handbuch, Rdnr. I 181.
323 *Bayer*, in: Lutter/Hommelhoff, Rdnr. 49; *Heinrich*, in: Ulmer/Habersack/Löbbe, Rdnr. 101; *Schmidt-Leithoff*, in: Rowedder/Schmidt-Leithoff, Rdnr 68; *J. Mayer*, in: MünchKomm. GmbHG, Rdnr. 144.
324 BayObLG v. 29.6.1979 – BReg.3 Z 83/76, BayObLGZ 1979, 207, 208 = GmbHR 1980, 11; BayObLG v. 21.12.1983 – BReg.3 Z 128/83, BayObLGZ 1983, 310, 311; BayObLG v. 1.6.1984 – BReg.3 Z 126/84, BayObLGZ 1984, 129, 131 = GmbHR 1985, 116; str.
325 Vgl. BGH v. 9.6.1953 – I ZR 97/51, BGHZ 10, 196, 201 = NJW 1953, 1348 – „Dun-Europa"; BayObLG v. 18.8.1975 – BReg.2 Z 59/74, BayObLGZ 1975, 332, 335.
326 BayObLG v. 29.6.1979 – BReg.3 Z 83/76, BayObLGZ 1979, 207, 208 = GmbHR 1980, 11; *Emmerich*, in: Heymann, § 37 HGB Rdnr. 18; *Fastrich*, in: Baumbach/Hueck, Rdnr. 33. A.A. (§ 399 FamFG): *Heinrich*, in: Ulmer/Habersack/Löbbe, Rdnr. 105; *Michalski*, in: Michalski, 2. Aufl. 2010, Rdnr. 106; *Pfisterer*, in: Saenger/Inhester, Rdnr. 26; *Schäfer*, in: Bork/Schäfer, Rdnr. 37.
327 *J. Mayer*, in: MünchKomm. GmbHG, Rdnr. 144.
328 BayObLG v. 23.2.1989 – BReg.3 Z 136/88, BayObLGZ 1989, 44 = GmbHR 1989, 291.
329 *J. Mayer*, in: MünchKomm. GmbHG, Rdnr. 145.
330 OLG München v. 10.6.2013 – 31 Wx 172/13, GmbHR 2013, 764 f.

§ 4a
Sitz der Gesellschaft

Sitz der Gesellschaft ist der Ort im Inland, den der Gesellschaftsvertrag bestimmt.

Eingefügt durch das Handelsrechtsreformgesetz vom 22.6.1998 (BGBl. I 1998, 1474, 1479); Abs. 1 geändert, Abs. 2 aufgehoben durch das MoMiG vom 23.10.2008 (BGBl. I 2008, 2026).

Schrifttum (Auswahl): *Bayer/J. Schmidt*, Grenzüberschreitende Sitzverlegungen und grenzüberschreitende Restrukturierungen nach MoMiG, Cartesio und Trabrennbahn. Europäischer Rahmen, deutsche lex lata und rechtspolitische Desiderata, ZHR 173 (2009), 735; *Bayer/J. Schmidt*, Das Vale-Urteil des EuGH: Die endgültige Bestätigung der Niederlassungsfreiheit als „Formwechselfreiheit", ZIP 2012, 1481; *Bode/Bron*, Brexit als Risiko für die Anerkennung von Limited und LLP?, GmbHR 2016, R129; *Borsch*, Die Zulässigkeit des inländischen Doppelsitzes für Gesellschaften mbH, GmbHR 2003, 258; *Behme*, Rechtsformwahrende Sitzverlegung und Formwechsel von Gesellschaften über die Grenze, 2015; *Ege/Klett*, Praxisfragen der grenzüberschreitenden Mobilität von Gesellschaften, DStR 2012, 2442; *Eidenmüller*, Mobilität und Restrukturierung von Unternehmen im Binnenmarkt, JZ 2004, 24; *Eidenmüller*, Die GmbH im Wettbewerb der Rechtsformen, ZGR 2007, 168; *Franz/Laeger*, Die Mobilität deutscher Kapitalgesellschaften nach Umsetzung des MoMiG unter Einbeziehung des Referentenentwurfs zum internationalen Gesellschaftsrecht, BB 2008, 678; *Grigoleit/Rieder*, GmbH-Recht nach dem MoMiG, 2009, Rdnr. 67 ff. (S. 24 ff.); *Freitag/Korch*, Gedanken zum Brexit – Mögliche Auswirkungen im Internationalen Gesellschaftsrecht, ZIP 2016, 1361; *Heckschen*, Gründungserleichterungen nach dem MoMiG – Zweifelsfragen in der Praxis, DStR 2009, 166; *Heckschen*, Grenzüberschreitender Formwechsel, ZIP 2015, 2049; *Hellgardt/Illmer*, Wiederauferstehung der Sitztheorie?, NZG 2009, 94; *Herrler*, Gewährleistung des Wegzugs von Gesellschaften durch Art. 43, 48 EG nur in Form der Herausumwandlung, DNotZ 2009, 484; *Hirte*, Die „Große GmbH-Reform" – Ein Überblick über das Gesetz zur Modernisierung des GmbH-Rechts und zur Bekämpfung von Missbräuchen (MoMiG), NZG 2008, 761; *Hoffmann*, Die stille Bestattung der Sitztheorie durch den Gesetzgeber, ZIP 2007, 1581; *Katschinski/Rawert*, Stangenware versus Maßanzug: Vertragsgestaltung im GmbH-Recht nach Inkrafttreten des MoMiG, ZIP 2008, 1993; *Kiem*, Erwartungen der Praxis an eine künftige EU-Sitzverlegungsrichtlinie, ZHR 180 (2016), 289; *Kindler*, Der Wegzug von Gesellschaften in Europa, Der Konzern 2006, 811; *Kindler*, Internationales Gesellschaftsrecht 2009: MoMiG, Trabrennbahn, Cartesio und die Folgen, IPRax 2009, 189; *Kindler*, Der reale Niederlassungsbegriff nach dem VALE-Urteil des EuGH, EuZW 2012, 888; *Knof/Mock*, Das MoMiG und die Auslandsinsolvenz haftungsbeschränkter Gesellschaften, GmbHR 2007, 852; *Kobelt*, Internationale Optionen deutscher Kapitalgesellschaften nach MoMiG, „Cartesio" und „Trabrennbahn" – zur Einschränkung der Sitztheorie, GmbHR 2009, 808; *Kobelt*, Was bedeutet „ordnungsgemäße" Sitzverlegung bei der GmbH?,

Rpfleger 2014, 7; *Kögel*, Der Sitz der GmbH und seine Bezugspunkte, GmbHR 1998, 1108; *König/Bormann*, „Genuine Link" und freie Rechtsformwahl im Binnenmarkt. Trendwende bei der Anerkennung von „Scheinauslandsgesellschaften" durch die VALE-Entscheidung des EuGH?, NZG 2012, 1241; *Körber/Kliebisch*, Das neue GmbH-Recht, JuS 2008, 1041; *Leible*, Niederlassungsfreiheit und Sitzverlegungsrichtlinie, RIW 2004, 531; *Leible*, Warten auf die Sitzverlegungsrichtlinie, in: FS G. Roth, 2011, S. 447; *Leible/Hoffmann*, „Überseering" und das deutsche Gesellschaftskollisionsrecht, ZIP 2003, 925; *Leible/Hoffmann*, Cartesio – fortgeltende Sitztheorie, grenzüberschreitender Formwechsel und Verbot materiellrechtlicher Wegzugsbeschränkungen, BB 2009, 58; *Lieder/Bialluch*, Umwandlungsrechtliche Implikationen des Brexit, NotBZ 2017, 165, 209; *Gausing/Mäsch/Peters*, Deutsche Ltd., PLC und LLP: Gesellschaften mit beschränkter Lebensdauer? – Folgen eines Brexits für pseudo-englische Gesellschaften mit Verwaltungssitz in Deutschland, IPRax 2017, 49; *Meckbach*, Wahl des Satzungssitzes der Kapitalgesellschaft: Forum Shopping bei inländischen Gesellschaften?, NZG 2014, 526; *Müther*, Sind die Gesellschafter einer GmbH bei der Wahl des Sitzes wirklich frei?, BB 1996, 2210; *Nentwig*, Verlegung des Satzungssitzes einer deutschen GmbH ins europäische Ausland – dargestellt am Beispiel Luxemburg, GWR 2015, 447; *Otte*, Folgen der Trennung von Verwaltungs- und Satzungssitz für die gesellschaftsrechtliche Praxis, BB 2009, 344; *Peters*, Verlegung des tatsächlichen Verwaltungssitzes der GmbH ins Ausland, GmbHR 2008, 245; *Pluskat*, Die Zulässigkeit des Mehrfachsitzes und die Lösung der damit verbundenen Probleme, WM 2004, 601; *Preuß*, Die Wahl des Satzungssitzes im geltenden Gesellschaftsrecht und nach dem MoMiG-Entwurf, GmbHR 2007, 57; *Ries*, Was bringt das MoMiG Neues?, AnwBl. 2008, 695; *G. H. Roth*, Das Ende der Briefkastengründung? – Vale contra Centros, ZIP 2012, 1744; *W.-H. Roth*, Grenzüberschreitender Rechtsformwechsel nach VALE, in: FS Hoffmann-Becking, 2013, S. 965; *Schall*, Grenzüberschreitende Umwandlungen der Limited (UK) mit deutschem Verwaltungssitz, ZfPW 2016, 407; *Schall*, Ohne Mindestkapital von England nach Deutschland wechseln – die UG & Co. GmbH als Zielrechtsträger eines grenzüberschreitenden Formwechsels, GmbHR 2017. 25; *J. Schmidt*, Cross-border mergers and divisions, transfers of seat: Is there a need to legislate?, PE 559.960; *J. Schmidt*, Neue Phase der Modernisierung des europäischen Gesellschaftsrechts, GmbHR 2011, R 177; *Seeger*, Die Folgen des „Brexit" für die britische Limited mit Verwaltungssitz in Deutschland, DStR 2016, 1817; *Sethe/Winzer*, Der Umzug von Gesellschaften in Europa nach dem Cartesio-Urteil, WM 2009, 536; *Stiegler*, Vorschlag zur Kodifizierung des Europäischen Gesellschaftsrechts, AG 2016, R48; *Tebben*, Die Reform der 111GmbH – das MoMiG in der notariellen Praxis, RNotZ 2008, 441; *Teichmann/Ptak*, Die grenzüberschreitende Sitzverlegung aus deutsch-polnischer Perspektive, RIW 2010, 817; *Wachter*, Die GmbH nach MoMiG im internationalen Rechtsverkehr, in: Römermann/Wachter (Hrsg.), GmbH-Beratung nach dem MoMiG, GmbHR-Sonderheft MoMiG, 2008, S. 80; *Wachter*, Grenzüberschreitender Herein-Formwechsel in die deutsche GmbH, GmbHR 2016, 738; *Wälzholz*, Die Reform des GmbH-Rechts, MittBayNot 2008, 425; *Weller*, Die „Wechselbalgtheorie", in: FS Goette, 2011, S. 583; *Weller/Thomale/Benz*, Englische Gesellschaften und Unternehmensinsolvenzen in der Post-Brexit-EU, NJW 2016, 2378; *R. Werner*, Das deutsche Internationale Gesellschaftsrecht nach Cartesio und Trabrennbahn, GmbHR 2009, 191; *Zimmer/Naendrup*, Das Cartesio-Urteil des EuGH: Rück- oder Fortschritt für das internationale Gesellschaftsrecht?, NJW 2009, 545.

I. Normzweck

1 § 4a enthält eine Legaldefinition des „Sitzes der Gesellschaft"[1]. Sitz ist der Ort, der in der Satzung hierzu konstitutiv bestimmt wird[2] (sog. **Satzungssitz**), *nicht* jener des Schwerpunkts des operativen Geschäftes oder des tatsächlichen Sitzes der Verwaltung[3] (sog. Verwaltungssitz). Der Sitzbegriff des § 4a stellt damit auf einen Rechtssitz ab[4], nicht auf die faktischen Umstände. Der Sitz muss im Inland liegen (dazu ausf. Rdnr. 8), im Übrigen lässt § 4a seit seiner Änderung durch das MoMiG eine freie Wahl des Satzungssitzes zu, ohne eine irgend-

---

1 *Jaeger*, in: BeckOK GmbHG, 43. Edition, Stand: 15.6.2017, Rdnr. 2; *Roth*, in: Roth/Altmeppen, Rdnr. 1; *Ulmer/Löbbe*, in: Ulmer/Habersack/Löbbe, Rdnr. 1.

2 Die Angabe nach § 3 Abs. 1 Nr. 1 hat in der Satzung konstitutive Wirkung, eine Regelung außerhalb der Satzung wäre unwirksam: *J. Mayer*, in: MünchKomm. GmbHG, Rdnr. 3; *Roth*, in: Roth/Altmeppen, Rdnr. 1; *Ulmer/Löbbe*, in: Ulmer/Habersack/Löbbe, Rdnr. 1. Vgl. auch, für die AG, *Bachmann*, in: Großkomm. AktG, 5. Aufl. 2017, § 5 Rdnr. 2.

3 *Bayer*, in: Lutter/Hommelhoff, Rdnr. 4; *Ulmer/Löbbe*, in: Ulmer/Habersack/Löbbe, Rdnr. 5.

4 Zutreffend *Ulmer/Löbbe*, in: Ulmer/Habersack/Löbbe, Rdnr. 1.

wie geartete Anbindung an den Verwaltungssitz, der nunmehr auch im Ausland liegen kann (dazu Rdnr. 23 ff.), zu verlangen (s. aber zur Schranke des Rechtsmissbrauchs Rdnr. 10 ff.). Erforderlich ist aber jeweils die Angabe und Registrierung einer inländischen Geschäftsanschrift nach §§ 8 Abs. 4 Nr. 1, 10 Abs. 1 Satz 1, die jedoch weder mit dem Satzungs- noch mit dem Verwaltungssitz übereinstimmen muss, so dass auch eine „Briefkastenadresse" ausreicht[5] (s. näher § 8 Rdnr. 33). Zur Entstehungsgeschichte näher 11. Aufl., Rdnr. 1 ff. sowie Rdnr. 11.

Die Legaldefinition des § 4a bewirkt eine **technische Vereinfachung**, weil in zahlreichen Vorschriften (inner- und außerhalb des GmbHG) auf den Begriff des „Sitzes" Bezug genommen wird (s. dazu Rdnr. 4), ohne dass dieser dort jeweils näher erläutert würde[6]. Auch für die Satzungsgestaltung wird die Begriffsbedeutung festgelegt: Wird dort der „Sitz" in Bezug genommen, ist nach der gebotenen objektiven Auslegung (s. dazu § 2 Rdnr. 40 ff.) vom Satzungssitz auszugehen, sofern nicht deutliche Anhaltspunkte für eine Bezugnahme der Gesellschafter auf den Verwaltungssitz ersichtlich sind[7].

2

II. Bedeutung des Sitzes

1. Individualisierungsfunktion

§ 4a ist als Konkretisierung des § 3 Abs. 1 Nr. 1 zu lesen, der den Sitz zu einem Mindestbestandteil der Satzung erklärt (s. dazu § 3 Rdnr. 1). Er ist gemeinsam mit der Firma für die Individualisierung der Gesellschaft zentral. Dies lässt sich schon daraus ableiten, dass sich nur jene Firmen von Gesellschaften deutlich voneinander unterscheiden müssen, die ihren Sitz an demselben Ort oder in derselben politischen Gemeinde haben (§ 30 HGB)[8] – abseits „desselben Orts" ist bei gleichlautenden Firmen der Satzungssitz ein erhebliches Unterscheidungskriterium; dazu § 4 Rdnr. 65. Sofern die Angabe des Sitzes in der Satzung zudem ermöglichen soll, dass die Teilnehmer des Rechtsverkehrs durch Einsichtnahme beim Registergericht am Sitz der Gesellschaft wichtige Gesellschaftsinformationen erlangen können[9] (§ 9 HGB, § 8 Abs. 2 HRV), hat diese Funktion allerdings durch die (an keinen Ort gebundene) Möglichkeit elektronischer Einsichtnahme in das Handelsregister über das Registerportal der Länder sowie der elektronischen Einreichung von Dokumenten (§ 12 Abs. 2 Satz 1 HGB) an Bedeutung verloren.

3

2. Anknüpfungsmerkmal

Der Sitz der Gesellschaft ist Anknüpfungsmerkmal **zahlreicher gesetzlicher Vorschriften** (s. schon Rdnr. 2). Nach dem Satzungssitz bestimmt sich:

4

– gemäß § 377 Abs. 1 FamFG, § 7 Abs. 1 GmbHG die örtliche **Zuständigkeit** des **Registergerichts** in Handelsregistersachen (§ 374 Abs. 1 Nr. 1 FamFG) sowie in **unternehmensrechtlichen Verfahren** (§ 375 Abs. 1 Nr. 6 FamFG),

– der allgemeine **Prozessgerichtsstand** (§ 17 Abs. 1 Satz 1 ZPO; § 4 verdrängt insoweit die Auffangregel des § 17 Abs. 1 Satz 2 ZPO, s. näher § 13 Rdnr. 26),

---

5 *Fastrich*, in: Baumbach/Hueck, Rdnr. 5; *Roth*, in: Roth/Altmeppen, Rdnr. 2.

6 S. weiter zu § 5 AktG *Hüffer/Koch*, § 5 AktG Rdnr. 1: sprachliche Entlastung sowie *Bachmann*, in: Großkomm. AktG, 5. Aufl. 2017, § 5 Rdnr. 3: Ordnungsfunktion des Gesellschaftssitzes.

7 Näher hierzu *Ulmer/Löbbe*, in: Ulmer/Habersack/Löbbe, Rdnr. 8.

8 *Ulmer/Löbbe*, in: Ulmer/Habersack/Löbbe, Rdnr. 9; ebenso für die AG *Heider*, in: MünchKomm. AktG, 4. Aufl. 2016, § 5 Rdnr. 8 sowie *Bachmann*, in: Großkomm. AktG, 5. Aufl. 2017, § 5 Rdnr. 3.

9 *Ulmer/Löbbe*, in: Ulmer/Habersack/Löbbe, Rdnr. 9; *Wicke*, Rdnr. 1.

- die Zuständigkeit des **Insolvenzgerichts** (§§ 3, 4 InsO), wenn die Gesellschaft ihre werbende Tätigkeit eingestellt oder gar nicht aufgenommen hat[10], sowie die internationale Zuständigkeit in Insolvenzverfahren, sofern die Vermutung des Art. 3 Abs. 1 Satz 3 EuInsVO greift bzw. zutrifft,
- der Ort der **Gesellschafterversammlung** (und dort in den Geschäftsräumlichkeiten der Gesellschaft im Falle ihrer Eignung als Versammlungslokal)[11], sofern die Satzung keine abweichende Regelung enthält (ebenso ausdrücklich § 121 Abs. 5 Satz 1 AktG)[12],
- die örtliche Zuständigkeit des **Finanzamts** nach den Voraussetzungen der §§ 11, 20 Abs. 2 AO[13] (sofern nicht, wie im Regelfall, nach § 20 Abs. 1 AO i.V.m. § 10 AO an den Sitz der „Geschäftsleitung" und damit meist an den Verwaltungssitz angeknüpft wird),
- der **Erfüllungs- und Zahlungsort** für die Leistungspflichten der Gesellschaft (§§ 269 Abs. 1 und 270 Abs. 1 BGB), wenn sich nicht die gewerbliche Niederlassung an einem anderen Ort befinden sollte (§§ 269 Abs. 2, § 270 Abs. 2 BGB)[14]; Rechte und Pflichten der Gesellschaft gegenüber ihren Organmitgliedern sind ebenfalls regelmäßig am Gesellschaftssitz zu erfüllen[15]. In diesen Fällen ist zugleich der Gerichtsstand des Erfüllungsortes (§ 29 Abs. 1 ZPO) am Sitz der Gesellschaft begründet. Dies gilt umgekehrt ebenfalls für Binnenansprüche (vor allem Schadensersatz- bzw. Regressansprüche) der Gesellschaft gegenüber ihren Organmitgliedern[16], auch für auf § 64 Satz 1 GmbHG gestützte Zahlungsansprüche[17].

5 Die vielfach vertretene Ansicht, im **Internationalen Privatrecht** sei der Satzungssitz zudem Anknüpfungsmerkmal für das Gesellschaftsstatut, wenn die Gründungstheorie einschlägig ist, ist allerdings verkürzt. Nach der Gründungstheorie in seiner herkömmlichen Spielart ist das Recht jenes Staates auf eine Gesellschaft anwendbar, nach dessen Recht die Gesellschaft gegründet wurde (Inkorporationstheorie), s. hierzu Anh. § 4a Rdnr. 12. Dies fällt (aufgrund des Erfordernisses des inländischen Satzungssitzes) im deutschen Recht mit dem Recht am Satzungssitz zusammen[18]. Da jedoch nicht alle Rechtsordnungen einen Satzungssitz im deutschen Sinne kennen, ist es missverständlich, sofern auf diesen pauschal als international-privatrechtliches Anknüpfungsmerkmal der Gründungstheorie abgestellt wird[19]. Wird auf den Satzungssitz als Anknüpfungsmerkmal abgestellt, wird vielmehr eine spezifische Ausprägung der Gründungstheorie in Bezug genommen (sog. Satzungssitztheorie), dazu Rdnr. 22.

---

10 BayObLG v. 11.8.1999 – 4Z AR 23/99, ZIP 1999, 1714 = GmbHR 2000, 39; OLG Köln v. 22.3.2000 – 2 W 49/00, ZIP 2000, 672, 673 = GmbHR 2000, 570; s. näher *Ulmer/Löbbe*, in: Ulmer/Habersack/Löbbe, Rdnr. 11.
11 BGH v. 24.3.2016 – IX ZB 32/15, GmbHR 2016, 587, 589.
12 BGH v. 24.3.2016 – IX ZB 32/15, GmbHR 2016, 587, 589; s. weiter *Bochmann/Cziupka*, in: GmbH-Handbuch, Rdnr. I 1555.
13 *J. Mayer*, in: MünchKomm. GmbHG, Rdnr. 5; *Schmidt-Leithoff*, in: Rowedder/Schmidt-Leithoff, Rdnr. 5; *J. Schmidt*, in: Michalski u.a., Rdnr. 4. Näher hierzu *Schmitz*, in: Gehrlein/Born/Simon, Rdnr. 5 sowie, für die AG, *Bachmann*, in: Großkomm. AktG, 5. Aufl. 2017, § 5 Rdnr. 19.
14 *Pfisterer*, in: Saenger/Inhester, Rdnr. 4; *Schmidt-Leithoff*, in: Rowedder/Schmidt-Leithoff, Rdnr. 5.
15 *Kindler*, in: Bork/Schäfer, Rdnr. 1; *J. Schmidt*, in: Michalski u.a., Rdnr. 4; s. dazu BGH v. 26.11.1984 – II ZR 20/84, GmbHR 1985, 190.
16 S. zu § 43 Abs. 2 BGH v. 10.2.1992 – II ZR 23/91, GmbHR 1992, 303.
17 S. kürzlich OLG München v. 18.5.2017 – 34 AR 80/17, GmbHR 2017, 877.
18 Hierzu näher *Behrens/J. Hoffmann*, in: Ulmer/Habersack/Löbbe, Einl. B. Rdnr. 48.
19 Richtig *Ego*, in: MünchKomm. AktG, 4. Aufl. 2017, Europäisches Aktienrecht, B. Europäische Niederlassungsfreiheit, Rdnr. 182. Zu den verschiedenen Unterarten der Gründungstheorie *Eidenmüller*, in: Eidenmüller, Ausländische Kapitalgesellschaften, 1. Aufl. 2004, § 1 Rdnr. 2; *Weller*, in: MünchKomm. GmbHG, Einl. Rdnr. 333.

3. Verwaltungssitz

Unter dem Verwaltungssitz ist der Ort zu verstehen, von dem aus die Gesellschaft tatsächlich 6
geleitet wird, wo sich nach einer immer wieder verwandten Formel der **Tätigkeitsort der Geschäftsleitung** und der dazu berufenen Gesellschaftsorgane befindet, wo mit anderen Worten die grundlegenden Entscheidungen der Geschäftsführung effektiv in die laufende Geschäftsführung umgesetzt werden[20]. Dieser Verwaltungssitz kann im Ausgangspunkt beliebig gewählt werden (s. zur Entkopplung vom Satzungssitz Rdnr. 10 ff.), und zwar im Inland oder im Ausland[21] (s. Rdnr. 19), anfänglich oder nachträglich. Die **Bedeutung** des Verwaltungssitzes liegt in erster Linie im Internationalen Privatrecht, weil sich nach dem Verwaltungssitz gemäß der jedenfalls früher (und mit Einschränkungen auch heute noch) in Deutschland maßgebenden (Verwaltungs-)Sitztheorie die Nationalität einer Gesellschaft richtet, während es hiernach keine Rolle spielt, nach welchem Recht sie gegründet wurde. S. mN näher Anh. § 4a Rdnr. 10 sowie unten Rdnr. 31.

4. Hauptniederlassung

Wenn die Gesellschaft an einem bestimmten Ort ihren Satzungssitz hat, haben Geschäftsstel- 7
len an anderen Orten, selbst wenn sie noch so bedeutsam für die Gesellschaft sein mögen, rechtlich ohne Ausnahme lediglich die Bedeutung von **Zweigniederlassungen**[22]. Für den Fall, dass Satzungs- und Verwaltungssitz auseinanderfallen, ist daraus der Schluss zu ziehen, dass der Satzungssitz immer die Hauptniederlassung darstellt, so dass es sich bei dem davon verschiedenen Verwaltungssitz in der Regel um eine Zweigniederlassung handeln wird, die nach § 13 HGB zur Eintragung ins Handelsregister anzumelden ist[23]. Das folgt schon daraus, dass § 13 HGB offenkundig bei Kapitalgesellschaften zur Bestimmung der Hauptniederlassung auf den Satzungssitz abstellt – ungeachtet des Umstandes, dass im Übrigen eine gesetzliche Definition der Begriffe Haupt- und Zweigniederlassung fehlt[24]. Über den Zwang zur Eintragung des abweichenden Verwaltungssitzes als Zweigniederlassung (§ 13 HGB) wird zugleich die nötige **Publizität** des Auseinanderfallens von Satzungs- und Verwaltungssitz sichergestellt.

III. Bestimmung des Satzungssitzes

1. Ort im Inland

Der Satzungssitz muss im Inland liegen, da es sich bei der GmbH um ein „Geschöpf" der na- 8
tionalen Rechtsordnung handelt und insoweit, wenn schon kein tatsächlicher, doch ein juris-

---

20 BGH v. 21.3.1986 – V ZR 10/85, BGHZ 97, 269, 272 = GmbHR 1986, 351 = NJW 1986, 2194. Sog. Sandrock'sche Formel, z.B. *J. Mayer*, in: MünchKomm. GmbHG, Rdnr. 8.

21 Begr. RegE, BT-Drucks. 16/6140, S. 29; *Jaeger*, in: BeckOK GmbHG, 43. Edition, Stand: 15.6.2017, Rdnr. 4; *J. Mayer*, in: MünchKomm. GmbHG, Rdnr. 9; *Ulmer/Löbbe*, in: Ulmer/Habersack/Löbbe, Rdnr. 15; *Wachter*, GmbHR-Sonderheft 2008, 80, 82.

22 *J. Mayer*, in: MünchKomm. GmbHG, Rdnr. 9a; *Roth*, in: Roth/Altmeppen, Rdnr. 5; *Wicke*, Rdnr. 7; s. auch *Ulmer*, in: FS Th. Raiser, S. 439, 444.

23 *Fastrich*, in: Baumbach/Hueck, Rdnr. 4; *Heckschen*, DStR 2009, 166, 168; *Roth*, in: Roth/Altmeppen, Rdnr. 5; *Wicke*, Rdnr. 7; s. auch *Bachmann*, in: Großkomm. AktG, 5. Aufl. 2017, § 5 Rdnr. 21 für die AG. A.A. etwa *Krafka/Kühn*, Registerrecht, 10. Aufl. 2017, Rdnr. 927: der tatsächliche Hauptverwaltungssitz der Gesellschaft ist auch dann nicht gesondert anzumelden oder im Register einzutragen, wenn er vom Satzungssitz und von der inländischen Geschäftsanschrift abweicht; ebenso *Schmitz*, in: Gehrlein/Born/Simon, Rdnr. 15.

24 S. nur *Ries*, in: Röhricht/Graf von Westphalen/Haas, § 13 HGB Rdnr. 1 f.

tischer Bezug zu dieser hergestellt sein muss[25]. Ohne diesen verliert die Gesellschaft ihre nationale Rechtsform, kann sich aber bei einem Wegzug ins europäische Ausland durch **grenzüberschreitenden Rechtsformwechsel** in eine ausländische Rechtsform umwandeln, ohne ihre Identität (wohl aber ihre Rechtsform) zu verlieren; s. dazu Rdnr. 20 sowie ausf. Anh. § 4a Rdnr. 73 ff. Hinter der Notwendigkeit eines inländischen Satzungssitzes steht das Bestreben, das deutsche Gesellschaftsrecht effektiv durchzusetzen, was erschwert würde, wenn die Gesellschaft im Ausland ihren Satzungssitz hätte[26]. Bei ausländischem Satzungssitz würde schon mangels örtlicher Zuständigkeit kein Registerverfahren stattfinden können.

2. Bestimmtheit der Ortswahl

9 Als Satzungssitz kann ausschließlich ein genau bestimmter Ort gewählt werden[27], denn es muss möglich sein, das am Satzungssitz zuständige Gericht eindeutig zu bestimmen und die Gesellschaft zu individualisieren[28] (s. dazu Rdnr. 3). Der „Ort" ist als **politische Gemeinde** zu verstehen[29]. Unzureichend ist es daher, nur einen Gemeindeteil anzugeben; seine zusätzliche Angabe ist aber unschädlich[30]. Ebenfalls unzureichend ist eine überörtliche Bezeichnung (etwa durch eine Angabe des Landkreises, der Region oder des Gebiets). Handelt es sich bei der Gemeinde um eine Großgemeinde, die in mehrere Amtsgerichtsbezirke aufgeteilt ist, so ist zusätzlich anzugeben, in welchem Amtsgerichtsbezirk die Gesellschaft ihren Sitz hat[31], denn die Pflicht, das konkret zuständige Registergericht auf Geschäftsbriefen anzugeben (§ 35a Abs. 1), ist insofern unzureichend, als nicht jeder Teilnehmer des Rechtsverkehrs einen solchen Brief zur Hand hat[32]. Die zusätzliche Angabe des Amtsgerichtsbezirks ist allerdings dann nicht erforderlich, wenn einem Amtsgericht gemäß § 376 Abs. 2 FamFG die Führung des Handelsregisters für mehrere Registergerichtsbezirke übertragen ist[33] (Beispiel: AG Berlin-Charlottenburg ist zuständig für das gesamte Landesgebiet[34]). Hier ist aber ein den Amtsgerichtsbezirk kennzeichnender Zusatz gleichwohl zulässig, auch wenn dieser bei einer Registerkonzentration sogar missverständlich wirken kann[35]. Sind in Deutschland mehrere Orte gleichermaßen benannt, ist ein differenzierender Zusatz erforderlich (zum Beispiel: „Frankfurt am Main").

---

25 *J. Mayer*, in: MünchKomm. GmbHG, Rdnr. 4a; *Hüffer/Koch*, § 5 AktG Rdnr. 7.
26 BayObLG v. 11.2.2004 – 3Z BR 175/03, GmbHR 2004, 490, 491; *Bayer*, in: Lutter/Hommelhoff, Rdnr. 5; *J. Schmidt*, in: Michalski u.a., Rdnr. 5.
27 S. RG v. 27.10.1904 – 42/04, RGZ 59, 106, 109; BayObLG v. 23.7.1987 – BReg.3 Z 72/87, BayObLGZ 1987, 267, 274 = GmbHR 1988, 23; *Bayer*, in: Lutter/Hommelhoff, Rdnr. 5; *Fastrich*, in: Baumbach/Hueck, Rdnr. 3; *Jaeger*, in: BeckOK GmbHG, 43. Edition, Stand: 15.6.2017, Rdnr. 2; *J. Mayer*, in: MünchKomm. GmbHG, Rdnr. 4; *Roth*, in: Roth/Altmeppen, Rdnr. 6; *Ulmer/Löbbe*, in: Ulmer/Habersack/Löbbe, Rdnr. 28.
28 *Hüffer/Koch*, § 5 AktG Rdnr. 6; *Wicke*, in: Grigoleit, § 5 AktG Rdnr. 3.
29 BayObLG v. 23.7.1987 – BReg.3 Z 72/87, BayObLGZ 1987, 267, 274 = GmbHR 1988, 23; *Bayer*, in: Lutter/Hommelhoff, Rdnr. 5; *Fastrich*, in: Baumbach/Hueck, Rdnr. 3; *J. Mayer*, in: MünchKomm. GmbHG, Rdnr. 4; *Roth*, in: Roth/Altmeppen, Rdnr. 6.
30 S. *Wicke*, in: Grigoleit, § 5 AktG Rdnr. 3. So auch BayObLG v. 13.2.1976 – 2 Z 57/75, BB 1976, 622 (für den Verein).
31 *Bayer*, in: Lutter/Hommelhoff, Rdnr. 5; *Fastrich*, in: Baumbach/Hueck, Rdnr. 3; *Jaeger*, in: BeckOK GmbHG, 43. Edition, Stand: 15.6.2017, Rdnr. 2; *Roth*, in: Roth/Altmeppen, Rdnr. 6; *Schmidt-Leithoff*, in: Rowedder/Schmidt-Leithoff, Rdnr. 4.
32 *Heider*, in: MünchKomm. AktG, 4. Aufl. 2016, § 5 Rdnr. 23.
33 *Schmidt-Leithoff*, in: Rowedder/Schmidt-Leithoff, Rdnr. 4; *Wicke*, Rdnr. 3; für die AG *Bachmann*, in: Großkomm. AktG, 5. Aufl. 2017, § 5 Rdnr. 25. A.A. etwa *Heider*, in: MünchKomm. AktG, 4. Aufl. 2016, § 5 Rdnr. 23; *Hüffer/Koch*, § 5 AktG Rdnr. 6, jeweils für die AG.
34 §§ 5, 6 der VO über die Zuweisung amtsgerichtlicher Zuständigkeiten vom 8.5.2008 (GVBl. 116), zuletzt geändert am 30.11.2012 (GVBl. 415).
35 Zutreffend *Bachmann*, in: Großkomm. AktG, 5. Aufl. 2017, § 5 Rdnr. 25.

3. Wahlfreiheit und Einschränkungen

Seit der Änderung des § 4a durch das **MoMiG von 2008** enthält das Gesetz keine weiteren Vorgaben mehr für die Auswahl des Satzungssitzes im Inland. Damit kann insbesondere nicht mehr, wie noch zuvor, gefordert werden, dass der Sitz an jenem Ort liegen müsse, an dem die Gesellschaft entweder „einen Betrieb" hat, an dem sich „die Geschäftsleitung" befindet, oder an dem „die Verwaltung geführt wird". Denn gerade diese Beschränkungen, die § 4a a.F. vorsah, um im Interesse eines verbesserten Gläubigerschutzes Missbräuche durch willkürliche Sitzverlegungen zu bekämpfen und die postalische Erreichbarkeit der Gesellschaft unter allen Umständen sicherzustellen[36], sind durch das MoMiG im Aktien- ebenso wie im GmbH-Recht wieder abgeschafft worden, um deutschen Gesellschaften die Möglichkeit zu eröffnen, einen beliebigen, vom Satzungssitz abweichenden Verwaltungssitz im Inland oder im Ausland zu wählen, wenn ihnen dies sinnvoll erscheint (s. auch Rdnr. 23), zum Beispiel um für konzernangehörige Gesellschaften eine einheitliche Registerzuständigkeit zu begründen oder aus „Marketing"-Gründen eine große Stadt als Sitz angeben zu können[37]. Die damit bestehende Wahlfreiheit[38] findet allerdings ihre **Grenze im Rechtsmissbrauch**[39].

Damit ist letztlich bei vordergründiger Betrachtung die Rechtslage wiederhergestellt, die bereits vor dem MoMiG bestand. Ursprünglich hatte das GmbHG nämlich lediglich bestimmt, dass im Gesellschaftsvertrag der Sitz der Gesellschaft geregelt werden muss (§ 3 Abs. 1 Nr. 1); für die Sitzwahl gab es keine weiteren Vorgaben, § 4a wurde erst durch das **Handelsrechtsreformgesetz von 1998** mit Wirkung vom 1.1.1999 in das Gesetz eingefügt. Daher ging damals die herrschende Meinung vor dem Handelsrechtsreformgesetz davon aus, dass sich der Sitz der Gesellschaft zwar immer im Inland befinden müsse, dass aber im Übrigen bis zur Grenze des Missbrauchs Wahlfreiheit in der Bestimmung des Gesellschaftssitzes bestehe. Als unzulässig galt aber eine geradezu willkürliche Sitzwahl, insbesondere die Wahl eines Ortes, zu dem die Gesellschaft keinerlei tatsächliche Beziehungen hatte[40]. Dies wurde vor allem angenommen, wenn die Gesellschaft an dem angegebenen Ort postalisch oder auf andere Weise überhaupt nicht erreichbar war[41], während ein Missbrauch verneint wurde, wenn die Gesellschaft dort bereits Geschäftsräume gemietet und Firmenschilder angebracht hatte[42] oder wenn an dem fraglichen Ort der Geschäftsführer wohnte[43].

Die damalige Konturierung des Rechtsmissbrauchs kann aber **nicht ohne Anpassung** an die heutige Rechtslage **übertragen** werden. Aufgrund der eindeutigen gesetzgeberischen Wertung wird für einen Rechtsmissbrauch die alleinige Existenz einer bloßen „*Briefkastenfirma*" an dem im Gesellschaftsvertrag bestimmten Satzungssitz ebenso wenig genügen wie der Wunsch der Gesellschafter, über die Bestimmung des Satzungssitzes die Zuständigkeit eines von ihnen

10

11

12

---

36 S. statt aller *Ulmer*, in: FS Th. Raiser, S. 439 ff.

37 Zu diesen und weiteren Gründen *Bachmann*, in: Großkomm. AktG, 5. Aufl. 2017, § 5 Rdnr. 29.

38 *Bayer*, in: Lutter/Hommelhoff, Rdnr. 5; *Fastrich*, in: Baumbach/Hueck, Rdnr. 1 f.; *Jaeger*, in: BeckOK GmbHG, 43. Edition, Stand: 15.6.2017, Rdnr. 4; *Kögel*, Rpfleger 2014, 7 f.; *Leitzen*, RNotZ 2011, 536, 537; *J. Mayer*, in: MünchKomm. GmbHG, Rdnr. 7; *Roth*, in: Roth/Altmeppen, Rdnr. 7; *J. Schmidt*, in: Michalski u.a., Rdnr. 5; *Ulmer/Löbbe*, in: Ulmer/Habersack/Löbbe, Rdnr. 15.

39 *Bayer*, in: Lutter/Hommelhoff; Rdnr. 7; *Fastrich*, in: Baumbach/Hueck, Rdnr. 4; *Kögel*, Rpfleger 2014, 7, 8 f.; *Schmidt-Leithoff*, in: Rowedder/Schmidt-Leithoff, Rdnr. 12; *Wicke*, Rdnr. 4; großzügiger *Meckbach*, NZG 2014, 526 ff.; *Pfisterer*, in: Saenger/Inhester, Rdnr. 7 (vollkommene Freiheit).

40 S. etwa BayObLG v. 8.3.1982 – BReg.1 Z 71/81, BayObLGZ 1982, 140, 141 = GmbHR 1983, 152; BayObLG v. 23.7.1987 – BReg.3 Z 72/87, BayObLGZ 1987, 267, 272 ff. = GmbHR 1988, 23; OLG Zweibrücken v. 19.11.1990 – 3 W 119/90, GmbHR 1991, 317 = NJW-RR 1991, 1509.

41 BayObLG v. 23.7.1987 – BReg.3 Z 72/87, BayObLGZ 1987, 267, 272 ff. = GmbHR 1988, 23; OLG Stuttgart v. 17.8.1990 – 8 W 628/89, GmbHR 1991, 316.

42 OLG Köln v. 11.3.1987 – 2 Wx 72/86, GmbHR 1988, 25.

43 OLG Schleswig v. 6.1.1994 – 2 W 130/93, GmbHR 1994, 557 = NJW-RR 1994, 610.

als besonders effektiv oder auch als „besonders großzügig" eingeschätzten Registergerichts zu begründen[44]. Jenes Registergericht zu „wählen", das für kurze Bearbeitungszeiten und damit rasche Eintragungen bekannt ist, ist legitim[45]. Das gilt sowohl für die Sitzwahl im Gründungsstadium als auch bei späteren Sitzverlegungen. Der mit einer Verlegung etwaig verbundene Versuch, sich Zustellungen und dem Gläubigerzugriff zu entziehen, wird ohnehin heutzutage, anders als früher, aufgrund der Pflicht zur Angabe einer inländischen Geschäftsanschrift (§ 8 Abs. 4 Nr. 1), der Regelung zur Vertretungsberechtigung der Gesellschafter (§ 35 Abs. 1 Satz 2, Abs. 2 Satz 3) und der erleichterten öffentlichen Zustellung (§ 15a HGB) kaum mehr erfolgreich sein[46]. Anders liegt es nur dann, wenn eine Sitzverlegung im Liquidationsstadium bzw. nach Abgabe einer eidesstattlichen Versicherung zur Firmenbestattung genutzt wird[47]; hier ist von einem rechtsmissbräuchlichen Vorgang auszugehen. Selbiges gilt, wenn eine Sitzverlegung nur dem Zweck dient, eine gerichtlich angeordnete Überprüfung einer Eintragungsvoraussetzung dadurch zu umgehen, dass der Sitz in einen weniger streng prüfenden Registerbezirk verlegt wird, um eine Eintragung zu erreichen[48].

4. Doppelsitz

13   Das GmbHG regelt ebenso wenig wie das AktG (§ 5 AktG) oder das BGB (§§ 24, 55 BGB) die Frage, ob die Gesellschaft nur *einen* Sitz oder auch mehrere Sitze haben kann. Alle genannten Vorschriften verwenden jedoch das Wort „Sitz" im Singular[49]. Mit der gewählten Formulierung wollte der Gesetzgeber des AktG seinerzeit auch in der Tat zum Ausdruck bringen, dass als Sitz der Gesellschaft grundsätzlich nur ein einziger Ort im Bundesgebiet in Betracht kommt. Von einem generellen Verbot des Doppelsitzes sah man gleichwohl ab, weil es „außergewöhnliche Fälle" gebe, in denen eine andere Entscheidung geboten sei[50]. Die Gesetzesverfasser hatten dabei in erster Linie die besonderen Verhältnisse der Nachkriegszeit im Auge, so dass die einschlägigen Entscheidungen dazu nicht verallgemeinert werden dürfen[51]. Heute ist die Haltung der **Rechtsprechung** gespalten: Ein Teil der Gerichte hat bei Vorliegen eines besonderen Interesses der Gesellschaft nach wie vor keine Bedenken gegen die Eintragung eines Doppelsitzes; das gilt vor allem für Fusionsfälle, wenn die beteiligten Gesellschaf-

---

44 S. jedoch die Fälle KG v. 25.7.2011 – 25 W 33/11, GmbHR 2011, 1104 = ZIP 2011, 1566; LG Berlin v. 23.4.1999 – 98 T 9/99, ZIP 1999, 1050.
45 *Bayer*, in: Lutter/Hommelhoff, Rdnr. 5; *Pfisterer*, in: Saenger/Inhester, Rdnr. 7; *Roth*, in: Roth/Altmeppen, Rdnr. 7; *Schmitz*, in: Gehrlein/Born/Simon, Rdnr. 17; *Wicke*, Rdnr. 5. Für nicht besonders praxisrelevant wegen der weitgehend einheitlichen Anwendung des Registerrechts in Deutschland hält dies *Wamser*, in: Henssler/Strohn, Gesellschaftsrecht, Rdnr. 3.
46 Instruktiv und überzeugend *Merkbach*, NZG 2014, 526, 528 ff.
47 *Bayer*, in: Lutter/Hommelhoff, Rdnr. 7; *Roth*, in: Roth/Altmeppen, Rdnr. 1; *Ulmer/Löbbe*, in: Ulmer/Habersack/Löbbe, Rdnr. 24. Vgl. weiter zur AG *Bachmann*, in: Großkomm. AktG, 5. Aufl. 2017, § 5 Rdnr. 36. Zur Sitzverlegung im Liquidationsstadium LG Berlin v. 23.4.1999 – 98 T 9/99, ZIP 1999, 1050. Strenger beim Rechtsmissbrauch insgesamt wohl *Hüffer/Koch*, § 5 AktG Rdnr. 8: Satzungsgeber könne rechtsmissbräuchlich handeln, indem er Satzungssitz wählt, der mit tatsächlichen Verhältnissen der Gesellschaft nichts zu tun hat und nur schutzwürdige Belange Dritter hinter den Interessen der Gesellschaft zurücksetzen soll.
48 AG Memmingen v. 1.2.2005 – 04 AR 403/04, NZG 2006, 70, 73: Sitzverlegungsbeschluss nichtig, wenn er darauf abzielt, gerichtlich angeordnete Überprüfung einer Eintragungsvoraussetzung zu umgehen und dadurch die Eintragung zu erschleichen.
49 S. § 4a: „Sitz der Gesellschaft ist …" im Anschluss an den gleich lautenden § 5 AktG.
50 S. die Begr. RegE des AktG von 1965, bei *Kropff*, AktG, S. 20 f.
51 OLG Stuttgart v. 27.1.1953 – 1 W 191/52, NJW 1953, 748; BayObLG v. 23.3.1962 – BReg.2 Z 170/61; BayObLGZ 1962, 107 = NJW 1962, 1014; KG v. 20.2.1973 – 1 W 522/72, OLGZ 1973, 272 = NJW 1973, 1201; KG v. 4.6.1991 – 1 W 5/91, NJW-RR 1991, 1507; OLG Düsseldorf v. 29.5.1987 – 3 W 447/85, AG 1988, 50 = NJW-RR 1988, 354 – Deutsche Bank (Altbank); OLG Hamm v. 29.6.1964 – 14 W 25/64, Rpfleger 1965, 120; *Katschinski*, ZIP 1997, 620; *J. König*, AG 2000, 18, 19 ff.

ten, vorwiegend wohl aus Gründen der Tradition, nach Möglichkeit an ihren unterschiedlichen bisherigen Sitzen festhalten wollen[52]. Von anderen Gerichten wird dagegen bis heute die Zulässigkeit eines Doppelsitzes generell oder doch für den Regelfall angelehnt[53].

Im **Schrifttum** lassen sich im Wesentlichen drei Meinungen unterscheiden[54]. Während die einen, nicht zuletzt aus verfassungs- oder europarechtlichen Gründen, für die generelle Zulässigkeit eines Mehrfachsitzes juristischer Personen eintreten[55], lehnt eine verbreitete Meinung nach wie vor die Zulässigkeit eines Doppelsitzes, vor allem aus praktischen Erwägungen heraus, ab[56]. Daneben findet sich aber auch vielfach die Meinung, dass in Ausnahmefällen, d.h. bei Vorliegen eines überwiegenden berechtigten Interesses der Gesellschaft, § 4a ebenso wie § 5 AktG durchaus Raum für die Zulassung eines Doppel- oder gar Mehrfachsitzes lasse[57]. Für die Richtigkeit dieser Meinung spricht nicht nur die Auffassung, die die Gesetzesverfasser zu § 5 AktG vertreten haben[58], sondern auch die Tatsache, dass es in der Praxis eine Vielzahl von Doppelsitzen gibt, ohne dass die davon immer wieder befürchteten Unzuträglichkeiten eingetreten wären[59]. Soweit danach (ausnahmsweise) ein Doppelsitz zulässig ist, stehen die **Registergerichte** an den verschiedenen Sitzen der Gesellschaft selbständig nebeneinander[60]. Erst die Register aller zuständigen Registergerichte zusammen bilden dann „das Handelsregister" der Gesellschaft, so dass jede Eintragung von jedem Registergericht selbständig geprüft und vorgenommen werden muss. Lehnt auch nur eines der mehreren zuständigen Registergerichte die Eintragung ab, so kann sie nicht erfolgen[61]. Eine weitere Folge eines Doppelsitzes ist, dass eine etwaige **Anfechtung** von Beschlüssen der Gesellschafterversammlung gleichzeitig vor verschiedenen, gleichermaßen zuständigen Gerichten möglich ist[62].

14

IV. Mängel

1. Ursprüngliche Mängel

§ 3 Abs. 1 Nr. 1 und § 4a sind zwingendes Recht, so dass der Gesellschaftsvertrag nichtig ist, wenn die Angabe des Sitzes fehlt oder gegen § 4a verstößt (s. zu diesen Rechtsfolgen bereits § 3 Rdnr. 4 ff.). Es wird sich dabei freilich – anders als unter der ursprünglichen Fassung des § 4a von 1998 – angesichts der heutigen Wahlfreiheit der Gesellschafter bei der Bestimmung

15

---

52 LG Hamburg v. 1.2.1973 – 4 T 5/72, DB 1973, 2237 – Hapag Lloyd; LG Essen v. 23.3.2001 – 45 T 1/01, AG 2001, 429, 430 = ZIP 2001, 1632 – Thyssen Krupp; AG Bremen v. 1.6.1976 – 38 AR 105/74, DB 1976, 1810 f.

53 BayObLG v. 29.3.1985 – BReg.3 Z 22/85, BayObLGZ 1985, 111 = AG 1986, 48 – EVO. Nur bei außergewöhnlichen Fällen OLG Brandenburg v. 8.9.2005 – 6 Wx 10/04, NotBZ 2006, 22.

54 S. *U. Borsch*, GmbHR 2003, 258, 259 f.; *S. Pluskat*, WM 2004, 601, 602 f.

55 *U. Borsch*, GmbHR 2003, 258, 260 f.; *S. Pluskat*, WM 2004, 601, 604 ff.

56 *Fastrich*, in: Baumbach/Hueck, Rdnr. 6; *Jaeger*, in: BeckOK GmbHG, 43. Edition, Stand: 15.6.2017, Rdnr. 5; *Karl*, AcP 159 (1960), 302; *Kögel*, GmbHR 1998, 1108, 1110; *Schmidt-Leithoff*, in: Rowedder-Schmidt-Leithoff, Rdnr. 7; *Wamser*, in: Henssler/Strohn, Gesellschaftsrecht, Rdnr. 2.

57 *Bayer*, in: Lutter/Hommelhoff, Rdnr. 6; *J. Mayer*, in: MünchKomm. GmbHG, Rdnr. 11; *Katschinski*, ZIP 1997, 620, 621 ff.; *J. König*, AG 2000, 18, 28 ff.; *Roth*, in: Roth/Altmeppen, Rdnr. 10; *J. Schmidt*, in: Michalski u.a., Rdnr. 8; *Ulmer/Löbbe*, in: Ulmer/Habersack/Löbbe, Rdnr. 30.

58 S. die Begr. bei *Kropff*, AktG, 1965, S. 20 f.

59 S. *S. Pluskat*, WM 2004, 601, 604 ff.

60 S. ausführlich *Heider*, in: MünchKomm. AktG, 4. Aufl. 2016, § 5 AktG Rdnr. 49–58; *S. Pluskat*, WM 2004, 601, 604 ff.

61 OLG Düsseldorf v. 29.5.1987 – 3 W 447/85, AG 1988, 50, 51 = NJW-RR 1988, 354 – Deutsche Bank (Altbank); KG v. 20.2.1973 – 1 W 522/72, OLGZ 1973, 272 = NJW 1973, 1201; OLG Hamm v. 29.6.1964 – 14 W 25/64, Rpfleger 1965, 120.

62 KG v. 31.1.1996 – 23 U 3989/94, AG 1996, 421; LG Berlin v. 26.5.1994 – 104 O 19/94, AG 1995, 44 – Viag; *Heider*, in: MünchKomm. AktG, 4. Aufl. 2016, § 5 AktG Rdnr. 56.

des Satzungs- und des Verwaltungssitzes um **Ausnahmefälle** handeln. In Betracht kommen im Wesentlichen nur **drei Fallgestaltungen**, nämlich

– das völlige Fehlen einer Bestimmung des Satzungssitzes im Gesellschaftsvertrag unter Verstoß gegen § 3 Abs. 1 Nr. 1,

– die Angabe eines gänzlich unbestimmten oder unzulässigen, weil z.B. im Ausland belegenen, Satzungssitzes im Gesellschaftsvertrag unter Verstoß gegen § 4a (dazu Rdnr. 8),

– die missbräuchliche Wahl eines Satzungssitzes (s. Rdnr. 12).

In diesen Fällen hat das Registergericht die Eintragung der Gesellschaft ins Handelsregister abzulehnen (§ 9c Abs. 2 Nr. 1). Wird die Gesellschaft gleichwohl eingetragen, etwa, weil das Gericht den Verstoß gegen § 4a übersieht, so greift zwar nicht § 75, wohl aber das Amtsauflösungs- oder Beanstandungsverfahren nach § 399 Abs. 4 FamFG ein, das zur Amtslöschung nach § 60 Abs. 1 Nr. 6 führen kann[63]. Bis zur Änderung des Gesellschaftsvertrages ist weiter von § 4a auszugehen, so dass es vorerst bei der Maßgeblichkeit des gesellschaftsvertraglichen Sitzes der Gesellschaft bleibt.

2. Nachträgliche Mängel

16 Verstößt ein Beschluss über die Änderung des Sitzes der Gesellschaft gegen § 4a, so ist er nichtig (§ 241 Nr. 3 Fall 3 AktG analog) und darf nicht ins Handelsregister eingetragen werden[64]. Beschlussnichtigkeit ist auch dann alleinige Rechtsfolge, wenn der Satzungssitz ins Ausland verlegt wird, ein Auflösungsbeschluss ist darin nicht zu erblicken (s. Rdnr. 19); ein solcher muss vielmehr ausdrücklich gefasst werden. Wird der Beschluss gleichwohl eingetragen, kommt nach h.M. das Beanstandungsverfahren nach § 399 Abs. 4 FamFG[65] in Betracht. Nach der Gegenansicht soll dagegen nur Raum für die **Löschung** des Beschlusses selbst **nach § 398 FamFG** verbleiben[66]. Dem ist zuzustimmen. Nichtig ist nur der Beschluss selbst, dieser kann die erstrebte Änderung des Sitzes schlicht nicht bewirken, so dass eine Satzungsänderung als solche nicht erfolgt ist; die frühere Sitzbestimmung ist daher weiterhin maßgeblich. Zur nicht mehr bedeutsamen Unzulässigkeit aufgrund einer faktischen Verlagerung des Verwaltungssitzes 11. Aufl., Rdnr. 20.

V. Sitzverlegung im Inland

17 Eine **Verlegung des Satzungssitzes** ist nur durch Satzungsänderung möglich (§ 53), so dass sie erst mit Eintragung der Sitzverlegung ins Handelsregister wirksam wird (§ 54)[67]. Das Verfahren regelt im Einzelnen § 13h HGB (= § 13c HGB a.F.). Die Sitzverlegung ist danach bei dem bisher zuständigen Registergericht zur Eintragung ins Handelsregister anzumelden

63 BGH v. 2.6.2008 – II ZB 1/06, GmbHR 2008, 990, 991 (zu § 4a a.F.); *Bayer*, in: Lutter/Hommelhoff, Rdnr. 19; *Fastrich*, in: Baumbach/Hueck, Rdnr. 7; *J. Mayer*, in: MünchKomm. GmbHG, Rdnr. 79.

64 BayObLG v. 8.12.2003 – 2 W 123/03, GmbHR 2003, 1496, 1497; *Bayer*, in: Lutter/Hommelhoff, Rdnr. 19; *Fastrich*, in: Baumbach/Hueck, Rdnr. 7; *Kögel*, GmbHR 1998, 1108, 1111; *Schmidt-Leithoff*, in: Rowedder/Schmidt-Leithoff, Rdnr. 10.

65 *J. Mayer*, in: MünchKomm. GmbHG, Rdnr. 80; *Pfisterer*, in: Saenger/Inhester, Rdnr. 9; *J. Schmidt*, in: Michalski u.a., Rdnr. 28; *Schmidt-Leithoff*, in: Rowedder/Schmidt-Leithoff, Rdnr. 10; *Ulmer/Löbbe*, in: Ulmer/Habersack/Löbbe, Rdnr. 32; *Wicke*, Rdnr. 6; 11. Aufl., Rdnr. 10.

66 *Bachmann*, in: Großkomm. AktG, 5. Aufl. 2017, § 5 AktG Rdnr. 45; *Fastrich*, in: Baumbach/Hueck, Rdnr. 7; *Hüffer/Koch*, § 5 AktG Rdnr. 13; *J. Koch* in: MünchKomm. AktG, 4. Aufl. 2016, § 262 AktG Rdnr. 67, 63; *Jaeger*, in: BeckOK-GmbHG, 43. Edition, Stand: 15.6.2017, Rdnr. 6. Für Amtslöschung nach § 395 FamFG: *Wamser*, in: Henssler/Strohn, Gesellschaftsrecht, Rdnr. 5.

67 *Bayer*, in: Lutter/Hommelhoff, Rdnr. 7; *J. Mayer*, in: MünchKomm. GmbHG, Rdnr. 12 f.; *Roth*, in: Roth/Altmeppen, Rdnr. 8; *Schmidt-Leithoff*, in: Rowedder/Schmidt-Leithoff, Rdnr. 11.

(§ 13h Abs. 1 HGB), das die formelle Ordnungsmäßigkeit der Anmeldung prüft[68]. Dieses hat die Sitzverlegung danach dem in Zukunft zuständigen Registergericht mitzuteilen, das (nur) die Wirksamkeit der Sitzverlegung, d.h. ihre Vereinbarkeit mit § 4a und § 30 HGB, prüft (§ 13h Abs. 2 Satz 1 und 3 HGB)[69]. Die Eintragung der Sitzverlegung ist abzulehnen, wenn sie rechtsmissbräuchlich ist, etwa, weil die Sitzverlegung nach Auflösung der Gesellschaft beschlossen wird (zum Rechtsmissbrauch Rdnr. 10 ff.). Ein weiteres Prüfungsrecht steht dem neuen Registergericht nicht zu[70]. Werden jedoch zusammen mit der Sitzverlegung weitere Satzungsänderungen angemeldet, so kann das neue Registergericht seine Prüfung auch auf diese erstrecken[71]. Die bisherigen Eintragungen hat es zu übernehmen. Bestehen Bedenken gegen diese Eintragungen, kann das Registergericht nach § 395 FamFG vorgehen.

Eine **Verlegung des Verwaltungssitzes** ist anders als die Verlegung des Satzungssitzes keine   **18** Satzungsänderung; das Verfahren der §§ 53 f. ist daher nicht zu durchlaufen. Gleichwohl hat die Geschäftsführung vor der Umsetzung eine Entscheidung der Gesellschafter einzuholen; wird der Sitzverlegung nicht (mit einfacher Mehrheit) zugestimmt, hat sie zu unterbleiben[72]. Dies ist damit zu begründen, dass es sich bei der Verwaltungssitzverlegung um eine Maßnahme mit Ausnahmecharakter handelt. Kautelarjuristisch besteht aber weitgehender Gestaltungsspielraum: Die Entscheidung über die Sitzverlegung kann an höhere Mehrheitserfordernisse oder an die Beachtung des Verfahrens für Satzungsänderungen gebunden werden (Letzteres durch Ausgestaltung der Bestimmung über den Verwaltungssitz zum korporativen Satzungsbestandteil)[73], aber auch ausdrücklich in der Satzung an die Geschäftsführung übertragen werden. Um eine zwingend der Gesellschafterversammlung zugewiesene Aufgabe handelt es sich nicht.

VI. Sitzverlegung vom oder ins Ausland

1. Verlegung des Satzungssitzes

a) Wegzugsfälle (formwahrende Herausverlegung)

Aus dem Erfordernis des *inländischen* Satzungssitzes ist zu folgern, dass eine **Verlegung des**   **19** **Satzungssitzes ins Ausland** (einschließlich der Mitgliedstaaten der Europäischen Union) bereits aus materiell-rechtlichen Gründen ausscheidet. Ein entsprechender Beschluss darf nicht ins Handelsregister eingetragen werden[74]. Allerdings ist er richtigerweise **nicht als Auflösungsbeschluss** nach § 60 Abs. 1 Nr. 2 zu qualifizieren[75], so dass die Gesellschaft abzuwickeln und neu im Ausland zu gründen wäre. Vielmehr wird der Beschluss regelmäßig dahin-

---

68 OLG Köln v. 22.7.2004 – 2 Wx 23/04, NZG 2005, 87, 88 = GmbHR 2005, 236; *J. Mayer*, in: Münch-Komm. GmbHG, Rdnr. 12.

69 OLG Köln v. 22.7.2004 – 2 Wx 23/04, NZG 2005, 87, 88 = GmbHR 2005, 236; *J. Mayer*, in: Münch-Komm. GmbHG, Rdnr. 12; *Schmidt-Leithoff*, in: Rowedder/Schmidt-Leithoff, Rdnr. 11.

70 OLG Köln v. 3.10.1983 – 2 Wx 26/83, BB 1984, 1065; OLG Hamm v. 19.8.1996 – 15 W 127/96, GmbHR 1996, 858; LG Nürnberg-Fürth v. 4.2.1999 – 4HK T 6641/98, MittBayNot 1999, 398; *J. Mayer*, in: MünchKomm. GmbHG, Rdnr. 12.

71 OLG Hamm v. 25.3.1991 – 15 Sbd 4/91, GmbHR 1991, 321; OLG Frankfurt a.M. v. 30.7.1991 – 20 W 237/91, GmbHR 1991, 426 (nur Leitsatz); OLG Zweibrücken v. 15.10.1991 – 2 AR 41/91, GmbHR 1992, 678; *Ziegler*, Rpfleger 1991, 485, 486.

72 Vgl. *Kleindiek*, in: Lutter/Hommelhoff, § 37 Rdnr. 10; s. 11. Aufl., § 37 Rdnr. 15.

73 S. statt vieler *Ulmer/Löbbe*, in: Ulmer/Habersack/Löbbe, Rdnr. 19.

74 BayObLG v. 11.2.2004 – 3Z BR 175/03, GmbHR 2004, 490, 491 f.; OLG Brandenburg v. 30.11.2004 – 6 Wx 4/04, GmbHR 2005, 484, 485 ff.; OLG Hamm v. 1.2.2001 – 15 W 390/00, GmbHR 2001, 440, 441; OLG München v. 4.10.2007 – 31 Wx 36/07, GmbHR 2007, 1273, 1274.

75 Für Auflösungsbeschluss OLG Hamm v. 1.2.2001 – 15 W 390/00, GmbHR 2001, 440, 441; OLG München v. 4.10.2007 – 31 Wx 36/07, GmbHR 2007, 1273, 1274; *J. Mayer*, in: MünchKomm. GmbHG, Rdnr. 66; *R. Werner*, GmbHR 2009, 191, 193 f.

gehend auszulegen sein, dass die Gesellschaft weiterhin fortgeführt werden soll; nur die Anbindung an die deutsche Rechtsordnung soll nach dem Willen der Gesellschafter aufgegeben werden, nicht aber die Existenz der Gesellschaft als solche. Da dieser Verlust der Anbindung aber dazu führte, dass die Gesellschaft sich der Anwendbarkeit von Rechtsvorschriften entziehen würde, die gerade auch im Drittinteresse bestehen, ist der Beschluss entsprechend § 241 Nr. 3 AktG als **nichtig** zu bewerten[76]. Im Ergebnis besteht mithin Einigkeit, dass bereits materiell-rechtlich die identitäts- und rechtsformwahrende Satzungssitzverlegung ins Ausland scheitert. Dieses Ergebnis dient auch der Effektuierung der Durchsetzung zwingenden Rechts.

20 An dieser Rechtslage ändert sich auch nichts aufgrund **unionsrechtlicher Vorgaben**[77]. Zwar darf nach der VALE-Entscheidung[78] des EuGH, was bereits im Sevic-Urteil[79] angedeutet und *obiter* im Cartesio-Urteil[80] ausgesprochen wurde, der Gründungsstaat eine Gesellschaft nicht an einem identitätswahrenden Wegzug in einen anderen Mitgliedstaat unter Änderung des Gesellschaftsstatuts hindern, vorausgesetzt, dass ein solcher Zuzug nach dem Recht des Zuzugsstaates möglich ist. Damit steht aber nur fest, dass (1.) ein solcher Zuzug nach dem Recht des Zuzugsstaates möglich ist, dieser mithin auch entsprechende innerstaatliche Formwechsel zulässt, und (2.) die zuziehende Gesellschaft in ihrer neuen Rechtsform kollisionsrechtlich vom Zuzugsstaat anerkannt wird bzw. die dortigen sachrechtlichen Voraussetzungen erfüllt[81], sog. Anknüpfungsautonomie. Damit steht aber nur fest, dass ein identitätswahrender Wegzug unter Wechsel der Nationalität der Gesellschaft, d.h. ein **grenzüberschreitender Rechtsformwechsel**, von der Niederlassungsfreiheit gedeckt ist und daher grundsätzlich möglich sowie (vorbehaltlich zwingender Gemeinwohlinteressen) effektiv umsetzbar sein muss, wie jüngst in der **Rechtssache Polbud**[82] bekräftigt wurde (wobei viele Einzelheiten der erforderlichen kumulativen Anwendung der einschlägigen Rechtsnormen beider Mitgliedstaaten nach wie vor offen sind; s. ausf. Anh. § 4a Rdnr. 73 ff.)[83]. Noch auf der Grundlage der VALE-Rechtsprechung wurde ein solcher Herausformwechsel auf nationaler Ebene erstmals durch das OLG Frankfurt anerkannt[84]. Unter den genannten Prämissen darf es ausweislich der Polbud-Entscheidung aus Sicht des Wegzugsstaates keine Rolle spielen, welche Art der Verbindung die wegziehende Gesellschaft zum Zuzugsstaat aufzubauen beabsichtigt, ob etwa als „reale Ansiedlung" eine dortige substantielle Betätigung geplant ist oder eine Briefkastengesellschaft geschaffen werden soll (insbes. der Verwaltungssitz mithin nicht gleichzeitig mitverlegt wird)[85]; eine tatsächliche Mobilitätskomponente wird mithin nicht gefordert[86]. Damit wird

---

76 *Kindler*, in: MünchKomm. BGB, IntGesR Rdnr. 834; *Kessler*, in: Saenger/Inhester, Rdnr. 10; *Pfisterer*, in: Saenger/Inhester, Rdnr. 10; *Wicke*, Rdnr. 10. Bei der AG *Hüffer/Koch*, § 5 AktG Rdnr. 12; *Heider*, in: MünchKomm. AktG, 4. Aufl. 2016, § 5 AktG Rdnr. 65. A.A. 11. Aufl., Rdnr. 26.

77 OLG München v. 4.10.2007 – 31 Wx 36/07, GmbHR 2007, 1273, 1274; BayObLG v. 11.2.2004 – 3Z BR 175/03, GmbHR 2004, 490, 491 f.; OLG Brandenburg v. 30.11.2004 – 6 Wx 4/04, GmbHR 2005, 484, 486 f. = ZIP 2005, 489; *Fastrich*, in: Baumbach/Hueck, Rdnr. 10; *J. Mayer*, in: MünchKomm. GmbHG, Rdnr. 66; *Kindler*, in: Bork/Schäfer, Rdnr. 9; *Leible*, ZGR 2004, 531, 535; *Wicke*, Rdnr. 10.

78 EuGH v. 12.7.2012 – Rs. C-378/10, ZIP 2010, 1956 – VALE.

79 EuGH v. 13.12.2005 – Rs. C-411/03, AG 2006, 82 – SEVIC Systems AG.

80 EuGH v. 16.12.2008 – Rs. C-210/06, GmbHR 2009, 86 – Cartesio.

81 Zuletzt bestätigt durch EuGH v. 25.10.2017 – Rs. C-106/16, ECLI:EU:C:2017:804 Rdnr. 33 – Polbud.

82 EuGH v. 25.10.2017 – Rs. C-106/16, ECLI:EU:C:2017:804 Rdnr. 33 – Polbud (GmbHR 2017, Heft 23 mit Anm. *Bochmann/Cziupka*).

83 S. *Kobelt*, GmbHR 2009, 808, 812 f.; *Otte/Rietschel*, GmbHR 2009, 983, 985 f.

84 OLG Frankfurt a.M. v. 3.1.2017 – 20 W 88/15, GmbHR 2017, 420 (Herausformwechsel einer deutschen GmbH nach Italien in die Rechtsform der S.r.l.) mit krit. Anm. *Hushahn*, RNotZ 2017, 257, 264 ff.

85 EuGH v. 25.10.2017 – Rs. C-106/16, ECLI:EU:C:2017:804 Rdnr. 43 – Polbud.

86 So bereits auf der Grundlage von VALE *Bayer/J. Schmidt*, ZIP 2012, 1481, 1486 f.; *Behme*, NZG 2012, 936, 939; *Drygala*, EuZW 2013, 569. 570. Dagegen aber etwa *Kindler*, EuZW 2012, 888, 891 ff.; *Mörsdorf/Jopen*, ZIP 2012, 1398, 1399.

eine bislang stark umstrittene Grundfrage zur Reichweite der Niederlassungsfreiheit nunmehr in einem Sinne entschieden, die dieser weniger die Funktion der Ermöglichung einer grenzüberschreitenden unternehmerischen Bewegungsfreiheit zuspricht als vielmehr die Funktion der Ermöglichung der Wahl des jeweils aus Gesellschaftssicht am besten passenden Rechtskleids[87]. Der in der Polbud-Entscheidung überspielte, aber letztlich offensichtliche Konflikt mit der VALE-Entscheidung, in welcher die tatsächliche Mobilitätskomponente noch tatbestandlich zur Niederlassungsfreiheit hinzudefiniert worden ist, löst auf, wenn man davon ausgeht, dass die genannten Kriterien weiterhin aus Sicht des Aufnahmestaates für die Anerkennung eines formwechselnden Zuzugs ausschlaggebend sein dürfen, diese mithin verlangen dürfen (aber nicht müssen), dass etwa neben dem Satzungssitz auch der Verwaltungssitz dorthin verlegt wird.

Das bedeutet allerdings nicht, dass eine **echte Sitzverlegung** im Sinne einer identitäts- und rechtsformwahrenden Verlegung des Satzungssitzes über die Grenze zugelassen werden müsste[88]. Nach der auch vom EuGH zugrunde gelegten **Geschöpftheorie** ist es nämlich genuine Kompetenz der Mitgliedstaaten zu entscheiden, unter welchen Voraussetzungen die von ihnen zur Verfügung gestellten Rechtsformen entstehen und aufzulösen sind[89]. Knüpft ein Mitgliedstaat die Existenz einer nationalen Gesellschaft an einen Satzungssitz im Inland und versagt sie einer Verlegung desselben die Wirkung oder sanktioniert sie diese mit der Auflösung der Gesellschaft, liegt darin mithin keine Unionsrechtsverletzung. 21

b) Zuzugsfälle (formwahrende Hineinverlegung)

Eine Gesellschaft, die nach dem Recht eines Mitgliedstaates der Europäischen Union (oder eines Mitgliedstaates des EWR[90] oder etwa nach US-Recht[91]) wirksam gegründet wurde, genießt in Deutschland **Niederlassungsfreiheit**. Gleichwohl soll eine grenzüberschreitende Satzungssitzverlegung (die sowohl identitäts- als auch rechtsformwahrend wirkt) weiterhin unzulässig sein, und zwar sowohl isoliert als auch in Kombination mit einer Verwaltungssitzverlegung; erst recht gilt dies für Gesellschaften aus Drittstaaten. Auch wenn der Wegzugsstaat eine solche Sitzverlegung zulassen sollte, kann die Gesellschaft ihren Satzungssitz danach schon deshalb nicht nach Deutschland verlegen, ohne ihre Rechtspersönlichkeit einzubüßen, weil in das Handelsregister als Hauptniederlassung nur Gesellschaften mit einer deutschen Rechtsform eingetragen werden können[92]. Möglich bleibt dann letztlich allein eine Neugründung nach deutschem Recht oder zumindest die Anpassung an das deutsche Recht mit Handelsregistereintragung (was auf einen Formwechsel hinausläuft)[93]. Anderes soll sich (insoweit zutreffend) auch nicht aus dem **Vale-Urteil**[94] ergeben: Hiernach muss ein Mitgliedstaat als Aufnahmemitgliedstaat die innerstaatliche Möglichkeit des Formwechsels auch für grenz- 22

---

87 Ähnlich in diesem Sinne schon *Roth*, in: Roth/Altmeppen, Rdnr. 50b.

88 *Hüffer/Koch*, § 5 AktG Rdnr. 14.

89 EuGH v. 27.9.1988 – Rs. C-81/87, NJW 1989, 2186 – Daily Mail.

90 Für diese gelten durch Art. 31, 34 des EWR-Abkommen in vergleichbarer Weise die Art. 49 i.V.m. Art. 54 AEUV. S. hierzu auch *J. Mayer*, in: MünchKomm. GmbHG, Rdnr. 19.

91 Die Gründungstheorie gilt auch im Hinblick auf US-amerikanische Kapitalgesellschaften, da nach Art. XXV V 2 des Freundschafts-, Handels- und Schifffahrtsvertrages zwischen der Bundesrepublik Deutschland und den USA v. 29.10.1954 der Status einer Gesellschaft, die in dem Gebiet eines Vertragsteils nach dessen Gesetzen und Vorschriften rechtmäßig gegründet worden ist, in dem Gebiet des anderen Staates anzuerkennen ist.

92 *Fastrich*, in: Baumbach/Hueck, Rdnr. 14; *J. Mayer*, in: MünchKomm. GmbHG, Rdnr. 21; *Schmidt-Leithoff*, in: Rowedder/Schmidt-Leithoff, Rdnr. 16. Für Unzulässigkeit auch *Bayer*, in: Lutter/Hommelhoff, Rdnr. 17.

93 Näher *Behrens/Hoffmann*, in: Ulmer/Habersack/Löbbe, Einl B Rdnr. 155. Vgl. auch *Fastrich*, in: Baumbach/Hueck, Rdnr. 14.

94 EuGH v. 12.7.2012 – Rs. C-378/10, GmbHR 2012, 860 – VALE.

überschreitende Fälle eröffnen; hierbei handelt es sich dann aber um einen grenzüberschreitenden Rechtsformwechsel[95] (Hineinformwechsel), nicht um eine Beibehaltung der ausländischen Rechtsform mit inländischem Satzungssitz. Im Lichte dieser herrschenden Sichtweise könnte dann viel dafür sprechen, die aus der Niederlassungsfreiheit entnommene, versteckte Gründungstheorie als **Satzungssitztheorie** zu verstehen[96] (s. Rdnr. 5). Diese Frage ist aber bislang noch nicht abschließend geklärt. Zum Teil wird gerade **gegenteilig** vertreten[97], den rechtsformwahrenden Zuzug durch Satzungssitzverlegung immer dann für zulässig zu erachten, wenn der Wegzugsstaat (anders als in Deutschland) die Verlegung des Satzungssitzes gestattet (die Gesellschaft also bestehen lässt) und aus der Perspektive des Wegzugsstaates gerade kein Statutenwechsel eintritt. Die Gesellschaft würde dann trotz Verlegung ihres Satzungssitzes weiterhin nach ihrem Gründungsstatut fortbestehen (Gründungstheorie als **Inkorporationstheorie**[98]). Dieser Ansicht ist zuzustimmen. Eine *rechtsformwahrende* Hineinverlegung des Satzungssitzes (s. dagegen zur rechtsformwandelnden grenzüberschreitenden Sitzverlegung Anh. § 4a Rdnr. 73 ff.) ist unionsrechtlich zuzulassen, *wenn* der Herkunftsstaat dies gestattet (er mithin materiell die Satzungssitzverlegung zulässt und hiermit keinen Statutenwechsel verbindet, weil er nicht an den Satzungs- oder Registersitz, sondern an den Sitz der ursprünglichen Inkorporation anknüpft). Anderenfalls würde – anders als im Cartesio-Fall – nicht der Wegzugs- sondern der Zuzugsstaat das „Fortleben" der Gesellschaft nach dessen Heimatrecht verhindern. Dass die zuziehende Gesellschaft ihren Satzungssitz im Herkunftsstaat aufgibt, führt daher nicht stets dazu, dass der Schutz der Niederlassungsfreiheit verloren ginge[99]. Allerdings kann auf die ausländische Gesellschaft bei zwingenden Gründen des Allgemeinwohls u.U. materielles deutsches Gesellschaftsrecht im Wege der Sonderanknüpfung angewandt werden[100]. Für die Praxis ist aber zu beachten, dass die europäischen Mitgliedstaaten in der Regel an die Aufgabe des inländischen Satzungssitzes materiell-rechtliche oder kollisionsrechtliche Folgen knüpfen, die einem Fortbestehen entgegenstehen[101]. Es gilt dies aber in jedem Einzelfall zu prüfen; dabei reicht es nach dem Gesagten nicht aus zu ermitteln, ob der Herkunftsstaat einer Gesellschaft der Sitz- oder der Gründungstheorie folgt, es ist jeweils auch zu untersuchen, welche Unterform der Gründungstheorie zugrunde liegt.

---

95 Aus der Rechtsprechung OLG Nürnberg v. 19.6.2013 – 12 W 520/13, GmbHR 2014, 96 = DNotZ 2014, 150 mit Anm. *Hushahn*; KG v. 21.3.2016 – 22 W 64/15, GmbHR 2016, 763 = MittBayNot 2017, 85 mit Anm. *Hermanns*.
96 Dahin tendierend BGH v. 12.7.2011 – II ZR 28/10, GmbHR 2011, 1094, 1096; so auch *Wall*, in: Hausmann/Odersky, Internationales Privatrecht in der Notar- und Gestaltungspraxis, 3. Aufl. 2017, § 18 Rdnr. 11.
97 S. hierzu ausf. und instruktiv *Behme*, Rechtsformwahrende Sitzverlegung und Formwechsel von Gesellschaften über die Grenze, 2015, S. 125 ff.; s. weiter *Hübner*, in: Gehrlein/Born/Simon, Internationales Gesellschaftsrecht, Rdnr. 84.
98 A.A. OLG Nürnberg v. 13.2.2012 – 12 W 2361/11, ZIP 2012, 572 und etwa *Bayer*, in: Lutter/Hommelhoff, Rdnr. 17, der davon ausgeht, dass sowohl nach Gründungs- als auch nach Sitztheorie Satzungssitz und Gesellschaftsstatut stets übereinstimmen müssen. Dies hängt aber davon ab, welche Form der Gründungstheorie zugrunde gelegt wird.
99 A.A. *J. Mayer*, in: MünchKomm. GmbHG, Rdnr. 21.
100 *Behme*, Rechtsformwahrende Sitzverlegung und Formwechsel von Gesellschaften über die Grenze, 2015, S. 112.
101 *Hübner*, in: Gehrlein/Born/Simon, Internationales Gesellschaftsrecht, Rdnr. 84; *Weller*, LMK 2012, 336113.

2. Verlegung des Verwaltungssitzes

a) Wegzugsfälle

Aus deutscher sachrechtlicher Perspektive führte früher die Verwaltungssitzverlegung zur Auflösung und Liquidation der deutschen Gesellschaft[102]. Damit lief die „Anerkennung" des Zuzugsstaates letztlich ins Leere, weil die Heimatrechtsordnung ihrem juristischen „Geschöpf" das Fortleben versagt hatte. Die Verfasser des **MoMiG** wollten durch die Streichung des früheren § 4a Abs. 2 von 1998 (sowie des § 5 Abs. 2 AktG) deutschen Gesellschaften die Verlegung ihres Verwaltungssitzes ins Ausland ermöglichen. Zumindest die materiell-rechtlichen Voraussetzungen hierfür sind damit geschaffen worden. Europarechtlich war dies zumindest zum damaligen Stand des Unionsrechts allerdings nicht gefordert, weil es der EuGH den Mitgliedstaaten nicht verwehrt hat, den nach ihren nationalen Regelungen gegründeten Gesellschaften im Falle ihres Wegzuges ihre Existenz zu versagen (s. Rdnr. 20). Das frühere Diktum, dass sich eine wegziehende Gesellschaft gegenüber dem Gründungsstaat nicht auf die Niederlassungsfreiheit berufen kann[103], könnte aber jüngst im Lichte der **Polbud-Entscheidung**[104] zu relativieren sein, weil hier – im Ergebnis sachgerecht, zumindest konsequent – in Bezug auf die grundsätzliche Anwendbarkeit der Niederlassungsfreiheit nicht zwischen Wegzug- und Zuzug differenziert wird (s. Rdnr. 20). Unberührt bleibt aber richtigerweise dennoch die Kompetenz des Wegzugsstaats, über die „Vorfrage" des Entstehens und Vergehens seiner Gesellschaften zu entscheiden. | 23

Weiterhin ungeklärt ist allerdings, ob § 4a auch ein **kollisionsrechtlicher Gehalt** zukommt[105] oder eben nur eine rein **sachlich-rechtliche Regelung** vorliegt[106], beide Lösungen wären unionskonform (s. schon Rdnr. 20). Letzteres würde die Mobilität der GmbH allerdings ganz wesentlich beschränken (s. Rdnr. 25 ff.), was dem Grundanliegen des Gesetzgebers zuwiderliefe, die Mobilität deutscher Gesellschaften im Wettbewerb der Rechtsformen auch über die Grenze hinweg zu erleichtern[107]. Denn die Neufassung des § 4a durch das MoMiG sollte eine (erstmalige oder nachträgliche) Wahl des Verwaltungssitzes im Ausland ermöglichen, damit insbesondere multinationale Konzerne ihre im Ausland operativ tätigen Tochtergesellschaften einheitlich als deutsche Gesellschaften organisieren können. Daher spricht mit einer zunehmend vertretenen Ansicht vieles dafür, die Vorschrift dahin auszulegen, dass sie eine **einseitige, versteckte Kollisionsnorm** im Sinne eines Anwendungsbefehls zugunsten der Gründungs- | 24

---

102 BayObLG v. 7.5.1992 – 3Z BR 14/92, GmbHR 1992, 529, 530; OLG Hamm v. 30.4.1997 – 15 W 91/97, GmbHR 1997, 848; OLG Düsseldorf v. 26.3.2001 – 3 Wx 88/01, GmbHR 2001, 438 = ZIP 2001, 709; *Großfeld*, in: Staudinger, BGB, IntGesR Rdnr. 634.

103 EuGH v. 5.11.2002 – Rs. C-208/00, GmbHR 2002, 1137; EuGH v. 16.12.2008 – Rs. C-210/06, GmbHR 2009, 86 – *Cartesio*. Dazu *Herrler*, DNotZ 2009, 484; *Kindler*, NJW 2003, 1073, 1075; *Kindler*, IPRax 2009, 189, 190 ff.; *Mörsdorf*, EuZW 2009, 97; *Paefgen*, WM 2009, 529; *Sethe/Winzer*, WM 2009, 536; *Teichmann*, ZIP 2009, 393; *Zimmer/Naendrup*, NJW 2009, 545.

104 EuGH v. 25.10.2017 – Rs. C-106/16, ECLI:EU:C:2017:804 Rdnr. 42 – Polbud.

105 *Bayer*, in: Lutter/Hommelhoff, Rdnr. 15; *Däubler/Heuschmid*, NZG 2009, 493, 494; *Fastrich*, in: Baumbach/Hueck, Rdnr. 11; *Handelsrechtsausschuss des DAV*, NZG 2007, 211, 212; *Herrler*, DNotZ 2009, 484, 489; *Hoffmann*, ZIP 2007, 1581, 1585 ff.; *Kobelt*, GmbHR 2009, 808, 811; *Knof/Mock*, GmbHR 2007, 852, 856; *Körber/Kliebisch*, JuS 2008, 1041, 1044; *Leible*, in: FS G. Roth, 2011, S. 447, 455 f.; *Leible/Hoffmann*, BB 2009, 58, 62 f.; *Lutter/Bayer/J. Schmidt*, Europäisches Unternehmens- und Kapitalmarktrecht, 5. Aufl. 2012, § 6 Rdnr. 56; *J. Mayer*, in: MünchKomm. GmbHG, Rdnr. 10a; *Roth*, in: Roth/Altmeppen, Rdnr. 4a; *J. Schmidt*, in: Michalski u.a., Rdnr. 14; *Teichmann/Ptak*, RIW 2010, 817, 820; *Wälzholz*, MittBayNot 2008, 425, 432.

106 *Eidenmüller*, ZGR 2007, 168, 204; *Hirte*, NZG 2008, 761, 766; *Kindler*, IPRax 2009, 189, 198; *Peters*, GmbHR 2008, 245, 249; *Preuß*, GmbHR 2007, 57, 62; *Ries*, AnwBl. 2008, 695, 697; *Weng*, EWS 2008, 264, 267; *Weller*, in: MünchKomm. GmbHG, Einleitung Rdnr. 384; *Werner*, GmbHR 2009, 191, 195 f.

107 Vgl. BT-Drucks. 16/6140, S. 29; Begr. RegE MoMiG, BT-Drucks. 16/6140, S. 29.

theorie für den Wegzug deutscher GmbHs enthält. Die hiergegen vorgebrachten Einwände in der Literatur vermögen nicht zu überzeugen. Dies gilt insbesondere für das formale Argument, die Sitztheorie habe ihre Grundlage nicht in den materiellen Normen des GmbHG, sondern im Gewohnheitsrecht, womit § 4a schon strukturell nicht der taugliche Ort für eine Abkehr von der Sitztheorie sei[108]. Schon die Prämisse (Sitztheorie als Gewohnheitsrecht) kann nicht uneingeschränkt geteilt werden. Zwar war in der Tat die richterrechtlich entwickelte Sitztheorie in ihrer traditionellen Ausgestaltung zum Gewohnheitsrecht erstarkt (s. zur Entstehung der Sitztheorie auch Anh. § 4a Rdnr. 10 ff.). Im Lichte der zunehmenden Bedeutung der Gründungstheorie im europäischen Raum, die – je nach Fallkonstellation – auch die nationalen Gerichte zu deren Anwendung zwingt, kann aber heute nicht mehr von einer umfassenden gewohnheitsrechtlichen Anwendbarkeit der Sitztheorie gesprochen werden[109].§ 4a (und § 5 AktG für AG) kollisionsrechtlich zu verstehen, kann auch nicht entgegengehalten werden, die Sitztheorie gelte umfassend für alle personen- oder kapitalgesellschaftlichen Außengesellschaften, könne mithin nicht durch Änderungen im GmbH- und Aktienrecht „abgeschafft" werden[110]. Denn um eine Abschaffung der Sitztheorie geht es nicht, vielmehr soll diese gezielt nur dort durch eine Hinwendung zur Gründungstheorie substituiert werden, wo im „Wettbewerb der Rechtsordnungen" deutsche Gesellschaften bei Geltung der Sitztheorie besondere Nachteile davontrügen. Die Frage ist deshalb von immenser praktischer Bedeutung, weil nach dem allein richterrechtlich ausgestalteten deutschen internationalen Gesellschaftsrecht im Grundsatz weiterhin die Sitztheorie Anwendung findet, so dass je nach Auslegung des § 4a erhebliche Unterschiede im Ergebnis der Behandlung der Wegzugsfälle entstehen können.

aa) Zuzugsstaat folgt Gründungstheorie

25 Folgt der Zuzugsstaat der Gründungstheorie oder ist er hierzu unionsrechtlich oder völkerrechtlich gehalten[111], ist aus deutscher Warte – unabhängig davon, ob § 4a kollisionsrechtlicher Gehalt zukommt – eine Verlagerung des Verwaltungssitzes einer deutschen GmbH in einen solchen Staat unproblematisch. Im Zuzugsstaat kommt es zu einer aus deutscher Sicht verbindlichen **Rückverweisung (Renvoi) auf deutsches Sachrecht** (vgl. Art. 4 Abs. 1 Satz 2 EGBG), weil die Gründungstheorie nach hM als Gesamtverweisung eingestuft wird (s. Rdnr. 26; zur Kritik Rdnr. 27). Das deutsche Sachrecht erlaubt aber gerade das Auseinanderfallen von Verwaltungs- und Satzungssitz, knüpft hieran also insbesondere nicht mehr die Auflösung und Liquidation der Gesellschaft. Die Gesellschaft kann damit trotz ausländischen Verwaltungssitzes weiterhin als deutsche GmbH fortbestehen; dies gilt gleichermaßen bei einem von vornherein im Ausland gewählten Verwaltungssitz.

26 Allerdings muss der jeweilige Zuzugsstaat „mitspielen"[112]. Denn jeder Wegzugsfall ist auch zugleich ein Zuzugsfall, je nach eingenommenem Standpunkt. Welche Rechtsfolgen ein ausländisches (Register-)Gericht an den Zuzug einer Gesellschaft knüpft, bemisst sich aus der

---

108 So *Weller*, in: MünchKomm. GmbHG, Einleitung Rdnr. 384; ähnlich *Hübner*, in: Gehrlein/Born/Simon, Internationales Gesellschaftsrecht, Rdnr. 65, jeweils mit ausf. Darstellung des Meinungsstreits.

109 Überzeugend *Ego*, in: MünchKomm. AktG, 4. Aufl. 2017, Europäisches Aktienrecht, B. Europäische Niederlassungsfreiheit, Rdnr. 213.

110 In diesem Sinne *Weller*, in: MünchKomm. GmbHG, Einleitung Rdnr. 384 (Sitztheorie könne nicht durch bloße Modifikation der § 4 GmbHG, § 5 AktG abgeschafft werden).

111 *Bayer*, in: Lutter/Hommelhoff, Rdnr. 15; *Bayer/J. Schmidt*, ZHR 173 (2009), 735, 752.

112 S. statt vieler *Bayer*, in: Lutter/Hommelhoff, § 4a Rdnr. 15; *Bayer/J. Schmidt*, ZHR 173 (2009), 735, 751.

Warte des ausländischen Rechts nach *dessen* Kollisionsrecht[113] (***lex-fori*-Grundsatz**)[114]. Ist die Gründungstheorie anzuwenden, hängt die rechtliche Behandlung der zugezogenen Gesellschaft davon ab, ob ein Renvoi zugelassen wird. Insofern ist aber bis heute noch nicht abschließend geklärt, ob die europarechtliche Gründungstheorie renvoifreundlich ist oder nicht. Die herrschende Meinung interpretiert sie als **Gesamtverweisung**[115]. Im Lichte der in der Cartesio-Entscheidung angelegten Differenzierung zwischen Wegzugs- und Zuzugsfällen wird nämlich wohl überwiegend davon ausgegangen, dass Mitgliedstaaten der EU eine Gesellschaft, die nach dem Recht eines anderen Mitgliedstaates wirksam gegründet wurde und ihren Verwaltungssitz in einen solchen Mitgliedstaat verlegt, in ihrer Existenz nur dann anzuerkennen haben, wenn der Wegzugsstaat auch der Gründungstheorie folgt[116] – anderenfalls soll er kollisionsrechtlich ausdrücken, dass er aus seiner Sicht Gesellschaften nicht wegziehen lassen möchte (auch wenn er dies materiell-rechtlich erlaubt)[117]. Daher soll nach dieser Ansicht ein Renvoi des Gründungsrechts auf das Recht am Verwaltungssitz auch im Zuzugsstaat zu beachten sein[118]. Insofern spielt auch in diesem Fall die Frage, ob § 4a ein kollisionsrechtlicher Kern innewohnt, eine bedeutsame Rolle, was oft nicht beachtet wird: (1.) Hat § 4a keinen kollisionsrechtlichen Gehalt und ist damit aus deutscher Sicht die Sitztheorie anwendbar (so dass das deutsche Recht einen Statutenwechsel zulässt), bedeutet dies, dass ein Gericht im Zuzugsstaat zunächst die Gründungstheorie anzuwenden hätte, diese aber auf das deutsche Recht (mitsamt des Kollisionsrechts) verwiese und sodann das deutsche Recht (Sitztheorie) wiederum auf das Recht des Zuzugsstaats[119]. Die Niederlassungsfreiheit wäre hier (unionskonform) weit beeinträchtigt, zumindest unter der Voraussetzung, dass das ausländische Recht – entsprechend der Rechtslage in Deutschland, Art. 4 Abs. 1 Satz 2 EGBGB – die Rückverweisung „abbricht"[120], d.h. unabhängig davon, dass die Rückverweisung im Rahmen der Sitztheorie wieder eine Gesamtverweisung ist, das eigene Gesellschaftsrecht zur Anwendung

---

113 Vgl. auch *Kindler*, in: MünchKomm. BGB, IntGesR Rdnr. 507: Im Geltungsbereich der EU-rechtlichen Gründungsanknüpfung kommt es zur Rück- oder Weiterverweisung, wenn sich der Verwaltungssitz außerhalb des Gründungsstaates befindet und der Gründungsstaat der Sitztheorie folgt.

114 Zu diesem methodischen Vorgehen *Lorenz*, in: BeckOK BGB, 43. Edition, Stand: 1.11.2015, Einleitung zum IPR, Rdnr. 51, mit dem plastischen Verweis darauf, dass dieses Vorgehen erforderlich ist, weil es kein „Kollisionsrecht des Kollisionsrechts" gibt.

115 *Wall*, in: Hausmann/Odersky, Internationales Privatrecht in der Notar- und Gestaltungspraxis, 3. Aufl. 2017, § 18 Rdnr. 113; *W. H. Roth*, IPRax 2003, 117, 120 Fn. 44; a.A. *Brödermann/Wegen*, in: Prütting/Wegen/Weinreich, IntGesR, Rdnr. 18.

116 *Leible*, in: Michalski u.a., Syst. Darst. 2, Internationales Gesellschaftsrecht, Rdnr. 178: Bei Verlegung in einen EU- bzw. EWR-Mitgliedstaat zwingt die Niederlassungsfreiheit den Zuzugsstaat nicht zu einer Gründungsrechtsanknüpfung und daher auch nicht zu einer Rückverweisung, da der Anwendungsbereich der europarechtlichen Gründungstheorie nicht eröffnet ist, solange in Deutschland im Grundsatz die Sitztheorie gilt. Ebenso auch *Ego*, in: MünchKomm. AktG, 4. Aufl. 2017, Europäisches Aktienrecht, B. Europäische Niederlassungsfreiheit, Rdnr. 213: Unionsrecht präjudiziere nicht die differenzierte kollisionsrechtliche Behandlung; es sei nicht abschließend geklärt, mit welchen Maßgaben die Anerkennungspflicht im Verhältnis zu Gesellschaften besteht, deren Gründungsstaat einen inländischen Verwaltungssitz hat, Rdnr. 209. S. auch *v. Hein*, in: MünchKomm. BGB, Art. 4 EGBGB Rdnr. 150: Nach dem Recht eines anderen Mitgliedstaates der EU wirksam gegründete Gesellschaften seien im Zuzugsstaat anzuerkennen, wenn der Wegzugsstaat der Gründungstheorie folgt. Weiterführend auch *Behme*, Rechtsformwahrende Sitzverlegung und Formwechsel von Gesellschaften über die Grenze, 2015, S. 116 ff.

117 Ähnlich *Wall*, in: Hausmann/Odersky, Internationales Privatrecht in der Notar- und Gestaltungspraxis, 3. Aufl. 2017, § 18 Rdnr. 113.

118 Dazu *v. Hein*, in: MünchKomm. BGB, Art. 4 EGBGB Rdnr. 149 ff.

119 Vgl. *Kindler*, in: MünchKomm. BGB, IntGesR Rdnr. 428, der davon spricht, dass die Verweisung auf das Gründungsrecht in Fällen der Rückverweisung konterkariert wird und das Gründungsrecht hier selbst der Gesellschaft die Anerkennung versagt.

120 Hierzu nur *Lorenz*, in: BeckOK BGB, 43. Edition, Stand: 1.8.2015, Art. 4 EGBGB Rdnr. 14.

bringt und damit die Verweisung annimmt (was zulasten des Entscheidungseinklangs geht). (2.) Käme § 4a hingegen, wie hier befürwortet, kollisionsrechtlicher Gehalt im Sinne der Anwendbarkeit der Gründungstheorie zu, verwiese das deutsche Kollisionsrecht nicht auf das ausländische Recht zurück – die deutsche Gesellschaft wäre dann auch im Ausland als eine solche anzuerkennen. Weil Deutschland bei dieser Auslegung der Gründungstheorie folgte, wäre die Anerkennung als deutsche Gesellschaft auch unionsrechtlich zwingend.

27 Kritik: Diese Probleme bestünden kollisionsrechtlich nicht, wenn ein Renvoi durch das Kollisionsrecht des Gründungsstaates auf das Recht am Verwaltungssitz ausschiede, mithin die Gründungstheorie entgegen der h.M. als **Sachnormverweisung** eingestuft würde[121], wie dies im Übrigen im Regelfall auch bei den europäischen Kollisionsnormen[122] und staatsvertraglichen Kollisionsnormen der Fall ist[123]. Dafür spricht nach hier vertretener Ansicht, dass die Frage der Rückverweisung mit dem Recht des Gründungsstaates, über das Schicksal seiner Rechtsgeschöpfe in Wegzugsfällen zu entscheiden, richtigerweise nicht ausschlaggebend zu tun hat, da über das Schicksal der jeweiligen Rechtsgebilde das anwendbare materielle Recht entscheidet, nicht aber die kollisionsrechtliche Ebene. Die bei einer Auslegung als Gesamtverweisung mögliche Beeinträchtigung des Entscheidungseinklangs ist dagegen ihrerseits höchst unbefriedigend, wenn auch im Lichte der Cartesio-Entscheidung wohl unionsrechtlich zu akzeptieren, weil hierdurch eine Gesellschaft innerhalb der Europäischen Union nicht einheitlich als Gesellschaft eines bestimmten Mitgliedstaates behandelt wird[124]. Zumindest aber würde die Interpretation der Gründungstheorie als Sachnormverweisung insofern die Mobilität der Gesellschaften innerhalb der EU stärken, als ein Statutenwechsel vermieden würde, wenn der Herkunftsstaat der Sitztheorie folgte[125], materiell aber den Wegzug gestattete.

bb) Zuzugsstaat folgt Sitztheorie

28 Folgt der Zuzugsstaat der Sitztheorie (und ist er auch nicht durch die Niederlassungsfreiheit zur Gründungstheorie angehalten, sodass es vor allem um Sitzverlegungen in Drittstaaten geht), hat eine Verwaltungssitzverlegung nach hier vertretener Ansicht, die in § 4a eine versteckte Kollisionsnorm sieht, aus deutscher Sicht zur Folge, dass die Gesellschaft weiterhin dem deutschen Gesellschaftsstatut (als dem Satzungssitzort) unterstellt bleibt. Allerdings kommt es auf diese Weise zu einer sog. **Statutenkollision**[126], wenn der Zuzugsstaat seinerseits das „Schicksal" der zugezogenen Gesellschaft nach seinem Verwaltungs-Sitzrecht bemisst. Die fragliche Gesellschaft würde dann wegen des Verwaltungssitzes in seinem Gebiet als *inländische* Gesellschaft behandelt und könnte, je nach dortigem Recht, etwa als Personengesellschaft eingestuft werden. Die Gegenansicht, die § 4a rein materiell versteht, führt in diesen Fällen auch aus deutscher Sicht zur Anwendung des Rechts am Verwaltungssitz. Es kommt hier nicht

---

121 So auch Art. 8 des Entwurfs der Spezialkommission des Deutschen Rates für IPR zur Unterbreitung eines Regelungsvorschlags für ein europäisches Gesellschaftskollisionsrecht, abgedruckt in RIW 2006, Beilage 1 zu Heft 4/2006 S. 1 ff. Hierfür auch *Hübner*, Kollisionsrechtliche Behandlung von Gesellschaften aus „nicht-privilegierten" Drittstaaten, S.162 ff. Dagegen etwa *Jestädt*, Niederlassungsfreiheit und Gesellschaftskollisionsrecht, 2005, S. 83; *Körber*, Grundfreiheiten und Privatrecht, 2004, S. 294; *Wall*, in: Hausmann/Odersky, Internationales Privatrecht in der Notar- und Gestaltungspraxis, 3. Aufl. 2017, § 18 Rdnr. 113.
122 S. etwa Art. 20 Rom I-VO, Art. 24 Rom II-VO.
123 S. *Lorenz*, in: BeckOK BGB, 43. Edition, Stand: 1.8.2015, Art. 4 EGBGB Rdnr. 7.
124 *Wall*, in: Hausmann/Odersky, Internationales Privatrecht in der Notar- und Gestaltungspraxis, 3. Aufl. 2017, § 18 Rdnr. 163, der allerdings für die gegenteilige Lösung eintritt, wenn er fordert, dass sämtliche Mitgliedstaaten die Gründungstheorie als Gesamtverweis anwenden sollen.
125 Vgl. hierzu *Behme*, Rechtsformwahrende Sitzverlegung und Formwechsel von Gesellschaften über die Grenze, 2015, S. 117, der aber im Ergebnis zu dem (zutreffenden) Ergebnis gelangt, dass aus unionsrechtlichen Gründen die Auslegung als Sachnormverweisung nicht zwingend ist.
126 *Bayer*, in: Lutter/Hommelhoff, Rdnr. 15; *Fastrich*, in: Baumbach/Hueck, Rdnr. 13; *J. Koch*, in: Staub, § 13h HGB Rdnr. 29.

zur Zurückverweisung. Die Gesellschaft verlöre damit ihre Eigenschaft als „deutsche Gesellschaft" und würde einem ausländischen Gesellschaftsstatut unterworfen (sog. Statutenwechsel).

b) Zuzugsfälle

aa) Zuzug aus EU/EWR-Mitgliedstaaten und Staaten unter dem Schutz bilateraler Staatsverträge

Handelt es sich bei der zuziehenden Gesellschaft um eine EU-ausländische Gesellschaft, die 29 ihren Verwaltungssitz ins Inland verlegen möchte, hat der Zuzugsstaat (hier: Deutschland) diese Verwaltungssitzverlegung grundsätzlich zu akzeptieren, darf der zuziehenden Gesellschaft mithin nicht aufgrund des Zuzugs und des damit verbundenen Auseinanderfallens von inländischem Verwaltungs- und ausländischem Satzungssitz die **Anerkennung als juristische Person** des Gründungsstaates verweigern (Überseering-Entscheidung)[127]. Kollisionsrechtlich lässt sich dieses an den Zuzugsstaat adressierte Gebot zur Akzeptanz der zuziehenden Gesellschaft als solcher über einen (partiellen) Übergang zur Gründungstheorie in Bezug auf zuziehende EU-ausländische Gesellschaften bewerkstelligen. Das gilt auch für die EWR-Staaten[128] und für die Gesellschaften, die aus einem Gründungsstaat entstammen, auf den völkervertraglich die Gründungstheorie zur Anwendung gelangt.[129] Dennoch aber darf der Staat, in welchem sich der Verwaltungssitz befindet, sein Recht anwenden, sofern dieses nicht zum Gesellschaftsstatut gehört, oder aber Tätigkeitsausübungsregeln betrifft[130]; er muss aber die Rechtsfähigkeit einer solchen zuziehenden Gesellschaft anerkennen, ohne diese den Mindestkapitalvorschriften des § 5 zu unterwerfen[131].

Bei der Bestimmung des anwendbaren Rechts ist auch hier danach zu differenzieren, ob das 30 **nationale Kollisionsrecht des Gründungsstaates** die Verweisung (die nach überwiegender Ansicht eine Gesamtverweisung ist, dazu Rdnr. 26 f.) annimmt, was nur bei Gründungstheoriestaaten, nicht aber bei Sitztheoriestaaten, der Fall sein wird. Eine Rückverweisung durch das Kollisionsrecht des Gründungsstaates auf das Recht am Verwaltungssitz führte damit freilich wieder zu einer erheblichen Einschränkung der Gewährleistung der Niederlassungsfreiheit (s. dazu bereits Rdnr. 26).

bb) Zuzug aus Drittstaaten und britischen Gesellschaften nach dem Brexit

Für Gesellschaften aus Drittstaaten bleibt es aus deutscher Sicht nach der Rechtsprechung bei 31 der Anwendung der Sitztheorie[132]; zu diesen Drittstaaten gehört auch die Schweiz[133]. Der Zu-

---

127 Vgl. statt vieler *Schön*, ZGR 2013, 333, 355.
128 Für diese gelten durch Art. 31, 34 des EWR-Abkommens in vergleichbarer Weise die Art. 49 i.V.m. Art. 54 AEUV. S. hierzu auch *J. Mayer*, in: MünchKomm. GmbHG, Rdnr. 19; *Hübner*, in: Gehrlein/ Born/Simon, Internationales Gesellschaftsrecht, Rdnr. 56 ff.
129 Vgl. BGH v. 29.1.2003 – VIII ZR 155/02, GmbHR 2003, 534; BGH v. 5.7.2004 – II ZR 389/02, GmbHR 2004, 1225, 1226; BGH v. 13.10.2004 – I ZR 245/01, GmbHR 2005, 51, 52; hierzu *Bungert*, DB 2003, 1043; *Thömmes*, DB 2003, 1200, 1203; *Ebke*, JZ 2003, 927, 929; *Drouven/Mödl*, NZG 2007, 7, 9 f.
130 *Kindler*, in: MünchKomm. BGB, IntGesR Rdnr. 391.
131 So der EuGH in dem vielbeachteten Kornhaas-Urteil EuGH v. 10.12.2015 – Rs. C-594/14, NJW 2016, 223, 224 = GmbHR 2016, 24; dazu *Kindler*, EuZW 2016, 136 ff.; *Schall*, ZIP 2016, 289 ff.; *Weller/Hübner*, NJW 2016, 225.
132 BGH v. 29.1.2003 – VIII ZR 155/02, BGHZ 153, 353, 355 = GmbHR 2003, 534 (nur Leitsatz); BGH v. 27.10.2008 – II ZR 158/06, BGHZ 178, 192, 198 = GmbHR 2009, 138; OLG Hamburg v. 30.3.2007 – 11 U 231/04, GmbHR 2007, 763 mit Anm. *Ringe*; krit. *J. Mayer*, in: MünchKomm. GmbHG, Rdnr. 31.
133 BGH v. 27.10.2008 – II ZR 158/06, BGHZ 178, 192, 198 = GmbHR 2009, 138.

zug führt nach der polemisch so genannten „**Wechselbalgtheorie**" zu einer Transformation der betreffenden ausländischen Kapitalgesellschaft in eine Personengesellschaft inländischen Rechts, bei der Einpersonen-Gesellschaft verbleibt der Gesellschafter als Einzelkaufmann (s. hierzu Anh. § 4a Rdnr. 11, 29). Die Gesellschafter trifft in solchen Fällen eine persönliche Haftung.

32 Da nach dem Recht des Vereinigten Königreichs gegründete Gesellschaften mit Verwaltungssitz in Deutschland mit Wirksamwerden des **Brexit** die Möglichkeit verlieren, sich auf die Niederlassungsfreiheit zu stützen, würde dieses Schicksal streng betrachtet auch diese Gesellschaften treffen, sofern nicht im nationalen Recht oder auf europäischer Ebene eine anderweitige Regelung getroffen werden sollte („harter Brexit"). Auch auf die Niederlassungsfreiheit nach Art. 31 ff. EWRA könnten sich Gesellschaften aus dem Vereinigten Königreich (vor allem relevant: Gesellschaften in der Form der Limited mit ausländischem Verwaltungssitz) nicht mehr berufen, weil der Brexit nach umstrittener Ansicht entweder zugleich auch den Rücktritt vom EWR-Abkommen zur Folge haben würde[134] oder aber zumindest zur Suspendierung der Mitgliedschaft des Vereinigten Königreichs führen könnte[135]. Allerdings wird bei britischen Gesellschaften, die schon *vor* dem Brexit bzw. zumindest vor dem Referendum in Deutschland ihren Verwaltungssitz begründet hatten, die Anwendung der Sitztheorie mit all ihren misslichen Konsequenzen (s. Rdnr. 31) aus Gründen des Vertrauensschutzes einzuschränken sein[136]. Während Gesellschafter von Gesellschaften aus Drittstaaten, die ihren Verwaltungssitz nach Deutschland verlegen, die Folgen der Anwendung der Sitztheorie „sehenden Auges" in Kauf nehmen bzw. zumindest mit diesen hätten rechnen können, ist der Statutenwechsel für die Gesellschafter etwa der britischen Limited mit Verwaltungssitz in Deutschland „erzwungen", weil auf einer nachträglichen politischen Entscheidung beruhend[137]. Die Möglichkeit, immerhin bis zur Beendigung der Austrittsverhandlungen Konsequenzen aus den drohenden Rechtsfolgen ziehen zu können, dürfte nicht ausreichen, um einen Vertrauensschutz auszuschließen, muss aber bei der Bestimmung der Karenzzeit in Rechnung gestellt werden. Ein zeitlich unlimitierter Bestandsschutz kommt jedenfalls (kollisionsrechtlich) nicht in Betracht[138], vielmehr wird nur eine gewisse Karenzzeit von etwa zwei[139] bis drei[140] Jahren zu gewähren sein, bis die betreffende Gesellschaft deutschem Gesellschaftsrecht unterworfen wird[141]. Dogmatisch kann insoweit eine entsprechende Anwendung des Art. 7 Abs. 2 EGBGB, der Ausdruck des Prinzips „wohlerworbener Rechte" ist, erwogen werden[142]. Möglichkeiten, dieses Szenario zu vermeiden, bieten *vor* dem Brexit – neben einem Asset Deal – der Hineinformwechsel (d.h. die grenzüberschreitende Umwandlung einer Gesellschaften aus dem Vereinigten Königreich in eine deutsche Rechtsform) oder die grenzüberschreitende Verschmelzung nach §§ 122a ff. UmwG[143] auf eine deutsche Gesellschaft. Erstere Möglichkeit scheint aber, wie Erfahrungen in der Praxis zeigen, in unionswidriger Weise daran zu scheitern, dass das Companies House den Hineinformwechsel ohne dessen Regelung in ei-

---

134 *Mäsch/Gausing/Peters*, IPRax 2017, 49, 51.
135 *Daragan*, ZErb 2016, 281, 282; *Lieder/Bialluch*, NotBZ 2017, 165, 167; *Wachter*, VGR 22 (2016), 189, 203.
136 Vgl. nur *Mäsch*, in: BeckOK BGB, 43. Edition, Stand: 15.6.2017, Art. 12 EGBGB Rndr. 104 b.
137 *Mäsch*, in: BeckOK BGB, 43. Edition, Stand: 15.6.2017, Art. 12 EGBGB Rdnr. 104 b.
138 Anders *Bode/Bron*, GmbHR 2016, R 129.
139 *Mäsch*, in: BeckOK BGB, 43. Edition, Stand: 15.6.2017, Art. 12 EGBGB Rdnr. 104b.
140 *Mäsch*, in: BeckOK BGB, 43. Edition, Stand: 15.6.2017, Art. 12 EGBGB Rdnr. 104b; *Mäsch/Gausing/Peters*, IPRax 2017, 49, 55.
141 Gegen Vertrauensschutz *Lieder/Bialluch*, NotBZ 2017, 165, 171; *Seeger*, DStR 2016, 1817; *Teichmann/Knaier*, IWRZ 2016, 243, 245.
142 Überzeugend *Mäsch*, in: BeckOK BGB, 43. Edition, Stand: 15.6.2017, Art. 12 EGBGB Rdnr. 104b. Dagegen *Lieder/Bialluch*, NotBZ 2017, 165, 171.
143 Hierzu ausf. *Lieder/Bialluch*, NotBZ 2017, 165 ff.; 209 ff.; *Mäsch/Gausing/Peters*, IPRax 2017, 49, 55.

ner künftigen Sitzverlegungsrichtlinie nicht für zulässig erachtet[144]. Damit bleibt der Praxis letztlich vor allem der Weg der Verschmelzung, auch wenn dieser aufgrund hoher Anforderungen des High Court, der die Verschmelzungsbescheinigung ausstellen muss, nicht ohne beträchtlichen Kosten- und Zeitaufwand (in der Regel bis zu sechs Monate) möglich sein wird[145]. Beide Wege wären aber nach dem Brexit versperrt, sofern weder der Tatbestand des § 1 UmwG noch der des § 122a UmwG durch den Gesetzgeber erweitert würde. Sollte etwa eine britische Limited nach dem Brexit als Personengesellschaft behandelt werden, könnte sich diese freilich wiederum, allerdings mit persönlicher Nachhaftung, in eine deutsche GmbH umwandeln[146]. S. auch Anh. § 4a Rdnr. 2.

---

144 S. hierzu *Heckschen*, NotBZ 2017, 315, 316 m.N. sowie *Herrler*, in: Herrler, Gesellschaftsrecht in der Notar- und Gestaltungspraxis, 2017, § 1 Rdnr. 35.
145 Hierzu näher *Herrler*, in: Herrler, Gesellschaftsrecht in der Notar- und Gestaltungspraxis, 2017, § 1 Rdnr. 36.
146 Dazu näher *Lieder/Bialluch*, NotBZ 2017, 209, 216.

Anhang § 4a
Die GmbH im internationalen Privatrecht

Schrifttum: *Behrens/Hoffmann,* in: Ulmer/Habersack/Löbbe, GmbHG, 2. Aufl. 2013, Einl. B; *Eidenmüller* (Hrsg.), Ausländische Kapitalgesellschaften im deutschen Recht, 2004; *Großfeld,* in: Staudinger, Internationales Gesellschaftsrecht, 13. Aufl. 1998; *Hirte/Bücker,* Grenzüberschreitende Gesellschaften, 2. Aufl. 2006; *Hohloch,* in: Erman, BGB, 15. Aufl. 2017; *Kindler,* in: Münchener Kommentar zum BGB, 6. Aufl. 2014, IntGesR; *Leible,* in: Michalski, 3. Aufl. 2017, Syst. Darst. 2; *Lutter,* Europäische Auslandsgesellschaften in Deutschland, 2005; *Sandrock/Wetzler,* Deutsches Gesellschaftsrecht im Wettbewerb der Rechtsordnungen, 2004; *J. Schmidt,* Neuere Entwicklungen im europäischen Gesellschaftsrecht, in: VGR, Gesellschaftsrecht in der Diskussion 2014, 2015, S. 25; *Schön,* Das System der gesellschaftsrechtlichen Niederlassungsfreiheit nach VALE, ZGR 2013, 333; *Schröder,* Die GmbH im europäischen Vergleich, 2005; *Spahlinger/Wegen,* Internationales Gesellschaftsrecht in der Praxis, 2005; *Süß/Wachter,* Handbuch des internationalen GmbH-Rechts, 3. Aufl. 2016; *Teichmann,* Gesellschaftsrecht im System der Europäischen Niederlassungsfreiheit, ZGR 2011, 639; *Weller,* in: Münchener Kommentar zum GmbHG, 2. Aufl. 2015, Einleitung Internationales Gesellschaftsrecht; *Weller,* Internationales Unternehmensrecht, IPR-Methodik für grenzüberschreitende gesellschaftsrechtliche Sachverhalte, ZGR 2010, 679.

I. Der rechtliche Status grenzüberschreitend tätiger Gesellschaften

1. Kollisions- und Unionsrecht

Eine grenzüberschreitende Tätigkeit einer Gesellschaft kommt praktisch im Wesentlichen vor, wenn eine Gesellschaft in einem anderen Staat (und mithin unter einer anderen Rechtsordnung) unternehmerisch tätig wird als in dem, in dem sie bis dahin ihren Sitz hatte oder in dem sie gegründet worden ist. Die dabei auftretende Frage, welcher nationalen Rechtsordnung die privatrechtlichen – bei einer Gesellschaft also: die gesellschaftsrechtlichen – Normen zu entnehmen sind, die das Verhältnis der Gesellschafter zueinander und der Gesellschaft bzw. auch ihrer Gesellschafter zu Dritten bestimmen, ist nach dem **internationalen Privatrecht** der betreffenden Staaten, das auch als **Kollisionsrecht** (im Gegensatz zu dem ebenfalls nationalen **Sachrecht**) bezeichnet wird, zu beantworten. Maßgebend ist danach das **Gesellschafts-** oder **Personalstatut** (Rdnr. 25 ff.), das sind die Regeln über die Voraussetzungen der Anerkennung eines Verbandes als rechtsfähig, die Ordnung des weiteren Lebens des einmal entstandenen Verbandes, seinen Untergang (u.a. auch durch Insolvenz), die an einen typisierten Teil des Sachverhalts anknüpfen mit dem Ziel, die engste Verbindung zwischen den hier zu behandelnden Interessen (und eventuell Konflikten) und einer der betroffenen nationalen Rechtsordnungen zu finden[1]. Zum Gesellschaftsstatut gehören nach der überwiegend vertretenen Einheitslehre[2] nach der Anerkennung der Gesellschaft als Zurechnungssubjekt alle gesellschaftsrechtlichen Fragen, damit die Organisationsverfassung, das Außenverhältnis und namentlich das Haftungsstatut, wobei einzuräumen ist, dass die Anknüpfung an mehr oder weniger typisierte Kriterien wie etwa die Staatsangehörigkeit einer Person oder den Sitz bzw. die Gründung oder Registrierung einer Gesellschaft geschieht. Der nächste, ebenfalls zur Methodik des Kollisionsrechts gehörende Schritt ist Anpassung und Substitution der Sachnormen an die Regelungsaspekte des jeweiligen Falles von grenzüberschreitenden Sachverhalten[3]. Die dem systematisch vorgehende Anknüpfung ist als Frage des nationalen Kollisionsrechts spezialgesetzlicher Regelung unterworfen, das deutsche Recht kennt allerdings bisher (zu Reformbestrebungen Rdnr. 15) keine solche, so dass sie durch eine manchmal als gewohnheitsrechtlich[4] gekennzeichnete, freilich nicht unumstrittene Handhabung der Rechtsprechung und h.M. entschieden wird. Das war unvermeidbar, da Art. 37 Nr. 2 EGBGB auch in der Reform des Jahres 1996 die gesellschaftsrechtlichen Fragen aus dem Anwendungsbereich der Art. 27 ff. EGBGB bewusst[5] ausgenommen hat. Etwa in Staatsverträgen niedergelegtes Völkerrecht ist für das Gesellschaftsrecht meist unergiebig[6], es gibt allerdings mehrere für die Praxis besonders der deutschen Unternehmen bedeutsame bilaterale sowie multilaterale Verträge mit Regelungen über die Anknüpfung des Gesellschaftsstatuts (näher Rdnr. 5 ff.).

Die kollisionsrechtliche Bestimmung eines Personalstatuts und der dazu gehörigen Normen ist in Europa seit geraumer Zeit durch die vom EuGH gezogenen Folgerungen aus der **ge-**

1

2

---

1 Dazu *Eidenmüller*, in: Eidenmüller, § 1 Rdnr. 1; *Behrens/Hoffmann*, in: Ulmer/Habersack/Löbbe, Einl. B Rdnr. 1; *Leible*, in: Michalski u.a., Syst. Darst. 2 Rdnr. 1; zur Methode auch *Kindler*, in: Münch-Komm. BGB, IntGesR Rdnr. 1.

2 RGZ 83, 369; BGH v. 11.7.1957 – II ZR 218/55, BGHZ 25, 134, 144 und ständig: BGH v. 30.3.2000 – VII ZR 370/98, GmbHR 2000, 715 = BB 2000, 1106; OLG Düsseldorf v. 15.12.1994 – 6 U 59/94, WM 1995, 808, 810; *Behrens/Hoffmann*, in: Ulmer/Habersack/Löbbe, Einl. B Rdnr. 80; *Zöllner*, GmbHR 2006, 1, 2; *Wegen*, in: Spahlinger/Wegen, Abschnitt B Rdnr. 21; abw. z.T. *Altmeppen/Wilhelm*, DB 1083, 1086.

3 Zu dieser „Zwei-Stufen-Theorie" des IPR *Weller*, ZGR 2016, 679, 682.

4 Etwa *Hohloch*, in: Erman, BGB, Anh. II Art. 12 (Internationales Gesellschaftsrecht) Rdnr. 2.

5 S. Begr. RegE EGBGB, BT-Drucks. 10/504, S. 920.

6 *Knobbe-Keuk*, ZHR 154 (1990), 325, 341 f.; *Eidenmüller*, in: Eidenmüller, § 2 Rdnr. 4.

meinschaftsrechtlichen Niederlassungsfreiheit gewissermaßen überlagert[7], konkret durch einen Wechsel von der früher herrschenden Anknüpfung an den Sitz zur Verweisung auf das Recht, nach dem die Gesellschaft gegründet wurde (im Einzelnen Rdnr. 10 ff.). Aus der unionsrechtlichen Grundfreiheit folgen nämlich Konsequenzen für die Anwendbarkeit und (vor allem auch) Nichtanwendbarkeit von Regeln des nationalen Sachrechts, die zu einer nicht gerechtfertigten Einschränkung dieser Freiheit führen würden, wenn man über das nationale Kollisionsrecht zu ihrer Geltung käme[8]. So ist es in der Praxis zum Vordringen der Anknüpfung an den Ort der rechtlich durchgeführten Gründung der Gesellschaft gekommen, die das Gesellschaftsstatut bestimmt und auch bei einem Wechsel des Zentrums der unternehmerischen Tätigkeit in ein anderes Mitgliedsland gewissermaßen mitgenommen wird. Zu dieser vom Europarecht ausgehenden Stärkung soll nach verbreiteter Ansicht eine auf Art. 49, 54 AEUV basierende versteckte Kollisionsnorm beitragen, was sich allerdings auf die Gerichtszuständigkeit gemäß Art. 24 Nr. 2 EuGVVO bezieht[9]. Wenn eine Gesellschaft in einem Staat tätig wird, der das Personalstatut nach dem Sitz oder dem Zentrum der unternehmerischen Aktivitäten bestimmt, könnte es sein, dass die in einem anderen Staat durch Gründung erlangte rechtliche Selbständigkeit nicht anerkannt wird, so dass die Gesellschaft im neuen Sitzstaat als nicht existent angesehen und neu errichtet werden muss oder ihre Tätigkeiten behindernden Vorschriften, etwa über die Höhe des Stammkapitals, unterworfen werden kann. Das ist dann möglicherweise ein Verstoß gegen die in Europa gewährleistete Niederlassungsfreiheit, so dass im Ergebnis der Sitzstaat die Entscheidung „seines" Kollisionsrechts nicht anwenden darf, obwohl er Gründe haben mag, das „eigene" Sachrecht als wertungsmäßig überlegen zu betrachten. Im Sinne der Art. 49 und 54 AEUV ist der Begriff der **„Niederlassung"** weit zu verstehen, er umfasst die Möglichkeit, stabil und kontinuierlich am Wirtschaftsleben eines anderen Mitgliedstaats teilzunehmen, was für Fälle der Herausverlegung des Verwaltungssitzes und des „Herausformwechsels" (Rdnr. 76 ff.) praktisch ist, weil die Rechtsordnungen eines Gründungs- oder Wegzugsstaats die rechtliche Anerkennung solcher Vorgänge, also etwa die registerrechtliche Behandlung einer Löschung der Gesellschaft und die Anerkennung einer Rechtsnachfolge des sitzverlegenden oder formwechselnden Unternehmens in einer die Niederlassungsfreiheit beeinträchtigenden Weise behindern können[10]. Diese Sichtweise ist nun auch die des EuGH, der in der Polbud-Entscheidung[11] ganz konkret die von der polnischen Regierung vorgetragenen Allgemeininteressen würdigt und sie gegen die Niederlassungsfreiheit abwägt (s. dazu Rdnr. 78 f.). Das sind Fragen, deren Entscheidung die kollisionsrechtliche Abwägung zwischen der Sitz- und Gründungstheorie (Rdnr. 10) nicht bindend und umfassend determinieren können, damit aber ihre Bedeutung nicht verschwinden lassen. Die Niederlassungsfreiheit ist keine Kollisions-

---

7 *Teichmann*, ZGR 2011, 641; *Weller*, in: MünchKomm. GmbHG, Einl. Rdnr. 350 ff.; *Behrens/Hoffmann*, in: Ulmer/Habersack/Löbbe, Einl. B Rdnr. 5, allerdings mit Kritik (Rdnr. 80) an der so genannten Überlagerungstheorie; *Rehm*, in: Eidenmüller, § 2 Rdnr. 38 ff.; *Leible/Hoffmann*, RIW 2002, 925, 930; s. auch *Eidenmüller*, ZIP 2002, 2233, 2238; *Behrens*, IPRax 2003, 200 ff.

8 Zum Einbau des Gesellschaftsrechts in die allgemeine Grundfreiheiten-Dogmatik *Teichmann*, ZGR 2011, 641, 658 ff.

9 So versteht *Thomale*, NZG 2011, 1290 ff. die Entscheidung des OLG Frankfurt v. 3.2.2010 – 21 U 54/09, NZG 2010, 581 mit Anm. *Kindler* S. 576 f. = GmbHR 2010, 529 (dazu auch *Mankowski*, ZIP 2010, 800), im Rahmen des Art. 24 Nr. 2 Satz 1 EuGVVO (auch: Brüssel I-VO) die gerichtliche Zuständigkeit nach dem Gründungsrecht zu bestimmen; zu diesem Problem *Weller*, ZGR 2012, 606 und im Einzelnen Rdnr. 25.

10 Dies ist in der Begründung der Schlussanträge der Generalanwältin *Kokott* im Fall „Polbud" (ZIP 2017, 1319, 1321) deutlich gemacht worden, wobei es sich um eine tatbestandliche Voraussetzung der Niederlassungsfreiheit und nicht um ihre missbrauchsbezogene Voraussetzung handle (zust. *Stiegler*, GmbHR 2017, 650; anders noch *Bayer/J. Schmidt*, ZIP 2012, 1481, 1486).

11 EuGH v. 25.10.2017 – Rs. C-106/16, ECLI:EU:C:2017:804 – Polbud (GmbHR 2017, Heft 23 mit Anm. *Bochmann/Cziupka*).

norm[12]. Wenn der EuGH die weitgehende Anknüpfung an das Gründungsrecht durchgesetzt hat, wirkt dies wie eine übergeordnete Kollisionsnorm, aber maßgebend war hierfür die Vermeidung einer Beschränkung der Niederlassungsfreiheit, ohne Rücksicht darauf, ob diese dem nationalen Kollisionsrecht oder einem ebenfalls nationalen Sachrecht entspringt[13]. Allerdings können nicht alle kollisionsrechtlich vorgegebenen Verweisungen auf ein bestimmtes Sachrecht europarechtlich überspielt werden, sondern nur solche, die nicht vor dem Gebot der Niederlassungsfreiheit gerechtfertigt werden können und womöglich den freien Marktzugang stören; auch geht das Europarecht nicht darauf ein, ob eine Gesellschaft, die sich auf die Niederlassungsfreiheit beruft, im Gründungsland wirksam errichtet wurde und eigene Rechtsfähigkeit erlangt hat. Die **Anerkennung** nach Kollisionsrecht geschieht automatisch, eines besonderen staatlichen Akts der Anerkennung von Rechts- oder auch Parteifähigkeit einer im europäischen Ausland gegründeten Gesellschaft gemäß dem Recht des Sitzstaats bedarf es also nicht[14]. Die kollisionsrechtliche Grundentscheidung, in Deutschland also die Anknüpfung an den Sitz, verweist auf das gesamte Recht eines Staats, also das Sach- wie das Kollisionsrecht, ebenso eine europarechtliche Gesamtnormenverweisung, so dass auch Rück- oder Weiterverweisung zu beachten sind. Im Ergebnis entsteht also im europäischen Raum eine **Gemengelage von kollisionsrechtlichen und den Grundfreiheiten** des **AEUV** zu entnehmenden Anwendungsge- und -verboten, die man dem Verbands- und Gesellschaftsrecht zuzuordnen hat; zum Vorrang des Unionsrechts in diesem Zusammenhang siehe auch den seit dem 11.1.2009 geltenden **Art. 3 EGBGB**[15]. Im Verhältnis zu den praktisch besonders wichtigen nach englischem Recht gegründeten, im EU-Bereich tätigen Gesellschaften, hauptsächlich der Ltd., können sich, wenn der **Brexit** durchgeführt wird, was diese Gesellschaften einem Drittstaat zugehörig macht, besonders Probleme mit der Einfügung in das Recht von Mitgliedstaaten ergeben, die zum Verlust der Rechtsfähigkeit und zur Notwendigkeit von Rechtsformwechseln führen können[16].

Im Verhältnis zu Gesellschaften aus dem außer-europäischen Bereich ist uneingeschränkt das internationale Privatrecht maßgebend[17], das in diesem Bereich dann auch der Sitztheorie folgen kann. Auch sind die Mitgliedstaaten, wenn und soweit ihr Sachrecht kollisionsrechtlich berufen ist, nicht in allen Belangen gehindert, an ausländische Gesellschaften, etwa an ihre Zweigniederlassungen oder an ihre Haftungsverfassung, dieselben Anforderungen zu stellen 3

---

12 Eingehend dazu *Kindler*, in: MünchKomm. BGB, IntGesR Rdnr. 143 ff.
13 *Teichmann*, ZGR 2011, 639, 678; zum Zusammenspiel von Sach- und Kollisionsnormen in diesem Rahmen *Leible*, in: Michalski u.a., Syst. Darst. 2 Rdnr. 43; zum Vorrang eines „unionsrechtlichen Gesellschaftskollisionsrechts" vor dem nationalen *Weller*, in: MünchKomm. GmbHG, Einl. Rdnr. 347; s. auch schon *Ebke*, RIW 2004, 742; *Ulmer*, NJW 2004, 1205; *Mansel*, RabelsZ 70 (2006), 674 ff.; zum hier ebenfalls wirkenden Diskriminierungsverbot *Behrens/Hoffmann*, in: Ulmer/Habersack/Löbbe, Einl. Rdnr. B 10.
14 BGH v. 13.3.2003 – VII ZR 370/98, GmbHR 2003, 527 = NJW 2003, 1461; *Behrens/Hoffmann*, in: Ulmer/Habersack/Löbbe, Einl. B Rdnr. 140; *Großfeld*, in: Staudinger, Internationales Gesellschaftsrecht, Rdnr. 167.
15 Das bedeutet praktisch, dass immer zuerst dieses zu prüfen ist, sodann ein eventuell bestehender völkerrechtlicher Vertrag mit gesellschaftskollisionsrechtlichem Inhalt, schließlich das nationale Kollisionsrecht, dazu etwa BGH v. 27.10.2008 – II ZR 158/06, GmbHR 2009, 138 = NJW 2009, 289 – Trabrennbahn; *Weller*, in: MünchKomm. GmbHG, Einl. Rdnr. 349.
16 Zu den rechtlichen Ausgangspunkten und Lösungsmöglichkeiten bereits *Schall*, GmbHR 2017, 25 ff.; *Weller/Thomale/Benz*, NJW 2016, 2378; *Seggewiße/Weber*, GmbHR 2016, 1302; *Freitag/Koch*, ZIP 2016, 1361; eingehend *Zwirlein/Großerichter/Gätsch*, NZG 2017, 1041; Anpassungsregeln im Verhältnis zwischen der EU und Großbritannien sind abzuwarten.
17 OLG Hamburg v. 30.3.2007 – 11 U 231/04, GmbHR 2007, 763 = NZG 2007, 597; *Hohloch*, in: Erman, BGB, Anh. II Art. 12 (Internationales Gesellschaftsrecht) Rdnr. 11; *Weller*, in: MünchKomm. GmbHG, Einl. Rdnr. 371, 372. Bedenken aber bei *Behrens/Hoffmann*, in: Ulmer/Habersack/Löbbe, Einl. B Rdnr. 47.

wie an im Inland gegründete Gesellschaften, nur darf sich hieraus nicht eine Diskriminierung der Auslandsgründung ergeben. Das für die GmbH entwickelte deutsche Kollisionsrecht, namentlich die in der Praxis in verschiedener Hinsicht bedeutsame Abgrenzung zwischen dem Gesellschafts- und dem Delikts- sowie dem Insolvenzstatut muss folglich stets in Bezug auf die Vereinbarkeit mit dem Unionsrecht geprüft werden. Das ist auch deshalb wichtig, weil die in Deutschland herrschende Sitzanknüpfung sich auf die Kapitalgesellschaften bezieht und Innengesellschaften, die es auch im Gesellschafterkreis einer GmbH durchaus geben kann, ebenso Treuhandkonstruktionen und damit auch stille Beteiligungen an einer GmbH oder die Funktion einer GmbH als stille Gesellschafterin oder Komplementärin einer Personengesellschaft, nicht oder jedenfalls nicht voll erfasst[18]. Zwar werden zur „Sitztheorie" in neuerer Zeit einschränkende Tendenzen erkennbar (Rdnr. 11), aber die Probleme um die grenzüberschreitende Umwandlung und Sitzverlegung können auch als Relativierung der aus der Niederlassungsfreiheit gezogenen Konsequenzen verstanden werden[19] (näher Rdnr. 73 ff., 77 ff.). So hat das MoMiG durch die ersatzlose Streichung des § 4a Abs. 2 für deutsche Gesellschaften die Möglichkeit eingeführt, einen vom Satzungssitz abweichenden Verwaltungssitz zu wählen, was zu der Frage führt, ob dies auch eine Sitzverlegung ins europäische oder sogar außereuropäische Ausland rechtfertigt (näher dazu § 4a Rdnr. 33 ff.), desgl. die Verlegung des Verwaltungs- unter Beibehaltung des Satzungssitzes (Rdnr. 73). Vor diesem Hintergrund hat der „Wegzug" von Gesellschaften, dem auch die unionsrechtliche Niederlassungsfreiheit nicht uneingeschränkt förderlich ist (Rdnr. 75), Diskussionen über Sonderanknüpfungen an Normen des bisherigen Sitzstaats, auch solche steuerrechtlicher Natur, hervorgerufen.

2. Kollisions- und Fremdenrecht

4   Vom Kollisionsrecht ist ein – nicht auf die Tätigkeit von Personenverbänden beschränktes – Fremdenrecht zu unterscheiden. Man versteht darunter materielle Sonderregeln (Sachnormen), z.T. öffentlich-rechtlicher Natur, über die rechtliche Behandlung ausländischer natürlicher oder juristischer Rechtssubjekte, deren Anwendung aber eine Entscheidung über die grundsätzliche Anwendbarkeit des inländischen oder eines bestimmten ausländischen Rechts auf diese Subjekte, also die kollisionsrechtliche Behandlung, bereits voraussetzt[20]. Das betrifft etwa Vorschriften über die Niederlassung ausländischer juristischer Personen, ihre Registrierung (auch: von Zweigniederlassungen) im Handelsregister (s. etwa §§ 13d ff. HGB), möglicherweise auch über die Notwendigkeit der Tätigkeit von Inländern in den Gesellschaftsorganen oder auch die Voraussetzungen der Gleichstellung mit inländischen Gesellschaften. Auch im Bereich fremdenrechtlicher Regeln kann es nötig sein, die Zugehörigkeit einer Gesellschaft zu einem bestimmten Staat festzustellen, wobei wiederum auf Gründungs- oder Verwaltungssitz abzustellen ist[21], was aber dann anderen Zwecken dient als die kollisionsrechtliche Beurteilung. Dabei sind die Mitgliedstaaten der EU nicht völlig frei darin, durch fremdenrechtliche Bestimmungen, etwa durch einen Zwang zur Bestellung inländischer Rechtssubjekte als Geschäftsführer, mittelbar die Niederlassungsfreiheit ausländischer Gesellschaften zu beschränken. Daher müssen sich fremdenrechtliche Normen ebenfalls an

---

18 *Hohloch*, in: Erman, BGB, Anh. II Art. 12 (Internationales Gesellschaftsrecht) Rdnr. 15; zum Verhältnis von Kollisions- und Gemeinschaftsrecht bei Personengesellschaften *Paefgen*, in: Westermann/Wertenbruch, Handbuch Personengesellschaften, Rdnr. I 4105 ff.

19 Ausführlich dazu *Behrens/Hoffmann*, in: Ulmer/Habersack/Löbbe, Einl. B Rdnr. 8, 9.

20 *Behrens/Hoffmann*, in: Ulmer/Habersack/Löbbe, Einl. B Rdnr. 216; *Großfeld*, in: Staudinger, Internationales Gesellschaftsrecht Rdnr. 963 ff.; *Leible*, in: Michalski u.a., Syst. Darst. 2 Rdnr. 2.

21 *Behrens/Hoffmann*, in: Ulmer/Habersack/Löbbe, Einl. B Rdnr. 217; *Kindler*, in: MünchKomm. BGB, IntGesR Rdnr. 868.

den Anforderungen der Niederlassungsfreiheit messen lassen[22]. Die zum Fremdenrecht gehörenden Regeln über **diplomatischen Schutz** von Gesellschaften[23], ihrer Gesellschafter und ihres Vermögens sowie umgekehrt über den Schutz von Vermögensgütern inländischer juristischer Personen im Ausland gehören dem Völkerrecht an. Schließlich wäre es denkbar gewesen, ausländischen juristischen Personen, etwa bei der Verteidigung von subjektiven Rechten, in Deutschland Grundrechtsschutz angedeihen zu lassen, was jedoch die Rechtsprechung früher abgelehnt hat[24]. In den Zusammenhang fremdenrechtlicher Bestimmungen gehören auch § 13a GewO über den **inländischen Gewerbebetrieb** einer ausländischen juristischen Person sowie die Bestimmungen über ausländische Schutzrechtsinhaber ohne inländische Niederlassung, s. auch § 96 MarkenG, § 58 GeschmMG, § 25 PatG, die die Berechtigungen ausländischer Rechtsinhaber ohne Niederlassung im Inland regeln; fremdenrechtlich sind etwa auch §§ 110 Abs. 1, 116 Abs. 1 Satz 2 ZPO. Bis zu einem gewissen Grade können auch **börsenrechtliche** Vorschriften über die Zulassung ausländischer Papiere zum Börsenhandel, möglicherweise auch einmal andere kapitalmarktrechtliche Regeln, die Tätigkeiten ausländischer Gesellschaften im Inland berühren[25]. Daraus folgt dann aber auch, dass europarechtliche Grundsätze wie die Niederlassungsfreiheit (Art. 49, 54 AEUV) oder Regeln über die Freiheit des Kapitalverkehrs (Art. 55 AEUV) hier eingreifen können, wobei die Letzteren auch das Recht einer im Inland ansässigen Person schützen, Geschäftsanteile an einer im Ausland gegründeten oder dort ansässigen Gesellschaft zu erwerben[26].

3. Gesellschaften betreffende völkerrechtliche Verträge

Kollisions- wie fremdenrechtliche Regeln des nationalen Rechts werden durch völkerrechtliche Verträge, aus denen sich Pflichten der Vertragsstaaten zur Anerkennung ausländischer Gesellschaften, möglicherweise auch weitere Kriterien für die Anknüpfung kollisionsrechtlicher Entscheidungen ergeben können, in ihrer Wirkung verdrängt[27], die Rede ist von völkerrechtlichem Gesellschaftskollisionsrecht[28]. Das gilt für die zahlreichen bilateralen sowie für die (nur wenigen) multilateralen Verträge, die sich in einerseits Freundschafts- und Niederlassungsabkommen und andererseits Kapitalanlage- und Kapitalschutzabkommen einteilen lassen; unter den ersteren ragen Abkommen mit den USA, Spanien, Frankreich, Griechenland, Iran, Italien, Japan, den Niederlanden und der Türkei hervor[29]. Innerhalb der EU werden

5

---

22 *Behrens/Hoffmann*, in: Ulmer/Habersack/Löbbe, Einl. B Rdnr. 157; *Kindler*, in: MünchKomm. BGB, IntGesR Rdnr. 874 ff.

23 *Behrens/Hoffmann*, in: Ulmer/Habersack/Löbbe, Einl. B Rdnr. 218.

24 So das BVerfG v. 1.3.1967 – 1 BvR 46/66, BVerfGE 21, 207, 209; BVerfG v. 19.3.1968 – 1 BvR 554/65, BVerfGE 23, 229, 236; s. aber auch BGH v. 28.2.1980 – III ZR 165/78, WM 1980, 714, 716. Zum Grundrechtsschutz auch *Behrens/Hoffmann*, in: Ulmer/Habersack/Löbbe, Einl. B Rdnr. 219; *Meessen*, JZ 1970, 602; *Schwarze*, EuZW 2001, 517. Zur Grundrechtsfähigkeit einer von einem EU-Mitgliedstaat gehaltenen juristischen Person kürzlich BVerfG v. 6.12.2016 – 1 BvR 2821/12, NJW 2017, 217 und dazu *Wertenbruch*, EWiR 2017, 195.

25 Zum internationalen Kapitalmarktrecht *Kindler*, in: MünchKomm. BGB, IntGesR Rdnr. 22 ff.; zu dem besonders auf die Einrichtung von Gesellschaftsorganen ausländischer Gesellschaften einwirkenden US-amerikanischen Sarbanes-Oxley-Act v. 30.7.2002 *Buxbaum*, IPRax 2003, 78; *Kersting*, ZIP 2003, 2010; *Altmeppen*, ZGR 2004, 390.

26 Dazu Rdnr. 77 in der sonst in Rdnr. 20 zu besprechenden „Überseering"-Entscheidung des EuGH.

27 Zum Vorrang der Abkommen vor der allgemein kollisionsrechtlichen Anknüpfung (Art. 3 Abs. 2 Satz 1 EGBGB) in diesem Bereich s. *Bungert*, ZVglRWiss 93 (1994), 117, 133 f.; *Rehm*, in: Eidenmüller, § 2 Rdnr. 10; *Spahlinger*, in: Spahlinger/Wegen, Abschnitt B Rdnr. 230; *Weller*, in: MünchKomm. GmbHG, Einl. Rdnr. 369, 370; *Kindler*, in: MünchKomm. BGB, IntGesR Rdnr. 326.

28 *Weller*, in: MünchKomm. GmbHG, Einl. Rdnr. 369.

29 Nachw. im Einzelnen bei *Spahlinger*, in: Spahlinger/Wegen, Abschnitt B Rdnr. 253 ff.; zu Staatsverträgen ohne kollisionsrechtliche Bedeutung die Zusammenstellung bei *Kindler*, in: MünchKomm. BGB, IntGesR Rdnr. 330.

durch solche Verträge die Grundfreiheiten innerhalb der Union und im Europäischen Wirtschaftsraum verwirklicht. Die Bedeutung der bilateralen Abkommen liegt zum Teil darin, dass dort Regelungen über die Anknüpfung des Personalstatus an den Sitz oder die Gründung der betreffenden Gesellschaft getroffen sind, die namentlich für die Rechtsbeziehungen deutscher Rechtssubjekte zu Gesellschaften aus außereuropäischen Staaten die Abwägung und die Kollision zwischen Gründungs- und Sitztheorie (Rdnr. 10 ff.) abschwächen. Von naheliegender praktischer Bedeutung ist vor allem Art. XXV Abs. 5 Satz 2 des schon vom Jahre 1954 datierenden Freundschafts-, Handels- und Schifffahrtsvertrages zwischen der Bundesrepublik Deutschland und den USA (**FCN-Vertrag**)[30], der festlegt, dass im Verhältnis zwischen diesen beiden Ländern für das Personalstatut von Gesellschaften nicht die – seinerzeit in Deutschland ganz herrschende – Sitztheorie, sondern die Gründungstheorie anzuwenden ist[31]. Das bedeutet praktisch, dass für US-amerikanische Gesellschaften auf das Recht des Bundesstaats abzustellen ist, nach dem die Gesellschaft gegründet worden ist, was die auch in den USA überragende Bedeutung der besonders liberalen Rechtsordnung von Delaware[32] ins Kollisionsrecht überträgt. Der FCN-Vertrag, der an sich nur die Maßgeblichkeit des Gründungsrechts für die Bestimmung des Personalstatuts verfügt, regelt aber nach der Judikatur des BGH nicht nur die Anerkennung der Rechtsfähigkeit, sondern auch die Handlungs- und Verpflichtungsbefugnisse der für die Gesellschaft agierenden Personen[33], ferner die Haftungsverfassung[34]; darüber hinaus geht die h.M. davon aus, dass mit der Anerkennung die Anwendbarkeit des gesamten Gesellschaftsstatuts verbunden ist[35]. Zum Erfordernis eines „genuine link" zum **EWR**-Abkommen s. Rdnr. 7.

6 Die bilateralen Staatsverträge (meist Kapitalschutzabkommen genannt) unterscheiden sich hauptsächlich danach, ob sie **beiderseitig** oder **halbseitig** geltende Kollisionsnormen aufstellen, was die Geltung nationaler Rechte für die Bestimmung des Personalstatuts anbelangt. Beide Typen kommen in der Vertragspraxis der Bundesrepublik vor[36]. Der erstere Typ, etwa in den Abkommen mit Irland, Spanien, der Türkei, mit gewissen Abwandlungen bezüglich der näheren Ausgestaltung der Gesellschaften mit ausländischem Vertragsstatut auch Israel und China, sieht die Anerkennung von Gesellschaften, die im jeweils anderen Vertragsstaat gegründet, registriert und möglicherweise zur wirtschaftlichen Zusammenarbeit mit ausländischen Geschäftspartnern autorisiert sind, im anderen Vertragsstaat vor, wobei bisweilen zusätzliche Erfordernisse der behördlichen Kontrolle oder der Mitwirkung von Inländern in den Gesellschaftsorganen aufgestellt sind. Maßgeblich ist danach für die „Anerkennung" je-

---

30 BGBl. II 1956, 487; hierzu näher *Dammann*, RabelsZ 6 (2004), 607 ff.; *Bungert*, DB 2003, 1043 ff.; *Spahlinger*, in: Spahlinger/Wegen, Abschnitt B 232 ff.; *Leible*, in: Michalski u.a., Syst. Darst. 2 Rdnr. 74 ff.

31 BGH v. 10.3.2004 – II ZR 245/01, GmbHR 2005, 51 = NZG 2005, 44 = JZ 2005, 298 mit Anm. *Ebke*; dazu auch *M. Stürner*, IPrax 2005, 308; früher BGH v. 29.1.2003 – VIII ZR 155/02, BGHZ 153, 353, 356 = GmbHR 2003, 534.

32 Hinzuweisen ist daher auf die eingehende Darstellung dieses Gesellschaftsrechts in den Arbeiten von *Rehm*, in: Eidenmüller, § 11; *Spahlinger/Wegen*, in: Spahlinger/Wegen, Abschnitt E Rdnr. 1296 ff.

33 BGH v. 29.1.2003 – VIII ZR 155/02, GmbHR 2003, 534 = NJW 2003, 1607 = DB 2003, 818 f. mit Anm. *Bungert*; dazu auch *Paefgen*, DZWiR 2003, 441; *Bungert*, ZVglRWiss 93 (1994), 117, 132 ff.

34 BGH v. 5.7.2004 – II ZR 389/02, GmbHR 2004, 1225 = NJW-RR 2004, 1618; dazu *Spahlinger*, in: Spahlinger/Wegen, Abschnitt B Rdnr. 247.

35 *Kindler*, in: MünchKomm. BGB, IntGesR Rdnr. 338; *Rehm*, JZ 2005, 304, 305; *Ebenroth/Bippus*, DB 1988, 842, 844; *Behrens*, ZGR 1978, 499, 511; s. ferner *Spahlinger*, in: Spahlinger/Wegen, Abschnitt B Rdnr. 260; OLG Düsseldorf v. 15.12.1994 – 6 U 59/94, GmbHR 1995, 595 = NJW-RR 1995, 1124.

36 Eingehende und weltweite Nachweise bei *Rehm*, in: Eidenmüller, § 2 Rdnr. 14 ff. Zum GATS als multilateralem Abkommen der Mitgliedstaaten der WTO mit der Schaffung einer Marktzugangsberechtigung *Süß*, in: Süß/Wachter, Rdnr. A 28 f.

weils das Gründungsrecht. Bei den **halbseitig** auf das Gründungsrecht abstellenden Vereinbarungen akzeptiert das deutsche Recht, dass im anderen Vertragsstaat wirksam gegründete Gesellschaften unabhängig von ihrem tatsächlichen Verwaltungssitz ihrem Gründungsrecht unterliegen, während in Deutschland gegründete Gesellschaften im Vertragsstaat nur anerkannt werden, wenn sie ihren Sitz in Deutschland haben. Diese – praktisch wenig befriedigende – Lösung gilt etwa im Verhältnis zu Gesellschaften in Bolivien, Hongkong, Indonesien, Pakistan, Serbien und Montenegro oder Singapur. In zahlreichen anderen Abkommen ist dagegen die **Sitztheorie** für maßgeblich erklärt, so mit Griechenland, Italien, Japan, Kroatien, Lettland, Litauen, den Niederlanden, Polen, Portugal, Rumänien, Slowenien, Tschechien, Ukraine, Ungarn. Liegen die in den Abkommen bezeichneten Voraussetzungen vor, so besteht eine Pflicht der Vertragsstaaten zur **Anerkennung** der betreffenden Gesellschaft, was bedeutet, dass sie als rechts- und parteifähig zu betrachten ist. Kollisionsrechtlich ist aber auch hier die „Anerkennung" kein staatlicher Formalakt, sondern nur ein Teilaspekt der Prüfung des Personalstatuts der Gesellschaft[37], was aus dem Bestreben folgt, die Fragen des Außenverhältnisses, namentlich Vertretung und Haftung, tunlichst nicht getrennt von der inneren Handlungsverfassung beurteilen zu müssen, besonders auch Gründungsanforderungen und Voraussetzungen der Haftungsbeschränkung nach einem einheitlichen Statut beurteilen zu können.

Die **Abkommen** der verschiedenen Typen können **Anwendungsprobleme** aufwerfen, wenn die darin vereinbarte Methode der Anknüpfung des Personalstatuts an die Gründung oder den Sitz der Gesellschaft von anderen Normen abweicht. Ist beiderseitige Maßgeblichkeit des Gründungsrechts vereinbart, so haben die im jeweiligen Inland wirksam gegründeten Gesellschaften die Sicherheit, im anderen Vertragsstaat anerkannt zu werden, wobei freilich Begrenzungen dieses Rechts in Betracht kommen, wenn eine im Gründungsstaat an sich gültig entstandene Gesellschaft dort keinen Sitz hat und keine geschäftlichen Aktivitäten entfaltet. Dieses Problem hat in der Rechtsprechung des EuGH zur Tragweite der Niederlassungsfreiheit in Europa eine herausragende Rolle gespielt (Rdnr. 18 ff.), es kann aber auch im Rahmen von Abkommen mit Verweisung auf das Gründungsstatut auftreten, wobei dann in Abweichung von der Anerkennungspflicht eine Sitzanknüpfung nach dem autonomen Gesellschafts-Kollisionsrecht stattfindet[38], so einmal im Fall einer in Florida gegründeten Gesellschaft ohne eine tatsächliche Verbindung zum Gründungsstaat[39]. Diese Einschränkung durch das Erfordernis eines über die Gründung nach seinem Recht hinausgehenden **„genuine link"**, der bisweilen als „Völkergewohnheitsrecht" bezeichnet wird[40], wird allerdings nicht durchweg befolgt. So hat der BFH im Fall einer nach dem Recht von Delaware gegründeten Gesellschaft ihr die Fähigkeit zuerkannt, Organträgerin einer inländischen GmbH zu sein[41]; in einem Urteil des BGH ging es um eine Gesellschaft mit Satzungssitz in den USA, die den tatsächlichen Verwaltungssitz ins Inland verlegt hatte (**doppelansässige Kapitalgesellschaft**)[42]. In einer weiteren

7

---

37 *Großfeld*, in: Staudinger, Internationales Gesellschaftsrecht Rdnr. 219; *Kindler*, in: MünchKomm. BGB IntGesR Rdnr. 338.

38 *Kindler*, in: MünchKomm. BGB, IntGesR Rdnr. 342.

39 OLG Düsseldorf v. 15.12.1994 – 6 U 59/94, GmbHR 1995, 595 = NJW-RR 1995, 1124; zust. *Kindler*, in: MünchKomm. BGB, IntGesR Rdnr. 342; im Grundsatz zustimmend, aber mit abweichender Beurteilung des Einzelfalls, *Ebenroth/Kemmner/Willburger*, ZIP 1995, 972, 974; krit. *Paefgen*, DZWiR 2003, 441; *M. Stürner*, IPRax 2005, 305, 307; zust. offenbar auch BGH v. 29.1.2003 – VIII ZR 155/02, BGHZ 153, 353, 356 = GmbHR 2003, 534; s. ferner BGH v. 13.10.2004 – I ZR 245/01, ZIP 2004, 2230, 2232 und dazu *Kleinert*, GmbHR 2005, 56; *Mankowski*, EWiR 2003, 661; im Ergebnis auch *Merkt*, RIW 2004, 458 f.; *Rehm*, in: Eidenmüller, § 2 Rdnr. 34.

40 *Kindler*, in: MünchKomm. BGB, IntGesR Rdnr. 344; dagegen *Bungert*, WM 1995, 2128.

41 BFH v. 29.1.2003 – I R 6/99, GmbHR 2003, 722 und zu dieser Frage *Meilicke*, GmbHR 2005, 68; *Sedemund*, BB 2003, 1362.

42 BGH v. 29.1.2003 – VIII ZR 155/02, BGHZ 153, 353 = GmbHR 2003, 534; zu dieser Deutung *Rehm*, in: Eidenmüller, § 2 Rdnr. 29; abweichend *Kindler*, BB 2003, 812. Die Urteile des BFH und des BGH vom 29.1.2003 werden als Reaktion auf „Überseering" gedeutet bei *Pacher*, DStR 2003, 949 ff.; zur Doppelansässigkeit näher *Kleinert/Xylander*, RIW 2003, 630 ff., die wie *Paefgen*, DZWiR 2003,

Entscheidung des BGH zu einer Delaware-Gesellschaft wurde als „genuine link" das Weiterbestehen eines broker-Vertrages mit einem US-amerikanischen Partner angesehen[43], so dass der Versuch eines inländischen Gläubigers, einen Partner der Gesellschaft, die in Deutschland aktiv war, in entsprechender Anwendung des § 128 HGB in Anspruch zu nehmen, an der Anerkennung der Gesellschaft als „incorporated" mit Haftungsbeschränkung scheiterte.

8   Eine andere Frage betrifft die Anwendbarkeit der Gründungstheorie im Falle von Gesellschaften, mit deren Heimatstaat im **Abkommen die Anknüpfung an den Sitz** vereinbart ist. Da Gesellschaften, auf deren Sitz abgestellt wird, in diesen Fällen stets auch nach dem Sitzrecht gegründet sein werden, besteht zwar nicht die Pflicht, wohl aber das Recht zu ihrer Anerkennung auch dann, wenn die vertraglichen Voraussetzungen einer Anknüpfung an den Sitz – etwa wegen der Anforderungen an das Vorliegen eines „Sitzes" im Vertragsstaat – nicht erfüllt sind. Das läuft auf die Überlegung hinaus, ob der Vertragsstaat mit der Anknüpfung an den Sitz „seiner" Gesellschaften ein Interesse verbindet, dass im anderen Vertragsstaat Gesellschaften, die nicht die vertraglichen Voraussetzungen erfüllen, doch „unter Anknüpfung an das Gründungsrecht" anerkannt werden. Dies wird man i.d.R. nicht anzunehmen haben[44], es kommt aber wohl auf die Auslegung des ganzen Vertrages an. Soweit eine Anknüpfung an den Sitz in Staatsverträgen mit einem Land vereinbart ist, für dessen Kollisionsrecht die Anforderungen aus dem Europarecht gelten, sollte die vertragliche Regelung kein Hindernis bilden, auf das Gründungsrecht abzustellen[45]. In den Fällen der Abkommen mit halbseitiger „Anwendung" der Gründungstheorie (Rdnr. 6) ist für die Anerkennungsfähigkeit deutscher Gesellschaften im anderen Vertragsstaat am Erfordernis eines dortigen Sitzes nicht vorbeizukommen. Auch hier liegt es aber nahe, für die Anerkennung der ausländischen Gesellschaften, die dort keinen Sitz haben, nach Maßgabe ihres Gründungsrechts Sicherheiten bezüglich ihrer Handlungsverfassung zu fordern, was bis zu einem gewissen Grade durch Registrierung im Handelsregister und durch Anforderungen an die Firmierung geschehen kann (dazu näher Rdnr. 33 ff., 36 ff.), die freilich nicht die Niederlassungsfreiheit unverhältnismäßig beschneiden dürfen.

9   Der FCN-Vertrag (in Art. VII Nr. 4), aber auch einige andere „Kapitalschutzabkommen" enthalten kollisionsrechtliche **Meistbegünstigungsklauseln**, nach denen Gesellschaften aus dem Vertragsstaat zu behandeln sind wie der bestbehandelte Dritte[46]. Das wird in manchen Fällen der vertraglichen Zugrundelegung einer Sitzanknüpfung darauf hinauslaufen, dass doch von einem für die Gesellschaft günstigeren Gründungsrecht ausgegangen werden kann. Allerdings kommt es hierfür im Einzelnen auf die Regelung in dem Abkommen an, die auch so gemeint sein kann, dass für die reine Anerkennung einer in einem Vertragsstaat begünstigten Gesellschaft im anderen Vertragsstaat ein Sitz im Gründungsstaat erforderlich sein soll. Das ist dann eine vorrangige Regelung des Problems der „Anerkennung", die Meistbegünstigungsklausel bezieht sich somit auf andere Aspekte des Gesellschafts-Kollisionsrechts[47].

---

411 f. und *Rehm*, in: Eidenmüller, § 2 Rdnr. 29 auf die Verbindung mit dem Überseering-Urteil des EuGH (Rdnr. 20) hingewiesen haben.

43 BGH v. 5.7.2004 – II ZR 389/02, GmbHR 2004, 1225.

44 Ein diesbezügliches schutzwürdiges Interesse leugnet *Rehm*, in: Eidenmüller, § 2 Rdnr. 19 ff.

45 Auch dazu *Rehm*, in: Eidenmüller, § 2 Rdnr. 22 ff.; ferner *Dammann*, RabelsZ 6 (2004), 604, 629 ff.

46 Nachw. bei *Kindler*, in: MünchKomm. BGB, IntGesR Rdnr. 331; *Rehm*, in: *Eidenmüller*, § 2 Rdnr. 23, der aber eine kollisionsrechtliche Gründungsanknüpfung in diesen Fällen leugnet.

47 *Rehm*, in: Eidenmüller, § 2 Rdnr. 25.

II. Die kollisionsrechtlichen Grundkonzeptionen und die Auswirkungen des Unionsrechts

1. Sitz- und Gründungstheorie

Da die Kodifikation des Internationalen Privatrechts in Deutschland hinsichtlich der Anknüpfung des Personalstatuts von Gesellschaften nach wie vor eine Lücke lässt, weil ein im Jahre 2008 veröffentlichter Referentenentwurf[48] nicht Gesetz geworden ist, wurde insoweit lange Zeit ein Theorienstreit ausgetragen, in dessen Mittelpunkt die Sitz- und die Gründungstheorie standen, jeweils mit verschiedenen Varianten. Die früher eindeutig herrschende **Sitztheorie** knüpft das Gesellschaftsstatut an den tatsächlichen Sitz der Hauptverwaltung der gesellschaftlichen Tätigkeit an, wo die grundlegenden Entscheidungen der Unternehmensleitung effektiv in Akte mit Außenwirkung umgesetzt werden. Dieser „Verwaltungssitz" ist mit dem in der Satzung genannten Satzungssitz nicht unbedingt identisch. Das scheint dem „klassischen" Gedanken des internationalen Privatrechts am ehesten zu entsprechen[49]. Die Sitztheorie ist in Deutschland hauptsächlich von der Rechtsprechung durchgesetzt worden[50], zuletzt auch in Kenntnis der in Richtung auf die Gründungstheorie gehenden Impulse der EuGH-Rechtsprechung[51], sie war auch im Schrifttum herrschend[52]. Sie wird freilich auch mit der Modifikation vertreten, dass es nicht auf den tatsächlichen Verwaltungssitz ankomme, sondern auf den Schwerpunkt derjenigen Tätigkeiten, durch die die Bürger eines Staats am stärksten betroffen werden, das sind also die regelmäßigen unternehmerischen Entscheidungen, nicht schon eine bloße Betriebsstätte[53], näher Rdnr. 27. Dies gilt zunächst für den Fall, dass eine nach ausländischem Recht gegründete Gesellschaft aufgrund von Unionsrecht oder eines völkerrechtlichen Vertrages im Inland Niederlassungsfreiheit genießt[54]. Motivierend wirkt

10

---

48 Dazu *Franz*, BB 2009, 1250; *Rotheiner*, NZG 2008, 181; zum Stand des EGBGB im Einzelnen *Kindler*, in: MünchKomm. BGB, IntGesR Rdnr. 4; s. auch *Behrens/Hoffmann*, in: Ulmer/Habersack/Löbbe, Einl. B Rdnr. 50.

49 Zur Frage „Savigny contra Gründungstheorie" oder gar „Sitzrecht contra Savigny" s. näher *Sandrock*, BB 2004, 897 ff.

50 RGZ 117, 215, 217; RGZ 153, 200, 205 f.; BGH v. 11.7.1957 – II ZR 318/55, BGHZ 25, 134, 144; BGH v. 30.1.1970 – II ZR 138/68, BGHZ 53, 181, 183; BGH v. 5.11.1980 – VIII ZR 230/79, BGHZ 78, 318, 343; BGH v. 21.3.1986 – V ZR 10/85, BGHZ 97, 269 = GmbHR 1986, 351; BGH v. 1.7.2002 – II ZR 380/00, BGHZ 151, 204 = GmbHR 2002, 1021; BGH v. 30.3.2000 – VII ZR 370/98, GmbHR 2000, 715 = BB 2000, 1106; BGH v. 15.3.2010 – II ZR 27/09, NZG 2010, 712; OLG Celle v. 7.9.1983 – 9 U 34/83, ZIP 1984, 594, 600; OLG Oldenburg v. 4.4.1989 – 12 U 13/89, GmbHR 1990, 346; OLG Frankfurt v. 24.4.1990 – 5 U 18/88, NJW 1990, 2204; OLG Brandenburg v. 31.5.2000 – 14 U 144/99, NJW-RR 2001, 29, 31; OLG Düsseldorf v. 15.12.1994 – 6 U 59/94, GmbHR 1995, 595.

51 BGH v. 27.10.2008 – II ZR 158/06, GmbHR 2009, 138 = NJW 2009, 289 – Trabrennbahn – in Bezug auf eine AG schweizerischen Rechts; dazu *Gottschalk*, ZIP 2009, 948; w.N. bei *Leible*, in: Michalski u.a., Syst. Darst. 2 Rdnr. 4; zur Bestimmung des „Verwaltungssitzes" dort Rdnr. 86 ff.; s. auch *Süß*, in: Süß/Wachter, § 1 Rdnr. 33.

52 *v. Bar*, Internationales Privatrecht II, 1991, Rdnr. 620; *Kegel/Schurig*, Internationales Privatrecht, 9. Aufl. 2004, § 17 I 1; *Kindler*, in: MünchKomm. BGB, IntGesR Rdnr. 21, 41, 72; *Großfeld*, in: Staudinger, Internationales Gesellschaftsrecht Rdnr. 61; *Schmidt-Leithoff*, in: Rowedder/Schmidt-Leithoff, Einl. Rdnr. 299; *Hohloch*, in: Erman, BGB, Anh. II Art. 12 (Internationales Gesellschaftsrecht) Rdnr. 2, 3; *Ebenroth/Bippus*, JZ 1988, 677; *Karsten Schmidt*, ZGR 1999, 20, 22.

53 *Wiedemann*, GesR I, § 14 III 2; in der Rspr. OLG Oldenburg v. 4.4.1989 – 12 U 13/89, GmbHR 1990, 346 = NJW 1990, 1422; krit. aber OLG Frankfurt v. 24.4.1990 – 5 U 18/88, NJW 1999, 2204; *Sandrock*, in: FS Beitzke, 1997, S. 683; *Süß*, in: Süß/Wachter, § 1 Rdnr. 33; ähnlich dagegen wiederum *Weller*, in: MünchKomm. GmbHG, Einl. Rdnr. 322.

54 So für den deutsch-amerikanischen Vertrag (Rdnr. 5) BGH v. 29.1.2003 – VIII ZR 155/02, BGHZ 153, 353 = GmbHR 2003, 534; zu Art. 43, 48 BGH v. 13.3.2003 – VII ZR 370/98, BGHZ 154, 185 = GmbHR 2003, 527 mit Bespr. *Leible/Hoffmann*, ZIP 2003, 925; zum EWR BGH v. 19.9.2005 – II ZR 372/03, BGHZ 164, 148 = GmbHR 2005, 1483, anders für das Abkommen mit Singapur (BGBl. II 1573, 49), das nur den gegenseitigen Schutz von Kapitalanlegern im Sinne einer „Inländer-

dabei der Gedanke des Schutzes der an der Gründung unbeteiligten Dritten, die ein ausländisches Gründungsrecht und die Satzung der Gesellschaft nicht kennen können (spätere Kapitalanleger, vor allem aber Gläubiger einschließlich Arbeitnehmer), der es erfordere, den Gründern einer Gesellschaft die Wahl eines beliebigen, mit dem Sitzstaat nicht verbundenen Auslandsrechts nicht ohne weiteres freizustellen[55]. Diese auch als Schutztheorie gewertete Lesart der Sitztheorie wird als **allseitige Kollisionsnorm** gehandhabt, sie gilt für Gesellschaften mit Verwaltungssitz im In- und Ausland[56]. Damit muss eine Gesellschaft, um unter einer der Sitztheorie folgenden Rechtsordnung Rechtsfähigkeit zu erlangen, nach den Vorschriften dieses Staats gegründet sein und dort ihren Verwaltungssitz haben. Umgekehrt kann eine Gesellschaft, die nach ausländischem Recht gegründet wurde und danach auch leben soll, in einem die Sitztheorie anwendenden Land nicht als wirksam entstanden anerkannt werden, sondern müsste neu gegründet werden, allerdings vorbehaltlich der seit einiger Zeit angenommenen begrenzten Anerkennung des tatsächlich bestehenden Verbandes als nicht rechtsfähige Personengesellschaft (Rdnr. 12), zur „Wechselbalgtheorie" Rdnr. 11. Im Ausland kann somit nicht eine Gesellschaft mit deutschem Verwaltungssitz gegründet werden, ebenso wenig in Deutschland eine Gesellschaft mit ausländischem Verwaltungssitz[57]. Neben den auf der Hand liegenden Folgen in Gestalt des Verlustes einer im Gründungsrecht verankerten Haftungsbeschränkung wurden auch die Konsequenzen für eine Sitzverlegung als schwerwiegend betrachtet, insoweit ist aber eine Sondersituation gegeben (Rdnr. 73); jedenfalls kommt man nicht daran vorbei, dass der mit der Sitztheorie bezweckte Schutz des inländischen Rechtsverkehrs mit einem Verlust an Mobilität erkauft wird[58], was auch nicht zu der durch die Streichung des § 4a Abs. 2 durch das MoMiG einer deutschen Gesellschaft eröffneten Möglichkeit passt, unter Beibehaltung des deutschen Satzungssitzes den Verwaltungssitz ins Ausland zu verlegen[59]. Die **Kontrollfunktion**, die dem Recht des Sitzstaats zugebilligt wird, muss andererseits nicht unbedingt dazu führen, dass im inländischen Handelsregister andere als die deutschen Gesellschaftstypen von der Eintragungsfähigkeit ausgeschlossen werden, das ist eher eine Konsequenz des **numerus clausus** der eintragungsfähigen Gesellschaftsformen[60] und somit eine Folgerung aus nationalem Sachrecht. Wenn aber gegenüber der Anwendung nationalen Kollisionsrechts, wie es die Sitztheorie ist, die unionsrechtliche Niederlassungsfreiheit berufen wird, wie man die neuere Entwicklung der EuGH-Judikatur verstehen kann, so führt die Prüfung der Kollisionsregeln zur Bewertung der aus dem Sachrecht folgenden Beschränkungen der Niederlassungsfreiheit, was auch etwas anderes ist als eine „europa-

---

gleichbehandlung" betreffe, BGH v. 8.10.2009 – IX ZR 227/06, GmbHR 2010, 211 = ZIP 2009, 2385.

55 In diesem Sinne etwa *Großfeld*, RabelsZ 81 (1967), 1, 28 ff.; *Wiedemann*, GesR, § 14 III; warnend *Behrens/Hoffmann*, in: Ulmer/Habersack/Löbbe, Einl. B Rdnr. 31; krit. zur „Schutztheorie" bes. *Eidenmüller*, ZIP 2002, 2233, 2236; *Halbhuber*, ZEuP 2003, 418, 424 f.

56 OLG Hamburg v. 25.11.1977 – II W 22/77, IPRspr Nr. 77, Nr. 5; *Großfeld*, in: Staudinger, Internationales Gesellschaftsrecht Rdnr. 72, 84 ff.; 98 ff.; anders aber *Wiedemann*, GesR, § 14 II 2a.

57 RGZ 88, 53, 55; BGHZ 25, 134, 144; BGHZ 53, 181; BGH v. 21.3.1986 – V ZR 10/85, BGHZ 97, 269, 271 = GmbHR 1986, 351; BGH v. 29.1.2003 – VIII ZR 155/02, BGHZ 153, 353 = GmbHR 2003, 534; zu Art. 43, 48 BGH v. 13.3.2003 – VII ZR 370/98, BGHZ 154, 185 = GmbHR 2003, 527 mit Bespr. *Leible/Hoffmann*, ZIP 2003, 925; zum EWR BGH v. 19.9.2005 – II ZR 372/03, GmbHR 2005, 1483.

58 *Leible*, in: Michalski u.a., Syst. Darst. 2 Rdnr. 6; *Weller*, in: MünchKomm. GmbHG, Einl. Rdnr. 325.

59 Dazu *Seibert*, ZIP 2006, 1157; *Preuß*, GmbHR 2007, 57; *Ulmer/Löbbe*, in: Ulmer/Habersack/Löbbe, § 4a Rdnr. 314; zur Qualifikation dieser Regelung als verdeckte Kollisionsnormen *Körber*, in: Bürgers/Körber, 4. Aufl. 2016, § 45 AktG Rdnr. 13a; ähnlich *Behrens/Hoffmann*, in: Ulmer/Habersack/Löbbe, Einl. B Rdnr. 91.

60 OLG Zweibrücken v. 26.3.2003 – 3 W 21/03, GmbHR 2003, 530 = BB 2003, 864 gegen LG Frankenthal v. 6.12.2002 – 1 HK T 9/02, GmbHR 2003, 300 = NJW 2003, 762; zum numerus clausus *Weller*, in: MünchKomm. GmbHG, Einl. Rdnr. 325.

rechtliche Gründungstheorie" und u.U. zu Änderungen oder Uminterpretationen im nationalen Sachrecht führen kann[61]. Folgerichtig stellt sich, wenn ein nicht der Sitz-, sondern der Gründungstheorie (Rdnr. 12) folgendes ausländisches Recht der Verlegung des Verwaltungssitzes in einen die Sitztheorie anwendenden Staat nicht entgegensteht, die Frage, ob wirklich entgegen dem Gründungsrecht lediglich wegen des inländischen Sitzes nur noch die Regeln des Sitzstaats diese Gesellschaft beherrschen sollen, die zur Nichtigkeit einer solchen Gesellschaft führen. Jedenfalls in solchen Fällen wäre auch eine Registrierung der Auslandsgründung im deutschen Handelsregister nicht von vornherein zu verwerfen. Dies spricht in der Tat für eine stärkere Betonung der Gründungstheorie, ebenso wie die seit längerem bekannten praktischen Schwierigkeiten bei der Bestimmung des maßgeblichen Sitzes einschließlich der nicht auszuschließenden „schleichenden Verwaltungssitzverlegungen"[62]. Dennoch stehen hinter der Sitztheorie so viele nachvollziehbare Belange und Bedürfnisse auch einer entwickelten Rechtsordnung, dass sie trotz des europarechtlich motivierten Vordringens der Gründungstheorie, die ihrerseits nicht ohne Einschränkung in Gestalt von Sonderanknüpfungen begründet werden kann, nicht als erledigt zu betrachten ist.

Die Sitztheorie muss allerdings im Hinblick auf einige Problempunkte flexibel angewendet werden, wie es auch die deutsche Entwicklung zeigt. Zum einen ist es naturgemäß manchmal schwierig, bei einer im Inland agierenden Gesellschaft zu beweisen, dass hiermit der **Verwaltungssitz** nicht mehr im Gründungsstaat liegt, so dass das Gebilde im Inland nicht als rechtsfähig anerkannt werden kann und für gemeinsames kaufmännisches Handeln der Gesellschafter tatsächlich die OHG-Regeln eingreifen müssten[63]. Die deutsche Rechtsprechung hat hier eine **Beweislastregel** des Inhalts angewendet, dass gegen die Existenz des effektiven Verwaltungssitzes der Gesellschaft in einem anderen Land als dem, nach dessen Recht das Gebilde erkennbar organisiert ist, eine Vermutung spreche, die also widerlegen müsste, wer sich auf das Auseinanderklaffen von Verwaltungssitz und Gründungsrecht beruft[64]. Schwierigkeiten treten besonders bei Vorhandensein eines Doppelsitzes, bei transnational geführten Unternehmen sowie bei Gesellschaften auf, die als Kapitalsammelstelle fungieren[65]. Des weiteren ist die „tatsächliche Organisationsstruktur" einer Gesellschaft aus hiesiger Sicht wahrscheinlich schwerer zu erkennen als das Gründungsrecht einer als solcher firmierenden und registrierten Auslandsgesellschaft. Hinzu kommen die Folgen einer möglichen **Rück- und Weiterverweisung**[66]. So findet, wenn der Verwaltungssitz der juristischen Person sich in einem ausländischen Staat befindet, im Zuge einer Gesamtverweisung dessen IPR Anwendung, das auch auf das Recht eines dritten Gründungsstaats verweisen kann, was das deutsche

11

---

61 *Teichmann*, ZGR 2011, 639, 675 ff.

62 *Behrens/Hoffmann*, in: Ulmer/Habersack/Löbbe, Einl. B Rdnr. 28; dort in Rdnr. 28 ff. auch eingehend zu weiteren Schwächen der Sitztheorie.

63 Zu dieser Konsequenz noch das Urteil BGH v. 1.7.2002 – II ZR 380/00, BGHZ 151, 204 = GmbHR 2002, 1021, von dem das Gericht zwar später aufgrund der Inspire-Art-Entscheidung des EuGH im Urteil v. 13.3.2003 – VII ZR 370/98, GmbHR 2003, 527 mit Anm. *Eidenmüller*, JZ 2003, 538 ff. abgerückt ist; s. dazu auch *Schulz*, NJW 2003, 2705 f., dann aber, wie in Rdnr. 11 beschrieben, mit der „Wechselbalgtheorie" wieder abweichend vorgegangen ist.

64 OLG München v. 6.5.1986 – 5 U 2562/85, NJW 1986, 2197 f. = GmbHR 1986, 351; OLG Oldenburg v. 4.4.1989 – 12 U 13/89, GmbHR 1990, 346 = NJW 1990, 1422; zurückhaltend aber OLG Hamm v. 18.8.1994 – 15 W 209/94, NJW-RR 1995, 469 f. = GmbHR 1995, 599. Zur Widerlegung der Vermutung *Leible*, in: Michalski u.a., Syst. Darst. 2 Rdnr. 91.

65 Zum Doppelsitz OLG Frankfurt v. 23.6.1999 – 22 U 219/97, NZG 1999, 1097 = GmbHR 1999, 1254; zu anderen Fällen OLG Frankfurt v. 24.4.1990 – 5 U 18/88, IPRax 1991, 403 andererseits; hierzu und zum Folgenden eingehend *Behrens/Hoffmann*, in: Ulmer/Habersack/Löbbe, Einl. B Rdnr. 29 – 34.

66 Dazu auch *Eidenmüller*, in: Eidenmüller, § 1 Rdnr. 4; *Behrens/Hoffmann*, in: Ulmer/Habersack/Löbbe, Einl. B Rdnr. 25.

Recht zu beachten hat[67]. Auch kann es sein, dass eine Gesellschaft, die nach dem der Sitz-theorie folgenden Recht eines Staats gegründet worden ist, ihren Sitz in das Gebiet eines die Gründungstheorie anwendenden Staats verlegt, woraus sich dann eine Rückverweisung auf das Recht des Gründungsstaats ergeben müsste, näher Rdnr. 74. Die **Rechtsfolgen** einer strik-ten Anwendung der Sitztheorie hat der BGH abzumildern versucht, indem er eine als rechts-fähige juristische Person nicht anzuerkennende Gesellschaft als – nach neuerem Verständnis ebenfalls rechtsfähige – Personengesellschaft für aktiv und passiv parteifähig erklärt hat, was allerdings Haftungsfolgen für die Gesellschafter haben kann, und zwar unter Anwendung des jetzt für die Haftung der GbR-Gesellschafter geltenden Akzessorietätsprinzips, ebenso, wenn nach der Art des ausgeübten Gewerbes eine OHG vorliegen könnte[68]. Diese manchmal so genannte **„Wechselbalgtheorie"**, die nach einem Brexit auch für in Deutschland tätige Ltd. gelten würde, passt wegen der Haftungsfolgen nicht für Publikumsgesellschaften mit großem Gesellschafterkreis, auch ist die Gefahr nicht von der Hand zu weisen, dass durch das Auseinanderklaffen der fortbestehenden Rechtsfähigkeit im Gründungsrecht und der Umqualifizierung zur Personengesellschaft mit akzessorischer Haftung der Gesellschafter ein hinkendes Rechtsverhältnis entsteht[69]. Auch bleibt die Erreichung des angestrebten Schutzes der Gläubiger zweifelhaft, die durch die Nichtanerkennung der Rechtsfähigkeit der Gesell-schaft gezwungen sein können, die hinter der Gesellschaft stehenden Kräfte (auch: in einer Unternehmensgruppe) zu finden und haftbar zu machen[70].

12   Die **Gründungs-** (auch:) **Inkorporationstheorie**, die vorwiegend die anglo-amerikanischen Rechtsordnungen, aber auch die Niederlande und die Schweiz anwenden, unterstellt die juris-tische Person grundsätzlich dem Recht des Staats, nach dessen Recht sie gegründet worden ist, was unabhängig von ihrem tatsächlichen Sitz auf den Ort der Registereintragung verweist, der gewöhnlich durch den satzungsmäßigen Sitz bestimmt ist[71]. Es gibt Modifikationen, indem statt des eigentlichen Gründungsrechts auch auf das Recht abgestellt wird, nach dem die Ge-sellschaft aktuell tatsächlich organisiert ist, möglicherweise auch auf ein davon noch abwei-chendes Recht am Ort der Registereintragung[72]. Auch wird durchaus gesehen, dass schützens-

---

67 S. dazu den Fall OLG Frankfurt v. 14.2.1990 – 5 W 3/90, RIW 1990, 583; ferner OLG Hamm v. 2.1.2000 – 27 U 1/00, NZG 2001, 563; *Ebenroth/Eyles*, IPRax 1989, 1, 9; *Hohloch*, in: Erman, BGB, Anh. II Art. 12 (Internationales Gesellschaftsrecht) Rdnr. 14.

68 BGH v. 27.10.2008 – II ZR 158/06, NJW 2009, 289 – Trabrennbahn; BGH v. 27.10.2008 – II ZR 158/06, BGHZ 178, 192 = GmbHR 2009, 138 mit Anm. *Wachter*; dazu *Goette*, DStR 2002, 1679 f.; *Leible/Hoffmann*, DB 2002, 2203; *Kindler*, IPRax 2003, 41; *Verse*, ZEuP 2003, 475; abweichend noch BGH v. 13.3.2003 – VII ZR 370/98, GmbHR 2003, 527 mit Anm. *Stieb* = NJW 2003, 1461 = JZ 2003, 526 mit Anm. *Eidenmüller* = IPRax 2003, 324 mit Anm. *Weller*; s. auch *Merkt*, RIW 2003, 458; eben-so LG Hannover v. 2.7.2003 – 20 T 39/03, NZG 2003, 1072; OLG München v. 31.10.1994 – 26 U 2596/94, NJW-RR 1995, 703 f.; zum Ganzen auch *Wertenbruch*, NZG 2003, 618; *Dubovitskaja*, GmbHR 2003, 694; *Spahlinger*, in: Spahlinger/Wegen, Abschnitt B Rdnr. 173 ff.; *J. Schmidt*, in: Lut-ter/Bayer/J. Schmidt, Europäisches Unternehmens- und Kapitalmarktrecht, 5. Aufl. 2012, § 6 Rdnr. 52; *Paefgen*, in: Westermann/Wertenbruch, Handbuch Personengesellschaften, Rdnr. I 4108.

69 Krit. daher *Weller*, in: MünchKomm. GmbHG, Einl. Rdnr. 331; die als Nebeneinander von Grün-dungs- und Sitztheorie charakterisierte Rechtsprechung wird als „anachronistisch" gerügt von *Kör-ber*, in: Bürgers/Körber, AktG, 4. Aufl. 2016, Einl. Rdnr. 25a.

70 *Behrens/Hoffmann*, in: Ulmer/Habersack/Löbbe, Einl. B Rdnr. 34.

71 Darstellung der Gründungstheorie, die in Deutschland fast nirgends uneingeschränkt vertreten wird, bei *Behrens/Hoffmann*, in: Ulmer/Habersack/Löbbe, Einl. B Rdnr. 48 ff.; *Spahlinger*, in: Spah-linger/Wegen, Abschnitt B Rdnr. 59; *Leible*, in: Michalski u.a., Syst. Darst. 2 Rdnr. 7 ff.; Bedeutungs-losigkeit für die deutsche Praxis nimmt *Hohloch*, in: Erman, BGB, Anh. II Art. 12 (Internationales Gesellschaftsrecht), Rdnr. 3 an.

72 Nachweise bei *Eidenmüller*, in: Eidenmüller, § 1 Rdnr. 3; *Hoffmann*, ZVglRWiss 101 (2002), 283 ff. mit Beispielen aus dem schweizerischen und dem dänischen Recht. In diesem Sinne der Vorschlag des Deutschen Rats für Internationales Privatrecht, *Sonnenberger/Bauer*, RIW Beil. 4/2006, S. 1, 8, der zu dem deutschen Referentenentwurf (Rdnr. 10) geführt hatte.

werten Interessen des Staats, mit dem die Gesellschaft aufgrund ihres tatsächlichen Verwaltungssitzes eng verbunden ist, Rechnung getragen werden muss[73]. Die Gründungstheorie wird – auch wegen ihrer unionsrechtlichen Vorzugswürdigkeit – als liberalere Lösung empfunden, die den nach dem Recht eines Staats einmal wirksam gegründeten Gesellschaften tendenziell eine Abwanderung in eine andere Rechtsordnung erlaubt, sie also nicht im Gründungsstaat „einmauert"[74]. Die tatsächlichen Probleme um die Anknüpfung an den effektiven Verwaltungssitz, die es in der Praxis gibt, entfallen oder werden wesentlich abgeschwächt. Andererseits geht auch der EuGH, der selbst keine ausdrücklichen Einschränkungen oder gar die Beseitigung der Sitztheorie ausgesprochen hat, davon aus, dass die Anwendung des Gründungsrechts auf Auslandsgesellschaften Schranken unterliegt, indem die Mitgliedstaaten aus vorrangig wichtigen **Allgemeininteressen** solche nach einem ausländischen Recht gegründeten Gesellschaften, die ihre geschäftliche Aktivität allein im Inland ausüben, gewissen gesetzlichen Kontrollen unterwerfen können (näher zu den Kriterien Rdnr. 23). Dabei werden einzelne Schutzgedanken, die auch der Sitztheorie zugrunde liegen, zumindest in Extremfällen in Gestalt von **Sonderanknüpfungen**[75] oder über den Gedanken des ordre public zur Geltung kommen, so dass insgesamt die Einflüsse des EuGH auf das internationale Gesellschaftsrecht nicht auf die Unterschiede zwischen Gründungs- und Sitztheorie reduziert werden können, während der BGH im so genannten „Trabrennbahn-Urteil" in Kenntnis der Rechtsprechung zur Niederlassungsfreiheit, allerdings mit Blick auf eine schweizerische AG, weiterhin die Sitztheorie angewendet hat[76]. Ob wirklich § 4a i.d.F. des MoMiG als versteckte einseitige Kollisionsnorm mit Hinwendung zur Gründungstheorie betrachtet werden kann[77] oder ob die Regelung nur materiell-rechtlich auf Gesellschaften mit inländischem Verwaltungssitz anwendbar ist[78], ist noch nicht endgültig geklärt. Schließlich ist nicht zu bestreiten, dass das Problem der Behandlung bloßer „Briefkasten-Gesellschaften", gegen die der EuGH für den europäischen Bereich nicht die Instrumente der Sitztheorie einsetzen wollte, weil er dem Gründungsstaat nicht verwehren wollte, die Gesellschaft zu einem Verwaltungssitz im Inland zu zwingen[79], zu einem Kompromiss führen könnte, auch weil für derartige Gestaltungen die Niederlassungsfreiheit nicht ohne Weiteres reklamiert werden kann. Über einen Rechtsformwechsel englischer „Briefkastengesellschaften" ins deutsche Recht wird auch im Hinblick auf einen Brexit bereits nachgedacht[80].

Auch ein Interesse an schon früher vertretenen **vermittelnden Theorien** besteht weiterhin. 13
Von ihnen hat sich freilich die sogenannte **Differenzierungslehre**[81], nach der für das Innenverhältnis das Gründungsrecht und für das Außenverhältnis das Vornahme-, Wirkungs- oder u.U. das Organisationsstatut maßgebend sein sollen, nicht durchsetzen können, weil eine

---

73 *Knobbe-Keuk*, ZHR 154 (1990), 325, 345 ff.; *Leible*, in: Michalski u.a., Syst. Darst. 2 Rdnr. 10.

74 Für Anwendung der Gründungstheorie daher schon früher *Koppensteiner*, Internationale Unternehmen, S. 105, 121 ff.; *Knobbe-Keuk*, ZHR 154 (1990), 325, 353 ff.; *Drobnig*, ZHR 129 (1967), 93, 115 ff.; *Kötz*, GmbHR 1965, 69 (im Hinblick auf die Europäische Niederlassungsfreiheit); ausführlich jetzt *Behrens/Hoffmann*, in: Ulmer/Habersack/Löbbe, Einl. B Rdnr. 43; *Balthasar*, RIW 2009, 221; *Eidenmüller*, ZIP 2002, 2244; *Leible/Hoffmann*, ZIP 2003, 930.

75 Eingehend *Behrens/Hoffmann*, in: Ulmer/Habersack/Löbbe, Einl. B Rdnr. 62 ff.

76 BGH v. 27.10.2008 – II ZR 158/06, GmbHR 2009, 138 = NJW 2009, 289 und dazu *Kieninger*, NJW 2009, 295; zu diesem Urteil auch *Gottschalk*, ZIP 2009, 948; *Leible*, in: FS Werner, 2009, S. 256, 263.

77 *Leible*, in: Michalski u.a., Syst. Darst. 2 Rdnr. 8; *Bayer/J. Schmidt*, ZHR 173 (2009), 735, 749; *Paefgen*, WM 2009, 530; ähnlich *Teichmann*, ZIP 2009, 393, 401; s. auch *Behrens/Hoffmann*, in: Ulmer/Habersack/Löbbe, Einl. B Rdnr. 54 ff.

78 *Kindler*, NZG 2009, 132; *Weller*, in: MünchKomm. GmbHG, Einl. Rdnr. 384.

79 So die Urteile „Centros" und „Inspire Art" (Rdnr. 18, 22); zu dieser Sichtweise *Teichmann*, ZGR 2011, 662 ff.

80 *Schall*, GmbHR 2017, 25 ff.; zum Problemkreis hier Rdnr. 73 ff.

81 Vertreten von *Grasmann*, System des internationalen Gesellschaftsrechts, 1970, S. 343 ff.

saubere Trennung der das Außen- und das Innenverhältnis betreffenden Rechtsfragen schwierig ist und in komplexen Problemlagen den international-privatrechtlichen Entscheidungseinklang gefährden würde[82]. Eher aussichtsreich schien insoweit vor der Rechtsprechung des EuGH die sogenannte **Überlagerungstheorie**, die zwar die Geltung zwingenden Rechts des Sitzstaats durchsetzen, aber abdingbares Recht des Gründungsrechts akzeptieren wollte[83]. Auch hier dürfte es aber Schwierigkeiten machen, das Personalstatut aus verschiedenen Sachrechtsteilen zusammenzusetzen, und für den europäischen Bereich sind an Korrekturen des prinzipiell anwendbaren Gründungsstatuts durch die Rechtsordnungen der Mitgliedstaaten andere Maßstäbe anzulegen[84]. Auch bei grundsätzlichem Abgehen von der Gründungstheorie gibt auch die sogenannte **Kombinationstheorie**, die von der grundsätzlichen Geltung des Gründungsstatus auf das Sitzrecht übergehen will, wenn substantielle Verbindungen nur zum Sitzstaat bestehen[85], nicht die Gewähr, ohne tatsächliche Unsicherheit über den Sitz und die Anforderungen an „substantielle" Verbindungen zum Sitzstaat oder -recht zu klaren Entscheidungen kommen zu können. Auch ist nicht ohne weiteres anzunehmen, dass sich eine solche Vorgehensweise mit den Prinzipien der Niederlassungsfreiheit vereinbaren lässt.

14   Für die Praxis wichtig ist unter diesen Umständen, welche Nachbarstaaten und Handelspartner die eine oder andere Theorie anwenden. Der **Sitztheorie** folgten in Europa bisher **Frankreich**, Belgien, Luxemburg, Portugal und Griechenland, Italien nur für Gesellschaften mit Sitz im Inland. Die von der Sitztheorie ausgehenden **österreichischen Gerichte** haben unter dem Eindruck der EuGH-Rechtsprechung eine Schwenkung vollzogen, ohne dabei allerdings über Einzelpunkte wie die Eintragung von Zweigniederlassungen und die Umwandlung über die Grenze hinaus eine neue Gesamtkonzeption zu entwickeln[86]. Die **Gründungstheorie**, entwickelt in England im 18. Jahrhundert, gilt in den **anglo-amerikanischen Rechtsordnungen**, aber auch in den **Niederlanden**, der Schweiz[87], in Dänemark und Spanien[88], wobei bemerkenswert ist, dass gerade das der Gründungstheorie folgende niederländische Recht mit gesetzlichen Einschränkungen der Tätigkeit „formal ausländischer Gesellschaften" das EuGH-Urteil „Inspire-Art" (Rdnr. 22) hervorgerufen hat. In den **EWR-Staaten** Norwegen, Island und Liechtenstein gelten aufgrund des Art. 31 des EWR-Abkommens vom Jahre 1992, in Kraft getreten am 1.1.1994[89], ähnliche Verhältnisse, indem den nach dem Recht eines EFTA-Staats gegründeten Gesellschaften Niederlassungsfreiheit im gesamten EWR-Raum gewährt wird,

---

82 Abl. etwa *Koppensteiner*, Internationale Unternehmen, S. 102 ff.; *Wiedemann*, GesR I, § 14 II 1b; *Spahlinger*, in: Spahlinger/Wegen, Abschnitt B Rdnr. 68; *Leible*, in: Michalski u.a., Syst. Darst. 2 Rdnr. 13; ausführlich auch *H. P. Westermann*, ZGR 1975, 68, 74 ff.
83 Zunächst *Sandrock*, RabelsZ 42 (1978), 226, 250 ff.; mit Blick auf die Vereinheitlichung in Europa auch *Sandrock/Austmann*, RIW 1989, 249, 152; auch das später (Rdnr. 18) zu besprechende „Centros"-Urteil wurde als Weg zu einer „Überlagerungstheorie für Europa" untersucht, *Höfling*, DB 1999, 1206.
84 Von einer Schrumpfung der Überlagerungstheorie sprach daher später *Sandrock*, ZVerglWiss 102 (2003), 80; *Wiedemann*, GesR I, § 14 II 1b.
85 In diesem Sinne *Zimmer*, Internationales Gesellschaftsrecht, 1996, S. 232 ff.; krit. *Eidenmüller*, in: Eidenmüller, § 1 Rdnr. 9; sympathisierend *Leible* in: Michalski u.a., Syst. Darst. 2 Rdnr. 15.
86 Zunächst OGH Wien v. 15.7.1999 – 6 Ob 124/99z, EuZW 2000, 156 und sodann OGH Wien v. 11.11.1999 – 6 Ob 122/99f, ZfRV 2000, 113; Landesgericht Salzburg v. 27.11.2000 – FN 201579s, 24 FR 13697/00v, ZIP 2001, 460; zur Umwandlung OGH Wien v. 20.3.2003 – 6 Ob 283/02i, IPrax 2004, 128 und dazu *Paefgen*, IPRax 2004, 132 ff.; *Doralt*, NZG 2004, 396 ff.; s. ferner *Höfling*, EuZW 2000, 145; *Mäsch*, JZ 2000, 201 f.; *Lurger*, IPRax 2001, 346 ff.; ausführlich mit weltweiter Übersicht *Spahlinger*, in: Spahlinger/Wegen, Abschnitt B Rdnr. 183 ff.; Abschnitt E Rdnr. 462 ff.
87 Krit. zur Anwendung der Gründungstheorie auf Schweizer Gesellschaften durch OLG Hamm (v. 26.5.2006 – 30 U 166/05, ZIP 2006, 1822) *Weller*, in: MünchKomm. GmbHG, Einl. Rdnr. 368; s. auch *Jung*, NZG 2008, 681; *Goette*, in: VGR, Gesellschaftsrecht in der Diskussion 2007, 2008, S. 5.
88 Übersichten bei *Ebenroth/Neiß*, BB 1990, 145, 151 in Fn. 90; *Weller*, in: MünchKomm. GmbHG, Einl. Rdnr. 368.
89 BGBl. II 1993, 267; BGBl. II 1993, 1294.

aber ähnliche Einschränkungen wie die vom EuGH zugelassenen erlaubt sind[90]. Die Judikatur des EuGH zur unionsrechtlichen Niederlassungsfreiheit hat in Deutschland vorübergehend ein großes Interesse für die englische **Ltd.** ausgelöst, das aber inzwischen so zurückgegangen ist, dass eine auf ihre Gründung gerichtete Empfehlung manchmal als Beratungsfehler bezeichnet wird; das hängt allerdings auch mit dem überraschend starken Interesse an der Unternehmergesellschaft (haftungsbeschränkt) zusammen, dazu § 5a Rdnr. 1.

2. Reformvorhaben

Da das durch den Deutschen Rat für IPR angeregte und bis zu einem Referentenentwurf gediehene deutsche Reformvorhaben[91] nicht Gesetz geworden ist und auch nicht kritiklos aufgenommen wurde[92], muss es vorläufig weiterhin bei zum Teil rechtsfortbildenden Lösungen von Wissenschaft und Praxis bleiben, die es ja durchaus gibt. Auch auf Unionsebene ist eine – an sich vorzugswürdige[93] – Regelung des gesamten Gesellschafts-Kollisionsrechts derzeit nicht geplant, die EU befasst sich aber in Gestalt von Richtlinien u.a. mit der Sitzverlegung und – eher am Rande – mit dem Fortbestehen von Haftungsverhältnissen und Mitbestimmungsstrukturen[94]. Die Richtlinie (EU) 2017/1132 vom 14.6.2017, die eine Reihe von gesellschaftsrechtlichen Richtlinien zusammenfasst (so die Spaltungsrichtlinie, die Zweigniederlassungsrichtlinie, die Richtlinie über grenzüberschreitende Verschmelzungen, die Publizitäts- und die Kapitalrichtlinie) ist am 20.7.2017 in Kraft getreten[95]. Rechtsangleichungen auf der Ebene des Sachrechts werden sich aber nicht auf das reine Gesellschaftsrecht beschränken lassen, sondern werden auch die Publizität, den Kapitalschutz, die Bilanzierung sowie Fragen der Übernahme erfassen. Mittelbare kollisionsrechtliche Bedeutung kommt diesen Regelungen insofern zu, als nach der EuGH-Rechtsprechung die Anwendung angeglichenen Rechts die Niederlassungsfreiheit einer statusfremden Gesellschaft nicht ohne weiteres beschränkt[96], was allerdings nicht als Festhalten an der Sitztheorie verstanden werden sollte[97], so wenig wie die neuerdings stärker praktisch gewordene Zulassung eines grenzüberschreitenden Formwechsels, die ins Ermessen der Mitgliedstaaten zu stellen nach der „Vale"-Entscheidung des

15

---

90 OLG Frankfurt v. 28.5.2003 – 23 U 35/02, IPRax 2004, 56; BGH v. 19.9.2005 – II ZR 372/03, GmbHR 2005, 1483 mit Anm. *Wachter*; *Baudenbacher/Buschle*, IPRax 2004, 26 ff.; *Spahlinger*, in: Spahlinger/Wegen, Abschnitt B Rdnr. 227 ff.

91 Referentenentwurf für ein Gesetz zum Internationalen Privatrecht der Gesellschaften, Vereine und juristischen Personen vom 7.1.2008. Zu den Vorüberlegungen des Deutschen Rats *Sonnenberger/Bauer*, RIW 2006, Beil. 1 zu Heft 4; zum RefE *Bollacher*, RIW 2008, 200; *Wagner/Timm*, IPRax 2008, 81; *Hohloch*, in: Erman, BGB, Anh. II Art. 12 (Internationales Gesellschaftsrecht) Rdnr. 8; *Leible*, in: Michalski u.a., Syst. Darst. 2 Rdnr. 16 ff. Zur Kritik besonders der Initiative zur Kodifizierung der Gründungstheorie *G. H. Roth*, in: FS H.P. Westermann, 2008, S. 1345, 1350 ff.

92 *Hohloch*, in: Erman, BGB Art. 12 (Internationales Gesellschaftsrecht) Rdnr. 8: Bedenken gegen zu weitgehende Ersetzung gegen überlieferter Regelungsmechanismus; Überblick bei *Leible*, in: Michalski u.a., Syst. Darst. 2 Rdnr. 16 ff.

93 *Schneider*, BB 2008, 566 ff.; zum Regelungsauftrag der EU in Bezug auf das internationale Gesellschaftsrecht *Teichmann*, ZGR 2011, 639, 651 f.; zu den Plänen auch *Kindler*, in: MünchKomm. BGB, IntGesR Rdnr. 98 ff.; *Schön*, ZGR 2013, 335 ff.

94 Dazu *Neye*, GmbHR 1997, R 181; *van Hulle*, ZGR 2004, 484 ff.; zur Sitzverlegung Rdnr. 74 ff.

95 Übersicht (auch zu den eigenständig fortgeltenden Rechtsakten) in AG 2017, R 246; zu Stellungnahmen des Europäischen Parlaments (zu grenzüberschreitenden Verschmelzungen und Spaltungen) AG 2017, R 227.

96 EuGH v. 30.9.2003 – Rs. C-167/01, NJW 2003, 3331 Rdnr. 58 = GmbHR 2003, 1260 – Inspire Art; *Leible*, ZGR 2004, 531, 542; s. auch BGH v. 5.2.2007 – II ZR 84/05, NJW 2007, 1529 Rdnr. 11 = GmbHR 2007, 593 und dazu *Altmeppen*, ZIP 2007, 889; BGH v. 8.10.2009 – IX ZR 227/06, GmbHR 2010, 211 = ZIP 2009, 2385.

97 So aber *Weller*, in: MünchKomm. GmbHG, IntGesR Rdnr. 72.

EuGH (Rdnr. 24a) sowie jetzt im Zusammenhang mit dem Fall „Polbud" (s. Rdnr. 78) über-dacht werden muss, wobei allerdings u.U. auch Lücken in der gesetzlichen Regelung eines Herkunftslands geschlossen werden müssen[98].

3. Anforderungen des Unionsrechts

16 Die Judikatur des EuGH zu den gesellschaftsrechtlichen und gesellschafts-kollisionsrechtli-chen Folgen der Niederlassungsfreiheit, also auf der Grundlage der Art. 49, 54 AEUV, beruht auf der Vorstellung des Allgemeininteresses am **freien Marktzugang**, wozu auch die Mög-lichkeit einer grenzüberschreitenden Neuorganisation gerechnet wird[99]. Das bedeutet also Freiheit jedes Angehörigen eines Mitgliedslands zur Gründung und zum Betreiben eines Unternehmens in einem anderen Mitgliedstaat, die nach Art. 54 AEUV Gesellschaften zu-steht, die ihren Satzungssitz, ihre Hauptniederlassung oder ihre Hauptverwaltung innerhalb der Union haben; das bedeutet für natürliche Personen, die hier als Gründer Rechte erhal-ten, und Gesellschaften die **primäre Niederlassungsfreiheit**. Aus ihr leitet sich das Recht ab, in dem anderen Mitgliedstaat über rechtlich selbständige Tochtergesellschaften oder unselbständige Agenten oder Zweigniederlassungen tätig zu sein (**sekundäre Niederlas-sungsfreiheit**), die aber Personen und Gesellschaften aus Drittstaaten nicht zusteht[100]. Der Grundansatz des EuGH (dazu schon Rdnr. 2) besteht darin, kollisions- und sachrechtliche Regelungen der Mitgliedstaaten auf das Vorliegen nicht durch zwingende Allgemeininteressen gerechtfertigter Beschränkungen der genannten Freiheiten zu überprüfen; das hat Anforde-rungen an das Sachrecht begründet, führt aber auch zu manchen Umorientierungen des Kol-lisionsrechts. So erklärt sich auch, dass der EuGH am Anfang seiner Rechtsprechung noch auf dem Boden der Sitztheorie zu stehen schien, dann Elementen der Gründungstheorie Raum gewährte, denen er in letzter Zeit aber keine ausschließliche Tragweite zuzuerkennen scheint. In der Rechtsprechung des BGH (hier schon Rdnr. 10) wird die Sitztheorie noch mit einigen Einschränkungen beibehalten. Inzwischen haben aber Entwicklungen zur Sitzver-legung inländischer Gesellschaften in einen anderen Mitgliedstaat und zum Formwechsel ei-ner nach inländischem Gründungsrecht organisierten Gesellschaft in eine in einem anderen Mitgliedstaat anerkannte Rechtsform (mit oder ohne Sitzverlegung in diesen Mitgliedstaat) in der Rechtsprechung (meist der Oberlandesgerichte) zu differenzierenden Lösungen ge-führt (Rdnr. 73 ff.), nachdem auch der EuGH zu einzelnen Stellungnahmen zu diesem Fra-genkreis veranlasst worden war. Das Ganze könnte sich vielleicht durch die Richtlinie der EU[101] zu einem System entwickeln, in dem – als erste Stufe – der Betrieb von Zweignieder-lassungen in einem anderen als dem Gründungsstaat und die Anerkennung vor allem ihrer Rechtspersönlichkeit im Zuzugsstaat, – als zweite Stufe – die Verlegung von Verwaltungs- und/oder Satzungssitz ins Ausland und – als dritte Stufe – der Rechtsformwechsel in eine ausländische Rechtsform ohne Neugründung, die möglichen Reaktionen des Kollisionsrechts und des Sachrechts fortschreibend, so geordnet sind, dass die Allgemeininteressen des Grün-dungs- und des Mitgliedstaats, in dem eine Zweigniederlassung oder ein Verwaltungssitz des Gründungsstaats bestehen soll, oder dessen Sachrecht die Umwandlung einer im Wegzugs-staat begründeten Gesellschaft in eine „seiner" Rechtsformen gestatten soll, zur Geltung ge-bracht werden können, ohne dass die unionsrechtliche Niederlassungsfreiheit beeinträchtigt

---

98 *Verse*, ZEuP 2013, 458 ff.; *Schaper*, ZIP 2014, 810; *J. Schmidt*, in: Lutter/Bayer/J. Schmidt, Europäi-sches Unternehmens- und Kapitalmarktrecht, 5. Aufl. 2012, § 6 Rdnr. 58.

99 *W.-H. Roth*, in: Gedächtnisschrift Knobbe-Keuk, 1997, S. 729 ff.; *Teichmann*, ZGR 2011, 639, 647 ff.; *Schön*, in: FS Priester, 2007, S. 128 ff.

100 Zur systematischen Bedeutung dieses Begriffspaars *Leible*, in: Michalski u.a., Syst. Darst. 2 Rdnr. 20.

101 Nr. 2017/1132 vom 14.6.2017 (s. Rdnr. 15).

wird. Das kann auch so weit gehen, dass wirtschafts- und gesellschaftspolitische Institute, die mit bestimmten Rechtsformen verbunden sind (etwa Mitbestimmung), gegen Umgehungen abgesichert werden sollen. Das betrifft dann etwa Regelungen eines Gründungs- oder (bei Sitzverlegung oder Rechtsformwechsel) Wegzugsstaats über die Erhaltung der Rechts- und Parteifähigkeit. Andererseits soll ein Mitgliedstaat, in dessen Bereich eine im Ausland gegründete Gesellschaft, u.U. auch durch Rechtsformwechsel, tätig werden will, diesen nicht gegenüber inländischen Gesellschaften diskriminieren dürfen, falls dies nicht von Allgemeininteressen zwingend gefordert wird, die so gewichtig sind, dass der Aspekt der Niederlassungsfreiheit zurücktreten kann. Diese Grundsätze sind schon jetzt bei der Anwendung der EuGH-Judikatur zu beachten[102].

a) Frühere Judikatur des EuGH

Europarechtliche Vorgaben für das Gesellschafts-Kollisionsrecht waren im **Daily-Mail-Urteil** 17 aus dem Jahre 1989[103] nicht anzutreffen, das deshalb als bewusste Respektierung nationaler Kollisionsrechte verstanden wurde[104]. Es ging dabei um die gewünschte Sitzverlegung einer Gesellschaft von England in die Niederlande, die gesellschaftsrechtlich, da beide Staaten der Gründungstheorie folgen, die Existenz der Gesellschaft nicht hätte antasten können, aber nach englischem Recht einer Zustimmung der dortigen Steuerbehörden bedurfte. Ausgangsthese des EuGH war (Rdnr. 15), dass das Recht zur Niederlassung in einem Mitgliedstaat nicht nur Bürgern, sondern auch juristischen Personen zusteht, was inzwischen nicht nur für Kapital-, sondern auch für Personengesellschaften ohne Rücksicht auf die Anerkennung ihrer selbständigen Rechtsfähigkeit angenommen werden kann[105], wobei die Niederlassungsfreiheit es auch ermöglicht, eine im Herkunftsland aufgelöste Gesellschaft im Aufnahmestaat neu zu gründen. Im Übrigen dürfe der Herkunftsstaat die Niederlassung einer nach seinem Recht gegründeten Gesellschaft in einem anderen Mitgliedstaat nicht behindern (Rdnr. 16). Die Ausübung der ihr zustehenden sekundären Niederlassungsfreiheit behindere aber das englische Recht nicht, da es lediglich für die Sitzverlegung ins Ausland unter Beibehaltung ihrer Rechtspersönlichkeit und weiterer Anerkennung ihrer Eigenschaft als Gesellschaft englischen Rechts die Zustimmung der Finanzverwaltung fordere. Kernsatz der Begründung ist sodann die Feststellung (Rdnr. 20, 21), der EG-Vertrag nehme Rücksicht auf den Umstand, dass in einigen Mitgliedstaaten nicht nur der Satzungssitz, sondern der effektive Verwaltungssitz im Hoheitsgebiet liegen müsse, während andere Staaten (wie inzwischen auch Deutschland) ihren Gesellschaften das Recht zugeständen, ihre Geschäftsleitung ins Ausland zu verlegen. Bei der Definition der Gesellschaften, denen die Niederlassungsfreiheit zugutekommt, würden der satzungsmäßige Sitz, die Hauptverwaltung und die Hauptniederlassung „als Anknüpfung" gleichgeachtet. Damit scheint ausgesprochen, dass die Niederlassungsfreiheit die Probleme, die sich aus der unterschiedlichen Anknüpfung des Gesellschaftsstatuts ergeben, nicht eigentlich betrifft, so dass eine Lösung der Modalitäten der Sitzverlegung einen Akt der Rechtsetzung erfordere, an dem es bis dahin fehlte (Rdnr. 23). Das würde dann nicht nur den Wegzug einer Gesellschaft, sondern auch den Zuzug betreffen[106]. Angesichts dieser Argumentation wurde neben der Deutung als bewusste Respektierung mitgliedstaatlicher

---

102 Zu den allgemeinen Anforderungen im Zusammenhang mit der Niederlassungsfreiheit *Mülbert/Schmolke*, ZVglRWiss 100 (2001), 233; *W.-H. Roth*, ZGR 2014, 168, 208; *Bayer/J. Schmidt*, ZHR 173 (2009), 735 ff.

103 EuGH v. 27.9.1988 – Rs. C-81/87, NJW 1989, 2186 = RIW 1989, 304; dazu *Ebenroth/Eyles*, DB 1989, 363; *Sandrock/Austmann*, RIW 1989, 249 ff.; *Behrens*, IPRax 1989, 354 ff.

104 *Großfeld/Luttermann*, JZ 1989, 386.

105 Näher *Teichmann*, ZGR 2011, 639, 659 ff.; zu den Personengesellschaften eingehend *Paefgen*, in: Westermann/Wertenbruch, Handbuch Personengesellschaften, Rdnr. I 3001 ff.

106 So die Schlussanträge des Generalanwalts *Colomer* im Inspire-Art-Verfahren, Slg. 2002, 1, 9928 Tz. 25 f.; s. auch *W.-H. Roth*, in: Lutter, Europäische Auslandsgesellschaften, S. 386.

Kollisionsrechte diejenige als eigenständige Regelung der Kollisionsfrage i.S. eines Ausschlusses der Sitztheorie vertreten[107]; jedenfalls wurde hierdurch die Anwendung der Sitztheorie nicht wesentlich eingeschränkt[108].

b) Der Fall „Centros"

18   Das Centros-Urteil vom 9.3.1999[109] wird dagegen allgemein als Umschwung empfunden, obwohl auch hier Vertreter sowohl der Gründungs- als auch der Sitztheorie ihre Ansicht bestätigende Feststellungen fanden. Das Urteil wurde ferner als Etappensieg für die Überlagerungstheorie (Rdnr. 13) angesehen[110], aber auch schon (vor allem durch einige Gerichte) als Ende der Sitztheorie[111] oder als Durchbruch der Gründungstheorie, wenn auch insoweit noch Zweifel geäußert wurden[112] und beklagt wurde, dass viele Fragen offen blieben[113]. Als bedenklich wurde z.T. angesehen, dass der Weg für ausländische **„Briefkastengesellschaften"** in die europäischen Mitgliedstaaten nunmehr freigemacht und die diesbezügliche Zurückhaltung des EuGH im Daily-Mail-Urteil überholt sei[114]. Dass das Letztere zutrifft, zeigen zumindest Teile der Begründung, bei der es wiederum nicht um eine Entscheidung zwischen Sitz- und Gründungstheorie ging, weil beide beteiligten Mitgliedstaaten die Letztere befolgen, sondern um Voraussetzungen der **„sekundären Niederlassungsfreiheit"**, d.h. der Möglichkeit einer nach dem Recht der Gründung und Registrierung wirksam errichteten Gesellschaft, in einem anderen Staat eine Zweigniederlassung zu errichten, deren Tätigkeit durch das Land ihres – erwünschten – Sitzes behindert wurde. Die im Centros-Fall zu beurteilende Gründung der Gesellschaft in England durch zwei dänische Staatsangehörige sollte den Umstand ausnutzen, dass das englische Recht der Ltd. nicht die Aufbringung eines Mindeststammkapitals fordert, die Geschäftstätigkeit der Gesellschaft sollte erklärtermaßen allein über eine in Dänemark zu errichtende Zweigniederlassung erfolgen. Nur die **Weigerung** der dänischen Behörden, diese **Zweigniederlassung zu registrieren**, war Gegenstand der Vorlage zum EuGH; dass die in England gegründete Gesellschaft durch die Übertragung der wesentlichen Geschäftstätigkeit auf die dänische Zweigniederlassung in ihrer Rechtsfähigkeit nicht

---

107 *Wessel/Ziegenhain*, GmbHR 1988, 423, 427; *Niessen*, AG 1986, 116; s. auch *Behrens*, RabelsZ 52 (1988), 498, 517 f.
108 Aus der Rspr. BayObLG v. 26.8.1998 – 3Z BR 78/98, GmbHR 1999, 299 = DB 1998, 2318; OLG Hamm v. 30.4.1997 – 15 W 91/97, GmbHR 1997, 848 = RIW 1997, 874; dazu auch *Koch*, NJW 1992, 412; *Ebenroth/Auer*, JZ 1993, 374.
109 EuGH v. 9.3.1999 – Rs. C-212/97, GmbHR 1999, 474 = NJW 1999, 2027 = EuZW 1999, 216 mit Bspr. durch *Freitag*; dazu auch *Leible*, NZG 1999, 298; *Ebke*, JZ 1999, 656; *Roth*, ZIP 1999, 861; *Kindler*, NJW 1999, 1193; *Sonnenberger/Großerichter*, RIW 1999, 721; *Forsthoff*, EuR 2000, 167; *G. Roth*, RIW 1999, 381 ff.; *W.-H. Roth*, ZGR 2000, 311; s. auch die Monographie von *v. Halen*, Das Gesellschaftsstatut nach der Centros-Entscheidung des EuGH, 2001; Zusammenstellung des überreichen Schrifttums bei *Hohloch*, in: Erman, BGB, Anh. II Art. 12 (Internationales Gesellschaftsrecht) Rdnr. 6 ff.; *Leible*, in: Michalski u.a., Syst. Darst. 2 Rdnr. 24 m. Fn. 67.
110 *Sandrock*, BB 1999, 1337 ff.; s. auch *Höfling*, DB 1999, 1206.
111 Aus der Rspr. OLG München v. 25.6.1999 – 23 U 4834/98, GmbHR 1999, 981 = ZIP 1999, 1558; LG München v. 22.7.1999 – 5HK O 7187/99, ZIP 1999, 1680; OLG Zweibrücken v. 20.10.2000 – 3 W 171/00, RIW 2001, 373; OGH Wien v. 15.7.1999 – 6 Ob 123/99b, RIW 2000, 378; im Schrifttum *Forsthoff*, BB 2002, 318.
112 *Görk*, GmbHR 1999, 793 ff.; *Puszkajler*, IPRax 2000, 79; *Borges*, RIW 2000, 167 ff.
113 *Zimmer*, ZHR 164 (2000), 23 ff.; *Kindler*, NJW 1999, 1993, 1996; dagegen aber *Ebke*, JZ 1999, 660.
114 S. etwa *Geyrhalter*, EWS 1999, 201 ff., während *Teichmann* (ZGR 2011, 639, 670) bezweifelte, ob es sich überhaupt um eine Frage der Niederlassungsfreiheit und nicht um eine solche des Registerrechts handelt. Zur Rechtsmissbräuchlichkeit einer reinen Briefkastengesellschaft könnte man aber über die Aussagen im Urteil „Cadbury-Schweppes" (Rdnr. 19) gelangen, so auch *Kindler*, in: MünchKomm. BGB, IntGesR Rdnr. 130, 131.

berührt war, stand angesichts der Anwendung der Gründungstheorie in beiden Staaten nicht zur Diskussion. Das erklärt, weshalb das Centros-Urteil wiederum auch von Teilen der Rechtsprechung und h.M. noch nicht als endgültige Ablehnung der Sitztheorie erklärt wurde[115]. Auf die Folgerungen, die der Generalanwalt in der späteren Rechtssache „Vale" für eine grenzüberschreitende Neugründung (mit Statutenwechsel) gezogen hat[116], ist in Rdnr. 24a näher einzugehen.

Danach darf kein Mitgliedstaat eine in einem anderen Mitgliedstaat gegründete Gesellschaft daran hindern, auf seinem Territorium eine Zweigniederlassung zu gründen, und zwar auch dann nicht, wenn über diese die gesamte Geschäftätigkeit der Gesellschaft abgewickelt werden soll. Dabei ging das Gericht davon aus, dass die in den Mitgliedstaaten nach Maßgabe der 11. Richtlinie der EU[117] vorgesehene Offenlegung der wichtigsten Verhältnisse einer Zweigniederlassung einen gewissen Gläubigerschutz gewähre, der auch nicht dadurch in Frage gestellt werde, dass die Gesellschaft auch im Gründungsstaat noch eine geschäftliche Tätigkeit entfalten sollte (Rdnr. 53)[118]. Die Gesellschaft als solche wird danach in ihrer Zugehörigkeit zu einem Mitgliedstaat nach wie vor nach ihrem Satzungssitz, ihrer Hauptverwaltung oder ihrer Hauptniederlassung bestimmt, aber die Ausdehnung ihrer (auch: gesamten) Geschäftätigkeit auf den Sitz der Zweigniederlassung ist vom Unionsrecht gedeckt, darf also durch die nach dem Sitzrecht nicht oder nur unter erschwerten Bedingungen mögliche Registrierung nicht behindert werden, wenn es sich bei ihrem Vorgehen nicht um Missbrauch handelt (zur Bedeutung eines numerus clausus möglicher Registereintragungen in diesem Land hier Rdnr. 10). Einen Missbrauch stellt es aber noch nicht dar, wenn die alleinige Geschäftätigkeit der Gesellschaft am Sitz der Zweigniederlassung ausgeübt wird. Hierin wird (kritisch) die Öffnung der Handlungsmöglichkeiten für **„Pseudo-Foreign-Corporations"** gesehen (dazu Rdnr. 42), deren einzige Verbindung zum Ausland in der Gründung nach dortigem Recht liegt, die aber durch die Erfüllung der damit gegebenen Voraussetzungen die Anforderungen umgehen, die bei einer Gründung nach dem Recht des Sitzes der Zweigniederlassung oder (darüber hinaus) des Verwaltungssitzes im Inland durch das inländische Sachrecht gestellt würden[119]. Das ist dann die Niederlassungsfreiheit für „Schein-Auslandsgesellschaften"[120]. Eine Einschränkung der liberalen Behandlung von Briefkastengesellschaften wird bisweilen in der späteren **Cadbury-Schweppes**-Entscheidung des EuGH gesehen[121]. Es ging dabei allerdings – insoweit ähnlich wie im Fall Daily Mail – um die Gründung zweier irischer Tochtergesellschaften durch die englische Mutter, die mit dem Ziel der Zurechnung von

19

---

115 Zur Fragestellung des Urteils *Lange*, DNotZ 1999, 599 ff.; *Mäsch*, JZ 2000, 201; *Borges*, RIW 2000, 167 ff.; *Leible*, NZG 2001, 460. In der Rechtsprechung gegen eine endgültige Abkehr von der Sitztheorie OLG Brandenburg v. 31.5.2000 – 14 U 144/99, ZIP 2000, 1616; LG Potsdam v. 30.9.1999 – 31 O 134/98, RIW 2000, 145; OLG Düsseldorf v. 26.3.2001 – 3 Wx 88/01, NZG 2001, 506 = GmbHR 2001, 438; OLG Hamm v. 1.2.2001 – 15 W 390/00, NZG 2001, 562 = GmbHR 2001, 440.

116 Schlussanträge des Generalanwalts *Jääskinen* vom 15.12.2011 in der Rechtssache Rs. C-378/10, ZIP 2012, 465 ff.

117 Richtlinie 89/666 vom 21.12.1989 über die Offenlegung von Zweigniederlassungen, die in einem Mitgliedstaat von Gesellschaften bestimmter Rechtsform errichtet werden, die dem Recht eines anderen Mitgliedstaats unterliegen, ABl. EG Nr. L 395 v. 21.12.1989, S. 36 ff.; *Wendt*, in: Spahlinger/Wegen, Abschnitt D Rdnr. 829. Zur künftigen systematischen Stellung der RL s. Rdnr. 15 und AG 2017, R 246 und AG 2017, R 227.

118 Zustimmend *Kieninger*, ZGR 1999, 724, 740.

119 S. dazu die Besprechungen des Urteils durch *Werlauff*, ZIP 1999, 867 ff.; *Ebke*, JZ 1999, 656 ff.; *Ulmer*, JZ 1999, 662; *Sonnenberger/Großerichter*, RIW 1999, 721 ff.

120 Krit. *Kindler*, NJW 1999, 1993 ff.

121 EuGH v. 12.9.2006 – Rs. C-196/04, Slg. 2006, I 7995 = GmbHR 2006, 1049 und dazu *G. H. Roth*, in: FS Honsell, 2009, S. 67, 76; *Kindler*, in: MünchKomm. BGB, IntGesR Rdnr. 128, 130; *Koberski/Heuschmid*, RdA 2010, 207, 211; *Teichmann*, ZIP 2009, 393, 396.

Gewinnen der Mutter zu den – eine Geschäftstätigkeit in Irland nicht entfaltenden – Töchtern erfolgte, was der englische Fiskus nicht hinnehmen wollte. Darin wurde er vom EuGH mit dem Argument bestärkt, hier werde die an sich auch solche Fälle erfassende Niederlassungsfreiheit im Rahmen einer rein künstlichen Gestaltung gebraucht. Zugespitzt gesagt, ging es weniger um die Niederlassungsfreiheit der Tochtergesellschaften als um die Gestaltungsmöglichkeiten ihrer Mutter[122]; einzelne Gesichtspunkte kehren im Urteil „**National Grind**" wieder[123], das einen Fall der Wegzugsbesteuerung betrifft. Weitere Zweifel bezüglich der Tendenzen des EuGH ergeben sich aus dem Urteil „Cartesio" (dazu Rdnr. 24).

c) Die Fortführung durch „Überseering"

20 Die Entscheidung im Fall „Überseering"[124] betraf den Kern des kollisionsrechtlichen Fragenkreises. Der von einem deutschen Gericht vorgelegte Rechtsstreit beruhte auf der Klage einer im Jahre 1990 in Holland gegründeten (damals noch der deutschen GmbH vergleichbaren) B.V., die die Rechte aus einem mit einem deutschen Unternehmen geschlossenen Vertrag geltend machen wollte, nachdem – jedenfalls war dies tatsächlich so angenommen worden – im Zuge der Veräußerung ihrer sämtlichen Geschäftsanteile an Deutsche der Verwaltungssitz der Gesellschaft nach Deutschland verlegt worden war. Nach der Sitztheorie hätte dies die Anwendung deutschen Gesellschaftsrechts und damit einen dem deutschen GmbHG genügenden Gründungsvorgang erforderlich gemacht, an dem es fehlte, so dass die Gesellschaft nach dem damals in Deutschland noch herrschenden Verständnis der Sitztheorie (zu Modifizierungen im Hinblick auf die Haftungsfolgen Rdnr. 11) als nunmehr nicht mehr existente Rechtsperson den Rechtsstreit nicht hätte fortsetzen können[125]. Das betraf nach damaligem Verständnis unmittelbar die Aufrechterhaltung der vom Gründungsrecht gewährten **Rechts- und Parteifähigkeit nach Verlegung des Verwaltungssitzes** in ein dem Sitzrecht folgendes Land[126], damit sicher eines der zentralen Anliegen der Sitztheorie[127], von dem sich der EuGH hier abwandte[128]. Er verlangte nämlich keine Form der Anerkennung der ausländischen juristischen Person, sondern betonte die Verpflichtung der Mitgliedstaaten, die der Gesellschaft von ihrem Gründungsstatut gewährte Rechts- und Parteifähigkeit zu achten, wobei freilich im Fall einer Sitzverlegung der Wegzugsstaat in seinem (Gründungs-)Recht mit der Aberkennung der Rechtsfähigkeit sollte reagieren dürfen[129]. Für den Zuzugsstaat bleibt es dann bei der

---

122 So auch *Teichmann*, ZGR 2011, 639, 671 f.

123 EuGH v. 29.11.2011 – Rs. C-371/10, GmbHR 2012, 56 = NZG 2012, 114 – National Grind Indus – und dazu *Barth/Schall*, NZG 2012, 414; *Verse*, ZEuP 2013, 458 ff.; s. weiter EuGH v. 6.9.2012 – Rs. C-38/10, EuZW 2012, 947 mit Kurzkomm. *Behme*, EWiR 2012, 681.

124 EuGH v. 5.11.2002 – Rs. C-208/00, GmbHR 2002, 1137 = NJW 2002, 3614; s. auch die Schlussanträge des Generalanwalts *Colomer*, NZG 2002, 16.

125 Zu diesen Konsequenzen *Meilicke*, GmbHR 2003, 793 ff.; *Ehlers*, in: Sandrock/Wetzler, Deutsches Gesellschaftsrecht im Wettbewerb der Rechtsordnungen, 2004, S. 2 ff.; zum Sachverhalt OLG Düsseldorf v. 10.9.1998 – 5 U 1/98, JZ 2000, 203; *Spahlinger*, in: Spahlinger/Wegen, Abschnitt B Rdnr. 154.

126 S. die Vorlageentscheidung des BGH in EuZW 2000, 412 und dazu *Kindler*, RIW 2000, 649; *Luttermann*, EWS 2000, 375; *Kieninger*, NZG 2001, 610.

127 S. etwa *v. Halen*, EWS 2002, 107 ff.; *Schulz*, EWS 2002, 545 ff.; *Knapp*, DNotZ 2003, 85 ff.; zur grundlegenden Bedeutung des Urteils *Behrens*, IPRax 2003, 191 ff.; *Lutter*, BB 2003, 7 ff.; *Eidenmüller*, ZIP 2002, 2233; *Zimmer*, BB 2003, 1 ff.; *Leible/Hoffmann*, RIW 2002, 925 ff.; *Paefgen*, DB 2003, 487 ff.; *Wertenbruch*, NZG 2003, 618; *Schanze/Jüttner*, AG 2003, 30 ff.; *Roth*, IPRax 2003, 117 ff.

128 *Behrens/Hoffmann*, in: Ulmer/Habersack/Löbbe, Einl. B Rdnr. 39; *Eidenmüller*, ZIP 2002, 2233; *Zimmer*, BB 2003, 1; *W.-H. Roth*, IPRax 2003, 192, während *Kindler* (NJW 2003, 1073) eine Bestätigung der Sitztheorie sah.

129 Zu diesem Gesichtspunkt (Rdnr. 61–73) *Leible*, in: Michalski u.a., Syst. Darst. 2 Rdnr. 29; zur Abgrenzung zu „Daily Mail" *W.-H. Roth*, in: Lutter, Europäische Auslandsgesellschaften, S. 286, 289 ff. Zum Fall der Löschung im Register des Wegzugsstaats (Fall „Vale") s. Rdnr. 24a.

Verpflichtung zur Anerkennung, die sich aus dem Kollisionsrecht ergebe[130]. Dass danach auch kein Gründungsakt mehr erforderlich ist, bedeutet praktisch, dass die auf die Gründung bezogenen Schutzmaßnahmen des deutschen Sachrechts einschließlich der „Wechselbalg-Theorie" (Rdnr. 11) nicht eingreifen[131]. In diesem Zusammenhang wurde (in Rdnr. 62 des Urteils) noch darauf hingewiesen, es sei ein Unterschied, ob der Gründungsstaat „seiner" Gesellschaft bei der Sitzverlegung unter Wahrung der ihr hier zuerkannten Rechtspersönlichkeit Schwierigkeiten macht oder ob ein anderer Mitgliedstaat einer im Ausland wirksam gegründeten Gesellschaft die Anerkennung versagt. Als diskriminierend wurde schließlich (Rdnr. 85 des Urteils) auch die Behandlung deutscher Gesellschaften betrachtet, die ihren tatsächlichen Verwaltungssitz aus Deutschland herausverlegten. Damit wurde die Frage einer Lösung näher gebracht, inwieweit ein Sitzstaat das ausländische Gründungsstatut durch eigene, die Gründung oder die unternehmerische Tätigkeit betreffende Regulierungen behindern darf.

Großes Gewicht kommt dem auch im **Cadbury-Schweppes-Fall** (Rdnr. 19) relevanten Gesichtspunkt zu, dass die Niederlassungsfreiheit von den Auslandsgesellschaften nicht **missbraucht** werden darf, was geschehe, wenn durch ihre Tätigkeit **zwingende Gründe** des von einem nationalen Recht verfolgten **Allgemeinwohls** Beschränkungen fordern, die also zur Erreichung dieser Ziele **unerlässlich** sind und dafür **geeignet** sind, ohne **diskriminierend** zu wirken. Diesen Maßstäben (s. dazu schon Rdnr. 16 a.E.) muss sich also eine Auslandsgesellschaft stellen, was u.a. auf eine Prüfung der Rechtsinstitute des Gründungsrechts hinausläuft, die auf denselben oder vergleichbaren Schutzbedürfnissen beruhen. Die hier geforderte vierstufige **Verhältnismäßigkeitsprüfung**[132] schließt an die Cassis de Dijon-Doktrin an, die auch schon im Centros-Urteil als Legitimation für Beschränkungen der Niederlassungsfreiheit genannt worden war[133]. Die Verhältnismäßigkeitsprüfung wird im Überseering-Urteil (Rdnr. 92 des Urteils) weiter dahin konkretisiert, dass es um den Schutz der Gläubiger, der Minderheitsgesellschafter, der Arbeitnehmer oder auch des Fiskus zu gehen habe. Es ist aber davor zu warnen, aus dem Kriterium der zwingenden Allgemeininteressen generell die Geltung des Gesellschaftsrechts des Sitzstaats abzuleiten, was gegenüber dem Grundsatz der Niederlassungsfreiheit kaum verhältnismäßig wäre und jedenfalls nicht durchweg als erforderlich angesehen werden kann, da auch das Gesellschaftsrecht des Gründungsstaats in aller Regel die Interessen von Gründern und Gesellschaftern gegen die Allgemeininteressen abgewogen hat[134]. Es mag allerdings sein, dass die Rechtsordnungen einiger europäischer Mitgliedstaaten, namentlich Englands, dem Gesichtspunkt des Schutzes der privaten Gläubiger nicht denselben Rang zuerkennen wie das deutsche Recht; dies rechtfertigt aber die Anwendung nationalen Rechts auf Auslandsgesellschaften nur, wenn besondere Schutzlücken auftreten, die aus der Sicht des Sitzstaats untragbar sind[135]. Das stünde dann auch der verschiedentlich

21

---

130 BGH v. 13.3.2003 – VII ZR 370/98, GmbHR 2003, 527 mit Anm. *Stieb* = NJW 2003, 1461 = JZ 2003, 525 mit Anm. *Eidenmüller*; BayObLG v. 19.12.2002 – 2Z BR 7/02, GmbHR 2003, 299 = NZG 2003, 290; OLG Celle v. 10.12.2002 – 9 W 168/01, GmbHR 2003, 532; KG v. 18.11.2003 – 1 W 444/02, NZG 2004, 49, 51 = GmbHR 2004, 116; *Forsthoff*, DB 2003, 970; *Wertenbruch*, NZG 2003, 618; *Schulz*, NJW 2003, 2705 f.

131 *Eidenmüller*, ZIP 2002, 2233, 2244.

132 Von einer „differenzierten Verhältnismäßigkeitsprüfung" spricht auch *Karsten Schmidt*, in: Lutter, Europäische Auslandsgesellschaften, S. 15, 23; zu den Maßstäben der Beschränkungen der Niederlassungsfreiheit *Eidenmüller/Rehm*, ZGR 2004, 159, 178 ff.; *Kieninger*, ZEuP 2004, 685, 698; s. auch Generalanwalt *Jääskinen*, ZIP 2012, 465, 469.

133 Zur Cassis de Dijon-Doktrin s. EuGH v. 20.2.1979 – Rs. 120/78, EuGHE 1979, 649; zur Bezugnahme darauf s. Rdnr. 34–38 des „Centros"-Urteils. Zu dem „Vier-Punkte-Test" besonders deutlich die etwas spätere Entscheidung „Inspire-Art" EuGH v. 30.9.2003 – Rs. C-167/01, GmbHR 2003, 1260 = NJW 2003, 3331, 3334 in Rdnr. 133.

134 So für Gläubiger- wie Gesellschafterschutz *Behrens/Hoffmann*, in: Ulmer/Habersack/Löbbe, Einl. B Rdnr. 71, 72.

135 *Spahlinger*, in: Spahlinger/Wegen, Abschnitt B Rdnr. 197.

geforderten undifferenzierten Durchsetzung zahlreicher normativer Wertungen des inländischen Rechts durch systematisch immer mögliche kollisionsrechtliche **Sonderanknüpfungen** entgegen[136], die folglich auf Ausnahmefälle beschränkt bleiben müssen.

d) Die Verfestigung der Grundkonzeption durch „Inspire Art"

22 Im „Überseering"-Urteil war noch offen geblieben, in welchen vom Gesellschaftsstatut – also durch das Kollisionsrecht – geregelten, aber nicht die Rechts- und Parteifähigkeit der Gesellschaft betreffenden Fragen ebenfalls die Niederlassungsfreiheit und damit das Gründungsrecht maßgebend sein sollte. Immerhin können für eine allein im Inland tätige, als voll rechtsfähig zu akzeptierende Gesellschaft einige Anforderungen des den Sitz beherrschenden nationalen Rechts zu beachten und durchzusetzen sein, etwa die Kapitalerhaltungsbestimmungen einschließlich der Regeln über Kapitalersatz, oder auch die Durchbrechungen des Haftungsprivilegs[137]. Offen war auch noch, ob einige bisher zum Gesellschaftsstatut gerechnete Normen künftig nicht mehr gesellschaftsrechtlich zu qualifizieren sind, was ihr Verhältnis zum Gründungsrecht beeinflussen könnte. Diese Fragen sind durch die Verfestigung der EuGH-Rechtsprechung im Urteil **„Inspire Art"**[138] teilweise geklärt, z.T. einer Lösung näher gebracht worden. Das Urteil betraf eine in England gegründete private limited company, die ihr Geschäft – Handel mit Kunstgegenständen – ausschließlich über eine in Holland errichtete Zweigniederlassung betreiben wollte – also im Ausgangspunkt ein „Centros"-Fall, auch insoweit, als beide beteiligte Mitgliedstaaten der Gründungstheorie folgen. Die Niederlande hatten aber – offenbar durch „Centros" angeregt – ein Gesetz über „formal ausländische Gesellschaften" (WFBV) erlassen, in dem solchen ausländischen Gesellschaften, die in ihrem Gründungsstaat keine nennenswerte Tätigkeit entfalten, eine Handelsregistereintragung mit dem ausdrücklichen Zusatz zur Pflicht gemacht wurde, dass es sich um eine formal ausländische Gesellschaft handle. Ferner sollten Angaben über einen Alleingesellschafter im Handelsregister des Aufnahmestaats gemacht werden müssen. Auch waren entsprechende Pflichtangaben auf Schriftstücken der Gesellschaft vorgeschrieben, u.a. über das Kapital, das mit mindestens 18 000 Euro dem einer damaligen niederländischen B.V. entsprechen sollte. Die Kontrolle der Einhaltung dieses Regelwerks sollte auf der Grundlage von durch Wirtschaftsprüfer abzugebenden Erklärungen erfolgen, die Gesellschaften sollten gehalten sein, beim Handelsregister ihre Eintragung im Register ihres Gründungsstaats nachzuweisen und alljährlich eine Bescheinigung der dort fortbestehenden Eintragung zu hinterlegen. Bei Verletzung dieser Pflichten sollte eine persönliche Haftung der Geschäftsführer eingreifen, wie sie das niederländische Recht schon bisher bei unseriösen Praktiken der Gesellschaft zum Nachteil des Steuerfiskus und der Sozialversicherungen (einschließlich des faktischen Wegzugs ins Ausland) eintreten ließ[139].

23 Es konnte nicht überraschen, dass diese gesamte Regelung vor den Augen des EuGH keine Gnade fand. Die Begründung war allerdings zweigleisig[140]: Zum einen wird wieder die Niederlassungsfreiheit als Maßstab herangezogen, dies aber in Verbindung mit der Zweignieder-

---

136 *Kieninger*, ZEuP 2004, 685, 697; *Heckschen*, GmbHR 2004, R 25; *Kleinert/Probst*, DB 2003, 2217 f.; *Horn*, NJW 2004, 893, 898 f.; *Mankowski*, RIW 2004, 481, 483; *Eidenmüller*, NJW 2005, 1618, 1620 f.; *Spahlinger*, in: Spahlinger/Wegen, Abschnitt B Rdnr. 219 ff.; anders noch *Forsthoff*, DB 2002, 2471, 2476; *Großerichter*, DStR 2003, 159, 168.

137 Hierzu und zum Folgenden etwa *Ulmer*, JZ 1999, 662, 664; *Goette*, ZIP 2006, 541.

138 EuGH v. 30.9.2003 – Rs. C-167/01, NJW 2003, 3331 mit Anm. *Paefgen*, WuB II N Art. 43 EG 2.04 = EuZW 2003, 687; aus dem reichhaltigen Schrifttum hier nur: *Sandrock*, BB 2003, 2588; *Spindler/Berner*, RIW 2003, 949 ff.; *Eidenmüller*, JZ 2004, 24 ff.; *Wachter*, GmbHR 2004, 88 ff.; *Rieger*, ZGR 2004, 510 ff.; *Altmeppen*, NJW 2004, 97; *Bayer*, BB 2003, 2357; *Zimmer*, NJW 2003, 3585; *Behrens/Hoffmann*, in: Ulmer/Habersack/Löbbe, Einl. B Rdnr. 42.

139 Dazu näher *Akveld/Ebben/H. P. Westermann*, RIW 1995, 720 ff.

140 *Paefgen*, Anm. WuB II N Art. 43 EG 2.04; *Ehlers*, in: Sandrock/Wetzler, S. 10 f.

lassungsrichtlinie der EU, weil die Mitgliedstaaten (so Rdnr. 67 des Urteils) hinsichtlich der Offenlegungspflichten, die der Zweigniederlassung einer Auslandsgesellschaft auferlegt werden, nicht über das in der Richtlinie vorgeschriebene hinausgehen dürfen. Dies dient also dem Ziel, Gesellschafter- und Gläubigerschutz unter Wahrung der Niederlassungsfreiheit (Rdnr. 68) in den Mitgliedstaaten gleichwertig auszugestalten[141], während es bisher darauf ankam, ob die Schaffung gleicher Rahmenbedingungen die Qualifikation unionsrechtlicher Vorgaben als Höchststandard erfordert[142] oder ob die Mitgliedstaaten über diese Forderungen hinausgehen dürfen. Die Richtlinie ist jedenfalls hinsichtlich der Offenlegungsvorschriften als Regelung mit Mindest- und Maximalgrenzen der notwendigen Publizität zu verstehen. Ungerechtfertigt war danach die Forderung der WFBV einer ausdrücklichen Bezeichnung als „formal ausländische Gesellschaft" und Hinterlegung von Wirtschaftsprüfer-Bescheinigungen über das gezeichnete und eingezahlte Mindestkapital; der Gerichtshof (Rdnr. 100) wendete sich gegen die Behauptung, durch die Anwendung dieser Regelungen auf ausländische Gesellschaften werde deren Niederlassungsfreiheit nicht tangiert. Dies gelte auch für die Vorschriften über die Haftung der Geschäftsführer (Rdnr. 101). Was sodann die Rechtfertigung derartiger Maßnahmen durch zwingende Allgemeininteressen betrifft, so bekräftigt der Gerichtshof seine im „Überseering"-Urteil und schon im „Centros"-Urteil (dort Rdnr. 139) eingeschlagene Linie hinsichtlich der eine Einschränkung der Niederlassungsfreiheit ausnahmsweise rechtfertigenden Allgemeininteressen (Rdnr. 21) und konkretisiert dies durch die Feststellung, die inländischen Gläubiger seien dadurch genügend geschützt, dass Inspire Art als Gesellschaft des englischen und nicht des niederländischen Rechts auftrat[143]. Als Verstoß gegen die Niederlassungsfreiheit wurden schließlich auch die Bestimmungen über die Haftung der Geschäftsführer und Gesellschafter bei Verletzung der Offenlegungspflichten qualifiziert (Rdnr. 21). Insgesamt blieb somit der Spielraum für Sonderanknüpfungen und auch für die vom BGH unter Berücksichtigung der EuGH-Judikatur vorgenommene Reduzierung der Rechtsfolgen der Sitztheorie (Rdnr. 11) nicht unangefochten[144]. Jedenfalls hält die Abschlussentscheidung des BGH zur Sache „Überseering" fest, dass eine nach dem Recht eines Mitgliedstaats gegründete Gesellschaft kraft der Niederlassungsfreiheit berechtigt sei, in jedem Mitgliedstaat vertragliche Rechte geltend zu machen, wenn und soweit sie nach ihrem Gründungsstatut dazu befähigt ist[145]. Diese mit Blick auf eine niederländische BV angesprochene Feststellung wurde vom BGH auf Limited des englischen Rechts unter Einschluss des Rechts der British Virgin Islands übertragen[146]. Insgesamt hat der EuGH die Grundlagen für die Behandlung grenzüberschreitender Gründungen (einschließlich der Anerkennung ausländischer Gesellschaften) und des Wegzugs einer Gesellschaft in einen anderen Mitgliedstaat (mit Blick auf Behinderungen etwa durch steuerrechtliche Folgen) gelegt und dabei Anforderungen an das kollisionsrechtlich berufene Sachrecht aufgestellt. Das schrittweise Vorgehen des Gerichts hat aber eine Reihe von Fragen offen gelassen, was zu weiteren Einzelfallentscheidungen zwang, zumal eine unionsrechtliche Normierung bisher fehlt.

---

141 Das Urteil wurde vereinzelt auch als Bestätigung der Sitztheorie verstanden, *Kindler*, NZG 2003, 1086.

142 *Lutter*, JZ 1992, 514, 606; zu den Äußerungen zu „Inspire-Art" insoweit besonders *Meilicke*, GmbHR 2004, 1271 ff.; *Schanze/Jüttner*, AG 2003, 661 f.; *Wachter*, GmbHR 2004, 88, 90.

143 Zur Firmierung wird freilich nicht ausdrücklich Stellung genommen, dazu *Karsten Schmidt*, in: Lutter, Europäische Auslandsgesellschaften, S. 24.

144 *Leible*, in: Michalski u.a., Syst. Darst. 2 Rdnr. 32.

145 BGH (VII. Senat) v. 13.3.2003 – VII ZR 370/98, GmbHR 2003, 527 = NJW 2003, 1461; dazu *Eidenmüller*, JZ 2003, 526; *Weller*, IPRax 2003, 324.

146 BGH (II. Senat) v. 14.3.2005 – II ZR 5/03, GmbHR 2005, 630 = NJW 2005, 1648; BGH v. 13.9.2004 – II ZR 276/02, NJW 2004, 3706; zur kollisionsrechtlichen Tragweite dieser Rechtsprechung *Weller*, in: MünchKomm. GmbHG, Einl. Rdnr. 355; zur Kasuistik in diesem Zusammenhang auch *Goette*, DStR 2005, 179 ff.; *Bitter*, WM 2004, 2190 ff.

e) Weitere Einflüsse der unionsrechtlichen Niederlassungsfreiheit auf nationales Gesellschafts- und Gesellschafts-Kollisionsrecht

24 Die EuGH-Rechtsprechung bis einschließlich „Inspire Art" hatte ungeachtet einiger nicht ganz eindeutiger Begründungswege schon zu einer weitgehenden Ausschaltung der Konsequenzen der Sitztheorie geführt[147], was auch für das Verhältnis zu den USA gilt. Aber auch solche Staaten, die die Gründungstheorie anwenden, dürfen nur in sehr begrenztem Umfang Auslandsgesellschaften dem Schutz des inländischen Rechtsverkehrs dienenden Vorschriften unterwerfen, die zum Gründungsstatut in einer die Niederlassungsfreiheit tangierenden Weise nicht passen würden. Das betrifft Normen des Sachrechts, aber auch Sonderanknüpfungen, auch soweit sie zum Sitzrecht führen sollen. Dabei hat „Inspire Art" diese Sichtweise nicht nur auf Fragen der Gründung – wie etwa der Aufbringung eines bestimmten Mindestkapitals – beschränkt, sondern sie auch auf andere gesellschaftsrechtliche Vorschriften wie die fortdauernden Mitteilungspflichten nach der Gründung oder auf die Haftung von Gesellschaften und Geschäftsführern erstreckt[148]. Das würde bedeuten, dass für die Organisationsverfassung der Gesellschaft ganz das Gründungsrecht maßgebend ist, da dem überragend wichtige Gemeinschaftsinteressen kaum entgegenstehen dürften[149]. Weiter wird aber – jeweils problemspezifisch – zu untersuchen sein, ob die in einem Mitgliedstaat bisweilen auch in Reaktion auf die EuGH-Rechtsprechung verfolgten Allgemeininteressen, namentlich auch das des Gläubigerschutzes, durch nicht als gesellschaftsrechtlich zu qualifizierende Normen etwa des Insolvenz-, Delikts- oder Vertragsrechts, vielleicht auch des Kapitalmarktrechts, in die Wertung nach dem Gründungsstatut eingebracht werden dürfen[150]. Zu einigen besonderen Konstellationen hat auch der EuGH Lösungen entwickelt, die es erschweren, eine ganz einheitliche Linie auszumachen. Das gilt so freilich nicht für die **Sevic**-Entscheidung zur **grenzüberschreitenden Verschmelzung**, die es für rechtswidrig hielt, die Registereintragung der abwicklungslosen Verschmelzung einer Luxemburgischen Gesellschaft auf eine deutsche AG und die Übertragung des gesamten Vermögens auf die deutsche Gesellschaft unter Beibehaltung ihrer Firma abzulehnen[151] (näher dazu und zu weiteren Entscheidungen deutscher Gerichte zur Verschmelzung Rdnr. 79). Die Weigerung des deutschen Registergerichts, die mit dem Hinweis begründet war, dass das Verschmelzungsrecht des UmwG nur auf Rechtsträger mit Sitz in Deutschland ausgerichtet sei, verwarf der EuGH als Verletzung der Niederlassungsfreiheit, welche offenbar beiden an dem Vorgang beteiligten Gesellschaften zusteht. Das ist systematisch bedeutsam gegenüber dem Einwand, die übertragende Gesellschaft könne sich nicht auf die Niederlassungsfreiheit berufen[152]; aber ob die Verschmelzung aus der Sicht der aufnehmenden Gesellschaft mit der Errichtung einer Zweigniederlassung und damit als Ausübung der sekundären Niederlassungsfreiheit verglichen werden kann, erscheint eher zweifelhaft, was auch für die Tragfähigkeit der in der Überseering-Entscheidung ange-

147 So schon *Behrens*, IPRax 2004, 20 ff.; *Sandrock*, BB 2004, 897; *Maul/Schmidt*, BB 2003, 2297 ff.; ferner *Paefgen*, WM 2003, 561; zweifelnd neuerdings *Klöhn/Schaper*, ZIP 2013, 49, 54.

148 Dies betont *Behrens*, IPRax 2004, 20 ff.

149 Dazu *Riegger*, ZGR 2004, 510 ff.

150 Zum Deliktsrecht etwa *Lieder*, DZWiR 2005, 309; zu § 823 Abs. 2 BGB i.V.m. Strafrecht *Goette*, DStR 2005, 197 ff.; *Spindler/Berner*, RIW 2004, 7; zum Insolvenzrecht *Goette*, DStR 2005, 197; *Vallender*, ZGR 2006, 425 ff.; zum internationalen Kapitalmarktrecht eingehend *Kindler*, in: Münch-Komm. BGB, IntGesR Rdnr. 27 ff.; zum Ganzen auch *Teichmann*, ZGR 2011, 639, 673 und zu den methodischen Folgen *Weller*, ZGR 2010, 679, 695 f.

151 EuGH v. 13.12.2005 – Rs. C-411/03, Slg. 2005, I 10805 = GmbHR 2006, 140 mit Anm. *Haritz*; dazu *Behrens*, EuZW 2006, 65; *Bayer/J. Schmidt*, ZIP 2006, 210; *Lutter/Drygala*, JZ 2006, 770; *Koppensteiner*, Der Konzern 2006, 40; w.N. bei *Leible*, in: Michalski u.a., Syst. Darst. 2 Rdnr. 33 m. Fn. 99.

152 Das SEVIC-Urteil ablehnend *Kindler*, in: MünchKomm. BGB, IntGesR Rdnr. 846.

wendeten Unterscheidung zwischen Wegzug und Zuzug (Rdnr. 20) gelten könnte[153]. Eine wichtige Fortentwicklung stellte sodann die zur Verlegung des operativen Sitzes einer Gesellschaft von Ungarn nach Italien ergangene **Cartesio**-Entscheidung[154] dar. Der Antrag auf Eintragung der Verlegung des (ungarischen) Sitzes ins dortige Handelsregister war mit der der Sitztheorie entsprechenden Begründung abgelehnt worden, durch den Wegzug verliere die Gesellschaft ihre Existenz[155]. Der EuGH akzeptierte Rechtsvorschriften eines Mitgliedstaats, die einer nach seinem Recht gegründeten Gesellschaft einen Wegzug unter Wahrung ihres Gesellschaftsstatuts verbieten, ließ aber Maßnahmen des Wegzugsstaats nicht gelten, die bei einer formwechselnden Sitzverlegung eine über den Verlust des Gesellschaftsstatuts hinausgehende Beschränkung vorsehen, was aber nicht gelten soll, wenn die Gesellschaft ihre inländische Rechtsform bewahren will. Zu prüfen ist dabei auch, ob der Zuzugsstaat eine grenzüberschreitende Umwandlung ermöglicht[156] und ob er die Entstehungsvoraussetzungen für die juristische Person so bestimmt, dass eine wirtschaftlich effiziente Verbindung der „Niederlassung" zum Aufnahmestaat entstehen kann[157]. Trotz mancher Ähnlichkeit mit „Daily Mail" muss gesagt werden, dass zwischen der Änderung der Rechtsform durch den Wegzug und der Anknüpfung von Rechtsfolgen an den Verwaltungssitz oder das Zentrum der unternehmerischen Aktivitäten ein Gleichlauf nicht besteht. Die „Cartesio"- und die im Folgenden behandelte „Vale"-Entscheidung haben aber die Richtung der Überlegungen der Generalanwältin *Kokott* zu dem neuen, vom EuGH nun entschiedenen „Fall Polbud"[158] weitgehend bestimmt (dazu Rdnr. 78 f.). Zur Regelung der Materie durch das MoMiG in § 4a s. § 4a Rdnr. 26, 28.

Die ebenfalls sehr beachtete Entscheidung des EuGH im Fall „**Vale**"[159] baute auf der nach dem Vorigen etablierten Regel auf, dass nach Europarecht eine nach dem Recht eines Mitgliedstaats gegründete Gesellschaft nach Wegzug und Löschung im Gründungsstaat im Zuge einer Neugründung in einem anderen Mitgliedstaat als dem Aufnahmestaat ins Register eingetragen werden kann. Dabei sollte der Verwaltungs- und Satzungssitz einer italienischen Gesellschaft nach Ungarn verlegt und zugleich die Gesellschaft in eine ungarische Rechtsform umgewandelt werden, so dass von einem „grenzüberschreitenden Rechtsformwechsel" die Rede sein konnte[160]. Eine gewisse Verwirrung verursachende Besonderheit bestand darin, dass die italienische Gesellschaft wegen ihrer Absicht, Sitz und Tätigkeit nach Ungarn zu verlegen, auf ihren Antrag im italienischen Register gelöscht worden war und erst später die ungarische Gesellschaft gegründet wurde, was die Frage aufwarf, ob diese noch als Rechtsnachfolgerin in das Vermögen der gelöschten Gesellschaft anerkannt werden könnte[161]. Dass das

24a

---

153 *Behrens*, EuZW 2006, 69; *Paefgen*, GmbHR 2004, 463, 469; dem folgend *Leible*, in: Michalski u.a., Syst. Darst. 2 Rdnr. 34. Zu der dies abl. Entscheidung des OLG München v. 2.5.2006 – 31 Wx 9/06, GmbHR 2006, 600 = ZIP 2006, 1049 wiederum Rdnr. 77.

154 EuGH v. 16.12.2008 – Rs. C-210/06, NJW 2009, 569 = GmbHR 2009, 86 = JZ 2009, 409 mit Anm. *Wilhelmi*; dazu auch *Campos Nave*, BB 2009, 870; *Leible/Hoffmann*, BB 2009, 58; *Paefgen*, WM 2009, 529; *Zimmer/Naendrup*, NJW 2009, 545; *Teichmann*, ZIP 2009, 393.

155 Anders die Schlussanträge des Generalanwalts *Maduro* (ZIP 2008, 1067 mit Anm. *Richter*).

156 Zu diesem Vorgehen *Leible*, in: Michalski u.a., Syst. Darst. 2 Rdnr. 35.

157 Zu dieser Deutung der Urteile „Daily Mail", „Überseering" und „Cartesio" nach dem Vale-Urteil (dazu Rdnr. 24a) als „Geschöpftheorie" *Schön*, ZGR 2013, 333, 351; zweifelhaft ist aber, ob dies dem Mitgliedstaat gestattet, die Sitztheorie aufrechtzuerhalten.

158 Schlussanträge mit Begründung abgedruckt in ZIP 2017, 1319 ff.; zu den Schlussanträgen weitgehend zustimmend *Stiegler*, GmbHR 2017, 650; *Wicke*, NZG 2017, 702.

159 EuGH v. 12.7.2012 – Rs. C-378/10, GmbHR 2012, 860 = ZIP 2012, 1394 mit Anm. *Mörsdorf/Jopen*; *Behrens*, EuZW 2012, 625; *G. H. Roth*, ZIP 2012, 1744; *Teichmann*, DB 2012, 2085; *Bayer/J. Schmidt*, ZIP 2012, 1481; *Schön*, ZGR 2013, 333 ff.; *W.-H. Roth*, FS Hoffmann-Becking, 2013, 965 ff.; *Weller*, in: MünchKomm. BGB, IntGesR Rdnr. 360a ff.; *Schaper*, ZIP 2014, 810.

160 *Schön*, ZGR 2013, 333, 341.

161 Dazu die Schlussanträge des Generalanwalts *Jääskinen*, ZIP 2012, 465 ff.; *Barthel*, EWiR 2012, 161.

ungarische Gericht die Registrierung ablehnte, weil das ungarische Recht nur innerstaatliche Sachverhalte erfasse, rügte der EuGH mit dem Hinweis, dass nach dieser Argumentation ein inner-ungarischer Fall anders behandelt, die Gesellschaft aus dem anderen Mitgliedstaat also diskriminiert werde[162]. Daraus wird geschlossen, dass die Mitgliedstaaten, die einen interstaatlichen Formwechsel kennen, auch einen grenzüberschreitenden zulassen müssen[163], wobei gegebenenfalls die nationalen Regeln durch Adaption und Substitution auf eine Auslandsgesellschaft erstreckt werden müssen. Dagegen hat der Gerichtshof nicht zu der Verlegung des Verwaltungssitzes und der Beibehaltung des Satzungssitzes und des Gründungsstatuts Stellung genommen, so dass zunächst weiterhin mit den Grundsätzen der Entscheidungen „Überseering" und „Cartesio" auszukommen war, bis sich diese Fragen zuerst deutschen Instanzgerichten (Rdnr. 73 ff.) und nun dem EuGH im „Polbud"-Fall[164] stellten (s. dazu Rdnr. 78 f.). Auszugehen war dabei von der Annahme, dass die Mitgliedstaaten eigene Anforderungen stellen und im Übrigen die zur Verfügung gestellten Rechtsformen frei gestalten dürfen. Das wirkt sich dann auch auf die Behandlung von Zweigniederlassungen sowie einer „isolierten" Sitzverlegung aus[165] (Rdnr. 73). Dagegen dürfte die Frage, unter welchen Umständen der Aufnahmestaat die nach seinem Recht gegründete Gesellschaft als Rechtsnachfolgerin der im Gründungsland beendeten Gesellschaft anerkennen muss, weniger die Niederlassungsfreiheit als das Verständnis des Aufnahmestaats von dem Umwandlungsvorgang betreffen (auch dazu Rdnr. 73)[166]. Insgesamt nötigt das Vale-Urteil nicht dazu, die Dogmatik der unionsrechtlichen Einflüsse auf das internationale Gesellschaftsrecht umzubauen; wohl waren aber die Folgen der Vale-Grundsätze für die deutsche Registerpraxis in einzelnen Punkten noch zu konkretisieren, auch für den Fall, dass das Recht eines Mitgliedstaats keine Regeln über einen Formwechsel enthält. Bis heute fehlt es im sekundären EU-Recht an zusammengefassten Vorgaben zu der rechtstechnischen Gestaltung eines grenzüberschreitenden Formwechsels[167], was auch für das Sachrecht der Mitgliedstaaten gilt (näher Rdnr. 77).

III. Inhalt des Personalstatuts im Einzelnen

1. Allgemeine Kriterien – Qualifikation, Gesellschaftssitz, der ordre-public-Vorbehalt

25   Nach dem jetzigen Stand des internationalen Gesellschaftsrechts kann das Personalstatut ausländischer Gesellschaften in Deutschland nicht uneingeschränkt nach dem ausländischen Gründungsrecht und erst recht nicht mehr nach (inländischem) Sitzrecht bestimmt werden. Vielmehr sind – soweit nicht eines der zahlreichen völkerrechtlichen Abkommen eingreift, wie es allerdings beim FCN-Vertrag zu inzwischen etablierten Regeln geführt hat (Rdnr. 5, 9) – im europäischen Raum vom Gründungsstatut der Gesellschaft ausgehend die möglicherweise zusätzlich in Betracht kommenden und dafür zu qualifizierenden Rechtsinstitute des deutschen Sachrechts auf ihre Anwendbarkeit angesichts der Forderungen nach Niederlassungsfreiheit zu prüfen, wobei klar ist, dass das Gesellschaftsstatut die juristische Person „in voller Breite" erfasst („Einheitsstatut")[168]. Die Kautelarpraxis, die bei der Beratung inländischer Unternehmensgründer oder bestehender Unternehmen (einschließlich Unternehmens-

---

162 Zust. *Weller*, in: MünchKomm. BGB, IntGesR Einl. Rdnr. 360c.
163 *Bayer/J. Schmidt*, ZIP 2012, 1481; *Verse*, ZEuP 2013, 459, 476 ff.; *Teichmann*, DB 2012, 2085, 288; *Schall*, ZfPW 2016, 407, 414 ff.
164 EuGH v. 25.10.2017 – Rs. C-106/16, ECLI:EU:C:2017:804 – Polbud (GmbHR 2017, Heft 23 mit Anm. *Bochmann/Cziupka*).
165 So auch *Schön*, ZGR 2013, 333, 351 ff.
166 S. dazu auch die Schlussanträge des Generalanwalts *Jääskinen*, ZIP 2012, 465 ff. Rdnr. 46, 47.
167 Zu möglicherweise kurzfristigen Änderungen s. Rdnr. 15.
168 *Eidenmüller*, in: Eidenmüller, § 4 Rdnr. 1; *Kegel/Schurig*, Internationales Privatrecht, 9. Aufl. 2004, § 17 II 2; EuGH v. 5.11.2002 – Rs. C-208/00, GmbHR 2002, 1137 = NJW 2002, 3614 – Überseering;

gruppen) die Freiheit hat, ein ausländisches Gesellschaftsstatut zu wählen[169], hat einen solchen Entschluss nicht nur nach sorgfältiger Analyse des ausländischen Gesellschaftsrechts, sondern auch unter Abwägung der vom deutschen Recht legitimerweise zu stellenden Ansprüche zu treffen. Im **gerichtlichen Verfahren** besteht damit häufiger die Notwendigkeit einer Anwendung ausländischen Gesellschaftsrechts, etwa bei der Prüfung der Vertretungsbefugnis von Organpersonen, des Minderheitenschutzes bei der Willensbildung einer im Ausland gegründeten, aber in Deutschland geschäftsansässigen Gesellschaft, bei der Inanspruchnahme des Geschäftsführers einer solchen Gesellschaft durch diese selbst oder ihre Gesellschafter, neuerdings auch im Zusammenhang mit dem in England entwickelten, auch auf deutsche Gesellschaften anwendbaren Solvent Scheme of Arrangement, das von deutschen Gerichten anerkannt werden soll[170]. Die Anwendung ausländischen Rechts, die vom Kollisions- oder auch vom Unionsrecht vorgeschrieben sein kann, kann sich auch auf Vor- oder Teilfragen beziehen, was im Gesellschaftsrecht der Grundtypenvermischung (dazu näher Rdnr. 60) Schwierigkeiten verursachen kann, es ist aber auch in diesem Fall unausweichlich[171]. Es gibt auch Anhaltspunkte in der Judikatur des Gesellschaftsrechtssenats des BGH, dass für Gesellschaften in der EU wie für solche aus den EWR-Staaten an der Sitztheorie nicht festgehalten wird[172].

Das Personalstatut umfasst alle gesellschaftsrechtlichen Fragen, die, bevor sie als solche **qualifiziert** werden können, gegen eine Zuordnung zu anderen Materien des Sachrechts abgegrenzt werden müssen. Das bezieht sich praktisch vor allem auf **delikts- und insolvenzrechtliche Normen**, die anderen Kollisionsnormen unterliegen, mit geringerem Gewicht auf Regeln zum **Vertragsrecht**, möglicherweise auch einmal auf Arbeits- und Kapitalmarktrecht. Jeweils geht es um die Erfassung des konkret in Rede stehenden Lebenssachverhalts mit dem in einer Kollisionsnorm für maßgeblich erklärten Tatbestandselement, was sich etwa bei der Frage zeigt, ob die Existenzvernichtungshaftung, die zu einem Durchgriff der Gesellschaftsgläubiger gegen den verantwortlichen Gesellschafter führen kann, gesellschaftsrechtlicher Natur ist und folglich bei einer nicht dem deutschen Gesellschaftsrecht unterliegenden Auslandsgesellschaft nicht zum Zuge kommt, oder ob es sich um ein deliktsrechtliches Institut handelt, das nach Maßgabe von Art. 4 Rom I-VO an den Ort des Schadenseintritts anzuknüpfen ist; es kommt auch eine Mehrfach- oder Doppelqualifikation in Betracht[173]. Dasselbe gilt auch für die gerade aus deutscher Sicht wichtigen Regeln über Insolvenzverschleppung, deren insolvenzrechtliche Qualifikation zum Erfordernis eines Insolvenzverfahrens führen würde, worauf es bei gesellschaftsrechtlicher Qualifikation nicht entscheidend ankäme[174]; bei insolvenzrechtlicher Qualifikation ist kollisionsrechtlich dann zunächst die EuInsVO anzuwenden (zur Gerichtszuständigkeit für Insolvenzanfechtungsverfahren und für Schadensersatzklagen s. Rdnr. 64, 70). Die Qualifikationsfrage zwingt somit allgemein dazu, jedes im Zusammenhang mit dem Innen- oder Außenverhältnis einer Gesellschaft und ihrer Anteilseigner auftretende Sachproblem auf seine Zuordnung zu einer bestimmten Kollisionsnorm und das dadurch berufene Sachrecht zu untersuchen.

26

BGH v. 14.3.2005 – II ZR 5/03, GmbHR 2005, 630 = NJW 2005, 1648; *Weller*, in: MünchKomm. GmbHG, Einl. Rdnr. 387; *Großfeld*, in: Staudinger, Internationales Gesellschaftsrecht Rdnr. 16.

169 Dazu *Wachter*, GmbHR 2004, 88 ff.

170 Hierzu s. etwa OLG Celle v. 8.9.2009 – 8 U 46/09, ZIP 2009, 1968; *Paulus*, ZIP 2011, 1077; *Eidenmüller/Frobenius*, WM 2011, 1210, 1214; gegen die Anerkennung BGH v. 15.2.2012 – IV ZR 194/09, ZIP 2012, 740; zu den übrigen Beispielen instruktiv *Thole*, ZHR 176 (2012), 15 ff.

171 BGH v. 2.6.2003 – II ZR 134/02, GmbHR 2003, 956 = NJW 2003, 2609; auch die „Delaware-Entscheidung" BGH v. 5.7.2004 – II ZR 389/02, GmbHR 2004, 1225 = NJW-RR 2004, 1618 und dazu *Ebke*, RIW 2004, 740; *Kindler*, in: MünchKomm. BGB, IntGesR Rdnr. 154.

172 S. etwa den Fall BGH v. 14.3.2005 – II ZR 5/03, GmbHR 2005, 630 = NJW 2005, 1648 und zum Problemkreis *Thole*, ZHR 176 (2012), 15 ff.

173 Zum Ganzen *Kindler*, in: MünchKomm. BGB, IntGesR Rdnr. 690 ff., 709 ff.; *Weller*, in: MünchKomm. GmbHG, Einl. Rdnr. 400, 401.

174 *Großfeld*, in: Staudinger, Internationales Gesellschaftsrecht Rdnr. 373, 380; *Leible*, in: Michalski u.a., Syst. Darst. 2 Rdnr. 138, 139.

27   Schon wegen der fortbestehenden Bedeutung der Sitztheorie (Rdnr. 11), insoweit auch der meisten bilateralen Abkommen (Rdnr. 8), kommt es in vieler Hinsicht auf die Bestimmung des **Sitzes** einer Gesellschaft an. Dies ist nicht der in der Satzung festgelegte Ort, sondern der **effektive Verwaltungssitz**, der sich vom Satzungssitz unterscheiden kann, aber nicht muss. Die deutsche Rechtsprechung stellt auf den Tätigkeitsort der Geschäftsführung und der Vertretungsorgane ab[175], wobei die Annahme, dass hier die aus der Sicht der Sitztheorie ja entscheidenden Kontakte zum inländischen Rechtsleben stattfinden, nicht immer zutreffen muss, so dass es naheliegen könnte, mehr auf den tatsächlichen Schwerpunkt der wirtschaftlichen Betätigung abzustellen[176]. Auf die Geschäftsanschrift kommt es nicht an[177]. Jedenfalls reicht aber eine bloße Betriebsstätte für die Anknüpfung des Personalstatuts nach der Sitztheorie nicht aus (s. auch schon Rdnr. 10). Eine andere Lösung hätte den Vorzug, häufig mit der Maßgeblichkeit des Mittelpunkts der hauptsächlichen wirtschaftlichen Interessen des Schuldners (Comi) zusammenzufallen, der für das Insolvenzstatut maßgebend ist[178]. Im Hinblick auf die Sitzverlegung ins Ausland, die bei Anwendung der Sitztheorie zu einem Statutenwechsel führt, ist zu betonen, dass ein **Doppelsitz** nicht anerkannt wird, so dass in solchen Fällen auf den Ort abzustellen ist, an dem die zentralen Verwaltungsentscheidungen fallen[179]. Zur Beweislast und zu den dafür entwickelten Vermutungen Rdnr. 11.

28   Die allgemeinen Regeln des internationalen Privatrechts gebieten es, unter den in Art. 6 EGBGB genannten Voraussetzungen vom **„ordre-public-Vorbehalt"**[180] Gebrauch zu machen, was praktisch freilich kaum in Betracht kommen wird, wenn und soweit die Sitztheorie angewendet wird. Aber auch auf der Grundlage der Gründungstheorie können kraft dieser Ausnahmeregelung zwar Regeln des ausländischen Rechts von der Geltung für inländische Sachverhalte ausgeschlossen werden (sog. negative Funktion des ordre public), nicht aber ohne weiteres Vorschriften des nationalen Sachrechts, etwa die Grundlagen für eine Geschäftsführer- oder Gesellschafterhaftung, auf einen einem ausländischen Sachrecht unterliegenden Sachverhalt angewendet werden (positive Funktion des ordre public). Das ist eine generelle Streitfrage zum ordre public[181]. Allgemein muss sich im europäischen Bereich eine die Anwendung des Gründungsstatuts einschränkende Norm des Sitzrechts nach der Rechtsprechung den klaren Anforderungen an die Rechtfertigung aus dringenden Allgemeininteressen stellen, was auch für Sonderanknüpfungen gilt[182], ohne dass sich die Gesichtspunkte, die zu einer Sonderanknüpfung geführt haben oder auch noch beachtet werden sollten, einfach unter den ordre public subsumieren lassen[183], zumal ohnehin von den Möglichkeiten nach Art. 6

---

175   BGH v. 21.3.1986 – V ZR 10/85, BGHZ 97, 269, 272 = GmbHR 1986, 351; OLG Hamburg v. 12.1.1987 – 4 U 54/86, RIW 1988, 816; OLG Brandenburg v. 31.5.2000 – 14 U 144/99, RIW 2000, 798; ebenso *Großfeld*, in: Staudinger, Internationales Gesellschaftsrecht Rdnr. 228; *Kindler*, in: MünchKomm. BGB, IntGesR Rdnr. 420.

176   So OLG Oldenburg v. 4.4.1989 – 12 U 13/89, GmbHR 1990, 346 = NJW 1990, 1422 f.; KG v. 13.6.1989 – 6 U 591/89, NJW 1989, 3100; *Weller*, in: MünchKomm. GmbHG, Einl. Rdnr. 322; abl. aber OLG Frankfurt v. 24.4.1990 – 5 U 18/88, NJW 1990, 2204; *Leible*, in: Michalski u.a., Syst. Darst. 2 Rdnr. 72.

177   *Roth*, in: Roth/Altmeppen, § 4a Rdnr. 6.

178   So auch *Weller*, in: MünchKomm. GmbHG, Einl. Rdnr. 322.

179   OLG Frankfurt v. 23.6.1999 – 22 U 219/97, GmbHR 1999, 1254 = NZG 1999, 1097; *Leible*, in: Michalski u.a., Syst. Darst. 2 Rdnr. 87.

180   Zum Folgenden *Großfeld*, in: Staudinger, Internationales Gesellschaftsrecht Rdnr. 130 ff.; *Behrens/Hoffmann*, in: Ulmer/Habersack/Löbbe, Einl. B Rdnr. 214; *Weller*, in: MünchKomm. GmbHG, Einl. Rdnr. 431.

181   Ablehnend für das Gesellschaftsrecht *Weller*, in: MünchKomm. GmbHG, Einl. Rdnr. 434 ff.; allgemein überwiegt aber die Ansicht, dass negative und positive Funktion zwei Seiten derselben Sache sind; *Behrens/Hoffmann*, in: Ulmer/Habersack/Löbbe, Einl. B Rdnr. 215.

182   So auch *Paefgen*, ZIP 2004, 2053; *Hohloch*, in: Erman, BGB, Art. 6 EGBGB Rdnr. 59; zur engen Auslegung des Art. 6 EGBGB *Weller*, in: MünchKomm. GmbHG, Einl. Rdnr. 435.

183   *Behrens/Hoffmann*, in: Ulmer/Habersack/Löbbe, Einl. B Rdnr. 215.

EGBGB zurückhaltend Gebrauch gemacht wird. So scheiterte die Rechtsfähigkeit ausländischer Staatsunternehmen, auch der sozialistischen Länder, auch dann nicht am ordre public, wenn es das Vermögen eines enteigneten Privatbetriebes fortführte[184]. Demgegenüber kann es dabei bleiben, dass Art. 6 EGBGB eingreifen kann, wenn Hauptzweck der Gesellschaftsgründung Steuerhinterziehung ist, wobei im Übrigen die steuerrechtliche Behandlung der pseudo-foreign-corporations in Europa nicht allein von der Judikatur zur Niederlassungsfreiheit geprägt ist[185]. Nicht über den ordre-public-Vorbehalt durchsetzbar waren schon nach früherer Rechtsprechung[186] Mindestkapitalvorschriften des deutschen Gesellschaftsrechts, wohl auch nicht die §§ 30, 31[187]. Der Streit um die Anerkennung der Rechtsfähigkeit einer allein aus Haftungsgründen errichteten Liechtensteinischen juristischen Person[188] ist jetzt wie bei EU-Auslandsgesellschaften zu entscheiden, da Art. 31 und 34 des EWR-Abkommens den unionsrechtlichen Regeln über die Niederlassungsfreiheit entsprechen (Rdnr. 14).

2. Entstehung und Rechtsfähigkeit von Gesellschaften

Sowohl nach der Sitz- wie nach der Gründungstheorie, auch in ihrer unionsrechtlichen Version, gibt es keinen förmlichen Akt der **Anerkennung**, sondern nur eine kollisionsrechtliche Entscheidung für das Personalstatut einer Gesellschaft, die unterschiedlich ausfallen kann, je nachdem, ob die Gesellschaft im Inland oder im europäischen oder außereuropäischen Raum gegründet wurde[189]. Die Gesellschaft ist damit nach Maßgabe ihres Gründungsstatuts (oft auch bestimmt durch völkerrechtliche Abkommen) oder ihres Verwaltungssitzes rechtsfähig, wobei im Unionsrecht und in den völkerrechtlichen Abkommen (Rdnr. 5 ff.) kein festes Verhältnis zwischen Gründungsstatut und Verwaltungssitz besteht, so dass eine Gesellschaft mit inländischem Verwaltungssitz auch nach ausländischem Gesellschaftsrecht gegründet werden kann[190]. Der EuGH räumt den Mitgliedstaaten die Möglichkeit ein, die Anknüpfungsmomente zu bestimmen, die nach ihrem Recht Gründungsvoraussetzungen sind[191], praktisch wird dies bei einer Sitzverlegung ins Ausland und bei der Registrierung (Rdnr. 33). Im Anwendungsbereich der strengen Sitztheorie kann eine im Ausland nach dortigem Recht gegründete Gesellschaft, wenn sie ihren Verwaltungssitz in Deutschland hat oder ihn hierhin verlegt, hier nicht als rechtsfähige juristische Person anerkannt werden, solange sie nicht nach hiesigem Recht wirksam (neu) gegründet ist[192], allerdings ist die von der neuen Rechtsprechung voll-

29

---

184 BGH, NJW 1965, 1064; BGH, JZ 1963, 359 mit Anm. *Beitzke*.

185 Sehr zurückhaltend in Bezug auf die steuerlich motivierte Gründung einer Liechtensteinischen Anstalt BGH, WM 1979, 692, 693; krit. zum Einfluss der Rechtsprechung des EuGH auf direkte Steuern *Fischer*, FR 2005, 457 ff.; eingehend *Prinz*, Der Konzern 2004, 318 ff. Zu einer fraudulösen Verwendung eines Anknüpfungspunkts in Liechtenstein BGH v. 5.11.1980 – VIII ZR 230/79, BGHZ 78, 318; ähnlich AG Hamburg, MDR 1964, 1009.

186 Anders noch LG Siegen v. 5.5.2995 – 2 O 41/94, IPRRspr 1996 Nr. 23a; aufgehoben von OLG Hamm v. 4.10.1996 – 29 U 108/95, IPRRspr 1996 Nr. 23 b.

187 *Schumann*, DB 2004, 741, 743.

188 Dagegen noch (bei deutschem Sitz) BGH v. 30.1.1970 – V ZR 139/68, BGHZ 53, 181, 183; OLG Frankfurt, NJW 1964, 2355; anders dann aber BGH, WM 1977, 1637; BGH v. 19.9.2005 – II ZR 372/03, GmbHR 2005, 1483; schon vorher OLG Stuttgart, NJW 1965, 1139.

189 *Kegel/Schurig*, Internationales Privatrecht, 9. Aufl. 2004, § 17 II 2; *Leible*, in: Michalski u.a., Syst. Darst. 2 Rdnr. 94; *Rehm*, in: Eidenmüller, § 2 Rdnr. 7.

190 *Behrens/Hoffmann*, in: Ulmer/Habersack/Löbbe, Einl. B Rdnr. 90.

191 EuGH v. 16.12.2008 – Rs. C-210/06, GmbHR 2009, 86 = NZG 2009, 61 Rdnr. 110 – Cartesio; *Weller*, in: MünchKomm. GmbHG, IntGesR Rdnr. 363; *Behrens/Hoffmann*, in: Ulmer/Habersack/Löbbe, Einl. B Rdnr. 91.

192 BGH v. 30.3.2000 – VII ZR 370/98, EuZW 2000, 412 mit Anm. *Bous*, NZG 2000, 1025; *Zimmer*, BB 2000, 1261; *Behrens*, EuZW 2000, 385.

zogene „Mutation" einer als solcher nicht anerkannten ausländischen juristischen Person zur Personengesellschaft mit der neuartigen Rechtsfähigkeit der Gesellschaft bürgerlichen Rechts mit akzessorischer Gesellschafterhaftung („Wechselbalgtheorie", s. Rdnr. 11) zu beachten. Soweit die **Gründungstheorie** gilt, also auch im EU-Bereich, behält die Gesellschaft aber trotz des Auseinanderfallens von Satzungs- und Verwaltungssitz ihre Rechtsfähigkeit nach Maßgabe ihres Gründungsstatuts. Auch dies gilt dann unabhängig davon, ob die Gesellschaft ihren Verwaltungssitz nachträglich verlegt oder ihn niemals im Gründungsstaat gehabt hat. Fehlt der juristischen Person überhaupt ein Sitz, so kann Gründungsrecht angewendet werden[193]. Nach dem Gründungsstatut sind auch die Verhältnisse (Vermögenszuordnung, Schuldenhaftung) bei einer **Vorgesellschaft** zu beurteilen[194].

30 Nach dem Gründungsrecht bestimmen sich Anfang und Ende sowie der **Umfang der Rechtsfähigkeit**, damit auch eine etwaige Teilrechtsfähigkeit[195]. Das führt zu Problemen im inländischen Rechtsverkehr, wenn und soweit das maßgebliche Gründungsrecht einer Gesellschaft Beschränkungen ihrer Rechtsfähigkeit kennt, die nicht lediglich ihre durch Organhandeln zu gewährleistende Geschäftsfähigkeit betreffen. Praktisch kommt dies für die Anwendung der in den USA früher verbreiteten **ultra-vires-Lehre** in Betracht, die besagt, dass eine juristische Person nur solche Geschäfte vornehmen darf, die ihr nach ihrer Satzung erlaubt sind, so dass darüber hinausgehende Rechtsgeschäfte nichtig sind[196]. Die hiervon ausgehende Bedrohung der Sicherheit des Rechtsverkehrs ist aber inzwischen auch in den USA gesehen worden, so dass einerseits eine Heilung der Nichtigkeit durch die Gesellschafter erlaubt worden ist, andererseits eine in einem Bundesstaat inkorporierte Gesellschaft sich außerhalb auf eine satzungsmäßige Beschränkung ihrer Rechtsfähigkeit nicht mehr berufen kann; in England ist diese Lehre gänzlich aufgegeben worden[197]. Soweit sich aus ihr Beschränkungen der Vertretungsmacht der Organe ergeben können, müssen sie in Europa mit Art. 9 Abs. 1 der Publizitätsrichtlinie vereinbar sein, was kaum in Betracht kommen wird[198]. Wenn das berufene Auslandsrecht die Rechtsfähigkeit in einer dem inländischen Vornahmestatut unter Gesichtspunkten des Verkehrsschutzes abträglichen Weise einschränkt, ist ferner an eine **Sonderanknüpfung** zu denken, wie sie für einzelne zwingende Schutznormen zu Teilfragen erwogen wird[199]. In Bezug auf Einschränkungen der Rechtsfähigkeit würde sich eine Analogie zu **Art. 12 EGBGB** anbieten, der zwar unmittelbar nur die Rechtsfähigkeit natürlicher Personen betrifft, aber bei den i.d.R. schwieriger zu erkennenden Beschränkungen der Rechtsfähigkeit einer juristischen Person erst recht gelten muss. Vorausgesetzt ist freilich, dass die Teilnehmer des Rechtsgeschäfts sich bei seiner Vornahme im selben Staat befunden haben und der Ver-

---

193 *Leible*, in: Michalski u.a., Syst. Darst. 2 Rdnr. 95, 96, auch zu der Frage, ob eine nicht anerkannte ausländische Kapitalgesellschaft in Deutschland als Vorgesellschaft behandelt werden und somit für die Praxis einen einigermaßen gesicherten Status gewinnen kann.

194 OLG Frankfurt v. 23.6.1999 – 22 U 219/97, GmbHR 1999, 1254 = NJW-RR 2000, 1226 mit Kurz-Komm. *Kindler*, EWiR 1999, 1081.

195 BGH v. 5.11.1980 – VIII ZR 230/79, BGHZ 78, 318, 334; BGH v. 23.4.1998 – III ZR 194/96, NJW 1998, 2452; BGH v. 30.3.2000 – VII ZR 370/98, EuZW 2000, 412; BGH v. 13.6.1984 – IVa ZR 196/82, IPRax 1985, 221, 223 = GmbHR 1985, 86; BGH v. 23.4.1998 – III ZR 194/90, NJW 1998, 2452; *Spahlinger*, in: Spahlinger/Wegen, Abschnitt C Rdnr. 270; OLG Hamburg v. 21.1.1987 – 4 U 54/86, RIW 1988, 816.

196 Näher dazu *Zimmer*, Internationales Gesellschaftsrecht, S. 241 ff.; *Hess*, RIW 1992, 638; *Spahlinger/Wegen*, in: Spahlinger/Wegen, Abschnitt C Rdnr. 271; zum Gründungsvertrag BGH, WM 1973, 387; *Behrens/Hoffmann*, in: Ulmer/Habersack/Löbbe, Einl. B Rdnr. 58; *Kindler*, in: MünchKomm. BGB, IntGesR Rdnr. 525.

197 *Kegel/Schurig*, Internationales Privatrecht, 9. Aufl. 2004, § 17 II 2; *Leible*, in: Michalski u.a., Syst. Darst. 2 Rdnr. 121.

198 *Spahlinger/Wegen*, in: Spahlinger/Wegen, Abschnitt C Rdnr. 271.

199 Allgemein dazu *Behrens/Hoffmann*, in: Ulmer/Habersack/Löbbe, Einl. B Rdnr. 68.

tragpartner gutgläubig war[200]. Wenn eine im Inland gänzlich unbekannte und keiner hiesigen Rechtsform vergleichbare Gesellschaft auftritt, wird freilich den Rechtsverkehr eine gewisse Erkundigungsobliegenheit treffen, er kann nicht ohne weiteres auf die Rechtsfähigkeit nach dem maßgeblichen Recht oder auch die Handlungsmacht der für die Gebilde auftretenden Personen vertrauen; auch genügt nicht die bloße – heute durch den Gebrauch ersichtlich ausländischer Firmierungen naheliegende – Kenntnis des ausländischen Ursprungs der Gesellschaft[201]. Art. 12 EGBGB ist eine **allseitige Kollisionsnorm**[202].

Besondere Rechtsfähigkeiten, d.h. die Fähigkeit zur Teilnahme an bestimmten Arten von   31
Rechtsgeschäften oder zur Innehabung bestimmter Rechte und Pflichten, können sich aus dem jeweiligen Wirkungsstatut etwa im Recht des Belegenheitsortes einer Sache ergeben, sind aber auch zu beachten, wenn sie aus dem Gesellschaftsstatut folgen. Praktisch wird dies u.U. für die Möglichkeit zum Grundstückserwerb (Art. 86 EGBGB), die durch die lex rei sitae beschränkt werden kann, während andere Beschränkungen sich aus dem Gründungsrecht ergeben können, besonders demjenigen früherer zentralplanwirtschaftlicher Ordnungen. So genügt für die Grundbuchfähigkeit einer ausländischen Gesellschaft in Deutschland, dass diese nach ihrem Gründungsrecht Trägerin von Grundstücksrechten sein kann[203]. Dasselbe gilt für öffentlich-rechtliche Regulierungen[204], die auch zum Fremdenrecht (Rdnr. 4) gehören können. Die nach deutschem Recht für juristische Personen kaum zweifelhafte Fähigkeit zur **Beteiligung** an anderen Personenverbänden ist etwa bei Konzernen oder Grundtypenvermischungen dem jeweiligen Personalstatut zu entnehmen[205], dazu im Einzelnen Rdnr. 60, 61. Die Fähigkeiten zum Umgang mit Wechseln und Schecks, zur Inhaberschaft an Marken und sonstigen gewerblichen Schutzrechten oder zur Eintragung ins Grundbuch spielen für als rechtsfähig anzuerkennende ausländische Personenverbände keine Rolle[206], die Grundbuchfähigkeit ist zu bejahen, wenn die Gesellschaft aus der Sicht des deutschen Rechts wie eine rechtsfähige zu beurteilen ist. Die Schwierigkeiten, die sich insoweit im deutschen Sachrecht im Hinblick auf die Gesellschaft bürgerlichen Rechts ergeben haben[207], werden sich bei Anwendung eines ausländischen Gründungsstatuts wohl vermeiden lassen. Die **Deliktsfähigkeit** einer juristischen Person beurteilt sich nicht nach dem Personalstatut, sondern nach dem Recht des Schadens- (Art. 4 Rom II-VO) oder des Begehungsorts (Art. 3 Nr. 2

---

200 Zum Ganzen BGH v. 23.4.1998 – III ZR 194/90, IPRax 1999, 104; OLG Nürnberg v. 7.6.1984 – 8 U 111/84, WM 1985, 259; *Spahlinger/Wegen*, in: Spahlinger/Wegen, Abschnitt C Rdnr. 271; *Leible*, in: Michalski u.a., Syst. Darst. 2 Rdnr. 110; abl. *Soergel/Lüderitz*, Art. 10 EGBGB Anh. Rdnr. 20. Zur entsprechenden Anwendung des Art. 12 auf die „ultra-vires"-Lehre BGH v. 23.4.1998 – III ZR 194/96, NJW 1998, 2452 (allerdings offenlassend); *Kegel/Schurig*, Internationales Privatrecht, 9. Aufl. 2004, § 17 II 2; *Großfeld*, in: Staudinger, Internationales Gesellschaftsrecht, Rdnr. 276; *Paefgen*, in: Westermann/Wertenbruch, Handbuch Personengesellschaften, Rdnr. I 4141.
201 *Kegel/Schurig*, Internationales Privatrecht, 9. Aufl. 2004, § 17 II 2; *Großfeld*, in: Staudinger, Internationales Gesellschaftsrecht Rdnr. 195; a.M. noch OLG Hamburg, IPRspr Nr. 32, Nr. 14 betreffend die Vertretungsmacht.
202 *Kegel/Schurig*, Internationales Privatrecht, 9. Aufl. 2004, § 17 Rdnr. II 2; *Leible*, in: Michalski u.a., Syst. Darst. 2 Rdnr. 123.
203 *Hirte*, in: FS Priester, 2007, S. 221, 223. Zum Umgang mit nicht in Deutschland belegenem Vermögen einer englischen Company OLG Brandenburg v. 27.7.2016 – 7 U 52/15, ZIP 2016, 1871 = GmbHR 2016, 1099.
204 *Kegel/Schurig*, Internationales Privatrecht, 9. Aufl. 2004, § 17 Rdnr. II 2.
205 BayObLGZ 86, 61, 66; OLG Saarbrücken v. 21.4.1989 – 5 W 60/88, GmbHR 1990, 348 = JZ 1989, 904 f.; KG v. 11.12.1997 – 1 W 3412/96, RIW 1997, 597; s. auch *Bungert*, IPRax 1989, 339.
206 Die Grundbuchfähigkeit einer englischen Ltd. wurde von BayObLG v. 19.12.2002 – 2Z BR 7/02, ZfIR 2003, 200 mit Anm. *Mankowski*, EWiR Art. 43 EGV 1/2003 anerkannt; s. auch BayObLG v. 19.12.2002 – 2Z BR 7/02, ZIP 2003, 398 mit Anm. *Dümig*, ZfIR 2003, 191; *Leible*, NZG 2003, 359 f.; *Schaub*, DStR 2003, 654; *Hirte*, in: FS Priester, 2007, S. 221, 223; zu weiteren Einzelheiten *Kindler*, in: MünchKomm. BGB, IntGesR Rdnr. 559.
207 Näher *H. P. Westermann*, in: Erman, § 705 BGB Rdnr. 71, 72; *H. P. Westermann*, in: FS Säcker, 2011, S. 543 ff.

lit. a, 40 EGBGB)[208]. Es bedarf dann noch einer Norm, nach der das unerlaubte Handeln natürlicher Personen der Gesellschaft zugerechnet wird, wofür nach deutschen Vorstellungen (§ 31 BGB) notwendig ist, dass die schadenstiftende Handlung in einem Zusammenhang mit den der natürlichen Person zugewiesenen Aufgaben steht[209]. Dies schließt allerdings nicht aus, dem Gesellschaftsstatut (und möglicherweise sogar dem trotz des Gründungsrechts ausnahmsweise anwendbaren Sitzrecht) gewisse Möglichkeiten eines gläubigerschützenden **Durchgriffs** zu entnehmen, was aber ein Problem der Qualifikation und der daraus folgenden Haftungsverfassung ist, näher Rdnr. 70. Dem Personalstatut sind schließlich auch die Normen über Verantwortlichkeit der Organe gegenüber der Gesellschaft zu entnehmen. Zu gewerberechtlichen Anforderungen an den Geschäftsführer Rdnr. 4.

32 Seit dem Urteil „Überseering" (Rdnr. 20, 21) ist klar, dass auch die **Prozess-** und **Parteifähigkeit** sich nach dem Personalstatut, u.U. also dem ausländischen Gründungsrecht richtet; die genaue Art der Anknüpfung ist allerdings in der Lehre umstritten. Früher wurde gefragt, ob das Recht des Forums auf der Grundlage des § 50 ZPO dem nach seinem Gründungsrecht rechtsfähigen Personenverband auch die Parteifähigkeit zubilligt[210]; von anderen wird aufgrund entsprechender Anwendung des § 50 ZPO oder in direkter Anwendung einer (nicht kodifizierten) prozessrechtlichen Kollisionsnorm das Gesellschaftsstatut für die Parteifähigkeit zugrunde gelegt[211]. Diese Lösung passt auch, wenn das maßgebliche Auslandsrecht die Parteifähigkeit der juristischen Person abweichend von ihrer Rechtsfähigkeit regelt[212], das läuft dann auf eine alternative Anknüpfung hinaus[213]. Ein nach seinem Personalstatut weder rechts- noch parteifähiger Verband kann in Deutschland unter den Voraussetzungen des § 50 Abs. 2 ZPO **verklagt** werden. Soweit deutsches Sitzrecht maßgeblich ist, kann also eine nach einem ausländischen Recht gegründete Gesellschaft mit Verwaltungssitz in Deutschland hier als Personen- oder Personenhandelsgesellschaft klagen und verklagt werden[214]; das ließe sich auch mit einer entsprechenden Anwendung des § 55 ZPO begründen. Es geht darum, inländischen Dritten die prozessuale Durchsetzung eines Anspruchs zu ermöglichen, und zwar unter Einschluss der Vollstreckung des Urteils im Forumsstaat. Die Prozessfähigkeit ist eine Frage der Zurechnung von Umständen zur juristischen Person, deshalb richtet sie sich ebenfalls nach dem Personalstatut, wobei wiederum keine Anknüpfung über § 52 ZPO zu erfolgen braucht, sondern direkt das die Organisation der Gesellschaft bestimmende Personalstatut anwendbar ist[215]. Fehlt der Gesellschaft nach ihrem Personalstatut

---

208 *Ahrens*, IPRax 1986, 355, 358; *Großfeld*, in: Staudinger, Internationales Gesellschaftsrecht Rdnr. 229; *Leible*, in: Michalski u.a., Syst. Darst. 2 Rdnr. 117; *Paefgen*, ZIP 2004, 2255; *Ulmer*, NJW 2004, 1205; *Kindler*, in: MünchKomm. BGB, IntGesR Rdnr. 440.

209 BGH v. 8.7.1986 – VI ZR 47/85, GmbHR 1986, 380 (nicht zum IPR).

210 BGH, NJW 1965, 1666 f.; BGH v. 30.3.2000 – VII ZR 370/98, EuZW 2000, 412 f.; OLG Frankfurt v. 24.4.1990 – 5 U 18/88, NJW 1990, 2204; OLG Düsseldorf v. 8.1.1993 – 17 U 82/92, NJW-RR 1993, 999.

211 RGZ 117, 215, 217; BGH v. 17.10.1968 – VII ZR 23/68, BGHZ 51, 27 f.; BGH v. 2.4.1970 – VII ZR 128/68, BGHZ 53, 383, 385; BGH v. 3.2.1999 – VIII ZB 35/98, IPRax 2000, 21; OLG Hamm v. 4.10.1996 – 29 U 108/95, RIW 1997, 236 f.; *Pagenstecher*, ZZP 64 (1951), 249 ff.; *Leible*, in: Michalski u.a., Syst. Darst. 2 Rdnr. 130.

212 BGH v. 17.10.1968 – VII ZR 23/68, BGHZ 51, 27 f. betreffend eine im Handelsregister gelöschte und deshalb nicht parteifähige, aber wegen eines verbliebenen Aktivvermögens noch rechtsfähige schweizerische AG; ähnlich schon OLG Stuttgart, NJW 1974, 1627 f.

213 Zur „alternativen Anknüpfung" *Leible*, in: Michalski u.a., Syst. Darst. 2 Rdnr. 130; s. ferner *Thorn*, IPRax 2001, 102, 107.

214 *Leible*, in: Michalski u.a., Syst. Darst. 2 Rdnr. 132; für eine luxemburgische Kapitalgesellschaft mit Satzungssitz in Luxemburg, aber Verwaltungssitz in Deutschland ebenso BGH v. 2.6.2003 – II ZR 134/02, GmbHR 2003, 956 = NJW 2003, 2609 mit Anm. *Thode*, WuB VII B Artikel 5 EuGVÜ 1.03 = ZIP 2003, 1417; dazu auch *Lehmann*, IPRax 2005, 109 ff.

215 OLG Düsseldorf v. 8.12.1994 – 6 U 250/92, IPRax 1996, 423 f.; BGH v. 29.1.2003 – VIII ZR 155/02, GmbHR 2003, 534 = NJW 2003, 1607.

die Prozessfähigkeit, ist im Forumsstaat aber § 55 ZPO entsprechend anzuwenden. Nach dem Personalstatut richtet sich auch das **Ende der Rechtsfähigkeit** einschließlich aller Regeln über Auflösung und Liquidation. Allerdings muss für das im Inland belegene Vermögen einer im Gründungsland gelöschten und damit nicht mehr rechtsfähigen Gesellschaft eine Lösung gefunden werden. Diese sieht der BGH[216] in einer analogen Anwendung der Regeln über die Folgen staatlicher Enteignungen im Ausland, was im Interesse der Gesellschafter und Gläubiger der gelöschten Gesellschaft einen Fortbestand als Rest- oder Spaltgesellschaft bedeutet, die – notfalls durch Nachtragsliquidation, aber mangels Anwendbarkeit von § 1913 BGB nicht durch einen Pfleger, da § 1913 BGB hierfür nicht passe – abgewickelt werden muss, sie wird nicht zur GbR oder OHG. Die Restgesellschaft unterliegt ausschließlich deutschem Recht, da sie hier ihren Sitz hat[217]. Die Vertretung obliegt, da die bisherigen Organe nicht mehr amtieren können, einem Liquidator oder Nachtragsliquidator. Wird die Ltd., was nach englischem Recht möglich ist, rückwirkend wieder hergestellt, ist dies in Deutschland anzuerkennen und bewirkt, wenn die Gesellschaft in einen Rechtsstreit verwickelt war, der entspr. §§ 239, 241 ZPO unterbrochen war, ad hoc eine Beendigung der Unterbrechung[218]. Aus der Anwendung deutschen Rechts soll aber nicht folgen, dass die Gesellschafter der gelöschten ausländischen Gesellschaft für Verbindlichkeiten nach deutschem Gesellschaftsstatut haften[219]. Zur **Insolvenz** einer in Deutschland ansässigen Auslandsgründung oder einer Briefkastengesellschaft Rdnr. 70 ff.

3. Eintragung ins Handelsregister

Bei den Fragen zur **Registrierung** und **Publizität** kommen neben einem – u.U. ausländischen – Personalstatut Anforderungen des Sitzrechts in höherem Maße zum Tragen. Ist die Sitztheorie anzuwenden, so ist, soweit der Verwaltungssitz einer Gesellschaft sich im Ausland befindet, die Eintragung zu verweigern, soweit nicht eine Rückverweisung in Betracht kommt[220]. Für das Eintragungsverfahren gilt die **lex fori**[221]. Soll eine Gesellschaft mit ausländischem Personalstatut eingetragen werden, so ist zunächst der Grundsatz des numerus clausus der in ein inländisches Register vorzunehmenden Eintragungen zu beachten, obwohl dieser schon im allgemeinen Registerrecht nicht gänzlich ohne Durchbrechungen bleiben kann[222]. Damit könnte man den Ausgangspunkt des die Registrierung ausländischer Gesellschaften betreffenden Fragenkreises anzweifeln, dass nämlich das deutsche Handelsregister keinen Platz für die Eintragung von Personenverbänden einer nicht deutschen Rechtsform habe[223]. Das deutsche Registerrecht, das z.T. dem öffentlichen Recht zugerechnet wird, knüpft weitgehend an den Ort der kaufmännischen Niederlassung an (s. etwa §§ 105, 377 Abs. 1 FamFG, §§ 13d Abs. 1, 29, 106 Abs. 1 HGB), so dass eine Verpflichtung einer im Inland unternehmerisch ak-

33

---

216 BGH v. 22.11.2016 – II ZB 19/15, GmbHR 2017, 367 = NJW 2017, 347 mit zust. Anm. *Froehner*, S. 349; so auch das Berufungsurteil OLG Brandenburg v. 27.7.2016 – 7 U 52/15, GmbHR 2016, 1099 = ZIP 2016, 1871; zust. *Bayer/Unglaube*, EWiR 2017, 231; gegen Fortbestand als Restgesellschaft noch BGH v. 19.1.2017 – VII ZR 112/14, NZG 2017, 394 mit Anm. *Otte/Gräbener*, S. 396 = GmbHR 2017, 364.

217 BGH v. 22.11.2016 – II ZB 19/15, GmbHR 2017, 367 = ZIP 2017, 421, insgesamt zust. *Seggewiße/Weber*, GmbHR 2017, 369, 370.

218 BGH v. 19.1.2017 – VII ZR 112/14, GmbHR 2017, 364; zust. *Seggewiße/Weber*, GmbHR 2017, 369, 370, 371.

219 *Bayer/Unglaube*, EWiR 2017, 231 gegen OLG Hamm v. 11.4.2014 – I-12 U 142/13, GmbHR 2014, 1156 = ZIP 2014, 1426.

220 BGH v. 21.11.1955 – II ARZ 1/55, BGHZ 19, 102, 105; BGH v. 19.2.1959 – II ZR 22/58, BGHZ 29, 320, 328; *Großfeld*, in: Staudinger, Internationales Gesellschaftsrecht Rdnr. 264.

221 BayObLGZ 1965, 294, 295; *Kindler*, in: MünchKomm. BGB, IntGesR Rdnr. 506 ff.

222 Näher dazu *H. P. Westermann*, in: FS Mestmäcker, 1990, S. 969 ff.

223 So aber *Rehberg*, in: Eidenmüller, § 5 Rdnr. 17.

tiven Gesellschaft anzunehmen ist, sich im Register eintragen zu lassen, insbesondere wenn die in ihr zusammengeschlossenen natürlichen Personen nicht oder nur beschränkt haften. Wenn man im Anschluss an das Cartesio-Urteil (Rdnr. 24) die Mitgliedstaaten als berechtigt ansieht, unter den Voraussetzungen für die Rechtsfähigkeit das Vorhandensein eines inländischen Verwaltungssitzes zu fordern, so ist aus Gründen der Verkehrssicherheit eine Registrierung geboten, auch wenn der Satzungssitz im Ausland liegt. Anderes könnte aus der Neufassung des § 4a durch das MoMiG (Rdnr. 10) geschlossen werden, der dann freilich, was streitig ist, kollisionsrechtliche Bedeutung zuerkannt werden muss[224]. Folgert man aus der möglichen Trennung von Verwaltungs- und Satzungssitz die Zulassung der Gründung einer Gesellschaft mit inländischem Satzungs-, aber ausländischem Verwaltungssitz[225], so entgeht man den Differenzierungen je nach dem, ob im Staat des Verwaltungssitzes die Sitz- oder die Gründungstheorie gilt: Im ersteren Fall wäre die Gründung auch aus deutscher Sicht nach dem Recht des Verwaltungssitzes zu regeln, im zweiten Fall käme es zu einer Rückverweisung auf das deutsche Gründungsrecht, die hier angenommen werden müsste. Ob auch in diesem Problemkreis die Tendenz zur Gründungstheorie aufrechterhalten bleibt, ist noch nicht abschließend geklärt. Eine Teillösung könnte dahin gehen, mit Rücksicht auf das Informationsbedürfnis des inländischen Rechtsverkehrs, das gegenüber Gesellschaften mit ausländischem Personalstatut, aber (ausschließlich) inländischem Verwaltungssitz besteht, eine ausländische, nach dortigem Recht gegründete und somit nach jenen Regeln im Ausland registrierte Gesellschaft hier als **Zweigniederlassung** i.S. der §§ 13d ff. HGB zu behandeln, wobei Hauptniederlassung dann der Satzungssitz ist[226]. Ob dies allerdings, wie es heißt[227], schon aus „Centros" gefolgert werden kann, ist nicht ganz sicher. Immerhin genügt die Eintragung als Zweigniederlassung, um die Zugehörigkeit des Unternehmensträgers zur Rechtsordnung eines anderen Staats zu belegen. Dies gilt insbesondere auch dann, wenn die Gesellschaft allein im Inland eine effektive unternehmerische Tätigkeit entfaltet, so dass nach den Maßstäben des deutschen Rechts eigentlich nicht das Vorliegen einer bloßen Zweigniederlassung angenommen werden könnte[228]; dies erscheint überwindbar und die Eintragungspflicht sachlich geboten, wenn eine inländische Tätigkeit von gewisser Dauer gegeben ist. Auch wäre zuzugeben, dass die Errichtung einer Verwaltungszentrale, von der aus die gesamte unternehmerische Tätigkeit geleitet und ausgeführt werden soll, von der **„sekundären Niederlassungsfreiheit"** erfasst ist, und auch in den auf „Centros" folgenden EuGH-Urteilen war klar, dass sich die vom Gerichtshof reklamierte Rechtsposition voll auf die jeweilige inländische Niederlassung bezog, die dort tätig war und ihr ausländisches Gründungsstatut, also auch die Registereintragung nach diesem Recht, „mitbringen" konnte. Dann noch eine zweite inländische Eintragung als „Hauptniederlassung" zu verlangen, obwohl die §§ 13d ff. HGB diese Fälle erfassen können, erschiene un-

---

224 *Behrens/Hoffmann*, in: Ulmer/Habersack/Löbbe, Einl. B Rdnr. 91; dagegen *Weller*, in: MünchKomm. GmbHG, Einl. Rdnr. 384; *Kindler*, in: MünchKomm. BGB, IntGesR Rdnr. 516.
225 Hierzu und zum Folgenden *Behrens/Hoffmann*, in: Ulmer/Habersack/Löbbe, Einl. B Rdnr. 91.
226 *Rehberg*, in: Eidenmüller, § 5 Rdnr. 18; *Lutter*, in: Lutter, Europäische Auslandsgesellschaften, S. 4 ff.; zum Anspruch solcher Gesellschaften auf Eintragung OLG Zweibrücken v. 26.3.2003 – 3 W 21/03, GmbHR 2003, 530 = WM 2003, 1329; OLG Naumburg v. 6.12.2002 – 7 Wx 3/02, GmbHR 2003, 533; AG Duisburg v. 12.9.2003 – 62 IN 227/03, NZG 2003, 1072 f.; KG v. 10.11.2003 – 1 W 444/02, GmbHR 2004, 116 mit Anm. *Mildner*; KG v. 18.11.2003 – 1 W 444/02, GmbHR 2004, 116 = BB 2003, 2644; OLG Celle v. 10.12.2002 – 9 W 168/01, GmbHR 2003, 532; OLG Düsseldorf v. 21.2.2006 – I-3 Wx 210/05, ZIP 2006, 806 mit KurzKomm. *Wachter*, EWiR 2006, 345 (Eintragung auch ohne Vorlage eines Beschlusses über Gründung einer Zweigniederlassung); *Riedemann*, GmbHR 2004, 345, 348; *Riegger*, ZGR 2004, 510, 512; *Wachter*, GmbHR 2003, 1254; *Leible/Hoffmann*, EuZW 2003, 677, 679; *Spahlinger/Wegen*, in: Spahlinger/Wegen, Abschnitt C Rdnr. 550 ff.; im Einzelnen auch *Herchen*, RIW 2005, 529 ff.; *Klose/Mokroß*, DStR 2005, 1013 ff.; *Süß*, DNotZ 2005, 180 ff.; *Liese*, NZG 2006, 201; *Wernicke*, BB 2006, 843.
227 *Kindler*, in: MünchKomm. BGB, IntGesR Rdnr. 529 bezieht sich hier auch auf BGH v. 14.3.2005 – II ZR 5/03, GmbHR 2005, 630 = NJW 2005, 1648, 1649 f. unter II 2.
228 *Rehberg*, in: Eidenmüller, § 5 Rdnr. 21, 22.

nötig[229]. Eine im Ansatz umgekehrte, im Ergebnis aber jedenfalls gleichlaufende Argumentation[230] interpretiert die Zweigniederlassungsrichtlinie dahin, dass die Hauptniederlassung europarechtlich nur am Ort des Satzungssitzes liegen kann, so dass jede andere Niederlassung nur Zweigniederlassung ist, in welchem Sinne dann auch das deutsche Handelsregisterrecht auszulegen sei[231]. Somit besteht eine **Eintragungspflicht** und ein gleichlaufender Anspruch für Gesellschaften mit ausländischem Gründungsstatut; um die Eintragung zu erreichen, müssen die Gründer einen Satzungssitz oder einen Ort bestimmen, an dem eine Registrierung nach dem Gründungsstatut stattfinden kann (registered office)[232]. Danach bestimmt sich auch die gerichtliche Zuständigkeit. Da nach deutschem Recht die Eintragung als Kapitalgesellschaft und z.T. (§ 105 Abs. 2 HGB) auch eine solche als Personenhandelsgesellschaft einen kaufmännischen Geschäftsbetrieb nicht voraussetzen, wird man im Übrigen die Ansprüche an den Organisationsgrad und den Umfang der Tätigkeit der „Zweigniederlassung" nicht übertreiben dürfen[233]. Zum Gründungsvorgang s. näher Rdnr. 43 ff.

Obwohl Zweigniederlassungen im eigentlichen Sinne fast niemals eigene Rechtsfähigkeit haben, wird für die Eintragung einer Auslandsgesellschaft verbreitet ein **Nachweis** der nach ihrem Gründungsrecht erlangten **Rechtsfähigkeit** gefordert[234]; ein bloßer Auszug aus dem Companies Register (für eine englische Ltd.) wird nicht für ausreichend gehalten, da sich daraus die Vertretungsverhältnisse nicht ergeben[235]. Einzureichen ist auch eine beglaubigte Fassung des Gesellschaftsvertrags[236]. Wenn nach dem Gründungsrecht öffentlich-rechtliche Genehmigungen erforderlich sind, ist auch darüber ein Nachweis zu verlangen[237]. Wenn allerdings eine Zweigniederlassung nicht vorliegen soll, wenn der in der Anmeldung genannte Gegenstand ihrer Tätigkeit in der Beschreibung des **Unternehmensgegenstandes** in der Satzung der Hauptniederlassung nicht enthalten ist[238], so gilt dies nur für „echte" Zweigniederlassungen einer in einem anderen EU-Staat errichteten Gesellschaft; jedenfalls ist es aber nicht zu beanstanden, wenn für die deutsche Niederlassung einer englischen Ltd. eine gegenüber deren weitgefasstem Unternehmensgegenstand eingeschränkte konkretisierende Beschreibung gewählt worden ist[239]. Mit der Anmeldung der Zweigniederlassung ist auch der **Geschäfts-**

34

---

229 Dazu namentlich *Rehberg*, in: Eidenmüller, § 5 Rdnr. 18.

230 OLG Zweibrücken v. 26.3.2003 – 3 W 21/03, NZG 2003, 537 f.; *Wachter*, GmbHR 2004, 88, 93; *Riegger*, ZGR 2004, 510, 513.

231 So auch KG v. 18.11.2003 – 1 W 444/02, GmbHR 2004, 116, 118; OLG Naumburg v. 6.12.2002 – 7 Wx 3/02, GmbHR 2003, 533; OLG Celle v. 10.12.2002 – 9 W 168/01, GmbHR 2003, 532; OLG Zweibrücken v. 26.3.2003 – 3 W 21/03, GmbHR 2003, 530 = NZG 2003, 537.

232 *Behrens/Hoffmann*, in: Ulmer/Habersack/Löbbe, Einl. B Rdnr. 89. Zur Eintragungspflicht OLG Karlsruhe v. 29.6.2010 – 11 Wx 35/10, GmbHR 2011, 1324 mit Anm. *Anhäusser*.

233 In diesem Sinne auch *Hirsch/Britain*, NZG 2003, 1100, 1101; *Binger/Thölke*, DNotZ 2004, 21, 24.

234 KG v. 11.2.2005 – 5 U 291/03, ZIP 2005, 989 mit Besprechung *Grohmann*, GmbHR 2005, 774 f. (Vorlage des Certificate of Incorporation sowie einer aktuellen Bescheinigung des Gesellschaftsregisters bei einer Private Company Limited by Shares); LG Wiesbaden v. 8.6.2005 – 12 T 5/05, GmbHR 2005, 1134; das LG Berlin (v. 22.6.2004 – 102 T 48/04, GmbHR 2005, 172 = ZIP 2004, 2380 mit Bspr. *Wachter*, ZIP 2004, 2795 ff.; *Heckschen*, BNotZ 2005, 24 ff.) lässt eine Bescheinigung der zuständigen Registerbehörde über die Gründung (anstatt der Gründungsurkunde selbst) genügen, dies auch für den Nachweis der Vertretungsberechtigung. Zur Stellungnahme der IHK *Wachter*, in: Süß/Wachter, § 2 Rdnr. 50.

235 Anders LG Berlin v. 22.6.2004 – 102 T 48/04, GmbHR 2005, 172 = NotBZ 2005, 41.

236 Dazu LG Leipzig v. 14.9.2004 – 06 HKT 3146/04, NZG 2005, 759 mit Kurzkomm. *Wachter*, EWiR 2005, 655.

237 OLG Celle v. 10.12.2002 – 9 W 168/01, GmbHR 2003, 532 f.; *Riegger*, ZGR 2004, 510, 513.

238 LG Bielefeld v. 8.7.2004 – 24 T 7/04, GmbHR 2005, 98 mit Anm. *Wachter*; s. auch OLG Jena v. 22.4.1999 – 6 W 209/99, GmbHR 1999, 822 f.

239 LG Ravensburg v. 14.2.2005 – 7 T 1/04 KfH 1, GmbHR 2005, 489 und dazu Kurzkomm. *Wachter*, EWiR 2005, 423; OLG Düsseldorf v. 21.2.2006 – I-3 Wx 210/05, GmbHR 2006, 548 = ZIP 2006, 806.

führer anzumelden, und zwar grundsätzlich durch Vorlage des seine Bestellung betreffenden Gesellschafterbeschlusses und etwaiger weiterer zur Überprüfung der Wirksamkeit erforderlicher Unterlagen[240]; das ist, wenn es nach dem Gründungsstatut eines Beschlusses nicht bedarf (etwa bei Bestellung in der Satzung), weit zu verstehen. Die Vertretungsbefugnis kann sich aus dem Gründungsrecht ergeben; bestehen danach Wahlmöglichkeiten, so ist die Vertretungsregelung zu bezeichnen[241]. Der ausgeschiedene „ständige Vertreter" der Niederlassung ist nicht mehr zu Anmeldungen berechtigt[242]. Ob ein **Gewerbeverbot** gegen den (ausländischen) Geschäftsführer die Eintragung einer Zweigniederlassung verhindert, ist umstritten[243]; die vom EuGH geforderten Kriterien für eine Einschränkung der Niederlassungsfreiheit könnten hier aber wohl vorliegen. Klar ist auch, dass ausländische Gesellschaften **Genehmigungserfordernisse**, die sich aus ihrem Unternehmensgegenstand ergeben (§ 13e Abs. 2 Satz 2 HGB), beachten müssen, was auch für deutsche Gesellschaften gilt, die sich im Ausland an einer dortigen Gesellschaft beteiligen wollen, wenn dies der behördlichen Genehmigung bedarf[244]. Die Anforderungen des § 6 an einen ausländischen Geschäftsführer, die sich durch die Aufhebung des § 4a Abs. 2 entspannt haben[245], müssen auch bei Gesellschaften mit ausländischem Gesellschaftsstatut beachtet werden, auch wenn sie als Zweigniederlassung behandelt werden; anders wird es verbreitet gesehen, wenn der Betreffende praktisch ausschließlich im Ausland tätig sein soll[246]. Streitig ist die Möglichkeit, für einen Geschäftsführer die Befreiung vom Verbot des **Selbstkontrahierens** einzutragen[247]; auch wenn das Gründungsrecht ein solches Verbot nicht kennt, spricht für die Eintragungsfähigkeit der Umstand, dass hierdurch die Informationsmöglichkeit des inländischen Rechtsverkehrs verbessert wird, was die Betreiber der „Zweigniederlassung" durchaus anstreben könnten. Nach § 13g Abs. 2 Satz 1 HGB ist der Anmeldung auch eine öffentlich beglaubigte Abschrift des

---

240 KG v. 18.11.2003 – 1 W 444/02, ZIP 2003, 2297 mit Kurzkomm. *Mankowski*, EWiR 2004, 185 = GmbHR 2004, 119 mit Anm. *Mildner*. Zur Eintragung des englischen „directors" als ständiger Vertreter i.S. des § 13e Abs. 1 Nr. 3 HGB *Schall*, NZG 2006, 54; *Wachter*, Kurzkomm. EWiR § 13d HGB 2/06; OLG Düsseldorf v. 21.2.2006 – I-3 Wx 210/05, GmbHR 2006, 548 = ZIP 2006, 806 ff.

241 So mit Blick auf die englische Ltd. *Schaub*, NZG 2000, 953, 959; *Wachter*, NotBZ 2004, 41, 45. Zu den Anforderungen im Einzelnen OLG Karlsruhe v. 29.6.2010 – 11 Wx 35/10, GmbHR 2011, 1324.

242 Der neu Bestellte muss seine Anmeldeberechtigung nachweisen, OLG München v. 10.8.2011 – 31 Wx 239/11, GmbHR 2011, 1043 = NZG 2011, 1072; anders bei Identität mit einem neuen Organträger, OLG München v. 4.5.2006 – 31 Wx 23/06, GmbHR 2006, 603.

243 Gegen die Ablehnung der Eintragung als unionswidrig OLG Jena (v. 9.3.2006 – 6 W 693/05, BB 2006, 1181 = GmbHR 2006, 541 mit Anm. *Wachter*, S. 544; ebenso im Ergebnis OLG München v. 4.5.2006 – 31 Wx 23/06, GmbHR 2006, 603); der Erlass einer Gewerbe-Untersagungsverfügung gegen den Geschäftsführer wird zugelassen von OVG Münster (v. 9.9.2005 – 4 A 1468/05, BB 2005, 2259 mit Kurzkomm. *Just*, EWiR 2000, 17; dagegen OLG Dresden v. 7.2.2006 – Ss (OWi) 955/05, GmbHR 2006, 764 = ZIP 2006, 1097), was eine Lösung auch dann darstellen könnte, wenn die Gesellschaft eingetragen wird (*Mankowski*, BB 2006, 1173 ff.).

244 *Lutter/Hommelhoff*, in: Lutter/Hommelhoff, Einl. Rdnr. 55.

245 Dazu LG Berlin v. 4.3.2004 – 102 T 6/04, GmbHR 2004, 951; LG Magdeburg v. 26.4.2004 – 33 T 7/04, NotBZ 2004, 362; hier § 6 Rdnr. 15 ff.

246 OLG Düsseldorf v. 16.4.2009 – I-3 Wx 85/09, GmbHR 2009, 776; *Heßeler*, GmbHR 2009, 759, 761; *Tebben*, in: Michalski u.a., § 6 Rdnr. 32; zur grundsätzlichen Anwendbarkeit auf ausländische Kapitalgesellschaften mit inländischer Zweigniederlassung *Kleindiek*, in: Goette/Habersack, Das MoMiG in Wissenschaft und Praxis, 2009, Rdnr. 8.54.

247 Dafür LG Freiburg v. 27.7.2004 – 10 T 5/04, GmbHR 2005, 168; LG Ravensburg v. 14.2.2005 – 7 T 1/04 KfH 1, GmbHR 2005, 489; a.M. LG Augsburg v. 16.9.2004 – 1HK T 3917/04, NZG 2005, 356 sowie *Wachter*, NZG 2005, 338 ff. und *Wachter*, GmbHR 2005, 169; *Wachter*, NotBZ 2005, 409 (zu OLG München); krit. aber *Schall*, NZG 2006, 54; LG Leipzig v. 14.9.2004 – 06 HKT 3146/04, NZG 2005, 759 mit zust. Kurzkomm. *Wachter*, EWiR 2005, 655; OLG Düsseldorf v. 21.2.2006 – I-3 Wx 210/05, GmbHR 2006, 548 = ZIP 2006, 806. Umfassend *Wachter*, in: Süß/Wachter, § 2 Rdnr. 100 ff.

Gesellschaftsvertrages beizufügen, was bei einem fremdsprachigen Text weiter voraussetzt, dass eine befugte Urkundsperson die Richtigkeit der Übersetzung bestätigt[248]. Die Zweigniederlassung ist im Register zu löschen, wenn dies im ausländischen Register geschehen ist, bis zur Beendigung der Liquidation bleibt sie aber beschwerdebefugt[249].

Wenn die Pflichten einer ausländischen Gesellschaft zur Registrierung ihrer Verhältnisse nicht   35 erfüllt werden, kommt als **Sanktion** ein **Zwangsgeld** nach § 14 HGB in Betracht, wobei aber zu bedenken ist, dass für ausländische Personen ein Vollzug im Ausland nicht für möglich gehalten wird[250]. Obwohl somit nach dem Aufkommen der Ltd. beklagt wurde, dass viele dieser Gesellschaften der Pflicht zur Anmeldung nicht nachkämen, hat der BGH eine persönliche Haftung der Geschäftsführer für diese Unterlassung entsprechend § 11 Abs. 2 abgelehnt[251]. § 14 HGB sieht als Adressaten der Anmeldepflichten bezüglich juristischer Personen nicht diese, sondern die verantwortlichen Organpersonen an[252]. Diese und andere verfahrensrechtliche Bestimmungen der lex fori (Rdnr. 33) können, da die unternehmerischen Aktivitäten am inländischen Sitz einer im Ausland gegründeten Gesellschaft als diejenigen einer Zweigniederlassung behandelt werden, auf die ausländische Gesellschaft mit Verwaltungssitz nur in Deutschland angewendet werden. Allerdings kann bezüglich der Rechtsform dieser Art von Zweigniederlassungen nur diejenige des Gründungsrechts in Frage kommen, deren Bezeichnung dann aber im Wege einer **Substitution** zum inländischen Registerrecht an die vergleichbare Rechtsform des deutschen Gesellschaftsrechts angepasst werden muss[253]. Andererseits ist nach der Entscheidung „Inspire Art" des EuGH (Rdnr. 22) die Obergrenze dessen, was an Angaben von Zweigniederlassungen ausländischer Gesellschaften gefordert werden kann, aus Art. 2 und 3 der **Zweigniederlassungsrichtlinie** zu entnehmen. Das bedeutet, dass das am Ort des Registergerichts geltende Recht zwar grundsätzlich anzuwenden, aber richtlinienkonform (u.U. einschränkend) auszulegen ist und auch weitergehende Offenlegungspflichten, die das Gründungsrecht vorsieht, vom inländischen Register nicht mehr anzuwenden sind[254]. Freilich ist nach Art. 12 der Zweigniederlassungsrichtlinie davon auszugehen, dass alle Mitgliedstaaten die bestehenden Offenlegungspflichten mit geeigneten Maßnahmen des jeweils am Ort der Registrierung geltenden Rechts durchzusetzen suchen, so dass § 13d HGB und auch die Bestimmungen über die Verhängung von **Zwangsgeld** im Grundsatz uneingeschränkt anwendbar sind. Die Frage nach der Zulässigkeit (angesichts der Niederlassungsfreiheit) der Forderung eines **Kostenvorschusses** für die Eintragung, der sich nach den zu erwartenden Kosten der Veröffentlichung des Geschäftsgegenstandes der Gesellschaft richtet, ist vom EuGH bejaht worden[255], da die Regelung kaum diskriminierend angewendet werden kann und das Gerichtskostenrecht dem öffentlichen Recht zumindest nahesteht.

---

248 Zu den Anforderungen an ausländische öffentliche Urkunden eingehend *Wachter*, in: Süß/Wachter, § 2 Rdnr. 205 ff.

249 KG v. 24.10.2011 – 25 W 37/11, GmbHR 2012, 401 = NZG 2012, 230.

250 Hierzu und zum Folgenden *Lutter*, in: Lutter, Europäische Auslandsgesellschaften, S. 9 ff.; *Wachter*, GmbHR 2004, 88, 89; *Rehberg*, in: Eidenmüller, § 5 Rdnr. 82.

251 BGH v. 14.3.2005 – II ZR 5/03, GmbHR 2005, 630 = ZIP 2005, 805 mit Anm. *Wand*, BB 2005, 1016; zur Versäumung der Anmeldung *Wachter*, in: Süß/Wachter, § 2 Rdnr. 246 ff.

252 BayObLG v. 3.7.1986 – BReg.3 Z 72/86, NJW-RR 1986, 1480; BGH v. 24.10.1988 – II ZB 7/88, GmbHR 1989, 25 = DB 1988, 2623, allerdings nicht unstreitig. Dasselbe gilt in England, s. *Hirsch/ Britain*, NZG 2003, 1100, 1102.

253 Zur Substitution allgemein *Großfeld*, in: Staudinger, Internationales Gesellschaftsrecht Rdnr. 992; KG v. 19.1.2012 – 25 W 66/11, NZG 2012, 353 zum Rechtsformwechsel nach spanischem Recht.

254 Dazu näher *Rehberg*, in: Eidenmüller, § 5 Rdnr. 74.

255 EuGH v. 1.6.2006 – Rs. C-453/04, GmbHR 2006, 707 mit Anm. *Wachter* = ZIP 2006, 1293.

4. Die Firmierung der Gesellschaft

36 Die Firmierung einer „Zweigniederlassung" sowie die Publizität durch Angaben auf **Geschäftsbriefen** (dazu Rdnr. 40) muss auch bei grundsätzlichem Respekt vor dem Gründungsrecht den Zielen Rechnung tragen, die der inländische Gesetzgeber zum Schutz des inländischen Rechtsverkehrs verfolgt und unter unionsrechtlichen Aspekten auch verfolgen darf. Das ist außerhalb der EU eine Frage der international-privatrechtlichen Anknüpfung von Regeln über die Firmenbildung und den Inhalt der Registervermerke, in Europa geht die anzustellende Untersuchung von der nach dem Personalstatut gebildeten Firma[256] aus, deren Richtigkeit nicht geprüft wird, wohl aber ist zu untersuchen, ob Bestimmungen des Sitzrechts über die Führung dieser Firma im Inland und ihre Registrierung im hiesigen Handelsregister die Niederlassungsfreiheit der ausländischen Gesellschaft in einer nicht mit den Maßstäben der EuGH-Rechtsprechung zu vereinbarenden Weise beschränken[257]. Ist dies nicht der Fall, so bleibt es bei diesen Regeln. Da die Firma die Identität der Gesellschaft, häufig auch die Haftungsverhältnisse bezeichnet, ist sie Kernbestandteil der gesellschaftsrechtlichen Verfassung der Gesellschaft. Wo also die Sitztheorie auf Eintragungswünsche oder -verpflichtungen anzuwenden ist, wird eine mit den Regeln des deutschen Firmenrechts nicht zu vereinbarende Firmierung und ihre Registereintragung nicht in Betracht kommen. Das gilt insbesondere für solche Beschränkungen in der Firmenwahl, die wettbewerbsrechtliche Ziele verfolgen, aber auch für die Grundsätze der Firmenwahrheit und -klarheit[258], ohne dass es der – gewöhnlich ja zurückhaltend anzuwendenden – Figur des ordre public bedarf[259]. Dagegen kann ein generelles Verbot, für eine ausländische Firma einen nach dortigem Sprachgebrauch verständlichen abgekürzten Rechtsformzusatz zu verwenden[260], heute nicht mehr ohne weiteres mit der Gefahr der Irreführung des Publikums begründet werden (näher Rdnr. 39). Unter diesen Voraussetzungen ist einer ausländischen Gesellschaft im Inland **Namens- und Firmenschutz** in demselben Maße zu gewähren wie nach deutschem Recht[261]. Das sollte allerdings noch davon abhängen, dass das ausländische Unternehmen im Inland durch Geschäfte entsprechenden Umfangs unter seiner Firmenbezeichnung eine dauernde Geschäftstätigkeit aufgenommen hat; ein weitergehender, aber auch ein engerer Schutz durch das Heimatrecht werden nicht beachtet, das inländische Recht bestimmt insoweit die Höchstgrenzen[262].

---

256 BayObLG v. 21.3.1986 – BReg 3 Z 148/85, BayObLGZ 1986, 61, 64 = GmbHR 1986, 305; BGH v. 2.4.1971 – I ZR 41/70, NJW 1971, 1522 ff.; schon früher BGH, NJW 1958, 17 ff.; für eine Prüfung auf Vereinbarkeit mit dem inländischen Firmenrecht aber *Kindler*, in: MünchKomm. BGB, IntGesR Rdnr. 252; s. auch *Spahlinger/Wegen*, in: Spahlinger/Wegen, Abschnitt C Rdnr. 554; *Leible*, in: Michalski u.a., Syst. Darst. 2 Rdnr. 146.

257 Eingehend dazu *Karsten Schmidt*, in: Lutter, Europäische Auslandsgesellschaften, S. 25 ff.; *Bitter*, WM 2004, 2190 f.; *Schön*, ZHR 168 (2004), 268, 293; zum Ausgangspunkt beim Gesellschaftsstatut *Rehberg*, in: Eidenmüller, § 5 Rdnr. 28; *Leible/Hoffmann*, EuZW 2003, 677, 680; stärker auf das Sitzrecht verweisen aber *Borges*, ZIP 2004, 733, 736; *Ebert/Levedag*, GmbHR 2003, 1337, 1339.

258 BayObLG, NJW 1972, 2185; BayObLG v. 21.3.1986 – BReg 3 Z 148/85, GmbHR 1986, 305 = NJW 1986, 3029; OLG Hamm v. 5.2.1991 – 4 U 217/90, WRP 1992, 354; *Kindler*, in: MünchKomm. BGB, IntGesR Rdnr. 256, 257; *Spahlinger/Wegen*, in: Spahlinger/Wegen, Abschnitt C Rdnr. 555; *Wachter*, in: Süß/Wachter, § 2 Rdnr. 163.

259 So auch *Kindler*, in: MünchKomm. BGB, IntGesR Rdnr. 257; anders freilich BayObLG v. 21.3.1986 – BReg 3 Z 148/85, GmbHR 1986, 305 = NJW 1986, 3029.

260 *Ulmer*, JZ 1999, 663; *Kindler*, in: MünchKomm. BGB, IntGesR Rdnr. 244; a.M. *Rehberg*, in: Eidenmüller, § 5 Rdnr. 54.

261 BGH v. 15.1.1953 – IV ZR 76/52, BGHZ 8, 318, 319; BGH v. 2.4.1971 – I ZR 41/70, NJW 1971, 1522, 1523.

262 Zum Problemkreis BGH v. 11.6.1980 – VIII ZR 174/79, WM 1980, 1120; OLG Düsseldorf v. 13.4.1989 – 6 U 217/88, RIW 1990, 404; BayObLG v. 21.3.1986 – BReg 3 Z 148/85, GmbHR 1986, 305 = NJW 1986, 3029; *Leible*, in: Michalski u.a., Syst. Darst. 2 Rdnr. 148; *J. F. Baur*, AcP 167

Was die Kennzeichnungsfähigkeit und die Unterscheidungskraft der Firma unter Beachtung   37
des Irreführungsverbots und der hinlänglichen Unterscheidbarkeit von bestehenden Firmen
anbelangt, so sind die Bestimmungen des § 18 Abs. 2 HGB europarechtskonform anzuwenden[263]. Ob die betreffende ausländische Gesellschaft die Voraussetzungen des **Kaufmanns-
begriffs** nach deutschem Recht erfüllt, ist dagegen nicht maßgeblich. Der größte Teil der Auslandsgesellschaften wird in der Art ihrer Tätigkeit einer ein Handelsgewerbe i.S. des § 1 Abs. 2
HGB betreibenden inländischen Gesellschaft vergleichbar sein, so dass eine Substitution in
Betracht kommt[264] und eine Eintragung der Firma nötig und möglich ist. Aber auch wo insoweit Zweifel bestehen, kann eine im Ausland als solche gegründete und registrierte Kapitalgesellschaft den Fällen des § 6 HGB gleichgestellt werden, und es wäre eine Diskriminierung
gegenüber der inländischen Behandlung von Gesellschaften als Formkaufleute (§ 3 Abs. 1
AktG, § 13 Abs. 3 GmbHG), wenn ausländischen Gesellschaften die Eintragung nur bei Vorhandensein eines kaufmännischen Gewerbes gestattet würde[265]. Was die **Firmengestaltung**
im Einzelnen betrifft, so haben sich im Anwendungsbereich der Sitztheorie Gesellschaften
auch mit einer nach ihrem Gründungsrecht zulässigen Firma voll der Prüfung nach §§ 18,
19 HGB zu stellen[266]. Im unionsrechtlich bestimmten Bereich oder sonst bei Anwendung
der Gründungstheorie kann eine ausländische Firma grundsätzlich nicht verboten werden,
wohl sind solche Normen des Sitzrechts wie die Anmeldepflicht bezüglich bestimmter Tatsachen zu beachten, die ordnungsrechtlichen Charakter haben[267], die also von der Anknüpfung an das Gründungsrecht nicht umfasst sind. Darüber hinaus ist auch in diesem Zusammenhang wieder zu prüfen, ob das trotz seiner Liberalisierung im internationalen Vergleich
noch immer etwas strengere deutsche Firmenrecht, wenn seine Beachtung der Zweigniederlassung einer ausländischen Gesellschaft zur Pflicht gemacht wird, die Niederlassungsfreiheit
beeinträchtigt[268].

In Anwendung des Erfordernisses der **Kennzeichnungskraft** der Firma wird gefordert, es   38
müsse deutlich gemacht werden, dass es sich um eine Zweigniederlassung einer Gesellschaft
ausländischen Rechts handelt[269], wobei allerdings die Firma der Hauptniederlassung ihrem
Gründungsstatut unterliegt. Ein Interesse, den Charakter als Zweigniederlassung nicht offenlegen zu müssen, sollte nicht anerkannt werden[270], auch im Hinblick auf § 13e Abs. 2 Satz 5

(1967), 538 f., der aber für den Namensschutz wie auch für die materielle Namensberechtigung
an den Verletzungsort anknüpfen will.

263 Zum Grundsatz *Bokelmann*, DB 1990, 1021, 1025 ff.; *Spahlinger/Wegen*, in: Spahlinger/Wegen, Abschnitt C Rdnr. 558; *Karsten Schmidt*, in: Lutter, Europäische Auslandsgesellschaften, S. 29 geht
freilich davon aus, dass die Firmenvorschriften des reformierten HGB generell den Anforderungen
des EuGH an nationale Beschränkungen der Niederlassungsfreiheit entsprechen.

264 *Rehberg*, in: Eidenmüller, § 5 Rdnr. 14; *Kindler*, in: MünchKomm. BGB, IntGesR Rdnr. 199.

265 „Die Auslandsgesellschaft ist gleichsam Formkaufmann", *Karsten Schmidt*, in: Lutter, Europäische
Auslandsgesellschaften, S. 20; auf § 6 HGB verweist auch *Rehberg*, in: Eidenmüller, § 5 Rdnr. 15.

266 RGZ 82, 167; RGZ 117, 215, 218; BGH v. 28.9.1979 – I ZR 146/77, BGHZ 75, 171, 176; BayObLG
v. 21.3.1986 – BReg.3 Z 148/85, GmbHR 1986, 305 = NJW 1986, 3029; OLG Hamm v. 6.4.1987 –
15 W 194/85, DB 1987, 1245; *Kindler*, in: MünchKomm. BGB, IntGesR Rdnr. 257 ff.; *Spahlinger/
Wegen*, in: Spahlinger/Wegen, Abschnitt C Rdnr. 555; das bedeutet aber nicht, dass nur eine nach
deutschem Recht zulässige Firma gewählt werden dürfte (*Römermann*, GmbHR 2006, 262 gegen
LG Limburg v. 15.9.2005 – 6 T 2/05, GmbHR 2006, 261).

267 *Karsten Schmidt*, in: Lutter, Europäische Auslandsgesellschaften, S. 27.

268 Für uneingeschränkte Anwendbarkeit des Sitzrechts auf Schein-Auslandsgesellschaften daher *Rehberg*, in: Eidenmüller, § 5 Rdnr. 41, großzügiger aber *Karsten Schmidt*, in: Lutter, Europäische Auslandsgesellschaften, S. 30.

269 OLG Saarbrücken v. 21.4.1989 – 5 W 60/88, NJW 1990, 648; *Paefgen*, DB 2003, 490; *Kindler*, in:
MünchKomm. BGB, IntGesR Rdnr. 245; *Spahlinger/Wegen*, in: Spahlinger/Wegen, Abschnitt C
Rdnr. 157; großzügiger insoweit (*eigene* Firma der Zweigniederlassung erlaubt) *Kögel*, Rpfleger
1993, 9, 10.

270 So auch *Kindler*, in: MünchKomm. BGB, IntGesR Rdnr. 252 gegen *Wachter*, BB 2005, 1290.

Nr. 2 HGB. Dem entspricht, dass auch **fremdsprachige** Bezeichnungen verwendet werden dürfen und müssen. Man wird aber jedenfalls bei Bezeichnungen in einer fremden, durchschnittlichen Teilnehmern am Rechtsverkehr nicht geläufigen Sprache (Limitada, Flex BV), erst recht bei Verwendung eines anderen als des römischen Alphabets, die Unterscheidbarkeit kritisch zu beurteilen haben[271], obwohl Irreführung allein durch fremdsprachliche Bezeichnungen heute nicht mehr feststeht[272], zum Rechtsformzusatz Rdnr. 39. Irreführend sein kann die Verwendung eines im Ausland in der dortigen Sprache mit einem feststehenden Inhalt verbreiteten Worts, dessen deutschsprachige Version andersartige Vorstellungen wecken muss. Unionsrechtlich unbedenklich ist die Durchsetzung des in § 30 HGB niedergelegten Gebots der Unterscheidbarkeit der einzutragenden Firmen von bereits bestehenden[273].

39 In besonderem Maße beziehen sich die Verkehrsinteressen auf den im Rahmen der § 19 Abs. 2 HGB, § 4 AktG, § 4 GmbHG obligatorischen **Rechtsformzusatz**, wie ihn auch Art. 2 Abs. 1d der Publizitätsrichtlinie vorschreibt. Da diese sich nicht zu den Einzelheiten der Firmierung und Registrierung äußert, sind insoweit die allgemeinen Grundsätze des Unionsrechts anzuwenden. Das bedeutet, dass zunächst von der (u.U. auch: abgekürzten) Fassung des Rechtsformzusatzes nach Maßgabe des Gründungsrechts auszugehen und sodann zu untersuchen ist, ob hierdurch Irreführungs-, namentlich Verwechslungsgefahr verursacht wird[274]. In der Folge heißt es dann auch, dass ein – deutschsprachiger – Hinweis auf eine Haftungsbeschränkung und die Rechtsordnung, nach der die Gesellschaft gegründet ist und lebt, nicht allgemein verlangt werden kann[275]; dies könnte sich aber bei einem – bisher nicht zu beobachtenden – starken Ansteigen fremdsprachlicher Rechtsformzusätze ändern. Im Wesentlichen dasselbe gilt für Angaben über das „**Herkunftsland**" der Gesellschaft, die sicher nicht in der etwas warnenden Form als „formal ausländische Gesellschaft" verlangt werden dürfen, wie sie im „Inspire Art"-Urteil vom EuGH missbilligt wurde (Rdnr. 22), die aber, neutral formuliert, eine Diskriminierung nicht erkennen lassen, so dass eine Herkunftsangabe an sich keine spürbare Einschränkung der Niederlassungsfreiheit bedeutet[276]. Allerdings verlangt die Zweigniederlassungsrichtlinie in Art. 8c eine Herkunftsangabe nur für Auslandsgesellschaften aus Drittländern, was im Hinblick auf ihren abschließenden Charakter weitergehende Erfordernisse des nationalen Rechts ausschließen könnte[277]. Schließlich muss auch eine „echte" Auslandsgesellschaft, wenn sie von dem bestehenden Sitz ihrer ausländischen Hauptniederlassung aus im Inland auftritt, nicht deutlich machen, woher sie kommt; auch wird der inländische Rechtsverkehr aus der Firma einschließlich dem Rechtsformzusatz die nötigen Rückschlüsse ziehen können. Insgesamt erscheinen die Informationsmöglichkeiten auch ohne Herkunftslandangabe ausreichend, so dass die Mitgliedstaaten insoweit nicht frei in ihren

---

271 *Karsten Schmidt*, in: Lutter, Europäische Auslandsgesellschaften, S. 30 ff.
272 Eher zu anspruchsvoll *Karsten Schmidt*, in: Lutter, Europäische Auslandsgesellschaften, S. 31; zu Beispielen s. *Kögel*, DB 2004, 1763, 1765.
273 Ebenso *Karsten Schmidt*, in: Lutter, Europäische Auslandsgesellschaften, S. 32.
274 *Leible/Hoffmann*, EuZW 2003, 677, 680 f.; *Wachter*, GmbHR 2003, 1254, 1256; *Eidenmüller/Rehm*, ZGR 2004, 159, 183 zum Urteil „Inspire-Art" (Urt. v. 30.9.2003 – Rs. C-167/01, GmbHR 2003, 1260), welches das bloße Rechtsformkürzel genügen lässt (dazu auch *Wachter*, MDR 2004, 611, 614; zur Ltd. & Co. KG *Werner*, GmbHR 2005, 288, 289 f.).
275 LG Göttingen v. 12.7.2005 – 3 T 1/05, mit Kurzkomm. *Wachter*, EWiR § 13d HGB 1/05, was für den Zusatz „Ltd." bedeutet, dass nicht offengelegt zu werden braucht, ob es sich um eine Gesellschaft englischen, schottischen oder irischen Rechts handelt, ebenso *Leible/Hoffmann*, EuZW 2003, 677, 681; *Spahlinger/Wegen*, in: Spahlinger/Wegen, Abschnitt C Rdnr. 561, zu weitergehenden Forderungen aus der Zeit vor „Inspire Art" *Bärwaldt/Schabacker*, AG 1996, 461 f.
276 *Paefgen*, DB 2003, 487, 490; *Borges*, ZIP 2004, 733, 736.
277 *Leible/Hoffmann*, EuZW 2003, 677, 680; *Schanzle/Jüttner*, AG 2003, 661, 663; *Eidenmüller/Rehm*, ZGR 2004, 159, 183; gegen den Schluss aus der Richtlinie aber *Rehberg*, in: Eidenmüller, § 5 Rdnr. 64.

Anforderungen sind[278], wenn nicht ohne solche klärenden Zusätze Verwechslungs- oder Irreführungsgefahr besteht.

Art. 6 der Publizitätsrichtlinie verlangt ferner bestimmte Angaben auf **Geschäftsbriefen** der Gesellschaften, auch wenn sie nicht im Register des Landes ihrer Niederlassung eingetragen sind. Diese Anforderungen sind für die GmbH in **§ 35a Abs. 4** umgesetzt worden. Die Verweisung auf die Absätze 1 bis 3 dieser Vorschrift wird dahin verstanden, dass die dort geforderten Angaben auch eine Auslandsgesellschaft betreffen[279], was allerdings nicht bedeutet, dass auf den Geschäftsbriefen ein eingeführtes Kürzel wie „Ltd." nicht verwendet werden dürfte[280].   40

5. Exkurs: Missbrauchsgefahren

Der Zwiespalt zwischen den Anwendungsformen der auf Schutz des Inlandsverkehrs ausgerichteten Sitztheorie und der die Mobilität zumindest in Europa, aber auch zwischen den Vertragsstaaten bilateraler Abkommen fördernden Gründungstheorie hat zeitweise zu der Befürchtung geführt, die tendenzielle Überlagerung des herkömmlichen Kollisionsrechts durch die Ausprägungen der europäischen Niederlassungsfreiheit begründe die Gefahr von Missbräuchen. Das betrifft zunächst die sogenannten **Briefkastengesellschaften**, deren Gründer durch die Errichtung einer Gesellschaft in einem Mitgliedstaat das Ziel verfolgen, sich in Wahrheit in einem anderen Mitgliedstaat niederzulassen. Hierbei müssen sie die Vorschriften des Gründungsstaats beachten und genießen insoweit keine besonderen Freiheiten, während die in dem anderen Mitgliedstaat tätig werdende Gesellschaft in Anwendung der sekundären Niederlassungsfreiheit den Marktzugang beanspruchen kann[281]. Der etwas pejorativ gedachte Ausdruck „Briefkastengesellschaft" betrifft den im Centros-Urteil behandelten Fall der Errichtung einer Gesellschaft in einem Mitgliedstaat, deren Angehörige die Gründer nicht einmal zu sein brauchen, in der Absicht, eine Geschäftstätigkeit allein in einem anderen Mitgliedstaat – dem ihrer Staatsangehörigkeit – auszuüben, wobei es darum ging, von den für die Gründer vorteilhaften Gründungsvoraussetzungen des Gründungsstaats zu profitieren. Dies ist nach „Centros" nicht mehr als Missbrauch der Niederlassungsfreiheit zu sehen[282], wie er anzunehmen ist, wenn der Gründungs- oder Herkunftsstaat der Gesellschaft eine rein künstliche Trennung von Gründungs- und Verwaltungssitz aus der Sicht seiner Wirtschafts- und Sozialordnung nicht hinnimmt. Die manchmal in diesem Sinne gedeutete Cadbury-Schweppes-Entscheidung (Rdnr. 19) berührt die Niederlassungsfreiheit im Sitzstaat nicht, so dass das Phänomen der Briefkastengesellschaft weiter bestehen wird[283]. Nicht als Kampf gegen solche Gründungen, sondern nur als konsequente Reaktion des Sitzstaats auf die gezielte Teilnahme der Gesellschaft am inländischen Geschäftsverkehr ist die Trennung des **Insolvenzstatuts** vom Gesellschaftsstatut zu verstehen, wobei freilich die Neigung der nationalen Rechtsordnungen, ihre dem Gesellschaftsrecht zugehörigen Sachnormen insolvenzrechtlich „umzuqualifizieren", vielleicht nicht die Niederlassungsfreiheit einschränken[284], aber das Kollisionsrecht in den Dienst anderer Interessen stellen will.   41

In schlechtem Ruf steht auch die Praxis der sogenannten **pseudo-foreign-corporations**, das sind Gesellschaften, die sich der Rechtsform des Gründungsstaats bedienen, aber dort keine   42

---

278 Im Ergebnis ebenso *Karsten Schmidt*, in: Lutter, Europäische Auslandsgesellschaften, S. 40; a.M. aber *Rehberg*, in: Eidenmüller, § 5 Rdnr. 65.
279 Näher dazu *Kindler*, AG 2007, 721, 730; *Kleindiek*, in: Lutter/Hommelhoff, § 35a Rdnr. 4; *Altmeppen*, in: Roth/Altmeppen, § 35a Rdnr. 6; *Lücke/Simon*, in: Saenger/Inhester, § 35a Rdnr. 16.
280 *Noack*, in: Baumbach/Hueck, § 35a Rdnr. 14 gegen LG Göttingen v. 12.7.2005 – 3 T 1/05; dazu krit. auch Kurzkomm. *Wachter*, EWiR § 13d HGB 1/05.
281 *Teichmann*, ZGR 2011, 639, 669 f.
282 *Kienle*, in: Süß/Wachter, § 3 Rdnr. 76.
283 *Teichmann*, ZGR 2011, 639, 672.
284 Auch dazu *Teichmann*, ZGR 2011, 639, 673.

wirtschaftliche Tätigkeit ausüben, hier also gewissermaßen eine Adresse haben, aber in einem anderen Mitgliedstaat, dessen Gründungsrecht sie zu vermeiden trachten, wirtschaftlich tätig werden[285]. Der zeitweise stark um sich greifende Gebrauch der englischen Ltd. in Deutschland, auch in Gestalt der **Ltd. & Co.**, war mit Instrumenten des Kollisionsrechts nicht zu verhindern, hat aber offensichtlich durch das Angebot der Gründung einer UG (haftungsbeschränkt) in Deutschland an Aktualität eingebüßt, ohne dass freilich die Probleme der Haftung für wrongful trading (nach dem Gründungsrecht) und der Insolvenzverschleppung sowie neuerdings der missbräuchlichen Praktiken der „Firmenbestattung" nach deutschem Recht erledigt wären[286]. Es ist streitig, ob und inwieweit es sich dabei kollisionsrechtlich um einen Normenmangel handelt, weil die beteiligten Sachrechtsordnungen zwar Vorkehrungen gegen solche Praktiken enthalten, die aber in jeweils anderen Staaten nicht anwendbar sind[287], oder ob durch eine insolvenz- oder deliktsrechtliche Qualifikation seitens des Sitzrechts abgeholfen werden kann – das ist wohl der erwünschte deutsche Weg (näher Rdnr. 68). Auch bei der Kapitalaufbringung sind Missbrauchsfälle vorstellbar, so etwa, wenn ein ausländisches Gesellschaftsrecht Sacheinlagen durch Einbringung eines nach inländischen Vorstellungen nicht einlagefähigen Gegenstandes gestattet, deren Unverwertbarkeit die inländischen Gläubiger nicht erkennen können[288], ohne dass das Gründungsrecht für solche Fälle Relativierungen der Haftungsbeschränkung kennt. Dagegen läge in der Vermeidung einer registerrechtlichen Kontrolle von Sachgründungen – auch bei der nach h.M. in Deutschland unter diese Regeln fallenden, aber damit nicht generell verbotenen Verwendung von **GmbH-Mänteln**[289] – nur eine Ausnutzung der geringeren Regelungsintensität des Gründungsrechts, wie sie nach der EuGH-Rechtsprechung erlaubt ist. Den Gläubigern muss nicht auf diesem Wege Schutz gegen den Verlust eines ihnen in seiner Höhe bekannten Stammkapitals durch Vorgänge geboten werden, die nicht Auskehrungen an Gesellschafter darstellen[290]. Die Verwendung eines bereits stark überschuldeten Mantels wird aber häufig als Gläubigertäuschung deliktsrechtlich oder mit der Figur der culpa in contrahendo erfasst werden können; wenn die Gesellschaft schon im Ausland, dessen Recht das zulässt, als „Mantel" gegründet wurde, muss sie trotzdem im Sitzland anerkannt werden[291].

6. Der Gründungsvorgang

43 Der notwendige und mögliche Inhalt des „Gründungsrechts", namentlich der Wirksamkeitserfordernisse des Rechtsgeschäfts, bestimmt sich nach dem Personalstatut[292], somit auch die

---

285 Näher *Borges*, ZIP 2004, 733 f.; *Altmeppen*, NJW 2004, 97; *Weller*, IPRax 2003, 207.

286 Dazu und zur kollisionsrechtlichen Behandlung *Oelschlegel*, Die transnationale GmbH-Bestattung, 2010.

287 So *Eidenmüller*, in: Eidenmüller, § 3 Rdnr. 71; *Kienle*, in: Süß/Wachter, § 3 Rdnr. 30-32.

288 Grenzfall ist hier wohl die Einbringung von Forderungen des Inferenten gegen die Gesellschaft, *H. P. Westermann*, GmbHR 2005, 4, 12 unter Hinweis auf BGH v. 4.3.1996 – II ZB 8/95, BGHZ 132, 141, 146f.; unbedenklich wäre dagegen das Schütt-aus-hol-zurück-Verfahren.

289 BGH v. 9.12.2002 – II ZB 12/02, BGHZ 153, 158, 162 = GmbHR 2003, 227; BGH v. 18.1.2010 – II ZR 61/09, GmbHR 2010, 474 = NJW 2010, 1459; *Fastrich*, in: Baumbach/Hueck, § 3 Rdnr. 13 zur „wirtschaftlichen Neugründung"; abw. KG v. 7.12.2009 – 23 U 24/09, GmbHR 2010, 476 = NZG 2010, 387; *Wahl/Schult*, NZG 2010, 291; *Schall*, NZG 2011, 656; Gegenkritik zur nachträglich verdeckten Vorratsgründung bei *Bachmann*, NZG 2011, 441 ff.; eingehend zum Ganzen *Ulmer/Löbbe*, in: Ulmer/Habersack/Löbbe, § 3 Rdnr. 133 ff.; *Bayer*, in: Lutter/Hommelhoff, § 3 Rdnr. 80 ff.

290 *H. P. Westermann*, ZIP 2005, 1849, 1855 f.; s. auch *Sandrock/Wetzler*, S. 67.

291 Dies schließt *Karsten Schmidt*, in: Lutter, Europäische Auslandsgesellschaften, S. 16 aus der Rechtsprechung des EuGH in den Fällen Centros und Inspire Art.

292 RGZ 73, 366 f.; RGZ 83, 367; BGH v. 30.1.1970 – V ZR 139/68, BGHZ 53, 181, 183; *Leible*, in: Michalski u.a., Syst. Darst. 2 Rdnr. 85; *Eidenmüller*, in: Eidenmüller, § 4 Rdnr. 5; *Großfeld*, in: Staudinger, Internationales Gesellschaftsrecht Rdnr. 258; *Kindler*, in: MünchKomm. BGB, IntGesR Rdnr. 526; *Behrens/Hoffmann*, in: Ulmer/Habersack/Löbbe, Einl. B Rdnr. 88.

Begründung von Mitgliedschaftsrechten durch Zeichnung und Übernahme[293] und die daraus folgenden Pflichten zur Aufbringung von Einlagen oder zur Erbringung von Beiträgen. Das würde im Rahmen der Sitztheorie bedeuten, dass die verhältnismäßig strengen Bestimmungen des GmbHG über die Haftung bei mangelhafter Kapitalaufbringung zum Zuge kommen müssen. Soweit das Personalstatut sich nach dem Gründungsrecht bestimmt, also im Wesentlichen auch im europäischen Raum, sind aber die deutschen Regeln über Kapitalaufbringung, insbesondere auch durch Sacheinlagen, einschließlich der aus ihnen folgenden Haftungsrisiken für die Gesellschafter für Auslandsgründungen im Grundsatz unanwendbar, was allerdings schwerwiegende Bedenken ausgelöst hat, ob nicht insoweit die Ausnahmekriterien der EuGH-Rechtsprechung zur Geltung gebracht werden müssen[294], näher Rdnr. 45. Unter besonderen Umständen ist für eine Haftung der Gründer gegenüber der Gesellschaft (etwa bei unrichtigen Erklärungen über die Verfügbarkeit der geleisteten Einlagen) auch an eine deliktsrechtliche Anknüpfung zu denken[295]. **Formerfordernisse** für den Gründungsakt bestimmt ebenfalls das Personalstatut; ob sich allerdings die Erfüllung solcher Erfordernisse nur nach dem Gründungsrecht richtet oder allein nach dem Recht des Vornahmeorts, oder ob sogar beide ausreichen, ist eine Frage zu Art. 11 EGBGB, die nicht nur bei der Gründung einer Gesellschaft, sondern auch bei der Anteilsübertragung, der Beurkundung von Gesellschafterbeschlüssen, speziell auch bei Umwandlungsakten auftreten kann[296] und daher allgemeiner behandelt werden muss (Rdnr. 53 ff.). Neben der Errichtung der Satzung können **Nebenabreden** der Gesellschafter getroffen werden. Auch wenn sie nicht in die Satzung aufgenommen werden, können sie aufgrund ihrer schuldrechtlichen Wirkung unter den Vertragschließenden Bindungen in Bezug auf ihr gesellschaftsrechtliches Verhalten schaffen[297], so dass sich vertreten ließe, sie deshalb auch in gewisser Hinsicht trotz ihrer grundsätzlichen Unterscheidung von den Satzungsregeln gesellschaftsrechtlich zu qualifizieren[298]. An der Schuldrechtsnatur der Verträge ändert das nichts, sie sind nach den Regeln des internationalen Schuldvertragsrechts anzuknüpfen. Allerdings liegt es i.d.R. nahe, dass es dem konkludenten Parteiwillen entspricht, sie dem Recht zu unterstellen, das das Personalstatut bestimmt.

Für die Behandlung eines **Gründungsvorvertrages** das Schuldvertragsstatut für maßgeblich zu halten[299], übergeht den Umstand, dass sich die Zulässigkeit, der notwendige Inhalt und die sonstigen Erfordernisse des Vorvertrages nur aus dem Recht ergeben können, das über die vorgesehene Gründung entscheidet[300]. Auch hier müsste man schon von der rein schuldvertraglichen Betrachtung her zu dem Schluss kommen, dass der Parteiwille i.d.R. auf das Gesellschaftsstatut hinweist, zumal die nach Satzungserrichtung bis zur Eintragung nach deutschem Recht anerkannte Vorgesellschaft (§ 11 Rdnr. 6 ff., 27 ff.) nach dem Gesellschaftsstatut zu be-

44

---

293 BGH v. 19.1.1994 – IV ZR 207/92, NJW 1994, 939 f.; *Kindler*, in: MünchKomm. BGB, IntGesR Rdnr. 525; *Spahlinger/Wegen*, in: Spahlinger/Wegen, Abschnitt C Rdnr. 265; *Behrens/Hoffmann*, in: Ulmer/Habersack/Löbbe, Einl. B Rdnr. 88; anders noch BGH, WM 1975, 387; *Großfeld*, in: Staudinger, Internationales Gesellschaftsrecht Rdnr. 257.

294 Für Aufrechterhaltung und Stärkung des Gläubigerschutzes gerade angesichts der Schein-Auslandsgesellschaften *Zöllner*, GmbHR 2006, 1, 11 ff.

295 Zur deliktsrechtlich eingeordneten Handelndenhaftung BGH v. 14.3.2005 – II ZR 5/03, NJW 2005, 1648, 1650 = GmbHR 2005, 630.

296 *Eidenmüller*, in: Eidenmüller, § 4 Rdnr. 5.

297 Dazu *Habersack*, ZGR 1994, 354 ff.; *H. P. Westermann*, Das Verhältnis von Satzung und Nebenabreden in der Kapitalgesellschaft, 1994; *Noack*, Gesellschaftervereinbarungen bei Kapitalgesellschaften, 1994; für Beibehaltung des Trennungsgrundsatzes *Ulmer*, in: FS Röhricht, 2005, S. 633 ff.; zur schuldrechtlichen Qualifikation *Leible*, in: Michalski u.a., Syst. Darst. 2 Rdnr. 99.

298 *Behrens/Hoffmann*, in: Ulmer/Habersack/Löbbe, Einl. B Rdnr. 88.

299 BGH, WM 1975, 387; *Großfeld*, in: Staudinger, Internationales Gesellschaftsrecht Rdnr. 257; *Kindler*, in: MünchKomm. BGB, IntGesR Rdnr. 525.

300 *Leible*, in: Michalski u.a., Syst. Darst. 2 Rdnr. 101.

urteilen sein wird[301]; anders die Vorgründungsgesellschaft, durch die vereinbart wird, eine GmbH zu gründen, deren Verabredung dem Schuldvertragsstatut unterliegen könnte. Allerdings liegt es näher, auch hier schon nach dem Gesellschaftsstatut vorzugehen, weil im Stadium der Vor-GmbH eine Ordnung erforderlich ist, die die Regelungen für die Vertretung, die Aufbringung des bei Gründung nachzuweisenden Kapitals und die Folgen der Beendigung des Vorhabens enthält. Das ist das Statut des in Aussicht genommenen Verwaltungssitzes[302] bzw. das vorgesehene Gründungsrecht. Streitig ist die Einordnung der **Handelndenhaftung** analog § 11 Abs. 2. Der BGH hat in Bezug auf eine englische Ltd. mit Verwaltungssitz in Deutschland, die allerdings keine eingetragene Zweigniederlassung betrieb, die Anwendung dieser Regeln abgelehnt[303]. Die **Vertretungsregelung** nach Maßgabe des von den Gesellschaftern beabsichtigten Sitzes oder Gründungsrechts den Normen über den nicht rechtsfähigen Verein oder die Personengesellschaft zu entnehmen[304], würde dem Umstand nicht genügend Rechnung tragen, dass die Vorgesellschaft ein eigenständiges Gebilde ist, dessen rechtliche Behandlung tunlichst einem geschlossenen sachrechtlichen Konzept folgen sollte.

7. Kapitalaufbringung

45 Die Anforderungen des deutschen Sachrechts bezüglich der **Höhe des Stammkapitals** der GmbH und seiner Aufbringung, die nach der Sitztheorie auch gegenüber im Ausland gegründeten, hier als Zweigniederlassung einzutragenden Gesellschaften Bestandteil des Personalstatuts sind[305], sind bei Anwendung der Gründungstheorie nicht mehr durchsetzbar und erschienen nach verbreiteter Ansicht auch nach der EuGH-Rechtsprechung in aus deutscher Sicht für manche besorgniserregender Weise[306] gefährdet. Daher ist auf verschiedenen Wegen, etwa auch durch Sonderanknüpfungen, versucht worden, auch in Europa bei grundsätzlicher Anerkennung der „Mitnahme" ihres Gründungsstatuts durch (auch: ausschließlich) im Inland tätige Auslandsgesellschaften im Interesse des Schutzes der hiesigen Gläubiger für die hiermit zusammenhängenden Fragen doch das deutsche Recht zugrunde zu legen[307], was z.T. über eine insolvenz- oder auch eine deliktsrechtliche Anknüpfung begründet wird[308]. Es kommt aber auch in Betracht, zumindest Teile des Rechts der Kapitalaufbringung zu den Ausnahmeregelungen zu zählen, die als Einschränkung der Niederlassungsfreiheit mit den Forderungen des Unionsrechts vereinbar sind. Dies scheidet aber nach der „Inspire Art"-Entscheidung (Rdnr. 22) für die Forderung nach einem gesetzlichen **Mindest-**

---

301 In diese Richtung *Behrens/Hoffmann*, in: Ulmer/Habersack/Löbbe, Einl. B Rdnr. 88.

302 So noch BGH v. 26.9.1966 – II ZR 56/65, NJW1967, 36; BayObLGZ 1965, 294, 299; *Kindler*, in: MünchKomm. BGB, IntGesR Rdnr. 528 (anders für die „unechte" Vorgesellschaft, die nach Personengesellschaftsrecht zu behandeln sei); s. auch *Großfeld*, in: Staudinger, Internationales Gesellschaftsrecht Rdnr. 257.

303 BGH v. 14.3.2005 – II ZR 5/03, GmbHR 2005, 630 = NJW 2005, 1648 mit krit. Anm. *Leible/Hoffmann*, RIW 2005, 542; abl. *Kindler*, in: MünchKomm. BGB, IntGesR Rdnr. 530; s. weiter *Eidenmüller*, NJW 2005, 1618; abl. auch OLG Hamm v. 27.1.2006 – 12 U 108/05, NZG 2006, 826.

304 RGZ 159, 33, 42 (Sitztheorie); AG Bad Segeberg v. 24.3.2005 – 17 C 289/04, GmbHR 2005, 884 = NZG 2005, 762.

305 RGZ 73, 366, 367 f.; *Behrens/Hoffmann*, in: Ulmer/Habersack/Löbbe, Einl. B Rdnr. 80; *Leible*, in: Michalski u.a., Syst. Darst. 2 Rdnr. 151; zur Wirksamkeit von Sacheinlagen BGH v. 26.11.1990 – II ZR 92/90, NJW 1991, 1414; *v. Bar*, IPRax 1992, 20, 23; *Eidenmüller*, in: Eidenmüller, § 4 Rdnr. 10; zu den Folgen auch bereits *H. P. Westermann*, GmbHR 2005, 4, 12 f.

306 Etwa *Kindler*, NJW 2003, 1073, 1078; *Altmeppen*, NJW 2004, 1201 ff.; *Barta*, GmbHR 2005, 657 ff.

307 So *Altmeppen/Wilhelm*, BB 2004, 1083 ff.; in diesem Punkt trotz grundsätzlicher Befolgung der Gründungstheorie auch *Ulmer*, NJW 2004, 1201 ff.

308 Gegen jede Sonderanknüpfung zum Recht der Kapitalaufbringung *Behrens/Hoffmann*, in: Ulmer/Habersack/Löbbe, Einl. B Rdnr. 104, 105.

kapital aus[309], weil sich hinsichtlich der Höhe des konkreten Stammkapitals die Gläubiger ausreichend informieren könnten; auch „Centros" (Rdnr. 18) betraf die Vermeidung der Aufbringung eines Mindestkapitals, wie es das dänische Recht den Gründern abverlangt haben würde. An der Maßgeblichkeit des Gründungsrechts ist auch angesichts der allgemeinen Zweifel an der Gläubigerschutzfunktion eines Mindestkapitals, denen auch das deutsche Recht im Rahmen des § 5a entgegengekommen ist, nicht vorbeizukommen. Deshalb ist auch eine Inländer-Diskriminierung hier nicht zu befürchten, so dass dahinstehen kann, ob europarechtlich ein solches Verbot überhaupt besteht[310]. Hinsichtlich anderer Bestimmungen des Sitzrechts zur Kapitalaufbringung ist zu überlegen, ob **Erforderlichkeit** und **Verhältnismäßigkeit** im Sinne der EuGH-Kriterien gegeben sind, wobei namentlich die Erforderlichkeit zu bejahen sein kann, wenn das ausländische Gründungsrecht im Hinblick auf die mit den deutschen Vorschriften verfolgten Zwecke erhebliche Schwächen aufweist[311]. Dafür genügt es freilich noch nicht, wenn das Gründungsrecht ein Rechtsinstitut (wie etwa die andernorts unbekannte[312] Regelung der verdeckten Sacheinlage) nicht enthält, vielmehr muss die Behandlung des gesamten Problemkomplexes durch das betreffende Recht gewürdigt werden. Ganz wird man also nicht ausschließen können, dass im Einzelfall, dessen Gewicht aber dasjenige der Cadbury-Schweppes-Rule (Rdnr. 19) erreichen müsste, spezielle Interessen wie etwa dasjenige an einer richterlichen Gründungs- oder nur Sacheinlagenprüfung gegenüber der unionsrechtlichen Niederlassungsfreiheit zurückstehen müssen, so dass es doch zur Anwendung des Gründungsrechts kommt[313].

Der neueren Entwicklung dürfte es entsprechen, dass die Vorschriften des GmbHG über die **Überbewertung** von **Sacheinlagen** (§ 9c Abs. 1 Satz 2), über die Folgen einer **nicht endgültig freien Verfügbarkeit** der eingelegten Werte (§ 7 Abs. 3) sowie des **§ 19 Abs. 2** zur Befreiung von der Einlagepflicht auf Gesellschaften mit einem anderen als dem deutschen Gründungsrecht nicht angewendet werden[314]. Missbräuchlich sind auch nicht ohne weiteres im Zuge der Gründung (oder Kapitalerhöhung) erbrachte Leistungen eines einlagepflichtigen Gesellschafters auf ein debitorisches Konto der Gesellschaft, die der BGH nicht hat gelten lassen[315]. Nur selten wird die „Umqualifizierung" von Regeln des Gesellschaftsrechts ins Deliktsstatut eine Änderung bringen, indem etwa bei der Einbringung fragwürdiger Forderungen als Sacheinlage der Vorwurf einer deliktisch relevanten Gläubigertäuschung erhoben wird, abgesehen davon, dass nach den hierzu entwickelten besonderen Regeln ein zur Umgehung

46

---

309 *Eidenmüller*, JZ 2004, 24, 28; *Schön*, ZHR 168 (2004), 268, 291; *Kindler*, in: MünchKomm. BGB, IntGesR Rdnr. 594.

310 Dagegen *Kieninger*, ZEuP 2004, 685, 700; *Fischer*, ZIP 2004, 1477, 1479; *Borges*, ZIP 2004, 733, 735; *Meilicke*, GmbHR 2003, 793, 805; *Fleischer*, in: Lutter, Europäische Auslandsgesellschaften, S. 114; *Weller*, IPRax 2003, 520, 523; *Sandrock/Wetzler*, Deutsches Gesellschaftsrecht im Wettbewerb der Rechtsordnungen, 2004, S. 65; *Bayer*, BB 2003, 2357, 2364; *Horn*, NJW 2004, 893, 899; *Spahlinger/Wegen*, in: Spahlinger/Wegen, Abschnitt C Rdnr. 361; a.M. *v. Halen*, WM 2003, 571, 577; *Kindler*, NJW 2003, 1073, 1078 f.

311 Ähnlich *Spahlinger/Wegen*, in: Spahlinger/Wegen, Abschnitt C Rdnr. 317; gegen diese Art der Vergleichsprüfung *Altmeppen/Wilhelm*, DB 2004, 1083 ff.; vorsichtig auch *Ulmer*, NJW 2004, 1201, 1208; dagegen wiederum *Eidenmüller*, in: Eidenmüller, § 3 Rdnr. 45 ff.

312 So zum französischen Recht *Recq-Hoffmann*, GmbHR 2004, 1070, 1072.

313 BGH v. 26.11.1990 – II ZR 92/90, NJW 1991, 1414; *Ebenroth/Wilken*, JZ 1991, 1014, 1021; *Kindler*, in: MünchKomm. BGB, IntGesR Rdnr. 594.

314 *Bayer*, BB 2003, 2357, 2362; *Fischer*, ZIP 2004, 1477, 1479; *Paefgen*, DB 2003, 487, 489; *Sandrock*, ZVglRWiss 102 (2003), 447, 473 ff.; *Schumann*, DB 2004, 743; *Bitter*, ZHR 168 (2004), 320 ff.; *Fleischer*, in: Lutter, Europäische Auslandsgesellschaften, S. 114; *Eidenmüller*, in: Eidenmüller, § 4 Rdnr. 13; auch hier gegen eine Sonderanknüpfung zum Kapitalschutz *Behrens/Hoffmann*, in: Ulmer/Habersack/Löbbe, Einl. B Rdnr. 106.

315 BGH v. 15.3.2004 – II ZR 210/01, GmbHR 2004, 736 = JZ 2004, 684 mit krit. Anm. *Ulmer*; hierzu auch *H. P. Westermann*, ZIP 2005, 1849, 1856.

der Sachgründungsregeln verabredetes Verkehrsgeschäft unwirksam sein kann. Wird dieses grenzüberschreitend vorgenommen, wirken also die gesellschaftsrechtlichen Regeln auf ein schuld- und sachenrechtliches Rechtsgeschäft ein, was bei einer nach deutschem Gründungsrecht lebenden Gesellschaft hinzunehmen, bei ausländischen Gesellschaften europarechtlich bedenklich, aber im Lichte der Verhältnismäßigkeitsprüfung des EuGH vielleicht doch hinnehmbar ist[316]. Deutsche Gerichte können bei Briefkasten- und Schein-Auslandsgesellschaften (Rdnr. 41) u.U. auch aus dem Gründungsrecht einen Gläubigerschutz herleiten; so ist nach englischem Recht eine Gesellschaft verpflichtet, jährlich dem Handelsregister ihre Kapitalverhältnisse offenzulegen, daran schließt sich eine Staatsaufsicht und das Recht der Gläubiger an, die gerichtliche Auflösung der Gesellschaft zu verlangen[317]. Ähnliches gilt auch in Bezug auf US-amerikanische Gründungen unter der Geltung des FCN-Abkommens (dazu Rdnr. 5)[318].

8. Willensbildung innerhalb der Gesellschaft

47 Die Organisation der Gesellschaft einschließlich der Bestellung der Organe und der Vertretung durch sie sowie der Willensbildung richtet sich nach dem Personalstatut, im europäischen Raum also nach dem Gründungsrecht[319], aber auch bei Anwendung der Sitztheorie gilt im Ausgangspunkt das Personalstatut[320]. Wenn allerdings das anwendbare Auslandsrecht den Umfang der Vertretungsmacht eines Organs gegenüber der Rechtslage bei vergleichbaren inländischen Gesellschaftsformen atypisch bestimmt, so ist zum Schutz des inländischen Rechtsverkehrs eine Sonderanknüpfung unter Anwendung des Rechtsgedankens des Art. 13 der Rom I-VO zu diskutieren, die zu einer dem deutschen Rechtszustand entsprechenden Vertretungsmacht führen würde, in dem auch Beschränkungen der Vertretungsmacht nicht unbekannt sind[321]. Im europäischen Raum müssen solche Normen des Personalstatuts an Art. 9 Abs. 2 der Publizitätsrichtlinie gemessen werden, während die Lösungsmöglichkeit über den ordre public-Vorbehalt (Art. 6 EGBGB) auch hier mit Zurückhaltung zu beurteilen ist, so dass insgesamt erhebliche Gefährdungen des Rechtsverkehrs vermieden werden können. Soweit es um rechtsgeschäftliche Vollmachten geht, ebenso im Hinblick auf das Vorliegen einer Anscheins- oder Duldungsvollmacht, ist dagegen im Grundsatz das Vollmachtsstatut maßgebend[322]. Die **Geschäftsführungsbefugnis** richtet sich allein nach dem Personalstatut. Das Sitzrecht kann im europäischen Raum auch nicht festlegen, was für Organe eine

---

316 Näher zur kollisionsrechtlichen Behandlung verdeckter Sacheinlagen *Lappe/Schefold*, GmbHR 2005, 585 mit besonderer Betonung der Regeln über eine Statutenkollision.

317 Näher dazu *Ulmer*, JZ 1999, 642, 644; *Hirsch/Britain*, NZG 2003, 1100 ff.; *Schumann*, DB 2004, 743, 744 ff.

318 *Fleischer*, in: Lutter, Europäische Auslandsgesellschaften, S. 115.

319 *Bayer*, BB 2003, 2357, 2369; *Ulmer*, NJW 2004, 1201, 1206; *Rehm*, in: Eidenmüller, § 4 Rdnr. 41; *Leible*, in: Michalski u.a., Syst. Darst. 2 Rdnr. 150; s. auch *Riegger*, ZGR 2004, 510 ff.; *Behrens/Hoffmann*, in: Ulmer/Habersack/Löbbe, Einl. B Rdnr. 99; *Kindler*, in: MünchKomm. BGB, IntGesR Rdnr. 567.

320 BGH v. 5.5.1960 – VII ZR 92/58, BGHZ 32, 256, 258; BGH v. 13.6.1984 – IVa ZR 196/82, GmbHR 1985, 86 = IPRax 1985, 221; BGH v. 16.1.1992 – I ZR 20/90, NJW-RR 1992, 618 mit Kurzkomm. *Schlechtriem*, EWiR 1991, 1176; BGH v. 28.11.1994 – II ZR 211/93, NJW 1995, 1032; BGH v. 21.6.2011 – II ZB 15/10, GmbHR 2011, 925 = NZG 2011, 907; *v. Bar*, JZ 1992, 881; *Spahlinger/Wegen*, in: Spahlinger/Wegen, Abschnitt E Rdnr. 288; *Kindler*, in: MünchKomm. BGB, IntGesR Rdnr. 567.

321 *Kindler*, in: MünchKomm. BGB, IntGesR Rdnr. 562; für die insoweit gleiche Lage bei der Personengesellschaft *Paefgen*, in: Westermann/Wertenbruch, Handbuch Personengesellschaften, Rdnr. I 4141, I 4142.

322 BGH v. 9.12.1964 – VIII ZR 304/62, BGHZ 43, 21, 27; *Großfeld*, in: Staudinger, Internationales Gesellschaftsrecht Rdnr. 285; *Kindler*, in: MünchKomm. BGB, IntGesR Rdnr. 563.

Kapitalgesellschaft haben muss[323]. Bezüglich der sonstigen Regelung des Innenverhältnisses, vor allem der Gewichtsverteilung unter den Organen und der Art ihrer Einschaltung, der Willensbildung in- und außerhalb der Gesellschafterversammlung, der Stimmkraft der Gesellschafter, der Gültigkeitsvoraussetzungen von Beschlüssen und ihrer Anfechtung, verdient unabhängig von der allgemeinen Anwendbarkeit von Sitz- oder Gründungstheorie das Gründungsrecht den Vorzug, weil sich die Gesellschafter auf seine Normen bei der Gründung bewusst eingelassen haben. Etwa auf dieser Linie hat der BGH für die Klage eines Geschäftsführers einer im europäischen Ausland gegründeten, in Deutschland als KG-Komplementärin fungierenden Ltd. gegen seine Abberufung die deutschen Gerichte für international unzuständig erklärt[324].

Bedenklich sind jedenfalls für den europäischen Raum Versuche zu Sonderanknüpfungen   48
bezüglich des **Schutzes von Minderheitsgesellschaftern**. Das Personalstatut bestimmt, wer Mitglied ist und wie seine Stellung in der Gesellschaft ausgestaltet ist[325], somit auch, ob ein einzelner Gesellschafter oder eine Gesellschaftergruppe sich gegen Majorisierung bei Abstimmungen und Beschlüssen wehren kann. Eingriffe von Seiten des Sitzrechts in solche Regeln verbieten sich schon deshalb, weil im Bereich der kleinen Kapitalgesellschaft die Beteiligung auf freiwilliger Basis zustandezukommen pflegt. Deshalb auch zweifelhaft, ob nicht die Möglichkeiten zur Information über die Stellung als Minderheitsgesellschafter ausreichen, um die Erforderlichkeit eines Eingriffs in das Gründungsstatut abzulehnen[326]. Der Fall, dass jemand einer Gesellschaft, insbesondere einer ausländischen, beitritt, ohne Gelegenheit zu haben, sich über den Gesellschaftsvertrag und das „Heimatrecht" der Gesellschaft zu informieren, ist kaum vorstellbar. Manche Rechtsordnungen gewähren dem in die Minderheit geratenen Gesellschafter ein **Austrittsrecht** oder das Recht, seine Anteile dem Mehrheitsgesellschafter zu vertretbaren Konditionen anzudienen; ein solches Recht durch eine dem Gedanken des Minderheitenschutzes entsprechende Rechtsfortbildung dem Personalstatut gewissermaßen zu inkorporieren[327], widerspräche der Forderung nach Verhältnismäßigkeit, zumal auch Mehrheitsgesellschafter in ihrem Vertrauen darauf geschützt werden müssen, einen ihrem Kapitaleinsatz entsprechenden Einfluss auf die Führung der Gesellschaft haben zu können. Welche Voraussetzungen es für eine **Anteilsübertragung** gibt (Zustimmung der Gesellschafterversammlung oder des Geschäftsführers), und die Stückelung der Anteile legt ebenfalls das Personalstatut fest[328], während das für den Kaufvertrag als solchen maßgebliche Recht der Parteiautonomie unterliegt[329]. Hinsichtlich der Übertragung der Anteile kommen bei einigen ausländischen Gesellschaftsformen möglicherweise auch wertpapierrechtliche Bestimmungen in Betracht. Zu den Formfragen Rdnr. 53 ff.

---

323 *Rehm*, in: Eidenmüller, § 4 Rdnr. 42; s. weiter *Bous*, NZG 2000, 595, 596 ff.; *Leible*, in: Michalski u.a., Syst. Darst. 2 Rdnr. 150; *Kindler*, in: MünchKomm. BGB, IntGesR Rdnr. 567.

324 BGH v. 12.7.2011 – II ZR 28/10, GmbHR 2011, 1094 = NZG 2011, 1114; krit. *Thomale*, NZG 2011, 1290 ff.

325 So (noch unter Anwendung der Sitztheorie) RG, IPRspr 1934 Nr. 11; LG Hamburg v. 11.2.1976 – 5 O 109/75, IPRspr 1976 Nr. 210; *Kegel/Schurig*, Internationales Privatrecht, 9. Aufl. 2004, § 17 II 2; *Leible*, in: Michalski u.a., Syst. Darst. 2 Rdnr. 153; *Spahlinger/Wegen*, in: Spahlinger/Wegen, Abschnitt C Rdnr. 298.

326 S. auch *Eidenmüller*, in: Eidenmüller, § 4 Rdnr. 45; *Kleinert/Probst*, DB 2003, 2217 f.; *Behrens*, IPRax 1993, 323, 328; *Kieninger*, ZGR 1999, 724 f.; *Paefgen*, DZWiR 2003, 441, 446.

327 In diese Richtung Überlegungen von *Sandrock*, ZVerglRWiss 102 (2003), 477, 479 ff.; dagegen *Eidenmüller*, in: Eidenmüller, § 4 Rdnr. 47.

328 OLG Celle v. 7.9.1983 – 9 U 43/83, WM 1984, 494, 500; *Großfeld*, in: Staudinger, Internationales Gesellschaftsrecht Rdnr. 341; *Spahlinger/Wegen*, in: Spahlinger/Wegen, Abschnitt C Rdnr. 320, 321; im Einzelnen Rdnr. 54.

329 OLG Düsseldorf v. 14.1.1994 – 17 U 129/93, RIW 1994, 420; BGH v. 13.6.1996 – IX ZR 172/95, WM 1996, 1467; *Reichert/Weller*, DStR 2005, 219, 225 ff.

9. Das Recht der Kapitalerhaltung, insbesondere: Gesellschafterdarlehen, Bedeutung des Insolvenzstatuts

49 Die Bestimmungen zur Kapitalerhaltung hängen mit dem Regelwerk zur Verfassung der Körperschaft eng zusammen, was für ihre Zugehörigkeit zum Personalstatut spricht. Andererseits stehen hinter den §§ 30, 31 sowie hinter den Normen über Kapitalersatz, auch wenn sie jetzt insolvenzrechtlich konzipiert sind und wenn sie nach den Übergangsregeln noch fortgelten, neben den Interessen der Gesellschaft an Erhaltung ihrer Kapitaldecke starke Bedürfnisse des Gläubigerschutzes. Es nimmt daher nicht wunder, dass überlegt wird, ob die wichtigsten Institute des deutschen Rechts der Kapitalerhaltung, soweit sie auf eine Pflicht zur Rückführung zu Unrecht ins Vermögen von Gesellschaftern geflossener Werte hinauslaufen, auch auf Gesellschaften mit einem ausländischen Personalstatut angewendet werden können[330]. Überwiegend wird freilich die Unanwendbarkeit der deutschen Regeln über Kapitalerhaltung auf Auslandsgesellschaften angenommen, wofür spricht, dass die Gläubiger sowohl im Gründungsstaat als auch im Staat eines vom Gründungs- abweichenden Verwaltungssitzes davon ausgehen müssen, dass die Gesellschafter ihr Finanzverhalten an den Anforderungen des Gründungsrechts ausrichten[331]. Obwohl die praktische Bedeutung der Kapitalerhaltung sinkt, wenn die Gesellschaft kein Mindeststammkapital (oder, wie es jetzt auch in Deutschland möglich ist, so gut wie keines) zu haben braucht, bedroht eine den Gläubigern nicht erkennbare Ausschüttung der Werte, die die Gesellschaft ausweislich des Handelsregisters als Einlagen erhalten haben soll, an die Gesellschafter (auch) Gesellschafterbelange. Auch der frühere, teilweise in §§ 32a, 32b a.F. niedergelegte Gedanke, dass es nicht angehe, zunächst die in einer Krise befindliche, anderweit kreditunwürdige Gesellschaft mit Gesellschafterdarlehen aufrechtzuerhalten, dann aber die Mittel beliebig zurückzuziehen, wenn der Gesellschafter/Darlehensgeber – in der Regel eher als die Gläubiger – erkennt, dass der Zusammenbruch der Gesellschaft nicht aufzuhalten ist, hängt nicht unbedingt mit der Höhe eines Mindeststammkapitals zusammen[332]. Andererseits sind Vorschriften wie §§ 30 und 31 und die ihnen zugrundeliegende Betrachtungsweise des zur Erhaltung des Stammkapitals erforderlichen Aktivvermögens (§ 30 Rdnr. 52) so eng mit der Finanzierung des von der Gesellschaft betriebenen Unternehmens verbunden, dass sie, auch wegen ihrer Ausdehnung auf Geschäfte mit nicht gesellschaftsangehörigen Personen (§ 30 Rdnr. 35 ff.), nicht gut mit einem u.U. andersartigen Gesellschaftsstatut in Einklang gebracht werden können. Es kommt hinzu, dass die Regeln über die Niederlassungsfreiheit nicht nur den Gründungsakt, sondern auch das Fortbestehen der Gesellschaft erfassen[333]. Auch die Prüfung nach den Kriterien der EuGH-Rechtsprechung für ein überragendes Allgemeininteresse des Sitzstaats muss mit Blick auf die Erforderlichkeit einer Regelung nicht außer Betracht lassen, welche gläubigerschützenden Instrumente das jeweilige Gründungsrecht bereit hält und wie sie im Sitzstaat kontrolliert und durchgesetzt werden können[334]. Zumindest über die englische Ltd. und die US-

---

330 So – mit unterschiedlichen Begründungen – *Eisner*, ZInsO 2005, 20 ff.; *Altmeppen/Wilhelm*, DB 2004, 1083 ff.; *Ulmer*, NJW 2004, 1201, 1209; s. auch *Bitter*, WM 2004, 2190, 2194 f.; ähnlich *Karsten Schmidt*, ZHR 166 (2004), 493, 498 ff.

331 BGH v. 25.6.2001 – II ZR 38/99, BGHZ 148, 167 f. = GmbHR 2001, 771 für §§ 30, 31; ferner BAG v. 28.4.1992 – 3 AZR 244/91, GmbHR 1993, 220 = ZIP 1992, 1566; *Spindler/Berner*, RIW 2004, 7 ff.; *Bayer*, BB 2003, 2357, 2364; *Paefgen*, DB 2003, 487, 489 f.; *Sandrock*, ZVerglRWiss 102 (2003), 447, 473 ff.; *Eidenmüller/Rehm*, ZGR 2004, 459, 181 f.; *Drygala*, ZEuP 2004, 337, 347 f.; *Fischer*, ZIP 2004, 1477, 1479; *G. H. Roth*, in: FS Doralt, 2004, S. 479, 490 f.; *U. Huber*, in: Lutter, Europäische Auslandsgesellschaften, S. 131, 146 ff.; *Behrens/Hoffmann*, in: Ulmer/Habersack/Löbbe, Einl. B Rdnr. 108; im Ergebnis auch *Fleischer*, in: Lutter, Europäische Auslandsgesellschaften, S. 115 ff.

332 So auch *Fleischer*, in: Lutter, Europäische Auslandsgesellschaften, S. 116.

333 Anders insoweit *Altmeppen/Wilhelm*, DB 2004, 1083, 1089 f.; krit. unter Hinweis auf Rdnr. 104 des „Inspire-Art-Urteils" *Fleischer*, in: Lutter, Europäische Auslandsgesellschaften, S. 117.

334 Weiterführende Hinweise in dieser Richtung bei *Kuhner*, ZGR 2005, 753, 776 ff.

amerikanischen Delaware-Gesellschaften, aber auch über die französische SaRL, liegen inzwischen so viele verhältnismäßig leicht zugängliche Informationen vor[335], dass zur Erforderlichkeit und auch zur Eignung eines deutschen Rechtsinstituts, Schutzlücken des Gründungsrechts zu schließen, konkrete Folgerungen gezogen werden können[336]. Wo derartige Feststellungen schwieriger sind, oder wo das ausländische Recht eine diesen Problembereich betreffende Richtlinie wie die Kapitalrichtlinie nicht korrekt umgesetzt hat[337], ist immerhin davon auszugehen, dass Vertragspartner einer solchen Gesellschaft sich i.d.R. nicht ohne Vorsichtsmaßnahmen auf Verträge mit eigener Vorleistungspflicht einlassen werden. Missbräuchen, die darauf hinauslaufen, die Gesellschaft ausbluten zu lassen oder sie „auszunehmen", muss mit einzelfallabhängigen Mitteln wie der Existenzvernichtungshaftung und verschiedenen Wegen der Durchgriffshaftung begegnet werden, was mit gesellschaftsrechtlichen oder deliktsrechtlichen Anspruchsgrundlagen anzugehen ist; zu ihrer Qualifikation (unter Einschluss des Insolvenzrechts) Rdnr. 64 ff.

Eine andere materiell-rechtliche Ausgangslage muss über die kollisionsrechtliche Behandlung von **Gesellschafterdarlehen** entscheiden, wobei zunächst zwischen Fällen unterschieden wird, die nach den vor dem Inkrafttreten des MoMiG geltenden Regeln zu beurteilen sind, und solchen, die unter das neue Recht fallen. Die erste Gruppe zerfiel in die sogenannten „Novellen-Darlehen", die über §§ 32a, 32b a.F. im Wesentlichen zur Anwendung der insolvenzrechtlichen Regeln der §§ 39 Abs. 1 Nr. 5 und 135 InsO a.F. führten[338], also zur Anfechtung der Rückgewähr kapitalersetzender Darlehen, und solchen Finanzierungen, die nach der rechtsfortbildenden Rechtsprechung analog §§ 30, 31 a.F. eine Rückzahlungspflicht unabhängig vom Vorliegen eines Insolvenzverfahrens bedeuteten. Demgegenüber hat die Neuregelung, die für Ansprüche im Rahmen eines nach dem Inkrafttreten des MoMiG eröffneten Insolvenzverfahrens gilt, die Materie ganz ins Insolvenz- und Anfechtungsrecht eingestellt und erfasst hierbei jedes Gesellschafterdarlehen unabhängig von seiner Gewährung in einer Krise, ferner werden alle diese Darlehen in der Insolvenz einem Nachrang gemäß § 39 Abs. 1 Nr. 5 InsO unterworfen, näher Art. 103d EGInsO. Die früher praktisch besonders wichtige analoge Anwendung der Kapitalerhaltungsregeln der §§ 30, 31 ist entfallen (§ 30 Abs. 1 Satz 3), die §§ 32a, 32b sind aufgehoben. Kollisionsrechtlich war für das frühere Recht zu entscheiden, ob und inwieweit das Gesellschafts- oder das Insolvenzstatut anzuwenden ist. Hier ist vom Grundsatz des Art. 4 EuInSVO auszugehen, der als Insolvenzstatut das Recht des Mitgliedstaats bestimmt, in dem das Verfahren eröffnet wurde; folglich sind die einzelnen Regelungen insolvenzrechtlich zu qualifizieren[339]. Der BGH sah die Normen der VO als europa-einheitliches Kollisionsrecht an, das auf Insolvenzrecht verweist und nationales IPR verdrängt[340], woraus folge, dass Regelungen, die nach der EuInsVO als anwendbares Insolvenzrecht anzusehen sind, in einem in einem Mitgliedstaat eröffneten Hauptinsolvenzverfahren nicht deshalb unanwendbar waren, weil sie nach dem nationalen Recht anders, etwa gesellschaftsrechtlich,

50

---

335 Im Einzelnen dazu die Länderberichte in Süß/Wachter, Handbuch des internationalen GmbH-Rechts, 3. Aufl. 2015. Zur Ltd. auch *Bayer*, in: Lutter/Hommelhoff, Anh. zu § 4a Rdnr. 9; *Heckschen*, Private Limited Company, 2. Aufl. 2007. Ausf. *Wachter*, in: Süß/Wachter, § 2 Rdnr. 45 ff.; zur niederländischen „Flex-BV" *Höfer*, GmbHR 2016, 398; *H. P. Westermann*, GmbHR 2017, 683.

336 S. dazu auch schon die Studien von *Schumann*, DB 2004, 743 ff. (wonach im englischen Recht durchaus unzulässige Ausschüttungen zurückgezahlt werden müssen) und *Fleischer*, in: Lutter, Europäische Auslandsgesellschaften, S. 47 ff.; ebenso *Zöllner*, GmbHR 2006, 1, 6 ff. Zum Fall, dass das berufene ausländische Recht kein Äquivalent enthält, s. *Ulmer*, NJW 2004, 1205, 1209.

337 Dazu *Schumann*, DB 2004, 745; *Ulmer*, NJW 2004, 1201, 1209.

338 Zu dieser Einteilung *Goette/Kleindiek*, Eigenkapitalersatzrecht, Rdnr. 7 ff.; *Goette*, ZHR 162 (1998), 223 ff.; *Habersack*, ZGR 2000, 384, 389 ff.

339 *Weller*, in: MünchKomm. GmbHG, Einl. Rdnr. 405, 405a.

340 BGH v. 21.7.2011 – IX ZR 185/10, GmbHR 2011, 1087 = NJW 2011, 3784 (PIN-Urteil), vor allem Rdnr. 19.

qualifiziert wurden[341]. Regeln des deutschen Sachrechts, die den Rang von Forderungen im Insolvenzverfahren bestimmen, also § 32a GmbHG a.F., § 39 Abs. 1 Nr. 5 InsO a.F., sind danach in dem in Deutschland eröffneten Insolvenzverfahren, im konkreten Fall über das Vermögen einer in Luxemburg gegründeten Holding, anwendbar, wobei betont wurde, dass das Gesellschaftsstatut der Schuldnerin sich nach luxemburgischem Recht richtet. Im nächsten Schritt unterscheidet der BGH hinsichtlich der Qualifikation des bisherigen Kapitalersatzrechts zwischen den Rechtsprechungs- und den Novellenregeln, wobei die letzteren, da die Rechtsfolgen insolvenzrechtlicher Natur seien, trotz ihrer im Ausgangspunkt gesellschaftsrechtlichen Zuordnung nur im Insolvenzverfahren zum Zuge kämen und deshalb insolvenzrechtlich zu qualifizieren und im nationalen Insolvenzrecht auch auf Auslandsgesellschaften anzuwenden seien[342].

51 Im Rahmen dieses Konzepts, also in Fällen der Fortgeltung des alten Rechts über den 31.10.2008 hinaus, müssen die Voraussetzungen eines Rangrücktritts nach § 39 Abs. 1 Nr. 5 InsO a.F. im Einzelnen geprüft werden, also u.a. die kapitalersetzende Funktion des Darlehens[343]. Die Eröffnungstatbestände und die Insolvenzantragspflicht sind sodann wiederum dem Recht des Staats der Verfahrenseröffnung zu entnehmen[344], während das Zahlungsverbot, das in entsprechender Anwendung des § 30 entwickelt wurde, nach wie vor als gesellschaftsrechtlich zu qualifizieren und folglich nicht auf Auslandsgesellschaften anwendbar ist. Da die Kapitalerhaltung wie die Gründung und die Kapitalaufbringung Bestandteile des Personalstatuts sind, verbietet es sich, diesen sehr eigenständig ausgestalteten Instituten Elemente eines fremden nationalen Sachrechts einzufügen[345]. Das gilt dann auch für die Erweiterung der „Finanzierungsfolgenverantwortung" etwa auf die kapitalersetzende Grundstücksüberlassung. Auch die aus der Rechtsprechung des EuGH ersichtlichen Ausnahmekriterien rechtfertigen nicht schon die Annahme, dass beim Zurückbleiben des Gründungsrechts hinter den Bestrebungen des Sitzrechts eine durch das Letztere zu schließende Lücke bestehe[346]. Wenn dies so wäre, könnte aber auch „echten" Auslandsgesellschaften, die im inländischen Rechtsverkehr auftreten, Satzungs- und Verwaltungssitz aber im Gründungsstaat haben, die Anwendung inländischer Gläubigerschutzvorschriften nicht erspart bleiben. Deshalb spitzt sich die Entscheidung am Ende doch wieder darauf zu, ob man Gesellschaften mit ausschließlich inländischem Verwaltungssitz wegen des Verdachts, die inländischen Gläubigerschutznormen umgehen zu wollen, anders behandeln darf[347]. Zur Kapitalerhaltung im Konzern Rdnr. 63.

52 Was das **neue Recht** der **Gesellschafterdarlehen** betrifft, so ist wiederum von Art. 4 Abs. 1 EuInsVO auszugehen, der das Insolvenzverfahren und die Wirkung seiner Eröffnung dem Insolvenzstatut, also dem Recht des Staats, in dem das Verfahren eröffnet worden ist, zuordnet. Zu den Wirkungen, die sich jetzt im Insolvenzverfahren zeigen, gehört auch die Frage,

---

341 Bezugnahme auf *Ulmer*, NJW 2004, 1201, 1207; *Walterscheid*, DZWiR 2006, 95, 98; *Behrens*, IPRax 2010, 230 f. Gegen den Schluss des BGH von der Qualifikation auf den sachrechtlichen Anwendungsbereich aber *Schall*, NJW 2011, 3745, 3746.
342 So auch *Mankowski*, NZI 2010, 1004; *U. Huber*, in: Lutter, Europäische Auslandsgesellschaften, S. 31, 140 ff.; *Ulmer*, KTS 2004, 291, 299; *Behrens/Hoffmann*, in: Ulmer/Habersack/Löbbe, Einl. B Rdnr. 110; *Wachter*, GmbHR 2004, 88, 92; *Paefgen*, ZIP 2004, 2253, 2261.
343 So auch der BGH v. 21.7.2011 – IX ZR 185/10, GmbHR 2011, 1087 = NJW 2011, 3784 (PIN-Urteil), in Rdnr. 52 ff. des Urteils.
344 *Schall*, NJW 2011, 3745, 3747; s. auch *Weller*, in: MünchKomm. GmbHG, Einl. Rdnr. 403.
345 Anders *Ulmer*, NJW 2004, 1201, 1209; wie hier aber *U. Huber*, in: Lutter, Europäische Auslandsgesellschaften, S. 156; im Ergebnis auch *Zimmer*, NJW 2003, 3585, 3589; *Borges*, ZIP 2004, 733, 744; *Müller*, NZG 2003, 414, 417; *Paefgen*, DB 2003, 487, 490; *Altmeppen*, NJW 2004, 97, 103; *Eidenmüller*, in: Eidenmüller, § 9 Rdnr. 43.
346 *Ulmer*, NJW 2004, 1201, 1208 f.; *Altmeppen/Wilhelm*, DB 2004, 1083, 1087 f.; dagegen *Forsthoff*, DB 2002, 2471, 2477; *W.-H. Roth*, IPRax 2002, 117, 125; *Eidenmüller*, JZ 2004, 24, 28.
347 Einwand von *U. Huber*, in: Lutter, Europäische Auslandsgesellschaften, S. 157 ff.

welche Rechtshandlungen nichtig oder anfechtbar sind[348]. Gesellschaftsrechtlich ist die Gewährung eines Gesellschafterdarlehens oder einer wirtschaftlich gleichwertigen Finanzierung von Gesellschafterseite nicht verboten, eine unzeitige Zurückführung kann wiederum zur Insolvenzanfechtung führen, so dass der Vorgang kollisionsrechtlich dem Gesellschaftsstatut entzogen ist.

10. Zur Form gesellschaftsrechtlicher Rechtsgeschäfte

Im Hinblick auf die Form gesellschaftsrechtlicher Rechtsgeschäfte ist die **kollisionsrechtliche** 53
Ausgangslage durch das Nebeneinander der tradierten Regel des Art. 11 EGBGB, also der Ortsform, des Art. 11 Abs. 1 Rom I-VO und der Bemühungen um eine Aufrechterhaltung der an einem möglichen Formmangel leidenden Geschäfte gekennzeichnet; auch das Europäische Schuldvertragsübereinkommen[349] spielt eine Rolle[350]. Welche auf Gesellschaften oder Beteiligungen bezogenen Geschäfte unter die verschiedenen hiermit angesprochenen Statute fallen, ist somit nicht ganz klar. Gegenüber den grundlegenden Regeln in Art. 11 Abs. 1 bis 3 EGBGB vorrangig ist die Formkollisionsregel des Art. 11 Rom I-VO, deren Geltung für Personengesellschaften und juristische Personen mit Rücksicht auf die Bereichsausnahme nach Art. 1 Abs. 2f Rom I-VO nicht alle Gesellschaften umfasst. Jedenfalls sind von ihr Gesellschaften ohne eine nach außen sichtbare Organisation ausgenommen, also etwa BGB-Innengesellschaften, für die also die Kollisionsregeln des Art. 11 EGBGB unverändert gelten, der aber für andere Verbandsformen nach verbreiteter Meinung nicht angewendet werden soll[351], so dass insoweit Art. 11 Rom I-VO gilt. Dieser erfasst aber nicht als gesellschaftsrechtlich, sondern als vertragsrechtlich zu qualifizierende Vorgänge, so dass das Schuldvertragsstatut eingreifen müsste, allerdings mit der Maßgabe (Art. 11 Abs. 1 EGBGB) einer **alternativen Anknüpfung** an das **Orts-** oder das **Wirkungsstatut**[352], so dass die Wahrung der Ortsform auch für gesellschaftsrechtliche Vorgänge genügt[353], was allerdings nur in Betracht kommt, wenn das Ortsrecht für ein solches Rechtsgeschäft im Bereich von Gesellschaften eine Formvorschrift vorsieht. Dann kann, wenn die Formvorschrift des Ortsrechts dem Wirkungsstatut vergleichbar ist, bei Einhaltung ihrer Erfordernisse über Mängel aus der Sicht des Wirkungsstatuts hinweggesehen werden[354]. Somit kann auch bei gesellschaftsrechtlichen Vorgängen das Recht des Vornahmeorts angewendet werden[355], was allerdings verbreitet bestritten

---

348 *Weller*, in: MünchKomm. GmbHG, Einl. Rdnr. 406.

349 EU-Übereinkommen über das auf vertragliche Schuldverhältnisse anwendbare Recht, BGBl. II 1986, 810.

350 Zur Ausgangslage *Leible*, in: Michalski u.a., Syst. Darst. 2 Rdnr. 102, 103; *Hohloch*, in: Erman, BGB, Art. 11 EGBGB Rdnr. 3, 13. Zur Behandlung von Innengesellschaften im Kollisionsrecht *Paefgen*, in: Westermann/Wertenbruch, Handbuch Personengesellschaften, Rdnr. I 4134.

351 *Goette*, in: FS Boujong, 1996, S. 131; *Heckschen*, DB 1990, 161; *Kröll*, ZGR 2000, 111, 115.

352 *Hohloch*, in: Erman, BGB, Art. 11 EGBGB Rdnr. 8; *Leible*, in: Michalski u.a., Syst. Darst. 2 Rdnr. 91, 98.

353 BGH v. 4.11.2004 – III ZR 172/03, GmbHR 2005, 53 = NZG 2005, 41; zweifelnd aber *Goette*, DStR 1996, 709, 711; zum Ganzen *Kindler*, in: MünchKomm. BGB, IntGesR Rdnr. 533, 535; *Behrens/Hoffmann*, in: Ulmer/Habersack/Löbbe, Einl. B Rdnr. 188.

354 „Favor negotii" oder „Favor validitatis", *Hohloch*, in: Erman, Art. 11 EGBGB Rdnr. 10; *Leible*, in: Michalski u.a., Syst. Darst. 2 Rdnr. 103; s. auch *Spellenberg*, in: MünchKomm. BGB, Art. 11 EGBGB Rdnr. 72.

355 BayObLG v. 18.10.1977 – BReg 3 Z 68/76, GmbHR 1978, 39; OLG Stuttgart v. 3.11.1980 – 8 W 530/79, IPRax 1983, 79; OLG Köln v. 4.5.1988 – 2 Wx 6/88, GmbHR 1989, 125 = RIW 1989, 565; OLG Düsseldorf v. 25.1.1989 – 3 Wx 21/89, GmbHR 1990, 169; OLG München v. 19.11.1997 – 7 U 2511/97, GmbHR 1998, 46 = RIW 1998, 147; OGH Wien v. 23.2.1989 – 6 Ob 525/89, IPRax 1990, 254; *Goette*, DStR 1996, 709, 711; *Gätsch/Schulte*, ZIP 1999, 1954; *Kröll*, ZGR 2000, 111, 122 ff.; a.M. *Großfeld/Berndt*, RIW 1996, 625.

wird[356]. Allerdings haben die Formerfordernisse des Ortsstatuts nicht die Situation im internationalen Gesellschaftsrecht im Auge, und manche gesellschaftsrechtlichen Formvorschriften verfolgen nur spezielle Zwecke (wie etwa die Erschwerung eines freien Handels in Geschäftsanteilen)[357]. Daher können Geschäfte, die unmittelbar in die Verfassung der juristischen Person eingreifen, so Abschluss und Änderung des Gesellschaftsvertrages, nicht gut einer anderen Form als der des Gesellschaftsstatuts unterliegen[358]. Freilich ist deswegen das Ortsstatut nicht ganz irrelevant, da es auch Formerfordernisse gibt, die nicht speziell gesellschaftsrechtlichen Zielen dienen, so die gewöhnlichen Funktionen der Schriftform, so dass man etwa in Bezug auf § 5 Abs. 4 das, was „schriftlich" ist, nach dem Recht des Vornahmeorts bestimmen kann. Es ist davon auszugehen, dass der Terminus „Form des Rechtsgeschäfts" in Art. 11 Abs. 1 EGBGB in demselben Sinne zu lesen ist wie in der der Begriffsbildung zugrundeliegenden Kodifikation des BGB[359]. Deshalb kann es dabei bleiben, dass gewöhnlich die Erfordernisse des Ortsstatuts zu beachten sind und ausreichen, und dass das Personalstatut nur für solche Geschäfte den Vorzug verdient, die sich unmittelbar auf die Verfassung der Gesellschaft beziehen[360]. Das wirkt sich praktisch hauptsächlich bei der Beurkundung aus (Rdnr. 55). Gegenüber Versuchen, die alternative Anwendung des Ortsrechts als Formerschleichung unbeachtet zu lassen, ist also angesichts der heutigen Ausgangslage Zurückhaltung geboten[361].

54 Danach ist für die Gültigkeit der Satzung und die Wirksamkeit von Änderungen oder Umstrukturierungen der Gesellschaft das Personalstatut maßgebend[362], ebenso für die Beschlussfassung in einer Mitgliederversammlung[363]. Bei dem besonders wichtigen Fall der **Übertragung von Geschäftsanteilen** (dazu eingehend § 15 Rdnr. 82 ff.) muss zwischen dem obligatorischen Vertrag und der eigentlichen Verfügung unterschieden werden. Zumindest der Verpflichtungsvertrag berührt die Verfassung der Gesellschaft nicht, so dass vertreten wird, es komme für die Form allein auf Art. 11 Abs. 1 EGBGB an[364]. Doch muss jetzt Art. 11 Rom I-VO beachtet werden, der nicht ausschließt, dass die Parteien den Vertrag ausdrücklich oder konkludent deutschem Recht unterstellen, so dass § 15 Abs. 4 anwendbar wird, der allerdings (im Zuge der alternativen Anknüpfung) durch ein formgünstigeres Ortsrecht überspielt werden kann[365]. Das lässt aber unberücksichtigt, dass hinter § 15 Abs. 4 u.a. die

---

356 *Großfeld*, in: Staudinger, Internationales Gesellschaftsrecht Rdnr. 467 ff.; *Schütze*, DB 1992, 1970; OLG München v. 5.3.1993 – 23 U 5958/92, GmbHR 1993, 654 = NJW-RR 1993, 998.

357 *Geimer*, DNotZ 1981, 406, 408; *Brambring*, NJW 1975, 1255; OGH Wien v. 23.2.1989 – 6 Ob 525/89, IPRax 1990, 254.

358 OLG Karlsruhe v. 10.4.1979 – 11 W 104/78, RIW 1979, 567 f.; im Ergebnis auch LG Augsburg v. 4.6.1996 – 2 HKT 2093/96, GmbHR 1996, 941; *Goette*, DStR 1996, 709, 711; *Menke*, BB 2004, 1807, 1809; *Spahlinger/Wegen*, in: Spahlinger/Wegen, Abschnitt C Rdnr. 363.

359 S. BGH v. 19.12.1958 – IV ZR 87/58, BGHZ 29, 137, 139.

360 *Kropholler*, ZHR 140 (1976), 394, 402; *Ebenroth/Wilkens*, JZ 1991, 1061, 1064; *Schervier*, NJW 1992, 593 f.; *Goette*, DStR 1996, 709, 711; *Behrens/Hoffmann*, in: Ulmer/Habersack/Löbbe, Einl. B Rdnr. 189; aus der Rechtsprechung LG Köln v. 13.10.1989 – 87 T 20/89, GmbHR 1990, 171 (Verschmelzung); OLG Hamburg v. 7.5.1993 – 2 Wx 55/91, WM 1993, 1186 (Hauptversammlung); dazu krit. *v. Bar/Grothe*, IPRax 1994, 291; LG Augsburg v. 4.6.1996 – 2 HKT 2093/96, GmbHR 1996, 941 mit Anm. *Kallmeyer*, S. 910 (zur Verschmelzung); wohl auch BGH v. 4.11.2004 – III ZR 172/03, GmbHR 2005, 53 = NZG 2005, 41 f.

361 *Leible*, in: Michalski u.a., Syst. Darst. 2 Rdnr. 105 gegen *Geimer*, DNotZ 1981, 406, 410; *Bredthauer*, BB 1986, 1864.

362 *Kronke*, ZGR 1994, 31; *Großfeld*, AG 1996, 302; *Kallmeyer*, ZIP 1996, 535; *Sonnenberger/Berner*, RIW 2006, Beil. 1 S. 19; *Behrens/Hoffmann*, in: Ulmer/Habersack/Löbbe, Einl. B Rdnr. 190.

363 Dazu *Kaligin*, DB 1985, 1449, 1453.

364 RGZ 88, 227, 231; BayObLG, NJW 1978, 500; s. auch BGH v. 9.10.1986 – II ZR 241/85, IPRax 1988, 27; BGH v. 13.6.1996 – IX ZR 172/95, WM 1996, 1467; *Maier-Reimer*, BB 1974, 1230, 1233.

365 *Reithmann*, GmbHR 2009, 699, 700; *Leible*, in: Michalski u.a., Syst. Darst. 2 Rdnr. 111, 112, 154; *Reuter*, BB 1998, 116, 119; anders noch *Großfeld*, in: Staudinger, Internationales Gesellschaftsrecht Rdnr. 498; *van Randenborgh*, GmbHR 1996, 908.

Vorstellung des deutschen Gesetzgebers steht, einem freien Handel in GmbH-Geschäftsanteilen entgegenzuwirken, was ein spezifisch gesellschaftsrechtliches Ziel ist, das für Gesellschaften mit ausländischem Personalstatut nicht gilt. Daher ist zu differenzieren. Beim Verkauf von Anteilen an einer deutschen GmbH ist das schuldrechtliche Geschäft nach dem ausdrücklich oder schlüssig bestimmten Vertragsstatut zu beurteilen, wobei es dem Parteiwillen gewöhnlich entsprechen wird, dass dies das Gesellschaftsstatut sein soll. Findet der Vertragsschluss im Ausland statt, kommen neben den zum Gesellschaftsstatut gehörenden Formvorschriften die Regeln der Ortsform zum Zuge[366], was besonders von Interesse ist, wenn diese geringere Anforderungen stellen als das Gesellschaftsstatut. Bei Übertragung von Anteilen an einer ausländischen Gesellschaft wird oft ebenfalls die Form des Gesellschaftsstatuts gewollt sein; werden die Anforderungen der (deutschen) Ortsform nicht eingehalten, so schadet dies nicht, wenn das Gesellschaftsstatut geringere Anforderungen stellt[367]. Das **dingliche Übertragungsgeschäft** berührt unmittelbar die Beteiligungsstrukturen innerhalb der Gesellschaft, was für die Anwendung des Wirkungsstatuts und somit des § 15 Abs. 4 spricht, so dass auch die Übertragung von Geschäftsanteilen an einer in Deutschland gegründeten Gesellschaft mit Verwaltungssitz im europäischen Ausland formbedürftig ist[368].Allerdings kann es sein, dass das Ortsstatut einen der GmbH vergleichbaren Gesellschaftstyp nicht kennt, so dass Regeln für die Übertragung nicht verbriefter Beteiligungen nicht existieren, dann kann nur das Gesellschaftsstatut maßgeblich sein[369]. Gänzlich dem Personalstatut unterworfen sind Übertragungsvorgänge, die sich nicht aus einem Vertrag ergeben, sondern aus anderen rein gesellschaftsrechtlichen Vorgängen wie etwa der Einziehung eines Geschäftsanteils. Diese Überlegungen sind wohl auch anwendbar, wenn das Ortsrecht der Sitztheorie folgt, da dies nicht bedeuten kann, dass gesellschaftsrechtliche Zwecksetzungen des Gründungsrechts überlagert werden oder unbeachtet bleiben können.

Soweit danach eine Beurkundung eines Rechtsgeschäfts erforderlich oder vereinbart ist, stellt sich, auch wenn man die alternative Anknüpfung an das Wirkungs- und Ortsstatut (Rdnr. 53) bejaht, bei dem danach sachrechtlich vorgeschriebenen Beurkundungserfordernis die Frage nach der **Gleichwertigkeit einer Auslandsbeurkundung** bezüglich eines eine deutsche Gesellschaft betreffenden Vorgangs. Die Frage hat keinen spezifisch gesellschaftsrechtlichen Einschlag, da die Zwecke einer vorgeschriebenen Beurkundung, also die verlässliche Dokumentation des Erklärten und Gewollten, vor allem aber die Notwendigkeit einer neutralen und sachkundigen Aufklärung und Belehrung durch die Urkundsperson, im Grundsatz unabhängig vom Inhalt des beurkundungspflichtigen Geschäfts sind, obwohl, wie es in der Praxis auch schon betont worden ist, unterschiedlich starke Bezüge zwischen der Urkunde und der Rechtslage bestehen können[370] und die Anforderungen an die Informations- und Beratungstätigkeit des Notars und – daraus folgend – an seine das deutsche Recht betreffende Sach-

55

---

366 OLG Stuttgart v. 17.5.2000 – 20 U 68/99, DB 2000, 1218 f.; *Behrens/Hoffmann*, in: Ulmer/Habersack/Löbbe, Einl. B Rdnr. 193; *Süß*, in: Süß/Wachter, § 1 Rdnr. 109. Zur Anwendung der Ortsform auf das Verpflichtungsgeschäft *Mankowski*, NZG 2010, 1576, 1582; *Reithmann*, GmbHR 2009, 699.

367 *Gärtner/Rosenbauer*, DB 2002, 1871 ff.

368 OLG München v. 5.3.1993 – 23 U 5958/92, GmbHR 1993, 654 = NJW-RR 1993, 998 mit Anm. *Bungert*, DZWiR 1993, 494; *Merkt*, ZIP 1994, 1417, 1425; *Rehm*, in: Eidenmüller, § 4 Rdnr. 5; *Reichert/Weller*, DStR 2005, 219 f.; *Behrens/Hoffmann*, in: Ulmer/Habersack/Löbbe, Einl. B Rdnr. 194; anders aber OLG Celle v. 20.11.1991 – 20 U 26/91, GmbHR 1992, 815 = NJW-RR 1992, 1126 (Ortsform maßgeblich); so auch OLG Düsseldorf v. 25.1.1989 – 3 Wx 21/89, GmbHR 1990, 169; *Löbbe*, in: Ulmer/Habersack/Löbbe, § 15 Rdnr. 139; *Goette*, in: FS Boujong, 1996, S. 131, 138; *Benecke*, RIW 2002, 280, 282; in diese Richtung deutend BGH v. 4.11.2004 – III ZR 172/03, GmbHR 2005, 53; Diskussion bei *Albers*, GmbHR 2011, 1078 ff.

369 Näher zu diesem Phänomen der „Formenleere", *Süß*, in: Süß/Wachter, § 1 Rdnr. 113 ff. anhand des Urteils OLG Stuttgart v. 17.5.2000 – 20 U 68/99, GmbHR 2000, 721 mit Anm. *Emde*.

370 AG Berlin-Charlottenburg v. 22.1.2016 – 99 AR 9466/15, GmbHR 2016, 223: Erheblicher Unterschied zwischen der Beurkundung von Willenserklärungen bei der Gründung, Beurkundung einer Gesellschafterliste oder Protokollierung einer Hauptversammlung.

kenntnis demgemäß verschieden hoch sein können. Dann steht das deutsche Recht einer Beurkundung im Ausland zwar nicht generell entgegen[371], es muss aber von Fall zu Fall geprüft werden, ob bei dem konkreten Verfahren die Urkundsperson nach Vorbildung und Stellung im Rechtsleben, insbesondere auch Haftung und Standes-, namentlich Disziplinarrecht, eine der Tätigkeit des deutschen Notars entsprechende Funktion erfüllt hat, und ob sie für die Errichtung der Urkunde ein Verfahren beachten musste, das in den Grundzügen dem deutschen Beurkundungsverfahren gleich kommt[372]. Die Beurteilung unterscheidet sich auch nicht danach, ob in Deutschland ein Vorgang im Rahmen einer Auslandsgesellschaft oder im Ausland ein auf eine deutsche Gesellschaft bezügliches Geschäft beurkundet wird. Voraussetzung der Anerkennung einer ausländischen Beurkundung ist dann weiter noch, dass überhaupt das deutsche Gesellschaftsstatut zuständig ist, was eine Qualifikation des zu beurkundenden Geschäfts, gegebenenfalls eine Substition unter das Wirkungsstatut erfordert[373]. Die Beurteilung unterscheidet sich auch nicht danach, ob in Deutschland ein Vorgang im Rahmen einer Auslandsgesellschaft oder im Ausland ein auf eine deutsche Gesellschaft bezügliches Geschäft beurkundet wird. In jedem Fall stellt sich das Problem der **Gleichwertigkeit** der Beurkundung durch eine ausländische Urkundsperson im Hinblick auf ihre Qualifikation und die Art der Durchführung mit einer Beurkundung durch einen deutschen Notar. Da eine Beurkundung im Ausland nicht durch einen deutschen Notar erfolgen kann, kommt es besonders im Hinblick auf die Belehrung der Vertragschließenden darauf an, ob die ausländische Urkundsperson eine der Tätigkeit des deutschen Notars entsprechende Funktion erfüllt. Dies und die Würdigung des von der Urkundsperson zu beachtenden Verfahrens ist für das deutsche Aktienrecht wahrscheinlich weniger leicht zu bejahen als für das GmbH-Recht, obwohl im letzteren Bereich zahlreiche (neue) Haftungsrisiken, gerade bei Kapitalerhöhungen, insoweit Zweifel erwecken können. Bisher sind nicht selten Auslandsbeurkundungen anerkannt worden, die durch österreichische und englische[374], durch niederländische und israelische Notare[375] sowie durch Vertreter des lateinischen Notariats (im romanischen Rechtskreis)[376] vorgenommen wurden. Die praktisch besonders häufigen Beurkundungen in der Schweiz („Beurkundungstourismus"[377]) sind zwar angesichts der erheblichen Unterschiede in den verfahrensrechtlichen Ansprüchen unterschiedlich, gegenüber dem Vorschlag, nach Kanton zu unterscheiden, werden gewisse Zweifel geäußert wegen der Reform des Schweizer Obligationenrechts[378].

---

371 BGH v. 16.2.1981 – II ZB 8/80, BGHZ 80, 76 = GmbHR 1981, 238; OLG Stuttgart v. 3.11.1980 – 8 W 530/79, IPRspr 1981 Nr. 10a; OLG Karlsruhe v. 10.4.1979 – 11 W 104/78, RIW 1979, 567 f.; BGH v. 22.5.1989 – II ZR 211/88, GmbHR 1990, 25 = RIW 1989, 649; OLG Düsseldorf v. 25.11.1989 – 3 Wx 21/89, RIW 1979, 225; im Schrifttum *Kropholler*, ZHR 140 (1976), 394, 310; *Wolfsteiner*, DNotZ 1978, 532; gegen die Anerkennung der Schweizerischen Ortsform AG Berlin-Charlottenburg v. 22.1.2016 – 99 AR 9466/15, GmbHR 2016, 223; *Fastrich*, in: Baumbach/Hueck, § 2 Rdnr. 9; *Bayer*, in: Lutter/Hommelhoff, § 2 Rdnr. 18.

372 *Reichert/Weller*, DStR 2005, 252; *Altmeppen*, in: Roth/Altmeppen, § 15 Rdnr. 88; *Bayer*, in: Lutter/Hommelhoff, § 15 Rdnr. 27; *Görner*, in: Rowedder/Schmidt-Leithoff, § 15 Rdnr. 53; *Süß*, in: Süß/Wachter, § 1 Rdnr. 102 f.; schon früher *Stephan*, NJW 1974, 1596; *Rothoeft*, in: FS Esser, 1975, S. 112; *Schervier*, NJW 1992, 595; zurückhaltend aber *Heckschen*, Rpfleger 1990, 122; s. auch *Goette*, DStR 1996, 709 ff.

373 *Weller*, ZGR 2014, 865, 870 zum Fall BGHZ 199, 270 = GmbHR 2014, 248, der die Beurkundung einer GmbH-Anteilsabtretung (§ 15 Abs. 3) in Basel betraf, die der BGH entgegen dem OLG München (OLG München v. 6.2.2013 – 31 Wx 8/13, GmbHR 2013, 269 = NZG 2013, 340) hatte gelten lassen.

374 BayObLG v. 18.10.1977 – BReg 3 Z 68/76, NJW 1978, 500 = GmbHR 1978, 39; LG Augsburg v. 4.6.1996 – 2 HKT 2093/96, GmbHR 1996, 941 = NJW-RR 1997, 420.

375 *Lijtens*, DNotZ 1965, 12 ff.; zu Israel *Scheftelowitz*, DNotZ 1978, 145 ff.

376 *Hohloch*, in: Erman, Art. 11 EGBGB Rdnr. 20; gegen pauschale Gleichstellung *Spahlinger/Wegen*, in: Spahlinger/Wegen, Abschnitt C Rdnr. 669.

377 *Süß*, in: Süß/Wachter, § 1 Rdnr. 101.

378 OLG Düsseldorf v. 2.3.2011 – I-3 Wx 236/10, GmbHR 2011, 417 und dazu *Albers*, GmbHR 2011, 1078, 1081.

Im Einzelfall ist davon auszugehen, dass Kleinlichkeit den Bedürfnissen und Tendenzen des   56
internationalen Rechtsverkehrs widerspräche[379]. Die tatsächliche und rechtliche Bedeutung
der notariellen Belehrung, die nur Sollerfordernis der Beurkundung ist (§ 17 Abs. 1 BeurkG)
und zur Disposition der Parteien steht[380], darf für die Äquivalenzprüfung nicht überbewertet
werden, wie auch die Einschränkung der Belehrungspflicht für deutsche Notare bei Anwendbarkeit ausländischen Rechts (§ 17 Abs. 3 BeurkG) bestätigt[381]. Ein dem deutschen Recht
vergleichbares **Beurkundungsverfahren** ist aber nicht gegeben, wenn sich der Notar ohne
Befassung mit dem Inhalt der Urkunde und ohne Verlesung ihres Textes auf die bloße Unterzeichnung und/oder das Beifügen eines Stempels beschränkt und nach dem Ortsstatut gewöhnlich beschränken darf[382], s. schon Rdnr. 54. Auch wo die Mitwirkung des Notars weiter
geht, ist einzuräumen, dass es Vorgänge gibt, deren rechtliche Implikationen nicht durch einen Blick ins deutsche Gesetz oder leicht zugängliches Erläuterungsschrifttum erkannt werden können[383], etwa die im Ausland häufig noch unbekannten Unternehmensverträge, ebenso
Umwandlung und Verschmelzung[384]. Manche durch das MoMiG eingeführte Änderungen, so
die mögliche Gründung mit einem **Musterprotokoll**, dürften schon wegen des umstrittenen
Mindest- und Höchstinhalts (s. § 2 Rdnr. 121) im Ausland noch weitgehend unbekannt sein,
so dass Gleichwertigkeit der Einschaltung eines ausländischen Notars nicht gesichert ist. Aus
denselben Gründen sollte bei der Beurkundung eines nicht bloß schematischen Gesellschaftsvertrages oder seiner maßgeblichen Änderung auf eine eingehende Belehrung nicht verzichtet
werden[385]. Zuzustimmen ist aus den genannten kollisionsrechtlichen Gründen der Rechtsprechung, die für eine in der Schweiz vorgenommene **Anteilsübertragung** die Einhaltung der
Ortsform hat ausreichen lassen[386], was auch für Unternehmenskaufverträge oder Vergleichs-
verträge, die eine Übertragung von GmbH-Geschäftsanteilen beinhalten, praktisch werden
kann, während bei Satzungsänderungen im dargestellten Sinn zu differenzieren ist[387]. Die Beurkundung nach § 53 Abs. 2 kann auch ein entsprechend qualifizierter ausländischer Notar

---

379 OLG Hamburg v. 13.12.1979 – 15 UF 68/79 (für Ehevertrag), IPRspr 1979 Nr. 9.
380 BGH v. 16.2.1981 – II ZB 8/80, BGHZ 80, 76 = GmbHR 1981, 238 unter Hinweis auf den Ver-
     zichtswillen, der in der Beauftragung eines ausländischen Notars liegt; a.M. *H. Schmidt*, DB 1974,
     1216, 1218.
381 *Kropholler*, ZHR 140 (1976), 394, 409; *Benecke*, RIW 2002, 280, 285; *Kröll*, ZGR 2000, 111, 113 ff.;
     anspruchsvoller *Goette*, DStR 1996, 709, 713.
382 So das AG Berlin-Charlottenburg v. 22.1.2016 – 99 AR 9466/15, GmbHR 2016, 223 mit Anm.
     Wösthoff mit Blick auf die Beurkundung einer GmbH-Gründung im Kanton Bern, zust. wohl
     Wösthoff, in der Anm. S. 227. Die Entscheidung BGH v. 16.2.1981 – II ZB 8/80, GmbHR 1981,
     238 = NJW 1981, 1160, die die Beurkundung einer Satzungsänderung durch einen Züricher Notar
     gelten ließ, ging nach Darstellung des AG Berlin Charlottenburg (gestützt auf *Müller*, NJW 2014,
     1994) von einer falschen Sicht des Beurkundungsverfahrens aus. Nach OLG Stuttgart v. 17.5.2000
     – 20 U 68/99, NZG 2001, 41 = GmbHR 2000, 721 ist aber bei Anteilsübertragung in den USA noch
     das Erfordernis der Übergabe von Anteilsscheinen zu beachten.
383 S. zu diesem Kriterium *Großfeld*, in: Staudinger, Internationales Gesellschaftsrecht Rdnr. 484.
384 Anders aber LG Kiel v. 25.4.1997 – 3 T 143/97, BB 1998, 120 für die Verschmelzung von Genossen-
     schaften; für die Verschmelzung ablehnend AG Fürth v. 16.11.1990 – HR B 2177, GmbHR 1991,
     24 mit zust. Anm. *Heckschen*; anders aber wieder LG Nürnberg v. 20.8.1991 – 4 HK T 489/91,
     GmbHR 1991, 582 (zur Beurkundung in Basel, die der deutschen vergleichbar ist); zu § 53 Abs. 2
     s. BGH v. 16.2.1981 – II ZB 8/80, BGHZ 80, 76; BGH v. 16.11.1981 – II ZR 150/80, BGHZ 82, 188,
     193.
385 Zu den vorigen noch *Kuntze*, DB 1975, 193 f.; dagegen aber *Stephan*, NJW 1974, 1596, 1598; *Mann*,
     ZHR 138 (1974), 448, 453 ff.; *Kropholler*, ZHR 140 (1976), 394, 406 ff.
386 RGZ 160, 225; OLG Frankfurt v. 10.4.1981 – 20 W 460/80, RIW 1981, 552.
387 Für Gleichwertigkeit OLG Stuttgart v. 3.11.1980 – 8 W 530/79, IPRax 1983, 79; OLG Düsseldorf
     v. 25.1.1989 – 3 Wx 21/89, GmbHR 1990, 169 = RIW 1989, 225 gegen OLG Hamm v. 1.2.1974 –
     15 Wx 6/74, GmbHR 1974, 911; OLG Karlsruhe v. 10.4.1979 – 11 W 104/78, RIW 1979, 567.

vornehmen[388]. Eine von einem ausländischen Notar unterzeichnete Gesellschafterliste wird bisweilen noch zurückgewiesen[389].

11. Zur Rechnungslegung von Gesellschaften

57 Die Frage, nach welchem Sachrecht sich die Inhalte der Pflicht der Gesellschaft zur Rechnungslegung richten, ist unter verschiedenen Aspekten umstritten. Verbreitet, aber nicht unstreitig wird den gesetzlichen Vorschriften über die Rechnungslegung der GmbH, obwohl sie im HGB stehen, also privatrechtlich qualifiziert werden könnten, im Hinblick auf den mit der Pflicht zur Selbstkontrolle eines Kaufmanns erstrebten mittelbaren Gläubigerschutz ein starker öffentlich-rechtlicher Einschlag beigelegt[390]. Das würde die kollisionsrechtliche Einordnung dahin bestimmen, dass unabhängig vom Gründungsrecht eine im Inland ansässige Gesellschaft nach Maßgabe des am Ort ihres Verwaltungssitzes geltenden Rechts zu bilanzieren, zu dokumentieren und ihre Bücher zu führen hat, wenn auch nur in Bezug auf die Ergebnisse der inländischen „Zweigniederlassung". Das zeigt aber zugleich, dass die Rechnungslegung nach dem Sitzrecht nicht eine vom Gründungsrecht vorgeschriebene ersetzen wird, die auch wahrscheinlich in aller Regel die Geschäfte und Verhältnisse am Verwaltungssitz erfassen soll. Wenn nach dem Gründungsrecht der Gründungsprüfer Organ der Gesellschaft ist, liegt die Frage besonders nahe[391], ob nicht doch auch für diesen Problemkreis das Personalstatut und damit – zumindest innerhalb Europas – das Gründungsrecht maßgebend sein muss. Für Gesellschaften aus dem europäischen Ausland kommt **§ 325a HGB i.V.m. Art. 3 der Publizitätsrichtlinie** in Betracht. Diese Regelung ist zwar für „Zweigniederlassungen" bestimmt, doch wird man sie ähnlich wie die Vorschriften über die Registereintragung auch anzuwenden haben, wenn es sich um die praktische Hauptniederlassung einer EU-Auslandsgesellschaft handelt[392]. Daraus folgt weiter, dass der Inhalt der Rechnungslegung sich nach dem für die Hauptniederlassung maßgeblichen Recht richtet, das ist also das Gründungsrecht[393]. Das ist zweckmäßig, weil die Vorgänge, die in das Rechenwerk eingehen, und die Schlussfolgerungen, die aus den einzelnen Teilen der gesamten Rechnungslegung gezogen werden können und sollen, stets einen Bezug zu den rechtlichen Anforderungen des nationalen Sachrechts haben, nach denen die Gesellschaft lebt. Deswegen sollte aber auch nicht über § 325a HGB hinaus eine Unterwerfung auch ausländischer Gesellschaften unter solche Anforderungen des inländischen Rechts erwogen werden, die nicht mindestens die vom EuGH entwickelten Ausnahmevoraussetzungen von den Geboten der Niederlassungsfreiheit erfüllen[394].

---

388 So OLG Düsseldorf v. 25.1.1989 – 3 Wx 21/89, GmbHR 1990, 169 = RIW 1989, 225.

389 OLG München v. 6.2.2013 – 31 Wx 8/13, GmbHR 2013, 269 = NZG 2013, 340; *Heckschen*, BB 2014, 340; anders BGH v. 17.12.2013 – II ZB 6/13, GmbHR 2014, 248 = NJW 2014, 2026.

390 *Crezelius*, ZGR 1999, 252, 255 ff.; *Röhricht*, in: Röhricht/Graf von Westphalen/Haas, HGB, Einl. Rdnr. 52; *Kindler*, in: MünchKomm. BGB, IntGesR Rdnr. 273; speziell zur GmbH *Ebert/Levedag*, GmbHR 2003, 1337, 1339; *Riegger*, ZGR 2004, 510.

391 *Zimmer*, Internationales Gesellschaftsrecht, S. 183; *Rehberg*, in: Eidenmüller, § 5 Rdnr. 108; *Großfeld*, in: Staudinger, Internationales Gesellschaftsrecht Rdnr. 362; *Behrens/Hoffmann*, in: Ulmer/Habersack/Löbbe, Einl. B Rdnr. 118; *Schön*, in: FS Heldrich, 2005, S. 391, 395.

392 *Zimmer*, Internationales Gesellschaftsrecht, S. 185 f.; *Riegger*, ZGR 2004, 510, 516; *Spahlinger/Wegen*, in: Spahlinger/Wegen, Abschnitt C Rdnr. 565.

393 *Riegger*, ZGR 2004, 510, 516; *Leible*, in: Michalski u.a., Syst. Darst. 2 Rdnr. 160; *Süß*, in: Süß/Wachter, § 1 Rdnr. 148.

394 Hierzu und zum Folgenden *Rehberg*, in: Eidenmüller, § 5 Rdnr. 111. Gegen Schlüsse aus den Europäischen Richtlinien in diesem Zusammenhang *Kindler*, in: MünchKomm. BGB, IntGesR Rdnr. 274.

Aus denselben Gründen müssen sich auch die **Abschlussprüfung** gemäß §§ 316 bis 324, 340h   58
HGB und die Art der Erstellung des Jahresabschlusses nach dem Personalstatut richten[395].
Wenn das Inlandsrecht in dieser Hinsicht eine Befreiung vorsieht, kann sich also eine vom
Gründungsrecht weitergehend verpflichtete Gesellschaft darauf nicht berufen, umgekehrt darf
sich eine Auslandsgesellschaft auf das einstellen, was ihr Gründungsrecht vorschreibt. Praktisch muss also eine Auslandsgesellschaft eine mit dem Gründungsrecht vertraute WP-Gesell-
schaft mit der Aufstellung des Abschlusses befassen, u.U. sogar noch einen besonderen
Abschlussprüfer[396]. Die Anforderungen des **Steuerrechts** an die Rechnungslegung und die
Abschlussprüfung können nur davon abhängen, welcher Staat nach Maßgabe seines materiellen Steuerrechts unter Einbeziehung von internationalen Abkommen die Gesellschaft
(und gegebenenfalls ihre Teilhaber) als sein Steuersubjekt behandeln kann; danach müssen
sich auch die Anforderungen an die Vorlage einer Steuerbilanz richten. In dieser Hinsicht
kann es also – auch ohne Verstoß gegen die Grundsätze der Niederlassungsfreiheit – dazu
kommen, dass eine Auslandsgesellschaft über die handelsrechtlichen Vorschriften des Gründungsrechts hinaus Bestimmungen des am Verwaltungssitz geltenden Steuerrechts beachten
muss, was dann auch den Umfang der Maßgeblichkeit handelsrechtlicher Ansätze und Bewertungsmethoden für die steuerrechtliche Behandlung beeinflusst[397].

12. Grenzüberschreitende Beteiligungen, Typenvermischungen und Konzerne

Sowohl durch Maßnahmen einer im Inland tätigen Auslandsgesellschaft (mit und ohne Ver-   59
waltungssitz im Inland) als auch durch Beteiligungen deutscher Gesellschaften an ausländischen kann es zu grenzüberschreitenden Beteiligungen von GmbH und zum Eintritt in
Unternehmensverbindungen i.S. der §§ 15 ff. AktG kommen. Bei der kollisionsrechtlichen
Beurteilung solcher Vorgänge sind mehrere Personalstatute betroffen, da es um die Fähigkeit
der eine Beteiligung erwerbenden oder anstrebenden Gesellschaft zu diesen Geschäften (Beteiligungsfähigkeit) und zugleich um das Recht der Zielgesellschaft geht, eine Gesellschaft
der konkreten Art als Gesellschafter aufzunehmen[398]. Das weist auf die Behandlung des
Verhältnisses der beteiligten Gesellschaften im Rahmen eines (vertraglich geordneten oder
faktischen) Über- und Unterordnungskonzerns, die Leitungsmöglichkeiten einer Muttergesellschaft oder ihre Haftung. Erwerbs- oder Beitrittsbeschränkungen können eine Frage des
Gesetzesrechts, also des Gesellschafts- oder Berufsrechts (etwa bei einer Anwalts-GmbH) sein,
aber auch der Satzung. Auf der Seite der Erwerbergesellschaft kann das Gründungsstatut die
Rechts- oder Handlungsfähigkeit dahin einschränken, dass ein Anteilserwerb an ausländischen Gesellschaften verboten oder von bestimmten Voraussetzungen, u.U. auch steuerrechtlicher Art[399], abhängig ist. Dies kann auch als Einschränkung der Rechtsfähigkeit konzipiert
sein[400]; zur „ultra-vires-Lehre" im anglo-amerikanischen Recht s. Rdnr. 30. Ein Einklang der
diesbezüglichen Regeln für die Erwerber- und die Zielgesellschaft ist vor allem notwendig,
um „hinkende" Rechtsverhältnisse zu vermeiden. Wenn ein Sachrecht die Beteiligungsfähigkeit einschränkt, wird dies regelmäßig auch den Anteilserwerb an ausländischen Gesellschaf-

---

395 *Binge/Thölke*, DNotZ 2004, 21, 31 f.; *Hirsch/Britain*, NZG 2003, 1100, 1102; *Kaligin*, DB 1985,
     1449, 1544; *Rehberg*, in: Eidenmüller, § 5 Rdnr. 114, 115; *Großfeld*, in: Staudinger, Internationales
     Gesellschaftsrecht Rdnr. 366 ff.; *Leible*, in: Michalski u.a., Syst. Darst. 2 Rdnr. 175; unentschieden
     Kindler, in: MünchKomm. BGB, IntGesR Rdnr. 276.
396 *Riegger*, ZGR 2004, 510, 517.
397 Ebenso *Rehberg*, in: Eidenmüller, § 5 Rdnr. 112.
398 *Großfeld*, in: Staudinger, Internationales Gesellschaftsrecht Rdnr. 304, 306; *Leible*, in: Michalski
     u.a., Syst. Darst. 2 Rdnr. 124; *Spahlinger/Wegen*, in: Spahlinger/Wegen, Abschnitt C Rdnr. 274.
399 Darum ging es in der hier Rdnr. 17 erörterten Daily-Mail-Entscheidung des EuGH, bei der aller-
     dings ein Wegzug einer Gesellschaft in Rede stand, wobei ebenfalls steuerrechtliche Hindernisse
     des Heimatstaats respektiert wurden.
400 OLG Saarbrücken v. 21.4.1989 – 5 W 60/88, GmbHR 1990, 348 = JZ 1989, 904.

ten betreffen[401]. Bei der Maßgeblichkeit des Personalstatuts sowohl der Erwerber- als auch der Zielgesellschaft kann es im Hinblick auf die Beteiligtenfähigkeit bleiben, solange nicht das Sitzrecht der Zielgesellschaft durch die Art der Erwerbsbeschränkungen die Niederlassungsfreiheit in einer Weise beeinträchtigt, die nicht auf die Ausnahmevoraussetzungen des EuGH (Rdnr. 21) gestützt werden kann[402]. Davon abgesehen, kann auch im Hinblick auf Unternehmensverbindungen jeder Mitgliedstaat eigene Regelungen treffen, ohne indes das Unionsrecht ganz unbeachtet zu lassen[403]. Unter unionsrechtlichen Aspekten unwirksam wäre danach eine Regelung, die die Beteiligungsfähigkeit einer ausländischen Erwerber-Gesellschaft vom Vorhandensein eines Verwaltungssitzes außerhalb des Sitzstaats abhängig machte[404] oder ausländische Gesellschaften von allen Vorschriften des inländischen Konzernrechts ausnähme[405]. Zur grundsätzlichen Anknüpfung konzernrechtlicher Sachverhalte s. Rdnr. 61, 62.

60   Im deutschen Recht stellt sich aufgrund der andernorts weithin unbekannten Grundtypenvermischung die Frage, ob eine ausländische Kapitalgesellschaft – mit oder ohne Verwaltungssitz im Inland – die Rolle einer **Komplementärin** in einer **KG** übernehmen kann, sog. **grenzüberschreitende Typenvermischung**. Nach den Grundsätzen des Kollisionsrechts heißt das, dass die beiden Gesellschaften nach verschiedenen Personalstatuten leben, was zu unübersichtlichen Rechtsverhältnissen führen kann, etwa bei der „mittelbaren" Geschäftsführung der Personengesellschaft durch Organe der Komplementärin. Über diese Bedenken[406] haben sich aber Rechtsprechung und h.M. im Schrifttum hinweggesetzt, weil der Ausschluss von Kapitalgesellschaften aus dem EWR-Ausland die Niederlassungsfreiheit beeinträchtigen würde[407]. Anderen Auslandsgesellschaften kann allerdings nach der „Wechselbalgtheorie" (Rdnr. 11) die Behandlung als Personengesellschaft mit dementsprechenden Haftungsfolgen drohen. Bei unklaren Vertretungsverhältnissen kommt wie generell bei der Organverfassung (Rdnr. 30) eine analoge Anwendung des durch Art. 12 EGBGB bewirkten Verkehrsschutzes in Betracht, zur Firmenbezeichnung der Komplementärin s. Rdnr. 37. Freilich kann es im Anwendungsbereich der Sitztheorie vorkommen, dass eine Komplementärin, um nicht im Inland ihre Rechts- und Beteiligtenfähigkeit zu verlieren, ihren Sitz im Gründungsstaat beibehalten muss[408]. Eine solche Mischung der Personalstatuten von Personengesellschaft und Komplementärin findet auch statt, wenn das Gründungsrecht der Letzteren ohne Rücksicht auf die Lage des Verwaltungssitzes für sie maßgeblich bleibt[409]. Dies ist aber im europäischen Raum wegen der weit-

---

401   Über Ausnahmen *Spahlinger/Wegen*, in: Spahlinger/Wegen, Abschnitt C Rdnr. 275.

402   Etwas anders anscheinend *Rehm*, in: Eidenmüller, § 4 Rdnr. 51: „Überseering" habe an der Anerkennung der Beteiligungsfähigkeit einer Auslandsgesellschaft nichts geändert.

403   Das folgert *Teichmann*, ZGR 2014, 45, 66 aus den Entscheidungen „Cartesio" und „Vale", sieht aber in der neuen Entscheidung Impacto Azul (EuZW 2013, 664) Anlass, die grundsätzliche kollisionsrechtliche Anknüpfung im Hinblick auf die völlig verschiedenen Regelungsansätze der wenigen Konzernrechtsgesetze in Europa zu harmonisieren.

404   Dazu *Binz/Mayer*, GmbHR 2003, 249, 255.

405   *Teichmann*, ZGR 2014, 45, 74 f.

406   *Ebenroth/Auer*, DNotZ 1990, 139; *Ebke*, ZGR 1997, 245, 265 ff.; *Großfeld/Johannesmann*, IPRax 1994, 271; *Großfeld*, in: Staudinger, Internationales Gesellschaftsrecht Rdnr. 542; *Wiedemann*, GesR, II S. 53 f.; *Kindler*, in: MünchKomm. BGB, IntGesR Rdnr. 554.

407   BayObLG v. 21.3.1986 – BReg 3 Z 148/85, GmbHR 1986, 305 = NJW 1986, 3029, 3031; OLG Stuttgart v. 30.3.1995 – 8 W 355/93, GmbHR 1995, 530 = WM 1995, 928; OLG Dresden v. 21.5.2007 – 1 W 52/07, ZIP 2007, 2076; LG Bielefeld v. 11.8.2005 – 24 T 19/05, GmbHR 2006, 89 = NZG 2006, 504; im Schrifttum *Zimmer*, Internationales Gesellschaftsrecht, S. 208 ff.; *Bungert*, AG 1995, 489, 503; *Kronke*, IPRax 1995, 377; *Mülsch/Nohlen*, ZIP 2008, 1358; *Leible*, in: Michalski u.a., Syst. Darst. 2 Rdnr. 220.

408   *Ebenroth/Happ*, JZ 1989, 883, 889; *Großfeld/Piesbergen*, in: FS Mestmäcker, 1996, S. 881, 885 f.; *Kindler*, in: MünchKomm. BGB, IntGesR Rdnr. 554.

409   Dies war für das AG Bad Oeynhausen (v. 15.3.2005 – 16 AR 15/05, GmbHR 2005, 692) ein Grund, die Ltd. & Co. KG als unzulässig abzulehnen; zu diesen Fragen *Werner*, GmbHR 2005, 288 und

gehenden Publizität der nach Auslandsrecht gegründeten Komplementär-Gesellschaft, wenn sie als Zweigniederlassung im deutschen Register eingetragen wird, durchaus hinzunehmen, was in diesem Fall ja auch dem Registergericht bekannt wird[410]. Ob allerdings eine Ltd. als Komplementärin als Zweigniederlassung anzusehen und dann gemäß § 13d Abs. 2 Satz 1 HGB ins Handelsregister einzutragen ist, ist umstritten[411]. Eine solche Pflicht würde verstärkt durch die in §§ 177a, 125a HGB festgelegten Angaben auf Geschäftsbriefen[412]. Fehlt es an einer Eintragung als Zweigniederlassung, sollte dies aber kein Hindernis für eine Eintragung als Komplementärin der KG bilden[413]. Damit können im deutschen Register auch dann die Vertretungsverhältnisse offengelegt werden, wenn das Gründungsrecht dies nicht vorschreibt[414]. Praktische Schwierigkeiten im Verhältnis unter den Beteiligten, wie sie sich insbesondere ergeben mögen, wenn die Beteiligungsverhältnisse und die Satzungen in der KG und der Komplementärin nicht aufeinander abgestimmt sind, beruhen letztlich auf dem autonomen Entschluss der Gesellschafter, den zu korrigieren das internationale Privatrecht nicht der Ort ist[415]. Immerhin folgt aus der Anknüpfung der Regeln über Kapitalerhaltung an das Gesellschaftsstatut (Rdnr. 49), dass die Frage, ob Ausschüttungen an die Kommanditisten das Kapital der Komplementärin antasten, nach deren Gründungsrecht zu beurteilen ist[416].

Auch bei **Unternehmensverbindungen** ist von verschiedenen Personalstatuten der beteilig- 61 ten Gesellschaften auszugehen, was die Frage nach der Zulässigkeit von Maßnahmen der Konzernleitung und Ansprüchen bzw. Verteidigungsmöglichkeiten einer abhängigen Gesellschaft zwei Statuten unterwirft, wenn nicht – was gesetzlich nicht geregelt ist – dem Statut der hauptsächlich betroffenen Gesellschaft der Vorrang zukommt. Das ist für den Schutz der abhängigen Gesellschaft, ihrer Gesellschafter und Gläubiger deren Personalstatut, für den Schutz der Gesellschafter der Obergesellschaft vor den Folgen der Konzernbildung und -leitung deren Personalstatut[417], auf das sich eine herrschende oder jedenfalls hoch beteiligte ausländische Gesellschaft ja bewusst eingelassen hat. Beim Gleichordnungskonzern entstehen durch die Anwendbarkeit des Personalstatuts der beteiligten Gesellschaften erhebliche Anpassungsprobleme[418], die differenzierte Lösungen erfordern, indem die Schaffung einer zentralen Leitungsgesellschaft deren Statut, bei Organisation nach Maßgabe der Satzungen der beteiligten Unternehmen oder bei vertraglicher Begründung die Gesellschaftsstatute beider

---

auch bereits *Binz/Sorg*, GmbHR 2003, 249. Die Entscheidung wurde aber vom LG Bielefeld (v. 11.8.2005 – 24 T 19/05, GmbHR 2006, 89 und dazu *Wachter*, GmbHR 2006, 705 ff.) zu Recht aufgehoben; im Ergebnis ebenso *Süß*, GmbHR 2005, 673.

410 Zur Offenlegung der Vertretungsmacht der Organe der Komplementärin OLG Dresden v. 21.5.2007 – 1 W 52/07, ZIP 2007, 2076; *Süß*, GmbHR 2007, 674; abw. LG Berlin v. 27.2.2007 – 102 T 4/07, GmbHR 2008, 431.

411 Dafür *Wachter*, GmbHR 2006, 79, 80; dagegen OLG Frankfurt v. 24.4.2008 – 20 W 425/07, GmbHR 2008, 707; *Süß*, GmbHR 2005, 673; dem zust. *Blaum*, in: Westermann/Wertenbruch, Handbuch Personengesellschaften, Rdnr. I 3464.

412 S. noch den krit. Kurzkommentar von *Wachter*, EWiR § 161 HGB 2/05 zu dem Beschluss des AG Bad Oeynhausen v. 15.3.2005 – 16 AR 15/05, GmbHR 2005, 692; zur Gründung und Firmierung eingehend *Werner*, GmbHR 2005, 288, 291.

413 *Paefgen*, in: Westermann/Wertenbruch, Handbuch Personengesellschaften, Rdnr. I 4220.

414 So schon das BayObLG in dem Fall Landshuter Druckhaus Ltd., BayObLG v. 21.3.1986 – BReg 3 Z 148/85, GmbHR 1986, 305 = NJW 1986, 3029.

415 Wie *Wachter* (EWiR § 161 HGB 2/05) darlegt, könnte sogar die Einheits-GmbH & Co. KG zugelassen werden, wobei die KG die Anteile an der Komplementär-Gesellschaft hält, als Ausweg aus rechtlichen Schwierigkeiten der „normalen" GmbH & Co. KG scheint dies aber nicht nötig.

416 *Paefgen*, in: Westermann/Wertenbruch, Handbuch Personengesellschaften, Rdnr. I 4220.

417 *Behrens/Hoffmann*, in: Ulmer/Habersack/Löbbe, Einl. B Rdnr. 120; *Leible*, in: Michalski u.a., Rdnr. 239 ff.; *Kindler*, in: MünchKomm. BGB, IntGesR Rdnr. 681 mit zahlreichen Nachw. aus impliziten Stellungnahmen der Rspr., s. zul. BGH v. 13.1.2004 – II ZR 256/02, GmbHR 2005, 299 = NJW 2005, 204; ferner LG München I v. 12.5.2011 – 5 HK O 14543/10, ZIP 2011, 1511; *Bayer*, ZGR 2013, 599, 612; *Teichmann*, ZGR 2014, 45, 70 ff.

418 Dazu *Spahlinger/Wegen*, in: Spahlinger/Wegen, Abschnitt C Rdnr. 403.

Teile maßgeblich erscheinen lässt[419], zum letzteren s. aber Rdnr. 62. Jedenfalls gilt dies unabhängig von der Bildung des Konzerns durch Vertrag oder faktischen Einfluss aufgrund von Beteiligungen[420]. Die Vorstellung, hierdurch Schutzvorkehrungen für das im internationalen Vergleich besonders stark ausgebaute deutsche Konzernrecht zu gewährleisten, muss allerdings Abstriche machen insofern, als auch hier wieder Auslandsgesellschaften mit Verwaltungssitz im Inland wegen der Niederlassungsfreiheit nicht unter das deutsche Reglement fallen, ein Auseinanderfallen von Satzungs- und Verwaltungssitz bewirkt keine abweichende Beurteilung[421]. Somit muss eine inländische herrschende Gesellschaft im Hinblick auf ein von ihr abhängiges ausländisches Unternehmen die diesbezüglichen Regeln des ausländischen Rechts beachten[422]. Der Schutz der Gesellschafter einer inländischen Muttergesellschaft, etwa im Rahmen der Konzernbildungskontrolle, folgt deutschem Recht[423]. Wenn das Sachrecht einer abhängigen Gesellschaft eine gesamtschuldnerische Haftung der Muttergesellschaft für die Schulden der Tochter vorschreibt, wird praktisch die Niederlassungsfreiheit für die Muttergesellschaft behindert[424].

62 Bei der kollisionsrechtlichen Behandlung der **Unternehmensverträge** greifen dieselben Schutzgedanken ein, jedenfalls wenn durch sie Abhängigkeit entsteht und soweit in die Willensbildung innerhalb der Gesellschaft eingegriffen wird, so dass für grenzüberschreitende Beherrschungs- und Gewinnabführungsverträge einer ausländischen Mutter mit einer inländischen Tochtergesellschaft deren Gesellschaftsstatut maßgebend ist[425]. Das sieht wohl auch die Rechtsprechung so, die die Beherrschung einer deutschen KG bzw. AG durch ein multinationales oder schweizerisches Unternehmen mit Folgen aus dem deutschen Recht bedachte[426]. Angesichts der gewöhnlichen Art des Zustandekommens solcher Verträge leuchtet es ein, dass eine Rechtswahl, etwa für das Recht der Muttergesellschaft, als unzulässig erklärt wird[427]. Vielfach wird bestritten, dass die grenzüberschreitende Unterwerfung durch einen derartigen Vertrag hingenommen werden kann oder wenigstens Anlass zu Modifikationen in Gestalt einer Stärkung der Möglichkeiten des Widerstands gegen Weisungen der herrschenden Gesellschaft besteht[428], was auch damit begründet wird, dass die Schutzvorkehrungen

---

419 *Kindler*, in: MünchKomm. BGB, IntGesR Rdnr. 720 ff.

420 *Zimmer*, Internationales Gesellschaftsrecht, S. 366, 370, 410; *Koppensteiner*, Internationale Unternehmen im Gesellschaftsrecht, 1971, S. 175 ff.; *Emmerich/Habersack*, Aktien- und GmbH-Konzernrecht, § 291 AktG Rdnr. 35, 36; *Kindler*, in: MünchKomm. BGB, IntGesR Rdnr. 717; *Behrens/Hoffmann*, in: Ulmer/Habersack/Löbbe, Einl. B Rdnr. 120; *Leible*, in: Michalski u.a., Syst. Darst. 2 Rdnr. 243; *Süß*, in: Süß/Wachter, § 1 Rdnr. 152.

421 *Spahlinger/Wegen*, in: Spahlinger/Wegen, Abschnitt C Rdnr. 394; *Leible*, in: Michalski u.a., Syst. Darst. 2 Rdnr. 243.

422 *Lutter*, in: Lutter/Hommelhoff, Anh. § 13 Rdnr. 93; *Altmeppen*, in: Roth/Altmeppen, Anh. § 13 Rdnr. 161; *Spahlinger/Wegen*, in: Spahlinger/Wegen, Abschnitt C Rdnr. 390.

423 *Kindler*, in: MünchKomm. BGB, IntGesR Rdnr. 714.

424 *Teichmann*, ZGR 2014, 48, 74 anhand der Entscheidung des EuGH im Fall „Impacto Azul" (v. 20.6.2013 – Rs. C-186/12, EuZW 2013, 664), in der das Gericht freilich dem portugiesischen Recht zugestand, insoweit eine ausländische Muttergesellschaft besser zu stellen als eine einheimische.

425 LG München I v. 12.5.2011 – 5 HK O 14543/10, ZIP 2011, 1511; *Lange*, IPRax 1998, 438, 443; *Roth*, in: Roth/Altmeppen, Anh. § 13 Rdnr. 183; zweifelnd *Bayer*, ZGR 1993, 512; *Koppensteiner*, Internationale Unternehmen im deutschen Gesellschaftsrecht, 1971, S. 245 ff.; *Kindler*, in: MünchKomm. BGB, IntGesR Rdnr. 699; *Leible*, in: Michalski u.a., Syst. Darst. 2 Rdnr. 242.

426 BGH v. 15.6.1992 – II ZR 18/91, BGHZ 119, 1 und BGH v. 4.3.1989 – II ZB 5/97, BGHZ 138, 136; krit. aber *Bayer*, ZGR 1993, 599, 611 ff.

427 *Bärwaldt/Schabacker*, AG 1998, 182, 186; *Bayer*, ZGR 1992, 599, 612.

428 Gegen die Zulässigkeit *Ebenroth/Offenloch*, RIW 1997, 1, 12; *Martens*, ZHR 138 (1974), 179, 194 f.; für eine Modifikation des § 308 AktG *Koppensteiner*, Internationale Unternehmen im deutschen Gesellschaftsrecht, S. 245 ff.; für Einschränkungen des Weisungsrechts einer Mutter, die ihren durch das Personalstatut der Tochter begründeten Pflichten nicht nachkommt, *Altmeppen*, in: Roth/Altmeppen, Anh. § 13 Rdnr. 170.

des deutschen Rechts zwingend sind. Demgegenüber haben die Befürchtungen, die Folgen aus den Schutznormen des deutschen Sachrechts im Ausland oftmals nur schwer durchsetzen zu können[429], was auch durch die Notwendigkeit einer Klage in einem ausländischen Gerichtsstand verursacht werde[430], nicht zur Ablehnung grenzüberschreitender Unternehmensverträge geführt[431], wohl auch, weil das häufig aufgestellte Erfordernis der Wahl deutschen Sachrechts[432] sich angesichts der behaupteten Unzulässigkeit der Wahl eines ausländischen Sachrechts nicht gut begründen ließe. Unternehmensverträge einer deutschen Obergesellschaft mit einer ausländischen Tochter müssen mit dem ausländischen Sachrecht vereinbar sein, das aber derartige Vertragstypen durchweg nicht kennt. Betriebsüberlassungs- und Teilgewinnabführungsverträge werden von der h.M. ebenfalls dem Personalstatut zugeordnet, was zutreffen dürfte, wenn sie zur Strukturierung einer ganzen Unternehmensgruppe dienen[433]; in anderen Fällen liegt eine Qualifikation als Schuldvertrag näher.

Auch **konzerninterne Finanzierungsmaßnahmen** können grenzüberschreitend angewendet werden. Soweit sie, wie die Anweisungen im Rahmen eines cash-pool, mit den Regeln des deutschen Sachrechts über Kapitalaufbringung und -erhaltung in Konflikt geraten könnten, etwa weil der Rückzahlungsanspruch aus einem upstream-Darlehen fälliggestellt werden kann oder gänzlich ungesichert ist (näher § 30 Rdnr. 76 ff.), gilt das Personalstatut des zur Auszahlung oder Festlegung von Geldmitteln angehaltenen Gruppen-Unternehmens. Die Säumnis bei der Einrichtung eines Risiko-Überwachungssystems kann für die verantwortlichen Organe eine gesellschaftsrechtlich zu qualifizierende Haftung begründen, s. auch Rdnr. 64. Zur kollisionsrechtlichen Behandlung von Gesellschafterdarlehen Rdnr. 50, 51, 52.

63

13. Haftungsfragen, insbesondere in der Insolvenz und in Insolvenznähe

a) Überblick

Die unternehmerischen Aktivitäten ausländischer Gesellschaften können Fragen der **Gesellschafter-** und **Geschäftsführerhaftung** unter verschiedenen Gesichtspunkten aufwerfen. Eine Einstandspflicht kann entstehen für die Verbindlichkeiten, die im Rahmen des Geschäftsbetriebs einer Auslandsgesellschaft begründet worden sind, wenn hierfür die betroffenen natürlichen Personen (nicht notwendig: ausländische Staatsangehörige) haften. Das droht dann, wenn die Gesellschaft als rechtsfähiges Haftungssubjekt anerkannt ist; anders in den Fällen, in denen – etwa wegen der Herkunft der Gesellschaft aus einem Nicht-EU-Staat – ein nach seinem Gründungsrecht rechtsfähiger Verband im Sitzstaat als Personengesellschaft, u.U. mit voller akzessorischer Haftung, behandelt wird (Rdnr. 11) – „Trabrennbahn". Wird dagegen die im Ausland erworbene Rechtsfähigkeit im Sitzstaat anerkannt, so bedarf es eines Tatbestandes der Durchgriffshaftung, der dann aber kollisionsrechtlich neben dem Personalstatut der Gesellschaft zur Geltung kommen muss (dazu Rdnr. 71). Demgegenüber sind Ansprüche aus Verstößen gegen die deutschen Bestimmungen über Kapitalaufbringung und

64

---

429 *Ebenroth/Offenloch*, RIW 1997, 1, 12; *Maul*, NZG 1999, 741.

430 Hiergegen im Hinblick auf die dienende Funktion des Prozessrechts *Leible*, in: Michalski u.a., Syst. Darst. 2 Rdnr. 243; zur Verweisung eines nach einem ausländischen Sachrecht zu entscheidenden Rechtsstreits an ein Gericht des betreffenden Staats Rdnr. 47 a.E.

431 *Einsele*, ZGR 1996, 40, 46; *Emmerich/Habersack*, Aktien- und GmbH-Konzernrecht, § 291 AktG Rdnr. 37a; *Leible*, in: Michalski u.a., Syst. Darst. 2 Rdnr. 243; *Kindler*, in: MünchKomm. BGB, IntGesR Rdnr. 701; *Altmeppen*, in: Roth/Altmeppen, Anh. § 13 Rdnr. 171.

432 *Großfeld*, in: Staudinger, Internationales Gesellschaftsrecht Rdnr. 575; *Wiedemann*, in: FS Kegel, 1977, S. 187, 207.

433 Generell für gesellschaftsrechtliche Qualifikation *Einsele*, ZGR 1996, 40, 50; *Spahlinger/Wegen*, in: Spahlinger/Wegen, Abschnitt C Rdnr. 370; *Großfeld*, in: Staudinger, Internationales Gesellschaftsrecht Rdnr. 522; *Leible*, in: Michalski u.a., Syst. Darst. 2 Rdnr. 243.

Kapitalerhaltung für die Gesellschafter einer Auslandsgesellschaft nur relevant, wenn auf ihre Gesellschaft im Einzelfall das Recht des inländischen Verwaltungssitzes angewendet wird; im Geltungsbereich der Sitztheorie sind diese Anspruchsgrundlagen als zum Personalstatut gehörig anwendbar. Zur Haftung im Vorstadium einer GmbH-Gründung s. Rdnr. 44. Große praktische Bedeutung können die Schadensersatzfolgen von Verstößen gegen die Pflicht zur rechtzeitigen Stellung eines Insolvenzantrags (Insolvenzverschleppungshaftung) gewinnen, die freilich voraussetzen, dass das Verhalten eines Geschäftsleiters dem deutschen Insolvenzrecht unterliegt[434], was auch Fragen zur gerichtlichen Zuständigkeit aufwerfen kann. Unter allen diesen Aspekten bedarf es also einer ständigen Abgrenzung des Gesellschaftsstatuts vom Delikts- und Insolvenzstatut[435]. Einige Auslandsrechte, die infolge der fortdauernden Anwendung des Gründungsrechts auf die nach ihren Normen gegründeten Gesellschaften auch bei Tätigkeit im Inland zum Zuge kommen können, enthalten ihrerseits Haftungstatbestände, die somit auch für inländische Gläubiger von Interesse sein können, besonders wenn auch sie deliktsrechtlich zu qualifizieren sein sollten[436]. Anders zu beurteilen ist schließlich die **Haftung von Organpersonen** einer in- oder ausländischen Gesellschaft für Pflichtverletzungen gegenüber der Gesellschaft bei unternehmerischer Tätigkeit im Inland oder auch nach einer Sitzverlegung ins Ausland. Dies ist allerdings eine besondere Fragestellung insofern, als es dabei um den Schutz der Gesellschaft und ihrer Gesellschafter geht, während im Allgemeinen die Probleme der Haftung im Schwerpunkt unter Gesichtspunkten des Gläubigerschutzes vorwiegend im Hinblick auf den inländischen Rechtsverkehr gesehen werden. Die Haftung wegen Nichtabführung von Sozialversicherungsbeiträgen ist nicht gesellschaftsrechtlich, sondern deliktsrechtlich ausgestaltet, somit gilt das inländische Deliktsstatut[437].

b) Haftungstatbestände

65 Eine Haftung wegen der bloßen **Beteiligung** oder der **Leitung** einer nicht regelgerecht in Deutschland gegründeten ausländischen Kapitalgesellschaft kommt nur noch in Missbrauchsfällen in Betracht. Wie gezeigt (Rdnr. 49), scheidet eine Sonderanknüpfung für die verschuldensunabhängigen Haftungstatbestände, die sich aus Grundsätzen der Kapitalaufbringung und -erhaltung ergeben, im europäischen Bereich aus, ist andererseits im Geltungsbereich der Sitztheorie nicht notwendig. Das bedeutet für die Praxis in Europa, dass die Gesellschafter- und Geschäftsleiterhaftung sich nach den – durchaus vielfältigen – gesellschaftsrechtlichen Anspruchsgrundlagen des Gründungsstatuts richtet, das bedeutet, dass allenthalben zunächst von der **Haftungsbeschränkung** auf das Gesellschaftsvermögen auszugehen ist[438]; ein allgemeines Zurücktreten dieser Lösung hinter Verkehrsschutzinteressen ist nicht anzunehmen[439], mit Ausnahme nicht hinnehmbarer **Missbrauchstatbestände**, die sich unter Einbeziehung strafrechtlicher Schutzgesetze[440] ins Deliktsrecht einordnen lassen, daneben

---

434 Maßstäblich ist dazu jetzt die Kornhaas-Entscheidung des EuGH v. 10.12.2015 – Rs. C-594/14, GmbHR 2016, 24 mit Anm. *Römermann*, S. 27 ff. und *Ringe*, JZ 2016, 571; *Poertzgen*, GmbHR 2016, 592; *Schall*, ZIP 2016, 289.

435 *Eidenmüller*, in: Eidenmüller, § 4 Rdnr. 8; *Horn*, NJW 2004, 893 ff.; *Bitter*, WM 2004, 2190 ff.

436 Die Durchsetzung dieser Ansprüche, womöglich unter Fortbildung der Anspruchsgrundlagen des ausländischen Rechts, will die deutsche Rechtsprechung zulassen, dazu *Goette*, ZGR 2006, 261, 279.

437 Dazu *Hirte*, ZInsO 2005, 403.

438 *Spindler/Berner*, RIW 2004, 7 ff.; *Eidenmüller*, in: Eidenmüller, § 4 Rdnr. 16; *Behrens/Hoffmann*, in: Ulmer/Habersack/Löbbe, Einl. B Rdnr. 111; *Kindler*, in: MünchKomm. BGB, IntGesR Rdnr. 632 ff.

439 *Leible*, in: Michalski u.a., Syst. Darst. 2 Rdnr. 157 gegen *Großfeld*, in: Staudinger, Internationales Gesellschaftsrecht, Rdnr. 350.

440 Hierzu mit Blick auf die Haftung der Direktoren einer in Deutschland ansässigen Ltd. *Rönnau*, ZGR 2005, 832 ff.

Tatbestände der Insolvenzverschleppung[441] (näher Rdnr. 70). Allerdings sind die meisten aus dem Gesellschafts- und Gläubigerschutz folgenden gesetzlichen Regeln gesellschaftsrechtlich zu qualifizieren[442]. Auch die gelegentlich diskutierte Einordnung des Betreibens einer materiell **unterkapitalisierten** Gesellschaft[443] als Fall der Delikthaftung kann angesichts der Undurchsetzbarkeit von Forderungen auf Bereitstellung eines bestimmten Mindestkapitals allenfalls dann überzeugen, wenn durch die Art des Geschäftsbetriebs vorsätzlich das Vorhandensein von über die publizierte Kapitalausstattung deutlich hinausgehenden Eigenmitteln vorgetäuscht wird. Das wird sich, da auch der subjektive Tatbestand eines Vorsatzdelikts vorliegen muss, auf Extremfälle beschränken und tangiert dann auch nicht die Niederlassungsfreiheit[444], was bei einem generellen und abstrakten Verständnis des Missbrauchsbegriffs wohl zu befürchten wäre[445]. Wenn statt der korrekten und heute zulässigen (Rdnr. 36 ff.) ausländischen Firma eine Firma mit dem **Rechtsformzusatz „GmbH"** verwendet wird, kann es sich um einen Fall deliktischer Haftung handeln[446]. Dagegen stellen die von einigen hierher gerechneten Fälle der **Vermögensvermischung** nicht ohne weiteres einen Missbrauchs- oder Durchgriffstatbestand dar, jedenfalls dann nicht, wenn das Gründungsrecht Vertrauen bezüglich der klaren Trennung von Gesellschafter- und Gesellschaftsvermögen begründet, was es durchaus gibt[447], ohne dass dabei aus Gläubigersicht spürbare Lücken bleiben. Auch hier sind Ausnahmen für krasse Fälle der Gläubigertäuschung denkbar[448], die sich auch mit einer Unterkapitalisierung berühren werden. Anwendbar sind schließlich auch die Regeln über **culpa in contrahendo**, die bekanntlich vertragsrechtlich ansetzen, ohne einen perfekten Vertrag zu erfordern, und die praktisch insofern interessant sein können, als für einen Ersatzanspruch hier Fahrlässigkeit genügen kann.

Bei Verstößen gegen die **Registerpublizität** soll es in Deutschland eine Schadensersatzhaftung verantwortlicher Organe, die über die Sanktion durch das Zwangsgeld hinausgeht, nicht geben (Rdnr. 35), doch bleiben gewisse Zweifel. Immerhin haben nach Art. 12 der Zweigniederlassungsrichtlinie die Mitgliedstaaten für den Fall, dass Auslandsgesellschaften ihre Offenlegungspflichten verletzen, dafür zu sorgen, dass Verstöße gegen Unionsrecht nach ähnlichen sachlichen und verfahrensrechtlichen Regeln geahndet werden wie vergleichbare Verstöße gegen nationales Recht. Der EuGH legte Wert darauf, dass diese Sanktionen wirksam und abschreckend, aber auch verhältnismäßig zu sein hätten[449]. Darin liegt aber keine Festlegung, ob eine dem § 11 Abs. 2 des deutschen GmbH-Gesetzes vergleichbare Norm des niederländischen WFBV mit der Niederlassungsfreiheit vereinbar war. Entscheidend ist somit, ob trotz des Fehlens einer Haftungsregelung im Gründungsrecht auf die Auslandsgesellschaf- 66

---

441 *Goette*, DStR 2005, 1997 ff.; *Spindler/Berner*, RIW 2004, 7 ff.; *Ulmer*, NJW 2004, 1201, 1207 f.; *Borges*, ZIP 2004, 733; *U. Huber*, in: Lutter, Europäische Auslandsgesellschaften, S. 307, 317 ff.

442 *Weller*, in: MünchKomm. GmbHG, Einl. Rdnr. 398; *Großfeld*, in: Staudinger, Internationales Gesellschaftsrecht Rdnr. 255, 317, 348 ff.

443 *Borges*, ZIP 2004, 733, 741 ff.; *Ulmer*, NJW 2004, 1201, 1208; *Zimmer*, NJW 2003, 3585, 3588 f.; *Bitter*, WM 2004, 2190, 2197 f.; *Lutter*, BB 2003, 7, 10; *W.-H. Roth*, IPRax 2003, 117, 125.

444 *Paefgen*, ZIP 2004, 2353, 2360; *Fleischer*, in: Lutter, Europäische Auslandsgesellschaften, S. 119, 121; ähnlich *Leible/Hoffmann*, RIW 2002, 925, 930; *Schanze/Jüttner*, AG 2003, 661, 669; abl. für den Fall der Unterkapitalisierung aber *Weller*, IPRax 2003, 520, 523; *Eidenmüller*, in: Eidenmüller, § 4 Rdnr. 28.

445 In diese Richtung die Schlussanträge des Generalanwalts *Alber* in der Sache „Inspire Art", NZG 2003, 263; s. auch *Bayer*, BB 2003, 2357, 2364.

446 *Beckemper*, GmbHR 2002, 465 ff.

447 So etwa das niederländische Gesellschaftsrecht, das auf den Tatbestand der Vermögensvermischung einen Haftungsdurchgriff im Konzern stützte, s. *H. P. Westermann*, AG 1985, 201 ff.; zum englischen Recht in diesem Zusammenhang *Fleischer*, in: Lutter, Europäische Auslandsgesellschaften, S. 123; dort auf S. 122 zum US-amerikanischen Recht.

448 *Schanze/Jüttner*, AG 2003, 661, 669; weitergehend *Schön*, ZHR 168 (2004), 268, 294; *Zimmer*, NJW 2003, 3585, 3588.

449 S. das Urteil „Inspire Art" (Rdnr. 22) in Rdnr. 25 und 59–64.

ten hinlänglicher Druck zur Erfüllung der Offenlegungspflicht ausgeübt wird[450], wobei z.T. auch noch zwischen der Neugründung einer Gesellschaft und der Eröffnung der Zweigniederlassung unterschieden wird[451]. Da die Zweigniederlassungsrichtlinie eine abschließende Regelung trifft, ist auch fraglich, ob aus der Niederlassungsfreiheit gefolgert werden kann, dass der für eine inländische Gesellschaft vor der Eintragung Handelnde schlechter stehen darf als bei Auslandsgesellschaften[452]. Die Entscheidung spitzt sich somit auf die auch vom BGH erkannte Frage zu, ob Art. 7 der Publizitätsrichtlinie eine Rechtsfortbildung in diese Richtung erfordert, da in Deutschland eine Handelndenhaftung etabliert ist, die als Sanktion für die Nichteinhaltung der Gründungspublizität konzipiert ist[453]. Der BGH[454] sah hier nicht die Notwendigkeit, über die Ausnahmevoraussetzungen nach dem Vier-Punkte-Test hinauszugehen; im Schrifttum[455] ist auch noch darauf hingewiesen worden, dass § 11 Abs. 2 sich auf die Versäumung einer konstitutiven Registereintragung beziehe und für die Eintragung einer Zweigniederlassung einer bereits im Gründungsstaat registrierten Gesellschaft nicht passe.

c) Durchgriffshaftung

67   Wenn die grundsätzlichen Züge der Haftungsverfassung dahin gekennzeichnet werden können, dass die gesellschaftsrechts-akzessorischen, allein auf objektiven Kriterien beruhenden Anspruchsgrundlagen des deutschen Rechts auf EU-Auslandsgesellschaften und weitere Gesellschaften, die auch im Inland nach ihrem Gründungsrecht leben können, nicht anzuwenden sind, so muss sich besondere Aufmerksamkeit auf Anspruchsgrundlagen richten, die delikts- oder insolvenzrechtlich angeknüpft werden könnten, also vor allem die Haftung eines Geschäftsführers und auch eines Gesellschafters wegen **Existenzvernichtung**, zumeist also wegen Eingriffen in das Gesellschaftsvermögen, die die Zahlungsfähigkeit der Gesellschaft beeinträchtigen und dadurch zu Schäden einschließlich der Insolvenz führen (im Einzelnen dazu § 13 Rdnr. 152 ff.). Für die kollisionsrechtliche Anknüpfung und die Frage, ob eine Haftung der Handelnden die Niederlassungsfreiheit behindert, ist zu überlegen, ob es sich um eine Reduktion des Trennungsgrundsatzes bzw. des Haftungsprivilegs, etwa mit Blick auf einen Tatbestand der Konzernleitung, oder um ein Delikt gegenüber der Gesellschaft handelt; auch kommt eine insolvenzrechtliche Anknüpfung in Betracht[456]. Die Dinge könnten im Licht „Kornhaas-Urteils" des EuGH[457] (dazu schon Rdnr. 64) in eine veränderte Betrachtung münden, die auch den Durchgriff wegen materieller Unterkapitalisierung und wegen Vermögensvermischung erfasst, ohne noch auf Bedenken aus der Bewahrung der Niederlassungsfreiheit zu stoßen[458].

68   Die vom BGH in Abkehr vom früheren Konzept des „qualifizierten faktischen Konzerns" rechtsfortbildend entwickelte Haftung von Gesellschaftern und Geschäftsführern wegen Ein-

---

450   Dies verneinen *Borges*, ZIP 2004, 773, 776; *Leible/Hoffmann*, EuZW 2003, 677, 679.

451   *Leible/Hoffmann*, EuZW 2003, 677, 679; dagegen *Paefgen*, GmbHR 2005, 957, 962.

452   Auch hierzu *Leible/Hoffmann*, EuZW 2003, 678; *Borges*, ZIP 2004, 736.

453   So eingehend *Paefgen*, GmbHR 2005, 957, 962 ff.; s. auch *Leible/Hoffmann*, EuZW 2003, 677, 679.

454   BGH v. 14.3.2005 – II ZR 5/03, GmbHR 2005, 630 = ZIP 2005, 805 mit Anm. *Wand*, BB 2005, 1016.

455   *Lutter*, in: Lutter, Europäische Auslandsgesellschaften, S. 1, 13.

456   *Behrens/Hoffmann*, in: Ulmer/Habersack/Löbbe, Einl. B Rdnr. 112; zur Differenzierung der Fragestellung schon das AG Bad Segeberg v. 24.3.2005 – 17 C 289/04, GmbHR 2005, 884 mit Komm. *Dichtl*, GmbHR 2005, 886, während das aufhebende Urteil des LG Kiel (v. 20.4.2006 – 10 S 44/05, GmbHR 2006, 710 = ZIP 2006, 1248) allein von der nach deutschem Recht zu beurteilenden Verletzung der Insolvenzantragspflicht (Rdnr. 150) ausging.

457   EuGH v. 10.12.2015 – Rs. C-594/14, GmbHR 2016, 24.

458   So umfassend *Schall*, ZIP 2016, 289, 294 ff., aber nicht unstr.

griffen in das Vermögen und die Geschäftschancen der Gesellschaft, aufgrund deren sie außerstande ist, ihren Verbindlichkeiten nachzukommen, ohne dass eine nach §§ 30, 31 geschuldete Rückführung abgezogener Werte diese Fähigkeit wieder herstellen kann (§ 13 Rdnr. 161 ff.), hätte, wie es bei dem ursprünglichen konzernrechtlichen Ansatz auch der Fall war, mit dem Gedanken der missbräuchlichen Nutzung des Haftungsprivilegs gemäß § 13 Abs. 2 gesellschaftsrechtlich begründet und damit entsprechend qualifiziert werden können. Im Sachrecht konnte dabei auf Verschuldenselemente sicher nicht ganz verzichtet werden, direkter Vorsatz oder Bewusstsein der Sittenwidrigkeit, wie sie zu den Voraussetzungen der manchmal bevorzugten Anspruchsgrundlage in § 826 BGB[459] gehören, müsste dabei nicht gefordert werden. Solange der Anspruch als ein solcher der Gesellschaft gesehen wird, also nur einen mittelbaren Schutz der Gläubiger bewirken kann, was im Sachrecht allerdings kritisiert wird[460], und im Hinblick darauf, dass die neue Judikatur des BGH mit einer Lückenhaftigkeit des gesellschaftsrechtlichen Schutzsystems im Rahmen der §§ 30, 31 begründet wurde, das auf der Ebene des Deliktsrechts ergänzt werden müsse[461], wäre eine gesellschaftsrechtliche Qualifikation angebracht[462]. Dass eine verbreitete Ansicht stattdessen eine Anknüpfung ans Deliktsrecht vertritt[463], dürfte nicht zuletzt daran liegen, dass es dann (Art. 4 Abs. 1 Rom II-VO) auf den Ort des Schadenseintritts ankommt und nicht mehr überlegt werden muss, ob die Haftung bei grundsätzlicher Maßgeblichkeit des Gründungsstatuts mit dem ordre-public-Vorbehalt[464] oder mit einer Sonderanknüpfung[465] zur Geltung gebracht werden kann. Erwogen wird auch eine **Doppel- oder Mehrfachqualifikation**[466], in die auch das Insolvenzstatut einbezogen werden könnte[467], die durchaus ergebnisbezogen wie die deliktsrechtliche Anknüpfung zum Insolvenzrecht führen würde, aber daran vorbeiginge, dass ein Insolvenztatbestand nicht vorliegen muss; es muss sich nämlich gerade nicht um einen insolvenzauslösenden Eingriff[468] handeln. Es geht auch nicht, wie bei insolvenzrechtlichen Anfechtungstatbeständen, nur um Rückführung missbräuchlich entnommener Werte. Somit sollte für die Qualifikation der Gedanke der Durchbrechung des Haftungsprivilegs und somit ein gesellschaftsrechtliches Instrument den Ausschlag geben[469]. Im Einzelfall mag es aber vorkommen, dass die vollen Voraussetzungen des § 826 BGB festgestellt werden können, was

---

459 BGH v. 16.7.2007 – II ZR 3/04, BGHZ 173, 246 = GmbHR 2007, 927 – Trihotel; BGH v. 9.2.2009 – II ZR 292/07, BGHZ 179, 344 = GmbHR 2009, 601; BGH v. 28.4.2008 – II ZR 264/06, BGHZ 176, 204 = GmbHR 2008, 805 – Gamma; BGH v. 2.6.2008 – II ZR 104/07, GmbHR 2008, 929 = NJW-RR 2008, 1417.

460 *Dauner-Lieb*, ZGR 2006, 2034, 2041; *Veil*, in: VGR, Gesellschaftsrecht in der Diskussion 2005, 2006, S. 103, 114; *Kleindiek*, ZGR 2007, 276, 302 ff.

461 Trihotel-Entscheidung Rdnr. 16, 19 und dazu *Weller*, in: MünchKomm. GmbHG, Einl. Rdnr. 413, 414.

462 *Behrens/Hoffmann*, in: Ulmer/Habersack/Löbbe, Einl. B Rdnr. 113; *Osterloh/Konrad*, ZHR 172 (2008), 274, 301; *Weller*, in: MünchKomm. GmbHG, Einl. Rdnr. 423.

463 *Staudinger*, AnwBl. 2008, 316; *Gehrlein*, WM 2008, 761, 769; *Bayer*, BB 2003, 2357, 2365; *Zimmer*, NJW 2003, 3585; *Spahlinger/Wegen*, in: Spahlinger/Wegen, Abschnitt C Rdnr. 339 ff.; *Leible*, in: Michalski u.a., Syst. Darst. 2 Rdnr. 166.

464 *Paefgen*, DB 2003, 487, 490; *Ulmer*, JZ 1999, 662, 665.

465 Ablehnend aber *Behrens/Hoffmann*, in: Ulmer/Habersack/Löbbe, Einl. B Rdnr. 113.

466 *Weller*, in: MünchKomm. GmbHG, Einl. Rdnr. 423; *Schall*, ZIP 2016, 292; *Haas*, in: Baumbach/Hueck, § 64 Rdnr. 23; warnend in Bezug auf Doppel- oder Mehrfachqualifikationen, die kollisionsrechtlich wenig erforscht seien, *Fleischer*, in: Lutter, Europäische Auslandsgesellschaften, S. 84 f.; s. auch *v. Bar/Mankowski*, Internationales Privatrecht I, 2. Aufl. 2003, § 7 Rdnr. 178.

467 *Kindler*, in: FS Jayme, S. 409, 417; *G. H. Roth*, NZG 2003, 1081, 1085; *Zimmer*, NJW 2003, 3585 Fn. 339; in Bezug auf eine ausschließlich insolvenzrechtliche Qualifikation zögernd *Zöllner*, GmbHR 2006, 1, 8.

468 *Ulmer*, JZ 2002, 1049, 1051; *Lutter/Banerjea*, ZGR 2003, 402, 418.

469 Zu den Vorigen noch *Karsten Schmidt*, ZHR 168 (2004), 493, 498; *Fleischer*, in: Lutter, Europäische Auslandsgesellschaften, S. 89 ff.

eine mindestens bedingt vorsätzliche Gläubigerschädigung[470] und nicht nur einen Versuch erfordert, zu retten, was zu retten ist. Gegen einen reinen Deliktsanspruch ist auch eingewendet worden, dass es nicht um die Verletzung von jedermann treffenden Pflichten, sondern um die Inanspruchnahme von Gesellschaftern und Geschäftsleitern einer Kapitalgesellschaft geht[471]. Die vom BGH angenommene Innenhaftung lässt sich schließlich dem deutschen Gesellschaftsstatut besser einfügen als dem Insolvenzstatut; Zweifel bestehen aber natürlich im Hinblick auf die Bewältigung solcher Fälle mit einem ausländischen Gründungsstatut, das aber, wie etwa die Regeln des englischen Rechts zum „wrongful trading", auch von deutschen Gerichten angewendet werden könnte. Schließlich sollte die Ablehnung der Zuständigkeit der deutschen Gerichte für die Inanspruchnahme einer ausländischen Gesellschaft (Rdnr. 47 a.E.), die allerdings einen ganz anderen Fall betraf, auf die Existenzvernichtungshaftung nicht ohne weiteres hierher übertragen werden. Eine rein insolvenzrechtliche Anknüpfung müsste mit einer – möglicherweise unionsrechtlich geforderten – Vereinheitlichung der legislativen Ziele des Insolvenz- und des Gesellschaftsrechts jedenfalls in einer Krise der Gesellschaft begründet werden, was durch die Regelung in Art. 4 Abs. 2 Satz 2 der EuInsVO aber nicht vorgegeben ist[472]. Auch eine Durchgriffshaftung wegen materieller Unterkapitalisierung wird vom BGH abgelehnt[473], wenn nicht die objektiven und subjektiven Voraussetzungen einer Haftung nach § 826 BGB vorliegen – dann tritt kein kollisionsrechtliches Problem auf, eher schon, wenn eine Vermögensvermischung als Durchgriffsfall diskutiert wird[474].

69 Unabhängig von der kollisionsrechtlichen Einordnung muss die Existenzvernichtungshaftung ebenso wie die anderen Fälle einer Durchgriffshaftung mit den **Anforderungen der Niederlassungsfreiheit** vereinbar sein. Das lässt sich nicht einfach damit begründen, dass die Beendigung der Gesellschaft und die haftungsrechtlichen Folgen daraus nicht die Niederlassungsfreiheit beeinträchtigten. Der EuGH hat nämlich auch mitgliedstaatliche Regelungen der Auflösung von Gesellschaften als Beschränkungen der Kapitalverkehrsfreiheit angesehen[475]. Es erscheint auch nicht selbstverständlich, dass es eine Marktzugangsbeschränkung darstellt, wenn die Gesellschafter befürchten müssen, bei Begründung eines Sitzes in Deutschland einer Haftung der hier erörterten Art unterworfen zu werden[476]. Ein Vertrauen darauf, bei Scheitern des von der Gesellschaft betriebenen Unternehmens dieses wirtschaftlich auszuräumen und die Gläubiger auf anderweitige Befriedigung ihres Sicherungsbedürfnisses verweisen zu können, ist auch nicht schützenswert. Dass auf EU-Auslandsgesellschaften die Regeln über die Existenzvernichtungshaftung unter unionsrechtlichen Gesichtspunkten nicht anwendbar sein sollen[477], ist danach nicht allgemein überzeugend, sondern nur dann, wenn die inländische

---

470 *Goette*, DStR 2004, 2115; zur Anwendung des § 826 BGB auf planmäßigen Vermögensentzug ohne Rücksicht auf die bestehenden Schulden BGH v. 20.9.2004 – II ZR 302/02, ZIP 2004, 2138 sowie das Centros-Urteil Rdnr. 18 in Rdnr. 39. So auch *Zöllner*, GmbHR 2006, 1, 8.

471 *Eidenmüller*, in: Eidenmüller, § 4 Rdnr. 21.

472 *Ulmer*, KTS 2004, 291, 303 f.

473 BGH v. 28.4.2008 – II ZR 264/06, BGHZ 176, 204 = GmbHR 2008, 805 – Gamma, mit Bspr. *Altmeppen*, ZIP 2008, 1232; schon früher so BGH v. 4.5.1977 – VIII ZR 298/75, BGHZ 68, 312, 316 – Typenhaus.

474 Für eine Sonderanknüpfung dieses Problems *Schall*, ZIP 2016, 289, 294.

475 EuGH v. 13.5.2003 – Rs. C-463/00, Slg. 2003 I-4581 Rdnr. 54, 58 ff.; dazu *Fleischer*, in: Lutter, Europäische Auslandsgesellschaften, S. 125. Für eine Beschränkung der Durchgriffshaftung auf Ausnahmefälle mit Rücksicht auf das Unionsrecht *Behrens/Hoffmann*, in: Ulmer/Habersack/Löbbe, Einl. B Rdnr. 116; *Eidenmüller*, in: Eidenmüller, § 4 Rdnr. 22 ff.

476 *Eidenmüller*, in: Eidenmüller, § 4 Rdnr. 25; *Leible*, in: Michalski u.a., Syst. Darst. 2 Rdnr. 166, 167.

477 *Eidenmüller/Rehm*, ZGR 2004, 159, 182; *Paefgen*, DB 2003, 487, 490 f.; *Spindler/Berner*, RIW 2000, 11; *Ziemons*, ZIP 2003, 1913, 1917; a.M. aber *Bayer*, BB 2003, 2357, 2364; *Borges*, ZIP 2004, 733, 741 ff.; *Schön*, ZHR 168 (2004), 268, 273 ff.; *Weller*, IPRax 2002, 2009; *Altmeppen*, NJW 2004, 97, 101 f.

Praxis die Anwendung dieser Anspruchsgrundlage auf andere als Extremfälle einer als missbräuchlich empfundenen Ausnutzung eines Regelungsgefälles in Europa bzw. ernsthafter Schutzlücken im Gründungsrecht ausdehnen sollte. Nach der Entwicklung der Rspr. des EuGH im Kornhaas-Urteil spricht vieles dafür, jedenfalls die Folgen von Verstößen gegen das Zahlungsverbot gemäß § 64 Satz 3 sowie auch gegen die Insolvenzantragspflicht und die Insolvenzverschleppungshaftung – fast unabhängig von ihrer deliktsrechtlichen oder gesellschaftsrechtlichen Qualifikation – nicht als Beschränkung der Niederlassungsfreiheit anzusehen[478]. Hier geht es allerdings immer nur um Verhaltenshaftung, während eine Haftung wegen Teilnahme an oder Leitung einer strukturell gesetzeswidrigen Gesellschaft doch als Beschränkung der Niederlassungsfreiheit gesehen werden kann[479].

d) Haftung bei Insolvenz, Insolvenzverfahren

Eine in Insolvenznähe (Zahlungsunfähigkeit) drohende Haftung folgt aus der Verletzung von **Zahlungsverboten** gemäß § 64. Die internationale Zuständigkeit, die Zugehörigkeit von Werten zur Insolvenzmasse oder auch die Befugnisse des Insolvenzverwalters, im letzteren Bereich also an sich Gegenstände des nationalen Sachrechts, bestimmen sich nach dem internationalen Insolvenzrecht der seit dem 31.5.2002 geltenden EuInsVO[480], die also Kollisionsrecht enthält. Für die Eröffnung des Verfahrens besteht nach Art. 4 der Verordnung (EG Nr. 1346/2000 des Rats vom 29.5.2000) die internationale Zuständigkeit der Gerichte des Staats, in dem der Mittelpunkt der hauptsächlichen wirtschaftlichen Interessen des Schuldners (COMI – Centre of main interest) liegt, vorausgesetzt, dass die in Art. 3 Abs. 1 Satz 2 EuInsVO aufgestellte Vermutung, wonach dieser Ort mit dem Satzungssitz übereinstimmt, nicht widerlegt ist, andernfalls kommt es doch auf den Satzungssitz an[481]. In der Kornhaas-Entscheidung (Rdnr. 64) hat der EuGH diese Regelung auf die Klage des Insolvenzverwalters einer Gesellschaft (Ltd.) englischen oder walisischen Rechts gegen die deutsche Geschäftsführerin der Gesellschaft wegen Verstoßes gegen das Zahlungsverbot im Rahmen eines in Deutschland eröffneten Insolvenzverfahrens angewendet. Die Entscheidung erging auf eine Vorlagefrage des BGH, der die Zahlungsverbote gemäß § 64 trotz ihrer systematischen Stellung im GmbHG als insolvenzrechtlich qualifiziert hatte[482], was aber für die Qualifikation im Rahmen des Unionsrechts noch nicht geklärt war, jetzt aber vom EuGH eindeutig bejaht und auch nicht als Beschränkung der Niederlassungsfreiheit angesehen wurde; ebenso hat der EuGH schon früher für die Klage des Insolvenzverwalters einer deutschen GmbH gegen ihren in der Schweiz ansässigen Geschäftsführer, ebenfalls wegen Verstoßes gegen Zahlungsverbote, entschieden[483]. Die Kriterien der genannten VO waren schon früher im Rahmen einer Gesamtbetrachtung der Umstände konkretisiert worden[484], was auch bei Satzungssitzverlegung und Einstellung des Geschäftsbetriebs anzuwenden ist[485]. Nach der Eröffnung des

70

---

478 Eingehend in diesem Sinn *Schall*, ZIP 2016, 289 ff.

479 „Star-Channel"-Urteil (auch: Idryma Typou) des EuGH v. 21.10.2010 – Rs. C-81/09, NZG 2011, 183 = AG 2011, 81; dazu *Möslein*, NZG 2011, 1741; *Kindler*, in: FS Säcker, 2011, S. 393.

480 Dazu im Einzelnen *Eidenmüller*, IPRax 2001, 2; *Paulus*, DStR 2005, 334; zum territorialen Anwendungsbereich *Huber*, ZZP 114 (2001), 133 ff.; zu den Ausführungsvorschriften der §§ 335–358 der deutschen InsO *Kindler*, in: MünchKomm. BGB, IntGesR Rdnr. 660, 661.

481 *Leible*, in: Michalski u.a., Syst. Darst. 2 Rdnr. 184; krit. zu dieser Regelung noch *Leible/Staudinger*, KTS 2000, 533, 544; zu den Prüfungskompetenzen der nationalen Gerichte *Huber*, ZZP 114 (2001), 133, 141.

482 BGH v. 2.12.2014 – II ZR 119/14, GmbHR 2016, 592 = ZIP 2015, 68.

483 EuGH v. 4.12.2014 – Rs. C-295/13, ZIP 2015, 196.

484 EuGH v. 20.10.2011 – Rs. C-396/09, ZIP 2011, 2153 mit Kurzkomm. *Paulus*, EWiR 2011, 745 (Interedil); näher dazu *Bayer/J. Schmidt*, BB 2012, 3, 11.

485 Dazu *J. Schmidt*, in: Lutter/Bayer/J. Schmidt, Europäisches Unternehmens- und Kapitalmarktrecht, 5. Aufl. 2012, § 16 Rdnr. 22; zur Einstellung des Geschäftsbetriebs BGH v. 1.12.2011 – IX ZB 232/10, GmbHR 2012, 216 = NJW 2012, 936 im Anschluss an „Interedil".

Verfahrens bestimmt das europäische Recht weiterhin über die Insolvenzfähigkeit, die Antragsberechtigten, die Eröffnungsgründe sowie über die Durchführung und Beendigung des Verfahrens, nicht aber über die gesellschaftsrechtlichen Auswirkungen der Insolvenz insbesondere auf die Haftung der Gesellschafter und den Fortbestand – oder die automatische Auflösung – der Gesellschaft[486]. Insoweit können also noch Qualifikationsfragen auftreten, während Insolvenzantragspflichten, obwohl ebenfalls gesellschaftsrechtlich kodifiziert, in Wahrheit insolvenzrechtlicher Natur sein dürften[487]. Dem entspricht dann auch die von BGH und EuGH bejahte Zuständigkeit der Gerichte des Mitgliedstaats, in dessen Gebiet das Insolvenzverfahren eröffnet worden ist, für eine Insolvenzanfechtungsklage auch gegen einen nicht in diesem Mitgliedstaat ansässigen Anfechtungsgegner[488]. Ein weiteres Problem dieser Art ist die Abgrenzung der Anwendungsbereiche des Deliktsstatuts auch gemäß Art. 7 Nr. 3 EuGVVO gegen die Gerichtszuständigkeit nach der EuInsVO für Schadensersatzklagen gegen Organmitglieder wegen Insolvenzverschleppung; hiermit hat sich der EuGH im Fall Gourdain/Nadler nach Ansicht der Wissenschaft, die sich für Zuständigkeit nach Maßgabe der EuGVVO ausspricht, nicht genügend auseinandergesetzt[489]. Dass die Haftung der Gesellschaft und ihren Gläubigern Ansprüche geben kann, die über die Rückabwicklung masseschmälernder Vorgänge hinausgehen, stärker noch die Konzentration der Verantwortlichkeit auf die Nichterfüllung gesellschaftsrechtlicher Pflichten, deutet auf eine gesellschaftsrechtliche Qualifikation, kollisionsrechtlich dann vielleicht auch auf die Behandlung als Vorfrage des Deliktsanspruchs[490], hin. Qualifiziert man diesen Haftungsfall insolvenzrechtlich, wofür auch eine Entscheidung des EuGH zur französischen „action en comblement du passif" – einem Einzelverfahren neben dem Insolvenzverfahren – spricht[491], in der Kriterien für die insolvenzrechtliche Qualifikation dieses Anspruchs genannt werden, so folgt daraus die Anwendbarkeit des Regelungskomplexes auch auf die Auslandsgesellschaften[492] und die internationale Zuständigkeit für Haftungsansprüche gegen ausländische Gesellschafter[493]. Bei grundsätzlich gesellschaftsrechtlicher Qualifikation kommt dagegen eine Sonderanknüpfung[494] oder eine delikts-

---

486 *Kuntz*, NZI 2005, 424 f.; *Weller*, in: MünchKomm. GmbHG, Einl. Rdnr. 403, 404; *Leible*, in: Michalski u.a., Syst. Darst. 2 Rdnr. 182.

487 *Röhricht*, ZIP 2005, 505 ff.; *Ulmer*, NJW 2004, 1201, 1208; *U. Huber*, in: Lutter, Europäische Auslandsgesellschaften, S. 307 ff.; *Vallender*, ZGR 2006, 425, 455; im Ergebnis auch *Zöllner*, GmbHR 2006, 1, 7; krit. *Dichtl*, GmbHR 2005, 868, 888.

488 BGH v. 27.3.2014 – IX ZR 2/12, NZG 2014, 1111; EuGH v. 12.2.2009 – Rs. C-339/07, NJW 2009, 2189 und dazu *Gundlach/Frenzel/Strandmann*, DStR 2009, 697.

489 Zum Urteil EuGH v. 18.7.2003 – Rs. C-147/12, ZIP 2013, 1932 eingehend krit. *Freitag*, ZIP 2014, 302 ff.

490 *U. Huber*, in: Lutter, Europäische Auslandsgesellschaften, S. 319 ff.; dagegen *Spindler/Berner*, RIW 2004, 7, 12; *Ulmer*, NJW 2004, 1201, 1207; *Altmeppen/Wilhelm*, DB 2004, 1083, 1088; *Mock/Westhoff*, DZWiR 2004, 23, 27; für insolvenzrechtliche Qualifikation *Wachter*, GmbHR 2003, 1254, 1257; *Borges*, ZIP 2004, 733, 740; *Weller*, IPRax 2003, 520, 524; *G. H. Roth*, NZG 2003, 1081, 1085; *Mock/Schildt*, ZInsO 2003, 396, 399; *U. Huber*, in: Lutter, Europäische Auslandsgesellschaften, S. 348, 351 ff.

491 EuGH v. 22.2.1979 – 133/78, Slg. 1979/733 Rdnr. 3; dazu *Fleischer*, in: Lutter, Europäische Auslandsgesellschaften, S. 113; *Taupitz*, ZZP 105 (1992), 218; *Haubold*, IPRax 2002, 157; *Weller*, in: MünchKomm. GmbHG, Einl. Rdnr. 408.

492 *Eidenmüller*, in: Eidenmüller, § 9 Rdnr. 25 ff.; *Elsner*, ZInsO 2005, 20 ff.; *Borges*, ZIP 2004, 733, 740; *Paulus*, ZIP 2002, 729, 734; *Ulmer*, KTS 2004, 291, 300; *Müller*, NZG 2003, 414, 416; *Bayer*, BB 2003, 2357, 2359; *Goette*, in: FS Kraft, 2004, S. 53, 55; *Bitter*, WM 2004, 2190, 2198, *Riedemann*, GmbHR 2004, 345, 348.

493 OLG Köln v. 9.6.2011 – 18 W 34/11, NZG 2012, 233; zur Vorinstanz *Haas*, NZG 2010, 495.

494 Eingehend zu der dafür notwendigen Gesamtanalogie zu allen die Insolvenzantragspflicht betreffenden Normen *U. Huber*, in: Lutter, Europäische Auslandsgesellschaften, S. 328 ff.; für Qualifikation als Deliktsrecht *Bayer*, BB 2003, 2365; *Schanze/Jüttner*, AG 2003, 665, 670; *Kindler*, NZG 2003, 1086, 1090; dagegen aber *U. Huber*, in: Lutter, Europäische Auslandsgesellschaften, S. 319 ff.; *Ulmer*, NJW 2004, 1201, 1204, 1207.

rechtliche Lösung in Betracht. Voraussetzung ist freilich, dass das Gründungsrecht der Gesellschaft keine dem Sitzrecht – auch in der Art der Rechtsfolgen der Pflichtverletzung – vergleichbaren Anspruchsgrundlagen kennt, was namentlich beim englischen Recht in Betracht kommt. Ein Randproblem dürfte vorläufig der auch als „Insolvenztourismus" bezeichnete Versuch (auch) von Geschäftsführern bleiben, durch Sitzverlegung nach England dort die Restschuldbefreiung zu erreichen und auf diese Weise der Haftung für bestimmte (deliktische) Handlungsweisen bei der Geschäftsführung zu entgehen[495].

Die der Gesellschafterhaftung vorgelagerte Frage nach der allgemeinen **insolvenzrechtlichen Behandlung** der Auslandsgesellschaft hängt im Übrigen zunächst von der „formellen" Insolvenzfähigkeit ab, die grundsätzlich zu bejahen ist[496], auch wenn die Gründung nur zum Zweck der Niederlassung im derzeitigen Sitzstaat erfolgt ist. Ob dies freilich der Fall ist, und ob daraus womöglich eine Nichtanerkennung der Gesellschaft und sogar Haftungsansprüche folgen, soll das Insolvenzgericht nicht zu prüfen haben[497]. Insoweit bleibt es also wiederum bei dem Vorgehen aufgrund der Anspruchsgrundlagen des englischen Gesellschafts- und Insolvenzrechts. Auch hier zeigt sich wieder die unverkennbare Tendenz, Haftungstatbestände, die im Zusammenhang mit einer Unternehmenskrise vorgekommen sein könnten, nach dem Gründungsrecht zu behandeln[498].

71

Das Insolvenzverfahren kann Auswirkungen auf laufende **Vertragsbeziehungen des Schuldners** und ihre Erfüllung, das Verhältnis der Rechte des Schuldners zum Verwalter und die Verteilung des Erlöses (u.a. an gesicherte Gläubiger) haben. Diese Fragen werden gemäß Art. 4 Abs. 2 EuInsVO nach der lex fori concursus behandelt. Zur Zuständigkeit für Anfechtungsklagen auch bei ausländischem Sitz des Anfechtungsgegners Rdnr. 70. Derartiges kann auch praktisch werden, wenn ein Teilnehmer eines konzernweiten cash-pool insolvent wird (Rdnr. 63). Wenn in diesen, aber auch in anderen Fällen neben Tochtergesellschaften auch die Konzernspitze insolvent wird, fehlt es an europäischen Regelungen über ein einheitliches Verfahren der **Konzerninsolvenz**, zu der es nur kommen kann, wenn tatsächlich der COMI einzelner oder gar aller Konzernunternehmen am Sitz der Muttergesellschaft liegt, was aber wohl nur bei einer straffen und in die Einzelheiten des Geschäftsgebarens gehenden Konzernleitung angenommen werden kann[499]. Aus der EG-VO 1346/2000 vom 29.5.2000, die auch im „Kornhaas"-Urteil angewendet wurde, folgerte der EuGH in einem früheren Spruch[500], dass das Gericht des Hauptinsolvenzverfahrens dieses Verfahren auf eine zweite Gesellschaft mit

72

---

495 Dazu näher *Dornblüth*, ZIP 2015, 712 ff.
496 AG Duisburg v. 14.10.2003 – 63 IN 48/03, GmbHR 2004, 121 = NZG 2003, 1167; AG Saarbrücken v. 25.2.2005 – 106 N 3/05, EWiR Art. 3 EuInsVO 5/05 mit Kurzkomm. *Pannen/Riedemann*, S. 701; a.M. AG Hamburg v. 14.5.2003 – 67g IN 358/02, GmbHR 2003, 957 = ZIP 2003, 1008.
497 Ebenso AG Saarbrücken v. 25.2.2005 – 106 N 3/05, mit zust. Kurzkomm. *Pannen*, EWiR Art. 3 EuInsVO 5/05, das annimmt, der Insolvenzverwalter könne das Entfallen der Haftungsbeschränkung wegen missbräuchlicher Gründung in anderen Verfahren geltend machen; zur internationalen Zuständigkeit anders *Huber*, ZZP 114 (2001), 133, 141; *Leible*, in: Michalski u.a., Syst. Darst. 2 Rdnr. 184 m.w.N.
498 Bemerkenswert dazu aber die Warnungen von *Schall* (Kurzkomm. EWiR 2005, 709, 711), wonach das mit Haftungssanktion bedrohte Verbot für einen Direktor einer Ltd., mit deren Firma nach Insolvenz eine neue Ltd. zu gründen, auch für deutsche Ltd.-Gesellschafter eingreifen kann, s. auch *Schall*, ZIP 2005, 965, 972, der sich in seiner Besprechung des „Kornhaas"-Urteils des BGH v. 22.10.2015 – III ZR 264/14, ZIP 2016, 292 für eine Doppelqualifikation ausgesprochen hat (dazu Rdnr. 69).
499 S. aber immerhin einen Beschluss des Tribunale di Parma (v. 19.2.2004 – 53/04, ZIP 2004, 1220), ferner AG München v. 4.5.2004 – 1501 IE 1276/04, ZIP 2004, 962; AG Köln v. 19.2.2008 – 73 IE 1/08, NZI 2008, 257 – in dem später vom BGH (Urteil v. 21.7.2001 – II ZR 185/10, NJW 2011, 3784) behandelten Insolvenzverfahren der PIN-Gruppe.
500 EuGH v. 15.12.2011 – Rs. C-191/10, NZG 2012, 150 mit Anm. *Fehrenbach*, LMK 2012, 3285701 (Rastelli).

Satzungssitz in einem anderen Mitgliedstaat ausdehnen kann, wenn nachgewiesen wird, dass sich der COMI der zweiten Gesellschaft im Mitgliedstaat der Eröffnung des Hauptinsolvenzverfahrens befindet; dafür reiche aber eine bloße Vermögensvermischung nicht aus.

14. Sitzverlegung und grenzüberschreitender Formwechsel

73 Die Sitzverlegung von Kapitalgesellschaften ist, solange in Europa nicht eine Rechtsvereinheitlichung stattgefunden hat[501], wiederum differenziert auf der Grundlage der Sitz- oder der Gründungstheorie zu behandeln, wobei die Kollisions- oder Sachrechte beider betroffenen Staaten zu beachten sind, freilich mit unterschiedlichen Fragen an Zuzugs- und Wegzugsstaat. Auch für eine Behandlung einer Verlegung des Verwaltungs- und des Satzungssitzes werden differenzierte Lösungsmuster angewendet. Zwar ist im Text des durch das MoMiG (in Gestalt der Aufhebung seines Abs. 2) geänderten **§ 4a** die Sitzverlegung über die Grenze hinweg nicht ausdrücklich geregelt, obwohl dem deutschen Gesetzgeber vorschwebte, deutschen Gesellschaften zu ermöglichen, einen nicht mehr notwendig mit dem Satzungssitz übereinstimmenden Verwaltungssitz zu wählen und damit die Möglichkeit zu schaffen, ihre Geschäftstätigkeit durch eine Zweigniederlassung, die alle Geschäftsaktivitäten erfasst, auch außerhalb Deutschlands zu entfalten[502]. Allerdings ist nicht auszuschließen, dass die Verlegung des Verwaltungssitzes nach der in einem Mitgliedstaat angewendeten Sitztheorie einen Statutenwechsel nach sich zieht und bei Verwaltungssitz im Ausland die Anwendung des deutschen Gründungsrechts nicht unbedingt gesichert ist. Bei Geltung der Gründungstheorie findet ein Statutenwechsel bei Verlegen des Satzungssitzes in ein anderes Land statt, so dass insgesamt danach zu differenzieren ist, ob der Zuzugsstaat auf eine Verlegung des Verwaltungssitzes einer nach deutschem Recht gegründeten Gesellschaft nach Maßgabe der Sitz- oder der Gründungstheorie reagiert (zur Fragestellung schon § 4a Rdnr. 22). Innerhalb der Europäischen Union ist davon auszugehen, dass ein etwaiges Auseinanderklaffen von Satzungs- und Verwaltungssitz, wie es sich im Zuge des Wegzugs einer Gesellschaft ergeben kann, sich nach dem Gründungsstatut bemessen muss, so dass ein Statutenwechsel nur stattfindet, wenn im Gründungsstaat für diese Gesellschaften die Sitztheorie gilt oder das Gründungsrecht auf einen Wegzug mit nachteiligen Konsequenzen reagiert[503], worin die Mitgliedstaaten zwar auch nach der EuGH-Rechtsprechung frei sind, aber auch die Grenzen aus der Niederlassungsfreiheit zu beachten haben. Wenn der Zuzugsstaat die Sitztheorie anwendet, kann die Verlegung des Verwaltungssitzes aus Deutschland also die Folge haben, dass die im Zuzugsstaat bestehenden Gründungsregeln nicht eingehalten sind, was Nichtigkeit oder eine Umqualifizierung nach sich ziehen könnte[504]. Gewöhnlich soll es nach dem Willen der Beteiligten nicht zu einer Auflösung der Gesellschaft im Wegzugs- und einer Neugründung im Zuzugsstaat kommen, sondern Identität und Rechtsfähigkeit sollen erhalten bleiben. Das spricht im Bereich der Gründungstheorie das Recht des Wegzugsstaats an, dessen Sachrecht die Übertragung einer im Inland erworbenen Rechtsfähigkeit in einen neuen Sitzstaat gestatten muss, während das Kollisionsrecht des Zuzugsstaats in diesem Fall die Sitzverlegung nicht als Wechsel des Personalstatuts behandeln darf; wenn hier die Gründungstheorie gilt, muss also wiederum auf das Gründungsrecht rückverwiesen werden, wenn sich in seinem Bereich der Satzungs- und Gründungssitz befin-

---

501 Dies wird namentlich im Zusammenhang mit der Beteiligung der Register in verschiedenen Mitgliedstaaten gefordert, da die Judikatur zur Niederlassungsfreiheit hierfür nicht ausreiche, *Stiegler*, GmbHR 2017, 392, 395.
502 Begr. RegE BR Drucks. 354/07, S. 65.
503 Zum Grundsatz *Behrens/Hoffmann*, Einl. B Rdnr. 147; *Kindler*, in: MünchKomm. IntGesR Rdnr. 820.
504 *Kindler*, in: MünchKomm. BGB, IntGesR Rdnr. 821, der allerdings für das Recht eines solchen Zuzugsstaats eine Rückverweisung für geboten hält.

det (näher Rdnr. 74)[505]. Das alles soll einem internationalen Entscheidungseinklang dienen. Nach der in Deutschland herrschenden Ansicht ist eine formwechselnde Verlegung des Satzungssitzes einer hiesigen GmbH ins EU-Ausland nicht möglich, woran auch die Niederlassungsfreiheit nichts ändere (Bezugnahme auf die Cartesio-Entscheidung des EuGH)[506]. Das bedeutet, dass der Sitzverlegungsbeschluss nichtig ist, aber nicht in einen Auflösungsbeschluss umgedeutet werden kann[507]. Das praktische Interesse an einer identitätswahrenden Sitzverlegung tritt häufig im Zusammenhang mit durch die Sitzverlegung vorbereiteten Konzernierungsmaßnahmen auf[508], ähnlich nach Veräußerung der Geschäftsanteile an Ausländer. Dabei und auch sonst steht die Verlegung des **Verwaltungssitzes** im Vordergrund der praktischen Interessen, der **Satzungssitz** bleibt oftmals unverändert[509]; zum Formwechsel auf der Grundlage einer Verlegung des Satzungssitzes unter Fortführung des wesentlichen Teils der unternehmerischen Aktivitäten im Gründungsstaat hat der „Polbud"-Fall dem EuGH Gelegenheit zu einem weiter ausgedehnten Verständnis der Niederlassungsfreiheit gegeben (näher hier Rdnr. 78 f.). Die Änderung des § 4a wird verbreitet als Problem des Sachrechts verstanden, das zwingend einen inländischen Satzungssitz fordert. Der h.M., die von einer rein sachrechtlichen Aussage ausgeht[510], stehen aber Stimmen gegenüber, die eine versteckte einseitige Kollisionsnorm annehmen, die für die deutsche GmbH – im Einklang mit den unionsrechtlichen Entwicklungen – an die Gründung anknüpfe[511]. Eine sachrechtliche Aussage, ob eine deutsche Gesellschaft ihren Satzungssitz ins Ausland verlegen kann, enthält § 4a jedenfalls nicht[512]. Da auch „Cartesio" nur einen Einzelaspekt entschieden hat, muss zwischen den verschiedenen Gestaltungen nach allgemeinem Kollisions- und Unionsrecht doch differenziert werden (s. auch § 4a Rdnr. 19 ff.).

Nach dem deutschen **Kollisionsrecht** ist nach bisherigem Verständnis bei der **Verlegung des Verwaltungssitzes** einer nach deutschem Recht gegründeten Gesellschaft **ins Ausland** zu unterscheiden, ob der neue Sitzstaat der Sitz- oder der Gründungstheorie folgt (s. § 4a Rdnr. 25, 28). Die Verweisung auf ein ausländisches Recht ist nach Art. 4 Abs. 1 Satz 1 EGBGB eine Gesamtverweisung auch auf das ausländische Kollisionsrecht. Wenn also die Rechtsordnung des Zuzugsstaats der Gründungstheorie folgt, geht er mithin davon aus, dass sich der Gründungssitz weiterhin im Wegzugsstaat befindet. Somit findet eine Rückverweisung statt, die das deutsche Recht nach Art. 4 Abs. 1 Satz 2 EGBGB auch annimmt[513], während der Zuzugsstaat die durch die Gründung erworbene Rechtsfähigkeit anerkennt, namentlich keine Neugründung fordert. Damit wird ein Statutenwechsel vermieden, das Ergebnis – eine deutsche Gesellschaft mit Verwaltungssitz im Ausland – ist sachrechtlich aber noch nicht allgemein akzeptiert (Rdnr. 75) und muss ebenfalls auf eine Änderung im Zuge der Polbud-Entschei-

    74

---

505 *W.-H. Roth*, in: FS Hoffmann-Becking, 2013, S. 965, 979; s. auch *Bayer/J. Schmidt*, ZHR 173 (2009), 735, 762.

506 Klar in diesem Sinne OLG Frankfurt v. 3.1.2017 – 20 W 88/15, GmbHR 2017, 420, 422.

507 So auch *Stiegler*, GmbHR 2017, 394 gegen OLG Düsseldorf v. 26.3.2001 – 3 Wx 88/01, GmbHR 2001, 438; OLG Hamm v. 1.2.2001 – 15 W 390/00, GmbHR 2001, 440; wie hier OLG Frankfurt v. 3.1.2017 – 20 W 88/15, GmbHR 2017, 420.

508 Dazu *Kallmeyer*, AG 1989, 88.

509 Um eine Verlegung von Verwaltungs- und Satzungssitz ging es in den Urteilen RGZ 88, 53; BayObLG v. 7.5.1992 – BReg 3 Z 14/91, ZIP 1992, 842; OLG Brandenburg v. 30.11.2004 – 6 Wx 4/04, GmbHR 2005, 484; zur Verlegung nur des Verwaltungssitzes aber RG, IPRspr 1934 Nr. 14.

510 *Hirte*, NZG 2008, 761, 766; *Kindler*, IPRax 2009, 199, 202; *König/Bormann*, DNotZ 2008, 199, 202; *Lieder/Kliebisch*, BB 2009, 338, 343.

511 *Tebben*, RNotZ 2008, 441, 447; *J. Hoffmann*, ZIP 2007, 1581, 1583; DAV, NZG 2007, 211 f.; *Paefgen*, WM 2009, 529, 530; *Leible*, in: Michalski u.a., Syst. Darst. 2 Rdnr. 8.

512 *Kindler*, in: Goette/Habersack, Das MoMiG in Wissenschaft und Praxis, Kap. 7.13. Für Annahme einer versteckten Kollisionsnorm § 4a Rdnr. 24.

513 OLG Hamm v. 1.2.2001 – 15 W 390/00, GmbHR 2001, 440 = NJW 2001, 2183; *Kieninger*, NZG 2001, 610; *Leible*, in: Michalski u.a., Syst. Darst. 2 Rdnr. 196; *Kindler*, in: MünchKomm. BGB, IntGesR Rdnr. 823.

dung[514] überprüft werden. Folgt der Zuzugsstaat der Sitztheorie, so richtet sich nach seinem Kollisionsrecht die Frage, ob die Verweisung durch das Gründungsrecht angenommen wird. Ist das Letztere der Fall, wird gewöhnlich nach dem Recht des Sitzstaats, dessen Gründungsvorschriften nicht beachtet wurden, Nichtigkeit der Gesellschaft angenommen und eine Neugründung gefordert[515]. Das setzt allerdings weiter voraus, dass das Sachrecht des neuen Sitzstaats überhaupt die Verlegung eines Verwaltungssitzes in sein Gebiet als gegeben ansieht und im Übrigen eine Wandelbarkeit des Personalstatuts anerkennt. Ist dies nicht der Fall, so kommt wiederum eine Rückverweisung auf das deutsche Gründungsrecht in Betracht, so dass es bei der Anwendung des deutschen Rechts bleibt, was auch gelten sollte, wenn ein an sich der Sitztheorie folgender Mitgliedstaat Rücksicht auf die Niederlassungsfreiheit[516] nimmt. Wird zugleich mit dem Verwaltungs- auch der Satzungssitz verlegt, so beeinflusst dies angesichts der kollisionsrechtlichen Maßgeblichkeit des Verwaltungssitzes die international-privatrechtliche Beurteilung nicht, möglicherweise aber die sachrechtliche im Gründungsrecht, indem etwa in der Verlegung des Verwaltungssitzes ein zwingender Grund für die Liquidation der Gesellschaft gesehen wird, wie es vor der Änderung des § 4a auch in Deutschland vertreten wurde[517]. Demgemäß wird die Neufassung des § 4a bisweilen doch dahin verstanden, dass das Sachrecht zwingend einen inländischen Geschäftssitz fordert, was bedeuten würde, dass die Verlegung des Satzungssitzes als Auflösungsbeschluss gewertet wird[518].

75 Allerdings müssen solche Lösungen des Sachrechts sich mit dem Grundsatz der Niederlassungsfreiheit vereinbaren lassen. Das ist zum Teil wieder eine unionsrechtliche Frage nach der Anwendung der Ausnahmekriterien; im Übrigen ist aber fraglich, ob wirklich die Abwicklung der Gesellschaft gefordert werden muss. Zwar hat das Cartesio-Urteil dem Gründungsstaat untersagt, den identitätserhaltenden Wegzug in ein anderes Mitgliedsland zu behindern, wenn der Zuzugsstaat eine solche Gesellschaft anerkennt, woraus verbreitet geschlossen wird, dass die Verlegung des Verwaltungssitzes ins Ausland zuzulassen ist[519]. Der EuGH hat sich allerdings in der Cartesio-Entscheidung (Rdnr. 24) differenzierend geäußert und hatte auch in der Vale-Entscheidung (Rdnr. 24a) nicht über eine Trennung von Satzungs- und Verwaltungssitz zu befinden, wie sie jetzt im Polbud-Fall akzeptiert wurde (Rdnr. 78 f.). Zusätzliche Überlegungen sind anzustellen, wenn mit der grenzüberschreitenden Sitzverlegung ein Wechsel der Rechtsform verbunden werden soll (näher Rdnr. 76). Sachrechtlich ist zunächst die Lösung über einen fingierten Auflösungsbeschluss nicht unangreifbar. Denn bei der Umdeutung in einen Auflösungsbeschluss wird der Gesellschafterwille, der gerade auf Fortführung der Gesellschaft geht, missachtet[520], und auch für Nichtigkeit des Beschlusses ist die Begründung angesichts der eindeutig anderslautenden Vorstellung des Gesetzgebers des neuen § 4a nicht leicht. Auch wenn es heißt, dass die Verlegung des Satzungs- und Verwaltungssitzes einer deutschen GmbH ins europäische Ausland hier nicht ins Register eingetragen werden kann[521], so begründet dies Abstriche an der

---

514 EuGH v. 25.10.2017 – Rs. C-106/16, ECLI:EU:C:2017:804 – Polbud (GmbHR 2017, Heft 23 mit Anm. *Bochmann/Cziupka*).

515 BayObLG v. 7.5.1992 – 3Z BR 14/92, GmbHR 1992, 529 = BayObLGZ 1992, 113, 116; OLG Düsseldorf v. 26.3.2001 – 3 Wx 88/01, NZG 2001, 506; OLG Hamm v. 1.2.2001 – 15 W 390/00, GmbHR 2001, 440 = NZG 2001, 562; *Fastrich*, in: Baumbach/Hueck, § 4a Rdnr. 9.

516 *Kindler*, in: MünchKomm. BGB, IntGesR Rdnr. 822 mit Rücksicht auf den internationalen Entscheidungseinklang.

517 Reichhaltige Nachw. bei *Kindler*, in: MünchKomm. BGB, IntGesR Rdnr. 825 Fn. 3171.

518 BayObLG v. 7.5.1992 – 3Z BR 14/92, BayObLGZ 1992, 113, 116 = GmbHR 1992, 529; OLG Hamm v. 1.2.2001 – 15 W 390/00, GmbHR 2001, 440 = NZG 2001, 562; *Fastrich*, in: Baumbach/Hueck, § 4a Rdnr. 10; *Roth*, in: Roth/Altmeppen, § 4a Rdnr. 8; krit. *W.-H. Roth*, in: FS Heldrich, 2005, S. 973, 980 ff.

519 *Preuss*, GmbHR 2007, 57, 60; *Kobeck*, GmbHR 2009, 808; a.A. *Werner*, GmbHR 2009, 191, 194.

520 So auch *W.-H. Roth*, in: Lutter, Europäische Auslandsgesellschaften, S. 393.

521 OLG Brandenburg v. 30.11.2004 – 6 Wx 4/04, GmbHR 2005, 484 mit zust. Komm. *Ringe*, S. 487; *Triebel/v. Hase*, BB 2003, 2409, 2414.

Niederlassungsfreiheit[522], die zu beurteilen nach „Cartesio" und einem früheren EuGH-Urteil[523] eigenständige sachrechtliche Wertungen ermöglicht und es erlaubt, Wegzugsbeschränkungen des nationalen Gesellschaftsrechts nicht allgemein als europarechtswidrig zu verwerfen[524], obwohl jetzt auch die Niederlassungsfreiheit ein Recht auf Sitztrennung nicht gerade begründen dürfte, einer solchen vielleicht aber den Weg öffnet. Eine rechtspolitisch hinzunehmende Konsequenz wäre, dass die Gläubiger einer „wegziehenden" Gesellschaft nach § 17 Abs. 1 ZPO weiterhin am Satzungssitz gegen sie vorgehen könnten, und angesichts der Publizität der Verhältnisse ist eine Flucht der Gesellschaft vor ihren Gläubigern praktisch erschwert. Dass einer Verlegung des Verwaltungssitzes u.U. inländische Regeln des Steuer-, Arbeits- und Sozialrechts entgegenstehen, ist von der bisherigen Rechtsprechung des EuGH wohl gedeckt[525]. Wenn im Einzelfall doch ein Statutenwechsel eintritt, wird man kaum daran vorbeikommen, dass die dadurch verursachten kollisions- und sachrechtlichen Probleme sich nicht durch ein vordringliches Allgemeininteresse rechtfertigen lassen, zumindest nicht die Vernichtung der wegziehenden Gesellschaft bei (bloßer) Verlegung des Verwaltungssitzes. Das kann aber bei der Verlegung des Satzungssitzes angesichts des Entfallens der gerade unionsrechtlich wichtigen Register-Publizität abweichend beurteilt werden[526]. Gerade dieser Punkt wäre möglicher Gegenstand einer **Sitzverlegungsrichtlinie**, wobei dann weiter die nach dem Daily-Mail- und dem Cartesio-Urteil noch nicht abschließend geklärten Fragen entschieden werden könnten, welche Behinderungen eines Wegzugs durch den Gründungs- oder Sitzstaat der Niederlassungsfreiheit widersprechen[527].

Bezüglich des **Zuzugs von ausländischen Gesellschaften** nach Deutschland sind mit Rücksicht auf die Niederlassungsfreiheit kollisions- und sachrechtlich die Voraussetzungen der Erhaltung der Rechtsfähigkeit und die Registrierung als Zweigniederlassung, somit der Statutenwechsel zum deutschen Recht, im Grundsatz geklärt[528]. Zwar könnte der Zuzug ausländischer Kapitalgesellschaften unter **identitätswahrendem Formwechsel** in eine Kapitalgesellschaft deutschen Rechts nach einzelnen Entscheidungen deutscher Obergerichte[529] gegen Kollisions- und Sachrecht verstoßen, diese Sichtweise könnte aber die Niederlassungsfreiheit in der Handhabung durch die SEVIC-Entscheidung (Rdnr. 24) behindern. Jedenfalls dürfen aber solche Rechtsordnungen, die für inländische Gesellschaften einen identitätswahrenden Formwechsel kennen, hiervon zuziehende ausländische Gesellschaften nicht ausschließen, so die Vale-Entscheidung des EuGH (Rdnr. 24a), die allerdings einen Fall des grenzüberschreitenden Formwechsels mit zeitgleicher Verlegung von Satzungs- und Verwaltungssitz betraf. Auch – so das Cartesio-Urteil – darf der Herkunftsstaat einen grenzüberschreitenden Formwechsel, wenn der Aufnahmestaat den Zuzug ermöglicht[530], nicht durch automatische Auf-

76

---

522 *Knobbe-Keuk*, ZHR 154 (1990), 325; *Behrens*, EuZW 1991, 97.

523 EuGH v. 11.3.2004 – Rs. C-9/02, NJW 2004, 2439 = GmbHR 2004, 504 mit Anm. *Meilicke* – de Lasteyrie du Saillant.

524 OLG Brandenburg v. 30.11.2004 – 6 Wx 4/04, GmbHR 2005, 484; auch insoweit zust. *Ringe*, S. 488. Zur Bedeutung der Niederlassungsfreiheit in diesem Zusammenhang *Franz*, EuZW 2016, 930.

525 Näher dazu *Kindler*, in: MünchKomm. BGB, IntGesR Rdnr. 823.

526 *W.-H. Roth*, in: Lutter, Europäische Auslandsgesellschaften, S. 399 f. sieht in diesem Punkt die Mitgliedstaaten für verpflichtet an, eine gesetzliche Regelung zu treffen.

527 Dazu näher *Leible*, ZGR 2004, 430 ff.; *Koppensteiner*, in: FS Lutter, 2000, S. 141 ff.; die Entwürfe sind in ZIP 1997, 1721 veröffentlicht; zur möglichen weiteren Entwicklung Rdnr. 15. Bedenken wegen der Subsidiarität einer unionsrechtlichen Regelung bei *Bechtel*, IPRax 1998, 348.

528 BGH v. 1.7.2002 – II ZR 380/00, BGHZ 151, 204 = GmbHR 2002, 1021; BGH v. 27.10.2008 – II ZR 158/06, BGHZ 178, 192 = GmbHR 2009, 138 – Trabrennbahn; BGH v. 12.7.2011 – II ZR 28/10, BGHZ 190, 242 = GmbHR 2011, 1094; dazu *Kieninger*, NJW 2009, 292; *Goette*, DStR 2009, 59; *Kindler*, in: MünchKomm. BGB, IntGesR Rdnr. 837.

529 So noch BGH v. 21.3.1986 – V ZR 10/85, BGHZ 97, 269, 271 = GmbHR 1986, 351; OLG Nürnberg v. 7.6.1984 – 8 U 111/84, WM 1985, 259; *Michalski*, NZG 1998, 762, 764; *Behrens/Hoffmann*, in: Ulmer/Habersack/Löbbe, Einl. B Rdnr. 119.

530 Das soll nach *Paefgen*, WM 2009, 529, 532 in seinem Ermessen stehen.

lösung und Liquidation zu unterbinden suchen, obwohl die Folgen und Modalitäten der Beendigung des bisherigen Gesellschaftsstatuts, auch der etwa notwendige Gesellschafter- und Gläubigerschutz, noch seinem Recht unterstehen, was aber in der Polbud-Entscheidung weiter abgeschwächt wurde. Die Anforderungen an die Gründung in einer Rechtsform des Zuzugsstaats bestimmen dessen Sachrecht, das aber, wie gezeigt, aus dem Ausland zuziehende Gesellschaften nicht diskriminieren darf[531].

76a Unter Bezugnahme auf „Vale" haben nun auch das OLG Nürnberg und das KG die deutschen Vorschriften des Umwandlungsrechts auf den **Wechsel einer ausländischen Gesellschaft** in die **Rechtsform** einer **deutschen** GmbH unter Verlegung von Satzungs- und Verwaltungssitz nach Deutschland für anwendbar erklärt[532], und das OLG Frankfurt hat – ebenfalls unter Bezugnahme auf „Vale" – eine mit einem Rechtsformwechsel verbundene **Sitzverlegung** einer deutschen GmbH nach **Italien** in die Rechtsform der dortigen S.r.l. für grundsätzlich zulässig erklärt, was anders zu beurteilen sei als die auch nach der Cartesio-Entscheidung nach nationalem Sachrecht verbietbare Sitzverlegung in ein anderes Land unter Wahrung ihres Gründungsstatuts[533]. Das OLG verzichtet dabei auf eine Substitutionsprüfung dahin, ob der ausländische Zielrechtsträger eine mit dem deutschen „Ausgangsrechtsträger" funktional vergleichbare Rechtsform ist. Wie im Fall „Vale" hat das OLG Nürnberg kein Hindernis darin gesehen, dass die antragstellende Gesellschaft im Register des Herkunftsstaats bereits gelöscht war[534]; in diesem Fall ergaben sich auch keine Bedenken aus dem Statutenwechsel aus der Sicht des Herkunftsstaats. Insgesamt ist trotz der grundsätzlichen Anwendung des Umwandlungsrechts des Zuzugsstaats eine kumulative Prüfung auch des Rechts des Wegzugsstaats unerlässlich[535], etwa im Hinblick auf einen gültigen Umwandlungsbeschluss und -bericht[536]. Eine weitere Frage, auf die beide Beschlüsse nicht eingehen, betrifft das denkbare Erfordernis einer von der Gesellschaft gewollten Entfaltung echter wirtschaftlicher Aktivitäten im Zuzugsstaat, die allerdings das deutsche Recht für inländische Umwandlungsfälle nicht verlangt und die also auch für eine „hereinwechselnde" Gesellschaft nicht gefordert werden kann[537]. Das verlangt aber im „Polbud"-Fall die Generalanwältin[538], und der EuGH[539] äußert sich dazu angesichts der Tatsache, dass der Verwaltungssitz ja im Herkunftsstaat bleiben sollte, nicht. Zwingende Folge aus dem Prüfungskanon bezüglich der

---

531 *Verse*, ZEuP 2013, 458, 483, 491; *Bayer/J. Schmidt*, ZIP 2012, 1481, 1488; *Hushahn*, RNotZ 2014, 137, 141; s. auch schon *Teichmann*, ZIP 2009, 393, 402. Zum Formwechsel einer britischen Ltd. in eine GmbH *Freitag/Karch*, ZIP 2016, 1361, 1364; *Wachter*, GmbHR 2014, 99; *Mayer/Manz*, BB 2016, 1731, 1739.

532 OLG Nürnberg v. 19.6.2013 – 12 W 520/13, GmbHR 2014, 96 = ZIP 2014, 128 für den Wechsel einer luxemburgischen SaRL in eine GmbH; KG v. 21.3.2016 – 22 W 64/15, WM 2016, 1739 für eine französische SaRL; dazu *Wachter*, GmbHR 2016, 731 ff.; *Verse/Schölles*, WuB 2017, 86 ff.; *Seibold*, ZIP 2017, 456 ff.; *Zwirlein*, ZGR 2017, 114.

533 OLG Frankfurt v. 3.1.2017 – 20 W 88/15, GmbHR 2017, 420 = ZIP 2017, 611, 613; ausf. dazu *Teichmann*, ZIP 2017, 1190; nur im Grundsatz zust. *Stiegler*, ZIP 2017, 394; s. auch *Schön*, ZGR 2013, 333, 345; *Bayer/J. Schmidt*, ZIP 2012, 1481, 1489; zum Streitstand auch *Seibold*, ZIP 2017, 456, 457 ff.

534 Krit. *Schaper*, ZIP 2014, 810, 811; a.M. *Wachter*, GmbHR 2014, 99.

535 Dies vermissen *Verse/Schölles*, WuB 2017, 86 ff. am Beschluss des KG, was aber an der Richtigkeit des Ergebnisses nichts ändere; zu den Anforderungen in diesem Punkt *Heckschen*, ZIP 2015, 2049, 2055; *Franz*, EuZW 2016, 930 ff.; *Seibold*, ZIP 2017, 457; *Schall*, GmbHR 2017, 25, 28 f.

536 Im Einzelnen dazu *Wachter*, GmbHR 2016, 740.

537 Im Einzelnen dazu *Schaper*, ZIP 2014, 813 ff.; anders mit Hinweisen zur Praxis *Seibold*, ZIP 2017, 457, 461. Zur Verlegung der Zweigniederlassung eines niederländischen Unternehmens innerhalb Deutschlands OLG Düsseldorf v. 22.2.2017 – I-3 Wx 145/16, ZIP 2017, 879 = GmbHR 2017, 586 mit Anm. *Enders*.

538 Nr. 1 Satz 1 des Schlussantrags (ZIP 2017, 1319 = GmbHR 2017, 655); zust. *Stiegler*, GmbHR 2017, 650 f.; Vorbehalte in der Anmerkung *Wicke*, NZG 2017, 703.

539 EuGH v. 25.10.2017 – Rs. C-106/16, ECLI:EU:C:2017:804 – Polbud (GmbHR 2017, Heft 23).

Aufgaben der beteiligten Rechtsordnungen ist dann die Gründungskontrolle des deutschen Registergerichts, die allerdings auch einige Prüfungen des Rechts des Herkunftsstaats erfordert[540] (dies ist die schon im „Vale"-Urteil verlangte „sukzessive Anwendung zweier nationaler Rechtsordnungen"). Allerdings sind die im deutschen UmwG angesprochenen Rechtsträger nicht ohne Weiteres durch ausländische Rechtsträger substituierbar, was zu der Prüfung zwingt, ob inländische Anforderungen an die Umwandlung angesichts des im Ansatz berechtigten Bestrebens des ausländischen Rechtsträgers i.S. des EuGH funktionsäquivalent sind[541]. Dies hat das OLG Frankfurt wegen des Verbots, grenzüberschreitende Sachverhalte schlechter zu behandeln als innerstaatliche, zu einer entsprechenden Anwendung des § 202 Abs. 1 Nr. 1 und 3, Abs. 2 und 3 UmwG veranlasst, wonach der Umwandlungsvorgang bestätigt wurde[542]. Hinzu kommen die Überlegungen, ob beim Formwechsel in eine GmbH die Mindestkapitalanforderungen des deutschen Rechts erfüllt sein müssen, und ob die Prüfung ihrer Erfüllung, was wiederum durch analoge Anwendung der Vorschriften des UmwG zum Wechsel aus einer kapitalgesellschaftsrechtlichen Rechtsform in eine andere (§§ 238 ff. UmwG) entschieden werden könnte[543], geboten ist.

Diese **Prüfung**, die auch das **Registergericht** vor eine schwierige Aufgabe stellt, hat das KG im Hinblick auf eine französische SaRL zu einigen konkreten Folgerungen veranlasst. So müsse der Gesellschaftsvertrag der neuen Gesellschaft den Anforderungen des § 3 genügen, das Registergericht habe auch zu prüfen, ob das angegebene Stammkapital gedeckt ist (analog §§ 220 Abs. 1, 264 Abs. 1, 277, 303 Abs. 1 UmwG, die eine Umwandlung im Stadium der Unterbilanz ausschließen); das soll aber – so das KG – nur unter Bezugnahme auf die Kapitalaufbringungsvorschriften des französischen Rechts für die der GmbH vergleichbare Rechtsform der SaRL geschehen, die weniger streng sind und auch ohne eine Gründungsprüfung auskommen, so dass die deutschen (oder auch in einer etwaigen europäischen Richtlinie enthaltenen) stark am Aktienrecht orientierten Anforderungen des deutschen Umwandlungsrechts nicht beachtet zu werden brauchen[544]. Da Organkontinuität nicht vorgesehen ist, müssen also Geschäftsführer des neuen Rechtsträgers bestellt und unter Beachtung der §§ 6, 8 angemeldet werden[545]. Die nach dem UmwG u.U. erhebliche Frage nach einem Umwandlungsbericht und nach der Ersetzbarkeit einer Beurkundung des Gesellschafterbeschlusses durch die Beurkundung durch eine italienische Notarin stellte sich nach dem Beschluss des OLG Frankfurt nicht, da die Eintragung im italienischen Register bereits erfolgt war[546]. Hier scheint sich also eine Entwicklung dahin abzuzeichnen, dass jede der betroffenen Rechtsordnungen den Abschnitt des Verfahrens regelt, der auf ihrer Seite der Grenze stattfindet[547], dazu aber sogleich in Rdnr. 77 f. Beim Hereinformwechsel nach Deutschland müssten dann im Zuge der sukzessiven Anwendung nationaler Rechtsnormen in analoger Anwendung entweder der §§ 191 Abs. 3, 194, 197, 220 UmwG oder aber der Art. 8 Abs. 15 SE-VO im Registerverfahren Angaben etwa zur Umwandlungsfähigkeit der bisher ausländischen Gesellschaft, zur Werthaltigkeit, zur tatsächlichen Ansiedelung und zu Art und Umfang der

76b

---

540 So eingehend das KG v. 21.3.2016 – 22 W 64/15, GmbHR 2016, 763 = WM 2016, 1739; zust. *Verse/Schölles*, WuB 2017, 86 ff.

541 *Zwirlein*, ZGR 2017, 114, 123 ff.; so auch unter Betonung des „zwingenden Grunds des Allgemeininteresses" OLG Frankfurt v. 3.1.2017 – 20 W 88/15, ZIP 2017, 611, 616 = GmbHR 2017, 420.

542 OLG Frankfurt v. 3.1.2017 – 20 W 520/13, GmbHR 2017, 420; zust. insoweit *Knaier/Pfleger*, GmbHR 2017, 859, 861 ff., die zusätzlich eine analoge Anwendung von Normen der SE-Verordnung zur SE-Sitzverlegung empfehlen.

543 Dazu eingehend *Schall*, GmbHR 2017, 25, 26 ff.

544 KG v. 21.3.2016 – 22 W 64/15, GmbHR 2016, 763 = WM 2016, 1739 Rdnr. 10 – 12; im Wesentlichen zust. auch insoweit *Verse/Schölles*, WuB 2017, 86 ff.

545 *Wachter*, GmbHR 2016, 741.

546 OLG Frankfurt v. 3.1.2017 – 20 W 88/15, ZIP 2017, 611, 615 = GmbHR 2017, 420.

547 So *Knaier/Pfleger*, GmbHR 2017, 862 ff.; dort auch Ausführungen zu Fehlern im Registerverfahren.

Einlageleistung gemacht werden, auch empfehle es sich, zwei Formwechselbeschlüsse nach den Regeln der beiden Sachrechte zu fassen und zu dokumentieren[548]. Voraussetzung ist ferner immer, dass im Aufnahmestaat eine echte wirtschaftliche Betätigung vorgesehen ist (allerdings nicht unstr.)[549], wozu auch anhand des „Polbud"-Falles noch Stellung zu nehmen ist (Rdnr. 78).

77 Insgesamt zeichnet sich also eine konsequente Umsetzung der EuGH-Rechtsprechung in der deutschen Judikatur ab. Sie würde noch bedeutend – und rechtsfortbildend – erweitert, wenn sich der neue Vorschlag[550] durchsetzte, einen grenzüberschreitenden Formwechsel von der – bekanntlich ohne Stammkapital gründbaren – englischen Ltd. in eine deutsche UG & Co. KG zuzulassen; dies erfordert allerdings einige Adaptionen und Institutionen des nationalen Umwandlungsrechts und ein Bekenntnis dazu, dass sich auch englische „Briefkastengesellschaften" auf die Niederlassungsfreiheit berufen können[551]. Die Entwicklung bleibt abzuwarten. Da nach §§ 190 ff. UmwG eine Kapitalgesellschaft in eine Kapitalgesellschaft & Co. KG umgewandelt werden kann, ist der Wechsel einer Ltd. und damit auch bisherigen „Briefkastengesellschaft" in eine solche Form grundsätzlich möglich; allerdings besteht das Bedenken, dass der grenzüberschreitende Formwechsel in eine UG das Verbot der Sachgründung (§ 5a Abs. 2 Satz 2) verletzen könnte. Beim „Herausformwechsel" stellt sich auch bei analoger Anwendung des § 202 UmwG, wie sie das OLG Frankfurt annimmt, die weitere Frage, ob der Verzicht auf die vorherige Eintragung des Rechtsformwechsels und damit die Hinnahme der unterschiedlichen Verhaltensweisen der Registergerichte in den beteiligten Mitgliedstaaten nicht zur Folge hat, dass eine Zeitlang die neue im EU-Ausland gegründete Gesellschaft und der deutsche Ausgangsrechtsträger nebeneinander bestehen[552]. Eine Registrierung in Deutschland setzt dann eine Prüfung voraus, ob der Rechtsträger im Register des Wegzugsstaats gelöscht ist (in England: de – registration), sonst käme es zur „Statutenverdoppelung"[553]. Wenn das „Herkunftsrecht" keinerlei Vorschriften über nationalen oder grenzüberschreitenden Formwechsel enthält, steht dies unter unionsrechtlichen Gesichtspunkten einem Formwechsel nicht entgegen[554]. Insgesamt ist völlige rechtliche Klarheit im Hinblick auf den grenzüberschreitenden Formwechsel kaum ohne weitere klärende EuGH-Urteile oder eine Rechtsvereinheitlichung mindestens in Europa, wie sie mit einer Richtlinie zur Sitzverlegung zeitweise geplant war, zu erreichen. In Bezug auf Formwechsel aus einer Ltd. in eine deutsche haftungsbeschränkende Rechtsform sind auch künftige Regelungen im Zuge des **Brexit** nicht auszuschließen. Die vertraglichen Lösungen, etwa über Verschmelzungen oder verschiedene „Anwachsungsmodelle", setzen die Gründung einer deutschen Gesellschaft voraus[555], s. auch § 4a Rdnr. 37.

78 Eine Befestigung der Rechtslage ist von der Entscheidung des „Polbud"-Falles durch den EuGH, dem bereits die Schlussanträge der Generalanwältin vorliegen, zu erwarten. Dabei geht es um die Verwirklichung des Beschlusses der Gesellschafter einer polnischen Gesellschaft mit beschränkter Haftung, die im Zuge eines grenzüberschreitenden Formwechsels ihrer Gesellschaft in eine GmbH nach luxemburgischem Recht zwar ihren Satzungssitz, nicht aber den Verwaltungssitz nach Luxemburg verlegen und die bisherige Rechtspersönlichkeit beibehalten wollten, wofür zeitlich nach dem Gesellschafterbeschluss über die Sitzverlegung

---

548 Eingehend *Seibold*, ZIP 2017, 457, 459 ff.; s. auch *Melchior*, GmbHR 2014, R305; *Hushahn*, RNotZ 2014, 137, 150; *Heckschen*, ZIP 2015, 2049, 2058; *Wicke*, DStR 2012, 1756, 1758.
549 So – ebenfalls unter Hinweis auf „Vale" – *Heckschen*, ZIP 2015, 2049, 2054; *Mörsdorf/Jopen*, ZIP 2012, 1398; *Schall*, ZfPW 2016, 407, 416; *Kindler*, in: MünchKomm. BGB, IntGesR Rdnr. 531; a.M. *Teichmann*, ZIP 2012, 2085; *Schaper*, ZIP 2014, 813; *Drygala*, EuZW 2013, 571.
550 Von *Schall*, GmbHR 2017, 25 ff.
551 Dies wünschen *Seibold*, ZIP 2017, 457, 462 und *Stiegler*, ZIP 2017, 394; eine Änderung des nationalen Rechts fordert auch *Zwirlein*, ZGR 2017, 114, 128.
552 Hinweis von *Stiegler*, ZIP 2017, 394, 395.
553 Näher – z.T. als Änderungsvorschlag – *Schall*, GmbHR 2017, 28 f.
554 *Verse*, ZEuP 2013, 458 ff.; *Schaper*, ZIP 2014, 811.
555 Zu den – sehr komplizierten – Konstruktionen *Zwirlein/Großerichter/Gätsch*, NZG 2017, 1041 ff.

vor einem luxemburgischen Notar der Formwechsel beschlossen worden war. Die Löschung im polnischen Handelsregister wurde von einem Nachweis über die Auflösung und Liquidation der Gesellschaft abhängig gemacht, was gerade nicht im Sinn der formwechselnden Erhaltung der Gesellschaft lag und deshalb angegriffen und als Beeinträchtigung der Niederlassungsfreiheit qualifiziert wurde. Dieser letzteren Einschätzung folgt die Generalanwältin mit der These in Nr. 3 der Schlussanträge, wonach der Gründungs- (und Wegzugs)staat durch das gesetzliche Erfordernis der Auflösung und Liquidation der Gesellschaft vor ihrer Löschung im Handelsregister die Niederlassungsfreiheit verletze. Das wurde angenommen, obwohl die Gesellschaft zwar eine tatsächliche Ansiedlung im Zuzugsstaat mit einer wirklichen wirtschaftlichen Tätigkeit ins Werk gesetzt habe oder wenigstens beabsichtige[556], aber den Ort ihrer wirtschaftlichen Betätigung jedenfalls zunächst beibehielt. Der Zuzugsstaat, der schon nach der bisherigen Rechtsprechung eine vom Gründungsstaat auch für den Fall einer Verlegung des Verwaltungssitzes beibehaltene Rechtsfähigkeit der Gesellschaft anerkennen muss und nach dem Vale-Urteil eine nach seinem Recht mögliche Umwandlung in eine inländische Gesellschaft nicht verweigern darf, kann allerdings nach These 1 des Schlussantrages die Anknüpfung bestimmen, die eine Gesellschaft aufweisen muss, um als nach seinem Recht gegründet angesehen werden zu können, ebenso die Anknüpfungen, die für die weitere Erhaltung dieser Eigenschaften verlangt werden.

Im Polbud-Fall[557] hatte die zuziehende Gesellschaft die Erfordernisse gemäß dem Recht des Zuzugsstaats offenbar erfüllt, wobei der EuGH davon ausging, dass nach dem die Voraussetzungen aufstellenden nationalen Recht unter dem Einfluss der Kriterien des Art. 54 AEUV der satzungsmäßige Sitz, die Hauptverwaltung und die Hauptniederlassung der Zuziehenden und in eine Rechtsform des Zuzugsstaats umgewandelten Gesellschaft als Anknüpfung für eine Verbundenheit mit dem Zuzugsstaat gleichstünden (Bezugnahme auf „Daily Mail"). Diese Feststellung beruht auf der jetzt ebenfalls bestätigten Annahme, dass die Niederlassungsfreiheit einen Anspruch einer nach dem Recht eines Mitgliedstaats gegründeten Gesellschaft auf Umwandlung in eine dem Recht eines anderen Mitgliedstaats unterliegende Gesellschaftsform umfasse. Der EuGH wiederholt – unter Bezugnahme auf „Centros" – auch, dass es nicht schade, wenn die Gesellschaft im ersten Mitgliedstaat nur errichtet wurde, um die Geschäftstätigkeit im Wesentlichen in einem anderen, der Gesellschaft vorteilhaft erscheinenden Mitgliedstaat auszuüben. Eine wichtige, möglicherweise als umwälzend empfundene Aussage des EuGH besagt, dass mit der Verlegung des satzungsmäßigen Sitzes nicht zwangsläufig auch die Verlegung des tatsächlichen Sitzes einhergehen müsste – die in Rdnr. 74, 75, 76 dargestellte bisher herrschende Meinung zum Fall der Trennung von Verwaltungs- und Satzungssitz ist also zu überprüfen. Dass nach Cartesio der Gründungsstaat einer nach seinem Recht gegründeten Gesellschaft Hindernisse für die Verlegung des Verwaltungssitzes in einen anderen Mitgliedstaat bereiten kann, aber nach Sevic nicht verhindern kann, dass die Gesellschaft, ohne sich aufzulösen, von der Zulassung (durch den erstrebten Zuzugsstaat) einer Umwandlung in eine Rechtsform dieses Staats Gebrauch macht, wird also jetzt dahin fortgeführt, dass auch bei Anerkennung der Beibehaltung der nach dem Recht des Gründungsstaats erworbenen Rechtsfähigkeit nach dem Heraus-Formwechsel Regelungen des Wegzugsstaats, die die Eintragung der Liquidation der Gesellschaft von einer Beendigung der laufenden Geschäfte der Gesellschaft, von der Befriedigung oder Absicherung ihrer Gläubiger und von der Erstellung eines Finanzberichts darüber abhängig machen, die Niederlassungsfreiheit beeinträchtigen und auch nicht (Bezugnahme auf „National Grid-Indus" und „Sevic") durch zwingende Gründe des Allgemeininteresses gerechtfertigt werden könnten.

78a

---

556 Das war nach den Ausführungen der Vertreterin Polbuds in der mündlichen Verhandlung allerdings unklar, Fn. 21 der Begründung der Schlussanträge (ZIP 2017, 1319 ff.). Kritisch in diesem Punkt auch *Rutter*, EWiR 2017, 491.

557 EuGH v. 25.10.2017 – Rs. C-106/16, ECLI:EU:C:2017:804 – Polbud (GmbHR 2017, Heft 23 mit Anm. *Bochmann/Cziupka*).

Das legt der EuGH in kritischer Auseinandersetzung mit den Stellungnahmen der polnischen und der österreichischen Regierung konkret dar, wobei das anerkannte Ziel, missbräuchliche Verhaltensweisen zu verhindern, nicht schon dann ein Eingreifen erfordere, wenn die Gesellschaft ihren Strukturwandel nur betreibt, um in den Genuss günstiger Rechtsvorschriften des Zuzugsstaats zu kommen. Befürchtungen, inländische Unternehmen könnten nunmehr auch noch nach ihrer Gründung in die Rechtsform einer ausländischen Briefkastengesellschaft wechseln (etwa um der Anwendung des nationalen Mitbestimmungsrechts zu entgehen), könnte auf der Grundlage der ziemlich abgewogenen Kriterien des EuGH die – sonst erhebliche – rechtspolitische Sprengkraft etwas genommen werden. Andererseits ist angesichts der in diesem Punkt nicht völlig eindeutigen Formulierungen des EuGH die Beibehaltung des Erfordernisses nicht auszuschließen, dass der Zuzugsstaat den Formwechsel hinnehmen muss, wenn damit eine wirtschaftliche Betätigung im Zuzugsstaat, der diesen Formwechsel auch ohne Verlegung sämtlicher wirtschaftlicher Aktivitäten in sein Territorium gestattet, tatsächlich verbunden ist[558]. Das wird im Sinne einer im Aufbau befindlichen Dogmatik des Rechtsgebiets in Rdnr. 38 der Gründe des Schlussantrags dahin gedeutet, dass die Unternehmen die freie Wahl des Standorts ihrer wirtschaftlichen Betätigung, aber nicht des auf sie anwendbaren Rechts hätten, was man aber mit der Einschränkung versehen sollte, dass die Wahl eines anderen Statuts ohne Anpassung des Verwaltungssitzes an den mit dem neuen Statut verbundenen Satzungssitz möglich ist. Wie angesichts der Schlussanträge zu „Polbud" angemerkt wurde[559], soll die „freie Wahl" jedenfalls nicht so weit gehen, dass reine Briefkastengesellschaften oder solche Gestaltungen zugelassen werden, die zu wenig gut beleumundenden Aktivitäten wie der „Steueroptimierung" dienen; insoweit ist mit Einwänden der Art zu rechnen, dass deutsche Gesellschaften in das durch einen anderen Mitgliedstaat zur Verfügung gestellte „Rechtskleid" schlüpfen können, das ihnen Institute wie etwa die unternehmerische Mitbestimmung erspart, ohne dass sie dafür ihr wirtschaftliches Zentrum in das Recht des neuen Satzungssitzes verlegen müssten. Es erscheint nicht einmal ausgeschlossen, dass bei Erreichung eines grenzüberschreitenden Formwechsels Forderungen wie die nach dem aus dem Rechtsverhältnis zu staatsvertraglichen Abkommen bekannten „genuine link" (Rdnr. 5, 7) erhoben werden[560].

15. Grenzüberschreitende Verschmelzung

79   Auch bei grenzüberschreitenden Verschmelzungen[561] sind die für beide Gesellschaften geltenden Statuten ins Auge zu fassen. Zu den im UmwG geregelten Strukturmaßnahmen gehört in erster Linie die Verschmelzung, bei der der aufnehmende Rechtsträger ohne Einzelübertragung von Gegenständen als Gesamtrechtsnachfolger das Vermögen des übertragenden Rechtsträgers, der hierdurch erlischt, übernehmen kann. § 1 Abs. 1 UmwG regelt diesen Vorgang für – auf beiden Seiten stehende – inländische Rechtsträger. Daraus könnte, wenn kollisionsrechtlich auf das UmwG als anwendbares Sachrecht verwiesen wird, geschlossen werden, eine Verschmelzung nach dieser Vorschrift sei nur möglich, wenn beide beteiligten Rechtsträger ihren Sitz im Inland haben, wobei noch Differenzierungen danach möglich erscheinen, ob auf den Satzungs- oder den Verwaltungssitz abgestellt wird[562]. Das ist aber unter verschiede-

---

558 S. dazu die Anmerkung *Wicke*, NZG 2017, 703.

559 *Wicke*, NZG 2017, 703.

560 Wiederum kritisch *Wicke*, NZG 2017, 703.

561 Grenzüberschreitende Verschmelzungen und Spaltungen verdienen in der nächsten Zukunft besondere Aufmerksamkeit, im Einzelnen *v. Bressendorf*, NZG 2016, 1161.

562 *Kallmeyer*, ZIP 1994, 1746, 1752; *Kreuzer*, EuZW 1994, 917, 919; *Schaumburg*, GmbHR 1996, 501, 502; *Paefgen*, GmbHR 2004, 463, 465; für Maßgeblichkeit des Verwaltungssitzes *Engert*, in: Eidenmüller, § 4 Rdnr. 76 f. Das OLG München (v. 2.5.2006 – 31 Wx 9/06, GmbHR 2006, 600 mit zust. Anm. *Wachter*) lehnte die Eintragung der Verschmelzung einer englischen Ltd. mit einer ihr voll

nen Gesichtspunkten überholt, zumal es mit dem Sevic-Urteil des EuGH (Rdnr. 24)[563] nicht mehr im Einklang stünde. Wichtiger ist, dass nach heute h.M., inzwischen bestätigt durch Art. 4 Abs. 1b der **Verschmelzungsrichtlinie** 2005/56 EG vom 26.10.2005[564], bei der Verschmelzung über die Grenze die Statuten des übertragenden und sich dabei auflösenden wie des übernehmenden Rechtsträgers zu beachten sind, was also Voraussetzungen, Verfahren und Wirkungen der Verschmelzung einer Statutenkumulierung unterwirft, die auf eine Sonderanknüpfung an die beteiligten Sachrechte hinausläuft[565]. Es könnte sein, dass die Überarbeitung dieser (und anderer) Richtlinien (dazu Rdnr. 15) hier Fortschritt bringt. Das beträfe etwa auch die Verschmelzungsfähigkeit eines Rechtsträgers, die Notwendigkeit eines Gesellschafterbeschlusses und seiner Vorbereitung durch innergesellschaftliche Transparenz, die **Prüfung**, die Art des Vermögensübergangs und die Beteiligung der Gesellschafter des übertragenden am übernehmenden Rechtsträger, jeweils differenziert nach „Hinaus"- oder „Hineinverschmelzung". Die Verweisung auf die nationalen Sachrechte ist aber vor dem Hintergrund der gemeinschaftsrechtlichen Beschränkungen der Gestaltungsfreiheit zu sehen. So ist ein Verständnis, nach dem eine Hinausverschmelzung als grenzüberschreitende Sitzverlegung und damit womöglich (Rdnr. 74, 75) als Auflösung zu werten wäre[566], während die Hineinverschmelzung verbreitet, wenn auch umstritten, als zulässig angesehen wurde[567], wiederum mit der Grundtendenz der Rechtsprechung des EuGH, d.h. der Forderung diskriminierungsfreier Regelung, kaum zu vereinbaren. So wurde im Fall **Sevic** (Rdnr. 24) entschieden, dass die Niederlassungsfreiheit einer mitgliedstaatlichen Regelung entgegenstehe, die die Eintragung einer Verschmelzung durch Auflösung ohne Abwicklung einer Gesellschaft und Übertragung ihres Vermögens als Ganzes auf eine andere Gesellschaft in das nationale Handelsregister verweigert, wenn eine der beiden Gesellschaften ihren Sitz in einem anderen Mitgliedstaat hat[568]. Der EuGH griff allerdings im entschiedenen Fall einer „Hineinverschmelzung" nach Deutschland einer Regelung durch die nationalen Gesetzgeber vor, ohne freilich die sachrechtliche Regelung dieses Vorgangs im Einzelnen zu behandeln und ohne erkennen zu lassen, wie der Fall der „Hinausverschmelzung" zu behandeln ist[569]. Das zeigte sich auch in dem genannten Fall des OLG München, das es allerdings mit einer „Schein-Auslandsgesellschaft" zu tun hatte, deren Registereintragung als Zweigniederlassung abgelehnt wurde[570]. Demgegenüber wird die Verschmelzungsrichtlinie, wenn sie Gleichbehandlung grenzüberschreitender mit internen Verschmelzungen fordert, auch dahin verstanden, dass

---

gehörigen deutschen GmbH im Register der deutschen Zweigniederlassung der Ltd. noch ab, zust. *Kindler*, in: MünchKomm. BGB, IntGesR Rdnr. 847.

563 Es wird dahin gedeutet, dass es sowohl eine Herein- als auch eine Herausverschmelzung zulasse (*Kieninger*, EWS 2006, 49, 51), dagegen aber *Kindler*, in: MünchKomm. BGB, IntGesR Rdnr. 848.

564 ABl. EG Nr. L 310 v. 25.11.2005, S. 1.

565 Sog. Vereinigungstheorie, *Behrens*, ZGR 1994, 1, 13; *Engert*, in: Eidenmüller, § 4 Rdnr. 100 ff.; *Wenglorz*, BB 2006, 83; *Schmidt/Maul*, BB 2006, 13; *Paefgen*, GmbHR 2004, 463; *Horn*, ZIP 2000, 473, 476; *Spahlinger/Wegen*, in: Spahlinger/Wegen, Abschnitt C Rdnr. 514; *Leible*, in: Michalski u.a., Syst. Darst. 2 Rdnr. 204; *Kindler*, in: MünchKomm. BGB, IntGesR Rdnr. 848. Zum Übergang ausländischen Vermögens bei Verschmelzung und Spaltung *Fisch*, NZG 2016, 448.

566 *Großfeld*, in: Staudinger, Internationales Gesellschaftsrecht Rdnr. 690 ff.

567 *Ebenroth/Wilken*, ZVglRWiss 90 (1991), 235, 260; *Großfeld*, in: Staudinger, Internationales Gesellschaftsrecht Rdnr. 697; *Leible*, in: Michalski u.a., Syst. Darst. 2 Rdnr. 234; a.M. *Schaumburg*, GmbHR 1996, 501.

568 Dazu *Leible/Hoffmann*, RIW 2006, 161 ff.; *Oechsler*, NJW 1006, 812; *Schmidt/Maul*, BB 2006, 13; *Bayer/J. Schmidt*, ZIP 2006, 210; *Meilicke/Rabback*, GmbHR 2006, 122 ff.; *Wachter*, GmbHR 2006, 601.

569 Kritisch, besonders auch zur Enthaltsamkeit des EuGH in Bezug auf die vom nationalen Gesetzgeber zu beachtenden Allgemeinwohl-Kriterien, *Oechsler*, NJW 2006, 812 ff.; *Leible/Hoffmann*, RIW 2006, 163.

570 OLG München v. 2.5.2006 – 31 Wx 9/06, GmbHR 2006, 600.

sie über „Sevic" hinaus – und durchaus folgerichtig – die Hinein- wie die Hinausverschmelzung ermöglichen wolle[571].

80 Freilich lassen weder die Sevic-Entscheidung noch die Richtlinie unzweifelhaft erkennen, inwieweit in das nationale Sachrecht, hier die Beschränkung des § 1 UmwG auf inländische Rechtsträger, eingegriffen werden soll, was auch problematisch werden kann, wenn das Recht eines Mitgliedstaats keine diesbezügliche Regelung enthält. Str. ist, ob die **Niederlassungsfreiheit** auch die Freiheit zur Selbstaufgabe (durch Erlöschen – corporate suicide) umfasst[572]. Der EuGH geht davon aus, die Kompetenz zur Sachentscheidung folge aus dem Fehlen einschlägiger Abkommen; das ist insbesondere vor dem Hintergrund des Umstandes unbefriedigend, dass der Generalanwalt *Tizzano* in seinen Schlussanträgen, die ebenfalls von einem Verstoß gegen die Niederlassungsfreiheit (und gegen die Kapitalverkehrsfreiheit) ausgingen, auf den Fall der Hinausverschmelzung hingewiesen und dabei eine Auseinandersetzung mit dem Daily-Mail-Urteil (Rdnr. 17) angeregt hatte[573]. Immerhin hatte die Entscheidung des EuGH in Bezug auf die Hinausverschmelzung weithin Zustimmung erfahren[574], obwohl der Gesichtspunkt als gegenläufig betrachtet werden könnte, dass das durch die Umsetzung der Zweigniederlassungsrichtlinie entstandene deutsche Recht (§§ 13d, 13e, 13g HGB) eine Eintragung der Verschmelzung nicht vorsieht. Dann muss nun aber an eine im Wege der Substitution als maßgeblich anzunehmende Eintragung im Register der übernehmenden (ausländischen) Gesellschaft gedacht werden[575].

81 Lässt man trotz der weiterhin bestehenden Bedenken die „Hineinverschmelzung" zu, so ist, soweit auf einen deutschen Rechtsträger verschmolzen werden soll, von §§ 4 ff. UmwG auszugehen[576], so dass insbesondere nach § 19 UmwG eine Eintragung im Register der (ausländischen) übertragenden Gesellschaft abzuwarten ist, die allerdings, wenn das ausländische Recht Derartiges nicht vorsieht, substituiert werden kann, ehe die Eintragung im Register der aufnehmenden deutschen Gesellschaft stattfinden darf[577]. Eine ähnliche Frage stellt sich im Hinblick auf Abfindungsansprüche widersprechender Gesellschafter, wobei bei Übernahme durch einen ausländischen Rechtsträger die prozessualen Verteidigungsmöglichkeiten des deutschen Rechts (Spruchstellenverfahren, Registersperre) gewöhnlich nicht in Betracht kommen werden[578]. In vielen dieser Fälle ist weiterhin mit einem nicht leicht überwindbaren Widerstand der inländischen Registergerichte zu rechnen. Das gilt dann auch für die Steuerfolgen[579].

---

571 Zu einem bei der Hinausverschmelzung erreichbaren Formwechsel *Forsthoff*, DStR 2006, 613 f.; das Bedürfnis nach reibungslosem Ablauf bei allen Formen der Verschmelzung betonen auch *Wachter*, GmbHR 2006, 601, 602; s. auch *Wachter/Teichmann*, ZIP 2006, 355, 362.

572 *Paal*, RIW 2006, 142, 143.

573 Generalanwalt *Tizzano*, ZIP 2005, 1327; dazu schon *Drygala*, ZIP 2005, 1995; *Kuntz*, EuZW 2005, 524; *Heckschen*, NotBZ 2005, 315; *Geyrhalter/Weber*, NZG 2005, 837; zur Anpassung des UmwG an die Anforderungen der Niederlassungsfreiheit *Kallmeyer*, ZIP 1996, 535, 537; s. auch *Paefgen*, GmbHR 2004, 463, 471.

574 *Paal*, RIW 2006, 142 ff.; *Schmidt/Maul*, BB 2006, 13 f.; *Meilicke/Rabback*, GmbHR 2006, 123 ff.; *Leible/Hoffmann*, RIW 2006, 161 ff.; *Teichmann*, ZIP 2006, 355; krit. aber *Oechsler*, NJW 2006, 812 ff.

575 Zur Substitution demgemäß *Wachter*, GmbHR 2006, 603.

576 *C. Schmidt/Maul*, BB 2006, 13 f.; *J. Schmidt/Bayer*, BB 2006, 210, 212; *Bungert*, BB 2006, 53, 54 f.; zu zahlreichen Einzelfragen der Gestaltung – allerdings vor der Sevic-Entscheidung – *von Busekist*, GmbHR 2004, 653 ff.

577 *Leible/Hoffmann*, RIW 2006, 161, 164 f.; für den österreichischen Fall OGH Österreich v. 20.3.2003 – 6 Ob 283/02i, ZIP 2003, 1086, der eine „Vereinigungstheorie" nicht akzeptierte, hat *Paefgen* eine „Unbedenklichkeitsbescheinigung" des österreichischen Registergerichts zur Vorlage beim deutschen Registergericht vorgeschlagen, IPRax 2004, 132, 136.

578 Eine entsprechende Anwendung des Art. 25 Abs. 3 der SE-VO empfiehlt daher *Oechsler*, NJW 2006, 812, 813.

579 Näher dazu *Haritz*, GmbHR 2006, 143 f.; *Meilicke/Rabback*, GmbHR 2006, 123, 126. Die Fusionssteuerrichtlinie vom Jahr 1990 wurde bisher nicht umgesetzt, *Leible/Hoffmann*, RIW 2006, 161,

Die Möglichkeiten grenzüberschreitender **Aufspaltung** des Vermögens eines Rechtsträgers   82
auf andere Rechtsträger, wobei die Gesellschafter des übertragenden an dem oder den übernehmenden beteiligt werden, sowie der Abspaltung eines Teils des Vermögens eines Rechtsträgers auf einen anderen, an dem dann die Inhaber des übertragenden beteiligt werden, sind
trotz eines bestehenden Bedürfnisses an solchen Strukturmaßnahmen[580] rechtlich nicht besser geklärt als die Formen der Verschmelzung. Im Gegensatz zur bloßen Vermögensübertragung ohne Gewährung von Anteilsrechten i.S. des § 174 Abs. 2 UmwG zwingt die Kombination von Vermögensveräußerungen mit der Aufnahme von neuen Gesellschaftern durch den
„übernehmenden" Rechtsträger zur Prüfung der Kollisions- und Sachrechte der beiden beteiligten Gesellschaften; die übertragende Gesellschaft erlischt aber jedenfalls (anders als in
den Fällen der §§ 174, 176 Abs. 3 UmwG) nicht[581].

165; *von Busekist*, GmbHR 2004, 650, 654 ff.; zu den Gesetzentwürfen für steuerliche Begleitmaß-
nahmen, die auch Umwandlungsvorgänge betreffen, *Hahn*, GmbHR 2006, 617 ff.
580 *Ebenroth/Offenloch*, RIW 1997, 1 ff.
581 *Kindler*, in: MünchKomm. BGB, IntGesR Rdnr. 785.

§ 5
Stammkapital; Geschäftsanteil

(1) Das Stammkapital der Gesellschaft muss mindestens fünfundzwanzigtausend Euro betragen.

(2) Der Nennbetrag jedes Geschäftsanteils muss auf volle Euro lauten. Ein Gesellschafter kann bei Errichtung der Gesellschaft mehrere Geschäftsanteile übernehmen.

(3) Die Höhe der Nennbeträge der einzelnen Geschäftsanteile kann verschieden bestimmt werden. Die Summe der Nennbeträge aller Geschäftsanteile muss mit dem Stammkapital übereinstimmen.

(4) Sollen Sacheinlagen geleistet werden, so müssen der Gegenstand der Sacheinlage und der Nennbetrag des Geschäftsanteils, auf den sich die Sacheinlage bezieht, im Gesellschaftsvertrag festgesetzt werden. Die Gesellschafter haben in einem Sachgründungsbericht die für die Angemessenheit der Leistungen für Sacheinlagen wesentlichen Umstände darzulegen und beim Übergang eines Unternehmens auf die Gesellschaft die Jahresergebnisse der beiden letzten Geschäftsjahre anzugeben.

Abs. 4 neu gefasst durch Gesetz vom 4.7.1980 (BGBl. I 1980, 836), Abs. 1 und 3 Satz 2 geändert durch Gesetz vom 9.6.1998 (BGBl. I 1998, 1242), Abs. 1 geändert, Abs. 2 und 3 neu gefasst, Abs. 4 geändert durch das MoMiG vom 23.10.2008 (BGBl. I 2008, 2026).

Schrifttum: *Angermayer*, Die aktienrechtliche Prüfung von Sacheinlagen, 1994; *Ballerstedt*, Kapital, Gewinn und Ausschüttung bei Kapitalgesellschaften, 1949; *Barz*, Know-how als Einbringungsgegenstand, in: FS W. Schmidt, 1959, S. 157; *Bayer*, Unwirksame Leistungen auf die Stammeinlage und nachträgliche Erfüllung – Zugleich Besprechung der Entscheidung des BGH v. 2.12.2002 – II ZR 101/02, GmbHR 2004, 445; *Blaurock*, Mindestkapital und Haftung bei der GmbH, in: FS Raiser, 2005, S. 3; *Boehme*, Kapitalaufbringung durch Sacheinlagen, insbesondere obligatorische Nutzungsrechte, 1999; *Bongen/Renaud*, Sachübernahmen, GmbHR 1992, 100; *Bork*, Die Einlagefähigkeit obligatorischer Nutzungsrechte, ZHR 154 (1990), 205; *Büchel*, Kapitalaufbringung, insbesondere Regelung der verdeckten Sacheinlage nach dem Regierungsentwurf des MoMiG, GmbHR 2007, 1065; *Cramer*, Die Übernahme des Gründungsaufwands durch die GmbH, NZG 2015, 373; *Delmas*, Die Bewertung von Sacheinlagen in der Handelsbilanz von AG und GmbH, 1997; *Döllerer*, Das Kapitalnutzungsrecht als Gegenstand der Sacheinlage bei Kapitalgesellschaften, in: FS Fleck, 1988, S. 35; *Eidenmüller/Engert*, Rechtsökonomik des Mindestkapitals im GmbH-Recht, GmbHR 2005, 433; *Ekkenga*, Zur Aktivierungs- und Einlagefähigkeit von Nutzungsrechten nach Handelsbilanz- und Gesellschaftsrecht, ZHR 161 (1997), 599; *Fabricius*, Das Stammkapital der GmbH, GmbHR 1970, 137; *Fabricius*, Vermögensbindung in AG und GmbH – tiefgreifender Unterschied oder grundsätzliche Identität?, ZHR 144 (1980), 628; *Festl-Wietek*, Bewertung von Sacheinlagen, Umwandlungen und Verschmelzungen, BB 1993, 2410; *Flume*, Der Gesellschafter und das Vermögen der Kapitalgesellschaft und die Problematik der verdeckten Gewinnausschüttung, ZHR 144 (1980), 18; *Frey*, Einlagen in Kapitalgesellschaften, 1990; *Günthner*, Probleme bei der Sachgründung einer GmbH, NJW 1975, 524; *Haas*, Gesellschaftsrechtliche Kriterien für die Sacheinlagefähigkeit von obligatorischen Nutzungsrechten, in: FS Döllerer, 1988, S. 169; *Habersack*, Die gemischte Sacheinlage, in: FS Konzen, 2006, S. 179; *Hachenburg*, Gemischte Sacheinlage bei der GmbH, LZ 1907, 278; *Happ*, Deregulierung der GmbH im Wettbewerb der Rechtsformen, ZHR 169 (2005), 6; *Henkel*, Die verdeckte Sacheinlage im GmbH-Recht unter Beteiligung von dem Gesellschafter nahestehenden Personen, GmbHR 2005, 1589; *Herchen*, Agio und verdecktes Agio im Recht der Kapitalgesellschaften, 2004; *Hommelhoff*, Das Risikokapital der GmbH, in: G. Roth, Die Zukunft der GmbH, 1983, S. 15; *Joost*, Kapitalbegriff und Reichweite der Bindung des aufgebrachten Vermögens in der GmbH, GmbHR 1983, 285; *Joost*, Grundlagen und Rechtsfolgen der Kapitalerhaltungsregeln in der GmbH, ZHR 148 (1984), 27; *Kleindiek*, Krisenvermeidung in der GmbH: Gesetzliches Mindestkapital, Kapitalschutz und Eigenkapitalersatz, ZGR 2006, 335; *Kleindiek*, Reform des gesellschaftsrechtlichen Gläubigerschutzes, Referat zum 66. Deutschen Juristentag, 2006, P 55; *Knobbe-Keuk*, Obligatorische Nutzungsrechte als Sacheinlagen in Kapitalgesellschaften, ZGR 1980, 214; *Knobbe-Keuk*, „Umwandlung" eines Personenunternehmens in eine GmbH und verschleierte Sachgründung, ZIP 1986, 885; *Krüger*, Mindestkapital und Gläubigerschutz, 2005; *Kußmaul*, Sind Nutzungsrechte Vermögensgegenstände bzw. Wirtschaftsgüter, BB 1987, 2053; *Langner*, Verdeckte Sacheinlagen bei der GmbH – Die unendliche Geschichte des richtigen Einbringungsgegenstandes, GmbHR 2004, 298; *Lutter*, Kapital, Sicherung der Kapitalaufbringung und Kapitalerhaltung in den Aktien- und GmbH-Rechten der EWG, 1964; *Lutz/Matschke*, Zur Bewertung von Sacheinlagen bei Gründung und Kapitalerhöhung unter dem Aspekt des Gläubigerschutzes, WPg 1992, 741; *Meilicke*, Obligatorische Nutzungsrechte als Sacheinlage, BB 1991, 579; *Möhring*, Erbringung von Stammeinlagen bei einer GmbH durch Aufrechnung, in: FS R. Schmidt, 1976, S. 85; *H. P. Müller*, Differenzierte Anforderungen für die Leistung von Sacheinlagen in das Eigenkapital von Kapitalgesellschaften, in: FS Heinsius, 1991, S. 591; *W. Müller*, Die Verwendung von Gesellschafterforderungen zur Erfüllung von Einlageverpflichtungen bei Gründung und von Übernahmeverpflichtungen bei Erhöhung des Stammkapitals der GmbH, WPg 1968, 173; *Noack*, Reform des deutschen Kapitalgesellschaftsrechts: Das Gesetz zur Modernisierung des GmbH-Rechts und zur Bekämpfung von Missbräuchen, DB 2006,

1465; *Pentz*, Neues zur verdeckten Sacheinlage, ZIP 2002, 2093; *Pentz*, Zu den GmbH-rechtlichen Änderungsvorschlägen des MoMiG aus Sicht eines Praktikers, in: VGR, Gesellschaftsrecht in der Diskussion 2006, 2007, S. 115; *Pfister*, Das technische Geheimnis „Know-how" als Vermögensrecht, 1974; *Priester*, Die Verwendung von Gesellschafterforderungen zur Kapitalerhöhung bei der GmbH, DB 1976, 1801; *Priester*, Die Festsetzung im GmbH-Vertrag bei Einbringung von Unternehmen, BB 1980, 19; *Priester*, Ansatz des originären Firmenwertes in Einbringungs- und Umwandlungsbilanzen, in: FS Nirk, 1992, S. 893; *Priester*, Mindestkapital und Sacheinlageregeln, in: VGR, Die GmbH-Reform in der Diskussion, 2006, S. 1; *Priester*, Anteilsaufstockung nach Einziehung – Pflicht zur Einlageleistung?, GmbHR 2016, 1065; *Raiser*, Die neuen Gründungs- und Kapitalerhöhungsvorschriften für die GmbH, in: Das neue GmbH-Recht in der Diskussion, 1980, S. 21; *Römermann*, Der Entwurf des „MoMiG" – die deutsche Antwort auf die Limited, GmbHR 2006, 673; *von Rössing*, Die Sachgründung nach der GmbH-Novelle 1980, 1984; *Schall*, Kapitalaufbringung nach dem MoMiG, ZGR 2009, 126; *Schall*, Kapitalgesellschaftsrechtlicher Gläubigerschutz, 2009; *Schärtl*, Die Doppelfunktion des Stammkapitals im europäischen Wettbewerb, 2006; *Karsten Schmidt*, Obligatorische Nutzungsrechte als Sacheinlagen, ZHR 154 (1990), 237; *Schmidt-Troschke*, Einbringung einer Generallizenz in eine Kapitalgesellschaft gegen Gewährung von Gesellschafterrechten, BB 1996, 1530; *Siegelmann*, Die Grundstückssacheinlage im Recht der GmbH, GmbHR 1968, 115; *Skibbe*, Dienstleistungen als Sacheinlage bei der GmbH, GmbHR 1980, 73; *Sosnitza*, Die Einlagefähigkeit von Domain-Namen, GmbHR 2002, 821; *Steinbeck*, Obligatorische Nutzungsrechte als Sacheinlagen und Kapitalersatz, ZGR 1996, 116; *Ströber*, Valutaforderungen zur Erfüllung von Stammeinlageverbindlichkeiten bei der GmbH zu Zeiten von Währungsschwankungen, DNotZ 1975, 17; *Sudhoff/Sudhoff*, Die Sacheinlage bei Gründung einer GmbH, NJW 1982, 129; *Trölitzsch*, Differenzhaftung für Sacheinlagen in Kapitalgesellschaften, 1998; *Ulmer*, Gesellschafterdarlehen und Unterkapitalisierung, in: FS Duden, 1979, S. 661; *Ulmer*, Freigabe der Stückelung von Stammeinlagen/Geschäftsanteilen im Zeitpunkt der GmbH-Gründung – ein empfehlenswertes Reformanliegen?, in: Liber amicorum Happ, 2006, S. 325; *J. Vetter*, Reform des gesellschaftsrechtlichen Gläubigerschutzes, Referat zum 66. Deutschen Juristentag, 2006, P 76; *Wiedemann*, Sacheinlagen in der GmbH, in: FS Hirsch, 1968, S. 257; *J. Wilhelm*, Die Vermögensbindung bei der Aktiengesellschaft und der GmbH und das Problem der Unterkapitalisierung, in: FS Flume, Bd. II, 1978, S. 337; *Wilhelmi*, Der Grundsatz der Kapitalerhaltung im System des GmbH-Rechts, 2001; *Wohlschlegel*, Gleichbehandlung von Sacheinlagen und Sachübernahmen im Gründungsrecht der GmbH, DB 1995, 2053. S. auch die Literaturangaben zu § 13 Rdnr. 138 (Unterkapitalisierung).

I. Allgemeines

1. Regelungsinhalt und -zwecke

1 Die Vorschrift legt eine Mindesthöhe für das Stammkapital fest (§ 5 Abs. 1) und bestimmt, dass die Summe der Nennbeträge aller Geschäftsanteile mit dem im Gesellschaftsvertrag festgesetzten Stammkapital übereinstimmen muss (§ 5 Abs. 3 Satz 2). Diese Regelungen dienen dem **Gläubigerschutz**. Außerdem legt die Vorschrift fest, welche Anforderungen zu beachten sind, wenn Sacheinlagen geleistet werden sollen (§ 5 Abs. 4), nämlich die Festsetzung des Gegenstands der Sacheinlage im Gesellschaftsvertrag und die Erstellung eines Sachgründungsberichts. Diese Vorgaben sollen in erster Linie die Gesellschaftsgläubiger, aber auch die Anteilsinhaber im Hinblick auf die möglichen Gefährdungen der Kapitalaufbringung bei Sachgründungen informieren (Warnfunktion)[1] und dem Registergericht die Kontrolle des Vorgangs gemäß § 9c ermöglichen[2]. Falsche Angaben können eine Schadensersatzpflicht (§ 9a) sowie Strafbarkeit (§ 82 Abs. 1 Nr. 1 u. 2) zur Folge haben.

---

1 RGZ 114, 77, 81; RG, LZ 1918, 918; BGH v. 21.9.1978 – II ZR 214/77, NJW 1979, 216; *Ulmer/Casper*, in: Ulmer/Habersack/Löbbe, Rdnr. 1.

2 *Priester*, BB 1980, 19, 21; *Ulmer/Casper*, in: Ulmer/Habersack/Löbbe, Rdnr. 1.

2. Gesetzesänderungen

Die größten Änderungen der Vorschrift erfolgten durch die GmbH-Novelle 1980 und das Mo- **2**
MiG 2008[3]. Die **GmbH-Novelle 1980** verfolgte das Ziel, den Gläubigerschutz zu verbessern[4].
Dazu setzte sie mit Wirkung zum 1.1.1981 das Mindeststammkapital von 20 000 DM auf
50 000 DM herauf (§ 5 Abs. 1). Es ist mit der Einführung der Europawährung unter annä-
hernder wertmäßiger Anpassung ab dem 1.1.1999 auf 25 000 Euro festgesetzt worden (Art. 3
§ 3 Nr. 1a EuroEG). Mit der GmbH-Novelle von 1980 wurde außerdem § 5 Abs. 4 Satz 1 neu
gefasst[5] und in § 5 Abs. 4 Satz 2 eine Pflicht der Gesellschafter zur Erstattung eines Sachgründungsberichts eingeführt. Den Vorschlag einer obligatorischen Gründungsprüfung bei bestimmten Sacheinlagen (§ 5d RegE) griff der Gesetzgeber zwar nicht auf[6]. Es ist aber inzwischen anerkannt, dass der Registerrichter bei begründeten Zweifeln an der Bewertung ein
Sachverständigengutachten einholen oder weiter gehende Prüfungen anordnen kann (s. § 9c
Rdnr. 14 und 34).

§ 5 hat sodann durch das **MoMiG** eine Reihe an **Änderungen** erfahren. Diese sind zunächst **3**
dadurch bedingt, dass ein Gesellschafter einer GmbH nach dem durch das MoMiG reformierten Recht keine Stammeinlagen, sondern Geschäftsanteile gegen Einlage auf das Stammkapital übernimmt. § 3 Abs. 1 Nr. 4 verlangt deshalb nicht mehr die Angabe des Betrags der
Stammeinlage im Gesellschaftsvertrag, sondern der Nennbeträge der Geschäftsanteile. Dementsprechend regelt § 5 nicht wie früher die Bildung der Stammeinlagen, sondern die Bildung der Geschäftsanteile (vgl. aber § 20, der immer noch den Begriff der Stammeinlage verwendet). Die inhaltlichen Änderungen des § 5 verfolgen den Zweck, die Handhabung und
Übertragung von Geschäftsanteilen zu erleichtern[7]. So konnte ein Gesellschafter früher bei
der Errichtung einer GmbH nur eine Stammeinlage übernehmen (§ 5 Abs. 2 a.F.); heute ist
es ihm gestattet, mehrere Geschäftsanteile zu übernehmen (§ 5 Abs. 2 Satz 2). Ferner musste
die Stammeinlage jedes Gesellschafters vor der Reform mindestens hundert Euro betragen
(§ 5 Abs. 1 a.F.) und ihr Betrag in Euro durch fünfzig teilbar sein (§ 5 Abs. 3 Satz 1 a.F.); jetzt
begnügt sich das Gesetz mit der Vorgabe, dass der Nennbetrag jedes Geschäftsanteils auf volle Euro lauten muss (§ 5 Abs. 2 Satz 1). Keine Änderung hat das Erfordernis eines Stammkapitals von mindestens 25 000 Euro (§ 5 Abs. 1) erfahren. Die geänderten Bestimmungen
traten zum 1.11.2008 in Kraft.

3. Geltungsbereich

Die Vorschriften des § 5 sind auch auf die **Entstehung** einer **GmbH durch Umwandlung** **4**
anwendbar. Der Mindeststammkapitalbetrag gemäß § 5 Abs. 1 gilt auch hier (§§ 36 Abs. 2
Satz 1, 135 Abs. 2 Satz 1, 197 Satz 1 UmwG). Die umwandlungsrechtlichen Sondervorschriften zu den Mindestbeträgen der Anteile und zu deren Teilung (vgl. §§ 46 Abs. 1 Satz 3, 56, 125
Satz 1, 243 Abs. 3 Satz 2 UmwG a.F.) gelten seit dem MoMiG nicht mehr[8]. Bei der Verschmelzung und Spaltung findet § 5 Abs. 4 Satz 1 Anwendung (§§ 36 Abs. 2 Satz 1, 135 Abs. 2 Satz 1
UmwG)[9]. Außerdem sind diesbezügliche Festsetzungen bis zum Ablauf der für sie geltenden

---

3 S. zu den Änderungen der Stammkapitalziffer infolge der verschiedenen Währungsreformen
   Rdnr. 13.
4 Vgl. Begr. RegE, BT-Drucks. 8/1347, S. 27; Bericht des Rechtsausschusses, BT-Drucks. 8/3908,
   S. 66.
5 Bericht des Rechtsausschusses, BT-Drucks. 8/3908, S. 69.
6 Bericht des Rechtsausschusses, BT-Drucks. 8/3908, S. 70.
7 Begr. RegE MoMiG, BT-Drucks. 16/6140, S. 29.
8 Vgl. *M. Winter/J. Vetter*, in: Lutter, 5. Aufl. 2014, § 56 UmwG Rdnr. 19 ff.
9 Vgl. zu den notwendigen Angaben bei der Verschmelzung durch Neugründung *M. Winter/J. Vetter*,
   in: Lutter, 5. Aufl. 2014, § 56 UmwG Rdnr. 28 ff.

Fristen[10] aus den Gesellschaftsverträgen der übertragenden bzw. formwechselnden Rechtsträger zu übernehmen (§§ 57, 125 Satz 1, 243 Abs. 1 Satz 2 UmwG). Ein Sachgründungsbericht i.S. des § 5 Abs. 4 Satz 2 ist bei der Spaltung stets erforderlich (§ 138 UmwG), während er bei der Verschmelzung und beim Formwechsel nur zu erstellen ist, wenn der übertragende bzw. formwechselnde Rechtsträger keine Kapitalgesellschaft oder eingetragene Genossenschaft ist (§§ 58 Abs. 2, 245 Abs. 4, 264 Abs. 2 UmwG). Im Sachgründungsbericht sind bei der Umwandlung auch der Geschäftsverlauf und die Lage der übertragenden bzw. formwechselnden Rechtsträger darzulegen (§§ 58 Abs. 1, 125 Satz 1, 220 Abs. 2 UmwG).

5 Bei einer **ordentlichen Kapitalerhöhung** gelten die Bestimmungen des § 5 Abs. 2 und 3 auch für die neu gebildeten Geschäftsanteile (§ 55 Abs. 4). Für die Festsetzungen im Erhöhungsbeschluss und in der Übernahmeerklärung betreffend Sacheinlagen gilt nach § 56 Abs. 1 Entsprechendes wie bei der Gründung. Einen Sacherhöhungsbericht der Gesellschafter schreibt das Gesetz in Abweichung von § 5 Abs. 4 Satz 2 nicht vor. Neue oder erhöhte Geschäftsanteile aus einer **Kapitalerhöhung aus Gesellschaftsmitteln** müssen gemäß § 57h Abs. 1 Satz 2 auf einen Betrag gestellt werden, der auf volle Euro lautet. Weitergehende Anforderungen sind seit dem MoMiG nicht mehr vorgesehen. Daher können nun auch mehrere neue Geschäftsanteile an einen Gesellschafter zugeteilt werden (s. Rdnr. 22 f.).

6 Bei einer **Herabsetzung des Stammkapitals** darf der in § 5 Abs. 1 bestimmte Mindestbetrag nicht unterschritten werden (§ 58 Abs. 2 Satz 1). Erfolgt sie zum Zweck der Zurückzahlung von Einlagen oder zum Zweck des Erlasses zu leistender Einlagen, dürfen die verbleibenden Nennbeträge der Geschäftsanteile nicht unter den in § 5 Abs. 2 und 3 bezeichneten Betrag herabgehen (§ 58 Abs. 2 Satz 2). Für die vereinfachte Kapitalherabsetzung schreibt § 58a Abs. 3 Satz 2 ebenfalls ausdrücklich vor, dass die Geschäftsanteile auf einen Betrag gestellt werden müssen, der auf volle Euro lautet.

II. Stammkapital

1. Begriff und Funktionen

a) Begriff

7 Das GmbHG verwendet den Terminus Stammkapital in zahlreichen Vorschriften[11]. Darunter ist eine durch den **Gesellschaftsvertrag** betragsmäßig zu **bestimmende feste Größe**[12] zu verstehen, die die Gesamthöhe der mindestens aufzubringenden **Gesellschaftereinlagen** sowie der bei der Kapitalerhöhung aus Gesellschaftsmitteln (§§ 57c ff.) „umgewandelten Rücklagen" der Gesellschaft angibt. Sie bezeichnet zugleich die rechnerische Grenze, unterhalb der das Gesellschaftsvermögen durch Leistungen an die Gesellschafter als solche nicht geschmälert werden darf[13] (Grundsatz der Kapitalerhaltung). Der Stammkapitalbegriff meint daher nicht Kapital im kredit- oder betriebswirtschaftlichen Sinne. Er ist insbesondere nicht identisch mit dem betriebswirtschaftlichen und im Handelsbilanzrecht verwandten Begriff des Eigenkapitals der Gesellschaft, das schon, beispielsweise im Falle der Einbringung eines Betriebes, bei der Gründung vom Stammkapital abweichen und sich danach anders als dieses ständig verändern kann. Auch die gebräuchlichen Kennzeichnungen als „Garantiekapital" oder als „Haf-

---

10 Für die AG und KGaA beträgt die Frist 30 Jahre (§§ 26 Abs. 5, 27 Abs. 5, 278 Abs. 3 AktG), für die GmbH zehn Jahre ab Eintragung in das Handelsregister (s. Rdnr. 86).
11 §§ 3 Abs. 1 Nr. 3, 5 Abs. 1 u. 3, 5a Abs. 1 und 5, 7 Abs. 2, 10 Abs. 1, 30, 33, 43 Abs. 3, 55 ff., 61 Abs. 2, 75, 82 Abs. 2 Nr. 1.
12 RGZ 68, 309, 312 spricht irrig von einem „im Gesellschaftsvertrage festgesetzten Sollvermögen".
13 Vgl. *Lutter*, Kapital, S. 42 ff.; *Schwandtner*, in: MünchKomm. GmbHG, Rdnr. 27, 30; *Ulmer/Casper*, in: Ulmer/Habersack/Löbbe, Rdnr. 12.

tungsfonds" sind missverständlich[14]; sie bringen nur zum Ausdruck, dass das Stammkapital angreifende Auszahlungen an Gesellschafter verboten sind (vgl. § 30).

b) Gläubigerschutz

Das Stammkapital hat nach der ursprünglichen Konzeption des Gesetzes eine zentrale Bedeutung für den Gläubigerschutz[15]. Es soll den Gesellschaftsgläubigern als **Haftungsfonds** zur Verfügung stehen[16]. Diese Vorstellung mag bei Einführung der GmbH im Jahre 1892 berechtigt gewesen sein[17]. Der seinerzeit gesetzlich vorgeschriebene Mindestbetrag von 20 000 Reichsmark[18] war beträchtlich[19]. Für den heute gültigen Mindestbetrag von 25 000 Euro trifft dies nicht mehr zu. Vor allem aber kann gesetzlich nicht sichergestellt werden, dass der Betrag des Stammkapitals den Gläubigern nach der Eintragung dauerhaft zur Verfügung steht. Die von den Gesellschaftern eingelegten Mittel werden bald nach der Gründung im operativen Geschäft eingesetzt und können verloren gehen. Verfehlt ist es deshalb, von einem Garantiekapital zu sprechen. Das im Gesellschaftsvertrag festgesetzte Stammkapital wird heute als **Preis** verstanden, den die Gründer für das **Haftungsprivileg** aufzubringen haben[20] und das an die Gläubiger ein **Seriositätssignal**[21] sendet. Der Sinn der zwingenden Vorschriften über Kapitalaufbringung und -erhaltung liegt unter diesen Umständen (nur) darin, die mit beschränkter Haftung operierenden Gesellschafter zu zwingen, den versprochenen Betrag der Gesellschaft wirklich zur Verfügung zu stellen und ihn nicht später (auch außerhalb von Krisenzeiten) aus dem Reinvermögen der Gesellschaft herauszunehmen, wenn dieses dadurch unter den Betrag des Stammkapitals sinkt oder schon gesunken ist. Die handelsgerichtliche Publizität (vgl. § 10) gewährleistet, dass Dritte sich über das „geschützte" Vermögen der Gesellschaft zum Zeitpunkt der Eintragung der Gesellschaft in das Handelsregister informieren können. Wie wichtig dem Gesetzgeber diese Publizität ist, zeigt sich an der Regelung der Nichtigkeitsklage: Enthält der Gesellschaftsvertrag keine Bestimmungen über die Höhe des Stammkapitals, so kann die Gesellschaft für nichtig erklärt werden (§ 75 Abs. 1).

Das Gesetz sorgt durch die weit gehende Einschränkung der Unwirksamkeit der Beteiligungserklärungen der Gesellschafter (s. § 2 Rdnr. 92 ff.), die strengen und zwingenden Vorschriften über die Erbringung der Einlagen (§§ 5, 7 Abs. 2 u. 3, 8 Abs. 1 u. 2, 9 ff., 19 ff., 33 Abs. 1, 43 Abs. 3, 55 ff., 82, 84) und durch die Sicherungen bei der Kapitalerhöhung aus Gesellschaftsmitteln (§§ 57c ff.) dafür, dass mindestens ein der festgesetzten Stammkapitalziffer entsprechendes Reinvermögen der Gesellschaft aufgebracht wird (**sog. Grundsatz der Sicherung der Kapitalaufbringung**) und dass Dritte über die Leistung nicht in Geld bestehender Einlagegegenstände unterrichtet werden (§ 5 Abs. 4)[22]. Folgerichtig macht es die Herabsetzung des Stammkapitals von der Einhaltung besonderer Gläubigerschutzvorschriften abhängig (§§ 58 ff.).

8

9

---

14 Zutreffend *Joost*, GmbHR 1983, 285 f.
15 Vgl. *Schärtl*, S. 25 ff.; *Wilhelmi*, S. 16 ff., 44 ff.
16 Vgl. *Ulmer/Casper*, in: Ulmer/Habersack/Löbbe, Rdnr. 12.
17 Vgl. *Schärtl*, S. 16 ff.
18 Das Mindeststammkapital wurde 1923 auf 5000 GoldM, 1926 auf 20 000 RM und 1948 auf 20 000 DM festgesetzt. Vgl. *Leitzen*, in: Michalski u.a., Rdnr. 5.
19 Er entsprach dem Wert eines Einfamilienhauses. Vgl. *Grunewald/Noack*, GmbHR 2005, 189 ff.; *Schärtl*, S. 18.
20 Vgl. *Schäfer*, in: Bork/Schäfer, Rdnr. 5; *Ulmer/Casper*, in: Ulmer/Habersack/Löbbe, Rdnr. 12.
21 Vgl. *Schall*, ZGR 2009, 126, 128 ff.
22 Die früher durch § 10 Abs. 3 sichergestellte Publizität von Sacheinlagen wurde durch das EHUG aufgehoben. S. § 10 Rdnr. 1 und 29.

c) Gesellschaftsverhältnis

10 Neben der Gläubigerschutzfunktion kommt dem Stammkapital Bedeutung für das interne Gesellschaftsverhältnis zu. Die auf die Geschäftsanteile geleisteten Einlagen sind (wenn auch nicht notwendig die alleinigen) Beiträge der Gesellschafter zur Erreichung des Gesellschaftszwecks, die der Gesellschaft im Rahmen des Kapitalerhaltungsgrundsatzes zu belassen sind. Das Stammkapital zeigt außerdem die Höchstgrenze an, bis zu der jeder Gesellschafter eine Deckungspflicht für Einlagen gegenüber der GmbH haben kann (§ 24), auch und gerade beim Ausfallen eines seiner Mitgesellschafter, und ist teilweise eine Bezugsgröße für die Ausübung von Gesellschafterrechten (§§ 50, 61 Abs. 2, 66 Abs. 2)[23].

2. Höhe

a) Festsetzung

11 Die Festsetzung des Stammkapitals hat im Gesellschaftsvertrag in Euro zu erfolgen (§ 3 Abs. 1 Nr. 3) und kann nur durch Satzungsänderung nach den Sonderregeln über die Kapitalerhöhung (§§ 55 ff.) sowie über die Kapitalherabsetzung (§§ 58 ff.) geändert werden. Die **Satzungsautonomie** zur Bestimmung der Stammkapitalhöhe schränkt das GmbHG durch eine **zwingende Untergrenze** (§ 5 Abs. 1) ein[24]. Darin artikuliert sich die ordnungspolitische Entscheidung, die Verwendung der GmbH wegen der auf das Gesellschaftsvermögen beschränkten Haftung von einem bestimmten Mindesteinsatz an Risikokapital durch die Beteiligten abhängig zu machen und damit den Gesellschaftsgläubigern einen gewissen Mindestschutz zu geben[25].

12 Der Gesetzgeber hat an dieser Entscheidung bei der Reform durch das MoMiG zwar festgehalten. Die mit dem MoMiG eingeführte Unternehmergesellschaft relativiert aber die Bedeutung der Kapitalaufbringung. Eine **Obergrenze** für die Stammkapitalhöhe sieht das GmbHG nicht vor, so dass auch Großunternehmen sich der Rechtsform der GmbH bedienen können und bedienen.

b) Mindesthöhe

13 Das **Stammkapital muss mindestens 25 000 Euro** betragen (§ 5 Abs. 1). Diese durch das EuroEG v. 9.6.1998 (BGBl. I 1998, 1242) in Anlehnung an das frühere Recht[26] festgelegte Untergrenze gilt für Neugründungen ab dem 1.1.1999. Eine andere Währungseinheit als Euro ist seitdem unzulässig[27]. Der RegE MoMiG hatte den Betrag auf 10 000 Euro absenken wollen[28] und damit der Kritik von Praxis und Wissenschaft an der Höhe und Sinnhaftigkeit des Mindeststammkapitals (s. Rdnr. 8) Rechnung tragen wollen[29]. Auf dem 66. Deutschen Juristentag fand der Antrag „Eine Reduzierung des für die GmbH geltenden Mindestkapitals

---

23 Ausführlich hierzu bei § 14 Rdnr. 11.

24 Weitergehende spezialgesetzliche Einschränkungen der Bestimmungsfreiheit bestehen für Gesellschaften des Kreditgewerbes, s. Rdnr. 17.

25 Vgl. Bericht des Rechtsausschusses, BT-Drucks. 8/3908, S. 68 f. und dazu insbesondere *Karsten Schmidt*, NJW 1980 1769, 1770; *Kreuzer*, ZIP 1980, 597, 598 f.; *Priester*, DNotZ 1980, 515, 517; *Raiser*, S. 22 ff.

26 Nach früherem Recht betrug das Mindeststammkapital 50 000 DM. S. Rdnr. 2 und zum Übergangsrecht ausführlich 10. Aufl., Rdnr. 16 f.

27 *Bayer*, in: Lutter/Hommelhoff, Rdnr. 2; *Leitzen*, in: Michalski u.a., Rdnr. 11.

28 Schon der RegE MindestKapG vom 1.6.2005 hatte die Absenkung des Mindeststammkapitals auf den Betrag von 10 000 Euro vorgesehen. Vgl. dazu Stellungnahme des Handelsrechtsausschusses DAV (abrufbar unter http://www.anwaltverein.de).

29 Begr. RegE MoMiG, BT-Drucks. 16/6140, S. 29.

von 25 000 Euro wird befürwortet." aber keine Mehrheit[30]. Ebenso entwickelte sich das Meinungsbild in der rechtswissenschaftlichen Reformdebatte[31]. Der Gesetzgeber nahm daraufhin von seinem Vorhaben mit Rücksicht auf die Sorge des deutschen Mittelstandes um das Ansehen der bereits gegründeten GmbHs Abstand[32]. Außerdem sah er auf Grund der Einführung der Unternehmergesellschaft keinen Reformdruck mehr, Unternehmen mit geringem Kapitalbedarf die Gründung einer GmbH zu ermöglichen[33]. Die rechtspolitische Diskussion sollte damit jedoch nicht beendet sein. Die Erfahrungen mit der Unternehmergesellschaft als „Abart" der GmbH (s. § 5a Rdnr. 7) zeigen, dass ein effektiver Gläubigerschutz auch ohne eine bestimmte Mindesthöhe des Stammkapitals verwirklicht werden kann.

Wenn die Gesellschafter nach Abschluss des Gesellschaftsvertrags einen geringen Stammkapitalbetrag aufbringen wollen, können sie den Gesellschaftsvertrag vor der Eintragung der Gesellschaft in das Handelsregister ändern und ein unter 25 000 Euro liegendes Stammkapital festlegen. Damit gründen sie eine Unternehmergesellschaft (haftungsbeschränkt)[34]. **14**

c) Bemessung des Stammkapitals

Die Bestimmung der **Höhe** des statutarisch festzusetzenden Stammkapitals (Rdnr. 13) steht, abgesehen von dem Mindestbetrag von 25 000 Euro (§ 5 Abs. 1), im **freien Ermessen der Gesellschafter**. Zwar wird vereinzelt vertreten, die Gesellschafter hätten eine Pflicht zur Festsetzung eines dem Geschäftszweck und Geschäftsumfang „angemessenen Stammkapitals"[35]. Eine solche Pflicht hat aber keine Grundlage im geltenden Recht[36] und ist auch nicht rechtsfortbildend aus den gesetzlichen Kapitalschutzvorschriften herzuleiten. Diese Regeln sollen lediglich gewährleisten, dass die Aufbringung eines Vermögensgrundstockes in Höhe des *bekanntgemachten* Stammkapitalbetrages gesichert ist und das Gesellschaftsvermögen bis zur Höhe dieses Betrages nicht durch Leistungen an die Gesellschafter als solche geschmälert wird (Rdnr. 8). Es entspricht vielmehr dem gesetzgeberischen Willen, es der Finanzierungsfreiheit der Gesellschafter zu überlassen, in welcher Form (Einlagen, Nachschüsse, Nebenleistungen, Rücklagen) das erforderliche Eigenkapital bereitgestellt und welcher Teil als Stamm- **15**

---

30 Der Antrag wurde mit 58:112:10 Stimmen abgelehnt; vgl. Beschlüsse der Abteilung Wirtschaftsrecht des 66. Deutschen Juristentags, I.3. (abrufbar unter http://www.djt.de/files/djt/66/66_DJT_Be schluesse.pdf).

31 Ablehnend *Büchel*, GmbHR 2007, 1065, 1066; *Goette*, WPg 2008, 231, 234; *Pentz*, in: VGR, Gesellschaftsrecht in der Diskussion 2006, 2007, S. 115, 122; *Kleindiek*, P 47 ff.; *Priester*, in: VGR, Gesellschaftsrecht in der Diskussion 2005, 2006, S. 1, 5 ff.; *Raiser*, ZGR 2006, 494, 497 („unbedachter Hüftschuss"); *Schärtl*, GmbHR 2007, 344, 348; kritisch auch *J. Vetter*, P 83 f.; eine Reduktion bzw. Abschaffung befürwortend *Blaurock*, in: FS Raiser, 2005, S. 3 ff.; *Grunewald/Noack*, GmbHR 2005, 189; *Eidenmüller/Engert*, GmbHR 2005, 433.

32 Beschlussempfehlung und Bericht des Rechtsausschusses, BT-Drucks. 16/9737, S. 94.

33 Beschlussempfehlung und Bericht des Rechtsausschusses, BT-Drucks. 16/9737, S. 94; dazu auch *Seibert/Decker*, ZIP 2008, 1208; *Wedemann*, WM 2008, 1381.

34 OLG Frankfurt a.M. v. 20.12.2010 – 20 W 388/10, GmbHR 2011, 984.

35 So vor allem *Wiedemann*, in: Die Haftung des Gesellschafters in der GmbH, 1968, S. 17 f.; *Wiedemann*, WM 1975 Beil. IV, 19; *Wiedemann*, GesR I, S. 226, 565 ff.; vgl. auch BSG v. 1.2.1996 – 2 RU 7/95, GmbHR 1996, 604, 606 (es müsse „eine gewisse Relation zwischen dem nach Art und Umfang der beabsichtigten oder der tatsächlichen Geschäftstätigkeit bestehenden Finanzbedarf und dem haftenden Eigenkapital gewährleistet sein").

36 BGH v. 14.12.1959 – II ZR 187/57, BGHZ 31, 258, 268; BGH v. 4.5.1977 – VIII ZR 298/75, BGHZ 68, 312, 319; BGH v. 24.3.1980 – II ZR 213/77, BGHZ 76, 326, 334 = GmbHR 1980, 179; BGH v. 26.3.1984 – II ZR 171/83, BGHZ 90, 381, 389 = GmbHR 1984, 343; BGH v. 11.7.1994 – II ZR 162/92, BGHZ 127, 23 = GmbHR 1994, 691; BAG v. 3.9.1998 – 8 AZR 189/97, ZIP 1999, 24, 26 = GmbHR 1998, 1221; BAG v. 10.2.1999 – 5 AZR 677/97, ZIP 1999, 878, 880 = GmbHR 1999, 655; *Ulmer*, in: FS Duden, 1977, S. 661, 667; *Bayer*, in: Lutter/Hommelhoff, Rdnr. 5; *Fastrich*, in: Baumbach/Hueck, Rdnr. 5; *Schmidt-Leithoff*, in: Rowedder/Schmidt-Leithoff, Rdnr. 8; *Wilhelm*, Rechtsform und Haftung bei der juristischen Person, 1981, S. 308 ff.

kapital aufgebracht werden soll (§ 3 Abs. 1 Nr. 3, 4 und Abs. 2; § 5; §§ 26 ff., 29 Abs. 1, 42 Abs. 1)[37]. Eine andere Beurteilung ergibt sich auch nicht aus den mittlerweile im Insolvenzrecht vorzufindenden Regeln über Gesellschafterdarlehen (§§ 39, 135, 143 InsO), die in keiner sachlichen Beziehung zur Stammkapitalhöhe stehen. Zwar liegt ihnen die Vorstellung zugrunde, dass Gesellschafter auch als Fremdkapitalgeber eine besondere Finanzierungsverantwortung tragen. Sie betreffen aber die ganz andere Frage, unter welchen Voraussetzungen die Rückgewähransprüche der Gesellschafter über die der GmbH gegebenen Fremdmittel trotz dieses Rechtscharakters im Insolvenzfalle gegenüber den Forderungen anderer Gläubiger nachrangig sein sollen. Einen rechtlichen Bewertungsmaßstab, nach dem sich die Angemessenheit des Stammkapitals bestimmen ließe, kann ihnen nicht entnommen werden.

16   Die **Gesellschafter** trifft nach der gesetzlichen Ausgestaltung der GmbH **keine** über die Aufbringung des gesetzlich vorgeschriebenen Mindeststammkapitals hinausgehende „**Finanzausstattungspflicht**"[38]. Eine solche Pflicht lässt sich rechtsdogmatisch nicht begründen. Die Vorschriften über die Handelsregisteranmeldung (§§ 7 und 8) fordern keine Unterlagen über die geplante Unternehmensfinanzierung und machen damit deutlich, dass diese nicht Gegenstand der registerrichterlichen Prüfung und die unzulängliche Eigenkapitalausstattung kein Eintragungshindernis sein sollte[39]. Aus den Kapitalschutzvorschriften lässt sich eine Beschränkung der Satzungsautonomie zur Bestimmung der Stammkapitalhöhe jedenfalls nicht herleiten[40]. Es wäre zudem kaum möglich, dass ein Gericht eine solche Pflicht rechtssicher bestimmt. Der BGH lehnt es daher zu Recht ab, eine allgemeine gesellschaftsrechtliche Haftung der Gesellschafter wegen materieller Unterkapitalisierung im Wege der Rechtsfortbildung anzuerkennen[41]. Eine andere Frage ist, ob eine deliktische Haftung gemäß § 826 BGB begründet sein kann[42]. Dies lässt sich nur im Einzelfall bestimmen (s. hierzu die Erl. zu § 13 Rdnr. 138 ff.).

d) Sondervorschriften

17   Einer **Kapitalverwaltungsgesellschaft** in der Rechtsform der GmbH muss mit einem Anfangskapital von mindestens 300 000 Euro (bei interner Verwaltung, § 17 Abs. 1 Nr. 1 a) KAGB) bzw. 150 000 Euro (bei externer Verwaltung, § 17 Abs. 1 Nr. 1 b) KAGB) und mit zusätzlichen Eigenmitteln in Höhe von 0,02 % des 250 Mio. Euro übersteigenden Portfolios (§ 17 Abs. 1 Nr. 2 KAGB) ausgestattet sein. Sondervorschriften gelten außerdem für **Kreditinstitute**. Die Vorschriften über die angemessene Eigenmittelausstattung von Instituten, Institutsgruppen, Finanzholding-Gruppen und gemischten Finanzholding-Gruppen sind größtenteils in der Verordnung (EU) Nr. 575/2013 über Aufsichtsanforderungen an Kreditinstitute und Wertpapierfirmen (EU Bankenaufsichtsverordnung – CRR) vom 26.6.2013 enthalten[43]. Teil 2 (Art. 25 ff. CRR) regelt die Definition der Eigenmittel. Die CRR unterscheidet zwischen hartem Kernkapital, zusätzlichem Kernkapital und Ergänzungskapital. Der Teil 3 beschäftigt sich mit den Eigenmittelanforderungen (Art. 92 ff. CRR). Nach Art. 92 Abs. 1 CRR müssen

---

37 Vgl. Begr. RegE, BT-Drucks. 8/1347, S. 43.
38 BGH v. 28.4.2008 – II ZR 264/06, BGHZ 176, 204, 215 Rdnr. 23 = GmbHR 2008, 805. A.A. *Lutter/ Hommelhoff*, ZGR 1979, 31, 57 ff.; *Lutter*, ZGR 1982, 244, 249 f.; *Ulmer*, in: FS Duden, S. 669 ff.
39 Nur wenn feststeht, dass die Gesellschaftsgründung nach den Gesamtumständen auf eine vorsätzliche, sittenwidrige Schädigung anderer angelegt ist, kommt eine Zurückweisung des Eintragungsantrages in Betracht; s. § 9c Rdnr. 36.
40 Vgl. *Fastrich*, in: Baumbach/Hueck, Rdnr. 6; *Wilhelm*, Rechtsform und Haftung bei der juristischen Person, 1981, S. 308 ff.
41 BGH v. 28.4.2008 – II ZR 264/06, BGHZ 176, 204, 216 Rdnr. 24 = GmbHR 2008, 805.
42 Der BGH hat in BGH v. 28.4.2008 – II ZR 264/06, BGHZ 176, 204, 216 Rdnr. 25 = GmbHR 2008, 805 offen gelassen, ob „Anlass und Raum ist für die Bildung einer besonderen Fallgruppe der ‚Haftung wegen Unterkapitalisierung einer GmbH', bei der der Haftungstatbestand und dessen Rechtsfolgen einer bestimmten generalisierenden Einordnung zugänglich sein müssten".
43 Erläuterung der CRR bei *Boos/Fischer/Schulte-Mattler*, KWG, CRR-VO, 5. Aufl. 2016.

Institute unbeschadet der Art. 93 und 94 CRR zu jedem Zeitpunkt folgende Eigenmittelanforderungen erfüllen: a) eine harte Kernkapitalquote von 4,5 %, b) eine Kernkapitalquote von 6 % und c) eine Gesamtkapitalquote von 8 %. Die Prüfung der Voraussetzungen über angemessene Eigenmittel obliegt der BaFin (§ 33 Abs. 1 KWG). Das Registergericht darf die Gesellschaft nur eintragen, wenn ihm die Erlaubnis nachgewiesen worden ist (§ 43 Abs. 1 KWG). Ein eigenes Prüfungsrecht bezüglich der angeführten Erlaubnisvoraussetzungen hat es nicht[44].

3. Rechtsfolgen eines Verstoßes

Die Verletzung der Vorschrift über das Mindeststammkapital (§ 5 Abs. 1) führt zur Nichtigkeit der statutarischen Stammkapitalfestsetzung[45]. Sie ist ein vom Registergericht zu beachtendes Eintragungshindernis (s. § 9c Rdnr. 16 ff.). Wird die Gesellschaft dennoch eingetragen, so ist das Amtsauflösungsverfahren gemäß § 399 Abs. 4 FamFG gegeben. Die Nichtigkeitsklage gemäß § 75 Abs. 1 und die Amtslöschung gemäß § 397 FamFG beschränken sich dagegen auf den Fall, dass der Gesellschaftsvertrag *keine* Bestimmung über die Höhe des Stammkapitals enthält oder, was dem gleichsteht, die Angabe unklar ist[46]. Andere Mängel der Stammkapitalfestsetzung genügen dagegen nicht.

18

III. Geschäftsanteile

1. Allgemeines

Das Stammkapital ist seit dem MoMiG nicht mehr in Stammeinlagen, sondern in Geschäftsanteile zerlegt. Folglich steht der Begriff des Geschäftsanteils im Zentrum des Gründungs- und Kapitalerhöhungsrechts. Auf den Begriff des Geschäftsanteils wird zunächst in § 3 Abs. 1 Nr. 4 Bezug genommen. Nach dieser Vorschrift muss der Gesellschaftsvertrag die Zahl und die Nennbeträge der Geschäftsanteile, die jeder Gesellschafter gegen Einlage auf das Stammkapital (Stammeinlage) übernimmt, enthalten. Ferner ist in § 14 Satz 1 bestimmt, dass auf jeden Geschäftsanteil eine Einlage zu leisten ist. Die Höhe der zu leistenden Einlage richtet sich gemäß § 14 Satz 2 nach dem bei der Errichtung der Gesellschaft im Gesellschaftsvertrag festgesetzten Nennbetrag des Geschäftsanteils bzw. im Fall der Kapitalerhöhung gemäß § 14 Satz 3 nach dem in der Übernahmeerklärung festgesetzten Nennbetrag des Geschäftsanteils. Mit diesen Regelungen wollte der Gesetzgeber klarstellen, dass die Erhöhung des Nennbetrags der Geschäftsanteile nach § 57h Abs. 1 im Rahmen einer Kapitalerhöhung aus Gesellschaftsmitteln oder die Erhöhung des Nennbetrags der Geschäftsanteile im Zuge einer Einziehung gemäß § 34 keine Erhöhung der Einlageverpflichtung zur Folge hat[47].

19

Einen **Geschäftsanteil** muss **jeder Gesellschafter** übernehmen (§ 3 Abs. 1 Nr. 4). Auf jeden Geschäftsanteil ist eine Einlage zu leisten (§ 14 Satz 1). Der Nennbetrag des Geschäftsanteils ist im Gesellschaftsvertrag in Euro betragsmäßig festzusetzen (§ 3 Abs. 1 Nr. 4 und § 5 Abs. 1 u. Abs. 2 Satz 1). Die Einlageleistung kann in **Geld** inländischer Währung oder in sonstigen **Gegenständen** bestehen, soweit sie zur Aufbringung des Stammkapitals geeignet sind (sog. Sacheinlagen; s. Rdnr. 30 ff.). Wenn der Gesellschaftsvertrag nicht ausdrücklich etwas anderes bestimmt (§ 5 Abs. 4 Satz 1), hat die Einlageleistung in Geld zu erfolgen. Als Übernehmer

20

---

44 Vgl. zu den Mitwirkungsrechten der BaFin beim Eintragungsverfahren § 43 Abs. 3 KWG.

45 *Leitzen*, in: Michalski u.a., Rdnr. 20.

46 *Schwandtner*, in: MünchKomm. GmbHG, Rdnr. 52; *Ulmer/Casper*, in: Ulmer/Habersack/Löbbe, Rdnr. 30.

47 Begr. RegE MoMiG, BT-Drucks. 16/6140, S. 37.

des Geschäftsanteils kommt grundsätzlich jede Person in Betracht. Allein die Gesellschaft selbst kann einen Geschäftsanteil nicht übernehmen[48].

21 Außer der Einlage können für alle oder für einzelne Gesellschafter auch **andere Beitragsleistungen** im Gesellschaftsvertrag in der Form von sog. **Nebenleistungs-** oder von **Nachschusspflichten** (§§ 3 Abs. 2, 26 ff.) vereinbart werden, die nicht der Aufbringung des Stammkapitals dienen und deren Leistung daher nicht den speziellen Gläubigerschutzvorschriften unterliegt. Die Nachschüsse, die nur in Geld zulässig sind (§ 26 Abs. 1: „Einzahlungen"), haben ebenfalls den Charakter von Leistungen auf das Eigenkapital der Gesellschaft, während das für die sog. Nebenleistungen, die in Geld oder in anderen Gegenständen bestehen können, der Fall sein kann, aber nicht sein muss. Praktisch relevant sind insoweit vor allem Aufgeldzahlungen (**Agio**). Es handelt sich dabei um die Vereinbarung einer den Nennbetrag des Geschäftsanteils überschreitenden Einlageforderung. Das Agio ist nicht als eine Zahlung auf den Geschäftsanteil, sondern als eine Nebenleistungspflicht zu qualifizieren[49]. In der Bilanz der Gesellschaft sind die eingeforderten Nachschüsse nach § 42 Abs. 2 Satz 3 und die Nebenleistungen auf das Eigenkapital nach § 272 Abs. 2 HGB auf der Passivseite in dem Posten „Kapitalrücklage" auszuweisen[50]. Die Rückgewähr solcher Leistungen unterliegt, soweit sie nach dem Gesellschaftsvertrag zulässig ist, nicht der Kapitalbindung gemäß §§ 30, 31[51], wohl aber bei Nachschüssen den Einschränkungen des § 30 Abs. 2 Satz 2 und 3. Etwas anderes gilt insoweit grundsätzlich für die Nebenleistungsvereinbarungen i.S. des § 3 Abs. 2, die die Gesellschafter lediglich zur Bereitstellung von Fremdmitteln (Darlehen, Sachleihe) oder zum Abschluss sonstiger Geschäfte verpflichten; bei der Befriedigung oder Sicherung von Ansprüchen auf Darlehensrückgewähr können die Sondervorschriften der InsO über Gesellschafterdarlehen eingreifen (vgl. § 39 Abs. 1 Nr. 5 und § 135 InsO); auch kommt eine Qualifizierung als „Finanzplankredit" (11. Aufl., Anh. § 64 Rdnr. 386) in Betracht.

2. Bildung der Geschäftsanteile

a) Mehrere Geschäftsanteile

22 Der Gesetzgeber hatte bei Erlass des GmbHG im Jahre 1892 noch gemeint, die für die Aktiengesellschaft erleichterte Veräußerlichkeit der Beteiligung sei auf die GmbH nicht zu übertragen; deshalb sei in der Gründungsphase die Einheitlichkeit der Mitgliedschaft festzulegen[52]. Das seinerzeitige Anliegen ist heute nur noch von begrenzter Überzeugungskraft. In der Reformdiskussion hat sich daher die Ansicht durchgesetzt, jedenfalls die Bildung der Geschäftsanteile in der Gründungsphase zu liberalisieren[53]. Dies wirkt sich auf die für notwendig gehaltene Unterscheidbarkeit der Rechtsformen GmbH und AG nicht aus; denn die Geschäftsanteile sind wegen des Erfordernisses einer notariellen Beurkundung für die Abtretung weiterhin nicht in derselben Weise fungibel wie Aktien einer AG. Hinzu kam, dass ein Gesellschafter schon nach altem Recht durch den Erwerb weiterer Geschäftsanteile nach der Eintragung der Gesellschaft in das Handelsregister, im Zuge einer Kapitalerhöhung oder auf Grund Teilung (§ 17 a.F.) über mehrere Stammeinlagen (und damit gemäß § 14 a.F. über mehrere

---

48 *Schwandtner*, in: MünchKomm. GmbHG, Rdnr. 40.
49 *Fastrich*, in: Baumbach/Hueck, Rdnr. 11; *Schwandtner*, in: MünchKomm. GmbHG, Rdnr. 50; *Ulmer/Casper*, in: Ulmer/Habersack/Löbbe, Rdnr. 174. A.A. *Herchen*, S. 139 ff.
50 Für das Agio *Fastrich*, in: Baumbach/Hueck, Rdnr. 11; *Schwandtner*, in: MünchKomm. GmbHG, Rdnr. 50.
51 Vgl. *Ulmer/Casper*, in: Ulmer/Habersack/Löbbe, Rdnr. 174.
52 Amtl. Begr. zum Entwurf eines GmbHG v. 11.2.1892, RT-Drucks. Nr. 660, S. 3724, 3729.
53 *Happ*, ZHR 169 (2005), 6, 17 f.; *Noack*, DB 2006, 1475, 1477; *Römermann*, GmbHR 2006, 673, 676.

Geschäftsanteile) verfügen konnte. Es war nicht einzusehen, warum dies in der Gründungsphase nicht zulässig sein sollte[54].

Der Gesetzgeber hat daher mit dem MoMiG zu Recht das Verbot der Übernahme mehrerer   23
Geschäftsanteile aufgehoben. Dies folgt bereits aus § 3 Abs. 1 Nr. 4, ist aber in § 5 Abs. 2
Satz 2 nunmehr auch ausdrücklich festgelegt: Ein **Gesellschafter** kann bei **Errichtung** der
Gesellschaft mehrere Geschäftsanteile übernehmen. In der Konsequenz dieser Liberalisie-
rung hat der Gesetzgeber die Teilung von Geschäftsanteilen erleichtert, indem er § 17 durch
das MoMiG aufgehoben hat. Die Teilung ist jetzt uneingeschränkt zulässig und erfolgt eben-
so wie die Zusammenlegung von Geschäftsanteilen durch Beschluss der Gesellschafter (§ 46
Nr. 4).

b) Höhe der Geschäftsanteile

Bis zum MoMiG musste die Stammeinlage jedes Gesellschafters mindestens hundert Euro   24
betragen (§ 5 Abs. 1 a.F.). Dieses Erfordernis hat der Gesetzgeber gestrichen und stattdessen
bestimmt, dass der Nennbetrag jedes Geschäftsanteils auf volle Euro lauten muss (§ 5 Abs. 2
Satz 1)[55]. Aus diesen beiden Änderungen folgt, dass ein **Geschäftsanteil** – wie eine Aktie
(vgl. § 8 Abs. 2 Satz 1 AktG) – auf den **Nennbetrag** von **einem Euro** lauten kann. Der Gesetzgeber hat diese Gestaltungsautonomie mit der treffenden Erwägung gerechtfertigt, dass
der frühere Mindestnennbetrag von 100 Euro zum Schutz der Gesellschaftsgläubiger nichts
beitrage[56]. Die Höhe des Nennbetrags hat in der Tat lediglich die Funktion einer Rechengrö-
ße, die bei der Ausfallhaftung der Mitgesellschafter (§ 24 und § 31 Abs. 3) relevant wird.
Schließlich trägt § 47 Abs. 2 der in § 5 Abs. 2 Satz 1 getroffenen Regelung Rechnung und bestimmt, dass jeder Euro eines Geschäftsanteils eine Stimme gewährt.

Weitere Anforderungen sind bei der Bildung der Geschäftsanteile nicht zu beachten. Ins-   25
besondere ist das frühere Erfordernis, dass der Betrag der Stammeinlage in Euro durch fünfzig teilbar sein muss (§ 5 Abs. 3 Satz 2 a.F.), ersatzlos gestrichen worden. Der Gesetzgeber ist
damit einer Forderung der Wirtschaftsverbände nachgekommen, die in der Teilbarkeitsregel
eine unnötige Belastung bei Erbauseinandersetzungen und Vorgängen der vorweggenommenen Erbfolge gesehen hatten[57]. Rechtlich nicht zwingend geboten ist eine **Nummerierung**
der **Geschäftsanteile** im Gesellschaftsvertrag[58]. In der bei der Anmeldung einzureichenden
Liste sind die Anteile ohnehin zu nummerieren (vgl. § 8 Abs. 1 Nr. 3), so dass dies prakti-
scherweise bereits im Gesellschaftsvertrag erfolgen kann. Der Gesellschafterliste muss auch
die durch den jeweiligen Nennbetrag eines Geschäftsanteils vermittelte jeweilige prozentuale
Beteiligung am Stammkapital zu entnehmen sein (§ 40 Abs. 1 Satz 1). Eine Angabe im Gesellschaftsvertrag ist deshalb aber nicht angezeigt. Die **Höhe** der **Nennbeträge** der einzelnen
Geschäftsanteile kann **verschieden bestimmt** werden (§ 5 Abs. 3 Satz 1). Ein Gesellschafter
kann folglich mehrere Geschäftsanteile mit unterschiedlichen Nennbeträgen (bspw. 1, 3, 5,
10 Euro etc.) übernehmen.

c) Gesamtbetrag der Geschäftsanteile

Nach altem Recht musste der Gesamtbetrag der Stammeinlagen mit dem Stammkapital über-   26
einstimmen. Über das Gründungsstadium hinaus war aber keine Übereinstimmung von

---

54 So bereits *H. Winter/H. P. Westermann*, 10. Aufl., Rdnr. 2; Begr. RegE MoMiG, BT-Drucks. 16/6140,
   S. 30.
55 Dies noch ablehnend *Happ*, ZHR 169 (2005), 6, 20.
56 Begr. RegE MoMiG, BT-Drucks. 16/6140, S. 30.
57 Begr. RegE MoMiG, BT-Drucks. 16/6140, S. 30.
58 Vgl. *Schwandtner*, in: MünchKomm. GmbHG, Rdnr. 47.

Stammkapital und Summe der Geschäftsanteile gefordert[59]. Dies hat der Gesetzgeber mit dem MoMiG ändern wollen. So bestimmt nunmehr § 5 Abs. 3 Satz 2, dass die **Summe** der **Nennbeträge aller Geschäftsanteile** mit dem **Stammkapital übereinstimmen** muss[60]. Dieses Korrespondenzgebot gilt nach dem Willen des Gesetzgebers sowohl für die Gründungsphase als auch für den weiteren Verlauf der Gesellschaft[61], was auch im Wortlaut der Vorschrift („muss") deutlich zum Ausdruck kommt. Wird ein Geschäftsanteil eines Gesellschafters gemäß § 34 eingezogen, müssen die Gesellschafter vermeiden, dass entgegen § 5 Abs. 3 Satz 2 die Summe der Nennbeträge aller Geschäftsanteile mit dem Stammkapital nicht mehr übereinstimmt (s. § 34 Rdnr. 62 ff.).

27 In der Rechtsprechung der Instanzgerichte und im Schrifttum war umstritten, welche Rechtsfolgen es hat, wenn ein Einziehungsbeschluss nach § 34 gegen § 5 Abs. 3 Satz 2 verstößt. So wurde zum Teil angenommen, der Beschluss sei nichtig[62]. Die abweichende Ansicht wurde damit begründet, dass ein Verbot des späteren Auseinanderfallens von Stammkapital und Nennbeträgen der Geschäftsanteile im Wortlaut des § 5 Abs. 3 Satz 2 keinen Niederschlag gefunden habe, es sei daher auch nicht anzunehmen, dass der Beschluss nichtig sei[63]. Der BGH hat mit überzeugenden Argumenten die zuletzt genannte Auffassung als zutreffend erachtet und sowohl die Nichtigkeit als auch die Anfechtbarkeit des Beschlusses abgelehnt. Die Gesetzessystematik spreche dagegen, aus § 5 Abs. 3 Satz 2 die Nichtigkeit eines Einziehungsbeschlusses herzuleiten. Auch die Interessen der Gläubiger würden keine Übereinstimmung der Summe der Nennbeträge der Geschäftsanteile mit dem Stammkapital gebieten. Schließlich komme es unter dem Gesichtspunkt des Schutzes der Minderheitsgesellschafter auf eine Konvergenz in dem genannten Sinne nicht entscheidend an, weil zumindest die Gewinnrechte der Gesellschafter im Regelfall nicht von den Nennbeträgen, sondern vom Verhältnis der Geschäftsanteile abhängen würden[64]. Die Problematik kann durch Aufstockung der verbliebenen Geschäftsanteile gelöst werden. Eine Pflicht zur Einlageleistung wird dadurch nicht begründet[65].

3. Verbot der Unterpari-Ausgabe

28 Ein Verbot der Unterpari-Ausgabe ist in § 5 – anders als in § 9 Abs. 1 AktG – nicht vorgesehen. Schon nach altem Recht war daraus aber nicht zu schließen, dass Geschäftsanteile gegen einen geringeren Betrag als den Nennbetrag ausgegeben werden dürfen[66]. Dies hat der BGH in seiner Entscheidung vom 14.3.1977 damit begründet, dass das GmbH-Recht von dem Grundsatz beherrscht ist, dass im Interesse des redlichen Rechtsverkehrs die Aufbringung und Erhaltung des Stammkapitals als der Haftungs- und Kreditgrundlage der Gesellschaft unbedingt gesichert werden muss. Dieser Grundsatz lasse es nicht zu, Geschäftsanteile gegen eine unter dem Nennbetrag liegende Einlage mit der Folge einzuräumen, dass die Summe der Stammeinlagen das im Gesellschaftsvertrag ausgewiesene und in das Handelsregister ein-

---

59 Vgl. *H. Winter/H. P. Westermann*, 10. Aufl., Rdnr. 31 f.
60 Die Neuregelung gilt nicht für Sachverhalte vor Inkrafttreten des MoMiG am 1.11.2008. Vgl. OLG München v. 30.1.2012 – 31 Wx 483/11, GmbHR 2012, 398.
61 Begr. RegE MoMiG, BT-Drucks. 16/6140, S. 31.
62 Vgl. OLG München v. 21.9.2011 – 7 U 2413/11 und v. 15.11.2011 – 7 U 2413/11, jeweils abrufbar unter www.juris.de; LG Essen v. 9.6.2010 – 42 O 100/09, GmbHR 2010, 1034 = NZG 2010, 867; LG Neubrandenburg v. 31.3.2011 – 10 O 62/09, GmbHR 2011, 823 = ZIP 2011, 1214.
63 Vgl. *Braun*, NJW 2010, 2700 f.; *Haberstroh*, NZG 2010, 1094 ff.; *Schwandtner*, in: MünchKomm. GmbHG, Rdnr. 44a; *Meyer*, NZG 2009, 1201 ff.; *Wanner-Laufer*, NJW 2010, 1499 ff.; in der Tendenz auch OLG Saarbrücken v. 1.12.2011 – 8 U 315/10 - 83, 8 U 315/10, GmbHR 2012, 209 (i.E. aber offen gelassen).
64 BGH v. 2.12.2014 – II ZR 322/13, BGHZ 203, 303, 309 f = GmbHR 2015, 416.
65 Str.; s. § 34 Rdnr. 68, 71; ferner *Priester*, GmbHR 2016, 1065, 1067 f.
66 *H. Winter/H. P. Westermann*, 10. Aufl., Rdnr. 34 m.w.N.

zutragende Stammkapital wertmäßig nicht erreicht[67]. Das MoMiG hat zwar das Kapitalaufbringungsrecht an zahlreichen Stellen geändert; die Grundrichtung des Gesetzes ist aber unverändert geblieben. Die **Unterpari-Ausgabe** von Geschäftsanteilen ist daher weiterhin **unzulässig**[68]. Im Falle eines Verstoßes darf die Gesellschaft nicht eingetragen werden. Wird die Gesellschaft dennoch eingetragen, so ist der Gesellschafter verpflichtet, seine Einlage in voller Höhe des Nennbetrags zu erbringen[69].

4. Rechtsfolgen eines Verstoßes

Die **Vorschriften** über die **Bildung** der **Geschäftsanteile** (§ 5 Abs. 1 bis 3) sind **zwingend**. Ein Verstoß gegen eine der Vorschriften hat die Nichtigkeit der entsprechenden Bestimmung des Gesellschaftsvertrags (vgl. § 3 Abs. 1 Nr. 4) zur Folge und begründet ein – vom Registergericht nach Maßgabe von § 9c zu überprüfendes – Eintragungshindernis. Kommt es dennoch zur Eintragung der Gesellschaft, so hat das Registergericht gemäß § 399 Abs. 1 i.V.m. Abs. 4 FamFG vorzugehen[70]; wird der Mangel nicht behoben, so wird die Gesellschaft aufgelöst.

29

IV. Sacheinlagen

1. Allgemeines

Die zur Beschaffung des Stammkapitals erforderlichen Einlagen der Gesellschafter können **in Geld** oder durch **andere Vermögenswerte** erbracht werden (Rdnr. 20). Zulässig und nicht selten ist die Verbindung beider Arten, zwischen denen freie Wahl besteht. Das Gesetz geht davon aus, dass mangels einer anderen Bestimmung im Gesellschaftsvertrag die Einlage in Geld deutscher Währung zu leisten ist. Das ist auch bei der Auslegung des Statuts zu berücksichtigen. Im Zweifel ist stets eine Geldeinlageschuld anzunehmen.

30

§ 5 Abs. 4 verwendet seit der Reform 1980 nicht mehr den Begriff der Sachübernahme, sondern nur noch den **Begriff** der **"Sacheinlage"**. Eine Legaldefinition dieses Terminus sieht die Vorschrift nicht vor. Die Änderung hat ausweislich der Gesetzesmaterialien[71] keine inhaltliche Bedeutung. Insbesondere sollte das geltende Recht inhaltlich nicht geändert werden. Der Terminus "Sacheinlagen" i.S. des § 5 Abs. 4 ist daher als Oberbegriff zu verstehen, der die *Sacheinlagen i.e.S.*, d.h. die Pflicht zur Einlage von Sachwerten (Rdnr. 34 ff.), und, wie § 19 Abs. 2 Satz 2 zeigt, die *Sachübernahmen*, d.h. die Tilgung der Geldeinlagepflicht durch die Verrechnung mit der Vergütung für von der Gesellschaft übernommene Sachwerte (Rdnr. 73 ff.), umfasst[72]. Sachübernahmen ohne Verrechnungsabrede (vgl. § 27 Abs. 1 AktG) erfasst die Vorschrift des § 5 Abs. 4 dagegen wie früher nicht (Rdnr. 75)[73]. Sie können im Einzelfall aber als eine verdeckte Sacheinlage (vgl. § 19 Abs. 4) zu beurteilen sein.

31

Die Sachgründung kann für die Gesellschaft wirtschaftlich zwar wesentlich vorteilhafter sein als eine bloße Geldgründung, aber sie ist andererseits erfahrungsgemäß mit Gefahren für die

32

---

67 BGH v. 14.3.1977 – II ZR 156/75, BGHZ 68, 191, 195.
68 *Schwandtner*, in: MünchKomm. GmbHG, Rdnr. 49.
69 *Schwandtner*, in: MünchKomm. GmbHG, Rdnr. 49; *Ulmer/Casper*, in: Ulmer/Habersack/Löbbe, Rdnr. 177.
70 *Fastrich*, in: Baumbach/Hueck, Rdnr. 13; *Schwandtner*, in: MünchKomm. GmbHG, Rdnr. 54.
71 Vgl. Bericht des Rechtsausschusses, BT-Drucks. 8/3908, S. 69; näher dazu *Wohlschlegel*, DB 1995, 2053 ff.
72 Vgl. *Bayer*, in: Lutter/Hommelhoff, Rdnr. 38; *Fastrich*, in: Baumbach/Hueck, Rdnr. 16; *Schmidt-Leithoff*, in: Rowedder/Schmidt-Leithoff, Rdnr. 18.
73 Die weitergehenden Vorschläge der §§ 5b, 12a RegE sind nicht Gesetz geworden; vgl. dazu Bericht des Rechtsausschusses, BT-Drucks. 8/3908, S. 69 u. 73.

Aufbringung des verlautbarten Stammkapitals verbunden, denen das Gesetz durch **Sondervorschriften** Rechnung zu tragen sucht. Es schreibt bestimmte Angaben über Sacheinlagen im Gesellschaftsvertrag (§§ 5 Abs. 4 Satz 1, 19 Abs. 2 Satz 2) vor, verlangt einen Sachgründungsbericht der Gesellschafter (§ 5 Abs. 4 Satz 2), gebietet die Einbringung der Einlagegegenstände vor der Anmeldung zum Handelsregister (§ 7 Abs. 3), fordert die Einreichung der zugrunde liegenden oder zur Ausführung geschlossenen Verträge (§ 8 Abs. 1 Nr. 4) sowie von Unterlagen über den Wert der Sacheinlagen (§ 8 Abs. 1 Nr. 5), sieht eine Differenzhaftung bei Überbewertungen vor (§ 9) und begründet für das Registergericht eine besondere Prüfungspflicht bezüglich der Überbewertung (§ 9c Abs. 1 Satz 2). Unrichtige Angaben über Sacheinlagen ziehen darüber hinaus die Gründerhaftung (§§ 9a f.) und Strafbarkeit (§ 82 Abs. 1 Nr. 1 bis 3) nach sich.

33 Die GmbH-Novelle 1980, die einen Teil dieser Vorschriften eingeführt oder erweitert hat, hat die Anforderungen an die Sachgründung deutlich verschärft, um die Gläubiger möglichst wirksam zu schützen. Das MoMiG hat den Gläubigerschutz zwar im Kapitalaufbringungsrecht an einigen Stellen aufgeweicht. Dies ändert aber nichts daran, dass die Vorschriften weiterhin dem Gläubigerschutz verpflichtet und streng auszulegen sind[74].

2. Die Sacheinlage im engeren Sinne

a) Begriff

34 Sacheinlagen i.e.S. sind **Beiträge** der **Gesellschafter** zur anteiligen **Aufbringung** eines dem **Stammkapital entsprechenden Vermögens**, die in anderen Vermögensgegenständen als Geld bestehen. Von den Nebenleistungspflichten gemäß § 3 Abs. 2, die ebenfalls die Verschaffung von Sachwerten betreffen können, unterscheiden sie sich durch den vorgenannten Bestimmungszweck (Rdnr. 21). An dem im Schrifttum angeführten weiteren Unterscheidungsmerkmal, dass sie im Gegensatz zur Sacheinlage nicht zum Erwerb von Beteiligungsrechten führen könnten[75], ist zutreffend, dass der Erwerb der Mitgliedschaft notwendigerweise die Übernahme eines Geschäftsanteils voraussetzt; der Umfang der Beteiligungsrechte kann sich dagegen sehr wohl nach den Gesellschafterbeiträgen in Form von Nebenleistungen bestimmen (s. § 14 Rdnr. 6). Das Gesetz stellt den Gesellschaftern im Übrigen frei, welchen Weg sie zur Einbringung von Sachwerten in die Gesellschaft wählen wollen; es können auch rein schuldrechtliche Vereinbarungen ohne Einfluss auf das Mitgliedschaftsrecht getroffen werden. Die Vereinbarung einer entsprechenden Nebenleistungspflicht kann deshalb nicht ohne weiteres als eine verdeckte Sacheinlage gewertet werden[76].

b) Sacheinlagevereinbarung

35 Die Sacheinlagevereinbarung ist im Gesellschaftsvertrag zu treffen (§ 5 Abs. 4 Satz 1). Sie ist ein unselbständiger und notwendiger **Bestandteil** des **Gesellschaftsvertrages** und nicht ein zum Gesellschaftsvertrag hinzutretendes gesondertes Rechtsgeschäft (sog. Illationsvertrag)[77].

---

74 Vgl. *Schwandtner*, in: MünchKomm. GmbHG, Rdnr. 63; *Ulmer/Casper*, in: Ulmer/Habersack/Löbbe, Rdnr. 33 f.; zur früheren Rechtslage bereits RGZ 141, 204, 212; für eine neue „Kapitalteleologie" *Schall*, ZGR 2009, 126, 128 ff.

75 So *Ulmer/Casper*, in: Ulmer/Habersack/Löbbe, Rdnr. 35.

76 Vgl. auch BGH v. 29.9.1969 – II ZR 167/68, WM 1969, 1321 ff.; *Fastrich*, in: Baumbach/Hueck, Rdnr. 17.

77 Vgl. BGH v. 2.5.1966 – II ZR 219/63, BGHZ 45, 338, 345; *Bayer*, in: Lutter/Hommelhoff, Rdnr. 13; *Fastrich*, in: Baumbach/Hueck, Rdnr. 21; *Schmidt-Leithoff*, in: Rowedder/Schmidt-Leithoff, Rdnr. 23; *Ulmer/Casper*, in: Ulmer/Habersack/Löbbe, Rdnr. 37. A.A. *Mülbert*, in: FS Priester, 2007, S. 485, 493 f. (Sacheinlagepflicht als eine nichtmitgliedschaftliche Verpflichtung).

Die Abrede ist ein Teil der Beteiligungserklärung des Gesellschafters und regelt seine mitgliedschaftliche Beitragspflicht zur Aufbringung des Stammkapitals.

Die Sacheinlagevereinbarung betrifft die Begründung der Einlagepflicht. Nur sie und nicht **36** das **Vollzugsgeschäft** ist im Gesellschaftsvertrag zu regeln. Die Sacheinlagen müssen aber *vor* der Anmeldung der Gesellschafter zur Eintragung in das Handelsregister an sie so bewirkt sein, dass sie endgültig zur freien Verfügung der Geschäftsführer stehen (§ 7 Abs. 3). Das dazu erforderliche Rechtsgeschäft kann schon in den Gesellschaftsvertrag aufgenommen werden[78], was sich vor allem bei formbedürftigen Einbringungsakten empfiehlt; zwingend ist dies aber nicht. Die erwerbende Vorgesellschaft wird in diesem Fall durch die Gründungsgesellschafter repräsentiert[79]. Das Verfügungsgeschäft verändert durch die Aufnahme in den Gesellschaftsvertrag aber nicht seinen eigenständigen Rechtscharakter[80]. Näheres zur Einbringung der Sacheinlagen bei § 7 (Rdnr. 18 ff.).

c) Gegenstand der Sacheinlage

Die Eignung eines nicht in Geld bestehenden Gegenstandes zur Einlage regelt das GmbHG **37** nicht ausdrücklich. Sie ist deshalb nach dem Zweck der Vorschriften über die Kapitalaufbringung zu bestimmen, im Interesse der Gesellschafter und ihrer Gläubiger sicherzustellen, dass mindestens ein dem festgesetzten Stammkapital entsprechendes Gesellschaftsvermögen aufgebracht wird (Rdnr. 8, 13 und 30). Es kommen danach, wie § 27 Abs. 2 AktG für das Aktienrecht ausdrücklich vorschreibt, grundsätzlich nur verkehrsfähige **Vermögensgegenstände mit einem feststellbaren wirtschaftlichen Wert** in Betracht[81]. Der Begriff „Vermögensgegenstand" umfasst, über § 90 BGB hinausgehend, nicht nur Sachen und Rechte, sondern alle Güter, die ihrer Natur nach verkehrsfähig sind, einen eigenen gegenwärtigen Vermögenswert haben und in die Gesellschaft zur freien Verfügung eingebracht werden können (Rdnr. 39)[82]. Entscheidend für die Sacheinlagefähigkeit ist die Gleichwertigkeit (Äquivalenz) der Sach- mit einer Geldeinlage[83].

Die **Bilanzfähigkeit** (Aktivierungsfähigkeit) eines Gegenstandes ist kein zusätzliches selb- **38** ständiges Erfordernis der Sacheinlage[84], denn die bilanzrechtlichen Kriterien beruhen nicht unbedingt auf der Realisierbarkeit eines Werts aus der Sicht des Gläubigerschutzes. Die Bilanzierbarkeit eines Gegenstandes ist vielmehr Folge seiner Einlagefähigkeit. Andererseits kann eine anerkannte Praxis der Bilanzierungsfähigkeit eines Gegenstandes ein Indiz für seine Einlagefähigkeit sein[85].

---

78 BGH v. 2.5.1966 – II ZR 219/63, BGHZ 45, 338, 342; *Fastrich*, in: Baumbach/Hueck, Rdnr. 22; *Schmidt-Leithoff*, in: Rowedder/Schmidt-Leithoff, Rdnr. 23; *Ulmer/Casper*, in: Ulmer/Habersack/Löbbe, Rdnr. 39.

79 *Ulmer/Casper*, in: Ulmer/Habersack/Löbbe, Rdnr. 39.

80 *Fastrich*, in: Baumbach/Hueck, Rdnr. 22; *Ulmer/Casper*, in: Ulmer/Habersack/Löbbe, Rdnr. 40.

81 BGH v. 16.2.1959 – II ZR 170/57, BGHZ 29, 300, 304; BGH v. 15.5.2000 – II ZR 359/98, BGHZ 144, 290 = GmbHR 2000, 870; BGH v. 14.6.2004 – II ZR 121/02, GmbHR 2004, 1219 = ZIP 2004, 1642 f.

82 Vgl. *Bayer*, in: Lutter/Hommelhoff, Rdnr. 14; *Fastrich*, in: Baumbach/Hueck, Rdnr. 23; *Schäfer*, in: Bork/Schäfer, Rdnr. 25; *Ulmer/Casper*, in: Ulmer/Habersack/Löbbe, Rdnr. 45.

83 Grundlegend *Ulmer/Casper*, in: Ulmer/Habersack/Löbbe, Rdnr. 46; zustimmend die h.M.; vgl. *Fastrich*, in: Baumbach/Hueck, Rdnr. 23; *Schwandtner*, in: MünchKomm. GmbHG, Rdnr. 68.

84 *Fastrich*, in: Baumbach/Hueck, Rdnr. 23; *Schmidt-Leithoff*, in: Rowedder/Schmidt-Leithoff, Rdnr. 26; *Schwandtner*, in: MünchKomm. GmbHG, Rdnr. 70; *Schäfer*, in: Bork/Schäfer, Rdnr. 25; *Ulmer/Casper*, in: Ulmer/Habersack/Löbbe, Rdnr. 50. A.A. *Knobbe-Keuk*, ZGR 1989, 216; *Ekkenga*, ZHR 161 (1997), 599, 618.

85 *Ulmer/Casper*, in: Ulmer/Habersack/Löbbe, Rdnr. 52; zustimmend *Schwandtner*, in: MünchKomm. GmbHG, Rdnr. 72.

39 Der Einlagegegenstand muss zur Einbringung in die Gesellschaft geeignet sein, d.h. er muss übertragbar sein, so dass die Gesellschaft ihn nutzen kann. Zweifelhaft ist, ob er darüber hinaus durch die Gesellschaft übertragbar sein muss. Im Schrifttum wird teilweise eine weitergehende **Übertragbarkeit** in dem Sinne gefordert, dass der Gegenstand zur Weiterveräußerung oder Überlassung an Dritte geeignet sein müsse. Denn nur dann sei er ein geeignetes Zugriffsobjekt für die Gesellschaftsgläubiger[86]. Diese Auslegung ist abzulehnen[87]. Das Gesetz will die Aufbringung eines realen Gesellschaftsvermögens sichern, enthält aber keinen Anhaltspunkt für die Forderung, dass das Gesellschaftsvermögen sich bei der Anmeldung und später mindestens bis zur Stammkapitalhöhe nur aus Gegenständen zusammensetzen dürfe, die einer Einzelverwertung durch die Gläubiger zugänglich sind. Die Gläubigerschutzfunktion der Kapitalaufbringung liegt nicht in der Eröffnung von Vollstreckungsmöglichkeiten in konkrete Gegenstände, sondern in der Beibringung eines realen Gesellschaftsvermögens zur Unternehmenssicherung[88]. Die obige Einschränkung würde zudem für das Gesellschaftsunternehmen u.U. besonders bedeutsame Gegenstände (z.B. Firma, einfache Lizenzen, Know-how, Vertretungen, Bierlieferungsrecht, etc.) ausschließen, deren Einlagefähigkeit die Praxis seit langem zu Recht bejaht (s. Rdnr. 49). Die Gläubiger sind in diesen Fällen dadurch ausreichend geschützt, dass die Gegenstände im Rahmen des Gesellschaftsunternehmens nutzbar sind und sie damit eine Tilgung der Verbindlichkeiten ermöglichen. Die Gegenstände brauchen deshalb nicht selbständig übertragbar, sondern müssen nur so beschaffen sein, dass sie der Gesellschaft *endgültig zur freien Verfügung* (§ 7 Abs. 3) überlassen werden können[89]. Soweit es sich um Rechte gegenüber dem Sacheinleger handelt, muss aus diesen Gründen auch eine Aussonderung aus dessen Vermögen erfolgen[90]. Eine **obligatorische Verpflichtung** eines **Gesellschafters** ist deshalb **kein geeigneter Einlagegegenstand**[91] (s. aber § 19 Abs. 5 zum Forderungsaustausch).

d) Einzelfälle

aa) Sachen

40 Einlagefähig sind das **Eigentum** an beweglichen und unbeweglichen **Sachen** sowie **grundstücksgleiche Rechte**, z.B. das Erbbaurecht (§ 1 ErbbauRG) oder das Bergwerkseigentum (vgl. § 9 BBergG). **Künftige Sachen** kommen nur in Betracht, wenn sie bis zur Anmeldung entstanden sind[92].

41 Belastungen hindern nicht, sind aber bei der Wertfestsetzung (Rdnr. 56 ff.) mindernd zu berücksichtigen. Ebenso geeignet sind **dingliche Rechte**[93], insbesondere können auch **Nieß-**

---

86 *Lutter,* Kapital, S. 232; *Haas,* in: FS Döllerer, 1988, S. 169, 180 f.; *Ekkenga,* ZHR 161 (1997), 599, 620; vgl. auch *Karsten Schmidt,* ZHR 154 (1990), 237, 251.
87 *Fastrich,* in: Baumbach/Hueck, Rdnr. 23; *Schwandtner,* in: MünchKomm. GmbHG, Rdnr. 75; *Schmidt-Leithoff,* in: Roweder/Schmidt-Leithoff, Rdnr. 26; *Ulmer/Casper,* in: Ulmer/Habersack/Löbbe, Rdnr. 54; *Brandes,* ZGR 1989, 244, 247; *Döllerer,* in: FS Fleck, 1988, S. 35, 42; *Bork,* ZHR 154 (1990), 205, 228 f.; *Meilicke,* BB 1991, 579 f.; *Steinbeck,* ZGR 1996, 116, 122 f.
88 *Ulmer/Casper,* in: Ulmer/Habersack/Löbbe, Rdnr. 54; *Bork,* ZHR 154 (1990), 205, 228 f.
89 *Fastrich,* in: Baumbach/Hueck, Rdnr. 23; *Ulmer/Casper,* in: Ulmer/Habersack/Löbbe, Rdnr. 54; *Bork,* ZHR 154 (1990), 205, 224 f.
90 *Lutter,* Kapital, S. 231; *Ulmer/Casper,* in: Ulmer/Habersack/Löbbe, Rdnr. 55; *Bork,* ZHR 154 (1990), 205, 224 m.w.N.
91 BGH v. 16.2.2009 – II ZR 120/07, BGHZ 180, 38, 42 Rdnr. 10 = GmbHR 2009, 540; *Bayer,* in: Lutter/Hommelhoff, Rdnr. 15; *Fastrich,* in: Baumbach/Hueck, Rdnr. 24; *Ulmer/Casper,* in: Ulmer/Habersack/Löbbe, Rdnr. 55.
92 *Bayer,* in: Lutter/Hommelhoff, Rdnr. 16; *Fastrich,* in: Baumbach/Hueck, Rdnr. 25; *Schwandtner,* in: MünchKomm. GmbHG, Rdnr. 79; *Ulmer/Casper,* in: Ulmer/Habersack/Löbbe, Rdnr. 60.
93 Zur isolierten Grundschuld vgl. LG Koblenz v. 29.8.1986 – 3 HT 1/86, GmbHR 1987, 482.

brauchsrechte oder **beschränkt persönliche Dienstbarkeiten** für die Gesellschaft bestellt[94] oder ihr anderenfalls, da unübertragbar, jedenfalls zur Ausübung überlassen werden (§§ 1059 ff., 1092 BGB).

Ein **obligatorisches Gebrauchsrecht** an einer **Sache** kann ein zulässiger Einlagegegenstand 42 sein[95]. Dies gilt grundsätzlich auch dann, wenn die Sache dem Einleger gehört. Anders ist es aber zu beurteilen, wenn das Nutzungsrecht kurzfristig beseitigt werden kann oder wenn die Gesellschaft den Besitz der Sache, den sie gegen Zugriffe Dritter verteidigen könnte, nicht innehat. Dann ist es schwerlich möglich, einen wirtschaftlichen Wert des Nutzungsrechts zu ermitteln. Deshalb ist ein längerfristig unkündbares und mit Besitz verbundenes Gebrauchsrecht zu verlangen[96], das auch nicht aus rechtlichen Gründen vorzeitig erlöschen kann.

Auch obligatorische **Nutzungsrechte** an **Grundstücken** scheiden nicht von vorneherein als 43 taugliche Sacheinlage aus[97]. Zwar wird im Schrifttum teilweise argumentiert, die mangelnde Vollstreckungsfestigkeit bzw. der mangelhafte Schutz der Gesellschaft vor Verfügungen des Inferenten würde dem entgegenstehen. Praktisch bedeutsam ist hier namentlich der Fall der Veräußerung eines Grundstücks durch den Eigentümer ohne Weitergabe der aus der Nutzungsvereinbarung sich ergebenden Pflicht, ferner der Fall der Zwangsversteigerung des Grundstücks, bei der die Gesellschaft gegenüber dem Dritterwerber nicht geschützt ist. Die Gesellschaft ist nicht geschützt, weil eine analoge Anwendung der §§ 566, 581 Abs. 2, 593b BGB ausscheidet[98]. Die aus einer Verfügung und einer Zwangsversteigerung resultierenden Risiken können aber bei der Bewertung (Rdnr. 57 ff.) angemessen berücksichtigt werden[99]. Wird die Sachnutzung vor Ablauf der vereinbarten Dauer für die Gesellschaft **unmöglich**, so greifen die allgemeinen Regeln des Schuldrechts über Pflichtverletzungen ein, die zu einer anstelle der Sacheinlage zu erbringenden Geldeinlage führen können (Rdnr. 62 ff.).

Schließlich ist auch ein **Kapitalnutzungsrecht**, d.h. die zinslose Überlassung von Geldkapital 44 an die Gesellschaft auf Zeit, sacheinlagefähig, wenn es sinngemäß die vorstehenden Erfordernisse erfüllt[100].

---

94 BGH v. 2.5.1966 – II ZR 219/63, BGHZ 45, 338, 344; *Bayer*, in: Lutter/Hommelhoff, Rdnr. 19; *Fastrich*, in: Baumbach/Hueck, Rdnr. 25; *Schwandtner*, in: MünchKomm. GmbHG, Rdnr. 82; *Ulmer/Casper*, in: Ulmer/Habersack/Löbbe, Rdnr. 61; einschr. *Lutter*, Kapital, S. 232.

95 BGH v. 15.5.2000 – II ZR 359/98, BGHZ 144, 290, 294 = GmbHR 2000, 870 (zur AG); *Bayer*, in: Lutter/Hommelhoff, Rdnr. 22; *Ulmer/Casper*, in: Ulmer/Habersack/Löbbe, Rdnr. 61; *Döllerer*, ZGR 1979, 355 u. FS Fleck, 1988, S. 35 ff.; *Brandes*, ZGR 1989, 244, 246 f.; *Frey*, S. 76, 96 f.; *Steinbeck*, ZGR 1996, 116, 127 ff.; *Bork*, ZHR 154 (1990), 205 ff.; einschr. auf Nutzungsrechte an beweglichen Sachen *Karsten Schmidt*, ZHR 154 (1990), 235, 254 ff.

96 BGH v. 15.5.2000 – II ZR 359/98, BGHZ 144, 290, 294 = GmbHR 2000, 870 (zur AG); BGH v. 14.6.2004 – II ZR 121/02, GmbHR 2004, 1219 = NZG 2004, 910 (zur GmbH); *Haas*, in: FS Döllerer, 1988, S. 178 f.; *Fastrich*, in: Baumbach/Hueck, Rdnr. 25; *Roth*, in: Roth/Altmeppen, Rdnr. 39; *Ulmer/Casper*, in: Ulmer/Habersack/Löbbe, Rdnr. 62; *Schmidt-Leithoff*, in: Rowedder/Schmidt-Leithoff, Rdnr. 28; gegen die Einlagefähigkeit bei Verbleiben des Eigentums beim Einleger aber *Knobbe-Keuk*, ZGR 1980, 214, 217; *Ekkenga*, ZHR 161 (1997), 599, 618 ff.; weitergehende Anforderungen bei *Karsten Schmidt*, ZHR 154 (1990), 237, 253 ff.

97 *Bork*, ZHR 154 (1990), 205, 217 f.; *Döllerer*, in: FS Fleck, 1988, S. 35, 44; *Schwandtner*, in: MünchKomm. GmbHG, Rdnr. 87 f. A.A. *Karsten Schmidt*, ZHR 154 (1990), 237, 253 ff.; *Leitzen*, in: Michalski u.a., Rdnr. 103.

98 *Bork*, ZHR 154 (1990), 205, 217 f.; *Boehme*, S. 121 ff., 149 f.; *Karsten Schmidt*, ZHR 154 (1990), 237, 257; *Schwandtner*, in: MünchKomm. GmbHG, Rdnr. 87. A.A. *Döllerer*, in: FS Fleck, 1988, S. 35, 43 f.; *Götting*, AG 1999, 1, 5.

99 *Bayer*, in: Lutter/Hommelhoff, Rdnr. 22; *Döllerer*, ZGR 1979, 355, 356; *Schwandtner*, in: MünchKomm. GmbHG, Rdnr. 88; *Ulmer/Casper*, in: Ulmer/Habersack/Löbbe, Rdnr. 62, 93; vgl. auch BGH v. 15.5.2000 – II ZR 359/98, BGHZ 144, 290, 294 = GmbHR 2000, 870 (zu Lizenzrechten).

100 *Döllerer*, in: FS Fleck, 1988, S. 35, 44 ff.; *Ulmer/Casper*, in: Ulmer/Habersack/Löbbe, Rdnr. 62; *Bayer*, in: Lutter/Hommelhoff, Rdnr. 23; *Boehme*, S. 145 f., 152 f., 163, 168; *Schwandtner*, in: MünchKomm. GmbHG, Rdnr. 93. A.A. *Karsten Schmidt*, GesR, § 20 II 3a, cc.

bb) Forderungen

45 **Forderungen** des **Sacheinlegers** mit einem feststellbaren wirtschaftlichen Wert sind grundsätzlich einlagefähig, selbst wenn sie bestritten oder zweifelhaft sind[101]. Doch sind diese Umstände bei der Bewertung (Rdnr. 56 ff.) zu berücksichtigen. Auch Forderungen **gegen** einen **Mitgesellschafter**, beispielsweise gegen ein mit dem Gesellschafter **verbundenes Unternehmen**, sind einlagefähig[102]. Von der Bonität her, die sich bei der Bewertung auswirkt, sind Unterschiede zu Forderungen gegen außenstehende Dritte nicht ersichtlich, und da der Inferent nach § 24 für ausstehende Einlagen seiner Mitgesellschafter aufzukommen hat, erhöht sich das Risiko für die Gesellschaft, eine als Einlage eingebrachte Forderung gegen einen Mitgesellschafter akzeptieren zu müssen, im Vergleich zur Einbringung von Forderungen gegen Dritte nicht; dem Aussonderungserfordernis (Rdnr. 39) ist auch dann durch die Abtretung genügt. Im Falle der Zustimmungsbedürftigkeit der Abtretung (§ 399 BGB) muss die erforderliche Erklärung des Schuldners spätestens bis zur Anmeldung zum Handelsregister vorliegen (§ 7 Abs. 3)[103]. **Aufschiebend bedingte** oder in ihrer Entstehung von weiteren Voraussetzungen abhängige **Forderungen** sind ebenfalls nur dann einlagefähig, wenn bis zu dem genannten Zeitpunkt die Bedingung eingetreten bzw. die Voraussetzung erfüllt ist[104]. Das gilt nicht für feststehende, aber aufschiebend befristete Forderungen, bei denen aber ein Bewertungsabschlag geboten ist. **Auflösend bedingte Forderungen** sind wegen des ihnen anhaftenden besonderen Risikos ungeeignet, soweit nicht ausnahmsweise der Bedingungseintritt als völlig unwahrscheinlich einzuschätzen ist. **Befristete Forderungen**, bei denen der Leistungszeitpunkt ungewiss ist, können unter Berücksichtigung eines entsprechenden Bewertungsabschlags eingebracht werden[105]. Allgemein ungeeignet sind dagegen Forderungen, die Dienstleistungen oder unvertretbare Werkleistungen zum Gegenstand haben (Rdnr. 51).

46 Auch **Forderungen** des Gesellschafters **gegenüber** der **Gesellschaft**, die die vorgenannten Voraussetzungen (Rdnr. 45) erfüllen, sind zulässige Sacheinlagegegenstände[106]. In der Gründungsphase dürfte die Einbringung solcher Forderungen zwar eher die Ausnahme sein. Prak-

---

101 *Bayer*, in: Lutter/Hommelhoff, Rdnr. 17; *Fastrich*, in: Baumbach/Hueck, Rdnr. 27; *Schwandtner*, in: MünchKomm. GmbHG, Rdnr. 114; *Schmidt-Leithoff*, in: Rowedder/Schmidt-Leithoff, Rdnr. 29; *Ulmer/Casper*, in: Ulmer/Habersack/Löbbe, Rdnr. 63.

102 Ebenso zur AG *Röhricht*, in: GroßKomm. AktG, 4. Aufl. 1996, § 27 AktG Rdnr. 73; offen *Bayer*, in: Lutter/Hommelhoff, Rdnr. 17; a.A. LG Krefeld v. 11.6.1986 – 11 O 38/86, GmbHR 1987, 310, 311; *Fastrich*, in: Baumbach/Hueck, Rdnr. 24; *Leitzen*, in: Michalski u.a., Rdnr. 88; *Schwandtner*, in: MünchKomm. GmbHG, Rdnr. 113, der allerdings in Rdnr. 115 die Ansicht vertritt, dass Forderungen gegen ein mit dem Inferenten verbundenes Unternehmen sacheinlagefähig seien.

103 *Schwandtner*, in: MünchKomm. GmbHG, Rdnr. 114; nach *Ulmer/Casper*, in: Ulmer/Habersack/Löbbe, Rdnr. 63 muss die Zustimmung bei Abschluss des Gesellschaftsvertrags noch nicht erteilt worden sein.

104 Vgl. OLG Oldenburg v. 17.4.1997 – 1 U 90/96, AG 1997, 424, 427 (zur AG); *Ulmer/Casper*, in: Ulmer/Habersack/Löbbe, Rdnr. 64; *Schwandtner*, in: MünchKomm. GmbHG, Rdnr. 116 f.; wohl auch *Fastrich*, in: Baumbach/Hueck, Rdnr. 27; a.A. *Bayer*, in: Lutter/Hommelhoff, Rdnr. 17. Der BGH hat eine vorabgesprochene Aufrechnung gegen eine Lohnforderung für unzulässig erklärt, zur Einlagefähigkeit einer künftigen Forderung aber nicht Stellung genommen (BGH v. 21.9.1978 – II ZR 214/77, BB 1978, 1635 f.).

105 *Bayer*, in: Lutter/Hommelhoff, Rdnr. 17; *Fastrich*, in: Baumbach/Hueck, Rdnr. 27; *Schwandtner*, in: MünchKomm. GmbHG, Rdnr. 116; *Ulmer/Casper*, in: Ulmer/Habersack/Löbbe, Rdnr. 64.

106 BGH v. 13.10.1954 – II ZR 182/53, BGHZ 15, 52, 60; BGH v. 26.3.1984 – II ZR 14/84, BGHZ 90, 370, 374 = GmbHR 1984, 313; BGH v. 15.1.1990 – II ZR 164/88, BGHZ 110, 47, 60; BGH v. 18.2.1991 – II ZR 104/90, BGHZ 113, 335, 340 = GmbHR 1991, 255; BGH v. 4.3.1996 – II ZB 8/95, BGHZ 132, 141, 143 = GmbHR 1996, 351; BGH v. 15.12.1969 – II ZR 69/67, NJW 1970, 469; OLG Düsseldorf v. 25.7.1996 – 6 U 207/95, GmbHR 1997, 606; OLG Schleswig v. 14.12.2000 – 5 U 182/98, NZG 2001, 566; *Fastrich*, in: Baumbach/Hueck, Rdnr. 28; *Schwandtner*, in: MünchKomm. GmbHG, Rdnr. 124; *Ulmer/Casper*, in: Ulmer/Habersack/Löbbe, Rdnr. 65.

tisch relevant kann aber die Einbringung von Forderungen eines Gesellschafters gegen die Gesellschaft (Beispiel: Darlehensrückzahlung) bei einer Kapitalerhöhung sein. Der im Gesellschaftsvertrag begründete Anspruch auf Erstattung verauslagter Gründungskosten oder auch auf Zahlung eines angemessenen Gründerlohns (s. Rdnr. 113) kann als Sacheinlage verwendet werden, was für die Erstattung von Kosten und Auslagen anerkannt ist, für eine Gründervergütung aber nur gebilligt werden kann, wenn nicht die Zahlung als Einlagenrückgewähr i.S. der §§ 30, 31 gewertet werden muss[107]. Die Forderung kann durch Abtretung oder durch Erlassvertrag eingebracht werden, die jeweils zu einer Reinvermögenserhöhung infolge des Schulduntergangs führen. Wenn ein Gesellschafter seine **Forderung** gegen die Gesellschaft einbringen kann, geschieht dies grundsätzlich zu ihrem **Nennwert**. Fraglich ist, ob dies unabhängig von der Vermögenssituation der Gesellschaft gilt. Dafür könnte sprechen, dass die einzubringende Forderung in der Bilanz der Gesellschaft als Verbindlichkeit mit ihrem Nennwert bilanziert ist[108]. In der Bilanz der Gesellschaft wirkt sich die Einbringung der Forderung zu ihrem Nennwert aus (Bilanzverkürzung). Diese Auslegung wird aber dem Zweck effektiver Kapitalaufbringung nicht gerecht. Der Gesetzgeber hat zwar mit dem MoMiG eine bilanzielle Betrachtungsweise für maßgeblich erklärt. Ein Gesellschafter wird aber nur dann von seiner Einlagepflicht frei, wenn er eine vollwertige Sache einbringt (vgl. § 19 Abs. 2, 4 und 5). Folglich kann ein Gesellschafter eine ihm zustehende Forderung gegen die Gesellschaft nur dann zu deren Nennwert einbringen, wenn die Forderung fällig, vollwertig und liquide ist[109]. Für eine nicht fällige, vollwertige und/oder liquide Forderung ist ein Bewertungsabschlag vorzunehmen[110].

Zweifelhaft ist, ob auch ein Anspruch aus einem **kapitalersetzenden Darlehen** einlagefähig 47 ist. Diese Frage stellt sich weiterhin, weil das mit dem MoMiG abgeschaffte Eigenkapitalersatzrecht in Gestalt der sog. Novellenregeln (§§ 32a, 32b a.F.) und der Rechtsprechungsregeln (§§ 30, 31 analog) gemäß § 103d EGInsO auf Altfälle, in denen das Insolvenzverfahren vor Inkrafttreten des MoMiG eröffnet worden ist, als zur Zeit der Verwirklichung des Entstehungstatbestandes des Schuldverhältnisses geltendes „altes" Gesetzesrecht weiterhin Anwendung findet[111]. Zur Beantwortung der Frage nach der Einlagefähigkeit ist zu differenzieren. Ein nach den „Rechtsprechungsregeln" analog § 30 „gesperrter" Anspruch auf Rückzahlung des Darlehens kann nicht eingelegt werden[112], sehr wohl aber ein Anspruch, der in der Insolvenz gemäß § 32a GmbHG, § 39 Abs. 1 Nr. 5 InsO a.F. nachrangig wäre[113]. Es kann aber im Einzelfall erforderlich sein, der Gefahr einer Zurückstufung in der Insolvenz durch einen Bewertungsabschlag Rechnung zu tragen[114].

---

107 *Ulmer/Casper*, in: Ulmer/Habersack/Löbbe, Rdnr. 69; s. auch Rdnr. 114.
108 Für eine Berücksichtigung zum Nennwert daher *Geßler*, in: FS Möhring, 1975, S. 173, 191; *Reuter*, BB 1978, 1195; *Meilicke*, DB 1989, 1069, 1072 ff.; *Schwandtner*, in: MünchKomm. GmbHG, Rdnr. 127a.
109 *Ulmer/Casper*, in: Ulmer/Habersack/Löbbe, Rdnr. 66.
110 Für Abschlag (offenbar nur bei fehlender Vollwertigkeit) LG Berlin v. 27.10.1976 – 98 T 30/76, BB 1977, 213; ohne Berücksichtigung der Fälligkeit OLG Oldenburg v. 17.4.1997 – 1 U 90/96, AG 1997, 424, 426.
111 BGH v. 26.1.2009 – II ZR 260/07, BGHZ 179, 249 Leitsatz 1 = GmbHR 2009, 427. S. zu den früheren Regelungen für eigenkapitalersetzende Darlehen die Erl. zu § 30 Rdnr. 107 ff.
112 OLG Schleswig v. 14.12.2000 – 5 U 182/98, NZG 2001, 568; *Priester*, in: FS Döllerer, 1988, S. 475, 483 ff.; *Ulmer/Casper*, in: Ulmer/Habersack/Löbbe, Rdnr. 67; vgl. auch BGH v. 26.3.1984 – II ZR 14/84, BGHZ 90, 370, 374 ff. = GmbHR 1984, 313 (zur Verrechnung).
113 *Schwandtner*, in: MünchKomm. GmbHG, Rdnr. 132, 134; *Ulmer/Casper*, in: Ulmer/Habersack/Löbbe, Rdnr. 67 f.
114 *Schwandtner*, in: MünchKomm. GmbHG, Rdnr. 134. A.A. 10. Aufl.; vgl. ferner *Ulmer/Casper*, in: Ulmer/Habersack/Löbbe, Rdnr. 68.

48 Eine **Forderung gegen** den **Gesellschafter** (also eine Verpflichtung des Gesellschafters) ist nicht einlagefähig (Rdnr. 39 a.E.)[115]. Eine andere Beurteilung ist aber für den in § 19 Abs. 5 geregelten Fall geboten, in dem es zu einem Forderungsaustausch kommt (Einlage- gegen Darlehensforderung; s. § 19 Rdnr. 171). Anders ist es schließlich zu beurteilen, wenn mit der Forderung die Hingabe einer dinglichen Sicherheit (Hypothek, Pfandrecht, Sicherungs- übereignung) oder mit der Besitzverschaffung der zu nutzenden Sache (Rdnr. 41) verbunden ist[116].

cc) Andere Rechte und Vermögenswerte

49 Zulässig ist die Einbringung von Immaterialgüterrechten, obwohl gerade bei ihnen der Ein- lagewert oft sehr schwierig zu ermitteln ist, und zwar **Urheber-**[117], **Verlags-** und **Geschmacks- musterrechte** sowie **Markenrechte** und Logos[118], auch nicht patentierte oder angemeldete, jedoch keine zukünftigen Erfindungen[119], geheime Fabrikationsverfahren[120] und sonstiges **Know-how**[121], auch wenn dieses rechtlich nicht spezifisch geschützt ist; desgleichen Lizenzen an den vorgenannten Schutzrechten[122]. Vorausgesetzt ist immer, dass die Vorkehrungen und die Kenntnis um sie gerade für das zu gründende Unternehmen Wert haben. Nicht selbständig einbringbar sind die Firma (§ 23 HGB), geschäftliche Bezeichnungen (§ 5 MarkenG), die Kundschaft oder der so genannte Goodwill, wohl aber wenn sie zusammen mit dem Un- ternehmen übertragen werden[123]. Sacheinlagen können ferner sein **Aktien** und GmbH-Ge- schäftsanteile, **Gesellschaftsanteile** an einer OHG oder KG dann, wenn deren Gesellschafter zustimmen oder die Abtretung im Gesellschaftsvertrag allgemein oder für diesen Fall gestattet ist. Die erforderlichen Zustimmungen, auch bei vinkulierten Namensaktien oder Geschäfts- anteilen, müssen spätestens bei der Anmeldung zum Handelsregister erteilt sein[124].

50 Die **Übernahme einer Schuld** der Gesellschaft (§ 414 BGB) oder deren Tilgung durch den Gesellschafter sind zulässige Einlagegegenstände. Auch wenn es sich um Geldschulden der Gesellschaft handelt, befreit die Tilgung durch den Gesellschafter ihn nur dann von seiner Mindesteinzahlungspflicht (§ 7 Abs. 3), wenn eine entsprechende Sacheinlagevereinbarung getroffen worden ist (s. auch § 7 Rdnr. 33)[125]. Ein Schuldbeitritt oder eine Bürgschaftsüber-

115 BGH v. 16.2.2009 – II ZR 120/07, BGHZ 180, 38, 42 Rdnr. 10 = GmbHR 2009, 540; *Fastrich*, in: Baumbach/Hueck, Rdnr. 24; *Schwandtner*, in: MünchKomm. GmbHG, Rdnr. 109; *Ulmer/Casper*, in: Ulmer/Habersack/Löbbe, Rdnr. 63.
116 *Fastrich*, in: Baumbach/Hueck, Rdnr. 24; *Ulmer/Casper*, in: Ulmer/Habersack/Löbbe, Rdnr. 87; ge- gen Einlagefähigkeit selbst bei dinglicher Sicherung durch den Gesellschafter oder Dritter *Cahn*, ZHR 166 (2002), 278, 296.
117 BGH v. 16.2.1959 – II ZR 170/57, BGHZ 29, 300, 304.
118 BGH v. 15.5.2000 – II ZR 359/98, BGHZ 144, 290; zur Einlagefähigkeit von Domain-Namen zwei- felnd *Sosnitza*, GmbHR 2002, 821.
119 Vgl. *Ulmer/Casper*, in: Ulmer/Habersack/Löbbe, Rdnr. 73, 78.
120 RG, JW 1936, 42.
121 *Bayer*, in: Lutter/Hommelhoff, Rdnr. 19; *Fastrich*, in: Baumbach/Hueck, Rdnr. 26; *Schwandtner*, in: MünchKomm. GmbHG, Rdnr. 96; *Schmidt-Leithoff*, in: Rowedder/Schmidt-Leithoff, Rdnr. 31; *Ulmer/Casper*, in: Ulmer/Habersack/Löbbe, Rdnr. 69.
122 BGH v. 10.11.1958 – II ZR 3/57, BGHZ 28, 314, 315 (ob. dict.); *Götting*, AG 1999, 1, 5 ff.; *Schwandtner*, in: MünchKomm. GmbHG, Rdnr. 95.
123 BGH v. 18.9.2000 – II ZR 365/98, BGHZ 145, 150 = GmbHR 2000, 1198; *Schwandtner*, in: Münch- Komm. GmbHG, Rdnr. 96; *Priester*, in: FS Nirk, 1992, S. 893, 899 ff.; *Ulmer/Casper*, in: Ulmer/Ha- bersack/Löbbe, Rdnr. 78, 81. Gegen einen Ansatz für den Firmenwert auch LG Köln, GmbHR 1959, 133.
124 *Schwandtner*, in: MünchKomm. GmbHG, Rdnr. 98.
125 BGH v. 25.11.1985 – II ZR 48/85, GmbHR 1986, 115 = NJW 1986, 989; OLG Stuttgart v. 12.6.1986 – 7 U 22/86, GmbHR 1986, 349 = DB 1986, 1514; OLG Düsseldorf v. 3.8.1988 – 17 U 11/88, BB 1988, 2126, 2127 = GmbHR 1989, 164; OLG Köln v. 10.11.1988 – 1 U 55/88, ZIP 1989, 238, 239; *Schwandtner*, in: MünchKomm. GmbHG, Rdnr. 135.

nahme für Gesellschaftsschulden sind dagegen als Sacheinlagen ungeeignet. Bindende Vertragsangebote können ausnahmsweise[126] als zulässiger Gegenstand angesehen werden, wenn sie einen über die Gegenleistung hinausgehenden Wert haben[127].

dd) Dienst- und Werkleistungen

Die Verpflichtung zu einer Dienstleistung ist ohne Rücksicht darauf, ob sie den Einlageschuldner oder einen Dritten treffen soll, analog § 27 Abs. 2 AktG wegen der Schwierigkeit ihrer Durchsetzung gegen den Willen des Verpflichteten kein geeigneter Sacheinlagegegenstand[128]. Bei personenbezogenen Ansprüchen auf Herstellung eines Werkes kann ausnahmsweise eine andere Beurteilung geboten sein. Eine (vertretbare) Werkleistungspflicht wirft keine vollstreckungsrechtlichen Probleme auf (vgl. § 887 ZPO) und ist daher als einlagefähig anzusehen[129]. 51

ee) Sach- und Rechtsgesamtheiten

Sach- und Rechtsgesamtheiten können als solche Gegenstände einer Leistungspflicht und damit auch einer Sacheinlage sein[130], soweit deren sonstige Voraussetzungen (Rdnr. 37 ff.) erfüllt sind. Beispiele sind die Einbringung des **Warenlagers** oder der Außenstände eines Unternehmens, einer Geschäfts- oder Fabrikeinrichtung, einer **Nachlass-** oder **Insolvenzmasse** und vor allem eines Unternehmens im Ganzen oder in Teilen (insbesondere bei einer Betriebsaufspaltung). Gegenstände, die ihrer Natur nach nicht einlagefähig sind, z.B. Ansprüche auf Dienstleistungen und bestimmte Werkleistungen (Rdnr. 51), können auch nicht als Bestandteil einer Sach- oder Rechtsgesamtheit zur Sacheinlage verwendet werden. Umgekehrt liegt es bei den Gegenständen, die, wie z.B. die Firma oder eine geschäftliche Bezeichnung (§ 5 MarkenG), nicht gesondert, wohl aber als Teil der Sachgesamtheit eingebracht werden können (Rdnr. 49). Der Vollzug der Sacheinlagevereinbarung erfolgt bei Sach- und Rechtsgesamtheiten nicht durch die „Übertragung" eines einheitlichen Gegenstandes, sondern der ihnen zuzurechnenden einzelnen Sachen, Rechte und sonstigen Vermögenswerte nach Maßgabe der für sie jeweils geltenden Vorschriften[131]. Die Einbringung durch einen einheitlichen Rechtsakt (z.B. Globalabtretung der Außenstände eines Unternehmens) ist dadurch allerdings nicht ausgeschlossen. 52

Die Sacheinlage eines **Unternehmens** oder von Unternehmensteilen (Betrieben) durch einen oder mehrere Gründer ungeachtet der Bewertungsschwierigkeiten ist seit langem allgemein anerkannt und in § 5 Abs. 4 Satz 2 ausdrücklich erwähnt. Bei Unternehmen einer Personenhandelsgesellschaft und bestimmter juristischer Personen, insbesondere AG, KGaA und 53

---

126 RG, SeuffA 87 Nr. 71; KG, RJA 12, 58.
127 *Schmidt-Leithoff*, in: Rowedder/Schmidt-Leithoff, Rdnr. 31; vgl. auch *Schwandtner*, in: Münch-Komm. GmbHG, Rdnr. 136.
128 BGH v. 16.2.2009 – II ZR 120/07, BGHZ 180, 38, 42 Rdnr. 9 = GmbHR 2009, 540; *Bayer*, in: Lutter/Hommelhoff, Rdnr. 18; *Fastrich*, in: Baumbach/Hueck, Rdnr. 24; *Schmidt-Leithoff*, in: Rowedder/Schmidt-Leithoff, Rdnr. 29; *Ulmer/Casper*, in: Ulmer/Habersack/Löbbe, Rdnr. 70. A.A. *Schwandtner*, in: MünchKomm. GmbHG, Rdnr. 122 f. (die aus persönlichem Charakter resultierenden Risiken seien bei der Bewertung zu berücksichtigen).
129 *Bayer*, in: Lutter/Hommelhoff, Rdnr. 18.
130 RG, LZ 1916, 742; RG, LZ 1918, 918; RGZ 155, 211; BGH v. 2.5.1966 – II ZR 219/63, BGHZ 45, 338; BGH v. 14.3.1977 – II ZR 156/75, BGHZ 68, 191, 196; *Bayer*, in: Lutter/Hommelhoff, Rdnr. 20; *Fastrich*, in: Baumbach/Hueck, Rdnr. 29; *Schwandtner*, in: MünchKomm. GmbHG, Rdnr. 99; *Schmidt-Leithoff*, in: Rowedder/Schmidt-Leithoff, Rdnr. 33; *Ulmer/Casper*, in: Ulmer/Habersack/Löbbe, Rdnr. 75 ff.
131 *Schwandtner*, in: MünchKomm. GmbHG, Rdnr. 100.

eG besteht *alternativ*[132] die Möglichkeit zur formwechselnden Umwandlung in eine GmbH (§§ 190 ff. UmwG), an der sich dann freilich alle Gesellschafter beteiligen müssen. Die Einbringung von Unternehmen oder Unternehmensteilen in eine zu gründende Gesellschaft kann auch durch einen Einzelkaufmann mittels Ausgliederung (§§ 125, 135 ff., 152 ff. UmwG) und durch andere Rechtsträger mittels Verschmelzung und Spaltung erfolgen (§§ 36 ff., 56 ff., 125, 135 ff. UmwG). Die Umwandlungen bieten im Vergleich zur Sacheinlage vor allem den Vorteil des Fortbestehens des Rechtsträgers bzw. der (vollen oder partiellen) Gesamtrechtsnachfolge (§§ 20 Abs. 1 Nr. 1, 131 Abs. 1 Nr. 1, 202 Abs. 1 Nr. 1 UmwG).

54 Die Pflicht zur Einlage eines Unternehmens umfasst **alle dem Unternehmen wirtschaftlich zuzurechnenden Vermögenswerte**, die nicht im Gesellschaftsvertrag von der Übertragung besonders ausgenommen worden sind[133]; nicht ausreichend ist dagegen eine aus dem Gesellschaftsvertrag oder aus einer zu ihm gehörenden Anlage (z.B. Übernahmebilanz) nicht ersichtliche Nebenabrede der Gründungsgesellschafter. Ebenfalls im Gesellschaftsvertrag ist hinreichend deutlich zu regeln, ob die *Verbindlichkeiten* des einzubringenden Unternehmens, was zulässig ist[134], von der Gesellschaft übernommen werden sollen. Ohne eine entsprechende Festsetzung ist das Unternehmensvermögen unbelastet einzubringen[135]. Bei der Einlage eines Handelsgeschäfts mit Firma ist aber, abgesehen vom Sonderfall der Gründung einer Auffanggesellschaft durch den Insolvenzverwalter[136], im Zweifel anzunehmen, dass auch die Übernahme der Verbindlichkeiten gewollt war[137], anders bei Übernahme eines Unternehmens aus einer Insolvenzmasse. Ergibt sich aus dem Gesellschaftsvertrag (auch konkludent, z.B. aus der Bewertung) ein entsprechender Übernahmewille, so bezieht er sich im Zweifel auf alle Geschäftsverbindlichkeiten, soweit sie nicht durch besondere Bestimmung ausgeschlossen sind oder soweit es sich nicht um unbekannte Verbindlichkeiten handelt, die in den Büchern oder Schriften hätten ausgewiesen werden müssen. Die GmbH haftet bei der Fortführung eines eingebrachten Handelsgeschäfts unter seiner bisherigen Firma (ungeachtet des Rechtsformzusatzes) nach § 25 Abs. 1 HGB den Gläubigern für die Geschäftsverbindlichkeiten des Sacheinlegers, wenn nicht eine abweichende statutarische Regelung in der durch § 25 Abs. 2 HGB bestimmten Weise bekannt gemacht worden ist. Die Gesellschaft tritt bei Einbringung eines Betriebes oder Betriebsteils nach der zwingenden Vorschrift des § 613a BGB in die Rechte und Pflichten aus bestehenden Arbeitsverhältnissen ein.

e) Verfügungsbefugnis des Sacheinlegers

55 Eigentümer der einzubringenden Sache muss nicht der Einlageschuldner selbst sein, die Sacheinlage kann auch von einem Dritten geleistet werden, der nicht Gründungsgesellschafter

---

132 Das UmwG schränkt die herkömmlichen allgemeinen zivil- und handelsrechtlichen Umstrukturierungsmethoden nicht ein; s. Begr. z. RegE, abgedr. bei *Schaumburg/Rödder*, UmwG, UmwStG, 1995, S. 35.

133 OLG Düsseldorf v. 10.1.1996 – 3 Wx 274/95, GmbHR 1996, 214, 215; *Priester*, BB 1980, 20; *Bayer*, in: Lutter/Hommelhoff, Rdnr. 20; *Fastrich*, in: Baumbach/Hueck, Rdnr. 30.

134 RG, LZ 1916, 742; RGZ 155, 211; BGH v. 2.5.1966 – II ZR 219/63, BGHZ 45, 338, 342.

135 RG, JW 1905, 214; RG, Recht 1909, 2528; OLG Düsseldorf v. 30.7.1992 – 3 Wx 36/92, GmbHR 1993, 441, 442; *Priester*, BB 1980, 20; *Fastrich*, in: Baumbach/Hueck, Rdnr. 30.

136 Auch die gesetzliche Haftung für bestehende Verbindlichkeiten nach § 25 HGB (RGZ 58, 166, 168; BGH v. 11.4.1988 – II ZR 313/87, BGHZ 104, 151, 153 f.) entfällt bei einer Veräußerung durch den Insolvenzverwalter. Für bestehende Arbeitsverhältnisse gilt § 613a BGB mit der Einschränkung, dass der Erwerber nicht für die bei Insolvenzeröffnung bestehenden Verpflichtungen haftet (BAG v. 17.1.1980 – 3 AZR 160/79, BAGE 32, 326; BAG v. 4.12.1986 – 2 AZR 246/86, BAGE 53, 380; BAG v. 4.7.1989 – 3 AZR 756/87, BAGE 62, 224; st. Rspr.). Im Übrigen ist § 128 InsO anwendbar.

137 *Fastrich*, in: Baumbach/Hueck, Rdnr. 30; *Schwandtner*, in: MünchKomm. GmbHG, Rdnr. 103 f.; anders RG, LZ 1916, 742.

ist[138], was dann gewöhnlich für Rechnung eines Gründers geschehen wird. Der Gesellschafter kann sich im Gesellschaftsvertrag auch verpflichten, die einem Dritten (Mitgesellschafter oder Nichtgesellschafter) gehörende Sache einzulegen[139]. Überträgt er den fremden Gegenstand später der Gesellschaft, so bedarf er der Zustimmung des Berechtigten (§ 185 BGB), die zwar nicht notwendig schon im Gesellschaftsvertrag, aber noch vor der Anmeldung erteilt sein muss (§ 7 Abs. 3) und dem Registergericht nachzuweisen ist[140]. Für den Erwerb von einem nichtberechtigten Sacheinleger (§§ 932 ff. BGB), der ausreicht[141], kommt es nach § 166 BGB auf die Gutgläubigkeit des Geschäftsführers und nicht der Mitgründer an[142]. Die Erfüllung der Sacheinlagevereinbarung kann auch durch eine unmittelbare Übertragung seitens des Dritten an die Gesellschaft erfolgen, der dabei für Rechnung des Einlageschuldners handelt[143].

f) Anrechnungsbetrag

aa) Festsetzung

Nach § 5 Abs. 4 Satz 1 ist im Gesellschaftsvertrag der Nennbetrag des Geschäftsanteils festzusetzen, auf den sich die Sacheinlage bezieht (s. dazu Rdnr. 89 f.). Die Gesellschafter sind in der Bestimmung dieses Anrechnungsbetrages *nicht frei*. Aus dem Sinn der Vorschriften über die Sicherung der Aufbringung eines der Stammkapitalhöhe entsprechenden Gesellschaftsvermögens folgt, dass der Anrechnungsbetrag den Wert des Sacheinlagegegenstandes (Rdnr. 57 ff.) *nicht überschreiten darf*. Die §§ 9, 9c Abs. 1 Satz 2, in denen der Grundgedanke der angeführten Vorschriften speziell für den Fall der Überbewertung von Sacheinlagen zum Ausdruck gekommen ist, bestätigen diese Einschränkung der Satzungsautonomie durch die Differenzhaftung des Einlegers und durch das entsprechende Eintragungshindernis (Rdnr. 60). Die *Unterschreitung* des Wertes des Sacheinlagegegenstandes bei der Festsetzung des Anrechnungsbetrages ist den Gesellschaftern dagegen gestattet[144], auch wenn dadurch stille Reserven gebildet werden[145]. 56

bb) Obergrenze

Das Gesetz regelt nicht ausdrücklich, welcher **Wert des Sacheinlagegegenstandes** als Obergrenze für den auf den Nennbetrag des Geschäftsanteils anzurechnenden Betrag verbindlich ist (Rdnr. 56). Die Bestimmung des Wertes ergibt sich aber daraus, dass der Einlagegegenstand einen Teil des der betrieblichen Nutzung gewidmeten Gesellschaftsvermögens bilden soll. Es ist deshalb im Hinblick auf den vergleichbaren Bewertungszweck auf den Wert ab- 57

---

138 BayObLG v. 21.6.2005 – 3Z BR 258/04, NotBZ 2005, 405; s. auch OLG Köln v. 24.1.2002 – 18 U 59/01, GmbHR 2002, 549 = ZIP 2002, 713 f.

139 RGZ 118, 113, 120; RG, JW 1936, 42; *Roth*, in: Roth/Altmeppen, Rdnr. 41; *Fastrich*, in: Baumbach/Hueck, Rdnr. 23; *Schmidt-Leithoff*, in: Rowedder/Schmidt-Leithoff, Rdnr. 26.

140 RGZ 118, 113, 120.

141 OLG Köln v. 24.1.2002 – 18 U 59/01, GmbHR 2002, 549 = ZIP 2002, 713; BGH v. 21.10.2002 – II ZR 118/02, GmbHR 2003, 39 = ZIP 2003, 30 f.

142 *Ulmer/Casper*, in: Ulmer/Habersack/Löbbe, Rdnr. 57. A.A. noch *Uwe H. Schneider/H. P. Westermann*, 10. Aufl. (Gutgläubigkeit der Mitgründer, wenn diese auf die Art der Erbringung von Sacheinlagen Einfluss genommen hätten).

143 OLG Köln v. 24.1.2002 – 18 U 59/01, ZIP 2002, 713, 715 = GmbHR 2002, 549; *Ulmer/Casper*, in: Ulmer/Habersack/Löbbe, Rdnr. 56.

144 OLG Stuttgart v. 19.1.1982 – 8 W 295/81, GmbHR 1982, 109, 110; *Fastrich*, in: Baumbach/Hueck, Rdnr. 33; *Schmidt-Leithoff*, in: Rowedder/Schmidt-Leithoff, Rdnr. 35; einschränkend *Ulmer/Casper*, in: Ulmer/Habersack/Löbbe, Rdnr. 90.

145 Tendenziell ebenso *Schwandtner*, in: MünchKomm. GmbHG, Rdnr. 143. A.A. *Bayer*, in: Lutter/Hommelhoff, Rdnr. 27; *Schulze-Osterloh*, ZGR 1993, 420, 429 ff.

zustellen, der in einer handelsrechtlichen Eröffnungsbilanz als Höchstwert angemessen wäre[146]. Er entspricht also, da die Anschaffungs- und Herstellungskosten als Maßstab ausscheiden, dem nach den bilanzrechtlichen Bewertungsvorschriften zu ermittelnden **Zeitwert**, der zugleich den Erfordernissen des Gläubigerschutzes genügt[147]. Wenn der Einlagegegenstand als Anlagevermögen dienen soll, ist demzufolge regelmäßig auf seinen Wiederbeschaffungs- oder Reproduktionskostenwert[148] oder, soweit diese Maßstäbe wegen der einmaligen Natur des Gegenstandes (z.B. Patent, Gebrauchsmuster, Know-how u.Ä.) nicht anwendbar sind, auf seinen zu schätzenden Ertragswert abzustellen[149]. Das Vorsichtsprinzip rechtfertigt, auch nicht für die zuletzt genannten Einlagegegenstände, keine generellen Bewertungsabschläge[150]. Die Einlagegegenstände, die dem Umlaufvermögen der Gesellschaft dienen sollen, sind wegen ihres typischen Bestimmungszwecks im Allgemeinen mit dem unter Berücksichtigung der noch zu erwartenden spezifischen Aufwendungen und der wahrscheinlichen Erlöseinbußen zu ermittelnden Veräußerungswert als Höchstwert anzusetzen[151]. **Unternehmen** sind nach ihrem **Ertragswert** zuzüglich der geschätzten Nettoeinzelveräußerungspreise der nicht betriebsnotwendigen Vermögensgegenstände, mindestens nach ihrem Liquidationswert zu bemessen[152] (s. zur Frage eines Beurteilungsermessens § 9 Rdnr. 12).

58 Wie sich aus der gesetzlichen Regelung über die Differenzhaftung des Sacheinlegers (§ 9 Abs. 1) ergibt, ist der **Zeitwert am Tage der Anmeldung** der Gesellschaft zum Handelsregister maßgebend[153]; nur dann kann bei Eintragung die Werthaltigkeit gesichert sein. Die Wertverhältnisse im Zeitpunkt der Sacheinlagevereinbarung sind nicht entscheidend. Da der Zeitwert die Anrechnungsfähigkeit von Sacheinlagen zwingend nach oben begrenzt (Rdnr. 56), kann auch der Gesellschaftsvertrag für ihn keinen abweichenden Bewertungsstichtag bestimmen (s. aber Rdnr. 59). Das Auseinanderfallen des Vertragsabschlusses und des Bewertungs-

---

146 *Ballerstedt*, S. 96; *Ulmer/Casper*, in: Ulmer/Habersack/Löbbe, Rdnr. 91; *Fastrich*, in: Baumbach/Hueck, Rdnr. 34.
147 OLG Düsseldorf v. 28.3.1991 – 6 U 234/90, GmbHR 1992, 112, 113; OLG München v. 3.12.1993 – 23 U 4300/89, GmbHR 1994, 712; OLG Köln v. 25.4.1997 – 19 U 167/96, GmbHR 1998, 42, 43; *Bayer*, in: Lutter/Hommelhoff, Rdnr. 25; *Schwandtner*, in: MünchKomm. GmbHG, Rdnr. 145; *Ulmer/Casper*, in: Ulmer/Habersack/Löbbe, Rdnr. 91; auf den steuerrechtlichen Begriff des „Teilwerts" eines Gegenstandes im Gesamtvermögen abstellend *Schmidt-Leithoff*, in: Rowedder/Schmidt-Leithoff, Rdnr. 36.
148 OLG Düsseldorf v. 28.3.1991 – 6 U 234/90, GmbHR 1992, 112, 113; OLG München v. 3.12.1993 – 23 U 4300/89, GmbHR 1994, 712; *Festl-Wietek*, BB 1993, 2410, 2412; *Fastrich*, in: Baumbach/Hueck, Rdnr. 34; *Sina*, GmbHR 1994, 387, 388; *Schmidt-Leithoff*, in: Rowedder/Schmidt-Leithoff, Rdnr. 36; *Ulmer/Casper*, in: Ulmer/Habersack/Löbbe, Rdnr. 91.
149 OLG Köln v. 25.4.1997 – 19 U 167/96, GmbHR 1998, 42, 43; *Wiedemann*, in: FS Hirsch, S. 257, 263; ähnlich *Bayer*, in: Lutter/Hommelhoff, Rdnr. 25.
150 So aber BGH v. 16.2.1959 – II ZR 170/57, BGHZ 29, 300, 308 f.; abschwächend BGH v. 12.10.1998 – II ZR 164/97, GmbHR 1999, 232 = NJW 1999, 143, während *Ulmer/Casper*, in: Ulmer/Habersack/Löbbe, Rdnr. 91, beim Fehlen bisheriger Verwertungserfolge generell nur einen geringen Wert für angemessen halten; zum Firmenwert vgl. *Priester*, in: FS Nirk, 1992, S. 893, 911 f.
151 Vgl. OLG München v. 3.12.1993 – 23 U 4300/89, GmbHR 1994, 712; *Fastrich*, in: Baumbach/Hueck, Rdnr. 34; *Sina*, GmbHR 1994, 387, 388; *Schmidt-Leithoff*, in: Rowedder/Schmidt-Leithoff, Rdnr. 36; *Ulmer/Casper*, in: Ulmer/Habersack/Löbbe, Rdnr. 91; vgl. auch RG, LZ 1912, 666 (Warenlager); a.M. *v. Rössing*, S. 57.
152 KG v. 14.2.1997 – 5 U 3967/96, GmbHR 1997, 1066, 1067 (ob. dict.); *Angermayer*, S. 283 ff.; *Bayer*, in: Lutter/Hommelhoff, Rdnr. 25; *Schwandtner*, in: MünchKomm. GmbHG, Rdnr. 149; *Urban*, in: FS Sandrock, 1995, S. 305, 309 ff.; *Trölitzsch*, S. 208 ff.; missverständlich OLG München v. 3.12.1993 – 23 U 4300/89, GmbHR 1994, 712.
153 OLG Düsseldorf v. 28.3.1991 – 6 U 234/90, WM 1991, 1670; *Bayer*, in: Lutter/Hommelhoff, Rdnr. 28; *Fastrich*, in: Baumbach/Hueck, Rdnr. 34; *Schmidt-Leithoff*, in: Rowedder/Schmidt-Leithoff, Rdnr. 36; *Trölitzsch*, S. 202 f.; *Ulmer/Casper*, in: Ulmer/Habersack/Löbbe, Rdnr. 92; auf den Zeitpunkt der Eintragung abstellend *Spiegelberger/Walz*, GmbHR 1998, 761, 763.

stichtages führt zu Problemen bei der Einlage von Gegenständen mit starken Wertschwankungen, insbesondere von Unternehmen (Rdnr. 54). Der Ungewissheit über den höchstzulässigen Anrechnungswert des Einlagegegenstandes kann in diesen Fällen durch die statutarische Vereinbarung Rechnung getragen werden, dass der Sacheinleger eine nach dem maßgeblichen Zeitwert des Einlagegegenstandes sich ergebende Unterdeckung des Nennbetrags des Geschäftsanteils durch eine Geldleistung auszugleichen hat; dann kann eingetragen werden[154]. Darin liegt keine so genannte Mischeinlage (s. § 7 Rdnr. 21 und Rdnr. 81)[155], für die nach §§ 5 Abs. 4 Satz 1, 7 Abs. 2 und 3 im Interesse des Gläubigerschutzes eine genaue ziffernmäßige Aufteilung des Nennbetrags des Geschäftsanteils geboten ist, sondern eine zur Sacheinlagevereinbarung gehörende Wertgarantie[156], deren Erfüllung bis zur Anmeldung zu erfolgen hat (§ 7 Abs. 3) und durch den Geschäftsführer zu versichern ist (§ 8 Abs. 2 Satz 1). Die Gesellschafter können *untereinander* für den Fall der stichtagsbedingten Verminderung des Anrechnungsbetrages der Sacheinlage einen Ausgleich durch eine schuldrechtliche Nebenabrede festlegen[157]. Umgekehrt kann für den Fall einer Überdeckung des Nennbetrages des Geschäftsanteils durch den maßgeblichen Zeitwert des Einlagegegenstandes im Gesellschaftsvertrag auch vereinbart werden, dass der Sacheinleger den Überschussbetrag vergütet erhalten soll (so genannte gemischte Sacheinlage, vgl. Rdnr. 81 ff.). Der Vergütungsbetrag braucht nicht ziffernmäßig genau[158] oder schätzungsweise[159] im Statut angegeben zu werden, sondern es ist ausreichend, dass er für den Bewertungsstichtag bestimmbar festgelegt und in der Anmeldung konkretisiert wird (Rdnr. 83)[160]. Zum Nachweis des Zeitwertes gegenüber dem Registergericht vgl. § 8 Rdnr. 14 und § 9c Rdnr. 34.

Der Zeitwert am Tage der Anmeldung ist nur eine **unabdingbare Obergrenze** für den Anrech- 59
nungsbetrag (Rdnr. 56, 58), schließt also nicht aus, dass die Sacheinlagevereinbarung innerhalb dieser Grenze einen anderen Stichtagswert zugrunde legt. Das ist vor allem für die in der Praxis gebräuchlichen Formen der Sacheinlage von **Unternehmen** oder von Teilunternehmen (Rdnr. 54) bedeutsam. Die verbreitet übliche Einbringung eines Unternehmens zum *Buchwert der letzten Jahresbilanz* mit der Abrede, dass es ab diesem Zeitpunkt rückwirkend als für Rechnung der Vorgesellschaft geführt gilt[161], ist brauchbar, solange nicht durch von ihr danach zu tragende zwischenzeitliche Verluste der vom Einbringungs*buch*wert zu unterscheidende *Zeitwert* des Unternehmens bei Anmeldung (Rdnr. 57 f.) unterschritten wird[162]; für den zuletzt genannten Fall kann aber durch die Vereinbarung einer Ausgleichungspflicht der Differenz zwischen dem Zeitwert und dem Stammeinlagebetrag in Geld Vorsorge getroffen werden (Rdnr. 58); auch sollte der Sacheinleger keine Ausgleichsansprüche haben. Die Jahresbilanz ist jedoch dann keine ausreichende Wertunterlage i.S. des § 8 Abs. 1 Nr. 5 mehr, wenn sie – auch unter Berücksichtigung der aus ihr ersichtlichen Risiken und der Angaben im Sach-

---

154 BGH v. 23.11.1998 – II ZR 70/97, GmbHR 1999, 232; OLG Zweibrücken v. 26.11.1980 – 3 W 169/80, GmbHR 1981, 214, 215; OLG Köln v. 25.4.1997 – 19 U 167/96, GmbHR 1998, 42, 44; *Bayer*, in: Lutter/Hommelhoff, Rdnr. 26; *Priester*, BB 1980, 19, 20.

155 A.A. *Priester*, BB 1980, 20.

156 Die Garantie schließt mangels gegenteiliger Anhaltspunkte aber keine nach der Eintragung eintretenden Entwertungen ein; vgl. BGH v. 12.10.1998 – II ZR 164/97, GmbHR 1999, 232.

157 *Ulmer/Casper*, in: Ulmer/Habersack/Löbbe, Rdnr. 92.

158 So *Günthner*, NJW 1975, 524, 526; *Sudhoff*, NJW 1982, 132.

159 OLG Stuttgart v. 19.1.1982 – 8 W 295/81, GmbHR 1982, 109, 111.

160 OLG Zweibrücken v. 26.11.1980 – 3 W 169/80, GmbHR 1981, 214, 215; *Bayer*, in: Lutter/Hommelhoff, Rdnr. 27; *Priester*, BB 1980, 22 f.; *Priester*, GmbHR 1982, 112 f.; *Ulmer/Casper*, in: Ulmer/Habersack/Löbbe, Rdnr. 130.

161 *Fastrich*, in: Baumbach/Hueck, Rdnr. 31; Bedenken bei *Ulmer/Casper*, in: Ulmer/Habersack/Löbbe, Rdnr. 98.

162 Vgl. *Fastrich*, in: Baumbach/Hueck, Rdnr. 31; *Schmidt-Leithoff*, in: Rowedder/Schmidt-Leithoff, Rdnr. 35 f.; s. im Übrigen auch *Ulmer/Casper*, in: Ulmer/Habersack/Löbbe, Rdnr. 95 ff.

gründungsbericht (§ 5 Abs. 4 Satz 2) – nicht zeitnah genug ist, weil sich dadurch eine Rück-wirkung zu Lasten der Gesellschaft ergeben kann, die dem heutigen Verständnis der Kapital-aufbringung nicht entspricht[163]. Bei der vorgenannten Methode der Einlage von Unterneh-men sind ferner die Schranken einer steuerrechtlichen Anerkennung der vereinbarten Rückbeziehung auf einen vor der Einbringung des Unternehmens liegenden Stichtag zu be-achten (§ 20 Abs. 8 Satz 3 UmwStG). Der Gesellschaftsvertrag kann auch bestimmen, dass eine auf den Tag der Einbringung zu erstellende Bilanz maßgebend sein und eine Ausgle-ichungspflicht der Beteiligten bestehen soll, wonach der einbringende Gesellschafter eine sich ergebende Unterdeckung des Nennbetrags des Geschäftsanteils in Geld nachzuzahlen oder die Gesellschaft ihm eine entsprechende Überdeckung zu erstatten hat (Rdnr. 58)[164]; bei die-ser Lösung ist eine Bewertung für den Registerrichter u.U. einfacher, aber nur bei einem gewissen Zeitabstand zwischen dem Gesellschaftsvertrag und der Errichtung der Einbrin-gungsbilanz, der es ermöglicht, den eventuell zu leistenden Ausgleichsbetrag einigermaßen zu-verlässig zu schätzen[165]. Der Vorbehalt, dass der Zeitwert des Unternehmens bei Anmeldung nicht überschritten werden darf (Rdnr. 56, 58), gilt dieser Einbringungsmethode gegenüber ebenfalls. Wegen der zeitnäheren Wertansätze in der Einbringungsbilanz ist diese aber re-gelmäßig als eine geeignete Bewertungsunterlage i.S. des § 8 Abs. 1 Nr. 5 anzusehen (s. § 8 Rdnr. 18).

cc) Rechtsfolgen

60 Unterschreitet der Zeitwert des Einlagegegenstandes bei Anmeldung den durch seine Leis-tung aufzubringenden Stammeinlagebeitrag (für gemischte Sacheinlagen vgl. Rdnr. 85), so darf das Registergericht die Gesellschaft nicht eintragen (s. § 9c Rdnr. 32, 40) und der Sach-einleger ist von Gesetzes wegen zur Leistung des Fehlbetrages in Geld verpflichtet (§ 9). Da-rüber hinaus können weitergehende Schadensersatzansprüche nach §§ 9a, 9b und nach den allgemeinen Vorschriften bestehen.

61 Die **Unterdeckung** des **Nennbetrags** des **Geschäftsanteils** hat **keine Nichtigkeit** der Sach-einlagevereinbarung zur Folge[166]. Die nach früherem Recht für offensichtliche und willkürli-che Überbewertungen vertretene abweichende Ansicht[167] ist überholt, weil das Gesetz, wie auch die Materialien ergeben[168], die bei einem Verstoß gegen das Verbot der Unterpari-Ausga-be (Rdnr. 28) in Erwägung zu ziehende Nichtigkeitsfolge durch die Differenzhaftung (§ 9) gerade vermeiden will, die einerseits der Gläubigerschutzfunktion voll gerecht wird, aber zu-gleich auch das Interesse der Gesellschaft an dem u.U. unentbehrlichen Einlagegegenstand berücksichtigt. Die Nichtigkeit der Sacheinlagevereinbarung aus anderen Gründen, z.B. we-gen eines Verstoßes der Anrechnungsabrede gegen § 138 BGB, ist dadurch nicht ausgeschlos-sen; der Gesellschafter hat dann den Nennbetrag in *voller* Höhe in Geld zu entrichten, soweit die Einlageschuld nicht analog § 19 Abs. 4 durch Anrechnung erloschen ist (Rdnr. 95).

---

163 Anders noch BGH v. 2.5.1966 – II ZR 219/63, BGHZ 45, 338, 349 f., inzwischen aber überholt, vgl. *Ulmer/Casper*, in: Ulmer/Habersack/Löbbe, Rdnr. 98 mit Fn. 204.

164 OLG Zweibrücken v. 26.11.1980 – 3 W 169/80, GmbHR 1981, 214; OLG Stuttgart v. 19.1.1982 – 8 W 295/81, GmbHR 1982, 109; *Priester*, GmbHR 1982, 112 f.; *Ulmer/Casper*, in: Ulmer/Haber-sack/Löbbe, Rdnr. 96.

165 Dies ließ OLG Stuttgart v. 19.1.1982 – 8 W 295/81, GmbHR 1982, 109, 111, genügen; schärfere An-forderungen hinsichtlich der Genauigkeit der Angaben (*Günthner*, NJW 1975, 524, 526) überfor-dern die Beteiligten, die ohnehin mit der Differenzhaftung rechnen müssen.

166 *Geßler*, BB 1980, 1385, 1387; *Fastrich*, in: Baumbach/Hueck, Rdnr. 35; *Ulmer/Casper*, in: Ulmer/Habersack/Löbbe, Rdnr. 103; *Schmidt-Leithoff*, in: Rowedder/Schmidt-Leithoff, Rdnr. 37.

167 BGH v. 16.2.1959 – II ZR 170/57, BGHZ 29, 300, 307.

168 Begr. RegE, BT-Drucks. 8/1347, S. 35.

g) Leistungsstörungen und Mängel

Die bürgerlich-rechtlichen Vorschriften über Leistungsstörungen sowie Sach- und Rechts-   62
mängel können nicht ohne weiteres angewandt werden[169]. Die vereinbarte Sacheinlagepflicht
ist kein Kauf der einzulegenden Sache durch die Gesellschaft und kann auch nicht als ein gegenseitiger, auf Austausch gerichteter Vertrag verstanden werden. Sie erfolgt vielmehr in Erfüllung korporativer Verpflichtungen. Eine Besonderheit besteht auch darin, dass die Sacheinlagepflicht die Geldeinlagepflicht substituiert und die Geldeinlagepflicht im Interesse einer
wirksamen Kapitalaufbringung wiederauflebt, wenn die eingebrachte Sache nicht werthaltig
ist (vgl. § 9). Diese Aspekte sind zu berücksichtigen, wenn über die Anwendbarkeit des Leis-
tungsstörungsrechts zu entscheiden ist.

aa) Unmöglichkeit

Wenn die Erbringung einer vereinbarten Sacheinlage unmöglich ist, so entfällt die Einbrin-   63
gungspflicht nach § 275 Abs. 1 BGB ohne Rücksicht darauf, ob die Unmöglichkeit vor (**anfängliche Unmöglichkeit**) oder nach Abschluss der Sacheinlagevereinbarung (**nachträgliche
Unmöglichkeit**) eintritt[170]. Die Sacheinlagevereinbarung ist nicht nichtig; dies gilt seit der Reform des Schuldrechts auch für die Fälle anfänglicher objektiver Unmöglichkeit (vgl. § 311a
Abs. 1 BGB). Der Beitritt des Gesellschafters ist nicht unwirksam[171]. An die Stelle der Pflicht
zur Leistung einer Sacheinlage tritt von Gesetzes wegen die **Pflicht** zur **Leistung** der **Bareinlage**[172] (s. aber zur anfänglichen Unmöglichkeit Rdnr. 64).

Darüber hinaus können der Gesellschaft schuldrechtliche Ansprüche zustehen; im Falle an-   64
fänglicher Unmöglichkeit kann sie gemäß § 311a Abs. 2 Satz 1 BGB **Schadensersatz statt
der Leistung** verlangen, im Falle nachträglicher Unmöglichkeit ebenfalls Schadensersatz statt
der Leistung gemäß §§ 280, 283 BGB[173]. Diese Ansprüche sind, wenn der wahre Wert des
vorgesehenen Einlagegegenstandes höher ist als der Anrechnungsbetrag (Rdnr. 56), für die
Gesellschaft vorteilhafter als der von Gesetzes wegen bestehende Bareinlageanspruch. Die
Mindesthöhe des Schadensersatzanspruchs ist wegen des Verbots der Unterpari-Emission
der Nennbetrag des Geschäftsanteils[174]. Der vertragsrechtliche Schadensersatzanspruch kann
wahlweise neben dem Erfüllungsanspruch auf die Geldeinlage erhoben werden[175].

Ein **Rücktrittsrecht** entsprechend §§ 323, 326 Abs. 5 BGB besteht nach zutreffender Ansicht   65
nicht[176]. Es besteht kein Bedürfnis für einen Rücktritt, da die Gesellschaft bereits von Gesetzes wegen einen Bareinlageanspruch hat (s. Rdnr. 63). Möchten die Gesellschafter sich vom
mit einer Sacheinlage gescheiterten Gesellschafter trennen, können sie ihn ausschließen[177].

---

169 Darüber besteht Einigkeit; vgl. *Ulmer/Casper*, in: Ulmer/Habersack/Löbbe, Rdnr. 105 ff.; *Leitzen*,
    in: Michalski u.a., Rdnr. 166.
170 *Schmidt-Leithoff*, in: Rowedder/Schmidt-Leithoff, Rdnr. 40; *Ulmer/Casper*, in: Ulmer/Habersack/
    Löbbe, Rdnr. 114; *Leitzen*, in: Michalski u.a., Rdnr. 171-173.
171 *Schwandtner*, in: MünchKomm. GmbHG, Rdnr. 162; vgl. auch *Leitzen*, in: Michalski u.a.,
    Rdnr. 172.
172 *Schwandtner*, in: MünchKomm. GmbHG, Rdnr. 162; *Schäfer*, in: Bork/Schäfer, Rdnr. 30; ebenso
    bereits vor der Schuldrechtsmodernisierung BGH v. 2.5.1966 – II ZR 219/63, BGHZ 45, 34, 345;
    BGH v. 17.2.1997 – II ZR 259/96, GmbHR 1997, 545.
173 *Fastrich*, in: Baumbach/Hueck, Rdnr. 38; *Schwandtner*, in: MünchKomm. GmbHG, Rdnr. 165;
    Ulmer/Casper, in: Ulmer/Habersack/Löbbe, Rdnr. 115.
174 *Schwandtner*, in: MünchKomm. GmbHG, Rdnr. 165.
175 Vgl. *Fastrich*, in: Baumbach/Hueck, Rdnr. 38; *Schmidt-Leithoff*, in: Rowedder/Schmidt-Leithoff,
    Rdnr. 40; *Ulmer/Casper*, in: Ulmer/Habersack/Löbbe, Rdnr. 115.
176 *Fastrich*, in: Baumbach/Hueck, Rdnr. 38; *Schwandtner*, in: MünchKomm. GmbHG, Rdnr. 166; *Leit-
    zen*, in: Michalski u.a., Rdnr. 174. A.A. noch die 10. Aufl.
177 *Leitzen*, in: Michalski u.a., Rdnr. 174.

66   Schwierige Fragen werden aufgeworfen, wenn die **Gesellschaft** die **Unmöglichkeit** ganz oder teilweise **zu vertreten** hat. Wegen des Gebots effektiver Kapitalaufbringung ist § 326 Abs. 2 BGB nicht anwendbar, so dass der Gesellschafter nicht von seiner Leistungspflicht befreit wird. Allerdings kann ihm ein Schadensersatzanspruch gegen die Gesellschaft gemäß §§ 280, 283 BGB zustehen[178]. Das Gebot effektiver Kapitalaufbringung steht dem nicht entgegen. Dem Gesellschafter ist es freilich gemäß § 19 Abs. 2 Satz 2 verwehrt, mit seinem Schadensersatzanspruch gegen die Einlageforderung der Gesellschaft aufzurechnen. Er muss den Anspruch also ggf. klageweise geltend machen[179].

67   Stellt sich die **Unmöglichkeit vor der Eintragung der Gesellschaft** heraus, ist der Gesellschafter daher nach den bereits dargestellten Grundsätzen zur Bareinlage verpflichtet. Es sind jedoch Fälle denkbar, in denen der Gesellschafter (oder auch die Gesellschaft) an dem Beitritt nur ein Interesse hat, wenn die spezielle Sacheinlage erbracht wird. Dann kann der Gesellschafter nicht das durch § 275 BGB begründete Recht verlieren, sich auf die Undurchführbarkeit der Sacheinlagevereinbarung zu berufen und so die Eintragung der Gesellschaft zu verhindern[180].

bb) Verzug

68   Ein Sachinferent kommt gemäß §§ 280 Abs. 2, 286 ff. BGB in Verzug. Er schuldet dann **Verzugsschaden**, der sich hauptsächlich daraus ergeben kann, dass wegen § 7 Abs. 3 die Eintragung der Gesellschaft nicht erfolgen kann[181]. Wenn die Gesellschaft dem Einleger erfolglos eine Nachfrist gesetzt hat, kann sie neben der Erfüllung der Bareinlagepflicht Schadensersatz fordern[182]. Ein Rücktrittsrecht besteht grundsätzlich nicht[183]. Eine andere Beurteilung ist aber geboten, wenn die Gesellschaft vor der Eintragung gemäß § 323 Abs. 1 BGB zurücktreten will; zwingende Gründe gegen die Zulässigkeit eines Rücktritts gibt es in der Vorgesellschaft nicht[184]. Das praktische Bedürfnis für einen Rücktritt besteht vor allem dann, wenn die Gesellschaft ein besonderes Interesse an der Einbringung des versprochenen Gegenstandes hatte. Der Gesellschaftsvertrag kann auch für den Fall der nicht rechtzeitigen Leistung eine **Vertragsstrafe** vorsehen (§ 339 BGB).

cc) Rechts- und Sachmängel

69   Die Rechtsprechung hat vor der Schuldrechtsmodernisierung bürgerlich-rechtliche Schadensersatzansprüche der Gesellschaft gegen den Inferenten wegen Sachmängel bejaht[185]. Auch für die Zeit nach der Schuldrechtsmodernisierung wird im Schrifttum verschiedentlich die Ansicht vertreten, das kaufrechtliche Sach- und Rechtsmängelgewährleistungsrecht sei anwendbar, wobei teilweise danach differenziert wird, um welche Art von Ansprüchen es sich han-

---

178 *Schwandtner*, in: MünchKomm. GmbHG, Rdnr. 168; wohl auch *Schmidt-Leithoff*, in: Rowedder/ Schmidt-Leithoff, Rdnr. 40.

179 Vgl. auch *Schwandtner*, in: MünchKomm. GmbHG, Rdnr. 168: Gesellschafter müsse sich seinen anteiligen Haftungsbetrag aus einer Vorbelastungshaftung entgegenhalten lassen.

180 *Schwandtner*, in: MünchKomm. GmbHG, Rdnr. 171 f.; ebenso *Ulmer/Casper*, in: Ulmer/Habersack/Löbbe, Rdnr. 110 für den Fall des nicht geheilten Formmangels.

181 *Fastrich*, in: Baumbach/Hueck, Rdnr. 38; *Leitzen*, in: Michalski u.a., Rdnr. 175.

182 *Ulmer/Casper*, in: Ulmer/Habersack/Löbbe, Rdnr. 116.

183 *Schwandtner*, in: MünchKomm. GmbHG, Rdnr. 174; *Ulmer/Casper*, in: Ulmer/Habersack/Löbbe, Rdnr. 116.

184 *Schwandtner*, in: MünchKomm. GmbHG, Rdnr. 175. A.A. wohl *Schäfer*, in: Bork/Schäfer, Rdnr. 30; *Leitzen*, in: Michalski u.a., Rdnr. 175.

185 RGZ 68, 271, 274; RGZ 86, 210, 215; RG, JW 1934, 3196; vgl. auch BGH v. 2.5.1966 – II ZR 219/63, BGHZ 45, 338, 345 zur Rechtsmängelhaftung.

delt[186]. So sollen etwa Rücktritts- und Minderungsrecht wegen des Kapitalaufbringungs-
grundsatzes ausgeschlossen sein, nicht aber Schadensersatzansprüche[187], die unabhängig von
der konkurrierenden Differenzhaftung gemäß § 438 BGB verjähren würden[188].

Vorzugswürdig ist es, in der Regelung der **Differenzhaftung** (§ 9) eine **abschließende Son-**   70
derregelung zu sehen[189]. Denn die Vorschriften über die Sachmängelgewährleistung sind für
Austauschverträge konzipiert. Dies kommt auch in den abgestuften Rechtsfolgen im Falle von
Sach- und Rechtsmängeln zum Ausdruck (Nacherfüllung; Minderung; Rücktritt und Schadensersatz). Die Einbringung von Sacheinlagen ist aber ein körperschaftsrechtlicher Vorgang,
mit dem der Inferent seine Einlagepflicht erfüllt. Dies wird im Interesse einer effektiven Kapitalaufbringung durch die einen Sachmangel nicht voraussetzende verschuldensunabhängige
Differenzhaftung des § 9 gewährleistet[190]. Eine andere Beurteilung der Frage nach der Anwendbarkeit des bürgerlich-rechtlichen Gewährleistungsrechts ist nur dann geboten, wenn
die Funktionstauglichkeit der Sache durch den Mangel erheblich beeinträchtigt ist[191]. Dann
besteht, ebenso wie im Falle der Unmöglichkeit (s. Rdnr. 63), von Gesetzes wegen ein Bareinlageanspruch[192]. Außerdem kann der Gesellschaft dann ein (über die Differenzhaftung
hinausgehender) Schadensersatzanspruch entsprechend § 437 Nr. 3 BGB zustehen[193]. Schließlich kann die Gesellschaft einen **Schadensersatzanspruch** wegen einer Nebenpflichtverlet-
zung gemäß § 280 Abs. 1 BGB haben[194]. Handelt es sich bei der Sacheinlage um eine vertretbare Sache, ist der Gesellschafter verpflichtet, eine Sache von mittlerer Art und Güte zu
leisten (§ 243 Abs. 1 BGB). Ist sie dies nicht, hat die Gesellschaft aus dem Sacheinlagever-
sprechen heraus einen Anspruch auf Leistung einer solchen[195].

Bei **Rechtsmängeln** finden die Vorschriften des BGB über die Rechtsmängelhaftung gleich-   71
falls grundsätzlich keine Anwendung[196]. Wenn ein einzubringendes Recht nicht besteht, handelt es sich allerdings um einen Fall der Unmöglichkeit, so dass der Bareinlageanspruch von
Gesetzes wegen besteht[197].

h) Lasten und Verbindlichkeiten

Dingliche Lasten des Sachgutes bleiben bestehen, sofern nicht im Einzelfall die Gutgläubig-   72
keit des Geschäftsführers und der Mitgründer zum Erlöschen führt (z.B. nach § 936 BGB),
wobei nicht ausgeschlossen ist, nach § 166 Abs. 1 BGB im Einzelfall der juristischen Person
das Wissen des Inferenten zuzurechnen[198]. Persönliche Verbindlichkeiten, mit dem Einlagegegenstand verknüpft, z.B. die Passiven einer eingebrachten Sachgesamtheit, kann die GmbH
nur übernehmen, wenn es im Gesellschaftsvertrag bestimmt ist; anderenfalls verbleiben sie

---

186 Vgl. 10. Aufl.; ferner *Fastrich*, in: Baumbach/Hueck, Rdnr. 39; *Ulmer/Casper*, in: Ulmer/Habersack/
Löbbe, Rdnr. 117.
187 *Ulmer/Casper*, in: Ulmer/Habersack/Löbbe, Rdnr. 117; weitergehend aber *Fastrich*, in: Baumbach/
Hueck, Rdnr. 39.
188 *Fastrich*, in: Baumbach/Hueck, Rdnr. 39.
189 *Bayer*, in: Lutter/Hommelhoff, Rdnr. 30; *Schwandtner*, in: MünchKomm. GmbHG, Rdnr. 179; *Leitzen*, in: Michalski u.a., Rdnr. 176 f.
190 *Karsten Schmidt*, GesR, § 20 III 4. d) (S. 585).
191 *Schwandtner*, in: MünchKomm. GmbHG, Rdnr. 181; *Leitzen*, in: Michalski u.a., Rdnr. 176 (bei völ-
liger Unbrauchbarkeit der Sache).
192 *Schwandtner*, in: MünchKomm. GmbHG, Rdnr. 181; *Leitzen*, in: Michalski u.a., Rdnr. 176.
193 *Schwandtner*, in: MünchKomm. GmbHG, Rdnr. 181.
194 *Leitzen*, in: Michalski u.a., Rdnr. 178.
195 *Schwandtner*, in: MünchKomm. GmbHG, Rdnr. 183.
196 *Schwandtner*, in: MünchKomm. GmbHG, Rdnr. 184; *Leitzen*, in: Michalski u.a., Rdnr. 177. A.A.
10. Aufl.; *Fastrich*, in: Baumbach/Hueck, Rdnr. 39; *Schmidt-Leithoff*, in: Rowedder/Schmidt-Leit-
hoff, Rdnr. 41.
197 *Schwandtner*, in: MünchKomm. GmbHG, Rdnr. 185.
198 *Ehlers*, GmbHR 2005, 934 ff.

dem Inferenten (s. dazu Rdnr. 54, 92). Hat der Inferent Gewähr für den Eingang von Außenständen übernommen oder der GmbH Befreiung von Verbindlichkeiten zugesagt, die diese zu erfüllen hat, so ist dies keine Sonderleistungspflicht i.S. des § 3 Abs. 2, sondern Nebenverbindlichkeit zur Einlagepflicht. Daher ist ein Erlass dieser Pflichten gemäß § 19 Abs. 2 unzulässig; denn dies würde zur Minderung der Einlagen führen. Anders liegt es bei einem ernstlichen Vergleich[199].

3. Sachübernahme

a) Begriff und Bedeutung

73 Die Sachübernahme ist in § 5 Abs. 4 Satz 1 seit der GmbH-Novelle 1980 nicht mehr ausdrücklich erwähnt, wird aber durch den vom Gesetz in einem erweiterten Sinne gebrauchten Sacheinlagebegriff als Oberbegriff mit umfasst (Rdnr. 31). Es ist darunter in Übereinstimmung mit der früheren Legaldefinition (§ 5 Abs. 4 a.F.) die Gestaltung zu verstehen, dass die **Vergütung für Vermögensgegenstände**, die die **Gesellschaft übernimmt**, auf **Einlagen „angerechnet"** (Rdnr. 73) werden soll[200]. Von der Sacheinlage i.e.S. (Rdnr. 34 ff.) unterscheidet sie sich also dadurch, dass der Gegenstand der übernommenen Einlagepflicht nicht in anderen Vermögenswerten, sondern wie regelmäßig in Geld besteht und nur ausnahmsweise die Möglichkeit eröffnet wird, die Geldeinlagepflicht durch Anrechnung der Vergütung aus Sachübernahmen zu tilgen (vgl. § 19 Abs. 2 Satz 2). Die Sachübernahme wirft wie die Sacheinlage i.e.S. das Problem auf, dass eine effektive Kapitalaufbringung zu gewährleisten ist. Auf die Einlagepflicht sind daher, unbeschadet der getroffenen Anrechnungsabrede (Rdnr. 73), im Übrigen die für Geldeinlage geltenden Vorschriften (§§ 7 Abs. 2, 8 Abs. 2, 9a Abs. 1 u. 2, 19 ff.) anwendbar.

74 Die **Anrechnung der Vergütung** aus Sachübernahmen auf die Geldeinlagepflicht des Gesellschafters **unterliegt**, da sie wirtschaftlich vergleichbar die Aufbringung des Stammkapitals gefährdet, voll den **Sachgründungsvorschriften** des GmbHG ohne Rücksicht darauf, ob beim Abschluss des Gesellschaftsvertrags fest mit der vergütungspflichtigen Sachübernahme und dem Vollzug der Verrechnungsabrede gerechnet werden konnte oder nicht. Auch das Erfordernis der Leistung vor der Anmeldung (§ 7 Abs. 3) gilt mit der Maßgabe, dass die Einlagepflicht bis zu diesem Zeitpunkt durch die vollzogene Anrechnung rechtswirksam getilgt sein muss[201]. Die Anmeldung ist anderenfalls zurückzuweisen, wenn nicht auf die Anrechnung verzichtet und die vorgeschriebene Mindesteinzahlung (§ 7 Abs. 2) geleistet worden ist[202]. Eine differenzierende rechtliche Behandlung von Sacheinlagen und Sachübernahmen ist wegen deren jeweiliger Eigenart bei Mängeln des Vertragsabschlusses und bei Leistungsstörungen erforderlich (Rdnr. 75 f.).

aa) Aufnahme in Gesellschaftsvertrag

75 Die **Vereinbarung** über die **Anrechnungsmöglichkeit** der Vergütung aus Sachübernahmen der Gesellschaft auf die Einlagepflicht bedarf zu ihrer **Wirksamkeit** der **Aufnahme** in den **Gesellschaftsvertrag** (§ 5 Abs. 4 Satz 1). Über die erforderlichen einzelnen Festsetzungen

---

199 RGZ 79, 273.
200 RGZ 41, 120, 125; BGH v. 10.11.1958 – II ZR 3/57, BGHZ 28, 314, 318; *Bayer*, in: Lutter/Hommelhoff, Rdnr. 38; *Bongen/Renaud*, GmbHR 1992, 100, 101; *Fastrich*, in: Baumbach/Hueck, Rdnr. 16; *Schmidt-Leithoff*, in: Rowedder/Schmidt-Leithoff, Rdnr. 18, 42; *Ulmer/Casper*, in: Ulmer/Habersack/Löbbe, Rdnr. 119.
201 *Fastrich*, in: Baumbach/Hueck, Rdnr. 41; *Schmidt-Leithoff*, in: Rowedder/Schmidt-Leithoff, Rdnr. 42; *Ulmer/Casper*, in: Ulmer/Habersack/Löbbe, Rdnr. 122.
202 *Ulmer/Casper*, in: Ulmer/Habersack/Löbbe, Rdnr. 122.

vgl. Rdnr. 86 ff. Unter „Anrechnung" ist die Tilgung der Einlagepflicht sowohl durch Aufrechnung (§ 387 BGB) als auch durch vertragliche Verrechnung (Aufrechnungsvertrag) zu verstehen. Von § 5 Abs. 4 Satz 1 werden demgemäß auch Verrechnungsvereinbarungen mit Dritten und/oder Vergütungen aus Sachübernahmeverträgen mit ihnen erfasst[203], was allerdings bei einer Sachübernahmevereinbarung mit Dritten nur die Anrechnungsvereinbarung betreffen kann[204]. Von der Sachübernahme zu unterscheiden ist der Fall, dass die Gesellschaft bereits bei der Gründung unabhängig von der Einlagepflicht einen Leistungsanspruch gegen einen Gründer erhalten soll. Dies ist vorbehaltlich der Regelungen über verdeckte Sacheinlagen zulässig. Die konkrete Umsetzung erfolgt dann in der Satzung durch Vereinbarung einer Nebenleistungspflicht[205].

Die zwingend enthaltene Anrechnungsabrede ist nur wirksam, wenn die von der Gesellschaft   76
übernommenen **Vermögensgegenstände**, für die die anzurechnende Vergütung gewährt wird, auch **zur Sacheinlage geeignet** sind (Rdnr. 37 ff.)[206]. Da die Verrechnung vor der Anmeldung der Gesellschaft *endgültig* zu bewirken ist (§ 7 Abs. 3), scheiden solche Vermögensgegenstände aus, die erst danach entstehen oder geleistet werden sollen[207]. Die anzurechnende Vergütung darf ferner nicht den Zeitwert der übernommenen Vermögensgegenstände am Anmeldetag überschreiten (Rdnr. 57 ff.). Anderenfalls greift die Differenzhaftung gemäß § 9 ein[208].

Die **Unwirksamkeit** der statutarischen Anrechnungsvereinbarung wegen Formmangels, feh-   77
lender Eignung des Vermögensgegenstandes, anfänglicher Unmöglichkeit der Verrechnung (§ 311a BGB) oder eines ihr speziell anhaftenden sonstigen Vertragsmangels (zur begrenzten Zulässigkeit der Teilanfechtung s. Rdnr. 94) hat zur Folge, dass eine Anrechnung der Vergütung unzulässig (§ 19 Abs. 2 Satz 2) und die Einlage in Geld zu leisten ist[209].

bb) Sachgründungsbericht

Auch im Falle einer Sachübernahme ist ein Sachgründungsbericht i.S. des § 5 Abs. 4 Satz 2   78
erforderlich[210]. Zwar verweist § 19 Abs. 2 Satz 2 nicht auf § 5 Abs. 4 Satz 2. Daraus lässt sich aber nicht schließen, dass der Gesetzgeber einen Sachgründungsbericht bei der Sachübernahme für entbehrlich hielt.

cc) Sachübernahmevertrag

Der Sachübernahmevertrag ist ein **schuldrechtlicher Austauschvertrag** i.S. der §§ 320 ff.   79
BGB, z.B. ein Kaufvertrag[211], zwischen der **Gesellschaft** und dem **Gesellschafter** oder ei-

203 RGZ 41, 120, 125; BGH v. 2.5.1966 – II ZR 219/63, BGHZ 45, 338, 343; *Fastrich*, in: Baumbach/Hueck, Rdnr. 40; *Schmidt-Leithoff*, in: Rowedder/Schmidt-Leithoff, Rdnr. 44; *Ulmer/Casper*, in: Ulmer/Habersack/Löbbe, Rdnr. 119, 123; im Ergebnis auch *Roth*, in: Roth/Altmeppen, Rdnr. 32.
204 Zweifelnd am Ergebnis der Aufnahme in die Satzung daher *Roth*, in: Roth/Altmeppen, Rdnr. 33.
205 *Ulmer/Casper*, in: Ulmer/Habersack/Löbbe, Rdnr. 120.
206 *Bayer*, in: Lutter/Hommelhoff, Rdnr. 39; *Schwandtner*, in: MünchKomm. GmbHG, Rdnr. 194; *Schmidt-Leithoff*, in: Rowedder/Schmidt-Leithoff, Rdnr. 44; *Ulmer/Casper*, in: Ulmer/Habersack/Löbbe, Rdnr. 123.
207 *Bayer*, in: Lutter/Hommelhoff, Rdnr. 39; *Fastrich*, in: Baumbach/Hueck, Rdnr. 41.
208 *Schwandtner*, in: MünchKomm. GmbHG, Rdnr. 195.
209 RGZ 86, 291, 292 f.; *Bayer*, in: Lutter/Hommelhoff, Rdnr. 40; *Fastrich*, in: Baumbach/Hueck, Rdnr. 42.
210 *Schwandtner*, in: MünchKomm. GmbHG, Rdnr. 198; i.E. auch *Bayer*, in: Lutter/Hommelhoff, Rdnr. 40.
211 RGZ 86, 291, 292; RGZ 141, 204, 208; *Ulmer/Casper*, in: Ulmer/Habersack/Löbbe, Rdnr. 119; *Bayer*, in: Lutter/Hommelhoff, Rdnr. 38; *Fastrich*, in: Baumbach/Hueck, Rdnr. 40; *Roth*, in: Roth/Altmeppen, Rdnr. 51; *Schmidt-Leithoff*, in: Rowedder/Schmidt-Leithoff, Rdnr. 43.

nem **Dritten** (Rdnr. 73, 75). Er ist, soweit sich aus den allgemeinen Formvorschriften nichts anderes ergibt, nicht formbedürftig und wird auch nicht deswegen zum Bestandteil des Gesellschaftsvertrages, weil nach § 5 Abs. 4 Satz 1 die dort genannten Umstände der Verrechnungsabrede in die Urkunde aufzunehmen sind[212]. Die **Rechtsfolgen** bei **Mängeln** des Sachübernahmevertrages und bei Leistungsstörungen bestimmen sich grundsätzlich nach den allgemeinen Vorschriften[213]. Dies bedeutet, dass die Gesellschaft aus der schuldrechtlichen Übernahmevereinbarung Rechte, auch Gewährleistungsansprüche und Ansprüche wegen Leistungsstörungen, gegen den Gesellschafter ableiten kann, bei deren Scheitern die Verrechnung ausgeschlossen und folglich die Geldeinlage zu leisten ist. Die Unwirksamkeit der statutarischen Anrechnungsvereinbarung (Rdnr. 75) berührt den Sachübernahmevertrag nur, wenn, was aber nicht ohne weiteres anzunehmen ist, die Voraussetzungen des § 139 BGB gegeben sind. Wenn und soweit die Vergütungsforderung des Veräußerers danach entfällt, ist die Einlagepflicht mangels verrechenbarer Forderung durch den Gesellschafter in Geld zu erfüllen; bei einer Unterdeckung des Einlagebetrages infolge wertmindernder Sachmängel besteht auch die Differenzhaftung gemäß § 9 Abs. 1[214]. Der im Falle einer von der Gesellschaft zu vertretenden Unmöglichkeit bestehende Vergütungsanspruch des Veräußerers (§ 326 Abs. 2 BGB) kann im Hinblick auf die vorrangige Sicherung der Kapitalaufbringung nicht gegen die Einlageforderung aufgerechnet oder verrechnet werden[215]. Dasselbe gilt bei vertraglichen Gewährleistungsausschlüssen, soweit durch eine Anrechnung wegen der unzureichenden Gegenleistung des Veräußerers das aufzubringende Stammkapital geschmälert würde.

b) Sachübernahmen ohne Anrechnung

80   Die Sachübernahmen ohne Anrechnung auf Einlagen unterwirft das GmbHG wegen der unterschiedlichen Interessenlage im Gegensatz zum AktG (vgl. § 27 Abs. 1 Satz 1 AktG) bewusst nicht den Sondervorschriften über die Sachgründung[216], insbesondere ist ihre Wirksamkeit, soweit sie nicht als so genannte Nebenleistungspflicht i.S. des § 3 Abs. 2 gewollt sind, nicht von einer Festsetzung der wesentlichen Umstände im Gesellschaftsvertrag abhängig, s. aber Rdnr. 75. Daran ändert auch nichts, wenn die Vergütung auf andere Gesellschafterbeiträge als Einlagen (Rdnr. 21) angerechnet werden soll. Aus den vorgenannten Gründen enthält das Gesetz konsequenterweise auch keine ergänzende Bestimmung über Nachgründungsverträge (vgl. § 52 AktG). Statt dieser Regelungen hat es, um die Einhaltung der Sachgründungsvorschriften zu sichern und die ungeschmälerte Aufbringung der Einlage zu gewährleisten, durch § 19 Abs. 2 Satz 2 ein erheblich *erweitertes* Aufrechnungsverbot eingeführt[217]. Die Vorschrift schließt beiderseits die Aufrechnung der Vergütungsforderung aus einem vor oder nach der Eintragung der Gesellschaft abgeschlossenen Sachübernahmevertrag gegen den Einlageanspruch aus, wenn sie nicht in Ausführung einer gemäß § 5 Abs. 4 Satz 1 getroffenen

---

212 *Knobbe-Keuk*, ZIP 1986, 885, 886 f., 888; *Bongen/Renaud*, GmbHR 1992, 100, 101 f.; *Roth*, in: Roth/Altmeppen, Rdnr. 51; *Schwandtner*, in: MünchKomm. GmbHG, Rdnr. 193; zweifelnd *Fastrich*, in: Baumbach/Hueck, Rdnr. 40. A.A. BGH v. 2.5.1966 – II ZR 219/63, BGHZ 45, 338, 343; *Schmidt-Leithoff*, in: Rowedder/Schmidt-Leithoff, Rdnr. 44; *Spiegelberger/Walz*, GmbHR 1998, 761, 772 f.

213 *Fastrich*, in: Baumbach/Hueck, Rdnr. 42; *Schwandtner*, in: MünchKomm. GmbHG, Rdnr. 203; *Ulmer/Casper*, in: Ulmer/Habersack/Löbbe, Rdnr. 126.

214 *Schwandtner*, in: MünchKomm. GmbHG, Rdnr. 206; *Ulmer/Casper*, in: Ulmer/Habersack/Löbbe, Rdnr. 126.

215 *Schwandtner*, in: MünchKomm. GmbHG, Rdnr. 206.

216 Entw. I, 52. Vgl. auch *Fastrich*, in: Baumbach/Hueck, Rdnr. 17; *Knobbe-Keuk*, ZIP 1986, 885, 886 ff.; *Schmidt-Leithoff*, in: Rowedder/Schmidt-Leithoff, Rdnr. 43; *Ulmer/Casper*, in: Ulmer/Habersack/Löbbe, Rdnr. 120.

217 Entw. I, 52, 67. Vgl. *Knobbe-Keuk*, ZIP 1986, 885, 886; *Fastrich*, in: Baumbach/Hueck, Rdnr. 18; *Roth*, in: Roth/Altmeppen, Rdnr. 33; *Ulmer/Casper*, in: Ulmer/Habersack/Löbbe, Rdnr. 119.

Bestimmung des Gesellschaftsvertrages erfolgt[218]. Ebenso ist danach eine Verrechnungsvereinbarung oder die Annahme an Erfüllungs statt (§ 364 BGB) unzulässig.

4. Gemischte Sacheinlage

Eine gemischte Sacheinbringung bzw. Sacheinlage liegt vor, wenn der Gesellschafter sich in   81
der Weise zur Leistung eines Vermögensgegenstandes verpflichtet, dass sie nur zum Teil auf
die Einlage erfolgen oder die für ihn zu gewährende Vergütung nur zum Teil auf die Einlage
verrechnet werden soll, während der überschießende Teil ihm in Geld oder in anderen Vermögenswerten vergütet werden soll[219]. Es handelt sich somit um eine Verbindung von Sacheinlage und Sachübernahme. Die Gestaltung ist nicht zu verwechseln mit der Mischeinlage,
bei der die Einlage sowohl in Geld als auch in anderen Vermögensgegenständen zu leisten ist
(s. § 7 Rdnr. 21).

Die Vereinbarung über eine gemischte Sacheinbringung ist als ein **einheitliches Rechtsge-**   82
schäft zu behandeln, auf das im Ganzen die für die Sachgründung geltenden Vorschriften
anzuwenden sind[220]. Handelt es sich um eine kraft Parteivereinbarung unteilbare Leistung,
unterliegt das Rechtsgeschäft insgesamt den für Sacheinlagen geltenden Vorschriften[221]. Die
Aufspaltung des Geschäfts widerspräche dem Gründerwillen und wäre vor allem mit dem
Schutzzweck der Sachgründungsvorschriften unvereinbar. Es würde ein irreführendes oder
jedenfalls unvollständiges Bild über das durch die Einlage aufzubringende Gesellschaftsvermögen vermitteln und ebenfalls dem Sinn des § 5 Abs. 4 Satz 1 zuwiderlaufen, wenn bei der
danach erforderlichen Festsetzung des Betrages der Einlage, auf die sich die Sacheinlage bezieht, nur der zu ihrer Deckung verwendete Wertteil und nicht auch der an den Einleger in
Geld oder anderweitig zu vergütende Teil im Gesellschaftsvertrag vermerkt würde.

Außer den nach § 5 Abs. 4 Satz 1 sonst erforderlichen Angaben (Rdnr. 87 ff.) muss sich also   83
aus dem **Gesellschaftsvertrag** selbst ergeben, dass ein über den Anrechnungsbetrag auf die
Einlage hinausgehender **Mehrwert** des **Einlagegegenstandes** dem Einleger oder einem Dritten
vergütet werden soll[222]. Es bedarf jedoch nicht notwendig ausdrücklicher Hervorhebung des
Vergütungsanspruchs, sondern er kann sich auch aus dem übrigen Vertragsinhalt durch Auslegung ergeben[223]. Er muss darüber hinaus Bestimmungen sowohl über die Art der zu gewährenden Vergütung (z.B. Zahlungsanspruch, Darlehensgutschrift, Schuldübernahme u.a.)

---

218 Vgl. RGZ 86, 291; RGZ 141, 204, 210; RG, JW 1935, 2890; RG, DR 1944, 775; BGH v. 13.10.1954
     – II ZR 182/53, BGHZ 15, 52, 58; BGH v. 10.11.1958 – II ZR 3/57, BGHZ 28, 314, 319; BGH v.
     18.2.1991 – II ZR 104/90, BGHZ 113, 335, 340 f. = GmbHR 1991, 255; BGH v. 21.2.1994 – II ZR
     60/93, BGHZ 125, 141, 149 f. = GmbHR 1994, 394; BGH v. 4.3.1996 – II ZB 8/95, GmbHR 1996,
     351, 352.
219 BGH v. 18.2.2008 – II ZR 132/06, BGHZ 175, 265, 272 (zur AG); BGH v. 9.7.2007 – II ZR 62/06,
     BGHZ 173, 145, 152 f. (zur AG); BGH v. 20.11.2006 – II ZR 176/05, BGHZ 170, 47, 52 (zur AG);
     RGZ 159, 321, 326 f.; *Habersack*, in: FS Konzen, 2006, S. 179, 180; *Fastrich*, in: Baumbach/Hueck,
     Rdnr. 20; *Schwandtner*, in: MünchKomm. GmbHG, Rdnr. 207; *Schmidt-Leithoff*, in: Rowedder/
     Schmidt-Leithoff, Rdnr. 46; *Ulmer/Casper*, in: Ulmer/Habersack/Löbbe, Rdnr. 127.
220 RGZ 159, 321, 326; BGH v. 16.3.1998 – II ZR 303/96, GmbHR 1998, 588, 590; *Habersack*, in: FS
     Konzen, 2006, S. 179, 181; *Ulmer/Casper*, in: Ulmer/Habersack/Löbbe, Rdnr. 129; *Fastrich*, in:
     Baumbach/Hueck, Rdnr. 20; *Schmidt-Leithoff*, in: Rowedder/Schmidt-Leithoff, Rdnr. 47.
221 BGH v. 9.7.2007 – II ZR 62/06, BGHZ 173, 145, 152; KG, JW 1928, 1822; *Bayer*, in: Lutter/Hommelhoff, Rdnr. 41; *Schwandtner*, in: MünchKomm. GmbHG, Rdnr. 209; *Ulmer/Casper*, in: Ulmer/
     Habersack/Löbbe, Rdnr. 129.
222 RGZ 125, 323, 329; RGZ 159, 321, 327; BGH v. 2.5.1966 – II ZR 219/63, BGHZ 45, 338, 342.
223 RGZ 159, 321, 327; BayObLG v. 12.4.1979 – BReg 1 Z 13/79, DB 1979, 1075 f.; *Fastrich*, in: Baumbach/Hueck, Rdnr. 20; *Schwandtner*, in: MünchKomm. GmbHG, Rdnr. 210; *Priester*, BB 1980, 19,
     20; *Ulmer/Casper*, in: Ulmer/Habersack/Löbbe, Rdnr. 130.

als auch über die Höhe enthalten[224]. Es ist dabei, was insbesondere für die Einbringung von Unternehmen bedeutsam ist, aber nicht erforderlich, dass die **Vergütung** im Gesellschaftsvertrag betragsmäßig genau beziffert[225] oder jedenfalls mit einem Schätzbetrag[226] angegeben wird, sondern es genügt den Informations- und Kontrollinteressen der Gesellschaftsgläubiger und des Registergerichts, wenn er **objektiv** bestimmbar festgesetzt wird in einer Weise, die eine ziffernmäßige Konkretisierung auf den Anmeldezeitpunkt anhand der eingereichten Unterlagen unschwer ermöglicht[227]. Auf diesem Wege kann dann die – meist erst nach Vertragsschluss festgestellte – Einbringungsbilanz berücksichtigt werden[228].

84 Beim **Fehlen der statutarischen Festsetzungen** über die zu gewährende Vergütung (Rdnr. 83) sind zwar die Beteiligungserklärung und die Sacheinlagevereinbarung rechtswirksam, doch nur so wie beurkundet. Ein Vergütungsanspruch steht dem Einleger gegen die Gesellschaft nicht zu[229]. Willigen die Mitgesellschafter bei einer versehentlich unterlassenen Festsetzung nicht in eine Änderung des Gesellschaftsvertrages ein, so steht dem Einleger u.U. ein außerordentliches Austrittsrecht aus wichtigem Grunde (s. Anh. § 34 Rdnr. 10 ff.) zu, ggf. auch ein Bereicherungsanspruch gegen die Mitgründer (§§ 812, 815 BGB). Die nachträgliche Einfügung der unterlassenen Festsetzung in die Satzung kann nur unter Anwendung der Regeln über eine Kapitalherabsetzung (§ 58) erfolgen, da die in der Satzung nicht vermerkte Gewährung einer Vergütung an den Sacheinleger aus Gläubigersicht wie eine teilweise Rückgewähr der Einlage wirkt[230]. In Betracht kommt aber auch eine anderweitige Ausgleichsregelung, etwa eine Nachzahlung des Inferenten, der von seinen Mitgesellschaftern, um den Risiken aus der fehlenden statutarischen Festsetzung zu entgehen, eine Mitwirkung an der Heilungsmaßnahme verlangen kann[231]. Die außerhalb der Satzung erfolgte Zusicherung des Mehrbetrages durch die Mitgesellschafter kann als Garantie- oder Schuldübernahmevertrag unter den Beteiligten wirksam sein[232].

85 Die Summe der auf die Einlage anzurechnenden und der als Vergütung an den Gesellschafter zu gewährenden Beträge darf den Zeitwert des Einlagegegenstandes (Rdnr. 57 ff.) nicht überschreiten. Die Gesellschafter können statutarisch vereinbaren, dass ein eventueller Minderwert einseitig zu Lasten der Vergütung gehen soll, aber im Zweifel ist das nicht anzunehmen[233]. Das Registergericht hat deshalb bei ungenügender Wertabdeckung der Summe die Eintragung abzulehnen (§ 9c Abs. 1 Satz 2). Kommt es dennoch zur Eintragung, gilt § 19 Abs. 4, so dass der Gesellschafter zur Bareinlage verpflichtet ist[234]. Für Vertragsmängel und

---

224 RGZ 114, 77, 81; BGH v. 2.5.1966 – II ZR 219/63, BGHZ 45, 338, 342 f.; OLG Stuttgart v. 19.1.1982 – 8 W 295/81, GmbHR 1982, 109, 111; *Fastrich*, in: Baumbach/Hueck, Rdnr. 20; *Ulmer/Casper*, in: Ulmer/Habersack/Löbbe, Rdnr. 130.
225 Das verlangt *Günthner*, NJW 1975, 524, 526.
226 So OLG Stuttgart v. 19.1.1982 – 8 W 295/81, GmbHR 1982, 109, 111 mit krit. Anm. von *Priester*.
227 OLG Zweibrücken v. 26.11.1980 – 3 W 169/80, GmbHR 1981, 214, 215; *Schwandtner*, in: Münch-Komm. GmbHG, Rdnr. 213; *Priester*, BB 1980, 19, 22 f.; *Priester*, GmbHR 1982, 113; *Fastrich*, in: Baumbach/Hueck, Rdnr. 20; *Ulmer/Casper*, in: Ulmer/Habersack/Löbbe, Rdnr. 130 f.; *Leitzen*, in: Michalski u.a., Rdnr. 58; dahingestellt von OLG Düsseldorf v. 10.1.1996 – 3 Wx 274/95, GmbHR 1996, 214, 215.
228 *Habersack*, in: FS Konzen, 2006, S. 179, 184, der dies allerdings auf die Einbringung unteilbarer Gegenstände beschränkt.
229 RGZ 118, 113, 117 f.; RGZ 125, 323, 328 f.; RGZ 159, 321, 327; *Ulmer/Casper*, in: Ulmer/Habersack/Löbbe, Rdnr. 132.
230 *Ulmer/Casper*, in: Ulmer/Habersack/Löbbe, Rdnr. 133.
231 *Ulmer/Casper*, in: Ulmer/Habersack/Löbbe, Rdnr. 133.
232 RG, GmbHRspr. II § 2 R. 9; IV § 5 R. 13.
233 OLG Düsseldorf v. 10.1.1996 – 3 Wx 274/95, GmbHR 1996, 214, 215; *Schwandtner*, in: Münch-Komm. GmbHG, Rdnr. 214 f.; *Trölitzsch*, Differenzhaftung für Sacheinlagen in Kapitalgesellschaften, 1998, S. 34 f., 255 ff. A.A. *Priester*, GmbHR 1982, 113.
234 *Bayer*, in: Lutter/Hommelhoff, Rdnr. 41.

Leistungsstörungen gelten im Übrigen die allgemeinen Grundsätze für Sacheinlagen i.e.S. oder für Sachübernahmen mit Anrechnungsabrede.

5. Die Festsetzung im Gesellschaftsvertrag (§ 5 Abs. 4)

a) Grundlagen

Sollen Einlagen nicht in Geld, sondern durch Sachwerte (Sacheinlagen i.w.S.; s. Rdnr. 31) gedeckt werden, so müssen im Gesellschaftsvertrag[235] zwecks Aufklärung der Gesellschaftsgläubiger über die Zusammensetzung des aufzubringenden Stammkapitals und zur Ermöglichung der registergerichtlichen Kontrolle die Person des verpflichteten Gesellschafters (Rdnr. 87), der **Gegenstand** der **Sacheinlage** (Rdnr. 88) und der **Nennbetrag** des **Geschäftsanteils** (Rdnr. 89 ff.) festgesetzt werden (§ 5 Abs. 4 Satz 1). Die statutarische Regelung muss deshalb alle Gesichtspunkte enthalten, die nach Maßgabe der einschlägigen Auslegungsgrundsätze zu einer zutreffenden und zweifelsfreien Unterrichtung über die angegebenen Vertragsbestandteile notwendig sind. **Nebenabreden**, die für die Einschätzung der Wertverhältnisse der einzubringenden Gegenstände aussagekräftig sind, müssen aufgenommen werden, da sie sonst – abgesehen von der unabhängig davon bestehenden Gültigkeit der Sacheinlagevereinbarung – der Gesellschaft gegenüber nicht wirksam sind[236]. Nicht geregelt ist, ab wann **Festsetzungen** durch Satzungsänderung **beseitigt** werden können. Der Gesetzgeber hat die Frage bei der GmbH-Novelle 1980 nicht beantwortet[237]. In Betracht kommt, die §§ 27 Abs. 5, 26 Abs. 5 AktG analog anzuwenden. Dadurch würden allerdings Fristen in das GmbH-Recht übertragen, die (mit dreißig Jahren) für die Praxis einer mehr personalistischen Gesellschaft deutlich zu lang sind[238]. Vorzugswürdig ist es, entsprechend § 9 Abs. 2 von einer Frist von zehn Jahren auszugehen[239].

86

b) Notwendige Angaben

aa) Person des Sacheinlegers

Die Angabe der Person des Sacheinlegers ist, abweichend vom früheren Recht, in § 5 Abs. 4 Satz 1 nicht mehr ausdrücklich erwähnt, aber an ihrer Notwendigkeit hat sich sachlich nichts geändert[240]. Dem Erfordernis genügt jede **individualisierende Bezeichnung**, die es ermöglicht, den Sacheinleger eindeutig zu bestimmen, was auch durch Auslegung geschehen kann[241].

87

---

235 Die Aufnahme in eine Anlage, die dem notariellen Protokoll beigefügt ist (§ 9 Abs. 1 Satz 2 BeurkG), genügt nicht; vgl. *Ulmer/Casper*, in: Ulmer/Habersack/Löbbe, Rdnr. 135; *Fastrich*, in: Baumbach/Hueck, Rdnr. 43; *Schmidt-Leithoff*, in: Rowedder/Schmidt-Leithoff, Rdnr. 56; a.A. wohl *Röhl*, GmbHR 1982, 252.

236 Vgl. RGZ 117, 77, 81; *Ulmer/Casper*, in: Ulmer/Habersack/Löbbe, Rdnr. 138.

237 Der Vorschlag in § 5b Abs. 4 RegE, wonach die Festsetzungen gemäß § 5 Abs. 4 Satz 1 fünf Jahre nach der *Abwicklung* der Vereinbarungen durch Satzungsänderung beseitigt werden dürfen, ist vom Rechtsausschuss, BT-Drucks. 8/3908, S. 69 f., unter Hinweis auf die geltende Praxis mangels Bedürfnisses nicht in das Gesetz übernommen worden.

238 *Fastrich*, in: Baumbach/Hueck, Rdnr. 49; *Ulmer/Casper*, in: Ulmer/Habersack/Löbbe, Rdnr. 139. A.A. LG Hamburg v. 22.2.1968 – 26 T 9/67, GmbHR 1968, 207.

239 *Fastrich*, in: Baumbach/Hueck, Rdnr. 49; *Schwandtner*, in: MünchKomm. GmbHG, Rdnr. 220; *Ulmer/Casper*, in: Ulmer/Habersack/Löbbe, Rdnr. 139. A.A. 10. Aufl. (fünf Jahre).

240 Vgl. *Bayer*, in: Lutter/Hommelhoff, Rdnr. 31; *Fastrich*, in: Baumbach/Hueck, Rdnr. 44; *Schwandtner*, in: MünchKomm. GmbHG, Rdnr. 221; *Schmidt-Leithoff*, in: Rowedder/Schmidt-Leithoff, Rdnr. 58 (nicht dagegen die Person eines dritten Sachübernehmers); *Ulmer/Casper*, in: Ulmer/Habersack/Löbbe, Rdnr. 142.

241 Beispiele bei *Ulmer/Casper*, in: Ulmer/Habersack/Löbbe, Rdnr. 142.

bb) Gegenstand der Sacheinlage

88 Der Gegenstand der Sacheinlage ist im Gesellschaftsvertrag so zu bezeichnen, dass jeder Zweifel an seiner Identität ausgeschlossen ist. Bei **Sachgesamtheiten** (Rdnr. 52 f.) genügt regelmäßig eine verkehrsübliche, objektiv individualisierende Bezeichnung; die Angabe der zu ihr gehörenden einzelnen Gegenstände ist nicht erforderlich[242], bei einer bloßen Mehrheit von Gegenständen genügt dagegen keine nur zusammenfassende Beschreibung ohne Nennung der Zahlen. Eine genaue Beschreibung braucht sich auch nicht aus einer Anlage zum Gesellschaftsvertrag zu ergeben, insbesondere muss bei Unternehmen, die mit Handelsregisternummer und Firma bezeichnet werden können, keine Einbringungsbilanz beigefügt werden[243], es sei denn, bestimmte Werte sollen nicht mit eingelegt werden[244]; die Einbringungsbilanz braucht also erst bei der Anmeldung vorzuliegen. Den Bedürfnissen der Unterrichtung der Öffentlichkeit und der registergerichtlichen Kontrolle ist Genüge getan, wenn entsprechende zusätzliche Unterlagen mit der Anmeldung eingereicht werden (vgl. auch §§ 5 Abs. 4 Satz 2, 8 Abs. 1 Nr. 4, 5). Unzureichend ist danach etwa die Bestimmung, dass die Außenstände eines Unternehmens bis zu einem angegebenen Höchstbetrag eingebracht werden, da unklar bleibt, welche Forderungen übergehen sollen[245]. **Vertretbare Gegenstände** sind nach Art und Menge anzugeben[246]. Die Art der einzubringenden Gattungssache kann sich aber möglicherweise schon aus den Umständen, z.B. dem Gegenstand des betreffenden Unternehmens, ergeben[247]. Allerdings müssen entweder die Einzelstücke näher gekennzeichnet oder die Zahl der artgleichen Stücke angegeben werden, oder es muss vermerkt werden, dass es sich um alle Stücke einer Sachgesamtheit handelt[248]. **Unvertretbare Sachen**, somit auch **Immobilien**, ferner auch **Rechte** müssen, soweit sich das nicht auf Grund von Besonderheiten erübrigt, ausreichend individualisierend gekennzeichnet, aber nicht vollständig beschrieben werden[249]. Bei Forderungen sind i.d.R. der Schuldner, der Gegenstand der Forderung und der Schuldgrund anzugeben, doch kann, wenn dadurch die Identifizierung nicht ausgeschlossen wird, u.U. eines dieser Merkmale fehlen[250].

cc) Nennbetrag des Geschäftsanteils

89 Schließlich ist die Angabe des Nennbetrages des Geschäftsanteils erforderlich, auf den sich die Sacheinlage bezieht. **Festzusetzen** ist der durch die **Sacheinbringung** zu **deckende Einlagebetrag**, nicht dagegen der Wert des Einlagegegenstandes[251]. Eine derartige Wertangabe

---

242 OLG Düsseldorf v. 10.1.1996 – 3 Wx 274/95, GmbHR 1996, 214, 215; *Fastrich*, in: Baumbach/Hueck, Rdnr. 45; *Ulmer/Casper*, in: Ulmer/Habersack/Löbbe, Rdnr. 146, 149.

243 *Priester*, BB 1980, 19, 20 ff.; *Fastrich*, in: Baumbach/Hueck, Rdnr. 45; *Schwandtner*, in: Münch-Komm. GmbHG, Rdnr. 224; *Schmidt-Leithoff*, in: Rowedder/Schmidt-Leithoff, Rdnr. 60; *Ulmer/Casper*, in: Ulmer/Habersack/Löbbe, Rdnr. 149. A.A. *Sudhoff*, NJW 1982, 131, 133; *v. Rössing*, S. 30 f.

244 BGH v. 24.7.2000 – II ZR 202/98, GmbHR 2001, 31 = DB 2000, 2260; OLG Düsseldorf v. 10.1.1996 – 3 Wx 274/95, GmbHR 1996, 214, 215; *Priester*, BB 1980, 19, 20.

245 Vgl. auch *Vogel*, GmbHR 1953, 47.

246 *Schwandtner*, in: MünchKomm. GmbHG, Rdnr. 225; *Ulmer/Casper*, in: Ulmer/Habersack/Löbbe, Rdnr. 144; s. auch *Schmidt-Leithoff*, in: Rowedder/Schmidt-Leithoff, Rdnr. 60.

247 RGZ 141, 204, 207.

248 KGJ 38, 166; KGJ 44, 146.

249 *Ulmer/Casper*, in: Ulmer/Habersack/Löbbe, Rdnr. 145; s. auch *Fastrich*, in: Baumbach/Hueck, Rdnr. 45; *Schwandtner*, in: MünchKomm. GmbHG, Rdnr. 223.

250 *Schwandtner*, in: MünchKomm. GmbHG, Rdnr. 226; *Ulmer/Casper*, in: Ulmer/Habersack/Löbbe, Rdnr. 147.

251 KGJ 38, 161, 170; *Fastrich*, in: Baumbach/Hueck, Rdnr. 46; *Schwandtner*, in: MünchKomm. GmbHG, Rdnr. 227; *Schmidt-Leithoff*, in: Rowedder/Schmidt-Leithoff, Rdnr. 61; *Ulmer/Casper*, in: Ulmer/Habersack/Löbbe, Rdnr. 150; *Leitzen*, in: Michalski u.a., Rdnr. 132. A.A. *Bayer*, in: Lutter/Hommelhoff, Rdnr. 31: Einlagewert; *Roth*, in: Roth/Altmeppen, Rdnr. 53.

ist rechtlich bedeutungslos, solange nicht durch die Nennung eines überhöhten Betrages ein unrichtiger Eindruck über das aufgebrachte Gesellschaftsvermögen vermittelt wird; die Anmeldung ist in diesem Fall auch dann zu beanstanden, wenn die Einlage an sich durch den Zeitwert des Gegenstandes gedeckt ist[252], wenn nicht aus der Regelung klar hervorgeht, dass eine Überpari-Emission gewollt oder, wie bei der gemischten Sacheinlage (Rdnr. 84, 91), der Mehrbetrag dem Einleger vergütet werden soll. Bei der **Einbringung mehrerer Vermögensgegenstände** braucht der Anrechnungsbetrag nicht für jeden gesondert, sondern kann einheitlich festgesetzt werden[253]. **Festzusetzen** ist der **Betrag** der zu **deckenden Einlage**. Es genügt deshalb – anders als für einen herauszuzahlenden Mehrwert bei der gemischten Sacheinlage (Rdnr. 91) – nach dem Gesetzeswortlaut nicht, dass ihre Größe nur bestimmbar angegeben wird, sondern sie muss ziffernmäßig genau in Euro festgelegt werden[254]. Unzulässig wäre z.B. auch die Einlage „sicherer kautionsfähiger Wertpapiere zum Geldkurs" im Zeitpunkt der Anmeldung.

Entsprechendes gilt für die **Sachübernahme** (Rdnr. 73) mit der Modalität, dass der **Nennbetrag** des **Geschäftsanteils** anzugeben ist, der durch die **Verrechnung** mit der **Vergütung** für den veräußerten Vermögensgegenstand **getilgt** werden soll. Nach dem Gesetzeswortlaut muss sich auch dieser Betrag aus dem Gesellschaftsvertrag ergeben, so dass sich die genaue Festsetzung des Betrages auch durch Schlüsse aus den übrigen Angaben der Satzung ergeben kann. Es reicht also die Angabe eines spätestens zum Zeitpunkt der Anmeldung bestimmbaren Betrags aus[255]. Da der Gesellschaftsvertrag, wie auch § 19 Abs. 2 Satz 2 zeigt, nur die *Möglichkeit* einer Tilgung der Geldeinlagepflicht durch die Verrechnung mit der Vergütung vorzusehen braucht, bestehen keine Bedenken gegen eine *zusätzliche* Bestimmung, die die Verrechnung durch weiter gehende Kriterien einschränkt. Die Verrechnung muss aber bis zur Anmeldung erfolgt sein (§ 7 Abs. 3) und in der Anmeldung mit genauer Betragsangabe versichert werden (§ 8 Abs. 2). Die Höhe der Vergütung für die Sachübernahme sollte im Gesellschaftsvertrag angegeben werden[256], ist aber jedenfalls im Sachgründungsbericht (§ 5 Abs. 4 Satz 2) zu erwähnen (vgl. auch § 8 Abs. 1 Nr. 4). Unvermeidlich ist eine genaue Angabe, wenn die Vergütungspflicht für die zu übernehmenden Vermögensgegenstände bereits im Gesellschaftsvertrag begründet werden soll (Rdnr. 75).

Ein dem Sacheinleger zu vergütender Mehrwert muss sich aus der Satzung ergeben (sog. **gemischte Sacheinbringung**). Es genügt die bestimmbare Festsetzung der Vergütung[257].

dd) Belastungen und Schulden

Belastungen und Schulden, die in Zusammenhang mit der Sacheinbringung von der Gesellschaft übernommen werden sollen, erwähnt § 5 Abs. 4 Satz 1 zwar nicht besonders. Nach Sinn und Zweck der Vorschrift ist die Angabe aber ebenfalls erforderlich[258]. Überdies können Übernahmepflichten der Gesellschaft bei ihrer Errichtung rechtswirksam nur im Gesell-

---

252 Eine Irreführung kann sich auch durch die Angabe einer Agio-Leistung ergeben, wenn der Zeitwert des Einlagegegenstandes nicht den Einlagebetrag zuzüglich des Agios erreicht.

253 KGJ 36, 133, 134; BayObLG, SeuffA 62 Nr. 75 (Zubehör); *Fastrich*, in: Baumbach/Hueck, Rdnr. 46; *Ulmer/Casper*, in: Ulmer/Habersack/Löbbe, Rdnr. 153.

254 *Fastrich*, in: Baumbach/Hueck, Rdnr. 46; *Leitzen*, in: Michalski u.a., Rdnr. 132. A.A. *Schwandtner*, in: MünchKomm. GmbHG, Rdnr. 227 (Anrechnungsbetrag könne auch in Form eines bestimmten Bruchteils des Nennbetrags des Geschäftsanteils angegeben werden).

255 *Schwandtner*, in: MünchKomm. GmbHG, Rdnr. 232; *Ulmer/Casper*, in: Ulmer/Habersack/Löbbe, Rdnr. 154.

256 *Schmidt-Leithoff*, in: Rowedder/Schmidt-Leithoff, Rdnr. 61.

257 *Fastrich*, in: Baumbach/Hueck, Rdnr. 46.

258 RG, JW 1905, 214; OLG Düsseldorf v. 30.7.1992 – 3 Wx 36/92, GmbHR 1993, 441, 442; *Fastrich*, in: Baumbach/Hueck, Rdnr. 45; *Ulmer/Casper*, in: Ulmer/Habersack/Löbbe, Rdnr. 156.

schaftsvertrag begründet werden[259], da es sich sonst um einen Vertrag zu Lasten der Gesellschaft handeln würde.

c) Mängel der Sacheinlagevereinbarung

aa) Verstoß gegen § 5 Abs. 4 Satz 1

93   Enthält der Gesellschaftsvertrag die nach dieser Vorschrift erforderlichen Festsetzungen nicht oder nur unvollständig oder ermangeln sie der notwendigen Bestimmtheit (Rdnr. 86 ff.), so ist die **Sacheinlagevereinbarung nichtig** (§ 125 Satz 1 BGB). Das Registergericht hat die Eintragung der nicht ordnungsgemäß errichteten Gesellschaft abzulehnen (§ 9c Abs. 1 Satz 1), wenn der Mangel, was bis zu diesem Zeitpunkt zulässig ist, nicht durch eine Vertragsänderung behoben wird.

94   Fraglich ist, ob wegen des Mangels auch die **Beteiligungserklärung unwirksam** ist. Vorzugswürdig ist es, dies **vor Eintragung** der Gesellschaft in das **Handelsregister** nach § 139 BGB zu beurteilen[260]: Wenn der betreffende Gesellschafter nur wegen seiner Sacheinlage aufgenommen wurde oder wenn er nur wegen der Möglichkeit der Erbringung der Sacheinlage eine Beteiligung übernehmen wollte, führt der Mangel zur Nichtigkeit seiner Beteiligungserklärung und damit zur Nichtigkeit der Gesellschaft. Im Übrigen ist seine Beteiligung als wirksam anzusehen. Selbst wenn die Beteiligung und damit die Gesellschaft gemäß § 139 BGB nichtig ist, kann sie im Interesse des Gesellschafter- und Gläubigerschutzes nach den Grundsätzen der fehlerhaften Gesellschaft als vorläufig wirksam zu behandeln sein, vorausgesetzt, dass sie in Vollzug gesetzt wurde[261].

95   **Nach** der **Eintragung** der **Gesellschaft** ist § 139 BGB nicht mehr anzuwenden. Ein Mangel berührt aus Gründen des Gesellschafter- und Gläubigerschutzes die Beteiligungserklärung nicht mehr[262]. Vor dem MoMiG ging die h.M. davon aus, dass der Gesellschafter dann zu einer Geldeinlage verpflichtet sei[263]. Seit der Neuregelung der Kapitalaufbringung durch das MoMiG ist die Frage analog § 19 Abs. 4 zu beantworten: Wenn schon eine verdeckte Sacheinlage den Inferenten teilweise befreit, muss dies erst recht für den Fall gelten, dass eine formunwirksame Sacheinlage erbracht wird[264]. In der Höhe des Wertes der eingebrachten Sache wird der Gesellschafter also von seiner Einlagepflicht frei.

259 RG, JW 1905, 214; RG, Recht 1909 Nr. 2528; BGH v. 2.5.1966 – II ZR 219/63, BGHZ 45, 338, 342; *Ulmer/Casper*, in: Ulmer/Habersack/Löbbe, Rdnr. 156.
260 *Schwandtner*, in: MünchKomm. GmbHG, Rdnr. 236; *Leitzen*, in: Michalski u.a., Rdnr. 137. Teilweise wird angenommen, dass die Beteiligungserklärung generell wirksam und der Gesellschafter zur Bareinlage verpflichtet sei; vgl. *Bayer*, in: Lutter/Hommelhoff, Rdnr. 32; *Schmidt-Leithoff*, in: Rowedder/Schmidt-Leithoff, Rdnr. 39; *Ulmer/Casper*, in: Ulmer/Habersack/Löbbe, Rdnr. 159. In der 10. Aufl. wurde vertreten, die Beteiligungserklärung sei generell unwirksam.
261 *Schwandtner*, in: MünchKomm. GmbHG, Rdnr. 236; *Leitzen*, in: Michalski u.a., Rdnr. 138.
262 RGZ 82, 299, 303 f.; RGZ 86, 291, 293 f.; RGZ 118, 113, 117 f.; BGH v. 10.11.1958 – II ZR 3/57, BGHZ 28, 314, 316; BGH v. 2.5.1966 – II ZR 219/63, BGHZ 45, 338, 343; *Bayer*, in: Lutter/Hommelhoff, Rdnr. 32; *Fastrich*, in: Baumbach/Hueck, Rdnr. 51; *Schwandtner*, in: MünchKomm. GmbHG, Rdnr. 237; *Roth*, in: Roth/Altmeppen, Rdnr. 56; *Schmidt-Leithoff*, in: Rowedder/Schmidt-Leithoff, Rdnr. 39; *Ulmer/Casper*, in: Ulmer/Habersack/Löbbe, Rdnr. 150; *Leitzen*, in: Michalski u.a., Rdnr. 139.
263 BGH v. 10.11.1958 – II ZR 3/57, BGHZ 28, 314, 316; *Ulmer*, in: Ulmer/Habersack/Löbbe, Rdnr. 159, 162.
264 *Bayer*, in: Lutter/Hommelhoff, Rdnr. 32; *Fastrich*, in: Baumbach/Hueck, Rdnr. 51; *Schwandtner*, in: MünchKomm. GmbHG, Rdnr. 240; *Leitzen*, in: Michalski u.a., Rdnr. 139.

bb) Sonstige Mängel

Eine Sacheinlagevereinbarung kann auch aus anderen Gründen fehlerhaft sein. In Betracht 96
kommen beispielsweise die **mangelnde Eignung** des versprochenen **Einlagegegenstandes**, die
Sittenwidrigkeit der **Anrechnungsvereinbarung** oder das **Fehlen** einer **behördlichen Genehmigung** bezüglich einer genehmigungspflichtigen Sacheinlagevereinbarung[265]. Es handelt
sich um die Sacheinlagevereinbarung als solche betreffende *spezielle Unwirksamkeitsgründe*.
Die Rechtsprechung hat in diesen Fällen angenommen, dass der Gesellschafter nach der Eintragung der Gesellschaft zur Leistung der Einlage in Geld verpflichtet ist[266]. Seit der Neuregelung durch das MoMiG kann aber auch in diesen Fällen eine analoge Anwendung des § 19
Abs. 4 Satz 1 geboten sein.

cc) Heilung

Die *rückwirkende* Heilung unwirksamer Sacheinlagevereinbarungen durch Satzungsänderung 97
ist nach Sinn und Zweck der Sachgründungsvorschriften ausgeschlossen. Zulässig ist eine Heilung mit **Wirkung** für die **Zukunft**. Sie kann anerkanntermaßen durch eine Kapitalherabsetzung zwecks Aufhebung der bestehenden Geldeinlage mit anschließender Sachkapitalerhöhung (§§ 53, 55, 58)[267] oder in umgekehrter Reihenfolge[268] geschehen. Das Verfahren ist
allerdings kompliziert, kostenaufwändig und wegen der eingreifenden Einschränkungen des
§ 58 Abs. 1 Nr. 1 bis 3[269] problematisch. Als einfachere Heilungsmöglichkeit kommt daneben
die entgegen der früheren Rechtslage nunmehr von der h.M. zugelassene **nachträgliche Umwandlung der Geld- in eine Sacheinlage** durch normale Satzungsänderung (§§ 53 f.) in Betracht, für die die gesetzlichen Sicherungen bei Sacheinlagen analog oder sinngemäß gelten (s.
Rdnr. 106 f.).

6. Sachgründungsbericht

Die Pflicht zur Erstattung eines Sachgründungsberichts durch die Gesellschafter (§ 5 Abs. 4 98
Satz 2) ist durch die GmbH-Novelle 1980 eingeführt worden. Sein Zweck ist es, die Kapitalaufbringung bei Sachgründungen zum Schutze der Gesellschaftsgläubiger besser zu sichern
und dem Registergericht die Prüfung der Ordnungsmäßigkeit der Gesellschaftsgründung zu
erleichtern[270]. Der Bericht ist der Anmeldung zum Handelsregister beizufügen (§ 8 Abs. 1
Nr. 4). Fehlt er, so ist die Eintragung abzulehnen, wenn auch ihre Beanstandung keine Abhilfe bewirkt hat. Die Gesellschafter sind für seine Richtigkeit und Vollständigkeit nach § 9a zivilrechtlich und nach § 82 Abs. 1 Nr. 1 strafrechtlich verantwortlich.

---

265 *Leitzen*, in: Michalski u.a., Rdnr. 135.
266 BGH v. 10.11.1958 – II ZR 3/57, BGHZ 28, 314, 316; BGH v. 2.5.1966 – II ZR 219/63, BGHZ 45,
   338, 345; BGH v. 17.2.1997 – II ZR 259/96, GmbHR 1997, 545, 546. A.A. RGZ 68, 271, 276; RGZ
   86, 210, 213.
267 BayObLG v. 5.12.1977 – BReg 3 Z 155/76, DB 1978, 337; *Lenz*, Die Heilung verdeckter Sacheinlagen, S. 95 ff. m.w.N.
268 Vgl. dazu *Wegmann*, BB 1991, 1006, 1009 f.
269 Eine diesbezügliche teleologische Reduktion der Vorschrift befürworten zu Unrecht *Wegmann*,
   BB 1991, 1006, 1009 u. *Sigel*, GmbHR 1995, 487, 492 f. Ebenso bedenklich ist die von *Lenz*, Die
   Heilung verdeckter Sacheinlagen, S. 117 ff. vorgeschlagene teilweise analoge Anwendung der
   §§ 58a ff.; s. dazu auch BGH v. 4.3.1996 – II ZB 8/95, BGHZ 132, 141, 154 = GmbHR 1996, 351.
270 Begr. RegE, BT-Drucks. 8/3908, S. 30; BayObLG v. 10.12.1998 – 3Z BR 237/98, ZIP 1999, 968,
   969 = GmbHR 1999, 295.

a) Erstellung

99 Der Sachgründungsbericht ist durch **alle Gesellschafter** zu erstatten (§ 5 Abs. 4 Satz 2). Es müssen also auch diejenigen Gesellschafter mitwirken, die nicht selbst Sacheinlagen zu leisten haben. Maßgebend ist zunächst die Zusammensetzung der Gründer zur Zeit der Anmeldung. Ändert sich aber später vor der Eintragung der Gründerkreis durch einen Gesellschafterwechsel oder durch den Hinzutritt weiterer Gesellschafter, so haben, wenn sie selber Sacheinlagen leisten, die neuen Gesellschafter einen – mit der Anmeldung der Vertragsänderung nachzureichenden (s. § 8 Rdnr. 12) – Sachgründungsbericht zu erstellen[271], während der des ausgeschiedenen Gesellschafters gegenstandslos wird.

100 Der Sachgründungsbericht ist durch die Gesellschafter **persönlich** zu erstatten. Eine rechtsgeschäftliche Vertretung ist unzulässig[272]. Juristische Personen und Personenhandelsgesellschaften handeln durch ihre organschaftlichen Vertreter in vertretungsberechtigter Zahl[273]. Für nicht voll geschäftsfähige Gründungsgesellschafter kann nur ihr gesetzlicher Vertreter tätig werden.

101 Die Gesellschafter sind nach dem Gesellschaftsvertrag untereinander, nicht gegenüber dem Registergericht, zur Mitwirkung bei der Berichterstattung **verpflichtet**[274]. Beim Tod eines Gesellschafters trifft die Pflicht seine in der Gründerorganisation verbliebenen Erben.

b) Form

102 Der Sachgründungsbericht ist von den Gesellschaftern **schriftlich** abzufassen und von ihnen zu **unterzeichnen** (§ 126 Abs. 1 BGB)[275]. Dies ist zwar in § 5 Abs. 4 Satz 2, anders als in § 32 Abs. 1 AktG, nicht ausdrücklich festgelegt. Die genannten Erfordernisse ergeben sich aber aus dem Gesetzeszweck und können auch aus § 8 Abs. 1 Nr. 4 abgeleitet werden. Nicht erforderlich ist es, dass der Bericht in einer Urkunde enthalten ist; getrennte Berichterstattung der Gründungsgesellschafter, die aber inhaltlich nicht voneinander abweichen darf, ist möglich[276]. Der Sachgründungsbericht ist nicht Bestandteil des Gesellschaftsvertrages und unterliegt deshalb auch nicht der Form des § 2 Abs. 1 Satz 1. Von den Geschäftsführern ist er nicht zu unterzeichnen[277].

c) Inhalt

103 Die Anforderungen an den Inhalt des Sachgründungsberichts umschreibt § 5 Abs. 4 Satz 2 – abgesehen von den zusätzlichen Angaben bei der Einbringung eines Unternehmens (Rdnr. 105) – nur allgemein dahingehend, dass „die für die Angemessenheit der Leistungen

---

271 *Bayer*, in: Lutter/Hommelhoff, Rdnr. 34; *Fastrich*, in: Baumbach/Hueck, Rdnr. 54; *Ulmer/Casper*, in: Ulmer/Habersack/Löbbe, Rdnr. 166, § 8 Rdnr. 13.

272 *Bayer*, in: Lutter/Hommelhoff, Rdnr. 34; *Fastrich*, in: Baumbach/Hueck, Rdnr. 54; *Priester*, DNotZ 1980, 515, 520 f.; *Schmidt-Leithoff*, in: Rowedder/Schmidt-Leithoff, Rdnr. 64; *Ulmer/Casper*, in: Ulmer/Habersack/Löbbe, Rdnr. 167; *Leitzen*, in: Michalski u.a., Rdnr. 150.

273 OLG Naumburg v. 23.1.1997 – 7 U 89/96, GmbHR 1998, 385; *Ulmer/Casper*, in: Ulmer/Habersack/Löbbe, Rdnr. 167.

274 *Ulmer/Casper*, in: Ulmer/Habersack/Löbbe, Rdnr. 166.

275 *Bayer*, in: Lutter/Hommelhoff, Rdnr. 34; *Fastrich*, in: Baumbach/Hueck, Rdnr. 54; *Priester*, DNotZ 1980, 515, 520; *Roth*, in: Roth/Altmeppen, Rdnr. 59; *Schmidt-Leithoff*, in: Rowedder/Schmidt-Leithoff, Rdnr. 64; *Ulmer/Casper*, in: Ulmer/Habersack/Löbbe, Rdnr. 168; s. auch OLG Naumburg v. 23.1.1997 – 7 U 89/96, GmbHR 1998, 385. I.E. auch *Leitzen*, in: Michalski u.a., Rdnr. 157 (Unterschrift entsprechend § 245 HGB als zusätzliches gesetzliches Erfordernis und nicht als Wirksamkeitserfordernis).

276 *Priester*, DNotZ 1980, 515, 521; *Ulmer/Casper*, in: Ulmer/Habersack/Löbbe, Rdnr. 168.

277 *Fastrich*, in: Baumbach/Hueck, Rdnr. 54; *Priester*, DNotZ 1980, 515, 520.

für Sacheinlagen wesentlichen Umstände darzulegen" sind. Ein bestimmter Mindestinhalt, wie in § 32 Abs. 2 AktG verlangt, ist für die GmbH nicht vorgeschrieben, sondern der notwendige Berichtsinhalt richtet sich nach den Gegebenheiten des Einzelfalls (Rdnr. 104)[278], wobei also die Darstellung von Einzelheiten hinter dem vom AktG Geforderten zurückbleiben kann. Sonstige Angaben über die Gründung, die für die Angemessenheit keine Bedeutung haben, sind nicht aufzunehmen.

Der Bericht hat alle **Umstände** anzuführen, die für die **sachgemäße Beurteilung erforderlich** **sind**, ob die Nennbeträge der Geschäftsanteile, soweit sie nicht in Geldleistungen zu erbringen sind, durch den Zeitwert des eingebrachten Vermögensgegenstandes (Rdnr. 57 ff.) gedeckt werden oder ob die auf die Einlageforderung verrechnete Vergütung für einen von der Gesellschaft übernommenen Vermögensgegenstand (Rdnr. 73 ff.) dessen Zeitwert nicht übersteigt. Ein Sachübernahmevertrag, aus dem die Vergütung hergeleitet wird, ist mit seinem wesentlichen Inhalt wiederzugeben[279], was auch durch Verweisung auf die beigefügte Vertragsurkunde (§ 8 Abs. 1 Nr. 4) geschehen kann. Bei einer gemischten Sacheinlage (Rdnr. 81 ff.) sind auch der dem Gesellschafter zu vergütende Betrag und die wertmäßige Aufteilung der Sacheinlage darzulegen[280]. Die eingebrachten **Vermögensgegenstände** sind im Bericht in einem Umfang näher zu beschreiben, wie das im Einzelfall zur sachgerechten Ermittlung des Zeitwertes (Rdnr. 57 ff.) notwendig ist, z.B. Art und Menge, Alter, Beschaffenheit, Herstellungskosten, geschätzter Nutzen eines Immaterialgüterrechts[281]. Auch **Zusicherungen** über die **Beschaffenheit des Gegenstandes**[282] oder **Wertgarantien** sind zu erwähnen. Auf beigefügte Unterlagen (z.B. Einbringungsbilanz, Inventarverzeichnis, Kaufverträge mit technischen Beschreibungen) darf in der Weise Bezug genommen werden, dass die Gesellschafter sich die darin enthaltenen Angaben ohne Vorbehalt zu Eigen machen. Der Bericht muss schließlich die angewandte **Bewertungsmethode** erkennen lassen und die zugrunde zu legenden Wertmaßstäbe (z.B. Marktpreis, Reproduktionskosten) angeben[283].   104

Bei der **Einbringung oder der Übernahme eines Unternehmens** sind *unter anderem* die Jahresergebnisse der beiden letzten Geschäftsjahre (§ 5 Abs. 4 Satz 2 Halbsatz 2) vor der Anmeldung[284] oder, wenn es noch nicht so lange besteht, die bisher erzielten Unternehmensergebnisse anzugeben[285]. Doch scheiden Zeiträume von weniger als einem Jahr wegen ihrer zu geringen Aussagekraft aus. Unter „Jahresergebnis" ist der nach den Grundsätzen ordnungsmäßiger Buchführung zu ermittelnde Jahresüberschuss oder -fehlbetrag i.S. des § 275 Abs. 2 Nr. 17 bzw. Abs. 3 Nr. 16 HGB zu verstehen[286], die Beifügung einer Bilanz wird dann   105

---

278 *Fastrich*, in: Baumbach/Hueck, Rdnr. 55; *Schwandtner*, in: MünchKomm. GmbHG, Rdnr. 248; *Priester*, DNotZ 1980, 515, 521; *Schmidt-Leithoff*, in: Rowedder/Schmidt-Leithoff, Rdnr. 64; *Ulmer/Casper*, in: Ulmer/Habersack/Löbbe, Rdnr. 169; für sinngemäße Heranziehung des § 32 Abs. 2 Nr. 1 u. 2 AktG *Roth*, in: Roth/Altmeppen, Rdnr. 60.

279 *Schwandtner*, in: MünchKomm. GmbHG, Rdnr. 250; *Ulmer/Casper*, in: Ulmer/Habersack/Löbbe, Rdnr. 169.

280 *Schwandtner*, in: MünchKomm. GmbHG, Rdnr. 250; *Ulmer/Casper*, in: Ulmer/Habersack/Löbbe, Rdnr. 169.

281 *Bayer*, in: Lutter/Hommelhoff, Rdnr. 33; *Geßler*, BB 1980, 1385, 1387; *Fastrich*, in: Baumbach/Hueck, Rdnr. 55; *Schmidt-Leithoff*, in: Rowedder/Schmidt-Leithoff, Rdnr. 65; *Ulmer/Casper*, in: Ulmer/Habersack/Löbbe, Rdnr. 169.

282 RGZ 18, 56, 68.

283 *Deutler*, GmbHR 1980, 145, 148; *Schwandtner*, in: MünchKomm. GmbHG, Rdnr. 249; *Schmidt-Leithoff*, in: Rowedder/Schmidt-Leithoff, Rdnr. 65; wohl auch *Fastrich*, in: Baumbach/Hueck, Rdnr. 55; *Ulmer/Casper*, in: Ulmer/Habersack/Löbbe, Rdnr. 169.

284 *Schmidt-Leithoff*, in: Rowedder/Schmidt-Leithoff, Rdnr. 66; *Ulmer/Casper*, in: Ulmer/Habersack/Löbbe, Rdnr. 170.

285 *Bayer*, in: Lutter/Hommelhoff, Rdnr. 33; *Ulmer/Casper*, in: Ulmer/Habersack/Löbbe, Rdnr. 170.

286 OLG Naumburg v. 23.1.1997 – 7 U 89/96, GmbHR 1998, 385; *Bayer*, in: Lutter/Hommelhoff, Rdnr. 33; *Schwandtner*, in: MünchKomm. GmbHG, Rdnr. 252; *Schmidt-Leithoff*, in: Rowedder/Schmidt-Leithoff, Rdnr. 66.

regelmäßig nicht nötig sein. Soweit das Ergebnis durch außergewöhnliche Umstände wesentlich beeinflusst worden ist, muss das vermerkt werden. Im Falle der Einbringung eines Unternehmensteils, der selbständig fortführbar ist, sind die für ihn maßgeblichen Jahresergebnisse zu nennen[287].

7. Änderung der Einlagedeckung

a) Umwandlung von Geld- in Sacheinlagen

106 Die nachträgliche Umwandlung der Geldeinlage in eine Sacheinlage durch Satzungsänderung (§§ 53, 54) galt früher als unzulässig[288]. In BGHZ 132, 141 ist der BGH dem im Schrifttum entwickelten Vorschlag[289] gefolgt, eine **Heilung** durch einen **satzungsändernden Beschluss** der Gesellschafter zu ermöglichen, durch den statt der unwirksamen Sacheinlage geltende **Bareinlagepflicht** in eine **Pflicht zur Sacheinlage umgewandelt** wird. In dem Beschluss sind die betreffenden Gesellschafter und der Inhalt der Sacheinlage anzugeben. Weiter ist ein Bericht über die Umwandlung der Einlage zu erstatten. Die Vollwertigkeit der Sacheinlage muss durch eine von Wirtschaftsprüfern testierte aktuelle Bilanz nachgewiesen werden. Die Geschäftsführer müssen die Werthaltigkeit und den Empfang der Sacheinlage versichern. Die Eintragung des Beschlusses bewirkt eine Heilung ex nunc. An dieser Lösung hat sich durch das MoMiG grundsätzlich nichts geändert; die Heilung einer verdeckten Sacheinlage ist weiterhin zulässig[290] (s. § 19 Rdnr. 162). Ausgeschlossen ist sie allein in der Insolvenz der Gesellschaft[291]. Die praktische Bedeutung einer Heilung dürfte aber aufgrund der Neuregelung der verdeckten Sacheinlage in § 19 Abs. 4 nur noch sehr gering sein.

107 Der notariell zu beurkundende **Gesellschafterbeschluss** (§ 53 Abs. 2) hat im Falle der vollständigen oder teilweisen Änderung der bei der Gründung übernommenen Geld- in eine bestimmte Sacheinlagepflicht neben dieser Regelung auch die nach § 5 Abs. 4 Satz 1 notwendigen Festsetzungen im Gesellschaftsvertrag (Rdnr. 86 ff.) zu treffen[292]. Die Einlagefähigkeit der Sacheinlage und ihr höchstzulässiger Anrechnungswert bestimmen sich nach den in Rdnr. 37 ff., 56 ff. dargelegten allgemeinen Erfordernissen. Die Satzungsänderung bedarf eines satzungsändernden, also nicht einstimmigen Gesellschafterbeschlusses[293]. Zwar berührt der Austausch der gesellschaftsvertraglich bestimmten Einlageleistung schutzwürdige Interessen aller Gründungsgesellschafter, die durch eine bloße externe Äquivalenzkontrolle nicht abgedeckt werden; diese Risiken sind aber nicht unbedingt höher einzuschätzen als die allgemeine Mithaftung der Mitgesellschafter bei Kapitalaufbringung (§ 24) und Kapitalerhaltung (§ 31 Abs. 3). Mit Rücksicht auf die für den Inferenten gravierenden Rechtsfolgen kann

---

287 *Ulmer/Casper*, in: Ulmer/Habersack/Löbbe, Rdnr. 170.

288 KGJ 47, 108; KG, JW 1937, 321; OLG Braunschweig, OLG 32, 140; BayObLG v. 5.12.1977 – BReg 3 Z 155/76, DB 1978, 337; OLG Frankfurt v. 17.2.1983 – 20 W 823/83, GmbHR 1983, 272 = DB 1983, 1249.

289 Vgl. *Priester*, DB 1990, 1753, 1758 ff.; *Lutter/Gehling*, WM 1989, 1453, 1455; *Roth*, NJW 1991, 1913, 1918; *Volhard*, ZGR 1995, 286.

290 *Schwandtner*, in: MünchKomm. GmbHG, Rdnr. 256.

291 *Krieger*, ZGR 1996, 674, 688; *Schwandtner*, in: MünchKomm. GmbHG, Rdnr. 257.

292 Die Festsetzungen sind nach KG v. 26.10.2004 – 1 W 21/04, NZG 2005, 183 f., entgegen *Schiessl/Rosengarten*, GmbHR 1997, 772, 775 auch dann erforderlich, wenn die Einlagenänderung fünf Jahre nach Gesellschaftseintragung erfolgt; einschr. *Priester*, ZIP 1996, 1025, 1029.

293 BGH v. 4.3.1996 – II ZB 8/95, BGHZ 132, 141, 154; *Groß*, GmbHR 1996, 721, 723; *Fastrich*, in: Baumbach/Hueck, Rdnr. 53; *Lutter/Gehling*, WM 1989, 1455; *Schwandtner*, in: MünchKomm. GmbHG, Rdnr. 257; *Volhard*, ZGR 1995, 286, 296; für Einstimmigkeit aber *Krieger*, ZGR 1996, 674, 685 f.; *Ulmer/Casper*, in: Ulmer/Habersack/Löbbe, § 19 Rdnr. 173.

u.U. die Treuepflicht eine Zustimmung gebieten[294]. Die betroffenen Gesellschafter[295] haben analog § 5 Abs. 4 Satz 2 einen **Sacheinlagebericht** mit dem dort vorgeschriebenen Inhalt zu erstatten. Der **Anmeldung** der Satzungsänderung zum Handelsregister, die durch sämtliche Geschäftsführer zu bewirken ist (analog § 78 Abs. 2), sind folgende **Unterlagen beizufügen**: Der Gesellschafterbeschluss, der mit der notariellen Bescheinigung versehene vollständige Wortlaut des Gesellschaftsvertrages (§ 54 Abs. 1 Satz 2), die den Festsetzungen gemäß § 5 Abs. 4 Satz 1 zugrunde liegenden oder zu ihrer Ausführung geschlossenen Verträge (§ 8 Abs. 1 Nr. 4), der Sacheinlagebericht (§ 8 Abs. 1 Nr. 4), Wertnachweise zu den Sacheinlagen (§ 8 Abs. 1 Nr. 5)[296] und die Versicherung der Geschäftsführer, dass die Sacheinlage geleistet ist und zu ihrer freien Verfügung steht (analog § 8 Abs. 2 Satz 1)[297]. Die Gesellschafter und die Geschäftsführer haften entsprechend §§ 9a, 57 Abs. 4 für die zum Zwecke der Einlagenänderung gemachten falschen Angaben. Die Differenzhaftung gemäß § 9 gilt analog[298].

b) Austausch von Sacheinlagen

Eine Satzungsänderung, durch die die im Gesellschaftsvertrag festgesetzte Sacheinlage durch eine andere Sacheinlage ersetzt werden soll, ist ebenfalls nur unter Beachtung der in Rdnr. 106 f. dargelegten Erfordernisse zulässig[299]. Es ist dabei unerheblich, ob die neue Sacheinlage gleichwertig ist oder nicht. Auch ein solcher Austausch verstößt gegen § 5 Abs. 4 Satz 1, weil nachträglich an die Stelle des verlautbarten und geprüften ein anderer Vermögensgegenstand mit möglicherweise höherem Bewertungsrisiko und einer größeren Gefahr der Überbewertung gesetzt wird. Der Austausch des einzulegenden Vermögensgegenstandes kann darüber hinaus im Wege der Kapitalherabsetzung mit nachfolgender Kapitalerhöhung erfolgen.

108

c) Umwandlung von Sach- in Geldeinlagen

Die nachträgliche Umwandlung der im Gründungsstatut wirksam vorgesehenen Sacheinlage in eine Geldeinlage ist ebenfalls zulässig[300], wird allerdings kaum praktisch werden, da die Sacheinlage spätestens bei Anmeldung der Gesellschaft zum Handelsregister geleistet sein muss (§ 7 Abs. 3). Bedenken bestehen gegen diese Änderung des Einlagegegenstandes nicht. Die Gläubiger haben jedenfalls kein schützenswertes Interesse daran, dass die Gesellschaft

109

---

294 BGH v. 7.7.2003 – II ZR 235/01, BGHZ 155, 329, 337 = GmbHR 2003, 1051; *Krieger*, ZGR 1996, 674, 686; *Pentz*, ZIP 2003, 2093, 2096.

295 *Schwandtner*, in: MünchKomm. GmbHG, Rdnr. 258. A.A. *Volhard*, ZGR 1995, 286, 309 ff. (alle zum Zeitpunkt der Anmeldung vorhandenen Gesellschafter). Bei der Einlagenänderung aus einer Kapitalerhöhung ist der Bericht nach BGH v. 4.3.1996 – II ZB 8/95, BGHZ 132, 141, 155 von allen Geschäftsführern und den betroffenen Gesellschaftern zu erstatten; zust. *Priester*, ZIP 1996, 1025, 1029; *Krieger*, ZGR 1996, 674, 687; abw. *Brauer*, BB 1997, 269, 276; *Groß*, GmbHR 1996, 721, 724 f.

296 Noch weitergehend BGH v. 4.3.1996 – II ZB 8/95, BGHZ 132, 141, 155 = GmbHR 1996, 351; krit. dazu *Lutter*, JZ 1996, 912, 913; *Krieger*, ZGR 1996, 674, 688; *Brauer*, BB 1997, 269, 276.

297 Für die von BGH v. 4.3.1996 – II ZB 8/95, BGHZ 132, 141, 155 = GmbHR 1996, 351 darüber hinausgehend geforderte Versicherung der Werthaltigkeit fehlt eine Rechtsgrundlage; zutr. *Krieger*, ZGR 1996, 674, 689; *Priester*, ZIP 1996, 1025, 1031; *Brauer*, BB 1997, 269, 276 f.

298 BGH v. 4.3.1996 – II ZB 8/95, BGHZ 132, 141, 152, 154 = GmbHR 1996, 351.

299 *Fastrich*, in: Baumbach/Hueck, Rdnr. 53; *Schwandtner*, in: MünchKomm. GmbHG, Rdnr. 262; *Roth*, in: Roth/Altmeppen, Rdnr. 64; für ein weiteres Anwendungsfeld der Austauschmöglichkeit auch OLG Stuttgart v. 28.11.1995 – 8 W 367/94, GmbHR 1996, 117 = ZIP 1996, 277.

300 KG, JW 1937, 321; BayObLG v. 5.12.1977 – BReg 3 Z 155/76, DB 1978, 337; *Fastrich*, in: Baumbach/Hueck, Rdnr. 53; *Schmidt-Leithoff*, in: Rowedder/Schmidt-Leithoff, Rdnr. 24; *Ulmer/Casper*, in: Ulmer/Habersack/Löbbe, Rdnr. 41; vgl. auch RG, JW 1936, 42.

den im Gesellschaftsvertrag bestimmten Vermögensgegenstand erhält[301]. Es ist nicht erforderlich, den erforderlichen **Satzungsänderungsbeschluss** gemäß § 53 Abs. 3 von der Zustimmung aller Mitglieder abhängig zu machen. Das für eine Zustimmung aller Gesellschafter angeführte Argument, nach der Umwandlung in eine Geldeinlage könne eine Mithaftung der übrigen Gesellschafter begründet sein (§ 24)[302], überzeugt nicht, da die Mitgesellschafter auch von der Minderwertigkeit einer Sacheinlage nicht unberührt bleiben. Die Rechtsvorgänger haften nicht (§ 22), außer wenn im Gründungsstatut die Umwandlung derart vorgesehen war, dass alle Gründer als hiermit einverstanden angesehen werden können. Der Satzungsänderungsbeschluss wird nur dann im Handelsregister eingetragen werden dürfen, wenn die Sacheinlage noch nicht geleistet war, aber spätestens bei der Anmeldung an Geldeinlage so viel eingezahlt ist, als auf die übrigen Geldeinlagen einzuzahlen war (die in § 7 Abs. 2 bestimmten Mindesteinzahlungen müssen gegebenenfalls also überschritten werden[303]). Die erforderliche **Einzahlung** muss bei der **Anmeldung** der **Satzungsänderung** analog § 8 Abs. 2 durch die Geschäftsführer **versichert** werden[304]. Schließlich ist zu beachten, dass die Gesellschafter nach der Eintragung an das Erlassverbot (§ 19 Abs. 2 Satz 1) gebunden sind. Es ist ihnen daher verwehrt, für die Bareinlage einen geringeren Nennbetrag des Geschäftsanteils festzusetzen. Unproblematisch ist es dagegen, wenn der Wert des Sacheinlagegenstandes über dem Nennbetrag liegt. Es ist allerdings zu prüfen, ob durch den Wegfall des Mehrwerts das gebundene Vermögen angegriffen und dadurch § 30 verletzt wird[305].

d) Wahlrecht

110 Ein statutarisches Wahlrecht zwischen **Geld-** oder **Sacheinlage** oder zwischen einer **Sacheinlage** und einer **anderen** wird vom Schrifttum als zulässig angesehen. Bedenken dagegen bestehen nicht, aber das Wahlrecht muss vor der Anmeldung der Gesellschaft ausgeübt werden, da anderenfalls ein Eintragungshindernis gegeben wäre. Denn vor Eintragung der GmbH im Handelsregister müssen die erforderlichen Mindesteinzahlungen erbracht (§ 7 Abs. 2) und die Sacheinlagen endgültig zur Verfügung geleistet sein (§ 7 Abs. 3). Unter derselben Voraussetzung ist auch ein *Wahlrecht zwischen mehreren Vermögensgegenständen* nicht zu beanstanden, wenn sich dies aus dem Gesellschaftsvertrag mit hinreichender Deutlichkeit ergibt und die Angaben im Gesellschaftsvertrag über die wahlweisen Einlagegegenstände dem § 5 Abs. 4 Satz 1 entsprechen[306].

V. Gründungsaufwand

1. Kosten und Gründerlohn

111 Als Gründungsaufwand sind die mit der Errichtung der Gesellschaft und der Einbringung der Einlagen verbundenen Kosten sowie der Gründerlohn (die Vergütungen für Gründer oder Dritte wegen beratender Tätigkeiten aus Anlass der Gründung) zu verstehen[307]. Er ist zu unterscheiden von den Betriebsaufwendungen der Vorgesellschaft, die ihr durch die Vor-

---

301 Zutr. KG, JW 1937, 322.
302 KG, JW 1937, 322; *Roth*, in: Roth/Altmeppen, Rdnr. 64; *Ulmer/Casper*, in: Ulmer/Habersack/Löbbe, Rdnr. 43; satzungsändernde Mehrheit genügt nach *Fastrich*, in: Baumbach/Hueck, Rdnr. 53.
303 KG, JW 1937, 321, 322; *Ulmer/Casper*, in: Ulmer/Habersack/Löbbe, Rdnr. 42.
304 KG, JW 1937, 322.
305 KG, JW 1937, 322; *Ulmer/Casper*, in: Ulmer/Habersack/Löbbe, Rdnr. 43.
306 *Fastrich*, in: Baumbach/Hueck, Rdnr. 48; *Schmidt-Leithoff*, in: Rowedder/Schmidt-Leithoff, Rdnr. 25; *Ulmer/Casper*, in: Ulmer/Habersack/Löbbe, Rdnr. 46.
307 OLG Hamm v. 27.10.1983 – 15 W 294/83, BB 1984, 87, 88 = GmbHR 1984, 155; *Schmidt-Leithoff*, in: Rowedder/Schmidt-Leithoff, Rdnr. 68; *Ulmer/Casper*, in: Ulmer/Habersack/Löbbe, Rdnr. 205.

bereitung und die Aufnahme der Unternehmenstätigkeit entstehen; diese Kosten gehören nicht zum Gründungsaufwand[308].

Das GmbHG enthält anders als das Aktienrecht (**§ 26 Abs. 2 AktG**) keine ausdrückliche Bestimmung darüber, dass die **Übernahme** des **Gründungsaufwandes** zu Lasten der Gesellschaft der **statutarischen Festsetzung** bedarf. Es geht aber, wie sich andeutungsweise aus §§ 9a, 82 Abs. 1 Nr. 1 entnehmen lässt und zudem aus der Entstehungsgeschichte der GmbH-Novelle 1980 ergibt, von deren Notwendigkeit aus. Die Aufnahme einer entsprechenden ausdrücklichen Regelung, wie sie § 5a Abs. 2 RegE vorsah, ist nur wegen eines Missverständnisses unterblieben[309]. Die unbeabsichtigte Gesetzeslücke ist durch die analoge Anwendung des § 26 Abs. 2 AktG zu schließen[310], da der Gesetzeszweck, die Belastung des von den Gesellschaftern aufzubringenden Anfangsvermögens mit dem Gründungsaufwand nur dann zuzulassen, wenn das im Gesellschaftsvertrag offengelegt worden ist, auch für das GmbH-Recht zutrifft. Auch § 26 Abs. 5 AktG, wonach die Satzungsbestimmungen über die Festsetzungen durch Satzungsänderungen erst beseitigt werden können, wenn die Gesellschaft eine bestimmte Zeit im Handelsregister eingetragen ist, ist analog anwendbar[311]. Anders als im Aktienrecht ist allerdings von einer Karenzfrist von 10 Jahren auszugehen[312]. 112

Der **Gesellschaftsvertrag** muss danach **unter Angabe des Gesamtbetrages** regeln, **ob** und in welcher **Höhe** die **Gesellschaft** den **Gründungsaufwand** tragen soll[313]. Die bloße Angabe der Kostenarten ohne eine betragsmäßige Festsetzung genügt auch dann nicht, wenn die Kostenhöhe durch außenstehende Dritte ohne weiteres zu ermitteln ist[314]. Andererseits bedarf es auch keiner Einzelaufstellung der übernommenen Kosten; sie ist erforderlichenfalls bei der Anmeldung vorzulegen[315]. Die Festsetzung ist auch für den Gründungsaufwand erforderlich, den die Gesellschaft nach anderen gesetzlichen Vorschriften im Außenverhältnis selbst schul- 113

---

308 BGH v. 14.6.2004 – II ZR 47/02, NZG 2004, 773, 884 = GmbHR 2004, 1151; *Jürgenmeyer/Maier*, BB 1996, 2135; *Schwandtner*, in: MünchKomm. GmbHG, Rdnr. 274; *Ulmer/Casper*, in: Ulmer/Habersack/Löbbe, Rdnr. 206.

309 Der Rechtsausschuss, BT-Drucks. 8/3908, S. 70, nahm irrig an, dass der vorgeschlagene § 5a RegE nur „geltendes ungeschriebenes Recht" wiedergebe; dazu aber *Ulmer/Casper*, in: Ulmer/Habersack/Löbbe, Rdnr. 207.

310 BGH v. 20.2.1989 – II ZB 10/88, BGHZ 107, 1, 5 f. = GmbHR 1989, 250; OLG Oldenburg v. 22.8.2016 – 12 W 121/16, AG 2017, 43, 44; OLG Hamm v. 27.10.1983 – 15 W 294/83, BB 1984, 87, 88 = GmbHR 1984, 155; OLG Düsseldorf v. 28.2.1986 – 6 Wx 60/86, GmbHR 1987, 59; OLG Düsseldorf v. 21.6.1990 – 3 Wx 232/90, GmbHR 1991, 20, 21; BayObLG v. 29.9.1988 – BReg 3 Z 109/88, BB 1988, 2195, 2196; *Fastrich*, in: Baumbach/Hueck, Rdnr. 57; *Schmidt-Leithoff*, in: Rowedder/Schmidt-Leithoff, Rdnr. 68; *Ulmer/Casper*, in: Ulmer/Habersack/Löbbe, Rdnr. 207. Krit. *Schmidt-Troschke*, GmbHR 1986, 253, 254.

311 OLG Oldenburg v. 22.8.2016 – 12 W 121/16, AG 2017, 43, 44.

312 Vgl. OLG Oldenburg v. 22.8.2016 – 12 W 121/16, AG 2017, 43, 46 (i.E. offen gelassen).

313 BGH v. 20.2.1989 – II ZB 10/88, BGHZ 107, 1, 6 f. = GmbHR 1989, 250; OLG Hamm v. 27.10.1983 – 15 W 294/83, BB 1984, 87, 88 = GmbHR 1984, 155; OLG Düsseldorf v. 28.2.1986 – 6 Wx 60/86, GmbHR 1987, 59; OLG Düsseldorf v. 21.6.1990 – 3 Wx 232/90, GmbHR 1991, 20, 21; BayObLG v. 29.9.1988 – BReg 3 Z 109/88, BB 1988, 2195, 2196; *Fastrich*, in: Baumbach/Hueck, Rdnr. 57; *Schmidt-Leithoff*, in: Rowedder/Schmidt-Leithoff, Rdnr. 68; *Ulmer/Casper*, in: Ulmer/Habersack/Löbbe, Rdnr. 208. A.A. *Schmidt-Troschke*, GmbHR 1986, 253 ff.

314 BGH v. 20.2.1989 – II ZB 10/88, BGHZ 107, 1, 6 f = GmbHR 1989, 250.

315 BGH v. 20.2.1989 – II ZB 10/88, BGHZ 107, 1, 2 = GmbHR 1989, 250; BayObLG v. 29.9.1988 – BReg 3 Z 109/88, GmbHR 1989, 158 = DB 1988, 2351; OLG Düsseldorf v. 28.2.1986 – 6 Wx 60/86, GmbHR 1987, 59; *Jürgenmeyer/Maier*, BB 1996, 2135, 2137 f.; *Ulmer/Casper*, in: Ulmer/Habersack/Löbbe, Rdnr. 208; *Leitzen*, in: Michalski u.a., Rdnr. 202; weitergehend werden in der Rechtsprechung (BGH v. 20.2.1989 – II ZB 10/88, BGHZ 107, 1, 5 = GmbHR 1989, 250; OLG Celle v. 11.2.2016 – 9 W 10/16, GmbHR 2016, 650 f.; LG Essen v. 11.12.2002 – 44 T 5/02, GmbHR 2003, 471) Angaben über die Einzelkosten verlangt.

det, wie beispielsweise die Kosten der Handelsregisteranmeldung[316]. Der Einwand, dass § 26 Abs. 2 AktG nur den Ausgleich zwischen der AG und den Gründern als Gesamtschuldner regele und seiner analogen Anwendung auf die GmbH z.B. bezüglich der Anmelde- und Eintragungskosten deshalb die fehlende Gesamtschuldnerstellung der Gründungsgesellschafter entgegenstehe[317], verkennt den weiter gehenden Gesetzeszweck, die Vorbelastungen des Grundkapitals durch Gründungsaufwand im Interesse des Gläubigerschutzes in der Satzung offen zu legen[318]. Unterbliebene oder fehlerhafte Festsetzungen können nur bis zur Eintragung der Gesellschaft durch Satzungsänderung nachgeholt oder geheilt werden (analog § 26 Abs. 3 Satz 2 AktG)[319]. Eine Kostenübernahme durch die Gesellschaft ist nach der Rechtsprechung nicht grenzenlos möglich. Dies ist nur zulässig, wenn es sich um notwendige Aufwendungen für Kosten handelt, die kraft Gesetzes oder nach Art und Umfang angemessen sind[320].

114 Die Gründungsgesellschafter können aufgrund der Festsetzung des Gründungsaufwands im Gesellschaftsvertrag von der Gesellschaft die Übernahme der jeweiligen Kosten im Zeitpunkt der Eintragung verlangen[321] (s. auch § 7 Rdnr. 41). Der ordnungsgemäß festgesetzte **Gründungsaufwand** wird in der für die Feststellung einer Unterbilanzhaftung aufzustellenden **Vorbelastungsbilanz nicht** zu Lasten des zu deckenden Stammkapitals **berücksichtigt**[322]. Im Falle ordnungsgemäßer Festsetzung steht die Vorschrift des § 30 der Zahlung des notwendigen Gründungsaufwands einschließlich eines Gründerlohns durch die Gesellschaft nicht entgegen, soweit diese notwendig und betragsmäßig angemessen sind; bei späteren diesbezüglichen Ausschüttungen ist aber § 30 voll zu beachten.

2. Sondervorteile

115 Als Sondervorteile sind **Vergünstigungen** zu verstehen, die einem **Gesellschafter** oder **Dritten** aus Anlass der Gründung zu Lasten der Gesellschaft eingeräumt werden und für die der Gesellschafter oder Dritte keine Gegenleistung erbringen muss[323]. Anders als die Sonderrechte (s. § 3 Rdnr. 70) sind sie nicht an die Mitgliedschaft geknüpft (können aber u.U. nur einem Gesellschafter eingeräumt werden) und unabhängig von ihr übertragbar. Beispiele sind **An-**

---

316 BGH v. 20.2.1989 – II ZB 10/88, BGHZ 107, 1, 4 ff. = GmbHR 1989, 250; OLG Hamm v. 27.10.1983 – 15 W 294/83, BB 1984, 87, 88 = GmbHR 1984, 155; OLG Düsseldorf v. 28.2.1986 – 6 Wx 60/86, GmbHR 1987, 59 f.; *Ulmer/Casper*, in: Ulmer/Habersack/Löbbe, Rdnr. 209; *Fastrich*, in: Baumbach/Hueck, Rdnr. 57; *Schmidt-Leithoff*, in: Rowedder/Schmidt-Leithoff, Rdnr. 69; a.A. BayObLG v. 29.9.1988 – BReg 3 Z 109/88, BB 1988, 2195, 2196 f. = GmbHR 1989, 158.
317 BayObLG v. 29.9.1988 – BReg 3 Z 109/88, BB 1988, 2195 f.; *Schmidt-Troschke*, GmbHR 1986, 253.
318 BGH v. 20.2.1989 – II ZB 10/88, BGHZ 107, 1, 5 f. = GmbHR 1989, 250; *Ulmer/Casper*, in: Ulmer/Habersack/Löbbe, Rdnr. 209.
319 *Fastrich*, in: Baumbach/Hueck, Rdnr. 57; *Ulmer/Casper*, in: Ulmer/Habersack/Löbbe, Rdnr. 208; a.A. *Roth*, in: Roth/Altmeppen, Rdnr. 71.
320 OLG Celle v. 22.10.2014 – 9 W 124/14, GmbHR 2014, 139 f. (Satzungsklausel in einer GmbH mit einem Stammkapital von 25 000 Euro, wonach die Gesellschaft Gründungskosten bis zu 15 000 Euro trägt, ist unzulässig und steht der Eintragung im Handelsregister entgegen); OLG Zweibrücken v. 25.6.2013 – 3 W 28/13, GmbHR 2014, 427 f. (Obergrenze in der Satzung i.H. von 10 % des Stammkapitals genügt nicht).
321 BGH v. 20.2.1989 – II ZB 10/88, BGHZ 107, 1, 5 = GmbHR 1989, 250; *Schwandtner*, in: MünchKomm. GmbHG, Rdnr. 276.
322 BGH v. 29.9.1997 – II ZR 245/96, GmbHR 1997, 1145 = ZIP 1997, 2008; BGH v. 9.3.1981 – II ZR 54/80, BGHZ 80, 129, 141 = GmbHR 1981, 114; *Schwandtner*, in: MünchKomm. GmbHG, Rdnr. 277.
323 *Schwandtner*, in: MünchKomm. GmbHG, Rdnr. 278; *Ulmer/Casper*, in: Ulmer/Habersack/Löbbe, Rdnr. 193.

sprüche auf einen **Gewinnanteil**, **Umsatzprovisionen**, **Vorkaufsrechte** oder **Naturalleistungen** der Gesellschaft, die auch für jeden Dritten vorgesehen werden können, sowie **Informations-** oder sonstige **Kontrollrechte**[324].

Sondervorteile bedürfen analog § 26 Abs. 1 AktG der Aufnahme in den Gesellschaftsvertrag[325]. Die Sondervorteile sind im Gesellschaftsvertrag einzeln und unter Bezeichnung des Berechtigten festzusetzen (analog § 27 Abs. 1 AktG). Ein zwischen der Gesellschaft und dem Berechtigten geschlossener schuldrechtlicher Vertrag über den Sondervorteil braucht nicht aufgenommen zu werden[326].   116

Rechtsfolge ist, dass der **Gesellschafter** bzw. **Dritte** einen **Anspruch** auf **Leistung** der **Sondervorteile** erhält. Die Aufnahme ist also Voraussetzung für das Entstehen des Anspruchs. Anders als der Gründungsaufwand wird der Sondervorteil in der Vorbelastungsbilanz berücksichtigt[327]. Auszahlungen an einen Gesellschafter sind nur zulässig, wenn darin kein Verstoß gegen § 30 Abs. 1 liegt[328].   117

---

324 *Schwandtner*, in: MünchKomm. GmbHG, Rdnr. 279.
325 RGZ 165, 129, 135; BGH v. 4.11.1968 – II ZR 63/67, NJW 1969, 131; *Fastrich*, in: Baumbach/Hueck, Rdnr. 57; *Schwandtner*, in: MünchKomm. GmbHG, Rdnr. 280; *Ulmer/Casper*, in: Ulmer/Habersack/Löbbe, Rdnr. 200; *Leitzen*, in: Michalski u.a., Rdnr. 204.
326 *Schwandtner*, in: MünchKomm. GmbHG, Rdnr. 280.
327 *Schwandtner*, in: MünchKomm. GmbHG, Rdnr. 281.
328 *Schwandtner*, in: MünchKomm. GmbHG, Rdnr. 281; *Leitzen*, in: Michalski u.a., Rdnr. 204.

§ 5a
Unternehmergesellschaft

(1) Eine Gesellschaft, die mit einem Stammkapital gegründet wird, das den Betrag des Mindeststammkapitals nach § 5 Abs. 1 unterschreitet, muss in der Firma abweichend von § 4 die Bezeichnung „Unternehmergesellschaft (haftungsbeschränkt)" oder „UG (haftungsbeschränkt)" führen.

(2) Abweichend von § 7 Abs. 2 darf die Anmeldung erst erfolgen, wenn das Stammkapital in voller Höhe eingezahlt ist. Sacheinlagen sind ausgeschlossen.

(3) In der Bilanz des nach §§ 242, 264 des Handelsgesetzbuchs aufzustellenden Jahresabschlusses ist eine gesetzliche Rücklage zu bilden, in die ein Viertel des um einen Verlustvortrag aus dem Vorjahr geminderten Jahresüberschusses einzustellen ist. Die Rücklage darf nur verwandt werden

1. für Zwecke des § 57c;
2. zum Ausgleich eines Jahresfehlbetrags, soweit er nicht durch einen Gewinnvortrag aus dem Vorjahr gedeckt ist;
3. zum Ausgleich eines Verlustvortrags aus dem Vorjahr, soweit er nicht durch einen Jahresüberschuss gedeckt ist.

(4) Abweichend von § 49 Abs. 3 muss die Versammlung der Gesellschafter bei drohender Zahlungsunfähigkeit unverzüglich einberufen werden.

(5) Erhöht die Gesellschaft ihr Stammkapital so, dass es den Betrag des Mindeststammkapitals nach § 5 Abs. 1 erreicht oder übersteigt, finden die Absätze 1 bis 4 keine Anwendung mehr; die Firma nach Absatz 1 darf beibehalten werden.

Eingefügt durch das MoMiG vom 23.10.2008 (BGBl. I 2008, 2026).

Schrifttum: *Bayer*, „MoMiG II" – Plädoyer für eine Fortsetzung der GmbH-Reform, GmbHR 2010, 1289; *Bayer/Hoffmann*, Die Unternehmergesellschaft (haftungsbeschränkt) des MoMiG zum 1.1.2009 – eine erste Bilanz, GmbHR 2009, 124; *Bayer/Hoffmann*, Was ist aus der ersten Generation von Unternehmergesellschaften geworden?, GmbHR 2011, R 321; *Berninger*, Aufstieg der UG (haftungsbeschränkt) zur vollwertigen GmbH, GmbHR 2011, 953; *Berninger*, Die Unternehmergesellschaft (haftungsbeschränkt) – Sachkapitalerhöhungsverbot und Umwandlungsrecht, GmbHR 2010, 63; *Bormann*, Die Kapitalaufbringung nach dem Regierungsentwurf des MoMiG, GmbHR 2007, 897; *Bormann/Urlichs*, Kapitalaufbringung und Kapitalerhaltung nach dem MoMiG, in: Römermann/Wachter (Hrsg.), GmbH-Beratung nach dem MoMiG, GmbHR-Sonderheft MoMiG, 2008, S. 37; *Drygala*, Zweifelsfragen im Regierungsentwurf zum MoMiG, NZG 2007, 561; *Freitag/Riemenschneider*, Die Unternehmergesellschaft – „GmbH light" als Konkurrenz für die Limited?, ZIP 2007, 1485; *Gehrlein*, Der aktuelle Stand des neuen GmbH-Rechts, Der Konzern 2007, 771; *Goette*, Chancen und Risiken der GmbH-Novelle, WPg 2008, 231; *Heckschen*, Die GmbH-Reform – Wege und Irrwege, DStR 2007, 1442; *Heckschen*, Das MoMiG in der notariellen Praxis, 2009; *Heinemann*, Die Unternehmergesellschaft als Zielgesellschaft von Formwechsel, Verschmelzung und Spaltung nach dem Umwandlungsgesetz, NZG 2008, 820; *Hennrichs*, Die UG (haftungsbeschränkt) – Reichweite des Sacheinlageverbots und gesetzliche Rücklage, NZG 2009, 1161; *Herrler*, Fehlgeschlagene Gründung im vereinfachten Verfahren als herkömmliche GmbH-Gründung?, GmbHR 2010, 960; *Holzner*, Die Unternehmergesellschaft (haftungsbeschränkt) im Wettbewerb der Gesellschaftsrechtsformen, 2011; *Joost*, Unternehmergesellschaft, Unterbilanz und Verlustanzeige, ZIP 2007, 2242; *Kessel*, UG – Umgehungsmöglichkeiten der Thesaurierungsverpflichtung, GmbHR 2016, 199; *Kleindiek*, Aspekte der GmbH-Reform, DNotZ 2007, 200; *Klose*, Die Stammkapitalerhöhung bei der Unternehmergesellschaft (haftungsbeschränkt), GmbHR 2009, 294; *Kock/Vater/Mraz*, Die Zulässigkeit einer UG (haftungsbeschränkt) & Co. KG auch bei Gewinnausschluss zu Lasten der Komplementärin, BB 2009, 848; *Lange*, Wenn die UG erwachsen werden soll – „Umwandlung" in die GmbH, NJW 2010, 3686; *Leuering*, Die Unternehmergesellschaft als Alternative zur Limited, NJW-Spezial 2007, 315; *Lieder/Hoffmann*, Upgrades von Unternehmergesellschaften – Der Übergang von der UG zur Voll-GmbH: Rechtstatsachen und Streitfragen, GmbHR 2011, 561; *Meckbach*, Haftungsfolgen einer unrechtmäßigen Firmierung einer UG (haftungsbeschränkt)?, NZG 2011, 968; *Miras*, Die neue Unternehmergesellschaft, 2. Aufl. 2011; *Müller*, Die gesetzliche Rücklage bei der Unternehmergesellschaft, ZGR 2012, 81; *Niemeier*, Die „Mini-GmbH" (UG) trotz Marktwende bei der Limited?, ZIP 2007, 1794; *Niemeier*, „Triumph" und Nachhaltigkeit deutscher Ein-Euro-Gründungen – Rechtstatsachen zur Limited und ein Zwischenbericht zur Unternehmergesellschaft, in: FS G.H. Roth, 2011, S. 533; *Noack*, Der Regierungsentwurf des MoMiG – Die Reform des GmbH-Rechts geht in die Endrunde, DB 2007, 1395; *Pentz*, Die verdeckte Sacheinlage im GmbH-Recht nach dem MoMiG, in: FS Karsten Schmidt, 2009, S. 1265; *Pentz*, Verdeckte Sacheinlage und UG (haftungsbeschränkt), in: FS Goette, 2011, S. 359; *Priester*, Kapitalbildung bei der UG (haftungsbeschränkt) – einer GmbH mit erneut zunehmenden Sonderrechten –, FS Günter H. Roth, 2011, S. 573; *Priester*, Mindestkapital und Sacheinlageregeln, in: Gesellschaftsrechtliche Vereinigung (VGR), Die GmbH-Reform in der Diskussion, 2006, S. 1; *Priester*, Kapitalaufbringung nach Gutdünken?, ZIP 2008, 55; *Ries*, Brauchen wir die „Unternehmergesellschaft" und den Verzicht auf die notarielle Beurkundung des GmbH-Gesellschaftsvertrages?, NotBZ 2007, 244; *Römermann/Passarge*, Die GmbH & Co. KG ist tot – es lebe die UG & Co. KG!, ZIP 2009, 1497; *Rousseau/Hoyer*, Die UG als aufnehmender Rechtsträger im Rahmen einer Verschmelzung, GmbHR 2016, 1023; *Rubel*, Konzerneinbindung einer UG (haftungsbeschränkt) durch Gewinnabführungsverträge, GmbHR 2010, 470; *Schäfer*, Rechtsprobleme bei Gründung und Durchführung einer UG, ZIP 2011, 53; *Schulte*, Zwei Jahre MoMiG, GmbHR 2011, 1128; *Seibert*, Der Regierungsentwurf des MoMiG und die haftungsbeschränkte Unternehmergesellschaft, GmbHR 2007, 673; *Seibert/Decker*, Die GmbH-Reform kommt!, ZIP 2008, 1208; *Stenzel*, Die Pflicht zur Bildung einer gesetzlichen Rücklage bei der UG (haftungsbeschränkt) und die Folgen für die Wirksamkeit des Gesellschaftsvertrages einer UG (haftungsbeschränkt), NZG 2009, 168; *Tettinger*, UG (umwandlungsbeschränkt?) – Die Unternehmergesellschaft nach dem MoMiG-Entwurf und das UmwG, Der Konzern 2008, 75; *Ulmer*, Sacheinlageverbote im MoMiG – umgehungsfest?, GmbHR 2010, 1298; *Veil*, Die Unternehmergesellschaft nach dem Regierungsentwurf des MoMiG, GmbHR 2007, 1080; *Veil*, Die Unternehmergesellschaft im System der Kapitalgesellschaften, ZGR 2009, 623; *Wachter*, Die neue Unternehmergesellschaft (haftungsbeschränkt), in: Römermann/Wachter (Hrsg.), GmbH-Beratung nach dem MoMiG, GmbHR-Sonderheft MoMiG, 2008, S. 25; *Wachter*, Sacheinlagen bei der Unternehmergesellschaft (haftungsbeschränkt), NJW 2011, 2620; *Waldenberger/Sieber*, Die Unternehmergesellschaft (haftungsbeschränkt) jenseits der „Existenzgründer". Rechtliche Besonderheiten und praktischer Nutzen, GmbHR 2009, 114; *Wälzholz*, Die „Unternehmergesellschaft (haftungsbeschränkt)" als Alternative zur GmbH?, GmbH-StB 2007, 319; *Weber*, Die Unternehmergesellschaft (haftungsbeschränkt), BB 2009, 842; *Werner*, Aktuelle Entwicklungen des Rechts der Unternehmergesellschaft, GmbHR 2010, 449; *H. P. Westermann*, Das neue GmbH-Recht (i.d.F. des MoMiG) im Überblick, DZWiR 2008, 485; *H. P. Westermann*, Wohin steuert die GmbH? – Benutzerkreis und Verwendungszwecke der Rechtsform im künftigen deutschen Gesellschaftsrecht, in: FS Priester, 2007, S. 835; *Wilhelm*, „Unternehmergesellschaft (haftungsbeschränkt)" – Der neue § 5a GmbH-Gesetz in dem RegE zum MoMiG, DB 2007, 1510.

I. Normzweck und Entstehungsgeschichte

1. Die Anreize zur Schaffung der „Unternehmergesellschaft (haftungsbeschränkt)"

1 Die Vorschrift enthält eine verbreitet als Kehrtwende in der bis dahin überwiegend auf Verstärkung der Kapitalausstattung der GmbH ausgerichteten Rechtspolitik, die gegenüber der mit Sorge beachteten Ltd. und Scheinauslandsgesellschaften eine einigermaßen solide Einstiegsmöglichkeit für junge (und noch kapitalschwache) Unternehmensgründer bieten sollte[1]. Der Verzicht auf ein 1 Euro übersteigendes Stammkapital führte aber dazu, dass der Rechtsform die Eignung für längerfristig angelegtes (und erfolgreiches) unternehmerisches Wirtschaften vielfach abgesprochen und eine hohe Insolvenzanfälligkeit prognostiziert wurde[2], obwohl andererseits für eine gewisse Deregulierung des Kapitalgesellschaftsrechts und Erleichterung der Gründung ein Bedürfnis nicht ganz geleugnet wurde[3]; eine große Rolle spielte auch der Wunsch, die internationale Konkurrenzfähigkeit der deutschen GmbH (nicht nur gegenüber der Ltd.) zu stärken, ohne eine ganz neue Rechtsform schaffen zu müssen[4]. Die Motive des Gesetzgebers haben sich im Wesentlichen als realistisch erwiesen, desgleichen aber einige der Warnungen. Zwar hat es den Anschein, als wäre der zeitweilige Erfolg der Ltd.[5] auch ohne die Einführung der neuen deutschen Rechtsform bald zu Ende gegangen[6], aber die Einschätzung, dass der praktische Verzicht auf ein auch nur in der Nähe des § 5 Abs. 1 liegendes Stammkapital, verbunden mit einem verhältnismäßig geringen Aufwand bei der Gründung, für Existenzgründer und Projektgesellschaften attraktiv sein werde, war berechtigt[7], musste allerdings gegen verbreitete Warnungen[8] durchgesetzt werden. Der Zuspruch für die neue Variante der GmbH war beachtlich[9], ihre heutige Verbreitung ist groß. Die neuen Zahlen

1 Begr. RegE MoMiG, BT-Drucks. 16/140, S. 31; *Seibert*, GmbHR 2007, 673; *Waldenberger/Sieber*, GmbHR 2009, 114, 124; *J. Schmidt*, in: Michalski u.a., Rdnr. 2.
2 *Niemeier*, in: FS G. H. Roth, S. 533 ff.; *Priester*, ZIP 2005, 921; *Zöllner*, GmbHR 2006, 1; *Noack*, DB 2007, 1395; Handelsrechtsausschuss DAV, NZG 2007, 736; etwas abschwächend *Paura*, in: Ulmer/Habersack/Löbbe, Rdnr. 5.
3 Zum diesbezüglichen Reformdruck *Rieder*, in: MünchKomm. GmbHG, Rdnr. 2.
4 *Gehb/Heckelmann*, GmbHR 2006, R 349; *Rieder*, in: MünchKomm. GmbHG, Rdnr. 4; *Paura*, in: Ulmer/Habersack/Löbbe, Rdnr. 3.
5 Ende 2007 soll es ungefähr 14 000, nur 2 Jahre später sogar 18 000 Ltd. in Deutschland gegeben haben, was mit dem niedrigen Stammkapital, den mäßigen Gründungskosten und dem schnellen Ablauf des Gründungsvorgangs erklärt wurde; näher *Schall/Westhoff*, GmbHR 2005, R 357; zum schnellen zahlenmäßigen Rückgang der Rechtsformen ausländischen Rechts, u.a. auch der britischen Ltd., zul. *Kornblum*, GmbHR 2017, 739, 747.
6 *Niemeier*, ZIP 2007, 1794; *Gehrlein*, Der Konzern 2007, 771, 779; *Kornblum*, GmbHR 2010, R 53; *Paura*, in: Ulmer/Habersack/Löbbe, Rdnr. 3; *Schäfer*, ZIP 2011, 53 meinte, die Empfehlung eine Ltd. zu gründen, stelle eine „flagrante" Verletzung der Beratungspflicht dar. Zum Scheitern der Ltd. auch *Heckschen*, Das MoMiG in der notariellen Praxis, 2009, S. 73.
7 *Berninger*, GmbHR 2011, 953; *Paura*, in: Ulmer/Habersack/Löbbe, Rdnr. 5; zu den formalen Erleichterungen gegenüber der GmbH-Gründung die Überlegungen von *Gehb/Drange/Heckelmann*, NZG 2006, 88 ff.; früher *Bachmann*, ZGR 2001, 351, 356 f.
8 Schaden befürchteten etwa *Wachter*, Status Recht Beil. 7/2007, 245; *Bormann*, GmbHR 2007, 897, 899; für Entbehrlichkeit etwa *Goette*, Status Recht Beil. 7/2007, S. 236; *Freitag/Riemenschneider*, ZIP 2007, 1485 ff.; krit. auch *Heckschen*, DStR 2007, 1442.
9 Erste Zahlen bei *Bayer/Hoffmann*, GmbHR 2009, 124 und GmbHR 2010, 9.

(per 1.1.2016) betragen insgesamt etwa 125000 UG, davon ungefähr 9000 als Komplementär-Gesellschaften von KG[10].

Die tatsächliche Kapitalausstattung der UG sowie die Erfahrungen mit **Insolvenzen** und Löschungen dürfen angesichts des Umstandes nicht überraschen, dass mit der neuen Rechtsform Existenzgründer angesprochen werden sollten, die als Einzelkaufleute nicht antraten und für eine „normale" GmbH nicht genügend Kapital aufbringen konnten oder wollten. Das durchschnittliche Stammkapital wird in verschiedenen Untersuchungen teils mit 1173, teils mit nur 500 Euro angegeben[11]; auch wenn Gesellschaften mit größerem Kapitaleinsatz durchaus vorzukommen scheinen, liegt dieser doch deutlich unter dem bei der „normalen" GmbH. Auffällig ist die hohe Zahl von „upgrades" von der UG zur GmbH[12], sie könnte die Einschätzung bestätigen, dass die UG nur als Übergangsform geeignet sei[13]. Allerdings kann die UG, wenn sie nicht nur als Komplementärin fungiert, vorwiegend für Unternehmen wie etwa reine Dienstleister ohne nennenswerten Kapitalbedarf genutzt werden, wobei aber auch die Gefahr im Auge zu behalten ist, dass sie von Anfang an (schon durch die Pflicht zur Aufbringung der Gründungskosten) überschuldet oder sonst für unternehmerische Aktivitäten ganz unzulänglich ausgestattet sein kann[14]. Die Erleichterung der GmbH-Gründung durch eine Liberalisierung der Formalitäten, ebenfalls ein zentrales Anliegen der Reform, kommt bei der regelmäßigen GmbH wie bei der UG zum Tragen. Bemerkenswert ist freilich der hohe Anteil der UG an **Insolvenzen**, der nach 2015 gestiegen ist; auffallend ist auch, dass von diesen Fällen 58 % masselos waren, bei der GmbH aber immerhin auch 20 %[15]. Das muss aber nicht bedeuten, dass es der UG schlechthin an Seriosität fehlt[16]; ein „gesundes" Verhältnis von eingesetzten Geldmitteln und unternehmerischen Risiken kann auch bei der normaltypischen GmbH nicht als Charakteristikum bezeichnet werden, zumal die immer wieder unterbreiteten Vorschläge, das Mindeststammkapital der GmbH erheblich heraufzusetzen[17], auf absehbare Zeit kaum verwirklicht werden dürften. Insgesamt hat die Einführung der UG die Gestaltungsmöglichkeiten haftungsbeschränkenden Wirtschaftens erweitert, ohne allzu großen Argwohn gegen Missbräuche zu begründen.   2

2. Die Zielgruppe der gesetzlichen Regelung, Verwirklichung der Zielsetzung

Die verhältnismäßig gute Aufnahme der UG liegt auch daran, dass einige der **kennzeichnenden Merkmale der Rechtsform** Überlegungen der Gründer und ihrer Berater in Richtung auf Vorkehrungen gegen schlechte Reputation zu lenken scheinen. Zu nennen sind die Volleinzahlungspflicht, das Verbot von Sacheinlagen, Hinweise auf die Haftungsbeschränkung in der Firma, die auch alle aus der rechtspolitischen Diskussion um die Zukunft der GmbH in der Gestalt des bisherigen Rechts erklärlich sind.   3

---

10 *Kornblum*, GmbHR 2016, 691; einen leichten Rückgang der Zuwachsrate hat *Kornblum*, GmbHR 2017, 739, 746 festgestellt.

11 *Bayer/Hoffmann*, GmbHR 2010, 9; *Niemeier*, in: FS G. H. Roth, 2011, S. 785, nach dessen Ansicht die Kapitalisierung der UG „keinen Deut besser" ist als bei der Ltd., die abweichenden Zahlen beruhten „auf einer anderen Datenaufbereitung".

12 Dazu *Lieder/Hoffmann*, GmbHR 2011, 561.

13 *Schäfer*, ZIP 2011, 53, 59; dagegen allerdings *Paura*, in: Ulmer/Habersack/Löbbe, Rdnr. 4.

14 *Leyendecker*, GmbHR 2008, 302, 304.

15 Nachw. aus den Statistiken bei *Fastrich*, in: Baumbach/Hueck, Einl. Rdnr. 51 Fn. 109.

16 Dagegen auch *Paura*, in: Ulmer/Habersack/Löbbe, Rdnr. 4 gegen *Rieder*, in: MünchKomm. GmbHG, Rdnr. 58.

17 So *Priester*, in: Gesellschaftsrechtliche Vereinigung (VGR), Die GmbH-Reform in der Diskussion, 2006, S. 1, 7 ff.; s. auch *Wilhelmi*, GmbHR 2006, 13; dagegen *Grunewald/Noack*, GmbHR 2005, 189 f.; *Fastrich*, DStR 2006, 156, 160.

Die für die zeitweilige „Welle" an Ltd.-Gründungen ursächlichen Vorteile einer einfachen, praktisch online von zu Hause aus „zu bestellenden" und innerhalb weniger Tage „per Post gelieferten" Ltd. springen angesichts der deutlich reduzierten Anforderungen an die Gründung einer UG nicht mehr so ins Auge (zu den Kosten der Gründung einer UG s. Rdnr. 12). Auf der anderen Seite gab es bei der Ltd. durchaus eine gewisse Kontrolle ihres Finanzgebarens[18], so dass die zunehmende Bevorzugung der UG verständlich erscheint. Dabei dürfte die – legitime – Haftungsbeschränkung bei geringem Kapitaleinsatz nicht nur bei der **Zielgruppe** der „jungen Unternehmensgründer" eine Rolle spielen, sondern auch bei Vorratsgründungen im Zuge einer mittelfristigen Nachfolgeplanung, wobei die UG als künftige Komplementärin einer Familien-KG vorgesehen werden könnte (zu den Zweifeln an der Komplementär-Fähigkeit Rdnr. 40). Es ist auch denkbar, dass im Zusammenhang mit Mitarbeiterbeteiligungsprogrammen für die Arbeitnehmer ein Investitionsvehikel in Form einer (haftungsbeschränkten) Kapitalgesellschaft eingesetzt werden könnte. Sodann könnte die Möglichkeit der Gründung einer Gesellschaft mit einem vorerst nur minimalen Kapitaleinsatz, der später zweckentsprechend erhöht werden kann, wozu dann auch ein Anreiz geschaffen werden sollte, mit Blick auf einen zukünftigen Einsatz im Rahmen einer Unternehmensgruppe interessant sein. Dabei werden dann freilich vor allem Gesellschaften entstehen, die – möglicherweise auch für längere Zeit – ohne eigene unternehmerische Aktivität gewissermaßen auf Abruf vorgehalten werden, obwohl natürlich auch die Regeln über „wirtschaftliche Neugründung" gelten[19], während außerhalb des reinen, vielleicht ohne erheblichen Kapitaleinsatz offenstehenden Dienstleistungssektors die Möglichkeit, sich der UG zu bedienen, die Zahl „echter" Betriebsgründungen nicht erhöhen wird, abgesehen von den auch bei der „echten" GmbH häufigen Fällen nur sehr kurzer Lebensdauer[20]. Bei der wirksam gegründeten UG wird es manchmal zu einer unternehmerischen Aktivität nach ersten Anfängen nicht mehr kommen. Der weitere Gedanke[21], den Gläubigerschutz dadurch zu bewerkstelligen, dass die Gesellschaft Gewinne nicht ausschütten darf, sondern durch teilweise Einstellung in eine Rücklage zu thesaurieren hat, bis das Eigenkapital die Höhe des gesetzlichen Mindestkapitals erreicht, legt es nahe, dass „Unternehmer" im Sinne dieser Neuerung nur Personen sein sollten, die zumindest in den ersten Jahren nach der Gründung nicht auf Ausschüttungen bedacht sind, wobei sie dann allerdings, wenn sie hauptberuflich tätig sein wollen, auf Geschäftsführervergütungen angewiesen sind[22]. Dieser Zielgruppe hätte freilich der Vorschlag einer „Unternehmensgründergesellschaft" in der Bezeichnung eher entsprochen.

4 Für den gesetzlichen Gesellschaftstyp kommen als Nutzer – wie allgemein für die GmbH – auch die Gestalter von **Unternehmensgruppen** in Betracht[23], die in Einzelfällen mit einer sehr niedrigen Kapitalausstattung der Gesellschaft auszukommen glauben und ihr Funktionen beilegen wollen, die zunächst oder sogar auf Dauer keine Gewinnerzielung erfordern, denen andererseits die Pflicht zur Volleinzahlung der gewählten Einlage nichts ausmacht (näher Rdnr. 16). Die Verwendbarkeit der UG als **Komplementärin** einer KG hat sich inzwischen

---

18 Zum Vergleich mit der UG *Leuering*, NJW-Spezial 2007, 315; *Schumann*, DB 2004, 743; zur Ltd. in Deutschland *Heckschen*, Private Limited Company, 2. Aufl. 2007; *Just*, Die englische Limited in der Praxis, 4. Aufl. 2012; zum „wrongful trading" *Hirte*, ZGR 2004, 71 ff.

19 Ähnliche Überlegungen bei *Paura*, in: Ulmer/Habersack/Winter, Erg.-Band MoMiG, 2010, Rdnr. 15 ff.; *Pfisterer*, in: Saenger/Inhester, Rdnr. 1.

20 *Fastrich*, in: Baumbach/Hueck, Rdnr. 15; *Roth*, in: Roth/Altmeppen, Rdnr. 8; *Paura*, in: Ulmer/Habersack/Löbbe, Rdnr. 23; Zahlen zu den Vorratsgründungen bei *Bayer/Hoffmann*, GmbHR 2009, 124, 125; zur wirtschaftlichen Neugründung *Bachmann*, NZG 2011, 441; *Peetz*, GmbHR 2011, 178; *J. Schmidt*, in: Michalski u.a., § 3 Rdnr. 116 ff.

21 *Seibert/Decker*, ZIP 2008, 1208; anerkennend (Kunstgriff) *Joost*, ZIP 2007, 2242, 2245.

22 S. auch dazu Begr. RegE, BT-Drucks. 16/6140, S. 31.

23 Zur Verwendung der UG als Holding- und Zielgesellschaft für Wagnisbeteiligungen näher *Waldenberger/Sieber*, GmbHR 2009, 121 f.; *Veil*, ZGR 2009, 623, 640 f.; *Rubel*, GmbHR 2010, 470.

durchgesetzt, für sie spricht mit einigem Gewicht die Möglichkeit, die zunächst benötigten Gelder sogleich ins KG-Vermögen einzulegen und so die Schwierigkeiten, die sonst bei der Weitergabe der GmbH-Einlagen an die KG auftreten, zu vermeiden[24] (zu Möglichkeiten der **Umwandlung** s. Rdnr. 35 ff.). Zum Wechsel bestehender GmbH oder Ltd. in die neue Rechtsform Rdnr. 37. Erhebliche Bedeutung haben auch die verschiedenen Formen des Rechtsformwechsels von der UG in die GmbH im Hinblick auf die Frage, wann das Sonderrecht der UG außer Kraft tritt, zuletzt auch im Zusammenhang mit Umwandlungsvorgängen wie der Neugründung durch Abspaltung (näher Rdnr. 11). Soweit von der noch im RefE vorgesehenen Verwendung einer „Mustersatzung", die jetzt durch die Möglichkeit eines „**Musterprotokolls**" (§ 2 Abs. 1a) ersetzt ist und für eine Gesellschaft – nicht nur eine UG – mit nicht mehr als drei Gesellschaftern in Betracht kommt, eine Erleichterung der Gründung erwartet wurde[25], ist dies für die mit der UG angesprochene Zielgruppe nur mittelbar bedeutsam. Es sollte auch nicht gefördert werden, da der Beratungsbedarf bei der neuen Rechtsform nicht unterschätzt werden darf, der sich aus dem – bei Gründung allein nach dem Musterprotokoll zwangsläufigen – Fehlen eines Gesellschaftsvertrages ergibt.

Erste Übersichten über die von den Registergerichten zu treffenden Entscheidungen[26] zeigten, dass es einen gewissen Bedarf an relativ kurzfristigen, manchmal schon vor der Eintragung greifenden Änderungen der im Musterprotokoll zu dokumentierenden Umstände gibt, nicht nur im Bereich von Kapitalerhöhungen, also etwa im Hinblick auf die Zahl der Gesellschafter und der Geschäftsführer. Unter den Satzungsänderungen steht die Kapitalerhöhung im Vordergrund, zum einen im Hinblick auf die hierbei beizubringenden Unterlagen, hauptsächlich aber in der Frage, ob hierbei Sacheinlagen, die bei der Gründung nicht zugelassen sind, jedenfalls wenn durch sie das regelmäßige Stammkapital der „echten" GmbH aufgebracht werden soll (dazu näher Rdnr. 18, 19), möglich sind. Es verwundert nicht, dass das genannte Verbot und die Möglichkeiten seiner Umgehung auch sonst viel Aufmerksamkeit geweckt haben (näher Rdnr. 20). Nicht völlig geklärt war am Anfang auch die Frage, ob in einem für die Gründung verwendeten Musterprotokoll, das bei einer UG zunächst nur einen Geschäftsführer vorsehen darf, die hier zugelassene Befreiung vom Verbot des Selbstkontrahierens auch für später bestellte weitere Geschäftsführer gilt, oder ob dann § 35 Abs. 2 zum Zuge kommt. Die Praxis wird zeigen, ob die „typischen" Gesellschafter und Geschäftsführer einer UG tatsächlich die Erfahrungen und Kenntnisse haben werden, die notwendig sind, um den gegenüber der „normalen" GmbH keineswegs niedrigeren Anforderungen an ihre Fähigkeit zur Bewältigung von Rechtsfragen genügen zu können[27]. Zumindest ein Gesellschafter-Geschäftsführer wird aber auch einige Jahre nach der Reform bei Notaren und Rechtsanwälten, Kammern und Verbänden genügende Beratung erhalten können und auf ihre Notwendigkeit aufmerksam gemacht werden. Dabei scheint die **Firmierung** der UG, bei der es darum ging, das Publikum zu warnen, mit dem allgemeinen Firmenrecht des HGB nicht perfekt abgestimmt, was bei der hohen Bedeutung der UG als Komplementärin von KG nicht hingenommen werden sollte[28].

Sodann musste bei neuen Regelungsansätzen wie der zur Aufwertung des Ansehens der UG eingeführten „Zwangsthesaurierung" durch **Rücklagenbildung** anstelle von Ausschüttungen mit Umgehungsversuchen gerechnet werden, die als Reaktion eine Art „Rücklagenersatz-

---

24 *Römermann/Passarge*, ZIP 2009, 1497, 1498 unter Hinweis auf BGH v. 10.12.2007 – II ZR 180/06, ZIP 2008, 174 (mit Bespr. *Karsten Schmidt*, S. 481) = GmbHR 2008, 203.

25 Dazu *Seibert/Decker*, ZIP 2008, 1208, 1209; so schon die Begr. RegE, BT-Drucks. 16/6140, S. 27; krit. zur Mustersatzung *Freitag/Riemenschneider*, ZIP 2007, 1485, 1487.

26 *Schulte*, GmbHR 2010, 1128; *Werner*, GmbHR 2011, 449 ff.; *Schäfer*, ZIP 2011, 53, 54.

27 Hierzu – ohne Begrenzung auf die Gesellschafter und Geschäftsführer einer UG, aber im Hinblick auf die GmbH-Reform – *H. P. Westermann*, in: FS Priester, 2007, S. 835, 838 ff., 850 ff.; zu diesbezüglichen Erfahrungen mit der niederländischen „Flex-BV" *H. P. Westermann*, GmbHR 2017, 683 ff.

28 Zur Firma der UG & Co. KG *Wachter*, NZG 2009, 1253 ff.

recht" hervorrufen könnten[29]. Zur Geschichte des umstrittenen Teils des MoMiG s. im Übrigen die 11. Auflage[30].

II. Grundstruktur und anwendbare Rechtsnormen

1. Grundsatz

7 Die UG ist eine Variante der haftungsbeschränkten Gesellschaftsformen, also eine **GmbH**, für die einige vom GmbHG **abweichende Bestimmungen** gelten[31], obwohl sie, was eine Merkwürdigkeit ist, nicht als GmbH firmieren darf[32]. Damit ist nicht nur das eigentliche GmbH-Recht auf die UG anwendbar, sondern das gesamte auch für die GmbH geltende deutsche Recht[33], so dass sie Formkaufmann und Unternehmer i.S. des § 14 Abs. 1 BGB und auch rechnungslegungspflichtig nach §§ 264 ff. HGB ist[34]. Namentlich gelten auch die Regeln zur Stellung des Geschäftsführers in seinem Verhältnis zur Gesellschafterversammlung, zu seiner fachlichen und persönlichen Qualifikation, zu seinen Pflichten in Bezug auf eine mögliche Insolvenz; zu – nicht allzu gewichtigen – Einschränkungen der Umwandlungsfähigkeit der UG Rdnr. 35, zum Einsatz der UG als KG-Komplementärin Rdnr. 40. Die UG wird vermutlich nicht so wie die „normale" GmbH ein Allzweck-Instrument werden[35], weil angesichts ihres zumindest am Anfang meist wohl deutlich unter 25 000 Euro bleibenden Stammkapitals bedeutende unternehmerische Ziele mit entsprechendem Investitionsbedarf nicht auf diesem Wege verfolgt werden können; auch eine Rechtsanwalts-UG ist möglich[36]. Andererseits sind die Gesellschafter bezüglich des Einsatzes der vorhandenen Mittel frei; so müssen sie, auch wenn an sich aus der Rücklage durch Kapitalerhöhung aus Gesellschaftsmitteln ein Stammkapital gebildet werden könnte, das das Mindeststammkapital einer „normalen" GmbH übersteigt, nicht in die Regelform wechseln, was insbesondere nicht im Zuge einer automatischen Umwandlung geschieht[37]; str. ist, ob die bisherige Firma beibehalten werden kann; näher dazu Rdnr. 29, 31.

2. Folgerungen (Finanzierung, Gläubigerschutz, Innenverhältnis)

8 In Bezug auf die **Finanzierung** müssen die Gründer darauf achten, dass nicht schon durch die Gründungs- und sonstigen Anlaufkosten Überschuldung oder Zahlungsunfähigkeit ein-

---

29 Dazu *H. P. Westermann*, in: FS Uwe H. Schneider, 2011, S. 1437, 1445 f.

30 Dazu *Priester*, ZIP 2010, 2182 ff.; *Hoffmann/Lieder*, GmbHR 2011, 561 ff.

31 *Veil*, GmbHR 2007, 1080, 1081; *Noack*, DB 2007, 1395 f.; *Wilhelm*, DB 2007, 1510; *Gehrlein*, Der Konzern 2007, 771, 778; *Weber*, BB 2009, 842 f.; *Kleindiek*, in: Lutter/Hommelhoff, Rdnr. 7; *Pfisterer*, in: Saenger/Inhester, Rdnr. 4; *Priester*, in: FS G. H. Roth, 2011, S. 573, 574; *J. Schmidt*, in: Michalski u.a., Rdnr. 3.

32 Krit. insoweit auch *Wilhelm*, DB 2007, 1510, 1511.

33 So auch die Begr. RegE, BT-Drucks. 16/6140, S. 31; *Wicke*, Rdnr. 3; *Paura*, in: Ulmer/Habersack/Löbbe, Rdnr. 17; zur Beitragspflicht einer UG zur IHK OVG Lüneburg v. 24.7.2013 – 8 LA 16/13, GmbHR 2013, 1323.

34 *Fastrich*, in: Baumbach/Hueck, Rdnr. 7; *Schäfer*, in: Bork/Schäfer, Rdnr. 4; *Roth*, in: Roth/Altmeppen, Rdnr. 5.

35 Dazu *H. P. Westermann*, Die GmbH – ein „Allzweck-Instrument"?, in: Pro GmbH, Analysen und Perspektiven des Gesellschafts- und Steuerrechts der GmbH, hrsg. von der Centrale für GmbH, 1980, S. 23 ff.

36 Dazu *Axmann/Deister*, NJW 2009, 2941 ff.

37 *Veil*, GmbHR 2007, 1080, 1081: Die UG „muss nicht erwachsen werden"; *Wachter*, in: GmbHR-Sonderheft MoMiG, 2008, S. 25, 34; *Weber*, BB 2009, 842, 846; *Paura*, in: Ulmer/Habersack/Löbbe, Rdnr. 42; krit. Handelsrechtsausschuss des DAV, NZG 2007, 737; dagegen wieder *Gehrlein*, Der Konzern 2007, 771, 781.

tritt[38], was bei Verwendung des Musterprotokolls für die Gründung (§ 2 Abs. 1a) durch die Überbürdung der Gründungskosten auf die Gesellschaft (bis zum Betrag des Stammkapitals) leicht geschehen kann[39] und dann die vom Gesetz eingeräumte Beliebigkeit der Wahl der Stammkapitalziffer faktisch einschränkt (s. Rdnr. 22), indem allein deswegen schon ein Stammkapital von mindestens 300 Euro vorhanden sein muss[40]. Die in der Registerpraxis übliche Festsetzung des Gründungsaufwands auf bis zu 10 % des Stammkapitals kann bei der UG nicht gelten[41]. Davon abgesehen gibt es aber keine Vorgabe hinsichtlich des Stammkapitals, das lediglich den Betrag gemäß § 5 unterschreiten muss, also von mindestens einem vollen Euro (§ 5 Abs. 2 Satz 1) pro Gründer bis zu 24 999 Euro reichen kann, die Gesellschafter haben insoweit die volle Freiheit. Wenn die Gründer unter diesen Umständen unternehmerische, auch gewerbliche Zwecke mit durchaus unzulänglichen Eigenmitteln zu verfolgen beginnen, wirft dies im Fall des Scheiterns die Frage nach ihrer Haftung wegen **materieller Unterkapitalisierung** auf[42]. Nun gibt es bekanntlich bei der „normalen" GmbH bis heute keine festen, vor allem keine für eine Prognose im Einzelfall nachvollziehbaren Vorstellungen über die Höhe der angemessenen Kapitalausstattung. Dies könnte aber für die UG gerade anders gesehen werden[43], so dass möglicherweise Anlass besteht, über einen Haftungsdurchgriff wegen Unterkapitalisierung nachzudenken[44]. Für die GmbH, bei der ein Missverhältnis zwischen eigentlich benötigten und tatsächlich eingesetzten Eigenmitteln keine Seltenheit ist, und auch sonst im Verbandsrecht hat die Rechtsprechung aber sowohl eine Ausfallhaftung der Gesellschafter als auch einen direkten Durchgriff auf sie stets abgelehnt[45], womit auch der Ansatz bei einem Missbrauch der Haftungsbeschränkung, der zur persönlichen Haftung entsprechend § 128 HGB führen würde[46], nicht generell eingreift, sondern einer einzelfallbezogenen Haftung wegen (schuldhaft verursachter) Gläubigerschädigung weichen muss[47], wenn es zur Insolvenz kommt, was dann auch für die UG gilt. Angesichts der positiven gesetzlichen Regelung kann allein die Tatsache eines extrem niedrigen Kapitals also für einen Durchgriff nicht ausreichen, auch weil bei manchen Gesellschaften, etwa reinen Projektgesellschaften, in der Tat am Anfang kein hohes Kapital bereitgestellt werden muss. Wohl ist damit zu rechnen, dass die Insolvenzantragspflichten hier von der Praxis eher scharf gehandhabt werden[48], was auch die anzustellende Fortbestehensprognose betrifft. Gesellschafterdarlehen können die Lage nur verbessern, wenn sie mit einem Rangrücktritt gemäß § 19 Abs. 2 InsO verbunden sind[49]. Skepsis ist auch gegenüber dem Einsatz einer UG für u.U. sehr aufwendige und risikobehaftete Aufgaben wie die Verwaltung einer außerordentlich großen Wohnungseigentums-

---

38 Etwa *Kindler*, NJW 2008, 2249 f.; *Wachter*, in: GmbHR-Sonderheft MoMiG, 2008, S. 25, 30 f.
39 *Roth*, in: Roth/Altmeppen, Rdnr. 7; *Seibert*, GmbHR 2007, 673, 675; *Drygala*, NZG 2007, 562.
40 *Rieder*, in: MünchKomm. GmbHG, Rdnr. 11, 11a.
41 OLG Hamburg v. 18.3.2011 – 11 W 19/11, GmbHR 2011, 766; zust. *Rieder*, in: MünchKomm. GmbHG, Rdnr. 11a.
42 Dazu etwa *Ehricke*, AcP 199 (1999), 257, 275 ff.; *Karsten Schmidt*, GesR, § 9 IV 4c; *Altmeppen*, ZIP 2008, 1201; *Raiser*, in: Ulmer/Habersack/Löbbe, § 13 Rdnr. 136.
43 *Joost*, ZIP 2007, 2242, 2244.
44 S. etwa *Goette*, Status Recht Beil. 7/2007, S. 236 f.; *Gehrlein*, WM 2008, 761, 768; *Wachter*, in: GmbHR-Sonderheft MoMiG, 2008, S. 25, 31, allerdings im Ergebnis ablehnend; anders *Altmeppen*, in: Roth/Altmeppen, § 13 Rdnr. 142; *Wiedemann*, ZGR 2003, 283, 295.
45 BGH v. 8.7.1970 – VIII ZR 28/69, BGHZ 54, 222, 224; BGH v. 4.5.1977 – VIII ZR 398/75, BGHZ 68, 312, 316; BGH v. 30.11.1978 – II ZR 204/76, WM 1979, 229 = GmbHR 1979, 89; grundlegend in der „Gamma"-Entscheidung BGH v. 28.4.2008 – II ZR 264/06, ZIP 2008, 1232 ff. = GmbHR 2008, 805; praktisch vorbereitet durch *Stimpel*, in: FS Goerdeler, 1987, S. 601, 606 ff.
46 *Wiedemann*, GesR I, S. 224; wohl auch *Bayer*, in: Lutter/Hommelhoff, § 13 Rdnr. 20.
47 *Fastrich*, in: Baumbach/Hueck, § 13 Rdnr. 47; BAG v. 3.9.1998 – 8 AZR 189/97, GmbHR 1998, 1221 = NJW 1999, 740.
48 *Pfisterer*, in: Saenger/Inhester, Rdnr. 9; *Schäfer*, in: Henssler/Strohn, Gesellschaftsrecht, Rdnr. 2.
49 *Kleindiek*, in: Lutter/Hommelhoff, Rdnr. 18.

anlage angebracht, wenn die UG nicht Sicherheiten etwa in Gestalt einer nachgewiesenen und betragsmäßig ausreichenden Haftpflichtversicherung beibringen kann[50].

9   Der **Gläubigerschutz** beruht bei der „Variante" der GmbH auf durchaus eigenständigen Erwägungen, wobei es überraschend wirken kann, dass eine Gesellschaft mit einem vorgesehenen Stammkapital von 24 500 Euro – freilich ein eher theoretischer Fall – dieses bei der Gründung voll in bar aufbringen muss, während ab einem Kapital von 25 000 Euro die Möglichkeit einer Teileinzahlung (§ 7 Abs. 2) besteht und Sacheinlagen zugelassen sind. Die nach § 30 für Auszahlungen an Gesellschafter maßgebliche Bestimmung einer Unterbilanz richtet sich bei der UG nach denselben Regeln; wenn aber das von den Gründern gewählte Kapital besonders niedrig ist, kann sich das Erfordernis, dass eine Auszahlung an Gesellschafter nur erlaubt ist, wenn der entsprechende Betrag durch Aktivvermögen gedeckt ist, im Sinne einer größeren Kapitalflexibilität nur auswirken, wenn praktisch keine Verbindlichkeiten vorhanden sind. Auf der anderen Seite weicht die **Rücklage**, die gemäß § 5a Abs. 3 Satz 1 zu bilden ist, die also eine gesetzliche ist, von der nach § 150 Abs. 2 AktG zu bildenden sowohl in Bezug auf die Art der Inanspruchnahme des Jahresüberschusses als auch hinsichtlich der Begrenzung der Höhe nach ab[51]. Es handelt sich dabei um einen im Gesellschaftsrecht neuen Fall der **Kapitalaufholung**[52] (auch: Ansammeln des gesetzlichen Mindeststammkapitals[53]), der nicht nur in der Anfangszeit nach Gründung der Gesellschaft relevant ist, sondern immer dann, wenn die Rücklage zur Verlustdeckung eingesetzt worden ist[54]. Unabhängig davon lässt sich nicht ausschließen, dass die Gesellschafter einer UG sich nach Jahren korrekter Bedienung der gesetzlichen Rücklage in Krisenzeiten nach Möglichkeiten (vielleicht auch: missbräuchlicher Art) umsehen werden, doch einen teilweisen Rückfluss des eingesetzten Kapitals zu erreichen, obwohl die Regeln über Kapitalaufbringung und -erhaltung auch hier gelten (im Einzelnen Rdnr. 24 ff.). Eine weitere Besonderheit ist die in § 5a Abs. 4 vorgesehene Pflicht zur **unverzüglichen** Einberufung der Gesellschafterversammlung bei drohender Zahlungsunfähigkeit (näher Rdnr. 33); ob von ihr gläubigerschützende Wirkungen ausgehen oder in ihr auch nur ein Seriositätsindiz liegt, ist allerdings fraglich.

10   Im **Innenverhältnis** der UG gilt ebenfalls uneingeschränkt das Gesetzesrecht der GmbH, in den durch einzelne zwingende Bestimmungen gesetzten Grenzen also auch **Vertragsfreiheit**. Danach sind gläubigerschützende Regeln zwingend, was nach der Formulierung des § 5a Abs. 3 Satz 2 für die Verwendung der hiernach gebildeten Rücklage gilt, aber nach dem Zweck der Regelung wohl nicht eine Kapitalerhöhung i.S. des § 5a ausschließen kann (näher dazu Rdnr. 28, 29). Daher sind vertragliche Absprachen über den auf diese Weise zu bewirkenden Übergang in die „normale" GmbH wirksam, wenn nicht sogar satzungsmäßige Regelungen zur Thesaurierung und Gewinnverwendung geschaffen werden, wie sie etwa für einen Governance Kodex der geschlossenen Gesellschaft vorgeschlagen werden (s. etwa Einl. Rdnr. 63). Da aber eine Pflicht der Gesellschafter, bei genügender Höhe der Rücklage durch Kapitalerhöhung in die GmbH überzuwechseln, nach allgemeiner Meinung (Rdnr. 7 a.E.) nicht besteht, wird man auch eine Pflicht des einzelnen Gesellschafters, an einem solchen Schritt mitzuwirken, im Regelfall nicht annehmen können. Probleme mit der Zulässigkeit von Vereinbarungen können sich auch bei der Festlegung von Geschäftsführervergütungen ergeben, wenn hierdurch – trotz u.U. durchaus angemessener Höhe der Vergütung – die vor-

---

50 S. LG Frankfurt a.M. v. 4.12.2013 – 2-13 S 94/12, NZG 2014, 826; gegen die Forderung, die Zulassung der UG als WEG-Verwalterin von der Höhe des Stammkapitals abhängig zu machen, LG Karlsruhe v. 28.6.2011 – 11 S 7/10, NZG 2011, 1275; *Paura*, in: Ulmer/Habersack/Löbbe, Rdnr. 21.

51 Auch dazu *Joost*, ZIP 2007, 2242, 2245; zum Charakter als gesetzliche Rücklage auch *Weber*, BB 2009, 842, 845; *Waldenberger/Sieber*, GmbHR 2009, 114, 117; zur Ähnlichkeit dieser Rücklage mit der nach § 150 AktG zu bildenden *Paura*, in: Ulmer/Habersack/Löbbe, Rdnr. 42; *Kleindiek*, in: Lutter/Hommelhoff, Rdnr. 37.

52 *Noack*, DB 2007, 1395 f.

53 *Hennrichs*, NZG 2009, 1161, 1165.

54 *Paura*, in: Ulmer/Habersack/Löbbe, Rdnr. 42.

geschriebene Rücklagenbildung verhindert oder stark verzögert wird. Dies schlechthin als Umgehung zu kennzeichnen[55], würde die Gesellschafter zwingen, praktisch umsonst zu arbeiten, die Thesaurierungspflicht gilt nach dem Wortlaut nur für ein Viertel des Jahresüberschusses. Weder in der „normalen" GmbH noch in der UG sind im bisherigen Recht die **Pflichten** von **Geschäftsführern** und **Gesellschaftern** in Krisenzeiten im Verhältnis zueinander genau festgelegt, auf die es im Rahmen der vermutlich häufig von Anfang an kapitalschwachen UG aber entscheidend ankommen kann. Die bei drohender Zahlungsunfähigkeit der Gesellschaft vorgesehene Pflicht zur Einberufung der Gesellschafterversammlung (§ 5a Abs. 4) löst allein dieses Problem nicht, so dass Satzungsregeln über Handlungs- und Verhaltenspflichten der Gesellschafter zweckmäßig erscheinen, obwohl derartige Bestimmungen über Verhaltenspflichten von Gesellschaftern und Geschäftsführern in Krisenzeiten auch in normalen GmbH-Satzungen selten sind.

III. Gründung der Unternehmergesellschaft

1. Die Geschäftsanteile

Die Änderungen des GmbHG in Bezug auf den **Nennbetrag** eines Geschäftsanteils (§ 5 Abs. 2 Satz 1), wonach der Betrag auf volle Euro zu lauten hat, gelten auch für die UG, bei der sie, da das **Stammkapital** auf jeden Betrag zwischen 1 und 24 999 Euro festgesetzt werden kann, praktische Bedeutung insofern haben, als jeder Gründer einen Geschäftsanteil von mindestens 1 Euro übernehmen muss[56]. Das bedeutet auch, dass die 1 Euro-UG nur von einem Gesellschafter gegründet und gehalten werden kann, was ziemlich verbreitet ist[57]. Als Gründer kommen auch juristische Personen und Gesamthandsgesellschaften (die dann, wenn sie allein gründen, eine Ein-Mann-Gesellschaft schaffen) in Betracht[58]. Im Übrigen gelten für den Gründungsvorgang, der im vereinfachten Verfahren nach § 2 Abs. 1a stattfinden kann, aber nicht muss, keine Besonderheiten. Allerdings ist eine Gründung durch **Abspaltung ausgeschlossen**, weil es gegen das Sacheinlageverbot gemäß § 5a Abs. 2 Satz 2 verstoßen würde, aus dem Vermögen des gründenden Rechtsträgers Gegenstände auf die nun zu errichtende UG zu übertragen, wobei auch davon ausgegangen wird, dass das Sacheinlageverbot nicht durch umwandlungsrechtliche Sonderregeln verdrängt wird[59]. Der BGH ist dem in vollem Umfang gefolgt[60], wobei entscheidend auf die Parallele zu § 138 UmwG abgestellt wurde[61]. Der andere Rechtsträger ist aber nicht gehindert, bei einer Bargründung mit einem für die UG passenden Betrag als Gründer aufzutreten, welche Rolle nicht auf natürliche Personen beschränkt ist; die UG selber kann auch als übertragende Gesellschaft an einer Verschmelzung oder Spaltung mitwirken, wie sie auch umwandlungsfähig ist[62], näher Rdnr. 31. Auch kann bei der UG wie bei jeder GmbH die **Höhe** der **Geschäftsanteile** verschieden bestimmt werden, § 5 Abs. 3 Satz 1. Die Neuregelung ermöglicht es damit, selbst bei extrem niedrigem

11

55 *Veil*, GmbHR 2007, 1080, 1081; *Freitag/Riemenschneider*, ZIP 2007, 1485, 1488; *Bormann*, GmbHR 2007, 897, 899; *Römermann*, GmbHR 2007, R 193.

56 *Kleindiek*, in: Lutter/Hommelhoff, Rdnr. 17; *Pfisterer*, in: Saenger/Inhester, Rdnr. 9; s. auch *Drygala*, NZG 2007, 561; *Joost*, ZIP 2007, 2242.

57 *Bayer/Hoffmann*, GmbHR 2009, R 225.

58 *Paura*, in: Ulmer/Habersack/Löbbe, Rdnr. 22.

59 *Rieder*, in: MünchKomm. GmbHG, Rdnr. 52; *Roth*, in: Roth/Altmeppen, Rdnr. 30; *Römermann/Passarge*, ZIP 2009, 1497, 1500; *Berninger*, GmbHR 2010, 63, 69; s. auch *Priester*, in: Lutter, § 138 UmwG Rdnr. 3; *Kleindiek*, in: Lutter/Hommelhoff, Rdnr. 69.

60 BGH v. 11.4.2011 – II ZB 9/10, GmbHR 2011, 701; s. auch schon OLG Frankfurt a.M. v. 9.3.2010 – 20 W 7/10, GmbHR 2010, 920 = ZIP 2010, 1798. Zust. *Fastrich*, in: Baumbach/Hueck, Rdnr. 17; *Rieder*, in: MünchKomm. GmbHG, Rdnr. 51 f.

61 Im Ergebnis zustimmend *Bachmann*, Anm. WuB II C § 5a GmbHG 2.11, der darauf hinweist, dass es sich eigentlich um eine Bargründung gehandelt hat.

62 *Paura*, in: Ulmer/Habersack/Löbbe, Rdnr. 63; *Kleindiek*, in: Lutter/Hommelhoff, Rdnr. 69.

Stammkapital und auch bei einer ungeraden Zahl von Gesellschaftern Paritäten nach Maßgabe der Geschäftsanteile zu bilden, was auch bei einem Zusammengehen mehrerer Beteiligungsgesellschaften – ein möglicherweise keineswegs unpraktischer Fall – eine verhältnismäßige Aufteilung des Stammkapitals ermöglicht. Auch kann nach § 5 Abs. 2 Satz 2 jeder Gesellschafter mehrere Geschäftsanteile übernehmen, was praktikabel erscheint, wenn demnächst noch weitere Gesellschafter gewonnen werden sollen. Auch im Hinblick auf Treuhandverhältnisse, die schon bei der Gründung bestehen, sind damit keine besonderen gesellschaftsrechtlichen Vorkehrungen nötig[63]. Die Zahl und die Nennbeträge der Geschäftsanteile, die jeder Gesellschafter gegen Einlage auf das Stammkapital übernimmt, nach der Definition in § 3 Abs. 1 Nr. 4 also die Stammeinlage jedes Gesellschafters, muss in der Satzung genannt sein. Insgesamt nimmt also die UG an den vor einiger Zeit geschaffenen Erleichterungen für die Gründung einer GmbH teil, sie kann also, muss aber nicht im „vereinfachten" Verfahren gemäß § 2 Abs. 1a gegründet werden, was insbesondere ausscheidet, wenn mehr als drei Gesellschafter oder mehr als ein Geschäftsführer vorgesehen sind. Auch die Figur einer **Vor-UG** mit der zu § 11 entwickelten Vorbelastungs- und Verlustdeckungshaftung der Gesellschafter findet Anwendung[64], s. den Fall in Rdnr. 31; zur Vorratsgründung Rdnr. 34.

2. Verwendung des Musterprotokolls

12 Das **Musterprotokoll** gemäß § 2 Abs. 1a Satz 1 und 2 wurde auch gerade für die UG vorgesehen[65]. Es umfasst Satzung, Geschäftsführerbestellung und Gesellschafterliste, und da nach § 2 Abs. 1a Satz 5 die Vorschriften über den Gesellschaftsvertrag entsprechende Anwendung finden, bedarf es einer **notariellen Beurkundung**[66], ohne dass im Musterprotokoll die Formalien des BeurkG vollständig erwähnt sind[67]. Die Verwendung des Musterprotokolls ist gegenüber dem normalen Verfahren kostengünstiger (§ 107 Abs. 1 Satz 2 GNotKG)[68], was auch für Änderungen der Satzung im Rahmen des Musterprotokolls gilt. Da das Musterprotokoll nicht um weitere Bestimmungen ergänzt werden darf (§ 2 Abs. 1a Satz 3) und es somit nicht möglich ist, weitere bei einer Mehrpersonengesellschaft gewöhnlich unerlässliche Vertragsbestimmungen, etwa über Vinkulierung, Einziehung oder Abfindung, aufzunehmen, wird dieser Weg gewöhnlich nur bei Einmann-Gründungen benutzt[69]. Probleme hat in diesem Zusammenhang auch die Bestimmung in Nr. 5 des Musterprotokolls über die **Tragung der Gründungskosten** bereitet, näher Rdnr. 8; eine Ergänzung des Musterprotokolls dahin, dass die Gesellschaft auch eine die 300 Euro übersteigende Kostenschuld übernehmen sollte, wäre also nur bei einem Stammkapital von über 3000 Euro möglich, wurde aber in der Rechtsprechung als unzulässig erklärt[70] und kann auch erst in einer Satzungsänderung nach Ablauf von fünf Jahren (analog § 26 Abs. 4 AktG) bestimmt werden[71]. Das trägt dazu bei, dass die Verwendung des Musters praktisch nur bei der Gründung einer UG in Betracht kommt. Al-

---

63 *Heckschen*, DStR 2007, 1442, 1445.
64 *Paura*, in: Ulmer/Habersack/Löbbe, Rdnr. 24; *Drygala*, NZG 2007, 561; *Rieder*, in: MünchKomm. GmbHG, Rdnr. 13; *J. Schmidt*, in: Michalski u.a., Rdnr. 43.
65 *Seibert/Decker*, ZIP 2008, 1208, 1209.
66 *Seibert/Decker*, ZIP 2008, 1208, 1209 l.Sp.; s. auch *Heckschen*, DStR 2009, 166; *Verspay*, MDR 2009, 117.
67 Kritisch daher – auch wegen des Fehlens von Klauseln zur Kündigung und Abfindung – *Waldenberger/Sieber*, GmbHR 2009, 114, 118.
68 *Wachter*, GmbHR 2013, R 241, 242; *Kleindiek*, in: Lutter/Hommelhoff, Rdnr. 14; zur Anwendung bei Satzungsänderungen *Fastrich*, in: Baumbach/Hueck, § 2 Rdnr. 18.
69 *Werner*, GmbHR 2011, 459, 460; *Schäfer*, ZIP 2011, 53, 54.
70 OLG München v. 12.5.2010 – 31 Wx 19/10, GmbHR 2010, 755 = ZIP 2010, 1081 und dazu *Schäfer*, ZIP 2011, 53, 55; *Werner*, GmbHR 2011, 459, 460.
71 Auch dazu *Seibert/Decker*, ZIP 2008, 1208, 1209. Warnend gegenüber der Benutzung für Mehrpersonengründungen („Prokrustes-Bett") *Rieder*, in: MünchKomm. GmbHG, Rdnr. 10.

lerdings hängen die Gründungskosten, und zwar sowohl die Gebühren der Registrierung und die Kosten der Bekanntmachung als auch diejenigen für die rechtliche Beratung und die Erstellung des Gesellschaftsvertrages[72], von der Höhe des Stammkapitals, der Beteiligung nur einer oder mehrerer Personen an der Gründung und vom Umfang der Vollzugstätigkeit der Urkundsperson ab. Andererseits ist darauf hinzuweisen, dass bei einer kurzfristig vorgesehenen „Umwandlung" der Gesellschaft in eine „normale" GmbH weitere Kosten anfallen werden.

Bei einer stärker auf den konkreten Einzelfall bezogenen Verwendung des Musterprotokolls können – auch im Zusammenhang mit der notariellen Praxis – einige weitere Fragen auftreten. Das betrifft z.T. Äußerlichkeiten[73], wobei inzwischen wohl klar ist, dass völlig unbedeutende Abweichungen in Zeichensetzung, Satzstellung und Wortwahl zulässig sind[74]. Unklarheiten hat es aber in Bezug auf die Bestimmungen über die **Vertretungsmacht** des oder der **Geschäftsführer** gegeben. Nr. 4 Satz 2 des Musterprotokolls sieht für den im Musterprotokoll selbst bestellten Gründungsgeschäftsführer eine Befreiung vom Verbot des Selbstkontrahierens vor, die in diesem Stadium auch passend ist, aber so nicht ohne weiteres fortgelten kann, wenn später ein anderer Alleingeschäftsführer oder ein weiterer Geschäftsführer bestellt werden. Hierzu wurde entschieden, dass in diesem Fall § 35 Abs. 2 mit der Folge grundsätzlicher Gleichstellung der Geschäftsführer zum Zuge kommt und Sonderbefugnisse eines einzelnen ausdrücklich in der Satzung niedergelegt sein müssen[75]. Andere Instanzgerichte wollen die dem Gründungsgeschäftsführer erteilte Befreiung auch weiteren Geschäftsführern zugute kommen lassen[76]. Da die Befreiung des Geschäftsführers von § 181 BGB und auch die Ermächtigung als echter Satzungsbestandteil betrachtet wird, anders als die bloße Bestellung des ersten Geschäftsführers, die unechter Satzungsbestandteil und daher jederzeit mit einfacher Mehrheit änderbar sein soll[77], wird eine Ausdehnung des Privilegs als Satzungsänderung qualifiziert[78], so dass auch zweifelhaft ist, ob die Befreiung von § 181 BGB auch für später bestellte Geschäftsführer gilt[79]. Zum Problem der Satzungsänderung nach ursprünglicher Verwendung eines Musterprotokolls s. § 2 Rdnr. 125, 143. Die bei der Schaffung der Rechtsform und ihrer Regelung über das Musterprotokoll noch befürchteten Abweichungen einzelner Satzungsvereinbarungen vom Muster haben somit Gültigkeitshindernisse offenbar nicht verursacht. Soll eine UG mehr als einen Geschäftsführer haben, kann es danach genügen, den zweiten nach Eintragung der Gesellschaft zu bestellen und darüber ein privatschriftliches Protokoll aufzunehmen. Genaue Beobachtung dieser Regeln ist allerdings auch für die **Anmeldung** zum Register erforderlich, was bei Bestellung mehrerer Geschäftsführer mit möglicherweise ver-

---

72 *Rieder*, in: MünchKomm. GmbHG, Rdnr. 11a.
73 Zur Verwendung eines „Wappendeckblatts" oder dem Weglassen von „Erläuterungsfußnoten" *Schulte*, GmbHR 2010, 1128 und im Einzelnen § 2 Rdnr. 117, dort auch zu verschiedenen aus Gründen des Beurkundungsrechts erfolgenden Ergänzungen des Protokolls.
74 OLG München v. 6.10.2010 – 31 Wx 143/08, GmbHR 2010, 1263.
75 OLG Stuttgart v. 28.4.2009 – 8 W 116/09, GmbHR 2009, 827.
76 OLG Hamm v. 15.10.2009 – I-15 Wx 208/09, GmbHR 2009, 1334; OLG Bremen v. 15.9.2009 – 2 W 61/09, GmbHR 2009, 1210.
77 OLG Bremen v. 15.9.2009 – 2 W 61/09, GmbHR 2009, 1210; OLG Rostock v. 12.3.2010 – 1 W 83/09, GmbHR 2010, 872; *Bayer*, in: Lutter/Hommelhoff, § 2 Rdnr. 62; näher *Blasche*, GmbHR 2015, 403, 404, 406.
78 *Herrler*, GmbHR 2010, 960, 964; *Miras*, BB 2010, 2488 f.; *Schäfer*, ZIP 2011, 53, 55; *Werner*, GmbHR 2011, 461; a.M. aber *Ries*, NZG 2009, 739, 740.
79 OLG Nürnberg v. 15.7.2015 – 12 W 1208/15, GmbHR 2015, 1279; OLG Hamm v. 14.4.2011 – I-15 Wx 499/10, GmbHR 2011, 709; dafür *Bayer*, in: Lutter/Hommelhoff, § 2 Rdnr. 62 Fn. 4; hier *Wicke*, § 2 Rdnr. 102; anders für einen Geschäftsführerwechsel *Roth*, in: Roth/Altmeppen, § 2 Rdnr. 56a. Nach OLG Stuttgart v. 28.4.2009 – 8 W 116/09, GmbHR 2009, 822 soll bei Bestellung eines weiteren Geschäftsführers die dem ersten erteilte Befreiung sogar automatisch wegfallen, so auch OLG Nürnberg v. 15.7.2015 – 12 W 1208/15, GmbHR 2015, 1279; *Fastrich*, in: Baumbach/Hueck, § 2 Rdnr. 50; a.M. *Ries*, NZG 2009, 740.

schieden ausgestalteter Vertretungsmacht – wenn man dies zulässt – auch entsprechend angemeldet werden muss[80]. **Verstöße** können sich ergeben, wenn entgegen § 2 Abs. 1a Satz 1 das Musterprotokoll bei einer Gesellschaft mit mehr als drei Gesellschaftern oder mehr als einem Geschäftsführer verwendet wird oder die Angabe der Gesellschafter im Vertrag, die nach § 2 Abs. 1a Satz 4 zugleich als Gesellschafterliste gilt, unrichtig ist, ähnlich bei unzulässigen Ergänzungen oder Streichungen im Text des Musterprotokolls. Die Rechtsfolgen sind umstritten, z.T. wird angenommen, dass es sich dann um eine normale GmbH-Gründung handelt, für die dann aber ohne Zuhilfenahme des Musterprotokolls die gesetzlichen Erfordernisse in Bezug auf Satzungsinhalt und Organbestellung vorliegen müssen[81]. Nach anderer Ansicht enthält das Musterprotokoll alle unerlässlichen Bestandteile einer Satzung, so dass nur die fehlenden oder unkorrekt wiedergegebenen Umstände, etwa die Gesellschafterliste, nachgereicht werden müssen[82]. Jedenfalls ist aber die Gründung nicht nichtig.

3. Firmierung und Publizität der Unternehmergesellschaft (§ 5a Abs. 1)

14 § 5a Abs. 1 regelt die Firmierung der Gesellschaft in der Weise, dass abweichend von § 4 die Bezeichnung „Unternehmergesellschaft (haftungsbeschränkt)" oder „UG (haftungsbeschränkt)" verwendet werden muss. Dies ist als **zwingender Rechtsformzusatz** zu verstehen[83], im Übrigen ist für den bezeichnenden Teil der Firma, besonders den Firmenkern, für den § 4 gilt, die Frage der hinreichenden Unterscheidungskraft der Firma nach dem GmbH-Recht der Firmenbildung zu entscheiden, so dass Personen- und Sachfirmen sowie Mischformen zulässig sind[84]. Das bedeutet, dass u.U. auch eine bereits bestehende Firma übernommen werden und dann mit dem Rechtsformzusatz versehen werden kann. Der Zusatz, in dem das Wort „haftungsbeschränkt" das Ziel der Warnung des Publikums mit einiger Sicherheit voll erreicht wird, ist dennoch irreführend insofern, als auch bei der normalen GmbH eine Haftungsbeschränkung, die auch aus dem Rechtsformzusatz ersichtlich ist, vorgesehen ist, so dass es nahe läge, wie dort auch bei der UG die Haftungsbeschränkung in einem Kürzel gewissermaßen zu verstecken. Das aber ist unzulässig, was für alle im Gesetzgebungsverfahren diskutierten Ersatzformulierungen („Ein-Euro-GmbH" oder „GmbH oM – ohne Mindestkapital") gilt[85], insbesondere darf der die Haftungsbeschränkung erwähnende Teil des Zusatzes nicht abgekürzt werden[86]. In der Praxis sind zahlreiche, manchmal fast skurrile Fehler eingetragener Firmen zu beobachten gewesen[87], die das Registergericht von Amts wegen zu berichtigen hat; wenn eine andere Gründung als die einer UG ausgedrückt werden sollte, muss die Satzung geändert werden[88]. Zwischenverfügungen und anderslautende Abkürzungen (etwa „UGmbH") sind unzulässig, womöglich auch wettbewerbswidrig[89]. Verbindungen des Teils

80 *Werner*, GmbHR 2011, 459, 461.
81 OLG München v. 12.5.2010 – 31 Wx 19/10, GmbHR 2010, 755 mit Anm. *Wachter*; *Wachter*, ZNotP 2009, 82, 96; s. auch OLG Rostock v. 12.3.2010 – 1 W 83/09, GmbHR 2010, 872.
82 *Herrler*, GmbHR 2010, 960, 964; *Wachter*, ZNotP 2009, 82, 96; *Werner*, GmbHR 2011, 459, 461.
83 Begr. RegE, BT-Drucks. 16/6140, S. 31 r. Sp.; BGH v. 12.6.2012 – II ZR 256/11, GmbHR 2012, 953 Rdnr. 12; von „Rechtsformzusatz" spricht auch das Schrifttum, s. etwa *Wagner*, BB 2009, 842, 843; *Fastrich*, in: Baumbach/Hueck, Rdnr. 9; *Rieder*, in: MünchKomm. GmbHG, Rdnr. 14; *Roth*, in: Roth/Altmeppen, Rdnr. 10.
84 *Paura*, in: Ulmer/Habersack/Löbbe, Rdnr. 28; *Roth*, in: Roth/Altmeppen, § 4 Rdnr. 3; *Kleindiek*, in: Lutter/Hommelhoff, Rdnr. 55.
85 *Paura*, in: Ulmer/Habersack/Löbbe, Rdnr. 29; *Roth*, in: Roth/Altmeppen, Rdnr. 7.
86 *Veil*, GmbHR 2007, 1082; *Pfisterer*, in: Saenger/Inhester, Rdnr. 8.
87 Bericht von *Bayer/Hoffmann*, GmbHR 2010, R 369.
88 *Paura*, in: Ulmer/Habersack/Löbbe, Rdnr. 29.
89 S. etwa OLG Hamburg v. 2.11.2010 – 11 W 84/10, GmbHR 2011, 657; OLG Dresden v. 19.2.2013 – 14 U 1810/12, GmbHR 2013, 715; erstaunlicherweise zulässig soll die Firmierung einer gemeinnützigen UG als „gUG (haftungsbeschränkt)" sein, *Wachter*, GmbHR 2013, R 145; zust. *Kleindiek*, in: Lutter/Hommelhoff, Rdnr. 56.

„Unternehmergesellschaft" mit einem den Unternehmensgegenstand bezeichnenden Wort (z.B. „Unternehmergesellschaft für schlüsselfertiges Bauen"), werden für zulässig erklärt[90], sind aber, da sie mit der Warnung „haftungsbeschränkt" kombiniert werden müssen, kaum praktisch. Umstritten ist die **Sanktion** der Verwendung einer danach unzulässigen Firma. Bei Eintragung der Gesellschaft mit einer unzulässigen Firma entsteht zwar die Gesellschaft, es besteht aber Anlass zu einem Amtslöschungsverfahren nach § 399 Abs. 4 FamFG, § 60 Abs. 1 Nr. 6 GmbHG (s. im Übrigen § 4 Rdnr. 76). Wenn freilich bei Weglassen des vorgeschriebenen Rechtsformzusatzes die unbeschränkte persönliche Haftung der Gesellschafter gefolgert wird[91], so geht dies an dem Umstand vorbei, dass eine falsche Firmierung nicht ohne weiteres einen die Gesellschafter persönlich betreffenden Rechtsschein setzt, während die Gesellschaft selber (deren Haftung meist wertlos sein wird) sowie der Geschäftsführer, der mit der Firma im Verkehr auftritt, u.U. aus culpa in contrahendo haften[92], wogegen eine Analogie zu § 179 BGB, der vollmachtlose Vertretung betrifft, nicht passen dürfte[93]. Im Grunde wird eine nicht (mehr) bestehende Befriedigungsmöglichkeit etwa bei unzulässiger Verwendung des Rechtsformzusatzes „GmbH" nicht suggeriert[94], so dass auch ein Schadensersatzanspruch gegen den Geschäftsführer aus § 823 Abs. 2 BGB, wenn man § 5a als Schutzgesetz ansieht[95], an der Kausalität scheitern kann. Da auch bei der GmbH das Stammkapital verbraucht sein kann, ist auch eine Haftung auf die Differenz zum Stammkapital einer GmbH, die verbreitet für richtig gehalten wird, nicht angebracht[96]. Zur Firmierung der **UG & Co. KG** s. Rdnr. 40. Ob „das Publikum" aus dem Rechtsformzusatz den Schluss auf eine besonders geringe Kapitalausstattung ziehen wird, wie der Gesetzgeber annahm, ist zwar nicht sicher, aber angesichts der Publizität des Stammkapitalbetrages (Rdnr. 15) wohl auch nicht entscheidend. Es wird z.T. sogar angenommen, dass das Fehlen des Klammerzusatzes, jedenfalls wenn „Unternehmergesellschaft" ausdrücklich angesprochen wird, keine Irreführung des Verkehrs bedeutet[97].

Die **Publizität** der Gesellschaftsfirma ergibt sich aus der Eintragung im **Handelsregister** (dazu näher § 10). Auch hierfür gelten keine Besonderheiten, und die anfänglich diskutierte Verpflichtung, das Stammkapital auf den Geschäftsbriefen anzugeben, ist nicht Gesetz geworden[98]. § 37a HGB gilt aber, so dass bezüglich der Firma, die dabei auch nicht verändert oder durch ein Kürzel ersetzt werden kann, und der anderen aus dem Register ersichtlichen Umstände Publizität besteht. Auch hier ist ein **Verstoß** denkbar, wenn etwa eine als UG gegründete und als solche im Handelsregister eingetragene Gesellschaft im Rechtsverkehr den-

15

---

90 *Holzner*, Die Unternehmergesellschaft, S. 173; strenger aber OLG Hamburg v. 2.11.2010 – 11 W 84/10, GmbHR 2011, 657; s. auch *Wicke*, Rdnr. 6.

91 BGH v. 12.6.2012 – II ZR 256/11, GmbHR 2012, 953; *Freitag/Riemenschneider*, ZIP 2007, 1485 f.; *Gehrlein*, Der Konzern 2007, 771, 780; *Wagner*, BB 2009, 842, 844; *Kleindiek*, in: Lutter/Hommelhoff, Rdnr. 57; *Wicke*, Rdnr. 6; zu Verstößen aus der ersten Zeit nach Inkrafttreten des MoMiG *Bayer/Hoffmann*, GmbHR 2004, 124.

92 *Altmeppen*, ZIP 2007, 889, 894 f.; *Rieder*, in: MünchKomm. GmbHG, Rdnr. 17; *Schäfer*, in: Henssler/Strohn, Gesellschaftsrecht, Rdnr. 15; *Paura*, in: Ulmer/Habersack/Löbbe, Rdnr. 30.

93 *Rieder*, in: MünchKomm. GmbHG, Rdnr. 17 gegen BGH v. 12.6.2012 – II ZR 256/11, NJW 2012, 2871; abl. auch *Beck/Schaub*, GmbHR 2012, 1332; *Paura*, in: Ulmer/Habersack/Löbbe, Rdnr. 30; zust. aber *Seebach*, RNotZ 2013, 277; für Beschränkung auf die Differenz zu 25000 Euro *J. Schmidt*, in: Michalski u.a., Rdnr. 7.

94 So auch *Veil*, GmbHR 2007, 1080, 1082; eingehend *Holzner*, Die Unternehmergesellschaft, S. 183 ff.; anders *Meckbach*, NZG 2011, 968, 971.

95 *Meckbach*, NZG 2011, 968, 970; zurückhaltend aber *Weber*, BB 2009, 842, 844; *Altmeppen*, ZIP 2007, 889, 894; *Paura*, in: Ulmer/Habersack/Lübbe, Rdnr. 31.

96 *Veil*, GmbHR 2007, 1082; *Paura*, in: Ulmer/Habersack/Löbbe, Rdnr. 31 gegen *Roth*, in: Roth/Altmeppen, Rdnr. 11; *Weber*, BB 2009, 842, 844; *Seibert*, GmbHR 2007, 673, 676; *Rieder*, in: Münch-Komm. GmbHG, Rdnr. 16.

97 LG Düsseldorf v. 16.10.2013 – 9 O 434/12, GmbHR 2014, 33; *Beck*, GmbHR 2014, 402; in diese Richtung auch *Roth*, in: Roth/Altmeppen, Rdnr. 11.

98 Dazu *Seibert*, GmbHR 2007, 673, 677; krit. aber *Wilhelm*, DB 2007, 1510, 1512.

noch als „GmbH" auftritt. Dann ist möglich, dass Gutgläubige entgegen dem – richtigen – Handelsregister vom Bestehen einer GmbH ausgehen, woraus sie aber, was die Kapitalisierung der Gesellschaft betrifft, allenfalls folgern können, dass ihre konkrete Vertragspartnerin einmal unter Beachtung der §§ 5 Abs. 1, 7 Abs. 2 gegründet worden ist, so dass mindestens 12 500 Euro eingezahlt sind und im Übrigen noch eine Einlagepflicht der Gesellschafter bestehen kann. Das muss bei der UG nicht so sein, aber die eingelegten Geldbeträge können hier wie in der normalen GmbH nach der Gründung durch Geschäfte investiert oder verloren worden sein, und ein Schutz des guten Glaubens, dass die Beträge im Vermögen der Gesellschaft noch vorhanden sind, ist nicht vorstellbar. Daher ist auch die hier vorgeschlagene Sanktion einer Haftung des Geschäftsführers bis zur Höhe des Mindeststammkapitals nicht angebracht[99]. Möglich ist auch der umgekehrte Fall, dass eine nach § 5a Abs. 5 in eine „normale" GmbH umgewandelte UG, die ja nach dem Halbsatz 2 des § 5a Abs. 5 ihre Firma beibehalten haben kann, im Rechtsverkehr weiterhin als UG betrachtet wird, woraus dann möglicherweise auf Volleinzahlung der Einlage geschlossen wird (s. dazu näher Rdnr. 31).

4. Zur Volleinzahlung des Stammkapitals, insbesondere: Sacheinlagen (§ 5a Abs. 2)

16 **a)** Die Zulassung der Variante der GmbH mit einem deutlich unter 25 000 Euro liegenden, möglicherweise wirtschaftlich unbedeutenden Stammkapital wurde bisweilen nur für vertretbar gehalten im Hinblick auf die in § 5a Abs. 2 Satz 1 vorgeschriebene Volleinzahlung des gesamten Stammkapitals, die im Einzelfall dazu führen kann, dass das konkret eingezahlte Kapital einer UG dasjenige einer GmbH mit dem gesetzlichen Mindestbetrag, bei der von der Möglichkeit der Halbeinzahlung Gebrauch gemacht wurde, übersteigt. Gründer, die die UG nur als erleichterten Einstieg in die GmbH mit ihrem nicht ganz unbedeutenden Mindeststammkapital empfinden, werden eine Kapitalhöhe wählen, bei der die Pflicht zur Volleinzahlung keine Belastung darstellt[100]. Die Einzahlung auf ein Konto der Gesellschaft kann schon vor der Anmeldung erfolgen, da die nach der Schaffung der Satzung bestehende **Vor-Unternehmergesellschaft** kontofähig ist[101]. Die erfolgte Einzahlung hat der Geschäftsführer bei der Anmeldung zu versichern. Wenn die UG vor der Eintragung ihre geschäftliche Tätigkeit aufnimmt, ist fraglich, wie sich hiernach die vom BGH für die Vor-GmbH entwickelte gesellschaftsinterne Verlustdeckungs- und Unterbilanzhaftung[102], insbesondere bezüglich der unbegrenzten Höhe der Verpflichtung, entwickeln wird. Nun muss bei der UG wie bei jeder GmbH das Stadium einer Vor-Gesellschaft durchlaufen werden, mag es auch wegen der hier geltenden Art der Kapitalaufbringung kürzer sein als bei vielen GmbH-Gründungen, so dass das Problem möglicherweise weniger praktische Bedeutung hat, auch weil ein Wirtschaften mit völlig unzureichenden Mitteln schon im Frühstadium zur Insolvenz führen kann. Wenn der als Geschäftsführer Vorgesehene nicht erklären kann (§ 8 Abs. 2), dass die Einlagen geleistet und auch noch vorhanden sind, darf nicht eingetragen werden, s. aber noch Rdnr. 18. Bei der Einpersonen-Vor-GmbH[103] sollen nach der Rechtsprechung die eingezahlten Mittel, die es ja bei der UG nach ihrer Eintragung geben muss, im Zuge einer Abwicklung nicht an den Eigner des Gesellschaftsvermögens, also den Einmann-Gesellschafter, zurückfallen[104]. Ohnehin wird es aber bei einer UG, deren Geschäftsbetrieb mit unzulänglichen Mitteln im Grün-

99 Anders wiederum *Gehrlein*, Der Konzern 2007, 771, 778, 780; *Roth*, in: Roth/Altmeppen, Rdnr. 8.
100 *Joost*, ZIP 2007, 2242, 2245.
101 BGHZ 45, 347; OLG Naumburg v. 13.5.1997 – 1 U 205/96, GmbHR 1998, 239.
102 BGH v. 27.1.1997 – II ZR 123/94, BGHZ 134, 333, 336 = GmbHR 1996, 279; zur Anwendung auf die Vor-UG *Rieder*, in: MünchKomm. GmbHG, Rdnr. 13; *Fastrich*, in: Baumbach/Hueck, Rdnr. 20; *J. Schmidt*, in: Michalski u.a., Rdnr. 43.
103 Dazu *Ulmer/Habersack*, in: Ulmer/Habersack/Löbbe, § 11 Rdnr. 2.
104 BGH v. 21.11.2005 – II ZR 140/04, NJW 2006, 509 = GmbHR 2006, 43.

dungsstadium aufgenommen wurde, häufiger bei der so genannten unechten Vorgesellschaft und damit bei der Anwendung einer Rechtsform des Personengesellschaftsrechts bleiben[105].

b) Auch die Rechtsfragen um die Effektivität einer Einzahlung, etwa bei Verbuchung auf einem debitorisch geführten Konto oder bei alsbaldiger Rückzahlung an den Inferenten (**„Hin- und Herzahlen"**), sind im Grundsatz nach den allgemeinen (§ 19 Abs. 5) und durch die Reform um § 8 Abs. 2 Satz 2 erweiterten Regeln zu beurteilen, die die Prüfungspflicht und -möglichkeit hinsichtlich der tatsächlich erfolgten Einlagezahlung erweitern[106]. Daneben stellt sich die Frage, ob für den Fall, dass tatsächlich eine in bar erbrachte Einlage abredegemäß alsbald wieder, möglicherweise als Darlehen, dem Gesellschafter zurückgezahlt wird, wie bei der „normalen" GmbH nach **§ 19 Abs. 5** zu verfahren ist, ebenso bei Aufrechnung gegen die Einlageforderung mit einer vollwertigen Forderung der UG gegen den Inferenten. Sieht man in der Regelung auch eine Vorkehrung für eine Mindestliquidität der Gesellschaft im Sinne des Einlageversprechens, so ist auch ein jederzeit fälliger und werthaltiger Anspruch gegen den Inferenten kein Äquivalent für die effektive Einzahlung, so dass es vorzuziehen ist, diese Art der Einlageleistung als mit § 5a Abs. 2 nicht vereinbar anzusehen[107]. Hierfür spricht auch, dass die Gesellschafter frei sind, das Stammkapital der Gesellschaft ihren Wünschen entsprechend festzusetzen, so dass es ihnen zugemutet werden kann, es auch effektiv einzuzahlen und der Gesellschaft zu belassen. Andererseits ist dem § 19 Abs. 5 eine Einschränkung bezüglich seiner Anwendbarkeit auf eine UG nicht zu entnehmen[108], und es liegt nicht sehr nahe, dass dem Gesetzgeber bei der rechtspolitisch durchaus umstrittenen Entscheidung, eine Leistung an den Gesellschafter zuzulassen, wenn der Rückzahlungsanspruch vollwertig ist, nicht auch die Verhältnisse bei der UG vor Augen gestanden haben sollten[109]; also ist § 19 Abs. 5 auch unter der Geltung des Volleinzahlungsgebots uneingeschränkt anzuwenden, also einschließlich des § 19 Abs. 5 Satz 2, wonach eine Vereinbarung über das „Hin- und Herzahlen" dem Registergericht anzuzeigen ist[110].

c) Die Anwendung des Volleinzahlungsgebots auch auf Kapitalerhöhungen ist auch bei einer Kapitalerhöhung unter Einsatz von **Sacheinlagen** zu diskutieren. Dass solche nicht zur Deckung der Einlagepflicht zugelassen sind, sondern allenfalls als Nebenleistungen i.S. des § 3 Abs. 2 vereinbart sein können, hat zur Folge, dass bei einem satzungsmäßigen Stammkapital von weniger als 25000 Euro nur Bareinlagen zulässig sind; das gilt auch für eine Kapitalerhöhung, die das Stammkapital noch nicht auf wenigstens diesen Betrag bringt[111]. Weitere Fragen stellen sich im Hinblick auf die Vereinbarung von **Teileinzahlungen**, die in § 5a Abs. 2 Satz 1 für die Gründung verboten, aber möglicherweise bei einer Kapitalerhöhung beabsichtigt sind. Wenn also das sehr niedrigere Gründungskapital einer UG durch Bareinzahlung von 25 Mio. Euro erhöht werden soll, aber zunächst nur eine Vierteleinzahlung versprochen wird, kann dies darauf hinauslaufen, dass am Ende das Stammkapital der GmbH weniger als die Hälfte des gesetzlichen Mindestkapitals beträgt. Das würde bedeuten, dass die Regeln

17

18

---

105 *Fastrich*, in: Baumbach/Hueck, § 11 Rdnr. 32; *Karsten Schmidt*, hier § 11 Rdnr. 162; *Bayer*, in: Lutter/Hommelhoff, § 11 Rdnr. 24.

106 Dass die Erweiterung der Möglichkeiten, Nachweise über die Erbringung der Sacheinlagen zu fordern, auf das allgemeine GmbH-Recht nicht übertragen worden ist, gehört nach *Heckschen*, DStR 2007, 1442, 1447 zu den begrüßenswerten Entscheidungen des Reformgesetzgebers.

107 *Weber*, BB 2009, 842, 845; *Roth*, in: Roth/Altmeppen, Rdnr. 12; *Priester*, in: FS G. H. Roth, 2011, S. 573, 578.

108 *Heckschen*, DStR 2009, 166, 171; *Roth*, in: Roth/Altmeppen, Rdnr. 22; *Rieder*, in: MünchKomm. GmbHG, Rdnr. 24; *Paura*, in: Ulmer/Habersack/Löbbe, Rdnr. 36; *J. Schmidt*, in: Michalski u.a., Rdnr. 14.

109 *Holzner*, Die Unternehmergesellschaft, S. 245 ff.; *Rieder*, in: MünchKomm. GmbHG, Rdnr. 24; *Kleindiek*, in: Lutter/Hommelhoff, Rdnr. 32.

110 Zu dieser, zu den Voraussetzungen der Erfüllungswirkung gehörenden Pflicht BGH v. 20.7.2009 – II ZR 273/07, GmbHR 2009, 926.

111 *Kleindiek*, in: Lutter/Hommelhoff, Rdnr. 25.

über die Gründung einer normalen GmbH durch den Umweg über die UG überspielt werden; deshalb wird für diesen Fall eine analoge Anwendung des § 7 Abs. 2 Satz 2 vorgeschlagen[112], woraus folgen würde, dass die durch Umwandlung aus der UG entstandene GmbH die Hälfte des gesetzlichen Mindestkapitals zur Verfügung haben muss; eine Vierteleinzahlung verbunden mit dem bloßen Leistungsversprechen genügt dann nicht[113]. Bei enger Auslegung bezieht sich § 5a Abs. 2 Satz 2 nur auf die Anmeldung der neu gegründeten Gesellschaft zum Handelsregister, so dass für eine Kapitalerhöhung §§ 56a, 7 Abs. 2 Satz 1 gelten und damit die Möglichkeit der Übernahme lediglich eines Viertels des Nennbetrages einer Bareinlage und möglicherweise auch einer Erfüllung der Einlageschuld durch die Sacheinlage bestehen würde, das Sonderrecht der UG greift dann nicht mehr ein[114]. Das würde bedeuten, dass dann weiterhin gemäß § 5a Abs. 3 die Rücklage aufzubringen wäre, was durch eine Kapitalerhöhung mit Sacheinlagen auch nicht umgangen werden darf[115], und dass auch die Volleinzahlungspflicht weiterhin besteht, so dass das Sonderrecht für Kapitalerhöhungen bis zur Mindestkapitalziffer erst dann außer Betracht bleiben könnte, wenn wenigstens dieser Betrag effektiv eingezahlt ist; anders also nur dann, wenn durch die Erfüllung der bei der Erhöhung übernommenen Einlagepflicht, auch wenn sie nur teilweise in bar erfolgt, der insgesamt effektiv eingezahlte Betrag die Mindestgrenze erreicht[116]. Zwar werden hierdurch die Gesellschafter beim Übergang von der UG zur normalen GmbH schlechter gestellt als bei einer normalen GmbH-Gründung[117], was auch nicht dadurch überzeugend erklärt werden kann, dies sei ein systembedingter Preis für die erleichterte Einstiegsmöglichkeit über die UG in die „echte" GmbH[118], was jedenfalls dann nicht recht einleuchtet, wenn einmal die für die UG erforderliche Barleistung erbracht ist. Für die Praxis sollte es daher bei einer **Grundsatzentscheidung** des BGH bleiben, wonach für die **Kapitalerhöhung mit Sacheinlagen** das Verbot gemäß § 5a Abs. 2 Satz 2 nicht mehr anwendbar ist, wenn eine die Mindestkapitalgrenze erreichende Erhöhung hierdurch bewirkt werden soll[119]. Das passt zwar nicht zu der

112 *Berninger*, GmbHR 2011, 953, 955; *Klose*, GmbHR 2009, 297; *Rieder*, in: MünchKomm. GmbHG, Rdnr. 40; *Kleindiek*, in: Lutter/Hommelhoff, Rdnr. 26.

113 OLG München v. 7.11.2011 – 31 Wx 475/11, GmbHR 2011, 1276 = NZG 2012, 104; *Fastrich*, in: Baumbach/Hueck, Rdnr. 33; OLG Hamm v. 5.5.2011 – 27 W 24/11, GmbHR 2011, 655; zust. *Wachter*, NJW 2011, 2620, 2623.

114 *Hennrichs*, NZG 2009, 1161 f.; *Klose*, GmbHR 2009, 294; krit. gegen eine Besserstellung der UG *Wachter*, NJW 2011, 2620, 2624. Wenn dem „Halbaufbringungsgrundsatz" genügt ist, muss der Geschäftsführer nach § 57 Abs. 2 nur dies und nicht die Fortdauer des ursprünglichen Stammkapitals versichern (OLG Celle v. 17.7.2017 – 9 W 70/17, GmbHR 2017, 1034; zweifelnd dazu *Wachter*, GmbHR 2017, 1036 ff.).

115 OLG München v. 23.9.2010 – 31 Wx 149/10, GmbHR 2010, 1210 = NJW 2011, 464; zust. *Campos/Nave*, BB 2010, 2531; *Gehrlein*, Der Konzern 2007, 771, 779.

116 So noch OLG München v. 23.9.2010 – 31 Wx 149/10, GmbHR 2010, 1210 = NJW 2011, 464; ähnlich OLG Stuttgart v. 13.10.2011 – 8 W 341/11, BB 2011, 2690 (nur Leitsatz) = GmbHR 2011, 1275 und OLG Hamm v. 5.5.2011 – 27 W 24/11, GmbHR 2011, 655; zust. *Priester*, in: FS G. H. Roth, 2011, S. 573, 575; *Lieder/Hoffmann*, GmbHR 2011, 561, 564; a.M. aber *Miras*, DB 2010, 2488, 2490; *Klose*, GmbHR 2010, 1212 f.

117 *Bayer/Hoffmann/Lieder*, GmbHR 2010, 9, 12; *Klose*, GmbHR 2010, 1212, 1213; *Rieder*, in: MünchKomm. GmbHG, Rdnr. 40; *Freitag/Riemenschneider*, ZIP 2007, 1485, 1491; *Roth*, in: Roth/Altmeppen, Rdnr. 26.

118 *Pfisterer*, in: Saenger/Inhester, Rdnr. 26.

119 BGH v. 19.4.2011 – II ZB 25/10, ZIP 2011, 955 = GmbHR 2011, 699 mit Anm. *Bremer*, S. 703 f.; OLG Hamm v. 5.5.2011 – 27 W 24/11, GmbHR 2011, 655; OLG Stuttgart v. 13.10.2011 – 8 W 341/11, NZG 2012, 22; ebenso *Kleindiek*, in: Lutter/Hommelhoff, Rdnr. 24; *Paura*, in: Ulmer/Habersack/Löbbe, Rdnr. 39; im Wesentlichen auch *Roth*, in: Roth/Altmeppen, Rdnr. 18; *Rieder*, in: MünchKomm. GmbHG, Rdnr. 25; *Waldenberger/Sieber*, GmbHR 2009 114; *Schäfer*, ZIP 2011, 53, 56; *Berninger*, GmbHR 2010, 63, 66; *Wachter*, NJW 2011, 2620, 2622; *Priester*, in: FS G. H. Roth, 2011, S. 579; *Berninger*, GmbHR 2011, 754, 958; *dagegen* aber *Heckschen*, DStR 2009, 166, 170; *Gehrlein*, Der Konzern 2007, 771, 779; so auch schon *Lieder/Hoffmann*, GmbHR 2011, 561, 565.

Grundtendenz, die UG in ihrer Funktion als Einstiegsvariante der GmbH bei ihrem Übergang in die GmbH, zu dem sie Rücklagen nicht immer wird nutzen können, ganz auf Bareinlagen zu verweisen. Aber mit dem BGH[120] kann auch gesagt werden, dass die grundsätzliche Zulassung von Sacheinlagen die Kontrollfunktion des Verfahrens nach §§ 56 ff. nicht beseitigt. Zum Wegfall der für die Unternehmergesellschaft geltenden Sonderregeln durch eine Kapitalerhöhung gemäß § 5a Abs. 5 s. Rdnr. 29 ff.

Im Geltungsbereich des Sacheinlagenverbotes wär eine **„offene" Vereinbarung** einer Sacheinlage, auch wenn sie in der Satzung festgelegt wird, wegen des Verstoßes gegen § 5a Abs. 2 Satz 2 nach § 134 BGB nichtig, was ein Eintragungshindernis ist[121]. Da die Finanzierung ein Teil der Satzung ist, ohne den die anderen Vereinbarungen nicht aufrechtzuerhalten sind, müsste vielfach Gesamtnichtigkeit angenommen werden, was aber schon für das Einlageversprechen nur insoweit bejaht werden sollte, als es als Geldeinlagepflicht aufrechterhalten bleiben kann[122]. Der Mangel erfasst auch nicht den sonstigen Gesellschaftsvertrag, so dass, wenn trotz des Fehlers eingetragen wird, die Gesellschaft existiert.

d) Die ursprünglich vielleicht vorhandene Vorstellung, dass mit § 5a Abs. 2 Satz 2 das Phänomen der sog. **verdeckten Sacheinlage** erledigt sei, weil es nicht mehr auftreten könne, erscheint voreilig; im Gegenteil hat sich das wissenschaftliche Schrifttum der Frage, ob die „Anrechnungslösung" des § 19 Abs. 4 oder die frühere Nichtigkeitssanktion für die UG gelten soll, mit großem Aufwand angenommen, obwohl auffällt, dass von den vom BGH zur Anrechnungslösung entschiedenen Fällen[123] keiner eine UG betraf und bisher eine höchstrichterliche Entscheidung zur UG fehlt. Im Ausgangspunkt beruht § 19 Abs. 4 auf der Annahme, dass die Vereinbarung einer verdeckten Sacheinlage, deren Begriffsverständnis sich durch die Neuregelung nicht geändert hat[124], im Gegensatz zum früheren Recht nicht unwirksam ist, wenn auch eine solche Handhabung den Gesellschafter nicht von seiner Einlagepflicht befreit, so dass er die Differenz zwischen dem Wert der eingelegten Sache und dem Nominalbetrag seines Geschäftsanteils zahlen muss, während die offene Vereinbarung einer Sacheinlage in der Satzung nichtig wäre[125]. Nun ist über den Zweck des § 19 Abs. 4, der ja an sich auf die UG als GmbH anwendbar sein müsste, bei einer Zusammenschau mit dem Sacheinlageverbot des § 5a Abs. 2 Satz 2 auch nach intensiven Studien der Gesetzesmaterialien kaum Einigkeit zur erzielen[126], wenn man es nicht genügen lässt, dass es bei der UG (haftungsbeschränkt) um eine Erleichterung des Gründungsvorgangs für junge Unternehmensgründer gehen sollte, die hierbei nämlich angesichts der geringen Kapitalanforderungen, wie der Gesetzgeber meinte, Sacheinlagen nicht benötigten, die deshalb als „ausgeschlossen" erklärt wurden. Hiernach tritt sogleich die Frage auf, ob es dann systemgerecht sein kann, die Erleichte-

19

20

---

120 BGH v. 19.4.2011 – II ZB 25/10, ZIP 2011, 955, 957 = GmbHR 2011, 699, 701.

121 *Freitag/Riemenschneider*, ZIP 2007, 1485, 1486; *Gehrlein*, Der Konzern 2007, 771, 779; *Weber*, BB 2009, 842, 845; *Priester*, in: FS G. H. Roth, 2011, S. 573, 576; *Rieder*, in: MünchKomm. GmbHG, Rdnr. 21.

122 *Roth*, in: Roth/Altmeppen, Rdnr. 19; *Rieder*, in: MünchKomm. GmbHG, Rdnr. 21; *Pfisterer*, in: Saenger/Inhester, Rdnr. 13.

123 BGH v. 16.2.2009 – II ZR 120/07, BGHZ 180, 38 = NJW 2009, 2375 = GmbHR 2009, 540; BGH v. 16.2.2009 – II ZR 120/07, BGHZ 180, 38 = NJW 2009, 2375 = GmbHR 2009, 540 – Qivive; dazu *Wachter*, NJW 2010, 1715; BGH v. 22.3.2010 – II ZR 12/08, NJW 2010, 1948 = GmbHR 2010, 700. Die Entscheidungen betreffen die Folgen der Einbringung von Werten, die als Geldeinlage nicht in Betracht kamen.

124 BGH v. 16.2.2009 – II ZR 120/07, BGHZ 180, 38 = NJW 2009, 2375 = GmbHR 2009, 540 – Qivive; *Pentz*, in: FS Karsten Schmidt, S. 1265, 1273.

125 Darauf hinweisend *Heckschen*, DStR 2009, 166, 171; *Freitag/Riemenschneider*, ZIP 2007, 1486; *Paura*, in: Ulmer/Habersack/Löbbe, Rdnr. 40.

126 Zur Unergiebigkeit der Gesetzesmaterialien *Witt*, ZIP 2009, 1102, 1104; zur Auseinandersetzung mit der Entstehungsgeschichte eingehend *Goette*, Einführung in das neue GmbH-Recht, 2008, S. 174 ff.; *Ulmer*, GmbHR 2010, 1298, 1301 f.; *Pentz*, in: FS Goette, S. 355, 359 ff.

rungen, die § 19 Abs. 4 für den Fall einer Umgehung der Formalien der Sacheinlage im Auge hat, den Gründern einer UG zu versagen[127]; andererseits muss man sehen, dass das in § 19 Abs. 4 liegende „Umgehungsprivileg"[128] nicht auf ein schlichtes Verbot von Sacheinlagen, wie es für die UG verfügt wurde, sondern auf das Unterlaufen der für solche Finanzierungsmaßnahmen geltenden Vorschriften über Offenlegung und Prüfung reagiert, so dass die Lage bei der UG tatsächlich eine etwas andere ist als bei der normalen GmbH[129]. Der Unterschied ist freilich nicht groß, da im Fall des § 5a Abs. 2 Satz 2 der Inferent eine Bareinlage schuldet, weil eine Sacheinlage ausgeschlossen ist, während § 19 Abs. 4 davon ausgeht, dass der Inferent auf eine grundsätzlich geschuldete Bareinlage den Wert einer – wirksam – erbrachten Sacheinlage angerechnet bekommt. Demgegenüber bei der UG die Folgen der Vereinbarung einer verdeckten Sacheinlage ganz am bisherigen, den Inferenten stark belastenden Rechtszustand auszurichten, ihn also insbesondere der Gefahr der Doppelzahlung auszusetzen, wäre nicht leicht erklärbar, jedenfalls schwerer einzusehen als die Anwendung der gegenüber dem vor dem MoMiG geltenden Recht erleichternden „Anrechnungslösung" gemäß § 19 Abs. 4 auch auf die UG[130]. Nach wie vor nicht auszuschließen ist allerdings ein Verständnis des § 5a Abs. 2 Satz 2 dahin, dass eine Sacheinlage gar nicht, auch nicht mit den ihre Erfüllungswirkung begrenzenden Folgen des § 19 Abs. 4 vereinbart und geleistet werden kann; dann trifft dieses Verbot auch die Absprache über eine Verdeckung der in Wahrheit gemeinten Sach- durch eine Bareinlage, und die Gründer einer UG können nicht in den Genuss der gegenüber der bisherigen Rechtsprechung erleichternden Rechtsfolgenbestimmung gemäß § 19 Abs. 4 kommen. Sie müssen also eine volle Bareinlage leisten und können im Insolvenzfall die geleistete „Sache" als Gegenstand einer Insolvenzforderung zurückzuholen versuchen[131]. Das spricht am Ende ebenfalls für die – ergebnisbezogene, aus dem Gesetz nicht direkt ableitbare – Annahme, dass § 19 Abs. 4 auf die UG entsprechend anzuwenden ist[132].

21 Allerdings darf der **Registerrichter**, dem die Absicht der Gründer, eine Sach- statt einer Bareinlage zu erbringen, bekannt ist, angesichts des Sacheinlageverbots nicht eintragen, wobei auch eine nachträgliche Heilung durch eine satzungsändernde Offenlegung der wahren Sachlage nicht in Betracht kommt[133]. Unabhängig hiervon muss der **Geschäftsführer**, auch mit Rücksicht auf die Strafdrohung in § 82 Abs. 1 Nr. 1, den Gesellschaftern klar machen, dass derzeit das Risiko, mehr als die Differenzzahlung gemäß § 19 Abs. 4 erbringen zu müssen, nicht ausgeräumt werden kann[134].

---

127 Dies bezweifelte *Lutter*, in: Lutter/Hommelhoff, 17. Aufl., Rdnr. 13, ähnlich *Roth*, in: Roth/Altmeppen, Rdnr. 21.

128 *Ulmer*, GmbHR 2010, 1298, 1301, 1303.

129 Dazu besonders *Ulmer*, GmbHR 2010, 1298, 1301, 1303; gerade in diesem Punkt anders die auf eine analoge Anwendung des § 19 Abs. 4 für die UG hinauslaufenden Überlegungen von *Pentz*, in: FS Goette, S. 363 ff.

130 Dafür *Veil*, ZGR 2009, 623, 631; *Römermann/Passarge*, ZIP 2009, 1497, 1502; im Ergebnis auch *Kleindiek*, in: Lutter/Hommelhoff, Rdnr. 29 unter Verweisung auf seine eingehende Stellungnahme in FS Hopt, 2010, S. 941 ff.; im Ergebnis ebenso *Roth*, in: Roth/Altmeppen, Rdnr. 21; *Rieder*, in: MünchKomm. GmbHG, Rdnr. 23; *Paura*, in: Ulmer/Habersack/Löbbe, Rdnr. 40; dagegen *Bormann/Urlichs*, in: GmbHR-Sonderheft MoMiG, 2008, S. 37, 38 f., 42; *Weber*, BB 2009, 842, 845; *Miras*, Die neue Unternehmergesellschaft, S. 43, *Fastrich*, in: Baumbach/Hueck, Rdnr. 12.

131 So auch *Freitag/Riemenschneider*, ZIP 2007, 1485, 1486; *Bormann*, GmbHR 2007, 897, 901; *Joost* ZIP 2007, 2242, 2244.

132 *Gehrlein*, Der Konzern 2007, 771, 779; *Habersack*, DB 2008, 2347, 2349; *Veil*, ZGR 2009, 623, 631 f.; *Römermann*, NJW 2010, 905, 907; *Wälzholz*, GmbHR 2008, 841, 842; *Pentz*, in: FS Goette, S. 359 ff.; *Pfisterer*, in: Saenger/Inhester, Rdnr. 14; *J. Schmidt*, in: Michalski u.a., Rdnr. 11; a.M. aber *Bormann*, GmbHR 2007, 897, 901; *Ulmer*, GmbHR 2010, 1298, 1301 ff.; *Priester*, in: FS G. H. Roth, 2011, S. 573, 577 f.; *Weber*, BB 2009, 842, 845; *Schäfer*, in: Bork/Schäfer, Rdnr. 23.

133 Insoweit ist *Ulmer*, GmbHR 2010, 1298, 1299, 1303 f. zu folgen; ebenso *Roth*, in: Roth/Altmeppen, Rdnr. 21; *Paura*, in: Ulmer/Habersack/Löbbe, Rdnr. 40.

134 *Paura*, in: Ulmer/Habersack/Löbbe, Rdnr. 41.

e) Vor der Eintragung der Gesellschaft ist nach allgemeinem, für die UG nicht modifiziertem   22
Recht auch zu prüfen, ob die Gesellschaft nicht **überschuldet** ist. Der in diesem Tatbestand liegende Insolvenzgrund kann aber auch kurz nach der Eintragung auftreten und liegt insbesondere bei einer mit einem sehr niedrigen Startkapital angetretenen Gesellschaft durch erste Investitionen und mögliche Gründungskosten (dazu schon Rdnr. 11) tatsächlich ziemlich nahe.
Das Problem wurde schon vor Abschluss der parlamentarischen Beratung mit dem Hinweis
auf Änderungs- oder Klarstellungsbedarf beim RegE aufgeworfen[135], eine generelle gesetzliche
Lösung fehlt aber, wenn man von der Kostenregelung (Rdnr. 8) absieht. Auch sind im Hinblick auf die Notarkosten die Gründer selber Schuldner (hierzu und zur Änderung der KostO
s. das am 1.8.2013 in Kraft getretene GNotKG)[136], und eine Überwälzung der Kosten auf die
Gesellschaft ist nur begrenzt zulässig (Rdnr. 12). Wendet man also die gewöhnlichen Regeln
an[137], so ist im Ausgangspunkt klar, dass auch bei der UG das von den Parteien festgesetzte
Mindestkapital durch Aktivvermögen oder Rücklagen gedeckt sein muss, und dass auch nach
der Reform dann, wenn das Vermögen die bestehenden Verbindlichkeiten nicht (mehr)
deckt, Überschuldung vorliegt; allerdings ist jetzt auch **§ 19 Abs. 2 InsO** anwendbar, der eine
durch das FinanzmarktstabilisierungsG veranlasste Neubestimmung des Überschuldungsbegriffs enthält[138]. Gesellschafterdarlehen, die in diese Berechnung einbezogen werden sollen, müssen danach mit Rangrücktritt versehen sein[139], und für die Bewertung kommt es
wie auch sonst auf die Fortführungsprognose an, die naturgemäß bei einem sehr niedrigen
Stammkapital nur positiv ausfallen kann, wenn und solange unübersehbare unternehmerische Risiken nicht eingegangen werden.

IV. Kapitalaufbringung und -erhaltung bei der Unternehmergesellschaft

1. Zur Systematik des Gesetzes

Die Regeln über die Effektivität der Kapitalaufbringung gehören zu den Teilen des GmbH-   23
Rechts, die trotz seiner grundsätzlichen Anwendbarkeit auf die UG nicht unbesehen hierher
übertragen werden können. Das ist für das Gebot der Volleinzahlung und für das Verbot von
Sacheinlagen bereits als Besonderheit der Gründung einer UG festgelegt, ohne dass hierdurch die im GmbH-Recht bestehenden Probleme der Kapitalaufbringung sämtlich erledigt
wären, so etwa gelegentliche Praktiken wie die Einbringung von Einlagen in einen die Gesellschaft umfassenden Cash-Pool. Vor diesem Hintergrund kann es auch bei der UG vorkommen, dass Verstöße gegen die Regeln der Kapitalaufbringung eine Pflicht eines Gesellschafters begründen, ein zweites Mal auf seine Einlagepflicht zu leisten, was allerdings zu den
Meinungsverschiedenheiten um die Behandlung verdeckter Sacheinlagen (Rdnr. 20) beigetragen hat. Das gilt dann auch im Rahmen von Konzernverhältnissen, in die die UG ebenfalls
einbezogen sein kann (Rdnr. 38). Die Entwicklung in diesem Bereich wird – auch getragen
von dem gegenüber der Neuschöpfung des MoMiG verbreiteten Argwohn gegenüber Missbrauchspotentialen – im Hinblick auf Umgehungsversuche der Vertragspraxis im Auge zu
behalten sein (Rdnr. 25).

135 Von *Drygala*, NZG 2007, 561, 565 ff.; zum geltenden Recht *Kleindiek*, in: Lutter/Hommelhoff,
    Rdnr. 18; *Schäfer*, in: Henssler/Strohn, Gesellschaftsrecht, Rdnr. 11.
136 *Wachter*, GmbHR 2008, 1296 ff.; *Bayer*, in: Lutter/Hommelhoff, § 2 Rdnr. 71.
137 Bei der UG gibt es kein Problem einer „notwendigen Überschuldung", *Rieder*, in: MünchKomm.
    GmbHG, Rdnr. 12.
138 Eingehend dazu mit Blick auf die UG *Wachter*, GmbHR 2008, 1296 ff.; *Hirte/Knof/Mock*, ZInsO
    2008, 1217; *Bitter*, ZInsO 2008, 1097; *Veil*, ZGR 2009, 623, 628 f. unter Hinweis auf die Folgen der
    Finanzmarktkrise; s. dazu auch *Rieder*, in: MünchKomm. GmbHG, Rdnr. 12; aus insolvenzrechtlicher Sicht dazu *Karsten Schmidt*, DB 2008, 2467 ff.
139 *Veil*, ZGR 2009, 623, 628; *Rieder*, in: MünchKomm. GmbHG, Rdnr. 12; *Kleindiek*, in: Lutter/Hommelhoff, Rdnr. 18.

2. Die gesetzliche Rücklage (§ 5a Abs. 3)

24   Eine Besonderheit der UG im Hinblick auf Kapitalaufbringung und -erhaltung liegt in dem Gebot (§ 5a Abs. 3 Satz 1), in jedem Jahresabschluss ein Viertel des um einen Verlustvortrag geminderten Jahresüberschusses in eine gesetzliche Rücklage einzustellen. Dieses Instrument des Gläubigerschutzes, der durch eine Stärkung der Eigenkapitaldecke des Unternehmens in Gestalt einer **Ausschüttungssperre** erreicht werden soll[140], kann auch zu der Notwendigkeit führen, bei wirtschaftlichen Rückschlägen sowie zur Bedienung des nötigen Fremdkapitals immer wieder neue Mittel „anzusparen"[141]. Das kann aber auf der anderen Seite auch zu einer Neigung der Gesellschafter führen, doch einen gewissen Rückfluss der eingelegten Mittel an die Gesellschafter zu veranlassen, zumal sie gerade als Existenzgründer vielfach keine sehr hohen privaten Mittel zur Verfügung haben werden. Dabei könnte ein Spannungsfeld zwischen der Freiheit der Wahl eines unter 25 000 Euro liegenden Stammkapitals und den Grundsätzen der Kapitalerhaltung entstehen.

a) Die Pflicht zur Bildung der gesetzlichen Rücklage

25   Von der Pflicht zur Bildung einer besonderen gesetzlichen Rücklage wurde erhofft, dass die Gesellschaft innerhalb einiger Jahre die möglicherweise bei der Gründung bestehende Kapitalschwäche durch Thesaurierung und Entstehung einer höheren Eigenkapitalausstattung überwindet[142]. Die Gesellschafter haben also einen teilweisen **Verzicht auf Ausschüttungen** bezüglich eines Teils des nach den gewöhnlichen Regeln (§§ 242, 246 HGB) zu ermittelnden Jahresüberschusses zu leisten, wobei die Begründung von der Annahme ausging, bei diesem Gesellschaftstyp werde es häufig Identität von Gesellschaftern und Geschäftsführern geben, so dass diese Personen ihren Lebensunterhalt von den Geschäftsführergehältern bestreiten könnten. Natürlich kann hier das Problem einer verdeckten Gewinnausschüttung auftreten[143], was aber nicht immer ganz feste Grenzen festlegt (es sei denn, die Gewinne sind gar nicht entstanden)[144], was bei angemessenen Vergütungen nicht zu besorgen ist. Demgemäß ist bestimmt, dass die Rücklage nur für die in § 5a Abs. 3 Satz 2 Nr. 1–3 aufgeführten Zwecke, also für eine Kapitalerhöhung nach § 57c sowie zum Ausgleich von Jahresfehlbeträgen und Verlustvorträgen, also nicht zur Gewinnausschüttung, herangezogen werden darf[145]. Damit erinnert die **Zweckbindung der Rücklage** an diejenige der gesetzlichen Rücklage gemäß § 150 Abs. 3 AktG, nur dass zu ihrer Bildung ein bedeutend größerer Teil des Jahresüberschusses herangezogen werden muss. Es heißt, die Rücklage dürfe unabhängig von ihrer jeweiligen Höhe für die zugelassenen Zwecke eingesetzt werden[146], und in der Tat ist eine betragsmäßige Obergrenze nicht vorgesehen. Die Rücklage muss also weiter bedient werden, auch wenn sie zusammen mit dem Stammkapital das gesetzliche Mindeststammkapital der GmbH über-

---

140 Von einem „Kunstgriff" des Gesetzgebers, der einerseits eine „GmbH-Light" habe zulassen, andererseits „das bewährte Kapitalschutzsystem der GmbH" möglichst habe beibehalten wollen, spricht *Joost*, ZIP 2007, 2242, 2245. Von „Kapitalaufholung" spricht *Noack*, DB 2007, 1395, 1396, ähnlich *Paura*, in: Ulmer/Habersack/Löbbe, Rdnr. 54; skeptisch bezüglich des Gläubigerschutzes *Waldenberger/Sieber*, GmbHR 2009, 114, 117; s. auch *Veil*, ZGR 2009, 623, 633 ff.; *Schäfer*, ZIP 2011, 53; *Fastrich*, in: Baumbach/Hueck, Rdnr. 22; *Kleindiek*, in: Lutter/Hommelhoff, Rdnr. 35.
141 *Paura*, in: Ulmer/Habersack/Löbbe, Rdnr. 42.
142 Begr. RegE, BT-Drucks. 16/6140, S. 32.
143 *Paura*, in: Ulmer/Habersack/Löbbe, Rdnr. 44.
144 *Roth*, in: Roth/Altmeppen, Rdnr. 26.
145 *Veil*, GmbHR 2007, 1080, 1082; *Weber*, BB 2009, 842, 845; zu den Verwendungszwecken eingehend *Müller*, ZGR 2012, 81, 84 ff. Frühere Zweifel von *Freitag/Riemenschneider*, ZIP 2007, 1485, 1488 (ähnl. *Veil*, GmbHR 2007, 1080, 1082, 1083), ob die Rücklage überhaupt zur Deckung von Verlusten dienen darf, sind durch die letzte Gesetzesfassung beseitigt; s. auch *J. Schmidt*, in: Michalski u.a., Rdnr. 21.
146 *Wachter*, in: GmbHR-Sonderheft MoMiG, 2008, S. 25, 34.

steigt[147]. Das kann dazu veranlassen, dass bei Erreichen des Mindeststammkapitals die Rücklage zu einer Kapitalerhöhung aus Gesellschaftsmitteln benutzt wird, was § 5a Abs. 3 Satz 2 Nr. 1 auch erlaubt[148]. Ebensowenig gilt eine zeitliche Begrenzung der Rücklagenbildung vor ihrer Verwendung für eine Kapitalerhöhung (dazu Rdnr. 29 ff.). Die die Gesellschafter disziplinierende Kraft einer solchen Regelung mag man höher einschätzen als ihre gläubigerschützende Wirkung, weil zumindest in den ersten Jahren nach der Gründung Gewinne, die die zu zahlenden Geschäftsführervergütungen deutlich übersteigen, nicht immer anfallen werden. Es liegt also etwas daran, dem Thesaurierungsgedanken zuwiderlaufende Zugriffe auf die Rücklage zu verhindern, zumal der „Jahresüberschuss" nicht unbedingt immer eine real vorhandene Größe ist. Er ist grundsätzlich allein aus effektiv erzielten Jahresüberschüssen zu bilden, Verlustvorträge und Gewinnvorträge gehen in die Berechnung nicht ein[149], sie dürfen allerdings aus einer bestehenden Rücklage ausgeglichen werden. Von dem so ermittelten Jahresüberschuss ist dann ein Viertel in die Rücklage einzustellen (zur Folge von Verstößen s. Rdnr. 26). Dass u.U. längere Zeit gar keine Gewinne gemacht, solche auch nicht ernstlich angestrebt werden, gehört zu den vom Gesetz akzeptierten Besonderheiten des Wirtschaftens in einer UG. Nicht sonderlich realitätsnah erscheint unter diesen Umständen auch eine Satzungsbestimmung oder ein Gesellschafterbeschluss, die eine höhere Zuwendung an die Rücklage vorschreibt. Zur gerechtfertigten Nutzung der Rücklage näher Rdnr. 28.

b) Verstöße und Umgehungsversuche

Wie erläutert, haben die **Gesellschafter** die Möglichkeit, durch **Vergütungsansprüche**, die 26 sie selbst festsetzen, den Jahresüberschuss und damit die Rücklage zu vermindern[150]. Das kann Geschäftsführergehälter, aber auch andere Verträge eines Gesellschafters oder seiner nahen Angehörigen mit der Gesellschaft betreffen, etwa Darlehen, Beratungsverträge, Vermietung und Verpachtung, Lizenzierung. Die Reaktion auf solche Praktiken, die auch durch Maßnahmen der Bilanzierung mit dem Ziel eines „stetigen Gewinnabzugs"[151] in einer sowohl die Gesellschafts- als auch die Gläubigerbelange bedrohenden Art vertieft werden können, wird auf verschiedenen Wegen diskutiert. Wenn von einer verbreiteten Meinung § 30 analog angewendet wird, indem die Nicht-Bildung der Rücklage der Ausschüttung von zu erhaltendem Kapital an Gesellschafter gleichgestellt wird[152], muss eine planwidrige Lücke in der Regelung des § 5a festgestellt werden, was schwerer zu begründen ist als die einfache Lösung über einen Bereicherungsanspruch der Gesellschaft[153]. Immerhin könnten die zu § 30 entwickelten Kriterien eines Drittvergleichs und des arms-length-Maßstabs in Missbrauchsfällen zu Ansprüchen der Gesellschaft nach § 31 führen, die die Gläubiger – wie auch einen Bereicherungsanspruch – während eines zehnjährigen Verjährungszeitraums (§ 31 Abs. 3) pfänden könnten, was sich allerdings nicht gut, wie § 31 Abs. 3 vorsieht, auf die Mitgesellschafter des Zuwendungsempfängers erstrecken ließe. Die Übertragung der in der steuer-

---

147 *Paura*, in: Ulmer/Habersack/Löbbe, Rdnr. 46; *Roth*, in: Roth/Altmeppen, Rdnr. 24.

148 *Joost*, ZIP 2007, 2242, 2245; *Paura*, in: Ulmer/Habersack/Löbbe, Rdnr. 48.

149 *Paura*, in: Ulmer/Habersack/Löbbe, Rdnr. 49.

150 *Bormann*, GmbHR 2007, 897, 899; *Freitag/Riemenschneider*, ZIP 2007, 1485, 1488; *Veil*, GmbHR 2007, 1080, 1083; *Wicke*, Rdnr. 11; s. auch *Joost*, ZIP 2007, 2242, 2245; *Priester*, in: FS G. H. Roth, 2011, S. 573, 581.

151 Dazu *Kessel*, GmbHR 2016, 199, 203 mit ausführlicher Erörterung der Methodik der Lösungsversuche.

152 *Weber*, BB 2009, 842, 845; *Müller*, ZGR 2012, 81, 92 f.; *Hennrichs*, NZG 2009, 1165; *Paura*, in: Ulmer/Habersack/Löbbe, Rdnr. 140; *Fastrich*, in: Baumbach/Hueck, Rdnr. 26; *Kleindiek*, in: Lutter/Hommelhoff, Rdnr. 43, 49; *Roth*, in: Roth/Altmeppen, Rdnr. 29.

153 *Kessel*, GmbHR 2016, 199, 201; zur Kondiktion in diesem Zusammenhang *Priester*, in: FS G. H. Roth, S. 582; zweifelnd *Müller*, ZGR 2012, 81, 92, 94.

rechtlichen Praxis entwickelten Maßstäbe der verdeckten Gewinnausschüttung auf einen gesellschaftsrechtlich ungeregelten Tatbestand, die auch noch zu Korrekturen der Bilanzen führen muss, ohne dass es im Übrigen noch auf die Feststellung einer Unterbilanz ankommt, überzeugt nicht recht[154]. Eine Schwäche gegenüber Manipulationen mit der Rücklage[155] ist nicht zu befürchten, da für Verstöße gegen die Pflicht zur Rücklagenbildung und zum richtigen Ausweis ihrer bilanziellen Voraussetzungen und Folgen andere Sanktionen in Betracht kommen. So geht schon die Begründung des RegE davon aus, ein Verstoß gegen § 5a Abs. 3 bei der Bilanzierung ziehe die **Nichtigkeit** der Feststellung des Jahresabschlusses entsprechend § 256 AktG sowie die Nichtigkeit des darauf folgenden Gewinnverwendungsbeschlusses nach sich[156]. Allerdings muss hier zwischen Verstößen gegen § 256 Abs. 1 Nr. 1 und Nr. 4 AktG (jeweils analog) unterschieden werden, was praktisch nicht unwichtig ist, weil ein Verstoß gegen die letztgenannte Norm nach 6 Monaten geheilt ist (§ 256 Abs. 6 AktG), der andere erst nach 3 Jahren. Wenn Nichtigkeit des Jahresabschlusses feststeht, tritt aber wieder die Frage auf, nach welcher Norm eine Auskehrung an Gesellschafter zurückzufordern ist. Jedenfalls kann – und muss – die Gesellschafterversammlung, wenn die ihr vorzulegende Bilanz die Pflicht zur Bildung der Rücklage nicht berücksichtigt hat, diese ändern und veranlassen, dass verbotswidrig erfolgte Zahlungen zurückgefordert werden. Kein hierher gehörender Fall liegt vor, wenn andere Buchungsvorgänge, die nicht korrekt sind, den Jahresüberschuss sinken lassen. Freilich ist die Sanktion der Nichtigkeit von Jahresabschluss und Gewinnfeststellung, da die Gesellschafter und zumeist auch der Geschäftsführer hier unter sich sind, nicht unbedingt sehr einschneidend, auch nicht aus der Perspektive des Gläubigerschutzes. Ein – etwa an die Behandlung eigenkapitalersetzender Mittel angeglichenes – **„Rücklagenersatzrecht"** bedürfte einer speziellen gesetzlichen Regelung, an der es fehlt[157].

27 Solange die UG „kleine Kapitalgesellschaft" i.S. des § 267 Abs. 1 HGB ist, unterliegt ihr Jahresabschluss auch **keiner Pflichtprüfung**, § 316 Abs. 1 HGB. Die Pflicht auch solcher Gesellschaften zur Einreichung und Veröffentlichung des Jahresabschlusses, also Bilanz und Anhang, nicht aber der Gewinn- und Verlustrechnung (§§ 325 Abs. 1, 326 HGB), wird regelmäßig ebenfalls nicht ohne weiteres zur Aufdeckung von Manipulationen zu Lasten des Jahresüberschusses und damit der Thesaurierung führen[158]. Ein **Informationsrecht** einzelner Gläubiger, die die Rückgewähransprüche der Gesellschaft pfänden wollen, hätte angesichts der zu engen Formulierung der §§ 809, 810 BGB durch Gesetz eingeführt werden müssen[159]. Anders kann es gehen, wenn die Gläubiger in Kenntnis von Bilanzierungsfehlern auf Nichtigkeit des Jahresabschlusses geklagt und dann die daraus entstehenden Rückgewähransprüche der Gesellschaft gepfändet haben[160]. Schließlich kann es vorgekommen sein, dass ein Geschäftsführer in diesem Zusammenhang gegen seine Pflichten aus § 5a Abs. 3 verstoßen hat, wovon ihn Weisungen der Gesellschafter wegen § 43 Abs. 3 Satz 1 nicht freistellen würden; auch hier sind die Gläubiger dann auf die Heranziehung der Ansprüche der Gesellschaft zu ihrer Befriedigung angewiesen. Eine Schutznorm zugunsten der Gläubiger im Sinne des § 823 Abs. 2 BGB dürfte die in erster Linie dem Gesellschaftsinteresse dienende Pflicht zur Rück-

154 Eingehend *Kessel*, GmbHR 2016, 199, 203 f.; im Ergebnis auch *Paura*, in: Ulmer/Habersack/Löbbe, Rdnr. 44; anders wohl *Kleindiek*, in: Lutter/Hommelhoff, Rdnr. 42; *J. Schmidt*, in: Michalski u.a., Rdnr. 30.
155 Befürchtung von *Römermann*, GmbHR 2010, R 241.
156 Begr. RegE, BT-Drucks. 16/6140, S. 32; dem folgend *Gehrlein*, Der Konzern 2007, 771, 780; *Freitag/Riemenschneider*, ZIP 2007, 1485, 1488; *Pfisterer*, in: Saenger/Inhester, Rdnr. 22; *Roth*, in: Roth/Altmeppen, Rdnr. 30.
157 *Paura*, in: Ulmer/Habersack/Löbbe, Rdnr. 45; anders *Römermann/Passarge*, ZIP 2009, 1497, 1502.
158 *Freitag/Riemenschneider*, ZIP 2007, 1485, 1488.
159 Das forderten *Freitag/Riemenschneider*, ZIP 2007, 1485, 1489.
160 Hinweis von *Kessel*, GmbHR 2016, 199, 201.

lagenbildung nicht darstellen[161]. Danach bestehen gegenüber Umgehungsversuchen in diesem Zusammenhang immerhin effektive Hilfsmittel.

c) Gerechtfertigte Nutzung der Rücklage

Der Funktion der Rücklage im Rahmen der Finanzierung der UG entspricht als Grundsatz eine **Ausschüttungssperre**, die auch nicht davon abhängt, ob der zurückgelegte Betrag die Höhe von 25 000 Euro erreicht oder überschreitet[162], die Pflicht endet erst, wenn es zur Kapitalerhöhung auf 25000 Euro gekommen ist. Die **zulässigen Verwendungszwecke** sind in § 5a Abs. 3 Satz 2 abschließend genannt, wobei der Einsatz für eine Kapitalerhöhung aus Gesellschaftsmitteln (§ 57c) hauptsächlich dem „Hineinwachsen" der UG in die „normale" GmbH dient. Ein Einsatz der Rücklage im Rahmen eines „Schütt-aus-Hol-zurück-Verfahrens" geht dagegen nicht an[163]. Die in § 5a Abs. 3 Satz 2 Nr. 2 zugelassene Verwendung zum Ausgleich eines Jahresfehlbetrags, soweit er nicht durch einen Gewinnvortrag aus dem Vorjahr gedeckt ist (Nr. 2), muss offen auf Positionen aus dem konkret aufzustellenden und festzustellenden Jahresabschluss und seinen Vorgängern gestützt werden; der Geschäftsführer hat bei der Aufstellung der Bilanz, ebenso die Gesellschafterversammlung bei ihrer Feststellung, den Fehlbetrag durch Ausbuchung aus der Rücklage abzudecken, wenn nicht der Abschluss des Vorjahres einen Gewinnvortrag enthält, aus dem der Fehlbetrag gedeckt werden könnte[164]. Nicht gestattet ist, unterjährig die Rücklage zur Ausgleichung aufgetretener Verluste einzusetzen. Immerhin müssen, bevor die Rücklage zum Ausgleich eines Fehlbetrages genutzt wird, nicht vorher alle Rücklagen angegriffen worden sein[165]. Wenn die Rücklage zur Verlustdeckung angegriffen worden ist, bleibt es für die Folgezeit bei der Notwendigkeit, aus etwaigen Gewinnen weiterhin zu thesaurieren, was erst endet, wenn durch Kapitalerhöhung das gesetzliche Mindestkapital erreicht ist. Daneben ist die Frage gestellt worden, ob die gesetzliche Rücklage auch unter dem Schutz des **Kapitalerhaltungsgebots gemäß § 30** steht[166]. Da das Gesetz die umfassende Zweckbindung der Rücklage mit dem Wort „nur" so ausgedrückt hat, dass die in § 5a Abs. 3 Satz 2 Nr. 1–3 genannten Verwendungszwecke neben der Benutzung zur Kapitalerhöhung als abschließende Aufzählung zu betrachten sind, und da es für die Reichweite der Ausschüttungssperre nicht auf die Entstehung von Unterbilanz oder auf das Vorhandensein eines Jahresüberschusses im Jahr der Auskehrung ankommt, scheint eine Notwendigkeit, die Rücklage wie das Stammkapital bilanziell durch Aktivvermögen zu decken, bevor Ausschüttungen an die Gesellschafter möglich sind, nicht gegeben. Dies ginge auch über die insoweit klare Formulierung des § 30, die sich nur auf den Schutz des Stammkapitals bezieht, deutlich hinaus. Dass bei gezieltem Gewinnabzug die Folgen auch aus seiner analogen Anwendung des § 30 abgeleitet werden können (Rdnr. 25), ändert nichts daran, dass die Rücklage (noch) kein nach den Grundsätzen der Kapitalerhaltung (u.U. auch in analoger Anwendung des § 57 AktG[167]) schutzwürdiges Kapital darstellt. Jedenfalls ist aber die Pflicht zur Bildung und Aufrechterhaltung der gesetzlichen Rücklage mit einer erheblichen Ein-

28

---

161 Auch dazu *Kessel*, GmbHR 2016, 199, 202.
162 *Rieder*, in: MünchKomm. GmbHG, Rdnr. 28; *Paura*, in: Ulmer/Habersack/Löbbe, Rdnr. 46.
163 *Kleindiek*, in: Lutter/Hommelhoff, Rdnr. 46; *Fastrich*, in: Baumbach/Hueck, Rdnr. 25.
164 *Pfisterer*, in: Saenger/Inhester, Rdnr. 21; *Paura*, in: Ulmer/Habersack/Löbbe, Rdnr. 49; *Rieder*, in: MünchKomm. GmbHG, Rdnr. 27; *Roth*, in: Roth/Altmeppen, Rdnr. 21.
165 *Paura*, in: Ulmer/Habersack/Löbbe, Rdnr. 49; *J. Schmidt*, in: Michalski u.a., Rdnr. 21; *Rieder*, in: MünchKomm. GmbHG, Rdnr. 27; *Roth*, in: Roth/Altmeppen, Rdnr. 21.
166 Dafür wohl *J. Schmidt*, in: Michalski u.a., Rdnr. 23; dagegen *Noack*, DB 2007, 1395 f.; *Wachter*, in: GmbHR-Sonderheft MoMiG, 2008, S. 25, 34; *Waldenberger/Sieber*, GmbHR 2009, 114, 118; a.M. aber *Joost*, ZIP 2007, 2242, 2247; *Wälzholz*, GmbH-StB 2007, 316, 324; *Schäfer*, ZIP 2011, 53, 58; wohl auch *Roth*, in: Roth/Altmeppen, Rdnr. 22.
167 Vorschlag von *Kessel*, GmbHR 2016, 199, 203 ff.

schränkung der Kapitalflexibilität verbunden[168], was vom Gesetz auch so gewollt war. Zu den registerrechtlichen Mitteilungen des Geschäftsführers Rdnr. 18 Fn. 114.

3. Die Kapitalerhöhung aus der Rücklage

29   Wenn die Rücklage, ihrem hauptsächlichen Zweck entsprechend, zur **Kapitalerhöhung** verwendet wird und das Kapital die gesetzliche Mindesthöhe von 25 000 Euro erreicht hat oder übersteigt, wird die Gesellschaft (auch wenn die Kapitalerhöhung nicht aus der Rücklage finanziert wurde) künftig nach dem gewöhnlichen GmbH-Recht behandelt. § 5a Abs. 5 drückt dies so aus, dass hinfort die Absätze 1–4 der Vorschrift keine Anwendung mehr finden, ohne dass sich die Firmierung ändern muss. Das ist also eine **Umwandlung kraft Gesetzes**, die auch stattfindet, wenn die Kapitalerhöhung durch Einlagen der Gesellschafter finanziert worden ist[169], für die dieselben Regeln gelten wie bei einer Neugründung, solange nicht die Schwelle gemäß § 5 Abs. 2 Satz 2 erreicht ist. Anzuwenden ist auch das Volleinzahlungsgebot und das Verbot von Sacheinlagen[170]. Somit genügt es nicht, dass die Rücklage den Betrag des Mindeststammkapitals erreicht, sondern es kommt darauf an, dass das Stammkapital auf dem hierfür gesetzlich vorgesehenen Weg, also durch Gesellschafterbeschluss und Registereintragung, auf diesen Betrag erhöht worden ist, wozu nach § 5a Abs. 3 Satz 2 Nr. 1 die Rücklage verwendet werden darf; da es sich hierbei um eine Kapitalerhöhung aus Gesellschaftsmitteln handelt, müssen auch deren sonstige Voraussetzungen vorliegen (Rdnr. 30). Der Einsatz eines genehmigten Kapitals i.S. des § 55a ist zwar möglich, wird aber praktisch kaum in Betracht kommen[171]. Eine zeitliche Begrenzung der Kapitalaufholung ist vom Gesetz nicht gewollt, ebenso wenig eine **Obergrenze** für die Höhe der Rücklage, was praktisch bedeutet, dass die Gesellschafter nicht verpflichtet sind, durch Kapitalerhöhung die Sonderregeln des § 5a, damit also auch die Pflicht zur weiteren Bedienung der Rücklage aus Jahresüberschüssen, „abzuschütteln"[172]. Sie können also auch auf Dauer nach den Regeln über die UG weiterleben und müssen eine Rücklage, die zur Erhöhung des Kapitals auf 25000 Euro ausreichen würde, hierfür nicht einsetzen. Der Vorgang des Eintretens in die GmbH wird bisweilen als „Umwandlung" bezeichnet, wobei aber klar ist, dass es sich nicht um einen Fall nach dem UmwG handelt[173], da die Veränderung automatisch durch die gültig herbeigeführte Bildung des erhöhten Stammkapitals geschieht. Die Gesellschaft ist vor und nach diesem Vorgang eine GmbH, wenn auch in zwei Varianten, man könnte also von einem Formwechsel sprechen[174]; es findet also auch keine Gesamtrechtsnachfolge statt[175]. Allerdings ändert sich die Finanzverfassung, ohne dass aus dieser Formulierung aber Schlüsse auf die nunmehr anwendbaren Rechtsnormen ge-

---

168 Für eine Verschärfung der Verhaltenshaftung anstelle der Anwendung des § 30 *Noack*, DB 2007, 1395, 1397.
169 So Begr. RegE zu § 5a Abs. 5, BT-Drucks. 16/6140, S. 32; ebenso *Joost*, ZIP 2007, 2242, 2246; *Veil*, ZGR 2009, 623, 626; *Paura*, in: Ulmer/Habersack/Löbbe, Rdnr. 56; *Roth*, in: Roth/Altmeppen, Rdnr. 34.
170 *Paura*, in: Ulmer/Habersack/Löbbe, Rdnr. 57; *Kleindiek*, in: Lutter/Hommelhoff, Rdnr. 53; für Einzahlung von mindestens 12500 Euro trotz des Fehlens einer Verweisung auf § 7 Abs. 2 Satz 2, das als planwidrige Regelungslücke im Verhältnis zur normalen GmbH gesehen wird, *Rieder*, in: MünchKomm. GmbHG, Rdnr. 40, dort in Rdnr. 42 auch zur ausnahmsweisen Zulässigkeit einer Sachkapitalerhöhung.
171 *Paura*, in: Ulmer/Habersack/Löbbe, Rdnr. 58.
172 *Veil*, GmbHR 2007, 1080, 1082; *Weber*, BB 2009, 842, 846; *Roth*, in: Roth/Altmeppen, Rdnr. 33; *Rieder*, in: MünchKomm. GmbHG, Rdnr. 38.
173 *Freitag/Riemenschneider*, ZIP 2007, 1485, 1490 f.; so auch die Begr. RegE zu § 5a Abs. 5, BT-Drucks. 16/6140, S. 32; der Vorgang wird auch als „upgrade" bezeichnet, *Lieder/Hoffmann*, GmbHR 2011, 561; *J. Schmidt*, in: Michalski u.a., Rdnr. 36.
174 *Freitag/Riemenschneider*, ZIP 2007, 1485, 1490 f.
175 *Veil*, GmbHR 2007, 1080, 1081.

zogen werden sollten. Am besten ist der Vorgang als das Entfallen eines bis dahin geltenden Sonderrechts zu kennzeichnen[176].

Wenn die Rücklage für eine **Kapitalerhöhung aus Gesellschaftsmitteln** eingesetzt wird, kommt über § 57c Abs. 4 auch § 57d zum Zuge, dessen Abs. 1 verlangt, dass die Rücklage in der letzten Jahresbilanz vor dem Kapitalerhöhungsbeschluss ausgewiesen sein muss, und nach dessen Abs. 2 die Umwandlung der Rücklage nicht stattfinden darf, wenn die Bilanz einen Verlust oder einen Verlustvortrag ausweist. Das würde heißen, dass selbst nach guten Jahren, in denen eine zur Umwandlung ausreichende Rücklage gebildet worden ist, nach einem (einzigen) Verlustjahr nicht einmal dann, wenn der Verlust die Rücklage nicht unter die 25 000 Euro absinken lässt, dieser Weg in die „normale" GmbH nicht eröffnet wäre[177]. Das leuchtet indessen nicht ein, vielmehr sollte § 57d Abs. 2 auch in diesem Zusammenhang so verstanden werden, dass die zur Kapitalerhöhung bestimmte Rücklage um den ausgewiesenen Bilanzverlust zu kürzen ist[178]. Das hält den Wechsel aus der UG offen, wenn das Mindeststammkapital gemäß § 5 erreicht werden kann. Für die Kapitalerhöhung können auch andere als die gesetzlichen Rücklagen eingesetzt werden[179]. Die Gesellschafter können aus Gesellschaftsmitteln u.U. den Ausweis eines Bilanzverlusts durch Verrechnung mit Rücklagen vermeiden. Wenn eine Einlageleistung durch Sacheinlagen zulässig sein sollte (näher Rdnr. 25, 27), muss dies wie auch sonst bei Gründung oder Kapitalerhöhung bei der Anmeldung angegeben werden. Formell geschieht die Umwandlung in Gestalt eines **Beschlusses der Gesellschafterversammlung**, wie den Abs. 2 und 3 des § 57c zu entnehmen ist, und für den nach dem gemäß § 57c Abs. 4 anzuwendenden § 53 Abs. 2 eine notarielle **Beurkundung** erforderlich ist. Die Beschlussfassung in der Gesellschafterversammlung unterliegt, da es sich um eine Satzungsänderung handelt, nach § 53 Abs. 2 dem Erfordernis einer **Dreiviertelmehrheit**, so dass es zu Konflikten zwischen Mehrheit und Minderheit kommen kann[180], bei deren Beurteilung dann die Motive eine Rolle spielen, die einen Gesellschafter dazu veranlassen können, trotz vorhandener Finanzierungsmöglichkeiten für eine Umwandlung in der Form der UG verbleiben zu wollen, wobei als Ausgangspunkt klar ist, dass es einen Zwang, die UG zu verlassen, nicht gibt[181]. Da es sich um eine Satzungsänderung handelt, tritt die Wirksamkeit mit der Eintragung im Handelsregister ein[182].

Eine Ausnahme von Einflüssen der Sonderregeln (Rdnr. 29) besteht darin, dass nach § 5a Abs. 5 Halbsatz 2 die **Firma** der UG (Rdnr. 14) **beibehalten werden darf**. Daran wird freilich kaum jemals ein Interesse bestehen. Andererseits ist im Firmenrecht der Grundsatz der Firmenkontinuität stark genug ausgeprägt, dass der Rechtsverkehr aus der Firmierung nicht den Schluss ziehen könnte, in der Gesellschaft werde weiterhin regelmäßig ein (nicht unerheblicher) Teil des Gewinns in eine Rücklage eingestellt; bzgl. der Höhe des Stammkapitals besteht ohnehin Registerpublizität[183]. Die Gesellschaft kann sich aber auch für eine Neubildung der

30

31

176 Vom „Wegfall der Sondervorschriften" spricht *Weber*, BB 2009, 842, 846; s. auch *Pfisterer*, in: Saenger/Inhester, Rdnr. 25; *Schäfer*, in: Henssler/Strohn, Gesellschaftsrecht, Rdnr. 29.
177 *Veil*, GmbHR 2007, 1080, 2082; ebenso *Wachter*, in: GmbHR-Sonderheft MoMiG, 2008, S. 25, 34.
178 *Klose*, GmbHR 2009, 294, 298; *Freitag/Riemenschneider*, ZIP 2007, 1485, 1487.
179 *Roth*, in: Roth/Altmeppen, Rdnr. 33; *Kleindiek*, in: Lutter/Hommelhoff, Rdnr. 53; *Hennrichs*, NZG 2009, 1165.
180 *Veil*, GmbHR 2007, 1080, 1083.
181 Zu einem Anspruch von Minderheitsgesellschaftern auf Fassung eines solchen Beschlusses *Priester*, in: FS Roth, 2011, S. 582.
182 *Klose*, GmbHR 2009, 294, 297; *Rieder*, in: MünchKomm. GmbHG, Rdnr. 38.
183 *Freitag/Riemenschneider*, ZIP 2007, 1485, 1491 kritisieren dennoch ein Irreführungspotential; ähnlich *Heckschen*, DStR 2009, 170; *Fastrich*, in: Baumbach/Hueck, Rdnr. 35. Für Beibehaltung des Rechtsformzusatzes in der Firma *Roth*, in: Roth/Altmeppen, Rdnr. 35, 36; *Pfisterer*, in: Saenger/Inhester, Rdnr. 28; wie hier auch *Fastrich*, in: Baumbach/Hueck, Rdnr. 35; *Paura*, in: Ulmer/Habersack/Löbbe, Rdnr. 61.

Firma mit dem Rechtsformzusatz gemäß § 4 und einer Beibehaltung des Firmenkerns unter Wechsel des Rechtsformzusatzes entscheiden. Nach heute wohl klar h.M.[184] darf die **Rücklage**, soweit sie nicht für die Erhöhung des Stammkapitals verwendet werde, nunmehr **aufgelöst** werden. Ein Einwand, die Gläubiger hätten sich auf die Existenz der in der Bilanz ausgewiesenen Rücklage verlassen, so dass die Gesellschafter, wenn sie die Mittel als Gewinn ausschütten wollen, zunächst mit sämtlichen zurückgelegten Mitteln eine Kapitalerhöhung durchführen und anschließend eine Kapitalherabsetzung nach §§ 58, 58b vorzunehmen hätten, ließe die Freiheit unberücksichtigt, in der „normalen" GmbH mit der Rücklage nach Gesetz und Satzung, im Übrigen nach unternehmerischer Einschätzung zu verfahren, soweit nicht das Gebot der Kapitalerhaltung entgegensteht. Allerdings kann eine Überführung von Werten ins Privatvermögen der Gesellschafter unter Auflösung der Rücklage im Einzelfall einen Tatbestand der **Existenzvernichtungshaftung** erfüllen; von der Schaffung einer auf die UG oder auch nur auf ihren Wechsel in die „normale" GmbH bezogenen Durchgriffshaftung wurde aber mit Recht abgesehen, da dies kein auf die UG beschränktes Problem ist[185]. Auch eine Pflicht, das Kapital bei höheren Bedürfnissen des Unternehmens „mitwachsen" zu lassen, besteht nicht, da der Gesetzgeber unmissverständliche Regeln über das Mindestkapital getroffen hat. Zur offenen oder gar gezielten Unterkapitalisierung s. Rdnr. 8.

32 Das Gesetz befasst sich nicht mit dem Fall des **Wechsels** einer **GmbH in eine UG**, die sicher nicht im Sinne der gesetzlichen Neuschöpfung liegt, die als Einstiegsvariante gedacht war, und auch das UmwG sieht eine Umwandlung zweier Varianten einer Rechtsform nicht vor. Der Weg über eine Kapitalherabsetzung unter das gesetzliche Mindeststammkapital ist nach § 58 Abs. 2 Satz 1 (s. auch § 58a Abs. 4 Satz 1) nicht zulässig[186]. Möglich – abgesehen von Fällen mit Manipulationsverdacht – wäre, dass die GmbH eine Tochter in der Rechtsform der UG gründet und sich sodann auf diese verschmilzt[187]; dies alles ist allerdings mit Rücksicht auf die Publizität der Vorgänge gewiss nicht praktikabel. Anders ist die Rechtslage bei einem Versuch beurteilt worden, eine als GmbH gegründete **Vorgesellschaft**, die (aus der Zeit vor dem MoMiG stammend) über Jahre hinweg nicht zur Eintragung angemeldet worden war, jetzt durch Satzungsänderung zu einer UG mit einem deutlich niedrigeren, aber voll eingezahlten Stammkapital werden zu lassen. Dies hat das OLG Frankfurt, da es sich um eine Vor-GmbH handelte, nicht als Herabstufung einer GmbH zur UG, sondern als Neugründung gelten lassen, obwohl die Regeln über eine Neugründung gerade nicht eingehalten waren[188]. In der Tat scheint angesichts der fortbestehenden Haftung der Gründer ein Verbot unter Gesichtspunkten des Gläubigerschutzes nicht erforderlich. Kaum zu überwinden ist aber das Bedenken, dass angesichts des offenbar lange zurückliegenden Entschlusses, die Gründung der GmbH nicht weiterzubetreiben, diese als Kapitalgesellschaft untergegangen war und eine Umwandlung der Personengesellschaft in eine UG durch bloßen Beschluss nicht in Betracht kommt[189].

---

184 Der Begr. RegE, BT-Drucks. 16/6140, S. 32 l.Sp. folgend *Joost*, ZIP 2007, 2242, 2247; *Gehrlein*, Der Konzern 2007, 781; *Hennrichs*, NZG 2009, 1161, 1166; *Veil*, ZGR 2009, 623, 632; *Paura*, in: Ulmer/Habersack/Löbbe, Rdnr. 59.

185 Ebenso *Veil*, GmbHR 2007, 1080, 1085; a.M. aber *Freitag/Riemenschneider*, ZIP 2007, 1485, 1491.

186 *Heckschen*, DStR 2009, 166; *Rieder*, in: MünchKomm. GmbHG, Rdnr. 9; *Paura*, in: Ulmer/Habersack/Löbbe, Rdnr. 62; *Kleindiek*, in: Lutter/Hommelhoff, Rdnr. 70; s. auch *Römermann/Passarge*, ZIP 2009, 1497, 1499; abweichend *Veil*, GmbHR 2007, 1080, 1084.

187 *Römermann/Passarge*, ZIP 2009, 1497, 1500; folgend *Paura*, in: Ulmer/Habersack/Löbbe, Rdnr. 62.

188 OLG Frankfurt v. 20.12.2010 – 20 W 388/10, GmbHR 2011, 984; dazu *Wachter*, GmbHR 2011, 986.

189 Insoweit ist *Wachter*, GmbHR 2011, 986, 987 zu folgen.

4. Die Pflicht zur Einberufung der Gesellschafterversammlung (§ 5a Abs. 4)

Eine Besonderheit der UG ist die in § 5a Abs. 4 dem Geschäftsführer vorgeschriebene **unverzügliche Einberufung** der Gesellschafterversammlung bei **drohender Zahlungsunfähigkeit**. Damit ist neben dem ohnehin stets zu beachtenden § 49 Abs. 2 offensichtlich der in § 18 Abs. 2 InsO angesprochene Zeitpunkt gemeint[190], auf den es ankommen soll, weil bei der UG die Information der Gesellschafter über eine so schwere Krisensituation zum sofortigen Handeln zwingen soll, wofür die Anknüpfung an den Verlust der Hälfte des Stammkapitals (im Sinne des § 49 Abs. 3) nicht genüge[191]. Für eine Rettung der Gesellschaft ist dieser Zeitpunkt gewiss der letztmögliche. Das ändert nichts daran, dass auch ein Tatbestand gemäß § 49 Abs. 3 eine Krise signalisiert, was gemäß § 49 Abs. 2 Anlass zu einer Einberufung der Gesellschafterversammlung sein kann. Wenn deshalb im Schrifttum – wenn auch hauptsächlich in der Vorstellung, dass der Zeitpunkt der Zahlungsunfähigkeit i.d.R. zur Bekämpfung der Krise zu spät liegen wird – die Forderung erhoben wird, dass durch § 5a Abs. 4 die Verlustanzeigepflicht gemäß § 49 Abs. 3 nicht verdrängt werden dürfe[192], so ist einzuräumen, dass bei der UG, die ja eine GmbH ist, die Anwendung der Norm sinnvoll erscheint. Der Wortlaut des § 5a Abs. 4, der die Anzeigepflicht bei drohender Zahlungsunfähigkeit abweichend von § 49 Abs. 3 begründet, lässt sich – bei einiger Bereitschaft zur Rechtsfortbildung – auch als Kumulation beider Regelungen interpretieren. Schließlich wird der Geschäftsführer schon in Beachtung seiner allgemeinen Pflichten bei einer für die Gesellschafter nicht schon mit Händen zu greifenden Krisensituation die Gesellschafterversammlung einberufen und auf Maßnahmen der hierfür zuständigen Anteilseigner zu drängen haben[193]. Bei drohender Zahlungsunfähigkeit muss dann eine Prognose über die künftige Liquiditätsentwicklung stattfinden, bezogen auf die Fälligkeit der bei der Einberufung übersehbaren Verbindlichkeiten. Die Einberufung einer besonderen Versammlung ist entbehrlich, wenn alle Gesellschafter zugleich Geschäftsführer sind. Nicht geregelt ist – und wäre auch nicht zu erwarten –, was die einberufenden Gesellschafter nun zu unternehmen haben, auch eine spezielle Sanktion einer Verletzung der Einberufungspflicht fehlt, so dass es bei der Anwendung des § 43 bleibt[194]. Die Strafsanktion gemäß § 84 gilt für diese Pflicht nicht[195].

33

V. Die Unternehmergesellschaft als Gestaltungsinstrument

1. Gründungsphase

Neben der in Rdnr. 32 erörterten „Umwandlung" einer Vor-GmbH in eine UG kann die gesetzliche Verfassung der UG in einigen Punkten Anreize zu Gestaltungen bieten, die schon aus dem allgemeinen GmbH-Recht bekannt sind. Da der finanzielle Aufwand für die Gründung der UG nicht hoch zu sein braucht, ist sie u.U. interessant für **Vorratsgründungen**[196], zumal

34

---

190 *Veil*, GmbHR 2007, 1080, 1083; *Joost*, ZIP 2007, 2242, 2248; *Weber*, BB 2009, 842, 846; *Fastrich*, in: Baumbach/Hueck, Rdnr. 27, *Paura*, in: Ulmer/Habersack/Löbbe, Rdnr. 52; zu den Gründen auch *Römermann/Passarge*, ZIP 2009, 1497, 1502.
191 Begr. RegE, BT-Drucks. 16/6140, S. 32.
192 Noch de lege ferenda *Freitag/Riemenschneider*, ZIP 2007, 1485, 1489; *Joost*, ZIP 2007, 2242, 2247; schon de lege lata *Weber*, BB 2009, 842, 846; für eine Verdrängung des § 49 Abs. 3 *Goette*, WPg 2008, 231, 237.
193 Dazu *Veil*, ZGR 2006, 374 ff.; *H. P. Westermann*, DZWiR 2006, 158 ff.; für eine Abweichung von § 49 Abs. 3 *Paura*, in: Ulmer/Habersack/Löbbe, Rdnr. 52; *Kleindiek*, in: Lutter/Hommelhoff, Rdnr. 64; *Fastrich*, in: Baumbach/Hueck, Rdnr. 27.
194 *Rieder*, in: MünchKomm. GmbHG, Rdnr. 36; *Paura*, in: Ulmer/Habersack/Löbbe, Rdnr. 53.
195 *Roth*, in: Roth/Altmeppen, Rdnr. 31; *Kleindiek*, in: Lutter/Hommelhoff, Rdnr. 68.
196 So auch *Joost*, ZIP 2007, 2242, 2248; *Waldenberger/Sieber*, GmbHR 2009, 114, 122; *Heckschen*, Das MoMiG in der notariellen Praxis, 2009, S. 85 f.; *J. Schmidt*, in: Michalski u.a., Rdnr. 43.

ein Erwerber keine großen Schwierigkeiten haben wird, später eine Umwandlung in eine „normale" GmbH mit einer weniger hinderlichen Firmierung und ohne die Pflicht zur Bildung der gesetzlichen Rücklage durch Einlage von Kapital zu vollziehen. Allerdings sind für die eigentliche Gründung die Anforderungen an die Angabe des Unternehmensgegenstandes (s. § 3 Rdnr. 10 ff.) zu beachten, und der entstandene Mantel muss bei seiner späteren Verwendung im Einklang mit den zuletzt deutlich präzisierten Anforderungen der Handelndenhaftung bei einer „wirtschaftlichen Neugründung"[197] wie auch mit den Gründungserfordernissen einer UG stehen und gehalten werden. Das bedeutet namentlich, dass nur Bareinzahlung der Einlagen in Betracht kommt und das bei Errichtung der Vorratsgesellschaft vorhandene Stammkapital nicht angetastet werden darf (im Einzelnen zur Vorratsgründung § 3 Rdnr. 21 ff.). Wenn aber das für die UG bei ihrer Entstehung vereinbarte Stammkapital nicht hoch ist, dürfte die Einhaltung dieser Ansprüche einschließlich der Hindernisse bei einer Rückzahlung der Bareinlage möglich sein. Auch wenn ein **„gebrauchter" UG-Mantel** erworben wird, was zugelassen wird[198], bleiben die Regeln über die Bar- und die Volleinzahlung in vollem Umfang relevant. Auch wenn es sich hierbei um einen so genannten „leeren Mantel" handelt, wird die hier bestehende Notwendigkeit, Gründungsformalitäten nachzuholen (§ 3 Rdnr. 28 ff.), kaum ein Hindernis für die „Belebung" des Mantels bilden. Ein formales Vorgehen ist aber besonders im Hinblick auf das Misstrauen, das einer UG einstweilen noch entgegengebracht wird, durchaus zu empfehlen. Ohnehin dürfte aber die Vollgründung einer UG meistens gegenüber dem Erwerb eines Mantels, insbesondere wenn dieser über den kommerziellen Handel mit Vorratsgesellschaften geschieht, der einfachere Weg sein.

2. Die UG im Umwandlungsrecht

35   Die UG kann, obwohl sie eigentlich nur als Einstiegsform in die normale GmbH gedacht war, doch Gegenstand von Umwandlungen nach Maßgabe des **UmwG** sein[199], auch für einen Formwechsel gemäß § 190 UmwG. Allerdings stellt der Weggang aus der UG einen Formwechsel in diesem Sinne nicht dar[200]. Denn das Verfahren mit Umwandlungsbericht und Umwandlungsbeschluss scheint nicht erforderlich, wenn durch eine bloße Kapitalerhöhung aus Gesellschaftsmitteln, der es ja auch bedürfte, um künftig als GmbH existieren zu können, dieser Wechsel ermöglicht wird. Bei allen Umwandlungsformen ist allerdings zu beachten, dass das Stammkapital nicht durch Einbringung des Vermögens einer umzuwandelnden Gesellschaft als Sacheinlage aufgebracht werden darf[201], weshalb Verschmelzung und Spaltung zur Neugründung einer UG nicht in Betracht kommen. Generell ist zu unterscheiden zwischen einer **formwechselnden** (mit der UG als Zielrechtsform) und einer **übertragenden** Umwandlung, in deren Zug die UG aufgelöst wird, und der Heranziehung einer UG als auf-

---

197 BGH v. 12.7.2011 – II ZR 71/11, GmbHR 2011, 1032 mit Anm. *Bayer*, S. 1034.

198 Hierzu und zu den Folgen *Roth*, in: Roth/Altmeppen, Rdnr. 5; *Rieder*, in: MünchKomm. GmbHG, Rdnr. 49; *Fastrich*, in: Baumbach/Hueck, Rdnr. 15; *Kleindiek*, in: Lutter/Hommelhoff, Rdnr. 13.

199 Zum Grundsatz *Bormann*, GmbHR 2007, 897, 899; *Weber*, BB 2009, 842, 846; *Hennrichs*, NZG 2009, 1161, 1163; *Paura*, in: Ulmer/Habersack/Löbbe, Rdnr. 163; *Pfisterer*, in: Saenger/Inhester, Rdnr. 17; *Roth*, in: Roth/Altmeppen, Rdnr. 38; *Fastrich*, in: Baumbach/Hueck, Rdnr. 17; eingehend *Heckschen*, Das MoMiG in der notariellen Praxis, 2009, S. 87 ff.

200 *Freitag/Riemenschneider*, ZIP 2007, 1185, 1491; *Tettinger*, Der Konzern, 2008, 75, 76; *Heckschen*, DStR 2009, 166, 171; *Berninger*, GmbHR 2011, 953, 958; *Rieder*, in: MünchKomm. GmbHG, Rdnr. 50; *Pfisterer*, in: Saenger/Inhester, Rdnr. 18.

201 So (zu einer Spaltung) BGH v. 11.4.2011 – II ZB 9/10, GmbHR 2011, 701 = NJW 2011, 1883; OLG Frankfurt v. 9.3.2010 – 20 W 7/10, GmbHR 2010, 920 = NZG 2010, 1429; s. ferner *Heinemann*, NZG 2008, 820; *Paura*, in: Ulmer/Habersack/Löbbe, Rdnr. 64; *Roth*, in: Roth/Altmeppen, Rdnr. 38.

nehmender oder **neu zu gründender** Rechtsträger[202]. Eine Umwandlung **aus der UG** als selbständigem Rechtsträger in eine Personenhandelsgesellschaft ist möglich, da die Personengesellschaften kein bestimmtes gebundenes Haftkapital erfordern[203], wobei ein Formwechsel sich nach §§ 247, 243 UmwG richtet. Auch eine Verschmelzung einer UG als übertragendem Rechtsträger auf eine Personenhandelsgesellschaft oder eine andere Form der Kapitalgesellschaft, bei der es also zu einer Aufgabe der Rechtsform der UG als Einstiegsvariante der GmbH kommt, ist danach aus der Sicht der übertragenden UG möglich[204], während es beim aufnehmenden Rechtsträger zu einer Sachgründung kommt, die bei einer UG an § 5a Abs. 2 Satz 2 scheitern kann. Die Gefahr einer Verletzung des Verbots von Scheinlagen tritt aber nicht ohne weiteres auf, wenn es sich um eine Verschmelzung durch Neugründung handeln sollte (ähnlich zur Gründung durch **Abspaltung** Rdnr. 11). Anders u.U., wenn eine bereits bestehende UG als Zielgesellschaft an einer Verschmelzung durch Aufnahme (§ 2 Nr. 1 UmwG) oder Spaltung durch Aufnahme (§ 123 Abs. 1 Nr. 1 UmwG) beteiligt werden soll. Soweit hier – etwa für die Zuteilung von Anteilen an die Gesellschafter der übertragenden UG – eine Kapitalerhöhung erforderlich ist, sind aber die Regeln über Bar- und Sachkapitalerhöhung auf ein Stammkapital unter oder über 25 000 Euro (Rdnr. 29) anzuwenden[205]; dies ist nach der Judikatur zur Gründung der UG durch Abspaltung (Rdnr. 11) trotz der Argumente aus dem Umwandlungsrecht wohl als h.M. anzunehmen. Verbreitet wird auch die Möglichkeit einer **Umwandlung** von Kapitalgesellschaften **in eine UG** verneint, was bei GmbH und AG daran liegt, dass mit dem für diese Rechtsformen erforderlichen Stammkapital die für die UG gesetzte Höchstgrenze von 25 000 Euro überschritten würde[206], so dass bei einer Kapitalgesellschaft eine Kapitalherabsetzung stattfinden müsste, durch die ebenfalls eine reguläre GmbH oder AG entstehen würde[207]. Bezüglich des Wechsels aus einer Personengesellschaft in eine UG besteht das Bedenken wiederum darin, dass die Einbringung des von der Personengesellschaft gehaltenen Vermögens in die UG und die damit zu bewerkstelligende Aufbringung des Stammkapitals der UG gegen das Verbot von Sacheinlagen verstieße[208]; es bleibt dann nur, bei dieser Gelegenheit die UG zur GmbH „heraufzustufen"[209]. Ausnahmen sind zu erwägen, wenn eine GmbH – möglicherweise sogar im Stadium der Unterbilanz – auf eine neu gegründete gesellschaftergleiche UG verschmolzen werden soll (down-stream-merger).

In den Fällen des **§ 54 UmwG**, also hauptsächlich bei einem up-stream oder einem down-stream-merger, darf der übernehmende Rechtsträger für die Verschmelzung keine Kapitalerhöhung durchführen, so dass hier eine Umwandlung auf die UG möglich sein müsste[210]. Die auch hier bestehenden Zweifel, ob der Einsatz einer UG als aufnehmender Rechtsträger mit ihrem „transitorischen Charakter" vereinbar ist[211], lassen sich angesichts der Möglichkeit, trotz einer hinreichend hohen Rücklage länger in der Sonderform der UG zu verbleiben (Rdnr. 29), was ja auch auf Uneinigkeit der Gesellschafter beruhen kann, wohl überwinden.

36

---

202 *Heinemann*, NZG 2008, 820; *Weber*, BB 2009, 842, 846; *Römermann/Passarge*, ZIP 2009, 1497, 1500; *Berninger*, GmbHR 2011, 953, 958 ff.; *Werner*, GmbHR 2011, 460, 463; *Fastrich*, in: Baumbach/Hueck, Rdnr. 18.

203 *Berninger*, GmbHR 2011, 953, 958; *Heinemann*, NZG 2008, 820 ff.

204 *Paura*, in: Ulmer/Habersack/Löbbe, Rdnr. 63, 66; *Fastrich*, in: Baumbach/Hueck, Rdnr. 19; *Pfisterer*, in: Saenger/Inhester, Rdnr. 18; *Wicke*, Rdnr. 16.

205 *Berninger*, GmbHR 2011, 953, 960; *Werner*, GmbHR 2011, 460, 463; *Römermann/Passarge*, ZIP 2009, 1497, 1500; *Roth*, in: Roth/Altmeppen, Rdnr. 30; *Fastrich*, in: Baumbach/Hueck, Rdnr. 18.

206 Näher *Heinemann*, NZG 2008, 820 f.; *Weber*, BB 2009, 842, 847.

207 *Fastrich*, in: Baumbach/Hueck, Rdnr. 17; *Paura*, in: Ulmer/Habersack/Löbbe, Rdnr. 69.

208 *Heinemann*, NZG 2008, 820, 821; zust. *Roth*, in: Roth/Altmeppen, Rdnr. 30.

209 Über Ausnahmen für den Fall einer Mutter-Tochter-Verschmelzung *Römermann/Passarge*, ZIP 2009, 1497, 1500; zur Lösung über ein „Anwachsungsmodell" *Tettinger*, Der Konzern 2008, 75, 78.

210 *Berninger*, GmbHR 2011, 953, 960 auf der Grundlage der durch die Einfügung des § 54 Abs. 1 Satz 3 UmwG entstandenen Rechtslage.

211 *Freitag/Riemenschneider*, ZIP 2007, 1485, 1491; anders wohl *Veil*, GmbHR 2007, 1080, 1084.

Immerhin mag im Rahmen einer Unternehmensgruppe für einen begrenzten Zeitraum auch die nur einem speziellen Ziel dienende Verwendung eines solchen Rechtsträgers sinnvoll sein.

37   Es könnte sein, dass nach dem erfolgreichen Start der UG ins deutsche Recht Überlegungen angestellt werden, eine bereits bestehende, mit nur sehr geringem Stammkapital ausgestattete **Ltd.** englischen Rechts, deren Ansehen in der Praxis ja gelitten hat, in eine UG deutschen Rechts **umzuwandeln**. Dies stößt auf mehrere Bedenken. § 1 Abs. 1 UmwG geht davon aus, dass das Gesetz nur „Rechtsträger mit Sitz im Inland" betrifft, was die Anwendbarkeit der Regeln auf Rechtsträger mit einem Satzungssitz in Deutschland beschränkt. Für Verschmelzungen, Auf- und Abspaltungen ist die Beschränkung der Teilnahmefähigkeit auf Gesellschaften mit Satzungssitz im Inland unter dem Gesichtspunkt der europarechtlichen Überlagerung der Sitztheorie durch Judikatur des EuGH problematisch. Die Vorstellung, insoweit sei das Recht beider beteiligten Gesellschaften zu beachten, kann sich auf Hinweise in der Judikatur des EuGH berufen, wonach Art. 49 und 54 AEUV anwendbar sind, wenn die beteiligten Unternehmen ihren Sitz in der Europäischen Union haben. Dies ist aber nach der **Sevic-Entscheidung** und der Umsetzung der **10. Richtlinie** durch das 2. Gesetz zur Änderung des UmwG durch die Einführung der §§ 122a bis l UmwG nicht mehr sicher, so dass es jetzt näher liegen könnte, beim Formwechsel eines einzigen Rechtsträgers, der die Niederlassungsfreiheit nicht berührt, jedenfalls innerhalb Europas von der Gründungstheorie auszugehen und das deutsche Umwandlungsrecht als Teil des Gesellschaftsrechts nur auf einen nach deutschem Recht gegründeten und hier weiterhin inkorporierten Rechtsträger anzuwenden[212]. Die Richtlinie zur Verschmelzung von Kapitalgesellschaften aus verschiedenen Mitgliedstaaten, die am 15.12.2005 in Kraft getreten ist[213], erfasst die Umwandlung, an der nur ein Rechtsträger beteiligt ist, nicht ausdrücklich. Das Problem, das besonders für nach englischem Gründungsrecht lebende Gesellschaften nach einem „Brexit" praktisch werden wird, ist im Anh. § 4a Rdnr. 77) näher behandelt worden.

3. Die UG als Konzerngesellschaft

38   Die Einsetzbarkeit einer UG in einem Konzern, angesichts ihres Charakters als Kapitalgesellschaft grundsätzlich möglich[214], wird im Hinblick auf einen **Vertragskonzern** für fraglich gehalten[215], weil Weisungsrechte in die Handhabung der Sonderregelung der UG, namentlich das Thesaurierungsgebot, eingreifen könnten. Es kann aber für eine solche Gestaltung durchaus praktische Gründe geben. Zum Gewinnabführungsvertrag s. Rdnr. 39. Soweit über die Mitgliedschaft **„faktische"** Verbindungen vermittelt werden, ist die Entstehung von Abhängigkeit nicht zu vermeiden, sowohl mit einer UG als herrschendem als auch abhängigem Unternehmen. Damit besteht auch das Bedürfnis nach einer Reglementierung der hieraus fließenden Einwirkungsmöglichkeit im Interesse außenstehender Gesellschafter und Gläubiger einer abhängigen Gesellschaft, obwohl auch hier wie bei der GmbH eine grundsätzlich nicht verbotene Leitungsmacht aus der Ausübung der Mitgliedschaftsrechte entstehen kann; dem kann durch entsprechende Anwendung des § 300 AktG Rechnung getragen werden, allerdings mit der Maßgabe, die hier vorgesehene Frist auf 10 Jahre zu verlängern[216]. Die Ge-

---

212   Im Einzelnen dazu *Drygala*, in: Lutter, § 1 UmwG Rdnr. 4 ff., 15.

213   Dazu *Neye*, ZIP 2005, 1893; *Teichmann*, ZIP 2006, 361.

214   *Paura*, in: Ulmer/Habersack/Löbbe, Rdnr. 76; *Kleindiek*, in: Lutter/Hommelhoff, Rdnr. 72; *Fastrich*, in: Baumbach/Hueck, Rdnr. 37.

215   *Veil*, GmbHR 2007, 1080, 1084; a.M. *Römermann/Passarge*, ZIP 2009, 1497, 1503, *Schäfer*, ZIP 2011, 53, 59; dem folgend *Paura*, in: Ulmer/Habersack/Löbbe, Rdnr. 76; s. auch *Fastrich*, in: Baumbach/Hueck, Rdnr. 37.

216   Dazu *Veil*, GmbHR 2007, 1080, 1084, dem auch *Weber*, BB 2009, 842, 847, gefolgt ist; wohl auch *Fastrich*, in: Baumbach/Hueck, Rdnr. 37; dieselbe Situation hat bezüglich der gesetzlichen Rücklage bei der AG keine Beschränkungen begründet, s. auch *Rubel*, GmbHR 2010, 470.

sellschafter, auch ein „herrschender", müssen sich allerdings sowohl beim Aufbau der Gesellschaft als auch bei der Führung des Unternehmens an die besonderen Regeln über die UG halten. Dies steht einem Abziehen von Mitteln für Konzernzwecke ebenso entgegen wie die stärkere Bindung der Rücklage. Umgekehrt ist bei einer Verwendung der UG als Holding zu beachten, dass Leistungen der Töchter an die Konzernspitze angesichts der bei ihr dann regelmäßig bestehenden Kapitalschwäche unter dem Aspekt der Kapitalerhaltung (§ 30) bedenklich sein können.

Bei einem **Gewinnabführungsvertrag**, aufgrund dessen die UG ihren gesamten Gewinn abzuführen hat, kann dem Thesaurierungsgebot nicht mehr Genüge geschehen; der Folgerung, darum einen solchen Unternehmensvertrag ganz abzulehnen, steht freilich der Umstand entgegen, dass die abhängige UG nunmehr nach § 302 AktG gegen das herrschende Unternehmen den Anspruch auf Verlustausgleich hat, so dass aus der bloßen Gewinnabführungspflicht keine Gläubigergefährdung folgt. Ein Teil-Gewinnabführungsvertrag mag unter Berücksichtigung des Thesaurierungsgebots vorstellbar sein, auch kann die Rücklagenbildung nach dem Gebot des § 300 Nr. 1 AktG entsprechend herangezogen werden[217], doch werden die steuerrechtlichen Zwecke, die gewöhnlich mit dem Ergebnisabführungsvertrag verbunden sind, bei einer solchen Beschränkung der abzuführenden Beträge nicht mehr gesichert sein[218]. Ferner darf es auch hier nicht gestattet sein, durch Entnahmen aus den Rücklagen den Jahresüberschuss und damit den abzuführenden Betrag zu erhöhen[219]. Aufgrund eines bloßen **Beherrschungsvertrages** könnte das herrschende Unternehmen Weisungen erteilen, die sich auf die Ermittlung des für die Rücklagenbildung maßgeblichen Jahresüberschusses beziehen könnten, ohne damit gleich einen Jahresfehlbetrag zu begründen; da somit auch nicht ohne weiteres eine Ausgleichspflicht i.S. des § 302 AktG entstünde, sind solche Weisungen gegenüber einer abhängigen UG rechtswidrig und dürfen nicht befolgt werden.

39

4. Die UG als Komplementärin einer KG

Der UG wurde von Anfang an für die Rolle als **Komplementärin** einer KG eine gewisse Zukunft vorhergesagt[220]. Das ist angesichts der großen Freiheit in der Bestimmung ihres „haftenden" Stammkapitals plausibel. Allerdings steht die häufige, wohl schon gängige gesellschaftsvertragliche Regelung, dass die Komplementärin **am Kapital der KG** nicht beteiligt ist, praktisch einer Beteiligung am Gewinn der KG, die die UG für die Bildung eines eigenen Jahresüberschusses und damit zur Rücklagenbildung einsetzen soll, entgegen[221], was sich auch dann nur unwesentlich ändert, wenn der Komplementärin ein Anspruch auf Erstattung ihrer Kosten, etwa in einer ihr geschuldeten Geschäftsführervergütung, eingeräumt wird. Man könnte allerdings auch eine solche Kostenerstattung im Einzelfall als Gewinn i.S. des § 5a Abs. 3 betrachten[222], was allerdings kaum dem gesetzlichen Vorstellungsbild und dem transitorischen Charakter der UG entspricht. Richtig ist aber, dass die UG durch § 5a Abs. 3 nicht verpflichtet werden sollte (und konnte), Jahresüberschüsse zu erwirtschaften, und dass

40

---

217 *Fastrich*, in: Baumbach/Hueck, Rdnr. 37; *Paura*, in: Ulmer/Habersack/Löbbe, Rdnr. 76.

218 So auch *Veil*, GmbHR 2007, 1080, 1084.

219 So für die konzernrechtliche Beurteilung aus der Sicht der UG *Römermann/Passarge*, ZIP 2009, 1497, 1503.

220 *Römermann/Passarge*, ZIP 2009, 1497 ff.; *Berninger* GmbHR 2011, 953; s. auch schon *Wachter*, NZG 2009, 1263 ff.; *Karsten Schmidt*, DB 2006, 1096, 1098.

221 S. dazu *Veil*, GmbHR 2007, 1080, 1084; *Gehrlein*, Der Konzern 2007, 771, 779; *Wachter*, in: GmbHR-Sonderheft MoMiG, 2008, S. 35, 33; krit. auch *Heeg*, DB 2009, 719 ff.; *Priester*, in: FS G. H. Roth, 2011, S. 573, 583; dagegen aber *Paura*, in: Ulmer/Habersack/Löbbe, Rdnr. 73; *Pfisterer*, in: Saenger/Inhester, Rdnr. 29; im Ergebnis auch *Müller*, ZGR 2012, 81, 103.

222 *Kock/Vater/Mraz*, BB 2009, 848, 849; im Ergebnis ähnlich *Schäfer*, in: Henssler/Strohn, Gesellschaftsrecht, Rdnr. 8; *Paura*, in: Ulmer/Habersack/Löbbe, Rdnr. 74.

ihr Zweck als Komplementärin einer KG auch dann nicht verfehlt wird, wenn sie es ist, die im eigenen Namen, wenn auch für Rechnung der KG, Geschäfte abschließt, die die Entstehung eines Jahresüberschusses bei ihr verhindern[223]. Möglicherweise hilft auch hier wieder ein durch Analogie zu § 300 AktG hergeleiteter Zwang, Höhe und Fristigkeit der Rücklagen der UG so zu bestimmen, dass den Ansprüchen an die Kapitalaufbringung genügt wird[224]. Zu weit ginge es dagegen, die Regelung eines KG-Gesellschaftsvertrages, in dem eine Gewinnbeteiligung der Komplementärin ausgeschlossen wird, als Verstoß gegen § 5a Abs. 3 als eine Verbotsnorm i.S. des § 134 BGB zu qualifizieren, zumal sich die Norm kaum gegen die Kommanditisten richtet[225] und ein Thesaurierungsgebot in der KG, solange keine Einlagenrückgewähr stattfindet, nicht besteht. Sodann können sich die Gläubiger einer GmbH & Co. KG, was die Leistungsfähigkeit der Komplementärin anbelangt, auch nur darauf verlassen, dass das aus dem Register ersichtliche Stammkapital einmal effektiv aufgebracht worden ist. Es erscheint auch nicht angebracht, die UG durch Zuweisungen zu der Zwangsrücklage gewissermaßen „komplementärfähig" zu machen, was u.U. totes Kapital schaffen würde[226]. Deshalb spricht mehr dafür, die Figur der UG & Co. KG ohne bedeutende Einschränkung zuzulassen[227], so dass es insbesondere keiner Vertragsregelung bedarf – an die man sonst hätte denken können –, die der Komplementärin zwar eine Gewinnbeteiligung, aber keinen Kapitalanteil und kein Stimmrecht einräumen würde. Die **Firmierung** der KG muss die Position der Komplementärin durch die volle Firma der UG einschließlich des Rechtsformzusatzes verlautbaren[228], auch um der Gefahr einer Rechtsscheinshaftung wegen unzulässiger Firmierung (Rdnr. 14) zu entgehen.

---

223 *Stenzel*, GmbHR 2009, 168, 170 f.; ähnlich *Kock/Vater/Mraz*, BB 2009, 848, 850; s. auch *Hirte*, ZInsO 2008, 933, 935; *Veil*, ZGR 2009, 623, 641.

224 *Fastrich*, in: Baumbach/Hueck, Rdnr. 36; sympathisierend auch *Paura*, in: Ulmer/Habersack/Löbbe, Rdnr. 73.

225 Auch dazu *Stenzel*, GmbHR 2009, 168 ff.; *Paura*, in: Ulmer/Habersack/Löbbe, Rdnr. 72.

226 *Müller*, ZGR 2012, 81, 105.

227 *Paura*, in: Ulmer/Habersack/Löbbe, Rdnr. 73; *Heckschen*, DStR 2009, 171; eingehend *Römermann/Passarge*, ZIP 2009, 1497, 1499; stark einschränkend dagegen *Fastrich*, in: Baumbach/Hueck, Rdnr. 36: entsprechende Anwendung des § 300 Abs. 1 AktG mit Dotierung der Rücklage während des Zeitraums von 10 Jahren; dagegen aber *Müller*, ZGR 2012, 81, 105.

228 *Bormann*, GmbHR 2007, 897, 899; gegen Umgehungsversuche KG v. 8.9.2009 – 1 W 244/09, NZG 2009, 1159 mit Bespr. *Wachter*, S. 1263 ff.; *Schulte*, GmbHR 2010, 1121, 1129.

§ 6
Geschäftsführer

(1) Die Gesellschaft muss einen oder mehrere Geschäftsführer haben.

(2) Geschäftsführer kann nur eine natürliche, unbeschränkt geschäftsfähige Person sein. Geschäftsführer kann nicht sein, wer

1. als Betreuter bei der Besorgung seiner Vermögensangelegenheiten ganz oder teilweise einem Einwilligungsvorbehalt (§ 1903 des Bürgerlichen Gesetzbuchs) unterliegt,

2. aufgrund eines gerichtlichen Urteils oder einer vollziehbaren Entscheidung einer Verwaltungsbehörde einen Beruf, einen Berufszweig, ein Gewerbe oder einen Gewerbezweig nicht ausüben darf, sofern der Unternehmensgegenstand ganz oder teilweise mit dem Gegenstand des Verbots übereinstimmt,

3. wegen einer oder mehrerer vorsätzlich begangener Straftaten

   a) des Unterlassens der Stellung des Antrags auf Eröffnung des Insolvenzverfahrens (Insolvenzverschleppung),

   b) nach den §§ 283 bis 283d des Strafgesetzbuchs (Insolvenzstraftaten),

   c) der falschen Angaben nach § 82 dieses Gesetzes oder § 399 des Aktiengesetzes,

   d) der unrichtigen Darstellung nach § 400 des Aktiengesetzes, § 331 des Handelsgesetzbuchs, § 313 des Umwandlungsgesetzes oder § 17 des Publizitätsgesetzes oder

   e) nach den §§ 263 bis 264a oder den §§ 265b bis 266a des Strafgesetzbuchs zu einer Freiheitsstrafe von mindestens einem Jahr

   verurteilt worden ist; dieser Ausschluss gilt für die Dauer von fünf Jahren seit der Rechtskraft des Urteils, wobei die Zeit nicht eingerechnet wird, in welcher der Täter auf behördliche Anordnung in einer Anstalt verwahrt worden ist.

Satz 2 Nr. 3 gilt entsprechend bei einer Verurteilung im Ausland wegen einer Tat, die mit den in Satz 2 Nr. 3 genannten Taten vergleichbar ist.

(3) Zu Geschäftsführern können Gesellschafter oder andere Personen bestellt werden. Die Bestellung erfolgt entweder im Gesellschaftsvertrag oder nach Maßgabe der Bestimmungen des dritten Abschnitts.

(4) Ist im Gesellschaftsvertrag bestimmt, dass sämtliche Gesellschafter zur Geschäftsführung berechtigt sein sollen, so gelten nur die der Gesellschaft bei Festsetzung dieser Bestimmung angehörenden Personen als die bestellten Geschäftsführer.

(5) Gesellschafter, die vorsätzlich oder grob fahrlässig einer Person, die nicht Geschäftsführer sein kann, die Führung der Geschäfte überlassen, haften der Gesellschaft solidarisch für den Schaden, der dadurch entsteht, dass diese Person die ihr gegenüber der Gesellschaft bestehenden Obliegenheiten verletzt.

Abs. 2 eingefügt durch Gesetz vom 4.7.1980 (BGBl. I 1980, 836). Abs. 2 Satz 2 eingefügt durch § 33 BtG vom 12.9.1990 (BGBl. I 1990, 2002); Abs. 2 Satz 2 und 3 geändert und Abs. 5 eingefügt durch das MoMiG vom 23.10.2008 (BGBl. I 2008, 2026).

Schrifttum: *Bauer,* Der Notgeschäftsführer in der GmbH, 2006; *Bauer/Arnold,* AGG-Probleme bei vertretungsberechtigten Organmitgliedern, ZIP 2008, 993; *Beuthien/Gätsch,* Vereinsautonomie und Satzungsrechte Dritter, ZHR 156 (1992), 459; *Beuthien/Gätsch,* Einfluss Dritter auf die Organbesetzung und Geschäftsführung bei Vereinen, Kapitalgesellschaften und Genossenschaften, ZHR 157 (1993), 483; *Böge,* Zur Beendigung der faktischen Geschäftsführung, GmbHR 2014, 1121; *Deilmann/Dornbusch,* Drittanstellungen im Konzern, NZG 2016, 201; *Dinkhoff,* Der faktische Geschäftsführer in der GmbH, 2003; *Drygala,* Zur Neuregelung der Tätigkeitsverbote für Geschäftsleiter von Kapitalgesellschaften, ZIP 2005, 423; *Ebner,* Auswirkungen der Inhabilität gemäß § 6 Abs. 2 Satz 2 Nr. 3a GmbHG auf die Strafbarkeit des GmbH-Geschäftsführers bei fortgesetzter Insolvenzverschleppung, wistra 2013, 86; *Erdmann,* Ausländische Staatsangehörige in Geschäftsführungen und Vorständen deutscher GmbHs und AGs, NZG 2002, 503; *Eßler/Baluch,* Bedeutung des Allgemeinen Gleichbehandlungsgesetzes für Organmitglieder, NZG 2007, 321; *Fest,* Gesetzliche Vertretung und Prozessfähigkeit einer führungslosen Gesellschaft nach dem MoMiG, NZG 2011, 130; *Fleischer,* Juristische Personen als Organmitglieder im Europäischen Gesellschaftsrecht, RIW 2004, 16; *Fleischer,* Bestellungshindernisse und Tätigkeitsverbote von Geschäftsleitern im Aktien-, Bank- und Kapitalmarktrecht, WM 2004, 157; *Fromholzer/Simons,* Die Festlegung von Zielgrößen für den Frauenanteil in Aufsichtsrat, Geschäftsleitung und Führungspositionen, AG 2015, 457; *Gehrlein/Witt/Volmer,* GmbH-Recht in der Praxis, 3. Aufl. 2015; *Haas,* Rechtsfolgen bei Beeinträchtigung von Sonderrechten in der personalistischen GmbH, LMK 2004, 131; *Helmschrott,* Der Notgeschäftsführer – eine notleidende Regelung, ZIP 2001, 636; *Henssler,* Keine Öffnung für Anwaltskonzerne, NJW 2017, 1644; *Hersch,* Aufsichtsrechtliche Anforderungen an die Geschäftsleiter und Aufsichtsräte von Versicherungsunternehmen nach dem Gesetz zur Modernisierung der Finanzaufsicht über Versicherungen, VersR 2016, 145; *Heßeler,* Amtsunfähigkeit von GmbH-Geschäftsführern gemäß § 6 Abs. 2 GmbHG, 2009; *He-*

ßeler, Der „Ausländer als Geschäftsführer" – das Ende der Diskussion durch das MoMiG?, GmbHR 2009, 759; *Hinghaus/Höll/Hüls/Ransiek*, Inhabilität nach § 6 Abs 2 Nr 3 GmbHG und Rückwirkungsverbot, wistra 2010, 291; *Hohlfeld*, Der Notgeschäftsführer der GmbH, GmbHR 1986, 181; *Hübner*, § 21 FamFG als Hindernis bei der Abberufung des GmbH-Geschäftsführers, NZG 2016, 933; *Jäger*, Der Betreuer als gesetzlicher Vertreter des Gesellschafter-Geschäftsführers und des Gesellschafters, DStR 1996, 108; *Junker/Schmidt-Pfitzner*, Quoten und Zielgrößen für Frauen (und Männer) in Führungspositionen, NZG 2015, 929; *Kleindiek*, Unternehmensleiter als Verbraucher, in: FS Otte, 2005, S. 185; *Kort*, Ungleichbehandlung von Geschäftsleitungsmitgliedern bei AG und GmbH wegen des Alters, WM 2013, 1049; *Kögel*, Die Not mit der Notgeschäftsführung, NZG 2000, 20; *Kögel*, Neues bei der GmbH-Notgeschäftsführung?, GmbHR 2012, 772; *Kruse/Stenslik*, Mutterschutz für Organe von Gesellschaften?, NZA 2013, 596; *Langenbucher*, Frauenquote und Gesellschaftsrecht, JZ 2011, 1038; *Lingemann/Weingarth*, Zur Anwendung des AGG auf Organmitglieder, DB 2012, 2325; *Lutter*, Anwendbarkeit der Altersbestimmung des AGG auf Organpersonen, BB 2007, 725; *Lutz*, Prozessvertretung der GmbH gegenüber dem Geschäftsführer und actio pro socio bei einstweiligen Verfügungen, NZG 2015, 424; *Mager*, Altersdiskriminierung – Eine Untersuchung zu Konzept und Funktionen eines außergewöhnlichen Diskriminierungsverbots, in: FS Säcker, 2012, S. 1075; *Melchior*, Ausschluss vom Amt als Geschäftsführer wegen Sportwettbetruges (?), GmbHR 2017, R193-R194; *Melchior*, Ausländer als GmbH-Geschäftsführer, DB 1997, 413; *Miller*, Eintragung ausländischer GmbH-Geschäftsführer und Gründung einer GmbH durch Ausländer, DB 1983, 977; *Mohr*, Die Auswirkungen des arbeitsrechtlichen Verbots von Altersdiskriminierungen auf Gesellschaftsorgane, ZHR 178 (2014), 326; *Möser*, Berufsverbote für Geschäftsleiter – Überlegungen zu einer Weiterentwicklung des § 6 Abs. 2 Satz 2 Nr. 2, 3 GmbHG und des § 76 Abs. 3 Satz 2 Nr. 2, 3 AktG vor dem Hintergrund des englischen Companies Directors Disqualification Act 1986, ZVglRWiss 2011, 324; *Müller-Bonanni/Forst*, Frauenquoten in Führungspositionen der GmbH, GmbHR 2015, 621; *Noack*, Reform des deutschen Kapitalgesellschaftsrechts: Das Gesetz zur Modernisierung des GmbH-Rechts und zur Bekämpfung von Missbräuchen, DB 2006, 1475; *Peetz*, Der faktische Geschäftsführer – faktisch oder eine Fiktion, GmbHR 2017, 57; *Preis/Sagan*, Der GmbH-Geschäftsführer in der arbeits- und diskriminierungsrechtlichen Rechtsprechung des EuGH, BGH und BAG, ZGR 2013, 26; *Reichold/Heinrich*, Zum Diskriminierungsschutz des GmbH-Geschäftsführers, in: FS H. P. Westermann, 2008, S. 1315; *Ries*, Der ausländische Geschäftsführer, NZG 2010, 298; *Römermann*, Das Tor steht offen: Das BVerfG erlaubt weitergehende interprofessionelle Zusammenarbeit von Rechtsanwälten und Patentanwälten mit erheblichen Auswirkungen auf andere, NZG 2014, 481; *Schelp*, Bestellung eines Notgeschäftsführers, GmbH-StB 2011, 26; *Schiedermair*, Der ausländische Geschäftsführer einer GmbH, in: FS Bezzenberger, 2000, S. 393; *Schneider, Uwe H./Schneider, Sven H.*, Der Aufsichtsrat der Kreditinstitute zwischen gesellschaftsrechtlichen Vorgaben und aufsichtsrechtlichen Anforderungen, NZG 2016, 41; *Schneider, Uwe H./Schneider, Sven H.*, Die persönliche Haftung der GmbH-Gesellschafter bei Überlassung der Geschäftsführung an Personen, die nicht Geschäftsführer sein können – Ein Beitrag zu § 6 Abs. 5 GmbHG, GmbHR 2012, 347; *Schubert*, Der Diskriminierungsschutz der Organvertreter und die Kapitalverkehrsfreiheit der Investoren im Konflikt, ZIP 2013, 289; *Seibert*, Die rechtsmissbräuchliche Verwendung der GmbH in der Krise, in: FS Röhricht, 2005, S. 585; *Seibert*, GmbH-Reform: Der Referentenentwurf eines Gesetzes zur Modernisierung des GmbH-Rechts und zur Bekämpfung von Missbräuchen – MoMiG, ZIP 2006, 1157; *Singer*, Die Bestellung eines Notgeschäftsführers in der GmbH, NWB 2017, 1450; *Stein*, § 6 Abs. 2 Satz 2 GmbHG, § 76 Abs. 3 Satz 2 AktG: Verfassungswidrige Berufsverbote?, AG 1987, 165; *Theiselmann*, Die Bestellung eines GmbH-Notgeschäftsführers, GmbH-StB 2017, 17; *Thüsing/Stiebert*, Altersgrenzen bei Organmitgliedern, NZG 2011, 641; *Voerste*, Nochmals: § 6 Abs. 2 S. 2 GmbHG, § 76 Abs. 3 S. 2 AktG: Verfassungswidrige Berufsverbote?, AG 1987, 376; *Waldenberger*, Sonderrechte der Gesellschafter einer GmbH – ihre Arten und ihre rechtliche Behandlung, GmbHR 1997, 49; *Weimar*, Grundprobleme und offene Fragen um den faktischen GmbH-Geschäftsführer, GmbHR 1997, 473 und 538; *Weller/Benz*, Frauenförderung als Leitungsaufgabe, AG 2015, 467; *H. P. Westermann*, Der Notgeschäftsführer der GmbH – der Mann zwischen den Fronten, in: FS Kropff, 1997, S. 681; *Winter*, Satzung und schuldrechtliche Gesellschaftervereinbarungen: Die Sicht der Praxis, in: Henze/Timm/Westermann (Hrsg.), Gesellschaftsrecht 1995, 1996, S. 31.

Weitere Lit.-Nachw. bei § 35, § 37, § 38, § 39 und § 46.

I. Überblick

1 § 6 ist im Zusammenhang mit den §§ 35 ff. und mit § 46 Nr. 5 zu lesen. § 6 ist hierbei die **Grundnorm**, die den Geschäftsführer als zwingendes Handlungsorgan der Gesellschaft vorschreibt. Er ist nicht nur **„Vollstrecker der Gesellschafterinteressen"**, sondern auch **„Garant eines Mindestmaßes an seriöser Geschäftsführung"**[1]. Die Stellung des § 6 im Abschnitt über die Errichtung der Gesellschaft erklärt sich daraus, dass schon die werdende GmbH eines für sie im Außenverhältnis handlungsberechtigten Organs bedarf (s. Rdnr. 3). Die Geschäftsführung und die Vertretung der Gesellschaft sind im Übrigen in den §§ 35 ff. geregelt; von der Bestellung und Abberufung der Geschäftsführer handeln auch die §§ 38, 39, 46 Nr. 5; zur Anmeldung zum Handelsregister s. §§ 39, 78 und bei § 7; zur Eintragung der Namen der Geschäftsführer sowie ihrer Vertretungsbefugnis s. § 10 Abs. 1 sowie § 39; zur zivilrechtlichen Verantwortlichkeit s. §§ 9, 37, 43, 44; zur strafrechtlichen Verantwortlichkeit s. §§ 82 ff. Das im GmbHG nicht geregelte Anstellungsverhältnis der Geschäftsführer ist bei § 35 kommentiert.

2 Durch das Gesetz zur Modernisierung des GmbH-Rechts und zur Bekämpfung von Missbräuchen (MoMiG) vom 23.10.2008 (BGBl. I 2008, 2026) wurden die **Ausschlussgründe in § 6 Abs. 2** erweitert und übersichtlicher gefasst. Mit diesen Änderungen hat der Gesetzgeber die Vorschläge des Bundesrats für ein Gesetz zur Sicherung von Werkunternehmeransprüchen und zur verbesserten Durchsetzung von Forderungen (FoSiG)[2] aufgegriffen und in modifizierter Form umgesetzt[3]. Neben den bereits in der alten Fassung enthaltenen Straftaten nach §§ 283 bis 283d StGB sind **weitere Straftatbestände** in den Katalog eingefügt worden, deren Verwirklichung gegen die Eignung des Betreffenden als Geschäftsführer spricht. Danach begründen auch Verurteilungen wegen Insolvenzverschleppung oder nach § 82 GmbHG, §§ 399 f. AktG, § 331 HGB, § 313 UmwG, § 17 PublG ein Bestellungshindernis. Darüber hinaus führt auch eine Verurteilung nach §§ 263 bis 264a oder nach §§ 265b bis 266a des Strafgesetzbuches zur Inhabilität, wenn eine Freiheitsstrafe von mindestens einem Jahr verhängt wurde. Der neu gefasste § 6 Abs. 2 Satz 3 erstreckt das Bestellungshindernis auf Verurteilungen **wegen vergleichbarer Straftaten im Ausland**. Ob die Verurteilung im Ausland wegen einer Tat erfolgte, die mit denen in § 6 Abs. 2 Satz 2 Nr. 3 vergleichbar ist, ist durch Rechtsgutachten zu ermitteln[4]. Zudem wurde in § 6 Abs. 5 ein Schadensersatzanspruch der GmbH gegen ihre Gesellschafter eingeführt, wenn diese vorsätzlich oder grob fahrlässig einer amtsunfähigen Person „die Führung der Geschäfte überlassen" haben und diese Person die ihr gegenüber der Gesellschaft bestehenden „Obliegenheiten" verletzt hat.

Für regulierte Unternehmen, insbesondere für Kreditinstitute[5] und Versicherungsunternehmen[6] werden die gesellschaftsrechtlichen Normen zum Geschäftsführer durch deutsche und europäische aufsichtsrechtliche Vorschriften, insbesondere zur Eignung des Geschäftsführers[7] zu den ihm auferlegten Pflichten ergänzt.

II. Der Geschäftsführer als notwendiges Handlungsorgan

3 Die GmbH hat zwei gesetzlich notwendige Handlungsorgane, nämlich **die Gesellschafter** und **die Geschäftsführer**. Die Gesellschaft muss Geschäftsführer auch schon vor der Eintra-

---

1 *Drygala*, ZIP 2005, 431.
2 BR-Drucks. 16/511, S. 10.
3 Begr. RegE MoMiG, BT-Drucks. 16/6140, S. 32.
4 *Altmeppen*, in: Roth/Altmeppen, Rdnr. 20; *Weyand*, ZInsO 2008, 702, 703.
5 S. dazu allgemein *Uwe H. Schneider/Sven H. Schneider*, NZG 2016, 41.
6 *Hersch*, VersR 2016, 145.
7 S. etwa § 33 Abs. 1 Nr. 4 i.V.m. Abs. 2, § 35 Abs. 2 Nr. 3, § 36 Abs. 1 KWG sowie Merkblatt der BaFin zu den Geschäftsleitern gemäß KWG, ZAG und KAGB vom 4.1.2016.

gung der GmbH haben, und zwar insbesondere zur Empfangnahme und zur Verwaltung der von den Gesellschaftern vor der Eintragung zu bewirkenden Einlagen und zur Anmeldung der Gesellschaft, §§ 7, 8, 78. Die Anmeldung durch einen Nichtgeschäftsführer hat der Registerrichter zurückzuweisen. Die Eintragung darf nicht erfolgen; auch wenn die Geschäftsführer nach der Anmeldung und nach der Versicherung nach § 8 Abs. 2 und 3, aber vor der Eintragung wegfallen, darf der Registerrichter nicht eintragen. Die Anmeldung bleibt zwar wirksam[8], die Eintragung kann aber erst dann erfolgen, wenn ein neuer Geschäftsführer bestellt ist. Wurde die GmbH gleichwohl eingetragen, so ist sie aber wirksam entstanden[9]. Eine Amtslöschung wegen Mangels einer wesentlichen Voraussetzung wäre unzulässig, § 395 FamFG.

Fallen alle Geschäftsführer nach der Eintragung der Gesellschaft weg, so ist die Gesellschaft 4 entstanden. Sie ist nur ohne organschaftliche Vertretung. Der **Wegfall der Geschäftsführer** führt auch nicht zum Übergang der den Geschäftsführern zustehenden Befugnisse auf andere Organe der Gesellschaft. Die Verjährungsfrist wird nicht gehemmt. § 210 BGB ist zu Gunsten der GmbH, deren Geschäftsführer weggefallen ist, nicht anwendbar[10]. Der **Registerrichter** hat darauf hinzuwirken, dass wieder Geschäftsführer bestellt werden. Er kann aber weder von Amts wegen, also ohne dass ein Antrag vorliegt, einen Geschäftsführer bestellen, noch kann er die Gesellschafter durch Ordnungsstrafen zur Schaffung einer gesetzlichen Vertretung anhalten[11].

Der Geschäftsführer ist **kein Kaufmann** i.S. von §§ 1 ff. HGB[12]. Er ist, wenn er ein Geschäft 5 im eigenen Namen abschließt, Verbraucher i.S. des § 13 BGB (s. Rdnr. 118 f.)[13].

Die **Bezeichnung** „Geschäftsführer" im Geschäftsverkehr ist nicht zwingend. Sie kann durch 6 die Gesellschafter im Gesellschaftsvertrag oder durch Gesellschafterbeschluss geändert werden[14]. Unbedenklich ist etwa die Bezeichnung des Geschäftsführers im Geschäftsverkehr als „Direktor". So können Geschäftsführer des herrschenden Unternehmens im Konzern diesen Titel weiterführen, auch wenn sie als Geschäftsführer einer Tochtergesellschaft handeln. Ihr Auftreten als „Direktor" weist jedoch im Zweifel darauf hin, dass sie für das herrschende Unternehmen handeln. Titel, die einen Irrtum begründen können, dürfen aber nicht geführt werden. Unzulässig ist daher die Bezeichnung im Geschäftsverkehr als „Vorstand", weil dies zu Verwechslungen mit der Aktiengesellschaft führt[15]. Zweifelhaft ist die Eintragungsfähigkeit eines Geschäftsführers als „Sprecher der Geschäftsführung"[16]. Bei der Bestellung muss aber klar erkennbar sein, dass die Person zum Geschäftsführer der GmbH berufen werden sollte. Das Registergericht muss bei der Eintragung stets die Bezeichnung „Geschäftsführer" gebrauchen. Auch auf den Geschäftsbriefen müssen die Geschäftsführer als solche aufgeführt und bezeichnet werden, § 35a.

---

8 Zur unvollständigen Anmeldung: KG, BB 1972, 10.
9 Ebenso: *Paefgen*, in: Ulmer/Habersack/Löbbe, Rdnr. 9; *Fastrich*, in: Baumbach/Hueck, Rdnr. 3.
10 BGH v. 17.1.1968 – VIII ZR 207/65, NJW 1968, 692; BGH v. 14.12.1970 – II ZR 161/68, BB 1971, 369.
11 KG v. 13.6.1913 – 1a X 644/13, KGJ 45, 180; *Fastrich*, in: Baumbach/Hueck, Rdnr. 6; *Paefgen*, in: Ulmer/Habersack/Löbbe, Rdnr. 7.
12 BGH v. 5.6.1996 – VIII ZR 151/95, BGHZ 133, 71, 77; BGH v. 8.11.2005 – XI ZR 34/05, BGHZ 165, 43 = GmbHR 2006, 148; BGH v. 24.7.2007 – XI ZR 208/06, NZG 2007, 820, 821 = GmbHR 2007, 1154; *Tebben*, in: Michalski u.a., Rdnr. 17.
13 BGH v. 24.7.2007 – XI ZR 208/06, NZG 2007, 820, 821 = GmbHR 2007, 1154; BAG v. 19.5.2010 – 5 AZR 253/09, GmbHR 2010, 1142; s. auch Rdnr. 118.
14 *Schmidt-Leithoff*, in: Rowedder/Schmidt-Leithoff, Rdnr. 4.
15 *Zöllner/Noack*, in: Baumbach/Hueck, § 35 Rdnr. 2; *Paefgen*, in: Ulmer/Habersack/Löbbe, Rdnr. 8; *Wicke*, Rdnr. 2; anders: *Schmidt-Leithoff*, in: Rowedder/Schmidt-Leithoff, Rdnr. 4: zulässig, solange nicht irreführend; *Kleindiek*, in: Lutter/Hommelhoff, Rdnr. 4: zulässig ist „Vorstand einer GmbH"; *Tebben*, in: Michalski u.a., Rdnr. 10: evtl. mit dem Zusatz „der XY GmbH".
16 OLG München v. 5.3.2012 – 31 Wx 47/12, GmbHR 2012, 750: unzulässig.

III. Die Zahl der Geschäftsführer

7 Das GmbHG verlangt nur, dass **mindestens ein Geschäftsführer** bestellt wird. Nach oben ist die Zahl aber nicht begrenzt. Die Satzung kann daher auch jede höhere Zahl festlegen, z.B. eine bestimmte Zahl, eine Mindest- oder eine Höchstzahl vorschreiben. Aus der Bestellung mehrerer Geschäftsführer im Gesellschaftsvertrag kann jedoch allein nicht gefolgert werden, dass damit eine verbindliche Festlegung der Zahl auch für die Zukunft gewollt war. Ergibt dagegen die Auslegung des Gesellschaftsvertrags, dass eine bestimmte Zahl vorhanden sein muss oder nicht überschritten werden darf, kann davon nur nach der Änderung der Satzung abgewichen werden[17]. Wird die in der Satzung festgesetzte Zahl von Geschäftsführern überschritten, so ist die Bestellung zwar wirksam; der Gesellschafterbeschluss aber ist anfechtbar[18]. Erfolgt die Bestellung durch ein nicht zuständiges Organ, so ist die Bestellung unwirksam[19].

8 Beim **Fehlen einer ausdrücklichen Regelung** in der Satzung entscheiden die nach § 46 Nr. 5 für die Bestellung zuständigen Gesellschafter mit einfacher Mehrheit auch darüber, wie viele Geschäftsführer ernannt werden sollen[20]. Ein ausdrücklicher Beschluss über die Zahl der zu bestellenden Geschäftsführer ist bei Fehlen einer Regelung in der Satzung nicht erforderlich. Die Gesellschafter können vielmehr auch mittelbar durch Bestellung bestimmter Geschäftsführer deren Zahl festlegen und dadurch u.a. von einer früheren Praxis abweichen, indem sie nur eine geringere Zahl an Geschäftsführern bestellen[21]. Ist nach dem Gesellschaftsvertrag für die Bestellung der Geschäftsführer ein anderes Organ zuständig, so ist insbesondere unter Berücksichtigung des Zwecks der getroffenen Zuständigkeitsregelung durch Auslegung zu ermitteln, ob es auch die Zahl der Geschäftsführer bestimmen kann; im Zweifel ist das nicht anzunehmen[22].

9 Das **DrittelbG** enthält keine Vorschriften über die Zahl oder die Qualifikation der Geschäftsführer. Fällt die GmbH aber in den Anwendungsbereich des **MitbestG**, so muss sie mindestens zwei Geschäftsführer haben, wovon ein Geschäftsführer zum Arbeitsdirektor zu bestellen ist[23]. Auch in diesem Fall kann die Satzung aber jede darüber hinausgehende Zahl an Geschäftsführern bestimmen.

10 Unabhängig von den gesellschafts- und unternehmensrechtlichen Bestimmungen kann sich aus **gewerberechtlichen Vorschriften** ergeben, dass die Gesellschaft mindestens zwei Geschäftsführer haben muss, s. etwa § 33 Abs. 1 Nr. 5 KWG[24] und § 23 Nr. 2 KAGB.

IV. Gesetzliche Eignungsvoraussetzungen

1. Natürliche, unbeschränkt geschäftsfähige Personen

11 Geschäftsführer können nur natürliche, unbeschränkt geschäftsfähige Personen sein. Mit der Neufassung des § 6 Abs. 2 Satz 1 durch die Novelle 1980 wurde die Frage entschieden, dass

---

17 *Fastrich*, in: Baumbach/Hueck, Rdnr. 5.
18 *Paefgen*, in: Ulmer/Habersack/Löbbe, Rdnr. 11; *Fastrich*, in: Baumbach/Hueck, Rdnr. 5.
19 *Paefgen*, in: Ulmer/Habersack/Löbbe, Rdnr. 79; *Fastrich*, in: Baumbach/Hueck, Rdnr. 5.
20 OLG Stuttgart v. 28.12.1998 – 20 W 14/98, GmbHR 1999, 537, 538; *Fastrich*, in: Baumbach/Hueck, Rdnr. 5; *Paefgen*, in: Ulmer/Habersack/Löbbe, Rdnr. 12; *Schmidt-Leithoff*, in: Rowedder/Schmidt-Leithoff, Rdnr. 7; *Altmeppen*, in: Roth/Altmeppen, Rdnr. 3; *Tebben*, in: Michalski u.a., Rdnr. 16; *Goette*, in: MünchKomm. GmbHG, Rdnr. 8.
21 Ebenso *Goette*, in: MünchKomm. GmbHG, Rdnr. 8.
22 Offen gelassen von *Fastrich*, in: Baumbach/Hueck, Rdnr. 5.
23 H.M.; a.A. nur *Overlack*, ZHR 141 (1977), 125 ff.
24 VG Frankfurt a.M. v. 8.7.2004 – 1 E 7363/03 (I), WM 2004, 2157; *Ulmer/Habersack*, in: Ulmer/Habersack/Henssler, Mitbestimmungsrecht, 3. Aufl. 2013, § 31 MitbestG Rdnr. 9; *Habersack*, WM 2005, 2360.

Minderjährige auch mit Zustimmung des gesetzlichen Vertreters nicht zum Geschäftsführer bestellt werden können[25]. Auch juristische Personen und sonstige Personenvereinigungen können nicht zum Geschäftsführer bestellt werden[26].

Wird eine nicht unbeschränkt geschäftsfähige Person zum Geschäftsführer bestellt, ist die Bestellung **unwirksam**. Der Verlust der Geschäftsfähigkeit führt automatisch zum Verlust der Organstellung[27]. Hat ein Geschäftsführer durch den Verlust seiner unbeschränkten Geschäftsfähigkeit sein Amt verloren, so erlangt er es nicht kraft Gesetzes wieder, wenn er die unbeschränkte Geschäftsfähigkeit zurückgewinnt[28]. Vielmehr bedarf es erneuter Bestellung. Ist der Geschäftsführer eingetragen, aber geschäftsunfähig, so können sich Dritte nicht auf § 15 HGB berufen; denn die fehlende Geschäftsfähigkeit ist keine einzutragende Tatsache[29].   12

Keine Eignungsvoraussetzungen im gesellschaftsrechtlichen Sinne enthalten gesetzliche Vorschriften, die wegen der Innehabung eines **öffentlichen Amtes** die Ausübung der Geschäftsführung ausschließen oder von einer Genehmigung abhängig machen, wie etwa Art. 55 Abs. 2, 66 GG (Bundespräsident, Bundeskanzler, Bundesminister)[30], §§ 97 ff. BBG sowie die entsprechenden Vorschriften der Landesverfassungen und der Landesbeamtengesetze[31]. Der Registerrichter darf die Anmeldung daher nicht beanstanden. Dasselbe gilt für etwaige **berufsständische Vorschriften**, die der Übernahme des Geschäftsführeramtes entgegenstehen oder sie von einer Genehmigung abhängig machen, wie etwa § 7 Nr. 8 BRAO, § 8 Abs. 3 Nr. 2 BNotO, § 43a Abs. 3 Nr. 2 WPO, § 57 Abs. 4 Nr. 1 StBerG[32].   13

2. Nichtgesellschafter

Zu Geschäftsführern können Gesellschafter und Personen, die nicht Gesellschafter sind (Fremdgeschäftsführer), bestellt werden (**Grundsatz der Drittorganschaft**) (§ 6 Abs. 3 Satz 1). Im GmbHG wird auch im Übrigen nicht danach unterschieden, ob ein Geschäftsführer Gesellschafter ist oder nicht. Gesellschafter müssen ebenso wie Nichtgesellschafter durch einen besonderen Akt bestellt werden. Unabhängig hiervon werden aber Gesellschafter-Geschäftsführer und Fremdgeschäftsführer in vielfacher Weise unterschiedlich behandelt, s. dazu bei § 35.   14

---

25 OLG Hamm v. 13.4.1992 – 15 W 25/92, GmbHR 1992, 671 = DB 1992, 1401; *Altmeppen*, in: Roth/ Altmeppen, Rdnr. 6; *Schmidt-Leithoff*, in: Rowedder/Schmidt-Leithoff, Rdnr. 10; *Kleindiek*, in: Lutter/Hommelhoff, Rdnr. 11; *Tebben*, in: Michalski u.a., Rdnr. 19; *Paefgen*, in: Ulmer/Habersack/Löbbe, Rdnr. 14 f.; *Fastrich*, in: Baumbach/Hueck, Rdnr. 9.

26 *Paefgen*, in: Ulmer/Habersack/Löbbe, Rdnr. 16; *Fastrich*, in: Baumbach/Hueck, Rdnr. 9; s. aber auch *Brandes*, Juristische Personen als Geschäftsführer der Europäischen Privatrechtsgesellschaft, 2003; *Fleischer*, RIW 2004, 16.

27 BGH v. 1.7.1991 – II ZR 292/90, GmbHR 1991, 358 = JZ 1992, 152 mit Anm. *Lutter/Gehling*; BayObLG v. 23.3.1989 – BReg 3 Z 148/88, GmbHR 1989, 371; OLG München v. 6.7.1990 – 23 U 2079/90, GmbHR 1991, 63; OLG Düsseldorf v. 2.6.1993 – 11 W 37/93, GmbHR 1994, 114; OLG Köln v. 6.1.2003 – 2 Wx 39/02, GmbHR 2003, 360; *Paefgen*, in: Ulmer/Habersack/Löbbe, Rdnr. 42; *Kleindiek*, in: Lutter/Hommelhoff, Rdnr. 12; *Tebben*, in: Michalski u.a., Rdnr. 19; *Jäger*, DStR 1996, 108; *Goette*, DStR 1998, 939.

28 BayObLG v. 4.2.1992 – 3Z BR 6/93, GmbHR 1993, 223 = DStR 1993, 407.

29 BGH v. 1.7.1991 – II ZR 292/90, GmbHR 1991, 358 = JZ 1992, 152.

30 Tw. str., s. dazu *Herzog*, in: Maunz/Dürig, Grundgesetz für die Bundesrepublik Deutschland, Stand: 2016, Art. 66 GG Rdnr. 41 ff.; *Achterberg*, ZStW 126 (1970), 344 ff.

31 *Schuster/Lorenzen*, in: Hoppe/Uechtritz/Reck, Handbuch kommunale Unternehmen, 3. Aufl. 2012, § 12 E II.

32 A.A. LG Köln v. 27.11.1963 – 24 T 6/63, DB 1964, 365; zur Zulassung eines GmbH-Geschäftsführers als Rechtsanwalt: BGH v. 25.4.1977 – AnwZ (B) 34/76, BGHZ 68, 397; BGH v. 16.10.1978 – AnwZ (B) 18/78, NJW 1979, 430; BGH v. 29.3.1982 – AnwZ (B) 1/82, AnwBl. 1982, 445; BGH v. 28.2.1983 – AnwZ (B) 33/82, BRAK-Mitt. 1983, 134.

Eine besondere Quote für die Bestellung von **Frauen, Ausländern, Behinderte**, etc. ist im Gesetz nicht vorgesehen. Besondere Anforderungen ergeben sich aber aus dem allgemeinen Gleichbehandlungsgesetz[33] (s. Rdnr. 63) und dem Gesetz für die gleichberechtigte Teilhabe von Frauen und Männern in Führungspositionen in der Privatwirtschaft und im öffentlichen Dienst[34] (s. Rdnr. 68a).

3. Ausländer

15 Das GmbH-Gesetz verlangt weder, dass der Geschäftsführer die deutsche Staatsangehörigkeit hat, noch einen Wohnsitz im Inland[35] oder deutsche Sprachkenntnisse. Die Beherrschung der deutschen Sprache kann aber durch das Aufsichtsrecht geboten sein. Auch wenn die Gesellschaft mehrere Geschäftsführer hat, ist nicht erforderlich, dass mindestens einer der Geschäftsführer deutscher Staatsangehöriger ist[36].

16 Nur für die **Steuerberatungs-GmbH** verlangt § 50 Abs. 1 Satz 2 StBerG ausdrücklich, dass mindestens ein Steuerberater, der Geschäftsführer ist, „seine berufliche Niederlassung am Sitz der Gesellschaft oder in deren Nahbereich hat". Das Entsprechende gilt nach § 28 Abs. 1 Satz 4 WPO für Wirtschaftsprüfungs-GmbHs.

17 Teilweise wird die Ansicht vertreten, die **Aufenthaltsgenehmigung** bzw. die Aufenthaltserlaubnis EU zwecks Einreisemöglichkeit seien keine Bestellungsvoraussetzungen[37]. Eine planwidrige Lücke, die eine entsprechende Anwendung von § 6 Abs. 2 rechtfertige, bestehe nicht[38]. Geschäftsführer könnten mithilfe moderner Kommunikationsmittel ihre Tätigkeit auch vom Ausland aus ausüben und Leitungsaufgaben delegieren[39]. Die Registergerichte seien zur Überprüfung der ausländerrechtlichen Vorschriften nicht befugt[40]. Die Eintragung eines ausländischen Geschäftsführers in das Handelsregister sei nur abzulehnen, wenn sie von dort aus ihren gesetzlichen Pflichten nicht gerecht werden[41] oder wenn sich konkrete Hinweise ergeben, dass ausländerrechtliche Vorschriften oder andere gewerbliche Vorschriften umgangen werden sollen[42].

---

33 Gesetz vom 14.8.2006, BGBl. I 2006, 1897.
34 Gesetz vom 24.4.2015, BGBl. I 2015, 642.
35 OLG Köln v. 30.9.1998 – 2 Wx 22/98, GmbHR 1999, 182, 183.
36 Unstreitig: OLG Frankfurt v. 14.3.1977 – 20 W 113/77, NJW 1977, 1595; LG Braunschweig v. 7.2.1983 – 22 T 1/83, DB 1983, 706; LG Köln v. 16.3.1981 – 87 T 14/81, GmbHR 1983, 48; *Paefgen*, in: Ulmer/Habersack/Löbbe, Rdnr. 53; *Fastrich*, in: Baumbach/Hueck, Rdnr. 9; *Miller*, DB 1983, 978. Zum Ganzen *Wachter*, ZIP 1999, 1577; *Erdmann*, NZG 2002, 503.
37 OLG Dresden v. 5.11.2002 – 2 U 1433/02, GmbHR 2003, 537; OLG Düsseldorf v. 16.4.2009 – I-3 Wx 85/09, GmbHR 2009, 776; OLG München v. 17.12.2009 – 31 Wx 142/09, NZG 2010, 157 = GmbHR 2010, 210; OLG Zweibrücken v. 9.9.2010 – 3 W 70/10, GmbHR 2010, 1260; LG Berlin v. 4.3.2004 – 102 T 6/04, GmbHR 2004, 951; *Paefgen*, in: Ulmer/Habersack/Löbbe, Rdnr. 53 ff.; *Fastrich*, in: Baumbach/Hueck, Rdnr. 9; *Kleindiek*, in: Lutter/Hommelhoff, Rdnr. 15; *Altmeppen*, in: Roth/Altmeppen, Rdnr. 39, 41; *Tebben*, in: Michalski u.a., Rdnr. 32; *Goette*, in: MünchKomm. GmbHG, Rdnr. 20 f.; *Wachter*, ZIP 1999, 534; *Schiedermair*, in: FS Bezzenberger, 2000, S. 393; *Erdmann*, NZG 2003, 503, 505; *Heßeler*, GmbHR 2009, 759; *Ries*, NZG 2010, 298.
38 *Wachter*, BB 2010, 268, 270; a.A. *Heßeler*, GmbHR 2009, 759.
39 *Kleindiek*, in: Lutter/Hommelhoff, Rdnr. 15; *Schmidt-Leithoff*, in: Rowedder/Schmidt-Leithoff, Rdnr. 13; zur Verlegung des Verwaltungssitzes bei tatsächlicher Leitung im Ausland: OLG Köln v. 30.9.1998 – 2 Wx 22/98, GmbHR 1999, 184; *Mankowski*, EWiR § 6 GmbHG 1995, 673 (Anm. zu LG Köln v. 6.1.1995 – 87 T 38/94, GmbHR 1995, 656).
40 LG Hildesheim v. 7.6.1995 – 11 T 6/95, GmbHR 1995, 656; *Melchior*, DB 1997, 413; *Rawert*, EWiR § 6 GmbHG 1999, 461 (Anm. zu OLG Köln v. 26.10.1998 – 2 Wx 29/98, GmbHR 1999, 343); *Goette*, in: MünchKomm. GmbHG, Rdnr. 20.
41 LG Köln v. 6.1.1995 – 87 T 38/94, GmbHR 1995, 656.
42 OLG Frankfurt v. 14.3.1977 – 20 W 113/77, NJW 1977, 1595; OLG Celle v. 1.10.1976 – 9 Wx 5/76, DB 1977, 993; OLG Düsseldorf v. 20.7.1997 – 3 W 147/77, GmbHR 1978, 110; LG Braunschweig v.

Dem ist nicht zu folgen. Das hat sachliche Gründe. Missbräuchliche Gestaltungen[43] auch noch in jüngerer Zeit haben gelehrt, dass ausländische Geschäftsführer aus dem Ausland heraus erhebliche Schäden verursachen, im Inland rechtswidrige Handlungen vornehmen und damit das Vertrauen in die GmbH unterhöhlen. Erleichterte Zustellungsmöglichkeiten, die Probleme der Firmenbestattung lösen sollen, erleichtern allenfalls die Geltendmachung bereits entstandener Schäden[44]. Aus dem durch das MoMiG geschaffenen § 4a GmbHG folgt, dass Ausländer keiner Arbeitsgenehmigung bedürfen, wie sie zu Vertretern juristischer Personen bestellt werden. Ausländer benötigen aber u.U. eine Aufenthaltsgenehmigung. Ein Rechtsanspruch besteht auf die Erteilung der Aufenthaltsgenehmigung in der Regel nicht.

Daher ist zu unterscheiden: Für einen **EU-Bürger** gilt dasselbe wie für Inländer, auch wenn der Betreffende im Inland keinen Wohnsitz hat[45]; denn für EU-Bürger besteht innerhalb der Union Freizügigkeit. EU-Bürger können zu Geschäftsführern bestellt werden.   18

Für **Nicht-EU-Bürger** ist weiter zu unterscheiden. Besteht auf Grund besonderer gesetzlicher Regelungen zeitlich begrenzt keine Visumspflicht, z.B. für drei Monate[46], so bestehen keine Bedenken gegen ihre Bestellung[47]. Für Nicht-EU-Bürger, für die ein solcher begrenzter Zeitraum für einen Aufenthalt ohne Visum nicht besteht, begründet eine fehlende Aufenthaltsgenehmigung ein **Bestellungshindernis**, und zwar nicht nur, wenn der betreffende Ausländer zum einzigen Geschäftsführer bestellt werden soll, sondern auch, wenn der Nicht-EU-Bürger neben einem oder mehreren EU-Bürgern zum Geschäftsführer bestellt werden soll[48]. Das gilt auch nach Inkrafttreten des MoMiG. Durch die Bestellung des Geschäftsführers soll die GmbH handlungsfähig gemacht werden. Aus dem normativen Zusammenhang lässt sich hierzu entnehmen, dass nur solche Personen zu Geschäftsführern bestellt werden können, die auch die der Gesellschaft und ihnen persönlich in ihrer Eigenschaft als Geschäftsführer auferlegten gesetzlichen Pflichten erfüllen können. Zahlreiche dem Geschäftsführer obliegende gesetzliche Pflichten verlangen aber eine Tätigkeit und ein persönliches Erscheinen vor Gerichten und Behörden im Inland. Das gilt auch, wenn die Gesellschaft ihren Verwaltungssitz im Ausland hat[49]. Eine Vertretung ist ausgeschlossen. Ein persönliches Tätigwerden ist aber Nicht-EU-Bürgern, denen die Genehmigung zum wenigstens zeitweisen Aufenthalt im Inland fehlt, verwehrt. Hinzu kommt, dass Berufsverbote, die durch ausländische Verwaltungsbehörden ausgesprochen wurden, im Inland nicht greifen (s. Rdnr. 27). Daher können die genannten Nicht-EU-Bürger auch nicht neben EU-Bürgern zum Geschäftsführer bestellt werden. Der Registerrichter hat bei Nicht-EU-Bürgern den Nachweis zu verlangen, dass der Geschäftsführer die Erlaubnis zum wenigstens zeitweisen Aufenthalt im Inland hat[50].   19

7.2.1983 – 22 T 1/83, DB 1983, 706; *Paefgen*, in: Ulmer/Habersack/Löbbe, Rdnr. 58; *Bartl*, DB 1977, 571, 575; *Miller*, DB 1983, 978.

43 *Seibert*, in: FS Röhricht, 2005, S. 585, 594; *Goette*, in: MünchKomm. GmbHG, Rdnr. 20 f.; *Kuhn*, Die GmbH-Bestattung, 2011.

44 A.A. *Tebben*, in: Michalski u.a., Rdnr. 32.

45 EuGH v. 7.5.1998 – Rs. C-350/96, NZG 1998, 809.

46 § 15 Aufenthaltsverordnung i.V.m. Art. 1 Abs. 2 der EU-VO Nr. 539/2001 vom 15.3.2001 („EU-Visum-VO"). In Anhang II der EU-Visum-VO werden die jeweiligen Länder gesondert aufgeführt.

47 OLG Frankfurt v. 22.2.2001 – 20 W 376/00, GmbHR 2001, 433 = NZG 2001, 757 mit Anm. *Mankowski*, EWiR § 6 GmbHG 2001, 813; *Boujong*, NZG 2003, 503.

48 OLG Köln v. 30.9.1998 – 2 Wx 22/98, GmbHR 1999, 183 = EWiR § 6 GmbHG 1999, 261 (*Mankowski*): Keine Bestellung eines Nicht-EU-Bürgers zum Alleingeschäftsführer; OLG Hamm v. 9.8.1999 – 15 W 181/99, GmbHR 1999, 1089 = ZIP 1999, 1919; OLG Zweibrücken v. 3.3.2001 – 3 W 15/01, GmbHR 2001, 435; OLG Frankfurt v. 22.2.2001 – 20 W 376/00, GmbHR 2001, 433; OLG Celle v. 2.5.2007 – 9 W 26/07, NZG 2007, 634 = GmbHR 2007, 657; *Haase*, GmbHR 1999, 1091; *Teichmann*, IPRax 2000, 100; krit. *Paefgen*, in: Ulmer/Habersack/Löbbe, Rdnr. 53 ff.

49 A.A. OLG Düsseldorf v. 16.4.2009 – 3 Wx 85/09, GmbHR 2009, 776.

50 OLG Köln v. 30.9.1998 – 2 Wx 22/98, GmbHR 1999, 183; OLG Köln v. 26.10.1998 – 2 Wx 29/98, GmbHR 1999, 343 = BB 1999, 493 = NZG 1999, 269 = EWiR § 6 GmbHG 1999, 461 (mit abl. Anm. *Rawert*); LG Köln v. 18.3.1981 – 87 T 14/81, GmbHR 1983, 48; LG Köln v. 7.10.1983 – 87 T 16/83,

20 Verliert ein Nicht-EU-Bürger, der zum Geschäftsführer bestellt ist, die Berechtigung zum Aufenthalt im Inland, wird er ausgewiesen, so erlischt seine Organstellung[51]; denn er ist nicht mehr in der Lage, seinen gesetzlichen Pflichten nachzukommen.

4. Spezialgesetzliche Eignungsvoraussetzungen

21 Werden in **berufs- und gewerberechtlichen Vorschriften** bestimmte Anforderungen an den Geschäftsführer gestellt, z.B. die fachliche Eignung, § 33 Abs. 1 Nr. 4 i.V.m. Abs. 2, § 35 Abs. 2 Nr. 3, § 36 Abs. 1 KWG, § 24 VAG[52], so darf das Gericht bei Fehlen dieser Voraussetzungen die Eintragung nicht ablehnen[53]. Die Bestellung ist wirksam. Die Rechtsfolgen ergeben sich vielmehr allein aus den jeweiligen Sondergesetzen.

21a § 59f Abs. 1 Satz 1 BRAO sieht vor, dass Rechtsanwaltsgesellschaften von Rechtsanwälten verantwortlich geführt werden müssen, und § 59f Abs. 1 Satz 2 BRAO verlangt, dass die Geschäftsführer mehrheitlich Rechtsanwälte sein müssen. Das Entsprechende gilt nach § 52f Abs. 1 Satz 1 und 2 PAO für Patentanwaltsgesellschaften. Das Bundesverfassungsgericht hat mit Beschluss vom 14.1.2014[54] erkannt, dass die beiden genannten Vorschriften in der BRAO mit Art. 12 Abs. 1 GG nicht vereinbar und daher nichtig sind (s. hierzu § 1 Rdnr. 33 f.).

V. Gesetzliche Ausschlussgründe

22 Das MoMiG hat die gesetzlichen Ausschlussgründe für Geschäftsführer in § 6 Abs. 2 Satz 2 neu geordnet. Für Gesellschafter gibt es keine gesetzlichen Ausschlussgründe. Nicht ins Gesetz aufgenommen wurde die Anregung des Bundesrats[55], den Ausschluss des Geschäftsführers von der Geschäftsführertätigkeit „als solche" aufzunehmen. § 6 Abs. 2 bezieht sich vielmehr nur auf drei Fallgruppen, nämlich den Ausschluss des Betreuten bei der Besorgung seiner Vermögensangelegenheiten (*1. Fallgruppe*), die Personen, die einem Berufs- oder Gewerbeausübungsverbot unterliegen (*2. Fallgruppe*) und die wegen einer oder mehrerer vorsätzlich begangener Straftaten verurteilt worden sind (*3. Fallgruppe*).

1. Betreuung (§ 6 Abs. 2 Satz 2 Nr. 1)

23 Zum Geschäftsführer kann nicht bestellt werden, wer als Betreuter nach § 1896 BGB bei der Besorgung seiner Vermögensangelegenheiten ganz oder teilweise einem Einwilligungsvorbehalt gemäß § 1903 BGB unterliegt.

24 Durch das Betreuungsgesetz vom 12.9.1990 (BGBl. I 1990, 2002) wurde § 6 Abs. 2 Satz 2 a.F. eingeführt[56]. Die Vorschrift wurde in der Folgezeit durch § 6 Abs. 2 Satz 2 Nr. 1 ersetzt. Die Vorschrift in der alten Fassung ist am 1.1.1992 in Kraft getreten. Notwendig war die Ände-

---

GmbHR 1984, 157; a.A. *Fastrich*, in: Baumbach/Hueck, Rdnr. 9; *Paefgen*, in: Ulmer/Habersack/Löbbe, Rdnr. 57; *Goette*, in: MünchKomm. GmbHG, Rdnr. 21; *Altmeppen*, in: Roth/Altmeppen, Rdnr. 41; *Tebben*, in: Michalski u.a., Rdnr. 32; *Schiedermair*, in: FS Bezzenberger, 2000, S. 393.

51 Ebenso *Teichmann*, IPrax 2000, 110; a.A. *Kleindiek*, in: Lutter/Hommelhoff, Rdnr. 15; *Altmeppen*, in: Roth/Altmeppen, Rdnr. 41; *Goette*, in: MünchKomm. GmbHG, Rdnr. 20; widersprüchlich *Tebben*, in: Michalski u.a., Rdnr. 32: Dem Geschäftsführer muss es möglich sein, seine Mindestpflichten zu erfüllen. Aber er brauche keine Aufenthaltsgenehmigung.

52 *Hersch*, VersR 2016, 145.

53 Vgl. etwa *Fischer/Müller*, in: Boos/Fischer/Schulte-Mattler, 5. Aufl. 2016, § 36 KWG Rdnr. 79.

54 BVerfG v. 14.1.2014 – I BvR 2998/11, GmbHR 2014, 301. Dazu *Römermann*, NZG 2014, 481; zustimmend *Singer*, DStR-Beih. 2015, 11; *Henssler*, NJW 2017, 1644.

55 BR-Drucks. 354/05, S. 8.

56 Näher hierzu *Deutler*, GmbHR 1992, 252; *Jaeger*, DStR 1996, 108.

rung, weil § 104 Nr. 3 BGB aufgehoben wurde. Hiernach war bestimmt, dass geschäftsunfähig ist, wer wegen Geisteskrankheit entmündigt ist, und beschränkt geschäftsfähig ist, wer wegen Geistesschwäche, Verschwendung, Trunksucht und Rauschgiftsucht entmündigt oder unter vorläufige Vormundschaft gestellt ist. Auf Grund des Wegfalls dieser Vorschrift hätten demgemäß solche Personen künftig als Geschäftsführer bestellt werden können; denn die Bestellung eines Betreuers lässt die Geschäftsfähigkeit unberührt. Nur bei Anordnung eines so genannten **Einwilligungsvorbehalts** hat dies Auswirkungen, die mit denen bei beschränkter Geschäftsfähigkeit vergleichbar sind, § 1903 BGB. Das Gesetz hat im Blick hierauf davon abgesehen, alle Betreuten vom Amt eines Geschäftsführers auszuschließen. Anders ist die Lage bei Anordnung eines so genannten Einwilligungsvorbehalts. Der **Betreute**, der seine eigenen Vermögensangelegenheiten nicht ohne Einwilligung eines Betreuers vornehmen kann, ist auch als Geschäftsführer nicht geeignet, § 6 Abs. 2 Satz 2 Nr. 1. Die persönliche Versicherungserklärung des Geschäftsführers hat sich nicht auf das Nichtvorliegen des Ausschlussgrundes nach § 6 Abs. Satz 2 Nr. 1 oder des Ausschlussgrundes nach § 6 Abs. 2 Satz 2 zu beziehen[57].

2. Berufs- und Gewerbeausübungsverbote (§ 6 Abs. 2 Satz 2 Nr. 2)

Einen weiteren Ausschlussgrund vom Geschäftsführeramt bilden die Untersagungen der Ausübung eines Berufs, Berufszweigs, Gewerbes oder Gewerbezweigs durch gerichtliches Urteil oder durch vollziehbare Entscheidung einer Verwaltungsbehörde (§ 6 Abs. 2 Satz 2 Nr. 2)[58]. Entscheidend ist der satzungsmäßige und der tatsächliche Unternehmensgegenstand[59]. Wer die Leitung des Gewerbebetriebs einer GmbH einem gewerberechtlich unzuverlässigen Strohmann überlässt, ist seinerseits unzuverlässig i.S. von § 35 GewO[60]. Der Ausschluss vom Geschäftsführeramt auf Grund der vorgenannten Untersagungen ist auf die Gesellschaften beschränkt, deren satzungsmäßiger oder tatsächlicher Unternehmensgegenstand ganz oder teilweise mit dem Gegenstand des Verbots übereinstimmt. Er gilt für die Dauer des Verbots[61]. Die in § 6 Abs. 2 Satz 2 Nr. 3 am Ende genannte fünfjährige Ausschlussfrist ist nicht entsprechend anzuwenden. Setzt das Gericht das Berufsverbot nach § 70a StGB zur Bewährung aus, so ist auch kein Ausschlussgrund i.S. des § 6 Abs. 2 Satz 2 Nr. 2 gegeben.

25

Die einem Geschäftsführer durch eine **deutsche Verwaltungsbehörde** untersagte Gewerbeausübung stellt einen Verweigerungsgrund für die Eintragung einer mit diesem geführten inländischen Zweigniederlassung einer ausländischen Kapitalgesellschaft dar[62]. Personen, die in Deutschland nach § 6 Abs. 2 Satz 2 Nr. 2 nicht Geschäftsführer sein können, dürfen daher auch nicht als Geschäftsführer einer ausländischen Gesellschaft über deren inländische Zweigniederlassung ihre Geschäfte im Inland weiter betreiben[63].

26

Berufsverbote oder Gewerbeausübungsverbote durch ein **ausländisches Gericht** stehen einer Verurteilung durch ein inländisches Gericht gleich (**§ 6 Abs. 2 Satz 3**)[64]. Dabei kann es sich um einen Auslandssachverhalt handeln, der zu dem Verbot geführt hat. Voraussetzung ist

27

---

57 OLG Hamm v. 29.9.2010 – 15 W 460/10, GmbHR 2011, 30.
58 BVerwG v. 19.12.1995 – 1 C 3/93, DVBl. 1996, 808; zur Amtslöschung der Geschäftsführereintragung bei Gewerbeuntersagungen: OLG Karlsruhe v. 3.12.2013 – 11 Wx 116/13, NZG 2014, 1238.
59 KG v. 19.10.2011 – 25 W 35/11, GmbHR 2012, 91, 92.
60 Hess. VGH v. 16.6.1993 – 8 UE 533/91, DB 1993, 2021.
61 KG v. 19.10.2011 – 25 W 35/11, GmbHR 2012, 91, 92.
62 A.A. OLG Oldenburg v. 28.5.2001 – 5 W 71/01, GmbHR 2002, 29 = RIW 2001, 863; wie hier BGH v. 7.5.2007 – II ZB 7/06, GmbHR 2007, 870 = NJW 2007, 2328; *Altmeppen*, in: Roth/Altmeppen, Rdnr. 10.
63 So ausdrücklich der 2. Leitsatz, OLG Oldenburg v. 28.5.2001 – 5 W 71/01, GmbHR 2002, 29 = RIW 2001, 863.
64 Zur Versicherung des Geschäftsführers hinsichtlich Straftatbeständen im Ausland: OLG München v. 18.6.2014 – 31 Wx 250/14, GmbHR 2014, 869.

nur, dass die Verurteilung auf vergleichbaren Tatbeständen beruht und das gerichtliche Verfahren dem Mindeststandard eines rechtsstaatlichen Verfahrens entspricht[65], also etwa das Recht auf Gehör gewährt wird, die Richter nicht korrupt sind, usw.

Berufsverbote und Gewerbeausübungsverbote durch eine **ausländische Verwaltungsbehörde** stellen demgegenüber keinen gesetzlichen Ausschlussgrund dar[66]. Gefordert war die Gleichstellung in einer Stellungnahme des Bundesrats[67] mit dem Hinweis, nach dem Company Directors Disqualification Act englischen Rechts könne derjenige von der Geschäftsführung ausgeschlossen werden, der bereits Direktor oder faktischer Geschäftsführer einer insolventen Gesellschaft war. Abgelehnt wurde diese Forderung von der Bundesregierung[68] als „zu weitgehend". Es erscheine zur Einschränkung der Berufsfreiheit angemessener, auf die zugrundeliegende Straftat und nicht auf die Rechtsfolge abzustellen. Dem ist zu folgen; denn im Ausland ist vielfach das Recht auf Gehör bei Verwaltungsbehörden nicht gewahrt. Ausübungsverbote werden auch aus Gründen, die nicht in der Person des Betroffenen liegen, ausgesprochen. Das spricht gegen eine Gleichstellung mit Ausübungsverboten deutscher Verwaltungsbörden.

3. Vorsätzlich begangene Straftaten (§ 6 Abs. 2 Satz 2 Nr. 3)

28 § 6 Abs. 2 Satz 2 Nr. 3 nennt eine Reihe von Straftaten, die, wenn es zu einer Verurteilung kommt, dazu führen, dass der Verurteilte von der Bestellung zum Geschäftsführer ausgeschlossen ist. Durch das MoMiG wurde die Zahl der möglichen Straftaten ausgeweitet. Nicht berücksichtigt wurde aber die Anregung, auch Steuerstraftaten i.S. des § 369 AO i.V.m. den Einzelsteuergesetzen aufzunehmen[69]. Ausdrücklich klar gestellt wurde, dass nur Verurteilungen wegen **vorsätzlich begangener Straftaten** zum Ausschluss vom Geschäftsführeramt führen. **Fahrlässig verwirklichte Delikte** hindern die Bestellung des Betreffenden zum Geschäftsführer dagegen nicht. Das Bestellungsverbot gilt auch hier für die Dauer von fünf Jahren nach Rechtskraft des Urteils, wobei Zeiten, in denen der Täter auf behördlicher Anordnung in einer Anstalt verwahrt wurde, nicht eingerechnet werden. Bereits zur vorherigen Fassung wurde vertreten, dass auch Verurteilungen wegen vergleichbarer Auslandsstraftaten ein Bestellungshindernis zur Folge haben. Das hat der Gesetzgeber nun ausdrücklich in § 6 Abs. 2 Satz 3 geregelt.

29 Maßgebend ist die Bestellung nach dem 1.11.2008 (§ 3 Abs. 2 Satz 1 EGGmbHG) und die Verurteilung nach Inkrafttreten des MoMiG.

a) Insolvenzverschleppung

30 Nach der Neufassung des § 6 durch das MoMiG stellen **strafrechtliche Verurteilungen** wegen Verletzung der Insolvenzantragspflicht ein Bestellungshindernis dar[70]. Die im Referentenentwurf[71] vorgesehene Regelung wurde in den Stellungnahmen kritisiert, da dort nur die

---

65 *Altmeppen*, in: Roth/Altmeppen, Rdnr. 20; *Paefgen*, in: Ulmer/Habersack/Löbbe, Rdnr. 37; *Gehrlein*, Der Konzern 2007, 771, 793; dagegen *Tebben*, in: Michalski u.a., Rdnr. 21: Der Tätigkeit als Geschäftsführer soll das Berufsverbot eines ausländischen Gerichts nicht entgegenstehen; anders: *Tebben*, in: Michalski u.a., Rdnr. 24.

66 Ebenso *Altmeppen*, in: Roth/Altmeppen, Rdnr. 20; *Kleindiek*, in: Lutter/Hommelhoff, Rdnr. 20; *Wicke*, Rdnr. 5.

67 BT-Drucks. 16/6140, S. 64.

68 BT-Drucks. 16/6140, S. 75.

69 So die Anregung des Bundesrats: BR-Drucks. 354/07, S. 11.

70 *Floeth*, NZI 2013, 852; *Geißler*, GWR 2013, 488.

71 RefE zum MoMiG vom 29.5.2006, abgedruckt in: *Goette*, Einführung in das neue GmbH-Recht, S. 184 ff.

Straftatbestände der § 84 GmbHG a.F. und § 401 AktG ausdrücklich erfasst waren. Der Gesetzgeber nahm das zum Anlass, die Insolvenzantragspflicht rechtsformunabhängig in der Insolvenzordnung zu regeln[72]. In § 15a Abs. 4 InsO wurde dazu auch ein allgemeiner Straftatbestand geschaffen, der die einzelgesetzlich geregelten Strafvorschriften ablöste. Verurteilungen auf der Grundlage der früheren § 84 Abs. 1 Nr. 2 GmbHG, § 401 Abs. 1 Nr. 2 AktG oder § 130b HGB führen aber trotzdem zur Inhabilität, wenn der Geschäftsführer nach dem 1.11.2008 bestellt worden ist und auch die Rechtskraft des Urteils erst nach diesem Termin eingetreten ist (§ 3 Abs. 2 EGGmbHG)[73].

Das Gesetz unterscheidet nicht danach, in welcher Eigenschaft die Antragspflicht verletzt   31
wurde, nämlich als Geschäftsführer oder als Gesellschafter oder als Aufsichtsratsmitglied einer führungslosen GmbH (§ 15a Abs. 3 InsO i.V.m. § 15a Abs. 4 InsO). Nach dem Wortlaut von § 6 Abs. 2 Satz 2 Nr. 3a bezieht sich der Ausschließungsgrund nur auf Straftaten „des Unterlassens der Stellung des Antrags auf Eröffnung des Insolvenzverfahrens". Nicht ausdrücklich erwähnt ist die verspätete Stellung des Antrags, obgleich dieser rechtstatsächlich wichtige Fall auch nach § 15a Abs. 4 InsO strafbar ist. Den Antrag nicht gestellt hat indessen auch, wer nicht „rechtzeitig" stellt. Daher macht auch eine Verurteilung wegen nicht rechtzeitiger oder unrichtiger Stellung des Insolvenzantrags inhabil[74].

b) Verurteilung wegen einer Insolvenzstraftat

Auf die Dauer von 5 Jahren seit der Rechtskraft des Urteils kann nicht Geschäftsführer sein,   32
wer wegen einer vorsätzlich begangenen Straftat nach den §§ 283 bis 283d StGB (**Insolvenz-**
delikte) verurteilt worden ist. Die Regelung dient dem Schutz der Gesellschaft sowie der gegenwärtigen und künftigen Gläubiger vor Wiederholungstaten; sie ist verfassungsrechtlich unbedenklich[75]. Das gilt auch bei einer Verurteilung im Ausland auf Grund vergleichbarer Tatbestände[76]. Ohne Bedeutung ist es, ob sich der Gesellschaftszweck und der Gegenstand des Unternehmens entsprechen. Es kommt auch nicht darauf an, ob das Gericht gegen den Betreffenden ein Berufsverbot (§ 70 StGB) verhängt hat. In der Anmeldung haben die Geschäftsführer die gesetzlichen Bestellungshindernisse **im Einzelnen** aufzuführen und deren Vorliegen zu verneinen, § 8 Abs. 3[77]. Die gleichwohl vorgenommene Bestellung ist nichtig[78]. Die früher vorgenommene Bestellung wird wirkungslos mit Rechtskraft eines entsprechenden Strafurteils[79].

---

72 Begr. RegE MoMiG, BT-Drucks. 16/6140, S. 55.
73 Begr. RegE MoMiG, BT-Drucks. 16/6140, S. 32.
74 *Kleindiek*, in: Lutter/Hommelhoff, Rdnr. 23; *Goette*, in: MünchKomm. GmbHG, Rdnr. 33; *Gundlach/Müller*, NZI 2011, 480; a.A. *Römermann*, NZI 2008, 641, 646.
75 OLG Naumburg v. 10.11.1999 – 7 Wx 7/99, GmbHR 2000, 378, 380 = ZIP 2000, 622; *Tebben*, in: Michalski u.a., Rdnr. 26; *Schmidt-Leithoff*, in: Rowedder/Schmidt-Leithoff, Rdnr. 16, Fn. 44; *Fleischer*, WM 2004, 157, 165 f. A.A. *Stein*, AG 1987, 165 (Verstoß gegen das Übermaßverbot und Art. 12 GG); *Voerste*, AG 1987, 376.
76 OLG Naumburg v. 10.11.1999 – 7 Wx 7/99, ZIP 2000, 622 = GmbHR 2000, 378; *Paefgen*, in: Ulmer/Habersack/Löbbe, Rdnr. 36; *Fastrich*, in: Baumbach/Hueck, Rdnr. 14; *Altmeppen*, in: Roth/Altmeppen, Rdnr. 20.
77 BayObLG v. 10.12.1981 – BReg 1 Z 184/81, GmbHR 1982, 210 = WM 1982, 168; BayObLG v. 30.8.1983 – BReg 3 Z 116/83, GmbHR 1984, 101 = WM 1983, 1170 m.w.N. sowie bei § 8.
78 Amtl. Begr. BT-Drucks. 8/1347, S. 31; OLG Naumburg v. 10.11.1999 – 7 Wx 7/99, ZIP 2000, 622, 624 = GmbHR 2000, 378; BayObLG v. 30.8.1983 – BReg 3 Z 116/83, GmbHR 1984, 101 = WM 1983, 1170; *Fastrich*, in: Baumbach/Hueck, Rdnr. 17; *Schmidt-Leithoff*, in: Rowedder/Schmidt-Leithoff, Rdnr. 29.
79 BayObLG v. 30.8.1983 – BReg 3 Z 116/83, GmbHR 1984, 101 = WM 1983, 1170; BayObLG v. 30.06.1987 – BReg 3 Z 75/87, GmbHR 1987, 468 = DB 1987, 1882.

c) Verurteilung wegen Verletzung von Erklärungspflichten

33   Als Geschäftsführer ist ungeeignet, wer als Gesellschafter oder als Geschäftsführer im Zusammenhang mit der Gründung einer Gesellschaft, der Erhöhung oder Herabsetzung des Stammkapitals oder in öffentlichen Mitteilungen **vorsätzlich falsche Angaben** macht. Daher hindern auch Verurteilungen nach den Straftatbeständen des § 82 GmbHG und des § 399 AktG die Bestellung des Betreffenden als Geschäftsführer.

d) Unrichtige Darstellung

34   Wer wegen einer unrichtigen Darstellung nach § 400 AktG, also wer als Mitglied des Vorstands oder des Aufsichtsrats oder als Abwickler die Verhältnisse einer Aktiengesellschaft einschließlich ihrer Beziehungen zu verbundenen Unternehmen in Darstellungen oder Übersichten über den Vermögensgegenstand, in Vorträgen oder Auskünften in der Hauptversammlung unrichtig wiedergibt oder verschleiert und deshalb verurteilt wurde, ist als Geschäftsführer ungeeignet. Das Entsprechende gilt bei unrichtiger Darstellung nach § 331 HGB, § 313 UmwG und § 17 PublG. Anders als nach § 6 Abs. 2 Satz 2 Nr. 3e fehlt die Voraussetzung, dass mindestens eine Freiheitsstrafe von einem Jahr verwirkt wurde.

e) Betrug/Untreue

35   Eine strafrechtliche Verurteilung wegen Betrug und Untreue stand vor der Änderung des § 6 Abs. 2 Satz 2 Nr. 3e einer Bestellung zum Geschäftsführer nicht entgegen. Das war wenig überzeugend; denn eine entsprechende Verurteilung ist Ausdruck wirtschaftlicher Unzuverlässigkeit. Diese Rechtslage hat sich mit dem MoMiG geändert. In der Reformdiskussion war dies streitig[80]. Nunmehr stellen eine Verurteilung wegen Betrug (§ 263 StGB), Computerbetrug (§ 263a StGB), Subventionsbetrug (§ 264 StGB) sowie Kapitalanlagebetrug (§ 264a StGB) und wegen Kreditbetrug (§ 265b StGB), Untreue (§ 266 StGB) sowie Vorenthalten und Veruntreuen von Arbeitsentgelt (§ 266a StGB) gesetzliche Bestellungshindernisse dar. Voraussetzung ist, dass eine Verurteilung zu einer Freiheitsstrafe von mindestens einem Jahr vorliegt. Eine Verurteilung wegen Diebstahl, Einbruch oder Raub reicht nicht aus.

f) Sportwettbetrug

35a   Da § 6 Abs. 2 Nr. 3 auf §§ 265b bis 266a StGB verweist, ist auch eine Verurteilung nach § 265c StGB miteingeschlossen. Das bedeutet, dass auch ein zu mindestens einem Jahr verurteilter Wettbetrüger von Amts wegen als Geschäftsführer wegen Unzuverlässigkeit ausgeschlossen ist[81]. § 265c StGB, nämlich die Strafbarkeit des Wettbetrugs, ist durch das „Einundfünfzigste Gesetz zur Änderung des Strafgesetzbuches – Strafbarkeit von Wettbetrug und der Manipulation von berufssportlichen Wettbewerben" vom 11.4.2017[82] in das Gesetz eingefügt worden. Dieser Verweis ist auch wirksam, obgleich die Strafbarkeit des Sportwettbetrugs bei Einführung der gesetzlichen Ausschlussgründe noch gar nicht bestand. Als Täter in Betracht kommen vor allem Sportler, Trainer sowie Schieds-, Wertungs- oder Kampfrichter. Dem wird zu Unrecht entgegengehalten, das Fehlverhalten dieser Personen sei kein typisches Risiko organschaftlicher Tätigkeit und es sei nicht Ausdruck mangelnder Eignung zur treuhänderischen Verwaltung fremden Vermögens[83].

---

80   LG Köln v. 6.1.1995 – 87 T 38/94, GmbHR 1995, 656 = NJW-RR 1995, 553; zur Begründung s. Bericht des BT-Rechtsausschusses, BT-Drucks. 8/3908, S. 70.
81   *Melchior*, GmbHR 2017, R 193.
82   BGBl. I 2017, 815 f.
83   So aber *Melchior*, GmbHR 2017, R 193.

4. Aufsichtsratsmitglieder als Geschäftsführer

S. dazu bei § 52.

36

VI. Rechtsfolgen

1. Anmeldung

In der Anmeldung der Gesellschaft haben die Geschäftsführer zu versichern, dass keine Umstände vorliegen, die ihrer Bestellung nach § 6 Abs. 2 Satz 2 Nr. 2 und 3 sowie Satz 3 entgegenstehen (§ 8 Abs. 3 Satz 1)[84].

37

2. Unwirksame Bestellung

Liegt ein gesetzlicher Ausschlussgrund vor, so ist die Bestellung unwirksam. Tritt der Ausschlussgrund erst nachträglich ein, so verliert der Geschäftsführer automatisch sein Amt[85]. Die Anordnung der Verwaltungsbehörde muss nicht unanfechtbar sein, sondern es genügt, dass sie sofort vollziehbar ist[86]. Das Berufsverbot durch die Verwaltungsbehörde gegenüber einem Geschäftsführer kann auf § 35 Abs. 1 Satz 2 GewO oder eine der spezialgesetzlichen gewerberechtlichen Vorschriften gestützt sein[87]. Eine Untersagung nach § 16 Abs. 3 HandwO reicht aber nicht aus[88]. Nicht ausreichend ist ein vorläufiges Berufsverbot nach § 132a StPO. Auch bewirkt ein nur gegenüber der GmbH ergangenes Gewerbeverbot keinen Ausschlussgrund[89]. Fällt der gesetzliche Ausschlussgrund nachträglich weg, war die Bestellung unwirksam und es bedarf erneuter Bestellung. Ist ein Geschäftsführer im Handelsregister eingetragen, obwohl ein Ausschlussgrund vorliegt, so ist die Eintragung von Amts wegen zu löschen[90].

38

Handelt der Geschäftsführer, obwohl seine Bestellung unwirksam ist, so wird der gutgläubige Dritte nach § 15 Abs. 1, 3 HGB geschützt[91]. Das gilt jedoch nicht bei fehlender Geschäftsfähigkeit des bestellten Geschäftsführers[92]. Die Geschäftsfähigkeit ist keine einzutragende Tatsache, auf die ein Dritter vertrauen könnte. Der Ansicht, der Dritte könne sich auf allgemeine Rechtsscheinsgrundsätze berufen, ist nicht zu folgen[93]. Zwar wendet sich der Rechtsschein nicht gegen den geschäftsunfähigen Geschäftsführer, sondern gegen die GmbH[94]. Nichtig ist aber nicht nur die Willenserklärung eines Geschäftsunfähigen, die dieser im eigenen Namen

---

84 Zum Inhalt der Versicherung: OLG Frankfurt v. 11.7.2011 – 20 W 246/11, GmbHR 2011, 1156.

85 BGH v. 1.7.1991 – II ZR 292/90, BGHZ 115, 78, 80 = GmbHR 1991, 358; OLG Frankfurt v. 4.3.1994 – 20 W 49/94, GmbHR 1994, 802; OLG Düsseldorf v. 2.6.1993 – 11 W 37/93, GmbHR 1994, 114; KG v. 19.11.2011 – 25 W 35/11, GmbHR 2012, 91; *Altmeppen*, in: Roth/Altmeppen, Rdnr. 23; *Tebben*, in: Michalski u.a., Rdnr. 23 und 89; *Goette*, DStR 1998, 939; *Drygala*, ZIP 2005, 423, 428; *Schmidt-Leithoff*, in: Rowedder/Schmidt-Leithoff, Rdnr. 29.

86 *Paefgen*, in: Ulmer/Habersack/Löbbe, Rdnr. 21: Kein Ausschlussgrund, solange das Verbot in Folge Widerspruchs oder Anfechtungsklage nicht vollziehbar ist (vgl. § 80 VwGO).

87 BVerfG v. 30.9.1976 – I C 32/74, GewA 1977, 14.

88 BayObLG v. 11.6.1986 – BReg 3 Z 78/86, GmbHR 1987, 20.

89 BayObLG v. 11.6.1986 – BReg 3 Z 78/86, GmbHR 1987, 20 (kein Durchgriff).

90 OLG Zweibrücken v. 13.3.2001 – 3 W 15/01, GmbHR 2001, 435 = NZG 2001, 857; *Altmeppen*, in: Roth/Altmeppen, Rdnr. 23.

91 Begr. RegE, BT-Drucks. 8/1347, S. 32.

92 BGH v. 1.7.1991 – II ZR 292/90, BGHZ 115, 78, 81 = GmbHR 1991, 358; *Wicke*, Rdnr. 6; *Dreher*, DB 1991, 533.

93 So aber BGH v. 1.7.1991 – II ZR 292/90, BGHZ 115, 78, 82 = GmbHR 1991, 358; BGH v. 18.7.2002 – III ZR 124/01, ZIP 2002, 1895, 1897 = GmbHR 2002, 972.

94 *W. Roth*, JZ 1990, 1030.

abgibt, sondern auch die Erklärung des geschäftsunfähigen Vertreters. Auch in diesem Fall werden Dritte nicht geschützt[95].

3. Haftung der Gesellschafter (§ 6 Abs. 5)

39   Die bereits im FoSiG[96] angeregte **Binnenhaftung der Gesellschafter für ein Auswahlverschulden** wurde noch im Regierungsentwurf des MoMiG als Durchbrechung der Gesetzessystematik abgelehnt. Eine Haftung für unternehmerische Fehlentscheidungen des faktischen Geschäftsführers widerspreche dem Grundsatz des GmbH-Rechts, da die Gesellschafter grundsätzlich nicht für einen Schaden verantwortlich seien, den sie innerhalb der Grenzen der Kapitalerhaltungsregeln und § 826 BGB der Gesellschaft unmittelbar oder mittelbar zufügen[97]. Eine Haftung der Gesellschafter sei weder effektiv noch mit der Gesetzessystematik vereinbar. Der Bundesrat betonte dagegen in seiner Stellungnahme zum Regierungsentwurf abermals die Notwendigkeit dieser Haftungsnorm, um einer Umgehung der Ausschlusstatbestände durch die Einschaltung eines Strohmannes zu begegnen[98], so dass die Vorschrift doch Eingang ins Gesetz fand.

a) Eigenständiger Haftungstatbestand

40   Es bleibt dabei, dass den Gesellschaftern weder gegenüber der **Gesellschaft**[99] noch gegenüber **Dritten**[100] eine Pflicht obliegt, Geschäftsführer zu bestellen. Sie haften auch nicht, wenn sie einen unzuverlässigen und/oder fachlich nicht geeigneten Geschäftsführer bestellen, dieser seine Leitungspflichten verletzt und der Gesellschaft hierdurch Schaden entstanden ist. Die Grenze bildet § 826 BGB.

41   Dieser Grundsatz wird aber eingeschränkt[101]. § 6 Abs. 5 begründet einen eigenen Haftungstatbestand allerdings nur im Verhältnis zur Gesellschaft (**Innenhaftung**)[102], nicht aber im Verhältnis zu Dritten. § 6 Abs. 5 ergänzt damit § 43 Abs. 2. Die Vorschrift begründet aber **keine Außenhaftung**. Die Innenhaftung dient jedoch nicht zuvörderst dem allgemeinen Schutz des Vermögens der GmbH[103]. Es geht nicht um eine Haftung für „geschäftliche Fehlentscheidungen". Sie hat vielmehr vor allem **gläubigerschützende Wirkung**[104]. Es handelt sich „um eine die Kapitalerhaltungsinteressen stärkende Haftung der Gesellschafter" für ein Auswahlverschulden[105]. Daran fehlt es, wenn die Gesellschafter selbst in die Verantwortung gehen. Erteilen die Gesellschafter dem inhabilen faktischen Geschäftsführer eine **Weisung**, so mag zwar zweifelhaft sein, ob eine Folgepflicht besteht; denn ein solcher Geschäftsführer ist nicht wirksam bestellt. Führt er aber die Weisung aus, so entfällt seine Haftung, weil er keine Pflicht verletzt hat. Entsprechend entfällt die Haftung der Gesellschafter nach § 6 Abs. 5. Dies gilt je-

---

95 Ebenso *Altmeppen*, in: Roth/Altmeppen, Rdnr. 25; a.A. *Fastrich*, in: Baumbach/Hueck, Rdnr. 17: Haftung wegen zurechenbarer Veranlassung oder Aufrechterhaltung des Anscheins rechtswirksamer Vertretung; *Lutter/Gehling*, JZ 1992, 154.
96 BT-Drucks. 16/511.
97 Begr. RegE MoMiG, BT-Drucks. 16/6140, S. 33; *Heßeler*, Amtsunfähigkeit von GmbH-Geschäftsführern gemäß § 6 Abs. 2 GmbHG, 2009, S. 307.
98 BR-Drucks. 354/07, S. 10; vgl. Gesetzentwurf des Bundesrats zum FoSiG, BT-Drucks. 16/511, S. 25.
99 *Wicke*, Rdnr. 20; a.A. *Oetker*, in: Henssler/Strohn, Gesellschaftsrecht, Rdnr. 12.
100 Ebenso *Fastrich*, in: Baumbach/Hueck, Rdnr. 6.
101 Zum Ganzen: *Uwe H. Schneider/Sven H. Schneider*, GmbHR 2012, 347.
102 Dafür schon *Hirte*, ZInsO 2003, 833, 838; *Haas*, GmbHR 2006, 729, 239; *Altmeppen*, in: Roth/Altmeppen, Rdnr. 28, 37; dagegen *Drygala*, ZIP 2005, 423, 430.
103 So aber wohl *Altmeppen*, in: Roth/Altmeppen, Rdnr. 30.
104 BR-Drucks. 354/07, S. 10.
105 BR-Drucks. 354/07, S. 10.

doch nicht für Weisungen, die gläubigerschützende Vorschriften verletzen (s. Rdnr. 59). Und die Gesellschafter können nachträglich auch auf Ansprüche der Gesellschaft wegen schuldhafter Verletzung der Leitungspflichten verzichten. Das führt dann auch zum Wegfall der Haftung der Gesellschafter. Das gilt aber nur, wenn dem nicht Gläubigerinteressen entgegenstehen[106].

Die Vorschrift will missbräuchliche GmbH-Bestattungen verhindern[107]. In den Missbrauchsfällen machen die Gesellschafter die GmbH führungslos oder sie steuern mit dubiosen Geschäftsführern aus dem Hintergrund, verlegen mehrfach den Sitz der Gesellschaft, um dann die GmbH im rechtlichen Nirwana verschwinden zu lassen. In solchen Fällen sollen wenigstens die Gesellschafter haften. Die Haftung nach § 6 Abs. 5 ist **nicht subsidiär**.

b) Haftende Gesellschafter

Voraussetzung für eine Haftung ist, dass die Gesellschafter einer inhabilen Person die Führung der Geschäfte überlassen.   42

Haftende Gesellschafter können natürliche Personen sein, Mehrheitsgesellschafter, Minderheitsgesellschafter[108], konzernfreie Gesellschafter oder Konzernunternehmen. Jeder Gesellschafter kann somit in die Haftung geraten. Voraussetzung ist nur, dass der Gesellschafter an der Überlassung der Geschäftsführung aktiv mitwirkt oder ein Einschreiten in Kenntnis der Amtsunfähigkeit und der Geschäftsführung unterlassen hat. Das spricht dafür, dass auch ein Gesellschafter eines Gesellschafters, also der **mittelbar beteiligte Gesellschafter**, unabhängig von der Höhe seiner Beteiligung nach § 6 Abs. 5 haftet, wenn er seinen Einfluss geltend gemacht hat, dass eine amtsunfähige Person in der Geschäftsführung wirkt[109]. Im Konzern bedeutet dies, dass nach § 6 Abs. 5 eine **fehlerhafte konzernweite Personalpolitik** zur Haftung des mittelbar beteiligten herrschenden Unternehmens führen kann.   43

Schadensersatzpflichtig können auch **Mitglieder des Aufsichtsrats** sein[110]. Sie haften nach § 52 GmbHG i.V.m. § 116 AktG. Diese Haftung kann jedoch ausgeschlossen werden. Dann gewinnt die Analogie zu § 6 Abs. 5 praktische Bedeutung; denn vom Wortlaut des § 6 Abs. 5 ist eine Haftung der Mitglieder eines Aufsichtsrats nicht gedeckt. Eine analoge Anwendung ist jedoch gerechtfertigt, wenn der Aufsichtsrat für die Bestellung der Geschäftsführer zuständig ist und er seinerseits die Führung der Geschäfte dem inhabilen Geschäftsführer überlässt. Davon geht auch die Regierungsbegründung zum MoMiG[111] aus. Dort heißt es, die Aufsichtsratsmitglieder verletzten bei der Bestellung oder durch Gewährenlassen einer amtsunfähigen Person ihre Pflichten und haften auf Schadensersatz. Dies gelte gemäß § 52 auch für die GmbH.   44

c) Führung der Geschäfte

§ 6 Abs. 5 knüpft den Anspruch auf Schadensersatz nicht an die Bestellung eines inhabilen Geschäftsführers. Das allein genügt nicht. Ein Anspruch auf Schadensersatz der Gesellschaft   45

---

106 S. auch *Kleindiek*, in: Lutter/Hommelhoff, Rdnr. 56; *Schäfer*, in: Bork/Schäfer, Rdnr. 23.

107 *Seibert*, in: FS Röhricht, 2005, S. 585 ff.; *Goette*, in: MünchKomm. GmbHG, Rdnr. 49; *Kuhn*, Die GmbH-Bestattung, 2011.

108 *Altmeppen*, in: Roth/Altmeppen, Rdnr. 30; *Schäfer*, in: Bork/Schäfer, Rdnr. 21; a.A. *Paefgen*, in: Ulmer/Habersack/Löbbe, Rdnr. 110.

109 Ebenso *Goette*, in: MünchKomm. GmbHG, Rdnr. 53; *Paefgen*, in: Ulmer/Habersack/Löbbe, Rdnr. 111; *Wicke*, Rdnr. 22.

110 *Altmeppen*, in: Roth/Altmeppen, Rdnr. 34; *Wicke*, Rdnr. 22; *Oetker*, in: Henssler/Strohn, Gesellschaftsrecht, Rdnr. 66; *Goette*, in: MünchKomm. GmbHG, Rdnr. 54; a.A. *Paefgen*, in: Ulmer/Habersack/Löbbe, Rdnr. 112; *Tebben*, in: Michalski u.a., Rdnr. 99.

111 Begr. RegE MoMiG, BT-Drucks. 16/6140, S. 33.

entsteht vielmehr, wenn die Gesellschafter dem inhabilen Geschäftsführer die Führung der Geschäfte überlassen. Der Begriff „Überlassung der Führung der Geschäfte" ist dabei **weit auszulegen**. Die Überlassung kann durch **positives Tun** oder durch **Unterlassen** erfolgen. In Betracht kommt die Mitwirkung des Gesellschafters an dem Beschluss zur Bestellung des inhabilen Geschäftsführers. Allerdings haftet in diesem Fall nur der Gesellschafter, der der Bestellung zugestimmt hat. Er haftet nicht, wenn er an dem Beschluss nicht mitgewirkt, nicht zugestimmt oder widersprochen hat[112]. An der Überlassung mitgewirkt hat aber auch ein Gesellschafter, der zwar der Bestellung widersprochen hat, der aber in der Folge unter Vernachlässigung seiner Minderheitenrechte nicht alles unternommen hat, z.B. durch Einberufung der Gesellschafterversammlung, um die Unternehmensleitung durch den inhabilen Geschäftsführer zu verhindern. Auch der gleichgültige Gesellschafter verletzt somit seine Pflichten durch Unterlassen, wenn die anderen Gesellschafter einen inhabilen Geschäftsführer einsetzen[113], er aber nicht alles Notwendige unternimmt, um ein Tätigwerden des inhabilen Geschäftsführers zu verhindern. Es fehlt nicht nur am Verschulden[114]. Dem erfolglosen Minderheitsgesellschafter, der alles unternommen hat, um die Geschäftsführung durch den inhabilen Dritten zu verhindern, werden aber die schadensstiftenden Maßnahmen nicht zugerechnet. Er haftet nicht.

46 Die Überlassung der Geschäftsführung verlangt **keinen formalen Bestellungsakt**[115]. Daher ist auch nicht erforderlich, dass die inhabile Person als Geschäftsführer eingetragen ist oder als Geschäftsführer bezeichnet wird. Entscheidend ist vielmehr, dass der inhabilen Person tatsächlich Leitungsaufgaben übertragen, überlassen sind oder deren Wahrnehmung geduldet wird[116].

47 – Möglich ist daher, dass die Gesellschafter eine inhabile Person mit der Leitung beauftragen und dass diese Person über die Maßnahmen entscheidet, sie umsetzt und im Außenverhältnis auftritt (*1. Fallgruppe*).

48 – Es genügt auch, dass die Gesellschafter die inhabile Person als Strohmann-Geschäftsführer bestellen und zur Ausführung von Maßnahmen benutzen und sie ihrerseits aber die Unternehmensleitung aus dem Hintergrund steuern (*2. Fallgruppe*).

49 – Möglich ist endlich, dass die amtsunfähige Person, z.B. der Mehrheitsgesellschafter, mit Billigung der Mitgesellschafter über die Maßnahmen der Geschäftsführung entscheidet, diese aber durch einen amtsfähigen Geschäftsführer umgesetzt werden (*3. Fallgruppe*)[117].

50 Die Person, der die Geschäfte überlassen werden, muss demnach nicht im Außenverhältnis auftreten. Ihr muss keine rechtsgeschäftliche Vollmacht erteilt sein. Organschaftliche Vertretungsmacht hat der inhabile Dritte ohnehin nicht; denn eine Bestellung wäre unwirksam. Ist die inhabile Person **weisungsabhängiger leitender Angestellter**, so sind ihr aber keine Geschäfte übertragen; denn verlangt ist eine gewisse Selbständigkeit in der Entscheidungsbefugnis.

---

112 Ebenso *Paefgen*, in: Ulmer/Habersack/Löbbe, Rdnr. 110; a.A. *Altmeppen*, in: Roth/Altmeppen, Rdnr. 30; *Römermann*, in: Römermann/Wachter, GmbH-Beratung nach dem MoMiG, GmbHR-Sonderheft MoMiG, 2008, S. 62, 69.
113 Ähnlich *Goette*, in: MünchKomm. GmbHG, Rdnr. 53.
114 So *Schäfer*, in: Bork/Schäfer, Rdnr. 21.
115 *Fastrich*, in: Baumbach/Hueck Rdnr. 19 f.; *Paefgen*, in: Ulmer/Habersack/Löbbe, Rdnr. 107; *Altmeppen*, in: Roth/Altmeppen, Rdnr. 28; *Kleindiek*, in: Lutter/Hommelhoff, Rdnr. 48; *Oetker*, in: Henssler/Strohn, Gesellschaftsrecht, Rdnr. 61; *Goette*, in: MünchKomm. GmbHG, Rdnr. 51; *Tebben*, in: Michalski u.a., Rdnr. 100.
116 *Altmeppen*, in: Roth/Altmeppen, Rdnr. 28.
117 Ebenso *Schäfer*, in: Bork/Schäfer, Rdnr. 19; *Altmeppen*, in: Roth/Altmeppen, Rdnr. 28; a.A. *Tebben*, in: Michalski u.a., Rdnr. 101.

Tritt die Amtsunfähigkeit erst nach der Übertragung der Geschäfte ein, so verliert ein bestell-   51
ter Geschäftsführer automatisch seine Organstellung. Unabhängig davon müssen die Gesellschafter nach Eintritt der Amtsunfähigkeit einschreiten, um eine weitere tatsächliche Geschäftsführung zu verhindern[118].

Kein Überlassen der Geschäftsführung liegt vor, wenn die Gesellschafter **keinen Geschäfts-**   52
führer bestellen und sie auch sonst niemandem die Führung der Geschäfte übertragen, also
die Dinge hängen lassen. Entsprechend liegt kein Überlassen der Geschäftsführung vor, wenn
die Gesellschafter einen Geschäftsführer abberufen, ohne einen neuen Geschäftsführer zu bestellen, und sie auch sonst die Geschäftsführung keinem Dritten überlassen. Das Fehlen von
Bestellungspflichten mit der Folge einer führungslosen Gesellschaft mag zwar der gesetzlichen Intention widersprechen. Das begründet aber keinen Haftungstatbestand. Kein Überlassen liegt ferner vor, wenn ein krimineller Gesellschafter selbst die Geschäfte der Gesellschaft führt oder steuert, die Geschäftsführung ihm aber nicht von den Gesellschaftern in
ihrer Gesamtheit überlassen ist[119]. Zweifelhaft ist nur der Fall, in dem ein inhabiler Alleingesellschafter die Geschäfte führt und er zu diesem Zweck einen amtsfähigen Geschäftsführer
für die Vertretung im Außenverhältnis bestellt hat. Der Gesetzeszweck spricht für seine Haftung.

d) Überlassung an inhabile Personen

Überlassen sein muss die Geschäftsführung Personen, die aus gesetzlichen Gründen, die in § 6   53
Abs. 2 aufgelistet sind, nicht Geschäftsführer sein können. Fehlen dem Geschäftsführer die statutarischen oder die aufsichtsrechtlichen Eignungsvoraussetzungen, z.B. nach § 33 KWG oder
§ 24 VAG, greift § 6 Abs. 5 nicht[120]. Nach dem Wortlaut ist dies zwar zweifelhaft; denn eine
solche Begrenzung fehlt im Text. Sie ergibt sich aber durch einschränkende Auslegung nach
dem Sinn und Zweck der Vorschrift. § 6 Abs. 5 soll nur greifen, um die gesetzlichen Ausschlussgründe durchzusetzen. Sinn und Zweck der Haftung nach § 6 Abs. 5 besteht nicht darin, die satzungsmäßigen oder gewerberechtlichen/aufsichtsrechtlichen Bestellungsvoraussetzungen zu verwirklichen.

Aus diesem Grund liegt auch keine Überlassung an eine inhabile Person i.S. von § 6 Abs. 5   54
vor, wenn der faktische Geschäftsführer aus sonstigen Gründen unzuverlässig und ungeeignet ist. Dazu gehören Gründe aus dem öffentlichen Dienstrecht, ein Wettbewerbsverbot aus
einem Dienstvertrag mit einem Dritten, usw.

e) Auswahlverschulden

§ 6 Abs. 5 begründet für die Gesellschafter eine Verschuldenshaftung. Sie findet ihren Grund   55
in einer schuldhaft fehlerhaften Auswahl der Geschäftsführer (Auswahlverschulden). Die Gesellschafter haften gesamtschuldnerisch[121].

Der Gesellschafter haftet nur bei **Vorsatz oder grober Fahrlässigkeit**. Das bedeutet, dass der   56
Gesellschafter seine Pflichten bei der Überlassung der Führung der Geschäfte vorsätzlich oder
grob fahrlässig verletzt hat. Der Gesellschafter handelt nicht grob fahrlässig, wenn er nicht bei
jeder Bestellung oder Wiederbestellung nachprüft, ob die Voraussetzungen für einen Ausschlussgrund vorliegen. Er handelt nur dann grob fahrlässig, wenn Anhaltspunkte bestehen,

---

118 Ebenso *Paefgen*, in: Ulmer/Habersack/Löbbe, Rdnr. 107.
119 So zutr. Begr. RegE MoMiG, BT-Drucks. 16/6140, S. 633.
120 A.A. wohl *Oetker*, in: Henssler/Strohn, Gesellschaftsrecht, Rdnr. 60.
121 BR-Drucks. 354/07, S. 8: Gesprochen wird dort von „gesamthänderischer Haftung". Gemeint ist
     aber wohl „gesamtschuldnerische Haftung".

die die Vermutung aufkommen lassen, es gäbe ein Ermittlungsverfahren oder es liege eine Vorstraftat vor. In diesem Fall muss der Gesellschafter nachprüfen, ob die betreffende Person inhabil ist[122].

f) Darlegungs- und Beweislast

57 Wie § 43 steht § 6 Abs. 5 für einen besonderen Fall der Organhaftung. Daraus lässt sich ableiten, dass die Regeln über die Darlegungs- und Beweislast, die für § 43 gelten, hier entsprechend anzuwenden sind. Das bedeutet, dass die Gesellschafter die Darlegungs- und Beweislast dafür tragen, dass sie ihren Sorgfaltspflichten nachgekommen sind oder sie kein Verschulden trifft oder dass der Schaden auch bei pflichtgemäßem Alternativverhalten, also bei pflichtgemäßer Bestellung der Geschäftsführer, eingetreten wäre[123]. Dem steht nicht entgegen, dass zwar der Geschäftsführer über alle Informationen verfügt, um einen Vorwurf pflichtwidrigen Verhaltens bei der Unternehmensleitung abzuwehren. Für den Gesellschafter trifft dies in dieser Weise nicht zu. Er kann sich die Informationen aber besorgen.

g) Zu ersetzender Schaden

58 Die pflichtvergessenen Gesellschafter haften der Gesellschaft als Gesamtschuldner auf Ersatz des entstandenen Schadens. Dabei ist aber nicht jeder durch den faktischen Geschäftsführer verursachte Schaden zu ersetzen, sondern nur der Schaden, der dadurch entstanden ist, dass diese Person die ihr gegenüber der Gesellschaft bestehenden Obliegenheiten verletzt hat. Schuldhaft muss die inhabile Person hierbei nicht gehandelt haben[124].

59 Mit der Formulierung „Obliegenheit" knüpft § 6 Abs. 5 an die Formulierung in § 43 Abs. 2 an. § 43 Abs. 2 meint dabei die **Pflichten**, die dem Geschäftsführer im Verhältnis zur Gesellschaft auferlegt sind. Nun obliegen zwar auch dem faktischen Geschäftsführer gegenüber der Gesellschaft Pflichten, deren schuldhafte Verletzung zur Haftung führt. Teilweise wird allerdings eine Haftung des faktischen Geschäftsführers nur angenommen, wenn die Person auch im Außenverhältnis auftritt. Das ist im Rahmen von § 6 Abs. 5 jedoch nicht erforderlich[125]. Zu fragen ist vielmehr, ob ein wirksam bestellter Geschäftsführer seine Pflichten verletzt hätte, wenn er an Stelle der inhabilen Person die Aufgaben wahrgenommen hätte. Mit dem Verweis auf die Pflichtverletzung des Geschäftsführers verknüpft § 6 Abs. 5 die Haftung der Gesellschafter zugleich auch mit den allgemeinen Regeln zur Haftungsfreistellung des Geschäftsführers[126]. Dazu gehören insbesondere die **Haftungsfreistellung bei rechtmäßigen Weisungen** oder einem offenen oder stillschweigenden **Einverständnis der Gesellschafter** (s. 11. Aufl., § 43 Rdnr. 121). Sie führen auch zur Freistellung des faktischen Geschäftsführers. Dabei genügt für den Weisungsbeschluss eine einfache Mehrheit der Gesellschafter[127]. Bei ihm liegt keine Obliegenheitsverletzung vor, wenn die angewiesene Maßnahme zu Schaden führt mit der Folge, dass auch die Gesellschafter nicht nach § 6 Abs. 5 haften[128]. Eine Haftungsfreistel-

---

122 *Schäfer*, in: Bork/Schäfer, Rdnr. 22.
123 *Kleindiek*, in: Lutter/Hommelhoff, Rdnr. 60; *Paefgen*, in: Ulmer/Habersack/Löbbe, Rdnr. 118; allgemein: *Born*, in: Krieger/Uwe H. Schneider, Hdb. Managerhaftung, 3. Aufl. 2017, Rz. 14.1 ff.
124 *Kleindiek*, in: Lutter/Hommelhoff, Rdnr. 54 und 61; *Paefgen*, in: Ulmer/Habersack/Löbbe, Rdnr. 115; *Altmeppen*, in: Roth/Altmeppen, Rdnr. 33.
125 *Kleindiek*, in: Lutter/Hommelhoff, Rdnr. 54: Haftung nur entsprechend Verantwortlichkeit eines (amtsunfähigen) faktischen Geschäftsführers.
126 Allgemein dazu *Uwe H. Schneider/Sven H. Schneider*, GmbHR 2005, 1229.
127 *Kleindiek*, in: Lutter/Hommelhoff, Rdnr. 55; *Paefgen*, in: Ulmer/Habersack/Löbbe, § 43 Rdnr. 115.
128 *Goette*, in: MünchKomm. GmbHG, Rdnr. 55; *Kleindiek*, in: Lutter/Hommelhoff, Rdnr. 56; a.A. *Paefgen*, in: Ulmer/Habersack/Löbbe, Rdnr. 114 f.

lung erfolgt freilich nur, wenn die Weisung rechtmäßig ist. Dies ist nicht der Fall, wenn die angewiesene Maßnahme gegen Vorschriften zur Kapitalerhaltung oder gegen das Verbot des existenzvernichtenden Eingriffs[129] oder sonstiges zwingendes Recht verstößt (s. 11. Aufl., § 43 Rdnr. 124). Und eine Haftungsfreistellung ergibt sich nicht bei **fehlerhafter Ausführung**.

Zu ersetzen sind auch Schäden, die auf einer Verletzung von Loyalitätspflichten beruhen, sofern die Verletzung im Zusammenhang mit der Überlassung der Geschäftstätigkeit steht. Die Gesellschafter haften daher auch für eine Nichtbeachtung des Wettbewerbsverbots des faktischen Geschäftsführers, für das Ansichziehen von Geschäftschancen, die der Gesellschaft zustehen, und für Schäden durch Griff in die Kasse der Gesellschaft. Die Gesellschafter haften nur dann ausnahmsweise der Gesellschaft nicht, wenn die schadensverursachende Handlung auf einer allgemeinen Sorgfaltspflichtverletzung beruht. Zu denken ist an die Beschädigung eines PKW anlässlich einer Dienstfahrt[130]. 60

Zum Ersatz des Schadens Dritter sind die Gesellschafter nur verpflichtet, wenn der Dritte seinerseits gegen die Gesellschaft Anspruch auf Schadensersatz hat. Bejaht man ein eigenes Verfolgungsrecht Dritter gegen die Gesellschafter in entsprechender Anwendung von § 93 Abs. 5 AktG[131], so kann der Dritte Zahlung an sie verlangen.

h) Verjährung

Nicht gesetzlich geregelt ist, zu welchem Zeitpunkt der Anspruch aus § 6 Abs. 5 verjährt. Eine Analogie zu § 43 Abs. 4 spricht für eine Verjährung des entsprechenden Anspruchs in 5 Jahren[132]. 61

i) Erlass

Wegen der gläubigerschützenden Wirkung von § 6 Abs. 5 können die Gesellschafter nicht von Anfang an durch die Satzung auf die Haftung der Gesellschafter verzichten. Sie können aber nachträglich auf den Anspruch verzichten, soweit dem nicht Gläubigerinteressen entgegenstehen. 62

VII. Grundsatz der Gleichbehandlung

Nach § 6 i.V.m. § 7 Abs. 1 AGG dürfen „Beschäftigte" nicht wegen eines in § 1 AGG genannten Grundes, also aus Gründen der Rasse oder wegen der ethnischen Herkunft, des Geschlechts, der Religion oder der Weltanschauung, einer Behinderung, des Alters[133] oder der sexuellen Identität, behindert werden. Nach § 6 Abs. 3 AGG gelten diese Vorschriften **auch für Geschäftsführer**, soweit es die Bedingungen für den Zugang zur Erwerbstätigkeit sowie den beruflichen Aufstieg betrifft. Eine bestimmte Quote, etwa im Blick auf die Religionszugehörigkeit des Geschäftsführers oder der ethnischen Herkunft[134] ist nicht vorgesehen. 63

---

129 BGH v. 17.9.2001 – II ZR 178/99, BGHZ 149, 10, 16 = GmbHR 2001, 1036; BGH v. 25.2.2002 – II ZR 196/00, GmbHR 2002, 549.

130 Ebenso zum letzteren *Altmeppen*, in: Roth/Altmeppen, Rdnr. 33.

131 So *Kleindiek*, in: Lutter/Hommelhoff, Rdnr. 59; *Schäfer*, in: Bork/Schäfer, Rdnr. 24.

132 *Fastrich*, in: Baumbach/Hueck, Rdnr. 24; *Paefgen*, in: Ulmer/Habersack/Löbbe, Rdnr. 119; *Wicke*, Rdnr. 23.

133 S. dazu *Lingemann/Weingart*, DB 2012, 2325; *Mager*, in: FS Säcker, 2012, S. 1075; *Kort*, WM 2013, 1049; *Mohr*, ZHR 178 (2014), 326.

134 Zu Geschlechterquoten: *Langenbucher*, JZ 2011, 1038; *Hirte*, Der Konzern 2011, 519.

64 Teilweise wird die Ansicht vertreten, dass sich das Gleichbehandlungsgebot nur auf den Anstellungsvertrag, nicht aber die Bestellung bezieht[135]. Ein Verstoß gegen die Vorschriften des AGG liege nur vor, wenn dem bestellten Geschäftsführer der Abschluss eines Anstellungsvertrags verweigert werde[136].

65 Mit dem Wortlaut von § 6 Abs. 3 AGG sowie dem Sinn und Zweck des Gesetzes ist eine solche einschränkende Auslegung nicht vereinbar. Voraussetzung für den Zugang zum Amt des Geschäftsführers ist die Bestellung und nicht die Anstellung[137]. Das Gebot der Gleichbehandlung gilt daher auch für die Bestellung, deren Fortführung und den Anstellungsvertrag[138].

66 Für **Fremdgeschäftsführer** wird zudem darauf hingewiesen, dass sie zwar nach deutschem Recht nach h.M. keine Arbeitnehmer seien (s. dazu aber auch 11. Aufl., § 35 Rdnr. 259). Die Vorschriften des AGG seien jedoch im Lichte des europäischen Gleichbehandlungsrechts auszulegen und das europäische Recht qualifiziere Fremdgeschäftsführer als Arbeitnehmer[139].

67 Das schließt nicht aus, dass die Bewerber auch im Blick auf das Gesellschaftsinteresse bewertet werden und ein Bewerber deshalb bestellt und ausgewählt wird, weil er für das Amt besser geeignet ist. So ist es ein anerkennenswertes Kriterium, dass der Geschäftsführer Gesellschafter ist. Der Grundsatz der Gleichbehandlung hat daher vor allem für **Fremdgeschäftsführer** etwa bei Konzernunternehmen praktische Bedeutung. Der Schutz des Geschäftsführers erstreckt sich § 6 Abs. 3 AGG aber nur auf den **Zugang zur Erwerbstätigkeit und den beruflichen Aufstieg**, nicht aber auf die Beschäftigungsbedingungen, die Vergütung, die Vereinbarungen über das Ausscheiden usw.[140]. Mit Geschäftsführern von Tochtergesellschaften können daher unterschiedliche Vergütungen vereinbart werden, ohne dass der Vorwurf der Ungleichbehandlung zu befürchten ist.

68 Rechtswidrig ist insoweit nur die Diskriminierung aufgrund der genannten Merkmale. Für das **Alter** ist zudem in § 10 AGG vorgesehen, das eine unterschiedliche Behandlung zulässig ist, wenn sie objektiv und angemessen und durch ein legitimes Ziel gerechtfertigt ist. Im Rahmen des Einzelfalles ist aber eine unterschiedliche Behandlung wegen des Alters im Rahmen von § 10 Satz 3 AGG zulässig. So kann in der Satzung ein Mindestalter für Geschäftsführer bestimmt werden. Und Geschäftsführer können mit dem Hinweis auf ihr fortgeschrittenes Alter abberufen werden[141]. Anzuwenden ist die Beweislastregel nach § 22 AGG. Der Bewerber muss nur beweisen, dass eine Diskriminierung vorliegt. Indizien genügen. Die Gesellschaft muss beweisen, dass der Bewerber nicht wegen seines Alters benachteiligt wurde[142].

68a Das Allgemeine Gleichbehandlungsgesetz wurde im Jahr 2015 durch das **Gesetz für die gleichberechtigte Teilhabe von Frauen und Männern an Führungspositionen in der Privatwirtschaft und im öffentlichen Dienst** ergänzt[143]. Hiernach ist bei der GmbH zu unterscheiden:

---

135 So *Bauer/Krieger*, 4. Aufl. 2015, § 2 AGG Rdnr. 16, § 6 AGG Rdnr. 27; *Bauer/Arnold*, ZIP 2008, 993, 997; a.A. *Lutter*, BB 2007, 725, 726; *Krause*, AG 2007, 392, 394; *Eßer/Baluch*, NZG 2007, 321, 328.
136 *Bauer/Arnold*, ZIP 2008, 993, 998.
137 Ebenso *Kleindiek*, in: Lutter/Hommelhoff, Rdnr. 34; *Eßer/Baluch*, NZG 2007, 321, 328; *Krause*, AG 2007, 392, 394; *Lutter*, BB 2007, 725, 726.
138 BGH v. 23.4.2012 – II ZR 163/10, GmbHR 2012, 845 = ZIP 2012, 1291 mit Anm. *Paefgen*.
139 EuGH v. 30.11.1995 – Rs. C-55/94, DB 1996, 35; EuGH v. 17.3.2005 – Rs. C-109/04, NJW 2005, 1481; *Kleindiek*, in: Lutter/Hommelhoff, Rdnr. 34; *Reichold/Heinrich*, in: FS H. P. Westermann, 2008, S. 1315, 1322.
140 Weitergehend *Reichold/Heinrich*, in: FS H. P. Westermann, 2008, S. 1315, 1329: Arbeitsrechtlicher Teil des AGG ist auf Fremdgeschäftsführer analog anzuwenden.
141 Zum Ganzen: *Lutter*, BB 2007, 725.
142 BGH v. 23.4.2012 – II ZR 163/10, GmbHR 2012, 845 = ZIP 2012, 1291 mit Anm. *Paefgen*.
143 Gesetz vom 24.4.2015, BGBl. I 2015, 642. Einzelheiten bei *Frommholzer/Simons*, AG 2015, 457; *Wella/Benz*, AG 2015, 467; *Junker/Schmidt-Pfitzner*, NZG 2015, 929; *Bayer/Hoffmann*, Frauenquote: Ja – Mitbestimmung: Nein. GmbH mit Frauenquoten ohne Mitbestimmung?, GmbHR 2017, 441.

– Bei der **GmbH ohne Aufsichtsrat** haben die Geschäftsführer Zielgrößen für den Frauenanteil in den beiden Führungsebenen unterhalb der Geschäftsführer festzulegen, § 36. Dagegen besteht eine solche Verpflichtung für die Gesellschafter bei der Bestellung der Geschäftsführer nicht.

– Bei der **GmbH mit einem Aufsichtsrat, der nach dem Drittelbeteiligungsgesetz** zu bestellen ist, legt die Gesellschafterversammlung für den Frauenanteil unter den Geschäftsführern Zielgrößen fest, es sei denn, sie hat dem Aufsichtsrat diese Aufgabe übertragen, § 52 Abs. 2 Satz 1. Für den Frauenanteil in den beiden Führungsebenen unterhalb der Geschäftsführer haben die Geschäftsführer die Zielgrößen zu bestimmen, § 36.

– Für die GmbH, die nach dem Mitbestimmungsgesetz, dem Montan-Mitbestimmungsgesetz oder dem Mitbestimmungsergänzungsgesetz einen Aufsichtsrat zu bestellen hat, hat der Aufsichtsrat und nicht etwa die Gesellschafterversammlung für den Frauenanteil unter den Geschäftsführern Zielgrößen festzulegen, § 52 Abs. 2 Satz 2.

Die Festlegung der Zielgrößen kann, soweit der Aufsichtsrat berufen ist, auf einen Ausschuss übertragen werden. Für die Geschäftsführer gehört die Festlegung der Zielgrößen zu den Leitungsaufgaben. Bei der Festlegung der Zielgrößen haben die Gesellschafter, der Aufsichtsrat und die Geschäftsführer ein weites Ermessen. Die Zielgröße darf den tatsächlich erreichten Frauenanteil aber nicht unterschreiten, es sei denn der Frauenanteil läge bereits bei mindestens 30 %.

VIII. Satzungsrechtliche Eignungsvoraussetzungen

1. Zulässige Gestaltungen

In der Satzung kann festgelegt werden, dass nur Personen, die bestimmte Voraussetzungen erfüllen, zu Geschäftsführern ernannt werden dürfen, z.B. nur Gesellschafter[144], nur Mitglieder einer bestimmten Familie, nur Personen, die ein bestimmtes Alter[145], oder eine qualifizierte Vorbildung und Berufserfahrung haben. Es besteht insoweit volle Satzungsfreiheit. Soll hiervon abgewichen werden, so bedarf es zunächst einer Satzungsänderung[146]. Der Beschluss der Gesellschafter, durch den ein Geschäftsführer bestellt wird, der die Voraussetzungen nicht erfüllt, ist anfechtbar, selbst wenn eine satzungsändernde Mehrheit bestand.

Solche satzungsrechtlichen Eignungsklauseln finden aber ihre Grenze an den Vorschriften des AGG (s. dazu Rdnr. 63 ff.). Nach § 6 Abs. 3 AGG gilt das Gleichbehandlungsgebot auch für **Geschäftsführer**, soweit es die Bedingungen für den Zugang zur Erwerbstätigkeit und den beruflichen Aufstieg betrifft. Der teilweise vertretenen Ansicht, dass sich das Gleichbehandlungsgebot nur auf den Anstellungsvertrag bezieht[147], ist nicht zu folgen. Dem widersprechen der Wortlaut von § 6 Abs. 3 AGG und der Sinn und Zweck der Vorschrift. Voraussetzung für den Zugang zum Amt des Geschäftsführers ist die Bestellung und nicht die Anstellung[148]. Daher sind satzungsmäßige Eignungsklauseln, wonach nur Personen eines bestimmten Geschlechts zum Geschäftsführer bestellt werden dürfen, rechtswidrig. Das schließt aber nicht aus, dass solche Eignungsklauseln im Lichte des Gesellschaftsinteresses formuliert

69

70

---

144 *Altmeppen*, in: Roth/Altmeppen, Rdnr. 43.
145 *Erdmann*, NZG 2002, 503; *Goette*, in: MünchKomm. GmbHG, Rdnr. 40; s. aber auch *Lutter*, BB 2007, 725; *Oetker*, in: Henssler/Strohn, Gesellschaftsrecht, Rdnr. 34.
146 *Fastrich*, in: Baumbach/Hueck, Rdnr. 8.
147 So *Bauer/Krieger*, 4. Aufl. 2015, § 2 AGG Rdnr. 16 und § 6 AGG Rdnr. 27; *Bauer/Arnold*, ZIP 2008, 993, 997.
148 Ebenso *Kleindiek*, in: Lutter/Hommelhoff, Rdnr. 34; *Oetker*, in: Henssler/Strohn, Gesellschaftsrecht, Rdnr. 34; *Eßer/Baluch*, NZG 2007, 321, 328; *Krause*, AG 2007, 392, 394; *Lutter*, BB 2007, 725, 726.

werden können, also etwa, dass der Geschäftsführer Gesellschafter oder der deutschen Sprache mächtig sein muss.

71   Anforderungen an ein Mindestalter oder ein Höchstalter sind nach § 10 AGG zulässig, wenn sie objektiv und angemessen und durch ein legitimes Ziel gerechtfertigt sind[149]. So kann in der Satzung eine Regel-Pensionsgrenze festgelegt werden. Unzulässig sind aber zwingende Altersgrenzen, zu denen üblicherweise noch kein Antrag auf Rente wegen Erreichens der Altersgrenze gestellt werden kann, § 10 Satz 3 Nr. 5 AGG.

72   Die Festlegung solcher Eignungsvoraussetzungen in der Satzung ist auch in der nach dem MitbestG und nach dem DrittelbG **mitbestimmten GmbH** zulässig. Der Gestaltungsspielraum ist bei der GmbH größer als bei der AG. Voraussetzung für eine Satzungsregelung ist aber, dass die Eignungsvoraussetzung sachlich begründbar ist und dass für den mitbestimmten Aufsichtsrat noch eine angemessene Auswahlmöglichkeit besteht[150]. In Betracht kommen insb. Eignungsvoraussetzungen hinsichtlich Alter, Zuverlässigkeit, fachliche Eignung, Wohnsitz und Zugehörigkeit zu einer Familie.

2. Fehlen und Wegfall einer Eignungsvoraussetzung

73   Fehlen einem Geschäftsführer die erforderlichen Eignungsvoraussetzungen, so ist seine Bestellung gleichwohl wirksam[151]. Überstimmte Gesellschafter können jedoch den die Satzung verletzenden Beschluss anfechten bzw. die Abberufung verlangen. Fällt eine Eignungsvoraussetzung nachträglich weg, z.B. die Zugehörigkeit zur Familie auf Grund Ehescheidung, beendet dies gleichfalls nicht die Geschäftsführerstellung. Begründet ist jedoch ein wichtiger Grund zur Abberufung.

IX. Bestellung

1. Bestellung durch Gesellschafterversammlung oder Aufsichtsrat

74   Zu den Aufgaben der Gesellschafter gehört es, für handlungsfähige Organe zu sorgen, also auch Geschäftsführer zu berufen. Zuständig ist die Gesellschafterversammlung, § 46 Nr. 5. Sie entscheidet durch Beschluss (Einzelheiten bei § 46). Die Bestellung kann befristet oder unbefristet sein. Sie darf aber weder an eine **aufschiebende Bedingung**, entgegen der höchstrichterlichen Rechtsprechung[152], noch an eine **auflösende Bedingung** geknüpft werden[153].

---

149 *Oetker*, in: Henssler/Strohn, Gesellschaftsrecht, Rdnr. 34; weitergehend *Goette*, in: MünchKomm. GmbHG, Rdnr. 40; zum Ganzen *Lutter*, BB 2007, 725.

150 Str., Einzelheiten für MitbestG: *Tebben*, in: Michalski u.a., Rdnr. 69; *Ulmer/Habersack*, in: Ulmer/Habersack/Henssler, Mitbestimmungsrecht, 3. Aufl. 2013, § 31 MitbestG Rdnr. 10 ff.; *Martens*, AG 1976, 120; *Wiedemann*, ZGR 1977, 168; *Immenga*, ZGR 1977, 255; *Raiser/Veil/Jacobs*, 6. Aufl. 2015, § 31 MitbestG Rdnr. 9; enger: *Wißmann/Kleinsorge/Schubert*, Mitbestimmungsrecht, 5. Aufl. 2017, § 31 MitbestG Rdnr. 22 ff.: äußerst begrenzte Zulässigkeit; *Oetker*, in: Henssler/Strohn, Gesellschaftsrecht, Rdnr. 33.

151 Zustimmend: *Altmeppen*, in: Roth/Altmeppen, Rdnr. 43; *Oetker*, in: Henssler/Strohn, Gesellschaftsrecht, Rdnr. 35; *Goette*, in: MünchKomm. GmbHG, Rdnr. 47.

152 BGH v. 24.10.2005 – II ZR 55/04, GmbHR 2006, 46 = ZIP 2005, 2255.

153 Wie hier: *Altmeppen*, in: Roth/Altmeppen, Rdnr. 68; *Kleindiek*, in: Lutter/Hommelhoff, Rdnr. 41a; *Marsch-Barner/Diekmann*, in: MünchHdb. III, § 42 Rdnr. 39; *Theusinger/Liese*, EWiR 2006, 113 f.; a.A. *Zöllner/Noack*, in: Baumbach/Hueck, § 38 Rdnr. 85; *Tebben*, in: Michalski u.a., Rdnr. 86; *Koppensteiner/Gruber*, in: Rowedder/Schmidt-Leithoff, § 38 Rdnr. 39; *Schmidt-Leithoff*, in: Rowedder/Schmidt-Leithoff, Rdnr. 40; *Wicke*, Rdnr. 14; *Gehrlein*, GmbH-Recht in der Praxis, S. 223; *Goette*, DStR 1998, 939.

Denn durch eine bedingte Bestellung oder die bedingte Beendigung der Organstellung entsteht Rechtsunsicherheit. Zu bedenken ist auch, dass ins Handelsregister Tatsachen, die erst in der Zukunft entstehen, nämlich der Eintritt der Bedingung, nicht eingetragen werden können[154]. Die Folge wäre, wenn man der höchstrichterlichen Rechtsprechung folgt, dass bei Eintritt der auflösenden Bedingungen das Handelsregister unrichtig wird. Der Rechtsverkehr müsste sich in diesem Fall außerhalb des Registers informieren.

Zulässig ist nur die **Bestellung mit Gremienvorbehalt**, also die Bestellung vorbehaltlich der Zustimmung durch ein anderes Organ. Zur Verknüpfung der Bestellung mit dem Anstellungsvertrag s. bei § 35.　75

Ist die Gesellschaft nach dem **DrittelbeteiligungsG** mitbestimmt, so richten sich die Zuständigkeiten des Aufsichtsrats nach § 1 Abs. 1 Nr. 3 DrittelbG i.V.m. den dort aufgeführten aktienrechtlichen Vorschriften. Im Übrigen bleibt es aber bei den Bestimmungen des GmbHG. Das bedeutet, dass die Geschäftsführer weiterhin durch die Gesellschafterversammlung bestellt[155] und angestellt werden[156]; denn § 1 Abs. 1 Nr. 3 DrittelbG verweist nicht auf § 84 AktG (Einzelheiten bei § 52).　76

Ist die Gesellschaft nach dem **MitbestG** mitbestimmt, bestellt der Aufsichtsrat die Geschäftsführer, §§ 1 Abs. 1 Nr. 1, § 31 MitbestG i.V.m. § 84 AktG (Einzelheiten insbesondere zur Anstellung bei § 52).

Sowohl bei der mitbestimmungsfreien GmbH wie bei der GmbH mitbestimmt nach dem DrittelbG kann die Zuständigkeit zur Bestellung des Geschäftsführers **durch die Satzung** auf den Aufsichtsrat oder ein anderes Kreationsorgan, das durch die Satzung geschaffen werden kann, übertragen werden.　77

Sofern sich aus dem Gesellschaftsvertrag nichts anderes ergibt, ist davon auszugehen, dass die Bestellung nur bei Gelegenheit im Rahmen des Abschlusses und der Beurkundung des Gesellschaftsvertrags erfolgen sollte[157]. Es handelt sich aber nur um einen unechten Satzungsbestandteil mit der Folge, dass sich die Dauer der Bestellung, die Abberufung, die Amtsniederlegung und die Neubestellung von Geschäftsführern nach den allgemeinen Regeln über die Bestellung usw. richten. Für die Abberufung des in dieser Weise bestellten Geschäftsführers und für die Neubestellung genügt demnach die einfache Mehrheit[158].　78

2. Bestellung und Amt als Sonderrecht

Die Zuständigkeit zur Bestellung[159] und Abberufung, aber auch die Organstellung selbst können einem Gesellschafter als Sonderrecht zugewiesen werden[160]. Dabei sind die vielfältigsten Gestaltungen möglich, und zwar in der Form anteilsgebundener Sonderrechte oder höchst-　79

154　DNotI-Report 2009, 113; *Wicke*, Rdnr. 3; *Krafka/Kühn*, Registerrecht, 10. Aufl. 2017, Rdnr. 146.
155　*Boewer/Gaul/Otto*, GmbHR 2004, 1065, 1066.
156　BGH v. 3.7.2000 – II ZR 282/98, GmbHR 2000, 876 = ZIP 2000, 1442, 1443 für MitbestG: Annexkompetenz; *Oetker*, in: ErfK, 17. Aufl. 2017, § 1 DrittelbG Rdnr. 17.
157　*Priester*, DB 1979, 681.
158　BGH v. 29.9.1955 – II ZR 225/54, BGHZ 18, 205; BGH v. 19.1.1961 – II ZR 217/58, NJW 1961, 507; BGH v. 4.1.1968 – II ZR 63/67, NJW 1969, 131; BGH v. 16.2.1981 – II ZR 89/79, GmbHR 1982, 129; OLG Hamm v. 8.7.1985 – 8 U 295/83, ZIP 1986, 1188 mit Anm. *Lutter*; *Fastrich*, in: Baumbach/Hueck, Rdnr. 26; *Paefgen*, in: Ulmer/Habersack/Löbbe, Rdnr. 65; *Altmeppen*, in: Roth/Altmeppen, Rdnr. 62; *Tebben*, in: Michalski u.a., Rdnr. 49.
159　OLG Stuttgart v. 28.12.1998 – 20 W 14/98, GmbHR 1999, 537.
160　BGH v. 2.3.2004 – II ZR 50/02, GmbHR 2004, 739 = ZIP 2004, 804; OLG Stuttgart v. 28.12.1998 – 20 W 14/98, GmbHR 1999, 537; allgemein *Aker*, Sonderrecht von GmbH-Gesellschaftern, 2002, S. 155 ff.; *van Venrooy*, GmbHR 2010, 841, 847.

persönlicher Sonderrechte, als befristete oder als dauerhafte mitgliedschaftliche Bevorrechtigung[161]. Das Ernennungsrecht kann einem Familienstamm, einem Partner eines Gemeinschaftsunternehmens oder einer Kommune (nicht Behörde) zustehen.

80 **Inhalt und Umfang des Sonderrechts** ist durch Auslegung zu ermitteln. In Betracht kommt ein Vorschlagsrecht („Präsentationsrecht"), ein Benennungsrecht, das Recht zur Abberufung nur bei wichtigem Grund[162] und das Recht, selbst als Geschäftsführer tätig zu werden. Ist einem Gesellschafter das Recht, als Geschäftsführer tätig zu sein, eingeräumt, so bleibt er Geschäftsführer bis zu dem in der Satzung genannten Zeitpunkt (z.B. Altersgrenze). Er kann nur aus wichtigem Grund abberufen werden[163]. Ist einem Gesellschafter auch das Recht eingeräumt, bei einer Tochtergesellschaft als Geschäftsführer tätig zu sein, so darf deren Geschäftstätigkeit nicht ausgehöhlt werden. Bei gleichzeitiger Tätigkeit als Geschäftsführer bei der Mutter- und bei der Tochtergesellschaft kann in der Satzung festgelegt werden, dass nur eine einheitliche Vergütung bezahlt wird[164]. Fehlt eine Satzungsregelung, so ist eine getrennte Vergütung zulässig, wenn die Gesellschaften auf unterschiedlichen Gebieten tätig sind und für den Geschäftsführer unterschiedliche Haftungsrisiken bestehen[165].

81 Ob einem Gesellschafter das Sonderrecht zur Geschäftsführung eingeräumt ist, muss sich zwar nicht ausdrücklich aus der Satzung ergeben; es müssen sich jedoch im Gesellschaftsvertrag selbst deutliche Anhaltspunkte finden[166]. Im Zweifel ist sein Bestehen aber zu verneinen[167]. Und im Zweifel ist der Umfang einschränkend auszulegen[168]. Dies folgt – auch – aus der Auslegungsregel des § 6 Abs. 4 (s. Rdnr. 90).

82 Ist ein Gesellschafter im Gesellschaftsvertrag zum ersten Geschäftsführer ernannt[169] oder wird für die Abberufung der Geschäftsführer durch die Satzung das Vorliegen eines wichtigen Grundes verlangt, so reicht dies für die Annahme eines Sonderrechts in der Regel noch nicht aus[170]. Auch sind keine ausreichenden Anhaltspunkte für ein Sonderrecht die Bezeichnung eines Gesellschafters als Geschäftsführer[171], eine Mehrheitsbeteiligung oder – in der zweigliedrigen GmbH – das Einstimmigkeitserfordernis für alle Beschlüsse[172].

83 Ein mitgliedschaftliches Geschäftsführungsrecht in der Form eines Sonderrechts ist aber in der Regel anzunehmen, wenn dem Geschäftsführer die Stellung im Gesellschaftsvertrag auf

---

161 *Waldenberger*, GmbHR 1997, 49, 52; s. auch bei § 14 Rdnr. 27 ff.
162 S. auch OLG Hamburg v. 27.8.1954 – 1 U 395/53, BB 1954, 978.
163 BGH v. 20.12.1982 – II ZR 110/82, BGHZ 86, 177, 179 = GmbHR 1983, 149; BGH v. 4.11.1968 – II ZR 63/67, WM 1968, 1350; BGH v. 16.2.1981 – II ZR 89/79, GmbHR 1982, 129 = WM 1981, 438; BGH v. 17.10.1983 – II ZR 31/83, WM 1984, 29; *Henze*, Handbuch zum GmbH-Recht, Rdnr. 1160.
164 BGH v. 22.3.2004 – II ZR 50/02, GmbHR 2004, 739 mit Anm. *Haas*, LMK 2004, 131.
165 Zum Anstellungsvertrag im Konzern: *Uwe H. Schneider*, GmbHR 1993, 10; *Deilmann/Dornbusch*, NZG 2016, 201; s. auch 11. Aufl., § 35 Rdnr. 308.
166 BGH v. 29.9.1955 – II ZR 225/54, BGHZ 18, 205; BGH v. 4.11.1968 – II ZR 63/67, BB 1968, 1399; BGH v. 16.2.1981 – II ZR 89/79, WM 1981, 438 = GmbHR 1982, 129; *Goette*, in: MünchKomm. GmbHG, Rdnr. 69.
167 BGH v. 29.9.1955 – II ZR 225/54, BGHZ 18, 205; *Paefgen*, in: Ulmer/Habersack/Löbbe, Rdnr. 69.
168 *Altmeppen*, in: Roth/Altmeppen, Rdnr. 65.
169 BGH v. 18.11.1968 – II ZR 121/67, GmbHR 1969, 38; BGH v. 16.2.1981 – II ZR 89/79, GmbHR 1982, 129 = WM 1981, 438.
170 OLG Hamm v. 24.1.2002 – 15 W 8/02, GmbHR 2002, 431; *Paefgen*, in: Ulmer/Habersack/Löbbe, Rdnr. 69; *Marsch-Barner/Diekmann*, in: MünchHdb. III, § 42 Rdnr. 22; *Goette*, Die GmbH nach der BGH-Rechtsprechung, S. 186; zweifelnd: *Immenga*, Die personalistische Kapitalgesellschaft, 1970, S. 95.
171 *Goette*, in: MünchKomm. GmbHG, Rdnr. 70.
172 BGH v. 17.10.1983 – II ZR 31/83, WM 1984, 29.

Lebenszeit oder auf die Dauer seiner Mitgliedschaft vorbehalten ist[173]. Ebenso ist die Bestellung im Gesellschaftsvertrag auszulegen, wenn aus dem Sinn der Gesamtregelung hervorgeht, dass alle Gesellschafter dieselben Sonderrechte haben sollen (strikte Parität), aber nur für einen Gesellschafter ausdrücklich das Sonderrecht zur Geschäftsführung erwähnt wird[174], oder wenn die Ernennung als Bestandteil einer vertraglichen Gestaltung des Gesellschaftsverhältnisses nach Art einer Personengesellschaft zu verstehen ist[175].

Sonderrechte können nur Gesellschaftern, aber nicht Dritten, eingeräumt werden[176]. Möglich und zulässig ist auch die Verknüpfung mit dem Geschäftsanteil[177]. Bedeutung hat dies bei Gemeinschafts- und Familienunternehmen. Ist einem Gesellschafter ein Sonderrecht eingeräumt, so ist im Zweifel davon auszugehen, dass es der Person als **höchstpersönliches Recht** zustehen soll, dass dieses Sonderrecht aber weder vererbbar ist, noch dass es bei Übertragung des Geschäftsanteils auf einen Dritten mit übergeht[178]. Mit dem Sonderrecht zur Geschäftsführung kann aber auch das mitgliedschaftliche Recht verbunden sein, den Nachfolger zu benennen[179]. 84

Die **Beeinträchtigung oder Aufhebung** satzungsmäßiger Sonderrechte kann nur durch Satzungsänderung erfolgen. Dabei ist die Zustimmung des berechtigten Gesellschafters erforderlich (s. 11. Aufl., § 53 Rdnr. 48). Wird das Sonderrecht durch einen Mitgesellschafter beeinträchtigt, so hat der Inhaber des Sonderrechts einen Unterlassungsanspruch[180]. 85

3. Die Bestellung durch Nichtgesellschafter

a) Einigkeit besteht, dass Nichtgesellschaftern durch **schuldrechtlichen Vertrag** keine organisationsrechtlichen Bestellungs- und/oder Abberufungskompetenzen eingeräumt oder übertragen werden können[181]. Die Gesellschaft kann sich aber verpflichten, bestimmte Personen zu berufen oder auf Verlangen des Dritten, z.B. eines Kreditinstituts, den Geschäftsführer abzuberufen. Pflichtverletzungen haben jedoch nur schuldrechtliche Folgen; ein Anspruch auf Erfüllung besteht nicht. 86

b) Einem **Nichtgesellschafter** kann auch in der Satzung ein persönliches Sonderrecht als Individualrecht (ad personam) mit der Maßgabe, nach eigenem Ermessen den Geschäftsführer zu bestellen oder abzuberufen, **nicht eingeräumt werden**[182]. Die Einzelheiten sind streitig. Auch die Gegenansicht geht davon aus, die Gesellschafter könnten jederzeit die Zuständig- 87

---

173   OLG Hamburg v. 27.8.1954 – U 395/53, GmbHR 1954, 188; BGH v. 4.11.1968 – II ZR 63/67, DB 1968, 2166; BGH v. 16.2.1981 – II ZR 89/79, GmbHR 1982, 129 = WM 1981, 438; *Goette*, in: MünchKomm. GmbHG, Rdnr. 69.

174   BGH v. 16.2.1981 – II ZR 89/79, GmbHR 1982, 129.

175   *R. Fischer*, GmbHR 1953, 132; *R. Fischer*, in: FS W. Schmidt, 1959, S. 121; *Winkler*, Die Lückenausfüllung des GmbH-Rechts durch das Recht der Personengesellschaften, 1967, S. 24; *Immenga*, Die personalistische Kapitalgesellschaft, 1970, S. 95.

176   Str.; wie hier *Paefgen*, in: Ulmer/Habersack/Löbbe, Rdnr. 68; eingehend *Ulmer*, in: FS Werner, 1984, S. 917 m.w.N.

177   *Goette*, in: MünchKomm. GmbHG, Rdnr. 71.

178   *Fastrich*, in: Baumbach/Hueck, Rdnr. 27; auch *Paefgen*, in: Ulmer/Habersack/Löbbe, Rdnr. 70.

179   BGH v. 4.10.1973 – II ZR 31/71, GmbHR 1973, 279.

180   BGH v. 22.3.2004 – II ZR 50/02, ZIP 2004, 804, 805 = GmbHR 2004, 739.

181   *Beuthien/Gätsch*, ZHR 157 (1993), 483, 488.

182   Wie hier: *Teichmann*, Gestaltungsfreiheit bei Gesellschaftsverträgen, 1971, S. 196; *Priester*, in: FS Werner, 1984, S. 665; *Ulmer*, in: FS Werner, 1984, S. 911, 922; *Ulmer*, in: FS Wiedemann, 2002, S. 1297; a.A. *Fastrich*, in: Baumbach/Hueck, Rdnr. 31; *Schmidt-Leithoff*, in: Rowedder/Schmidt-Leithoff, Rdnr. 39; *Tebben*, in: Michalski u.a., Rdnr. 63; *Altmeppen*, in: Roth/Altmeppen, Rdnr. 59; *Hammen*, WM 1994, 765; *Herfs*, Einwirkung Dritter auf den Willensbildungsprozess der GmbH, 1994, S. 117.

keit wieder an sich ziehen[183]. Das Sonderrecht wäre damit wesentlich eingeschränkt. Selbst eine solche Gestaltung widerspricht indessen dem **Grundsatz der Selbstorganisation**.

88 c) Zulässig ist aber folgende Gestaltung: Die Satzungsfreiheit erlaubt den Gesellschaftern, neben der Gesellschafterversammlung und neben den Geschäftsführern und gegebenenfalls neben dem Aufsichtsrat zusätzliche Organe zu schaffen. Diesem **zusätzlichen Organ** kann auch die Bestellungs- und Abberufungskompetenz sowie die Anstellungskompetenz zugewiesen werden. Wie dieses zusätzliche Organ besetzt wird, liegt gleichfalls in der Gestaltungsfreiheit der Gesellschafter. Berufen werden können Gesellschafter, aber auch Nichtgesellschafter. Die Berufung kann durch Beschluss der Gesellschafterversammlung oder auch in der Satzung erfolgen.

89 Erfolgt die Berufung eines Nichtgesellschafters in der Satzung, so ist dies in der Weise zu verstehen, dass *erstens* ein zusätzliches Organ gebildet wird und der Nichtgesellschafter *zweitens* durch unechten Satzungsbestandteil mit der Folge bestellt ist, dass der Dritte mit einfacher Mehrheit abberufen werden kann[184]. Die Abberufbarkeit kann allerdings auf wichtige Gründe beschränkt werden. Im Ergebnis bedeutet dies, dass durch die Satzung ein besonderes fakultatives Verbandsorgan geschaffen werden kann, dass diesem Organ die Bestellungs- und Abberufungskompetenz zugewiesen, ein Nichtgesellschafter zum alleinigen Organmitglied berufen und dieser gegebenenfalls nur bei Vorliegen eines wichtigen Grundes abberufen werden kann[185]. Das auf diese Weise bestellte Organmitglied wird nicht als außenstehender Dritter tätig, sondern es nimmt als Geschäftsführer organschaftliche Befugnisse wahr und ist entsprechend verpflichtet.

4. Die Auslegungsregel des § 6 Abs. 4

90 § 6 Abs. 4 enthält eine Auslegungsregel. Ist im Gesellschaftsvertrag bestimmt, dass sämtliche Gesellschafter zur Geschäftsführung berechtigt sein sollen, so sind damit nur diejenigen Gesellschafter gemeint, die der Gesellschaft bei Festsetzung dieser Bestimmung Gesellschafter sind. Werden später in die Gesellschaft weitere Gesellschafter aufgenommen, werden Anteile übertragen, so werden die neuen Gesellschafter nicht ohne weitere Bestellung auch Geschäftsführer.

5. Die Bestellung nach den Bestimmungen des dritten Abschnitts

91 Fehlt in der Satzung eine Bestellung der Geschäftsführer, so erfolgt sie – und dies ist die Regel – nach Maßgabe des dritten Abschnittes des Gesetzes, d.h. **durch einfachen Mehrheitsbeschluss** der Gesellschafter, § 46 Nr. 5, §§ 47 ff. (**Bestellungsbeschluss**). Ein mit der Mehrheit der abgegebenen Stimmen gefasster Gesellschafterbeschluss genügt zur Bestellung des Geschäftsführers auch dann, wenn die GmbH noch nicht im Handelsregister eingetragen ist[186]. Die Bestellung wird aber erst wirksam, wenn das Beschlussergebnis gegenüber dem Bestellten erklärt ist (**Bestellungserklärung**) und der Berufene sich zur Übernahme der Organstellung bereit erklärt hat (**Bereiterklärung**)[187]. Einzelheiten bei 11. Aufl., § 46 Rdnr. 79.

---

183 *Flume*, in: FS Coing, II, 1982, S. 97, 99 ff.; *Tebben*, in: Michalski u.a., Rdnr. 63.
184 Ausdrücklich *Ulmer*, in: FS Werner, 1984, S. 911, 923.
185 *Beuthien/Gätsch*, ZHR 157 (1993), 483, 492 ff.; *Hammen*, WM 1994, 765: analoge Anwendung von § 328 BGB; *Fleck*, ZGR 1988, 121; wohl auch *Fastrich*, in: Baumbach/Hueck, Rdnr. 31; *Schmidt-Leithoff*, in: Rowedder/Schmidt-Leithoff, Rdnr. 39; *Altmeppen*, in: Roth/Altmeppen, Rdnr. 59; *Tebben*, in: Michalski u.a., Rdnr. 64.
186 BGH v. 23.3.1981 – II ZR 27/80, BGHZ 80, 212 = GmbHR 1982, 67 = WM 1981, 645; OLG Hamm v. 4.12.1995 – 15 W 399/95, DB 1996, 369; *Altmeppen*, in: Roth/Altmeppen, Rdnr. 48, 61.
187 *Fastrich*, in: Baumbach/Hueck, Rdnr. 25; *Altmeppen*, in: Roth/Altmeppen, Rdnr. 62; *Tebben*, in: Michalski u.a., Rdnr. 41.

Durch die Satzung kann die Zuständigkeit zur Bestellung des Geschäftsführers aber auch einem anderen Gesellschaftsorgan zugewiesen werden, s. bei 11. Aufl., § 52 Rdnr. 164. Zur Bestellung der Geschäftsführer bei der mitbestimmten GmbH s. gleichfalls bei 11. Aufl., § 52 Rdnr. 165, 169. **92**

6. Pflicht zur Übernahme der Organstellung

Die Gesellschafter sind in der Regel weder gegenüber der Gesellschaft noch gegenüber den Gläubigern der Gesellschaft verpflichtet, das Amt des Geschäftsführers zu übernehmen[188]. Das gilt auch dann, wenn weder ein Dritter noch ein Mitgesellschafter hierzu bereit ist[189]. **93**

Im **Gesellschaftsvertrag** kann aber die mitgliedschaftliche Pflicht[190], in einem **Anstellungsvertrag** kann eine schuldrechtliche Pflicht zur Übernahme des Geschäftsführeramtes begründet werden. Die Bestellung eines Gesellschafters im Gesellschaftsvertrag nach § 6 Abs. 3 Satz 2 verpflichtet ihn nicht, auf Dauer das Amt beizubehalten; doch kann die fristlose Amtsniederlegung treuwidrig sein; zur Amtsniederlegung s. 11. Aufl., bei § 38 Rdnr. 85. Ob eine mitgliedschaftliche Pflicht mit dem Sonderrecht auf Übernahme der Geschäftsführerstellung verknüpft ist, ist durch Auslegung zu ermitteln.

X. Der Notgeschäftsführer

1. Gerichtliche Bestellung

Es gehört zwar zu den Aufgaben der Gesellschafter, Geschäftsführer zu bestellen. Sie waren bisher hierzu weder gegenüber den Gläubigern noch gegenüber dem Registergericht verpflichtet[191]. Ob dies nach Einführung von § 6 Abs. 5 noch gilt, ist zweifelhaft, aber abzulehnen. Hat die GmbH jedoch keinen Geschäftsführer, der die der Gesellschaft und dem Geschäftsführer obliegenden gesetzlichen Pflichten wahrnehmen und der sie vertreten kann, hat sie nicht die für die Vertretung erforderliche Zahl an Geschäftsführern oder ist der Geschäftsführer in der Vertretung tatsächlich oder rechtlich verhindert, so findet kein automatischer Übergang der Vertretungsbefugnis auf ein anderes Organ der Gesellschaft statt[192]. Es kann aber nach § 29 BGB, der sinngemäß auf die GmbH anwendbar ist, durch das Amtsgericht des Sitzes der Gesellschaft (Registergericht) auf Antrag ein **Notgeschäftsführer** bestellt werden[193]. Eine § 85 AktG entsprechende Vorschrift fehlt im GmbH-Gesetz. Sie war in § 68 RegE 1971 zwar vorgesehen; die Novelle 1980 hat die gerichtliche Bestellung aber nicht geregelt. **94**

---

188 BGH v. 22.10.1984 – II ZR 31/84, GmbHR 1985, 149.
189 A.A. *Gustavus*, GmbHR 1992, 15, 18: Bestellung eines Gesellschafters zum Notgeschäftsführer auch gegen seinen Willen.
190 OLG Hamm v. 24.1.2002 – 15 W 8/02, GmbHR 2002, 429; *Fastrich*, in: Baumbach/Hueck, Rdnr. 27.
191 OLG Naumburg v. 23.7.2002 – 9 U 67/02, GmbHR 2002, 1237: Keine Strafbarkeit der Gesellschafter nach § 266a StGB, wenn keine Geschäftsführer bestellt werden; *Fleck*, Anm. zu BGH v. 22.10.1984 – II ZR 31/84, EWiR, § 6 GmbHG 1/85, 97; *Bauer*, Der Notgeschäftsführer in der GmbH, 2006, S. 87; *Gustavus*, GmbHR 1992, 17: kein Zwangsgeld.
192 BGH v. 7.2.1972 – II ZR 169/69, BGHZ 58, 115 = DB 1972, 475.
193 BayObLG v. 28.8.1997 – 3Z BR 1/97, GmbHR 1997, 1002 = ZIP 1997, 1786; OLG Frankfurt v. 16.1.2014 – 20 W 309/13, GmbHR 2014, 929; OLG Düsseldorf v. 8.6.2016 – 3 Wx 302/15, GmbHR 2016, 1032; *Fastrich*, in: Baumbach/Hueck, Rdnr. 32; *Schmidt-Leithoff*, in: Rowedder/Schmidt-Leithoff, Rdnr. 43; *Altmeppen*, in: Roth/Altmeppen, Rdnr. 49; *Tebben*, in: Michalski u.a., Rdnr. 72; *Paefgen*, in: Ulmer/Habersack/Löbbe, Rdnr. 82; *Hohlfeld*, GmbHR 1986, 181; *Gustavus*, GmbHR 1992, 15 ff.; a.A. *Theiselmann*, GmbH-StB 2017, 17, 21: analoge Anwendung von § 85 AktG.

95 Gesellschafter und erst recht Dritte sind zur Annahme einer Bestellung als Notgeschäftsführer nicht verpflichtet[194]. Sie machen sich auch nicht schadensersatzpflichtig, wenn sie das Amt als Notgeschäftsführer ablehnen. Hat der Antragsteller niemand als Notgeschäftsführer vorgeschlagen und haben auch die Organe des Handelsstandes gemäß § 380 FamFG keine Person vorgeschlagen, so kann das Gericht den Antrag auf Bestellung eines Notgeschäftsführers ablehnen[195].

96 Die gerichtliche Notbestellung erfolgt nur **„in dringenden Fällen für die Zeit bis zur Behebung des Mangels auf Antrag eines Beteiligten"**[196]. Es handelt sich um eine subsidiäre Maßnahme. Die Verhinderung kann tatsächlich oder rechtlich begründet, sie kann auf Dauer bestehen, aber auch auf einen Einzelfall beschränkt sein, z.B. wegen § 181 BGB[197].

97 Voraussetzung für eine gerichtliche Bestellung ist die **Erforderlichkeit** und ein **dringender Fall**. Da durch die gerichtliche Bestellung tief in die Zuständigkeit der Gesellschafter eingegriffen wird, kommt sie nur in Betracht, wenn es die einzige Möglichkeit ist, die Vertretung der Gesellschaft zu sichern. Sie ist erforderlich, wenn ein Geschäftsführer fehlt[198] oder der Geschäftsführer rechtlich oder tatsächlich verhindert ist. Daher ist der Antrag des Gesellschafters einer Einpersonen-GmbH auf Bestellung eines Notgeschäftsführers nicht begründet[199]. Hinzukommen muss, dass die Gesellschaftsorgane nicht selbst in der Lage sind, den Mangel in angemessener Frist zu beseitigen (**Grundsatz der Subsidiarität**)[200]. So ist die Bestellung eines Notgeschäftsführers **zulässig**, wenn sich die Gesellschafter nicht innerhalb angemessener Frist einigen können.[201] Allerdings ist es nicht die Aufgabe der Bestellung des Geschäftsführers durch das Gericht, einen Streit der Gesellschafter zu schlichten[202]. Die Weigerung des Geschäftsführers, einzelne Geschäftsführungsakte vorzunehmen, ist aber kein Grund für eine Notbestellung; anders bei grundsätzlicher Ablehnung der Geschäftsführungstätigkeit[203]. § 29 BGB gibt auch keine Befugnis, nachlässige Geschäftsführer zu entlassen oder durch andere zu ersetzen, wenn nicht der Fall tatsächlicher oder rechtlicher Behinderung vorliegt[204]. Verlangt

---

194 BGH v. 22.10.1984 – II ZR 31/84, GmbHR 1985, 149; OLG Hamm v. 4.12.1995 – 15 W 399/95, DB 1996, 369; KG v. 4.4.2000 – 1 W 3052/99, GmbHR 2000, 660; OLG Frankfurt v. 22.2.2001 – 20 W 376/00, GmbHR 2001, 435.

195 OLG Frankfurt v. 27.7.2005 – 20 W 280/05, GmbHR 2006, 204.

196 BGH v. 6.10.1960 – II ZR 215/58, BGHZ 33, 193; BayObLG v. 7.10.1980 – BReg 1 Z 24/80, NJW 1981, 955; OLG Düsseldorf v. 8.6.2016 – 3 Wx 302/15, GmbHR 2016, 1032; *U. Hübner*, Interessenkonflikt und Vertretungsmacht, 1977, S. 258; *Hohlfeld*, GmbHR 1986, 181; allgemein zum Verhältnis zwischen Notbestellung von Organmitgliedern und Pflegschaft: *Beitzke*, in: FS Ballerstedt, 1975, S. 185 ff.

197 BGH v. 6.10.1960 – II ZR 215/58, BGHZ 33, 189, 193 = GmbHR 1961, 27; *H. P. Westermann*, in: FS Kropff, 1997, S. 690.

198 OLG Braunschweig v. 9.9.2009 – 3 U 41/09, GmbHR 2009, 1276, 1279.

199 OLG Frankfurt v. 2.7.1962 – 6 W 203/62, GmbHR 1963, 232.

200 BayObLG v. 28.8.1997 – 3Z BR 1/97, GmbHR 1997, 1002 = ZIP 1997, 1786; BayObLG v. 12.8.1998 – 3Z BR 456/97, GmbHR 1998, 1125; *Bauer*, Der Notgeschäftsführer in der GmbH, 2006, S. 125, 129; Grundsatz der Erforderlichkeit; a.A. OLG Frankfurt v. 9.1.2001 – 20 W 421/00, GmbHR 2001, 436; *Happ*, Die GmbH im Prozess, 1997, S. 43.

201 A.A. OLG München v. 11.9.2007 – 31 Wx 49/07, GmbHR 2007, 1271; *Tebben*, in: Michalski u.a., Rdnr. 75; *Kleindiek*, in: Lutter/Hommelhoff, Vor § 35 Rdnr. 16; wie hier für Zweipersonen-GmbH: BayObLG v. 12.8.1998 – 3Z BR 456/97, GmbHR 1998, 1123; BayObLG v. 29.9.1999 – 3Z BR 76/99, NZG 2000, 41; OLG Düsseldorf v. 8.6.2016 – 3 Wx 302/15, GmbHR 2016, 1032, 1034; *Altmeppen*, in: Roth/Altmeppen, Rdnr. 49.

202 OLG Zweibrücken v. 30.9.2011 – 3 W 119/11, GmbHR 2012, 691; OLG Düsseldorf v. 8.6.2016 – I-3 Wx 302/15, GmbHR 2016, 1032, dazu *Theiselmann*, GmbH-StB 2017, 17.

203 KG v. 25.2.1937 – 1 Wx 703/36, JW 1937, 1730; OLG Frankfurt v. 22.11.1965 – 6 W 363/65, GmbHR 1966, 141; OLG Frankfurt v. 5.5.1986 – 20 W 387/85, GmbHR 1986, 432 = BB 1986, 1601; *Helmschrott*, ZIP 2001, 636.

204 OLG Frankfurt v. 22.11.1965 – 6 W 363/65, GmbHR 1966, 141; OLG Frankfurt v. 5.5.1986 – 20 W 387/85, GmbHR 1986, 432 = BB 1986, 1601.

die Satzung, dass die Gesellschaft durch mindestens zwei Geschäftsführer vertreten wird, und fällt einer der beiden Geschäftsführer weg, so ist ein Notgeschäftsführer „erforderlich", um die Vertretung zu sichern[205]. Das gilt auch bei fehlender Vertretungsbefugnis wegen § 181 BGB[206]. Keine Erforderlichkeit besteht, wenn die Gesellschaft durch einen Geschäftsführer vertreten werden kann. Das gilt auch dann, wenn das Mitbestimmungsrecht zwei Geschäftsführer verlangt[207]. Tatsächliche Behinderung ist z.B. durch schwere Krankheit, durch Tod, durch Abberufung[208], nicht aber durch hohes Alter[209] oder durch vorübergehenden Auslandsaufenthalt gegeben, wenn dieser jederzeit beendet werden kann. Dagegen ist § 29 BGB entsprechend anwendbar, wenn der Geschäftsführer aus Furcht vor Strafverfolgung im Ausland weilt, wenn er sich in Strafhaft befindet[210] oder bei ausländischen Geschäftsführern nicht einreisen darf.

Unzulässig ist die Bestellung eines Notgeschäftsführers ferner bei unwirksamer Abberufung des bisherigen Geschäftsführers[211], bei rechtsmissbräuchlicher Amtsniederlegung[212], bei treuwidriger und unzweckmäßiger Geschäftsführertätigkeit[213] und wenn ein Prozess- oder Verfahrenspfleger bestellt wurde und dies ausreicht, um drohende Schäden abzuwehren[214].   98

Als **antragsberechtigte Beteiligte** gelten sowohl Gesellschafter[215] als auch jeder Dritte, der ein schutzwürdiges Interesse an der Bestellung eines Notgeschäftsführers hat. Das ist jeder, dessen Rechte oder Pflichten durch die beantragte Bestellung unmittelbar beeinflusst werden[216]. Antragsberechtigt ist daher auch ein Gläubiger[217] und ein Geschäftsführer, wenn nach der Satzung ein zweiter oder weiterer Geschäftsführer notwendig oder wenn zweifelhaft ist, ob eine Abberufung wirksam ist[218], ein Aufsichtsratsmitglied[219], eine Verwaltungsbehörde, die sicherstellen muss, dass die der Gesellschaft obliegenden öffentlich-rechtlichen Pflichten wahrgenommen werden[220]. Die Staatsanwaltschaft ist nur antragsberechtigt, wenn sie nicht   99

---

205 OLG Düsseldorf v. 8.6.2016 – 3 Wx 302/15, GmbHR 2016, 1032, 1034; *Goette*, Die GmbH nach der BGH-Rechtsprechung, 1997, S. 189; *Tebben*, in: Michalski u.a., Rdnr. 73; *Zöllner/Noack*, in: Baumbach/Hueck, § 35 Rdnr. 7a; *Paefgen*, in: Ulmer/Habersack/Löbbe, Rdnr. 82 f.
206 BGH v. 6.10.1960 – II ZR 215/58, BGHZ 33, 189, 193: Alleingeschäftsführer einer Einpersonen-GmbH.
207 *Tebben*, in: Michalski u.a., Rdnr. 73; a.A. für AG: *Oetker*, in: Großkomm. AktG, 4. Aufl. 1999, § 33 MitbestG Rdnr. 8.
208 OLG Bremen v. 6.11.1955 – 1 W 303/55, NJW 1955, 1925.
209 OLG Frankfurt v. 5.5.1986 – 20 W 387/85, GmbHR 1986, 432 = BB 1986, 1601; AG Potsdam v. 24.1.2013 – 35 IN 978/12, NZI 2013, 602 = ZIP 2013, 1638; *Tebben*, in: Michalski u.a., Rdnr. 74; *Singer*, NWB 2017, 1450, 1452.
210 Zweifelnd: OLG Frankfurt v. 16.1.2014 – 20 W 309/13, GmbHR 2014, 929.
211 BayObLG v. 14.9.1999 – 3Z BR 158/99, GmbHR 1999, 1292 = ZIP 1999, 1845.
212 BayObLG v. 15.6.1999 – 3Z BR 35/99, GmbHR 1999, 980 = ZIP 1999, 1599; OLG Düsseldorf v. 6.12.2000 – 3 Wx 393/00, GmbHR 2001, 144 = ZIP 2001, 25; *Altmeppen*, in: Roth/Altmeppen, Rdnr. 51.
213 BayObLG v. 28.8.1997 – 3 Z BR 1/97, GmbHR 1997, 1002.
214 A.A. OLG Köln v. 3.1.2000 – 2 W 214/99, GmbHR 2000, 390 = ZIP 2000, 280, 283; wie hier: OLG Zweibrücken v. 12.4.2001 – 3 W 23/01, GmbHR 2001, 571 = ZIP 2001, 973; *Kutzer*, ZIP 2000, 654.
215 BayObLG v. 28.8.1997 – 3Z BR 1/97, GmbHR 1997, 1002 = ZIP 1997, 1785; BayObLG v. 12.8.1998 – 3Z BR 456/97, GmbHR 1998, 1124; OLG Düsseldorf v. 8.6.2016 – 3 Wx 302/15, GmbHR 2016, 1032.
216 OLG Frankfurt v. 16.1.2014 – 20 W 309/13, GmbHR 2014, 929, 930.
217 OLG Hamm v. 4.12.1995 – 15 W 399/95, GmbHR 1996, 210; *Tebben*, in: Michalski u.a., Rdnr. 77; *Helmschrott*, GmbHR 2001, 637.
218 KG v. 28.5.1931 – 1 b X 322/31, JW 1932, 752; BayObLG v. 7.10.1980 – BReg 1 Z 24/80, GmbHR 1981, 243 = NJW 1981, 995, 996; BayObLG v. 21.10.1993 – 3Z BR 174/93, BayObLGZ 1993, 349; BayObLG v. 12.8.1998 – 3Z BR 456/97, GmbHR 1998, 1125.
219 *Kleindiek*, in: Lutter/Hommelhoff, Vor § 35 Rdnr. 18; *Tebben*, in: Michalski u.a., Rdnr. 77.
220 *Altmeppen*, in: Roth/Altmeppen, Rdnr. 49; *Bauer*, Der Notgeschäftsführer in der GmbH, 2006, S. 92 Fn. 401.

auf andere Weise die öffentlichen Interessen wahrnehmen kann[221]. Der Antragsteller kann geeignete Persönlichkeiten zur Bestellung vorschlagen[222]. Das Registergericht ist an solche Vorschläge aber nicht gebunden. Es darf aber nur solche Personen bestellen, die die gesetzlichen, und soweit dies möglich ist, auch die statutarischen Voraussetzungen für das Geschäftsführeramt erfüllen[223]. Im Übrigen hat es bei der Auswahl nach pflichtgemäßem Ermessen zu verfahren[224]. Die Gesellschafter sind vor der gerichtlichen Entscheidung anzuhören[225].

Die Organstellung erlangt der Betreffende erst mit der Annahme. Eine Pflicht hierzu besteht nicht. Auch Gesellschafter, Rechtsanwälte, Wirtschaftsprüfer usw. sind zur Übernahme des Geschäftsführeramts nicht verpflichtet[226].

100 Ist die Gesellschaft nach **MitbestG** mitbestimmt, so gehört es zu den Pflichten des Aufsichtsrats, einen Geschäftsführer zu bestellen. Verletzt der Aufsichtsrat seine Pflichten, so hat in dringenden Fällen das Gericht auf Antrag eines Beteiligten das Mitglied zu bestellen[227]. § 31 Abs. 1 MitbestG verweist auf § 85 AktG. Beteiligter ist, wer ein rechtliches Interesse an der Bestellung eines Notgeschäftsführers hat, z.B. einzelne Gesellschafter und Gläubiger.

101 Ist die Gesellschaft im Anwendungsbereich des **DrittelbG**, so bleibt es bei den allgemeinen Regelungen, die auch für die mitbestimmungsfreie GmbH bestehen.

2. Geschäftsführungs- und Vertretungsmacht

102 Der gerichtlich bestellte Notgeschäftsführer hat alle **Zuständigkeiten**, **Befugnisse** und **Pflichten** wie ein durch die zuständigen Gesellschaftsorgane bestellter Geschäftsführer[228]. Durch das Gericht kann allerdings die **Geschäftsführungsbefugnis** beschränkt werden[229]. Fehlt es an einer gerichtlichen Beschränkung, so richten sich die Art und der Umfang der Geschäftsführungsbefugnis nach dem Gesellschaftsvertrag. Der Notgeschäftsführer ist an Weisungen der Gesellschafter gebunden. Zustimmungsvorbehalte der Gesellschafter sind zu beachten. Die Grenze von Weisungen bilden Notmaßnahmen[230].

103 Seine organschaftliche **Vertretungsmacht** ist unbeschränkt und gerichtlich unbeschränkbar, und zwar auch dann, wenn der Notgeschäftsführer nur für bestimmte „Wirkungskreise" be-

---

221 OLG Frankfurt v. 16.1.2014 – 20 W 309/13, GmbHR 2014, 929, 931.
222 OLG Hamm v. 4.12.1995 – 15 W 399/95, GmbHR 1996, 210: zur Ermittlung geeigneter Personen, wenn Antragsteller keine Person benennt.
223 BayObLG v. 7.10.1980 – BReg 1 Z 24/80, NJW 1981, 995; *Diekmann/Marsch-Barner*, in: MünchHdb. III, § 42 Rdnr. 15; *Fastrich*, in: Baumbach/Hueck, Rdnr. 32; *Fichtner*, BB 1964, 868; *Hoffmann/Neumann*, GmbHR 1976, 184.
224 BayObLG v. 28.7.1978 – BReg 1 Z 45/78, DB 1978, 2165; BayObLG v. 12.8.1998 – 3Z BR 456/97, GmbHR 1998, 1125.
225 BayObLG v. 7.10.1980 – BReg 1 Z 24/80, NJW 1981, 996.
226 BGH v. 22.10.1984 – II ZR 31/84, GmbHR 1985, 149; KG v. 4.4.2000 – 1 W 3052/99, GmbHR 2000, 660; OLG Frankfurt v. 9.1.2001 – 20 W 421/00, GmbHR 2001, 436; *Helmschrott*, ZIP 2001, 638.
227 *Schmidt-Leithoff*, in: Rowedder/Schmidt-Leithoff, Rdnr. 49.
228 BayObLG v. 7.10.1980 – BReg 1 Z 24/80, GmbHR 1981, 243 = BayObLGZ 1980, 306 = DB 1980, 2435; *H. P. Westermann*, in: FS Kropff, 1997, S. 691.
229 BayObLG v. 6.12.1985 – BReg 3 Z 116/85, GmbHR 1986, 189; BayObLG v. 12.8.1998 – 3Z BR 456/97, GmbHR 1998, 1125; LG Frankenthal v. 11.2.2003 – 1 HK T 3/02, GmbHR 2003, 586; *Altmeppen*, in: Roth/Altmeppen, Rdnr. 55: Daher ist das Gericht verpflichtet, die Geschäftsführungsbefugnis des Notgeschäftsführers auf das Notwendige zu beschränken.
230 *H. P. Westermann*, in: FS Kropff, 1997, S. 694; *Tebben*, in: Michalski u.a., Rdnr. 79; *Bauer*, Der Notgeschäftsführer in der GmbH, 2006, S. 192.

stellt wurde[231]. Das Gericht ist aber an satzungsrechtliche Bestimmungen über die Mindestzahl der Geschäftsführer bei der Vertretung gebunden; gegebenenfalls ist daher die Bestellung mehrerer Notgeschäftsführer erforderlich. Das Gericht kann jedoch auch anordnen, dass einem Notgeschäftsführer Einzelvertretungsbefugnis an Stelle von Gesamtvertretungsbefugnis zustehen soll[232]. Bei sachlichem Bedürfnis kann auch von den Beschränkungen des § 181 BGB befreit werden[233].

3. Die persönliche Stellung

Mit der Bestellung entsteht ein Geschäftsbesorgungsverhältnis zwischen dem Notgeschäftsführer und der Gesellschaft[234]. Der hierdurch begründete Anspruch auf **Vergütung** richtet sich nur gegen die GmbH, nicht aber gegen die Gesellschafter, auch nicht gegen den Antragsteller[235] und auch nicht subsidiär gegen die Staatskasse[236].   104

Mangels Vereinbarung mit der Gesellschaft richtet sich die Vergütung nach § 612 BGB[237]. Außerdem hat der Notgeschäftsführer Anspruch auf Ersatz seiner notwendigen Auslagen[238]. Dazu gehört auch die Prämie für eine im eigenen Namen abgeschlossene D&O-Versicherung.   105

Zweifelhaft ist, ob die Höhe der Vergütung für den Notgeschäftsführer durch das Registergericht schon bei der Bestellung wirksam festgesetzt werden kann[239]. Für eine einseitige Festsetzung in entsprechender Anwendung des § 85 Abs. 3 Satz 2 AktG ist entgegen teilweise vertretener Ansicht nur ausnahmsweise dann Raum, wenn dies ausdrücklich angeordnet wird, wie dies etwa für die mitbestimmte GmbH gemäß § 31 MitbestG der Fall ist. Im Übrigen liegt es nicht in der Zuständigkeit des Registergerichts, schon im Rahmen der Bestellung die Höhe der Vergütung festzusetzen[240]. Können sich die Gesellschaft, vertreten durch die Ge-   106

---

231 BayObLG v. 6.12.1985 – BReg 3 Z 116/85, GmbHR 1986, 189 = DB 1986, 422 = EWiR, § 37 GmbHG 1/86, 163 (*Miller*).

232 BayObLG v. 12.8.1998 – 3Z BR 456/97, GmbHR 1998, 1125: wenn in Satzung vorgesehen; a.A. *Bauer*, Der Notgeschäftsführer in der GmbH, 2006, S. 164, 170.

233 OLG Düsseldorf v. 12.11.2001 – 3 Wx 157/00, NZG 2002, 338.

234 A.A. *Karsten Schmidt*, 11. Aufl., § 66 Rdnr. 50 für Liquidator: besonderer Abschluss erforderlich.

235 BGH v. 22.10.1984 – II ZR 31/84, GmbHR 1985, 149 = WM 1985, 52 mit Anm. *Fleck*, EWiR, § 6 GmbHG, 1/85, 97; BayObLG v. 7.10.1980 – BReg 1 Z 24/80, GmbHR 1981, 243 = NJW 1981, 995; LG Hamburg v. 12.11.1971 – 71 T 38/70, MDR 1971, 298.

236 So aber *Eickmann*, ZIP 1982, 22; *Kögel*, NZG 2000, 23; a.A. *Helmschrott*, ZIP 2001, 636, 639: analog §§ 1835 Abs. 4, 1835a Abs. 3, 1836a BGB n.F.; *Bauer*, Der Notgeschäftsführer in der GmbH, 2006, S. 226.

237 BayObLG v. 11.7.1975 – BReg 2 Z 9/75, BayObLGZ 1975, 260, 262; BayObLG v. 7.10.1980 – BReg 1 Z 24/80, GmbHR 1981, 243 = NJW 1981, 995 f.

238 S. aber auch OLG Karlsruhe v. 21.8.2002 – 3A W 44/02, GmbHR 2003, 39. Zur Vertretung einer GmbH bei einer von Amts wegen bewirkten Löschung im Handelsregister s. BGH v. 23.2.1970 – II ZB 5/69, BGHZ 53, 264 = WM 1970, 520 und BGH v. 18.4.1985 – IX ZR 75/84, GmbHR 1985, 325 = WM 1985, 870.

239 Dafür: LG Hamburg v. 12.11.1971 – 71 T 38/70, MDR 1971, 298; *Kleindiek*, in: Lutter/Hommelhoff, Vor § 35 Rdnr. 24; *Altmeppen*, in: Roth/Altmeppen, Rdnr. 57; *Diekmann/Marsch-Barner*, in: MünchHdb. III, § 42 Rdnr. 36; *H. P. Westermann*, in: FS Kropff, 1997, S. 687, 688; *Karsten Schmidt* (für Liquidator), 11. Aufl., § 66 Rdnr. 50: Gericht kann Vergütung analog § 265 Abs. 4 AktG festsetzen. Ablehnend: BayObLG v. 11.7.1975 – BReg 2 Z 9/75, BB 1975, 1037; BayObLG v. 28.7.1988 – BReg 3 Z 49/88, GmbHR 1988, 436 = DB 1988, 1945; *Uwe H. Schneider*, EWiR 1988, 999; *Schmidt-Leithoff*, in: Rowedder/Schmidt-Leithoff, Rdnr. 48. Differenzierend: *Tebben*, in: Michalski u.a., Rdnr. 80: Nur bei einer nach MitbestG mitbestimmten GmbH legt das Registergericht gemäß § 85 Abs. 3 AktG die Vergütung fest.

240 BayObLG v. 28.7.1988 – BReg 3 Z 49/88, GmbHR 1988, 436 = DB 1988, 1945; *Uwe H. Schneider*, EWiR 1988, 999.

sellschafter, und der Notgeschäftsführer über die Höhe der Vergütung nicht einigen, so kann der Notgeschäftsführer seinen Anspruch nur im ordentlichen Rechtsweg geltend machen. Das Registergericht gilt nach § 85 Abs. 3 AktG nur bei der GmbH im Anwendungsbereich des MitbestG zuständig.

4. Beendigung, Abberufung

107 Das Amt des gerichtlich bestellten Geschäftsführers endet mit der Bestellung eines Geschäftsführers durch das zuständige Organ, insbesondere also bei Bestellung durch die Gesellschafter. Einer Abberufung bedarf es in diesem Fall nicht[241].

108 Ist noch kein Geschäftsführer bestellt, so kann ein Notgeschäftsführer bei Vorliegen eines wichtigen Grundes abberufen werden. Nur Wegfall der Erforderlichkeit oder lange Zeitdauer genügen nicht[242]. Für die Abberufung ist nur das Registergericht zuständig[243]. Die Gesellschafter sind zur Abberufung des Notgeschäftsführers nicht befugt, auch nicht bei Vorliegen eines wichtigen Grundes[244].

Es kann lediglich die Abberufung aus wichtigem Grund beim Registergericht beantragt werden[245].

109 Gegen die Abberufung besteht die Möglichkeit der einfachen Beschwerde[246].

Der Notgeschäftsführer kann – wie jeder Geschäftsführer – jederzeit ohne wichtigen Grund sein Amt niederlegen[247].

XI. Wegfall oder Verhinderung im Prozess

110 Ist in einem Prozess bereits ein **Prozessbevollmächtigter bestellt**, so steht der Wegfall oder die Verhinderung eines Geschäftsführers dem Fortgang des Rechtsstreits nicht entgegen, § 246 Abs. 1 ZPO[248]. Der Prozessbevollmächtigte der GmbH, nicht jedoch der Prozessgegner, kann aber beantragen, dass das Verfahren ausgesetzt wird, §§ 246 Abs. 1, 248 ff. ZPO.

111 Im Aktivprozess ist bei Fehlen eines Geschäftsführers die Bestellung eines Notgeschäftsführers zulässig. Ist im laufenden Verfahren noch **kein Prozessbevollmächtigter bestellt**, so wird der Rechtsstreit nach § 241 Abs. 1 ZPO kraft Gesetzes unterbrochen, wenn der Geschäftsführer wegfällt oder dauerhaft verhindert ist. Fällt der Geschäftsführer während des Rechtsstreits weg

---

241 *Schmidt-Leithoff*, in: Rowedder/Schmidt-Leithoff, Rdnr. 47; *Altmeppen*, in: Roth/Altmeppen, Rdnr. 54; *Tebben*, in: Michalski u.a., Rdnr. 82; a.A. *H. P. Westermann*, in: FS Kropff, 1997, S. 687; *Theiselmann*, GmbH-StB 2017, 17; eingehend zum Stand der Diskussion: *Bauer*, Der Notgeschäftsführer in der GmbH, 2006, S. 279 ff.
242 OLG Düsseldorf v. 18.4.1997 – 3 Wx 584/96, GmbHR 1997, 549 = ZIP 1997, 846; *H. P. Westermann*, in: FS Kropff, 1997, S. 689.
243 KG v. 21.11.1966 – 1 W 2437/66, NJW 1967, 933; OLG München v. 30.6.1993 – 7 U 6945/92, GmbHR 1994, 259; OLG Düsseldorf v. 18.4.1997 – 3 Wx 584/96, GmbHR 1997, 549 = ZIP 1997, 846.
244 *Altmeppen*, in: Roth/Altmeppen, Rdnr. 54.
245 OLG München v. 30.6.1993 – 7 U 6945/92, GmbHR 1994, 259; OLG Düsseldorf v. 18.4.1997 – 3 Wx 584/96, GmbHR 1997, 549 = ZIP 1997, 846; *Fastrich*, in: Baumbach/Hueck, Rdnr. 32.
246 BayObLG v. 18.9.1999 – 3Z BR 158/99, ZIP 1999, 1845; *Schmidt-Leithoff*, in: Rowedder/Schmidt-Leithoff, Rdnr. 47.
247 Ebenso *Hohlfeld*, GmbHR 2002, 162.
248 OLG Hamburg v. 28.6.1983 – 16 WF 44/83 U, FamRZ 1983, 1262; *Happ*, Die GmbH im Prozess, 1997, S. 36.

und bewirkt dies eine Verfahrensaussetzung oder eine Verfahrensunterbrechung, so kann nach h.A. in unmittelbarer oder entsprechender Anwendung von § 57 Abs. 1 ZPO ein Prozesspfleger bestellt werden[249]. Die Bestellung eines Prozesspflegers hindert aber nicht die gerichtliche Bestellung eines Notgeschäftsführers[250]. Umgekehrt ist die Bestellung eines Prozesspflegers auch nicht davon abhängig, dass zugleich ein Notgeschäftsführer bestellt wird und sich die Bestellung des Notgeschäftsführers durch das zuständige Gericht verzögert[251]; denn der Prozesspfleger vertritt die Gesellschaft lediglich im Prozess. Er hat darüber hinaus keine organschaftlichen Befugnisse[252].

XII. Der Geschäftsführer in der mitbestimmten GmbH

Die GmbH kann in unterschiedlicher Weise mitbestimmt sein. Dies hat Folgen für die Zusammensetzung des Aufsichtsrats, dessen Zuständigkeit insbesondere zur Bestellung der Geschäftsführer, die Zahl der Geschäftsführer (s. Rdnr. 9), die Zulässigkeit von statutarischen Eignungsvoraussetzungen (s. Rdnr. 72) und für die Grenzen der Gestaltungsfreiheit (zum Ganzen bei 11. Aufl., § 52 Rdnr. 68). Unterliegt die GmbH dem Anwendungsbereich des MontanMitbestG 1951, des MontanMitbestErgG 1956 oder des MitbestG 1976, so erfolgt nach h.M. die Bestellung der Geschäftsführung durch den Aufsichtsrat (s. 11. Aufl., § 52 Rdnr. 164). Dabei müssen mindestens zwei Geschäftsführer bestellt werden, wovon ein Geschäftsführer zum Arbeitsdirektor zu bestellen ist (s. Rdnr. 9). Die Stellung der Geschäftsführer ist in diesen Fällen gestärkt; denn sie werden nicht auf unbestimmte Zeit, sondern auf Zeit berufen; und eine Abberufung ist nur aus wichtigem Grund zulässig. 112

In dem nach dem DrittelbG mitbestimmten GmbHs ist weiterhin die Gesellschafterversammlung für die Bestellung zuständig. Die Feststellung, nach welchen Vorschriften der Aufsichtsrat einer mitbestimmten GmbH zusammenzusetzen ist, kann nur in einem besonderen Verfahren, nämlich dem sog. Statusverfahren, getroffen werden. Dabei sind zwei Arten zu unterscheiden, nämlich 113

– das **einfache Statusverfahren**. Hiernach haben die Geschäftsführer im Wege der einfachen Bekanntmachung offen zu legen, nach welchen Vorschriften der Aufsichtsrat zusammengesetzt werden soll. Davon abhängig sind dann auch seine Zuständigkeiten, das Verfahren zur Bestellung der Geschäftsführer, usw.;

– das **gerichtliche Statusverfahren** nach § 98 AktG. Voraussetzung ist, dass „streitig oder ungewiss ist, nach welchen gesetzlichen Vorschriften der Aufsichtsrat zusammenzusetzen ist".

XIII. Der faktische Geschäftsführer

Wer, ohne als Geschäftsführer bestellt zu sein, die Geschicke einer Gesellschaft durch eigenes Handeln, nicht nur durch interne Einwirkung auf die Gesellschaft, sondern durch **eigenes Handeln im Außenverhältnis**, das die Tätigkeit des Geschäftsführungsorgans nachhaltig 114

---

249 LAG Niedersachsen v. 22.10.1984 – 4 Ta 31/84, MDR 1985, 170; OLG Dresden v. 11.12.2001 – 2 W 1848/01, GmbHR 2002, 163; OLG Zweibrücken v. 22.1.2007 – 4 W 6/07, GmbHR 2007, 544; *Bork*, MDR 1991, 97, 99; *Althammer*, in: Zöller, 32. Aufl. 2018, § 57 ZPO Rdnr. 1a.

250 *Paefgen*, in: Ulmer/Habersack/Löbbe, Rdnr. 101; *Fastrich*, in: Baumbach/Hueck, Rdnr. 32; *Schmidt-Leithoff*, in: Rowedder/Schmidt-Leithoff, Rdnr. 50; a.A. für Passivprozess: *Bergwitz*, GmbHR 2008, 225, 228.

251 Str.; a.A. *Tebben*, in: Michalski u.a., Rdnr. 83; zum Streitstand: *Happ*, Die GmbH im Prozess, 1997, S. 38; *Lutz*, NZG 2015, 424.

252 OLG Dresden v. 11.12.2001 – 2 W 1848/01, GmbHR 2002, 163.

prägt, maßgeblich in die Hand nimmt, wird als „faktischer Geschäftsführer" bezeichnet[253]. Maßgeblich sind somit zwei Merkmale, nämlich eigenes Handeln im Außenverhältnis und nachhaltige Einwirkung im Innenverhältnis. Wer nur intern auf die Geschäftsführung Einfluss nimmt, ist daher nicht faktischer Geschäftsführer; denn seine Weisungsabhängigkeit von der Gesellschafterversammlung ist ein typisches Merkmal der GmbH. Liegt aber zugleich ein eigenes Handeln im Außenverhältnis vor, so ist das Gesamterscheinungsbild maßgebend unter Berücksichtigung insbesondere seines Einflusses auf die Unternehmenspolitik, die Unternehmensorganisation und wesentliche Maßnahmen der Geschäftsführung, die Entscheidung in Steuerangelegenheiten sowie die Einstellung von Mitarbeitern. Im Einzelnen weichen die Definitionen freilich voneinander ab. So wird teilweise etwa danach unterschieden, ob ein fehlerhafter Anstellungsvertrag[254] oder ein tatsächlicher, wenn auch rechtsunwirksamer Bestellungsakt vorliegt[255] oder ob de facto ohne Bestellungsakt Zuständigkeiten wahrgenommen werden[256].

115 Dabei handelt es sich aber nicht um ein gesetzlich anerkanntes oder von der Rechtsprechung und von der Lehre voll ausgebildetes Rechtsinstitut. Vielmehr geht es nur um ein Zurechnungsproblem, und insbesondere um die Frage, ob bestimmte Befugnisse dem Betreffenden zustehen und ob Rechte und vor allem Pflichten, die den Geschäftsführer treffen, auf den faktischen Geschäftsführer auszudehnen sind. Es handelt sich daher um ein **Normanwendungsproblem**, so dass jeweils im Einzelfall zu prüfen ist, ob sich die Rechtsfolgen übertragen lassen.

116 Im Blick hierauf wird auf die Einzelkommentierungen verwiesen, s. etwa zur Haftung des faktischen Geschäftsführers[257] bei § 43, zur Einberufung der Gesellschafterversammlung durch den faktischen Geschäftsführer bei § 49, zur Insolvenzanmeldepflicht und zum Antragsrecht des faktischen Geschäftsführers bei § 64[258] sowie zur Insolvenzverschleppung durch den faktischen Geschäftsführer[259], zur strafrechtlichen Verantwortung des faktischen Geschäftsführers bei §§ 82 ff.[260], zum faktischen Geschäftsführer im Recht der Unfallver-

---

253 BGH v. 27.6.2005 – II ZR 113/03, GmbHR 2005, 1126 = ZIP 2005, 1414, 1415 = BB 2005, 1869 mit Anm. *Gehrlein* sowie schon BGH v. 21.3.1988 – II ZR 194/87, BGHZ 104, 44, 48 = GmbHR 1988, 299; BGH v. 21.3.1988 – II ZR 194/87, BGHZ 150, 61, 69 = EWiR 1988, 905 (*Karsten Schmidt*); BGH v. 25.2.2002 – II ZR 196/00, NZI 2002, 395 = GmbHR 2002, 549; *Himmelsbach/Achsnick*, NZI 2003, 355; zum Ganzen auch: *Dinkhoff*, Der faktische Geschäftsführer in der GmbH, 2003; *Peetz*, GmbHR 2017, 57.

254 BGH v. 6.4.1964 – II ZR 75/62, BGHZ 41, 282, 287; BGH v. 17.4.1967 – II ZR 157/64, BGHZ 47, 341, 343; BGH v. 27.6.2005 – II ZR 113/03, ZIP 2005, 1414 = GmbHR 2005, 1126; *Gerlach*, AG 1965, 251, 257.

255 *Reich*, DB 1967, 1663, 1666; *Jarzembowski*, Fehlerhafte Organakte nach deutschem und amerikanischem Aktienrecht unter besonderer Berücksichtigung des Instituts des de facto officer, 1982, S. 104; *Mertens/Cahn*, in: KölnKomm. AktG, 3. Aufl. 2010, § 93 AktG Rdnr. 43; zum Ganzen *Stein*, Das faktische Organ, 1984, S. 33 ff.; *Stein*, ZHR 148 (1984), 207.

256 BayObLG v. 20.2.1997 – 5St RR 159/96, GmbHR 1997, 453; *Zöllner/Noack*, in: Baumbach/Hueck, § 35 Rdnr. 8; zum Ganzen auch *Weimar*, GmbHR 1997, 473, 538.

257 BGH v. 27.6.2005 – II ZR 113/03, ZIP 2005, 1414 = GmbHR 2005, 1126; OLG Düsseldorf v. 25.11.1993 – 6 U 245/92, GmbHR 1994, 318; OLG Brandenburg v. 15.11.2000 – 7 U 114/00, NZG 2001, 807; *Zöllner/Noack*, in: Baumbach/Hueck, § 43 Rdnr. 3; *Geißler*, GmbHR 2003, 1106; *Drygala*, ZIP 2005, 423, 429; *Siegmann/Vogel*, ZIP 1994, 1821; *Fleischer*, GmbHR 2011, 337 sowie 11. Aufl., § 43 Rdnr. 22.

258 S. dazu etwa BGH v. 21.3.1988 – II ZR 194/87, GmbHR 1988, 299; BayObLG v. 20.2.1997 – 5St RR 159/96, GmbHR 1997, 453.

259 BGH v. 18.12.2014 – 4 StR 323/14, NJW 2015, 712; *Weyand*, ZInsO 2015, 1773.

260 S. dazu BGH v. 28.5.2002 – 5 StR 16/02, BGHSt 47, 318, 324 = GmbHR 2002, 1026; BGH v. 29.9.1982 – 3 StR 287/82, BB 1983, 788; BGH v. 13.10.2016 – 3 StR 352/16, GmbHR 2016, 1311; OLG Düsseldorf v. 16.10.1987 – 5 Ss 193/87 - 200/87, GmbHR 1988, 191 = NStZ 1988, 369 mit Anm. *Hoyer; Kratzsch*, ZGR 1985, 506; *Peetz*, GmbHR 2017, 57, 62.

hütung[261] und zum herrschenden Unternehmen im Konzern als faktischer Geschäftsführer im Anhang Konzernrecht sowie zur Beendigung der faktischen Konzernführung[262].

XIV. Die Stellung des Geschäftsführers außerhalb des GmbH-Gesetzes

Der Geschäftsführer ist kein „**Unternehmer**" i.S. des § 14 Abs. 1 BGB; denn er übt keine gewerbliche Tätigkeit aus. Er ist auch nicht selbständig beruflich tätig, sondern er handelt in Ausübung einer unselbständigen, nämlich angestellten beruflichen Tätigkeit[263].   117

Ob dies ausnahmslos gilt, entscheidet auch darüber, unter welchen Voraussetzungen der Geschäftsführer als „**Verbraucher**" ein Rechtsgeschäft abschließt. Voraussetzung für § 13 BGB ist, dass das Rechtsgeschäft weder seiner gewerblichen noch seiner selbständigen beruflichen Tätigkeit zugerechnet werden kann. Bedeutung hat dies insbesondere für die Anwendbarkeit der §§ 305 ff. BGB und damit vor allem für die Inhaltskontrolle von Anstellungsverträgen. Zu bedenken ist dabei, dass nach h.A. Anstellungsverträge nicht als Verträge „auf dem Gebiet des Gesellschaftsrechts", § 310 Abs. 4 Satz 1 BGB, angesehen werden[264]. Teils wird die Ansicht vertreten, der Geschäftsführer handle, wenn er im eigenen Namen Rechtsgeschäfte abschließt, unselbständig und in angestellter beruflicher Tätigkeit[265]. Er sei in jedem Fall „Verbraucher". Geht man dagegen davon aus, dass er in bestimmten Fällen selbständig beruflich tätig sei, ist zweifelhaft, ob er bei Abschluss des Anstellungsvertrags den Vertrag zu einem Zweck abschließt, der seiner gewerblichen oder selbständigen beruflichen Tätigkeit zuzurechnen ist. Teilweise wird die Ansicht vertreten, der Geschäftsführer handle zwar nicht als „Verbraucher" i.S. von § 13 BGB, wenn er über eine Sperrminorität verfüge und Leitungsmacht über die Gesellschaft ausübe[266]. Er handle aber als „Verbraucher", wenn er Fremdgeschäftsführer sei oder Gesellschafter-Geschäftsführer mit einer Beteiligung unterhalb der Sperrminorität[267].   118

Stellungnahme: § 13 BGB denkt die betreffenden Personen in ihren jeweiligen Rollen. Das gilt auch für Organwalter. Wenn dieser im eigenen Interesse tätig wird, handelt er nicht in Ausübung seiner gewerblichen oder selbständigen beruflichen Tätigkeit. Das gilt auch, wenn er Allein-Gesellschafter und Allein-Geschäftsführer ist. Er ist auch in den letztgenannten Fällen Verbraucher.   119

Der Geschäftsführer übt als Organ der Gesellschaft deren **Arbeitgeberfunktion** aus[268]. Auch mitbestimmungs- und betriebsverfassungsrechtlich steht der Geschäftsführer auf der Arbeit-   120

---

261 *Robrecht*, GmbHR 2003, 762; *Böge*, GmbHR 2014, 1121.

262 *Böge*, GmbHR 2014, 1121.

263 BGH v. 5.6.1996 – VIII ZR 151/95, BGHZ 133, 71, 78; BGH v. 28.6.2000 – VIII ZR 240/99, BGHZ 144, 370, 380 = GmbHR 2000, 878; *Altmeppen*, in: Roth/Altmeppen, Rdnr. 5; *Wicke*, Rdnr. 2.

264 *Grüneberg*, in: Palandt, 76. Aufl. 2017, § 310 BGB Rdnr. 49; *Schmitt-Rolfes*, in: FS Hromadka, 2008, S. 395; *Bauer/Arnold*, ZIP 2006, 2337.

265 BGH v. 28.6.2000 – VIII ZR 240/99, BGHZ 144, 370, 380 = GmbHR 2000, 878; *Micklitz/Purnhagen*, in: MünchKomm. BGB, 7. Aufl. 2015, § 13 BGB Rdnr. 60.

266 So BAG v. 19.5.2010 – 5 AZR 253/09, GmbHR 2010, 1142.

267 *Altmeppen*, in: Roth/Altmeppen, Rdnr. 5; *Mülbert*, in: FS Hadding, 2004, S. 575, 579: wenn Ausübung des Weisungsrechts der Gesellschaftergesamtheit determiniert werden kann; a.A. kein Verbraucher: *Mülbert*, in: FS Goette, 2011, S. 333, 337; *Bauer/Arnold*, ZIP 2006, 2337, 2339.

268 BGH v. 11.7.1953 – II ZR 126/52, BGHZ 10, 187; BGH v. 16.12.1953 – II ZR 41/53, BGHZ 12, 1, 8 = NJW 1954, 505; BGH v. 7.12.1961 – II ZR 117/60, BGHZ 36, 142; BGH v. 9.11.1967 – II ZR 64/67, BGHZ 49, 30; *Peltzer*, BB 1976, 1252; *Henze*, Handbuch zum GmbH-Recht, Rdnr. 1239 f.; *Scheidt*, in: Mutschler/Schmidt-De Caluwe/Coseriu, Sozialgesetzbuch III, 6. Aufl. 2017, § 25 Rdnr. 23; *Buck-Heeb*, in: Gehrlein/Ekkenga/Simon, Rdnr. 25; OLG Jena v. 14.3.2001 – 7 U 913/00, GmbHR 2001, 673.

geberseite. Er wird aufgrund seiner Stellung als Organ einer GmbH aber nicht Kaufmann, da er nicht im eigenen Namen gewerbsmäßig Handelsgeschäfte betreibt (§ 1 HGB)[269]. Er kann zum Handelsrichter (§ 109 Abs. 1 GVG), zum Arbeitsrichter (§§ 22, 37, 43 ArbGG) und zum Sozialrichter (§§ 16, 47 SGG) – in den letzten beiden Fällen jeweils auf Arbeitgeberseite – ernannt werden. Er ist auch wählbar für die Vollversammlung der Industrie- und Handelskammer[270].

121   Die Qualifizierung eines **Geschäftsführers im Einkommen-, Gewerbe- und Umsatzsteuerrecht** nämlich, ob es sich um eine selbständige oder unselbständige Tätigkeit handelt, ist streitig. Der VIII. Senat des BFH hat in einer Entscheidung vom 20.10.2010[271] die Ansicht vertreten, die Frage der Selbständigkeit sei jeweils nach denselben Grundsätzen zu bewerten. GmbH-Geschäftsführer seien regelmäßig Selbständige, wenn sie zugleich Geschäftsführer der Gesellschaft sind und mindestens 50 % des Stammkapitals innehaben.

---

269 BGH v. 5.6.1996 – VIII ZR 151/95, BGHZ 133, 71, 74; BGH v. 28.6.2000 – VIII ZR 240/99, BGHZ 144, 370, 380 = GmbHR 2000, 878; BGH v. 8.11.2005 – XI ZR 34/05, BGHZ 165, 43 = GmbHR 2006, 148; BGH v. 24.7.2007 – XI ZR 208/06, NZG 2007, 820, 821 = GmbHR 2007, 1154.
270 Vgl. Wahlordnung der jeweiligen Industrie- und Handelskammer.
271 BFH v. 20.10.2010 – VIII R 34/08, GmbHR 2011, 313; *Seer*, GmbHR 2011, 225; *Seifried/Böttcher*, DStR 2011, 11.

§ 7
Anmeldung der Gesellschaft

(1) Die Gesellschaft ist bei dem Gericht, in dessen Bezirk sie ihren Sitz hat, zur Eintragung in das Handelsregister anzumelden.

(2) Die Anmeldung darf erst erfolgen, wenn auf jeden Geschäftsanteil, soweit nicht Sacheinlagen vereinbart sind, ein Viertel des Nennbetrags eingezahlt ist. Insgesamt muss auf das Stammkapital mindestens soviel eingezahlt sein, dass der Gesamtnennbetrag der eingezahlten Geldeinlagen zuzüglich des Gesamtnennbetrags der Geschäftsanteile, für die Sacheinlagen zu leisten sind, die Hälfte des Mindeststammkapitals gemäß § 5 Abs. 1 erreicht.

(3) Die Sacheinlagen sind vor der Anmeldung der Gesellschaft zur Eintragung in das Handelsregister so an die Gesellschaft zu bewirken, dass sie endgültig zur freien Verfügung der Geschäftsführer stehen.

Text des Abs. 1 geändert 1898; Abs. 2 geändert und Abs. 3 hinzugefügt durch Gesetz vom 4.7.1980 (BGBl. I 1980, 836); Abs. 2 geändert durch Gesetz vom 9.6.1998 (BGBl. I 1998, 1242); Überschrift geändert, Abs. 2 Sätze 1 und 2 geändert, Satz 3 aufgehoben durch das MoMiG vom 23.10.2008 (BGBl. I 2008, 2026).

Schrifttum: *Bergmann*, Die verschleierte Sacheinlage bei AG und GmbH, AG 1987, 57, 75 ff.; *Blecker*, Die Leistung der Mindesteinlage in Geld zur „endgültig freien Verfügung" der Geschäftsleitung bei AG und GmbH im Fall der Gründung und Kapitalerhöhung, 1995; *Cahn*, Kapitalaufbringung im Cash Pool, ZHR 166 (2002), 278; *Feine*, in: von Ehrenberg (Hrsg.), Handbuch des gesamten Handelsrechts, Band III, 1929; *Frey*, Einlagen in Kapitalgesellschaften, 1990; *Habetha*, Verdeckte Sacheinlage, endgültig freie Verfügung, Drittzurechnung und „Heilung" fehlgeschlagener Bareinzahlungen im GmbH-Recht, ZGR 1998, 305; *Henze*, Erfordernis der wertgleichen Deckung bei Kapitalerhöhung mit Bareinlagen?, BB 2002, 955; *Hofmann*, Voreinzahlungen auf Anteile an Kapitalgesellschaften und Genossenschaften, AG 1963, 261 u. 299; *Hommelhoff/Kleindiek*, Schuldrechtliche Verwendungspflichten und „freie Verfügung" bei der Barkapitalerhöhung, ZIP 1987, 477; *Ihrig*, Die endgültige freie Verfügung über die Einlage von Kapitalgesellschaften, 1991; *Joost*, Vorbelastungshaftung und Leistung der Bareinlage in das Vermögen der Vor-GmbH vor Fälligkeit, ZGR 1989, 554; *Kreuels*, Abgrenzung der Lehre von der verdeckten Sacheinlage zum Grundsatz endgültig freier Verfügung, 1996; *Lutter*, Das überholte Thesaurierungsgebot bei Eintragung einer Kapitalgesellschaft im Handelsregister, NJW 1989, 2649; *Meilicke*, Die „verschleierte"

Sacheinlage, 1989; *Melber*, Zur Kaduzierung des GmbH-Gesellschafters trotz freiwilliger vollständiger Einlageleistung vor Eintragung der GmbH, GmbHR 1991, 563; *Mildner*, Bareinlage, Sacheinlage und ihre „Verschleierung" im Recht der GmbH, 1989; *Mülbert*, Das „Magische Dreieck der Barkapitalaufbringung", ZHR 154 (1990), 145; *Pleyer*, Freiwillige Zahlungen auf die Stammeinlage vor Eintragung der GmbH in das Handelsregister, GmbHR 1962, 156; *Römermann*, Der Entwurf des „MoMiG" – die deutsche Antwort auf die Limited, GmbHR 2006, 673; *von Rössing*, Die Sachgründung nach der GmbH-Novelle 1980, 1984; *G. H. Roth*, Die freie Verfügung über die Einlage, in: FS Semler, 1993, S. 299; *G. H. Roth*, Die wertgleiche Deckung als Eintragungsvoraussetzung, ZHR 167 (2003), 89; *Karsten Schmidt*, Barkapitalaufbringung und „freie Verfügung" bei der Aktiengesellschaft und der GmbH, AG 1986, 106; *Karsten Schmidt*, Unterbilanzhaftung – Vorbelastungshaftung – Gesellschafterhaftung, ZHR 156 (1992), 93; *Seibert*, GmbH-Reform: Der Referentenentwurf eines Gesetzes zur Modernisierung des GmbH-Rechts und zur Bekämpfung von Missbräuchen – MoMiG, ZIP 2006, 1157; *Ulbrich*, Bedeutung und Anrechnung von Leistungen auf GmbH-Stammeinlagen im Gründungsstadium, 1965; *Ulbrich*, Anrechnung freiwilliger Voreinzahlungen, wenn dafür Sachwerte zufließen, GmbHR 1966, 249; *Ulmer*, Rechtsfragen der Barkapitalerhöhung bei der GmbH, GmbHR 1993, 189; *Wachter*, Verschlankung des Registerverfahrens bei der GmbH-Gründung. Zwölf Vorschläge aus der Praxis, in: Gesellschaftsrechtliche Vereinigung (VGR), Die GmbH-Reform in der Diskussion, 2006, S. 55; *Wedemann*, Das neue GmbH-Recht, WM 2008, 1381; *Wilhelm*, Kapitalaufbringung und Handlungsfreiheit der Gesellschaft nach Aktien- und GmbH-Recht, ZHR 152 (1988), 333.

I. Grundlagen

1. Regelungsinhalt und -zweck

1 § 7 Abs. 1 bestimmt, dass die Gesellschaft zur Eintragung in das Handelsregister anzumelden ist (**Anmeldepflicht**). Ferner legt sie die Bedingungen für die Anmeldung fest. Die inhaltlichen Anforderungen an eine Anmeldung sind in § 8 normiert. Von Bedeutung für die Anmeldung sind ferner die in § 78 niedergelegten Regeln über die Anmeldepflichtigen. Dagegen findet § 79 über die Festsetzung eines Zwangsgelds keine Anwendung. Soweit das GmbHG keine abweichenden Bestimmungen trifft, gelten für das Eintragungsverfahren die allgemeinen Vorschriften über das Handelsregister (§§ 8 ff. HGB, §§ 376, 379 und 387 FamFG und Handelsregisterverordnung vom 12.8.1937). Aus § 7 Abs. 2 und 3 folgt, dass die Gesellschafter vor der Anmeldung bestimmte **Mindestleistungen erbringen** müssen. Das Gesetz will dadurch sicherstellen, dass die Gesellschaft nicht ohne ein reales eigenes Gesellschaftsvermögen ins Leben tritt. Auch soll eine gewisse Garantie für die Ernstlichkeit der Beteiligungen der Gesellschafter geschaffen werden. Die in § 7 Abs. 3 vorgesehene Anordnung zur vollständigen Leistung der Sacheinlagen soll darüber hinaus einen Ausgleich für die fehlende Gründungsprüfung bilden sowie die Aufbringung des durch Sacheinlagen gedeckten Teils des Stammkapitals sicherstellen[1].

2. Anwendungsbereich

2 Die Vorschrift findet teilweise auch bei einer **Kapitalerhöhung** Anwendung. So bestimmt § 56a, dass für die Leistungen der Einlagen auf das neue Stammkapital § 7 Abs. 2 Satz 1 und Abs. 3 entsprechende Anwendung finden. Dies gilt zum einen bei einer ordentlichen Kapitalerhöhung durch Ausgabe neuer Geschäftsanteile (§ 55 Abs. 3), zum anderen aber auch dann, wenn die Kapitalerhöhung durch Aufstockung aller oder einzelner Geschäftsanteile (Erhöhung des Nennbetrags) erfolgt. Im letzteren Fall ist ¼ des Erhöhungsbetrags auch dann vor der Anmeldung einzuzahlen, wenn zum Zeitpunkt des Kapitalerhöhungsbeschlusses durch Einzahlungen auf den bestehenden Geschäftsanteil der nach Aufstockung erhöhte Nennbetrag

---

1 Begr. RegE, BT-Drucks. 8/1347, S. 32 f.

zu ¼ gedeckt ist[2]. Auch bei der Aktivierung einer **Vorrats-** oder **Mantelgesellschaft** sind diese Regelungen nach der Rechtsprechung des BGH anzuwenden (s. Erl. zu § 3 Rdnr. 27 ff.). Abweichende Bestimmungen sind für die **Unternehmergesellschaft** vorgesehen. Deren Anmeldung darf abweichend von § 7 Abs. 2 erst erfolgen, wenn das Stammkapital in voller Höhe eingezahlt ist (§ 5a Abs. 2 Satz 1). Außerdem sind Sacheinlagen ausgeschlossen (§ 5a Abs. 2 Satz 2), so dass die Anforderungen des § 7 Abs. 3 für eine Unternehmergesellschaft nicht relevant werden.

3. Reformen

Die Vorschrift stand bereits bei der **GmbH-Novelle von 1980** im Blickpunkt der rechtspoliti- 3
schen Debatte. Der Gesetzgeber hatte mit dieser Reform das Anliegen verfolgt, einen effektiveren Gläubigerschutz zu verwirklichen. Dazu wurden die Anforderungen an eine Anmeldung der Gesellschaft verschärft. Es müssen seitdem vor der Anmeldung auf jede Geldeinlage mindestens ein Viertel eingezahlt (§ 7 Abs. 2 Satz 1) und insgesamt einschließlich der vollständig zu leistenden Sacheinlagen (§ 7 Abs. 3) mindestens die Hälfte des gesetzlichen Mindeststammkapitals geleistet sein (§ 7 Abs. 2 Satz 2). Eine Erweiterung gegenüber dem früheren Recht trat auch für die Erbringung der Sacheinlagen insofern ein, als die Sachübernahmen mit Anrechnungsabrede einbezogen wurden[3]. Das EuroEG vom 9.6.1998 (BGBl. I 1998, 1242) hat den früheren Begriff der Gesamtmindesteinlageleistungen durch den Begriff des Mindeststammkapitals ersetzt. Dies hatte aber keine nennenswerten inhaltlichen Konsequenzen.

Die Änderungen des § 7 Abs. 2 Satz 1 und 2 durch das **MoMiG** sind dadurch bedingt, dass 4
das Stammkapital in *Geschäftsanteile* zerlegt ist; statt des Begriffs der Stammeinlage stellt § 3 Abs. 1 Nr. 4 daher auf den Nennbetrag der Geschäftsanteile ab (s. § 3 Rdnr. 50 und § 5 Rdnr. 19). Dementsprechend stellt § 7 Abs. 2 Satz 1 hinsichtlich der Mindesteinzahlung auf den Geschäftsanteil ab; ebenso bezieht sich § 7 Abs. 2 Satz 2 für die zu erbringende Sacheinlage auf den Geschäftsanteil[4]. Das MoMiG hat ferner § 7 Abs. 2 Satz 3 aufgehoben. Der Gesetzgeber hatte diese Regelung im Jahre 1980 eingeführt und sie damit begründet, dass im Fall der Gründung einer Einmann-Gesellschaft nur ein Gesellschafter vorhanden sei, also keine weiteren Gesellschafter für die Leistung aller Einlagen gemäß § 24 haften würden; die Aufbringung des Stammkapitals solle dadurch gesichert werden, dass der einzige Gesellschafter für den die nach den Sätzen 1 und 3 vorgeschriebenen Einzahlungen übersteigenden Teil der Geldeinlage eine Sicherung bestellen müsse[5]. In der Praxis hat man die Vorschrift als verzichtbar angesehen[6]. Der Gesetzgeber hat sie daher 28 Jahre später ersatzlos gestrichen, um eine unnötige Komplizierung der GmbH-Gründung zu vermeiden[7]. Dies bedeutet, dass es auch im Falle einer **Einmann-Gründung** ausreicht, wenn auf das Stammkapital mindestens so viel eingezahlt wird, dass der Gesamtbetrag der eingezahlten Geldeinlagen zuzüglich des Gesamtnennbetrags der Geschäftsanteile, für die Sacheinlagen zu leisten sind, die Hälfte des Mindeststammkapitals gemäß § 5 Abs. 1 erreicht (§ 7 Abs. 2 Satz 2)[8]. In den Altfällen einer

---

2 BGH v. 11.6.2013 – II ZB 25/12, GmbHR 2013, 869, 870.

3 Die Regelung des § 7 Abs. 2 und 3 fand erstmals für Gesellschaften Anwendung, die ab dem 1.1.1981 zur Eintragung in das Handelsregister angemeldet wurden (Art. 12 § 3 GmbH-Novelle).

4 Begr. RegE MoMiG, BT-Drucks. 16/6140, S. 33.

5 Begr. RegE, BT-Drucks. 8/1347, S. 32.

6 *BDI/Hengeler*, Die GmbH im Wettbewerb der Rechtsformen, Februar 2006, S. 76: Vorschriften zur Sicherheitsleistung seien „kaum je praktisch geworden"; *Römermann*, GmbHR 2006, 673, 675.

7 Begr. RegE MoMiG, BT-Drucks. 16/6140, S. 33; vgl. auch *Seibert*, ZIP 2006, 1157, 1164.

8 Vgl. aus der registergerichtlichen Praxis OLG Nürnberg v. 18.4.2011 – 12 W 631/11, GmbHR 2011, 582.

Einmann-GmbH sind mit Inkrafttreten des MoMiG die bestellten Sicherungen allerdings nicht automatisch frei geworden[9].

II. Die Anmeldung (§ 7 Abs. 1)

1. Anmeldeerfordernis

5   Die Anmeldung ist die Voraussetzung für die Eintragung der GmbH in das Handelsregister und damit für ihr rechtswirksames Entstehen (§ 11 Abs. 1). Eine **Pflicht** zur Anmeldung begründet § 7 Abs. 1 trotz seines missverständlichen Wortlauts nach übereinstimmender Auffassung **nicht**[10]. Es ist vielmehr den Gründungsgesellschaftern überlassen, ob sie die GmbH zur Entstehung bringen wollen oder nicht. Aus diesem Grund ist gemäß § 79 Abs. 2 auch die Festsetzung eines Zwangsgeldes (vgl. § 14 HGB) gegen Geschäftsführer ausgeschlossen. Die Verzögerung der Anmeldung hat aber Rechtsnachteile in Form der Fortdauer der Handelndenhaftung der Geschäftsführer (§ 11 Abs. 2) und unter Umständen der Verlustdeckungspflicht der Gesellschafter (im Falle des Scheiterns der Eintragung) bzw. Vorbelastungshaftung der Gesellschafter (bei Eintragung der Gesellschaft).

6   Die **Geschäftsführer** sind allerdings gegenüber **der Gesellschaft** auf Grund ihrer durch das Einverständnis mit der Bestellung begründeten Organstellung verpflichtet, die Gesellschaft unverzüglich zur Eintragung anzumelden, wenn keine Eintragungshindernisse gegeben sind und die Gründungsgesellschafter keine abweichende Weisung erteilen[11]. Sie haften bei einer schuldhaften Verzögerung auf Schadensersatz (§ 43) und können – u.U. auch bei Einschränkung der Abberufbarkeit wegen Vorliegens eines wichtigen Grundes – abberufen werden. Der Anspruch auf Vornahme der Anmeldung ist darüber hinaus im Klagewege durchsetzbar[12]. Die Schutzfunktion der Anmeldevorschriften wird dadurch nicht beeinträchtigt, da die Begründetheit der Klage vom Vorliegen der Anmeldevoraussetzungen (§ 7 Abs. 2 und 3) abhängt und die Geschäftsführer nicht gehindert sind, die ihnen obliegenden Versicherungen (§ 8 Abs. 2 und 3) wahrheitsgemäß abzugeben. Die Vollstreckung des Urteils erfolgt nicht nach § 894 ZPO i.V.m. § 16 HGB, sondern nach § 888 ZPO[13]. Dies folgt aus dem Umstand, dass die Anmeldung nach § 7 Abs. 1 als eine von den Geschäftsführern persönlich vorzunehmende, also *unvertretbare* Handlung zu qualifizieren ist (s. Rdnr. 11).

7   Auch die **Gründungsgesellschafter** sind **untereinander** verpflichtet, die ihrerseits als Voraussetzung für die Anmeldung notwendigen Handlungen vorzunehmen und erforderlichenfalls an Maßnahmen gegen die Geschäftsführer zur Erzwingung der unbegründet verzögerten oder verweigerten Anmeldung mitzuwirken[14]. Im Einzelfall kann ein Gesellschafter aufgrund sei-

---

9   *Tebben*, in: Michalski u.a., Rdnr. 38. A.A. *Bormann/Urlichs*, in: GmbHR-Sonderheft MoMiG, 2008, S. 38.

10 *Fastrich*, in: Baumbach/Hueck, Rdnr. 2; *Roth*, in: Roth/Altmeppen, Rdnr. 3; *Herrler*, in: Münch-Komm. GmbHG, Rdnr. 32; *Schmidt-Leithoff*, in: Rowedder/Schmidt-Leithoff, Rdnr. 5; *Tebben*, in: Michalski u.a., Rdnr. 9; *Ulmer/Casper*, in: Ulmer/Habersack/Löbbe, Rdnr. 5.

11 *Bayer*, in: Lutter/Hommelhoff, Rdnr. 1; *Fastrich*, in: Baumbach/Hueck, Rdnr. 2; *Roth*, in: Roth/Altmeppen, Rdnr. 4; *Herrler*, in: MünchKomm. GmbHG, Rdnr. 33; *Schmidt-Leithoff*, in: Rowedder/Schmidt-Leithoff, Rdnr. 6; *Tebben*, in: Michalski u.a., Rdnr. 10; *Ulmer/Casper*, in: Ulmer/Habersack/Löbbe, Rdnr. 6; vgl. auch OLG Hamm v. 11.7.1983 – 8 U 199/83, GmbHR 1984, 343.

12 *Bayer*, in: Lutter/Hommelhoff, Rdnr. 1; *Fastrich*, in: Baumbach/Hueck, Rdnr. 2; *Roth*, in: Roth/Altmeppen, Rdnr. 4; *Schmidt-Leithoff*, in: Rowedder/Schmidt-Leithoff, Rdnr. 6; *Ulmer/Casper*, in: Ulmer/Habersack/Löbbe, Rdnr. 9.

13 *Bayer*, in: Lutter/Hommelhoff, Rdnr. 1; *Fastrich*, in: Baumbach/Hueck, Rdnr. 2; *Schmidt-Leithoff*, in: Rowedder/Schmidt-Leithoff, Rdnr. 6; *Herrler*, in: MünchKomm. GmbHG, Rdnr. 34; *Ulmer/Casper*, in: Ulmer/Habersack/Löbbe Rdnr. 9.

14 *Schmidt-Leithoff*, in: Rowedder/Schmidt-Leithoff, Rdnr. 6; *Ulmer/Casper*, in: Ulmer/Habersack/Löbbe, Rdnr. 7.

ner mitgliedschaftlichen Treuepflicht auch gehalten sein, sich mit der Beseitigung von Mängeln des Gesellschaftsvertrages einverstanden zu erklären[15].

2. Zuständiges Gericht

Für die Anmeldung ist das **Amtsgericht** zuständig, in dessen Bezirk die GmbH ihren Sitz   8
hat. Maßgebend ist der im Gesellschaftsvertrag (§ 3 Abs. 1 Nr. 1) bestimmte Gesellschaftssitz. Dieser Sitz muss im Inland liegen. Der Verwaltungssitz kann dagegen seit dem MoMiG auch im Ausland liegen (s. § 4a Rdnr. 6).

Die örtliche Zuständigkeit regelt § 7 Abs. 1 **zwingend**. Die Eintragung durch ein unzuständi-   9
ges Registergericht ist aber ohne Einfluss auf ihre Wirksamkeit (§ 2 Abs. 3 FamFG). Eine Amtslöschung gemäß § 395 FamFG aus diesem Grund ist ausgeschlossen (s. auch Rdnr. 15)[16].

3. Anmeldebefugnis

Die Anmeldung hat namens der Gesellschaft (der Vor-GmbH) durch die Geschäftsführer zu   10
erfolgen[17]. Es müssen **sämtliche Geschäftsführer** mitwirken, auch die Stellvertreter, auch bei statutarischer Einzelvertretungsbefugnis, jedoch nicht notwendig gleichzeitig (§ 78)[18]. Die Unwirksamkeit der Bestellung zum Geschäftsführer, z.B. wegen fehlender Eignung gemäß § 6 Abs. 2, schließt die Anmeldebefugnis aus.

Notwendig ist darüber hinaus, dass die **Anmeldung** durch die Geschäftsführer **persönlich** er-   11
folgt[19]. Die gewillkürte Vertretung lässt sich insbesondere nicht auf die allgemeine Vorschrift des § 12 Abs. 1 Satz 2 HGB stützen[20]. Die Regelungen über die zivil- und strafrechtliche Verantwortlichkeit für die Richtigkeit der zum Zwecke der Eintragung gemachten Angaben (§§ 9a Abs. 1, 82 Abs. 1 Nr. 1 und 4) zeigen, dass das Gesetz der persönlichen Mitwirkung der Geschäftsführer bei der Abgabe der zur Anmeldung erforderlichen Erklärungen eine entscheidende Bedeutung beimisst, um die Ordnungsmäßigkeit der Gründung zu gewährleisten. Die Sicherungen wären weitgehend entwertet, wenn die Geschäftsführer sich ihnen durch die Einschaltung von Bevollmächtigten ganz oder teilweise entziehen könnten. Der Notar, der die Anmeldeerklärung der Geschäftsführer beurkundet oder beglaubigt hat, ist nach § 378 FamFG ermächtigt, die Anmeldung beim Gericht einzureichen[21]. Hat er nur den

---

15 *Tebben*, in: Michalski u.a., Rdnr. 10.
16 *Bayer*, in: Lutter/Hommelhoff, Rdnr. 3; *Fastrich*, in: Baumbach/Hueck, Rdnr. 4; *Ulmer/Casper*, in: Ulmer/Habersack/Löbbe, Rdnr. 17. A.A. *Herrler*, in: MünchKomm. GmbHG, Rdnr. 52 f.
17 BGH v. 24.10.1988 – II ZB 7/88, BGHZ 105, 324, 327; BGH v. 16.3.1992 – II ZB 17/91, BGHZ 117, 323, 325 ff.
18 Vgl. BayObLG v. 7.2.1984 – BReg 3 Z 190/83, WM 1984, 638; *Bayer*, in: Lutter/Hommelhoff, Rdnr. 1; *Schmidt-Leithoff*, in: Rowedder/Schmidt-Leithoff, Rdnr. 7, 10; *Ulmer/Casper*, in: Ulmer/Habersack/Löbbe, Rdnr. 10.
19 BayObLG v. 12.6.1986 – BReg 3 Z 29/86, NJW 1987, 136; BayObLG v. 13.11.1986 – BReg 3 Z 134/86, DB 1987, 215, 216; *Bayer*, in: Lutter/Hommelhoff, Rdnr. 1; *Fastrich*, in: Baumbach/Hueck, Rdnr. 3; dahingestellt in BGH v. 2.12.1991 – II ZB 13/91, BGHZ 116, 190, 199. Differenzierend zwischen der Einreichung der Anmeldeerklärung (Zulässigkeit der Stellvertretung) und der Abgabe der Versicherungen nach § 8 Abs. 2 und 3 (Unzulässigkeit der Stellvertretung) *Schmidt-Leithoff*, in: Rowedder/Schmidt-Leithoff, Rdnr. 8; *Ulmer/Casper*, in: Ulmer/Habersack/Löbbe, Rdnr. 13 f.; *Herrler*, in: MünchKomm. GmbHG, Rdnr. 22, 25 f.
20 A.A. KG, JW 1932, 2626; OLG Köln v. 1.10.1986 – 2 Wx 53/86, BB 1986, 2088; *Feine*, S. 145; *Herrler*, in: MünchKomm. GmbHG, Rdnr. 23.
21 BayObLG v. 31.1.1978 – BReg 1 Z 5/78, DB 1978, 880; *Fastrich*, in: Baumbach/Hueck, Rdnr. 3; *Schmidt-Leithoff*, in: Rowedder/Schmidt-Leithoff, Rdnr. 8; *Ulmer/Casper*, in: Ulmer/Habersack/Löbbe, Rdnr. 14.

Gesellschaftsvertrag beurkundet, so ist er nicht befugt, die Anmeldung als solche zu beantragen; § 378 FamFG findet dann keine Anwendung[22].

4. Rechtsnatur, Form und Inhalt

12 Die Anmeldung ist ein **verfahrensrechtlicher Antrag** an das zuständige Registergericht (Rdnr. 8) auf Eintragung der Gesellschaft[23]. Die Vorschriften des BGB über Rechtsgeschäfte sind daher nicht unmittelbar anwendbar, sondern können nur, soweit die Rechtsnatur der Anmeldung als Verfahrenshandlung nicht entgegensteht, analog herangezogen werden. So erfordert die Anmeldung entsprechend §§ 104 ff. BGB die unbeschränkte Geschäftsfähigkeit, die im Übrigen ohnehin Voraussetzung für die rechtswirksame Bestellung der Geschäftsführer ist (§ 6 Abs. 2 Satz 1). Die Anmeldung wird mit Zugang beim Registergericht wirksam[24]. Die Wirksamkeit der Anmeldung wird nicht davon beeinflusst, dass ein Geschäftsführer *nach* ihrer Abgabe seine Geschäftsfähigkeit verliert, verstirbt oder aus einem anderen Grund aus dem Amt ausscheidet (§ 130 Abs. 2 BGB analog)[25]. Die Anmeldung kann ferner nicht durch Bedingungen oder Befristungen eingeschränkt und auch nicht wegen Willensmängeln angefochten werden[26]. Bis zur Eintragung ist aber jederzeit formlos der Widerruf der Anmeldung zulässig. Sind mehrere Geschäftsführer vorhanden und widerruft nur einer von ihnen, so wird gleichwohl wegen der Notwendigkeit seiner Mitwirkung (Rdnr. 10) die Anmeldung wirkungslos[27]. Auch eine Berichtigung der Anmeldung ist bis zur Eintragung möglich[28], muss aber in der vorgeschriebenen Form (Rdnr. 13) durch sämtliche Geschäftsführer erfolgen.

13 Die Anmeldung bedarf der **öffentlich beglaubigten Form** (§ 12 Abs. 1 HGB, § 129 BGB). Zulässig ist auch die notarielle Beurkundung (§ 129 Abs. 2 BGB) oder die Protokollierung der Erklärung bei einem gerichtlichen Vergleich (§ 127a BGB). Seit dem EHUG ist die **Anmeldung** dem Registergericht **elektronisch** einzureichen (§ 12 Abs. 1 Satz 1 HGB). Wie dies im Einzelnen vonstatten zu gehen hat, ist in den Verordnungen über die elektronische Registerführung der Länder (vgl. § 8a Abs. 2 HGB)[29] geregelt. Diese Verordnungen sehen vor, dass die Anmeldungen über das **Elektronische Gerichts- und Postfach** (EGVP) einzureichen sind[30] (vgl. http://www.egvp.de./).

---

22 *Fastrich*, in: Baumbach/Hueck, Rdnr. 3; *Schmidt-Leithoff*, in: Rowedder/Schmidt-Leithoff, Rdnr. 8; *Ulmer/Casper*, in: Ulmer/Habersack/Löbbe, Rdnr. 14. A.A. *Herrler*, in: MünchKomm. GmbHG, Rdnr. 29.
23 *Bayer*, in: Lutter/Hommelhoff, Rdnr. 1; *Schmidt-Leithoff*, in: Rowedder/Schmidt-Leithoff, Rdnr. 4; nach *Ulmer/Casper*, in: Ulmer/Habersack/Löbbe, Rdnr. 19 ist sie „organschaftlicher Akt" (ebenso BayObLG v. 22.2.1985 – BReg 3 Z 16/85, DB 1985, 1223, 1224).
24 OLG Hamm v. 29.4.1981 – 15 W 67/81, DNotZ 1981, 707, 709; *Tebben*, in: Michalski u.a., Rdnr. 11.
25 *Ulmer/Casper*, in: Ulmer/Habersack/Löbbe, Rdnr. 10.
26 BayObLG v. 25.6.1992 – 3Z BR 30/92, GmbHR 1992, 672, 674; *Tebben*, in: Michalski u.a., Rdnr. 11.
27 *Bayer*, in: Lutter/Hommelhoff, Rdnr. 1; *Roth*, in: Roth/Altmeppen, Rdnr. 13; *Ulmer/Casper*, in: Ulmer/Habersack/Löbbe, Rdnr. 21.
28 *Roth*, in: Roth/Altmeppen, Rdnr. 13; *Tebben*, in: Michalski u.a., Rdnr. 11, 13; *Ulmer/Casper*, in: Ulmer/Habersack/Löbbe, Rdnr. 22.
29 Die Landesjustizverwaltungen haben auf der Grundlage einer Musterverordnung über den elektronischen Rechtsverkehr und elektronische Verfahren Regelungen getroffen. Die Länderregelungen sind beispielsweise bei *Müther*, in: Beck'scher Onlinekommentar HGB, 15. Ed. (Stand: 1.11.2016), § 8a HGB Rdnr. 8.1 aufgeführt. Ferner können sie auf den Internetseiten der jeweiligen Justizverwaltung abgerufen werden.
30 Vgl. zu den Einzelheiten des technischen Ablaufs *Müther*, Rpfleger 2008, 233; *Melchior*, NotBZ 2006, 409; *Mödl/Schmidt*, ZIP 2008, 2332; *Wicke*, in: MünchKomm. GmbHG, § 9c Rdnr. 44 f.

Der **Gegenstand der Anmeldung** ist nach § 7 Abs. 1 nur „die Gesellschaft". Die weiteren An-   14
forderungen an ihren Inhalt und an beizufügende Unterlagen ergeben sich aus § 8. Es handelt sich dabei im Verhältnis zu § 29 HGB um Spezialvorschriften[31]. Eine besondere Anmeldung der „Firma" oder des „Ortes der Handelsniederlassung", wie sie § 29 HGB verlangt,
erübrigt sich daher.

5. Mängel der Anmeldung

Soweit Mängel nicht behebbar sind oder auf die Beanstandung des Registerrichters nicht be-   15
hoben werden, verpflichten Mängel zur Ablehnung der Eintragung (s. § 9c Rdnr. 39). Wird
die Gesellschaft dennoch eingetragen, so werden die Mängel des Anmeldeverfahrens grundsätzlich geheilt[32], insbesondere die örtliche Unzuständigkeit des Registergerichts (Rdnr. 8 f.),
Inhalts- und Formmängel der Anmeldung (Rdnr. 12 ff.), die fehlende Befugnis zur Einreichung der Anmeldung (Rdnr. 10 f.) und die Unvollständigkeit der einzureichenden Unterlagen (s. § 8 Rdnr. 38). Auch eine Amtslöschung der GmbH gemäß § 395 FamFG kommt
grundsätzlich nicht in Betracht[33].

Anders ist es zu beurteilen, wenn das Eintragungsverfahren ohne einen dahingehenden Wil-   16
len der Geschäftsführer eingeleitet oder durchgeführt worden ist. Wenn eine Anmeldung
nicht erfolgt ist, durch einen Unbefugten ohne Zustimmung der Geschäftsführer oder durch
einen Geschäftsführer ohne Zustimmung eingereicht worden ist, ist eine Amtslöschung der
Scheingesellschaft gemäß § 395 FamFG möglich[34]. Das Registergericht wird allerdings zuvor
zu prüfen haben, ob die Geschäftsführer sich nachträglich mit der Anmeldung einverstanden
erklären. Dann wäre der Mangel geheilt.

6. Verantwortlichkeit

Die Verantwortlichkeit der Gesellschafter und der Geschäftsführer für die Richtigkeit der An-   17
meldung und der beizufügenden Unterlagen folgt aus §§ 9a, 82 Abs. 1 Nr. 1, 2 und 4. Daneben können auch Schadensersatzansprüche Dritter nach den allgemeinen Vorschriften des
Bürgerlichen Rechts gegeben sein.

III. Einlageleistungen vor der Anmeldung (§ 7 Abs. 2)

1. Mindesteinlageleistungen

Das GmbHG setzt für die Anmeldung der Gesellschaft zum Handelsregister zwingend voraus,   18
dass auf die übernommenen Geschäftsanteile bestimmte Einlageleistungen bereits erbracht
worden sind (§ 7 Abs. 2 und 3). Der Gesellschaftsvertrag kann zwar höhere Einzahlungen vor
der Anmeldung oder bis zur Eintragung vorsehen (Rdnr. 46), nicht aber die gesetzlichen Anforderungen herabsetzen. Die Geschäftsführer haben in der Anmeldung zu versichern, dass
die gesetzlich geforderten Mindesteinlageleistungen bewirkt sind und die Gegenstände der

---

31 *Fastrich*, in: Baumbach/Hueck, Rdnr. 1; *Roth*, in: Roth/Altmeppen, Rdnr. 11; *Ulmer/Casper*, in: Ul-
    mer/Habersack/Löbbe, Rdnr. 23.
32 *Fastrich*, in: Baumbach/Hueck, Rdnr. 4; *Roth*, in: Roth/Altmeppen, Rdnr. 14; *Schmidt-Leithoff*, in:
    Rowedder/Schmidt-Leithoff, Rdnr. 16; *Tebben*, in: Michalski u.a., Rdnr. 16.
33 *Bayer*, in: Lutter/Hommelhoff, Rdnr. 3; *Tebben*, in: Michalski u.a., Rdnr. 16; *Ulmer/Casper*, in: Ul-
    mer/Habersack/Löbbe, Rdnr. 11.
34 *Bayer*, in: Lutter/Hommelhoff, Rdnr. 3; *Fastrich*, in: Baumbach/Hueck, Rdnr. 4; *Roth*, in: Roth/Alt-
    meppen, Rdnr. 14; *Schmidt-Leithoff*, in: Rowedder/Schmidt-Leithoff, Rdnr. 16; *Tebben*, in: Michalski
    u.a., Rdnr. 17; *Ulmer/Casper*, in: Ulmer/Habersack/Löbbe, Rdnr. 11.

Leistungen sich endgültig in ihrer freien Verfügung befinden (§ 8 Abs. 2 Satz 1). Die registergerichtliche Prüfung bezieht sich auch nur auf die Mindesteinlageleistungen[35].

a) Ein Viertel auf jeden Geschäftsanteil

19   Für jeden Geschäftsanteil ist mindestens ein Viertel des statutarisch festgesetzten Einlagebetrages (§ 3 Abs. 1 Nr. 4) einzuzahlen (§ 7 Abs. 2 Satz 1). Wenn beispielsweise ein Geschäftsanteil einen Nennbetrag von einem Euro hat[36], ist auf ihn mindestens ein Betrag von 0,25 Euro einzuzahlen. Es genügt nicht, dass auf einen oder einzelne Geschäftsanteile gezahlt wird, mag damit auch insgesamt ein Viertel des Geschäftsanteils gedeckt sein[37].

20   Sowohl bei der Berechnung der Quote als auch bei der Mindesteinzahlung ist ein statutarisch gefordertes **Aufgeld** (s. § 5 Rdnr. 21) **unberücksichtigt** zu lassen[38]. Auch die Versicherung der Geschäftsführer (§ 8 Abs. 2 Satz 1) und die registergerichtliche Kontrolle (§ 9c) beziehen sich nicht auf ein Agio. Es ist mangels einer erkennbaren gegenteiligen Bestimmung des Gesellschafters regelmäßig davon auszugehen, dass dieser mit einer Einzahlung zuerst die gesetzlich geforderte Mindesteinlageleistung und erst danach andere fällige Gesellschafterpflichten gegenüber der Gesellschaft, z.B. ein Aufgeld, tilgen will[39].

21   Bei der so genannten **Mischeinlage** – es handelt sich um die Kombination einer Bar- mit einer Sacheinlage (s. § 5 Rdnr. 81) –, ist die gesetzlich geforderte Mindesteinzahlung (§ 7 Abs. 2 Satz 1) nicht von dem Gesamtbetrag des Geschäftsanteils, sondern nur von dem in Geld zu entrichtenden Teil zu berechnen[40].

b) Vollständige Leistung der Sacheinlagen

22   Die Sacheinlagen sind vor der Anmeldung an die Gesellschaft vollständig so zu bewirken, dass sie endgültig zur freien Verfügung der Geschäftsführer stehen (§ 7 Abs. 3). Der Gesetzesbegriff der Sacheinlage umfasst dabei wie in den übrigen Bestimmungen in Abweichung vom früheren Recht (§ 5 Abs. 4 a.F.) auch die Sachübernahmen mit Anrechnungsabrede (s. § 5 Rdnr. 31, 73 ff.), die demgemäß ebenfalls vorher in der genannten Weise zu bewirken (Rdnr. 44) sind[41]. Die Erweiterung war, wie die Entstehungsgeschichte des § 7 Abs. 3 zeigt[42], gewollt und wird überdies durch den Zweck der Norm (Rdnr. 1) gefordert.

---

35   OLG Stuttgart v. 13.7.2011 – 8 W 252/11, BB 2011, 1858.
36   S. zu den notwendigen Angaben des Geschäftsführers bezüglich der Leistung der Mindesteinlage auf einen Geschäftsanteil mit einem Nennbetrag von einem Euro die Erl. zu § 8 Rdnr. 26.
37   RGSt. 33, 252, 253; *Fastrich*, in: Baumbach/Hueck, Rdnr. 5; *Roth*, in: Roth/Altmeppen, Rdnr. 19; *Schmidt-Leithoff*, in: Rowedder/Schmidt-Leithoff, Rdnr. 18; *Tebben*, in: Michalski u.a., Rdnr. 20; *Ulmer/Casper*, in: Ulmer/Habersack/Löbbe, Rdnr. 26.
38   *Bayer*, in: Lutter/Hommelhoff, Rdnr. 4; *Fastrich*, in: Baumbach/Hueck, Rdnr. 5a; *Schmidt-Leithoff*, in: Rowedder/Schmidt-Leithoff, Rdnr. 21; *Tebben*, in: Michalski u.a., Rdnr. 20; *Ulmer/Casper*, in: Ulmer/Habersack/Löbbe, Rdnr. 26. A.A. *Gienow*, in: FS Semler, 1993, S. 165, 173 ff.; *Herchen*, Agio und verdecktes Agio im Recht der Kapitalgesellschaften, 2004, S. 148 ff. Anders ist die Rechtslage im Aktienrecht; vgl. §§ 36a Abs. 1, 37 Abs. 1 AktG.
39   Vgl. aber für einen Sonderfall BGH v. 24.9.1990 – II ZR 203/89, DNotZ 1991, 828, 832 (bez. Resteinlage).
40   RGSt. 48, 153, 160; *Bayer*, in: Lutter/Hommelhoff, Rdnr. 4; *Fastrich*, in: Baumbach/Hueck, Rdnr. 5; *Roth*, in: Roth/Altmeppen, Rdnr. 19; *Schmidt-Leithoff*, in: Rowedder/Schmidt-Leithoff, Rdnr. 19; *Ulmer/Casper*, in: Ulmer/Habersack/Löbbe, Rdnr. 28.
41   *Bayer*, in: Lutter/Hommelhoff, Rdnr. 4; *Fastrich*, in: Baumbach/Hueck, Rdnr. 12; *Schmidt-Leithoff*, in: Rowedder/Schmidt-Leithoff, Rdnr. 19a, 31; *Ulmer/Casper*, in: Ulmer/Habersack/Löbbe, Rdnr. 27.
42   Die dahingehende ausdrückliche Bestimmung des § 7b Abs. 1 Satz 1 RegE ist nur wegen der diese Sachübernahmen einbeziehenden Erweiterung des Sacheinlagebegriffs i.S. des § 5 Abs. 4 Satz 1 angepasst worden; vgl. Bericht des Rechtsausschusses, BT-Drucks. 8/3908, S. 71.

c) Gesamtbetrag

Außerdem verlangt § 7 Abs. 2 Satz 2, dass der Gesamtbetrag der eingezahlten Geldeinlagen 23 zuzüglich der Summe der Einlagen, die durch Sachwerte zu decken sind, mindestens die Hälfte des gesetzlichen Mindeststammkapitals (12 500 Euro) erreichen muss. Bei der Berechnung, ob diese Anforderung erfüllt ist, sind wiederum die nicht auf die Geschäftsanteile geleisteten Beitragszahlungen der Gesellschafter (s. § 5 Rdnr. 21) unberücksichtigt zu lassen (Rdnr. 20) und ist auch bei den Sacheinlagen nicht der – möglicherweise höhere – Wert des geleisteten Einlagegegenstandes, sondern der durch ihn zu tilgende Betrag des Geschäftsanteils anzusetzen. Ein danach sich ergebender Minderbetrag ist zusätzlich von einem oder mehreren Geldeinlageschuldnern vor der Anmeldung zu erbringen.

Das Gesetz schreibt nicht vor, ob und wie der einzuzahlende Minderbetrag **unter mehreren** 24 **Geldeinlageschuldnern** aufzuteilen ist, sondern überlässt die Bestimmung der Zahlungspflicht dem Gesellschaftsvertrag[43]. Mangels einer entsprechenden Vereinbarung ist entsprechend § 19 Abs. 1 die erforderliche Zusatzeinzahlung nach dem Verhältnis der in Geld aufzubringenden Geschäftsanteile zu leisten[44].

d) Zuwiderhandlungen gegen § 7 Abs. 2

Bei einer Zuwiderhandlung gegen § 7 Abs. 2 hat das Registergericht die Eintragung abzuleh- 25 nen (§ 9c Abs. 1 Satz 1). Die trotzdem eingetragene GmbH ist aber nicht nichtig (§ 75)[45]. Auch die Amtslöschung nach § 395 FamFG scheidet aus. Bei unrichtigen Angaben über die Mindestleistungen finden die §§ 9a, 82 Abs. 1 Nr. 1, 4 Anwendung.

2. Einzahlungen

a) Voraussetzungen

Aus § 8 Abs. 2 folgt, dass die in § 7 Abs. 2 und 3 bezeichneten Leistungen auf die Geschäfts- 26 anteile **bewirkt** sein und dass der Gegenstand der Leistungen sich **endgültig in der freien Verfügung** des Geschäftsführers befinden muss. Diese Vorschriften sind zusätzlich zu den allgemeinen Vorschriften der §§ 362 ff. BGB zu beachten, denn sie stellen aus Gläubigerschutzgründen strengere Voraussetzungen an eine Erfüllung auf[46]. Das GmbHG enthält anders als das Aktienrecht (§ 54 Abs. 3 AktG) darüber hinaus keine näheren Bestimmungen über die Art und Weise der vor der Anmeldung zu erbringenden Mindesteinzahlungen der Gesellschafter. Sie sind vom Gesetzgeber als entbehrlich angesehen worden[47]. Es muss daher nicht verwundern, dass die Gerichte sich bis heute mit zahlreichen Auslegungsfragen beschäftigen mussten.

---

43 *Ulmer/Casper*, in: Ulmer/Habersack/Löbbe, Rdnr. 29.
44 *Bayer*, in: Lutter/Hommelhoff, Rdnr. 5; *Fastrich*, in: Baumbach/Hueck, Rdnr. 6; *Roth*, in: Roth/Altmeppen, Rdnr. 20; *Tebben*, in: Michalski u.a., Rdnr. 23; *Ulmer/Casper*, in: Ulmer/Habersack/Löbbe, Rdnr. 29.
45 RGZ 82, 288, 289 f.; RGZ 82, 375, 382; RG, JW 1913, 1043; *Ulmer/Casper*, in: Ulmer/Habersack/Löbbe, Rdnr. 31.
46 Vgl. BGH v. 22.6.1992 – II ZR 30/91, GmbHR 1992, 601, 602; BGH v. 25.11.1985 – II ZR 48/85, GmbHR 1986, 115 f.; OLG Hamburg v. 10.4.1981– 14 U 170/80, GmbHR 1982, 157, 158; OLG Frankfurt v. 21.12.1983 – 9 U 43/83, WM 1984, 1448; *Tebben*, in: Michalski u.a., Rdnr. 19.
47 Die Begr. I, 55 und II, 44 hielt eine gesetzliche Festlegung wegen der geringeren Missbrauchsgefahr für unnötig; die Beurteilung habe nach „den Umständen des einzelnen Falles unter Berücksichtigung allgemeiner Verkehrsgewohnheiten" zu erfolgen, wobei jedenfalls die „freie Verfügung der Geschäftsführer" hergestellt sein müsse. Die Einfügung einer dem § 54 Abs. 3 AktG entsprechenden Bestimmung ist bei der GmbH-Novelle 1980 als überflüssig abgelehnt worden, weil dies dem bereits geltenden (Richter-)Recht entspreche; vgl. Bericht des Rechtsausschusses, BT-Drucks. 8/3908, S. 71.

27 Der Anspruch auf Leistung der Mindesteinzahlungen steht bis zur Eintragung der GmbH der **Vorgesellschaft** zu. Diese ist kontofähig, so dass der Gesellschafter mit Zahlung auf das Konto der Vor-GmbH frei wird. Zahlungen, die an eine sog. Vorgründungsgesellschaft (s. § 11 Rdnr. 6 ff.) oder auf ein vor Abschluss des Gesellschaftsvertrages für die künftige GmbH i.Gr. eingerichtetes Konto geleistet werden, erfüllen die Einlagepflicht nicht und genügen nicht den gesetzlichen Anforderungen an Mindesteinzahlungen[48]. Die vorgeschriebene Einlageleistung ist in diesen Fällen erst dann erbracht, wenn der geschuldete Geldbetrag ungeschmälert an die Vorgesellschaft zur freien Verfügung ihrer Geschäftsführer weitergeleitet worden ist. Im Falle einer GmbH & Co. KG wird der Gesellschafter der GmbH durch Zahlung auf ein Konto der KG nicht von seiner Mindesteinlagepflicht befreit (s. auch § 19 Rdnr. 42)[49].

28 Der Eintritt der Erfüllungswirkung einer Zahlung kann wie auch sonst durch **Tilgungsbestimmungen** des Gesellschafters, z.B. die Angabe eines anderen Zahlungszwecks oder die Hinzufügung von Vorbehalten oder Bedingungen ausgeschlossen sein. Einer besonderen Zweckbestimmung bedarf es aber regelmäßig nicht, wenn der Gesellschafter nur die Einlage schuldet[50]. Stehen der Vorgesellschaft jedoch außer der Einlageforderung noch andere Geldforderungen gegen den Gesellschafter zu und behält sich dieser bei der Zahlung eine spätere Zweckbestimmung (§ 366 Abs. 1 BGB) vor, so wird bei der nachträglichen Benennung der Einlageschuld diese nur getilgt, wenn und soweit die eingezahlten Mittel in diesem Zeitpunkt für den Einlagezweck wertmäßig noch verfügbar sind[51]. Im Übrigen kommt es beim Bestehen weiterer Geldschulden gegenüber der Gesellschaft primär auf die auch konkludent mögliche[52] eindeutige Leistungsbestimmung des Gesellschafters[53] oder, wenn diese fehlt, auf die in § 366 Abs. 2 BGB bestimmten Kriterien an, ob die Einlageschuld durch die Zahlung erfüllt worden ist[54] (s. zur Zahlungsverwendung bei Vereinbarung eines Aufgelds Rdnr. 20). Erfüllungswirkung tritt folglich auch dann ein, wenn im Falle mehrerer durch die Zahlung nicht vollständig gedeckter Verbindlichkeiten für den Empfänger ersichtlich ist, dass eine bestimmte Forderung nach dem Willen des Leistenden getilgt werden soll. Dies ist etwa anzunehmen, wenn gerade der Betrag der Schuldsumme gezahlt wird[55].

29 Die **Beweislast** für die ordnungsgemäße Einlageleistung trifft den Gesellschafter[56]. Für die Beweisführung gelten die allgemeinen Regeln[57], insbesondere besteht keine Beschränkung

48 BGH v. 22.6.1992 – II ZR 30/91, GmbHR 1992, 601, 602; OLG Köln v. 10.11.1988 – 1 U 55/88, ZIP 1989, 238, 239; OLG Hamm v. 25.5.1992 – 8 U 247/91, GmbHR 1992, 750, 751; OLG Düsseldorf v. 10.12.1993 – 17 U 19/93, GmbHR 1994, 398, 399; OLG Stuttgart v. 31.5.1994 – 10 U 253/93, GmbHR 1995, 115, 118; *Herrler*, in: MünchKomm. GmbHG, Rdnr. 98.

49 *Tebben*, in: Michalski u.a., Rdnr. 26.

50 BGH v. 3.12.1990 – II ZR 215/89, GmbHR 1991, 152, 153; OLG Hamburg v. 15.4.1994 – 11 U 237/93, GmbHR 1994, 468, 469.

51 BGH v. 2.12.1968 – II ZR 144/67, BGHZ 51, 157, 160 ff.; OLG Hamburg v. 15.4.1994 – 11 U 237/93, GmbHR 1994, 468, 470; OLG Dresden v. 14.12.1998 – 2 U 2679/98, GmbHR 1999, 233, 234; *Tebben*, in: Michalski u.a., Rdnr. 27; *Ulmer/Casper*, in: Ulmer/Habersack/Löbbe, Rdnr. 32 a.E.

52 OLG Frankfurt v. 24.11.1989 – 10 W 165/88, GmbHR 1991, 102, 103; OLG Dresden v. 14.12.1998 – 2 U 2679/98, GmbHR 1999, 233, 234.

53 Vgl. dazu BGH v. 3.12.1990 – II ZR 215/89, GmbHR 1991, 152, 153; BGH v. 22.6.1992 – II ZR 30/91, GmbHR 1992, 601, 602; BGH v. 26.9.1994 – II ZR 166/93, GmbHR 1995, 119, 120; BGH v. 22.6.1992 – II ZR 30/91, GmbHR 1992, 601, 602; BGH v. 29.1.2001 – II ZR 183/00, NJW 2001, 1647, 1648.

54 *Tebben*, in: Michalski u.a., Rdnr. 27.

55 Vgl. BGH v. 17.9.2001 – II ZR 275/99, ZIP 2001, 1997, 1998.

56 St. Rspr.; vgl. BGH v. 22.6.1992 – II ZR 30/91, GmbHR 1992, 601, 603; OLG Naumburg v. 10.5.1999 – 7 W 24/99, GmbHR 1999, 1037, 1038; OLG Köln v. 13.10.1988 – 1 U 37/88, ZIP 1989, 174, 176; zu den Anforderungen an die Darlegungs- und Beweislast für den Vortrag, der Geschäftsführer sei in Höhe des Kreditbetrags des Kontos dispositionsbefugt, vgl. OLG Naumburg v. 24.11.2000 – 7 U (Hs) 98/99, 7 U (Hs) 99/99, 7 U (Hs) 101/99, NZG 2001, 230, 231.

57 BGH v. 22.6.1992 – II ZR 30/91, GmbHR 1992, 601, 603.

der Beweismittel auf die Vorlage von Zahlungsbelegen[58]. Die Verweisung auf die Versicherung der Geschäftsführer (§ 8 Abs. 2 Satz 1) reicht zum Nachweis nicht aus.

b) Zahlung

§ 7 Abs. 2 Satz 1 verlangt, dass mindestens ein Viertel des Nennbetrags des Geschäftsanteils   30
„eingezahlt" wird. Dieser Begriff ist nach Maßgabe des Normzwecks des § 7 Abs. 2 zu bestimmen. **„Einzahlung"** ist danach nicht gleichbedeutend mit Barzahlung an die Vorgesellschaft, die selbstverständlich darunter fällt, wenn sie mittels inländischer gesetzlicher Zahlungsmittel erfolgt[59]. Es genügt vielmehr jede Leistung, die nach der Verkehrsgewohnheit der Barzahlung gleich zu erachten ist *und* die jederzeit mit Sicherheit ohne Wertverlust in Geld umgesetzt werden kann[60]. Die Vorschrift des § 54 Abs. 3 AktG ist zwar nicht analog anzuwenden[61]. Sie kann aber bei der Auslegung wegen der weitgehend übereinstimmenden Zielsetzung und Problemlage sinngemäß mit herangezogen werden[62].

Die vorstehenden Voraussetzungen erfüllen die vorbehaltlose **Gutschrift auf einem inländi-**   31
schen Bankkonto, das für die Gesellschaft oder den Geschäftsführer in dieser Eigenschaft (also nicht als Privatkonto) eingerichtet worden ist[63]. Anders liegt es nur, wenn ernsthafte Zweifel bezüglich der Bonität des Kreditinstituts bestehen. Unerheblich ist es dagegen, dass das Konto der Gesellschaft einen Schuldsaldo aufweist, wenn dadurch nicht die freie Verfügung der Geschäftsführer im Zahlungszeitpunkt eingeschränkt ist (vgl. dazu Rdnr. 40)[64]. Auch eine Einlagezahlung auf ein Konto der GmbH, das in kurzen Zeitabständen schwankende Kontenstände aufweist, kann haftungsbefreiend wirken[65]. Ebenso wenig steht entgegen, dass das betreffende Kreditinstitut zugleich Mitgründer ist[66]. Es kann unter den oben bezeichneten Voraussetzungen auch die eigene Mindesteinzahlung durch Gutschrift auf ein bei ihm geführtes Konto leisten[67]. Der Einwand, dass die Einbuchung nicht als Zahlung angesehen werden kön-

---

58 KG v. 12.7.1990 – 2 U 3964/89, GmbHR 1991, 64, 65. A.A. OLG Hamm v. 19.9.1983 – 8 U 387/82, GmbHR 1984, 317, 318.
59 OLG Frankfurt v. 27.5.1992 – 20 W 134/92, GmbHR 1992, 531, 533; OLG Düsseldorf v. 3.12.1997 – 3 Wx 545/97, GmbHR 1998, 235, 236.
60 Vgl. RGZ 41, 120, 122; RGZ 72, 266, 268; RGSt. 32, 82; RGSt. 36, 186; RGSt. 72, 832.
61 Für eine Analogie LG Frankenthal v. 25.1.1996 – 2 HK O 24/95, GmbHR 1996, 356, 358; *Mülbert*, ZHR 154 (1990), 145, 158; *Ulmer/Casper*, in: Ulmer/Habersack/Löbbe, Rdnr. 32. A.A. *Bayer*, in: Lutter/Hommelhoff, Rdnr. 11; *Karsten Schmidt*, AG 1986, 106 ff.
62 *Schmidt-Leithoff*, in: Rowedder/Schmidt-Leithoff, Rdnr. 23; wohl auch *Roth*, in: Roth/Altmeppen, Rdnr. 25; *Fastrich*, in: Baumbach/Hueck, Rdnr. 9; *Herrler*, in: MünchKomm. GmbHG, Rdnr. 85.
63 BGH v. 3.12.1990 – II ZR 215/89, GmbHR 1991, 152; BGH v. 24.9.1990 – II ZR 203/89, GmbHR 1990, 554, 555; BGH v. 2.4.1962 – II ZR 169/61, GmbHR 1962, 233; OLG Hamm v. 5.12.1984 – 8 U 12/84, GmbHR 1985, 326; OLG Frankfurt v. 5.5.1992 – 5 U 67/91, GmbHR 1992, 604; OLG Köln v. 12.4.1994 – 22 U 189/93, GmbHR 1994, 470; OLG Naumburg v. 13.5.1997 – 1 U 205/96, GmbHR 1998, 239; *Bayer*, in: Lutter/Hommelhoff, Rdnr. 11; *Roth*, in: Roth/Altmeppen, Rdnr. 26; *Schmidt-Leithoff*, in: Rowedder/Schmidt-Leithoff, Rdnr. 23; *Ulmer/Casper*, in: Ulmer/Habersack/Löbbe, Rdnr. 34.
64 BGH v. 18.2.1991 – II ZR 104/90, BGHZ 113, 335, 346 f.; BGH v. 24.9.1990 – II ZR 203/89, GmbHR 1990, 554, 555; BGH v. 3.12.1990 – II ZR 215/89, GmbHR 1991, 152; BGH v. 10.6.1996 – II ZR 98/95, ZIP 1996, 1466, 1467; BGH v. 18.3.2002 – II ZR 11/01, GmbHR 2002, 545, 546; BGH v. 8.11.2004 – II ZR 362/02, GmbHR 2005, 229, 230; *Karsten Schmidt*, AG 1986, 106, 110; *Priester*, DB 1987, 1473 ff.; *Ulmer/Casper*, in: Ulmer/Habersack/Löbbe, Rdnr. 34.
65 OLG Oldenburg v. 17.7.2008 – 1 U 49/08, GmbHR 2008, 1270.
66 *Geßler*, in: FS Möhring, 1975, S. 173, 174 ff.; *Heinsius*, in: FS Fleck, 1988, S. 89, 102 ff.; *Wimmer*, GmbHR 1997, 827; *Bayer*, in: Lutter/Hommelhoff, Rdnr. 11; *Tebben*, in: MünchKomm. GmbHG, Rdnr. 31. A.A. *Roth*, in: Roth/Altmeppen, Rdnr. 26.
67 *Bayer*, in: Lutter/Hommelhoff, Rdnr. 11; *Heinsius* in: FS Fleck, 1998, S. 89, 102 ff.; *Wimmer*, GmbHR 1997, 827; *Ulmer/Casper*, in: Ulmer/Habersack/Löbbe, Rdnr. 35.

ne, weil sie nur den einen Schuldgrund durch einen anderen ersetze[68], ist nicht wertungsgerecht, da die Gutschrift im Hinblick auf § 7 Abs. 2 dieselbe Wirkung hat wie in den übrigen Fällen. Eine wirksame Einlageleistung liegt weiterhin auch dann vor, wenn der Kontoinhaber nicht die (Vor-)Gesellschaft, sondern ein für sie tätiger Verwaltungstreuhänder (Notar) ist[69]. Vor allem im Falle einer Einmann-GmbH kann es zweifelhaft sein, ob eine Einzahlung auch erfolgt ist. Der zur Einlagezahlung bestimmte Bargeldbetrag muss aus dem Privatvermögen des Gründungsgesellschafters (und Geschäftsführers) weggegeben werden, der Bargeldbetrag in das Sondervermögen der zu gründenden GmbH gelangen und die Zugehörigkeit zum Vermögen der zu gründenden GmbH für einen Außenstehenden objektiv erkennbar werden[70].

32 Die Hingabe eines **Schecks** oder **Wechsels** ist nicht als Einzahlung i.S. des § 7 Abs. 2 zu werten[71]. Eine Ausnahme wurde wegen der gesetzlichen Einlösungspflicht der Bank für einen bestätigten Bundesbankscheck (§ 23 BBankG) angenommen[72]. Als der Bundesbankscheck nicht mehr als zulässiges Zahlungsmittel in § 54 Abs. 3 AktG aufgeführt wurde[73], wurde diese Auslegung überwiegend abgelehnt[74]. Dies ist nicht überzeugend[75]. Erstens können solche Schecks ohne Wertverlust in Geld umgesetzt werden[76]. Zweitens hat der Gesetzgeber bei der Reform des GmbHG durch das MoMiG einen „LZB-garantierten Scheck" ausdrücklich als zulässiges Einzahlungsmittel angesehen[77]. Eine wirksame Einlageleistung liegt bei anderen Schecks und Wechseln aber nur vor, wenn und soweit die Gesellschaft eine Zahlung in zulässiger Form (Rdnr. 30 f.) erhalten hat und nicht (wie bei einer Diskontierung des Wechsels) mit dem Risiko der Rückgriffshaftung belastet ist[78]. Auch wenn die Gesellschaft den übereigneten Scheck unmittelbar zur Bezahlung eigener Verbindlichkeiten verwendet, tritt die Erfüllung der Einlageschuld nicht schon mit der Weiterbegebung, sondern erst mit seiner Einlösung ein[79]; der getilgte Einlagebetrag bemisst sich dann nach dem Scheckerlös und nicht etwa nach dem Wert der erfüllten Gesellschaftsverbindlichkeit oder der dafür gewährten Gegenleistung, da ein eventueller Verlust aus der Geschäftstätigkeit nicht im Zusammenhang mit der Einlageleistung steht und erforderlichenfalls im Rahmen der Vorbelastungshaftung aller Gesellschafter auszugleichen ist. Die Leistung **ausländischer Zahlungsmittel** genügt der Mindesteinzahlungspflicht gemäß § 7 Abs. 2 nicht[80]; sie können ebenfalls nur erfüllungshalber (s. Rdnr. 33) entgegengenommen werden (Tilgungswirkung mit Umsetzung in inländisches gesetzliches Zahlungsmittel).

---

68 Vgl. RG, Holdh. 14 (1904), 142.
69 *Bayer*, in: Lutter/Hommelhoff, Rdnr. 11; *Fastrich*, in: Baumbach/Hueck, Rdnr. 8; *Lutter*, in: FS Heinsius, 1991, S. 497 ff.; *Roth*, in: Roth/Altmeppen, Rdnr. 25a; *Ulmer/Casper*, in: Ulmer/Habersack/Löbbe, Rdnr. 37; *Wimmer*, GmbHR 1997, 827 f.
70 OLG Oldenburg v. 26.7.2007 – 1 U 8/07, GmbHR 2007, 1043, 1045.
71 RG, JW 1912, 950; OLG Düsseldorf v. 3.8.1988 – 17 U 11/88, BB 1988, 2126; OLG Frankfurt v. 24.2.1993 – 21 U 194/91, GmbHR 1993, 652, 653 f.; *Bayer*, in: Lutter/Hommelhoff, Rdnr. 13; *Fastrich*, in: Baumbach/Hueck, Rdnr. 9; *Roth*, in: Roth/Altmeppen, Rdnr. 25b; *Schmidt-Leithoff*, in: Rowedder/Schmidt-Leithoff, Rdnr. 23; *Ulmer/Casper*, in: Ulmer/Habersack/Löbbe, Rdnr. 39. A.A. RGZ 41, 120, 123.
72 Vgl. etwa OLG Naumburg v. 10.5.1999 – 7 W 24/99, GmbHR 1999, 1037, 1038.
73 Die Änderung des § 54 Abs. 3 AktG erfolgte durch Art. 4 Nr. 1 Begleitgesetz zum Gesetz zur Umsetzung von EG-Richtlinien zur Harmonisierung bank- und wertpapierrechtlicher Vorschriften vom 22.10.1997, BGBl. I 1997, 2567.
74 In diesem Sinne u.a. die 11. Aufl. sowie die weitere Kommentarliteratur.
75 Mittlerweile h.M.; vgl. *Tebben*, in: Michalski u.a., Rdnr. 32; *Ulmer/Casper*, in: Ulmer/Habersack/Löbbe, Rdnr. 39; *Herrler*, in: MünchKomm. GmbHG, Rdnr. 93.
76 *Herrler*, in: MünchKomm. GmbHG, Rdnr. 93.
77 Begr. RegE MoMiG, BT-Drucks. 16/6140, S. 15.
78 RGSt. 36, 185.
79 Vgl. OLG Dresden v. 26.8.1999 – 7 U 646/99, ZIP 1999, 1885, 1886.
80 *Bayer*, in: Lutter/Hommelhoff, Rdnr. 13; *Schmidt-Leithoff*, in: Rowedder/Schmidt-Leithoff, Rdnr. 22; *Tebben*, in: Michalski u.a., Rdnr. 32; *Herrler*, in: MünchKomm. GmbHG, Rdnr. 94.

In einer anderen Form als durch Zahlung im oben dargelegten Sinne können die durch § 7 Abs. 2 vorgeschriebenen Mindestgeldeinlagepflichten nicht erfüllt werden. Die Vorschrift schließt die Annahme einer anderen **Leistung an Erfüllungs statt** (§ 364 Abs. 1 BGB) und – über § 19 Abs. 2 Satz 2 hinausgehend – beiderseits jede **Aufrechnung** aus[81]. Dies gilt unabhängig von der Werthaltigkeit der Forderung des Gesellschafters[82]. Schließlich kann die erforderliche Mindesteinzahlung auch nicht nach § 362 Abs. 2 BGB mit Ermächtigung der Geschäftsführer befreiend an einen Dritten zwecks Erfüllung einer fälligen Gesellschaftsverbindlichkeit geleistet werden[83]. Andernfalls wäre die notwendige registergerichtliche Kontrolle der Ordnungsmäßigkeit der Gesellschafterleistung gefährdet. Die vereinzelt vertretene Gegenmeinung[84] weist zwar zu Recht auf die gläubigerschützende Funktion der Vorbelastungshaftung hin. Sie wird aber nicht hinreichend dem Anliegen der Kapitalaufbringungsvorschriften gerecht, die Gesellschaft mit einem effektiv verfügbaren Anfangsvermögen auszustatten. Ein Gesellschafter einer als Komplementärin agierenden Vor-GmbH kann daher seine Mindesteinzahlungsverpflichtung nicht durch Zahlung an die KG erfüllen[85] (s. auch Rdnr. 27 und § 19 Rdnr. 42). Ist die Leistung an die Gesellschaft erfolgt, spricht aus der Sicht des Gründungsrechts aber nichts dagegen, dass der Geschäftsführer die Forderungen der Gesellschaftsgläubiger begleicht[86]. Schließlich genügt es nicht, wenn der Gesellschafter der GmbH einen Bankkredit verschafft[87]. Begleicht der Gesellschafter seine Einlageschuld mit Mitteln, die er zuvor von der Gesellschaft aufgrund eines Darlehens erhalten hat (sog. Hin- und Herzahlen), ist das gesetzliche Erfordernis der Leistung zur endgültigen freien Verfügung des Geschäftsführers nicht erfüllt (s. Rdnr. 38).

c) Freie Verfügung

aa) Aus dem Gesetzeszweck und der Entstehungsgeschichte des § 7 Abs. 2[88] sowie aus dem Wortlaut des § 8 Abs. 2 Satz 1 folgt, dass die vorgeschriebenen Mindestgeldeinlagen bis zur Anmeldung zur endgültigen freien Verfügung der Geschäftsführer bewirkt sein müssen. Damit ist festgelegt, wie die Mittel aufzubringen sind. Es handelt sich um eine – vom Gesetzgeber mit dem MoMiG unverändert gelassene – **Voraussetzung** für die **wirksame Erfüllung** der gesetzlichen Mindesteinzahlungspflichten der Gesellschafter (Rdnr. 26). Sie ist außerdem Gegenstand der vom Geschäftsführer bei der Anmeldung abzugebenden Versicherung (§ 8 Abs. 2 Satz 1; s. hierzu § 8 Rdnr. 26). Für den über den Mindestbetrag hinausgehenden Be-

---

81 *Bayer*, in: Lutter/Hommelhoff, Rdnr. 13; *Fastrich*, in: Baumbach/Hueck, Rdnr. 9; *Roth*, in: Roth/Altmeppen, Rdnr. 27; *Tebben*, in: Michalski u.a., Rdnr. 33; im Grundsatz ebenso *Ulmer/Casper*, in: Ulmer/Habersack/Löbbe, Rdnr. 41. Großzügiger *Schmidt-Leithoff*, in: Rowedder/Schmidt-Leithoff, Rdnr. 24.

82 *Tebben*, in: Michalski u.a., Rdnr. 33; anders für den Betrag, der über den Betrag der Mindesteinlage hinausgeht, s. Rdnr. 34.

83 BGH v. 25.11.1985 – II ZR 48/85, GmbHR 1986, 115 f.; OLG Stuttgart v. 12.6.1986 – 7 U 22/86, DB 1986, 1514; OLG Düsseldorf v. 3.8.1988 – 17 U 11/88, BB 1988, 2126, 2127; OLG Köln v. 10.11.1988 – 1 U 55/88, ZIP 1989, 238, 239; OLG Naumburg v. 10.5.1999 – 7 W 24/99, NJW-RR 1999, 1641, 1642; *Fastrich*, in: Baumbach/Hueck, § 19 Rdnr. 13; *Roth*, in: Roth/Altmeppen, Rdnr. 27; *Ulmer/Casper*, in: Ulmer/Habersack/Löbbe, Rdnr. 42; s. auch BGH v. 13.7.1992 – II ZR 263/91, BGHZ 119, 177, 188 ff. (zur AG).

84 *Bayer*, in: Lutter/Hommelhoff, Rdnr. 16; *Bayer*, GmbHR 2004, 445.

85 Vgl. BGH v. 25.11.1985 – II ZR 48/85, GmbHR 1986, 115 f.; *Ulmer/Casper*, in: Ulmer/Habersack/Löbbe, Rdnr. 43. A.A. *Karsten Schmidt*, DB 1985, 1986. Abweichendes gilt für die Resteinlageschuld; vgl. BGH v. 25.11.1985 – II ZR 48/85, GmbHR 1986, 115 f.

86 *Ulmer/Casper*, in: Ulmer/Habersack/Löbbe, Rdnr. 42.

87 OLG Köln v. 12.4.1994 – 22 U 189/93, GmbHR 1994, 470.

88 Vgl. Begr. I S. 55, II S. 44 u. dazu RGZ 41, 120, 121 f.

trag (**Resteinlage**) gilt das gesetzliche Erfordernis nicht, so dass sich die Erfüllung nach § 362 Abs. 2 BGB richtet[89]; außerdem ist insoweit § 19 Abs. 2 zu beachten.

35   Anforderungen an die **Verwendung** der **eingezahlten Mittel** können aus dem Erfordernis der Leistung zur freien Verfügung nicht abgeleitet werden. Es ist weder erforderlich, dass die Beträge bis zur Anmeldung noch bis zur Eintragung im Gesellschaftsvermögen vorhanden sind[90]. Die wohl h.A. beurteilt diese Frage aber anders und verlangt, dass die Beträge noch wertmäßig vorhanden sein müssten[91]. Danach wären also nur wertneutrale Geschäfte möglich. Diese Auslegung überzeugt nicht. Zwar folgt aus dem Wortlaut des Gesetzes, dass der Geschäftsführer versichern muss, die Beträge seien zur *endgültigen* freien Verfügung bewirkt. Daraus folgt jedoch nur, dass ein Rückfluss der Beträge an den Gesellschafter unzulässig ist. Das Erfordernis der Leistung der Einlage zur endgültigen freien Verfügung muss im Gesamtkontext des Gründungsrechts ausgelegt werden. Dabei ist zu berücksichtigen, dass der BGH mit der Entscheidung BGHZ 80, 129 das Vorbelastungsverbot aufgegeben und statt dessen ein wohl abgewogenes System der Gesellschafterhaftung in Gestalt einer Verlustdeckungs- und Vorbelastungshaftung entwickelt hat, das den Belangen der Gläubiger angemessen Rechnung trägt. Es besteht daher kein Bedürfnis mehr dafür, zumindest den **Vorbehalt** einer **wertgleichen Deckung** zu verlangen[92]. Den gesetzlichen Anforderungen an die Leistung der Einlage ist genügt, wenn der Gesellschafter die Leistung zu irgendeinem Zeitpunkt (bis zur Anmeldung der Gesellschaft) ordnungsgemäß zur freien Verfügung des Geschäftsführers erbringt und ein späterer Rückfluss an ihn nicht erfolgt[93].

36   **bb) Die freie Verfügung** ist gegeben, wenn die Geldeinlagen derart geleistet werden, dass die Geschäftsführer tatsächlich und rechtlich in der Lage sind, die eingezahlten Mittel uneingeschränkt für die Gesellschaft verwenden zu können[94]. Die Einzahlung in einer gesetzlich zulässigen Form kann im Allgemeinen wegen der erforderlichen unbedingten Übereignung oder vorbehaltlosen Kontogutschrift zwar dazu führen, dass zugleich auch dem Erfordernis der Leistung zur freien Verfügung genügt ist[95]. Im Einzelfall können aber besondere Umstände eine abweichende Beurteilung gebieten.

37   Die Erfüllung der gesetzlichen Mindesteinzahlungspflicht scheitert bei **Scheineinzahlungen** regelmäßig schon daran, dass die Voraussetzungen einer ordnungsmäßigen Zahlung (Rdnr. 26 ff.) mangels Rechtsübergangs nicht erfüllt sind[96] oder die Beteiligten die Tilgung der Einlageschuld nicht ernstlich gewollt haben (§ 117 BGB)[97]. Darüber hinaus stehen die übergebenen Mittel auch nicht zur freien Verfügung der Geschäftsführer. Entsprechendes gilt

---

89 BGH v. 25.11.1985 – II ZR 48/85, GmbHR 1986, 115; *Herrler*, in: MünchKomm. GmbHG, Rdnr. 129.
90 *Bayer*, in: Lutter/Hommelhoff, Rdnr. 19.
91 BGH v. 13.7.1992 – II ZR 263/91, BGHZ 119, 177 (zur Kapitalerhöhung in einer AG); *Fastrich*, in: Baumbach/Hueck, Rdnr. 10, § 8 Rdnr. 13; *G. H. Roth*, ZHR 167 (2003), 89, 97; *Schmidt-Leithoff*, in: Rowedder/Schmidt-Leithoff, Rdnr. 25; *Ulmer/Casper*, in: Ulmer/Habersack/Löbbe, Rdnr. 55.
92 So noch BGH v. 13.7.1992 – II ZR 263/91, BGHZ 119, 177, 187 zur Kapitalerhöhung; insoweit aber nun für die Kapitalerhöhung aufgegeben durch BGH v. 18.3.2002 – II ZR 363/00, BGHZ 150, 197, 199.
93 Vgl. für die Kapitalerhöhung BGH v. 18.3.2002 – II ZR 363/00, BGHZ 150, 197, 201. Das Urteil erlaubt allerdings keine zwingenden Rückschlüsse darauf, ob der BGH die Frage auch für das Gründungsrecht im betreffenden Sinne entscheiden würde. S. auch § 8 Rdnr. 27.
94 Vgl. BGH v. 11.11.1985 – II ZR 109/84, BGHZ 96, 231, 241 f.; *Bayer*, in: Lutter/Hommelhoff, Rdnr. 20; *Ulmer/Casper*, in: Ulmer/Habersack/Löbbe, Rdnr. 53, 59.
95 *Ulmer/Casper*, in: Ulmer/Habersack/Löbbe, Rdnr. 59.
96 Vgl. RGSt. 24, 287; RGSt. 30, 300; RGZ 157, 213, 225; RG, JW 1911, 514; RG, JW 1927, 1698.
97 Vgl. RG, JW 1915, 356; BayObLG v. 30.5.1994 – 4St RR 74/94, GmbHR 1994, 551 f.; vgl. auch BGH v. 10.11.1958 – II ZR 3/57, BGHZ 28, 314, 316.

für den in der Rechtsprechung genannten Fall, dass der Gesellschafter lediglich einen ihm persönlich eingeräumten Bankkredit zur Verfügung gestellt hat (s. Rdnr. 31)[98].

Eine Einzahlung zur freien Verfügung ist ferner dann nicht gegeben, wenn die Beteiligten bei Zahlung die schuldrechtliche Abrede getroffen haben, dass die gezahlten Mittel generell oder beim Eintritt bestimmter Voraussetzungen unmittelbar oder mittelbar wieder an den Einleger zurückfließen sollen[99]. Es ist dabei irrelevant, ob die Abrede rechtswirksam ist oder nicht[100]. Die größte praktische Bedeutung haben die Fälle des sog. **Hin- und Herzahlens** sowie **Her- und Hinzahlens**, in denen der Gesellschafter seine Einlage erbringt und die Beträge sodann aufgrund eines Darlehensvertrags von der Gesellschaft zurückerhält (oder umgekehrt). Der Gesetzgeber hat diese Fälle zwar mit dem MoMiG in § 19 Abs. 5 geregelt. Er hat aber verlangt, dass der Vorgang bei der Anmeldung offengelegt wird (vgl. § 19 Abs. 5 Satz 2). Wenn dies nicht geschieht oder wenn die strengen Voraussetzungen des § 19 Abs. 5 Satz 1 nicht vorliegen, wird der Gesellschafter nicht von seiner Einlagepflicht gemäß § 19 Abs. 5 Satz 1 befreit. Es bleibt dann dabei, dass der Gesellschafter nach den höchstrichterlichen Grundsätzen seine Einlage nicht endgültig zur freien Verfügung der Gesellschaft geleistet hat (s. § 19 Rdnr. 190). Es ist auch nicht ausreichend, wenn die Leistung aus einem von der Gesellschaft bei einem Dritten aufgenommenen Kredit bewirkt wird[101] oder wenn die Gesellschaft für ein dem Einzahlungspflichtigen gewährtes Darlehen mithaftet oder Sicherheiten stellt[102]. Ebenso ist zu entscheiden, wenn der Gesellschafter-Geschäftsführer das von einem anderen Gesellschafter ihm Eingezahlte zur Erfüllung seiner eigenen Einzahlungspflicht verwendet[103] oder wenn mit der Zahlung zugleich der Erlass einer Gegenforderung der GmbH verbunden ist[104]. Keine Bedenken bestehen dagegen, dass der Gesellschafter seine Einlagepflicht ohne eine derartige Beteiligung der Gesellschaft mit Fremdmitteln tilgt (s. auch § 5 Rdnr. 55) oder die Zahlung unmittelbar durch einen Dritten erfolgt[105]. Schließlich fehlt es bei Geldleistungen, die zur Ausführung einer Vereinbarung über **verdeckte Sacheinlagen** erbracht werden, an der erforderlichen freien Verfügung[106]. Die Neuregelung durch das MoMiG in § 19 Abs. 4 ändert daran nichts[107]. Schließlich ist auch keine andere rechtliche Beurteilung der Vorgänge geboten, wenn die Gesellschaftsversammlung den Geschäftsführer zur Rückzahlung der Mittel angewiesen hat.

Schuldrechtliche Verwendungsabsprachen zwischen der Gesellschaft und dem Einleger oder einem Dritten, die den Einsatz der eingezahlten Mittel für andere Unternehmensmaßnahmen festlegen, hindern dagegen die freie Verfügung i.S. der §§ 7 Abs. 2, 8 Abs. 2 grundsätz-

38

39

---

98 Vgl. OLG Köln v. 12.4.1994 – 22 U 189/93, GmbHR 1994, 470.
99 BGH v. 16.1.2006 – II ZR 76/04, BGHZ 166, 8, 11; BGH v. 9.1.2006 – II ZR 72/05, BGHZ 165, 352, 356; BGH v. 21.11.2005 – II ZR 140/04, BGHZ 165, 113, 116 (zur AG); BGH v. 18.2.1991 – II ZR 104/90, BGHZ 113, 335, 348; BGH v. 24.9.1990 – II ZR 203/89, GmbHR 1990, 554, 555; BGH v. 22.6.1992 – II ZR 30/91, GmbHR 1992, 601, 603; BGH v. 1.2.1977 – 5 StR 626/76, AG 1978, 166, 167.
100 BGH v. 21.11.2005 – II ZR 140/04, BGHZ 165, 113, 117 (zur AG; Unwirksamkeit der Darlehensabrede wegen Verstoßes gegen die Kapitalaufbringungsvorschriften); BGH v. 18.2.1991 – II ZR 104/90, BGHZ 113, 335, 349.
101 RGZ 47, 180, 185; BGH v. 30.6.1958 – II ZR 213/56, BGHZ 28, 77, 78.
102 BGH v. 2.4.1962 – II ZR 169/61, GmbHR 1962, 233; OLG Köln v. 18.11.1983 – 20 U 71/83, WM 1984, 740, 742; vgl. auch *Roth*, in: Roth/Altmeppen, Rdnr. 27a; *Schmidt-Leithoff*, in: Rowedder/Schmidt-Leithoff, Rdnr. 24; *Ulmer/Casper*, in: Ulmer/Habersack/Löbbe, Rdnr. 44 f.
103 Nichtig nach § 138 Abs. 1 BGB; vgl. RGZ 159, 321, 331.
104 OLG Hamburg v. 18.10.1985 – 11 U 92/85, GmbHR 1986, 230, 232.
105 BGH v. 26.9.1994 – II ZR 166/93, GmbHR 1995, 119, 120; OLG Frankfurt v. 24.11.1989 – 10 W 165/88, GmbHR 1991, 102, 103; *Schmidt-Leithoff*, in: Rowedder/Schmidt-Leithoff, Rdnr. 24; *Ulmer/Casper*, in: Ulmer/Habersack/Löbbe, Rdnr. 44 f.
106 BGH v. 21.11.2005 – II ZR 140/04, BGHZ 165, 113, 116 (zur AG); BGH v. 18.2.1991 – II ZR 104/90, BGHZ 113, 335, 347 f.
107 *Tebben*, in: Michalski u.a., Rdnr. 51.

lich nicht, da sie nicht mehr die ordnungsgemäße Leistung auf die Geldeinlage, sondern nur noch die Mittelverwendung betreffen[108]. Auch innergesellschaftliche Weisungen an den Geschäftsführer sind in diesem Bereich unschädlich[109].

40 Bei der **Zahlung durch Kontogutschrift** eines Kreditinstituts (Rdnr. 31) mangelt es an der erforderlichen freien Verfügung, wenn das Konto in diesem Zeitpunkt gesperrt[110] oder das Guthaben in einer den Einzahlungsbetrag einschließenden Höhe gepfändet ist[111] oder einen Debetsaldo aufweist *und* die Bank den Gutschriftbetrag wegen ungenehmigter Kontoüberziehung oder wegen Kündigung oder Rückführung des Kreditrahmens sofort verrechnen kann, so dass der Geschäftsführer keine rechtliche Möglichkeit erhält, über die eingezahlten Mittel in entsprechender Höhe zu disponieren[112]. Es genügt nicht, dass die Überziehung nur tatsächlich geduldet ist[113]. Unberührt bleibt die freie Verfügung dagegen, wenn die Gesellschaft der Bank vor der Kontogutschrift den Auftrag zur Weiterüberweisung des Einzahlungsbetrages an einen Dritten erteilt hat, es sei denn, dass dieser ihn wirtschaftlich für Rechnung des Einlegers erhalten soll[114]. Auch faktische Beschränkungen der Verfügungsmöglichkeit der Gesellschaft über die gutgeschriebene Einzahlung können u.U. der freien Verfügung entgegenstehen[115].

d) Mindesteinzahlung und Gründungsaufwand

41 Der Gründungsaufwand geht nur bei entsprechender Festsetzung im Gesellschaftsvertrag zu Lasten der Gesellschaft (s. § 5 Rdnr. 113 ff.). Wenn und soweit sie erfolgt ist, dürfen analog § 36 Abs. 2 AktG[116] die bei der Gründung anfallenden Steuern und Gebühren aus den gesetzlich geforderten Mindesteinzahlungen der Gesellschafter bestritten werden[117]. Anders ist es zu beurteilen, wenn die Aufwandsübernahme im Gesellschaftsvertrag nicht entsprechend festgelegt ist. Auch wenn die Gesellschaft im Außenverhältnis die Steuer- und Kostenschuldnerin ist, haben ihr dann die Gesellschafter die verauslagten Beträge spätestens bis zur Anmeldung zu erstatten, wenn sie über kein die gesetzlichen Mindestleistungen übersteigendes Gesellschaftsvermögen verfügt. Anderenfalls ist die Anmeldevoraussetzung des § 7 Abs. 2

---

108 BGH v. 22.6.1992 – II ZR 30/91, GmbHR 1992, 601, 603; BGH v. 24.9.1990 – II ZR 203/89, GmbHR 1990, 554, 555; *Ihrig*, Die endgültige freie Verfügung über die Einlage von Kapitalgesellschaften, S. 248.

109 BGH v. 22.6.1992 – II ZR 30/91, GmbHR 1992, 601, 603; BGH v. 24.9.1990 – II ZR 203/89, GmbHR 1990, 554, 555; *Gehling*, DNotZ 1991, 833, 839 ff.

110 BGH v. 2.4.1962 – II ZR 169/61, GmbHR 1962, 233; BayObLG v. 27.5.1998 – 3Z BR 110/98, GmbHR 1998, 736, 737; OLG Köln v. 12.4.1994 – 22 U 189/93, GmbHR 1994, 470, 472; *Bayer*, in: Lutter/Hommelhoff, Rdnr. 21; *Ulmer/Casper*, in: Ulmer/Habersack/Löbbe, Rdnr. 59.

111 *Bayer*, in: Lutter/Hommelhoff, Rdnr. 21; *Ulmer/Casper*, in: Ulmer/Habersack/Löbbe, Rdnr. 59.

112 BGH v. 3.12.1990 – II ZR 215/89, GmbHR 1991, 152; BGH v. 24.9.1990 – II ZR 203/89, GmbHR 1990, 554, 555; OLG Düsseldorf v. 20.11.1992 – 17 U 98/92, GmbHR 1993, 292, 293; OLG Frankfurt v. 21.12.1983 – 9 U 43/83, ZIP 1984, 836, 837; OLG Köln v. 12.4.1994 – 22 U 189/93, GmbHR 1994, 470, 472; OLG Köln v. 28.2.1996 – 5 U 101/95, GmbHR 1998, 143, 146; OLG Stuttgart v. 31.5.1994 – 10 U 253/93, GmbHR 1995, 115, 119; BayObLG v. 27.5.1998 – 3Z BR 110/98, GmbHR 1998, 736, 737.

113 LG Frankenthal v. 25.1.1996 – 2 HK O 24/95, GmbHR 1996, 356, 358; *Spindler*, ZGR 1997, 537, 547; *Wimmer*, GmbHR 1997, 827, 828. A.A. offenbar OLG Hamm v. 25.5.1992 – 8 U 247/91, GmbHR 1992, 750, 751; *Priester*, DB 1987, 1473, 1474 f.

114 Ähnlich *Ulmer/Casper*, in: Ulmer/Habersack/Löbbe, Rdnr. 56, 59.

115 BGH v. 11.11.1985 – II ZR 109/84, BGHZ 96, 231, 241 f.; OLG Hamm v. 28.9.1989 – 27 U 81/88, ZIP 1989, 1398, 1400; *Hommelhoff/Kleindiek*, ZIP 1987, 477, 491.

116 Eine dementsprechende Bestimmung enthielt § 7a Abs. 3 RegE, der mangels Regelungsbedürfnisses nicht Gesetz wurde (vgl. Bericht des Rechtsausschusses, BT-Drucks. 8/3908, S. 71).

117 BGH v. 10.6.1996 – II ZR 98/95, DNotZ 1997, 495, 496; *Bayer*, in: Lutter/Hommelhoff, Rdnr. 25; *Roth*, in: Roth/Altmeppen, § 8 Rdnr. 24; *Schmidt-Leithoff*, in: Rowedder/Schmidt-Leithoff, Rdnr. 25; *Ulmer/Casper*, in: Ulmer/Habersack/Löbbe, Rdnr. 64; s. auch BGH v. 13.7.1992 – II ZR 263/91, BGHZ 119, 177, 188 (zur AG).

nicht erfüllt und die Versicherung der Geschäftsführer gemäß § 8 Abs. 2, die die fehlenden Beträge nicht erwähnt, unrichtig mit der Haftungsfolge des § 9a Abs. 1.

3. Leistung der Sacheinlagen (§ 7 Abs. 3)

a) Bewirken

Die Sacheinlagen sind vor der Anmeldung so zu bewirken, dass sie endgültig zur freien Verfügung der Geschäftsführer stehen (§ 7 Abs. 3). Unter „Bewirken" sind bei den Sacheinlagen i.e.S. (s. § 5 Rdnr. 34 ff.) die zur Erfüllung der statutarisch übernommenen Einlagepflicht von Vermögensgegenständen **erforderlichen Rechtsakte** zu verstehen. Die Anforderungen bestimmen sich nach dem Inhalt der vereinbarten Leistungspflicht. Bewegliche Sachen, an denen das Vollrecht eingebracht werden soll, sind also nach §§ 929 ff. BGB der Vorgesellschaft zu übereignen[118]; eine nur aufschiebend bedingte Übereignung genügt nicht[119]. Einzulegende Forderungen und Rechte sind ihr nach den jeweils maßgebenden Vorschriften (§§ 398, 413, 1032, 1069, 1153 f. BGB) zu übertragen; auch Zustimmungen Dritter, von denen der Rechtsübergang abhängt (z.B. §§ 185, 399 BGB, § 15 Abs. 5 GmbHG), müssen spätestens bei der Anmeldung vorliegen. Bei den zum Gebrauch einzulegenden Sachen ist der Vorgesellschaft der unmittelbare Besitz zu verschaffen[120]. Fabrikationsgeheimnisse müssen den Geschäftsführern zugänglich gemacht sein[121]; die Übergabe einer Beschreibung genügt.

42

Auch das Eigentum an einzubringenden **Grundstücken** oder anderer einzubringender Rechte, deren Begründung oder Übertragung die Eintragung in ein öffentliches Register erfordert, muss nach § 7 Abs. 3 vor der Anmeldung auf die Vorgesellschaft übergegangen sein. Dies ist möglich, weil die Vorgesellschaft bereits grundbuchfähig ist und Grundstücksrechte erwerben kann (s. § 11 Rdnr. 41). Dagegen soll nach einer verbreiteten Meinung für Grundstücke und andere Immobiliarrechte eine bindende Einigung (§§ 873 Abs. 2, 925 BGB) zusammen mit der Eintragungsbewilligung und dem erforderlichen rangwahrenden Eintragungsantrag oder die Eintragung einer Erwerbsvormerkung (§ 883 BGB) ausreichend sein[122]. Zur Begründung werden vor vor allem Praktikabilitätserwägungen (Beschleunigung der Anmeldung, Entbehrlichkeit der Grundbuchberichtigung) angeführt. Ferner wird geltend gemacht, dass der Erwerbsanspruch der Gesellschaft auch grundstücksrechtlich gesichert sei (§ 17 GBO, §§ 883, 888 BGB). Diese Argumente sind nicht überzeugend. In den genannten Konstellationen ist die geschuldete Einlage noch nicht „bewirkt" und der Einlagegegenstand steht auch noch nicht „endgültig zur freien Verfügung der Geschäftsführer"[123]. Die Gesellschaft erhält nicht die vorgeschriebene uneingeschränkte Verfügungsmöglichkeit über das Grundstück zur Veräußerung oder Belastung. Auch die Entstehungsgeschichte der Vorschrift spricht für eine strenge Auslegung der gesetzlichen Anforderungen an die Erbringung einer Sacheinlage. Die Ausnahmeregelung des § 7b Abs. 2 RegE, welche die Eintragung einer Vormerkung für ausreichend erklärte, ist bewusst nicht Gesetz geworden. Auch bei der Einbringung von Grundstücken als Sacheinlage besteht, so die Vorstellung des Rechtsausschusses, ein Interesse daran, dass die Sacheinlagen möglichst voll erbracht werden und endgültig zur Verfügung der Ge-

43

---

118 BGH v. 2.5.1966 – II ZR 219/63, BGHZ 45, 338, 347 f.; *Bayer*, in: Lutter/Hommelhoff, Rdnr. 17; *Roth*, in: Roth/Altmeppen, Rdnr. 34; *Schmidt-Leithoff*, in: Rowedder/Schmidt-Leithoff, Rdnr. 30; *Ulmer/Casper*, in: Ulmer/Habersack/Löbbe, Rdnr. 49, 61.

119 *Ulmer/Casper*, in: Ulmer/Habersack/Löbbe, Rdnr. 61; *Schmidt-Leithoff*, in: Rowedder/Schmidt-Leithoff, Rdnr. 30. A.A. BGH v. 13.6.1958 – VIII ZR 202/57, GmbHR 1959, 94.

120 *Roth*, in: Roth/Altmeppen, Rdnr. 34; *Ulmer*, in: Ulmer/Habersack/Löbbe, Rdnr. 61.

121 *Ulmer/Casper*, in: Ulmer/Habersack/Löbbe, Rdnr. 61.

122 *Bayer*, in: Lutter/Hommelhoff, Rdnr. 17; *Fastrich*, in: Baumbach/Hueck, Rdnr. 14; *Priester*, DNotZ 1980, 515, 523; *Tebben*, in: Michalski u.a., Rdnr. 43 f.; *Ulmer/Casper*, in: Ulmer/Habersack/Löbbe, Rdnr. 51.

123 *Hüffer*, ZHR 148 (1984), 74, 76; *Schmidt-Leithoff*, in: Rowedder/Schmidt-Leithoff, Rdnr. 30.

schäftsführer stehen. Darüber hinaus auch die Vormerkung zuzulassen, würde zu Unsicherheiten führen[124].

44 Bei den **Sachübernahmen mit Anrechnungsabrede** (s. § 5 Rdnr. 73 ff.), die ebenfalls dem § 7 Abs. 3 unterliegen (Rdnr. 3, 22), erfordert das „Bewirken", dass vor der Anmeldung der Sachübernahmevertrag abgeschlossen worden, der danach geschuldete Vermögensgegenstand der Vorgesellschaft geleistet *und* die Aufrechnung oder Verrechnung der Vergütungsforderung gegen die Einlageforderung vorgenommen sein muss[125]. Diese Erfordernisse ergeben sich aus dem Zweck des § 7 Abs. 3, die Aufbringung des Stammkapitals durch die angeordnete Vollleistung der Sacheinlagen zu sichern. Auch in § 7 Abs. 2 Satz 2 geht das Gesetz von ihrem Vorliegen aus, da die Sachübernahmen bei der Berechnung des durch Einlagen aufzubringenden Mindestvermögens von 12 500 Euro berücksichtigt werden.

b) Freie Verfügung

45 Die Voraussetzung, dass die Sacheinlagen „endgültig zur freien Verfügung der Geschäftsführer" stehen (§ 7 Abs. 3), ist im Allgemeinen zugleich mit dem ordnungsgemäßen „Bewirken" (Rdnr. 42 ff.) erfüllt. Zusätzliche Abreden und Einschränkungen, die dies in Frage stellen können, sind unzulässig. Die Ausführungen oben Rdnr. 34 ff. gelten insoweit sinngemäß.

4. Mehrleistungen

46 Das Gesetz regelt nur die *Mindest*einlageleistungen. Der **Gesellschaftsvertrag** kann bestimmen, dass die Gesellschafter bei der Gründung höhere Einzahlungen zu leisten haben[126]. Das entspricht dem Sinn der Vorschrift, die die Geldeinlageleistungen vor der Eintragung nicht etwa auf die genannten Beträge beschränken, sondern im Gegenteil erreichen will, dass die Gesellschaft schon vor der Anmeldung mit einem realen Gesellschaftsvermögen ausgestattet und ein Mindestmaß an finanzieller Leistungsfähigkeit durch die aufgebrachten Einlagen nachgewiesen ist (Rdnr. 1). Von einer gesetzlichen Vollleistungspflicht aller Geldeinlagen vor der Anmeldung ist nur deswegen abgesehen worden, weil die unwirtschaftliche Anlage nicht benötigten Kapitals vermieden und kein Anreiz zur Festsetzung eines zu niedrigen Stammkapitals gegeben werden sollte. Mit Recht wird daher seit langem nahezu einhellig angenommen, dass die Einlageschuld durch Mehrleistungen der Gesellschafter, die auf einer statutarischen Anordnung beruhen, erlischt (§ 362 BGB)[127].

47 Zweifelhaft ist, ob eine Befreiungswirkung auch bei einer **freiwilligen Mehrleistung** des Gesellschafters eintritt. Der BGH vertrat ursprünglich die Ansicht, dass eine Mehrleistung nur dann zur Tilgung der Einlageschuld führe, wenn das eingezahlte Geld bei Eintragung noch unverbraucht oder jedenfalls in Form eines Gegenwertes vorhanden ist oder das Gesellschaftsvermögen das Stammkapital deckt[128]. Diese restriktive Ansicht hat der zweite Zivilsenat mittlerweile unter Berufung auf die Vorbelastungshaftung der Gründungsgesellschafter aufgege-

---

124 Vgl. Bericht des Rechtsausschusses, BT-Drucks. 8/3908, S. 71.
125 *Schmidt-Leithoff*, in: Rowedder/Schmidt-Leithoff, Rdnr. 31; *Ulmer/Casper*, in: Ulmer/Habersack/Löbbe, Rdnr. 49.
126 RGZ 149, 293, 302; BGH v. 13.10.1954 – II ZR 295/53, BGHZ 15, 66, 68; BGH v. 29.3.1962 – II ZR 50/61, BGHZ 37, 75, 77 f.; BGH v. 9.3.1981 – II ZR 54/80, BGHZ 80, 129, 137; BGH v. 7.11.1966 – II ZR 136/64, GmbHR 1967, 145; *Ulmer/Casper*, in: Ulmer/Habersack/Löbbe, Rdnr. 46.
127 Vgl. RGZ 83, 370, 374 ff.; RG, JW 1922, 94; *Bayer*, in: Lutter/Hommelhoff, Rdnr. 9; *Fastrich*, in: Baumbach/Hueck, Rdnr. 5a; *Schmidt-Leithoff*, in: Rowedder/Schmidt-Leithoff, Rdnr. 26.
128 Vgl. BGH v. 29.3.1962 – II ZR 50/61, BGHZ 37, 75, 77 f.; BGH v. 2.12.1968 – II ZR 144/67, BGHZ 51, 157, 159; BGH v. 9.3.1981 – II ZR 54/80, BGHZ 80, 129, 137.

ben[129]. Nicht geklärt ist allerdings, ob die Mehrleistung, wenn sie durch die Satzung nicht festgelegt bzw. erlaubt ist, zumindest im Einvernehmen aller Gesellschafter erbracht worden sein muss. Diese Einschränkung wird von einem Teil der Literatur wegen der Vorbelastungshaftung, die alle Gesellschafter treffe, gefordert[130]. Sie ist abzulehnen[131]. Eine freiwillige Mehrleistung, die ordnungsgemäß zur freien Verfügung der Gesellschaft erbracht worden ist, führt im Zweifel (§ 271 Abs. 2 BGB) zum Erlöschen der Einlageschuld. Denn es ist schwerlich einleuchtend, dass das Risiko für die gleichermaßen zu gemeinschaftlichen Zwecken verwendeten Mittel bei den gesetzlich oder statutarisch angeordneten Einlageleistungen vor Eintragung allen Gesellschaftern, bei anderen darüber hinausgehenden Einlageleistungen aber allein dem betreffenden Gesellschafter aufgebürdet werden soll. Entscheidend gegen die Einschränkung der Erfüllungswirkung spricht ferner, dass die die effektive Aufbringung der Einlageleistung sichernde Vorschrift (§ 7 Abs. 2) sich nicht auf die Verwendung der in Übereinstimmung mit ihr eingezahlten Mittel durch die Gesellschaft bezieht. Es besteht daher kein hinreichender Grund dafür, die Erfüllungswirkung der Mehrleistungen beim Fehlen einer Satzungsregelung von der Zustimmung aller Gesellschafter abhängig zu machen. Und schließlich: Die Vorbelastungshaftung wird nicht durch die freiwillige Mehrleistung, sondern durch die Aufnahme der Geschäftstätigkeit ausgelöst und im Wesentlichen auch umfangmäßig bestimmt[132]. Die Erfüllungswirkung von freiwilligen Mehrleistungen tritt demzufolge nur dann nicht ein, wenn die Satzung oder besondere Umstände des Einzelfalls eine andere Beurteilung erfordern[133].

Die Leistung der statutarisch erforderlichen Mehrbeträge ist **keine Anmeldevoraussetzung**. 48 Die Versicherung nach § 8 Abs. 2 hat sich auf sie und etwaige freiwillige Mehrleistungen (Rdnr. 47) nicht zu erstrecken[134].

---

129 BGH v. 24.10.1988 – II ZR 176/88, BGHZ 105, 300, 301 ff.
130 *Bayer*, in: Lutter/Hommelhoff, Rdnr. 9; *Fastrich*, in: Baumbach/Hueck, Rdnr. 5a; *Ulmer/Casper*, in: Ulmer/Habersack/Löbbe, Rdnr. 46 f.
131 *Roth* in: Roth/Altmeppen, Rdnr. 22; *Tebben*, in: Michalski u.a., Rdnr. 55.
132 *Stimpel*, in: FS Fleck, S. 345, 347 f.
133 *Stimpel*, in: FS Fleck, S. 345, 348; *Melber*, GmbHR 1991, 563, 566.
134 OLG Stuttgart v. 13.7.2011 – 8 W 252/11, BB 2011, 1858.

§ 8
Inhalt der Anmeldung

(1) Der Anmeldung müssen beigefügt sein:

1. der Gesellschaftsvertrag und im Fall des § 2 Abs. 2 die Vollmachten der Vertreter, welche den Gesellschaftsvertrag unterzeichnet haben, oder eine beglaubigte Abschrift dieser Urkunden,

2. die Legitimation der Geschäftsführer, sofern dieselben nicht im Gesellschaftsvertrag bestellt sind,

3. eine von den Anmeldenden unterschriebene Liste der Gesellschafter nach den Vorgaben des § 40,

4. im Fall des § 5 Abs. 4 die Verträge, die den Festsetzungen zugrunde liegen oder zu ihrer Ausführung geschlossen worden sind, und der Sachgründungsbericht,

5. wenn Sacheinlagen vereinbart sind, Unterlagen darüber, dass der Wert der Sacheinlagen den Nennbetrag der dafür übernommenen Geschäftsanteile erreicht.

(2) In der Anmeldung ist die Versicherung abzugeben, dass die in § 7 Abs. 2 und 3 bezeichneten Leistungen auf die Geschäftsanteile bewirkt sind und dass der Gegenstand der Leistungen sich endgültig in der freien Verfügung der Geschäftsführer befindet. Das Gericht kann bei erheblichen Zweifeln an der Richtigkeit der Versicherung Nachweise (unter anderem Einzahlungsbelege) verlangen.

(3) In der Anmeldung haben die Geschäftsführer zu versichern, dass keine Umstände vorliegen, die ihrer Bestellung nach § 6 Abs. 2 Satz 2 Nr. 2 und 3 sowie Satz 3 entgegenstehen, und dass sie über ihre unbeschränkte Auskunftspflicht gegenüber dem Gericht belehrt worden sind. Die Belehrung nach § 53 Abs. 2 des Bundeszentralregistergesetzes kann schriftlich vorgenommen werden; sie kann auch durch einen Notar oder einen im Ausland bestellten Notar, durch einen Vertreter eines vergleichbaren rechtsberatenden Berufs oder einen Konsularbeamten erfolgen.

(4) In der Anmeldung sind ferner anzugeben

1. eine inländische Geschäftsanschrift

2. Art und Umfang der Vertretungsbefugnis der Geschäftsführer.

(5) Für die Einreichung von Unterlagen nach diesem Gesetz gilt § 12 Abs. 2 des Handelsgesetzbuchs entsprechend.

Text von 1892; Abs. 4 eingefügt durch Gesetz vom 15.8.1969 (BGBl. I 1969, 1146); Abs. 1 Nr. 4 u. 5, Abs. 3 eingefügt sowie Abs. 2 geändert durch Gesetz vom 4.7.1980 (BGBl. I 1980, 836); Abs. 3 Satz 1 geändert durch Gesetz vom 12.9.1990 (BGBl. I 1990, 2002); Abs. 1 Nr. 3 geändert durch Gesetz vom 22.6.1998 (BGBl. I 1998, 1474); Abs. 5 neu gefasst durch Gesetz vom 10.11.2006 (BGBl. I 2006, 2553); Abs. 1 Nr. 3 und 5 geändert, Nr. 6 aufgehoben, Abs. 2 Satz 1 geändert, Satz 2 neu gefasst, Abs. 3 Satz 1 geändert, Satz 2 neu gefasst, Abs. 4 neu gefasst durch das MoMiG vom 23.10.2008 (BGBl. I 2008, 2026); Abs. 1 Nr. 3 neu gefasst durch Gesetz vom 23.6.2017 (BGBl. I 2017, 1822).

Schrifttum: *Bärwaldt*, Die Anmeldung „zukünftiger" Tatsachen zum Handelsregister, GmbHR 2000, 421; *Bärwaldt*, Der Zeitpunkt der Richtigkeit der Versicherung der Geschäftsführung über die Leistung der Stammeinlagen und deren endgültig freie Verfügbarkeit, GmbHR 2003, 524; *Böhringer*, Das neue GmbH-Recht in der Notarpraxis, BWNotZ 2008, 104; *Geßler*, Die GmbH-Novelle, BB 1980, 1385; *Katschinski/Rawert*, Stangenware versus Maßanzug: Vertragsgestaltung in GmbH-Recht nach Inkrafttreten des MoMiG, ZIP 2008, 1993; *Lutter*, Die GmbH-Novelle und ihre Bedeutung für die GmbH, die GmbH & Co KG und die Aktiengesellschaft, DB 1980, 1317; *Maier-Reimer/Wenzel*, Kapitalaufbringung in der GmbH nach dem MoMiG, ZIP 2008, 1449; *Mayer*, Aufwertung der Gesellschafterliste durch das MoMiG – Fluch oder Segen?, ZIP 2009, 1037; *Mödl*, Die ausländische Kapitalgesellschaft in der notariellen Praxis, RNotZ 2008, 1; *von Rössing*, Die Sachgründung nach der GmbH-Novelle 1980, 1984; *Schaub*, Stellvertretung bei Handelsregisteranmeldungen, DStR 1999, 1699; *Schwerin*, Die Behandlung der Urschrift einer Handelsregisteranmeldung nach Einführung des elektronischen Registerverkehrs durch das EHUG, RNotZ 2007, 27; *Seibert*, GmbH-Reform: Der Referentenentwurf eines Gesetzes zur Modernisierung des GmbH-Rechts und zur Bekämpfung von Missbräuchen – MoMiG, ZIP 2006, 1157; *Seibert/Decker*, Die GmbH-Reform kommt!, ZIP 2008, 1208; *Spiegelberger/Walz*, Die Prüfung der Kapitalaufbringung im Rahmen der GmbH-Gründung, GmbHR 1998, 761; *Ulbert*, Die GmbH im Handelsregisterverfahren, 1997; *Wachter*, Verschlankung des Registerverfahrens bei der GmbH-Gründung. Zwölf Vorschläge aus der Praxis, in: Gesellschaftsrechtliche Vereinigung (VGR), Die GmbH-Reform in der Diskussion, 2006, S. 55; *Wachter*, GmbH-Reform: Auswirkungen auf die Gründung einer klassischen GmbH, NotBZ 2008, 361; *Weiß*, Die Versicherung des GmbH-Geschäftsführers über das Nichtvorliegen strafrechtlicher Verurteilungen (§ 8 Abs. 3 S. 1 GmbHG), GmbHR 2013, 1076.

I. Grundlagen

1. Regelungsinhalt und -zweck

Die Vorschrift regelt die **inhaltlichen Anforderungen** an die **Anmeldung** der Gesellschaft 1
zum Handelsregister. So bestimmt sie, welche Anlagen beizufügen und welche Versicherungen abzugeben sind. Sie will damit die Seriosität des Gründungsvorgangs gewährleisten. Ihr Zweck liegt im Gläubigerschutz; sie ist **zwingend**.

Die Anmeldung hat in **elektronischer Form** zu erfolgen (§ 12 Abs. 1 HGB). Auch die Unter- 2
lagen sind elektronisch einzureichen (§ 8 Abs. 5 i.V.m. § 12 Abs. 2 HGB). Diese Dokumente werden in einen elektronischen Registerordner aufgenommen und sind in der zeitlichen Folge ihres Eingangs und nach der Art des jeweiligen Dokuments abrufbar zu halten (§ 9 Abs. 1 Satz 1 und 2 HRV). Sie können von jedermann eingesehen werden (vgl. § 9 HGB). Die Urschrift der Anmeldung verbleibt in der Regel beim Notar[1].

§ 8 ist im Verhältnis zu § 29 HGB **lex specialis**. Die Vorschrift ist bei Aktivierung einer 3
Vorratsgesellschaft und einer Mantelgesellschaft entsprechend anwendbar (s. Erl. zu § 3

---

1 *Schwerin*, RNotZ 2007, 27; *Tebben*, in: Michalski u.a., Rdnr. 1.

Rdnr. 22 ff., 28 ff.). Für Satzungsänderungen (§ 54) und Kapitalerhöhungen (§ 57) sieht das GmbHG eigene Vorschriften über die Anmeldung vor.

2. Reformen

4   Die Vorschrift ist mehrfach geändert worden. Das Erfordernis der Angabe der Vertretungsbefugnis der Geschäftsführer (§ 8 Abs. 4) wurde durch das KoordG vom 15.8.1969 eingeführt. Sodann erfolgten umfangreichere Änderungen durch die **GmbH-Novelle 1980**. Die Bestimmung des § 8 Abs. 2 über die Versicherung der Einlagemindestleistungen vor Anmeldung wurde den geänderten Voraussetzungen des § 7 Abs. 2 Satz 1, 2 und Abs. 3 angepasst. Ferner wurde in § 8 Abs. 3 eine zusätzliche Versicherung über das Nichtvorliegen von Ausschlussgründen für die bestellten Geschäftsführer sowie in § 8 Abs. 1 Nr. 4 und 5 die Einreichung zusätzlicher Unterlagen bei Sachgründungen eingeführt. Der Gesetzgeber verfolgte mit diesen Änderungen das Ziel, die gerichtliche Prüfung der Ordnungsmäßigkeit der Gründung zu ermöglichen und zu erleichtern und dadurch den Gläubigerschutz zu verstärken[2]. Das **EHUG** vom 1.1.2007 hat die in § 8 Abs. 5 a.F. vorgesehene Pflicht der Geschäftsführer, in der Anmeldung selbst oder in einem gesonderten Dokument jeweils handschriftlich in notariell beglaubigter Form ihre Unterschrift anzugeben, aufgehoben. Eine solche Pflicht ist auch nicht in anderen Gesetzen vorgesehen.

5   Die strengen Anforderungen an die Anmeldung und gerichtliche Prüfung führten dazu, dass sich das Registerverfahren über mehrere Monate hinziehen und erhebliche Kosten verursachen konnte. Der Gesetzgeber entschloss sich daher, die Vorschrift mit dem **MoMiG** zu reformieren. Die Änderungen des § 8 Abs. 1 Nr. 3 und 5 sowie des § 8 Abs. 2 sind im Wesentlichen darauf zurückzuführen, dass nach neuem Recht das Stammkapital in Geschäftsanteile zerlegt ist; das Gesetz spricht vom Nennbetrag der Geschäftsanteile und nicht mehr von den Stammeinlagen (s. § 3 Rdnr. 50; § 5 Rdnr. 19). Die Aufhebung des § 8 Abs. 1 Nr. 6 und die Einfügung des § 8 Abs. 2 Satz 2 sind dem Ziel verpflichtet, eine schnelle und kostengünstige Eintragung der Gesellschaft zu ermöglichen[3]. Die Streichung des § 8 Abs. 2 Satz 2 a.F. ist eine Folge der Aufhebung des § 7 Abs. 2 Satz 3 über die Sicherung bei einer Einmann-Gründung (s. § 7 Rdnr. 4). Die Änderung des § 8 Abs. 3 Satz 1 ist eine Folge der Änderung des § 6. Dagegen dient die Neufassung des § 8 Abs. 2 Satz 2 der Klarstellung, dass die Belehrung über die unbeschränkte Auskunftspflicht schriftlich erfolgen und auch durch einen ausländischen Notar oder einen deutschen Konsularbeamten vorgenommen werden kann. Die Änderung des § 8 Abs. 4 ist Bestandteil eines Maßnahmenpakets, das Missbräuchen im Zusammenhang mit der Verwendung einer GmbH entgegenwirken soll. Der RegE MoMiG hatte in § 8 Abs. 2 die von der Rechtsprechung entwickelte Fallgruppe des sog. „Hin- und Herzahlens", bei der es zu einem Rückfluss des Einlagebetrags durch ein Darlehen an den Gesellschafter kommt, regeln wollen[4]. Aus systematischen Gründen wurde die vorgesehene Vorschrift in § 19 Abs. 5 verschoben[5] (zu den Einzelheiten s. § 19 Rdnr. 187). Allerdings ist der Vorgang auch für die Anmeldung relevant. Denn eine solche Leistung oder die Vereinbarung einer solchen Leistung ist gemäß § 19 Abs. 5 Satz 2 in der Anmeldung nach § 8 anzugeben (s. Rdnr. 28). Die letzte Änderung erfolgte durch das **Gesetz** zur **Umsetzung der Vierten EU-Geldwäscherichtlinie**, zur Ausführung der EU-Geldtransferverordnung und zur Neuorganisation der Zentralstelle für Finanztransaktionsuntersuchungen vom 23.6.2017 (Änderung des § 8 Abs. 1 Nr. 3).

---

2 Begr. RegE, BT-Drucks. 8/1347, S. 33 f.; s. auch BayObLG v. 27.7.1993 – 3Z BR 126/93, GmbHR 1994, 62.

3 Vgl. zum Problem der langen Eintragungsdauer *Wachter*, in: Gesellschaftsrechtliche Vereinigung (VGR), Die GmbH-Reform in der Diskussion, 2006, S. 55, 58 f.

4 Vgl. Begr. RegE MoMiG, BT-Drucks. 16/6140, S. 82.

5 Beschlussempfehlung und Bericht des Rechtsausschusses, BT-Drucks. 16/9737, S. 96.

II. Anlagen zur Anmeldung (§ 8 Abs. 1)

1. Gesellschaftsvertrag

Der Anmeldung muss (in elektronischer Form) gemäß § 8 Abs. 1 Nr. 1 der Gesellschaftsver **6** trag in Urschrift oder in beglaubigter Abschrift beigefügt sein. Mit dem Begriff des Gesellschaftsvertrags ist das **gesamte Errichtungsgeschäft** gemeint[6]. Beizufügen sind also die Satzung sowie das Gründungsprotokoll über die Feststellung der Satzung und Übernahme der Geschäftsanteile durch die Gründer. Dazu ist – als einheitliches Schriftstück (vgl. § 9 Abs. 1 Satz 2 BeurkG) – das Gründungsprotokoll zusammen mit der Satzung als Anlage einzureichen[7]. Es ist aber nicht zwingend erforderlich, dass *eine* Urkunde vorgelegt wird. Wenn aus zeitlichen oder örtlichen Gründen mehrere Urkunden errichtet worden sind, sind Abschriften dieser Urkunden einzureichen[8]. Der Anmeldung muss entsprechend § 54 Abs. 1 Satz 2 „der vollständige Wortlaut des Gesellschaftsvertrags" beigefügt werden. Seine Bestimmungen müssen vollständig in *einem* Schriftstück beurkundet sein[9]. Wurde die Gesellschaft im vereinfachten Verfahren gegründet, ist das Musterprotokoll einzureichen (vgl. § 2 Abs. 1a Satz 5). Wenn der Gesellschaftsvertrag nicht in deutscher Sprache verfasst und beurkundet ist (vgl. § 5 Abs. 2 BeurkG), muss eine deutsche Übersetzung eingereicht[10] und die Übereinstimmung durch eine Bescheinigung des beurkundenden Notars oder eine Bestätigung eines öffentlich bestellten Übersetzers nachgewiesen werden[11]. Etwaige schuldrechtliche Nebenabreden sind nicht beizufügen[12].

Bei **Änderungen des Gesellschaftsvertrages** *vor* der Eintragung sind auch die Ausfertigung **7** oder eine beglaubigte Abschrift der darüber errichteten Urkunde *und* in entsprechender Anwendung des § 54 Abs. 1 Satz 2 der vollständige Wortlaut des Gesellschaftsvertrages in der geltenden Fassung mit einer entsprechenden abgewandelten Bescheinigung des Notars einzureichen[13]. Die Herstellung des vollständigen Vertragstextes obliegt den Geschäftsführern[14]. Eine erneute Beurkundung des gesamten Gesellschaftsvertrages, die überdies zu einer unnötigen Kostenbelastung führen würde, erfordert der Gesetzeszweck dagegen nicht. Wird der Gesellschaftsvertrag *nach* der Anmeldung geändert, so genügt die Nachreichung der genannten Unterlagen; einer erneuten Anmeldung bedarf es nicht[15].

---

6 *Herrler*, in: MünchKomm. GmbHG, Rdnr. 8; *Tebben*, in: Michalski u.a., Rdnr. 3.

7 *Herrler*, in: MünchKomm. GmbHG, Rdnr. 8; *Tebben*, in: Michalski u.a., Rdnr. 3.

8 *Tebben*, in: Michalski u.a., Rdnr. 4.

9 OLG Köln v. 11.8.1972 – 2 Wx 75/72, GmbHR 1973, 11; OLG Schleswig-Holstein v. 21.10.1974 – 2 W 99/74, GmbHR 1975, 183; OLG Stuttgart v. 29.11.1978 – 8 W 225/78, DNotZ 1979, 359, 360; OLG Frankfurt v. 4.3.1981 – 20 W 370/80, Rpfleger 1981, 309.

10 LG Düsseldorf v. 16.3.1999 – 36T 3/99, GmbHR 1999, 609, 610.

11 *Herrler*, in: MünchKomm. GmbHG, Rdnr. 9; *Tebben*, in: Michalski u.a., Rdnr. 8.

12 *Bayer*, in: Lutter/Hommelhoff, Rdnr. 2; *Herrler*, in: MünchKomm. GmbHG, Rdnr. 8; *Tebben*, in: Michalski u.a., Rdnr. 3.

13 OLG Köln v. 11.8.1972 – 2 Wx 75/72, GmbHR 1973, 11; OLG Schleswig-Holstein v. 21.10.1974 – 2 W 99/74, GmbHR 1975, 183; BayObLG v. 31.1.1978 – BReg 1 Z 5/78, Rpfleger 1978, 143; BayObLG v. 14.9.1988 – BReg 3 Z 85/88, BB 1988, 2198; BayObLG v. 27.7.1993 – 3Z BR 126/93, GmbHR 1994, 62 f.; OLG Stuttgart v. 29.11.1978 – 8 W 225/78, DNotZ 1979, 359; OLG Frankfurt v. 4.3.1981 – 20 W 370/80, Rpfleger 1981, 309; OLG Hamm v. 14.1.1986 – 15 W 310/84, GmbHR 1986, 311; KG v. 24.9.1996 – 1 W 4534/95, GmbHR 1997, 412, 413; *Ulmer/Casper*, in: Ulmer/Habersack/Löbbe, Rdnr. 3.

14 OLG Zweibrücken v. 20.9.2000 – 3 W 178/00, GmbHR 2000, 1204; BayObLG v. 14.9.1988 – BReg 3 Z 85/88, BB 1988, 2198; *Ulmer/Casper*, in: Ulmer/Habersack/Löbbe, Rdnr. 3. A.A. OLG Schleswig v. 11.12.1972 – 2 W 54/72, DNotZ 1973, 482, 483 (Gesellschafter) und OLG Celle v. 16.3.1982 – 1 W 4/82, OLGZ 1982, 317, 318 (Notar).

15 BayObLG v. 31.1.1978 – BReg 1 Z 5/78, Rpfleger 1978, 143; *Bayer*, in: Lutter/Hommelhoff, Rdnr. 2; *Fastrich*, in: Baumbach/Hueck, Rdnr. 4.

8   Soweit ein Gesellschafter beim Abschluss des Gesellschaftsvertrages durch einen **Bevollmächtigten** vertreten war, ist nach § 8 Abs. 1 Nr. 1 auch die Vollmacht in Urschrift bzw. in einer Ausfertigung oder in beglaubigter Abschrift beizufügen. Entsprechendes gilt für die Genehmigungserklärung im Falle vollmachtloser Vertretung. Bei gesetzlicher Vertretung ist die Legitimation nach den jeweils einschlägigen Vorschriften zu belegen, z.B. durch beglaubigten Handelsregisterauszug, eine Bestallungsurkunde des Betreuers (§ 1791 BGB), eine Notarbescheinigung gemäß § 21 BNotO oder entsprechend § 32 GBO durch Bezugnahme auf die Registerakten desselben Gerichts[16]. Die Vorlage einer schriftlichen Genehmigung des Familiengerichts (früher: Vormundschaftsgerichts) ist zwar nicht erforderlich[17], schadet aber auch nicht. Eine juristische Person des öffentlichen Rechts kann die Vertretungsmacht ihrer gesetzlichen Vertreter meist selbst bestätigen[18]. Ist eine ausländische Gesellschaft als Gründerin aufgetreten, kommen als Nachweis eine beglaubigte Auskunft des Heimatregisters oder des Notars des Gründungsstaats in Betracht[19].

2. Legitimation der Geschäftsführer

9   Der Anmeldung muss gemäß § 8 Abs. 1 Nr. 2 die Legitimation der Geschäftsführer beigefügt sein, sofern dieselben nicht im Gesellschaftsvertrag bestellt sind. Die Bestellung erfolgt in der Regel durch einen Gesellschafterbeschluss in der notariellen Mantelurkunde, so dass ein entsprechender Nachweis meist nicht erforderlich sein dürfte[20]. Wenn dies nicht der Fall ist, müssen die Urkunden über den Bestellungsakt des zuständigen Gesellschaftsorgans in elektronischer Form (vgl. § 8 Abs. 5 i.V.m. § 12 Abs. 2 HGB) eingereicht werden. Eine besondere Form für die Bestellung schreibt das Gesetz nicht vor; die Schriftform ist ausreichend[21]. War die Bestellung zulässigerweise mündlich vorgenommen worden, muss sie durch Mitglieder des Gesellschaftsorgans oder die nach dem Gesellschaftsvertrag für die Mitteilung seiner Entscheidungen maßgeblichen Personen (z.B. den Versammlungsleiter) schriftlich bestätigt werden[22]. Dabei sind auch das Geburtsdatum und der Wohnort anzugeben (vgl. § 43 Nr. 4 HRV). Der Nachweis, dass die Geschäftsführer das Amt angenommen haben, ergibt sich aus ihrer Anmeldung. Änderungen in den Personen der Geschäftsführer, die nach der Anmeldung eintreten, sind analog § 39 unter Beifügung der entsprechenden Legitimationen nachzumelden[23].

3. Liste der Gesellschafter

10   Der Anmeldung muss gemäß § 8 Abs. 1 Nr. 3 eine von den Anmeldenden unterschriebene Liste der Gesellschafter nach den Vorgaben des § 40 beigefügt sein. Der Verweis auf § 40 wurde durch das **Gesetz** zur **Umsetzung der Vierten EU-Geldwäscherichtlinie** (Rdnr. 5) eingefügt. Dieses Gesetz dient dazu, „Transparenz über die Anteilseignerstrukturen der GmbH zu schaffen und Geldwäsche zu verhindern"[24]. Dazu wurde § 40 über die Gesellschafterliste neu gefasst

---

16 *Bayer*, in: Lutter/Hommelhoff, Rdnr. 2; *Tebben*, in: Michalski u.a., Rdnr. 7; *Herrler*, in: MünchKomm. GmbHG, Rdnr. 14 f.; *Ulmer/Casper*, in: Ulmer/Habersack/Löbbe, Rdnr. 6.
17 *Herrler*, in: MünchKomm. GmbHG, Rdnr. 15; *Schmidt-Leithoff*, in: Rowedder/Schmidt-Leithoff, Rdnr. 3; *Ulmer/Casper*, in: Ulmer/Habersack/Löbbe, Rdnr. 6. A.A. *Tebben*, in: Michalski u.a., Rdnr. 7.
18 *Tebben*, in: Michalski u.a., Rdnr. 7; *Herrler*, in: MünchKomm. GmbHG, Rdnr. 14.
19 *Tebben*, in: Michalski u.a., Rdnr. 7; ausführlich *Mödl*, RNotZ 2008, 1, 10 ff.
20 *Herrler*, in: MünchKomm. GmbHG, Rdnr. 16.
21 *Fastrich*, in: Baumbach/Hueck, Rdnr. 6; *Ulmer/Casper*, in: Ulmer/Habersack/Löbbe, Rdnr. 7.
22 *Bayer*, in: Lutter/Hommelhoff, Rdnr. 3; *Fastrich*, in: Baumbach/Hueck, Rdnr. 6; *Ulmer/Casper*, in: Ulmer/Habersack/Löbbe, Rdnr. 7.
23 *Fastrich*, in: Baumbach/Hueck, Rdnr. 6; *Roth*, in: Roth/Altmeppen, Rdnr. 3.
24 Begr. RegE, BT-Drucks. 18/11555, S. 172.

(die Vorschrift war bis dato auf natürliche Personen zugeschnitten). Der Verweis des § 8 Abs. 1 Nr. 3 auf § 40 dient der „Verschlankung des Normtextes"[25].

Wie bereits nach altem Recht müssen aus der Liste **Name**, **Vorname** (Rufname), **Geburtsdatum** und **Wohnort** (ohne Angabe der Straße) ersichtlich sein. Die Angabe des Berufs wird seit der Änderung der Vorschrift durch das HRefG vom 22.6.1998 nicht mehr gefordert. Aus der Gesellschafterliste müssen zudem nach dem neuen Wortlaut die Nennbeträge und die laufenden Nummern der von einem jeden derselben übernommenen Geschäftsanteile sowie die durch den jeweiligen Nennbetrag eines Geschäftsanteils vermittelte jeweilige prozentuale Beteiligung am Stammkapital zu entnehmen sein (s. Rdnr. 11). Welche Angaben bei Personenhandelsgesellschaften und juristischen Personen zu machen sind, war nach altem Recht streitig. Das Gesetz zur Umsetzung der Vierten EU-Geldwäscherichtlinie hat die Rechtslage geklärt. Aus § 40 Abs. 1 Satz 1 n.F. folgt, dass bei **eingetragenen Gesellschaften** in die Liste deren Firma, Satzungssitz, zuständiges Register und Registernummer aufzunehmen sind. Die Gesellschafter sind also nicht zu nennen. Bei **nicht eingetragenen Gesellschaften** sind deren jeweilige Gesellschafter unter einer zusammenfassenden Bezeichnung mit Name, Vorname, Geburtsdatum und Wohnort aufzunehmen[26]. Dies wird beispielsweise für eine Gesellschaft bürgerlichen Rechts (GbR) und eine Erbengemeinschaft relevant. Eine unternehmenstragende Außen-GbR ist teilrechtsfähig. Dennoch verlangt § 8 Abs. 1 Nr. 3 i.V.m. § 40 Abs. 1 Satz 2, alle Gesellschafter mit Name, Vorname, Geburtsdatum und Wohnort unter einer zusammenfassenden Bezeichnung aufzuführen (und nicht bloß der Name der GbR und ihren Sitz). Der Gesetzgeber hat dies damit begründet, dass in Abwesenheit eines Registers für derartige GbR durch die zusätzliche Angabe der Gesellschafter größtmögliche Transparenz mit Blick auf den Kreis der Gesellschafter erzielt werden kann[27]. Für Publikumsgesellschaften sei keine Ausnahme zu machen, weil dies dem Transparenzgedanken zuwiderlaufen würde. Für diese genügt daher die Nennung der jeweils vertretungsberechtigten Gesellschafter nicht[28]. Die Anforderungen an Personenhandelsgesellschaften und juristische Personen gelten gleichermaßen für inländische wie für ausländische Gesellschaften[29]. Im Übrigen gilt, dass es sachgemäß ist, die Gesellschafter so zu bezeichnen, wie es im Gründungsstatut geschehen ist. Ist ein Einzelkaufmann als Mitgründer unter seiner Firma aufgetreten und bezeichnet (dazu § 2 Rdnr. 55), so ist er in die Gesellschafterliste mit gleicher Bezeichnung aufzunehmen; sein bürgerlicher Name braucht nicht angegeben zu werden, da sowohl die Liste wie der Gesellschaftsvertrag beim Registergericht von jedermann eingesehen werden können (§ 9 HGB) und der Geschäftsverkehr daher über die Person Aufschluss erlangen kann[30]. In der Gesellschafterliste sind keine Angaben über Treuhandverhältnisse oder Belastungen zu machen[31].

---

25 Begr. RegE, BT-Drucks. 18/11555, S. 172.

26 In diesem Sinne zum alten Recht bereits die 11. Aufl.; ferner OLG Hamm v. 18.11.1974 – 15 Wx 111/74, BB 1975, 292, 293 (Erbengemeinschaft); OLG Hamm v. 18.12.1995 – 15 W 413/95, GmbHR 1996, 363, 365 (GbR); *Bayer*, in: Lutter/Hommelhoff, Rdnr. 4; *Fastrich*, in: Baumbach/Hueck, Rdnr. 7; *Herrler*, in: MünchKomm. GmbHG, Rdnr. 22; *Tebben*, in: Michalski u.a., Rdnr. 12; *Ulmer/Casper*, in: Ulmer/Habersack/Löbbe, Rdnr. 8.

27 Begr. RegE zu Art. 14 Nr. 3 b) Gesetz zur Umsetzung der 4. EU-Geldwäscherichtlinie, BT-Drucks. 18/11555, S. 173.

28 Begr. RegE zu Art. 14 Nr. 3 b) Gesetz zur Umsetzung der 4. EU-Geldwäscherichtlinie, BT-Drucks. 18/11555, S. 173.

29 Begr. RegE zu Art. 14 Nr. 3 b) Gesetz zur Umsetzung der 4. EU-Geldwäscherichtlinie, BT-Drucks. 18/11555, S. 172 f.

30 *Schmidt-Leithoff*, in: Rowedder/Schmidt-Leithoff, Rdnr. 5a; *Tebben*, in: Michalski u.a., Rdnr. 12; *Herrler*, in: MünchKomm. GmbHG, Rdnr. 21. A.A. *Fastrich*, in: Baumbach/Hueck, Rdnr. 7; *Ulmer/Casper*, in: Ulmer/Habersack/Löbbe, Rdnr. 8.

31 *Mayer*, ZIP 2009, 1037, 1039; *Herrler*, in: MünchKomm. GmbHG, Rdnr. 23. A.A. LG Aachen v. 6.4.2009 – 44 T 1/09, GmbHR 2009, 1218 (Nießbrauch sei eintragungsfähig).

11 Aus der Liste müssen seit dem MoMiG die **Nennbeträge** und die **laufenden Nummern** der von einem jeden der Gesellschafter übernommenen **Geschäftsanteile** ersichtlich sein. Die durchgehende Nummerierung der Geschäftsanteile soll deren eindeutige Bezeichnung vereinfachen und Anteilsübertragungen praktisch erleichtern[32]. Mit der Angabe der Nennbeträge der von den Gesellschaftern übernommenen Geschäftsanteile soll ebenfalls deren Zuordnung erleichtert werden[33]. Beispiel: Hat ein Gesellschafter zehn Geschäftsanteile mit einem Nennbetrag von jeweils 100 Euro übernommen, so sind alle Anteile mit ihrer Nummerierung anzugeben. Nicht ausreichend ist es, wenn in der Liste angegeben wird, dass der Gesellschafter Anteile über insgesamt 1000 Euro hält. Sach- oder Geldeinlage und bewirkte Einzahlung brauchen aus der Liste nicht hervorzugehen[34]. Seit dem **Gesetz zur Umsetzung der Vierten EU-Geldwäscherichtlinie** (Rdnr. 5) muss außerdem „die durch den jeweiligen Nennbetrag eines Geschäftsanteils vermittelte jeweilige prozentuale Beteiligung am Stammkapital" aus der Liste zu entnehmen sein (§ 40 Abs. 1 Satz 1 a.E.). Diese Pflicht zur Angabe der prozentualen Beteiligung am Stammkapital macht es für den Nutzer des neuen Transparenzregisters einfacher, sich über den wirtschaftlich Berechtigten zu informieren[35]. Die prozentuale Angabe der Beteiligung am Stammkapital durch den Nennbetrag (Verhältnis des betreffenden Nennbetrags zu den Nennbeträgen der anderen Geschäftsanteile) ist für jeden Geschäftsanteil getrennt zu machen[36]. Hält ein Gesellschafter mehr als einen Geschäftsanteil, ist in der Liste zudem der Gesamtbetrag der Beteiligung als Prozentsatz gesondert anzugeben (§ 8 Abs. 1 Nr. 3 i.V.m. § 40 Abs. 1 Satz 3). Damit wird in erster Linie bezweckt, dass Gesellschafter, die mehr als 25 % der Anteile halten und damit als wirtschaftliche Berechtigte gelten, mit einem Blick in die Gesellschafterliste ausfindig gemacht werden können[37].

12 Die Liste muss den **Mitgliederstand zur Zeit der Anmeldung** enthalten[38], also die seit der Feststellung des Gründungsstatuts eingetretenen Veränderungen berücksichtigen. Nach jeder späteren Veränderung in den Personen der Gesellschafter oder des Umfangs ihrer Beteiligung haben die Geschäftsführer unverzüglich eine den Vorgaben des § 40 entsprechende, von ihnen unterschriebene Liste der Gesellschafter zum Handelsregister einzureichen[39].

13 Im Falle einer **vereinfachten Gründung** gilt das **Musterprotokoll** zugleich als Gesellschafterliste (vgl. § 2 Abs. 1a Satz 4), so dass eine Gesellschafterliste gemäß § 8 Abs. 1 Nr. 3 nicht eingereicht zu werden braucht[40].

4. Verträge über Sacheinlagen und Sachgründungsbericht

14 Der Anmeldung ebenfalls beizufügen sind die Verträge, die den Festsetzungen über Sacheinlagen zugrunde liegen oder zu ihrer Ausführung geschlossen worden sind (§ 8 Abs. 1 Nr. 4). Damit sind die schuldrechtlichen und dinglichen Verträge gemeint, die zwischen dem Ge-

---

32 Begr. RegE MoMiG, BT-Drucks. 16/6140, S. 34.
33 Begr. RegE MoMiG, BT-Drucks. 16/6140, S. 34.
34 *Fastrich*, in: Baumbach/Hueck, Rdnr. 7; *Herrler*, in: MünchKomm. GmbHG, Rdnr. 24; *Ulmer/Casper*, in: Ulmer/Habersack/Löbbe, Rdnr. 10.
35 Begr. RegE zu Art. 14 Nr. 3 b) Gesetz zur Umsetzung der 4. EU-Geldwäscherichtlinie, BT-Drucks. 18/11555, S. 174.
36 Begr. RegE zu Art. 14 Nr. 3 b) Gesetz zur Umsetzung der 4. EU-Geldwäscherichtlinie, BT-Drucks. 18/11555, S. 174.
37 Begr. RegE zu Art. 14 Nr. 3 b) Gesetz zur Umsetzung der 4. EU-Geldwäscherichtlinie, BT-Drucks. 18/11555, S. 174.
38 *Bayer*, in: Lutter/Hommelhoff, Rdnr. 4; *Fastrich*, in: Baumbach/Hueck, Rdnr. 7; *Tebben*, in: Michalski u.a., Rdnr. 11; *Ulmer/Casper*, in: Ulmer/Habersack/Löbbe, Rdnr. 9.
39 *Fastrich*, in: Baumbach/Hueck, Rdnr. 7; *Herrler*, in: MünchKomm. GmbHG, Rdnr. 19; *Tebben*, in: Michalski u.a., Rdnr. 11; *Ulmer/Casper*, in: Ulmer/Habersack/Löbbe, Rdnr. 9.
40 *Herrler*, in: MünchKomm. GmbHG, Rdnr. 20.

sellschafter und der Gesellschaft über die Einbringung einer Sacheinlage geschlossen wurden. § 8 Abs. 1 Nr. 4 schreibt eine Form nicht selbst vor[41]. Daher sind die Verträge nur vorzulegen, *wenn* sie auf Grund einer gesetzlichen Bestimmung oder freiwillig schriftlich oder in notarieller Form abgeschlossen worden sind. Wenn schriftliche Verträge nicht vorliegen, ist in der Anmeldung darauf hinzuweisen[42].

Die Vorschrift findet auch bei **Sachübernahmen** (s. § 5 Rdnr. 73) Anwendung. Der Anmeldung sind in diesem Fall die Verträge über den Erwerb der Vermögensgegenstände und über die Verrechnung des Entgelts mit der Einlageforderung beizufügen[43].   15

Anders als nach § 37 Abs. 4 Nr. 2 AktG sind die Verträge über den von der Gesellschaft übernommenen **Gründungsaufwand** nicht einzureichen[44]. Das Registergericht kann aber bei der Prüfung der Versicherung über die Mindesteinzahlungen (§ 8 Abs. 2) deren Vorlage verlangen, soweit aus ihnen der Gründungsaufwand bestritten worden ist.   16

Einzureichen ist weiter der nach § 5 Abs. 4 Satz 2 zu erstattende **Sachgründungsbericht** (§ 8 Abs. 1 Nr. 4). Er muss von allen zur Zeit der Anmeldung beteiligten Gründungsgesellschaftern abgefasst und unterzeichnet sein (s. § 5 Rdnr. 99, 102). Tritt danach ein Gesellschafterwechsel ein, so braucht der hinzukommende Gesellschafter einen eigenen Bericht nicht nachzureichen[45]. Anders ist es zu beurteilen, wenn der neue Gesellschafter selbst eine Sacheinlage übernimmt. In diesem Fall muss er darüber einen (zusätzlichen) Sachgründungsbericht erstatten und nachreichen (s. § 5 Rdnr. 99 ff.).   17

5. Unterlagen über den Wert der Sacheinlagen

Der Anmeldung sind im Falle der Vereinbarung einer Sacheinlage auch Unterlagen darüber beizufügen, dass der Wert der Sacheinlagen den Nennbetrag der dafür übernommenen Geschäftsanteile erreicht (§ 8 Abs. 1 Nr. 5). Welche Unterlagen im Einzelnen erforderlich sind, bestimmt sich nach der Art des Vermögensgegenstandes[46]. Es kommen Kaufverträge, Rechnungen, Nachweise der Herstellungskosten, Preislisten, Kurszettel, Tarife, etc. in Betracht[47]. Bei der Sacheinlage von Unternehmen ist eine Einbringungsbilanz beizufügen[48], die regelmäßig dann ausreicht, wenn die Einbringung zu Buchwerten erfolgen soll, der Bilanzstichtag zeitnah genug ist und die Ordnungsmäßigkeit der Bilanzierung durch einen Angehörigen der   18

---

41 *Bayer*, in: Lutter/Hommelhoff, Rdnr. 5; *Tebben*, in: Michalski u.a., Rdnr. 16; *Ulmer/Casper*, in: Ulmer/Habersack/Löbbe, Rdnr. 11.
42 *Bayer*, in: Lutter/Hommelhoff, Rdnr. 5; *Fastrich*, in: Baumbach/Hueck, Rdnr. 8; *Tebben*, in: Michalski u.a., Rdnr. 16; vgl. auch *Schmidt-Leithoff*, in: Rowedder/Schmidt-Leithoff, Rdnr. 7: „empfehlenswert".
43 *Bayer*, in: Lutter/Hommelhoff, Rdnr. 5; *Herrler*, in: MünchKomm. GmbHG, Rdnr. 26.
44 *Fastrich*, in: Baumbach/Hueck, Rdnr. 8; *Tebben*, in: Michalski u.a., Rdnr. 17.
45 *Bayer*, in: Lutter/Hommelhoff, § 5 Rdnr. 34; *Fastrich*, in: Baumbach/Hueck, § 5 Rdnr. 54; *Ulmer/Casper*, in: Ulmer/Habersack/Löbbe, Rdnr. 13.
46 Begr. RegE, BT-Drucks. 8/1347, S. 34; BayObLG v. 2.11.1994 – 3 Z BR 276/94, GmbHR 1995, 52, 53; *Bayer*, in: Lutter/Hommelhoff, Rdnr. 6; *Fastrich*, in: Baumbach/Hueck, Rdnr. 9; *Schmidt-Leithoff*, in: Rowedder/Schmidt-Leithoff, Rdnr. 8; *Tebben*, in: Michalski u.a., Rdnr. 18; *Ulmer/Casper*, in: Ulmer/Habersack/Löbbe, Rdnr. 14.
47 *Geßler*, BB 1980, 1385, 1387; *Deutler*, GmbHR 1980, 145, 148; *Priester*, DNotZ 1980, 515, 522; *Bayer*, in: Lutter/Hommelhoff, Rdnr. 6; *Fastrich*, in: Baumbach/Hueck, Rdnr. 9; *Roth*, in: Roth/Altmeppen, Rdnr. 8; *Schmidt-Leithoff*, in: Rowedder/Schmidt-Leithoff, Rdnr. 8; *Ulmer/Casper*, in: Ulmer/Habersack/Löbbe, Rdnr. 14.
48 *Bayer*, in: Lutter/Hommelhoff, Rdnr. 6; *Priester*, DNotZ 1980, 515, 522; *Schmidt-Leithoff*, in: Rowedder/Schmidt-Leithoff, Rdnr. 8; *Ulmer/Casper*, in: Ulmer/Habersack/Löbbe, Rdnr. 14; einschr. *Fastrich*, in: Baumbach/Hueck, Rdnr. 9 (zweckmäßig, nur in schwierigen Fällen unerlässlich).

wirtschaftsprüfenden oder steuerberatenden Berufe bescheinigt ist[49]. Abweichende Einbringungswerte sind dagegen gesondert zu belegen. Die Vorlage der Jahresabschlüsse für vorausgehende Geschäftsjahre kann im Allgemeinen nicht verlangt werden[50]. Der Wert mancher Sacheinlagegegenstände lässt sich grundsätzlich nur durch ein Sachverständigengutachten ausreichend belegen, so z.B. für gewerbliche Schutzrechte und Urheberrechte, Lizenzrechte, Grundstücke und Gebäude[51] und Beteiligungen an anderen Unternehmen[52]. Ausnahmsweise kann es in diesen Fällen entbehrlich sein, wenn der Kaufvertrag über einen kurze Zeit zurückliegenden Erwerb von einem unbeteiligten Dritten vorgelegt wird[53]. In der Praxis ist es üblich (und für die registergerichtliche Kontrolle ausreichend), dass ein Wirtschaftsprüfer bestätigt, die Sacheinlage erreiche mindestens den betreffenden Nennbetrag des Geschäftsanteils[54]. In der Regel wird es ausreichend sein, wenn der Bewertungsstichtag nicht länger als sechs Monate zurückliegt[55].

6. Bestellung des Aufsichtsrates

19 Der Anmeldung beizufügen ist weiterhin die **Urkunde über die Bestellung des Aufsichtsrates**, wenn sie vor der Eintragung der GmbH erfolgt ist (§ 52 Abs. 2 GmbHG i.V.m. § 37 Abs. 4 Nr. 3 AktG); Schriftform ist ausreichend. Es ist dabei unerheblich, ob es sich um einen fakultativen oder um einen obligatorischen Aufsichtsrat handelt[56]. Es sind in der Anmeldung der Name, Vorname, Beruf und Wohnort der Mitglieder des Aufsichtsrates anzugeben (§ 52 Abs. 2 GmbHG i.V.m. § 40 Abs. 1 Nr. 4 AktG)[57]. Keine Einreichungspflichten bestehen, wenn die Gesellschaft einen Beirat hat, es sei denn, dieser ist in Wirklichkeit ein Aufsichtsrat im Sinne des Gesetzes[58].

7. Weitere Angaben und Unterlagen

20 Nach § 24 Abs. 2 Satz 1 HRV (i.d.F. durch das MoMiG) soll die **Lage der Geschäftsräume** der Gesellschaft in der Anmeldung angegeben werden. Dies gilt gemäß § 24 Abs. 2 Satz 2 HRV nicht, wenn die Lage der Geschäftsräume als inländische Geschäftsanschrift zur Eintragung in das Handelsregister eingetragen wird oder bereits in das Handelsregister eingetragen worden ist. Dies dürfte in der Regel der Fall sein, so dass die Vorschrift nur dann aktuell wird, wenn die Lage der Geschäftsräume sich von der angemeldeten bzw. eingetragenen inländischen Geschäftsanschrift unterscheidet (weil sie sich im Ausland befinden)[59].

---

49 *Bayer*, in: Lutter/Hommelhoff, Rdnr. 6; *Priester*, DNotZ 1980, 515, 522; *Schmidt-Leithoff*, in: Rowedder/Schmidt-Leithoff, Rdnr. 8; *Spiegelberger/Walz*, GmbHR 1998, 761, 764; *Ulmer/Casper*, in: Ulmer/Habersack/Löbbe, Rdnr. 14.

50 *Schmidt-Leithoff*, in: Rowedder/Schmidt-Leithoff, Rdnr. 8; *Tebben*, in: Michalski u.a., Rdnr. 18; *Ulmer/Casper*, in: Ulmer/Habersack/Löbbe, Rdnr. 14. A.A. *Lutter*, DB 1980, 1317, 1318.

51 Vgl. BayObLG v. 2.11.1994 – 3 Z BR 276/94, GmbHR 1995, 52, 53.

52 *Bayer*, in: Lutter/Hommelhoff, Rdnr. 6; *Geßler*, BB 1980, 1385, 1387; *Priester*, DNotZ 1980, 515, 522; *Schmidt-Leithoff*, in: Rowedder/Schmidt-Leithoff, Rdnr. 8; *Ulmer/Casper*, in: Ulmer/Habersack/Löbbe, Rdnr. 14; zur Einbringung von Geschäftsanteilen vgl. LG Freiburg v. 20.2.2009 – 12 T 1/09, GmbHR 2009, 1106.

53 *Ulmer/Casper*, in: Ulmer/Habersack/Löbbe, Rdnr. 14; *Tebben*, in: Michalski u.a., Rdnr. 18.

54 *Tebben*, in: Michalski u.a., Rdnr. 18.

55 *Herrler*, in: MünchKomm. GmbHG, Rdnr. 34 (entsprechend § 33a Abs. 1 Nr. 2 AktG).

56 *Bayer*, in: Lutter/Hommelhoff, Rdnr. 8; *Ulmer/Casper*, in: Ulmer/Habersack/Löbbe, Rdnr. 16; wohl a.A. *Roth*, in: Roth/Altmeppen, Rdnr. 13 (im Falle eines obligatorischen Aufsichtsrat nach dem MitbestG sind die Voraussetzungen frühestens ab Eintragung gegeben).

57 *Bayer*, in: Lutter/Hommelhoff, Rdnr. 8; *Fastrich*, in: Baumbach/Hueck, Rdnr. 10; *Tebben*, in: Michalski u.a., Rdnr. 23; *Ulmer/Casper*, in: Ulmer/Habersack/Löbbe, Rdnr. 16.

58 *Tebben*, in: Michalski u.a., Rdnr. 23.

59 *Tebben*, in: Michalski u.a., Rdnr. 25.

8. Nicht mehr erforderlich: Genehmigungsurkunde

Nach früherem Recht musste der Anmeldung eine Genehmigungsurkunde beigefügt werden, falls eine „staatliche Genehmigung" für den Gegenstand des Unternehmens erforderlich ist (§ 8 Abs. 1 Nr. 6 a.F.). Der Gesetzgeber hat mit dem **MoMiG** diese Vorschrift ersatzlos gestrichen (s. Rdnr. 5). Daraus folgt, dass das Vorliegen einer etwaig erforderlichen Genehmigung im Registerverfahren nicht mehr kontrolliert wird.   21

III. Versicherungen der Geschäftsführer (§ 8 Abs. 2 und 3)

1. Allgemeines

Der Geschäftsführer hat gemäß § 8 Abs. 2 und 3 zwei Versicherungen abzugeben. Unter dem Begriff der „Versicherung" i.S. dieser Vorschriften ist die Abgabe einer Erklärung über das Vorliegen oder Nichtvorliegen dort bestimmter tatsächlicher oder rechtlicher Umstände zu verstehen.   22

Die Versicherung muss **in der Anmeldung** abgegeben werden (§ 8 Abs. 2 und 3). Das bedeutet nicht, dass sie im Eintragungsantrag selbst enthalten sein muss. Es ist auch die Abgabe in einem gesonderten Schriftstück zulässig, das aber ebenfalls der öffentlich beglaubigten Form (§ 12 Abs. 1 HGB; § 126 BGB) bedarf[60]. Die Verwendung des Ausdrucks „versichern" ist nicht zwingend. Es genügt jede Wendung (beispielsweise „erklären", „angeben"), die hinreichend erkennen lässt, dass es sich um eine eigenverantwortliche Bekundung des Betreffenden handelt[61].   23

Maßgeblicher Zeitpunkt für die mitzuteilenden Umstände ist der Eingang der Anmeldung beim Registergericht[62]. Erfahren die Geschäftsführer nach ihrer Abgabe, dass sie sich über die zu berücksichtigenden Umstände (auch unverschuldet) geirrt haben, so sind sie verpflichtet, die Versicherung zu berichtigen[63]. Anderenfalls haften sie nach § 9a Abs. 1. Eine spätere Änderung der tatsächlichen Verhältnisse löst dagegen keine Mitteilungspflicht aus[64]. Die Versicherung ist aber unter Berücksichtigung derartiger Umstände erneut abzugeben, wenn wegen berechtigter Beanstandungen des Registergerichts (s. § 9c Rdnr. 37) eine neue Anmeldung erfolgt[65]. Bezüglich des nachträglichen Eintritts von Ausschlussgründen i.S. des § 8 Abs. 3 s. Rdnr. 31.   24

Alle Geschäftsführer, einschließlich der Stellvertreter, haben die Versicherung abzugeben, und zwar persönlich (s. § 7 Rdnr. 11). Eine Vertretung ist unzulässig. Es ist ohne Einfluss auf die Anmeldung, wenn der Geschäftsführer nach dem Eingang der Versicherung beim Regis-   25

---

60 *Bayer*, in: Lutter/Hommelhoff, Rdnr. 9; *Fastrich*, in: Baumbach/Hueck, Rdnr. 11; *Tebben*, in: Michalski u.a., Rdnr. 29; *Ulmer/Casper*, in: Ulmer/Habersack/Löbbe, Rdnr. 22.

61 OLG Karlsruhe v. 20.4.2012 – 11 Wx 33/12, GmbHR 2012, 797, 798; BayObLG v. 6.8.1987 – BReg 3 Z 106/87, BB 1987, 2119, 2120; *Bayer*, in: Lutter/Hommelhoff, Rdnr. 9; *Fastrich*, in: Baumbach/Hueck, Rdnr. 11; *Ulmer/Casper*, in: Ulmer/Habersack/Löbbe, Rdnr. 22.

62 RGSt. 43, 323; RGSt. 43, 431; RG, LZ 1916, 617; OLG Köln v. 18.3.1988 – 2 Wx 9/88, GmbHR 1988, 227; BayObLG v. 1.10.1991 – BReg 3 Z 110/91, GmbHR 1992, 109, 110; LG Gießen v. 15.10.2002 – 6 T 9/02, GmbHR 2003, 543; *Roth*, in: Roth/Altmeppen, Rdnr. 19 f.; *Tebben*, in: Michalski u.a., Rdnr. 30; *Ulmer/Casper*, in: Ulmer/Habersack/Löbbe, Rdnr. 22.

63 *Ulmer/Casper*, in: Ulmer/Habersack/Löbbe, Rdnr. 20.

64 *Bayer*, in: Lutter/Hommelhoff, Rdnr. 6; *Fastrich*, in: Baumbach/Hueck, Rdnr. 14; *Jäger*, MDR 1995, 1184, 1185; *Ulmer/Casper*, in: Ulmer/Habersack/Löbbe, Rdnr. 20. A.A. *Lieb*, in: FS Zöllner, S. 347, 360; *Roth*, in: Roth/Altmeppen, Rdnr. 21.

65 LG Gießen v. 19.3.1985 – 6 T 5/85, GmbHR 1986, 162; LG Gießen v. 15.11.1994 – 6 T 15/94, 6 T 16/94, GmbHR 1995, 453, 454; *Bayer*, in: Lutter/Hommelhoff, Rdnr. 9; *Jäger*, MDR 1995, 1184, 1185; *Ulmer/Casper*, in: Ulmer/Habersack/Löbbe, Rdnr. 22; vgl. auch OLG Frankfurt v. 27.5.1992 – 20 W 134/92, GmbHR 1992, 531, 532.

tergericht aus seinem Amt ausscheidet (s. § 7 Rdnr. 12). Die Versicherung nach § 8 Abs. 3 muss, wie aus § 39 Abs. 3 folgt, auch durch einen nach der Anmeldung bestellten neuen Geschäftsführer abgegeben werden. Dagegen braucht dieser nicht die Versicherung nach § 8 Abs. 2 zu wiederholen[66], zumal er von den maßgeblichen Verhältnissen im Zeitpunkt der Anmeldung keine eigene Kenntnis haben kann. Anders liegt es, wenn der Anmeldevorgang bei seiner Bestellung noch nicht abgeschlossen, z.B. die Anmeldung unvollständig war[67]. Die Geschäftsführer sind für die Richtigkeit der Versicherung zivilrechtlich nach § 9a und strafrechtlich nach § 82 Abs. 1 Nr. 1, 4 verantwortlich.

2. Inhalt der Versicherungen

a) Gesetzliche Mindestleistungen

26   Die Versicherung nach § 8 Abs. 2 Satz 1 hat sich darauf zu beziehen, dass die gesetzlich vorgeschriebenen Mindestleistungen auf die Geschäftsanteile vor der Anmeldung **bewirkt** worden sind (s. § 7 Rdnr. 26 ff., 42 ff.) und die Leistungsgegenstände sich **endgültig in der freien Verfügung** der Geschäftsführer befinden. Eine Erklärung, die lediglich pauschal oder unter wörtlicher oder sinngemäßer Wiedergabe des Gesetzestextes angibt, dass die vorgeschriebenen Mindestleistungen erfüllt seien, genügt dafür nicht. Es sind vielmehr die tatsächlichen Umstände anzugeben, die dem Registergericht ein Urteil über die Anmeldevoraussetzungen des § 7 Abs. 2 und 3 ermöglichen[68]. Es muss ersichtlich sein, welcher Gesellschafter die Leistung erbracht und welchen ziffernmäßig anzugebenden Betrag er eingezahlt oder welche – zumindest durch Bezugnahme auf andere Anmeldeunterlagen (Gesellschaftsvertrag, Ausführungsverträge, Sachgründungsbericht) zu kennzeichnende – Sacheinlagen er eingebracht hat. Es muss deutlich werden, wie hoch der auf den Geschäftsanteil geleistete Betrag ist. Werden bei der Gründung einer GmbH **Geschäftsanteile mit Nennbeträgen von jeweils einem Euro** gebildet, muss die Versicherung des Geschäftsführers bei der Anmeldung der GmbH sich auf die Tatsachen erstrecken, die für die Beurteilung der Tilgungswirkung einer einheitlich erfolgten, jedoch nur einen Teilbetrag deckenden Zahlung auf das übernommene Stammkapital maßgeblich sind, also ob eine Tilgungsbestimmung getroffen worden ist und ggf. welche[69]. Einzelangaben über die bewirkten Geldeinlagen erübrigen sich dann, wenn die Versicherung auf beigefügte Belege verweist[70] oder die Volleinzahlung aller Geschäftsanteile angibt[71]. Bei **Sach-**

---

66 *Bayer*, in: Lutter/Hommelhoff, Rdnr. 10; *Fastrich*, in: Baumbach/Hueck, Rdnr. 11; *Roth*, in: Roth/Altmeppen, Rdnr. 19; *Ulmer/Casper*, in: Ulmer/Habersack/Löbbe, Rdnr. 21; weitergehend *Schmidt-Leithoff*, in: Rowedder/Schmidt-Leithoff, Rdnr. 14.

67 KG v. 30.11.1971 – 1 W 1188/71, NJW 1972, 951; *Bayer*, in: Lutter/Hommelhoff, Rdnr. 10; *Ulmer/Casper*, in: Ulmer/Habersack/Löbbe, Rdnr. 21; *Fastrich*, in: Baumbach/Hueck, Rdnr. 11.

68 BayObLG v. 18.12.1979 – 1 Z 83/79, DB 1980, 438 u. 439; BayObLG v. 14.10.1993 – 3Z BR 191/93, GmbHR 1994, 116, 117; OLG Hamm v. 24.2.1982 – 15 W 114/81, GmbHR 1983, 102; OLG Hamm v. 28.10.1986 – 15 W 319/86, WM 1987, 405; OLG Celle v. 7.1.1986 – 1 W 37/85, GmbHR 1986, 309; OLG Düsseldorf v. 25.9.1985 – 3 Wx 363/85, GmbHR 1986, 267; LG Münster v. 24.7.1986 – 23 T 8/86, NJW 1987, 264; *Bayer*, in: Lutter/Hommelhoff, Rdnr. 11; *Fastrich*, in: Baumbach/Hueck, Rdnr. 12; *Roth*, in: Roth/Altmeppen, Rdnr. 12, 14; *Ulmer/Casper*, in: Ulmer/Habersack/Löbbe, Rdnr. 24 f.

69 OLG Hamm v. 24.3.2011 – I-15 W 684/10, GmbHR 2011, 652.

70 Teilweise wird angenommen, eine unvollständige Versicherung genüge, wenn die nicht angegebenen Tatsachen dem Registergericht bekannt oder sonst nachgewiesen sein; vgl. OLG Düsseldorf v. 4.9.1985 – 3 Wx 267/85, GmbHR 1986, 266 f.; *Gustavus*, GmbHR 1988, 47, 49; *Bayer*, in: Lutter/Hommelhoff, Rdnr. 11; *Tebben*, in: Michalski u.a., Rdnr. 33. A.A. *Fastrich*, in: Baumbach/Hueck, Rdnr. 12 unter Hinweis auf die sichernden zivil- und strafrechtlichen Sanktionen.

71 OLG Düsseldorf v. 25.9.1985 – 3 Wx 363/85, GmbHR 1986, 267; OLG Frankfurt v. 20.5.1992 – 20 W 134/92, GmbHR 1992, 531, 532; *Gustavus*, GmbHR 1988, 47, 49; *Bayer*, in: Lutter/Hommelhoff, Rdnr. 11; *Fastrich*, in: Baumbach/Hueck, Rdnr. 12; *Schmidt-Leithoff*, in: Rowedder/Schmidt-Leithoff, Rdnr. 17.

übernahmen mit Anrechnungsabrede (s. § 5 Rdnr. 73 ff.) muss die Versicherung außer der konkreten Kennzeichnung des Übernahmevertrages (s. § 5 Rdnr. 79) und der Leistung des Vermögensgegenstandes (s. § 7 Rdnr. 42 f.) auch enthalten, ob und in welcher Höhe die Vergütungsforderung gegen die Einlageschuld verrechnet worden ist (s. § 7 Rdnr. 44)[72]. Es ist im Allgemeinen nicht erforderlich, die Art und Weise der Geld- und Sacheinlageleistungen näher darzulegen[73]. Auch eine Vorlage von Nachweisen über die Einlageleistungen verlangt das GmbHG grundsätzlich nicht[74]. Das Registergericht kann gemäß § 8 Abs. 2 Satz 2 i.d.F. durch das **MoMiG** bei erheblichen Zweifeln an der Richtigkeit der Versicherung Nachweise, unter anderem Einzahlungsbelege, verlangen[75]. Unzulässig ist folglich die routinemäßige Anforderung, wie sie vor dem MoMiG in der registergerichtlichen Praxis teilweise erfolgte[76].

Es ist *ausdrücklich* zu versichern, dass sich der Gegenstand der gesetzlich vorgeschriebenen   27 Mindesteinlageleistungen (§ 7 Abs. 2 und 3) **endgültig in der freien Verfügung der Geschäftsführer befindet** (§ 8 Abs. 2 Satz 1). Die abzugebende Versicherung beinhaltet nach dem Wortlaut und Zweck der Vorschrift zunächst, dass die Einlagen wirksam durch Leistung zur freien Verfügung der Geschäftsführer bewirkt worden sind (s. dazu § 7 Rdnr. 34 ff.). Nach h.M. soll sie sich ferner darauf beziehen, dass die freie Verfügung über das aufgebrachte Eigenkapital im Zeitpunkt der Anmeldung zum Handelsregister noch besteht[77]. Zur Begründung führt sie an, das Gesetz wolle zum Schutze der Gesellschaftsgläubiger sicherstellen, dass die Gesellschaft am Stichtag der Anmeldung mit einem Mindestbestand frei verfügbarer eigener Mittel real ausgestattet sei. Die Aufgabe des für Bargründungen früher geltenden sog. Vorbelastungsverbots[78] rechtfertige keine Einschränkung dieser inhaltlichen Anforderung an die Versicherung gemäß § 8 Abs. 2 Satz 1. Das Erfordernis der endgültigen freien Verfügbarkeit sei der zwischenzeitlichen Rechtsentwicklung sinngemäß lediglich dahingehend anzupassen, dass die Einlagen am Anmeldestichtag nicht mehr gegenständlich[79], sondern *wertmäßig* uneingeschränkt zur freien Verfügung der Geschäftsführer stehen müssten[80]. Die Versicherung enthalte demgemäß ohne Weiteres auch die Angaben, dass der Vermögenswert des aufgebrachten Einlagekapitals nicht aus irgendeinem Grunde (z.B. durch eine Verwendung ohne ausreichenden Gegenwert, Verlust oder Beschädigung der Einlagegegenstände, Wertverände-

---

72 *Fastrich*, in: Baumbach/Hueck, Rdnr. 12; *Ulmer/Casper*, in: Ulmer/Habersack/Löbbe, Rdnr. 25.

73 OLG Frankfurt v. 20.5.1992 – 20 W 134/92, GmbHR 1992, 531, 532; *Baumann*, DNotZ 1986, 182 f.; *Tebben*, in: Michalski u.a., Rdnr. 32; *Ulmer/Casper*, in: Ulmer/Habersack/Löbbe, Rdnr. 25. A.A. BayObLG v. 18.12.1979 – 1 Z 83/79, DB 1980, 438; OLG Hamm v. 24.2.1982 – 15 W 114/81, GmbHR 1983, 102 f.; OLG Düsseldorf v. 4.9.1985 – 3 Wx 267/85, GmbHR 1986, 266.

74 Der Vorschlag in § 8 Abs. 2 RegE ist nicht in die GmbH-Novelle 1980 übernommen worden; vgl. dazu Bericht des Rechtsausschusses, BT-Drucks. 8/3908, S. 71.

75 Schon vor dem MoMiG gingen Rechtsprechung und Schrifttum davon aus, dass nur unter bestimmten Voraussetzungen Nachweise verlangt werden können. Vgl. BGH v. 18.2.1991 – II ZR 104/90, BGHZ 113, 335, 352; OLG Düsseldorf v. 25.9.1985 – 3 Wx 363/85, GmbHR 1986, 267; OLG Düsseldorf v. 31.7.1996 – 3 Wx 293/96, GmbHR 1997, 70, 71; OLG Düsseldorf v. 3.12.1997 – 3 Wx 545/97, GmbHR 1998, 235, 236; BayObLG v. 18.2.1988 – BReg 3 Z 154/87, BB 1988, 716, 717; BayObLG v. 14.10.1993 – 3Z BR 191/93, GmbHR 1994, 116, 117; OLG Frankfurt v. 20.5.1992 – 20 W 134/92, GmbHR 1992, 531, 532; OLG Hamm v. 1.12.1992 – 15 W 275/92, GmbHR 1993, 95, 96; *Ulmer/Casper*, in: Ulmer/Habersack/Löbbe, Rdnr. 23.

76 Vgl. *Tebben*, in: Michalski u.a., Rdnr. 38.

77 *Fastrich*, in: Baumbach/Hueck, Rdnr. 13; *Tebben*, in: Michalski u.a., Rdnr. 35.

78 BGH v. 9.3.1981 – II ZR 54/80, BGHZ 80, 129, 133 ff.

79 So aber noch BayObLG v. 25.2.1988 – BReg 3 Z 165/87, GmbHR 1988, 215 f.; OLG Köln v. 18.3.1988 – 2 Wx 9/88, GmbHR 1988, 227; OLG Köln v. 10.11.1988 – 1 U 55/88, ZIP 1989, 238, 240; weitergehend LG Gießen v. 19.3.1985 – 6 T 5/85, GmbHR 1986, 163 (auch *nach* Anmeldung).

80 *Fastrich*, in: Baumbach/Hueck, Rdnr. 13; *Jäger*, MDR 1995, 1184; *Roth*, in: Roth/Altmeppen, Rdnr. 28; *Schmidt-Leithoff*, in: Rowedder/Schmidt-Leithoff, Rdnr. 18; *Spiegelberger/Walz*, GmbHR 1998, 761, 766; *Ulmer/Casper*, in: Ulmer/Habersack/Löbbe, § 7 Rdnr. 55, 62; vgl. auch BGH v. 13.7.1992 – II ZR 263/91, BGHZ 119, 177, 189 f.; BGH v. 10.6.1996 – II ZR 98/95, ZIP 1996, 1466, 1467.

rung von Sacheinlagen) unter dem gesetzlich bestimmten Mindestbetrag (§ 7 Abs. 2 und 3) liege, keine dies bewirkenden Pflichten der Vorgesellschaft begründet worden seien und ihr Vermögen nicht sonst in einer Höhe belastet sei, die die Deckung des Stammkapitals durch die bewirkten und ausstehenden Einlagen nicht mehr gewährleiste[81]. Lediglich die Bezahlung des im Gesellschaftsvertrag festgesetzten Gründungsaufwandes sei unschädlich (s. § 7 Rdnr. 41). Diese Auffassung ist abzulehnen[82]. Sie trägt nicht ausreichend Rechnung, dass der BGH das Vorbelastungsverbot aufgegeben und zum Schutz der Gesellschaftsgläubiger eine ab der Eintragung der Gesellschaft in das Handelsregister bestehende Haftung der Gesellschafter für Vorbelastungen entwickelt hat. Diese Haftung verwirklicht den erforderlichen Gläubigerschutz (s. bereits § 7 Rdnr. 35). Die Geschäftsführer haben somit (nur) zu versichern, dass keine Vorbelastungen entstanden sind oder aber durch Leistungen der Gesellschafter ausgeglichen sind[83].

28　Die Versicherung nach § 8 Abs. 2 Satz 1 enthält auch die Erklärung, dass die Mindesteinlage nicht an die Gesellschafter zurückgezahlt wurde und auch keine Vereinbarung über eine spätere Rückzahlung geschlossen wurde[84]. Seit dem MoMiG kann aber in den Fällen eines **Hin- und Herzahlens** oder Her- und Hinzahlens eine Befreiung von der Einlageschuld erfolgen, wenn die Voraussetzungen des § 19 Abs. 5 Satz 1 erfüllte sind und „eine solche Leistung oder die Vereinbarung einer solchen Leistung … in der Anmeldung nach § 8" angegeben wird (§ 19 Abs. 5 Satz 2). Eine gesetzliche Pflicht, in einem solchen Fall entsprechende Unterlagen einzureichen, hat der Gesetzgeber mit dem MoMiG nicht geschaffen. Allerdings wird das Registergericht in eine Prüfung nur eintreten können, wenn es über den Darlehensvertrag und Nachweise über die Kreditfähigkeit des Gesellschafters verfügt. Es kann daher im Regelfall entsprechende Unterlagen einfordern, anhand derer es die Liquidität und Vollwertigkeit des Rückgewähranspruchs prüfen kann (s. auch § 19 Rdnr. 188)[85].

b) Ausschlussgründe vom Geschäftsführeramt

29　Die Geschäftsführer haben in der Anmeldung ferner nach § 8 Abs. 3 Satz 1 zu versichern, dass keine Umstände vorliegen, die ihrer Bestellung nach **§ 6 Abs. 2 Satz 2 Nr. 2 und 3 sowie Satz 3** entgegenstehen, und dass sie über ihre unbeschränkte Auskunftspflicht gegenüber dem Gericht belehrt worden sind. Die Versicherung ist zwar ebenfalls von sämtlichen Geschäftsführern abzugeben, aber anders als die nach § 8 Abs. 2 von jedem nur für seine Person[86]. Die Abweichung, die auch durch § 39 Abs. 3 bestätigt wird, hat ihren Grund in der eingeschränkten Erkenntnismöglichkeit.

30　Die Gerichte hatten zunächst sehr strenge **Anforderungen an die Versicherung** gestellt. So sollte die pauschale Angabe über das Nichtvorliegen der Ausschlussgründe des § 6 Abs. 2 Satz 2 Nr. 2 und 3 sowie Satz 3 nicht den gesetzlichen Anforderungen genügen, es müsse unter Bezugnahme auf den Unternehmensgegenstand jeder Ausschlussgrund einzeln angeführt

---

81　BayObLG v. 1.10.1991 – BReg 3 Z 110/91, BB 1991, 2391, 2392; LG Bonn v. 26.5.1987 – 11 T 5/87, GmbHR 1988, 193; *Fleck*, GmbHR 1983, 5, 11 f.; *Fastrich*, in: Baumbach/Hueck, Rdnr. 13; *Priester*, ZIP 1982, 1141, 1143 f.; *Schmidt-Leithoff*, in: Rowedder/Schmidt-Leithoff, Rdnr. 18; *Ulmer/Casper*, in: Ulmer/Habersack/Löbbe, § 7 Rdnr. 55, 62.

82　*Bayer*, in: Lutter/Hommelhoff, Rdnr. 12; vgl. auch *Karsten Schmidt*, AG 1986, 106, 115; *Gustavus*, GmbHR 1988, 47, 49 f.; *Lutter*, NJW 1989, 2649, 2652 f.

83　Insoweit auch *Ulmer/Casper*, in: Ulmer/Habersack/Löbbe, Rdnr. 26 und *Herrler*, in: MünchKomm. GmbHG, Rdnr. 55; vgl. das Beispiel für eine Formulierung von *Bayer*, in: Lutter/Hommelhoff, Rdnr. 12.

84　*Tebben*, in: Michalski u.a., Rdnr. 36.

85　OLG München v. 17.2.2011 – 31 Wx 246/10, GmbHR 2011, 422 f. (als Bonitätsnachweis komme die positive Bewertung des Rückgewährschuldners durch eine anerkannte Ratingagentur in Betracht).

86　*Ulmer/Casper*, in: Ulmer/Habersack/Löbbe, Rdnr. 36, 39.

und verneint werden[87]. Der BGH hat mit Blick auf den Wortlaut der Vorschrift und deren Sinn und Zweck eine Pflicht zur Benennung der einzelnen Katalogstraftatbestände abgelehnt. Der Versicherung kommt danach nicht die Funktion zu, dass sie erkennen lässt, dem Erklärenden seien Inhalt und Umfang seiner Erklärungspflicht bewusst. Die vom Geschäftsführer in der Anmeldung zum Handelsregister gemäß § 8 Abs. 3 abgegebene Versicherung, er sei „noch nie, weder im Inland noch im Ausland, wegen einer Straftat verurteilt worden", genügt nach Ansicht des BGH den gesetzlichen Anforderungen. Es sei weder erforderlich, die in § 6 Abs. 2 Satz 2 Nr. 3 genannten Straftatbestände noch die in Rede stehenden vergleichbaren Bestimmungen des ausländischen Rechts in der Versicherung im Einzelnen aufzuführen[88]. Folglich reicht es aus, wenn ein neu bestellter Geschäftsführer versichert, im Ausland nicht wegen Straftaten verurteilt worden zu sein, die mit den in § 6 Abs. 2 Satz 2 Nr. 3 genannten deutschen Straftaten vergleichbar sind. Das Registergericht kann nicht verlangen, dass der Geschäftsführer noch versichert, im Ausland nicht wegen „solcher Taten" verurteilt worden zu sein[89] (was beispielsweise in Betracht kommt, wenn es sich im Ausland um administrative Sanktionen handelt). Ferner ist es nicht zu beanstanden, wenn die vom Geschäftsführer in der Anmeldung abgegebene Versicherung dem Gesetzestext wörtlich entspricht („dass keine Umstände vorliegen, die der Bestellung nach § 6 Abs. 2 Satz 2 u. 3 GmbHG entgegenstehen und er über seine unbeschränkte Auskunftpflicht gegenüber dem Gericht durch Notar belehrt worden ist")[90]. Eine Versicherung, in der ein Geschäftsführer nur auf den Zeitpunkt der Verurteilung selbst abstellt und nicht auf den der Rechtskraft des Urteils, vermittelt dem Registergericht aber nach Ansicht des BGH nicht die nach dem Gesetz erforderlichen Angaben über das Vorliegen eines Ausschlussgrundes nach § 6 Abs. 2 Satz 2 Nr. 3 GmbHG[91].

Im Hinblick darauf, dass die Geschäftsführer die Ausschlussgründe dem Registergericht nur **31** dann unbeschränkt offenbaren müssen, wenn sie darüber besonders belehrt worden sind (§ 53 Abs. 2 BZRG), ist auch die entsprechende **Belehrung** zu **versichern**. Die Belehrung kann durch einen **Notar** vorgenommen werden (§ 8 Abs. 3 Satz 2); seit der Neufassung der Vorschrift durch das MoMiG kann sie auch durch einen im Ausland bestellten Notar[92], durch einen Vertreter eines vergleichbaren rechtsberatenden Berufs oder einen Konsularbeamten erfolgen[93]. Sie kann also auch durch einen Rechtsanwalt erfolgen[94]. Diese Möglichkeiten einer Belehrung werden in Zukunft noch bedeutsamer werden; denn einer GmbH ist es aufgrund der Streichung des § 4a Abs. 2 durch das MoMiG möglich, ihren Verwaltungssitz in das Ausland zu verlegen (s. § 4a Rdnr. 23). Ein Notar ist nicht schon deswegen zur Belehrung verpflichtet, weil er mit der Beglaubigung der Registeranmeldung beauftragt worden ist; er muss

---

87 OLG München v. 20.4.2009 – 31 Wx 34/09, GmbHR 2009, 829; OLG Düsseldorf v. 7.10.1996 – 3 Wx 400/96, GmbHR 1997, 71, 72; OLG Thüringen v. 6.9.1994 – 6 W 311/94 (54), GmbHR 1995, 453; BayObLG v. 30.8.1983 – BReg 3 Z 116/83, BB 1984, 238; BayObLG v. 10.12.1981 – BReg 1 Z 184/81, BB 1982, 200. A.A. LG Kassel v. 12.8.1981 – 12 T 3/81, Rpfleger 1982, 229.

88 BGH v. 17.5.2010 – II ZB 5/10, GmbHR 2010, 812, 813 f.; zustimmend OLG Hamm v. 14.4.2011 – I-27 W 27/11, GmbHR 2011, 587; OLG Hamm v. 29.9.2010 – I-15 W 460/10, GmbHR 2011, 30; nach OLG Frankfurt v. 11.7.2011 – 20 W 246/11, GmbHR 2011, 1156, 1158 f. muss die Versicherung aber umfassend und eindeutig formuliert sein.

89 OLG München v. 18.6.2014 – 31 Wx 250/14, GmbHR 2014, 869.

90 OLG Stuttgart v. 10.10.2012 – 8 W 241/11, GmbHR 2013, 91 ff. A.A. OLG Schleswig v. 3.6.2014 – 2 W 36/14, GmbHR 2014, 1095, 1097.

91 BGH v. 7.6.2011 – II ZB 24/10, GmbHR 2011, 864; OLG Oldenburg v. 8.6.2015 – 12 W 107/15, DNotI-Report 2016, 138.

92 Die Belehrung durch einen ausländischen Notar genügte vor dem MoMiG nach einer verbreiteten Meinung nicht (vgl. LG Ulm v. 13.11.1987 – T 4/87, Rpfleger 1988, 108; *Wolf*, GmbHR 1998, 35 f.; dagegen aber LG Nürnberg v. 16.3.1994 – 4 HK T 3189/93, Rpfleger 1994, 360; *Bartovics*, GmbHR 1998, 778 f.).

93 Begr. RegE MoMiG, BT-Drucks. 16/6140, S. 35.

94 Begr. RegE MoMiG, BT-Drucks. 16/6140, S. 35.

darum ersucht werden[95]. Der Gesetzgeber wollte mir der Neuregelung schließlich klarstellen, dass die **Belehrung** über die unbeschränkte Auskunftspflicht **schriftlich** erfolgen kann. Eine Belehrung durch Telefax oder Email genügt folglich nicht[96]. Fehlt in der zunächst beim Registergericht eingereichten Anmeldung die Versicherung des Geschäftsführers zur Belehrung über die unbeschränkte Auskunftspflicht und wird diese vom Notar nachträglich in derselben Urkunde ohne erneute Beglaubigung ergänzt, kann das Registergericht die Eintragung ablehnen[97].

32 **Nach der Anmeldung eintretende Ausschlussgründe** aus § 6 Abs. 2 Satz 3 und 4 führen ipso iure zum Verlust des Geschäftsführeramtes; es greift daher die Anmeldepflicht gemäß § 39 Abs. 1 ein[98] (s. zur Bestellung eines neuen Geschäftsführers nach Anmeldung, aber vor Eintragung Rdnr. 25).

IV. Angaben zur Geschäftsanschrift und Vertretungsbefugnis (§ 8 Abs. 4)

1. Angaben zur Geschäftsanschrift (§ 8 Abs. 4 Nr. 1)

33 Die in § 8 Abs. 4 Nr. 1 vorgesehene Pflicht des Geschäftsführers[99], eine **inländische Geschäftsanschrift** anzugeben, wurde durch das **MoMiG** eingeführt. Unter der Anschrift kann nunmehr an den oder die Vertreter der Gesellschaft zugestellt werden. Hintergrund dieser Regelung sind die früher beklagten Zustellungsprobleme zu Lasten der Gläubiger einer GmbH[100]. Als inländische Geschäftsanschrift kommen zunächst die Anschrift des Geschäftslokals, des Sitzes der Hauptverwaltung oder des maßgeblichen Betriebs in Betracht[101]. Die inländische Geschäftsanschrift muss nicht notwendig mit dem Sitz der Gesellschaft übereinstimmen[102]. Besitzt die Gesellschaft solche Einrichtungen nicht, etwa aufgrund der Verlegung ihrer Hauptverwaltung in das Ausland (s. § 4a Rdnr. 19, 23 ff.), nicht mehr, können die inländische Wohnanschrift eines Geschäftsführers, eines Gesellschafters oder eines als Zustellungsbevollmächtigten eingesetzten Vertreters (Steuerberater, Rechtsanwalt) angegeben werden[103]. Eine c/o-Adresse im Inland reicht aus[104], nicht jedoch ein Postfach[105]. Anzugeben sind die Straße und Hausnummer und der Ort mit Postleitzahl[106]. Die Pflicht, die **Änderung**

---

95 *Bayer*, in: Lutter/Hommelhoff, Rdnr. 18; *Priester*, DNotZ 1980, 515, 525 f.; *Schmidt-Leithoff*, in: Rowedder/Schmidt-Leithoff, Rdnr. 26; *Tebben*, in: Michalski u.a., Rdnr. 46; *Ulmer/Casper*, in: Ulmer/Habersack/Löbbe, Rdnr. 37.

96 *Wachter*, NotBZ 2008, 361, 380.

97 OLG München v. 23.7.2010 – 31 Wx 128/10, GmbHR 2010, 983 (zur Unternehmergesellschaft).

98 *Bayer*, in: Lutter/Hommelhoff, Rdnr. 18; *Fastrich*, in: Baumbach/Hueck, Rdnr. 16 a.E.; *Tebben*, in: Michalski u.a., Rdnr. 47; *Ulmer/Casper*, in: Ulmer/Habersack/Löbbe, Rdnr. 36.

99 Die Prokura umfasst nicht die Vertretungsmacht zur Anmeldung der Änderung der Geschäftsanschrift beim Handelsregister. Vgl. OLG Karlsruhe v. 7.8.2014 – 11 Wx 17/14, GmbHR 2014, 1046 f.

100 Begr. RegE MoMiG, BT-Drucks. 16/6140, S. 35.

101 Begr. RegE MoMiG, BT-Drucks. 16/6140, S. 35 f.

102 KG v. 20.3.2012 – 25 W 99/11, GmbHR 2012, 798, 799.

103 Begr. RegE MoMiG, BT-Drucks. 16/6140, S. 36.

104 OLG Hamm v. 20.11.2011 – I-15 W 485/10, GmbHR 2011, 595 (Kanzleianschrift des Insolvenzverwalters); OLG Rostock v. 31.5.2010 – 1 W 6/10, GmbHR 2011, 30 (Angabe einer c/o Adresse genügt nur dann als inländische Geschäftsanschrift einer GmbH, wenn eine sichere und zuverlässige Zustellung an diese Adresse erfolgen könne, was nicht der Fall sei bei einer juristischen Person, deren Geschäftsbetrieb im Ankauf, der Sanierung und Abwicklung insolvenzbedrohter GmbH bestehe); OLG Hamm v. 7.5.2015 – I-27 W 51/15, GmbHR 2015, 938.

105 OLG Naumburg v. 8.5.2010 – 5 Wx 4/09, GmbHR 2009, 832.

106 *Bayer*, in: Lutter/Hommelhoff, Rdnr. 20.

einer **inländischen Geschäftsanschrift anzugeben**, ist in § 31 HGB normiert. Diese Pflicht kann mit Zwangsgeld (§ 14 HGB; §§ 388 ff. FamFG) durchgesetzt werden[107].

Die Pflicht, die inländische Geschäftsanschrift in das Handelsregister anzumelden, gilt auch   34
für **Gesellschaften, die bei Inkrafttreten des MoMiG bereits in das Handelsregister eingetragen waren**, es sei denn, die inländische Geschäftsanschrift ist dem Gericht bereits nach § 24 Abs. 2 HRV (s. Rdnr. 20) mitgeteilt worden und hat sich anschließend nicht geändert (§ 3 Abs. 1 Satz 1 EGGmbHG)[108]. Nach dem Übergangsrecht waren die betreffenden Gesellschaften verpflichtet, die inländische Geschäftsanschrift spätestens bis zum 31.10.2009 anzumelden (§ 3 Abs. 1 Satz 2 EGGmbHG).

2. Angaben zur Vertretungsbefugnis (§ 8 Abs. 4 Nr. 2)

Nach § 8 Abs. 4 Nr. 2 sind **Art** und **Umfang** der **Vertretungsbefugnis** der **Geschäftsführer**   35
anzugeben. Es reicht nicht aus, dass die Vertretungsbefugnis aus anderen Anlagen zur Anmeldung (Gesellschaftsvertrag, Bestellungsbeschluss) hervorgeht[109]. Die Angabe muss unabhängig davon erfolgen, ob die Vertretungsbefugnis sich nach dem Gesetz (§ 35 Abs. 2 Satz 2), dem Gesellschaftsvertrag oder dem Bestellungsakt bestimmt. Sie hat für jeden – auch den einzigen[110] – Geschäftsführer zu ergeben, ob er einzel- oder gesamtvertretungsberechtigt und gegebenenfalls in welcher Form er Letzteres ist. Bei Abweichungen von einer generellen Regelung für einzelne Geschäftsführer ist das zu vermerken[111]. Aus der (durch das MoMiG eingeführten) gesetzlichen Vorgabe, den Umfang der Vertretungsbefugnis anzugeben, folgt nicht, dass die sachliche Reichweite der Vertretungsbefugnis anzumelden ist[112]. Eine solche Angabe würde keinen Sinn machen, denn die Vertretungsbefugnis ist unbeschränkt (vgl. § 37 Abs. 2). Auch die Befreiung vom Verbot des Selbstkontrahierens (§ 181 BGB) muss wörtlich[113] angegeben werden[114], nicht jedoch auch die bloße statutarische Ermächtigung hierzu[115]. Die An-

---

107 OLG Hamburg v. 27.1.2011 – 11 W 4/11, GmbHR 2011, 828; *Tebben*, in: Michalski u.a., Rdnr. 50.

108 Dazu OLG Köln v. 7.5.2010 – I-2 Wx 20/10, FGPrax 2010, 203; OLG München v. 28.1.2009 – 31 Wx 5/09, GmbHR 2009, 380.

109 BayObLG v. 4.2.1974 – BReg 2 Z 72/75, DNotZ 1975, 117; BayObLG v. 8.1.1980 – BReg 1 Z 85/79, GmbHR 1981, 59; *Bayer*, in: Lutter/Hommelhoff, Rdnr. 21; *Roth*, in: Roth/Altmeppen, Rdnr. 36; *Tebben*, in: Michalski u.a., Rdnr. 52; *Ulmer/Casper*, in: Ulmer/Habersack/Löbbe, Rdnr. 44.

110 BGH v. 5.12.1974 – II ZB 11/73, BGHZ 63, 261, 264 f.; BayObLG v. 8.1.1980 – BReg 1 Z 85/79, GmbHR 1981, 59; BayObLG v. 7.5.1997 – 3Z BR 101/97, GmbHR 1997, 741; OLG Düsseldorf v. 2.5.1989 – 3 Wx 206/89, NJW 1989, 3100; *Tebben*, in: Michalski u.a., Rdnr. 52; *Ulmer/Casper*, in: Ulmer/Habersack/Löbbe, Rdnr. 44.

111 BayObLG v. 4.2.1974 – BReg 2 Z 75/73, BB 1974, 291; OLG Köln v. 25.2.1970 – 2 Wx 11/70, DNotZ 1970, 748; OLG Frankfurt v. 22.10.1993 – 20 W 263/93, GmbHR 1994, 117 f.; *Ulmer/Casper*, in: Ulmer/Habersack/Löbbe, Rdnr. 44.

112 *Tebben*, in: Michalski u.a., Rdnr. 56.

113 OLG Hamm v. 28.10.1986 – 15 W 319/86, WM 1987, 406; LG Münster v. 24.7.1986 – 23 T 8/86, NJW 1987, 264.

114 BGH v. 28.2.1983 – II ZB 8/82, BGHZ 87, 59, 61; BayObLG v. 29.5.1979 – BReg 1 Z 36/79, BB 1980, 597; BayObLG v. 28.1.1982 – BReg 1 Z 126/81, WM 1982, 1033, 1034; OLG Köln v. 23.4.1980 – 2 Wx 11/80, DB 1980, 1390; OLG Köln v. 22.2.1995 – 2 Wx 5/95, GmbHR 1996, 218, 219; OLG Frankfurt v. 3.12.1982 – 20 W 819/82, NJW 1983, 944; OLG Frankfurt v. 13.12.1996 – 10 U 8/96, GmbHR 1997, 349; OLG Stuttgart v. 7.5.1985 – 8 W 389/84, Justiz 1985, 312; OLG Düsseldorf v. 1.7.1994 – 3 Wx 20/93, GmbHR 1995, 51.

115 BayObLG v. 28.1.1982 – BReg 1 Z 126/81, WM 1982, 1033, 1034; OLG Frankfurt v. 30.9.1983 – 20 W 465/83, BB 1984, 238; OLG Frankfurt v. 9.7.1987 – 20 W 107/87, GmbHR 1988, 65, 66; OLG Frankfurt v. 7.10.1993 – 20 W 175/93, GmbHR 1994, 118; OLG Hamm v. 22.1.1993 – 15 W 224/91, GmbHR 1993, 500; *Ulmer/Casper*, in: Ulmer/Habersack/Löbbe, Rdnr. 44; *Bayer*, in: Lutter/Hommelhoff, Rdnr. 22; *Tebben*, in: Michalski u.a., Rdnr. 55.

gabe „in der Anmeldung" erfordert (wie nach § 8 Abs. 2; s. Rdnr. 23) nicht, dass sie in derselben Urkunde enthalten sein muss; doch ist die Form des § 12 Abs. 1 HGB einzuhalten[116].

36 Wird eine **GmbH** im **vereinfachten Verfahren** mit **Musterprotokoll gegründet** (vgl. § 2 Abs. 1a), muss der Geschäftsführer die abstrakte und konkrete Vertretungsbefugnis angeben[117]. Es gilt zwingend die gesetzliche Vertretungsregelung des § 35 Abs. 2 Satz 1 (s. § 2 Rdnr. 126). Nach dieser Vorschrift vertreten bei Vorhandensein mehrerer Geschäftsführer diese die Gesellschaft nur gemeinschaftlich. Auch wenn bei Vorhandensein nur eines einzigen Geschäftsführers dieser die Gesellschaft naturgemäß allein vertritt, ist die generalisierende Formulierung in der Anmeldung, der Geschäftsführer vertrete die Gesellschaft „stets einzeln", nicht zutreffend[118]. Das Musterprotokoll enthält die Gestattung von In-Sich-Geschäften für den Fall des alleinigen Geschäftsführers. Deshalb ist auch die Anmeldung der konkreten Vertretungsbefugnis erforderlich[119].

V. Einreichung von Unterlagen (§ 8 Abs. 5)

37 § 8 Abs. 5 bestimmt klarstellend, dass für die Einreichung von Unterlagen § 12 Abs. 2 HGB entsprechend gilt. Nach § 12 Abs. 2 Satz 1 HGB sind Dokumente elektronisch einzureichen. Ist eine Urschrift oder eine einfache Abschrift einzureichen oder ist für das Dokument die Schriftform bestimmt, genügt nach § 12 Abs. 2 Satz 2 Halbsatz 1 HGB die Übermittlung einer elektronischen Aufzeichnung. Dies betrifft beispielsweise die gemäß § 8 Abs. 1 Nr. 3 einzureichende Gesellschafterliste oder die gemäß § 8 Abs. 1 Nr. 5 einzureichenden Unterlagen über den Wert einer Sacheinlage. Ist ein notariell beurkundetes Dokument oder eine öffentlich beglaubigte Abschrift einzureichen, so ist gemäß § 12 Abs. 2 Satz 2 Halbsatz 2 HGB ein mit einem einfachen elektronischen Zeugnis (§ 39a BeurkG) versehenes Dokument zu übermitteln. Diese Vorgabe wird für den Gesellschaftsvertrag relevant, der gemäß § 8 Abs. 1 Nr. 1 der Anmeldung beizufügen ist. Die Unterlagen verbleiben bei den Handelsregisterakten, wo sie von jedermann eingesehen werden können (§ 9 HGB).

VI. Sonstiges

1. Registergerichtliche Kontrolle

38 **Fehlen** die **erforderlichen Anlagen** oder sind sie **fehlerhaft**, so darf der Registerrichter nicht eintragen (s. § 7 Rdnr. 15)[120]. Er wird regelmäßig durch Zwischenverfügung eine Frist zur Nachholung setzen unter Androhung der Zurückweisung der Anmeldung. Aufgabe des Registerrichters ist es, auch für die Beobachtung der formalen Ordnungsvorschriften zu sorgen (s. § 9c Rdnr. 5 f.). Mit Zwangsgeld kann er freilich nicht vorgehen. Denn es besteht keine öffentlich-rechtliche Pflicht zur Anmeldung der GmbH und daher auch nicht zur Einreichung der Unterlagen (s. § 7 Rdnr. 5). Unterbleibt diese, so ist lediglich die mit der Anmeldung beantragte Eintragung abzulehnen. Ist aber trotzdem, also versehentlich, die GmbH eingetragen, so besteht sie als Rechtsperson und ohne wegen des Mangels der Einreichung mit der Amtslöschung bedroht zu sein (s. § 7 Rdnr. 15). Da die Anmeldenden ihr Ziel aber

---

116 *Tebben*, in: Michalski, Rdnr. 52.
117 LG Stalsund v. 27.1.2009 – 3 T 7/08, NZG 2009, 915; *Herrler*, in: MünchKomm. GmbHG, Rdnr. 87; ausführlich *Katschinski/Rawert*, ZIP 2008, 1999; *Wicke*, NotBZ 2009, 9.
118 OLG Celle v. 26.1.2011 – 9 W 12/11, GmbHR 2011, 305 f. (Geschäftsführer sei nur einzelvertretungsberechtigt, *solange* er alleiniger Geschäftsführer sei und nicht „stets").
119 OLG Stuttgart v. 28.4.2009 – 8 W 116/09, GmbHR 2009, 827.
120 Vgl. BayObLG v. 10.12.1998 – 3Z BR 237/98, ZIP 1999, 968, 969 betr. Sachgründungsbericht.

nur unter Beachtung des § 8 erreichen durften, kann jetzt, d.h. *nach* der Eintragung, der Registerrichter die Nachreichung der fehlenden Urkunden gegen die Geschäftsführer, die angemeldet haben, durch Zwangsgeldfestsetzung erzwingen (s. 11. Aufl., § 79 Rdnr. 17).

2. Sanktionen

Im Falle unrichtiger Angaben oder Versicherungen können sich die Geschäftsführer und Gesellschafter strafbar machen (§ 82 Abs. 1 Nr. 1 und 5). Außerdem können sie gemäß § 9a zum Schadensersatz verpflichtet sein.   39

§ 9
Überbewertung der Sacheinlagen

(1) Erreicht der Wert einer Sacheinlage im Zeitpunkt der Anmeldung der Gesellschaft zur Eintragung in das Handelsregister nicht den Nennbetrag des dafür übernommenen Geschäftsanteils, hat der Gesellschafter in Höhe des Fehlbetrags eine Einlage in Geld zu leisten. Sonstige Ansprüche bleiben unberührt.

(2) Der Anspruch der Gesellschaft nach Absatz 1 Satz 1 verjährt in zehn Jahren seit der Eintragung der Gesellschaft in das Handelsregister.

Eingefügt durch Gesetz vom 4.7.1980 (BGBl. I 1980, 836); Abs. 2 geändert durch Gesetz vom 9.12.2004 (BGBl. I 2004, 3214); Abs. 1 Satz 1 geändert, Satz 2 angefügt und Abs. 2 geändert durch das MoMiG vom 23.10.2008 (BGBl. I 2008, 2026).

Schrifttum: *Bayer/Illhardt*, Darlegungs- und Beweislast im Recht der GmbH anhand praktischer Fallkonstellationen, GmbHR 2011, 505; *Gienow*, Zur Differenzhaftung nach § 9 GmbHG, in: FS Semler, 1993, S. 165; *Hennrichs*, Zur Kapitalaufbringung und Existenzvernichtungshaftung in sog. Aschenputtel-Konstellationen, in: FS Uwe H. Schneider, 2011, S. 489; *Herchen*, Agio und verdecktes Agio im Recht der Kapitalgesellschaften, 2004; *Ihrig*, Gläubigerschutz durch Kapitalaufbringung bei Verschmelzung und Spaltung nach neuem Umwandlungsrecht, GmbHR 1995, 622; *Kallmeyer*, Differenzhaftung bei Verschmelzung mit Kapitalerhöhung und Verschmelzung im Wege der Neugründung, GmbHR 2007, 1121; *Kind*, Die Differenzhaftung im Recht der Gesellschaft mit beschränkter Haftung, 1984; *Lieb*, Zum Spannungsverhältnis zwischen Vorbelastungshaftung und Differenzhaftung – Versuch einer Harmonisierung, in: FS Zöllner, 1998, S. 347; *Sandberger*, Differenzhaftung, Unterbilanzhaftung und Gründerhaftung bei Umwandlungsvorgängen, in: FS Westermann, 2008, S. 1401; *Schlößer/Pfeiffer*, Wegfall der kapitalgesellschaftsrechtlichen Differenzhaftung durch Nacherfüllung der mangelhaften Sacheinlage, NZG 2012, 1047; *Karsten Schmidt*, Die Differenzhaftung des Sacheinlegers, GmbHR 1978, 5; *Schoop*, Die Haftung für die Überbewertung von Sacheinlagen bei der Aktiengesellschaft und der Gesellschaft mit beschränkter Haftung, 1981; *Trölitzsch*, Differenzhaftung für Sacheinlagen in Kapitalgesellschaften, 1998; *Urban*, Die Differenzhaftung des GmbH-Gesellschafters im Zusammenhang mit der Überbewertung von Sacheinlagen, in: Festg. Sandrock, 1995, S. 305; *Wartlsteiner*, Zur Beweislast bei der Differenzhaftung im GmbH-Recht, GesRZ 1993, 147; *Wieneke*, Die Differenzhaftung des Inferenten und die Zulässigkeit eines Vergleichs über ihre Höhe, NZG 2012, 136.

I. Grundlagen

1. Regelungsinhalt und -zweck

Die Vorschrift bezweckt die **Sicherung der Kapitalaufbringung** bei Sachgründungen[1]. Sie begründet eine ergänzende Geldeinlagepflicht des Gesellschafters, wenn und soweit der Wert einer Sacheinlage- oder eines Sachübernahmegegenstandes im Zeitpunkt der Anmeldung der Gesellschaft zum Handelsregister nicht den Betrag des dafür übernommenen Geschäftsanteils erreicht. Die **Vorschrift** dient dem Gläubigerschutz und ist **zwingend**. Sie wurde durch die GmbH-Novelle 1980 in das GmbHG eingeführt. Der Gesetzgeber begründete sie mit der Erwägung, es lasse sich nicht ausschließen, dass eine Überbewertung von Sacheinlagen unentdeckt bleibe und die Gesellschaft trotzdem durch Eintragung zur Entstehung gelange. Außerdem wollte er klarstellen, dass Sacheinlageverpflichtungen nicht allein wegen einer Überbewertung der Sacheinlage unwirksam sind[2]. Dass der Sacheinleger im Falle einer Überbewertung für die Differenz einzustehen hat, hatte die Rechtsprechung bereits vorher entschieden[3]. Die neue Vorschrift stellte daher vor allem die Rechtslage klar[4]. Außerdem klärte sie die zuvor umstrittene Frage, zu welchem Zeitpunkt eine Differenzhaftung begründet ist[5]. 1

Die erste Änderung der Vorschrift erfolgte durch das Gesetz zur Anpassung von Verjährungsvorschriften an das Gesetz zur Modernisierung des Schuldrechts vom 9.12.2004, mit dem die bislang fünfjährige Frist auf zehn Jahre verlängert wurde. Sodann wurde durch das **MoMiG** Abs. 1 Satz 1 der Vorschrift geändert und Satz 2 angefügt. Die Änderung des Satzes 1 – statt „Betrag der dafür übernommenen Stammeinlage" heißt es nun „Nennbetrag des dafür übernommenen Geschäftsanteils" – ist darauf zurückzuführen, dass nach neuem Recht im Gesellschaftsvertrag der Nennbetrag der Geschäftsanteile und nicht mehr der Nennbetrag der Stammeinlagen anzugeben ist (s. § 3 Rdnr. 50). Neu aufgenommen hat der Gesetzgeber die in Satz 2 getroffene Vorschrift, dass sonstige Ansprüche unberührt bleiben. 2

2. Anwendungsbereich

Die Vorschrift findet nur bei **Sacheinlagen** Anwendung (s. Rdnr. 6). Bei einer Kapitalerhöhung mit Sacheinlagen findet sie entsprechende Anwendung (vgl. § 56 Abs. 2). Sie gilt nicht für verdeckte Sacheinlagen. Nach dem RegE MoMiG sollte die Vorschrift zwar entsprechend anwendbar sein, wenn eine Sache verdeckt eingebracht wird (vgl. § 19 Abs. 4 RegE). Doch wurde diese Lösung zugunsten einer anderen Regelung – der Anrechnung des Werts der verdeckt eingebrachten Sache – verworfen (s. die Erläuterung hierzu § 19 Rdnr. 118). 3

Außerdem ist die Vorschrift entsprechend anwendbar bei der zur Durchführung einer Verschmelzung oder Spaltung erfolgten Kapitalerhöhung der aufnehmenden GmbH (§§ 55, 125 Satz 1 UmwG)[6]. Auch bei der **Verschmelzung oder Spaltung** auf eine neue GmbH (§§ 36 Abs. 2, 135 Abs. 2 UmwG) ist sie entsprechend heranzuziehen[7]. Beim **Rechtsformwechsel** in 4

---

1 Ausführlich zum Haftungsgrund *Trölitzsch*, Differenzhaftung, S. 102 ff., 145 f.
2 Vgl. Begr. RegE, BT-Drucks. 8/1347, S. 35. Dass der Sacheinleger im Falle einer Überbewertung für die Differenz einzustehen hat, hatte die Rechtsprechung bereits vorher entschieden.
3 Vgl. BGH v. 14.3.1977 – II ZR 156/75, BGHZ 68, 191, 195 f.; zur AG auch BGH v. 27.2.1975 – II ZR 111/72, BGHZ 64, 52, 62; aus dem Schrifttum *Karsten Schmidt*, GmbHR 1978, 5.
4 *Ulmer/Habersack*, in: Ulmer/Habersack/Löbbe, Rdnr. 3.
5 *Schwandtner*, in: MünchKomm. GmbHG, Rdnr. 1.
6 *Ihrig*, GmbHR 1995, 622, 642; *Ulmer/Habersack*, in: Ulmer/Habersack/Löbbe, Rdnr. 6; *Trölitzsch*, Differenzhaftung, S. 318 ff.
7 *Ihrig*, GmbHR 1995, 622, 633 ff.; *M. Winter/J. Vetter*, in: Lutter, § 56 UmwG Rdnr. 49; *Priester*, in: Lutter, § 138 UmwG Rdnr. 10; *Trölitzsch*, Differenzhaftung, S. 388 ff.

eine GmbH ist zu differenzieren. Handelt es sich um eine Personenhandelsgesellschaft, kann eine Differenzhaftung begründet sein (§ 197 Satz 1 UmwG)[8]. Dagegen besteht beim Formwechsel einer Kapitalgesellschaft in eine Kapitalgesellschaft anderer Rechtsform kein Bedürfnis, die Werthaltigkeit erbrachter Einlagen erneut durch eine Differenzhaftung sicherzustellen[9]. Für den Fehlbetrag haften in den genannten Umwandlungsfällen die Anteilsinhaber des übertragenden bzw. formwechselnden Rechtsträgers nach Maßgabe ihrer verhältnismäßigen Beteiligung.

3. Rechtsnatur

5   § 9 Abs. 1 gewährt der GmbH einen Zahlungsanspruch gegen den Sacheinleger. Es handelt sich um einen die Sacheinlage ergänzenden **gesetzlichen Geldeinlageanspruch**[10]. Die Nachzahlungspflicht ist nach Ansicht des Gesetzgebers Ausfluss der im Einlageversprechen des Gesellschafters enthaltenen Deckungszusage[11]. Auf den Anspruch sind die allgemeinen Vorschriften über Geldeinlagen anwendbar[12]. Dies bedeutet, dass er nicht gestundet, erlassen oder durch Aufrechnung getilgt werden kann (§ 19 Abs. 2 und 3)[13]. Bei nicht rechtzeitiger Zahlung sind Verzugszinsen zu leisten (§ 20). Ferner ist die Kaduzierung des Geschäftsanteils möglich (§§ 21 ff.). Die Mitgesellschafter können einer Ausfallhaftung unterliegen (§ 24). Im Falle der Anteilsveräußerung gilt § 16 Abs. 2[14].

II. Anspruchsvoraussetzungen

1. Sacheinlage

6   Voraussetzung für eine Differenzhaftung ist, dass eine Sacheinlage im Gesellschaftsvertrag vereinbart worden ist (§ 9 Abs. 1 Satz 1). Der **Begriff der Sacheinlage** ist in demselben **Sinne wie in § 5 Abs. 4 Satz 1** zu verstehen, erfasst also sowohl die Sacheinlage i.e.S., d.h. die Vereinbarung einer anderen Einlageleistung als Geld (s. § 5 Rdnr. 34), als auch die Sachübernahme mit Anrechnungsabrede, d.h. die Vereinbarung über die Zulässigkeit der Aufrechnung oder Verrechnung der Vergütung aus einer Sachübernahme gegen einen Geldeinlageanspruch (s. § 5 Rdnr. 73). Ebenfalls fallen darunter gemischte Sacheinlagen (s. § 5 Rdnr. 81 und Rdnr. 10). Sind die Sacheinlage- oder die Anrechnungsvereinbarung oder der zugrunde liegende Sachübernahmevertrag unwirksam, findet § 9 Abs. 1 keine Anwendung. Der Gesellschafter ist dann verpflichtet, die gesamte Einlage in Geld zu leisten[15]. Handelt es sich um eine verdeckte Sacheinlage, kommt eine Anrechnung gemäß § 19 Abs. 4 Satz 3 in Betracht[16]; eine Differenzhaftung nach § 9 kann dagegen nicht begründet sein (s. Rdnr. 3).

---

8 *Decher/Hoger*, in: Lutter, § 197 UmwG Rdnr. 37; kritisch *Joost*, in: Lutter, § 219 UmwG Rdnr. 4; a.A. *Trölitzsch*, Differenzhaftung, S. 352 f.
9 *Busch*, AG 1995, 555, 559; *Decher/Hoger*, in: Lutter, § 197 UmwG Rdnr. 39. A.A. *Meister/Klöcker*, in: Kallmeyer, § 197 UmwG Rdnr. 44.
10 Vgl. Begr. RegE, BT-Drucks. 8/1347, S. 35; *Ulmer/Habersack*, in: Ulmer/Habersack/Löbbe, Rdnr. 4.
11 Vgl. Begr. RegE, BT-Drucks. 8/1347, S. 35.
12 Vgl. Begr. RegE, BT-Drucks. 8/1347, S. 35; *Bayer*, in: Lutter/Hommelhoff, Rdnr. 9; *Schwandtner*, in: MünchKomm. GmbHG, Rdnr. 6; einschränkend *Ulmer/Habersack*, in: Ulmer/Habersack/Löbbe, Rdnr. 4.
13 Vgl. zum Vergleich BGH v. 6.12.2011 – II ZR 149/10, BGHZ 191, 364, 379 Rdnr. 34 (zur AG).
14 *Schwandtner*, in: MünchKomm. GmbHG, Rdnr. 6; *Ulmer/Habersack*, in: Ulmer/Habersack/Löbbe, Rdnr. 4.
15 BGH v. 24.7.2000 – II ZR 202/98, NZG 2000, 1226, 1227; *Fastrich*, in: Baumbach/Hueck, Rdnr. 2; *Schmidt-Leithoff*, in: Rowedder/Schmidt-Leithoff, Rdnr. 2.
16 *Fastrich*, in: Bauchbach/Hueck, Rdnr. 2.

2. Unterdeckung

Voraussetzung ist zweitens, dass der Wert der Sacheinlage nicht den Nennbetrag des dafür übernommenen Geschäftsanteils erreicht. 7

a) Nennbetrag des Geschäftsanteils

Der erforderlichen Vergleichsberechnung ist bei einer Sacheinlage i.e.S. (Rdnr. 6) der im Gesellschaftsvertrag nach § 5 Abs. 4 Satz 1 festgesetzte Nennbetrag oder, wenn eine Mischeinlage (s. § 5 Rdnr. 81) vereinbart worden ist, der Teilnennbetrag zugrunde zu legen, der durch die Leistung eines anderen Vermögensgegenstandes als Geld zu erfüllen ist (s. § 5 Rdnr. 83). Anders liegt es bei einer Sachübernahme (Rdnr. 6), für die im Gesellschaftsvertrag der Betrag des Geschäftsanteils festgesetzt wird, der durch die Aufrechnung oder Verrechnung mit der Vergütung für einen zu veräußernden Vermögensgegenstand getilgt werden *darf*, aber nicht muss. Wird die Aufrechnung oder Verrechnung später mit einem geringeren Betrag vorgenommen, so ist deshalb nach dem Wortlaut und Zweck des § 9 Abs. 1 der ihm entsprechende, nicht aber der im Gesellschaftsvertrag festgesetzte Betrag maßgebend. 8

Ein im Gesellschaftsvertrag vereinbartes **Aufgeld** bzw. **Agio** (s. § 5 Rdnr. 21), das mit der Leistung des Vermögensgegenstandes ebenfalls abgegolten sein soll, bleibt bei der Vergleichsberechnung außer Ansatz[17]. § 9 Abs. 1 soll nur die Aufbringung eines das festgesetzte Stammkapital deckenden Gesellschaftsvermögens sicherstellen und erfasst daher nicht die weitergehenden Beitragspflichten der Gesellschafter. Dementsprechend erstreckt sich auch die Kapitalerhaltung (§ 30 Abs. 1) nicht auf ein vom Gesellschafter versprochenes Aufgeld (s. dazu § 30 Rdnr. 52 ff.). 9

Bei einer **gemischten Sacheinbringung** (s. § 5 Rdnr. 81 ff.) muss der Wert des Vermögensgegenstandes nach Abzug der dem Gesellschafter oder einem Dritten herauszuzahlenden oder gutzubringenden Vergütung den festgesetzten Betrag des Geschäftsanteils erreichen[18]. Vorbehaltlich einer abweichenden Bestimmung des Gesellschaftsvertrages, die hinreichend deutlich zum Ausdruck kommen muss[19], ist es also nicht möglich, zu Gunsten des Einlageanteils die herauszuzahlende Vergütung zu kürzen. Die Gesellschaft kann aber mit dem ihr zustehenden Einlageergänzungsanspruch gegen den Vergütungsanspruch des Gesellschafters aufrechnen oder wegen ihres Anspruchs das Zurückbehaltungsrecht ausüben[20], während dies dem Gesellschafter wegen des in § 19 Abs. 2 normierten Aufrechnungsverbots versagt ist (s. § 19 Rdnr. 83 ff.). 10

b) Wert der Sacheinlage

Für die Berechnung, ob der Betrag des Geschäftsanteils durch die Sacheinlage gedeckt ist, kommt es nach § 9 Abs. 1 auf den **objektiven Wert** des einzulegenden oder zu übernehmenden Vermögensgegenstandes im **Zeitpunkt der Anmeldung** der Gesellschaft, d.h. am Tage ihres Eingangs beim Registergericht an. Es ist der unter Berücksichtigung der bezweckten betrieblichen Nutzung des Gegenstandes zu ermittelnde Zeitwert anzusetzen (Näheres s. § 5 11

---

17 *Bayer*, in: Lutter/Hommelhoff, Rdnr. 4; *Schwandtner*, in: MünchKomm. GmbHG, Rdnr. 13; *Trölitzsch*, Differenzhaftung, S. 211 ff.; *Ulmer/Habersack*, in: Ulmer/Habersack/Löbbe, Rdnr. 12; *Wachter*, in: Bork/Schäfer, Rdnr. 9; vgl. auch Begr. RegE MoMiG, BT-Drucks. 16/6140, S. 36. A.A. *Gienow*, in: FS Semler, S. 165, 175; *Herchen*, Agio und verdecktes Agio, S. 161; wohl auch LG Bonn v. 5.5.1999 – 16 O 55/98, GmbHR 1999, 1291.

18 So auch *Ulmer/Habersack*, in: Ulmer/Habersack/Löbbe, Rdnr. 11; *Trölitzsch*, Differenzhaftung, S. 255 ff.; s. auch OLG Düsseldorf v. 10.1.1996 – 3 Wx 274/95, BB 1996, 338, 339.

19 A.A. *Priester*, GmbHR 1982, 112, 113 (im Zweifel sei die Kürzung des Mehrbetrages gewollt).

20 Vgl. OLG Köln v. 2.12.1998 – 27 U 18/98, GmbHR 1999, 288, 293.

Rdnr. 57)[21]. Er ist unabhängig von den der statutarischen Festsetzung des Anrechnungsbetrages zugrunde gelegten Wertvorstellungen der Gründungsgesellschafter durch das Prozessgericht nach den maßgeblichen Bewertungsgrundsätzen (s. § 5 Rdnr. 57) festzustellen.

12 Zweifelhaft ist, ob der Sachinferent sich auf einen **Bewertungsspielraum** berufen kann. Der BGH hatte vor Einführung des § 9 die (auf der Kapitaldeckungszusage des Inferenten beruhende) Differenzhaftung entsprechend eingeschränkt. Es bestehe für die Bewertung von Sacheinlagen und namentlich von Handelsgeschäften ein gewisser Beurteilungsspielraum. Jedes Überschreiten dieses Spielraums müsse die Differenzhaftung des Einlegers auslösen, weil nur so die gesetzmäßige Kapitalgrundlage der Gesellschaft zu sichern sei[22]. Bei der Auslegung des § 9 ist das Schrifttum aber strenger und lehnt es ab, einen Bewertungsspielraum zugunsten des Inferenten anzuerkennen[23]. Dieser Auslegung ist im Grundsatz zuzustimmen. Denn sie wird dem Zweck der Vorschrift, einen wirksamen Gläubigerschutz sicherzustellen, gerecht. Auch kann aus § 9c Abs. 1 Satz 2 (Ablehnung des Antrags auf Eintragung der GmbH bei nicht unwesentlicher Überbewertung) nicht geschlossen werden, dass geringfügige Abweichungen keine Differenzhaftung begründen[24]. Andererseits wäre es verfehlt, anzunehmen, dass Sachen immer einen bestimmten objektiven Wert haben. Besonders komplex erweist sich die Bewertung von Unternehmen[25]; mit der Ertragswertmethode und der *Discounted Cash Flow*-Methode haben sich zwei Methoden herauskristallisiert, die nach Ansicht der Wirtschaftsprüfer (IDW S 1 i.d.F. 2008) gleichermaßen zur Unternehmensbewertung herangezogen werden können. Ein später mit einer Differenzhaftung befasstes Prozessgericht wäre bei der Bewertung einer eingebrachten Sache allerdings nicht an die vom Gesellschafter gewählte Bewertungsmethode gebunden[26]. Noch ungeklärt ist, ob Gerichte auch alle einzelnen Aspekte der Unternehmensbewertung, insbesondere die getroffenen Prognosen, eigenständig beurteilen dürfen. Diese Frage wird vor allem bei den Abfindungsrechten von Aktionären und Gesellschaftern in Konzernverhältnissen diskutiert[27]. Die zu den Abfindungsrechten erzielten Erkenntnisse können auch für die Differenzhaftung nutzbar gemacht werden. Demnach wären steuerrechtliche Fragen voll überprüfbar, Planungen der Geschäftsleitung dagegen nur eingeschränkt. Sofern diese vernünftigerweise annehmen darf, ihre Planung sei realistisch, darf diese durch die Gerichte nicht durch eine andere Annahme ersetzt werden.

13 Der **Grund für die Wertabweichung** ist nach § 9 Abs. 1 **unerheblich**. Die Vorschrift soll nicht nur Überbewertungen durch die Gesellschafter verhindern, sondern, wie insbesondere der festgesetzte Bewertungsstichtag zeigt[28], sicherstellen, dass der für den Geschäftsanteil übernommene Betrag im Anmeldezeitpunkt durch Einlagepflichten des Gesellschafters wertmäßig voll abgedeckt ist. Der Minderwert kann daher auch auf die Berücksichtigung erst später erkennbar gewordener Sachmängel, auf der Abnutzung oder Beschädigung des Vermögens-

---

21 OLG Düsseldorf v. 28.3.1991 – 6 U 234/90, GmbHR 1992, 112, 113; OLG München v. 3.12.1993 – 23 U 4300/89, GmbHR 1994, 712; OLG Köln v. 25.4.1997 – 19 U 167/96, GmbHR 1998, 42, 43.
22 BGH v. 14.3.1977 – II ZR 156/75, BGHZ 68, 191, 196.
23 *Bayer*, in: Lutter/Hommelhoff, Rdnr. 4; *Fastrich*, in: Baumbach/Hueck, Rdnr. 3; *Schwandtner*, in: MünchKomm. GmbHG, Rdnr. 15; *Ulmer/Habersack*, in: Ulmer/Habersack/Löbbe, Rdnr. 13; *Trölitzsch*, Differenzhaftung, S. 205 f.
24 *Fastrich*, in: Baumbach/Hueck, Rdnr. 3.
25 Ausführlich hierzu insbesondere mit Blick auf die Einbringung ertragsschwacher Unternehmen *Hennrichs*, in: FS Uwe H. Schneider, S. 489, 492 ff.
26 *Tebben*, in: Michalski u.a., Rdnr. 8 (bestimmte Wertmethode sei gesetzlich nicht vorgeschrieben).
27 Vgl. etwa OLG Stuttgart v. 14.2.2008 – 20 W 9/06, AG 2008, 783, 788; OLG Stuttgart v. 6.7.2007 – 20 W 5/06, AG 2007, 705, 706; OLG Stuttgart v. 16.2.2007 – 20 W 25/05, AG 2007, 596, 597 f.; OLG Stuttgart v. 8.3.2006 – 20 W 5/05, AG 2006, 420, 425.
28 Nach der Begr. RegE, BT-Drucks. 8/1347, S. 35 sollte das Risiko von Wertminderungen in der Zeit zwischen Vertragsabschluss und Eintragung zu Gunsten der Gesellschaftsgläubiger möglichst eingeschränkt werden, was den Sacheinlegern auch zumutbar sei, da sie es regelmäßig in der Hand hätten, ob sie schon längere Zeit vor der Anmeldung leisten wollten.

gegenstandes oder auf der Änderung anderer wertungsrelevanter tatsächlicher Umstände des Vermögensgegenstandes oder der Bewertungsmaßstäbe beruhen[29]. Das gilt auch für Werteinbußen, die durch ein schuldhaftes Verhalten des Geschäftsführers oder eines Mitgesellschafters verursacht und nicht durch eine Ersatzleistung des Schädigers oder einer Versicherung ausgeglichen worden sind[30]. Der Sacheinleger kann in einem solchen Fall bei Zahlung der ergänzenden Geldeinlage von der Gesellschaft die Abtretung eines Ersatzanspruchs gegen den Schädiger verlangen. Eine Wertminderung ist nicht allein deshalb zu verneinen, weil der Gesellschaft auch Sachmängelgewährleistungsansprüche (s. Rdnr. 28) zustehen[31].

Die bis zur Anmeldung eintretenden **Werterhöhungen**, die nicht auf Verbesserungen der Gesellschaft beruhen, können einen etwaigen Fehlbetrag ausgleichen[32]; sie kommen daher dem Gesellschafter zugute. Übersteigt der erhöhte Wert den für den Geschäftsanteil übernommenen Einlagebetrag, kann der Gesellschafter den Mehrbetrag allerdings nur herausverlangen, wenn dies im Gesellschaftsvertrag bestimmt ist. Wertveränderungen, die erst nach der Anmeldung eintreten, berühren die Differenzhaftung gemäß § 9 dagegen nicht (s. aber § 9c Rdnr. 33)[33].   14

Bei **mehreren Sacheinlagegegenständen** eines Gesellschafters ist deren **Gesamtwert maßgebend**[34]. Auch wenn für sie gesonderte Anrechnungsbeträge im Gesellschaftsvertrag genannt sind, kann danach die Überbewertung oder die Wertminderung eines Einlagegegenstandes durch den Wert anderer kompensiert werden, z.B. im Falle der unterschiedlichen Marktpreisentwicklung eingebrachter Warenvorräte.   15

Bei der Einlage von **Gegenständen mit starken Wertschwankungen** wird häufig vereinbart, dass der Sacheinleger eine sich ergebende Unterdeckung des für den Geschäftsanteil übernommenen Betrags durch eine Geldleistung auszugleichen hat. Diese **gesellschaftsvertraglich begründete Pflicht** des Sacheinlegers zum Ausgleich einer Wertdifferenz in Geld ist bei der Vergleichsberechnung zu berücksichtigen. Soweit sie reicht, scheidet eine Anwendung des § 9 aus.   16

c) Ausgleich eines Negativwertes

Die Differenzhaftung umfasst nach überwiegender Ansicht auch den Negativwert eines Einlagegegenstandes[35], wie er sich z.B. bei der Einbringung eines überschuldeten Unternehmens oder eines Grundstücks mit Altlasten ergeben kann[36]. Diese Auslegung entspricht dem Wortlaut des § 9 Abs. 1 Satz 1 und wird auch dem Zweck der Vorschrift gerecht, sicherzustellen, dass bei Sacheinlagen ein dem Stammkapital entsprechendes Vermögen aufgebracht ist. Anders liegt es aber bei Sachübernahmen (Rdnr. 6), da die Aufrechnungs- bzw. Verrechnungsmöglichkeit durch den Betrag der geschuldeten Geldeinlage begrenzt ist (Rdnr. 6).   17

29 *Bayer*, in: Lutter/Hommelhoff, Rdnr. 5; *Ulmer/Habersack*, in: Ulmer/Habersack/Löbbe, Rdnr. 11, 15.

30 *Ulmer/Habersack*, in: Ulmer/Habersack/Löbbe, Rdnr. 15.

31 *Bayer*, in: Lutter/Hommelhoff, Rdnr. 5; *Ulmer/Habersack*, in: Ulmer/Habersack/Löbbe, Rdnr. 11.

32 *Fastrich*, in: Baumbach/Hueck, Rdnr. 4; *Ulmer/Habersack*, in: Ulmer/Habersack/Löbbe, Rdnr. 15; *Trölitzsch*, Differenzhaftung, S. 202 f.

33 Vgl. OLG Köln v. 25.4.1997 – 19 U 167/96, GmbHR 1998, 42, 43; *Bayer*, in: Lutter/Hommelhoff, Rdnr. 5, 7; *Fastrich*, in: Baumbach/Hueck, Rdnr. 4; *Ulmer/Habersack*, in: Ulmer/Habersack/Löbbe, Rdnr. 16.

34 OLG Düsseldorf v. 28.3.1991 – 6 U 234/90, GmbHR 1992, 112, 113; *Bayer*, in: Lutter/Hommelhoff, Rdnr. 5; *Schmidt-Leithoff*, in: Rowedder/Schmidt-Leithoff, Rdnr. 5.

35 BGH v. 9.3.1981 – II ZR 54/80, BGHZ 80, 129, 140; BGH v. 23.11.1981 – II ZR 115/81, GmbHR 1982, 235 (ob. dict.); *Gienow*, in: FS Semler, S. 165, 171 ff.; *Urban*, in: Festg. Sandrock, S. 305, 312 f.; *G. Schneider*, MittRhNotK 1992, 165, 173, 179; s. auch schon BGH v. 14.3.1977 – II ZR 156/75, BGHZ 68, 191, 198; a.A. *Hohner*, DB 1975, 629, 631; *Trölitzsch*, Differenzhaftung, S. 228 ff.

36 Zu den Anwendungsfällen vgl. *Trölitzsch*, Differenzhaftung, S. 221 ff.

d) Beweislast

18 Nach den **allgemeinen Regeln der Beweislastverteilung** trifft die Gesellschaft grundsätzlich die Beweislast für das Vorliegen einer Unterdeckung und für deren Höhe[37]. Das ist im Hinblick auf die vorangehenden Werthaltigkeitsprüfungen durch die Gesellschaft und durch das Registergericht auch sachgerecht[38]. Die Darlegung begründeter Zweifel am Anrechnungswert kann deshalb keine Beweislastumkehr rechtfertigen[39]. Auch bei der Einbringung eines ehemals sicherungsübereigneten Gegenstands ist es nicht gerechtfertigt, dem Gesellschafter die Darlegungs- und Beweislast aufzubürden, dass das Eigentum an dem Gegenstand bereits vor der Eintragung zurückübertragen war[40]. Lediglich in besonders gelagerten Ausnahmefällen, insbesondere bei Vorlage unzureichender oder falscher Wertnachweise durch den Sacheinleger, können Beweiserleichterungen angezeigt sein[41].

3. Kein Verschulden

19 Ein **Verschulden des Sacheinlegers** ist nach § 9 Abs. 1 **nicht erforderlich**[42]. Die Vorschrift soll nicht eine schuldhafte unrichtige Bewertung des Einlagegegenstandes beim Vertragsabschluss oder die Schlechterfüllung der Einlagepflicht sanktionieren, sondern die Aufbringung der für den Geschäftsanteil übernommenen Beträge durch eine ergänzende Geldeinlagepflicht wertmäßig sichern. Auch bei einer Wertunterdeckung, die von anderen (Gesellschafter, Geschäftsführer, Dritte) verschuldet worden ist, greift sie deshalb ein.

4. Entstehung

20 Der Anspruch entsteht, wenn die **gesetzlichen Anspruchsvoraussetzungen erfüllt** sind. Die Eintragung der Gesellschaft ist keine solche Voraussetzung. Die ergänzende Geldeinlagepflicht ist von der Eintragung grundsätzlich nicht abhängig[43]. Es entspricht auch dem Gesetzeszweck des § 9, den Betrag des übernommenen Geschäftsanteils für den Anmeldezeitpunkt durch den Anspruch auf Zahlung des Fehlbetrages abzudecken. Das entgegenstehende Interesse des Sacheinlegers kann eine teleologische Restriktion der Vorschrift nicht rechtfertigen. Die Differenzhaftung kann bei der zulässigen Aufnahme der Geschäftstätigkeit schon im **Gründungsstadium** erheblich werden und schließt eine Schlechterstellung der Gläubiger und Mitgesellschafter im Vergleich zur Bargründung aus. Der Sacheinleger hat seinerseits die Möglichkeit,

---

37 OLG München v. 3.12.1993 – 23 U 4300/89, GmbHR 1994, 712; OLG Köln v. 25.4.1997 – 19 U 167/96, GmbHR 1998, 42, 43; OLG Naumburg v. 23.1.1997 – 7 U 89/96, GmbHR 1998, 385, 386; *Ulmer/Habersack*, in: Ulmer/Habersack/Löbbe, Rdnr. 14; *Roth*, in: Roth/Altmeppen, Rdnr. 4a.
38 *Trölitzsch*, Differenzhaftung, S. 284 ff.
39 *Fastrich*, in: Baumbach/Hueck, Rdnr. 8; *Ulmer/Habersack*, in: Ulmer/Habersack/Löbbe, Rdnr. 14; grundsätzlich ebenso *Bayer*, in: Lutter/Hommelhoff, Rdnr. 10; a.A. OLG Naumburg v. 23.1.1997 – 7 U 89/96, GmbHR 1998, 385, 386; vgl. auch OLG Düsseldorf v. 28.3.1991 – 6 U 234/90, GmbHR 1992, 112, 113.
40 A.A. LG Bonn v. 5.5.1999 – 16 O 55/98, GmbHR 1999, 1291; *Bayer*, in: Lutter/Hommelhoff, Rdnr. 10.
41 OLG München v. 3.12.1993 – 23 U 4300/89, GmbHR 1994, 712 (sehr weitgehend).
42 Vgl. Begr. RegE, BT-Drucks. 8/1347, S. 35; OLG Köln v. 25.4.1997 – 19 U 167/96, GmbHR 1998, 42, 43; *Fastrich*, in: Baumbach/Hueck, Rdnr. 5; *Ulmer/Habersack*, in: Ulmer/Habersack/Löbbe, Rdnr. 10.
43 *Bayer*, in: Lutter/Hommelhoff, Rdnr. 7; *Fastrich*, in: Baumbach/Hueck, Rdnr. 8; *Schmidt-Leithoff*, in: Rowedder/Schmidt-Leithoff, Rdnr. 6; *Wachter*, in: Bork/Schäfer, Rdnr. 17; *Roth*, in: Roth/Altmeppen, Rdnr. 7; *Ulmer/Habersack*, in: Ulmer/Habersack/Löbbe, Rdnr. 7. A.A. *Geßler*, BB 1980, 1385, 1387; *Schwandtner*, in: MünchKomm. GmbHG, Rdnr. 26 f.; vgl. auch *Trölitzsch*, Differenzhaftung, S. 148 ff., der selbst bis zur Eintragung eine schuldrechtliche Pflicht annimmt.

beim Bekanntwerden der Unterdeckung durch den Einlagegegenstand die Auflösung der Vorgesellschaft zu betreiben und die Eintragung der Gesellschaft zu verhindern.

Anders ist es aber zu beurteilen, wenn die **Gründung der GmbH scheitert**. Dies kann beispielsweise der Fall sein, wenn das Registergericht die Bewertung der Sacheinlage beanstandet und die Gründer danach die Eintragung aufgeben. In einem solchen Fall besteht kein Bedürfnis mehr dafür, die Kapitalaufbringung zu sichern[44]. Eine Differenzhaftung nach § 9 ist daher nicht mehr notwendig. Im Übrigen werden die Gläubiger durch die Verlustdeckungshaftung der Gründer (im Falle einer gescheiterten Vor-GmbH, s. § 11 Rdnr. 88) oder durch die unbeschränkte Haftung der Gründer (im Falle einer unechten Vor-GmbH, s. § 11 Rdnr. 100) angemessen und ausreichend geschützt. Der Anwendungsbereich des § 9 Abs. 1 ist daher teleologisch dahingehend zu reduzieren, dass die Vorschrift mit dem endgültigen Scheitern der Gründung keine Anwendung findet.

5. Höhe

Die Höhe des Geldeinlageanspruchs bemisst sich nach dem **Fehlbetrag der Einlagedeckung** im **Zeitpunkt der Anmeldung** der Gesellschaft (Rdnr. 5 ff.). Spätere Wertveränderungen des Einlagegegenstandes können nach dieser ausdrücklichen gesetzlichen Entscheidung, die sinngemäß mit § 7 Abs. 3 übereinstimmt, den Anspruch weder erhöhen noch vermindern (Rdnr. 11).

6. Fälligkeit

Die Fälligkeit des Anspruchs **regelt das Gesetz nicht**. Der Anwendung der allgemeinen Fälligkeitsbestimmung des § 46 Nr. 2 steht die Funktion des Anspruchs entgegen, die vor der Anmeldung zu bewirkende Sacheinlageleistung (§ 7 Abs. 3) zu ergänzen. Hieraus könnte zu schließen sein, dass der ergänzende Geldeinlageanspruch sofort fällig wird[45]. Dagegen spricht aber, dass erst bei der **Anmeldung** feststeht, in welcher Höhe ein Anspruch begründet ist. Ab diesem Zeitpunkt ist er daher fällig[46]. Auf die Einforderung kommt es nicht an. Ebenso wenig bedarf es eines Gesellschafterbeschlusses[47]. Der Sacheinleger kann aber vor der Eintragung der Gesellschaft deren Auflösung verlangen (Rdnr. 20) und in diesem Falle die Zahlung verweigern, wenn und soweit sie nicht zur Befriedigung der Gesellschaftsgläubiger erforderlich ist (Rdnr. 21). Die Stundung der Einlageschuld ist dagegen ausgeschlossen (§ 19 Abs. 2). Nach der vergeblichen Einforderung sind auch Verzugszinsen zu entrichten (§ 20)[48].

III. Verjährung (§ 9 Abs. 2)

Der Anspruch verjährt in **zehn Jahren seit der Eintragung der Gesellschaft** (§ 9 Abs. 2). Die früher geltende fünfjährige Verjährungsfrist beruhte auf der Erwägung, dass bis zum Ablauf dieser Frist erfahrungsgemäß feststeht, ob sich eine Überbewertung von Sacheinlagen

21

22

23

24

---

44 *Ulmer/Habersack*, in: Ulmer/Habersack/Löbbe, Rdnr. 8.
45 Vgl. *Roth*, in: Roth/Altmeppen, Rdnr. 7. A.A. *Trölitzsch*, Differenzhaftung, S. 152 ff.: Eintragung.
46 *Bayer*, in: Lutter/Hommelhoff, Rdnr. 7; *Fastrich*, in: Baumbach/Hueck, Rdnr. 8; *Wachter*, in: Bork/Schäfer, Rdnr. 17.
47 *Bayer*, in: Lutter/Hommelhoff, Rdnr. 7; *Schwandtner*, in: MünchKomm. GmbHG, Rdnr. 31; *Ulmer/Habersack*, in: Ulmer/Habersack/Löbbe, Rdnr. 9. A.A. teilweise die ältere Lit., vgl. *Meyer-Landrut*, Rdnr. 10 und *Steinrücke*, GmbHR 1992, R 73.
48 *Fastrich*, in: Baumbach/Hueck, Rdnr. 8 (Verzinsung auch ohne Verzug gemäß § 20); *Ulmer/Habersack*, in: Ulmer/Habersack/Löbbe, Rdnr. 9.

zum Nachteil der Gläubiger ausgewirkt hat. Auch hatte der Gesetzgeber gemeint, dass eine danach erfolgende Wertfeststellung regelmäßig mit erheblichen Schwierigkeiten verbunden wäre[49]. Die mit dem Gesetz zur Anpassung von Verjährungsvorschriften an das Gesetz zur Modernisierung des Schuldrechts vom 9.12.2004 erfolgte Verlängerung der Verjährungsfrist auf zehn Jahre beruht auf dem Ziel, eine einheitliche Frist im Recht der Kapitalaufbringung und Kapitalerhaltung festzulegen[50].

25 Für die **Fristberechnung** sind die §§ 187 ff. BGB maßgebend. Die Hemmung und die Unterbrechung der Verjährung bestimmen sich nach den allgemeinen Vorschriften. Die Verjährungsfrist kann wegen des zwingenden Charakters der Vorschrift (Rdnr. 1) nicht vertraglich abgekürzt werden[51]; die Verlängerung ist zulässig (§ 202 Abs. 2 BGB), in der Praxis aber unüblich[52].

IV. Verhältnis zu anderen Ansprüchen

1. Grundlagen

26 Ist eine Sacheinlage nicht unwesentlich überbewertet, hat das Gericht die **Eintragung abzulehnen** (§ 9c Abs. 1 Satz 2), obwohl gemäß § 9 Abs. 1 ein Einlageergänzungsanspruch besteht. Das Eintragungshindernis entfällt nach teleologischer Auslegung der Vorschrift aber dann, wenn der Sacheinleger den Fehlbetrag vor der Eintragung zahlt und die Geschäftsführer dies analog § 8 Abs. 2 dem Registergericht gegenüber versichern[53]. Mit der Zahlung, die der Kapitalbindung gemäß § 30 unterliegt, ist dem bezweckten Gläubigerschutz Rechnung getragen.

27 Die durch das **MoMiG** in § 9 Abs. 1 Satz 2 neu eingeführte Vorschrift bestimmt, dass **sonstige Ansprüche** unberührt bleiben. Dies können nach der Vorstellung des Gesetzgebers Ansprüche auf ein durch den Wert der Sacheinlage nicht vollständig gedecktes Agio sein[54]. Die Vorschrift ist ferner von Bedeutung für schuldrechtliche Ansprüche wegen Schlechterfüllung (s. Rdnr. 28) und Schadensersatzansprüche gemäß § 9a Abs. 1 und 2 gegen die Geschäftsführer und Gesellschafter (s. Rdnr. 29). Auch deliktsrechtliche Ansprüche (§ 826 BGB; § 823 Abs. 2 BGB i.V.m. § 263 StGB) kommen in Betracht.

2. Bürgerlich-rechtliche Ansprüche wegen Schlechterfüllung

28 Beruht die Unterdeckung des für den Geschäftsanteil übernommenen Betrags auf einer **durch den Sacheinleger zu vertretenden** Schlechterfüllung, so können der Gesellschaft **neben dem Einlageergänzungsanspruch** aus § 9 auch Ansprüche wegen Leistungsstörungen gemäß § 280 BGB (s. § 5 Rdnr. 62 ff.) zustehen, die im Falle der Vereinbarung einer den Nennbetrag wertmäßig übersteigenden Leistung für sie vorteilhafter sein können[55]. Der Gesellschaft steht

---

49 Begr. RegE, BT-Drucks. 8/1347, S. 35. Vgl. auch BGH v. 24.10.1988 – II ZR 176/88, BGHZ 105, 300, 305; BGH v. 13.4.1992 – II ZR 277/90, BGHZ 118, 83, 101 f.
50 Vgl. Begr. RegE, BT-Drucks. 15/3653, S. 20; zur Übergangsregelung vgl. Art. 229 § 12 Abs. 1 EGBGB i.V.m. Art. 229 § 6 Abs. 3 EGBGB.
51 *Bayer*, in: Lutter/Hommelhoff, Rdnr. 8; *Fastrich*, in: Baumbach/Hueck, Rdnr. 10; *Roth*, in: Roth/Altmeppen, Rdnr. 12;
52 *Wachter*, in: Bork/Schäfer, Rdnr. 19.
53 *Ulmer/Habersack*, in: Ulmer/Habersack/Löbbe, Rdnr. 19.
54 Begr. RegE MoMiG, BT-Drucks. 16/6140, S. 36.
55 *Fastrich*, in: Baumbach/Hueck, Rdnr. 9; *Schmidt-Leithoff*, in: Rowedder/Schmidt-Leithoff, Rdnr. 11, 15; *Tebben*, in: Michalski u.a., Rdnr. 21; *Ulmer/Habersack*, in: Ulmer/Habersack/Löbbe, Rdnr. 21; *Trölitzsch*, Differenzhaftung, S. 277 ff.

es frei, welchen Anspruch sie geltend machen will (Wahlrecht)[56]. Eine Nacherfüllung seitens des Gesellschafters gegen den Willen der Gesellschaft ist grundsätzlich nicht möglich[57].

3. Gründungshaftung

Auch Schadensersatzansprüche gegen die Geschäftsführer oder die Mitgesellschafter aus § 9a Abs. 1 oder 2 können mit dem Einlageergänzungsanspruch des § 9 zusammentreffen. Der von diesen Vorschriften vorausgesetzte Schaden ist nicht deshalb abzulehnen, weil die Gesellschaft einen Anspruch gemäß § 9 hat. Es entsteht zwischen den Ersatzpflichtigen und dem Einlageschuldner ein **Gesamtschuldverhältnis** (str.; s. § 9a Rdnr. 42).   29

4. Vorbelastungshaftung

Die Regelung des § 9 schließt Ansprüche gegen die Gründungsgesellschafter aus der von der Rechtsprechung entwickelten Vorbelastungshaftung[58] wegen der Wertminderung von Sacheinlagen nicht generell aus. Diese greift beim Vorliegen der übrigen Voraussetzungen dann ein, wenn die Wertminderung im Zusammenhang mit der **Geschäftsaufnahme durch die Vorgesellschaft** steht, also z.B. der Wert des Einlagegegenstandes durch seine Nutzung oder Beschädigung geschmälert worden oder der Wert des fortgeführten Unternehmens nach seiner Einbringung abgesunken ist[59]. Sind solche Wertminderungen vor der Anmeldung eingetreten, so besteht *daneben* der ergänzende Geldeinlageanspruch gegen den Sacheinleger aus § 9[60]; dieser kann aber im Falle seiner Inanspruchnahme intern von den übrigen Gründungsgesellschaftern anteilig nach Maßgabe ihrer Stammkapitalbeteiligung[61] einen Ausgleich verlangen, da die Risiken aus der Geschäftsaufnahme vor der Eintragung gemeinschaftlich zu tragen sind (s. § 11 Rdnr. 148). Die Vorbelastungshaftung der Gründungsgesellschafter und ihre Ausgleichshaftung sind dagegen nicht gegeben, wenn die Wertminderung eingebrachter Sachen ohne oder unabhängig von der Geschäftsaufnahme eingetreten ist oder wenn ihre sonstigen Voraussetzungen nicht vorliegen[62]. Der Sacheinleger haftet in diesen Fällen – vorbehaltlich des § 24 (Rdnr. 5) – allein, jedoch nur für die bis zur Anmeldung entstandenen Wertminderungen (Rdnr. 14).   30

---

56 *Ulmer/Habersack*, in: Ulmer/Habersack/Löbbe, Rdnr. 21; *Schlößer/Pfeiffer*, NZG 2012, 1047, 1049 f.

57 *Schlößer/Pfeiffer*, NZG 2012, 1047, 1049 f.

58 BGH v. 9.3.1981 – II ZR 54/80, BGHZ 80, 129, 140 ff.; BGH v. 24.10.1988 – II ZR 176/88, BGHZ 105, 300, 303; BGH v. 23.11.1981 – II ZR 115/81, WM 1982, 40. Näheres dazu s. Erl. zu § 11 Rdnr. 139 ff..

59 *Schwandtner*, in: MünchKomm. GmbHG, Rdnr. 37; *Ulmer/Habersack*, in: Ulmer/Habersack/Löbbe, Rdnr. 22; *Schulze-Osterloh*, in: FS Goerdeler, 1987, S. 543; *Karsten Schmidt*, ZHR 156 (1992), 93, 130.

60 *Schwandtner*, in: MünchKomm. GmbHG, Rdnr. 37. A.A. (Vorrang der Haftung gemäß § 9) *Stimpel*, in: FS Fleck, 1988, S. 345, 349; *Schmidt-Leithoff*, in: Rowedder/Schmidt-Leithoff, § 11 Rdnr. 30.

61 BGH v. 9.3.1981 – II ZR 54/80, BGHZ 80, 129, 141.

62 Vgl. dazu *Meister*, in: FS Werner, 1984, S. 521; *Karsten Schmidt*, ZHR 156 (1992), 93, 130; *Ulmer/Habersack*, in: Ulmer/Habersack/Löbbe, Rdnr. 22.

§ 9a
Ersatzansprüche der Gesellschaft

(1) Werden zum Zweck der Errichtung der Gesellschaft falsche Angaben gemacht, so haben die Gesellschafter und Geschäftsführer der Gesellschaft als Gesamtschuldner fehlende Einzahlungen zu leisten, eine Vergütung, die nicht unter den Gründungsaufwand aufgenommen ist, zu ersetzen und für den sonst entstehenden Schaden Ersatz zu leisten.

(2) Wird die Gesellschaft von Gesellschaftern durch Einlagen oder Gründungsaufwand vorsätzlich oder aus grober Fahrlässigkeit geschädigt, so sind ihr alle Gesellschafter als Gesamtschuldner zum Ersatz verpflichtet.

(3) Von diesen Verpflichtungen ist ein Gesellschafter oder ein Geschäftsführer befreit, wenn er die die Ersatzpflicht begründenden Tatsachen weder kannte noch bei Anwendung der Sorgfalt eines ordentlichen Geschäftsmannes kennen musste.

(4) Neben den Gesellschaftern sind in gleicher Weise Personen verantwortlich, für deren Rechnung die Gesellschafter Geschäftsanteile übernommen haben. Sie können sich auf ihre eigene Unkenntnis nicht wegen solcher Umstände berufen, die ein für ihre Rechnung handelnder Gesellschafter kannte oder bei Anwendung der Sorgfalt eines ordentlichen Geschäftsmannes kennen musste.

Eingefügt durch Gesetz vom 4.7.1980 (BGBl. I 1980, 836); Abs. 4 Satz 1 geändert durch das MoMiG vom 23.10.2008 (BGBl. I 2008, 2026).

Schrifttum: *Dreher*, Die Gründungshaftung bei der GmbH, DStR 1992, 33; *Haas/Wünsch*, Die Haftung der Gesellschafter und Geschäftsführer nach § 9a Absatz 1 GmbHG, NotBZ 1999, 109; *Lowin*, Die Gründungshaftung bei der GmbH nach § 9a GmbHG, 1987; *Trölitzsch*, Differenzhaftung für Sacheinlagen in

Kapitalgesellschaften, 1998; *van Venrooy*, Vertrauen des Geschäftsführers bei der Anmeldung einer Sachkapitalerhöhung und die Folgen enttäuschten Vertrauens, GmbHR 2002, 701.

I. Grundlagen

1. Regelungsinhalt und -zweck

Die Vorschrift bestimmt die Voraussetzungen der **Gründungshaftung**. Sie wurde mit der 1 GmbH-Novelle von 1980 eingeführt. Ihr Zweck besteht im **Gläubigerschutz**[1]. Dem Gesetzgeber war dieses Regelungsziel so wichtig, dass er die Gründerhaftung erheblich verschärfte. Bis zur GmbH-Novelle von 1980 kannte das GmbHG einen besonderen Haftungstatbestand nur für die anmeldenden Geschäftsführer. Der Gesetzgeber sah es als unbefriedigend an, dass namentlich die Gesellschafter, die die Gesellschaft errichten, eine nur sehr beschränkte Verantwortlichkeit für den Gründungsvorgang und insbesondere für die Deckung und Aufbringung des Stammkapitals betraf, obwohl in ihren Händen die Errichtung der Gesellschaft liegt und sie maßgebenden Einfluss auf die gesamte Gründung haben[2]. Bei der inhaltlichen Ausgestaltung orientierte er sich an den entsprechenden Haftungsvorschriften des Aktienrechts (§§ 46–51 AktG), da sich diese bewährt hätten und die Interessenlage für beide Gesellschaftsformen weitgehend dieselbe sei[3].

Die Gesellschafter und die Geschäftsführer sind der GmbH für jedwede falsche Angaben 2 zum Zwecke der Errichtung der Gesellschaft zivilrechtlich verantwortlich. Außerdem haften die Gesellschafter gemäß § 9a Abs. 2 für eine vorsätzliche oder grob fahrlässige Schädigung der Gesellschaft durch Einlagen und durch Gründungsaufwand. Die Schadensersatzsanktion soll – neben der Strafbarkeit falscher Angaben (§ 82 Abs. 1 Nr. 1, 2 und 4) – die **Ordnungsmäßigkeit der Gründung sichern**[4]. Um Umgehungen durch die Einschaltung vermögensloser Strohmanngründer zu verhindern, erstreckt das Gesetz die Gründungshaftung auch auf die Personen, für deren Rechnung die Gesellschafter Geschäftsanteile übernommen haben (§ 9a Abs. 4 Satz 1), und rechnet ihnen deren Kenntnis oder fahrlässige Unkenntnis von Umständen zu (§ 9a Abs. 4 Satz 2). Darüber hinaus besteht analog § 37 Abs. 1 Satz 4 AktG auch eine Haftung der Kreditinstitute für die Richtigkeit einer Bestätigung über die Einzahlungen auf die Einlage (s. Rdnr. 43). Die Änderung des § 9a Abs. 4 Satz 1 durch das MoMiG – statt „Stammeinlagen" heißt es „Geschäftsanteile" – ist darauf zurückzuführen, dass ein Gesellschafter nach neuer Terminologie nicht mehr eine Stammeinlage, sondern einen Geschäftsanteil übernimmt (s. § 3 Rdnr. 50).

2. Anwendungsbereich

Auf die Entstehung einer GmbH durch **Umwandlung** (Verschmelzung, Spaltung und Rechts- 3 formwechsel) ist die Vorschrift des § 9a entsprechend anwendbar (§§ 36 Abs. 2, 135 Abs. 2, 197 Satz 1 UmwG)[5]. Nach § 57 Abs. 4 gelten bei einer **Kapitalerhöhung** für die Verantwortlichkeit der Geschäftsführer die Vorschriften des § 9a Abs. 1 und 3 entsprechend; eine Haftung der Gesellschafter ist dagegen nicht vorgesehen. Schließlich findet die Vorschrift auch bei Aktivierung einer Vorratsgesellschaft oder Mantelgesellschaft analog Anwendung (s. dazu § 3 Rdnr. 28 ff., 34). Versichert der Geschäftsführer bei der Offenlegung der wirtschaftlichen

1 Begr. RegE, BT-Drucks. 8/1347, S. 27.
2 Begr. RegE, BT-Drucks. 8/1347, S. 35.
3 Begr. RegE, BT-Drucks. 8/1347, S. 35.
4 *Ulmer/Habersack*, in: Ulmer/Habersack/Löbbe, Rdnr. 1.
5 Zur abweichenden Bestimmung der Verantwortlichen in diesen Fällen s. Rdnr. 25.

Neugründung der Wahrheit zuwider, dass sich das Stammkapital endgültig in seiner freien Verfügung befindet, haftet er analog § 9a Abs. 1[6].

II. Die Gründungshaftung

1. Anspruchsberechtigte

4   Der Schadensersatzanspruch aus § 9a steht der **Gesellschaft** zu. Er entsteht mit der Eintragung der Gesellschaft in das Handelsregister[7]. Dies folgt aus dem Zweck des § 9a, die Aufbringung des Stammkapitals sicherzustellen. Darüber hinaus kann die Gesellschaft weitere Ansprüche haben, wenn die Beteiligten falsche Angaben gemacht haben. In Betracht kommen Ansprüche aus Vertragsverletzung gegen die Gründungsgesellschafter (Rdnr. 48) oder, wenn die Gründung scheitert, aus § 43 gegen die Geschäftsführer (Rdnr. 47). Auch setzen die Straftatbestände des § 82 Abs. 1 Nr. 1, 2 und 4 die Eintragung nicht voraus. Die Gesellschaftsgläubiger sind daher bereits im Vorfeld der Eintragung durch deliktische Schadensersatzersatzansprüche gemäß § 823 Abs. 2 BGB i.V.m. § 82 Abs. 1 geschützt.

5   Die **Geltendmachung der Ersatzansprüche** aus § 9a gegen einen Gesellschafter oder einen Geschäftsführer erfordert grundsätzlich einen Gesellschafterbeschluss (§ 46 Nr. 8), der nicht Sachurteils-, sondern Anspruchsvoraussetzung ist und dessen Fehlen deshalb zur Abweisung der Klage mangels Begründetheit führt. Der betroffene Gesellschafter hat dabei kein Stimmrecht (§ 47 Abs. 4 Satz 2). Erforderlichenfalls ist zugleich ein besonderer Prozessvertreter zu bestellen. Im Insolvenzverfahren der Gesellschaft entscheidet dagegen der Insolvenzverwalter allein (§ 80 InsO). Nur er kann den zur Insolvenzmasse gehörenden Ersatzanspruch der GmbH geltend machen. Ebenso ist die Geltendmachung durch einen Pfändungsgläubiger nicht von einem Gesellschafterbeschluss abhängig[8]. Die Inanspruchnahme des **Hintermannes** eines **Gesellschafters** gemäß § 9a Abs. 4 setzt keinen Gesellschafterbeschluss voraus[9]; § 46 Nr. 8 ist nicht analog anwendbar.

2. Rechtsnatur des Anspruchs

6   Die Vorschrift begründet eine **verschuldensabhängige Schadensersatzpflicht** (§ 9a Abs. 1 bis 3)[10]. Die Bestimmung des nach § 9a Abs. 1 ersatzfähigen Schadens unterliegt allerdings nach dem Schutzzweck der Gründungshaftung einigen Besonderheiten (Rdnr. 30 ff.), die dem Anspruch insoweit gewisse garantieähnliche Züge geben[11]. Die Haftung gemäß § 9a soll nach teilweise vertretener Ansicht einen **deliktsähnlichen Charakter** aufweisen[12]. Vorzugswürdig ist aber eine gesellschaftsrechtliche Qualifikation. Sie kann mit den aus dem Gesellschaftsverhältnis bzw. der Organstellung fließenden Pflichten der Geschäftsführer bzw. der Gesellschaf-

---

6   BGH v. 12.7.2011 – II ZR 71/11, GmbHR 2011, 1032, 1034.
7   OLG Rostock v. 2.2.1995 – 1 U 191/94, GmbHR 1995, 658, 659; *Bayer*, in: Lutter/Hommelhoff, Rdnr. 1; *Fastrich*, in: Baumbach/Hueck, Rdnr. 19; *Lowin*, Gründungshaftung, S. 9 ff.; *Roth*, in: Roth/Altmeppen, Rdnr. 12; *Schmidt-Leithoff*, in: Rowedder/Schmidt-Leithoff, Rdnr. 20; *Ulmer/Habersack*, in: Ulmer/Habersack/Löbbe, Rdnr. 9; *Wachter*, in: Bork/Schäfer, Rdnr. 18.
8   RG, LZ 1918, 856; RG, LZ 1929, 1460; *Herrler*, in: MünchKomm. GmbHG, Rdnr. 14.
9   *Bayer*, in: Lutter/Hommelhoff, Rdnr. 1; *Herrler*, in: MünchKomm. GmbHG, Rdnr. 14; *Ulmer/Habersack*, in: Ulmer/Habersack/Löbbe, Rdnr. 10.
10 OLG Köln v. 25.4.1997 – 19 U 167/96, GmbHR 1998, 42, 44; *Raiser/Veil*, Kapitalgesellschaften, § 35 Rdnr. 143; *Ulmer/Habersack*, in: Ulmer/Habersack/Löbbe, Rdnr. 11.
11 *Herrler*, in: MünchKomm. GmbHG, Rdnr. 6; *Ulmer/Habersack*, in: Ulmer/Habersack/Löbbe, Rdnr. 11.
12 Vgl. OLG Düsseldorf v. 15.8.1991 – 6 U 274/90, GmbHR 1992, 373, 374; *Schmidt-Leithoff*, in: Rowedder/Schmidt-Leithoff, Rdnr. 34.

ter gegenüber der GmbH begründet werden, keine falschen Angaben zu machen oder die Gesellschaft nicht durch Einlagen oder Gründungsaufwand zu schädigen[13]. Daher ist § 32 ZPO (über den Gerichtsstand der unerlaubten Handlung) nicht anwendbar; stattdessen sind §§ 12 und 22 ZPO heranzuziehen[14].

3. Zwingendes Recht

§ 9a ist zwingendes Recht[15]. Die Gründungshaftung kann im Voraus vertraglich weder ausgeschlossen noch abgemildert werden. Ein **nachträglicher Verzicht** oder Vergleich wirkt nur in den Grenzen des § 9b Abs. 1 (s. § 9b Rdnr. 4 ff.). Eine Aufrechnung durch die Gesellschaft ist nur nach Maßgabe des § 19 Abs. 2 zulässig[16].

7

4. Kein Schutzgesetz

Es sind keine Anhaltspunkte dafür ersichtlich, dass der Gesetzgeber mit § 9a die vermögensrechtlichen Interessen der Gläubiger hatte schützen wollen. In den Materialien zur GmbH-Novelle kommt vielmehr die Vorstellung des Gesetzgebers zum Ausdruck, dass die Gründerhaftung „nur der Gesellschaft gegenüber" bestehen würde[17]. Dass der Gesetzgeber dies hatte ändern wollen, wird aus der Begründung des RegE nicht ersichtlich. Die Vorschrift des § 9a ist daher **kein Schutzgesetz i.S. des § 823 Abs. 2 BGB** zu Gunsten der Gesellschaftsgläubiger. Auch die Gesellschafter können keine Ansprüche gemäß § 823 Abs. 2 BGB geltend machen. Der Anspruch der Gesellschaft kann aber für einen Gesellschaftsgläubiger gepfändet werden (§§ 829, 835 ZPO). Soweit er sich auf den Ersatz von Einlagebeträgen richtet (Rdnr. 31 f.), gelten aber dieselben Einschränkungen wie für deren Pfändung (s. dazu § 19 Rdnr. 105 ff.)[18].

8

III. Haftung für falsche Angaben (§ 9a Abs. 1)

1. Objektive Haftungsvoraussetzungen

a) Angabe zum Zweck der Errichtung

Eine Haftung gemäß § 9a Abs. 1 setzt voraus, dass Angaben zum Zweck der Errichtung der Gesellschaft gemacht wurden. Der Ausdruck „Errichtung" ist nicht in dem engen rechtstechnischen Sinne des Abschlusses des Gesellschaftsvertrages zu verstehen, sondern umfasst entsprechend der Abschnittsüberschrift des GmbHG den **gesamten Gründungsvorgang**. Die Vorschrift bezieht sich danach nur auf die Angaben, die *vor* der Eintragung der Gesellschaft gemacht werden[19]. Auf **nachzureichende fehlende Unterlagen** gemäß § 8 bei einer versehentlichen Eintragung (s. dazu § 8 Rdnr. 24) ist sie aber analog anzuwenden[20]. Erforderlich ist au-

9

---

13 *Fastrich*, in: Baumbach/Hueck, Rdnr. 1; *Raiser/Veil*, Kapitalgesellschaften, § 35 Rdnr. 143; *Ulmer/Habersack*, in: Ulmer/Habersack/Löbbe, Rdnr. 11; *Herrler*, in: MünchKomm. GmbHG, Rdnr. 17; a.A. *Roth*, in: Roth/Altmeppen, Rdnr. 8 (Rechtsschein- oder Vertrauenshaftung).

14 *Fastrich*, in: Baumbach/Hueck, Rdnr. 20; *Ulmer/Habersack*, in: Ulmer/Habersack/Löbbe, Rdnr. 11.

15 *Fastrich*, in: Baumbach/Hueck, Rdnr. 1; *Ulmer/Habersack*, in: Ulmer/Habersack/Löbbe, Rdnr. 4.

16 OLG Hamm v. 5.7.1993 – 8 U 249/92, GmbHR 1994, 399.

17 Begr. RegE, BT-Drucks. 8/1347, S. 35 zur Rechtslage vor der GmbH-Novelle 1980.

18 *Ulmer/Habersack*, in: Ulmer/Habersack/Löbbe, Rdnr. 8.

19 *Bayer*, in: Lutter/Hommelhoff, Rdnr. 3; *Fastrich*, in: Baumbach/Hueck, Rdnr. 7 ff.; *Raiser/Veil*, Kapitalgesellschaften, § 35 Rdnr. 143; *Roth*, in: Roth/Altmeppen, Rdnr. 4; *Schmidt-Leithoff*, in: Rowedder/Schmidt-Leithoff, Rdnr. 6 f.; *Ulmer/Habersack*, in: Ulmer/Habersack/Löbbe, Rdnr. 12.

20 *Herrler*, in: MünchKomm. GmbHG, Rdnr. 41; a.A. *Tebben*, in: Michalski u.a., Rdnr. 5.

ßerdem ein sachlicher Zusammenhang der Angaben mit dem Gründungsverfahren. Die betreffende Angabe braucht zwar nicht gesetzlich vorgeschrieben oder für die Eintragung ursächlich zu sein. Doch folgt aus dem Gesetzeszweck (Rdnr. 1), dass die Angabe für die Ordnungsmäßigkeit der Gründung *erheblich sein können* muss[21]. Dies ist bei einer Angabe, die außerhalb des Gründungsverfahrens (z.B. bei Kreditverhandlungen, Geschäftsabschlüssen der Vorgesellschaft u.Ä.) gemacht worden ist, nicht der Fall. Die Vorstellung des Äußernden, dass die Angabe für die Gründung bedeutsam sein könnte, ist weder erforderlich noch ausreichend.

b) Urheber und Adressat

10   Es ist für die Haftung nach § 9a Abs. 1 nicht entscheidend, von wem die Angabe stammt[22]. Ein Gesellschafter oder Geschäftsführer ist nicht nur für die Richtigkeit seiner eigenen Angaben, sondern auch für die aller anderen Gesellschafter und Geschäftsführer verantwortlich. Es kommt auch nicht darauf an, wer von ihnen nach den Gründungsvorschriften die betreffende Angabe zu machen hat. So haben einerseits die **Geschäftsführer** für die Angaben der Gesellschafter über die Übernahme der Geschäftsanteile (Rdnr. 14) oder im Sachgründungsbericht (Rdnr. 17) und andererseits die **Gesellschafter**, wie die Gesetzesmaterialien ausdrücklich hervorheben[23], für die Angaben der Geschäftsführer in der Anmeldung (Rdnr. 16) einzustehen[24]. Die strenge Zurechnung soll die Prüfung der Ordnungsmäßigkeit der Gründung durch alle Verantwortlichen (Rdnr. 23 ff.) gewährleisten (Rdnr. 1). Sie wird allerdings (nur) durch das Verschuldenserfordernis (Rdnr. 27 ff.) begrenzt[25]. Eine Haftung kann ebenfalls durch die Angabe eines Dritten (z.B. Auskunftspersonen, Berater, Bewertungssachverständige, Belegaussteller u.a.) begründet werden, wenn er am Gründungsverfahren mit Kenntnis zumindest eines Verantwortlichen (Rdnr. 23 ff.) mitgewirkt oder ein Verantwortlicher sie sich zu eigen gemacht hat[26].

11   Der nach § 9a Abs. 1 **relevante Adressatenkreis** der Angabe beschränkt sich nicht auf das **Registergericht**, sondern umfasst auch die **Geschäftsführer**, die **Mitgesellschafter** und **andere am Gründungsverfahren Beteiligte**, z.B. die Organe des Handels- und des Handwerksstandes bei ihrer Mitwirkung am Eintragungsverfahren (§ 380 FamFG), hinzugezogene Bewertungssachverständige oder der beurkundende Notar[27]. Voraussetzung ist allein, dass die Angaben „zum Zweck der Errichtung der Gesellschaft" gemacht werden. Dass auch die Mitgesellschafter als taugliche Empfänger in Betracht kommen, ergibt sich aus dem Umstand, dass das Gesetz ihnen die Sorge für die Ordnungsmäßigkeit der Gründung übertragen hat

---

21 Vgl. *Bayer*, in: Lutter/Hommelhoff, Rdnr. 3; *Fastrich*, in: Baumbach/Hueck, Rdnr. 11; *von Rössing*, Sachgründung, S. 115; *Roth*, in: Roth/Altmeppen, Rdnr. 4; *Ulmer/Habersack*, in: Ulmer/Habersack/Löbbe, Rdnr. 12 f.

22 Vgl. *Karsten Schmidt*, NJW 1980, 1769, 1771; *Deutler*, GmbHR 1980, 145, 148; *Fastrich*, in: Baumbach/Hueck, Rdnr. 2; *Schmidt-Leithoff*, in: Rowedder/Schmidt-Leithoff, Rdnr. 8.

23 Bericht des Rechtsausschusses, BT-Drucks. 8/3908, S. 71.

24 *Schmidt-Leithoff*, in: Rowedder/Schmidt-Leithoff, Rdnr. 8; *Bayer*, in: Lutter/Hommelhoff, Rdnr. 3, 6; *Fastrich*, in: Baumbach/Hueck, Rdnr. 2; *Herrler*, in: MünchKomm. GmbHG, Rdnr. 53 ff. A.A. *Ulmer/Habersack*, in: Ulmer/Habersack/Löbbe, Rdnr. 33 f.: Gesellschafter ohne maßgebliche Beteiligung haften nur, wenn sie die Angabe selbst gemacht oder veranlasst haben.

25 *Bayer*, in: Lutter/Hommelhoff, Rdnr. 6.

26 *Bayer*, in: Lutter/Hommelhoff, Rdnr. 3, 6; *Raiser/Veil*, Kapitalgesellschaften, § 35 Rdnr. 142; *Schmidt-Leithoff*, in: Rowedder/Schmidt-Leithoff, Rdnr. 8; enger *Ulmer/Habersack*, in: Ulmer/Habersack/Löbbe, Rdnr. 13.

27 Vgl. OLG Köln v. 25.4.1997 – 19 U 167/96, GmbHR 1998, 42, 44; *Bayer*, in: Lutter/Hommelhoff, Rdnr. 3; *Herrler*, in: MünchKomm. GmbHG, Rdnr. 57 f.; *Wachter*, in: Bork/Schäfer, Rdnr. 12; einschränkend im Hinblick auf Mitgesellschafter *Schmidt-Leithoff*, in: Rowedder/Schmidt-Leithoff, Rdnr. 8.

und damit die richtige gegenseitige Unterrichtung voraussetzt. Die Angaben gegenüber der für eine staatliche Genehmigung des Unternehmensgegenstandes zuständigen Behörde fallen dagegen nicht unter § 9a Abs. 1[28]. Denn seit dem MoMiG ist die Vorlage einer Genehmigungsurkunde im Eintragungsverfahren entbehrlich (s. § 8 Rdnr. 21).

c) Form der Angaben

Die **Einhaltung der gesetzlichen Form** der Angabe ist **für die Haftung** aus § 9a Abs. 1 **unerheblich**. Sie greift deshalb z.B. auch dann ein, wenn die Geschäftsführer die Versicherung nach § 8 Abs. 2 nicht in öffentlich beglaubigter Form (s. § 8 Rdnr. 23) abgegeben haben und die Gesellschaft dennoch versehentlich eingetragen worden ist. Es kommen im Übrigen nicht nur schriftliche, sondern auch mündliche Angaben, z.B. gegenüber dem Bewertungssachverständigen (Rdnr. 11) in Betracht[29], soweit sie erkennbar verbindlich sein sollten und für die Gründung erheblich sein können (Rdnr. 9). Sie müssen nicht ausdrücklich erfolgen. Haftungsbegründend kann schließlich auch das Unterlassen einer Angabe sein[30]; es muss allerdings eine gesetzliche Pflicht bestanden haben, eine entsprechende Angabe zu machen.

d) Art der Angaben

Die Art der Angaben, für deren Richtigkeit gehaftet wird, bestimmt das Gesetz, abweichend vom Aktienrecht (§ 46 Abs. 1 Satz 1 AktG), nicht näher. Es können daher **alle für das Eintragungsverfahren relevanten Angaben** eine Haftung nach § 9a Abs. 1 begründen[31]. Es ist weder mit der Entstehungsgeschichte (die abschließende Aufzählung der haftungserheblichen Angaben in § 9a Abs. 1 Satz 1 RegE wurde nicht Gesetz) noch mit Sinn und Zweck der Norm zu vereinbaren, die Haftung wie im Aktienrecht auf die Angaben zu beschränken, die die Übernahme sowie die Aufbringung des Stammkapitals und den Gründungsaufwand betreffen. In Betracht kommen etwa **Angaben** über den **Unternehmensgegenstand**[32], über die **Eignung** der **Geschäftsführer** (§ 8 Abs. 3 Satz 1; § 6 Abs. 2)[33] und über **Vorbelastungen** aus der **Aufnahme** der **Geschäftstätigkeit**[34]. Dass diese Vorgänge nicht zu einer Gründungshaftung führen sollen, lässt sich den Gesetzesmaterialien nicht entnehmen. Hinzu kommt, dass teleologische Gesichtspunkte nicht zu einer sklavisch an § 46 AktG orientierten Auslegung zwingen.

aa) Erheblich sind die Angaben über die **Übernahme der Geschäftsanteile**, die im Gesellschaftsvertrag erfolgen müssen (§ 3 Abs. 1 Nr. 4) und sich aus der einzureichenden Gesellschafterliste ergeben (§ 8 Abs. 1 Nr. 3). Das betrifft zunächst deren Vollständigkeit und Rechtswirksamkeit, für die insbesondere die Angaben über die Vertretungsmacht, über die Geschäftsfähigkeit und eine eventuell notwendige Zustimmung des Ehegatten bedeutsam werden können (s. § 2 Rdnr. 30, 95), während die Scheinübernahme wegen der Unbeachtlichkeit dieses Erklärungsmangels nach Eintragung (s. § 2 Rdnr. 92) und des daher fehlenden Gesell-

12

13

14

---

28 *Herrler*, in: MünchKomm. GmbHG, Rdnr. 42; *Ulmer/Habersack*, in: Ulmer/Habersack/Löbbe, Rdnr. 13.

29 *Bayer*, in: Lutter/Hommelhoff, Rdnr. 3; *Ulmer/Habersack*, in: Ulmer/Habersack/Löbbe, Rdnr. 13.

30 *Roth*, in: Roth/Altmeppen, Rdnr. 5; *Ulmer/Habersack*, in: Ulmer/Habersack/Löbbe, Rdnr. 16.

31 *Fastrich*, in: Baumbach/Hueck, Rdnr. 10; *Raiser/Veil*, Kapitalgesellschaften, § 35 Rdnr. 142; *Herrler*, in: MünchKomm. GmbHG, Rdnr. 38; *Tebben*, in Michalski u.a., Rdnr. 6; *Ulmer/Habersack*, in: Ulmer/Habersack/Löbbe, Rdnr. 15; *Wachter*, in: Bork/Schäfer, Rdnr. 9; wohl auch *Schmidt-Leithoff*, in: Rowedder/Schmidt-Leithoff, Rdnr. 6.

32 *Roth*, in: Roth/Altmeppen, Rdnr. 4.

33 *Raiser/Veil*, Kapitalgesellschaften, § 35 Rdnr. 142; *Herrler*, in: MünchKomm. GmbHG, Rdnr. 50; *Ulmer/Habersack*, in: Ulmer/Habersack/Löbbe, Rdnr. 30.

34 Vgl. *Fastrich*, in: Baumbach/Hueck, Rdnr. 8. S. hierzu sogleich unter Rdnr. 26.

schaftsschadens regelmäßig keine Haftung nach § 9a Abs. 1 auslösen kann. Bei der Strohmanngründung (s. § 2 Rdnr. 66) braucht dieser Umstand nicht offengelegt zu werden[35]. Seit dem MoMiG sind auch Angaben zu den Nennbeträgen und den laufenden Nummern der Geschäftsanteile zu machen (s. § 8 Rdnr. 11); auch diese können falsch sein und eine Haftung begründen.

15 Bedeutsam sind ferner Angaben über den **Gegenstand der Einlage und seine Verfügbarkeit**. So müssen die Geschäftsführer in der Anmeldung die Versicherung abgeben, dass die in § 7 Abs. 2 und 3 bezeichneten Leistungen auf die Geschäftsanteile bewirkt sind und dass der Gegenstand der Leistungen sich endgültig in der freien Verfügung der Geschäftsführer befindet (§ 8 Abs. 2 Satz 1). Eine falsche Angabe liegt folglich vor, wenn eine Zahlung nicht oder nicht in der angegebenen Höhe erfolgt ist[36]. Ein weiterer zum Schadensersatz verpflichtender Fall liegt vor, wenn die Barbeträge an den Gesellschafter zurückgeflossen sind, etwa im Rahmen einer verdeckten Sacheinlage (vgl. § 19 Abs. 4) oder im Rahmen eines Darlehens (sog. Hin- und Herzahlen, vgl. § 19 Abs. 5)[37]. Unrichtige Zusagen über Eigenschaften eines Sacheinlage- oder Sachübernahmegegenstandes, das Verschweigen offenbarungspflichtiger Mängel oder von Belastungen des Gegenstandes (Rdnr. 17) können nach § 9a Abs. 1 haftbar machen[38].

16 **bb)** Die Gründungshaftung bezieht sich auf alle in der Versicherung gemäß § 8 Abs. 2 oder in sonstigen Erklärungen (z.B. im Gesellschaftsvertrag) gemachten Angaben über die **vor der Anmeldung geleisteten Einlagen**. Es ist unerheblich, ob es sich um die gesetzlich vorgeschriebenen Mindestleistungen (§ 7 Abs. 2 und 3) oder um statutarisch geforderte oder freiwillige Mehrleistungen (s. § 7 Rdnr. 46) handelt[39]. Zwar erstreckt sich die registergerichtliche Prüfung nicht auf solche Mehrleistungen (s. § 9c Rdnr. 30). Der Gesetzgeber hat aber die Gründungshaftung bei der GmbH-Novelle 1980 tatbestandlich weit konzipiert und die in der früheren Vorschrift (vgl. § 9 Abs. 1 a.F.) vorgesehene Bezugnahme auf Angaben über die Leistungen der gesetzlich vorgeschriebenen Mindesteinlagen aufgegeben[40]. Die Angaben über die Einzahlungen und die Sacheinlageleistungen müssen nach ihrem Umfang, ihrem Gegenstand und der Art der Bewirkung zutreffen. Bei einer Sachübernahme mit Anrechnungsabrede (s. § 5 Rdnr. 73 ff.) gilt das außerdem für die Wiedergabe des wesentlichen Inhalts des Übernahmevertrages im Sachgründungsbericht und die beigefügten Vertragsabschriften (s. § 8 Rdnr. 15). Die Versicherung, wonach der Gegenstand der Geld- und Sacheinlageleistungen sich endgültig in der freien Verfügung der Geschäftsführer befindet (§ 8 Abs. 2), beinhaltet auch (s. dazu § 7 Rdnr. 34, 36), dass keine Pflichten oder Zusagen zur Rückzahlung, keine Verwendungsabreden zugunsten des Einlageschuldners oder ihm nahestehender Personen oder keine Haftungsrisiken aus der Mittelbeschaffung für die Gesellschaft bestehen (s. § 7 Rdnr. 32). Dagegen ist ihr nicht der Erklärungsinhalt beizumessen, dass die eingezahlten Beträge bei der Anmeldung wertmäßig noch ungeschmälert vorhanden sind[41]. Nach zutreffendem Verständnis kommt der Versicherung nur die Bedeutung zu, dass die Einlagen einmal wirksam geleistet worden und an den Gesellschafter nicht zurückgeflossen sind. Hat die Gesellschaft bereits vor der Anmeldung ihre Geschäfte begonnen und Verluste erlitten, ist

---

35 *Herrler*, in: MünchKomm. GmbHG, Rdnr. 44; *Ulmer/Habersack*, in: Ulmer/Habersack/Löbbe, Rdnr. 19.

36 *Herrler*, in: MünchKomm. GmbHG, Rdnr. 45.

37 *Bayer*, in: Lutter/Hommelhoff, Rdnr. 4; *Herrler*, in: MünchKomm. GmbHG, Rdnr. 46; *Wachter*, in: Bork/Schäfer, Rdnr. 9.

38 *Herrler*, in: MünchKomm. GmbHG, Rdnr. 47.

39 *Ulmer/Habersack*, in: Ulmer/Habersack/Löbbe, Rdnr. 20; *Herrler*, in: MünchKomm. GmbHG, Rdnr. 39; vgl. auch OLG Düsseldorf v. 10.3.1995 – 17 U 130/94, GmbHR 1995, 582, 583; OLG Celle v. 15.3.2000 – 9 U 209/99, NZG 2000, 1178, 1179; *Roth*, in: Roth/Altmeppen, Rdnr. 8.

40 Vgl. *Ulmer/Habersack*, in: Ulmer/Habersack/Löbbe, Rdnr. 20.

41 Vgl. *Karsten Schmidt*, AG 1986, 106, 114 f. A.A. LG Bonn v. 26.5.1987 – 11 T 5/87, GmbHR 1988, 193; *Ulmer/Habersack*, in: Ulmer/Habersack/Löbbe, Rdnr. 21.

der Geschäftsführer allerdings verpflichtet, für den Ausgleich der Vorbelastungen zu sorgen. Auch hat er bei der Anmeldung zu erklären, dass das Nettovermögen nicht geringer ist als das ausgewiesene Stammkapital (s. dazu § 8 Rdnr. 27). Diese Versicherung kann ebenfalls eine Haftung nach § 9a Abs. 1 auslösen[42].

cc) Die Angaben im Gesellschaftsvertrag (§ 8 Abs. 1 Nr. 1), im Sachgründungsbericht (§§ 5 Abs. 4 Satz 2, 8 Abs. 1 Nr. 4), in den beigefügten Wertunterlagen (§ 8 Abs. 1 Nr. 5) und in sonstigen Erklärungen über den **Wert der Sacheinlage- oder Sachübernahmegegenstände** unterliegen § 9a Abs. 1. Sie können die wertungserheblichen Umstände des Gegenstandes betreffen, die angewandte Bewertungsmethode, die zugrunde gelegten Maßstäbe und mitgeteilten Werturteile anderer. Der Sachgründungsbericht gemäß § 5 Abs. 4 Satz 2 hat *alle* für die Angemessenheit der Leistungen für Sacheinlagen wesentlichen Umstände darzulegen (s. dazu § 5 Rdnr. 103 ff.), darf also keine unvollständigen Angaben machen, *wenn* er sich mit der Bewertung des Gegenstandes befasst. Die beigefügten Wertunterlagen (§ 8 Abs. 1 Nr. 5) müssen nicht nur selbst inhaltlich richtig sein, sondern müssen auch auswahlmäßig ein zutreffendes Bild über die durch sie belegten Umstände, z.B. den Marktpreis des Gegenstandes (s. § 8 Rdnr. 18), vermitteln.

Seit dem **MoMiG** sind **keine Angaben** über die **Sicherungen für ausstehende Geldeinlagen bei Einmann-Gründungen** (§ 8 Abs. 2 Satz 2 a.F.) mehr zu machen, so dass eine Gründungshaftung insoweit nicht mehr entstehen kann.

dd) Ferner sind Angaben über den von der Gesellschaft zu übernehmenden **Gründungsaufwand** haftungsbewehrt; dies ist in § 9a Abs. 1 ausdrücklich festgelegt. Zweck dieser Vorschrift ist es, die nicht erwähnte Belastung der Gesellschaft durch Zahlung im Außenverhältnis geschuldeter Aufwendungen (s. § 5 Rdnr. 112) oder durch gesetzwidrige Zahlung zu verhindern[43].

e) Falsche Angaben

Eine falsche Angabe i.S. des § 9a Abs. 1 liegt nicht nur dann vor, wenn die ausdrückliche oder konkludente Mitteilung für sich genommen inhaltlich objektiv unrichtig ist, sondern ist auch dann gegeben, wenn durch das **Verschweigen von Einzelumständen** insgesamt ein mit der Wirklichkeit objektiv nicht übereinstimmender Sinn vermittelt wird[44], z.B. wenn in der Versicherung über die endgültige freie Verfügbarkeit der eingezahlten Geldeinlage (§ 8 Abs. 2) die Abrede über deren Verwendung zum Erwerb eines Vermögensgegenstandes von dem Einleger (Rdnr. 15 f.) oder im Sachgründungsbericht bei der Darlegung der Angemessenheit eine wertmindernde Eigenschaft des Vermögensgegenstandes (Rdnr. 17) übergangen wird. Soweit das Gesetz keine speziellen Anforderungen stellt, bestimmt sich der Umfang der offenbarungspflichtigen Umstände nach ihrer Erheblichkeit für eine zutreffende Beurteilung des Aussagegegenstandes durch einen außenstehenden Adressaten. Andererseits müssen bei der Ermittlung des Aussageinhaltes einer Einzelangabe auch die sonstigen Erklärungen und die eingereichten Unterlagen mit herangezogen werden. Ergibt sich aus ihnen zweifelsfrei, dass sich der Betreffende bei der Angabe nur missverständlich oder falsch ausgedrückt, aber das Richtige gemeint hat, so greift § 9a Abs. 1 nicht ein[45].

17

18

19

20

---

42 So wohl auch BGH v. 16.3.1981 – II ZR 59/80, BGHZ 80, 182, 185.
43 *Roth*, in: Roth/Altmeppen, Rdnr. 5; *Herrler*, in: MünchKomm. GmbHG, Rdnr. 48; *Ulmer/Habersack*, in: Ulmer/Habersack/Löbbe, Rdnr. 29.
44 OLG Bremen v. 6.5.1997 – 2 U 135/96, GmbHR 1998, 40, 41; *Roth*, in: Roth/Altmeppen, Rdnr. 5; *Ulmer/Habersack*, in: Ulmer/Habersack/Löbbe, Rdnr. 16.
45 RGZ 127, 186, 193 f.

21 Für die Beurteilung, ob die Angabe falsch ist, kommt es auf **die Verhältnisse im Zeitpunkt der Mitteilung** an[46]. Spätere Änderungen sind unerheblich. Ebenso wenig besteht eine generelle Pflicht des Betreffenden, beim Eintritt von Änderungen der tatsächlichen Verhältnisse jeweils erneut tätig zu werden[47]. Die Beanstandungen der Anmeldung durch eine Zwischenverfügung des Registergerichts müssen dagegen unter Berücksichtigung der eingetretenen Änderungen erledigt werden. Anderenfalls greift für die zu ihrer Behebung gemachten Angaben § 9a Abs. 1 ein[48].

22 Die **Berichtigung falscher Angaben** ist bis zur Eintragung der Gesellschaft in das Handelsregister möglich[49], muss allerdings in einer für Außenstehende ohne Weiteres ersichtlichen unzweideutigen Weise in der für die betreffende Mitteilung vorgeschriebenen Form geschehen. Eine Haftung aus § 9a Abs. 1, die von der Eintragung abhängig ist (Rdnr. 4), entfällt dann, kann aber nach anderen Vorschriften bestehen[50].

2. Haftpflichtige Personen

a) Geschäftsführer und Gesellschafter

23 Die Haftung trifft die Geschäftsführer und die Gesellschafter (§ 9a Abs. 1). Sie erstreckt sich auch auf einen **Geschäftsführer, dessen Bestellung unwirksam war**, der das Amt aber in der Gründungszeit tatsächlich ausgeübt hat[51]. Es ist dabei nicht von Bedeutung, wer von ihnen die Angabe zu machen hatte und ob der Haftpflichtige an ihr persönlich mitgewirkt hat (Rdnr. 10). Aufsichtsratsmitglieder fallen nicht unter § 9a, können aber nach allgemeinen Vorschriften haften (§ 52 GmbHG, §§ 93 Abs. 1 u. 2, 116 AktG)[52].

24 Ein vor der Eintragung **ausgeschiedener Geschäftsführer oder Gesellschafter** haftet nicht nach § 9a Abs. 1[53]. Der Anspruch entsteht nämlich erst mit der Eintragung der Gesellschaft in das Handelsregister (Rdnr. 4). In Betracht kommen aber Schadensersatzansprüche gegen den früheren Gesellschafter aus anderen Rechtsgründen und seine strafrechtliche Verantwortlichkeit (§ 82 Abs. 1 Nr. 1, 2) für das eigene Fehlverhalten. Ein **während der Gründungszeit bei-**

---

46 OLG München v. 29.1.1990 – 26 U 3650/89, BB 1990, 1151, 1152; OLG Bremen v. 6.5.1997 – 2 U 135/96, GmbHR 1998, 40, 41 f.; *Bayer*, in: Lutter/Hommelhoff, Rdnr. 5; *Fastrich*, in: Baumbach/Hueck, Rdnr. 12; *Ulmer/Habersack*, in: Ulmer/Habersack/Löbbe, Rdnr. 17. A.A. (Zeitpunkt der Eintragung) OLG Rostock v. 2.2.1995 – 1 U 191/94, GmbHR 1995, 658, 659; *Roth*, in: Roth/Altmeppen, Rdnr. 10; differenzierend *Schmidt-Leithoff*, in: Rowedder/Schmidt-Leithoff, Rdnr. 12; offengelassen von OLG Köln v. 2.2.1999 – 22 U 116/98, ZIP 1999, 399, 401.

47 OLG München v. 29.1.1990 – 26 U 3650/89, BB 1990, 1151, 1152; OLG Bremen v. 6.5.1997 – 2 U 135/96, GmbHR 1998, 40, 42; OLG Rostock v. 2.2.1995 – 1 U 191/94, GmbHR 1995, 658, 659; *Bayer*, in: Lutter/Hommelhoff, Rdnr. 5; *Fastrich*, in: Baumbach/Hueck, Rdnr. 12; *Ulmer/Habersack*, in: Ulmer/Habersack/Löbbe, Rdnr. 17; wohl a.A. *Roth*, in: Roth/Altmeppen, Rdnr. 10.

48 *Ulmer/Habersack*, in: Ulmer/Habersack/Löbbe, Rdnr. 17.

49 *Fastrich*, in: Baumbach/Hueck, Rdnr. 12; *Schmidt-Leithoff*, in: Rowedder/Schmidt-Leithoff, Rdnr. 11; *Ulmer/Habersack*, in: Ulmer/Habersack/Löbbe, Rdnr. 18.

50 *Herrler*, in: MünchKomm. GmbHG, Rdnr. 68; *Ulmer/Habersack*, in: Ulmer/Habersack/Löbbe, Rdnr. 18.

51 *Bayer*, in: Lutter/Hommelhoff, Rdnr. 2; *Fastrich*, in: Baumbach/Hueck, Rdnr. 2; *Ulmer/Habersack*, in: Ulmer/Habersack/Löbbe, Rdnr. 32.

52 *Fastrich*, in: Baumbach/Hueck, Rdnr. 4.

53 OLG Rostock v. 2.2.1995 – 1 U 191/94, GmbHR 1995, 658, 660; *Bayer*, in: Lutter/Hommelhoff, Rdnr. 2; *Fastrich*, in: Baumbach/Hueck, Rdnr. 2; *von Rössing*, Sachgründung, S. 116; *Schmidt-Leithoff*, in: Rowedder/Schmidt-Leithoff, Rdnr. 13; *Ulmer/Habersack*, in: Ulmer/Habersack/Löbbe, Rdnr. 32. A.A. *Münzel*, BB 1994, 2164, 2165; *Herrler*, in: MünchKomm. GmbHG, Rdnr. 17, 24; *Roth*, in: Roth/Altmeppen, Rdnr. 14, der bei vorher ausgeschiedenen Gesellschaftern aber § 9a Abs. 3 für gegeben hält. Noch weitergehend *Lowin*, Gründungshaftung, S. 81 ff.

tretender neuer Gesellschafter haftet uneingeschränkt nach § 9a Abs. 1, da seine Prüfungspflicht sich auch auf die Vorgänge vor seinem Beitritt bezieht[54].

b) Umwandlung

Die **Haftung** aus § 9a trifft bei der Gründung einer GmbH im Wege der Verschmelzung oder Spaltung die zur Registeranmeldung berufenen **Mitglieder** des **Vertretungsorgans** des **übertragenden Rechtsträgers** (§§ 38 Abs. 2, 137 Abs. 1 UmwG) und **diesen selbst als Gründer** (§§ 36 Abs. 2 Satz 2, 135 Abs. 2 Satz 2 UmwG)[55], nicht dagegen die Gesellschafter der GmbH[56]. Eine Abweichung ergibt sich für die Ausgliederung zur Neugründung aus dem Vermögen eines Einzelkaufmanns, bei der er persönlich und der Geschäftsführer der GmbH haften (§§ 135 Abs. 2, 160 Abs. 1 UmwG). Beim Formwechsel einer Personenhandelsgesellschaft in eine GmbH sind deren Geschäftsführer (§ 222 Abs. 1 Satz 1 UmwG) und die der Umwandlung zustimmenden Gesellschafter des formwechselnden Rechtsträgers verantwortlich (§ 219 UmwG), während beim Formwechsel einer AG oder KGaA in eine GmbH die Verantwortlichkeit nur die Mitglieder des Vertretungsorgans des formwechselnden Rechtsträgers trifft (§ 246 Abs. 1 UmwG) und, wie der Umkehrschluss aus § 245 UmwG ergibt, eine Gründerhaftung der Gesellschafter entfällt[57].

25

c) Hintermänner

Die Haftung erweitert § 9a Abs. 4 Satz 1 durch die Einbeziehung von **Personen**, für **deren Rechnung die Gesellschafter Geschäftsanteile übernommen haben**. Die Vorschrift ist § 46 Abs. 5 AktG nachgebildet[58] und soll verhindern, dass sich jemand der Verantwortlichkeit durch das Vorschieben eines vermögenslosen Strohmannes entzieht. Nach einem Teil der Lit. sollen solche Personen auszunehmen sein, die keine oder nur eine unwesentliche Einflussmöglichkeit auf die Gründung haben[59]. Als Beispiel wird der Fall genannt, dass kraft testamentarischer Anordnung eine vom Erben unabhängige Person für ihn einen Geschäftsanteil übernehmen und für eine gewisse Zeit treuhänderisch halten soll. Auch bei einem Unterbeteiligungsverhältnis soll eine teleologische Reduktion der Vorschrift erfolgen[60]. Die restriktive Auslegung überzeugt nicht und ist daher abzulehnen[61]. Sie wird dem Zweck der Vorschrift, einer Umgehung der haftungsrechtlichen Verantwortlichkeiten zu begegnen, nicht gerecht.

26

3. Verschulden

Die Haftung setzt ein Verschulden des betreffenden Geschäftsführers oder Gesellschafters voraus (§ 9a Abs. 3). Der Anspruchsgegner muss schuldfähig sein (§§ 827 f. BGB)[62] und haftet

27

---

54 *Bayer*, in: Lutter/Hommelhoff, Rdnr. 2; *Fastrich*, in: Baumbach/Hueck, Rdnr. 2; *Roth*, in: Roth/Altmeppen, Rdnr. 15; einschr. *Ulmer/Habersack*, in: Ulmer/Habersack/Löbbe, Rdnr. 35: Haftung nur für persönlich zu verantwortende Angaben.

55 Für den Ersatzanspruch gilt die Fortbestehensfiktion des übertragenden Rechtsträgers gemäß §§ 25 Abs. 2, 125 Satz 1 UmwG.

56 *Kallmeyer*, ZIP 1994, 1746, 1753; *Ihrig*, GmbHR 1995, 662, 634; *M. Winter/J. Vetter*, in: Lutter, § 56 UmwG Rdnr. 52.

57 *Decher/Hoger*, in: Lutter, § 197 UmwG Rdnr. 35; *Göthel*, in: Lutter, § 245 UmwG Rdnr. 26, 60.

58 Vgl. Bericht des Rechtsausschusses, BT-Drucks. 8/3908, S. 35 f.

59 *Karsten Schmidt*, NJW 1980, 1769, 1771; *Ulmer/Habersack*, in: Ulmer/Habersack/Löbbe, Rdnr. 36; *Fastrich*, in: Baumbach/Hueck, Rdnr. 4; ebenso die 10. Aufl.

60 *Ulmer/Habersack*, in: Ulmer/Habersack/Löbbe, Rdnr. 36.

61 *Bayer*, in: Lutter/Hommelhoff, Rdnr. 13; *Herrler*, in: MünchKomm. GmbHG, Rdnr. 28; *Schmidt-Leithoff*, in: Rowedder/Schmidt-Leithoff, Rdnr. 28; *Wachter*, in: Bork/Schäfer, Rdnr. 25.

62 *Bayer*, in: Lutter/Hommelhoff, Rdnr. 6.

für **Vorsatz und Fahrlässigkeit. Maßstab der anzuwendenden Sorgfalt ist die eines ordentlichen Geschäftsmannes** (§ 9a Abs. 3). Die Beteiligten können sich deshalb nicht damit entschuldigen, dass ihnen die erforderliche Ausbildung oder Erfahrung gefehlt habe[63]. Alle Verantwortlichen haben für die Ordnungsmäßigkeit der zwecks Errichtung der Gesellschaft gemachten Angaben zu sorgen. Die Berufung darauf, dass der Geschäftsführer oder Gesellschafter für die Angaben nicht zuständig gewesen sei, keine Kenntnis von ihr gehabt habe oder selbst durch einen Mitbeteiligten oder Dritten getäuscht worden sei, entlastet ihn daher nur, wenn er trotz Anwendung der erforderlichen Sorgfalt von ihr nichts wissen und/oder deren Unrichtigkeit nicht erkennen konnte[64]. Bedient sich ein Gesellschafter eines Gehilfen, so muss er sich dessen Verschulden analog § 9a Abs. 4 Satz 2 zurechnen lassen[65]. Der **maßgebliche** *Zeitpunkt* für die Kenntnis oder fahrlässige Unkenntnis der Angabe und ihrer Unrichtigkeit ist die **Eintragung** der Gesellschaft[66]. Der Geschäftsführer oder Gesellschafter haftet auch, wenn die genannten Umstände nach der Abgabe, aber vor der Eintragung ihm bekannt oder erkennbar werden und er die unrichtige Angabe nicht berichtigt oder die Berichtigung oder die Rücknahme der Anmeldung nicht veranlasst[67].

28 Das Verschulden wird beim Vorliegen der objektiven Haftungsvoraussetzungen (Rdnr. 9 ff.) **gesetzlich vermutet** (§ 9 Abs. 3). Ein Geschäftsführer oder Gesellschafter wird also nur von der Haftung frei, wenn er seinerseits den Entlastungsbeweis führt.

29 Der **Hintermann**, für dessen Rechnung ein anderer den Geschäftsanteil übernommen hat (Rdnr. 26), haftet für das Verschulden dieses Gesellschafters *und* für eigenes Verschulden (§ 9a Abs. 4). Er kann sich also nur durch den Nachweis entlasten (Rdnr. 28), dass weder er noch der für seine Rechnung handelnde Gesellschafter die Angabe und ihre Unrichtigkeit kannte oder bei gebotener Sorgfalt kennen konnte (Rdnr. 27)[68].

4. Art und Umfang der Haftung

a) Schadensersatz

30 Der Anspruch geht auf den Ersatz des der Gesellschaft durch die falsche Angabe entstandenen Schadens. Sein Umfang bestimmt sich nach dem Schutzzweck des § 9a Abs. 1, die Ordnungsmäßigkeit der Gründung der GmbH sicherzustellen[69]. Die Gesellschaft ist deshalb so zu stellen, wie sie stehen würde, wenn die betreffende Angabe zutreffend gewesen wäre[70]. Der Einwand, dass ein ersatzfähiger Schaden deswegen nicht bestehe, weil die GmbH ohne die falsche Angabe gar nicht entstanden wäre, ist danach unbeachtlich. Der Anspruch um-

---

63 *Bayer*, in: Lutter/Hommelhoff, Rdnr. 6; *Ulmer/Habersack*, in: Ulmer/Habersack/Löbbe, Rdnr. 38.

64 *Bayer*, in: Lutter/Hommelhoff, Rdnr. 6; *Fastrich*, in: Baumbach/Hueck, Rdnr. 17; *Schmidt-Leithoff*, in: Rowedder/Schmidt-Leithoff, Rdnr. 14; *Ulmer/Habersack*, in: Ulmer/Habersack/Löbbe, Rdnr. 38.

65 *Bayer*, in: Lutter/Hommelhoff, Rdnr. 12; *Herrler*, in: MünchKomm. GmbHG, Rdnr. 23; teilweise wird angenommen, dass sich die Zurechnung nach § 166 Abs. 2 BGB beurteile, vgl. *Roth*, in: Roth/Altmeppen, Rdnr. 20 und *Schmidt-Leithoff*, in: Rowedder/Schmidt-Leithoff, Rdnr. 15.

66 KG v. 13.7.1999 – 14 U 8764/95, NZG 2000, 841, 843; *Ulmer/Habersack*, in: Ulmer/Habersack/Löbbe, Rdnr. 40.

67 *Ulmer/Habersack*, in: Ulmer/Habersack/Löbbe, Rdnr. 40.

68 *Fastrich*, in: Baumbach/Hueck, Rdnr. 17; *Roth*, in: Roth/Altmeppen, Rdnr. 19; *Ulmer/Habersack*, in: Ulmer/Habersack/Löbbe, Rdnr. 39.

69 Vgl. dazu RGZ 144, 348, 356; BGH v. 27.2.1975 – II ZR 111/72, BGHZ 64, 52, 58 betr. die Gründerhaftung bei der AG.

70 RGZ 144, 348, 356 f. (AG); KG v. 13.7.1999 – 14 U 8764/95, NZG 2000, 841, 842; OLG Rostock v. 2.2.1995 – 1 U 191/94, GmbHR 1995, 658, 660; *Fastrich*, in: Baumbach/Hueck, Rdnr. 13; *Ulmer/Habersack*, in: Ulmer/Habersack/Löbbe, Rdnr. 41.

fasst den gesamten **durch die Falschangabe adäquat verursachten Schaden** der Gesellschaft einschließlich eines ihr **entgangenen Gewinnes**[71].

aa) Beziehen sich die unrichtigen Angaben auf die **Einlageleistung**, so sind die fehlenden Einzahlungen geschuldet (§ 9a Abs. 1). Die fortbestehende Einlagepflicht schließt einen ersatzfähigen Schaden auch dann nicht aus, wenn der Gesellschafter zahlungsfähig ist[72]. Die Gesellschaft braucht ihn nicht vorrangig in Anspruch zu nehmen[73]. Es besteht ein Gesamtschuldverhältnis. Daneben ist auch der sonstige Schaden zu ersetzen (Rdnr. 30), der sich z.B. daraus ergeben kann, dass die Gesellschaft zur Erfüllung von Verpflichtungen außerstande ist[74].

31

bb) Entsprechendes gilt, obwohl der Gesetzeswortlaut das nicht ausdrücklich erwähnt, auch bei unrichtigen Angaben über die Leistung der **Sacheinlagen**[75]. Sind sie entgegen der Versicherung (§ 8 Abs. 2) nicht erbracht worden, haben die Haftpflichtigen (Rdnr. 23 ff.), wenn nach den allgemeinen Vorschriften (§§ 249 ff. BGB) eine Naturalherstellung durch die Bewirkung der vereinbarten Sacheinlage ausscheidet, Geldersatz in Höhe ihres *vollen Werts* zu leisten, soweit er nach dem Gesellschaftsvertrag der GmbH zu Gute kommen sollte. Bei gemischten Sacheinbringungen (s. § 5 Rdnr. 81 ff.) ist also der dem Einlagepflichtigen zu vergütende Teilbetrag abzuziehen. Bei unrichtigen Angaben über die Bewertung von Sacheinlagen ist Geldersatz in Höhe der Differenz zwischen dem tatsächlichen Wert des Einlagegegenstandes (s. § 5 Rdnr. 57 ff.) und dem Wert zu leisten, der sich ergeben würde, wenn die Angabe zuträfe, jedoch begrenzt durch den der Gesellschaft nach dem Gesellschaftsvertrag zustehenden Einlagewert. Er kann, wenn ausdrücklich oder konkludent ein Agio vereinbart war (s. § 5 Rdnr. 21), über dem Betrag des Geschäftsanteils liegen[76]. Der Ersatzanspruch aus § 9a Abs. 1 wird in diesen Fällen genauso wenig wie bei fehlenden Einzahlungen (Rdnr. 31) davon berührt, dass der Einlageschuldner zur Leistung des Einlagegegenstandes oder des Fehlbetrages bei Überbewertung (§ 9 Abs. 1) in der Lage ist[77].

32

cc) War eine Vergütung, die im Gesellschaftsvertrag nicht unter dem **Gründungsaufwand** aufgenommen worden ist (s. dazu § 5 Rdnr. 112 ff.), für diesen Zweck von der Gesellschaft geleistet worden, so haben die Haftpflichtigen (Rdnr. 23 ff.) ohne Rücksicht darauf Ersatz zu leisten, ob sie vom Empfänger zurückgefordert werden kann[78]. Das gilt auch dann, wenn die Mittel dafür nicht den gesetzlichen Mindesteinzahlungen (§ 7 Abs. 2), sondern den freiwilligen Mehrleistungen (s. § 7 Rdnr. 47) oder anderen Gesellschafterbeiträgen als Einlageleistungen (s. § 5 Rdnr. 21) entnommen worden sind. Dass die Versicherung nach § 8 Abs. 2 sich nicht auf sie bezieht, ist unerheblich.

33

---

71 *Bayer*, in: Lutter/Hommelhoff, Rdnr. 7 f.; *Fastrich*, in: Baumbach/Hueck, Rdnr. 16; *Ulmer/Habersack*, in: Ulmer/Habersack/Löbbe, Rdnr. 41.

72 OLG Hamm v. 5.7.1993 – 8 U 249/92, GmbHR 1994, 399, 401; *Fastrich*, in: Baumbach/Hueck, Rdnr. 14; *Ulmer/Habersack*, in: Ulmer/Habersack/Löbbe, Rdnr. 43.

73 BGH v. 18.2.1991 – II ZR 104/90, BGHZ 113, 335, 355 f.; *Ulmer/Habersack*, in: Ulmer/Habersack/Löbbe, Rdnr. 43.

74 BGH v. 27.2.1975 – II ZR 111/72, BGHZ 64, 52, 61 (AG); OLG Rostock v. 2.2.1995 – 1 U 191/94, GmbHR 1995, 658, 600; *Ulmer/Habersack*, in: Ulmer/Habersack/Löbbe, Rdnr. 41.

75 KG v. 13.7.1999 – 14 U 8764/95, NZG 2000, 841, 842; *Bayer*, in: Lutter/Hommelhoff, Rdnr. 7; *Fastrich*, in: Baumbach/Hueck, Rdnr. 14; *Roth*, in: Roth/Altmeppen, Rdnr. 15; *Trölitzsch*, Differenzhaftung, S. 272 f.; *Ulmer/Habersack*, in: Ulmer/Habersack/Löbbe, Rdnr. 42 f.

76 *Ulmer/Habersack*, in: Ulmer/Habersack/Löbbe, Rdnr. 43 a.E.; *Trölitzsch*, Differenzhaftung, S. 273; einschränkend wohl *Bayer*, in: Lutter/Hommelhoff, Rdnr. 7 und *Schmidt-Leithoff*, in: Rowedder/Schmidt-Leithoff, Rdnr. 18, die wie nach § 9 Abs. 1 haften lassen.

77 *Ulmer/Habersack*, in: Ulmer/Habersack/Löbbe, Rdnr. 43, 46.

78 *Ulmer/Habersack*, in: Ulmer/Habersack/Löbbe, Rdnr. 42, 46.

b) Mitverschulden

34 Die Berufung auf ein mitwirkendes Verschulden der Gesellschaft bei der Entstehung des Schadens (**§ 254 Abs. 1 BGB**) ist nach dem Schutzzweck des § 9a Abs. 1 **ausgeschlossen**[79]. Wohl aber kann, wenn die Obliegenheit zur Schadensminderung nach der Eintragung der Gesellschaft durch andere Geschäftsführer als die Haftpflichtigen verletzt wird, die Vorschrift des § 254 Abs. 2 BGB eingreifen[80]. Die Weisungsgebundenheit der Geschäftsführer schließt die Anwendung dieser Vorschrift nicht generell aus. Allerdings kann im Falle einer verbindlichen Weisung durch die Gesellschafter der Vorwurf eines fahrlässigen Verhaltens hinsichtlich der Schadensentstehung ausscheiden.

IV. Haftung für Schädigung durch Einlagen oder Gründungsaufwand (§ 9a Abs. 2)

1. Anwendungsbereich

35 Wird die Gesellschaft von Gesellschaftern durch Einlagen oder Gründungsaufwand vorsätzlich oder aus grober Fahrlässigkeit geschädigt, so sind ihr **alle Gesellschafter als Gesamtschuldner** zum Ersatz verpflichtet (§ 9a Abs. 2). Die Vorschrift ist **gegenüber § 9a Abs. 1 subsidiär**[81]. Sie soll bei solchen Schädigungen der Gesellschaft durch Einlagen oder Gründungsaufwand eingreifen, die nicht durch falsche Angaben verursacht worden sind[82]. Die praktische Bedeutung des Haftungstatbestandes, der § 46 Abs. 2 AktG nachgebildet ist, ist gering.

2. Haftungsvoraussetzungen

a) Schädigung durch Einlagen oder Gründungsaufwand

36 Erforderlich ist eine Schädigung der Gesellschaft durch Einlagen oder Gründungsaufwand. Sie muss abweichend von § 9a Abs. 1 **auf anderen Ursachen als falschen Angaben beruhen** (Rdnr. 35), kann aber andererseits auch nach der Eintragung der Gesellschaft erfolgt sein[83]. Die Voraussetzungen können deshalb insbesondere bei statutarisch vorgesehenen **Mehrleistungen** auf die Geschäftsanteile (s. § 7 Rdnr. 46 ff.) erfüllt sein, die nicht von der Versicherung gem. § 8 Abs. 2 umfasst werden (s. § 7 Rdnr. 48, § 8 Rdnr. 26 f.), z.B. wenn sie aus Mitteln eines Darlehens bewirkt worden sind, für das die Gesellschaft mithaftet oder Sicherheiten gestellt hat. Ebenso können unter § 9a Abs. 2 die Fälle von **verdeckten Sacheinlagen** subsumiert werden, in denen der Zeitpunkt der Verabredung und deshalb die Unrichtigkeit der Versicherung gem. § 8 Abs. 2 nicht nachweisbar ist[84]. Ein weiterer Anwendungsfall des § 9a Abs. 2 kann darin liegen, dass der **Einlagegegenstand** zwar zutreffend bewertet, aber für die Gesellschaft völlig **unbrauchbar** ist[85]. Ebenso ist der Tatbestand erfüllt, wenn der Gesell-

---

79 RGZ 154, 276, 286; BGH v. 27.2.1975 – II ZR 111/72, BGHZ 64, 52, 60 f. betr. AG; *Bayer*, in: Lutter/Hommelhoff, Rdnr. 8; *Ulmer/Habersack*, in: Ulmer/Habersack/Löbbe, Rdnr. 45; vgl. auch BGH v. 18.2.1991 – II ZR 104/90, BGHZ 113, 335, 355 für die Haftung aus § 37 Abs. 1 Satz 4 AktG.

80 RGZ 154, 276, 286; BGH v. 27.2.1975 – II ZR 111/72, BGHZ 64, 52, 60 f. betr. AG; *Fastrich*, in: Baumbach/Hueck, Rdnr. 21; zweifelnd *Ulmer/Habersack*, in: Ulmer/Habersack/Löbbe, Rdnr. 45.

81 *Bayer*, in: Lutter/Hommelhoff, Rdnr. 9, 15; *Fastrich*, in: Baumbach/Hueck, Rdnr. 18; *Roth*, in: Roth/Altmeppen, Rdnr. 18; *Ulmer/Habersack*, in: Ulmer/Habersack/Löbbe, Rdnr. 47.

82 Bericht des Rechtsausschusses, BT-Drucks. 8/3908, S. 71 f.

83 *Roth*, in: Roth/Altmeppen, Rdnr. 18 f.; *Schmidt-Leithoff*, in: Rowedder/Schmidt-Leithoff, Rdnr. 22.

84 *Ulmer/Habersack*, in: Ulmer/Habersack/Löbbe, Rdnr. 48; zweifelnd *Herrler*, in: MünchKomm. GmbHG, Rdnr. 88.

85 *Bayer*, in: Lutter/Hommelhoff, Rdnr. 9; *Fastrich*, in: Baumbach/Hueck, Rdnr. 18.

schaft statutarisch ein völlig unangemessen hoher Gründungsaufwand (s. § 5 Rdnr. 112) auferlegt worden ist[86]. Im Übrigen wird eine Schädigung durch die Überbewertung von Sacheinlagen wegen der notwendigen Angaben im Sachgründungsbericht (§ 5 Abs. 4 Satz 2) und in den Bewertungsunterlagen (§ 8 Abs. 1 Nr. 5) im Allgemeinen von § 9a Abs. 1 erfasst[87].

b) Vorsätzliches oder grob fahrlässiges Handeln

Die Schädigung muss durch ein vorsätzliches oder grob fahrlässiges Handeln **wenigstens eines Gesellschafters** erfolgt sein (§ 9a Abs. 2). Es ist nicht notwendig, dass diese Voraussetzung beim Einlageschuldner oder dem Empfänger des Gründungsaufwandes vorliegt; es genügt, wenn ein anderer Gesellschafter vorsätzlich oder grob fahrlässig gehandelt hat[88]. Es ist analog § 9a Abs. 4 Satz 1 auch als ausreichend anzusehen, dass die Voraussetzung beim Auftraggeber gegeben ist, für dessen Rechnung der Gesellschafter gehandelt hat[89]. Die **Beweislast** für das Vorliegen von Vorsatz oder grober Fahrlässigkeit trägt die Gesellschaft[90].   37

c) Verschulden der übrigen Gesellschafter

Die Haftung setzt schließlich ein Verschulden der ersatzpflichtigen anderen Gesellschafter voraus (§ 9a Abs. 3). Es ist insoweit **einfache Fahrlässigkeit ausreichend**, die sich nur auf den **objektiven Schädigungstatbestand** (Rdnr. 36), nicht dagegen auch auf den Vorsatz oder die grobe Fahrlässigkeit des Einlegers (Rdnr. 37) zu beziehen braucht[91]. Im Übrigen gelten für das Verschulden und den Entlastungsbeweis, auch bezüglich der Hintermänner (§ 9a Abs. 4), die Ausführungen oben Rdnr. 27 ff.   38

3. Haftungsschuldner

Haftungsschuldner können nach § 9a Abs. 2 nur **Gesellschafter und ihre Auftraggeber** sein, für deren Rechnung sie die Geschäftsanteile übernommen haben (§ 9a Abs. 4 Satz 1). Für Geschäftsführer kommt lediglich eine Ersatzpflicht gemäß § 43 in Betracht.   39

4. Haftungsumfang

Es ist der **gesamte Schaden** zu ersetzen, der der Gesellschaft durch die schädigende Handlung (Rdnr. 36 ff.) entstanden ist. Soweit er im Ausfall von Einlagebeträgen oder in der Vergütung von unangemessenem Gründungsaufwand besteht (Rdnr. 36), ist es auch für den Anspruch aus § 9a Abs. 2 unerheblich, ob der Einlage- oder Erstattungsschuldner zahlungsfähig ist oder nicht (Rdnr. 31 ff.)[92].   40

---

86 *Bayer*, in: Lutter/Hommelhoff, Rdnr. 9; *Fastrich*, in: Baumbach/Hueck, Rdnr. 18; *Schmidt-Leithoff*, in: Rowedder/Schmidt-Leithoff, Rdnr. 22; *Ulmer/Habersack*, in: Ulmer/Habersack/Löbbe, Rdnr. 49.

87 *Ulmer/Habersack*, in: Ulmer/Habersack/Löbbe, Rdnr. 48; *Schmidt-Leithoff*, in: Rowedder/Schmidt-Leithoff, Rdnr. 22; *Herrler*, in: MünchKomm. GmbHG, Rdnr. 47.

88 *Fastrich*, in: Baumbach/Hueck, Rdnr. 18; *Ulmer/Habersack*, in: Ulmer/Habersack/Löbbe, Rdnr. 51.

89 *Herrler*, in: MünchKomm. GmbHG, Rdnr. 89; *Ulmer/Habersack*, in: Ulmer/Habersack/Löbbe, Rdnr. 51.

90 *Bayer*, in: Lutter/Hommelhoff, Rdnr. 10; *Ulmer/Habersack*, in: Ulmer/Habersack/Löbbe, Rdnr. 51.

91 *Ulmer/Habersack*, in: Ulmer/Habersack/Löbbe, Rdnr. 51.

92 *Lowin*, Gründungshaftung, S. 124 ff.; *Herrler*, in: MünchKomm. GmbHG, Rdnr. 92; *Ulmer/Habersack*, in: Ulmer/Habersack/Löbbe, Rdnr. 52. A.A. *Bayer*, in: Lutter/Hommelhoff, Rdnr. 11; *Schmidt-Leithoff*, in: Rowedder/Schmidt-Leithoff, Rdnr. 25; zum früheren Recht *Karsten Schmidt*, GmbHR 1978, 5, 7.

V. Gesamtschuldnerische Haftung

1. Mehrere Verantwortliche

41 Mehrere Geschäftsführer, Gesellschafter und deren Hintermänner, die nach § 9a Abs. 1, 2 und 4 für denselben Schaden verantwortlich sind, haften der Gesellschaft als **Gesamtschuldner**. Der Ausgleich unter ihnen bestimmt sich nach **§ 426 BGB**. Sie sind also im Verhältnis zueinander zu gleichen Anteilen verpflichtet, sofern nichts anderes bestimmt ist. Die Beteiligungsquote der Gesellschafter ist für den internen Ausgleich wegen des Haftungsgrundes (Sanktionierung eines pflichtwidrigen Verhaltens) ohne Bedeutung[93]. Eine abweichende interne Beteiligung bis zur Freistellung einzelner, z.B. im Falle ihrer Täuschung durch die anderen, kann sich dagegen insbesondere aus dem analog anzuwendenden § 254 BGB ergeben, wonach auf das Ausmaß der Mitverursachung und auf den unterschiedlichen Verschuldensgrad abzustellen ist[94].

2. Verhältnis zum Einlageschuldner

42 Soweit die Schadensersatzpflicht aus § 9a mit der Einlagepflicht des Gesellschafters zusammentrifft (Rdnr. 31 f., 40), besteht nach h.M. eine **unechte Gesamtschuldnerschaft** des Einlageschuldners und Ersatzpflichtigen gegenüber der Gesellschaft[95]. In der 9. Auflage ist dagegen vertreten worden, es fehle an der erforderlichen Gleichrangigkeit der Verpflichtungen[96]. Diese Auslegung wird seit der 10. Auflage nicht mehr vertreten. Sowohl die Einlagepflicht als auch die Schadensersatzpflicht betreffen dieselbe Leistung und sind demselben Ziel verpflichtet. Befriedigt der Einlageschuldner die GmbH, so entfällt eine Haftung gegenüber der Gesellschaft[97]. Umgekehrt hat die Ersatzleistung die Tilgung der Einlageschuld zur Folge. Der Ersatzpflichtige hat dann aber gegenüber dem säumigen Gesellschafter einen Regressanspruch aus dem Gesamtschuldverhältnis; ferner geht der Einlageanspruch auf ihn über (§ 426 Abs. 2 BGB).

VI. Sonstige Ansprüche

1. Gesellschaft

a) Haftung analog § 37 Abs. 1 Satz 4 AktG

43 Ein **Kreditinstitut**, das den Geschäftsführern zwecks Vorlage beim Handelsregister schriftlich bestätigt hat, dass die Einzahlung auf einen Geschäftsanteil durch Gutschrift auf dem Konto der Gesellschaft oder der Geschäftsführer geleistet worden sei und endgültig zu ihrer freien Verfügung stehe, haftet der Gesellschaft analog § 37 Abs. 1 Satz 4 AktG für die Richtigkeit dieser **Bestätigung**, wenn sie dem Registergericht bei der Anmeldung oder danach im Rah-

---

93 *Fastrich*, in: Baumbach/Hueck, Rdnr. 5; *Herrler*, in: MünchKomm. GmbHG, Rdnr. 36; *Schmidt-Leithoff*, in: Rowedder/Schmidt-Leithoff, Rdnr. 31. A.A. *Ulmer/Habersack*, in: Ulmer/Habersack/Löbbe, Rdnr. 53.

94 *Fastrich*, in: Baumbach/Hueck, Rdnr. 5; *Schmidt-Leithoff*, in: Rowedder/Schmidt-Leithoff, Rdnr. 31; *Herrler*, in: MünchKomm. GmbHG, Rdnr. 36; *Ulmer/Habersack*, in: Ulmer/Habersack/Löbbe, Rdnr. 53.

95 Vgl. OLG Hamm v. 5.7.1993 – 8 U 249/92, GmbHR 1994, 399, 401; OLG Celle v. 15.3.2000 – 9 U 209/99, NZG 2000, 1178, 1179; *Bayer*, in: Lutter/Hommelhoff, Rdnr. 7; *Fastrich*, in: Baumbach/Hueck, Rdnr. 6; *Ulmer/Habersack*, in: Ulmer/Habersack/Löbbe, Rdnr. 54.

96 *H. Winter*, in: 9. Aufl., § 9a Rdnr. 42; zustimmend auch *Trölitzsch*, Differenzhaftung, S. 281 ff.

97 *Fastrich*, in: Baumbach/Hueck, Rdnr. 6.

men des Eintragungsverfahrens eingereicht worden ist[98]. Das GmbHG verlangt zwar anders als das AktG (§ 37 Abs. 1 Satz 3) nicht generell die Vorlage eines derartigen Nachweises über die erbrachten Einlageleistungen (§ 8)[99]. Die Bankbestätigung hat aber, wenn sie auf Grund einer Beanstandung des Registergerichts (s. § 9c Rdnr. 14, 37) oder auch freiwillig vorgelegt wird, für die registergerichtliche Kontrolle der Eintragungsvoraussetzungen im Wesentlichen dieselbe Tragweite und Bedeutung wie im Aktienrecht und muss deshalb in analoger Anwendung des § 37 Abs. 1 Satz 4 AktG auch mit derselben Haftungssanktion verbunden werden.

Es ist im Einzelfall durch **Auslegung der Bankbestätigung** festzustellen, ob sie nur die Gutschrift des Betrages oder darüber hinaus auch seine freie Verfügbarkeit für die Geschäftsführer bescheinigen soll; dabei ist eine ihr zugrunde gelegte registergerichtliche Anforderung zu berücksichtigen[100]. Ohne hinreichend deutliche Anhaltspunkte in der Bescheinigung ist für das GmbH-Recht nicht anzunehmen, dass eine umfassende Bankbestätigung i.S. des § 37 Abs. 1 Satz 3 AktG gewollt war[101]. Auch wenn Letzteres zutrifft, beschränkt sie sich inhaltlich aber ausschließlich auf Umstände aus der Sphäre des Bankbereichs[102]. Für die Beurteilung der Richtigkeit ist der Zeitpunkt der Ausstellung maßgebend[103].   44

Die Gewährleistungshaftung des Kreditinstituts für die Erfüllung der entgegen der ausgestellten Bestätigung offenstehenden Geldeinlageforderung setzt **kein Verschulden** voraus[104]. Ebenso ist der Einwand mitwirkenden Verschuldens der Gesellschaft gemäß **§ 254 BGB** wegen des Zwecks und der Rechtsnatur des Anspruchs **ausgeschlossen**[105].   45

Der **Anspruch umfasst den gesamten Fehlbetrag** ohne Rücksicht darauf, ob die falsche Bankbestätigung sich auf die gesetzlich vorgeschriebenen Mindesteinzahlungen (§ 7 Abs. 2) oder auf darüber hinausgehende Leistungen bezieht[106]; ein weitergehender Schaden aus der Nichteinzahlung der Einlage ist dagegen nicht zu ersetzen. Die Haftung des Kreditinstituts ist gegenüber der fortbestehenden Einlagepflicht nicht subsidiär, sondern besteht neben ihr[107]; für das Verhältnis zum Einlageschuldner gelten sinngemäß die Ausführungen in Rdnr. 42. Mit den nach § 9a Abs. 1, 4 verantwortlichen Geschäftsführern, Gesellschaftern und Hintermännern haftet das Kreditinstitut gesamtschuldnerisch. Die **Aufrechnung mit Gegenforderungen** ist, soweit die Leistung zur Befriedigung der Gesellschaftsgläubiger erforderlich ist, wegen des Sicherungszwecks der Haftung analog § 19 Abs. 2 Satz 2 **ausgeschlossen**[108]. Die Verjährungsfrist beträgt analog § 9b Abs. 2 fünf Jahre[109].   46

---

98 BGH v. 18.2.1991 – II ZR 104/90, BGHZ 113, 335, 351 ff.; BGH v. 13.7.1992 – II ZR 263/91, BGHZ 119, 177, 180 f.; BGH v. 16.12.1996 – II ZR 200/95, GmbHR 1997, 255, 256; *Fastrich*, in: Baumbach/Hueck, Rdnr. 3; *Roth*, in: Roth/Altmeppen, Rdnr. 16, § 8 Rdnr. 30; *Spindler*, ZGR 1997, 537, 539 ff.

99 Vgl. dazu Bericht des Rechtsausschusses, BT-Drucks. 8/3908, S. 67, 71.

100 BGH v. 16.12.1996 – II ZR 200/95, GmbHR 1997, 255 f.; *Goette*, DStR 1997, 378, 379; *Spindler*, ZGR 1997, 537, 543 f.

101 *Spindler*, ZGR 1997, 537, 545 f.

102 Vgl. dazu *Ihrig*, Die endgültige freie Verfügung über die Einlage von Kapitalgesellschaften, S. 227 f.; *Ulmer*, GmbHR 1993, 189, 196 f.; *Kübler*, ZHR 157 (1993), 196, 212; *Appel*, ZHR 157 (1993), 213, 216 ff.; *Hüffer*, ZGR 1993, 474, 468 f.; *Röhricht*, in: FS Boujong, 1996, S. 457, 473 f.; *Spindler* 1997, 537, 548. Offengelassen in BGH v. 18.2.1991 – II ZR 104/90, BGHZ 113, 335, 356.

103 *Ulmer*, GmbHR 1993, 189.

104 BGH v. 18.2.1991 – II ZR 104/90, BGHZ 113, 335, 355; BGH v. 13.7.1992 – II ZR 263/91, BGHZ 119, 177, 180 f.; *Ulmer*, GmbHR 1993, 189, 196; *Kübler*, ZHR 157 (1993), 196, 211 f.; *Hüffer*, ZGR 1993, 474, 485 f. A.A. *Rümker*, ZBB 1991, 176, 178; *Priester*, in: FS 100 Jahre GmbHG, 1992, S. 159, 164.

105 BGH v. 18.2.1991 – II ZR 104/90, BGHZ 113, 335, 355.

106 BGH v. 18.2.1991 – II ZR 104/90, BGHZ 113, 335, 356 f.; *Spindler*, ZGR 1997, 537, 541.

107 BGH v. 18.2.1991 – II ZR 104/90, BGHZ 113, 335, 355 f.

108 Im Hinblick auf die Regelung des § 9b Abs. 1 zu weitgehend BGH v. 18.2.1991 – II ZR 104/90, BGHZ 113, 335, 357 f.

109 Vgl. dazu *Hüffer*, ZGR 1993, 474, 487 f.

b) Anspruch aus § 43

47 Der Gesellschaft können gegen die Geschäftsführer wegen Pflichtverletzungen im Gründungsstadium auch Ersatzansprüche aus § 43 zustehen. Soweit die Pflichtverletzung in den durch
§ 9a Abs. 1 erfassten Handlungen besteht, geht diese spezielle Vorschrift aber der allgemeinen
Haftungsnorm des § 43 vor[110]. Der **Anwendungsbereich** der allgemeinen organschaftlichen
Haftung ist daher **marginal**. Nach h.M. scheidet eine Haftung nach § 9a Abs. 1 aus, wenn es
nicht zur Eintragung kommt (s. Rdnr. 4). Dann kann aber eine Haftung nach § 43 begründet
sein[111]. Abweichend von der speziellen Gründungshaftung (s. Rdnr. 7) schließt das Einverständnis aller Gesellschafter mit der schädigenden Handlung außer bei einem Verstoß gegen
§ 30 die Ersatzpflicht nach § 43 aus. Ebenso ist, von dem genannten Ausnahmefall abgesehen
(§ 43 Abs. 3 Satz 2), der Verzicht auf den Schadensersatzanspruch ohne die Einschränkungen
des § 9b Abs. 1 möglich (s. § 9b Rdnr. 2).

c) Sonstige Ersatzansprüche

48 Außerdem können sowohl gegen Geschäftsführer als auch gegen Gesellschafter **deliktische
Ansprüche** (§ 823 Abs. 2 BGB i.V.m. §§ 263, 266 StGB, § 826 BGB) gegeben sein. Diese Ansprüche werden durch § 9a nicht ausgeschlossen. Gegenüber Gesellschaftern können darüber
hinaus Schadensersatzansprüche aus der Verletzung gesellschaftsvertraglicher Pflichten in Betracht kommen.

2. Gesellschafter und Dritte

49 Ihnen können Schadensersatzansprüche wegen Gründungsschwindels vor allem aus § 823
Abs. 2 BGB i.V.m. § 82 Abs. 1 Nr. 1, 2 u. 4 GmbHG zustehen[112]. Die genannten Strafvorschriften sind, wie die Rechtsprechung für die entsprechenden aktienrechtlichen Regelungen
anerkannt hat[113], als **Schutzgesetze** zugunsten des genannten Personenkreises anzusehen (s.
11. Aufl., § 82 Rdnr. 13). Daneben kommen auch Ansprüche aus § 823 Abs. 2 BGB i.V.m.
§§ 263, 266 StGB, § 826 BGB und – für die Gesellschafter untereinander – u.U. aus der Verletzung vertraglicher Vereinbarungen in Betracht[114]. Ein Schaden der Gesellschafter oder Dritter
entfällt, wenn der Täter nach § 9a durch die Gesellschaft in Anspruch genommen worden
ist[115]. Umgekehrt befreit die Befriedigung jener nicht von der Haftung aus § 9a; eine doppelte
Inanspruchnahme wegen desselben Schadens kann er aber durch die Leistung an die Gesellschaft vermeiden[116].

---

110 OLG Rostock v. 2.2.1995 – 1 U 191/94, GmbHR 1995, 658, 660; OLG Celle v. 15.3.2000 – 9 U
209/99, NZG 2000, 1178, 1179; *Bayer*, in: Lutter/Hommelhoff, Rdnr. 15; *Roth*, in: Roth/Altmeppen,
Rdnr. 16; *Ulmer/Habersack*, in: Ulmer/Habersack/Löbbe, Rdnr. 56.
111 *Herrler*, in: MünchKomm. GmbHG, Rdnr. 99; *Ulmer/Habersack*, in: Ulmer/Habersack/Löbbe,
Rdnr. 56.
112 Vgl. OLG München v. 7.10.1987 – 3 U 3138/87, NJW-RR 1988, 290; *Ulmer/Habersack*, in: Ulmer/
Habersack/Löbbe, Rdnr. 59 ff.
113 Vgl. RGZ 157, 213, 217; RGZ 159, 211, 224; BGH v. 11.11.1985 – II ZR 109/84, BGHZ 96, 231,
243.
114 *Fastrich*, in: Baumbach/Hueck, Rdnr. 1; *Schmidt-Leithoff*, in: Rowedder/Schmidt-Leithoff,
Rdnr. 37; *Ulmer/Habersack*, in: Ulmer/Habersack/Löbbe, Rdnr. 59 ff., 63.
115 *Ulmer/Habersack*, in: Ulmer/Habersack/Löbbe, Rdnr. 62. Vgl. auch RGZ 115, 289, 296; RGZ 157,
213, 216 betr. die AG.
116 *Ulmer/Habersack*, in: Ulmer/Habersack/Löbbe, Rdnr. 62.

§ 9b
Verzicht auf Ersatzansprüche

(1) Ein Verzicht der Gesellschaft auf Ersatzansprüche nach § 9a oder ein Vergleich der Gesellschaft über diese Ansprüche ist unwirksam, soweit der Ersatz zur Befriedigung der Gläubiger der Gesellschaft erforderlich ist. Dies gilt nicht, wenn der Ersatzpflichtige zahlungsunfähig ist und sich zur Abwendung des Insolvenzverfahrens mit seinen Gläubigern vergleicht oder wenn die Ersatzpflicht in einem Insolvenzplan geregelt wird.

(2) Ersatzansprüche der Gesellschaft nach § 9a verjähren in fünf Jahren. Die Verjährung beginnt mit der Eintragung der Gesellschaft in das Handelsregister oder, wenn die zum Ersatz verpflichtende Handlung später begangen worden ist, mit der Vornahme der Handlung.

Eingefügt durch Gesetz vom 4.7.1980 (BGBl. I 1980, 836); Abs. 1 Satz 2 geändert durch Gesetz vom 5.10.1994 (BGBl. I 1994, 2911).

Schrifttum: *Cahn*, Vergleichsverbote im Gesellschaftsrecht, 1996; *Haas*, Der Verzicht und Vergleich auf Haftungsansprüche gegen den GmbH-Geschäftsführer, ZInsO 2007, 464.

I. Grundlagen

1. Regelungsinhalt und -zweck

Die Vorschrift ist durch die GmbH-Novelle 1980 in das Gesetz eingefügt worden, änderte aber das frühere Recht (§ 9 Abs. 2 und 3 a.F.) nur unwesentlich. Sie schränkt in § 9b Abs. 1 Satz 1 die Rechtswirksamkeit eines Verzichts auf Ersatzansprüche aus § 9a oder eines Vergleichs über sie ein, soweit der Ersatz zur Befriedigung der Gläubiger erforderlich ist. Ausgenommen ist ein Vergleich, den der Ersatzpflichtige zur Abwendung oder zur Beseitigung des Insolvenzverfahrens mit seinen Gläubigern geschlossen hat. § 9b Abs. 1 Satz 2 ist durch Art. 48 Nr. 1 EGInsO an die Neuregelung des Insolvenzverfahrens angepasst worden (s. Rdnr. 12 ff.). § 9b Abs. 2 regelt den Beginn und die Dauer der Verjährungsfrist für die Ersatzansprüche aus § 9a. Die Vorschrift dient ausschließlich dem **Gläubigerschutz**. Daher hat der Gesetzgeber anders als im Aktienrecht (vgl. § 50 AktG) weder eine Sperrfrist noch ein Widerspruchsrecht einer Gesellschafterminderheit gegen den Verzicht oder Vergleich vorgesehen[1]. Die Vorschrift ist ebenso wie § 9a **zwingend**.

2. Anwendungsbereich

§ 9b ist auf die gleichartigen Ersatzansprüche in den Fällen der **Kapitalerhöhung** (§ 57 Abs. 4) und der **Umwandlung** (§§ 36 Abs. 2 Satz 1, 135 Abs. 2 Satz 1, 197 Satz 1 UmwG)

1

2

---

1 Begr. RegE, BT-Drucks. 8/1347, S. 36.

entsprechend anwendbar. Die Vorschrift gilt dagegen nicht für sonstige Schadensersatzansprüche der Gesellschaft gegen die Geschäftsführer oder die Gesellschafter aus Anlass der Gründung (vgl. dazu § 9a Rdnr. 47 ff.). Schranken für den Verzicht und den Vergleich ergeben sich bei diesen Ansprüchen aber aus anderen Gläubigerschutzvorschriften (Rdnr. 3). Eine Ausnahme besteht für Schadensersatzansprüche gegen die Geschäftsführer wegen Verstoßes gegen die §§ 30, 33, auf die § 9b Abs. 1 entsprechend anzuwenden ist (§ 43 Abs. 3 Satz 2)[2]. Zur analogen Anwendung der Vorschrift bei **Vorratsgründungen** und der **Aktivierung einer Mantelgesellschaft** s. § 3 Rdnr. 28 ff.

3. Andere Gläubigerschutzvorschriften

3   Die Vorschrift schließt die Anwendbarkeit anderer Gläubigerschutzvorschriften auf einen Verzicht auf die Schadensersatzansprüche aus § 9a oder auf einen Vergleich über sie nicht aus. So sind entsprechende Vereinbarungen nach § 30 unzulässig, wenn dadurch das zur Erhaltung des Stammkapitals erforderliche Gesellschaftsvermögen zugunsten eines haftpflichtigen Gesellschafters oder Hintermannes geschmälert wird[3]. Ebenfalls möglich, neben § 9b Abs. 1 allerdings meist entbehrlich ist die **Anfechtung nach §§ 129 ff. InsO** und nach den Vorschriften des **AnfG**[4]. Beim Hinzutreten besonderer Umstände kann ein Verzicht oder Vergleich auch gemäß **§ 138 BGB** nichtig sein.

II. Verzicht und Vergleich (§ 9b Abs. 1)

1. Grundsatz

4   Die Gesellschaft kann grundsätzlich auf ihren Ersatzanspruch aus § 9a verzichten oder sich über ihn vergleichen, allerdings nicht im Voraus[5]. Die Entscheidung darüber steht, wenn der Ersatzpflichtige ein Gesellschafter oder ein amtierender Geschäftsführer ist, der **Gesellschafterversammlung** zu (§ 46 Nr. 8)[6]. Der betroffene Gesellschafter hat dabei kein Stimmrecht (§ 47 Abs. 4 Satz 2). Besondere Schutzvorschriften zugunsten der dem Verzicht oder Vergleich widersprechenden Gesellschafterminderheit bestehen abweichend vom Aktienrecht (§ 50 AktG) nicht. Der Beschluss kann im Einzelfall aber wegen Verstoßes gegen die mitgliedschaftliche Treuepflicht anfechtbar sein. Ob ein mit einem gesamtschuldnerisch haftenden Beteiligten (s. § 9a Rdnr. 41) vereinbarter Verzicht zugunsten aller Mitverpflichteten wirkt, beurteilt sich nach § 423 BGB. Auch die Erfüllung eines Vergleiches (§ 779 BGB) kann nach dem Willen der Vertragsschließenden gesamtbefreiend wirken[7].

2. Unwirksamkeit

5   Ein Verzicht und ein Vergleich sind unwirksam, soweit der **Ersatz zur Befriedigung der Gläubiger der Gesellschaft erforderlich** ist (§ 9b Abs. 1 Satz 1). Die Vorschrift ist nach ihrem Schutzzweck (Rdnr. 1) auf andere Rechtsgeschäfte entsprechend anwendbar, die eine vergleichbare Wirkung wie ein Vergleich oder ein Verzicht haben. Dazu gehören insbesondere die

---

2 Vgl. hierzu BGH v. 18.2.2008 – II ZR 62/07, NZG 2008, 314, 315.
3 Vgl. *Herrler*, in: MünchKomm. GmbHG, Rdnr. 6; *Ulmer/Habersack*, in: Ulmer/Habersack/Löbbe, Rdnr. 2.
4 Vgl. *Tebben*, in: Michalski u.a., Rdnr. 1.
5 *Roth*, in: Roth/Altmeppen, Rdnr. 10.
6 *Bayer*, in: Lutter/Hommelhoff, Rdnr. 1; *Fastrich*, in: Baumbach/Hueck, Rdnr. 2.
7 *Ulmer/Habersack*, in: Ulmer/Habersack/Löbbe, Rdnr. 7.

Annahme einer unzureichenden Leistung an Erfüllungs statt (§ 364 Abs. 1 BGB)[8] und die Abtretung des Ersatzanspruches ohne angemessene Gegenleistung[9].

a) Voraussetzungen

aa) Unter **Verzicht** i.S. des § 9b Abs. 1 sind der **Erlassvertrag** (§ 397 Abs. 1 BGB) und das vertragliche **negative Schuldanerkenntnis** (§ 397 Abs. 2 BGB) zu verstehen. Ferner fällt darunter die Verzichtswirkung der **Entlastung (§ 46 Nr. 5)**[10]. Es genügt, wenn er sich auf einen Teilbetrag des Ersatzanspruches aus § 9a bezieht oder nur einen der Gesamtschuldner betrifft[11]. Gleichzustellen ist ein nicht nur für einen kurzen Zeitraum wirkendes sogenanntes *pactum de non petendo* mit dem Ersatzpflichtigen oder einem Dritten, das den Bestand des Ersatzanspruches zwar nicht berührt, aber dem Schuldner ein Leistungsverweigerungsrecht gibt[12]. Die Stundung des Ersatzanspruches erfasst § 9b Abs. 1 Satz 1 im Allgemeinen nicht (abweichend von § 19 Abs. 2 betr. die Einlageschuld)[13], aber nach dem Schutzzweck der Vorschrift (Rdnr. 1) ist eine analoge Anwendung dann gerechtfertigt, wenn die Fälligkeit längerfristig hinausgeschoben wird[14]. Der **Prozessverzicht** der Gesellschaft (§ 306 ZPO) fällt ebenfalls unter § 9b Abs. 1 Satz 1. Da er die Dispositionsbefugnis der Partei über den Streitgegenstand voraussetzt, ist er beim Vorliegen der Voraussetzungen des § 9b Abs. 1 Satz 1 unwirksam; ein Verzichtsurteil darf nicht erlassen werden. Entsprechendes gilt für das **prozessuale Anerkenntnis** der Gesellschaft (§ 307 ZPO) im Falle einer negativen Feststellungsklage des Haftpflichtigen. Zur Urteilswirkung s. im Übrigen unter Rdnr. 11.

bb) Der Begriff des **Vergleichs** i.S. des § 9b Abs. 1 ergibt sich aus **§ 779 BGB**. Erforderlich ist, dass die Parteien einen Streit oder eine Ungewissheit über den Ersatzanspruch im Wege des gegenseitigen Nachgebens beseitigt haben. Betroffen sind nach dem Schutzzweck des § 9b Abs. 1 Satz 1 alle Vergleiche, die die Geltendmachung des *vollen* Ersatzanspruchs einschränken. **Bloße Stundungs- und Ratenzahlungsvergleiche** über den Anspruch unterliegen der Vorschrift unter den in Rdnr. 6 genannten Voraussetzungen. Das Vorstehende gilt auch für einen **Prozessvergleich** (§ 794 Abs. 1 Nr. 1 ZPO), der aufgrund seiner Doppelnatur als Prozesshandlung und materiell-rechtliches Rechtsgeschäft die Wirksamkeitsvoraussetzungen beider erfüllen muss und deshalb von der Dispositionsbefugnis der verfügenden Prozesspartei abhängig ist.

cc) Der erlassene oder der die Vergleichssumme übersteigende Ersatzbetrag ist **zur Befriedigung der Gesellschaftsgläubiger erforderlich**, wenn die Gesellschaft ohne ihn überschuldet wäre oder wenn sie zahlungsunfähig ist[15]. Die Eröffnung des Insolvenzverfahrens (§ 27 InsO) ist nicht notwendig. Darüber hinausgehend ist die genannte Voraussetzung auch schon dann gegeben, wenn die Gesellschaft nicht nur kurzfristig behebbare Zahlungsschwierigkeiten

6

7

8

---

8 *Bayer*, in: Lutter/Hommelhoff, Rdnr. 1; *Schmidt-Leithoff*, in: Rowedder/Schmidt-Leithoff, Rdnr. 8; *Ulmer/Habersack*, in: Ulmer/Habersack/Löbbe, Rdnr. 12.

9 *Bayer*, in: Lutter/Hommelhoff, Rdnr. 1; *Schmidt-Leithoff*, in: Rowedder/Schmidt-Leithoff, Rdnr. 8; *Ulmer/Habersack*, in: Ulmer/Habersack/Löbbe, Rdnr. 12; vgl. auch OLG Hamm v. 13.6.2001 – 8 U 130/00, NZG 2001, 1144 (Unwirksamkeit der Abtretung eines Anspruchs aus §§ 43 Abs. 3, 31 Abs. 6).

10 BGH v. 18.2.2008 – II ZR 62/07, NZG 2008, 314, 315; BGH v. 20.3.1986 – II ZR 114/85, ZIP 1987, 1050, 1052; *Fastrich*, in: Baumbach/Hueck, Rdnr. 2; *Ulmer/Habersack*, in: Ulmer/Habersack/Löbbe, Rdnr. 9.

11 *Schmidt-Leithoff*, in: Rowedder/Schmidt-Leithoff, Rdnr. 5; *Ulmer/Habersack*, in: Ulmer/Habersack/Löbbe, Rdnr. 8.

12 *Herrler*, in: MünchKomm. GmbHG, Rdnr. 17; *Tebben*, in: Michalski u.a., Rdnr. 3.

13 *Ulmer/Habersack*, in: Ulmer/Habersack/Löbbe, Rdnr. 10.

14 Noch weitergehend *Herrler*, in: MünchKomm. GmbHG, Rdnr. 17; vgl. auch *Tebben*, in: Michalski u.a., Rdnr. 3 (Stundung sei generell von § 9b Abs. 1 Satz 1 erfasst).

15 *Fastrich*, in: Baumbach/Hueck, Rdnr. 2; *Roth*, in: Roth/Altmeppen, Rdnr. 3; *Schmidt-Leithoff*, in: Rowedder/Schmidt-Leithoff, Rdnr. 9; *Ulmer/Habersack*, in: Ulmer/Habersack/Löbbe, Rdnr. 13; vgl. aus der Rechtsprechung (i.E. eine Erforderlichkeit ablehnend) BGH v. 18.2.2008 – II ZR 62/07, NZG 2008, 314, 316.

hat[16] und die Mittel zur Tilgung fälliger Gesellschaftsverbindlichkeiten benötigt werden[17]. Ein allgemeines Interesse der Gesellschaftsgläubiger an der Bereitstellung von ihrem Zugriff unterliegenden oder erleichternden Vermögensmitteln reicht dagegen nicht aus[18]. Andererseits verlangt § 9b Abs. 1 Satz 1 nicht, dass die Erforderlichkeit des Ersatzes beim Abschluss des Verzichts- oder Vergleichsvertrages vorhersehbar oder durch den Erlass mit verursacht worden war[19].

9   **dd) Beweislast.** Der Abschluss des Verzichts- oder Vergleichsvertrages (Rdnr. 6 f.) ist durch die haftpflichtigen Gesellschafter und Geschäftsführer darzulegen und zu beweisen, während die Gesellschaft die Darlegungs- und Beweislast dafür hat, dass der erlassene oder die Vergleichssumme übersteigende Ersatzbetrag zur Befriedigung der Gesellschaftsgläubiger erforderlich ist (Rdnr. 8)[20]. Hat ein Gesellschaftsgläubiger den Anspruch aus § 9a pfänden und sich zur Einziehung überweisen lassen (§§ 829 ff. ZPO; vgl. dazu § 9a Rdnr. 8), so beweist dieser Umstand allein noch nicht, dass der Ersatzbetrag zur Befriedigung notwendig ist[21].

b) Rechtsfolgen

10   Der **Verzicht oder Vergleich** ist beim Vorliegen oder dem späteren Eintritt der in § 9b Abs. 1 Satz 1 genannten Voraussetzung (Rdnr. 6) ohne Weiteres **der Gesellschaft und ihren Gläubigern gegenüber unwirksam,** *soweit* der Ersatz zur Befriedigung der Gesellschaftsgläubiger erforderlich ist. Die Vereinbarungen stehen also, bis zur vollendeten Verjährung (Rdnr. 16 ff.), stets unter dieser (auflösenden) gesetzlichen *Bedingung*[22]. Die Unwirksamkeit ist demzufolge weder von der Klageerhebung noch von einer sonstigen Erklärung der Gesellschaft abhängig. Auch der Haftpflichtige kann sich, vorbehaltlich eines Rechtsmissbrauchs, auf sie berufen[23]. Bei einer **Teilunwirksamkeit** der Vereinbarung gilt für die Auswirkung auf die übrigen Vertragsbestandteile die allgemeine Auslegungsregel des § 139 BGB[24].

11   Ein die Klage auf Zahlung des erlassenen Ersatzbetrags **abweisendes rechtskräftiges Urteil** steht der erneuten klageweisen Geltendmachung des Anspruchs nicht entgegen, wenn der Unwirksamkeitsgrund (s. Rdnr. 8, 10), auf den die Gesellschaft sich stützt, erst nach der letzten mündlichen Verhandlung des Vorprozesses eingetreten ist[25]. Der Berufung auf die Rechtskraft eines sachlich unrichtigen klageabweisenden Urteils kann dagegen bei einer erneuten Inanspruchnahme nur in besonderen Ausnahmefällen mit dem Arglisteinwand (§ 826 BGB) begegnet werden[26]. Das gilt auch für ein **Versäumnisurteil** gegen die GmbH, dessen Zulässigkeit § 9b Abs. 1 Satz 1 nicht ausschließt[27]. Die GmbH ist in diesen Fällen auf Schadens-

---

16 Zum Begriff der Zahlungsstockung vgl. BGH v. 24.5.2005 – IX ZR 123/04, GmbHR 2005, 1117.
17 Vgl. *Bayer*, in: Lutter/Hommelhoff, Rdnr. 2; *Fastrich*, in: Baumbach/Hueck, Rdnr. 2; *Schmidt-Leithoff*, in: Rowedder/Schmidt-Leithoff, Rdnr. 9; *Tebben*, in: Michalski u.a., Rdnr. 7; *Ulmer/Habersack*, in: Ulmer/Habersack/Löbbe, Rdnr. 13.
18 *Ulmer/Habersack*, in: Ulmer/Habersack/Löbbe, Rdnr. 13.
19 *Herrler*, in: MünchKomm. GmbHG, Rdnr. 22; *Tebben*, in: Michalski u.a., Rdnr. 7. A.A. *Ulmer/Habersack*, in: Ulmer/Habersack/Löbbe, Rdnr. 13.
20 *Ulmer/Habersack*, in: Ulmer/Habersack/Löbbe, Rdnr. 14.
21 *Fastrich*, in: Baumbach/Hueck, Rdnr. 2 a.E.
22 *Bayer*, in: Lutter/Hommelhoff, Rdnr. 2; *Fastrich*, in: Baumbach/Hueck, Rdnr. 2; *Schmidt-Leithoff*, in: Rowedder/Schmidt-Leithoff, Rdnr. 9; *Roth*, in: Roth/Altmeppen, Rdnr. 3; *Tebben*, in: Michalski u.a., Rdnr. 6; *Ulmer/Habersack*, in: Ulmer/Habersack/Löbbe, Rdnr. 15.
23 *Schmidt-Leithoff*, in: Rowedder/Schmidt-Leithoff, Rdnr. 10; *Ulmer/Habersack*, in: Ulmer/Habersack/Löbbe, Rdnr. 15.
24 *Schmidt-Leithoff*, in: Rowedder/Schmidt-Leithoff, Rdnr. 9; *Tebben*, in: Michalski u.a., Rdnr. 12; *Ulmer/Habersack*, in: Ulmer/Habersack/Löbbe, Rdnr. 16.
25 *Ulmer/Habersack*, in: Ulmer/Habersack/Löbbe, Rdnr. 24.
26 *Ulmer/Habersack*, in: Ulmer/Habersack/Löbbe, Rdnr. 23.
27 *Herrler*, in: MünchKomm. GmbHG, Rdnr. 27; *Tebben*, in: Michalski u.a., Rdnr. 8; zweifelnd *Ulmer/Habersack*, in: Ulmer/Habersack/Löbbe, Rdnr. 24.

ersatzansprüche gegen ihren Geschäftsführer oder den bestellten Prozessvertreter (§ 46 Nr. 8) wegen pflichtwidriger Prozessführung beschränkt.

3. Ausnahme bei Insolvenz des Ersatzpflichtigen

§ 9b Abs. 1 Satz 2 schränkt das weitreichende Verzichts- und Vergleichsverbot im Interesse 12 der Gläubigergleichbehandlung in der Insolvenz des Schuldners ein. Die Vorschrift setzt voraus, dass der Ersatzpflichtige zahlungsunfähig ist und sich zur Abwendung des Insolvenzverfahrens mit seinen Gläubigern vergleicht. Ferner gilt das Verzichts- und Vergleichsverbot nicht, wenn die Ersatzpflicht in einem Insolvenzplan geregelt wird.

a) Abwendung des Insolvenzverfahrens

Die erste Ausnahme von der Beschränkung des § 9b Abs. 1 Satz 1 setzt voraus, dass der Er- 13 satzpflichtige **zahlungsunfähig** i.S. des § 17 Abs. 2 InsO ist. Die Überschuldung ist in § 9b Abs. 1 Satz 2 nicht genannt, obwohl sie nach der Erweiterung des Personenkreises der Verantwortlichen durch den neuen § 9a für eine als Gesellschafterin oder als Hintermann (s. § 9a Rdnr. 23 ff., 39) haftpflichtige juristische Person oder GmbH & Co. KG ebenfalls als Insolvenzgrund in Betracht kommen kann (§§ 11, 19 InsO, § 98 GenG). Bei der unveränderten Übernahme des § 9 Abs. 2 a.F. wurde diese Erweiterung versehentlich nicht berücksichtigt[28]. Soweit die **Überschuldung** bei dem haftpflichtigen Gesellschafter oder Hintermann einen Insolvenzgrund darstellt, kommt nach dem Gesetzeszweck der § 9b Abs. 1 Satz 2 der Ausnahmetatbestand entsprechend zur Anwendung[29]. Die **drohende Zahlungsunfähigkeit** reicht dagegen nur aus, wenn auf Antrag des Schuldners das Insolvenzverfahren eröffnet worden ist (§ 18 InsO)[30].

Weiteres Erfordernis ist, dass der **Vergleich** zur **Abwendung** oder **Beseitigung** des **Insolvenz-** 14 **verfahrens** mit den Gläubigern geschlossen worden ist. Es kommt nur der **außergerichtliche Vergleich** in Betracht[31]. Es genügt, dass der Schuldner sich mit seinen Gläubigern derart auseinandersetzt, dass das Insolvenzverfahren vermieden wird[32]. Es ist nicht notwendig, dass alle Gläubiger an dem Vergleich beteiligt sind. In diesem Fall muss der Schuldner aber jedenfalls den Willen haben, die Gläubiger als Gesamtheit abzufinden. Dass er dann einzelne Gläubiger ausnimmt, ist für die Anwendung des § 9b Abs. 1 Satz 2 unschädlich. Wenn das Insolvenzverfahren bereits eröffnet ist, kann es nur mit Zustimmung aller Gläubiger eingestellt werden (vgl. § 213 InsO). Ein solcher Vergleich ist ebenfalls unter § 9b Abs. 1 Satz 2 zu subsumieren[33].

b) Regelung im Insolvenzverfahren

Ein **Insolvenzplan** kann Forderungen der Gläubiger kürzen, stunden oder sonst regeln 15 (§§ 217 ff. InsO). Voraussetzung für seine Wirksamkeit ist, dass die Gläubiger ihn mehrheitlich angenommen haben (§ 244 InsO). Außerdem muss er rechtskräftig durch das Insolvenz-

---

28 Vgl. Bericht des Rechtsausschusses, BT-Drucks. 8/3908, S. 36.
29 *Herrler*, in: MünchKomm. GmbHG, Rdnr. 30; *Schmidt-Leithoff*, in: Rowedder/Schmidt-Leithoff, Rdnr. 7; *Ulmer/Habersack*, in: Ulmer/Habersack/Löbbe, Rdnr. 19.
30 *Ulmer/Habersack*, in: Ulmer/Habersack/Löbbe, Rdnr. 17.
31 *Ulmer/Habersack*, in: Ulmer/Habersack/Löbbe, Rdnr. 20.
32 *Bayer*, in: Lutter/Hommelhoff, Rdnr. 3; *Ulmer/Habersack*, in: Ulmer/Habersack/Löbbe, Rdnr. 20. A.A. *Schmidt-Leithoff*, in: Rowedder/Schmidt-Leithoff, Rdnr. 7 a.E. (Beteiligung der Gesamtheit der Gläubiger).
33 *Ulmer/Habersack*, in: Ulmer/Habersack/Löbbe, Rdnr. 20.

gericht bestätigt werden (§§ 248, 254 InsO). Aus § 9b Abs. 1 Satz 2 folgt, dass Ersatzforderungen nach § 9a in den Insolvenzplan aufgenommen werden können.

III. Verjährung (§ 9b Abs. 2)

16   Die **Sonderregelung** des § 9b Abs. 2 über die Verjährung erfasst nur die Ersatzansprüche aus § 9a, nicht auch andere Schadensersatzansprüche gegen die Gesellschafter, ihre Hintermänner und die Geschäftsführer aus Anlass der Gründung (s. § 9a Rdnr. 47 ff.). Die abweichende Regelung betrifft lediglich den Beginn und die Dauer der Verjährung, während im Übrigen, soweit der Sinn dieser Bestimmung nicht entgegensteht, die allgemeinen Vorschriften des BGB gelten.

17   Die **Verjährungsfrist** für die Ersatzansprüche aus § 9a beträgt fünf Jahre und beginnt regelmäßig mit der Eintragung der Gesellschaft in das Handelsregister (§ 9b Abs. 2). Der maßgebliche Tag ist der zu datierenden Eintragung (§ 382 Abs. 2 FamFG) zu entnehmen. Wird die schädigende Handlung, was bei den Haftungsfällen des § 9a Abs. 2, nicht aber bei denen des § 9b Abs. 1 (s. § 9a Rdnr. 9) möglich ist, erst nach der Eintragung begangen, so beginnt die Verjährung mit ihrer Vornahme (§ 9b Abs. 2). Auf den Zeitpunkt des Schadenseintritts kommt es dagegen nicht an[34]. Ebenso wenig ist erheblich, ob die für die Entscheidung über die Geltendmachung des Ersatzanspruches zuständigen Personen (s. § 9a Rdnr. 4) von den ihn begründenden Umständen Kenntnis hatten.

18   Die **Hemmung und Unterbrechung** der Verjährung bestimmt sich nach den allgemeinen Vorschriften des BGB (§§ 203 ff.). Der Verjährungsablauf ist aber bei einem Forderungserlass nicht bis zum Eintritt der Unwirksamkeitsbedingung des § 9b Abs. 1 Satz 1 (Rdnr. 10) gehemmt. Ebenso kann ein Vergleich über die Ersatzforderung, soweit er nach der zitierten Bestimmung rechtsunwirksam ist, die Verjährung weder unterbrechen noch hemmen[35]. Auch das Fehlen eines gesetzlichen Vertreters der GmbH ist kein Hemmungsgrund, da eine entsprechende Anwendung des § 206 BGB auf juristische Personen nicht möglich ist. Ebensowenig tritt eine Hemmung deswegen ein, weil der Ersatzpflichtige während dieser Zeit weiter Geschäftsführer war; seiner Verjährungseinrede steht in der Regel auch nicht der Einwand von Treu und Glauben entgegen[36].

19   Die Vorschrift des § 9b Abs. 2 ist **zwingend** (s. Rdnr. 1). Die Verjährung kann also nicht vertraglich verkürzt werden[37].

20   Für einen **rechtskräftig festgestellten Ersatzanspruch** aus § 9a gilt die dreißigjährige Verjährungsfrist (§ 197 Abs. 1 Nr. 3 BGB). Dasselbe gilt, wenn über ihn ein nach Abs. 1 wirksamer gerichtlicher Vergleich abgeschlossen worden ist (§ 197 Abs. 1 Nr. 4 BGB). Bei einem außerhalb eines gerichtlichen Verfahrens geschlossenen Vergleichs bestimmt sich die Verjährung dagegen nach § 9b Abs. 2[38]; ihr Neubeginn folgt aus § 212 Abs. 1 BGB[39].

---

34   *Ulmer/Habersack*, in: Ulmer/Habersack/Löbbe, Rdnr. 25.
35   *Schmidt-Leithoff*, in: Rowedder/Schmidt-Leithoff, Rdnr. 14; *Ulmer/Habersack*, in: Ulmer/Habersack/Löbbe, Rdnr. 27.
36   BGH v. 29.6.1961 – II ZR 39/60, GmbHR 1961, 145.
37   *Bayer*, in: Lutter/Hommelhoff, Rdnr. 4; *Fastrich*, in: Baumbach/Hueck, Rdnr. 4; *Roth*, in: Roth/Altmeppen, Rdnr. 8; *Schmidt-Leithoff*, in: Rowedder/Schmidt-Leithoff, Rdnr. 12; *Ulmer/Habersack*, in: Ulmer/Habersack/Löbbe, Rdnr. 28.
38   *Schmidt-Leithoff*, in: Rowedder/Schmidt-Leithoff, Rdnr. 14; *Tebben*, in: Michalski u.a., Rdnr. 15; wohl auch *Ulmer/Habersack*, in: Ulmer/Habersack/Löbbe, Rdnr. 26; unklar *Roth*, in: Roth/Altmeppen, Rdnr. 7.
39   *Ulmer/Habersack*, in: Ulmer/Habersack/Löbbe, Rdnr. 26.

§ 9c
Ablehnung der Eintragung

(1) Ist die Gesellschaft nicht ordnungsgemäß errichtet und angemeldet, so hat das Gericht die Eintragung abzulehnen. Dies gilt auch, wenn Sacheinlagen nicht unwesentlich überbewertet worden sind.

(2) Wegen einer mangelhaften, fehlenden oder nichtigen Bestimmung des Gesellschaftsvertrages darf das Gericht die Eintragung nach Absatz 1 nur ablehnen, soweit diese Bestimmung, ihr Fehlen oder ihre Nichtigkeit

1. Tatsachen oder Rechtsverhältnisse betrifft, die nach § 3 Abs. 1 oder aufgrund anderer zwingender gesetzlicher Vorschriften in dem Gesellschaftsvertrag bestimmt sein müssen oder die in das Handelsregister einzutragen oder von dem Gericht bekanntzumachen sind,

2. Vorschriften verletzt, die ausschließlich oder überwiegend zum Schutze der Gläubiger der Gesellschaft oder sonst im öffentlichen Interesse gegeben sind, oder

3. die Nichtigkeit des Gesellschaftsvertrages zur Folge hat.

Eingefügt durch Gesetz vom 4.7.1980 (BGBl. I 1980, 836); Abs. 2 angefügt durch Gesetz vom 22.6.1998 (BGBl. I 1998, 1474); Abs. 1 Satz 2 geändert durch das MoMiG vom 23.10.2008 (BGBl. I 2008, 2026).

Schrifttum: *Ammon*, Die Prüfungsbefugnis des Registergerichts bei GmbH-Anmeldungen – besteht Reformbedarf?, DStR 1995, 1311; *Baur*, Zur Beschränkung der Entscheidungsbefugnis des Registerrichters durch einstweilige Verfügung, ZGR 1972, 421; *Bormann/Appelbaum*, Handelsregister und GmbH-Gründung als „Best Practice" im Vergleich zum anglo-amerikanischen Rechtskreis, ZIP 2007, 946; *Braasch*, Gründungsprobleme bei der GmbH. Eine Untersuchung über die Prüfungspraxis beim Registergericht Hamburg, 1975; *Buschmann*, Die Kontrollmöglichkeiten des Registerrichters bei der Eintragung von Gesellschaften mit beschränkter Haftung, DRiZ 1974, 90; *Gustavus*, Handelsregister-Anmeldungen, 9. Aufl. 2017; *Heinemann*, Die Reform der freiwilligen Gerichtsbarkeit durch das FamFG und ihre Auswirkungen auf die notarielle Praxis, DNotZ 2009, 6; *Herchen*, Agio und verdecktes Agio im Recht der Kapitalgesellschaften, 2004; *Holzer*, Die inhaltliche Kontrolle des Gesellschaftsvertrages der GmbH – Ein Beitrag zu Prüfungsrecht und Prüfungspflicht des Registergerichts, WiB 1997, 290; *Keilbach*, Die Prüfungsaufgaben der Registergerichte, MittRhNotK 2000, 365; *Klepsch*, Prüfungsrecht und Prüfungspflicht des Registergerichte, 2002; *Lappe*, Änderungen des Registerrechts der GmbH, GmbHR 1970, 9; *Menold*, Das materielle Prüfungsrecht des Handelsregisterrichters, 1966; *Müller*, Zur Prüfungspflicht des Handelsregisterrichters und -rechtspflegers, Rpfleger 1970, 375; *Nüther*, Prüfungspflichten des Registergerichts im elektronischen Handelsregister, Rpfleger 2008, 233; *Rawert*, Prüfungspflichten des Registerrichters nach dem Entwurf des Handelsrechtsreformgesetzes, in: Hommelhoff/Röhricht, RWS-Forum 10, Gesellschaftsrecht 1997, 1998, S. 81; *von Rössing*, Die Sachgründung nach der GmbH-Novelle 1980, 1984; *Rühl*, Rechtstatsachen zur Sachgründung im GmbH-Recht, 1987; *Schäfer-Gölz*, Die Lehre vom Vorbelastungsverbot und die Differenzhaftung der Gründer, 1983; *Spiegelberger/Walz*, Die Prüfung der Kapitalaufbringung im Rahmen der GmbH-Gründung, GmbHR 1998, 761; *Stumpf*, Das Handelsregister nach der HGB-Reform, BB 1998, 2380; *Trölitzsch*, Differenzhaftung für Sacheinlagen in Kapitalgesellschaften, 1998; *Ulbert*, Die GmbH im Handelsregisterverfahren, 1997; *Ullrich*, Registergerichtliche Inhaltskontrolle von Gesellschaftsverträgen und Satzungsänderungsbeschlüssen. Eintragungsverfahren gemäß § 9c Abs. 2 GmbHG, 2006.

I. Grundlagen

1. Regelungsinhalt und -zweck

1   Die durch die GmbH-Novelle 1980 eingefügte Vorschrift bestimmt die Voraussetzungen, unter denen das Registergericht die Eintragung der Gesellschaft abzulehnen hat. Ablehnungsgründe sind danach die nicht ordnungsgemäße Errichtung und Anmeldung (§ 9c Abs. 1 Satz 1). Konkretisierend bestimmt das Gesetz zusätzlich, dass dies auch bei einer nicht unwesentlichen Überbewertung von Sacheinlagen gilt (§ 9c Abs. 1 Satz 2). Die Regelung soll **sicherstellen**, dass nur solche Gesellschaften als GmbH zur Entstehung gelangen (§ 11 Abs. 1), die die **zwingenden gesetzlichen Gründungsvoraussetzungen** erfüllen. Die Prüfungspflicht des Registergerichts ist zwar im Gesetz nicht ausdrücklich erwähnt. Sie ergibt sich aber zwangsläufig aus § 9c (Rdnr. 4)[1]. Die Einführung einer obligatorischen Gründungsprüfung durch sachverständige Gründungsprüfer, wie sie § 5d RegE für bestimmte Sachgründungen vorgesehen hatte, lehnte der Gesetzgeber im Hinblick auf die sonstigen Sicherungen letztlich als zu weitgehend ab[2]. Das Registergericht kann aber im Rahmen seiner allgemeinen Prüfungspflicht sachverständige Prüfer hinzuziehen, wenn dies ihm nötig erscheint (Rdnr. 14, 34).

2   Die Vorschrift des **Abs. 2** ist durch das HRefG vom 22.6.1998 (BGBl. I 1998, 1474) eingefügt worden. Der Gesetzgeber wollte durch sie die inhaltliche Prüfung des Gesellschaftsvertrages einschränken (s. Rdnr. 19 ff.) und das Eintragungsverfahren vereinfachen sowie beschleunigen[3]. Sie ist am 1.7.1998 in Kraft getreten (Art. 29 Abs. 4 HRefG). Schließlich hat das **MoMiG** in § 9c Abs. 1 Satz 2 die Wörter „nicht unwesentlich" eingefügt. Damit hat es die Werthaltigkeitskontrolle des Registergerichts bei Sacheinlagen an die Rechtslage bei der AG (vgl. § 38 Abs. 2 Satz 2 AktG) angepasst. Der Gesetzgeber wollte einen „inhaltlich nicht begründbaren Widerspruch zwischen AktG und GmbHG" beseitigen und die Eintragung einer Gesellschaft beschleunigen. Dazu sah er sich auch wegen einer höchst unterschiedlichen Registergerichtspraxis veranlasst[4]. Die Änderungen durch das MoMiG traten zum 1.11.2008 in Kraft.

2. Anwendungsbereich

3   Die Vorschrift des § 9c betrifft die Gründung einer GmbH. Sie gilt auch für die **Verschmelzung** und **Spaltung** eines Rechtsträgers auf eine neu zu gründende GmbH (§§ 36 Abs. 2 Satz 1, 135 Abs. 2 Satz 1 UmwG) und für den **Formwechsel** eines Rechtsträgers anderer Rechtsform in eine GmbH (§ 197 Satz 1 UmwG). Die entsprechende Anwendung des § 9c Abs. 1 ist ferner ausdrücklich für die ordentliche Kapitalerhöhung angeordnet (§ 57a). Die Eintragungskontrolle durch das Registergericht gemäß § 9c Abs. 1 Satz 1 gilt darüber hinaus für die Anmeldung anderer **Satzungsänderungen** entsprechend, soweit sie nicht durch Spe-

---

1   Bericht des Rechtsausschusses, BT-Drucks. 8/3908, S. 72; BayObLG v. 5.11.1982 – BReg 3 Z 92/82, BB 1983, 83.
2   Bericht des Rechtsausschusses, BT-Drucks. 8/3908, S. 70.
3   Vgl. Begr. RegE, BT-Drucks. 340/97, S. 77 f.
4   Vgl. Begr. RegE MoMiG, BT-Drucks. 16/6140, S. 36.

zialvorschriften eingeschränkt ist[5]. Auch bei einer wirtschaftlichen Neugründung – durch Aktivierung einer Vorratsgesellschaft oder eines Mantels – ist § 9c entsprechend anwendbar (s. § 3 Rdnr. 28 ff., 38).

II. Prüfungspflicht des Registergerichts

1. Rechtsgrundlage

Die Prüfungspflicht des Registergerichts ist im GmbHG **nicht ausdrücklich bestimmt**. Sie folgt aber implizit aus § 9c Abs. 1 Satz 1, wonach das Gericht die Eintragung einer nicht ordnungsgemäß errichteten und angemeldeten Gesellschaft abzulehnen *hat*. Der Sinn der Bestimmung, eine GmbH nach Maßgabe des geltenden *Normativsystems* durch die konstitutive Eintragung in das Handelsregister nur dann entstehen zu lassen, wenn sie die vorgeschriebenen rechtlichen Anforderungen erfüllt (Rdnr. 1), setzt notwendigerweise deren registergerichtliche Prüfung voraus. Die **Erforderlichkeit** dieser Kontrolle ergibt sich ferner aus den für die Gründungsgesellschafter und für Dritte einschneidenden Rechtswirkungen der Eintragung, die die Geltendmachung von Gründungsmängeln weitgehend ausschließt (s. § 10 Rdnr. 21 ff.)[6]. Die Prüfungspflicht ist dagegen nicht aus dem Grundsatz der Amtsermittlung (§ 26 FamFG) abzuleiten, der für das Eintragungsverfahren gilt (Rdnr. 13), aber nicht den prüfungspflichtigen Tatbestand regelt[7].

2. Inhalt und Umfang

Das Gericht hat, wie § 9c Abs. 1 Satz 1 indirekt festlegt (Rdnr. 4), die Ordnungsmäßigkeit der Errichtung und der Anmeldung der Gesellschaft zu prüfen. Die Merkmale umschreiben Inhalt und Umfang *der Pflicht und des Rechts zur Prüfung*. Eine Differenzierung zwischen beiden ist wegen der gewollten Verknüpfung mit den Ablehnungsgründen[8] nicht möglich[9]. Die Prüfung muss sich auf die **Ordnungsmäßigkeit des Vorgangs** erstrecken. Sie darf darüber nicht hinausgehen. Denn die Beteiligten haben grundsätzlich einen Anspruch auf unverzügliche Eintragung, wenn die Voraussetzungen hierfür vorliegen[10]. Entsprechendes gilt demgemäß auch für das Ermittlungsrecht, das nur in dem sachlich gebotenen Umfange ausgeübt und nicht nach dem Ermessen des Gerichts erweitert werden darf (Rdnr. 12 ff.).

Der **Gesetzeswortlaut** des § 9c Abs. 1 Satz 1 lehnt sich an das Aktienrecht (§ 38 Abs. 1 AktG) an. Die Vorschrift will die für das frühere Recht praeter legem entwickelte Prüfungspflicht des Registergerichts, die schon mit der analogen Anwendung der zitierten aktienrechtlichen Vorschrift begründet worden ist, anerkennen und bestätigen[11]. Zweifel über die Gegenstände und den Umfang der Prüfung klärt das Gesetz, abgesehen von den Fällen des Inhalts des Ge-

---

5 RG v. 21.6.1935 – II B 5/35, RGZ 148, 175, 187; KG v. 11.2.1997 – 1 W 3412/96, GmbHR 1997, 708, 709; BayObLG v. 29.10.1992 – 3Z BR 38/92, GmbHR 1993, 167, 168; OLG Hamm v. 18.12.1995 – 15 W 413/95, FGPrax 1996, 71, 72; OLG Naumburg v. 12.2.1997 – 10 Wx 1/97, GmbHR 1997, 1152, 1153; *Fastrich*, in: Baumbach/Hueck, Rdnr. 1; *Ulmer/Habersack*, in: Ulmer/Habersack/Löbbe, Rdnr. 3.

6 *Ulmer/Habersack*, in: Ulmer/Habersack/Löbbe, Rdnr. 7.

7 *Ulmer/Habersack*, in: Ulmer/Habersack/Löbbe, Rdnr. 7; *Wicke*, in: MünchKomm. GmbHG, Rdnr. 3.

8 Bericht des Rechtsausschusses, BT-Drucks. 8/3908, S. 72.

9 Vgl. dazu *Braasch*, Gründungsprobleme, S. 24; *Menold*, Prüfungsrecht, S. 67 f.; *Ulmer/Habersack*, in: Ulmer/Habersack/Löbbe, Rdnr. 8. A.A. *Roth*, in: Roth/Altmeppen, Rdnr. 6; offen lassend BGH v. 18.2.1991 – II ZR 104/90, BGHZ 113, 335, 351.

10 BGH v. 18.2.1991 – II ZR 104/90, BGHZ 113, 335, 352; KG v. 19.5.1998 – 1 W 5328/97, GmbHR 1998, 786, 787; OLG Frankfurt v. 27.5.1992 – 20 W 134/92, BB 1992, 1160; *Bayer*, in: Lutter/Hommelhoff, Rdnr. 3; *Fastrich*, in: Baumbach/Hueck, Rdnr. 2.

11 Bericht des Rechtsausschusses, BT-Drucks. 8/3908, S. 72.

sellschaftsvertrags (§ 9c Abs. 2) und der Überbewertung von Sacheinlagen (§ 9c Abs. 1 Satz 2), nicht. In beiden Beziehungen bedürfen die angeführten Voraussetzungen (Rdnr. 5) der Konkretisierung nach Maßgabe des Prüfungszwecks.

a) Gegenstand

7 Die Prüfung der Ordnungsmäßigkeit der Errichtung und Anmeldung erfordert, dass **alle formellen und materiellen gesetzlichen Eintragungsvoraussetzungen** einzubeziehen sind (dazu näher Rdnr. 15 ff.)[12]. Unter „Errichtung" ist nicht nur der Abschluss des Gesellschaftsvertrages zu verstehen, sondern der Gesetzesbegriff erfasst, wie die Abschnittsüberschrift des GmbHG zeigt, die Gesamtheit der zwingend vorgeschriebenen Gründungsvoraussetzungen einer GmbH, insbesondere auch die **Bestellung der Geschäftsführer** (§ 6) und die erforderlichen **Einlageleistungen** der Gesellschafter (§ 7 Abs. 2 und 3). Die Beschränkung der Prüfung auf die eintragungspflichtigen Umstände (§ 10) ist nach dem Sinn des Eintragungserfordernisses (Rdnr. 1) unzulässig[13]. Dem Registergericht steht auch kein Ermessen zur Bestimmung der Prüfungsgegenstände zu. Es darf seine Kontrolle einerseits nicht auf einzelne, z.B. erfahrungsgemäß besonders kritische Eintragungsvoraussetzungen beschränken und andererseits nicht auf Umstände ausdehnen, von denen rechtlich eine Eintragung nicht abhängt. Letzteres gilt vor allem für die wirtschaftlichen und finanziellen Grundlagen des Unternehmens der GmbH, die seiner Prüfungskompetenz nicht unterliegen (Rdnr. 36).

b) Umfang

8 Die Ordnungsmäßigkeit der Errichtung und der Anmeldung der Gesellschaft ist durch das Registergericht nicht nur in formeller, sondern **auch in materieller Hinsicht** zu prüfen. Die im Grundsatz seit langem allgemein anerkannte[14], in den Einzelheiten aber umstrittene materielle Prüfungspflicht folgt aus dem Zweck des Eintragungserfordernisses. Eine Bestätigung findet sie in § 9c Abs. 1 Satz 2 und Abs. 2[15]. Sie umfasst die Kontrolle der Rechtmäßigkeit der Gesellschaftserrichtung (Rdnr. 9 ff.) und der inhaltlichen Richtigkeit des für die Eintragung angemeldeten rechtserheblichen Sachverhalts (Rdnr. 12 f.).

9 **Die materielle Rechtmäßigkeitskontrolle** (Rdnr. 8) hat sich darauf zu beziehen, dass die zwingenden gesellschaftsrechtlichen Anforderungen an die Gründung der GmbH eingehalten worden sind[16], die notwendigen Gründungsakte nicht ganz oder teilweise wegen Versto-

---

12 BGH v. 18.2.1991 – II ZR 104/90, BGHZ 113, 335, 351; OLG Düsseldorf v. 3.12.1997 – 3 Wx 545/97, GmbHR 1998, 235, 236; *Roth*, in: Roth/Altmeppen, Rdnr. 2; *Ulmer/Habersack*, in: Ulmer/Habersack/Löbbe, Rdnr. 9, 11.

13 BayObLG v. 5.11.1982 – BReg 3 Z 92/82, BB 1983, 83.

14 Vgl. RG v. 24.3.1933 – II 398/32, RGZ 140, 174, 180; RG v. 21.6.1935 – II B 5/35, RGZ 148, 175; BGH v. 18.2.1991 – II ZR 104/90, BGHZ 113, 335, 351; KG v. 11.2.1997 – 1 W 3412/96, GmbHR 1997, 708; OLG Stuttgart v. 13.12.1966 – 8 W 141/66, GmbHR 1967, 232; BayObLG v. 9.12.1974 – BReg 2 Z 57/74, BayObLGZ 1974, 479; BayObLG v. 5.10.1978 – BReg 1 Z 104/78, BayObLGZ 1978, 282; BayObLG v. 10.12.1981 – BReg 1 Z 184/81, GmbHR 1982, 210; BayObLG v. 5.11.1982 – BReg 3 Z 92/82, BB 1983, 83; BayObLG v. 8.2.1985 – BReg 3 Z 12/85, BB 1985, 545, 546; BayObLG v. 19.9.1991 – BReg 3 Z 97/91, BB 1991, 2103, 2104; OLG Köln v. 1.7.1981 – 2 Wx 31/81, GmbHR 1982, 187; OLG Hamburg v. 4.4.1984 – 2 W 25/80, BB 1984, 1763; OLG Düsseldorf v. 3.12.1997 – 3 Wx 545/97, GmbHR 1998, 235, 236.

15 Vgl. *Bayer*, in: Lutter/Hommelhoff, Rdnr. 3; *Fastrich*, in: Baumbach/Hueck, Rdnr. 2; *Ulmer/Habersack*, in: Ulmer/Habersack/Löbbe, Rdnr. 9, 11.

16 OLG Stuttgart v. 13.12.1966 – 8 W 141/66, GmbHR 1967, 232; BayObLG v. 5.11.1982 – BReg 3 Z 92/82, BB 1983, 83; BayObLG v. 8.2.1985 – BReg 3 Z 12/85, BB 1985, 545, 546; BayObLG v. 19.9.1991 – BReg 3 Z 97/91, BB 1991, 2103, 2104; OLG Köln v. 1.7.1981 – 2 Wx 31/81, GmbHR 1982, 187; OLG Köln v. 12.5.1997 – 2 Wx 57/96, GmbHR 1997, 945; OLG Hamburg v. 4.4.1984 – 2 W 25/80, BB 1984, 1763 f.; *Fastrich*, in: Baumbach/Hueck, Rdnr. 3; *Roth*, in: Roth/Altmeppen,

ßes gegen andere (auch außergesellschaftsrechtliche) Vorschriften nichtig oder unwirksam sind und die Vor-GmbH, wovon mangels gegenteiliger Anhaltspunkte aber auszugehen ist, nicht aufgelöst ist. Das Registergericht hat sie umfassend vorzunehmen, soweit sich nicht aus Abs. 2 Einschränkungen ergeben (s. Rdnr. 2, 20 ff.)[17]. Es darf Gründungsmängel nicht deswegen unbeachtet lassen, weil sie durch Eintragung der Gesellschaft geheilt werden (s. § 10 Rdnr. 21 ff.) oder durch eine salvatorische Klausel des Gesellschaftsvertrages erfasst werden. Auch der Umstand, dass der Notar die zu beurkundenden Erklärungen der Gründungsgesellschafter (§ 2 Abs. 1) auf ihre Rechtswirksamkeit zu prüfen und bestehende Zweifel in der Niederschrift zu vermerken hat (§ 17 Abs. 2 BeurkG), ändert an der Prüfungspflicht des Registergerichts nichts[18].

Die Kontrolle der Satzungsregelungen auf **inhaltliche Klarheit** gehört dagegen grundsätzlich **10** nicht zu den Aufgaben des Registergerichts (§ 9 Abs. 2)[19]. Es ist unerheblich, ob die Bestimmungen lediglich das interne Gesellschaftsverhältnis betreffen oder auch für außenstehende Dritte bedeutsam sind[20]. Eine Ausnahme ist nur bei solchen Unklarheiten gerechtfertigt, die zugleich eine naheliegende Gefahr der Irreführung über die für Außenstehende wichtigen Umstände der Gesellschaft begründen[21].

Eine **Zweckmäßigkeitskontrolle** der Gründungsakte, die nicht nur die Satzungsautonomie **11** der Gesellschafter unzulässig beeinträchtigen, sondern auch in den grundgesetzlich geschützten Kernbereich der Vereinigungsfreiheit (Art. 9 Abs. 1 GG) eingreifen würde[22], ist **ausgeschlossen**[23]. Der Registerrichter darf also eine Anmeldung nicht deshalb zurückweisen oder beanstanden, weil er eine rechtswirksame Satzungsbestimmung für unzweckmäßig oder bedenklich hält[24] oder weil sie nach seiner Ansicht einen möglichen Konflikt nicht interessegerecht[25] oder unvollständig regelt. Er darf auch nicht die redaktionelle oder sprachliche Fassung des Gesellschaftsvertrages oder die wörtliche oder sinngemäße Wiedergabe von Gesetzesvorschriften beanstanden. Er handelt pflichtwidrig, wenn er durch unangebrachte Ratschläge oder Belehrungen in diesen Bereichen die Eintragung der Gesellschaft verzögert.

Die Prüfungspflicht bezieht sich ferner auf die **inhaltliche Richtigkeit des angemeldeten** **12** **entscheidungserheblichen Sachverhalts** (Rdnr. 8). Auch insoweit hängt sie nicht von zu-

Rdnr. 3; *Schmidt-Leithoff*, in: Rowedder/Schmidt-Leithoff, Rdnr. 8; *Ulmer/Habersack*, in: Ulmer/Habersack/Löbbe, Rdnr. 9, 11; vgl. auch BayObLG v. 9.12.1974 – BReg 2 Z 57/74, BB 1975, 249, 250.

17 Kritisch zu diesen durch das HRefG eingefügten Einschränkungen *Bayer*, in: Lutter/Hommelhoff, Rdnr. 13.

18 *Bayer*, in: Lutter/Hommelhoff, Rdnr. 13.

19 OLG Köln v. 1.7.1981 – 2 Wx 31/81, GmbHR 1982, 187; BayObLG v. 5.7.1971 – BReg 2 Z 93/70, BayObLGZ 1971, 242, 245; BayObLG v. 8.2.1985 – BReg 3 Z 12/85, BB 1985, 545, 546; BayObLG v. 29.10.1992 – 3Z BR 38/92, GmbHR 1993, 167, 168; *Bayer*, in: Lutter/Hommelhoff, Rdnr. 5; *Ulmer/Habersack*, in: Ulmer/Habersack/Löbbe, Rdnr. 12.

20 Für den zuletzt genannten Fall a.A. BayObLG v. 5.7.1971 – BReg 2 Z 93/70, BayObLGZ 1971, 242, 245; BayObLG v. 8.2.1985 – BReg 3 Z 12/85, BB 1985, 545, 546; BayObLG v. 29.10.1992 – 3Z BR 38/92, GmbHR 1993, 167, 168.

21 Vgl. BayObLG v. 5.7.1971 – BReg 2 Z 93/70, BayObLGZ 1971, 242, 245; *Ulmer/Habersack*, in: Ulmer/Habersack/Löbbe, Rdnr. 12.

22 BayObLG v. 5.11.1982 – BReg 3 Z 92/82, BayObLGZ 1982, 368, 373; BayObLG v. 8.2.1985 – BReg 3 Z 12/85, BB 1985, 545, 546; BayObLG v. 29.10.1992 – 3 Z BR 38/92, GmbHR 1993, 167, 168.

23 *Ulmer/Habersack*, in: Ulmer/Habersack/Löbbe, Rdnr. 11.

24 OLG Stuttgart v. 13.12.1966 – 8 W 141/66, GmbHR 1967, 232; BayObLG v. 9.12.1974 – BReg 2 Z 57/74, BayObLGZ 1974, 479, 483; BayObLG v. 5.11.1982 – BReg 3 Z 92/82, BB 1983, 83, 84; BayObLG v. 8.2.1985 – BReg 3 Z 12/85, BB 1985, 545, 546; BayObLG v. 29.10.1992 – 3Z BR 38/92, GmbHR 1993, 167, 168; OLG Köln v. 1.7.1981 – 2 Wx 31/81, GmbHR 1982, 187; OLG Karlsruhe v. 8.1.1993 – 4 W 28/92, GmbHR 1993, 101, 102; *Ulmer/Habersack*, in: Ulmer/Habersack/Löbbe, Rdnr. 11.

25 BayObLG v. 5.11.1982 – BReg 3 Z 92/82, BB 1983, 83, 84; BayObLG v. 8.2.1985 – BReg 3 Z 12/85, BB 1985, 545, 546; *Ulmer/Habersack*, in: Ulmer/Habersack/Löbbe, Rdnr. 11.

sätzlichen Voraussetzungen, z.B. einem besonderen Anlass zu Zweifeln oder Bedenken[26] ab, sondern gilt uneingeschränkt für *alle* Anmeldungen[27]. Die Prüfung ist anhand der beigefügten Anmeldeunterlagen (§ 8) vorzunehmen[28]. Das Gericht kann in zweifelhaften Fällen außerdem die berufsständischen Organe anhören, soweit dies zur Vornahme der gesetzlich vorgeschriebenen Eintragungen sowie zur Vermeidung unwichtiger Eintragungen in das Register erforderlich ist (§ 380 Abs. 2 FamFG). In der Praxis wird allerdings nicht nur in Zweifelsfällen, sondern regelmäßig Gutachten der Industrie- und Handelskammer bezüglich der firmenrechtlichen Zulässigkeit eingeholt[29]. Die volle Überzeugung oder die Gewissheit über das Vorliegen der maßgeblichen Tatsachen brauchen die Unterlagen dem Registergericht nicht zu verschaffen[30]. Es ist vielmehr, wie die Entstehungsgeschichte der Vorschrift[31] und die gesetzlichen Anforderungen an die Anmeldeunterlagen (§ 8) bestätigen, lediglich erforderlich, dass die Prüfung keine sachlich berechtigten Zweifel an der Richtigkeit der Anmeldung ergibt[32].

13 Eine **Pflicht des Registergerichts zu weiteren Sachverhaltsermittlungen** (§ 26 FamFG) besteht deshalb nur, wenn und soweit nach den Umständen des Einzelfalls derartige Zweifel gegeben sind, weil die eingereichten Anmeldeunterlagen unklar, widersprüchlich oder inhaltlich für die zu belegende Tatsache (z.B. den Einlagewert einer Sacheinlage) unzureichend oder wenn konkrete Anhaltspunkte für mögliche Unrichtigkeiten oder Unvollständigkeiten des angemeldeten Sachverhalts vorhanden sind. Die Ermittlungspflicht darf nicht überspannt werden. Ganz entfernt liegende Bedenken genügen nicht; vielmehr müssen begründete Zweifel gegeben sein[33]. Es besteht auch kein Ermessen des Registergerichts, ohne Rücksicht auf das Vorliegen der genannten Voraussetzung weitere Ermittlungen vorzunehmen[34]. Nach der Entstehungsgeschichte der GmbH-Novelle 1980 widerspräche es insbesondere den Intentionen des Gesetzes, beim Fehlen eines konkreten Anlasses zum Zweifel an der Richtigkeit der Anmeldung für die den Gegenstand der Versicherungen nach § 8 Abs. 2 und 3 bildenden Umstände die Vorlage von Nachweisen (z.B. Zahlungsbelegen oder Bankbestätigungen) zu verlangen oder eine Gründungsprüfung anzuordnen[35].

---

26 So RG v. 24.3.1933 – II 398/32, RGZ 140, 174, 181; OLG Hamburg v. 4.4.1984 – 2 W 25/80, BB 1984, 1763 f.; *Roth*, in: Roth/Altmeppen, Rdnr. 6.
27 *Schmidt-Leithoff*, in: Rowedder/Schmidt-Leithoff, Rdnr. 12; *Ulmer/Habersack*, in: Ulmer/Habersack/Löbbe, Rdnr. 13.
28 BGH v. 18.2.1991 – II ZR 104/90, BGHZ 113, 335, 352; OLG Düsseldorf v. 10.1.1996 – 3 Wx 274/95, GmbHR 1996, 214, 216; OLG Düsseldorf v. 3.12.1997 – 3 Wx 545/97, GmbHR 1998, 235, 236; KG v. 11.2.1997 – 1 W 3412/96, GmbHR 1997, 708, 709; KG v. 19.5.1998 – 1 W 5328/97, GmbHR 1998, 786, 787; s. auch schon RG v. 24.3.1933 – II 398/32, RGZ 140, 174, 181.
29 *Wicke*, in: MünchKomm. GmbHG, Rdnr. 11.
30 A.A. die ältere Lit.; vgl. *Baums*, StuW 1980, 299; *Braasch*, Gründungsprobleme, S. 4 ff., 20 ff., 78; *Menold*, Das materielle Prüfungsrecht, S. 68, 90 ff.; *Groß*, Rpfleger 1976, 237.
31 Bericht des Rechtsausschusses, BT-Drucks. 8/3908, S. 72.
32 BGH v. 18.2.1991 – II ZR 104/90, BGHZ 113, 335, 352; BayObLG v. 10.12.1981 – BReg 1 Z 184/81, GmbHR 1982, 210, 211; OLG Düsseldorf v. 10.1.1996 – 3 Wx 274/95, GmbHR 1996, 214, 216; KG v. 11.2.1997 – 1 W 3412/96, GmbHR 1997, 708, 709; *Bayer*, in: Lutter/Hommelhoff, Rdnr. 3; *Fastrich*, in: Baumbach/Hueck, Rdnr. 2; *Ulmer/Habersack*, in: Ulmer/Habersack/Löbbe, Rdnr. 13.
33 Vgl. KG v. 11.2.1997 – 1 W 3412/96, GmbHR 1997, 708, 710; KG v. 19.5.1998 – 1 W 5328/97, GmbHR 1998, 786, 787; OLG Hamburg v. 4.4.1984 – 2 W 25/80, BB 1984, 1763 f.; BayObLG v. 18.2.1988 – BReg 3 Z 154/87, GmbHR 1988, 269; BayObLG v. 14.10.1993 – 3Z BR 191/93, GmbHR 1994, 116, 117; OLG Frankfurt v. 27.5.1992 – 20 W 134/92, GmbHR 1992, 531, 532; OLG Hamm v. 1.12.1992 – 15 W 275/92, GmbHR 1993, 95, 96; OLG Düsseldorf v. 31.7.1996 – 3 Wx 293/96, GmbHR 1997, 70, 71; OLG Düsseldorf v. 3.12.1997 – 3 Wx 545/97, GmbHR 1998, 235, 236; *Bayer*, in: Lutter/Hommelhoff, Rdnr. 3; *Priester*, DNotZ 1980, 515, 523.
34 *Ulmer/Habersack*, in: Ulmer/Habersack/Löbbe, Rdnr. 8; *Groß*, Rpfleger 1976, 237; a.A. *Roth*, in: Roth/Altmeppen, Rdnr. 6.
35 Vgl. Bericht des Rechtsausschusses, BT-Drucks. 8/3908, S. 70, 71, 72; BGH v. 18.2.1991 – II ZR 104/90, BGHZ 113, 335, 352; *Fastrich*, in: Baumbach/Hueck, Rdnr. 2; *Bayer*, in: Lutter/Hommelhoff, Rdnr. 3 f.; *Spindler*, ZGR 1997, 537, 541 f.

Über die **Mittel zur weiteren Sachverhaltsaufklärung** entscheidet das Registergericht nach 14
pflichtgemäßem Ermessen. Es hat von mehreren geeigneten Maßnahmen nach dem Verhält-
nismäßigkeitsgrundsatz möglichst diejenige zu wählen, die voraussichtlich unnötige Verfah-
rensverzögerungen oder Kostenbelastungen der Beteiligten vermeidet[36]. Es kann von der Gesellschaft auf Grund ihrer Mitwirkungspflicht zusätzliche Aufklärungen über den Sachverhalt
und die Vorlage geeigneter Nachweise verlangen, aber auch die erforderlichen Ermittlungen
selbst vornehmen. Vor allem wenn Anhaltspunkte dafür bestehen, dass Sacheinlagen nicht unwesentlich überbewertet sind (§ 9c Abs. 1 Satz 2), kann es geboten sein, einen Sachverständigen hinzuzuziehen oder, wenn das den Umständen nach erforderlich erscheint, eine umfassendere Gründungsprüfung durch sachverständige Prüfer anzuordnen[37]. Die Feststellungslast
bei nicht aufklärbaren Sachverhalten trägt die Antragstellerin[38].

3. Einzelne Prüfungsgegenstände

a) Anmeldung

Das Registergericht hat die Anmeldung darauf zu prüfen, ob seine **örtliche Zuständigkeit** für 15
die Eintragung (Amtsgericht des statutarischen Sitzes) gegeben ist, die erforderliche **Form**
(§ 12 HGB) gewahrt ist, sämtliche Geschäftsführer einschließlich der Stellvertreter **persönlich
angemeldet** haben (§ 78), diese ausreichend **legitimiert und nicht amtsunfähig** (§ 6 Abs. 2)
sind, die vorgeschriebenen **Unterlagen** (§ 8 Abs. 1) beigefügt sind und sie sowie der **Eintragungsantrag** auch im Übrigen den formellen und inhaltlichen Anforderungen des Gesetzes
genügen. Nachträgliche Änderungen in den Personen der Geschäftsführer oder ihrer Vertretungsbefugnis sind unter Beifügung der entsprechenden Urkunden anmeldepflichtig (§ 39
Abs. 1 und 2). Die Anmeldung neuer Geschäftsführer muss die Angabe über ihre Vertretungsbefugnis enthalten (§ 8 Abs. 4); sie müssen die Versicherung über das Nichtvorhandensein von Ausschlussgründen abgeben (§ 8 Abs. 3), nicht aber die Versicherung über die
vorher bewirkten Einlageleistungen (§ 8 Abs. 2) wiederholen (s. § 8 Rdnr. 25). Wenn eine
Person, die für Willenserklärungen und Zustellungen an die Gesellschaft empfangsberechtigt
ist, mit einer inländischen Anschrift zur Eintragung in das Handelsregister angemeldet wird,
sind auch diese Angaben zu prüfen. Auch jede nachträgliche Änderung im Gesellschafterbestand ist unter Vorlage des Gesellschaftsvertrags mitzuteilen[39]. Eine Mitteilungspflicht gegenüber dem Registergericht über sonstige nachträgliche Änderungen besteht dagegen nicht[40],
wohl aber muss eine unrichtige oder unvollständige Anmeldung berichtigt oder eine rechts-
erhebliche Änderung auf die Anfrage des Gerichts angegeben werden[41].

b) Gesellschaftsvertrag

aa) Das rechtswirksame **Zustandekommen des Gesellschaftsvertrages** ist zu prüfen. Die Re- 16
gelung des § 9c Abs. 2 betrifft nur die Inhaltskontrolle des Vertrages (s. Rdnr. 19 ff.),

---

36 *Geßler*, BB 1980, 1385, 1387; *Ulmer/Habersack*, in: Ulmer/Habersack/Löbbe, Rdnr. 15; *Wicke*, in:
MünchKomm. GmbHG, Rdnr. 14.
37 Vgl. Bericht des Rechtsausschusses, BT-Drucks. 8/3908, S. 72; BayObLG v. 2.11.1994 – 3Z BR
276/94, GmbHR 1995, 52, 53; *Geßler*, BB 1980, 1385, 1387; *Priester*, DNotZ 1980, 515, 523; *Ulmer/
Habersack*, in: Ulmer/Habersack/Löbbe, Rdnr. 16.
38 KG v. 24.9.1996 – 1 W 4534/95, GmbHR 1997, 412; BayObLG v. 13.10.1978 – BReg 1 Z 111/78,
BayObLGZ 1978, 319, 323; *Menold*, Das materielle Prüfungsrecht, S. 110 ff.; *Wicke*, in: Münch-
Komm. GmbHG, Rdnr. 14.
39 *Wicke*, in: MünchKomm. GmbHG, Rdnr. 18.
40 *Ulmer/Habersack*, in: Ulmer/Habersack/Löbbe, Rdnr. 19; *Wicke*, in: MünchKomm. GmbHG,
Rdnr. 30. A.A. *Roth*, in: Roth/Altmeppen, Rdnr. 12.
41 *Wicke*, in: MünchKomm. GmbHG, Rdnr. 30.

schränkt aber im Übrigen die Prüfungspflicht nicht ein[42]. Es ist demgemäß festzustellen, ob die allgemeinen Voraussetzungen des Vertragsabschlusses (§§ 145 ff. BGB) erfüllt sind, die vorgeschriebene notarielle Form (§ 2 Abs. 1 Satz 1) ordnungsgemäß eingehalten ist und sämtliche Gesellschafter den Vertrag unterzeichnet haben (§ 2 Abs. 1 Satz 2). Ebenso sind die Beteiligungserklärungen der Gesellschafter auf ihre formelle und materielle Ordnungsmäßigkeit zu prüfen[43], z.B. die Beteiligungsfähigkeit ausländischer Gesellschaften[44], die ordnungsgemäße Vertretung eines Gesellschafters beim Vertragsabschluss und die hinreichende Legitimation des Vertreters (§§ 2 Abs. 2, 8 Abs. 1 Nr. 1), das Vorliegen notwendiger Genehmigungen des Familiengerichts (§ 1822 Nr. 3, 10 BGB) oder Zustimmungserklärungen des Ehegatten (§§ 1365, 1423 BGB) und Hinweise auf vorhandene Erklärungsmängel. Die Anfechtung der Beteiligungserklärung eines Gesellschafters hat das Registergericht zu berücksichtigen (§ 142 Abs. 1 BGB); es kann das Eintragungsverfahren erforderlichenfalls nach §§ 21, 381 FamFG aussetzen (Rdnr. 38)[45]. Ausländerrechtliche Vorschriften hat das Registergericht nicht zu prüfen[46].

17 Mängel des Gesellschaftsvertrages sind nicht deswegen unbeachtlich, weil die Vorgesellschaft bereits in Vollzug gesetzt worden war (s. § 2 Rdnr. 86 f.) oder weil eine **Eintragung der Gesellschaft** sie heilt oder ihre Rechtsfolge verändert (s. § 2 Rdnr. 89 ff.). Anders liegt es bei Vertragsmängeln, die vor der Eintragung entweder durch die Gesellschafter beseitigt oder sonst gegenstandslos werden. Das trifft bei bedingten oder befristeten Beitrittserklärungen zu, wenn sich die Beschränkung, was nachzuweisen ist, bis zur Eintragung durch Verzicht oder aus tatsächlichen Gründen erledigt hat[47].

18 Nachträgliche **Änderungen des Gesellschaftsvertrages** sind vom Registergericht nur zu beachten, wenn die erforderlichen Urkunden (s. § 8 Rdnr. 6) durch die Geschäftsführer eingereicht werden. Diese sind, sofern insoweit keine Eintragungshindernisse bestehen, der Gesellschaft, nicht aber dem Gericht gegenüber zur Einreichung verpflichtet[48].

19 **bb) Die Inhaltskontrolle des Gesellschaftsvertrages** regelt § 9c Abs. 2 abschließend[49]. Die Eintragung der Gesellschaft darf danach wegen einer mangelhaften, fehlenden oder nichtigen Satzungsbestimmung nur abgelehnt werden, wenn einer der in den Nr. 1 bis 3 des § 9c Abs. 2 festgelegten Tatbestände erfüllt ist (Rdnr. 20 ff.). Das Registergericht ist diesbezüglich zur inhaltlichen Prüfung des Gesellschaftsvertrages verpflichtet. Es darf weitergehende Beanstandungen wegen Inhaltsmängel nicht vornehmen (Rdnr. 5). Im Einzelnen gilt Folgendes:

20 Die Prüfungspflicht bezieht sich als erstes auf das Fehlen und den Inhalt von Satzungsbestimmungen über Tatsachen oder Rechtsverhältnisse, die nach § 3 Abs. 1 oder aufgrund anderer zwingender gesetzlicher Vorschriften im **Gesellschaftsvertrag festgesetzt sein müssen** oder die in das Handelsregister einzutragen oder vom Gericht bekanntzumachen sind (§ 9c Abs. 2 Nr. 1). Es ist also zu untersuchen, ob der Gesellschaftsvertrag den zwingenden Mindestinhalt aufweist (§ 3 Abs. 1) und ob dieser den gesetzlichen Anforderungen genügt, insbesondere die gewählte Firma (§ 4 GmbHG, §§ 18, 30 HGB) sowie der bestimmte Gesell-

---

42 Begr. RegE, BR-Drucks. 340/97, S. 77 f.; *Wicke*, in: MünchKomm. GmbHG, Rdnr. 30.
43 *Ulmer/Habersack*, in: Ulmer/Habersack/Löbbe, Rdnr. 24 f.
44 LG Saarbrücken v. 24.7.1990 – 7 T 10/90 IV, GmbHR 1991, 581, 582; *Ulmer/Habersack*, in: Ulmer/Habersack/Löbbe, Rdnr. 25.
45 *Tebben*, in: Michalski u.a., Rdnr. 11; *Ulmer/Habersack*, in: Ulmer/Habersack/Löbbe, Rdnr. 25; *Wicke*, in: MünchKomm. GmbHG, Rdnr. 16.
46 Sehr str.; näher § 2 Rdnr. 47.
47 *Wicke*, in: MünchKomm. GmbHG, Rdnr. 16. A.A. *Ulmer/Habersack*, in: Ulmer/Habersack/Löbbe, Rdnr. 25.
48 *Ulmer/Habersack*, in: Ulmer/Habersack/Löbbe, Rdnr. 19 f.
49 Begr. RegE, BR-Drucks. 340/97, S. 77 f.

schaftssitz (§ 4a) zulässig sind, der Unternehmensgegenstand nicht gesetzes- oder sittenwidrig und ausreichend individualisiert ist (s. dazu § 3 Rdnr. 9 ff.), das Stammkapital ordnungsgemäß festgesetzt ist (§§ 3 Abs. 1 Nr. 4, 5 Abs. 1) und die Vereinbarungen über die Geschäftsanteile dem Gesetz entsprechen (§§ 3 Abs. 1 Nr. 4, 5 Abs. 1 bis 3). Die Eignung von Firmenbestandteilen zur Irreführung über geschäftliche Verhältnisse ist in einem registergerichtlichen Verfahren nur zu berücksichtigen, wenn sie „ersichtlich" ist (§ 18 Abs. 2 Satz 2 HGB), d.h. ohne weitere Nachforschungen aus der Angabe hervorgeht. Der Prüfung unterliegt auch, ob der Gesellschaftsvertrag die erforderlichen Festsetzungen zur Übernahme des Gründungsaufwands (analog § 26 Abs. 2 AktG) und über Sacheinlagevereinbarungen der Gesellschafter enthält (§ 5 Abs. 4 Satz 1)[50], der Einlagegegenstand geeignet (s. § 5 Rdnr. 37 ff.) und die Vereinbarung nicht aus anderen Gründen unwirksam ist (s. § 5 Rdnr. 93 ff.; zur sog. Überbewertung von Sacheinlagen vgl. Rdnr. 32 ff.). Bestehen Gründe für die Annahme, dass die Sachgründungsvorschriften umgangen werden (zur verdeckten Sachgründung s. § 19 Rdnr. 120 und zum sog. Hin- und Herzahlen § 19 Rdnr. 171)[51], so muss das Registergericht dem nachgehen (Rdnr. 13 f.). Ebenfalls zu prüfen sind die nach § 10 einzutragenden Satzungsbestimmungen über die Vertretungsbefugnis der Geschäftsführer (s. dazu noch Rdnr. 24 f.), über die Zeitdauer der Gesellschaft und über das genehmigte Kapital[52] (s. § 10 Rdnr. 15)[53].

Die Bestimmungen des Gesellschaftsvertrages sind ferner daraufhin zu prüfen, ob sie Vorschriften verletzen, die „ausschließlich oder überwiegend zum **Schutze der Gläubiger oder sonst im öffentlichen Interesse** gegeben sind" (§ 9c Abs. 2 Nr. 2). Ebenso wie in § 241 Nr. 3 AktG, dem die zitierte Formulierung entnommen ist[54], meint das Gesetz mit dem Ausdruck „überwiegend", dass die betreffende Vorschrift wesentliche Bedeutung für den Gläubigerschutz haben muss und dieser nicht nur untergeordnete Nebenwirkung sein darf. Gläubigerschutzvorschriften in diesem Sinne enthalten vor allem die Regelungen über die Aufbringung und Erhaltung des Stammkapitals (§§ 7, 9 ff., 16 Abs. 2, 18 Abs. 2, 19, 22, 24, 30 ff.; s. auch Rdnr. 20). Eine Sittenwidrigkeit gemäß § 138 BGB wegen sittenwidriger Kapitalausstattung der Gesellschaft (s. auch Rdnr. 36) oder der unzulässigen Beschränkung des Einziehungsentgelts bei Pfändung und Insolvenz ist entsprechend den Vorstellungen des Gesetzgebers[55] nicht zu prüfen[56].

21

Der Begriff des **öffentlichen Interesses** gemäß § 9c Abs. 2 Nr. 2 bezieht sich nicht nur auf die Belange der Allgemeinheit, sondern ist nach seiner Herkunft und dem Regelungszusammenhang in einem weiteren Sinne zu verstehen[57]. Die Abgrenzung im Einzelnen ist zweifelhaft. Das öffentliche Interesse muss für die zwingende Anordnung der betreffenden Norm von maßgeblicher Bedeutung sein. Das trifft im Hinblick auf den möglichen Satzungsinhalt beispielsweise zu für einzelne Strafvorschriften (§ 82), für einschlägige zwingende öffentlich-rechtliche Vorschriften, insbesondere § 1 GWB, für die meisten Vorschriften über die Rechnungslegung (§§ 41 ff. GmbHG, §§ 239 ff. HGB) und für wesentliche Vorschriften des

22

---

50 Vgl. *Rawert*, S. 81, 89; *Fastrich*, in: Baumbach/Hueck, Rdnr. 7; *Wicke*, in: MünchKomm. GmbHG, Rdnr. 21.
51 BGH v. 18.2.1991 – II ZR 104/90, BGHZ 113, 335, 351 f.; OLG Köln v. 13.2.1996 – 3 U 98/95, GmbHR 1996, 682; *Roth*, in: Roth/Altmeppen, Rdnr. 3a; vgl. *Fastrich*, in: Baumbach/Hueck, Rdnr. 7.
52 *Wicke*, in: MünchKomm. GmbHG, Rdnr. 22.
53 Die Vorschrift soll insoweit verhindern, dass das Registergericht an der Eintragung oder Veröffentlichung unrichtiger Tatsachen mitwirkt, vgl. Begr. RegE, BR-Drucks. 340/97, S. 78.
54 Begr. RegE, BR-Drucks. 340/97, S. 78.
55 Begr. RegE, BR-Drucks. 340/97, S. 78.
56 A.A. 10. Aufl., § 9c Rdnr. 21; ferner *Ulmer/Habersack*, in: Ulmer/Habersack/Löbbe, Rdnr. 53; *Tebben*, in: Michalski u.a., Rdnr. 19; wie hier *Wicke*, in: MünchKomm. GmbHG, Rdnr. 24.
57 OLG München v. 1.7.2010 – 31 Wx 102/10, GmbHR 2010, 870; *Ulmer/Habersack*, in: Ulmer/Habersack/Löbbe, Rdnr. 54.

MitbestG[58]. Auch die **zwingenden Vorschriften des GmbHG** sind grundsätzlich schwerpunktmäßig im öffentlichen Interesse gegeben, es sei denn, es handelt sich um solche, die ausschließlich die **Rechte der Gesellschafter untereinander** betreffen[59].

23 Schließlich hat das Registergericht zu untersuchen, ob das Fehlen oder die Nichtigkeit einer einzelnen Satzungsbestimmung die **Nichtigkeit des ganzen Gesellschaftsvertrages** zur Folge hat (§ 9c Abs. 2 Nr. 3). Diese Rechtsfolge tritt ohne weiteres bei Fehlen oder Nichtigkeit einer nach § 3 Abs. 1 notwendigen Bestimmung ein[60]; in diesem Fall gilt zusätzlich § 9c Abs. 2 Nr. 1 (s. Rdnr. 20). Bei Nichtigkeit sonstiger Vertragsbestimmungen ist die Auslegungsregel des § 139 BGB anwendbar[61].

c) Geschäftsführerbestellung

24 Die Bestellung der Geschäftsführer (§ 6 Abs. 3 Satz 2) ist durch das Registergericht auf ihre **Wirksamkeit** zu prüfen. Es hat zu beachten, ob die gesetzlichen Eignungsvoraussetzungen (§ 6 Abs. 2 Satz 1 und 2) vorliegen, keine zwingenden Ausschlussgründe gegeben sind (§ 6 Abs. 2 und 3)[62], die Bestellung im Gesellschaftsvertrag oder durch gesonderten Akt des zuständigen Organs nicht wegen anderer Mängel unwirksam ist und der Betreffende, was sich regelmäßig aus seiner Mitwirkung bei der Anmeldung ergibt (s. § 8 Rdnr. 9), das Amt angenommen hat. Die Abweichung von statutarischen Eignungsvoraussetzungen ist nur zu beanstanden, wenn der Bestellungsbeschluss angefochten worden ist.

25 Die Prüfung hat grundsätzlich anhand der gemäß § 8 Abs. 1 Nr. 1, 2 **beizufügenden Unterlagen** (s. § 8 Rdnr. 6 ff.) und der gemäß § 8 Abs. 3 abzugebenden **Versicherung der Geschäftsführer** (s. § 8 Rdnr. 22 ff.) zu erfolgen (zur Anmeldepflicht eines späteren Geschäftsführerwechsel s. Rdnr. 15). Sind die Unterlagen inhaltlich unzureichend oder bestehen begründete Zweifel an ihrer Richtigkeit, muss das Gericht weitere Ermittlungen anstellen[63], z.B. zusätzliche Aufklärung verlangen oder eine Auskunft aus dem Zentralregister einholen (Rdnr. 12 ff.). Der ausländerrechtliche Status der Geschäftsführer ist grundsätzlich nicht in die Prüfung einzubeziehen, es sei denn, dass im Einzelfall Anhaltspunkte dafür vorliegen, dass bei der Amtsausübung ausländerrechtliche Vorschriften umgangen werden sollen[64]. Die meisten Instanzgerichte vertraten außerdem vor dem MoMiG die Ansicht, dass dem Geschäftsführer die jederzeitige Einreise möglich sein müsse[65]. Seit der Reform des GmbH-Rechts durch das

---

58 BGH v. 25.2.1982 – II ZR 123/81, BGHZ 83, 106, 109 ff.; BGH v. 25.2.1982 – II ZR 145/80, BGHZ 83, 151, 152 f.; BGH v. 14.11.1983 – II ZR 33/83, BGHZ 89, 48, 50; OLG Karlsruhe v. 20.6.1980 – 15 U 171/79, AG 1981, 102, 103; OLG Hamburg v. 17.12.1982 – 11 U 21/82, WM 1983, 130, 132. A.A. *Rawert*, S. 81, 93.

59 OLG München v. 1.7.2010 – 31 Wx 102/10, GmbHR 2010, 870 (§§ 48, 51a, § 50 Abs. 1 und 2, § 61 Abs. 2, § 66 Abs. 2 und 3 nicht im öffentlichen Interesse); *Bayer*, in: Lutter/Hommelhoff, Rdnr. 10; *Tebben*, in: Michalski u.a., Rdnr. 20; *Wicke*, in: MünchKomm. GmbHG, Rdnr. 25; anders noch 10. Aufl., § 9c Rdnr. 22.

60 *Fastrich*, in: Baumbach/Hueck, § 3 Rdnr. 22.

61 *Bayer*, in: Lutter/Hommelhoff, Rdnr. 11; *Fastrich*, in: Baumbach/Hueck, Rdnr. 5, § 2 Rdnr. 38; *Roth*, in: Roth/Altmeppen, § 2 Rdnr. 47. A.A. *Ulmer/Habersack*, in: Ulmer/Habersack/Löbbe, Rdnr. 56; *Wicke*, in: MünchKomm. GmbHG, Rdnr. 26.

62 BayObLG v. 10.12.1981 – BReg 1 Z 184/81, GmbHR 1982, 210.

63 BayObLG v. 10.12.1981 – BReg 1 Z 184/81, GmbHR 1982, 210, 211.

64 KG v. 24.9.1996 – 1 W 4534/95, GmbHR 1997, 412, 413; OLG Düsseldorf v. 20.7.1977 – 3 W 147/77, GmbHR 1978, 110; OLG Frankfurt v. 14.3.1977 – 20 W 113/77, NJW 1977, 1595; OLG Celle v. 1.10.1976 – 9 Wx 5/76, DB 1977, 993; *Tebben*, in: Michalski u.a., Rdnr. 40. A.A. LG Hildesheim v. 7.6.1995 – 11 T 6/95, GmbHR 1995, 655, 656; LG Köln v. 16.3.1981 – 87 T 14/81, GmbHR 1983, 48.

65 OLG Celle v. 2.5.2007 – 9 W 26/07, GmbHR 2007, 657 (russischer Staatsangehöriger mit Wohnsitz in Russland); OLG Köln v. 26.10.1998 – 2 Wx 29/89, GmbHR 1999, 343.

MoMiG kann dies aber nicht mehr gefordert werden[66], so dass entsprechende registergerichtliche Prüfungen nicht mehr veranlasst sind.

Der Kontrolle unterliegt ferner, ob die in der Anmeldung angegebene **Vertretungsbefugnis** 26
der Geschäftsführer (§ 8 Abs. 4) den gesetzlichen Anforderungen genügt sowie dem Gesellschaftsvertrag und, wenn Besonderheiten des Einzelfalles das erfordern, dem Bestellungsbeschluss entspricht (§ 10 Rdnr. 11 ff.).

d) Aufsichtsratsbestellung

Die Bestellung des Aufsichtsrates ist ebenfalls auf ihre **Rechtswirksamkeit** zu prüfen. Sie ist 27
zwar nicht Eintragungsvoraussetzung, aber das Gesetz verlangt, wenn sie vor der Eintragung
erfolgt ist, die Beifügung der Urkunde über die Aufsichtsratsbestellung (§ 52 Abs. 2 GmbHG
i.V.m. § 37 Abs. 4 Nr. 3 AktG) und geht damit auch von der Notwendigkeit ihrer Prüfung
aus. Dagegen hat das Gericht nicht zu prüfen, ob aufgrund der Mitbestimmungsgesetze ein
Aufsichtsrat zu bilden ist[67]; diese Frage wird im Statusverfahren geklärt. Auch die Bestellung
eines Beirats unterliegt nicht der registergerichtlichen Kontrolle, es sei denn, dass das als Beirat bezeichnete Organ in Wirklichkeit ein Aufsichtsrat ist[68].

e) Einlagen

Die Prüfungspflicht bezieht sich auch auf die **notwendigen Leistungen auf die Geschäfts-** 28
anteile (§ 7 Abs. 2 Satz 1, 2 und Abs. 3). Das Registergericht hat also festzustellen, ob die
vorgeschriebenen Mindesteinlageleistungen (s. § 7 Rdnr. 18 ff.) vor der Anmeldung endgültig zur freien Verfügung der Geschäftsführer erbracht sind (s. § 7 Rdnr. 34 ff.) und ob zum
Zeitpunkt der Anmeldung Vorbelastungen bestehen[69]. Die Versicherungen der Geschäftsführer müssen die tatsächlichen Umstände der Einlageleistungen hinreichend genau darlegen,
so dass dem Registergericht die Prüfung des Vorliegens der gesetzlichen Voraussetzungen
möglich ist. Bei begründeten Zweifeln an der Richtigkeit der **Angaben** kann es Nachweise
über die Leistung fordern (Rdnr. 14) und erforderlichenfalls auch andere Ermittlungen anstellen (§ 26 FamFG), so z.B. wenn der Verdacht besteht, dass die Einzahlung in Ausführung
einer verdeckten Sachgründung erfolgt[70].

Die **Verwendung** der ordnungsgemäß bewirkten Einlageleistungen durch die Geschäftsfüh- 29
rer **nach der Anmeldung** unterliegt dagegen *nicht* der Kontrolle des Registergerichts. Das gilt
auch für die Frage, ob im Eintragungszeitpunkt zeitweise oder dauernde *Vorbelastungen des
Stammkapitals* durch die Verwendung von Einlagemitteln oder sonst durch die Geschäftstätigkeit der Vorgesellschaft bestehen[71]. Dies wird in der Rechtsprechung und im Schrifttum

---

66 OLG München v. 17.12.2009 – 31 Wx 142/09, GmbHR 2010, 210; OLG Düsseldorf v. 16.4.2009 – 3
Wx 85/09, NZG 2009, 678.
67 *Tebben*, in: Michalski u.a., Rdnr. 42; wohl a.A. *Wicke*, in: MünchKomm. GmbHG, Rdnr. 32.
68 *Tebben*, in: Michalski u.a., Rdnr. 43; *Wicke*, in: MünchKomm. GmbHG, Rdnr. 32.
69 OLG Karlsruhe v. 7.5.2014 – 11 Wx 24/14, GmbHR 2014, 752, 753.
70 BayObLG v. 18.2.1988 – BReg 3 Z 154/87, GmbHR 1988, 269; BayObLG v. 14.10.1993 – 3Z BR
191/93, GmbHR 1994, 116, 117; OLG Frankfurt v. 27.5.1992 – 20 W 134/92, GmbHR 1992, 531,
532; OLG Hamm v. 1.12.1992 – 15 W 275/92, GmbHR 1993, 95, 96; OLG Düsseldorf v. 31.7.1996
– 3 Wx 293/96, GmbHR 1997, 70, 71; OLG Düsseldorf v. 3.12.1997 – 3 Wx 545/97, GmbHR 1998,
235, 236; *Wicke*, in: MünchKomm. GmbHG, Rdnr. 33.
71 Vgl. *Ulmer*, ZGR 1981, 593, 607 f. sowie *Ulmer/Habersack*, in: Ulmer/Habersack/Löbbe, Rdnr. 34; *Fastrich*, in: Baumbach/Hueck, Rdnr. 12; *Schmidt-Leithoff*, in: Rowedder/Schmidt-Leithoff, Rdnr. 30;
Priester, ZIP 1982, 1141, 1143 f.; *Heidenhain*, NJW 1988, 401; *Karsten Schmidt*, ZHR 156 (1992), 93,
128 f.; *Henze*, ZHR 161 (1997), 851, 853 f.; *Ihrig*, Die endgültige freie Verfügung über die Einlage
von Kapitalgesellschaften, 1991, S. 102 ff.; *Bayer*, in: Lutter/Hommelhoff, Rdnr. 19; *Wicke*, in: Münch-Komm. GmbHG, Rdnr. 41.

teilweise zwar anders gesehen. So sollen nach dem Anmeldezeitpunkt entstandene Vorbelastungen bei Bargründungen[72] oder allgemein[73] ein Eintragungshindernis sein. Diese Auslegung überzeugt aber nicht. Denn sie hat keine Grundlage im GmbHG. Die Vorschriften über die Kapitalaufbringung erklären die Anmeldung als relevanten Zeitpunkt (vgl. §§ 7 Abs. 2 und 3, 8 Abs. 2). Auf den Zeitpunkt der Eintragung stellt keine der Vorschriften ab, auch nicht § 9c Abs. 1 Satz 1 und 2. Es gibt auch kein Bedürfnis dafür, die registergerichtliche Kontrolle auf den Zeitpunkt der Eintragung zu erstrecken. Den Belangen der Gläubiger wird angemessen durch die sich auf den Eintragungszeitpunkt erstreckende Vorbelastungshaftung Rechnung getragen. Schließlich wäre diese Kontrolle in den Hauptanwendungsfällen der Unternehmenstätigkeit der Vorgesellschaft regelmäßig unpraktikabel und machte die Eintragung wegen des Fehlens geeigneter Prüfungsunterlagen sowie der Zufälligkeit des Eintragungszeitpunktes zu einem Lotteriespiel. Etwas anderes kann somit nur gelten, wenn sich, etwa wegen der Vermögensverhältnisse der Gründer, ernsthafte Zweifel bestehen, dass die Vorbelastungshaftung auch tatsächlich realisiert wird[74]. Ein Eintragungshindernis ist nach der gesetzlichen Wertung (§§ 15a, 17, 19 InsO) bei Zahlungsunfähigkeit oder Überschuldung der Vorgesellschaft gegeben.

30   Das Registergericht hat auch nicht zu prüfen, ob die nach der Satzung vor der Anmeldung oder Eintragung fälligen **Mehrleistungen auf die Geschäftsanteile** (s. § 7 Rdnr. 46) ordnungsgemäß erbracht worden sind (Rdnr. 7)[75]. Entsprechendes gilt für die Erfüllung der im Gesellschaftsvertrag festgelegten sonstigen Beitragspflichten der Gesellschafter einschließlich eines auf den Geschäftsanteil zu leistenden Aufgelds[76]. Einzuschreiten hat das Gericht in diesen Fällen nur, wenn die Anmeldeunterlagen irreführende Angaben über deren Leistung enthalten.

31   Die Prüfung der **Solvenz des Einlageschuldners** bezüglich der nach der Eintragung zu bewirkenden Geldeinlagen gehört grundsätzlich nicht zu den Aufgaben des Registergerichts. Die Solvenz eines Gesellschafters ist nicht gesetzliche Eintragungsvoraussetzung. Die Kapitalaufbringung wird durch die Haftung der Mitgesellschafter (§ 24) gesichert. Anders ist es aber zu beurteilen, wenn **schwerwiegende Zweifel** daran bestehen, dass die ausstehenden **Einlagen erbracht** werden können und die Mithaftung nach § 24 realisiert werden kann[77]. Einen weiteren Ausnahmefall bilden die Fälle des sog. **Hin- und Herzahlens**, in denen ein Ge-

---

72   BGH v. 9.3.1981 – II ZR 54/80, BGHZ 80, 129, 143; BGH v. 16.3.1981 – II ZR 59/80, BGHZ 80, 182, 184 f.; dem deutlich zuneigend auch BayObLG v. 1.10.1991 – BReg 3 Z 110/91, BB 1991, 2391, 2392.

73   OLG Frankfurt v. 27.5.1992 – 20 W 134/92, GmbHR 1992, 531, 532; OLG Hamm v. 1.12.1992 – 15 W 275/92, GmbHR 1993, 95, 96; OLG Düsseldorf v. 31.7.1996 – 3 Wx 293/96, GmbHR 1997, 70, 71; BayObLG v. 7.10.1998 – 3Z BR 177/98, GmbHR 1998, 1225, 1226; *Fleck*, GmbHR 1983, 5, 11 f.; *Roth*, DNotZ 1989, 3, 8 f.; *Roth*, in: Roth/Altmeppen, Rdnr. 13; *Meister*, in: FS Werner, 1984, S. 534 f.; *Gustavus*, GmbHR 1988, 47, 52.

74   BayObLG v. 1.10.1991 – BReg 3 Z 110/91, BB 1991, 2391, 2392; *Bayer*, in: Lutter/Hommelhoff, Rdnr. 19; *Ulmer/Habersack*, in: Ulmer/Habersack/Löbbe, Rdnr. 34; *Wicke*, in: MünchKomm. GmbHG, Rdnr. 43 (bei schwerwiegenden Zweifeln an der Bonität der Gründer und der Durchsetzbarkeit der Vorbelastungshaftung).

75   OLG Stuttgart v. 13.7.2011 – 8 W 252/11, GmbHR 2011, 1101 f.; *Ulmer/Habersack*, in: Ulmer/Habersack/Löbbe, Rdnr. 35; offen gelassen von BGH v. 18.2.1991 – II ZR 104/90, BGHZ 113, 335, 356.

76   *Bayer*, in: Lutter/Hommelhoff, Rdnr. 17; *Fastrich*, in: Baumbach/Hueck, Rdnr. 7a; LG Augsburg v. 8.1.1996 – 3 HKT 3651/95, GmbHR 1996, 216; einschränkend *Ulmer/Habersack*, in: Ulmer/Habersack/Löbbe, Rdnr. 36; *Geßler*, BB 1980, 1385, 1387 bei Verbindung mit Sacheinlage. A.A. *Herchen*, Agio und verdecktes Agio im Recht der Kapitalgesellschaften, S. 158.

77   *Koch*, ZHR 146 (1982), 136 f.; *Bayer*, in: Lutter/Hommelhoff, Rdnr. 19; *Fastrich*, in: Baumbach/Hueck, Rdnr. 6; *Ulmer/Habersack*, in: Ulmer/Habersack/Löbbe, Rdnr. 33; *Wicke*, in: MünchKomm. GmbHG, Rdnr. 43.

sellschafter nur dann von seiner Einlageverpflichtung befreit wird, wenn die Leistung (der Gesellschaft) durch einen vollwertigen Rückgewähranspruch (gegen den Gesellschafter) gedeckt ist[78]. Der Vorgang muss bei der Anmeldung offen gelegt werden (§ 19 Abs. 5 Satz 2). Der Registerrichter muss überprüfen, ob der Rückgewähranspruch werthaltig ist[79]. Um ihm dies zu ermöglichen, hat der Gesellschafter entsprechend § 8 Abs. 1 Nr. 5 Unterlagen darüber, dass der Rückgewähranspruch vollwertig, ist, einzureichen. In Betracht kommen Bescheinigungen eines Steuerberaters oder Wirtschaftsprüfers[80]. Aus den Unterlagen muss sich außerdem ergeben, ob der Rückgewähranspruch jederzeitig fällig ist oder durch fristlose Kündigung durch die Gesellschaft fällig gestellt werden kann (vgl. zu diesen Anforderungen des § 19 Abs. 5 Satz 1 die Erl. zu § 19 Rdnr. 186). Dies wird es im Regelfall erforderlich machen, auch den Darlehensvertrag bei der Anmeldung einzureichen[81].

f) Bewertung der Sacheinlagen

Die Eintragungskontrolle umfasst außerdem die Bewertung der Sacheinlagen. Sie hat aber entgegen dem missverständlichen Gesetzeswortlaut des § 9c Abs. 1 Satz 2 regelmäßig nur daraufhin zu erfolgen, ob der **Wert des Einlagegegenstandes** den **Nennbetrag des Geschäftsanteils** und, wenn eine gemischte Sacheinbringung (s. § 5 Rdnr. 81 ff.) vereinbart ist, auch den Betrag der dem Gesellschafter zu gewährenden Vergütung (s. § 5 Rdnr. 85)[82] **nicht unterschreitet**. Seit dem **MoMiG** hindert eine unwesentliche Überbewertung die Eintragung nicht (s. auch Rdnr. 2). Es ist nicht zu prüfen, ob der Wert der Sacheinlage den im Gesellschaftsvertrag angenommenen Mehrwert erreicht (s. § 5 Rdnr. 89) oder ein durch den Sacheinleger zu leistendes Aufgeld vereinbarungsgemäß abdeckt[83]. Es darf aber auch hier nicht durch die Angaben über die *bewirkte* Sacheinlage ein unrichtiger Eindruck darüber vermittelt werden, dass das Aufgeld damit wertmäßig getilgt ist (Rdnr. 30).

32

Die Vorschrift des § 9c Abs. 1 Satz 2 enthält keine Aussage darüber, welcher **Bewertungsstichtag** maßgebend ist. Die **h.M.** stellt auf den **Eintragungszeitpunkt** ab und hält deshalb die nach der Anmeldung eingetretenen Wertveränderungen des Einlagegegenstandes ohne Rücksicht auf deren Ursache für beachtlich[84]. Das Verbot der Unterpari-Ausgabe, auf das sie sich beruft, betrifft aber nur die Vereinbarung einer den Nennbetrag des Geschäftsanteils unterschreitende Gegenleistung (s. § 5 Rdnr. 28). Es rechtfertigt keine weiteren Schlussfolgerungen. Entscheidend steht der von der h.M. vertretenen Auslegung die gesetzliche Wertung der §§ 7 Abs. 2 und 3, 8 Abs. 2, 9 Abs. 1 entgegen. Diese Vorschriften legen aus Gründen der Praktikabilität, aber auch, wie sich insbesondere aus § 9 Abs. 1 ergibt, aufgrund einer mate-

33

---

78 Die Fälle des Hin- und Herzahlens sind typischer Weise Darlehenskonstellationen, in denen ein Gesellschafter zunächst seine Einlage in Bar erbringt und diesen Betrag anschließend aufgrund eines Darlehens von der Gesellschaft zurückerhält. Alternativ kommt in Betracht, dass die Gesellschaft dem Gesellschafter zunächst den Darlehensbetrag auszahlt und der Gesellschaft dann seine Einlage erbringt. Ausführlich s. § 19 Rdnr. 178.
79 *Katschinski/Rawert*, ZIP 2008, 1993, 2000; *Wicke*, in: MünchKomm. GmbHG, Rdnr. 38.
80 *Katschinski/Rawert*, ZIP 2008, 1993, 2000; *Wicke*, in: MünchKomm. GmbHG, Rdnr. 38.
81 Ähnlich *Wicke*, in: MünchKomm. GmbHG, Rdnr. 38 (Registergericht könne nach pflichtgemäßem Ermessen die Vorlage verlangen).
82 OLG Düsseldorf v. 10.1.1996 – 3 Wx 274/95, GmbHR 1996, 214, 215; *Ulmer/Habersack*, in: Ulmer/Habersack/Löbbe, Rdnr. 38; *Haslinger*, MittBayNot 1996, 278, 279; *Spiegelberger/Walz*, GmbHR 1998, 761, 764 f.
83 LG Augsburg v. 8.1.1996 – 3 HKT 3651/95, GmbHR 1996, 216, 217; *Bayer*, in: Lutter/Hommelhoff, Rdnr. 17; *Fastrich*, in: Baumbach/Hueck, Rdnr. 7a; *Spiegelberger/Walz*, GmbHR 1998, 761, 765.
84 BGH v. 9.3.1981 – II ZR 54/80, BGHZ 80, 129, 136 f.; BayObLG v. 1.10.1991 – BReg 3 Z 110/91, GmbHR 1992, 109, 110; *Roth*, in: Roth/Altmeppen, Rdnr. 9 ff.; *Ulmer/Habersack*, in: Ulmer/Habersack/Löbbe, Rdnr. 21, 41; *Trölitzsch*, Differenzhaftung, S. 204 f.

riellen Interessenwertung den Anmeldezeitpunkt zugrunde. Spätere Wertveränderungen stellen daher grundsätzlich kein Eintragungshindernis dar[85]. Etwas anderes gilt nur dann, wenn ihre Ursachen bereits im Anmeldezeitpunkt vorlagen[86]. Die bloße Möglichkeit einer nachträglichen Wertveränderung reicht für eine ausnahmsweise andere Beurteilung der Rechtsfrage aber nicht aus[87]. **Entscheidend** für die Frage einer nicht bloß unwesentlichen Überbewertung der Sacheinlage ist also **in der Regel der Zeitpunkt der Anmeldung**.

34   Die **Grundlage für die Wertprüfung** der Sacheinlagen- und Sachübernahmegegenstände bilden die Festsetzungen im Gesellschaftsvertrag (§ 5 Abs. 4 Satz 1), der Sachgründungsbericht (§ 5 Abs. 4 Satz 2), die Verträge über Sacheinlagen (§ 8 Abs. 1 Nr. 4) und die Unterlagen über den Wert der Sacheinlagen (§ 8 Abs. 1 Nr. 5)[88]. Das Registergericht hat auf Grund seines eigenen Werturteils[89] festzustellen, ob der Zeitwert der Einlage- oder Übernahmegegenstände am Tage der Anmeldung (s. Rdnr. 33) den Nennbetrag des Geschäftsanteils und bei gemischten Sacheinbringungen auch die dem Gesellschafter zu gewährende Vergütung deckt (Rdnr. 32). Ein Eintragungshindernis ist im zuletzt genannten Fall aber nicht gegeben, wenn nach der Satzung ein eventueller Minderwert ausschließlich zu Lasten der Vergütung gehen soll. Bestehen nach den eingereichten Unterlagen an der Wertdeckung begründete Zweifel, so hat das Registergericht zusätzliche Ermittlungen anzustellen (§ 26 FamFG) und kann dabei nach pflichtgemäßem Ermessen auch Sachverständige hinzuziehen bzw. gemäß § 380 Abs. 2 FamFG von der IHK oder einer anderen öffentlich-rechtlichen Kammer ein Gutachten einholen (Rdnr. 14). Die Fragwürdigkeit des Wertansatzes der Gründungsgesellschafter genügt allein nicht, wenn gleichwohl die erforderliche Deckung unzweifelhaft ist. Erst recht würde es dem Gesetz widersprechen, routinemäßig die genannten Ermittlungsmaßnahmen zu treffen (Rdnr. 13)[90].

g) Genehmigungsbedürftigkeit des Unternehmensgegenstandes

35   Das **MoMiG** hat die **früher in § 8 Abs. 1 Nr. 6 vorgesehene Regelung aufgehoben**, um das Eintragungsverfahren zu beschleunigen (s. § 8 Rdnr. 21). Die Genehmigungsbedürftigkeit des Unternehmensgegenstandes ist daher nicht mehr im Registerverfahren zu überprüfen. Dann ist es folgerichtig, dass die Gerichte etwaige gesetzliche Vorgaben zur Gründung einer GmbH durch Angehörige freier Berufe nicht mehr kontrollieren[91].

h) Wirtschaftliche und finanzielle Unternehmensgrundlagen

36   Die **Prüfungskompetenz** des Registergerichts bezieht sich **nicht** auf die Entscheidungen der Gesellschafter über die wirtschaftlichen und finanziellen Grundlagen des von der GmbH betriebenen Unternehmens (Rdnr. 7). Es darf den Eintragungsantrag insbesondere weder wegen vermeintlicher wirtschaftlicher Unangemessenheit des festgesetzten Stammkapitals[92]

---

85   *Bayer*, in: Lutter/Hommelhoff, Rdnr. 16; *Fastrich*, in: Baumbach/Hueck, Rdnr. 8; *Tebben*, in: Michalski u.a., Rdnr. 34; *Wicke*, in: MünchKomm. GmbHG, Rdnr. 41 f.; aus dem älteren Schrifttum bereits *Geßler*, BB 1980, 1385, 1387; *von Rössing*, Sachgründung, S. 141 ff.; *Schäfer-Gölz*, Vorbelastungsverbot, S. 131 ff.; vgl. auch für die Kapitalerhöhung OLG Düsseldorf v. 10.1.1996 – 3 Wx 274/95, GmbHR 1996, 214, 216.

86   *Geßler*, BB 1980, 1385, 1387; *Tebben*, in: Michalski u.a., Rdnr. 36.

87   *Tebben*, in: Michalski u.a., Rdnr. 36.

88   Näheres dazu s. § 8 Rdnr. 10 ff.

89   *Ulmer/Habersack*, in: Ulmer/Habersack/Löbbe, Rdnr. 37 f.; *Tebben*, in: Michalski u.a., Rdnr. 27.

90   OLG Düsseldorf v. 10.1.1996 – 3 Wx 274/95, GmbHR 1996, 214, 216; *Ulmer/Habersack*, in: Ulmer/Habersack/Löbbe, Rdnr. 40.

91   *Wicke*, in: MünchKomm. GmbHG, Rdnr. 29. A.A. *Leitzen*, GmbHR 2009, 480.

92   *Fastrich*, in: Baumbach/Hueck, Rdnr. 6; *Tebben*, in: Michalski u.a., Rdnr. 45; einschränkend wohl *Ulmer/Habersack*, in: Ulmer/Habersack/Löbbe, Rdnr. 33.

noch wegen einer nach seiner Ansicht verfehlten Wahl der Formen der Unternehmensfinanzierung beanstanden. Auch ein die Eintragung hinderndes Verbot der (eindeutigen) materiellen Unterkapitalisierung[93] ist nach geltendem Recht nicht anzuerkennen[94] und wäre zudem rechtspolitisch verfehlt. Anders zu entscheiden ist nur, wenn nach den Gesamtumständen feststeht, dass die Gesellschaftsgründung auf eine sittenwidrige Gläubigerschädigung angelegt ist[95].

III. Entscheidungen des Registergerichts

1. Beanstandungen der Anmeldung

Das Registergericht hat beim Vorliegen behebbarer Anmeldemängel zunächst eine **Zwischenverfügung** zu erlassen, durch die es den anmeldenden Geschäftsführern unter Setzung einer angemessenen Frist die Gelegenheit zu ihrer Beseitigung gibt (vgl. § 382 Abs. 4 FamFG). Entsprechend verfährt es, wenn es zur Aufklärung begründeter Zweifel an dem angemeldeten Sachverhalt (Rdnr. 13) nach seinem pflichtgemäßen Ermessen von den Geschäftsführern Auskünfte oder die Vorlage von zusätzlichen Unterlagen verlangen will. Es kann insoweit aber auch eigene Ermittlungen anstellen, insbesondere einen Sachverständigen mit der Bewertung einer Sacheinlage beauftragen (§§ 26, 29 FamFG). In der Praxis ist es verbreitet, dass das Gericht das Gutachten gemäß § 380 Abs. 2 FamFG von der IHK einholt[96]. Aus § 23 Satz 2 HRV folgt, dass das Gutachten elektronisch eingeholt und übermittelt werden soll. **37**

Bei **Streitigkeiten zwischen den Beteiligten** kann das Registergericht die Entscheidung über die Eintragung bis zur Erledigung des Rechtsstreits **aussetzen** (§§ 21 Abs. 1, 381 ff. FamFG). Es kann auch, wenn ein Rechtsstreit noch nicht anhängig ist, einem der Beteiligten eine Frist zur Klageerhebung setzen (§ 381 Satz 2 FamFG). Die Entscheidung über die Aussetzung ist von Amts wegen nach pflichtgemäßem Ermessen zu treffen[97]. Sie sollte in der Regel dann erfolgen, wenn ein Gründungsgesellschafter den Gesellschaftsvertrag oder seine Beteiligungserklärung angefochten und die rechtzeitige Abgabe der Anfechtungserklärung sowie der Anfechtungsgründe hinreichend glaubhaft (eine eigene eidesstattliche Versicherung genügt dafür nicht) gemacht hat[98]. Der Registerrichter muss bei seiner Ermessensentscheidung andererseits aber auch berücksichtigen, ob der Gesellschaft durch die Aussetzung nicht schwerwiegende und unersetzliche Nachteile entstehen können[99]. Die Aussetzung der Eintragung kann im Übrigen auch durch das Prozessgericht im Wege einer einstweiligen Verfügung angeordnet werden (§ 16 Abs. 2 HGB)[100]. **38**

---

93 So *Ulmer/Habersack*, in: Ulmer/Habersack/Löbbe, Rdnr. 33; *Koch*, ZHR 146 (1982), 136, jedoch mit Differenzierungen im Einzelnen.
94 *Fastrich*, in: Baumbach/Hueck, Rdnr. 6; *Schmidt-Leithoff*, in: Rowedder/Schmidt-Leithoff, Rdnr. 31 f.; *Roth*, in: Roth/Altmeppen, Rdnr. 4.
95 *Schmidt-Leithoff*, in: Rowedder/Schmidt-Leithoff, Rdnr. 32; *Tebben*, in: Michalski u.a., Rdnr. 45; ähnlich auch *Fastrich*, in: Baumbach/Hueck, Rdnr. 6.
96 *Tebben*, in: Michalski u.a., Rdnr. 46.
97 *Tebben*, in: Michalski u.a., Rdnr. 49; *Ulmer/Habersack*, in: Ulmer/Habersack/Löbbe, Rdnr. 59; *Wicke*, in: MünchKomm. GmbHG, Rdnr. 49.
98 *Ulmer/Habersack*, in: Ulmer/Habersack/Löbbe, Rdnr. 59.
99 *Ulmer/Habersack*, in: Ulmer/Habersack/Löbbe, Rdnr. 59; *Wicke*, in: MünchKomm. GmbHG, Rdnr. 49.
100 RG v. 10.6.1913 – II 95/13, RGZ 82, 375, 380; OLG München v. 13.9.2006 – 7 U 2912/06, NZG 2007, 152; LG Heilbronn v. 8.9.1971 – 1 KfH O 125/71, AG 1971, 372; *Schmidt-Leithoff*, in: Rowedder/Schmidt-Leithoff, Rdnr. 37.

2. Ablehnung der Eintragung

39 Sie muss erfolgen, wenn die Anmeldung – gegebenenfalls nach einer ergebnislosen Zwischen-verfügung (Rdnr. 37) – formell mangelhaft ist (Rdnr. 15) oder wenn die materiellen Eintra-gungsvoraussetzungen (Rdnr. 16 ff.) nicht erfüllt sind. Die Ablehnung kann nicht auf fehler-hafte Teile der Satzung (s. Rdnr. 16 ff.) beschränkt werden, sondern hat sich auch in diesem Fall auf den gesamten Eintragungsantrag zu beziehen[101]. Nach den erforderlichen Ermittlun-gen verbleibende Zweifel am Vorliegen der Voraussetzungen gehen zu Lasten der Anmel-der[102]. Vor der Ablehnung hat das Gericht rechtliches Gehör zu geben[103]. Die Entscheidung ist zu begründen (§§ 38, 382 Abs. 3, 49 ff. FamFG).

40 Ein Ablehnungsgrund liegt, wie § 9c Abs. 1 Satz 2 ausdrücklich klarstellt, auch darin, dass **Sacheinlagen überbewertet** worden sind, d.h. ihr Zeitwert bei Anmeldung nicht zur Deckung des Nominalbetrages der durch sie zu tilgenden Stammeinlage oder bei gemischten Sachein-bringungen auch der dem Gesellschafter zu gewährenden Vergütung ausreicht (Rdnr. 32 ff.). Bis zum **MoMiG** schadete jede Unterdeckung ohne Rücksicht darauf, ob es sich um einen „nicht unwesentlichen" Betrag handelte. Nach neuer Rechtslage hindern **unwesentliche Über-bewertungen** die Eintragung nicht. Das Eintragungshindernis der Überbewertung entfällt nach dem Sinn des § 9c Abs. 1 Satz 2 dann, wenn der Einlageschuldner den zur Deckung er-forderlichen Differenzbetrag vor der Eintragung eingezahlt hat und die Geschäftsführer dies analog § 8 Abs. 2 versichert haben[104]. Einer Änderung des Gesellschaftsvertrages bedarf es da-für nicht. Ob die Gesellschaft oder die Mitgesellschafter sich mit der Ergänzungszahlung be-gnügen oder mögliche weitergehende Rechte (z.B. Anfechtung wegen Täuschung oder nach der Eintragung die Ausschließung, Ansprüche aus Gewährleistung u.a.) geltend machen wol-len, kann ihnen überlassen bleiben. Die Differenzhaftung gemäß § 9 schließt dagegen das Ein-tragungshindernis nicht aus.

3. Beschwerde

41 Gegen die Ablehnung der Eintragung und gegen Zwischenverfügungen ist die Beschwerde (§§ 58 ff. FamFG) statthaft. **Beschwerdeberechtigt** ist die Vorgesellschaft als Antragstellerin (s. § 7 Rdnr. 10)[105]. Die Beschwerde ist durch die Geschäftsführer in vertretungsberechtigter Zahl einzulegen[106]. Die Gesellschafter und die Geschäftsführer haben kein eigenes Beschwer-derecht[107]. Die Organe des Handels- und Handwerkstandes und die berufsständischen Orga-

101 BayObLG v. 5.3.1987 – BReg 3 Z 29/87, WM 1987, 502, 502 f.; LG München v. 4.2.1991 – 17 HKT 15041/90, GmbHR 1991, 270; LG Dresden v. 20.12.1993 – 45 T 82/93, GmbHR 1994, 555 f.; *Ulmer/Habersack*, in: Ulmer/Habersack/Löbbe, Rdnr. 60; *Wicke*, in: MünchKomm. GmbHG, Rdnr. 48.

102 KG v. 24.9.1996 – 1 W 4534/95, GmbHR 1997, 412; BayObLG v. 13.10.1978 – BReg 1 Z 111/78, BayObLGZ 1978, 319, 322 f.; *Ulmer/Habersack*, in: Ulmer/Habersack/Löbbe, Rdnr. 60; *Wicke*, in: MünchKomm. GmbHG, Rdnr. 47 a.E.

103 *Wicke*, in: MünchKomm. GmbHG, Rdnr. 48.

104 *Bayer*, in: Lutter/Hommelhoff, Rdnr. 21; *Schmidt-Leithoff*, in: Rowedder/Schmidt-Leithoff, Rdnr. 26; *Ulmer/Habersack*, in: Ulmer/Habersack/Löbbe, Rdnr. 43.

105 BGH v. 16.3.1992 – II ZB 17/91, BGHZ 117, 323, 325 ff. (zur AG); BGH v. 20.2.1989 – II ZB 10/88, BGHZ 107, 1 f.; OLG Frankfurt v. 27.5.1992 – 20 W 134/92, BB 1992, 1160; BayObLG v. 22.6.1995 – 3Z BR 71/95, GmbHR 1995, 722; KG v. 24.9.1996 – 1 W 4534/95, GmbHR 1997, 412; *Ulmer/Ha-bersack*, in: Ulmer/Habersack/Löbbe, Rdnr. 62; *Tebben*, in: Michalski u.a., Rdnr. 48.

106 BGH v. 16.3.1992 – II ZB 17/91, BGHZ 117, 323, 327 ff.; vgl. *Ulmer/Habersack*, in: Ulmer/Haber-sack/Löbbe, Rdnr. 62.

107 OLG Hamm v. 27.11.1996 – 15 W 311/96, BB 1997, 753; *Fastrich*, in: Baumbach/Hueck, Rdnr. 3.

ne von Anwalts-, Steuerberatungs- und Wirtschaftsprüfungsgesellschaften sind nur bei Zurückweisung ihrer Gegenanträge, dagegen nicht bei Beanstandungen der Anmeldung durch eine Zwischenverfügung oder bei der Ablehnung der Eintragung beschwerdeberechtigt (§ 380 Abs. 5 FamFG)[108]. Als Rechtsmittel gegen eine ablehnende Entscheidung steht die Rechtsbeschwerde zur Verfügung, wenn das Beschwerdegericht sie zugelassen hat (vgl. §§ 70 ff. FamFG).

Die **erfolgte Eintragung** in das **Handelsregister** kann nicht durch eine Beschwerde angegriffen werden[109]. Es kann jedoch ein Amtslöschungs- oder Amtsauflösungsverfahren angeregt werden, das aber nur in Ausnahmefällen durchgreift (§§ 397, 399 FamFG).   42

---

108 BayObLG v. 18.3.1982 – BReg 1 Z 145/81, BayObLGZ 1982, 153, 155; BayObLG v. 28.8.1996 – 3Z BR 75/96, BB 1996, 2324 f.; BayObLG v. 20.10.1983 – BReg 3 Z 164/83, BB 1984, 171, 172; OLG Oldenburg v. 16.11.1956 – 3 Wx 62/56, NJW 1957, 349; *Tebben*, in: Michalski u.a., Rdnr. 48 a.E.
109 BGH v. 21.3.1988 – II ZB 69/87, BGHZ 104, 61, 63; BayObLG v. 18.12.1986 – BReg 3 Z 135/86, BayObLGZ 1986, 540; *Ulmer/Habersack*, in: Ulmer/Habersack/Löbbe, Rdnr. 63.

§ 10
Inhalt der Eintragung

(1) Bei der Eintragung in das Handelsregister sind die Firma und der Sitz der Gesellschaft, eine inländische Geschäftsanschrift, der Gegenstand des Unternehmens, die Höhe des Stammkapitals, der Tag des Abschlusses des Gesellschaftsvertrags und die Personen der Geschäftsführer anzugeben. Ferner ist einzutragen, welche Vertretungsbefugnis die Geschäftsführer haben.

(2) Enthält der Gesellschaftsvertrag Bestimmungen über die Zeitdauer der Gesellschaft oder über das genehmigte Kapital, so sind auch diese Bestimmungen einzutragen. Wenn eine Person, die für Willenserklärungen und Zustellungen an die Gesellschaft empfangsberechtigt ist, mit einer inländischen Anschrift zur Eintragung in das Handelsregister angemeldet wird, sind auch diese Angaben einzutragen; Dritten gegenüber gilt die Empfangsberechtigung als fortbestehend, bis sie im Handelsregister gelöscht und die Löschung bekannt gemacht worden ist, es sei denn, dass die fehlende Empfangsberechtigung dem Dritten bekannt war.

Fassung von 1898; Abs. 1 Satz 2 eingefügt und Abs. 2 neu gefasst durch KoordG vom 15.8.1969 (BGBl. I 1969, 1146); Abs. 3 geändert durch Gesetz vom 4.7.1980 (BGBl. I 1980, 836); Abs. 3 aufgehoben durch Gesetz vom 10.11.2006 (BGBl. I 2006, 2553); Überschrift geändert, Abs. 1 Satz 2 geändert, Abs. 2 Satz 2 angefügt durch das MoMiG vom 23.10.2008 (BGBl. I 2008, 2026); Abs. 2 Satz 1 geändert durch das ARUG vom 30.7.2009 (BGBl. I 2009, 2479).

Schrifttum: *Kort*, Paradigmenwechsel im deutschen Registerrecht. Das elektronische Handels- und Unternehmensregister – eine Zwischenbilanz, AG 2007, 801; *Liebscher/Scharff*, Das Gesetz über elektronische Handelsregister und Genossenschaftsregister sowie das Unternehmensregister, NJW 2006, 3745; *Spindler*, Abschied vom Papier? Das Gesetz über elektronische Handelsregister und Genossenschaftsregister sowie das Unternehmensregister, WM 2006, 109; *Steffek*, Zustellungen und Zugang von Willenserklärungen nach dem Regierungsentwurf zum MoMiG. Inhalt und Bedeutung der Änderungen für GmbHs, AGs und ausländische Kapitalgesellschaften, BB 2007, 2077.

I. Grundlagen

1. Regelungsinhalt und -zweck

Die Vorschrift regelt den Inhalt der Eintragung der GmbH in das Handelsregister. Sie ist durch das **KoordG** vom 15.8.1969 dahingehend erweitert worden, dass die Angabe über die Vertretungsbefugnis der Geschäftsführer stets eingetragen werden muss. Aufgrund des Gesetzes über elektronische Handelsregister und Genossenschaftsregister sowie das Unternehmensregister (**EHUG**) wird seit dem 1.1.2007 die Handelsregistereintragung **elektronisch** bekannt gemacht (vgl. § 8 Abs. 1 HGB). Entsprechend dem Grundsatz des Verzichts auf Zusatzbekanntmachung wurde daher § 10 Abs. 3 – die Vorschrift war zuvor durch die GmbH-Novelle 1980 geändert worden – zu diesem Zeitpunkt aufgehoben[1]. Die Änderung des Abs. 1 Satz 2 durch das **MoMiG** ist eine Folgeänderung zu § 8 Abs. 4 (s. § 8 Rdnr. 33 ff.); die bei der Anmeldung anzugebende inländische Geschäftsanschrift ist in das Handelsregister einzutragen. Der durch das MoMiG neu eingefügte § 10 Abs. 2 Satz 2 bestimmt, dass eine Person in das Handelsregister eingetragen werden kann, die den Gläubigern als zusätzlicher Zustellungsbevollmächtigter dient, und normiert die Dauer der Empfangsberechtigung. Schließlich hat das **ARUG** durch Änderung des § 10 Abs. 2 Satz 1 die Eintragung auf gesellschaftsvertragliche Bestimmungen über ein genehmigtes Kapital (§ 55a) erstreckt. 1

Die **Eintragung** in das Handelsregister hat **konstitutive Bedeutung** für die **Entstehung** der GmbH (§ 11 Abs. 1). Sie dient nicht nur Publizitätszwecken, sondern soll durch die vorgeschaltete registergerichtliche Prüfung (§ 9c) gewährleisten, dass nur ordnungsgemäß errichtete Gesellschaften als GmbH entstehen können. Die Eintragung hat im Interesse des Gläubiger- und Bestandschutzes die Einschränkung der Beachtlichkeit von Gründungsmängeln und/oder eine Modifizierung ihrer Rechtswirkungen zur Folge. 2

2. Anwendungsbereich

§ 10 gilt für die **Neugründung** einer GmbH. Die Vorschrift ist ferner gemäß §§ 36 Abs. 2 Satz 1, 135 Abs. 2 Satz 1, 197 Satz 1 UmwG bei einer Verschmelzung, Spaltung und einem Rechtsformwechsel anwendbar. Andere Fälle einer Eintragung sind die Änderung des Gesellschaftsvertrags (§ 54), die Änderung der Vertretungsbefugnis (§ 39) und die Auflösung der GmbH (§ 65). Schließlich wird auch die Zweigniederlassung eingetragen (§ 13 HGB). 3

II. Eintragung der GmbH

1. Allgemeines

Die Eintragung der Gesellschaft ist in **Abt. B des Handelsregisters** vorzunehmen (§§ 3 Abs. 3, 43 HRV). Ihren Inhalt legt **§ 10 Abs. 1 und 2** *abschließend* fest[2]. Das Gesetz unterscheidet zwischen den notwendigen Eintragungsgegenständen (Rdnr. 6 ff.) und den möglichen weiteren Angaben (Rdnr. 14 ff.)[3]. Die Eintragung sonstiger Umstände der Gesellschaft ist unzulässig und, wenn sie versehentlich erfolgt ist, von Amts wegen zu löschen[4]. Daher kann in das Han- 4

1 Begr. RegE EHUG, BT-Drucks. 16/960, S. 66.
2 BGH v. 10.11.1997 – II ZB 6/97, GmbHR 1998, 181, 182; BayObLG v. 4.3.1997 – 3Z BR 348/96, GmbHR 1997, 410; *Ulmer/Habersack*, in: Ulmer/Habersack/Löbbe, Rdnr. 3.
3 *Ulmer/Habersack*, in: Ulmer/Habersack/Löbbe, Rdnr. 3.
4 OLG Karlsruhe v. 2.10.1963 – 5 W 57/63, GmbHR 1964, 78; *Schmidt-Leithoff*, in: Rowedder/Schmidt-Leithoff, Rdnr. 21.

delsregister die Funktion eines von mehreren Geschäftsführern einer GmbH als „Sprecher der Geschäftsführung" nicht eingetragen werden[5].

5 Jede Eintragung soll den Tag, an dem sie vorgenommen worden ist, angeben und mit der elektronisch signierten Unterschrift des betreffenden Urkundsbeamten der Geschäftsstelle versehen sein (§ 382 Abs. 2 FamFG, § 27 Abs. 4 und § 28 HRV). Die **Datumsangabe** ist wegen des Entstehungszeitpunkts der GmbH (§ 11 Abs. 1), des Verjährungsbeginns für die Nachzahlungspflicht bei der Überbewertung von Sacheinlagen (§ 9 Abs. 2) und für die zivilrechtliche Haftung der Gründer und Geschäftsführer (§ 9b Abs. 2 Satz 2) von Bedeutung. Die Eintragung soll, ausgenommen bei Verzicht, dem Antragsteller bekanntgemacht werden (§ 383 Abs. 1 FamFG). Sie ist **unanfechtbar** (s. § 9c Rdnr. 42).

2. Notwendiger Eintragungsinhalt

6 **a)** Einzutragen sind zunächst die **Firma** und der **Sitz** der Gesellschaft, wie im Gesellschaftsvertrag angegeben (vgl. § 3 Abs. 1 Nr. 1). Bei einer Unternehmergesellschaft muss die Firma die Bezeichnung „Unternehmergesellschaft (haftungsbeschränkt)" oder „UG (haftungsbeschränkt)" führen. Die Firma ist in Spalte 2 unter dem Buchstaben a) einzutragen (vgl. § 43 Nr. 2 a) HRV) und der Sitz in Spalte 2 unter dem Buchstaben b) (§ 43 Nr. 2 b) HRV). Ferner muss seit der Änderung des § 10 Abs. 1 Satz 1 durch das **MoMiG** die **inländische Geschäftsanschrift** eingetragen werden (sie ist nicht zwingender Satzungsbestandteil (!) und muss nicht mit dem Sitz der Gesellschaft übereinstimmen, s. auch § 8 Rdnr. 20 ff.). Sie ist ebenfalls in Spalte 2 unter dem Buchstaben b) einzutragen (§ 43 Nr. 2 b) HRV).

7 **b)** Bei der Eintragung in das Handelsregister ist ferner der **Gegenstand des Unternehmens** der Gesellschaft (vgl. § 3 Abs. 1 Nr. 2) anzugeben. Erforderlich ist die wörtliche Wiedergabe der maßgeblichen Satzungsbestimmungen. Eine abgekürzte sinngemäße Angabe genügt nicht[6]. Insbesondere ist es angesichts des klaren und eindeutigen Wortlauts sowie der Publizitätsfunktion der Eintragung nicht zulässig, angebliche Leerformeln (wie beispielsweise die Bestimmung, dass die „Gesellschaft berechtigt ist, alle Geschäfte vorzunehmen und alle Maßnahmen zu ergreifen, die mit dem Gegenstand des Unternehmens zusammenhängen oder ihm unmittelbar oder mittelbar förderlich sind") wegzulassen[7]. Der Gegenstand des Unternehmens ist in Spalte 2 unter Buchstabe c) einzutragen (§ 43 Nr. 2 c) HRV).

8 **c)** Einzutragen ist weiterhin die **Höhe des Stammkapitals** (vgl. § 3 Abs. 1 Nr. 3), d.h. sein im Gesellschaftsvertrag festgesetzter Betrag. Dies geschieht in Spalte 3 der Abteilung B des Handelsregisters (vgl. § 43 Nr. 3 HRV). Nicht einzutragen sind die einzelnen Geschäftsanteile bzw. deren Nennbeträge[8] und die Namen der Gesellschafter (vgl. hierzu aber § 40 über die Publizität durch die Gesellschafterliste)[9]. Ebenso wenig sind Angaben über Sacheinlagen zu machen[10] (über die Bekanntmachung s. aber Rdnr. 29). Die Umstände sind aber den der Einsicht unterliegenden (§ 9 HGB) Anmeldeunterlagen zu entnehmen (s. § 8 Rdnr. 37).

---

5 OLG München v. 5.3.2012 – 31 Wx 47/12, GmbHR 2012, 750.

6 OLG Köln v. 12.5.1981 – 2 Wx 9/81, WM 1981, 805; *Schmidt-Leithoff*, in: Rowedder/Schmidt-Leithoff, Rdnr. 7; *Tebben*, in: Michalski u.a., Rdnr. 6; großzügiger *Ulmer/Habersack*, in: Ulmer/Habersack/Löbbe, Rdnr. 9.

7 A.A. BayObLG v. 16.9.1993 – 3Z BR 121/93, GmbHR 1994, 60, 62; *Herrler*, in: MünchKomm. GmbHG, Rdnr. 11; *Tebben*, in: Michalski u.a., Rdnr. 6; vgl. auch LG München v. 4.2.1991 – 17 HKT 15041/90, GmbHR 1991, 270.

8 RG v. 20.6.1911 – II 622/10, RGZ 78, 359, 361; RG v. 7.11.1913 – II 316/13, RGZ 83, 256, 265; RG v. 20.6.1911 – II 622/10, JW 1911, 779; *Fastrich*, in: Baumbach/Hueck, Rdnr. 2; *Ulmer/Habersack*, in: Ulmer/Habersack/Löbbe, Rdnr. 3, 8.

9 *Herrler*, in: MünchKomm. GmbHG, Rdnr. 12.

10 RG v. 20.6.1911 – II 622/10, RGZ 78, 359, 362; *Schmidt-Leithoff*, in: Rowedder/Schmidt-Leithoff, Rdnr. 8; *Ulmer/Habersack*, in: Ulmer/Habersack/Löbbe, Rdnr. 3.

d) Bei der Eintragung in das Handelsregister ist auch der **Tag des Abschlusses** des **Gesell- 9 schaftsvertrages** anzugeben. Die Eintragung erfolgt in Spalte 6 unter Buchstabe a) (vgl. § 43 Nr. 6 a) HRV). Der Tag des Abschlusses ergibt sich regelmäßig aus der notariellen Urkunde (§ 9 Abs. 2 BeurkG). Es kann vorkommen, dass die Beteiligungserklärungen der Gesellschaf- ter an verschiedenen Tagen abgegeben wurden. In Betracht kommt dies beispielsweise, wenn ein vollmachtlos vertretener Gründer die notarielle Urkunde im Nachhinein genehmigt[11]. Da in einem solchen Fall die Genehmigung rückwirkt (vgl. § 184 BGB), ist der Tag der Er- richtung der notariellen Gründungsurkunde einzutragen[12]. Wenn der Gesellschaftsvertrag vor der Eintragung der Gesellschaft geändert wurde, ist das Datum der Unterzeichnung des Nachtrags in das Handelsregister einzutragen[13].

e) Ferner sind die **Personen der Geschäftsführer** einzutragen, und zwar aller einschließlich 10 der Stellvertreter (§ 44)[14], die aber nicht als solche bezeichnet werden können[15]. Sie sind mit Familiennamen, Vornamen, Geburtsdatum und Wohnort in Spalte 4 unter Buchstabe b) ein- zutragen (§ 43 Nr. 4 b) HRV). Die Privatanschrift ist nicht einzutragen. Aufsichtsratsmitglie- der, die möglicherweise bereits vor der Eintragung bestellt wurden, sind nicht einzutragen.

f) Einzutragen ist auch die **Vertretungsbefugnis** der **Geschäftsführer**. Sie ist seit der Neu- 11 regelung des § 10 Abs. 1 Satz 2 durch das KoordG vom 15.8.1969 ohne Einschränkung *im- mer* und nicht mehr wie nach früherem Recht (§ 10 Abs. 2 a.F.) nur dann einzutragen, wenn sie von der gesetzlichen Regelung des § 35 Abs. 2 Satz 2 abweicht. Das gilt auch dann, wenn nur ein Geschäftsführer bestellt ist und dieser die Gesellschaft allein vertreten kann[16]. Die Eintragung erfolgt in Spalte 4 unter Buchstabe a) (vgl. § 43 Nr. 4 a) HRV).

Einzutragen ist grundsätzlich die nach dem GmbHG oder, wenn der Gesellschaftsvertrag ab- 12 weicht, die nach ihm geltende **generelle Regelung der Vertretungsbefugnis** der Geschäfts- führer[17]. Es ist anzugeben, ob Einzel-[18] oder Gesamtvertretungsmacht besteht und wie diese im Einzelnen ausgestaltet ist. Lediglich dann, wenn für jeden oder für einzelne Geschäftsfüh- rer Besonderheiten bestehen, muss bei ihrer Eintragung die jeweilige spezielle Vertretungs-

11 *Herrler*, in: MünchKomm. GmbHG, Rdnr. 13.
12 *Herrler*, in: MünchKomm. GmbHG, Rdnr. 13. Nach a.A. soll die Angabe des Datums der letzten Er- klärung genügen, vgl. *Fastrich*, in: Baumbach/Hueck, Rdnr. 2; *Tebben*, in: Michalski u.a., Rdnr. 8.
13 *Herrler*, in: MünchKomm. GmbHG, Rdnr. 13; *Ulmer/Habersack*, in: Ulmer/Habersack/Löbbe, Rdnr. 8.
14 BGH v. 10.11.1997 – II ZB 6/97, GmbHR 1998, 181, 182; *Roth*, in: Roth/Altmeppen, Rdnr. 3; *Ulmer/ Habersack*, in: Ulmer/Habersack/Löbbe, Rdnr. 8.
15 BGH v. 10.11.1997 – II ZB 6/97, GmbHR 1998, 181, 182; BayObLG v. 4.3.1997 – 3Z BR 348/96, GmbHR 1997, 410; inzwischen auch h.L.; vgl. *Fastrich*, in: Baumbach/Hueck, Rdnr. 2; *Herrler*, in: MünchKomm. GmbHG, Rdnr. 14; *Ulmer/Habersack*, in: Ulmer/Habersack/Löbbe, Rdnr. 8; a.A. teil- weise die ältere Rspr., vgl. OLG Stuttgart v. 15.7.1960 – 8 W 143/60, NJW 1960, 2150; OLG Düssel- dorf v. 28.2.1969 – 3 W 39/69, GmbHR 1969, 108.
16 EuGH v. 12.11.1974 – 32/74, BB 1974, 1500; BGH v. 5.12.1974 – II ZB 11/73, BGHZ 63, 261, 264 f.; BayObLG v. 29.5.1979 – BReg 1 Z 36/79, BB 1980, 597; OLG Düsseldorf v. 2.5.1989 – 3 Wx 206/89, NJW 1989, 3100; OLG Naumburg v. 30.9.1993 – 5 W 1/93, GmbHR 1994, 119; *Bayer*, in: Lutter/ Hommelhoff, Rdnr. 6; *Ulmer/Habersack*, in: Ulmer/Habersack/Löbbe, Rdnr. 9; a.A. noch OLG Frankfurt v. 6.5.1971 – 6 W 126/71, BB 1971, 797.
17 BGH v. 28.2.1983 – II ZB 8/82, BGHZ 87, 59, 63; zuvor bereits h.A. in der obergerichtlichen Rspr., vgl. etwa BayObLG v. 7.5.1997 – 3Z BR 101/97, GmbHR 1997, 741; OLG Köln v. 25.2.1970 – 2 Wx 11/70, Rpfleger 1970, 172; OLG Frankfurt v. 9.7.1987 – 20 W 107/87, Rpfleger 1987, 419; OLG Hamm v. 24.3.1972 – 15 W 44/72, NJW 1972, 1763; OLG Zweibrücken v. 12.10.1992 – 3 W 134/92, GmbHR 1993, 97; *Bayer*, in: Lutter/Hommelhoff, Rdnr. 6; *Ulmer/Habersack*, in: Ulmer/Habersack/ Löbbe, Rdnr. 9.
18 Der stattdessen teilweise verwendete Ausdruck „Alleinvertretungsmacht" wird von OLG Zweibrücken v. 12.10.1992 – 3 W 134/92, GmbHR 1993, 97 f.; OLG Frankfurt v. 7.10.1993 – 20 W 175/93, DB 1993, 2174; OLG Naumburg v. 30.9.1993 – 5 W 1/93, GmbHR 1994, 119 als irreführend beanstandet.

befugnis angegeben werden[19]. Wenn das Vertretungsorgan einer Gesellschaft aus einem oder mehreren Mitgliedern besteht, ist nicht nur die bei einer Mehrheit von Vertretungsberechtigten geltende Vertretungsregelung offenzulegen, sondern auch anzugeben, dass bei Bestellung eines einzigen Vertretungsberechtigten dieser die Gesellschaft allein vertritt, selbst wenn sich eine solche Befugnis ohne weiteres aus dem nationalen Recht ergibt[20]. Folglich ist die alleinige Vertretungsmacht des einzigen Geschäftsführers stets zur Eintragung in das Handelsregister anzumelden, auch wenn sich diese ohne weiteres aus der vorhandenen Eintragung über die Rechtslage bei Bestellung mehrerer Geschäftsführer in Verbindung mit der gesetzlichen Regelung folgern lässt[21]. Die Vertretungsbefugnis muss im Übrigen ohne Zuhilfenahme der Anmeldeunterlagen und ohne Kenntnis sonstiger tatsächlicher Umstände *aus dem Handelsregister selbst eindeutig ersichtlich* sein[22]. Unzulässig ist deshalb z.B. die Eintragung, dass den Geschäftsführern, die zugleich Gesellschafter sind, Einzelvertretungsmacht zustehe. Die Beifügung von Bedingungen oder Befristungen ist nur möglich, wenn deren Eintritt aus dem Handelsregister hervorgeht[23]. Die satzungsmäßige Ermächtigung eines Gesellschaftsorgans, die Vertretungsbefugnis der Geschäftsführer zu bestimmen (z.B. Befreiung vom Verbot des Selbstkontrahierens, Einräumung einer Einzelvertretungsmacht), ist als solche nicht eintragungsfähig[24]; eine solche Eintragung würde nicht die bestehende Vertretungsbefugnis, sondern nur die statutarischen Möglichkeiten der Vertretungsbefugnis angeben und daher nur Verwirrung stiften[25]. Es kann nur die für den bestellten Geschäftsführer getroffene Entscheidung des Gesellschaftsorgans eingetragen werden. Schließlich ist es unzulässig, zusätzlich eine den Rechtsverkehr verwirrende konkrete Vertretungsregelung einzutragen, wonach der Geschäftsführer einzelvertretungsbefugt ist, nur weil er derzeit der einzige Geschäftsführer ist[26].

13   Die **Gestattung des Selbstkontrahierens** (§ 181 BGB) ist eine eintragungspflichtige Regelung der Vertretungsbefugnis i.S. des § 10 Abs. 1 Satz 2[27], soweit sie sich nicht nur auf ein konkre-

---

19 Vgl. OLG Hamm v. 14.4.2011 – 15 Wx 499/10, GmbHR 2011, 708, 709; OLG Frankfurt v. 22.10.1993 – 20 W 263/93, GmbHR 1994, 117 f.; *Herrler*, in: MünchKomm. GmbHG, Rdnr. 17.

20 EuGH v. 12.11.1974 – 32/74, BB 1974, 1500.

21 BGH v. 5.12.1974 – II ZB 11/73, BGHZ 63, 261; OLG Zweibrücken v. 20.3.2013 – 3 W 8/13, GmbHR 2013, 1094, 1095.

22 BGH v. 28.2.1983 – II ZB 8/82, BGHZ 87, 59, 63; BayObLG v. 8.1.1980 – BReg 1 Z 85/79, WM 1980, 473, 474; OLG Frankfurt v. 30.9.1983 – 20 W 465/83, BB 1984, 238 f.; OLG Zweibrücken v. 12.10.1992 – 3 W 134/92, GmbHR 1993, 97; *Ulmer/Habersack*, in: Ulmer/Habersack/Löbbe, Rdnr. 11.

23 *Kanzleiter*, Rpfleger 1984, 1, 3; *Herrler*, in: MünchKomm. GmbHG, Rdnr. 15; *Ulmer/Habersack*, in: Ulmer/Habersack/Löbbe, Rdnr. 13.

24 BayObLG v. 28.1.1982 – BReg 1 Z 126/81, BayObLGZ 1982, 41, 45; BayObLG v. 7.5.1984 – BReg 3 Z 163/83, BB 1984, 1117, 1118; OLG Karlsruhe v. 5.7.1982 – 11 W 40/82, BB 1984, 238; OLG Frankfurt v. 30.9.1983 – 20 W 465/83, BB 1984, 238, 239; OLG Frankfurt v. 22.10.1993 – 20 W 175/93, GmbHR 1994, 118 f.; *Bayer*, in: Lutter/Hommelhoff, Rdnr. 6; *Ulmer/Habersack*, in: Ulmer/Habersack/Löbbe, Rdnr. 12.

25 Das übersehen OLG Zweibrücken v. 12.10.1992 – 3 W 134/92, GmbHR 1993, 97; LG Köln v. 14.5.1993 – 87 T 19/93, GmbHR 1993, 501, 502. Die Eintragungsfähigkeit offen lassend OLG Hamm v. 22.1.1993 – 15 W 224/91, GmbHR 1993, 500.

26 OLG Hamm v. 14.4.2011 – 15 Wx 499/10, GmbHR 2011, 708, 709 (bezüglich der Anmeldung bei einer nach Mustersatzung gegründeten GmbH).

27 BGH v. 28.2.1983 – II ZB 8/82, BGHZ 87, 59, 61 f.; BGH v. 8.4.1991 – II ZB 3/91, BGHZ 114, 167, 170; BayObLG v. 29.5.1979 – BReg 1 Z 36/79, BB 1980, 597; BayObLG v. 10.4.1981 – BReg 1 Z 26/81, BB 1981, 869; BayObLG v. 28.1.1982 – BReg 1 Z 126/81, BB 1982, 577; BayObLG v. 7.5.1984 – BReg 3 Z 163/83, BB 1984, 1117 f.; OLG Frankfurt v. 3.12.1982 – 20 W 819/82, BB 1983, 146; OLG Frankfurt v. 7.10.1993 – 20 W 175/93, GmbHR 1994, 118 f.; OLG Köln v. 23.4.1980 – 2 Wx 11/80, GmbHR 1980, 129; OLG Köln v. 22.2.1995 – 2 Wx 5/95, GmbHR 1996, 218, 219; OLG Düsseldorf v. 1.7.1994 – 3 Wx 20/93, GmbHR 1995, 51; *Bayer*, in: Lutter/Hommelhoff, Rdnr. 7; *Ulmer/Habersack*, in: Ulmer/Habersack/Löbbe, Rdnr. 14. A.A. teilweise die ältere Rechtsprechung, vgl. OLG Karlsruhe v. 2.10.1963 – 5 W 57/63, GmbHR 1964, 78; LG Oldenburg v. 7.6.1972 – 6 T (KH) 3/72, BB 1972, 769; LG Köln v. 26.1.1980 – 29 T 23/79, DB 1980, 922.

tes Einzelgeschäft bezieht[28]. Unerheblich ist dabei, ob sie alle Geschäfte mit der Gesellschaft oder nur bestimmte Geschäftsarten umfasst und welche Bedeutung die gestatteten Insichgeschäfte für die Gesellschaft haben[29]. Die Eintragung muss derart erfolgen, dass die Zulässigkeit des Selbstkontrahierens durch den Geschäftsführer vollständig aus dem Handelsregister zu entnehmen ist (Rdnr. 12)[30]. Sie darf also z.B. nicht dahingehend lauten, dass einem Gesellschafter-Geschäftsführer das Selbstkontrahieren gestattet sei[31], sondern muss bei dem bestellten Geschäftsführer, der diese statutarische Voraussetzungen erfüllt, uneingeschränkt die ihm speziell zustehende Befugnis angeben[32]. Die bloße statutarische Ermächtigung eines Gesellschaftsorgans, dem Geschäftsführer das Selbstkontrahieren zu gestatten, kann nicht in das Handelsregister eingetragen werden (s. auch Rdnr. 12)[33]. Ebenso wenig eintragungsfähig ist die überflüssige und deshalb unzulässige (Rdnr. 4) zusätzliche Angabe, dass die Erlaubnis zum Selbstkontrahieren auch für den Fall der Vereinigung aller Geschäftsanteile in einer Hand gelten solle[34].

3. Bestimmungen über Zeitdauer

Nach § 10 Abs. 2 Satz 1 ist auch eine Bestimmung des Gesellschaftsvertrages über die Zeitdauer der Gesellschaft in das Handelsregister einzutragen. Es sind damit die in § 3 Abs. 2 geregelten Vereinbarungen gemeint, dass die Gesellschaft, abweichend von der gesetzlichen Regel, „auf eine gewisse Zeit beschränkt sein" soll[35]. Eine die Gesetzeslage wiedergebende Bestimmung, wonach die Gesellschaft auf unbestimmte Zeit bestehen soll, ist demzufolge nicht eintragungsfähig[36]. Auch die Vereinbarung eines Kündigungsrechts der Gesellschafter fällt nicht unter § 10 Abs. 2 ohne Rücksicht darauf, ob die Kündigung zur Auflösung der Gesellschaft führt oder nicht[37]. Die Eintragung erfolgt in Spalte 6 unter Buchstabe b) (vgl. § 43

14

---

28 Vgl. *Bühler*, DNotZ 1983, 588, 593; *Herrler*, in: MünchKomm. GmbHG, Rdnr. 20; *Ulmer/Habersack*, in: Ulmer/Habersack/Löbbe, Rdnr. 15.

29 OLG Düsseldorf v. 1.7.1994 – 3 Wx 20/93, GmbHR 1995, 51, 52; *Ulmer/Habersack*, in: Ulmer/Habersack/Löbbe, Rdnr. 13.

30 BGH v. 28.2.1983 – II ZB 8/82, BGHZ 87, 59, 63; OLG Frankfurt v. 30.9.1983 – 20 W 465/83, BB 1984, 238, 239; OLG Düsseldorf v. 1.7.1994 – 3 Wx 20/93, GmbHR 1995, 51; OLG Köln v. 22.2.1995 – 2 Wx 5/95, GmbHR 1996, 218, 219; *Herrler*, in: MünchKomm. GmbHG, Rdnr. 20; *Ulmer/Habersack*, in: Ulmer/Habersack/Löbbe, Rdnr. 14.

31 BGH v. 28.2.1983 – II ZB 8/82, BGHZ 87, 59, 63; OLG Frankfurt v. 30.9.1983 – 20 W 465/83, BB 1984, 238, 239; *Ulmer/Habersack*, in: Ulmer/Habersack/Löbbe, Rdnr. 14.

32 OLG Stuttgart v. 18.10.2007 – 8 W 412/07, GmbHR 2007, 1270 (bei der Befreiung vom Selbstkontrahierungsverbot mit Beschränkung auf Geschäfte mit bestimmten Dritten sind diese bei der Anmeldung konkret zu benennen und einzutragen); OLG Köln v. 22.2.1995 – 2 Wx 5/95, GmbHR 1996, 218, 219; OLG Düsseldorf v. 1.7.1994 – 3 Wx 20/93, GmbHR 1995, 51, 52.

33 BayObLG v. 28.1.1982 – BReg 1 Z 126/81, BayObLGZ 1982, 41, 45; BayObLG v. 7.5.1984 – BReg 3 Z 163/83, BayObLGZ 1984, 109, 111 f.; BayObLG v. 21.9.1989 – BReg 3 Z 5/89, GmbHR 1990, 213, 214; OLG Frankfurt v. 7.10.1993 – 20 W 175/93, GmbHR 1994, 118; OLG Stuttgart v. 26.11.1984 – 8 W 435/84, OLGZ 1985, 37; OLG Hamm v. 28.10.1986 – 15 W 319/86, WM 1987, 405, 406; *Ulmer/Habersack*, in: Ulmer/Habersack/Löbbe, Rdnr. 12, 14. A.A. LG Köln v. 14.5.1993 – 87 T 19/93, GmbHR 1993, 501, 502; offenlassend OLG Hamm v. 22.1.1993 – 15 W 224/91, GmbHR 1993, 500.

34 Vgl. BGH v. 8.4.1991 – II ZB 3/91, BB 1991, 925; OLG Düsseldorf v. 9.1.1991 – 3 Wx 340/90, GmbHR 1991, 161; AG Köln v. 22.2.1991 – 42 HRB 6934, GmbHR 1991, 161; *Reinicke/Tiedtke*, GmbHR 1991, 200; *Tiedtke*, ZIP 1991, 355. A.A. BayObLG v. 21.9.1989 – BReg 3 Z 5/89, GmbHR 1990, 213, 216.

35 *Herrler*; in: MünchKomm. GmbHG, Rdnr. 23.

36 *Ulmer/Habersack*, in: Ulmer/Habersack/Löbbe, Rdnr. 16; *Herrler*; in: MünchKomm. GmbHG, Rdnr. 23; *Tebben*, in: Michalski u.a., Rdnr. 12.

37 BayObLG v. 9.12.1974 – BReg 2 Z 57/74, BB 1975, 249, 250; *Fastrich*, in: Baumbach/Hueck, Rdnr. 3; *Schmidt-Leithoff*, in: Rowedder/Schmidt-Leithoff, Rdnr. 14; *Herrler*, in: MünchKomm. GmbHG, Rdnr. 23; *Tebben*, in: Michalski u.a., Rdnr. 12. A.A. RG v. 21.6.1912 – II 223/12, RGZ 79, 418, 422;

Nr. 6 b) aa) HRV). Die fehlende Eintragung über die Zeitdauer der Gesellschaft berührt nicht die Rechtswirksamkeit der Satzungsbestimmung[38].

4. Genehmigtes Kapital

15 Das **ARUG** vom 30.7.2009 hat § 10 Abs. 2 Satz 1 dahingehend geändert, dass auch Bestimmungen über das genehmigte Kapital einzutragen sind. Die Möglichkeit einer Kapitalerhöhung durch ein „genehmigtes Kapital" wurde bereits durch das MoMiG in § 55a eingeführt. Anders als bei der Aktiengesellschaft fehlte jedoch eine Vorschrift, die eine Eintragung des genehmigten Kapitals im Handelsregister sicherstellt. Auf Vorschlag des Bundesrates wurde daher § 10 Abs. 1 Satz 2 entsprechend geändert, um die nötige Publizität zu gewährleisten[39]. Die Eintragung erfolgt in Spalte 6 unter Buchstabe b); einzutragen ist das Bestehen eines genehmigten Kapitals unter Angabe des Beschlusses der Hauptversammlung oder Gesellschafterversammlung, der Höhe des genehmigten Kapitals und des Zeitpunktes, bis zu dem die Ermächtigung besteht (vgl. § 43 Nr. 6 b) hh) HRV).

5. Fakultativ angemeldete empfangsberechtigte Person

16 Einer GmbH ist es seit dem **MoMiG** gestattet, eine Person in das Handelsregister eintragen zu lassen, die den Gläubigern als zusätzlicher Zustellungsbevollmächtigter neben den Vertretern der Gesellschaft dient (Zustellung an Geschäftsanschrift ist daher weiterhin möglich, vgl. § 35 Abs. 2 Satz 4). Insbesondere setzt eine Zustellung an den zusätzlichen Bevollmächtigten keinen erfolglosen Zustellungsversuch unter der Geschäftsanschrift voraus[40]. Nach Ansicht des Gesetzgebers werden von dieser Option nur solche Gesellschaften Gebrauch machen, die Bedenken haben, ob die eingetragene Geschäftsanschrift tatsächlich ununterbrochen für Zustellungen geeignet sein wird und sich dadurch Risiken aus öffentlichen Zustellungen ergeben könnten. Fakultativ angemeldete empfangsberechtigte Personen können zum einen **natürliche Personen** sein, wie beispielsweise Gesellschafter, Rechtsanwälte oder Notare[41]. Zum anderen können auch **juristische Personen** eingetragen werden[42], wie beispielsweise eine Anwalts-GmbH. Es ist weder nach dem Wortlaut noch nach Sinn und Zweck der Vorschrift ausgeschlossen, dass **mehrere Personen** als zusätzliche Zustellungsbevollmächtigte eingetragen werden[43]. Wenn eine Person, die für Willenserklärungen und Zustellungen an die Gesellschaft empfangsberechtigt ist, mit einer inländischen Anschrift zur Eintragung in das Handelsregister angemeldet wird, sind gemäß § 10 Abs. 2 Satz 2 Halbsatz 1 auch diese Angaben einzutragen. Die Eintragung der empfangsberechtigten Person erfolgt in Spalte 2 lit. b) des Registerblatts mit Vor- und Familienname und inländischer Anschrift (§ 43 Nr. 2 lit. b) HRV). Wenn es sich um eine juristische Person handelt, sind gem. § 43 Nr. 2 lit. b) HRV die Firma und

---

OLG Hamm v. 13.11.1970 – 15 W 280/70, GmbHR 1971, 57, 59; auch *Bayer*, in: Lutter/Hommelhoff, Rdnr. 4 bezüglich der Bestimmung, dass die Gesellschaft beim Ausscheiden eines Gesellschafters aufgelöst ist.

38 OLG Hamm v. 13.11.1970 – 15 W 280/70, GmbHR 1971, 57, 59; *Bayer*, in: Lutter/Hommelhoff, Rdnr. 4; *Herrler*, in: MünchKomm. GmbHG, Rdnr. 23; *Tebben*, in: Michalski u.a., Rdnr. 12.
39 Begr. RegE ARUG, BT-Drucks. 16/13098, S. 43.
40 *Gehrlein*, Der Konzern 2007, 771, 778; *Steffek*, BB 2007, 2077, 2081.
41 *Herrler*, in: MünchKomm. GmbHG, Rdnr. 26; vgl. auch OLG Hamm v. 20.1.2011 – 15 W 485/10, GmbHR 2011, 595.
42 *Herrler*, in: MünchKomm. GmbHG, Rdnr. 27; *Fastrich*, in: Baumbach/Hueck, Rdnr. 5; *Wicke*, Rdnr. 4; nunmehr ebenso *Tebben*, in: Michalski u.a., Rdnr. 15.
43 *Herrler*, in: MünchKomm. GmbHG, Rdnr. 26; wohl auch *Ulmer/Habersack*, in: Ulmer/Habersack/Löbbe, Rdnr. 19. A.A. *Tebben*, in: Michalski u.a., Rdnr. 13.

Rechtsform sowie die inländische (Geschäfts-)Anschrift einzutragen. Die Eintragung hat dann zur Folge, dass eine öffentliche Zustellung ausscheidet[44] (s. aber Rdnr. 17 a.E.).

Die Zustellung an eine empfangsberechtigte Person müsste scheitern, wenn die Gesellschaft die **Empfangsberechtigung** gegenüber der empfangsberechtigten Person mittlerweile **widerrufen** hat. Um Dritte im Vertrauen auf die Registerpublizität zu schützen, reicht der Gutglaubensschutz des § 15 Abs. 1 HGB nicht aus. Denn diese Vorschrift findet nur bezüglich eintragungspflichtiger Tatsachen Anwendung. Die Anmeldung einer zusätzlichen empfangsberechtigten Person steht aber im Ermessen der Gesellschaften. **§ 10 Abs. 2 Satz 2 Halbsatz 2** schließt nach dem Vorbild des § 15 HGB die Schutzlücke und bestimmt, dass die Empfangsberechtigung Dritten gegenüber als fortbestehend gilt, bis sie im Handelsregister gelöscht und die Löschung bekannt gemacht worden ist, es sei denn, dass die fehlende Empfangsberechtigung dem Dritten bekannt war. Dieser Gutglaubensschutz hilft nicht weiter, wenn ein Zustellversuch an die eingetragene Person unter der eingetragenen Anschrift aus tatsächlichen Gründen scheitert, etwa weil die Anschrift nicht mehr existiert; dann muss der Gläubiger einen öffentlichen Zustellversuch (§ 185 ZPO) unternehmen[45]. 17

III. Wirkung und Mängel der Eintragung

1. Entstehung der GmbH

Mit der Eintragung in das Handelsregister entsteht die *GmbH als solche* (§ 11 Abs. 1). Sie **schließt** also den **Gründungsprozess ab**: Die durch den Abschluss des Gesellschaftsvertrages (§ 2) gegründete und bereits rechtsfähige Gesellschaft wird zur juristischen Person (§ 13 Abs. 1); die Vorschriften des GmbHG sind nunmehr auf sie uneingeschränkt anwendbar. 18

Maßgebend für den Eintritt dieser Rechtswirkungen ist der **Tag der Eintragung** (§ 382 Abs. 2 FamFG, § 27 Abs. 4 HRV). Der Beweis, dass die Datumsangabe unrichtig sei, ist zulässig[46]. Auch § 15 HGB greift nicht ein. Die versehentlich unzutreffende Datumsangabe ist von Amts wegen zu berichtigen (§ 17 HRV). 19

Die **Bekanntmachung** der **Eintragung** (§ 10 Abs. 1 HGB) ist ohne Einfluss auf die Entstehung der GmbH. Die Publizitätswirkungen ergeben sich aus § 15 HGB. 20

2. Eintragungsmängel

a) Unrichtige Eintragungen

Das Gesetz regelt nicht, ob die Entstehung der GmbH (Rdnr. 18) durch einen Verstoß gegen § 10 Abs. 1 und 2 berührt wird. Die Vorschriften über die Nichtigkeitsklage (§ 75 GmbHG), die Amtslöschung (§§ 395, 397 FamFG) und die Amtsauflösung (§ 399 FamFG) sind nicht anwendbar[47]. Anders ist nur zu entscheiden, wenn nach dem Inhalt des Handelsregisters **ernsthafte Zweifel an der Identität der Gesellschaft** bestehen[48], weil die Entstehung einer juristischen Person aus Gründen der Rechts- und Verkehrssicherheit nicht an eine derartige 21

---

44 *Fastrich*, in: Baumbach/Hueck, Rdnr. 4.
45 Begr. RegE MoMiG, BT-Drucks. 16/6140, S. 37.
46 *Herrler*, in: MünchKomm. GmbHG, Rdnr. 32; *Ulmer/Habersack*, in: Ulmer/Habersack/Löbbe, Rdnr. 5.
47 *Bayer*, in: Lutter/Hommelhoff, Rdnr. 10; *Roth*, in: Roth/Altmeppen, Rdnr. 11; *Ulmer/Habersack*, in: Ulmer/Habersack/Löbbe, Rdnr. 21.
48 *Bayer*, in: Lutter/Hommelhoff, Rdnr. 10; *Roth*, in: Roth/Altmeppen, Rdnr. 11; *Herrler*, in: MünchKomm. GmbHG, Rdnr. 37; *Schmidt-Leithoff*, in: Rowedder/Schmidt-Leithoff, Rdnr. 19; *Ulmer/Habersack*, in: Ulmer/Habersack/Löbbe, Rdnr. 23.

funktionswidrige Registereintragung geknüpft werden kann. Ob die genannte Voraussetzung gegeben ist, kann nicht schematisch, sondern muss durch objektive Auslegung des Eintragungsinhalts im Einzelfall bestimmt werden[49]. Regelmäßig wird sie vorliegen, wenn die Firma der Gesellschaft überhaupt nicht oder in einer ihre Identifizierung ausschließenden Weise entstellt eingetragen ist[50]. Die fehlende oder unrichtige Eintragung des Sitzes oder des Unternehmensgegenstandes wird meist nicht ausreichen, um ernsthafte Identitätszweifel zu begründen[51]. Die GmbH entsteht im obigen Falle erst, wenn die Eintragung entsprechend berichtigt wird[52].

22 **Andere Unvollständigkeiten und Unrichtigkeiten** der Registereintragung hindern nicht die Entstehung der GmbH und haben auch nicht die Unwirksamkeit der betreffenden Satzungsbestimmung zur Folge[53]. Das Registergericht ist von Amts wegen zur Berichtigung des Eintragungsmangels befugt und verpflichtet (§ 17 HRV)[54]. Die Gesellschaft kann durch eine Beschwerde (§ 59 Abs. 2 FamFG) oder durch einen formlosen Antrag auf sie hinwirken; die Anwendung des § 14 HGB kommt dagegen nicht in Betracht. War die unrichtige Eintragung bekanntgemacht worden (Rdnr. 27 ff.), kann ein Dritter sie der Gesellschaft entgegensetzen, wenn er die Unrichtigkeit nicht kannte (§ 15 Abs. 3 HGB).

b) Verfahrensmängel

23 Mängel des Eintragungsverfahrens haben **auf die Entstehung der GmbH keine Auswirkung** (s. § 7 Rdnr. 15 f., § 8 Rdnr. 38). Das gilt auch für die Eintragung durch ein örtlich unzuständiges Registergericht (s. § 7 Rdnr. 9, 15). Ebenso wenig ist wegen dieses Verfahrensmangels die Amtslöschung zulässig (s. § 7 Rdnr. 9, 15). Der Mangel ist vielmehr in sinngemäßer Anwendung der Vorschriften über die Sitzverlegung (§ 13h Abs. 2 HGB) zu beheben[55]. Die Amtslöschung hat dagegen dann zu erfolgen, wenn die Eintragung ohne einen dahingehenden Willen der anmeldebefugten Geschäftsführer vorgenommen worden ist (s. § 7 Rdnr. 16). Die durch die Eintragung entstandene Gesellschaft ist alsdann abzuwickeln.

c) Nicht ordnungsgemäße Gesellschaftserrichtung

24 Die materiell-rechtlich nicht ordnungsgemäße Gesellschaftserrichtung (§ 9c) hindert grundsätzlich nicht die rechtswirksame Entstehung der GmbH durch die Eintragung in das Handelsregister. Eine Nichtigkeit der Gesellschaft nach Eintragung kommt nur noch nach § 75 in Betracht. Dies bedeutet, dass andere Mängel durch die Eintragung grundsätzlich geheilt werden (s. § 2 Rdnr. 89 ff.). Eine Ausnahme soll aber nach der wohl h.M. anzuerkennen sein, wenn *alle* Beteiligungserklärungen an einem auch nach der Eintragung beachtlichen Unwirksamkeitsmangel leiden, so dass die Scheingesellschaft dann von Amts wegen zu löschen sein soll (s. § 2 Rdnr. 96).

---

49 *Ulmer/Habersack*, in: Ulmer/Habersack/Löbbe, Rdnr. 23.
50 *Schmidt-Leithoff*, in: Rowedder/Schmidt-Leithoff, Rdnr. 19; *Ulmer/Habersack*, in: Ulmer/Habersack/Löbbe, Rdnr. 23.
51 *Schmidt-Leithoff*, in: Rowedder/Schmidt-Leithoff, Rdnr. 19; *Ulmer/Habersack*, in: Ulmer/Habersack/Löbbe, Rdnr. 23.
52 *Roth*, in: Roth/Altmeppen, Rdnr. 11; *Schmidt-Leithoff*, in: Rowedder/Schmidt-Leithoff, Rdnr. 19; vgl. auch *Ulmer/Habersack*, in: Ulmer/Habersack/Löbbe, Rdnr. 23.
53 OLG Hamm v. 13.11.1970 – 15 W 280/70, GmbHR 1971, 57, 59 betr. eine statutarische Bestimmung über die Zeitdauer.
54 *Bayer*, in: Lutter/Hommelhoff, Rdnr. 10; *Roth*, in: Roth/Altmeppen, Rdnr. 11; *Ulmer/Habersack*, in: Ulmer/Habersack/Löbbe, Rdnr. 22; s. auch OLG Köln v. 22.2.1995 – 2 Wx 5/95, GmbHR 1996, 218 (betr. Ergänzung).
55 *Schmidt-Leithoff*, in: Rowedder/Schmidt-Leithoff, Rdnr. 19; ähnlich auch *Ulmer/Casper*, in: Ulmer/Habersack/Löbbe, § 7 Rdnr. 17.

Im Übrigen ist bezüglich der Rechtsfolgen von Errichtungsmängeln zu unterscheiden. **Besonders schwerwiegende Mängel des Gesellschaftsvertrages**, die das Gesetz abschließend bestimmt, führen zur Vernichtbarkeit (§§ 75 ff.) und zur Amtslöschung der GmbH mit Auflösungswirkung oder rechtfertigen die Einleitung des Amtsauflösungsverfahrens. 25

Sonstige Errichtungsmängel sind dagegen regelmäßig ohne Einfluss auf den Bestand der GmbH. Formmängel des Gesellschaftsvertrages (§ 2 Abs. 1) oder der Abschlussvollmachten (§ 2 Abs. 2) werden durch die Eintragung geheilt (s. § 2 Rdnr. 90); § 139 BGB ist auf die Nichtigkeit einzelner Beteiligungserklärungen oder Satzungsbestimmungen nicht anwendbar. Fehler einer Beteiligungserklärung können nach der Eintragung, soweit nicht bestimmte überwiegende schutzwürdige Interessen betroffen sind (s. § 2 Rdnr. 93 ff.), nicht mit der Unwirksamkeitsfolge (s. § 2 Rdnr. 99), sondern im Falle ihres Fortwirkens nur noch mit anderen Mitteln (Austritt, Ausschließung, u.U. auch Auflösungsklage) geltend gemacht werden. Bei der Unwirksamkeit von Sacheinlagevereinbarungen ist der Gesellschafter zur Geldeinlage (s. § 5 Rdnr. 93 ff.) und bei der Überbewertung von Sacheinlagen zur Ergänzungszahlung verpflichtet (§ 9). Errichtungsmängel können darüber hinaus Haftungsfolgen für Gesellschafter und Geschäftsführer haben (§§ 9a, 9b). 26

IV. Veröffentlichung

1. Bekanntmachung

Die Bekanntmachung der Eintragung der GmbH in das Handelsregister ist **durch das Gericht von Amts wegen** unverzüglich zu veranlassen (§ 10 HGB, § 32 HRV). Entsprechendes gilt für die Berichtigung einer Eintragung (§ 17 Abs. 1 HRV). Der Verzicht auf die Bekanntmachung durch die Anmeldenden ist nicht möglich. 27

Die Bekanntmachung der Eintragung erfolgt gem. § 10 HGB in dem von der Landesjustizverwaltung bestimmten **elektronischen Informations- und Kommunikationssystem**. Die Länder haben gemäß § 9 Abs. 1 Satz 4 HGB länderübergreifend ein einheitliches System bestimmt. Es ist unter der Internetpräsenz www.handelsregisterbekanntmachungen.de einsehbar. 28

2. Inhalt

Der Inhalt der Veröffentlichung ist **gesetzlich abschließend geregelt**: Soweit nicht ein Gesetz etwas anderes vorschreibt, werden die Eintragungen ihrem ganzen Inhalt nach veröffentlicht (§ 10 Satz 2 HGB). Dazu gehört auch die inländische Geschäftsanschrift (vgl. § 34 Satz 2 HRV). In den Bekanntmachungen ist das Gericht und der Tag der Eintragung zu bezeichnen, einer Unterschrift bedarf es nicht (§ 33 Abs. 2 HRV). Da das EHUG die in § 10 Abs. 3 getroffene Regelung aufgehoben hat (s. Rdnr. 1), sind weder die nach § 5 Abs. 4 Satz 1 im Gesellschaftsvertrag getroffenen Festsetzungen über Sacheinlagen noch die Bestimmungen des Gesellschaftsvertrages über die Form der öffentlichen Bekanntmachungen der GmbH bekanntzumachen. Schließlich hat das EHUG auch § 40 Abs. 1 Nr. 4 AktG aufgehoben (die Vorschrift war gemäß § 52 Abs. 2 Satz 1 anwendbar), so dass die Mitglieder eines bereits bestellten Aufsichtsrats mit Name, Beruf und Wohnort nicht mehr bekanntzumachen sind. 29

3. Wirkungen

Die Bekanntmachung ist bezüglich der konstitutiven Wirkungen der Eintragungen irrelevant. Insbesondere hängt das Entstehen der GmbH nicht von ihr ab (Rdnr. 18). Die Bekannt- 30 machung hat vor allem die Funktion, die Öffentlichkeit über die Eintragung zu **informieren**. Die Öffentlichkeit genießt nach Maßgabe des § 15 HGB **Vertrauensschutz**. Die Veröffentlichung muss erneut vorgenommen werden, wenn sie unvollständig oder unrichtig erfolgt war.

V. Eintragungs- und Bekanntmachungskosten

31 Die Kosten bestimmen sich nach der Verordnung über Gebühren in Handels-, Partnerschafts- und Genossenschaftsregistersachen (Handelsregistergebührenverordnung – HRegGebV). Die HRegGebV legt fest, dass im Falle der Ersteintragung einer GmbH (außer aufgrund einer Umwandlung nach dem UmwG) Eintragungsgebühren in Höhe von 150 Euro anfallen (Nr. 2100) und im Falle der Leistung mindestens einer Sacheinlage in Höhe von 240 Euro (Nr. 2101). Für die Entgegennahme der Liste der Gesellschafter fallen keine Gebühren an (Nr. 5002). Wird das Musterprotokoll verwendet, ist eine Gebührenermäßigung nicht vorgesehen. Wenn die Bekanntmachung, wie im Regelfall, ausschließlich elektronisch im Bundesanzeiger erfolgt (§ 12 Satz 1), entstehen der Gesellschaft durch die Veröffentlichung keine weiteren Kosten (vgl. Anm. zu Nr. 31004 Kostenverzeichnis zum GNotKG). Das Registergericht kann einen Kostenvorschuss verlangen (vgl. § 13 Satz 1 GNotKG).

VI. Amtshaftung

32 Für fehlerhafte Eintragungen und Bekanntmachungen, die auf einer **schuldhaften Pflichtverletzung des Registerrichters** beruhen, ist die Amtshaftung nach § 839 Abs. 1 BGB allen Personen gegenüber gegeben, für die die Eintragung oder die Veröffentlichung vermöge der mit ihnen verbundenen Wirkungen von Bedeutung ist oder werden kann[56]. Ebenso besteht sie gegenüber der Gesellschaft bei schuldhaften Verzögerungen der Eintragung oder der Bekanntmachung. Das Richterprivileg des § 839 Abs. 2 Satz 1 BGB greift im FamFG-Verfahren nicht ein[57]. Die Gesellschaft, deren Geschäftsführern die Eintragung bekanntgemacht wird, verliert ihren Anspruch aber insoweit, als sie es schuldhaft unterlässt, den Schaden durch entsprechende Berichtigungsbegehren abzuwenden (§ 839 Abs. 3 BGB). Entsprechendes gilt bei fehlerhaften Bekanntmachungen[58].

---

56 Vgl. RG v. 24.3.1933 – II 398/32, RGZ 140, 174, 184; *Bayer*, in: Lutter/Hommelhoff, Rdnr. 13; *Herrler*, in: MünchKomm. GmbHG, Rdnr. 43; *Ulmer/Habersack*, in: Ulmer/Habersack/Löbbe, Rdnr. 32; einschr. BGH v. 24.6.1982 – III ZR 19/81, BGHZ 84, 285, 287: kein Gesellschaftsschutz bei Eintragung einer unzulässigen Firma.

57 BGH v. 21.5.1953 – III ZR 272/51, BGHZ 10, 55, 60; BGH v. 26.4.1954 – III ZR 6/53, BGHZ 13, 142, 144; *Bayer*, in: Lutter/Hommelhoff, Rdnr. 13; *Herrler*, in: MünchKomm. GmbHG, Rdnr. 42; *Tebben*, in: Michalski u.a., Rdnr. 29; *Ulmer/Habersack*, in: Ulmer/Habersack/Löbbe, Rdnr. 32.

58 RG v. 11.12.1937 – V 120/37, JW 1938, 593; *Ulmer/Habersack*, in: Ulmer/Habersack/Löbbe, Rdnr. 33.

§ 11
Rechtszustand vor der Eintragung

(1) Vor der Eintragung in das Handelsregister des Sitzes der Gesellschaft besteht die Gesellschaft mit beschränkter Haftung als solche nicht.

(2) Ist vor der Eintragung im Namen der Gesellschaft gehandelt worden, so haften die Handelnden persönlich und solidarisch.

Abs. 1 i.d.F. von 1898, Abs. 2 von 1892.

1 **Schrifttum** (vgl. auch Rdnr. 6, 85, 101, 164, 180): *Altmeppen*, Konkursantragspflicht in der Vor-GmbH?, ZIP 1997, 273; *Bachmann*, Vorgesellschaft und Nachgesellschaft – Ein Beitrag zur juristischen Personifikation, in: Trierer FS Lindacher, 2017, S. 23; *Beuthien*, Die Vorgesellschaft im Privatrechtssystem, ZIP 1996, 305 (Teil I) und 360 (Teil II); *Binz*, Haftungsverhältnisse im Gründungsstadium der GmbH & Co. KG, 1976; *v. Bismarck*, Rechtsnatur und Haftungsverhältnisse der Gründungs-GmbH, Diss. Kiel 1963; *Böhringer*, Zur Grundbuchfähigkeit einer GmbH im Gründungsstadium, Rpfleger 1988, 846; *Büttner*, Identität und Kontinuität bei der Gründung juristischer Personen, Diss. Erlangen 1967; *Butt*, Probleme der Vorgesellschaft nach französischem, belgischem, englischem und deutschem Recht, Diss. Mainz 1970; *Derwisch-Ottenberg*, Die Haftungsverhältnisse der Vor-GmbH, 1988; *Dilcher*, Rechtsfragen der sog. Vorgesellschaft, JuS 1966, 89; *Dregger*, Haftungsverhältnisse bei der Vorgesellschaft, 1951; *Drygala*, Praktische Probleme der Vor-GmbH, JURA 2003, 433; *Eckhardt*, Die Vor-GmbH im zivilprozessualen Erkenntnisverfahren und in der Einzelvollstreckung, 1990; *Fabricius*, Vorgesellschaften bei der Aktiengesellschaft und der Gesellschaft mit beschränkter Haftung: ein Irrweg?, in: FS Kastner, 1972, S. 85; *Fichtelmann*, Die prozessuale Stellung der Vorgesellschaft nach ihrer Auflösung – Anmerkungen und Beratungshinweise zu dem Urteil des OLG Köln vom 27.2.1997 – 7 U 178/96, GmbHR 1997, 995; *Fleck*, Die neuere Rechtsprechung des BGH zur Vorgesellschaft und zur Haftung des Handelnden, ZGR 1975, 212; *Fleck*, Neueste Entwicklungen in der Rechtsprechung zur Vor-GmbH, GmbHR 1983, 5; *Flume*, Die juristische Person, 1983; *Flume*, Die werdende juristische Person, in: FS Geßler, 1971, S. 3; *Flume*, Zur Enträtselung der Vorgesellschaft, NJW 1981, 1753; *Gaerths*, Die Rechtsnatur der Gründungsgesellschaft, Diss. Göttingen 1933; *Ganßmüller*, Zur Rechtsnatur der Vorgesellschaften, NJW 1956, 1186; *Ganßmüller*, Wieder einmal: zur Vor-GmbH, GmbHR 1970, 170; *Gehrlein*, Die Haftung in den verschiedenen Gründungsphasen einer GmbH, DB 1996, 561; *Gummert*, Die Vorgesellschaft, in: Priester/Mayer/Wicke (Hrsg.), Münchener Handbuch des Gesellschaftsrechts, Bd. III, 4. Aufl. 2012, § 16; *Haas*, Vor-GmbH und Insolvenz, DStR 1999, 985; *Haberkorn*, Rechtliche Struktur der werdenden Kapitalgesellschaft, BB 1962, 1408; *Hansis*, Zur Rechtsnatur der GmbH zwischen Errichtung und Eintragung, Diss. Tübingen 1967; *Heidinger*, Die Haftung und die Vertretung in der Gründungsphase der GmbH im Vergleich zur (kleinen) Aktiengesellschaft, GmbHR 2003, 189; *Heymann*, Die nicht eingetragene Gesellschaft mit beschränkter Haftung im deutsch-ausländischen Rechtsverkehr, JherJ 75 (1925), 408; *Horn*, Die Vorgesellschaft in der höchstrichterlichen Rechtsprechung, NJW 1964, 86; *U. Huber*, Haftungsprobleme der GmbH & Co. KG im Gründungsstadium, in: FS Hefermehl, 1976, S. 127; *Hubert*, Die rechtliche Natur einer im Entstehen begriffenen Gesellschaft mit beschränkter Haftung und die Wirkung der von ihr abgeschlossenen Verträge, Diss. Erlangen 1915; *Hueck*, Vorgesellschaft, in: FS 100 Jahre GmbH-Gesetz, 1992, S. 127; *John*, Die organisierte Rechtsperson, 1977; *Kersting*, Die Vorgesellschaft im europäischen Gesellschaftsrecht, 2000; *Kießling*, Vorgründungs- und Vorgesellschaft, 1999; *Knoche*, Gründerhaftung und Interessenausgleich bei der Vor-GmbH, 1990; *G. Kuhn*, Die Vorgesellschaft, WM-Sonderbeil. 5/1956; *Lieb*, Meilenstein oder Sackgasse? Bemerkungen zum Stand von Rechtsprechung und Lehre zur Vorgesellschaft, in: FS Stimpel, 1985, S. 399; *Lieder*; Vorgründungsgesellschaft, Vorbeteiligungsgesellschaft und andere Vorbereitungsgesellschaften, DStR 2014, 2464; *de Lousanoff*, Partei- und Prozessfähigkeit der unechten und fehlgeschlagenen Vor-GmbH, NZG 2008, 490; *Meister*, Zur Vorbelastungsproblematik und zur Haftungsverfassung der Vorgesellschaft bei der GmbH, in: FS Werner, 1984, S. 521; *Murawo*, Die unechte Vorgesellschaft im GmbH- und Aktienrecht, 2006; *Nitschke*, Die körperschaftlich strukturierte Personengesellschaft, 1970; *Ostheim*, Probleme der Vorgesellschaft bei der GmbH, JurBl. 1978, 337; *Ostheim*, Gedanken zu § 2 GmbHG idF. der Novelle 1980, GesRZ 1982, 124; *Rittner*, Die werdende juristische Person, 1973; *Schäfer-Gölz*, Die Lehre vom Vorbelastungsverbot und die Differenzhaftung der Gründer, Diss. Bonn 1983; *Schaffner*, Die Vorgesellschaft als Gesellschaft sui generis, 2003; *Karsten Schmidt*, Gesellschaftsrecht, 4. Aufl. 2002; *Karsten Schmidt*, Zur Stellung der oHG im System der Handelsgesellschaften, 1972; *Karsten Schmidt*, Zum Vorbelastungsverbot im Gründungsrecht der Kapitalgesellschaften, NJW 1973, 1595; *Karsten Schmidt*, Die

Vor-GmbH als Unternehmerin und als Komplementärin, NJW 1981, 1345; *Karsten Schmidt*, Theorie und Praxis der Vorgesellschaft nach gegenwärtigem Stand, GmbHR 1987, 77; *Karsten Schmidt*, Zur Übertragung von Vor-Gesellschaftsanteilen, GmbHR 1997, 869; *Karsten Schmidt*, Umwandlung von Vorgesellschaften, in: FS Zöllner, 1998, S. 521; *Karsten Schmidt*, Unbeschränkte Außenhaftung/unbeschränkte Innenhaftung, in: FS Goette, 2011, S. 459; *Schultz*, Rechtsfragen der Vor-GmbH im Lichte der höchstrichterlichen Rechtsprechung, JuS 1982, 732; *Schultze-v. Lasaulx*, Die unechte Vorgesellschaft, JZ 1952, 390; *Schultze-v. Lasaulx*, Gedanken zur Rechtsnatur der sog. Vorgesellschaft, in: FS Olivecrona, 1964, S. 576; *Schumann*, Der Ausgleich zwischen GmbH-Gründern. Zum Innenrecht der Vor-GmbH, 2004; *Servatius*, Der Anfang vom Ende der unechten Vorgesellschaft, NJW 2001, 1696; *Stoppel*, Vinkulierungsklauseln in der Vorgesellschaft und bei Umwandlung, WM 2008, 147; *Thelen/Trimborn*, Haftungssituationen in der GmbH in den Staaten des Europäischen Wirtschaftsraums (EWR) und der Schweiz, GmbHR 1994, 782; *Theobald*, Vor-GmbH und Gründerhaftung, 1984; *U. Torggler*, Die Verbandsgründung – de lege lata betrachtet, Wien 2009; *U. Torggler*, Das Sein und das Nichts: Die Vorgesellschaften als Rechtsverhältnis und als Rechtsträger, in: FS Krejci, 2001, S. 945; *Ulmer*, Die Gründung der GmbH, in: Probleme des GmbH-Reform, 1970; *Ulmer*, Das Vorbelastungsverbot im Recht der GmbH-Vorgesellschaft – notwendiges oder überholtes Dogma?, in: FS Ballerstedt, 1975, S. 279; *Ulmer*, Abschied vom Vorbelastungsverbot im Gründungsstadium der GmbH, ZGR 1981, 593; *Wacker*, Die Vorgesellschaften als Gesellschaften besonderer Art, Diss. Würzburg 1963; *Waldecker*, Studien über die Rechtsverhältnisse der sog. nicht eingetragenen Genossenschaft, Gruch 59 (1915), 961; *Wallner*, Die Liquidatoren der Vor-GmbH i.L., GmbHR 1998, 1168; *Werneburg*, Die GmbH vor Eintragung im Handelsregister, SächsA 1929, 244; *Wiedemann*, Das Rätsel Vorgesellschaft, JurA 1970, 439; *Wimmer*, Gründung und Beendigung von juristischen Personen (Teil I), DStR 1995, 1838; *Zöllner*, Die sog. Gründerhaftung. Bemerkungen zum Rätsel Vorgesellschaft, in: FS Wiedemann, 2002, S. 1383.

Zur „wirtschaftlichen Neugründung" durch Mantelverwendung: *Adolff*, Die Haftung des Gesellschafters der eingetragenen GmbH bei wirtschaftlicher Neugründung, in: VGR, Gesellschaftsrecht in der Diskussion 2011, 2012, S. 49; *Altmeppen*, Zur Verwendung eines alten GmbH-Mantels, DB 2003, 2050; *Altmeppen*, Zur Mantelverwendung in der GmbH, NZG 2003, 145; *Bachmann*, Abschied von der „wirtschaftlichen Neugründung"?, NZG 2011, 441; *Bachmann*, Die Offenlegung der wirtschaftlichen Neugründung und die Folgen ihrer Versäumung, NZG 2012, 579; *Bayer*, Neue und gebrauchte Mäntel, „gestreckte" und „mutierte" Gründungen. Die Rechtsfigur der wirtschaftlichen Neugründung in der Rechtsprechung des BGH, in: FS Goette, 2011, S. 15; *Goette*, Haftungsfragen bei der Verwendung von Vorratsgesellschaften und „leeren" GmbH-Mänteln, DStR 2004, 461; *Habersack*, Wider das Dogma von der unbeschränkten Gesellschafterhaftung bei wirtschaftlicher Neugründung einer AG oder GmbH, AG 2010, 845; *Hacker/Petsch*, Leere Hülse, volle Haftung? Plädoyer für eine Insolvenzausnahme bei Unternehmensfortsetzung nach wirtschaftlicher Neugründung, ZIP 2015, 761; *Heidenhain*, Anwendung der Gründungsvorschriften des GmbH-Gesetzes auf die wirtschaftliche Neugründung einer Gesellschaft, NZG 2003, 1051; *Heidinger*, Die wirtschaftliche Neugründung, ZGR 2005, 101; *Heinze*, „Präventivkontrolle" der Kapitalaufbringung bei der wirtschaftlichen Neugründung?, GmbHR 2011, 962; *Hermanns*, Die wirtschaftliche Neugründung von Kapitalgesellschaften – das gedankliche Konzept der Rechtsprechung, in: FS Brambring, 2011, S. 161; *Herresthal/Servatius*, Grund und Grenzen der Haftung bei der wirtschaftlichen Neugründung einer GmbH, ZIP 2012, 197; *Hüfer*, Wirtschaftliche Neugründung und Haftung des Geschäftsführers, NZG 2011, 1257; *Kallmeyer*, Kapitalaufbringung und Kapitalerhaltung nach dem MoMiG, DB 2007, 2755; *Keller*, Aktuelle Haftungsrisiken bei Mantelkauf, Mantelverwendung und Vorratsgründung, DZWiR 2005, 133; *Kleindiek*, Mantelverwendung und Mindestkapitalerfordernis, in: FS Priester, 2007, S. 369; *Krafka*, Die wirtschaftliche Neugründung von Kapitalgesellschaften, ZGR 2003, 577; *Lieder*, Zur Anwendbarkeit der Grundsätze der Mantelverwendung, NZG 2010, 410; *Lieder*, Wirtschaftliche Neugründung: Grundsatzfragen und aktuelle Entwicklungen, DStR 2012, 137; *Peetz*, Wirtschaftliche Neugründung einer GmbH und Haftung, GmbHR 2011, 178; *Peters*, Der GmbH-Mantel als gesellschaftsrechtliches Problem, 1989; *Podewils*, Offene Fragen zur wirtschaftlichen Neugründung, GmbHR 2010, 684; *Priester*, Beginn der Rechtsperson – Vorräte und Mäntel, ZHR 168 (2004), 247; *Schall*, „Cessante ratione legis" und das Richterrecht zur wirtschaftlichen Neugründung, NZG 2011, 656; *Karsten Schmidt*, Vorratsgründung, Mantelkauf und Mantelverwendung, NJW 2004, 1345; *Karsten Schmidt*, Die Verwendung von GmbH-Mänteln und ihre Haftungsfolgen, ZIP 2010, 857; *Wicke*, Risiko Mantelverwendung, NZG 2005, 409.

I. Grundlagen

1. Gegenstand der Regelung

2 **a)** Die Vorschrift befasst sich mit den **Rechtsverhältnissen vor der Eintragung der gegründeten GmbH im Handelsregister**. Diese sind darin freilich nur fragmentarisch geregelt. Aus § 11 Abs. 1 geht hervor, dass die GmbH vor der Eintragung „als solche" noch nicht besteht. § 11 Abs. 2 regelt die Haftung derer, die vor der Eintragung im Namen der Gesellschaft gehandelt haben. *Historisch* knüpfte das GmbH-G mit dieser Regelung an die aktienrechtliche Bestimmung des Art. 211 ADHGB an[1]. Die Gesetzesbegründung nahm hierauf lediglich Bezug[2] und betonte, dass die Eintragung „die notwendige Voraussetzung für die rechtswirksame Entstehung der GmbH als solcher" bilde. Immerhin sind in der **fragmentarischen Regelung** die Hauptprobleme der GmbH vor der Eintragung angesprochen: der *Status der Gesellschaft* (Abs. 1) und die *Haftungsverhältnisse* (Abs. 2). Ein in sich stimmiges Konzept konnte allerdings erst in Ergänzung und Fortbildung dieser Regeln entwickelt werden. Über Auslandsrechte vgl. rechtsvergleichend 9. Aufl., § 11 Rdnr. 185. Die Reform von 2008 (MoMiG) ließ § 11 unberührt. Mit **Art. 8 der Publizitätsrichtlinie** sind § 11 und die auf dieser Basis entwickelten Haftungsgrundsätze vereinbar[3].

3 **b) Nur Gründungsfälle** sind von der Regelung erfasst. Umstritten ist demgemäß die entsprechende Anwendung auf *Umwandlungsfälle* (Rdnr. 28), *Mantelverwendungen* (Rdnr. 29, 84, 109) und auf nicht als inländische Zweigniederlassungen eingetragene *Auslandsgesellschaften* (Rdnr. 10). Sonderregeln galten nach der deutschen Wiedervereinigung in den neuen Bundesländern für die „GmbH im Aufbau" (vgl. dazu noch 9. Aufl., Rdnr. 186).

2. Rechtsfortbildung und Funktionswandel

4 **a) Das** dem *Gesetzeswortlaut* zugrundeliegende **gesetzliche Rechtsbild der GmbH vor der Eintragung** war vor allem durch folgende Charakterzüge bestimmt: durch die Leugnung einer Vorgesellschaft als Rechtsträgerin (vgl. § 11 Abs. 1); durch die konsequente Ablehnung einer Kontinuität zwischen der in Gründung befindlichen und der eingetragenen GmbH; durch das Vorbelastungsverbot, das grundsätzlich keine Belastung der fertigen GmbH mit vor der Eintragung begründeten Gesellschaftsverbindlichkeiten gestattete (dazu Rdnr. 44 f.); durch die Annahme, man müsse den auf Geschäfte der noch nicht existierenden Gesellschaft vertrauenden Rechtsverkehr durch eine Haftung schützen, die dem heutigen § 179 BGB ähnelt (vgl. § 11 Abs. 2). Der vor der Eintragung im Namen der Gesellschaft Handelnde (vgl. § 11 Abs. 2) tritt nach dieser Vorstellung als Vertreter eines in Wahrheit noch nicht vorhandenen Rechtsträgers auf.

5 **b) Rechtsfortbildung.** Im Lauf der Jahrzehnte hat das **Recht der Vorgesellschaft** einen *Institutionalisierungsprozess* durchlaufen, der von der Literatur ausging[4] und in der Rechtsprechung zunächst nur zögernd aufgegriffen wurde. Eine dem Stand der Rechtswissenschaft im Grundsätzlichen entsprechende Praxis kann seit dem Urteil BGHZ 80, 129[5] konstatiert wer-

---

1 Vgl. näher *Rittner*, S. 130 ff.; *Karsten Schmidt*, oHG, S. 276 ff.; *Schäfer-Gölz*, S. 9 ff.; *Fabricius*, in: FS Kastner, S. 89 ff.
2 Begründung 1891, S. 57.
3 Dazu *Kersting*, S. 310 ff., 321; *Ulmer/Habersack*, in: Ulmer/Habersack/Löbbe, Rdnr. 2.
4 Grundlegend zunächst in der RG-Epoche *Otto Schreiber*, Die KGaA, 1925; *Feine*, in: Ehrenbergs Hdb. III/3, 1929; sodann in der BGH-Epoche vor allem: *Büttner, Dregger, Flume, Karsten Schmidt, Rittner, Ulmer* und *Wiedemann*, alle a.a.O.; abl. *Fabricius*, a.a.O.; *Kießling*, a.a.O. (im Schrifttum).
5 BGH v. 9.3.1981 – II ZR 54/80, BGHZ 80, 129 = NJW 1981, 1373 = GmbHR 1981, 114.

den[6]. Das Urteil wurde ergänzt durch BGHZ 134, 333[7], wo die persönliche Haftung der Gründer für Gesellschaftsverbindlichkeiten klargestellt (allerdings in das Innenverhältnis verlegt) wurde (dazu Rdnr. 86 f.)[8]. Hauptzüge dieser Rechtsfortbildung sind: die Anerkennung der *Vorgesellschaft als Rechtsträgerin* (Rdnr. 34 ff.); die Bejahung einer *Kontinuität der Rechtsverhältnisse* zwischen der gegründeten und der eingetragenen GmbH (Rdnr. 31, 151 ff.); die *Beseitigung des Vorbelastungsverbots* (Rdnr. 45); der Funktionswandel der neben eine Haftung der Vorgesellschaft tretenden Haftung der Handelnden nach § 11 Abs. 2 (Rdnr. 102); die Klärung der Frage, inwieweit die Gründer als Gesellschafter gegenüber den Gläubigern (Rdnr. 86 f.) bzw. gegenüber der Gesellschaft (Rdnr. 139 ff.) für Schulden aus Vorbelastungen der GmbH haften. Die nachfolgende Kommentierung basiert auf dieser für das gegenwärtige Verständnis grundlegenden Entwicklungsgeschichte. Sie verzichtet darauf, gesicherte Ergebnisse nochmals ausführlich zu begründen, und beschränkt sich insofern auf Bemerkungen, die entweder für das Verständnis des geltenden Rechtszustandes oder für die Klärung bestehender Zweifelsfragen oder für einzelne Abweichungen von der h.M. noch von Bedeutung sind.

II. Rechtsverhältnisse im Vorgründungsstadium

Schrifttum (vgl. zunächst die Angaben bei Rdnr. 1): *Grottke*, Die Vorgründungsgesellschaft der GmbH …, 1991; *Kappet*, Das Vorgründungsstadium von Kapitalgesellschaften, 2006; *Kort*, Die Haftung der Beteiligten im Vorgründungsstadium einer GmbH, DStR 1991, 1317; *Michalski/Sixt*, Die Haftung in der Vorgründungs-GmbH, in: FS Boujong, 1996, S. 349; *Nordhues*, Gesellschafterhaftung in der Vorgründungs- und Vorgründungsgesellschaft, 2003; *Priester*, Die Vorgründungsgesellschaft, in: Priester/Mayer/Wicke (Hrsg.), Münchener Handbuch des Gesellschaftsrechts, Bd. III, 4. Aufl. 2012, § 15; *Priester*, Das Gesellschaftsverhältnis im Vorgründungsstadium – Einheit oder Dualismus?, GmbHR 1995, 481; *Karsten Schmidt*, Rechtsgrundlagen der Mitunternehmerschaft im Vorgründungsstadium der GmbH, GmbHR 1982, 6 = GesRZ 1983, 1; *Karsten Schmidt*, Haftung aus Rechtsgeschäften vor Errichtung einer GmbH, GmbHR 1998, 613; *Karsten Schmidt*, Vom „Rätsel Vorgesellschaft" zum „Rätsel Vorgründungsgesellschaft" – eine deutsch/österreichische Skizze, in: FS Reich-Rohrwig, Wien 2014, S. 195; *U. Torggler*, Die Verbandsgründung, Wien 2009. [6]

1. Das Vorgründungsstadium

a) Abgrenzung. Als Vorgründungsstadium wird hier der **Zeitraum vor der Errichtung der GmbH** durch förmlichen Abschluss des Gesellschaftsvertrages (besser: durch Satzungsfeststellung) nach § 2 bezeichnet. In diesem Stadium kann, muss aber nicht, eine Vorgründungsgesellschaft vorhanden sein (Begriffsbestimmung in Rdnr. 9). Jeder GmbH-Gründung geht notwendig ein Vorgründungsstadium, allerdings nicht in jedem Fall auch eine Vorgründungsgesellschaft, voraus. In vielen Fällen binden sich die Beteiligten vor der Errichtung der GmbH nicht vertraglich. In anderen Fällen wollen sie sich vertraglich binden, aber es fehlt für einen wirksamen Vorgründungsvertrag an der erforderlichen Bestimmtheit oder Form (dazu Rdnr. 12 f.). Ein Vorgründungsvertrag ist in diesen Fällen entweder nicht vorhanden oder nicht wirksam. Trotzdem kann man von einem **Vorgründungsstadium** sprechen, *so-* [7]

---

6 Vgl. zu diesem Urteil besonders *Flume*, NJW 1981, 1753; *Fleck*, GmbHR 1983, 5; *Meister*, in: FS Werner, 1984, S. 521; *Priester*, ZIP 1982, 1141; *Karsten Schmidt*, NJW 1981, 1345; *Ulmer*, ZGR 1981, 593; *Zöllner*, in: FS Wiedemann, 2002, S. 1383 ff.

7 BGH v. 27.1.1997 – II ZR 123/94, BGHZ 134, 333 = NJW 1997, 1507 = GmbHR 1997, 405.

8 Zu diesem Urteil *Sandberger*, in: FS Fikentscher, 1998, S. 389 ff.; *Zöllner*, in: FS Wiedemann, 2002, S. 1383 ff.; *Altmeppen*, NJW 1997, 1509; *Flume*, DB 1998, 46; *Gummert*, DStR 1997, 1007; *Kleindiek*, ZGR 1996, 427; *Krebs/Klerx*, JuS 1998, 991; *Lübbert*, BB 1998, 2222; *Monhemius*, JA 1997, 913; *Karsten Schmidt*, ZIP 1997, 61; *Wiegand*, BB 1998, 1065.

bald die prospektiven Gründer der GmbH in ein Planungs- und Verhandlungsstadium zueinander getreten sind.

8   **b)** Das Vorgründungsstadium setzt nicht den wirksamen Abschluss eines Gesellschafts (vor-)vertrags (Rdnr. 9 f.) voraus. Es begründet auch **ohne förmlichen Vertragsschluss** bereits *Sonderrechtsbeziehungen* unter den prospektiven Gründern. Damit entstehen unabhängig vom Bestehen einer wirksamen vorvertraglichen Bindung (dazu Rdnr. 9 ff.) *Treupflichten* und *Schutzpflichten*, deren Verletzung zum **Schadensersatz** verpflichten kann[9]. Ob es sich hierbei um culpa in contrahendo (Verletzung vorvertraglicher Pflichten, bezogen auf die GmbH-Errichtung) oder um eine positive Vertragsverletzung (bezogen auf einen schon bestehenden Vorgründungsvertrag) handelt, wird vielfach im Ergebnis ohne Bedeutung sein (vgl. §§ 241, 311 BGB). Nach § 311 Abs. 2 BGB schließt das Fehlen eines formgerecht vereinbarten Gründungs-Vorvertrags die Annahme von Treupflichten und das Entstehen von Schadensersatzpflichten nicht aus. Ohne wirksamen Vorgründungsvertrag können die prospektiven Gründungsgesellschafter zwar grundsätzlich nicht zur Errichtung der geplanten GmbH, zur Einbringung der in Aussicht gestellten Einlagen oder sonst zur Erfüllung der Verpflichtungen aus dem künftigen GmbH-Vertrag angehalten werden. Jede Rechtsdurchsetzung in Erfüllungsrichtung ist ausgeschlossen[10], ebenso auch ein Schadensersatz wegen Nichterfüllung[11]. Wohl aber sind die Verhandlungspartner einander zu vorvertraglicher Rücksicht verpflichtet und dürfen das Vertrauen der prospektiven Mitgründer nicht missbrauchen. Wer schuldhaft gegen die sich hieraus ergebenden Nebenpflichten verstößt, ist zum Ersatz des Vertrauensschadens verpflichtet[12].

2. Der Gründungsvorvertrag

9   **a) Begriff und Rechtsnatur. aa)** Von einem Gründungsvorvertrag ist zu sprechen, wenn sich die Gründer einer GmbH – oder ein Teil dieser Gründer – durch schuldrechtlichen Vertrag zur Gründung verpflichtet haben[13]. Dieser rein schuldrechtliche Gründungs-Vorvertrag[14] ist sowohl von der noch nicht bestehenden Vorgesellschaft (Rdnr. 27 ff.) als auch von einer von Fall zu Fall entstehenden Mitunternehmerschaft im Vorgründungsstadium (Rdnr. 15 ff.) streng zu unterscheiden[15]. Aus einem wirksamen Gründungsvorvertrag ergibt sich die klagbare Pflicht zum Abschluss des GmbH-Gesellschaftsvertrags sowie eine allgemeine Förderungs- und Loyalitätspflicht. Möglich ist allerdings auch der Abschluss eines Vertrags, der nur auf die Vorbereitung einer GmbH-Gründung zielt und nicht bereits zum Abschluss verpflichtet[16]. Für

---

9 Vgl. BGH v. 21.9.1987 – II ZR 16/87, GmbHR 1988, 98 = BB 1988, 159 = NJW-RR 1988, 288; LG Aachen v. 26.6.1985 – 4 O 108/84, NJW-RR 1986, 662; *Karsten Schmidt*, GesR, § 34 III 2a; *Priester*, in: MünchHdb. III, § 15 Rdnr. 27; *Kappet*, S. 51 ff.; vgl. zur formlosen Vorbereitung der Gründung auch *Fastrich*, in: Baumbach/Hueck, § 2 Rdnr. 35 f.; zum Anteilskauf OLG Stuttgart v. 7.7.1989 – 9 U 13/89, DB 1989, 1817; LG Heilbronn v. 15.8.1988 – 2 KfH O 241/87, DB 1989, 1227.
10 Bedenklich die Annahme eines bereits wirksamen Vertragsstrafevereinbarung im Fall OGH Wien v. 5.5.1981 – 5 Ob 570/81, GesRZ 1981, 178 mit krit. Anm. *Ostheim*.
11 Vgl. BGH v. 21.9.1987 – II ZR 16/87, BB 1988, 159 = GmbHR 1988, 98 = NJW-RR 1988, 288.
12 BGH v. 21.9.1987 – II ZR 16/87, BB 1988, 159 = GmbHR 1988, 98 = NJW-RR 1988, 288; LG Aachen v. 26.6.1985 – 4 O 108/84, NJW-RR 1986, 662, 663; *Karsten Schmidt*, GesR, § 34 III 2a.
13 Vgl. zur Terminologie auch *Karsten Schmidt*, GesR, § 34 III 2a; *Karsten Schmidt*, in: Großkomm. AktG, 5. Aufl. 2016, § 41 AktG Rdnr. 19, 22 ff.; zust. *Kappet*, S. 15 ff.; ähnlich jetzt *Priester*, in: MünchHdb. III, § 15 Rdnr. 6 f.: Vorvertrag versus „Vorgründungsvertrag"; *Blath*, in: Michalski u.a., Rdnr. 4: Gründungsvorvertrag versus „Vorgründungsgesellschaftsvertrag".
14 Vgl. insbesondere *Michalski/Sixt*, in: FS Boujong, S. 364 ff.; *Priester*, GmbHR 1995, 481 ff.
15 So der Sache nach auch *Blath*, in: Michalski u.a., Rdnr. 7 ff.
16 Vgl. der Sache nach *Priester*, in: MünchHdb. III, § 15 Rdnr. 18 ff.; *Fastrich*, in: Baumbach/Hueck, § 2 Rdnr. 36; *Blath*, in: Michalski u.a., Rdnr. 4: „Vorgründungsgesellschaftsvertrag".

einen solchen Vertrag gelten die bei Rdnr. 11 ff. dargestellten strengen Grundsätze nicht, denn er ist nur ein Projektvertrag und kein Vorvertrag (vgl. auch Rdnr. 13).

bb) Seiner **Rechtsnatur** nach ist der Gründungsvorvertrag gleichzeitig *Gesellschaftsvertrag*   10
und *Vorvertrag*; er begründet zugleich ein *Gesellschaftsverhältnis* und ein *Vorvertragsverhält-nis*[17]. Das eine schließt das andere nicht aus[18], denn das eine hat mit der Struktur des Ver-tragsverhältnisses etwas zu tun, das andere mit dem Inhalt der von den Gesellschaftern über-nommenen Vertragspflichten. Um einen Gesellschaftsvertrag handelt es sich insofern, als ein schuldrechtlicher Vertrag mit einem den Gesellschaftern gemeinsamen Zweck vorliegt, mit-hin eine Innengesellschaft bürgerlichen Rechts gemäß § 705 BGB. Gemeinsamer Zweck ist die Errichtung der GmbH. Hierauf, also auf den Abschluss eines GmbH-Gesellschaftsvertra-ges, zielen die von den Gesellschaftern zu leistenden Beiträge (insbesondere die auf Grund des Vorvertrags abzugebenden Willenserklärungen). Gemäß diesem Inhalt hat der Vorgrün-dungsvertrag Vorvertragscharakter, weil eine rein schuldrechtliche Bindung (kein Verband) vorliegt. Als rein vorvertragliches Schuldverhältnis kann diese Innengesellschaft nicht selbst Trägerin eines etwa schon vorhandenen Unternehmens sein (Rdnr. 15 f.)[19]. Sie kann auch nicht Inhaberin eines Gesellschaftsvermögens sein[20]. Ebenso wenig taugt sie als Gesellschaf-terin wie z.B. als Komplementärin einer GmbH & Co. KG[21]. Wird vor der Errichtung der GmbH bereits ein Gesellschaftsvermögen gebildet oder sogar schon ein gemeinschaftliches Unternehmen betrieben, so entsteht neben dem Vorgründungsvertragsverhältnis eine Mit-unternehmerschaft in Gestalt einer vom Vorvertrag zu unterscheidenden Außengesellschaft (sog. **dualistisches Modell**; vgl. Rdnr. 15)[22].

b) Die **Wirksamkeit des Gründungsvorvertrags** richtet sich zunächst nach den allgemeinen   11
rechtsgeschäftlichen Regeln. Als rein schuldrechtlicher Vertrag setzt der Gründungsvorver-trag die Beteiligung von mindestens zwei Parteien voraus. Dies müssen nicht alle Gründer der künftigen GmbH sein, doch ist i.d.R. eine vertragliche Bindung erst gewollt, wenn sich alle Gründer rechtswirksam zur Errichtung der GmbH verpflichtet haben. Die Grundsätze über fehlerhafte Gesellschaftsverträge gelten für das vorvertragliche Rechtsverhältnis nicht[23]. Das hängt mit dem Fehlen einer Verbandsstruktur zusammen. Sie werden auch nicht benö-tigt, weil eine Verpflichtung zur Gesellschaftsgründung bei fehlerhafter Vertragsgrundlage nicht zu rechtfertigen ist und ein freiwilliger Fortgang der Gründung durch die Fehlerhaftig-keit ebenso wenig gehindert wird wie ein Ersatz des Vertrauensschadens (Rdnr. 8). Ist nur die Vertragserklärung eines Gründers unwirksam, so bestimmt sich die Wirksamkeit der an-deren nach § 139 BGB[24].

---

17 Näher *Karsten Schmidt*, GesR, § 34 III 2a; *Karsten Schmidt*, GmbHR 1982, 7; *Karsten Schmidt*, GmbHR 1998, 614; übereinst. *Schäfer*, in: MünchKomm. BGB, 7. Aufl. 2017, vor § 705 BGB Rdnr. 25; s. auch *Kießling*, S. 27 ff.
18 A.M. *Blath*, in: Michalski u.a., Rdnr. 10 ff.; *Michalski/Sixt*, in: FS Boujong, S. 366 f.; krit. auch *Pries-ter*, in: MünchHdb. III, § 15 Rdnr. 15 ff.; für ein rein theoretisches Problem wird die Frage gehalten von *Priester*, GmbHR 1995, 483.
19 A.M. *Kießling*, S. 356 ff.; *Link*, in: Gehrlein/Born/Simon, Rdnr. 43, 46; *Priester*, in: MünchHdb. III, § 15 Rdnr. 29.
20 A.M. *Kießling*, S. 39 f., 378; *Link*, in: Gehrlein/Born/Simon, Rdnr. 43; *Priester*, in: MünchHdb. III, § 15 Rdnr. 17; *Merkt*, in: MünchKomm. GmbHG, Rdnr. 106; wohl auch *Ulmer/Löbbe*, in: Ulmer/ Habersack/Löbbe, § 2 Rdnr. 50; für Unterscheidung zwischen Vorvertrag und „Vorgründungsver-trag" (?) aber *Priester*, in: MünchHdb. III, § 15 Rdnr. 4 f., 6 ff., 18 ff.
21 A.M. *Schmidt-Leithoff*, in: Rowedder/Schmidt-Leithoff, Rdnr. 167; *Ulmer/Habersack*, in: Ulmer/Ha-bersack/Löbbe, Rdnr. 160 a.E.
22 Ausführlich *Karsten Schmidt*, GmbHR 1982, 6 ff.; zust. *Schmidt-Leithoff*, in: Rowedder/Schmidt-Leithoff, § 2 Rdnr. 87; a.M. *Merkt*, in: MünchKomm. GmbHG, Rdnr. 102 ff.; *Priester*, GmbHR 1995, 481 ff.
23 Krit. deshalb *Priester*, in: MünchHdb. III, § 15 Rdnr. 16.
24 Zust. *Blath*, in: Michalski u.a., Rdnr. 8.

12 **aa)** Um eine Rechtspflicht zum Abschluss des Gesellschaftsvertrags auszulösen, bedarf der Gründungsvorvertrag (nicht auch ein zur Teilnahme an der Gründung nicht verpflichtender Projektvertrag; vgl. Rdnr. 9) eines Mindestmaßes an **Bestimmtheit** (§ 2 Rdnr. 106 f.). Die Gründer müssen sich über einen Mindestinhalt der in Aussicht genommenen Gründung einig geworden sein[25]. Im Grundsatz gilt, was BGH, LM Nr. 3 zu § 705 BGB = BB 1953, 97 in folgenden Leitsatz fasst: „Ein Vorvertrag muss zu seiner Wirksamkeit so vollständig sein, dass der Inhalt des demnächst abzuschließenden Gesellschaftsvertrages hinreichend bestimmt oder bestimmbar ist. Dabei ist es nicht erforderlich, dass der Vorvertrag die gleiche Vollständigkeit aufweist, die für den vorgesehenen Gesellschaftsvertrag zu verlangen ist; es genügt, wenn die notwendige Ergänzung nach dem vermutlichen Parteiwillen möglich ist." Zur ergänzenden Vertragsauslegung und zur Ergänzung des Vertrags durch Beschlüsse vgl. § 2 Rdnr. 106 f. Es sind also an die Bestimmbarkeit keine allzu strengen Maßstäbe anzulegen. Es genügt, dass der Hauptinhalt der Satzung im Prozessfall (§ 894 ZPO!) bestimmbar ist.

13 **bb)** Kaum noch umstritten ist, ob die **Form des § 2** beachtet werden muss. Soweit der Vertrag zur Errichtung der GmbH und nicht bloß zur Vorbereitung und Planung verpflichten soll (dazu Rdnr. 9), ist diese Frage mit der auch in § 2 Rdnr. 108 vertretenen Auffassung zu bejahen. Dieser Standpunkt entspricht der ständigen Rechtsprechung[26] und der ganz herrschenden Lehre[27]. Ein heilender Vollzug durch Beitragsleistungen, der einen formlos vereinbarten Gründungsvorvertrag nach den Regeln über fehlerhafte Gesellschaften wirksam machen könnte, ist bei diesem rein schuldrechtlichen Vertragsverhältnis nicht anzuerkennen[28]. Ein Abschluss des Vorvertrags in notarieller Form (§ 2 Abs. 1) wird in der Praxis kaum anzutreffen sein, und auch die vereinfachte Form mit Musterprotokoll (§ 2 Abs. 1a) eignet sich wenig für eine vorvertragliche Bindung. Deshalb sind *wirksame Gründungsvorverträge eine Seltenheit*[29]. Allerdings gilt das Formerfordernis nur für diejenigen Abreden, die Satzungsbestandteile werden sollen. Abreden, die nicht auf den Abschluss oder auf einen bestimmten Inhalt des GmbH-Vertrages, sondern auf Nebenpflichten zielen, sind formfrei (§ 2 Rdnr. 108). Formfrei ist demgemäß auch ein Projektvertrag, der nicht die Verpflichtung zur Errichtung der GmbH umfasst (Rdnr. 9). Ist der Vorvertrag formnichtig, so kann die Wirksamkeit solcher formfreier Nebenabreden nach § 139 BGB beurteilt werden. Hiervon zu unterscheiden ist die Frage des Schadensersatzes bei Nichteinhaltung formnichtiger Gründungszusagen (vgl. Rdnr. 8).

14 **c)** Die **Beendigung des Vorvertragsverhältnisses** folgt den allgemeinen Regeln der Innengesellschaft. Das **Gründungsvorvertragsverhältnis endet** bei einem zeitlich begrenzten Vorvertrag mit **Ablauf der vereinbarten Zeit** (ein ernsthaftes Erfüllungsverlangen kann fristwahrend wirken). Das Vorgründungsvertragsverhältnis endet außerdem mit der **Erreichung oder Vereitelung des gemeinsamen Zwecks (§ 726 BGB)**. Wann der gemeinsame Zweck erreicht ist,

---

25 RGZ 66, 116, 121; RGZ 149, 385, 395; RGZ 156, 129, 138; BGH, LM Nr. 3 zu § 705 BGB; OLG München, BB 1958, 187; *Kappet*, S. 44 ff.; *Kießling*, S. 17; *Fastrich*, in: Baumbach/Hueck, § 2 Rdnr. 34; *Schmidt-Leithoff*, in: Rowedder/Schmidt-Leithoff, § 2 Rdnr. 86; *Ulmer/Löbbe*, in: Ulmer/Habersack/Löbbe, § 2 Rdnr. 55.

26 RGZ 43, 136, 139; RGZ 66, 116, 120; RGZ 106, 174, 176; RGZ 130, 73, 75; RGZ 149, 385, 395; RGZ 156, 129, 138; BGH v. 21.9.1987 – II ZR 16/87, BB 1988, 159 = GmbHR 1988, 98 = NJW-RR 1988, 288; ebenso OLG München, BB 1958, 787; LG Aachen v. 26.6.1985 – 4 O 108/84, NJW-RR 1986, 662.

27 *Priester*, in: MünchHdb. III, § 15 Rdnr. 10; *Bayer*, in: Lutter/Hommelhoff, Rdnr. 4; *Fastrich*, in: Baumbach/Hueck, § 2 Rdnr. 33; *Blath*, in: Michalski u.a., Rdnr. 7; *Roth*, in: Roth/Altmeppen, § 2 Rdnr. 63; *Schmidt-Leithoff*, in: Rowedder/Schmidt-Leithoff, § 2 Rdnr. 85; *Ulmer/Löbbe*, in: Ulmer/Habersack/Löbbe, § 2 Rdnr. 51; *Schäfer*, in: MünchKomm. BGB, 7. Aufl. 2017, vor § 705 BGB Rdnr. 25; *Rob. Fischer*, GmbHR 1954, 133; a.M. *Kappet*, S. 25 ff.; *Kießling*, S. 19 ff.; *Flume*, in: FS Geßler, 1971, S. 3, 18.

28 A.M. anscheinend BGH v. 28.2.2002 – IX ZR 153/00, NZG 2002, 725, 727.

29 Richtig *Priester*, GmbHR 1995, 483 f.; krit. *Michalski/Sixt*, in: FS Boujong, S. 357 f.

hängt von den vereinbarten Vertragspflichten ab. Sofern sich die Vertragspflichten in der Gründung der GmbH erschöpfen, beendet nicht erst die Eintragung der GmbH, sondern schon deren Errichtung das Vorgründungsvertragsverhältnis (Rdnr. 25)[30]. Dies muss als die Regel gelten[31]. Unmöglichkeit der Zweckerreichung setzt satzungsmäßige grundsätzlich objektive Unmöglichkeit voraus. Ob die vorvertragliche Verpflichtung eines Beteiligten mit dessen Tod endet (§ 727 BGB), hängt vom Einzelfall ab[32]. Eine Liquidation dieser reinen Innengesellschaft findet nicht statt (Rdnr. 25). Besondere Pflichten, die wirksam bleiben sollen, werden dann i.d.R. als satzungsmäßige Nebenpflichten vereinbart. Der Vorvertrag kann für die ergänzende Auslegung des GmbH-Vertrags bedeutsam bleiben. Loyalitätspflichten, die sich aus dem Vorvertragsverhältnis ergeben haben, können fortbestehen. Ausnahmsweise kann auch das Vorgründungsvertragsverhältnis neben der errichteten GmbH fortbestehen (vgl. dazu auch Rdnr. 25)[33]. Ein Recht zu jederzeitiger ordentlicher Kündigung nach § 723 Abs. 1 BGB besteht i.d.R. nicht[34]. Möglich ist aber eine außerordentliche Kündigung[35], z.B. bei unzumutbarer Verzögerung der Gesellschaftserrichtung[36]. Die durch den Vorvertrag gebildete rein schuldrechtliche Innengesellschaft lebt noch nicht nach dem Recht der künftigen GmbH. Insbesondere § 15 gilt nicht (stattdessen nur Vertragsübernahme oder Vertragsbeitritt Dritter in allseitigem Einverständnis). Möglich sind aber Vorverträge über künftige Geschäftsanteilsübertragungen, die richtigerweise auch schon der Form des § 15 Abs. 4 bedürfen (vgl. § 15 Rdnr. 50; a.M. für Treuhandabrede im Vorgründungsstadium BGHZ 141, 207, 213[37]).

3. Die Mitunternehmerschaft im Vorgründungsstadium

a) **Rechtsformzwang.** Betreiben die Gründer bereits im Vorgründungsstadium nach außen hin gemeinschaftlich als Mitunternehmer das von der künftigen GmbH zu betreibende Unternehmen – wovon dringend abgeraten werden muss –, so entsteht unter ihnen kraft Rechtsformzwangs eine *oHG* bzw., wenn kein kaufmännisches Handelsgewerbe i.S. von § 1 Abs. 2 HGB betrieben wird, eine *Gesellschaft bürgerlichen Rechts*[38]. Der BGH hat dazu schon   15

---

30 *Ulmer/Löbbe*, in: Ulmer/Habersack/Löbbe, § 2 Rdnr. 56; *Link*, in: Gehrlein/Born/Simon, Rdnr. 46; *Karsten Schmidt*, GesR, § 34 III 2b; *Karsten Schmidt*, GmbHR 1982, 7; *Gehrlein*, DB 1996, 561; a.M. *Feine*, in: Ehrenbergs Hdb. III/3, S. 190; *Hadding*, in: Soergel, 13. Aufl., vor § 705 BGB Rdnr. 39.

31 Übereinstimmend *Fastrich*, in: Baumbach/Hueck, § 2 Rdnr. 36; *Merkt*, in: MünchKomm. GmbHG, Rdnr. 110; *Ulmer/Löbbe*, in: Ulmer/Habersack/Löbbe, § 2 Rdnr. 56; a.M. *Blath*, in: Michalski u.a., Rdnr. 10; *Michalski/Sixt*, in: FS Boujong, S. 369, die unrichtig annehmen, dann müsste die Gesellschaft nach §§ 730 ff. BGB bzw. §§ 145 ff. HGB liquidiert werden.

32 Vgl. auch *Merkt*, in: MünchKomm GmbHG, Rdnr. 112.

33 Vgl. insofern *Fastrich*, in: Baumbach/Hueck, Rdnr. 39.

34 *Ulmer/Löbbe*, in: Ulmer/Habersack/Löbbe, § 2 Rdnr. 62.

35 Vgl. nur BGH v. 28.2.2002 – IX ZR 153/00, NZG 2002, 725, 727 (arglistige Täuschung).

36 Ausführlich *Ulmer/Löbbe*, in: Ulmer/Habersack/Löbbe, § 2 Rdnr. 56; die h.M. beruft sich auf den Kapitalerhöhungsfall RGZ 87, 164.

37 BGH v. 19.4.1999 – II ZR 365/97, BGHZ 141, 207, 213 = ZIP 1999, 925, 926 = GmbHR 1999, 707.

38 H.M.; vgl. nur BGH v. 20.6.1983 – II ZR 200/82, BB 1983, 1433 = NJW 1983, 2822 = GmbHR 1984, 41; BGH v. 26.4.2004 – II ZR 120/02, DB 2004, 1359 = JuS 2004, 727 (*Karsten Schmidt*) = ZIP 2004, 1208; BAG v. 25.1.2006 – 10 AZR 238/05, DB 2006, 1146, 1147 = GmbHR 2006, 756, 757 = ZIP 2006, 1044, 1045; OLG Stuttgart v. 27.2.2002 – 9 U 205/01, GmbHR 2002, 1067 = NZG 2002, 910; LG Düsseldorf v. 21.11.1985 – 9 O 212/85, DB 1986, 958, 959 = GmbHR 1986, 235; FG Niedersachsen v. 7.6.1991 – VI 592/90, GmbHR 1992, 391; *Kübler/Assmann*, GesR, § 25 I 2c; *Karsten Schmidt*, GesR, § 11 II 2c, § 34 III 2b; *Bayer*, in: Lutter/Hommelhoff, Rdnr. 2; *Link*, in: Gehrlein/Born/Simon, Rdnr. 41; *Merkt*, in: MünchKomm. GmbHG, Rdnr. 105; *Schmidt-Leithoff*, in: Rowedder/Schmidt-Leithoff, § 2 Rdnr. 87; *Ulmer/Löbbe*, in: Ulmer/Habersack/Löbbe, § 2 Rdnr. 58, 60; *Schroeter*, in: Bork/Schäfer, Rdnr. 5.

die Eröffnung eines Bankkontos für die „GmbH in Gründung" als Vorbereitungsgeschäft ausreichen lassen[39]. *Diese Gesellschaft ist eine* **Außengesellschaft**, und sie ist weder mit der künftigen Vor-GmbH identisch (vgl. Rdnr. 26) noch mit dem etwa durch Abschluss eines Gründungsvorvertrags entstandenen Innen-Gesellschaftsverhältnis (vgl. Rdnr. 9; s. auch § 2 Rdnr. 103 ff.)[40]. Mit Recht entschied deshalb RG, JW 1929, 645 mit Anm. *Bing*, dass diese unternehmenstragende Gesellschaft wirksam sein kann, auch wenn der Vorgründungsvertrag wegen Formmangels nichtig ist. Diese Entscheidung wird zu Unrecht als widersprüchlich kritisiert[41]. Es liegt kein Widerspruch darin, wenn die unternehmenstragende Außengesellschaft als vorhanden und wirksam, ein zur GmbH-Errichtung verpflichtendes schuldrechtliches Vorgründungsvertragsverhältnis i.S. von Rdnr. 9 ff. dagegen nicht als vereinbart oder ein formlos abgeschlossener Gründungsvorvertrag als nichtig angesehen wird.

16 **b)** Die **Trennung zwischen dem obligatorischen Gründungsvorvertragsverhältnis und der unternehmenstragenden Gesellschaft** hilft bei der Klärung vieler schwieriger Fragen[42]. Die durch den Gründungsvorvertrag entstehende BGB-Innengesellschaft als bloßes Schuldverhältnis kann nicht Trägerin von Rechten und Pflichten sein (Rdnr. 10), sich auch nicht in eine Außengesellschaft und Unternehmensträgerin verwandeln[43]. An ihr sind zwar in aller Regel, jedoch nicht denknotwendig, alle Gründer beteiligt (Rdnr. 11). Die Mitunternehmerschaft im Vorgründungsstadium kann formlos entstehen und setzt keinen wirksamen Vorvertrag (an dem es meist fehlt) voraus[44]. Es kann eine Mitunternehmerschaft ohne Vorvertrag (Rdnr. 15) und auch umgekehrt ein Vorgründungsvertragsverhältnis ohne mitunternehmerische Tätigkeit geben. Ist beides nebeneinander gegeben, so handelt es sich um unterschiedliche Rechtsverhältnisse (Rdnr. 15). Die Gesellschafter können den Gründungsvorvertrag in diesem Fall erfüllen, indem sie entweder eine GmbH gründen und ihre Anteile an der entstandenen oHG bzw. BGB-Gesellschaft (Rdnr. 15) in diese GmbH einbringen (Sachgründung) oder indem sie die durch Mitunternehmerschaft im Vorgründungsstadium entstandene Gesellschaft als oHG eintragen lassen und diese Gesellschaft nach §§ 190 ff. UmwG in eine GmbH umwandeln (Formwechsel).

4. Die Haftungsverhältnisse im Vorgründungsstadium

17 **a) Haftungsverhältnisse bei vorweggenommener Mitunternehmerschaft.** Wird schon im Vorgründungsstadium ein **Unternehmen** von sämtlichen Gründern in *Mitunternehmerschaft* betrieben, so liegt eine *oHG oder* eine *unternehmenstragende Gesellschaft bürgerlichen Rechts* vor (Rdnr. 15). Wird in diesem Fall unternehmensbezogen kontrahiert, so wird diese Gesellschaft Vertragspartnerin. Wer unternehmensbezogene Rechtsgeschäfte abschließt, handelt im Namen des wahren Unternehmensträgers, ohne dass es auf dessen richtige Bezeichnung an-

---

39 BGH v. 26.4.2004 – II ZR 120/02, DB 2004, 1359 = JuS 2004, 727 (*Karsten Schmidt*) = ZIP 2004, 1208. Anders noch in der Vorinstanz OLG Stuttgart v. 27.2.2002 – 9 U 205/01, GmbHR 2002, 1067 (LS) = NZG 2002, 910.

40 Eingehend zur Richtigkeit der Unterscheidung *Karsten Schmidt*, oHG, S. 261 ff.; *Karsten Schmidt*, GmbHR 1982, 8 f.; zust. *Blath*, in: Michalski u.a., Rdnr. 22 f.; *Bayer*, in: Lutter/Hommelhoff, Rdnr. 2; a.M. *Kießling*, S. 37 ff., 352 ff.; *Nordhues*, S. 203 ff.; *Merkt*, in: MünchKomm. GmbHG, Rdnr. 103 ff.; *Roth*, in: Roth/Altmeppen, Rdnr. 75; *Priester*, GmbHR 1995, 481 ff.; krit. auch *Ulmer/Löbbe*, in: Ulmer/Habersack/Löbbe, § 2 Rdnr. 58: Unterschiedlichkeit nur der Gesellschaftszwecke.

41 Vgl. nur *Keßler*, in: Staudinger, 12. Aufl., vor § 705 BGB Rdnr. 118; *Fischer*, GmbHR 1954, 131.

42 Zust. *Blath*, in: Michalski u.a., Rdnr. 23; abl. *Priester*, in: MünchHdb. III, § 15 Rdnr. 17; *Merkt*, in: MünchKomm. GmbHG, Rdnr. 103 ff.; *Ulmer/Löbbe*, in: Ulmer/Habersack/Löbbe, § 2 Rdnr. 58.

43 Dafür aber *Priester*, in: MünchHdb. III, § 15 Rdnr. 29.

44 Ungenau aufgrund der „monistischen" Betrachtungsweise *Schroeter*, in: Bork/Schäfer, Rdnr. 5: Formbedürftiger Gesellschaftsvertrag nur, „wenn er die Gründer bereits zur Errichtung der GmbH verpflichten soll".

kommt[45]. Im Zweifel besteht, wenn die mitunternehmerische Tätigkeit schon beginnt, Einzelvertretungsmacht jedes Gründers, sei es nach § 125 HGB, sei es – bei fehlender Kaufmannseigenschaft – in entsprechender Anwendung dieser Bestimmung auf die unternehmenstragende Gesellschaft bürgerlichen Rechts[46]. Die im Vorgründungsstadium mitunternehmerisch handelnden Gesellschafter verpflichten im Zweifel die oHG (bzw. die Gesellschaft bürgerlichen Rechts) und ihre persönlich haftenden Gesellschafter, auch wenn dem Anschein nach im Namen einer „GmbH in Gründung" kontrahiert wurde. Richtig heißt es bei BGHZ 91, 148, 152[47], es handele sich dann um einen der im Geschäftsleben vielfältig vorkommenden Fälle, in denen der Rechtsträger des Unternehmens, für das gehandelt wird, lediglich falsch bezeichnet ist[48]. Vertreten wird dann nach der Terminologie des BGH statt der noch nicht bestehenden „GmbH in Gründung" „die Vorgründungsgesellschaft"[49]. Gemeint ist aber nicht die durch den Gründungsvorvertrag entstehende BGB-Innengesellschaft (Rdnr. 10), sondern vertreten wird die neben dem Gründungsvorvertrag bestehende Außengesellschaft (Rdnr. 15 f.). Hinsichtlich der Haftungskonsequenzen ist dem BGH deshalb zuzustimmen. Auch aus gesetzlichen Schuldverhältnissen (Delikt, UWG, ungerechtfertigte Bereicherung, Gewerbesteuer etc.) kann die oHG oder GbR bereits haften. Daneben haften die Gründer für die Unternehmensverbindlichkeiten unbeschränkt, sofern nicht mit den einzelnen Gläubigern abweichende Vereinbarungen getroffen werden[50]. Die **unbeschränkte Gesellschafterhaftung** ergibt sich aus § 128 HGB, im Fall eines nicht-kaufmännischen Unternehmens aus analoger Anwendung des § 128 HGB auf die in diesem Fall bestehende Gesellschaft bürgerlichen Rechts (Rdnr. 15)[51]. Eine Haftung der im Namen der Gesellschaft Handelnden nach § 11 Abs. 2 greift daneben nicht ein (Rdnr. 24).

b) Sonstiges Handeln im Vorgründungsstadium. Wird das Unternehmen noch nicht oder 18 noch nicht in Mitunternehmerschaft von den Gründern betrieben, wurde aber im Vorgründungsstadium schon „im Namen der Gesellschaft" gehandelt, so muss zunächst gefragt werden, ob der für die Gründer Handelnde als Vertreter der künftigen Vor-GmbH und GmbH (dann § 11 GmbHG) oder im Namen einer nur angeblich schon vorhandenen, in Wahrheit noch inexistenten, (Vor-)GmbH (dann §§ 177, 179 BGB) oder im Namen der Gründungsbeteiligten oder im eigenen Namen auftrat[52]. Die Antworten können **unterschiedlich** sein:

aa) Deckt der Handelnde die Verhältnisse auf, teilt er also dem Geschäftspartner mit, dass 19 die Gesellschaft noch nicht errichtet ist, so kann dies ein **Handeln im eigenen Namen** darstellen[53]. In diesem eher seltenen Fall sind die Rechtsfolgen einfach. Der Handelnde ver-

---

45 *Karsten Schmidt*, HandelsR, § 4 Rdnr. 90 ff.
46 A.M. für Vorgründungsgesellschaft als GbR OLG Stuttgart v. 27.2.2002 – 9 U 205/01, GmbHR 2002, 1067 = NZG 2002, 910 (Anwendung der §§ 709, 714 BGB); für analoge Anwendung des § 125 HGB dagegen *Karsten Schmidt*, in: MünchKomm. HGB, 4. Aufl. 2016, § 125 HGB Rdnr. 26.
47 BGH v. 7.5.1984 – II ZR 276/83, BGHZ 91, 148, 152 = BB 1984, 1315, 1316 = NJW 1984, 2164 = GmbHR 1984, 316, 317.
48 Bestätigend BGH v. 13.1.1992 – II ZR 63/91, GmbHR 1992, 164; wie hier aber auch *Schroeter*, in: Bork/Schäfer, Rdnr. 6.
49 In gleicher Richtung BGH v. 9.3.1998 – II ZR 366/96, GmbHR 1998, 633, 634 = NJW 1998, 1645 = NZG 1998, 382 mit Anm. v. *Reinersdorff* = ZIP 1998, 646, 647; *Merkt*, in: MünchKomm. GmbHG, Rdnr. 105.
50 Vgl. *Karsten Schmidt*, GmbHR 1998, 616; über Belehrungspflichten des Notars vgl. *Jäger*, MDR 1996, 657.
51 So auch *Blath*, in: Michalski u.a., Rdnr. 29; *Merkt*, in: MünchKomm. GmbHG, Rdnr. 106; die entsprechende Anwendung des § 128 HGB auf die persönliche Haftung von BGB-Außengesellschaften ist gesichert seit BGH v. 29.1.2001 – II ZR 331/00, BGHZ 146, 341 = NJW 2001, 1056.
52 Eingehend *Karsten Schmidt*, GesR, § 34 III 2c.
53 Vgl. auch BGH v. 9.3.1998 – II ZR 366/96, GmbHR 1998, 633 = NJW 1998, 1645 = NZG 1998, 382 mit Anm. v. *Reinersdorff* = ZIP 1998, 646; OLG Koblenz v. 6.11.2001 – 3 U 151/01, NZG 2003, 32 = GmbHR 2002, 1239; OLG Stuttgart v. 7.2.1992 – 2 U 141/91, NJW-RR 1992, 994 = WM 1993, 33: bei Eigeninteresse des Handelnden (Gründers).

pflichtet sich selbst und nur sich selbst. Ein Handeln im eigenen Namen liegt auch vor, wenn ein Gründungsbeteiligter ein Unternehmen, das in die künftige GmbH eingebracht werden soll, z.B. als einzelkaufmännisches Unternehmen, führt und – unter welcher Bezeichnung auch immer (vgl. Rdnr. 38) – unternehmensbezogene Geschäfte abschließt[54]. Selbst wenn dieser Gründungsbeteiligte für Rechnung der künftigen Gesellschaft handeln will, dies aber nicht durch eine aufschiebende Bedingung verdeutlicht, berechtigt und verpflichtet er sich im Außenverhältnis selbst[55].

20 **bb) Gesamtschuldnerische Verpflichtung.** Schließen mehrere Gründungsbeteiligte oder schließt ein Bevollmächtigter in ihrer aller Namen einen Vertrag ab, der schon vor der Errichtung der GmbH wirksam sein soll, so verpflichten sich die Gründungsbeteiligten im Zweifel selbst als Gesamtschuldner nach **§ 427 BGB**[56]. Beispielsweise haften die Gründer und nicht die künftige GmbH, wenn die Gründer einen Maklervertrag abschließen, der der künftigen GmbH den Erwerb eines Grundstücks ermöglichen soll[57].

21 **cc) Im Namen der künftigen (Vor-)GmbH** wird gehandelt, wenn vereinbart wird, dass der Vertrag erst die gegründete oder eingetragene GmbH berechtigen und verpflichten soll[58]. Da diese Gesellschaft noch nicht wirksam vertreten werden kann, muss sie den Vertrag gemäß § 177 BGB noch genehmigen. Vor der Errichtung bzw. Eintragung der GmbH wird dann gar keine Verbindlichkeit, also auch keine persönliche Haftung, begründet. Ein solches Handeln nur für die künftige Gesellschaft setzt Offenlegung des Sachverhalts und Vereinbarung einer aufschiebenden Bedingung voraus; das bloße Auftreten unter einer GmbH-Firma genügt nicht[59].

22 **dd)** Wer **im Namen einer vorgeblich schon gegründeten „GmbH i.G." oder gar vorgeblich schon fertigen „GmbH"** handelt, ohne deren fehlende Gründung offenzulegen, haftet, da er im Namen einer nicht vorhandenen Rechtsträgerin handelt, entsprechend § 179 BGB, solange nicht die GmbH entstanden ist und das Geschäft wirksam genehmigt hat[60].

23 **ee)** Soll **die vorhandene Gesellschaft** Vertragspartnerin sein, was bei einer Innengesellschaft rechtlich nicht möglich ist, so vertritt der Handelnde die Gründungsbeteiligten im Rahmen der ihm erteilten Vertretungsmacht (anders wohlgemerkt nach Rdnr. 17 bei mitunternehme-

54 Vgl. OLG Düsseldorf v. 23.10.1986 – 10 U 99/86, BB 1987, 1624 = GmbHR 1987, 430; OLG Karlsruhe v. 2.3.1988 – 13 U 182/86, GmbHR 1988, 482, 483.
55 Vgl. *Karsten Schmidt*, GmbHR 1998, 615 zu BGH v. 9.3.1998 – II ZR 366/96, GmbHR 1998, 633 = NJW 1998, 1645 = ZIP 1998, 646; vgl. auch OLG Hamm v. 24.1.1992 – 11 U 30/91, GmbHR 1993, 105 (Einpersonengründung).
56 Im Ergebnis richtig deshalb BGH v. 20.6.1983 – II ZR 200/82, BB 1983, 1433 = GmbHR 1984, 41 = NJW 1983, 861 = ZIP 1983, 933; BGH v. 7.2.1996 – IV ZR 335/94, VersR 1996, 583 = WM 1996, 722; BGH v. 9.3.1998 – II ZR 366/96, GmbHR 1998, 633 = NJW 1998, 1645 = ZIP 1998, 646; OLG Hamm v. 13.12.1988 – 7 U 104/88, NJW-RR 1989, 616 = GmbHR 1989, 335; eingehend *Karsten Schmidt*, GmbHR 1998, 615 f.; wie hier *Blath*, in: Michalski u.a., Rdnr. 33.
57 BGH v. 7.2.1996 – IV ZR 335/94, VersR 1996, 583 = WM 1996, 722.
58 OLG Stuttgart v. 20.9.2000 – 20 U 87/99, GmbHR 2001, 200 = NZG 2001, 86; s. auch *Link*, in: Gehrlein/Born/Simon, Rdnr. 44; *Ulmer/Löbbe*, in: Ulmer/Habersack/Löbbe, § 2 Rdnr. 60.
59 Charakteristisch BGH v. 9.3.1998 – II ZR 366/96, GmbHR 1998, 633 = NJW 1998, 1645 = ZIP 1998, 646: Kauf einer Maschine im Namen einer noch nicht gegründeten GmbH; OLG Hamm v. 13.12.1988 – 7 U 104/88, NJW-RR 1989, 616 = GmbHR 1989, 335: Mietvertrag im Namen der noch nicht errichteten „S & B GmbH" verpflichtet „die Vorgründungsgesellschaft".
60 OLG Koblenz v. 6.11.2001 – 3 U 151/01, NZG 2003, 32 = GmbHR 2002, 1239; *Ulmer/Löbbe*, in: Ulmer/Habersack/Löbbe, § 2 Rdnr. 60; in gleicher Richtung *Blath*, in: Michalski u.a., Rdnr. 39 (wo die Voraussetzung, dass die fehlende Errichtung einer GmbH nicht offengelegt ist, nicht deutlich wird).

rischem Handeln)[61]. Der BGH v. 20.6.1983[62] entscheidet treffend: „Eine rechtsgeschäftliche persönliche Haftung der GmbH-Gesellschafter für Verbindlichkeiten, die sie vorweg für die erst noch zu gründende GmbH eingegangen sind, endet mit Gründung oder Eintragung der GmbH im Handelsregister nur, wenn das mit dem Gläubiger so vereinbart ist; eine solche Vereinbarung muss der Haftungsschuldner beweisen." Dieser Standpunkt entspricht heute der h.M. (enger noch BGH v. 26.10.1981[63])[64]. Auch die Genehmigung eines unter Verwendung ihrer Firma, jedoch nicht aufschiebend bedingt vereinbarten Rechtsgeschäfts durch die später gegründete oder sogar eingetragene GmbH lässt eine im Vorgründungsstadium entstandene persönliche Haftung nicht entfallen[65].

c) Keine Handelndenhaftung. Es gibt im Vorgründungsstadium keine Handelndenhaftung   **24** nach § 11 Abs. 2[66]. Diese Auffassung befand sich bis 1984 in der Minderheit[67] gegenüber einer damals ganz h.M.[68]. In der Abkehr von dieser h.M. hat aber BGHZ 91, 148[69] richtig entschieden: „Die in § 11 Abs. 2 GmbHG bestimmte Haftung dessen, der für eine noch nicht in das Handelsregister eingetragene GmbH handelt, greift nicht ein, solange nicht der Gesellschaftsvertrag oder die Errichtungserklärung des einzigen Gesellschafters notariell beurkundet worden ist; die bisherige Rechtsprechung, die Handlungshaftung könne auch schon im Vorgründungsstadium entstehen, wird aufgegeben." Der II. Zivilsenat hat die damit voll-

---

61 A.M. *Schroeter*, in: Bork/Schäfer, Rdnr. 6 f.: im Namen der Gesellschaft und mit akzessorischer persönlicher Haftung.

62 BGH v. 20.6.1983 – II ZR 200/82, BB 1983, 1433 = GmbHR 1984, 41 = NJW 1983, 2822 = WM 1983, 861 = ZIP 1983, 933.

63 BGH v. 26.10.1981 – II ZR 31/81, BB 1982, 69 = GmbHR 1982, 183 = NJW 1982, 932 = WM 1981, 1300.

64 Zustimmend OLG Hamm v. 24.1.1992 – 11 U 30/91, GmbHR 1993, 105; *Karsten Schmidt*, GesR, § 34 III 2c; *Priester*, in: MünchHdb. III, § 15 Rdnr. 38; *Fastrich*, in: Baumbach/Hueck, Rdnr. 37; *Merkt*, in: MünchKomm. GmbHG, Rdnr. 107; *Ulmer/Löbbe*, in: Ulmer/Habersack/Löbbe, § 2 Rdnr. 60; *Kort*, DStR 1991, 1319 f.; s. auch BGH v. 13.1.1992 – II ZR 63/91, GmbHR 1992, 164; BGH v. 22.4.1996 – II ZR 303/94, DStR 1996, 1015 mit Anm. *Goette*; BGH v. 9.3.1998 – II ZR 366/96, GmbHR 1998, 633 = NJW 1998, 1645 = ZIP 1998, 646; OLG Düsseldorf v. 23.10.1986 – 10 U 99/86, BB 1987, 1624 = GmbHR 1987, 430; OLG Karlsruhe v. 2.3.1988 – 13 U 182/86, GmbHR 1988, 482.

65 BGH v. 9.3.1998 – II ZR 366/96, GmbHR 1998, 633 = NJW 1998, 1645 = ZIP 1998, 646.

66 BGH v. 7.5.1984 – II ZR 276/83, BGHZ 91, 148 = GmbHR 1984, 316 = NJW 1984, 2164 = JZ 1984, 943 mit Anm. *John*; BGH v. 17.12.1984 – II ZR 69/84, GmbHR 1985, 214 = WM 1985, 479; BGH v. 22.4.1996 – II ZR 303/94, DStR 1996, 1015 mit Anm. *Goette*; OGH Wien v. 21.4.1998 – 2 Ob 2254/96a, SZ 71/69 = NZG 1998, 595 = ecolex 1998, 636 mit Anm. *Fantur*; BAG v. 12.7.2006 – 5 AZR 613/05, AG 2006, 796 = NJW 2006, 3230 = ZIP 2006, 1672 (betr. Vor-AG; Vorinstanz LAG Köln v. 4.8.2005 – 6 (10) Sa 350/05, AG 2006, 171); OLG Hamburg v. 23.1.1987 – 11 U 188/86, BB 1987, 505 = GmbHR 1987, 477 = NJW-RR 1987, 811; OLG Stuttgart v. 20.9.2000 – 20 U 87/99, GmbHR 2001, 200 = NZG 2001, 86; LG Düsseldorf v. 21.11.1985 – 9 O 212/85, DB 1986, 958, 959 = GmbHR 1986, 235; *Priester*, in: MünchHdb. III, § 15 Rdnr. 40; *Bayer*, in: Lutter/Hommelhoff, Rdnr. 2; *Fastrich*, in: Baumbach/Hueck, Rdnr. 50; *Link*, in: Gehrlein/Born/Simon, Rdnr. 45; *Merkt*, in: MünchKomm. GmbHG, Rdnr. 108; *Roth*, in: Roth/Altmeppen, Rdnr. 71; *Schmidt-Leithoff*, in: Rowedder/Schmidt-Leithoff, Rdnr. 109; *Ulmer/Habersack*, in: Ulmer/Habersack/Löbbe, Rdnr. 30, 131; *Schroeter*, in: Bork/Schäfer, Rdnr. 8; *Kappet*, S. 110 ff.; *Kort*, DStR 1991, 1319; bestätigend auch BGH v. 17.12.1984 – II ZR 69/84, GmbHR 1985, 214 = WM 1985, 479; krit. *Kießling*, S. 393; *Nordhues*, S. 221 ff.; *Koppensteiner/Rüffler*, GmbHG, 3. Aufl., § 2 Rdnr. 7.

67 *Karsten Schmidt*, oHG, S. 266 ff.; *Karsten Schmidt*, GmbHR 1982, 8; *Ulmer*, in: Hachenburg, 7. Aufl., Rdnr. 20.

68 RGZ 122, 172, 174 (dazu *W. Schmidt, Lion* und *Abraham*, JW 1929, 648 und 1372); BGH, LM Nr. 11 zu § 11 GmbHG = JZ 1963, 63; BGH v. 8.10.1979 – II ZR 165/77, GmbHR 1980, 198 = NJW 1980, 287; BGH v. 26.10.1981 – II ZR 31/81, GmbHR 1982, 183 = NJW 1982, 932; zust. bis 1984 die ganz überwiegende Literatur.

69 BGH v. 7.5.1984 – II ZR 276/83, BGHZ 91, 148 = GmbHR 1984, 316 = NJW 1984, 2164 = JZ 1984, 943 mit Anm. *John*.

zogene Änderung seiner Praxis mehrfach bekräftigt[70]. Dieser Rechtsprechung ist ungeachtet ihrer angreifbaren Begründung (die Handelndenhaftung solle sicherstellen, dass neben der nur beschränkten Haftung der Gesellschafter einer Vorgesellschaft wenigstens eine verantwortliche Person unbeschränkt hafte) im Ergebnis zuzustimmen, denn im Vorgründungsstadium besteht für die Handelndenhaftung weder Bedürfnis noch Rechtfertigung: Kontrahiert der Handelnde im eigenen Namen, so verpflichtet er sich selbst; kontrahiert er im Namen der Gründer, so verpflichtet er diese als Gesamtschuldner (§ 427 BGB), wenn er Vertretungsmacht hat (§ 164 BGB)[71], sonst sich selbst (§ 179 BGB)[72]; kontrahiert er im Namen der noch einzutragenden künftigen GmbH, so entsteht keine persönliche Haftung, aber dies setzt voraus, dass er die tatsächlichen Verhältnisse aufdeckt (vgl. zu diesen Varianten Rdnr. 19–23)[73].

5. Der Einfluss der Errichtung und Eintragung der GmbH auf die Rechtsverhältnisse aus dem Vorgründungsstadium

25   **a) Beendigung des Vorgründungsstadiums.** Mit der Errichtung der (Vor-)GmbH (Rdnr. 28) endet das Vorgründungsstadium, und das Gründungsstadium beginnt (Rdnr. 27 ff.). Das im Fall eines wirksamen Gründungsvorvertrags entstandene Innen-Gesellschaftsverhältnis wird i.d.R. durch Zweckerreichung aufgelöst (§ 726 BGB), wenn die Satzung errichtet und dadurch eine Vor-GmbH entstanden ist (vgl. Rdnr. 14). Eine Liquidation findet nicht statt, weil der Gründungsvorvertrag kein Gesellschaftsvermögen und keine Außenbeziehungen begründet (Rdnr. 10)[74]. Soweit unter den Gründern bereits ein Gesellschaftsvermögen gebildet wurde – der Hauptfall ist der der Mitunternehmerschaft im Vorgründungsstadium (Rdnr. 15) – kann dessen Auseinandersetzung geboten sein[75], doch ist dies keine Liquidation der durch den Gründungsvorvertrag entstandenen Innengesellschaft. Diese kommt einfach als Schuldvertrag zur Beendigung. Nur soweit Pflichten aus dem Vorvertrag neben der gegründeten GmbH fortbestehen sollen, treten beide Vertragsverhältnisse – GmbH-Satzung und Vorgründungsvertrag – nebeneinander (vgl. auch hierzu Rdnr. 14).

26   **b) Keine Identität mit der (Vor-)GmbH.** Die Vorgründungsgesellschaft kann nicht mit der (errichteten) Vor-GmbH und später mit der (eingetragenen) GmbH identisch sein[76]. Das gilt sowohl für ein durch Gründungsvorvertrag entstandenes (Innen-) Gesellschaftsverhältnis (Rdnr. 10) als auch für eine durch vorweggenommene Mitunternehmerschaft entstandene (Außen-)Gesellschaft (Rdnr. 15). Leistungen der Gründer zu Gunsten der Vorgründungsgesellschaft befreien sie nicht von ihren Einlagepflichten gegenüber der (Vor-)GmbH[77]. Treffend heißt es bei BGHZ 91, 148, 151[78], dass **keine Subjektkontinuität** zwischen der Vor-

---

70 BGH v. 17.12.1984 – II ZR 69/84, GmbHR 1985, 214 = WM 1985, 479; BGH v. 22.4.1996 – II ZR 303/94, DStR 1996, 1015 mit Anm. *Goette.*

71 Vgl. LAG Köln v. 2.11.2006 – 6 (10) Sa 350/05 (im Nachgang zu BAG v. 12.7.2006 – 5 AZR 613/05, AG 2006, 796 = NJW 2006, 3230 = ZIP 2006, 1672).

72 Dazu BAG v. 12.7.2006 – 5 AZR 613/05, AG 2006, 796 = NJW 2006, 3230 = ZIP 2006, 1672.

73 Vgl. *Karsten Schmidt,* GmbHR 1998, 615; zur Haftung nach § 179 BGB LAG Köln v. 25.11.1987 – 5 Sa 923/87, GmbHR 1988, 341 = DB 1988, 864.

74 A.M. *Ulmer/Habersack,* in: Ulmer/Habersack/Löbbe, Rdnr. 30: Abwicklung, wenn Gesellschaftsvermögen gebildet wurde; ebenso *Priester,* in: MünchHdb. III, § 15 Rdnr. 43 (zur „Vorgründungsgesellschaft"); vollends unrichtig *Michalski/Sixt,* in: FS Boujong, S. 369.

75 Nur dies meinen die soeben genannten Gegenstimmen.

76 BGH v. 7.5.1984 – II ZR 276/83, BGHZ 91, 148, 151 = BB 1984, 1315, 1316 = NJW 1984, 2164 = WM 1984, 929 = GmbHR 1984, 316, 317; *Bayer,* in: Lutter/Hommelhoff, Rdnr. 2; *Fastrich,* in: Baumbach/Hueck, Rdnr. 38; *Schroeter,* in: Bork/Schäfer, Rdnr. 9; *Kappet,* S. 118 ff.; *Karsten Schmidt,* GesR, § 34 III 2b; *Karsten Schmidt,* GmbHR 1982, 8; a.M. *Kießling,* S. 352 ff.

77 Vgl. OLG Köln v. 10.11.1988 – 1 U 55/88, ZIP 1989, 238; s. auch *Kort,* DStR 1991, 1320.

78 BGH v. 7.5.1984 – II ZR 276/83, BGHZ 91, 148, 151 = BB 1984, 1315, 1316 = GmbHR 1984, 316, 317 = NJW 1984, 2164 = WM 1984, 929.

gründungsgesellschaft einerseits und der Vor-GmbH bzw. der später eingetragenen GmbH andererseits besteht[79]. Es gehen keine Rechte und Pflichten der Vorgründungsgesellschaft auf die spätere GmbH über[80]. Die Gründer können solche Rechte und Pflichten nur durch Einbringungsgeschäfte auf eine (Vor-)GmbH überführen, z.B. auch konkludent durch Fortführung eines „Gesellschaftskontos" bei der Bank[81]. Auch der Firmenschutz der eingetragenen GmbH reicht nicht ohne weiteres – d.h. nur im Fall des derivativen Erwerbs eines in die Gesellschaft mit Firma eingebrachten Unternehmens – in das Vorgründungsstadium zurück[82]. Eine im Vorgründungsstadium begründete persönliche Haftung der Gründer (Rdnr. 17–24) endet nicht mit der Gründung oder Eintragung der GmbH[83] und auch nicht mit deren bloßer Genehmigung. Enthaftend wirkt nur ein Verzicht oder Erlass seitens des Gläubigers oder die Zustimmung zu einer befreienden Schuldübernahme seitens der (Vor-)GmbH[84]. Da es sich um eine Eigenhaftung der Gründer handelt, kommt § 13 Abs. 2 nicht haftungsbeschränkend zum Zuge.

III. Die Vorgesellschaft als Rechtsträgerin und als Organisation

Schrifttum: vgl. Rdnr. 1.

1. Begriff, Tatbestand, Rechtsnatur und Gesellschaftszweck

a) Begriff und Tatbestand. aa) Als **Vor-GmbH** (oder: Vorgesellschaft) bezeichnet man die 27 nach § 2 formgerecht *errichtete, aber noch nicht eingetragene GmbH*, also die **GmbH im Gründungsstadium**. Auch die als „Unternehmergesellschaft (haftungsbeschränkt)" nach § 5a gegründete **sog. Vor-Unternehmergesellschaft**[85] ist in diesem Sinne eine **Vor-GmbH** (keine eigenständige Rechtsform; vgl. § 5a Rdnr. 16). Der Status der GmbH als Vorgesellschaft beginnt mit dem Abschluss und Wirksamwerden des Gesellschaftsvertrags (§§ 2 f.) und endet, sofern nicht die Vor-GmbH umgewandelt oder liquidiert oder ihre Eintragung rechtskräftig abgelehnt wird, mit der Eintragung der GmbH im Handelsregister (§ 10). Das Gründungsstadium und damit der Status der Vor-GmbH umfasst den gesamten von § 11 beschriebenen Zeitraum bis zur Eintragung. Soweit der Registeranmeldung Bedeutung für die Haftung zukommt (Rdnr. 141), braucht nicht deshalb ein neues Gesellschaftsstadium erfunden zu werden[86]. Das Stadium der Vorgesellschaft ist ein notwendiges Stadium jeder GmbH, die durch Gründung – nicht durch Formwechsel nach §§ 190 ff. UmwG – zu Stande kommt (vgl. zum Umwandlungsrecht Rdnr. 28). Der Begriff der Vorgesellschaft setzt nicht mehr voraus als die Errichtung einer GmbH gemäß §§ 1 ff. Vielfach wird noch betont, dass die Gesellschafter außerdem die Absicht haben müssen, die Gesellschaft in das Handelsregister eintragen zu las-

---

79 Dazu näher *Karsten Schmidt*, in: FS Reich-Rohrwig, 2014, S. 195, 198.
80 BGH v. 7.5.1984 – II ZR 276/83, BGHZ 91, 148, 152 = NJW 1984, 2164, 2165 = GmbHR 1984, 316; BGH v. 9.3.1998 – II ZR 366/96, GmbHR 1998, 633, 634 = NJW 1998, 1645; BGH v. 25.10.2000 – VIII ZR 306/99, GmbHR 2001, 293 = NZG 2001, 561; OLG Dresden v. 19.12.1996 – 7 U 872/96, GmbHR 1997, 215, 216; *Bayer*, in: Lutter/Hommelhoff, Rdnr. 2; *Fastrich*, in: Baumbach/Hueck, Rdnr. 38; *Link*, in: Gehrlein/Born/Simon, Rdnr. 46; *Merkt*, in: MünchKomm. GmbHG, Rdnr. 109; *Roth*, in: Roth/Altmeppen, Rdnr. 72; *Ulmer/Löbbe*, in: Ulmer/Habersack/Löbbe, § 2 Rdnr. 59; *Wälzholz*, in: GmbH-Hdb., Rdnr. I 384; a.M. *Kießling*, S. 352 f., 375 ff.
81 Vgl. OLG Hamm v. 20.1.1997 – 31 U 138/96, GmbHR 1997, 602.
82 Vgl. LG Düsseldorf v. 14.1.1987 – 4 O 359/85, NJW-RR 1987, 874.
83 BGH v. 25.10.2000 – VIII ZR 306/99, GmbHR 2001, 293 = NZG 2001, 561; *Kappet*, S. 122 ff.
84 Vgl. *Kappet*, S. 125 ff.
85 Dazu *Paura*, in: Ulmer/Habersack/Löbbe, § 5a Rdnr. 24; *Rieder*, in: MünchKomm. GmbHG, § 5a Rdnr. 13.
86 A.M. *Baumann*, JZ 1998, 597 ff.: vor der Anmeldung nur „GmbH in Anwartschaft"; wie hier *Merkt*, in: MünchKomm. GmbHG, Rdnr. 5.

sen[87]. Dieser Wille ist aber in der Errichtung der GmbH notwendig enthalten. Nicht das Fehlen der Eintragungsabsicht, sondern nur ihr nachträglicher Fortfall ist von praktischem Interesse (dazu Rdnr. 162).

28 **bb)** Die Vorgesellschaft **entsteht** durch förmlichen *Abschluss des Gesellschaftsvertrags* gemäß §§ 2 ff. (also durch Feststellung der Satzung). Die Rechtsgrundsätze über fehlerhafte Gesellschaften finden Anwendung[88]. Im Fall der **Umwandlung** ist zu unterscheiden: Der **Formwechsel** eines bereits vollwirksamen Rechtsträgers in die Rechtsform der GmbH (§§ 190 ff. UmwG) lässt keine interimistische Vorgesellschaft entstehen[89]. Anderes gilt nach h.M. für die Überführung eines Gesellschaftsvermögens auf eine neu entstehende GmbH im Fall der **Verschmelzung** durch Neugründung (§§ 36 ff. UmwG) und der **Spaltung** zur Neugründung (§ 123 Abs. 1 Nr. 2, Abs. 2 Nr. 2, Abs. 3 Nr. 2, §§ 135 ff. UmwG)[90], denn dies ist der Sache nach eine vereinfachte Sachgründung. Praktische Folgen, insbesondere Haftungsfolgen, hat diese Annahme allerdings i.d.R. nicht (Rdnr. 110), denn es wird nicht im Namen der Vorgesellschaft gehandelt[91]. Wenig diskutiert worden ist die Frage, ob ein **Vor-e.V.** oder eine **Vorgenossenschaft** durch Vertragsänderung **in eine Vor-GmbH umgewandelt** werden kann, damit der schon errichtete Verband als GmbH eingetragen wird. Die Frage sollte bejaht werden[92]. Sie hilft, wenn ein bereits errichteter Rechtsträger in einer anderen als der zunächst vereinbarten und zur Eintragung angemeldeten Rechtsform eingetragen werden soll (z.B. weil die Eintragung als e.V. verweigert wurde[93]), über den Liquidationszwang und über den numerus clausus des § 1 UmwG hinweg[94]. Nach den bei Rdnr. 56 f. zur Satzungsänderung entwickelten Grundsätzen sind zwei Varianten der Umwandlung im Stadium der Vor-GmbH möglich: die durch allseitigen Vertrag aller Gesellschafter mit Sofortwirkung vollzogene Umwandlung der Vor-GmbH z.B. in eine Vor-AG oder Vor-Genossenschaft und die auf den Zeitpunkt der Eintragung aufschiebend bedingte Umwandlung durch qualifizierten Mehrheitsbeschluss[95].

29 **cc) Keine Vorgesellschaft** ist die im Handelsregister eingetragene **Vorrats- oder Mantelgesellschaft.** Seit den Beschlüssen BGHZ 153, 158[96] und BGHZ 155, 318[97] unterwirft der BGH die Verwendung solcher Vorrats- bzw. Mantelgesellschaften für Zwecke der Unternehmensträgerschaft als **„wirtschaftliche Neugründung"** allerdings dem Gründungsrecht (dazu § 3 Rdnr. 21 ff.). Im Jahr 2010 hat der BGH den Tatbestand der „wirtschaftlichen Neugründung" klarstellend auf Fälle begrenzt, in denen die für die „wirtschaftliche Neugründung" verwendete Gesellschaft eine „leere Hülse" ist, also kein aktives Unternehmen betreibt, an das die Fortführung des Geschäftsbetriebs – sei es auch unter wesentlicher Umgestaltung,

---

87 Vgl. BGH v. 18.1.2000 – XI ZR 71/99, BGHZ 143, 314, 319 = NJW 2000, 1193, 1194 = ZIP 2000, 411, 421 = GmbHR 2000, 276 ; *Fastrich*, in: Baumbach/Hueck, Rdnr. 32; *Schroeter*, in: Bork/Schäfer, Rdnr. 12.
88 Vgl. RG, JW 1941, 1080; BGHZ 13, 320, 324; *Ulmer/Löbbe*, in: Ulmer/Habersack/Löbbe, § 2 Rdnr. 138, 144 f.
89 BGH v. 25.1.1999 – II ZR 383/96, NJW-RR 1999, 1554, 1555 = GmbHR 1999, 612.
90 Vgl. *Drygala*, in: Lutter, § 4 UmwG Rdnr. 24; *Winter/J. Vetter*, in: Lutter, § 56 UmwG Rdnr. 7, 28; *Mayer*, in: Widmann/Mayer, § 135 UmwG Rdnr. 75; *Ihrig*, GmbHR 1995, 633; *Dieter Mayer*, DB 1995, 862; s. auch BGH v. 25.1.1999 – II ZR 383/96, NJW-RR 1999, 1554, 1555 = GmbHR 1999, 612; a.M. noch *Vossius*, in: Widmann/Mayer, § 131 UmwG Rdnr. 18; vgl. auch zur formwechselnden Umwandlung früheren Rechts *Karsten Schmidt*, GmbHR 1987, 79.
91 Vgl. BGH v. 23.9.1985 – II ZR 284/84, NJW-RR 1986, 115 = WM 1985, 1364 = GmbHR 1986, 225.
92 *Karsten Schmidt*, in: FS Zöllner, S. 529 ff.; zust. *Blath*, in: Michalski u.a., Rdnr. 71.
93 *Karsten Schmidt*, Verbandszweck und Rechtsfähigkeit im Vereinsrecht, 1984, S. 309 ff.
94 *Karsten Schmidt*, in: FS Zöllner, 1998, S. 534.
95 *Karsten Schmidt*, in: FS Zöllner, 1998, S. 527 ff., 538.
96 BGH v. 9.12.2002 – II ZB 12/02, BGHZ 153, 158 = NJW 2003, 892.
97 BGH v. 7.7.2003 – II ZB 4/02, BGHZ 155, 318 = NJW 2003, 3198.

Einschränkung oder Erweiterung seines Tätigkeitsgebiets – in irgendeiner wirtschaftlich noch gewichtbaren Weise anknüpfen kann[98]. Im Jahr 2011 hat der BGH herausgestellt, dass Strukturänderungen, die vor der Eintragung der Gesellschaft vollzogen worden sind, gleichfalls nicht ausreichen[99]. Eine sich hinschleppende Gründungsphase, an deren Ende das Unternehmen ein anderes als das geplante Gesicht hat, ist nach dieser Entscheidung kein Fall der „wirtschaftlichen Neugründung". Auch mit dieser Maßgabe wird diese Rechtsprechung verschiedentlich als in den Rechtsfolgen zu weitgehend kritisiert[100]. Nach der hier vertretenen, noch weitergehenden Auffassung bestehen gegen die Verwendung der gründungsrechtlichen (Haftungs-)Regeln **Bedenken grundsätzlicher Art** (vgl. zur Gesellschafterhaftung Rdnr. 67, 84, 140; zur Handelndenhaftung Rdnr. 99)[101]. Literatur zu den Mantelgesellschaften Rdnr. 1.

b) Rechtsnatur der Vor-GmbH. aa) Streitstand. Die Rechtsnatur ist bis heute umstritten, jedoch hat sich ein wesentlicher Teil der hiermit verbundenen Streitfragen erledigt. Ältere Stimmen sahen die Vorgesellschaft als einen nichtrechtsfähigen Verein[102] oder als eine Gesellschaft bürgerlichen Rechts[103] an. Heute herrscht die auf *Otto Schreiber* und *Hans Erich Feine* zurückgehende Auffassung vor, es handele sich bereits um eine Vorstufe der fertigen GmbH, um eine Gesellschaft, die bereits dem Recht der GmbH unterliegt, soweit dieses nicht die Eintragung voraussetzt[104]. Die Vorgesellschaft gilt als Rechtsform sui generis[105]. Der *Bundesgerichtshof*[106] bezeichnet die Vorgesellschaft als „notwendige Vorstufe zur juristischen Person" (dem wird hier zugestimmt) und als ein „Rechtsgebilde mit einer zeitlich und sachlich eng begrenzten Aufgabenstellung" (dem wird hier widersprochen; vgl. zum Zweck der Vorgesellschaft Rdnr. 32 f.). Im Einzelnen ist die Rechtsstruktur der Vor-GmbH immer noch ohne letzte Klärung. Nach der wohl immer noch h.M. handelt es sich, da noch keine GmbH als juristische Person besteht, um eine Gesamthandsgesellschaft[107]. Die Eintragung einer

30

---

98 BGH v. 18.1.2010 – II ZR 61/09, GmbHR 2010, 474 = NJW 2010, 1459 = NZG 2010, 428 = ZIP 2010, 621.

99 BGH v. 12.7.2011 – II ZR 71/11, GmbHR 2011, 1032 mit Anm. *Bayer* = ZIP 2011, 1761.

100 Vgl. *Bachmann*, NZG 2011, 441 ff.; *Habersack*, AG 2010, 845 ff.; *Herresthal/Servatius*, ZIP 2012, 197 ff.; *Hüffer*, NZG 2011, 1257; *Keller*, DZWiR 2005, 133 ff.; *Peetz*, GmbHR 2011, 178 ff.; *Priester*, ZHR 168 (2004), 248 ff.; *Wicke*, NZG 2005, 409 ff.

101 Vgl. *Kleindiek*, in: FS Priester, S. 368 ff.; *Karsten Schmidt*, NJW 2004, 1345 ff.; *Karsten Schmidt*, ZIP 2010, 857 ff.; teilweise auch *Priester*, ZHR 168 (2004), 248 ff.; in gleicher Richtung *Merkt*, in: MünchKomm. GmbHG, Rdnr. 179 f.

102 *Schultze-v. Lasaulx*, in: FS Olivecrona, S. 605 ff.; *Paul*, NJW 1947/48, 417 ff.; *Bayer*, JZ 1952, 551 f.; *Haberkorn*, BB 1962, 1411; vgl. seither noch *Beuthien*, ZIP 1996, 307.

103 RGZ 58, 56; 82, 290; 105, 229; 151, 91; LAG Bremen, DB 1979, 407; *Brodmann*, Anm. 1a; *Liebmann/Saenger*, Anm. 1; *Franz Scholz*, JW 1938, 3149 m.w.N.

104 Vgl. mit Unterschieden im Einzelnen BGHZ 21, 242, 246 = NJW 1956, 1435; BGHZ 45, 338, 347 = NJW 1966, 1311, 1313; BGHZ 51, 30, 32 = NJW 1969, 509; BGH v. 15.6.1978 – II ZR 205/76, BGHZ 72, 45, 48 f. = NJW 1978, 1978, 1979; BGH v. 9.3.1981 – II ZR 54/80, BGHZ 80, 129, 132 = NJW 1981, 1373, 1374 = GmbHR 1981, 114; BAG, NJW 1963, 680; BAG AP Nr. 2 zu § 11 GmbHG mit Anm. *Rittner/Krell* = NJW 1973, 1904; *Schaffner*, S. 157 ff. („Gesellschaft sui generis"); *Gummert*, in: MünchHdb. III, § 16 Rdnr. 6; *Bayer*, in: Lutter/Hommelhoff, Rdnr. 5 ff. („Gesellschaft sui generis"); *Fastrich*, in: Baumbach/Hueck, Rdnr. 6; *Roth*, in: Roth/Altmeppen, Rdnr. 39 („Rechtsform eigener Art"); *Schmidt-Leithoff*, in: Rowedder/Schmidt-Leithoff, Rdnr. 13; *Ulmer/Habersack*, in: Ulmer/Habersack/Löbbe, Rdnr. 10; *Raiser/Veil*, Kapitalgesellschaften, § 35 Rdnr. 98; *Hueck*, in: FS 100 Jahre GmbHG, S. 146; *Karsten Schmidt*, GmbHR 1973, 148 f.; *Fleck*, GmbHR 1983, 7; *Bachmann*, in: Trierer FS Lindacher, S. 23, 25.

105 BGHZ 21, 242, 246 = NJW 1956, 1435; BGHZ 51, 30, 32 = NJW 1969, 509 = GmbHR 1969, 80; *Bayer*, in: Lutter/Hommelhoff, Rdnr. 5; *Blath*, in: Michalski u.a., Rdnr. 43.

106 BGH v. 16.3.1992 – II ZB 17/91, BGHZ 117, 323, 326 = NJW 1992, 1824 = GmbHR 1992, 451; BGH v. 20.6.1983 – II ZR 200/82, NJW 1983, 2822 = BB 1983, 1433 = GmbHR 1984, 42; Konzeptionslosigkeit wird der h.M. vorgeworfen bei *John*, Rechtsperson, S. 309 ff.

107 BGH v. 29.5.1980 – II ZR 225/78, WM 1980, 955, 956; *Kießling*, S. 104 ff.; *Fastrich*, in: Baumbach/Hueck, Rdnr. 6 f. (Personenvereinigung eigener Art); *Roth*, in: Roth/Altmeppen, Rdnr. 38; *Ulmer/*

GmbH, die nach Abs. 1 zuvor nicht „als solche" bestand, hätte hiernach den Effekt eines Formwechsels von der Gesamthand in die Rechtsform der juristischen Person. Diese Deutung der Vorgesellschaft hat nicht nur bei der Anerkennung der Einpersonen-Vorgesellschaft unberechtigte Schwierigkeiten bereitet (Rdnr. 166 f.), sondern sie wirkt sich auch bei der rechtlichen Behandlung der Vor-GmbH insgesamt störend aus. Das Rechtsinstitut der Vorgesellschaft resultiert aus einer Auflehnung von Praxis und Lehre gegen den aus § 11 Abs. 1 sprechenden Willen des historischen Gesetzgebers (vgl. Rdnr. 4 f.). Diese Entwicklung gestattet es, dem Willen der Gründer, eine Körperschaft zu errichten, schon vor der Eintragung Rechnung zu tragen[108]. Die **Vorgesellschaft als werdende juristische Person** ist bereits eine **Körperschaft**[109]. Aus dem Gegensatz zwischen „juristischer Person" und „Gesamthand" dürfen keine generalisierenden Folgerungen abgeleitet werden[110].

31 **bb) Das Verhältnis zwischen Vorgesellschaft und eingetragener GmbH.** Die Vorgesellschaft ist mit der später eingetragenen GmbH **identisch** (Rdnr. 152)[111]. Die Frage hatte in früheren Jahren erhebliche Bedeutung, weil über zweierlei gestritten wurde: darüber, ob die Gesellschaft schon vor der Eintragung als Rechtsträgerin anzuerkennen ist (dazu Rdnr. 34 ff.), und darüber, ob Rechte und Pflichten von der Vorgesellschaft automatisch auf die fertige GmbH „übergehen" oder ob es hierfür eines Rechtsgeschäfts der GmbH bedarf (dazu Rdnr. 152 ff.). Die sog. *Identitätstheorie*[112] suchte den automatischen Übergang apriorisch aus der Identität der Gesellschaften abzuleiten. Das war methodisch bedenklich[113], aber nachdem der automatische „Übergang" unter Berücksichtigung aller in Frage stehenden Interessen als geklärt gelten kann, darf man dieses Ergebnis mit der Formel der Identitätstheorie verallgemeinern[114]: Es besteht **Identität im Sinne vollständiger Kontinuität der Rechtsverhältnisse** (Rdnr. 46)[115]. Im Augenblick der Eintragung setzt sich die Gesellschaft unter Einschluss aller Mitgliedschaftsrechte und aller Aktiva und Passiva als GmbH fort (vgl. Rdnr. 151 ff.). Diese Identitätsformel vereinfacht eine ganze Reihe sonst unnötig komplizierter Fragen.

Habersack, in: Ulmer/Habersack/Löbbe, Rdnr. 41, 59; s. auch *Beuthien*, ZIP 1996, 307 (nichtrechtsfähiger Wirtschaftsverein als Gesamthand); zum Streitstand *Merkt*, in: MünchKomm. GmbHG, Rdnr. 8 ff.; *Bachmann*, in: Trierer FS Lindacher, S. 23, 25.

108 A.M. *Ulmer/Habersack*, in: Ulmer/Habersack/Löbbe, Rdnr. 12; zur Einpersonen-Vorgesellschaft ebd., Rdnr. 24; diese Auffassung setzt, ähnlich wie die Terminologie des 19. Jahrhunderts, die Begriffe „Körperschaftsbildung" und Bildung einer „juristischen Person" weitgehend gleich.

109 Vgl. *Rittner*, S. 142 ff., 331 ff.; *Karsten Schmidt*, GesR, § 11 IV 2, § 34 III 3; *Karsten Schmidt*, in: Großkomm. AktG, 5. Aufl. 2016, § 41 AktG Rdnr. 42; *Karsten Schmidt*, GmbHR 1987, 79; s. auch *Schmidt-Leithoff*, in: Rowedder/Schmidt-Leithoff, Rdnr. 61: „Sondervermögen eigener Art"; distanziert gegenüber dem hier vertretenen Standpunkt dann aber ebd. Rdnr. 74.

110 S. auch *Theobald*, S. 10; insoweit auch *Schmidt-Leithoff*, in: Rowedder/Schmidt-Leithoff, Rdnr. 61, 74.

111 Vgl. BFH v. 11.4.1973 – I R 172/72, BFHE 109, 190; BFH v. 14.10.1992 – I R 17/92, BStBl. II 1993, 352 = GmbHR 1993, 171 = NJW 1993, 1222; *Karsten Schmidt*, GesR, § 11 IV 2c; *Raiser/Veil*, Kapitalgesellschaften, § 35 Rdnr. 112; *Gummert*, in: MünchHdb. III, § 16 Rdnr. 13; *Bayer*, in: Lutter/Hommelhoff, Rdnr. 5; *Schmidt-Leithoff*, in: Rowedder/Schmidt-Leithoff, Rdnr. 15; a.M. *Merkt*, in: MünchKomm. GmbHG, Rdnr. 58 (relativierend Rdnr. 149); *Ulmer/Habersack*, in: Ulmer/Habersack/Löbbe, Rdnr. 12 (s. aber Rdnr. 90); *Hueck*, in: FS 100 Jahre GmbHG, S. 148 ff.

112 *Feine*, in: Ehrenbergs Hdb. III/3, 1929, S. 201 ff.; *Dregger*, S. 50 ff., 63 ff.; *Dilcher*, JuS 1966, 92 ff.

113 Vgl. *Büttner*, S. 128 ff.; *Flume*, in: FS Geßler, S. 25 f.; *Rittner*, S. 105; *Karsten Schmidt*, oHG, S. 261 ff.; *Ulmer*, in: FS Ballerstedt, S. 286; *Schmidt-Leithoff*, in: Rowedder/Schmidt-Leithoff, Rdnr. 15.

114 Vgl. *Karsten Schmidt*, GesR, § 11 IV 2c, § 11 IV 4; zum Sieg der Identitätstheorie vgl. auch *Karsten Schmidt*, NJW 1981, 1346; *Karsten Schmidt*, GmbHR 1987, 78; Zuflucht zu den §§ 190 ff. UmwG sucht überflüssigerweise *Kießling*, S. 324 ff.

115 Der Sache nach ebenso auch *Ulmer/Habersack*, in: Ulmer/Habersack/Löbbe, Rdnr. 89 f. mit verbleibenden Konzessionen an die frühere h.M. („nicht voll identisch, aber durch ... Kontinuität geprägt") und mit Sonderbehandlung der Einpersonengründung (Rdnr. 95).

c) Der gemeinsame Zweck der Vorgesellschaft. aa) Meinungsstreit. Der Gesellschaftszweck 32
ist nicht auf die Gründung beschränkt, sondern er ist bereits *deckungsgleich mit dem Zweck
der späteren GmbH*[116]. Vgl. auch vice versa die Erl. zu § 69 für das Liquidationsstadium
vertreten). Anders sah es die ältere, noch vom Vorbelastungsverbot beherrschte Rechtsprechung[117]. Diese Sichtweise ist heute nicht überwunden[118]. Immer noch herrscht die Auffassung vor, Hauptzweck oder „spezifischer" Zweck der Vorgesellschaft sei die Vollendung
des Gründungsvorgangs[119]. Nach dieser angeblichen „lex lata"[120] können die Gründer durch
den Gesellschaftsvertrag oder durch einen einstimmigen Beschluss den gemeinsamen Zweck
der Vorgesellschaft erweitern, insbesondere die Geschäftsführer ermächtigen, bereits Vorberei-
tungsgeschäfte der werbenden GmbH zu tätigen[121], auch bereits die werbende Tätigkeit der
Vorgesellschaft selbst auf diese Weise zum gemeinsamen Zweck erheben[122]. Diese angebliche
Zweckerweiterung kann nach BGHZ 80, 129[123] formlos geschehen[124]. Aber diese h.M. ist
immer noch zu eng. Sie verwechselt das absehbare *Ziel der Gründung* und den bis dahin
schon zugelassenen *Tätigkeitsrahmen* mit dem Verbandszweck[125] und mit dem Gegenstand
des Unternehmens (dazu § 3 Abs. 1 Nr. 2 und Erl. zu § 3 Rdnr. 9 ff.). Verbandszweck und
Unternehmensgegenstand der GmbH sind bereits vorhanden[126]. Insbesondere die Zustimmung zur Aufnahme des Geschäftsbetriebs ist keine Veränderung des Verbandszwecks, sondern nur eine Erweiterung der Geschäftsführerbefugnisse (vgl. unten Rdnr. 58 f.)[127]. Auch
Bareinlagen muss die Gesellschaft nicht treuhänderisch für die spätere GmbH verwalten,
sondern sie kann diese bereits im Rahmen ihres eigenen Zwecks für den Erwerb von Gütern
oder für sonstige Geschäfte verwenden[128].

bb) Bedeutung. Im Wesentlichen spielt die *angebliche Zweckbegrenzung der Vorgesellschaft* 33
unter drei Gesichtspunkten eine Rolle und hat hier eine scheinbare Berechtigung: bei der Ver-

---

116 Vorsichtig in dieser Richtung schon *Karsten Schmidt*, oHG, S. 299; entschieden dann *Karsten
   Schmidt*, GesR, § 11 IV 2b, § 34 III 3a; *Karsten Schmidt*, GmbHR 1987, 79; *Karsten Schmidt*, in:
   Großkomm. AktG, 5. Aufl. 2016, § 41 AktG Rdnr. 51; zust. *Gummert*, in: MünchHdb. III, § 16
   Rdnr. 11 f.; *Blath*, in: Michalski u.a., Rdnr. 45; *Schroeter*, in: Bork/Schäfer, Rdnr. 54; immer noch
   kritisch *Ulmer/Habersack*, in: Ulmer/Habersack/Löbbe, Rdnr. 12 (jedoch in Widerspruch zu
   Rdnr. 90); die dort kritisierte Vernachlässigung der Strukturunterschiede zwischen Gesamthand
   und juristischer Person ist aus der hier vertretenen Sicht kein schlagender Einwand; abgesehen
   von den Bedenken gegen die Gesamthandsnatur der Vorgesellschaft ist darauf hinzuweisen, dass
   sich dieser Einwand auch bei der Umwandlungsgesetzgebung als ein überwindbarer Hemmschuh
   erwiesen hat; Nachweise bei *Karsten Schmidt*, AcP 191 (1991), 506 ff.
117 RGZ 83, 370, 373; RGZ 105, 228, 229; RGZ 134, 121, 122; aus der Literatur besonders nachdrücklich *Horn*, NJW 1964, 88.
118 Charakteristisch *Merkt*, in: MünchKomm. GmbHG, Rdnr. 15.
119 BGH v. 9.3.1981 – II ZR 54/80, BGHZ 80, 129, 139 = NJW 1981, 1373, 1375 = GmbHR 1981, 114,
   116; BayObLG, NJW 1965, 2254, 2256; OLG Hamm v. 19.7.2006 – 20 U 214/05, GmbHR 2006, 1044
   = NZG 2006, 754 = ZIP 2006, 2031. *Kießling*, S. 75 ff.; *Schumann*, S. 114 ff.; *Schmidt-Leithoff*, in: Ro-
   wedder/Schmidt-Leithoff, Rdnr. 36; *Merkt*, in: MünchKomm. GmbHG, Rdnr. 15; *Schroeter*, in:
   Bork/Schäfer, Rdnr. 11 i.V.m. Rdnr. 19; *Ulmer/Habersack*, in: Ulmer/Habersack/Löbbe, Rdnr. 34.
120 *Schmidt-Leithoff*, in: Rowedder/Schmidt-Leithoff, Rdnr. 85 a.E.
121 RGZ 58, 55, 56; RGZ 83, 370, 373; *Flume*, Juristische Person, § 5 III 2; *Schmidt-Leithoff*, in: Rowed-
   der/Schmidt-Leithoff, Rdnr. 37.
122 *Theobald*, S. 20.
123 BGH v. 9.3.1981 – II ZR 54/80, BGHZ 80, 129 = NJW 1981, 1373 = GmbHR 1981, 114.
124 Zust. *Bayer*, in: Lutter/Hommelhoff, Rdnr. 14; *Fastrich*, in: Baumbach/Hueck, Rdnr. 20; *Schmidt-
   Leithoff*, in: Rowedder/Schmidt-Leithoff, Rdnr. 37; *Karsten Schmidt*, NJW 1984, 1345; *Fleck*,
   GmbHR 1983, 9; Bedenken noch bei *John*, BB 1982, 512; *Ulmer*, in: FS Ballerstedt, S. 291; *Ulmer*,
   ZGR 1981, 599 ff.
125 Vgl. *Karsten Schmidt*, GmbHR 1979, 79; zum Verbandszweck vgl. *Karsten Schmidt*, GesR, § 4 II.
126 Hiergegen *Merkt*, in: MünchKomm. GmbHG, Rdnr. 15: „abzulehnende Gegenansicht".
127 Wie hier *Gummert*, in: MünchHdb. III, § 16 Rdnr. 12.
128 Vgl. *Bayer*, in: Lutter/Hommelhoff, Rdnr. 5; *Lutter*, NJW 1989, 2649.

pflichtung der Gründer, das für die Eintragung Erforderliche zu tun (Rdnr. 52), bei der Verpflichtung der Geschäftsführer, nicht ohne Zustimmung der Gesellschafter mit der werbenden Tätigkeit zu beginnen (Rdnr. 58 f.), und bei der Auflösung der Gesellschaft, wenn die Eintragung scheitert (Rdnr. 159). Keine dieser Rechtsfolgen braucht aber damit erklärt zu werden, dass nur die Herbeiführung der Eintragung als GmbH gemeinsamer Zweck der Vorgesellschaft ist (ausführlich noch in der 10. Aufl.).

2. Die Vorgesellschaft als Rechtsträgerin

34   **a) Rechtsfähigkeit.** Entgegen überkommener, jedoch überholter Auffassung (vgl. auch Rdnr. 5) wird die Vorgesellschaft heute als **Trägerin von Rechten und Pflichten** anerkannt[129]. Ihre Qualifikation als „teilrechtsfähig"[130] ist eine ängstliche Verdeckung der zwischen § 11 Abs. 1 und dem praktizierten Recht bestehenden Kluft[131]. Den entscheidenden Schritt hat nach jahrzehntelangen Vorarbeiten der Bundesgerichtshof durch sein Urteil vom 9.3.1981 getan[132]. Heute kann aber die Vorgesellschaft ohne weiteres als Rechtsträgerin bezeichnet werden.

35   Die Vorgesellschaft ist damit **vollwertige Rechtsträgerin**. Sie hat sogleich ein Gesellschaftsvermögen, bestehend aus den Ansprüchen auf Leistung der gezeichneten Stammeinlagen. Diese müssen nach § 7 jedenfalls teilweise schon an die Vorgesellschaft geleistet werden. Über die dogmatische Einordnung besteht aufgrund der unklaren Rechtsnatur der Vorgesellschaft (Rdnr. 30) ein sich aus heutiger Sicht akademisch ausnehmender Streit. Die traditionelle Sicht spricht teils von einem Gesamthandsvermögen[133], teils von einem Sondervermögen[134], teils orientiert sie sich an der Rechtsfigur der Teilrechtsfähigkeit (vgl. soeben Rdnr. 34). Hier genügt die Feststellung, dass eines entscheidend ist: Man muss Ernst machen mit der Vorstellung, dass bereits ein echtes Gesellschaftsvermögen vorliegt, weil die Vor-GmbH, obwohl noch nicht fertige juristische Person, bereits mit der einzutragenden GmbH zweckidentisch (Rdnr. 31 f.) und bereits Rechtsträgerin ist (Rdnr. 34).

36   **b)** Die **Vor-GmbH** kann als **Trägerin eines Unternehmens** fungieren **und Kaufmann** sein[135]. Das war bereits früh anerkannt für den Fall, dass im Wege der Sachgründung ein Unterneh-

---

129 BGH v. 9.3.1981 – II ZR 54/80, BGHZ 80, 129, 132 = NJW 1981, 1373, 1374 = GmbHR 1981, 114, 115; BGH v. 16.3.1992 – II ZB 17/91, BGHZ 117, 323, 326 = NJW 1992, 1824; BGH v. 28.11.1997 – V ZR 178/96, NJW 1998, 1079, 1080 = GmbHR 1998, 185; BayObLG v. 6.11.1985 – BReg.3 Z 15/85, DB 1986, 106; *Fastrich*, in: Baumbach/Hueck, Rdnr. 12; *Gummert*, in: MünchHdb. III, § 16 Rdnr. 1; *John*, Rechtsperson, S. 311 ff.; *Kersting*, S. 212 ff.; *Raiser/Veil*, Kapitalgesellschaften, § 35 Rdnr. 105; *Wicke*, Rdnr. 3; *Karsten Schmidt*, GesR, § 11 IV 2b, § 34 III 3a; *Karsten Schmidt*, GmbHR 1987, 80 f.; *Hueck*, in: FS 100 Jahre GmbHG, S. 157; zusammenfassend *Merkt*, in: MünchKomm. GmbHG, Rdnr. 47; *Schroeter*, in: Bork/Schäfer, Rdnr. 24.
130 Vgl. *Büttner*, S. 109 ff.; s. auch *Rittner*, S. 321 ff.; *Blath*, in: Michalski Rdnr. 47, 58; *Fastrich*, in: Baumbach/Hueck Rdnr. 12; *Schmidt-Leithoff*, in: Rowedder/Schmidt-Leithoff, Rdnr. 74 („beschränkte Rechtsfähigkeit"); vgl. auch *Ulmer/Habersack*, in: Ulmer/Habersack/Löbbe, Rdnr. 59 mit Fn. 132 (nicht „vollwertige Trägerin von Rechten und Pflichten"); zum zweifelhaften Aussagewert der Rechtsfigur der Teilrechtsfähigkeit vgl. *Karsten Schmidt*, GesR, § 8 V 1.
131 Vgl. zur Entwicklung *Rittner*, S. 130 ff.; *Karsten Schmidt*, oHG, S. 302 ff.; krit. vor allem *Schultze-v. Lasaulx*, in: FS Olivecrona, S. 591 ff.; *Fabricius*, in: FS Kastner, S. 96.
132 BGH v. 9.3.1981 – II ZR 54/80, BGHZ 80, 129 = NJW 1981, 1373 = GmbHR 1981, 114.
133 BGH v. 9.3.1981 – II ZR 54/80, BGHZ 80, 129, 135 = NJW 1981, 1373, 1374 = GmbHR 1981, 114, 115; *Kießling*, S. 104 ff.; *Ulmer/Habersack*, in: Ulmer/Habersack/Löbbe, Rdnr. 41, 59.
134 *Schmidt-Leithoff*, in: Rowedder/Schmidt-Leithoff, Rdnr. 61.
135 *Karsten Schmidt*, HandelsR, § 4 Rdnr. 14; *Karsten Schmidt*, in: MünchKomm. HGB, 4. Aufl. 2016, § 1 HGB Rdnr. 40; *Fastrich*, in: Baumbach/Hueck, Rdnr. 13; *Merkt*, in: MünchKomm. GmbHG, Rdnr. 51; *Schmidt-Leithoff*, in: Rowedder/Schmidt-Leithoff, Rdnr. 75 f.; *Ulmer/Habersack*, in: Ulmer/Habersack/Löbbe, Rdnr. 61; ausführlich *M. Scholz*, S. 9 f.; *Merkt*, in: MünchKomm. GmbHG, Rdnr. 50; unrichtig OLG Düsseldorf v. 18.11.1998 – 11 U 36/98, NJW-RR 1999, 615, 616.

men in die Gesellschaft eingebracht wird, das naturgemäß nicht bis zur Eintragung stillgelegt werden kann[136]. Heute ist die Fähigkeit der Vorgesellschaft, Trägerin eines Unternehmens zu sein, auch für den Fall der Bargründung anerkannt[137]. Der **Verbandszweck der Vorgesellschaft** deckt nicht nur den Gründungsvorgang, sondern auch den Geschäftsbetrieb der künftigen GmbH (vgl. Rdnr. 32 f.). Damit ist vor allem die ältere Lehre von der „unechten Vorgesellschaft"[138] abgelehnt, soweit sie besagt, dass sich die Vorgesellschaft, weil der Unternehmensträgerschaft unfähig, je nach Art des Unternehmens automatisch in eine oHG oder in eine Gesellschaft bürgerlichen Rechts verwandelt, wenn die GmbH bereits im Gründungsstadium mit dem Betrieb eines Gesellschaftsunternehmens beginnt[139]. Eine solche automatische Umwandlung kommt erst in Betracht, wenn die Eintragung gescheitert ist oder nicht mehr betrieben wird (Rdnr. 162). Als Trägerin eines Unternehmens kann die Vorgesellschaft auch bereits **Arbeitgeberin** sein[140].

Ob die Vor-GmbH **Handelsgesellschaft** (§ 6 HGB) und damit **Kaufmann i.S. des Handelsrechts** ist, richtet sich nach §§ 1 ff. HGB, so dass eine Kaufmannseigenschaft nur unter der Voraussetzung des § 1 Abs. 2 HGB in Betracht kommt; **Formkaufmann** nach § 13 Abs. 3 **ist die Vorgesellschaft nicht**[141]. Als solche – d.h. als Vorgesellschaft – wird die noch in Gründung befindliche GmbH auch nicht in das Handelsregister eingetragen (zur Eintragung als Gesellschafterin vgl. Rdnr. 40)[142]. Sie unterliegt aber bereits der kaufmännischen Buchführungspflicht nach §§ 238 ff. HGB, wenn sie ein Handelsgewerbe nach § 1 Abs. 2 HGB betreibt, das nach Art und Umfang einen in kaufmännischer Weise eingerichteten Geschäftsbetrieb erfordert. Im Hinblick auf die Bilanzkontinuität zwischen Vorgesellschaft und GmbH wird man jedoch auch in anderen Fällen die Geschäftsführer den kapitalgesellschaftsrechtlichen Rechnungslegungspflichten unterwerfen müssen[143]. Ist die Vorgesellschaft bereits Kaufmann, so unterliegen ihre Geschäfte auch den §§ 343 ff. HGB. Betreibt sie kein unter § 1 Abs. 2 HGB fallendes oder ein sonstiges nicht unter § 1 HGB fallendes Unternehmen, so kann sich die im Handelsrecht umstrittene Frage stellen, inwieweit die §§ 343 ff. HGB trotz (noch) fehlender Kaufmannseigenschaft Anwendung finden[144].

37

c) Die Vorgesellschaft hat bereits eine **Firma** bzw., wenn sie kein kaufmännisches Unternehmen betreibt, einen *Namen*[145]. Ihre Firma bzw. der Name ist identisch mit der gemäß § 3

38

136 Vgl. BGHZ 45, 338, 349 f. = NJW 1966, 1311, 1314; BGHZ 51, 30, 32 = NJW 1969, 509.
137 Vgl. *Ulmer/Habersack*, in: Ulmer/Habersack/Löbbe, Rdnr. 61; grundlegend *John*, Rechtsperson, S. 338.
138 Vertreten vor allem von *Schultze-v. Lasaulx*, JZ 1952, 390 ff.; vgl. auch OLG Frankfurt, NJW 1947/48, 429; OLG Celle, NJW 1951, 36; OLG Hamburg, GmbHR 1952, 138; OLG Oldenburg, BB 1955, 713 = JR 1956, 104; BayObLG, GmbHR 1979, 14, 15; BayObLG v. 6.11.1985 – BReg.3 Z 15/85, DB 1986, 106, 107 = GmbHR 1986, 118.
139 Vgl. gegen diese herkömmliche Lehre von der unechten Vorgesellschaft BGHZ 51, 30, 32 = NJW 1969, 509; *Karsten Schmidt*, oHG, S. 285 ff.; *Schmidt-Leithoff*, in: Rowedder/Schmidt-Leithoff, Rdnr. 25; *Kuhn*, WM-Beilage 5/1956, S. 15 f. m.w.N.
140 Vgl. BAG v. 13.5.1996 – 5 AZB 27/95, NJW 1996, 2678 (allerdings zu § 5 Abs. 1 Satz 3 ArbGG); unrichtig OLG Frankfurt v. 6.1.1994 – 1 U 174/91, GmbHR 1994, 708.
141 *Karsten Schmidt*, HandelsR, § 10 Rdnr. 19; *Karsten Schmidt*, in: MünchKomm. HGB, 4. Aufl. 2016, § 6 HGB Rdnr. 12; *Bayer*, in: Lutter/Hommelhoff, Rdnr. 8; *Schmidt-Leithoff*, in: Rowedder/Schmidt-Leithoff, Rdnr. 76; a.M. *Roth*, in: Roth/Altmeppen, Rdnr. 44.
142 BayObLG, NJW 1965, 2254, 2257; *Bayer*, in: Lutter/Hommelhoff, Rdnr. 8; *Ulmer/Habersack*, in: Ulmer/Habersack/Löbbe, Rdnr. 61; *Karsten Schmidt*, JZ 1973, 303.
143 Vgl. nur *Schiffers*, in: GmbH-Hdb., Rdnr. II 4006.
144 Bejahend *Heymann/Jung*, 2. Aufl. 1999, § 238 HGB Rdnr. 18; vgl. auch *Karsten Schmidt*, in: MünchKomm. HGB, 4. Aufl. 2017, § 343 HGB Rdnr. 12.
145 BGH v. 29.10.1992 – I ZR 264/90, BGHZ 120, 103, 106 = NJW 1993, 459, 460 = GmbHR 1993, 103, 104; BGH v. 28.11.1997 – V ZR 178/96, NJW 1998, 1079, 1080; *Rittner*, S. 352 f.; *Fastrich*, in: Baumbach/Hueck, Rdnr. 13; *Merkt*, in: MünchKomm. GmbHG, Rdnr. 48; *Schmidt-Leithoff*, in: Rowedder/Schmidt-Leithoff, Rdnr. 75 ff.; *Schroeter*, in: Bork/Schäfer, Rdnr. 13; *Ulmer/Habersack*, in:

Abs. 1 Nr. 1 im Gesellschaftsvertrag enthaltenen, zum Handelsregister anzumeldenden und dem § 4 entsprechenden Firma[146]. Üblicherweise und korrekterweise wird sie bis zur Eintragung mit dem Zusatz *„in Gründung"* (auch abgekürzt „i.G.") verwendet (§ 4 Rdnr. 15)[147]. Aus dem zu eng formulierten Katalog des § 19 HGB ist zu folgern, dass jeder kaufmännisch tätige Rechtsträger einen Rechtsformzusatz in der Firma bzw. als Firmenanhang führen muss. Geschieht dies nicht, so käme eine Vertrauenshaftung wegen irreführenden Firmengebrauchs in Betracht (Vortäuschung einer GmbH, die bereits eingetragen ist). In der Regel wird jedoch das Weglassen des Zusatzes „in Gründung" i.d.R. kein besonderes Haftungsvertrauen begründen. Ohne Rücksicht auf Kausalität und Verschulden haftet allerdings der für die Vor-GmbH Handelnde nach den bei § 4 Rdnr. 79 ff. geschilderten Grundsätzen, wenn er auch den warnenden Firmenzusatz „GmbH" weglässt und z.B. nur für die von der Vor-GmbH betriebene „Firma X" auftritt[148]. Diese Haftung tritt neben die der Gesellschaft und erlischt auch nicht mit deren Eintragung (Rdnr. 158). Firma und Name sind nach § 37 HGB, § 12 BGB geschützt. Die Gegenansicht, wonach sich ein durch Verkehrsgeltung und Prioritätsschutz gerechtfertigter Firmenschutz nicht mit der fehlenden Eintragung verträgt[149], beruht auf Vorstellungen, die nach Rdnr. 5, 27 ff. der Vergangenheit angehören sollten. Man wird einen Firmenschutz gemäß § 37 HGB sogar zu Gunsten solcher Vorgesellschaften bejahen können, die noch nicht kaufmännisch tätig sind[150]. Denn auch eine solche Gesellschaft kann schon durch unerlaubte Firmenführung in ihren Rechten verletzt sein. Mehr setzt § 37 Abs. 2 HGB nicht voraus.

39 **d) Materielles Recht.** Die Rechtsfähigkeit der Vor-GmbH (Rdnr. 34 f.) erstreckt sich zunächst auf das ganze materielle Recht[151]. Die Vorgesellschaft kann *Eigentümerin, Gläubigerin* und *Schuldnerin* sein (auch aus übernommenen Altverbindlichkeiten; vgl. Rdnr. 81). Die Vor-GmbH kann Gesellschafterin einer anderen Gesellschaft sein (wichtig für die Einbringung von Anteilen)[152]. Auch ihre Fähigkeit, an einer *Gesellschaftsgründung* – insbesondere an der Gründung einer (GmbH & Co.) KG – beteiligt zu sein, wird seit dem Grundlagenurteil BGHZ 80, 129[153] wohl allgemein bejaht. Die Vor-GmbH ist schon patent- und markenrechtsfähig (§ 7 MarkenG)[154]. Ihre *Kontofähigkeit*[155] bedeutet, dass ein bereits eingerichtetes Konto im Rechtssinne ein eigenes Konto der Gesellschaft (und nicht der Gesellschafter) ist. Die Vorgesellschaft ist auch aktiv und passiv *wechselrechtsfähig* und scheckrechtsfähig[156].

Ulmer/Habersack/Löbbe, Rdnr. 61; *Karsten Schmidt*, GmbHR 1987, 80 f.; a.M. OLG München v. 25.1.1990 – 29 U 5621/89, GmbHR 1991, 63; für Anerkennung als Firma auch ohne kaufmännische Tätigkeit *Roth*, in: Roth/Altmeppen, Rdnr. 41 f.

146 Akademisch und rein theoretisch ist deshalb die Kontroverse, ob der Name der Vor-GmbH auch ohne kaufmännische Tätigkeit bereits Firma im Rechtssinne der §§ 17 ff. HGB ist; dafür *Roth*, in: Roth/Altmeppen, Rdnr. 42.

147 OLG Celle v. 14.3.1990 – 9 U 3/89, GmbHR 1990, 398, 399; *Binz*, S. 178 f.; *Büttner*, S. 79; *Rittner*, S. 352 f.; *Heinrichs*, in: Ulmer/Habersack/Löbbe, § 4 Rdnr. 85.

148 OLG Celle v. 14.3.1990 – 9 U 3/89, GmbHR 1990, 398.

149 OLG München v. 25.1.1990 – 29 U 5621/89, BB 1990, 1153 = GRUR 1990, 697 = WM 1990, 1965 = GmbHR 1991, 63; vorsichtig zweifelnd LG Düsseldorf v. 14.1.1987 – 4 O 359/85, NJW-RR 1987, 874.

150 *Karsten Schmidt*, GmbHR 1987, 81; so im Ergebnis schon *Winter* in der 6. Aufl. (Rdnr. 4) im Anschluss an *Flume*, in: FS Geßler, S. 37.

151 Wie hier *Merkt*, in: MünchKomm. GmbHG, Rdnr. 49.

152 BGH v. 9.3.1981 – II ZR 54/80, BGHZ 80, 129 = NJW 1981, 1373 = GmbHR 1981, 114.

153 BGH v. 9.3.1981 – II ZR 54/80, BGHZ 80, 129 = NJW 1981, 1373 = GmbHR 1981, 114.

154 Vgl. *Ingerl/Rohnke*, 3. Aufl. 2010, § 7 MarkenG Rdnr. 9.

155 BGHZ 45, 338, 347 = NJW 1966, 1311, 1313 = GmbHR 1966, 139, 140; OLG Naumburg v. 13.5.1997 – 1 U 205/96, GmbHR 1998, 239 = NJW-RR 1998, 1648; *Ulmer/Habersack*, in: Ulmer/Habersack/Löbbe, Rdnr. 62.

156 BGH v. 16.3.1992 – II ZB 17/91, BGHZ 117, 323, 326 = NJW 1992, 1824; *Baumbach/Hefermehl/Casper*, WG und SchG, 23. Aufl. 2008, Einl. WG Rdnr. 21; *Binz*, S. 198; *Büttner*, S. 120; *Karsten Schmidt*, oHG, S. 304; *M. Scholz*, S. 62 f.; *Bayer*, in: Lutter/Hommelhoff, Rdnr. 9; *Fastrich*, in:

e) Formelles Recht. aa) Die Vor-GmbH ist beteiligungsfähig im **Verfahren der freiwilligen** 40
Gerichtsbarkeit[157]. Die **Anmeldung der Gesellschaft zu ihrer ersten Eintragung** im Handelsregister erfolgt in ihrem Namen durch die Vertretungsorgane[158]. Auch andere Registeranmeldungen, z.B. die Eintragung eines Unternehmensvertrags, können bereits im Namen
der Gesellschaft erfolgen[159]. Die Vor-GmbH ist hier überall Verfahrensbeteiligte. Sie kann
ggf. auch Rechtsmittel einlegen. Gleiches gilt für die **Eintragung von Grundstücksrechten**
der Vor-GmbH **im Grundbuch** (Rdnr. 41) und für die **Eintragung als Gesellschafterin einer Handelsgesellschaft im Handelsregister** (§§ 106, 162 HGB), z.B. wenn Kommanditanteile in die Vor-GmbH eingebracht sind.

bb) Die Vor-GmbH ist bereits **grundbuchfähig**[160], und zwar nicht nur für gründungsnot- 41
wendige Sacheinlagen, sondern auch für sonstigen Erwerb von Grundstücksrechten[161].
Insbesondere kann schon eine Auflassungsvormerkung für die Vor-GmbH eingetragen werden[162]. Das ist praktisch von großer Bedeutung (nach Eintragung der Vor-GmbH im Handelsregister wird nur der Gründungszusatz im Grundbuch beseitigt!).

cc) Die Vorgesellschaft ist **im Zivilprozess parteifähig**[163], und zwar nicht nur passiv[164], son- 42
dern auch aktiv parteifähig[165]. Sie kann also, vertreten durch ihre Geschäftsführer, als Klägerin oder Beklagte an Zivilprozessen teilnehmen. Allgemeiner Gerichtsstand ist nach § 17 ZPO
ihr Satzungssitz[166]. Zur **Zwangsvollstreckung** in das Gesellschaftsvermögen ist ein gegen die

---

Baumbach/Hueck, Rdnr. 15; *Ulmer/Habersack*, in: Ulmer/Habersack/Löbbe, Rdnr. 62; a.M. noch
BGH, NJW 1962, 1008; *Ulmer*, in: Hachenburg, 7. Aufl., Rdnr. 51.

157 BGH v. 16.3.1992 – II ZB 17/91, BGHZ 117, 323 = GmbHR 1992, 451 = NJW 1992, 1824 = ZIP
1992, 689 (betr. Vor-AG); *Bayer*, in: Lutter/Hommelhoff, Rdnr. 9.

158 BGH v. 16.3.1992 – II ZB 17/91, BGHZ 117, 323 = GmbHR 1992, 451 = NJW 1992, 1824 = ZIP
1992, 689; so auch der Vorlagebeschluss OLG Stuttgart v. 5.12.1991 – 8 W 73/91, ZIP 1992, 250;
für die GmbH OLG Hamm v. 1.10.1991 – 15 W 255/90, DB 1992, 264.

159 BGH v. 24.10.1988 – II ZB 7/88, BGHZ 105, 324, 328 = GmbHR 1989, 25 = NJW 1989, 295,
296.

160 BGHZ 45, 338, 348 = NJW 1966, 1311, 1313; BayObLGZ 1979, 172 = DB 1979, 1500 = DNotZ
1979, 502; BayObLG v. 6.11.1985 – BReg.3 Z 15/85, GmbHR 1986, 118 = DB 1986, 106; OLG
Hamm v. 9.3.1981 – 15 W 41/81, GmbHR 1982, 44 = DB 1981, 1973 = DNotZ 1981, 582;
Fastrich, in: Baumbach/Hueck, Rdnr. 14; *Blath*, in: Michalski u.a., Rdnr. 59; *Merkt*, in: Münch-
Komm. GmbHG, Rdnr. 53; *Schmidt-Leithoff*, in: Rowedder/Schmidt-Leithoff, Rdnr. 80; *Ulmer/Ha-
bersack*, in: Ulmer/Habersack/Löbbe, Rdnr. 62; *M. Scholz*, S. 63; eingehend *Böhringer*, Rpfleger
1988, 446 ff.; s. auch *Schmitz*, JuS 1995, 334.

161 Vgl. BayObLGZ 1979, 172 = DB 1979, 1500 = DNotZ 1979, 502; OLG Hamm v. 9.3.1981 – 15 W
41/81, GmbHR 1982, 44 = DB 1981, 1973 = DNotZ 1981, 582.

162 BayObLG v. 6.11.1985 – BReg. 3 Z 15/85, GmbHR 1986, 118 = DB 1986, 106; OLG Hamm v.
9.3.1981 – 15 W 41/81, OLGZ 1981, 410 = DB 1981, 1973 = DNotZ 1981, 582; LG Nürnberg-Fürth
v. 9.5.1985 – 13 T 2571/85, GmbHR 1986, 48 = DNotZ 1986, 377.

163 BGH v. 28.11.1997 – V ZR 178/96, GmbHR 1998, 185 = NJW 1998, 1079; BGH v. 31.3.2008 – II
ZR 308/06, BB 2008, 1249 mit Anm. *Weiß* = GmbHR 2008, 654 = NJW 2008, 2441 = WuB II C
§ 11 GmbHG 1.08 mit Anm. *Lange/Widmann*; *Demuth*, BB 1998, 966; *M. Scholz*, S. 65 f.; *Karsten
Schmidt*, GesR, § 34 III 3a; *Merkt*, in: MünchKomm. GmbHG, Rdnr. 53; *Blath*, in: Michalski u.a.,
Rdnr. 60.

164 Dazu BGH v. 23.1.1981 – I ZR 30/79, BGHZ 79, 239, 241 = NJW 1981, 873; BAG, NJW 1963, 680;
OLG Hamburg, BB 1973, 1505.

165 BGH v. 28.11.1997 – V ZR 178/96, GmbHR 1998, 185 = NJW 1998, 1079; BGH v. 31.3.2008 – II
ZR 308/06, BB 2008, 1249 mit Anm. *Weiß* = GmbHR 2008, 654 = NJW 2008, 2441 = WuB II C
§ 11 GmbHG 1.08 mit Anm. *Lange/Widmann*; OLG Köln v. 27.2.1997 – 7 U 178/96, GmbHR 1997,
601; OLG Brandenburg v. 25.8.2003 – 1 AR 66/03, NZG 2004, 100 = GmbHR 2003, 1488; LG Köln
v. 21.10.1992 – 4 O 141/92, GmbHR 1994, 178 = NJW-RR 1993, 1385; *Bayer*, in: Lutter/Hommel-
hoff, Rdnr. 5; *Fastrich*, in: Baumbach/Hueck, Rdnr. 17; *Schmidt-Leithoff*, in: Rowedder/Schmidt-
Leithoff, Rdnr. 81; *Ulmer/Habersack*, in: Ulmer/Habersack/Löbbe, Rdnr. 64.

166 OLG Brandenburg v. 25.8.2003 – 1 AR 66/03, NZG 2004, 100 = GmbHR 2003, 1488.

Vor-GmbH gerichteter Titel ausreichend[167], aber auch erforderlich. Auch Beteiligte an einem **Verwaltungsverfahren** (§§ 11, 13 VwVfG) oder an einem **Verwaltungsprozess** (§§ 61, 63 VwGO) kann die Vorgesellschaft sein. Dasselbe gilt im **finanzbehördlichen** (§ 79 AO) bzw. **finanzgerichtlichen** (§§ 57 f. FGO) **Verfahren.**

43 **dd)** Die Vorgesellschaft ist **insolvenzrechtsfähig**[168] und war schon für die bis 1998 eröffneten Verfahren konkursfähig[169]. Es ist für die Praxis ohne Belang, ob man die Vor-GmbH bereits als insolvenzrechtliche (werdende) juristische Person i.S. von § 11 Abs. 1 InsO ansieht[170] oder als Gesellschaft ohne Rechtspersönlichkeit i.S. von § 11 Abs. 2 Nr. 1 InsO[171]. Soweit die Gesellschafter der Vorgesellschaft persönlich für deren Verbindlichkeiten haften (Rdnr. 91 ff.), kann der Verwalter diese Haftung geltend machen (analoge Anwendung des § 93 InsO; dazu auch Rdnr. 92)[172]. **Insolvenzgrund** ist die Zahlungsunfähigkeit (§ 17 InsO) bzw. die bevorstehende Zahlungsunfähigkeit (§ 18 InsO). Überschuldung scheidet als Insolvenzgrund nach h.M. aus, ebenso die Insolvenzantragspflicht nach § 15a InsO (näher 11. Aufl., vor § 64 Rdnr. 20, § 64 Rdnr. 148, str.)[173]. Das ist bedenklich[174] und beruht auf der (rechtspolitisch nicht unproblematischen!) Beschränkung des Überschuldungstatbestands und der Insolvenzantragspflichten auf Gesellschaften ohne unbeschränkte Gesellschafterhaftung. Ein über das Vermögen einer Vor-GmbH eröffnetes Insolvenzverfahren kann im (unwahrscheinlichen) Fall ihrer Eintragung als Insolvenzverfahren über das Vermögen der eingetragenen GmbH fortgesetzt werden.

3. Die Kontinuität zwischen Vorgesellschaft und GmbH und die Überwindung des Vorbelastungsverbots

44 **a)** Die **Überwindung des sog. Vorbelastungsverbots** erlaubt es, die Vorgesellschaft als **identisch und zweckidentisch** mit der später eingetragenen GmbH anzusehen (Rdnr. 31 ff.). Das Vorbelastungsverbot besagte, dass nur Verbindlichkeiten, die ihre Grundlage im Gesetz oder in der Satzung haben oder sonst gründungsnotwendig sind, das Vermögen der Vorgesellschaft belasten und automatisch auf die spätere GmbH „übergehen" können[175]. Das Vorbelastungsverbot hatte eine doppelte Grundlage: Aus der Sicht der fertigen GmbH basierte es auf dem Unversehrtheitsgrundsatz, nach dem das Vermögen der GmbH im Zeitpunkt ihrer Eintragung unversehrt zu sein hat[176]. Aus der Sicht der Vorgesellschaft basierte es auf dem angeblich beschränkten Zweck dieser Gesellschaft[177]. Ob es auf dem unter dem ADHGB

---

167 *Fastrich*, in: Baumbach/Hueck, Rdnr. 17; *Ulmer/Habersack*, in: Ulmer/Habersack/Löbbe, Rdnr. 64 (mit unrichtigem Hinweis auf § 735 ZPO).
168 BGH v. 9.10.2003 – IX ZB 34/03, NJW-RR 2004, 258 = GmbHR 2003, 1488; *Merkt*, in: Münch-Komm. GmbHG, Rdnr. 54; *Ulmer/Habersack*, in: Ulmer/Habersack/Löbbe, Rdnr. 64.
169 BayObLG v. 23.7.1965 – BReg.2 Z 7/65, NJW 1965, 2254, 2257 (für AG); OLG Nürnberg v. 28.2.1967 – 7 U 169/66, AG 1967, 362, 363 (für AG); *Kilger/Karsten Schmidt*, Insolvenzgesetze, KO/VglO/GesO, 17. Aufl. 1997, § 207 KO Anm. 2; *Skrotzki*, KTS 1962, 139.
170 So offenbar *Haas*, DStR 1999, 985 ff.
171 Vgl. *Ulmer/Habersack*, in: Ulmer/Habersack/Löbbe, Rdnr. 64.
172 *Karsten Schmidt*, § 93 InsO Rdnr. 10.
173 *Altmeppen*, in: Roth/Altmeppen, Vorb. § 64 Rdnr. 10; *Merkt*, in: MünchKomm. GmbHG, Rdnr. 54; *Altmeppen*, ZIP 1997, 273 ff.; ebenso mit unhaltbarer Begründung *Bittmann/Pikarski*, wistra 1995, 92; a.M. *Haas*, DStR 1999, 985 ff.
174 Für Anwendung des § 15a InsO vgl. 11. Aufl., Anh. § 64 Rdnr. 148; *Blath*, in: Michalski u.a., Rdnr. 61; *Fastrich*, in: Baumbach/Hueck, Rdnr. 17; *Haas*, DStR 1999, 985 ff.
175 Vgl. nur RGZ 58, 55, 56; RGZ 83, 370, 373; RGZ 105, 228, 229; RGZ 134, 121, 122; RGZ 141, 204, 209; RGZ 143, 368, 372; RGZ 149, 293, 303; RGZ 151, 89, 91; BGHZ 17, 385, 391; BGHZ 53, 210, 212; BGH, NJW 1955, 1228; BGH, NJW 1973, 798; umfassende Literaturnachweise noch bei *Winter* in der 6. Aufl., Rdnr. 7.
176 Charakteristisch RGZ 149, 293, 303; BGHZ 53, 210, 212.
177 Charakteristisch RGZ 105, 228, 230; RGZ 134, 121, 122.

von 1861 zunächst noch geltenden, heute überholten, Konzessionssystem beruhte[178] oder auf einer gleichfalls überholten Theorie der juristischen Person[179], ist für die vorliegende Kommentierung irrelevant. Für die Würdigung von Nachwirkungen relevant sind aber die rechtstechnischen Folgerungen: Der Gesellschaftszweck ist bis zur Eintragung beschränkt (dazu Rdnr. 32). Es gibt auch noch keine unbeschränkte Organvertretungsmacht der Geschäftsführer (dazu Rdnr. 72 f.). Es gibt ferner keine gesetzliche Haftungszurechnung nach § 31 BGB (dazu Rdnr. 77). Verbindlichkeiten aus dem Gründungsstadium können die später eingetragene GmbH nicht automatisch belasten.

b) Dieses **Vorbelastungsverbot ist überholt.** Seit dem Urteil BGHZ 80, 129[180] ist es im 45 Grundsatz aufgegeben. Die ersten Leitsätze des Urteils lauten: „Eine Vorgesellschaft wird durch Geschäfte, die ihr Geschäftsführer mit Ermächtigung aller Gesellschafter im Namen der Gesellschaft abschließt, auch dann verpflichtet, wenn nach der Satzung nur Bareinlagen vereinbart sind. Die Rechte und Pflichten aus solchen Geschäften gehen mit der Eintragung der GmbH voll auf diese über (kein sog. Vorbelastungsverbot)." Das entspricht nunmehr einer gefestigten Rechtsprechung[181] und der h.M. in der Literatur[182]. Der Erklärung bedarf nach diesem Umschwung der Rechtsprechung die Verbindung des Vorbelastungsverbots mit dem *Unversehrtheitsgrundsatz* (vgl. zu diesem Rdnr. 44, 134 f.). Dieser gehört nach wie vor zu den Grundlagen des Gründungsrechts. Aber er ist nicht mehr durch ein Vorbelastungsverbot sanktioniert, sondern durch ein Eintragungsverbot (Rdnr. 138) und durch die Vorbelastungshaftung (Rdnr. 139 ff.). An die Stelle des Vorbelastungsverbots ist ein Vorbelastungsrisiko getreten[183].

c) Der Fortfall des Vorbelastungsverbots erlaubt eine **vollständige Kontinuität der Rechts-** 46 **verhältnisse** zwischen Vorgesellschaft und GmbH (vgl. zu den diesbezüglichen Folgen der Eintragung Rdnr. 151 ff.). Es ist aus diesem Grunde erlaubt, von einem Verhältnis der Identität zwischen Vorgesellschaft und GmbH zu sprechen (Rdnr. 31).

IV. Das Innenrecht der Vorgesellschaft

Schrifttum: Rdnr. 1.

1. Grundsatz

Grundsätzlich unterliegt die Vorgesellschaft hinsichtlich der unter den Gesellschaftern und 47 zwischen ihnen und der Gesellschaft bestehenden Verhältnisse schon denjenigen *Rechtsregeln, die für die fertige GmbH gelten.* Ausgenommen sind diejenigen Bestimmungen, die eine Eintragung voraussetzen[184]. Das gilt auch für die Bestimmungen des Gesellschaftsvertrags (der Satzung)[185]. Die **Satzung** gibt der Vorgesellschaft bereits eine körperschaftliche Verfassung

---

178 Vgl. *Ulmer*, in: FS Ballerstedt, S. 282; s. auch *Karsten Schmidt*, oHG, S. 276.
179 Vgl. *Schäfer-Gölz*, S. 31 ff.
180 BGH v. 9.3.1981 – II ZR 54/80, BGHZ 80, 129 = NJW 1981, 1373 = GmbHR 1981, 114.
181 Bestätigend BGH v. 7.5.1984 – II ZR 276/83, BGHZ 91, 148, 151; BGH v. 27.1.1997 – II ZR 123/94, BGHZ 134, 333, 338 f. = LM Nr. 38 zu § 11 GmbHG mit Anm. *Noack* = DStR 1997, 625, 627 mit Anm. *Goette* = GmbHR 1997, 405, 408 = NJW 1997, 1507, 1508.
182 Zur heute h.M. vgl. statt vieler *Ulmer/Habersack*, in: Ulmer/Habersack/Löbbe, Rdnr. 66, 99 ff. m.w.N.; zu dem Ausgangsurteil vgl. die Stellungnahmen von *Flume*, NJW 1981, 1753 ff.; *Meister*, in: FS Werner, S. 521 ff.; *Priester*, ZIP 1982, 1141 ff.; *Karsten Schmidt*, NJW 1981, 1345 ff.; *Ulmer*, ZGR 1981, 593 ff.; *Hueck*, in: FS 100 Jahre GmbHG, S. 155; krit. noch *Priester*, ZIP 1982, 1145.
183 *Karsten Schmidt*, GesR, § 34 III 4c.
184 BGHZ 21, 242, 246 = NJW 1956, 1435; BGHZ 51, 30, 32 = NJW 1969, 509; BGH v. 23.3.1981 – II ZR 27/80, BGHZ 80, 212, 214 = NJW 1981, 2125, 2126 = GmbHR 1982, 67.
185 Vgl. statt vieler *Merkt*, in: MünchKomm. GmbHG, Rdnr. 13; *Stoppel*, WM 2008, 147, 148.

(Rdnr. 30; str.). Auch die Auslegung des Gesellschaftsvertrages bestimmt sich schon nach den für die fertige GmbH geltenden Grundsätzen (dazu § 2 Rdnr. 39 ff.)[186]. Soweit dem entgegengehalten wird, dass sich die Gesellschaft vor der Eintragung noch nicht vom persönlichen Zusammenschluss der Gründer zur Kapitalgesellschaft entwickelt hat[187], ist dem nach Rdnr. 30 ff. nicht zu folgen. Es kann zwar ein Bedürfnis danach bestehen, bei einer noch unverändert aus den Gründern zusammengesetzten jungen GmbH in verstärktem Maße subjektive Momente in die Bestimmung von Rechten und Pflichten der Gesellschafter einzubeziehen, aber dies hängt nicht von der Nichteintragung der Gesellschaft im Handelsregister ab. Es handelt sich vielmehr um einen Gesichtspunkt, dem auch noch der der Eintragung Rechnung zu tragen ist. Die auch noch bei der eingetragenen GmbH mögliche **korporative Bindung an satzungsbegleitende Vereinbarungen der Gesellschafter** (dazu 11. Aufl., § 45 Rdnr. 116) kann **sogar** zur Fortwirkung allseits bindender Vereinbarungen **aus dem Vorgründungsstadium** führen[188]. Das steht nicht in Widerspruch zur Nicht-Identität der Vor-GmbH als Körperschaft mit einer vorausgegangenen Vorgründungsgesellschaft (dazu Rdnr. 26).

2. Die Mitgliedschaft

48 **a)** Die Mitgliedschaft in der Vorgesellschaft wird originär erworben durch **Teilnahme am Gründungsgeschäft**. Sie setzt sich automatisch als Mitgliedschaft in der GmbH fort, wenn diese eingetragen wird. Soll ein Gesellschafter ersatzlos ausscheiden oder soll ein Gesellschafter mit einem neuen Geschäftsanteil hinzutreten, so bedarf es – im Gegensatz zur Anteilsübertragung nach Rdnr. 49 – einer Neufassung der Satzung und einer Änderung der Registeranmeldung[189]. Ein Austritt aus wichtigem Grund bzw. eine Ausschließung aus wichtigem Grund ist in Anlehnung an die im Anhang § 34 dargestellten Grundsätze möglich[190]. Der wichtige Grund setzt voraus, dass eine Fortsetzung des Gesellschaftsverhältnisses für den betreffenden Gesellschafter bzw. mit dem betreffenden Gesellschafter im Gründungsstadium definitiv unzumutbar ist. Eine Ausschließung durch bloße Hinauskündigung (vgl. § 737 BGB) ist ohne Satzungsgrundlage nicht möglich[191].

49 **b) Übertragbarkeit.** Nach der noch **h.M.** gibt es vor der Eintragung noch **keine übertragbaren Geschäftsanteile**[192]. Es kann durch satzungsändernden Vertrag aller Gründer ein zusätzlicher Gesellschafter beitreten[193] oder ein Gründer ausscheiden[194]. Aber auch die Anteilsübertragung – ein vom Aus- und Eintritt zu unterscheidender Vorgang – erfordert nach h.M.

---

186 *Ostheim*, JurBl. 1978, 350; zust. auch *Gummert*, in: MünchHdb. III, § 16 Rdnr. 22; a.M. *Kießling*, S. 272; *Merkt*, in: MünchKomm. GmbHG, Rdnr. 14; *Ulmer/Habersack*, in: Ulmer/Habersack/Löbbe, Rdnr. 32.
187 *Ulmer/Habersack*, in: Ulmer/Habersack/Löbbe, Rdnr. 32.
188 Dazu, in Auseinandersetzung mit OGH v. 4.3.2013 – 8 Ob 100/12g, GesRZ 2013, 283, *Karsten Schmidt*, in: FS Reich-Rohrwig, 2014, S. 195, 203 ff.
189 *Schmidt-Leithoff*, in: Rowedder/Schmidt-Leithoff, Rdnr. 63 f.
190 OLG Dresden v. 17.6.1996 – 2 U 546/96, GmbHR 1997, 746; *Schmidt-Leithoff*, in: Rowedder/Schmidt-Leithoff, Rdnr. 63; *Ulmer/Habersack*, in: Ulmer/Habersack/Löbbe, Rdnr. 50.
191 OLG Hamm v. 7.3.1994 – 8 U 148/93, GmbHR 1994, 706, 707 (aber auch S. 708).
192 BGH v. 27.1.1997 – II ZR 123/94, GmbHR 1997, 405 = NJW 1997, 1507 = ZIP 1997, 679; BGH v. 13.12.2004 – II ZR 409/02, GmbHR 2005, 354 = NJW-RR 2005, 469; OLG Dresden v. 17.12.1997 – 12 U 2364/97, GmbHR 1998, 186, 189; OLG Frankfurt a.M. v. 14.8.1996 – 10 W 33/96, GmbHR 1997, 896 = NJW-RR 1997, 1062; LG Dresden v. 4.3.1993 – 45 T 4/93, GmbHR 1993, 590; *Bayer*, in: Lutter/Hommelhoff, Rdnr. 11; *Fastrich*, in: Baumbach/Hueck, Rdnr. 8, § 15 Rdnr. 2; *Link*, in: Gehrlein/Born/Simon, Rdnr. 19 ff.; *Blath*, in: Michalski u.a., Rdnr. 51; *Roth*, in: Roth/Altmeppen, Rdnr. 63; *Ulmer/Habersack*, in: Ulmer/Habersack/Löbbe, Rdnr. 48; *M. Scholz*, S. 52; *Wiedemann*, Übertragung und Vererbung von Mitgliedschaftsrechten …, 1965, S. 56.
193 BGHZ 15, 204, 206 = NJW 1955, 219; *Link*, in: Gehrlein/Born/Simon, Rdnr. 20.
194 BGHZ 21, 242, 245 f. = NJW 1956, 1435; *Link*, in: Gehrlein/Born/Simon, Rdnr. 20.

einen satzungsändernden Vertrag aller Gründer[195]. Die Gestaltungspraxis muss sich auf diese h.M. einrichten. Allerdings versucht die Gerichtspraxis, notariell beurkundete Anteilsübertragungen bei Vorgesellschaften in Satzungsänderungen umzudeuten, sofern die Gegebenheiten des Falls dies zulassen[196]. Daneben lässt die h.M. die vorweggenommene Abtretung des Anteils in der Form des § 15 zu, sieht dies aber nur als Übertragung eines zukünftigen Geschäftsanteils an, der als übertragbares Recht erst mit der Eintragung übergehen kann[197]. Vinkulierungsklauseln (§ 15 Abs. 5) gelten selbstverständlich schon für diese Übertragung[198]. Auch § 2 Rdnr. 29 ff. der vorliegenden Kommentierung folgt dieser lange Zeit unangefochtenen Auffassung.

Der **Standpunkt der h.M. ist überholt**[199]. Sie geht historisch auf einen Stand zurück, nach   50
dem auch Personengesellschaftsanteile als konstitutionell unübertragbar gelten[200]. Die Übertragbarkeit bedarf insbesondere keiner ausdrücklichen gesetzlichen Regelung. Im Gegensatz zu § 41 Abs. 4 Satz 1 AktG besteht für das GmbH-Gesetz auch kein Anlass, Vorsorge zu treffen, um den Handel mit verbrieften Anteilen vor der Eintragung zu verhindern[201]. Die h.M. geht auf die Zeit vor der GmbH-Novelle 1980 zurück. Es herrschte damals die Ansicht vor, dass abtretbare Geschäftsanteile erst mit der Eintragung entstehen und dass insbesondere bei der Strohmanngründung einer Einpersonen-GmbH der Geschäftsanteil des Strohmanns erst nach der Eintragung oder, wenn vorher, jedenfalls nur aufschiebend bedingt auf den Zeitpunkt der Eintragung auf den Einpersonengesellschafter übertragen werden könne[202]. Die GmbH sollte jedenfalls für die Dauer einer „logischen Sekunde" als eine aus den Gründern bestehende Mehrpersonengesellschaft eingetragen sein. Für diese Beschränkung ist heute, nach Zulassung der Einpersonen-Gründung, jede Rechtfertigung entfallen. Da die Gesellschafter nicht in das Handelsregister eingetragen zu werden brauchen (vgl. § 10), besteht zu einer Vertragsänderung kein Anlass. Vielmehr trifft der **Grundsatz des § 15 Abs. 1** bereits auf die Vor-GmbH zu. Auf der anderen Seite müssen, solange die Eintragung noch nicht gesichert ist, die Mitgründer – ähnlich wie bei einer Personengesellschaft – gegen die Beteiligung ihnen unbekannter Dritter geschützt werden, nicht zuletzt wegen der bei Rdnr. 86 ff. behandelten persönlichen Haftung und wegen der Ausfallhaftung nach § 24. Deshalb sind die **Geschäftsanteile**, wie Anteile an Personengesellschaften, mangels entgegenstehender Klausel im

---

195 BGHZ 29, 300, 303 = NJW 1959, 934, 935 = GmbHR 1959, 149, 150 mit Anm. *Rau*; BGH, WM 1971, 306, 307; BGH v. 27.1.1997 – II ZR 123/94, BGHZ 134, 333 = GmbHR 1997, 405 = NJW 1997, 1507 = ZIP 1997, 97; OLG Frankfurt a.M. v. 14.8.1996 – 10 W 33/96, GmbHR 1997, 896 = NJW-RR 1997, 1062; *Fastrich*, in: Baumbach/Hueck, § 2 Rdnr. 13; *Blath*, in: Michalski u.a., Rdnr. 51; *Roth*, in: Roth/Altmeppen, Rdnr. 63; *Schmidt-Leithoff*, in: Rowedder/Schmidt-Leithoff, Rdnr. 63; *Schroeter*, in: Bork/Schäfer, Rdnr. 40; *Ulmer/Habersack*, in: Ulmer/Habersack/Löbbe, Rdnr. 48.

196 Vgl. BGH v. 27.1.1997 – II ZR 123/94, BGHZ 134, 333 = GmbHR 1997, 405 = NJW 1997, 1507 = ZIP 1997, 97; OLG Frankfurt a.M. v. 14.8.1996 – 10 W 33/96, GmbHR 1997, 896; OLG Dresden v. 17.12.1997 – 12 U 2364/97, NZG 1998, 311 = GmbHR 1998, 186; *Blath*, in: Michalski u.a., Rdnr. 51; krit. *Karsten Schmidt*, GmbHR 1998, 869 f.

197 BGHZ 21, 242, 245 = NJW 1956, 1435; BGHZ 21, 378, 383 = NJW 1957, 19; BGH v. 26.9.1994 – II ZR 166/93, GmbHR 1995, 119 = NJW 1995, 128, 129; FG Münster v. 15.3.2005 – 12 K 3837/02 E, G, EFG 2005, 1259 = WPg 2005, 1301; aus der Literatur etwa *Fastrich*, in: Baumbach/Hueck, § 2 Rdnr. 13; *Ulmer/Habersack*, in: Ulmer/Habersack/Löbbe, Rdnr. 48; *Stoppel*, WM 2008, 147, 151.

198 Ausführlich *Stoppel*, WM 2008, 147 ff.

199 Eingehend *Karsten Schmidt*, GmbHR 1997, 869 ff.; dieser Standpunkt wird hier seit der 7. Aufl. vertreten; zust. *Schaffner*, S. 91; *Merkt*, in: MünchKomm. GmbHG, Rdnr. 40; sympathisierend *Gummert*, in: MünchHdb. III, § 16 Rdnr. 24; unklar OLG Düsseldorf v. 18.5.1995 – 13 U 86/94, MittRhNotK 1996, 189 mit Anm. *Wochner* = GmbHR 1995, 823; schwer einzuordnen *Kießling*, S. 168 ff.

200 Vgl. zur Dogmengeschichte *Karsten Schmidt*, GesR, § 45 III.

201 Zum Argumentationswert des § 41 Abs. 4 AktG vgl. *Karsten Schmidt*, GmbHR 1997, 872.

202 Vgl. BGHZ 21, 378, 383 = NJW 1957, 19, 20; *Schopp*, GmbHR 1977, 54 f.

Gesellschaftsvertrag **automatisch vinkuliert**[203]. Die Anteilsübertragung muss wegen dieser Besonderheit nicht als ein aliud gegenüber dem Fall des § 15 angesehen werden[204]. Nur bedarf es keiner besonderen Satzungsklausel nach § 15 Abs. 5, um die Abtretung vor der Eintragung der Gesellschaft an die Zustimmung der Mitgesellschafter zu binden. **Das bedeutet:** *Die Geschäftsanteile sind veräußerlich* (§ 15 Abs. 1)[205]; die Veräußerung und die Verpflichtung zur Veräußerung bedürfen eines in notarieller Form geschlossenen Vertrages (§ 15 Abs. 3, 4); das gilt, wie der BGH im Jahr 1999 entschieden hat, auch für die *Begründung eines Treuhandverhältnisses in Gestalt der Vereinbarungstreuhand* zwischen der Errichtung und der Eintragung der GmbH[206]. Auch § 40 Abs. 1 (Einreichung der Gesellschafterliste bei Anteilsübertragung) ist zu beachten. Vor der Eintragung der Gesellschaft kann die Abtretung von Geschäftsanteilen nur wirksam werden, wenn sie im Gesellschaftsvertrag zugelassen ist oder wenn sämtliche Mitgesellschafter zustimmen. Daneben bleibt die bisher anerkannte Methode der Satzungsänderung zulässig (vgl. dazu Rdnr. 56 f.). Sie ist vorerst noch der sichere Weg zur Neuformierung des Gründerkreises vor der Eintragung der Gesellschaft. Zu hoffen ist, dass die Gerichtspraxis künftig den Weg der Anteilsübertragung bei der Vorgesellschaft eröffnet. Erst dann wird sich auch die Gestaltungspraxis auf diese Möglichkeit verlassen.

51 **c)** Die **Vererblichkeit der Mitgliedschaft** (vgl. § 15 Abs. 1) ist bereits anerkannt[207]. Die Vererbung erfolgt nach allgemeinen erbrechtlichen Grundsätzen, nicht im Wege der sog. Sondererbfolge wie bei einem Anteil an einer Personengesellschaft[208]. Die Gesellschaft besteht mit dem Erben (ggf. sogar als Einpersonengesellschaft) fort. Auch eine Erbengemeinschaft kann Gesellschafterin werden. Ungebräuchlich, aber zulässig ist eine Regelung über die Unvererblichkeit der Vorgesellschafts-Anteile im Gesellschaftsvertrag (der Satzung). Im Fall einer solchen Unvererblichkeitsklausel muss sorgsam geprüft werden, ob eine automatische Auflösung der Vorgesellschaft im Todesfall gewollt ist oder nur ein außerordentlicher Ausschließungs- oder Auflösungsgrund. In diesem Fall werden die Erben vorläufige Gründungsgesellschafter. Zur Frage, ob die Auflösung aus wichtigem Grund durch Kündigung oder durch Klage herbeigeführt wird, vgl. Rdnr. 64.

52 **d)** Die **Pflichten der Gründer** gehen nicht nur auf die *Leistung fälliger Einlagen*. Die Gründer sind verpflichtet, das zur *Herbeiführung der Eintragung* Erforderliche zu tun[209]. Sie können u.U. auch verpflichtet sein, Eintragungshindernisse durch Satzungsänderung zu beseitigen[210]. Um diese selbstverständlichen Pflichten zu begründen, braucht man nicht die Eintragung der GmbH zum gemeinsamen Zweck der Vorgesellschaft zu erklären (vgl. zu dieser h.M. krit. Rdnr. 32 f.). Der Anspruch auf Mitwirkung steht jedem Gründer gegen jeden Gründer zu[211]. Die Gründer unterliegen auch bereits der gesellschaftlichen Treupflicht[212].

---

203 *Karsten Schmidt*, GmbHR 1997, 870 m.w.N.
204 So aber, noch der älteren Auffassung verhaftet, *Ulmer/Habersack*, in: Ulmer/Habersack/Löbbe, Rdnr. 48; wohl auch *Kießling*, S. 168 ff.
205 *Karsten Schmidt*, GmbHR 1987, 82; *Karsten Schmidt*, GmbHR 1997, 870; der Sache nach kaum noch anders *Ulmer/Habersack*, in: Ulmer/Habersack/Löbbe, Rdnr. 48; in dieser Richtung schon OLG Frankfurt, NJW 1947/48, 229, 230.
206 BGH v. 19.4.1999 – II ZR 365/97, BGHZ 141, 207, 211 f. = NJW 1999, 2594 = GmbHR 1999, 707 = ZIP 1999, 925; bestätigend BGH v. 4.11.2004 – III ZR 172/03, ZIP 2004, 2324, 2325 = GmbHR 2005, 53, 54.
207 *Fastrich*, in: Baumbach/Hueck, § 2 Rdnr. 13; *Link*, in: Gehrlein/Born/Simon, Rdnr. 22; *Merkt*, in: MünchKomm. GmbHG, Rdnr. 41; *Blath*, in: Michalski u.a., Rdnr. 51b; a.M. *Kießling*, S. 179.
208 *Gummert*, in: MünchHdb. III, § 16 Rdnr. 26; *Link*, in: Gehrlein/Born/Simon, Rdnr. 22.
209 RGZ 58, 55, 56; *Gummert*, in: MünchHdb. III, § 16 Rdnr. 29; *Fastrich*, in: Baumbach/Hueck, Rdnr. 8; *Link*, in: Gehrlein/Born/Simon, Rdnr. 10; *Schmidt-Leithoff*, in: Rowedder/Schmidt-Leithoff, Rdnr. 39; *Ulmer/Habersack*, in: Ulmer/Habersack/Löbbe, Rdnr. 39.
210 Zust. *Gummert*, in: MünchHdb. III, § 16 Rdnr. 29; über Vertragsänderungspflichten vgl. *Karsten Schmidt*, GesR, § 5 IV.
211 Zust. *Gummert*, in: MünchHdb. III, § 16 Rdnr. 29.
212 *Martin Weber*, Vormitgliedschaftliche Treubindungen, 1999, S. 122, 226.

e) Rechte der Gründer sind insbesondere die *Teilhaberechte* (Stimmrecht, Anfechtungsrecht   53
etc.). Über Gesellschafterbeschlüsse in der Vorgesellschaft vgl. Rdnr. 55. Die Vorschrift des
§ 51a über *Informationsrechte* findet bereits Anwendung[213], denn sie ist weder von der Eintragung der GmbH noch von deren „Rechtsnatur" (Rdnr. 30) abhängig. Auch das Informations-
erzwingungsverfahren unterliegt bereits der Sonderbestimmung des § 51b[214]. Wäre es anders,
so müsste der Gesellschafter vor der Eintragung den Weg des Zivilprozesses einschlagen, und
dieser könnte nach der Eintragung nicht fortgesetzt werden. Es bestehen auch schon Rechte
auf Gewinnbezug und auf die Liquidationsquote im Fall einer Auflösung der Vorgesellschaft.

3. Die Organisationsverfassung

a) Die Gesellschafter. aa) Oberstes Organ sind **die Gesellschafter** in ihrer Gesamtheit[215].   54
Die übliche Redeweise von der „Gesellschafterversammlung" als Gesellschaftsorgan ist ungenau (vgl. 11. Aufl., § 45 Rdnr. 1).

bb) Für Beschlüsse gelten die §§ 45 ff.[216]. Insbesondere gilt schon das Mehrheitsprinzip des   55
§ 47 Abs. 1[217], und es gelten die Grundsätze über den Ausschluss vom Stimmrecht nach § 47
Abs. 4[218]. Mit Recht erkennt die h.M. an, dass die Grundsätze über die Anfechtbarkeit und
Nichtigkeit von Beschlüssen bereits vor der Eintragung gelten[219]. Eine Anfechtungsklage ist
gegen die Gesellschaft zu erheben (zu ihrer Parteifähigkeit vgl. Rdnr. 42); der Anfechtungsprozess kann ohne weiteres fortgeführt werden, wenn die Gesellschaft eingetragen worden ist
(vgl. Rdnr. 156).

b) Änderungen des Gesellschaftsvertrags, die schon vor der Eintragung wirksam werden   56
sollen, bedürfen – naturgemäß! – keiner Eintragung in das Handelsregister. § 54 Abs. 3 ist also für diese Art Vertragsänderung unanwendbar. Der Gesellschaftsvertrag wird einfach in seiner geänderten Fassung der Anmeldung der Gesellschaft beigefügt bzw. nachgereicht. Nach
h.M. ist aber auch § 53 unanwendbar: Eine Änderung des Gesellschaftsvertrages vor der Eintragung soll sich nach § 2 durch **Vertrag aller Gesellschafter** in notarieller Form vollziehen[220];

---

213 Zust. *Gummert*, in: MünchHdb. III, § 16 Rdnr. 29; *Blath*, in: Michalski u.a., Rdnr. 52; *Schaffner*,
     S. 104.
214 Zust. *Gummert*, in: MünchHdb. III, § 16 Rdnr. 29.
215 *Gummert*, in: MünchHdb. III, § 16 Rdnr. 30; *Schmidt-Leithoff*, in: Rowedder/Schmidt-Leithoff,
     Rdnr. 43; *Ulmer/Habersack*, in: Ulmer/Habersack/Löbbe, Rdnr. 45.
216 *Merkt*, in: MünchKomm. GmbHG, Rdnr. 31; *Schmidt-Leithoff*, in: Rowedder/Schmidt-Leithoff,
     Rdnr. 41; zum Folgenden vgl. auch durchgehend in Übereinstimmung mit dem Text *Gummert*,
     in: MünchHdb. III, § 16 Rdnr. 30 ff.
217 BGH v. 23.3.1981 – II ZR 27/80, BGHZ 80, 212, 214 f. = GmbHR 1982, 67; *Raiser/Veil*, Kapitalge-
     sellschaften, § 35 Rdnr. 101; *Schaffner*, S. 99; *Fastrich*, in: Baumbach/Hueck, Rdnr. 9; *Merkt*, in:
     MünchKomm. GmbHG, Rdnr. 31; *Ulmer/Habersack*, in: Ulmer/Habersack/Löbbe, Rdnr. 45; a.M.
     Bayer, in: Lutter/Hommelhoff, Rdnr. 12 (wegen der Gefahren aus der Vorbelastungshaftung); diffe-
     renzierend nach Bar- und Sachgründung *Flume*, Juristische Person, § 5 III 2 (S. 159); *Kießling*,
     S. 258 ff.
218 *Schaffner*, S. 99; *Ulmer/Habersack*, in: Ulmer/Habersack/Löbbe, Rdnr. 46.
219 BGH v. 23.3.1981 – II ZR 27/80, BGHZ 80, 212, 215 ff. = GmbHR 1982, 67 = NJW 1981, 2125,
     2126 f.; *Link*, in: Gehrlein/Born/Simon, Rdnr. 15; *Schmidt-Leithoff*, in: Rowedder/Schmidt-Leit-
     hoff, Rdnr. 42; jetzt auch *Ulmer/Habersack*, in: Ulmer/Habersack/Löbbe, Rdnr. 46.
220 BGH, BB 1952, 990; vgl. auch BGHZ 21, 242, 246 = NJW 1956, 1435; *Bayer*, in: Lutter/Hommel-
     hoff, Rdnr. 11; *Zöllner/Noack*, in: Baumbach/Hueck, § 53 Rdnr. 82; *Merkt*, in: MünchKomm.
     GmbHG, Rdnr. 33 f.; *Ulmer/Habersack*, in: Ulmer/Habersack/Löbbe, Rdnr. 47; *Schmidt-Leithoff*,
     in: Rowedder/Schmidt-Leithoff, Rdnr. 62; *Link*, in: Gehrlein/Born/Simon, Rdnr. 17; im Ausgangs-
     punkt wohl auch *Blath*, in: Michalski u.a., Rdnr. 50; unentschieden OLG Hamm v. 7.3.1994 – 8 U
     148/93, GmbHR 1994, 706, 707.

nur für die Auflösung soll analog § 60 Abs. 1 Nr. 2 eine Dreiviertelmehrheit genügen[221]. Diese h.M. wird mit der Überlegung begründet, dass die Gesellschafter einer Vor-GmbH nur Partner eines Gesellschaftsvertrags und noch nicht Glieder einer körperschaftlichen Organisation seien, weil der GmbH-Vertrag mangels Eintragung noch nicht zur körperschaftlichen GmbH-Satzung geworden sei[222]. Nur wenn der Vertrag (die Satzung) vom Einstimmigkeitsprinzip abweiche, könnten *satzungsändernde Mehrheitsbeschlüsse* gefasst werden[223]. Eine Satzungs-klausel, die dies bewirken solle, müsse sich aber speziell auf die Vorgesellschaft beziehen[224]. Solche Regelungen wird man in GmbH-Satzungen nicht finden. Im praktischen Ergebnis wäre danach eine mehrheitliche Satzungsänderung ausgeschlossen. Abhilfe ist nur durch Zustim-mungspflichten (Treupflichten) möglich[225].

57 **Stellungnahme:** Die h.M. ist von der **Gestaltungspraxis** einstweilen zu beachten[226]. Aber sie verdient **Kritik**. Die notariell errichtete Gesellschaft ist bereits Körperschaft (Rdnr. 30), **ihr Gesellschaftsvertrag als Satzung** bereits Grundlage ihrer körperschaftlichen Verfassung (Rdnr. 47). Der Verfasser hat in diesem Kommentar seit der 7. Aufl. zur **Korrektur der h.M.** aufgerufen[227]. Das Mehrheitsprinzip des § 53 beruht nicht auf der Eintragung der Gesell-schaft, sondern darauf, dass die körperschaftliche Rechtsform und Verfassung einer GmbH ge-wählt worden ist[228]. Die Vor-GmbH unterliegt dem Recht der GmbH-Verfassung (Rdnr. 47). Es genügt deshalb schon im Gründungsstadium entsprechend § 53 Abs. 2 ein in notarieller Form mit Dreiviertelmehrheit gefasster Beschluss. Allerdings wird dieser Mehrheitsbeschluss nach § 54 Abs. 3 erst wirksam, wenn er (und damit auch die Gesellschaft) in das Handels-register eingetragen ist[229]. **Konsequenz:** Die Gesellschafter haben die Wahl[230]: Sie können durch *allseitige Vertragsänderung* entsprechend der bisher h.M. den Gesellschaftsvertrag (die Satzung) mit sofortiger Wirkung einverständlich ändern. Dann ist die GmbH mit dem wirk-sam geänderten Gesellschaftsvertrag anzumelden und auf dieser Grundlage einzutragen. Die Gesellschafter können aber auch einen *Beschluss nach § 53* fassen. Dann sollte zunächst die GmbH auf der Grundlage der unveränderten Satzung und sogleich deren mehrheitlich be-schlossene Änderung eingetragen werden[231]. Im praktischen Ergebnis bedeutet dies, dass die Satzungsänderung mit der Eintragung der Gesellschaft wirksam wird. Dies wird durch die doppelte Eintragung zunächst der GmbH und sodann der Satzungsänderung dokumentiert. Dieses Vorgehen kann sich empfehlen, wenn eine allseitige formgerechte Vertragsänderung

---

221 Vgl. *Flume*, Juristische Person, § 5 III 2 (S. 158); *Schmidt-Leithoff*, in: Rowedder/Schmidt-Leithoff, Rdnr. 42; *Ulmer/Habersack*, in: Ulmer/Habersack/Löbbe, Rdnr. 53.

222 Ausführlich *Ulmer/Habersack*, in: Ulmer/Habersack/Löbbe, Rdnr. 47 sowie *Ulmer/Löbbe*, in: Ul-mer/Habersack/Löbbe, § 2 Rdnr. 24.

223 *Schmidt-Leithoff*, in: Rowedder/Schmidt-Leithoff, Rdnr. 42; *Ulmer/Habersack*, in: Ulmer/Haber-sack/Löbbe, Rdnr. 47.

224 *Ulmer/Habersack*, in: Ulmer/Habersack/Löbbe, Rdnr. 47.

225 Vgl. *Blath*, in: Michalski u.a., Rdnr. 50 (mit zweifelhafter Berufung auf OLG Karlsruhe v. 19.12.1997 – 1 U 170/97, ZIP 1998, 1961).

226 Vgl. auch, wenngleich der hier vorgetragenen Kritik folgend, *Gummert*, in: MünchHdb. III, § 16 Rdnr. 33.

227 Zugrunde lagen Beiträge von *Priester*, ZIP 1987, 280; *Karsten Schmidt*, GmbHR 1987, 82 f.; dazu auch *Gummert*, in: MünchHdb. III, § 16 Rdnr. 33; *Bayer*, in: Lutter/Hommelhoff, § 47 Rdnr. 3; un-klar *Blath*, in: Michalski u.a., Rdnr. 50 (Mehrheitsbeschluss? Zustimmungspflicht?); umständlich *Schaffner*, S. 101 ff.

228 Fast wörtlich wie hier *Schaffner*, S. 102.

229 *Karsten Schmidt*, GmbHR 1987, 83; *Karsten Schmidt*, in: FS Zöllner, S. 525 f.; a.M. *Priester*, ZIP 1987, 284; die hier vertretene Auffassung macht die Bedenken von *Ulmer/Löbbe*, in: Ulmer/Haber-sack/Löbbe, § 2 Rdnr. 24, weitgehend gegenstandslos.

230 *Karsten Schmidt*, GmbHR 1987, 83; *Karsten Schmidt*, in: FS Zöllner, S. 526.

231 Diese Zweistufigkeit wird für überflüssig gehalten von KG v. 24.9.1996 – 1 W 4534/95, GmbHR 1997, 412, 413; *Schaffner*, S. 103.

vor der Eintragung z.B. an fehlender Gesellschafterpräsenz scheitert, während ein förmlicher satzungsändernder Mehrheitsbeschluss zustande gebracht werden kann. Dieser Beschluss braucht nach der Eintragung nicht noch einmal gefasst zu werden. Das gilt auch für **Kapitalerhöhungen**. Scheitert allerdings die Eintragung der GmbH (Rdnr. 159 ff.), so wird die Gesellschaft mangels einstimmiger Vertragsänderung auf der Basis der unveränderten Satzung abgewickelt. Auch für die **Umwandlung einer Vorgesellschaft** sollten diese Grundformen der Satzungsänderung anerkannt werden (Rdnr. 28). Beispielsweise kann die Vor-GmbH unter Wahrung der in § 23 Abs. 1 AktG vorgeschriebenen Form in eine Vor-AG umgewandelt werden (str.).

c) Die Vorgesellschaft muss bereits einen oder mehrere **Geschäftsführer** haben (§ 6). **aa)** Die **Bestellung** erfolgt nach § 6 Abs. 3 durch den Vertrag oder durch Beschluss, und zwar – wie hier auf Grund von § 6 Abs. 3 Satz 2 allgemein anerkannt ist – durch Mehrheitsbeschluss[232]. Von der Bestellung ist die Anstellung der Geschäftsführer zu unterscheiden; sie macht die Geschäftsführer nicht zu Arbeitnehmern der Gesellschaft (§ 5 Abs. 1 Satz 3 ArbGG)[233]. 58

bb) Innenverhältnis: Die **Geschäftsführungsbefugnis** (Innenverhältnis!) ist grundsätzlich noch beschränkt (vgl. dagegen zum Außenverhältnis Rdnr. 72 f.)[234]. Die Geschäftsführer haben das Gründungsstadium durch Eintragung zu beenden und alle Maßnahmen zu ergreifen, die erforderlich sind, um die Einlagen einzufordern, zu verwalten etc. **Eine Aufnahme werbender unternehmerischer Tätigkeit** ist den Geschäftsführern gestattet, wenn eine Sachgründung mit Unternehmenseinbringung vorliegt oder wenn alle Gründer der Aufnahme der werbenden Tätigkeit zustimmen[235]. Im Einzelfall kann eine Pflicht für Minderheitsgesellschafter bestehen, sich der Mehrheit anzuschließen und die Zustimmung zu erteilen, wenn die Aufnahme der Tätigkeit vor der Eintragung sachgerecht ist und nennenswerte Haftungsrisiken nicht zu erwarten sind. Die **Haftung** der Geschäftsführer richtet sich bereits nach § 43[236]. Die Haftung für falsche Angaben ergibt sich aus § 9a. Zur Insolvenzverschleppungshaftung nach § 15a InsO vgl. Rdnr. 43. 59

cc) Im **Außenverhältnis** können die Geschäftsführer bereits in Vertretung der Gesellschaft handeln, weil diese schon Partei von Rechtsgeschäften sein kann. Wegen der Einzelheiten, insbesondere zur Vertretungsmacht, vgl. Rdnr. 71 ff. Im Gegensatz zur Rechtsprechung wird hier für eine unbeschränkte Vertretungsmacht gemäß § 37 eingetreten. Schon wegen der im Innenverhältnis beschränkten Kompetenz wird der Geschäftsführer allerdings Genehmigungen für Rechtsgeschäfte und Maßnahmen einholen, die nicht gründungsnotwendig sind. 60

d) Einen **Aufsichtsrat** schreibt das Gesetz nicht ausdrücklich vor. § 52 über den fakultativen Aufsichtsrat findet im Einklang mit dem Gesellschaftsvertrag bereits Anwendung[237]. Um 61

232 BGH v. 23.3.1981 – II ZR 27/80, BGHZ 80, 212, 214 = NJW 1981, 2125, 2126 = GmbHR 1982, 67 f.; *Blath*, in: Michalski u.a., Rdnr. 53; *Schmidt-Leithoff*, in: Rowedder/Schmidt-Leithoff, Rdnr. 44.

233 BAG v. 13.5.1996 – 5 AZB 27/95, BB 1996, 1774 = EWiR 1996, 773 (*Bormann*) = NJW 1996, 2678.

234 Wie hier *Gummert*, in: MünchHdb. III, § 16 Rdnr. 36 f.; *Blath*, in: Michalski u.a., Rdnr. 54 f.; vgl. auch *Merkt*, in: MünchKomm. GmbHG, Rdnr. 24.

235 Insofern – für das Innenverhältnis! – richtig BGH v. 9.3.1981 – II ZR 54/80, BGHZ 80, 129, 139 = NJW 1981, 1373, 1375 = GmbHR 1981, 114, 116; *Fastrich*, in: Baumbach/Hueck, Rdnr. 10; *Roth*, in: Roth/Altmeppen, Rdnr. 47; *Schmidt-Leithoff*, in: Rowedder/Schmidt-Leithoff, Rdnr. 45.

236 BGH v. 20.3.1986 – II ZR 114/85, GmbHR 1986, 302 = WM 1986, 789; *Schmidt-Leithoff*, in: Rowedder/Schmidt-Leithoff, Rdnr. 46; *Ulmer/Habersack*, in: Ulmer/Habersack/Löbbe, § 9a Rdnr. 56; a.A. *Kion*, BB 1984, 864 f.: Haftung aus § 43 erst nach Eintragung möglich, davor aus § 9a.

237 *Roth*, in: Roth/Altmeppen, Rdnr. 64; *Heermann*, in: Ulmer/Habersack/Löbbe, § 52 Rdnr. 24; *Schmidt-Leithoff*, in: Rowedder/Schmidt-Leithoff, Rdnr. 48; *Ulmer/Habersack*, in: Ulmer/Habersack/Löbbe, Rdnr. 44.

stritten ist die Anwendung der Mitbestimmungsvorschriften der §§ 1, 4 DrittelbG, §§ 1, 6 MitbestG. Sie wird teils bejaht[238], teils verneint[239], teils wird auf §§ 30, 31 AktG verwiesen[240]. Die Frage kann vor allem in Sachgründungsfällen praktisch werden, wenn ein Unternehmen in die Vorgesellschaft eingebracht wird. Sie ist nicht begrifflich, sondern teleologisch-praktisch zu entscheiden. Die klarste Lösung ist, dass erst nach der Eintragung ein obligatorischer Aufsichtsrat zu bilden ist. Die Eintragung der Gesellschaft kann in diesem Stadium noch scheitern mit der Folge, dass die Gesellschaft aufgelöst oder als Personengesellschaft fortgeführt wird (Rdnr. 159 ff.)[241]. Der Mitbestimmungsstatus der Gesellschaft steht also vor der Eintragung nicht endgültig fest. Auch ist zu bedenken, dass die Gesellschaft, obschon bereits werdende juristische Person (Rdnr. 30) und bereits körperschaftlich verfasst (Rdnr. 47), wenn sie mit der Geschäftstätigkeit vor der Eintragung beginnt, dem Haftungsstatus einer Personengesellschaft unterliegt (Rdnr. 93 ff.). Vollends auszuschließen ist eine auf das Vorhandensein eines mitbestimmten Aufsichtsrats gerichtete Prüfungspflicht des Handelsregistergerichts bei der Eintragung der GmbH[242].

4. Die Kapital- und Haftungsverfassung

62 **a)** Die Vorschriften über die **Aufbringung und Erhaltung des Stammkapitals** (§§ 19 ff., 30 f.) sind nach h.M. noch nicht unmittelbar und nicht uneingeschränkt anwendbar[243]. Man wird differenzieren müssen: Die materiellen Kapitalaufbringungs- und -erhaltungsgrundsätze gelten bereits[244]. Es gilt z.B. § 19 Abs. 2 (Erlassverbot, Aufrechnungsverbot, Verbot des Zurückbehaltungsrechts), und es gilt § 30 (Ausschüttungsverbot)[245]. Anwendbar sind aber auch schon die §§ 24, 31[246] einschließlich der Ausfallhaftungsregeln in §§ 24 und 31 Abs. 3[247]. Insbesondere dem Kapitalschutz nach §§ 30, 31 können die Gründer nur entgehen, wenn sie auf die Eintragungsfähigkeit der Vorgesellschaft als GmbH durch deren Auflösung oder durch Umwandlung in eine oHG oder GbR verzichten.

63 **b)** Die **Haftungsverfassung** ist eine Frage des Außenverhältnisses. Sie ist bei Rdnr. 79 ff. eingehend erläutert. Dabei wird klar zwischen der Haftung der Gesellschaft, der Haftung der handelnden Organe und der Haftung der Gesellschafter zu unterscheiden sein.

---

238 Vgl. für § 76 BetrVG insbes. *Raiser*, in: Hachenburg, 8. Aufl., § 52 Rdnr. 160; für das MitbestG *Koppensteiner/Schnorbus*, in: Rowedder/Schmidt-Leithoff, § 52 Rdnr. 22; *Raiser/Veil/Jacobs*, MitbestG, 6. Aufl. 2015, § 1 Rdnr. 29.

239 Vgl. für §§ 1, 4 DrittelbG *Habersack*, in: Ulmer/Habersack/Henssler, Mitbestimmungsrecht, 3. Aufl. 2013, § 1 DrittelbG Rdnr. 22; für § 77 BetrVG BayObLG v. 9.6.2000 – 3Z BR 92/00, GmbHR 2000, 982 = ZIP 2000, 1445; für das MitbestG *Roth*, in: Roth/Altmeppen, Rdnr. 64; *Ulmer/Habersack*, in: Ulmer/Habersack/Henssler, Mitbestimmungsrecht, 3. Aufl. 2013, § 6 MitbestG Rdnr. 7.

240 *Blath*, in: Michalski u.a., Rdnr. 57; *Schmidt-Leithoff*, in: Rowedder/Schmidt-Leithoff, Rdnr. 53; *Zöllner/Noack*, in: Baumbach/Hueck, § 52 Rdnr. 158; unentschieden *Link*, in: Gehrlein/Born/Simon, Rdnr. 16.

241 Zust. *Gummert*, in: MünchHdb. III, § 16 Rdnr. 41; ausführlich und i.Erg. ebenso *Merkt*, in: MünchKomm. GmbHG, Rdnr. 29 ff.

242 *Schmidt-Leithoff*, in: Rowedder/Schmidt-Leithoff, Rdnr. 57.

243 BGH v. 9.3.1981 – II ZR 54/80, BGHZ 80, 129, 133 = NJW 1981, 1373, 1374 = GmbHR 1981, 114, 115; BGH v. 29.5.1980 – II ZR 225/78, WM 1980, 955, 956; *Schumann*, S. 280 ff.; *Ulmer/Habersack*, in: Ulmer/Habersack/Löbbe, Rdnr. 13; im Grundsatz auch *Blath*, in: Michalski u.a., Rdnr. 48.

244 *Theobald*, S. 95 ff.; *Karsten Schmidt*, GmbHR 1987, 83.

245 *Priester*, ZIP 1982, 1147 f.; s. aber *Theobald*, S. 106 ff.: erst ab Anmeldung.

246 So auch *Link*, in: Gehrlein/Born/Simon, Rdnr. 21.

247 Ausführlicher noch in der 9. Aufl.; zust. *Gummert*, in: MünchHdb. III, § 16 Rdnr. 42.

5. Auflösung der Vorgesellschaft

a) Auflösungsgrund ist zunächst die rechtskräftige Ablehnung des Eintragungsantrags (s. 64 auch Rdnr. 159)[248]. Die h.M. begründet dies mit § 726 BGB und beruft sich auf den angeblichen Zweck der Vorgesellschaft, die Eintragung zum Abschluss zu bringen (dagegen aber Rdnr. 32 f.). Richtigerweise beruht die Auflösung darauf, dass die Gesellschaft nach der Ablehnung nicht mehr ohne Änderungen in der Organisation und Haftung fortgesetzt werden kann[249]. Weitere Auflösungsgründe sind: der Zeitablauf (§ 60 Abs. 1 Nr. 1; nicht praktisch), der Auflösungsbeschluss der Gesellschafter (§ 60 Abs. 1 Nr. 2)[250], im Fall eines wichtigen Grundes eine Kündigung[251] oder ein Auflösungsurteil (dazu sogleich in dieser Rdnr.) oder eine Auflösungsverfügung der Verwaltungsbehörde (§ 60 Abs. 1 Nr. 3), die Eröffnung des Insolvenzverfahrens (§ 60 Abs. 1 Nr. 4)[252] bzw. die Ablehnung der Eröffnung mangels Masse (§ 60 Abs. 1 Nr. 5)[253]. Ein Auflösungsbeschluss kann nach § 60 Abs. 1 Nr. 2 bereits mit Dreiviertelmehrheit gefasst werden[254]. Wird im Benehmen aller Gesellschafter die Eintragungsabsicht aufgegeben, so kann dies ein konkludenter Auflösungsbeschluss sein[255]. Dasselbe gilt, wenn einvernehmlich gegen die Kapitalbindung verstoßen und dadurch die Eintragungsfähigkeit beseitigt wird (Rdnr. 62). Die Gesellschaft muss, um den Status als Vorgesellschaft in Liquidation zu behalten, die Liquidation auch betreiben[256]. Bleibt die Gesellschaft im Einverständnis der Gesellschafter ohne Eintragung als GmbH unternehmerisch tätig, so kann es sich um eine Fortsetzung als Personengesellschaft handeln (Rdnr. 162). Umstritten ist, ob im Fall des § 61 die Auflösungsklage oder eine außergerichtliche Kündigung angezeigt ist[257]. Nicht zuletzt aus § 133 HGB wurde gefolgert, der Gesetzgeber gebe der Klage bei einer Handelsgesellschaft allgemein den Vorzug, sofern nicht der Gesellschaftsvertrag diese nicht selten als unzweckmäßig empfundene Regelung im Sinne eines Kündigungsrechts abändere. Inzwischen hat aber das Urteil BGHZ 169, 270[258] für die Vor-AG entschieden, dass die Vorgesellschaft im Fall eines wichtigen Grundes durch bloße Kündigung aufgelöst werden kann. **Kei-**

---

248 *Fastrich*, in: Baumbach/Hueck, Rdnr. 30; *Merkt*, in: MünchKomm. GmbHG, Rdnr. 42; *Schmidt-Leithoff*, in: Rowedder/Schmidt-Leithoff, Rdnr. 66; *Ulmer/Habersack*, in: Ulmer/Habersack/Löbbe, Rdnr. 52.

249 Auch ein Vorverein ist aufgelöst und besteht nicht ohne weiteres als nichtrechtsfähiger Verein fort, wenn die Eintragung unter Berufung auf § 22 BGB abgelehnt wird; vgl. *Karsten Schmidt*, Verbandszweck und Rechtsfähigkeit im Vereinsrecht, 1984, S. 24, 311 ff.

250 *Flume*, Juristische Person, § 5 III 2; *Bayer*, in: Lutter/Hommelhoff, Rdnr. 20; *Merkt*, in: MünchKomm. GmbHG, Rdnr. 43; *Schmidt-Leithoff*, in: Rowedder/Schmidt-Leithoff, Rdnr. 66; *Ulmer/Habersack*, in: Ulmer/Habersack/Löbbe, Rdnr. 53; *M. Scholz*, S. 73.

251 Vgl. BGH v. 23.10.2006 – II ZR 162/05, BGHZ 169, 270, 275 ff. = NJW 2007, 589, 590.

252 *Schmidt-Leithoff*, in: Rowedder/Schmidt-Leithoff, Rdnr. 66; *Ulmer/Habersack*, in: Ulmer/Habersack/Löbbe, Rdnr. 53.

253 Überholt *Ulmer*, in: Hachenburg, 8. Aufl., § 60 Anh. §§ 1, 2 LöschG Rdnr. 2: nur bei eingetragener GmbH.

254 Zust. *Schaffner*, S. 104; vgl. auch *Bayer*, in: Lutter/Hommelhoff, Rdnr. 20; *Fastrich*, in: Baumbach/Hueck, Rdnr. 30; *Schmidt-Leithoff*, in: Rowedder/Schmidt-Leithoff, Rdnr. 66.

255 So offenbar auch BGH v. 31.3.2008 – II ZR 308/06, BB 2008, 1249 mit Anm. *Weiß* = GmbHR 2008, 654 = NJW 2008, 2441 = WuB II C § 11 GmbHG 1.08 mit Anm. *Lange/Widmann*.

256 In diesem Sinne auch BGH v. 31.3.2008 – II ZR 308/06, BB 2008, 1249 mit Anm. *Weiß* = GmbHR 2008, 654 = NJW 2008, 2441 = WuB II C § 11 GmbHG 1.08 mit Anm. *Lange/Widmann*; *Merkt*, in: MünchKomm. GmbHG, Rdnr. 177.

257 Für Auflösungsurteil *Rittner*, S. 347; *Schmidt-Leithoff*, in: Rowedder/Schmidt-Leithoff, Rdnr. 66 mit (ungenauer) Berufung auf OLG Hamm v. 7.3.1994 – 8 U 148/93, GmbHR 1994, 706 = DB 1994, 1232; für außerordentliche Kündigung BGH v. 23.10.2006 – II ZR 162/05, BGHZ 169, 270, 275 ff. = NJW 2007, 589, 590 = JZ 2007, 995 mit Anm. *Drygala*; *Bayer*, in: Lutter/Hommelhoff, Rdnr. 20; *Fastrich*, in: Baumbach/Hueck, Rdnr. 30; *Merkt*, in: MünchKomm. GmbHG, Rdnr. 44; *Ulmer/Habersack*, in: Ulmer/Habersack/Löbbe, Rdnr. 53.

258 BGH v. 23.10.2006 – II ZR 162/05, BGHZ 169, 270 = NJW 2007, 589 = JZ 2007, 995 mit Anm. *Drygala*.

ne gesetzlichen **Auflösungsgründe** sind der Tod (Rdnr. 51) oder das Insolvenzverfahren eines Gesellschafters[259]. Nach der hier in der 10. Aufl. vertretenen Ansicht ist eine Auflösung durch bloße Kündigung ohne entsprechende Satzungsvorschrift nicht möglich[260].

65 **b)** Die **Abwicklung** vollzieht sich, soweit nicht die Vorschriften des Gesetzes die Eintragung in das Handelsregister voraussetzen, nach §§ 65 ff.[261]. Eine vormals herrschende Praxis und Lehre wendete die §§ 730 ff. BGB analog an[262]. Danach wären im Zweifel sämtliche Gesellschafter als Liquidatoren berufen[263]. Das passt in Fällen, bei denen die Gesellschaft zwischen dem Gründungsstadium und dem Auflösungsstadium als Personengesellschaft fortgeführt worden ist (vgl. insbes. Rdnr. 162). Handelt es sich dagegen um die Auflösung einer Vor-GmbH als solcher, so sind gemäß § 66 die Geschäftsführer als Liquidatoren berufen, sofern nicht andere Personen bestellt werden[264]. Auch eine Bestellung von Liquidatoren durch das Gericht nach § 66 Abs. 2 ist möglich[265]. Die Auflösung der Vorgesellschaft führte nach früher h.M. als solche nicht zu einer persönlichen Haftung der Gesellschafter[266]. Nach der älteren Rechtsprechung gab es auch im Innenverhältnis keine allgemeine Nachschuss- und Verlustausgleichspflicht zum Ausgleich einer Unterdeckung und zur Bereitstellung einer vollständigen Liquidationsmasse gemäß § 735 BGB[267]. Seit dem Grundlagenurteil BGHZ 134, 333[268] löst allerdings die Auflösung wie die Eintragung eine Unterbilanzhaftung aus (Rdnr. 86 ff.), während hier sogar für eine Außenhaftung der Gründer plädiert wird (Rdnr. 93 ff.). Folgerichtig sollte man im Fall der Auflösung der Gesellschaft auch die Regel des § 735 BGB sinngemäß anwenden, denn diese Regel beruht nicht auf der Rechtsnatur der Personengesellschaft, sondern auf der persönlichen Haftung der Gesellschafter[269]. Sie regelt die Geltendmachung der persönlichen Haftung im Liquidationsfall und erlaubt eine Haftungsabwicklung über die Liquidationsmasse (vgl. auch Rdnr. 43, 161). Die Haftung der Gründer einer unternehmerisch tätigen Vorgesellschaft bleibt zwar eine Außenhaftung (str.; vgl. Rdnr. 86 f., 91), aber sie kann im Liquidationsfall durch Nachschüsse in die Liquidationsmasse und durch Gläubigerbefriedigung aus dieser Masse verwirklicht werden[270]. Im Fall der Eröffnung eines Insolvenzverfahrens folgt die Abwicklung den Regeln der InsO (Rdnr. 43, 92).

---

259 Vgl. RGZ 82, 288, 290 (Konkurs); *Schmidt-Leithoff*, in: Rowedder/Schmidt-Leithoff, Rdnr. 67; *Ulmer/Habersack*, in: Ulmer/Habersack/Löbbe, Rdnr. 54; diese Rechtslage stand bis 1998 in Gegensatz zu den §§ 727 f. BGB, § 131 HGB.

260 OLG Hamm v. 7.3.1994 – 8 U 148/93, GmbHR 1994, 706 = DB 1994, 1232.

261 BGH v. 28.11.1997 – V ZR 178/96, GmbHR 1998, 185 = NJW 1998, 1079, 1080; BAG, NJW 1963, 680, 681 = AP Nr. 1 zu § 11 GmbHG mit krit. Anm. *Hueck*; *Rittner*, S. 348 f.; *Gummert*, in: MünchHdb. III, § 16 Rdnr. 44; *Link*, in: Gehrlein/Born/Simon, Rdnr. 33; *Merkt*, in: MünchKomm. GmbHG, Rdnr. 46; *Schmidt-Leithoff*, in: Rowedder/Schmidt-Leithoff, Rdnr. 69; *Ulmer/Habersack*, in: Ulmer/Habersack/Löbbe, Rdnr. 55.

262 BGH, LM Nr. 12 zu § 11 GmbHG; BGHZ 51, 30, 34 = NJW 1969, 509, 510; BGH v. 13.12.1982 – II ZR 282/81, BGHZ 86, 122, 127 = NJW 1983, 876, 878 = GmbHR 1983, 46, 47; OLG Düsseldorf v. 18.6.1993 – 3 Wx 247/93, GmbHR 1994, 178; *Kießling*, S. 210 ff.; *Fleck*, ZGR 1975, 215.

263 Vgl. BGHZ 51, 30, 34 = NJW 1969, 509; OLG Düsseldorf v. 18.6.1993 – 3 Wx 247/93, GmbHR 1994, 178.

264 BAG, NJW 1963, 680, 681 = AP Nr. 1 zu § 11 GmbHG mit krit. Anm. *Hueck*; *Schmidt-Leithoff*, in: Rowedder/Schmidt-Leithoff, Rdnr. 70 (für Analogie); *Ulmer/Habersack*, in: Ulmer/Habersack/Löbbe, Rdnr. 55; *M. Scholz*, S. 78; *Wallner*, GmbHR 1998, 1168 ff. (mit kaum haltbarer Ableitung aus der Haftungsrechtsprechung).

265 *Ulmer/Habersack*, in: Ulmer/Habersack/Löbbe, Rdnr. 55; a.M. *Schmidt-Leithoff*, in: Rowedder/Schmidt-Leithoff, Rdnr. 70.

266 *Lutter/Hommelhoff*, 15. Aufl., Rdnr. 10.

267 BGH v. 13.12.1982 – II ZR 282/81, BGHZ 86, 122, 125 = NJW 1983, 876, 877 = GmbHR 1983, 46, 47; *Schmidt-Leithoff*, in: Rowedder/Schmidt-Leithoff, Rdnr. 71.

268 BGH v. 27.1.1997 – II ZR 123/94, BGHZ 134, 333 = NJW 1997, 1507 mit Anm. *Altmeppen*.

269 Ähnlich *Schumann*, S. 228 ff.

270 *Karsten Schmidt*, ZHR 156 (1992), 119 f.

V. Das Außenrecht der Vorgesellschaft

Schrifttum: Rdnr. 1.

1. Grundsatz

a) Grundlage ist die **Rechtsträgerschaft der Vorgesellschaft** (Rdnr. 34 ff.). Die Vorgesellschaft 66 kann Eigentümerin von beweglichen und unbeweglichen Sachen, Inhaberin dinglicher Rechte und Immaterialgüterrechte, Gläubigerin und Schuldnerin sein. Sie kann Besitz an Sachen ausüben (Rdnr. 76). Im öffentlichen Recht kann die Vorgesellschaft gebühren- und steuerpflichtig sein. Sie unterliegt der ordnungsrechtlichen Störer- oder Nicht-Störerhaftung. Sie kann Beteiligte in Verwaltungsverfahren und Verwaltungsprozessen, Klägerin und Beklagte sein. Die Vorgesellschaft ist, wenn ein Vollstreckungstitel gegen sie vorliegt, taugliche Vollstreckungsschuldnerin. Sie kann als Schuldnerin oder Gläubigerin an einem Insolvenzverfahren teilnehmen (näher Rdnr. 43).

b) Die Rechtsgrundsätze für Vorgesellschaften gelten **nicht** für sog. **Vorrats- oder Mantel-** 67 **gesellschaften** (str., vgl. ausführlich § 3 Rdnr. 21 ff.). Vorrats- und Mantelgesellschaften sind eingetragene, wenn auch „leere" und häufig unterkapitalisierte Gesellschaften. Die *Anwendung von Gründungsvorschriften in der Praxis des BGH* ist bedenklich (Rdnr. 29, 87, 109). Sie folgt dem irreführenden Grundgedanken, dass die Neuverwendung einer bereits eingetragenen, aber „leeren" GmbH im Wege der „wirtschaftlichen Neugründung" der Gründung einer neuen GmbH rechtlich gleichsteht[271].

2. Stellvertretung bei Rechtsgeschäften und in Prozessen

a) Handeln im Namen der Gesellschaft. aa) Die Möglichkeit eines Handelns im Namen der 68 Vorgesellschaft ergibt sich aus deren Rechtsfähigkeit (Rdnr. 34 ff.). Herkömmlicherweise unterschied man zwischen einem „Handeln im Namen der Vor-GmbH" und einem „Handeln im Namen der künftigen GmbH"[272]. Hiervon wurde wiederum der Fall unterschieden, dass sowohl im Namen der Vorgesellschaft als auch im Namen der GmbH gehandelt wird[273]. Diese Unterscheidung ist missverständlich[274]. Wie bei Rdnr. 25 ausgeführt, handelt es sich bei der Vor-GmbH und der fertigen GmbH nicht um zwei unterschiedliche Rechtsträger, sondern um eine und dieselbe Gesellschaft. Deshalb hat der Vertreter gar nicht die Wahl, ob er nur im Namen einer dieser „beiden" Gesellschaften oder im Namen „beider" handelt (vgl. sogleich Rdnr. 69 f.). Entscheidend ist nur, ob er erkennbar **im Namen der Gesellschaft** (Rdnr. 69 f.) oder im eigenen Namen oder im Namen einzelner Gründer handelt, z.B. auch bei der Einrichtung eines Girokontos[275].

bb) Ausdrücklich oder konkludent kann im Namen der Vor-GmbH gehandelt werden. Die 69 Geschäftsführer handeln **im Namen der Vor-GmbH**, wenn sie erkennbar für ein von dieser

---

271 Dagegen *Merkt*, in: MünchKomm. GmbHG, Rdnr. 179 ff.; *Kleindiek*, in: FS Priester, S. 368 ff.; *Priester*, ZHR 168 (2004), 248; *Karsten Schmidt*, NJW 2004, 1345 ff.; *Karsten Schmidt*, ZIP 2010, 857 ff.

272 Vgl. besonders BGH, NJW 1973, 798; BGH, NJW 1974, 1284; BGHZ 65, 378, 382 = NJW 1976, 419, 420 mit Anm. *Karsten Schmidt* = GmbHR 1976, 65, 66; BGH v. 15.6.1978 – II ZR 205/76, BGHZ 72, 45, 47 = NJW 1978, 1978, 1979 mit Anm. *Karsten Schmidt* = GmbHR 1978, 232.

273 BGHZ 53, 210, 211 = NJW 1970, 806, 807; BAG, AP Nr. 2 zu § 11 GmbHG mit Anm. *Rittner/ Krell* = NJW 1973, 1904 = WM 1973, 1330 = JR 1974, 108 mit Anm. *Karsten Schmidt*.

274 Mit Recht abl. *Schmidt-Leithoff*, in: Rowedder/Schmidt-Leithoff, Rdnr. 89; *Roth*, in: Roth/Altmeppen, Rdnr. 28; vgl. schon *Karsten Schmidt*, NJW 1973, 1595 ff.; *Karsten Schmidt*, JR 1974, 109.

275 OLG Naumburg v. 13.5.1997 – 1 U 205/96, NJW-RR 1998, 1648 = GmbHR 1998, 239.

bereits betriebenes Unternehmen handeln[276] oder wenn sie die Firma der (künftigen) GmbH verwenden[277]. In beiden Fällen handeln sie im Namen eines gegenwärtigen Rechtsträgers, selbst wenn sie die Gesellschaft schon als „GmbH" ohne den Zusatz „in Gründung" bezeichnen. Auch wenn sie selbst diesen Zusatz weglassen und nur „für Firma X" handeln, vertreten sie die Vor-GmbH[278], wobei in diesem Fall eine persönliche Vertrauenshaftung wegen täuschenden Firmengebrauchs hinzukommen kann (Rdnr. 38). Ein Geschäftskonto wird im Zweifel selbst dann als Konto der (Vor-) GmbH eingerichtet, wenn es von den Gründern in Rechtsunkenntnis als „Gemeinschaftskonto" bezeichnet wird[279]. Da die Vor-GmbH und die später eingetragene GmbH identisch sind (Rdnr. 31), wirken die im Namen der Vor-GmbH wirksam abgegebenen Willenserklärungen ohne weiteres für und gegen die fertige GmbH (und umgekehrt)[280].

70   **cc)** Hiervon zu unterscheiden ist die **Vereinbarung der Eintragung als aufschiebende Bedingung.** Wenn die Unterscheidung zwischen dem Handeln „im Namen der Vorgesellschaft" und „im Namen der GmbH" (Rdnr. 68) überhaupt einen Sinn haben soll, kann dieser nur darin bestehen, dass je nach den getroffenen Vereinbarungen diese eine (zunächst noch nicht eingetragene, später eingetragene) Gesellschaft einmal schon vor der Eintragung, ein andermal dagegen erst nach der Eintragung berechtigt und verpflichtet sein soll[281]. Es wird also nicht im Namen unterschiedlicher Gesellschaften gehandelt, sondern es wird in Vertretung der nämlichen Gesellschaft einmal mit sofortiger Wirkung, ein andermal unter der aufschiebenden Bedingung ihrer Eintragung kontrahiert. Eine solche aufschiebende Bedingung ist ohne weiteres zulässig[282]. Unrichtig nahm BGH v. 14.3.1973[283] an, dass im letzten Fall die §§ 177 ff. BGB analog anwendbar seien, weil im Namen eines noch nicht existenten Rechtsträgers gehandelt werde. Zu dem für §§ 177 ff. BGB verbleibenden Anwendungsspielraum vgl. noch Rdnr. 129 ff.

71   **b)** Steht fest, dass **im Namen der Vorgesellschaft** gehandelt wurde, so kommt es weiter auf die **Vertretungsmacht** an. Ist sie gegeben, so wird aus dem Rechtsgeschäft die Vorgesellschaft berechtigt und verpflichtet (§ 164 BGB), und die Rechte und Pflichten setzen sich im Eintragungsfall bei der GmbH fort (Rdnr. 151 ff.); ist sie nicht gegeben, so gelten die §§ 177, 179 BGB (vgl. Rdnr. 129).

---

276 Vgl. BGH v. 29.11.1989 – IVa ZR 273/88, GmbHR 1990, 206; OLG Celle v. 14.3.1990 – 9 U 3/89, GmbHR 1990, 398; LAG Köln v. 17.3.2000 – 11 Sa 1060/99, NZA-RR 2001, 129 (Arbeitsvertrag); *Karsten Schmidt*, GmbHR 1987, 84; *Merkt*, in: MünchKomm. GmbHG, Rdnr. 68; zur Stellvertretung des Unternehmensträgers vgl. konzeptionell *Karsten Schmidt*, HandelsR, § 4 Rdnr. 88 ff.; *Karsten Schmidt*, in: MünchKomm. HGB, 3. Aufl. 2012, § 343 HGB Rdnr. 12; *Karsten Schmidt*, JuS 1987, 425.

277 OLG Celle v. 14.3.1990 – 9 U 3/89, GmbHR 1990, 398; OLG Naumburg v. 13.5.1997 – 1 U 205/96, GmbHR 1997, 1066 = GmbHR 1998, 239 = NJW-RR 1998, 1648; *Flume*, Juristische Person, § 5 III 3; *Fastrich*, in: Baumbach/Hueck, Rdnr. 18; *Merkt*, in: MünchKomm. GmbHG, Rdnr. 68; *Ulmer/Habersack*, in: Ulmer/Habersack/Löbbe, Rdnr. 73.

278 Vgl. OLG Celle v. 14.3.1990 – 9 U 3/89, GmbHR 1990, 398; *Ulmer/Habersack*, in: Ulmer/Habersack/Löbbe, Rdnr. 73.

279 Vgl. OLG Naumburg v. 13.5.1997 – 1 U 205/96, GmbHR 1998, 239 = NJW-RR 1998, 1648; zur Frage der Mithaftung eines die Kontoeröffnung mitunterschreibenden Gesellschafters vgl. OLG Brandenburg v. 13.11.2001 – 11 U 53/01, NZG 2002, 182 = GmbHR 2002, 109.

280 Vgl. auch für das Gebot in der Zwangsversteigerung LG München II v. 9.4.1987 – 7 T 431/87, NJW-RR 1987, 1519.

281 *Karsten Schmidt*, GesR, § 34 III 3b aa; *Karsten Schmidt*, NJW 1973, 1596; übereinstimmend *M. Scholz*, S. 141; *Merkt*, in: MünchKomm. GmbHG, Rdnr. 69.

282 RGZ 32, 97, 99; *Schmidt-Leithoff*, in: Rowedder/Schmidt-Leithoff, Rdnr. 90; *Ulmer/Habersack*, in: Ulmer/Habersack/Löbbe, Rdnr. 74; *Jula*, BB 1995, 1600.

283 BGH v. 14.3.1973 – VIII ZR 114/72, NJW 1973, 798 mit Anm. *Karsten Schmidt*, NJW 1973, 1595.

aa) Organschaftliche Vertreter der Vorgesellschaft sind die Geschäftsführer (§ 35), im Auf- 72
lösungsfall die Liquidatoren (§ 70). Die **Vertretungsmacht der Geschäftsführer** ist bereits
unbeschränkt i.S. von §§ 35, 37 (näher Rdnr. 73)[284]. Diese Auffassung wird hier bereits seit
der 6. Auflage vertreten. Sie findet zunehmende, wenn auch zögerliche Zustimmung. Die
noch **h.M.** tritt für eine **beschränkte Vertretungsmacht der Vorgesellschaftsgeschäftsfüh-
rer** ein[285]. Nach BGHZ 80, 129, 139[286] und BGHZ 80, 182, 183[287] ist die Vertretungsmacht
grundsätzlich durch den Gründungszweck auf gründungsnotwendige Geschäfte beschränkt.
Bei *Sachgründungen* soll sich diese Vertretungsbefugnis zwar „praktisch weitgehend" mit derjenigen nach §§ 35 ff. decken; aber bei *Bargründungen* beschränkt sie sich nach Auffassung
des BGH im Allgemeinen auf Rechtshandlungen, die für die Herbeiführung der Eintragung
unerlässlich sind. Die Vertretungsmacht kann allerdings durch den Gesellschaftsvertrag oder
– auch formlos – durch eine von den Gründern zu erteilende Ermächtigung erweitert werden[288]. Fehlt es daran, so kann nach der Rechtsprechung z.B. nicht einmal ein wirksamer Arbeitsvertrag zwischen einem Angestellten und der Gesellschaft abgeschlossen werden, der
später die GmbH bindet[289]. Auch können die Gesellschafter, wenn man diese Ansicht zugrunde legt, die Vertretungsmacht beliebig einengen oder erweitern[290]. In Betracht gezogen
wird allerdings eine Vertrauenshaftung der GmbH bzw. der Gesellschafter, wenn diese das eigenmächtige Handeln des Geschäftsführers geduldet haben[291]. Die Gestaltungspraxis muss
sich vorerst auf diese Rechtsprechung einrichten.

Stellungnahme[292]: Die hier vertretene Auffassung (**unbeschränkte Vertretungsmacht**, vgl. 73
Rdnr. 72) bedarf der Begründung. Ausgangspunkt ist die Maßgeblichkeit der GmbH-Verfassung und damit der §§ 35, 37. Solange die Rechtsprechung noch am Vorbelastungsverbot

---

284 Vgl. *Binz*, S. 134 ff.; *Gummert*, in: MünchHdb. III, § 16 Rdnr. 50; *Raiser/Veil*, Kapitalgesellschaften,
§ 35 Rdnr. 108, 123; *Karsten Schmidt*, GesR, § 34 III 3b bb; *Karsten Schmidt*, GmbHR 1987, 84;
Schaffner, S. 107; *M. Scholz*, S. 29 f.; *Theobald*, S. 27 ff.; *Blath*, in: Michalski u.a., Rdnr. 63; *Wulf-
Henning Roth*, ZGR 1984, 609; *Weimar*, GmbHR 1988, 292; *Beuthien*, NJW 1997, 565 ff.; s. auch *Jä-
ger*, Die persönliche Gesellschafterhaftung in der werdenden GmbH, 1994, S. 81 ff.
285 BGH v. 9.3.1981 – II ZR 54/80, BGHZ 80, 129, 139 = GmbHR 1981, 114 = NJW 1981, 1373, 1375;
OLG Naumburg v. 15.2.1996 – 7 U 66/95, DtZ 1996, 320; OLG Brandenburg v. 2.7.2002 – 11 U
185/01, NZG 2002, 869 (AG); Hess. LAG v. 13.8.2001 – 16 Sa 365/01, DB 2002, 644; *Kießling*,
S. 250 ff.; *Schumann*, S. 245 ff.; *Bayer*, in: Lutter/Hommelhoff, Rdnr. 14; *Fastrich*, in: Baumbach/
Hueck, Rdnr. 19; *Link*, in: Gehrlein/Born/Simon, Rdnr. 13; *Merkt*, in: MünchKomm. GmbHG,
Rdnr. 59 ff.; *Schmidt-Leithoff*, in: Rowedder/Schmidt-Leithoff, Rdnr. 85; *Ulmer/Habersack*, in: Ul-
mer/Habersack/Löbbe, Rdnr. 68 f.; *Schroeter*, in: Bork/Schäfer, Rdnr. 19; *Wicke*, Rdnr. 5; *Ulmer*,
ZGR 1981, 596 ff.; *Fleck*, GmbHR 1983, 8 f.; *Beuthien*, GmbHR 1996, 563; *Lachmann*, NJW 1998,
2263; vgl. auch schon RGZ 32, 97, 98; RGZ 83, 370, 373; RGZ 105, 228, 229; aus der älteren Literatur vgl. besonders *Scholz*, JW 1938, 3153; unklar *Roth*, in: Roth/Altmeppen, Rdnr. 47.
286 BGH v. 9.3.1981 – II ZR 54/80, BGHZ 80, 129, 139 = NJW 1981, 1373, 1375 = GmbHR 1981, 114,
116.
287 BGH v. 16.3.1981 – II ZR 59/80, BGHZ 80, 182, 183 = GmbHR 1981, 192.
288 Vgl. BGH v. 9.3.1981 – II ZR 54/80, BGHZ 80, 129, 139 = NJW 1981, 1373, 1375 = GmbHR 1981,
114; LAG Hamm v. 28.10.1982 – 10 Sa 726/82, ZIP 1983, 312; *Fastrich*, in: Baumbach/Hueck,
Rdnr. 20; *Merkt*, in: MünchKomm. GmbHG, Rdnr. 63; *Roth*, in: Roth/Altmeppen, Rdnr. 46 f.;
Schmidt-Leithoff, in: Rowedder/Schmidt-Leithoff, Rdnr. 87; *Ulmer/Habersack*, in: Ulmer/Haber-
sack/Löbbe, Rdnr. 68 f.; *Fleck*, GmbHR 1983, 9; *Gehrlein*, DB 1996, 563; gegen Formlosigkeit noch
Ulmer, in: FS Ballerstedt, S. 291; wie der BGH aber schon *John*, Rechtsperson, S. 320, 323, 345.
289 Vgl. LAG Hamm v. 28.10.1982 – 10 Sa 726/82, ZIP 1983, 312.
290 A.M. *Ulmer/Habersack*, in: Ulmer/Habersack/Löbbe, Rdnr. 70: Die Gründer könnten nur zwischen
der Nicht-Erweiterung oder der typisierten Erweiterung der Vertretungsmacht wählen (Verlegen-
heitslösung!).
291 Vgl. *Schmidt-Leithoff*, in: Rowedder/Schmidt-Leithoff, Rdnr. 88; a.M. *Ulmer/Habersack*, in: Ulmer/
Habersack/Löbbe, Rdnr. 73, mit Hinweis auf das zur Personengesellschaft ergangene Urteil BGHZ
61, 56, 64 ff.
292 Vgl. auch *Karsten Schmidt*, GesR, § 34 III 3b bb; *Karsten Schmidt*, GmbHR 1987, 84.

festhielt (Rdnr. 44), war die Beschränkung der organschaftlichen Vertretungsmacht einleuchtend, denn es sollte ja weder die Vorgesellschaft noch die spätere Kapitalgesellschaft aus beliebigen Rechtsgeschäften unbegrenzt verpflichtet werden. Dieses Argument hat sich seit dem Grundlagenurteil des Bundesgerichtshofs vom 9.3.1981[293] erledigt. Auch die ultra-vires-Doktrin, nach der die Organvertretungsmacht durch den Verbandszweck beschränkt sein soll, ist als Rechtfertigung für die h.M. nicht anzuerkennen[294], ganz abgesehen davon, dass der Zweck der Vorgesellschaft überhaupt nicht in der von der h.M. angenommenen Weise beschränkt ist (vgl. Rdnr. 32 f.). Auch der oft hervorgehobene Schutz der Gründer gegen eine persönliche Inanspruchnahme auf Grund von Geschäften der Geschäftsführer[295] ist kein durchschlagendes Argument. Wer eine Organisation ins Leben ruft, die bereits nach dem Recht der GmbH lebt, kann das Risiko eines pflichtwidrigen Geschäftsführerhandelns nicht dem Rechtsverkehr aufbürden. Es ist deshalb zwischen dem internen Dürfen und dem externen Können der Geschäftsführer zu unterscheiden. Die h.M. verlegt die Argumente, mit denen die Binnen-Kompetenz der weisungsgebundenen Geschäftsführer beschränkt werden kann (Geschäftsführung), unberechtigterweise ins Außenverhältnis (Vertretung). Intern dürfen die Geschäftsführer nicht ohne allseitige Billigung vor der Eintragung mit der Geschäftstätigkeit beginnen (Rdnr. 59). Extern geht es darum, ob die organschaftliche Vertretungsmacht gemäß §§ 35 ff. schon vorhanden ist. Da die sich aus den Gesellschaftsverbindlichkeiten ergebende Gesellschafterhaftung (Rdnr. 86 ff.) ebenso wie die Vertretungsmacht nach §§ 35, 37 eine gesetzliche ist, kommt es auch nicht auf die Frage an, ob die Vertretungsmacht der Geschäftsführer ausreicht, um eine persönliche Haftung der Gesellschafter zu begründen[296]. Selbst eine ausdrückliche Beschränkung der Vertretungsmacht durch die Gründer hat nach den Regeln des § 37 Abs. 2 keine direkte Außenwirkung[297]. Sofern Geschäftsführer evident eigenmächtig handeln, die Pflichtwidrigkeit ihres Handelns also dem Geschäftspartner bekannt oder nur infolge grober Fahrlässigkeit unbekannt ist, sind die Gesellschaft und die Gesellschafter durch die *Grundsätze über den Missbrauch der Vertretungsmacht* (vgl. Erl. § 37) geschützt[298]. Bei der Anwendung dieser Grundsätze ist zu beachten, dass ein Dritter, dem die fehlende Eintragung bekannt ist, nicht generell schon aus diesem Grund den Schutz durch die unbeschränkte Vertretungsmacht verliert. Bei typischen Anlaufgeschäften kann der Dritte regelmäßig auf die gesetzliche Vertretungsmacht vertrauen.

74 **bb)** Die Vorgesellschaft kann nicht nur durch die Geschäftsführer vertreten werden, sondern auch durch **Bevollmächtigte**, im Fall einer kaufmännischen Tätigkeit (Rdnr. 37) auch durch *Prokuristen*[299]. Vollmachten werden durch die Geschäftsführer als Organe der Gesellschaft erteilt. Die Wirksamkeit einer solchen Bevollmächtigung hängt also wiederum davon ab, ob die Geschäftsführer ihrerseits die Gesellschaft wirksam vertreten können (Rdnr. 73). Insbesondere eine Prokura oder Handlungsvollmacht wäre nach der bisher h.M. nur wirksam erteilt, wenn eine Sachgründung vorliegt oder wenn die Gesellschafter die Geschäftsführer zur Vorwegnah-

---

293 BGH v. 9.3.1981 – II ZR 54/80, BGHZ 80, 129 = NJW 1981, 1373 = GmbHR 1981, 114.

294 Vgl. *Karsten Schmidt*, GesR, § 8 V 2 und § 34 III 3b bb; *Karsten Schmidt*, AcP 184 (1984), 529 ff.

295 Deutlich *Bayer*, in: Lutter/Hommelhoff, Rdnr. 14; s. insoweit auch *Ulmer/Habersack*, in: Ulmer/Habersack/Löbbe, Rdnr. 68; extrem *Wiegand*, BB 1998, 1071, wonach die hier vertretene Auffassung „nach dem neuen Modell der Gründerhaftung unhaltbar" sein dürfte; das „neue Modell" (unbeschränkte Gesellschafterhaftung) wurde hier jedoch schon in den Vorauflagen vertreten, die Anwendung des § 37 Abs. 2 aber gleichwohl für „haltbar" erachtet.

296 Ausführlicher noch 9. Aufl.; überholt BGH v. 15.6.1978 – II ZR 205/76, BGHZ 72, 45, 49 f. = NJW 1978, 1978, 1979 mit Anm. *Karsten Schmidt* = GmbHR 1978, 232; BGH v. 13.12.1982 – II ZR 282/81, BGHZ 86, 122, 125 = NJW 1983, 876, 877 = GmbHR 1983, 46, 47.

297 *Karsten Schmidt*, GesR, § 34 III 3b bb; enger (nur bei Beginn kaufmännischer Tätigkeit) *Beuthien*, NJW 1997, 566 f.; a.M. *Wiegand*, BB 1998, 1071: „unhaltbar".

298 Vgl. *Karsten Schmidt*, GesR, § 34 III 3b bb; näher zum Missbrauch der Vertretungsmacht, ebd., § 10 II 2.

299 Ebenso *Merkt*, in: MünchKomm. GmbHG, Rdnr. 67; *Schmidt-Leithoff*, in: Rowedder/Schmidt-Leithoff, Rdnr. 77.

me der Unternehmensführung ermächtigen[300]. Diese Einengung ist aus den bei Rdnr. 73 dargelegten Gründen abzulehnen. Die Geschäftsführer können auf Grund ihrer organschaftlichen Vertretungsmacht Prokuristen und Handlungsbevollmächtigte bestellen. Ob sie dies intern dürfen, ist eine Frage ihrer Geschäftsführungsbefugnis (Rdnr. 59). Im Außenverhältnis kann die Prokura sogleich wirksam werden und mit der Anmeldung der GmbH zur Eintragung im Handelsregister gleichfalls zur Eintragung angemeldet werden (die Eintragung nach § 53 Abs. 1 HGB wirkt nicht konstitutiv).

cc) Im Prozess wird die Vor-GmbH durch ihre Geschäftsführer vertreten (§ 35 Abs. 1). Zu- **75** stellungen gehen an die Geschäftsführer, im Fall der Führungslosigkeit an die Gesellschafter (§ 35 Abs. 1 Satz 2). Die Geschäftsführer werden nicht als Zeugen, sondern als Partei vernommen. Dasselbe gilt im Auflösungsfall für die Liquidatoren.

3. Besitzausübung, Verschuldenszurechnung, Haftung für fremdes Handeln, Wissenszurechnung

a) Den **Besitz** an beweglichen und unbeweglichen Sachen übt die Gesellschaft durch ihre Ge- **76** schäftsführer aus (Organbesitz), sowie durch Hilfspersonen als Besitzdiener[301].

b) Ein **Organverschulden** wird der Gesellschaft analog § 31 BGB zugerechnet[302]. Sie haftet **77** also ohne Entlastungsmöglichkeit für ein Verschulden ihrer Geschäftsführer oder Liquidatoren. Im Rahmen von Sonderrechtsverhältnissen, insbesondere von Verträgen, haftet die Vorgesellschaft nach § 278 BGB für ihre *Erfüllungsgehilfen*. Für unerlaubte Handlungen ihrer *Verrichtungsgehilfen* haftet die Vorgesellschaft als Geschäftsherrin nach § 831 BGB aus vermutetem Auswahl- und Überwachungsverschulden (Rdnr. 80)[303]. Im Ordnungsrecht (sog. Polizeirecht) wie auch im Recht der privatrechtlichen Unterlassungsansprüche kann die Vorgesellschaft auf Grund eines Verhaltens ihrer Geschäftsführer als Handlungsstörer haften[304]. Strafrechtlich können tatbestandsrelevante Merkmale, die bei der Gesellschaft vorliegen, den Geschäftsführern nach § 14 StGB zugerechnet werden[305].

c) Auch für die **Wissenszurechnung** gelten die allgemeinen gesellschaftsrechtlichen Grund- **78** sätze[306]. Grundsätzlich werden Kenntnis und Irrtum, guter und böser Glaube der Geschäftsführer oder Liquidatoren der Gesellschaft unmittelbar zugerechnet. Die Wissenszurechnung bei Bevollmächtigten richtet sich nach § 166 BGB.

4. Die Haftungsverhältnisse im Überblick

a) Haftung der Vorgesellschaft. aa) Die **Vorgesellschaft** kann selbst **aus Rechtsgeschäften** **79** haften, wenn sie rechtswirksam vertreten worden ist (Rdnr. 68 ff.) oder ein ohne Vertretungsmacht vorgenommenes Rechtsgeschäft genehmigt (§ 177 BGB). Im Fall von **Leistungsstörungen** durch Vertragsverletzungen kann sich eine Haftung der Vorgesellschaft aus einer Verschuldenszurechnung für Organe und Gehilfen nach §§ 31, 278 BGB ergeben (Rdnr. 77).

---

300 So konsequent *Merkt*, in: MünchKomm. GmbHG, Rdnr. 67.

301 Dazu vgl. *Karsten Schmidt*, GesR, § 10 III.

302 Vgl. OLG Stuttgart v. 2.11.1988 – 2 W 5/88, NJW-RR 1989, 637, 638; *M. Scholz*, S. 80; *Fastrich*, in: Baumbach/Hueck, Rdnr. 22; *Merkt*, in: MünchKomm. GmbHG, Rdnr. 96; *Schmidt-Leithoff*, in: Rowedder/Schmidt-Leithoff, Rdnr. 105; *Ulmer/Habersack*, in: Ulmer/Habersack/Löbbe, Rdnr. 85; *Beuthien*, BB 1996, 1337 f.

303 Im Ergebnis zust. *Beuthien*, BB 1996, 1339.

304 Vgl. zum UWG OLG Frankfurt v. 17.1.1985 – 6 U 137/84, DB 1985, 1334 = GmbHR 1985, 331.

305 Nach wohl h.M. aber nur aus § 14 Abs. 1 Nr. 2 StGB; vgl. KG v. 2.10.2002 – 10 U 139/01, GmbHR 2003, 591; *Bittmann/Pikarski*, wistra 1995, 92 f.; bedenklich!

306 Vgl. zu diesen *Karsten Schmidt*, GesR, § 10 V; *Grigoleit* et al., ZHR 181 (2017), 160 ff.

80　**bb)** Auch **aus gesetzlichen Schuldverhältnissen** haftet die Vorgesellschaft nach allgemeinen Regeln. Sie kann z.B. als nichtberechtigter Besitzer (§§ 987 ff. BGB) oder als Empfänger einer ungerechtfertigten Bereicherung (§ 812 BGB) oder als nichtberechtigt Verfügender (§ 816 BGB) haften. Sie kann Geschäftsherr im Rahmen einer Geschäftsführung ohne Auftrag gemäß §§ 677 ff. BGB sein. Sie kann als Halterin eines Kraftfahrzeugs (§ 7 StVG) oder eines Tiers (§ 833 BGB) oder als Grundstücksbesitzerin (§ 836 BGB) haften und der Produkthaftung (§ 1 ProdHG) unterliegen. Sie kann Geschäftsherrin i.S. von § 831 BGB sein (vgl. Rdnr. 77). Sie kann aus § 8 UWG auf Unterlassung in Anspruch genommen werden[307]. Für ein Verschulden ihrer Organe – insbesondere also der Geschäftsführer – haftet sie bereits entsprechend § 31 BGB (vgl. Rdnr. 77).

81　**cc)** Nicht nur für Verbindlichkeiten, die für die Vor-GmbH als solche im Gründungsstadium begründet worden sind, sondern auch für **Altverbindlichkeiten** kann die Vorgesellschaft haften, wenn hierfür eine gesetzliche oder vertragliche Grundlage besteht. Von besonderer Bedeutung ist § 25 HGB[308], wenn ein Unternehmen in die Gesellschaft eingebracht (Sachgründung) oder von ihr entgeltlich erworben wird (Bargründung bzw. verdeckte Sachgründung). Da § 25 HGB und nicht § 28 HGB einschlägig ist[309], greift die Haftung nach h.M. allerdings nur ein, wenn die Vorgesellschaft das eingebrachte Unternehmen mit dessen bisheriger Firma fortführt[310]. Anders entscheiden diejenigen, die im Fall der GmbH-Sachgründung gegen den Wortlaut des Gesetzes § 28 HGB anwenden[311] oder mit der vom Verfasser vertretenen Ansicht gegen den Wortlaut des Gesetzes § 25 HGB auch bei Unternehmensfortführung ohne Firmenfortführung anwenden[312]. Aus § 25 HGB ergibt sich nur eine Haftung der Gesellschaft[313]; die Gesellschafterhaftung folgt den Rdnr. 86 ff. Auch *Arbeitsverhältnisse* gehen im Fall der Sach-Einbringung eines Unternehmens nach § 613a BGB auf die Vorgesellschaft über[314]. Zur Frage, ob die Gesellschafter im Fall der Geschäftsfortführung auch persönlich haften, vgl. Rdnr. 95.

82　**b)** Von der Haftung der Vorgesellschaft ist die **persönliche Außenhaftung der Beteiligten** zu unterscheiden. Sie kann insbesondere begründet sein: **(aa)** als *Gesellschafterhaftung der Gründer* neben der Vorgesellschaft (dazu Rdnr. 85 ff.), **(bb)** als *Haftung der Handelnden* neben der Vorgesellschaft gemäß § 11 Abs. 2 (dazu Rdnr. 101 ff.), **(cc)** als *Haftung von Vertretern ohne Vertretungsmacht* gemäß § 179 BGB an Stelle der Vorgesellschaft (dazu Rdnr. 69 ff., 129).

83　**c)** Von der Außenhaftung beteiligter Personen ist wiederum die seit BGHZ 80, 129[315] praktizierte **Vorbelastungshaftung** (Unterbilanzhaftung oder Differenzhaftung) der Gründer **als Innenhaftung** nach Eintragung der Gesellschaft zu unterscheiden. Sie begründet Nachschuss-

---

307　Vgl. OLG Frankfurt v. 17.1.1985 – 6 U 137/84, DB 1985, 1334 = GmbHR 1985, 331.

308　Dazu eingehend *Karsten Schmidt*, HandelsR, § 8 Rdnr. 1 ff.

309　Vgl. nur BGHZ 18, 248, 250 = NJW 1955, 1916; BGH v. 29.3.1982 – II ZR 166/81, BB 1982, 888 = NJW 1982, 1647 mit Anm. *Karsten Schmidt*; *Karsten Schmidt*, HandelsR, § 7 Rdnr. 48, § 8 Rdnr. 104; *Fastrich*, in: Baumbach/Hueck, § 5 Rdnr. 30; *Schmidt-Leithoff*, in: Rowedder/Schmidt-Leithoff, Rdnr. 103; *Ulmer/Casper*, in: Ulmer/Habersack/Löbbe, § 5 Rdnr. 76.

310　BGHZ 18, 248, 250 = NJW 1955, 1916; BGH v. 29.3.1982 – II ZR 166/81, BB 1982, 888 = NJW 1982, 1647 mit Anm. *Karsten Schmidt*; gegen diese Beschränkung *Karsten Schmidt*, HandelsR, § 7 Rdnr. 48, § 8 Rdnr. 13 ff.

311　Dafür m.w.N. *Thiessen*, in: MünchKomm. HGB, 4. Aufl. 2016, § 28 HGB Rdnr. 10; *Servatius*, NJW 2001, 1696; nach dieser Auffassung müsste im Fall der Sacheinlage die GmbH unbedingt haften, im Fall der Sachübernahme nur, wenn sie auch die Firma des erworbenen Unternehmens führt.

312　*Karsten Schmidt*, HandelsR, § 8 Rdnr. 13 ff.

313　A.M. *Schmidt-Leithoff*, in: Rowedder/Schmidt-Leithoff, Rdnr. 91 ff., 103 m.N.

314　Vgl. zur Anwendung des § 613a BGB auf Unternehmens-Sacheinlagen *Müller-Glöge*, in: MünchKomm. BGB, 7. Aufl. 2016, § 613a BGB Rdnr. 64 m.w.N.

315　BGH v. 9.3.1981 – II ZR 54/80, BGHZ 80, 129 = NJW 1981, 1373 = GmbHR 1981, 114.

pflichten der Gründer **im Innenverhältnis** und keine unmittelbare Haftung gegenüber den Gläubigern (eingehend Rdnr. 139 ff.).

d) Nach der hier vertretenen Auffassung finden die Haftungsgrundsätze **keine Anwendung** **auf die Mantel- oder Vorratsverwertung** (Rdnr. 29, 67, 109, 140). Die abweichenden, auf den Gedanken der „wirtschaftlichen Neugründung" gestützten Urteile BGHZ 153, 158[316] und BGHZ 155, 318[317] verdienen keine Zustimmung[318]. Die Praxis muss sie allerdings respektieren, solange der BGH an der Anwendung des Gründungsrechts festhält (eingehend § 3 Rdnr. 21 ff.). Eine Entschärfung enthält das Urteil BGHZ 192, 341[319]. 84

VI. Die Haftung der Gesellschafter

Schrifttum: (vgl. zunächst die Angaben bei Rdnr. 1): *Ahrens*, Kapitalgesellschaftliche Mantelverwertung 85 und Vorgesellschafterhaftung, DB 1998, 1069; *Altmeppen*, Das unvermeidliche Scheitern des Innenhaftungskonzepts in der Vor-GmbH, NJW 1997, 3272; *Bayer/Lieder*, Vorbelastungshaftung und Vorbelastungsbilanz, insbesondere bei späterer Auffüllung des Haftungsfonds, ZGR 2006, 875; *Baumann*, Die GmbH in Anwartschaft – ein neues Konzept zur Gründerhaftung, JZ 1998, 597; *Beuthien*, Haftung bei gesetzlichen Schuldverhältnissen einer Vorgesellschaft, BB 1996, 1337; *Beuthien*, Vorgesellschafterhaftung nach innen oder außen? Zum Vorlagebeschluss des BGH vom 4.3.1996, GmbHR 1996, 309; *Beuthien*, Zum Haftungsprivileg der Vorgesellschafter, in: FS Hadding, 2004, S. 309; *Beuthien*, Haftung der Vorgesellschafter: Warum so umständlich? Warum so milde?, WM 2013, 1485; *Binz*, Haftungsverhältnisse im Gründungsstadium der GmbH & Co. KG, 1976; *Brinkmann*, Begrenzte Haftung der Einmann-GmbH in Gründung?, GmbHR 1982, 269; *Chebulla*, Haftungsmodelle bei der GmbH-Gründung, NZG 2001, 972; *Dauner-Lieb*, Haftung und Risikoverteilung in der Vor-GmbH, GmbHR 1996, 82; *Derwisch-Ottenberg*, Die Haftungsverhältnisse der Vor-GmbH, 1988; *Dregger*, Haftungsverhältnisse bei der Vorgesellschaft, 1951; *Dreher*, Die Gründungshaftung bei der GmbH, DStR 1992, 33; *von Einem*, Haftung der Gesellschafter einer Vorgesellschaft für Beitragsschulden, DB 1987, 621; *Ensthaler*, Haftung der Gesellschafter einer Vor-GmbH: Innenhaftung oder Außenhaftung?, BB 1997, 257; *Fantur*, Das Haftungssystem der GmbH-Vorgesellschaft, Wien 1997; *Fleck*, Die neuere Rechtsprechung zur Vorgesellschaft und zur Haftung der Handelnden, ZGR 1975, 212; *Flume*, Die Rechtsprechung zur Haftung der Gesellschafter der Vor-GmbH und die Problematik der Rechtsfortbildung, DB 1998, 45; *Gehrlein*, Die Haftung in den verschiedenen Gründungsphasen einer GmbH, DB 1996, 561; *Gehrlein*, Von der Differenz- zur Verlustdeckungshaftung, NJW 1996, 1193; *Gummert*, Die Haftungsverfassung der Vor-GmbH nach der jüngsten Rechtsprechung des BGH, DStR 1997, 1007; *Hartmann*, Gründerhaftung in der Vor-GmbH, WiB 1997, 66; *Hennerkes/Binz*, Zur Handelndenhaftung im Gründungsstadium der GmbH & Co., DB 1982, 1971; *Hey*, Haftung des Gründungsgesellschafters der Vor-GmbH – KG, WM 1994, 1288; JuS 1995, 484; *Huber*, Die Vorgesellschaft mbH, in: FS Fischer, 1979, S. 263; *Jäger*, Die persönliche Gesellschafterhaftung in der werdenden GmbH, 1994; *Kellermann*, Zur Gesellschafterhaftung in der Vor-GmbH, in: FS Röhricht, 2005, S. 291; *Kind*, Die Differenzhaftung im Recht der GmbH, Diss. Mainz 1984; *Kleindiek*, Zur Gründerhaftung in der Vor-GmbH – Besprechung der Entscheidung BGH ZIP 1997, 679 –, ZGR 1997, 427; *Knoche*, Gründerhaftung und Interessenausgleich bei der Vor-GmbH, 1990; *Kort*, Die Gründerhaftung in der Vor-GmbH – Überlegungen anlässlich des Vorlagebeschlusses des BAG vom 23. August 1995 an den GmS OGB, ZIP 1995, 1892, ZIP 1996, 109; *Krebs/Klerx*, Die Haftungsverfassung der Vor-GmbH, JuS 1998, 991; *Lieb*, Meilenstein oder Sackgasse? Bemerkungen zum Stand von Rechtsprechung und Lehre zur Vorgesellschaft, in: FS Stimpel, 1985, S. 399; *Lutter*, Haftungsrisiken bei der Gründung einer GmbH, JuS 1998, 1073; *Maulbetsch*, Haftung für Verbindlichkeiten der Vorgründungsgesellschaft und der Vorgesellschaft einer GmbH, DB 1984, 1561; *Meister*, Zur Vorbelastungsproblematik und zur Haftungsverfassung der Vorgesellschaft bei der GmbH, in: FS Werner, 1984, S. 521; *Mi-*

---

316 BGH v. 9.12.2002 – II ZB 12/02, BGHZ 153, 158 = NJW 2003, 892.
317 BGH v. 7.7.2003 – II ZB 4/02, BGHZ 155, 318 = NJW 2003, 3198.
318 *Priester*, ZHR 168 (2004), 248 ff.; *Karsten Schmidt*, NJW 2004, 1345 ff.; *Karsten Schmidt*, ZIP 2010, 857 ff.; zust. *Merkt*, in: MünchKomm. GmbHG, Rdnr. 185.
319 BGH v. 6.3.2012 – II ZR 56/10, BGHZ 192, 341 = GmbHR 2012, 630 = ZIP 2012, 817 Rdnr. 24. Dazu *Wicke*, in: MünchKomm. GmbHG, § 3 Rdnr. 32; *Simon*, in: Gehrlein/Born/Simon, § 3 Rdnr. 69; *Ulmer*, ZIP 2012, 1265, 1272; abl. *Bayer*, in: Lutter/Hommelhoff, § 3 Rdnr. 91.

chalski/Barth, Außenhaftung der Gesellschafter einer Vor-GmbH, NZG 1998, 525; *Nordhues*, Gesellschafterhaftung in der Vor-GmbH und Vorgründungsgesellschaft, 2003; *Paefgen*, Handelndenhaftung bei europäischen Auslandsgesellschaften, GmbHR 2005, 957; *Petersen*, Spannungsverhältnis zwischen Gründerhaftung und Handlungshaftung …, Diss. Mainz 1985; *Priester*, Die Unversehrtheit des Stammkapitals bei Eintragung der GmbH – ein notwendiger Grundsatz?, ZIP 1982, 1141; *Raab*, Die Haftung der Gesellschafter der Vor-GmbH im System der Gesellschaft, WM 1999, 1596; *Raiser/Veil*, Die Haftung der Gesellschafter einer Gründungs-GmbH – Zum Vorlagebeschluss des BGH vom 4. März 1996 an den Gemeinsamen Senat der Obersten Gerichtshöfe des Bundes, BB 1996, 1349 ff., BB 1996, 1344; *Günter Reinicke*, Die Stellung der Mitglieder in der Vorgesellschaft unter besonderer Berücksichtigung ihrer Haftung, Diss. Köln 1960; *Riedel/Rabe*, Die Vorhaftung bei der Vorgesellschaft, NJW 1966, 1004; NJW 1968, 873; *Wulf-Henning Roth*, Die Gründerhaftung im Recht der Vorgesellschaft, ZGR 1984, 597; *Sandberger*, Die Haftung bei der Vorgesellschaft, in: FS Fikentscher, 1998, S. 389; *Schäfer-Gölz*, Die Lehre vom Vorbelastungsverbot und die Differenzhaftung der Gründer, Diss. Bonn 1983; *Karsten Schmidt*, Zur Stellung der oHG im System der Handelsgesellschaften, 1972; *Karsten Schmidt*, Unterbilanzhaftung, Vorbelastungshaftung, Gesellschafterhaftung, ZHR 156 (1992), 93; *Karsten Schmidt*, Zur Haftungsverfassung der Vor-GmbH – Bemerkungen zum Urteil des BGH vom 27. Januar 1997, ZIP 1997, 679, ZIP 1997, 671; *Karsten Schmidt*, Außenhaftung und Innenhaftung bei der Vor-GmbH – Der BGH und der Vorlagebeschluss des Bundesarbeitsgerichts, ZIP 1996, 353; *Karsten Schmidt*, Unbeschränkte Außenhaftung/unbeschränkte Innenhaftung – Stimmigkeitsprobleme der Haftungsabwicklung, in: FS Goette, 2011, S. 459 ff.; *Franz Scholz*, Die Haftung der Gründergesellschaft, JW 1938, 3149; *Michael Scholz*, Die Haftung im Gründungsstadium der GmbH, 1979; *Schütz*, Enträtselung des Rätsels Vorgesellschaft? Die Haftungsverfassung der Vor-GmbH nach dem Vorlagebeschluss des BGH vom 4.3.1996 – II ZR 123/94, GmbHR 1996, 727; *Schumann*, Der Ausgleich zwischen GmbH-Gründern, 2004; *Schwarz*, Offene Fragen bei der so genannten unechten Vor-GmbH, ZIP 1996, 2005; *Theobald*, Vor-GmbH und Gründerhaftung, 1984; *Stimpel*, Unbeschränkte oder beschränkte, Außen- oder Innenhaftung der Gesellschafter der Vor-GmbH?, in: FS Fleck, 1988, S. 345; *Ulmer*, Abschied zum Vorbelastungsverbot im Gründungsstadium der GmbH, ZGR 1981, 593; *Ulmer*, Zur Haftungsverfassung der Vor-GmbH – Erwiderung auf Karsten Schmidt, ZIP 1996, 353 und ZIP 1996, 593, ZIP 1996, 733; *Weimar*, Abschied von der Gesellschafter- und Handelnden-Haftung im GmbH-Recht?, GmbHR 1988, 289; *Wiedenmann*, Zur Haftungsverfassung der Vor-AG: Der Gleichlauf von Gründerhaftung und Handelnden-Regress – Zugleich eine Besprechung des Urteils des Landgerichts Heidelberg vom 11. Juni 1997, ZIP 1997, 2045, ZIP 1997, 2029; *Wiegand*, Offene Fragen zur neuen Gründerhaftung in der Vor-GmbH, BB 1998, 1065; *Wilhelm*, Die Haftung des Gesellschafters der durch Gesellschaftsvertrag errichteten GmbH auf Grund der gewerblichen Betätigung vor der Eintragung der GmbH, DB 1996, 461; *Wilhelm*, Das Innenhaftungskonzept geht in sich, DStR 1998, 457; *Wilken*, Gesellschafterhaftung in der echten Vor-GmbH, ZIP 1995, 1163; *Wünsch*, Die Haftung der Gründer einer GmbH, GesRZ 1984, 1; *Zöllner*, Die sog. Gründerhaftung, in: FS Wiedemann, 2002, S. 1383.

1. Unbeschränkte Vor-Gesellschafterhaftung

86 **a)** Die persönliche Haftung der Gesellschafter ist *unbeschränkt*. Das Gesetz, auf Verbindlichkeiten der Vorgesellschaft nicht eingerichtet, enthält keine klärende Regelung. Bis zu dem Grundsatzurteil BGHZ 134, 333[320] war die Gesellschafterhaftung umstritten[321]. Die engste Auffassung lehnte eine persönliche Haftung der Gesellschafter für Gesellschaftsverbindlichkeiten ab[322]. Diese fehlende Außenhaftung wurde von einzelnen Autoren durch eine sich an § 735 BGB anlehnende Innenhaftung auf Ausgleich von Anlaufverlusten neutralisiert (Rdnr. 65)[323]. Die Gegenauffassung sprach sich – teils generell, teils unter der Voraussetzung, dass die Gesell-

---

320 BGH v. 27.1.1997 – II ZR 123/94, BGHZ 134, 333 = NJW 1997, 1507 = GmbHR 1997, 405.
321 Zum Folgenden auch *Merkt*, in: MünchKomm. GmbHG, Rdnr. 73.
322 OLG Dresden v. 17.5.1995 – 3 U 1139/93, WiB 1995, 908 = ZIP 1996, 718 = DB 1996, 178; *Binz*, Haftungsverhältnisse, S. 233 ff.; *Huber*, in: FS Fischer, S. 282 f.; *Lutter/Hommelhoff*, 13. Aufl., Rdnr. 7; *Jäger*, S. 113 ff., 123 f.; *M. Scholz*, S. 81 ff.; *Weimar*, GmbHR 1988, 294 f.; *Dreher*, DStR 1992, 35; im Grundsatz auch *Priester*, ZIP 1982, 1151 f.; s. auch *Fleck*, GmbHR 1983, 7.
323 *Stimpel*, in: FS Fleck, S. 358 ff., 361 ff.; dem folgend *Ulmer*, in: Ulmer, 1. Aufl., Rdnr. 75 ff.; in dieser Richtung zuvor schon *Meister*, in: FS Werner, 1984, S. 549 f.; *Lieb*, in: FS Stimpel, 1985, S. 414 f.

schaft schon Unternehmensgeschäfte betreibt – für eine unbeschränkte Gesellschafterhaftung aus[324]. Dem folgte, wenn zunächst auch beschränkt auf den Fall, dass bereits unternehmerische Geschäfte betrieben wurden, die vorliegende Kommentierung (8. Aufl., Rdnr. 80 ff.). Zwischen beiden Standpunkten lag die bis 1997 vom Bundesgerichtshof vertretene und damals wohl herrschende vermittelnde Auffassung, nach der die Haftung auf den Betrag der noch ausstehenden Einlagen beschränkt ist[325]. Diese vermittelnde Auffassung war unausgewogen (eingehende Kritik hier in der 8. Aufl.). Sie vertrug sich insbesondere nicht mit der seit BGHZ 80, 129[326] praktizierten Unterbilanzhaftung im Eintragungsfall. Diese Haftung kann nicht am Eintragungsstichtag aus dem Nichts entstehen, und es geht auch nicht an, die Gründer im Eintragungsfall haften zu lassen, nicht dagegen bei einer scheiternden Gründung. Mit Recht hat deshalb der II. Senat diese **ältere Rechtsprechung aufgegeben**.

b) Grundlage der gegenwärtigen Praxis ist das am 27.1.1997 ergangene **Grundsatzurteil**   87
BGHZ 134, 333[327]: „Die Gesellschafter einer Vor-GmbH haften für die Verbindlichkeiten dieser Gesellschaft unbeschränkt." Damit steht fest, dass der auf den Eintragungsstichtag bezogenen Vorbelastungshaftung der Gesellschafter eine ihrem Umfang nach gleiche Gründerhaftung bei der Vorgesellschaft vorgelagert ist[328]. Das Urteil hat den zuvor vermissten Haftungsgleichlauf vor und nach der Eintragung geschaffen. Bundesarbeitsgericht und Bundessozialgericht haben sich diesem Standpunkt angeschlossen[329]. Mit diesem hier in der 7. und 8. Auflage eingeforderten Rechtsprechungswandel haben die Gerichte einem Haftungsbedürfnis Rechnung getragen, das in früheren Jahrzehnten durch Einbeziehung der Gesellschafter in den Kreis der nach § 11 Abs. 2 haftenden Handelnden erfüllt werden sollte (dazu Rdnr. 116). Diese Anwendung des § 11 Abs. 2 auf die Gesellschafterhaftung war Gläubigerschutz auf einer falschen Grundlage[330]. Aber das rechtspolitische Haftungsbedürfnis war klar erkannt. Ihm wird heute mit einer von § 11 Abs. 2 unabhängigen gesetzlichen (jedoch ungeschriebenen) Gesellschafterhaftung Rechnung getragen.

---

324 BSG v. 28.2.1986 – 2 RU 21/85, DB 1986, 1291 = ZIP 1986, 645; *Flume*, in: FS Geßler, S. 33 f.; *Flume*, JurP, § 5 III 3; *Flume*, NJW 1981, 1754; *John*, Die organisierte Rechtsperson, S. 324; *Raiser/Veil*, Kapitalgesellschaften, § 35 Rdnr. 124 ff.; *Roth*, in: Roth/Altmeppen, Rdnr. 55; *Wulf-Henning Roth*, ZGR 1984, 597 ff.; *Karsten Schmidt*, oHG, S. 317 ff.; *Karsten Schmidt*, in: FS Goette, S. 459, 462; *Karsten Schmidt*, GesR, § 34 III 3c; *Karsten Schmidt*, NJW 1978, 1980; *Karsten Schmidt*, NJW 1981, 1347; *Karsten Schmidt*, ZHR 156 (1992), 107 ff.; *Theobald*, S. 113, 121 ff.; s. auch *Brinkmann*, GmbHR 1982, 209 ff.; *v. Einem*, DB 1987, 623 f.

325 BGHZ 65, 378, 382 ff. = NJW 1976, 419, 420 mit Anm. *Karsten Schmidt*; BGH v. 15.6.1978 – II ZR 205/76, BGHZ 72, 45, 48 f. = NJW 1978, 1978, 1979 mit Anm. *Karsten Schmidt*; BGH v. 9.3.1981 – II ZR 54/80, BGHZ 80, 129, 135 = GmbHR 1981, 114 = NJW 1981, 1373, 1376 (zweifelnd); BGH v. 7.5.1984 – II ZR 276/83, BGHZ 91, 148, 152 = GmbHR 1984, 316 = NJW 1984, 2164; BGH v. 29.5.1980 – II ZR 225/78, WM 1980, 955, 956; BayObLG v. 6.11.1985 – BReg.3 Z 15/85, GmbHR 1986, 118 = DB 1986, 106; OLG Hamburg v. 18.10.1985 – 11 U 92/85, GmbHR 1986, 230 = WM 1986, 738, 739 = NJW-RR 1986, 116, 117; KG v. 7.1.1993 – 22 U 7180/93, WM 1994, 1288; *Hueck/Fastrich*, in: Baumbach/Hueck, 16. Aufl., Rdnr. 23 ff.; *Meyer-Landrut*, Rdnr. 14; *Schmidt-Leithoff*, in: Rowedder/Schmidt-Leithoff, Rdnr. 31, 91 ff.; *Meister*, in: FS Werner, S. 546 ff.; *Hüffer*, JuS 1980, 488; s. auch noch *Ulmer*, in: Hachenburg, 7. Aufl., Rdnr. 60 ff.; *Ulmer*, ZGR 1981, 593, 608 ff.

326 BGH v. 9.3.1981 – II ZR 54/80, BGHZ 80, 129 = GmbHR 1981, 114 = NJW 1981, 1373.

327 BGH v. 27.1.1997 – II ZR 123/94, BGHZ 134, 333 = NJW 1997, 1507 = GmbHR 1997, 405.

328 BGH v. 27.1.1997 – II ZR 123/94, BGHZ 134, 333 = LM Nr. 38 zu § 11 GmbHG mit Anm. *Noack* = DStR 1997, 625 mit Anm. *Goette* = GmbHR 1997, 405 = NJW 1997, 1507 = ZIP 1997, 679; vgl. schon BGH v. 4.3.1996 – II ZR 123/94, GmbHR 1996, 279 = DStR 1996, 515 mit Anm. *Goette* = NJW 1996, 1210 = ZIP 1996, 590.

329 BAG v. 10.7.1996 – 10 AZR 908/94, GmbHR 1996, 763 = ZIP 1996, 1548.

330 Vgl. näher 8. Aufl., Rdnr. 82; *Karsten Schmidt*, oHG, S. 327 ff.; *Karsten Schmidt*, GmbHR 1973, 146 ff. m.w.N.

2. Außenhaftung oder Innenhaftung?

88 **a) Herrschende Auffassung. aa)** Umstritten ist, ob die in der neuen Rechtsprechung anerkannte persönliche Haftung eine Außenhaftung oder eine Innenhaftung ist. Der **Bundesgerichtshof** folgt in dem Grundsatzurteil vom 27.1.1997 einem zuvor in der Literatur entwickelten[331] **Binnenhaftungsmodell**[332]: „Es besteht eine einheitliche Gründerhaftung in Form einer bis zur Eintragung der Gesellschaft andauernden Verlustdeckungshaftung und einer an die Eintragung geknüpften Vorbelastungs-(Unterbilanz-)haftung ... Die Verlustdeckungshaftung ist ebenso wie die Vorbelastungs-(Unterbilanz-)haftung eine Innenhaftung." Dem folgt ein erheblicher Teil der Literatur[333]. Auch die anderen Bundesgerichte haben sich dem Binnenhaftungskonzept des BGH im Ausgangspunkt angeschlossen[334]. Folge des Binnenhaftungskonzepts ist, dass die Gründerhaftung eine mit zunehmenden Verbindlichkeiten allmählich anwachsende Vorbelastungshaftung ist: Die Gründer haften zwischen der Gründung und Eintragung **anteilig** nach Maßgabe ihrer Geschäftsanteile für jede Unterbilanz. Die Haftung trifft sie nach dieser h.M. als Teilschuldner, nicht als Gesamtschuldner[335]. Für Ausfälle eines Gesellschafters haften sie entsprechend § 24[336].

89 Der **Zeitpunkt des Haftungsbeginns** ist noch nicht ausdiskutiert. Das grundlegende BGH-Urteil vom 27.1.1997 geht noch davon aus, dass die Binnenhaftung „erst mit dem Scheitern

---

331 *Stimpel*, in: FS Fleck, S. 358 ff., 361 ff.; dem folgend *Fantur*, S. 140; *Ulmer*, in: Hachenburg, 8. Aufl., Rdnr. 65; in dieser Richtung schon *Meister*, in: FS Werner, 1984, S. 549 f.; *Lieb*, in: FS Stimpel, 1985, S. 414 f.

332 BGH v. 27.1.1997 – II ZR 123/94, BGHZ 134, 133 = NJW 1997, 1507 = GmbHR 1997, 405 = ZIP 1997, 679; vgl. auch für die Vor-Genossenschaft BGH v. 10.12.2001 – II ZR 89/01, BGHZ 149, 273 = NJW 2002, 824.

333 *Kießling*, S. 157 ff.; *Schumann*, S. 261 ff.; *Goette*, § 1 Rdnr. 50; *Fastrich*, in: Baumbach/Hueck, Rdnr. 25 f.; *Link*, in: Gehrlein/Born/Simon, Rdnr. 23 ff.; *Merkt*, in: MünchKomm. GmbHG, Rdnr. 79; *Schroeter*, in: Bork/Schäfer, Rdnr. 27 ff., 35 ff.; *Ulmer/Habersack*, in: Ulmer/Habersack/Löbbe, Rdnr. 80 ff., 119 ff.; *Wicke*, Rdnr. 7; *Koppensteiner/Rüffler*, GmbHG, 3. Aufl. 2007, § 2 Rdnr. 25 f.; *Schmidsberger/Duursma*, in: Gruber/Harrer, GmbHG, 2010, § 2 Rdnr. 32 f.; *Dauner-Lieb*, GmbHR 1996, 91; *Gehrlein*, NJW 1996, 1193; *Goette*, DStR 1996, 517 ff.; *Hartmann*, WiB 1997, 71; *Kellermann*, in: FS Röhricht, S. 293 ff.; *Kort*, ZIP 1996, 114; *Lutter*, JuS 1998, 1077; *Schütz*, GmbHR 1996, 733; *Ulmer*, ZIP 1996, 733; *Wiedemann*, ZIP 1997, 2029, 2032 f.; *Wiegand*, BB 1998, 1065 ff.; *Wilken*, ZIP 1995, 1163 ff.

334 BAG v. 10.7.1996 – 10 AZR 908/94 (B), BAGE 83, 283 = NJW 1996, 3165; BAG v. 22.1.1997 – 10 AZR 908/94, GmbHR 1997, 694 = ZIP 1997, 1544; BAG v. 27.5.1995 – 9 AZR 483/96, BAGE 86, 38, 41 = NJW 1998, 628, 629 = GmbHR 1998, 39, 40 = ZIP 1997, 2199, 2201; BFH v. 7.4.1998 – VII R 82/97, BFHE 185, 356, 359 ff. = DStR 1998, 1129, 1131 mit Anm. *Goette* = NJW 1998, 2926, 2927 = GmbHR 1998, 854, 855 f. = ZIP 1998, 1149, 1150 f.; BSG v. 31.5.1996 – 2 S (U) 3/96, KTS 1996, 599; s. auch OLG Dresden v. 17.12.1997 – 12 U 2364/97, GmbHR 1998, 186 = NZG 1998, 311, 312; OLG Koblenz v. 25.8.1998 – 3 U 1817/97, ZIP 1998, 1670, 1671 = EWiR 1998, 979 (*Bähr/Nölle*); OLG Oldenburg v. 2.4.2001 – 11 U 39/00, NZG 2001, 811, 812 = GmbHR 2001, 973; LAG Thüringen v. 14.11.2000 – 5 Sa 55/99, NZA-RR 2001, 121; LAG Köln v. 17.3.2000 – 11 Sa 1060/99, NZA-RR 2001, 129; LG Heidelberg v. 11.6.1997 – 8 O 97/96, ZIP 1997, 2045, 2047 f. = NZG 1998, 392 f.; AG Holzminden v. 26.2.1997 – 2 C 552/96, NJW-RR 1997, 781, 782 = GmbHR 1997, 895; FG Köln v. 12.3.1997 – 11 K 2598/95, GmbHR 1997, 867 = EFG 1997, 934.

335 BGH v. 27.1.1997 – II ZR 123/94, BGHZ 134, 333, 340 = NJW 1997, 1507, 1509 = GmbHR 1997, 405, 408 = ZIP 1997, 679, 681 f.; *Schroeter*, in: Bork/Schäfer, Rdnr. 38.

336 KG v. 7.1.1993 – 22 U 7180/91, NJW-RR 1994, 494, 495 = WM 1994, 1288 = WiB 1994, 354 mit Anm. *Gummert*; *Fastrich*, in: Baumbach/Hueck, Rdnr. 25; *Schroeter*, in: Bork/Schäfer, Rdnr. 38; *Ulmer/Habersack*, in: Ulmer/Habersack/Löbbe, Rdnr. 82; *Gummert*, DStR 1997, 1009; *Hey*, JuS 1995, 487; *Karsten Schmidt*, ZIP 1997, 672; s. auch für die Unterbilanzhaftung BGH v. 9.3.1981 – II ZR 54/80, BGHZ 80, 129, 131 = NJW 1981, 1373, 1376 = GmbHR 1981, 114.

der Eintragung entsteht"[337]. Sie erfasst dann aber auch die bereits vor diesem Zeitpunkt entstandenen Verbindlichkeiten (Verluste)[338].Gleichzeitig besteht das Urteil unter Hinweis auch auf die vorliegende Kommentierung auf einem unentbehrlichen Haftungsgleichlauf vor und nach Eintragung[339]. Das Konzept einer erst mit der Eintragung entstehenden Gründerhaftung ist in diesem Punkt noch nicht zu Ende gedacht und wohl durch neuere Rechtsprechung überholt, nach der die Binnenhaftung beim Scheitern der Gründung zur Außenhaftung wird (Rdnr. 90). Auch der Eintragungszeitpunkt, verschiedentlich als Ansatz der Haftung vorgeschlagen[340], eignet sich nicht als Zeitpunkt des Haftungsbeginns. Der Sache nach läuft das Innenhaftungsmodell der Rechtsprechung auf eine kontinuierliche Verlustausgleichspflicht hinaus[341]. Mit der Eintragung in das Handelsregister bzw. mit der Eröffnung des Insolvenzverfahrens steht nur die Höhe des Verlustausgleichs endgültig fest. Für die **Verjährung** gilt nach der Rechtsprechung § 9 Abs. 2 sinngemäß (vgl. für den Fall der Eintragung auch Rdnr. 143)[342]. Überzeugender ist eine entsprechende Anwendung der §§ 159, 160 HGB (Rdnr. 149)[343].

bb) Ausnahmen von der Innenhaftung, also ihr **Umschlagen in eine Außenhaftung** hatte 90 der Bundesgerichtshof in seinem Grundsatzurteil vom 21.1.1997 zunächst offen gelassen[344]. Solche Ausnahmen werden mittlerweile anerkannt. Die Gründer haften im Außenverhältnis unbeschränkt, wenn die Eintragungsabsicht aufgegeben oder ihre Verwirklichung unmöglich geworden ist (vgl. zur „unechten Vorgesellschaft" auch Rdnr. 162 f.)[345]. Nach BGHZ 152, 290[346] bleibt in einem solchen Fall der Vorzug der Binnenhaftung nur erhalten, wenn die Geschäftstätigkeit sofort beendet und die Vorgesellschaft abgewickelt wird. Anderenfalls geht die unbeschränkte Innenhaftung (Verlustdeckungshaftung) in eine unbeschränkte Außenhaftung über. Insbesondere im Fall der masselosen Insolvenz der Vor-GmbH soll die Außenhaftung gelten[347]. Auch für den Fall der Einpersonengründung wird eine Ausnahme an-

---

337 BGH v. 27.1.1997 – II ZR 123/94, BGHZ 134, 333, 340 = NJW 1997, 1507, 1509 = GmbHR 1997, 405, 408 = ZIP 1997, 679, 681 f.; ähnlich *Schumann*, S. 271 f.; kritisch wie hier aber *Blath*, in: Michalski u.a., Rdnr. 69; zwischen dem Entstehen und der Fälligkeit der Haftung unterscheidend *Fastrich*, in: Baumbach/Hueck, Rdnr. 26.

338 Dies klarstellend *Langenbucher*, JZ 2003, 629.

339 BGH v. 27.1.1997 – II ZR 123/94, BGHZ 134, 333, 337 = GmbHR 1997, 405, 406 = ZIP 1997, 679, 680; scharf abl. *Beuthien*, WM 2013, 1485, 1486.

340 Vgl. *Ulmer/Habersack*, in: Ulmer/Habersack/Löbbe, Rdnr. 103, 119.

341 Dafür namentlich *Dauner-Lieb*, GmbHR 1996, 89 f.; *Lutter*, JuS 1997, 1076; *Schütz*, GmbHR 1996, 733; dagegen aber *Fastrich*, in: Baumbach/Hueck, Rdnr. 26.

342 Vgl. BGH v. 10.12.2001 – II ZR 89/01, BGHZ 149, 273 = NJW 2002, 824 (betr. Vor-Genossenschaft).

343 Vgl. *Karsten Schmidt*, in: FS Goette, S. 459, 470.

344 BGH v. 27.1.1997 – II ZR 123/94, BGHZ 134, 333, 341 = NJW 1997, 1507, 1509 = GmbHR 1997, 405, 408 = ZIP 1997, 679, 682; zust. BFH v. 7.4.1998 – VII R 82/97, BFHE 185, 356, 359 ff. = DStR 1998, 1129, 1131 mit Anm. *Goette* = NJW 1998, 2926, 2927 = ZIP 1998, 1149, 1150 f.

345 BGH v. 4.11.2002 – II ZR 204/00, BGHZ 152, 290 = NJW 2003, 429 = JZ 2003, 626 mit Anm. *Langenbucher*; BAG v. 27.5.1997 – 9 AZR 483/96, BAGE 86, 38, 42 = NJW 1998, 628, 629 = GmbHR 1998, 39, 40 = ZIP 1997, 2199, 2201; BFH v. 7.4.1998 – VII R 82/97, BFHE 185, 356, 359 = DStR 1998, 1129 mit Anm. *Goette* = NJW 1998, 2926, 2927 = GmbHR 1998, 854, 855 = ZIP 1998, 1149, 1150; LAG Berlin v. 7.12.1998 – 9 Sa 74/98, NZG 1999, 355; *Fastrich*, in: Baumbach/Hueck, Rdnr. 33; *Merkt*, in: MünchKomm. GmbHG, Rdnr. 81; *Roth*, in: Roth/Altmeppen, Rdnr. 56 a.E.; *Kort*, ZIP 1996, 111; *Lutter*, JuS 1998, 1077 f.; *Monhemius*, GmbHR 1997, 391; *Wiegand*, BB 1998, 1070.

346 BGH v. 4.11.2002 – II ZR 204/00, BGHZ 152, 290 = NJW 2003, 429 = JZ 2003, 626 mit Anm. *Langenbucher*.

347 BAG v. 25.1.2006 – 10 AZR 238/05, NZG 2006, 507; *Ulmer*, in: Hachenburg, 8. Aufl., Rdnr. 67; *Fastrich*, in: Baumbach/Hueck, Rdnr. 27; *Dauner-Lieb*, GmbHR 1996, 91; *Ulmer*, ZIP 1996, 735; s. auch *Gummert*, DStR 1997, 1010.

genommen[348]. Schließlich wird vertreten, dass die Gesellschafter unmittelbar im Außenverhältnis haften, wenn die Vorgesellschaft vermögenslos[349] oder geschäftsführerlos („führungslos" i.S. von § 35 Abs. 1 Satz 2) und insolvent[350] ist oder wenn nur ein Gläubiger vorhanden ist (ein wohl rein theoretischer Fall)[351]. Eine Schwierigkeit wird allerdings darin gesehen, dass der Gläubiger **die zur Außenhaftung führende Sondersituation** darlegen und im Streitfall beweisen muss[352], weshalb nur im Fall der Einpersonengründung und der masselosen Insolvenz zur Inanspruchnahme der Gesellschafter geraten wird[353]. Diese Einschätzung deckt sich nicht mit der Realität. In der **Mehrzahl der vor die Gerichte gelangenden Haftungsfälle** liegen auch nach den Maßstäben der Rechtsprechung die Voraussetzungen der **Außenhaftung** vor, die nur aufgrund der Innenhaftungsprämisse als Ausnahmeerscheinung ausgegeben wird. Dass ein Gläubiger, solange er kein Scheitern der Gründung und Eintragung befürchtet, vernünftigerweise nicht gegen die Gründer klagt (und genau so wenig nach § 11 Abs. 2 gegen die Geschäftsführer), hat seinen ganz einfachen Grund aber nicht darin, dass eine solche Außenhaftung im Regelfall nicht bestünde, sondern darin, dass diese Haftung ins Leere geht, wenn die Gesellschaft eingetragen wird (Rdnr. 98, 130).

91 **b) Das Außenhaftungsmodell.** Die hier bereits in den Vorauflagen vertretene **Gegenansicht** (8./9. Aufl., Rdnr. 80 ff.) spricht sich für **unmittelbare und unbeschränkte Außenhaftung der Gründer für alle zwischen der Gründung und der Eintragung begründete Gesellschaftsverbindlichkeiten** aus (vgl. Rdnr. 94)[354]. Diese Außenhaftungslösung führt rechne-

---

348 BGH v. 27.1.1997 – II ZR 123/94, BGHZ 134, 333, 341 = NJW 1997, 1507, 1509 = GmbHR 1997, 405, 408 = ZIP 1997, 679, 682; BGH v. 19.3.2001 – II ZR 249/99, GmbHR 2001, 432 = NJW 2001, 2092; LG Braunschweig v. 29.6.2001 – 1 O 1518/99, GmbHR 2001, 920; *Fastrich*, in: Baumbach/Hueck, Rdnr. 27; *Link*, in: Gehrlein/Born/Simon, Rdnr. 61; *Merkt*, in: MünchKomm. GmbHG, Rdnr. 82; *Schroeter*, in: Bork/Schäfer, Rdnr. 36; *Ulmer/Habersack*, in: Ulmer/Habersack/Löbbe, Rdnr. 84; *Lutter*, JuS 1998, 1077; *Ulmer*, ZIP 1996, 737; *Wiegand*, BB 1998, 1069.

349 BAG v. 27.5.1997 – 9 AZR 483/96, BAGE 86, 38 = NJW 1998, 628 = GmbHR 1998, 39 = ZIP 1997, 2199; BFH v. 7.4.1998 – VII R 82/97, BFHE 185, 356 = DStR 1998, 1129 mit Anm. *Goette* = NJW 1998, 2926 = GmbHR 1998, 854 = ZIP 1998, 1149; BAG v. 25.1.2006 – 10 AZR 238/05, DB 2006, 1146 = ZIP 2006, 1044 = GmbHR 2006, 756; *Merkt*, in: MünchKomm. GmbHG, Rdnr. 84; *Schroeter*, in: Bork/Schäfer, Rdnr. 36; *Link*, in: Gehrlein/Born/Simon, Rdnr. 25; *Ulmer/Habersack*, in: Ulmer/Habersack/Löbbe, Rdnr. 83; nur für die Unterbilanzhaftung nach Eintragung anders BGH v. 24.10.2005 – II ZR 129/04, BB 2005, 2773 mit Anm. *Gehrlein* = DZWiR 2006, 118 mit Anm. *Bräuer* = EWiR 2006, 143 (*Wilhelm*) = GmbHR 2006, 88 = WuB II C § 11 GmbHG 1.06 mit Anm. *Henrich/Wojcik*.

350 *Ulmer/Habersack*, in: Ulmer/Habersack/Löbbe, Rdnr. 83.

351 Dazu BGH v. 27.1.1997 – II ZR 123/94, BGHZ 134, 333 = NJW 1997, 1507, 1509 = GmbHR 1997, 405, 408 = ZIP 1997, 679, 682; BAG v. 4.4.2001 – 10 AZR 305/00, GmbHR 2001, 919 = NZA 2001, 1247; OLG Dresden v. 17.12.1997 – 12 U 2364/97, GmbHR 1998, 186, 188; *Merkt*, in: MünchKomm. GmbHG, Rdnr. 83; *Schroeter*, in: Bork/Schäfer, Rdnr. 36; *Lutter*, JuS 1999, 1077; krit. *Roth*, in: Roth/Altmeppen, Rdnr. 56.

352 *Merkt*, in: MünchKomm. GmbHG, Rdnr. 86; *Schroeter*, in: Bork/Schäfer, Rdnr. 36.

353 *Merkt*, in: MünchKomm. GmbHG, Rdnr. 86.

354 OLG Thüringen v. 3.3.1999 – 2 U 540/98, GmbHR 1999, 772; LAG Köln v. 21.3.1997 – 4 Sa 1288/96, NZA 1997, 1053 = GmbHR 1997, 1148 = ZIP 1997, 1921 = DStR 1998, 179 mit Anm. *Goette*; LSG Stuttgart v. 25.7.1997 – L 4 Kr 1317/96, NJW-RR 1997, 1463 = GmbHR 1997, 893 = ZIP 1997, 1651 mit Anm. *Altmeppen*; *Nordhues*, S. 102 ff., 124 ff.; *Karsten Schmidt*, GesR, § 34 III 3c; *Kersting*, S. 28 ff.; *Raiser/Veil*, Kapitalgesellschaften, § 35 Rdnr. 125 ff.; *Wilhelm*, Kapitalgesellschaftsrecht, Rdnr. 184; *Bayer*, in: Lutter/Hommelhoff, Rdnr. 19; *Blath*, in: Michalski u.a., Rdnr. 67; *Roth*, in: Roth/Altmeppen, Rdnr. 55 (aber unklar); *Schmidt-Leithoff*, in: Rowedder/Schmidt-Leithoff, Rdnr. 98 a.E.; *Sandberger*, in: FS Fikentscher, S. 408 ff.; *Zöllner*, in: FS Wiedemann, S. 1405 ff., 1412; *Altmeppen*, NJW 1997, 3272; *Altmeppen*, ZIP 1997, 273; *Beuthien*, GmbHR 1996, 312 ff.; *Beuthien*, BB 1996, 1340; *Beuthien*, ZIP 1996, 319; *Beuthien*, WM 2013, 1485, 1487, 1494; *Cebulla*, NZG 2001, 972; *Flume*, DB 1998, 45; *Flume*, Juristische Person, § 5 III 3 (S. 164); *Kleindiek*, ZGR 1997, 427; *Langenbucher*, JZ 2003, 628 (mit Einschränkungen); *Michalski/Barth*, NZG 1998, 527 f.;

risch nicht zu einer schärferen Haftung als die Innenhaftungslösung, weil der Gesellschafter zur Regressnahme bei seinen Mitgesellschaftern befugt ist. Sie erlegt aber das Haftungs- und Regressrisiko von vornherein den haftenden Gründern auf. Dieses Konzept wurde mehrfach ausführlich begründet[355]. § 13 Abs. 2, wonach den Gläubigern nur das Gesellschaftsvermögen haftet, gilt erst von der Eintragung an. Die bloße Anmeldung der Gesellschaft zur Eintragung im Handelsregister beseitigt die Haftung nicht[356]. Die inzwischen auch vom Bundesgerichtshof als unentbehrlich erkannte unbeschränkte Gründerhaftung kann nur als Außenhaftung sinnvoll verwirklicht werden. Nach dem Binnenhaftungskonzept müsste der Gläubiger aus einem erst gegen die Vor-GmbH zu erwirkenden Titel in deren Forderungen gegen die einzelnen als Teilschuldner haftenden Gründer in Höhe der (ihm nicht ohne weiteres bekannten) Geschäftsanteile vollstrecken und bei fruchtloser Vollstreckung neuerlich die Ausfallhaftungsforderungen nach § 24 geltend machen[357]. Einstweiliger Rechtsschutz direkt gegen die Gesellschafter wäre nicht zu erlangen. Das ist unbefriedigend. Auch die von der Rechtsprechung konzedierten Ausnahmen vom Binnenhaftungskonzept (Rdnr. 90) machen die Sache nicht besser. Institutionell und ex post belegen sie ein Versagen des Binnenhaftungsmodells (Außenhaftung in der Mehrzahl der praktischen Fälle); im Einzelfall und ex ante sind sie keine effektive Hilfe für die Gläubiger, weil diese nicht immer imstande sind, die angeblichen Voraussetzungen der Außenhaftung darzulegen. Besonders gilt dies für die Fälle der Vermögenslosigkeit oder des Vorhandenseins nur eines Gläubigers. Die Vermögenslosigkeit wird der Gläubiger häufig erst nach erfolgloser Vollstreckung oder nach erfolglosem Insolvenzantrag feststellen, und das Fehlen weiterer Gläubiger ist ein Zustand, der sich noch während des Prozesses ändern kann. Die **Haftung** ist also, wenn sie benötigt wird, **nur als Außenhaftung praktikabel**.

Es besteht auch **kein rechtfertigender Grund, die Gründer vor den Gefahren der Außenhaftung zu schützen**[358]. Diese ist rechnerisch nicht strenger als die Binnenhaftung, denn auch bei dieser trifft bei Ausfall aller Mitgesellschafter die Gründerhaftung den einzig solventen Gründer nach § 24 voll. Der **Unterschied** zwischen Außen- und Binnenhaftung liegt **in der Haftungsabwicklung**. Er besteht nur darin, dass sich das „Regresskarussell"[359] umkehrt (vgl. zum Regress bei der Außenhaftung Rdnr. 97)[360]. Soweit die Haftungsgefahr, wie warnend betont wird, GmbH-Gründungen verhindern sollte[361], ist zu bedenken, dass eine GmbH, deren Gründer nicht einmal die vor der Eintragung auflaufenden Ingangsetzungs-

92

Raab, WM 1999, 1596 ff.; *Raiser/Veil*, BB 1996, 1344; *Schwarz*, ZIP 1996, 2007; *Wilhelm*, DB 1996, 922; *Wilhelm*, DStR 1998, 457 ff.

355 *Karsten Schmidt*, GesR, § 34 III 3c; *Karsten Schmidt*, in: Großkomm. AktG, 5. Aufl. 2016, § 41 AktG Rdnr. 84; *Karsten Schmidt*, in: FS Goette, 2011, S. 459, 463; *Karsten Schmidt*, ZHR 156 (1992), 93 ff.; *Karsten Schmidt*, ZIP 1996, 353 ff.; *Karsten Schmidt*, ZIP 1996, 593; *Karsten Schmidt*, ZIP 1997, 672 f.; zustimmend: *Gummert*, in: MünchHdb. III, § 16 Rdnr. 110, 113 ff.; *Sandberger*, in: FS Fikentscher, S. 409.

356 A.M. *Langenbucher*, JZ 2003, 628, 629 f. (dilatorische, nach Eintragung peremptorische Einrede gegen die Außenhaftung).

357 *Karsten Schmidt*, GesR, § 34 III 3c; *Karsten Schmidt*, ZHR 156 (1992), 93 ff.; *Karsten Schmidt*, ZIP 1996, 353 ff.; ausführlich in gleicher Richtung *Beuthien*, WM 2013, 1485, 1487; Gegenstandpunkt bei *Ulmer/Habersack*, in: Ulmer/Habersack/Löbbe, Rdnr. 82.

358 *Karsten Schmidt*, ZIP 1996, 357, 593; zust. LAG Köln v. 21.3.1997 – 4 Sa 1288/96, NZA 1997, 1053 = GmbHR 1997, 1148 = ZIP 1997, 1921 = DStR 1998, 179 mit Anm. *Goette*; s. auch *Beuthien*, WM 2013, 1485, 1488; a.M. *Merkt*, in: MünchKomm. GmbHG, Rdnr. 79 („Schutz der Investoren"); BGH v. 27.1.1997 – II ZR 123/94, BGHZ 134, 333, 340 = NJW 1997, 1507, 1509 = GmbHR 1997, 405, 408 = ZIP 1997, 679, 682 („nicht unzumutbar"); *Ulmer*, ZIP 1996, 736.

359 Terminus des Verf.; vgl. ZIP 1996, 357, 599 und öfter; zusammenfassend *Karsten Schmidt*, in: FS Goette, S. 459, 461.

360 *Karsten Schmidt*, GesR, § 34 III 3c aa; *Karsten Schmidt*, in: Großkomm. AktG, 5. Aufl. 2016, § 41 AktG Rdnr. 84; *Karsten Schmidt*, in: FS Goette, S. 459, 463; *Karsten Schmidt*, ZIP 1996, 357, 599 (auch zum Terminus „Regress-Karussell"); zust. *Sandberger*, in: FS Fikentscher, S. 411.

361 *Kort*, ZIP 1996, 113.

verluste tragen wollen, es nicht besser verdient hat[362]. Schließlich braucht auch kein Gründer vor einer mutwilligen Inanspruchnahme durch Gesellschaftsgläubiger geschützt zu werden. Da nämlich die Außenhaftung mit der Eintragung der GmbH entfällt (Rdnr. 157), wird ein Gläubiger die Gründer nicht mitverklagen, wenn er der Solvenz und Ertragsfähigkeit der Vor-GmbH traut (vgl. auch Rdnr. 90 a.E.)[363]. Die angebliche Gefahr eines Gläubigerwettlaufs im Insolvenzfall[364] spricht gleichfalls nicht gegen die Außenhaftung, denn bei eröffnetem Insolvenzverfahren führt die analoge Anwendung des § 93 InsO zu einer Innen-Abwicklung (Rdnr. 43), und bei Verfahrensablehnung mangels Masse wird gerade auch von den Befürwortern des Binnenhaftungskonzepts eine Außenhaftung bejaht (Rdnr. 90). Soweit schließlich „Strukturprinzipien des GmbH-Rechts" gegen die Außenhaftung ins Feld geführt werden[365], ist zu erwidern: Das seit BGHZ 134, 333[366] gerade von der Rechtsprechung zugrunde gelegte „Strukturprinzip" des Kapitalgesellschaftsrechts (wenn dieses große Wort auf die Haftungsdiskussion passt) besteht in der Abhängigkeit der Haftungsbeschränkung von der durch Registereintragung dokumentierten Prüfung der gesetzlichen Eintragungsvoraussetzungen[367].

3. Die unbeschränkte Gründerhaftung für Verbindlichkeiten der Vorgesellschaft

93 **a)** Die **Voraussetzungen der unbeschränkten Haftung** ergeben sich aus Rdnr. 86 ff.: Es muss eine Vorgesellschaft und eine Verbindlichkeit der Vorgesellschaft vorliegen. Mehr ist nicht zu verlangen. Es muss sich nicht um operative, über das Gründungsnotwendige hinausgehende Geschäfte handeln (allerdings wird dies, wenn die Haftungsfrage praktisch wird, i.d.R. gegeben sein). Der Haftende muss die unternehmerische Tätigkeit in Anbetracht der bei Rdnr. 73 mitgeteilten Wertungsgrundlagen auch nicht gebilligt oder auch nur gekannt und geduldet haben (anders noch 7. Aufl.), denn hierauf kommt es nur für das Innenverhältnis an. Die hier angenommene Außenhaftung ist eine **gesetzliche akzessorische** Haftung[368]. Sie ist am Modell der §§ 128 ff. HGB orientiert. Auf das abweichende Konzept der Rechtsprechung wurde bei Rdnr. 88 f. hingewiesen: Nach BGHZ 134, 333[369] handelt es sich um eine Innenhaftung gegenüber der Gesellschaft, die aber in eine Außenhaftung umschlagen kann (Rdnr. 90).

94 **b)** Der **Umfang der Haftung** erfasst einheitlich **sämtliche Drittverbindlichkeiten der Vorgesellschaft**. Wie bei der Haftung nach § 128 HGB kann Drittgläubiger auch ein Gesellschafter (Gründer) sein, so beispielsweise als Lieferant oder Dienstleister[370]. Als *gesetzliche Haftung* ist die unbeschränkte Haftung der Gründer für *rechtsgeschäftliche* wie für *gesetzliche Verbindlichkeiten* der Gesellschaft einheitlich zu begründen[371]. Es bedarf bei rechtsgeschäftlichen Verbindlichkeiten keiner Doppelverpflichtung der Gesellschaft und der Gründer durch die Geschäftsführer (§§ 164, 727 BGB), um die persönliche Haftung zu begründen[372], also

---

362 *Karsten Schmidt*, ZIP 1996, 356.
363 *Karsten Schmidt*, ZIP 1996, 357.
364 Vgl. BGH v. 4.3.1996 – II ZR 123/94, GmbHR 1996, 279 = ZIP 1996, 590, 592.
365 *Ulmer*, ZIP 1996, 736.
366 BGH v. 27.1.1997 – II ZR 123/94, BGHZ 134, 333 = GmbHR 1997, 405 = NJW 1997, 1507.
367 Zust. LAG Köln v. 21.3.1997 – 4 Sa 1288/96, GmbHR 1997, 1148 = ZIP 1997, 1921 = NZA 1997, 1053 = DStR 1998, 179 mit Anm. *Goette*.
368 *Karsten Schmidt*, oHG, S. 335 ff.; *Theobald*, S. 80 ff., 135; *Gummert*, in: MünchHdb. III, § 16 Rdnr. 83.
369 BGH v. 27.1.1997 – II ZR 123/94, BGHZ 134, 333 = LM Nr. 38 zu § 11 GmbHG mit Anm. *Noack* = DStR 1997, 625 mit Anm. *Goette* = GmbHR 1997, 405 = NJW 1997, 1507.
370 Vgl. sinngemäß *Karsten Schmidt*, in: MünchKomm. HGB, 4. Aufl. 2016, § 128 HGB Rdnr. 12.
371 Zust. OLG Frankfurt v. 6.1.1994 – 1 U 174/91, GmbHR 1994, 708; *Gummert*, in: MünchHdb. III, § 16 Rdnr. 84.
372 Vgl. demgegenüber noch *Ulmer*, in: Hachenburg, 7. Aufl., Rdnr. 61. *Ulmer* hat die von ihm begründete Doppelverpflichtungslehre auch bei der Gesellschaft bürgerlichen Rechts aufgegeben (*Ulmer*, ZIP 1999, 563 ff.).

auch keiner besonderen Vertretungsmacht für die Gründer[373]. Erfasst sind nicht nur rechtsgeschäftliche Verbindlichkeiten, sondern auch Verbindlichkeiten aus gesetzlichen Schuldverhältnissen, z.B. auch Beitrags- und Steuerschulden der Gesellschaft (vgl. Rdnr. 201)[374]. Dazu braucht man nicht die Gründer zu Steuerschuldnern, Arbeitgebern etc. zu erklären (zur Vorgesellschaft als Arbeitgeberin vgl. Rdnr. 36)[375]. Erfasst sind nicht nur Verbindlichkeiten, die nach der Aufnahme unternehmerischer Tätigkeit eingegangen wurden, sondern *auch Altverbindlichkeiten*, sogar solche, die die Vorgesellschaft gemäß § 25 HGB, § 613a BGB von einem Rechtsvorgänger übernommen hat (dazu Rdnr. 81)[376]. Der gesetzliche Gedanke, dass sich die einmal eingetretene unbeschränkte Haftung ohne Unterschied auf alle neuen und alten Gesellschaftsverbindlichkeiten beziehen soll (vgl. § 130 HGB), passt auch hier[377].

c) Die **unbeschränkte akzessorische Haftung** unterliegt *allgemeinen Grundsätzen* der per 95
sönlichen Gesellschafterhaftung, wie sie den **§§ 128–130 HGB sinngemäß** entnommen werden können[378]. Sie ist eine Außenhaftung, kann also von den Gläubigern unmittelbar geltend gemacht werden (Rdnr. 91; zur Innenhaftung im Liquidations- oder Insolvenzfall vgl. Rdnr. 43, 65, 92). Sie ist eine Primärhaftung[379]. Sie ist eine gesamtschuldnerische: Im Verhältnis zur Gesellschaftsschuld besteht Akzessorietät (Rdnr. 83), im Verhältnis der Gesellschafter untereinander besteht eine Gesamtschuld (a.M. das bei Rdnr. 88 f. geschilderte Innenhaftungskonzept: Haftung pro rata mit Ausfallhaftung analog § 24)[380]. Der unbeschränkt haftende Vorgesellschafter kann Einwendungen und Einreden unter denselben Voraussetzungen geltend machen wie der Gesellschafter einer oHG (vgl. § 129 HGB)[381]. Auch wer durch Eintritt oder Anteilserwerb (Rdnr. 49) neu hinzukommt, haftet, wenn die Haftungsvoraussetzungen nach Rdnr. 93 erfüllt sind, unbeschränkt auch für Altverbindlichkeiten der Vorgesellschaft (Rechtsgedanke des § 130 HGB). Aus dem handelsrechtlichen Haftungssystem der §§ 25, 28, 130 wird man sogar zu folgern haben, dass die persönliche Gesellschafterhaftung der Vor-Gesellschafter die nach § 25 HGB auf die Gesellschaft übergegangenen Altverbindlichkeiten eines eingebrachten Unternehmens (Rdnr. 72) mit umfasst, wenn dieses Unternehmen von der noch nicht eingetragenen (Vor-) GmbH fortgeführt wird (Rdnr. 44). Als Außenhaftung unterliegt die Haftung im Fall der Auflösung der Vor-GmbH **entsprechend**

---

373 Vgl. *Theobald*, S. 76 ff.; aber str.; a.M. früher noch BGH v. 15.12.1975 – II ZR 95/73; BGHZ 65, 378, 382 = NJW 1976, 419, 420 = GmbHR 1976, 65, 66; BGH v. 15.6.1978 – II ZR 205/76, BGHZ 72, 45, 49 = NJW 1978, 1978, 1979 = GmbHR 1978, 232; BGH v. 13.12.1982 – II ZR 282/81, BGHZ 86, 122, 125 = NJW 1983, 876, 877 = GmbHR 1976, 46, 47; BayObLG v. 6.11.1985 – BReg.3 Z 15/85, GmbHR 1986, 118 = DB 1986, 106.

374 Vgl. für Umsatzsteuerschulden FG Nds. v. 3.11.1982 – V 1573/82 U, GmbHR 1984, 51; für Beiträge zur gesetzlichen Unfallversicherung BSG v. 28.2.1986 – 2 RU 21/85, GmbHR 1986, 228 = DB 1986, 1291 = ZIP 1986, 645 = EWiR § 11 GmbHG 1/86 mit abl. Anm. *Fleck*; BSG, DB-Beil. 27/1986, S. 6; LAG Frankfurt v. 1.7.1991 – 16 Sa 1504/90, GmbHR 1992, 178; OLG Saarbrücken v. 17.1.1992 – 4 U 175/90, GmbHR 1992, 307, 308 mit Anm. *Jestaedt*; im Ergebnis auch OLG Frankfurt v. 6.1.1994 – 1 U 174/91, GmbHR 1994, 708 (Sozialversicherung); *v. Einem*, DB 1987, 612 ff.; eingehend *Beuthien*, BB 1996, 1337 ff.

375 So aber OLG Frankfurt v. 6.1.1994 – 1 U 174/91, GmbHR 1994, 708.

376 Wie hier im Ergebnis OLG Saarbrücken, JZ 1952, 35 mit Anm. *Weipert*; *Theobald*, S. 138 ff.; a.M. noch *Karsten Schmidt*, oHG, S. 340: nur bei Umwandlung der Gesellschaft in eine nicht eingetragene Dauergesellschaft.

377 A.M. noch *Karsten Schmidt*, oHG, S. 338 ff.

378 Zu dieser Konsequenz der hier vertretenen Ansicht vgl. auch *Merkt*, in: MünchKomm. GmbHG, Rdnr. 92.

379 A.M. *Wulf-Henning Roth*, ZGR 1984, 626 f.; eines Schutzes durch eine Einrede der Vorausklage bedarf es nicht; in praxi wird jede Gesellschafterhaftung wie eine Ausfallhaftung abgewickelt, aber geklagt werden kann sofort und unbedingt.

380 Für eine bloße Teilschuld-Haftung ohne Ausfallhaftung nach § 24 vereinzelt *Beuthien*, in: FS Hadding, S. 320 ff.

381 Vgl. zur Akzessorietät der Haftung *Karsten Schmidt*, oHG, S. 343 ff.

§ 159 Abs. 1 HGB einer fünfjährigen **Enthaftungsfrist**[382]. Eine Verjährung analog § 9 Abs. 2 bzw. § 159 HGB (Rdnr. 149) kommt erst nach der Eintragung der Gesellschaft in Betracht (dazu Rdnr. 143)[383]. Auf die Außenhaftung passt sie nicht.

96 d) Eine **Haftungsbeschränkung** kann nicht durch den Gesellschaftsvertrag, wohl aber *durch Rechtsgeschäft mit dem individuellen Gläubiger* herbeigeführt werden[384]. Entgegen BGHZ 72, 45, 50[385] genügt hierfür nicht, dass der Vertreter im Namen einer „GmbH" handelt. Die hier in den Vorauflagen kritisierte ältere Rechtsprechung über die Haftungsbeschränkung durch erkennbares Handeln für eine Vor-GmbH ist durch das Grundsatzurteil BGHZ 134, 333[386] ausdrücklich aufgegeben worden. Die Tatsache allein, dass der Handelnde das Interesse der Gesellschafter an beschränkter Haftung zum Ausdruck bringt, genügt nicht für die Haftungsbeschränkung. Auch ein ausdrückliches Handeln im Namen einer „GmbH i.G." beschränkt die Haftung nicht (vgl. auch zur Handelndenhaftung Rdnr. 118). Dieses Auftreten unterstreicht im Gegenteil den haftungsbegründenden Tatbestand. Um eine Rechtsscheinhaftung, die durch Information des Vertragsgegners behoben würde, handelt es sich nicht.

4. Regressansprüche

97 Ein Rückgriffsanspruch (vor Zahlung: ein Befreiungsanspruch) der Gesellschafter besteht im Fall ihrer persönlichen Haftung (Rdnr. 90 ff.) entsprechend § 110 HGB **gegenüber der Gesellschaft**[387]. Allerdings gilt dies nur, soweit nicht die Vorbelastungshaftung\nach Rdnr. 139 ff. Platz greift. Das bedeutet: Die Gesellschafter haben im Innenverhältnis Anlaufverluste in Gestalt von Haftungsverbindlichkeiten, die eine Unterbilanz herbeiführen oder verschärfen, zu tragen und können insoweit keinen Regress bei der Gesellschaft nehmen (vgl. zur Geltung der Kapitalschutzregeln Rdnr. 62)[388]. Diese dann regresslose Haftung ist deckungsgleich mit der vom BGH angenommenen Binnenhaftung der Gründer (zu ihr vgl. Rdnr. 88 f.). Erst wenn die Unterbilanz behoben ist, kann der Regressanspruch wieder geltend gemacht werden (die Gesellschaft schuldet Regress aus dem zur Erhaltung des Stammkapitals nicht erforderlichen Reinvermögen; vgl. auch die Wertung bei Rdnr. 150). Die **Gesellschafter untereinander** können sich nach § 426 BGB ausgleichen[389]. Es haften die Mitgesellschafter als Teilschuldner nach Maßgabe ihrer Beteiligung am Gewinn und Verlust, also regelmäßig nach Maßgabe der übernommenen Stammeinlagen. Sind alle Gründer solvent, so haften sie im Ergebnis nicht anders als nach dem Binnenhaftungskonzept des BGH. Auch wenn haftende Gründer ausfallen, besteht im Ergebnis kein Unterschied (Rdnr. 88–92). Nur das Regresskarussell dreht sich anders herum (Rdnr. 92): Nach der hier vertretenen Ansicht tritt der vom Gläubiger in Anspruch genommene Gründer gleichsam in Vorlage und muss selbst den Regress bei den Mitgründern suchen. Soweit die Gesellschaft analog § 110 HGB selbst in Regress genommen werden kann,

---

382 A.M. BGH v. 10.12.2001 – II ZR 89/01, BGHZ 149, 273, 275 = NJW 2002, 824 f. (betr. Vor-Genossenschaft).
383 A.M. BGH v. 10.12.2001 – II ZR 89/01, BGHZ 149, 273, 275 = NJW 2002, 824 f. (betr. Vor-Genossenschaft).
384 *Karsten Schmidt*, oHG, S. 345; zust. *Gummert*, in: MünchHdb. III, § 16 Rdnr. 87; s. auch *Merkt*, in: MünchKomm. GmbHG, Rdnr. 94.
385 BGH v. 15.6.1978 – II ZR 205/76, BGHZ 72, 45, 50 = NJW 1978, 1978, 1979 = GmbHR 1978, 232.
386 BGH v. 27.1.1997 – II ZR 123/94, BGHZ 134, 333 = LM Nr. 38 zu § 11 GmbHG mit Anm. *Noack* = DStR 1997, 625 mit Anm. *Goette* = GmbHR 1997, 405 = NJW 1997, 1507.
387 *Karsten Schmidt*, oHG, S. 356 f.; *Karsten Schmidt*, GmbHR 1973, 152; zust. *Gummert*, in: MünchHdb. III, § 16 Rdnr. 91; vgl. auch noch *Ulmer*, in: Hachenburg, 7. Aufl., Rdnr. 67; krit. *Theobald*, S. 142.
388 Insoweit überzeugend *Theobald*, S. 142.
389 *Karsten Schmidt*, oHG, S. 357; *Theobald*, S. 142.

ist die Regresshaftung der Mitgesellschafter nur eine subsidiäre[390]. Wer haftet, obwohl er dem Geschäftsbeginn nicht zugestimmt hatte (Rdnr. 93), kann auch den Handelnden (§ 11 Abs. 2) in Regress nehmen.

5. Haftungsfolgen der Eintragung oder des Scheiterns der Eintragung

a) Eintragung: Wird die Gesellschaft eingetragen, so endet eine nach Rdnr. 93 ff. begründe- 98 te unbeschränkte persönliche Außenhaftung[391]. Im Außenverhältnis gilt nunmehr § 13 Abs. 2: Für die Verbindlichkeiten der GmbH haftet nur noch das Gesellschaftsvermögen. Der Entstehungsgrund dieser Außenhaftung, die Unternehmensführung ohne legitimierte Haftungsbeschränkung, entfällt, und es besteht kein Grund mehr, die Altgläubiger der bisherigen Vor-GmbH gegenüber den Neugläubigern der GmbH durch eine persönliche Gesellschafterhaftung zu privilegieren. Wer schon Ansprüche gegen die Vorgesellschaft hatte, kann deshalb nicht mehr, ohne mit den Neugläubigern der GmbH zu konkurrieren, direkt gegen die Gesellschafter vorgehen. Die **Enthaftung** tritt allerdings **nur im Außenverhältnis** ein. Unter den bei Rdnr. 141 ff. geschilderten Voraussetzungen setzt sie sich als Vorbelastungs-Innenhaftung gegenüber der GmbH fort[392]. Diese Vorbelastungshaftung tritt als Innenhaftung an die Stelle der vor der Eintragung bestehenden Außenhaftung (nach dem bei Rdnr. 88 f. geschilderten Innenhaftungsmodell des BGH ist sie nichts anderes als die akkumulierte persönliche Gründer-Innenhaftung). Der von Kritikern der hier vertretenen Auffassung befürchtete „Verlust an Haftungsmasse" tritt nach dieser Lösung nicht ein[393].

b) Scheitern der Eintragung: Das Scheitern der Eintragung führt auch nach dem bei 99 Rdnr. 88 f. dargestellten Binnenhaftungskonzept der Rechtsprechung zur unbeschränkten Außenhaftung (vgl. Rdnr. 90). Unbeschränkt haften die Gesellschafter unstreitig dann, wenn sie das Unternehmen in diesem Fall ohne Liquidationsanstrengungen fortführen (Rdnr. 162 f.). Aber es wurde auch schon vor 1997 vertreten, dass das Scheitern der Eintragung per se zur unbeschränkten Haftung führt[394]. Dies ließ die Frage entstehen, ob die unbeschränkte Außenhaftung nur Neuverbindlichkeiten erfasst, oder ob die Haftung rückwirkend eintritt[395]. Vorgeschlagen wurde auch eine interne Verlustausgleichshaftung der Gesellschafter gegenüber der in Liquidation befindlichen Vorgesellschaft[396]. Seit dem Urteil BGHZ 134, 333[397] steht fest, dass nach Scheitern der Eintragung für alle, auch für die schon bestehenden Verbindlichkei-

---

390 Krit. *Theobald*, S. 142.
391 Vgl., teils noch unter Annahme einer beschränkten Außenhaftung, BGH v. 9.3.1981 – II ZR 54/80, BGHZ 80, 129, 144 = NJW 1981, 1373, 1376 = GmbHR 1981, 114, 118; BGH v. 20.6.1983 – II ZR 200/82, BB 1983, 1433; FG Münster v. 3.11.1982 – V 1573/82 U, GmbHR 1984, 51; *Roth*, in: Roth/Altmeppen, Rdnr. 50; *Schmidt-Leithoff*, in: Rowedder/Schmidt-Leithoff, Rdnr. 33, 104; *Bayer*, in: Lutter/Hommelhoff, Rdnr. 27 a.E., 36; *Fastrich*, in: Baumbach/Hueck, Rdnr. 66; *Fleck*, GmbHR 1983, 13 f.; *Flume*, in: FS v. Caemmerer, S. 528 f.; *Karsten Schmidt*, oHG, S. 347 ff.; *Karsten Schmidt*, GmbHR 1973, 151; *Karsten Schmidt*, NJW 1981, 1347; *Karsten Schmidt*, ZHR 156 (1992), 121 ff.; *Theobald*, S. 140; *Zöllner*, in: FS Wiedemann, S. 1413; *Wiedemann*, JurA 1970, 456 f.; *Dreher*, DStR 1992, 37; a.M. OLG Saarbrücken v. 17.1.1992 – 4 U 175/90, GmbHR 1992, 307, 308 f. mit Anm. *Jestaedt*; *Schultz*, JuS 1982, 738 f.; *Beuthien*, ZIP 1996, 362; *Beuthien*, WM 2013, 1485, 1488 f.
392 Insofern ähnlich *Blath*, in: Michalski u.a., Rdnr. 126; *Merkt*, in: MünchKomm. GmbHG, Rdnr. 94; *Ulmer/Habersack*, in: Ulmer/Habersack/Löbbe, Rdnr. 121.
393 Vgl. *Karsten Schmidt*, ZHR 156 (1992), 124 f., in Reaktion auf *Stimpel*, in: FS Fleck, S. 351 f.
394 *Knoche*, S. 185 ff.; *Huber*, in: FS Fischer, S. 283 f. (als Vorschlag de lege ferenda); *Priester*, ZIP 1982, 1151 f.; einschränkend *Fleck*, GmbHR 1983, 15; *Maulbetsch*, DB 1984, 1563.
395 Für Rückwirkung *Merkt*, in: MünchKomm. GmbHG, Rdnr. 95; *Priester*, ZIP 1982, 1152; *Maulbetsch*, DB 1984, 1563.
396 *Baumbach/Hueck*, 15. Aufl., Rdnr. 30; *Schmidt-Leithoff*, in: Rowedder/Schmidt-Leithoff, Rdnr. 91; *Lieb*, in: FS Stimpel, S. 414.
397 BGH v. 27.1.1997 – II ZR 123/94, BGHZ 134, 333 = NJW 1997, 1507 mit Anm. *Altmeppen*.

ten, unbeschränkt gehaftet wird (Rdnr. 88 ff.). Nach BGHZ 152, 290[398] tritt **unbeschränkte Außenhaftung** ein, wenn nicht die Geschäftstätigkeit im Fall eines Scheiterns der Eintragung sofort eingestellt wird, und zwar für alle, auch die bereits vorhandenen Geschäftsverbindlichkeiten (Rdnr. 162). Nach der hier vertretenen Auffassung bedarf es dieser Überlegungen nicht. Für alle Gesellschaftsverbindlichkeiten haften die Gesellschafter persönlich und unbeschränkt (Rdnr. 93 ff.). Diese Haftung entsteht nicht erst mit dem Scheitern des Eintragungsantrags (Rdnr. 88 f.). Sie ist eine Außenhaftung (Rdnr. 91 f.). Aber sie kann im Liquidations- oder Insolvenzfall in Gestalt von Nachschussforderungen zu Gunsten der Masse geltend gemacht werden (Rdnr. 43, 65, 92, 160).

100 c) **Fall der „unechten Vorgesellschaft":** Setzen die Gesellschafter *ohne Eintragungsabsicht* die als GmbH errichtete Gesellschaft fort, betreiben sie z.B. dauerhaft ein Unternehmen unter der Firma einer „GmbH in Gründung", so haften sie auch nach der h.M. unbeschränkt im Außenverhältnis. Dieser Fall, der meist mit dem Schlagwort „unechte Vorgesellschaft" belegt wird, wird vor allem dann praktisch, wenn die GmbH-Gründung scheitert, aber keine Liquidation stattfindet (vgl. Rdnr. 162). Nach der hier vertretenen Ansicht (Rdnr. 91 f.) bedarf es für die Außenhaftung nicht des Beweises, dass die Eintragungsabsicht fehlt oder dass die Eintragung objektiv unmöglich ist.

VII. Die Haftung der Handelnden nach § 11 Abs. 2

101 **Schrifttum:** (vgl. zunächst die Angabe bei Rdnr. 1, 85): *Bergmann,* Die Handelnden-Haftung als Ausgleich fehlender Registerpublizität, GmbHR 2003, 563; *Beuthien,* Regeln die Vorschriften über die Handelndenhaftung einen Sonderfall des Handelns ohne Vertretungsmacht? – Zum Verhältnis der §§ 54 S. 2 BGB, 11 Abs. 2 GmbHG, 41 Abs. 1 S. 2 AktG zu § 179 BGB, GmbHR 1996, 561; *Beuthien,* Wer sind die Handelnden? Warum und wie lange müssen sie haften?, GmbHR 2013, 1; *Brock,* Die Haftungssituation des Geschäftsführers der GmbH und ihre Begrenzung im Bereich der Vorgesellschaft, 1987; *Fantur,* Das Haftungssystem der GmbH-Vorgesellschaft, Wien 1997; *Fleck,* Die neuere Rechtsprechung zur Vorgesellschaft und zur Haftung der Handelnden, ZGR 1975, 212; *Heerma,* Die Haftung des Handelnden beim Mantelkauf, GmbHR 1999, 640; *Hennerkes/Binz,* Zur Handelndenhaftung im Gründungsstadium der GmbH & Co., DB 1982, 1971; *Jestaedt,* Weitere Einschränkungen der Haftung aus § 11 Abs. 2 GmbH-Gesetz?, MDR 1996, 541; *Jula,* Gestaltungsmöglichkeiten des Geschäftsführers einer GmbH i.G. zum Ausschluss oder zur Abschwächung der Handelndenhaftung, BB 1995, 1597; *Klein,* Der Rückgriffsanspruch des Handelnden gegen die Gründer einer Vor-GmbH, 1993; *Lieb,* Abschied von der Handlungshaftung, DB 1970, 961; *André Meyer,* Die Abhängigkeit der Haftung des Handelnden von der Vertretungsmacht für die Vor-GmbH, GmbHR 2002, 1176; *Michalski,* Haftung nach § 11 II GmbHG für rechtsgeschäftsähnliches Handeln, NZG 1998, 248; *Petersen,* Spannungsverhältnis zwischen Gründerhaftung und Handlungshaftung …, Diss. Mainz 1985; *Riedel/Rabe,* Die Vorhaftung bei der Vorgesellschaft, NJW 1966, 1004; 1968, 873; *Wulf-Henning Roth,* Die Gründerhaftung im Recht der Vor-GmbH, ZGR 1984, 597; *Hubert Schmidt,* Der Regressanspruch des Fremdgeschäftsführers gegen die Gesellschafter der Vor-GmbH, GmbHR 1988, 129; *Karsten Schmidt,* Der Funktionswandel der Handelndenhaftung im Recht der Vorgesellschaft, GmbHR 1973, 146; *Michael Scholz,* Die Haftung im Gründungsstadium der GmbH, 1979; *Schwab,* Handelndenhaftung und gesetzliche Verbindlichkeiten, NZG 2012, 481; *Theobald,* Vor-GmbH und Gründerhaftung, 1984; *Thümmel/Sparberg,* Haftungsrisiken der Vorstände, Geschäftsführer, Aufsichtsräte und Beiräte sowie deren Versicherbarkeit, DB 1995, 1013; *Weimar,* Abschied von der Gesellschafter- und Handelndenhaftung im GmbH-Recht?, GmbHR 1988, 289; *Weimar,* Grundprobleme und offene Fragen um den faktischen GmbH-Geschäftsführer (I), GmbHR 1997, 473; *Werner,* Mantelgründung und Handelndenhaftung – Stellungnahme zu KG, NZG 1998, 731 f., NZG 1999, 146.

---

398 BGH v. 4.11.2002 – II ZR 204/00, BGHZ 152, 290 = GmbHR 2003, 97 = NJW 2003, 429 = JZ 2003, 626 mit Anm. *Langenbucher.*

1. Grundlagen der Handelndenhaftung

a) Nach **§ 11 Abs. 2** haften die Handelnden persönlich und solidarisch, wenn vor der Eintragung im Namen der Gesellschaft gehandelt worden ist. Die Vorschrift ist *auf Grund von überholten gesetzlichen Grundlagen* entstanden. Der Gesetzgeber von 1892 hat die aus dem Aktienrecht bekannte Haftung kommentarlos übernommen[399]. Historische Grundlage ist deshalb Art. 211 ADHGB, der ursprünglich auf das Vorbelastungsverbot im Konzessionssystem zugeschnitten war (Rdnr. 2, 44) und das Handeln im Namen einer nicht konzessionierten Kapitalgesellschaft unterbinden sollte[400]. Diese historische Grundlage war nicht ohne Einfluss auf den früher angenommenen **Normzweck**. Sie macht die früher angenommene sog. *Straffunktion* des § 11 Abs. 2 erklärlich[401]. Danach war die Haftung eine Reaktion des Zivilrechts auf unerlaubtes Handeln im Namen einer vor dem Recht noch nicht bestehenden juristischen Person. Schon in der Rechtsprechung des RG trat dann immer mehr die *Sicherungsfunktion* des § 11 Abs. 2 in Erscheinung. Diese Sicherungsfunktion wurde traditionellerweise darin erblickt, dass den Gläubigern an Stelle der GmbH jedenfalls ein Schuldner, nämlich der Handelnde, zur Verfügung gestellt werden solle[402]. Hierauf beruht die Annahme, es handle sich um eine der Regel des § 179 BGB (Haftung des Vertreters ohne Vertretungsmacht) nahe stehende Regelung[403]. Auch diese Deutung ist seit der Aufgabe des Vorbelastungsverbots durch BGHZ 80, 129[404] (Rdnr. 45) *überholt*, denn der Handelnde haftet, jedenfalls in der Regel, nicht an Stelle einer noch nicht vorhandenen Gesellschaft, sondern er haftet neben der vorhandenen und nur noch nicht eingetragenen GmbH[405].

102

b) Der *Sinn und Zweck der Handelndenhaftung* ist von einem **Funktionswandel der Handelndenhaftung** bestimmt[406]. Aus heutiger Sicht steht die Funktion im Vordergrund, die vor der Eintragung noch ungesicherte Erfüllung der Normativbestimmungen durch die Haftung jedenfalls einer Person auszugleichen und hierdurch den Gläubiger zu sichern[407]. Besonders vordringlich musste diese Haftungsfunktion denjenigen erscheinen, die die Gründer (wie bis 1996 der BGH) als Gesellschafter nur beschränkt oder überhaupt nicht persönlich

103

---

399 Begründung 1891, S. 57; rechtsvergleichend zum Aktienrecht *Heller*, RIW 2010, 139 ff.

400 Vgl. eingehend *Rittner*, S. 111 ff., 365; *Karsten Schmidt*, oHG, S. 328 ff.; *Reuter*, in: MünchKomm. BGB, 7. Aufl. 2015, §§ 21, 22 BGB Rdnr. 103.

401 Vgl. dazu RGZ 47, 1, 2; RGZ 55, 302, 304; RGZ 70, 296, 301; vgl. noch *Riedel*, BB 1974, 1459.

402 BGHZ 47, 25, 29 f.; BGHZ 53, 210, 214; BGHZ 65, 378, 380 f.; BGHZ 66, 359, 360; BGH v. 13.6.1977 – II ZR 232/75, BGHZ 69, 95, 103; BGH v. 17.3.1980 – II ZR 11/79, BGHZ 76, 320, 323 = GmbHR 1980, 202; OLG Brandenburg v. 19.8.1998 – 7 U 24/98, ZIP 1998, 2095 = GmbHR 1998, 1031; s. auch *Bayer*, in: Lutter/Hommelhoff, Rdnr. 28.

403 So heute noch mit Hinweis auf die auch hier betonte ungenügende Sicherung des GmbH-Vermögens *Roth*, in: Roth/Altmeppen, Rdnr. 21 (vgl. auch ebd. Rdnr. 23: Handeln für die „noch nicht existierende GmbH“); vgl. auch noch *Schubert*, in: MünchKomm. BGB, 7. Aufl. 2015, § 179 BGB Rdnr. 13 (§ 11 Abs. 2 als Spezialnorm im Verhältnis zu § 179 BGB).

404 BGH v. 9.3.1981 – II ZR 54/80, BGHZ 80, 129 = NJW 1981, 1373 = GmbHR 1981, 114.

405 Vgl. BGH v. 9.3.1981 – II ZR 54/80, BGHZ 80, 129, 136 = NJW 1981, 1373, 1374 = GmbHR 1981, 114, 116; *Karsten Schmidt*, GmbHR 1973, 149; *Karsten Schmidt*, NJW 1981, 1347; zust. *Theobald*, S. 41; *John*, BB 1982, 512.

406 Zusammenfassend BGH v. 14.6.2004 – II ZR 47/02, NJW 2004, 2519 = ZIP 2004, 1409 (zu § 41 Abs. 1 Satz 2 AktG); eingehend *Karsten Schmidt*, GmbHR 1973, 146 ff.; vgl. seither etwa *Merkt*, in: MünchKomm. GmbHG, Rdnr. 116 ff.; *Ulmer/Habersack*, in: Ulmer/Habersack/Löbbe, Rdnr. 123; *Beuthien*, GmbHR 1996, 561 ff.; *Beuthien*, GmbHR 2013, 1, 2 ff.; *Bergmann*, GmbHR 2003, 563 ff.

407 BGH v. 9.3.1981 – II ZR 54/80, BGHZ 80, 129, 133 = NJW 1981, 1373, 1374 = GmbHR 1981, 114, 115; BGH v. 16.3.1981 – II ZR 59/80, BGHZ 80, 182, 184 = NJW 1981, 1452 = GmbHR 1981, 192, 193; BGH v. 7.5.1984 – II ZR 276/83, BGHZ 91, 148, 152 = NJW 1984, 2164, 2165 = GmbHR 1984, 316, 317; *Bayer*, in: Lutter/Hommelhoff, Rdnr. 28; *Fastrich*, in: Baumbach/Hueck, Rdnr. 45; *Blath*, in: Michalski u.a., Rdnr. 85; *Ostheim*, JurBl. 1978, 347 ff.; *Ostheim*, GesRZ 1982, 125.

haften ließen (Rdnr. 86). Bei BGHZ 91, 148, 152[408] wurde sogar ganz maßgeblich auf den Ersatz für die, nach der damaligen Rechtsprechung ja fehlenden, unbeschränkten Gesellschafterhaftung abgestellt. Im Ergebnis kommt der *gläubigersichernden Funktion* auch dann maßgebliche Bedeutung zu, wenn man die persönliche Haftung der Gesellschafter bejaht, denn es geht um ein *Handeln im Namen einer zwar schon existierenden, aber noch nicht endgültig auf Einhaltung der gesetzlichen Normativbestimmungen geprüften Gesellschaft*[409]. Umstritten ist, ob § 11 Abs. 2 daneben auch die Funktion hat, die Organe der Vorgesellschaft zu einer Beschleunigung des Eintragungsverfahrens anzuhalten (sog. *Druckfunktion*). Diese Nebenfunktion ist zu bejahen[410]. Sie wird von einer zunehmend vertretenen Ansicht in Zweifel gezogen[411], dies insbesondere mit dem Hinweis, dass die Organe die Dauer des Eintragungsverfahrens nicht bestimmen können[412]. So richtig das aber ist, so unleugbar ist doch das Interesse des Rechtsverkehrs an raschen und ordentlichen Anmeldungen bzw. Reaktionen auf Zwischenverfügungen. Das Betreiben des Eintragungsvorgangs ist vor allem auch für die Enthaftung der Gründungsbeteiligten von erheblicher Bedeutung (vgl. dazu Rdnr. 98). Sie müssen die Haftungsrisiken aus Geschäften im Gründungsstadium tragen (Rdnr. 88 f.) und sind auf schleunige Eintragung angewiesen. Mindestens als rechtspolitischer Nebeneffekt bleibt deshalb die Druckfunktion von Belang.

104 **c)** Die Handelndenhaftung ist eine **Organhaftung**[413]. **Nur wer als Geschäftsführer** bestellt ist oder als **faktischer Geschäftsführer** die Aufgaben eines Geschäftsführers wahrnimmt, kann nach § 11 Abs. 2 haften (Rdnr. 112 ff.). Als Organhaftung ist die Handelndenhaftung systematisch streng von der bei Rdnr. 86 ff. besprochenen Gesellschafterhaftung zu unterscheiden[414]. Sie tritt ggf. nicht nur neben die Haftung der Gesellschaft, sondern unter den bei Rdnr. 90 ff. besprochenen Voraussetzungen auch neben die persönliche Haftung der Gesellschafter[415]. Ein Gesellschafter-Geschäftsführer kann aus beiden Anspruchsgrundlagen persönlich haften.

105 **d)** Die Handelndenhaftung ist **keine Rechtsscheinhaftung** (Vertrauenshaftung). Sie dient dem Verkehrsschutz beim Handeln im Namen einer noch nicht eingetragenen GmbH, ohne dass es darauf ankäme, ob der Vertragspartner die Gesellschaft für bereits eingetragen hielt (vgl. auch Rdnr. 112, 121). Verkehrsschutz und Vertrauenshaftung sind nicht dasselbe.

106 **e) Rechtspolitisch** wird die Haftungsbestimmung vielfach kritisiert[416]. Richtig ist, dass sie nach der Anerkennung der Vorgesellschaft nicht mehr dieselbe Berechtigung und Tragweite

---

408 BGH v. 7.5.1984 – II ZR 276/83, BGHZ 91, 148, 152 = NJW 1984, 2164, 2165 = GmbHR 1984, 316, 317.

409 Vgl. *Karsten Schmidt*, GesR, § 34 III 3d; *Derwisch-Ottenberg*, S. 55 ff.; *Klein*, S. 24 f.; *Blath*, in: Michalski u.a., Rdnr. 88; *Bergmann*, GmbHR 2003, 563; vgl. auch *Merkt*, in: MünchKomm. GmbHG, Rdnr. 118: „Ausgleichsfunktion".

410 Vgl. BGH, LM Nr. 10 zu § 11 GmbHG; BGHZ 47, 25, 29 = NJW 1967, 828, 829; OLG Karlsruhe v. 11.12.1997 – 11 U 20/97, GmbHR 1998, 239 = ZIP 1998, 958; *Dregger*, S. 107; *Karsten Schmidt*, oHG, S. 358; *Karsten Schmidt*, GmbHR 1973, 146, 152; zust. *Gummert*, in: MünchHdb. III, § 16 Rdnr. 94; vgl. auch *Ostheim*, GesRZ 1982, 125; nur referierend *Fastrich*, in: Baumbach/Hueck, Rdnr. 45; *Blath*, in: Michalski u.a., Rdnr. 86; ablehnend offenbar BGH v. 14.6.2004 – II ZR 47/02, GmbHR 2004, 1151 mit Anm. *Bergmann* = NJW 2004, 2519 = ZIP 2004, 1409 (zu § 41 Abs. 1 Satz 2 AktG).

411 BGH v. 13.6.1977 – II ZR 232/75, BGHZ 69, 95, 103 = NJW 1977, 1683, 1685 = GmbHR 1977, 246, 248; *Klein*, S. 20 („ungewollte Nebenwirkung"); *Blath*, in: Michalski u.a., Rdnr. 87; *Ulmer/Habersack*, in: Ulmer/Habersack/Löbbe, Rdnr. 124; *Fleck*, GmbHR 1983, 5, 13.

412 Dazu auch *Blath*, in: Michalski u.a., Rdnr. 87; *Merkt*, in: MünchKomm. GmbHG, Rdnr. 119.

413 *Karsten Schmidt*, GesR, § 34 III 3d aa; *Karsten Schmidt*, oHG, S. 350; *Karsten Schmidt*, GmbHR 1973, 147; *Gummert*, in: MünchHdb. III, § 16 Rdnr. 96; *Theobald*, S. 31 m.w.N.

414 Vgl. dazu *Karsten Schmidt*, GmbHR 1973, 149 ff.

415 Vgl. *Theobald*, S. 43.

416 *Ulmer/Habersack*, in: Ulmer/Habersack/Löbbe, Rdnr. 124; *Lieb*, DB 1970, 967; *Lieb*, in: FS Stimpel, S. 405; *Fleck*, LM Nr. 20 zu § 11 GmbHG; *Weimar*, GmbHR 1988, 289; *Weimar*, AG 1992, 77; s. auch *Fantur*, S. 30; *Schmidt-Leithoff*, in: Rowedder/Schmidt-Leithoff, Rdnr. 107.

haben kann wie noch im Jahr 1892 (Rdnr. 5, 102). Aber der Sinnwandel der Bestimmung (Rdnr. 103) lässt die Haftung auch heute nicht als obsolet oder völlig verfehlt erscheinen[417]. Wie in der Literatur betont wird, könnte eine Beseitigung der Haftungsbestimmung sogar gegen Art. 7 der Ersten gesellschaftsrechtlichen Richtlinie (Publizitätsrichtlinie)[418] verstoßen[419]. De lege lata abzulehnen ist jedenfalls die im Schrifttum vorgetragene Forderung, § 11 Abs. 2 solle von der Rechtsprechung nicht mehr angewandt werden[420]. Diese These verwechselt die Lehre vom Wandel der Normsituation mit dem hier nicht zum Zuge kommenden Grundsatz „cessante ratione legis cessat lex ipsa".

2. Sachlicher Anwendungsbereich: nur bei Vorgesellschaften

a) Voraussetzung der Haftung ist, dass für eine **Vorgesellschaft** gehandelt wurde. Im *Vorgründungsstadium* gilt § 11 Abs. 2, wie seit geraumer Zeit auch der BGH[421] anerkennt, **nicht** (Rdnr. 24). Umgekehrt gilt § 11 Abs. 2 **nicht**, wenn die GmbH bereits eingetragen ist[422]. Dies gilt auch dann, wenn der Geschäftspartner glaubt, die Gesellschaft sei noch nicht eingetragen, z.B. weil der Geschäftsführer sie als „GmbH i.G." bezeichnet hatte. Weder ist § 11 Abs. 2 selbst ein Rechtsscheintatbestand (Rdnr. 105), noch kann sich ein Dritter darauf berufen, er habe mit der persönlichen Haftung des handelnden Geschäftsführers gerechnet. Es kommt nur auf den objektiven Haftungstatbestand an, und dieser kann nicht mehr eintreten, wenn die GmbH bereits in das Handelsregister eingetragen ist. Allenfalls wenn eine persönliche Haftung aktiv vorgetäuscht wird, kann der Handelnde haften, dann aber nicht aus § 11 Abs. 2, sondern aus Rechtsschein oder culpa in contrahendo (§ 311 Abs. 2 Nr. 1, Abs. 3 BGB).   107

b) Nicht anzuwenden ist § 11 Abs. 2 auf den Fall der **Satzungsänderung, insbesondere** der **Kapitalerhöhung**. Rechtsgeschäfte einer schon eingetragenen Gesellschaft, die zwischen einem Satzungsänderungs- oder Kapitalerhöhungsbeschluss und dessen Eintragung vorgenommen werden, lösen keine Handelndenhaftung aus. Das gilt auch dann, wenn die Gesellschafter der Satzungsänderung das Gewicht einer „Umgründung" geben und wenn sich die Gesellschafter schon vor der Eintragung der von ihnen beschlossenen Satzungsänderungen im Sinne dieser „Umgründung" unternehmerisch betätigen[423]. Auch wenn dieser Vorgang mit einer Änderung der Firma und des Unternehmensgegenstands einhergeht, ist das Handeln vor der Eintragung dieser Satzungsänderungen kein Fall des § 11 Abs. 2 (zur „wirtschaftlichen Neugründung" vgl. auch Rdnr. 109)[424].   108

c) Wirtschaftliche Neugründung? Das Recht der *Mantelverwendung* ist seit den Urteilen BGHZ 153, 158[425] und BGHZ 155, 318[426] neuerlich umstritten (näher § 3 Rdnr. 21 ff.). Der   109

---

417 Wie hier *Merkt*, in: MünchKomm. GmbHG, Rdnr. 120 f.; *Kersting*, S. 18.
418 ABl. EG L Nr. 65 v. 14.3.1968, S. 8 = *Lutter/Bayer/J. Schmidt*, Europäisches Unternehmens- und Kapitalmarktrecht, 5. Aufl. 2012, S. 417 ff.; dazu *Klein*, S. 32 f.; *Sandberger*, in: FS Fikentscher, S. 417; *Werner*, NZG 1999, 148.
419 *Ulmer/Habersack*, in: Ulmer/Habersack/Löbbe, Rdnr. 124; krit. *Beuthien*, GmbHR 2013, 1, 15.
420 So *Weimar*, GmbHR 1988, 289 f.; *Weimar*, GmbHR 1997, 478 Fn. 47.
421 BGH v. 7.5.1984 – II ZR 276/83, BGHZ 91, 148 = NJW 1984, 2164 = GmbHR 1984, 316; bestätigt bei BGH v. 17.12.1984 – II ZR 69/84, GmbHR 1985, 214 = WM 1985, 479.
422 BGH v. 9.11.1978 – II ZR 69/77, GmbHR 1980, 55.
423 Vgl. OLG Hamburg v. 23.1.1987 – 11 U 188/86, BB 1987, 505 = GmbHR 1987, 477 = NJW-RR 1987, 811; insoweit zust. *Ulmer/Habersack*, in: Ulmer/Habersack/Löbbe, Rdnr. 131.
424 Vgl. OLG Koblenz v. 19.1.1989 – 6 U 1221/87, BB 1989, 315 = GmbHR 1989, 374; s. auch *Merkt*, in: MünchKomm. GmbHG, Rdnr. 124.
425 BGH v. 9.12.2002 – II ZB 12/02, BGHZ 153, 158 = GmbHR 2003, 227 mit Anm. *Peetz* = NJW 2003, 892.
426 BGH v. 7.7.2003 – II ZB 4/02, BGHZ 155, 318 = GmbHR 2003, 1125 mit Anm. *Peetz* = NJW 2003, 3198.

BGH versteht die Verwendung von Vorrats- und Mantelgesellschaften als eine „wirtschaftliche Neugründung" und wendet gründungsrechtliche Bestimmungen an. Nach **BGHZ 155, 318**[427] kommt nicht nur die Unterbilanzhaftung (Rdnr. 140), sondern daneben auch eine Handelndenhaftung analog § 11 Abs. 2 in Betracht, wenn vor Offenlegung der wirtschaftlichen Neugründung die Geschäfte aufgenommen werden, ohne dass alle Gesellschafter zugestimmt haben[428]. Diese bei § 3 Rdnr. 41 ff. ausführlich behandelte Rechtsprechung ist **abzulehnen** (Rdnr. 29, 67, 84, 140)[429]. Schon vor den zitierten Urteilen wurde allerdings die Anwendbarkeit des § 11 Abs. 2 verschiedentlich bejaht[430], hier dagegen verneint (Rdnr. 29, 67, 84, 140)[431]. Allerdings hat das OLG Hamburg[432] eine Haftung bei einem Fall der Mantelverwertung in einem Einzelfall mit Recht bejaht. Die Haftung konnte jedoch, wie später wohl auch das OLG Hamburg[433] erkannt hat, nicht auf die Geltung des § 11 Abs. 2 bei Mantelverwertungen gestützt werden, sondern sie ergab sich aus den Besonderheiten des damaligen Falls. Im zu entscheidenden Fall hatte der Beklagte, als Geschäftsführer einer noch nicht eingetragenen X-GmbH handelnd, Aufträge vergeben. Er hatte dann die Geschäftsanteile einer Y-GmbH erworben und eine Satzungs- und Firmenänderung dieser zukünftigen X-GmbH beschlossen. Zur Eintragung der Satzungsänderung kam es nicht mehr, weil die GmbH Konkursantrag stellen musste. Hier musste der Beklagte haften, aber nicht aus § 11 Abs. 2, sondern aus § 179 BGB (wenn er ohne Vertretungsmacht gehandelt hatte) oder auf Grund einer Vertrauenshaftung (wenn er über die Identität des Vertragspartners getäuscht hatte)[434]. Mit § 11 Abs. 2 hatte der Haftungsfall entgegen der Auffassung des OLG nichts zu tun.

110 **d) Umwandlung, Sitzverlegung?** In Fällen der **Umwandlung** kommt eine Haftung nach § 11 Abs. 2 kaum in Betracht. Beim Formwechsel gibt es keine Vorgesellschaft (Rdnr. 28). Der Handelnde kann nur im Namen der Gesellschaft alter oder neuer Rechtsform handeln. Im Fall der **Verschmelzung** ist eine Haftung nach § 11 Abs. 2 nur zu erwägen, wenn eine Vorgesellschaft entsteht, also bei der Verschmelzung durch Neubildung (Rdnr. 28). Auch hierbei kommt eine Haftung aber nur in dem eher theoretischen Fall in Betracht, dass vor der Eintragung der Verschmelzung im Namen der Vorgesellschaft gehandelt wird (vgl. Rdnr. 69 f.). So wird es sich kaum je verhalten. Wer nach einem notariellen Verschmelzungsvertrag bereits unter der Firma der neuen GmbH Geschäfte abschließt, handelt – je nach dem Zeitpunkt, in dem die Geschäfte wirksam werden sollen – im Namen der gegenwärtigen oder der künftigen eingetragenen GmbH als Unternehmensträgerin[435]; eine Haftung nach § 11 Abs. 2 bleibt

---

427 BGH v. 7.7.2003 – II ZB 4/02, BGHZ 155, 318 = GmbHR 2003, 1125 mit Anm. *Peetz* = NJW 2003, 3198.

428 So auch BGH v. 12.7.2011 – II ZR 71/11, GmbHR 2011, 1032 mit Anm. *Bayer* = ZIP 2011, 1761; *Bayer*, in: Lutter/Hommelhoff, Rdnr. 29; *Fastrich*, in Baumbach/Hueck, Rdnr. 46; *Ulmer/Habersack*, in: Ulmer/Habersack/Löbbe, Rdnr. 130; *Gornstedt*, BB 2003, 2082 f.

429 *Karsten Schmidt*, NJW 2004, 1345 ff.; *Karsten Schmidt*, ZIP 2010, 857 ff.; krit. auch *Altmeppen*, DB 2003, 2050; *Priester*, ZHR 168 (2004), 248 ff.; *Kallmeyer*, GmbHR 2003, 322; *Schaub*, NJW 2003, 2125, 2128; s. auch *Merkt*, in: MünchKomm. GmbHG, Rdnr. 194 f.; *Kesseler*, ZIP 2003, 1790 ff.; unentschieden *Gummert*, in: MünchHdb. III, § 16 Rdnr. 152 f.

430 Für Anwendbarkeit OLG Hamburg v. 15.4.1983 – 11 U 43/83, BB 1983, 1116 = GmbHR 1983, 219 = ZIP 1983, 570 (anders OLG Hamburg v. 23.1.1987 – 11 U 188/86, BB 1987, 505 = GmbHR 1987, 477); KG v. 6.2.1998 – 21 U 5505/97, NZG 1998, 731; LG Hamburg v. 18.4.1985 – 2 S 199/84, NJW 1985, 2426; LG Hamburg v. 28.1.1997 – 309 S 108/96, GmbHR 1997, 895; *Ulmer*, BB 1983, 1124; unentschieden OLG Koblenz v. 19.1.1989 – 6 U 1221/87, BB 1989, 315 = GmbHR 1989, 374.

431 10. Aufl., Rdnr. 99 mit umfangreichen Nachweisen.

432 OLG Hamburg v. 15.4.1983 – 11 U 43/83, GmbHR 1983, 219 = BB 1983, 1116 = ZIP 1983, 570.

433 OLG Hamburg v. 23.1.1987 – 11 U 188/86, BB 1987, 505 = GmbHR 1987, 477 = NJW-RR 1987, 811.

434 *Karsten Schmidt*, GesR, § 4 III 3e.

435 Vgl. zum rechtsgeschäftlichen Handeln für ein Unternehmen, *Karsten Schmidt*, HandelsR, § 4 Rdnr. 88 ff.

dann außer Betracht[436]. Ähnliches gilt im Fall der Spaltung. Selbst in den wenigen Umwandlungsfällen, in denen nach h.M. eine Vorgesellschaft zur Entstehung gelangt, wird demnach kaum je ohne aufschiebende Bedingung im Namen der künftigen Gesellschaft gehandelt. Analog anzuwenden ist § 11 Abs. 2 dagegen in Fällen der **Sitzverlegung**, wenn im Namen einer nach deutschem Recht nicht anerkannten Auslandsgesellschaft gehandelt wird[437]. Die in einem Rest-Anwendungsbereich noch vertretene Sitztheorie (Anh. § 4a Rdnr. 10 ff.) lässt die Auslandsgesellschaft als eine zwar bereits existente Gesellschaft erscheinen, die aber die Normativbestimmungen des deutschen Gesellschaftsrechts nicht erfüllt hat[438]. **Nicht** anzuwenden ist dagegen § 11 Abs. 2 **im Geltungsbereich der Artt. 49, 54 AEUV** (vormals Artt. 43, 48 EG), also auf eine durch die EuGH-Rechtsprechung „Centros", „Überseering", „Inspire Art" und „Vale" gedeckte[439], jedoch im Inland nicht eingetragene Auslandsgesellschaft[440].

e) Abgrenzung zur Rechtsscheinhaftung. Von dem nach § 11 Abs. 2 haftungsbegründenden   111
Handeln im Namen der (Vor-)Gesellschaft zu unterscheiden ist das *Handeln im Namen einer in Wahrheit inexistenten bzw. nicht als Rechtsträgerin anerkannten Gesellschaft.* Nur die heute überholte Auffassung, nach der auch die Vorgesellschaft noch keine Rechtsträgerin, sondern eine noch inexistente GmbH sein sollte (Rdnr. 4 f.), konnte diese Fälle einander gleichstellen. Die Haftung beim Handeln im Namen einer überhaupt nicht vorhandenen GmbH ergibt sich entsprechend § 179 BGB (Rdnr. 19–24)[441]. Diese Fälle sind selten. Rechtsgeschäfte, die für ein existierendes Unternehmen abgeschlossen werden, sind i.d.R. Rechtsgeschäfte im Namen des wahren – sei es auch unrichtig bezeichneten – Unternehmensträgers[442]. Selbst wenn die Firma einer nicht oder noch nicht existierenden GmbH verwendet wird, liegt regelmäßig kein Handeln im Namen eines Nicht-Rechtssubjekts, sondern ein Handeln im Namen des existierenden Unternehmensträgers vor. Die Haftung nach des § 179 BGB hängt dann nur davon ab, ob Vertretungsmacht für diesen falsch bezeichneten Unternehmensträger vorliegt. Im Fall einer täuschend verwendeten Firma kommt an Stelle des § 11 Abs. 2 oder des § 179 BGB eine Rechtsscheinhaftung oder eine Haftung aus culpa in contrahendo (§§ 280 Abs. 1, 311 Abs. 2 BGB) in Betracht.

---

436 Vgl. auch BGH v. 23.9.1985 – II ZR 284/84, GmbHR 1986, 225 = NJW-RR 1986, 115 = WM 1985, 1364.

437 Vgl. mit Unterschieden im Einzelnen OLG Hamburg v. 20.2.1986 – 6 U 147/85, GmbHR 1986, 349 = NJW 1986, 2199; KG v. 13.6.1989 – 6 U 591/89, NJW 1989, 3100; OLG Oldenburg v. 4.4.1989 – 12 U 13/89, GmbHR 1990, 346 = NJW 1990, 1422; OLG Düsseldorf v. 15.12.1994 – 6 U 59/94, GmbHR 1995, 595 = NJW-RR 1995, 1124 = ZIP 1995, 1009; LG Marburg v. 27.8.1992 – 1 O 115/92, GmbHR 1993, 299 = NJW-RR 1993, 222; LG Stuttgart v. 10.8.2001 – 5 KfH O 76/01, GmbHR 2002, 697 = NJW-RR 2002, 463, 466; *Kruse*, Sitzverlegung von Kapitalgesellschaften in der EG, 1997, S. 41 ff.; *Bogler*, DB 1991, 848; *Eidenmüller/Rehm*, ZGR 1997, 99 f.; *Karsten Schmidt*, ZGR 1999, 25; a.M. *Merkt*, in: MünchKomm. GmbHG, Rdnr. 125; *H.-F. Müller*, ZIP 1997, 1053 f.

438 *Karsten Schmidt*, ZGR 1999, 22 ff.; str.

439 EuGH v. 9.3.1999 – Rs. C-212/97, Slg. 1999, I-1459 = GmbHR 1999, 474 – Centros; EuGH v. 5.11.2002 – Rs. C-208/00, Slg. 2002, I-9919 = GmbHR 2002, 1137 – Überseering; EuGH v. 30.9.2003 – Rs. C-167/01, Slg. 2003, 3331 = GmbHR 2003, 1260 – Inspire Art; EuGH v. 12.7.2012 – Rs. C-378/10, ZIP 2012, 1394 = GmbHR 2012, 860 – Vale.

440 BGH v. 14.3.2005 – II ZR 5/03, NJW 2005, 1648 = GmbHR 2005, 630 = ZIP 2005, 805 = RIW 2005, 542 mit Anm. *Leible/Hoffmann*; *Bayer*, in: Lutter/Hommelhoff, Rdnr. 29; *Merkt*, in: MünchKomm. GmbHG, Rdnr. 125; *Schmidt-Leithoff*, in: Rowedder/Schmidt-Leithoff, Rdnr. 109b; *Wicke*, Rdnr. 15; eingehend *Eidenmüller*, NJW 2005, 1618 ff.; ausführlich und kritisch zu dem BGH-Urteil aber auch *Paefgen*, GmbHR 2005, 630 ff.

441 Zust. *Merkt*, in: MünchKomm. GmbHG, Rdnr. 126.

442 *Karsten Schmidt*, HandelsR, § 5 III; *Karsten Schmidt*, in: MünchKomm. HGB, 4. Aufl. 2018, § 344 HGB Rdnr. 3.

3. Persönlicher Anwendungsbereich

112 Als **Organhaftung** (Rdnr. 104) erfasst die Handelndenhaftung nur solche Personen, die als Geschäftsführer der Vorgesellschaft bestellt sind, oder, ohne Geschäftsführer zu sein, wie solche handeln (sog. faktische Geschäftsführer)[443].

113 **a)** Wer **Geschäftsführer** ist, kann als Handelnder haften[444]. Geschäftsführer ist, wer nach § 6 Abs. 3 oder nach § 46 Nr. 5 bestellt (nicht notwendig auch wirksam angestellt) ist.

114 **Handelnde** sind nicht ohne weiteres alle Mitglieder der Geschäftsführung[445], sondern nur diejenigen, denen die Entstehung der Gesellschaftsverbindlichkeit zugerechnet werden kann. Aber ein Geschäftsführer *muss nicht selbst und nicht allein gehandelt haben.* Hat er einen Bevollmächtigten nach seiner Weisung handeln lassen, so haftet er selbst[446]. Auch ein gesamtvertretungsberechtigter Geschäftsführer, der seinen Mitgeschäftsführer zum Alleinhandeln ermächtigt hat, kann nach § 11 Abs. 2 haften[447]. Gleiches gilt, wenn ein Geschäftsführer ein bereits wirksames Geschäft der Vorgesellschaft durch Erklärung genehmigt[448]. Die bloß passive Billigung eines Geschäfts, die nach der seit BGHZ 47, 25 ständigen Praxis auch einen Gesellschafter nicht zum Handelnden macht (Rdnr. 116), ist dagegen nicht ausreichend[449]. Haben zwei Geschäftsführer Einzelvertretungsmacht und lässt der eine den anderen gewähren, so ist dies allein kein Handeln i.S. von § 11 Abs. 2. Ob diese Passivität im Verhältnis zur Gesellschaft (§ 43!) eine Haftung rechtfertigt, besagt nichts für die Haftung aus § 11 Abs. 2 im Verhältnis zu Dritten.

115 **b)** „**Faktische Geschäftsführer**" sind mit erfasst. Wer bei der Begründung der Verbindlichkeit wie ein Geschäftsführer auftritt, ohne als solcher bestellt zu sein, haftet nach § 11 Abs. 2[450]. Ob der Handelnde mit oder ohne Vertretungsmacht aufgetreten ist, ist dann ohne Belang[451]. Die Haftung gilt auch dann, wenn der Geschäftsführer selbst vermögenslos ist[452].

---

443 BGHZ 51, 30, 35; BGHZ 66, 359, 360; BGH v. 9.3.1981 – II ZR 54/80, BGHZ 80, 129, 135 = GmbHR 1981, 114; *Fastrich,* in: Baumbach/Hueck, Rdnr. 47; *Link,* in: Gehrlein/Born/Simon, Rdnr. 51; *Roth,* in: Roth/Altmeppen, Rdnr. 30; *Schmidt-Leithoff,* in: Rowedder/Schmidt-Leithoff, Rdnr. 110 ff.; *Schroeter,* in: Bork/Schäfer, Rdnr. 88; *Ulmer/Habersack,* in: Ulmer/Habersack/Löbbe, Rdnr. 133.

444 BGHZ 66, 359, 360; *Ulmer/Habersack,* in: Ulmer/Habersack/Löbbe, Rdnr. 133.

445 A.M. *Schwab,* NZG 2012, 481, 485.

446 BGHZ 53, 206, 208 = NJW 1970, 1043, 1044; OLG Hamburg v. 18.10.1985 – 11 U 92/85, GmbHR 1986, 230 = WM 1986, 738 = NJW-RR 1986, 116; OLG Hamm v. 20.1.1997 – 31 U 138/96, GmbHR 1997, 602; *Schmidt-Leithoff,* in: Rowedder/Schmidt-Leithoff, Rdnr. 115; *Ulmer/Habersack,* in: Ulmer/Habersack/Löbbe, Rdnr. 138; *Beuthien,* GmbHR 2013, 1, 7 f.

447 BGH, NJW 1974, 1284, 1285; *Schroeter,* in: Bork/Schäfer, Rdnr. 69; *Ulmer/Habersack,* in: Ulmer/Habersack/Löbbe, Rdnr. 138.

448 *Ulmer/Habersack,* in: Ulmer/Habersack/Löbbe, Rdnr. 139.

449 OLG Hamburg v. 18.10.1985 – 11 U 92/85, GmbHR 1986, 230 = WM 1986, 738 = NJW-RR 1986, 116; s. auch *Bayer,* in: Lutter/Hommelhoff, Rdnr. 31; *Schmidt-Leithoff,* in: Rowedder/Schmidt-Leithoff, Rdnr. 115.

450 BGHZ 65, 378, 380 = NJW 1976, 419; BGHZ 66, 359, 360 = NJW 1976, 1685; BGH v. 8.10.1979 – II ZR 165/77, GmbHR 1980, 198 = NJW 1980, 287; *Schroeter,* in: Bork/Schäfer, Rdnr. 88; vgl. auch obiter BGH v. 29.5.1980 – II ZR 225/78, WM 1980, 955; s. auch *Bayer,* in: Lutter/Hommelhoff, Rdnr. 30; *Ulmer/Habersack,* in: Ulmer/Habersack/Löbbe, Rdnr. 133, 135; zur Gleichstellung mit einem Geschäftsführer *Weimar,* GmbHR 1997, 478 (der aber die Anwendung des § 11 Abs. 2 prinzipiell bekämpft); für § 179 BGB dagegen *Beuthien,* GmbHR 2013, 1, 8.

451 H.M.; vgl. (unter Einschluss der Geschäftsführer) *Ulmer/Habersack,* in: Ulmer/Habersack/Löbbe, Rdnr. 135.

452 BGH v. 29.5.1980 – II ZR 225/78, WM 1980, 955.

c) Nicht „Handelnder" i.S. von § 11 Abs. 2 ist, wer weder Geschäftsführer ist noch als solcher auftritt. Bevollmächtigte, auch Prokuristen, haften nicht nach § 11 Abs. 2[453]. Dasselbe gilt für Hilfspersonen, die zwar im Wortsinn für die Gesellschaft „gehandelt" haben, aber nicht als Gesellschaftsorgane aufgetreten sind. Ebenso wenig haftet, wer nach dem Abschluss des Vertrags mit dem Geschäftspartner Gespräche führt[454]. Auch die Eigenschaft als Gesellschafter, selbst als Mehrheitsgesellschafter, genügt als solche nicht. Die Handelndenhaftung ist *keine Gesellschafterhaftung*. Die ältere Rechtsprechung, wonach ein Gesellschafter, der schon seine Zustimmung zur Aufnahme der Geschäfte gegeben hat, als Handelnder haften sollte[455], ist seit BGHZ 47, 25 = NJW 1967, 828 überholt[456]. Erst recht gilt dies für die nachträgliche Billigung von Geschäften; sie macht den, der diese Geschäfte billigt, noch nicht zum Handelnden[457]. Die Gesellschafterhaftung (Rdnr. 86 ff.) ist keine Handelndenhaftung. Auch Aufsichtsratsmitglieder haften den Gläubigern nicht[458]. Die Duldung von Geschäftsführungshandlungen macht sie noch nicht zu faktischen Geschäftsführern.

4. Das Handeln im Namen der Gesellschaft

a) Nur ein **rechtsgeschäftliches Handeln** löst die Haftung nach § 11 Abs. 2 aus[459]. § 11 Abs. 2 begründet keine Haftung für gesetzliche Schuldverhältnisse. Insbesondere folgt aus § 11 Abs. 2 auch keine allgemeine Haftung der schon für die Vor-GmbH tätigen Geschäftsführer für Steuern[460], Gebühren und Beiträge[461]. Ebenso wenig sind rechtsgeschäftlich begründete Verbindlichkeiten erfasst, die nicht von dem Geschäftsführer begründet werden, sondern z.B. nach § 25 HGB oder § 613a BGB auf die Vor-GmbH übergegangen sind[462]. Auch rechtsgeschäftsähnliche Handlungen – insbesondere eine Geschäftsführung ohne Auftrag – genügen nach herrschender und wohl richtiger Auffassung nicht und begründen keine Handelndenhaftung für gesetzliche Verbindlichkeiten[463]. Beispielsweise geht es nicht an, den Geschäftsführer nach § 11 Abs. 2 für die Folgen einer unberechtigten Zahlungsaufforderung oder Mahnung und

116

117

---

453 BGHZ 66, 359 = NJW 1976, 1685; BGH v. 29.5.1980 – II ZR 225/78, WM 1980, 955; *Bayer*, in: Lutter/Hommelhoff, Rdnr. 30; *Fastrich*, in: Baumbach/Hueck, Rdnr. 47; *Roth*, in: Roth/Altmeppen, Rdnr. 30; *Ulmer/Habersack*, in: Ulmer/Habersack/Löbbe, Rdnr. 134; *Beuthien*, ZIP 1996, 368.

454 BGH v. 29.5.1980 – II ZR 225/78, WM 1980, 955.

455 RGZ 55, 302, 304; RGZ 70, 296, 301; BGH, NJW 1955, 1228 = BB 1955, 618; s. auch noch *Beuthien*, ZIP 1996, 313.

456 Vgl. auch BGH v. 15.6.1978 – II ZR 205/76, BGHZ 72, 45, 46 = NJW 1978, 1978, 1979 = GmbHR 1978, 232; KG v. 7.1.1993 – 22 U 7180/91, NJW-RR 1994, 494; *Bayer*, in: Lutter/Hommelhoff, Rdnr. 28; *Schmidt-Leithoff*, in: Rowedder/Schmidt-Leithoff, Rdnr. 110; *Ulmer/Habersack*, in: Ulmer/Habersack/Löbbe, Rdnr. 135.

457 BGHZ 47, 25, 28 = NJW 1967, 828; BGH, NJW 1957, 1359 = BB 1957, 726.

458 Vgl. OLG Köln v. 20.12.2001 – 18 U 152/01, NZG 2002, 1066.

459 *Bayer*, in: Lutter/Hommelhoff, Rdnr. 32; *Fastrich*, in: Baumbach/Hueck, Rdnr. 49; *Link*, in: Gehrlein/Born/Simon, Rdnr. 52; *Roth*, in: Roth/Altmeppen, Rdnr. 35; *Schmidt-Leithoff*, in: Rowedder/Schmidt-Leithoff, Rdnr. 115; *Ulmer/Habersack*, in: Ulmer/Habersack/Löbbe, Rdnr. 127, 136 ff.; *Beuthien*, BB 1996, 1339; a.M. *Schwab*, NZG 2012, 481 ff. (analoge Anwendung auf gesetzliche Verbindlichkeiten).

460 Vgl. BFH v. 16.7.1996 – VII R 133/95, GmbHR 1997, 188.

461 Vgl. für Beiträge zur gesetzlichen Renten- oder Unfallversicherung BAG v. 22.1.1997 – 10 AZR 908/94, BAGE 85, 94, 97 = NJW 1997, 3331, 3332 = GmbHR 1997, 694, 695; BSG v. 28.2.1986 – 2 RU 21/85, GmbHR 1986, 228 = ZIP 1986, 645, 646; OLG Saarbrücken v. 17.1.1992 – 4 U 175/90, GmbHR 1992, 307 mit Anm. *Jestaedt*; LAG Frankfurt/M. v. 1.7.1991 – 16 Sa 1504/90, GmbHR 1992, 178; s. auch *Roth*, in: Roth/Altmeppen, Rdnr. 35; *Michalski*, NZG 1998, 248; a.M. *Jestaedt*, MDR 1996, 543.

462 Vgl. für § 613a BGB LAG Thüringen v. 14.11.2000 – 5 Sa 55/99, NZA-RR 2001, 121; zust. auch *Bayer*, in: Lutter/Hommelhoff, Rdnr. 32.

463 Vgl. RG, LZ 1927, 1473, 1474; a.M. OLG Karlsruhe v. 11.12.1997 – 11 U 20/97, ZIP 1998, 958 = GmbHR 1998, 239; *Bayer*, in: Lutter/Hommelhoff, Rdnr. 32; *Schmidt-Leithoff*, in: Rowedder/

der dadurch hervorgerufenen rechtsgrundlosen Zahlung an die Vorgesellschaft haften zu lassen[464]. Anders verhält es sich bei Verfahrenshandlungen, die, wie etwa Anträge auf Leistungen der öffentlichen Hand, selbst als Rechtsgeschäfte behandelt werden. Nimmt der Geschäftsführer solche Leistungen für die Gesellschaft in Anspruch, so haftet er aus dem hierdurch entstandenen Rechtsverhältnis[465].

118   b) Ein **Handeln „im Namen der Gesellschaft"** liegt nach der früher wohl herrschenden, insbesondere in der älteren Rechtsprechung vertretenen Auffassung nur vor, wenn im Namen der „künftigen", noch nicht eingetragenen GmbH gehandelt wird[466]. Diese Rechtsprechung nimmt an, es könne beim Handeln im Namen der noch nicht eingetragenen GmbH „auch" die Vorgesellschaft berechtigt und verpflichtet werden[467]. Das ist nach dem bei Rdnr. 68 ff. Gesagten unklar und spätestens seit der Aufgabe des Vorbelastungsverbots durch den BGH (Rdnr. 45) auch für die Praxis überholt. Wenn es überhaupt noch einen Sinn hat, das „Handeln im Namen der Vorgesellschaft" und das „Handeln im Namen der künftigen GmbH" voneinander zu unterscheiden, dann kann dieser Sinn – wie bei Rdnr. 69 f. dargelegt – nur darin bestehen, dass die Gesellschaft im einen Fall bereits vor der Eintragung berechtigt und verpflichtet werden soll („Handeln im Namen der Vorgesellschaft"), im anderen Fall erst nach der Eintragung („Handeln im Namen der künftigen GmbH"). In diesem Sinne kann nur ein **„Handeln im Namen der Vorgesellschaft"** die Haftung begründen[468]. Wegen der Abgrenzung ist auf Rdnr. 69 f. zu verweisen. Nur wenn der Handelnde erkennbar werden lässt, dass erst die noch einzutragende Gesellschaft aufschiebend bedingt berechtigt und verpflichtet werden soll (vielleicht sogar den Vertragsschluss noch genehmigen muss, vgl. Rdnr. 153), fehlt es am haftungsbegründenden Handeln im Namen der Vorgesellschaft (vgl. Rdnr. 70)[469]. Wird keine solche aufschiebende Bedingung vereinbart, ist dies ein „Handeln im Namen der Gesellschaft" i.S. von § 11 Abs. 2.

119   c) **Nicht erforderlich ist Vertretungsmacht**[470]. Die Haftung beruht auf dem Gesetz und ist keine rechtsgeschäftliche. So wenig wie § 11 Abs. 2 ein Rechtsscheintatbestand ist (Rdnr. 105), wird die Bestimmung durch Rechtsscheintatbestände verdrängt, auch nicht durch § 179 BGB[471]. Anderenfalls stünde der ohne Vertretungsmacht Handelnde besser da als der nach

---

Schmidt-Leithoff, Rdnr. 120; *Ulmer/Habersack*, in: Ulmer/Habersack/Löbbe, Rdnr. 136 a.E.; a.M. *Michalski*, NZG 1998, 248 f.; *Wicke*, Rdnr. 13.

464 A.M. OLG Karlsruhe v. 11.12.1997 – 11 U 20/97, ZIP 1998, 958 = GmbHR 1998, 239; zustimmend *Bayer*, in: Lutter/Hommelhoff, Rdnr. 32; *Michalski*, NZG 1998, 248, 249; *Schroeter*, in: Bork/Schäfer, Rdnr. 90.

465 Vgl. für Fernmeldegebühren LG Karlsruhe v. 9.1.1987 – 9 S 399/86, BB 1987, 1697.

466 Vgl. RGZ 70, 296, 298; RGZ 143, 368, 373; BGH v. 15.6.1978 – II ZR 205/76, BGHZ 72, 45, 47 = NJW 1978, 1978, 1979 = GmbHR 1978, 232; BAG, AP Nr. 2 zu § 11 GmbHG mit Anm. *Rittner/Krell* = JR 1984, 108 mit Anm. *Karsten Schmidt*; *Roth*, in: Roth/Altmeppen, Rdnr. 23.

467 BGHZ 65, 378, 382 = NJW 1976, 419, 420 = GmbHR 1976, 65; BGH v. 15.6.1978 – II ZR 205/76, BGHZ 72, 45, 47 = NJW 1978, 1978, 1979 = GmbHR 1978, 232; BAG, AP Nr. 2 zu § 11 GmbHG mit Anm. *Rittner/Krell* = JR 1984, 108 mit Anm. *Karsten Schmidt*.

468 Vgl. heute besonders *Fastrich*, in: Baumbach/Hueck, Rdnr. 48; *Merkt*, in: MünchKomm. GmbHG, Rdnr. 132; *Schmidt-Leithoff*, in: Rowedder/Schmidt-Leithoff, Rdnr. 118; *Ulmer/Habersack/Löbbe*, Rdnr. 137; *Jula*, BB 1995, 1599; vgl. schon *Karsten Schmidt*, GmbHR 1973, 149 f.; *Karsten Schmidt*, NJW 1973, 1596; *Karsten Schmidt*, JR 1974, 110.

469 Jetzt h.M.; vgl. nur *Blath*, in: Michalski u.a., Rdnr. 98 ff.; *Fastrich*, in: Baumbach/Hueck, Rdnr. 48; *Link*, in: Gehrlein/Born/Simon, Rdnr. 54; *Schmidt-Leithoff*, in: Rowedder/Schmidt-Leithoff, Rdnr. 118; *Ulmer/Habersack*, in: Ulmer/Habersack/Löbbe, Rdnr. 137; *Jula*, BB 1995, 1599 f.; im Ergebnis richtig schon RGZ 32, 97, 99.

470 BGH v. 16.3.1981 – II ZR 59/80, BGHZ 80, 182 = NJW 1981, 1452 = GmbHR 1981, 192; *Bayer*, in: Lutter/Hommelhoff, Rdnr. 32; *Merkt*, in: MünchKomm. GmbHG, Rdnr. 133; a.M. *Roth*, in: Roth/Altmeppen, Rdnr. 22; *Beuthien*, GmbHR 1996, 561 ff.; *Beuthien*, GmbHR 2013, 1, 8; *Meyer*, GmbHR 2002, 1176.

471 A.M. *Roth*, in: Roth/Altmeppen, Rdnr. 22, 25.

§ 11 Abs. 2 Handelnde (vgl. § 179 Abs. 3 BGB). Umgekehrt schützt vorhandene Vertretungsmacht den Handelnden nicht vor der Haftung[472].

5. Geschützter Gläubigerkreis

a) Nach h.M. sind nur **Dritte** geschützt, Gesellschafter sind auch dann nicht geschützt, wenn   120
es um eine Drittgläubigerforderung geht[473]. Diese h.M. ist nicht zweifelsfrei[474]. Die der Haftung zukommende Druckfunktion (Rdnr. 103) könnte auch die Gesellschaft schützen. Aber
die entscheidende Gläubigerschutzfunktion (Rdnr. 103) passt kaum auf einen Gesellschafter,
der z.B. ein Darlehen an die Gesellschaft gibt. Praktisch würde die Haftung gegenüber einem
Gesellschafter auch kaum zum Tragen kommen. Dem Gesellschafter haftet der Handelnde,
selbst wenn man die Haftung im Grundsatz bejaht, jedenfalls nur subsidiär und unter Berücksichtigung der Haftungsquote des Gläubiger-Gesellschafters[475].

b) Die Haftung ist **keine Vertrauenshaftung** (Rdnr. 105). Sie setzt nicht voraus, dass der   121
Vertragspartner die Gesellschaft im Zeitpunkt des Handelns für eingetragen hielt[476]; ein ausdrückliches Handeln im Namen einer „GmbH i. Gr." genügt also nicht, um die Haftung auszuschließen (vgl. schon Rdnr. 118); die Firmenverwendung ist allerdings erforderlich, um eine die Eintragung überdauernde firmenrechtliche Vertrauenshaftung nach § 4 Rdnr. 79 ff.
auszuschließen. Ebenso wenig setzt die Haftung voraus, dass der Vertragspartner mit einer
persönlichen Haftung rechnet. Auch ein ausdrückliches Handeln unter einer „GmbH"-Fir-
ma, womit eine Eintragung der Gesellschaft reklamiert wird, beseitigt die Haftung also nicht.
Hiervon zu unterscheiden sind Fälle, bei denen das Rechtsgeschäft aufschiebend bedingt für
den Fall der Eintragung verabredet wird. Es liegt dann kein haftungsbegründendes Handeln
im Namen der Vorgesellschaft vor (Rdnr. 118).

c) Die Haftung aus § 11 Abs. 2 ist eine **abdingbare Haftung**[477]. Die ältere Rechtsprechung   122
war in der Annahme eines vertraglichen Haftungsausschlusses großzügig[478]. Weitgehend handelte es sich dabei um Scheinargumente, mit denen die überdehnte und in casu oftmals als zu
weit empfundene Haftungsregelung eingeschränkt werden sollte. Diese Rechtsprechung ist
überholt (vgl. zum engen Anwendungsbereich des § 11 Abs. 2 Rdnr. 112 ff., 117 ff.). Nur
wenn eine klare Vereinbarung besteht oder wenn besondere Umstände des Einzelfalls auf einen entsprechenden Vertragswillen beider Teile hindeuten, kann die Haftung als ausgeschlos-

---

472 H.M.; vgl. nur *Bayer*, in: Lutter/Hommelhoff, Rdnr. 28; a.M. LAG Köln v. 17.3.2000 – 11 Sa
     1060/99, NZA-RR 2001, 129.
473 Vgl. RGZ 105, 152, 153; BGHZ 15, 204, 206 = NJW 1955, 219, 220; BGH v. 17.3.1980 – II ZR 11/79,
     BGHZ 76, 320, 325 = NJW 1980, 1630, 1631 = GmbHR 1980, 202; BGH, LM Nr. 10 zu § 11
     GmbHG; OLG Hamm, NJW 1974, 1472; *Bayer*, in: Lutter/Hommelhoff, Rdnr. 33; *Fastrich*, in:
     Baumbach/Hueck, Rdnr. 49; *Merkt*, in: MünchKomm. GmbHG, Rdnr. 135; *Schmidt-Leithoff*, in: Ro-
     wedder/Schmidt-Leithoff, Rdnr. 121; *Ulmer/Habersack*, in: Ulmer/Habersack/Löbbe, Rdnr. 140.
474 Vgl. *Karsten Schmidt*, oHG, S. 341 f.; strikt gegen die Rechtsprechung vor allem *Riedel*, NJW 1970,
     404 ff.
475 *Karsten Schmidt*, oHG, S. 342.
476 BGH, LM Nr. 10 zu § 11 GmbHG; öOGH, SZ 60, 221; OGH v. 16.11.1994 – 9 Ob A 219/94,
     WBl. 1995, 207; OLG Hamburg, GmbHR 1963, 50; *Bayer*, in: Lutter/Hommelhoff, Rdnr. 33;
     Fastrich, in: Baumbach/Hueck, Rdnr. 48; *Roth*, in: Roth/Altmeppen, Rdnr. 27 (doch wohl in Wi-
     derspruch mit Rdnr. 21 f.: Annäherung an § 179 BGB); *Ostheim*, GesRZ 1982, 124.
477 BGHZ 53, 210, 213 = NJW 1970, 806, 807 = GmbHR 1970, 154; BGH, NJW 1973, 798 = GmbHR
     1973, 101; *Bayer*, in: Lutter/Hommelhoff, Rdnr. 35; *Link*, in: Gehrlein/Born/Simon, Rdnr. 57;
     Schmidt-Leithoff, in: Rowedder/Schmidt-Leithoff, Rdnr. 126; *Ulmer/Habersack*, in: Ulmer/Haber-
     sack/Löbbe, Rdnr. 148; eingehend *Jula*, BB 1995, 1597 ff.
478 Charakteristisch RGZ 116, 71, 74.

sen gelten. Ein stillschweigender Ausschluss wird nicht vermutet[479]. Ein Ausschluss durch Allgemeine Geschäftsbedingungen ist nach § 307 BGB unwirksam[480].

6. Haftungsfolgen

123 **a)** Die Haftung ist eine **akzessorische Haftung**[481]. Sie tritt i.d.R. inhaltsgleich neben die Haftung der Gesellschaft (vgl. Rdnr. 125). Die Vorgesellschaft wird durch das Handeln in ihrem Namen in aller Regel wirksam verpflichtet (Rdnr. 72 f.). Der Gläubiger kann deshalb auch nicht, wie nach § 179 Abs. 1 BGB, zwischen Erfüllung und Schadensersatz wählen[482]. Schadensersatz statt der Leistung kann er nur verlangen, wenn auch die Gesellschaft Schadensersatz schuldet (z.B. nach §§ 280 Abs. 1, 3, 283 BGB). Auch ein Wahlrecht, wonach der Gläubiger gegenüber der Gesellschaft vom Geschäft Abstand nimmt, aber gleichwohl den Handelnden in voller Höhe in Anspruch nimmt, kann dem Gläubiger nach dem Normzweck (Rdnr. 102 ff.) nicht zugestanden werden[483]. Der Handelnde haftet im Außenverhältnis **nicht bloß subsidiär** (vgl. auch Rdnr. 125)[484]. Er haftet inhaltsgleich neben der Vorgesellschaft für die von ihm begründete Verbindlichkeit (bei fehlender Vertretungsmacht [vgl. Rdnr. 119] für die hypothetische Gesellschaftsverbindlichkeit[485]). Die Gläubiger sollen aber hinsichtlich des Haftungsinhalts nicht besser gestellt werden, als wäre der Vertrag mit der fertigen GmbH abgeschlossen[486]. Der Handelnde kann deshalb Einwendungen und Einreden, die der Gesellschaft zustünden, auch selbst geltend machen[487]. Z.B. kann er trotz fehlender Gegenseitigkeit die Leistung verweigern, wenn die Gesellschaft aufrechnen könnte. Auch die Verjährung des gegen die Gesellschaft gerichteten Anspruches kommt ihm zugute[488]. Handlungen, die die Verjährung gegenüber der Gesellschaft hemmen, wirken allerdings nicht ohne weiteres gegen den nach § 11 Abs. 2 haftenden Handelnden[489]. Die Grundsätze des § 129 HGB lassen sich sinngemäß auf die Handelndenhaftung anwenden[490]. Die Handelnden haften nicht nur für die Erfüllungsansprüche aus dem abgeschlossenen Rechtsgeschäft, sondern auch für Ansprüche aus Rücktritt, Wandlung oder ungerechtfertigter Bereicherung sowie für Schadensersatzansprüche wegen Nicht- oder Schlechterfüllung, soweit diese auf dem Rechtsgeschäft beruhen[491]. Für Verbindlichkeiten, die sich erst mittelbar aus dem abgeschlossenen Rechtsgeschäft ergeben wie etwa für jeden Soll-Saldo aus einem vom Geschäftsführer begründeten Girokonto,

---

479 *Ulmer/Habersack*, in: Ulmer/Habersack/Löbbe, Rdnr. 148.
480 *Klein*, S. 44 ff.; differenzierend *Jula*, BB 1995, 1602 (zu § 9 AGBG a.F.).
481 Vgl. *Karsten Schmidt*, oHG, S. 354 f.; *Blath*, in: Michalski u.a., Rdnr. 104; *Merkt*, in: MünchKomm. GmbHG, Rdnr. 136; *Ulmer/Habersack*, in: Ulmer/Habersack/Löbbe, Rdnr. 141; *Beuthien*, GmbHR 2013, 1, 11.
482 H.M.; vgl. *Fastrich*, in: Baumbach/Hueck, Rdnr. 51, differenzierend, teils a.M., *Roth*, in: Roth/Altmeppen, Rdnr. 37.
483 A.M. *Roth*, in: Roth/Altmeppen, Rdnr. 29.
484 A.M. vereinzelt *Beuthien*, in: FS Hadding, S. 309 f.; *Beuthien*, GmbHR 2013, 1, 11.
485 Verf. spricht hier von hypothetischer Akzessorietät; andere Terminologie bei *Merkt*, in: Münch-Komm. GmbHG, Rdnr. 137: „keine Akzessorietät".
486 RGZ 75, 203, 206; BGHZ 53, 210, 214; BGHZ 69, 104; *Bayer*, in: Lutter/Hommelhoff, Rdnr. 35; *Merkt*, in: MünchKomm. GmbHG, Rdnr. 136.
487 *Schmidt-Leithoff*, in: Rowedder/Schmidt-Leithoff, Rdnr. 125; *Ulmer/Habersack*, in: Ulmer/Habersack/Löbbe, Rdnr. 144.
488 RGZ 75, 203, 205 f.; BGH v. 13.6.1977 – II ZR 232/75, BGHZ 69, 95, 104 = NJW 1977, 1683, 1685 = GmbHR 1977, 246; *Bayer*, in: Lutter/Hommelhoff, Rdnr. 35; *Ulmer/Habersack*, in: Ulmer/Habersack/Löbbe, Rdnr. 144.
489 Vgl. LAG Berlin v. 29.10.1984 – 9 Sa 80/84, DB 1985, 1536 = GmbHR 1985, 218; *Ulmer/Habersack*, in: Ulmer/Habersack/Löbbe, Rdnr. 144.
490 *Merkt*, in: MünchKomm. GmbHG, Rdnr. 140; *Ulmer/Habersack*, in: Ulmer/Habersack/Löbbe, Rdnr. 144; *Ostheim*, GesRZ 1982, 127.
491 Vgl. *Ulmer/Habersack*, in: Ulmer/Habersack/Löbbe, Rdnr. 136.

wird nicht gehaftet[492]. Der Handelnde haftet auch nicht für jede von ihm nicht begangene Verletzung von Vertragspflichten[493].

b) Die Haftung ist **unbeschränkt**[494]. Sie folgt kraft Akzessorietät (Rdnr. 123) der Höhe der 124 Gesellschaftsverbindlichkeit aus dem durch das Handeln begründeten Rechtsgeschäft und kann über den Betrag des Stammkapitals oder der noch ausstehenden Einlagen hinausgehen. Der Handelnde kann auch im Fall einer Überschuldung nicht einwenden, den Gläubigern dürfe nicht mehr als aus einer bereits eingetragenen (und überschuldeten!) GmbH zufließen[495].

c) Das **Verhältnis zur Haftung der Gesellschaft und anderer beteiligter Personen** ist das 125 Folgende: Die Haftung neben der Gesellschaft ist eine **Primärhaftung**, keine bloße Ausfallhaftung (vgl. auch Rdnr. 123)[496]. Die Haftung setzt zwar nicht in jedem Fall voraus, dass der Handelnde mit Vertretungsmacht gehandelt und eine Gesellschaftsverbindlichkeit begründet hat (vgl. Rdnr. 119); ist dies aber der Fall, so haften die Gesellschaft und der Handelnde unmittelbar und primär nebeneinander. Die Handelndenhaftung begründet im Verhältnis zu der Haftung der Gesellschaft keine Gesamtschuld i.S. der §§ 421 ff. BGB[497], sondern eine akzessorische Haftung ähnlich wie beim Bürgen und beim Gesellschafter einer oHG (vgl. schon Rdnr. 123). Neben der Handelndenhaftung kann eine Gesellschafterhaftung eintreten, soweit die bei Rdnr. 93 ff. besprochenen Voraussetzungen erfüllt sind. Dann haften die Gesellschafter und die Handelnden als Gesamtschuldner. Gesamtschuldner sind auch mehrere, die gemeinschaftlich i.S. von § 11 Abs. 2 gehandelt haben.

7. Regressansprüche der Handelnden

a) **Gegen die Gesellschaft** stehen den Handelnden gemäß §§ 611, 675, 670 BGB Befreiungs- 126 und Regressansprüche zu, wenn sie pflichtgemäß gehandelt, die Gesellschaft also durch ihr Handeln nicht rechtswidrig geschädigt haben[498]. Diese Ansprüche richten sich auf **Freistellung bzw. Regress aus dem Gesellschaftsvermögen**[499]. Sie können auch dann bestehen, wenn die Geschäftsführer zum Handeln im Namen der Vor-GmbH nicht besonders ermächtigt worden sind (zur Wirksamkeit des Geschäfts in diesem Fall vgl. Rdnr. 72 f.), vorausgesetzt das Handeln im Namen der Vor-GmbH entsprach auch ohne besondere Ermächtigung den Geschäftsführerpflichten (vgl. § 52)[500]. Die Regresshaftung der Gesellschaft ist im Gesetz zwar nicht angelegt (der Gesetzgeber ging von einer ausschließlichen Haftung der

---

492 So OLG Koblenz v. 25.8.1998 – 3 U 1817/97, ZIP 1998, 1670; anders aber wohl bei einem Kontokorrentkredit.

493 Im Ergebnis richtig deshalb BAG v. 20.1.1998 – 9 AZR 593/96, GmbHR 1998, 597 = NZG 1998, 776: Keine Haftung des Geschäftsführers für Verletzung des von ihm geschlossenen Vertrags nach seinem eigenen Ausscheiden.

494 Vgl. LG Hamburg v. 29.2.1996 – 302 S 188/95, GmbHR 1996, 763; *Theobald*, S. 44; eine Haftungsbeschränkung wird erwogen bei *Meister*, in: FS Werner, S. 553 f.

495 Vgl. LG Hamburg v. 29.2.1996 – 302 S 188/95, GmbHR 1996, 763.

496 Vgl. aber *Lieb*, in: FS Stimpel, S. 405 f.; *Beuthien*, ZIP 1996, 367; *Beuthien*, GmbHR 2013, 1, 11 f.

497 So aber RGZ 72, 401, 406; *Schmidt-Leithoff*, in: Rowedder/Schmidt-Leithoff, Rdnr. 128; wie hier *Merkt*, in: MünchKomm. GmbHG, Rdnr. 136.

498 BGH v. 13.12.1982 – II ZR 282/81, BGHZ 86, 122 = NJW 1983, 876 = GmbHR 1983, 46; *Fastrich*, in: Baumbach/Hueck, Rdnr. 54; *Link*, in: Gehrlein/Born/Simon, Rdnr. 58; *Merkt*, in: MünchKomm. GmbHG, Rdnr. 143; *Ulmer/Habersack*, in: Ulmer/Habersack/Löbbe, Rdnr. 149 f.; *Roth*, in: Roth/Altmeppen, Rdnr. 34; *Wulf-Henning Roth*, ZGR 1984, 619 ff.; *Beuthien*, GmbHR 2013, 1, 12.

499 *Karsten Schmidt*, GmbHR 1973, 152; *Wulf-Henning Roth*, ZGR 1984, 620; *Klein*, S. 84 ff.; wie hier auch *Gummert*, in: MünchHdb. III, § 16 Rdnr. 104; *Wiedemann*, ZIP 1997, 2029, 2035.

500 Für Geschäftsführung ohne Auftrag in diesem Fall *Gummert*, in: MünchHdb. III, § 16 Rdnr. 103; aber es kommt nur darauf an, ob der Geschäftsführer die Aufwendungen für erforderlich halten darf (§ 670 BGB); a.M. wohl *Merkt*, in: MünchKomm. GmbHG, Rdnr. 143.

Handelnden und Nichtexistenz der Gesellschaft aus; vgl. Rdnr. 102). Sie entspricht aber der Abstandsnahme vom Vorbelastungsverbot (Rdnr. 45): Vorbelastungen, die rechtmäßig herbeigeführt worden sind, treffen auch im Innenverhältnis die Gesellschaft.

127 **b)** Ein **Regressanspruch** des Handelnden **gegen die Gründer persönlich** ist umstritten. Der Streit ist Spiegelbild der umstrittenen Frage, ob die Gründer im Außenverhältnis haften. Eine Regresshaftung der Gründer wird von einem **Teil der Literatur bejaht**[501]. Erwogen wird auch, dass eine solche Haftung dann besteht, wenn die Geschäftsführer auf Weisung der Gesellschafter gehandelt haben[502]. Die **herkömmliche Auffassung verneint** eine Regresshaftung der Gründer[503]. Nach BGHZ 86, 122[504] kann der haftende Geschäftsführer die Gründer grundsätzlich nur in Höhe der von ihnen versprochenen Einlagen in Regress nehmen. Das müsste bedeuten, dass der Handelnde ohne Regressmöglichkeit dastünde, wenn eine Regressnahme bei der Gesellschaft scheitert. Die herkömmliche Auffassung beruhte auf der Prämisse, dass die Gründer für Schulden der Vor-GmbH nicht über ihre Einlagen hinaus (und dann auch nicht im Regresswege) haften (dazu Rdnr. 86) Um nicht pflichtgemäß handelnde Geschäftsführer strenger haften zu lassen als die Gesellschafter, musste diese Ansicht mit vertraglichen Befreiungsansprüchen operieren[505].

128 **c) Stellungnahme:** Dieser hier schon in den früheren Auflagen attackierte herkömmliche Standpunkt ist überholt. Er beruhte auf der durch BGHZ 134, 333[506] überholten Rechtsprechung, wonach die Gründer für Schulden der Vor-Gesellschaft nicht über ihre Einlagen hinaus haften sollten (dazu Rdnr. 86 f.). Die Regressproblematik musste nach diesem Urteil von der Rechtsprechung neu durchdacht werden[507]. Man muss sich darüber klar sein, dass die Regressproblematik ein Spiegelbild der Haftungsproblematik ist. Das Gesetz, das die Vorgesellschaft als Haftungssubjekt noch nicht kannte und von einer ausschließlichen Haftung der Handelnden ausging (Rdnr. 102), weiß von keiner persönlichen Regresshaftung der Gründer gegenüber den Handelnden[508]. Eine solche Haftung lässt sich weder auf eine Sonderrechtsbeziehung zwischen dem Gesellschafter und dem Handelnden noch auf eine Anwendung des § 11 Abs. 2 gegenüber den Gesellschaftern[509] stützen. Seit eine persönliche Haftung der Gesellschafter für Gesellschaftsverbindlichkeiten anerkannt ist (Rdnr. 86 ff.), stellt sich die Frage neu. Allerdings ist das Binnenhaftungsmodell des BGH (Rdnr. 88 f.) keine gute Basis für eine Ausgleichshaftung gegenüber dem Geschäftsführer. In dem hier befürworteten Modell einer Gesellschafter-Außenhaftung (Rdnr. 91 f.) stellt sich die Frage, ob die Regressverbindlichkeit der Gesellschaft eine solche Außenhaftung trägt. Das wird hier bereits seit der 8. Aufl. bejaht. Danach haften die Gesellschafter für Regressansprüche der Geschäftsführer[510], so wie sie

---

501 *Karsten Schmidt*, oHG, S. 321 f., 355 ff.; *Gummert*, in: MünchHdb. III, § 16 Rdnr. 106; *Flume*, NJW 1981, 1755; *Meister*, in: FS Werner, S. 551 ff.; *Lieb*, in: FS Stimpel, S. 403 f.; *Wulf-Henning Roth*, ZGR 1984, 621; *Hubert Schmidt*, GmbHR 1988, 133; *Bayer*, in: Lutter/Hommelhoff, Rdnr. 37 (nur referierend); *Beuthien*, GmbHR 2013, 1, 13.

502 BGH v. 13.12.1982 – II ZR 282/81, BGHZ 86, 122, 126 = GmbHR 1983, 46; *Fastrich*, in: Baumbach/Hueck, Rdnr. 54; *Bayer*, in: Lutter/Hommelhoff, Rdnr. 37.

503 Vgl. nur *Merkt*, in: MünchKomm. GmbHG, Rdnr. 144; *Ulmer/Habersack*, in: Ulmer/Habersack/Löbbe, Rdnr. 151; *Dreher*, DStR 1992, 36; *Heidinger*, GmbHR 2003, 191.

504 BGH v. 13.12.1982 – II ZR 282/81, BGHZ 86, 122 = NJW 1983, 876 = GmbHR 1983, 46.

505 Vgl. *Schmidt-Leithoff*, in: Rowedder/Schmidt-Leithoff, Rdnr. 129; s. auch *Ulmer/Habersack*, in: Ulmer/Habersack/Löbbe, Rdnr. 151.

506 BGH v. 27.1.1997 – II ZR 123/94, BGHZ 134, 333 = NJW 1997, 1507 = GmbHR 1997, 405.

507 Vgl. *Karsten Schmidt*, in: Großkomm. AktG, 5. Aufl. 2016, § 41 AktG Rdnr. 96; s. auch *Wiedemann*, ZIP 1997, 2029 ff.: Innenhaftungsmodell auch beim Handelndenregress.

508 Vgl. *Karsten Schmidt*, GmbHR 1973, 152.

509 So aber *Klein*, S. 153: Haftung der Gründer nach § 11 Abs. 2 gegenüber dem Geschäftsführer.

510 Vgl. *Karsten Schmidt*, oHG, S. 321 f., 355 ff.; *Gummert*, in: MünchHdb. III, § 16 Rdnr. 106; *Wulf-Henning Roth*, ZGR 1984, 620; s. auch *Bayer*, in: Lutter/Hommelhoff, Rdnr. 37 (Haftung auf der Grundlage des Außenhaftungskonzepts zu bejahen); a.M. *Lutter/Hommelhoff*, 15. Aufl., Rdnr. 17; *Wiedemann*, ZIP 1997, 2029, 2036.

auch sonst für die Gesellschaftsverbindlichkeiten haften, vorausgesetzt, der Geschäftsführer hat i.S. von Rdnr. 72 f. pflichtgemäß gehandelt und kann Regress bei der Gesellschaft suchen[511]. Weiterhin sind die Gesellschafter dem Handelnden stets dann zum Regress verpflichtet, wenn sie ihn zu dem rechtsgeschäftlichen Handeln ausdrücklich oder stillschweigend ermächtigt haben (zur Frage, ob dies Wirksamkeitsvoraussetzung für das Handeln im Namen der Vor-GmbH ist, vgl. Rdnr. 72 f.). Weisen ihn die Gesellschafter zum Handeln an, so kann hierin auch eine konkludente Haftungsfreistellung seitens der Gesellschafter zu erblicken sein[512].

8. Haftung aus § 179 BGB?

Eine Haftung aus § 179 BGB wegen Handelns als Vertreter ohne Vertretungsmacht kommt nur ausnahmsweise in Betracht. Nach § 179 BGB haftet, wer für eine vorhandene Vor-GmbH ohne Vertretungsmacht (dazu aber Rdnr. 72 ff.) handelt (was eine Haftung nach § 11 Abs. 2 nicht ausschließt; vgl. Rdnr. 119). Entsprechend § 179 BGB haftet auch, wer im Rechtsverkehr als Vertreter einer überhaupt nicht errichteten, also auch nicht als Vor-GmbH existenten GmbH auftritt (Rdnr. 18 ff.)[513]. Im Stadium der Vorgesellschaft kommen Anwendungsfälle des § 179 grundsätzlich nicht vor. Überholt ist die Auffassung[514], die ein Handeln im Namen der noch nicht eingetragenen GmbH als Handeln im Namen einer inexistenten Person[515] ansah (Rdnr. 102)[516]. Handelt der Vertreter unter dem Vorbehalt, dass die künftige GmbH den Vertrag noch genehmigen muss (vgl. Rdnr. 155), so scheidet jede Haftung aus § 179 BGB aus[517]. Handelt er ohne solchen Vorbehalt im Namen der Vorgesellschaft oder im Namen der künftigen GmbH, so liegt jedenfalls kein Handeln im Namen einer inexistenten Gesellschaft vor[518]. Zum Handeln im Namen der Vor-GmbH und der GmbH vgl. im Übrigen Rdnr. 68 ff. Es kommt dann darauf an, ob der Vertreter mit oder ohne Vertretungsmacht gehandelt hat. Nach der bei Rdnr. 72 f. zum Umfang der Geschäftsführer-Vertretungsmacht vertretenen Auffassung wird ein Handeln eines Geschäftsführers ohne Vertretungsmacht im Außenverhältnis kaum vorkommen[519]. Ein Handeln ohne Vertretungsmacht kann vorliegen, wenn ein Nichtgeschäftsführer ohne wirksame Bevollmächtigung im Namen der (Vor-) GmbH kontrahiert[520]. Im Übrigen kann eine Haftung aus § 179 BGB in Betracht kommen, wenn über die Identität der Gesellschaft getäuscht wird, der Vertreter der Vorgesellschaft also im Namen einer von ihr verschiedenen Gesellschaft handelt[521].

129

---

511 Zu dieser Voraussetzung vgl. auch *Merkt*, in: MünchKomm. GmbHG, Rdnr. 144 a.E.
512 Vgl. insofern noch *Ulmer*, in: Hachenburg, 8. Aufl., Rdnr. 123; einschr. *Fastrich*, in: Baumbach/Hueck, Rdnr. 54; distanziert jetzt *Ulmer/Habersack*, in: Ulmer/Habersack/Löbbe, Rdnr. 151.
513 LAG Köln v. 25.11.1987 – 5 Sa 923/87, GmbHR 1988, 341 = DB 1988, 864; zust. *Gummert*, in: MünchHdb. III, § 16 Rdnr. 107.
514 So noch *Haberkorn*, MDR 1964, 555.
515 Dazu BGH v. 8.7.1974 – II ZR 180/72, BGHZ 63, 45, 48 = NJW 1974, 1905; *Schubert*, in: MünchKomm. BGB, 7. Aufl. 2015, § 179 BGB Rdnr. 12.
516 Vgl. immer noch *Schubert*, in: MünchKomm. BGB, 7. Aufl. 2015, § 179 BGB Rdnr. 13.
517 *Karsten Schmidt*, NJW 1973, 1597.
518 Unklar BGH, NJW 1973, 798 = GmbHR 1973, 101; ähnlich *Schubert*, in: MünchKomm. BGB, 7. Aufl. 2015, § 179 BGB Rdnr. 13.
519 Vgl. für die Gegenansicht *Ulmer/Habersack*, in: Ulmer/Habersack/Löbbe, Rdnr. 128, wo aber § 179 BGB als durch § 11 Abs. 2 verdrängt angesehen wird.
520 Wie hier *Gummert*, in: MünchHdb. III, § 16 Rdnr. 107.
521 Vgl. BGH v. 23.9.1985 – II ZR 284/84, GmbHR 1986, 225 = WM 1985, 1364, 1365 = NJW-RR 1986, 115; s. auch LAG Köln v. 25.11.1987 – 5 Sa 923/87, GmbHR 1988, 341 = DB 1988, 864.

9. Das Erlöschen der Haftung

130 **a)** Die Handelndenhaftung erlischt **mit der Eintragung**[522]. Diese automatische Beendigung der Haftung wird immer wieder bestritten[523]. Aber der Sicherungszweck dieser Haftung (Rdnr. 103) entfällt in diesem Augenblick, und es besteht kein Grund mehr, von nun an die Altgläubiger aus der Zeit vor der Eintragung besser als die Neugläubiger aus der Zeit nach der Eintragung zu behandeln[524]. Klarstellend heißt es bei BGHZ 80, 182[525]: „Die Haftung des Handelnden aus Geschäften, die er mit Ermächtigung aller Gründer im Namen der Gesellschaft abgeschlossen hat, erlischt ohne Rücksicht darauf, ob es sich um eine Sach- oder um eine Bargründung handelt, mit der Eintragung der GmbH". Die ältere Rechtsprechung, die noch eine befreiende Schuldübernahme seitens der Gesellschaft verlangte[526], ist überholt. Überholt ist auch der Meinungsstreit, ob die **Haftung aus Dauerschuldverhältnissen** fortbesteht[527]. Die Frage ist klar zu verneinen[528], und zwar auch bezüglich der noch vor der Eintragung begründeten Schuldraten[529].

131 **b)** Die Handelndenhaftung erlischt allerdings nur, wenn **die nämliche Gesellschaft**, für die gehandelt wurde, eingetragen wird. Wer als Geschäftsführer einer Vorgesellschaft haftungsbegründend gehandelt hat, haftet weiter, wenn diese erste GmbH-Gründung gescheitert und eine neue GmbH gegründet und eingetragen worden ist[530].

132 **c)** Die Handelndenhaftung besteht nach einer verbreiteten Auffassung fort, wenn und soweit die später **eingetragene GmbH ausnahmsweise nicht verpflichtet** wird[531]. Gemeint sind Fälle, in denen der Handelnde mangels Vertretungsmacht weder die Vorgesellschaft noch die spätere GmbH verpflichten konnte und diese das Rechtsgeschäft auch nicht genehmigt. Ob es diesen Fall überhaupt gibt, ist zweifelhaft. Folgt man der hier hinsichtlich der Organvertretungsmacht vertretenen Auffassung (Rdnr. 73), so kann der Fall jedenfalls bei einem Handeln eines Geschäftsführers nicht eintreten. Eine Forthaftung auch nach der Eintragung kann in

---

522 BGH v. 13.6.1977 – II ZR 232/75, BGHZ 69, 95, 103 f. = NJW 1977, 1683, 1685 mit Anm. *Karsten Schmidt* = GmbHR 1977, 246; BGH v. 19.12.1977 – II ZR 202/76, BGHZ 70, 132, 139 ff. = NJW 1978, 636, 637 f. = GmbHR 1978, 152; BGH v. 17.3.1980 – II ZR 11/79, BGHZ 76, 320, 323 = NJW 1980, 1630, 1631 = GmbHR 1980, 202; BGH v. 16.3.1981 – II ZR 59/80, BGHZ 80, 182 = BB 1981, 750 = GmbHR 1981, 192 = NJW 1981, 1452; BAG v. 1.12.2004 – 5 AZR 117/04, ZIP 2005, 350 (AG); LG Düsseldorf v. 21.11.1985 – 9 O 212/85, DB 1986, 958, 959 = GmbHR 1986, 235; LG Bonn v. 3.3.1997 – 9 O 590/96, MDR 1997, 759; *Karsten Schmidt*, GesR, § 34 III 4b; *Gummert*, in: MünchHdb. III, § 16 Rdnr. 132; *Blath*, in: Michalski u.a., Rdnr. 108; *Bayer*, in: Lutter/Hommelhoff, Rdnr. 36 (Ausnahme bei Vertretung durch Vertretungsmacht); *Fastrich*, in: Baumbach/Hueck, Rdnr. 53; *Merkt*, in: MünchKomm. GmbHG, Rdnr. 145; *Schmidt-Leithoff*, in: Rowedder/Schmidt-Leithoff, Rdnr. 130, 140; *Ulmer/Habersack*, in: Ulmer/Habersack/Löbbe, Rdnr. 146; *Karsten Schmidt*, oHG, S. 347 ff.; *Theobald*, S. 44; *Fleck*, GmbHR 1983, 14; *Hüffer*, JuS 1983, 168; *Dreher*, DStR 1992, 37.

523 Vgl. LG Münster v. 7.9.1982 – 3 O 221/82, GmbHR 1983, 73 mit krit. Anm. *Karsten Schmidt*; *M. Scholz*, S. 156 ff.; *Schäfer-Gölz*, S. 175 f.; *Sudhoff*, GmbHR 1965, 109; *Schultz*, JuS 1982, 738 f.; *Beuthien*, GmbHR 2013, 1, 12 f.; s. auch OLG Düsseldorf v. 23.10.1986 – 10 U 99/86, BB 1987, 1624 = GmbHR 1987, 430, wo aber die Haftung nicht auf § 11 Abs. 2 zu stützen gewesen wäre.

524 Vgl. *Karsten Schmidt*, GmbHR 1973, 150.

525 BGH v. 16.3.1981 – II ZR 59/80, BGHZ 80, 182 = NJW 1981, 1452 = GmbHR 1981, 192.

526 BGH, NJW 1953, 219 = GmbHR 1953, 11.

527 Vgl. dazu noch BGH v. 19.12.1977 – II ZR 202/76, BGHZ 70, 132, 141 = NJW 1978, 636, 638 = GmbHR 1978, 152.

528 Vgl. schon 6. Aufl. (*Winter*), Rdnr. 28; wie hier *Schmidt-Leithoff*, in: Rowedder/Schmidt-Leithoff, Rdnr. 131.

529 A.M. *Beuthien*, GmbHR 2013, 1, 14.

530 Vgl. BGH v. 17.1.1983 – II ZR 89/82, ZIP 1983, 299; zust. auch *Merkt*, in: MünchKomm. GmbHG, Rdnr. 145.

531 *Bayer*, in: Lutter/Hommelhoff, Rdnr. 36; *Fastrich*, in: Baumbach/Hueck, Rdnr. 53; *Ulmer/Habersack*, in: Ulmer/Habersack/Löbbe, Rdnr. 147.

Betracht kommen, wenn ein Nichtgeschäftsführer als Handelnder auftritt (Rdnr. 129). Aber diese fortbestehende Haftung beruht nicht auf § 11 Abs. 2. In diesem Fall ist neben § 11 Abs. 2 auch § 179 BGB anwendbar (Rdnr. 71 und 129). Die Haftung nach § 11 Abs. 2 erlischt. Die Haftung nach § 179 BGB – das Vorliegen ihrer Voraussetzungen unterstellt – erlischt nicht.

VIII. Vorbelastungen der GmbH und ihre Folgen

Schrifttum: vgl. Rdnr. 85; außerdem *Bayer/Lieder*, Vorbelastungshaftung und Vorbelastungsbilanz, insbesondere bei späterer Auffüllung des Haftungsfonds, ZGR 2006, 875; *Fleischer*, Unterbilanzhaftung und Unternehmensbewertung, GmbHR 1999, 752; *Habersack/Lüssow*, Vorbelastungshaftung, Vorbelastungsbilanz und Unternehmensbewertung, NZG 1999, 629; *Hennrichs*, Vorbelastungshaftung und Unternehmensbewertung nach der Ertragswertmethode, ZGR 1999, 837; *Hey*, Die Bewertung der Vermögensgegenstände in der „Vorbelastungsbilanz", GmbHR 2001, 905; *Hüttemann*, Vorbelastungshaftung, Vorbelastungsbilanz und Unternehmensbewertung, in: FS Huber, 2006, S. 757; *Joost*, Vorbelastungshaftung und Leistung der Bareinlage in das Vermögen der Vor-GmbH vor Fälligkeit, ZGR 1989, 554; *Lieb*, Zum Spannungsverhältnis zwischen Vorbelastungshaftung und Differenzhaftung, in: FS Zöllner, 1998, S. 347; *Luttermann/Lingel*, Unterbilanzhaftung, Organisationseinheit der Vor-GmbH und Haftungskonzept, NZG 2006, 454; *Maurer*, Vorbelastungshaftung und Eintragungshindernis bei Kapitalgesellschaften, BB 2001, 2537; *Monhemius*, Bilanzrecht, Gründerhaftung und Scheitern der Vor-GmbH, GmbHR 1997, 384; *Priester*, Vorbelastungshaftung und anschließende Gewinne, in: FS Ulmer, 2003, S. 477; *Schulze-Osterloh*, Die Vorbelastungsbilanz der GmbH …, in: FS Goerdeler, 1987, S. 531; *Weitemeyer*, Unterbilanzhaftung bei „Start-up-Unternehmen", NZG 2006, 648; *Zöllner*, Die sog. Gründerhaftung, in: FS Wiedemann, 2002, S. 1383.

1. Der Unversehrtheitsgrundsatz

a) Verhältnis zum Vorbelastungsverbot. Nach der älteren Rechtsprechung konnte die GmbH vor ihrer Eintragung nur mit satzungsmäßig zugelassenen oder gründungsnotwendigen Verbindlichkeiten belastet werden (Rdnr. 44). Dieses **Vorbelastungsverbot ist** seit dem Grundlagenurteil BGHZ 80, 129[532] **überholt** (vgl. Rdnr. 45). Die Folgen dieses Sinnwandels sind aber nur teilweise geklärt. **N**icht überholt ist nämlich der zugrundeliegende **Unversehrtheitsgrundsatz**. Es ist dafür zu sorgen, dass das zur Deckung des Garantiekapitals erforderliche Gesellschaftsvermögen nicht schon durch Vorbelastungen aus dem Gründungsstadium geschmälert wird. Das Vorbelastungsverbot war eine prohibitive Sanktion des Unversehrtheitsgrundsatzes. An seine Stelle sind als Vorbelastungsrisiko (Rdnr. 45) zwei andere Sanktionen getreten: die *Vorbelastungshaftung* der Gründer (Rdnr. 139 ff.) und das *Eintragungsverbot* bei unausgeglichener Unterbilanz (Rdnr. 136).

b) Zweifelhaft ist noch der genaue **Inhalt des Unversehrtheitsgrundsatzes** sowie die Frage, ob der Unversehrtheitsgrundsatz auf den **Zeitpunkt der Anmeldung** oder auf den **Zeitpunkt der Eintragung** bezogen werden soll. Die Frage wird vor allem für den Bereich der Vorbelastungshaftung diskutiert (Rdnr. 141), aber sie stellt sich sowohl für das Eintragungsverbot (Rdnr. 136) als auch für die Vorbelastungshaftung (Rdnr. 139 ff.). Nach Auffassung des BGH[533] und der h.L.[534] entscheidet der *Zeitpunkt der Eintragung*. In diesem Moment muss

133

134

135

---

532 BGH v. 9.3.1981 – II ZR 54/80, BGHZ 80, 129 = NJW 1981, 1373 = GmbHR 1981, 114.
533 BGH v. 9.3.1981 – II ZR 54/80, BGHZ 80, 129, 141 = NJW 1981, 1373, 1376 = GmbHR 1981, 114, 117; BGH v. 16.3.1981 – II ZR 59/80, BGHZ 80, 182, 184 = NJW 1981, 1452, 1453 = GmbHR 1981, 192, 193; BGH v. 27.1.1997 – II ZR 123/94, BGHZ 134, 333, 338 = NJW 1997, 1507, 1508 = GmbHR 1997, 405, 407.
534 Vgl. – z.T. allerdings nur hinsichtlich der Haftung – *Bayer*, in: Lutter/Hommelhoff, Rdnr. 41; *Fastrich*, in: Baumbach/Hueck, Rdnr. 63; *Merkt*, in: MünchKomm. GmbHG, Rdnr. 159; *Schmidt-Leithoff*, in: Rowedder/Schmidt-Leithoff, Rdnr. 28; *Ulmer/Habersack*, in: Ulmer/Habersack/Löbbe, Rdnr. 103; *M. Scholz*, S. 132; *Theobald*, S. 65; *Hüffer*, JuS 1983, 167.

das Gesellschaftsvermögen das Stammkapital decken. Diese **h.M.** basiert auf der kaum je überprüften Prämisse, dass der Unversehrtheitsgrundsatz ein am *Eintragungsstichtag* ungeschmälertes Vermögen garantiert[535]. Ihr steht eine **Gegenauffassung** gegenüber, nach der es auf den *Anmeldungszeitpunkt* ankommt[536]. Diese hier in der 7. Aufl. vertretene Auffassung wurde in der 8. Aufl. modifiziert und neu begründet. Sie versteht die *Vorbelastungshaftung der Gründer als Spiegelbild ihres gesellschaftsrechtlichen Haftungsrisikos vor der Eintragung* (Rdnr. 91 ff.). Dieses muss zwar nicht mit der Differenzhaftung des Sacheinlegers nach § 9 Abs. 1 koordiniert werden; aus § 9 kann aber entnommen werden, dass das Gesetz eine strikte Vollwertigkeit des Gesellschaftsvermögens nur am Anmeldungsstichtag sicherstellen will[537]. Das schließt, wie zu zeigen sein wird, eine zusätzliche Vorbelastungshaftung nicht aus. Eine **dritte Ansicht** stellt hinsichtlich der Vorbelastungshaftung auf den Eintragungszeitpunkt, hinsichtlich des Eintragungshindernisses dagegen auf den Anmeldungszeitpunkt ab, so dass Verluste der Vorgesellschaft die Eintragung nicht hindern, aber die Vorbelastungshaftung auslösen[538]. Die Gerichtspraxis wird sich zunächst auf die erste, evtl. auch auf die dritte Ansicht einstellen. Nach ihr ist volle Kapitalaufbringung im Eintragungszeitpunkt gesichert, aber diese Kapitalaufbringungsgarantie wird bei Verlusten der Vorgesellschaft nicht durch eine Verweigerung der Eintragung sichergestellt, sondern sie wird nach der Eintragung durch die Vorbelastungshaftung der Gründer sichergestellt. Diese Auffassung ist, was das Eintragungsverfahren anlangt, praktikabel (Rdnr. 138). *Haftungsrechtlich* geht dieser **Unversehrtheitsgrundsatz mit einem doppelten Konzept** einher: mit einer strikten *Differenzhaftung* auf den Anmeldungsstichtag und mit einer *Vorbelastungshaftung* auf den Eintragungsstichtag (Rdnr. 141)[539]. Klarheit sollte darüber bestehen, dass nur eine eintragungsreife Anmeldung ausreicht, nicht eine Anmeldung, die unvollständig oder mangelhaft ist. Vorbelastungen, die diesem Zeitpunkt nachfolgen, können eine Vorbelastungshaftung nach Rdnr. 139 ff. begründen, dies aber nur, soweit die Gesellschafter nach Rdnr. 88 ff. auch persönlich haften[540].

2. Das Eintragungsverbot

136 **a) Grundsatz.** Ein Eintragungsverbot wegen Vorbelastungen besteht nach h.M., wenn das Vermögen der Gesellschaft im Zeitpunkt der Eintragung bereits durch vorbelastende Rechtsgeschäfte unter den Betrag des Stammkapitals geschmälert ist (dazu § 9c Rdnr. 28)[541]. Ausste-

---

535 Vgl. nur BGH v. 9.3.1981 – II ZR 54/80, BGHZ 80, 129, 136 = NJW 1981, 1373, 1374 = GmbHR 1981, 114, 116; *Bayer*, in: Lutter/Hommelhoff, Rdnr. 41; *Link*, in: Gehrlein/Born/Simon, Rdnr. 36; *Roth*, in: Roth/Altmeppen, Rdnr. 13; *Ulmer/Habersack*, in: Ulmer/Habersack/Löbbe, Rdnr. 103 f.; *Theobald*, S. 57 ff.; *Fleck*, GmbHR 1983, 10; eingehende Kritik bei *Karsten Schmidt*, ZHR 156 (1992), 99 ff.

536 So hier die 7. Aufl.; *Priester*, ZIP 1982, 1146 ff.; *Schultz*, JuS 1982, 736 f.; s. auch *Karsten Schmidt*, NJW 1981, 1346; gegen diese Auffassung vgl. insbesondere die Ausführungen von *Ulmer/Habersack*, in: Ulmer/Habersack/Löbbe, Rdnr. 104; *Stimpel*, in: FS Fleck, 1988, S. 357 f.

537 Dazu *Karsten Schmidt*, ZHR 156 (1992), 106.

538 *Bayer*, in: Lutter/Hommelhoff, Rdnr. 41, 51; *Fastrich*, in: Baumbach/Hueck, § 9c Rdnr. 11 f., § 11 Rdnr. 63b; *Ulmer/Habersack*, in: Ulmer/Habersack/Löbbe, § 9c Rdnr. 34, § 11 Rdnr. 108; *Ulmer*, ZGR 1981, 603 f., 606 f.

539 Näher *Karsten Schmidt*, ZHR 156 (1992), 120 ff.; dazu auch *Gummert*, in: MünchHdb. III, § 16 Rdnr. 110 ff.

540 Vgl. ebd.

541 BGH v. 9.3.1981 – II ZR 54/80, BGHZ 80, 129, 143 = NJW 1981, 1373, 1376 = GmbHR 1981, 114, 117; BGH v. 16.3.1981 – II ZR 59/80, BGHZ 80, 182, 184 f. = NJW 1981, 1452, 1453 = GmbHR 1981, 192, 193; BayObLG v. 1.10.1991 – BReg.3 Z 110/91, BB 1991, 2391 = GmbHR 1992, 109 = WM 1992, 695; BayObLG v. 7.10.1998 – 3Z BR 177/98, GmbHR 1998, 1225 = BB 1998, 2439; OLG Frankfurt v. 27.5.1992 – 20 W 134/92, GmbHR 1992, 531 = OLGZ 1992, 388 = DNotZ 1992, 744; OLG Hamm v. 1.12.1992 – 15 W 275/92, DB 1993, 86 = GmbHR 1993, 95 = NJW-RR 1993, 1381; OLG Düsseldorf v. 31.7.1996 – 3 Wx 293/96, ZIP 1996, 1705 = GmbHR 1997, 70; LG Gießen

hende Einlagen sind dabei dem Aktivvermögen der Gesellschaft zuzurechnen (für etwaige Ausfälle hierbei wird nach § 24, nicht im Wege der Unterbilanzhaftung, gehaftet). Das Registergericht kann also die Einforderung aller ausstehenden Einlagen nicht verlangen (dies wäre durch § 7 nicht gedeckt). Die Forderung der Gesellschaft aus der Unterbilanzhaftung (Rdnr. 139 ff.) reicht dagegen als Aktivum nicht aus, um das Eintragungsverbot auszuschalten[542]. Von den Gründern wird deshalb verlangt, dass sie eine vor der Eintragung festgestellte Unterbilanz alsbald ausgleichen, um die Eintragung zu ermöglichen (über Zweifel an dieser Rechtsprechung s. sogleich im Text). Wegen der Feststellung der Unterbilanz ist auf Rdnr. 139 zu verweisen.

b) Zweifelhaft ist der **Stichtag**, auf den diese Unterbilanzprüfung zu beziehen ist (vgl. Rdnr. 135). Der BGH, der allerdings regelmäßig nur im Rahmen von Haftungsprozessen Inzidentausführungen über das Eintragungsverfahren zu formulieren pflegt, stellt auf den Eintragungszeitpunkt ab[543]. Nach einer Gegenansicht kommt es auf den Anmeldungszeitpunkt an. Nach diesem Zeitpunkt eintretende Verluste der Vorgesellschaft rechtfertigen nach dieser Ansicht nicht die Ablehnung der Registereintragung (vgl. § 9c Rdnr. 29)[544]. Dieser in der 7. Aufl. (Rdnr. 122) noch geteilte Standpunkt[545] wurde hier seit der 8. Aufl. modifiziert[546]:   **137**

Eine schon auf den Anmeldungszeitpunkt festgestellte Unterbilanz muss vor der Eintragung durch Zahlung oder durch vollwertige Schuldanerkenntnisse der Gesellschafter ausgeglichen werden[547]. Spätere, d.h. der Anmeldung nachfolgende, Vorbelastungen durch Verluste der Gesellschaft stellen grundsätzlich kein Eintragungshindernis dar[548]. Grundsätzlich genügt, dass der Geschäftsführer die Forderung aus der Vorbelastungshaftung (Rdnr. 139 ff.) einbucht. Die Rechtsprechung verlangt allerdings die Versicherung, dass das Reinvermögen der Gesellschaft (ggf. zuzüglich Gründungskosten) das Stammkapital deckt (krit. § 8 Rdnr. 27). Daraus sollte indes keine Verpflichtung zum sofortigen Ausgleich jeder Unterbilanz abgeleitet werden (str.; vgl. § 9c Rdnr. 29)[549]. Soweit eine Vorbelastungshaftung entstanden ist (Rdnr. 91 ff., 139 ff.),   **138**

---

v. 18.6.1985 – 6 T 10/85, GmbHR 1986, 163; *Merkt*, in: MünchKomm. GmbHG, Rdnr. 170, 171 a.E.; *Schmidt-Leithoff*, in: Rowedder/Schmidt-Leithoff, § 9c Rdnr. 30; *Theobald*, S. 67; *Meister*, in: FS Werner, S. 526; *Schultz*, JuS 1982, 733 ff.; *Fleck*, GmbHR 1983, 11; *Gustavus*, GmbHR 1988, 52; *G. H. Roth*, DNotZ 1989, 8 f.

542 Vgl. BGH v. 9.3.1981 – II ZR 54/80, BGHZ 80, 129, 143 = NJW 1981, 1373, 1376 = GmbHR 1981, 114, 117; BayObLG v. 1.10.1991 – BReg.3 Z 110/91, GmbHR 1992, 109 = WM 1992, 695; *Schmidt-Leithoff*, in: Rowedder/Schmidt-Leithoff, § 9c Rdnr. 30.

543 BGH v. 9.3.1981 – II ZR 54/80, BGHZ 80, 129, 141 = NJW 1981, 1373, 1376 = GmbHR 1981, 114, 117; OLG Düsseldorf NJW-RR 1998, 898; OLG Karlsruhe v. 7.5.2014 – 11 Wx 24/14, NZG 2014, 622 = GmbHR 2014, 752; übereinstimmend *Roth*, in: Roth/Altmeppen, § 9c Rdnr. 13; *Fleck*, GmbHR 1983, 12.

544 *Bayer*, in: Lutter/Hommelhoff, Rdnr. 51, § 9c Rdnr. 19; *Blath*, in: Michalski u.a., Rdnr. 160; *Fastrich*, in: Baumbach/Hueck, § 9c Rdnr. 11 f.; *Tebben*, in: Michalski u.a., § 9c Rdnr. 29; *Ulmer/Habersack*, in: Ulmer/Habersack/Löbbe, Rdnr. 113 sowie § 9c Rdnr. 34; *Maurer*, BB 2001, 2537, 2540; *Ulmer*, ZGR 1981, 603 f.

545 Vgl. auch *Karsten Schmidt*, GmbHR 1987, 86.

546 Herausgearbeitet bei *Karsten Schmidt*, ZHR 156 (1992), 129.

547 Ausgleich durch Zahlung verlangen *Ulmer/Casper*, in: Ulmer/Habersack/Löbbe, § 7 Rdnr. 62; *Bayer*, in: Lutter/Hommelhoff, § 8 Rdnr. 12.

548 *Bayer*, in: Lutter/Hommelhoff, Rdnr. 51, § 8 Rdnr. 12; *Tebben*, in: Michalski u.a., § 9c Rdnr. 29; s. auch *Schmidt-Leithoff*, in: Rowedder/Schmidt-Leithoff, § 9c Rdnr. 30; *Ulmer/Habersack*, in: Ulmer/Habersack/Löbbe, Rdnr. 113, § 9c Rdnr. 34; *Priester*, ZIP 1982, 1143.

549 So wohl BayObLG v. 1.10.1991 – BReg.3 Z 110/91, BB 1991, 2391 = GmbHR 1992, 109 = WM 1992, 695; BayObLG v. 7.10.1998 – 3Z BR 177/98, BB 1998, 2439 = DB 1998, 2359 = GmbHR 1998, 1225 = NZG 1999, 27; BayObLG v. 24.3.1999 – 3Z BR 295/98, GmbHR 1999, 607 = BB 1999, 971 = DB 1999, 954; OLG Frankfurt v. 27.5.1992 – 20 W 134/92, OLGZ 1992, 388 = DNotZ 1992, 744 = GmbHR 1992, 531; OLG Hamm v. 1.12.1992 – 15 W 275/92, DB 1993, 86 = GmbHR 1993, 95 = NJW-RR 1993, 1381; OLG Düsseldorf v. 31.7.1996 – 3 Wx 293/96, ZIP 1996, 1705 = GmbHR 1997, 70.

bedarf es keiner Einzahlung vor der Eintragung, denn die Vorbelastungshaftung erhöht nicht die Einlagepflichten (Rdnr. 139), und eine vollwertige Forderung aus der Vorbelastungshaftung wird dem Aktivvermögen der Gesellschaft hinzugerechnet (str.)[550]. Für etwaige Ausfälle haften die Mitgesellschafter analog § 24. Das Registergericht kann auch, wenn die Geltendmachung der Haftungsforderung (also ihre Aktivierbarkeit im Gesellschaftsvermögen) zweifelhaft ist, eine entsprechende Versicherung von den Geschäftsführern verlangen[551]. Bestehen Anhaltspunkte dafür, dass der Deckungsanspruch nicht vollwertig ist, kann das Gericht ausnahmsweise den Nachweis der Vollwertigkeit, ggf. sogar einen Barausgleich in der bereits festgestellten Höhe, verlangen (a.M. *Veil*, oben § 9c Rdnr. 13 f.)[552]. Unabhängig vom Bestand einer Vorbelastungshaftung ist eine **Überschuldung** der Gesellschaft stets ein **Eintragungshindernis** (vgl. *Veil*, oben § 9c Rdnr. 29).

3. Die Vorbelastungshaftung (Differenzhaftung, Unterbilanzhaftung) der Gründer

139   **a)** An die Stelle des Vorbelastungsverbots ist seit BGHZ 80, 129[553] eine **Vorbelastungshaftung** (Differenzhaftung; Unterbilanzhaftung) der Gründer getreten. Der Leitsatz des BGH lautet: „Für die Differenz, die sich durch solche Vorbelastungen zwischen dem Stammkapital und dem Wert des Gesellschaftsvermögens zum Zeitpunkt der Eintragung ergibt, haften die Gesellschafter anteilig." Dies ist ständige Rechtsprechung[554]. Die **Maßgeblichkeit des satzungsmäßigen Stammkapitals** gilt auch für die **Unternehmergesellschaft (haftungsbeschränkt)**. Die Haftung wird im Grundsatz von der h.L. gebilligt[555]. Sie wurde durch die bei Rdnr. 86 f. dargestellte persönliche Haftung der Gründer stimmig ergänzt. Aus systematischer Sicht erscheint sie als Resultat dieser vom BGH allerdings erst nachträglich anerkannten Gründerhaftung. Der Rechtsprechung und der h.L. ist im Grundsatz zuzustimmen. Die Haftung ist keine heimliche Fortschreibung des überholten Vorbelastungsverbots, sondern sie ist eine sachgerechte **Sanktion des fortgeltenden Unversehrtheitsgrundsatzes**. Ihrer Rechtsnatur nach wird man die Haftung nicht, wie die Differenzhaftung im Fall des § 9, als Teil oder Er-

---

550 *Bayer*, in: Lutter/Hommelhoff, Rdnr. 51; *Ulmer/Habersack*, in: Ulmer/Habersack/Löbbe, Rdnr. 113 ff.; *Ulmer*, ZGR 1981, 604; a.M. *Schmidt-Leithoff*, in: Rowedder/Schmidt-Leithoff, § 9c Rdnr. 30.

551 Vgl. auch BayObLG v. 1.10.1991 – BReg.3 Z 110/91, GmbHR 1992, 109 = WM 1992, 695; anders wohl *Bayer*, in: Lutter/Hommelhoff, § 8 Rdnr. 12.

552 BayObLG v. 1.10.1991 – BReg.3 Z 110/91, GmbHR 1992, 109 = WM 1992, 695; ähnlich *Bayer*, in: Lutter/Hommelhoff, Rdnr. 51; *Fastrich*, in: Baumbach/Hueck, § 9c Rdnr. 12; *Tebben*, in: Michalski u.a., § 9c Rdnr. 33; *Ulmer/Habersack*, in: Ulmer/Habersack/Löbbe, Rdnr. 116.

553 BGH v. 9.3.1981 – II ZR 54/80, BGHZ 80, 129 = GmbHR 1981, 114.

554 BGH v. 9.3.1981 – II ZR 54/80, BGHZ 80, 129 = NJW 1981, 1373 = GmbHR 1981, 114; BGH v. 16.3.1981 – II ZR 59/80, BGHZ 80, 182 = NJW 1981, 1452 = GmbHR 1981, 192; BGH v. 24.10.1988 – II ZR 176/88, BGHZ 105, 300, 303 = NJW 1989, 710, 711 = BB 1989, 169; BGH v. 26.10.1981 – II ZR 31/81, NJW 1982, 932 = GmbHR 1982, 183; BGH v. 27.1.1997 – II ZR 123/94, BGHZ 134, 333, 335 = NJW 1997, 1507 = GmbHR 1997, 405, 406; BGH v. 16.1.2006 – II ZR 65/04, BGHZ 165, 391 = GmbHR 2006, 482 = NZG 2006, 390 (Bespr. *Luttermann/Linge*, NZG 2006, 454); OLG Celle v. 12.9.2000 – 9 W 97/00, GmbHR 2000, 1265 = NJW-RR 2000, 1706 = NZG 2000, 1134.

555 Vgl. nur *Bayer*, in: Lutter/Hommelhoff, Rdnr. 41; *Blath*, in: Michalski u.a., Rdnr. 126 ff.; *Fastrich*, in: Baumbach/Hueck, Rdnr. 61; *Ulmer/Habersack*, in: Ulmer/Habersack/Löbbe, Rdnr. 99; *M. Scholz*, S. 124 ff.; *Theobald*, S. 53 ff.; *Flume*, NJW 1981, 1753; *Meister*, in: FS Werner, S. 538 f.; *Karsten Schmidt*, NJW 1981, 1346; *Ulmer*, ZGR 1981, 593 f.; *Hüffer*, JuS 1983, 167; *Dreher*, DStR 1992, 36; *Sandberger*, in: FS Fikentscher, S. 394 ff.; im Ergebnis auch *Beuthien*, ZIP 1996, 363 ff. (Herleitung aus dem insolvenzrechtlichen Gebot der Vorverlustfreiheit); grundlegend schon *Ulmer*, in: FS Ballerstedt, S. 294 ff.; abl. *Schäfer-Gölz*, S. 170 ff.; *Dreßel*, Kapitalaufbringung und -erhaltung in der GmbH, 1988, S. 64; krit. *Priester*, ZIP 1982, 1141 ff.

gänzung der Einlagepflichten anzusehen haben[556]. Sie begründet aber, wie die Haftung aus § 9, Zahlungsansprüche der Gesellschaft. Für die Begründung dieser Haftung ist allerdings nicht, wie es der BGH in seinem Grundsatzurteil getan hat, § 9 herangezogen worden[557]. Von dieser Vorschrift, die nur das Differenzhaftungsrisiko des Sacheinlegers betrifft, ist die Vorbelastungshaftung vielmehr zu unterscheiden (Rdnr. 135). Sie ist nicht Bestandteil der Kapitaldeckungspflicht jedes Einlegers, sondern sie ist eine aus der Satzung nicht ableitbare gesetzliche Haftung (Rdnr. 138). Es handelt sich um einen Akt der richterlichen Rechtsfortbildung[558]. Das Ergebnis dieser Rechtsfortbildung besteht darin, dass das Vorbelastungs*verbot* durch eine Vorbelastungs*haftung* ersetzt wird.

b) Nur bei der **Ersteintragung der GmbH** unter Einschluss der Verschmelzung durch Neugründung und der Spaltung zur Neugründung (Rdnr. 28)[559] greift die Unterbilanzhaftung ein, nicht bei der Kapitalerhöhung[560], und **entgegen der h.M. nicht** bei der **Mantelverwendung** (Rdnr. 29, 67, 84, 109; eingehend zu dieser vgl. § 3 Rdnr. 21 ff.)[561], denn die Registereintragung bei der Mantelverwendung dokumentiert als bloße Satzungsänderung ein unversehrtes Stammkapital. Die **gegenteilige Rechtsprechungslinie** (BGHZ 153, 158[562]; BGHZ 155, 318[563]) führte nach dem Verständnis der h.M. zu unverhältnismäßigen Haftungsrisiken. Mit Recht wurde im Grundlagenurteil vom 6.3.2012[564] erkannt, dass auch auf der Basis der Theorie der „wirtschaftlichen Neugründung" (Rdnr. 29) eine Unterbilanzhaftung nicht auf den Stichtag der *Offenlegung* der „wirtschaftlichen Neugründung"[565], sondern nur auf den *Zeitpunkt des Vollzugs* der Mantelverwendung bezogen sein kann[566]. Sie sollte auch auf das satzungsmäßige Stammkapital beschränkt sein[567]. Aber diese **Entschärfung der Rechtsprechung** ist nur ein halber Schritt. Die Lehre von der „wirtschaftlichen Neugründung" und den mit ihr verbundenen Risiken verdient eine **Überprüfung im Grundsätzlichen** (vgl. Rdnr. 29, 67, 84, 109). In Fällen der Umwandlung nach dem Umwandlungsgesetz soll dagegen die Ersteintragung der GmbH zur Unterbilanzhaftung führen[568].

c) Umstritten ist **auch in Fällen der Ersteintragung** der **Stichtag**, auf den die Vorbelastung und Unterbilanz zu beziehen ist. Der **BGH** und die wohl herrschende Ansicht stellen auf den

140

141

---

556 So noch die 8. Aufl. mit Hinweis auf *Meister*, in: FS Werner, S. 538; s. auch *Fleck*, GmbHR 1983, 11.

557 Vgl. die unterschiedliche Kritik bei *Schäfer-Gölz*, S. 131 ff.; *Theobald*, S. 58 ff.; *Beuthien*, ZIP 1996, 360; *Karsten Schmidt*, NJW 1981, 1346; *Ulmer*, ZGR 1981, 603 ff.; *John*, BB 1982, 510.

558 Vgl. nur *Bayer*, in: Lutter/Hommelhoff, Rdnr. 41; *Schmidt-Leithoff*, in: Rowedder/Schmidt-Leithoff, Rdnr. 28; *Fastrich*, in: Baumbach/Hueck, Rdnr. 62; *Ulmer/Habersack*, in: Ulmer/Habersack/Löbbe, Rdnr. 100; *Wank*, ZGR 1988, 340 ff.

559 Weitergehend bei Umwandlungsfällen *Sandberger*, in: FS Westermann, 2008, S. 1401 ff.

560 11. Aufl., § 56 Rdnr. 43 (*Priester*); *Schnorbus*, in: Rowedder/Schmidt-Leithoff, § 56 Rdnr. 26; *Karsten Schmidt*, AG 1986, 106, 115; *Karsten Schmidt*, ZGR 1982, 529.

561 Eingehend *Karsten Schmidt*, NJW 2004, 1349; *Karsten Schmidt*, ZIP 2010, 857, 863 ff.; *Hornstein*, GmbHR 1998, 231; vgl. auch *Merkt*, in: MünchKomm. GmbHG, Rdnr. 179.

562 BGH v. 9.12.2002 – II ZB 12/02, BGHZ 153, 158 = NJW 2003, 892 = GmbHR 2003, 227.

563 BGH v. 7.7.2003 – II ZB 4/02, BGHZ 155, 318 = NJW 2003, 3198 = GmbHR 2003, 1125.

564 BGH v. 6.3.2012 – II ZR 56/10, GmbHR 2012, 630 = ZIP 2012, 817.

565 In diesem Sinne OLG München v. 14.1.2010 – 23 U 2814/09, BB 2010, 1240 = GmbHR 2010, 425 = NZG 2010, 544 = ZIP 2010, 579; zust. *Wachter*, BB 2010, 1243 f.

566 In diesem Sinne KG v. 7.12.2009 – 23 U 24/09, GmbHR 2010, 476 = ZIP 2010, 582; Hilfslösung auch nach *Karsten Schmidt*, ZIP 2010, 862 f.; s. auch *Peetz*, GmbHR 2011, 178 ff.

567 *Kleindiek*, in: FS Priester, S. 369 ff.; *Karsten Schmidt*, NJW 2004, 1345 ff.; *Karsten Schmidt*, ZIP 2010, 857 ff.

568 Vgl. *Sandberger*, in: FS Fikentscher, S. 400; *Sandberger*, in: FS Westermann, 2008, S. 1401 ff.; zur Frage, ob eine umwandlungsrechtliche Unterbilanzhaftung eingreift, vgl. auch *Winter/J. Vetter* und *Joost*, in: Lutter, § 56 UmwG Rdnr. 56, § 220 UmwG Rdnr. 8.

Eintragungsstichtag ab[569]. Jede auf diesen Stichtag berechnete Unterbilanz ist auszugleichen. Nach einer Gegenansicht ist Haftungsstichtag der Tag, an dem eine *eintragungsreife Anmeldung* vorgelegen hat. Alle nach diesem Stichtag anfallenden Vorbelastungen gehen nicht mehr auf Kosten der Gründer, sondern der GmbH[570]. Diesem Standpunkt hatte sich hier die 7. Aufl. angeschlossen. Er ist, wie bei Rdnr. 135 bemerkt wurde, nicht der vorherrschende. Es geht um ein **Wertungsproblem**[571]: Die h.M. erklärt sich daraus, dass aus dem historischen Ansatz des § 11 Abs. 1 noch der Gedanke herübergerettet wird, wonach am Eintragungsstichtag das satzungsmäßige Garantiekapital vollständig vorhanden sein muss; die Haftung taugt nach diesem Haftungsmodell nur dann als Ersatz für das Vorbelastungsverbot, wenn sie für einen Ausgleich der Unterbilanz am Eintragungsstichtag sorgt. Sieht man dagegen das Konzept des § 11 Abs. 1 als vollends veraltet an (die GmbH entsteht als operative Einheit eben nicht erst mit der Eintragung!), so lässt sich eine Unversehrtheitsgarantie am Eintragungsstichtag nicht mehr rechtfertigen[572]. Das führt zu einer *Unterscheidung zwischen der Unterbilanzhaftung und der Vorbelastungshaftung*[573], die überwiegend nur als verschiedene Begriffsbildungen für dieselbe Haftung verstanden werden. Hieraus ergibt sich der folgende Unterschied: Die *Unterbilanzhaftung* wird rein bilanziell ermittelt und fragt nicht nach den Ursachen der haftungsbegründenden Unterbilanz; dagegen ist die *Vorbelastungshaftung* nur die zur Innenhaftung mutierte akkumulierte Haftung der Gründer für Verbindlichkeiten der Gesellschaft (also die nicht durch realisierbare Regressansprüche gedeckte [Rdnr. 97] Haftung der Gesellschafter für Gesellschaftsverbindlichkeiten vor der Eintragung). Eine nicht nach den Ursachen fragende strenge **Unterbilanzhaftung** lässt sich, ebenso wie ein strenges Eintragungsverbot wegen Vorbelastungen (Rdnr. 136), nur für den Anmeldungszeitpunkt rechtfertigen (vgl. auch Rdnr. 146). Vorbelastungen aus der Zeit zwischen der Anmeldung und der Eintragung können eine hierüber hinausgehende **Vorbelastungshaftung** nur rechtfertigen, soweit bereits vor der Eintragung eine Gesellschafterhaftung (Gründerhaftung) entsteht (dazu Rdnr. 88 ff.)[574]. Die nach dem Anmeldungszeitpunkt erweiterte Vorbelastungshaftung beschränkt sich insoweit auf die operativen Verluste durch Verbindlichkeiten der Vorgesellschaft, während reine Wertverluste des Anlagevermögens aus der Zeit nach der Anmeldung entgegen dem Standpunkt des BGH nicht auszugleichen sind[575]. Die Innenhaftung nach der Eintragung setzt sich hiernach aus zwei Elementen zusammen: aus einer strengen **Unterbilanzhaftung** auf den An-

---

569 BGH v. 9.3.1981 – II ZR 54/80, BGHZ 80, 129, 141 = NJW 1981, 1373, 1376 = GmbHR 1981, 114, 117; BGH v. 16.3.1981 – II ZR 59/80, BGHZ 80, 182, 184 = NJW 1981, 1452, 1453 = GmbHR 1981, 192, 193; *Bayer*, in: Lutter/Hommelhoff, Rdnr. 41; *Blath*, in: Michalski u.a., Rdnr. 135; *Fastrich*, in: Baumbach/Hueck, Rdnr. 63; *Link*, in: Gehrlein/Born/Simon, Rdnr. 35 f.; *Roth*, in: Roth/Altmeppen, Rdnr. 12; *Schmidt-Leithoff*, in: Rowedder/Schmidt-Leithoff, Rdnr. 28; *Ulmer/Habersack*, in: Ulmer/Habersack/Löbbe, Rdnr. 103 f.; *M. Scholz*, S. 132; *Theobald*, S. 65; *Kind*, S. 116 ff.; *Ulmer*, ZGR 1981, 603 f.; *Hüffer*, JuS 1983, 167; *Fleck*, GmbHR 1993, 551.

570 So namentlich *Fischer*, GmbHG, 10. Aufl. 1983, Anm. 4; *Priester*, ZIP 1982, 1146 ff.; *Schultz*, JuS 1982, 736 f.; sympathisierend *Joost*, ZGR 1989, 562.

571 A.M. möglicherweise *Merkt*, in: MünchKomm. GmbHG, Rdnr. 159: „nach der eindeutigen Regelung des § 11 Abs. 1 gelangt die GmbH erst mit der Eintragung zur Entstehung und nicht mit der Anmeldung …".

572 Krit. gegenüber der h.M. schon *Winter*, hier in der 6. Aufl., Anm. 38; s. seither auch *Sandberger*, in: FS Fikentscher, S. 394 ff.

573 *Karsten Schmidt*, ZHR 156 (1992), 97, 99, 107 ff., 132; *Karsten Schmidt*, GesR, § 34 III 4c; *Karsten Schmidt*, in: Großkomm. AktG, 5. Aufl. 2016, § 41 AktG Rdnr. 119; zust. *Gummert*, in: MünchHdb. III, § 16 Rdnr. 113 ff.

574 Näher *Karsten Schmidt*, ZHR 156 (1992), 109, 120 f.

575 Vgl. mit Unterschieden im Detail *Karsten Schmidt*, GesR, § 34 III 4c; *Ulmer/Habersack*, in: Ulmer/Habersack/Löbbe, Rdnr. 107; *Koppensteiner/Rüffler*, GmbHG, 3. Aufl., § 2 Rdnr. 37; gegen solche Begrenzung wohl *Bayer*, in: Lutter/Hommelhoff, Rdnr. 46.

meldungsstichtag und aus einer darüber hinausgehenden **Vorbelastungshaftung** im Fall der Geschäftstätigkeit zwischen Anmeldung und Eintragung (näher Rdnr. 144 f.)[576].

d) Die **Unterbilanz- bzw. Vorbelastungshaftung** begründet einen *Anspruch der Gesellschaft* gegen die Gesellschafter. Sie ist eine **Innenhaftung** und bleibt dies auch im Fall nachträglicher Insolvenz oder Vermögenslosigkeit der Gesellschaft[577]. Dieser Anspruch **entsteht** nach der auf das Grundsatzurteil BGHZ 80, 129[578] zurückgehenden Praxis und Lehre mit der Eintragung[579]. Seit dem Grundsatzurteil BGHZ 134, 333, 337 ff.[580] wird man den Zusammenhang zwischen der Gesellschafterhaftung im Gründungsstadium (Rdnr. 86 f.) und der Unterbilanzhaftung dahin zu deuten haben, dass am Eintragungsstichtag eine fixierbare Unterbilanzhaftung (Rdnr. 139), im Fall der Eintragungsverweigerung dagegen eine der Höhe nach ungewisse Innenhaftung entsteht (Rdnr. 86 f.). Die Haftungssituation vor der Eintragung oder ihrer Verweigerung ist immer noch nicht ausdiskutiert. Nach der hier vertretenen Ansicht entsteht der Anspruch, soweit er auf *Ausgleich einer Unterbilanz* auf den Anmeldungsstichtag geht (Rdnr. 141 a.E.), mit der Anmeldung, kann also, soweit aktivierbar, zugleich der Behebung des Eintragungshindernisses der Vorbelastung dienen (Rdnr. 138). Diese Leistung wird von den Gründern *schon während des Eintragungsverfahrens geschuldet*[581]. Ob auch schon vor der Eintragung gezahlt werden muss, ist str. (Rdnr. 138). Hat das Registergericht Grund zu der Annahme, dass eine die Eintragung hindernde Vorbelastung vorliegt (Rdnr. 136 ff.), so kann es die Beseitigung dieses Eintragungshindernisses mittels einer Zwischenverfügung durchsetzen. Der Geschäftsführer kann den Nachschuss einfordern. Auch die auf Ausgleich der operativen Verluste der Gesellschaft zwischen der Anmeldung und der Eintragung zielende *Vorbelastungshaftung* (Rdnr. 141 a.E.) entsteht nicht neu mit der Eintragung, sondern es handelt sich nur darum, dass sich die schon im Gründungsstadium bestehende Außenhaftung der Gründer in das Innenverhältnis verlagert (Rdnr. 98): Vor der Eintragung kann sich eine Gesellschafter-Außenhaftung (Rdnr. 91) mit Binnenregress gegen das freie Vermögen der Gesellschaft (Rdnr. 97) aufbauen; diese wird mit der Eintragung, soweit sie nicht aus freien Mitteln zu decken ist, als Vorbelastungs-Binnenhaftung summenmäßig fixiert.

e) Zahlungspflichtig sind die Gesellschafter. Die Vorbelastungshaftung trifft die Gesellschafter anteilig nach dem Verhältnis der von ihnen übernommenen Stammeinlagen[582]. Sie ist weder auf den Betrag des Stammkapitals noch – für die einzelnen Gründer – auf den Betrag der übernommenen Stammeinlagen beschränkt und kann auch zum Ausgleich einer Überschuldung führen[583]. Die Vorbelastungshaftung ist Bestandteil der strengen Kapitalsiche-

142

143

---

576 Dazu *Karsten Schmidt*, ZHR 156 (1992), 125 f.; teilweise übereinstimmend *Bayer*, in: Lutter/Hommelhoff, Rdnr. 46; abl. *Blath*, in: Michalski u.a., Rdnr. 137; *Lieb*, in: FS Zöllner, S. 353 ff.; *Ulmer/Habersack*, in: Ulmer/Habersack/Löbbe, Rdnr. 107 (gegen Vorauflage); *Zöllner*, in: FS Wiedemann, S. 1399.

577 BGH v. 24.10.2005 – II ZR 129/04, BB 2005, 2773 mit Anm. *Gehrlein* = DZWiR 2006, 118 mit Anm. *Bräuer* = EWiR 2006, 143 (*Wilhelm*) = GmbHR 2006, 88 = WuB II C § 11 GmbHG 1.06 mit Anm. *Hennrichs/Wojcik*.

578 BGH v. 9.3.1981 – II ZR 54/80, BGHZ 80, 129 = NJW 1991, 1373 = GmbHR 1991, 114.

579 BGH v. 9.3.1981 – II ZR 54/80, BGHZ 80, 129, 141 = NJW 1981, 1373, 1376 = GmbHR 1981, 114, 117; BGH v. 27.1.1997 – II ZR 123/94, BGHZ 134, 333 = NJW 1997, 1507 = GmbHR 1997, 405; *Fastrich*, in: Baumbach/Hueck, Rdnr. 63; *Schmidt-Leithoff*, in: Rowedder/Schmidt-Leithoff, Rdnr. 28; *Ulmer/Habersack*, in: Ulmer/Habersack/Löbbe, Rdnr. 103; *Kind*, S. 132 ff.

580 BGH v. 27.1.1997 – II ZR 123/94, BGHZ 134, 333, 337 ff. = NJW 1997, 1507, 1508 = GmbHR 1997, 405, 407.

581 Insofern wie hier *Bayer*, in: Lutter/Hommelhoff, Rdnr. 46; insoweit für den Fall des Scheiterns der Gründung auch *Ulmer/Habersack*, in: Ulmer/Habersack/Löbbe, Rdnr. 121 (Geschäftsbeginn genüge; vgl. demgegenüber jedoch Rdnr. 103 für die Unterbilanzhaftung).

582 *Fastrich*, in: Baumbach/Hueck, Rdnr. 63; *Ulmer/Habersack*, in: Ulmer/Habersack/Löbbe, Rdnr. 112; *Meister*, in: FS Werner, S. 528; a.M. *Kind*, S. 172 ff.

583 BGH v. 23.11.1981 – II ZR 115/81, GmbHR 1982, 235 = WM 1982, 40; BGH v. 24.10.1988 – II ZR 176/88, BGHZ 105, 300, 303 = NJW 1989, 710 = BB 1989, 169 = GmbHR 1989, 74; *Bayer*, in:

rungsregeln im GmbH-Recht. Sie unterliegt deshalb den strengen Regeln der Kapitalaufbringung, insbesondere denen des § 19[584]. Für Ausfälle bei einzelnen Gesellschaftern haften die Mitgesellschafter anteilig nach § 24[585]. Der Anspruch der Gesellschaft ist in ihrer Jahresbilanz (nicht auch im Unterbilanzstatus nach Rdnr. 144) zu aktivieren[586]. Er unterliegt nach h.M. analog § 9 Abs. 2 einer zehnjährigen **Verjährung**, die mit der Eintragung beginnt, nach der hier vertretenen Ansicht einer fünfjährigen Verjährung analog § 160 HGB (Rdnr. 149)[587]. Die **Darlegungs- und Beweislast** hinsichtlich des Anspruchs trifft die Gesellschaft als Gläubigerin, im Insolvenzfall den Verwalter[588].

144 **f) Haftungsumfang.** Die Unterbilanzhaftung zielt auf **Beseitigung der Unterdeckung durch Ausgleich des** die Stammkapitaldeckung verhindernden **Fehlbetrags**[589]. Die bloße Beseitigung einer bilanziellen Überschuldung reicht hierfür nicht aus[590]. Der Umfang der Haftung (Rdnr. 124) ist **bilanziell zu ermitteln**[591]. Die maßgebliche Bilanz ist eine **Vermögensbilanz** (ein **Unterbilanzstatus**)[592]. Die **Aktiven** werden, sofern die Gesellschaft am Bewertungsstichtag nicht im Rechtssinne überschuldet, das Unternehmen also nicht fortführungsunfähig war, zu Fortführungswerten angesetzt[593]. Ist die Fortführungsprognose dagegen negativ, so ist das Gesellschaftsvermögen nicht zu Fortführungs-, sondern zu Veräußerungswerten zu

---

Lutter/Hommelhoff, Rdnr. 42; *Blath*, in: Michalski u.a., Rdnr. 143; *Fastrich*, in: Baumbach/Hueck, Rdnr. 64; *Schmidt-Leithoff*, in: Rowedder/Schmidt-Leithoff, Rdnr. 28; *Ulmer/Habersack*, in: Ulmer/Habersack/Löbbe, Rdnr. 105; *Theobald*, S. 62; *Fleck*, GmbHR 1983, 10; *Flume*, NJW 1981, 1755 ff.; *Ulmer*, ZGR 1981, 603, Fn. 48.

584 BGH v. 6.12.1993 – II ZR 102/93, BGHZ 124, 282, 283 = GmbHR 1994, 176 = NJW 1994, 724; BGH v. 16.1.2006 – II ZR 65/04, BGHZ 165, 391 = BB 2006, 907 mit Anm. *Gehrlein* = GmbHR 2006, 482 = NZG 2006, 390; *Merkt*, in: MünchKomm. GmbHG, Rdnr. 165; einschr. *Bayer*, in: Lutter/Hommelhoff, Rdnr. 48.

585 BGH v. 9.3.1981 – II ZR 54/80, BGHZ 80, 129, 141 = NJW 1981, 1373, 1376 = GmbHR 1981, 114, 117; LG Gießen v. 18.6.1985 – 6 T 10/85, GmbHR 1986, 163; *Bayer*, in: Lutter/Hommelhoff, Rdnr. 48; *Merkt*, in: MünchKomm. GmbHG, Rdnr. 165; die Beschränkung dieser Ausfallhaftung auf den ausfallenden Einlagebetrag (*Karsten Schmidt*, BB 1985, 154 f.) versteht sich hier unter Einrechnung der Vorbelastungshaftung.

586 Eingehend *Schulze-Osterloh*, in: FS Goerdeler, S. 544 ff.

587 BGH v. 24.10.1988 – II ZR 176/88, BGHZ 105, 300, 304 ff. = NJW 1989, 710, 711 = GmbHR 1989, 74; bestätigend BGH v. 10.12.2001 – II ZR 89/01, BGHZ 149, 273, 275 = NJW 2002, 824 f. (Innenhaftung bei der Genossenschaft); zust. z.B. *Ulmer/Habersack*, in: Ulmer/Habersack/Löbbe, Rdnr. 118.

588 BGH v. 29.9.1997 – II ZR 245/96, DStR 1997, 1857 mit Anm. *Goette* = GmbHR 1997, 1145 = NJW 1998, 233 = ZIP 1997, 2008; OLG Köln v. 1.3.1995 – 2 U 110/94, BB 1995, 793 = GmbHR 1995, 449 = NJW-RR 1995, 930; OLG Frankfurt v. 5.5.1992 – 5 U 67/91, BB 1992, 1082 = GmbHR 1992, 609; OLG Düsseldorf v. 13.10.1992 – 16 U 265/91, GmbHR 1993, 587; *Bayer*, in: Lutter/Hommelhoff, Rdnr. 50; *Ulmer/Habersack*, in: Ulmer/Habersack/Löbbe, Rdnr. 117.

589 Umfangreiche Nachweise bei *Ulmer/Habersack*, in: Ulmer/Habersack/Löbbe, Rdnr. 105 f.

590 A.M. für den Fall einer scheiternden Eintragung *Link*, in: Gehrlein/Born/Simon, Rdnr. 34 im Anschluss an *Ulmer/Habersack*, in: Ulmer/Habersack/Löbbe, Rdnr. 120; hier wird für den Fall scheiternder Eintragung eine unbeschränkte Außenhaftung (Rdnr. 93 ff.) mit Regressmöglichkeit gegenüber dem Gesellschaftsvermögen (Rdnr. 97) angenommen (Rdnr. 99).

591 Vgl. BGH v. 6.12.1993 – II ZR 102/93, BGHZ 124, 282 = GmbHR 1994, 176 = NJW 1994, 724; BGH v. 9.11.1998 – II ZR 190/97, BGHZ 140, 35 = NJW 1999, 283 = NZG 1999, 70 = ZIP 1998, 2151 = GmbHR 1999, 31; BGH v. 29.9.1997 – II ZR 245/96, GmbHR 1997, 1115 = NJW 1998, 102 = ZIP 1997, 2008; eingehend *Merkt*, in: MünchKomm. GmbHG, Rdnr. 164 ff.; *Ulmer/Habersack*, in: Ulmer/Habersack/Löbbe, Rdnr. 108 f.; *Priester*, ZIP 1982, 1142.

592 *Ulmer/Habersack*, in: Ulmer/Habersack/Löbbe, Rdnr. 108; *Schulze-Osterloh*, in: FS Goerdeler, S. 533 ff., 537; *Hüttemann*, in: FS Huber, S. 757, 767 (aber auch S. 781).

593 So auch BGH v. 9.11.1998 – II ZR 190/97, BGHZ 140, 35 = NJW 1999, 283 = NZG 1999, 70 = ZIP 1998, 2151 = GmbHR 1999, 31; *Ulmer/Habersack*, in: Ulmer/Habersack/Löbbe, Rdnr. 108; *Bayer*, in: Lutter/Hommelhoff, Rdnr. 42; *Hüttemann*, in: FS Huber, S. 757, 768; gegen einen Vorrang der Ertragswertmethode *Habersack/Lüssow*, NZG 1999, 633.

bilanzieren[594]. Hat die Ingangsetzung der Vorgesellschaft bereits zu einer unternehmerischen Organisationseinheit geführt, so kann diese als ganzes (also einschließlich des sog. Firmenwerts) nach der Ertragswertmethode bewertet werden[595]. Ein separater Ansatz des Firmenwerts ist dann nicht angezeigt[596]. Die Ansetzung des Unternehmenswerts als Ertragswert setzt voraus, dass sich das Unternehmen bereits als fortführungsfähige Organisationseinheit am Markt etabliert hat[597]. Auf der **Passivseite** sind alle **Verbindlichkeiten der (Vor-)Gesellschaft** zu verbuchen[598]. Darauf, ob die Gesellschafter (Gründer) hierzu ihr Einverständnis gegeben hatten, kommt es nicht an (vgl. auch zur Vertretungsmacht der Geschäftsführer Rdnr. 72 f.)[599]. Zu passivieren sind auch Gesellschafterdarlehen[600]. Eine Rangrücktrittsvereinbarung ändert hieran nichts[601], denn der bloße Nachrang im Insolvenzfall lässt den Tatbestand der Unterbilanz nicht entfallen. Die für die Überschuldungsfeststellung geltenden Grundsätze (§ 19 Abs. 2 Satz 2 InsO n.F. und dazu Erl. vor § 64) gelten nicht für die Feststellung der Unterbilanz, weil es hier nicht um die Fortführungsfähigkeit des Unternehmens, sondern um die Kapitaldeckung geht.

Gründungsaufwand schmälert das Gesellschaftsvermögen und darf in der Vorbelastungsbilanz nur dann aktiviert werden, wenn die Gesellschaft ihn durch förmliche Satzungsregelung übernommen hat[602]. **Wertsteigerungen des Aktivvermögens**, die vor dem Bewertungsstichtag liegen, kommen den Gesellschaftern haftungsrechtlich zugute, auch wenn sie nicht auf der Geschäftstätigkeit der Gesellschaft beruhen[603]. Umstritten ist demgegenüber, welche **Vermögenseinbußen** haftungserheblich sind. Der Meinungsstreit hängt mit Unsicherheiten und Divergenzen hinsichtlich der Haftungszwecke und Haftungsgrundlagen zusammen. **Die strengste (vorherrschende!) Auffassung** geht dahin, dass die Haftung insgesamt eine echte Unterbilanzhaftung ist und dass deshalb jede irgendwie begründete Differenz zwischen dem

145

---

594 BGH v. 29.9.1997 – II ZR 245/96, DStR 1997, 1857 mit Anm. *Goette* = GmbHR 1997, 1115 = NJW 1998, 102 = ZIP 1997, 2008; BGH v. 16.1.2006 – II ZR 65/04, GmbHR 2006, 482 = NZG 2006, 390 (Bespr. *Luttermann/Linge*, NZG 2006, 454); *Hüttemann*, in: FS Huber, S. 757, 768; weitere Nachweise bei *Wilken*, EWiR 1998, 34; grundsätzlich für eine vorgezogene Einzelbewertung *Fleischer*, GmbHR 1999, 755; *Habersack/Lüssow*, NZG 1999, 632.

595 BGH v. 9.11.1998 – II ZR 190/97, BGHZ 140, 35 = NJW 1999, 283 = NZG 1999, 70 = ZIP 1998, 2151 = GmbHR 1999, 31; BGH v. 16.1.2006 – II ZR 65/04, BGHZ 165, 391, 396 = BB 2006, 907 m. Anm. *Gehrlein* = GmbHR 2006, 482 = NZG 2006, 390; s. auch OLG Frankfurt v. 5.5.1992 – 5 U 67/91, DB 1992, 1335, 1336 = GmbHR 1992, 604, 605; *Bayer*, in: Lutter/Hommelhoff, Rdnr. 40; a.M. *Hennrichs*, ZGR 1999, 837 ff.; für Einzelbewertung auch *Fleischer*, GmbHR 1999, 752; *Hornstein*, GmbHR 1998, 230.

596 Wie hier *Hüttemann*, in: FS Huber, S. 757, 770; a.M. *Fleischer*, GmbHR 1999, 752, 755.

597 BGH v. 9.11.1998 – II ZR 190/97, BGHZ 140, 35 = NJW 1999, 283 = NZG 1999, 70 = ZIP 1998, 2151 = GmbHR 1999, 31; BGH v. 16.1.2006 – II ZR 65/04, BGHZ 165, 391 = BB 2006, 907 mit Anm. *Gehrlein* = DStR 2006, 711 mit Anm. *Goette* = EWiR 2006, 565 (*Naraschewski*) = GmbHR 2006, 482 = NZG 2006, 390; dazu *Luttermann/Linge*, NZG 2006, 454 ff.; *Bayer/Lieder*, ZGR 2006, 875, 894 f.

598 Vgl. *Winnefeld*, BilanzHdb., 5. Aufl. 2015, Rdnr. N 203.; *Wicke*, Rdnr. 8; *Weitemeyer*, NZG 2006, 648.

599 A.M. *Merkt*, in: MünchKomm. GmbHG, Rdnr. 158; *Ulmer/Habersack*, in: Ulmer/Habersack/Löbbe, Rdnr. 102.

600 BGH v. 6.12.1993 – II ZR 102/93, BGHZ 124, 282 = GmbHR 1994, 176 = NJW 1994, 724.

601 Wie hier OLG Naumburg v. 13.11.1998 – 7 U 280/96, GmbHR 1999, 665 (LS) = NZG 1999, 316; *Bayer*, in: Lutter/Hommelhoff, Rdnr. 36; unterschieden insofern BGH v. 6.12.1993 – II ZR 102/93, BGHZ 124, 282 = NJW 1994, 724; a.M. *Priester*, ZIP 1994, 417.

602 BGH v. 29.9.1997 – II ZR 245/96, DStR 1997, 1857 mit Anm. *Goette* = GmbHR 1997, 1115 = NJW 1998, 102 = ZIP 1997, 2008; *Ulmer/Habersack*, in: Ulmer/Habersack/Löbbe, Rdnr. 109.

603 *Ulmer/Habersack*, in: Ulmer/Habersack/Löbbe, Rdnr. 109; *Schulze-Osterloh*, in: FS Goerdeler, S. 543; s. aber *Messer*, in: FS Werner, S. 541.

Stammkapital und dem Vermögen auszugleichen ist[604]. Nach einer **Gegenansicht** begrenzt sich die Haftung auf solche Verluste, die durch einzelne Rechtsgeschäfte (z.B. den Erwerb eines Unternehmens im Fall der Bargründung) oder durch die Vorwegnahme der Geschäftstätigkeit (in Gestalt eines Wertverlusts des Unternehmens) herbeigeführt wurden[605]. Eine **dritte Auffassung** will die Ingangsetzungskosten von der Vorbelastungshaftung ausnehmen[606].

146 Eine **Stellungnahme** muss von dem bei Rdnr. 134, 139 dargestellten Normzweck und dem bei Rdnr. 141 entwickelten Haftungsumfang ausgehen. Der Normzweck verbietet es, der dritten Ansicht zu folgen[607]. Die Ingangsetzungskosten sind ein geradezu charakteristischer Haftungsfall. Aus Rdnr. 141, 142 ergibt sich weiter, dass die Haftung *aus zwei Elementen* besteht: Sie umfasst eine auf den Anmeldungsstichtag zu errechnende Unterbilanz (*Unterbilanzhaftung*) sowie die sich bis zum Eintragungsstichtag ergebenden Anlaufverluste aus Gesellschaftsverbindlichkeiten, insbesondere aus operativer Tätigkeit der Vorgesellschaft (*Vorbelastungshaftung*)[608]. Entgegen der h.M. ist nämlich eine Garantiehaftung der Gründer für jedwede Unterbilanz nur auf den Anmeldungs-, nicht auf den Eintragungsstichtag zu rechtfertigen (Rdnr. 141). Daneben tritt die akkumulierte Haftung der Gründer für die Vorbelastung mit Verbindlichkeiten bis zum Eintragungsstichtag. Das bedeutet (Rdnr. 141): Die **Unterbilanzhaftung** lässt die Gründer ohne Entlastungsmöglichkeit für jede Unterdeckung am Anmeldungsstichtag; sie ist im Einklang mit der h.M. **rein bilanziell** festzustellen. Die **Vorbelastungshaftung** ist eine die Außenhaftung für Gesellschaftsverbindlichkeiten (Rdnr. 93) ablösende Innenhaftung der Gesellschafter für die durch die operative Tätigkeit entstandenen Wertverluste im Gesellschaftsvermögen. Sie ist nicht durch rein bilanziellen Wertvergleich festzustellen. Insbesondere geht es nicht, wie dies bei BGHZ 165, 391[609] erscheint, darum, das von der Vor-GmbH bereits betriebene Unternehmen am Eintragungsstichtag wie eine Sacheinlage zu behandeln und zu bewerten.

147 **In der Praxis** wird – z.B. vom Insolvenzverwalter – allerdings die gesamte *Unterbilanz am Eintragungsstichtag* geltend gemacht. Das genügt für die **schlüssige Darlegung** des Anspruchs, und es ist Sache der Gesellschafter, darzulegen, inwieweit die vom Insolvenzverwalter dargelegte und im Streitfall von ihm zu beweisende Unterbilanz keine Vorbelastungshaftung auslöst. Die Minderung des Ertragswerts eines bereits eingebrachten oder sonst von der Vor-GmbH erworbenen und von ihr fortgeführten Unternehmens ist haftungsschädlich[610]. Dagegen ist eine Unterbilanz, die sich ohne unternehmerische Tätigkeit der Vorgesellschaft nach dem Anmeldungszeitpunkt nur aus Wertverlusten im Anlagevermögen ergeben könnte,

604 So BGH v. 24.10.1988 – II ZR 176/88, BGHZ 105, 300, 303 = GmbHR 1989, 74 = NJW 1989, 710 = BB 1989, 169; *Flume*, Juristische Person, § 5 III 4; *Bayer*, in: Lutter/Hommelhoff, Rdnr. 20 f.; *Fastrich*, in: Baumbach/Hueck, Rdnr. 64; *Roth*, in: Roth/Altmeppen, Rdnr. 10–17; *Theobald*, S. 63 f.

605 Vgl. *Karsten Schmidt*, GesR, § 34 III 4c; *Schulze-Osterloh*, in: FS Goerdeler, S. 543; a.M. entgegen der Vorauflage *Ulmer/Habersack*, in: Ulmer/Habersack/Löbbe, Rdnr. 107; unklar *Blath*, in: Michalski u.a., Rdnr. 141.

606 *Priester*, ZIP 1982, 1142 f.; abl. *Merkt*, in: MünchKomm. GmbHG, Rdnr. 162.

607 *Bayer*, in: Lutter/Hommelhoff, Rdnr. 44; *Ulmer/Habersack*, in: Ulmer/Habersack/Löbbe, Rdnr. 107; eingehend *Schulze-Osterloh*, in: FS Goerdeler, S. 540 ff.; *Hüttemann*, in: FS Huber, S. 757, 761.

608 Vgl. *Karsten Schmidt*, ZHR 156 (1992), 124 ff.; *Karsten Schmidt*, in: Großkomm. AktG, 5. Aufl. 2016, § 41 AktG Rdnr. 116 ff.; teilweise ähnlich *Ulmer/Habersack*, in: Ulmer/Habersack/Löbbe, Rdnr. 105 ff.; ablehnend freilich *Blath*, in: Michalski u.a., Rdnr. 137; *Lieb*, in: FS Zöllner, S. 353 ff.; *Zöllner*, in: FS Wiedemann, S. 1399.

609 BGH v. 16.1.2006 – II 65/04, BGHZ 165, 391 = BB 2006, 907 mit Anm. *Gehrlein* = GmbHR 2006, 482 = NZG 2006, 390; dazu *Luttermann/Lingel*, NZG 2006, 454; *Weitemeyer*, NZG 2006, 649.

610 Vgl. *Ulmer/Habersack*, in: Ulmer/Habersack/Löbbe, Rdnr. 107; *Schulze-Osterloh*, in: FS Goerdeler, S. 543.

nicht auszugleichen[611]. Ein solcher Wertverlust braucht also im Vorbelastungsstatus nicht berücksichtigt zu werden. Zweifelhaft ist, welche Abzüge von dieser Haftung erlaubt sind. Nach der Rechtsprechung sollen nur Vorbelastungen schaden, die sich weder aus dem Gesetz noch aus der Satzung ergeben[612]. Hieraus wird teilweise gefolgert, dass im Fall einer Sachgründung mit Unternehmenseinbringung die aus der Fortführung des Handelsgeschäfts resultierenden Vorbelastungen nicht ausgeglichen werden müssen[613]. Dem ist nicht zu folgen[614]. Allenfalls für den Gründungsaufwand (vgl. § 26 Abs. 2 AktG) kann gelten, dass er – soweit durch Gesetz oder Satzung gedeckt – bei der Feststellung einer Unterbilanz außer Betracht gelassen werden kann[615]. Die ganze Abgrenzungsdiskussion erklärt sich immer noch aus dem überholten Vorbelastungsverbot, das – um nicht zu sinnwidrigen Ergebnissen zu führen – für gesetzlich oder satzungsgemäß legitimierte Vorbelastungen durchlöchert werden musste. Diese Denkweise sollte nicht auf die Vorbelastungshaftung übertragen werden. Die Rechtsprechung sollte nur noch den satzungsmäßig gedeckten Gründungsaufwand bei der Feststellung einer Unterbilanz unberücksichtigt lassen[616], und auch dies nur, wenn er auch der Höhe nach festgesetzt ist[617]. Es wird sogar vertreten, alle Gründungskosten seien ausnahmslos den Gründern zusätzlich zum Stammkapital aufzubürden[618]. Diese Auffassung ist in sich konsequent. Gegen sie spricht allerdings, dass sie die GmbH-Gründer strenger behandelt als die Gründer einer AG.

g) Zweifelhaft ist das **Verhältnis zwischen der Vorbelastungshaftung und der Differenzhaftung des Sacheinlegers nach § 9**, wenn ein Unternehmen oder ein verlustbringender Gegenstand eingebracht wird. Praktisch läuft dies auf die Frage hinaus, ob ein **Anspruch aus § 9 im Unterbilanzstatus** (Rdnr. 144) zu aktivieren ist. Grundsätzlich hat die Haftung nach § 9 Vorrang vor der Vorbelastungshaftung[619]. Haftet der Sacheinleger nach § 9, so ist die Unterbilanz auf den Anmeldungsstichtag in Höhe dieser einbringlichen Forderung durch seine Haftung beseitigt; die Mitgesellschafter haften nur subsidiär (§ 24)[620]. Das gilt insbesondere auch für Verluste, die der Sacheinleger vor der Einbringung eines Unternehmens als Sacheinlage erwirtschaftet hat. Soweit Verluste auszugleichen sind, die zwischen der Anmeldung und der Eintragung zu Stande kommen (Rdnr. 135, 141, 144 ff.), unterliegen diese Verluste von vornherein nicht der Haftung nach § 9. Sie können aber die Vorbelastungshaftung auslösen[621]. Diese trifft alle Gesellschafter anteilig (Rdnr. 143). Soweit es um Verluste zwischen der Einbringung des Unternehmens und der eintragungsfähigen Anmeldung geht, schulden die Mitgesellschafter dem nach § 9 unbeschränkt nachschusspflichtigen Sacheinleger im Innenverhältnis Ausgleich; der Geschäftsführer wird sie grundsätzlich primär in Anspruch neh-

148

611 A.M. z.B. *Theobald*, S. 65; *Roth*, in: Roth/Altmeppen, Rdnr. 15 ff.; zweifelnd *Raiser/Veil*, Kapitalgesellschaften, § 35 Rdnr. 121.

612 BGH v. 9.3.1981 – II ZR 54/80, BGHZ 80, 129, 137 = NJW 1981, 1373, 1375 = GmbHR 1981, 114, 116; *Meister*, in: FS Werner, S. 529.

613 *Meister*, in: FS Werner, S. 529 f.; s. auch *Schmidt-Leithoff*, in: Rowedder/Schmidt-Leithoff, Rdnr. 30; *Fleck*, GmbHR 1983, 11; s. auch, für den Zeitraum nach Anmeldung, *Kind*, S. 159 ff.

614 Vgl. auch *Raiser/Veil*, Kapitalgesellschaften, § 35 Rdnr. 121; *Ulmer*, in: Hachenburg, 7. Aufl., Rdnr. 86.

615 *Fastrich*, in: Baumbach/Hueck, Rdnr. 64; *Raiser/Veil*, Kapitalgesellschaften, § 35 Rdnr. 121.

616 Vgl. auch *Ulmer/Habersack*, in: Ulmer/Habersack/Löbbe, Rdnr. 106, 110, *Ulmer/Casper*, in: Ulmer/Habersack/Löbbe, § 5 Rdnr. 210; *Karsten Schmidt*, AG 1986, 115.

617 Vgl. zu diesem Erfordernis OLG Hamm v. 27.10.1983 – 15 W 294/83, BB 1984, 87 = GmbHR 1984, 155.

618 So *M. Scholz*, S. 129 f.; *Theobald*, S. 63.

619 Insoweit wie hier *Bayer*, in: Lutter/Hommelhoff, Rdnr. 49; *Blath*, in: Michalski u.a., Rdnr. 153; *Merkt*, in: MünchKomm. GmbHG, Rdnr. 169; *Schmidt-Leithoff*, in: Rowedder/Schmidt-Leithoff, Rdnr. 30.

620 *Stimpel*, in: FS Fleck, S. 349.

621 Vgl. auch *Schmidt-Leithoff*, in: Rowedder/Schmidt-Leithoff, Rdnr. 30; a.M. noch *Meister*, in: FS Werner, S. 529 f.

men[622]. Es geht um das richtige Verhältnis zwischen dem Risiko des Einlegers und den gemeinschaftlichen Risiken aller Gründer. In der Regel wollen diese die Gefahr von der Einbringung an gemeinsam tragen[623]. Dann hat im Innenverhältnis die Vorbelastungshaftung Vorrang vor der Sacheinlegerhaftung, nicht umgekehrt.

149 **h)** Die **Eintragung** bringt die Vorbelastungshaftung nicht zum Erlöschen (nach der bis 1997 praktizierten Rechtsprechung sogar erst zum Entstehen!). Sie sorgt aber dafür, dass der Umfang der Vorbelastungshaftung endgültig fixiert wird (und dass nach dem hier vertretenen Außenhaftungsmodell aus der gesamtschuldnerischen Außenhaftung der Gründer eine anteilige Vorbelastungs-Innenhaftung wird; vgl. Rdnr. 91 f.). Die **Verjährungsfrist** für den Haftungsanspruch wird von der bisher **h.M.** analog § 9 Abs. 2 bestimmt[624]. Diese h.M. beruht auf dem Gedanken, dass die Feststellung der Unterbilanz zunehmend schwierig wird[625]. Aus heutiger Sicht ist die Analogiebasis zu bestreiten. Die Frist nach § 9 Abs. 2 lief bis 2004 fünf Jahre ab Eintragung, und dies war gegenüber der vormaligen Regelverjährungsfrist (30 Jahre) ein Privileg. Im Vergleich zu dem geltenden § 195 BGB stellt dagegen der Rückgriff auf § 9 Abs. 2 eine Verschärfung dar, und diese Verschärfung wurde im Jahr 2004 parallel zu § 19 Abs. 6 noch weiter ausgebaut (10 statt 5 Jahre). Die Analogiebasis ist bezüglich der Vorbelastungshaftung (Rdnr. 141) nicht mehr bei § 9 Abs. 2 zu suchen, sondern bei den Nachhaftungsregeln der §§ 26, 159, 160 HGB, § 736 Abs. 2 BGB, §§ 45, 131 Abs. 3, 224 UmwG. Damit ist es bei der **fünfjährigen Verjährungsfrist ab Eintragung** geblieben[626]. Wird die Haftung erst binnen der Frist des § 9 Abs. 2 geltend gemacht, so muss, was kaum gelingen wird, eine Unterbilanz schon auf den Anmeldungsstichtag dargelegt und ggf. bewiesen werden (Rdnr. 141). Wurde die Haftungsforderung nicht in die Bilanz aufgenommen (Rdnr. 143 a.E.), so ist die Berufung auf ihre Verjährung deshalb noch nicht arglistig[627]. Die Geschäftsführer sind verpflichtet, die Haftung geltend zu machen und einen Verjährungseintritt zu verhindern[628]. Der Eintritt der Verjährung wird dadurch verhindert, dass der Haftungsanspruch in der Bilanz aktiviert wird und jährlich der Bilanzfeststellung unterliegt[629]. Die Bilanzfeststellung hat nach § 212 BGB die Wirkung eines Neubeginns der Verjährung[630], doch empfiehlt sich in Anbetracht einer diese Folge im Personengesellschaftsrecht verneinenden BGH-Entscheidung[631], den Neubeginn durch individuelle Anerkenntnisse der haftenden Gesellschafter zu sichern[632]. Schädigt der

---

622 Näher *Karsten Schmidt*, ZHR 156 (1992), 130.
623 Der Text ist als Erfahrungsresultat gemeint, nicht als Unterstellung; so aber wohl die Wahrnehmung bei *Merkt*, in: MünchKomm. GmbHG, Rdnr. 169.
624 BGH v. 24.10.1988 – II ZR 176/88, BGHZ 105, 300 = NJW 1989, 710 = BB 1989, 169 = GmbHR 1989, 74; LG Ravensburg v. 15.3.1984 – 2 O 1709/83, 2 O 1710/83, GmbHR 1985, 25; *M. Scholz*, S. 132; *Bayer*, in: Lutter/Hommelhoff, Rdnr. 48; *Fastrich*, in: Baumbach/Hueck, Rdnr. 64; *Merkt*, in: MünchKomm. GmbHG, Rdnr. 167; *Roth*, in: Roth/Altmeppen, Rdnr. 17a; *Schmidt-Leithoff*, in: Rowedder/Schmidt-Leithoff, Rdnr. 28 a.E.; *Schroeter*, in: Bork/Schäfer, Rdnr. 65; *Ulmer/Habersack*, in: Ulmer/Habersack/Löbbe, Rdnr. 118; *Priester*, ZIP 1982, 1143; *Fleck*, GmbHR 1983, 13; *Bayer/Lieder*, ZGR 2006, 875, 889 f.
625 BGH v. 24.10.1988 – II ZR 176/88, BGHZ 105, 300, 305 = NJW 1989, 710, 711 = BB 1989, 169 = GmbHR 1989, 74.
626 Näher *Karsten Schmidt*, in: FS Goette, S. 459, 470; zust. *Blath*, in: Michalski u.a., Rdnr. 145.
627 BGH v. 24.10.1988 – II ZR 176/88, BGHZ 105, 300, 306 = NJW 1989, 710, 711 = BB 1989, 169 = GmbHR 1989, 74; *Ulmer/Habersack*, in: Ulmer/Habersack/Löbbe, Rdnr. 118.
628 *Joost*, ZGR 1989, 562; *Priester*, ZIP 1982, 1143; *Meister*, in: FS Werner, S. 539 f.
629 Zust. *Blath*, in: Michalski u.a., Rdnr. 145; s. auch *Ulmer/Habersack*, in: Ulmer/Habersack/Löbbe, Rdnr. 118.
630 *Grothe*, in: MünchKomm. BGB, 7. Aufl. 2015, § 212 BGB Rdnr. 15; s. auch *Ulmer*, in: Hachenburg, 8. Aufl., Rdnr. 94; *Schulze-Osterloh*, in: FS Goerdeler, 1987, S. 457; *Karsten Schmidt*, DB 2009, 1971, 1973; anders *Schulze-Osterloh*, in: FS Westermann, 2008, S. 1487 ff.
631 BGH v. 1.3.2010 – II ZR 249/08, GmbHR 2010, 814, 815.
632 Verf. bereitet eine kritische Stellungnahme vor.

Geschäftsführer die Gesellschaft durch Nichtrealisierung oder durch Verjährenlassen der Haftung, so kann er nach § 43 zum Ersatz verpflichtet sein[633].

i) Der **Anspruch der Gesellschaft** auf Beseitigung der Unterbilanz wird vom BGH **wie ein**   150
Einlageanspruch den **Kapitalaufbringungsregeln** des § 19 unterstellt[634]. Das gilt auch für
das Aufrechnungsverbot des § 19 Abs. 2[635]. Daraus folgt in den Augen des BGH auch, dass die
Haftung **nicht** durch **nachträgliche Beseitigung oder Verringerung der Unterbilanz** automatisch erlischt bzw. sich verringert[636]. Im Gegensatz zu der Parallelproblematik im Rahmen
des § 31 (dazu § 31 Rdnr. 25) ist dies **zu bezweifeln**[637]. Der Anspruch aus der Vorbelastungs-
haftung (Rdnr. 141) ist keine Einlageforderung der Gesellschaft (Rdnr. 139) und unterscheidet sich gerade in dieser Hinsicht auch von dem Anspruch des § 9[638]. Er ist auch nicht wie der
aus § 31 durch eine ein für allemal unzulässige Vermögensbewegung unverrückbar definiert.
Der Anspruch basiert auf einer Unterbilanz und fällt mit dieser fort. Deshalb muss auch die
Aufrechnung oder Verrechnung mit vollwertigen Ansprüchen der haftenden Gesellschafter
zulässig sein[639]. Ein Verzicht oder Erlass seitens der Gesellschaft ist dagegen bezüglich des Anspruchs nicht möglich, weil er die Unterbilanz nicht behebt[640]. Doch ist dies alles nicht der
Standpunkt des BGH.

IX. Folgen der Eintragung oder ihrer Versagung

Schrifttum: vgl. Rdnr. 1, Rdnr. 133; außerdem *Murawo*, Die unechte Vorgesellschaft im GmbH- und
Aktienrecht, 2006; *de Lousanoff*, Partei- und Prozessfähigkeit der unechten und fehlgeschlagenen Vorgesellschaft, NZG 2008, 490; *Servatius*, Der Anfang vom Ende der unechten Vorgesellschaft, NJW 2001,
1696.

1. Folgen der Eintragung für die Gesellschaft

a) Mit der Eintragung ins Handelsregister entsteht, wie es § 11 Abs. 1 ausdrückt, die GmbH   151
„als solche". Das bedeutet in der Sprache des heute geübten Rechts: *Aus der Vor-GmbH wird
eine fertige GmbH*, die in jeder Hinsicht dem GmbHG unterliegt. Die Gesellschaft kommt
nicht als neuer Rechtsträger zur Entstehung, sondern die Eintragung führt nur einen **Status-**

---

633 Zust. *Merkt*, in: MünchKomm. GmbHG, Rdnr. 167.
634 BGH v. 16.1.2006 – II ZR 65/04, BGHZ 165, 391 = BB 2006, 907 mit Anm. *Gehrlein* = DStR 2006,
     711 mit Anm. *Goette* = EWiR 2006, 565 (*Naraschewski*) = GmbHR 2006, 482 = NZG 2006, 390
     mit Hinweis auf BGH v. 6.12.1993 – II ZR 102/93, BGHZ 124, 282, 286 = GmbHR 1994, 176 =
     NJW 1994, 724; *Schmidt-Leithoff*, in: Rowedder/Schmidt-Leithoff, Rdnr. 28; *Ulmer/Habersack*, in:
     Ulmer/Habersack/Löbbe, Rdnr. 101, 105; krit. *Bayer/Lieder*, ZGR 2006, 875, 880 ff.
635 BGH v. 16.1.2006 – II ZR 65/04, BGHZ 165, 391 = BB 2006, 907 mit Anm. *Gehrlein* = DStR 2006,
     711 mit Anm. *Goette* = EWiR 2006, 565 (*Naraschewski*) = GmbHR 2006, 482 = NZG 2006, 390;
     zust. *Schroeter*, in: Bork/Schäfer, Rdnr. 65; krit. *Bayer*, in: Lutter/Hommelhoff, Rdnr. 48; *Bayer/Lie-
     der*, ZGR 2006, 875, 887 ff.
636 BGH v. 16.1.2006 – II ZR 65/04, BGHZ 165, 391 = BB 2006, 907 mit Anm. *Gehrlein* = DStR 2006,
     711 mit Anm. *Goette* = EWiR 2006, 565 (*Naraschewski*) = GmbHR 2006, 482 = NZG 2006, 390
     mit umfangreichen Nachweisen; BGH v. 6.3.2012 – II ZR 56/10, ZIP 2012, 817, 823 Rdnr. 45; refe-
     rierend *Link*, in: Gehrlein/Born/Simon, Rdnr. 37; *Merkt*, in: MünchKomm. GmbHG, Rdnr. 168;
     zust. *Fastrich*, in: Baumbach/Hueck, Rdnr. 64; a.M. *Bayer*, in: Lutter/Hommelhoff, Rdnr. 48; *Bayer/
     Lieder*, ZGR 2006, 875, 883 ff.
637 So hier schon die 9. Aufl., Rdnr. 131a; ebenso *Bayer*, in: Lutter/Hommelhoff, Rdnr. 48; *Blath*, in:
     Michalski u.a., Rdnr. 148; *Priester*, in: FS Ulmer, S. 477 ff.
638 Dazu auch *Karsten Schmidt*, GesR, § 37 II 3c.
639 Vgl. *Bayer*, in: Lutter/Hommelhoff, Rdnr. 48; *Bayer/Lieder*, ZGR 2006, 875, 887 ff.
640 So im Ergebnis auch *Bayer/Lieder*, ZGR 2006, 875, 886 f.

wechsel der in ihrer Identität unveränderten Gesellschaft herbei: aus der werdenden juristischen Person wird eine fertige juristische Person (Rdnr. 46).

152 **b)** Mit der Eintragung der GmbH im Handelsregister sind alle **Rechte und Pflichten** der Vor-GmbH ohne weiteres Rechte und Pflichten der GmbH[641]. Die rechtsdogmatische Einordnung dieses Vorgangs gelingt am besten mit der Rechtsfigur der **Identität**[642]. Die Eintragung bewirkt einen Formwechsel des identisch bleibenden Rechtsträgers von der Vor-GmbH zur fertigen GmbH (Rdnr. 31, 151). Bisweilen ist immer noch von einem „Erlöschen" der Vor-GmbH[643] und einem „Übergang" der Rechte und Pflichten auf die GmbH die Rede[644], bisweilen auch von einer „Gesamtrechtsnachfolge"[645]. Diese Formeln sind, wenngleich im Ergebnis unschädlich[646], Ausdruck eines veralteten, die Identität von Vor-GmbH und Kapitalgesellschaft noch ausschließenden Verständnisses der Vorgesellschaft als Organisation (vgl. Rdnr. 44)[647]. Geht man von der Identität beider Gesellschaften aus (Rdnr. 31), so bedarf es keines Überganges. Die Kontinuität der Rechtsverhältnisse ist Bestandteil dieser Identität. Firmen und Geschäftsbezeichnungen, die von der Gesellschaft vor und nach ihrer Eintragung geführt werden, behalten ihre zuvor vorhandene Priorität[648]. Dasselbe gilt für gewerbliche Schutzrechte. Die automatische Fortsetzung von Rechten und Pflichten durch die fertige GmbH setzt weder einen Übertragungsakt voraus noch ist sie eine gesetzliche Rechtsnachfolge. Insbesondere werden Grundbucheintragungen nur durch Beseitigung des Gründungszusatzes richtig gestellt[649]. Es fällt auch keine Grunderwerbsteuer an[650]. War ein Grundstück an die Vor-GmbH aufgelassen, diese aber noch nicht im Grundbuch eingetragen, so

---

641 BGH v. 9.3.1981 – II ZR 54/80, BGHZ 80, 129, 140 = NJW 1981, 1373, 1375 = GmbHR 1981, 114, 116 f.; BGH v. 7.5.1984 – II ZR 276/83, BGHZ 91, 148, 151 = NJW 1984, 2164 = GmbHR 1984, 316, 317; BGH v. 29.10.1992 – I ZR 264/90, BGHZ 120, 103, 107 = GmbHR 1993, 103 = NJW 1993, 459, 460; BGH v. 23.11.1981 – II ZR 115/81, GmbHR 1982, 235 = WM 1982, 40; *Fastrich*, in: Baumbach/Hueck, Rdnr. 56; *Ulmer/Habersack*, in: Ulmer/Habersack/Löbbe, Rdnr. 90; *Schmidt-Leithoff*, in: Rowedder/Schmidt-Leithoff, Rdnr. 135 ff.

642 Vgl. *Büttner*, S. 134; *Dregger*, S. 81; *Flume*, Juristische Person, § 5 III 4; *Raiser/Veil*, Kapitalgesellschaften, § 35 Rdnr. 112; *Karsten Schmidt*, GesR, § 11 IV 2c; *Karsten Schmidt*, in: Großkomm. AktG, 5. Aufl. 2016, § 41 AktG Rdnr. 99 f.; vgl. jetzt auch *Ulmer/Habersack*, in: Ulmer/Habersack/Löbbe, Rdnr. 89 („formwechselnde Umwandlung"); krit. *Gummert*, in: MünchHdb. III, § 16 Rdnr. 13; *Schmidt-Leithoff*, in: Rowedder/Schmidt-Leithoff, Rdnr. 135; *Ulmer*, in: Hachenburg, 8. Aufl., Rdnr. 73.

643 Vgl. nur *Blath*, in: Michalski u.a., Rdnr. 114; s. auch *Roth*, in: Roth/Altmeppen, Rdnr. 60.

644 Vgl. nur BGH v. 9.3.1981 – II ZR 54/80, BGHZ 80, 129, 140 = NJW 1981, 1373, 1375 = GmbHR 1981, 114, 116 f.; BGH v. 29.10.1992 – I ZR 264/90, BGHZ 120, 103, 107 = NJW 1993, 459, 460 = GmbHR 1993, 103, 104; *Raiser/Veil*, Kapitalgesellschaften, § 35 Rdnr. 112; *Fastrich*, in: Baumbach/Hueck, Rdnr. 56; *Roth*, in: Roth/Altmeppen, Rdnr. 6; *Schmidt-Leithoff*, in: Rowedder/Schmidt-Leithoff, Rdnr. 135 (aber auch: keine Gesamtrechtsnachfolge, sondern ein Wandel der Rechtsgestalt des Vermögensträgers").

645 Vgl. BGH v. 26.10.1981 – II ZR 31/81, NJW 1982, 932 = GmbHR 1982, 183, 184; *Fastrich*, in: Baumbach/Hueck, Rdnr. 56; *Merkt*, in: MünchKomm. GmbHG, Rdnr. 58, *Hueck*, in: FS 100 Jahre GmbHG, S. 152; *Hüffer*, JuS 1983, 167; distanziert *Ulmer/Habersack*, in: Ulmer/Habersack/Löbbe, Rdnr. 90: „Es werde „nach wie vor nicht selten von Gesamtrechtsnachfolge gesprochen"; relativistisch *Roth*, in: Roth/Altmeppen, Rdnr. 6, 19 („Universalsukzession oder Rechtsformwechsel").

646 Vgl. *Merkt*, in: MünchKomm. GmbHG, Rdnr. 149 a.E.: Streit von „eher dogmatischer Natur und nur von geringer praktischer Bedeutung".

647 Ausführlich dazu noch 9. Aufl., Rdnr. 133.

648 Vgl. BGH v. 29.10.1992 – I ZR 264/90, BGHZ 120, 103, 107 = NJW 1993, 459, 460 = GmbHR 1993, 103, 104.

649 *Munzig*, in: Kuntze/Ertl/Herrmann/Eickmann, GrundbuchR, 6. Aufl. 2006, § 20 Rdnr. 31, 66; nach *Böhringer*, Rpfleger 1988, 449 ist dies nicht einmal ein Grundbuchberichtigungsvorgang i.S. des § 22 GBO.

650 BFH, BStBl. III 1957, 28; *Ulmer/Habersack*, in: Ulmer/Habersack/Löbbe, Rdnr. 158; *Henninger*, GmbHR 1974, 269.

wird nunmehr die GmbH ohne Gründungszusatz eingetragen[651]. Auch in der Zwangsversteigerung kann der GmbH auf Grund eines noch von der Vor-GmbH erklärten Gebots der Zuschlag erteilt werden[652]. Waren Kommanditanteile in die Vorgesellschaft eingebracht, so ist nunmehr die fertige GmbH Kommanditistin, eine etwa schon erfolgte Registereintragung wird auch hier nur berichtigt.

c) Auch die **Verbindlichkeiten** der Vorgesellschaft sind nunmehr Verbindlichkeiten der GmbH[653]. Das gilt für die gesetzlichen Verbindlichkeiten ebenso wie für die vertraglichen[654]. Die ältere Rechtsprechung, die einen automatischen „Übergang" nur bei satzungsgemäßen oder gründungsnotwendigen Geschäften anerkannte[655], ist mit der Beseitigung des Vorbelastungsverbots überholt (Rdnr. 45, 134). Jede Haftung der Vorgesellschaft, wann immer sie wirksam begründet wurde, wird im Augenblick der Eintragung zu einer Haftung der eingetragenen GmbH. Solange die Gerichte noch von einer beschränkten Vertretungsmacht der Geschäftsführer einer Vor-GmbH ausgehen (Rdnr. 72), wird konsequenterweise eine Genehmigung seitens der Gesellschaft verlangt, soweit die Gesellschafter dem Geschäftsbeginn vor der Eintragung nicht zugestimmt hatten (dazu aber Rdnr. 73)[656]. Nach der hier vertretenen Auffassung ist eine Genehmigung nur unter engen Voraussetzungen zu vonnöten: entweder wenn ein Vertreter ohne Vertretungsmacht bzw. unter evidentem Missbrauch der Vertretungsmacht für eine Vorgesellschaft tätig gewesen ist, und dies ist ein seltener Fall (vgl. Rdnr. 73, 74, 129), oder wenn beim Handeln „im Namen der künftigen GmbH" das Geschäft unter die Bedingung ihrer Zustimmung gestellt wurde (dazu sogleich Rdnr. 154). | **153**

d) **Rechtsgeschäfte**, die **„im Namen der künftigen GmbH"**, d.h. unter der aufschiebenden Bedingung der Eintragung abgeschlossen wurden (vgl. zu diesem Handeln im Namen der künftigen GmbH Rdnr. 69 f.), werden im Rahmen der Vertretungsmacht des für die Gesellschaft Handelnden (Rdnr. 71 ff.) automatisch wirksam, sofern nicht die Genehmigung durch die Gesellschaft beim Geschäftsabschluss vorbehalten wurde. Die vormals entgegenstehende h.M.[657] ist mit der Aufgabe des Vorbelastungsverbotes obsolet. Sie wird kompensiert durch die strenge Vorbelastungshaftung (Rdnr. 139 ff.). Nach wie vor ist es auch möglich, dass Rechtsgeschäfte unter dem Vorbehalt späterer Genehmigung durch die eingetragene GmbH abgeschlossen werden (sog. Potestativbedingung)[658]. Solche Vertretergeschäfte lösen weder eine Haftung der Geschäftsführer nach § 11 Abs. 2 noch eine Haftung nach § 179 BGB aus (Rdnr. 121, 129). | **154**

e) Die Kontinuität wirkt umfassend und erfasst nicht nur einzelne Ansprüche und Verbindlichkeiten, sondern auch **ganze Rechtsverhältnisse**. Der „Übergang" solcher Rechtsverhältnisse auf die GmbH ist nicht mit §§ 566, 613a BGB, §§ 25 ff. HGB etc. zu begründen, sondern er ergibt sich von selbst aus der Identität der Gesellschaft vor und nach der Eintragung (vgl. Rdnr. 31, 152). | **155**

f) **Prozesse** werden automatisch von der GmbH fortgesetzt[659]. Dies ist kein Parteiwechsel, sondern es ist nur eine Berichtigung der Parteibezeichnung im Rubrum erforderlich. Der | **156**

---

651 Vgl. *Böhringer*, Rpfleger 1988, 449.
652 LG München II v. 9.4.1987 – 7 T 431/87, NJW-RR 1987, 1519.
653 BGH v. 9.3.1981 – II ZR 54/80, BGHZ 80, 129, 144 = NJW 1981, 1373, 1376 = GmbHR 1981, 114, 118; *Fastrich*, in: Baumbach/Hueck, Rdnr. 57; *Merkt*, in: MünchKomm. GmbHG, Rdnr. 151; *Schmidt-Leithoff*, in: Rowedder/Schmidt-Leithoff, Rdnr. 136; *Ostheim*, GesRZ 1982, 128.
654 Vgl. *Büttner*, S. 134.
655 Vgl. RGZ 58, 55, 56; RGZ 83, 370, 373; RGZ 105, 228, 229 f.; RGZ 134, 121, 122; RGZ 151, 86, 91; BGHZ 17, 385, 391 f.; BGHZ 20, 281, 287; *Scholz*, JW 1938, 3152; *Fleck*, ZGR 1975, 219.
656 *Ulmer/Habersack*, in: Ulmer/Habersack/Löbbe, Rdnr. 91.
657 Vgl. die Darstellung bei *Karsten Schmidt*, NJW 1973, 1595 f.
658 Vgl. BGH v. 14.3.1973 – VIII ZR 114/72, NJW 1973, 798; dazu *Karsten Schmidt*, NJW 1973, 1597.
659 RGZ 85, 256, 259 (für den Vor-e.V.); *Ulmer/Habersack*, in: Ulmer/Habersack/Löbbe, Rdnr. 90.

Rechtsstreit wird auch nicht unterbrochen. Rechtskräftige Urteile, die zu Gunsten oder zu Lasten der Vorgesellschaft ergangen sind, wirken für und gegen die fertige GmbH. Vollstreckungstitel, die gegen die Vor-GmbH erstritten wurden, können ohne eine gemäß § 727 ZPO im Fall eines Rechtsübergangs erforderliche Titelumschreibung für die Vollstreckung gegen die GmbH verwendet werden[660]. An Stelle des Titelumschreibungsverfahrens genügt auch hier eine formlose Änderung des Rubrums im Vollstreckungstitel.

2. Folgen der Eintragung für die persönliche Haftung

157 **a)** Die **persönliche Außenhaftung** der Gründer und der Handelnden **erlischt** (vgl. Rdnr. 98 und 130; str.). Der Haftungszweck einer solchen Außenhaftung hat sich erledigt, und es besteht nach der Eintragung kein Anlass mehr, die Altgläubiger, deren Forderungen schon gegen die Vor-GmbH gerichtet waren, gegenüber den Gläubigern der fertigen GmbH zu begünstigen. **Die Gründer haften** ggf. nach Rdnr. 141 ff. **im Innenverhältnis weiter.** Haben die Gründer allerdings auf Grund ihrer persönlichen Haftung gezahlt, so kann zweifelhaft sein, ob der Rechtsgrund der Haftung mit der Rechtsfolge des § 812 Abs. 1 Satz 2 BGB entfällt. Die Frage ist grundsätzlich zu verneinen. Wer vor der Eintragung an einen Gläubiger der Gesellschaft gezahlt hat, hat mit Rechtsgrund gezahlt (über Regressfragen vgl. Rdnr. 126 ff.). Anders verhält es sich, wenn der Gründer oder der Handelnde vor der Eintragung der Gesellschaft lediglich verurteilt war. Hier kann grundsätzlich geltend gemacht werden, dass die Haftungsverbindlichkeit fortgefallen ist (ggf. § 767 ZPO). War gegen einen Gründer allerdings ein Anerkenntnisurteil ergangen, so kann er sich nach Auffassung des LAG Hamm[661] nicht im Wege der Vollstreckungsgegenklage auf den Fortfall der Haftung berufen. Dieser Standpunkt ist schon deshalb bedenklich, weil das Anerkenntnis nach § 307 ZPO als reine Prozesshandlung keine neue Verbindlichkeit herstellt und vielfach nur auf die Kostenfolge des § 93 ZPO zielt. Der Gründer hat eine Klagforderung als bestehend anerkannt, die nachträglich fortgefallen ist.

158 **b)** Das **Erlöschen gilt nur für die** auf der fehlenden Eintragung beruhende gesellschaftsrechtliche **Außenhaftung, nicht für** eine gegenüber der Gesellschaft entstandene **Innenhaftung.** Ein sich aus § 9 oder aus §§ 19 ff. ergebender Anspruch der Gesellschaft gegen die Gründer sowie eine nach Rdnr. 139 ff. entstandene **Vorbelastungshaftung** bleibt bestehen. Zur Verjährung des Haftungsanspruchs vgl. Rdnr. 149. Nicht zum Erlöschen kommt aber auch eine Außenhaftung, die auf anderer Anspruchsgrundlage beruht, so die Culpa-in-contrahendo-Haftung bei Vertragsschluss trotz Überschuldung der Vor-GmbH (Rdnr. 38, 69 f. sowie Erl. § 64) oder die bei § 4 Rdnr. 81 ff. dargestellte Vertrauenshaftung bei Nicht-Verwendung des warnenden GmbH-Zusatzes (auch dazu vgl. Rdnr. 38, 69)[662]. Auch eine durch Bürgschaft oder Garantie oder gemeinschaftliche Kontoeröffnung rechtsgeschäftlich begründete Außenhaftung kann fortbestehen[663].

3. Folgen der Eintragungsverweigerung

159 **a) Auflösungsfolgen.** Eine Ablehnung des Eintragungsantrags kann die Geschäftsführer nach Lage des Falls zur Einlegung von Rechtsmitteln (im Namen der Gesellschaft, vgl. Rdnr. 40)

---

660 OLG Stuttgart v. 2.11.1988 – 2 W 5/88, NJW-RR 1989, 637; s. auch *Merkt*, in: MünchKomm. GmbHG, Rdnr. 151.
661 LAG Hamm v. 22.10.1982 – 14 Sa 896/82, ZIP 1983, 63, 577.
662 Vgl. OLG Celle v. 14.3.1990 – 9 U 3/89, GmbHR 1990, 398.
663 Vgl. OLG Brandenburg v. 3.7.2002 – 3 U 101/01, NZG 2003, 175 (Mithaftung aus Mietvertrag); zu den Grenzen einer solchen Außenhaftung (Kontoeröffnung) vgl. OLG Brandenburg v. 13.11.2001 – 11 U 53/01, NZG 2002, 182.

und die Gesellschafter zur Beseitigung von Eintragungshindernissen verpflichten[664]. Scheitert die Eintragung endgültig, so ist die Vorgesellschaft **aufgelöst**[665]. Die h.M. begründet dies mit der Erwägung, dass die nunmehr unmöglich gewordene Herbeiführung der Eintragung gemeinsamer Zweck der Vorgesellschaft sei. Diese Begründung ist abzulehnen (Rdnr. 32 f.), aber die Verfehlung der von den Gründern bezweckten Rechtsform bringt die Grundlage des Gesellschaftsverhältnisses in Fortfall (s. auch Rdnr. 64).

b) Die aufgelöste Vor-GmbH muss auseinandergesetzt werden. Betreiben die Gesellschafter   160 die **Liquidation**, so besteht die Gesellschaft nunmehr als *Vorgesellschaft in Liquidation* fort[666]. Mit Ausnahme der Einpersonengründung (Rdnr. 168) tritt kein automatischer Wegfall der Vor-GmbH als Rechtsträgerin ein, und das Gesellschaftsvermögen fällt nicht automatisch den Gründern an[667]. Die aufgelöste Vor-GmbH unterliegt dem Liquidationsrecht des GmbHG, soweit dieses nicht die Eintragung voraussetzt (Rdnr. 65). Sie bleibt Trägerin von Rechten und Pflichten[668]. Auch ihre Parteifähigkeit bleibt erhalten[669]. Insbesondere gilt § 66, wonach im Zweifel die Geschäftsführer als Liquidatoren berufen sind, analog (Rdnr. 65; str.). Nach der älteren, heute überholten BGH-Praxis sollte es dann bei der angeblich beschränkten **Haftung der Gründer** bleiben (dazu Rdnr. 86 f.)[670]. Die nunmehr vorherrschende Rechtsprechungslösung (Rdnr. 88 ff.) wirft nicht mehr die Frage auf, ob die Haftung zu bejahen oder zu verneinen ist, sondern die Frage ist nur, ob sich die Gründerhaftung von einer Innenhaftung in eine Außenhaftung verwandelt (Rdnr. 90, 99). Das hier vertretene Außenhaftungskonzept lässt die Frage als einfach erscheinen. Wenn die Gründer schon während des Eintragungsverfahrens unbeschränkt gesamtschuldnerisch haften (Rdnr. 91), gilt dies selbstverständlich auch im Fall der Liquidation (Rdnr. 65; str.)[671]. Im Insolvenzverfahren wird die Haftung dagegen über die Masse abgewickelt. Der Grund ist allerdings nicht gesellschaftsrechtlicher Art, sondern er liegt in der analogen Anwendung des § 93 InsO (dazu Rdnr. 43, 92).

c) Zweifelhaft ist, ob die **Gesellschafter untereinander** zum **Verlustausgleich** verpflichtet   161 sind. BGHZ 86, 122[672] hatte dies mit der Begründung verneint, eine allgemeine Nachschuss- und Verlustausgleichspflicht im Auflösungsfall (§ 735 BGB) gebe es nicht, weil die Gründer einer GmbH grundsätzlich kein Risiko über den Verlust der übernommenen Stammeinlagen hinaus eingehen wollen (zum Streitstand vgl. Rdnr. 65). Dem kann nur mit der Einschränkung zugestimmt werden, dass Verluste, die nicht zur persönlichen Haftung der Gründer führen, aus dem Gesellschaftsvermögen beglichen werden müssen (vgl. auch Rdnr. 144 ff.). Soweit dagegen die Gesellschafter im Außenverhältnis unbeschränkt haften (Rdnr. 91), können sie nicht nur nach § 426 BGB untereinander Regress suchen, sondern sie schulden ei-

---

664 *Ulmer/Habersack*, in: Ulmer/Habersack/Löbbe, Rdnr. 38 f.; vgl. allgemein zu den Gründerpflichten RGZ 151, 86, 91; *Flume*, Juristische Person, § 5 III 2.

665 Vgl. *Bayer*, in: Lutter/Hommelhoff, Rdnr. 23; *Fastrich*, in: Baumbach/Hueck, Rdnr. 30; *Schmidt-Leithoff*, in: Rowedder/Schmidt-Leithoff, Rdnr. 66; *Ulmer/Habersack*, in: Ulmer/Habersack/Löbbe, Rdnr. 52.

666 BGH v. 24.10.1968 – II ZR 216/66, BGHZ 51, 30, 32 = NJW 1969, 509 = GmbHR 1969, 80; BGH v. 28.11.1997 – V ZR 178/96, NJW 1998, 1079, 1080; vgl. BGH v. 9.3.1981 – II ZR 54/80, BGHZ 80, 129, 142 = NJW 1981, 1373, 1376 = GmbHR 1981, 114, 117; BayObLG v. 6.11.1985 – BReg.3 Z 15/85, DB 1986, 106 f. = GmbHR 1986, 118; *Fastrich*, in: Baumbach/Hueck, Rdnr. 31.

667 Im Ansatz unrichtig die Gründe des (in casu aber eine Einpersonengesellschaft betreffenden) Beschlusses des BayObLG v. 18.3.1987 – BReg.2 Z 8/87, NJW-RR 1987, 812 = GmbHR 1987, 393 mit Anm. *Hubert Schmidt*; dazu näher *Karsten Schmidt*, GmbHR 1988, 89 ff.; gleichfalls im Ansatz unrichtig, aber eine Einpersonengesellschaft betreffend und deshalb in casu richtig OLG Köln v. 27.2.1997 – 7 U 178/96, GmbHR 1997, 601: Wegfall der Parteifähigkeit.

668 BGH v. 28.11.1997 – V ZR 178/96, GmbHR 1998, 185 = NJW 1998, 1079, 1080.

669 *Fichtelmann*, GmbHR 1997, 905 gegen OLG Köln v. 27.2.1997 – 7 U 178/96, GmbHR 1997, 601.

670 BGH v. 9.3.1981 – II ZR 54/80, BGHZ 80, 129, 142 f. = NJW 1981, 1373, 1376 = GmbHR 1981, 114, 117.

671 Vgl. *Karsten Schmidt*, oHG, S. 284; s. auch *Theobald*, S. 51 f.; *Brinkmann*, GmbHR 1982, 269 f.

672 BGH v. 13.12.1982 – II ZR 282/81, BGHZ 86, 122 = NJW 1983, 876 = GmbHR 1983, 46.

nander im Liquidationsfall auch Beiträge zur Schuldenabwicklung. § 735 BGB ist dann entsprechend anzuwenden (vgl. Rdnr. 65).

4. Fortführung der Vorgesellschaft ohne Eintragungsabsicht (sog. unechte Vorgesellschaft)

162 **a) Tatbestand.** Von dem Liquidationsverfahren zu unterscheiden ist die Fortführung der Gesellschaft nach Scheitern oder Aufgabe der Eintragungsabsicht. Wird die Gesellschaft ohne Eintragungsabsicht als werbende (nicht Liquidations-)Gesellschaft betrieben, so entfallen die Voraussetzungen des Rechts der Vor-GmbH. Üblicherweise wird dann von einer „unechten Vorgesellschaft" gesprochen[673], was im Hinblick auf die bei Rdnr. 32 f. geschilderte, heute überholte Lehre von der „unechten Vorgesellschaft" (dazu Rdnr. 36) terminologisch nicht ohne Probleme ist. Die bloße Aufnahme der Unternehmenstätigkeit vor der Eintragung macht die Vorgesellschaft noch nicht zu einer „unechten Vorgesellschaft" (Rdnr. 36). Ebenso wenig genügt eine bloße Verzögerung der Liquidation[674]. Führen die Gründer aber ein in die Vor-GmbH eingebrachtes oder von ihr in Gang gesetztes Unternehmen fort, ohne die Eintragung oder die Liquidation zu betreiben[675], so wird aus der Vorgesellschaft je nach der Art und Umfang des Unternehmens eine oHG (§§ 1, 105 HGB) oder eine unternehmenstragende Gesellschaft bürgerlichen Rechts[676]. Die Gesellschaft bleibt rechts- und parteifähig[677]. Sie kann aber nicht mehr als werdende juristische Person (Rdnr. 30) durch schlichte Eintragung in das Stadium der fertigen GmbH überführt werden, ist vielmehr Personengesellschaft und bedürfte,

---

673 Vgl. nur BayObLG v. 6.11.1985 – BReg.3 Z 15/85, DB 1986, 106 f. = GmbHR 1986, 118; BFH v. 7.4.1998 – VII R 82/97, BFHE 185, 356 = DStR 1998, 1129 mit Anm. *Goette* = GmbHR 1998, 854 = NJW 1998, 2926 = ZIP 1998, 1149; OLG Koblenz v. 19.12.2000 – 3 U 1562/99, GmbHR 2001, 433 = WM 2002, 182, 183; FG Hamburg v. 22.6.1989 – II 100/87, GmbHR 1990, 189; *Fastrich*, in: Baumbach/Hueck, Rdnr. 32; *Merkt*, in: MünchKomm. GmbHG, Rdnr. 173; *Schmidt-Leithoff*, in: Rowedder/Schmidt-Leithoff, Rdnr. 8, 22; *Ulmer/Habersack*, in: Ulmer/Habersack/Löbbe, Rdnr. 27; s. auch *Theobald*, S. 50, 133.

674 OLG Celle v. 8.5.1996 – 9 U 201/95, GmbHR 1996, 688 = EWiR 1996, 1083 (*Veil*); nur scheinbar a.M. BGH v. 4.11.2002 – II ZR 204/00, BGHZ 152, 290 = GmbHR 2003, 97 = NJW 2003, 429 (die Entscheidung handelt von der Außenhaftung und basiert auf dem Innenhaftungsmodell des BGH).

675 Zu dieser Abgrenzung vgl. *Karsten Schmidt*, oHG, S. 358; nicht weiterführend *Murawo*, S. 60 ff. (Gedanke des Eigenkapitalersatzrechts).

676 So im Ergebnis die h.M.; vgl. BGH v. 9.3.1981 – II ZR 54/80, BGHZ 80, 129, 142 = NJW 1981, 1373, 1376 = GmbHR 1981, 114, 117; BGH v. 28.11.1997 – V ZR 178/96, GmbHR 1998, 185 = NJW 1998, 1079, 1080; BGH v. 31.3.2008 – II ZR 308/06, BB 2008, 1249 mit Anm. *Weiß* = GmbHR 2008, 654 = NJW 2008, 2441 = WuB II C § 11 GmbHG 1.08 mit Anm. *Lange/Widmann*; BayObLG, NJW 1965, 2254, 2256; BayObLG v. 6.11.1985 – BReg.3 Z 15/85, GmbHR 1986, 118 = DB 1986, 106 f. = ZIP 1985, 1487; OLG Dresden v. 17.12.1997 – 12 U 2364/97, GmbHR 1998, 188; OLG Jena v. 3.3.1999 – 2 U 540/98, GmbHR 1999, 772, 773 = NZG 1999, 461; OLG Koblenz v. 19.12.2000 – 3 U 1562/99, WM 2002, 182 = GmbHR 2001, 433; LG Dresden v. 16.11.2001 – 8-S-0033/01, GmbHR 2002, 549; BFH v. 1.12.1987 – VII R 206/85, GmbHR 1988, 404; BFH v. 7.4.1998 – VII R 82/97, BFHE 185, 356, 360 = GmbHR 1998, 854, 856 = NJW 1998, 2926, 2928; FG Berlin v. 11.12.2001 – 5 K 5287/99, GmbHR 2002, 450, 451; *Bayer*, in: Lutter/Hommelhoff, Rdnr. 24; *Fastrich*, in: Baumbach/Hueck, Rdnr. 32 f.; *Merkt*, in: MünchKomm. GmbHG, Rdnr. 178; *Schmidt-Leithoff*, in: Rowedder/Schmidt-Leithoff, Rdnr. 22; *Schroeter*, in: Bork/Schäfer, Rdnr. 45, 48; *Ulmer/Habersack*, in: Ulmer/Habersack/Löbbe, Rdnr. 26; *Gummert*, in: MünchHdb. III, § 16 Rdnr. 18; *Theobald*, S. 50 f.; *Schwarz*, ZIP 1996, 2007; unentschieden BGH v. 27.1.1997 – II ZR 123/94, BGHZ 134, 333, 341 = LM Nr. 38 zu § 11 GmbHG mit Anm. *Noack* = GmbHR 1997, 405, 407 = NJW 1997, 1507, 1509.

677 BGH v. 31.3.2008 – II ZR 308/06, BB 2008, 1249 mit Anm. *Weiß* = GmbHR 2008, 654 = NJW 2008, 2441 = WuB II C § 11 GmbHG 1.08 mit Anm. *Lange/Widmann*; dazu *de Lousanoff*, NZG 2008, 490.

soll aus ihr doch noch eine GmbH werden, der Umwandlung. Eine definitive Aufgabe der Eintragungs- oder Abwicklungsabsicht ist für die Verwandlung in eine „unechte Vorgesellschaft" nicht erforderlich; ihre nachhaltige Vernachlässigung durch alle Gründer genügt[678]. Vor allem die bestandskräftige Versagung der Eintragung (Rdnr. 159) zwingt die Gesellschafter zur Liquidation der Vorgesellschaft, wenn sie nicht die Rechtsfolgen der „unechten Vorgesellschaft" in Kauf nehmen wollen.

b) Die **Gesellschafterhaftung bei der „unechten Vorgesellschaft"** ist eine unbeschränkte 163
persönliche Außenhaftung (vgl. § 128 HGB)[679]. Die eine solche Haftung bei der „echten" Vor-GmbH verneinende h.M. (Rdnr. 79 ff.) sieht in deren Umwandlung in eine Personengesellschaft eine gravierende haftungsrechtliche Veränderung, deren tatbestandliche Voraussetzungen nicht immer einfach nachzuweisen sind. Die Gesellschafter haften für Altschulden (aus der Zeit vor der Umwandlung) wie für Neuschulden unbeschränkt[680]. Folgt man der hier vertretenen Ansicht, so setzt sich die vorläufige Außenhaftung der Vorgesellschafter im Fall einer „unechten Vorgesellschaft" einfach als endgültige Außenhaftung fort. Wer vor der Umwandlung der Vor-GmbH in eine oHG oder Gesellschaft bürgerlichen Rechts aus der Gesellschaft ausscheidet, unterliegt nach der h.M. überhaupt keiner Außenhaftung[681]. Nach der hier vertretenen Auffassung entfällt bei einem solchen Gesellschafter nur die Haftung für die nach seinem Ausscheiden begründeten Verbindlichkeiten (vgl. sinngemäß § 160 HGB).

X. Die Einpersonen-Vorgesellschaft

Schrifttum: (vgl. zunächst die Angaben bei Rdnr. 1, 85): *W. Albach*, Die Einmanngründung der GmbH, 164
Diss. Bonn 1986; *Brinkmann*, Begrenzte Haftung der Einmann-GmbH in Gründung?, GmbHR 1982, 269; *Bode*, Die gescheiterte Gründung der Einmann-GmbH, Diss. Hannover 1994; *Fezer*, Die Einmanngründung der GmbH, JZ 1981, 608; *Flume*, Die Gründung der Einmann-GmbH nach der Novelle zum GmbH-Gesetz, DB 1980, 1781; *Flume*, Die GmbH-Einmanngründung, ZHR 146 (1982), 205; *Heil*, Die Rechtsnatur der Einpersonen-Vor-GmbH, 2007; *Hüffer*, Zuordnungsprobleme und Sicherung der Kapitalaufbringung bei der Einmanngründung der GmbH, ZHR 145 (1981), 521; *Hüffer*, Vorgesellschaft und Einmanngründung, in: Die Zukunft der GmbH, 1983, S. 167; *John*, Die Gründung der Einmann-GmbH, 1986; *John*, Zur Problematik der Vor-GmbH, insbesondere bei der Einmann-Gründung, BB 1982, 505; *John*, Die doppelstöckige Einmanngründung, BB 1985, 626; *Kleberger*, Die rechtliche Behandlung von Sicherungen bei der Gründung der Einmann-GmbH, Diss. Gießen 1986; *Koppensteiner*, Zur Neuregelung der Einmann-GmbH in Österreich, in: FS Claussen, 1997, S. 213; *Kusserow*, Die Einmann-GmbH in Gründung, 1986; *Merkt*, Die Einpersonen-Vor-GmbH im Spiegel der rechtswissenschaftlichen Diskussion, in: FS Karsten Schmidt, 2009, S. 1161; *Petersen*, Die fehlgeschlagene Einmanngründung – liquidationsloses Erlöschen oder Fiktion des Fortbestehens?, NZG 2004, 400; *Karsten Schmidt*, Einmanngründung und Einmann-Vorgesellschaft, ZHR 145 (1981), 540; *Karsten Schmidt*, Die Rechtslage der gescheiterten Einmann-Vor-GmbH, GmbHR 1988, 89; *Albert Schröder*, Die Einmann-Vorgesellschaft, 1990; *Ulmer*, Die Einmanngründung der GmbH – ein Danaergeschenk?, BB 1980, 1001; *Ulmer/Ihrig*, Die Rechtsnatur der Einmann-Gründungsorganisation, GmbHR 1988, 373; *Winter*, Gründungs- und Satzungsprobleme bei der Einmann-GmbH nach der GmbH-Novelle, in: Pro GmbH, 1980, S. 191.

---

678 *Karsten Schmidt*, oHG, S. 358; zust. *Merkt*, in: MünchKomm. GmbHG, Rdnr. 176; vgl. im Ergebnis auch *Fleck*, GmbHR 1983, 15; *Maulbetsch*, DB 1984, 1563; die Gegenansicht muss den inneren Willen aus denselben Indizien erschließen; vgl. *Ulmer/Habersack*, in: Ulmer/Habersack/Löbbe, Rdnr. 27.

679 Ebenso *Murawo*, S. 147 ff.; *Merkt*, in: MünchKomm. GmbHG, Rdnr. 178; *Schmidt-Leithoff*, in: Rowedder/Schmidt-Leithoff, Rdnr. 22.

680 Vgl. nur BAG v. 27.5.1997 – 9 AZR 483/96, BAGE 86, 38 = NJW 1998, 628 = GmbHR 1998, 39 = ZIP 1997, 2199; BFH v. 7.4.1998 – VII R 82/97, BFHE 185, 356 = NJW 1998, 2926 = GmbHR 1998, 854 = ZIP 1998, 1149; BayObLG v. 6.11.1985 – BReg.3 Z 15/85, DB 1986, 106 f.; FG Brandenburg v. 23.10.1997 – 5 K 1401/96 H, GmbHR 1998, 392; *Fastrich*, in: Baumbach/Hueck, Rdnr. 33; *Ulmer/Habersack*, in: Ulmer/Habersack/Löbbe, Rdnr. 28; *Lutter*, JuS 1999, 1077 f.

681 Vgl. OLG Düsseldorf v. 18.5.1995 – 13 U 86/94, GmbHR 1995, 823; *Fastrich*, in: Baumbach/Hueck, Rdnr. 33.

1. Grundlagen

165 Nach § 1 kann eine GmbH auch durch einen Gründer als Einpersonen-GmbH geschaffen werden (eingehend § 1 Rdnr. 50 ff.). Dieser einzige Gründer kann eine natürliche Person, eine juristische Person oder eine rechtsfähige Personengesellschaft sein. Das Errichtungsgeschäft ist dann trotz des ungenauen Wortlauts des § 2 Abs. 1 kein Vertrag, sondern eine einseitige Willenserklärung (§ 1 Rdnr. 56). Die durch das Errichtungsgeschäft geschaffene **Rechtslage** und deren rechtsdogmatische Begründung[682] ist **umstritten:**

166 **a) Meinungsstand:** Ein Teil der Literatur nimmt an, dass durch die Einpersonengründung zwar schon die Verfassung der künftigen Einpersonen-Gesellschaft, aber vor der Eintragung weder ein Sondervermögen noch ein selbständiger Rechtsträger geschaffen wird[683]. Andere Stimmen sehen die errichtete, aber noch nicht eingetragene Gesellschaft als ein Sondervermögen des Gründers an, so dass dieser bereits Einlagen leisten kann, indem er Vermögensgegenstände aus seinem Privatvermögen auf das Sondervermögen überführt[684]. Eine dritte, inzwischen vorherrschende Auffassung erkennt die Einpersonen-Vorgesellschaft als Rechtsträgerin an[685].

167 **b) Stellungnahme:** Die dritte Auffassung wird in diesem Kommentar seit der 7. Aufl. vertreten[686]. Indem der Gesetzgeber die Einpersonengründung zugelassen hat (§ 1), hat er der Mehrpersonen-Vorgesellschaft die Einpersonen-Vorgesellschaft in diesem entscheidenden Punkt gleichgestellt. Die Einpersonen-Vorgesellschaft ist, wie die Mehrpersonen-Vorgesellschaft, artgleich mit der Einpersonen-GmbH als Körperschaft. Die Sondervermögenslösung bleibt auf halbem Wege stehen. Sie ist eine Notlösung und basiert auf dem für die Einpersonengründung nicht passenden, dogmengeschichtlich überholten Verständnis der Vorgesellschaft als Gesamthand (dazu Rdnr. 30). Sie kann zwar die Rechtslage beim Scheitern der Gründung besser erklären (dazu Rdnr. 168), nicht aber den Status der Vorgesellschaft und die Rechtsfolgen der Eintragung[687]. Insbesondere zeigt sich dies, wenn ein Einzelunternehmen in die Gesellschaft eingebracht wird (eine Prozedur, statt derer sich freilich die Ausgliederung nach §§ 158 ff. UmwG empfiehlt) oder wenn sonst schon unternehmerische Rechtsgeschäfte mit Dritten abgeschlossen werden. Die Einpersonen-Vorgesellschaft ist als **werdende juristische Person** bereits **Rechtsträgerin** und taugt auch als Unternehmensträge-

---

682 Zur begrenzten praktischen Relevanz vgl. *Bayer*, in: Lutter/Hommelhoff, Rdnr. 38; *Ulmer/Habersack*, in: Ulmer/Habersack/Löbbe, Rdnr. 25.

683 So insbes. *Ulmer*, BB 1980, 1003 f.; *Hüffer*, ZHR 145 (1981), 522 f., 532; eingehende Kritik bei *Schröder*, S. 38 ff.

684 Vgl. mit Unterschieden im Einzelnen *Flume*, Juristische Person, § 5 IV 2; *Heil*, S. 40 ff.; *Flume*, DB 1981, 1783; *Flume*, ZHR 146 (1982), 208; *Ulmer/Habersack*, in: Ulmer/Habersack/Löbbe, Rdnr. 23 ff.; *Fezer*, JZ 1981, 615 f.; *Fleck*, GmbHR 1983, 17; vgl. auch *Blath*, in: Michalski u.a., Rdnr. 74; *Merkt*, in: MünchKomm. GmbHG, Rdnr. 204; *Roth*, in: Roth/Altmeppen, Rdnr. 78, 82; *Schmidt-Leithoff*, in: Rowedder/Schmidt-Leithoff, Rdnr. 142, 144 ff.

685 Vgl. mit Unterschieden im Einzelnen OLG Dresden v. 19.12.1996 – 7 U 872/96, GmbHR 1997, 215, 217 = DZWir 1997, 200, 203 mit Anm. *Mutter*; *Fastrich*, in: Baumbach/Hueck, Rdnr. 42; *Raiser/Veil*, Kapitalgesellschaften, § 35 Rdnr. 90 f.; *Raiser*, in: Das neue GmbH-Recht in der Diskussion, 1981, S. 38; *Gummert*, in: MünchHdb. III, § 16 Rdnr. 130; *Schröder*, S. 151 ff.; *Bayer*, in: Lutter/Hommelhoff, Rdnr. 38; *Blath*, in: Michalski u.a., Rdnr. 74; *Roth*, in: Roth/Altmeppen, Rdnr. 75 ff.; *Karsten Schmidt*, GesR, § 40 II 2a; *Karsten Schmidt*, NJW 1980, 1774 f. und ZHR 145 (1981), 560; *John*, Die Gründung der Einmann-GmbH, S. 37 ff.; *John*, BB 1982, 513; *Koppensteiner*, in: FS Claussen, S. 215 f.; *Winter*, in: Pro GmbH, S. 200 f.; *Albach*, S. 132 ff., 170 f.; *Kleberger*, S. 189 f.

686 Ausführlicher dazu noch in der 8./9. Aufl.; s. auch *Karsten Schmidt*, GesR, § 40 II 2a; dieser Standpunkt wurde ausführlicher entwickelt bei *Karsten Schmidt*, ZHR 145 (1981), 541 ff.; sympathisierend *Merkt*, in: MünchKomm. GmbHG, Rdnr. 204; *Merkt*, in: FS Karsten Schmidt, 2009, S. 1161, 1167 f.

687 S. auch *Merkt*, in: FS Karsten Schmidt, 2009, S. 1161, 1167; das wird eingeräumt bei *Ulmer/Habersack*, in: Ulmer/Habersack/Löbbe, Rdnr. 24.

rin. Es gibt kein Unternehmen ohne Unternehmensträger[688], und es gibt keinen Unternehmensträger, der nicht fähig wäre, Träger von Rechten und Pflichten zu sein[689]. Die Einpersonen-Vorgesellschaft als rechtsfähige Organisation (Rdnr. 169) erfüllt diese Voraussetzungen. Die Einpersonen-Vorgesellschaft kann auch bereits als taugliche **Komplementärin** an einer KG-Gründung teilnehmen (Rdnr. 182), oder selbst eine GmbH gründen[690].

c) Eine Schwierigkeit besteht, **wenn die GmbH-Gründung scheitert** und die Eintragungsabsicht nicht mehr verfolgt wird. Schulmäßig müsste dann der Gründer einen Auflösungsbeschluss fassen und die Gesellschaft abwickeln, indem er die Gläubiger befriedigt und das Restvermögen von der aufgelösten Vorgesellschaft zurückerwirbt. Richtig ist, dass der Gründer die Einpersonen-Vorgesellschaft auflösen kann (Rdnr. 173). Aber dies gibt keinen hinreichenden Schutz gegen schlichte Passivität des Gründers. Die Einpersonen-Vorgesellschaft kann nicht als „unechte Vorgesellschaft" zur Personengesellschaft mutieren (vgl. dazu Rdnr. 162 f.). Man wird deshalb, auch wenn dies rechtsdogmatisch schwer zu erklären ist, annehmen müssen, dass die Einpersonen-Vorgesellschaft in diesem Fall automatisch erlischt und dass alle Rechte und Pflichten wieder dem Gesellschafter – nach der Sondervermögenstheorie: seinem Privatvermögen – zufallen[691]. Die wirksam errichtete (Vor-)Gesellschaft verliert ihre Rechts- und Parteifähigkeit[692]. Eine Liquidation findet nicht statt[693]. Eingebrachte Vermögensgegenstände fallen automatisch dem Gründer im Wege der Gesamtrechtsnachfolge zu; das gilt auch für im Grundbuch eingetragene Rechte und für vormerkungsgesicherte Forderungen[694], während eine Eintragung, die erst für die bereits erloschene Vor-GmbH erfolgt, ins Leere gehen müsste[695], sofern man sie nicht als Eintragung für den Gründer als Gesamtrechtsnachfolger aufrechterhält[696]. Auch der Vor-GmbH zustehende Gesellschaftsanteile (z.B. Komplementäranteile) fallen dem Gründer zu (war er einziger Kommanditist einer Einpersonen-GmbH & Co. KG in Gründung, so erlischt diese Gesellschaft). Einlageforderungen der Vor-GmbH gegen ihren Gründer erlöschen durch Konfusion; etwa schwebende Prozesse werden vom Gründer als Gesamtrechtsnachfolger fortgeführt[697]; Titel, die schon gegen die Vorgesellschaft erwirkt worden sind, werden nach § 727 ZPO umgeschrieben[698]. Hatte ein Gläubiger einen Titel gegen den Gründer erwirkt, so kann er nunmehr aus diesem Titel in das

168

---

688 *Karsten Schmidt*, HandelsR, § 3 Rdnr. 44.
689 *Karsten Schmidt*, HandelsR, § 4 Rdnr. 36.
690 Vgl. zur doppelstöckigen Einmann-Gründung ausführlich *John*, BB 1985, 626 ff.
691 BGH v. 25.1.1999 – II ZR 383/96, GmbHR 1999, 612 = DStR 1999, 943, 944 = NZG 1999, 962 mit Anm. *Grießenbeck* = ZIP 1999, 489; LG Berlin v. 18.5.1987 – 81 T 330/87, GmbHR 1988, 71 = Rpfleger 1987, 460; BFH v. 17.10.2001 – II R 43/99, BStBl. II 2002, 210 = GmbHR 2002, 223; *Bayer*, in: Lutter/Hommelhoff, Rdnr. 40; *Blath*, in: Michalski u.a., Rdnr. 76; *Schmidt-Leithoff*, in: Rowedder/Schmidt-Leithoff, Rdnr. 151; eingehend *Karsten Schmidt*, ZHR 145 (1981), 563; *Karsten Schmidt*, GmbHR 1988, 89 ff.; ausführlich und zustimmend *Gummert*, in: MünchHdb. III, § 16 Rdnr. 148; *John*, Die Gründung der Einmann-GmbH, S. 58 ff.; s. auch *Heil*, S. 145 f.; *Merkt*, in: MünchKomm. GmbHG, Rdnr. 221; *Merkt*, in: FS Karsten Schmidt, 2009, S. 1161, 1181; *Ulmer/Habersack*, in: Ulmer/Habersack/Löbbe, Rdnr. 57 (im Ergebnis wie hier); *Schröder*, S. 151 ff.; *Fichtelmann*, GmbHR 1997, 996; vgl. aber *Albach*, S. 112 ff.; *Bode*, S. 125 ff.; *Böhringer*, Rpfleger 1988, 450.
692 Insofern richtig, wenn auch im Grundsätzlichen verfehlt, OLG Köln v. 27.2.1997 – 7 U 178/96, GmbHR 1997, 601; dazu treffend *Fichtelmann*, GmbHR 1997, 995 f.
693 Im Ergebnis wie hier *Ulmer/Habersack*, in: Ulmer/Habersack/Löbbe, Rdnr. 57 (auf der Basis der Sondervermögenslehre); a.M. *Bode*, S. 142 ff.; *Petersen*, NZG 2004, 400 f.
694 *Karsten Schmidt*, GmbHR 1988, 91.
695 Insofern richtig BayObLG v. 18.3.1987 – BReg.2 Z 8/87, NJW-RR 1987, 812 = GmbHR 1987, 393 mit zu Recht krit. Anm. *Hubert Schmidt*.
696 Vgl. dazu *Karsten Schmidt*, GmbHR 1988, 90 f.; s. auch *Hubert Schmidt*, GmbHR 1987, 394.
697 A.M. OLG Köln v. 27.2.1997 – 7 U 178/96, GmbHR 1997, 601: Weder Rubrumsberichtigung noch Parteiwechsel sei möglich; für analoge Anwendung des § 239 ZPO *Fichtelmann*, GmbHR 1997, 996.
698 *Karsten Schmidt*, ZHR 145 (1981), 563 f.

bisherige Gesellschaftsvermögen vollstrecken, ohne dass hiergegen eine Drittwiderspruchsklage (§ 771 ZPO) gegeben wäre[699].

2. Die Verfassung der Einpersonen-Vor-GmbH

169 **a)** Die **Rechtsstruktur** der Einpersonen-Vor-GmbH ist theoretisch(!) umstritten (Rdnr. 165 ff.). Soweit die Mehrpersonen-Vorgesellschaft als Gesamthandsgesellschaft angesehen wird (Rdnr. 30), liegt die Folgerung nahe, die Einpersonen-Vorgesellschaft könne nicht dieselbe Rechtsnatur wie eine Mehrpersonen-Vorgesellschaft haben[700]. Dem ist nicht zu folgen[701]. Als Einpersonengesellschaft hat zwar die Einpersonen-Vor-Gesellschaft eine andere Realstruktur als eine Mehrpersonen-Vorgesellschaft, aber ihre Rechtsnatur ist dieselbe (vgl. schon Rdnr. 30)[702]: Sie ist eine *werdende juristische* Person[703]. Die Einpersonen-Vorgesellschaft kann Trägerin von Rechten und Pflichten sein (Rdnr. 167)[704]. Sie kann wie eine Mehrpersonen-Vorgesellschaft (Rdnr. 67 ff.) am Rechtsverkehr teilnehmen, kann Inhaberin eines Bankkontos sein, ist grundbuchfähig, wechselrechtsfähig, parteifähig und insolvenzfähig[705]. Einlageforderungen gegen den Gründer sind Forderungen der Gesellschaft. Aus einem gegen den Gesellschafter gerichteten Titel kann nicht in das Vermögen der Gesellschaft vollstreckt werden und umgekehrt (zum Durchgriff vgl. § 13 Rdnr. 90 ff.); dies kann durch Klage nach § 771 ZPO geltend gemacht werden. Der Pfändung gegenüber dem Gründer unterliegt allerdings die Mitgliedschaft an der Vorgesellschaft[706]. Mittelbar kann so der Gläubiger so auf das gesamte Gesellschaftsvermögen zugreifen[707], wobei die Verwertung außer durch Auflösung auch durch Erwerb des Anteils[708] erfolgen kann.

170 **b)** Wie eine Mehrpersonen-Vorgesellschaft (Rdnr. 47 ff.) unterliegt die Gesellschaft bereits dem **Recht der fertigen GmbH**, soweit dieses nicht die Eintragung voraussetzt. Sie muss gemäß § 6 mindestens einen **Geschäftsführer** haben. Das wird meist der Alleingesellschafter sein, der sich ohne Verstoß gegen § 181 BGB, § 47 Abs. 4 GmbHG selbst durch Satzung oder

---

699 LG Berlin v. 18.5.1987 – 81 T 330/87, GmbHR 1988, 71 = Rpfleger 1987, 460.

700 *Ulmer/Habersack*, in: Ulmer/Habersack/Löbbe, Rdnr. 25; *Ulmer/Ihrig*, GmbHR 1988, 374 ff.

701 Nur der Abwehr dieses Arguments diente die vom Verf. vertretene Auffassung, wenn man an der Gesamthandsnatur der Vorgesellschaft festhalte, müsse man sich an die Möglichkeit einer Einpersonen-Gesamthand gewöhnen; vgl. *Karsten Schmidt*, NJW 1980, 1775; *Karsten Schmidt*, ZHR 145 (1981), 557; vgl. auch *John*, Die Gründung der Einmann-GmbH, S. 35 f.; gegen dieses Argument *Winter*, in: Pro GmbH, S. 201; *Blath*, in: Michalski u.a., Rdnr. 74; *Schmidt-Leithoff*, in: Rowedder/Schmidt-Leithoff, Rdnr. 143 f.

702 Von einer unbegründbaren „organisationsrechtlichen Bevorzugung" der Einmann-Vor-GmbH (*Ulmer/Ihrig*, GmbHR 1988, 376) kann nur sprechen, wer die Gesamthand-Natur der Mehrpersonen-Vor-GmbH ungeprüft als Prämisse nimmt.

703 *Karsten Schmidt*, GesR, § 11 IV 2b; dazu *Ulmer/Ihrig*, GmbHR 1988, 384: „sachlich nicht weiterführender Formelkompromiss"; dieser Einwand wird hier an die Leerformel vom „Sondervermögen" zurückgegeben, deren „Theoriedefizit" von *Ulmer/Ihrig* kritiklos konstatiert wird; diese bezeichnen die hier vertretene Ansicht in problemlosen Fällen als „unschädlich", in Problemfällen dagegen als „nicht geeignet, Lösungsvorschläge aufzuzeigen"; der Text enthält indes solche Vorschläge.

704 Für „Teilrechtsfähigkeit" *John*, Die Gründung der Einmann-GmbH, S. 11 f., 35; *John*, BB 1982, 508; *Kleberger*, S. 189 f.; *Winter*, in: Pro GmbH, S. 201; *Blath*, in: Michalski u.a., Rdnr. 74.

705 *John*, Die Gründung der Einmann-GmbH, S. 37, 47; *Fastrich*, in: Baumbach/Hueck, Rdnr. 43; s. auch *Albach*, S. 101.

706 Nach der Sondervermögenslehre ist Zugriffsgegenstand „die der Mitgliedschaft bei der Mehrpersonen-Gründung entsprechende Position des Gründers als des gegenüber dem Geschäftsführer der Einmann-Gründungsorganisation weisungsbefugten Inhabers des Sondervermögens"; vgl. *Merkt*, in: MünchKomm. GmbHG, Rdnr. 208; *Ulmer/Ihrig*, GmbHR 1988, 383.

707 Wie hier *Merkt*, in: MünchKomm. GmbHG, Rdnr. 208.

708 *John*, Die Gründung der Einmann-GmbH, S. 43 ff.; im Einzelnen noch nicht ausdiskutiert.

Beschluss zum Geschäftsführer bestellen kann (vgl. 11. Aufl., § 47 Rdnr. 105)[709]. Der Geschäftsführer (auch ein Gesellschafter-Geschäftsführer) vertritt die bereits als Rechtssubjekt vom Gründervermögen gesonderte Vor-GmbH[710]. Die Vertretungsmacht der Geschäftsführer wird auch hier vielfach als beschränkt auf den Gründungszweck angesehen[711]. Dem ist aus den bei Rdnr. 72 f. genannten Gründen nicht zu folgen. Die organschaftliche Vertretungsmacht ist unbeschränkt. § 35 Abs. 4 ist bereits zu beachten[712]; anzuwenden ist auch schon § 48 Abs. 3[713].

c) Einlagen erbringt der Gesellschafter durch Leistung an die Vor-GmbH[714]. Dies versteht   171
sich nicht nur als Überführung der zu leistenden Gegenstände in ein dem Gesellschafter gehörendes Sondervermögen, sondern es handelt sich um regelrechte Übertragungsgeschäfte zwischen dem Gesellschafter und der Gesellschaft (Zahlung, Übereignung etc.)[715]. Die vormalige Verpflichtung zur Sicherheitsleistung bei der Einpersonengründung nach § 7 Abs. 2 Satz 3 a.F. ist durch das MoMiG entfallen (vgl. § 7 Rdnr. 4).

d) Verfügungen über die Mitgliedschaft (Übertragung, Belastung, Pfändung) sind nach der   172
hier vertretenen Auffassung bereits vor der Eintragung möglich (Rdnr. 50). Nach h.M. gibt es dagegen noch keine nach § 15 übertragbaren Geschäftsanteile[716]. Dem ist aus denselben Gründen wie bei der Mehrpersonengesellschaft (Rdnr. 50) zu widersprechen. Verfügungen in notarieller Form sind schon vor der Eintragung wirksam.

e) Die Einpersonen-Vorgesellschaft kann, wie jede Gesellschaft, **aufgelöst** und **liquidiert** und   173
auch in einem **Insolvenzverfahren** abgewickelt und reorganisiert werden[717]. Nur beim Scheitern der Gründung kann das Vermögen automatisch dem Gründer anfallen (vgl. Rdnr. 168).

3. Haftungsverhältnisse

a) Die *Einpersonen-Vorgesellschaft* kann als Rechtsträgerin auch **Schuldnerin** sein. Sie kann,   174
vertreten durch ihren Geschäftsführer oder durch Bevollmächtigte, rechtsgeschäftliche Verbindlichkeiten eingehen und gesetzlichen Haftungstatbeständen unterliegen[718]. Ist im Wege der Sachgründung ein Unternehmen eingebracht worden, so gilt für ihre Gesellschaftstätigkeit der allgemeine Grundsatz, dass unternehmensbezogene Rechtsgeschäfte den Unternehmensträger verpflichten (vgl. Rdnr. 69), hier also die Einpersonen-Vorgesellschaft. Auch die Haftungszurechnungsregeln für Organverschulden (§ 31 BGB) und für Gehilfenverschulden (§ 278 BGB) finden Anwendung, ebenso § 831 BGB (Rdnr. 77).

---

709 Zust. *Merkt*, in: MünchKomm. GmbHG, Rdnr. 205; *Merkt*, in: FS Karsten Schmidt, 2009, S. 1161, 1169.

710 Vgl. *Merkt*, in: FS Karsten Schmidt, 2009, S. 1161, 1176; so im Ergebnis auch, jedoch mit Konstruktionsschwierigkeiten, die Sondervermögenslehre; vgl. *Ulmer/Ihrig*, GmbHR 1988, 378.

711 *John*, Die Gründung der Einmann-GmbH, S. 38 m.w.N.; *Merkt*, in: MünchKomm. GmbHG, Rdnr. 206; *Ulmer/Ihrig*, GmbHR 1988, 378.

712 Ebenso *John*, Die Gründung der Einmann-GmbH, S. 39; *Fastrich*, in: Baumbach/Hueck, Rdnr. 43; a.M. *Schmidt-Leithoff*, in: Rowedder/Schmidt-Leithoff, Rdnr. 149 unter Berufung auf *Ekkenga*, AG 1985, 45 f.

713 Ebenso *Merkt*, in: MünchKomm. GmbHG, Rdnr. 205; *Schmidt-Leithoff*, in: Rowedder/Schmidt-Leithoff, Rdnr. 149.

714 *Albach*, S. 22; *John*, Die Gründung der Einmann-GmbH, S. 25 ff.; *Karsten Schmidt*, ZHR 145 (1981), 560; im Ergebnis ähnlich *Merkt*, in: MünchKomm. GmbHG, Rdnr. 209.

715 Ausführlich *Merkt*, in: MünchKomm. GmbHG, Rdnr. 210; *Merkt*, in: FS Karsten Schmidt, 2009, S. 1161, 1172 f.

716 *John*, Die Gründung der Einmann-GmbH, S. 50; zust. *Gummert*, in: MünchHdb. III, § 16 Rdnr. 136.

717 *John*, Die Gründung der Einmann-GmbH, S. 62 ff.

718 Eingehend *John*, Die Gründung der Einmann-GmbH, S. 40 f.

175   **b)** Neben der Vorgesellschaft haftet der **Gesellschafter** den Gläubigern der Vorgesellschaft unbeschränkt (vgl. sinngemäß Rdnr. 91)[719]. Das wird im Fall der Einpersonengründung auch von den Befürwortern einer Innenhaftung (Rdnr. 88 f.) anerkannt (Rdnr. 90) und entspricht auch dem Urteil BGHZ 134, 333, 341[720]. Nur durch Abrede mit dem individuellen Gläubiger kann diese unbeschränkte Haftung ausgeschlossen oder beschränkt werden (vgl. sinngemäß Rdnr. 96). Dazu genügt nicht ein Auftreten im Namen einer „GmbH i.G." oder einer „GmbH". Die Rechtslage ist ähnlich umstritten wie bei der mehrköpfigen Vorgesellschaft[721]. Das bei Rdnr. 96 Gesagte gilt sinngemäß. Scheitert die Gründung, so bleibt die zunächst nur vorläufig unbeschränkte Haftung bestehen (nach der bei Rdnr. 86 f. dargestellten Auffassung entsteht erst in diesem Fall eine unbeschränkte Haftung). Wird die Einpersonengesellschaft eingetragen, so erlischt die unbeschränkte Außenhaftung (Rdnr. 178). Zur Vorbelastungshaftung (Unterbilanzhaftung, Differenzhaftung) vgl. Rdnr. 179.

176   **c)** Unter den in Rdnr. 102 ff. im Einzelnen dargelegten Voraussetzungen tritt auch bei der Einpersonen-Vorgesellschaft eine **Handelndenhaftung nach § 11 Abs. 2** ein[722]. Sie trifft i.d.R. nur den Geschäftsführer der Einpersonen-Vor-GmbH (über die Haftung anderer Personen nach § 11 Abs. 2 vgl. Rdnr. 115 f.). Ist dies – was der Regelfall sein wird – der Gründer selbst, so konkurriert die Handelndenhaftung mit der bei Rdnr. 175 besprochenen Haftung des Gesellschafters. Auch die Handelndenhaftung bei der Einpersonen-Vor-GmbH erlischt mit der Eintragung der Gesellschaft (Rdnr. 157). Hatte der Gründer allerdings im Fall einer Sachgründung sein Unternehmen noch nicht in die Gesellschaft eingebracht und hatte er deshalb bei Unternehmensgeschäften im eigenen Namen gehandelt, so beruht seine Haftung weder auf der Gründereigenschaft noch auf der Handelndeneigenschaft nach § 11 Abs. 2 und erlischt mangels entsprechender Vereinbarung mit dem Gläubiger nicht[723].

4. Die Eintragung der Einpersonengesellschaft und ihre Folgen

177   **a)** Mit der Eintragung wird die Einpersonengesellschaft zur juristischen Person. An der **Identität der Gesellschaft** ändert sich hierdurch nichts (Rdnr. 31)[724]. Alle Rechte und Pflichten der Gesellschaft sind nunmehr ohne weiteres Rechte und Pflichten der GmbH, ohne dass man von einem „Übergang" dieser Rechte und Pflichten[725] sprechen sollte (vgl. sinngemäß

---

719 Vgl. mit Unterschieden im Einzelnen *Flume*, Juristische Person, § 5 Fn. 78; *Flume*, DB 1980, 1782; *Flume*, NJW 1981, 1756; *Karsten Schmidt*, GesR, § 34 III 3c; *Karsten Schmidt*, ZHR 145 (1981), 561 f.; *Gummert*, in: MünchHdb. III, § 16 Rdnr. 145; *Fastrich*, in: Baumbach/Hueck, Rdnr. 44; *Merkt*, in: MünchKomm. GmbHG, Rdnr. 215 ff.; *Ulmer/Habersack*, in: Ulmer/Habersack/Löbbe, Rdnr. 84; *John*, Die Gründung der Einmann-GmbH, S. 40 f.; *John*, BB 1982, 511; *Brinkmann*, GmbHR 1982, 270 ff.; *Ulmer*, BB 1980, 1005; *Ulmer/Ihrig*, GmbHR 1988, 382.
720 BGH v. 27.1.1997 – II ZR 123/94, BGHZ 134, 333, 341 = NJW 1997, 1507, 1509 = GmbHR 1997, 405, 408.
721 Für Haftungsbeschränkung auch bei der Einpersonengründung hier noch die 6. Aufl. (*Winter*) Anm. 43; *Fleck*, GmbHR 1983, 17; im Ergebnis auch *Gersch/Herget/Marsch/Stützle*, GmbH-Reform, 1980, Rdnr. 146.
722 BGH v. 7.5.1984 – II ZR 276/83, BGHZ 91, 148, 149 = NJW 1984, 2164 = GmbHR 1984, 316; *John*, Die Gründung der Einmann-GmbH, S. 46; *Fastrich*, in: Baumbach/Hueck, Rdnr. 44; *Merkt*, in: MünchKomm. GmbHG, Rdnr. 218; *Schmidt-Leithoff*, in: Rowedder/Schmidt-Leithoff, Rdnr. 150; *Ulmer*, BB 1980, 1004.
723 Im Ergebnis richtig OLG Düsseldorf v. 23.10.1986 – 10 U 99/86, BB 1987, 1624 = GmbHR 1987, 430.
724 Wie hier *Schroeter*, in: Bork/Schäfer, Rdnr. 98.
725 So aber bei der Einpersonengründung *John*, Die Gründung der Einmann-GmbH, S. 55; *Fastrich*, in: Baumbach/Hueck, Rdnr. 43; *Schmidt-Leithoff*, in: Rowedder/Schmidt-Leithoff, Rdnr. 151; *Ulmer/Habersack*, in: Ulmer/Habersack/Löbbe, Rdnr. 95; *Kleberger*, S. 193; unentschieden *Merkt*, in: MünchKomm. GmbHG, Rdnr. 219.

Rdnr. 152). Es braucht deshalb auch nicht, wie bei der Einpersonen-Umwandlung, eine Liste der übergehenden Vermögensgegenstände eingereicht zu werden[726]. Die §§ 152 ff. UmwG sind hier ohne Parallele, denn sie regeln den Erwerb in das Gesellschaftsvermögen (Gesamtrechtsnachfolge statt Einzeleinbringung), um den es bei der Eintragung der nach § 1 gegründeten Einpersonen-GmbH nicht mehr geht.

b) Die sich aus Rdnr. 175 und 176 ergebende **persönliche Außenhaftung des Gesellschafters und der handelnden Geschäftsführer erlischt** mit der Eintragung (Rdnr. 157). Dieser allgemeine Grundsatz gilt auch für die Einpersonengründung[727]. Er gilt auch hier nicht für etwaige Ansprüche der Gesellschaft gegen ihren Gesellschafter aus §§ 9, 19 ff. oder für die Vorbelastungshaftung. **178**

c) Die bei Rdnr. 139 ff. dargestellte **Vorbelastungs- oder Unterbilanzhaftung** kann auch bei der Einpersonengesellschaft eintreten[728]: Deckt das Aktivvermögen im Zeitpunkt der eintragungsfähigen Anmeldung – nach der bisherigen Rechtsprechung: im Zeitpunkt der Eintragung (dazu Rdnr. 141) – nicht mehr das Stammkapital, so muss der Gesellschafter die Differenz in bar nachschießen. Diese Haftung kann vor allem in der Insolvenz der Einpersonengesellschaft eine nicht unbeträchtliche Rolle spielen. Nach der hier vertretenen Auffassung ist sie auf die operativen Verluste beschränkt (Rdnr. 144 ff.). **179**

XI. Gründungsstadien der GmbH & Co. KG

Schrifttum: (vgl. zunächst die Angaben bei Rdnr. 1 und 85): *Beuthien*, Systemfragen des Handelsrechts – Gibt es Personengesellschaften?, in: Festgabe Zivilrechtslehrer 1934/1935, 1999, S. 39; *Binz*, Haftungsverhältnisse im Gründungsstadium der GmbH & Co. KG, 1976; *Binz*, Haftungsverhältnisse bei werbender Tätigkeit der Vor-GmbH & Co. KG, GmbHR 1976, 29; *Binz*, Zur Handelndenhaftung im Gründungsstadium der GmbH & Co. KG, DB 1982, 1971; *Binz/Sorg*, Die GmbH & Co. KG, 11. Aufl. 2010; *Hesselmann/Tillmann/Mueller-Thuns*, Handbuch GmbH & Co. KG, 21. Aufl. 2016; *Huber*, Haftungsprobleme der GmbH & Co. KG im Gründungsstadium, in: FS Hefermehl, 1976, S. 127; *Hüffer*, Gesellschafterhaftung und Geschäftsführerhaftung in der Vor-GmbH & Co. KG, JuS 1980, 485; *Kuhn*, Zur werdenden GmbH & Co. KG, in: FS Hefermehl, 1976, S. 159; *Schaffner*, Die Vorgesellschaft als Gesellschaft sui generis, 2003; *Karsten Schmidt*, Haftungsverhältnisse bei werbender Tätigkeit in den Gründungsstadien der GmbH & Co., NJW 1975, 665; *Karsten Schmidt*, Die Vor-GmbH als Unternehmerin und als Komplementärin, NJW 1981, 1345. **180**

1. Grundlagen

a) Auch bei der GmbH & Co. KG treten **Vorgesellschaftsprobleme** auf. Hier ist die Schwierigkeit eine mehrfache, weil zwei Gesellschaften zu gründen und einzutragen sind: die GmbH und die Kommanditgesellschaft. *Die Nichteintragung hat für die beiden Gesellschaften eine sehr unterschiedliche Bedeutung.* Eine noch nicht im Handelsregister eingetragene Komplementär-GmbH ist eine Vor-GmbH (Rdnr. 27 ff.), ggf. auch eine Einpersonen-Vorgesellschaft (Rdnr. 164 ff.). Eine noch nicht im Handelsregister eingetragene KG ist in den Fällen der §§ 2, 3, 105 Abs. 2, 161 Abs. 2 HGB vorerst nur eine Gesellschaft bürgerlichen Rechts, im Fall des § 1 Abs. 2 HGB dagegen bereits eine Handelsgesellschaft (vgl. auch §§ 123, 162 Abs. 2 HGB). Von einer Vorgesellschaft i.S. von Rdnr. 27 ff. ist hier allerdings nicht zu sprechen[729]. **181**

---

726 A.M. *Ulmer*, in: Hachenburg, 8. Aufl., Rdnr. 78; vgl. auch noch *Ulmer/Habersack*, in: Ulmer/Habersack/Löbbe, Rdnr. 95.

727 *Ulmer/Habersack*, in: Ulmer/Habersack/Löbbe, Rdnr. 95.

728 *Bayer*, in: Lutter/Hommelhoff, Rdnr. 39; vgl. bereits *John*, Die Gründung der Einmann-GmbH, S. 14; *Fleck*, GmbHR 1983, 17.

729 So auch *Beuthien*, in: FS Zivilrechtslehrer, S. 39 ff.; eine kaum weiterführende Diskussion um die „Vor-Partnerschaft" findet sich bei *Schaffner*, S. 165 ff.

Die gegründete Personengesellschaft ist, sei es bereits als KG (§§ 1, 123 Abs. 2, 161 Abs. 2 HGB), sei es als Gesellschaft bürgerlichen Rechts (§§ 123 Abs. 1, 161 Abs. 2 HGB) „fertige" Personengesellschaft, nicht Vorgesellschaft. **Anders** sieht es die h.M. **in Österreich.** § 123 UGB (Unternehmensgesetzbuch) von 2005 lautet:

„(1) Die offene Gesellschaft entsteht mit der Eintragung in das Firmenbuch.

(2) Handeln Gesellschafter oder zur Vertretung der Gesellschaft bestellte Personen nach Errichtung, aber vor Entstehung der Gesellschaft in deren Namen, so werden alle Gesellschafter daraus berechtigt und verpflichtet. Dies gilt auch dann, wenn ein handelnder Gesellschafter nicht, nicht allein oder nur beschränkt vertretungsbefugt ist, der Dritte den Mangel der Vertretungsmacht aber weder kannte noch kennen musste. Die Gesellschaft tritt mit Eintragung in das Firmenbuch in die Rechtsverhältnisse ein."

Die Bestimmung stellt im Vergleich zu der Entwicklung im Recht der GmbH einen Rückschritt dar[730]. Das gilt gleichermaßen für die Anerkennung der noch nicht eingetragenen (Vor-)Personengesellschaft als Rechtsträger und für die aus § 123 Abs. 2 UGB resultierenden Haftungsprobleme.

182   **b) Für das deutsche Recht** hat der Bundesgerichtshof mit dem Urteil BGHZ 80, 129[731] anerkannt, dass die **Vor-GmbH** bereits **komplementärfähig** ist[732]. Einwände, wie sie zuvor vorgetragen worden waren[733], haben sich seither erledigt. Entgegen einer überholten älteren Gerichtspraxis[734] *kann die Kommanditgesellschaft vor der GmbH in das Handelsregister eingetragen werden*[735]. Die Komplementär-GmbH muss hierfür nur errichtet sein, braucht aber noch nicht eingetragen zu sein. Als Komplementärin der bereits eingetragenen KG wird dann in Abteilung A des Handelsregisters die GmbH mit dem Firmenzusatz „in Gründung" (oder: „i.Gr.") eingetragen. Diese Eintragung braucht nur berichtigt zu werden, wenn die Komplementär-Vor-GmbH ihrerseits durch ihre Eintragung in Abteilung B zur fertigen GmbH wird. All diese Ausführungen gelten auch für die Einpersonen-GmbH, da die Einpersonen-Vorgesellschaft wie eine Mehrpersonen-Vorgesellschaft Trägerin von Rechten und Pflichten sein kann (vgl. Rdnr. 167). Da die bisher h.M. Zweck und organschaftliche Vertretungsmacht der Geschäftsführer bei der Vor-GmbH auf die gründungsnotwendigen Geschäfte begrenzt sieht (Rdnr. 72), nimmt sie mit BGHZ 80, 129, 139[736] an, dass die Komplementärtätigkeit der GmbH vor der Eintragung nicht ohne entsprechende Ermächtigung seitens der Gesellschaf-

730 Vgl. *Weilinger*, in: FS Doralt, 2004, S. 671 ff.; *Karsten Schmidt*, in: MünchKomm. HGB, 4. Aufl. 2016, § 123 HGB Rdnr. 24.
731 BGH v. 9.3.1981 – II ZR 54/80, BGHZ 80, 129 = NJW 1981, 1373 = GmbHR 1981, 114.
732 So schon vor dem Urteil des BGH *Binz*, Haftungsverhältnisse, S. 145 ff., 213; *Huber*, in: FS Hefermehl, S. 147 ff.; *Ulmer*, in: Hachenburg, 7. Aufl., Rdnr. 102; *Hüffer*, JuS 1980, 487; seit dem Urteil z.B. *Binz/Sorg*, GmbH & Co. KG, § 3 Rdnr. 67, 70; *Lüke*, in: Hesselmann/Tillmann/Mueller-Thuns, Rdnr. 3.39; *Fastrich*, in: Baumbach/Hueck, Rdnr. 68; *Bayer*, in: Lutter/Hommelhoff, Rdnr. 8, 16; *Merkt*, in: MünchKomm. GmbHG, Rdnr. 224; *Schmidt-Leithoff*, in: Rowedder/Schmidt-Leithoff, Rdnr. 166; *Schroeter*, in: Bork/Schäfer, Rdnr. 23; *Ulmer/Habersack*, in: Ulmer/Habersack/Löbbe, Rdnr. 160; *Karsten Schmidt*, NJW 1981, 1347.
733 Vgl. *Kuhn*, in: FS Hefermehl, S. 169 f.; *Karsten Schmidt*, NJW 1975, 665 ff.
734 BayObLG, GmbHR 1967, 9, 10; BayObLG, GmbHR 1969, 22, 23; OLG Hamm, DB 1976, 1859 = GmbHR 1976, 241.
735 BGH v. 12.11.1984 – II ZB 2/84, NJW 1985, 736, 737 = BB 1985, 880, 881 mit Anm. *Wessel*; *Fastrich*, in: Baumbach/Hueck, Rdnr. 70; *Schmidt-Leithoff*, in: Rowedder/Schmidt-Leithoff, Rdnr. 170; *Ulmer/Habersack*, in: Ulmer/Habersack/Löbbe, Rdnr. 163; *Fleck*, GmbHR 1983, 16; *Karsten Schmidt*, NJW 1981, 1347.
736 BGH v. 9.3.1981 – II ZR 54/80, BGHZ 80, 129, 139 = NJW 1981, 1373, 1375 = GmbHR 1981, 114.

ter gewährleistet ist[737]. Dem ist aus den bei Rdnr. 32 f., 72 f. geschilderten Gründen nicht zu folgen. Die Beteiligung der GmbH als Komplementärin einer KG ist zwar eine strukturelle, im Innenverhältnis der Zustimmung der Gesellschafter und ggf. der Beschlussfassung über den Unternehmensgegenstand vorbehaltene Maßnahme. Die Geschäftsführertätigkeit ist aber hiervon zu unterscheiden. Ob die Geschäftsführer der GmbH vor deren Eintragung schon Komplementäraufgaben wahrnehmen dürfen, ist eine Frage des Innenverhältnisses und hängt von der Lage des Einzelfalls, ggf. von der Zustimmung der Gesellschafter ab (Rdnr. 59); betreibt die KG als Personengesellschaft bereits das Gesellschaftsunternehmen, handelt es sich z.B. um die „Umwandlung" einer KG in eine GmbH & Co. KG (Rdnr. 187), so bedarf es einer besonderen Zustimmung i.d.R. nicht. Aber diese Differenzierungen betreffen nicht die Vertretungsmacht, sondern nur die Geschäftsführungsbefugnisse der GmbH-Geschäftsführer. Nach außen können sie bereits wirksam handeln.

c) Von der Vor-GmbH ist auch hier die sog. **Vorgründungsgesellschaft** zu unterscheiden (Rdnr. 6 ff.)[738]. Diese Gesellschaft – hier jetzt zur Klarstellung als bloßer Gründungsvorvertrag bezeichnet (Rdnr. 9) – ist als bloße Innengesellschaft *keine taugliche Komplementärin* (Rdnr. 10)[739]. Schließen die Gründer schon vor der Errichtung der GmbH einen KG-Vertrag und werden sie für die noch nicht eingetragene „Kommanditgesellschaft" tätig, so wird es sich bei dieser Gesellschaft regelmäßig um eine oHG bzw. Gesellschaft bürgerlichen Rechts handeln (was sich nach § 1 Abs. 2 HGB entscheidet) und jedenfalls nicht um eine KG, weil es am Komplementär fehlt; die Gesellschafter haften unbeschränkt, soweit nicht ein anderes mit dem Gläubiger vereinbart ist[740]. Ist an der Gründung nur ein Kommanditist beteiligt, so kann er in diesem Stadium nur als Einzelperson handeln (eine Gesellschaft, die durch Eintragung KG werden könnte, gibt es noch nicht). Treten mehrere Gründer bereits vor der Errichtung der GmbH und vor der Gründung der KG im Rechtsverkehr gemeinsam auf, so gelten die bei Rdnr. 18 ff. dargestellten Grundsätze sinngemäß: Es haften im Zweifel die Gründer gesamtschuldnerisch (§ 427 BGB), oder es haftet der für sie vollmachtlos Handelnde nach § 179 BGB, doch kann die Haftung durch Vereinbarung mit dem Gläubiger oder durch Information über die Vertretungsverhältnisse beschränkt bzw. ausgeschlossen werden[741].

d) Die **Haftungsverhältnisse** bei der nicht eingetragenen GmbH & Co. KG lassen sich danach ordnen, ob es nur an der Eintragung der KG oder nur an Eintragung der GmbH oder an der Eintragung beider Gesellschaften fehlt.

2. Situation A: Die GmbH ist eingetragen, aber noch nicht die KG

a) In diesem Fall ist die Personengesellschaft ihrem **Rechtsstatus** nach entweder *Kommanditgesellschaft* (Fall des § 1 HGB) *oder Gesellschaft bürgerlichen Rechts* (Fälle der §§ 2, 3, 105 Abs. 2 HGB; vgl. Rdnr. 181). Sie ist nicht bloß Vorgesellschaft (vgl. demgegenüber zu § 123 des österreichischen UGB Rdnr. 181). Die GmbH ist persönlich haftende Gesellschafterin. Für die Geschäftsführungs- und Vertretungsverhältnisse gilt in jedem Fall bereits das Recht der KG, dies also auch, wenn vorläufig noch eine Gesellschaft bürgerlichen Rechts vorliegt[742].

183

184

185

---

737 *Fastrich*, in: Baumbach/Hueck, Rdnr. 70; *Schmidt-Leithoff*, in: Rowedder/Schmidt-Leithoff, Rdnr. 170; *Lüke*, in: Hesselmann/Tillmann/Mueller-Thuns, Handbuch GmbH & Co. KG, Rdnr. 3.39.

738 *Lüke*, in: Hesselmann/Tilmann/Mueller-Thuns, Handbuch GmbH & Co. KG, Rdnr. 3.41.

739 A.M. *Lüke*, in: Hesselmann/Tilmann/Mueller-Thuns, Handbuch GmbH & Co. KG, Rdnr. 3.41; *Schmidt-Leithoff*, in: Rowedder/Schmidt-Leithoff, Rdnr. 167; *Ulmer/Habersack*, in: Ulmer/Habersack/Löbbe, Rdnr. 160 a.E.; abwartend *Binz/Sorg*, § 3 Rdnr. 69; differenzierend *Bayer*, in: Lutter/Hommelhoff, § 3 Rdnr. 53.

740 Vgl. *Karsten Schmidt*, in: MünchKomm. HGB, 3. Aufl. 2012, § 176 HGB Rdnr. 52.

741 BGH v. 22.4.1996 – II ZR 303/94, DStR 1996, 1015 mit Anm. *Goette*.

742 Vgl. zu den Einzelheiten *Karsten Schmidt*, in: MünchKomm. HGB, 3. Aufl. 2012, § 176 HGB Rdnr. 55.

186 **b)** Die **Haftungsverhältnisse** folgen dem Recht der Kommanditgesellschaft, sofern nach §§ 1, 123, 161 HGB trotz fehlender Eintragung bereits eine KG vorliegt. Eine unbeschränkte Kommanditistenhaftung gemäß **§ 176 Abs. 1**[743] kann vermieden werden, indem die Haftungsverhältnisse durch Verwendung der GmbH & Co. KG-Firma offengelegt werden[744]. Erfüllt die Personengesellschaft nicht die Merkmale des § 1 Abs. 2 HGB, so liegt keine Kommanditgesellschaft vor, sondern eine Gesellschaft bürgerlichen Rechts (Rdnr. 181, 185). Die ältere Rechtsprechung gestattete auch hier eine Haftungsbeschränkung zu Gunsten der „Kommanditisten" durch offen gelegte Beschränkung der „Komplementär"-Vertretungsmacht[745], so dass nach ihr ein Auftreten als „GmbH & Co. KG in Gründung" ausreichen konnte, um die Haftung zu beschränken[746]. Dies ist überholt durch BGHZ 142, 315[747]: „Für die im Namen einer Gesellschaft bürgerlichen Rechts begründeten Verpflichtungen haften die Gesellschafter kraft Gesetzes auch persönlich. Diese Haftung kann nicht durch einen Namenszusatz oder einen anderen, den Willen, nur beschränkt für diese Verpflichtungen einzustehen, verdeutlichenden Hinweis beschränkt werden, sondern nur durch eine individualvertragliche Vereinbarung ausgeschlossen werden." Das ist anders im Fall des § 176 HGB, womit entgegen früherer Sichtweise aus einer als überzogen geltenden Haftungsnorm[748] eine Haftungsprivilegierung geworden ist[749]. Da dieses Privileg alle nach §§ 161, 105 HGB eintragbaren Kommanditgesellschaften erfasst[750], wirkt dieses Privileg flächendeckend: Die Gründung einer GmbH & Co. KG wirkt bereits haftungsbeschränkend, wenn Geschäftsbriefe gemäß § 125a HGB mit Angaben über die GmbH und ihre Geschäftsführer verwendet werden[751].

---

743 Die Vorschrift gilt auch für die GmbH & Co. KG; vgl. BGH v. 18.6.1979 – II ZR 194/77, NJW 1980, 54 = GmbHR 1979, 223; BGH v. 21.3.1983 – II ZR 113/82, GmbHR 1983, 238 = BB 1983, 1118 = NJW 1983, 2258 mit Anm. *Karsten Schmidt*; eingehend *Karsten Schmidt*, in: MünchKomm. HGB, 3. Aufl. 2012, § 176 HGB Rdnr. 49 f.; a.M. *Priester*, BB 1980, 913 f.

744 So für Fälle seit 1981 BGH v. 21.3.1983 – II ZR 113/82, GmbHR 1983, 238 = BB 1983, 1118 = NJW 1983, 2258 mit Anm. *Karsten Schmidt*; dieselbe Rechtslage galt auch für ältere Fälle; vgl. LG Ravensburg v. 24.5.1984 – 2 O 1593/83, ZIP 1984, 1232; *Fastrich*, in: Baumbach/Hueck, Rdnr. 71; *Ulmer/Habersack*, in: Ulmer/Habersack/Löbbe, Rdnr. 171; *Karsten Schmidt*, in: MünchKomm. HGB, 3. Aufl. 2012, § 176 HGB Rdnr. 50 m.w.N.; eingehend *Binz/Sorg*, GmbH & Co. KG, § 3 Rdnr. 74, § 5 Rdnr. 36 ff.; a.M. BGH v. 18.6.1979 – II ZR 194/77, NJW 1980, 54 = GmbHR 1979, 223; *Flume*, Die Personengesellschaft, 1977, § 16 IV; *Crezelius*, BB 1983, 12.

745 BGH v. 8.11.1978 – VIII ZR 190/77, BGHZ 72, 267; BGHZ 74, 240 mit Anm. *Hommelhoff*, JR 1979, 505 und *Ulmer*, JZ 1980, 354; BGH v. 15.12.1980 – II ZR 52/80, NJW 1981, 1213; BGH v. 25.10.1984 – VII ZR 2/84, NJW 1985, 619 = ZIP 1985, 98 = JuS 1985, 643 mit Anm. *Karsten Schmidt*; eingehend *Ulmer*, in: FS Rob. Fischer, 1979, S. 785 ff.; krit. *Flume*, Die Personengesellschaft, 1977, § 16 IV.

746 Vgl. *Binz*, Haftungsverhältnisse, S. 31 ff.; *Binz/Sorg*, GmbH & Co. KG, § 5 Rdnr. 16 ff., § 3 Rdnr. 99; *Ulmer*, in: Hachenburg, 8. Aufl., Rdnr. 144; *Karsten Schmidt*, in: MünchKomm. HGB, 3. Aufl. 2012, § 176 HGB Rdnr. 50.

747 BGH v. 27.9.1999 – II ZR 371/98, BGHZ 142, 315 = NJW 1999, 3483 = GmbHR 1999, 1134 = ZIP 1999, 1755 mit Anm. *Altmeppen*.

748 Vgl. BGH v. 22.9.1980 – II ZR 204/79, BGHZ 78, 114, 117 = GmbHR 1981, 12 = NJW 1981, 175.

749 Vgl. zum Funktionswandel des § 176 HGB *Karsten Schmidt*, in: MünchKomm. HGB, 3. Aufl. 2012, § 176 HGB Rdnr. 3; *Karsten Schmidt*, GmbHR 2002, 341 ff.; *Dauner-Lieb*, in: FS Lutter, 2000, S. 835.

750 *Karsten Schmidt*, in: MünchKomm. HGB, 3. Aufl. 2012, § 176 HGB Rdnr. 5 f.; vgl. auch *Karsten Schmidt*, GmbHR 2002, 341 ff.; in gleicher Richtung schon *Dauner-Lieb*, in: FS Lutter, 2000, S. 849; *Wagner*, NJW 2001, 1112; zust. *Ulmer/Habersack*, in: Ulmer/Habersack/Löbbe, Rdnr. 172; sehr str.

751 *Karsten Schmidt*, in: MünchKomm. HGB, 3. Aufl. 2012, § 176 HGB Rdnr. 50, 55; zum Streitstand *Merkt*, in: MünchKomm. GmbHG, Rdnr. 235.

3. Situation B: Die KG ist eingetragen, aber noch nicht die GmbH

a) Auf Grund der bei Rdnr. 182 geschilderten Rechtsprechung kann die **KG vor der GmbH** 187 **eingetragen** werden. Es liegt dann eine *fertige Kommanditgesellschaft* vor mit der einzigen Besonderheit, dass die Komplementärin noch eine Vor-GmbH ist. Diese Situation kann nicht nur bei der Neugründung einer GmbH & Co. KG entstehen, sondern auch bei der „*Umwandlung" einer regulären KG (oder sogar oHG) in eine GmbH & Co. KG*. In diesem Fall tritt der bisherige Komplementär (oder es treten die bisherigen oHG-Gesellschafter) in die Kommanditistenstellung zurück, und es wird eine Vor-GmbH als neue Komplementärin aufgenommen[752]. Wird dieser Beitritt zur KG schon vor der Eintragung der GmbH im Teil B des Handelsregisters wirksam, so liegt die Situation B vor.

b) Die **Haftungsverhältnisse** ergeben sich aus dem Recht der KG und der Vor-GmbH. Die 188 Kommanditisten haften in dieser Eigenschaft nur nach Maßgabe der §§ 171 ff. HGB. Als Komplementärin haftet nach §§ 161 Abs. 2, 128 HGB für Gesellschaftsverbindlichkeiten der KG die Vor-GmbH. Die im Namen der KG für die Vor-GmbH als Komplementärin Handelnden – also die *Geschäftsführer* der Komplementär-Vor-GmbH – haften nach § 11 Abs. 2[753]. Ob daneben sämtliche *Gesellschafter der Vor-GmbH* haften, bestimmt sich nach deren umstrittenem Haftungsstatus (dazu Rdnr. 86 ff.). Nach der hier bei Rdnr. 91 ff. vertretenen Auffassung haften die GmbH-Gründer unbeschränkt und gesamtschuldnerisch für alle Verbindlichkeiten der Vor-GmbH, und damit wegen § 128 HGB auch für Verbindlichkeiten der Kommanditgesellschaft[754]. Diese Außenhaftung endet ebenso wie die Handelndenhaftung[755], wenn die Komplementär-GmbH in das Handelsregister eingetragen wird (vgl. Rdnr. 130, 157). Die Außenhaftung der GmbH-Gründer wird dann durch eine Vorbelastungs-Innenhaftung (Rdnr. 139 ff.) abgelöst (Rdnr. 157)[756]. Die Leitentscheidung zur Differenzhaftung betraf gerade eine Vor-GmbH & Co. KG (BGHZ 80, 129[757]). Soweit die Vorbelastung auf Verbindlichkeiten der KG beruht, ist die Vorbelastungshaftung durch Leistung an die KG – im Insolvenzfall also: in die Masse des KG-Insolvenzverfahrens – zu begleichen[758].

4. Situation C: Beide Gesellschaften sind noch nicht eingetragen

a) Da bereits die Vor-GmbH Komplementärin sein kann (Rdnr. 182), kann auch in diesem 189 Fall bereits eine *Kommanditgesellschaft* bestehen (§§ 1, 123, 161 HGB). Handelt es sich um

---

752 Dazu vgl. eingehend *Dremel*, in: Hesselmann/Tillmann/Mueller-Thuns, Handbuch GmbH & Co. KG, Rdnr. 11.386.

753 Für unmittelbare Anwendung *Flume*, Die Personengesellschaft, 1977, § 16 IV; *Huber*, in: FS Hefermehl, S. 144, 156; *Karsten Schmidt*, NJW 1981, 1346 f. (gegen den früher vertretenen Standpunkt); für analoge Anwendung BGH v. 9.3.1981 – II ZR 54/80, BGHZ 80, 129, 133 = NJW 1981, 1373, 1374 = GmbHR 1981, 114; *Bayer*, in: Lutter/Hommelhoff, Rdnr. 55; *Blath*, in: Michalski u.a., Rdnr. 81; *Merkt*, in: MünchKomm. GmbHG, Rdnr. 230; *Schroeter*, in: Bork/Schäfer, Rdnr. 88; *Ulmer/Habersack*, in: Ulmer/Habersack/Löbbe, Rdnr. 167; Überblick bei *Lüke*, in: Hesselmann/Tillmann/Mueller-Thuns, Handbuch GmbH & Co. KG, Rdnr. 3.241; gegen die Haftung *Binz/Sorg*, § 3 Rdnr. 93.

754 *Karsten Schmidt*, in: MünchKomm. HGB, 3. Aufl. 2012, § 176 HGB Rdnr. 53; zust. *Gummert*, in: MünchHdb. III, § 16 Rdnr. 170.

755 Zu dieser vgl. bei der GmbH & Co. KG BGH v. 13.6.1077 – II ZR 232/75, BGHZ 69, 95, 102 ff. = NJW 1977, 1683, 1685 = GmbHR 1977, 246; BGH v. 19.12.1977 – II ZR 202/76, BGHZ 70, 132, 138 ff. = NJW 1978, 636, 637 f. = GmbHR 1978, 152; BGH v. 17.3.1980 – II ZR 11/79, BGHZ 76, 320, 323 = NJW 1980, 1630, 1631 = GmbHR 1980, 202.

756 *Lüke*, in: Hesselmann/Tillmann/Mueller-Thuns, Handbuch GmbH & Co. KG, Rdnr. 3.241; *Schmidt-Leithoff*, in: Rowedder/Schmidt-Leithoff, Rdnr. 175; *Ulmer/Habersack*, in: Ulmer/Habersack/Löbbe, Rdnr. 169.

757 BGH v. 9.3.1981 – II ZR 54/80, BGHZ 80, 129 = NJW 1981, 1373 = GmbHR 1981, 114.

758 Vgl. *Karsten Schmidt*, ZHR 156 (1992), 118 f.

eine unter § 2 oder § 3 oder § 105 Abs. 2 HGB fallende Gesellschaft, so ist diese allerdings auch hier wieder bis zu ihrer Eintragung eine *Gesellschaft bürgerlichen Rechts* (Rdnr. 181, 186). Im Fall des § 1 Abs. 2 HGB ist die Gesellschaft bereits vor ihrer Eintragung KG. Bloße Vorgesellschaft ist sie als Personengesellschaft in keinem Fall (vgl. dagegen § 123 UGB in Österreich Rdnr. 181).

190 **b)** Die *Haftung der Kommanditisten* ergibt sich im Fall eines unter § 1 Abs. 2 HGB fallenden vollkaufmännischen Gewerbes aus §§ 171 ff. HGB (Rdnr. 188); eine unbeschränkte Haftung gemäß § 176 HGB kann durch den Gebrauch einer GmbH & Co. KG-Firma abgewendet werden (Rdnr. 186). Auch für die Haftung im Fall einer unter § 2 oder § 3 oder § 105 Abs. 2 HGB fallenden Gesellschaft gilt das bei Rdnr. 185, 186 Gesagte sinngemäß.

191 **c)** Für die *Haftung der GmbH-Gründer* und der für die Komplementär-GmbH Handelnden gelten die Ausführungen bei Rdnr. 188.

XII. Steuerrecht

Schrifttum: *Boruttau*, GrEStG, 18. Aufl. 2016; *Bunjes*, UStG, 15. Aufl. 2016; *Crezelius*, Die werdende Kapitalgesellschaft im Körperschaftsteuerrecht, in: FS Wassermeyer, 2005, S. 15; *Fischer/Pahlke/Wachter*, ErbStG, 6. Aufl. 2017; *Glanegger/Güroff*, GewStG, 9. Aufl. 2017; *Gosch*, KStG, 3. Aufl. 2015; *Kirchhof*, EStG, 16. Aufl. 2017; *Rödder/Herlinghaus/Neumann*, KStG, 2015; *Schmidt*, EStG, 36. Aufl. 2017; *Streck*, KStG, 8. Aufl. 2014.

1. Grundlagen

192 Für eine werdende GmbH ergeben sich die steuerrechtlichen Probleme aus dem dualistischen Konzept der (deutschen) Unternehmensbesteuerung. Nach derzeitiger Rechtslage wird danach differenziert, ob es um eine **natürliche Person als Steuersubjekt** geht (§ 1 Abs. 1 Satz 1 EStG) **oder** ob ein **Körperschaftsteuersubjekt** gegeben ist (§ 1 Abs. 1 KStG). Auch wenn an einem personenrechtlichen Zusammenschluss eine Kapitalgesellschaft beteiligt ist, ist wegen § 15 Abs. 1 Satz 1 Nr. 2 EStG zunächst Einkommensteuerrecht anwendbar, wenn das Gebilde als Mitunternehmerschaft zu qualifizieren ist. Die Einkünfte der Personengesellschafter, der steuerrechtlichen Mitunternehmer, werden einheitlich und gesondert festgestellt. Auf der Ebene einer beteiligten Kapitalgesellschaft kommt es dann zur Anwendung des KStG. An die Frage, ob die werdende GmbH dem EStG oder dem KStG unterliegt, knüpfen sich zahlreiche Konsequenzen[759]: Geht es um die Gewinne in der Phase der werdenden GmbH, dann ist zu entscheiden, ob es zu einer Ergebniszurechnung auf den einzelnen Gesellschafter entsprechend dem Konzept des § 15 EStG kommt oder ob allein eine Körperschaft Zurechnungssubjekt ist. Ist die Körperschaftsqualität nach § 1 Abs. 1 KStG zu bejahen, dann wird die Anteilseignerebene nur bei ausgeschütteten Gewinnen/Dividenden berührt, und zwar nach den Grundsätzen des Teileinkünfteverfahrens des § 3 Nr. 40 EStG. Ist der Anteilseigner (wiederum) eine Körperschaft, dann kommt es insoweit nicht zur Anwendung des EStG, vielmehr ist dann der Anwendungsbereich des § 8b KStG eröffnet, und zwar mit der Folge, dass von den ausgeschütteten Gewinnen im Ergebnis 95 % außer Ansatz bleiben (§ 8b Abs. 1 Satz 1, Abs. 5 Satz 1 KStG). Das gilt wiederum nicht, wenn die Beteiligung weniger als 10 % des Festkapitals beträgt. Abweichend vom Grundsatz des § 8b Abs. 1 KStG werden in dieser Variante die Beteiligungserträge mit dem vollen Körperschaftsteuersatz erfasst (§ 23 Abs. 1 KStG). Wenn sich in der Phase der werdenden GmbH Verluste ergeben, dann führt das im Regime des EStG zur unmittelbaren Verlustverrechnung beim Gesellschafter, demgegenüber

---

759 Vgl. BFH v. 8.11.1989 – I R 174/86, BStBl. II 1990, 91 = GmbHR 1990, 235.

bei Anwendung des KStG die Verluste der Gesellschaft allein Verluste auf Körperschaftsebene darstellen. Bei realisierten Verlusten mit der kapitalgesellschaftsrechtlichen Beteiligung kommt es bei natürlichen Personen als Gesellschafter zur Anwendung des Teilabzugsverfahrens des § 3c Abs. 2 EStG, bei einer Körperschaft als Beteiligter dazu, dass der Verlust unberücksichtigt bleibt (§ 8b Abs. 3 Satz 3 KStG). Weitere Probleme der steuerrechtlichen Qualifikation der werdenden GmbH sind u.a. folgende Fragen: Ist der Gewinn der werdenden Kapitalgesellschaft vor Eintragung in das Handelsregister nach den Grundsätzen der verdeckten Gewinnausschüttung des § 8 Abs. 3 Satz 2 KStG zu ermitteln? Kann die Gründungsgesellschaft Subjekt einer steuerrechtlichen Organschaft der §§ 14 ff. KStG sein? Kommt es dann, wenn die Handelsregistereintragung scheitert, zur Liquidation des bisherigen Gebildes nach den Grundsätzen des § 11 KStG?

2. Ertragsteuern

a) In Anlehnung an die gesellschaftsrechtlichen Vorgaben bestimmt § 1 Abs. 1 KStG die der Körperschaftsteuer unterliegenden Steuersubjekte abschließend. Die danach gegebene Vorgreiflichkeit des Zivilrechts hat für die Steuersubjektqualität einer Körperschaft zur Folge, dass auch bei der Abgrenzung des EStG vom KStG zwischen der Vorgründungsgesellschaft einerseits und der Vorgesellschaft andererseits zu unterscheiden ist[760]. Aufgrund dessen ist die **Vorgründungsgesellschaft**, das Gebilde vor der formellen Errichtung der GmbH, als Personengesellschaft/Mitunternehmerschaft des § 15 Abs. 1 Satz 1 Nr. 2 EStG zu beurteilen, wenn denn eine gewerbliche Tätigkeit nach § 15 Abs. 2 EStG ausgeübt wird. Die Behandlung der Vorgründungsgesellschaft als Personengesellschaft/Mitunternehmerschaft ist zutreffend, und zwar nicht nur deswegen, weil § 15 Abs. 1 Satz 1 Nr. 2 EStG, § 1 Abs. 1 KStG an das Zivilrecht anknüpfen. Auch steuerrechtlich ist dies gerechtfertigt, denn wenn im Rahmen der Phase vor der Gründung der GmbH Personengesellschaftsrecht Anwendung findet, dann sind die einkommensteuerrechtlichen Elemente der Mitunternehmerinitiative und des Mitunternehmerrisikos gegeben, die den Mitunternehmerbegriff prägen[761]. Dies gilt auch für Publikumspersonengesellschaften, die zwar körperschaftlich organisiert sein können, doch hat die Rechtsprechung des BFH[762] allen Tendenzen eine Absage erteilt, wonach Publikumsgesellschaften als nichtrechtsfähige Vereine und damit als körperschaftsteuerpflichtige Gebilde qualifiziert werden sollen. Das Steuerrecht zieht keine Folgerungen aus dem im Zivilrecht entwickelten Sonderrecht für Publikumsgesellschaften.   193

b) Ist der Gründungsakt der GmbH vollzogen, liegt also zivilrechtlich eine **Vorgesellschaft**   194
vor, dann ist unbestrittenermaßen ein Körperschaftsteuersubjekt gegeben, wenn denn die Eintragung in das Handelsregister nachfolgt und die Vorgesellschaft nach außen, im Rechtsverkehr, in Erscheinung tritt[763]. Da zwischen der Vorgesellschaft und der fertigen GmbH Rechtsidentität besteht, wird die Vorgesellschaft nach § 1 Abs. 1 Nr. 1 KStG unmittelbar unter eine der dort genannten Rechtsformen subsumiert. Eine früher vertretene Mindermeinung, die den Katalog des § 1 Abs. 1 Nr. 1 KStG nicht erweitern möchte, weil die Vorgesellschaft keine fertige und existente juristische Person sei[764], hat sich angesichts der zivilrechtlichen Einordnung der Vorgesellschaft nicht durchgesetzt. Gleichwohl sollte beachtet werden, dass die Vor

760 BFH v. 8.11.1989 – I R 174/86, BStBl. II 1990, 91 = GmbHR 1990, 235; *Hummel*, in: Gosch, § 1 KStG Rdnr. 34 f.; *Levedag*, in: Rödder/Herlinghaus/Neumann, § 1 KStG Rdnr. 54 ff.

761 Übersicht bei *Wacker*, in: Schmidt, § 15 EStG Rdnr. 261 ff.

762 BFH v. 25.6.1984 – GrS 4/82, BStBl. II 1984, 751 = GmbHR 1984, 355.

763 BFH v. 14.10.1992 – I R 17/92, BStBl. II 1993, 352 = GmbHR 1993, 171; BFH v. 18.3.2010 – IV R 88/06, BStBl. II 2010, 991 = GmbHR 2010, 764; *Levedag*, in: Rödder/Herlinghaus/Neumann, § 1 KStG Rdnr. 55.

764 *Schuhmann*, GmbHR 1981, 196.

gesellschaft zwar im Grundsatz ohne Weiteres als steuerrechtliche Körperschaft zu qualifizieren ist, demgegenüber bei einer ausländischen Kapitalgesellschaft differenziertere Kriterien angelegt werden müssen, weil es dort um die Frage geht, ob das ausländische Rechtsgebilde im Wege eines Typenvergleichs als Konstellation des § 1 Abs. 1 Nr. 1 KStG eingeordnet werden kann. Im Ergebnis ist § 1 Abs. 1 Nr. 1 KStG also anwendbar. Wenn sich die Vorgesellschaft von der fertigen GmbH im Wesentlichen dadurch unterscheidet, dass die Eintragung in das Handelsregister fehlt, dann besteht kein Grund, sie nicht wie eine existente GmbH zu behandeln, wenn sie denn im Rechtsverkehr nach außen in Erscheinung tritt.

195 Auch steuerrechtlich wird die Vorgesellschaft nur dann von vornherein nach KStG behandelt, wenn die Eintragung als konstituierendes Merkmal der Rechtsfähigkeit tatsächlich nachfolgt. Daher macht auch für Zwecke des Steuerrechts die **gescheiterte/unechte Vorgesellschaft** Schwierigkeiten. Hier ist zu entscheiden, ob die Körperschaftsteuerpflicht generell zu verneinen oder ob danach zu unterscheiden ist, ob die Gründung ernsthaft beabsichtigt war oder nicht. Im Einzelnen sollte wie folgt differenziert werden:

196 Hatten die Gesellschafter der werdenden GmbH von Anfang nicht die Absicht, die Eintragung ernsthaft zu betreiben[765], dann handelt es sich nicht um eine im Entstehen begriffene juristische Person, die es rechtfertigt, die Regelungen des KStG anzuwenden. Auf ein derartiges Gebilde sind die Steuernormen anzuwenden, die für die Gesellschaftsform gelten, die tatsächlich betrieben wird, also Personengesellschaftsrecht[766]. Allerdings dürfte es in der Praxis schwer nachzuweisen sein, dass die Gesellschafter tatsächlich eine Scheingründung beabsichtigt haben.

197 Scheitert die Eintragung der **ernsthaft gegründeten** Vorgesellschaft, dann kommt es darauf an, ob von Anfang an ein personengesellschaftsrechtliches Gebilde mit Anwendung des § 15 Abs. 1 Satz 1 Nr. 2 EStG existiert hat oder ob die Regeln der Liquidation, insbesondere des § 11 KStG, anzuwenden sind, so dass vorher zwangsläufig Körperschaftsteuerrecht gilt. Nach Auffassung des BFH[767] ist eine Vorgesellschaft (zur GmbH), die später nicht als juristische Person eingetragen wurde, von vornherein nicht Körperschaftsteuersubjekt. Das soll nicht dem Prinzip der Tatbestandsmäßigkeit der Besteuerung widersprechen, obwohl dann die steuerrechtlichen Konsequenzen einer wirtschaftlichen Betätigung von einem zukünftigen Ereignis, nämlich der Handelsregistereintragung, abhängen[768]. Im Ergebnis behandelt die Rechtsprechung demnach eine gescheiterte Vorgesellschaft von Anfang an als Mitunternehmerschaft des § 15 Abs. 1 Satz 1 Nr. 2 EStG. Es kommt zu einer Ergebniszurechnung bei den Gesellschaftern. Die Auffassung des BFH ist nicht unproblematisch. Es geht darum, ob das gleiche Regelungssystem wie bei der Vorgründungsgesellschaft auch bei der gescheiterten Vorgesellschaft gelten soll, obwohl die Gesellschafter hier die Kapitalgesellschaft ordnungsgemäß und wirksam gegründet haben. Die Vorgesellschaft hat wirksam existiert, so dass sich der rückwirkend eintretende Charakter der Gesellschaft als steuerrechtliche Mitunternehmerschaft nicht ohne Weiteres begründen lässt. Für die rückwirkende Besteuerung als Personengesellschaft/Mitunternehmerschaft spricht der eher praktische Gesichtspunkt, dass die Beendigung der Eintragungsabsicht als innere Tatsache schwer feststellbar ist. Steuerrechtlich könnte auch die Auffassung des BGH durchschlagen, dass bei der gescheiterten Vorgesellschaft die Gründer für sämtliche Verbindlichkeiten der Vorgesellschaft von Anfang an nach personengesellschaftsrechtlichen Grundsätzen einzustehen haben[769]. Letztlich ist dies alles nicht überzeugend. Liegt nämlich eine Vorgesellschaft vor, dann kommt es im Zeitpunkt der

---

765 Vgl. FG Brandenburg v. 2.7.2003 – 2 K 1666/01, GmbHR 2003, 1373 = ZIP 2004, 169.
766 Vgl. BFH v. 18.3.2010 – IV R 88/06, BStBl. II 2010, 991 = GmbHR 2010, 764; *Levedag*, in: Rödder/Herlinghaus/Neumann, § 1 KStG Rdnr. 56.
767 BFH v. 18.3.2010 – IV R 88/06, BStBl. II 2010, 991 = GmbHR 2010, 764.
768 Kritisch daher *Streck*, § 1 KStG Rdnr. 20.
769 BGH v. 4.11.2002 – II ZR 204/00, BGHZ 152, 290 = GmbHR 2003, 97.

nachfolgenden Eintragung zur Rechtsidentität zwischen Vorgesellschaft und fertiger GmbH. Im Umkehrschluss folgt daraus, dass im Falle des Scheiterns des Gründungsvorgangs zwischen der gegründeten Vorgesellschaft und der durch die Gründer fortgesetzten (Personen-)Gesellschaft keine Rechtsidentität bestehen kann[770]. Nach allem sollte die wirksam gegründete Vorgesellschaft bis zum Zeitpunkt des Scheiterns als Kapitalgesellschaft behandelt werden. Ab diesem Zeitpunkt ist eine Liquidationsbesteuerung vorzunehmen, und für die Zukunft gilt das Recht der Mitunternehmerbesteuerung des § 15 Abs. 1 Satz 1 Nr. 2 EStG.

c) Für die in der Praxis der Körperschaftsbesteuerung bedeutsame **verdeckte Gewinnausschüttung** des § 8 Abs. 3 Satz 2 KStG, die mit ihrer Gewinnerhöhung auf Körperschaftsebene den Sinn hat, dass der „richtige Gewinn" eines Körperschaftsteuersubjekts ermittelt wird, gilt Folgendes: Die Annahme einer verdeckten Gewinnausschüttung ist nicht davon abhängig, dass die GmbH nach Maßstäben des Gesellschaftsrechts entstanden ist. Auch die Vorgesellschaft, die mit der später entstandenen Körperschaft identisch ist, fällt in den Anwendungsbereich des § 8 Abs. 3 Satz 2 KStG[771]. Demgegenüber sind auf die Vorgründungsgesellschaft (Personengesellschaft) die Regeln einer verdeckten Gewinnausschüttung nicht anwendbar, weil sie steuerrechtlich als Mitunternehmerschaft qualifiziert. Andererseits gelten die Regeln einer verdeckten Gewinnausschüttung uneingeschränkt, wenn sich die Körperschaft in Liquidation befindet. | 198

d) Die fertige GmbH hat nach § 8 Abs. 2 KStG immer und zwingend gewerbliche Einkünfte, und im **Gewerbesteuerrecht** (§ 2 Abs. 2 Satz 1 GewStG) hat die Kapitalgesellschaft einen einheitlichen Gewerbebetrieb, so dass es nicht darauf ankommt, ob die Gesellschaft eine originär gewerbliche oder lediglich vermögensverwaltende Tätigkeit (vgl. § 2 Abs. 1, 2 EStG) ausübt. Der gewerbesteuerrechtliche Betrieb der Kapitalgesellschaft entsteht spätestens mit der Eintragung ins Handelsregister. Tritt allerdings die Vorgesellschaft schon vor diesem Zeitpunkt nach außen auf, so bildet sie mit der später eingetragenen Gesellschaft einen einheitlichen Steuergegenstand[772]. Das gilt selbst dann, wenn es in der Phase der Vorgesellschaft zu einem Wechsel im Gesellschafterbestand kommt. Entsprechend dem Zweck der Gewerbesteuer muss es sich aber schon in der Vorgesellschaftsphase um ein gewerbliches Auftreten nach außen handeln, so dass die alleinige Verwaltung des Stammkapitals durch die Vorgesellschaft eine Gewerbesteuerpflicht noch nicht auslöst. Anders liegt es bei der Vorgründungsgesellschaft, die zivilrechtlich und steuerrechtlich mit der gegründeten Vorgesellschaft nicht identisch ist. Die Vorgründungsgesellschaft ist also entsprechend ihrer Rechtsform zu behandeln. Die danach regelmäßig gegebene BGB-Gesellschaft tritt (meistens) gewerbesteuerrechtlich mangels werbender Tätigkeit nicht in Erscheinung. Wird demgegenüber schon ein Gewerbebetrieb geführt, dann ist insoweit auch Gewerbesteuerpflicht gegeben. Nimmt man bei einer gescheiterten Vorgesellschaft an, dass es zu einer Liquidationsbesteuerung des § 11 KStG kommt, dann unterliegt die Gesellschaft auch während der Liquidationsphase mit ihren Ergebnissen der Gewerbesteuer[773]. | 199

e) Wenn die Voraussetzungen der §§ 14 ff. KStG gegeben sind, kommt es körperschaftsteuerrechtlich und gewerbesteuerrechtlich (§ 2 Abs. 2 Satz 2 GewStG) zu einer sog. **Organschaft**. Zwar kennt das deutsche Steuerrecht keine Konzernbesteuerung im technischen Sinne, doch besteht die Rechtsfolge der körperschaftsteuerrechtlichen und gewerbesteuerrechtlichen Organschaft darin, dass das Einkommen einer als Organgesellschaft (Untergesellschaft) auftretenden Kapitalgesellschaft einem anderen Steuersubjekt, dem Organträger (Obergesellschaft), | 200

---

770 Vgl. auch BFH v. 17.10.2001 – II R 43/99, BStBl. II 2002, 210 = GmbHR 2002, 223.
771 *Gosch*, § 8 KStG Rdnr. 203.
772 BFH v. 16.2.1977 – I R 244/74, BStBl. II 1977, 561 = GmbHR 1977, 162; BFH v. 8.11.1989 – I R 174/86, BStBl. II 1990, 91 = GmbHR 1990, 235; *Glanegger/Güroff*, § 2 GewStG Rdnr. 470 ff.
773 BFH v. 29.11.2000 – I R 28/00, BFH/NV 2001, 816.

zugerechnet wird. Dabei spielt es keine Rolle, ob das zugerechnete Einkommen positiv oder negativ ist, so dass es zu einem unmittelbaren Verlustausgleich innerhalb des Organkreises kommt. Die rechtssystematische Rechtfertigung der Organschaftsbesteuerung ist nicht ganz eindeutig[774]. Letztlich geht es darum, dass die Leistungsfähigkeit der Organgesellschaft aufgrund des Ergebnisabführungsvertrages (§ 14 Abs. 1 Satz 1 Nr. 3 KStG) gemindert und im Gegenzug die des Organträgers gesteigert wird. Die dadurch eintretende Beeinflussung der Leistungsfähigkeit führt in der Verlustkonstellation dazu, dass der Organträger zum Verlustausgleich verpflichtet wird, sich also seine eigene Leistungsfähigkeit auch für steuerliche Zwecke dadurch mindert. Für die werdende GmbH ist zu entscheiden, ob sie Organträger und/oder Organgesellschaft sein kann.

201   Die gegründete GmbH (Vorgesellschaft) ist tauglicher **Organträger** des § 14 Abs. 1 Satz 1 Nr. 2 Satz 1 KStG, weil sie mit der später eingetragenen Kapitalgesellschaft identisch ist und als Körperschaftsteuersubjekt des § 1 Abs. 1 Nr. 1 KStG angesehen wird. Dabei wird im Schrifttum[775] verlangt, dass die Vorgesellschaft gewerblich tätig sein muss. Das ist steuersystematisch unstimmig, weil nämlich eine Kapitalgesellschaft nach § 8 Abs. 2 KStG zwingend gewerbliche Einkünfte hat, so dass es nur darauf ankommen kann, dass es sich rechtlich um eine entstandene Vorgesellschaft handelt[776]. Davon zu unterscheiden ist die Behandlung einer Vorgründungsgesellschaft im Rahmen der körperschaftsteuerrechtlichen Organschaftsregeln. Die Vorgründungsgesellschaft ist auch steuerrechtlich eine Personengesellschaft, und sie kann insoweit auch als Organträger fungieren. § 15 Abs. 1 Satz 2 Nr. 2 S. 2 KStG zeigt, dass eine Personengesellschaft ebenfalls Organträger sein kann, doch muss sie dann eine gewerbliche Tätigkeit im Sinne des § 15 EStG ausüben. Es muss mithin eine originär gewerbliche Tätigkeit schon in der Vorgründungsphase gegeben sein.

202   Aus §§ 14 Abs. 1 Satz 1, 17 KStG ergibt sich, dass die **Organgesellschaft** (Untergesellschaft) zwingend eine Kapitalgesellschaft sein muss. Diese gesetzgeberische Anordnung hat ihre Ursache im körperschaftsteuerrechtlichen Doppelbelastungssystem. Da sich eine Doppelbelastung nur ergeben kann, wenn eine Kapitalgesellschaft Organ ist und das Organschaftsrecht u.a. die Doppelbelastungsprobleme lösen will, setzt das Gesetz die Kapitalgesellschaft als Organgesellschaft voraus. Daraus folgt dann, dass die Vorgründungsgesellschaft als Personengesellschaft nicht taugliche Organgesellschaft sein kann[777]. Dies folgt auch daraus, dass aus den von der Vorgründungsgesellschaft vorgenommenen Rechtsgeschäften lediglich diese bzw. die Vorgründungsgesellschafter verpflichtet sind, nicht jedoch die später gegründete Kapitalgesellschaft. Soll die Kapitalgesellschaft aus Rechtsgeschäften der Vorgründungsphase verpflichtet werden, dann bedarf es einer besonderen Vereinbarung[778]. Handelt es sich um eine Vorgesellschaft, dann ist diese bereits körperschaftsteuerpflichtig, kann also auch taugliche Organgesellschaft der §§ 14 ff. KStG sein. Das ist die notwendige steuerliche Konsequenz davon, dass die Vorgesellschaft als Körperschaftsteuersubjekt des § 1 Abs. 1 KStG behandelt wird. Auch für die Organschaftsregeln ist davon auszugehen, dass die Vorgesellschaft mit der eingetragenen GmbH identisch ist und mit ihr einen einheitlichen Steuergegenstand bildet. Ob die unechte/gescheiterte Vorgesellschaft taugliche Organgesellschaft sein kann, hängt wiederum davon ab, ob für sie von Anfang an die Regeln der Vorgründungsgesellschaft gelten (Rdnr. 197).

203   Von der Frage, ob die werdende GmbH Organträger oder Organgesellschaft sein kann, ist die weitere Frage zu trennen, ob die werdende GmbH Vertragspartnerin eines Ergebnisabführungsvertrages des § 14 Abs. 1 Satz 1 Nr. 3 KStG sein kann. Die Vorgründungsgesell-

---

774 Näher und zu den einzelnen Organschaftstheorien *Neumann*, in: Gosch, § 14 KStG Rdnr. 2 ff.
775 *Liekenbrock*, in: Rödder/Herlinghaus/Neumann, § 14 KStG Rdnr. 177.
776 Wie hier *Neumann*, in: Gosch, § 14 KStG Rdnr. 95.
777 *Neumann*, § 14 KStG Rdnr. 47.
778 BFH v. 8.11.1989 – I R 174/86, BStBl. II 1990, 91 = GmbHR 1990, 235.

schaft ist als Personengesellschaft nicht tauglicher Partner eines Ergebnisabführungsvertrages[779]. Für die Vorgesellschaft ist die Frage umstritten[780]. Man könnte hier die Auffassung vertreten, dass die Vorgesellschaft eben noch keine existente Kapitalgesellschaft ist und damit nicht tauglicher Vertragspartner des Ergebnisabführungsvertrages sein kann. Überzeugender ist die Meinung, dass schon eine zivilrechtlich und steuerlich als Kapitalgesellschaft behandelte Vorgesellschaft den Ergebnisabführungsvertrag abschließen kann. Die dann fertige Kapitalgesellschaft tritt automatisch in die von der Vorgesellschaft eingegangene Position ein. Daraus sollte dann auch zu folgern sein, dass vor dem Hintergrund der zeitlichen Vorgaben des § 14 Abs. 1 Satz 1 Nr. 3 KStG keine Unterbrechung bzw. kein Neubeginn der Vertragsbeziehung anzunehmen ist.

3. Umsatzsteuer

Für die Umsatzbesteuerung geht es bei der werdenden GmbH darum, ob sie schon als **umsatzsteuerrechtlicher Unternehmer** nach § 2 Abs. 1 UStG anzusehen ist, ob sie also steuerbare Tatbestände des § 1 UStG erfüllen kann und im Gegenzug dann auch vorsteuerabzugsberechtigt nach § 15 UStG ist. Hinsichtlich der Vorgesellschaft überträgt das Umsatzsteuerrecht die gesellschaftsrechtliche und ertragsteuerrechtliche Rechtslage in den Anwendungsbereich der §§ 2 Abs. 1, 15 UStG[781]. Die umsatzsteuerrechtliche Unternehmereigenschaft beginnt also mit der Existenz der Vorgesellschaft. Ab diesem Zeitpunkt kann die Vorgesellschaft umsatzsteuerbare Umsätze tätigen, und sie hat im Gegenzug auch die Berechtigung zum Vorsteuerabzug aus Leistungsbezügen, die schon die Vorgesellschaft bezogen und in Rechnung gestellt bekommen hat. Kommt es nicht zur Eintragung der GmbH, dann steht der Vorgesellschaft der Vorsteuerabzug für die von ihr für das geplante Unternehmen bezogenen Leistungen nach dem zum sog. erfolglosen Unternehmer entwickelten Rechtsgrundsätzen zu[782].

Nicht vollkommen geklärt sind die Fragen der Unternehmereigenschaft der Vorgründungsgesellschaft. Aufgrund der Rechtsprechung des EuGH soll es wie folgt liegen[783]: Werden in der Vorgründungsgesellschaftsphase Investitionen getätigt, die sich auf den Unternehmensgegenstand der späteren Kapitalgesellschaft beziehen, ist die Vorsteuer abzugsfähig. Das wird damit gerechtfertigt, dass die umsatzsteuerrechtlich maßgebende Entfaltung der wirtschaftlichen Tätigkeit nicht von der Identität des Unternehmens abhänge.

4. Grunderwerbsteuer

Für Zwecke der Grunderwerbsteuer kommt es darauf an, ob die **Übertragung** von **Grundvermögen** in die Vorgründungsgesellschaft bzw. in die Vorgesellschaft und später ins Handelsregister eingetragene GmbH einen steuerbaren Tatbestand auslöst[784]. Die Übertragung eines Grundstücks in die gesamthänderisch verfasste Vorgründungsgesellschaft ist ein Fall des § 5 GrEStG. Geht ein Grundstück von einem Alleineigentümer auf eine Gesamthand über, so wird nach § 5 Abs. 2 GrEStG die Steuer in Höhe des Anteils nicht erhoben, zu dem der Veräußerer am Vermögen der Gesamthand beteiligt ist. Dann ist allerdings bei einer Übertragung auf die Vorgesellschaft/die fertige GmbH § 5 Abs. 3 GrEStG zu beachten. Da-

204

205

206

---

779 BFH v. 8.11.1989 – I R 174/86, BStBl. II 1990, 91 = GmbHR 1990, 235; *Joisten*, in: Rödder/Herlinghaus/Neumann, § 17 KStG Rdnr. 22.

780 Zum Problem *Neumann*, § 14 KStG Rdnr. 182.

781 Näher *Korn*, in: Bunjes, § 2 UStG Rdnr. 172.

782 *Heidner*, in: Bunjes, § 15 UStG Rdnr. 57.

783 EuGH v. 1.3.2012 – Rs. C-280/10, DStRE 2012, 893; ausführlich *Korn*, in: Bunjes, § 2 UStG Rdnr. 169 f.

784 Ausführlich *Fischer*, in: Boruttau, § 1 GrEStG Rdnr. 263 ff.

nach kommt es zur Nichtanwendung des § 5 Abs. 2 GrEStG, wenn sich der Anteil des Veräußerers am Vermögen der Gesamthand innerhalb von fünf Jahren vermindert. Zusätzlich ist die Übertragung des Grundvermögens von der Vorgründungsgesellschaft auf die Vorgesellschaft steuerbar. Das Grunderwerbsteuerrecht übernimmt hier die zivilrechtliche Überlegung, dass es zum Übergang der Aktiva und Passiva der Vorgründungsgesellschaft auf die Vorgesellschaft einer Einzelübertragung bedarf.

207 Die Übereignung eines Grundstücks auf die Vorgesellschaft löst einen steuerbaren Tatbestand aus; §§ 5, 6 GrEStG sind nicht anwendbar, weil es hier nicht um eine Gesamthandskonstellation geht. Was das Verhältnis zwischen Vorgesellschaft und fertiger GmbH angeht, so kommt es mangels Rechtsträgerwechsels zu keiner Änderung des Rechts am Grundvermögen[785]. Scheitert die Eintragung der Kapitalgesellschaft und geht das Grundstück mit Auflösung der Vorgesellschaft auf den oder die Gründer zurück, dann liegt darin ein nach § 1 Abs. 1 Nr. 3 GrEStG steuerbarer Erwerbsvorgang[786]. In der zitierten BFH-Entscheidung ging es darum, dass eine Einpersonen-GmbH in Gründung von einem Dritten ein Grundstück erworben hatte, es dann nicht zur Eintragung gekommen war und im Zuge der Auflösung der gegründeten GmbH zu einem Rechtsträgerwechsel auf den Gründungsgesellschafter kam.

5. Erbschaft- und Schenkungsteuer

208 Wird der Anteil an einer werdenden GmbH (unter Lebenden) geschenkt oder wird die Beteiligung vererbt, dann ist der Steuertatbestand des § 3 Abs. 1 Nr. 1 ErbStG bzw. der des § 7 Abs. 1 Nr. 1 ErbStG erfüllt. Was die **Bewertung** für erbschaft- und schenkungsteuerrechtliche Zwecke angeht, verweist § 12 ErbStG auf das BewG. §§ 11, 109 Abs. 1 BewG zeigen, dass es heute zu einer rechtsformunabhängigen Bewertung kommt. Der Wert des nicht börsennotierten GmbH-Geschäftsanteils ist in erster Linie aus Verkäufen unter fremden Dritten abzuleiten, die weniger als ein Jahr zurückliegen (§ 11 Abs. 2 Satz 2 BewG). Hat ein derartiger, zeitnaher Veräußerungstatbestand nicht stattgefunden, dann kommt es entweder auf eine verkehrsübliche Bewertungsmethode oder auf den Wert nach dem vereinfachten Bewertungsverfahren der §§ 199 ff. BewG an. Nach Auffassung der Finanzverwaltung[787] besteht zwischen der marktüblichen Bewertungsmethode und dem vereinfachten steuerlichen Bewertungsverfahren zugunsten der Steuerpflichtigen ein Wahlrecht. Hinzuweisen ist allerdings darauf, dass nach § 11 Abs. 2 Satz 3 BewG die Substanzwert der erbschaft- und schenkungsteuerrechtliche Mindestwert ist.

209 Finden ein Erbfall oder eine Schenkung vor Eintragung der GmbH statt, dann ist vor dem Hintergrund des erbschaft- und schenkungsteuerrechtlichen Stichtagsprinzips (§ 9 Abs. 1 ErbStG) im Zusammenhang mit den grundsätzlich möglichen erbschaft- und schenkungsteuerrechtlichen Begünstigungen der **§§ 13a, 13b, 13c, 28a ErbStG** wie folgt zu unterscheiden: Wenn die Vorgründungsgesellschaft als steuerrechtliche Mitunternehmerschaft bzw. als Einzelunternehmen zu qualifizieren ist, dann greift der Begünstigungstatbestand des § 13b Abs. 1 Nr. 2 ErbStG ein. Ab Gründung der GmbH, also ab dem Zeitpunkt, in dem eine Vorgesellschaft vorliegt, werden die erbschaftsteuerrechtlichen Begünstigungen nur gewährt, wenn der Anteil an der Vorgesellschaft mindestens 25 % beträgt bzw. wenn der Erblasser oder der Schenker in einer sog. Pool-Vereinbarung gebunden war (§ 13b Abs. 1 Nr. 3 ErbStG). Da die gegründete Vorgesellschaft die zivilrechtliche Vorstufe und Durchgangsstation zur fertigen GmbH ist, müssen im Zeitraum der Vorgesellschaft schon die restriktiven Voraussetzungen des § 13b Abs. 1 Nr. 3 ErbStG angewendet werden. Da das ErbStG an die zivilrechtliche Si-

785 BFH v. 17.10.2001 – II R 43/99, BStBl. II 2002, 210 = GmbHR 2002, 223.
786 BFH v. 17.10.2001 – II R 43/99, BStBl. II 2002, 210 = GmbHR 2002, 223; *Fischer*, in: Boruttau, § 1 GrEStG Rdnr. 269.
787 R B 11.2 Abs. 2 Satz 4 ErbStR 2011.

tuation anknüpft, ist es nicht entscheidend, ob die Vorgesellschaft bereits im Rechtsverkehr aufgetreten ist[788]. Wird die Vorgesellschaft später nicht in das Handelsregister eingetragen, dann kommen zwei Lösungsmöglichkeiten in Betracht: Der Vorgang könnte als Auflösung der Kapitalgesellschaft mit Nachversteuerung nach § 13a Abs. 6 ErbStG zu werten sein[789]. Möglich erscheint auch die Auffassung, dass entsprechend der ertragsteuerrechtlichen Behandlung der gescheiterten Vorgesellschaft von vornherein eine Mitunternehmerschaft anzunehmen ist/ war, wenn den die Gewerbebetriebsvoraussetzungen in der Vorgründungsphase vorgelegen haben. Das könnte dann allerdings mit dem erbschaft- und schenkungsteuerrechtlichen Stichtagsprinzip kollidieren.

---

788 BFH v. 2.3.2011 – II R 5/09, BFH/NV 2011, 1147.
789 So wohl BFH v. 2.3.2011 – II R 5/09, BFH/NV 2011, 1147.

§ 12
Bekanntmachungen der Gesellschaft

Bestimmt das Gesetz oder der Gesellschaftsvertrag, dass von der Gesellschaft etwas bekannt zu machen ist, so erfolgt die Bekanntmachung im Bundesanzeiger (Gesellschaftsblatt). Daneben kann der Gesellschaftsvertrag andere öffentliche Blätter oder elektronische Informationsmedien als Gesellschaftsblätter bezeichnen.

Vorschrift eingeführt durch Justizkommunikationsgesetz vom 22.3.2005 (BGBl. I 2005, 837); frühere Vorschrift zur Zweigniederlassung aufgehoben durch Gesetz zur Durchführung der Elften gesellschaftsrechtlichen EG-Richtlinie vom 22.7.1993 (BGBl. I 1993, 1282); Satz 3 eingeführt durch das EHUG vom 10.11.2006 (BGBl. I 2006, 2553) und aufgehoben durch das BAnzDiG vom 22.12.2011 (BGBl. I 2011, 3044).

Schrifttum: *Apfelbaum*, Wichtige Änderungen für Notare durch das EHUG jenseits der elektronischen Handelsregisteranmeldung, DNotZ 2007, 166; *Krafka*, Gesellschaftsrechtliche Auswirkungen des Justizkommunikationsgesetzes, DB 2005, 599; *Melchior*, Angabe des Veröffentlichungsorgans in der GmbH-Satzung, NotBZ 2005, 447; *Noack*, Pflichtbekanntmachungen bei der GmbH. Neue Regeln durch das Justizkommunikationsgesetz, DB 2005, 599; *Noack*, Elektronische Publizität im Aktien- und Kapitalmarktrecht in Deutschland und Europa, AG 2003, 537; *Oppermann*, Bekanntmachungen der GmbH und der AG im „Bundesanzeiger", RNotZ 2005, 597; *Priester*, Registersperre kraft Richterrechts?, GmbHR 2007, 296; *Spindler/Kramski*, Der elektronische Bundesanzeiger als zwingendes Gesellschaftsblatt für Pflichtbekanntmachungen der GmbH, NZG 2005, 746; *Stuppi*, Bekanntmachungen der GmbH nach § 12 GmbHG, GmbHR 2006, 138; *Terbrack*, Neuregelung der Bekanntmachungen bei der GmbH, DStR 2005, 2045.

I. Grundlagen

1   Das Transparenz- und Publizitätsgesetz (TransPuG) führte 2002 für Unternehmensmitteilungen einer Aktiengesellschaft den **elektronischen Bundesanzeiger** ein (§ 25 Satz 1 AktG)[1]. Das Justizkommunikationsgesetz vom 22.3.2005 (BGBl. I 2005, 837) hat ihn mit der in § 12 Satz 1 getroffenen Regelung mit Wirkung zum 1.4.2005 auch für die GmbH als **Gesellschaftsblatt** bestimmt, so dass die vom Gesetz oder vom Gesellschaftsvertrag geforderten Bekanntmachungen der Gesellschaft im elektronischen Bundesanzeiger erfolgen mussten. Das Verkündungs- und Bekanntmachungsgesetz in der Fassung vom 22.12.2011 hat mit Wirkung zum 1.4.2012 den elektronischen Bundesanzeiger als **einzigen Bundesanzeiger** festgelegt. Satz 1 der Vorschrift begnügt sich folglich damit, die Bekanntmachung im Bundesanzeiger zu verlangen.

2   Die Vorschrift ist **zwingend**[2]. Allerdings kann der Gesellschaftsvertrag noch weitere Gesellschaftsblätter bestimmen (§ 12 Satz 2). In diesem Fall erfolgt die Bekanntmachung auch in dem bezeichneten öffentlichen Blatt oder elektronischen Informationsmedium. Satz 3 des § 12 wurde durch das **EHUG** vom 10.11.2006 eingeführt, um in der Praxis aufgetretene Auslegungsprobleme rechtssicher zu lösen. Da das Verkündungs- und Bekanntmachungsgesetz

---

1 § 25 Satz 1 AktG geht auf Art. 1 Nr. 1 TransPuG vom 19.7.2002, BGBl. I 2002, 2681, zurück.
2 Vgl. Begr. RegE JKomG, BT-Drucks. 15/4067, S. 56; vgl. auch Begr. RegE TransPuG, BT-Drucks. 14/8769, S. 11.

in der Fassung vom 22.12.2011 die Papierausgabe des Bundesanzeigers aufgegeben hat, bedurfte es der Regelung nicht mehr; Satz 3 ist daher mit Wirkung zum 1.4.2012 außer Kraft getreten.

Die Vorschrift dient der **Vereinheitlichung** der **Bekanntmachungsvorschriften** und deren sprachlicher Angleichung[3]; folglich ist in § 12 Satz 1 der Begriff des Gesellschaftsblatts festgelegt und in den betreffenden Vorschriften über eine Bekanntmachung der Gesellschaft (s. Rdnr. 6) verwandt. Dass die Publikation im Bundesanzeiger zu erfolgen hat, liegt im Interesse der Gläubiger[4], welche sich ohne nennenswerte Kosten jederzeit informieren können (s. Rdnr. 4).   3

Der Bundesanzeiger kann unter www.bundesanzeiger.de abgerufen werden (§ 5 VkBkmG). Herausgeber ist das Bundesministerium der Justiz, Betreiberin die Bundesanzeiger Verlagsgesellschaft mbH mit Sitz in Köln. Der Zugriff auf den elektronischen Bundesanzeiger ist **kostenfrei** und **jederzeit möglich** (§ 5 Abs. 1 und § 6 Abs. 1 VkBkmG). Die Betreiberin ist verpflichtet, ordnungsgemäß eingereichte Bekanntmachungen aufzunehmen. Als Nachweis der Bekanntmachung – etwa gegenüber dem Handelsregister – reicht die Angabe der Internetfundstelle aus[5].   4

Die früher in § 12 geregelte **Zweigniederlassung der GmbH** ist seit 1993 in den **§§ 13 ff. HGB** vorzufinden. Auf eine Erläuterung dieser Vorschriften wird hier verzichtet. Stattdessen ist auf das einschlägige Schrifttum zum HGB zu verweisen.   5

II. Bekanntmachung im Bundesanzeiger

§ 12 Satz 1 bestimmt, dass Bekanntmachungen der Gesellschaft im Bundesanzeiger erfolgen. **Bekanntmachungen** von Eintragungen im Handelsregister sind nicht gemeint[6], sondern nur solche **der Gesellschaft**. Dies sind zum einen Bekanntmachungen, die **kraft Gesetzes** zu erfolgen haben (§ 30 Abs. 2 Satz 2; § 52 Abs. 2 Satz 2; § 58 Abs. 1 Nr. 1 und 3; § 65 Abs. 2; § 75 Abs. 2 i.V.m. § 246 Abs. 4 AktG; § 73 Abs. 1; § 19 MitbestG[7]). Zum anderen sind all jene Bekanntmachungen erfasst, die **gesellschaftsvertraglich gefordert** sind[8]. Dabei handelt es sich meist um Vorgänge, welche der Information der Gesellschafter dienen. In Betracht kommt beispielsweise, dass die Einberufung der Gesellschafterversammlung und die Mitteilung der Tagesordnung aufgrund einer gesellschaftsvertraglichen Bestimmung im Gesellschaftsblatt bekannt zu machen ist[9].   6

Das Gesetz trifft keine Aussage zur **Dauer des mindestens zu gewährenden Informationszugangs** über den Bundesanzeiger. Die Frage ist mit Blick auf den Vorgang zu beurteilen, der von der Gesellschaft bekannt zu machen ist. So ist im Falle der Bekanntmachung des Rückzahlungsbeschlusses nach § 30 Abs. 2 ein Abruf für die Dauer von mindestens drei Monaten zu gewährleisten[10]. Ist eine Anfechtungs- oder Nichtigkeitsklage erhoben, so ist die Veröffentlichung so lange aufrecht zu erhalten, wie eine Nebenintervention durch einen Gesellschafter möglich ist[11].   7

---

3   Vgl. Begr. RegE JKomG, BT-Drucks. 15/4067, S. 56.
4   *Ulmer/Habersack*, in: Ulmer/Habersack/Löbbe, Rdnr. 1.
5   *Schroeter*, in: Bork/Schäfer, Rdnr. 4; *Wicke*, in: MünchKomm. GmbHG, Rdnr. 4.
6   Für diese gilt § 10 HGB.
7   *Blath*, in: Michalski u.a., Rdnr. 5; *Stuppi*, GmbHR 2006, 138.
8   *Fastrich*, in: Baumbach/Hueck, Rdnr. 5.
9   *Ulmer/Habersack*, in: Ulmer/Habersack/Löbbe, Rdnr. 5.
10   *Ulmer/Habersack*, in: Ulmer/Habersack/Löbbe, Rdnr. 7.
11   *Ulmer/Habersack*, in: Ulmer/Habersack/Löbbe, Rdnr. 7; *Wicke*, in: MünchKomm. GmbHG, Rdnr. 4.

III. Bekanntmachung in anderen Blättern und Informationsmedien

8   § 12 Satz 2 stellt klar, dass der Gesellschaftsvertrag andere öffentliche Blätter (beispielsweise regionale oder überregionale Tageszeitungen) oder elektronische Informationsmedien (beispielsweise Website der Gesellschaft oder die Internetpräsenz eines privaten Dienstanbieters[12], auch in einer fremden Sprache[13]) als Gesellschaftsblätter festlegen kann. Dies ist sowohl für gesetzlich als auch für gesellschaftsvertraglich vorgesehene Bekanntmachungen der Gesellschaft möglich[14]. Eine solche Bekanntmachung vermag die Bekanntmachung im Bundesanzeiger aber nicht zu ersetzen. Sie kann vielmehr **nur zusätzlich** zur Veröffentlichung im Gesellschaftsblatt vorgesehen werden. Es sind dann zwei Veröffentlichungen erforderlich. Dies ist auch für die Fristen von Bedeutung, die das Gesetz verschiedentlich von der Bekanntmachung in den Gesellschaftsblättern abhängig macht (vgl. § 58 Abs. 1 Nr. 1 und 3; § 65 Abs. 2; § 73). Diese (auf die Bekanntmachung in den Gesellschaftsblättern und nicht, wie § 19 MitbestG, auf die Bekanntmachung im Bundesanzeiger abstellenden) Fristen beginnen erst zu laufen, wenn die Veröffentlichung im Bundesanzeiger *und* in dem weiteren gesellschaftsvertraglich bestimmten Medium erfolgt ist[15]. Angesichts der Kosten und vor allem der potentiellen weiteren Fehlerquellen ist eine zusätzliche Bekanntmachung in der Regel wenig sinnvoll[16].

9   In **Altverträgen** (d.h. Gesellschaftsverträgen, die vor Inkrafttreten des § 12 geschlossen worden sind) war zuweilen bestimmt, dass eine Bekanntmachung im „Bundesanzeiger" erforderlich ist. In diesen Fällen konnte zusätzlich eine Veröffentlichung in der gedruckten Ausgabe des Bundesanzeigers notwendig sein. Der Gesetzgeber meinte bei Erlass des Justizkommunikationsgesetzes, bei einer solchen Klausel stehe in der Regel fest, dass allein die Bekanntmachung im elektronischen Bundesanzeiger erfolgen müsse[17]. Das Schrifttum beurteilte die Frage größtenteils ebenso. Es könne schwerlich angenommen werden, dass die Gesellschafter bei einer entsprechenden gesellschaftsvertraglichen Regelung eine mehrfache Veröffentlichung gewollt hätten. Eine entsprechende Klausel in einem Gesellschaftsvertrag sei daher dynamisch in dem Sinne auszulegen, dass eine Veröffentlichung im elektronischen Bundesanzeiger gewollt sei[18]. Das OLG München entschied (in einem besonders gelagerten) Fall aber anders[19]. Der Gesetzgeber räumte die durch diese Entscheidung entstandene Rechtsunsicherheit mit dem **EHUG** aus: Sieht der Gesellschaftsvertrag vor, dass Bekanntmachungen der Gesellschaft im Bundesanzeiger erfolgen, so ist die Bekanntmachung im elektronischen Bundesanzeiger ausreichend. Da das Verkündungs- und Bekanntmachungsgesetz in der Fassung vom 22.12.2011 die Papierausgabe des Bundesanzeigers aufgegeben hat (vgl. § 5 VkBkmG), bedurfte es der Regelung nicht mehr; Satz 3 ist daher mit Wirkung zum 1.4.2012 außer Kraft getreten.

---

12 Vgl. *Roth*, in: Roth/Altmeppen, Rdnr. 5; *Spindler/Kramski*, NZG 2005, 745, 747; *Wicke*, in: MünchKomm. GmbHG, Rdnr. 7.
13 *Roth*, in: Roth/Altmeppen, Rdnr. 7; *Wicke*, in: MünchKomm. GmbHG, Rdnr. 7 (Printmedium müsse aber in Deutschland erscheinen).
14 *Schroeter*, in: Bork/Schäfer, Rdnr. 6.
15 *Blath*, in: Michalski u.a., Rdnr. 10.
16 *Fastrich*, in: Baumbach/Hueck, Rdnr. 7; *Blath*, in: Michalski u.a., Rdnr. 9; *Wicke*, in: MünchKomm. GmbHG, Rdnr. 8.
17 Vgl. Begr. RegE BT-Drucks. 15/4067, S. 56.
18 *Noack*, DB 2005, 599, 600; *Krafka*, MittBayNot 2005, 293, 294; *Stuppi*, GmbHR 2006, 138, 139.
19 Vgl. OLG München v. 10.10.2005 – 31 Wx 65/05, GmbHR 2005, 1492, 1493 bezüglich einer gesellschaftsvertraglichen Bestimmung, wonach Bekanntmachungen „nur im Bundesanzeiger" erfolgen. A.A. LG Bielefeld v. 24.8.2006 – 24 T 23/06, Rpfleger 2007, 32 (gesetzeskonform ist diese Satzungsbestimmung dahin auszulegen, dass Veröffentlichungen auf die Bekanntmachung im elektronischen Bundesanzeiger beschränkt werden); LG Darmstadt v. 7.12.2005 – 18 T 28/05, NotBZ 2006, 63 (Die Satzungsregelung „nur im Bundesanzeiger" meint die jeweils einschlägige Publikationsform des Bundesanzeigers; mithin vorliegend nicht mehr die Papierform).

Anders ist die Rechtslage zu beurteilen, wenn der **Gesellschaftsvertrag eine Bekanntma-** 10
chung außer in dem Bundesanzeiger **in einem weiteren Medium vorsieht**[20]. In solchen Fällen genügt eine Veröffentlichung nur im elektronischen Bundesanzeiger nicht, es ist dann
zusätzlich auch in dem weiteren Medium zu veröffentlichen[21]. Wenn als Medium der Bekanntmachung ausschließlich ein anderes Blatt als der Bundesanzeiger (beispielsweise der
Bayerische Staatsanzeiger oder eine örtliche Tageszeitung[22]) genannt wird, ist durch Auslegung des Vertrags zu klären, ob zusätzlich zur Veröffentlichung im Bundesanzeiger eine
Veröffentlichung im betreffenden Gesellschaftsblatt zu erfolgen hat. Da es durchaus vorstellbar ist, dass die Verkehrskreise mit einer Veröffentlichung außerhalb des Bundesanzeigers
rechnen, dürfte es in der Regel daher interessengerecht sein, eine zusätzliche Veröffentli-
chungspflicht zu bejahen[23].

Bezeichnet der Gesellschaftsvertrag andere öffentliche Blätter oder elektronische Informati- 11
onsmedien als Gesellschaftsblätter, bestimmt sich der Beginn einer Frist (vgl. § 187 BGB)
vorbehaltlich einer anderweitigen gesetzlichen Regelung nach dem Zeitpunkt, in dem die
letzte Veröffentlichung erfolgt[24]. Gesellschafter und Dritte dürfen darauf vertrauen, dass es
genügt, entweder das gesellschaftsvertraglich bestimmte Blatt oder den elektronischen Bundesanzeiger zu verfolgen.

IV. Fehlerhafte Bekanntmachung

Eine fehlerhafte Bekanntmachung entfaltet **keine Rechtswirkungen**[25]. Fristen werden durch 12
sie nicht in Gang gesetzt[26]. Dies gilt insbesondere für den Fall, dass eine Bekanntmachung
auch in einem weiteren Gesellschaftsblatt zu erfolgen hat und entweder diese oder die Bekanntmachung im Bundesanzeiger nicht erfolgt ist.

---

20 Zur praktisch kaum relevanten Konstellation, dass ein Gesellschaftsvertrag die Bekanntmachung
   ausschließlich in einem anderen Medium als dem Bundesanzeiger vorsieht, vgl. *Stuppi*, GmbHR
   2006, 138, 139.
21 OLG Stuttgart v. 12.11.2010 – 8 W 444/10, GmbHR 2011, 38; *Bayer*, in: Lutter/Hommelhoff,
   Rdnr. 6, 8; *Fastrich*, in: Baumbach/Hueck, Rdnr. 6; *Noack*, DB 2005, 599, 600; tendenziell auch
   Blath, in: Michalski u.a., Rdnr. 12. A.A. *Krafka*, MittBayNot 2005, 293, 294.
22 *Wicke*, in: MünchKomm. GmbHG, Rdnr. 13.
23 *Fastrich*, in: Baumbach/Hueck, Rdnr. 6; *Noack*, DB 2005, 599, 600; *Schroeter*, in: Bork/Schäfer,
   Rdnr. 9. A.A. *Oppermann*, RNotZ 2005, 597, 601 ff.
24 *Fastrich*, in: Baumbach/Hueck, Rdnr. 8; *Roth*, in: Roth/Altmeppen, Rdnr. 6; *Schroeter*, in: Bork/Schä-
   fer, Rdnr. 7; *Ulmer/Habersack*, in: Ulmer/Habersack/Löbbe, Rdnr. 9; *Wicke*, in: MünchKomm.
   GmbHG, Rdnr. 16.
25 *Bayer*, in: Lutter/Hommelhoff, Rdnr. 9; *Fastrich*, in: Baumbach/Hueck, Rdnr. 9; *Blath*, in: Michalski
   u.a., Rdnr. 13.
26 *Bayer*, in: Lutter/Hommelhoff, Rdnr. 9; *Fastrich*, in: Baumbach/Hueck, Rdnr. 9; *Blath*, in: Michalski
   u.a., Rdnr. 13; *Wicke*, in: MünchKomm. GmbHG, Rdnr. 16.

Zweiter Abschnitt
Rechtsverhältnisse der Gesellschaft und der Gesellschafter

§ 13
Juristische Person; Handelsgesellschaft

(1) Die Gesellschaft mit beschränkter Haftung als solche hat selbständig ihre Rechte und Pflichten; sie kann Eigentum und andere dingliche Rechte an Grundstücken erwerben, vor Gericht klagen und verklagt werden.

(2) Für die Verbindlichkeiten der Gesellschaft haftet den Gläubigern derselben nur das Gesellschaftsvermögen.

(3) Die Gesellschaft gilt als Handelsgesellschaft im Sinne des Handelsgesetzbuchs.

Text seit 1892 unverändert.

I. Einleitung

Die Vorschrift des § 13 leitet den zweiten Abschnitt des Gesetzes, überschrieben mit „Rechts- 1
verhältnisse der Gesellschaft und der Gesellschafter" ein. Das Gesetz regelt hier zunächst die
wichtigsten Merkmale der GmbH und versucht sodann, durch eine Fülle unterschiedlicher
Vorschriften nach Möglichkeit die Kapitalaufbringung und Kapitalerhaltung sicherzustellen.
Im Mittelpunkt des Interesses stehen dabei die Vorschriften der §§ 30 bis 32. Der an die Spitze dieses Abschnitts gestellte (zwingende) § 13 nennt dagegen die drei in den Augen der
Gesetzesverfasser **wichtigsten Merkmale der GmbH.** Nach § 13 Abs. 1 besitzt die GmbH
Rechtsfähigkeit. § 13 Abs. 2 fügt hinzu, dass für die Verbindlichkeiten der Gesellschaft den
Gläubigern **nur das Gesellschaftsvermögen haftet,** dass mit anderen Worten eine persönliche Haftung der Gesellschafter für die Verbindlichkeiten der Gesellschaft (grundsätzlich)
ausgeschlossen ist, sofern nicht ein besonderer Rechtsgrund vorliegt. Die Gesellschaft gilt
schließlich nach § 13 Abs. 3 ohne Rücksicht auf ihren konkreten Zweck und Gegenstand sowie auf ihre Größe als **Handelsgesellschaft,** so dass auf sie in jedem Fall zusätzlich die für
die Handelsgesellschaften, d.h. für Kaufleute geltenden Rechtsvorschriften anwendbar sind
(s. § 6 HGB). Mit § 13 nahezu wörtlich übereinstimmende Vorschriften finden sich für die
Genossenschaft in § 17 GenG sowie für die österreichische GmbH in § 61 öGmbHG. Ebenso
lautete ursprünglich die entsprechende Bestimmung für die AG (§ 213 Abs. 1 HGB a.F.),
während jetzt § 1 Abs. 1 AktG ausdrücklich bestimmt, dass die AG eine Gesellschaft mit
eigener Rechtspersönlichkeit ist (§ 1 Abs. 1 Satz 1 AktG), für deren Verbindlichkeiten den
Gläubigern allein das Gesellschaftsvermögen haftet (§ 1 Abs. 1 Satz 2 AktG).

§ 13 muss vor allem im **Zusammenhang mit § 11 Abs. 1** gesehen werden. Nach jener Vor- 2
schrift besteht die Gesellschaft vor ihrer Eintragung in das Handelsregister „als solche" nicht.
Aus beiden Vorschriften zusammen wird allgemein der Schluss gezogen, dass die GmbH (spätestens) **ab Eintragung** ins Handelsregister eine **juristische Person** darstellt (s. Rdnr. 3 ff.).
Aus § 13 folgt ferner das sog. **Trennungsprinzip**[1]. Man bezeichnet damit die durch das positi-

---

1 Verwendung dieses Begriffs z.B. bei BGH v. 27.9.2016 – II ZR 57/15, ZIP 2016, 2238 = GmbHR 2016,
1263 Rdnr. 20; BGH v. 19.11.2013 – II ZR 150/12, ZIP 2014, 565 = MDR 2014, 550 Rdnr. 25;

ve Recht begründete Notwendigkeit, zwischen dem Vermögen und den Schulden der Gesellschaft auf der einen Seite und dem Vermögen und den Schulden der Gesellschafter auf der anderen Seite zu unterscheiden. Diese sich aus der eigenen Rechtspersönlichkeit der GmbH (§ 13 Abs. 1) ergebende **Trennung der Sphären von Gesellschaft und Gesellschaftern** wird oft ganz selbstverständlich mit der in § 13 Abs. 2 mittelbar zum Ausdruck kommenden fehlenden Haftung der Gesellschafter für die Gesellschaftsverbindlichkeiten in Verbindung gebracht[2], obwohl es sich richtigerweise um zwei zu unterscheidende Dinge handelt[3]: Auch bei den Personengesellschaften gibt es nämlich die Trennung zwischen dem Verband und den Gesellschaftern, und zwar sowohl in Bezug auf das Vermögen wie auch die Schulden[4]. Selbst der Umstand, dass die Gesellschafter einer GbR, OHG oder KG für die Gesellschaftsschulden akzessorisch mithaften – sei es in direkter oder analoger Anwendung des § 128 HGB unbeschränkt oder gemäß § 171 HGB beschränkt –, macht die Gesellschaftsschuld nicht zur Gesellschafterschuld. Der Gesellschafter haftet vielmehr für eine *fremde* Schuld: jene der Personengesellschaft, wie es seit BGHZ 142, 315[5] und BGHZ 146, 341[6] auch für die (Außen-) GbR anerkannt ist (Rdnr. 5)[7]. Insoweit sind das bei allen Kapital- und Personengesellschaften geltende Trennungsprinzip – verstanden im Sinne einer rechtlichen Verselbständigung des Verbands – und die bei den Kapitalgesellschaften (insbesondere AG und GmbH) zusätzlich **fehlende Haftung der Gesellschafter für die Gesellschaftsverbindlichkeiten** letztlich zwei verschiedene, in § 13 Abs. 1 und 2 auch gesondert angeordnete Dinge. Der in § 13 Abs. 2 durch die Haftungsbeschränkung auf das Gesellschaftsvermögen mittelbar zum Ausdruck kommende grundsätzliche Ausschluss einer persönlichen Haftung aus §§ 128, 171 HGB schließt allerdings **im Einzelfall** einen „Durchgriff" auf die Gesellschafter nicht aus. Angesichts der gesetzlichen Regelung bedarf ein solcher Durchgriff jedoch in jedem Fall einer besonderen Begründung (s. Rdnr. 90 ff., 110 ff., 152 ff.).

II. Rechtspersönlichkeit der GmbH

Schrifttum: *Bachmann*, Vorgesellschaft und Nachgesellschaft – Ein Beitrag zur juristischen Personifikation, in: FS Lindacher, 2017, S. 23; *Binder*, Das Problem der juristischen Persönlichkeit, 1907; *Brecher*, Subjekte und Verband, in: FS A. Hueck, 1959, S. 233; *Fabricius*, Relativität der Rechtsfähigkeit, 1963; *O. v. Gierke*, Deutsches Privatrecht Bd. I, 1895/1936; *Grünwald*, Die deliktsrechtliche Außenhaftung des GmbH-Geschäftsführers für Organisationsdefizite, 1999; *Haff*, Grundlagen einer Körperschaftslehre, 1915; *Henkel*, Zur Theorie der Juristischen Person im 19. Jahrhundert: Geschichte und Kritik der Fiktionstheorien, Göttingen 1973; *Hölder*, Natürliche und juristische Personen, 1905; *Hölder*, Das Problem der juristischen Persönlichkeit, JherJb 53 (1908), 40; *G. Husserl*, Rechtssubjekt und Rechtsperson, AcP

BGH v. 16.7.2007 – II ZR 3/04, BGHZ 173, 246, 261 = ZIP 2007, 1552, 1557 = GmbHR 2007, 927 Rdnr. 36 – Trihotel; LAG Hamm v. 30.1.2015 – 10 Sa 828/14, ZIP 2015, 1392, 1393 = GmbHR 2015, 931; *Lieder*, in: Michalski u.a., Rdnr. 331.

2 Deutlich *Bayer*, in: Lutter/Hommelhoff, Rdnr. 1 und Überschrift vor Rdnr. 5; *Boujong*, in: FS Odersky, 1996, S. 739 im Titel: „Das Trennungsprinzip des § 13 Abs. 2 GmbHG"; ferner *Lieder*, in: Michalski u.a., Rdnr. 2 und insbes. Rdnr. 332 („eng verbunden"); *Fischinger*, Haftungsbeschränkung im Bürgerlichen Recht, 2015, S. 244 (vgl. aber auch S. 249); s. auch *Raiser*, in: Ulmer/Habersack/Löbbe, Rdnr. 51, 61.

3 Tendenziell auch *Fastrich*, in: Baumbach/Hueck, Rdnr. 5 a.E. und Rdnr. 7; ferner *Raiser*, ZGR 2016, 781, 787 f. und 795 und *Guntermann*, Das Zusammenspiel von Mindeststammkapital und institutioneller Haftungsbeschränkung, 2016, S. 14 f. m.w.N. zur erforderlichen Differenzierung zwischen Rechtsfähigkeit (der juristischen Person) und Haftungsbeschränkung.

4 Tendenziell anders *Lieder*, in: Michalski u.a., Rdnr. 3: unterschiedlicher Grad der rechtlichen Verselbständigung.

5 BGH v. 27.9.1999 – II ZR 371/98, BGHZ 142, 315 = GmbHR 1999, 1134.

6 BGH v. 29.1.2001 – II ZR 331/00, BGHZ 146, 341 = MDR 2001, 459.

7 Zu der sich daraus ergebenden Unmöglichkeit der Abgrenzung zwischen Personen- und Kapitalgesellschaften nach der Frage der eigenen Rechtspersönlichkeit *Bitter/Heim*, GesR, § 1 Rdnr. 15 ff.

127 (1927), 129; *U. John*, Die organisierte Rechtsperson, 1977; *Kleindiek*, Deliktshaftung und juristische Person, 1997; *Kübler*, Rechtsfähigkeit und Verbandsverfassung, 1971; *C. Ott*, Recht und Realität der Unternehmenskorporation, 1977; *Raiser*, Der Begriff der juristischen Person, AcP 199 (1999), 104; *Raiser*, Gesamthandsgesellschaft und juristische Person, in: FS Zöllner Bd. I, 1998, S. 469; *Raiser*, Die Haftungsbeschränkung ist kein Wesensmerkmal der juristischen Person, in: FS Lutter, 2000, S. 637; *Raiser*, Allgemeine Vorschriften über juristische Personen in einem künftigen Bürgerlichen Gesetzbuch, ZGR 2016, 781; *E. Rehbinder*, Konzernaußenrecht und allgemeines Privatrecht, 1969; *F. Rittner*, Die werdende juristische Person, 1973; *Rohde*, Juristische Person und Treuhand, 1932; *C. Schubel*, Verbandssouveränität und Binnenorganisation der Handelsgesellschaften, 2003; *Serick*, Rechtsform und Realität juristischer Personen, 2. Aufl. 1980; *Wieacker*, Zur Theorie der Juristischen Person im Privatrecht, in: FS E. R. Huber, 1973, S. 339; *J. Wilhelm*, Rechtsform und Haftung bei der juristischen Person, 1981; *H. J. Wolff*, Organschaft und juristische Person, 2 Bde., 1933/1934; weitere Literatur zur Haftung und zum Durchgriff s. vor Rdnr. 55, vor Rdnr. 110, vor Rdnr. 131, vor Rdnr. 138, zur Haftung wegen Existenzvernichtung vor Rdnr. 152.

1. Juristische Person

Die GmbH gilt heute allgemein als **juristische Person** (Rdnr. 2), obwohl das Gesetz dies *nicht* ausdrücklich sagt, sondern sich in § 13 Abs. 1 Halbsatz 1 anders als etwa heute § 1 Abs. 1 AktG auf die Bestimmung beschränkt, dass die Gesellschaft mit beschränkter Haftung „als solche selbständig ihre Rechte und Pflichten" hat. Zur weiteren Verdeutlichung fügt das Gesetz aus historischen Gründen noch hinzu, dass die Gesellschaft Eigentum und andere dingliche Rechte an Grundstücken erwerben sowie vor Gericht klagen und verklagt werden kann (§ 13 Abs. 1 Halbsatz 2). Dasselbe bestimmte ursprünglich das HGB für die AG in § 213 Abs. 1 a.F. und bestimmt § 17 GenG noch heute für die Genossenschaft (s. schon Rdnr. 1). Von § 124 Abs. 1 HGB unterscheiden sich alle diese Vorschriften (lediglich) durch den (wenig aussagekräftigen) Zusatz „als solche selbständig". Die Gesetzesverfasser wollten mit dieser Formulierung gleichwohl seinerzeit zum Ausdruck bringen, dass die GmbH **ab Eintragung** ins Handelsregister (s. § 11 Abs. 1) im Gegensatz zur OHG **mit eigener Rechtspersönlichkeit ausgestattet** ist[8]. Die Gesellschaft ist folglich ein **selbständiges**, d.h. von ihren Gesellschaftern zu unterscheidendes **Zuordnungssubjekt** für Rechte und Pflichten, das in seinem Bestand von den Mitgliedern unabhängig ist (§ 15), das durch eigene Organe handeln kann (§ 35 Abs. 1) und mit einem eigenen, von dem der Gesellschafter getrennten Vermögen ausgestattet ist (§ 13 Abs. 2). Auf der Unabhängigkeit von den Mitgliedern beruht letztlich auch die Möglichkeit von Einpersonengesellschaften, die § 1 ausdrücklich anerkennt (s. § 1 Rdnr. 49 ff.).

Die GmbH ist ebenso wie die AG und die Genossenschaft nach der Systematik des deutschen Gesellschaftsrechts nichts anderes als eine **besondere Erscheinungsform des bürgerlich-rechtlichen Vereins**, wie insbesondere in § 6 Abs. 2 HGB zum Ausdruck kommt. In jener Vorschrift ist nämlich von einem „Verein" die Rede, „dem das Gesetz ohne Rücksicht auf den Gegenstand des Unternehmens die Eigenschaft eines Kaufmanns beilegt". Genau dies ist für die GmbH in § 13 Abs. 3 der Fall, so dass die **§§ 21 ff. BGB subsidiär** auf die GmbH **anwendbar** sind[9]. Besondere Bedeutung hat dies bekanntlich für die §§ 31, 33 und 35 BGB[10]. Die GmbH zählt damit zusammen mit den genannten anderen Gesellschaften zu den sog. **Körperschaften**, die meistens in einen betonten Gegensatz zu den **Personengesellschaften**, insbesondere also zur GbR, zur OHG und zur KG gerückt werden, die – trotz des § 124

3

4

---

8 Vgl. für die AG die Denkschrift zum HGB, S. 118, in: *Schubert/Schmiedel/Krampe*, Quellen zum HGB II, 1987, S. 118; anders noch *Hölder*, Natürliche und juristische Personen, 1905, S. 206 ff.; heute unstr., s. z.B. statt aller *Merkt*, in: MünchKomm. GmbHG, Rdnr. 3 ff.; *Lieder*, in: Michalski u.a., Rdnr. 1 ff.; *Raiser*, in: Ulmer/Habersack/Löbbe, Rdnr. 2 ff.
9 Zust. *Lieder*, in: Michalski u.a., Rdnr. 4.
10 Zu § 31 BGB s. Rdnr. 18 ff.; zu §§ 33, 35 BGB s. 11. Aufl., § 53 Rdnr. 48, 155, 181.

Abs. 1 HGB – nach herkömmlichem Verständnis *keine* juristischen Personen darstellen, sondern „bloße" Gesamthandsgemeinschaften bilden (§§ 717, 719 BGB)[11].

5 Bei Lichte besehen sind freilich die **Unterschiede** zwischen den Körperschaften und den Personengesellschaften nur **gering**, wie im Grunde bereits aus der Formulierung des § 124 Abs. 1 HGB folgt, angesichts derer die (zumindest partielle) Rechtsfähigkeit der Personengesellschaften eigentlich niemals ernstlich zweifelhaft sein konnte[12]. Selbst der (Außen-)GbR wird deshalb heute wegen ihrer allenfalls graduellen Unterscheidbarkeit von der OHG und der KG allgemein eine (beschränkte) Rechtsfähigkeit beigelegt (s. schon Rdnr. 2)[13]. Die Diskussion über die Unterschiede oder Gemeinsamkeiten der Kapital- und Personengesellschaften[14] wird gleichwohl nicht verstummen, ist jedoch in ihrer Bedeutung erheblich reduziert, nämlich vorrangig auf die eher begriffliche Frage, ob es immer noch sinnvoll ist, zwischen Rechtsfähigkeit und juristischer Person zu unterscheiden oder beides gleichzusetzen ist[15]. Im vorliegenden Zusammenhang braucht darauf jedoch nicht weiter eingegangen zu werden, weil, wie immer man im Übrigen den Begriff der juristischen Person fassen mag, für die GmbH feststeht, dass sie **juristische Person** und Körperschaft (Verein) ist, deren Rechtsfähigkeit so weit reicht, wie dies überhaupt bei juristischen Personen (in den Grenzen des Rechts) denkbar ist (§ 13 Abs. 1 GmbHG; § 1 Abs. 1 Satz 1 AktG; s. im Einzelnen Rdnr. 16 ff.).

6 Da die GmbH als juristische Person letztlich ein vom Recht geschaffenes fiktives Gebilde ist, welches – anders als eine natürliche Person – nicht selbst handeln kann, und zwar weder rechtsgeschäftlich noch deliktisch, benötigt sie **Organe**, mittels derer sie im Rechtsverkehr **handlungsfähig** wird (§§ 35, 46 ff.)[16]. Die GmbH ist in ihrem **Bestand** von ihren Mitgliedern unabhängig (§ 15) und mit einem eigenen **Vermögen** ausgestattet (Rdnr. 2), das zum Schutz der Gläubiger durch strenge Kapitalaufbringungs- und Kapitalerhaltungsvorschriften gesichert wird (§§ 13 Abs. 2, 14, 19 ff., 30 ff.). Es sind vor allem diese Merkmale, die man üblicherweise vorrangig im Auge hat, wenn man die GmbH als „**Körperschaft**" bezeichnet (Rdnr. 4)[17]. Dabei bleibt jedoch zu beachten, dass eigene Rechtspersönlichkeit eines Verbandes und eine spezifische körperschaftliche Verfassung nicht korrelieren. Ferner kann auch innerhalb einer körperschaftlichen Struktur mit ihren drei prägenden Merkmalen (Gesamtname, Fremdorganschaft und Unabhängigkeit von der Identität der Mitglieder) die Intensität der institutionellen Trennung zwischen dem Verband und seinen Mitgliedern variieren. Nichts hindert insbesondere den Gesetzgeber, den Gesellschaftern für ihr Innenverhältnis Vertragsfreiheit einzuräumen (s. § 45 GmbHG im Gegensatz zu § 23 AktG und § 18 Satz 2

---

11 Zur allgemeinen Unterscheidung zwischen Körperschaften und Personengesellschaften vgl. *Bitter/Heim*, GesR, § 1 Rdnr. 9 ff. mit dem Hinweis, dass die Frage der Rechtsfähigkeit (nur) früher der Ausgangspunkt jener Unterteilung war.

12 Auch dazu *Bitter/Heim*, GesR, § 1 Rdnr. 16; ferner *Raiser*, ZGR 2016, 781, 785 f.; deutlich *Bachmann/Eidenmüller/Engert/Fleischer/Schön*, Rechtsregeln für die geschlossene Kapitalgesellschaft, 2012, S. 112 f. mit rechtsvergleichendem Blick; früher schon *Emmerich*, in: Heymann, § 124 HGB Rdnr. 4.

13 S. BGH v. 27.9.1999 – II ZR 371/98, BGHZ 142, 315 = GmbHR 1999, 1134 = NJW 1999, 3483; BGH v. 29.1.2001 – II ZR 331/00, BGHZ 146, 341 = NJW 2001, 1056; BGH v. 18.2.2002 – II ZR 331/00, NJW 2002, 1207 = NZG 2002, 322 = NZM 2002, 271; dazu *Bitter/Heim*, GesR, § 1 Rdnr. 17, § 5 Rdnr. 30 ff.

14 S. dazu *Flume*, Juristische Person, § 1 (S. 1 ff.); *U. John*, Die organisierte Rechtsperson, 1979; *Kleindiek*, Deliktshaftung, S. 151 ff.; *C. Ott*, Recht und Realität der Unternehmenskorporation, 1977; *Raiser*, AcP 199 (1999), 104; *Raiser*, in: FS Zöllner, Bd. I, S. 469; *Raiser*, in: FS Lutter, S. 637; *Karsten Schmidt*, GesR, § 8 (S. 181 ff.).

15 Dazu jüngst *Bachmann*, in: FS Lindacher, 2017, S. 23, 34 ff.; s. aber auch BGH v. 14.12.2016 – VIII ZR 232/15, ZIP 2017, 122 Rdnr. 17 ff. mit – wenig überzeugender – Differenzierung zwischen Personen- und Kapitalgesellschaften bei der Eigenbedarfskündigung (§ 573 Abs. 2 Satz 2 BGB).

16 *Raiser*, ZGR 2016, 781, 788 ff.

17 Zu den Merkmalen der Körperschaften *Bitter/Heim*, GesR, § 1 Rdnr. 15 ff., § 2 Rdnr. 1 ff.; s. auch *Lieder*, in: Michalski u.a., Rdnr. 2.

GenG). Die Gesellschafter können daher auch eine **personalistische Struktur** für ihre Körperschaft GmbH wählen und tun dies in der Praxis häufig[18]. Die höhere Intensität der Bindung im Innenverhältnis wirkt sich freilich auch auf die Intensität der Treuebindung aus (Rdnr. 51).

2. Beginn und Ende der Rechtsfähigkeit

Beginn und Ende des „Lebens" einer GmbH als eines künstlich geschaffenen Elements rechtlicher Infrastruktur[19] hängen eng mit der Eintragung im Handelsregister zusammen, wobei freilich auch vor der Eintragung und nach der Löschung kein rechtsträgerloser Zustand herrscht:

a) Die Entstehung der GmbH

Die Gesellschaft erlangt, wie sich aus § 13 Abs. 1 i.V.m. § 11 Abs. 1 ergibt, die (volle) eigene **Rechtspersönlichkeit erst mit** ihrer **Eintragung** ins (deutsche) Handelsregister. Dies gilt auch für die verschiedenen Fälle der Umwandlung nach dem UmwG. In der Zeit **vor ihrer Eintragung** ins Handelsregister besteht dagegen die GmbH „als solche", d.h. als juristische Person GmbH noch nicht (§ 11 Abs. 1). Um dies zu verdeutlichen, wird allgemein die in der Zeit zwischen der Errichtung der Gesellschaft durch Abschluss des Gesellschaftsvertrages (§ 2) und ihrer Eintragung ins Handelsregister (§ 11 Abs. 1) bereits bestehende Gesellschaft als Vorgesellschaft oder **Vor-GmbH** bezeichnet (s. § 11 Rdnr. 27 ff.)[20]. Sie wird als Gesellschaft eigener Art (*sui generis*) und als rechtsfähig angesehen[21]. Ob sie deshalb – wie die GmbH – schon als juristische Person bezeichnet werden sollte, hängt von der in Rdnr. 5 angeführten Frage ab, ob zwischen Rechtsfähigkeit und juristischer Person zu unterscheiden oder beides gleichzusetzen ist[22].

b) Das Erlöschen der GmbH

Das Erlöschen der Rechtspersönlichkeit der GmbH ist vom Gesetz nicht geregelt. Aus ihm ergibt sich vielmehr lediglich, dass jedenfalls die **Auflösung** (§§ 60 ff.) **und** die **Eintragung der Nichtigkeitserklärung** (§§ 75, 77) diese Folge *nicht* haben, sondern die Gesellschaft mit verändertem Zweck (Abwicklung) fortbestehen lassen. Denn die Gesellschaft ist jetzt nach den besonderen Vorschriften über das Liquidationsverfahren abzuwickeln (§§ 66 ff., 77), an deren Stelle im Falle der Insolvenz (§ 60 Abs. 1 Nr. 4, 66 Abs. 1) die Vorschriften der InsO treten. Da die **Gesellschaft** während des Liquidationsverfahrens (mit verändertem Zweck) **fortbesteht**, können die Gesellschafter auch jederzeit – nach Beseitigung des jeweiligen Auflösungsgrundes – die Fortsetzung der Gesellschaft beschließen (s. 11. Aufl., § 60 Rdnr. 79 ff.). Vor allem hieran wird deutlich, dass sorgfältig zwischen der Auflösung und dem Erlöschen der Gesellschaft unterschieden werden muss (11. Aufl., § 60 Rdnr. 1 ff.).

Im Schrifttum ist umstritten, unter welchen Voraussetzungen die Gesellschaft endgültig erlischt, ob insbesondere die Vermögenslosigkeit oder die Löschung im Handelsregister je für sich die entscheidende Zäsur bilden oder beides zusammenkommen muss (s. im Einzelnen 11. Aufl., § 74 Rdnr. 12 ff.). Als herrschend hat sich die in diesem Kommentar seit der 6. Aufl. von *Karsten Schmidt* entwickelte **Lehre vom Doppeltatbestand** durchgesetzt (11. Aufl., § 60

---

18 Dazu *Bitter/Heim*, GesR, § 4 Rdnr. 3 f.; s. auch *Lieder*, in: Michalski u.a., Rdnr. 12 f.
19 So *Bachmann*, in: FS Lindacher, 2017, S. 23, 36.
20 Näher – auch zur Haftung im Gründungsstadium – *Bitter/Heim*, GesR, § 4 Rdnr. 24 ff.
21 *Bitter/Heim*, GesR, § 4 Rdnr. 38.
22 Ausführlich *Bachmann*, in: FS Lindacher, 2017, S. 23 ff., insbes. S. 34 ff.

Rdnr. 56, § 74 Rdnr. 12 ff.)[23]. Danach kommt es auf beide Umstände gleichermaßen an: Nur **Vermögenslosigkeit und Eintragung der Löschung** zusammen bewirken das endgültige Erlöschen der Gesellschaft als Rechtsperson (§ 74 Rdnr. 14 ff.)[24], während die Gegenansicht in Fällen der Löschung im Handelsregister bei fehlender Vermögenslosigkeit von einer „Nachgesellschaft" ausgeht, die – in Parallele zur Vorgesellschaft (Rdnr. 8) – zwar als Gesellschaft eigener Art (*sui generis*) rechtsfähig, aber keine juristische Person ist[25].

11 In der praktischen Anwendung dürften sich beide Lehren kaum unterscheiden. Vielmehr geht es jeweils darum zu begründen, warum ein noch vorhandenes Vermögen, welches sich nach einer Löschung der GmbH im Handelsregister herausstellt, nicht trägerlos ist. Ob man als Rechtsträger jenes Vermögens die bis zur Vermögenslosigkeit fortbestehende GmbH oder stattdessen eine Nachgesellschaft ansieht, dürfte sich in der Praxis nicht auswirken. Begrifflich ergibt sich jedoch die bereits zweifach angesprochene Frage, ob jener Rechtsträger im Hinblick auf seine allseits anerkannte Rechtsfähigkeit als juristische Person einzuordnen oder von ihr zu unterscheiden ist (Rdnr. 5 und 8)[26]. Nach dem Wortlaut des § 11 Abs. 1 ist insoweit ohne Eintragung im Handelsregister nicht von einer GmbH „als solcher" auszugehen.

12 Außer durch Vermögenslosigkeit und/oder Löschung im Handelsregister kann es auch durch Umwandlungsmaßnahmen nach dem UmwG zu einem Erlöschen der GmbH als Rechtsträger kommen. Dies gilt zum einen für die **Verschmelzung** durch Aufnahme in einen anderen Rechtsträger oder durch Neugründung, weil damit der übertragende Rechtsträger erlischt (§§ 20 Abs. 1 Nr. 2, 36 UmwG), zum anderen für den **Formwechsel**, weil damit zwar der Rechtsträger erhalten bleibt, nicht jedoch in seiner Eigenschaft als bisherige GmbH (§ 202 UmwG)[27].

3. „Keinmann-GmbH"

13 Ein vor allem theoretisch bedeutsamer Grenzfall ist die GmbH *ohne Gesellschafter*, die sog. Keinmann- oder besser: Keinpersonen-GmbH. Sie ergibt sich durch die Vereinigung aller Anteile in der Hand der Gesellschaft, etwa nach Abtretung, Kaduzierung[28] oder Erbgang (gesellschafterlose GmbH), zudem beim Wegfall sämtlicher Anteile durch Einziehung (anteillose GmbH)[29]. Die rechtliche Behandlung der Keinpersonen-GmbH ist umstritten. Richtiger Meinung nach muss man danach unterscheiden, ob der fragliche Zustand kraft Gesetzes (s. §§ 21, 27 Abs. 3 und 33; s. § 33 Rdnr. 44) oder durch rechtsgeschäftlichen Erwerb eintritt, da nichts hindert, zumindest den **rechtsgeschäftlichen Erwerb des letzten Anteils** durch die Gesellschaft als **nichtig** zu behandeln[30]. In den verbleibenden Fällen mag die **Vereinigung aller Anteile** in der Hand der Gesellschaft zwar gelegentlich unvermeidbar sein; dieser Zustand ist indessen **nicht als Dauerzustand hinnehmbar**, weil es die Gesellschafter andernfalls in der Hand hätten, der Sache nach eine private Anstalt oder Stiftung ohne die dafür mit gutem Grund vorgesehenen Kautelen (§§ 80 ff. BGB) zu schaffen (s. auch § 33 Rdnr. 44)[31]. Um-

---

23 Nachw. bei *Lieder*, in: Michalski u.a., Rdnr. 16.

24 Ebenso *Lieder*, in: Michalski u.a., Rdnr. 17; *Raiser*, in: Ulmer/Habersack/Löbbe, Rdnr. 7.

25 *Merkt*, in: MünchKomm. GmbHG, Rdnr. 10; ausführlich *Bachmann*, in: FS Lindacher, 2017, S. 23 ff.

26 S. erneut *Bachmann*, in: FS Lindacher, 2017, S. 23 ff., insbes. S. 34 ff.

27 Ebenso *Lieder*, in: Michalski u.a., Rdnr. 18.

28 Vgl. OGH v. 7.10.1998 – 3 Ob 196/98i, SZ Bd. 71 (1998 II) Nr. 163, S. 303, 309 f. = WiBl. 1999, 275, 276 f. = NZG 1999, 444, 445; *Michalski/Schulenburg*, NZI 1999, 431.

29 Zur begrifflichen Unterscheidung *Fleischer*, in: MünchKomm. GmbHG, § 1 Rdnr. 80; *Steding*, NZG 2003, 57, 58 f.

30 *Fastrich*, in: Baumbach/Hueck, § 33 Rdnr. 19; a.A. *Lieder*, in: Michalski u.a., Rdnr. 11 m.w.N.; wohl auch *Raiser*, in: Ulmer/Habersack/Löbbe, Rdnr. 5.

31 Ähnlich *Lieder*, in: Michalski u.a., Rdnr. 11.

stritten ist deshalb nur, ob im Falle der Vereinigung aller Anteile in der Hand der Gesellschaft die **Auflösung sofort eintritt**[32] **oder** erst nach einer kurz bemessenen **Übergangszeit**, vorausgesetzt, dass es den Geschäftsführern nicht gelingt, den eingetretenen Zustand unverzüglich durch die Veräußerung zumindest eines Anteils wieder zu beenden[33]. Die besseren Gründe sprechen für die zuerst genannte Auffassung, weil alle Maßstäbe für die von der zweiten Auffassung favorisierte Übergangszeit fehlen (näher 11. Aufl., § 60 Rdnr. 65)[34]. Nicht hierher gehört jedoch der Fall einer **GmbH & Co. KG**, bei welcher die KG alleinige Gesellschafterin der Komplementär-GmbH ist (sog. Einheitsgesellschaft), weil beide Gesellschaften verschiedene Rechtssubjekte sind und die KG mit den Kommanditisten über autonom handelnde Interessenträger verfügt[35].

4. Rechtsschein-GmbH?

Im Schrifttum wird die Frage erörtert, ob es auch eine sog. Rechtsschein-GmbH gibt, wobei man offenbar Fälle im Auge hat, in denen Personen unter der unzutreffenden Bezeichnung als *GmbH* am Geschäftsverkehr teilnehmen[36]. In der Rechtsprechung haben derartige Fälle insbesondere in zwei verschiedenen Konstellationen gelegentlich eine Rolle gespielt: zum einen bei einer UG (haftungsbeschränkt) i.S. von § 5a, welche unzulässig als „GmbH" im Rechtsverkehr firmierte[37], zum anderen bei Gesellschaften aus Drittstaaten, die im Inland wie eine deutsche GmbH auftraten[38]. 14

In beiden Fällen führen bereits die Grundsätze über das **unternehmensbezogene Rechtsgeschäft**[39] zur Verpflichtung des tatsächlichen Unternehmensträgers, in den Beispielsfällen also der UG (haftungsbeschränkt) bzw. der ausländischen Gesellschaft[40]. Neben deren Haftung kommt jedoch eine Rechtsscheinhaftung der handelnden Personen in Betracht (näher § 4 Rdnr. 79 ff.)[41]. Bei der Firmierung als „GmbH" statt als „UG (haftungsbeschränkt)" ist diese freilich im Umfang auf die Differenz zwischen dem scheinbar und dem tatsächlich aufgebrachten Kapital begrenzt[42] und deshalb wie die Außenhaftung eines Kommanditisten ab- 15

---

32 S. 11. Aufl., § 60 Rdnr. 65; *Fastrich*, in: Baumbach/Hueck, § 33 Rdnr. 19; *Pentz*, in: Rowedder/Schmidt-Leithoff, § 33 Rdnr. 27; *Lieder*, in: Michalski u.a., Rdnr. 11.

33 S. § 33 Rdnr. 44.

34 Anders wohl für die Kaduzierung des einzigen Geschäftsanteils OLG Hamburg v. 16.3.2001 – 11 U 190/00, GmbHR 2001, 972 = BB 2001, 2182; OGH v. 7.10.1998 – 3 Ob 196/98i, SZ Bd. 71 (1998 II) Nr. 163, S. 303, 309 f. = WiBl. 1999, 275, 276 f. = NZG 1999, 444, 445; s. dazu § 21 Rdnr. 29, § 22 Rdnr. 24; *Michalski/Schulenburg*, NZG 1999, 431, 432 f.

35 *Fleischer*, in: MünchKomm. GmbHG, § 1 Rdnr. 83; ferner *Fastrich*, in: Baumbach/Hueck, § 33 Rdnr. 19 a.E. und 20; a.A. *Gonella*, DB 1965, 1165; *Winkler*, GmbHR 1972, 80.

36 *Altmeppen*, in: Roth/Altmeppen, Rdnr. 7 ff.; *Lieder*, in: Michalski u.a., Rdnr. 19; *Merkt*, in: MünchKomm. GmbHG, Rdnr. 13.

37 BGH v. 12.6.2012 – II ZR 256/11, ZIP 2012, 1659 = GmbHR 2012, 953; dazu *Bitter/Schumacher*, HandelsR, 2. Aufl. 2015, § 3 Rdnr. 17.

38 S. OLG Nürnberg v. 7.6.1984 – 8 U 111/84, WM 1985, 259 f.; LG Karlsruhe v. 31.10.1995 – 12 O 402/95, ZIP 1995, 1818, 1819 f.

39 Dazu allgemein § 4 Rdnr. 6; *Bitter/Röder*, BGB AT, 3. Aufl. 2016, § 10 Rdnr. 51 ff.

40 S. zur UG die in BGH v. 12.6.2012 – II ZR 256/11, ZIP 2012, 1659 = GmbHR 2012, 953 Rdnr. 6 wiedergegebene und vom BGH bestätigte Ansicht der Vorinstanz; zur Auslandsgesellschaft LG Karlsruhe v. 31.10.1995 – 12 O 402/95, ZIP 1995, 1818, 1819 (französische Société à responsabilité limitée); allgemein *Altmeppen*, in: Roth/Altmeppen, Rdnr. 8; *Merkt*, in: MünchKomm. GmbHG, Rdnr. 13; *Lieder*, in: Michalski u.a., Rdnr. 19.

41 Zur Rechtsscheinhaftung wegen fehlenden Rechtsformzusatzes Rdnr. 94.

42 BGH v. 12.6.2012 – II ZR 256/11, ZIP 2012, 1659 = GmbHR 2012, 953 Rdnr. 14 ff. m.w.N.; dogmatische Kritik in § 4 Rdnr. 84 (*Cziupka*).

zuwickeln (§§ 171, 172 HGB)[43]. Im Fall des für eine Auslandsgesellschaft mit der Bezeichnung als „GmbH" Auftretenden tritt neben die Differenz im aufzubringenden Stammkapital hingegen auch das Problem der praktischen Erreichbarkeit der Auslandsgesellschaft, weshalb insoweit an eine unbeschränkte Rechtsscheinhaftung analog § 179 Abs. 1 BGB wegen gänzlichen Fehlens der inländischen Gesellschaft zu denken ist[44].

III. Umfang der Rechtsfähigkeit

16   Die GmbH ist juristische Person (Rdnr. 3). Folglich kann sie grundsätzlich ebenso wie natürliche Personen **am Rechtsverkehr teilnehmen**, Verträge abschließen sowie Rechte erwerben und Verbindlichkeiten eingehen (§ 13 Abs. 1). Eine völlige Gleichstellung juristischer Personen mit natürlichen Personen verbietet sich jedoch aus in der Natur der Sache liegenden Gründen. Das schweizerische ZGB bestimmt deshalb in Art. 53 ausdrücklich, dass die juristischen Personen aller Rechte und Pflichten fähig sind, „die nicht die natürlichen Eigenschaften des Menschen, wie das Geschlecht, das Alter oder die Verwandtschaft, zur notwendigen Voraussetzung haben" (vgl. außerdem § 26 Satz 2 öABGB)[45]. Dies gilt sinngemäß auch in Deutschland, so dass es in Zweifelsfällen immer der Prüfung bedarf, ob sich der Anwendungsbereich einer Rechtsvorschrift nach ihrem Sinn und Zweck auf natürliche Personen beschränkt oder alle oder doch bestimmte juristische Personen umfasst[46]. Dieser Frage ist im Folgenden getrennt für das Privatrecht, das öffentliche Recht, das Strafrecht, das Prozessrecht und Insolvenzrecht nachzugehen (Rdnr. 17, 30, 33, 34, 41 ff.). Vorwegzuschicken ist lediglich noch, dass die **ultra-vires-Lehre** des anglo-amerikanischen Rechtskreises dem deutschen Privatrecht **unbekannt** ist, so dass die Rechtsfähigkeit juristischer Personen nicht durch ihren Zweck oder Gegenstand beschränkt wird (s. §§ 35 Abs. 1, 37 Abs. 2)[47]. Verstöße der Geschäftsführer gegen den Zweck oder den Gegenstand der Gesellschaft können nur im Einzelfall unter dem Gesichtspunkt des Missbrauchs der Vertretungsmacht[48] Relevanz erlangen (§ 37 Abs. 2)[49].

1. Privatrecht

17   Als juristische Person kann sich die GmbH grundsätzlich im selben Umfang wie natürliche Personen am rechtsgeschäftlichen Verkehr beteiligen, **Verträge abschließen** und sich zu beliebigen Leistungen verpflichten[50]. Darauf beruht insbesondere auch ihre Möglichkeit, **freiberuflich** tätig zu werden (s. im Einzelnen § 1 Rdnr. 21 ff.)[51]. Dagegen kann die GmbH **nicht**

---

43 *Bitter/Schumacher*, HandelsR, 2. Aufl. 2015, § 3 Rdnr. 17; entgegen dem BGH für eine Innenhaftung *Lieder*, in: Michalski u.a., Rdnr. 20 m.w.N.

44 LG Karlsruhe v. 31.10.1995 – 12 O 402/95, ZIP 1995, 1818, 1819; partiell kritisch *Altmeppen*, in: Roth/Altmeppen, Rdnr. 11; zur europarechtlichen Zulässigkeit der Rechtsscheinhaftung analog § 179 BGB beim Handeln für ausländische Gesellschaften BGH v. 5.2.2007 – II ZR 84/05, NJW 2007, 1529 = ZIP 2007, 908 Rdnr. 10 f.; allgemein zur Haftung analog § 179 BGB beim Handeln für eine nicht existente Person *Bitter/Röder*, BGB AT, 3. Aufl. 2016, § 10 Rdnr. 260 m.N. zur Rspr.; gegen die Heranziehung des § 179 BGB bei tatsächlich existenten Rechtsträgern *Lieder*, in: Michalski u.a., Rdnr. 20 m.w.N.

45 S. dazu auch *Raiser*, ZGR 2016, 781, 784, 786.

46 Zust. *Lieder*, in: Michalski u.a., Rdnr. 23.

47 *Lieder*, in: Michalski u.a., Rdnr. 24: einhellige Auffassung.

48 Dazu allgemein *Bitter/Röder*, BGB AT, 3. Aufl. 2016, § 10 Rdnr. 221 ff.; *Bitter/Schumacher*, HandelsR, 2. Aufl. 2015, § 6 Rdnr. 29 ff. mit Fall Nr. 18.

49 *Lieder*, in: Michalski u.a., Rdnr. 24; s. im Einzelnen 11. Aufl., § 35 Rdnr. 187 ff.

50 *Merkt*, in: MünchKomm. GmbHG, Rdnr. 15 ff.; *Raiser*, in: Ulmer/Habersack/Löbbe, Rdnr. 18 ff.

51 *Lieder*, in: Michalski u.a., Rdnr. 49.

Arbeitnehmer und daher auch nicht Handlungsgehilfe oder Lehrling sein (§§ 59 ff. HGB)[52]. Die GmbH ist (als Kaufmann kraft Rechtsform) auch niemals Verbraucher im Sinne des § 13 BGB, sondern stets **Unternehmer** im Sinne des § 14 Abs. 1 BGB und des § 310 Abs. 1 BGB.

a) Handeln der GmbH durch ihre Organe

Kommt es auf das **Kennen oder Kennenmüssen** bestimmter Umstände an, so muss sich die Gesellschaft die Kenntnis ihrer Geschäftsführer und sonstigen Repräsentanten zurechnen lassen (§§ 31, 166 BGB; s. 11. Aufl., § 35 Rdnr. 121 ff.)[53].   18

Deliktisches Handeln der Geschäftsführer und sonstiger Repräsentanten wird der GmbH analog § 31 BGB unbedingt zugerechnet, so dass die im Rahmen des § 831 BGB bestehende Möglichkeit der Exkulpation entfällt[54]. Nach der Vorschrift des § 31 BGB, die auch für die GmbH gilt (s. Rdnr. 4), haftet die Gesellschaft nämlich für den Schaden, den der Geschäftsführer oder ein anderer verfassungsmäßig berufener Vertreter durch eine in Ausführung der ihm zustehenden Verrichtungen begangene, zum Schadensersatz verpflichtende Handlung während seiner Tätigkeit für die GmbH einem Dritten zufügt.   19

Soweit es um die **Haftung für die Verletzung vertraglicher oder vorvertraglicher Pflichten** geht, ist § 31 BGB seinem Zweck nach ebenfalls anzuwenden[55]. Allerdings kommt es für die unbedingte Haftung der GmbH ohne Möglichkeit der Exkulpation auf jene Vorschrift – anders als bei Delikten (Rdnr. 19, 21) – im Ergebnis nicht an, wenn man im Rahmen einer Sonderbeziehung auch für Organmitglieder (und andere verfassungsmäßig berufene Vertreter der Gesellschaft) die Vorschrift des § 278 BGB anwendet[56].   20

b) Haftung der GmbH aus gesetzlichen Schuldverhältnissen

Als notwendige Folge der vollen Rechtsfähigkeit im Privatrechtsverkehr (Rdnr. 17) kann die GmbH (selbstverständlich) auch aus **gesetzlichen Schuldverhältnissen** berechtigt und verpflichtet sein[57]. Sie haftet aus c.i.c., wenn ihre Geschäftsführer (oder Erfüllungsgehilfen) gegen §§ 280 Abs. 1, 241 Abs. 2, 311 Abs. 2 und 3 BGB verstoßen, ferner aus den §§ 812 ff. BGB, wenn sie grundlos bereichert ist. Umstritten ist jedoch die **Deliktsfähigkeit** der GmbH als juristische Person[58]. Nicht einheitlich beurteilt wird insoweit, ob aus § 31 BGB (Rdnr. 19) folgt, dass die GmbH **selbst deliktsfähig** ist[59] oder ob eine deliktische Haftung der Gesellschaft immer nur auf dem Weg über eine **Zurechnungsnorm**, d.h. über § 31 BGB oder § 8 Abs. 2 UWG in Betracht kommt[60]. Unbestreitbar ist auf jeden Fall, dass die GmbH selbst **delikti-**   21

---

52 *Lieder*, in: Michalski u.a., Rdnr. 46, 48.
53 *Merkt*, in: MünchKomm. GmbHG, Rdnr. 22; eingehend *Raiser*, in: Ulmer/Habersack/Löbbe, Rdnr. 25 ff.
54 Dazu *Lieder*, in: Michalski u.a., Rdnr. 33 f.; *Bitter/Heim*, GesR, § 2 Rdnr. 7; s. auch *Raiser*, in: Ulmer/Habersack/Löbbe, Rdnr. 21.
55 *Lieder*, in: Michalski u.a., Rdnr. 30 m.w.N.
56 Dafür *Schäfer*, in: MünchKomm. BGB, § 718 BGB Rdnr. 30 (zur GbR); für ein Nebeneinander von § 31 BGB und § 278 BGB *Bitter/Heim*, GesR, Fall 24 (S. 327 ff.) und Fall 31 (S. 350 ff.); gegen die Anwendung des § 278 BGB auf Geschäftsführer aber *Lieder*, in: Michalski u.a., Rdnr. 30.
57 *Raiser*, in: Ulmer/Habersack/Löbbe, Rdnr. 21 ff.
58 S. dazu insbes. *Coing*, in: FS R. Fischer, 1979, S. 65; *Kleindiek*, Deliktshaftung und juristische Person, 1979, bes. S. 206 ff.; *Lutter*, GmbHR 1997, 329; *Merkt*, in: MünchKomm. GmbHG, Rdnr. 34 ff.; *Lieder*, in: Michalski u.a., Rdnr. 32; *Matusche/Beckmann*, Das Organisationsverschulden, 2001; *Raiser*, in: Ulmer/Habersack/Löbbe, Rdnr. 21 f.; *Raiser*, AcP 199 (1999), 104, 134 f.; *Karsten Schmidt*, GesR, § 10 IV (S. 273 ff.); *Spindler*, Unternehmensorganisationspflichten, 2001.
59 Bejahend *Raiser*, AcP 199 (1999), 104, 135; *Raiser*, in: Ulmer/Habersack/Löbbe, Rdnr. 22.
60 So die ganz h.M., z.B. *Lieder*, in: Michalski u.a., Rdnr. 32 (keine „aktive Deliktsfähigkeit"); *Karsten Schmidt*, GesR, § 10 IV 1 (S. 273 f.).

sche Pflichten treffen können, so dass ihre Haftung bei einer Verletzung dieser Pflichten durch ihre Organe außer Frage steht (§ 31 BGB)[61]. Beispiele sind der weite Bereich der **Verkehrs- oder Verkehrssicherungspflichten**, die Pflichten der Gesellschaft aus dem UWG und den gleichstehenden anderen Wettbewerbsgesetzen sowie insbesondere der gesamte Bereich der **Gefährdungshaftung**[62]. Es steht nichts im Wege, die GmbH selbst als Halter eines Kraftfahrzeugs (§ 7 StVG), als Tierhalter (§ 833 Satz 1 BGB), als Hersteller i.S. der §§ 1, 4 ProdHaftG bzw. als Inhaber oder Betreiber einer Anlage i.S. der § 89 WHG, § 1 UmweltHG zu behandeln[63]. § 31 BGB ist schließlich entsprechend anzuwenden, wenn die **Gesellschafter** ausnahmsweise wie bei der Bestellung der Geschäftsführer die Gesellschaft vertreten (§ 46 Nr. 5; s. dazu 11. Aufl., § 46 Rdnr. 69 ff., 80) oder wenn sie, etwa über einen schuldlos irrenden Geschäftsführer, eine unerlaubte Handlung gegenüber Dritten begehen (§ 830 BGB)[64].

22 Von der Haftung der Gesellschaft für unerlaubte Handlungen (Rdnr. 21) muss die **Eigenhaftung** der für die Gesellschaft tätig gewordenen Personen, in erster Linie also **der Geschäftsführer** unterschieden werden[65]. In zahlreichen Fällen ist die persönliche Verantwortlichkeit der Geschäftsführer (neben der Gesellschaft, § 31 BGB) ausdrücklich bestimmt und daher unproblematisch. Paradigmata sind § 69 AO und § 34 AO[66]. Die Geschäftsführer haften außerdem dann selbst persönlich, wenn sie in ihrer Person den **Deliktstatbestand erfüllen**, insbesondere fremde Rechtsgüter i.S. des § 823 Abs. 1 BGB verletzen oder gegen Schutzgesetze i.S. des § 823 Abs. 2 BGB verstoßen und dadurch Dritte schädigen[67]. Ebenso haftet der Geschäftsführer für unlautere Wettbewerbshandlungen der von ihm vertretenen Gesellschaft persönlich, wenn er daran entweder durch positives Tun beteiligt war oder wenn er die Wettbewerbsverstöße aufgrund einer nach allgemeinen Grundsätzen des Deliktsrechts begründeten Garantenstellung hätte verhindern müssen[68]. Eigentlich problematisch sind daher nur diejenigen Fälle, in denen die deliktischen Pflichten in erster Linie die Gesellschaft treffen, wie dies etwa für Verkehrs- oder Verkehrssicherungspflichten zutrifft. Die Praxis tendiert auch in diesen Fällen zu einer Ausdehnung der Haftung auf die für die Gesellschaft tätig werdenden Organe, freilich unter Widerspruch eines erheblichen Teils des Schrifttums (s. im Einzelnen 11. Aufl., § 43 Rdnr. 323 ff.).

c) Schutz der GmbH durch das Deliktsrecht

23 Die GmbH genießt (natürlich) den **Schutz des Deliktsrechts**, z.B. gegen die Verletzung ihres Eigentums oder ihres Unternehmens nach § 823 Abs. 1 BGB oder gegen die Verbreitung ihren Kredit schädigender unwahrer Tatsachen nach § 824 BGB und § 4 Nr. 2 UWG sowie gegen jede Form der Geschäftsehrverletzung nach § 4 Nr. 1 UWG. Angesichts dessen ist es folgerichtig, die GmbH grundsätzlich auch in den **Schutzbereich des allgemeinen Persönlichkeitsrechts** einzubeziehen[69]. Zwar steht dieses Recht seinem Wesen nach in erster Linie natürlichen Personen zu (Art. 1 Abs. 1 und Art. 2 Abs. 1 GG). Dadurch wird es indessen nicht ausgeschlossen, die privatrechtlichen Personenverbände in den Schutzbereich zumindest einzelner Ausstrah-

---

61 *Merkt*, in: MünchKomm. GmbHG, Rdnr. 36; *Raiser*, in: Ulmer/Habersack/Löbbe, Rdnr. 22.
62 S. auch *Lieder*, in: Michalski u.a., Rdnr. 32, 35.
63 *Merkt*, in: MünchKomm. GmbHG, Rdnr. 37; *Raiser*, in: Ulmer/Habersack/Löbbe, Rdnr. 23.
64 Zust. *Lieder*, in: Michalski u.a., Rdnr. 33.
65 S. dazu *Grünwald*, Deliktische Außenhaftung des GmbH-Geschäftsführers für Organisationsdefizite, 1999; *Haas*, Geschäftsführung und Gläubigerschutz, 1997; *Haas*, NZG 1999, 373; *Kleindiek*, Deliktshaftung, S. 368 ff.; *Lutter*, GmbHR 1997, 329; *Neusel*, GmbHR 1997, 1129; *Raiser*, in: Ulmer/Habersack/Löbbe, Rdnr. 22.
66 S. dazu *Neusel*, GmbHR 1997, 1129.
67 Überblick bei *Bitter*, ZInsO 2010, 1561, 1565 ff.
68 BGH v. 18.6.2014 – I ZR 242/12, BGHZ 201, 344 = ZIP 2014, 1475 = GmbHR 2014, 977 = MDR 2014, 1038.
69 Näher *Merkt*, in: MünchKomm. GmbHG, Rdnr. 20; *Lieder*, in: Michalski u.a., Rdnr. 37.

lungen des Persönlichkeitsrechts einzubeziehen (Art. 19 Abs. 3 GG). Von selbst versteht sich dies zunächst mit Rücksicht auf die gesetzliche Regelung (§ 4 GmbHG; § 12 BGB; §§ 5, 15 MarkenG) für das **Namens- und Zeichenrecht**. Jenseits dieser eindeutigen Fälle ist die Rechtsprechung jedoch bisher bei der **Zubilligung eines Ehrenschutzes** für juristische Personen **zurückhaltend**[70]; insbesondere lehnt sie einen Anspruch auf Ersatz immaterieller Schäden (§ 253 Abs. 2 BGB) im Grundsatz ab[71]. Indessen ist nicht erkennbar, was eigentlich einem umfassenden Ehren- und Ansehensschutz sowie dem Schutz der Geheimsphäre juristischer Personen über § 823 Abs. 1 BGB entgegenstehen sollte[72]. Die Einzelheiten gehören in die Darstellungen des Deliktsrechts und sind daher hier nicht weiter zu vertiefen.

d) Die GmbH als Inhaberin von (Grundstücks-)Rechten und Besitz

Die GmbH kann, wie § 13 Abs. 1 Halbsatz 2 aus historischen Gründen hervorhebt, **Eigentum** und dingliche Rechte an Grundstücken und grundstücksgleichen Rechten erwerben[73], daneben aber selbstverständlich auch an anderen nicht ausdrücklich erwähnten dinglichen Rechten. Den **Besitz** an beweglichen und unbeweglichen Gegenständen übt die Gesellschaft durch ihre Organe aus (sog. Organbesitz)[74]. Die Geschäftsführer sind weder Besitzdiener noch Besitzmittler der Gesellschaft[75]; vielmehr wird die Gesellschaft, die selbst nicht handlungsfähig ist, auch bei der Besitzausübung durch ihre Organe tätig. Nur die Gesellschaft hat deshalb Besitz, nicht auch der (aktive) Geschäftsführer[76]. **24**

Der GmbH fehlt zwar die Fähigkeit, Erfinder oder Urheber zu sein; sie kann jedoch **gewerbliche Schutzrechte** wie Patent- oder Gebrauchsmusterrechte von Dritten erwerben[77]. An Urheberrechten kann sie außerdem Nutzungsrechte erlangen; kraft Erbfolge (Rdnr. 29) kann sie sogar Inhaberin des Urheberrechts werden (s. §§ 7, 28 f. UrhG). **25**

e) Die GmbH als Gesellschafterin

Die GmbH kann sich **an jeder** anderen in- und ausländischen **Gesellschaft beteiligen**, mag es sich dabei um eine Personen- oder um eine Kapitalgesellschaft handeln[78]. Ein bekanntes Beispiel ist die GmbH & Co. KG, in welcher die GmbH die Komplementärstelle und damit zu- **26**

---

70 S. BGH v. 8.7.1980 – VI ZR 177/78, BGHZ 78, 24, 25 f. = NJW 1980, 2807 = MDR 1980, 41 – Das Medizin-Syndikat I; BGH v. 3.6.1986 – VI ZR 102/85, BGHZ 98, 94, 97 ff. = NJW 1986, 2951 – BMW-Bums mal wieder; den Ausnahmecharakter betonend auch BGH v. 8.2.1994 – VI ZR 286/93, NJW 1994, 1281, 1282; weniger deutlich insoweit BGH v. 19.1.2016 – VI ZR 302/15, GRUR-RR 2016, 476 Rdnr. 11 f. – Nerzquäler.

71 BGH v. 8.7.1980 – VI ZR 177/78, BGHZ 78, 24, 25 f. = NJW 1980, 2807 – Das Medizin-Syndikat I (Leitsatz 3); OLG Frankfurt v. 9.3.2000 – 16 U 119/99, AfP 2000, 576; anders BGH v. 25.9.1980 – III ZR 74/78, BGHZ 78, 274, 280 = NJW 1981, 675, 676 juris-Rdnr. 27 für einen religiösen Verein.

72 *Ehmann*, JuS 1997, 193, 201 f.; *Klippel*, JZ 1988, 625; *Lieder*, in: Michalski u.a., Rdnr. 37 ff.; *Merkt*, in: MünchKomm. GmbHG, Rdnr. 32; *Raiser*, in: Ulmer/Habersack/Löbbe, Rdnr. 17.

73 Für den Nießbrauch s. die Sonderbestimmungen der §§ 1059a ff. BGB; für ausländische juristische Personen s. Art. 86 EGBGB.

74 BGH v. 31.3.1971 – VIII ZR 256/69, BGHZ 56, 73, 77 = NJW 1971, 1358 juris-Rdnr. 19; BGH v. 27.10.1971 – VIII ZR 48/70, BGHZ 57, 166, 167 = NJW 1972, 43 juris-Rdnr. 5; BGH v. 16.10.2003 – IX ZR 55/02, BGHZ 156, 310, 316 = ZIP 2003, 2247, 2250 juris-Rdnr. 26; BGH v. 21.4.2016 – IX ZR 72/14, MDR 2016, 1047 Rdnr. 11; *Altmeppen*, in: Roth/Altmeppen, Rdnr. 4; *Merkt*, in: MünchKomm. GmbHG, Rdnr. 20; *Lieder*, in: Michalski u.a., Rdnr. 26 f.

75 *Karsten Schmidt*, GesR, § 10 III 1/2 (S. 266 ff.); *Merkt*, in: MünchKomm. GmbHG, Rdnr. 20; ferner *Altmeppen*, in: Roth/Altmeppen, Rdnr. 4 mit zusätzlichem Hinweis auf Ausnahmefälle.

76 BGH v. 16.10.2003 – IX ZR 55/02, BGHZ 156, 310, 316 = ZIP 2003, 2247, 2250 juris-Rdnr. 26 mit Abgrenzung zum ehemaligen Geschäftsführer.

77 *Lieder*, in: Michalski u.a., Rdnr. 50 m.w.N.

78 *Lieder*, in: Michalski u.a., Rdnr. 44 m.w.N.

gleich die Funktion als geschäftsführungs- und vertretungsbefugter Gesellschafter über-nimmt[79]. Die GmbH kann außerdem bei Handelsgesellschaften **Liquidator** sein[80]. **Ausgeschlossen** ist sie dagegen von dem Amt eines **Vorstands- oder Aufsichtsratsmitglieds** sowie vom Amt des **Geschäftsführers** bei einer anderen Kapitalgesellschaft (§ 6 Abs. 2 Satz 1 GmbHG; §§ 76 Abs. 3 Satz 1, 100 Abs. 1 Satz 1 AktG; § 9 Abs. 2 GenG).

f) Die GmbH als Vertreterin

27   Der GmbH kann einfache **Vollmacht** (§ 167 BGB) und Handlungsvollmacht (§ 54 HGB), je-doch nicht Prokura i.S. von § 48 HGB erteilt werden[81], weil dafür nach h.M. nur natürliche Personen in Betracht kommen[82]. Außerdem kann sie **Handelsvertreter**, und zwar gleicher-maßen Abschluss- wie Vermittlungsvertreter sein (§ 84 HGB).

g) Die GmbH im Familien- und Erbrecht

28   Das **Familienrecht** bleibt der GmbH im Wesentlichen verschlossen[83]. Aus den §§ 1779 Abs. 2, 1897 Abs. 1 und 1915 Abs. 1 BGB folgt außerdem, dass eine GmbH *nicht* **Vormund**, Betreuer oder Pfleger sein kann, weil diese Ämter im Grundsatz natürlichen Personen vorbehalten sind. Die in §§ 1791a, 1908f BGB i.V.m. § 54 SGB VIII vorgesehene Ausnahme für juristische Personen ist auf besonders zugelassene Vormundschafts- bzw. Betreuungsvereine (§ 21 BGB) be-schränkt[84], gilt also nicht für die GmbH.

29   Anders steht es im **Erbrecht**. Die GmbH kann zwar nichts vererben, sie kann aber, wie sich aus §§ 2044 Abs. 2 Satz 3, 2109 Abs. 2 und 2163 Abs. 2 BGB ergibt, sehr wohl **erben** oder mit einem Vermächtnis bedacht werden. In der Position des Bedachten kann sie außerdem einen **Erbvertrag** abschließen (§§ 2274, 2275 BGB). Aus den §§ 2210 Satz 3 und 2163 Abs. 2 BGB ergibt sich ferner, dass der GmbH das Amt des **Testamentsvollstreckers** offen steht[85]. Folgerichtig sollte man die GmbH auch als Nachlasspfleger zulassen (§§ 1960 f. BGB), da es hier nicht um eine persönliche Pflegschaft, sondern um die Sicherung einer Vermögensmasse geht[86]. Die Nachlassverwaltung (§§ 1975, 1981 BGB) hingegen rückt in die Nähe der Insol-venzverwaltung (dazu Rdnr. 42) und ist deshalb – mit Blick auf die Rechtsprechung zu § 56 InsO – jedenfalls inländischen juristischen Personen verwehrt[87].

2. Öffentliches Recht

30   Die GmbH ist im öffentlichen Recht ebenso wie im Privatrecht als selbständiges Rechtssub-jekt anerkannt. Sie kann sich daher auch an **Verwaltungsverfahren** beteiligen (§ 11 Nr. 1

---

79 Dazu *Bitter/Heim*, GesR, § 7 Rdnr. 49 ff.
80 *Lieder*, in: Michalski u.a., Rdnr. 45; *Pentz*, in: Rowedder/Schmidt-Leithoff, Rdnr. 16.
81 *Lieder*, in: Michalski u.a., Rdnr. 31, 46.
82 *Bitter/Schumacher*, HandelsR, 2. Aufl. 2015, § 6 Rdnr. 7 (§ 48 HGB) und Rdnr. 43 (§ 54 HGB).
83 *Lieder*, in: Michalski u.a., Rdnr. 42; s. auch Art. 53 Schweizerisches ZGB.
84 Dazu *Götz*, in: Palandt, 76. Aufl. 2017, § 1791a BGB Rdnr. 2, § 1908f BGB Rdnr. 2; *Tillmanns*, in: MünchKomm. BGB, 7. Aufl. 2017, § 54 SGB VIII Rdnr. 1 ff.; *Spickhoff*, in: MünchKomm. BGB, 7. Aufl. 2017, § 1791a BGB Rdnr. 4; *Schwab*, in: MünchKomm. BGB, 7. Aufl. 2017, § 1908f BGB Rdnr. 11.
85 *Lange*, Erbrecht, 2011, § 31 Rdnr. 45; *Muscheler*, Erbrecht, 2010, § 40 Rdnr. 2747; *Firsching/Graf*, Nachlassrecht, 10. Aufl. 2014, Rdnr. 4.430; *Zimmermann*, in: MünchKomm. BGB, 7. Aufl. 2017, § 2210 BGB Rdnr. 7.
86 *Lieder*, in: Michalski u.a., Rdnr. 42; *Fastrich*, in: Baumbach/Hueck, Rdnr. 4; a.A. *Lange*, Erbrecht, 2011, § 48 Rdnr. 16; *Leipold*, in: MünchKomm. BGB, 7. Aufl. 2017, § 1960 BGB Rdnr. 44.
87 *Pentz*, in: Rowedder/Schmidt-Leithoff, Rdnr. 15; *Wicke*, § 13 Rdnr. 2; *Lieder*, in: Michalski u.a., Rdnr. 42; a.A. *Fastrich*, in: Baumbach/Hueck, Rdnr. 4.

VwVfG), wobei sie durch ihre Geschäftsführer vertreten wird (§ 12 Abs. 1 Nr. 3 VwVfG). Entsprechendes gilt für das Verfahren vor den Verwaltungsgerichten (§§ 61 Nr. 1, 62 Abs. 3 VwGO) und vor dem BVerfG (§ 90 BVerfGG).

Die GmbH kann öffentlich-rechtliche **Rechte und Pflichten** haben. Paradigma sind die steu- 31 erlichen Pflichten, die die GmbH als juristische Person nach Maßgabe der einzelnen Steuergesetze treffen (§§ 33, 64 AO), wobei insbesondere an das KStG, das UStG und das GewStG zu denken ist. Bei den sonstigen öffentlich-rechtlichen Pflichten kommt es vor allem darauf an, ob die einschlägige Rechtsnorm nach ihrem Sinngehalt überhaupt auf die GmbH (und nicht nur auf natürliche Personen) anwendbar ist. Soweit solche Vorschriften an menschliche Eigenschaften wie z.B. die Zuverlässigkeit anknüpfen, wird meistens auf die Person der Geschäftsführer abgestellt.

Eine inländische GmbH ist ferner **grundrechtsfähig**, soweit die Grundrechte ihrem Wesen 32 nach auf juristische Personen anwendbar sind (Art. 19 Abs. 3 GG)[88]. Außer Streit ist dies vor allem für die zentralen wirtschaftlichen Grundrechte der Art. 2 Abs. 1, 3 Abs. 1, 12 Abs. 1 und 14 GG. Die Verfahrensgrundrechte sind gleichfalls unbedenklich auf die GmbH anzuwenden (Art. 101 Abs. 1 Satz 2 und Art. 103 Abs. 1 GG).

3. Strafrecht

Eine Strafbarkeit juristischer Personen ist dem geltenden deutschen Recht fremd[89]. Nach 33 **§ 30 OWiG** kann jedoch gegen die GmbH eine Geldbuße als Nebenfolge zu einer von ihren Geschäftsführern im inneren Zusammenhang mit ihrer Organstellung begangenen Straftat oder Ordnungswidrigkeit festgesetzt werden, wenn durch diese Tat entweder Pflichten, die die Gesellschaft treffen, verletzt worden sind oder die Gesellschaft bereichert werden sollte[90]. Als eine Pflicht i.S. der ersten Alternative des § 30 OWiG ist namentlich die **Aufsichtspflicht** in Betrieben und Unternehmen anzusehen (**§ 130 OWiG**). **Steuerstrafen** können in diesem Rahmen ebenfalls gegen die GmbH ausgesprochen werden (§§ 33, 377 AO; zu § 890 ZPO s. Rdnr. 40).

4. Prozessrecht

Die in § 13 Abs. 1 angeordnete Rechtsfähigkeit der GmbH als juristische Person erstreckt 34 sich nach dem Wortlaut der Norm ausdrücklich auch auf die Fähigkeit, „vor Gericht [zu] klagen und verklagt [zu] werden", mithin auf das Prozessrecht[91].

Die GmbH ist **parteifähig** (§ 13 Abs. 1 GmbHG; § 50 Abs. 1 ZPO) und bleibt dies auch nach 35 ihrer Auflösung[92]. Selbst die Löschung der Gesellschaft im laufenden Prozess schadet nicht, soweit sie nicht mit der Vollbeendigung (Rdnr. 9 ff.) verbunden ist; erst dadurch verliert die Gesellschaft die Fähigkeit, zu klagen und verklagt zu werden (Details in der 11. Aufl., § 60

---

88 Ausführlich *Lieder*, in: Michalski u.a., Rdnr. 87 ff.; *Merkt*, in: MünchKomm. GmbHG, Rdnr. 77 f.; *Raiser*, in: Ulmer/Habersack/Löbbe, Rdnr. 42 ff.

89 *Karsten Schmidt*, GesR, § 10 IV 5 (S. 281 ff.); *Lieder*, in: Michalski u.a., Rdnr. 99 f.; *Merkt*, in: MünchKomm. GmbHG, Rdnr. 79.

90 *Lieder*, in: Michalski u.a., Rdnr. 103.

91 S. zum Folgenden ausführlich *Merkt*, in: MünchKomm. GmbHG, Rdnr. 45 ff.; *Lieder*, in: Michalski u.a., Rdnr. 52 ff.; *Pentz*, in: Rowedder/Schmidt-Leithoff, Rdnr. 24 ff.

92 BGH v. 28.3.1996 – IX ZR 77/95, ZIP 1996, 842 juris-Rdnr. 7; BGH v. 23.10.2006 – II ZR 162/05, BGHZ 169, 270 = NJW 2007, 589 Rdnr. 7 (zur Vor-GmbH); OLG Stuttgart v. 28.2.1986 – 2 U 148/85, ZIP 1986, 647 = GmbHR 1986, 269 = NJW-RR 1986, 836 juris-Rdnr. 28.

Rdnr. 62)[93]. Die GmbH ist auch **prozessfähig**[94], wobei sich diese Aussage in der Rechtsprechung nur beiläufig findet[95]. Die Gegenansicht[96] lässt sich mit § 52 ZPO, wonach eine Person insoweit prozessfähig ist, als sie sich durch Verträge verpflichten kann, nicht vereinbaren[97]. Praktische Bedeutung entfaltet der Meinungsstreit nicht, denn die Organe juristischer Personen übernehmen im Prozess jedenfalls die Stellung von gesetzlichen Vertretern Prozessunfähiger (§ 51 Abs. 1 ZPO)[98].

36 Die GmbH wird im Prozess im Regelfall **durch** die **Geschäftsführer oder Liquidatoren vertreten** (§§ 35 Abs. 1 Satz 1, 70 Satz 1, s. 11. Aufl., § 35 Rdnr. 202 ff.), im Ausnahmefall der Führungslosigkeit zumindest passiv zum Zwecke der Zustellung durch die Gesellschafter (§ 35 Abs. 1 Satz 2). Die Namen und Anschriften der gesetzlichen Vertreter sollen in der Klageschrift angegeben werden (§ 130 Nr. 1 ZPO). Auch wenn Gesamtvertretung besteht (§ 35 Abs. 2 Satz 1), können Zustellungen und Ladungen immer an einen von ihnen bewirkt werden (§ 170 Abs. 3 ZPO). Sind keine Geschäftsführer vorhanden, so kann die Regelung in § 57 ZPO zum Prozesspfleger (zumindest entsprechend) angewandt werden[99].

37 Der Geschäftsführer ist, solange er im Amt ist[100], **als Partei zu vernehmen** (§§ 445 ff., 455 ZPO)[101], und zwar ohne Rücksicht darauf, ob er unmittelbar am Prozess mitwirkt (s. 11. Aufl., § 35 Rdnr. 212). **Zeuge** können dagegen nur die Gesellschafter sein[102], und zwar auch der Alleingesellschafter, wenn er nicht zugleich Geschäftsführer ist.

38 Der allgemeine **Gerichtsstand** der GmbH bestimmt sich nach ihrem satzungsmäßigen Sitz (§ 17 Abs. 1 Satz 1 ZPO; s. § 4a Rdnr. 8 ff.); der Gesellschaftsvertrag kann daneben noch einen besonderen Gerichtsstand vorsehen (§ 17 Abs. 3 ZPO). Dieser Gerichtsstand ist auch maßgebend für Klagen der Gesellschaft aus dem Gesellschaftsverhältnis gegen ihre Mitglieder sowie für Rechtsstreitigkeiten unter den Mitgliedern (§ 22 ZPO)[103]. **Prozesskostenhilfe** kann die GmbH nach Maßgabe der §§ 114, 116 Nr. 2 ZPO erhalten[104]. Ein **Urteil** im Rechts-

---

93 S. auch *Lieder*, in: Michalski u.a., Rdnr. 53.
94 *Fastrich*, in: Baumbach/Hueck, Rdnr. 8; *Merkt*, in: MünchKomm. GmbHG, Rdnr. 46; *Raiser*, in: Ulmer/Habersack/Löbbe, Rdnr. 34; *Lieder*, in: Michalski u.a., Rdnr. 52; wohl auch *Altmeppen*, in: Roth/Altmeppen, Rdnr. 6.
95 BGH v. 20.3.1985 – VIII ZR 342/83, BGHZ 94, 105, 108 = NJW 1985, 1836 juris-Rdnr. 12: „partei- und damit prozeßfähig"; BGH v. 8.2.1993 – II ZR 62/92, BGHZ 121, 263, 266 = NJW 1993, 1654, 1655 juris-Rdnr. 11: „eine juristische Person … prozeßunfähig wird"; BGH v. 25.10.2010 – II ZR 115/09, ZIP 2010, 2444 = NJW-RR 2011, 115 Rdnr. 12: „nicht mehr prozeßfähig i.S. des § 52 ZPO"; zu einer Stiftung niederländischen Rechts BGH v. 30.6.1965 – VIII ZR 71/64, NJW 1965, 1666, 1667 juris-Rdnr. 13: „Als juristische Person war sie auch prozeßfähig.".
96 Nachw. zur älteren Rspr. in der 11. Aufl., Rdnr. 23 sowie bei *Merkt*, in: MünchKomm. GmbHG, Rdnr. 46; heute noch *Bendtsen*, in: Saenger, 7. Aufl. 2017, § 52 ZPO Rdnr. 3; *Hüßtege*, in: Thomas/Putzo, 38. Aufl. 2017, § 51 ZPO Rdnr. 3 i.V.m. Rdnr. 6, § 52 ZPO Rdnr. 4.
97 *Merkt*, in: MünchKomm. GmbHG, Rdnr. 46.
98 *Gehrlein*, in: Prütting/Gehrlein, § 51 ZPO Rdnr. 6; *Weth*, in: Musielak/Voit, 14. Aufl. 2017, § 51 ZPO Rdnr. 6; von einer verfehlten Fragestellung spricht *Lindacher*, in: MünchKomm. ZPO, 5. Aufl. 2016, § 52 ZPO Rdnr. 23; Details zur Vertretung juristischer Personen im Prozess bei *Althammer*, in: Zöller, 32. Aufl. 2018, § 51 ZPO Rdnr. 4 ff.
99 *Fastrich*, in: Baumbach/Hueck, Rdnr. 8; *Lieder*, in: Michalski u.a., Rdnr. 56; *Pentz*, in: Rowedder/Schmidt-Leithoff, Rdnr. 25.
100 Zur Zeugenfunktion des *abberufenen* Geschäftsführers BGH v. 29.4.2003 – IX ZR 54/02, NJW-RR 2003, 1212, 1213 juris-Rdnr. 17–19.
101 *Fastrich*, in: Baumbach/Hueck, Rdnr. 8; *Lieder*, in: Michalski u.a., Rdnr. 60.
102 RG, SeuffA 55 (1900) Nr. 119 (S. 239 f.); RG, Recht 1909 Nr. 1698; RG, LZ 1910, 218 Nr. 29; *Damrau*, in: MünchKomm. ZPO, 5. Aufl. 2016, § 373 ZPO Rdnr. 10; *Lieder*, in: Michalski u.a., Rdnr. 61.
103 S. im Einzelnen *Lieder*, in: Michalski u.a., Rdnr. 69 ff.
104 Wegen der Einzelheiten s. *Lieder*, in: Michalski u.a., Rdnr. 66 ff.; *Pentz*, in: Rowedder/Schmidt-Leithoff, Rdnr. 27.

streit mit der GmbH wirkt nur für und gegen diese, nicht für und gegen die Gesellschafter (§§ 322, 325 ZPO).

Das Gesagte (Rdnr. 35 ff.) gilt auch für **Rechtsstreitigkeiten zwischen** der **Gesellschaft und** 39 ihren **Gesellschaftern**, namentlich aus sog. Drittgeschäften[105]. Bei Rechtsstreitigkeiten zwischen der Gesellschaft und ihren **Geschäftsführern** ist § 46 Nr. 8 zu beachten (s. im Einzelnen 11. Aufl., § 46 Rdnr. 163 ff.). Die Bestellung eines Vertreters der Gesellschaft ist hier folglich grundsätzlich Sache der Gesellschafter. Eine Ausnahme gilt nur für mitbestimmte Gesellschaften, bei denen § 112 AktG entsprechend anzuwenden ist (s. 11. Aufl., § 46 Rdnr. 165). **Nichtigkeits- und Anfechtungsklagen** sind gegen die Gesellschaft, nicht gegen die Mitgesellschafter zu richten (s. 11. Aufl., § 45 Rdnr. 127 ff.).

Die **Zwangsvollstreckung** aus einem Urteil gegen die GmbH kann nur gegen die Gesellschaft 40 erfolgen (§ 750 ZPO). Bei der Erzwingung von Unterlassungen und Duldungen gemäß **§ 890 ZPO** ist der Gesellschaft (allein) das Verschulden ihrer Geschäftsführer sowie deren Stellvertreter i.S. von § 44 zuzurechnen[106]. Die Rechtsfolgen sind ebenso wie in Fällen der Vollstreckung nicht vertretbarer Handlungen gemäß § 888 ZPO umstritten. Während nach der einen Meinung alle **Ordnungsmittel einschließlich der Ordnungshaft** allein gegen die für die Gesellschaft handelnden Geschäftsführer festzusetzen sind[107], ist nach der Gegenansicht zu unterscheiden: Während die Zwangs- und Ordnungshaft in Ermangelung der Möglichkeit, eine GmbH zu inhaftieren, allein an den Geschäftsführern vollstreckt werden kann, sollen das Zwangsgeld und das Ordnungsgeld nur gegen die Gesellschaft festgesetzt werden können[108]. Zur Vermögensauskunft gemäß § 802c ZPO einschließlich der eidesstattlichen Versicherung s. 11. Aufl., § 35 Rdnr. 211.

5. Insolvenzrecht

Die GmbH ist **insolvenzrechtsfähig** (§ 60 Abs. 1 Nr. 4; § 11 Abs. 1 Satz 1 InsO). Für die Vor- 41 GmbH gilt unabhängig vom Streit um ihre Rechtsnatur (§ 11 Rdnr. 30) im Ergebnis das Gleiche, sei es über die Anwendung der Regel für juristische Personen (§ 11 Abs. 1 Satz 1 InsO) oder jene über die Gesellschaften „ohne Rechtspersönlichkeit" (§ 11 Abs. 2 Nr. 1 InsO)[109]. Die lediglich auf den Abschluss des GmbH-Vertrags gerichtete Vorvertragsgesellschaft ist hingegen eine rein schuldrechtliche Innengesellschaft (§ 11 Rdnr. 9 ff.)[110] und deshalb nicht insolvenzrechtsfähig[111]. Soweit bereits zu diesem frühen Zeitpunkt ein Unternehmen betrieben wird, ist die damit entstehende Vorgründungsgesellschaft[112] unabhängig vom Streit um ihre (fehlende) Identität mit der Vorvertragsgesellschaft (§ 11 Rdnr. 15 f.) eine GbR oder OHG[113] und deshalb als solche insolvenzrechtsfähig (§ 11 Abs. 2 Nr. 1 InsO)[114].

---

105 *Fastrich*, in: Baumbach/Hueck, Rdnr. 9.
106 OLG Karlsruhe v. 29.1.1998 – 6 W 98/97, OLGR 1998, 338 = NJW-RR 1998, 1571 = GmbHR 1998, 1085.
107 *Brehm*, NJW 1975, 249, 251.
108 OLG Dresden v. 30.10.1998 – 10 WF 115/98, OLGR Dresden 2000, 197 = FamRZ 2000, 298 (für ein Zwangsgeld gemäß § 33 FGG); OLG Braunschweig, JZ 1959, 94; *Lieder*, in: Michalski u.a., Rdnr. 83; *Gruber*, in: MünchKomm. ZPO, 5. Aufl. 2016, § 888 ZPO Rdnr. 26 m.w.N.
109 *Karsten Schmidt*, § 11 InsO Rdnr. 12; für die zweite Alternative *Hirte*, in: Uhlenbruck, § 11 InsO Rdnr. 38.
110 Dazu *Bitter/Heim*, GesR, § 4 Rdnr. 26 f.
111 *Karsten Schmidt*, § 11 InsO Rdnr. 12.
112 *Bitter/Heim*, GesR, § 4 Rdnr. 28 ff. mit Hinweis auf die uneinheitliche Terminologie.
113 Dazu *Bitter/Heim*, GesR, § 4 Rdnr. 30.
114 *Karsten Schmidt*, § 11 InsO Rdnr. 12; *Hirte*, in: Uhlenbruck, § 11 InsO Rdnr. 36.

42 Die **Bestellung zum Insolvenzverwalter** ist der GmbH nach dem Wortlaut des § 56 InsO versagt[115]. Der Gesetzgeber hat sich abweichend vom RegE dafür entschieden, das Verwalteramt auf natürliche Personen beschränkt zu lassen und die Rechtsprechung sieht sich dadurch gebunden[116]. Der Bestellung einer juristischen Person steht nach Ansicht des BGH die **Höchstpersönlichkeit des Verwalteramtes** entgegen[117]. Die gewünschte Alleinzuständigkeit und Vollverantwortlichkeit des Verwalters sei angesichts der gesellschaftsrechtlichen Willensbildung und der Austauschbarkeit der Organträger nicht gewährleistet[118]. Die gerichtliche Aufsicht über den Verwalter, seine Unabhängigkeit und seine Haftung gegenüber den Verfahrensbeteiligten würden beeinträchtigt[119]. Eine dagegen erhobene Verfassungsbeschwerde[120] hatte keinen Erfolg: Bei der Aufsicht über den Insolvenzverwalter (§ 58 InsO) würden – so das BVerfG – die Einschätzung des Gerichts von der persönlichen und fachlichen Qualifikation des Verwalters sowie die Erwartung einer vertrauensvollen Zusammenarbeit entscheidende Bedeutung erlangen[121]. Ein vergleichbares **persönliches und fachliches Vertrauen** könne juristischen Personen nicht ohne Weiteres entgegengebracht werden[122]. Der Eingriff in die Freiheit der Berufswahl der GmbH (Art. 12 Abs. 1, 19 Abs. 3 GG) sei deshalb gerechtfertigt[123]. Gerungen wird noch um die Wirkung der **Dienstleistungsrichtlinie** (DL-RL)[124] auf die Beschränkung des § 56 InsO. Der Streit beginnt mit der Frage, ob die Insolvenzverwaltung unter Art. 2 Abs. 2 lit. i DL-RL fällt, der Tätigkeiten, die i.S. des Art. 51 AEUV mit der Ausübung öffentlicher Gewalt verbunden sind, vom Anwendungsbereich der RL ausnimmt[125]. Der deutsche Gesetzgeber hat eine Ausnahme verneint[126] und in **§ 102a EGInsO** Personen aus anderen EU-Mitgliedstaaten die Aufnahme in eine Vorauswahlliste für Insolvenzverwalter ermöglicht, ohne juristische Personen ausdrücklich auszuschließen[127]. Die daraus folgende Inländerdiskriminierung hält der BGH für gerechtfertigt[128].

6. Schiedsgerichte

43 Der Gesellschaftsvertrag kann für Streitigkeiten aus dem Gesellschaftsverhältnis zwischen der GmbH und ihren Gesellschaftern sowie zwischen diesen unter Ausschluss des ordentlichen Rechtswegs die Zuständigkeit eines Schiedsgerichts bestimmen. Es handelt sich dann um ein

---

115 *Merkt*, in: MünchKomm. GmbHG, Rdnr. 66.
116 Bezugnahme auf die gesetzgeberische Entscheidung bei BGH v. 19.9.2013 – IX AR (VZ) 1/12, BGHZ 198, 225 = ZIP 2013, 2070 Rdnr. 4; BVerfG v. 12.1.2016 – 1 BvR 3102/13, BVerfGE 141, 121 = ZIP 2016, 321 Rdnr. 3 ff., 48.
117 BGH v. 19.9.2013 – IX AR (VZ) 1/12, BGHZ 198, 225 = ZIP 2013, 2070 Rdnr. 13 ff.
118 BGH v. 19.9.2013 – IX AR (VZ) 1/12, BGHZ 198, 225 = ZIP 2013, 2070 Rdnr. 18 ff.
119 BGH v. 19.9.2013 – IX AR (VZ) 1/12, BGHZ 198, 225 = ZIP 2013, 2070 Rdnr. 23 ff.
120 Dazu *Höfling*, ZIP 2015, 1568 ff.
121 BVerfG v. 12.1.2016 – 1 BvR 3102/13, BVerfGE 141, 121 = ZIP 2016, 321 Rdnr. 47.
122 BVerfG v. 12.1.2016 – 1 BvR 3102/13, BVerfGE 141, 121 = ZIP 2016, 321 Rdnr. 49.
123 Dazu äußerst kritisch *Kleine-Cosack*, ZIP 2016, 741 ff.: Grundrechtslehrlauf bei juristischen Personen.
124 Richtlinie 2006/123/EG des Europäischen Parlaments und des Rates vom 12.12.2006 über Dienstleistungen im Binnenmarkt, ABl. EU Nr. L 376 v. 27.12.2006, S. 36.
125 *Zipperer*, in: Uhlenbruck, § 56 InsO Rdnr. 5; *Riedel*, in: Kayser/Thole, 8. Aufl. 2016, § 56 InsO Rdnr. 3; *Ries*, in: Karsten Schmidt, § 56 InsO Rdnr. 11.
126 Vgl. Begr. RegE zu § 102a EGInsO-E, BT-Drucks. 17/3356, S. 15; die Einwände des Bundesrats (BR-Drucks. 539/10, S. 2 f.) machte der Bundestag sich nicht zu eigen.
127 Für die Zulassung einer 100 %igen spanischen Tochter-GmbH einer deutschen RA-GmbH im Wege richtlinienkonformer Auslegung AG Mannheim v. 14.12.2015 – 804 AR 163/15, ZIP 2016, 132. *Gegen* deren Zulassung aber AG Mannheim v. 20.1.2016 – 804 AR 163/15 (II), ZIP 2016, 431.
128 BGH v. 19.9.2013 – IX AR (VZ) 1/12, BGHZ 198, 225 = ZIP 2013, 2070 Rdnr. 31 = GmbHR 2013, 1265; krit. *Blümle*, in: Braun, 7. Aufl. 2017, § 56 InsO Rdnr. 16 f.

sog. **angeordnetes Schiedsgericht** i.S. des § 1066 ZPO[129], dem der Rechtsnachfolger eines Gründungsgesellschafters durch den Erwerb des Geschäftsanteils ohne Weiteres unterworfen ist, vorausgesetzt, dass die Einsetzung des Schiedsgerichts zu den sog. materiellen (körperschaftsrechtlichen) Bestimmungen des Gesellschaftsvertrages[130] gehört[131]. Die **Formvorschrift** des § 1031 ZPO findet in diesem Fall keine Anwendung[132]. Anders ist die Rechtslage zu beurteilen, wenn die Einsetzung des Schiedsgerichts Teil der formellen (individualrechtlichen) Bestimmungen des Gesellschaftsvertrages ist, welche schuldrechtlicher Natur sind und nur die an der Abrede beteiligten Gesellschafter binden. In diesem Fall bleibt es bei der Anwendbarkeit der §§ 1025 ff. ZPO, so dass dann auch die Formvorschrift des § 1031 ZPO zu beachten ist[133].

Schiedsgerichte zur Entscheidung über Rechtsstreitigkeiten auf Grund körperschaftsrechtlicher Bestimmungen der Satzung können auch noch **nachträglich** durch Satzungsänderung eingeführt werden (§ 53). Mit Rücksicht auf Art. 101 Abs. 1 Satz 2 GG müssen einer derartigen Satzungsänderung indessen *alle* Gesellschafter zustimmen[134]. Anders als im Einzelfall bei Vereinen[135] kann dem widerstrebenden Gesellschafter wegen seiner wirtschaftlichen Beteiligung an der GmbH nicht zugemutet werden, nach einem bloßen Mehrheitsbeschluss aus der Gesellschaft auszuscheiden[136]. 44

Umstritten war lange Zeit, welche Rechtsstreitigkeiten mit Bezug auf die GmbH **schiedsfähig** sind (§ 1030 ZPO). Die Rechtsprechung verfährt insoweit ausgesprochen **großzügig**. Schiedsfähig sind danach z.B. Auskunftsansprüche aus den §§ 51a und 51b[137], Zahlungsansprüche ausgeschiedener Gesellschafter gegen die Gesellschaft[138], Zustimmungsvorbehalte des Aufsichts-/Beirats[139], Rechtsstreitigkeiten über die Wirksamkeit der Aufbringung von Stammkapital, etwa in Fällen des Hin- und Herzahlens[140] oder verdeckter Sacheinlagen[141], und seit BGHZ 180, 221 („Schiedsfähigkeit II")[142] auch Beschlussmängelstreitigkeiten, sofern und so- 45

---

129 Details bei *Raeschke-Kessler*, in: Prütting/Gehrlein, § 1066 ZPO Rdnr. 6 ff.
130 Zur Unterscheidung § 2 Rdnr. 8, 40; *Bitter/Heim*, GesR, § 3 Rdnr. 17 ff.
131 RG v. 5.2.1937 – VII 168/36, RGZ 153, 267, 269 f. (e.V.); RG v. 29.10.1940 – VII 44/40, RGZ 165, 140, 143 f. (nicht rechtsfähiger Verein); BGH v. 25.10.1962 – II ZR 188/61, BGHZ 38, 155, 159 f. = NJW 1963, 203 (offen gelassen); BGH v. 22.5.1967 – VII ZR 188/64, BGHZ 48, 35, 43 = NJW 1967, 2057 (für alle juristische Personen); *Fastrich*, in: Baumbach/Hueck, Rdnr. 9; *Raiser*, in: Ulmer/Habersack/Löbbe, Rdnr. 37 f.; *Merkt*, in: MünchKomm. GmbHG, Rdnr. 67 ff.; *Lieder*, in: Michalski u.a., Rdnr. 74; *Münch*, in: MünchKomm. ZPO, 4. Aufl. 2013, § 1066 ZPO Rdnr. 16; zur Abgrenzung zwischen Vertrags- und Satzungsrecht auch RG v. 21.3.1939 – VII 150/38, DR 1939, 1338, 1339 (betr. die Anwendung der Schiedsklausel auf einen Geschäftsführer).
132 *Merkt*, in: MünchKomm. GmbHG, Rdnr. 67; *Lieder*, in: Michalski u.a., Rdnr. 78; *Münch*, in: MünchKomm. ZPO, 4. Aufl. 2013, § 1066 ZPO Rdnr. 14 m.w.N.; str.
133 BGH v. 25.10.1962 – II ZR 188/61, BGHZ 38, 155, 159 ff. = NJW 1963, 203, 204 f.; mittelbar bestätigend BGH v. 22.5.1967 – VII ZR 188/64, BGHZ 48, 35, 43 = NJW 1967, 2057, 2059.
134 *Raiser*, in: Ulmer/Habersack/Löbbe, Rdnr. 37; *Merkt*, in: MünchKomm. GmbHG, Rdnr. 68; *Lieder*, in: Michalski u.a., Rdnr. 79; *Pentz*, in: Rowedder/Schmidt-Leithoff, Rdnr. 29; *Raeschke-Kessler*, in: Prütting/Gehrlein, § 1066 ZPO Rdnr. 15; zum „allseitigen Einvernehmen" BGH v. 6.4.2009 – II ZR 255/08, BGHZ 180, 221, 227 = NJW 2009, 1962, 1964 = GmbHR 2009, 705, 707 Rdnr. 15 – Schiedsfähigkeit II; zum e.V. im Grundsatz auch BGH v. 3.4.2000 – II ZR 373/98, BGHZ 144, 146, 148 ff. = NJW 2000, 1713 f. = MDR 2000, 777 f. juris-Rdnr. 9 ff.
135 Dazu BGH v. 3.4.2000 – II ZR 373/98, BGHZ 144, 146, 149 f. = NJW 2000, 1713 = MDR 2000, 777 juris-Rdnr. 11.
136 *Raeschke-Kessler*, in: Prütting/Gehrlein, § 1066 ZPO Rdnr. 15.
137 OLG Hamm v. 7.3.2000 – 15 W 355/99, ZIP 2000, 1013 = GmbHR 2000, 676 m.w.N.
138 OLG Köln v. 29.1.2013 – 19 Sch 30/12, SchiedsVZ 2013, 339.
139 BGH v. 16.4.2015 – I ZB 3/14, NJW 2015, 3234 = GmbHR 2015, 1148.
140 BGH v. 19.7.2004 – II ZR 65/03, BGHZ 160, 127 = NJW 2004, 2898 = GmbHR 2004, 1214; dazu *Merkt*, in: MünchKomm. GmbHG, Rdnr. 71.
141 OLG Frankfurt v. 30.1.2004 – 10 U 75/03, BB 2004, 908.
142 BGH v. 6.4.2009 – II ZR 255/08, BGHZ 180, 221 = GmbHR 2009, 705 – Schiedsfähigkeit II.

weit das schiedsgerichtliche Verfahren in einer dem Rechtsschutz durch staatliche Gerichte gleichwertigen Weise – d.h. unter Einhaltung eines aus dem Rechtsstaatsprinzip folgenden Mindeststandards an Mitwirkungsrechten und damit an Rechtsschutzgewährung für alle ihr unterworfenen Gesellschafter – ausgestaltet ist (s. 11. Aufl., § 45 Rdnr. 150, 159)[143]. Schiedsfähig sind ferner auch Organhaftungsansprüche, die freilich besondere Rechtsfragen bei Bestehen einer D&O-Versicherung aufwerfen[144].

46   Der Gesellschaftsvertrag kann einem „Schiedsgericht" ferner die Funktion übertragen, außerhalb der zwingenden **Zuständigkeit der Gesellschafterversammlung** unter bestimmten Voraussetzungen – etwa in Pattsituationen – an deren Stelle zu entscheiden (§ 45 Abs. 2). Ein derartiges **institutionelles Schiedsgericht** wird nicht als Gericht, sondern als **Gesellschaftsorgan** tätig. Folglich gelten für diese besondere Erscheinungsform von „Schiedsgerichten" nicht die Vorschriften der §§ 1025 ff. ZPO, sondern die des GmbH-Rechts. Der Schiedsspruch eines institutionellen Schiedsgerichts ist daher der Sache nach ein **Beschluss**, der mit Zugang bei den Beteiligten wirksam wird und mit der Nichtigkeits- oder Anfechtungsklage angegriffen werden kann[145].

IV. Handelsgesellschaft

47   Nach **§ 13 Abs. 3** gilt die GmbH als Handelsgesellschaft i.S. des HGB. Das GmbHG verweist damit auf § 6 Abs. 1 HGB, nach dem die für Kaufleute geltenden Vorschriften auch für Handelsgesellschaften gelten. **Die GmbH lebt** folglich, selbst wenn sie kein Handelsgewerbe betreibt, sondern z.B. ideelle Zwecke oder eine freiberufliche Tätigkeit verfolgt, ohne Rücksicht auf ihre Größe (§ 1 Abs. 2 HGB) und den Gegenstand (§ 6 Abs. 2 HGB) ausschließlich **nach Handelsrecht**[146]. Voraussetzung ist lediglich die Eintragung der Gesellschaft ins Handelsregister (§ 11 Abs. 1). Für die Gesellschafter und Geschäftsführer hat § 13 Abs. 3 dagegen keine Bedeutung; sie sind *nicht* ebenfalls automatisch Kaufleute[147].

48   Als Kaufmann kraft Rechtsform kann die GmbH unabhängig vom Gegenstand ihres Unternehmens z.B. **Prokuristen** und Handlungsbevollmächtigte bestellen (§§ 48, 54 HGB)[148], während ihre Arbeitnehmer **Handlungsgehilfen** i.S. der §§ 59 ff. HGB sind, sofern sie kaufmännische Dienste leisten[149]. Für die **Buchführung und Rechnungslegung** der Gesellschaft gelten die §§ 238, 264 ff. HGB. Außerdem sind die von ihr vorgenommenen Geschäfte stets **Handelsgeschäfte** i.S. der §§ 343 ff. HGB, da die auf natürliche Personen zugeschnittene Unterscheidung zwischen Handelsgeschäften und privaten Geschäften für die GmbH ebenso wie

---

143 BGH v. 6.4.2009 – II ZR 255/08, BGHZ 180, 221 = NJW 2009, 1962 = GmbHR 2009, 705 – Schiedsfähigkeit II; dazu *Merkt*, in: MünchKomm. GmbHG, Rdnr. 72 f.; *Raeschke-Kessler*, in: Prütting/Gehrlein, § 1066 ZPO Rdnr. 10 ff.; s. zur GmbH & Co. KG auch BGH v. 6.4.2017 – I ZB 23/16, ZIP 2017, 1024 = GmbHR 2017, 759 Rdnr. 24 ff. – Schiedsfähigkeit III; dazu mit Recht kritisch *Nolting*, ZIP 2017, 1641 ff.
144 Dazu *Schumacher*, NZG 2016, 969.
145 BGH v. 25.2.1965 – II ZR 287/63, BGHZ 43, 261, 264 f. = NJW 1965, 1378 = GmbHR 1965, 111; *Merkt*, in: MünchKomm. GmbHG, Rdnr. 74; *Lieder*, in: Michalski u.a., Rdnr. 80; *Pentz*, in: Rowedder/Schmidt-Leithoff, Rdnr. 31; *Raiser*, in: Ulmer/Habersack/Löbbe, Rdnr. 41.
146 *Bitter/Schumacher*, HandelsR, 2. Aufl. 2015, § 2 Rdnr. 30 ff.; *Lieder*, in: Michalski u.a., Rdnr. 326 ff.; *Pentz*, in: Rowedder/Schmidt-Leithoff, Rdnr. 32–34.
147 BGH v. 12.5.1986 – II ZR 225/85, ZIP 1986, 1457 juris-Rdnr. 10; BGH v. 28.1.1993 – IX ZR 259/91, BGHZ 121, 224, 228 = ZIP 1993, 424, 426 juris-Rdnr. 32; *Bitter/Schumacher*, HandelsR, 2. Aufl. 2015, § 2 Rdnr. 34.
148 Zur Prokura *Bitter/Schumacher*, HandelsR, 2. Aufl. 2015, § 6 Rdnr. 6, während es bei § 54 HGB ohnehin nicht auf die Kaufmannseigenschaft ankommt (a.a.O., § 6 Rdnr. 42).
149 BAG v. 12.12.1956 – 2 AZR 11/56, BAGE 3, 321; BAG v. 13.10.1960 – 5 AZR 104/59, BAGE 10, 76, 81 = MDR 1961, 179 juris-Rdnr. 49; BAG v. 28.1.1966 – 3 AZR 374/65, BAGE 18, 104, 108 f. = MDR 1966, 539 juris-Rdnr. 17.

die Vermutung des § 344 HGB gegenstandslos ist[150]. Die Zuständigkeit der **Kammer für Handelssachen** nach § 95 Abs. 1 Nr. 1 GVG ist daher gegeben, wenn der Gegenstand des Rechtsstreits für den anderen Teil gleichfalls ein Handelsgeschäft ist[151].

§ 13 Abs. 3 unterstellt die GmbH durch die Verweisung auf § 6 HGB nur dem Handelsrecht des HGB. Deshalb ist es eine Frage des Einzelfalls, ob die GmbH auch i.S. solcher **Vorschriften**, die **außerhalb des HGB** an die Kaufmannseigenschaft oder an das Vorliegen eines Handelsgewerbes oder eines Erwerbsgeschäftes Rechtsfolgen knüpfen, als Kaufmann zu behandeln ist[152]. Für die Mehrzahl der Fälle wird dies heute bejaht[153]. Die GmbH ist ferner Unternehmer i.S. der §§ 14 Abs. 1 und 310 Abs. 1 BGB[154] sowie des § 2 Abs. 1 Nr. 6 UWG. Dagegen findet die **GewO** auf sie nur Anwendung, wenn tatsächlich ein Gewerbe betrieben wird[155].

49

V. Treuepflicht

Unter dem Stichwort Treuepflicht (oder: Treupflicht) fasst man heute die Vielzahl gegenseitiger **Rücksichts- und Loyalitätspflichten** zusammen, denen die Gesellschafter in ihrem Verhältnis untereinander und in ihrem Verhältnis zur Gesellschaft ebenso wie diese in ihrem Verhältnis zu den Gesellschaftern unterworfen sind. Der Sache nach handelt es sich bei der „Treuepflicht" um eine gesellschaftsrechtliche Generalklausel, aus der sich je nach den Umständen des Falles die unterschiedlichsten Pflichten der Gesellschafter wie der Gesellschaft ergeben können[156]. Die Pflichten können von einem Schädigungsverbot und sonstigen Unterlassungspflichten (Paradigma: Wettbewerbsverbot) über Mitwirkungs- und Förderungspflichten bis hin zu Stimmpflichten bei Änderungen des Gesellschaftsvertrages reichen. Da es insoweit jeweils um Pflichten aus dem Mitgliedschaftsverhältnis geht, werden sie in diesem Werk gemeinsam mit der Einlagepflicht bei § 14 kommentiert (vgl. § 14 Rdnr. 64 ff.)[157].

50

An dieser Stelle genügt der allgemeine Hinweis, dass es sich bei den Treuepflichten – anders als bei dem Gebot der Kapitalaufbringung und -erhaltung – nicht um einen Preis des in § 13 Abs. 2 gewährten Haftungsprivilegs (Rdnr. 57) handelt, sondern es – vergleichbar mit § 241 Abs. 2 BGB – um **Pflichten aus einer Sonderbeziehung** geht, welche sich aus der über den Gesellschaftsvertrag vermittelten Bindung zwischen den Gesellschaftern ergibt[158]. Wie an anderer Stelle näher dargelegt[159], gibt es allerdings im Gesellschaftsrecht nicht das Alles-oder-nichts-Prinzip des BGB mit seiner Unterscheidung zwischen Vertrag (mit Rücksichtnahmepflicht wegen Sonderverbindung) und Delikt (mit Beschränkung auf die Verkehrspflichten), sondern ein System fließender Übergänge, in welchem die Rücksichtnahmepflichten (Treue-

51

---

150 *Bitter/Schumacher*, HandelsR, 2. Aufl. 2015, § 7 Rdnr. 5: eine „private Sphäre" existiert bei Handelsgesellschaften nicht; für die OHG und KG BGH v. 5.5.1960 – II ZR 128/58, NJW 1960, 1852, 1853 = MDR 1960, 825 juris-Rdnr. 22.

151 *Lieder*, in: Michalski u.a., Rdnr. 327 und *Pentz*, in: Rowedder/Schmidt-Leithoff, Rdnr. 33.

152 *Emmerich*, in: Heymann, § 6 HGB Rdnr. 4; *Merkt*, in: MünchKomm. GmbHG, Rdnr. 82.

153 *Fastrich*, in: Baumbach/Hueck, Rdnr. 73; *Lieder*, in: Michalski u.a., Rdnr. 330; *Pentz*, in: Rowedder/Schmidt-Leithoff, Rdnr. 34.

154 *Merkt*, in: MünchKomm. GmbHG, Rdnr. 82.

155 VGH Mannheim v. 21.3.2002 – 14 S 2578/01, GewArch 2002, 425 (von einer GmbH betriebene Heilpraktikerschule); VG Darmstadt v. 8.5.2002 – 3 E 2169/01, GewArch 2003, 195 (in Form einer Einmann-GmbH beratender Ingenieur); *Kanther*, GewArch 2002, 362 (soweit die Freiberufler nicht bloß Angestellte sind); *Fastrich*, in: Baumbach/Hueck, Rdnr. 73; offengelassen von BVerwG v. 1.7.1987 – 1 C 25/85, BVerwGE 78, 6 = NVwZ 1988, 56, 57.

156 S. dazu auch *Karsten Schmidt*, GesR, § 35 I 2 d (S. 1035 ff.); *Bitter/Heim*, GesR, § 4 Rdnr. 89, 115, 249, zur AG ferner § 3 Rdnr. 40 ff., zur GbR § 5 Rdnr. 74, 78, 91, 101, 149.

157 Ausführliche Darstellung der Treuepflicht auch bei *Lieder*, in: Michalski u.a., Rdnr. 131 ff.; *Pentz*, in: Rowedder/Schmidt-Leithoff, Rdnr. 35 ff.

158 S. auch *Lieder*, in: Michalski u.a., Rdnr. 135.

159 Eingehend *Bitter*, ZGR 2010, 147, 172 ff.

pflichten) mit der **Intensität der vertraglichen Bindung** zunehmen. Der Umfang der Treuepflichten ist stets unter Beachtung der Realstruktur der Gesellschaft zu bestimmen[160], weshalb es insbesondere darauf ankommt, ob die konkrete GmbH (oder sonstige Gesellschaft) – ähnlich wie eine typische Personengesellschaft – durch eine enge persönliche Bindung zwischen den Gesellschaftern geprägt ist (personalistische GmbH) oder – wie bei einer typischen AG – durch eine eher lose Beziehung der Anteilseigner untereinander (kapitalistische GmbH)[161].

52   Die im konkreten Fall festzustellende Intensität des Gemeinschaftsverhältnisses ist jedoch nicht der einzige Anknüpfungspunkt für die Bestimmung der Intensität von Rücksichtnahmepflichten. Vielmehr ist auch die **Intensität der Einwirkungsmacht** von Bedeutung[162]. Die Intensität der vertraglichen Bindung einerseits und die Einwirkungsmacht andererseits sind dabei als zwei Parameter zu betrachten, die zwar miteinander verbunden sein können, aber je für sich die Intensität der Rücksichtnahmepflichten beeinflussen. Es besteht also ein System der Pflichtenbindung, das von dem einen Extrem der fehlenden vertraglichen Bindung und der ebenfalls fehlenden Einwirkungsmacht, bei dem nur deliktische Verkehrspflichten bestehen, über verschiedene denkbare Mittelpositionen bis hin zum anderen Extrem höchster vertraglicher Bindungsintensität und zugleich höchster Einwirkungsmacht reicht[163]. Und genau diese fließende Abstufung macht es nicht leicht, den Gehalt der Treuepflicht im konkreten Einzelfall zu bestimmen (vgl. die Darstellung der Einzelfälle in § 14 Rdnr. 89 ff.)[164].

53   In jedem Fall muss man sich aber davor hüten, die GmbH als juristische Person zu überhöhen und ihr (durch Treuepflichten geschützte) Eigeninteressen zuzusprechen, die von den Interessen der an der GmbH interessierten Personen losgelöst sind, wie dies insbesondere in der Diskussion um die Existenzvernichtung und -gefährdung der GmbH durch Vermögensabzug oder Unterkapitalisierung (Rdnr. 110 ff., 152 ff.) bisweilen geschehen ist[165]. Die GmbH als juristische Fiktion (Rdnr. 6) kann – anders als eine natürliche Person – keine eigenen Interessen haben, sondern es können lediglich Interessen Dritter auf die GmbH projiziert werden, um eine Haftungsabwicklung über die GmbH zu ermöglichen (Rdnr. 124)[166]. Dann aber muss jeweils sorgsam betrachtet werden, in welchem Umfang das GmbHG jene Interessen auch tatsächlich schützt und auf welcher dogmatischen Basis.

54   Da die **Treuepflicht** aus der vertraglichen Bindung der Gesellschafter untereinander folgt, auch wenn sie im Einzelfall – zu Projektionszwecken – als Pflicht des Gesellschafters gegenüber der GmbH beschrieben wird, ist sie nach richtiger Ansicht **kein Instrument des Gläubigerschutzes**[167], was freilich selbst der Gesetzgeber bisweilen verkennt (vgl. 11. Aufl., Anh. § 64 Rdnr. 309 ff. zu § 135 Abs. 3 InsO). Mit Recht lehnt es deshalb der BGH spätestens seit BGHZ 119, 257[168] ab, zwischen einem (wirtschaftlichen) **Alleingesellschafter** und „seiner" GmbH bzw. zwischen mehreren einverständlich handelnden Gesellschaftern und „ihrer" GmbH durch Schadensersatzpflichten sanktionierte Treuepflichten aus einer Sonderver-

---

160 Zutreffend *Karsten Schmidt*, GesR, § 20 IV 2 d (S. 592).
161 *Bitter*, ZGR 2010, 147, 172 ff.
162 Näher *Bitter*, ZGR 2010, 147, 174 ff.
163 *Bitter*, ZGR 2010, 147, 178 f.
164 Darstellung der Fallgruppen auch bei *Merkt*, in: MünchKomm. GmbHG, Rdnr. 110 ff.; *Pentz*, in: Rowedder/Schmidt-Leithoff, Rdnr. 43 ff.; *Lieder*, in: Michalski u.a., Rdnr. 160 ff.
165 Dazu ausführlich *Bitter*, Konzernrechtliche Durchgriffshaftung bei Personengesellschaften, 2000, S. 305 ff.
166 Insoweit übereinstimmend *Guntermann*, Das Zusammenspiel von Mindeststammkapital und institutioneller Haftungsbeschränkung, 2016, S. 20 m.w.N., die jedoch im Gegensatz zur hier vertretenen Position (Rdnr. 124 ff.) gerade aufgrund jener Projektion ein „künstliche[s] Interesse der Gesellschaft an ihrer Existenz" (S. 86 ff., 131) und in der Folge eine Innenhaftung aus § 280 BGB anerkennen will (S. 472 ff.).
167 Ebenso *Merkt*, in: MünchKomm. GmbHG, Rdnr. 107.
168 BGH v. 28.9.1992 – II ZR 299/91, BGHZ 119, 257 = GmbHR 1993, 38.

bindung anzuerkennen (Rdnr. 125)[169]. Sind hingegen Mitgesellschafter, insbesondere Minderheitsgesellschafter, vorhanden, die mit einer konkreten, vom anderen Mit-/Mehrheitsgesellschafter zu seinen Gunsten veranlassten Maßnahme nicht einverstanden sind, kommt eine (verschuldensabhängige) **Schadensersatzpflicht wegen Treuepflichtverletzung** nach Maßgabe der ITT-Rechtsprechung[170] sowie ein (verschuldensunabhängiger) Rückgewähranspruch wegen Verstoßes gegen das **Sondervorteilsverbot** in Betracht (Rdnr. 124; s. auch § 14 Rdnr. 62, 125)[171]. Anders als im Aktienrecht, welches eine umfassende Vermögensbindung im Interesse der Gläubiger und Mitaktionäre kennt (§§ 57, 62 AktG), muss deshalb im Recht der GmbH immer sorgsam unterschieden werden, ob und in welchem Umfang die Vermögensinteressen der Gläubiger bzw. Mitgesellschafter tangiert sind[172]. Ansonsten droht nämlich die Gefahr, dass das vom GmbHG sorgsam austarierte Gleichgewicht zwischen den anerkennenswerten Gläubigerinteressen und dem ebenfalls schützenswerten Interesse der Gesellschafter an einer Haftungsbeschränkung (dazu sogleich Rdnr. 55 ff.) aus den Fugen gerät. Würden nämlich die Gesellschafter – unabhängig von der Betroffenheit von Mitgesellschaftern – für jede fahrlässige Verletzung der Vermögensinteressen „ihrer" GmbH wegen der Verletzung einer (angeblichen) Treuepflicht gegenüber der GmbH haften, geriete die Haftungsbeschränkung des § 13 Abs. 2 in Gefahr (s. auch Rdnr. 125).

VI. Haftung der Gesellschafter – Grundlagen

Schrifttum: *Adams*, Eigentum, Kontrolle und beschränkte Haftung, 1991; *Bachmann/Eidenmüller/Engert/Fleischer/Schön*, Rechtsregeln für die geschlossene Kapitalgesellschaft, 2012, S. 112 ff.; *Bitter*, Konzernrechtliche Durchgriffshaftung bei Personengesellschaften, 2000; *Bitter*, Gesellschafterhaftung für materielle Unterkapitalisierung – Betrachtungen aus ökonomischer und juristischer Perspektive, in: Bachmann/Casper/Schäfer/Veil (Hrsg.), Steuerungsfunktionen des Haftungsrechts im Gesellschafts- und Kapitalmarktrecht, 2007, S. 57; *Easterbrook/Fischel*, Limited Liability and the Corporation, 52 U.Chi.L.Rev. 89 (1985); *Eucken*, Grundsätze der Wirtschaftspolitik (hrsg. von Edith Eucken und K. Paul Hensel), 1952; *Fischinger*, Haftungsbeschränkung im Bürgerlichen Recht, 2015, S. 245 ff.; *Fleischer*, Grundfragen der ökonomischen Theorie im Gesellschafts- und Kapitalmarktrecht, ZGR 2001, 1; *Geiger*, Ökonomische Analyse des Konzernhaftungsrechts, 1993; *Grigoleit*, Gesellschafterhaftung für interne Einflussnahme im Recht der GmbH, 2006, S. 5 ff., 18 ff., 31 ff.; *Guntermann*, Das Zusammenspiel von Mindeststammkapital und institutioneller Haftungsbeschränkung – Eine normative und ökonomische Analyse, 2016; *Halmer*, Gesellschafterdarlehen und Haftungsdurchgriff, 2013; *Hofstetter*, Sachgerechte Haftungsregeln für Multinationale Konzerne, 1995, S. 74 ff.; *Kirchner*, Ökonomische Überlegungen zum Konzernrecht, ZGR 1985, 214; *Lehmann*, Das Privileg der beschränkten Haftung und der Durchgriff im Gesellschafts- und Konzernrecht, Eine juristische und ökonomische Analyse, ZGR 1986, 345; *Lehmann*, Schranken der beschränkten Haftung, Zur ökonomischen Legitimation des Durchgriffs bei der GmbH, GmbHR 1992, 200; *Meyer*, Haftungsbeschränkung im Recht der Handelsgesellschaften, 2000, S. 13 ff., 951 ff.; *Möller*, Die materiell unterkapitalisierte GmbH, 2005, S. 14 ff.; *Nacke*, Die Durchgriffshaftung in der US-amerikanischen Corporation, 1989, S. 210 ff.; *Posner*, Economic Analysis of Law, 9. Aufl. 2014, § 15 (S. 531 ff.); *Roth*, Zur „economic analysis" der beschränkten Haftung, ZGR 1986, 371; *Roth*, Unterkapitalisierung und persönliche Haftung, ZGR 1993, 170; *Schön*, Der Anspruch auf Haftungsbeschränkung im Europäischen Gesellschaftsrecht, in: FS Hommelhoff, 2012, S. 1037; *Stöber*, Kapitalverkehrsfreiheit und persönliche Gesellschafterhaftung im europäischen Kapitalgesellschaftsrecht, ZVglRWiss 113 (2014), 57; *Wagner*, Deliktshaftung und Insolvenzrecht, in: FS Gerhardt, 2004, S. 1043; *Wüst*, Das Pro-

---

169 Dazu eingehend *Bitter*, Konzernrechtliche Durchgriffshaftung bei Personengesellschaften, 2000, S. 310 ff.

170 BGH v. 5.6.1975 – II ZR 23/74, BGHZ 65, 15 = NJW 1976, 191 – ITT; dazu *Lieder*, in: Michalski u.a., Rdnr. 141.

171 Ausführlich zur verschuldensabhängigen und verschuldensunabhängigen Haftung bei fehlendem Einverständnis von Mitgesellschaftern *Bitter*, Konzernrechtliche Durchgriffshaftung bei Personengesellschaften, 2000, S. 272 ff.; *Bitter*, ZHR 164 (2004), 302 ff.

172 *Bitter/Heim*, GesR, § 3 Rdnr. 187 ff. (zur AG), § 3 Rdnr. 224 ff., 249 ff. (zur GmbH).

blem des Wirtschaftens mit beschränkter Haftung, JZ 1992, 710; zur Durchgriffshaftung s. die Nachweise vor Rdnr. 110.

1. Überblick zur Haftungsbeschränkung

55 Im zweiten Absatz des § 13 wird bestimmt, dass für die Verbindlichkeiten der Gesellschaft den Gläubigern derselben nur das Gesellschaftsvermögen haftet. Diese gesetzliche Anordnung ist vor dem Hintergrund einer Anerkennung der GmbH als eigenständige juristische Person (§ 13 Abs. 1) eigentlich selbstverständlich, weil jede juristische und natürliche Person für ihre Verbindlichkeiten nur mit ihrem eigenen Vermögen haftet: Es ist ja gerade die GmbH – und nur diese –, die Trägerin der Rechte und Pflichten ist (Rdnr. 3), nicht die „hinter" der GmbH stehenden Gesellschafter. Die besondere Anordnung der Haftungsbeschränkung im Gesetz erklärt sich nur aus dem **Gegensatz zu den Personengesellschaften**, bei denen gemäß § 128 HGB (analog bei der GbR[173]) die Gesellschafter für die Verbindlichkeiten der Gesellschaft den Gläubigern persönlich haften[174]. Diese volle und unbeschränkte Haftung der Gesellschafter für die Gesellschaftsverbindlichkeiten betrachtet das Gesetz als gesellschaftsrechtlichen Normalfall[175] und ordnet deshalb die davon abweichende Haftungsbeschränkung – ebenso wie in § 1 Abs. 1 Satz 2 AktG für die AG oder in § 2 GenG für die Genossenschaft – gesondert an.

56 Da für die Gründung der GmbH gemäß § 5 Abs. 1 nur ein Mindeststammkapital von 25 000 Euro aufgebracht werden muss, seit dem MoMiG bei der UG (haftungsbeschränkt) gemäß § 5a sogar nur ein einziger Euro, ist die aus dogmatischer Sicht natürliche Haftungsbeschränkung bei den juristischen Personen rechtspolitisch keineswegs ebenso selbstverständlich[176]. Immerhin ermöglicht sie es den Gesellschaftern, eine ökonomische Aktivität zu entfalten, deren Gewinn ihnen im Erfolgsfall zufließt (vgl. zur Gewinnberechtigung § 29 Rdnr. 78 ff.), während der Verlust im Misserfolgsfall ganz oder teilweise die Gläubiger trifft und sich die Beteiligung der Gesellschafter an diesem Verlust auf das in die Gesellschaft eingebrachte, ggf. nur äußerst geringe Vermögen beschränkt. Es verwundert daher nicht, dass bereits seit Einführung der GmbH im Jahr 1892 sehr eng mit der Haftungsbeschränkung (§ 13 Abs. 2) die Frage verbunden ist, ob und in welchen Ausnahmefällen die Gesellschafter gleichwohl den Gläubigern der GmbH für deren Verbindlichkeiten einzustehen haben, wann also das **Prinzip der Haftungsbeschränkung durchbrochen** werden kann. Nichts anderes gilt insoweit für die AG als die noch ältere Rechtsform, mit der ökonomische Aktivitäten in haftungsbeschränkter Form gestattet werden, während die Rechtsprechung beim Idealverein (e.V.) sehr zurückhaltend mit dem Durchgriff ist[177].

57 Die Haftungsdiskussion wird in Rechtsprechung und Literatur häufig ohne einen tiefgehenderen Blick auf die ökonomische Rechtfertigung der Haftungsbeschränkung geführt, obwohl die Frage nach einer Ausnahme vom Prinzip der Haftungsbeschränkung erst beantwortet werden kann, wenn man sich über den Telos des Grundprinzips Gewissheit verschafft hat (dazu Rdnr. 60 ff.). Bedeutung hat dies insbesondere für die breit geführte Debatte zu einer

---

173 Grundlegend BGH v. 29.1.2001 – II ZR 331/00, BGHZ 146, 34 = ZIP 2001, 330 = NJW 2001, 1056; dazu *Karsten Schmidt*, NJW 2001, 993; *Bitter/Heim*, GesR, § 5 Rdnr. 30 ff., 39 ff.
174 Zur grundsätzlichen Trennung in Körperschaften und Personengesellschaften s. *Karsten Schmidt*, GesR, § 3 I 2 (S. 46 f.); *Bitter/Heim*, GesR, § 1 Rdnr. 9 ff.
175 Noch weitergehend *Raiser*, in: FS Lutter, 2000, S. 637, 641 ff.: Allgemeiner *zivilrechtlicher* Grundsatz persönlicher Haftung bei mehreren in gleicher Stellung zusammenwirkenden Personen.
176 Dazu monographisch *Guntermann*, Das Zusammenspiel von Mindeststammkapital und institutioneller Haftungsbeschränkung, 2016.
177 Eine Durchgriffshaftung selbst bei wirtschaftlicher Betätigung des Vereins und Überschreitung des Nebenzweckprivilegs ablehnend BGH v. 13.4.2016 – XII ZR 146/14, ZIP 2016, 1434 = MDR 2016, 1196 Rdnr. 27 m.w.N.

Durchgriffshaftung wegen materieller Unterkapitalisierung (dazu Rdnr. 138 ff.), in der von den Gegnern zumeist darauf verwiesen wird, das GmbH-Gesetz kenne nur ein Mindeststammkapital und keine Pflicht zu angemessener Kapitalausstattung, während die Befürworter mit Recht darauf abstellen, dass der Gesetzgeber mit der Gewährung des Haftungsprivilegs[178] einen ökonomischen Zweck verfolgt und deshalb eine Durchbrechung im Wege teleologischer Reduktion der Haftungsbeschränkung in solchen Fällen möglich ist, in denen dieser Telos nicht eingreift (Rdnr. 126 f.). Keineswegs hat nämlich die Haftungsbeschränkung den Zweck, dass die Gesellschafter nach Aufbringung des Mindeststammkapitals ganz allgemein auf Kosten und Risiko der Gesellschaftsgläubiger Geschäfte machen können.

Besonders deutlich wird die Ausblendung der ökonomischen Grundlagen in vielen juristischen Stellungnahmen, wenn es beim Haftungsdurchgriff um eine **Gläubigerdifferenzierung** geht, d.h. um eine Unterscheidung zwischen vertraglichen und damit freiwilligen Gläubigern einerseits, Delikts- und damit Zwangsgläubigern der GmbH andererseits[179]. Während diese Unterscheidung für Ökonomen selbstverständlich erscheint, weil nur ein vertraglicher Gläubiger für das mit der Haftungsbeschränkung übernommene Risiko über den festgelegten Preis und eine darin enthaltene Risikoprämie kompensiert werden kann (dazu Rdnr. 65), lehnt die in der juristischen Diskussion h.M. eine derartige Differenzierung ab oder diskutiert sie überhaupt nicht (vgl. zur hier vertretenen Sicht Rdnr. 164). 58

Erkennt man, dass es aus ökonomischer Sicht durchaus gute Gründe dafür geben kann, das in § 13 Abs. 2 gewährte Haftungsprivileg von gewissen Mindestbedingungen abhängig zu machen (dazu sogleich Rdnr. 60 ff.), ist es wiederum eine originär juristische Aufgabe zu klären, auf welchem dogmatischen Weg eine Haftung der Gesellschafter zu begründen und wie sie rechtstechnisch auszugestalten ist (dazu Rdnr. 69 ff.). 59

2. Ökonomische Rechtfertigung der Haftungsbeschränkung

Wer die uferlose Durchgriffsdiskussion in Rechtsprechung und juristischer Literatur betrachtet, wird erstaunt darüber sein, wie selten dabei der Versuch einer Rechtfertigung der Haftungsbeschränkung unternommen wird[180]. Überwiegend betrachtet man die Begründung des Prinzips offenbar für überflüssig[181]. Soweit darauf im juristischen Bereich eingegangen wird, finden sich meist nur allgemeine Bekenntnisse zu einer Haftungsbeschränkung[182]. Der BGH verweist auf die Notwendigkeit der Haftungsbeschränkung im Geschäftsverkehr[183]. Andere sprechen davon, die Haftungsbeschränkung fördere unternehmerische Aktivitäten[184], schaffe 60

---

178 Zu diesem „Vorrecht" bei bestimmten Verbänden *Raiser*, in: FS Lutter, 2000, S. 637 ff.; *Raiser*, in: FS Priester, 2007, S. 619 f.; *Raiser/Veil*, Kapitalgesellschaften, § 39 Rdnr. 45; *Guntermann*, S. 15 ff.; ausführlich *Fischinger*, S. 243 ff. mit Fazit S. 284 f.; kritisch zum Begriff des „Privilegs" hingegen *Saenger*, in: Saenger/Inhester, Rdnr. 81; *Bachmann/Eidenmüller u.a.*, S. 115 f.

179 Begrifflich zwischen *adjusting* und *non-adjusting creditors* differenzierend *Bachmann/Eidenmüller u.a.*, S. 118 f.

180 Vgl. auch *Wiedemann*, ZGR 2003, 283, 287; *Fischinger*, S. 245.

181 Vgl. die zutreffende Feststellung von *Lehmann*, ZGR 1986, 345, 350.

182 Vgl. allerdings die grundsätzlichen Überlegungen bei *Wiedemann*, GesR I, S. 543 ff.; zur gesamtwirtschaftlichen Funktion der AG auch *Kübler/Assmann*, GesR, § 14 II (S. 164 ff.); zur Bedeutung für den europäischen Binnenmarkt *Schön*, in: FS Hommelhoff, S. 1037 ff.; s. auch noch die Nachw. in Rdnr. 62.

183 BGH v. 17.3.1966 – II ZR 282/63, BGHZ 45, 204, 207 = NJW 1966, 1309, 1310 – Rektor unter Ziff. I.2 der Gründe; ähnlich *Hofmann*, NJW 1969, 577, 580.

184 LAG Hamm v. 30.1.2015 – 10 Sa 828/14, ZIP 2015, 1392, 1393 = GmbHR 2015, 931; ähnlich *Saenger*, in: Saenger/Inhester, Rdnr. 82 und *Bayer*, in: Lutter/Hommelhoff, Rdnr. 11: Förderung unternehmerischen Handelns; *Raiser*, ZGR 1994, 156, 165; *Raiser*, in: FS Lutter, 2000, S. 637, 649: Förderung unternehmerischen Wagemutes.

einen Anreiz zur Unternehmerinitiative[185] bzw. diene der Risikobegrenzung und damit Investitionsförderung[186]. Auf diese Weise werde – zum Nutzen aller – der wirtschaftliche Fortschritt gesichert[187]. Zusätzlich wird auf die Kapitalsammelfunktion insbesondere der AG, aber auch der GmbH hingewiesen[188]. *Wüst*[189] führt vor allem rechtsethische Argumente für die Haftungsbeschränkung ins Feld. Nach seiner Ansicht „gehört es zur Lebensgestaltung einer freien Welt, daß sich der Mensch eine nicht oder nur schwer angreifbare Lebensreserve zu sichern vermag." *Karsten Schmidt*[190] fasste die herrschende Sichtweise bereits vor vielen Jahren dahingehend zusammen, die „allgemeine Frage der Legitimation von Haftungsbeschränkungen [werde] … heute durchweg in dem Sinne beantwortet, daß es kein allgemeines Gebot der unbeschränkten Haftung für Wirtschaftssubjekte gibt." Entsprechend denkt *Schön* sogar über einen „Anspruch auf Haftungsbeschränkung im Europäischen Gesellschaftsrecht" nach[191].

61 Es gibt jedoch auch differenziertere Ansätze, die auf die Verteilung des Risikos zwischen Gesellschafter und Gläubiger abstellen[192]. So spricht z.B. *Lutter*[193] davon, dass sich die mit der Haftungsbeschränkung verbundene Risikoverteilung zwischen dem Gesellschafter, der ein bestimmtes Vermögen endgültig zur Verfügung stellen muss einerseits und dem Gläubiger, der seinen Kredit mit Befriedigungsvorrang vor dem Gesellschafter, aber eben auch mit dem Risiko des wirtschaftlichen Zusammenbruchs seines Schuldners gibt andererseits, „offenbar als wirtschaftlich und sozial nützlich" erwiesen hat. Ähnlich hat sich auch *Kübler*[194] geäußert: Der Kaufmann wolle verhindern, im Falle des Scheiterns auch sein privates Vermögen zu verlieren; durch die Haftungstrennung beschränke er sein Risiko zulasten der Gläubiger, deren Risiko entsprechend erhöht werde. Es bestehe Einigkeit, dass diese Risikoverlagerung „wirtschaftlich sinnvoll und deshalb legitim" sei.

62 In der (Rechts-)Ökonomie wird die Rechtfertigung der Haftungsbeschränkung viel umfassender behandelt. Die in Deutschland ab den 1980er Jahren aufkommende Diskussion[195] konnte dabei auf frühere Ansätze aufbauen, die in der amerikanischen „Law and Economics"-Literatur ab Ende der 1960er Jahre entwickelt worden sind[196]. Sie lässt sich im Rah-

---

185 *Altmeppen*, EWiR § 302 AktG 1/91, S. 945; *Raiser*, in: FS Priester, 2007, S. 619; ausführlich *Fischinger*, S. 252 ff.
186 *Ulmer*, in: FS Duden, 1977, S. 661, 663; *Erlinghagen*, GmbHR 1962, 169, 175; *Kübler*, NJW 1993, 1204; *Wüst*, JZ 1992, 710; *Ehricke*, AcP 199 (1999), 257, 302; w.N. bei *Hofstetter*, S. 62 in Fn. 62; in diese Richtung auch *Raiser*, in: FS Priester, 2007, S. 619; *Haas*, WM 2003, 1929, 1930.
187 *Raiser*, ZGR 1994, 156, 165.
188 *Erlinghagen*, GmbHR 1962, 169, 175; s. auch *Raiser*, in: FS Lutter, 2000, S. 637, 649; *Wiedemann*, ZGR 2003, 283, 287.
189 *Wüst*, JZ 1992, 710.
190 *Karsten Schmidt*, GmbHR 1984, 272, 276 m.w.N. in Fn. 53.
191 *Schön*, in: FS Hommelhoff, S. 1037 ff.; zur Haftungsbeschränkung als „Grundtatbestand der europäischen Kapitalgesellschaftsrechte" auch *Stöber*, ZVglRWiss 113 (2014), 57 ff.
192 Monographisch *Fischinger*, S. 243 ff. m.w.N.
193 *Lutter*, in: Hommelhoff u.a. (Hrsg.), Der qualifiziert faktische GmbH-Konzern, 1992, S. 183, 185.
194 *Kübler*, NJW 1993, 1204.
195 S. insbes. *Kirchner*, ZGR 1985, 214 ff.; *Lehmann*, ZGR 1986, 371 ff.; *Lehmann*, GmbHR 1992, 200 ff.; *Adams*, Eigentum, Kontrolle und beschränkte Haftung, 1991; *Roth*, ZGR 1986, 371 ff.; *Roth*, ZGR 1993, 170, 177 ff.; *Nacke*, S. 210 ff.; *Hofstetter*, S. 77 ff.; *Geiger*, Ökonomische Analyse des Konzernhaftungsrechts, 1993; zusammenfassend *Fleischer*, ZGR 2001, 1, 16 ff. m.w.N.; *Möller*, S. 14 ff.; ausführlicher *Bitter*, Durchgriffshaftung, S. 150 ff.; *Grigoleit*, S. 38 ff.; *Meyer*, S. 975 ff., insbes. S. 998 ff., 1017 ff.
196 *Manne*, 53 Virginia Law Review, 259 (1967); *Landers*, 42 U.Chi.L.Rev. 589 (1975); *Landers*, 43 U.Chi.L.Rev. 527 (1976); *Halpern/Trebilcock/Turnbull*, 30 U.Tor.L.J. 117 (1980); *Posner*, 43, U.Chi.L.Rev. 499 (1976); besonders lesenswert: *Easterbrook/Fischel*, 52 U.Chi.L.Rev. 89 (1985); vgl. auch *Stone*, 90 Yale L.J. 65 (1980); *Kraakman*, 93 Yale L.J. 857 (1984); *Woodward*, ZgS 141 (1985), 601 ff.; *Hansmann/Kraakmann*, 100 Yale L.J. 1879 (1990/91); *Grundfest*, 102 Yale L.J. 387 (1992/93); *Posner*, Economic Analysis, § 15.3 (S. 540 ff.); zur Theorie des Unternehmens *Bainbridge*, 82 Cornell L.Rev. 856 (1997).

men dieser Kommentierung nicht vollständig nachzeichnen[197]. Einige Grundzüge sollen aber doch dargelegt werden, weil damit nicht nur für die hier kommentierte (Durchgriffs-) Außenhaftung der Gesellschafter, sondern auch für die in Band III behandelten Gesellschafterdarlehen (früheres Eigenkapitalersatzrecht) die Basis gelegt wird (11. Aufl., Anh. § 64).

In der ökonomischen Diskussion wird nicht nur die erstrebte Risikobegrenzung für den Unternehmer, sondern mit Recht auch die daraus folgende Risikoverlagerung auf die Gläubiger in den Blick genommen[198]. Aus volkswirtschaftlicher Sicht wäre nämlich nichts damit gewonnen, wenn die Haftungsbeschränkung zwar einen Anreiz zu Unternehmerinitiative und Investitionen geben würde, sich dieser Anreiz aber letztlich auf Kosten anderer Teilnehmer am Wirtschaftsleben auswirken würde. Genau dies war der Vorwurf jener Autoren, die in einem ab 1930 aufkommenden, teils ordoliberalen, teils autoritären Wirtschaftsdenken die Haftungsbeschränkung insgesamt in Frage stellten[199].   63

Die **volkswirtschaftliche Effizienz der Haftungsbeschränkung** ergibt sich aus verschiedenen Ansatzpunkten, je nachdem, ob es sich um eine große Publikumsgesellschaft (*public corporation*) oder um eine Gesellschaft mit beschränktem Gesellschafterkreis (*close corporation*) handelt[200]. Bei der **großen Publikumsgesellschaft** sprechen insbesondere drei Aspekte für die Haftungsbeschränkung: (1) die volkswirtschaftlich sinnvolle Förderung einer Trennung von Kapital und Management, wenn ein Investor bei einer nicht von ihm selbst geleiteten Gesellschaft nicht den Verlust seines gesamten privaten Vermögens erwarten muss[201], (2) der Informationskostenvorteil der (Groß-)Gläubiger bezüglich der Risiken der Unternehmung im Verhältnis zu den vermögensmäßig nur geringfügig beteiligten Gesellschaftern[202] und (3) die Schaffung eines effizienten Kapitalmarktes, welche den gleichen Wert aller Gesellschaftsanteile voraussetzt, der bei unbeschränkter Haftung nicht bestünde[203]. Da sich die GmbH – im Gegensatz zur (börsennotierten) AG – in der deutschen Unternehmenspraxis jedoch nur selten durch einen großen Gesellschafterkreis auszeichnet, sollen diese Aspekte hier nicht weiter vertieft werden[204].   64

Gerade weil diese drei Aspekte für die in der Praxis sehr häufig anzutreffende **GmbH mit beschränktem Gesellschafterkreis** keine Bedeutung haben, insbesondere GmbH-Gesellschaftsanteile nicht frei an der Börse handelbar sind, wird in der Literatur teilweise die unbeschränkte Haftung für sog. „*close corporations*" entweder allgemein[205] oder jedenfalls bei Tochtergesell-   65

---

197 S. die umfassende Darstellung bei *Meyer*, S. 998 ff.; *Halmer*, S. 11 ff.; *Bitter*, Durchgriffshaftung, S. 150 ff., sowie *Bitter*, in: Bachmann/Casper/Schäfer/Veil, S. 57 ff. m.w.N.; s. auch *Fischinger*, S. 245 ff.; *Guntermann*, S. 38 ff.

198 Näher zu den „Kosten der Haftungsbeschränkung" *Halmer*, S. 31 ff.; ferner *Guntermann*, S. 38 ff.

199 Besonders pointiert *Großmann-Doerth*, AcP 147 (1941), 1, 17 und dazu *Bitter*, Durchgriffshaftung, S. 1; ausführliche Darstellung bei *Meyer*, S. 988 ff.; *Fischinger*, S. 259 ff. mit Fazit S. 274; s. auch die Nachw. bei *Blaurock*, in: FS Stimpel, 1985, S. 553, 554 und *Guntermann*, S. 55 f.

200 S. für eine umfassendere Darstellung *Bitter*, Durchgriffshaftung, S. 159 ff.; zusammenfassend *Guntermann*, S. 59 ff. m.w.N.; von nur graduellen Unterschieden sprechend hingegen *Bachmann/Eidenmüller u.a.*, S. 114 f.

201 Dazu *Easterbrook/Fischel*, 52 U.Chi.L.Rev. 89, 93 f. (1985); *Nacke*, S. 226 ff.; *Lehmann*, ZGR 1986, 345, 354; *Geiger*, S. 78; vgl. auch *Wiedemann*, GesR I, S. 547; *Schön*, in: FS Hommelhoff, S. 1037 ff.

202 *Bitter*, Durchgriffshaftung, S. 161 ff. mit Zusammenfassung S. 165.

203 *Halpern/Trebilcock/Turnbull*, 30 U.Tor.L.J. 117, 130 (1980); *Easterbrook/Fischel*, 52 U.Chi.L.Rev. 89, 95 f. (1985); *Nacke*, S. 235 ff.; *Adams*, S. 49 f.; *Lehmann*, ZGR 1986, 345, 354 f.; *Bitter*, Durchgriffshaftung, S. 166 ff.

204 Ausführlich *Bitter*, Durchgriffshaftung, S. 159 ff.

205 *Halpern/Trebilcock/Turnbull*, 30 U.Tor.L.J. 117, 148 (1980); *Stone*, 90 Yale L.J. 65, 72 (1980); vgl. früher schon *Eucken*, S. 282 f.

schaften im Konzern[206] als das effizientere Haftungsregime angesehen. Diese Ansicht übersieht jedoch, dass auch bei der Gesellschaft mit beschränktem Gesellschafterkreis der gesamtwirtschaftliche Nutzen durch die Haftungsbeschränkung gefördert wird[207]: Durch die Haftungsfreistellung des Privatvermögens wird die natürliche **Risikoaversität des Gesellschafters reduziert** und damit ein Investitionsanreiz gesetzt[208]. Müsste nämlich ein Gesellschafter befürchten, bei einem Misserfolg seines Unternehmens sein komplettes Hab und Gut und damit die Lebensgrundlage für sich und seine Familie zu verlieren, würde er in volkswirtschaftlich sinnvolle Projekte trotz eines positiven Erwartungswertes[209] nur deshalb nicht investieren, weil sie risikoreich sind und folglich auch die Möglichkeit des Totalverlustes seiner Lebensgrundlage implizieren. Kann der Gesellschafter seine volle Haftung beim Scheitern des Unternehmens hingegen vermeiden, wird die Risikoaversität ausgeschaltet oder doch jedenfalls reduziert, damit die Durchführung von Geschäften mit positivem Erwartungswert gefördert und so der volkswirtschaftliche Gesamtnutzen vergrößert[210]. Da alle Gläubiger der haftungsbeschränkten Gesellschaft einen kleinen Teil des Risikos tragen, wirkt die Haftungsbeschränkung wirtschaftlich wie eine **(Teil-)Versicherung des unternehmerischen Risikos**, bei der die Gesellschafter die Versicherungsnehmer und die Gläubiger der Versicherer sind; die partielle Risikoübernahme durch die Gläubiger kann dabei von *Vertrags*gläubigern der GmbH – im Gegensatz zu *Delikts*gläubigern[211] – bei der Festlegung des Preises in Gestalt einer Risikoprämie berücksichtigt werden[212].

66 Kann der Gesellschafter allerdings seine Haftung beschränken und damit einen Teil des Risikos auf die Gläubiger verlagern, entsteht auf der anderen Seite ein **Anreiz zur Externalisierung**, d.h. zur nicht kompensierten Verlagerung von Kosten auf die Gläubiger[213]. Verschweigt der Gesellschafter seinen (Vertrags-)Gläubigern schon anfänglich den Umfang des bestehenden Risikos oder sorgt er nachträglich zulasten der Gläubiger für eine Erhöhung des unternehmerischen Risikos, kann er dadurch seine subjektive Rendite steigern[214]: Weil die Gläubiger auf einen Festbetragsanspruch[215] beschränkt sind, der Gesellschafter hingegen variabel am Ge-

206 *Landers*, 43 U.Chi.L.Rev. 589, 619 (1975); *Stone*, 90 Yale L.J. 65, 72 (1980); aus dem juristischen Schrifttum insbes. *Wiedemann*, ZGR 1986, 656, 671; *Sonnenschein/Holdorf*, JZ 1992, 715, 723; vgl. auch *Meyer*, S. 1049 ff.; *Teubner*, in: FS Steindorff, 1990, S. 261, 267 ff.; so früher schon *Eucken*, S. 281, 283.

207 Dazu ausführlich *Bitter*, Durchgriffshaftung, S. 168 ff.; *Bitter*, in: Bachmann/Casper/Schäfer/Veil, S. 57, S. 61 ff.; s. auch *Bachmann/Eidenmüller u.a.*, S. 114 f.

208 Zust. *Lieder*, in: Michalski u.a., Rdnr. 336; *Lieder*, in: FS Pannen, 2017, S. 439, 441; in der Sache auch *Guntermann*, S. 61 ff. mit partieller, auf einem Missverständnis meiner Position beruhender Kritik.

209 Ein positiver Erwartungswert liegt vor, wenn der durchschnittlich zu erwartende Gewinn den durchschnittlich zu erwartenden Verlust übersteigt, d.h. der im Erfolgsfall erwartbare Gewinn multipliziert mit der Erfolgswahrscheinlichkeit höher liegt als der im Misserfolgsfall erwartbare Verlust multipliziert mit der Misserfolgswahrscheinlichkeit.

210 *Easterbrook/Fischel*, 52 U.Chi.L.Rev. 89, 97 (1985); *Adams*, S. 51; *Bitter*, Durchgriffshaftung, S. 168 ff.; *Steffek*, JZ 2009, 77, 79; *Lehmann*, ZGR 1986, 345, 353 spricht von „Wagnisfinanzierung"; vgl. auch *Wiedemann*, ZGR 1986, 656, 670.

211 Zur Differenzierung zwischen freiwilligen und unfreiwilligen Gläubigern s. *Bitter*, Durchgriffshaftung, S. 185 ff.; *Meyer*, S. 969 ff.; *Wagner*, in: FS Gerhardt, 2004, S. 1043, 1049 ff., jeweils m.w.N.

212 Dazu *Lehmann*, ZGR 1986, 345, 355; *Halpern/Trebilcock/Turnbull*, 30 U.Tor.L.J 117, 135 (1980); *Posner*, Economic Analysis, § 15.3 (S. 540 f.); *Bitter*, Durchgriffshaftung, S. 170; *Wagner*, in: FS Gerhardt, 2004, S. 1043, 1049 f.; partiell kritisch *Halmer*, S. 54 ff.

213 Dazu *Bitter*, Durchgriffshaftung, S. 182 ff.; *Bitter*, in: Bachmann/Casper/Schäfer/Veil, S. 57, 63 ff. m.w.N. und mit Modellrechnungen auf S. 68 ff.; *Guntermann*, S. 45 ff. m.w.N.; s. auch *Wagner*, in: FS Gerhardt, 2004, S. 1043, 1049; *Halmer*, S. 54 f., stellt demgegenüber auf die Investitionsverzerrung ab; erst dadurch würden negative externe Effekte erzeugt.

214 Ausführlich zum Risikoanreiz *Halmer*, S. 72 ff.

215 Der dem Gläubiger zustehende Festbetragsanspruch gegen die Gesellschaft setzt sich aus dem kreditierten Betrag zuzüglich eines festen Zinssatzes zusammen.

winn beteiligt ist, entsteht der Anreiz, in übermäßig spekulative Projekte zu investieren. Im Verlustfall trifft der Ausfall nämlich die Gläubiger. Gelingt hingegen das Projekt, nehmen die Gläubiger wegen ihres Festbetragsanspruchs nicht proportional am Gewinn teil. Vielmehr wird die Rendite des eingegangenen Risikos vom Gesellschafter abgeschöpft.

In dieser Gemengelage aus Investitionsanreiz und Gefahr der Kostenexternalisierung dient die Beteiligung des Gesellschafters mit **Eigenkapital als Ausgleich**[216]. Die Besonderheit des Eigenkapitals gegenüber dem Fremdkapital besteht nämlich darin, dass die Eigenkapitalgeber ihren Einsatz vor den Fremdkapitalgebern verlieren (§ 199 InsO im Vergleich zu § 38 InsO) und somit stärker am Unternehmensrisiko beteiligt sind[217]. In all den Fällen, in denen das Unternehmen zwar Verluste macht, der Verlustbetrag aber nicht den Betrag des Eigenkapitals – verstanden als (Netto-)Wert des Unternehmens nach Abzug der Verbindlichkeiten[218] – übersteigt, wird allein der Unternehmer, nicht aber der Festbetragsanspruch der Gläubiger betroffen. Da die Gläubigerposition also nur in den (verhältnismäßig seltenen) Fällen eines das Eigenkapital übersteigenden Verlustes tangiert wird, ist die Hemmungswirkung sogar überproportional im Verhältnis zum Anteil des Eigenkapitals am Gesamtkapital[219]. 67

Ohne diesen hemmenden Faktor ist die Haftungsbeschränkung in der Gesellschaft mit beschränktem Gesellschafterkreis ökonomisch **nicht zu rechtfertigen**, weshalb es richtig erscheint, von den Gesellschaftern zu verlangen, sich in Gestalt einer angemessenen Eigenkapitalbeteiligung (vorrangig) an der Tragung des unternehmerischen Risikos zu beteiligen. Eine reine Spekulation auf Kosten der Gläubiger durch (fast) gar nicht am Risiko beteiligte Gesellschafter muss verhindert werden, soll die Haftungsbeschränkung nicht zu volkswirtschaftlichen Ineffizienzen führen. Eben deshalb ist entgegen der BGH-Rechtsprechung[220] insbesondere eine echte Durchgriffshaftung bei materieller Unterkapitalisierung der GmbH zu befürworten (Rdnr. 138 ff.). 68

3. Systematisierung der Durchgriffsfragen

Beim sog. „Durchgriff" geht es jeweils um Fallkonstellationen, in denen bei der Rechtsanwendung dadurch Probleme auftreten können, dass eine (nicht notwendig haftungsbeschränkte) Gesellschaft und ihre Gesellschafter im Rechtsverkehr als unabhängige Rechtssubjekte auftreten und daher getrennt Zuordnungsobjekt von Rechten und Pflichten sein können. Es kann sich dann die Frage stellen, ob den betreffenden Gesellschaftern in jedem Fall die Vorteile aus dieser Trennung belassen werden sollen oder ob nicht in bestimmten Konstellationen der Gesellschafter mit „seiner" GmbH gleichgesetzt und damit – bildlich gesprochen – durch die GmbH hindurch auf den „hinter" ihr stehenden Gesellschafter „durchgegriffen" werden kann. Das angloamerikanische Recht spricht insoweit in anschaulicher Bildersprache davon, dass 69

---

216 Ausführlich *Bitter*, Durchgriffshaftung, S. 190 ff.; *Bitter*, in: Bachmann/Casper/Schäfer/Veil, S. 57, 74 ff.; ähnlich *Guntermann*, S. 78 ff., 122 f., 130 f.: Finanzierungsverantwortung als Gegenstück zur Haftungsbeschränkung; partiell kritisch *Halmer*, S. 80 ff., jedoch auf einem (begrifflichen) Missverständnis meiner Position beruhend.

217 *Easterbrook/Fischel*, 52 U.Chi.L.Rev. 89, 90 (1985); *Adams*, S. 31; *Posner*, Economic Analysis, § 15.4 (S. 544); *Steffek*, JZ 2009, 77, 78 f. m.w.N.

218 Entgegen *Halmer*, S. 80 (Fn. 55) sind bereits die Überlegungen bei *Bitter*, Durchgriffshaftung, S. 195 f. in diesem Sinne zu verstehen.

219 S. dazu die umfangreichen Modellrechnungen bei *Bitter*, in: Bachmann/Casper/Schäfer/Veil, S. 57, 74 ff.

220 BGH v. 28.4.2008 – II ZR 264/06, BGHZ 176, 204 = ZIP 2008, 1232 = NJW 2008, 2437 = GmbHR 2008, 805 – Gamma; nachdrücklich zustimmend *Fastrich*, in: Baumbach/Hueck, § 5 Rdnr. 6, § 13 Rdnr. 47.

der den Rechtsträger schützende Schleier gehoben bzw. durchstoßen wird (*lifting or piercing the corporate veil*)[221].

70 Mit diesem Bild ist jedoch nicht viel für die juristische Bewältigung des zugrunde liegenden tatsächlichen Problems gewonnen. Es bedarf vielmehr einer Systematisierung der verschiedenen Durchgriffsfragen und -tatbestände. Dabei erscheint in einem ersten Schritt die von *Wiedemann*[222] eingeführte **Unterscheidung zwischen Zurechnungsdurchgriff und Haftungsdurchgriff** sinnvoll, die in der Literatur breite Gefolgschaft gefunden hat[223], allerdings nicht dahingehend verstanden werden darf, dass hierdurch eine scharfe Grenzziehung zwischen zwei Rechtsinstituten mit getrenntem Regelungsgehalt gezogen wird[224].

71 Unter dem Begriff des Zurechnungsdurchgriffs werden Gestaltungen zusammengefasst, in denen es um die jeweilige **Gesetzes- oder Vertragsauslegung (Normanwendung) im Einzelfall**, also um die Frage geht, inwieweit Gesellschaft und Gesellschafter als Adressat bestimmter gesetzlicher Normen oder vertraglicher Pflichten in Betracht kommen, wobei die Mitgliedschaft des Gesellschafters in der Gesellschaft die entsprechende Auslegung beeinflusst[225]. Dabei geht es – wie nicht deutlich genug betont werden kann – nicht um ein Spezifikum der juristischen Personen. Vielmehr können sich Fragen der Zurechnung zwischen Gesellschaft und Gesellschafter auch bei Personengesellschaften stellen und dort auch bei den unbeschränkt persönlich haftenden Gesellschaftern relevant werden[226]. So stellt sich z.B. auch für den Komplementär einer KG die Frage, ob ein mit der Gesellschaft vereinbartes Wettbewerbsverbot auf ihn zu beziehen ist (vgl. zu diesem Fall des Zurechnungsdurchgriffs Rdnr. 81 ff.) oder ob die KG eine Maklerprovision für ein mit ihm vermitteltes Geschäft verlangen darf (vgl. zu diesem Fall Rdnr. 84). Im Jahr 2013 hat der BGH zudem ausgesprochen, dass dem von einer GbR erhobenen Zahlungsbegehren – trotz (formal) fehlender Gegenseitigkeit – im Ausnahmefall ein dem Schuldner gegen die Gesellschaft zustehender Schadensersatzanspruch entgegengehalten werden kann, wenn die Berufung der GbR auf ihre Eigenständigkeit gegen Treu und Glauben verstößt[227]. Da es in all diesen Fällen um Gesetzes- oder Vertragsauslegung im Einzelfall geht, ist der Zurechnungsdurchgriff weitgehend von den Schwierigkeiten der sehr grundsätzlich geführten, in erster Linie die Haftungsfragen betreffenden Durchgriffsdebatte frei. Er wird deshalb in dieser Kommentierung zunächst abgehandelt (Rdnr. 75 ff.).

72 In Bezug auf die problematischeren Haftungsfragen erscheint – insbesondere aus prozesstaktischer Sicht – eine Systematisierung nach der Frage sinnvoll, wer Anspruchssteller und wer Anspruchsgegner eines bestimmten Haftungsansatzes ist. Dabei ist im Hinblick auf den

---

221 Dazu *Hofstetter*, S. 142 ff.; *Dähnert*, NZG 2015, 258; kritisch zu dieser Begrifflichkeit *Raiser*, in: FS Lutter, 2000, S. 637, 641; s. auch *Blaurock*, in: FS Stimpel, 1985, S. 553, 563 f.

222 Wiedemann, GesR I, § 4 III, S. 220 ff.

223 Z.B. bei *Emmerich*, 10. Aufl., Rdnr. 68 ff., 76 ff.; *Raiser*, in: Ulmer/Habersack/Löbbe, Rdnr. 66; *Fastrich*, in: Baumbach/Hueck, Rdnr. 10, 15; *Bayer*, in: Lutter/Hommelhoff, Rdnr. 12; *Pentz*, in: Rowedder/Schmidt-Leithoff, Rdnr. 136; *Windbichler*, GesR, § 24 Rdnr. 27; *Raiser/Veil*, Kapitalgesellschaften, § 39 Rdnr. 1; *Raiser*, in: FS Lutter, 2000, S. 637, 638; *Ehricke*, AcP 199 (1999), 257, 258; früher schon *Mertens*, in: Hachenburg, 8. Aufl. 1989, Anh. § 13 Rdnr. 32, 38; vgl. zum Ganzen auch *Rehbinder*, in: FS Kübler, 1997, S. 493, 496 f.; insgesamt kritisch zum Begriff des (Haftungs-)Durchgriffs *Lieder*, in: Michalski u.a., Rdnr. 341.

224 Vgl. *Mertens*, in: Hachenburg, 8. Aufl. 1989, Anh. § 13 Rdnr. 38; ferner *Raiser*, in: Ulmer/Habersack/Löbbe, Rdnr. 76, 90.

225 S. die Zusammenstellungen der Einzelfälle bei *Raiser*, in: Ulmer/Habersack/Löbbe, Rdnr. 93 ff.; *Pentz*, in: Rowedder/Schmidt-Leithoff, Rdnr. 160 ff.; *Fastrich*, in: Baumbach/Hueck, Rdnr. 14 f.; *Lieder*, in: Michalski u.a., Rdnr. 344 ff.; *Karsten Schmidt*, GesR, § 9 III (S. 226 ff.); *Wiedemann*, GesR I, § 4 III 2 (S. 228 ff.); *Windbichler*, GesR, § 24 Rdnr. 32 f.; *Raiser/Veil*, Kapitalgesellschaften, § 39 Rdnr. 5 ff.; *Geißler*, GmbHR 1993, 71, 73 f.; *Rehbinder*, in: FS Kübler, S. 493, 504 ff.; *Bitter*, Durchgriffshaftung, S. 95 f. m.w.N.

226 So zutreffend *Karsten Schmidt*, GesR, § 9 I 2 (S. 219 f.).

227 BGH v. 19.11.2013 – II ZR 150/12, ZIP 2014, 565 = MDR 2014, 550 Rdnr. 25 f.

Anspruchs*steller* zu unterscheiden zwischen einer – zumeist nur den Geschäftsführer, nicht den Gesellschafter[228] treffenden – **Innenhaftung**, bei der die Gesellschaft Inhaberin des Anspruchs ist (vgl. insbesondere §§ 43, 64), **und** einer **Außenhaftung** direkt gegenüber den Gesellschaftsgläubigern[229].

Im Rahmen der Außenhaftung ist sodann dogmatisch zwischen der **„echten" Durchgriffshaftung und** dem sog. **„unechten" Durchgriff** zu trennen[230]. Während es bei dem erstgenannten Ansatz um eine mit gesellschaftsrechtlichen Erwägungen begründete unmittelbare Durchbrechung des Haftungsprivilegs unter Rückgriff auf die eigentlich nur im Recht der Personengesellschaften geltende Haftungsnorm des § 128 HGB geht (dazu Rdnr. 110 ff., insbesondere Rdnr. 126 f.), haftet der Gesellschafter(-Geschäftsführer) beim „unechten" Durchgriff zwar ebenfalls persönlich, jedoch nicht für eine Verbindlichkeit der Gesellschaft, sondern für eine *eigene* Verbindlichkeit, die aber im Zusammenhang mit dem Tätigwerden für die GmbH begründet wurde. Bisweilen wird auch gesagt, der „unechte" Durchgriff sei in Wahrheit überhaupt kein Fall des Durchgriffs, eben weil der Gesellschafter aus einer eigenständigen Anspruchsgrundlage haftet[231]. Entsprechend kann auch dieser Teil der Debatte, der heute weitgehend unstreitig ist, abgeschichtet werden (Rdnr. 90 ff.). 73

Im Hinblick auf den Anspruchs*gegner* ist sauber zu unterscheiden, ob eine „hinter" der GmbH stehende Person in ihrer Eigenschaft als **Geschäftsführer oder Gesellschafter** in Anspruch genommen wird[232]. Für den typischen Allein-Gesellschafter-Geschäftsführer in der Einpersonen-GmbH (§ 1 Rdnr. 49 ff.) mag es zwar im Ergebnis keinen Unterschied machen, auf welche seiner beiden Positionen die Haftung gestützt wird. Hat die GmbH hingegen einen Fremdgeschäftsführer, ist die Frage des richtigen Haftungsadressaten auch praktisch bedeutsam. Um eine Durchbrechung der in § 13 Abs. 2 angeordneten Haftungsbeschränkung kann es im Grundsatz nur bei einer Haftung des *Gesellschafters* gehen. Diese ist insbesondere dann problematisch und umstritten, wenn für einen derartigen Haftungsdurchgriff keine eigenständige Anspruchsgrundlage vorhanden ist, sondern die haftungsbeschränkende Norm des § 13 Abs. 2 im Wege einer teleologischen Reduktion durchbrochen wird (dazu Rdnr. 110 ff., insbesondere Rdnr. 126 f.). Allerdings kann der mit Haftungssanktionen intendierte (präventive) Gläubigerschutz auch dadurch erreicht werden, dass der *Geschäftsführer* in die Pflicht genommen, er insbesondere durch eine Haftungsandrohung – wie in § 43 Abs. 3 – von Verlagerungen des Vermögens in die Gesellschaftersphäre abgehalten wird (vgl. dazu 11. Aufl., § 43 Rdnr. 268 ff.). Der mit dem MoMiG neu eingeführte § 64 Satz 3 (dazu 11. Aufl., § 64 Rdnr. 78 ff.) hat insoweit noch einmal das Haftungsgefüge zulasten des Geschäftsführers verschoben[233]. 74

Im Mittelbereich zwischen Zurechnungs- und Haftungsdurchgriff liegt der sog. **Berechnungsdurchgriff**, der insbesondere **im Arbeitsrecht** bei der Dotierung von Sozialplänen und der Anpassung von Betriebsrenten besondere Bedeutung hat. Dabei wird – anders als beim Haftungsdurchgriff – zwar nicht unmittelbar ein Anspruch gegen den Gesellschafter begründet. Die Vermögenslage des Gesellschafters (insbesondere einer Konzernmuttergesellschaft) wird 74a

---

228 Eine Innenhaftung des *Gesellschafters* befürwortet der BGH in Fällen der Existenzvernichtung (dazu Rdnr. 152 ff., insbes. Rdnr. 158 ff.).

229 S. dazu die umfassende Darstellung der Haftungtatbestände bei *Bitter*, ZInsO 2010, 1505 ff. (Innenhaftung), 1561 ff. (Außenhaftung).

230 S. aber auch *Raiser*, in: FS Lutter, 2000, S. 637, 638, der mit gewissem Recht darauf hinweist, dass sich beide Alternativen bei der Anwendung zivilrechtlicher Generalklauseln, insbes. bei § 826 BGB, überlagern.

231 In diesem Sinne *Karsten Schmidt*, GesR, § 9 IV 1b (S. 233 f.); *Nirk*, in: FS Stimpel, 1985, S. 443, 449; gänzlich gegen den Begriff des (Haftungs-)Durchgriffs *Lieder*, in: Michalski u.a., Rdnr. 341.

232 Dazu auch *Wiedemann*, ZGR 2003, 283, 290 f.; *Steffek*, JZ 2009, 77, 79.

233 Dazu kritisch *Raiser*, in: FS Priester, 2007, S. 619, 630; *Wiedemann*, in: FS Lüer, 2008, S. 337, 342; *Strohn*, ZHR 173 (2009), 589, 589 ff.; allgemein auch *Karsten Schmidt*, GmbHR 2008, 449 ff. („GmbH-Reform auf Kosten der Geschäftsführer?").

aber kraft Gesetzesauslegung bei der Bemessung eines Anspruchs gegen die (Tochter-)Gesellschaft berücksichtigt und die dadurch im Außenverhältnis erhöhte Verpflichtung der (Tochter-)Gesellschaft nur im Innenverhältnis vom Gesellschafter ausgeglichen (Rdnr. 188 ff.). Im Grundsatz ähnlich kommt es im **Finanzaufsichtsrecht** zu einer Zusammenrechnung der Vermögensmassen von konzernverbundenen Unternehmen und damit zu einer Berücksichtigung der Gesellschafterbeziehung bei der Bemessung des Anspruchs, dort aus einem Bußgeldtatbestand (Rdnr. 110a).

VII. Zurechnungsdurchgriff

75   In den verschiedensten Bereichen des Rechts kann die Verbindung zwischen einem Gesellschafter und „seiner" Gesellschaft Anknüpfungspunkt von Zurechnungsfragen sein, die Eigenschaft als Gesellschafter also die Anwendung oder Auslegung einer bestimmten Norm oder einer vertraglichen Pflicht beeinflussen (Zurechnungsdurchgriff i.S. von Rdnr. 70 f.). So führt etwa die gesellschaftsrechtliche Verbindung im Insolvenzanfechtungsrecht zu einer erweiterten Anfechtungsmöglichkeit unter dem Gesichtspunkt der nahestehenden Person i.S. von § 138 Abs. 1 Nr. 4 und Abs. 2 InsO, so kann die Gewährung von Darlehen durch eine Gesellschaft, an der ein Gesellschafter maßgeblich beteiligt ist, als „wirtschaftlich" einem Gesellschafterdarlehen entsprechende Rechtshandlung i.S. von § 39 Abs. 1 Nr. 5 InsO anzusehen sein (dazu 11. Aufl., Anh. § 64 Rdnr. 247 ff.) und so wird die gewerberechtliche Zuverlässigkeit einer Gesellschaft durch die Eigenschaften der an ihr beteiligten Personen beeinflusst. Die Vielzahl solcher im Gesetz ausdrücklich oder implizit angelegten oder erst im Wege der Interpretation von Rechtsprechung und Lehre hineingelesenen Zurechnungen macht es unmöglich, sie an dieser Stelle vollständig zusammenzutragen[234]. Die Kommentierung beschränkt sich daher auf einige wichtige Fälle, zumal es – wie in Rdnr. 71 ausgeführt – beim Zurechnungsdurchgriff ohnehin nicht um ein Spezifikum von haftungsbeschränkten Gesellschaften wie der GmbH geht.

1. Wissenszurechnung bei arglistiger Täuschung

76   Da die Gesellschaft – ein juristisches Konstrukt – nicht selbst, sondern nur durch ihre Organe handeln kann, wird ihr deren Wissen gemäß § 166 Abs. 1 BGB und das Verhalten gemäß § 31 BGB zugerechnet[235]. Dabei geht es jedoch noch nicht um Durchgriffsfragen[236], weil Anknüpfungspunkt jener Zurechnungsnormen nicht das Handeln eines *Gesellschafters*, sondern eines *Organs* – bei der GmbH insbesondere des *Geschäftsführers* – ist (vgl. Rdnr. 74).

77   Eine Identifikation des Gesellschafters mit „seiner" GmbH steht vielmehr dann in Rede, wenn der Geschäftsführer als Organ der GmbH gerade nicht das gemäß § 166 Abs. 1 BGB grundsätzlich zurechenbare Wissen besitzt, wohl aber der Gesellschafter, der „hinter" der GmbH steht. Relevant wird dies, wenn der Alleingesellschafter einer GmbH, der nicht zugleich Geschäftsführer ist, einen Geschäftspartner der GmbH arglistig täuscht und diesen so zu einem Geschäftsabschluss mit der GmbH bewegt, diese aber beim Vertragsabschluss nicht durch den täuschenden Gesellschafter, sondern einen ahnungslosen Geschäftsführer vertreten wird. Mit § 166 Abs. 1 BGB lässt sich eine Wissenszurechnung dann nicht begründen, gerade weil die Täuschung nicht durch den als Vertreter der GmbH auftretenden (Fremd-)Geschäftsführer verübt wurde. Gleichwohl erscheint es unbillig, die Anfechtbarkeit des Geschäfts abzulehnen und so dem täuschenden Alleingesellschafter über seine (alleinige) Gewinnbeteiligung den Vorteil seiner Täuschung zu belassen. Er kann sich deshalb nicht darauf berufen, Dritter i.S.

---

234   Sehr umfassend *Wiedemann*, GesR I, § 4 III 2 (S. 229 ff.); s. auch die Nachw. Rdnr. 71.
235   Dazu *Raiser*, in: Ulmer/Habersack/Löbbe, Rdnr. 25 ff.
236   Anders wohl *Emmerich*, 10. Aufl., Rdnr. 71 f.

von § 123 Abs. 2 BGB zu sein, wenn der irregeführte Vertragspartner das mit dem Geschäftsführer abgeschlossene Geschäft anfechten möchte[237].

2. Gutgläubiger Erwerb

Um ein vergleichbares Normanwendungsproblem geht es, wenn der Alleingesellschafter ein fälschlicherweise auf seinen Namen eingetragenes Grundstück oder einen sonstigen ihm nicht gehörenden Gegenstand an „seine" GmbH veräußert oder umgekehrt. Die Möglichkeit eines gutgläubigen Erwerbs nach §§ 892, 932 BGB wird in solchen Fällen mit dem Hinweis darauf verneint, dass es sich bei dem Geschäft zwischen Gesellschaft und Gesellschafter nicht um ein **Verkehrsrechtsgeschäft** handele[238]. Da letztlich das ganze positive Vermögen der GmbH dem oder den Gesellschaftern gebührt, wäre es nicht gerechtfertigt, dem wahren Eigentümer seine Rechtsposition aus Gründen des – den Gutglaubenserwerb allein rechtfertigenden – Verkehrsschutzes zu entziehen, obwohl bei einer derartigen Veräußerung wirtschaftlich gesehen gar kein Rechtsübergang stattgefunden hat, vielmehr wirtschaftlich gesehen die gleiche(n) Person(en) auf beiden Seiten des Geschäfts stehen.

78

Problematisch wird der Zurechnungsdurchgriff zwischen Gesellschafter- und Gesellschaftssphäre allerdings, wenn es an einer vollständigen wirtschaftlichen Personenidentität auf Erwerber- und Veräußererseite fehlt. Dann nämlich ist die Frage zu entscheiden, ob im Interesse der nicht auf beiden Seiten wirtschaftlich beteiligten Person der gutgläubige Erwerb zuzulassen ist oder das Verkehrsschutzinteresse dieser Person deshalb zurückzutreten hat, weil jedenfalls andere, ggf. mehrheitlich beteiligte Personen, nicht schutzwürdig erscheinen. Da der gutgläubige Erwerb bei fehlender Personenidentität die gesetzliche Regel ist und diese Regel allein im Hinblick auf eine wirtschaftliche Identität durchbrochen wird, muss sich der Verkehrsschutz des Erwerbers schon dann gegenüber dem Bestandsschutzinteresse des wahren Eigentümers durchsetzen, wenn mindestens eine Person wirtschaftlich nicht auf beiden Seiten steht[239]. Dieser einen Person lässt sich nämlich die Schutzwürdigkeit nicht deshalb absprechen, weil sie anderen Personen, den Mitgesellschaftern, fehlt[240]. Allerdings sollte man darüber nachdenken, ob nicht gegenüber den auf beiden Seiten wirtschaftlich beteiligten

79

---

237 *Fastrich*, in: Baumbach/Hueck, Rdnr. 15; *Bayer*, in: Lutter/Hommelhoff, Rdnr. 14; *Reuter*, in: MünchKomm. BGB, 7. Aufl. 2015, vor § 21 BGB Rdnr. 30; *Geißler*, GmbHR 1993, 71, 73; *Kuhn*, in: FS Heusinger, 1968, S. 203, 208; *Erlinghagen*, GmbHR 1962, 169, 170; *Hofmann*, NJW 1966, 1941, 1942; *Rehbinder*, in: FS Kübler, 1997, S. 493, 506; vgl. auch BGH v. 22.1.1990 – II ZR 25/89, NJW 1990, 1915 = GmbHR 1990, 164.

238 BGH v. 29.6.2007 – V ZR 5/07, BGHZ 173, 71, 77 = NJW 2007, 3204 = MDR 2007, 1362 Rdnr. 22 m.w.N.; *Gursky*, in: Staudinger, 2013, § 892 BGB Rdnr. 107 ff. m.w.N.; *Fastrich*, in: Baumbach/Hueck, Rdnr. 15; *Lieder*, in: Michalski u.a., Rdnr. 354; *Karsten Schmidt*, GesR, § 9 III 2d (S. 230); *Raiser/Veil*, Kapitalgesellschaften, § 39 Rdnr. 20; *Geißler*, GmbHR 1993, 71, 73 f.; *Kuhn*, in: FS Heusinger, 1968, S. 203, 207 f.; *Erlinghagen*, GmbHR 1962, 169, 170; *Hofmann*, NJW 1966, 1941, 1942; *Rehbinder*, in: FS Kübler, 1997, S. 493, 508; *Wiedemann*, WM-Beilage 4/1975, S. 23; vgl. auch RG v. 17.1.1934 – V 67/328/33, RGZ 143, 202, 207; RG v. 26.11.1927 – V 468/26, RGZ 119, 126, 128 ff.; RG v. 19.10.1929 – V 426/28, RGZ 126, 46, 48; BGH v. 5.11.1980 – VIII ZR 230/79, BGHZ 78, 318, 325.

239 So die h.M.; vgl. BGH v. 26.1.1996 – V ZR 212/94, ZIP 1996, 688, 690; BGH v. 29.6.2007 – V ZR 5/07, BGHZ 173, 71, 77 = NJW 2007, 3204 = MDR 2007, 1362 Rdnr. 22; *Bayer*, in: Lutter/Hommelhoff, Rdnr. 16; *Gursky*, in: Staudinger, 2013, § 892 BGB Rdnr. 108 ff. mit umfassenden Nachw. zu z.T. differenzierenden Ansichten; ferner *Reuter*, in: MünchKomm. BGB, 7. Aufl. 2015, vor § 21 BGB Rdnr. 27 f.; s. zum gutgläubigen Erwerb einer Sacheinlage von einem Gesellschafter auch BGH v. 21.10.2002 – II ZR 118/02, NJW-RR 2003, 170, 171 = GmbHR 2003, 39.

240 S. aber auch die vom RG v. 17.1.1934 – V 67/328/33, RGZ 143, 202, 207, „jedenfalls für den Bereich des § 14 AufwNov" befürwortete Einschränkung für den Fall, dass nur 1/30 der Geschäftsanteile einem Dritten gehörten, der in jenem Fall aber der minderjährige Sohn des Hauptgesellschafters war und von diesem vertreten wurde.

und damit nicht schutzwürdigen Personen ein schuldrechtlicher Ausgleichsanspruch des benachteiligten Eigentümers anzuerkennen ist.

80 Ein Fehlen der wirtschaftlichen Personenidentität ist allerdings dann nicht anzuerkennen, wenn die zusätzlichen Erwerber ihrerseits nur **Treuhänder** (Strohmänner) der Gesellschafter sind[241]. Aufgrund des Treuhandverhältnisses halten sie dann nämlich ihre Vermögensposition wiederum nur „wirtschaftlich" für die Treugeber[242], so dass auf diesem Weg die wirtschaftliche Identität auf Veräußerer- und Erwerberseite doch hergestellt ist.

3. Reichweite eines Wettbewerbsverbots

81 Aus dem Bereich der Vertragsauslegung ist insbesondere auf die Frage hinzuweisen, ob ein von der Gesellschaft eingegangenes Wettbewerbsverbot nach dem konkreten Zweck der Verpflichtung auch die Gesellschafter trifft oder umgekehrt ein den Gesellschafter treffendes Wettbewerbsverbot auch dann verletzt ist, wenn das Konkurrenzgeschäft von einer Gesellschaft betrieben wird, an der der Gesellschafter beteiligt ist[243].

82 Im Zweifel ist ein **Gesellschafter, der einem Wettbewerbsverbot unterliegt**, gehalten, im Rahmen seiner rechtlichen Einflussmöglichkeiten auch einen Wettbewerb durch eine Gesellschaft zu verhindern, an der er beteiligt ist[244]. Dies gilt insbesondere für einen Mehrheitsgesellschafter, der zugleich Geschäftsführer jener Gesellschaft ist[245]. Aber auch bei fehlender Mehrheitsbeteiligung und/oder Geschäftsführung kann der Gesellschafter ggf. verpflichtet sein, seinen in der Gesellschaft betriebenen Wettbewerb einzustellen[246], notfalls durch Austritt aus jener Gesellschaft. Adressat des Wettbewerbsverbots bleibt allerdings in aller Regel der Gesellschafter selbst, während die Konkurrenz betreibende Gesellschaft jedenfalls dann nicht unmittelbar auf Unterlassung in Anspruch genommen werden kann, wenn an ihr noch andere, nicht durch das Wettbewerbsverbot gebundene Gesellschafter beteiligt sind. Dann nämlich würde ein *vertragliches* Wettbewerbsverbot einen Vertrag zulasten Dritter – der Gesellschaft – darstellen[247]. Zudem dürfte auch die Ausdehnung eines gesetzlichen Wettbewerbsverbots wie § 112 HGB auf eine Gesellschaft, an der außenstehende Dritte als Gesellschafter beteiligt sind, nicht in Betracht kommen.

83 Der Zweck eines Vertrags, mit dem sich eine **Gesellschaft zur Unterlassung von Wettbewerb verpflichtet** hat, dürfte in der Regel ebenfalls durchkreuzt werden, wenn die Gesellschafter den Wettbewerb sodann in eigener Person oder mittels einer anderen neu gegründeten Gesellschaft betreiben[248]. Ferner trifft das gesetzliche Wettbewerbsverbot des § 112 HGB auch den (Allein-)Gesellschafter der Komplementär-GmbH[249].

---

241 Ebenso *Emmerich*, 10. Aufl., Rdnr. 74a; *Lieder*, in: Michalski u.a., Rdnr. 356; *Gursky*, in: Staudinger, 2013, § 892 BGB Rdnr. 111 m.w.N.

242 Umfassend zum Außenrecht der Verwaltungstreuhand *Bitter*, Rechtsträgerschaft für fremde Rechnung, 2006, zum „wirtschaftlichen Eigentum" des Treugebers insbes. S. 22 ff., 265 ff.

243 *Fastrich*, in: Baumbach/Hueck, Rdnr. 14; *Bayer*, in: Lutter/Hommelhoff, Rdnr. 17; *Reuter*, in: MünchKomm. BGB, 7. Aufl. 2015, vor § 21 BGB Rdnr. 26; *Rehbinder*, in: FS Kübler, 1997, S. 493, 513 f.; *Rehbinder*, in: FS R. Fischer, 1979, S. 579, 600; *Kuhn*, in: FS Heusinger, 1968, S. 203, 208; *Hofmann*, NJW 1966, 1941, 1942; *Wiedemann*, WM-Beilage 4/1975, S. 21.

244 *Reuter*, in: MünchKomm. BGB, 7. Aufl. 2015, vor § 21 BGB Rdnr. 26; für eine GbR BGH v. 3.2.1978 – I ZR 163/76, MDR 1978, 904 = GmbHR 1978, 175 (Leitsatz).

245 S. für eine GmbH insbes. BGH v. 21.2.1978 – KZR 6/77, NJW 1978, 1001; s. für eine KG auch BGH v. 9.11.1973 – I ZR 83/72, BB 1974, 482 = WM 1974, 482.

246 Dazu *Rehbinder*, in: FS R. Fischer, 1979, S. 579, 600.

247 Zutreffend *Reuter*, in: MünchKomm. BGB, 7. Aufl. 2015, vor § 21 BGB Rdnr. 26.

248 So für den Fall zweier Kommanditgesellschaften mit identischem Gesellschafterkreis BGH v. 7.6.1972 – VIII ZR 175/70, BGHZ 59, 64 = WM 1972, 882; ebenso BGH v. 28.5.1975 – VIII ZR 200/74, BB 1975, 1037 für den Fall, dass in die neue KG ein weiterer Kommanditist aufgenommen wird.

249 BGH v. 5.12.1983 – II ZR 242/82, BGHZ 89, 162, 165 = GmbHR 1984, 203 – Heumann-Ogilvy.

4. Maklerprovision (§ 652 BGB)

Im Grenzbereich zwischen Vertragsauslegung und Normanwendung[250] sind die sog. Makler-   **84** fälle angesiedelt. Der Makler erhält seine Provision für die Vermittlung eines Geschäftes mit einem Dritten (§ 652 BGB). Deshalb wird keine Vermittlungsprovision fällig, wenn der Makler das Geschäft selbst abschließt. Vermittelt nun die Gesellschaft ein Geschäft mit ihrem Hauptgesellschafter oder umgekehrt, so kann eine Maklerprovision ebenfalls nicht verlangt werden, da aufgrund der wirtschaftlichen Identität von Gesellschaft und Gesellschafter nicht von einer Nachweis- oder Vermittlungstätigkeit im Sinne des § 652 BGB gesprochen werden kann[251].

5. Zurechnung von Eigenschaften

Um eine Frage der Auslegung im Einzelfall geht es auch, wenn gesetzliche Normen auf be-   **85** stimmte Eigenschaften einer Person abstellen und insoweit zu beurteilen ist, ob die Eigenschaften der Gesellschafter der Gesellschaft zuzurechnen sind[252]. Solche Zurechnungsfragen sind teilweise im Gesetz selbst angelegt, wenn etwa § 116 Satz 1 Nr. 2 ZPO die Gewährung von Prozesskostenhilfe für eine juristische Person davon abhängig macht, dass nicht nur diese, sondern auch die „am Gegenstand des Rechtsstreits wirtschaftlich Beteiligten" mittellos sind[253]. Wirtschaftlich beteiligt in diesem Sinne sind bei der GmbH insbesondere deren Gesellschafter[254]. Sind diese also nicht mittellos, wird auch der GmbH keine Prozesskostenhilfe gewährt.

Bedeutsam kann die Zurechnung auch bei einem Irrtum über verkehrswesentliche Eigen-   **86** schaften i.S. von § 119 Abs. 2 BGB sein. Gerade hier zeigt sich allerdings deutlich, dass es beim sog. Zurechnungsdurchgriff gar nicht um Spezifika der juristischen Person, ja nicht einmal um das besondere Verhältnis zwischen Gesellschaft und *Gesellschafter* geht. Wie nämlich schon das RG im Jahr 1934 klargemacht hat, können für die Frage, ob der mit einer Gesellschaft abgeschlossene Vertrag vom Vertragspartner nach § 119 Abs. 2 BGB angefochten werden kann, nicht nur Eigenschaften des Gesellschafters, sondern ebenso auch Eigenschaften des Geschäftsführers bedeutsam sein, wenn sie für den Vertragsschluss erheblich waren[255]. Hier geht es also – nicht anders als bei der gewerberechtlichen Zuverlässigkeit einer Gesellschaft (Rdnr. 75) – ganz allgemein um die Frage, auf welche natürliche/n Person/en abzustellen ist, wenn es um die Beurteilung von Eigenschaften geht, die eine für sich nicht handlungsfähige juristische Person gar nicht haben kann.

---

250 So zutreffend *Karsten Schmidt*, GesR, § 9 III 2a (S. 228 f.); demgegenüber geht *Fastrich*, in: Baumbach/Hueck, Rdnr. 14 wohl von einem Fall reiner Vertragsauslegung aus.

251 *Fastrich*, in: Baumbach/Hueck, Rdnr. 14; *Karsten Schmidt*, GesR, § 9 III 2a (S. 228 f.); *Geißler*, GmbHR 1993, 71, 73; *Rehbinder*, in: FS Kübler, 1997, S. 493, 504; *Wiedemann*, WM-Beilage 4/1975, S. 22; ausführlich *Raiser*, in: Ulmer/Habersack/Löbbe, Rdnr. 102 ff.; vgl. auch BGH v. 12.5.1971 – IV ZR 82/70, NJW 1971, 1839 f. (90 % Beteiligung); BGH v. 25.5.1973 – IV ZR 16/72, NJW 1973, 1649 f. (wirtschaftlich erhebliche Mitbeteiligung); BGH v. 24.4.1985 – IVa ZR 211/83, NJW 1985, 2473 (wirtschaftliche Identität aufgrund enger Verflechtung); BGH v. 1.4.1992 – IV ZR 154/91, MDR 1992, 562 = NJW 1992, 2818 mit Anm. *Dehmer*, NJW 1993, 2225 f.

252 Dazu *Reuter*, in: MünchKomm. BGB, 7. Aufl. 2015, vor § 21 BGB Rdnr. 29; *Raiser/Veil*, Kapitalgesellschaften, § 39 Rdnr. 7; *Raiser*, in: Ulmer/Habersack/Löbbe, Rdnr. 97.

253 Dazu auch *Reuter*, in: MünchKomm. BGB, 7. Aufl. 2015, vor § 21 BGB Rdnr. 29.

254 *Geimer*, in: Zöller, 32. Aufl. 2018, § 116 ZPO Rdnr. 22.

255 RG v. 23.2.1934 – II 284/33, RGZ 143, 429, 431.

6. Bauhandwerkersicherungshypothek (§ 648 BGB)

87 Sind die Gesellschafter einer GmbH Eigentümer eines Grundstücks und beauftragt die GmbH einen Unternehmer mit der Errichtung eines Bauwerks auf diesem Grundstück, kann sich die Frage ergeben, ob der Unternehmer trotz der „formalen" Trennung zwischen Besteller (GmbH) und Eigentümer des Grundstücks (Gesellschafter) die Bestellung einer Sicherungshypothek an dem Baugrundstück verlangen kann[256]. Weil es bei dieser Frage der Auslegung des Bestellerbegriffs in § 648 BGB letztlich um Haftungsfragen, nämlich darum geht, ob auf das Privatvermögen der Gesellschafter – hier im Wege der Sicherung – zur Befriedigung der Gesellschaftsverbindlichkeit zurückgegriffen werden kann[257], sollte sie ähnlich zurückhaltend beurteilt werden wie der an späterer Stelle zu kommentierende Haftungsdurchgriff (Rdnr. 110 ff.).

88 Haften die Gesellschafter im Einzelfall ohnehin aufgrund eines besonderen Verpflichtungsgrundes (insbesondere Bürgschaft; vgl. Rdnr. 90 ff.) oder im Wege der Durchgriffshaftung (Rdnr. 110 ff.) für die Verbindlichkeit der GmbH, sollte man wegen der dann ohnehin schon aufgehobenen Haftungstrennung zwischen Gesellschafts- und Gesellschaftersphäre auch einen Anspruch gemäß § 648 BGB bejahen[258]. Liegt ein solcher Sonderfall hingegen nicht vor, hat es auch im Hinblick auf die Bauhandwerkersicherung bei dem Grundsatz zu bleiben, dass das Gesellschaftervermögen nicht für die Verbindlichkeiten der GmbH haftet, Gesellschaft und Gesellschafter also als zwei verschiedene Rechtspersonen zu betrachten sind. Das gilt übrigens auch im umgekehrten Fall, in dem die GmbH Eigentümerin eines Grundstücks ist und der Bauauftrag von deren Gesellschaftern erteilt wird. Ein „Zurechnungsdurchgriff" im Rahmen des § 648 BGB ginge in diesem Fall zulasten der GmbH-Gläubiger, denen das Vermögen der Gesellschaft vorrangig vor den Gesellschaftergläubigern als Haftungsmasse zusteht.

89 Diese grundsätzliche haftungsrechtliche Trennung der beiden Vermögenssphären schließt es freilich nicht aus, dass im Einzelfall besondere Umstände vorliegen, die die Berufung des Grundstückseigentümers auf die rechtliche Trennung als Verstoß gegen Treu und Glauben (§ 242 BGB) erscheinen lässt[259].

VIII. „Unechter" Haftungsdurchgriff

Schrifttum: *Bitter*, Haftung von Gesellschaftern und Geschäftsführern in der Insolvenz ihrer GmbH, ZInsO 2010, 1561.

90 Als „unechten" Haftungsdurchgriff bezeichnet man eine Haftung des Gesellschafters für die Gesellschaftsverbindlichkeiten aufgrund einer eigenständigen Haftungsgrundlage (zur Systematisierung s. Rdnr. 73). Eine solche Haftung kann vertraglicher oder deliktischer Natur sein

---

256 Dazu *Raiser*, in: Ulmer/Habersack/Löbbe, Rdnr. 100; *Rehbinder*, in: FS R. Fischer, 1979, S. 579, 589 f.; *Wilhelm*, S. 369 ff.

257 *Rehbinder*, in: FS R. Fischer, 1979, S. 579, 590 spricht von „dinglich beschränkter Mithaftung".

258 In diesem Sinne auch BGH v. 22.10.1987 – VII ZR 12/87, BGHZ 102, 95, 102 f. = NJW 1988, 255, 257 = ZIP 1988, 244, 246; OLG Hamm v. 21.4.1989 – 26 U 194/88, NJW-RR 1989, 1105; OLG Hamm v. 7.3.2006 – 21 W 7/06, BauR 2007, 721; *Raiser/Veil*, Kapitalgesellschaften, § 39 Rdnr. 11.

259 BGH v. 22.10.1987 – VII ZR 12/87, BGHZ 102, 95, 100 ff. = NJW 1988, 255, 256 f. = ZIP 1988, 244, 246; OLG Hamm v. 21.4.1989 – 26 U 194/88, NJW-RR 1989, 1105; OLG Naumburg v. 14.4.1999 – 12 U 8/99, NJW-RR 2000, 311, 312; OLG Celle v. 31.10.2002 – 6 U 159/02, NJW-RR 2003, 236 = MDR 2003, 504; OLG Hamm v. 7.3.2006 – 21 W 7/06, BauR 2007, 721; sehr restriktiv OLG Frankfurt v. 10.8.2001 – 3 W 39/01, OLGR 2001, 261 = MDR 2001, 1405 f.; OLG Schleswig v. 23.12.1999 – 7 U 99/99, OLGR 2000, 158 = BauR 2000, 1377.

oder sich aus einer Rechtsscheinhaftung ergeben[260]. Die verschiedenen, dem allgemeinen Zivilrecht entstammenden Haftungsgründe sollen an dieser Stelle nur insoweit dargestellt werden, wie Anknüpfungspunkt der Haftung die Eigenschaft als *Gesellschafter* der GmbH ist, während die an die *Geschäftsführereigenschaft* anknüpfenden Haftungsansätze in der Kommentierung zu § 43 dargestellt werden (vgl. 11. Aufl., § 43 Rdnr. 307 ff.)[261]. Für den Geschäftsführer gilt freilich noch mehr als für den Gesellschafter (Rdnr. 55), dass er im Grundsatz nicht für die Gesellschaftsverbindlichkeiten haftet, vielmehr ein besonderer Haftungsgrund erforderlich ist[262].

1. Vertragshaftung

a) Bürgschaft

Eine eigenständige Haftung des Gesellschafters für die Gesellschaftsverbindlichkeiten kann   91
sich in der Praxis insbesondere daraus ergeben, dass er sich für eine Verbindlichkeit der Gesellschaft persönlich verbürgt (§§ 765 ff. BGB). Die Bürgschaft ist eine akzessorische Sicherheit (vgl. § 767 BGB), d.h., die Haftung des Bürgen ist in Höhe und Bestand von der Hauptverbindlichkeit (des Gläubigers gegenüber der GmbH) abhängig. Zudem haftet der Bürge grundsätzlich nur subsidiär, also erst, wenn der Gläubiger erfolglos versucht hat, den Hauptschuldner in Anspruch zu nehmen (Einrede der Vorausklage nach § 771 BGB). Aufgrund von § 773 Abs. 1 Nr. 3 BGB steht dem bürgenden Gesellschafter die Einrede der Vorausklage allerdings nicht zu, wenn über das Vermögen des Hauptschuldners – d.h. der GmbH – das Insolvenzverfahren eröffnet wurde.

Auch außerhalb der Insolvenz ist die subsidiäre Haftung des Bürgen meist ausgeschlossen,   92
denn auf die Einrede der Vorausklage kann der Bürge verzichten (sog. selbstschuldnerische Bürgschaft gemäß § 773 Abs. 1 Nr. 1 BGB; bei Bürgschaften gegenüber Banken üblich). Ein Ausschluss der Einrede der Vorausklage kommt zudem nach § 349 HGB in Betracht, wenn der Bürge Kaufmann und die Bürgschaft für ihn ein Handelsgeschäft ist. Ohne Weiteres kann dies bejaht werden, wenn die Muttergesellschaft sich für ihre Tochter verbürgt. Ist der Gesellschafter jedoch eine natürliche Person, so ist dieser weder als Gesellschafter noch als Geschäftsführer Kaufmann i.S. des § 1 HGB[263], so dass jedenfalls eine direkte Anwendung des § 349 HGB nicht in Betracht kommt. Eine analoge Anwendung wird z.T. befürwortet, soweit der Gesellschafter zugleich geschäftsführend tätig ist[264], von der h.M. jedoch nicht in Betracht gezogen oder ausdrücklich abgelehnt[265]. Im gleichen Sinne ist die Bürgschaft eines GmbH-Gesellschafters nach h.M. auch nicht gemäß § 350 HGB von der Schriftform des § 766 BGB frei[266].

---

260   Dazu auch *Raiser*, in: Ulmer/Habersack/Löbbe, Rdnr. 119 ff.; *Lieder*, in: Michalski u.a., Rdnr. 367 ff.
261   S. für eine umfassende Darstellung aller an die Gesellschafter- und Geschäftsführereigenschaft anknüpfenden Haftungsansätze im Rahmen des „unechten" Durchgriffs *Bitter*, ZInsO 2010, 1561 ff.
262   BAG v. 23.2.2016 – 9 AZR 293/15, ZIP 2016, 885 = GmbHR 2016, 640 Rdnr. 14 m.w.N.
263   Anderes gilt für persönlich haftende Gesellschafter einer OHG/KG; vgl. *Bitter/Heim*, GesR, § 6 Rdnr. 5.
264   *Karsten Schmidt*, in: MünchKomm. HGB, 3. Aufl. 2013, § 349 HGB Rdnr. 5 und § 350 HGB Rdnr. 10 f.; ähnlich *Canaris*, HandelsR, 24. Aufl. 2006, § 24 Rdnr. 13 (S. 370) zu § 350 HGB.
265   S. die zu § 350 HGB in der Folgefußnote angeführte Rechtsprechung und Literatur sinngemäß.
266   Vgl. BGH v. 12.5.1986 – II ZR 225/85, ZIP 1986, 1457; BGH v. 28.1.1993 – IX ZR 259/91, BGHZ 121, 224, 228 = NJW 1993, 1126 = JR 1993, 318 mit Anm. *Karsten Schmidt*; *Pamp*, in: Oetker, 4. Aufl. 2015, § 350 HGB Rdnr. 12; *Koller*, in: Staub, 4. Aufl. 2004, § 350 HGB Rdnr. 9; *Koller*, in: Koller/Kindler/Roth/Morck, § 350 HGB Rdnr. 5; *Hakenberg*, in: Ebenroth/Boujong/Joost/Strohn, § 350 HGB Rdnr. 13.

b) Schuldbeitritt

93   Eine in ihrer Funktion und wirtschaftlichen Bedeutung der Bürgschaft vergleichbare Personalsicherheit ist der Schuldbeitritt. Im Gegensatz zum Bürgen haftet der Schuldbeitretende nicht akzessorisch, sondern gleichrangig neben dem Schuldner der Forderung. Da der Schuldbeitritt formfrei, die Bürgschaft eines GmbH-Gesellschafters hingegen nach § 766 BGB formbedürftig ist (Rdnr. 92), besteht bei mündlichen Erklärungen des Gesellschafters, für die Verbindlichkeiten der GmbH einzustehen, ein Interesse des Gläubigers, diese Erklärung als Schuldbeitritt auszulegen. Der BGH hat diesbezüglich entschieden, dass bei der Abgrenzung von Schuldbeitritt und Bürgschaft das **eigene wirtschaftliche (oder auch rechtliche) Interesse** des sich verpflichtenden Vertragspartners daran, dass die Verbindlichkeit des Schuldners getilgt wird, ein wichtiger Anhaltspunkt für das Vorliegen des Schuldbeitritts sein kann: Bei einem die Vertragsverhandlungen führenden Geschäftsführer, der zugleich auch – ggf. dominierender – Gesellschafter der GmbH ist, wird daher eher anzunehmen sein, dass er sich parallel zu „seiner" GmbH im Wege des Schuldbeitritts mitverpflichten will, als bei einem Fremdgeschäftsführer[267].

2. Vertrauenshaftung

a) Rechtsscheinhaftung wegen fehlenden Rechtsformzusatzes

94   Eine eigenständige Mithaftung für die Verbindlichkeiten der GmbH kommt ferner in Betracht, wenn im Rahmen geschäftlicher Verhandlungen nicht offenbart wird, dass Verhandlungs- und Vertragspartner eine haftungsbeschränkte GmbH ist, insbesondere bei schriftlichen Vertragsschlüssen der Rechtsformzusatz i.S. von § 4 entgegen § 35a nicht geführt wird (näher § 4 Rdnr. 80 ff.)[268]. Die Haftung aufgrund des hierdurch veranlassten Rechtsscheins unbeschränkter Haftung trifft die im Einzelfall gegenüber dem Vertragspartner auftretende Person und knüpft damit i.d.R. an die Geschäftsführer-, nicht die Gesellschafterposition an (vgl. auch 11. Aufl., § 43 Rdnr. 312). Handelt ein sonstiger Mitarbeiter oder Untervertreter, so trifft diesen die Haftung und nicht den Geschäftsführer[269]. Der Gesellschafter haftet folglich nur, wenn er im konkreten Fall die Vertragsverhandlungen geführt hat.

b) Culpa in contrahendo (c.i.c.)

95   Unter culpa in contrahendo ist ein Verschulden bei oder vor Vertragsschluss zu verstehen, welches zu einer Schadensersatzpflicht gegenüber dem Verhandlungspartner nach §§ 280 Abs. 1, 241 Abs. 2, 311 Abs. 2 BGB führen kann. Typische Fallgruppen der c.i.c. sind die Verletzung von Sorgfalts-, Obhuts- und Aufklärungspflichten, im Zusammenhang mit einer GmbH insbesondere die unterlassene Aufklärung über eine wirtschaftlich angespannte Lage[270]. Führt eine solche Pflichtverletzung zu einem Schaden beim Verhandlungspartner, so ist der Schaden aufgrund der §§ 280 Abs. 1, 241 Abs. 2, 311 Abs. 2 BGB zu ersetzen. Der Anspruch aus c.i.c. richtet sich aber gewöhnlich nur gegen denjenigen, der durch die Vertragsverhandlungen Ver-

---

267 Vgl. BGH v. 25.9.1980 – VII ZR 301/79, NJW 1981, 47 = ZIP 1980, 983; BGH v. 19.9.1985 – VII ZR 338/84, NJW 1986, 580 = ZIP 1985, 1485.

268 S. dazu auch *Bitter*, ZInsO 2010, 1561, 1562 f.; *Bitter/Schumacher*, HandelsR, 2. Aufl. 2015, § 3 Rdnr. 15 ff. mit Fall Nr. 7; für eine nur subsidiäre Mithaftung *Altmeppen*, in: Roth/Altmeppen, Rdnr. 72; *Saenger*, in: Saenger/Inhester, Rdnr. 94.

269 BGH v. 5.2.2007 – II ZR 84/05, ZIP 2007, 908 = GmbHR 2007, 593 = NJW 2007, 1529 (Ziff. II 3 der Gründe); BGH v. 24.6.1991 – II ZR 293/90, ZIP 1991, 1004 = GmbHR 1991, 360 = NJW 1991, 2627 (Leitsatz und Ziff. II der Gründe).

270 Kritisch zu dieser Aufklärungspflicht *Poertzgen*, ZInsO 2010, 416, 418 ff.

tragspartner werden soll, also gegen die GmbH; nur diese haftet also im Grundsatz für die Verletzung vorvertraglicher Schutzpflichten durch ihre Organe und Mitarbeiter[271].

Ausnahmsweise kann sich der Anspruch aus c.i.c. aber auch gegen den Vertreter selbst richten, der die Verhandlungen für die GmbH führt. Nach § 311 Abs. 3 BGB kommt dies insbesondere in Betracht, wenn der Vertreter besonderes persönliches Vertrauen in Anspruch nimmt. Daneben ist als weitere Fallgruppe seit langem auch das unmittelbare eigene wirtschaftliche Interesse am Vertragsabschluss anerkannt. Da der Haftungsansatz jedoch immer ein konkretes Handeln der betreffenden Person im Rahmen des Vertragsschlusses voraussetzt und damit in erster Linie an die Geschäftsführerposition anknüpft, wird darauf im Rahmen der Kommentierung zu § 43 näher eingegangen (11. Aufl., § 43 Rdnr. 313 ff.)[272].   96

3. Deliktshaftung

Eine deliktische Haftung gegenüber den Gläubigern der GmbH kommt unter drei Gesichtspunkten in Betracht: wegen Verletzung von Rechtsgütern der Gläubiger (§ 823 Abs. 1 BGB), wegen Verletzung eines Schutzgesetzes (§ 823 Abs. 2 BGB) und wegen sittenwidriger vorsätzlicher Schädigung (§ 826 BGB)[273].   97

a) Rechtsgutsverletzung und Verletzung eines Schutzgesetzes (§ 823 BGB)

Die persönliche Haftung aus § 823 Abs. 1 und 2 BGB knüpft in aller Regel an ein Handeln des Geschäftsführers an und wird deshalb in der Kommentierung zu § 43 dargestellt (vgl. 11. Aufl., § 43 Rdnr. 321 ff.). Im Rahmen des § 823 Abs. 2 BGB sind dabei insbesondere diejenigen Schutzgesetze von Interesse, deren Tatbestand typischerweise im Vorfeld einer Insolvenz verwirklicht wird und die deshalb in der späteren Insolvenz der GmbH einen Rückgriff auf den Geschäftsführer erlauben (Betrug gemäß § 263 StGB, Kreditbetrug i.S. von § 265b StGB, Bankrott i.S. der §§ 283 ff. StGB[274], Untreue nach § 266 StGB[275] und das Vorenthalten von Sozialversicherungsbeiträgen gemäß § 266a StGB[276])[277].   98

Einen Sonderfall bildet die Außenhaftung wegen **Insolvenzverschleppung** gemäß § 823 Abs. 2 BGB i.V.m. § 15a InsO, die im Anschluss an die Innenhaftung aus § 64 behandelt wird (vgl. 11. Aufl., § 64 Rdnr. 131 ff., insbesondere Rdnr. 175 ff.)[278]. Diese Insolvenzverschleppungshaftung kann seit dem MoMiG im Einzelfall auch den Gesellschafter treffen, nämlich bei einer führungslosen Gesellschaft (11. Aufl., § 64 Rdnr. 156 ff.)[279].   99

---

271 Eine Haftung der Geschäftsführer als „Repräsentanten" der GmbH wird ganz überwiegend abgelehnt; vgl. in diesem Kommentar in der 11. Aufl. *Uwe H. Schneider*, § 43 Rdnr. 314 m.w.N.; überzeugend *Bork*, ZGR 1995, 505, 509 f.; a.A. in diesem Kommentar in der 11. Aufl. *Karsten Schmidt*, § 64 Rdnr. 218; zu dessen Position kritisch *Wagner*, in: FS Karsten Schmidt, 2009, S. 1665, 1672 f.; *Poertzgen*, ZInsO 2010, 460, 462 f.

272 S. dazu auch *Bitter*, ZInsO 2010, 1561, 1563 ff.; *Lieder*, in: Michalski u.a., Rdnr. 373 f.

273 Zusammenfassende Darstellung bei *Bitter*, ZInsO 2010, 1561, 1565 ff.

274 Dazu nach Aufgabe der Interessentheorie durch BGH v. 15.5.2012 – 3 StR 118/11, BGHSt 57, 229 = ZIP 2012, 1451 = GmbHR 2012, 24 monographisch *Graf von Spee*, Sanktion schuldnerseitiger Insolvenzverursachung durch Vermögensdispositionen, 2016.

275 BGH v. 10.7.2012 – VI ZR 341/10, BGHZ 194, 26 = ZIP 2012, 1552 = GmbHR 2012, 964 Rdnr. 13 ff. m.w.N.; in Bezug auf die Existenzvernichtung Rdnr. 174 m.N.; zum Verhältnis von straf- und zivilrechtlicher Haftung *Kuhlen*, NZWiSt 2015, 121 ff., 161 ff.

276 BGH v. 18.12.2012 – II ZR 220/10, ZIP 2013, 412 = GmbHR 2013, 265 m.w.N.; BGH v. 11.6.2013 – II ZR 389/12, ZIP 2013, 1591 = MDR 2013, 1049; BGH v. 3.5.2016 – II ZR 311/14, ZIP 2016, 1283 = GmbHR 2016, 806.

277 Überblick bei *Bitter*, ZInsO 2010, 1561, 1568 ff.

278 S. auch *Bitter*, ZInsO 2010, 1561, 1572 ff.

279 Dazu auch *Steffek*, JZ 2009, 77, 81.

b) Sittenwidrige vorsätzliche Schädigung (§ 826 BGB)

100　Ein Verhalten des Gesellschafters bzw. ein von diesem (bewusst) geschaffener gläubigerschädigender Zustand kann Ansatzpunkt für eine Haftung aus § 826 BGB sein[280]. Diese allgemeine zivilrechtliche Norm gerät immer dann in den Blick, wenn ein Gläubiger, der in der Insolvenz der GmbH mit seiner Forderung ausfällt, nicht in seinen nach § 823 Abs. 1 BGB geschützten Rechtsgütern verletzt, sondern nur in seinem Vermögen geschädigt ist und zudem kein besonderes Schutzgesetz i.S. von § 823 Abs. 2 BGB einschlägig ist. Mit den Tatbestandsmerkmalen der Sittenwidrigkeit und des Vorsatzes stellt § 826 BGB freilich hohe Hürden für die Haftung des Gesellschafters, der oft zugleich Geschäftsführer ist, auf. In erster Linie geht es insoweit um Sachverhalte, in denen die Gesellschafter die Rechtsform der GmbH bewusst zum Zwecke der Gläubigerschädigung missbrauchen. Dann haftet er selbst aus § 826 BGB und ggf. neben ihm der Geschäftsführer[281].

aa) Sozialwidrige Risikoabwälzung auf Dritte

101　Eine unmittelbare Außenhaftung gegenüber den Gläubigern aus § 826 BGB hat die Rechtsprechung zum einen in Fällen anerkannt, in denen die Gesellschafter(-Geschäftsführer) die gesellschaftliche Struktur derart angelegt hatten, dass Nachteile systematisch bei der GmbH anfallen, während sich die Vorteile in ihrem Privatvermögen realisieren und dadurch die Gläubiger planmäßig und absehbar geschädigt werden (sog. Aschenputtelfälle[282]).

102　Im Architektenfall aus dem Jahr 1978 ging es um eine Gestaltung, in der sich die vom Beklagten beherrschte GmbH & Co. KG gegenüber diesem verpflichtete, Bauvorhaben auf Grundstücken des Beklagten zu einem **Festpreis** zu errichten, **der die Selbstkosten der Gesellschaft voraussichtlich nicht deckt**. Der in der Insolvenz der unterkapitalisierten GmbH ausgefallene Architekt nahm daraufhin den Beklagten persönlich in Anspruch und hatte damit beim BGH Erfolg[283].

103　Im Bauhandwerkerfall aus dem Jahr 1988 erfolgte die Gründung einer GmbH und deren mangelnde Vermögensausstattung mit dem Ziel, Verträge mit Bauhandwerkern durch die GmbH abschließen zu lassen, die Bauleistungen der Vertragspartner aber auf Grundstücken der Gesellschafter-Geschäftsführer erbringen und damit den Vorteil jenen persönlich zukommen zu lassen. Durch diese **planmäßige Spaltung der Vor- und Nachteile** wurde den Werkunternehmern der Zugriff auf die mit ihren Werkleistungen geschaffenen Vermögenswerte, nämlich die den Gesellschaftern persönlich zufließenden Erlöse aus dem Verkauf der renovierten Wohnungen, unmöglich gemacht[284].

104　Im Jahr 1992 hat der BGH zudem eine Haftung aus § 826 BGB in einem Fall bejaht, in dem der Geschäftsführer in großem Umfang **Bauvorhaben ohne sachgerechte Kalkulation** durchführte und Aufträge zu Festpreisen übernahm, die nicht kostendeckend waren. Damit war von vornherein absehbar, dass die Forderungen der für die GmbH tätigen Bauhandwerker aus

---

280　Vgl. auch *Raiser*, in: Ulmer/Habersack/Löbbe, Rdnr. 128 f.; *Steffek*, JZ 2009, 77, 80 f. m.N. zur Rspr.

281　Zur Geschäftsführerhaftung aus § 826 BGB bei einem „Schwindelunternehmen" s. z.B. BGH v. 14.7.2015 – VI ZR 463/14, ZIP 2015, 2169 = MDR 2015, 1363.

282　*Saenger*, in: Saenger/Inhester, Rdnr. 129 ff.; *Steffek*, JZ 2009, 77, 81; *Weber/Sieber*, ZInsO 2008, 952, 955 f.

283　BGH v. 30.11.1978 – II ZR 204/76, NJW 1979, 2104 = GmbHR 1979, 89; dazu *Schwab*, GmbHR 2012, 1213, 1217 f. m.w.N.

284　BGH v. 25.4.1988 – II ZR 175/87, NJW-RR 1988, 1181 = DB 1988, 1848; ebenso OLG Jena v. 28.11.2001 – 4 U 234/01, ZIP 2002, 631, 632 f. = GmbHR 2002, 112.

den Erlösen der GmbH nicht befriedigt werden konnten, während der beklagte Geschäftsführer sein Gehalt sowie eine Provision vorab aus den eingehenden Baugeldern zahlen konnte[285].

bb) Unterkapitalisierung/Spekulation auf Kosten der Gläubiger

Neben den vorgenannten Fällen, die dem berühmten Aschenputtel-Motto „Die guten ins Töpfchen, die schlechten ins Kröpfchen" folgen[286], wird § 826 BGB insbesondere in zwei Konstellationen relevant, die zugleich als Anwendungsfälle der „echten" Durchgriffshaftung diskutiert werden: Unterkapitalisierung und Vermögensvermischung. Ist der Vorsatz nachweisbar, greift § 826 BGB ein (dazu sogleich Rdnr. 106 f., 109). Gelingt der Beweis nicht, ist weiter zu fragen, ob auch unterhalb dieser Haftungsschwelle eine Gesellschafterhaftung wegen teleologischer Reduktion des § 13 Abs. 2 anzuerkennen ist (dazu Rdnr. 130 ff.).   105

Eine **eindeutig unzureichende Kapitalisierung**, die in keinem Verhältnis zu den von der GmbH eingegangenen Risiken steht und bei der folglich im Falle der Realisierung des Risikos notwendig die Gläubiger der GmbH ausfallen müssen, ist bei (bedingt) vorsätzlichem Handeln der Gesellschafter als Fallgruppe des § 826 BGB anzuerkennen[287]. Der BGH, der jedenfalls einer echten (objektiven) Durchgriffshaftung wegen Unterkapitalisierung sehr reserviert gegenübersteht (Rdnr. 144), hat die Frage freilich im Hinblick auf § 826 BGB in seinem Urteil „Gamma" aus dem Jahr 2008 offen gelassen[288].   106

Allerdings hat er in früheren Urteilen zur (zunächst konzernrechtlich) begründeten Missbrauchshaftung wegen Existenzvernichtung auch die Fälle der „einseitigen Spekulation auf Kosten der Gläubiger" anerkannt (Rdnr. 145, 163) und genau darum geht es bei qualifizierter Unterkapitalisierung. Ist aber in solchen Fällen – entgegen der jüngeren Rechtsprechung – sogar eine (Außen-)Haftung wegen objektiven Missbrauchs der Haftungsbeschränkung anzuerkennen (Rdnr. 138 ff.), muss erst recht eine Haftung aus § 826 BGB eingreifen, wenn den Gesellschafter-Geschäftsführern vorsätzliches Verhalten nachgewiesen werden kann.   107

Nach der zutreffenden Ansicht des BGH und des BAG liegt eine sittenwidrige Spekulation auf Kosten der Gläubiger aber nicht schon in Fällen eines **ex-ante lohnend erscheinenden Sanierungsversuchs** vor: Versucht jemand ein notleidendes Unternehmen zu retten und darf er die Krise den Umständen nach als überwindbar und darum Bemühungen um ihre Behebung als lohnend ansehen, verstößt er damit nicht schon deshalb gegen die guten Sitten, weil dieser Versuch die Möglichkeit des Misslingens und damit einer Schädigung nicht informierter Geschäftspartner und Gläubiger einschließt (s. auch 11. Aufl., § 43 Rdnr. 336)[289]. Dass der (geschäftsführende) Gesellschafter die Bemühungen um eine Sanierung für erfolgreich   108

---

285 BGH v. 16.3.1992 – II ZR 152/91, GmbHR 1992, 363 = ZIP 1992, 694 = WM 1992, 735 (Ziff. 2 der Gründe).

286 Dazu auch *Schwab*, GmbHR 2012, 1213, 1217 f. m.w.N.

287 *Merkt*, in: MünchKomm. GmbHG, Rdnr. 342; *Raiser*, in: Ulmer/Habersack/Löbbe, Rdnr. 143 ff.; *Weller/Discher*, in: Bork/Schäfer, Rdnr. 41; *Lutter/Hommelhoff*, ZGR 1979, 31, 60; *Altmeppen*, in: Roth/Altmeppen, Rdnr. 145 ff.; *Altmeppen*, ZIP 2008, 1201, 1205 f.; *Reuter*, in: MünchKomm. BGB, 7. Aufl. 2015, vor § 21 BGB Rdnr. 41 f.; *Kahler*, BB 1985, 1429, 1431; *Wüst*, JZ 1995, 990, 994; *Steffek*, JZ 2009, 77, 81; ausführlich *Weitbrecht*, S. 81 ff.; von „allgemeiner Anerkennung" spricht *Wiesner*, in: Theobald (Hrsg.), Entwicklungen zur Durchgriffs- und Konzernhaftung, S. 59, 68 f.; s. zur Rspr. auch *Heermann*, ebenda, S. 11, 38 ff.; im Grundsatz auch *Fastrich*, in: Baumbach/Hueck, Rdnr. 50, aber sehr zurückhaltend; auf die Umstände des Einzelfalls hinweisend auch *Strohn*, ZInsO 2008, 706, 711; insgesamt a.A. *Gloger/Goette/Japing*, ZInsO 2008, 1051, 1056 f.

288 BGH v. 28.4.2008 – II ZR 264/06, BGHZ 176, 204, 216 = GmbHR 2008, 805 = ZIP 2008, 1232, 1235 f. (Leitsatz 2 und Rdnr. 25) – Gamma.

289 So BAG v. 15.1.1991 – 1 AZR 94/90, GmbHR 1991, 413 = ZIP 1991, 884 = NJW 1991, 2923; ähnlich BGH v. 26.6.1989 – II ZR 289/88, BGHZ 108, 134, 141 ff. = ZIP 1989, 1341, 1344 = GmbHR 1990, 69 (Ziff. 3 der Gründe).

und die Krise für überwindbar ansehen durfte, muss aber er selbst beweisen[290]. Dazu genügt es nicht, dass er subjektiv davon ausging, die Krise sei überwindbar; er muss vielmehr objektive Anhaltspunkte vortragen.

cc) Vermögensvermischung

109   Eine Haftung aus § 826 BGB sollte zudem anerkannt werden, wenn Gesellschafter planmäßig das Gesellschafts- mit Privatvermögen vermischen, um auf diese Weise dem Gläubiger den Haftungszugriff auf das GmbH-Vermögen zu erschweren[291]. In Fällen einer derartigen generellen Vermögensvermischung wird freilich auch vom Bundesgerichtshof eine echte Durchgriffshaftung wegen Missbrauchs der Rechtsform anerkannt (Rdnr. 131 ff.), so dass die nur bei Vorsatz eingreifende Haftung aus § 826 BGB daneben ohne praktische Bedeutung ist[292].

IX. Echte Durchgriffshaftung wegen Missbrauchs der Rechtsform

Schrifttum: *Benne*, Haftungsdurchgriff bei der GmbH, 1978; *Bitter*, Konzernrechtliche Durchgriffshaftung bei Personengesellschaften, 2000, S. 67 ff.; *Boujong*, Das Trennungsprinzip des § 13 Abs. 2 GmbHG und seine Grenzen in der neueren Judikatur des Bundesgerichtshofs, in: FS Odersky, 1996, S. 739; *Burg*, Gesellschafterhaftung bei Existenzvernichtung der Einmann-GmbH, 2006, S. 57 ff.; *Burgard*, Die Förder- und Treupflicht des Alleingesellschafters einer GmbH, ZIP 2002, 827; *Coing*, Zum Problem des sogenannten Durchgriffs bei juristischen Personen, NJW 1977, 1793; *Drobnig*, Haftungsdurchgriff bei Kapitalgesellschaften, 1959; *Eckhold*, Materielle Unterkapitalisierung, 2002, S. 169 ff.; *Ehricke*, Zur Begründbarkeit der Durchgriffshaftung in der GmbH, insbesondere aus methodischer Sicht, AcP 199 (1999), 257; *Gottschalk*, Die Existenzvernichtungshaftung des GmbH-Gesellschafters, 2007, S. 55 ff.; *Grigoleit*, Gesellschafterhaftung für interne Einflussnahme im Recht der GmbH, 2006, S. 221 ff.; *Henzler*, Haftung der GmbH-Gesellschafter wegen Existenzvernichtung, 2009, S. 68 ff.; *Hofstetter*, Sachgerechte Haftungsregeln für Multinationale Konzerne, 1995, S. 142 ff., 177 ff.; *Immenga*, Die personalistische Kapitalgesellschaft, 1970, S. 405 ff., 418 ff.; *Khonsari*, Die Haftung der GmbH-Gesellschafter aus existenzvernichtendem Eingriff, 2007, S. 47 ff.; *Kindler*, Kapitalgesellschaftsrechtliche Durchgriffshaftung und EU-Recht, in: FS Säcker, 2011, S. 393; *Kübler/Assmann*, Gesellschaftsrecht, 6. Aufl. 2006, § 24; *Kuhn*, Strohmanngründung bei Kapitalgesellschaften, 1964, S. 35 ff., 146 ff., 199 ff.; *Lehmann*, Das Privileg der beschränkten Haftung und der Durchgriff im Gesellschafts- und Konzernrecht, Eine juristische und ökonomische Analyse, ZGR 1986, 345, 357 ff.; *Lieder*, Die Existenzvernichtungshaftung als verbandsübergreifende Durchgriffshaftung, in: FS Pannen, 2017, S. 439; *Matschernus*, Die Durchgriffshaftung wegen Existenzvernichtung der GmbH, 2007, S. 64 ff.; *Mossmann*, Die Haftung des Kommanditisten in der unterkapitalisierten KG, Diss. Heidelberg, 1978; *Müller-Freienfels*, Zur Lehre vom sogenannten „Durchgriff" bei juristischen Personen im Privatrecht, AcP 156 (1957), 522; *Nacke*, Die Durchgriffshaftung in der US-amerikanischen Corporation, 1989; *Nirk*, Zur Rechtsfolgenseite der Durchgriffshaftung, in: FS Stimpel, 1985, S. 443; *Rabensdorf*, Die Durchgriffshaftung im deutschen und russischen Recht der Kapitalgesellschaften, 2009, S. 71 ff.; *Raiser*, Die Haftungsbeschränkung ist kein Wesensmerkmal der juristischen Person, in: FS Lutter, 2000, S. 637; *Raiser*, Durchgriffshaftung nach der Reform des GmbH-Rechts, in: FS Priester, 2007, S. 619; *Raiser/Veil*, Recht der Kapitalgesellschaften, 6. Aufl. 2015, § 39; *Rehbinder*, Konzernaußenrecht und allgemeines Privatrecht, 1969, S. 90 ff., 103 ff.; *Rehbinder*, Zehn Jahre Rechtsprechung zum Durchgriff im Gesellschaftsrecht, in: FS R. Fischer, 1979, S. 579; *Rehbinder*, Neues zum Durchgriff unter besonderer Berücksichtigung der höchstrichterlichen Rechtsprechung, in: FS Kübler, 1997, S. 493; *Reinhard*, Gedanken zum Identitätsproblem bei der Einmanngesellschaft, in: FS Lehmann, Bd. II, 1956, S. 576; *Reuter*, in: MünchKomm. BGB, Bd. 1, 7. Aufl. 2015, vor § 21 BGB Rdnr. 21 ff.; *Röhricht*, Die GmbH im Spannungsfeld zwischen wirtschaftlicher Dispositionsfreiheit ihrer Gesellschafter und Gläubigerschutz, in: FS 50 Jahre BGH, Bd. 1, 2000, S. 83; *Schanze*, Einmanngesellschaft und Durchgriffshaftung als Konzeptionalisierungsprobleme gesellschaftsrechtlicher Zurechnung, 1975; *Karsten Schmidt*, Gesell-

---

290 BGH v. 18.12.2007 – VI ZR 231/06, ZIP 2008, 361, 362 = GmbHR 2008, 315 = WM 2008, 456 Rdnr. 17 (insoweit in BGHZ 175, 58 nicht abgedruckt).
291 Zust. *Merkt*, in: MünchKomm. GmbHG, Rdnr. 342; ebenso *Fischinger*, S. 374.
292 Ebenso *Fischinger*, S. 374.

schaftsrecht, 4. Aufl. 2002, § 9; *Karsten Schmidt*, Zur Durchgriffsfestigkeit der GmbH, ZIP 1994, 837; *Schwab*, Die Durchgriffshaftung des GmbH-Gesellschafters bei Verjährung der ursprünglichen Gesellschaftsverbindlichkeit, GmbHR 2012, 1213; *Serick*, Rechtsform und Realität juristischer Personen, 1955, 2. unveränderte Aufl. 1980; *Serick*, Durchgriffsprobleme bei Vertragsstörungen, 1959; *Steffek*, Der subjektive Tatbestand der Gesellschafterhaftung im Recht der GmbH – zugleich ein Beitrag zum Haftungsdurchgriff, JZ 2009, 77; *Stimpel*, „Durchgriffshaftung" bei der GmbH: Tatbestände, Verlustausgleich, Ausfallhaftung, in: FS Goerdeler, 1987, S. 601; *Ulmer*, Von „TBB" zu „Bremer Vulkan" – Revolution oder Evolution?, ZIP 2001, 2021; *Wahl*, Die Haftung der GmbH-Gesellschafter wegen Existenzvernichtung, 2006, S. 68 ff.; *Weitbrecht*, Haftung der Gesellschafter bei materieller Unterkapitalisierung der GmbH, 1990, S. 35 ff.; *Wiedemann*, Haftungsbeschränkung und Kapitaleinsatz im GmbH, in: Die Haftung des Gesellschafters in der GmbH, 1968, S. 1 ff., sowie Schlußwort, S. 154 f.; *Wiedemann*, Juristische Person und Gesamthand als Sondervermögen, WM-Sonderbeilage 4/1975, S. 17 ff.; *Wiedemann*, Gesellschaftsrecht, Bd. I, 1980, § 4 III; *Wiedemann*, Reflexionen zur Durchgriffshaftung, ZGR 2003, 283; *Wilhelm*, Rechtsform und Haftung bei der juristischen Person, 1981, S. 285 ff.; *Wilhelm*, Konzernrecht und allgemeines Haftungsrecht, DB 1986, 2113; *Wilhelm*, Zurück zur Durchgriffshaftung – das „KBV"-Urteil des II. Zivilsenats des BGH vom 24.6.2002, NJW 2003, 175; *Zöllner*, Gläubigerschutz durch Gesellschafterhaftung bei der GmbH, in: FS Konzen, 2006, S. 999 ff.

1. Überblick

Von den Fällen der „unechten" Durchgriffshaftung, in denen der Gesellschafter einer GmbH aufgrund besonderer zivilrechtlicher Anspruchsgrundlagen – Vertrag, Vertrauen, Delikt – haftbar ist (Rdnr. 90 ff.), muss die sog. echte Durchgriffshaftung wegen Missbrauchs der Rechtsform grundsätzlich unterschieden werden (s. schon Rdnr. 73)[293]. Nach diesem bis heute umstrittenen Haftungsansatz wird in Einzelfällen das in § 13 Abs. 2 angeordnete Prinzip der haftungsrechtlichen Trennung zwischen Gesellschaft (GmbH) und Gesellschafter durchbrochen, dem Gesellschafter also das „Privileg" der Haftungsbeschränkung abgesprochen. Hierdurch kommt es dann – bildlich gesprochen – zu einem „Durchgriff" auf die „hinter" der GmbH stehenden Gesellschafter, die persönlich für die Gesellschaftsverbindlichkeiten einzustehen haben (Rdnr. 126 f.). | 110

Eine ausdrückliche gesetzliche Regelung hat der Haftungsdurchgriff im Jahr 2016 für den Bereich der **Atomenergie** durch das sog. Nachhaftungsgesetz erfahren, wobei dort allerdings zur Überwindung der Haftungssegmentierung (subsidiär) auf die Muttergesellschaften der *Betreiber*, nicht der Eigentümer von Kernkraftwerken „durchgegriffen" wird[294]. Auch im deutschen und europäischen **Kartellrecht** ist bisweilen von einer Durchbrechung des Trennungsprinzips bzw. einem „Durchgriff" (namentlich auf die Konzernmutter) die Rede, der jedoch darauf beruht, dass sich die (Bußgeld-)Sanktionen von vornherein gegen „das Unternehmen" und nicht gegen eine konkrete juristische Person richten[295]. Im **Finanzaufsichtsrecht** zeigen sich ähnliche Tendenzen zu einer partiellen Überwindung der haftungsrechtlichen Trennung, dort allerdings vorrangig im Wege des Berechnungsdurchgriffs (zum Begriff Rdnr. 74a): Der Bußgeldbemessung werden konsolidierte Gesamtumsätze zugrunde gelegt[296]. Die Gesamtbetrachtung erfolgt dabei – wie insbesondere der auf Art. 30 Abs. 2 MAR[297] zurückgehende | 110a

---

293 S. dazu auch *Emmerich*, 10. Aufl., Rdnr. 76 ff.; knapper *Merkt*, in: MünchKomm. GmbHG, Rdnr. 343 f.; ausführlich *Bitter*, Durchgriffshaftung, S. 67 ff.

294 Dazu *Weck*, NZG 2016, 1374, 1377; ausführlicher *König*, Der Konzern 2017, 61 ff.

295 Mit Blick auf die 9. GWB-Novelle *Meixner*, WM 2017, 1281, 1285 f.; s. auch *Weck*, NZG 2016, 1374 ff. m.w.N.; umfassend und kritisch *Aberle*, Sanktionsdurchgriff und wirtschaftliche Einheit im deutschen und europäischen Kartellrecht, 2013; grundsätzlich befürwortend hingegen *Blome*, Rechtsträgerprinzip und wirtschaftliche Einheit, 2016; zum internen Ausgleich zwischen den Konzernunternehmen BGH v. 18.11.2014 – KZR 15/12, BGHZ 203, 193 = ZIP 2015, 544 – Calciumcarbid-Kartell II; zuvor *Aberle*, a.a.O., S. 135 ff.

296 Auch dazu *Weck*, NZG 2016, 1374, 1376 f.; ferner *Poelzig*, NZG 2016, 492, 498.

297 Marktmissbrauchsverordnung (EU) Nr. 596/2014 vom 16.4.2014 (= market abuse regulation).

§ 39 Abs. 5 Satz 2 WpHG (nach dem 2. FiMaNoG § 120 Abs. 23 Satz 2 WpHG[298]) zeigt[299] – in beiderlei Richtung, also sowohl bei einem Handeln des Mutterunternehmens wie auch der Tochtergesellschaft. Im Allgemeinen ist der Haftungs- und Berechnungsdurchgriff jedoch nicht kodifiziert.

111   Umstritten ist nicht nur die Frage, ob und ggf. wie ein solcher Haftungsdurchgriff auf die Gesellschafter dogmatisch begründet werden kann (dazu Rdnr. 112 ff.), sondern – bei grundsätzlicher Anerkennung des Rechtsinstituts – auch, in welchen Fallgruppen eine derartige Durchbrechung der Haftungsbeschränkung in Betracht zu ziehen ist. Fast allgemein anerkannt ist bislang nur die Fallgruppe der generellen Vermögensvermischung (Rdnr. 131 ff.), während insbesondere die Unterkapitalisierung nach wie vor höchst unterschiedlich beurteilt wird (Rdnr. 138 ff.). Die Beherrschung der Gesellschaft ist teils als Durchgriffsfall betrachtet worden, teils als besonderer konzernrechtlicher Tatbestand (Rdnr. 148 ff.; Anh. § 13 Rdnr. 91 ff.). Inzwischen hat sich die Rechtsprechung von der Beherrschung als Haftungstatbestand ganz gelöst und stellt nunmehr im Einzelfall auf die Existenzvernichtung der GmbH ab und sieht diese – zu Unrecht – nicht mehr als Durchgriffstatbestand an (Rdnr. 152 ff.). Neben diesen wichtigen und explizit diskutierten Fallgruppen kann auch in sonstigen Einzelfällen eine Durchgriffshaftung in Betracht kommen[300]. Bisweilen wird auch die Gründerhaftung in Form der Verlustdeckungs- und Vorbelastungshaftung[301] als Fall einer Durchbrechung des § 13 Abs. 2 angesehen[302]. Doch kommen insoweit keine Durchgriffstheorien, sondern speziell auf die Kapitalaufbringung bei der Vor-GmbH bezogene Erwägungen zum Tragen, weshalb dieser Haftungsansatz nicht an dieser Stelle, sondern im Zusammenhang mit den Gründungs(haftungs)regeln behandelt wird (§ 11 Rdnr. 79 ff., 85 ff.).

2. Durchgriffstheorien

112   Der Haftungsdurchgriff ist zwar – seiner grundsätzlichen Idee nach – ein weit über die Grenzen Deutschlands hinaus, insbesondere auch im anglo-amerikanischen und im russischen Rechtskreis anerkanntes sowie in China sogar gesetzlich verankertes Instrument der Gesellschafterhaftung[303], dessen Anwendung auch keinen grundsätzlichen europarechtlichen Bedenken begegnet[304]. Wegen seiner umstrittenen dogmatischen Basis handelt es sich jedoch um eine der schwierigsten gesellschaftsrechtlichen Problematiken überhaupt. Die umfassen-

---

298 Zweites Finanzmarktnovellierungsgesetz vom 23.6.2017, BGBl. I 2017, 1693, 1769.
299 Zu den aufgrund der MAR deutlich verschärften Bußgeldsanktionen im Kapitalmarktrecht *Poelzig*, NZG 2016, 492, 497 f.
300 *Raiser/Veil*, Kapitalgesellschaften, § 39 Rdnr. 48 f.; *Wiedemann*, GesR I, § 4 III 1d (S. 227 f.); s. zum individuellen Rechtsmissbrauch ferner *Reuter*, in: MünchKomm. BGB, 7. Aufl. 2015, vor § 21 BGB Rdnr. 46.
301 Dazu *Bitter/Heim*, GesR, § 4 Rdnr. 41 ff., 52 ff.
302 OLG Frankfurt v. 1.12.2016 – 20 W 198/15, ZIP 2017, 920, 921 = GmbHR 2017, 371.
303 Dazu *Wiedemann*, ZGR 2003, 283, 288 ff. m.N.; *Dähnert*, NZG 2015, 258; *Hofstetter*, S. 142 ff. (zum *piercing the corporate veil*); *Nacke*, Die Durchgriffshaftung in der US-amerikanischen Corporation, 1989; *Kolks*, Die Durchgriffshaftung im deutschen und kanadischen Recht der Kapitalgesellschaften, 2004; zum russischen Recht *Aukhatov*, Durchgriffs- und Existenzvernichtungshaftung im deutschen und russischen Sach- und Kollisionsrecht, 2009, S. 93 ff.; *Rabensdorf*, Die Durchgriffshaftung im deutschen und russischen Recht der Kapitalgesellschaften, 2009; *Telke*, OstEuR 2011, 294; zum chinesischen Recht *Fan*, RIW 2013, 515.
304 *Weck*, NZG 2016, 1374, 1375; ausführlich *Kindler*, in: FS Säcker, 2011, S. 393 ff. in zutreffender Analyse des EuGH-Urteils v. 21.10.2010 – Rs. C-81/09, EuGHE 2010, I-10161 = ZIP 2010, 2493 = AG 2011, 81 – Idryma Typoll; inzident auch die in Rdnr. 151c angeführte EuGH-Entscheidung „ÖFAB"; ferner – in stärkerer Betonung des Grundsatzes der Haftungsbeschränkung – *Schön*, in: FS Hommelhoff, S. 1037 ff.; *Stöber*, ZVglRWiss 113 (2014), 57 ff.; zur Anwendung der Durchgriffshaftung auf EU-Auslandsgesellschaften ferner *Bitter*, WM 2004, 2190 ff.

de, seit Jahrzehnten geführte Diskussion[305] hat in Deutschland insbesondere um subjektive und objektive Missbrauchslehren gekreist. Sie kann im Rahmen dieser Kommentierung nicht vollständig nachgezeichnet werden[306].

a) Durchgriffsformeln in der höchstrichterlichen Rechtsprechung

Die Möglichkeit eines Durchgriffs ist in der höchstrichterlichen Rechtsprechung zwar anerkannt. Die dogmatische Basis blieb jedoch angesichts recht vager Formulierungen zumindest in der Anfangszeit oft unklar[307]. So hat sich der BGH zunächst auf die bereits vom RG[308] verwendete Formel gestützt, „daß die juristische Person und ihr Alleingesellschafter dann als eine Einheit behandelt werden müsse, wenn die Wirklichkeit des Lebens, die wirtschaftlichen Bedürfnisse und die Macht der Tatsachen es dem Richter gebieten, die personen- und vermögensrechtliche Selbständigkeit der GmbH und ihres alleinigen Gesellschafters hintanzusetzen"[309]. An anderer Stelle formuliert der BGH: „Die Rechtsfigur der juristischen Person wird beiseite geschoben, falls eine sachgerechte Entscheidung nur dann möglich ist, wenn die realen Kräfte aufgesucht werden, die hinter der juristischen Person stehen."[310] Es findet sich ferner der Hinweis, dass „die rechtliche Verschiedenheit der GmbH und ihres Gesellschafters nicht ausnahmslos berücksichtigt werden kann"[311] bzw. „die ausnahmslose Anwendung des Trennungsprinzips zu Ergebnissen führt, die mit dem Grundsatz der Rechtsstaatlichkeit unvereinbar sind und nicht als Recht anerkannt werden können"[312].

In den meisten Entscheidungen des BGH[313], des BSG[314] und des BAG[315] wird der Grund für eine Durchbrechung des Trennungsprinzips in einem **Verstoß gegen Treu und Glauben** gesehen[316]: „Der Gesellschafter ist mit der Gesellschaft gleichzustellen, wenn die Berufung auf

113

114

---

305 Nachw. zum älteren Schrifttum bei *Nirk*, in: FS Stimpel, S. 443, 445 f. in Fn. 6.

306 Umfassend zu den Grundlagen der Durchgriffshaftung *Bitter*, Durchgriffshaftung, S. 82 ff.; Überblick auch bei *Lieder*, in: Michalski u.a., Rdnr. 376 ff.

307 Darstellung bei *Mossmann*, S. 105 ff.

308 Vgl. z.B. RG v. 22.6.1920 – III 68/20, RGZ 99, 232, 234; RG v. 19.5.1930 – VI 534/29, RGZ 129, 50, 53 f.; weitere Nachw. bei *Mertens*, in: Hachenburg, 8. Aufl. 1989, Anh. § 13 Rdnr. 40 in Fn. 54.

309 BGH v. 29.11.1956 – II ZR 156/55, BGHZ 22, 226, 230 = WM 1957, 59; BGH v. 26.11.1957 – VIII ZR 301/56, WM 1958, 460, 461; vgl. auch OLG Nürnberg v. 26.5.1955 – 3 U 276/54, WM 1955, 1566; dazu *Reinhard*, in: FS Lehmann, S. 576, 579, 586.

310 BGH v. 4.7.1961 – VI ZR 84/60, GmbHR 1961, 161, 162 = WM 1961, 1103, 1105.

311 BGH v. 29.11.1956 – II ZR 156/55, BGHZ 22, 226, 230 = WM 1957, 59; vgl. auch OLG Hamburg v. 15.2.1973 – 3 U 126/72, BB 1973, 1231; ähnlich aus jüngerer Zeit BGH v. 19.11.2013 – II ZR 150/12, ZIP 2014, 565 = MDR 2014, 550 Rdnr. 25.

312 BGH v. 30.1.1956 – II ZR 168/54, BGHZ 20, 4, 12 = WM 1956, 349, 350; ähnlich auch BSG v. 1.2.1996 – 2 RU 7/95, ZIP 1996, 1134, 1135 = GmbHR 1996, 604.

313 BGH v. 29.11.1956 – II ZR 156/55, BGHZ 22, 226 = WM 1957, 59 f. unter Berufung auf RG v. 29.6.1942 – II 22/42, RGZ 169, 240, 248; BGH v. 26.11.1957 – VIII ZR 301/56, WM 1958, 460, 461; BGH v. 4.7.1961 – VI ZR 84/60, GmbHR 1961, 161, 162 = WM 1961, 1103, 1104; BGH v. 14.5.1974 – VI ZR 8/73, NJW 1974, 1371, 1372; BGH v. 3.11.1976 – I ZR 156/74, WM 1977, 73, 75; BGH v. 19.11.2013 – II ZR 150/12, ZIP 2014, 565 = MDR 2014, 550 Rdnr. 25.

314 BSG v. 7.12.1983 – 7 RAr 20/82, GmbHR 1985, 294 = DB 1984, 1103; BSG v. 27.9.1994 – 10 RAr 1/92, ZIP 1994, 1944, 1946 = GmbHR 1995, 46; BSG v. 1.2.1996 – 2 RU 7/95, ZIP 1996, 1134, 1135 = GmbHR 1996, 604; BSG v. 29.10.1997 – 7 RAr 80/96, NZS 1998, 346, 347.

315 BAG v. 3.9.1998 – 8 AZR 189/97, BAGE 89, 349, 355 = NJW 1999, 740, 741 = GmbHR 1998, 1221, 1223 = ZIP 1999, 24, 26.

316 S. aus der Rechtsprechung der Oberlandesgerichte auch OLG Nürnberg v. 26.5.1955 – 3 U 276/54, WM 1955, 1566; OLG Hamm v. 8.5.1963 – 8 U 102/62, MDR 1963, 849 – Rektor; OLG Hamm v. 30.3.1984 – 19 U 141/83, BB 1984, 873 = MDR 1984, 665; OLG Düsseldorf v. 1.3.1989 – 17 U 115/88, GmbHR 1990, 44.

die förmliche Verschiedenheit gegen Treu und Glauben verstößt."[317] Daneben findet sich aber in der Rechtsprechung des BGH[318] und des BSG[319] auch die Begründung, dass „die Rechtsfigur der juristischen Person nur in dem Umfang Beachtung finden könne, in dem ihre Verwendung dem *Zweck der Rechtsordnung* entspricht".

115 Der Durchgriff ist dabei in der Rechtsprechung nur teilweise an subjektive Elemente angeknüpft worden[320], während eine rein **objektiv verstandene Missbrauchslehre** überwiegt, die insbesondere auch von dem für das Gesellschaftsrecht zuständigen II. Senat des BGH vertreten wird[321]. Insbesondere die in jüngerer Zeit für die Durchgriffshaftung ins Feld geführte **teleologische Reduktion der Haftungsbeschränkung** aus § 13 Abs. 2, verbunden mit einer Analogie zu § 128 HGB (dazu noch Rdnr. 126 f.)[322] ist ein an objektive Umstände anknüpfender Haftungsansatz.

b) Dogmatik des Durchgriffs in der Lehre

116 Der Rechtsprechung ist in der Literatur schon früh die Verwendung von Formeln vorgeworfen worden, mit denen man „alles begründen kann und dennoch niemand zu überzeugen vermag"[323]. Als Alternative ist eine Vielzahl verschiedener Durchgriffslehren entwickelt worden[324],

---

317 Das BSG v. 7.12.1983 – 7 RAr 20/82, GmbHR 1985, 294 = DB 1984, 1103; BSG v. 1.2.1996 – 2 RU 7/95, ZIP 1996, 1134, 1135 = GmbHR 1996, 604 weist dabei ausdrücklich darauf hin, dass der entscheidende Maßstab für den Durchgriff im Verstoß gegen Treu und Glauben liege.

318 BGH v. 30.1.1956 – II ZR 168/54, BGHZ 20, 4, 14 = WM 1956, 349, 351; BGH v. 29.11.1956 – II ZR 156/55, BGHZ 22, 226 = WM 1957, 59, 60.

319 BSG v. 27.9.1994 – 10 RAr 1/92, ZIP 1994, 1944, 1946 = GmbHR 1995, 46; BSG v. 29.10.1997 – 7 RAr 80/96, NZS 1998, 346, 347.

320 BGH v. 26.11.1957 – VIII ZR 301/56, WM 1958, 460, 462.

321 S. aus der Rechtsprechung des II. Zivilsenats BGH v. 30.1.1956 – II ZR 168/54, BGHZ 20, 4, 13 = WM 1956, 349, 351 in Abgrenzung zu „Serick, Rechtsform und Realität juristischer Personen, Berlin/Tübingen, 1955"; BGH v. 14.12.1959 – II ZR 187/57, BGHZ 31, 258, 271; ferner BGH v. 14.5.1974 – VI ZR 8/73, NJW 1974, 1371, 1372 (VI. Senat); deutlich für eine rein objektive Anknüpfung des Durchgriffs auch BSG v. 7.12.1983 – 7 RAr 20/82, DB 1984, 1103, 1104 = GmbHR 1985, 294; BAG v. 3.9.1998 – 8 AZR 189/97, BAGE 89, 349, 355 = NJW 1999, 740, 741 = GmbHR 1998, 1221, 1223 = ZIP 1999, 24, 26 (8. Senat); BAG v. 8.9.1998 – 3 AZR 185/97, NJW 1999, 2612, 2613 = ZIP 1999, 723, 724 = GmbHR 1999, 658, 659 (3. Senat); weniger deutlich BSG v. 1.2.1996 – 2 RU 7/95, ZIP 1996, 1134, 1135 = GmbHR 1996, 604 („zumindest objektiv geschädigt"); unklar BAG v. 10.2.1999 – 5 AZR 677/97, NJW 1999, 2299 = ZIP 1999, 878 = GmbHR 1999, 655 (5. Senat), wo einerseits auf den „objektiven Maßstab" hingewiesen wird [unter Ziff. I. 1. der Gründe], andererseits dann aber ein Haftungsdurchgriff wegen Unterkapitalisierung allenfalls dann als gerechtfertigt angesehen wird, „wenn der Gesellschafter die Unterkapitalisierung erkennen kann" [unter Ziff. I. 2. b) aa) der Gründe], womit ein subjektives Element eingeführt wird; s. die ausführlichere Darstellung bei *Bitter*, Durchgriffshaftung, S. 87 ff.

322 Allgemein in diesem Sinne BGH v. 16.9.1985 – II ZR 275/84, BGHZ 95, 330, 332 = ZIP 1985, 1263, 1264 = GmbHR 1986, 78 – Autokran; für den Fall der Vermögensvermischung BGH v. 16.7.2007 – II ZR 3/04, BGHZ 173, 246, 257 = ZIP 2007, 1552, 1556 = GmbHR 2007, 927 Rdnr. 27 – Trihotel; für den Fall existenzvernichtender Eingriffe auch BGH v. 24.6.2002 – II ZR 300/00, BGHZ 151, 181 = NJW 2002, 3024 = ZIP 2002, 1578 = GmbHR 2002, 902 (Leitsatz 1) – KBV, wo von einem „Verlust des Haftungsprivilegs" die Rede ist.

323 *Serick*, Rechtsform, S. 13 f.; vgl. auch *Serick*, Durchgriffsprobleme, S. 21; im Anschluss daran *Erlinghagen*, GmbHR 1962, 169, 170; kritisch auch *Roll*, NJW 1974, 492, 493 („vage Begründungsformeln"); *Karsten Schmidt*, GmbHR 1974, 178, 180 („stereotype Wendung"); *Mossmann*, S. 109 („Konzeptionslosigkeit"); *Raiser*, in: Ulmer/Habersack/Löbbe, Rdnr. 68, 71; *Nirk*, in: FS Stimpel, S. 443, 446 ff., 456 f.; *Raiser/Veil*, Kapitalgesellschaften, § 39 Rdnr. 2; das Fehlen fester dogmatischer Grundlagen einräumend BGH v. 4.7.1961 – VI ZR 84/60, GmbHR 1962, 169, 170 = WM 1961, 1103, 1104.

324 Vgl. die Übersichten bei *Raiser*, in: Ulmer/Habersack/Löbbe, Rdnr. 61 ff.; *Fastrich*, in: Baumbach/Hueck, Rdnr. 10; *Pentz*, in: Rowedder/Schmidt-Leithoff, Rdnr. 137 ff.; *Wiedemann*, GesR I, § 4 III (S. 217 ff.); *Karsten Schmidt*, GesR, § 9 II (S. 221 ff.); *Bitter*, Durchgriffshaftung, S. 89 ff.

deren Ordnung schwer fällt, weil bereits die Terminologie nicht einheitlich ist[325]. Darüber hinaus wird der Durchgriff teilweise als ein umfassendes Problem der Trennung zwischen einem Verband und seinen Mitgliedern verstanden, während andere Lehren allein auf die Aufhebung der Haftungsbeschränkung zugeschnitten sind (s. schon Rdnr. 70 ff.)[326].

Insbesondere *Serick* hat den Rechtsgrund für den Durchgriff im **subjektiven, absichtlichen**   **117** **Rechtsmissbrauch der juristischen Person** durch den Gesellschafter gesehen[327]. Der Anwendungsbereich einer so verstandenen Missbrauchslehre wäre freilich gering, weil die Anforderungen dem Tatbestand des § 826 BGB ähnlich wären[328]. Der subjektiven Missbrauchslehre steht eine Betrachtungsweise gegenüber, die auf die **objektiv-zweckwidrige Verwendung der juristischen Person** abstellt[329]. Sowohl die subjektive als auch die objektive Missbrauchslehre stimmen allerdings in ihrem Ansatzpunkt beim sog. Trennungsprinzip überein[330]. Der Durchgriff wird als ein Problem der Trennung von Verband und Mitgliedern verstanden, so dass es sich letztlich bei beiden Begründungsansätzen um **institutionelle Durchgriffslehren** handelt[331].

Eine derartige institutionelle Betrachtungsweise ist erstmalig von *Müller-Freienfels*[332] in seiner Antwort auf *Serick* in Zweifel gezogen worden. Gedanklich sei nicht bei der juristischen Person als solcher, sondern bei der im jeweiligen Einzelfall anzuwendenden Vorschrift anzusetzen, deren Normzweck ggf. eine Zurechnung der Rechtsfolgen auf die Mitglieder des Verbandes rechtfertigt, wenn ihr Sinngehalt nur so vollzogen werden kann[333]. Dieser später als **Normanwendungs- oder Normzwecklehre** bezeichnete Ansatz[334] hat seine konsequenteste Ausarbeitung bei *Schanze*[335] erfahren[336].   **118**

Teilweise sind **vermittelnde Ansätze** entwickelt worden, die zwischen gewissen Fällen einer   **119** Identifizierung von juristischer Person und Gesellschafter (Durchgriffslösung) und Fällen einer über die juristische Person hinaus generalisierbaren Normanwendung (Normzwecklösung)[337]

---

325 So zutreffend *Fastrich*, in: Baumbach/Hueck, Rdnr. 10.

326 Vgl. dazu *Karsten Schmidt*, GesR, § 9 II (S. 221 ff.) m.N.

327 *Serick*, Rechtsform, S. 38, 203 ff., insbes. 208; *Serick*, Durchgriffsprobleme, S. 23 ff.; vgl. zur subjektiven Missbrauchslehre w.N. bei *Raiser*, in: Ulmer/Habersack/Löbbe, Rdnr. 62, und bei *Wiedemann*, GesR I, § 4 III (S. 219) in Fn. 1.

328 Vgl. auch BGH v. 30.1.1956 – II ZR 168/54, BGHZ 20, 4, 13 = WM 1956, 349, 351; *Nirk*, in: FS Stimpel, S. 443, 452; *Reuter*, in: MünchKomm. BGB, 7. Aufl. 2015, vor § 21 BGB Rdnr. 21.

329 *Immenga*, S. 405 ff.; *Kuhn*, S. 199 ff.; *Reinhard/Schultz*, GesR, 2. Aufl. 1981, Rdnr. 851 ff. (S. 340 ff.); wohl auch *Ott*, Recht und Realität der Unternehmenskorporation, 1977, S. 49; nicht ganz eindeutig *Reinhard*, in: FS Lehmann, S. 576, 579, der nach dem Sinn und Zweck der juristischen Person fragt, andererseits auf S. 591 auch auf den „ordre public" sowie die §§ 826, 138 BGB verweist.

330 Vgl. *Raiser*, in: Ulmer/Habersack/Löbbe, Rdnr. 61 f.

331 In diesem Sinne wohl auch *Fastrich*, in: Baumbach/Hueck, Rdnr. 10; *Raiser*, in: Ulmer/Habersack/Löbbe, Rdnr. 62; demgegenüber identifiziert *Pentz*, in: Rowedder/Schmidt-Leithoff, Rdnr. 138 nur die objektive Variante der Missbrauchslehre mit der institutionellen Durchgriffslehre; ebenso wohl *Karsten Schmidt*, GesR, § 9 II 1a (S. 222).

332 *Müller-Freienfels*, AcP 156 (1957), 522 ff., zusammenfassend S. 542 f.

333 Vgl. hierzu *Fastrich*, in: Baumbach/Hueck, Rdnr. 10; *Raiser*, in: Ulmer/Habersack/Löbbe, Rdnr. 63; *Karsten Schmidt*, GesR, § 9 II 1b (S. 223 f.).

334 Vgl. zur Terminologie *Coing*, NJW 1977, 1793, *Reuter*, in: MünchKomm. BGB, 7. Aufl. 2015, vor § 21 BGB Rdnr. 21 f.; die bei *Lieder*, in: FS Pannen, 2017, S. 439, 440 und *Lieder*, in: Michalski u.a., Rdnr. 380 ff. vorgenommene Trennung der Normanwendungs- von der Normzwecklehre (zust. *Aukhatov*, S. 25 ff.) ist demgegenüber unüblich.

335 *Schanze*, S. 102 ff.

336 Vgl. hierzu *Raiser*, in: Ulmer/Habersack/Löbbe, Rdnr. 63; *Karsten Schmidt*, GesR, § 9 II 2a (S. 224); *Rehbinder*, in: FS R. Fischer, S. 579, 582.

337 *Rehbinder*, in: FS R. Fischer, S. 579, 581 f. spricht insoweit vom „bürgerlichrechtlichen Ansatz"; ebenso *Rehbinder*, in: FS Kübler, S. 493.

unterscheiden[338]. Diese Differenzierung dürfte weitgehend der heute üblichen Unterscheidung in den echten Haftungsdurchgriff einerseits und den unechten Haftungsdurchgriff sowie den Zurechnungsdurchgriff andererseits entsprechen (zur Systematisierung Rdnr. 70 ff.). Zur Begründung des echten Haftungsdurchgriffs wird allerdings zunehmend die haftungsbeschränkende Norm des § 13 Abs. 2 selbst unter teleologischen Aspekten in den Blick genommen und gefragt, ob nicht auch dieser Vorschrift ein bestimmter gesetzlicher Zweck zugrunde liegt und folglich die Haftungsbeschränkung im Wege der teleologischen Reduktion durchbrochen werden kann, wenn dieser Zweck nicht erfüllt ist. Bei einer solchen Betrachtung erscheint auch der echte Haftungsdurchgriff nur noch als eine Frage der Normanwendung (vgl. zu diesem auch hier verfolgten Konzept Rdnr. 126 f.). Eine so verstandene Normzweck- oder Normanwendungstheorie steht dann freilich der objektiven Missbrauchslehre sehr nahe.

120   Andere haben den **Durchgriffsansatz grundsätzlich abgelehnt** und die Trennung zwischen Gesellschaft und Gesellschaftern betont (daher teilweise sog. „Trennungstheorie"[339]). Namentlich *Flume*[340] hat darauf hingewiesen, dass keine Norm vorhanden sei, welche die Haftung von Gesellschaftern grundsätzlich ausschlösse und erst im Wege eines „Durchgriffs" durchbrochen werden müsse, um zu einer Haftung des Mitglieds gelangen zu können[341]. Es gehe in Wahrheit nur um die Haftung aus eigenem Handeln oder Verhalten des Mitglieds in Hinsicht auf die juristische Person. Ähnlich hat sich *Wilhelm* in grundlegender Weise gegen die Durchgriffslehren gewandt[342]. Die juristische Person solle nicht im Wege eines Durchgriffs negiert, sondern im Gegenteil ernstgenommen werden[343]. Hiervon ausgehend nimmt er eine **Pflichtenbindung der Gesellschafter** gegenüber ihrer Gesellschaft an, für deren Verletzung die Gesellschafter zwingend **nach Organhaftungsgrundsätzen** (§ 43) einzustehen hätten[344]. Die Haftung wird damit also – im Gegensatz zum Durchgriff – allein auf das Innenverhältnis zwischen Gesellschafter und Gesellschaft bezogen[345].

121   Vergleichbar stellt sich auch die von *Karsten Schmidt* in Fortentwicklung des Ansatzes von *Wilhelm* vorgeschlagene Haftung wegen schuldhafter Verletzung der mitgliedschaftlichen **Sonderverbindung zwischen GmbH und Gesellschafter** dar, mit der *Karsten Schmidt* den Durchgriff jedenfalls in Teilbereichen (insbesondere für die Fälle der Unterkapitalisierung) ablösen will[346]. *Ulmer*[347] und *Winter*[348] gehen – in der Grundtendenz ebenfalls ähnlich –

---

338 S. insbes. *Rehbinder*, Konzernaußenrecht, S. 103 ff. mit Zusammenfassung S. 125; *Rehbinder*, in: FS R. Fischer, S. 579, 581 ff.; *Rehbinder*, in: FS Kübler, S. 493 ff.; zustimmend *Reuter*, in: MünchKomm. BGB, 7. Aufl. 2015, vor § 21 BGB Rdnr. 22; dazu auch *Raiser*, in: Ulmer/Habersack/Löbbe, Rdnr. 64.
339 Vgl. die Bezeichnung bei *Pentz*, in: Rowedder/Schmidt-Leithoff, Rdnr. 140.
340 *Flume*, Juristische Person, § 3 I (S. 68).
341 Von einer Umkehrung des Regel-Ausnahme-Verhältnisses zwischen persönlicher Haftung und dem Ausschluss derselben spricht *Guntermann*, S. 13 m.w.N.
342 *Wilhelm*, S. 308 ff., 330 ff., insbes. 336 ff.; vgl. im Konzernzusammenhang auch *Wilhelm*, DB 1986, 2113, 2117 ff.; s. auch wieder *Wilhelm*, NJW 2003, 175, 178 ff.
343 *Wilhelm*, S. 334 ff.
344 *Wilhelm*, S. 337 ff.; *Wilhelm*, DB 1986, 2113, 2117 f.
345 Dem folgend *Koller*, in: Koller/Roth/Morck, 6. Aufl. 2007, § 172a HGB Rdnr. 5 (für den Fall der Unterkapitalisierung); mit Modifizierungen auch *Khonsari*, S. 71 ff.; kritisch hingegen die ganz h.L.; vgl. insbes. *Lutter*, ZGR 1982, 244, 253 f.; *Ulmer*, ZIP 2001, 2021, 2024 ff.; *Wahl*, S. 92 ff. m.w.N.; auch *Strohn*, ZHR 173 (2009), 589, 594; *Osterloh-Konrad*, ZHR 172 (2008), 274, 291.
346 Vgl. *Karsten Schmidt*, GesR, § 9 IV 4c (S. 243), § 9 IV 5 (S. 244 ff.) und § 37 III 7 (S. 1150 f.); *Karsten Schmidt*, ZIP 1990, 69, 78 (unter Berufung auf *Wilhelm*, S. 336 ff.); *Karsten Schmidt*, ZIP 1994, 837, 843 unter Ziff. IV. 3.; *Karsten Schmidt*, GmbHR 2008, 449, 456 ff.; vgl. auch *Karsten Schmidt*, NJW 1977, 1451, 1452.
347 Grundlegend *Ulmer*, ZHR 148 (1984), 391, 416 ff.; s. auch *Ulmer*, WPg 1986, 685, 691 f.; *Ulmer*, ZIP 2001, 2021, 2026 f.
348 *Winter*, Mitgliedschaftliche Treuebindungen im GmbH-Recht, 1988, S. 190 ff.; *Winter*, ZGR 1994, 570, 580 ff.

von einer **Treuepflicht des Gesellschafters** gegenüber „seiner" GmbH aus[349]. Dieser auf das Innenverhältnis abstellende Ansatz hat seit der Jahrtausendwende bis in die jüngste Zeit im Schrifttum verstärkt Unterstützung gefunden, wobei allerdings die Details der Haftung unterschiedlich beurteilt werden[350]. *Altmeppen*, der ebenfalls ein aus den Ideen *Flumes* und *Wilhelms* fortentwickeltes Innenhaftungsmodell vertritt[351], meint gar, schon den „Abschied vom Durchgriff im Kapitalgesellschaftsrecht" einläuten zu können[352].

Nicht alle Gegner der Durchgriffshaftung sprechen sich allerdings für eine Innenhaftung aus, die zumeist im Sinne einer Haftung für (einfache) Fahrlässigkeit verstanden wird[353]. Vielmehr gibt es auch Tendenzen, das Rad in der Gläubigerschutzdiskussion ganz auf den Stand um 1945[354] zurückzudrehen und allein auf die **Deliktshaftung** zu setzen, die bei reinen Vermögensschäden in der Regel nur bei Vorsatz eingreift (vgl. § 826 BGB)[355]. Das 2007 ergangene „Trihotel"-Urteil des BGH zur Existenzvernichtungshaftung[356] bestätigt diese Tendenz, wenn auch modifiziert aufgrund der Verlagerung der Haftung ins Innenverhältnis zur Gesellschaft (Rdnr. 152 ff.).   122

c) Stellungnahme

Die Frage, wie die Pflichtenbindung des Gesellschafters gegenüber „seiner GmbH" zu konstruieren ist und ob dabei eine Haftung im Innen- oder Außenverhältnis dogmatisch und praktisch vorzugswürdig ist, ist eine sehr grundsätzliche[357]. Sie zieht sich seit Jahrzehnten durch die Durchgriffsdiskussion sowie die – einen Teilausschnitt davon bildende – Problematik der Haftung wegen Existenzvernichtung (dazu Rdnr. 152 ff.).   123

---

349 Weitere Nachw. zu diesem Haftungsansatz bei *Bitter*, Durchgriffshaftung, S. 307 ff.

350 *Eckhold*, S. 307 ff., 327 ff., 563 ff., 621 ff.; *Grigoleit*, S. 321 ff.; *Henzler*, S. 68 ff., insbes. S. 97 ff.; *Burg*, S. 72 ff.; *Zöllner*, in: FS Konzen, S. 999, 1006 ff.; *Burgard*, ZIP 2002, 827 ff.; *Ihrig*, DStR 2007, 1170 ff.; *Osterloh-Konrad*, ZHR 172 (2008), 274 ff., insbes. S. 290 ff. m.w.N.; *Stöber*, ZIP 2013, 2295 ff.; *Fischinger*, S. 329 ff.; *Guntermann*, S. 479 ff.; kritisch aber *Wahl*, S. 96 ff.

351 *Altmeppen*, ZIP 2001, 1837, 1844 ff.; *Altmeppen*, NJW 2002, 321, 322 ff.; *Altmeppen*, ZIP 2002, 961, 966 f.; *Altmeppen*, ZIP 2002, 1553, 1560 ff.; *Altmeppen*, NJW 2007, 2657, 2659 f.; *Altmeppen*, in: Roth/Altmeppen, Rdnr. 123 ff. befürwortet eine Gesellschafterhaftung wegen „gröblich" sorgfaltswidrigen Verhaltens analog § 93 Abs. 5 Satz 2 und 3 AktG; das Konzept hat bislang keine Gefolgschaft gefunden; vgl. *Raiser*, in: Ulmer/Habersack/Löbbe, Rdnr. 67; *Pentz*, in: Rowedder/Schmidt-Leithoff, Rdnr. 127.

352 *Altmeppen*, NJW 2008, 2657 ff.

353 Dazu *Rubner*, Der Konzern 2007, 635, 643; umfassend zum Sorgfaltsmaßstab *Eckhold*, S. 566 ff. m.w.N.; auf ein „gröblich" sorgfaltswidriges Verhalten will hingegen *Altmeppen*, in: Roth/Altmeppen, Rdnr. 123 ff. m.w.N. abstellen, auf „Evidenz" *Grigoleit*, S. 65, 366 f.

354 Zur damaligen Sicht des RG und zum nachfolgenden Wandel s. *Immenga*, S. 405 ff.; *Benne*, S. 4 ff.

355 Deutlich für eine Begrenzung der Gesellschafterhaftung auf vorsätzliches Handeln *Haas*, Reform des gesellschaftsrechtlichen Gläubigerschutzes, Gutachten E zum 66. DJT, S. E 90 ff.; *Haas*, ZHR 170 (2006), 478, 485 f.; *Steffek*, JZ 2009, 77 ff.; für eine Deliktshaftung aus § 826 BGB – in Bezug auf die Existenzvernichtung – *Wagner*, in: FS Canaris, Bd. II, S. 473 ff.; *Rubner*, Der Konzern 2007, 635 ff.; *Schanze*, NZG 2007, 681 ff.; *Weller*, ZIP 2007, 1681 ff.; *Paefgen*, DB 2007, 1907, 1910; in Bezug auf die Unterkapitalisierung *Möller*, S. 43 ff.; *Philipp/Weber*, DB 2006, 142 ff.; *Veil*, NJW 2008, 3264, 3265 f.; w.N. bei *J. Vetter*, BB 2007, 1965 in Fn. 10; für eine Deliktshaftung aus § 823 Abs. 2 BGB i.V.m. § 73 Abs. 1 GmbHG *Haas*, WM 2003, 1929, 1940; *Schwab*, ZIP 2008, 341, 345 ff.; dazu kritisch *Wahl*, S. 99.

356 BGH v. 16.7.2007 – II ZR 3/04, BGHZ 173, 246 = ZIP 2007, 1552 = NJW 2007, 2689 = GmbHR 2007, 927 – Trihotel.

357 Zusammenfassend *Zöllner*, in: FS Konzen, S. 999 ff.; s. bereits ausführlich *Bitter*, Durchgriffshaftung, S. 82 ff. (Grundlagen der Durchgriffshaftung), S. 304 ff. (Haftung im „Gesellschaftsinteresse").

124 Wer die GmbH als juristische Person stark verselbständigt – um nicht zu sagen: überhöht –, hat keine Schwierigkeiten, eine Pflichtenbindung des Gesellschafters gegenüber der eine getrennte Person darstellenden GmbH anzuerkennen, ganz ähnlich wie sie im BGB zwischen den Partnern eines (vor-)vertraglichen Schuldverhältnisses besteht (Haftung aus Sonderverbindung gemäß § 280 BGB, ggf. i.V.m. § 241 Abs. 2 BGB und/oder § 311 BGB). Wer hingegen die GmbH nur als ein juristisches Konstrukt betrachtet, das – anders als eine natürliche Person – keine *eigenen* Interessen verfolgen kann, wird Pflichtenbindungen gegenüber der GmbH nur aus den auf die GmbH projizierten Einzelinteressen der an ihr interessierten Personen herleiten können[358]. Sind **Mitgesellschafter vorhanden**, deren in der GmbH gebundene Vermögensinteressen durch die Maßnahme eines anderen Gesellschafters verletzt werden, fällt die Begründung eines Schadensersatzanspruchs wegen Treuepflichtverletzung (entsprechend der zivilrechtlichen Haftung aus § 280 BGB) nach der ITT-Rechtsprechung[359] nicht schwer[360], eben weil es dann – mittelbar über das Vermögen der GmbH – um die Schädigung von gesellschaftsvertraglich verbundenen Personen geht (Rdnr. 53 f.)[361].

125 Das dogmatische Problem beginnt jedoch beim **Fehlen von Mitgesellschaftern** oder bei Gesellschaftern, die einverständlich zum Schaden der Gläubiger handeln. Dann nämlich existiert keine (gesellschaftsvertragliche) Basis als Anknüpfungspunkt der Haftung[362], weil die Gläubiger nur in Vertragsbeziehungen zur GmbH, nicht aber zu den Gesellschaftern stehen. Mit Recht hat der BGH es insoweit abgelehnt, zwischen einem (wirtschaftlichen) Alleingesellschafter und „seiner" GmbH bzw. zwischen mehreren einverständlich handelnden Gesellschaftern und „ihrer" GmbH eine generelle, durch Schadensersatzpflichten sanktionierte Sonderverbindung anzuerkennen[363]. Würde nämlich der Gesellschafter – ganz unabhängig von einem Verstoß gegen spezielle gläubigerschützende Vorschriften wie §§ 30 ff. oder § 64 – für jede fahrlässige Vermögensschädigung „seiner" GmbH auf Schadensersatz haften, geriete die Haftungsbeschränkung zur Gänze in Gefahr (s. bereits Rdnr. 54)[364].

---

358 Eingehend *Bitter*, Durchgriffshaftung, S. 304 ff.; s. auch *Halmer*, S. 197 m.w.N.

359 BGH v. 5.6.1975 – II ZR 23/74, BGHZ 65, 15 = NJW 1976, 191 – ITT.

360 Zum Schadensersatz wegen Treuepflichtverletzung s. auch *Fastrich*, in: Baumbach/Hueck, Rdnr. 54; *Casper*, in: Ulmer/Habersack/Löbbe, Anh. § 77 Rdnr. 178 ff.; *Schön*, ZHR 168 (2004), 268, 280 f.; *Burgard*, ZIP 2002, 827, 829; *Bitter*, ZGR 2010, 147, 164; *Wahl*, S. 46 f.

361 Dazu *Zöllner*, in: FS Konzen, S. 999, 1010 f.; umfassend *Winter*, Mitgliedschaftliche Treuebindungen im GmbH-Recht, 1988, S. 63 ff.; zur Parallele zwischen dem Anspruch aus Treuepflichtverletzung im Gesellschaftsrecht und §§ 280, 241 Abs. 2 BGB (früher PVV) im allgemeinen Zivilrecht s. *Bitter/Heim*, GesR, § 4 Rdnr. 249 f.; umfassend *Eckhold*, S. 327 ff., insbes. S. 390; ausführlich zur verschuldensabhängigen und verschuldensunabhängigen Haftung bei fehlendem Einverständnis von Mitgesellschaftern *Bitter*, Durchgriffshaftung, S. 272 ff.; *Bitter*, ZHR 164 (2004), 302 ff.

362 Zust. *Lieder*, in: FS Pannen, 2017, S. 439, 441, 446; *Lieder*, in: Michalski u.a., Rdnr. 391, 436; ähnlich *Wiedemann*, ZGR 2003, 283, 291; *Khonsari*, S. 56 ff., 77 f.; s. auch *Bayer*, in: Lutter/Hommelhoff, Rdnr. 18; *Raiser*, in: Ulmer/Habersack/Löbbe, Rdnr. 155.

363 BGH v. 28.9.1992 – II ZR 299/91, BGHZ 119, 257 = ZIP 1992, 1734 = GmbHR 1993, 38 = NJW 1993, 193; BGH v. 10.5.1993 – II ZR 74/92, BGHZ 122, 333 = ZIP 1993, 917 = GmbHR 1993, 427 = NJW 1993, 1922 (Ziff. I 1 der Gründe); BGH v. 21.6.1999 – II ZR 47/98, BGHZ 142, 92 = GmbHR 1999, 921 = ZIP 1999, 1352 = NJW 1999, 2817 (Leitsatz 2 und Ziff. I 2c der Gründe); BGH v. 31.1.2000 – II ZR 189/99, ZIP 2000, 493 = GmbHR 2000, 330 = NJW 2000, 1571; BGH v. 26.10.2009 – II ZR 222/08, ZIP 2009, 2335 = GmbHR 2010, 85 = NJW 2010, 64; s. auch BGH v. 7.1.2008 – II ZR 314/05, ZIP 2008, 308 = GmbHR 2008, 257 Rdnr. 15: kein Wettbewerbsverbot des Alleingesellschafters, wenn Gläubigerinteressen nicht betroffen sind; unrichtig das Gegenteil behauptend *Stöber*, ZIP 2013, 2295, 2297 bei Fn. 38; ausdrücklich gegen den BGH ein Eigeninteresse anerkennend *Fischinger*, S. 333 ff. m.w.N.

364 Dazu *Bitter*, ZInsO 2010, 1505, 1508 ff.; ausführlich *Bitter*, Durchgriffshaftung, S. 304 ff., 314 ff. m.w.N.; insoweit wie hier auch *Raiser*, in: Ulmer/Habersack/Löbbe, Rdnr. 155; *Rubner*, Der Konzern 2007, 635, 643; ähnlich *Haas*, WM 2003, 1929, 1939; bedrohlich z.B. der weitgehende Haftungsansatz bei *Burg*, S. 150 ff., 256 f.

Genau hier liegt nun der Ausgangspunkt der Durchgriffsdiskussion: Wird mit der Rechtsprechung und h.M. eine generelle und zum Schadensersatz im Innenverhältnis führende Pflichtenbindung des Gesellschafters gegenüber „seiner" GmbH abgelehnt, kann dies umgekehrt nicht bedeuten, der Gesellschafter könne mit „seiner" GmbH – bis zur Grenze sittenwidrigen Verhaltens (§ 826 BGB) – nach Gutdünken schalten und walten. Vielmehr lassen sich der Konzeption des GmbH-Gesetzes gewisse explizite und implizite Mindestbedingungen entnehmen, von deren Einhaltung die ökonomische Rechtfertigung der Haftungsbeschränkung (Rdnr. 60 ff.) abhängig ist. Sind diese Mindestbedingungen in bestimmten Konstellationen nicht erfüllt (s. Rdnr. 132 und 143, 146), kann dem Gesellschafter im Wege einer **teleologischen Reduktion des § 13 Abs. 2** das Haftungsprivileg mit der Folge genommen werden, dass er sodann nach dem Grundprinzip deutscher Handelsgesellschaften unbeschränkt und persönlich für die Verbindlichkeiten der GmbH haftet (**Analogie zu § 128 HGB**)[365].

126

Bei diesem auch in der Rechtsprechung zum Ausdruck kommenden Haftungsansatz[366] handelt es sich letztlich auch um eine **Normanwendungs- oder Normzwecktheorie** (Rdnr. 118)[367]. Nur geht es – anders als in den Fällen des sog. Zurechnungsdurchgriffs (dazu Rdnr. 75 ff.) – nicht um die Erstreckung einzelner, insbesondere zivilrechtlicher Normen von der Gesellschaft auf die Gesellschafter oder umgekehrt, sondern um die Anwendung bzw. Nichtanwendung der die Haftungsbeschränkung anordnenden Norm des § 13 Abs. 2 selbst[368]. Damit ist zugleich klar, dass eine so verstandene Normzwecklehre **auf Gesellschaften mit Haftungsprivileg begrenzt** ist, während sich die Fragen des Zurechnungsdurchgriffs ebenso bei Gesellschaftsformen stellen, bei denen die Gesellschafter unbeschränkt für das Gesellschaftsvermögen haften (s. bereits Rdnr. 71). Die Erstreckung allgemeiner (zivilrechtlicher) Normen von der Gesellschaft auf den Gesellschafter oder umgekehrt hat folglich mit der Durchgriffs-*haftung* fast gar nichts gemein – außer die zugrunde liegende juristische Methodik, die in der allgemein anerkannten Auslegung gesetzlicher Vorschriften nach dem Telos der Norm besteht. Diese teleologische Auslegung mit der Möglichkeit des Richters, eine Norm in solchen Fällen außer Anwendung zu lassen, in denen die Norm zwar dem Wortlaut, nicht aber dem Sinn und Zweck nach anwendbar ist[369], kann selbstverständlich auch nicht vor der Haftungsbeschränkung des § 13 Abs. 2 Halt machen[370]. Da es insoweit nur um die Anwendung

127

365 *Bayer*, in: Lutter/Hommelhoff, Rdnr. 11; *Lieder*, in: Michalski u.a., Rdnr. 337, 392, 434; *Raiser*, in: Ulmer/Habersack/Löbbe, Rdnr. 130 f. (vgl. aber auch Rdnr. 83 ff.); *Saenger*, in: Saenger/Inhester, Rdnr. 92, 95 ff.; *Raiser/Veil*, Kapitalgesellschaften, § 39 Rdnr. 25; *Wiedemann*, GesR I, § 4 III 1 (S. 223); *Nirk*, in: FS Stimpel, S. 443, 459 f.; *Bitter*, WM 2001, 2133, 2139; *Raiser*, in: FS Lutter, S. 637, 645; *Raiser*, in: FS Priester, 2007, S. 619, 621; *Keßler*, GmbHR 2002, 945, 950; *Lutter/Banerjea*, ZGR 2003, 402, 430; *Strohn*, ZInsO 2008, 706, 712 f.; *Schäfer/Fischbach*, LMK 2008, 267714; *Schwab*, GmbHR 2012, 1213, 1214; *Lieder*, in: FS Pannen, 2017, S. 439 ff.; umfassend *Bitter*, Durchgriffshaftung, S. 94 ff.; *Wahl*, S. 80 ff. mit Ergebnis S. 91 f., 206; *Gottschalk*, S. 55 ff. mit Ergebnis S. 74; *Matschernus*, S. 76 ff.; *Fischinger*, S. 369 ff.; zurückhaltender nun *Pentz*, in: Rowedder/Schmidt-Leithoff, Rdnr. 146, 151 ff.; für eine nur beschränkte persönliche Haftung *Immenga*, S. 410 f., 418 ff.

366 BGH v. 16.9.1985 – II ZR 275/84, BGHZ 95, 330, 332 = ZIP 1985, 1263, 1264 = GmbHR 1986, 78 – Autokran; BGH v. 16.7.2007 – II ZR 3/04, BGHZ 173, 246, 257 = ZIP 2007, 1552, 1556 = GmbHR 2007, 927 Rdnr. 27 – Trihotel; ferner BGH v. 24.6.2002 – II ZR 300/00, BGHZ 151, 181 = NJW 2002, 3024 = ZIP 2002, 1578 = GmbHR 2002, 902 (Leitsatz 1) – KBV, wo von einem „Verlust des Haftungsprivilegs" die Rede ist.

367 Ebenso *Bayer*, in: Lutter/Hommelhoff, Rdnr. 11.

368 Dazu *Bitter*, Durchgriffshaftung, S. 97.

369 S. allgemein zur teleologischen Reduktion *Larenz/Canaris*, Methodenlehre der Rechtswissenschaft, 3. Aufl. 1995, S. 210 ff.; *Pawlowski*, Einführung in die Juristische Methodenlehre, 2. Aufl. 2000, Rdnr. 168 f. (S. 88 f.); *Bitter/Rauhut*, JuS 2009, 289, 294 f.

370 Ausführlich *Wahl*, S. 85 ff.

einer allgemeinen juristischen Methodik geht, ist die Durchgriffshaftung entgegen vereinzelt vertretener Ansicht[371] auch keineswegs verfassungswidrig[372].

128 Die hier favorisierte **Außenhaftung** hat zudem den **praktischen Vorteil**, dass sie die Rechtsdurchsetzung für die Gläubiger in den sehr häufigen Fällen der masselosen Insolvenz erleichtert, in denen die Gesellschafterhaftung besonders bedeutsam ist. Mit ihrem Direktanspruch gegen die Gesellschafter sind die Gläubiger dann nämlich nicht auf den mühsamen Umweg der Pfändung eines im Innenverhältnis zwischen GmbH und Gesellschafter bestehenden Anspruchs beschränkt (näher Rdnr. 159 f. zur Existenzvernichtungshaftung).

129 Ist die Außenhaftung danach aus dogmatischen und praktischen Gründen vorzugswürdig, überzeugt es nicht, die Lösung allein bei § 826 BGB zu suchen[373]. Zum einen wird die dahingehende, in jüngerer Zeit erkennbare Tendenz zur Rechtsrückbildung (Rdnr. 122) der besonderen **Einwirkungsmacht der Gesellschafter** auf die Vermögensinteressen der Gläubiger nicht gerecht, die mit der normalen, im bürgerlichen Recht adressierten Situation (vertraglich) völlig ungebundener Personen nicht vergleichbar ist. Zum anderen sollte die **Lösung** dort gesucht werden, wo das Problem herkommt, also **im Gesellschaftsrecht**[374]. Erkennt man, dass die Haftungsbeschränkung nur unter bestimmten Bedingungen volkswirtschaftlich sinnvoll und deshalb im Gesellschaftsrecht vorgesehen ist (Rdnr. 60 ff.), muss es auch das Gesellschaftsrecht sein, das auf die fehlende Einhaltung dieser Bedingungen reagiert[375].

3. Fallgruppen der Durchgriffshaftung

130 Eine unmittelbare Außenhaftung in teleologischer Reduktion der Haftungsbeschränkung kann allerdings nur in Ausnahmefällen anerkannt werden, da ansonsten das – grundsätzlich sinnvolle, nämlich der Förderung unternehmerischer Aktivitäten dienende (Rdnr. 60 ff.) – Trennungsprinzip des § 13 Abs. 2 aufgegeben würde[376]. Insbesondere darf nicht in solchen Fällen, in denen sich etwa der subjektive Tatbestand einer deliktischen Haftungsnorm schwer nachweisen lässt, pauschal auf einen objektiven Missbrauch der Haftungsbeschränkung abgestellt und so „durch die Hintertür" die persönliche Haftung begründet werden[377]. Welche Fallgruppen des Durchgriffs wegen Missbrauchs der haftungsbeschränkten Rechtsform GmbH anzuerkennen sind, ist seit langem umstritten[378]. In jedem Fall geht es aber nur um das Verhältnis der Gesellschafter zu den Gläubigern (Rdnr. 60 ff., 123 ff.), nicht hingegen um Missbräuche oder Treuwidrigkeiten im Verhältnis der Gesellschafter untereinander. Deshalb ist insbesondere die in BGHZ 192, 236[379] anerkannte Haftung der Mitgesellschafter für den

---

371 *Nassall*, ZIP 2003, 969, 970 ff.
372 Zutreffend *Haas*, WM 2003, 1929, 1931 in Fn. 31 („wenig einsichtig").
373 Ebenso *Lieder*, in: Michalski u.a., Rdnr. 394, 415, 437 ff.; *Lieder*, in: FS Pannen, 2017, S. 439, 442 und 446: substanzielle Verkürzung des Gläubigerschutzniveaus.
374 Zweifelnd gegenüber der „Allzweckwaffe des § 826 BGB" schon *Bitter*, ZHR 171 (2007), 114, 117; wie hier auch *Lieder*, in: Michalski u.a., Rdnr. 394; *Ulmer*, in: Hachenburg, 8. Aufl. 1991, Anh. § 30 Rdnr. 42; *Röhricht*, in: FS 50 Jahre BGH, Bd. 1, 2000, S. 83, 116; *Grigoleit*, S. 202 ff.; *Wahl*, S. 34 ff.; *Khonsari*, S. 61 f.; *Guntermann*, S. 478; *Lieder*, DZWIR 2008, 145, 147 f.; aus rechtsökonomischer Sicht *Halmer*, S. 247 („effizienzschädliche Anreizlücken"); a.A. *Wagner*, in: FS Canaris, Bd. II, S. 473, 492 ff.; *Möller*, S. 80.
375 Im Ergebnis ebenso *Halmer*, S. 197 f. auf der Basis einer umfassenden ökonomischen Analyse der Haftungsbeschränkung.
376 Ebenso *Windbichler*, GesR, § 24 Rdnr. 27; *Strohn*, ZInsO 2008, 706; früher schon *Rehbinder*, in: FS R. Fischer, S. 579, 581 f. und 583 a.E.; warum hingegen die Durchgriffshaftung § 13 Abs. 2 insgesamt obsolet machen soll (so *Wagner*, in: FS Canaris, Bd. II, S. 473, 485 m.w.N.), ist nicht erkennbar.
377 Deutlich zu pauschal insoweit OLG Naumburg v. 9.4.2008 – 6 U 148/07, ZInsO 2009, 43 = GmbHR 2008, 1149 mit krit. Anm. *Schröder*.
378 Umfassend zu den Fallgruppen der Durchgriffshaftung *Bitter*, Durchgriffshaftung, S. 103 ff.
379 BGH v. 24.1.2012 – II ZR 109/11, BGHZ 192, 236 = ZIP 2012, 422 = GmbHR 2012, 387.

Abfindungsanspruch eines ausgeschlossenen GmbH-Gesellschafters[380] entgegen teilweise vertretener Ansicht[381] kein Fall der Durchgriffshaftung, ganz abgesehen davon, dass jene Haftung nur subsidiär und anteilig greift.

a) Vermögensvermischung

Schrifttum: *Bitter*, Konzernrechtliche Durchgriffshaftung bei Personengesellschaften, 2000, S. 103 ff.; *Boujong*, Das Trennungsprinzip des § 13 Abs. 2 GmbHG und seine Grenzen in der neueren Judikatur des Bundesgerichtshofs, in: FS Odersky, 1996, S. 739, 742 ff.; *Fischinger*, Haftungsbeschränkung im Bürgerlichen Recht, 2015, S. 364 ff.; *Gao*, Vermögensvermischung als Haftungstatbestand im Recht der Gesellschaft mit beschränkter Haftung, Diss. HU Berlin 2001; *Raiser*, Die Haftungsbeschränkung ist kein Wesensmerkmal der juristischen Person, in: FS Lutter, 2000, S. 637, 644 ff.; *Reiner*, Unternehmerisches Gesellschaftsinteresse und Fremdsteuerung, 1995, § 6; *Karsten Schmidt*, Zum Haftungsdurchgriff wegen Sphärenvermischung und zur Haftungsverfassung im GmbH-Konzern, BB 1985, 2074; *Stimpel*, „Durchgriffshaftung" bei der GmbH: Tatbestände, Verlustausgleich, Ausfallhaftung, in: FS Goerdeler, 1987, S. 601, 606 f.; *Strohn*, Existenzvernichtungshaftung – Vermögensvermischungshaftung – Durchgriffshaftung, ZInsO 2008, 706.

Die einzige wenigstens im Grundsatz in Rechtsprechung[382] und Literatur[383] als möglicher Anwendungsbereich einer echten Durchgriffshaftung allgemein anerkannte Fallgruppe ist die Vermögensvermischung[384]. Von nur grundsätzlicher Anerkennung muss deshalb gesprochen werden, weil unter dem Begriff der Vermögens- und/oder Sphärenvermischung unterschiedliche Gestaltungen diskutiert werden, die nicht durchweg alle über die Durchgriffshaftung ge-

131

---

380 BGH v. 24.1.2012 – II ZR 109/11, BGHZ 192, 236 = ZIP 2012, 422 = GmbHR 2012, 387; bestätigend BGH v. 10.5.2016 – II ZR 342/14, ZIP 2016, 1160 = GmbHR 2016, 754; einführend *Bitter/Heim*, GesR, § 4 Rdnr. 96 f.

381 *Schirrmacher*, GmbHR 2016, 1077 ff.

382 BGH v. 16.9.1985 – II ZR 275/84, BGHZ 95, 330, 332 ff. = GmbHR 1986, 78 = NJW 1986, 188 – Autokran; BGH v. 13.4.1994 – II ZR 16/93, BGHZ 125, 366 = NJW 1994, 1801 = WM 1994, 896 = GmbHR 1994, 390; BGH v. 14.11.2005 – II ZR 178/03, BGHZ 165, 85 = ZIP 2006, 467 = NJW 2006, 1344 = GmbHR 2006, 426; BGH v. 16.7.2007 – II ZR 3/04, BGHZ 173, 246, 257 = ZIP 2007, 1552, 1556 = GmbHR 2007, 927 Rdnr. 27 – Trihotel; BAG v. 15.1.1991 – 1 AZR 94/90, ZIP 1991, 884, 889 = GmbHR 1991, 413 = NJW 1991, 2923; BSG v. 27.9.1994 – 10 RAr 1/92, BSGE 75, 82, 84 = ZIP 1994, 1945 f. = GmbHR 1995, 46; BSG v. 1.2.1996 – 2 RU 7/95, ZIP 1996, 1134, 1135 = GmbHR 1996, 604; zurückhaltender noch BGH v. 12.11.1984 – II ZR 250/83, GmbHR 1985, 80 = ZIP 1985, 29, 30 (dazu *Karsten Schmidt*, ZIP 1994, 837, 838 f.).

383 *Fastrich*, in: Baumbach/Hueck, Rdnr. 45; *Bayer*, in: Lutter/Hommelhoff, Rdnr. 19; *Saenger*, in: Saenger/Inhester, Rdnr. 99; *Lieder*, in: Michalski u.a., Rdnr. 395 ff.; *Mertens*, in: Hachenburg, 8. Aufl. 1989, Anh. § 13 Rdnr. 17 und 49; *Raiser*, in: Ulmer/Habersack/Löbbe, Rdnr. 80, 130 ff.; *Casper*, in: Ulmer/Habersack/Löbbe, Anh. § 77 Rdnr. 170; *Weller/Discher*, in: Bork/Schäfer, Rdnr. 36; *Reuter*, in: MünchKomm. BGB, 7. Aufl. 2015, vor § 21 BGB Rdnr. 34; *Windbichler*, GesR, § 24 Rdnr. 30; *Raiser/Veil*, Kapitalgesellschaften, § 39 Rdnr. 25 f.; *Wiedemann*, in: FS Bärmann, 1975, S. 1037, 1054; *Wiedemann*, WM-Beilage 4/1975, S. 19; *Lutter*, ZGR 1982, 244, 251; *Stimpel*, in: FS Goerdeler, S. 601, 606 f.; *Nirk*, in: FS Stimpel, S. 443, 453; *Raiser*, in: FS Lutter, S. 637, 644 f.; *Raiser*, in: FS Priester, S. 619, 622; *Fischinger*, S. 369 ff. (mit zusätzlicher Anerkennung von Ansprüchen aus § 826 BGB und §§ 280, 311 Abs. 1 BGB auf S. 374 ff.); im Grundsatz wohl auch *Karsten Schmidt*, BB 1985, 2074, 2076 unter II 3b dd und *Karsten Schmidt*, GesR, § 9 IV 2a (S. 234 ff.), der einer Durchgriffshaftung insgesamt sehr reserviert gegenübersteht.

384 Vgl. zur (fast) allgemeinen Anerkennung auch *Raiser*, in: Ulmer/Habersack/Löbbe, Rdnr. 80, 130; *Raiser*, in: FS Priester, S. 619, 622; *Wiedemann*, ZGR 2003, 283, 288; *Roth*, LM Nr. 24 zu § 13 GmbHG, Bl. 6; *Strohn*, ZInsO 2008, 706, 711; *Schwab*, GmbHR 2012, 1213 m.N. in Fn. 1; *Bitter*, Durchgriffshaftung, S. 103 f.; *Bitter*, WM 2004, 2190, 2196; *Fischinger*, S. 364 mit Darstellung abweichender Ansichten S. 367 f.; anders z.B. *Ehricke*, AcP 199 (1999), 257, 289 ff., der den Durchgriff wegen Vermögensvermischung durch eine Einstandspflicht des Gesellschafters für nicht-ordnungsgemäße Buchführung gemäß §§ 43 Abs. 2, 41 GmbHG, §§ 830 Abs. 2, 840 Abs. 1, 421 ff. BGB ersetzen will; nur tendenziell kritisch *Wagner*, in: FS Canaris, Bd. II, S. 473, 496 („Durchgriffshaftung am ehesten vertretbar").

löst werden, sondern z.T. auch mit allgemeinen Rechtsgrundsätzen zu erfassen sind. Darüber hinaus ist auch die Begrifflichkeit nicht immer klar[385].

132 Zur echten Durchgriffshaftung führt nur die sog. **generelle Vermögensvermischung**, d.h. eine Situation, in der das Gesellschafts- vom Privatvermögen des Gesellschafters in keiner Weise mehr klar unterschieden werden kann. Dafür reichen einzelne Privatentnahmen der Gesellschafter noch nicht aus. Hinzukommen muss, dass die Vermögensabgrenzung zwischen Gesellschafts- und Gesellschaftervermögen durch undurchsichtige Buchführung oder auf ähnliche Weise allgemein verwischt oder verschleiert wird; denn in diesem Fall können die Kapitalerhaltungsvorschriften, deren Einhaltung ein unverzichtbarer Ausgleich für die Beschränkung der Haftung auf das Gesellschaftsvermögen (§ 13 Abs. 2) ist[386], nicht funktionieren[387]. Salopp wird teilweise von einer „Waschkorblage" gesprochen[388]. Damit kann entweder gemeint sein, dass alle Gegenstände – wie in einem Waschkorb – heillos durcheinander geraten sind, insbesondere keine Rechnungslegungsunterlagen existieren, die eine klare rechtliche Zuordnung der einzelnen Gegenstände ermöglichen[389]. Alternativ lässt sich der Waschkorb aber auch als Bild für den Zustand der Buchhaltungsunterlagen verwenden (sog. „Waschkorbbuchhaltung")[390], woraus sich sodann die fehlende Möglichkeit klarer Zuordnung ergibt.

133 Die Haftung trifft einen Gesellschafter **nach Ansicht der Rechtsprechung** allerdings nur, wenn er aufgrund des von ihm wahrgenommenen Einflusses als Allein- oder Mehrheitsgesellschafter, ggf. auch als Treugeber im Hintergrund[391], für den Vermögensvermischungstatbestand verantwortlich ist (**Verhaltenshaftung**)[392]. Mit dem dogmatischen Konzept einer teleologischen Reduktion der Haftungsbeschränkung (Rdnr. 126 f.) ist diese Einschränkung allerdings nicht leicht zu erklären[393], weil auch der für die Vermögensvermischung nicht selbst verantwortliche Gesellschafter von diesem Zustand profitiert haben kann[394].

---

385 Vgl. *Bitter*, Durchgriffshaftung, S. 103 ff.; *Bauschke*, BB 1985, 77, 78; *Geißler*, GmbHR 1993, 71, 74 f.

386 Dazu *Keßler*, GmbHR 2002, 945, 947 ff.

387 BGH v. 16.9.1985 – II ZR 275/84, BGHZ 95, 330, 334 = WM 1985, 1263, 1264 = NJW 1986, 188, 189 = GmbHR 1986, 78 – Autokran; BGH v. 13.4.1994 – II ZR 16/93, BGHZ 125, 366 = NJW 1994, 1801 = WM 1994, 896 = GmbHR 1994, 390; BGH v. 14.11.2005 – II ZR 178/03, BGHZ 165, 85 = ZIP 2006, 467 = NJW 2006, 1344 = GmbHR 2006, 426; zustimmend *Rehbinder*, in: FS Kübler, 1997, S. 493, 501; *Boujong*, in: FS Odersky, 1996, S. 739, 742; näher *Bitter*, Durchgriffshaftung, S. 104 ff.; zur Anwendbarkeit auf EU-Auslandsgesellschaften *Bitter*, WM 2004, 2190, 2196.

388 S. z.B. *Fastrich*, in: Baumbach/Hueck, Rdnr. 45; *Bayer*, in: Lutter/Hommelhoff, Rdnr. 19; *Raiser/Veil*, Kapitalgesellschaften, § 39 Rdnr. 26; *Röhricht*, in: FS 50 Jahre BGH, Bd. 1, 2000, S. 83, 89; *Haas*, WM 2003, 1929, 1932.

389 In diesem Sinne *Gottschaller*, KStZ 2014, 1 im Anschluss an die hiesige 11. Aufl.

390 In letzterem Sinne *Windbichler*, GesR, § 24 Rdnr. 30; wohl auch *Bayer*, in: Lutter/Hommelhoff, Rdnr. 19; *Schön*, ZHR 168 (2004), 268, 284.

391 Vgl. BGH v. 13.4.1994 – II ZR 16/93, BGHZ 125, 366, 369 = ZIP 1994, 867, 868 = GmbHR 1994, 390; zu einem Strohmannfall auch KG v. 4.12.2007 – 7 U 77/07, ZIP 2008, 1535 = WM 2008, 1690 = GmbHR 2008, 703, wobei der konkrete Fall wohl besser über das Deliktsrecht hätte gelöst werden sollen.

392 BGH v. 14.11.2005 – II ZR 178/03, BGHZ 165, 85 = ZIP 2006, 467 = NJW 2006, 1344 = GmbHR 2006, 426; *Weller/Discher*, in: Bork/Schäfer, Rdnr. 36; *Bayer*, in: Lutter/Hommelhoff, Rdnr. 19; *Saenger*, in: Saenger/Inhester, Rdnr. 101 ff.; *Strohn*, ZInsO 2008, 706, 712; *Raiser*, in: FS Lutter, S. 637, 645. Diese Verhaltenshaftung ist aber keine Verschuldenshaftung (vgl. *Raiser*, in: Ulmer/Habersack/Löbbe, Rdnr. 133; *Weller/Discher*, in: Bork/Schäfer, Rdnr. 36; tendenziell anders *Gottschaller*, KStZ 2014, 1, 2); erst recht erfordert sie kein vorsätzliches Handeln des Gesellschafters (a.A. *Steffek*, JZ 2009, 77, 81 f.; *Schirrmacher*, GmbHR 2016, 1077, 1080).

393 Von einem „Spannungsverhältnis" spricht *Lieder*, in: Michalski u.a., Rdnr. 398; s. auch *Fischinger*, S. 372 f.: „Auf den ersten Blick passt dies nicht zu einer Analogie zu § 128 HGB".

394 Vgl. *Wiedemann*, ZGR 2003, 283, 292 („keine Handelndenhaftung, sondern Statusverantwortung"); früher auch *Pentz*, in: Rowedder/Schmidt-Leithoff, 4. Aufl. 2002, Rdnr. 141, ferner Rdnr. 140 zur Unterkapitalisierung; a.A. *Gottschalk*, S. 136 ff.

Von der generellen Vermögensvermischung, die zu einem – in der Insolvenz analog § 93 InsO vom Verwalter geltend zu machenden[395] – Haftungsdurchgriff führt, klar zu unterscheiden sind die gegenständliche Vermögensvermischung sowie die Vermischung von Haftungssubjekten (Sphärenvermischung)[396]. 134

Soweit einzelne bei der Gesellschaft befindliche Gegenstände nicht mehr eindeutig als Privatvermögen identifiziert werden können (**gegenständliche Vermögensvermischung**), ergibt sich daraus noch keine generelle Durchbrechung der Haftungsbeschränkung im Wege der Durchgriffshaftung. Die gegenständliche Vermögensvermischung führt – worauf früh schon *Karsten Schmidt*[397] und *Stimpel*[398] mit Recht hingewiesen haben – allein zu einer gegenständlichen Haftungserweiterung auf diesen konkreten Gegenstand[399]. Wird beispielsweise aus einem gegen die GmbH gerichteten Titel ein Gegenstand in den Geschäftsräumen der GmbH gepfändet, so setzt eine erfolgreiche Drittwiderspruchsklage des Gesellschafters (§ 771 ZPO)[400] eine klare Vermögenstrennung voraus. Ist diese nicht gegeben, so versagt die Drittwiderspruchsklage des Gesellschafters, ohne dass es um die Frage einer Durchgriffshaftung geht[401]. 135

Nicht um Fragen einer echten Durchgriffshaftung geht es auch in den Fällen der **Vermischung von Haftungssubjekten**, in denen die rechtliche Trennung zwischen Gesellschaft und ihren Gesellschaftern nach außen hin überspielt wird. Dies ist der Fall, wenn die betreffende Gesellschaft eine ähnliche Firma, den gleichen Sitz, die gleichen Geschäftsräume, den gleichen Telefonanschluss und die gleichen Bediensteten hat wie das einzelkaufmännische Unternehmen des Gesellschafters oder eine Muttergesellschaft. In Abgrenzung von der zuvor angeführten mangelnden Trennung der Vermögensmassen, für die sich auch in der Literatur mehrheitlich die Bezeichnung „Vermögensvermischung" findet[402], wird hier überwiegend von „**Sphärenvermischung**" gesprochen[403]. 136

Es geht insoweit um ein Offenkundigkeitsproblem des Firmen- und Stellvertretungsrechts, das über Rechtsscheinsgrundsätze zu lösen ist[404]. Soweit sich daraus eine persönliche Haf- 137

---

395 BGH v. 14.11.2005 – II ZR 178/03, BGHZ 165, 85, 89 f. = ZIP 2006, 467 = NJW 2006, 1344 = GmbHR 2006, 426 Rdnr. 10; *Raiser*, in: Ulmer/Habersack/Löbbe, Rdnr. 134; *Strohn*, ZInsO 2008, 706, 713; *Fischinger*, S. 380 f.; *Schwab*, GmbHR 2012, 1213, 1217 (mit Konsequenzen für die Verjährung).

396 S. schon *Bitter*, Durchgriffshaftung, S. 107 ff.

397 *Karsten Schmidt*, BB 1985, 2074, 2075 f. unter Ziff. II 3b bb; *Karsten Schmidt*, GesR, § 9 IV 2a (S. 234 f.).

398 *Stimpel*, in: FS Goerdeler, 1987, S. 601, 615.

399 Ähnlich auch *Fastrich*, in: Baumbach/Hueck, Rdnr. 45, und *Raiser*, in: FS Priester, S. 619, 622, die jeweils davon sprechen, dass bei Unklarheit über die Zuordnung einzelner Gegenstände keine Durchgriffshaftung in Betracht kommt; offen demgegenüber *Priester*, ZGR 1993, 512, 528.

400 Gesellschafts- und Gesellschaftersphäre sind in beide Richtungen vollstreckungsrechtlich getrennt (vgl. Rdnr. 185).

401 *Karsten Schmidt*, BB 1985, 2074, 2075 f. unter Ziff. II 3b bb; *Karsten Schmidt*, GesR, § 9 IV 2a (S. 235); *Bitter*, Durchgriffshaftung, S. 107 f.; *Reiner*, S. 206 in Fn. 5 und S. 217.

402 *Bayer*, in: Lutter/Hommelhoff, Rdnr. 9; *Fastrich*, in: Baumbach/Hueck, Rdnr. 45; *Lutter*, ZGR 1982, 244, 251; *Stimpel*, in: FS Goerdeler, 1987, S. 601, 606 f. und 615; *Wiedemann*, in: FS Bärmann, 1975, S. 1037, 1054; *Boujong*, in: FS Odersky, 1996, S. 739, 742.

403 *Bayer*, in: Lutter/Hommelhoff, Rdnr. 24; *Fastrich*, in: Baumbach/Hueck, Rdnr. 46; *Weller/Discher*, in: Bork/Schäfer, Rdnr. 37; *Raiser*, in: Ulmer/Habersack/Löbbe, Rdnr. 135; *Pentz*, in: Rowedder/Schmidt-Leithoff, Rdnr. 156; *Lutter*, ZGR 1982, 244, 251; *Rehbinder*, in: FS Kübler, S. 493, 498 f., 501; *Zöllner*, in: FS Konzen, S. 999, 1000; *Ehricke*, AcP 199 (1999), 257, 299 f.; demgegenüber verwendet *Karsten Schmidt*, BB 1985, 2074, 2075 f.; *Karsten Schmidt*, GesR, § 9 IV 2 (S. 234 ff.) den Begriff der „Sphärenvermischung" als Oberbegriff und unterteilt diesen zwischen einer „Vermischung von Haftungssubjekten" und einer „Vermischung von Vermögensmassen".

404 *Pentz*, in: Rowedder/Schmidt-Leithoff, Rdnr. 157; *Karsten Schmidt*, BB 1985, 2074, 2075 unter Ziff. II 3b aa; *Karsten Schmidt*, GesR, § 9 IV 2b (S. 236); *Zöllner*, in: FS Konzen, S. 999, 1000; *Ehricke*, AcP 199 (1999), 257, 300 m.w.N.; *Bitter*, Durchgriffshaftung, S. 68 f. m.N. in Fn. 5, S. 108 f.; so in-

tung der Gesellschafter ergibt, handelt es sich entgegen teilweise vertretener Ansicht[405] aber gerade nicht um einen Fall echter Durchgriffshaftung[406].

b) Unterkapitalisierung

Schrifttum: *Altmeppen*, Zur vorsätzlichen Gläubigerschädigung, Existenzvernichtung und materiellen Unterkapitalisierung in der GmbH, ZIP 2008, 1201; *Banerjea*, Haftungsfragen in Fällen materieller Unterkapitalisierung und im qualifizierten faktischen Konzern, ZIP 1999, 1153; *Benne*, Haftungsdurchgriff bei der GmbH, 1978, S. 61 ff.; *Bitter*, Konzernrechtliche Durchgriffshaftung bei Personengesellschaften, 2000, S. 110 ff.; *Bitter*, Gesellschafterhaftung für materielle Unterkapitalisierung – Betrachtungen aus ökonomischer und juristischer Perspektive, in: Bachmann/Casper/Schäfer/Veil (Hrsg.), Steuerungsfunktionen des Haftungsrechts im Gesellschafts- und Kapitalmarktrecht, 2007, S. 57; *Boujong*, Das Trennungsprinzip des § 13 Abs. 2 GmbHG und seine Grenzen in der neueren Judikatur des Bundesgerichtshofs, in: FS Odersky, 1996, S. 739, 745 ff.; *Eckhold*, Materielle Unterkapitalisierung, 2002; *Erlinghagen*, Haftungsfragen bei einer unterkapitalisierten GmbH, GmbHR 1962, 169; *Fischinger*, Haftungsbeschränkung im Bürgerlichen Recht, 2015, S. 354 ff.; *Gloger/Goette/Japing*, Existenzvernichtung und Unterkapitalisierung, ZInsO 2008, 1051; *Guntermann*, Das Zusammenspiel von Mindeststammkapital und institutioneller Haftungsbeschränkung, 2016, S. 78 ff., 466 ff.; *Halmer*, Gesellschafterdarlehen und Haftungsdurchgriff – Zur Rechtsökonomik beschränkter Haftung bei Unterkapitalisierung, 2013; *Heermann*, Materielle Unterkapitalisierung und sog. Haftungsdurchgriff, Überlegungen zum Anwendungsbereich, zu den dogmatischen Grundlagen und zu den Tatbestandsvoraussetzungen, in: Theobald (Hrsg.), Entwicklungen zur Durchgriffs- und Konzernhaftung, 2002, S. 11 ff.; *Hölzle*, Materielle Unterkapitalisierung und Existenzvernichtungshaftung – Das Phantom als Fallgruppe der Durchgriffshaftung, ZIP 2004, 1729; *Hofmann*, Zum „Durchgriffs"-Problem bei der unterkapitalisierten GmbH, NJW 1966, 1941; *Immenga*, Die personalistische Kapitalgesellschaft, 1970, S. 400 ff.; *Kahler*, Die Haftung des Gesellschafters im Falle der Unterkapitalisierung einer GmbH, BB 1985, 1429; *Kleindiek*, Materielle Unterkapitalisierung, Existenzvernichtung und Deliktshaftung – GAMMA, NZG 2008, 686; *Lutter/Hommelhoff*, Nachrangiges Haftkapital und Unterkapitalisierung in der GmbH, ZGR 1979, 31; *Möller*, Die materiell unterkapitalisierte GmbH, 2005 (Rezension von *Bitter*, ZHR 171 [2007], 114); *Mossmann*, Die Haftung des Kommanditisten in der unterkapitalisierten KG, Diss. Heidelberg, 1978; *Philipp/Weber*, Materielle Unterkapitalisierung als Durchgriffshaftung im Lichte der jüngeren BGH-Rechtsprechung zur Existenzvernichtung, DB 2006, 142; *Raiser*, Konzernhaftung und Unterkapitalisierungshaftung, ZGR 1995, 156; *Raiser*, Die Haftungsbeschränkung ist kein Wesensmerkmal der juristischen Person, in: FS Lutter, 2000, S. 637, 647 ff.; *Roth*, Unterkapitalisierung und persönliche Haftung, ZGR 1993, 170; *Schäfer/Fackler*, Durchgriffshaftung wegen allgemeiner Unterkapitalisierung?, NZG 2007, 377; *Stimpel*, „Durchgriffshaftung" bei der GmbH: Tatbestände, Verlustausgleich, Ausfallhaftung, in: FS Goerdeler, 1987, S. 601, 608 ff.; *Ulmer*, Gesellschafterdarlehen und Unterkapitalisierung bei GmbH und GmbH & Co. KG – Zehn Thesen, in: FS Duden, 1977, S. 661; *Veil*, Gesellschafterhaftung wegen existenzvernichtenden Eingriffs und Unterkapitalisierung, NJW 2008, 3264; *Vonnemann*, Haftung der GmbH-Gesellschafter bei materieller Unterkapitalisierung, 1991; *Vonnemann*, Haftung von GmbH-Gesellschaftern wegen materieller Unterkapitalisierung, GmbHR 1992, 77; *Weitbrecht*, Haftung der Gesellschafter bei materieller Unterkapitalisierung der GmbH, 1990; *Wiesner*, Materielle Unterkapitalisierung – ein überflüssiges Institut?, in: Theobald (Hrsg.), Entwicklungen zur Durchgriffs- und Konzernhaftung, 2002, S. 59 ff.; *Winkler*, Die Haftung der Gesellschafter einer unterkapitalisierten GmbH, BB 1969, 1202; *Winter*, Die Haftung der Gesellschafter im Konkurs der unterkapitalisierten GmbH, 1973; *Wüst*, Das Problem des Wirtschaftens mit beschränkter Haftung, JZ 1992, 710; *Wüst*, Die unzureichende Eigenkapitalausstattung bei Beschränkthaftern, JZ 1995, 990.

---

zwischen auch *Fastrich*, in: Baumbach/Hueck, Rdnr. 46; s. zur Rechtsscheinhaftung wegen Fortlassens des Rechtsformzusatzes auch Rdnr. 94, bei unzutreffender Firmierung als „GmbH" Rdnr. 14.

405 *Geißler*, GmbHR 1993, 71, 75; vgl. auch *Bayer*, in: Lutter/Hommelhoff, Rdnr. 24; *Wiedemann*, WM-Beilage 4/1975, S. 19; *Thole*, GPR 2014, 113, 114; missverständlich *Hermann/Woedtke*, BB 2012, 2255, 2257.

406 Zutreffend *Karsten Schmidt*, BB 1985, 2074, 2075 unter Ziff. II 3b aa; *Karsten Schmidt*, GesR, § 9 IV 2b (S. 236); *Pentz*, in: Rowedder/Schmidt-Leithoff, Rdnr. 157; *Lieder*, in: Michalski u.a., Rdnr. 404; *Reiner*, S. 217; ferner *Gottschaller*, KStZ 2014, 1, 5; in der Sache sieht das auch *Lutter* (ZGR 1982, 244, 251 f.) so, wenn er diese Gestaltung zwar als Fallgruppe des Durchgriffs einordnet, zur Begründung der persönlichen Haftung aber ausführt: „Der Rechtsschein der Identität führt zur Identität der Haftung."; zurückhaltender nun auch *Bayer*, in: Lutter/Hommelhoff, Rdnr. 24.

Bis heute sehr umstritten ist die Fallgruppe der Unterkapitalisierung[407]. Ausgangspunkt der   138
– ebenso auch in anderen Rechtsordnungen bekannten[408] – Problematik ist der folgende:

aa) Definition der Unterkapitalisierung

Das Gesetz enthält für keine Gesellschaftsform generelle Regeln darüber, dass das Eigenkapital   139
der Gesellschaft in einem angemessenen Verhältnis zum angestrebten oder tatsächlichen Geschäftsumfang stehen muss[409]. Für die AG und GmbH gibt es allein Regeln über ein Mindestkapital; für die Personengesellschaften wurde auch darauf verzichtet. Es ist daher denkbar, dass
eine Gesellschaft mit einem das Eigenkapital um ein Vielfaches übersteigenden jährlichen
Umsatzvolumen arbeitet, so dass ein im Verhältnis zum Umsatz nur geringfügiger Verlust
schnell zur Überschuldung und Zahlungsunfähigkeit der Gesellschaft und damit zu Schäden
für die Gläubiger führen kann[410]. Daher wird die Unterkapitalisierung in Rechtsprechung[411]
und Literatur[412] oftmals als der Zustand gekennzeichnet, in dem ein Missverhältnis zwischen
Haftungskapital und Gesellschaftszweck besteht bzw. das Eigenkapital für den Unternehmenszweck zu gering ist. Präziser formuliert *Ulmer*[413], nach dessen Definition eine Gesellschaft als
unterkapitalisiert bezeichnet werden kann, „wenn das Eigenkapital nicht ausreicht, um den
nach Art und Umfang der [...] Geschäftstätigkeit [...] bestehenden, nicht durch Kredite Dritter zu deckenden mittel- oder langfristigen Finanzbedarf zu befriedigen"[414].

bb) Nominelle und materielle Unterkapitalisierung

Bei den Rechtsfolgen einer derartigen Unterkapitalisierung ist im Ansatz zwischen nominel-   140
ler und materieller Unterkapitalisierung zu unterscheiden, wobei nur für die letztere eine
Durchgriffshaftung überhaupt in Betracht kommt[415].

---

407 S. bereits die 10. Aufl., Rdnr. 81 ff.; Überblick zum Meinungsstand auch bei *Altmeppen*, in: Roth/
     Altmeppen, Rdnr. 142; *Raiser*, in: Ulmer/Habersack/Löbbe, Rdnr. 138 f.; *Lieder*, in: Michalski u.a.,
     Rdnr. 406 ff.; ausführlich *Bitter*, Durchgriffshaftung, S. 110 ff.; *Bitter*, in: Bachmann/Casper/Schä-
     fer/Veil, S. 57 ff.; *Bitter*, WM 2004, 2190, 2197 f.; monographisch *Möller*, Die materiell unterkapita-
     lisierte GmbH, 2005 (dazu die Rezension von *Bitter*, ZHR 171 [2007], 114); sehr eingehend *Eck-
     hold*, Materielle Unterkapitalisierung, 2002, der sich jedoch für eine Innenhaftung ausspricht
     (S. 307 ff. und insbes. S. 621 ff.).
408 S. die rechtsvergleichende Darstellung bei *Möller*, S. 171 ff.; knapp *Blaurock*, in: FS Stimpel, S. 553,
     561 f., 563 f. (USA); *Fan*, RIW 2013, 515 ff. (China).
409 Vgl. *Ulmer*, in: Hachenburg, 8. Aufl. 1991, Anh. § 30 Rdnr. 1; *Kahler*, BB 1985, 1429, 1433; *Raiser*,
     in: FS Lutter, S. 637, 649; zu den speziellen Vorschriften im Bankenbereich vgl. *Walter*, AG 1998,
     370, 371.
410 Vgl. *Geißler*, GmbHR 1993, 71, 76; *Kahler*, BB 1985, 1429.
411 BGH v. 14.12.1959 – II ZR 187/57, BGHZ 31, 258, 268; BGH v. 4.5.1977 – VIII ZR 298/75, BGHZ
     68, 312, 316 = GmbHR 1977, 198, 199 – Fertighaus.
412 *Fastrich*, in: Baumbach/Hueck, § 5 Rdnr. 6; *Wiedemann*, GesR I, § 10 IV 3 (S. 565); *Lieder*, in: Mi-
     chalski u.a., Rdnr. 409; *Lieder*, in: FS Pannen, 2017, S. 439, 443.
413 *Ulmer*, in: Hachenburg, 8. Aufl. 1991, Anh. § 30 Rdnr. 4; dazu *Bitter*, Durchgriffshaftung, S. 110.
414 So im Anschluss an *Ulmer* auch *Karsten Schmidt*, ZIP 1981, 689, 690; *Karsten Schmidt*, GesR, § 9
     IV 4a (S. 240); *Wüst*, JZ 1995, 990, 992; *Fischinger*, S. 354; umfassend aus ökonomischer Sicht *Hal-
     mer*, S. 68 ff. m.w.N.; partiell kritisch *Kahler*, BB 1985, 1429, 1430.
415 Zu dieser Unterscheidung s. *Ulmer*, in: Hachenburg, 8. Aufl. 1991, Anh. § 30 Rdnr. 21; *Fastrich*,
     in: Baumbach/Hueck, § 5 Rdnr. 6, § 13 Rdnr. 47; *Lieder*, in: Michalski u.a., Rdnr. 410; *Pentz*, in:
     Rowedder/Schmidt-Leithoff, Rdnr. 147 ff.; *Reuter*, in: MünchKomm. BGB, 7. Aufl. 2015, vor § 21
     BGB Rdnr. 37 ff.; *Windbichler*, GesR, § 24 Rdnr. 31; *Wüst*, JZ 1995, 990, 992 ff.; *Michalski/de Vries*,
     NZG 1999, 181 f.; näher *Bitter*, Durchgriffshaftung, S. 111 ff. mit Darstellung der historischen Ent-
     wicklung; von „formeller" und „materieller" Unterkapitalisierung sprechen *Raiser/Veil*, Kapitalge-
     sellschaften, § 39 Rdnr. 40; von „nomineller" und „aktueller" Unterkapitalisierung sprach *Benne*,
     S. 88 ff. und 179 ff.

141 Die Besonderheit der **nominellen Unterkapitalisierung** besteht darin, dass das erforderliche Kapital wohl vorhanden ist, von den Gesellschaftern aber nicht durch Eigenkapitalzufuhr, sondern im Wege der Fremdfinanzierung, insbesondere durch Hingabe von **Gesellschafterdarlehen** aufgebracht wird. Insoweit galt früher ein zweispuriges Haftungssystem unter dem Stichwort der sog. „eigenkapitalersetzenden Gesellschafterdarlehen" (dazu 10. Aufl., §§ 32a, 32b), das mit dem MoMiG durch eine insolvenzrechtliche Regelung abgelöst worden ist: Forderungen auf Rückgewähr eines Gesellschafterdarlehens und Forderungen aus Rechtshandlungen, die einem solchen Darlehen wirtschaftlich entsprechen, sind nachrangig (§ 39 Abs. 1 Nr. 5 InsO). Hat der Gesellschafter vor der Eröffnung des Insolvenzverfahrens noch eine Leistung auf seinen Darlehensrückgewähranspruch von der Gesellschaft erlangt, unterliegt die Rückzahlung der Insolvenzanfechtung durch den Insolvenzverwalter: Gemäß § 135 Abs. 1 Nr. 2 InsO i.V.m. § 143 InsO muss der Gesellschafter die Leistung zurückgewähren, wenn er sie binnen eines Jahres vor dem Insolvenzantrag oder danach erhalten hat. Dieses aktuelle Recht der Gesellschafterdarlehen ist seit der 11. Aufl. im Anhang zu § 64 kommentiert.

142 Hiervon zu trennen ist die **materielle Unterkapitalisierung**, von der gesprochen wird, wenn der Gesellschaft die benötigten Mittel überhaupt nicht – weder als Eigenkapital noch als Fremdkapital – zur Verfügung stehen. Schlagwortartig kann daher in Abgrenzung zur (nominellen) „Unterkapitalisierung durch Fremdkapitalisierung" von „Unterkapitalisierung durch Nichtkapitalisierung" gesprochen werden[416].

cc) Durchgriffshaftung bei materieller Unterkapitalisierung

143 Der Betrieb einer unterkapitalisierten GmbH mit Risikoverlagerung auf die Gläubiger widerspricht dem Zweck des § 13 Abs. 2, denn das Gesellschaftskapital soll auch als Finanzpolster dienen, mit dem Verluste aufgefangen und ein jederzeitiges Abrutschen der GmbH in die Insolvenz verhindert wird (s. Rdnr. 67 f.)[417]. Eine Durchgriffs-/Außenhaftung des Gesellschafters analog § 128 HGB für eine objektiv völlig unzureichende Vermögensausstattung der GmbH wird deshalb mit Recht von zahlreichen Stimmen in der Literatur befürwortet[418], von vielen anderen aber auch abgelehnt[419].

---

416 Vgl. *Karsten Schmidt*, ZIP 1981, 689, 690.

417 Zust. *Lieder*, in: FS Pannen, 2017, S. 439, 444; s. auch *Bayer*, in: Lutter/Hommelhoff, Rdnr. 20; *Lutter/Hommelhoff*, ZGR 1979, 31, 58 f.

418 *Bayer*, in: Lutter/Hommelhoff, Rdnr. 20 ff.; *Lieder*, in: Michalski u.a., Rdnr. 415; *Raiser*, in: FS Lutter, S. 637, 647 ff.; *Raiser*, in: FS Priester, S. 619, 623 f.; *Kübler/Assmann*, GesR, 6. Aufl. 2006, § 18 VI 5 (S. 269 ff.); *Lutter/Hommelhoff*, ZGR 1979, 31, 58 f.; *Lutter/Banerjea*, ZGR 2003, 402, 419 f.; *Wiedemann*, GesR I, § 4 III 1b (S. 224 ff.); *Wiedemann*, WM-Beilage 4/1975, S. 19; *Wiedemann*, ZGR 2003, 283, 295 f.; *Stimpel*, in: FS Goerdeler, S. 601, 609 ff.; *Lehmann*, GmbHR 1992, 200, 204 ff.; *Wüst*, JZ 1992, 710, 712; *Wüst*, JZ 1995, 990, 994 f.; *Hölzle*, ZIP 2004, 1729 ff.; *Hölzle*, ZIP 2010, 913 f.; *G. H. Roth*, NZG 2003, 1081, 1082 f.; *Blaurock*, in: FS Stimpel, S. 553, 559 ff.; *Schäfer/Fischbach*, LMK 2008, 267714; *Lieder*, in: FS Pannen, 2017, S. 439, 443 ff.; *Matschernus*, S. 258 ff.; wohl auch *Nirk*, in: FS Stimpel, S. 443, 454; eingehend *Ulmer*, in: Hachenburg, 8. Aufl. 1991, Anh. § 30 Rdnr. 50 ff., 64; *Bitter*, Durchgriffshaftung, S. 119 ff., 531 ff.; *Bitter*, in: Bachmann/Casper/Schäfer/Veil, S. 57 ff.; *Halmer*, S. 196 ff., 229 ff.; s. auch *Bitter*, WM 2004, 2190, 2197 f.; *Casper*, in: Ulmer/Habersack/Löbbe, Anh. § 77 Rdnr. 140; umfassend *Eckhold*, Materielle Unterkapitalisierung, 2002 und *Guntermann*, S. 466 ff., die sich jedoch für eine Innenhaftung aussprechen; Präferenz für eine Innenhaftung auch bei *Banerjea*, ZIP 1999, 1153 ff.; *Ulmer*, ZIP 2001, 2021, 2026; *Karsten Schmidt*, GesR, § 9 IV 4 (S. 240 ff.); partiell anders *Altmeppen*, in: Roth/Altmeppen, Rdnr. 148 ff.; zu weiteren, insbes. in der älteren Literatur entwickelten dogmatischen Ansätzen s. *Winter*, S. 78 ff.; zur h.M. in China *Fan*, RIW 2013, 515, 516.

419 *Fastrich*, in: Baumbach/Hueck, § 5 Rdnr. 6; *Windbichler*, GesR, § 24 Rdnr. 31; *Weitbrecht*, S. 66 ff.; *Möller*, S. 43 ff., 82 ff.; *Rabensdorf*, S. 130 ff.; *Heermann*, S. 26 ff., insbes. S. 30 ff. mit Ergebnis S. 43 f., 56 f.; *Wiesner*, S. 63 ff.; *Fischinger*, S. 358 ff.; *Kahler*, BB 1985, 1429, 1432 ff.; *Weller*, IPRax

Auch in der Rechtsprechung ist das Bild gespalten[420]. Während das BSG sich durchaus offen gegenüber einer Missbrauchshaftung wegen materieller Unterkapitalisierung gezeigt hat[421], steht die Rechtsprechung des BGH[422] und BAG[423] ihr sehr zurückhaltend gegenüber. Besonders deutlich ist in dieser Hinsicht das 2008 ergangene Urteil „Gamma" des für Gesellschaftsrecht zuständigen II. Zivilsenats[424]. Danach existiert weder eine gesetzliche Regelung noch besteht eine ausfüllungsbedürftige oder ausfüllungsfähige Gesetzeslücke[425]: Das GmbHG kenne lediglich eine „Entnahmesperre" zugunsten des Stammkapitals der GmbH (§§ 30, 31), nicht aber eine Rechtspflicht der Gesellschafter zu ausreichender Finanzausstattung. Eine Haftung des GmbH-Gesellschafters wegen unzureichender Kapitalisierung der Gesellschaft sei also weder gesetzlich normiert noch durch richterrechtliche Rechtsfortbildung als gesellschaftsrechtlich fundiertes Haftungsinstitut anerkannt. Mangels einer im derzeitigen gesetzlichen System des GmbHG bestehenden Gesetzeslücke komme daher die Statuierung einer allgemeinen gesellschaftsrechtlichen Haftung des Gesellschafters wegen materieller Unterkapitalisierung im Wege der Rechtsfortbildung schon im Ansatz nicht in Betracht.

Diese scharfe Ablehnung erstaunt[426], hat sich derselbe II. Zivilsenat des BGH doch früher durchaus offen gezeigt[427] und insbesondere im Rahmen der Missbrauchshaftung wegen Existenzvernichtung eine Haftung wegen **„Spekulation auf Kosten der Gläubiger"** anerkannt

---

2003, 520, 524; *Zimmer*, NJW 2003, 3585, 3588; *Philipp/Weber*, DB 2006, 142 ff.; *Schäfer/Fackler*, NZG 2007, 377 ff.; *Veil*, NJW 2008, 3264, 3265 f.; *Weber/Sieber*, ZInsO 2008, 952, 955 ff.; *Gloger/Goette/Japing*, ZInsO 2008, 1051, 1055 f.; zurückhaltender als früher nun auch *Pentz*, in: Rowedder/Schmidt-Leithoff, Rdnr. 151 ff.; seine frühere Ansicht ganz aufgebend *Raiser*, in: Ulmer/Habersack/Löbbe, Rdnr. 140 ff.

420 S. die ausführliche Darstellung bei *Bitter*, Durchgriffshaftung, S. 115 ff.; *Winter*, S. 61 ff.; *Weitbrecht*, S. 58 ff.; *Möller*, S. 99 ff., ferner S. 73 ff.; *Wiesner*, S. 60 ff.; zur älteren Rspr. *Mossmann*, S. 105 ff.; zum Vereinsrecht s. auch BGH v. 8.7.1970 – VIII ZR 28/69, BGHZ 54, 222 = NJW 1970, 2015 = WM 1970, 1106; BGH v. 10.12.2007 – II ZR 239/05, BGHZ 175, 12 = ZIP 2008, 364 = MDR 2008, 396 – Kolpingwerk.

421 BSG v. 7.12.1983 – 7 RAr 20/82, BSGE 56, 76, 83 ff. = DB 1984, 1103, 1104 = GmbHR 1985, 294; BSG v. 27.9.1994 – 10 RAr 1/92, BSGE 75, 82, 84 = ZIP 1994, 1944, 1945 f. = GmbHR 1995, 46; insbes. BSG v. 1.2.1996 – 2 RU 7/95, ZIP 1996, 1134, 1135 = GmbHR 1996, 604; vgl. aus der instanzgerichtlichen Rechtsprechung der Zivilgerichte außerdem OLG Hamburg v. 15.2.1973 – 3 U 126/72, BB 1973, 1231, 1232, wo im konkreten Fall jedoch die Haftung verneint wurde.

422 BGH v. 4.5.1977 – VIII ZR 298/75, BGHZ 68, 312 = GmbHR 1977, 198 – Fertighaus (VIII. Zivilsenat); demgegenüber offen die Entscheidung des II. Zivilsenats v. 13.6.1977 – II ZR 232/75, NJW 1977, 1683, 1686 = GmbHR 1977, 246, in der Vorbehalte geäußert werden, „ob der engen Auffassung, die der VIII. Zivilsenat des BGH unlängst […] zur Haftung eines Gesellschafters wegen Unterkapitalisierung vertreten hat, in Anbetracht neuerer, auch in der Rechtsprechung des II. Zivilsenats zu verzeichnender Tendenzen zu einem verstärkten Gläubigerschutz gefolgt werden kann" (insoweit in BGHZ 69, 95 nicht abgedruckt); deutlich ablehnend gegenüber einer Durchgriffshaftung sodann aber der II. Zivilsenat in BGH v. 28.4.2008 – II ZR 264/06, BGHZ 176, 204 = ZIP 2008, 1232 = NJW 2008, 2437 = GmbHR 2008, 805 – Gamma.

423 BAG v. 3.9.1998 – 8 AZR 189/97, BAGE 89, 349, 356 = NJW 1999, 740, 741 = GmbHR 1998, 1221, 1223 = ZIP 1999, 24, 26 (8. Senat); BAG v. 10.2.1999 – 5 AZR 677/97, NJW 1999, 2299 = ZIP 1999, 878 = GmbHR 1999, 655 (5. Senat).

424 BGH v. 28.4.2008 – II ZR 264/06, BGHZ 176, 204 = ZIP 2008, 1232 = NJW 2008, 2437 = GmbHR 2008, 805 – Gamma; zustimmend *Fastrich*, in: Baumbach/Hueck, § 5 Rdnr. 6, § 13 Rdnr. 47; *Windbichler*, GesR, § 24 Rdnr. 31; *Weber/Sieber*, ZInsO 2008, 952, 955 ff.; *Gloger/Goette/Japing*, ZInsO 2008, 1051, 1055 f.

425 BGH v. 28.4.2008 – II ZR 264/06, BGHZ 176, 204, 212 f. = ZIP 2008, 1232, 1234 f. = NJW 2008, 2437 = GmbHR 2008, 805 Rdnr. 17 ff. – Gamma; so auch schon *Karsten Schmidt*, JZ 1984, 771, 777.

426 A.A. *Kleindiek*, NZG 2008, 686, 688.

427 S. das Zitat aus BGH v. 13.6.1977 – II ZR 232/75, NJW 1977, 1683, 1686 = GmbHR 1977, 246 in den Fußnoten zu Rdnr. 144.

(dazu Rdnr. 163)[428], womit in der Sache **das gleiche Phänomen** gemeint ist[429]. Wer eine Gesellschaft betreibt, die im Verhältnis zu den mit der Geschäftstätigkeit verbundenen Risiken eindeutig unterkapitalisiert ist, spekuliert auf Kosten der Gläubiger: Realisiert sich das Risiko nicht, schöpft der Gesellschafter den Gewinn des risikoreichen Projektes über sein Gewinnbezugsrecht ab; realisiert es sich, lässt er die GmbH insolvent werden und überträgt damit den Schaden auf die Gläubiger. Dass ein solches Verhalten nicht zu missbilligen sein soll, ist in keiner Weise einzusehen, zumal die Haftungsbeschränkung so zu volkswirtschaftlichen Ineffizienzen führen würde (Rdnr. 65 ff.).

146 Mit Recht ist schon früh darauf hingewiesen worden, dass der Zweck der im Gesetz geregelten (zwingenden) Kapitalerhaltungsvorschriften nicht ersichtlich sei, wenn der Gesetzgeber von einer völligen Freiheit der Gesellschafter zur Bestimmung des Eigenkapitals ausgegangen wäre. Dem Gesetzgeber kann nicht entgangen sein, dass mit einem Stammkapital von nur 25 000 Euro (früher 20 000 DM, dann 50 000 DM) eine Gesellschaft betrieben werden könnte, die einen Umsatz von mehreren Millionen pro Jahr tätigt. Hätten die Gesellschafter hier tatsächlich nur für das Mindestkapital aufzukommen, ohne dass weitergehende Kapitalisierungspflichten bestünden, so würde der Sinn der Gläubigerschutzvorschriften entleert[430]. Noch einmal sei deshalb betont: Die Beschränkung des GmbH-Gesetzes auf eine Regelung zum Mindestkapital ist kein Freibrief, nach Aufbringung dieses „Eintrittsgeldes" frei zulasten der Gläubiger zu spekulieren (s. noch Rdnr. 163)[431]. Das begrenzte Mindestkapital hat mit der Zulässigkeit einer Haftung für materielle Unterkapitalisierung im Grunde überhaupt nichts zu tun, weshalb auch die Einführung der UG (haftungsbeschränkt) mit einem Mindestkapital von nur 1 Euro kein Argument gegen[432], sondern allenfalls für eine Haftung wegen materieller Unterkapitalisierung bietet[433].

147 Entgegen der jüngeren Rechtsprechung ist deshalb eine Außenhaftung bei materieller Unterkapitalisierung anzuerkennen, die letztlich nur ein Unterfall der sog. Existenzvernichtung durch „Existenzgefährdung" ist[434]: Verboten ist der Betrieb einer Gesellschaft mit deutlich erhöhter Insolvenzwahrscheinlichkeit (s. Rdnr. 163). Bestätigt wird diese Sichtweise durch die **Regelung zur Nutzungsüberlassung** in § 135 Abs. 3 InsO, die mit ihrer faktischen Nach-

---

428 BGH v. 13.12.1993 – II ZR 89/93, NJW 1994, 446, 447 = GmbHR 1994, 171 – EDV; BGH v. 31.1.2000 – II ZR 189/99, NJW 2000, 1571, 1572 = GmbHR 2000, 330; dazu auch *Matschernus*, S. 252 ff.

429 Vgl. *Bitter*, in: Bachmann/Casper/Schäfer/Veil, S. 57, 59 f. und 82 f.; *Bitter*, WM 2004, 2190, 2197 f.; ausführlich *Bitter*, Durchgriffshaftung, S. 540 ff.; zust. *Lieder*, in: Michalski u.a., Rdnr. 415; *Lieder*, in: FS Pannen, 2017, S. 439, 444; s. auch *Haas*, WM 2003, 1929, 1935 in Fn. 97 m.w.N. („zwei Seiten derselben Medaille"); ähnlich *Hölzle*, ZIP 2004, 1729, 1733 Fn. 8 („enger funktionaler Zusammenhang"), aber in den Rechtsfolgen differenzierend (S. 214, 227 f.).

430 Vgl. *Westermann*, Vertragsfreiheit und Typengesetzlichkeit im Recht der Personengesellschaften, 1970, S. 289; *Wiedemann*, WM-Beilage 4/1975, S. 19; pointiert *Wiedemann*, Schlußwort in: Die Haftung des Gesellschafters in der GmbH, 1968, S. 154, wo nach dem Zweck einer „Haftung für Nichts" gefragt wird; im Anschluss daran auch *Winkler*, BB 1969, 1202, 1205; vgl. ferner *Lieder*, in: Michalski u.a., Rdnr. 415; *Raiser*, ZGR 1995, 156, 165; a.A. jedoch *Winter*, S. 106 f.

431 Zutreffend schon *Lutter/Hommelhoff*, ZGR 1979, 31, 58; *Immenga*, S. 402 ff.; näher *Bitter*, Durchgriffshaftung, S. 128 ff.; monographisch *Guntermann*, passim; ähnlich *Pentz*, in: Rowedder/Schmidt-Leithoff, Rdnr. 152; *Raiser*, in: FS Lutter, S. 637, 647 ff.; *Wagner*, in: FS Gerhardt, S. 1043, 1057.

432 So aber *Goette*, ZHR 177 (2013), 740, 755; *Podewils*, GmbHR 2009, 606, 608; *Gloger/Goette/Japing*, ZInsO 2008, 1051, 1055; *Fischinger*, S. 363; wie hier demgegenüber *Lieder*, in: Michalski u.a., Rdnr. 416.

433 Wie hier *Priester*, ZIP 2005, 921, 922; eingehend *Guntermann*, S. 427 ff., 466 ff. mit Zusammenfassung S. 498 f., 503 ff.: Anscheinsbeweis für materielle Unterkapitalisierung bei Insolvenz einer UG.

434 Ebenso *Matschernus*, S. 258 ff.; *Hangebrauck*, Kapitalaufbringung, Kapitalerhaltung und Existenzschutz bei konzernweiten Cash-Pooling-Systemen, 2008, S. 494 f. m.w.N.

---

schusspflicht des Gesellschafters nur als **spezialgesetzliche Sanktion der materiellen Unter-kapitalisierung** erklärbar ist (11. Aufl., Anh. § 64 Rdnr. 307 ff.)[435]. Zudem zeigt auch das Recht der Gesellschafterdarlehen insgesamt, dass die Eigentümer der Gesellschaft keineswegs frei sind, in welchem Umfang sie sich vorrangig gegenüber den Gläubigern am Risiko beteiligen[436]. Gäbe es nämlich tatsächlich eine Finanzierungsfreiheit der Gesellschafter im Sinne eines Rechts auf Unterkapitalisierung, wäre rechtlich nicht erklärbar, warum das Darlehen eines Gesellschafters im Rang zurückgestuft wird, das Darlehen eines sonstigen Gläubigers nicht (11. Aufl., Anh. § 64 Rdnr. 24 ff.)[437].

c) Beherrschung der Gesellschaft

Schrifttum: Zur früher viel diskutierten, heute jedoch nicht mehr relevanten Rechtsfigur des sog. „qualifiziert faktischen Konzerns" s. die Nachweise in der 10. Aufl. vor Rdnr. 55 und im Anh. § 13 Rdnr. 91; zur Position des Verfassers s. *Bitter*, Konzernrechtliche Durchgriffshaftung bei Personengesellschaften, 2000, S. 137 ff., 421 ff.; zur heutigen Haftung wegen Existenzvernichtung s. die Nachweise vor Rdnr. 152.

Als dritte Fallgruppe der Durchgriffshaftung wurde früher die Beherrschung der Gesellschaft   148
diskutiert, wobei zwischen der Konzernbeherrschung einerseits und der nur im Recht der Personengesellschaften relevanten Beherrschung einer KG andererseits zu unterscheiden ist[438]. Jeweils geht es um die Frage, ob mit der Herrschaft in der Gesellschaft auch eine Haftung für deren Verbindlichkeiten verbunden sein muss.

In Bezug auf die KG ist diese Frage relevant, wenn entgegen der Grundidee des HGB die KG   149
nicht durch die Komplementäre, sondern faktisch durch einen Kommanditisten beherrscht wird (sog. **atypische KG**). Insoweit hat der BGH in dem berühmten „Rektor"-Urteil[439] schon 1966 entschieden, dass es keinen zwingenden Grundsatz der Verknüpfung von Herrschaft und Haftung gebe und folglich der Kommanditist nicht schon deshalb persönlich für die Verbindlichkeiten der KG hafte, weil er – für die KG atypisch – die Gesellschaft beherrscht[440]. Anderes kann allerdings in Fällen der Unterkapitalisierung einer derartigen atypischen KG gelten[441].

Vornehmlich in Bezug auf das GmbH-Recht ist hingegen in den 1980er und 1990er Jahren die   150
sogleich im Zusammenhang mit der Existenzvernichtungshaftung noch darzustellende Diskussion zum sog. **„qualifiziert faktischen Konzern"** geführt worden (s. Rdnr. 152 ff.; ausführlicher Anh. § 13 Rdnr. 91 ff.)[442]. Darin ging es um die Frage, ob ein Gesellschafter, der mehr als nur eine GmbH beherrscht, wegen der Gefahr, eine Gesellschaft um der anderen willen zu instrumentalisieren, einer persönlichen Haftung zu unterwerfen ist. Die herrschende Ansicht übertrug seinerzeit das Modell des aktienrechtlichen Konzernrechts, das eine unmittelbare Leitungsmacht der Gesellschafter (Aktionäre) nur bei Beherrschungsverträgen (§ 291 AktG in Abweichung von § 76 AktG) und dort um den Preis des Verlustausgleichs kennt (§ 302 AktG),

---

435 Dazu *Bitter*, ZIP 2010, 1 ff., insbes. S. 9 f.; zustimmend *Hölzle*, ZIP 2010, 913 f.; *Guntermann*, S. 120 f.

436 Zur Verbindung beider Problembereiche sehr früh schon *Mossmann*, S. 112 ff.; *Lutter/Hommelhoff*, ZGR 1979, 31 ff.; umfassend aus rechtsökonomischer Sicht die Dissertation von *Halmer* mit Zusammenfassung S. 245: „gemeinsame ökonomische Fundierung".

437 Näher *Bitter/Heim*, GesR, § 4 Rdnr. 262 f.; insbes. Rdnr. 272; früher schon *Mossmann*, S. 112 ff.; ähnlich *Matschernus*, S. 265 f.; *Raiser*, in: FS Lutter. S. 637, 649 f., der von einem „bemerkenswerten Kontrast" und einem „Wertungswiderspruch" zwischen der Rechtsprechung zur materiellen und nominellen Unterkapitalisierung spricht; ferner *Raiser/Veil*, Kapitalgesellschaften, § 39 Rdnr. 46.

438 Dazu *Bitter*, Durchgriffshaftung, S. 137 ff.

439 BGH v. 17.3.1966 – II ZR 282/63, BGHZ 45, 204 = NJW 1966, 1309 – Rektor.

440 Dazu *Blaurock*, in: FS Stimpel, S. 553, 554 ff., 569 mit rechtsvergleichenden Hinweisen; ausführlich *Bitter*, Durchgriffshaftung, S. 139 ff. mit umfassenden Nachw.

441 *Blaurock*, in: FS Stimpel, S. 553, 569.

442 Überblick bei *Casper*, in: Ulmer/Habersack/Löbbe, Anh. § 77 Rdnr. 97 ff.; umfassend *Bitter*, Durchgriffshaftung, S. 421 ff.; knapper *Bitter*, WM 2001, 2133 ff.

auf das GmbH-Recht – mit katastrophalen Folgen: Wird nämlich die in §§ 291, 302 AktG enthaltene Wertung, dass Herrschaft nur um den Preis unbeschränkter Haftung zu haben ist[443], auf das GmbH-Recht übertragen, das in § 13 Abs. 2 gerade eine Haftungsbeschränkung trotz umfassender Herrschaftsrechte der Gesellschafter kennt, muss notwendig dieses Prinzip der Haftungstrennung ins Wanken geraten[444]. Der Gipfel der Rechtsentwicklung, in die der BGH von einer Heerschar Professoren geführt worden ist, zeigte sich im „Video"-Urteil aus dem Jahr 1991[445], in dem der BGH in der Sache entschied, dass eine Person, die als Gesellschafter mindestens zwei Gesellschaften beherrscht oder sich neben einer GmbH-Beteiligung noch anderweitig unternehmerisch betätigt[446], das Haftungsprivileg des § 13 verliert[447]. Der Aufschrei der Praxis und der Wissenschaft war groß[448], und zwar auch bei jenen Professoren, die die zugrundeliegende Dogmatik selbst entwickelt hatten[449]. Der BGH gab das ganze (konzernrechtliche) Konstrukt in den Urteilen „TBB"[450] und „Bremer Vulkan"[451] mit Recht wieder auf[452].

151 Dies war die Geburtsstunde der Haftung wegen Existenzvernichtung (dazu sogleich Rdnr. 152 ff.). Heute ist man sich deshalb weitgehend darin einig, dass allein die Beherrschung einer oder auch mehrerer GmbH durch einen Gesellschafter für sich genommen keine Durchgriffshaftung rechtfertigt[453].

4. Einwendungen und Einreden, insbesondere Verjährung

151a Da es sich bei der Durchgriffshaftung um eine akzessorische Gesellschafterhaftung analog § 128 HGB handelt (Rdnr. 126), findet auf die Verteidigungsmittel des Gesellschafters die Vorschrift des § 129 HGB ebenfalls entsprechende Anwendung. Die Vorschrift gilt insbesondere auch für die Verjährung, wobei allerdings zu beachten ist, dass die Gesellschafterhaftung – anders als die ebenfalls akzessorische Bürgenhaftung – nach h.M. keiner eigenständigen (Sonder-)Verjährung unterliegt[454]. Ein aus dem Bürgschaftsrecht bekanntes und insoweit wie dort zu behandelndes Problem kann sich bei einer **Löschung der GmbH aus dem Han-**

---

443 Dazu *Bitter*, Durchgriffshaftung, S. 338 ff.
444 Dazu *Bitter*, ZIP 2001, 265 ff.; *Bitter*, Durchgriffshaftung, S. 349 ff.; zustimmend *Matschernus*, S. 345 f.
445 BGH v. 23.9.1991 – II ZR 135/90, BGHZ 115, 187 = NJW 1991, 3142 = GmbHR 1991, 520 – Video.
446 Durch die mehrfache unternehmerische Betätigung wird er zum „Unternehmen" im konzernrechtlichen Sinne, weil damit der konzerntypische Interessenkonflikt beginnt: eines der beiden Unternehmen könnte zulasten des anderen benachteiligt werden, ohne dass der Gesellschafter dadurch – im Hinblick auf seine zweifache Beteiligung – einen Nachteil hätte, wohl aber die Gläubiger und Mitgesellschafter der benachteiligten Gesellschaft.
447 Der in dem Urteil anerkannte Entlastungsbeweis des Gesellschafters war praktisch nicht zu führen.
448 Besonders prägnant der Aufsatztitel von *Flume*, ZIP 1992, 817: „Das Video-Urteil als eine Entscheidung des II. Senats des BGH aus dessen Selbstverständnis der Innehabung gesetzgeberischer Gewalt"; ferner *Mertens*, AG 1991, 434 (Anm.): „Wiedergeburt der oHG aus dem GmbH-Gesetz".
449 Dazu *Bitter*, ZIP 2001, 265, 267 ff.
450 BGH v. 29.3.1993 – II ZR 265/91, BGHZ 122, 123 = GmbHR 1993, 283 = NJW 1993, 1200 – TBB.
451 BGH v. 17.9.2001 – II ZR 178/99, BGHZ 149, 10 = GmbHR 2001, 1036 = ZIP 2001, 1874 = NJW 2001, 3622 – Bremer Vulkan.
452 Dazu *Liebscher*, in: MünchKomm. GmbHG, Anh. § 13 Rdnr. 519 ff.; *Bitter*, WM 2001, 2133 ff.
453 Vgl. *Strohn*, ZInsO 2008, 706, 707 („Damit war der faktische GmbH-Konzern tot"); *Weller/Discher*, in: Bork/Schäfer, Anhang zu § 13 Rdnr. 54 („Bedeutung für die Praxis verloren"); *Paefgen*, DB 2007, 1907, 1911 („Abschied vom qualifiziert faktischen Konzern"); für eine Weiterführung der konzernspezifischen Rechtsprechung allerdings *Fastrich*, in: Baumbach/Hueck, Rdnr. 48.
454 Näher *Bitter/Heim*, GesR, § 6 Rdnr. 23 m.w.N.

delsregister vor Ablauf der – auch für die Gesellschafterschuld maßgeblichen – Verjährungsfrist der Gesellschaftsschuld ergeben: Es existiert dann – jedenfalls bei Vollbeendigung der GmbH (11. Aufl., § 60 Rdnr. 56 ff.) – nur noch der Gesellschafter, weshalb die ursprünglich akzessorische Schuld zu einer selbständigen wird und es folglich verjährungshemmender Maßnahmen, z.B. der Klageerhebung, gegen den Gesellschafter bedarf[455].

Trotz grundsätzlicher Anwendbarkeit des § 129 Abs. 1 HGB, welcher dem Gesellschafter die Einwendungen der Gesellschaft insoweit versagt, wie die Gesellschaft sie nicht (mehr) erheben kann, erstreckt sich die Rechtskraft eines Eintrags in die Insolvenztabelle der Gesellschaft regelmäßig nicht auf den GmbH-Gesellschafter, es sei denn er war an dem Feststellungsverfahren beteiligt und hatte Gelegenheit, der Forderungsanmeldung für seine persönliche Haftung zu widersprechen[456].   151b

5. Internationale Zuständigkeit für Durchgriffsklagen

Auf Klagen gegen Gesellschafter aus Durchgriffshaftung, insbesondere soweit sie auf eine Unterkapitalisierung gestützt sind, ist der Deliktsgerichtsstand des Art. 5 Nr. 3 EuGVVO anwendbar; als „Ort, an dem das schädigende Ereignis eingetreten ist oder einzutreten droht", ist dabei derjenige Ort anzusehen, an dem der Geschäftsbetrieb der Gesellschaft und die damit verbundene finanzielle Lage anknüpfen[457].   151c

X. Haftung wegen existenzvernichtenden Eingriffs

Schrifttum: s. 10. Aufl., vor Rdnr. 55 (insbesondere zur früheren „Bremer-Vulkan"-Rechtsprechung), ferner *Altmeppen*, Abschied vom „Durchgriff" im Kapitalgesellschaftsrecht, NJW 2008, 2657; *Aukhatov*, Durchgriffs- und Existenzvernichtungshaftung im deutschen und russischen Sach- und Kollisionsrecht, 2009; *Bitter*, Konzernrechtliche Durchgriffshaftung bei Personengesellschaften, 2000, S. 490 ff.; *Bitter*, Der Anfang vom Ende des „qualifiziert faktischen GmbH-Konzerns" – Ansätze einer allgemeinen Missbrauchshaftung in der Rechtsprechung des BGH, WM 2001, 2133; *Burg*, Gesellschafterhaftung bei Existenzvernichtung der Einmann-GmbH, 2006; *Burg/Hützen*, Existenzvernichtungshaftung im Vertragskonzern, Der Konzern 2010, 20; *Dauner-Lieb*, Die Existenzvernichtungshaftung als deliktische Innenhaftung gemäß § 826 BGB, ZGR 2008, 34; *Fischinger*, Haftungsbeschränkung im Bürgerlichen Recht, 2015, S. 320 ff.; *Förster*, Der Schwarze Ritter – § 826 BGB im Gesellschaftsrecht, AcP 209 (2009), 398; *Gehrlein*, Die Existenzvernichtungshaftung im Wandel der Rechtsprechung, WM 2008, 761; *Gehrlein*, Flankenschutz des Insolvenzanfechtungsrechts durch das allgemeine Zivilrecht, DB 2016, 1177; *Geißler*, Die Anspruchsverfolgung der Gesellschaftsgläubiger bei Existenzvernichtung der GmbH, DZWIR 2013, 395; *Gottschalk*, Die Existenzvernichtungshaftung des GmbH-Gesellschafters, 2007; *Grigoleit*, Gesellschafterhaftung für interne Einflussnahme im Recht der GmbH, 2006, S. 249 ff.; *Guski*, Gesellschafterhaftung wegen Existenzvernichtung: § 826 BGB als Fugenkitt?, KTS 2010, 277; *Haas*, Die Gesellschafterhaftung wegen Existenzvernichtung, WM 2003, 1929; *Hangebrauck*, Kapitalaufbringung, Kapitalerhaltung und Existenzschutz bei konzernweiten Cash-Pooling-Systemen, 2008, S. 469 ff.; *Heeg/Manthey*, Existenzvernichtender Eingriff – Fallgruppen der Rechtsprechung und Praxisprobleme, GmbHR 2000, 798; *Henzler*, Haftung der GmbH-Gesellschafter wegen Existenzvernichtung, 2009; *Hölzle*, Materielle Unterkapitalisierung und Existenzvernichtungshaftung – Das Phantom als Fallgruppe der Durchgriffshaftung, ZIP 2004, 1729; *Hönn*, Roma locuta? – Trihotel, Rechtsfortbildung und die gesetzliche Wertung, WM 2008, 769; *Ihrig*, Einzelfragen zur Existenzvernichtungshaftung als Innenhaftung, DStR 2007, 1170; *Jahn*, Die Anwendbarkeit deutscher Gläubigerschutzvorschriften bei einer EU-Kapitalgesellschaft mit Sitz in Deutschland, 2014, S. 277 ff.; *Keßler*, Die Durchgriffshaftung der GmbH-Gesellschafter wegen „existenzgefährdender" Eingriffe – Zur dogmatischen Konzeption des Gläubigerschutzes in der GmbH, GmbHR 2002, 945; *Khonsari*, Die Haftung der GmbH-Gesellschafter aus existenzvernichtendem Eingriff, 2007;

---

455 Dazu eingehend *Schwab*, GmbHR 2012, 1213 ff. m.N. zur Rspr.
456 BGH v. 10.10.2013 – IX ZR 30/12, ZIP 2014, 134 = MDR 2014, 114 Rdnr. 23 m.w.N.
457 EuGH v. 18.7.2013 – Rs. C-147/12, ZIP 2013, 1832 – ÖFAB; zust. *Thole*, GPR 2014, 113 ff.; s. auch *Wedemann*, ZEuP 2014, 867 ff.; partiell kritisch *Freitag*, ZIP 2014, 302.

Kleindiek, Materielle Unterkapitalisierung, Existenzvernichtung und Deliktshaftung – GAMMA, NZG 2008, 686; *Koch*, Die Abkehr von der „bilanziellen Betrachtungsweise" und ihre Auswirkungen auf die Existenzvernichtungshaftung, 2007; *Kroh*, Der existenzvernichtende Eingriff – Eine vergleichende Untersuchung zum deutschen, englischen, französischen und niederländischen Recht, 2013; *Lieder*, Die neue Existenzvernichtungshaftung, DZWIR 2008, 145; *Lieder*, Die Existenzvernichtungshaftung als verbandsübergreifende Durchgriffshaftung, in: FS Pannen, 2017, S. 439; *Livonius*, Untreue wegen existenzgefährdenden Eingriffs – Rechtsgeschichte?, wistra 2009, 91; *Lutter/Banerjea*, Die Haftung wegen Existenzvernichtung, ZGR 2003, 402; *Matschernus*, Die Durchgriffshaftung wegen Existenzvernichtung in der GmbH, 2006; *Osterloh-Konrad*, Abkehr vom Durchgriff: Die Existenzvernichtungshaftung des GmbH-Gesellschafters nach „Trihotel", ZHR 172 (2008), 274; *Paefgen*, Existenzvernichtungshaftung nach Gesellschaftsdeliktsrecht, DB 2007, 1907; *Röck*, Die Rechtsfolgen der Existenzvernichtungshaftung, 2011; *Röck*, Die Anforderungen der Existenzvernichtungshaftung nach „Trihotel" – Eine Zwischenbilanz, DZWIR 2012, 97; *Röhricht*, Die GmbH im Spannungsfeld zwischen wirtschaftlicher Dispositionsfreiheit ihrer Gesellschafter und Gläubigerschutz, in: FS 50 Jahre BGH, Bd. 1, 2000, S. 83; *Rubner*, Die Haftung wegen sittenwidriger vorsätzlicher Existenzvernichtung, Der Konzern 2007, 635; *Schanze*, Gesellschafterhaftung für unlautere Einflussnahme nach § 826 BGB: Die Trihotel-Doktrin des BGH, NZG 2007, 681; *Sven H. Schneider*, (Mit-)Haftung des Geschäftsführers eines wegen Existenzvernichtung haftenden Gesellschafters, GmbHR 2011, 685; *Schön*, Zur „Existenzvernichtung" der juristischen Person, ZHR 168 (2004), 268; *Schult*, Solvenzschutz der GmbH durch Existenzvernichtungs- und Insolvenzverursachungshaftung, 2009; *Schwab*, Die Neuauflage der Existenzvernichtungshaftung: kein Ende der Debatte!, ZIP 2008, 341; *Stöber*, Die Haftung für existenzvernichtende Eingriffe, ZIP 2013, 2295; *Strohn*, Existenzvernichtungshaftung – Vermögensvermischungshaftung – Durchgriffshaftung, ZInsO 2008, 706; *Strohn*, Existenzvernichtungshaftung, §§ 30, 31, 43 GmbHG und § 64 S. 3 GmbHG – Koordinierungsbedarf?, ZHR 173 (2009), 589; *Theiselmann*, Die Existenzvernichtungshaftung im Wandel, GmbHR 2007, 904; *Tröger/Dangelmeyer*, Eigenhaftung der Organe für die Veranlassung existenzvernichtender Leitungsmaßnahmen im Konzern, ZGR 2011, 558; *Ulmer*, Von „TBB" zu „Bremer Vulkan" – Revolution oder Evolution?, ZIP 2001, 2021; *Veil*, Gesellschafterhaftung wegen existenzvernichtenden Eingriffs und Unterkapitalisierung, NJW 2008, 3264; *J. Vetter*, Die neue dogmatische Grundlage des BGH zur Existenzvernichtungshaftung, BB 2007, 1965; *Wagner*, Existenzvernichtung als Deliktstatbestand, in: FS Canaris, Bd. II, 2007, S. 473; *Wahl*, Die Haftung der GmbH-Gesellschafter wegen Existenzvernichtung, 2006; *Wazlawik*, Existenzvernichtung und kein Ende, NZI 2009, 291; *A. Weiß*, Insolvenzspezifische Geschäftsführerhaftung – Zahlungsverbote, Existenzvernichtung und Insolvenzverschleppung, 2017; *Weller*, Die Neuausrichtung der Existenzvernichtungshaftung durch den BGH und ihre Implikationen für die Praxis, ZIP 2007, 1681; *Wiedemann*, Reflexionen zur Durchgriffshaftung – Zugleich Besprechung des Urteils WM 2002, 1804 – KBV, ZGR 2003, 283; *Wiedemann*, Existenzvernichtung und Bestandsschutz der GmbH, in: FS Lüer, 2008, S. 337; *Wilhelmi*, Die „neue" Existenzvernichtungshaftung der Gesellschafter der GmbH, DZWIR 2003, 45; *Zöllner*, Gläubigerschutz durch Gesellschafterhaftung bei der GmbH, in: FS Konzen, 2006, S. 999.

152 Auch die Haftung wegen sog. Existenzvernichtung[458] ist – im Gegensatz etwa zu den Haftungstatbeständen der §§ 43, 64 – eine Gesellschafter-, nicht eine Geschäftsführerhaftung. Sie muss als eine „schwere Geburt" der Rechtsprechung bezeichnet werden und es kann nach dem letzten Stand der Dinge auch nicht festgestellt werden, dass diese Geburt geglückt sei[459]. Die Haftungsfigur war zunächst in den 1980er und 1990er Jahren als Haftung im sog. „qualifiziert faktischen Konzern" entstanden (s. schon Rdnr. 150), wurde dann in den Jahren 2001/2002 durch die BGH-Entscheidungen „Bremer Vulkan"[460] und „KBV"[461] vom konzernrechtlichen

---

458 Kritisch zu dem Begriff – mit je unterschiedlicher Stoßrichtung – *Bitter*, WM 2001, 2133, 2136 (missverstanden bei *Wahl*, S. 43 f.); *Schön*, ZHR 168 (2004), 268, 271 f.; *Zöllner*, in: FS Konzen, S. 999, 1003; *Fischinger*, S. 321.

459 Kritisch auch *Hönn*, WM 2008, 769 ff.; *Schwab*, ZIP 2008, 341 ff.; zustimmend hingegen *Weller*, ZIP 2007, 1681, 1689 („dogmatisches Kabinettstück"); *Gehrlein*, WM 2008, 761, 769 („erfreuliche Klärung"); w.N. bei *Veil*, NJW 2008, 3264 in Fn. 5.

460 BGH v. 17.9.2001 – II ZR 178/99, BGHZ 149, 10 = GmbHR 2001, 1036 = ZIP 2001, 1874 = NJW 2001, 3622 – Bremer Vulkan; s. auch BGH v. 25.2.2002 – II ZR 196/00, BGHZ 150, 61 = GmbHR 2002, 549 = NJW 2002, 1803 mit Anm. *Bitter*, WuB II C § 13 GmbHG 2.02.

461 BGH v. 24.6.2002 – II ZR 300/00, BGHZ 151, 181 = NJW 2002, 3024 = ZIP 2002, 1578 = GmbHR 2002, 902 – KBV.

Ansatz befreit und richtigerweise zu einer allgemeinen Durchgriffshaftung wegen Missbrauchs der Haftungsbeschränkung fortentwickelt (Außenhaftung gegenüber den Gläubigern)[462], um sodann durch das 2007 ergangene Urteil „Trihotel"[463] eine erneute überraschende Wendung hin zu einer Innenhaftung aus § 826 BGB zu nehmen[464]. Da dieses ständige Hin und Her der Rechtsprechung, welches durch mehrere Wechsel in der Besetzung, insbesondere im Vorsitz des II. Zivilsenats beeinflusst[465] und bisweilen gar als „Odyssee" bezeichnet wurde[466], das Verständnis der Haftungsfigur nicht gerade leicht macht, kann auch eine Kommentierung nicht ganz darauf verzichten, die – von *Gehrlein*[467] mit Recht als „stürmisch" bezeichnete – Entwicklung kurz darzustellen[468].

1. Entwicklung der Existenzvernichtungshaftung

Ausgangspunkt des von der Rechtsprechung entwickelten Haftungsansatzes ist seit jeher die Vorstellung, dass das gesetzliche Gläubigerschutzkonzept des GmbH-Gesetzes Lücken enthält[469]. Das Gesetz schützt zwar das bilanzielle Kapital der GmbH, indem es in §§ 30, 31 dieses vor einem Gesellschafterzugriff bewahrt. Nicht sanktioniert werden aber sonstige, nicht in einem Vermögensabfluss an Gesellschafter bestehende oder nicht bilanziell erfassbare nachteilige Eingriffe in das Vermögen und in die Interessen der Gesellschaft durch den Alleingesellschafter oder mehrere einverständlich handelnde Gesellschafter (vgl. auch Rdnr. 125)[470]. Zudem ist der Anspruch aus § 31 auf den Ersatz des abgeflossenen Betrags beschränkt; darüber hinaus bei der GmbH entstandene Schäden werden im Rahmen der *Gesellschafter*haftung nicht ersetzt[471].

153

462 In diesem Sinne zuvor schon *Bitter*, Durchgriffshaftung, S. 490 ff.; im Anschluss an das Urteil „Bremer Vulkan" auch *Bitter*, WM 2001, 2133; *Wahl*, S. 52 ff., S. 77 ff.; *Matschernus*, S. 64 ff.; *Gottschalk*, S. 55 ff.; *Hangebrauck*, S. 482 ff.; s. dazu auch *Wiedemann*, ZGR 2003, 283 ff.

463 BGH v. 16.7.2007 – II ZR 3/04, BGHZ 173, 246 = ZIP 2007, 1552 = NJW 2007, 2689 = GmbHR 2007, 927 – Trihotel.

464 Dazu *Liebscher*, in: MünchKomm. GmbHG, Anh. § 13 Rdnr. 522 ff.; *Kroh*, S. 14 ff.; *Goette*, ZHR 177 (2013), 740, 747 spricht von einem „schmerzlichen Lernprozess" des II. Zivilsenats des BGH.

465 Dazu monographisch *C. Weiß*, Der Richter hinter dem Recht, Kontinuität und Brüche in der Rechtsprechung des BGH zum GmbH-Recht mit Blick auf die Besetzung des II. Zivilsenats, 2014, S. 208 ff., 423 ff.; s. auch *Lieder*, in: FS Pannen, 2017, S. 439, 445.

466 *Hönn*, WM 2008, 769; kritisch zum ständigen Rechtsprechungswechsel auch *Hellwig*, ZGR 2013, 116, 229.

467 So *Gehrlein*, WM 2008, 761.

468 S. auch den Überblick bei *Fastrich*, in: Baumbach/Hueck, Rdnr. 48 f., 57 ff.; *Casper*, in: Ulmer/Habersack/Löbbe, Anh. § 77 Rdnr. 97 ff.; *Lieder*, in: Michalski u.a., Rdnr. 421 ff.; ausführlich *Wahl*, S. 48 ff.; *Jahn*, S. 279 ff.; *Liebscher*, in: MünchKomm. GmbHG, Anh. § 13 Rdnr. 518 ff. mit umfassenden Literaturangaben vor Rdnr. 518.

469 BGH v. 15.9.2014 – II ZR 442/13, GmbHR 2015, 644 Rdnr. 9; eingehend *Röhricht*, in: FS 50 Jahre BGH, Bd. 1, 2000, S. 83, 92 ff.; *Wahl*, S. 3 ff. mit Ergebnis S. 46; *Khonsari*, S. 47 ff.; *Hangebrauck*, S. 475 ff.; *Henzler*, S. 19 ff., 121 ff.; *Kroh*, S. 29 ff.; *Jahn*, S. 304 ff.; s. auch *Pentz*, in: Rowedder/Schmidt-Leithoff, Rdnr. 121 ff.; *Bayer*, in: Lutter/Hommelhoff, Rdnr. 26; *Saenger*, in: Saenger/Inhester, Rdnr. 108 f.; *Casper*, in: Ulmer/Habersack/Löbbe, Anh. § 77 Rdnr. 95; *Zöllner*, in: FS Konzen, S. 999, 1011 ff.; *Strohn*, ZInsO 2008, 706, 707; *Paefgen*, DB 2007, 1907 f.; zurückhaltender *Rubner*, Der Konzern 2007, 635, 640 ff. („gewisse Lücken"); *Haas*, ZHR 170 (2006), 478, 480; deutlich kritisch *Wazlawik*, NZI 2009, 291, 293.

470 BGH v. 15.9.2014 – II ZR 442/13, GmbHR 2015, 644 Rdnr. 9; ausführlich *Wahl*, S. 10 ff.; *Henzler*, S. 20 ff.; Beispiel bei *Strohn*, ZHR 173 (2009), 589, 591: Übertragung existenzwichtiger Patente auf einen Gesellschafter.

471 Zur fehlenden Ersatzfähigkeit sog. „Kollateralschäden" vgl. BGH v. 16.7.2007 – II ZR 3/04, BGHZ 173, 246, 254 = ZIP 2007, 1552 = NJW 2007, 2689 = GmbHR 2007, 927 Rdnr. 21 – Trihotel; BGH v. 15.9.2014 – II ZR 442/13, GmbHR 2015, 644 Rdnr. 9; *Wahl*, S. 19 f.; *Khonsari*, S. 50 ff.; *Kroh*, S. 32; *Dauner-Lieb*, ZGR 2008, 34, 37; *Strohn*, ZInsO 2008, 706, 707; *Röck*, DZWIR 2012, 97, 101. Der *Geschäftsführer* haftet demgegenüber auf Schadensersatz (vgl. § 43 Abs. 2, 3 GmbHG; dazu *Strohn*, ZHR 173 [2009], 589, 590 ff.).

Auch das – einen gewissen Schutz bietende[472] – Insolvenzanfechtungsrecht ist nur auf Rückgewähr und auch nur gegen den Empfänger des Gegenstandes gerichtet[473]. Bei fehlender Eröffnung des Insolvenzverfahrens greifen zudem mangels Anwendbarkeit der §§ 129 ff. InsO nur die allgemeinen Tatbestände des Anfechtungsgesetzes ein (insbesondere § 3 AnfG)[474].

154 Der insoweit als lückenhaft erkannte Gläubigerschutz wurde zunächst für Konzerngesellschaften durch eine Analogie zu den Vorschriften des aktienrechtlichen Vertragskonzerns (§§ 302, 303 AktG) geschlossen (sog. **„qualifiziert faktischer Konzern"**). Demnach war das herrschende Unternehmen – und dies kann auch ein Gesellschafter sein, der mindestens zwei GmbH beherrscht[475] – gegenüber seinem abhängigen Unternehmen zum Verlustausgleich verpflichtet, wenn das herrschende Unternehmen dem anderen Nachteile zufügt, indem es kompensationslos in das Gesellschaftsvermögen eingreift. Führte der Eingriff in das Vermögen zur Insolvenz des abhängigen Unternehmens, so haftete der Gesellschafter analog § 303 AktG den Gläubigern sogar persönlich[476]. Bei unabhängigen Gesellschaften dagegen waren Eingriffe des Gesellschafters bis zur Grenze des § 30 uneingeschränkt zulässig.

155 In seinen Entscheidungen „Bremer Vulkan"[477] und „KBV"[478] hat der BGH dann den bislang ausschließlich konzernrechtlich begründeten Haftungsansatz aufgegeben und – gleich ob in abhängiger oder unabhängiger Gesellschaft – den existenzvernichtenden Eingriff des oder der Gesellschafter als missbräuchlich qualifiziert[479]. Unabhängig von einer Unternehmensverbindung hafteten die Gesellschafter den Gläubigern also unmittelbar, wenn der Eingriff in das Vermögen der Gesellschaft zu deren Insolvenz führte oder die Insolvenz vertiefte.

156 Diese im Ansatz überzeugende Linie mit der Folge einer persönlichen Durchgriffshaftung des/der Gesellschafter gegenüber den Gläubigern der Gesellschaft[480] hat der BGH in seiner **Entscheidung „Trihotel"**[481] zugunsten einer nicht mehr gesellschaftsrechtlichen, sondern nunmehr deliktsrechtlichen Haftung des betreffenden Gesellschafters gegenüber der Gesellschaft wieder aufgegeben und für diese Rechtsrückbildung[482] erstaunlich viel Zustimmung im Schrifttum gefunden[483]. Die Existenzvernichtungshaftung versteht der BGH jetzt als eine besondere **Fallgruppe der sittenwidrigen, vorsätzlichen Schädigung** der Gesellschaft nach § 826 BGB mit der Folge einer Haftung des betreffenden Gesellschafters auf Ersatz des „Zerschlagungsschadens". Den Anspruch spricht der BGH dabei entgegen der bisherigen Linie

---

472 Dazu *Haas*, ZIP 2006, 1373 ff.; *Henzler*, S. 35 ff. mit Ergebnis S. 54; kritisch zur häufigen Ausblendung des Anfechtungsrechts *Haas*, ZHR 170 (2006), 478, 482 f.
473 Dazu *Guski*, KTS 2010, 277, 284 ff., 287 f.; *Henzler*, S. 57 f.
474 *Henzler*, S. 56 f.
475 Ausführlich zum Unternehmensbegriff des Konzernrechts *Bitter*, Durchgriffshaftung, S. 34 ff.
476 S. zu diesem in den Urteilen BGH v. 16.9.1985 – II ZR 275/84, BGHZ 95, 330 = GmbHR 1986, 78 = NJW 1986, 188 – Autokran; BGH v. 20.2.1989 – II ZR 167/88, BGHZ 107, 7 = GmbHR 1989, 196 = NJW 1989, 1800 – Tiefbau und BGH v. 23.9.1991 – II ZR 135/90, BGHZ 115, 187 = GmbHR 1991, 520 = NJW 1991, 3142 – Video entwickelten Haftungsansatz den Überblick bei *Bitter*, WM 2001, 2133 ff.; umfassend *Bitter*, Durchgriffshaftung, S. 432 ff.
477 BGH v. 17.9.2001 – II ZR 178/99, BGHZ 149, 10 = GmbHR 2001, 1036 = ZIP 2001, 1874 = NJW 2001, 3622 – Bremer Vulkan.
478 BGH v. 24.6.2002 – II ZR 300/00, BGHZ 151, 181 = ZIP 2002, 1578 = GmbHR 2002, 902 = NJW 2002, 3024 – KBV.
479 Dazu *Casper*, in: Ulmer/Habersack/Löbbe, Anh. § 77 Rdnr. 102; *Strohn*, ZInsO 2008, 706, 707; *Beck*, DStR 2012, 2135 ff.
480 Zustimmend auch *Bayer*, in: Lutter/Hommelhoff, Rdnr. 46; *Lieder*, in: Michalski u.a., Rdnr. 433 ff.; *Lieder*, in: FS Pannen, 2017, S. 439, 445 f.; *Wahl*, S. 52 ff. (Darstellung), S. 77 ff. (Bewertung); *Matschernus*, S. 64 ff.; *Hangebrauck*, S. 482 ff.; *Gottschalk*, S. 55 ff.
481 BGH v. 16.7.2007 – II ZR 3/04, BGHZ 173, 246 = ZIP 2007, 1552 = NJW 2007, 2689 = GmbHR 2007, 927 – Trihotel.
482 Zu dieser Tendenz im jüngeren Schrifttum bereits Rdnr. 122.
483 Nachw. bei *Veil*, NJW 2008, 3264 in Fn. 5.

nicht mehr den Gläubigern zu, sondern der GmbH (**Innenhaftung**)[484], was in der Literatur deutliche Kritik erfahren hat (Rdnr. 159)[485]. Nach Ansicht der Rechtsprechung trägt die GmbH bzw. der Insolvenzverwalter an ihrer Stelle die volle Darlegungs- und **Beweislast** für alle objektiven und subjektiven Tatbestandsmerkmale[486], was in der Literatur ebenfalls auf berechtigte Kritik stößt[487].

2. Schuldner und Gläubiger des Anspruchs

Die Haftung trifft denjenigen, der durch seinen tatsächlichen Einfluss einen existenzvernichtenden Eingriff vornehmen kann. In erster Linie ist das der **Gesellschafter** einer GmbH; es kann aber auch der „Gesellschafter-Gesellschafter" sein[488], der z.B. auf ein „Enkelunternehmen" einen beherrschenden Einfluss ausübt. Die Haftung trifft auch diejenigen Mitgesellschafter, die – ohne selbst etwas empfangen zu haben – durch ihr Einverständnis mit einem Vermögensabzug an der Existenzvernichtung der Gesellschaft mitgewirkt haben[489]. Personen, bei denen die Übernahme der Gesellschafterstellung zum Zeitpunkt des zu beurteilenden Eingriffs nur vorbereitet, aber noch nicht vollzogen war, scheiden nach herkömmlichem Verständnis als unmittelbare Adressaten der Existenzvernichtungshaftung aus[490]. Der **Geschäftsführer** haftet, soweit er zugleich auch (Allein-)Gesellschafter ist[491]; daneben kommt eine (Mit-)Haftung nach §§ 826, 830 BGB und aus §§ 43 Abs. 2, 3, 64 Satz 3 GmbHG in Frage

157

---

484 Im Anschluss an den II. Zivilsenat des BGH auch der IX. Zivilsenat in BGH v. 21.2.2013 – IX ZR 52/10, ZIP 2013, 894 = GmbHR 2013, Rdnr. 20; ferner BAG v. 15.1.2013 – 3 AZR 638/10, BAGE 144, 180 = ZIP 2013, 1041 = GmbHR 2013, 747 = AG 2013, 524 Rdnr. 35 f.; OLG München v. 15.4.2013 – 7 U 457/13 juris-Rdnr. 12; ausführlich OLG Köln v. 25.2.2015 – 13 U 96/13 juris-Rdnr. 74 ff.; LAG Hamm v. 30.1.2015 – 10 Sa 828/14, ZIP 2015, 1392, 1393 f. = GmbHR 2015, 931; weitere Nachw. zur instanzgerichtlichen Rspr. bei *Röck*, DZWIR 2012, 97 in Fn. 10; *Liebscher*, in: MünchKomm. GmbHG, Anh. § 13 Rdnr. 528.

485 Nachw. bei *Röck*, DZWIR 2012, 97 in Fn. 5 („zumeist auf heftigen Widerstand gestoßen"); *Stöber*, ZIP 2013, 2295, 2296 in Fn. 19 („überwiegend … Ablehnung"); weitere Nachw. Rdnr. 159.

486 BGH v. 23.4.2012 – II ZR 252/10, BGHZ 193, 96 = ZIP 2012, 1071 = GmbHR 2012, 740 Rdnr. 13; ebenso *Liebscher*, in: MünchKomm. GmbHG, Anh. § 13 Rdnr. 577 ff.; weitere Nachw. bei *Born*, WM-Sonderbeilage 1/2013, S. 18 in Fn. 220; *Kroh*, S. 91 f.

487 *Casper*, in: Ulmer/Habersack/Löbbe, Anh. § 77 Rdnr. 150 ff.; *Raiser*, in: Ulmer/Habersack/Löbbe, Rdnr. 174; *Röck*, DZWIR 2012, 97, 102 f.; *Geißler*, DZWIR 2013, 395, 399 f., jeweils m.w.N.; *Fischinger*, S. 337 f.; für eine sekundäre Darlegungslast des Gesellschafters im Einzelfall auch *Pentz*, in: Rowedder/Schmidt-Leithoff, Rdnr. 119.

488 BGH v. 13.12.2004 – II ZR 206/02, ZInsO 2005, 311, 312 = ZIP 2005, 117, 118 = GmbHR 2005, 225 – BMW-Vertragshändler; BGH v. 13.12.2004 – II ZR 256/02, ZIP 2005, 250, 251 = GmbHR 2005, 299 = WM 2005, 332 – Handelsvertreter; BGH v. 16.7.2007 – II ZR 3/04, BGHZ 173, 246, 263 f. = ZIP 2007, 1552, 1558 = NJW 2007, 2689 = GmbHR 2007, 927 Rdnr. 44 – Trihotel; BGH v. 24.7.2012 – II ZR 177/11, ZIP 2012, 1804 = GmbHR 2012, 1070 Rdnr. 14; BGH v. 21.2.2013 – IX ZR 52/10, ZIP 2013, 894 = GmbHR 2013, 529 Rdnr. 20; *Lieder*, in: Michalski u.a., Rdnr. 462 f.; *Fastrich*, in: Baumbach/Hueck, Rdnr. 65; *Casper*, in: Ulmer/Habersack/Löbbe, Anh. § 77 Rdnr. 125; *Pentz*, in: Rowedder/Schmidt-Leithoff, Rdnr. 111; *Wagner*, in: FS Canaris, Bd. II, S. 473, 479; *Gehrlein*, WM 2008, 761, 764; *Strohn*, ZInsO 2008, 706, 709; *J. Vetter*, BB 2007, 1965, 1968 f.; *Schroeder*, GmbHR 2007, 935; ausführlich zum Anspruchsgegner *Liebscher*, in: MünchKomm. GmbHG, Anh. § 13 Rdnr. 585 ff.; *Wahl*, S. 135 ff.; knapper *Kroh*, S. 63 ff.

489 So – noch unter dem früheren Modell der Außenhaftung – BGH v. 25.2.2002 – II ZR 196/00, BGHZ 150, 61 = GmbHR 2002, 549 = ZIP 2002, 848 = NJW 2002, 1803 (Leitsatz 2) = WuB II C § 13 GmbHG 2.02 *Bitter*; s. auch *Casper*, in: Ulmer/Habersack/Löbbe, Anh. § 77 Rdnr. 124; *Geißler*, DZWIR 2013, 395, 397 f. m.w.N.; ausführlich *Wahl*, S. 137 ff.

490 OLG München v. 20.5.2009 – 7 U 3724/08, ZIP 2010, 331; eine Teilnehmerhaftung ist jedoch möglich; gegen eine Anwendung von § 130 HGB *Wahl*, S. 145 f.

491 *Bayer*, in: Lutter/Hommelhoff, Rdnr. 33; weitergehend *Tröger/Dangelmeyer*, ZGR 2011, 558 ff.: Eigenhaftung auch der Organe im Konzern.

(s. Rdnr. 172). Auch sonstige Mittäter, Anstifter und Gehilfen können gemäß §§ 826, 830 BGB haften[492]. In der Literatur wird zudem weitergehend erwogen, das Rechtsinstitut der Existenzvernichtungshaftung über das Gesellschaftsrecht hinaus fruchtbar zu machen und folglich jeden planmäßigen Entzug des Vermögens einer insolvenzreifen Gesellschaft zum Nachteil der Gläubiger der Regelung des § 826 BGB zu unterwerfen, weil die Existenzvernichtungshaftung unausgesprochen auf dem bereits nach herkömmlichem Verständnis unter § 826 BGB zu subsumierenden Rechtsgedanken einer unlauteren Vermögensverschiebung beruhe[493].

158   Gläubiger des Anspruchs ist nach der neueren Rechtsprechung die Gesellschaft[494]. In der Insolvenz wird die Haftung durch den Insolvenzverwalter geltend gemacht[495]. Gleiches würde nach dem in der jüngeren Literatur wieder zunehmend vertretenen Alternativmodell gelten, das die dogmatische Basis der Innenhaftung in einer mitgliedschaftlichen Sonderverbindung zwischen Gesellschafter und Gesellschaft sieht (Rdnr. 121), jedoch nach hier vertretener und von der Rechtsprechung geteilter Ansicht als Grundlage für eine Haftung im Gläubigerinteresse dogmatisch nicht taugt (Rdnr. 125)[496].

159   Der entscheidende **praktische Nachteil** sowohl **des** deliktischen wie auch des mitgliedschaftlichen **Innenhaftungsmodells** zeigt sich in den häufigen Fällen, in denen mangels Masse kein Insolvenzverfahren eröffnet wird (§ 26 InsO). Dann gibt es keinen Insolvenzverwalter, der den Anspruch durchsetzt[497]. Die Gläubiger sind – anders als nach dem früheren Modell der Durchgriffshaftung – auf den in der Praxis sehr umständlichen Umweg verwiesen, den Anspruch der GmbH pfänden zu müssen[498], was insbesondere nach der von Amts wegen erfolgenden Löschung der GmbH im Handelsregister (§ 394 FamFG; dazu 11. Aufl., § 60 Rdnr. 22 ff.) sehr schwer fällt[499], namentlich in Fällen der sog. „GmbH-Bestattung"[500]. Zu-

---

492 BGH v. 21.2.2013 – IX ZR 52/10, ZIP 2013, 894 = GmbHR 2013, 529 Rdnr. 20 m.w.N.; LAG Hamm v. 30.1.2015 – 10 Sa 828/14, ZIP 2015, 1392, 1394 = GmbHR 2015, 931; *Blöse*, GmbHR 2013, 533, 534: denkbar weiter Kreis der Haftungsadressaten; s. auch *Liebscher*, in: MünchKomm. GmbHG, Anh. § 13 Rdnr. 603.

493 *Gehrlein*, DB 2016, 1177, 1183 m.w.N.

494 S. die Nachw. zum Konzept der Innenhaftung in Rdnr. 156; dazu *Strohn*, ZInsO 2008, 706, 709 f.; *Gehrlein*, WM 2008, 761, 762 bezeichnet dies als „deutlichste und erstaunlichste Kehrtwende"; ähnlich *Dauner-Lieb*, ZGR 2008, 34, 42.

495 *Saenger*, in: Saenger/Inhester, Rdnr. 124; *Strohn*, ZInsO 2008, 706, 710; *Bisle*, DStR 2012, 1514 f.

496 Ausführlich *Bitter*, Durchgriffshaftung, S. 304 ff.; zust. *Lieder*, in: FS Pannen, 2017, S. 439, 441 f.; s. auch die Kritik bei *Casper*, in: Ulmer/Habersack/Löbbe, Anh. § 77 Rdnr. 118 (anders sodann aber Rdnr. 119).

497 *Geißler*, GmbHR 2013, 1302, 1306; näher *Geißler*, DZWIR 2013, 395 ff.; *Lieder*, in: FS Pannen, 2017, S. 439, 441, 446; vor dem Urteil „Trihotel" schon *Wagner*, in: FS Canaris, Bd. II, S. 473, 487 f. m.w.N.; dem folgend *Rubner*, Der Konzern 2007, 635, 644 f.

498 Mit Recht kritisch insoweit *Casper*, in: Ulmer/Habersack/Löbbe, Anh. § 77 Rdnr. 116 f. und 163; *Bayer*, in: Lutter/Hommelhoff, Rdnr. 46; *Lieder*, in: Michalski u.a., Rdnr. 392, 438; *Raiser*, in: Ulmer/Habersack/Löbbe, Rdnr. 172, 175; *Raiser/Veil*, Kapitalgesellschaften, § 39 Rdnr. 33; *Kleindiek*, NZG 2008, 686, 689 m.w.N.; *Schwab*, ZIP 2008, 341, 347 f.; *Thole*, ZIP 2007, 1590, 1593; *Habersack*, ZGR 2008, 533, 548 m.w.N.; dem folgend *Fastrich*, in: Baumbach/Hueck, Rdnr. 59; auch *Gehrlein*, WM 2008, 761, 766 spricht von einem „dornenreichen Umweg" und befürwortet deshalb bei masseloser Insolvenz einen Direktanspruch der Gläubiger (ebenso *Habersack*, ZGR 2008, 533, 548; *Kroh*, S. 90 f.; *Geißler*, GmbHR 2013, 1302, 1307; *Geißler*, DZWIR 2013, 395 ff. mit Details der Anspruchsverfolgung; ähnlich *Grigoleit*, S. 455; dazu sogleich Rdnr. 160); insgesamt anders *Strohn*, ZInsO 2008, 706, 710, der den Umweg über die Pfändung für zumutbar hält; dem Innenhaftungsmodell des BGH zustimmend auch *Altmeppen*, in: Roth/Altmeppen, Rdnr. 98; *Altmeppen*, ZIP 2008, 1201, 1204 f.; *Paefgen*, DB 2007, 1907; *Fischinger*, S. 332.

499 Darauf mit Recht hinweisend OLG Brandenburg v. 15.1.2009 – 5 U 170/06 juris-Rdnr. 75; *Schwab*, ZIP 2008, 341, 347 f.; *Raiser*, in: Ulmer/Habersack/Löbbe, Rdnr. 175; Details der Anspruchsverfolgung bei *Geißler*, DZWIR 2013, 395 ff.

500 Dazu *Geißler*, GmbHR 2013, 1302, 1306 f.; zur möglichen Existenzvernichtung durch Firmenbestattung LAG Hamm v. 30.1.2015 – 10 Sa 828/14, ZIP 2015, 1392, 1395 = GmbHR 2015, 931.

dem fehlt in der Rechtsprechung eine dogmatische Begründung dafür, warum ein durch das Verhalten der Gesellschafter sittenwidrig geschädigter Gläubiger nicht zumindest aus § 826 BGB unmittelbar auf den Schadensverursacher soll zugreifen können, wie dies außerhalb der Existenzvernichtungshaftung auch vom BGH anerkannt wird (Rdnr. 100 ff.). Der II. Zivilsenat des BGH ist nicht dazu berufen, eine zivilrechtliche Norm im Verhältnis bestimmter Personen – hier Gläubiger und Gesellschafter – für unanwendbar zu erklären und dies auch nur in einer speziellen Fallgruppe, der Existenzvernichtung (vgl. auch Anh. § 13 Rdnr. 121)[501]. Erst recht gilt dies, wenn man die Existenzvernichtungshaftung ganz von ihrer gesellschaftsrechtlichen Basis lösen und zu einer allgemeinen Haftung für unlautere Vermögensverschiebungen fortentwickeln wollte (dazu Rdnr. 157 a.E.).

Soweit die Vertreter der Innenhaftung teilweise auf ein **Verfolgungsrecht der Gläubiger** in   160
Analogie zu §§ 62 Abs. 2, 93 Abs. 5, 117 Abs. 5, 309 Abs. 4 Satz 3, 317 Abs. 4 AktG verweisen[502], reichen sie den Gläubigern auch damit „Steine statt Brot", weil jene Vorschriften aufgrund ihrer gesetzlichen Fehlkonstruktion auch in ihrem unmittelbaren Anwendungsbereich praktisch bedeutungslos sind. Geht man davon aus, dass der Gläubiger nur einen Anspruch auf Leistung an die Gesellschaft hat[503], wird kein Gläubiger auf eigene Prozesskosten den Schadensersatzbetrag einklagen, wenn dieser nur partiell ihm selbst und ganz überwiegend den anderen Gläubigern zugutekommt. Gibt man dem Gläubiger hingegen das Recht, Zahlung an sich zu verlangen[504], kann der Schuldner dem Gläubiger immerhin noch durch Leistung an die Gesellschaft den Anspruch aus der Hand schlagen[505]. Unklar ist zudem, welcher Gläubiger in welchem Umfang soll Befriedigung verlangen können, wenn der Schadensersatzbetrag nicht zur Befriedigung aller Gläubiger ausreicht[506]. Was der Gläubiger braucht und was ihn ggf. zur Durchsetzung der Haftung motiviert, ist ein eigener, vom Anspruch der Gesellschaft sowie von den anderen Gläubigern unabhängiger Zahlungsanspruch gegen den Gesellschafter und den gewährt ihm nur die Außenhaftung, insbesondere im Wege des Durchgriffs.

3. Tatbestandsvoraussetzungen

Der GmbH-Gesellschafter haftet persönlich, wenn er auf die Zweckbindung des Gesellschafts-   161
vermögens keine Rücksicht nimmt und der Gesellschaft im Wege der „Selbstbedienung" ohne angemessenen Ausgleich – offen oder verdeckt – Vermögenswerte entzieht, die sie zur Erfüllung ihrer Verbindlichkeiten benötigt (**betriebsfremder Eingriff**)[507]. Gemeint ist das Ver-

---

501 Mit Recht kritisch auch *Bayer*, in: Lutter/Hommelhoff, Rdnr. 46; *Raiser*, in: Ulmer/Habersack/Löbbe, Rdnr. 160, 172 m.w.N.; *Hönn*, WM 2008, 769, 771 ff.; *Guski*, KTS 2010, 277 ff.; *Schanze*, NZG 2007, 681, 685; *Stöber*, ZIP 2013, 2295, 2300; *Fischinger*, S. 345 ff.; ähnlich *Kleindiek*, NZG 2008, 686, 689; für eine – offenbar neben die Innenhaftung tretende – Außenhaftung auch *Born*, WM-Sonderbeilage 1/2013, S. 18; anders wohl *Dauner-Lieb*, ZGR 2008, 34, 43 f. und 47, die von einer „teleologischen Reduktion der gesetzlichen Anspruchsgrundlage des § 826 BGB" spricht, deren methodische Zulässigkeit aber nicht begründet.

502 Dafür – jeweils m.w.N. – *Altmeppen*, in: Roth/Altmeppen, Rdnr. 109; *Altmeppen*, NJW 2007, 2657, 2660; *Karsten Schmidt*, GmbHR 2008, 449, 458; allgemein für alle gläubigerschützenden Innenansprüche *Khonsari*, S. 84 f.; a.A. *Raiser*, in: Ulmer/Habersack/Löbbe, Rdnr. 172.

503 So die wohl h.M. zu § 62 Abs. 2 AktG; vgl. *Hüffer/Koch*, § 62 AktG Rdnr. 15 f.

504 So die wohl h.M. zu § 93 Abs. 5 AktG; vgl. *Hüffer/Koch*, § 93 AktG Rdnr. 80 f., 83.

505 Dazu *Hüffer/Koch*, § 93 AktG Rdnr. 81, 83.

506 Insofern bleibt unerfindlich, wie *Gehrlein*, WM 2008, 761, 766 den bei masseloser Insolvenz ins Außenverhältnis gewendeten Anspruch auf den Schaden der Gesellschaft beschränken will, müsste für eine solche Begrenzung doch entschieden werden, welche Klage/n der vielen Gläubiger sich noch innerhalb dieses Schadens bewegt/bewegen und welche nicht mehr.

507 BGH v. 16.7.2007 – II ZR 3/04, BGHZ 173, 246 = ZIP 2007, 1552 = NJW 2007, 2689 = GmbHR 2007, 927 Rdnr. 18 – Trihotel; BGH v. 21.2.2013 – IX ZR 52/10, ZIP 2013, 894 = GmbHR 2013, 529 Rdnr. 20 m.w.N.; LAG Hamm v. 30.1.2015 – 10 Sa 828/14, ZIP 2015, 1392, 1393 = GmbHR

mögen im weiteren Sinne, also auch das, was – wie etwa bei Geschäftschancen, dem Abzug notwendigen Personals, der Verlagerung von Produktionen oder der Belastung von Gesellschaftsvermögen für fremde Schulden – bilanziell nicht in Erscheinung tritt und mithin keine Folgen nach §§ 30, 31 hat[508]. Der BGH spricht insoweit von „bilanzneutralen Vermögensabschöpfungen"[509].

162 Um einen Eingriff handelt es sich auch bei der systematischen Verlagerung von Vermögen auf eine Schwestergesellschaft im Konzern[510], eine unabhängige Zweitgesellschaft oder einen sonstigen Dritten[511]. Zwar sind die Gesellschafter einer GmbH nicht verpflichtet, deren Geschäftsbetrieb im Interesse von Gesellschaftsgläubigern fortzusetzen. Sie können den Geschäftsbetrieb sogar mit dem Ziel der Weiterführung durch eine neu gegründete Gesellschaft einstellen[512]. Dabei müssen sie aber die für die Abwicklung der GmbH geltenden Regeln beachten, also die Gesellschaft liquidieren oder Insolvenz beantragen[513], während die **„Liquidation auf kaltem Wege"** unzulässig ist[514]. Dieses häufig anzutreffende Verhalten zeichnet sich dadurch aus, dass zugunsten der Gesellschafter in das Vermögen der Gesellschaft eingegriffen, letztere dadurch in die Insolvenz getrieben und in der Folge ein Schaden angerichtet wird, der über den reinen, nach §§ 30, 31 kompensierbaren Vermögensabzug hinausgeht. Der Grund für eine derartige Verfahrensweise liegt in dem persönlichen Vorteil der Gesellschafter: Der Vermögenstransfer in das Privatvermögen oder in das Vermögen einer von ihnen gehaltenen (neuen) Gesellschaft (GmbH-Stafette) kommt ihnen direkt zugute, während die Gläubiger der insolventen Gesellschaft auf ihrem Forderungsausfall sitzen bleiben. Es erfolgt letztlich eine **Trennung der Aktiva von den Passiva** der Gesellschaft[515], die zwar – als sog. „übertragende Sanierung" – im Insolvenzverfahren möglich ist[516], nicht aber im Vorfeld der Insolvenz zulasten der Gläubiger[517].

2015, 931; dazu *Liebscher*, in: MünchKomm. GmbHG, Anh. § 13 Rdnr. 524 f., 533 ff.; *Röck*, DZWIR 2012, 97, 98 ff.; *Kroh*, S. 65 ff.

508 BGH v. 16.7.2007 – II ZR 3/04, BGHZ 173, 246 = ZIP 2007, 1552 = NJW 2007, 2689 = GmbHR 2007, 927 Rdnr. 24 – Trihotel; *Bayer*, in: Lutter/Hommelhoff, Rdnr. 32; *Pentz*, in: Rowedder/Schmidt-Leithoff, Rdnr. 113; *Altmeppen*, in: Roth/Altmeppen, Rdnr. 83; *Saenger*, in: Saenger/Inhester, Rdnr. 114; *Strohn*, ZInsO 2008, 706, 708; *Wahl*, S. 103 ff., 107 ff.; s. zur Sicherheitenbestellung aber jüngst BGH v. 10.1.2017 – II ZR 94/15, ZIP 2017, 472 = AG 2017, 233; BGH v. 21.3.2017 – II ZR 93/16, ZIP 2017, 971 = GmbHR 2017, 643.

509 BGH v. 15.9.2014 – II ZR 442/13, GmbHR 2015, 644 Rdnr. 9; dazu auch *Lieder*, in: Michalski u.a., Rdnr. 446 ff.

510 BGH v. 21.2.2013 – IX ZR 52/10, ZIP 2013, 894 = GmbHR 2013, 529 Rdnr. 23; für eine Außenhaftung aus § 826 BGB BGH v. 20.9.2004 – II ZR 302/02, ZIP 2004, 2138 = GmbHR 2004, 1528 (Leitsatz 1); *Born*, WM-Sonderbeilage 1/2013, S. 18.

511 Dazu, dass die Vermögensverlagerung nicht zugunsten des Gesellschafters erfolgen muss, s. *Liebscher*, in: MünchKomm. GmbHG, Anh. § 13 Rdnr. 546; *Strohn*, ZInsO 2008, 706, 708 f.; *Beck*, DStR 2012, 2135 f.

512 BGH v. 23.4.2012 – II ZR 252/10, BGHZ 193, 96 = ZIP 2012, 1071 = GmbHR 2012, 740 Rdnr. 17; dazu *Bisle*, DStR 2012, 1514; *Beck*, DStR 2012, 2135.

513 BGH v. 24.6.2002 – II ZR 300/00, BGHZ 151, 181, 186 f. = NJW 2002, 3024, 3025 = ZIP 2002, 1578 = GmbHR 2002, 902 (Ziff. 2. der Gründe) – KBV; BGH v. 13.12.2004 – II ZR 206/02, GmbHR 2005, 225 = ZIP 2005, 117 = WM 2005, 176 (Leitsatz 1) – BMW-Vertragshändler; BGH v. 23.4.2012 – II ZR 252/10, BGHZ 193, 96 = ZIP 2012, 1071 = GmbHR 2012, 740 Rdnr. 17.

514 Ebenso *Pentz*, in: Rowedder/Schmidt-Leithoff, Rdnr. 113; *Liebscher*, in: MünchKomm. GmbHG, Anh. § 13 Rdnr. 522; *Lieder*, in: Michalski u.a., Rdnr. 455; *Windbichler*, GesR, § 24 Rdnr. 37 a.E.; *Fischinger*, S. 328 f., 337; *Wagner*, in: FS Canaris, Bd. II, S. 473, 477 und 488; *Heeg/Manthey*, GmbHR 2000, 798, 799; *Schön*, ZHR 168 (2004), 268, 286 ff.; *Koch*, S. 111 ff.; grundlegend – auf anderer dogmatischer Basis – *Winter*, Mitgliedschaftliche Treuebindungen im GmbH-Recht, 1988, S. 202 ff.; dem folgend *Henzler*, S. 115 ff. m.w.N.; zurückhaltend *Beck*, DStR 2012, 2135, 2136 f.

515 Vgl. *Bitter*, WM 2004, 2190, 2196 f.

516 Dazu ausführlich *Bitter/Rauhut*, NZI 2007, 197 ff. und 258 ff.

517 Zutreffend *Heeg/Manthey*, GmbHR 2000, 798, 799 f.

Nach dem Verständnis der Rechtsprechung setzt die Haftung wegen Existenzvernichtung [163] *immer* einen (kompensationslosen[518]) **„Eingriff" in das Gesellschaftsvermögen** voraus[519]. Dem ist nur insoweit zuzustimmen, als die Haftung sicher nicht allein an unternehmerische Fehlentscheidungen (Managementfehler) anknüpfen kann[520]. Wenn der BGH darüber hinaus aber die Ansicht vertreten hat, ein Unterlassen hinreichender Kapitalausstattung im Sinne einer „Unterkapitalisierung" der GmbH (dazu Rdnr. 138 ff.) stehe dem Eingriff nicht gleich[521], ist dem zu widersprechen[522]. Insbesondere kann aus der Beschränkung des GmbH-Gesetzes auf eine Regelung zum Mindestkapital kein Freibrief hergeleitet werden, nach Aufbringung dieses „Eintrittsgeldes" frei zulasten der Gläubiger zu spekulieren (s. schon Rdnr. 145 f.)[523]. Daher ist in Übereinstimmung mit früheren, noch unter Geltung des Außenhaftungsmodells ergangenen Entscheidungen eine Haftung in solchen Fällen anzuerkennen, in denen ein risikoreiches Projekt auf eine Tochter-GmbH ausgelagert wird, wenn die Verluste im Fall des Fehlschlagens wegen Unterkapitalisierung der GmbH notwendig die Gläubiger treffen. Die hier vorliegende **„einseitige Spekulation auf Kosten der Gläubiger"** ist nach ganz h.M. verboten[524]: Die Verwendung einer haftungsbeschränkten Rechtsform wie der GmbH impliziert

---

518 Dazu *Lieder*, in: FS Pannen, 2017, S. 439, 447 ff. m.w.N.

519 BGH v. 28.4.2008 – II ZR 264/06, BGHZ 176, 204, 210 f. = ZIP 2008, 1232, 1234 = NJW 2008, 2437 = GmbHR 2008, 805 (Leitsatz 1 und Rdnr. 12) – Gamma; OLG Köln v. 7.2.2013 – 18 U 30/12, n.v. juris-Rdnr. 78; OLG Köln v. 25.2.2015 – 13 U 96/13, n.v. juris-Rdnr. 82; dazu auch *Raiser*, in: Ulmer/Habersack/Löbbe, Rdnr. 163 ff.; *Fastrich*, in: Baumbach/Hueck, Rdnr. 64; *Lieder*, in: Michalski u.a., Rdnr. 442 ff.; *Pentz*, in: Rowedder/Schmidt-Leithoff, Rdnr. 114; *Casper*, in: Ulmer, Anh. § 77 Rdnr. 128 ff.; *Wahl*, S. 101 ff.; *Osterloh-Konrad*, ZHR 172 (2008), 274, 283 ff.; *Gehrlein*, WM 2008, 761, 762 f. bezeichnet dies als „Kardinalvoraussetzung"; mit Recht kritisch gegenüber dieser zu engen Tatbestandsvoraussetzung *Zöllner*, in: FS Konzen, S. 999, 1016 f.; *Röck*, S. 117 ff.

520 BGH v. 13.12.2004 – II ZR 256/02, WM 2005, 332 = ZIP 2005, 250 = GmbHR 2005, 299 (Leitsatz 1) – Handelsvertreter; OLG Köln v. 7.2.2013 – 18 U 30/12, n.v. juris-Rdnr. 78, 81; vgl. auch *Fastrich*, in: Baumbach/Hueck, Rdnr. 67; *Bayer*, in: Lutter/Hommelhoff, Rdnr. 37; *Dauner-Lieb*, ZGR 2008, 34, 45; *Gehrlein*, WM 2008, 761, 762; *Strohn*, ZInsO 2008, 706, 708; *Heeg/Manthey*, GmbHR 2000, 798, 800; *Wagner*, in: FS Canaris, Bd. II, S. 473, 476; *Born*, WM-Sonderbeilage 1/2013, S. 18; *Geißler*, DZWIR 2013, 395, 397 m.w.N.; *Lieder*, in: FS Pannen, 2017, S. 439, 449; *Kroh*, S. 83 f.; a.A. *Burg*, S. 169 ff., 256 f. (dazu Rdnr. 125).

521 BGH v. 28.4.2008 – II ZR 264/06, BGHZ 176, 204, 210 f. = ZIP 2008, 1232, 1234 = NJW 2008, 2437 = GmbHR 2008, 805 (Leitsatz 1 und Rdnr. 12) – Gamma; im Anschluss daran auch BAG v. 15.3.2011 – 1 ABR 97/09, BAGE 137, 203 = ZIP 2011, 1433 = AG 2011, 703 Rdnr. 35 f.; ebenso *Wahl*, S. 115 f.; *Kroh*, S. 84 f.; *Schäfer/Fackler*, NZG 2007, 377, 378; *Weller*, ZIP 2007, 1681, 1684; *Osterloh-Konrad*, ZHR 172 (2008), 274, 283 m.w.N.; s. auch *Fastrich*, in: Baumbach/Hueck, Rdnr. 64, der aber in bestimmten Konstellationen gleichwohl eine deliktische (Außen-)Haftung befürwortet (Rdnr. 50 f.).

522 Wie hier auch *Hangebrauck*, S. 494 f.; *Matschernus*, S. 252 ff., 258 ff.; *Halmer*, S. 212; unklar nun *Raiser*, in: Ulmer/Habersack/Löbbe, Rdnr. 164 f., der einerseits eine „zu geringe Kapitalausstattung" für nicht haftungsrelevant erklärt, wohl aber die – sich daraus ja ergebende – „Überbürdung unvertretbarer Risiken" auf die Gläubiger.

523 Dazu eingehend *Bitter*, in: Bachmann/Casper/Schäfer/Veil, S. 57 ff.; *Bitter*, Durchgriffshaftung, S. 110 ff., 531 ff.; ein existenzvernichtender Eingriff fehlt allerdings, wenn das Verhalten des Gesellschafters bei einer Gesamtschau als Rettungsversuch zu werten ist (vgl. BGH v. 2.6.2008 – II ZR 104/07, GmbHR 2008, 929 = ZIP 2008, 1329).

524 BGH v. 13.12.1993 – II ZR 89/93, NJW 1994, 446, 447 = GmbHR 1994, 171 – EDV; BGH v. 31.1.2000 – II ZR 189/99, NJW 2000, 1571, 1572 = GmbHR 2000, 330; *Pentz*, in: Rowedder/Schmidt-Leithoff, Rdnr. 151; *Lieder*, in: Michalski u.a., Rdnr. 451 f.; *Bitter*, WM 2001, 2133, 2136 f.; *Bitter*, WM 2004, 2190, 2197 f.; *Grüner*, NZG 2000, 601, 602 f.; *Hölzle*, ZIP 2004, 1729, 1733; *Raiser*, in: FS Lutter, S. 637, 649; *Röhricht*, in: FS 50 Jahre BGH, Bd. 1, 2000, S. 83, 109 (f).; *G. H. Roth*, NZG 2003, 1081, 1082 f.; *Wüst*, JZ 1992, 710, 712; *Lieder*, in: FS Pannen, 2017, S. 439, 444; *Hangebrauck*, S. 494 f.; *Matschernus*, S. 252 ff.; *Halmer*, S. 212; ähnlich *Raiser*, in: Ulmer/Habersack/Löbbe, Rdnr. 164 („Überbürdung unvertretbarer Risiken, übermäßig riskante Spekulationsgeschäfte"); *Lutter*, in: Lutter/Hommelhoff, 17. Aufl. 2009, Rdnr. 36 („Eingehung ganz unverhältnismäßiger

zwar ganz allgemein die Übertragung eines gewissen, mit jeder Geschäftstätigkeit verbundenen Insolvenzrisikos auf die Gläubiger (Rdnr. 65 ff.)[525], erlaubt aber nicht den Betrieb mit einer **deutlich erhöhten Insolvenzwahrscheinlichkeit**[526].

164 Richtig ist daher allein, dass der Ansatzpunkt der Haftung unterschiedlich ist und man insoweit zwischen **zwei Fallgruppen** unterscheiden kann: (1) Existenzvernichtung durch Eingriffe und (2) Spekulation auf Kosten der Gläubiger wegen mangelnder Risikobeteiligung der Gesellschafter (zur Unterkapitalisierung Rdnr. 138 ff., insbesondere 145 f.)[527]. Die Rechtsfolge einer unmittelbaren Außenhaftung ist aber nach eingetretener Insolvenz die gleiche. Im Rahmen dieses – hier favorisierten – Außenhaftungskonzepts kann bei der zweiten Fallgruppe allerdings zwischen verschiedenen Gläubigergruppen unterschieden werden, je nachdem, ob sich der Gläubiger gegen derartige „Spekulationen" absichern kann oder nicht[528]. Diese ökonomisch sinnvolle Differenzierung (Rdnr. 58, 65) ist bei einem Innenhaftungsmodell, das von einem einheitlichen Anspruch der GmbH ausgeht, nicht möglich[529].

165 Die im Ergebnis existenzvernichtende Maßnahme muss jeweils zur Insolvenz der Gesellschaft geführt haben, d.h. **für die Insolvenz kausal** gewesen sein oder diese zumindest vertieft, etwa eine schon bestehende Überschuldung vergrößert haben[530]. Der Anspruch besteht auch, wenn die Insolvenz erst während der Liquidation der Gesellschaft hervorgerufen oder vertieft wird[531]. Ob dem Kriterium der Kompensationslosigkeit des Eingriffs neben der Insolvenzverursachung eigenständige Bedeutung zukommt oder der fehlende Ausgleich für die entzogenen

---

Schulden und Risiken"; einschränkend *Bayer* in der 19. Aufl. 2016, Rdnr. 35); *Koppensteiner/Gruber*, in: Rowedder/Schmidt-Leithoff, § 43 Rdnr. 72 („unzulässige Risikoverlagerung"); *Hermann/Woedtke*, BB 2012, 2255, 2257 („Eingehung unvertretbarer Risiken"); tendenziell auch *Wiedemann*, in: 50 Jahre BGH, Festgabe aus der Wissenschaft, Bd. II, 2000, S. 337, 363 ff. („Systemwidrige Risikoüberwälzung"); ferner *Liebscher*, in: MünchKomm. GmbHG, Anh. § 13 Rdnr. 556 und *Schön*, ZHR 168 (2004), 268, 288 ff., die aber die Unterkapitalisierung davon trennen wollen (bei *Liebscher* Rdnr. 553 f., bei *Schön* S. 290); s. auch *Ihrig*, DStR 2007, 1170, 1173 (Aschenputtelfälle); a.A. *Weller/Discher*, in: Bork/Schäfer, Rdnr. 48; differenzierend *Wahl*, S. 108 ff. (Durchgriffshaftung nein, § 826 BGB ja); s. auch *Koch*, S. 131 ff.; *Kroh*, S. 84 f.

525 *Haas*, WM 2003, 1929 ff. spricht vom „normalen Risiko" (S. 1930) in Abgrenzung zum „besonderen, systemwidrigen Gläubigerrisiko" (S. 1931).

526 Dazu *Bitter*, WM 2001, 2133, 2141; *Bitter*, WM 2004, 2190, 2197 f.; ausführlich *Bitter*, in: Bachmann/Casper/Schäfer/Veil, S. 57 ff., insbes. S. 81 ff.; in der Sache ähnlich *Lehmann*, ZGR 1986, 345, 362 f.; *Matschernus*, S. 256, 263; a.A. wohl *Wagner*, in: FS Canaris, Bd. II, S. 473, 497, wenn er ohne Begründung behauptet, dass auch jede hinreichend kapitalisierte GmbH „mit erheblicher Wahrscheinlichkeit" scheitert.

527 Wie hier auch *Halmer*, S. 212 mit Hinweis auf *Schön*, ZHR 168 (2004), 268, 285-290.

528 Dazu *Bitter*, Durchgriffshaftung, S. 554 ff.; *Bitter*, WM 2001, 2133, 2140 f.; ähnlich *Wagner*, in: FS Gerhardt, S. 1043, 1057 f.; deutlich zwischen den beiden Fallgruppen differenzierend *Wahl*, S. 153 ff. m.w.N., insbes. S. 157 ff.; zur Möglichkeit der Eigensicherung vertraglicher Gläubiger (allerdings zu weitgehend) auch *Wazlawik*, NZI 2009, 291, 295; nur partiell zustimmend *Lutter/Banerjea*, ZGR 2003, 402, 431 f.; ablehnend *Wilhelmi*, DZWIR 2003, 45, 54.

529 Dies einräumend *Eckhold*, S. 637 ff.; wenig praktikabel ist insoweit der auf die Bildung von Sondermassen hinauslaufende Vorschlag von *Khonsari*, S. 88 ff., der auch dogmatisch nicht zu einer Haftung wegen Fremdgeschäftsbesorgung (a.a.O., S. 71 ff.) passt.

530 BGH v. 24.7.2012 – II ZR 177/11, ZIP 2012, 1804 = GmbHR 2012, 1070 Rdnr. 25 m.w.N.; *Liebscher*, in: MünchKomm. GmbHG, Anh. § 13 Rdnr. 558 ff.; *Raiser*, in: Ulmer/Habersack/Löbbe, Rdnr. 166; *Casper*, in: Ulmer/Habersack/Löbbe, Anh. § 77 Rdnr. 141 f.; *Bayer*, in: Lutter/Hommelhoff, Rdnr. 38; *Gehrlein*, WM 2008, 761, 763; *Strohn*, ZInsO 2008, 706, 709; *Röck*, DZWIR 2012, 97, 98 f.; *Kroh*, S. 72 ff.; ausführlich *Wahl*, S. 116 ff., 122 ff.

531 BGH v. 9.2.2009 – II ZR 292/07, GmbHR 2009, 601 mit Anm. *Podewils* = ZInsO 2009, 878 = ZIP 2009, 802 = WM 2009, 800 Rdnr. 15 f., 37 ff. – Sanitary; OLG Celle v. 28.10.2009 – 9 U 125/06, GmbHR 2010, 87; dazu auch noch Rdnr. 176.

Vermögenswerte nur den typischen Fall der Insolvenzverursachung/-vertiefung beschreibt, erscheint bislang offen[532].

4. Einzelfälle

Als existenzvernichtender Eingriff kommt nach der Rechtsprechung in Betracht[533]: (1) der Entzug liquider Mittel in einen Konzern-Cashpool ohne Rücksichtnahme auf das Interesse der Tochtergesellschaft an der Aufrechterhaltung ihrer Fähigkeit, ihren Verbindlichkeiten nachzukommen[534], (2) die Vereinnahmung des Geschäfts der GmbH ohne Gegenleistung, etwa des „Beraterstamms" (der Versuch reicht jedoch noch nicht)[535], (3) die Übernahme sämtlicher Aktiva gegen Übernahme nur eines kleinen Teils der Verbindlichkeiten[536], (4) die Übernahme des Kundenstamms/Betriebs ohne ausreichende Vergütung; Verlagerung von Geschäftschancen und Ressourcen auf eine andere Gesellschaft[537], (5) die Veräußerung von Gesellschaftsvermögen unter dem Verkehrswert (nicht: Buchwert)[538] oder im Gegenzug zur Übernahme von Darlehensschulden, die nach dem Gesellschafterdarlehensrecht (Anh. § 64) nachrangig sind[539], (6) der Vermögensentzug unter Vereinbarung einer zunächst angemessenen Gegenleistung, die jedoch nachträglich auf ein unangemessenes Maß herabgesetzt wird[540], (7) die Veräußerung von Vermögensgegenständen zu einem zwar angemessenen Kaufpreis, jedoch mit dem später vom Käufer (Gesellschafter) realisierten Plan, gegen die aus dem Kaufvertrag entstehende Forderung mit wertlosen Gegenforderungen aufzurechnen[541], (8) die Umleitung von der Gesellschaft zustehenden Geldern an den Gesellschafter[542], (9) der Entzug eines Warenlagers oder einer sonstigen Sicherheit mit der Folge einer Kreditkündigung durch die Bank

166

---

532 Die eigenständige Bedeutung der Kompensationslosigkeit mit guten Gründen verneinend *Röck*, DZWIR 2012, 97, 99 ff.; s. auch *Lieder*, in: Michalski u.a., Rdnr. 456; *Lieder*, in: FS Pannen, 2017, S. 439, 447 ff.

533 S. auch die Zusammenstellungen der Fallgruppen bei *Fastrich*, in: Baumbach/Hueck, Rdnr. 72; *Casper*, in: Ulmer/Habersack/Löbbe, Anh. § 77 Rdnr. 133 ff.; *Raiser*, in: Ulmer/Habersack/Löbbe, Rdnr. 164 f.; *Liebscher*, in: MünchKomm. GmbHG, Anh. § 13 Rdnr. 547 ff.; *Heeg/Manthey*, GmbHR 2008, 798 ff.; *Koch*, S. 123 ff., *Gottschalk*, S. 165 ff.; ausführlich *Wahl*, S. 184 ff.; *Matschernus*, S. 194 ff.; *Kroh*, S. 77 ff.

534 BGH v. 17.9.2001 – II ZR 178/99, BGHZ 149, 10 = GmbHR 2001, 1036 = ZIP 2001, 1874 = NJW 2001, 3622 – Bremer Vulkan; dazu auch *Koch*, S. 123 ff.; *Kroh*, S. 77 ff. und ausführlich *Hangebrauck*, S. 484 ff., jeweils m.w.N.; ferner *Geißler*, GmbHR 2015, 734, 738; zurückhaltend für die Zeit nach dem MoMiG *Theiselmann*, GmbHR 2007, 904, 905 f.

535 BGH v. 25.2.2002 – II ZR 196/00, BGHZ 150, 61 = GmbHR 2002, 549 = ZIP 2002, 848 = NJW 2002, 1803 = WuB II C § 13 GmbHG *Bitter*.

536 BGH v. 24.6.2002 – II ZR 300/00, BGHZ 151, 181 = ZIP 2002, 1578 = GmbHR 2002, 902 = NJW 2002, 3024 – „KBV".

537 BGH v. 13.12.2004 – II ZR 206/02, GmbHR 2005, 225 = ZIP 2005, 117 = WM 2005, 176 – BMW-Vertragshändler; *Geißler*, GmbHR 2015, 734, 738; *Kroh*, S. 81 ff.; a.A. in Bezug auf den Entzug von Geschäftschancen und -aktivitäten *Wahl*, S. 110 ff. m.w.N.

538 BGH v. 23.4.2012 – II ZR 252/10, GmbHR 2012, 96 = ZIP 2012, 1071 = GmbHR 2012, 740 Rdnr. 17 ff.; zur Übertragung auf eine Schwestergesellschaft im Konzern Rdnr. 162.

539 BGH v. 21.2.2013 – IX ZR 52/10, ZIP 2013, 894 = GmbHR 2013, 529 Rdnr. 23; soweit *Blöse*, GmbHR 2013, 533, 534 demgegenüber die mangelnde wirtschaftliche Werthaltigkeit übernommener Schulden nicht ausreichen lassen will und dafür auf die Bilanzneutralität verweist, überzeugt das nicht (vgl. die Überlegungen von *Bitter*, KTS 2017, 256, 258 f. zur Nominalwertbetrachtung beim Debt Equity Swap sinngemäß).

540 BGH v. 16.7.2007 – II ZR 3/04, BGHZ 173, 246 = ZIP 2007, 1552 = NJW 2007, 2689 = GmbHR 2007, 927 – Trihotel.

541 BGH v. 24.7.2012 – II ZR 177/11, ZIP 2012, 1804 = GmbHR 2012, 1070 Rdnr. 21; zust. *Böcker*, DZWIR 2013, 86, 87.

542 BGH v. 24.7.2012 – II ZR 177/11, ZIP 2012, 1804 = GmbHR 2012, 1070 Rdnr. 26.

als Sicherungsnehmerin[543], (10) in Form der Insolvenzvertiefung auch die Zahlung einer zusätzlichen Vergütung für die Leitung der Gesellschaft in der Krise und die Entnahme dieser Vergütung[544] und (11) das Bewirken der rechtskräftigen Abweisung eines zugunsten der GmbH gegen den Alleingesellschafter-Geschäftsführer geführten Schadensersatzprozesses[545].

166a Nicht ausreichend ist demgegenüber (1) die schlichte, unter §§ 30, 31 fallende offene oder verdeckte Vermögensverlagerung[546], ferner die Zahlung auf eine durch sog. „qualifizierten Rangrücktritt"[547] gesperrte Forderung, weil es insoweit im Hinblick auf die Einzelausgleichsfähigkeit an einer Schutzlücke fehlt (Rdnr. 153)[548], (2) die Einziehung von Forderungen der GmbH gegen Dritte auf ein eigenes Konto des Gesellschafters, wenn er mit diesen und weiteren eigenen Mitteln Verbindlichkeiten der Gesellschaft begleicht[549], (3) die Sicherungsübertragung von Gesellschaftsvermögen, wenn dadurch die übliche Weiterbenutzung des Sicherungsgutes seitens der GmbH und damit auch die Betriebsfortführung nicht beeinträchtigt wird[550], (4) die Überleitung von Miet-, Leasing- und Mitarbeiterverträgen auf eine vom Gesellschafter neu gegründete Gesellschaft, wenn dadurch die spätere Insolvenzschuldnerin sogar von Verbindlichkeiten entlastet wurde (vgl. zur GmbH-Stafette auch Rdnr. 162)[551].

5. Verschulden

167 Die Haftung wegen Existenzvernichtung setzt, wenn man sie mit der neueren BGH-Rechtsprechung als Anwendungsfall des § 826 BGB ansieht, Verschulden im Sinne eines **zumindest bedingten Vorsatzes** voraus[552]. Dem Vorsatzerfordernis genügt es bereits, wenn dem Gesellschafter bekannt ist, dass der Gesellschaft ohne angemessenen Ausgleich und ohne Rücksicht auf die Zweckbindung des Gesellschaftsvermögens Vermögenswerte entzogen werden. Ein Bewusstsein des Gesellschafters, dass sein Verhalten sittenwidrig ist, wird ebenso wenig gefordert wie die Absicht einer Schädigung der Gesellschaft oder ihrer Gläubiger[553]. Ein Verschulden liegt demnach vor, wenn die Erfüllung von Verbindlichkeiten durch die Ge-

---

543 BGH v. 24.7.2012 – II ZR 177/11, ZIP 2012, 1804 = GmbHR 2012, 1070 Rdnr. 25.
544 BGH v. 13.12.2007 – IX ZR 116/06, ZInsO 2008, 276, 277 = ZIP 2008, 455 = GmbHR 2008, 322 Rdnr. 12.
545 BGH v. 9.2.2009 – II ZR 292/07, GmbHR 2009, 601 mit Anm. *Podewils* = ZInsO 2009, 878 = ZIP 2009, 802 = WM 2009, 800 – Sanitary; OLG Celle v. 28.10.2009 – 9 U 125/06, GmbHR 2010, 87.
546 BGH v. 15.9.2014 – II ZR 442/13, GmbHR 2015, 644 Rdnr. 9 mit Anm. *Ulrich/Schlichting*; dazu *Lieder*, in: FS Pannen, 2017, S. 439, 450 f.
547 BGH v. 5.3.2015 – IX ZR 133/14, BGHZ 204, 231 = ZIP 2015, 638 mit Anm. *Bitter/Heim* = GmbHR 2015, 472; dazu eingehend *Bitter*, ZHR 181 (2017), 428 ff.
548 Vgl. sinngemäß die noch zum alten Eigenkapitalersatzrecht ergangene Entscheidung BGH v. 15.9.2014 – II ZR 442/13, GmbHR 2015, 644 Rdnr. 9; *Gehrlein*, DB 2016, 1177, 1181; anders offenbar *Seidel/Wolf*, NZG 2016, 921, 925, die sogar die Befriedigung eines gewöhnlichen Gesellschafterdarlehens für haftungsrelevant erklären.
549 BGH v. 2.6.2008 – II ZR 104/07, GmbHR 2008, 929 = ZIP 2008, 1329 Rdnr. 10.
550 BGH v. 16.7.2007 – II ZR 3/04, BGHZ 173, 246 = ZIP 2007, 1552 = GmbHR 2007, 927 Rdnr. 47 f. – Trihotel; dazu auch *Brand*, ZIP 2012, 1010, 1012; s. aber auch *Pentz*, in: Rowedder/Schmidt-Leithoff, Rdnr. 113 und *Kroh*, S. 80 f. zu existenzvernichtenden Sicherheitenbestellungen.
551 BGH v. 23.4.2012 – II ZR 252/10, BGHZ 193, 96 = ZIP 2012, 1071 = GmbHR 2012, 740 Rdnr. 19.
552 Dazu BGH v. 21.2.2013 – IX ZR 52/10, ZIP 2013, 894 = GmbHR 2013, 529 Rdnr. 21; *Bayer*, in: Lutter/Hommelhoff, Rdnr. 40; *Liebscher*, in: MünchKomm. GmbHG, Anh. § 13 Rdnr. 570 ff.; *Weller*, ZIP 2007, 1681, 1685 f.; *Röck*, S. 125 f.; *Röck*, DZWIR 2012, 97, 99; *Kroh*, S. 76 f.; für eine allgemeine Beschränkung der *Gesellschafter*haftung auf vorsätzliches Verhalten *Steffek*, JZ 2009, 77 ff.; für eine Fahrlässigkeitshaftung hingegen *Zöllner*, in: FS Konzen, S. 999, 1018; *Casper*, in: Ulmer/Habersack/Löbbe, Anh. § 77 Rdnr. 145 f. (Wertung aus § 64 Satz 3).
553 BGH v. 21.2.2013 – IX ZR 52/10, ZIP 2013, 894 = GmbHR 2013, 529 Rdnr. 21.

sellschaft dauerhaft beeinträchtigt wurde, dies voraussehbare Folge des Eingriffs war und der Gesellschafter diese Folge in Erkenntnis ihres möglichen Eintritts billigend in Kauf genommen hat[554].

Stützt man das Haftungskonzept demgegenüber mit der im Urteil „KBV"[555] eingenommenen, bereits zuvor vom *Verfasser* vertretenen Position[556] auf einen objektiv verstandenen Missbrauch der Haftungsbeschränkung[557], der – wie allgemein in Fällen der Durchgriffshaftung – über eine teleologische Reduktion der haftungsbeschränkenden Norm des § 13 Abs. 2 zu einer unmittelbaren Außenhaftung gegenüber den Gläubigern führt (Rdnr. 126 f.), ist ein Verschulden nicht erforderlich[558].

168

6. Haftungsumfang

Der Schädiger schuldet nach dem Modell der Rechtsprechung als Schadensersatz grundsätzlich den Betrag, der erforderlich ist, um seinen zur Insolvenz führenden Eingriff auszugleichen[559]. Wären die Gläubiger auch ohne den existenzvernichtenden Eingriff partiell ausgefallen, muss der Gesellschafter die Masse nur soweit auffüllen, dass die Gläubiger jene Befriedigung erhalten können, die sie auch bei einem redlichen Verhalten des Gesellschafters erlangt hätten (sog. **Quotenschaden**)[560]. Lag der Fall hingegen so, dass die Gesellschaft zur Zeit des Eingriffs noch nicht überschuldet war, bildet derjenige Betrag die Obergrenze, den der Insolvenzverwalter zur Befriedigung aller Gläubiger und der Kosten des Insolvenzverfahrens benötigt[561].

169

Gibt es **Minderheitsgesellschafter** in der GmbH, die mit dem existenzvernichtenden Verhalten des Mehrheitsgesellschafters nicht einverstanden waren, sollen nach Ansicht von *Gehrlein* darüber hinaus auch diejenigen Aufwendungen zu ersetzen sein, die erforderlich sind, um aus der GmbH wieder eine werbende Gesellschaft zu machen[562]. Doch ergibt sich diese Rechtsfol-

170

---

554 BGH v. 16.7.2007 – II ZR 3/04, BGHZ 173, 246, 258 f. = ZIP 2007, 1552 = NJW 2007, 2689 = GmbHR 2007, 927 Rdnr. 30 – Trihotel; dazu auch *Schanze*, NZG 2007, 681, 684; *J. Vetter*, BB 2007, 1965, 1966 f.; *Theiselmann*, GmbHR 2007, 904, 906.

555 BGH v. 24.6.2002 – II ZR 300/00, BGHZ 151, 181 = ZIP 2002, 1578 = GmbHR 2002, 902 = NJW 2002, 3024 – KBV.

556 S. insbes. *Bitter*, Durchgriffshaftung, S. 67 ff., 490 ff.; *Bitter*, WM 2001, 2133 ff.; *Bitter*, WuB II C. § 13 GmbHG, 2.02 unter Ziff. 4.; im Anschluss an „KBV" auch *Bitter*, WM 2004, 2190, 2195 ff.; zur seinerzeitigen Übernahme dieses Haftungskonzepts durch den BGH s. die Anm. *Ulmer*, JZ 2002, 1049 ff. (insbes. ab Ziff. II 1b).

557 Dafür auch *Wahl*, S. 82 ff.; *Hangebrauck*, S. 482 ff.; *Gottschalk*, S. 55 ff.

558 Ebenso *Wahl*, S. 134 f.; s. auch *Lieder*, in: FS Pannen, 2017, S. 439, 442; *Lieder*, in: Michalski u.a., Rdnr. 391 ff.; 459 a.E.

559 BGH v. 16.7.2007 – II ZR 3/04, BGHZ 173, 246, 260 und 268 = ZIP 2007, 1552, 1556 und 1560 = GmbHR 2007, 927 Rdnr. 32 und 55 – Trihotel; BGH v. 24.7.2012 – II ZR 177/11, ZIP 2012, 1804 = GmbHR 2012, 1070 Rdnr. 29; *Pentz*, in: Rowedder/Schmidt-Leithoff, Rdnr. 118; näher *Liebscher*, in: MünchKomm. GmbHG, Anh. § 13 Rdnr. 605 ff.; *Röck*, S. 129 ff.; *Kroh*, S. 86 ff.

560 *Wagner*, in: FS Canaris, Bd. II, S. 473, 483 f.; *Strohn*, ZInsO 2008, 706, 710, *Gehrlein*, WM 2008, 761, 762 spricht vom „tatsächlich bei der Gesellschaft eingetretenen Vermögensverlust"; s. auf der Basis des Außenhaftungsmodells auch BGH v. 13.12.2004 – II ZR 206/02, GmbHR 2005, 225 = ZIP 2005, 117 = NJW-RR 2005, 335 (Leitsatz 2) – BMW-Vertragshändler; ferner *Casper*, in: Ulmer/Habersack/Löbbe, Anh. § 77 Rdnr. 120 und 157 („Quotenverschlechterungsschaden"); zust. *Raiser*, in: Ulmer/Habersack/Löbbe, Rdnr. 173; kritisch *Röck*, S. 139 ff.

561 BGH v. 16.7.2007 – II ZR 3/04, BGHZ 173, 246, 268 f. = ZIP 2007, 1552, 1560 = GmbHR 2007, 927 Rdnr. 56 – Trihotel; BGH v. 24.7.2012 – II ZR 177/11, ZIP 2012, 1804 = GmbHR 2012, 1070 Rdnr. 29 f.; *Fastrich*, in: Baumbach/Hueck, Rdnr. 68 spricht von „Wiederherstellung der Schuldendeckungsfähigkeit"; kritisch *Fischinger*, S. 340 ff.

562 So *Gehrlein*, WM 2008, 761, 765, a.A. *Drescher*, Die Haftung des GmbH-Geschäftsführers, 8. Aufl. 2017, Rdnr. 829, obwohl er sich auf *Gehrlein*, WM 2008, 761, 765, bezieht.

ge bei mehrgliedrigen Gesellschaften ohnehin schon aus einem dort eingreifenden Anspruch auf Schadensersatz wegen Treuepflichtverletzung (Rdnr. 54, 124)[563], während die Haftungs-figur der Existenzvernichtung primär Gläubigerschädigungen im Blick hat.

171   Geht man – wie hier vertreten – von einem Konzept der Durchgriffshaftung aus, haftet der Ge-sellschafter unmittelbar persönlich für die (ganze) Forderung des Gläubigers (analog § 128 HGB; s. Rdnr. 126)[564]. Mit einem solchen Außenhaftungskonzept wird verhindert, dass sich zulasten der Gläubiger das von der Insolvenzverschleppungshaftung hinlänglich bekannte Phänomen wiederholt, dass ein Quotenverminderungsschaden (hier aufgrund des existenz-vernichtenden Eingriffs) praktisch nicht einklagbar ist[565]. Möglich ist – wie gesagt – aber ei-ne Differenzierung nach Gläubigergruppen in Fällen der Spekulation auf Kosten der Gläubi-ger (Rdnr. 164).

7. Konkurrenzen

a) Geschäftsführerhaftung

172   Der Geschäftsführer ist geradezu notwendigerweise in Fälle der Existenzvernichtung ver-wickelt, da er den Eingriff in der Regel verwirklicht. Er haftet dann mit dem Gesellschafter als **Gesamtschuldner** in erster Linie bereits aus § 43 Abs. 2 und 3 (dazu 11. Aufl., § 43 Rdnr. 287 f.)[566], zumal ihn das Einverständnis des Gesellschafters in Fällen der Existenz-vernichtung nicht entlastet[567]. Daneben besteht – oft inhaltsgleich – ein Anspruch der GmbH aus dem durch das MoMiG neu eingeführten § 64 Satz 3 (dazu 11. Aufl., § 43 Rdnr. 287b, § 64 Rdnr. 78 ff.)[568]. Jene Norm soll nämlich nach dem Willen des Gesetzgebers einen Teil-bereich der Existenzvernichtungshaftung regeln[569]. Es kommt aber auch eine Haftung als Anstifter oder Gehilfe nach §§ 826, 830 Abs. 2 BGB in Betracht[570], nach teilweise vertretener Ansicht auch eine Eigenhaftung aus § 826 BGB[571]. Diese Deliktshaftung hat jedoch, soweit man sie in der Folge der „Trihotel"-Doktrin auch beim Geschäftsführer auf das Innenver-hältnis zur Gesellschaft beschränkt, neben den bereits bei Fahrlässigkeit eingreifenden Tat-

---

563 Zur insoweit fehlenden Schutzlücke *Liebscher*, in: MünchKomm. GmbHG, Anh. § 13 Rdnr. 615 m.w.N. – Die Möglichkeit einer Haftung aus Sonderverbindung wird auch bei *Gehrlein*, WM 2008, 761, 767 f. betont.

564 Ausführlich in diesem Sinne *Wahl*, S. 146 ff.; dazu auch *Dauner-Lieb*, ZGR 2008, 34, 38 f.

565 Darauf mit Recht hinweisend *Schanze*, NZG 2007, 681, 684; s. zum Quotenschaden bei der Insol-venzverschleppung *Bitter*, ZInsO 2010, 1561, 1573 f.; *Bitter*, Beilage zu ZIP 22/2016, S. 6, 11.

566 BGH v. 23.4.2012 – II ZR 252/10, BGHZ 193, 96 = ZIP 2012, 1071 = GmbHR 2012, 740 Rdnr. 27 zu einem Fall der Personalunion; *Casper*, in: Ulmer/Habersack/Löbbe, Anh. § 77 Rdnr. 123; *Lieb-scher*, in: MünchKomm. GmbHG, Anh. § 13 Rdnr. 599; *Strohn*, ZHR 174 (2009), 589, 590 ff.; *Trö-ger/Dangelmeyer*, ZGR 2011, 558, 572 ff.; *Kroh*, S. 95 ff.

567 BGH v. 18.6.2013 – II ZR 86/11, ZIP 2013, 1712 = GmbHR 2013, 1044 Rdnr. 33 m.w.N.; BGH v. 9.12.2014 – II ZR 360/13, ZIP 2015, 322 = GmbHR 2015, 248 Rdnr. 15; *Kroh*, S. 98 f.

568 Dazu BGH v. 9.10.2012 – II ZR 298/11, BGHZ 195, 42 = ZIP 2012, 2391 = GmbHR 2013, 31; *Haas*, NZG 2013, 41; *Jost*, ZInsO 2014, 2471; *Bitter*, ZInsO 2010, 1505, 1511 und insbes. 1519; *Kroh*, S. 101 ff.; ausführlich *A. Weiß*, S. 173 ff.

569 RegE MoMiG, BT-Drucks. 16/6140, S. 46; dazu auch BGH v. 9.10.2012 – II ZR 298/11, BGHZ 195, 42 = ZIP 2012, 2391 = GmbHR 2013, 31 Rdnr. 13; *Brand*, ZIP 2012, 1010.

570 Dazu ausführlich *Liebscher*, in: MünchKomm. GmbHG, Anh. § 13 Rdnr. 599 ff.; *Sven H. Schneider*, GmbHR 2011, 685 ff.; s. auch *Strohn*, ZInsO 2008, 706, 708; *Kroh*, S. 106 f.; ferner *Weller/Discher*, in: Bork/Schäfer, Rdnr. 54; *Pentz*, in: Rowedder/Schmidt-Leithoff, Rdnr. 111; *Gehrlein*, WM 2008, 761, 764, und *Kölbl*, BB 2009, 1194, 1198, die betonen, dass auch Banken, Berater und Geschäfts-partner der GmbH über §§ 826, 830 BGB in die Haftung einbezogen sein können (s. aber auch *Liebscher*, in: MünchKomm. GmbHG, Anh. § 13 Rdnr. 603).

571 OLG Köln v. 7.2.2013 – 18 U 30/12, n.v. juris-Rdnr. 69; *Tröger/Dangelmeyer*, ZGR 2011, 558 ff. für Konzernsachverhalte.

beständen der §§ 43, 64 keine praktische Bedeutung. Lehnt man im Rahmen des § 826 BGB die Beschränkung auf das Innenverhältnis hingegen ab (Rdnr. 159), behält die Deliktshaftung ihren eigenständigen Wert.

Das **Verhältnis von § 826 BGB zu § 64 Satz 1** ist noch nicht endgültig geklärt. Eine Haftung 173 aus § 64 Satz 1 kommt nur in Frage, wenn der nach § 826 BGB Haftende auch Geschäftsführer oder faktischer Geschäftsführer der Gesellschaft ist. Dann liegt aber eine Anspruchskonkurrenz nahe. Sieht man § 64 entgegen der bislang h.M.[572] als Schutzgesetz i.S. von § 823 Abs. 2 BGB an, kommt ferner nach § 830 Abs. 2 BGB eine Haftung von Anstiftern und Gehilfen in Betracht, die aus der verbotenen Zahlung Nutzen ziehen[573].

Da die Existenzvernichtung oftmals zugleich den strafrechtlichen Tatbestand der **Untreue** 174 **i.S. von § 266 StGB** erfüllen wird[574], kommt auch eine Haftung des Geschäftsführers aus § 823 Abs. 2 BGB in Betracht[575].

b) Gesellschafterhaftung

Hat der Gesellschafter (oder Gesellschafter-Gesellschafter[576]) zugleich §§ 30, 31 verletzt, so 175 schließt das den Anspruch der Gesellschaft aus § 826 BGB nicht aus: beide Ansprüche bestehen nebeneinander[577] mit je eigenständiger Verjährung[578]. Gleiches gilt, wenn man § 31 in den Fällen des § 64 Satz 3 analog anwendet[579]. Ein Nebeneinander gibt es auch zwischen Existenzvernichtungshaftung und Insolvenzanfechtung (insbesondere aus § 133 InsO)[580]. Allerdings lässt eine erfolgreiche Anfechtung durch den Insolvenzverwalter den Schaden entfallen, so dass sich die Haftung des Gesellschafters aus § 826 BGB entsprechend verringert[581].

8. Haftung während der Liquidation

Eine Innenhaftung aus § 826 BGB kommt nach Ansicht des BGB auch nach Auflösung der 176 Gesellschaft in Frage, wenn der als Liquidator fungierende Gesellschafter das noch vorhandene Kapital der Gesellschaft zu eigenen Gunsten entzieht[582]. In der Liquidationsphase ist es wegen des Kapitalerhaltungsgebots in der Liquidation auch nicht erforderlich, dass die Maßnahme insolvenzverursachend wirkt.

---

572 Nachw. bei *Kroh*, S. 37.
573 Dafür *Gehrlein*, DB 2016, 1177, 1183.
574 Dazu BGH v. 31.7.2009 – 2 StR 95/09, BGHSt 54, 52 = ZIP 2009, 1860 = GmbHR 2009, 1202 = NJW 2009, 3666 Rdnr. 23 ff.; BGH v. 28.5.2013 – 5 StR 551/11, ZIP 2013, 1382 = AG 2013, 640 Rdnr. 28 ff.; OLG Köln v. 7.2.2013 – 18 U 30/12, n.v. juris-Rdnr. 91 (dort verneint); *Anders*, NZWiSt 2017, 13 ff., der aber auch ein alternatives Konzept über § 283 Abs. 1 Nr. 1 StGB vorschlägt; a.A. *Livonius*, wistra 2009, 91: keine Vermögensbetreuungspflicht aus § 826 BGB ableitbar.
575 Gegen den „Umweg" über das Strafrecht *Tröger/Dangelmeyer*, ZGR 2011, 558, 579 f.
576 Dazu BGH v. 24.7.2012 – II ZR 177/11, ZIP 2012, 1804 = GmbHR 2012, 1070 Rdnr. 14, 31.
577 BGH v. 16.7.2007 – II ZR 3/04, BGHZ 173, 246, 262 f. = ZIP 2007, 1552, 1557 f. = GmbHR 2007, 927 Rdnr. 38 ff. – Trihotel; BGH v. 23.4.2012 – II ZR 252/10, BGHZ 193, 96 = ZIP 2012, 1071 = GmbHR 2012, 740 Rdnr. 22; dazu auch *Casper*, in: Ulmer/Habersack/Löbbe, Anh. § 77 Rdnr. 147 ff.; *J. Vetter*, BB 2007, 1965, 1968; *Kroh*, S. 88 f.
578 BGH v. 24.7.2012 – II ZR 177/11, ZIP 2012, 1804 = GmbHR 2012, 1070 Rdnr. 14 ff., 31.
579 Dafür *Strohn*, ZHR 173 (2009), 589, 594 f., jedoch zweifelhaft im Hinblick auf die klare gesetzliche Anordnung (nur) einer Geschäftsführerhaftung in § 64 Satz 3 GmbHG.
580 BGH v. 21.2.2013 – IX ZR 52/10, ZIP 2013, 894 = GmbHR 2013, 529; *Gehrlein*, DB 2016, 1177, 1183; zur umstrittenen Frage des gleichen Streitgegenstands *Haas/Keller*, NZI 2013, 503, 504.
581 Näher zur Konkurrenz zwischen Schadensersatz und Insolvenzanfechtung *Henzler*, S. 158 ff.
582 BGH v. 9.2.2009 – II ZR 292/07, GmbHR 2009, 601 mit Anm. *Podewils* = ZInsO 2009, 878 = ZIP 2009, 802 = WM 2009, 800 – Sanitary; s. auch OLG Celle v. 28.10.2009 – 9 U 125/06, GmbHR 2010, 87.

9. Verjährung

176a   Ansprüche aus Existenzvernichtungshaftung nach § 826 BGB verjähren nach den allgemeinen Vorschriften (§§ 195, 199 BGB) und nicht nach Sonderverjährungsvorschriften des GmbHG[583]. Da es sich nach der Rechtsprechung um einen eigenständigen Schadensersatzanspruch und nicht um eine akzessorische Durchgriffshaftung analog § 128 HGB handelt (zur Verjährung in diesem Fall Rdnr. 151a), kann sich der in Anspruch genommene Gesellschafter nicht auf die Verjährung der Gesellschaftsverbindlichkeit(en) berufen[584]. Nach § 199 Abs. 1 BGB beginnt die regelmäßige Verjährungsfrist mit dem Schluss des Jahres, in dem der Anspruch entstanden ist (Nr. 1) und der Gläubiger – bei der Innenhaftung zumeist der für die GmbH handelnde Insolvenzverwalter[585] – von den den Anspruch begründenden Umständen Kenntnis erlangt oder ohne grobe Fahrlässigkeit erlangen müsste (Nr. 2). In Bezug auf § 199 Abs. 1 Nr. 1 BGB dürfte das Tatbestandsmerkmal der Insolvenzverursachung (Rdnr. 165) nicht so zu verstehen sein, dass die Anspruchsentstehung die Eröffnung des Insolvenzverfahrens oder die Abweisung mangels Masse voraussetzt[586]. Von einer Kenntnis oder grobfahrlässigen Unkenntnis i.S. von § 199 Abs. 1 Nr. 2 BGB kann bei der Haftung eines Teilnehmers (Anstifters oder Gehilfen), etwa eines mittelbaren, den Eingriff steuernden Gesellschafter-Gesellschafters, nur ausgegangen werden, wenn sowohl die Umstände bekannt oder infolge grober Fahrlässigkeit unbekannt sind, die in Bezug auf die Handlung des Haupttäters einen Ersatzanspruch begründen, als auch die Umstände, aus denen sich ergibt, dass auch der Teilnehmer als Haftender in Betracht kommt[587]. Generell nicht zugerechnet wird der durch die Existenzvernichtung geschädigten GmbH das Wissen der an der Schädigung mitwirkenden Geschäftsführer[588].

176b   Teilweise wird behauptet, die Verjährung sei gemäß oder entsprechend § 204 Abs. 1 Nr. 10 BGB während des laufenden Insolvenzverfahrens gehemmt[589]. Doch bezieht sich jene Vorschrift nur auf die Anmeldung der Gläubigerforderung in der Insolvenz der GmbH, nicht auf den davon zu trennenden Schadensersatzanspruch aus § 826 BGB gegen den (nicht insolventen) Gesellschafter. Richtig wäre die Erstreckung der Hemmung auf die Gesellschafter nur bei dem hier vertretenen Durchgriffsmodell (Rdnr. 152, 155 f., 159), weil es dann um eine akzessorische Haftung analog §§ 128, 129 HGB geht, bei der die Wirkungserstreckung anerkannt ist[590].

XI. „Gesellschafterfreundlicher Durchgriff"

Schrifttum: *Benne*, Haftungsdurchgriff bei der GmbH, 1978, S. 198 ff.; *Frank*, Nochmals: Schadensersatzanspruch des GmbH-Alleingesellschafters bei einem Schaden der Gesellschaft, NJW 1974, 2313; *Ganssmüller*, Die Rechtsstellung des Gesellschafters in bezug auf Schaden, der am Vermögen der GmbH eintritt, GmbHR 1975, 193; *Hüffer*, Eigener Schaden des Alleingesellschafters, Drittschadensliquidation

---

583 BGH v. 24.7.2012 – II ZR 177/11, ZIP 2012, 1804 = GmbHR 2012, 1070 Rdnr. 14 m.w.N.; *Kroh*, S. 93 f.
584 Zur Außenhaftung aus § 826 BGB *Schwab*, GmbHR 2012, 1213, 1217 ff.
585 *Kroh*, S. 93.
586 So aber wohl *Haas/Keller*, NZI 2013, 503, 504; wie hier *Kroh*, S. 93: Vorliegen eines Insolvenzgrundes als Anspruchsvoraussetzung; für eine Verjährungshemmung bis zur Insolvenzeröffnung oder deren Ablehnung *Casper*, in: Ulmer/Habersack/Löbbe, Anh. § 77 Rdnr. 165.
587 BGH v. 24.7.2012 – II ZR 177/11, ZIP 2012, 1804 = GmbHR 2012, 1070 Rdnr. 15 m.w.N.
588 BGH v. 21.2.2013 – IX ZR 52/10, ZIP 2013, 894 = GmbHR 2013, 529 Rdnr. 25; *Liebscher*, in: MünchKomm. GmbHG, Anh. § 13 Rdnr. 612 m.w.N.; *Casper*, in: Ulmer/Habersack/Löbbe, Anh. § 77 Rdnr. 165; anders möglicherweise *Kroh*, S. 93.
589 *Liebscher*, in: MünchKomm. GmbHG, Anh. § 13 Rdnr. 613; *Casper*, in: Ulmer/Habersack/Löbbe, Anh. § 77 Rdnr. 165.
590 Näher *Bitter/Heim*, GesR, § 6 Rdnr. 23 m.w.N.

oder Vertrag mit Schutzwirkung bei Schädigung der Einmann-GmbH – BGHZ 61, 380, JuS 1976, 83; *John*, Gesellschafterfreundlicher Durchgriff, JZ 1979, 511; *Kowalski*, Der Ersatz von Gesellschafts- und Gesellschafterschaden, 1990; *Lieb*, Schadensersatzansprüche von Gesellschaftern bei Folgeschäden im Vermögen der Gesellschaft, in: FS R. Fischer, 1979, S. 385; *Rehbinder*, Zehn Jahre Rechtsprechung zum Durchgriff im Gesellschaftsrecht, in: FS R. Fischer, 1979, S. 579, 592 ff.; *Karsten Schmidt*, Wohin führt das Recht der Einmann-Gesellschaft?, GmbHR 1974, 178; *Wilhelm*, Rechtsform und Haftung bei der juristischen Person, 1981, S. 379 ff.

Unter dem unpassenden und die Sachlage vernebelnden Begriff des sog. „gesellschafterfreundlichen Durchgriffs" wird im Anschluss an zwei Entscheidungen des VI. Zivilsenats[591] und ein Urteil des III. Zivilsenats des BGH[592] eine schadensersatzrechtliche Frage umfassend diskutiert: Kann der Gesellschafter einer GmbH bei einer Rechtsguts- oder Vertragsverletzung bzw. einer sonstigen gegen ihn persönlich gerichteten rechtswidrigen Maßnahme von seinem Schädiger auch denjenigen Schaden ersetzt verlangen, der am Vermögen „seiner" GmbH dadurch entsteht, dass dieser GmbH in Folge der Verletzung/Maßnahme Gewinne entgehen oder Verluste entstehen[593].   177

Im ersten Fall aus dem Jahr 1973 stand ein GmbH-Gesellschafter in persönlicher Vertragsbeziehung mit einem Anwalt, der in **Verletzung** seiner **anwaltlichen Pflichten** die Eintragung jenes Gesellschafters in die Schuldnerdatei nicht verhinderte. Daraufhin kündigte eine Bank einer GmbH, deren Geschäftsanteile der Gesellschafter zu 100 % hielt, den Kredit mit der Folge, dass der GmbH ein lukratives Baugeschäft entging[594]. Im zweiten Fall aus dem Jahr 1977 wurde der Alleingesellschafter einer Kapitalgesellschaft bei einem **Skiunfall** verletzt und dadurch arbeitsunfähig; da der Alleingesellschafter nicht zu bestimmten Auftraggebern der Gesellschaft ins Ausland reisen konnte, entging jener ein Geschäftsgewinn[595]. Im dritten Fall aus dem Jahr 1988 machte ein **zu Unrecht in Untersuchungshaft** genommener Alleingesellschafter in einer Klage nach dem Gesetz über die Entschädigung für Strafverfolgungsmaßnahmen (StrEG) geltend, in dem seiner Gesellschaft gehörenden Haus, das zur Renovierung anstand, seien während seiner Haft mangels Beaufsichtigung Baumaterial und sonstige Gegenstände entwendet, ferner durch Brandstiftung und Wassereinbruch erhebliche Schäden angerichtet worden[596].   178

In allen drei Entscheidungen sprach der BGH dem Gesellschafter den Ersatz des entgangenen Gewinns bzw. der eingetretenen Verluste zu. Er stützte sich dabei im ersten Urteil auf Durchgriffserwägungen[597], die hier freilich – anders als bei der Durchgriffshaftung (Rdnr. 110 ff.) – zugunsten des Gesellschafters ausgingen (daher: gesellschafterfreundlicher Durchgriff). Im zweiten und dritten Urteil betont das Gericht demgegenüber, dem Gesellschafter werde derjenige Schaden ersetzt, der sich als Einbuße an seiner Gesellschaftsbeteiligung für ihn selbst ergebe. Dass der entgangene Gewinn bei der Gesellschaft nicht immer zwingend identisch sei mit dem entgangenen Gewinn beim Gesellschafter, sei unerheblich, weil jedenfalls der geschäftsführende Alleingesellschafter bei jeder Disposition über das Gesellschaftsvermögen   179

---

591 BGH v. 13.11.1973 – VI ZR 53/72, BGHZ 61, 380 = NJW 1974, 134 = WM 1974, 16; BGH v. 8.2.1977 – VI ZR 249/74, NJW 1977, 1283 = MDR 1977, 568 = GmbHR 1977, 274.

592 BGH v. 6.10.1988 – III ZR 143/87, ZIP 1989, 98 = NJW-RR 1989, 684; s. auch noch das Urteil BGH v. 15.11.1990 – III ZR 246/89, NJW-RR 1991, 551 = GmbHR 1991, 525, in dem die Klage jedoch schon wegen versagten Vorteilsausgleichs (dazu Rdnr. 181) erfolgreich war.

593 S. dazu die vor Rdnr. 177 angeführte Literatur; ferner *Fastrich*, in: Baumbach/Hueck, Rdnr. 16; *Bayer*, in: Lutter/Hommelhoff, Rdnr. 48 ff.; *Pentz*, in: Rowedder/Schmidt-Leithoff, Rdnr. 171; ausführlicher *Saenger*, in: Saenger/Inhester, Rdnr. 132 ff.; umfassende Nachw. zum älteren Schrifttum bei *Wilhelm*, S. 382 in Fn. 336.

594 BGH v. 13.11.1973 – VI ZR 53/72, BGHZ 61, 380 = NJW 1974, 134 = WM 1974, 16.

595 BGH v. 8.2.1977 – VI ZR 249/74, NJW 1977, 1283 = MDR 1977, 568 = GmbHR 1977, 274.

596 BGH v. 6.10.1988 – III ZR 143/87, ZIP 1989, 98 = NJW-RR 1989, 684.

597 BGH v. 13.11.1973 – VI ZR 53/72, BGHZ 61, 380 = NJW 1974, 134 = WM 1974, 16 unter Ziff. II. 2. b) der Gründe.

zugleich in Bezug auf sein (Gesellschafter-)Vermögen entscheide; die Gesellschaft erscheine „in schadensrechtlicher Betrachtung praktisch ... als ein in besonderer Form verwalteter Teil des Vermögens"[598].

180 Der Hinweis auf die wirtschaftliche Identität des Vermögens und die damit verbundenen Durchgriffserwägungen sind in der Literatur auf Kritik gestoßen[599]. Stattdessen wird zumeist auf die Drittschadensliquidation[600], teils auch auf den Vertrag mit Schutzwirkung zugunsten Dritter[601] verwiesen. Ferner ist verschiedentlich vertreten worden, der Gesellschafter dürfte nicht Zahlung an sich, sondern – wie bei der Rechtsprechung des II. Zivilsenats zu den sog. Reflexschäden[602] – nur Zahlung ins Gesellschaftsvermögen verlangen[603]. Diese Kritik überzeugt ganz überwiegend nicht, wie insbesondere *Lieb* näher dargelegt hat[604]. Richtig ist zwar, dass das Problem mit einer Vermögensidentität zwischen Gesellschaft und Gesellschafter und folglich auch mit dem Durchgriff nichts zu tun hat. Doch ändert dies an dem richtigen Ergebnis der Rechtsprechung, einem Schadensersatzanspruch des Gesellschafters auf Leistung in sein Privatvermögen, nichts.

181 Soweit der Gesellschafter – in Fällen seiner Verletzung – trotz der **Arbeitsunfähigkeit** weiterhin Anspruch gegen die GmbH auf Leistung seiner Bezüge hat, ergibt sich der Schadensersatzanspruch – nicht anders als bei Verletzung eines Arbeitnehmers mit Anspruch auf Lohnfortzahlung – schon unter dem allgemeinen schadensrechtlichen Gesichtspunkt des versagten Vorteilsausgleichs[605]. Die **Lohnfortzahlung wird normativ ausgeblendet** und der Gesellschafter kann seinen Schaden in Höhe des gleichwohl gezahlten Gehalts ersetzt verlangen[606]. Allerdings kann der Dienstberechtigte – hier die GmbH – die Abtretung jenes Ersatzanspruchs vom Verletzten verlangen[607].

---

598 BGH v. 8.2.1977 – VI ZR 249/74, NJW 1977, 1283, 1284 = MDR 1977, 568 = GmbHR 1977, 274 unter Ziff. II. 3. b) und b) aa) der Gründe; dem folgend BGH v. 6.10.1988 – III ZR 143/87, ZIP 1989, 98 = NJW-RR 1989, 684 unter Ziff. I. 3. der Gründe; ähnlich auch BGH v. 15.11.1990 – III ZR 246/89, NJW-RR 1991, 551 = GmbHR 1991, 525 unter Ziff. II. 2. der Gründe; BGH v. 25.2.1999 – III ZR 53/98, NJW 1999, 1407 = MDR 1999, 693 unter Ziff. 5. der Gründe.

599 *Raiser*, in: Ulmer/Habersack/Löbbe, Rdnr. 60 m.w.N.; *Rehbinder*, in: FS R. Fischer, S. 579, 592 ff.; *Roll*, NJW 1974, 492 f.; *Frank*, NJW 1974, 2313, 2314; *Karsten Schmidt*, GmbHR 1974, 178 ff.; *Ganssmüller*, GmbHR 1975, 193, 198; *Hüffer*, NJW 1977, 1285; *Hüffer*, JuS 1976, 83, 84 f.; *Benne*, S. 199 f. m.w.N.; ausführlich *Wilhelm*, S. 381 ff.

600 *Roll*, NJW 1974, 492 f.; *Mann*, NJW 1974, 492; *Hüffer*, NJW 1977, 1285; *Hüffer*, JuS 1976, 83, 86; *Lutter*, in: Lutter/Hommelhoff, 17. Aufl. 2009, Rdnr. 25; *Raiser*, in: Ulmer/Habersack/Löbbe, Rdnr. 60; *Raiser/Veil*, Kapitalgesellschaften, § 39 Rdnr. 53; s. auch *Kübler/Assmann*, GesR, § 24 IV (S. 375).

601 *Karsten Schmidt*, GmbHR 1974, 178, 179; von „Überschneidung" mit jenem Rechtsgedanken spricht *Nirk*, in: FS Stimpel, S. 443, 454; unklar *Rehbinder*, in: FS R. Fischer, S. 579, 593.

602 BGH v. 11.7.1988 – II ZR 243/87, BGHZ 105, 121, 130 f. = ZIP 1988, 1112, 1115 – Kerkerbachbahn; BGH v. 10.11.1986 – II ZR 140/85, NJW 1987, 1077, 1079 = MDR 1987, 384 = WM 1987, 13 = ZIP 1987, 29 unter Ziff. III. 1. b) der Gründe; dazu ausführlich *Kowalski*, passim.

603 *Fastrich*, in: Baumbach/Hueck, Rdnr. 16; *Lutter*, in: Lutter/Hommelhoff, 17. Aufl. 2009, Rdnr. 27; *Kübler/Assmann*, GesR, § 24 IV (S. 375); mit anderer Begründung (Naturalrestitution i.S. von § 249 Abs. 1 BGB) auch *Frank*, NJW 1974, 2313, 2315; *Reuter*, in: MünchKomm. BGB, 7. Aufl. 2015, vor § 21 BGB Rdnr. 32; *Benne*, S. 202; dagegen zutreffend *Wilhelm*, S. 384; es geht um Geldersatz (vgl. § 249 Abs. 2 bzw. § 251 BGB).

604 *Lieb*, in: FS R. Fischer, S. 385 ff.; ferner *John*, JZ 1979, 511 ff.; s. auch *Altmeppen*, in: Roth/Altmeppen, Rdnr. 155.

605 Dazu *Grüneberg*, in: Palandt, 76. Aufl. 2017, Vorb. v. § 249 BGB Rdnr. 87 m.w.N.

606 BGH v. 8.2.1977 – VI ZR 249/74, NJW 1977, 1283 = MDR 1977, 568 = GmbHR 1977, 274 m.w.N. unter Ziff. II. 1. der Gründe; BGH v. 15.11.1990 – III ZR 246/89, NJW-RR 1991, 551 = GmbHR 1991, 525 unter Ziff. II. 5. der Gründe; wie hier auch *Saenger*, in: Saenger/Inhester, Rdnr. 134.

607 Insoweit zutreffend *Pentz*, in: Rowedder/Schmidt-Leithoff, Rdnr. 171; s. auch *Saenger*, in: Saenger/Inhester, Rdnr. 139, der diesen Anspruch aber fehlerhaft von einer Unterbilanz abhängig macht.

Unabhängig davon kann ein deliktisch oder im Rahmen einer Vertragsbeziehung geschädigter 182 Gesellschafter aber selbstverständlich vom Verletzer immer seinen ganzen – über den Verdienstausfall als Geschäftsführer hinausgehenden – Schaden ersetzt verlangen, also auch jenen, der sich aus der Verminderung des Wertes seiner Gesellschaftsbeteiligung ergibt[608]. Dass dieser Ersatz mit einer **Drittschadensliquidation** nichts zu tun hat[609], jene These vielmehr **unhaltbar** ist[610], zeigt sich insbesondere bei Gesellschaften mit mehreren Gesellschaftern. Der Schädiger hat hier keineswegs den (ganzen) bei der GmbH eingetretenen (Dritt-)Schaden zu ersetzen[611], sondern nur den Schaden des von ihm verletzten Gesellschafters; dieser besteht in der Entwertung (allein) von dessen Geschäftsanteil[612], unabhängig davon, wie hoch dieser ist[613]. Ein Fall (zufälliger) Schadensverlagerung liegt im Verhältnis zwischen Gesellschafter und Gesellschaft nicht vor und zwar weder bei mehrgliedrigen Gesellschaften noch bei der Einpersonen-GmbH[614]; insbesondere handelt der Gesellschafter als Privatmann in aller Regel nicht für Rechnung der Gesellschaft[615] und übrigens auch nicht umgekehrt die Gesellschaft für Rechnung des Gesellschafters[616].

Der auf den Anteil des konkret verletzten Gesellschafters beschränkte Schadensbetrag steht 183 im Grundsatz auch nur diesem Geschädigten und nicht seinen Mitgesellschaftern zu, weshalb die **Zahlung in das Privatvermögen** zu erbringen ist[617]. Soweit in der Literatur zur Begründung des gegenteiligen Ergebnisses auf die angeblich gleiche Rechtslage bei den sog. Reflexschäden[618] sowie den Rechtsgedanken der §§ 117 Abs. 1 Satz 2, 317 Abs. 1 Satz 2 AktG verwiesen wird[619], überzeugt das in dieser Allgemeinheit nicht[620], vielmehr nur in solchen besonderen Fällen, in denen der Gesellschaft – wie in jenen Konstellationen – aufgrund desselben Schadensereignisses ebenfalls ein Schadensersatzanspruch gegen den Schädiger zusteht[621]. Ist dieser Anspruch der GmbH werthaltig, entfällt der parallele Anspruch des Gesellschafters übrigens schon deshalb, weil sich im Hinblick auf dieses Aktivum der Gesellschaft eine Entwertung der Gesellschaftsbeteiligung gar nicht feststellen lässt[622]. Einen parallelen Anspruch

---

608 Insoweit zutreffend schon *Frank*, NJW 1974, 2313, 2314.

609 Richtig schon *Wilhelm*, S. 384.

610 So wörtlich *Lieb*, in: FS R. Fischer, S. 385, 392.

611 So aber *Kowalski*, S. 169 ff. mit begrenzten Ausnahmen.

612 Zutreffend *Lieb*, in: FS R. Fischer, S. 385, 392 f.; *Lieder*, in: Michalski u.a., Rdnr. 480; ähnlich *John*, JZ 1979, 511, 514 f.; *Ganssmüller*, GmbHR 1975, 193, 196; s. auch *Saenger*, in: Saenger/Inhester, Rdnr. 133 und 138; ebenso BGH v. 15.11.1990 – III ZR 246/89, NJW-RR 1991, 551 = GmbHR 1991, 525 unter Ziff. II. 3. der Gründe (für eine Beteiligung von 96 %); deutliche Trennung zwischen dem Eigenschaden des Gesellschafters und dem Schaden der Gesellschaft auch bei BGH v. 25.2.1999 – III ZR 53/98, NJW 1999, 1407 = MDR 1999, 693.

613 Zutreffend *Saenger*, in: Saenger/Inhester, Rdnr. 138.

614 Zutreffend *John*, JZ 1979, 511, 514 f.; *Wilhelm*, S. 384; *Benne*, S. 201 m.w.N.; nur im gedanklichen Ansatz a.A. *Rehbinder*, in: FS R. Fischer, S. 579, 592 f.; auch im Ergebnis a.A. *Raiser/Veil*, Kapitalgesellschaften, § 39 Rdnr. 53.

615 Anders wohl *Rehbinder*, in: FS R. Fischer, S. 579, 592; s. zum „wirtschaftlichen Eigentum" als Anknüpfungspunkt der Schadensersatzpflicht in den meisten Fällen der sog. Drittschadensliquidation *Bitter*, Rechtsträgerschaft für fremde Rechnung, 2006, S. 369 ff.

616 Dazu *Bitter*, Rechtsträgerschaft für fremde Rechnung, 2006, S. 430 f.

617 Zutreffend *Lieb*, in: FS R. Fischer, S. 385, 392 ff.; *Wilhelm*, S. 381 ff.; demgegenüber will der BGH v. 8.2.1977 – VI ZR 249/74, NJW 1977, 1283, 1284 = MDR 1977, 568 = GmbHR 1977, 274 unter Ziff. II. 3. c) der Gründe offenbar nur beim Alleingesellschafter einen Anspruch auf Leistung ins Privatvermögen anerkennen; dazu mit Recht kritisch *Wilhelm*, S. 383 f.

618 Auf diese Rechtsprechung (vgl. die Nachw. Rdnr. 180) hinweisend *Fastrich*, in: Baumbach/Hueck, Rdnr. 16 („Entsprechendes gilt für sog. Reflexschäden"); *Lutter*, in: Lutter/Hommelhoff, 17. Aufl. 2009, Rdnr. 27 („Rechtslage … nicht anders"); anders *Bayer*, in: Lutter/Hommelhoff, Rdnr. 48 ff.

619 *Pentz*, in: Rowedder/Schmidt-Leithoff, Rdnr. 171.

620 Wie hier auch *Altmeppen*, in: Roth/Altmeppen, Rdnr. 155.

621 Im Ergebnis wie hier *Saenger*, in: Saenger/Inhester, Rdnr. 137.

622 Zutreffend *John*, JZ 1979, 511, 515; s. auch *Ganssmüller*, GmbHR 1975, 193, 195 f. und 197.

der GmbH gibt es jedoch bei einer deliktischen Schädigung des Alleingesellschafters (BGH-Fall Nr. 2: Skiunfall) nicht[623], ferner auch nicht bei der Entschädigung nach dem StrEG (BGH-Fall Nr. 3: Untersuchungshaft)[624]; bei einer vertraglichen Verbindung zwischen Schädiger und Gesellschafter (BGH-Fall Nr. 1: Anwaltsverschulden) muss im Einzelfall sorgfältig geprüft werden, ob die GmbH nach den engen Grundsätzen des **Vertrags mit Schutzwirkung zugunsten Dritter**[625] in den Schutzbereich jenes mit dem Gesellschafter geschlossenen Vertrags einbezogen war[626], nicht anders als dies im umgekehrten Fall ist, in dem der Gesellschafter in den Schutzbereich eines mit der GmbH geschlossenen Vertrags einbezogen werden soll[627].

184 Insgesamt zeigt sich, dass die ganze Problematik mit dem Durchgriff letztlich gar nichts zu tun hat[628], sondern der Gesellschafter schlicht auch den Schaden liquidiert, der in seiner Vermögensbeteiligung an der juristischen Person eingetreten ist. Dabei sollte man zur **Schadensbemessung** nicht auf umständliche Differenzberechnungen zwischen zwei verschiedenen Unternehmenswerten vor und nach dem schädigenden Ereignis[629], sondern einfach darauf abstellen, dass bei einer florierenden, nicht überschuldeten Gesellschaft[630] im Umfang des der Gesellschaft entgangenen Gewinns oder bei ihr eingetretenen Verlusts auch der Wert der Gesellschaftsbeteiligung(en) vermindert ist[631]. Diese Wertminderung ist sodann dem verletzten Gesellschafter in dem Umfang zu ersetzen, in dem er an der Gesellschaft beteiligt ist (Rdnr. 182). Allenfalls in solchen Fällen, in denen bei der GmbH durch das Schadensereignis das Stammkapital nicht mehr gedeckt ist[632], mag man darüber nachdenken, ob der beim Gesellschafter eintretende Vermögenszufluss aus dem Schadensersatzbetrag im Interesse der Gläubiger durch einen Anspruch der GmbH analog §§ 30, 31 in jene umzulenken ist[633].

XII. Umgekehrter Durchgriff

185 Unter dem Stichwort des „umgekehrten Durchgriffs" lässt sich die Frage stellen, ob – genau gegenteilig zu den Fällen der Durchgriffshaftung (Rdnr. 110 ff.) – der Gläubiger eines GmbH-Gesellschafters auf das Vermögen der von diesem gehaltenen GmbH „durchgreifen" kann. Dies ist in der älteren Rechtsprechung bei der Einpersonen-GmbH teilweise zugelassen, der GmbH insbesondere bei einer gegen den Alleingesellschafter gerichteten Pfändung die Drittwiderspruchsklage verweigert worden[634]. Dem ist der BGH jedoch erfreulich klar entgegengetreten, weil die Trennung der Vermögenssphären zwischen Gesellschaft und Gesellschafter

---

623 *John*, JZ 1979, 511, 514.
624 Deutlich BGH v. 6.10.1988 – IIII ZR 143/87, ZIP 1989, 98, 99 = NJW-RR 1989, 684 unter Ziff. I. 4. a) der Gründe.
625 Dazu allgemein *Grüneberg*, in: Palandt, 76. Aufl. 2017, § 328 BGB Rdnr. 13 ff. m.N. zur Rspr.
626 Dazu *John*, JZ 1979, 511, 515; *Wilhelm*, S. 385; *Benne*, S. 201; *Hüffer*, JuS 1976, 83, 87 f.; deutlich knapper *Hüffer*, NJW 1977, 1285.
627 Dazu BGH v. 2.12.1999 – IX ZR 415/98, ZIP 2000, 72 = GmbHR 2000, 131 = NJW 2000, 725.
628 Ähnlich *Saenger*, in: Saenger/Inhester, Rdnr. 133.
629 So *Hüffer*, JuS 1976, 83, 84; s. auch *John*, JZ 1979, 511, 513 f.
630 Zu einer fast insolvenzreifen GmbH s. *Wilhelm*, S. 385 f.
631 Näher *Lieb*, in: FS R. Fischer, S. 385, 388 ff., dort auch zur Berücksichtigung von Steuerlasten; dazu auch BGH v. 15.11.1990 – III ZR 246/89, NJW-RR 1991, 551 = GmbHR 1991, 525 unter Ziff. II.6. der Gründe; *Ganssmüller*, GmbHR 1975, 193, 195 ff.
632 Auf diese Fälle hinweisend *Karsten Schmidt*, GmbHR 1974, 178, 180; zum Gläubigerinteresse auch *Ganssmüller*, GmbHR 1975, 193, 198.
633 Auch dies mit beachtlichen Gründen ablehnend *John*, JZ 1979, 511, 514; ferner *Lieb*, in: FS R. Fischer, S. 385, 393 ff., der bei seinen Überlegungen allerdings übersieht, dass auch in allen anderen Fällen der Rückgewähr nach §§ 30, 31 dafür unter mehreren Gesellschaftern ein Ausgleich herbeigeführt werden muss.
634 S. z.B. OLG Hamm v. 10.11.1976 – 8 U 218/76, GmbHR 1978, 13 = NJW 1977, 1159; rechtsvergleichend *Drobnig*, Haftungsdurchgriff bei Kapitalgesellschaften, 1959, S. 68 ff.

im Grundsatz in beiderlei Richtung gilt[635]. Der Gläubiger kann aber natürlich den GmbH-Anteil pfänden, weil dieser zum Vermögen des Gesellschafters gehört[636].

Der Grundsatz der vollstreckungsrechtlichen Trennung gilt allerdings nicht ausnahmslos. 186
Ebenso wie dem Gesellschafter im Einzelfall bei einer **unklaren Vermögenszuordnung** die Drittwiderspruchsklage bei einer gegen die GmbH gerichteten Vollstreckung versagt sein kann (Rdnr. 135), gilt dies im umgekehrten Fall. Die bloße Missbrauchsmöglichkeit reicht aber nicht aus[637].

Die an früherer Stelle angeführten Fragen des Zurechnungsdurchgriffs, bei denen es um **Ver-** 187
trags- oder Normauslegung im Einzelfall geht (Rdnr. 71, 75 ff.), stellen sich auch in umgekehrter Richtung (vgl. insbesondere Rdnr. 81 ff. zum Wettbewerbsverbot)[638]. Insoweit mag man von einem „umgekehrten Zurechnungsdurchgriff" sprechen.

XIII. Berechnungsdurchgriff im Arbeitsrecht

Schrifttum: *Hegtmeier*, Sozialplandotierung im Konzern außerhalb und innerhalb des Insolvenzverfahrens, 2013; *Heikel*, Betriebsrentenanpassung und Berechnungsdurchgriff, Diss. Köln 2013; *Löwisch*, Haftungsdurchgriff und Berechnungsdurchgriff bei Sozialplänen, ZIP 2015, 209; *Schäfer*, Betriebsrentenanpassung im Konzern aus gesellschaftsrechtlicher Sicht, ZIP 2010, 2025; *Schäfer*, Neues zum Berechnungsdurchgriff im Betriebsrentenrecht, ZIP 2016, 2245; *Schubert*, Berechnungsdurchgriff bei der Dotierung von Sozialplänen und der Anpassung von Betriebsrenten – Arbeitsrecht in den Grenzen des Gesellschaftsrechts, in: FS von Hoyningen-Huene, 2014, S. 441; *Wutte*, Betriebsrentenanpassung im Konzern: Berechnungsdurchgriff und Rentnergesellschaft, 2016.

Anders als beim Haftungsdurchgriff geht es beim arbeitsrechtlichen Berechnungsdurchgriff, 188
dessen Wurzeln schon in der BAG-Rechtsprechung der 1980er Jahre gelegt wurden[639], nicht um eine Direkthaftung des Gesellschafters für die Verbindlichkeiten der Gesellschaft[640]. Gleichwohl ergibt sich wirtschaftlich ein ähnliches Ergebnis, weil in einem ersten Schritt die Vermögenslage des Gesellschafters bei der Bemessung eines Anspruchs gegen die Gesellschaft berücksichtigt wird, die sodann im zweiten Schritt für diese höhere Belastung beim Gesellschafter Regress nimmt (Rdnr. 74a). Jener insbesondere von der arbeitsgerichtlichen Rechtsprechung für die **Anpassung von Betriebsrenten** sowie die **Dotierung von Sozialplänen** entwickelte Berechnungsdurchgriff ist daher parallel zur Durchgriffsdiskussion, insbesondere zum sog. qualifiziert faktischen Konzern (Rdnr. 150 ff.), verlaufen und hierdurch stark beeinflusst worden (Rdnr. 191 ff.).

Ausgangspunkt der arbeitsrechtlichen Diskussion sind zwei Vorschriften, in denen jeweils 189
auf die Vermögenslage des Arbeitgebers für die Bemessung von Ansprüchen der Arbeitnehmer abgestellt wird. Kommt in Fällen einer Betriebsänderung i.S. von § 111 BetrVG – etwa einer Einschränkung, Stilllegung oder Verlegung des Betriebs – keine Einigung zwischen Ar-

---

635 BGH v. 16.10.2003 – IX ZR 55/02, BGHZ 156, 310 = GmbHR 2004, 57 = ZIP 2003, 2247 = NJW 2004, 217; zuvor schon KG v. 13.1.2002 – 24 W 311/02, GmbHR 2003, 775 = InVo 2003, 404; ebenso *Bayer*, in: Lutter/Hommelhoff, Rdnr. 47; *Saenger*, in: Saenger/Inhester, Rdnr. 145; *Raiser*, in: Ulmer/Habersack/Löbbe, Rdnr. 56; *Lieder*, in: Michalski u.a., Rdnr. 479; s. auch schon *Wiedemann*, GesR I, § 4 III 1d (S. 228) mit Hinweis auf die gegenteilige BGH-Rechtsprechung zu den Aufrechnungsfragen bei Reichskriegsgesellschaften; dort werden allerdings Durchgriffs- mit Treuhandfragen vermischt (vgl. *Bitter*, Rechtsträgerschaft für fremde Rechnung, 2006, S. 430 ff.).
636 *Saenger*, in: Saenger/Inhester, Rdnr. 146; *Bayer*, in: Lutter/Hommelhoff, Rdnr. 47.
637 Zutreffend KG v. 13.1.2002 – 24 W 311/02, GmbHR 2003, 775 = InVo 2003, 404 f.
638 S. auch *Raiser*, in: Ulmer/Habersack/Löbbe, Rdnr. 54 ff. mit weiteren Beispielen.
639 Ausführlich zur Historie *Wutte*, S. 11 ff.; *Heikel*, S. 201 ff.
640 Deutlich BAG v. 15.1.2013 – 3 AZR 638/10, BAGE 144, 180 = ZIP 2013, 1041 = GmbHR 2013, 747 = AG 2013, 524 Rdnr. 31: Der Berechnungsdurchgriff ändert nichts an der Schuldnerstellung.

beitgeber und Betriebsrat über den Interessenausgleich zustande, entscheidet gemäß § 112 Abs. 4 BetrVG notfalls die Einigungsstelle über die Aufstellung eines Sozialplans. Gemäß § 112 Abs. 5 Satz 1 BetrVG hat sie bei ihrer Entscheidung sowohl die sozialen Belange der betroffenen Arbeitnehmer zu berücksichtigen als auch *auf die wirtschaftliche Vertretbarkeit* ihrer Entscheidung *für das Unternehmen zu achten*[641]. Eine ähnliche, an die wirtschaftliche Leistungsfähigkeit des Arbeitgebers anknüpfende Vorschrift findet sich für die Anpassung der Betriebsrenten in § 16 Abs. 1 BetrAVG[642]. Danach hat der Arbeitgeber alle drei Jahre eine Anpassung der laufenden Leistungen der betrieblichen Altersversorgung zu prüfen und hierüber nach billigem Ermessen zu entscheiden; dabei sind insbesondere die Belange des Versorgungsempfängers und *die wirtschaftliche Lage des Arbeitgebers zu berücksichtigen*. Bei der Auslegung beider Vorschriften stellt sich die das Trennungsprinzip des § 13 Abs. 2 berührende Frage, ob es allein auf die wirtschaftliche Leistungsfähigkeit jener (Tochter-)Gesellschaft ankommt, mit der das Arbeitsverhältnis besteht, oder auch die Leistungsfähigkeit des Gesellschafters (der Muttergesellschaft) zu berücksichtigen ist und ggf. unter welchen Voraussetzungen[643].

190 Da es insoweit um die Berücksichtigung der Gesellschafterbeziehung im Rahmen der Gesetzesauslegung geht[644], besteht eine Nähe zum Zurechnungsdurchgriff (dazu Rdnr. 71, 75). Zugleich sind aber die wirtschaftlichen Konsequenzen denen des Haftungsdurchgriffs vergleichbar (soeben Rdnr. 188). Der Berechnungsdurchgriff ist daher ein gutes Beispiel für die bereits herausgestellte Unmöglichkeit einer scharfen Grenzziehung zwischen beiden Ansätzen (Rdnr. 70). Die insoweit im Arbeitsrecht umfassend geführte Debatte[645] kann hier nur in den Grundzügen dargestellt werden:

191 Die (jüngere) Rechtsprechung des BAG hat einen Berechnungsdurchgriff immer nur dann in Betracht gezogen, wenn sich die durch den Sozialplan oder die Rentenanpassung belastete Tochtergesellschaft durch einen Rückgriff auf die Konzernobergesellschaft refinanzieren konnte, weil die Zusatzkosten anderenfalls aus der Substanz der Tochtergesellschaft zu zahlen wären, so zu deren Insolvenz und damit zur Vernichtung der Arbeitsplätze führen könnten[646]. Durch jenes Erfordernis der Rückgriffsmöglichkeit entstand die konstruktive **Abhängigkeit des Berechnungsdurchgriffs von den Haftungs-/Durchgriffsfragen**[647]:

192 Im Grundsatz wird nur im **Vertragskonzern** die haftungsrechtliche Trennung über den Verlustausgleichsanspruch aus § 302 AktG – bei der GmbH nach h.M. in analoger Anwendung (Anh. § 13 Rdnr. 180 ff., 205 f.)[648] – überwunden, weshalb sich der Berechnungsdurchgriff

---

641 Dazu eingehend *Hegtmeier*, S. 53 ff.

642 Dazu einführend *Schäfer*, ZIP 2010, 2025 f.; *Schäfer*, ZIP 2016, 2245 f.; *Wutte*, S. 4 ff.; ausführlich *Heikel*, S. 25 ff.

643 *Wutte*, S. 214 spricht insoweit von „punktueller Durchbrechung des gesellschaftsrechtlichen Trennungsprinzips".

644 Ausführlich *Wutte*, S. 75 ff. (zu § 16 Abs. 1 BetrAVG); *Hegtmeier*, S. 74 ff. (zu § 112 Abs. 5 BetrVG).

645 S. – jeweils m.w.N. – die vor Rdnr. 188 zitierte Literatur.

646 Dazu *Wutte*, S. 28, 30, 214 und *Schubert*, in: FS von Hoyningen-Huene, 2014, S. 441 mit Hinweis auf BAG v. 26.10.2010 – 3 AZR 502/08, ZIP 2011, 171 = AP Nr. 71 zu § 16 BetrAVG Rdnr. 60; s. auch BAG v. 15.1.2013 – 3 AZR 638/10, BAGE 144, 180 = ZIP 2013, 1041 = GmbHR 2013, 747 = AG 2013, 524 Rdnr. 31; BAG v. 15.9.2015 – 3 AZR 839/13, BAGE 152, 285 = ZIP 2016, 135 = MDR 2016, 282 Rdnr. 43; *Heikel*, S. 266 f.

647 Dazu auch *Wutte*, S. 30 (Änderungen bei der Durchgriffshaftung als „Motor für Weiterentwicklungen des Berechnungsdurchgriffs"); *Löwisch*, ZIP 2015, 209 ff.

648 S. aus der arbeitsgerichtlichen Rspr. etwa BAG v. 15.3.2011 – 1 ABR 97/09, BAGE 137, 203 = ZIP 2011, 1433 = AG 2011, 703 Rdnr. 38; kritisch zur Übertragung des aktienrechtlichen Konzepts auf andere Gesellschaftsformen aber *Bitter*, ZIP 2001, 265 ff.; ausführlich *Bitter*, Durchgriffshaftung, S. 323 ff., 386 ff.

im Grundsatz auf jenen Fall beschränkt[649]. Umstritten ist insoweit allerdings seit jeher eine Grundsatzfrage[650]: Ist der Berechnungsdurchgriff allein schon wegen der Vertragskonzernverbindung begründet[651] oder ist zusätzlich erforderlich, dass die Konzernobergesellschaft keine angemessene Rücksicht auf die Belange der abhängigen Gesellschaft genommen, also deren Vermögenssubstanz ausgezehrt hat[652]? Der 3. Senat des BAG hat in Bezug auf die Betriebsrentenanpassung gemäß § 16 Abs. 1 BetrAVG insoweit zunächst geschwankt[653], sich sodann aber mit dem in der Literatur als „dogmatischer Donnerschlag" bezeichneten[654] Urteil vom 10.3.2015 im Grundsatz für den letztgenannten Standpunkt entschieden; dabei hat er freilich dem Arbeitgeber aufgegeben, im Einzelnen substantiiert und unter Benennung der Beweismittel nachvollziehbar darzulegen, dass sich die im Beherrschungsvertrag angelegte Gefahrenlage nicht verwirklicht oder seine wirtschaftliche Lage nicht in einem für die Betriebsrentenanpassung maßgeblichen Umfang verschlechtert hat[655]. Dem hat sich im Jahr 2016 der II. Zivilsenat des BGH angeschlossen[656]. Lehnt man jene neue Linie der Rechtsprechung nicht wegen des kaum zu erbringenden substantiierten Vortrags über Negativtatsachen ab[657], dürfte sie wegen der Parallelität der Problemstellung auch für die Sozialplandotierung gemäß § 112 Abs. 5 Satz 1 BetrVG zu übernehmen sein[658]. Besonders umstritten ist der Berechnungsdurchgriff in beiden Fällen bei Beendigung des Vertragskonzerns[659].

Früher hatte der 3. Senat des BAG zudem im Anschluss an die Rechtsprechung des II. Zivilsenats des BGH zum sog. **qualifiziert faktischen Konzern** wegen der dort befürworteten Analogie zu § 302 AktG (Rdnr. 150, 154) auch insoweit einen Berechnungsdurchgriff im Rahmen des § 16 Abs. 1 BetrAVG zugelassen[660]. Jenes Konzept hat er dann aber später im Anschluss an den im Urteil „Trihotel" vom II. Zivilsenat des BGH vollzogenen Wechsel zur **Existenzvernichtungshaftung** gemäß § 826 BGB (Rdnr. 156 ff.) wieder aufgegeben[661]. Der Anspruch der Tochtergesellschaft aus § 826 BGB könnte zwar theoretisch – ebenso wie sonstige (Ausgleichs-)Ansprüche[662] – bei der Bestimmung ihrer Leistungsfähigkeit berücksichtigt

193

---

649 *Schubert*, in: FS von Hoyningen-Huene, 2014, S. 441 ff.; *Schäfer*, ZIP 2016, 2245 ff.

650 Dazu eingehend *Wutte*, S. 42 ff.

651 In diesem Sinne *Schubert*, in: FS von Hoyningen-Huene, 2014, S. 441, 446 und 453 f. m.w.N.

652 In diesem Sinne *Schäfer*, ZIP 2010, 2025, 2026 ff. m.w.N.; *Schäfer*, ZIP 2016, 2245, 2246 ff. mit Bezug auf *Zöllner*, AG 1994, 285, 294 und m.w.N.

653 Vgl. die Nachw. bei *Schubert*, in: FS von Hoyningen-Huene, 2014, S. 441, 454.

654 *Wutte*, S. 35.

655 BAG v. 10.3.2015 – 3 AZR 739/13, BAGE 151, 94 = ZIP 2015, 1137 = GmbHR 2015, 696.

656 BGH v. 27.9.2016 – II ZR 57/15, ZIP 2016, 2238 = GmbHR 2016, 1263.

657 *Wutte*, S. 133 f. mit berechtigtem Hinweis auf die vom BGH aufgegebenen Vermutungsregeln des früheren „Video"-Urteils (dazu *Bitter*, Durchgriffshaftung, S. 448 ff.); zust. *Schäfer*, ZIP 2016, 2245, 2247.

658 Zur Parallelität *Schubert*, in: FS von Hoyningen-Huene, 2014, S. 441, 446 m.w.N. in Fn. 23.

659 Dazu *Schäfer*, ZIP 2010, 2025, 2027 ff.; *Schubert*, in: FS von Hoyningen-Huene, 2014, S. 441, 447 und 456 ff.

660 BAG v. 28.4.1992 – 3 AZR 244/91, BAGE 70, 158 = ZIP 1992, 1566 = GmbHR 1993, 220 Leitsatz 4.

661 BAG v. 15.1.2013 – 3 AZR 638/10, BAGE 144, 180 = ZIP 2013, 1041 = GmbHR 2013, 747 = AG 2013, 524; BAG v. 21.4.2014 – 3 AZR 1027/12, NZA-RR 2015, 90 Rdnr. 49 ff.; dazu auch *Schäfer*, ZIP 2010, 2025, 2026 f.; *Schäfer*, ZIP 2016, 2245, 2247 f.; *Heikel*, S. 225 ff.; ebenso zur Sozialplandotierung BAG v. 15.3.2011 – 1 ABR 97/09, BAGE 137, 203 = ZIP 2011, 1433 = AG 2011, 703 Rdnr. 35; ausführlich *Hegtmeier*, S. 85 ff.

662 *Schäfer*, ZIP 2016, 2245, 2248 weist auf §§ 311, 317 AktG hin; diese Vorschriften sind bei der GmbH nicht anwendbar (BAG v. 15.3.2011 – 1 ABR 97/09, BAGE 137, 203 = ZIP 2011, 1433 = AG 2011, 703 Rdnr. 40; *Bitter*, Durchgriffshaftung, S. 274 m.w.N.); bei der GmbH können sich bei Vermögensverlagerungen aber Ansprüche aus §§ 30, 31 sowie einem Verstoß gegen die Treuepflicht und das Sondervorteilsverbot ergeben (dazu *Bitter/Heim*, GesR, § 4 Rdnr. 225 ff., 249 f.; *Bitter*, ZHR 168 [2004], 302 ff.; zur GmbH & Co. KG *Bitter*, Durchgriffshaftung, S. 230 ff.).

werden; da die Existenzvernichtungshaftung aber die Verursachung der Insolvenz voraussetzt (Rdnr. 165), kommt eine Betriebsrentenanpassung i.d.R. nicht mehr in Betracht[663]. Allein die gesellschaftsrechtliche Verbindung in einem Konzern reicht jedenfalls nicht mehr zur Begründung des Berechnungsdurchgriffs aus[664].

194 Einen Berechnungsdurchgriff hat der 1. Senat des BAG bezogen auf die Sozialplandotierung durch die Einigungsstelle gemäß § 112 Abs. 5 Satz 1 BetrVG ferner für Fälle der Betriebsaufspaltung in Besitz- und Betriebsgesellschaft im Hinblick auf die gesamtschuldnerische Haftung gemäß § 134 UmwG zugelassen: Bei der Bemessung des Sozialplanvolumens für die Betriebsgesellschaft wird auch die wirtschaftliche Leistungsfähigkeit einer Besitzgesellschaft berücksichtigt, wobei der Bemessungsdurchgriff jedoch der Höhe nach auf die der Betriebsgesellschaft bei der Spaltung entzogenen Vermögensteile begrenzt ist[665]. Die Übertragung dieser Rechtsprechung auf die Betriebsrentenanpassung gemäß § 16 Abs. 1 BetrAVG erscheint problematisch, weil die Rentenerhöhung dauerhaft wirkt, die Haftung nach § 134 UmwG aber auf 10 Jahre begrenzt ist[666].

195 Nach Ansicht des BAG kann sich allerdings bei einer Ausgliederung nur der Versorgungsverbindlichkeiten auf eine sog. **Rentnergesellschaft**[667] in Fällen der unzureichenden Ausstattung jener Gesellschaft ein Anspruch auf Schadensersatz gegen den (bisherigen) versorgungspflichtigen Arbeitgeber ergeben, weil diesen grundsätzlich die arbeitsvertragliche Nebenpflicht treffe, die Gesellschaft, auf die Versorgungsverbindlichkeiten ausgegliedert werden, so auszustatten, dass sie nicht nur die laufenden Betriebsrenten zahlen kann, sondern auch zu den gesetzlich vorgesehenen Anpassungen in der Lage ist[668]. Im umgekehrten Fall, in dem das operative Geschäft ausgegliedert wird und der versorgungspflichtige Arbeitgeber als Rentnergesellschaft zurückbleibt, funktioniert jener Ansatz freilich nicht, weil es gar nicht zu einem Wechsel des Versorgungsschuldners kommt[669]. Nach Ansicht des BAG kommt aber im Einzelfall, in dem einem Anspruch auf Anpassung der Betriebsrente die wirtschaftliche Lage des Arbeitgebers i.S. von § 16 Abs. 1 und 2 BetrAVG entgegensteht, ein Anspruch des Versorgungsberechtigten aus § 826 BGB gegen seinen konzernangehörigen Arbeitgeber – also den originären Versorgungsschuldner – in Betracht, wenn jener sein operatives Geschäft innerhalb des Konzerns (ohne marktgerechte Gegenleistung) überträgt und dort die wirtschaftlichen Aktivitäten weitergeführt werden[670]. Auf diese Weise soll verhindert werden, dass der Anspruch des Versorgungsberechtigten durch **konzerninterne Umstrukturierungen** ausgezehrt wird.

---

663 BAG v. 15.9.2015 – 3 AZR 839/13, BAGE 152, 285 = ZIP 2016, 135 = MDR 2016, 282 Rdnr. 46; s. auch *Heikel*, S. 271 ff.; *Wutte*, S. 112 ff.; *Schäfer*, ZIP 2016, 2245, 2248; *Schubert*, in: FS von Hoyningen-Huene, 2014, S. 441, 458 m.w.N., ferner S. 450 zur parallelen Frage bei der Sozialplandotierung, dort in Abgrenzung zu BAG v. 15.3.2011 – 1 ABR 97/09, BAGE 137, 203 = ZIP 2011, 1433 = AG 2011, 703 Rdnr. 36; a.A. *Löwisch*, ZIP 2015, 209, 211 ff.

664 *Schubert*, in: FS von Hoyningen-Huene, 2014, S. 441, 447 ff., 458; *Schäfer*, ZIP 2016, 2245 ff.

665 BAG v. 15.3.2011 – 1 ABR 97/09, BAGE 137, 203 = ZIP 2011, 1433 = AG 2011, 703 Rdnr. 28 ff.; zust. *Löwisch*, ZIP 2015, 209, 210; *Schubert*, in: FS von Hoyningen-Huene, 2014, S. 441, 451 m.w.N.; *Hegtmeier*, S. 81 ff.

666 *Schubert*, in: FS von Hoyningen-Huene, 2014, S. 441, 459 m.N. auch zur Gegenansicht.

667 Dazu eingehend *Wutte*, S. 137 ff.

668 BAG v. 11.3.2008 – 3 AZR 358/06, BAGE 126, 120 = ZIP 2008, 1935 = GmbHR 2008, 1326; dazu kritisch *Schäfer*, ZIP 2010, 2025, 2028 ff. und *Schäfer*, ZIP 2016, 2245, 2249 f., der nur im Einzelfall über § 826 BGB helfen will.

669 BAG v. 17.6.2014 – 3 AZR 298/13, BAGE 148, 244 = ZIP 2014, 2459 = MDR 2015, 108; *Wutte*, S. 151 ff.

670 BAG v. 15.9.2015 – 3 AZR 839/13, BAGE 152, 285 = ZIP 2016, 135 = MDR 2016, 282 Rdnr. 64 ff.; zustimmend *Schäfer*, ZIP 2016, 2245, 2250; ausführlich zur Anwendung des § 826 BGB als Innen- und Außenhaftung *Heikel*, S. 352 ff.

Alle diese zuletzt genannten Ansätze zeigen eine Nähe zur Diskussion um den Durchgriff wegen **Unterkapitalisierung** (Rdnr. 138 ff.), weil gerade durch Betriebsaufspaltungen und sonstige Umstrukturierungen Gesellschaften geschaffen werden können, die übermäßige Risiken bei nur geringer Kapitalausstattung zu tragen haben. Ein wesentlicher Unterschied besteht jedoch darin, dass die Rechtsprechung des BAG nur den bisherigen Arbeitnehmern den Bestand bereits vorhandener Ansprüche oder Anwartschaften sichern will, während solche Gläubiger/Arbeitnehmer, die erst nach der Umstrukturierung in Kontakt zur nunmehr begrenzt leistungsfähigen Gesellschaft treten, nicht geschützt werden[671]. Deshalb ist auch der dogmatische Ansatz des BAG ein anderer als beim Durchgriff, der nach hier vertretener Ansicht in Fällen eindeutiger Unterkapitalisierung jedoch (daneben) anzuerkennen ist (Rdnr. 143 ff.).

196

---

671 S. bezogen auf die Betriebsaufspaltung *Schubert*, in: FS von Hoyningen-Huene, 2014, S. 441, 452.

Anhang § 13
GmbH-Konzernrecht

Allgemeines Schrifttum (Auswahl): *Altmeppen*, Abschied vom „qualifiziert faktischen Konzern", 1991; *Altmeppen*, Die Haftung des Managers im Konzern, 1998; *Assmann*, Der faktische GmbH-Konzern, in: FS 100 Jahre GmbHG, 1992, S. 657; *Ballerstedt*, Kapital, Gewinn und Ausschüttung bei Kapitalgesellschaften, 1949; *M. Becker*, Der Austritt aus der GmbH, 1985, S. 126 ff.; *Beinert*, Die Konzernhaftung für die satzungsmäßig abhängig gegründete GmbH, 1995; *Binnewies*, Die Konzerneingangskontrolle in der abhängigen Gesellschaft, 1996; *M. Bouchon*, Konzerneingangsschutz im GmbH- und Aktienrecht, 2002; *Büscher*, Die qualifiziert faktische Konzernierung – eine gelungene Fortbildung des Rechts der GmbH?, 1999; *H. Dehmer/St. Hettler*, Haftungsfalle GmbH-Konzernhaftung, 1993; *B. Deilmann*, Die Entstehung des qualifizierten faktischen Konzerns, 1990; *K. Denzer*, Konzerndimensionale Beendigung der Vorstands- und Geschäftsführerstellung, 2004, S. 99 ff.; *Döser*, Der faktische Konzern, AG 2003, 406; *Drax*, Durchgriffs- und Konzernhaftung der GmbH-Gesellschafter – ein Vergleich, 1992; *Drüke*, Die Haftung der Mutter- für Schulden der Tochtergesellschaft, 1990; *Drygala*, Gläubigerschutz bei der typischen Betriebsaufspaltung, 1991; *Ehricke*, Das abhängige Konzernunternehmen in der Insolvenz, 1998; *Emmerich/Habersack*, Konzernrecht, 10. Aufl. 2013; *Grauer*, Konzernbildungskontrolle im GmbH-Recht, 1991; *Hirte*, Bezugsrechtsausschluss und Konzernbildung, 1986; *Holzwarth*, Konzernrechtlicher Gläubigerschutz bei der klassischen Betriebsaufspaltung, 1993; *Hommelhoff*, Die Konzernleitungspflicht, 1982; *Hommelhoff* (Hrsg.), Entwicklungen im GmbH-Konzernrecht, 1986; *Ihde*, Der faktische GmbH-Konzern, 1974; *Imhof*, Die Verantwortlichkeit der Konzernobergesellschaft als Ausfluss faktischer Organschaft?, 2002; *Chr. Jansen*, Konzernbildungskontrolle im faktischen GmbH-Konzern, 1993; *Fr. Jungkurth*, Konzernleitung bei der GmbH: Die Pflichten des Geschäftsführers, 2000; *Joussen*, Gesellschafterabsprachen neben Satzung und Gesellschaftsvertrag, 1995; *J. Keßler* (Hrsg.), Handbuch des GmbH-Konzerns, 2004; *Kleindiek*, Strukturvielfalt im Personengesellschafts-Konzern, 1991; *Kort*, Der Abschluss von Beherrschungs- und Gewinnabführungsverträgen im GmbH-Recht, 1986; *Kühn*, Die Minderheitsrechte in der GmbH und ihre Reform, 1964; *Liebscher*, Konzernbildungskontrolle, 1995; *Limmer*, Die Haftungsverfassung des faktischen GmbH-Konzerns, 1992; *Martens*, Mehrheits- und Konzernherrschaft in der personalistischen GmbH, 1970; *Mestmäcker*, Verwaltung, Konzerngewalt und Rechte der Aktionäre, 1958; *Mestmäcker/Behrens* (Hrsg.), Das Gesellschaftsrecht der Konzerne im internationalen Vergleich, 1991; *Müller*, Das Austrittsrecht des GmbH-Gesellschafters, 1996; *Rodewald*, Der GmbH-Konzern, in: GmbH-Handbuch, Rdnr. I 2815 ff.; *Scheel*, Konzerninsolvenzrecht, 1995; *Uwe H. Schneider* (Hrsg.), Beherrschungs- und Gewinnabführungsverträge in der Praxis der GmbH, 1989; *Sonnenschein*, Organschaft und Konzerngesellschaftsrecht, 1976; *U. Stein*, Das faktische Organ, 1984; *A. Streyl*, Zur konzernrechtlichen Problematik von Vorstands-Doppelmandaten, 1992; *Verhoeven*, GmbH-Konzern-Innenrecht, 1978; *Versteegen*, Konzernverantwortlichkeit und Haftungsprivileg, 1993; *U. Wehlmann*, Kompetenzen von Gesellschaftern und Gesellschaftsorganen bei der Bildung faktischer GmbH-Konzerne, 1996; *J. Wilhelm*, Rechtsform und Haftung bei der juristischen Person, 1981; *S. Wimmer-Leonhardt*, Konzernhaftungsrecht, 2004; *Chr. Windbichler*, Arbeitsrecht im Konzern, 1989; *M. Winter*, Mitgliedschaftliche Treuebindungen im GmbH-Recht, 1988; *Kl. Ziegler*, Kapitalersetzende Gebrauchsüberlassungsverhältnisse und Konzernhaftung bei der GmbH, 1989; *Ziemons*, Die Haftung der Gesellschafter für Einflussnahmen auf die Geschäftsführung der GmbH, 1996.

Kommentierungen zum GmbH-Konzernrecht: *Altmeppen*, Konzern-Recht der GmbH, in: Roth/Altmeppen, GmbHG, § 13 Anh.; *Beurskens*, in: Baumbach/Hueck, GmbHG, Schlussanhang KonzernR,

S. 2099 ff.; *Casper*, GmbH-Konzernrecht, in: Ulmer/Habersack/Löbbe, Anh. nach § 77; *Emmerich/Habersack*, Aktien- und GmbH-Konzernrecht, Kommentar, 8. Aufl. 2016; *Kessler*, in: Saenger/Inhester, GmbHG, § 13 Anhang; *Koppensteiner/Schnorbus*, in: Rowedder/Schmidt-Leithoff, GmbHG, § 52 Anh.; *Liebscher*, Die GmbH als Konzernbaustein, in: MünchKomm. GmbHG, § 13 Anh.; *Lutter/Hommelhoff*, GmbHG, Anh. zu § 13; *Servatius*, System. Darstellung 4: Konzernrecht, in: Michalski u.a., GmbHG, Bd. 1, S. 287 ff. – Alle genannten Kommentierungen werden im Folgenden nur mit dem Namen des Verfassers zitiert, soweit nicht im Einzelfall, um Missverständnisse zu vermeiden, weitere bibliographische Angaben erforderlich erscheinen.

A. Einleitung

I. Verbreitung

1   An Unternehmensverbindungen können Unternehmen jeder Rechtsform beteiligt sein. Die GmbH macht insoweit keine Ausnahme. Wegen der weitgehenden Dispositivität des GmbH-Rechts (§ 45), der Weisungsabhängigkeit der Geschäftsführer (§§ 37 Abs. 1, 46 Nr. 6) sowie des nur verhältnismäßig schwach ausgeprägten Gläubigerschutzes **eignet sich die GmbH** sogar **in besonderem Maße zur Beteiligung** an Unternehmensverbindungen, und zwar gleichermaßen in der Rolle des herrschenden wie des abhängigen Unternehmens. In beiden Rollen ist die GmbH daher eine **vertraute Erscheinung** der Praxis **der Unternehmensverbindungen** – woraus sich zugleich die Notwendigkeit spezieller Regelungen für die GmbH als verbundenes Unternehmen ergibt. Die Gesamtheit dieser Regelungen nennt man – pars pro toto – „GmbH-Konzernrecht". Seine Hauptaufgabe ist es, den spezifischen Gefahren zu begegnen, die mit Unternehmensverbindungen typischerweise für die Gesellschaft, ihre Gesellschafter und ihre Gläubiger verbunden sind.

2   Nur eine besondere Erscheinungsform von Unternehmensverbindungen (unter anderen) bilden **Konzerne** (§ 18 AktG). Die GmbH kann an Konzernen sowohl in der Rolle der **herrschenden wie der abhängigen Gesellschaft** beteiligt sein. Vornehmlich mit Bezug auf den zweiten Fall spricht man auch von „GmbH-Konzernen". Über die Verbreitung und die **Struktur** derartiger Konzerne ist bisher nur wenig an die Öffentlichkeit gedrungen. Jedoch geht man vermutlich nicht fehl in der Annahme, dass bei Großunternehmen in der Rechtsform einer GmbH die Struktur der Konzerne keine wesentlichen Unterschiede zu Aktienkonzernen aufweisen wird, so dass man auch hier ebenso wie im Aktienkonzernrecht Vertragskonzerne und faktische Konzerne zu unterscheiden hat. In **Vertragskonzernen** herrschen offenbar vorerst noch aus steuerlichen Gründen **Gewinnabführungs- und Organschaftsverträge** vor (s. §§ 14, 17 KStG)[1], während reine Beherrschungsverträge selten zu sein scheinen[2]. Bedeutung hat die GmbH ferner als Gemeinschaftsunternehmen, als Betriebsführungsgesellschaft sowie als **Holding** und als Leitungsorgan in Gleichordnungskonzernen erlangt. Vor allem aber sind Gesellschaften mbH in großer Zahl als **nachträglich ausgegründete Tochtergesellschaften** zur Erledigung spezieller Aufgaben und zur Haftungssegmentierung in Konzernen anzutreffen, beides Aufgaben, für die sich die GmbH als besonders geeignet erwiesen hat[3].

3   Exakte **Zahlen** über die Verbreitung von GmbH-Konzernen liegen ebenso wenig wie bei Aktienkonzernen vor. Es gibt lediglich vage und zudem durchweg ältere Schätzungen, nach denen rund 30 bis 40 % oder (nach Abzug der Komplementärgesellschaften in GmbH & Co.

---

1   § 14 KStG verlangt seit 2003 freilich nur noch die finanzielle Eingliederung der Organgesellschaft in den Organträger in Verbindung mit dem Abschluss eines Gewinnabführungsvertrages, so dass jetzt ein Organschaftsverhältnis ohne weiteres auch ohne Abschluss eines Beherrschungsvertrages begründet werden kann; dies kann auf die Dauer zu einem merklichen Rückgang der Bedeutung der Vertragskonzerne führen. Die Entwicklung ist aber noch offen.
2   Ebenso *Casper*, in: Ulmer/Habersack/Löbbe, Rdnr. 11.
3   S. *Liebscher*, in: MünchKomm. GmbHG, Rdnr. 6; *Beurskens*, in: Baumbach/Hueck, Rdnr. 2.

KG) **über 50 %** der Gesellschaften in der Rechtsform einer GmbH in irgendeiner Weise mit anderen Unternehmen **konzernverbunden** sind[4].

Unternehmensverbindungen unter Beteiligung einer GmbH werfen ebenso wie sonstige Unternehmensverbindungen in erster Linie Fragen des Gläubiger- und des Minderheitenschutzes auf. Der **Minderheitenschutz** ist hier sogar **besonders dringlich**, weil die Minderheit in GmbH-Konzernen von Vorgängen in ihrer Gesellschaft gewöhnlich stärker als ein ohnehin einflussloser Kleinaktionär in einer AG betroffen wird[5]. Ihre Situation wird durch die beschränkte Fungibilität der GmbH-Anteile (s. § 15) noch weiter verschärft, da Minderheitsgesellschaftern bei der GmbH infolgedessen noch nicht einmal ein Austritt über die Börse möglich ist[6]. Aber auch der **Gläubigerschutz** bedarf hier angesichts der bekannten Insolvenzanfälligkeit der GmbH besonderer Beachtung, zumal bei den zahlreichen Einpersonen-Gesellschaften.

II. Geschichte

Das GmbH-Konzernrecht ist keine „Entdeckung" erst der letzten Jahre[7]; vielmehr sind (natürlich) GmbH-konzernrechtliche Fragen auch schon früher diskutiert und z.T. sogar, freilich in erster Linie unter steuer- oder mitbestimmungsrechtlichen Aspekten, gesetzlich geregelt worden. Seit der **Kodifizierung des Aktienkonzernrechts** im Jahre **1965** wandte sich indessen das wissenschaftliche Interesse nahezu ausschließlich den Aktienkonzernen zu, so dass darüber die besonderen Probleme von GmbH-Konzernen eine Zeitlang aus dem Blickfeld gerieten.

Zu dieser Entwicklung hatte auch der Umstand beigetragen, dass die Bundesregierung nach Abschluss der Aktienrechtsreform im Jahre 1965 Anfang der 1970iger Jahre **zunächst eine Regelung des GmbH-Konzernrechts** in enger Anlehnung an das Konzernrecht des AktG von 1965 angestrebt hatte[8]. Dieser Plan erwies sich indessen als undurchführbar, weshalb sich die **kleine GmbH-Novelle** von **1980** schließlich auf wenige Einzelregelungen beschränkte, das Konzernrecht im Übrigen aber aussparte (s. Rdnr. 8). Weitergehende Gesetzgebungspläne bestehen nicht mehr[9].

Diese Abstinenz des deutschen Gesetzgebers hatte zur Folge, dass die Aufgabe, ein GmbH-Konzernrecht zu entwickeln, Rechtsprechung und Wissenschaft zufiel. Die Führung übernahm alsbald der **BGH**, der seit Mitte der siebziger Jahre in einer Reihe viel diskutierter Urteile Schritt für Schritt die **Grundzüge eines neuen GmbH-Konzernrechts** herausarbeitete, wobei er sich im Recht der Vertragskonzerne aus naheliegenden Gründen weitgehend an dem aktienrechtlichen Vorbild (§§ 291 bis 303 AktG) orientierte, während er im Recht der faktischen Konzerne nach einer eigenständigen Lösung suchte, die in erster Linie an die Treuepflicht der Gesellschafter untereinander und gegenüber der Gesellschaft anknüpft. Die Entwicklung verlief nicht gradlinig, wie insbesondere die abrupte Aufgabe der Figur des qualifizierten faktischen Konzerns im Jahre 2001 zugunsten der neuen Haftung für existenzvernichtende Eingriffe zeigt (s. Rdnr. 91 ff.).

4

5

6

7

---

4 S. Monopolkommission, 7. Hauptgutachten 1986/87, Rdnr. 858; *Hansen*, GmbHR 1980, 99; *Gösling*, AG 1993, 538 (546 f.: knapp 50 % konzernverbunden).

5 Anders z.B. *Altmeppen*, in: Roth/Altmeppen, Rdnr. 1.

6 *H.-Fr. Müller*, Das Austrittsrecht des GmbH-Gesellschafters, S. 56 ff.

7 Vgl. die grundsätzlichen Überlegungen bei *Ballerstedt*, Kapital, 1949; *Mestmäcker*, Verwaltung, 1958; s. zum Folgenden ausführlich auch *Assmann*, in: FS 100 Jahre GmbHG, S. 657 ff.

8 Vgl. den RegE eines neuen GmbHG von 1973, BT-Drucks. VI/3088, neu eingebracht 1974 als BT-Drucks. 7/253.

9 S. *Altmeppen*, in: Roth/Altmeppen, Rdnr. 1.

7a Die Besonderheit der **Haftung für existenzvernichtende Eingriffe** besteht infolge ihrer Anknüpfung an § 826 BGB darin, dass sie **nicht konzernspezifisch** konzipiert ist, so dass sie gleichermaßen Unternehmens- wie Privatgesellschafter treffen kann. Die umstrittene Grenzziehung zwischen Unternehmens- und Privatgesellschaftern (s. Rdnr. 14 f.) hat dadurch jedenfalls im GmbH-Konzernrecht viel von ihrer früheren Brisanz verloren. Nicht zu Unrecht wird deshalb im Schrifttum die Frage diskutiert, **ob es** mit Rücksicht auf diese Entwicklung – **jenseits des Rechts der Vertragskonzerne** – noch eines **besonderen GmbH-Konzernrechts bedarf** oder ob nicht die allgemeinen Rechtsinstitute, allen voran Treuepflicht und Gleichbehandlungsgrundsatz, zum Schutze der Minderheit, der abhängigen Gesellschaft und damit mittelbar auch der Gesellschaftsgläubiger ausreichen[10]. Diese Frage kann nur im Zusammenhang mit der Frage erörtert werden, ob für die Rechtsfigur des qualifizierten faktischen Konzerns heute noch Raum ist (dazu Rdnr. 91 ff.).

III. Rechtsquellen

8 **Gesetzliche Regelungen** einzelner Aspekte des GmbH-Konzernrechts finden sich bislang in erster Linie in den allgemeinen Vorschriften des **AktG** über verbundene Unternehmen (**§§ 15 bis 22 AktG**) sowie in den **§§ 290 ff. HGB** über die Konzernrechnungslegung. Weitere Einzelfragen sind an verstreuten Stellen innerhalb und außerhalb des GmbHG geregelt. Zu nennen sind hier aus dem **GmbHG** vor allem die Vorschriften des § 30 Abs. 1 Satz 2, nach der Leistungen aufgrund eines Beherrschungs- oder Gewinnabführungsvertrages nicht dem Verbot der Auszahlung des Stammkapitals an die Gesellschafter unterliegen, des § 43a über Organkredite (s. 11. Aufl., § 43a Rdnr. 58 ff.), des § 47 Abs. 4 über Stimmverbote (s. 11. Aufl., § 47 Rdnr. 165 ff.) sowie der §§ 51a und 51b über das Auskunfts- und Einsichtsrecht der Gesellschafter (s. Rdnr. 64).

9 Außerhalb des GmbHG ist vor allem auf **§ 17 KStG** hinzuweisen, nach dem eine GmbH mit Geschäftsleitung und Sitz im Inland ebenso wie eine AG Organgesellschaft eines anderen Unternehmens sein kann. Der Geltungsbereich des § 17 KStG beschränkt sich freilich auf das Steuerrecht, so dass ihm – trotz des auf den ersten Blick abweichenden Wortlauts – keine gesellschaftsrechtliche Bedeutung zukommt[11]. Konzernrechtliche Regelungen finden sich schließlich noch in § 1 Abs. 2 **MitbestErgänzungsG** von 1956[12], in § 5 **MitbestG** von 1976[13] sowie in § 2 **DrittelbG** von 2004[14].

10 Die Mehrzahl der konzernrechtlichen Vorschriften des **AktG** ist bereits anwendbar, wenn an der Unternehmensverbindung wenigstens *eine* AG (oder KGaA) neben anderen Unternehmen beliebiger Rechtsform beteiligt ist, so dass sie durchaus auch auf Unternehmensverbindungen zwischen einer AG und einer GmbH angewandt werden können. In einer Reihe von Fällen wird dabei ferner nicht danach unterschieden, **in welcher Rolle** die **GmbH** an der Unternehmensverbindung beteiligt ist. In erster Linie gehören hierher die **§§ 19 und 328 AktG** über wechselseitige Beteiligungen sowie die **§§ 20 und 21 AktG** über Mitteilungspflichten. § 292 Abs. 1 Nr. 1 AktG über die Gewinngemeinschaft kann gleichfalls hierher gezählt werden.

---

10 In diesem Sinne z.B. *Casper*, in: Ulmer/Habersack/Löbbe, Rdnr. 4; dagegen betont *Servatius*, in: Michalski u.a., Rdnr. 3 f.

11 BGH v. 24.10.1988 – II ZB 7/88, BGHZ 105, 324, 339 f. = NJW 1989, 295 = GmbHR 1989, 25 = AG 1989, 295 – Supermarkt; BayObLG v. 16.6.1988 – BReg 3 Z 62/88, BayObLGZ 1988, 201 = AG 1988, 379 = GmbHR 1988, 389.

12 BGBl. I 1956, 707.

13 BGBl. I 1976, 1153.

14 BGBl. I 2004, 974.

Die Mehrzahl der einschlägigen Vorschriften des AktG setzt dagegen voraus, dass es im Falle   11
der Beteiligung einer GmbH an einer Unternehmensverbindung neben einer AG gerade die
AG ist, die die **Rolle der abhängigen** oder der die vertragstypischen Leistungen erbringenden **Gesellschaft** einnimmt, während die Rechtsform des anderen Vertragsteils gleich bleibt,
so dass es sich dabei auch um eine GmbH handeln kann. So verhält es sich gleichermaßen
mit den **§§ 291 bis 310 AktG** wie mit den **§§ 311 bis 318 AktG**. Auch § 292 Abs. 1 Nr. 2
und 3 AktG ist hierher zu rechnen. Er findet daher auf einen Teilgewinnabführungsvertrag
oder einen Betriebspachtvertrag zwischen einer AG und einer GmbH unmittelbar nur Anwendung, wenn an der Unternehmensverbindung die AG als gewinnabführende oder ihr
Unternehmen verpachtende Gesellschaft beteiligt ist. Wieder anders ist die Situation schließlich bei den **§§ 56 Abs. 2, 71d Satz 2 und 136 Abs. 2 Satz 1 AktG**, deren Anwendbarkeit jeweils voraussetzt, dass gerade die **GmbH** in der Unternehmensverbindung die Rolle des verbundenen oder **abhängigen Unternehmens** einnimmt (s. Rdnr. 20 f.).

Noch der Aktiengesetzgeber von 1965 hatte das Konzernrecht des AktG als Kern eines all-   12
gemeinen Unternehmenskonzernrechts verstanden[15]. Deshalb lag es nach 1965 zunächst nahe,
in den vielen nicht geregelten Fragen des GmbH-Konzernrechts in erster Linie eine **Analogie
zum AktG** von 1965 ins Auge zu fassen. Wegen der bekannten Strukturunterschiede zwischen
AG und GmbH ist man indessen hiervon später wieder abgekommen. **Nicht analogiefähig**
sind namentlich die Vorschriften der **§§ 311 bis 318 AktG** über faktische Konzerne[16], die
§§ 319 bis 327 AktG über die Eingliederung[17] sowie die **§§ 327a bis 327f AktG** über den Ausschluss von Minderheitsaktionären, deren Anwendungsbereich sich durchweg streng auf Aktiengesellschaften beschränkt. **Anders** verhält es sich dagegen mit den **§§ 15 bis 19 AktG**
(Rdnr. 13 ff.) sowie mit den Vorschriften über Unternehmensverträge. Die **§§ 291 ff. AktG**
sind zwar nicht in jeder Hinsicht, aber doch in wichtigen Punkten auf Unternehmensverträge
mit einer abhängigen GmbH übertragbar (Rdnr. 129 ff.).

Als ungeregelt erweisen sich damit nach wie vor insbesondere der Fragenkreis der **Konzern-**   12a
bildungs- und Konzernleitungskontrolle sowie der weite Bereich des Schutzes der abhängigen Gesellschaft, ihrer Gesellschafter und ihrer Gläubiger in **faktischen Unternehmensver-**
bindungen, vor allem also in faktischen Konzernen. Zur Lösung der hier auftauchenden
Fragen ist in erster Linie an allgemeine gesellschaftsrechtliche Schutzinstrumente anzuknüpfen, allen voran die Treuepflicht herrschender Gesellschafter gegenüber der Gesellschaft und
ihren Mitgesellschaftern, der Gleichbehandlungsgrundsatz und die actio pro socio. Daneben
tritt die besondere Haftung wegen existenzvernichtender Eingriffe, die freilich keine konzernspezifischen Besonderheiten mehr aufweist (Rdnr. 7a), so dass sich insgesamt das GmbH-
Konzernrecht – jenseits des Rechts der Vertragskonzerne – deutlich in Richtung auf seine
(Wieder-)Eingliederung in allgemeine gesellschaftsrechtliche Institute bewegt (s. im Einzelnen Rdnr. 83, 91 ff.).

B. Verbundene Unternehmen

Das **AktG** enthält in den **§§ 15 bis 19 AktG** verschiedene **Definitionen konzernrechtlicher**   13
Grundbegriffe, die allgemein auch im GmbH-Konzernrecht zugrunde gelegt werden (s.
Rdnr. 8, 12). Deshalb ist im Folgenden zunächst auf diese Begriffsbestimmungen unter Betonung der GmbH-rechtlichen Besonderheiten einzugehen. Wegen der Einzelheiten ist im Übrigen auf die Kommentierungen der §§ 15 bis 19 AktG zu verweisen.

---

15 Begr. RegE, Vorbem. zu § 291, bei *Kropff*, AktG, S. 374.
16 Anders *Kropff*, in: FS Kastner, 1992, S. 279, 296 ff.; *Rowedder*, in: Hommelhoff, Entwicklungen im
    GmbH-Konzernrecht, S. 20.
17 Anders *T. Fenck*, Herkunft und Perspektiven des Eingliederungskonzerns, 2005, S. 157 ff.

I. Unternehmen

14 Nach § 15 AktG können an Unternehmensverbindungen im Sinne der konzernrechtlichen Vorschriften des AktG allein rechtlich selbständige „Unternehmen" im Gegensatz zu Privatgesellschaftern teilnehmen. Hinter dieser Entscheidung des Gesetzgebers, den Anwendungsbereich jedenfalls des Aktienkonzernrechts auf „Unternehmen" zu beschränken, steht die **Vorstellung der Gesetzesverfasser**, dass die typischen konzernrechtlichen Konflikte, deren Regelung die Aufgabe des Konzernrechts ist, **allein bei** einer **Beteiligung von Unternehmensgesellschaftern** im Gegensatz zu einer solchen von Privatgesellschaftern auftauchen können[18]. Diese Wertung des Gesetzgebers, wiewohl immer wieder kritisiert, ist jedenfalls für das Aktienkonzernrecht zu respektieren, woraus sich die Notwendigkeit ergeben hat, operationale Kriterien zur Unterscheidung von Unternehmens- und Privatgesellschaftern zu entwickeln. Die weitere Folge ist, dass sich die Diskussion über den Unternehmensbegriff im Wesentlichen auf **herrschende Unternehmen** beschränkt, da die Unternehmensqualität **abhängiger** Gesellschaften eigentlich nie zweifelhaft ist, so dass sich dazu im vorliegenden Zusammenhang weitere Ausführungen erübrigen.

14a Die überwiegende Meinung zieht aus dem Gesagten (Rdnr. 14) den Schluss, dass bei der Präzisierung des konzernrechtlichen Unternehmensbegriffs entsprechend dem Willen der Gesetzesverfasser in erster Linie an den so genannten **Konzernkonflikt** anzuknüpfen ist (so genannter **teleologischer Unternehmensbegriff**). Die Folge ist, dass die Unternehmensqualität heute grundsätzlich bei jedem Gesellschafter bejaht wird, bei dem zu seiner Beteiligung an der Gesellschaft **wirtschaftliche Interessenbindungen außerhalb der Gesellschaft** hinzutreten, die **stark genug** sind, um die ernste **Besorgnis** zu begründen, der Gesellschafter könne um ihretwillen seinen Einfluss zum Nachteil der Gesellschaft geltend machen[19]. – Richtiger Meinung nach sollte dagegen bei der Abgrenzung zwischen Unternehmens- und Privatgesellschaftern der Akzent stärker auf die Funktion des Unternehmensbegriffs gelegt werden, entsprechend dem Willen der Gesetzesverfasser **reine Privataktionäre** aus dem Anwendungsbereich des Konzernrechts (wieder) **auszuklammern**, weil bei ihnen nicht der konzerntypische Interessenkonflikt (die „Konzerngefahr") besteht. Dies hätte den nicht zu unterschätzenden Vorteil, dass in allen Zweifelsfällen nicht wie üblich zu fragen ist, ob der betreffende Gesellschafter schon Unternehmensqualität besitzt, sondern nur, ob er „**noch**" als reiner **Privatgesellschafter** angesehen werden kann. Ist diese Frage zu verneinen, so ist von der Unternehmensqualität des betreffenden Gesellschafters auszugehen, ganz gleich, ob man ihn auch in anderen Beziehungen als „Unternehmen" bezeichnen kann oder nicht. Dem entspricht es genau, dass die öffentliche Hand im Konzernrecht heute *immer* Unternehmensqualität besitzt (s. Rdnr. 16a).

15 Eine Einschränkung des danach potenziell sehr weiten Unternehmensbegriffes ergibt sich vor allem daraus, dass die Unternehmensqualität allein durch **gesellschaftsrechtlich vermittelte Beziehungen** zwischen Unternehmen im Gegensatz zu bloßen tatsächlichen Beziehungen begründet wird, weil es sich bei dem Konzernrecht – anders als etwa bei dem Kartellrecht – um ein spezifisch **gesellschaftsrechtliches Schutzsystem** handelt, das folgerichtig

---

18 S. im Einzelnen mit Nachw. *Emmerich/Habersack*, Kommentar, § 15 AktG Rdnr. 6 f.
19 Z.B. BGH v. 16.9.1985 – II ZR 275/84, BGHZ 95, 330, 337 = GmbHR 1986, 78 = NJW 1986, 188 = AG 1986, 15 – Autokran; BGH v. 22.4.1991 – II ZR 231/90, BGHZ 114, 203, 210 f. = NJW 1991, 2765 = AG 1991, 270; BGH v. 23.9.1991 – II ZR 135/90, BGHZ 115, 187, 189 ff. = GmbHR 1991, 520 = NJW 1991, 3142 = AG 1991, 429 – Video; BGH v. 9.1.1992 – IX ZR 165/91, BGHZ 117, 8, 18 = NJW 1992, 1702 = AG 1991, 155; BGH v. 17.3.1997 – II ZB 3/96, BGHZ 135, 107, 113 = NJW 1997, 1855, 1856 = AG 1997, 374 – VW; BGH v. 18.6.2001 – II ZR 212/99, BGHZ 148, 123, 125 ff. = NJW 2001, 2973 = AG 2001, 588 – MLP; BGH v. 2.10.2000 – II ZR 64/99, LM AktG § 302 Nr. 13 = GmbHR 2000, 1263 = NJW 2001, 370 = AG 2001, 133.

auch nur auf gesellschaftsrechtlich vermittelte Unternehmensbeziehungen angewandt werden kann[20]. Die **Rechtsform** des Gesellschafters spielt demgegenüber keine Rolle, so dass Unternehmen im Sinne des Konzernrechts insbesondere auch **Einzelpersonen** sein können, immer vorausgesetzt, dass sie sich zugleich außerhalb der Gesellschaft unternehmerisch betätigen, wofür jede beliebige selbständige wirtschaftliche Tätigkeit einschließlich einer freiberuflichen Betätigung genügt[21].

Ausreichend ist ferner nach überwiegender Meinung eine **maßgebliche Beteiligung an einer anderen Gesellschaft**, weil und sofern mit ihr der konzerntypische Interessenkonflikt verbunden sein kann. Dies wird nicht erst angenommen, wenn der betreffende Gesellschafter **tatsächlich leitend**, etwa i.S. des § 18 Abs. 1 AktG, auf das andere Unternehmen einwirkt[22]; vielmehr reicht bereits eine bloße Beteiligung des Gesellschafters an einer anderen Gesellschaft aus, die so stark ist, dass sie die **Möglichkeit solcher Einflussnahme** eröffnet[23].   16

Eine Fülle **weiterer Fragen**, die die Grenzziehung zwischen Unternehmens- und Privatgesellschaftern aufwirft, ist nach wie vor umstritten. Stichworte sind die Behandlung von Holdinggesellschaften, Vereinen, Stiftungen, Stimmrechtskonsortien, Familiengesellschaften und Formkaufleuten. Keine dieser Fragen weist jedoch GmbH-konzernspezifische Besonderheiten auf, so dass wegen der Einzelheiten auf das aktienkonzernrechtliche Schrifttum verwiesen werden kann. Im vorliegenden Zusammenhang genügt der Hinweis, dass **auch** die **öffentliche Hand** im Falle ihrer Beteiligung an einer GmbH **Unternehmensqualität** besitzt, d.h. den besonderen Schutzmechanismen des Konzernrechts unterworfen wird, wobei es zum Schutze der privaten Minderheit gegen politisch motivierte Einflussnahmen der öffentlichen Hand bereits ausreicht, wenn diese **lediglich ein in privater Rechtsform betriebenes Unternehmen beherrscht**; anders als bei Einzelpersonen muss hier also nicht noch eine *weitere* maßgebliche Beteiligung an einer anderen Gesellschaft hinzukommen, um die Anwendbarkeit des Konzernrechts auszulösen[24].   16a

II. Mehrheitsbeteiligung

1. Begriff

Die Definition der Mehrheitsbeteiligung richtet sich auch bei der GmbH nach **§ 16 Abs. 1 AktG**. Eine Mehrheitsbeteiligung ist folglich anzunehmen, wenn die **Mehrheit der Anteile** der Gesellschaft einem anderen Unternehmen gehört *oder* wenn dem anderen Unternehmen die Mehrheit **der Stimmrechte** bei der Gesellschaft zusteht. Einzelheiten der Berechnung finden sich in § 16 Abs. 2 und 3 AktG. Umgehungen werden durch die Zurechnungsvorschrift des § 16 Abs. 4 AktG verhindert.   17

Aufgrund der weitgehenden Satzungsautonomie der Gesellschafter einer GmbH (§ 45 Abs. 1) finden sich bei dieser häufiger als bei der AG **Abweichungen zwischen der Kapital- und der**   18

---

20 BGH v. 18.6.2001 – II ZR 212/99, BGHZ 148, 123, 125 ff. = NJW 2001, 2973 = AG 2001, 588 – MLP; s. auch Rdnr. 26a.

21 BGH v. 19.9.1994 – II ZR 237/93, GmbHR 1994, 881 = NJW 1994, 3288 = AG 1995, 35, 36; BGH v. 27.3.1995 – II ZR 136/94, GmbHR 1995, 446 = NJW 1995, 1544 = AG 1995, 326.

22 So insbes. *Mülbert*, ZHR 163 (1999), 1, 33 f.

23 So BGH v. 18.6.2001 – II ZR 212/99, BGHZ 148, 123, 125 ff. = NJW 2001, 2973 = AG 2001, 588 – MLP; s. *Emmerich/Habersack*, Kommentar, § 15 AktG Rdnr. 13 f.; *Rodewald*, in: GmbH-Handbuch, Rdnr. I 2827.

24 BGH v. 17.3.1997 – II ZB 3/96, BGHZ 135, 107, 113 f. = AG 1997, 374 = NJW 1997, 1855, 1856 – VW; BAG v. 27.10.2010 – 7 ABR 85/09, BAGE 136, 114 Rdnr. 26, 31 = AG 2011, 382; OLG Celle v. 12.7.2000 – 9 U 125/99, GmbHR 2001, 342 = AG 2001, 474, 476; wegen der Einzelheiten s. *Emmerich/Habersack*, Kommentar, § 15 AktG Rdnr. 26–32.

Stimmbeteiligung; außerdem kommen Differenzierungen von Stimmrechten **je nach Beschlussgegenstand** vor. In solchen Fällen kann eine „Mehrheitsbeteiligung" des privilegierten Gesellschafters i.S. des Konzernrechts nur angenommen werden, wenn sich die Stimmrechtsmehrheit **gerade** auf solche **Fragen** bezieht, die für das **selbständige Auftreten** der Gesellschaft am Markt **relevant** sind, insbesondere also auf die Bestellung der Geschäftsführer, auf die Erteilung von Weisungen an die Geschäftsführer in Fragen der Geschäftspolitik oder auf die Ergebnisverwendung[25]. Denn hinter den Vorschriften über die Mehrheitsbeteiligung steht letztlich der Gedanke, dass es vor allem eine derartige Beteiligung ist, die den Einfluss verleiht, dessen Gefahren das Gesetz gerade zu begegnen versucht. Dies zeigt vor allem die Vermutung des § 17 Abs. 2 AktG (Rdnr. 19).

2. Rechtsfolgen

19   Die wichtigste Rechtsfolge der Mehrheitsbeteiligung ist die an sie geknüpfte **Vermutung der Abhängigkeit** (§ 17 Abs. 2 AktG). Diese Vermutung ist zwar außer bei wechselseitigen Beteiligungen (§ 19 Abs. 2 AktG) an sich **widerleglich**. Indessen ist insoweit bei der GmbH wegen des hier besonders ausgeprägten Primats der Gesellschafterversammlung **Zurückhaltung** geboten, da für die Bejahung der Abhängigkeit bereits die bloße *Möglichkeit* eines beherrschenden Einflusses genügt (§ 17 Abs. 1 AktG)[26]. Eine Widerlegung der Abhängigkeitsvermutung kommt daher bei der GmbH im Falle einer Mehrheitsbeteiligung nur in Betracht, wenn die letztere *ausnahmsweise* nicht die Möglichkeit verleiht, auf die Bestellung der Geschäftsführer oder sonst auf die Geschäftspolitik Einfluss zu nehmen, insbesondere, weil Bestellung und Abberufung der Geschäftsführer durch den Gesellschaftsvertrag (§ 45) auf andere Organe verlagert oder zum Sonderrecht eines (anderen) Gesellschafters gemacht sind und der Mehrheitsgesellschafter auf die fraglichen anderen Organe oder auf den begünstigten Gesellschafter keinen Einfluss besitzt[27].

20   Nach § 56 Abs. 2 AktG darf eine **im Mehrheitsbesitz einer AG stehende GmbH keine Aktien** der AG als Gründer oder Zeichner oder in Ausübung eines bei einer bedingten Kapitalerhöhung eingeräumten Umtausch- oder Bezugsrechts übernehmen (s. § 33 Rdnr. 21). Außerdem darf eine solche GmbH Aktien der AG nur erwerben oder als Pfand nehmen, soweit dies der AG selbst nach § 71 Abs. 1 Nr. 1 bis 5, 7 und 8 und Abs. 2 AktG gestattet wäre (§ 71d Satz 2 AktG)[28].

21   Ähnliche Regelungen hatten noch die Entwürfe von 1973 und 1974 für den Fall vorgesehen, dass sich ein **anderes Unternehmen im Mehrheitsbesitz einer GmbH** befindet (§§ 40 Abs. 2 und 57 Abs. 3 RegE). Obwohl diese Vorschriften nicht Gesetz geworden sind, ist doch davon auszugehen, dass es auch de lege lata einem im Mehrheitsbesitz einer GmbH befindlichen Unternehmen verwehrt ist, **bei** einer **Kapitalerhöhung** gegen Einlage einen neuen Geschäftsanteil der GmbH zu übernehmen, da eine solche Kapitalerhöhung auf eine mittelbare Einlagenrückgewähr hinausliefe[29]. Überwiegend wird zu diesem Zweck der Grundgedanke der §§ 56 Abs. 2, 71d und 71e AktG erweiternd in § 33 „hineingelesen". Deshalb ist außerdem anzunehmen, dass ein im Mehrheitsbesitz einer GmbH stehendes Unternehmen Anteile der GmbH nur erwerben darf, wenn dies der GmbH selbst nach den §§ 30 Abs. 1 und 33 gestat-

---

25 *Emmerich/Habersack*, Kommentar, § 16 AktG Rdnr. 5; *Liebscher*, in: MünchKomm. GmbHG, Rdnr. 105.
26 S. *B. Richter*, AG 1982, 261 mit Beispielen.
27 S. Rdnr. 26, 29a; *Emmerich/Habersack*, Kommentar, § 17 AktG Rdnr. 35 ff., 45 f.
28 S. OLG München v. 7.4.1995 – 23 U 6733/94, GmbHR 1995, 590 = AG 1995, 383 = NJW-RR 1995, 1066.
29 S. *Lutter*, Kapital, S. 91; *Verhoeven*, GmbHR 1977, 97, 102 f.; s. im Übrigen Rdnr. 35 ff.

tet wäre, also nur, wenn der Geschäftsanteil schon vollständig eingezahlt ist und dem Unternehmen, sofern es eine GmbH ist, der Erwerb aus freien Rücklagen möglich ist[30]. Außerdem ist die Ausübung von Rechten aus Geschäftsanteilen der von der Gesellschaft abhängigen oder in ihrem Mehrheitsbesitz stehenden Unternehmen analog den §§ 71b und 71d Satz 4 AktG untersagt (s. Rdnr. 29).

III. Abhängigkeit

Nach **§ 17 Abs. 1 AktG** sind abhängige Unternehmen rechtlich selbständige Unternehmen, auf die ein anderes Unternehmen unmittelbar oder mittelbar einen beherrschenden Einfluss auszuüben vermag. Von einem im Mehrheitsbesitz befindlichen Unternehmen wird vermutet, dass es von dem anderen Unternehmen abhängig ist (**§ 17 Abs. 2 AktG**; s. Rdnr. 19). An die Abhängigkeit eines Unternehmens knüpft sich ihrerseits die Vermutung, dass es zusammen mit dem herrschenden Unternehmen einen Konzern bildet (§ 18 Abs. 1 Satz 3 AktG). Alle diese Definitionsnormen werden **auch** auf die **GmbH** angewandt, bei der zudem das ihnen zugrundeliegende Regelungskonzept wegen des hier deutlich stärker als bei der AG ausgeprägten Primats der Gesellschafterversammlung besonders sinnfällig ist (s. insbes. die §§ 37 Abs. 1, 45, 46 Nr. 5 und 6). 22

1. Begriff

Das Gesetz knüpft an die Mehrheitsbeteiligung unmittelbar die Vermutung der Abhängigkeit (§ 17 Abs. 2 AktG) und mittelbar die der Bildung eines Konzerns (§ 18 Abs. 1 Satz 3 AktG), weil eine Mehrheitsbeteiligung im Regelfall einen **maßgeblichen Einfluss auf die Personalpolitik** und damit auch auf die Geschäftspolitik der Beteiligungsgesellschaft verleiht. Das gilt bereits für die AG (s. die §§ 84 und 101 AktG) und in noch größerem Maße für die GmbH (s. §§ 37 Abs. 1, 46 Nr. 5 und 6 sowie § 47). Daraus folgt, dass die Abhängigkeit einer Gesellschaft von einem anderen Unternehmen jedenfalls dann anzunehmen ist, wenn das letztere **aufgrund seiner Herrschaft über die Personalpolitik** der Gesellschaft **in der Lage** ist, deren **Geschäftspolitik** in entscheidenden Punkten **zu beeinflussen**[31], d.h., wenn es über die gesicherte rechtliche Möglichkeit verfügt, der abhängigen Gesellschaft oder besser: deren Verwaltung **Konsequenzen für den Fall anzudrohen**, dass sie dem Willen des herrschenden Unternehmens **nicht Folge leistet**[32]. Dem entspricht es, wenn das Gesetz in § 18 Abs. 1 Satz 2 AktG bei Abschluss eines Beherrschungsvertrages (ebenso wie im Falle der Eingliederung) ohne weiteres von dem Bestehen eines Abhängigkeitsverhältnisses (und eines Unterordnungskonzerns) ausgeht (s. §§ 308, 323 AktG). 23

---

30 S. § 33 Rdnr. 13; *Altmeppen*, in: Roth/Altmeppen, § 33 Rdnr. 33 f.; *Lutter*, Kapital, S. 197, 462 ff.; *H. P. Westermann*, in: Der GmbH-Konzern, 1976, S. 25, 34; zu dem Sonderfall wechselseitiger Beteiligungen s. Rdnr. 35 f.

31 BAG v. 30.10.1986 – 6 ABR 19/85, BAGE 53, 187 = AG 1988, 106 = WM 1987, 1551, 1553; OLG Düsseldorf v. 22.7.1993 – 6 U 84/92, AG 1994, 36, 37 = ZIP 1993, 1791 – Feno; OLG München v. 7.4.1995 – 23 U 6733/94, GmbHR 1995, 590 = AG 1995, 383 = NJW-RR 1995, 1066.

32 So BGH v. 19.1.1993 – KVR 32/91, BGHZ 121, 137, 146 = NJW 1993, 2114 = AG 1993, 334 – WAZ/IKZ; OLG Düsseldorf v. 22.7.1993 – 6 U 84/92, AG 1994, 36, 37 = ZIP 1993, 1791 – Feno; OLG Düsseldorf v. 8.11.2004 – I-19 W 9/03 AktE, AG 2005, 538, 539 = NZG 2005, 1012; OLG Düsseldorf v. 7.5.2008 – Kart 1/07 (V), AG 2008, 859; OLG Düsseldorf v. 31.3.2009 – I-26 W 5/08 (AktE), AG 2009, 873; OLG Stuttgart v. 1.12.2008 – 20 W 12/08, AG 2009, 204, 205 f.; OLG Karlsruhe v. 11.12.2003 – 12 W 11/02, AG 2004, 147, 148; KG v. 1.8.2000 – 14 U 9216/98, GmbHR 2001, 244 = AG 2001, 529, 530 = NZG 2001, 680; Einzelheiten bei *Emmerich/Habersack*, Kommentar, § 17 AktG Rdnr. 5 ff.

24 Es ist nicht erforderlich, dass das herrschende Unternehmen von seinen Einflussmöglichkeiten tatsächlich Gebrauch macht; zur Begründung der Abhängigkeit **genügt** vielmehr die bloße **Möglichkeit der Herrschaft** über die abhängige Gesellschaft[33]. Ebenso wenig ist eine bestimmte **Dauer** der Einflussmöglichkeit vorausgesetzt[34]. Auf der anderen Seite begründet aber auch eine **bloße Zufallsmehrheit** in der Gesellschafterversammlung noch keine Abhängigkeit; die Möglichkeit der Einflussnahme muss vielmehr **beständig, umfassend** und gesellschaftsrechtlich vermittelt (Rdnr. 15, 26a) sein[35].

25 Wichtigste Grundlage der Abhängigkeit einer Gesellschaft von einem anderen Unternehmen ist die **Stimmenmehrheit** in der Gesellschafterversammlung (§ 47), wie durch die Vermutung des § 17 Abs. 2 AktG bestätigt wird. Keine Rolle spielt, *worauf* die Stimmenmehrheit eines Unternehmensgesellschafters beruht. Selbst wenn er die Mehrheit nur aufgrund der Stimmen anderer Gesellschafter zu erreichen vermag, führt die so gewonnene Mehrheit zur Abhängigkeit der Gesellschaft, vorausgesetzt, dass er über die Stimmen der anderen Gesellschafter, etwa aufgrund von **Stimmbindungsverträgen oder Stimmrechtskonsortien**, sicher verfügen kann[36]. **Auch** eine **Minderheitsbeteiligung** kann daher zur Begründung der Abhängigkeit ausreichen, *sofern* sie in Verbindung mit verlässlichen Umständen rechtlicher oder tatsächlicher Art dem beteiligten Unternehmen den nötigen Einfluss auf die Personalpolitik der Beteiligungsgesellschaft sichert[37]. Zu denken ist hier neben **Stimmbindungsverträgen** und Stimmrechtskonsortien noch an Treuhandverhältnisse, ebenso aber auch an beständige familiäre Beziehungen oder **personelle Verflechtungen**, wobei freilich in jedem Fall hinzukommen muss, dass derjenige Gesellschafter, der infolgedessen über den nötigen Einfluss in der Gesellschaft verfügt, zugleich Unternehmensqualität besitzt[38].

26 Besondere Bedeutung hat das Gesagte mit Rücksicht auf die weitgehende Vertragsfreiheit der Gesellschafter im Innenverhältnis (§ 45) für die **GmbH**[39]. Die Folge ist nämlich, dass hier – in weit größerem Ausmaße als bei der AG (s. § 23 Abs. 5 Satz 1 AktG) – die Position eines Minderheitsgesellschafters durch Bestimmungen im **Gesellschaftsvertrag** *oder* durch **Gesellschafterabsprachen** außerhalb des Gesellschaftsvertrages so sehr **verstärkt** werden kann, dass er einen **beherrschenden Einfluss** auf die Gesellschaft auszuüben vermag (§ 45) –, ebenso wie es auf der anderen Seite auch denkbar ist, dass durch zusätzliche Abreden die Position eines Mehrheitsgesellschafters so sehr relativiert wird, dass die Abhängigkeitsvermutung des § 17 Abs. 2 AktG bei ihm ausnahmsweise widerlegt ist (Rdnr. 19). **Beispiele** für Bestimmungen im Gesellschaftsvertrag mit den geschilderten Konsequenzen für die Abhängigkeit der Gesellschaft von einzelnen Gesellschaftern sind **Mehrstimmrechte** (s. Rdnr. 18) sowie **Sonderrech-**

---

33 BGH v. 4.3.1974 – II ZR 89/72, BGHZ 62, 193, 201 = NJW 1974, 855 – Seitz.
34 OLG Köln v. 2.5.1990 – 24 U 141/89, GmbHR 1990, 456 = AG 1991, 140.
35 BGH v. 17.3.1997 – II ZB 3/96, BGHZ 135, 107, 114 = NJW 1997, 1855, 1856 = AG 1997, 374 = ZIP 1997, 967 – VW.
36 *Joussen*, GmbHR 1996, 574.
37 BGH v. 13.10.1977 – II ZR 123/76, BGHZ 69, 334, 347 = NJW 1978, 104 – VEBA/Gelsenberg; BGH v. 13.4.1994 – II ZR 16/93, BGHZ 125, 366, 369 = GmbHR 1994, 390 = NJW 1994, 1801; BGH v. 17.3.1997 – II ZB 3/96, BGHZ 135, 107, 114 f. = NJW 1997, 1855, 1856 f. – VW; BGH v. 15.12.2011 – I ZR 129/10, AG 2012, 594 Rdnr. 15; BayObLG v. 6.3.2002 – 3Z BR 343/00, BayObLGZ 2002, 46, 55 = AG 2002, 511, 513; OLG Düsseldorf v. 19.11.1999 – 17 U 46/99, AG 2000, 365, 366 = NZG 2000, 314, 315; OLG Düsseldorf v. 8.7.2003 – 19 W 6/00 AktE, AG 2003, 688 – Veba; OLG Düsseldorf v. 31.3.2009 – I-26 W 5/08 (AktE), AG 2009, 873; OLG Stuttgart v. 21.12.2012 – 20 AktG 1/12, AG 2013, 604, 608.
38 S. *Emmerich/Habersack*, Kommentar, § 17 AktG Rdnr. 18 ff.
39 S. im Einzelnen *Casper*, in: Ulmer/Habersack/Löbbe, Rdnr. 28 f.; *Emmerich/Habersack*, Kommentar, § 17 AktG Rdnr. 45 ff.; *Joussen*, Gesellschafterabsprachen neben Satzung und Gesellschaftsvertrag, 1995, S. 164 ff.; *Joussen*, GmbHR 1996, 574; *Liebscher*, in: MünchKomm. GmbHG, Rdnr. 119 ff.; *Noack*, Gesellschaftervereinbarungen bei Kapitalgesellschaften, 1994, S. 87 ff.

te auf Bestellung und Abberufung der Geschäftsführer, auf Besetzung des Aufsichtsrats, sofern diesem seinerseits die Bestellung der Geschäftsführer obliegt, sowie auf Erteilung von Weisungen an die Geschäftsführer. Wo immer aufgrund solcher Umstände ein Unternehmensgesellschafter beständig einen maßgeblichen Einfluss auf die Geschäftsführung der Gesellschaft besitzt, liegt Abhängigkeit vor.

Zu beachten bleibt, dass die Abhängigkeit **gesellschaftsrechtlich vermittelt** sein muss (s. Rdnr. 15); eine bloße **tatsächliche Abhängigkeit**, wie sie sich durchaus auch aus besonders engen Geschäftsbeziehungen ergeben kann, reicht dagegen nach überwiegender Meinung *nicht* aus, um das besondere konzernrechtliche Schutzinstrumentarium auszulösen, das allein auf gesellschaftsrechtlich vermittelte Einflussmöglichkeiten zugeschnitten ist. Dadurch wird es freilich nicht ausgeschlossen, dass im Einzelfall eine bereits **bestehende** gesellschaftsrechtlich vermittelte **Einflussmöglichkeit** noch **durch** eine **hinzutretende wirtschaftliche Abhängigkeit** so sehr **verstärkt** wird, dass auch in konzernrechtlicher Hinsicht von Abhängigkeit die Rede sein kann (sog. kombinierte Beherrschung)[40].

26a

2. Gemeinschaftsunternehmen

Gemeinschaftsunternehmen[41], die häufig die Rechtsform einer GmbH haben, können von mehreren oder von allen Müttern zugleich abhängig sein, so dass dann der eigenartige Fall einer **mehrfachen Abhängigkeit** vorliegt. Paradigma ist das sog. paritätische (50:50) Gemeinschaftsunternehmen. Voraussetzung ist lediglich, dass die **gemeinsame Beherrschung** des Gemeinschaftsunternehmens **durch** die **Mütter** auf Dauer gesichert ist, wozu nicht unbedingt der Abschluss entsprechender Verträge zwischen den Müttern erforderlich ist; die gemeinsame Herrschaft der Mehrheitsgruppe kann auch auf sonstigen rechtlichen oder tatsächlichen Umständen beruhen, sofern sie nur auf Dauer eine gemeinsame Interessenverfolgung in der abhängigen Gesellschaft gewährleisten.

27

Als **Mittel** der gemeinsamen Beherrschung kommen außer der Gründung einer BGB-Gesellschaft der Mütter (als gemeinsamem Beherrschungsorgan) oder der Zusammenfassung der Mütter in einem Gleichordnungskonzern insbesondere noch Konsortial- und Stimmbindungsverträge der Mütter in Betracht, während tatsächliche Verhältnisse hierfür nur ausreichen, sofern sie auf Dauer eine gemeinsame Interessenverfolgung der Mütter sicherstellen[42]. Je nach den Umständen des Falles kann danach sogar eine personelle Verflechtung der Mütter oder deren gemeinsame Beherrschung durch dieselbe Familie die Abhängigkeit des Gemeinschaftsunternehmens begründen[43].

28

---

40 S. BGH v. 26.3.1984 – II ZR 171/83, BGHZ 90, 381, 397 = GmbHR 1984, 343 = NJW 1984, 1893 = AG 1984, 181 – BuM; OLG Düsseldorf v. 22.7.1993 – 6 U 84/92, AG 1994, 36, 37 = ZIP 1993, 1791 – Feno; BFH v. 8.1.1969 – I R 91/66, BFHE 95, 215, 218; BFH v. 23.10.1985 – I R 247/81, BFHE 145, 165, 169 f.; s. *Emmerich/Habersack*, Kommentar, § 17 AktG Rdnr. 14–16 mit Nachw.

41 S. zum Folgenden insbes. *P. Bauer*, NZG 2001, 742; *Casper*, in: Ulmer/Habersack/Löbbe, Rdnr. 29; *Emmerich/Habersack*, Kommentar, § 17 AktG Rdnr. 28 ff.; *Gansweid*, Gemeinsame Tochtergesellschaften im deutschen Konzern- und Wettbewerbsrecht, 1976; *Liebscher*, in: MünchKomm. GmbHG, Rdnr. 116 ff.; *S. Maul*, NZG 2000, 470.

42 *Böttcher/Liekefett*, NZG 2003, 701.

43 S. BGH v. 4.3.1974 – II ZR 89/72, BGHZ 62, 193, 199 ff. = NJW 1974, 955 – Seitz; BGH v. 8.5.1979 – KVR 1/78, BGHZ 74, 359, 363 ff. = NJW 1979, 2401 – WAZ; BGH v. 16.2.1981 – II ZR 168/79, BGHZ 80, 69, 73 = GmbHR 1981, 189 = NJW 1981, 1512 – Süssen; BGH v. 16.9.1985 – II ZR 275/84, BGHZ 95, 330, 349 = GmbHR 1986, 78 = NJW 1986, 188; BGH v. 29.3.1993 – II ZR 265/91, BGHZ 122, 123, 125 f. = GmbHR 1993, 283 = NJW 1993, 1200, 1202 – TBB; BGH v. 19.9.1994 – II ZR 237/93, GmbHR 1994, 881 = NJW 1994, 3288 = AG 1995, 35.

3. Rechtsfolgen

29 Soweit einem im Mehrheitsbesitz einer GmbH befindlichen Unternehmen die **Zeichnung oder der Erwerb von Anteilen der GmbH verboten** ist (s. Rdnr. 20 f.), gilt dies in gleicher Weise für ein von einer GmbH abhängiges Unternehmen; insoweit wird zwischen Mehrheitsbesitz und Abhängigkeit nicht unterschieden[44]. Nach § 71d Satz 4 i.V.m. § 71b AktG hat eine von einer AG abhängige GmbH außerdem **kein Stimmrecht** bei ihrer Muttergesellschaft. Dadurch soll der Gefahr unkontrollierbarer Verwaltungsstimmrechte vorgebeugt werden. Dieser Gedanke ist verallgemeinerungsfähig, so dass ein von einer GmbH abhängiges Unternehmen gleichfalls kein Stimmrecht aus Anteilen an der herrschenden GmbH besitzt[45].

29a In § 18 Abs. 1 Satz 3 AktG knüpft das Gesetz an die Abhängigkeit einer Gesellschaft von einem Unternehmen ferner die **Vermutung**, dass die abhängige Gesellschaft zusammen mit dem herrschenden Unternehmen einen **Unterordnungskonzern** bildet. Eine **Widerlegung** dieser Vermutung wird gerade bei der GmbH wegen des Primats der Gesellschafterversammlung (§§ 37 Abs. 1, 45, 46 Nr. 5 und 6) ausgesprochen **selten** in Betracht kommen, im Grunde wohl nur, wenn aufgrund besonderer Bestimmungen des Gesellschaftsvertrages die Einflussmöglichkeiten des Mehrheitsgesellschafters so stark beschnitten sind, dass er weder auf die Zusammensetzung der Geschäftsführung noch auf deren Amtsführung Einfluss nehmen kann (s. schon Rdnr. 19, 26). **Beispiele** für derartige Abreden sind Sonderrechte anderer Gesellschafter auf Bestellung der Geschäftsführer oder auf die Erteilung von Weisungen an die Geschäftsführer, sonstige, die Minderheit umfassend schützende Bestimmungen sowie Entherrschungsverträge[46].

IV. Konzern

30 Die **Konzerndefinition** des AktG in § 18 Abs. 1 und Abs. 2 AktG wird allgemein auch auf die GmbH angewandt. Man hat deshalb bei ihr ebenfalls **zwei** verschiedene **Formen** von Konzernen zu unterscheiden, für die sich allgemein die Bezeichnungen **Unterordnungs- und Gleichordnungskonzern** eingebürgert haben. Wichtigstes Merkmal des Konzerns ist in beiden Fällen die Zusammenfassung mehrerer rechtlich selbständiger Unternehmen unter einheitlicher Leitung. Unterordnungs- und Gleichordnungskonzerne unterscheiden sich „lediglich" dadurch, dass im **Unterordnungskonzern** die unter einheitlicher Leitung zusammengefassten Unternehmen außerdem voneinander i.S. des § 17 AktG **abhängig** sind (§ 18 Abs. 1 Satz 1 AktG), während im **Gleichordnungskonzern** solche Abhängigkeit der verbundenen Unternehmen gerade **fehlt** (§ 18 Abs. 2 AktG). Ergänzt wird die Regelung durch eine unwiderlegliche und eine widerlegliche Vermutung eines Konzerns. **Unwiderleglich** ist die **Vermutung** nach § 18 Abs. 1 Satz 2 AktG vor allem bei Bestehen eines Beherrschungsvertrages (§ 291 Abs. 1 Satz 1 AktG), **widerleglich** dagegen gemäß § 18 Abs. 1 Satz 3 AktG in den sonstigen Fällen der Abhängigkeit (§ 17 Abs. 1 AktG). Innerhalb der so umschriebenen Konzerne unterscheidet man im Anschluss an die aktienrechtliche Regelung weiter zwischen Vertragskonzernen und faktischen Konzernen (s. die §§ 291 f., 308 ff. und 311 ff. AktG) sowie schließlich noch unter einem anderen Gesichtspunkt zwischen einstufigen und mehrstufigen Konzernen. Bis vor kurzem war es ferner üblich, innerhalb der faktischen Konzerne noch aufgrund der früheren Rechtsprechung des BGH zur Konzernhaftung zwischen einfachen und qualifizierten faktischen Konzernen zu trennen. Mittlerweile ist jedoch offen, ob an dieser Unterscheidung nach der Neuorientierung der Rechtsprechung (Stichwort: Haftung für existenzvernichtende Eingriffe) noch festzuhalten ist (s. Rdnr. 91 ff.).

---

44 *Casper*, in: Ulmer/Habersack/Löbbe, Rdnr. 31; *Liebscher*, in: MünchKomm. GmbHG, Rdnr. 123.

45 S. schon Rdnr. 29; *Casper*, in: Ulmer/Habersack/Löbbe, Rdnr. 27; *Liebscher*, in: MünchKomm. GmbHG, Rdnr. 107; *Rodewald*, in: GmbH-Handbuch, Rdnr. I 2826.

46 S. *Emmerich/Habersack*, Kommentar, § 18 AktG Rdnr. 20 ff.

Der Konzernbegriff des AktG ist im Einzelnen umstritten[47]. Im Folgenden ist nur zu dem Zentralbegriff des Konzerntatbestandes des AktG, der **einheitlichen Leitung** (s. § 18 Abs. 1 Satz 1 und Abs. 2 AktG), näher Stellung zu nehmen. $\qquad$ 31

Im Schrifttum zu § 18 AktG wird üblicherweise zwischen einem engen und einem weiten Konzernbegriff unterschieden. Der **enge Konzernbegriff** geht von dem (wirtschaftswissenschaftlichen) Vorverständnis des Konzerns als wirtschaftlicher Einheit aus und bejaht folgerichtig das Vorliegen eines Konzerns nur, wenn die Konzernspitze grundsätzlich **für alle zentralen unternehmerischen Bereiche** eine **einheitliche Planung** aufstellt und bei den Konzerngliedern ohne Rücksicht auf deren Selbständigkeit durchsetzt. Zu den zentralen unternehmerischen Bereichen in diesem Sinne wird **in erster Linie** das **Finanzwesen** gezählt, so dass ein Konzern von den Vertretern dieser Meinung allein dann angenommen wird, wenn für den Konzern einheitlich festgelegt wird, welchen Beitrag jedes Unternehmen zum Konzernerfolg leisten muss, über welche Mittel es verfügen darf und wie diese aufzubringen sind[48]. $\qquad$ 32

Der wohl überwiegend vertretene **weite Konzernbegriff** stimmt mit dem engen (Rdnr. 32) nur im Ausgangspunkt überein. Erfolgt die *Finanzplanung* zentral für den ganzen Konzern durch die Konzernspitze, so handelt es sich nach jeder Meinung um einen Konzern im Rechtssinne[49]. Darüber hinaus lässt der weite Konzernbegriff für die Annahme eines Konzerns aber auch eine **einheitliche Planung** und deren Durchsetzung **in einem** der **anderen zentralen Unternehmensbereiche** wie etwa Einkauf, Organisation, Personalwesen und Verkauf genügen, dies freilich nur unter der zusätzlichen Voraussetzung, dass die Koordinierung der Unternehmen in dem fraglichen Bereich Rückwirkungen auf das Gesamtunternehmen hat, so dass den Konzernunternehmen eine selbständige Planung letztlich unmöglich gemacht wird. Für diesen weiten Konzernbegriff spricht vor allem, dass es allein auf seinem Boden möglich ist, den wenigen Vorschriften, die an den Konzerntatbestand anknüpfen, einen nennenswerten Anwendungsbereich zu sichern, wobei in erster Linie an die verschiedenen Publizitätsvorschriften zu denken ist (s. besonders §§ 290 ff. HGB)[50]. $\qquad$ 33

Die **Rechtsprechung** folgt bisher gleichfalls durchweg einem **weiten Verständnis** des Konzernbegriffs, ausdrücklich im Bereich des § 5 MitbestG, im Ergebnis aber ebenso in den wenigen Beziehungen, in denen es auf den Konzernbegriff des § 18 AktG sonst noch ankommt[51]. Ein Konzern ist daher z.B. anzunehmen, wenn eine Bank im finanziellen Bereich die Leitung eines anderen Unternehmens vollständig an sich zieht[52]. Unter dieser Voraussetzung ist ein Konzern auch zwischen branchenfremden Unternehmen möglich, da konzernspezifische Gefährdungen selbst bei ganz unterschiedlichen Tätigkeitsbereichen der einzelnen Unternehmen denkbar sind[53]. Vor allem die einheitliche Finanzplanung für die zusammengefassten Unternehmen ist daher in jedem Fall ein wichtiges Indiz für das Vorliegen eines Konzerns[54]. $\qquad$ 33a

---

47 S. dazu *Emmerich/Habersack*, Kommentar, § 18 AktG Rdnr. 8–24.
48 So insbes. *Casper*, in: Ulmer/Habersack/Löbbe, Rdnr. 37; *Milde*, Der Gleichordnungskonzern im Gesellschaftsrecht, 1996, S. 70 ff.
49 Ebenso LG Mainz v. 16.10.1990 – 10 HO 57/89, AG 1991, 30, 31.
50 *Altmeppen*, in: Roth/Altmeppen, Rdnr. 13–16; *Emmerich/Habersack*, Kommentar, § 18 AktG Rdnr. 13 ff.; *Liebscher*, in: MünchKomm. GmbHG, Rdnr. 136.
51 BayObLG v. 24.3.1998 – 3Z BR 236/96, BayObLGZ 1998, 85, 90 f. = AG 1998, 523, 524; BayObLG v. 6.3.2002 – 3Z BR 343/00, BayObLGZ 2002, 46, 50 = AG 2002, 511 = NJW-RR 2002, 974; OLG Stuttgart v. 3.5.1989 – 8 W 38/89, AG 1990, 168, 169; OLG Düsseldorf v. 30.1.1979 – 19 W 17/78, AG 1979, 318 = WM 1979, 956; OLG Düsseldorf v. 4.7.2013 – I-26 W 13/08 (AktE), AG 2013, 720; OLG Dresden v. 15.4.2010 – 2 W 1174/09, AG 2011, 88; LG Dortmund v. 25.3.2010 – 18 O 95/09 AktE, ZIP 2010, 2152.
52 OLG Stuttgart v. 3.5.1989 – 8 W 38/89, AG 1990, 168, 169 und LG Stuttgart v. 29.11.1988 – 2 AktE 1/88, AG 1989, 445, 447.
53 BGH v. 23.9.1991 – II ZR 135/90, BGHZ 115, 187, 191 = GmbHR 1991, 520 = NJW 1991, 3142 = AG 1991, 429 – Video.
54 LG Oldenburg v. 14.3.1992 – 15 O 478/88, ZIP 1992, 1632, 1636 – TBB.

V. Wechselseitige Beteiligungen

Schrifttum: *Klix*, Wechselseitige Beteiligungen, 1981; *Lutter*, Kapital, Sicherung der Kapitalaufbringung und Kapitalerhaltung, 1964; *W. Ramming*, Wechselseitige Beteiligungen außerhalb des Aktienrechts, 2005; *Kerstin Schmidt*, Wechselseitige Beteiligungen im Gesellschafts- und Kartellrecht, 1995; *Serick*, Rechtsform und Realität juristischer Personen, 2. Aufl. 1980; *U. Wastl/Fr. Wagner*, Das Phänomen der wechselseitigen Beteiligungen aus juristischer Sicht, 1997.

1. Überblick

34   Verbundene Unternehmen sind nach § 15 AktG schließlich noch die wechselseitig beteiligten Unternehmen. Darunter sind nach **§ 19 Abs. 1 AktG** (nur) Kapitalgesellschaften mit Sitz im Inland zu verstehen, die aneinander mit jeweils mehr als 25 % beteiligt sind, wobei die Zurechnungsvorschrift des § 16 Abs. 4 AktG zu beachten ist, so dass für die Ermittlung der kritischen Beteiligung von mehr als 25 % die Beteiligungen von Mutter- und Tochtergesellschaften zusammenzurechnen sind. Innerhalb der so umschriebenen wechselseitigen Beteiligungen hat man weiter, wie sich aus den §§ 19 Abs. 4 und 328 AktG ergibt, zwischen **einfachen und qualifizierten wechselseitigen Beteiligungen** zu trennen, je nachdem, ob zwischen den verbundenen Unternehmen Mehrheits- bzw. Abhängigkeitsbeziehungen bestehen oder nicht. In dem zuerst genannten Fall finden allein die Regeln über Mehrheits- und Abhängigkeitsbeziehungen Anwendung (§ 19 Abs. 4 AktG), während in dem zweiten Fall die Sondervorschrift des **§ 328 AktG** zu beachten ist. Von derselben Tatbestandsbildung ist angesichts der allgemeinen Fassung der §§ 19 und 328 AktG im GmbH-Konzernrecht auszugehen. Im Einzelnen muss man deshalb die folgenden Fälle unterscheiden:

2. Einfache wechselseitige Beteiligungen

35   Den ersten Fall bilden einfache wechselseitige Beteiligungen i.S. des § 19 Abs. 1 AktG, zu denen nicht noch eine Mehrheits- oder Abhängigkeitsbeziehung hinzutritt (§ 19 Abs. 2 und 3 AktG). Ist an dieser Unternehmensverbindung wenigstens eine **AG** (neben einer GmbH) **beteiligt**, so greift allein **§ 328 AktG** ein (§ 19 Abs. 4 AktG), der unmittelbar auf den Mitteilungspflichten der §§ 20 und 21 AktG aufbaut und im Ergebnis eine **Ausübungssperre** zu Lasten derjenigen wechselseitig beteiligten Gesellschaft begründet, die erst die wechselseitige Beteiligung begründet hat oder doch verspätet ihrer Mitteilungspflicht nachgekommen ist. Auf **einfache wechselseitige Beteiligungen** allein **zwischen** Gesellschaften in der Rechtsform einer **GmbH** kann diese Regelung dagegen nicht entsprechend angewandt werden, weil für solche Gesellschaften keine den §§ 20 und 21 AktG entsprechenden Mitteilungspflichten bestehen (s. Rdnr. 39 f.).

35a   Aus der Unanwendbarkeit des § 328 AktG (Rdnr. 35) darf nicht der Schluss gezogen werden, dass einfache wechselseitige Beteiligungen zwischen Gesellschaften mbH unbeschränkt zulässig seien; auf diesen Fall ist vielmehr nach heute überwiegender Meinung **§ 33 Abs. 2 entsprechend anzuwenden**, so dass den verbundenen Gesellschaften der *weitere* Ausbau der wechselseitigen Beteiligung nur unter den in dieser Vorschrift genannten Voraussetzungen erlaubt ist. Nach **h.M.** gilt dies freilich entsprechend einer in dem RegE von 1977 zu der Novelle von 1980 vorgesehenen Regelung nur, wenn die eine Gesellschaft an der anderen **mehrheitlich beteiligt** ist, d.h., wenn es sich um eine einseitige *qualifizierte* wechselseitige Beteiligung handelt[55]. Dabei bleibt jedoch unbeachtet, dass dieser Entwurf gerade nicht Gesetz

---

[55] S. § 33 Rdnr. 13, 21 f.; ebenso *Altmeppen*, in: Roth/Altmeppen, § 33 Rdnr. 34; *Koppensteiner*, WiBl. 1990, 1, 2 f.; *Lutter*, Kapital, S. 57 f.; *Serick*, Juristische Person, S. 110 ff.; *Verhoeven*, GmbHR 1977, 97, 100.

geworden ist, weil man es für richtiger hielt, die Entscheidung des Fragenkreises der Rechtsprechung zu überlassen[56]. Unter diesen Umständen steht nichts im Wege, im GmbH-Recht an die **Wertungen der §§ 19 Abs. 1 und 328 AktG** anzuknüpfen und daher im Interesse der Kapitalerhaltung in einfachen wechselseitigen Beteiligungen § 33 Abs. 2 schon anzuwenden, sobald die **25 %-Grenze überschritten** wird[57]. Diese Auffassung hat zudem den großen Vorzug, auf *beide* verbundenen Unternehmen anwendbar zu sein. Dagegen besteht kein Bedürfnis für eine Analogie auch zu § 33 Abs. 1[58].

Umstritten ist die Rechtslage außerdem hinsichtlich **Kapitalerhöhungen gegen Einlagen** (so genannter originärer Erwerb von Anteilen). Überwiegend wird hier **§ 56 Abs. 2 Satz 1 AktG** entsprechend angewandt, so dass sich das Zeichnungsverbot auf die **abhängige Gesellschaft** in Mehrheits- und Abhängigkeitsbeziehungen beschränkt[59]. Richtigerweise sollte jedoch im Interesse der Kapitalerhaltung auch hier von der **25 %-Grenze** ausgegangen werden, so dass bereits **in einfachen wechselseitigen Beteiligungen für beide** Gesellschaften ein **Zeichnungsverbot** bei einer Kapitalerhöhung der anderen Gesellschaft besteht[60]. **36**

3. Qualifizierte wechselseitige Beteiligungen

Eine qualifizierte wechselseitige Beteiligung liegt nach **§ 19 Abs. 2 und 3 AktG** vor, wenn zu der wechselseitigen Beteiligung der verbundenen Gesellschaften i.S. des § 19 Abs. 1 AktG einseitige oder beiderseitige **Mehrheits- oder Abhängigkeitsbeziehungen** hinzutreten. Ist in einem solchen Fall an der Unternehmensverbindung eine **AG**, und zwar **als herrschende** oder mit Mehrheit beteiligte Gesellschaft **beteiligt**, so gelten für die beteiligte GmbH bereits unmittelbar die Vorschriften der **§§ 56 Abs. 2, 71d Satz 4 und 71b AktG**. Dies bedeutet vor allem, dass der Anteilsbesitz der abhängigen GmbH grundsätzlich auf 10 % beschränkt wird (§ 71d Satz 2 i.V.m. § 71 Abs. 2 Satz 1 AktG), dass der weiter gehende Anteilsbesitz abgebaut werden muss (§ 71d Satz 4 i.V.m. § 71c Abs. 1 AktG) und dass sämtliche Rechte der abhängigen GmbH aus dem ihr verbleibenden Anteilsbesitz ruhen (§ 71d Satz 4 i.V.m. § 71b AktG)[61]. Ungeregelt ist dagegen der umgekehrte Fall, d.h. die **Beteiligung einer GmbH** neben einer AG an einer wechselseitigen Beteiligung **als herrschende oder mit Mehrheit beteiligte Gesellschaft**, ebenso wie der Fall einer qualifizierten wechselseitigen Beteiligung **allein** zwischen Gesellschaften in der Rechtsform einer **GmbH**. In beiden Fällen ergibt sich jedoch bereits aus den Ausführungen zu einfachen wechselseitigen Beteiligungen, dass hier auf jeden Fall **§ 33 Abs. 2** entsprechend anzuwenden ist und dass außerdem ein Zeichnungsverbot für beide Gesellschaften besteht (Rdnr. 35 f.)[62], während sich die Regelung der §§ 71d Satz 4 und 71c Abs. 1 AktG über die Pflicht zur Veräußerung des über 10 % hinausgehenden Anteilsbesitzes wohl nicht auf die GmbH übertragen lässt[63]. **37**

---

56 S. den Bericht des Rechtsausschusses, BT-Drucks. 8(1980)/3908, S. 74.

57 S. *Emmerich*, in: FS H. P. Westermann, 2008, S. 55, 65 f.; *Emmerich*, AG 1975, 282, 292; *Casper*, in: Ulmer/Habersack/Löbbe, Rdnr. 44; *Lutter/Hommelhoff*, in: Lutter/Hommelhoff, § 33 Rdnr. 40 f.; *Liebscher*, in: MünchKomm. GmbHG, Rdnr. 164; *Ramming*, Beteiligungen, S. 74 ff.; *Sosnitza*, in: Michalski u.a., § 33 Rdnr. 50; *Kerstin Schmidt*, Wechselseitige Beteiligungen, S. 82 f.

58 S. *Altmeppen*, in: Roth/Altmeppen, § 33 Rdnr. 41; *Kerstin Schmidt*, Wechselseitige Beteiligungen, S. 85 f.; *Verhoeven*, GmbHR 1977, 97, 100.

59 LG Berlin v. 26.8.1986 – 98 T 24/86, GmbHR 1987, 395, 396 = ZIP 1986, 1564; *Altmeppen*, in: Roth/Altmeppen, § 33 Rdnr. 40; *Verhoeven*, GmbHR 1977, 97, 102.

60 Ebenso *Liebscher*, in: MünchKomm. GmbHG, Rdnr. 165; *Kerstin Schmidt*, Wechselseitige Beteiligungen, S. 90 f.

61 S. *Casper*, in: Ulmer/Habersack/Löbbe, Rdnr. 45; *Emmerich/Habersack*, Kommentar, § 19 AktG Rdnr. 14 ff.

62 *Casper*, in: Ulmer/Habersack/Löbbe, Rdnr. 45; *Liebscher*, in: MünchKomm. GmbHG, Rdnr. 167.

63 *Liebscher*, in: MünchKomm. GmbHG, Rdnr. 167.

4. Sonstige Fälle

38 Wechselseitige Beteiligungen kommen auch **zwischen Kapital- und Personengesellschaften** vor. Nach überwiegender Meinung bestehen gegen derartige wechselseitige Beteiligungen grundsätzlich keine Bedenken, weshalb insbesondere das Stimmverbot für abhängige Gesellschaften nicht auf abhängige Personengesellschaften übertragen wird[64]. Indessen ist ein Grund für diese Privilegierung von Personengesellschaften nur schwer erkennbar[65]. Deshalb sollten die vorstehend **entwickelten Regeln** (Rdnr. 35 ff.) – entgegen der h.M. – auch auf wechselseitige Beteiligungen zwischen einer GmbH und einer Personengesellschaft angewandt werden, wie sie insbesondere im Rahmen einer GmbH & Co. KG vorkommen. Das sollte jedenfalls **für qualifizierte wechselseitige Beteiligungen mit Personengesellschaften** gelten, so dass auch hier die §§ 56 Abs. 2 und 71d Satz 4 i.V.m. den §§ 71b und 71c AktG entsprechend angewandt werden können. Die Folge ist, dass bei einer wechselseitigen Beteiligung zwischen einer GmbH und einer Personengesellschaft die letztere im Falle einer Kapitalerhöhung der GmbH von der Beteiligung ausgeschlossen ist[66]. Im Übrigen dürfte hier auch Raum für eine entsprechende Anwendung des § 33 Abs. 2 sein[67].

VI. Mitteilungspflichten

1. §§ 20, 21 AktG; § 33 WpHG

39 Für Beteiligungen einer GmbH an anderen Gesellschaften und für Beteiligungen an einer GmbH bestehen bisher – jenseits des § 40 – *keine* generellen Mitteilungspflichten aufgrund des GmbHG oder anderer Gesetze. Lediglich in Einzelfällen können sich solche Pflichten aus den §§ 33 ff. WpHG n.F.[68] (§§ 21 ff. WpHG a.F.) oder aus den §§ 20 und 21 AktG ergeben. Vorrangig sind die Mitteilungspflichten nach dem WpHG (§§ 20 Abs. 8 und 21 Abs. 5 AktG), die jedoch allein **Beteiligungen** einer GmbH **an einer börsennotierten AG** i.S. des § 33 Abs. 4 WpHG n.F.[69] (§ 21 Abs. 2 WpHG a.F.) erfassen. Die Mitteilungspflicht für Beteiligungen einer GmbH an einer **anderen AG** richtet sich dagegen nach **§ 20 AktG**, während Beteiligungen einer AG an einer GmbH nach **§ 21 AktG** mitteilungspflichtig sein können. Eine weitere Mitteilungspflicht für wechselseitige Beteiligungen folgt aus **§ 328 Abs. 4 AktG**. Die zuletzt genannte Vorschrift ist entsprechend auch auf wechselseitige Beteiligungen allein zwischen GmbH oder anderen Kapitalgesellschaften mit Sitz im Inland mit Ausnahme von Aktiengesellschaften anwendbar[70]. Jenseits dieser Sonderfälle besteht jedoch bisher **keine gesetzliche Mitteilungspflicht** für Beteiligungen einer GmbH und an einer GmbH. Deshalb muss hier im Interesse der dringend gebotenen Publizität von Beteiligungsverhältnissen nach anderen Rechtsgrundlagen Ausschau gehalten werden (Rdnr. 40).

39a Eine in mancher Hinsicht mit den §§ 20 und 21 AktG vergleichbare Funktion hat die zum Handelsregister einzureichende **Gesellschafterliste**, aus der sich jede Veränderung in den Beteiligungsverhältnissen einer GmbH ergeben muss (§§ 8 Abs. 1 Nr. 3, 40). Die sich aus den

---

64 BGH v. 6.10.1992 – KVR 24/91, BGHZ 119, 346, 356 f. = GmbHR 1993, 44 = NJW 1993, 1265 = AG 1993, 140.
65 S. *Emmerich/Habersack*, Kommentar, § 19 AktG Rdnr. 25; *Ramming*, Beteiligungen, S. 106 ff.
66 LG Berlin v. 26.8.1986 – 98 T 24/86, GmbHR 1987, 395 = ZIP 1986, 1564; LG Hamburg, Hamburger JVBl. 1972, 67; zustimmend *Koppensteiner*, WiBl. 1990, 1, 6; s. *Emmerich/Habersack*, Kommentar, § 19 AktG Rdnr. 25; *Emmerich*, in: FS H. P. Westermann, 2008, S. 55, 62 f.; *Ramming*, Beteiligungen, S. 110 ff.
67 *Casper* in: Ulmer/Habersack/Löbbe, Rdnr. 47.
68 I.d.F. des 2. FiMaNoG vom 23.6.2017 (BGBl. I 2017, 1693).
69 I.d.F. des 2. FiMaNoG vom 23.6.2017 (BGBl. I 2017, 1693).
70 S. Rdnr. 37; *Emmerich/Habersack*, Kommentar, § 20 AktG Rdnr. 9, § 328 AktG Rdnr. 24 f.

genannten Vorschriften des GmbHG ergebenden Mitteilungspflichten der Geschäftsführer können sich im Einzelfall durchaus mit den Mitteilungspflichten nach den §§ 20 und 21 AktG oder nach dem WpHG (§§ 33 ff. n.F.[71] [§§ 21 ff. WpHG a.F.]) überschneiden, stehen dann aber *selbständig nebeneinander* und müssen unabhängig voneinander erfüllt werden[72].

2. Treuepflicht

Zumal in faktischen Konzernen ist der Minderheit ein Schutz ihrer Interessen nur möglich, wenn sie überhaupt über die Beziehungen der Mehrheit zu anderen Unternehmen unterrichtet ist. Deshalb ist jedenfalls in **Abhängigkeitsverhältnissen** anzunehmen, dass das herrschende Unternehmen **aufgrund seiner Treuepflicht** zur **Offenlegung** seines Beteiligungsbesitzes und seiner Beziehungen zu anderen Unternehmen verpflichtet ist (§ 242 BGB), vor allem, wenn es das Unternehmen der Gesellschaft seinen außerhalb der Gesellschaft liegenden Interessen dienstbar machen will. Die Mitteilungspflicht besteht dann nicht nur gegenüber der Gesellschaft (so wohl die h.M.), sondern auch unmittelbar gegenüber den Mitgesellschaftern. Im Ergebnis besteht hierüber heute weitgehende Übereinstimmung[73].

40

C. Konzernbildungskontrolle

Schrifttum: *B. Binnewies*, Die Konzerneingangskontrolle in der abhängigen Gesellschaft, 1996; *Bouchon*, Konzerneingangsschutz im GmbH- und Aktienrecht, 2002; *Decher*, Personelle Verflechtungen im Aktienkonzern, 1990; *Deilmann*, Die Entstehung des qualifizierten faktischen Konzerns, 1990; *Druey* (Hrsg.), Das St. Galler Konzernrechtsgespräch, 1988; *Geiger*, Wettbewerbsverbote im Konzernrecht, 1997; *W. Grauer*, Konzernbildungskontrolle im GmbH-Recht, 1991; *Habersack*, Die Mitgliedschaft – subjektives und „sonstiges" Recht, 1996; *Hirte*, Bezugsrechtsausschluss und Konzernbildung, 1986; *Hommelhoff*, Konzernleitungspflicht, 1982; *Hommelhoff* (Hrsg.), Entwicklungen im GmbH-Konzernrecht, 1986; *Chr. Jansen*, Konzernbildungskontrolle im faktischen GmbH-Konzern, 1993; *Kleindiek*, Strukturvielfalt im Personengesellschafts-Konzern, 1991; *Knoll*, Die Übernahme von Aktiengesellschaften, 1992; *Liebscher*, Konzernbildungskontrolle, 1995; *Mecke*, Konzernbeteiligung und Aktionärsentscheid, 1992; *Mestmäcker/Behrens*, Das Gesellschaftsrecht der Konzerne im internationalen Vergleich, 1991; *Mülbert*, Aktiengesellschaft, Unternehmensgruppe und Kapitalmarkt, 2. Aufl. 1996; *J. Reul*, Die Pflicht zur Gleichbehandlung der Aktionäre bei privaten Kontrolltransaktionen, 1991; *Schießl*, Die beherrschte Personengesellschaft, 1985; *B. Sonntag*, Konzernbildungs- und Konzernleitungskontrolle bei der GmbH, 1990; *Tieves*, Der Unternehmensgegenstand der Kapitalgesellschaft, 1998; *Timm*, Die AG als Konzernspitze, 1980; *U. Wackerbarth*, Grenzen der Leitungsmacht in der internationalen Unternehmensgruppe, 2001; *Wahlers*, Konzernbildungskontrolle durch die Hauptversammlung der Obergesellschaft, 1995; *Warschkow*, Schutz der Aktionäre der Konzernobergesellschaft, 1991; *Wehlmann*, Kompetenzen von Gesellschaftern und Gesellschaftsorganen bei der Bildung faktischer GmbH-Konzerne, 1996; *H. Wiedemann*, Die Unternehmensgruppe im Privatrecht, 1988; *M. Winter*, Mitgliedschaftliche Treuebindungen im GmbH-Recht, 1988.

---

71 I.d.F. des 2. FiMaNoG vom 23.6.2017 (BGBl. I 2017, 1693).

72 *Wachter*, GmbHR 2011, 1084.

73 S. Rdnr. 52; *Altmeppen*, in: Roth/Altmeppen, Rdnr. 138; *Casper*, in: Ulmer/Habersack/Löbbe, Rdnr. 65 f., 247; *Emmerich/Habersack*, Kommentar, § 20 AktG Rdnr. 12, § 318 AktG Anhang Rdnr. 15; *Hirte*, Bezugsrechtsausschluss, S. 171, 202, 227 ff.; *Lutter/Timm*, NJW 1982, 409, 419; *Schilling*, in: FS Hefermehl, 1976, S. 383, 387; *Karsten Schmidt*, GmbHR 1979, 121, 132; wohl auch BGH v. 6.10.1980 – II ZR 60/80, BGHZ 79, 337, 344 = NJW 1981, 1449; BGH v. 5.2.2013 – II ZR 134/11, BGHZ 196, 131, 142 Rdnr. 28 = NJW 2013, 2190.

I. Überblick

41   Unter **Konzerneingangs-, Konzernbildungs- oder Gruppenbildungskontrolle** versteht man einen **Präventivschutz** gegen die Begründung von Abhängigkeits- oder Konzernlagen. Dahinter steht die prinzipiell zutreffende Überlegung, dass das bisher überwiegend als bloßes **Schutzrecht für bereits abhängige Gesellschaften** konzipierte Konzernrecht häufig zu kurz greift, weil es erst einsetzt, wenn es im Grunde bereits **zu spät** ist, nämlich erst *nach* Begründung der Abhängigkeit, während es in Wirklichkeit darauf ankommt, schon *vorweg* die Entstehung eines Abhängigkeitsverhältnisses der Gesellschaft zu einem anderen Unternehmen oder doch ihre Eingliederung in einen von dem anderen Unternehmen geführten Konzern zu verhindern. Plastisch wird häufig der **Zeitpunkt der Abhängigkeitsbegründung** oder doch der Konzerneingliederung als der **„archimedische" Punkt des Konzernrechts** bezeichnet[74].

41a   Aus dieser Einsicht ergibt sich nahezu zwangsläufig die Forderung, das Konzernrecht durch eine effektive **Kontrolle der Begründung von Abhängigkeits- oder Konzernverhältnissen**, d.h. eben durch eine Gruppen- oder Konzernbildungskontrolle zu ergänzen. Dabei wird naturgemäß in erster Linie die **abhängige Gesellschaft** ins Auge gefasst, weil hier offenkundig die Notwendigkeit eines Schutzes der Minderheit besonders dringlich ist (Rdnr. 48 ff.). Darüber darf man jedoch nicht übersehen, dass die Bildung weit verzweigter Konzerne auf der Stufe der **herrschenden Gesellschaft gleichfalls** Probleme des Minderheits- und Gläubigerschutzes aufwerfen kann, des Minderheitsschutzes etwa dann, wenn die Verwaltung der herrschenden Gesellschaft die Politik einer strikten Gewinnthesaurierung bei den Tochtergesellschaften verfolgt, und des Gläubigerschutzes, wenn Haftungsrisiken aus den Tochtergesellschaften auf die Muttergesellschaft durchzuschlagen drohen (s. die §§ 302 und 303 AktG). Das hat zu der Frage geführt, ob auch auf der Ebene der herrschenden Gesellschaft, jedenfalls in bestimmten Fallgestaltungen, Raum für eine ergänzende Konzernbildungskontrolle ist (Rdnr. 58 ff.).

42   Neben die Forderung nach der Entwicklung einer Konzernbildungskontrolle tritt häufig der Wunsch nach der Entwicklung einer **Gruppen- oder Konzernleitungskontrolle**. Gemeint ist damit die angemessene **Beteiligung der Gesellschafter der Obergesellschaft** an der Konzernleitung, in erster Linie, um zu verhindern, dass sich die Verwaltung der Obergesellschaft durch die Verlagerung der wirtschaftlichen Aktivitäten der Obergesellschaft in die Untergesellschaften einen weithin *kontrollfreien* Raum verschafft, da die Kontrollrechte der Gesellschafter der Obergesellschaft nur von Fall zu Fall und mit großen Schwierigkeiten in die Untergesellschaften hinein verlängert werden können. Die Konzernbildungskontrolle auf der Ebene der Obergesellschaft (Rdnr. 41) und die Konzernleitungskontrolle auf derselben Ebene sind, so gesehen, im Grunde nur zwei Seiten derselben Medaille.

43   Die **Notwendigkeit** einer besonderen Konzernbildungs- oder Konzernleitungskontrolle ist **ebenso umstritten wie** ihre rechtliche **Ausgestaltung**[75]. In der ausufernden Diskussion zeichnen sich bisher nur wenige, allseits akzeptierte Lösungen ab (s. Rdnr. 46 f.). Es kommt hinzu, dass auch die Rechtsprechung zu dem Fragenkreis bisher nur selten und keineswegs einheitlich Stellung genommen hat (s. Rdnr. 46 f.). Zu beginnen ist mit einem kurzen Blick auf die verstreuten gesetzlichen Regelungen des Fragenkreises sowie auf die Rechtsprechung dazu:

44   **Gesetzliche Regelungen** finden sich bisher nur verstreut an einzelnen Stellen. Hervorzuheben ist (neben den hier nicht interessierenden §§ 319 und 320 AktG) **§ 293**, der für Aktiengesellschaften eine Mitwirkung der Aktionäre bei dem Abschluss von Unternehmensverträgen auf beiden Ebenen, bei der Muttergesellschaft ebenso wie bei der Tochtergesellschaft

---

74 *Lutter/Timm*, NJW 1982, 409, 411 f.; *Lutter/Hommelhoff*, Rdnr. 29.
75 Zusammenfassend *Altmeppen*, in: Roth/Altmeppen, Rdnr. 127 ff.; *Bouchon*, Konzerneingangsschutz, 2002; *Casper*, in: Ulmer/Habersack/Löbbe, Rdnr. 55 ff.; *Emmerich/Habersack*, Konzernrecht, §§ 7 ff. (S. 100 ff.); *Emmerich/Habersack*, Kommentar, § 318 AktG Anh. Rdnr. 8–24; *Lutter/Hommelhoff*, Rdnr. 29 ff.; *Liebscher*, in: MünchKomm. GmbHG, Rdnr. 265 ff.

vorsieht. Diese Regelung ist, jedenfalls **partiell, auf die GmbH übertragbar**, so dass zumindest **bei dem Abschluss von Unternehmensverträgen** in der Mehrzahl der Fälle bei der Mutter- wie bei der Tochtergesellschaft eine **Konzernbildungskontrolle**, verstanden als Mitwirkung der Gesellschafter bei Strukturentscheidungen im Rahmen des Konzernaufbaus, gewährleistet ist (s. Rdnr. 139, 148 ff.).

Eine weitere Teilregelung hat das **UmwG**, und zwar insbesondere für bestimmte Fälle der **Ausgliederung** im Wege der Spaltung gebracht. Die Einzelheiten finden sich in den §§ 123 ff. UmwG. Hervorzuheben ist die Notwendigkeit einer Zustimmung der Gesellschafter zu der Ausgliederung im Wege der Abspaltung von Vermögensteilen mit qualifizierter Mehrheit (§§ 125, 13 UmwG). Aus § 62 UmwG ergeben sich außerdem Hinweise auf die durchweg zu beachtende **Bagatellgrenze**, die in den Augen des Gesetzgebers offenbar bei 10 % des Vermögens liegt. 45

Die **Rechtsprechung** hat sich in Deutschland ebenso wie etwa in Österreich bisher **nur gelegentlich** mit Fragen der Konzernbildungskontrolle beschäftigt. Soweit ersichtlich, ist das erste einschlägige Urteil des BGH das so genannte **Süssen-Urteil** vom 16.2.**1981**, das eine GmbH betraf[76]. Nach diesem Urteil sind Mehrheitsbeschlüsse, die die Gefahr der Abhängigkeit einer Gesellschaft von einem anderen Unternehmen begründen, grundsätzlich *rechtswidrig*, außer wenn der Beschluss aufgrund besonderer Umstände den Interessen der Gesellschaft entspricht und deshalb **sachlich gerechtfertigt** erscheint. In dem wenig später folgenden **Holzmüller-Urteil** vom 25.2.**1982**[77] erkannte der BGH außerdem für den Fall der Ausgliederung einer 100 %igen Tochtergesellschaft aus einer AG, auf die der bei weitem größte Teil des Vermögens der Gesellschaft übertragen werden sollte, ausdrücklich eine Konzernbildungs- und Konzernleitungskontrolle auf der Ebene der *herrschenden* AG an und billige obendrein den Aktionären der Muttergesellschaft Einzelklagerechte zur Durchsetzung ihrer Rechte bei weiterreichenden Strukturentscheidungen zu. **Beispiele** sind der Erwerb oder die Veräußerung einer wesentlichen Beteiligung, wenn die Maßnahme den Kernbereich der Unternehmenstätigkeit betrifft und die Unternehmensstruktur durch die Maßnahme von Grund auf geändert wird[78], sowie die Einbringung des Grundbesitzes, der das wesentliche Vermögen einer Gesellschaft darstellt, in eine Tochtergesellschaft, an der zudem Dritte beteiligt sind[79]. 46

Soweit es speziell um die AG geht, handelt es sich dabei freilich um Ausnahmefälle, da sich nach den beiden **Gelatine-Urteilen** vom 26.4.2004[80] der Anwendungsbereich der Holzmüller-Doktrin streng auf Geschäftsführungsmaßnahmen des Vorstandes beschränkt, die an die Kernkompetenz der Hauptversammlung, über die Verfassung der Gesellschaft zu bestimmen, rühren und in ihren Auswirkungen einem Zustand nahezu entsprechen, der allein durch eine Satzungsänderung herbeigeführt werden kann[81]. Dafür genüge nicht die Überschreitung einer Bagatellgrenze von 5 oder 10 % des Vermögens; erforderlich seien vielmehr ebenso **einschneidende Auswirkungen** wie in dem Holzmüller-Fall. Unter diesen Voraussetzungen könnten dann aber nicht nur Ausgliederungen von Tochtergesellschaften, sondern auch Strukturänderungen bei Tochtergesellschaften erfasst werden. Sie bedürften in diesem Fall außerdem zwin- 47

---

76 BGH v. 16.2.1981 – II ZR 168/79, BGHZ 80, 69, 74 f. = NJW 1981, 189 = GmbHR 1981, 189; ebenso zuvor schon OGH v. 16.12.1980 – 5 Ob 649/80, SZ Bd. 53 (1980) Nr. 172, S. 779, 783 ff. = GesRZ 1981, 44.

77 BGH v. 25.2.1982 – II ZR 174/80, BGHZ 83, 122, 131 ff. = NJW 1982, 1703 = AG 1982, 158 = ZIP 1982, 568.

78 LG Duisburg v. 27.6.2002 – 21 O 106/02, AG 2003, 390 – Babcock Borsig/HDW I; LG Duisburg v. 21.8.2003 – 21 T 6/02, AG 2004, 159 – Babcock Borsig/HDW II; bestätigt durch OLG Düsseldorf v. 16.1.2004 – I-3 Wx 290/03, AG 2004, 211 = ZIP 2004, 313.

79 OLG München v. 10.11.1994 – 24 U 1036/93, AG 1995, 232, 233.

80 BGH v. 26.4.2004 – II ZR 155/02, BGHZ 159, 30 = AG 2004, 384 = NJW 2004, 1860 – Gelatine I; BGH v. 26.4.2004 – II ZR 154/02, NZG 2004, 575 = ZIP 2004, 1001.

81 BGH v. 26.4.2004 – II ZR 155/02, BGHZ 159, 30, 44 ff. = AG 2004, 384 = NJW 2004, 1860 – Gelatine I.

gend einer Zustimmung der Hauptversammlung der Muttergesellschaft mit qualifizierter Mehrheit (s. Rdnr. 58 ff.). Insgesamt ist danach bisher bei der AG für eine effektive Konzernbildungskontrolle wohl nur selten Raum. Ein deutlich anderes Bild zeigt sich dagegen bei einem Blick auf die aktuelle Diskussion speziell zu der Rechtslage bei der GmbH (Rdnr. 48 ff.).

II. Konzernbildungskontrolle auf der Ebene der abhängigen GmbH

Schrifttum: *Altmeppen,* in: Roth/Altmeppen, Rdnr. 127 ff.; *Beurskens,* in: Baumbach/Hueck, Rdnr. 30 ff.; *Binnewies,* Die Konzerneingangskontrolle in der abhängigen Gesellschaft, 1996, S. 133–282; *Bouchon,* Konzerneingangsschutz im GmbH- und Aktienrecht, 2002, S. 67, 239 ff.; *Casper,* in: Ulmer/Habersack/Löbbe, Rdnr. 55 ff.; *Emmerich,* Konzernbildungskontrolle, AG 1991, 303; *Emmerich/Habersack,* Konzernrecht, 10. Aufl. 2013, § 8 II (S. 107 ff.); *Emmerich/Habersack,* Aktien- und GmbH-Konzernrecht, Kommentar, 8. Aufl. 2016, § 318 AktG Anh. Rdnr. 8 ff.; *W. Grauer,* Konzernbildungskontrolle im GmbH-Recht, 1991; *Liebscher,* Konzernbildungskontrolle, 1995, S. 218–302; *Liebscher,* in: MünchKomm. GmbHG, Rdnr. 265 ff.; *Lutter/Hommelhoff,* Rdnr. 27 ff.; *Servatius,* in: Michalski u.a., Rdnr. 442 ff.

1. Überblick

48   Für eine Konzernbildungskontrolle auf der Ebene der abhängigen Gesellschaft besteht nur dann ein Bedürfnis, wenn es sich um eine **ursprünglich unabhängige Gesellschaft** handelt. Wenn eine GmbH dagegen **von vornherein**, etwa durch Ausgliederung oder Abspaltung, **als abhängige** Tochtergesellschaft zur Erledigung bestimmter Aufgaben **gegründet** wird, erübrigen sich alle weiteren Überlegungen zum Schutze der Unabhängigkeit der Gesellschaft. Umso dringlicher sind derartige Überlegungen dagegen bei allen anderen Gesellschaften mbH, da deren Unabhängigkeit **Gefahren** aus ganz unterschiedlichen Richtungen drohen können[82]. Der wichtigste Fall ist der, dass ein **Unternehmensgesellschafter** nachträglich die **Mehrheit** der Geschäftsanteile **erwirbt**, wobei es keine Rolle spielt, ob er schon vorher an der Gesellschaft beteiligt war oder nicht. Auch der Mehrheitserwerb im Zuge einer Kapitalerhöhung gehört hierher. Gleich steht der Fall, dass sich ein privater Mehrheitsgesellschafter nachträglich in einen Unternehmensgesellschafter verwandelt, etwa durch Aufnahme einer unternehmerischen Tätigkeit außerhalb der Gesellschaft oder durch die mehrheitliche Beteiligung an einer weiteren Gesellschaft. In die Abhängigkeit der GmbH kann außerdem ein z.B. **Zusammenschluss** mehrerer kleiner Unternehmensgesellschafter führen, mit dem sie den Zweck verfolgen, die Gesellschaft unter ihre Kontrolle zu bringen[83].

48a   In diesen Fällen kommt es vor allem darauf an, ob die Gesellschafter bereits selbst **in** dem **Gesellschaftsvertrag** Vorkehrungen zur Sicherung der Unabhängigkeit ihrer Gesellschaft getroffen haben (Rdnr. 49, 54 ff.). Die Rechtslage gestaltet sich insbesondere ganz unterschiedlich, je nachdem, ob der Weg der Gesellschaft in die Abhängigkeit über einen **Beschluss** der Gesellschafter führt oder nicht. Ein Beschluss der Gesellschafter ist zur Begründung der Abhängigkeit z.B. erforderlich bei einer Kapitalerhöhung, wenn die neuen Anteile einem Unternehmensgesellschafter, der dadurch die Mehrheit erlangt, unter Ausschluss der übrigen zugewiesen werden sollen, oder bei dem Mehrheitserwerb eines Unternehmensgesellschafters, wenn die Gesellschaftsanteile nach § 15 Abs. 5 vinkuliert sind, während die Gesellschafterversammlung nicht involviert ist, wenn sich etwa der Mehrheitserwerb außerhalb der Gesellschaft durch Erbfolge vollzieht oder wenn ein bisher privater Mehrheitsgesellschafter durch

---

82 S. statt aller *Emmerich,* AG 1987, 1, 2; *Emmerich,* AG 1991, 303; *Liebscher,* in: MünchKomm. GmbHG, Rdnr. 267 ff.

83 Vgl. den Fall OLG Saarbrücken v. 12.7.1979 – 8 U 14/78, AG 1980, 26 und BGH v. 13.10.1980 – II ZR 201/79, AG 1980, 342.

die Aufnahme einer konkurrierenden unternehmerischen Tätigkeit Unternehmensqualität erlangt.

2. Beschlusskontrolle

a) Gestaltungsmöglichkeiten des Gesellschaftsvertrages

Angesichts der Vertragsfreiheit, die die Gesellschafter einer GmbH bei der Gestaltung ihres Innenverhältnisses besitzen (§ 45 Abs. 1), ist die **Sicherung der Unabhängigkeit** der Gesellschaft in erster Linie eine **Aufgabe des Gesellschaftsvertrages** (§ 45)[84]. Dafür kommen unterschiedliche Regelungen in Betracht[85]. Als besonders erfolgversprechend gilt allgemein die **Vinkulierung der Anteile** gemäß § 15 Abs. 5[86]. Dabei bleibt freilich zu beachten, dass nach überwiegender Meinung der **betroffene Gesellschafter**, wenn die Zustimmung zu der Veräußerung der Anteile Sache der Gesellschafter ist, mangels Anwendbarkeit des § 47 Abs. 4 **stimmberechtigt** ist (s. 11. Aufl., § 47 Rdnr. 117), so dass die Vinkulierung der Anteile wirklichen Schutz gegen die nachträgliche Begründung der Mehrheitsherrschaft seitens eines Unternehmensgesellschafters nur bietet, wenn entweder zu der Veräußerung der Anteile die Zustimmung aller Gesellschafter verlangt oder der betroffene Gesellschafter vom Stimmrecht ausgeschlossen wird.

49

Ähnliche Bedeutung wie der Vinkulierung der Anteile (Rdnr. 49) wird verbreitet **Wettbewerbsverboten für** die **Gesellschafter** zur Sicherung der Unabhängigkeit der Gesellschaft beigemessen, vor allem, wenn das Wettbewerbsverbot im Sinne eines umfassenden Verbots unternehmerischer Betätigung außerhalb der Gesellschaft formuliert wird (§ 3 Rdnr. 83 ff.). Daneben ist, gegebenenfalls zusätzlich, an die **Einführung von Höchststimmrechten**[87], an **Ankaufs- und Vorkaufsrechte** der Gesellschafter hinsichtlich der Anteile der Mitgesellschafter (s. § 3 Rdnr. 107) sowie an **Ausschlussrechte** gegenüber fremden Unternehmensgesellschaftern zu denken. Sollen derartige Schutzmechanismen **nachträglich eingeführt** werden, so dürfte dafür im Regelfall eine Änderung des Gesellschaftsvertrages mit qualifizierter Mehrheit nach § 53 Abs. 2 genügen[88]; ein Fall des **§ 53 Abs. 3** wird nur vorliegen, wenn sich solche Klauseln gezielt gegen einzelne Gesellschafter richten, von denen der Unabhängigkeit der Gesellschaft in besonderem Maße Gefahren drohen. Die Wirksamkeit derartiger Schutzmechanismen ist um so höher einzuschätzen, je enger die Voraussetzungen sind, unter denen jeweils im Einzelfall einem Gesellschafter **Befreiung (Dispens)** von der fraglichen Beschränkung erteilt werden kann, und umgekehrt (s. Rdnr. 50 f.).

49a

b) Dispens

Soll einem Gesellschafter Befreiung von einer der genannten, die Unabhängigkeit der Gesellschaft sichernden gesellschaftsvertraglichen Regelungen erteilt werden (zuvor Rdnr. 49 f.), so ist danach zu unterscheiden, ob der Gesellschaftsvertrag bereits selbst eine derartige Möglichkeit vorsieht oder nicht. Im zweiten Fall, d.h. *bei Fehlen* einer gesellschaftsvertraglichen

50

---

84 Monopolkommission 7. Hauptgutachten, 1986/87, Rdnr. 860 ff.; *Altmeppen*, in: Roth/Altmeppen, Rdnr. 129 ff.; *Beurskens*, in: Baumbach/Hueck, Rdnr. 32 ff.; *Binnewies*, Konzerneingangskontrolle, S. 143 ff.; *Bouchon*, Konzerneingangsschutz, S. 66 f.; *Doralt*, ZGR 1991, 252, 261 ff.; *Grauer*, Konzernbildungskontrolle, S. 72 ff.; *Uwe H. Schneider*, in: Hommelhoff, Entwicklungen im GmbH-Konzernrecht, S. 121 ff.; *M. Winter*, Treuebindungen, S. 239 ff.

85 S. insbes. *Casper*, in: Ulmer/Habersack/Löbbe, Rdnr. 61 ff.; *Emmerich/Habersack*, Kommentar, § 318 AktG Anh. Rdnr. 10 f.; *Lutter/Timm*, NJW 1982, 409, 415 f.; *Liebscher*, in: MünchKomm. GmbHG, Rdnr. 240 ff.; *Beurskens*, in: Baumbach/Hueck, Rdnr. 30 ff.

86 S. *Bouchon*, Konzerneingangsschutz, S. 68 ff.

87 *Bouchon*, Konzerneingangsschutz, S. 78 ff.

88 Im Einzelnen str., s. *Bouchon*, Konzerneingangsschutz, S. 87 ff.

Regelung, ist eine Dispenserteilung nur im Wege der **Änderung des Gesellschaftsvertrages** nach § 53 möglich. Für eine Inhaltskontrolle, wie sie in anderen Fällen der Dispenserteilung erwogen wird (Rdnr. 52), dürfte daneben kein Raum sein. In Betracht kommt allenfalls eine Missbrauchskontrolle in besonders schwer wiegenden Fällen (§§ 242, 826 BGB; alles str.).

51 Sieht dagegen bereits der **Gesellschaftsvertrag** selbst eine **Befreiungsmöglichkeit**, z.B. von einem Veräußerungs- oder einem Wettbewerbsverbot vor, so genügt für den Dispens grundsätzlich ein Beschluss der Gesellschafter mit **einfacher Mehrheit**, sofern nicht der Vertrag selbst eine höhere Mehrheit vorschreibt[89]. Die zentrale Frage ist in diesen Fällen immer die Anwendbarkeit des **§ 47 Abs. 4 Satz 1**. Für den Fall der Zustimmung der Gesellschafter zur Veräußerung von Gesellschaftsanteilen nach **§ 15 Abs. 5** wird die Frage überwiegend verneint (Rdnr. 49). Anders wird dagegen in der Regel entschieden, soweit es um die Befreiung eines Gesellschafters von einem (vertraglichen oder aus der Treuepflicht abgeleiteten) **Wettbewerbsverbot** geht[90].

c) Inhaltskontrolle

52 Eine verbreitete Meinung tritt wegen der angedeuteten Probleme (Rdnr. 51) für eine ergänzende Inhaltskontrolle gegenüber abhängigkeitsbegründenden Beschlüssen der Gesellschafterversammlung ein; Beispiele sind die Zustimmung zur Veräußerung der Anteile oder zur Aufhebung eines Wettbewerbsverbotes[91]. Die Folge wäre, dass der fragliche Beschluss **anfechtbar** ist, wenn er nicht (ausnahmsweise) durch die Interessen der Gesellschaft **sachlich gerechtfertigt ist oder** wenn weniger schwer in die Rechte der Mitgesellschafter eingreifende **Alternativen** zur Verfügung stehen[92]. Als derartige Alternativen kommen etwa der Erwerb des anderen Unternehmens, in dessen Abhängigkeit die Gesellschaft zu geraten droht, durch die Gesellschaft selbst oder auch treuhänderische Bindungen des neuen herrschenden Unternehmensgesellschafters in Betracht. Die Problematik solcher Inhaltskontrolle liegt in den **nur schwer zu konkretisierenden Maßstäben**. Denn es geht hier letztlich um unternehmenspolitische Entscheidungen, deren Kontrolle, von evidenten Missbrauchsfällen abgesehen, kaum den Gerichten übertragen werden kann. Die **Beweislast** für das Vorliegen der genannten Voraussetzungen (Rdnr. 51 f.) für einen Dispens trifft das die Befreiung beantragende herrschende Unternehmen[93]. Aufgrund seiner Treuepflicht ist der Gesellschafter, der die Gesellschaft in die Abhängigkeit von einem anderen Unternehmen führen will, außerdem zur **umfassenden Information** seiner Mitgesellschafter verpflichtet (Rdnr. 40).

d) Satzungsänderung

53 Sollen Bestimmungen des Gesellschaftsvertrages zur Sicherung der Unabhängigkeit der Gesellschaft nachträglich aufgehoben oder geändert werden, so genügt dafür grundsätzlich eine

---

89 BGH v. 16.2.1981 – II ZR 168/79, NJW 1981, 1512, 1513 = GmbHR 1981, 189, 190 – Süssen (insoweit nicht in BGHZ 80, 69 abgedruckt); *Bouchon*, Konzerneingangsschutz, S. 73, 83 ff.; *Binnewies*, Konzerneingangskontrolle, S. 147 f.; *Liebscher*, Konzernbildungskontrolle, S. 275 ff.

90 BGH v. 16.2.1981 – II ZR 168/79, NJW 1981, 1512, 1513 = GmbHR 1981, 189, 190 – Süssen; *Binnewies*, Konzerneingangskontrolle, S. 173 ff.; *Liebscher*, Konzernbildungskontrolle, S. 281 ff.

91 *Binnewies*, Konzerneingangskontrolle, S. 224 ff.; *Emmerich/Habersack*, Kommentar, § 318 AktG Anh. Rdnr. 12 f.; *Grauer*, Konzernbildungskontrolle, S. 76, 82 ff.; *Liebscher*, Konzernbildungskontrolle, S. 281 ff.

92 BGH v. 16.2.1981 – II ZR 168/79, BGHZ 80, 69, 74 ff. = NJW 1981, 1512 = GmbHR 1981, 189 – Süssen; OGH v. 16.12.1980 – 5 Ob 649/80, SZ Bd. 53 (1980) Nr. 172, S. 779, 783 ff. = GesRZ 1981, 44.

93 BGH v. 16.2.1981 – II ZR 168/79, BGHZ 80, 69, 74 ff. = NJW 1981, 1512 = GmbHR 1981, 189 – Süssen.

Änderung des Gesellschaftsvertrages mit qualifizierter Mehrheit nach § 53 Abs. 2. Etwas anderes kommt nur in Betracht, wenn die daraufhin drohende Konzernierung der Gesellschaft geradezu eine **Zweckänderung** zur Folge hat (§ 33 BGB).

3. Wettbewerbsverbot, Treuepflicht

Das Erfordernis einer Zustimmung der Mitgesellschafter sowie eine zusätzliche Inhaltskontrolle gegenüber Beschlüssen der Gesellschafter bieten freilich dort keinen Schutz, wo der Unabhängigkeit der Gesellschaft Gefahren von **Vorgängen außerhalb** der Gesellschaft drohen. Nimmt z.B. ein (bisher) privater Mehrheitsgesellschafter eine **unternehmerische Tätigkeit außerhalb der Gesellschaft** auf oder erwirbt er an einem anderen Unternehmen eine maßgebliche Beteiligung, so kann offenbar auf dem Weg über eine Inhaltskontrolle von Gesellschafterbeschlüssen keine Abhilfe geschaffen werden. Deshalb ist zu erwägen, in solchen Fällen zusätzliche **Schranken aus** der **Treuepflicht** der Gesellschafter abzuleiten. Diskutiert werden in erster Linie ein **Wettbewerbsverbot** zu Lasten von Mehrheitsgesellschaftern aufgrund der Treuepflicht, jedenfalls bei personalistischen Gesellschaften (Rdnr. 55), sowie eine **Zustimmungspflicht** der Gesellschafter zur Begründung der Abhängigkeit der Gesellschaft oder doch zur Eingliederung der Gesellschaft in einen fremden Konzern, wobei wiederum die Mehrheitserfordernisse umstritten sind (Rdnr. 56).

54

In Fällen wie der Beteiligung eines Unternehmensgesellschafters an der Gesellschaft oder der Aufnahme einer Konkurrenztätigkeit durch einen Mehrheitsgesellschafter kann der Schutz der Gesellschaft in der Tat durch ein aus der Treuepflicht abgeleitetes **Wettbewerbsverbot** für Mehrheitsgesellschafter sichergestellt werden, dessen Anwendungsbereich auch nicht auf personalistische Gesellschaften beschränkt werden sollte und von dem die Gesellschafterversammlung dann lediglich von Fall zu Fall, nach manchen sogar nur mit qualifizierter Mehrheit, **Befreiung** erteilen kann[94]. Der Vorteil dieser Lösung liegt darin, dass bei der Entscheidung über den Dispens der betreffende Gesellschafter nach § 47 Abs. 4 Satz 1 kein Stimmrecht hat (Rdnr. 51). Ein Allheilmittel stellen derartige aus der Treuepflicht abgeleitete Wettbewerbsverbote gleichwohl nicht dar, da sie heute mit Rücksicht auf § 1 GWB und Art. 101 AEUV *nur noch in engen Grenzen* anerkannt werden können und da der von ihnen ausgehende Schutz der Unabhängigkeit der Gesellschaft ohnehin versagt, wenn der Gesellschaft von der unternehmerischen Tätigkeit des Mehrheitsgesellschafters *keine* Konkurrenz droht, ohne dass dadurch indessen die Gefahren der Abhängigkeit verringert würden.

55

In den zuletzt genannten Fällen, in denen Abhilfe über die Annahme eines konkludenten Wettbewerbsverbots nicht möglich ist, ist nach einer verbreiteten Meinung aus der Treuepflicht der Gesellschafter die zusätzliche Verpflichtung der Gesellschafter abzuleiten, **alles zu unterlassen**, was die **Selbständigkeit** der Gesellschaft **beeinträchtigen** könnte, weil grundsätzlich *jede* Abhängigkeit die Gefahr einer nachhaltigen Schädigung der Gesellschaft und schwerwiegender Eingriffe in die Rechte der Mitgesellschafter heraufbeschwört[95]. Eine verbreitete Meinung leitet daraus die Notwendigkeit der **Zustimmung der Gesellschafter zu der Begründung der Abhängigkeit** ab, da nur die Gesellschafterversammlung einem Gesellschafter Befreiung von seiner Treuepflicht erteilen könne, jedenfalls, wenn es sich um eine personalistische Gesellschaft handelt[96]. Dem ist indessen die **überwiegende Meinung** wegen

56

---

94 S. *Altmeppen*, in: Roth/Altmeppen, Rdnr. 134 ff.; *Binnewies*, Konzerneingangskontrolle, S. 192 ff.; *Geiger*, Wettbewerbsverbote; *Grauer*, Konzernbildungskontrolle, S. 91 ff.; *Liebscher*, Konzernbildungskontrolle, S. 245 ff.; *Liebscher*, in: MünchKomm. GmbHG, Rdnr. 295 ff.

95 S. Rdnr. 54; *Liebscher*, in: MünchKomm. GmbHG, Rdnr. 304 ff.; *Beurskens*, in: Baumbach/Hueck, Rdnr. 38 ff.

96 *Binnewies*, Konzerneingangskontrolle, S. 192 ff.; *Liebscher*, in: MünchKomm. GmbHG, Rdnr. 304 ff.

der grundsätzlichen Konzernoffenheit der GmbH, d.h. der Sache nach wegen der fehlenden Grundlage im Gesetz, *nicht* gefolgt[97]. Anders verhält es sich nur in Fällen, in denen der Übergang zu Konzernsituationen droht, die früher mit dem Stichwort **qualifizierter faktischer Konzern** umschrieben wurden. Dass hierzu die Zustimmung der Gesellschafter, und zwar grundsätzlich aller erforderlich ist, folgt schon aus **§ 33 BGB** (Rdnr. 91 ff.).

4. Rechtsfolgen

57 Die Rechtsfolgen von Verstößen gegen die Regeln über die Konzernbildungskontrolle hängen von der Art der die Gefahr der Abhängigkeit begründenden Maßnahmen eines Gesellschafters ab. In erster Linie ist hier, soweit möglich, an die **Anfechtung** der maßgeblichen Gesellschafterbeschlüsse zu denken (Rdnr. 52 ff.). Soweit dies nicht weiterhilft, ist zu bedenken, dass das Verhalten des betreffenden Gesellschafters einen schwerwiegenden **Verstoß gegen** seine **Treuepflicht** gleichermaßen gegenüber der Gesellschaft wie gegenüber den Mitgesellschaftern darstellt, so dass als weitere Rechtsfolgen **Schadensersatz- und Unterlassungsansprüche** der Gesellschaft in Betracht kommen (§§ 242, 280 Abs. 1, 249 BGB)[98]. Auch an einen **Ausschluss** des betreffenden Gesellschafters aus wichtigem Grunde, gegebenenfalls im Wege der Einziehung seines Geschäftsanteils, ist hier zu denken (§ 34). Für die **Durchsetzung** dieser Rechte stehen der Minderheit die Wege der §§ 50 und 51a i.V.m. § 43 und § 46 Nr. 5, 6 und 8 offen; daneben ist wohl vor allem hier Raum für die **actio pro socio** der Mitgesellschafter (s. 11. Aufl., § 46 Rdnr. 161 f.).

III. Konzernbildungskontrolle auf der Ebene der herrschenden Gesellschaft

Schrifttum: *Altmeppen,* in: Roth/Altmeppen, Rdnr. 156 ff.; *Emmerich/Habersack,* Aktien- und GmbH-Konzernrecht, Kommentar, 8. Aufl. 2016, Vor § 311 AktG Rdnr. 31–55, § 318 AktG Anh. Rdnr. 49–52; *Habersack,* Mitwirkungsrechte der Aktionäre nach Macrotron und Gelatine, AG 2005, 137; *Fr. Jungkurth,* Konzernleitung bei der GmbH, 2000; *Liebscher,* Konzernbildungskontrolle, 1995, S. 160–182; *Liebscher,* in: MünchKomm. GmbHG, Rdnr. 1062–1174; *Uwe H. Schneider,* Konzerngründung im faktischen GmbH-Konzern, GmbHR 2014, 113; *Uwe H. Schneider,* in: Hommelhoff (Hrsg.), Entwicklungen im GmbH-Konzernrecht, 1986, S. 121; *Tieves,* Der Unternehmensgegenstand der Kapitalgesellschaft, 1998, S. 409 ff.; *U. Wackerbarth,* Grenzen der Leistungsmacht in der internationalen Unternehmensgruppe, 2001; *Zitzmann,* Die Vorlagepflichten des GmbH-Geschäftsführers, 1991.

1. Überblick

58 Der Aufbau von Unternehmensverbindungen kann nicht nur für die abhängige, sondern auch für die herrschende Gesellschaft und ihre Gesellschafter **gravierende Konsequenzen** haben[99]. Für die herrschende **Gesellschaft** selbst resultieren sie vor allem aus den wachsenden **Haftungsrisiken**, in erster Linie natürlich in Vertragskonzernen (s. die §§ 302 und 303 AktG), während bei den **Gesellschaftern** insbesondere die Gefahren ins Auge stechen, die sich daraus ergeben, dass ihre **Mitverwaltungsrechte** in der Gesellschaft in dem Maße mediatisiert werden, in dem die Verwaltung der Obergesellschaft eines Konzerns deren Aktivitäten in Tochter- und Enkelgesellschaften verlagert, weil die Beteiligungsverwaltung traditionell als Domäne

---

97 S. Rdnr. 46 sowie *Altmeppen,* in: Roth/Altmeppen, Rdnr. 132 ff.; *Bälz,* AG 1992, 277, 300; *Bouchon,* Konzerneingangsschutz, S. 267 ff.; *Casper,* in: Ulmer/Habersack/Löbbe, Rdnr. 64; *Emmerich/Habersack,* Kommentar, § 318 AktG Anh. Rdnr. 112; *Grauer,* Konzernbildungskontrolle, S. 102 ff.
98 S. *Emmerich/Habersack,* Konzernrecht, § 9 Rdnr. 5 f. (S. 119).
99 Zu diesen Gefahren s. *Emmerich/Habersack,* Kommentar, Vor § 311 AktG Rdnr. 31 ff.; *Henssler,* in: FS Zöllner Bd. I, 1998, S. 203; *Jungkurth,* Konzernleitung, S. 24 ff.

der Verwaltung der Obergesellschaft gilt. Zugleich droht das **Gewinnbezugsrecht** der Gesellschafter zur leeren Hülse zu verkümmern, wenn die Verwaltung dazu übergeht, die Gewinne systematisch bei den Tochtergesellschaften zu thesaurieren. Dass das Recht hier gegensteuern muss, liegt auf der Hand. Die Frage ist nur: wie.

Üblicherweise wird zu diesem Zweck auf der Ebene der herrschenden Gesellschaft zwischen einer Konzern*bildungs*- und einer Konzern*leitungs*kontrolle unterschieden. Stattdessen ist vielfach auch (genauer) von Gruppenbildungs- und Gruppenleitungskontrolle die Rede. Unterscheidungsmerkmal soll sein, ob sich die fragliche Maßnahme auf einen bereits *bestehenden* Konzern bezieht (dann Gruppen- oder **Konzernleitungskontrolle**) oder ob es sich um den *ersten* Akt des Aufbaues eines neuen Konzerns handelt (dann Gruppen- oder **Konzernbildungskontrolle**); gleich steht der weitere Ausbau eines schon bestehenden Konzerns. Die Sinnfälligkeit dieser Unterscheidungen wird gelegentlich (nicht ohne Grund) angezweifelt[100]. Sie ist jedoch üblich geworden und soll deshalb auch hier der Darstellung zugrunde gelegt werden. Konkret geht es vor allem um die Frage, unter welchen Voraussetzungen und in welchem Umfang die Gesellschafter des herrschenden Unternehmens an Entscheidungen über die Konzernbildung und über die Konzernleitung zu beteiligen sind (s. Rdnr. 60 ff., 64 f.). **59**

2. Mitwirkung der Gesellschafter

In einer Reihe von Fällen hat das Gesetz bereits selbst Vorsorge für die nötige Mitwirkung der Gesellschafter bei der Konzernbildung getroffen[101]. Hervorzuheben sind die Begründung eines **Vertragskonzerns** durch Abschluss eines Beherrschungs- oder Organschaftsvertrages (§ 293 AktG analog) sowie die verschiedenen Fälle der Umwandlung, die unter das UmwG fallen, wobei vor allem an die **Abspaltung** von Tochtergesellschaften zu denken ist (§§ 123 Abs. 2 Nr. 2, 135 und 138 ff. UmwG). Involviert die Konzernbildung die Übertragung nahezu des gesamten Vermögens der herrschenden Gesellschaft auf andere Unternehmen, so kommt außerdem die entsprechende Anwendung des § 179a AktG in Betracht. In diesen Fällen kann es sich daher nur fragen, ob der jeweils erforderliche Zustimmungsbeschluss (§§ 53, 54; §§ 179a, 293 AktG analog; §§ 125, 128 und 13 UmwG) zusätzlich einer **Inhaltskontrolle** unterliegt. Überwiegend wird diese Frage heute verneint (s. Rdnr. 62). Jenseits dieser Fälle ist davon auszugehen, dass jedenfalls die laufende **Beteiligungsverwaltung** bei der GmbH grundsätzlich **Sache der Geschäftsführung** ist (§§ 35 ff.)[102]. Jedoch müssen die Geschäftsführer dabei die **Schranken** beachten, die die **Grundlagenkompetenz der Gesellschafter** sowie **Gegenstand und Zweck** der Gesellschaft ihrer Geschäftsführungsbefugnis ziehen[103]. Folglich sind ihnen der **Erwerb** oder die **Veräußerung von Beteiligungen** grundsätzlich nur erlaubt, wenn sie dem Gesellschaftervertrag entsprechen, durch Zweck und Gegenstand der Gesellschaft gedeckt sind und durch diese Vorgänge außerdem nicht in die Zuständigkeit der Gesellschafter für die grundlegenden Entscheidungen über die Geschäftspolitik eingegriffen wird. Andernfalls bedürfen die Geschäftsführer der vorherigen **Zustimmung der Gesellschafter**, und zwar mit qualifizierter Mehrheit, wenn durch die fraglichen Maßnahmen der Sache nach der Zweck oder der Gegenstand der Gesellschaft geändert wird (§ 53). Darüber hinaus können die Gesellschafter ohnehin sämtliche Fragen der Beteiligungsverwaltung an sich ziehen und darüber **60**

---

100 Zutreffend *Mülbert*, Aktiengesellschaft, Unternehmensgruppe und Kapitalmarkt, 1995, S. 463, 471 ff.

101 Ausführlich *Liebscher*, in: MünchKomm. GmbHG, Rdnr. 1065 ff.

102 S. 11. Aufl., § 37 Rdnr. 21, 80 ff.; OLG Koblenz v. 9.8.1990 – 6 U 888/90, GmbHR 1991, 264 = NJW-RR 1991, 487, 488.

103 S. 11. Aufl., § 37 Rdnr. 17, 81; BGH v. 25.2.1991 – II ZR 76/90, NJW 1991, 1681 = GmbHR 1991, 197 = AG 1991, 235, 236; OLG Koblenz v. 9.8.1990 – 6 U 888/90, GmbHR 1991, 264 = NJW-RR 1991, 487, 488; *Altmeppen*, in: Roth/Altmeppen, Rdnr. 156; ausführlich *Jungkurth*, Konzernleitung, S. 27 ff.; *Tieves*, Unternehmensgegenstand, S. 268 ff.

jederzeit Auskunft verlangen, so dass sie, wenn sie nur wollen, die Kontrolle in der Hand behalten können (§§ 37 Abs. 1 und 51a)[104].

61 Über diese Grundsätze besteht im Ausgangspunkt Einigkeit[105]. Zahlreiche Details sind jedoch nach wie vor offen. Hervorzuheben sind die folgenden Punkte: Zunächst geht es um die Frage, ob hier eine **Bagatellgrenze** anzuerkennen ist, jenseits derer für eine Konzernbildungskontrolle kein Raum mehr ist[106]. Im Schrifttum wurden dafür eine Zeitlang unterschiedliche Beträge zwischen 5 % und 50 %, bezogen noch dazu auf unterschiedliche Parameter wie Vermögen, Umsatz und dergleichen mehr genannt. Allen diesen Versuchen letztlich zur *Ausdehnung* der Holzmüller-Doktrin hat der BGH jedoch in den beiden **Gelatine-Urteilen für die AG** eine klare Absage erteilt[107]. Um eine ungeschriebene Hauptversammlungszuständigkeit bei der **AG** annehmen zu können, muss die fragliche Maßnahme danach vielmehr ungefähr **75 bis 80 % des Vermögens** der AG betreffen[108]. Noch offen ist, ob und inwieweit diese Rechtsprechung auf die **GmbH** mit ihrer abweichenden Struktur und der prinzipiellen Allzuständigkeit der Gesellschafterversammlung übertragen werden kann[109]; auszugehen ist jedenfalls davon, dass die Geschäftsführer der Gesellschafterversammlung **alle Maßnahmen mit außergewöhnlichem Charakter** einschließlich eben solcher der Gruppenbildung und Gruppenumbildung zur Beschlussfassung vorlegen müssen (§ 49 Abs. 2), wobei freilich bei der Annahme derartiger Fälle heute offenbar mit Rücksicht auf den Stand der Rechtsprechung zur AG Zurückhaltung geboten ist[110]. Im Schrifttum finden sich zwar vielfältige Versuche zur Bildung von Fallgruppen, die jedoch angesichts der geringen Zahl einschlägiger Entscheidungen nur wenig hilfreich sind.

62 Die zweite noch ungeklärte Frage geht dahin, ob der Zustimmungsbeschluss der Gesellschafter zusätzlich zum Schutze der Minderheit einer **Inhaltskontrolle** zu unterwerfen ist[111]. Der Sache nach kann es dabei aber um nicht mehr als um eine **Missbrauchskontrolle** gehen, wie sie immer möglich ist. Hinzuweisen bleibt noch darauf, dass die vorstehend entwickelten Grundsätze auch und gerade für die **Gründung** von Tochtergesellschaften gelten, soweit nicht die Sonderregelungen des UmwG eingreifen.

3. Konzernklauseln

63 Wegen der geschilderten Schranken für die Beteiligungsverwaltung der Geschäftsführer (Rdnr. 60 ff.) haben sich in der Gesellschaftspraxis so genannte Ermächtigungs-, Konzernierungs-, Satzungs- oder Konzernklauseln weithin in den Gesellschaftsverträgen durchgesetzt. Man versteht darunter Bestimmungen im Gesellschaftsvertrag, nach denen die Gesellschaft grundsätzlich befugt sein soll, Tochtergesellschaften zu erwerben und Konzerne aufzubauen. In den beiden bereits mehrfach erwähnten **Gelatine-Urteilen** von 2004 hat der BGH indessen solchen Klauseln, *soweit* nach der Holzmüller-Doktrin bei der *AG* eine ungeschriebene Zuständigkeit der Hauptversammlung anzunehmen ist, **jede Bedeutung abgesprochen**; oh-

---

104 *Altmeppen*, in: Roth/Altmeppen, Rdnr. 156; s. auch Rdnr. 63, 64.
105 11. Aufl., § 37 Rdnr. 81; *Casper*, in: Ulmer/Habersack/Löbbe, Rdnr. 67 ff.; *Emmerich/Habersack*, Kommentar, § 318 AktG Anh. Rdnr. 50 f.; *Henssler*, in: FS Zöllner Bd. I, 1998, S. 203, 211 f.; *Jungkurth*, Konzernleitung, S. 27 ff.; *Liebscher*, in: MünchKomm. GmbHG, Rdnr. 1062, 1090 ff.
106 S. *Henssler*, in: FS Zöllner Bd. I, 1998, S. 203, 213 f.
107 BGH v. 26.4.2004 – II ZR 155/02, BGHZ 159, 30, 45 f., 47 = NJW 2004, 1860 = AG 2004, 384; BGH v. 26.4.2004 – II ZR 154/02, NZG 2004, 575 = ZIP 2004, 1001.
108 S. *Emmerich/Habersack*, Konzernrecht, § 9 Rdnr. 19 ff. (S. 127 ff.); *Emmerich/Habersack*, Kommentar, Vor § 311 AktG Rdnr. 33 ff.
109 Ausführlich *Liebscher*, in: MünchKomm. GmbHG, Rdnr. 1098 ff.
110 *Emmerich/Habersack*, Konzernrecht, § 9 Rdnr. 9 f. (S. 121 f.); *Liebscher*, in: MünchKomm. GmbHG, Rdnr. 1091, 1145 ff.
111 Dagegen z.B. *Casper*, in: Ulmer/Habersack/Löbbe, Rdnr. 70.

ne Rücksicht auf die Konzernklausel ist in *diesem* Bereich vielmehr stets eine Zustimmung der Hauptversammlung mit qualifizierter Mehrheit erforderlich[112]. Für die **GmbH** ist daraus zumindest der Schluss zu ziehen, dass Konzernklauseln grundsätzlich **restriktiv** zu handhaben sind, so dass, wie immer im Übrigen die Klausel formuliert sein mag, bei **strukturändernden außergewöhnlichen Maßnahmen** der Gruppenbildung oder -umbildung die Gesellschafterversammlung mit qualifizierter Mehrheit zustimmen muss (§ 53), und dass es sich in allen sonstigen Fällen der Konzernbildung durchweg um **außergewöhnliche Maßnahmen i.S. des § 49 Abs. 2** handelt, die zwingend der Gesellschafterversammlung vorzulegen sind[113]. Die Gesellschafter können eine solche **Vorlegung** auch selbst **erzwingen** (§ 50 Abs. 1) und dann durch entsprechende Weisungsbeschlüsse in die Beteiligungsverwaltung eingreifen. Vor allem in diesem Zusammenhang kommt dem Auskunfts- und Einsichtsrecht der Gesellschafter (§ 51a) zentrale Bedeutung zu (s. schon Rdnr. 60).

4. Rechtsfolgen

Die Rechtsinstitute zum Schutze der Minderheit gegen die ihr von einer Konzernbildung drohenden Gefahren (Rdnr. 60 ff.) finden ihre Grundlage letztlich in der **Treuepflicht der Gesellschaft** gegenüber den Gesellschaftern. Für die **Rechtsfolgen** bei einer Übergehung der Mitwirkungsrechte der Gesellschafter bei Konzernbildungsmaßnahmen folgt daraus, dass die Gesellschafter in erster Linie, soweit noch möglich (§ 275 Abs. 1 BGB), **Unterlassung und Beseitigung** durch Rückgängigmachung der Maßnahmen verlangen können (§§ 242, 249, 280 Abs. 1, 823 Abs. 1, 1004 BGB)[114]. Dagegen wird die **Wirksamkeit** der fraglichen Maßnahmen im Außenverhältnis durch die Verletzung der Zuständigkeit der Gesellschafter grundsätzlich nicht berührt, soweit nicht ein Missbrauch der Vertretungsmacht vorliegt (§ 37 Abs. 2). Hilfsweise kommen **Schadensersatzansprüche** gegen die Gesellschaft sowie auch gegen die Geschäftsführer in Betracht (§ 43 Abs. 2). Zur Durchsetzung ihrer Rechte hat die Minderheit das Auskunftsrecht des § 51a sowie das Recht, die Einberufung der Gesellschafterversammlung zu verlangen (§ 50). Von Fall zu Fall sind schließlich auch Unterlassungs- und Schadensersatzansprüche gegen die **Mehrheitsgesellschafter** in der herrschenden Gesellschaft denkbar, wenn sie in dem genannten Sinne von ihrem Einfluss auf die Geschäftsführer zum Schaden der Minderheit Gebrauch gemacht haben[115].

63a

IV. Konzernleitungskontrolle, Konzernleitungspflicht

Bei der Konzernleitungskontrolle hat man in erster Linie **Maßnahmen der Verwaltung** der herrschenden Gesellschaft **im Rahmen bereits bestehender Unternehmensverbindungen** im Auge (s. schon Rdnr. 59 f.). **Beispiele** sind die Zusammenfassung abhängiger Gesellschaften in einem von der herrschenden Gesellschaft geführten Konzern (§ 18 Abs. 1 AktG) sowie insbesondere die **Ausübung der** der herrschenden Gesellschaft aufgrund ihrer Beteiligung bei den abhängigen Gesellschaften zustehenden **Rechte**. Besonderes Gewicht haben dabei neben der Veräußerung von Töchtern die Entscheidungen über die Gewinnverwendung, über die Beteiligung Dritter an solchen Gesellschaften, insbesondere im Rahmen von Kapitalerhöhungen, sowie über den Abschluss von Unternehmensverträgen auf der Ebene der abhän-

64

---

112 BGH v. 26.4.2004 – II ZR 155/02, BGHZ 159, 30, 45 f. = NJW 2004, 1860 = AG 2004, 384; BGH v. 26.4.2004 – II ZR 154/02, NZG 2004, 575 = ZIP 2004, 1001.

113 *Casper*, in: Ulmer/Habersack/Löbbe, Rdnr. 69; *Henssler*, in: FS Zöllner Bd. I, 1998, S. 203, 216; *Jungkurth*, Konzernleitung, S. 42 ff.; *Liebscher*, in: MünchKomm. GmbHG, Rdnr. 1074 ff.

114 BGH v. 25.2.1982 – II ZR 174/80, BGHZ 83, 122, 127 = NJW 1982, 1703 = AG 1982, 158 – Holzmüller; LG Stuttgart v. 8.11.1991 – 2 KfH O 135/91, AG 1992, 236, 237 f.

115 S. *Henssler*, in: FS Zöllner Bd. I, 1998, S. 203, 216; *M. Winter*, Treuebindungen, S. 306 ff.

gigen Gesellschaften. Wegen der von derartigen Maßnahmen den Gesellschaftern der herrschenden Gesellschaft drohenden Gefahren erstreckt sich zunächst deren **Auskunfts- und Einsichtsrecht** ausnahmslos auf die fraglichen Maßnahmen bei den abhängigen Gesellschaften, weil deren Angelegenheiten zugleich solche der herrschenden Gesellschaft i.S. des § 51a Abs. 1 sind[116]. Bereits dadurch wird den Gesellschaftern der herrschenden GmbH eine weitgehende Kontrolle der Beteiligungsverwaltung ermöglicht (s. schon Rdnr. 60, 63).

64a Sodann ist zu bedenken, dass der Erwerb abhängiger Gesellschaften nichts an der Kompetenzordnung in der herrschenden Gesellschaft ändert. Sämtliche **grundlegenden Entscheidungen** der Konzernpolitik fallen daher wegen ihrer notwendigen Rückwirkungen auf die herrschende Gesellschaft – im Gegensatz zur laufenden Konzernverwaltung – weiterhin in die Zuständigkeit der Gesellschafterversammlung der herrschenden Gesellschaft (11. Aufl., § 37 Rdnr. 80). Von der laufenden Konzernverwaltung müssen ferner **alle weitreichenden Entscheidungen und Maßnahmen** bei den Tochtergesellschaften unterschieden werden, die ebenfalls Rückwirkungen auf die herrschende Gesellschaft haben können (11. Aufl., § 37 Rdnr. 82). Bei derartigen Entscheidungen und Maßnahmen sind daher die Geschäftsführer der herrschenden Gesellschaft gleichfalls von sich aus zur Vorlage an die Gesellschafter verpflichtet (§ 49 Abs. 2). Denn auch die Billigung von Unternehmensverbindungen durch die Gesellschafter (Rdnr. 60 ff.) ändert nichts daran, dass sich die Geschäftsführungsbefugnis der Geschäftsführer grundsätzlich auf die laufenden oder gewöhnlichen Geschäfte beschränkt, während zu darüber hinausgehenden Geschäften die Zustimmung der Gesellschafter erforderlich ist und bleibt (§ 116 HGB analog). Dies gilt auch für die **Beteiligungsverwaltung**[117]. Dabei beurteilt sich **aus der Sicht der Obergesellschaft** (und nicht aus der der Tochtergesellschaften), ob eine Maßnahme bei den Tochtergesellschaften außergewöhnlichen Charakter trägt (s. 11. Aufl., § 37 Rdnr. 80). **Beispiele** für danach im Zweifel zustimmungspflichtige Maßnahmen oder Entscheidungen bei Tochtergesellschaften sind Kapitalerhöhungen, der Abschluss von Unternehmensverträgen, die Beteiligung Dritter und die Veräußerung wesentlicher Vermögensteile der Töchter[118].

64b Von der Frage der Konzernleitungskontrolle (Rdnr. 64 f.) ist die Frage der **Konzernleitungspflicht** zu trennen. Man versteht darunter die im Schrifttum gelegentlich befürwortete *Verpflichtung* der Verwaltung der herrschenden Gesellschaft, von den Rechten der herrschenden Gesellschaft in abhängigen Gesellschaften auch tatsächlich im Sinne einer umfassenden Konzernbildung unter ihrer Leitung Gebrauch zu machen[119]. Von der überwiegenden Meinung wird bisher eine solche Konzernleitungspflicht der herrschenden Gesellschaft – mit guten Gründen – **abgelehnt**. Gegen sie spricht vor allem der grundsätzlich unerwünschte konzentrationsfördernde Effekt, der von einer derartigen Pflicht mit Notwendigkeit ausgeht[120].

D. Faktischer Konzern

Schrifttum: *Altmeppen*, Abschied vom „qualifiziert faktischen Konzern", 1991; *Altmeppen*, in: Roth/Altmeppen, Rdnr. 138 ff.; *M. Becker*, Der Austritt aus der GmbH, 1985, S. 126 ff.; *Casper*, in: Ulmer/Habersack/Löbbe, Rdnr. 71, 76 ff.; *Emmerich/Habersack*, Konzernrecht, 10. Aufl. 2013, § 30 (S. 532 ff.); *Emmerich/Habersack*, Aktien- und GmbH-Konzernrecht, Kommentar, 8. Aufl. 2016, § 318 AktG

---

116 S. 11. Aufl., § 51a Rdnr. 20; *Liebscher*, in: MünchKomm. GmbHG, Rdnr. 1163 ff.
117 S. 11. Aufl., § 37 Rdnr. 80 f.; BGH v. 25.2.1991 – II ZR 76/90, NJW 1991, 1681 = GmbHR 1991, 197 = AG 1991, 235, 236; OLG Frankfurt a.M. v. 19.1.1988 – 5 U 3/86, GmbHR 1989, 254 = AG 1988, 335; ausführlich *Liebscher*, in: MünchKomm. GmbHG, Rdnr. 1175 ff.
118 S. außer den Genannten (vorige Fn.) insbesondere noch *Lutter/Leinekugel*, ZIP 1998, 225, 231 f.; *Liebscher*, in: MünchKomm. GmbHG, Rdnr. 1184 ff.
119 *Hommelhoff*, Konzernleitungspflicht, 1982, passim; *Jungkurth*, Konzernleitung, S. 51 ff.
120 Statt aller *Liebscher*, in: MünchKomm. GmbHG, Rdnr. 1192 ff. mit Nachw.

Anh. Rdnr. 22–48 (S. 775 ff.); *Fr. Jungkurth*, Konzernleitung bei der GmbH, 2000, S. 117 ff.; *Liebscher*, in: MünchKomm. GmbHG, Rdnr. 359, 401 ff.; *Tröger*, Treupflicht im Konzernrecht, 2000.

I. Überblick

Im Anschluss an die aktienrechtliche Regelung unterscheidet man üblicherweise je nach der Intensität der Unternehmensverbindung zwischen einfachen Abhängigkeitsverhältnissen und Konzernen sowie innerhalb der Konzerne weiter zwischen Vertragskonzernen und faktischen Konzernen. **Abgrenzungsmerkmal** zwischen den verschiedenen Konzernformen ist, ob die einheitliche Leitung der verbundenen Unternehmen i.S. des § 18 Abs. 1 AktG auf einem Beherrschungsvertrag oder unabhängig davon allein auf dem Einfluss des herrschenden Unternehmens beruht. Das aktienrechtliche Haftungssystem ist in den verschiedenen Abhängigkeits- und Konzernformen ganz unterschiedlich (vgl. einerseits §§ 300, 308 ff. AktG sowie andererseits §§ 311 ff. AktG). Deshalb ist es auch im GmbH-Konzernrecht üblich geworden, unter haftungsrechtlichen Gesichtspunkten vor allem zwischen **faktischen Konzernen und Vertragskonzernen** zu unterscheiden, wobei „faktischer Konzern" pars pro toto für einfache Abhängigkeitsverhältnisse und Konzerne i.S. des § 18 Abs. 1 AktG steht. Der Grund dafür ist, dass diese beiden Formen von Unternehmensverbindungen im GmbH-Konzernrecht haftungsrechtlich grundsätzlich gleichbehandelt werden. Eine Sonderrolle spielten dagegen früher die so genannten **qualifizierten faktischen Konzerne** (Rdnr. 91 ff.), deren Besonderheit in erster Linie darin gesehen wurde, dass die abhängige Gesellschaft derart umfassend in den Konzern des herrschenden Unternehmens eingegliedert wird, dass die einzelnen Einflussmaßnahmen des herrschenden Unternehmens nicht mehr isoliert werden können.

65

Unternehmensverbindungen unter Beteiligung einer abhängigen GmbH sind offenbar **in der Mehrzahl der Fälle „faktische Konzerne"** in dem genannten umfassenden Sinne (Rdnr. 65)[121]. Die Ursache hierfür hat man wohl in erster Linie in der von der AG abweichenden **Zuständigkeitsordnung** der GmbH zu suchen, die zur Folge hat, dass in der GmbH die **Mehrheitsherrschaft** über die Gesellschafterversammlung **nahezu total** ist (§§ 37 Abs. 1, 45, 46). Des Abschlusses eines Beherrschungsvertrages bedarf es zu solcher Herrschaft daher anders als bei der AG (s. § 76 AktG) grundsätzlich nicht. Wenn gleichwohl Beherrschungsverträge, meistens in Gestalt eines **Organschaftsvertrages**, auch mit abhängigen Gesellschaften in der Rechtsform einer GmbH abgeschlossen wurden, so wohl **vorwiegend** aus **steuerlichen Gründen**, da früher der Abschluss eines Beherrschungsvertrages die Erfüllung der Voraussetzungen der gewerbe- und körperschaftsteuerlichen **Organschaft** erleichterte, weil dann nämlich ohne weiteres von der erforderlichen wirtschaftlichen Eingliederung der Organgesellschaft in den Organträger auszugehen war (§§ 14, 17 KStG a.F.). Seit der Änderung des § 14 KStG durch das **Steuervergünstigungsabbaugesetz von 2003**[122] ist jedoch die wirtschaftliche Eingliederung als Voraussetzung der Organschaft entfallen, so dass, jedenfalls aus steuerlicher Sicht, der Abschluss von Beherrschungsverträgen nicht mehr nötig oder auch nur sinnvoll ist, um die Vorteile der körperschaft- und gewerbesteuerlichen Organschaft in Anspruch nehmen zu können.

66

Über die **Notwendigkeit besonderer Schutzvorkehrungen** zugunsten der Minderheit und der Gläubiger in faktischen GmbH-Konzernen besteht weitgehende Einigkeit. Dafür bieten sich vor allem zwei Wege an, einmal der umfassende Ausbau der gesetzlichen Minderheitsrechte[123], zum anderen die Entwicklung spezifischer konzernrechtlicher Schutzinstrumente,

67

---

121 Ebenso *Liebscher*, in: MünchKomm. GmbHG, Rdnr. 361 f.
122 BGBl. I 2003, 660.
123 Insbes. *Altmeppen*, in: Roth/Altmeppen, Rdnr. 144 ff.; *Altmeppen*, Abschied vom „qualifiziert faktischen Konzern", 1991; *Liebscher*, in: MünchKomm. GmbHG, Rdnr. 373 ff.

wobei **verschiedene Haftungsmodelle** diskutiert werden[124]. Da diese indessen in der Mehrzahl der Fälle zu übereinstimmenden Ergebnissen gelangen, genügt im vorliegenden Zusammenhang ein kurzer Überblick:

68 Nach überwiegender Meinung ist bei der Haftung des herrschenden Unternehmens für eine nachteilige Einflussnahme auf die abhängige Gesellschaft neben dem Gleichbehandlungsgrundsatz vorrangig an die (**gesteigerte**) Treuepflicht des ersteren gleichermaßen gegenüber der abhängigen Gesellschaft wie gegenüber den Mitgesellschaftern **anzuknüpfen**, wobei gewöhnlich der Treuepflicht gegenüber der Gesellschaft der **Vorrang** vor der Treuepflicht gegenüber den Mitgesellschaftern eingeräumt wird, die lediglich subsidiär bei gezielten Eingriffen allein in die Rechte und Interessen einzelner Gesellschafter relevant wird. Aus der gesteigerten Treuepflicht des herrschenden Unternehmens gegenüber der Gesellschaft ergibt sich nach h.M. seine Verpflichtung, bei Maßnahmen in der abhängigen Gesellschaft auf den gemeinsamen Zweck und die Interessen der Gesellschaft wie der Mitgesellschafter Rücksicht zu nehmen (s. §§ 242, 705 BGB). Das herrschende Unternehmen macht sich **schadensersatzpflichtig**, sobald es auf die abhängige Gesellschaft in einer Weise Einfluss nimmt, durch die diese grundlos geschädigt wird *oder* durch die die Rechte der Mitgesellschafter ohne Not verkürzt werden. Als Haftungsmaßstab wird dabei meistens § 43 entsprechend herangezogen[125]. Die Möglichkeit einer Abwendung der Haftung durch **Nachteilsausgleich** entsprechend § 311 AktG wird überwiegend abgelehnt[126].

69 Prinzipiell in dieselbe Richtung weist die Herleitung der Haftung des herrschenden Unternehmens für nachteilige Einflussnahmen auf die abhängige Gesellschaft aus einer **Sonderrechtsbeziehung** zwischen ihm und der abhängigen Gesellschaft (§§ 242, 276, 280 Abs. 1 BGB)[127] oder aus der insbesondere von *Uwe H. Schneider*[128] und *M. Lutter*[129] befürworteten **Konzernverschuldenshaftung**. Nur noch wenig Anklang findet dagegen heute die früher häufig diskutierte Organhaftung maßgeblicher Gesellschafter einschließlich des herrschenden Unternehmens analog § 43 Abs. 2[130] oder die Analogie zu den §§ 311 bis 318 AktG[131].

70 Auf derselben Linie wie die überwiegende Meinung (Rdnr. 68) bewegt sich, jedenfalls im Kern, die **Rechtsprechung**, seitdem der BGH in dem so genannten **ITT-Urteil** vom 5.6.1975[132] erstmals aus der Möglichkeit der Mehrheit, durch Einflussnahme auf die Geschäftsführung der abhängigen Gesellschaft die Interessen der Mitgesellschafter zu beeinträchtigen, die Pflicht der

---

124 S. *Assmann*, in: FS 100 Jahre GmbHG, S. 657, 676 ff.; *Emmerich/Habersack*, Konzernrecht, § 30 Rdnr. 2 ff. (S. 533 ff.); *Liebscher*, in: MünchKomm. GmbHG, Rdnr. 401 ff.; *Limmer*, Haftungsverfassung, passim; *Orth*, DStR 1994, 250.

125 Monopolkommission, 7. Hauptgutachten, Rdnr. 864; *Altmeppen*, in: Roth/Altmeppen, Rdnr. 142, 152 ff.; *Casper*, in: Ulmer/Habersack/Löbbe, Rdnr. 73, 76 ff.; *Emmerich/Habersack*, Konzernrecht, § 30 Rdnr. 7 ff. (S. 535 ff.); *Emmerich/Habersack*, Kommentar § 318 AktG Anh. Rdnr. 27 ff.; *Liebscher*, in: MünchKomm. GmbHG, Rdnr. 403 ff.; *Lutter/Hommelhoff*, Rdnr. 39 f.; *Orth*, DStR 1994, 250; *Servatius*, in: Michalski u.a., Rdnr. 437 f.; *Thöni*, GesRZ 1987, 92, 126; *Wiedemann*, Unternehmensgruppe, S. 77 ff.; *M. Winter*, Treuebindungen, S. 113 ff.

126 *Casper*, in: Ulmer/Habersack/Löbbe, Rdnr. 73; *Emmerich/Habersack*, Kommentar § 318 AktG Anh. Rdnr. 30; *Liebscher*, in: MünchKomm, GmbHG, Rdnr. 409; *Servatius*, in: Michalski u.a., Rdnr. 437 ff.; s. auch Rdnr. 75.

127 *Limmer*, Haftungsverfassung, S. 64 ff.

128 *Uwe H. Schneider*, ZGR 1980, 511, 532.

129 *M. Lutter*, ZGR 1982, 244, 265 ff.; *M. Lutter*, ZIP 1985, 425; *M. Lutter*, ZGR 1987, 324, 362 ff.; *M. Lutter*, in: GS Knobbe-Keuk, 1997, S. 229, 242 ff.

130 *J. Wilhelm*, Rechtsform und Haftung bei der juristischen Person, 1981, S. 253, 326, 352 ff.; *J. Wilhelm*, DB 1986, 2113; ebenso offenbar *Geitzhaus*, GmbHR 1989, 397, 403 f.; *Konzen*, NJW 1989, 2977, 2985 f.; *U. Stein*, Das faktische Organ, 1984, S. 155, 183 ff.

131 Dafür *Kropff*, in: FS Kastner, 1992, S. 279, 296 ff.; *Rowedder*, in: Hommelhoff, Entwicklung im GmbH-Konzernrecht, S. 20 ff.

132 BGH v. 5.6.1975 – II ZR 23/74, BGHZ 65, 15, 18 ff. = (vollständiger) WM 1975, 1152 = NJW 1976, 191 = AG 1976, 16 = GmbHR 1975, 269.

Mehrheit abgeleitet hatte, dabei auf die Interessen der Minderheit die gebotene Rücksicht zu nehmen. Seitdem hält die Rechtsprechung daran fest, dass **Grundlage** des Minderheitenschutzes im einfachen faktischen GmbH-Konzern ein **umfassendes Schädigungsverbot für die Mehrheit** ist, das seine Grundlage in erster Linie **in der Treuepflicht** der Mehrheit gegenüber der Gesellschaft und den Mitgesellschaftern findet und bei dessen Verletzung die Mehrheit analog § 43 der abhängigen Gesellschaft schadensersatzpflichtig ist (s. Rdnr. 71 ff.).

II. Schädigungsverbot

1. Inhalt

Die **gesteigerte Treuepflicht** des herrschenden Unternehmens in Abhängigkeitsverhältnissen (Rdnr. 68, 70) ist letztlich die **Konsequenz der Gefahren**, die im Regelfall mit der Abhängigkeit einer Gesellschaft von einem anderen Unternehmen verbunden sind. Aus der Treuepflicht ergibt sich daher vor allem ein **umfassendes Verbot jeder schädigenden Einflussnahme** auf die abhängige Gesellschaft, bei dessen Verletzung als Rechtsfolgen in erster Linie an Unterlassungs- und Schadensersatzansprüche der abhängigen Gesellschaft zu denken ist (§§ 242, 249, 276, 280 Abs. 1 und 705 BGB; s. Rdnr. 85 ff.). Soweit auf diese Weise der vom herrschenden Unternehmen zu vertretende Schaden der Gesellschaft kompensiert wird, gilt dasselbe im Ergebnis auch für die so genannten *Reflexschäden* der Gesellschafter als bloße Folgen der Schädigung der Gesellschaft in dem Vermögen der Gesellschafter. Gleichsam „klassische" Beispiele für derartige Schädigungen sind Konzernumlagen ohne entsprechende Gegenleistungen des herrschenden Unternehmens sowie die Benachteiligung der abhängigen Gesellschaft bei der Festsetzung von Konzernverrechnungspreisen (Rdnr. 80 ff.). | 71

Keine Rolle spielt, in welcher **Form** sich die **Einflussnahme** des herrschenden Unternehmens auf die abhängige Gesellschaft vollzieht[133]. Einwirkungen auf die Geschäftsführer im Rahmen der gesetzlichen Zuständigkeitsordnung über **Beschlüsse** der Gesellschafterversammlung (§ 46 Nr. 6) unterliegen ebenso wie **direkte Weisungen** unter Umgehung der Gesellschafterversammlung der besonderen Treuebindung des herrschenden Unternehmens[134]. Nur **wenn sämtliche** Mitgesellschafter der fraglichen Maßnahme **zustimmen**, entfallen die sich aus der Treuepflicht gegenüber den Mitgesellschaftern ergebenden Schranken, so dass dann nur noch § 30 sowie das Verbot existenzvernichtender Eingriffe als unübersteigbare Hürde für eine schädigende Einflussnahme des herrschenden Unternehmens übrig bleiben. Ebenso verhält es sich im Ergebnis bei **Einpersonengesellschaften** (s. Rdnr. 90). | 72

Für die Frage, **wann** die Einflussnahme des herrschenden Unternehmens auf die abhängige Gesellschaft zu einer **Schädigung** der letzteren führt, kann an die zu den **§§ 311** und **317 AktG** entwickelten Maßstäbe angeknüpft werden, weil der Gesetzgeber mit diesen Vorschriften zum Ausdruck gebracht hat, wie eine abhängige Gesellschaft zum Schutze der Gesellschafter und der Gläubiger gegen die Gefahren der Abhängigkeit zu führen ist[135]. Maßgeblich ist folglich, ob der pflichtbewusste und ordentliche Geschäftsführer einer *unabhängigen* Gesellschaft, der sich allein am Interesse der Gesellschaft und ihrer Gesellschafter orientiert, | 73

---

133 *Liebscher*, in: MünchKomm. GmbHG, Rdnr. 417.

134 BGH v. 5.6.1975 – II ZR 23/74, BGHZ 65, 15, 18 ff. = GmbHR 1975, 269 = NJW 1976, 191 = AG 1976, 16 – ITT; BGH v. 16.2.1981 – II ZR 168/79, BGHZ 80, 69, 74 ff. = GmbHR 1981, 189 = NJW 1981, 1512 – Süssen; BGH v. 5.12.1983 – II ZR 242/82, BGHZ 89, 162, 166 ff. = NJW 1984, 1351 = GmbHR 1984, 203 – Heumann/Ogilvy; BGH v. 16.9.1985 – II ZR 275/84, BGHZ 95, 330, 340 = NJW 1986, 188 = GmbHR 1986, 78 = AG 1986, 15 – Autokran; BGH v. 23.9.1991 – II ZR 135/90, BGHZ 115, 187, 193 = NJW 1991, 3142 = GmbHR 1991, 520 = AG 1991, 429 – Video; BGH v. 5.2.1979 – II ZR 210/76, GmbHR 1979, 246 = AG 1980, 47 = NJW 1980, 231 – Gervais.

135 *Altmeppen*, in: Roth/Altmeppen, Rdnr. 152 ff.; *Emmerich/Habersack*, Kommentar, § 318 AktG Anh. Rdnr. 29; *Liebscher*, in: MünchKomm. GmbHG, Rdnr. 418 f.; Beispiele s. Rdnr. 80 ff.

die fragliche Maßnahme gleichfalls vorgenommen oder wegen ihrer Risiken für die abhängige Gesellschaft unterlassen hätte[136].

74 Dasselbe Ergebnis folgt wohl aus der stattdessen vor allem früher vielfach befürworteten **Analogie zu § 43**. Auch § 43 Abs. 3 mit seinen besonderen Vorkehrungen zum Schutze des Stammkapitals kann hier angewandt werden (str.). Im Ergebnis darf mithin das herrschende Unternehmen die abhängige Gesellschaft zu keinen Maßnahmen veranlassen, die nicht mit den sich aus § 43 GmbHG und § 317 AktG ergebenden Maßstäben für die ordentliche Geschäftsführung in einer unabhängigen Gesellschaft vereinbar sind.

75 Verstößt das herrschende Unternehmen bei seiner Einflussnahme auf die abhängige Gesellschaft gegen die genannten Pflichten insbesondere zur Wahrung der Unabhängigkeit der abhängigen Gesellschaft (Rdnr. 73 f.), so greifen als **Rechtsfolgen** in erster Linie **Unterlassungs- und Schadensersatzansprüche** der abhängigen Gesellschaft ein (s. im Einzelnen Rdnr. 85 ff.), wodurch zugleich i.d.R. etwaige Reflexschäden der Gesellschafter in ihrem Vermögen kompensiert werden. Eine Abwendung der Schadensersatzpflicht durch **Nachteilsausgleich** entsprechend § 311 AktG kommt grundsätzlich **nicht** in Betracht (Rdnr. 68).

2. Anwendungsbereich

76 Das Schädigungsverbot trifft das herrschende Unternehmen grundsätzlich in **jedem Abhängigkeitsverhältnis**, solange sich noch einzelne Einflussnahmen und ihre nachteiligen Auswirkungen auf die abhängige Gesellschaft isolieren lassen, daher insbesondere auch in den früher so genannten **qualifizierten faktischen Konzernen**[137]. Immer machen das herrschende Unternehmen treuwidrige, isolierbare, schädigende Einzeleingriffe ersatzpflichtig. **Ausnahmen** gelten lediglich bei Zustimmung aller Gesellschafter (Rdnr. 72) sowie in Einpersonengesellschaften (Rdnr. 90).

77 In **mehrstufigen Abhängigkeitsverhältnissen** obliegt das Schädigungsverbot der Muttergesellschaft nicht nur gegenüber der Tochtergesellschaft, sondern ebenso **gegenüber der Enkelgesellschaft**, selbst wenn sie nicht unmittelbar an der letzteren beteiligt ist. Die Begründung bereitet zwar Schwierigkeiten, wenn man die Treuepflicht aus dem Gesellschaftsvertrag herleitet; das Ergebnis ist indessen außer Streit, weil die Muttergesellschaft in einer mehrstufigen Unternehmensverbindung schwerlich nur deshalb zusätzliche Eingriffsrechte gegenüber einer Enkelgesellschaft erwerben kann, weil sie auf eine unmittelbare Beteiligung an der Enkelgesellschaft verzichtet und sich stattdessen der (treuepflichtgebundenen) Einflussmöglichkeiten ihrer Tochter auf die Enkelgesellschaft bedient[138].

78 In **internationalen Unternehmensverbindungen**, d.h. bei grenzüberschreitenden Abhängigkeitsverhältnissen, hängt die Anwendbarkeit des deutschen Rechts und damit der zuvor entwickelten Schutzinstrumente zugunsten der abhängigen Gesellschaft in erster Linie davon ab, in welcher Rolle jeweils die deutsche und die ausländische Gesellschaft beteiligt sind. Für die Anwendung des deutschen Konzernrechts, verstanden als Schutzrecht zugunsten der abhängigen Gesellschaft, ist grundsätzlich nur Raum, **wenn** die **deutsche Gesellschaft** an der

---

136 BGH v. 1.3.1999 – II ZR 312/97, BGHZ 141, 72, 84 ff. = GmbHR 1999, 660 = NJW 1999, 1706 = AG 1999, 372; *Emmerich/Habersack*, Kommentar, § 311 AktG Rdnr. 39, 46 ff.
137 *Cahn*, ZIP 2001, 2159; *Deilmann*, Entstehung, S. 147 ff.; *Konzen*, NJW 1989, 2977, 2986; *Stimpel*, ZGR 1991, 144, 159 f.; *Ziegler*, Gebrauchsüberlassungsverhältnisse, S. 211 f.
138 *Assmann*, in: FS 100 Jahre GmbHG, S. 657, 708 ff.; *Casper*, in: Ulmer/Habersack/Löbbe, Rdnr. 74; *Emmerich/Habersack*, Kommentar, § 318 AktG Anh. Rdnr. 28; *Kleindiek*, Strukturvielfalt, S. 258 ff.; *Liebscher*, in: MünchKomm. GmbHG, Rdnr. 412 f.; *Limmer*, Haftungsverfassung, S. 68 ff.; *Rehbinder*, ZGR 1977, 581, 637 ff.; *Stimpel*, AG 1986, 117; *Stimpel*, in: Hommelhoff, Entwicklungen, S. 39, 41 f.; *Tröger*, Treuepflicht, S. 37 ff.

internationalen Unternehmensverbindung gerade in der Rolle der **abhängigen Gesellschaft** beteiligt ist, während die Nationalität des herrschenden Unternehmens keine Rolle spielt[139].

Anders ist die Rechtslage, wenn die **deutsche Gesellschaft** an der internationalen Unternehmensverbindung in der **Rolle des herrschenden Unternehmens** beteiligt ist. In diesem Fall finden lediglich diejenigen konzernrechtlichen Regeln Anwendung, die wie etwa § 71b AktG die Verhältnisse inländischer Obergesellschaften regeln[140], während sich die Rechtsverhältnisse der ausländischen abhängigen Gesellschaft nach ihrem Personalstatut richten[141]. 79

3. Beispiele

In der Frage, wann die Einflussnahme des herrschenden Unternehmens auf die abhängige Gesellschaft zu deren Schädigung führt, ist im GmbH-Konzernrecht grundsätzlich von denselben **Maßstäben wie im Aktienkonzernrecht** auszugehen (§ 43 GmbHG; § 317 Abs. 2 AktG; s. Rdnr. 73). Wegen der Einzelheiten kann daher auf die zahlreichen Kommentierungen der §§ 311 und 317 AktG verwiesen werden[142]. Die wichtigsten **Fallgruppen**, in denen danach typischerweise mit einer Schädigung der abhängigen Gesellschaft zu rechnen ist, sind nachteilige Umsatzgeschäfte oder entsprechende Maßnahmen der Konzernfinanzierung (Stichwort: Cash-Pooling-Systeme, s. Rdnr. 81a), Konzernumlagen ohne echte Gegenleistung, organisatorische Maßnahmen und sonstige Strukturveränderungen, die der abhängigen Gesellschaft zum Nachteil gereichen, sowie Wettbewerbsmaßnahmen des herrschenden Unternehmens oder anderer Konzernunternehmen, durch die in den Kundenstamm und die Märkte der abhängigen Gesellschaft eingegriffen wird, insbesondere durch die Umleitung von Geschäftschancen auf andere Konzernunternehmen (s. Rdnr. 82)[143]: 80

Im Vordergrund des Interesses steht die **Benachteiligung** der abhängigen Gesellschaft **bei** dem **konzerninternen Geschäftsverkehr**. Beispiele dafür sind die Berechnung unangemessener Konzernverrechnungspreise[144], die Inanspruchnahme von Sachen und Rechten der abhängigen Gesellschaft ohne angemessene Gegenleistung, insbesondere die Veräußerung wertvoller Unternehmensbeteiligungen an das herrschende Unternehmen weit unter ihrem Wert[145], sowie die Abordnung qualifizierten Personals der abhängigen Gesellschaft zum herrschenden Unternehmen ohne Gegenleistung[146]. Ebenso nachteilig können sich Maßnahmen der **Konzernfinanzierung** auswirken, durch die die abhängige Gesellschaft benachteiligt wird. Hierher gehören eine Kreditgewährung an das herrschende Unternehmen oder andere Konzernunternehmen ohne angemessene Gegenleistung oder ohne Sicherheiten[147], die Aufnahme überteuerter Kredite bei anderen Konzernunternehmen oder die Verpfändung von Aktien der abhängigen Gesellschaft auf Weisung des herrschenden Unternehmens für ein diesem gewährtes Darlehen[148]. Gleich stehen verdeckte Gewinnausschüttungen (nur) an das herrschende 81

---

139 Ebenso (freilich ohne Begründung) BGH v. 5.6.1975 – II ZR 23/74, BGHZ 65, 15 = NJW 1976, 191 = GmbHR 1975, 269 = AG 1976, 16 – ITT; BGH v. 13.12.2004 – II ZR 256/02, ZIP 2005, 250, 251 (r.Sp. unten) = GmbHR 2005, 299 = NZG 2005, 214 – Handelsvertreter; *Altmeppen*, in: Roth/Altmeppen, Rdnr. 172 ff.

140 OLG Frankfurt v. 23.3.1988 – 9 U 80/94, AG 1988, 267, 272.

141 OLG Hamburg, MDR 1976, 402 Nr. 54; Schweiz. BGE 80 II (1954), 53, 59 – Shell.

142 S. z.B. *Emmerich/Habersack*, Kommentar, § 311 AktG Rdnr. 46 ff.

143 S. z.B. *Casper*, in: Ulmer/Habersack/Löbbe, Rdnr. 77 ff.; *Liebscher*, in: MünchKomm. GmbHG, Rdnr. 421 ff.

144 BGH v. 15.11.1993 – II ZR 235/92, BGHZ 124, 111, 118 = NJW 1994, 520 = AG 1994, 124 – Vereinigte Krankenversicherung.

145 BGH v. 26.6.2012 – II ZR 30/11, AG 2012, 680 Rdnr. 16 = NZG 2012, 1030 – HVB/UniCredito.

146 OLG Stuttgart v. 23.1.1979 – 12 U 171/77, AG 1979, 200, 202.

147 *Reich-Rohrwig*, GmbH-Recht, S. 572.

148 LG Düsseldorf v. 22.12.1978 – 40 O 138/78, AG 1979, 290, 291 f.; OLG Düsseldorf v. 24.10.1979 – 11 U 47/79, AG 1980, 273 f.

Unternehmen unter Verstoß gegen § 29 (s. § 29 Rdnr. 115 ff.), insbesondere durch die ungerechtfertigte Belastung der abhängigen Gesellschaft mit so genannten Steuer- oder Konzernumlagen[149].

81a Ein besonderes Problem bildet schließlich die Einbeziehung der abhängigen Gesellschaft in ein zentrales Cash-Management oder auch **Cash-Pooling-System** des herrschenden Unternehmens[150]. Zwar wollte der Gesetzgeber des MoMiG durch die Einfügung des § 30 Abs. 1 Satz 2 die Praktizierung derartiger Systeme erleichtern[151]. Aber es bleibt doch bei der **Anwendbarkeit des Schädigungsverbots**. Dieses ist insbesondere verletzt, wenn den Beiträgen der abhängigen Gesellschaft keine jederzeit fällige und liquide Gegenforderung gegen das herrschende Unternehmen auf Bereitstellung der nötigen Liquidität gegenübersteht, insbesondere, wenn die Gefahr droht, dass die Ansprüche der abhängigen Gesellschaft durch die Insolvenz anderer Konzernunternehmen gefährdet werden können. Außerdem müssen die Einlagen der abhängigen Gesellschaft angemessen verzinst und alle Geschäftsvorfälle ordnungsgemäß dokumentiert werden. Die abhängige Gesellschaft darf auch nicht völlig von eigenen Bankverbindungen und Kreditlinien abgeschnitten werden, weil sie sonst nicht mehr lebensfähig wäre. Schließlich muss durch angemessene Sicherheiten gewährleistet werden, dass die abhängige Gesellschaft ihre Mittel auf jeden Fall zurückerhält. All dies macht deutlich, dass eben das herrschende Unternehmen unter der Geltung des Schädigungsverbots kein Recht besitzt, die Mittel und Ressourcen der abhängigen Gesellschaft ohne Gegenleistung und ohne Sicherheit für sich allein in Anspruch zu nehmen; denn diese Mittel und Ressourcen gehören ihm nicht allein, sondern in gleichem Maße den übrigen Gesellschaftern. Das erklärt zugleich die Sonderrolle, die in diesen Beziehungen Einpersonen-Gesellschaften spielen (s. Rdnr. 90).

82 Eine weitere häufige Ursache für Schädigungen der abhängigen Gesellschaft zugunsten des herrschenden Unternehmens oder anderer Konzernunternehmen sind **Strukturveränderungen** im Konzern, durch die die abhängige Gesellschaft benachteiligt wird, z.B. die Übertragung des Vertriebs ihrer Produkte auf andere Konzernunternehmen, weil dadurch die abhängige Gesellschaft vom Markt abgeschnitten wird, die Abgabe erfolgversprechender Entwicklungen an andere Konzernunternehmen, die Veranlassung der abhängigen Gesellschaft zu einem nachteiligen Effektenaustausch oder zur Abgabe sonstiger wertvoller Vermögensbestandteile an andere Konzernunternehmen, ihre Veranlassung zu übermäßig riskanten oder spekulativen Geschäften, vor allem, wenn die etwaigen Vorteile daraus allein dem herrschenden Unternehmen zugute kommen, während die Risiken bei der abhängigen Gesellschaft konzentriert werden, die Sanierung eines anderen Konzernunternehmens auf Kosten der abhängigen Gesellschaft[152], die Veräußerung ihres Beteiligungsbesitzes auf Weisung des herrschenden Unternehmens weit unter Wert[153], die komplette Übertragung der gesamten Datenverarbeitung der abhängigen Gesellschaft auf ein anderes hierauf spezialisiertes Konzernunternehmen, so dass die abhängige Gesellschaft über keine eigene EDV mehr verfügt und deshalb nicht mehr selbständig lebensfähig ist[154], sowie die Auflösung der Gesellschaft und die anschließende

---

149 BGH v. 5.6.1975 – II ZR 23/74, BGHZ 65, 15, 18 ff. = GmbHR 1975, 69 = AG 1976, 16 = NJW 1976, 191 – ITT; BGH v. 1.3.1999 – II ZR 312/97, BGHZ 141, 79, 84 ff. = NJW 1999, 1706 = AG 1999, 372; BGH v. 1.12.2003 – II ZR 202/01, NJW-RR 2004, 474 = GmbHR 2004, 258 = AG 2004, 205; s. zu diesen Fällen noch *Feddersen*, ZGR 2000, 523; *Kleindiek*, DStR 2000, 559.

150 Ausführlich *Emmerich/Habersack*, Kommentar, § 311 Rdnr. 48; *Casper*, in: Ulmer/Habersack/Löbbe, Rdnr. 78; *Liebscher*, in: MünchKomm. GmbHG, Rdnr. 423–443; *L. Neumann*, GmbHR 2016, 1016, 1020; *J. Vetter*, in: Lutter/Bayer, Holding-Hdb., 5. Aufl. 2015, § 11.

151 Vgl. BGH v. 24.11.2003 – II ZR 171/01, BGHZ 157, 72 = NJW 2004, 1111 = GmbHR 2004, 302.

152 OGH v. 24.2.1982 – 6 Ob 547/82, GesRZ 1982, 256 f.

153 *Lutter*, in: FS Steindorff, 1990, S. 125, 135 ff. für den Fall – Deutsche Bank/Feldmühle Nobel AG.

154 LG Darmstadt v. 6.5.1986 – 14 O 328/85, AG 1987, 218, 220; OLG Frankfurt a.M. v. 22.1.1988 – 24 U 217/86, AG 1988, 109 = DB 1988, 435 – Opel; *Korth*, AG 1987, 193; *U. Stein*, ZGR 1988, 163.

Übernahme des Gesellschaftsvermögens durch das herrschende Unternehmen unter Verdrängung der anderen Gesellschafter (so genannte *übertragende Auflösung*)[155]. Eine letzte Fallgruppe bilden schließlich noch **Verstöße** seitens der herrschenden Gesellschaft oder anderer Konzernunternehmen **gegen** ein **Wettbewerbsverbot** zugunsten der abhängigen Gesellschaft, z.B. durch die Umlenkung von Geschäftschancen der abhängigen Gesellschaft unter Verletzung der Treuepflicht auf das herrschende Unternehmen[156] sowie überhaupt jede nicht durch den Gesellschaftsvertrag gedeckte Konkurrenz seitens des herrschenden Unternehmens.

III. Rechtsfolgen

1. Überblick

Im faktischen GmbH-Konzern greifen zunächst sämtliche Rechtsfolgen ein, die die Rechtsordnung an verstreuten Stellen bereits an die **Abhängigkeit** einer GmbH zu deren Schutz knüpft (s. Rdnr. 29). Hervorzuheben sind (neben § 18 Abs. 1 Satz 3 AktG) das Verbot der Zeichnung oder des Erwerbs von Anteilen an dem herrschenden Unternehmen (entsprechend den §§ 56 Abs. 2 und 71d Satz 2 AktG), das Verbot der Ausübung des Stimmrechts aus solchen Anteilen (entsprechend den §§ 71b und 71d Satz 4 AktG) sowie insbesondere die **Stimmverbote** des § 47 Abs. 4 und die **Kapitalerhaltungsregeln** der §§ 30 bis 32, die heute durchweg entsprechend ihrem Zweck – über ihren Wortlaut hinaus – **konzerndimensional** angewandt werden. Die Stimmverbote des § 47 Abs. 4 greifen deshalb auch dann ein, wenn einer der Ausschlusstatbestände zwar nicht in der Person des herrschenden Unternehmens, wohl aber in der einer von ihm gleichfalls kontrollierten Gesellschaft verwirklicht ist (s. 11. Aufl., § 47 Rdnr. 107, 163, 165 ff.). 83

Die Position der Minderheit im faktischen GmbH-Konzern wird weiter durch die **allgemeinen Minderheitsrechte** verstärkt, die ihre zentrale Bedeutung gerade in Abhängigkeits- und Konzernverhältnissen haben. Die wichtigsten dieser Rechte sind das **Auskunfts- und Einsichtsrecht** der Minderheit aufgrund der §§ 51a und 51b, das Recht zur **Einberufung der Gesellschafterversammlung**, um dort gegen die Konzernpolitik des herrschenden Unternehmens gerichtete Weisungen an die Geschäftsführer durchzusetzen (§§ 50, 47 Abs. 4, 46 Nr. 6), wodurch, richtig eingesetzt, die Gefahren der Abhängigkeit für die außenstehenden Gesellschafter bereits erheblich reduziert werden können[157], das **Anfechtungsrecht** gegen Beschlüsse der vom herrschenden Unternehmen majorisierten Gesellschafterversammlung (§ 243 AktG), die **Abberufung** der Geschäftsführer aus wichtigem Grunde (s. § 38), das **Bezugsrecht** bei Kapitalerhöhungen (§ 57j), das Recht auf Gewinnbeteiligung (§ 29) sowie das (gesetzlich nicht geregelte) **Austrittsrecht** aus wichtigem Grunde, das – entgegen einer verbreiteten Meinung[158] – den Minderheitsgesellschafter allgemein in Abhängigkeitslagen unter engen Voraussetzungen zugebilligt werden sollte, jedenfalls, sofern ihnen angesichts der Breite der schädigenden Einflussnahme des herrschenden Unternehmens ein weiteres **Verbleiben** 84

---

155 Vgl. zu diesen problematischen Fällen BayObLG v. 17.9.1998 – 3Z BR 37/98, BayObLGZ 1998, 211, 214 ff., 219 = NJW-RR 1999, 1559 = AG 1999, 185, 186 ff. = ZIP 1998, 2002 – Magna Media Verlag/WKA; OLG Stuttgart v. 21.12.1993 – 10 U 48/93, AG 1994, 411, 412 f.; BVerfG v. 23.8.2000 – 1 BvR 68/95, 1 BvR 147/97, AG 2001, 42 = NJW 2001, 279 = ZIP 2000, 1670, alle zu dem Fall „Motometer/Bosch".

156 BGH, LM Nr. 17 zu § 46 GmbHG = GmbHR 1977, 129; BGH, LM Nr. 11 zu § 13 GmbHG = NJW 1979, 2104 = GmbHR 1979, 89; BGH, WM 1978, 1205; z.B. *Casper*, in: Ulmer/Habersack/Löbbe, Rdnr. 80.

157 Ausführlich *Altmeppen*, in: Roth/Altmeppen, Rdnr. 145 ff.

158 *Casper*, in: Ulmer/Habersack/Löbbe, Rdnr. 73; *H.-Fr. Müller*, Das Austrittsrecht des GmbH-Gesellschafters, 1996, S. 56 ff.

in der Gesellschaft **nicht mehr zuzumuten** ist (§§ 242, 314 BGB)[159]. Der austretende Gesellschafter hat dann einen **Anspruch auf volle Abfindung**; gesellschaftsvertragliche Abfindungsbeschränkungen dürften im Zweifel in den hier interessierenden Fallgestaltungen unwirksam sein (§§ 138, 242 BGB)[160].

2. Schadensersatz- und Unterlassungsansprüche

85 Verstöße des herrschenden Unternehmens gegen das Schädigungsverbot lösen in erster Linie **Ansprüche der** abhängigen **Gesellschaft** auf Ersatz der von dem herrschenden Unternehmen z.B. durch eine Weisung an die Geschäftsführer verursachten Schäden nach den §§ 249 bis 252 BGB aus, sofern das herrschende Unternehmen den Verstoß zu vertreten hat (§§ 31, 276, 278, 280 Abs. 1 BGB). Hat es z.B. **Geschäftschancen** unter Verstoß gegen seine Treuepflicht an Stelle der Gesellschaft selbst wahrgenommen, so ist es gemäß § 252 BGB zur Herausgabe des dabei erzielten Gewinns verpflichtet[161]. Dasselbe gilt für zu Unrecht bezogene, **verdeckt ausgeschüttete Gewinne.** Bei Verstößen gegen das auf der Treuepflicht fußende Wettbewerbsverbot (für das herrschende Unternehmen und die anderen von ihm abhängigen Unternehmen) ist außerdem an die entsprechende Anwendbarkeit des **Eintrittsrechts** der abhängigen Gesellschaft nach § 113 Abs. 1 HGB zu denken[162].

85a Problematisch ist die Rechtslage insbesondere bei gegen die Treuepflicht der Gesellschafter verstoßenden und deshalb rechtswidrigen, von dem herrschenden Unternehmen mit seiner Mehrheit gleichwohl durchgesetzten **Beschlüssen** der Gesellschafterversammlung, durch die die Geschäftsführer zu einem die abhängige Gesellschaft nachteiligen Verhalten angewiesen werden. Hier muss entschieden werden, ob die Verfolgung von Schadensersatzansprüchen gegen das herrschende Unternehmen, wie von einer verbreiteten Meinung angenommen, entsprechend § 46 Nr. 8 von der vorherigen erfolgreichen **Anfechtung** des Weisungsbeschlusses abhängig ist, weil andernfalls der bestandskräftige Beschluss – trotz seiner nachteiligen Folgen – für die Geschäftsführer bindend ist (s. Rdnr. 87a)[163]. Anders verhält es sich auf jeden Fall bei Nichtigkeit des Beschlusses nach den §§ 138 und 826 BGB; aber auch jenseits dieser Fälle sollte man Schadensersatzansprüche nicht von einer vorherigen Anfechtung eines Weisungsbeschlusses abhängig machen, weil dadurch die ohnehin schwierige Rechtsverfolgung seitens der Minderheit (Rdnr. 86a) nur noch zusätzlich erschwert würde. Eine Inzidentprüfung der Rechtswidrigkeit des Beschlusses im Rahmen des Schadensersatzprozesses genügt vollauf[164].

86 Neben Schadensersatzansprüchen (Rdnr. 85) kommen nach § 249 BGB ferner **Unterlassungs- und Beseitigungsansprüche** der abhängigen Gesellschaft in Betracht, insbesondere auf Widerruf unzulässiger Weisungen oder auf Rückgängigmachung sonstiger schädigender Maßnahmen[165]. Im Falle der rechtswidrigen Eingliederung der abhängigen Gesellschaft in den Konzern des herrschenden Unternehmens kann sich daraus auch ein Anspruch auf Rückgän-

---

159 Rdnr. 126 ff.; ebenso *Liebscher*, in: MünchKomm. GmbHG, Rdnr. 332 f.
160 Monopolkommission, 7. Hauptgutachten, Rdnr. 866; *M. Becker*, Der Austritt aus der GmbH, 1985, S. 132 ff.; *Flume*, Juristische Person, § 4 IV (S. 126 f., 129); *Immenga*, Die personalistische Kapitalgesellschaft, S. 303 ff.; *Schilling*, in: FS Hefermehl, S. 386 ff.; *Karsten Schmidt*, GmbHR 1979, 121, 131 f.; *Verhoeven*, GmbH-Konzern-Innenrecht, S. 115 ff.
161 BGH, WM 1978, 1205; BGH, LM Nr. 17 zu § 46 GmbHG = GmbHR 1977, 129.
162 *Casper*, in: Ulmer/Habersack/Löbbe, Rdnr. 89; *Liebscher*, in: MünchKomm. GmbHG, Rdnr. 490.
163 So z.B. statt aller *Liebscher*, in: MünchKomm. GmbHG, Rdnr. 453 mwN.
164 Aus dem Urteil des BGH v. 26.6.2012 (II ZR 30/11, AG 2012, 680 – AVB/UniCredito) folgt (entgegen *Liebscher*, in: MünchKomm. GmbHG, Rdnr. 453) nichts anderes.
165 S. *Emmerich*, AG 1987, 1, 4; *Casper*, in: Ulmer/Habersack/Löbbe, Rdnr. 86; *Liebscher*, in: MünchKomm. GmbHG, Rdnr. 483 f.

gigmachung der Konzerneingliederung ergeben[166]. Obwohl es somit von Fall zu Fall durchaus sinnvoll sein kann, der abhängigen Gesellschaft ebenso wie ihren Gesellschaftern (s. Rdnr. 86a) Unterlassungs- und Beseitigungsansprüche zuzubilligen, stoßen derartige Ansprüche doch neuerdings auf Bedenken, weil mit ihrer Verfolgung die Mitgesellschafter des herrschenden Unternehmens überfordert seien und außerdem entgegen dem Willen des Gesetzgebers des MoMiG letztlich die Praktizierung faktischer Konzerne unmöglich gemacht werde[167]. Diese Einwände vermögen nicht zu überzeugen, weil es keinen Grund gibt, die abhängige Gesellschaft und ihre Gesellschafter dort, wo sie sich gegen Verletzungen der Treuepflicht seitens des herrschenden Unternehmens mit Unterlassungs- und Beseitigungsansprüchen wehren können, um ihre auf Gesetz beruhenden Ansprüche zu bringen (§§ 280 Abs. 1, 276, 249 und 705 BGB)[168].

Die genannten Ansprüche (Rdnr. 85 f.) stehen an sich der **abhängigen Gesellschaft** zu, so dass ihre Geltendmachung gemäß **§ 46 Nr. 8** grundsätzlich einen dahinzielenden Beschluss der Gesellschafterversammlung voraussetzt, bei dem zwar das herrschende Unternehmen nach § 47 Abs. 4 Satz 2 kein Stimmrecht hat, bei dem aber gleichwohl häufig, schon mit Rücksicht auf die Abhängigkeit der Geschäftsführer von dem herrschenden Unternehmen, mit großen Schwierigkeiten bei der Verfolgung von Ansprüchen gegen das herrschende Unternehmen zu rechnen sein dürfte. Deshalb ist anerkannt, dass daneben – unter im Einzelnen umstrittenen Voraussetzungen – eine **Zuständigkeit der Gesellschafter** zur Geltendmachung der Ansprüche besteht, weil ein wirksamer Schutz der Minderheit allein auf diese Weise gewährleistet werden kann (**actio pro socio** oder besser: societate)[169]. Die **Gläubiger** der Gesellschaft können zudem die Ansprüche der Gesellschaft pfänden und sich überweisen lassen (§§ 829, 835 ZPO). Daneben verfügen sie noch über eine eigene Zuständigkeit aufgrund der entsprechend anwendbaren §§ 317 Abs. 4 und 309 Abs. 4 AktG (Rdnr. 88). Auch daraus folgt eine gewisse „Garantie" für die Durchsetzung der Ansprüche der Gesellschaft.

Die Darlegungs- und **Beweislast** insbesondere für die Voraussetzungen eines Schadensersatz- oder Unterlassungsanspruchs wegen Treuepflichtverletzung (Rdnr. 85 f.), d.h. für die Einflussnahme des herrschenden Unternehmens, für die Kausalität der Einflussnahme und für den Schaden der abhängigen Gesellschaft, trifft denjenigen, der den Schadensersatz- oder Unterlassungsanspruch geltend macht, d.h. in erster Linie also die **abhängige Gesellschaft** sowie gegebenenfalls die Mitgesellschafter, wenn sie die Ansprüche der Gesellschaft im Wege der actio pro socio verfolgen (s. Rdnr. 86a). Es liegt indessen auf der Hand, dass insbesondere die Minderheitsgesellschafter – trotz ihres Auskunfts- und Einsichtsrechts aus § 51a – in aller Regel überfordert sein dürften, wenn man ihnen in vollem Umfang die Darlegungs- und Beweislast für die Voraussetzungen derartiger Schadensersatzansprüche auferlegte, da sie meistens keinen Einblick in die in ihren Augen sorgsam verborgenen Konzerninterna haben. Deshalb besteht Übereinstimmung, dass ihnen mit verschiedenen **Beweiserleichterungen** ge-

---

166 *Fleck*, ZHR 149 (1985), 387, 415 ff.; *Schilling*, ZHR 140 (1976), 528, 535; *Uwe H. Schneider*, in: Hommelhoff, Entwicklungen im GmbH-Konzernrecht, S. 121, 129 ff.

167 *Hommelhoff*, ZGR 2012, 535, 551 ff.; *Lutter/Hommelhoff*, Rdnr. 33 ff., 40 f.

168 Statt aller *Casper*, in: Ulmer/Habersack/Löbbe, Rdnr. 86.

169 BGH v. 5.6.1975 – II ZR 23/74, BGHZ 65, 15, 21 = GmbHR 1975, 264 = NJW 1976, 191 – ITT; BGH v. 23.6.1969 – II ZR 272/67, NJW 1969, 1712 = MDR 1969, 909; BGH v. 14.5.1990 – II ZR 125/89, GmbHR 1990, 343 = AG 1990, 458; BGH v. 24.1.1967 – VI ZR 92/65, BB 1967, 348 = MDR 1967, 480; BGH v. 28.6.1982 – II ZR 199/81, WM 1982, 928, 929; BGH v. 2.6.1986 – II ZR 300/85, NJW-RR 1987, 57 = WM 1986, 1201; *Assmann*, in: FS 100 Jahre GmbHG, S. 657, 681 f.; *M. Becker*, Verwaltungskontrolle durch Gesellschafterrechte, 1998, S. 595 ff.; *Casper*, in: Ulmer/Habersack/Löbbe, Rdnr. 87; *von Gerkan*, ZGR 1988, 441; *Konzen*, NJW 1989, 2977, 2984 f.; *Emmerich/Habersack*, Kommentar § 318 AktG Anh. Rdnr. 31; *Liebscher*, in: MünchKomm. GmbHG, Rdnr. 476 ff., 485; *Limmer*, Haftungsverfassung, S. 138 ff.; *M. Winter*, Treuebindungen, S. 306 ff.; *Zöllner*, ZGR 1988, 392, 410 f.

holfen werden muss: Wurde die abhängige Gesellschaft in einer Weise geschädigt, die in erster Linie dem herrschenden Unternehmen oder anderen Konzernunternehmen zugute kommt, so dürfte es angemessen sein, die **Kausalität** zwischen der Schädigung und einem etwaigen sorgfaltswidrigen Eingriff des herrschenden Unternehmens zu **vermuten**. Auf jeden Fall spricht dann aber der **Beweis des ersten Anscheins für** solche **Einflussnahme**. Ist danach von der Kausalität eines Eingriffs für die Schädigung der abhängigen Gesellschaft auszugehen, so findet außerdem § **93 Abs. 2 Satz 2 AktG** entsprechende Anwendung, so dass vermutet wird, dass das herrschende Unternehmen den Eingriff auch zu vertreten hat (§ 276 BGB); eine Entlastung dürfte in aller Regel nicht möglich sein[170].

87a   Neben dem herrschenden Unternehmen können sich auch die **Geschäftsführer** der abhängigen Gesellschaft nach § 43 schadensersatzpflichtig machen, wenn sie treuwidrige und damit rechtswidrige Weisungen des herrschenden Unternehmens zum Nachteil der abhängigen Gesellschaft befolgen. Beruht die Weisung freilich auf einem Beschluss der Gesellschafterversammlung, so kommt eine Haftung der Geschäftsführer nur in Betracht, wenn der Beschluss wirksam angefochten wird[171]. Unabhängig davon ist jedoch die Haftung des herrschenden Unternehmens selbst (s. Rdnr. 85a).

IV. Gläubigerschutz

1. Überblick

88   Die Abhängigkeit einer Gesellschaft begründet spezifische Gefahren nicht nur für die abhängige Gesellschaft und deren Gesellschafter, sondern im selben Ausmaß auch für die Gläubiger der abhängigen Gesellschaft, da mit dem Vermögen der abhängigen Gesellschaft ihr Haftungssubstrat hier zusätzlichen Risiken ausgesetzt ist. Gleichwohl sind bisher keine besonderen gläubigerschützenden Rechtsinstitute für den faktischen GmbH-Konzern entwickelt worden, so dass in derartigen Konzernen der Schutz der abhängigen Gesellschaft und ihrer Minderheitsgesellschafter – auf dem Weg über den *Bestandsschutz* zugunsten der abhängigen Gesellschaft – den gebotenen Gläubigerschutz mitübernehmen müssen, und zwar selbst in Einpersonengesellschaften (Rdnr. 90). Die Gläubiger haben zu diesem Zweck die Möglichkeit, etwaige **Schadensersatzansprüche** der abhängigen Gesellschaft gegen das herrschende Unternehmen wegen treuwidriger Eingriffe zu **pfänden** und sich überweisen zu lassen (§§ 829, 835 ZPO). Das Erfordernis eines vorherigen Gesellschafterbeschlusses nach § 46 Nr. 8 entfällt auch (erst recht) in diesem Fall (s. Rdnr. 85a). Außerdem ist davon auszugehen, dass die Gläubiger, sofern sie von der abhängigen Gesellschaft, etwa wegen deren Vermögenslosigkeit, keine Befriedigung mehr zu erlangen vermögen, die **Ersatzansprüche** der Gesellschaft gegen das herrschende Unternehmen **entsprechend den §§ 317 Abs. 4 und 309 Abs. 4 Satz 3 AktG** auch **selbst verfolgen** können, und zwar mit dem Antrag auf Leistung an sich selbst (s. Rdnr. 87), indessen nur bis zur Deckung ihrer Forderung gegen die Gesellschaft[172]. Alle diese Ansprüche der Gläubiger sind freilich mit der **Schwäche** behaftet, dass sie versagen, wenn die Minderheitsgesellschafter das Vorgehen des herrschenden Unternehmens billigen oder doch nachträglich auf Schadensersatzansprüche verzichten (§ 397 BGB). Dieselben Probleme bestehen in Einpersonengesellschaften (s. dazu Rdnr. 90).

---

170 S. BGH v. 5.2.1979 – II ZR 210/76, NJW 1980, 231 = GmbHR 1979, 246 = AG 1980, 47 – Gervais; *Baumgartl*, Die konzernbeherrschte Personengesellschaft, 1986, S. 140 ff.; *Kleindiek*, Strukturvielfalt, S. 261 ff.; enger aber *Liebscher*, in: MünchKomm. GmbHG, Rdnr. 454 ff.; *Limmer*, Haftungsverfassung, S. 151 ff.

171 *Liebscher*, in: MünchKomm. GmbHG, Rdnr. 472.

172 BGH v. 16.9.1985 – II ZR 275/84, BGHZ 95, 330, 340 = NJW 1986, 188 = GmbHR 1986, 78 = AG 1986, 15 – Autokran.

Eigene, d.h. nicht von der abhängigen Gesellschaft abgeleitete **Ansprüche** der Gläubiger gegen das herrschende Unternehmen kommen nur in Betracht, wenn ausnahmsweise die Voraussetzungen der **Durchgriffshaftung** erfüllt sind[173] **oder** wenn das herrschende Unternehmen aus einem anderen Rechtsgrund ihnen unmittelbar ersatzpflichtig ist, wobei heute – neben Deliktsansprüchen (§§ 823 Abs. 2 und 826 BGB) – in erster Linie an Ansprüche wegen **existenzvernichtender Eingriffe** zu denken ist (s. § 13 Rdnr. 152 ff.). Solche Ersatzansprüche kommen auch und gerade in Betracht, wenn die Gesellschafter einvernehmlich die abhängige Gesellschaft schädigen oder wenn es sich um Einpersonengesellschaften handelt (Rdnr. 90).

89

2. Insbesondere Einpersonengesellschaften

Der Gläubigerschutz knüpft nach dem Gesagten (Rdnr. 88 f.) in der *mehrgliedrigen* abhängigen Gesellschaft in erster Linie an die **Treuepflicht des herrschenden Unternehmens** gegenüber der abhängigen Gesellschaft und den Minderheitsgesellschaftern an. Ein derartiges Haftungsmodell versagt indessen in Einpersonengesellschaften, weil sich hier ein über die §§ 30 und 31 hinausgehender **Bestandsschutz** der abhängigen Gesellschaft gegenüber ihrem einzigen Gesellschafter **nicht** oder doch nur schwer konstruieren lässt (s. § 60 Abs. 1 Nr. 2), sowie in Mehrpersonengesellschaften, wenn die **Gesellschafter einvernehmlich handeln** (Rdnr. 88). Deshalb war der Gläubigerschutz in diesen Fällen früher lebhaft umstritten. Heute wird der Fragenkreis überwiegend nicht mehr konzernspezifisch gelöst; vielmehr ist nach ganz h.M. an die Stelle einer etwaigen Konzernhaftung des herrschenden Unternehmens, insbesondere des einzigen Gesellschafters bei Einpersonengesellschaften, ausnahmslos die allgemeine gesellschaftsrechtliche **Existenzvernichtungshaftung** getreten. Die Folge sind jedoch Schutzlücken, die es notwendig machen dürften, wenigstens in Grenzfällen auch weiterhin konzernspezifische Lösungen der Haftungsproblematik ins Auge zu fassen.

90

V. Qualifizierter faktischer Konzern, Existenzvernichtungshaftung

1. Überblick

Wie bereits ausgeführt (s. Rdnr. 90), gibt es eine Reihe von Fällen, in denen der gebotene Gläubigerschutz auf der Grundlage des herkömmlichen Schutzinstrumentariums in faktischen GmbH-Konzernen nicht mehr gewährleistet ist. Für diese in sich sehr unterschiedlichen Fallgestaltungen hatte sich in den siebziger Jahren des letzten Jahrhunderts der plastische Begriff des „qualifizierten faktischen Konzerns" eingebürgert, der bis zum Jahre 2001 im Mittelpunkt der konzernrechtlichen Diskussion stand, seitdem aber fast völlig wieder „in der Versenkung verschwunden ist". Gleichwohl soll hier eine kleine Ehrenrettung dieses mittlerweile nahezu verfemten Rechtsinstituts gewagt werden[174].

91

Als qualifizierte faktische Konzerne bezeichnete man (ursprünglich) Abhängigkeitsverhältnisse, in denen das auf Einzeleingriff und Schadensersatz wegen Treuepflichtverletzung aufgebaute Haftungssystem (Rdnr. 71 ff.) deshalb nicht mehr funktioniert, weil wegen der Breite und Dichte der Einflussnahme des herrschenden Unternehmens auf die abhängige Gesellschaft **einzelne Weisungen und deren Auswirkungen nicht mehr isoliert werden können.** Die Rechtsprechung hatte diesen Haftungstatbestand alsbald aufgegriffen, in der Folgezeit aber immer wieder modifiziert, bis die Entwicklung im Jahre 2001 mit dem **1. Bremer Vulkan-Ur-**

92

---

173 S. § 13 Rdnr. 90 ff.; *Boujong*, in: FS Odersky, 1996, S. 739; *Th. Raiser*, ZGR 1995, 156, 162 ff.; *Stimpel*, in: FS Goerdeler, 1987, S. 601.

174 S. auch *Emmerich/Habersack*, Kommentar, § 317 AktG Anh. Rdnr. 5, § 318 AktG Rdnr. 3; *Kessler*, in: Saenger/Inhester, Rdnr. 101; *Servatius*, in: Michalski u.a., Rdnr. 416 ff.

teil des BGH vom 17.9.2001[175] abrupt wieder abbrach. Die vorausgegangene Rechtsprechung hatte seinerzeit eine zuletzt kaum mehr überschaubare **Diskussion** ausgelöst, in der es vor allem um die folgenden **vier Fragen** ging: zunächst um die Abgrenzung des mit dem Schlagwort „qualifizierter faktischer Konzern" umschriebenen Tatbestandes, sodann um die Frage der Zulässigkeit solcher Konzerne, weiter um die Frage des angemessenen Schutzes etwaiger außenstehender Gesellschafter sowie schließlich und vor allem um die Frage der **Haftungsverfassung**. Gemeint war damit das Problem, unter welchen Voraussetzungen das herrschende Unternehmen der abhängigen Gesellschaft oder deren Gläubigern ersatzpflichtig ist, konkret: ob und wann hier Raum für eine **Analogie zu den §§ 302 und 303** AktG war.

93 Kern der Auseinandersetzung war das Problem, ob der „Haftungsdurchgriff" auf das herrschende Unternehmen entsprechend den §§ 302 und 303 AktG bereits gerechtfertigt ist, wenn das Haftungssystem für faktische Konzerne (Rdnr. 71 ff.) funktionsunfähig wird, weil sich einzelne Einflussnahmen des herrschenden Unternehmens und die von ihnen ausgehenden Wirkungen nicht mehr isolieren lassen, oder ob noch ein „qualifizierendes" Element hinzukommen muss, zuletzt meistens im Anschluss an das **TBB-Urteil** des BGH von 29.3.1993 als „objektiver Missbrauch infolge fehlender angemessener Rücksichtnahme auf die eigenen Belange der abhängigen Gesellschaft" definiert[176]. Zulässigkeitsfragen spielten demgegenüber nur eine untergeordnete Rolle[177].

94 Die Rechtsprechung war nicht geradlinig verlaufen, sondern hatte die Akzente einmal mehr auf eine nur wenig eingeschränkte **Strukturhaftung**, das andere Mal mehr auf eine (modifizierte) **Verhaltenshaftung** gelegt[178]. Die wichtigsten Urteile des BGH auf diesem verschlungenen Weg sind unter den Bezeichnungen **„Autokran"**[179], **„Tiefbau"**[180], **„Video"**[181], **„Stromlieferung"**[182] und **„TBB"**[183] in die Konzernrechtsgeschichte eingegangen. Vor allem das erwähnte Video-Urteil von 1991[184] hatte wegen seiner weitreichenden Konsequenzen ein regelrechtes „Erdbeben" ausgelöst, weshalb sich der BGH schon wenig später in dem TBB-Urteil vom 29.3.1993[185] zu deutlichen Korrekturen veranlasst sah, bis er schließlich in dem **1. Bremer-Vulkan-Urteil** vom 17.9.2001 diese Praxis wieder aufgab[186].

95 In der Zeit zwischen „TBB" und „Bremer Vulkan", d.h., in den Jahren von 1993 bis 2001 verfolgte der **BGH** zuletzt offenbar ein Konzept, das im Kern auf eine durch Elemente der

---

175 BGH v. 17.9.2001 – II ZR 178/99, BGHZ 149, 10, 16 = NJW 2001, 3622 = GmbHR 2001, 1036 = AG 2002, 43 = ZIP 2001, 1874.
176 BGH v. 29.3.1993 – II ZR 265/91, BGHZ 122, 123, 130 = NJW 1993, 1200 = GmbHR 1993, 283.
177 S. *Emmerich*, AG 1991, 303, 306.
178 S. zuletzt die Übersichten bei *Altmeppen*, in: Roth/Altmeppen, Rdnr. 158 ff.; *Emmerich/Habersack*, Kommentar, § 317 AktG Anh.; *Ulmer*, in: Ulmer, GmbH-Konzern, 2002, S. 41.
179 BGH v. 16.9.1985 – II ZR 174/84, BGHZ 95, 330 = NJW 1986, 188 = GmbHR 1986, 78 = AG 1986, 15.
180 BGH v. 20.9.1989 – II ZR 167/88, BGHZ 107, 7 = NJW 1989, 1800 = GmbHR 1989, 196 = AG 1989, 243.
181 BGH v. 23.9.1991 – II ZR 135/90, BGHZ 115, 187 = NJW 1991, 3142 = GmbHR 1991, 520 = AG 1991, 429.
182 BGH v. 11.11.1991 – II ZR 287/90, BGHZ 116, 37 = GmbHR 1992, 34 = NJW 1992, 505 = WM 1991, 2137 = AG 1992, 83.
183 BGH v. 29.3.1993 – II ZR 265/91, BGHZ 122, 123 = NJW 1993, 1200 = GmbHR 1993, 283 = AG 1993, 371.
184 BGH v. 23.9.1991 – II ZR 135/90, BGHZ 115, 187 = NJW 1991, 3142 = GmbHR 1991, 520 = AG 1991, 429.
185 BGH v. 29.3.1993 – II ZR 265/91, BGHZ 122, 123 = NJW 1993, 1200 = GmbHR 1993, 283 = AG 1993, 371.
186 BGH v. 17.9.2001 – II ZR 287/90, BGHZ 149, 10, 16 = NJW 2001, 3622 = GmbHR 2001, 1036 – Bremer Vulkan; BGH v. 18.3.2002 – II ZR 11/01, BGHZ 150, 61, 68 = NJW 2002, 1803 = GmbHR 2002, 545 – L. Kosmetik; BGH v. 24.6.2002 – II ZR 300/00, BGHZ 151, 181, 186 ff. = NJW 2002, 3024 = GmbHR 2002, 902 – KBV.

Strukturhaftung **modifizierte Verhaltenshaftung** hinauslief[187]. Das Ergebnis war eine *deutliche Zurückhaltung* des BGH bei der Bejahung des „Haftungsdurchgriffs" auf das herrschende Unternehmen im qualifizierten faktischen GmbH-Konzern[188].

In der Rechtsprechung „**nach TBB**" (Rdnr. 95) hatten sich zuletzt die folgenden **Voraussetzungen** für einen Haftungsdurchgriff analog §§ 302 und 303 AktG im qualifizierten faktischen GmbH-Konzern abgezeichnet: Das herrschende Unternehmen musste in nachteiliger Weise auf die abhängige Gesellschaft Einfluss genommen haben; diese Nachteilszufügung musste einen objektiven Missbrauch der Herrschaftsmacht darstellen, weil das herrschende Unternehmen dabei nicht in der gebotenen Weise Rücksicht auf die Belange der abhängigen Gesellschaft genommen hatte; und schließlich musste ein Einzelausgleich der zugefügten Nachteile ausscheiden, wobei in erster Linie an Schadensersatzansprüche der abhängigen Gesellschaft wegen der Nachteilszufügung zu denken war.   96

Ursprünglich hatte der BGH statt dessen zur Begründung der Haftung des herrschenden Unternehmens im qualifizierten faktischen GmbH-Konzern besonderes Gewicht auf die Frage gelegt, ob dieses „dauernd und umfassend" die **Leitung** der abhängigen Gesellschaft **an sich gezogen** hatte[189]. Das lag vor allem deshalb nahe, weil auslösend für die „Entdeckung" des qualifizierten faktischen Konzerns die Beobachtung gewesen war, dass in bestimmten Konzernfällen, gekennzeichnet eben durch eine besondere Breite und Tiefe der Einflussnahme des herrschenden Unternehmens, das auf treuwidrige Einzeleingriffe und Schadensersatz abstellende gesetzliche Haftungssystem nicht mehr funktioniert (Rdnr. 91 f.).   97

Diese Linie wurde jedoch im Grunde bereits mit dem **Video-Urteil** vom 23.9.1991[190] verlassen, in dem es erstmals hieß, der Umstand, dass das herrschende Unternehmen die Geschäfte der abhängigen Gesellschaft dauernd und umfassend führt, sei lediglich ein *Indiz* dafür, dass es im Konzerninteresse nicht mehr hinreichend Rücksicht auf die Belange der abhängigen Gesellschaft nimmt. Seit dem **TBB-Urteil** vom 29.3.1993[191] drängte sodann dieses Merkmal der **mangelnden Rücksichtnahme auf die eigenen Belange der abhängigen Gesellschaft** alle anderen Haftungsvoraussetzungen nahezu vollständig in den Hintergrund (Stichwort: modifizierte Verhaltenshaftung).   98

---

187 S. Rdnr. 96 sowie BGH v. 13.12.1993 – II ZR 89/93, GmbHR 1994, 171 = NJW 1994, 446 = AG 1994, 179 – EDV-Peripherie; BGH v. 19.9.1994 – II ZR 237/93, LM Nr. 8 zu § 302 AktG = GmbHR 1994, 881 = NJW 1994, 3288 = AG 1995, 35 – Freiberufler-Konzern I; BGH v. 27.3.1995 – II ZR 136/94, GmbHR 1995, 446 = NJW 1995, 1544 = AG 1995, 326 – Freiberufler-Konzern II; BGH v. 12.2.1996 – II ZR 279/94, NJW 1996, 1283 = GmbHR 1996, 366 = AG 1996, 221; BGH v. 25.11.1996 – II ZR 352/95, GmbHR 1997, 258 = NJW 1997, 943 = AG 1997, 180; BGH v. 3.11.1997 – II ZR 328/96, GmbHR 1998, 87 = DStR 1997, 1937; vgl. außerdem noch BGH v. 9.1.1992 – IX ZR 165/91, BGHZ 117, 8, 16 = NJW 1992, 1702.

188 Ebenso ausdrücklich *Goette*, in: Ulmer, GmbH-Konzern, 2002, S. 9, 12, 21 ff.; *Boujong*, in: FS Odersky, S. 739, 748 ff.; *Raiser*, ZGR 1995, 156, 161 f.; w. Nachw. s. 11. Aufl., Rdnr. 95.

189 BGH v. 16.9.1985 – II ZR 275/84, BGHZ 95, 330, 344 = NJW 1986, 188 = GmbHR 1986, 78 – Autokran; BGH v. 20.2.1989 – II ZR 167/88, BGHZ 107, 7, 17, 19 f. = GmbHR 1989, 196 = NJW 1989, 1800 – Tiefbau; BGH v. 23.9.1991 – II ZR 135/90, BGHZ 115, 187, 193 ff. = NJW 1991, 3142 = GmbHR 1991, 520 – Video; ebenso BAG v. 28.4.1992 – 3 AZR 244/91, BAGE 70, 158, 162 ff. = AG 1993, 380, 381 = GmbHR 1993, 220; BAG v. 6.10.1992 – 3 AZR 242/91, AP Nr. 5 zu § 1 BetrAVG-Konzern = NJW 1993, 954 = AG 1993, 382 = GmbHR 1993, 218 – AG Union; OLG Saarbrücken v. 22.9.1992 – 7 U 4/92, GmbHR 1993, 39 = AG 1993, 183 – Gerken; OLG Karlsruhe v. 7.8.1992 – 15 U 123/91, GmbHR 1993, 171 = AG 1993, 89, 92 = WM 1992, 2088 – Schotterkleber; AG Düsseldorf v. 11.3.1993 – 51 C 11687/92, AG 1994, 87.

190 BGH v. 23.9.1991 – II ZR 135/90, BGHZ 115, 187, 193 f. = NJW 1991, 3142 = GmbHR 1991, 520 = AG 1991, 429.

191 BGH v. 29.3.1993 – II ZR 265/91, BGHZ 122, 123, 130 ff. = NJW 1993, 1200 = GmbHR 1993, 283 = AG 1993, 371; ebenso OLG Düsseldorf v. 26.11.1998 – 6 U 57/97, GmbHR 1999, 123 = AG 1999, 276.

99 Die beiden **wichtigsten Voraussetzungen** des „Haftungsdurchgriffs" auf das herrschende Unternehmen im qualifizierten faktischen GmbH-Konzern waren nach dem Gesagten (Rdnr. 96) der **objektive Missbrauch der herrschenden Gesellschafterstellung** in Gestalt der fehlende Rücksichtnahme auf die eigenen Belange der abhängigen Gesellschaft bei der Einflussnahme auf diese sowie die **Unmöglichkeit des Einzelausgleichs** des zugefügten Nachteils. Von diesen Tatbestandsmerkmalen interessiert heute wegen der Parallele zu der Diskussion über die Existenzvernichtungshaftung letztlich nur noch die Frage, wann ein Missbrauch in dem genannten Sinne angenommen wurde (Rdnr. 100 ff.).

2. Missbrauch

100 Die wichtigste und schwierigste Aufgabe, die die TBB-Doktrin stellte, war die Entwicklung von **Kriterien**, anhand derer eine Unterscheidung erlaubter und unerlaubter Einflussnahme des herrschenden Unternehmens möglich wurde. Diese Aufgabe hatte sich als ausgesprochen schwierig erwiesen, weil die „eigenen Belange" der abhängigen GmbH, einer juristischen Person (!), naturgemäß nur schwer zu fassen sind. Sicher war nur, dass man zur Konkretisierung der eigenen Belange der abhängigen Gesellschaft von dem vertraglichen **Gegenstand und** dem **Zweck** der Gesellschaft auszugehen hatte (s. § 3 Rdnr. 9 ff.). Das herrschende Unternehmen missbrauchte folglich seine Gesellschafterstellung durch die Einflussnahme auf die abhängige Gesellschaft, wenn die fragliche Maßnahme mit den Belangen der abhängigen Gesellschaft, definiert durch ihren Gegenstand und Zweck, unvereinbar war.

101 Eine weitere Konkretisierung des Missbrauchs erlaubte die (ohnehin nahe liegende) **Parallele zu den §§ 311 Abs. 1 und 317 Abs. 2 AktG.** Bedeutung hatte dies vor allem für mehrgliedrige Gesellschaften, in denen bei nüchterner Betrachtungsweise mit den eigenen Belangen der abhängigen Gesellschaft sinnvollerweise nur die legitimen Interessen der übrigen Gesellschafter und der Gläubiger der abhängigen Gesellschaft gemeint sein konnten, die in aller Regel darauf gerichtet sind, dass die Gesellschaft ihr Unternehmen **unabhängig im gemeinsamen Interesse aller Beteiligten** (und nicht nur im Interesse eines einzigen, des herrschenden Gesellschafters) betreibt.

102 Folglich war hier die Beeinträchtigung „der eigenen Belange der abhängigen Gesellschaft" letztlich identisch mit einer **Nachteilszufügung** durch das herrschende Unternehmen in einer Weise, wie sie der **ordentliche und gewissenhafte Geschäftsführer einer unabhängigen Gesellschaft**, der sich allein an den Interessen seiner Gesellschaft und aller ihrer Gesellschafter orientiert, niemals akzeptiert hätte (§ 43 GmbHG; §§ 76, 93, 317 Abs. 2 AktG analog). Jede Einflussnahme des herrschenden Unternehmens auf die abhängige Gesellschaft, die mit diesem Maßstab unvereinbar ist, bedeutete, anders gewendet, einen objektiven Missbrauch durch Unterlassung der gebotenen Rücksichtnahme auf die eigenen Belange der abhängigen Gesellschaft, definiert durch das legitime Interessen der übrigen Gesellschafter und der Gläubiger an der Führung der abhängigen Gesellschaft als einer unabhängigen in ihrem gemeinsamen Interesse.

103 Anders lag die Situation zunächst, wenn die übrigen Gesellschafter der **Einbeziehung** der abhängigen Gesellschaft in den Konzern des herrschenden Unternehmens zugestimmt hatten, weil darin, jedenfalls im Regelfall, auch die Einwilligung in eine Nachteilszufügung im Konzerninteresse liegen dürfte (§ 308 Abs. 2 AktG analog). Anders war die Situation außerdem, wenn die abhängige Gesellschaft bereits nach ihrem Gesellschaftsvertrag ganz **auf das Konzerninteresse ausgerichtet** ist, wenn es sich z.B. um eine von vornherein allein zur Erfüllung bestimmter Konzernaufgaben gegründete Tochtergesellschaft handelte. Es bestand Übereinstimmung, dass bei solchen Gesellschaften auch eine schädigende Einflussnahme im Konzerninteresse so lange unbedenklich ist, wie die Überlebensfähigkeit der abhängigen Gesell-

schaft und damit namentlich ihre Fähigkeit zur Erfüllung ihrer Verbindlichkeiten gewährleistet sind[192].

Ebenso zu beurteilen war die Rechtslage bei **Einpersonengesellschaften**. Die Praxis gestattete hier dem herrschenden Unternehmen – in den Grenzen der §§ 30 und 31 – gleichfalls jede Einflussnahme auf die abhängige Gesellschaft, solange sie nur in der Lage blieb, ihren Verbindlichkeiten nachzukommen (Rdnr. 90).   104

Weitere Haftungsvoraussetzungen waren die **Unmöglichkeit eines Einzelausgleichs** sowie **Kausalität** zwischen den Schäden der abhängigen Gesellschaft und dem objektiv missbräuchlichen Eingriff des herrschenden Unternehmens.   105

3. Beweislast

Die zentrale Frage unter der Geltung des Haftungsdurchgriffs im qualifizierten faktischen Konzern war letztlich die nach der Verteilung der Darlegungs- und Beweislast zwischen den Parteien. Deshalb soll hier zu dieser Frage in der gebotenen Kürze noch Stellung genommen werden: 106

a) Grundsatz

Eine Vermutung für das Vorliegen eines besonderen Abhängigkeitstatbestandes, in dem die Regeln über den qualifizierten faktischen Konzern eingreifen, bestand nicht; § 17 Abs. 2 AktG fand keine Anwendung. Die **Beweislast** für das Vorliegen des Haftungstatbestandes (Rdnr. 99 ff.) traf vielmehr grundsätzlich denjenigen, der, als **Gesellschafter oder Gläubiger** der abhängigen Gesellschaft, vom herrschenden Unternehmen Schadensersatz oder Verlustausgleich verlangte[193].   107

Es war vor allem diese Beweislastverteilung (Rdnr. 107) gewesen, die dazu geführt hatte, dass es zuletzt **nur noch selten** zum **Haftungsdurchgriff** im qualifizierten faktischen Konzern gekommen war. Namentlich der Beweis der nachhaltigen Beeinträchtigung des Eigeninteresses der abhängigen Gesellschaft (Rdnr. 99 ff.), der häufig sorgsam verborgene Konzerninterna betrifft, war dem Kläger in der Regel nicht möglich (s. 11. Aufl., Rdnr. 108).   108

b) Fallgruppen

Im Schrifttum waren aus diesem Grund verschiedene Fallgruppen herausgearbeitet worden, in denen in erster Linie in qualifizierten faktischen Konzernen eine Haftung entsprechend den §§ 302 und 303 AktG in Betracht kam. Da diese Fallgruppen nichts von ihrer Aktualität eingebüßt haben, soll hier ein kurzer Überblick über die einschlägigen Fälle gegeben werden: 109

Die wichtigsten Fallgruppen waren die **Insolvenz einer Einpersonengesellschaft**, vor allem, wenn noch andere, in dieselbe Richtung weisende Merkmale hinzukamen, ebenso sonstige Insolvenzfälle, sofern zugleich die Geschäfte mit neugegründeten Gesellschaften oder anderen Konzerngesellschaften fortgeführt wurden (Stichwort: **GmbH-Stafetten**), ferner die „systematische" Schädigung der abhängigen Gesellschaft im Rahmen des konzerninternen Geschäfts- und Abrechnungsverkehrs durch unangemessene **Konzernverrechnungspreise oder** durch **Konzernumlagen** zugunsten anderer Konzerngesellschaften, weiter die Veranlassung   110

---

192 S. LG Frankfurt a.M. v. 20.1.1997 – 3/13 O 119/96, AG 1998, 98 = NJW-RR 1997, 796; *Beinert*, Die Konzernhaftung für die satzungsmäßig abhängig gegründete GmbH, 1995.

193 BGH v. 29.3.1993 – II ZR 265/91, BGHZ 122, 123, 131, 132 f. = NJW 1993, 1200 = GmbHR 1993, 283 = AG 1993, 371 – TBB; BAG v. 3.9.1998 – 8 AZR 189/97, GmbHR 1998, 1220, 1223 f. = AG 1999, 184 = NZG 1999, 116.

der abhängigen Gesellschaft zur **Hingabe ungesicherter Darlehen** an nicht mehr kreditwürdige, andere Konzernunternehmen, außerdem der systematische Abzug der Liquidität der Gesellschaft, insbesondere im Rahmen so genannter **Cash-Management-Systeme**, so dass die abhängige Gesellschaft im Grunde wie eine bloße **Betriebsabteilung** geführt wurde, sowie generell eine mangelhafte Buchführung oder die **Undurchschaubarkeit** des gesamten Geschäfts- und Abrechnungsverkehrs zwischen den verbundenen Unternehmen.

111 Einen umstrittenen Grenzfall stellte insbesondere die **Betriebsaufspaltung** dar. Obwohl zumindest bei der „echten" Betriebsaufspaltung im Regelfall alles *für die Annahme* eines qualifizierten faktischen Konzerns sprach, überwog doch die abweichende Sicht der Dinge[194]. Wenn jedoch zu der Betriebsaufspaltung noch eine *personelle Verflechtung* der verbundenen Unternehmen hinzukam, legte auch eine Betriebsaufspaltung richtiger Meinung nach die Annahme eines qualifizierten faktischen Konzerns nahe[195].

112 Die Diskussion über den qualifizierten faktischen Konzern hatte ihren Ausgangspunkt seinerzeit bei der Erkenntnis genommen, dass es Situationen gibt, in denen wegen der Breite und Intensität der Einflussnahme des herrschenden Unternehmens **einzelne Eingriffe und** ihre **Folgen nicht mehr isoliert** werden können, so dass ein auf Einzeleingriff und Schadensausgleich abstellendes Haftungssystem notwendigerweise versagen musste (s. Rdnr. 91 f.). Folgerichtig kam eine Haftung wegen des Vorliegens eines qualifizierten faktischen Konzerns in erster Linie in Betracht, wenn die letztlich vom herrschenden Unternehmen zu verantwortende Situation eine Isolierung von Einzeleingriffen und deren Folgen praktisch unmöglich machte. Es handelte sich dabei um Fallgestaltungen, die zunächst vor allem unter dem Stichwort: „Führung der abhängigen Gesellschaft **wie eine Betriebsabteilung**" diskutiert worden waren. Gleich standen (und stehen) die Fälle einer gänzlich mangelhaften Buchführung sowie überhaupt der Undurchschaubarkeit des Geschäftsverkehrs (Stichworte: **Waschkorblage, Intransparenzhaftung**)[196].

113 Richtiger Meinung nach gehörten hierher ferner **Einpersonengesellschaften**, jedenfalls, wenn ihr einziger Gesellschafter zugleich die Aufgaben des Geschäftsführers übernimmt, sowie schließlich noch – entgegen der überwiegenden Meinung – bestimmte Formen der **Organverflechtung**, sofern sie zur Folge hatten, dass die Geschäftsführung der abhängigen Gesellschaft von Vertretern des herrschenden Unternehmens majorisiert wird, einfach deshalb, weil dann eine Isolierung einzelner Einflussnahmen und ihrer Wirkungen kaum mehr vorstellbar ist, auch nicht durch entsprechende Dokumentation und Verbuchung bei der abhängigen Gesellschaft[197].

4. Rechtsfolgen

114 Die (später aufgegebene) Besonderheit des Haftungssystems im (früheren) qualifizierten faktischen Konzern bestand darin, dass sich die Haftung des herrschenden Unternehmens unter den genannten Voraussetzungen (Rdnr. 96, 100 ff.) gegenüber den Gläubigern nach den entsprechend anwendbaren §§ 302 und 303 AktG richtete. Dies bedeutete vor allem, dass die abhängige Gesellschaft von dem herrschenden Unternehmen Übernahme ihrer Verluste ver-

---

194 S. BSG v. 1.2.1996 – 2 RU 7/95, GmbHR 1996, 604, 607 = ZIP 1996, 1134 = NJW-RR 1997, 94, 96; *Drygala*, Der Gläubigerschutz bei der typischen Betriebsaufspaltung, 1991, S. 74 ff.; *Drygala*, NJW 1995, 3237; *Priester*, in: Heidelberger Konzernrechtstage, S. 223, 241 ff.; *Schulze-Osterloh*, ZGR 1983, 123; *Ziegler*, Kapitalersetzende Gebrauchsüberlassungsverhältnisse und Konzernhaftung bei der GmbH, 1989, S. 193 ff.
195 BAG v. 8.9.1998 – 3 AZR 185/97, AP Nr. 12 zu § 303 AktG = NJW 1999, 2612 = AG 1999, 376, 377 f. = GmbHR 1999, 658; *Holzwarth*, Konzernrechtlicher Gläubigerschutz bei der klassischen Betriebsaufspaltung, 1994, S. 131, 191 ff.; *G. Raiser*, NJW 1995, 1804.
196 S. dazu *P. Oser*, WPg 1994, 312; *Schulze-Osterloh*, ZIP 1993, 1838; *Weigl*, Haftung, S. 179 ff.
197 Ebenso *Binnewies*, Konzerneingangskontrolle, S. 376 ff.

langen konnte, sobald einmal die Voraussetzungen der Konzernhaftung des herrschenden Unternehmens erfüllt waren (**§ 302 Abs. 1 AktG**). Der Anspruch stand der abhängigen Gesellschaft zu, konnte aber im Wege der **actio pro socio** (oder: pro societate) auch von den Minderheitsgesellschaftern geltend gemacht werden.

§ 303 AktG wurde gleichfalls entsprechend im qualifizierten faktischen GmbH-Konzern angewandt, wobei hier – mangels Registerpublizität solcher Konzerne – **Stichtag** der Tag der tatsächlichen Beendigung der Voraussetzungen für die Konzernhaftung des herrschenden Unternehmens war[198]. Danach griffen dann lediglich die allgemeinen Verwirkungsregeln ein. War die abhängige Gesellschaft **vermögenslos**, so verwandelte sich außerdem der Anspruch der Gläubiger auf Sicherheitsleistung in einen direkten Zahlungsanspruch gegen das herrschende Unternehmen, jedenfalls wenn ein Insolvenzverfahren über das Vermögen der abhängigen Gesellschaft nicht mehr durchgeführt wurde (so genannte **Ausfallhaftung**). § 322 Abs. 2 und 3 AktG galt entsprechend. 115

Im Ergebnis führte somit das frühere Haftungssystem des qualifizierten faktischen GmbH-Konzerns zur **Durchgriffshaftung des herrschenden Unternehmens** unter Zurückdrängung des § 13 Abs. 2. Dasselbe Ergebnis wird heute in bestimmten Fallkonstellationen auf dem Weg über die **Existenzvernichtungshaftung** nach § 826 BGB erreicht (Rdnr. 120 ff.). Außerdem gibt es Fälle, in denen weiterhin an eine entsprechende Anwendung der **§§ 302 und 303 AktG** in „faktischen Konzernbeziehungen" zu denken ist. Die wichtigsten Beispiele sind die so genannten **Extremfälle** (Rdnr. 123 f.) sowie die eigenartigen Fallgestaltungen, die verbreitet unter dem Stichwort „**verdeckte Beherrschungsverträge**" diskutiert zu werden pflegen (Rdnr. 164a). 116

5. Schutz der Minderheit

Im qualifizierten faktischen GmbH-Konzern war der Schutz der Minderheit (natürlich) nicht geringer als in sonstigen „einfachen" Abhängigkeitslagen (Rdnr. 71 ff.). Die Herbeiführung der Voraussetzungen, unter denen es entsprechend den §§ 302 und 303 AktG zu einer Konzernhaftung des herrschenden Unternehmens kam (Rdnr. 99 ff.), stellte und stellt im Gegenteil eine **besonders schwerwiegende Treuepflichtverletzung** des herrschenden Unternehmens dar, so dass die übrigen Gesellschafter von dem herrschenden Gesellschafter Unterlassung, Beseitigung durch Rückgängigmachung der fraglichen Eingriffe und Schadensersatz verlangen konnten (§§ 242, 249, 276, 280 Abs. 1, 705 BGB; s. Rdnr. 119). Daran hat sich bis heute im Ergebnis nichts geändert. 117

Die Minderheitsgesellschafter hatten und haben in den genannten Fallgruppen (s. Rdnr. 112 f.) ferner nach allgemeiner Meinung zu ihrem Schutz ein **Austrittsrecht gegen** volle **Abfindung**, und zwar ohne Rücksicht auf etwaige gesellschaftsvertragliche Beschränkungen des Abfindungsanspruchs. Nach h.M. handelt es sich dabei um das allgemeine Austrittsrecht jedes Gesellschafters aus wichtigem Grunde (entsprechend den §§ 242, 314, 723 und 738 BGB sowie § 133 HGB); vorzugswürdig ist indessen die entsprechende Anwendung des § 305 AktG, weil der austrittswillige Gesellschafter die Abfindung – als *Barabfindung* – dann (auch) vom herrschenden Unternehmen verlangen kann (s. § 305 Abs. 2 Nr. 3 AktG)[199]. 118

---

198 BGH v. 16.9.1985 – II ZR 275/84, BGHZ 95, 330, 347 = NJW 1986, 188 = GmbHR 1986, 78 = AG 1986, 15 – Autokran; BGH v. 28.9.1991 – II ZR 135/90, BGHZ 115, 187, 202 = NJW 1991, 3142 = GmbHR 1991, 520 = AG 1991, 429 – Video; BGH v. 25.11.1996 – II ZR 352/95, GmbHR 1997, 258 = AG 1997, 180 = NJW 1997, 943.

199 So zutreffend *Geuting*, BB 1994, 365, 367 ff.; *Liebscher*, Konzernbildungskontrolle, S. 272 f.; – dagegen *Binnewies*, Konzerneingangskontrolle, S. 261 f.; *J. Hoffmann*, NZG 2002, 68, 73; *Liebscher*, in: MünchKomm. GmbHG, Rdnr. 621; *H.-Fr. Müller*, Das Austrittsrecht des GmbH-Gesellschafters, 1996, S. 56 ff., bes. S. 61 f.

119 Die Begründung eines qualifizierten faktischen Konzerns galt (und gilt) allgemein als **rechts-widrig**, sofern und solange nicht alle Gesellschafter der Eingliederung der abhängigen Gesellschaft in den Konzern des herrschenden Unternehmens zugestimmt haben (§ 33 BGB)[200]. Folglich konnte sich die Minderheit gegen jede Maßnahme des herrschenden Unternehmens, die auf die Konzerneingliederung der abhängigen Gesellschaft abzielt, mit Rücksicht auf die darin liegende Verletzung der Treuepflicht des herrschenden Unternehmens gegenüber den Mitgesellschaftern mit **Beseitigungs-, Unterlassungs- und Schadensersatzansprüchen** wehren, in erster Linie gerichtet auf Rückgängigmachung des rechtswidrigen Zustandes (§§ 241 Abs. 2, 242, 249, 276 Abs. 1 und 280 Abs. 1 BGB). Billigt man diese Ansprüche der Gesellschaft zu, so können sie von den Mitgesellschaftern jedenfalls mit der actio pro socio verfolgt werden[201].

6. Abschied vom qualifizierten faktischen Konzern

120 Bei dem qualifizierten faktischen Konzern handelte es sich in erster Linie um einen **Konzernhaftungstatbestand**, gekennzeichnet durch die entsprechende Anwendung der §§ 302 und 303 AktG auf in bestimmter Weise qualifizierte faktische Abhängigkeitsbeziehungen (Rdnr. 91, 114 ff.). Deshalb verwundert es nicht, dass heute vielfach die weitere Existenzberechtigung des ganzen Rechtsinstituts in Frage gestellt wird, seitdem der BGH den qualifizierten faktischen Konzern als Konzernhaftungsmodell zu Gunsten der auf § 826 BGB gestützte Existenzvernichtungshaftung verabschiedet hat (§ 13 Rdnr. 152 ff.). Bereits in dem ersten einschlägigen Urteil, dem **Bremer Vulkan-Urteil** vom 17.9.2001, heißt es ausdrücklich, der Schutz einer abhängigen GmbH gegenüber Eingriffen ihres Alleingesellschafters „folge nicht dem Haftungssystem des Konzernrechts des AktG (§§ 291 ff. AktG)", sondern obliege den §§ 30 und 31 GmbHG sowie der Durchgriffshaftung wegen existenzvernichtenden Eingriffs[202]. Die frühere Praxis zur Haftung im qualifiziert faktischen Konzern gilt seitdem als „überholt"[203], während den Schutz der Minderheit die allgemeinen Regeln über (einfache) faktische Konzerne übernehmen sollen.

121 An diesem Ergebnis hat auch die erneute Kehrtwendung der Rechtsprechung im Jahre 2007 hin zu einer nur noch auf § 826 BGB gestützten **Existenzvernichtungshaftung** nichts geändert (s. § 13 Rdnr. 152 ff.). Es handelt sich dabei um eine aus § 826 BGB hergeleitete **Binnenhaftung** der Gesellschafter gegenüber ihrer Gesellschaft (nur) für vorsätzliche schädigende Eingriffe in das vorhandene Gesellschaftsvermögen[204]. Kern des „neuen" Rechtsinstituts ist eine Insolvenzverursachungshaftung des unmittelbaren oder mittelbaren Gesellschafters

---

200 Ebenso für die AG OLG Köln v. 15.1.2009 – 18 U 205/07, AG 2009, 416, 419 – Strabag/E. Züblin AG; LG Köln v. 23.11.2007 – 82 O 214/06, AG 2008, 327, 334 – Strabag.

201 S. schon Rdnr. 57 ff. sowie *Binnewies*, Die Konzerneingangskontrolle in der abhängigen Gesellschaft, 1996, S. 258 ff.; *Emmerich/Habersack*, Kommentar, § 318 AktG Anh. Rdnr. 30 ff.; *Liebscher*, in: MünchKomm. GmbHG, Rdnr. 617; *J. Hoffmann*, NZG 2002, 68, 72 ff.

202 BGH v. 17.9.2001 – II ZR 178/99, BGHZ 149, 10, 16 = NJW 2001, 3622 = GmbHR 2001, 1036 = ZIP 2001, 1874 = AG 2002, 43.

203 BGH v. 25.2.2002 – II ZR 196/00, BGHZ 150, 61, 68 = GmbHR 2002, 549 = NJW 2002, 1803 – L. Kosmetik; BGH v. 13.12.2004 – II ZR 256/02, ZIP 2005, 250, 251 (l. Sp. unten) = GmbHR 2005, 299 = NZG 2005, 214; ebenso BAG v. 31.7.2002 – 10 AZR 420/01, AG 2003, 322, 323 (unter 1c) = NJW 2003, 1340; OLG Jena v. 28.11.2001 – 4 U 234/01, GmbHR 2002, 112, 114 (unter V).

204 BGH v. 16.7.2007 – II ZR 3/04, BGHZ 173, 246, 252 ff. Rdnr. 16 ff. = NJW 2007, 2685 = GmbHR 2007, 927 = AG 2007, 657 – Trihotel; BGH v. 28.4.2008 – II ZR 264/06, BGHZ 176, 204, 209 ff. Rdnr. 10 ff. = NJW 2008, 2137 = GmbHR 2008, 805 = AG 2008, 542 – Gamma; BGH v. 23 4.2012 – II ZR 252/10, BGHZ 193, 96, 100 Rdnr. 17 = GmbHR 2012, 740 = NZG 2012, 667 – Wirtschaftsakademie; BGH v. 24.7.2012 – II ZR 177/11, GmbHR 2012, 1070 Rdnr. 14, 21, 25, 29 = NZG 2012, 1069; BGH v. 21.2.2013 – IX ZR 52/10, GmbHR 2013, 529 Rdnr. 20 ff. = NZG 2013, 827 – Spritzgussmaschinen.

für kompensationslose Eingriffe in das Gesellschaftsvermögen zum Nachteil der Gesellschaftsgläubiger, die auch während der Abwicklung der bereits aufgelösten Gesellschaft in Betracht kommt und die neben den unmittelbaren Gesellschaftern auch die diese Gesellschafter beherrschenden „mittelbaren" Gesellschafter erfasst, so dass sie konzerndimensionale Züge trägt. Anzumerken bleibt, dass diese Praxis keineswegs „über alle Kritik erhaben ist"[205]. Problematisch ist vor allem die Reduktion der Haftung auf eine bloße *Binnenhaftung*, obwohl Ansprüche aus § 826 BGB zweifelsfrei den Gläubigern unmittelbar zustehen, zumal eine Binnenhaftung notwendigerweise versagt, wenn es erst gar nicht mehr zur Eröffnung eines Insolvenzverfahrens kommt. Auch die mit § 826 BGB zusammenhängende Beschränkung der Haftung auf *Vorsatzfälle* erscheint keineswegs zwingend und verurteilt die neue Existenzvernichtungshaftung wegen der bekannten Probleme bei dem Nachweis von Vorsatz von vornherein zu einer Ausnahmeerscheinung, die wohl kaum dem Schutzbedürfnis der Gläubiger gerecht wird.

7. Folgerungen

a) Überblick

Nach überwiegender Meinung bedeutet die geschilderte neuere Rechtsprechung des BGH das **endgültige Aus** des qualifizierten faktischen Konzerns, jedenfalls als **Konzernhaftungstatbestand**. Von anderer Seite wird dagegen dem Rechtsinstitut des qualifizierten faktischen Konzerns nach wie vor eine gewisse, wenn auch deutlich **reduzierte Funktion** beigemessen. Das gilt zunächst für die **AG**, bei der selbst in der Rechtsprechung teilweise an dem Rechtsinstitut, zumindest als Unrechtstatbestand und wohl auch als Haftungstatbestand, festgehalten wird[206]. Für die GmbH wurde – zumindest in den ersten Jahren nach „Vulkan" – ebenfalls häufig die Auffassung vertreten, der Anwendungsbereich des neuen Haftungstatbestandes beschränke sich im wesentlichen auf die Fälle von **Einpersonengesellschaften** und vergleichbare Fallgestaltungen, während in **mehrgliedrigen Gesellschaften** mit einer *opponierenden* Minderheit durchaus noch Raum für die Anwendung des Rechtsinstituts des qualifizierten faktischen Konzerns bleibe, zumindest in Fällen, in denen die abhängige Gesellschaft **wie** eine „**Betriebsabteilung**" geführt wird[207]. Schließlich finden sich auch zahlreiche vermittelnde Meinungen, die in Fällen einer qualifizierten faktischen Konzernierung für **Beweiserleichterungen** im Rahmen des neuen Haftungstatbestandes eintreten[208] oder die doch für den Schutz der opponierenden Minderheit an den herkömmlichen Regeln festhalten wollen[209]. In der Tat ist in der Frage, welche Bedeutung heute noch dem Tatbestand des qualifizierten faktischen Konzerns zukommt, genau zwischen dem Bereich des Gläubigerschutzes (Rdnr. 123) und dem des Minderheitenschutzes (Rdnr. 125) zu unterscheiden[210].

122

---

205 S. statt aller *Casper*, in: Ulmer/Habersack/Löbbe, 113 ff.; *Emmerich/Habersack*, Kommentar, § 318 AktG Anh. Rdnr. 37 f.

206 S. mit Nachw. *Emmerich/Habersack*, Kommentar, § 317 AktG Anh. Rdnr. 5 ff.; insbesondere OLG Köln v. 15.1.2009 – 18 U 205/07, AG 2009, 416, 418 ff.; LG Köln v. 23.11.2007 – 82 O 214/06, AG 2008, 327, 334.

207 Insbes. *Cahn*, ZIP 2001, 2159, 2160; *Chr. Eberl-Borges*, WM 2003, 105 f.; *Chr. Eberl-Borges*, Jura 2002, 761, 765; *Karsten Schmidt*, GesR, § 39 III 3 (S. 1224 ff.); *Karsten Schmidt*, NJW 2001, 3577, 3580; – noch wesentlich weiter gehend *Ulmer*, in: Ulmer, GmbH-Konzern, 2002, S. 41, 48 f., 53, 69 f. (generelle Vorzugswürdigkeit des Tatbestandes des qualifizierten faktischen Konzerns).

208 So insbes. *Drygala*, GmbHR 2003, 729, 737 f.; *St. Lampert*, JA 2002, 356, 358.

209 *Drygala*, GmbHR 2003, 729, 737 f.; *Emmerich/Habersack*, Kommentar, § 318 AktG Anh. Rdnr. 39; insbes. *J. Hoffmann*, NZG 2002, 68, 72 f.

210 Ebenso ausdrücklich BGH v. 25.2.2002 – II ZR 196/00, BGHZ 150, 61, 68 = GmbHR 2002, 549 = NJW 2002, 1803 – L. Kosmetik.

b) Gläubigerschutz

123 Die Existenzvernichtungshaftung hat inzwischen in der Praxis der Gerichte den qualifizierten faktischen Konzern als Haftungstatbestand weitgehend verdrängt. Daran führt wohl kein Weg vorbei. Dies ändert indessen nichts daran, dass das Rechtsinstitut des qualifizierten faktischen Konzerns zur Lösung bestimmter Sachfragen entwickelt worden war, die ihre Aktualität nicht mit der Abschaffung dieses Rechtsinstituts eingebüßt haben[211]. Der Unterschied ist nur, dass diese Fälle heute nicht mehr primär als konzernrechtliche verstanden werden, sondern als solche, die nach den allgemeinen haftungsrechtlichen Grundsätzen zu lösen sind. Ihre Erörterung gehört infolgedessen heute in den Zusammenhang des § 13 (s. deshalb im Einzelnen § 13 Rdnr. 152 ff.). Hier genügen stattdessen wenige Bemerkungen, um deutlich zu machen, dass nicht nur bei der AG (Rdnr. 122), sondern durchaus auch bei der GmbH die früher mit dem Begriff des qualifizierten faktischen Konzerns umschriebenen Sachfragen ihre auch konzernrechtliche Relevanz behalten haben. Es geht dabei insbesondere um die Frage der Beweislast und um die Haftung in den so genannten Extrem- oder (so heute) Umgehungsfällen (Rdnr. 124) sowie um den Minderheitenschutz (Rdnr. 125 f.).

124 Das größte praktische Problem in sämtlichen Haftungstatbeständen, die unter engen Voraussetzungen eine persönliche Haftung der Gesellschafter einer GmbH an Eingriffe in das Gesellschaftsvermögen knüpfen, ist die Verteilung der **Beweislast**. Denn hält man in diesen Fällen an der vollen Beweislast der Gläubiger fest, so ist dies zumindest für den Regelfall gleichbedeutend mit der Verurteilung des fraglichen Haftungstatbestandes zur Bedeutungslosigkeit. Deshalb sollte man auch in Zukunft in den **typischen Fallgestaltungen**, in denen früher in erster Linie die Annahme eines qualifizierten faktischen Konzerns erwogen wurde (Rdnr. 109 f.), dem Insolvenzverwalter mit spürbaren **Erleichterungen bei der Darlegungs- und Beweislast** zur Hilfe kommen. Außerdem ist nicht zu leugnen, dass es „**Extremfälle**" gibt, in denen die abhängige Gesellschaft letztlich so geführt wird, als ob das herrschende Unternehmen mit ihr einen **Beherrschungsvertrag** abgeschlossen hat, insbesondere bei Führung der abhängigen Gesellschaft wie eine Betriebsabteilung. In solchen Fällen ist die Analogie zu den **§§ 302 und 303 AktG** nach wie vor sachgerecht, wenn nicht, wie früher, unter dem Gesichtspunkt des qualifizierten faktischen Konzerns, sondern eben unter dem neuen Topos des verdeckten Beherrschungsvertrages (Rdnr. 164a)[212], während im Schrifttum neuerdings offenbar (wieder) die Tendenz wächst, ergänzend auf eine Analogie zu den §§ 311 und 317 AktG zurückzugreifen, um allfällige Schutzlücken zu schließen[213].

c) Minderheitsschutz

125 Von dem Schutz der Gläubiger durch eine Konzernhaftung entsprechend den §§ 302 und 303 AktG (Rdnr. 123 f.) muss der Schutz der Minderheit in derartigen qualifizierten Abhängigkeitsverhältnissen unterschieden werden. Nach Meinung des BGH[214] soll diesen Schutz die „**Haftung aus Treupflichtverletzung**" nach dem Vorbild des ITT-Urteils vom 5.6.1975[215] übernehmen. Gemeint sind damit die Regeln über den einfachen faktischen Konzern (Rdnr. 65 ff.), deren Kern in dem Schutz der abhängigen Gesellschaft und der übrigen Ge-

---

211 Ebenso z.B. *Kessler*, in: Saenger/Inhester, Rdnr. 101; im Ergebnis (zutreffend) auch *Altmeppen*, in: Roth/Altmeppen, Rdnr. 166 ff.

212 Ebenso *Servatius*, in: Michalski u.a., Rdnr. 420 f.; im Ergebnis auch unter Berufung auf § 317 AktG *Altmeppen*, in: Roth/Altmeppen, Rdnr. 168–171; *Casper*, in: Ulmer/Habersack/Löbbe, Rdnr. 167 (Haftung analog § 302 AktG im Rahmen der Schadensschätzung).

213 *Altmeppen*, in: Roth/Altmeppen, Rdnr. 166 mit Nachw.

214 BGH v. 25.2.2002 – II ZR 196/00, BGHZ 150, 61, 68 (unter 3) = GmbHR 2002, 549 = NJW 2002, 1803 – L. Kosmetik.

215 BGH v. 5.6.1975 – II ZR 23/74, BGHZ 65, 15, 18 ff. = GmbHR 1975, 269 = NJW 1976, 191 = AG 1976, 16.

sellschafter gegen schädigende Eingriffe des herrschenden Unternehmens **durch Unterlassungs-, Beseitigungs- und Schadensersatzansprüche** wegen Treuepflichtverletzung besteht (Rdnr. 71, 83 ff.). Damit dürfte in der Tat in der Masse der Fälle ein angemessener Schutz der Minderheit zu erreichen sein[216]. Auf der anderen Seite steht jedoch fest, dass es Fallgestaltungen gibt, in denen dieses Schutzsystem versagt, und zwar deshalb versagt, weil wegen der Intensität und der Häufigkeit der Einflussnahme seitens des herrschenden Unternehmens einzelne Eingriffe und deren Wirkungen **nicht** mehr **isoliert** werden können. Das aber sind genau diejenigen Fälle, die am Anfang der Diskussion über den qualifizierten faktischen Konzern standen (Rdnr. 91 ff.).

Spätestens in diesen Fällen sind zusätzlich zu den in einfachen faktischen Konzernen anerkannten Schutzmechanismen **weitere Regeln** zum Schutze der Minderheit, d.h. der außenstehenden Gesellschafter erforderlich, deren Kern nach überwiegender Meinung in einem **Austrittsrecht** gegen volle Abfindung besteht[217]. Es steht ferner außer Frage, dass in den fraglichen „Extremfällen" die **Eingliederung** der abhängigen Gesellschaft in den von dem herrschenden Unternehmen kontrollierten Konzern ohne Zustimmung aller Gesellschafter **rechtswidrig** ist, so dass die übrigen Gesellschafter außerdem Unterlassung und Schadensersatz durch **Rückgängigmachung** der Konzerneingliederung verlangen können (Rdnr. 85 ff.). Hinzukommen müssen in diesem Fall **Ersatzansprüche** der Minderheit wegen des ihnen durch den Verlust der Selbständigkeit der Gesellschaft entgangenen Gewinns (§§ 241 Abs. 2, 242, 252, 280 Abs. 1, 705 BGB), wobei naturgemäß ohne grobe Schätzungen nicht auszukommen sein wird (§ 287 ZPO). Die Parallele zu den §§ 304 und 305 AktG wird hier deutlich. | 126

Nichts hindert freilich richtiger Meinung nach, den Mitgesellschaftern die genannten Rechtsbehelfe, wo immer nötig, bereits in *einfachen* faktischen Konzernen zuzubilligen (Rdnr. 83 ff.). Damit entfallen zugleich – mit einem Schlag – die schwer wiegenden **Abgrenzungsprobleme**, die früher mit dem Tatbestand des qualifizierten faktischen Konzerns verbunden waren und die wohl nicht zuletzt zur Aufgabe dieses Rechtsinstituts geführt haben. | 127

Soweit der Tatbestand des qualifizierten faktischen Konzerns heute nach dem Gesagten (Rdnr. 124) überhaupt noch Bedeutung hat, also insbesondere in der Frage der **Beweislast** im Rahmen der neuen Existenzvernichtungshaftung und, jedenfalls nach h.M., bei den Rechten der Minderheit, bestehen zudem keine Bedenken, zu den Ursprüngen der ganzen Diskussion zurückzukehren und immer dann von einem qualifizierten faktischen Konzern zu sprechen, wenn sich **einzelne Eingriffe** des herrschenden Unternehmens und ihre **Folgen** wegen der Dauer und der Intensität der Einflussnahme des herrschenden Unternehmens mit zumutbarem Aufwand für die Gläubiger oder die Mitgesellschafter **nicht** mehr **isolieren** lassen, so dass insbesondere der Minderheit ein weiteres Verbleiben in der Gesellschaft nicht mehr zuzumuten ist. | 128

E. Beherrschungsverträge

Schrifttum: *Altmeppen*, Die Haftung des Managers im Konzern, 1998; *Binnewies*, Die Konzerneingangskontrolle in der abhängigen Gesellschaft, 1996; *G. Bitter*, Konzernrechtliche Durchgriffshaftung bei Personengesellschaften, 2000; *Bouchon*, Konzerneingangsschutz im GmbH- und Aktienrecht, 2002; *Grüner*, Die Beendigung von Gewinnabführungs- und Beherrschungsverträgen, 2003; *Kort*, Der Abschluss von Beherrschungs- und Gewinnabführungsverträgen im GmbH-Recht, 1986; *Kort*, Bestandsschutz fehlerhafter Strukturänderungen im Kapitalgesellschaftsrecht, 1998; *J. Kurz*, Der Gewinnabführungsvertrag im GmbH-Recht aus konzernverfassungsrechtlicher Sicht, 1992; *Liebscher*, Konzernbildungskontrolle, 1995;

---

216 Ebenso *Casper*, in: Ulmer/Habersack/Löbbe, Rdnr. 163 ff.; *Liebscher*, in: MünchKomm. GmbHG, Rdnr. 617 ff.
217 S. schon Rdnr. 84; *Casper*, in: Ulmer/Habersack/Löbbe, Rdnr. 169; *Liebscher*, in: MünchKomm. GmbHG, Rdnr. 620.

Uwe H. Schneider (Hrsg.), Beherrschungs- und Gewinnabführungsverträge in der Praxis der GmbH, 1989; *Veil*, Unternehmensverträge, 2003; *U. Wackerbarth*, Grenzen der Leitungsmacht in der internationalen Unternehmensgruppe, 2001.

I. Überblick

129 Gesellschaften in der Rechtsform einer GmbH können sich ebenso wie andere Gesellschaften an Unternehmensverträgen i.S. der §§ 291 und 292 AktG auf beiden Seiten des Vertrages beteiligen. Davon geht heute auch das GmbHG in § 30 Abs. 1 Satz 2 in der Fassung von 2008 aus, nach dem die Kapitalerhaltungsregeln des § 30 Abs. 1 Satz 1 unter anderem nicht für Leistungen gelten, die bei Bestehen eines Beherrschungs- oder Gewinnabführungsvertrages i.S. des § 291 AktG erfolgen. Aus den §§ 14 Abs. 1 und 17 Abs. 1 KStG sowie aus § 2 Abs. 2 Satz 2 Gewerbesteuergesetz folgt ferner, dass die körperschaft- und gewerbesteuerliche Organschaft mit ihren erheblichen Steuervergünstigungen den wirksamen Abschluss eines Gewinnabführungsvertrages i.S. des § 291 Abs. 1 Satz 1 AktG mit einer GmbH voraussetzt; § 17 Abs. 1 Satz 2 KStG fügt hinzu, dass in diesem Fall auf einen Gewinnabführungsvertrag mit einer GmbH die §§ 301 und 302 AktG entsprechend anzuwenden sind.

130 Die Regelung der §§ 14 und 17 KStG sowie des § 2 Abs. 2 Satz 2 GewStG hat zur Folge, dass zumindest **Gewinnabführungsverträge** mit abhängigen GmbH in erheblicher Zahl abgeschlossen werden. Mit solchen Verträgen sind außerdem nicht selten Beherrschungsverträge zu **Organschaftsverträgen** verbunden, während reine Beherrschungsverträge bisher selten zu sein scheinen, aber durchaus vorkommen (s. 11. Aufl., § 53 Rdnr. 164). Auch **andere Unternehmensverträge** mit einer abhängigen GmbH sind bereits bekannt geworden. Hervorzuheben sind insbesondere Betriebspacht- und Betriebsüberlassungsverträge (§ 292 Abs. 1 Nr. 2 und Nr. 3 AktG). Zu beachten ist außerdem, dass sämtliche stillen Gesellschaftsverträge mit einer GmbH zugleich unter § 292 Abs. 1 Nr. 2 AktG fallen.

130a Trotz der somit nicht zu bezweifelnden Verbreitung von Unternehmensverträgen mit abhängigen Gesellschaften in der Rechtsform einer GmbH fehlt bisher eine **gesetzliche Regelung** der Materie, nachdem entsprechende Gesetzgebungspläne in den siebziger Jahren des vorigen Jahrhunderts gescheitert sind und (bedauerlicherweise) nicht mehr weiterverfolgt werden[218]. Keinen Ersatz für dieses Defizit bilden die §§ 14 Abs. 1 und 17 Abs. 1 KStG (die auf die §§ 291 Abs. 1, 301 und 302 AktG verweisen), weil sie allein steuerrechtliche Bedeutung haben, so dass das Gesellschaftsrecht durch sie nicht gehindert wird, an die Gültigkeit von Gewinnabführungsverträgen mit GmbH andere, und zwar *strengere* Anforderungen als das Steuerrecht zu stellen[219]. Ob und inwieweit die daraus resultierende Gesetzeslücke durch den (naheliegenden) **Rückgriff auf die §§ 291 bis 310 AktG** geschlossen werden kann, ist bis heute umstritten.

131 Im Schrifttum sind die Meinungen nach wie vor geteilt. Während ein Teil des Schrifttums für eine möglichst umfassende **„Gesamtanalogie"** zu den §§ 291 bis 310 AktG eintritt – als Ausdruck eines „einheitlichen Systems der Strukturänderungen bei Kapitalgesellschaften"[220], halten andere eine Analogie zum Aktienrecht mit Rücksicht insbesondere auf die besonderen

---

218 Kritisch wegen der daraus resultierenden Rechtsunsicherheit z.B. auch *Stephan*, Der Konzern 2014, 1, 27 f.

219 Ebenso BGH v. 24.10.1988 – II ZB 7/88, BGHZ 105, 324, 339 = NJW 1989, 295 = GmbHR 1989, 25 – Supermarkt; BayObLG v. 16.6.1988 – BReg 3 Z 62/88, BayObLGZ 1988, 201 = AG 1988, 379 = GmbHR 1988, 389; OLG Düsseldorf v. 19.8.1994 – 3 Wx 178/94, AG 1995, 137, 138 = NJW-RR 1995, 233 = GmbHR 1994, 805 – Rüttgerswerke AG; *Liebscher*, in: MünchKomm. GmbHG, Rdnr. 637.

220 *Servatius*, in: Grigoleit, § 291 AktG Rdnr. 11; *Lutter/Hommelhoff*, Rdnr. 43 f.

Bestimmungen des GmbHG in den §§ 30, 53 und 54 für weitgehend *entbehrlich*[221]. Die überwiegende Meinung verfolgt dagegen eine mittlere Linie, gekennzeichnet einerseits durch die Ablehnung einer Gesamtanalogie zu den §§ 291 bis 310 AktG, andererseits aber durch die Zulassung der **Analogie in** den zahlreichen offenen **Einzelfragen**, die sich aus dem Fehlen einer gesetzlichen Regelung der Unternehmensverträge mit einer GmbH ergeben haben. Der Grund für die Ablehnung einer „Gesamtanalogie" zu den §§ 291 bis 310 AktG ist vor allem in den bekannten **Strukturunterschieden** zwischen der AG und der GmbH zu sehen, die gerade im vorliegenden Zusammenhang besonderes Gewicht erlangen. Um dies zu erkennen, genügt es, sich zu vergegenwärtigen, dass die Problematik des Beherrschungsvertrages bei der *AG* nicht zuletzt auf der mit ihm verbundenen Durchbrechung des Prinzips der eigenverantwortlichen Leitung der Gesellschaft durch den Vorstand beruht (§ 76 Abs. 1 AktG), während bei der *GmbH* aus § 37 Abs. 1 GmbHG allgemein der Schluss gezogen wird, dass die *Geschäftsführer* ohnehin grundsätzlich von den Weisungen der Gesellschafterversammlung als dem obersten Organ der Gesellschaft *abhängig* sind (§§ 45, 46 GmbHG). Anders als bei der AG (§ 23 Abs. 5 AktG) besteht außerdem bei der GmbH *im Innenverhältnis* der Gesellschafter weitgehende *Vertragsfreiheit* (§ 45 GmbHG), so dass im Gesellschaftsvertrag auch einzelnen Gesellschaftern ein Weisungsrecht gegenüber den Geschäftsführern eingeräumt werden kann.

Die Rechtsprechung des BGH liegt auf derselben Linie wie die skizzierte überwiegende Meinung (s. Rdnr. 131). Denn danach sind die §§ 291 bis 299 AktG über die Begründung und Beendigung von Unternehmensverträgen auf Beherrschungs- und Gewinnabführungsverträge mit einer abhängigen GmbH entsprechend anzuwenden, soweit der Schutzzweck der Vorschriften bei einer abhängigen GmbH gleichermaßen zutrifft und diese Vorschriften nicht auf Unterschieden der Binnenverfassung zwischen der AG und der GmbH beruhen[222]. Die Frage einer entsprechenden Anwendung der §§ 291 bis 310 AktG auf Unternehmensverträge mit einer abhängigen GmbH und insbesondere auf Beherrschungsverträge mit einer GmbH lässt sich m.a.W. immer **nur im Einzelfall** unter Berücksichtigung des Schutzzwecks der fraglichen Normen sowie der speziellen Wertungen des GmbHG entscheiden (s. Rdnr. 132; vgl. auch für die Übertragbarkeit der §§ 293a bis 293g AktG Rdnr. 136 f.). **131a**

Aus den genannten Besonderheiten der GmbH im Vergleich mit der AG (s. Rdnr. 131) wird in der Literatur vielfach der Schluss gezogen, vor allem ein **Beherrschungsvertrag** sei bei der GmbH als Mittel der Konzernierung der abhängigen Gesellschaft entbehrlich, auf jeden Fall bei Einpersonengesellschaften, nach manchen aber auch sonst[223]. Dieser Auffassung ist nicht zu folgen. Ein nüchterner Blick auf die Rechtslage macht vielmehr deutlich, dass die Praktizierung der meisten GmbH-Konzerne wohl nicht ohne den Abschluss eines Beherrschungsvertrages möglich sein dürfte. Davon sind offenkundig auch die Verfasser des MoMiG von 2008 ausgegangen, wie sich aus der neuen Vorschrift des § 30 Abs. 1 Satz 2 ergibt, durch die gerade die Praktizierung von Cash Management- oder Cash-Pooling-Systemen in Konzernen ermöglicht werden sollte, aber eben nur bei Abschluss eines Beherrschungs- oder Gewinnabführungsvertrages. Bereits dieses so genannte **Konzernprivileg**, d.h. die Außerkraftsetzung der Kapitalerhaltungsregeln im Vertragskonzern (§ 30 Abs. 1 Satz 1 und Satz 2; ebenso für die AG §§ 57 Abs. 1 Satz 2, 291 Abs. 3 AktG), rechtfertigt das Festhalten an dem Beherrschungsvertrag als einem besonderen konzernrechtlichen Institut auch im Recht der GmbH. **132**

---

221 Insbesondere *Beurskens*, in: Baumbach/Hueck, Rdnr. 94.

222 BGH v. 31.5.2011 – II ZR 109/10, BGHZ 190, 45, 50 f. Rdnr. 29 ff. = GmbHR 2011, 922 = AG 2011, 902; BGH v. 16.5.2015 – II ZR 384/13, BGHZ 206, 74, 78 Rdnr. 14 = GmbHR 2015, 985 = AG 2015, 630 = NZG 2015, 912; OLG Zweibrücken v. 29.10.2013 – 3 W 82/13, AG 2014, 630 = GmbHR 2014, 251.

223 *Beurskens*, in: Baumbach/Hueck, Rdnr. 94; *Altmeppen*, in: Roth/Altmeppen, Rdnr. 20 ff.; *Korff*, GmbHR 2009, 243.

133 In dieselbe Richtung weist die Überlegung, dass jedenfalls in **mehrgliedrigen** Gesellschaften **direkte** (unmittelbare) **Weisungen** einzelner Gesellschafter an die Geschäftsführer unter Umgehung der Gesellschafterversammlung, für die Gesellschaft **nachteilige Weisungen** sowie Weisungen, durch die die Gesellschaft in den Konzern des herrschenden Unternehmens **eingegliedert** werden soll, unzulässig sind und bleiben, solange ihnen nicht ausnahmsweise im Einzelfall sämtliche Gesellschafter zustimmen (Rdnr. 71 ff.), so dass solche Weisungen, ohne die ein Vertragskonzern kaum erfolgreich praktiziert werden kann, grundsätzlich nur aufgrund eines Beherrschungsvertrages möglich sind. Daher gilt für die GmbH ebenso wie für die AG, dass in der Regel allein der Abschluss eines Beherrschungsvertrages die Befugnis zur Ausübung einer umfassenden Leitungsmacht des herrschenden Unternehmens gegenüber der abhängigen Gesellschaft vermittelt[224]. Aus der Vertragsfreiheit der Gesellschafter im Innenverhältnis (§ 45) folgt wohl nichts anderes[225]. Zwar sind in der Tat bei der GmbH anders als bei der AG **Gesellschaftsvertragsgestaltungen** vorstellbar, die, jedenfalls auf den ersten Blick, den zusätzlichen Abschluss eines Beherrschungsvertrages entbehrlich machen. Beispiele sind die ausdrückliche Übertragung eines Weisungsrechtes an einzelne Gesellschafter oder an die Mehrheit sowie vergleichbare Regelungen. Soweit jedoch hierdurch einzelnen Gesellschaftern ein (unbeschränktes) Weisungsrecht gegenüber den Geschäftsführern eingeräumt wird, sollte man ungeachtet des § 45 Abs. 1 zum Schutze der Minderheit jedenfalls **in mehrgliedrigen Gesellschaften** daran festhalten, dass solche Regelungen nur unter denselben Voraussetzungen und Kautelen im Gesellschaftsvertrag getroffen werden dürfen, **wie** sie sonst für einen **Beherrschungsvertrag** maßgeblich sind. Dies bedeutet konkret, dass, sofern sich eine derartige Regelung nicht bereits in dem ursprünglichen Gesellschaftsvertrag befindet (dem ohnehin alle Gründer zustimmen müssen, § 2 Abs. 1 Satz 2), eine entsprechende spätere **Änderung** des Gesellschaftsvertrages der **Zustimmung aller Gesellschafter** bedarf; das folgt schon aus § 53 Abs. 3[226]. Auch auf eine **Eintragung** ins Handelsregister (Rdnr. 152) sollte man in diesem Fall nicht verzichten – über § 54 hinaus –, um die nötige Publizität von Vertragskonzernen sicher zu stellen. Zudem greifen dann die §§ 302 und 303 AktG ein, woraus sich gleichfalls die Notwendigkeit einer umfassenden Registerpublizität ergibt.

134 Der Sache nach handelt es sich bei Bestimmungen des Gesellschaftsvertrages über ein weitgehendes Weisungsrecht einzelner Gesellschafter um einen (mit dem Gesellschaftsvertrag nur *formal verbundenen*) *Beherrschungsvertrag*, so dass der Gesellschaftsvertrag *insoweit zugleich* die Voraussetzungen erfüllen muss, die für den Abschluss eines Beherrschungsvertrages mit einer abhängigen GmbH anerkannt sind (s. Rdnr. 139 ff.). Ohnehin sollte der in der Regel zeitlich befristete Beherrschungsvertrag grundsätzlich von dem gewöhnlich auf Dauer bestimmten Gesellschaftsvertrag getrennt werden[227]. Dies alles belegt insgesamt die Notwendigkeit von Beherrschungsverträgen auch mit einer abhängigen GmbH, und zwar selbst bei Einpersonengesellschaften (dazu Rdnr. 135).

135 Ob das Gesagte (Rdnr. 132 ff.) ohne Einschränkung auch für **Einpersonengesellschaften** gilt, ist umstritten und in der Tat zweifelhaft, da der einzige Gesellschafter den Geschäftsführern grundsätzlich jederzeit innerhalb oder außerhalb der Gesellschafterversammlung beliebige **Weisungen erteilen** kann. Die einzigen **Schranken** ergeben sich aus den §§ 30 und 31 sowie aus den Regeln über die Existenzvernichtungshaftung, durch die der hier allein gebote-

---

224 Ebenso BGH v. 30.1.1992 – II ZB 15/91, LM Nr. 2 zu § 293 AktG = GmbHR 1992, 253 = NJW 1992, 1452 = AG 1992, 192, 194 – Siemens/NRG; *Casper*, in: Ulmer/Habersack/Löbbe, Rdnr. 195; *Emmerich/Habersack*, Kommentar, § 291 AktG Rdnr. 42 f.; *Liebscher*, in: MünchKomm. GmbHG, Rdnr. 627 ff.; *Lutter/Hommelhoff*, Rdnr. 46 f.; *Zöllner*, ZGR 1992, 173, 186 f.

225 Anders z.B. *Korff*. GmbHR 2009, 243.

226 Ebenso im Ergebnis *Altmeppen*, in: Roth/Altmeppen, Rdnr. 20 ff.; *Beuthien*, ZIP 1993, 1589.

227 Ebenso für den Gewinnabführungsvertrag OGH v. 20.5.1999 – 6 Ob 169/98s, NZG 1999, 1216; OGH v. 20.5.1999 – 6 Ob 86/99m, AG 2000, 331, 332 = EvBl. 1999 Nr. 200 = ÖJZ 1999, 846 = öRdW 1999, 597 = WiBl. 1999, 521.

ne Gläubigerschutz sichergestellt wird[228]. Ebenso zu behandeln sind wohl Gesellschaften, bei denen die Gesellschafter **übereinstimmend schädigend** auf die Gesellschaft **einwirken**. Unberührt bleiben aber die anderen Gründe, die für die generelle Notwendigkeit eines Beherrschungsvertrages sprechen (Rdnr. 132 ff.) und daher auch in dem Sonderfall einer Einpersonengesellschaft Beachtung beanspruchen. Das Steuerrecht macht in § 17 KStG gleichfalls keine Ausnahme für derartige Gesellschaften.

II. Vertragsbericht, Vertragsprüfung

Zur weiteren Verbesserung der Information der Aktionäre sind 1994 im Aktienkonzernrecht nach dem Vorbild des Verschmelzungsrechts (s. §§ 8 bis 12 UmwG) durch die Vorschriften der §§ 293a bis 293g AktG ein Unternehmensvertragsbericht (§ 293a AktG) und eine Unternehmensvertragsprüfung (§ 293b AktG) eingeführt worden, über die der Vertragsprüfer berichten muss (§ 293e AktG). Bei der Frage, ob im GmbH-Konzernrecht Raum für eine Analogie zu den genannten Vorschriften ist, ist davon auszugehen, dass bereits im Aktienkonzernrecht die sachliche Berechtigung der ganzen Regelung ebenso wie ihr praktischer Nutzen durchaus kontrovers diskutiert werden[229]. Wenn überhaupt, so machen Vertragsbericht und Vertragsprüfung lediglich bei Beherrschungs- und Gewinnabführungsverträgen und auch hier allein hinsichtlich der Information der Aktionäre über die Höhe der Kompensation Sinn. Für die GmbH ergeben sich daraus unmittelbar zwei Schlussfolgerungen: Von vornherein kein Raum für eine Analogie zu den §§ 293a bis 293g AktG ist bei den **anderen Unternehmensverträgen** des § 292 AktG. Und auch bei den **Beherrschungs- und Gewinnabführungsverträgen** besteht kein Bedürfnis für ihre entsprechende Anwendung, wenn und soweit man daran festhält, dass der Abschluss eines Unternehmensvertrages mit einer abhängigen GmbH der Zustimmung *aller* Gesellschafter bedarf. Eine andere Beurteilung kommt nur in Betracht, sofern man sich, etwa aufgrund einer entsprechenden Vertragsbestimmung, mit einer **qualifizierten Mehrheit** für die Zustimmung zu dem Unternehmensvertrag begnügt (Rdnr. 145). Die Einzelheiten sind jedoch nach wie vor umstritten.

136

Der ganze Fragenkreis hat bisher in der Praxis offenkundig keine Rolle gespielt. Deshalb mögen hier die folgenden Bemerkungen genügen[230]: Wenn sich in einem Vertragskonzern eine **GmbH und** eine **AG**, gleichgültig in welcher Rolle, gegenüberstehen, sollte man schon zum Schutze der Gesellschafter nicht zögern, zumindest die Berichtspflicht des § 293a AktG stets anzuwenden, soweit nicht die fraglichen Vorschriften ohnehin wie bei einer abhängigen AG unmittelbar eingreifen. Gänzlich unklar ist die Situation dagegen bis heute in **reinen GmbH-Konzernen**. Hier genügt es vermutlich bei dem gegenwärtigen Stand der Diskussion, die Wertungen der §§ 293a bis 293g AktG im Rahmen des § 51a zu berücksichtigen, der ohnehin stets anwendbar bleibt.

136a

III. Begriff

Der Begriff des Beherrschungsvertrages ist im GmbH-Recht grundsätzlich derselbe **wie im Aktienrecht** (s. §§ 291 Abs. 1, 308 Abs. 1 AktG). Darunter ist folglich ein Vertrag mit einer abhängigen GmbH zu verstehen, durch den sich diese der Leitung eines anderen Unterneh-

137

---

228 S. § 13 Rdnr. 152 ff.; enger *Kropff*, in: FS Semler, 1993, S. 517, 534 ff.

229 S. mit Nachw. *Emmerich/Habersack*, Kommentar, § 293a AktG Rdnr. 4 ff.

230 Wegen aller Einzelheiten s. *Altmeppen*, in: Roth/Altmeppen, Rdnr. 46 ff.; *Casper*, in: Ulmer/Habersack/Löbbe, Rdnr. 193; *Emmerich/Habersack*, Kommentar, § 293a AktG Rdnr. 10–13; *Liebscher*, in: MünchKomm. GmbHG, Rdnr. 756 ff.; *Mues*, RNotZ 2005, 1, 17 f.; *Humbeck*, BB 1995, 1893 f.; *Bungert*, DB 1995, 1449, 1452 ff.

mens unterstellt, indem sie diesem ein **Weisungsrecht** hinsichtlich der Leitung ihres Unternehmens einräumt. Nach Abschluss des Vertrages sind die Geschäftsführer der abhängigen Gesellschaft verpflichtet, etwaige Weisungen des herrschenden Unternehmens hinsichtlich der Leitung des Unternehmens der abhängigen Gesellschaft zu befolgen, selbst wenn sie für die Gesellschaft nachteilig sein sollten. Im Ergebnis wird mithin durch den Abschluss einen Beherrschungsvertrages die Geschäftsführungskompetenz der Gesellschafterversammlung (§§ 37 Abs. 1, 46 Nr. 6) auf das herrschende Unternehmen verlagert.

138 Die **Bedeutung** des Beherrschungsvertrages ist im GmbH-Konzernrecht infolgedessen kaum geringer als im Aktienkonzernrecht[231]. Zwar ist an sich bei der GmbH im Gegensatz zur AG (s. § 76 AktG) die Erteilung von **Weisungen** an die Geschäftsführer durch die Gesellschafterversammlung grundsätzlich **auch ohne Abschluss** eines Beherrschungsvertrages möglich (vgl. § 37). Wie bereits gezeigt (s. Rdnr. 132 ff.), wird daraus im Schrifttum vielfach in der Tat der Schluss gezogen, dass die Praktizierung von GmbH-Konzernen anders als die von Aktienkonzernen durchaus auch ohne den Abschluss eines Beherrschungsvertrages möglich sei. Demgegenüber ist jedoch, wie ebenfalls schon ausgeführt (s. Rdnr. 132 ff.), daran festzuhalten, dass in GmbH-Konzernen nicht anders als in Aktienkonzernen eine umfassende einheitliche Leitung der verbundenen Unternehmen i.S. des § 18 Abs. 1 AktG nur auf der Basis des Abschlusses eines Beherrschungsvertrages möglich ist, weil allein in diesem Fall die Kapitalerhaltungsregeln außer Kraft gesetzt sind (§ 30 Abs. 1 Satz 2) und auch nur dann jedenfalls in mehrgliedrigen Gesellschaften beliebige nachteilige Weisungen i.S. des § 308 Abs. 1 AktG an der Gesellschafterversammlung vorbei ohne Zustimmung der Minderheit möglich sind. Zugleich wird allein bei Abschluss einer Beherrschungs- oder Gewinnabführungsvertrages durch die entsprechende Anwendbarkeit der §§ 302 und 303 AktG der gebotene Gläubigerschutz gewährleistet (s. Rdnr. 180 ff.). Die besonderen Regeln über den Abschluss von Beherrschungsverträgen (s. Rdnr. 135 ff.) gewährleisten zugleich die nötige Registerpublizität und den Schutz der Minderheit. – Die folgenden Ausführungen beschränken sich im Wesentlichen auf die GmbH-spezifischen Besonderheiten von Beherrschungs- und Gewinnabführungsverträgen. Im Übrigen kann, soweit eine Analogie zu den §§ 291 bis 310 AktG heute noch in Betracht kommt (s. dazu Rdnr. 131 f.), unbedenklich auf die zahlreichen ausführlichen Kommentierungen des AktG verwiesen werden[232].

IV. Zustandekommen des Vertrages

1. Anwendbarkeit der §§ 53, 54

139 Der Beherrschungsvertrag stellt einen Vertrag zwischen der abhängigen Gesellschaft und dem herrschenden Unternehmen dar, so dass für seinen Abschluss bei der abhängigen Gesellschaft nach den §§ 35 und 37 die **Geschäftsführer** zuständig sind. Keine Anwendung findet jedoch **§ 37 Abs. 2**, da Beherrschungsverträge gesellschaftsrechtliche Verträge sind, für die der Grundsatz der Unbeschränkbarkeit der Vertretungsmacht nicht gilt[233]. Der Vertrag wird erst wirksam, wenn ihm die Gesellschafterversammlungen der abhängigen wie der herrschenden Gesellschaft mit der jeweils erforderlichen Mehrheit zugestimmt haben (s. Rdnr. 143 ff.).

140 Die Notwendigkeit einer Zustimmung der Gesellschafter zu den Vertragsschluss mit qualifizierter Mehrheit wird allgemein daraus hergeleitet, dass ein Beherrschungsvertrag letztlich

---

231 Ebenso *Kropff*, in: FS Semler, 1993, S. 517, 528 ff.; *Liebscher*, in: MünchKomm. GmbHG, Rdnr. 662, 786 ff.; *Zöllner*, ZGR 1992, 173, 175 f.

232 S. insbesondere *Langenbucher* und *Stephan*, in: Karsten Schmidt/Lutter, 3. Aufl. 2015, §§ 291–310 AktG, sowie *Emmerich/Habersack*, Kommentar, §§ 291–310 AktG.

233 S. 11. Aufl., § 53 Rdnr. 171; BGH v. 24.10.1988 – II ZB 7/88, BGHZ 105, 324, 332 = NJW 1989, 295 = GmbHR 1989, 25 – Supermarkt.

den **Zweck** der Gesellschaft verändert, indem er sie auf die Interessen des herrschenden Unternehmens ausrichtet (§ 33 BGB)[234]. Er enthält außerdem einen gravierenden Eingriff in die **Mitverwaltungsrechte** (§§ 37, 46) und in das **Gewinnbezugsrecht** der Gesellschafter (§ 29). Der Sache nach kommt sein Abschluss daher einer Vertragsänderung zumindest so nahe, dass es geboten erscheint, auf ihn die **§§ 53 und 54**, wenn nicht schon unmittelbar, so doch jedenfalls entsprechend anzuwenden[235]. Daraus wird allgemein gefolgert, dass zu dem Abschluss des Beherrschungsvertrages durch die Geschäftsführer (Rdnr. 139) die Zustimmung der Gesellschafter der abhängigen Gesellschaft (§§ 53, 54; Rdnr. 144 ff.) und die der Gesellschafter der herrschenden Gesellschaft (s. Rdnr. 148 ff.) sowie die Eintragung ins Handelsregister (Rdnr. 152 ff.) als **Wirksamkeitsvoraussetzungen** hinzutreten müssen.

Die §§ 53 und 54 regeln allein die *Zustimmung* der Gesellschafter zu dem Abschluss eines Unternehmensvertrages. Dagegen kann ihnen keine Aussage über die *Form* eines Unternehmensvertrages mit einer abhängigen GmbH entnommen werden, so dass insoweit Raum für einen Rückgriff auf die subsidiär anwendbaren Vorschriften des AktG in den §§ 293 Abs. 3 und 294 AktG ist. Folglich genügt für den Vertrag selbst **schriftliche Abfassung**[236]. Nur wenn der Vertrag ein Umtausch- oder Abfindungsangebot an die außenstehenden Gesellschafter enthält, dürfte mit Rücksicht auf § 15 Abs. 4 die notarielle **Beurkundung** des Vertrages erforderlich sein. 141

Zu dem formgerechten Abschluss des Beherrschungsvertrages durch die Geschäftsführer der abhängigen GmbH (Rdnr. 139, 141) muss mit Rücksicht auf die (unmittelbar oder doch entsprechend anwendbaren) §§ 53 und 54 (s. Rdnr. 140) zunächst die **Zustimmung** der Gesellschafter der abhängigen Gesellschaft mit der nötigen Mehrheit hinzukommen[237]. Da das herrschende Unternehmen in aller Regel (unmittelbar oder mittelbar) mehrheitlich an der abhängigen Gesellschaft beteiligt sein wird (sonst würde kein Beherrschungsvertrag abgeschlossen), stellt sich hier als erstes die weitere Frage, ob das herrschende Unternehmen bei der Abstimmung über den Vertrag nach § 47 Abs. 4 Satz 2 vom **Stimmrecht** ausgeschlossen ist, weil die Beschlussfassung die Vornahme eines Rechtsgeschäfts gegenüber einem Gesellschafter, nämlich dem herrschenden Unternehmen, betrifft. 142

Die Frage ist umstritten. Relevant wird sie freilich von vornherein nur, wenn generell oder doch im Einzelfall für die Zustimmung der Gesellschafter zu dem Abschluss des Unternehmensvertrages eine qualifizierte Mehrheit genügt, nicht dagegen, wenn man richtigerweise grundsätzlich die Zustimmung aller Gesellschafter fordert (s. Rdnr. 144 f.). Soweit aber tatsächlich im Einzelfall oder generell eine qualifizierte Mehrheit der Gesellschafter für den Zustimmungsbeschluss ausreicht, wird doch heute überwiegend die Anwendbarkeit des § 47 Abs. 4 Satz 2 unter Hinweis auf den Charakter jedenfalls von Beherrschungs- und Gewinn- 143

234 S. Rdnr. 144 ff.; anders *Bouchon*, Konzerneingangsschutz, S. 244 ff.; *Grauer*, Konzernbildungskontrolle, S. 158, 174 ff.

235 S. 11. Aufl., § 53 Rdnr. 167 f.; *Altmeppen*, in: Roth/Altmeppen, Rdnr. 28 ff.; *Beurskens*, in: Baumbach/Hueck, Rdnr. 105 f.; *Casper*, in: Ulmer/Habersack/Löbbe, Rdnr. 202 ff.; *Emmerich/Habersack*, Kommentar, § 293 AktG Rdnr. 42 mit Nachw.; *Lutter/Hommelhoff*, Rdnr. 49 ff.; *Mues*, RNotZ 2005, 1, 15 f.; *Servatius*, in: Michalski u.a., Rdnr. 74, 67 ff.

236 S. 11. Aufl., § 53 Rdnr. 168; BGH v. 24.1.1988 – II ZB 7/88, BGHZ 105, 324, 342 = NJW 1989, 295 = GmbHR 1989, 25 – Supermarkt; BGH v. 30.1.1992 – II ZB 15/91, LM Nr. 2 zu § 293 AktG = NJW 1992, 1452 = AG 1992, 192, 193 = GmbHR 1992, 253 – Siemens/NRG.

237 S. 11. Aufl., § 53 Rdnr. 171; BGH v. 24.10.1988 – II ZB 7/88, BGHZ 105, 324, 331 f., 338 = NJW 1989, 295 = GmbHR 1989, 25 – Supermarkt; BGH v. 11.11.1991 – II ZR 287/90, BGHZ 116, 37, 43 f. = NJW 1992, 505 = GmbHR 1992, 34 – Hansa Feuerfest/Stromlieferung; BGH v. 30.1.1992 – II ZB 15/91, GmbHR 1992, 253 = NJW 1992, 1452 = AG 1992, 192 – Siemens/NRG; BayObLG v. 10.12.1992 – 3Z BR 130/92, BayObLGZ 1992, 367 = GmbHR 1993, 165 = ZIP 1993, 263 = AG 1993, 177 – BSW.

abführungsverträgen als Organschaftsverträge *verneint*[238]. Dem ist schon deshalb zuzustimmen, weil andernfalls, sofern eine qualifizierte Mehrheit der Gesellschafter als ausreichend angesehen wird, gegebenenfalls ganz kleine Minderheiten über den Abschluss so weitreichender Verträge entscheiden könnten, wie es nun einmal Beherrschungs- oder Gewinnabführungsverträge sind.

144 Die entsprechende Anwendung der §§ 53 und 54 auf den Abschluss von Unternehmensverträgen und insbesondere der hier im Mittelpunkt des Interesses stehenden Beherrschungs- und Gewinnabführungsverträge hat zur Folge, dass der Vertrag erst wirksam wird, wenn ihm die **Gesellschafterversammlung** der abhängigen wie gegebenenfalls auch der herrschenden Gesellschaft mit der jeweils erforderlichen Mehrheit **zugestimmt** hat[239]. Noch nicht entschieden ist damit über die Frage, mit welcher **Mehrheit** insbesondere die Gesellschafterversammlung der abhängigen GmbH (zur herrschenden Gesellschaft s. Rdnr. 147) dem Abschluss insbesondere eines Beherrschungs- oder Gewinnabführungsvertrages mit der abhängigen Gesellschaft zustimmen muss. Der Fragenkreis ist gleichfalls seit langem umstritten. Nach wie vor stehen sich im Wesentlichen drei verschiedene Meinungen gegenüber[240]. Am weitesten geht die Auffassung, nach der entsprechend § 33 Abs. 1 Satz 2 BGB und § 53 Abs. 3 GmbHG immer die Zustimmung *aller* Gesellschafter zu dem Vertragsschluss erforderlich ist, so dass auch ein einstimmiger Zustimmungsbeschluss der Gesellschafterversammlung nur genügt, wenn entweder alle Gesellschafter auf der Gesellschafterversammlung vertreten waren oder doch die nicht vertretenen Gesellschafter dem Abschluss des Vertrages nachträglich zustimmen[241]. Nach anderen soll dies dagegen nur für *personalistische* Gesellschaften gelten, während bei *kapitalistischen* Gesellschaften entsprechend § 53 Abs. 2 GmbHG und § 293 Abs. 1 AktG eine *qualifizierte Mehrheit* der Gesellschafter für die Zustimmung zu dem Abschluss insbesondere eines Beherrschungs- oder Gewinnabführungsvertrages genügen soll[242]. Nach wieder anderen soll dagegen *generell* eine *qualifizierte* Mehrheit ausreichen, wofür neben § 53 Abs. 2 GmbHG und § 293 Abs. 1 AktG auch die Vorschriften des UmwG als Analogiebasis herangezogen werden, die sich für die Fälle der Verschmelzung, der Spaltung und des Formwechsels durchweg mit einem Zustimmungsbeschluss der betroffenen Anteilsinhaber mit qualifizierter Mehrheit begnügen (§§ 13 Abs. 1 Satz 1, 50 Abs. 1 Satz 1, 125, 193 und 240 UmwG)[243]. Einzelne Autoren treten freilich zugleich für eine Anwendung des § 47 Abs. 4 Satz 2 ein, so dass das herrschende

238 11. Aufl., § 47 Rdnr. 115; BGH v. 31.5.2011 – II ZR 109/10, BGHZ 190, 45, 48 Rdnr. 15, 50 Rdnr. 19 = GmbHR 2011, 922 = AG 2011, 608; *Emmerich/Habersack*, Kommentar, § 243 AktG Rdnr. 40, 43; *Beck*, GmbHR 2012, 777, 783 f.; *Hegemann*, GmbHR 2012, 315; *Liebscher*, in: Münch-Komm. GmbHG, Rdnr. 747; *Lutter/Hommelhoff*, Rdnr. 51; – anders insbesondere *Beurskens*, in: Baumbach/Hueck, Rdnr. 107; *Altmeppen*, in: Roth/Altmeppen, Rdnr. 39.
239 BGH v. 24.10.1988 – II ZB 7/88, BGHZ 105, 324, 332 = NJW 1989, 295 – Supermarkt; BGH v. 31.5.2011 – II ZR 109/10, BGHZ 190, 45, 50 Rdnr. 19 = GmbHR 2011, 922.
240 S. z.B. *Casper*, in: Ulmer/Habersack/Löbbe, Rdnr. 204; *Emmerich/Habersack*, Kommentar, § 273 AktG Rdnr. 43 f.; *Liebscher*, in: MünchKomm. GmbHG, Rdnr. 734 ff., alle mit Nachw.
241 S. 11. Aufl., § 47 Rdnr. 5, 115, § 53 Rdnr. 171; *Altmeppen*, DB 1994, 1273; *Beurskens*, in: Baumbach/Hueck, Rdnr. 106; *Binnewies*, Konzerneingangskontrolle, S. 265 ff. (mit Ausnahmen); *Casper*, in: Ulmer/Habersack/Löbbe, Rdnr. 204; *Drüke*, Haftung, S. 99; *Emmerich/Habersack*, Kommentar, § 273 AktG Rdnr. 43a; *Katschinski*, in: FS Reuter, 2010, S. 1043; *Kleindiek*, Strukturvielfalt, S. 77 ff.; *Mues*, RNotZ 2005, 1, 16 f.; *Pache*, GmbHR 1995, 90, 92; *Th. Raiser*, in: FS Hüffer, 2010, S. 789, 793; *Sonnenschein*, Organschaft und Gesellschaftsrecht, 1976, S. 355 ff.; *Timm*, GmbHR 1992, 211, 215; *Ulmer*, BB 1989, 10, 13; *Zöllner*, ZGR 1992, 173, 174 f.
242 *Liebscher*, in: MünchKomm. GmbHG, Rdnr. 734 ff., 741 f.
243 *Beck*, GmbHR 2012, 777, 783 f.; *Beck*, 2014, 1075, 1077 f.; *Bouchon*, Konzerneingangsschutz, S. 241 ff.; *Grauer*, Konzernbildungskontrolle, S. 168, 189 ff.; *Servatius*, in: Grigoleit, § 293 AktG Rdnr. 12 f.; *Halm*, NZG 2001, 728, 729 f.; *Heckschen*, DB 1989, 29 f.; *Hegemann*, GmbHR 2012, 315; *Koppensteiner*, RdW 1985, 170; *Lutter*, in: Hommelhoff, Entwicklungen im GmbH-Konzernrecht, S. 196; *Lutter/Hommelhoff*, Rdnr. 52, 65 f.; *A. Weber*, GmbHR 2003, 1347, 1348.

Unternehmen vom *Stimmrecht ausgeschlossen* wäre und letztlich eine qualifizierte Mehrheit der anderen Gesellschafter, der Minderheit über den Abschluss des Vertrages entschiede[244].

Der **BGH** hatte die Frage, mit welcher Mehrheit die Gesellschafter dem Abschluss eines Be- 145 herrschungs- oder Gewinnabführungsvertrages zustimmen müssen, 1988 zunächst noch offen gelassen[245]. In einem Urteil vom Mai 2011, in dem er klargestellt hat, dass hier für eine Anwendung des § 47 Abs. 4 Satz 2 grundsätzlich kein Raum ist, so dass auch das herrschende Unternehmen mit abstimmen darf[246], finden sich jedoch Ausführungen, die im Schrifttum verbreitet dahin interpretiert werden, der BGH wolle fortan einen Zustimmungsbeschluss der Gesellschafter (unter Einschluss des herrschenden Unternehmens) mit qualifizierter Mehrheit genügen lassen[247]. Freilich gibt es auch abweichende Stimmen[248]. In der Tat heißt es in dem genannten Urteil lediglich, ein Unternehmensvertrag habe nicht lediglich schuldrechtlichen Charakter, sondern stelle einen gesellschaftsrechtlichen Organisationsvertrag dar, der den rechtlichen Status der beherrschten Gesellschaft ändere[249]. Aber daraus folgt allein, was ohnehin heute unstreitig ist, dass nämlich jedenfalls Beherrschungs- und Gewinnabführungsverträge als Organisationsverträge, die den Status der abhängigen Gesellschaft ändern, auf jeden Fall der Zustimmung der Gesellschafter mit qualifizierter Mehrheit bedürfen (§ 53 Abs. 2). Aber ob diese Mehrheit auch ausreicht oder doch die Zustimmung aller Gesellschafter erforderlich ist, ist damit noch nicht entschieden.

An dieser Stelle ist bisher stets an der grundsätzlichen Notwendigkeit einer **Zustimmung aller** 146 **Gesellschafter** zu dem Abschluss eines Beherrschungs- oder Gewinnabführungsvertrages festgehalten worden. Dafür spricht nach wie vor in erster Linie die Überlegung, dass Beherrschungs- und Gewinnabführungsverträge den **Zweck** der abhängigen Gesellschaft durch ihre Ausrichtung auf das herrschende Unternehmen verändern und infolgedessen schwerwiegend in die Mitverwaltungs- und Gewinnbezugsrechte der Gesellschafter eingreifen, zumal es auch allein auf dieser Grundlage möglich ist, das herrschende Unternehmen dazu zu veranlassen, auf die Interessen der Minderheit durch angemessene Ausgleichs- und Abfindungsleistungen Rücksicht zu nehmen. In dieselbe Richtung weisen die massiven *Zweifel*, die nach wie vor gegen einen angemessenen **Minderheitsschutz** bei der GmbH auf dem Weg über eine entsprechende Anwendung der §§ 304 oder 305 bestehen, selbst wenn man es für möglich hält, die Analogie auf § 1 SpruchG zu erstrecken. Der Hinweis auf die angeblich abweichenden Wertungen des UmwG verfängt demgegenüber nicht, weil bei den verschiedenen Formen der Umwandlung die betroffenen Gesellschafter letztlich immer noch eine werthaltige Beteiligung, wenn auch ggf. in anderer Rechtsform behalten, während bei Abschluss eines Beherrschungs- oder Gewinnabführungsvertrages ihre Beteiligungen im Grunde entwertet werden.

Ein **einstimmiger Zustimmungsbeschluss** der Gesellschafterversammlung genügt folglich 147 nur, wenn an dieser tatsächlich alle Gesellschafter teilgenommen haben, wobei freilich Stimmenthaltungen dem Zustimmungsbeschluss nicht entgegenstehen dürften. Ist der (einstimmige) Beschluss der Gesellschafterversammlung nicht unter der Mitwirkung sämtlicher Gesellschafter zu Stande gekommen, so wird es ferner meistens als ausreichend angesehen, wenn die

---

244 *Beurskens*, in: Baumbach/Hueck, Rdnr. 107; *Altmeppen* in: Roth/Altmeppen, Rdnr. 39; – dagegen schon oben Rdnr. 143; insbesondere BGH v. 31.5.2011 – II ZR 109/10, BGHZ 190, 45 = GmbHR 2011, 922.
245 BGH v. 24.10.1988 – II ZB 7/88, BGHZ 105, 324, 332 = NJW 1989, 295 = GmbHR 1989, 25 – Supermarkt.
246 BGH v. 31.5.2011 – II ZR 109/10, BGHZ 190, 45 = GmbHR 2011, 922; s. im Einzelnen Rdnr. 143.
247 In diesem Sinne *Altmeppen* in: Roth/Altmeppen, Rdnr. 35, 37; *Hegemann*, GmbHR 2012, 315; *Müller-Eising/D. Schmidt*, NZG 2011, 1100.
248 *Emmerich/Habersack*, Kommentar, § 273 AktG Rdnr. 43a mit Nachw.
249 BGH v. 31.5.2011 – II ZR 109/10, BGHZ 190, 45, 50 Rdnr. 19 = GmbHR 2011, 922 = AG 2011, 608 = NZG 2011, 902 = NJW-RR 2011, 1117.

übrigen Gesellschafter noch **nachträglich** dem Beschluss über die Billigung des Beherrschungsvertrages **zustimmen** (s. § 33 Abs. 1 Satz 2 Halbsatz 2 BGB; § 53 Abs. 3 GmbHG). Dabei bleibt freilich zu beachten, dass auch dann, wenn man sich materiell-rechtlich mit der formlosen Zustimmung aller Gesellschafter zu dem mit qualifizierter Mehrheit gefassten Zustimmungsbeschluss begnügt, dem **Registergericht** die Zustimmung doch in der Form des § 12 HGB nachgewiesen werden muss, da das Gericht ohne solchen Nachweis den Beherrschungsvertrag nicht ins Handelsregister eintragen darf (s. § 294 AktG). Die üblicherweise hiergegen vorgebrachten **Einwände** überzeugen nicht. Das gilt auch für die verbreitete Kritik, einzelnen Gesellschaftern werde auf diese Weise ohne Not die Möglichkeit eröffnet, den Abschluss von Unternehmensverträgen aus unsachlichen Gründen zu hintertreiben. Denn nichts hindert die Vorstellung, dass die **Gesellschafter in Ausnahmefällen** aufgrund ihrer Treuepflicht **verpflichtet** sein können, dem Abschluss eines Unternehmensvertrages zuzustimmen, etwa, wenn allein auf diese Weise das Überleben der abhängigen Gesellschaft gesichert werden kann.

2. Zustimmung der Gesellschafter der Obergesellschaft

148 Wenn es sich bei dem herrschenden Unternehmen ebenfalls um eine Gesellschaft handelt, bedarf außerdem der Klärung, ob auch die Gesellschafterversammlung oder die Hauptversammlung der herrschenden Gesellschaft dem Abschluss insbesondere eines Beherrschungs- oder Gewinnabführungsvertrages mit einer abhängigen Gesellschaft in der Rechtsform einer GmbH mit qualifizierter Mehrheit zustimmen muss. Analogiebasis ist hier in erster Linie § 293 Abs. 2 AktG, nach dem der Abschluss eines Beherrschungs- oder Gewinnabführungsvertrages mit einer AG der Zustimmung der Hauptversammlung der herrschenden AG gleichfalls mit qualifizierter Mehrheit bedarf. Diese Regelung findet ihre Rechtfertigung vor allem in dem Umstand, dass sich auch für das herrschende Unternehmen aus Beherrschungs- und Gewinnabführungsverträgen aufgrund der §§ 302 bis 305 AktG erhebliche Belastungen ergeben können. Von den genannten Vorschriften sind zumindest die §§ 302 und 303 AktG auf Beherrschungs- und Gewinnabführungsverträge mit einer abhängigen GmbH anwendbar (s. Rdnr. 180 ff.). Daraus ist der Schluss zu ziehen, dass **§ 293 Abs. 2 AktG** in der Tat im GmbH-Konzernrecht **entsprechend anzuwenden** ist, auf jeden Fall, wenn die herrschende Gesellschaft eine AG ist, grundsätzlich aber auch sonst, namentlich also im Verhältnis zwischen einer herrschenden GmbH und einer abhängigen GmbH[250].

149 Der Zustimmungsbeschluss der herrschenden Gesellschaft bedarf nur dann der **notariellen Beurkundung**, wenn es sich bei der herrschenden Gesellschaft um eine **AG** handelt (§§ 293 Abs. 2, 130 Abs. 1 AktG)[251]. Anders hingegen bei Gesellschaften anderer Rechtsform. Auch wenn die Muttergesellschaft eine GmbH ist, genügt für den Zustimmungsbeschluss einfache **Schriftform**, wobei der Vertrag der Urkunde, d.h. dem Protokoll über den Beschluss, als An-

---

250 S. 11. Aufl., § 53 Rdnr. 173; BGH v. 24.10.1988 – II ZB 7/88, BGHZ 105, 324, 333 ff. = NJW 1989, 295 = GmbHR 1989, 25 – Supermarkt; BGH v. 23.9.1991 – II ZR 231/90, BGHZ 115, 187, 192 = GmbHR 1991, 520 = NJW 1991, 3142 – Video; BGH v. 30.1.1992 – II ZB 15/91, NJW 1992, 1452 = GmbHR 1992, 253 = AG 1992, 192 – Siemens/NRG; OLG Zweibrücken v. 2.12.1998 – 3 W 174/98, GmbHR 1999, 665 = AG 1999, 328; LG Mannheim v. 9.12.1993 – 24 T 3/93, AG 1995, 142 = GmbHR 1994, 810 = Rpfleger 1994, 256 – Freudenberg & Co. (für einen Beherrschungsvertrag zwischen einer KG und einer GmbH); *Beurskens*, in: Baumbach/Hueck, Rdnr. 110; *Casper*, in: Ulmer/Habersack/Löbbe, Rdnr. 207; *Liebscher*, in: MünchKomm. GmbHG, Rdnr. 751 f.; *Mues*, RNotZ 2005, 1, 18 f.; *Servatius*, in: Michalski u.a., Rdnr. 69; anders *Altmeppen*, in: Roth/Altmeppen, Rdnr. 44.
251 BGH v. 30.1.1992 – II ZB 15/91, NJW 1992, 1452 = GmbHR 1992, 253 = AG 1992, 192 – Siemens/NRG.

lage beizufügen ist; für eine entsprechende Anwendung des § 53 Abs. 2 Satz 1 ist hier kein Raum[252].

Das AktG kennt heute bei dem Abschluss von Beherrschungs- und Gewinnabführungsverträ- 150
gen auch für den Zustimmungsbeschluss der Obergesellschaft aufgrund der **§§ 293a bis 293g AktG** umfangreiche Berichts-, Prüfungs- und Informationspflichten (s. Rdnr. 132 f.). Diese Pflichten sollten im Kern bei dem Abschluss eines Beherrschungs- oder Gewinnabführungsvertrages mit einer abhängigen GmbH jedenfalls dann beachtet werden, wenn das **herrschende** Unternehmen die Rechtsform einer **AG** hat (Rdnr. 133) oder wenn einer GmbH eine **abhängige AG** gegenübersteht (Rdnr. 133)[253], während sich ihre entsprechende Anwendung im Verhältnis einer herrschenden GmbH zu einer **GmbH** kaum rechtfertigen lässt, wenn man für die abhängige GmbH gleichfalls die Anwendbarkeit der §§ 293a bis 293g AktG deshalb verneint, weil hier Einstimmigkeit erforderlich ist (Rdnr. 133).

Die geschilderten Förmlichkeiten (Rdnr. 148 ff.) sind grundsätzlich auch bei dem Abschluss 151
eines Beherrschungs- und Gewinnabführungsvertrages mit **100 %igen Tochtergesellschaften** in der Rechtsform einer GmbH zu beachten[254]. In der Gesellschaftspraxis ist dies als übertriebene Förmelei auf verbreitete Kritik gestoßen. Hier wird häufig, etwa nach dem Vorbild des § 62 UmwG, die Einführung einer **Bagatellklausel** gefordert, für die jedoch das geltende Recht keine ausreichende Grundlage bietet.

Noch wenig geklärt sind die verwickelten Fragen, die mit der nötigen Zustimmung der Ge- 151a
sellschaften bei dem Abschluss insbesondere von Beherrschungs- und Gewinnabführungsverträgen in **mehrstufigen Konzernen** zusammenhängen, wie sie in der Praxis offenbar die Regel bilden[255]. Für die GmbH werden aus den zahlreichen, hier in Betracht kommenden Fallgestaltungen bisher im Wesentlichen nur die folgenden beiden (am Rande) diskutiert: Zunächst ist es vorstellbar, dass eine Muttergesellschaft direkt einen der genannten Unternehmensverträge mit einer **Enkelgesellschaft** abschließt. Hier scheidet nach überwiegender Meinung zwar (trotz der offenkundigen damit verbundenen Probleme) ein Zustimmungserfordernis hinsichtlich der Gesellschafterversammlung der dazwischenliegenden und übergangenen Tochtergesellschaft aus; wenn aber die Muttergesellschaft die Tochtergesellschaft veranlasst, dem Vertrag in der Gesellschafterversammlung oder der Hauptversammlung der Enkelgesellschaft zuzustimmen, so greift in GmbH-Konzernen zum Schutz der Tochtergesellschaft und deren Minderheit das allgemeine Schädigungsverbot ein[256]. Andere Überlegungen sind dagegen bei einem Vertragsschluss (nur) zwischen der **Tochter- und** der **Enkelgesellschaft** geboten: Wegen der möglichen nachteiligen Rückwirkungen derartiger Verträge auf die Muttergesellschaft (die gegebenenfalls dadurch sogar von ihrer wesentlichen Ertragsquelle abgeschnitten wird) sollte hier zusätzlich analog § 293 Abs. 2 AktG auch die Zustimmung der Gesellschafterversammlung oder der Hauptversammlung der *Muttergesellschaft* – entgegen der h.M. – gefordert werden[257]. Der bloße Verweis auf die Holzmüller/Gelatine-Doktrin in den genannten Fallgestaltungen, wie er sich vielfach im Schrifttum findet, hilft offenkundig nicht weiter.

---

252 S. 11. Aufl., § 53 Rdnr. 173; BGH v. 24.10.1988 – II ZB 7/88, BGHZ 105, 324, 336 f. = NJW 1989, 295 = GmbHR 1989, 25 – Supermarkt; *Altmeppen*, DB 1994, 1273; *Casper*, in: Ulmer/Habersack/Löbbe, Rdnr. 207; *Hoffmann-Becking*, WiB 1994, 57, 59; *Lutter/Hommelhoff*, Rdnr. 59; *Mues*, RNotZ 2005, 1, 19 (l. Sp. 3. Abs.); – anders *Heckschen*, DB 1989, 29, 30; *Uwe H. Schneider*, in: Uwe H. Schneider, Beherrschungs- und Gewinnabführungsverträge, S. 7, 15 ff.; *Th. Weigel*, in: FS Quack, S. 505, 516 f.

253 Anders aber *Altmeppen*, in: Roth/Altmeppen, Rdnr. 48.

254 Z.B. *Lutter/Hommelhoff*, Rdnr. 55.

255 Vgl. für die AG statt aller mit Nachw. *Emmerich/Habersack*, Kommentar, § 293 AktG Rdnr. 10 ff.

256 *Lutter/Hommelhoff*, Rdnr. 564; *Liebscher*, in: MünchKomm. GmbHG, Rdnr. 754.

257 *Beurskens*, in: Baumbach/Hueck, Rdnr. 111; *Emmerich/Habersack*, Kommentar, § 293 AktG Rdnr. 12 mit Nachw.

3. Eintragung ins Handelsregister

152 Letzte Wirksamkeitsvoraussetzung ist entsprechend § 54 GmbHG und (hilfsweise) § 294 AktG die Eintragung des Beherrschungs- oder Gewinnabführungsvertrages in das Handelsregister (jedenfalls) der **abhängigen** Gesellschaft. Der **Anmeldung** zum Handelsregister müssen nach § 54 Abs. 1 Satz 2 der Zustimmungsbeschluss und der Unternehmensvertrag als Anlagen beigefügt werden[258]. In das Handelsregister sind sodann entsprechend § 294 AktG im Interesse der Unterrichtung der Öffentlichkeit über den Konzernstatus der abhängigen Gesellschaft Bestehen und Art des Vertrages, der Zustimmungsbeschluss, der Name des anderen Vertragsteils sowie das Datum des Zustimmungsbeschlusses und des Vertragsabschlusses **einzutragen**[259]. Die Eintragung hat **konstitutive Wirkung**[260]. Dies alles gilt auch für **Einpersonengesellschaften**[261].

153 Umstritten ist, ob der Beherrschungsvertrag auch ins Handelsregister der **herrschenden Gesellschaft** einzutragen ist. Die Frage ist noch nicht endgültig geklärt. Im Aktienkonzernrecht wird § 294 AktG einhellig allein auf die abhängige Gesellschaft bezogen[262]. Dementsprechend **verneint** die **überwiegende Meinung** auch für das GmbH-Konzernrecht eine Pflicht zur Eintragung des Vertrages bei der herrschenden Gesellschaft, mag es sich bei dieser um eine AG oder um eine GmbH handeln[263]. Nach einer verbreiteten Meinung soll jedoch eine **freiwillige deklaratorische Eintragung** des Vertrages bei der herrschenden Gesellschaft im Interesse der Registerpublizität ohne weiteres möglich sein[264].

154 In **mitbestimmten** Gesellschaften ist bei der Obergesellschaft § 32 MitbestG zu beachten, der im Ergebnis die Kompetenz zu dem Abschluss von Unternehmensverträgen den Vertretern der **Anteilseigner** im Aufsichtsrat der herrschenden Gesellschaft vorbehält. Ein fakultativer oder obligatorischer Aufsichtsrat auf der Ebene der abhängigen GmbH hat dagegen wegen des Primats der Gesellschafterversammlung keinen Einfluss auf den Abschluss von Unternehmensverträgen.

---

258 S. 11. Aufl., § 53 Rdnr. 174; BGH v. 24.10.1988 – II ZB 7/88, BGHZ 105, 324, 342 f. = NJW 1989, 295 = GmbHR 1989, 25 – Supermarkt; BGH v. 30.1.1992 – II ZB 15/91, GmbHR 1992, 253 = NJW 1992, 1452 = AG 1992, 192 – Siemens/NRG.

259 BGH v. 24.10.1988 – II ZB 7/88, BGHZ 105, 324, 337, 345 f. = NJW 1989, 295 = GmbHR 1989, 25 – Supermarkt; OLG Naumburg v. 24.3.2003 – 1 U 79/02, AG 2004, 43 = GmbHR 2003, 1277 (nur Leitsatz); *Altmeppen*, in: Roth/Altmeppen, Rdnr. 32; *Emmerich/Habersack*, Kommentar, § 293 AktG Rdnr. 45; *Liebscher*, in: MünchKomm. GmbHG, Rdnr. 772 ff.; *Lutter/Hommelhoff*, Rdnr. 64.

260 BGH v. 24.10.1988 – II ZB 7/88, BGHZ 105, 324, 341 = NJW 1989, 295 = GmbHR 1989, 25 – Supermarkt; BGH v. 11.11.1991 – II ZR 287/90, BGHZ 116, 37, 39 = GmbHR 1992, 34 = NJW 1992, 505 – Hansa Feuerfest/Stromlieferung; BGH v. 30.1.1992 – II ZB 15/91, GmbHR 1992, 253 = NJW 1992, 1452 = AG 1992, 192 – Siemens/NRG; BayObLG v. 18.2.2003 – 3Z BR 233/02, BayObLGZ 2003, 21, 22 = GmbHR 2003, 534 = NJW-RR 2003, 908; BayObLG v. 5.2.2003 – 3Z BR 232/02, NJW-RR 2003, 907 = GmbHR 2003, 476.

261 BGH v. 24.10.1988 – II ZB 7/88, BGHZ 105, 324 = NJW 1989, 295 = GmbHR 1989, 25 – Supermarkt; BGH v. 30.1.1992 – II ZB 15/91, NJW 1992, 1452 = AG 1992, 192, 194 = GmbHR 1992, 253 – Siemens/NRG; str.

262 S. *Emmerich/Habersack*, Kommentar, § 294 AktG Rdnr. 5.

263 AG Duisburg v. 18.11.1993 – HRB 3196, AG 1994, 568 = GmbHR 1994, 811; AG Erfurt v. 2.10.1996 – HRB 8340, GmbHR 1997, 75 = AG 1997, 275; *Beurskens*, in: Baumbach/Hueck, Rdnr. 110; *Altmeppen*, DB 1994, 1273; *E. Vetter*, AG 1994, 110, 113 f.

264 OLG Celle v. 4.6.2014 – 9 W 80/14, AG 2014, 754 = GmbHR 2014, 1047; LG Bonn v. 27.4.1993 – 11 T 2/93, AG 1993, 521 = GmbHR 1993, 443; *Lutter/Hommelhoff*, Rdnr. 63 f.; *Priester*, GmbHR 2015, 169.

4. Ermächtigungsklauseln

a) Abhängige Gesellschaft

Der Praxis sind die vorstehend geschilderten Anforderungen an die Wirksamkeit des 155
Abschlusses eines Beherrschungs- oder Gewinnabführungsvertrages mit einer abhängigen
GmbH häufig lästig (s. schon Rdnr. 151). Deshalb werden unter den Stichworten **Ermächtigungsklauseln, Satzungs- oder Konzernklauseln** verschiedenartige Vertragsgestaltungen
diskutiert, mit denen bezweckt wird, den Abschluss der genannten Verträge auf beiden Ebenen zu „erleichtern"[265]. Die Einzelheiten sind umstritten, auch weil die Rechtsprechung,
soweit ersichtlich, bisher keine Gelegenheit hatte, ausführlich zu dem Fragenkreis Stellung
zu nehmen[266]. In Betracht kommen insbesondere Klauseln, durch die die Geschäftsführer
generell oder im Einzelfall zum Abschluss von Unternehmensverträgen *ermächtigt* werden
(Rdnr. 156), sowie Klauseln, durch die die *Mehrheitserfordernisse* (Rdnr. 139 ff.) herabgesetzt
werden (s. dazu Rdnr. 156 f.). Auch an Bagatellklauseln ist hier zu denken. Die Zulässigkeit
solcher Klauseln lässt sich nicht einheitlich beantworten; man muss vielmehr unterscheiden:

Ermächtigungsklauseln, durch die die Geschäftsführer der *abhängigen* Gesellschaft generell 156
oder im Einzelfall zum Abschluss eines Beherrschungsvertrages ermächtigt werden sollen,
sind schon deshalb unzulässig, weil sie auf eine mit § 53 unvereinbare Ermächtigung der Geschäftsführer zur Änderung des Gesellschaftsvertrages hinauslaufen (§ 134 BGB)[267]. Umstritten ist dagegen die Zulässigkeit einer vertraglichen **Herabsetzung der Mehrheitserfordernisse** für den Zustimmungsbeschluss bei der abhängigen Gesellschaft. Sicher ist lediglich,
dass sich eine absolute **Untergrenze** für derartige Klauseln aus dem zwingenden § 53 Abs. 2
Satz 1 Halbsatz 2 ergibt; geringere Mehrheitserfordernisse als dort genannt können daher in
keinem Fall durch den Gesellschaftsvertrag zugelassen werden[268]. Aber auch eine generelle Herabsetzung des Mehrheitserfordernisses bis zu der genannten Untergrenze stößt auf Bedenken[269], da man wohl den Gedanken des Minderheitenschutzes, der gleichermaßen der Vorschrift des § 33 BGB wie der des § 53 Abs. 3 zugrunde liegt, als zwingend anzusehen haben
wird. Eine abweichende Beurteilung kommt deshalb nur in Betracht, wenn sich die Klausel
(zum Schutz der Minderheit vor unkalkulierbaren Risiken) auf *bestimmte* Verträge oder doch
Vertragsarten bezieht *und* zugleich für den nötigen Schutz der Minderheit Sorge getragen ist,
namentlich durch einen Verweis auf die §§ 304 und 305 AktG[270]. Ist eine derartige Klausel
von vornherein im Gesellschaftsvertrag enthalten, so wissen die Gründer ohnehin, worauf sie
sich einlassen, so dass sie keines zusätzlichen Schutzes bedürfen (§ 2 Abs. 1 Satz 2)[271]. Wenn
eine derartige Klausel dagegen erst **nachträglich** im Wege der Änderung des Gesellschaftsvertrages eingeführt wird, ist zum Schutze der Minderheit § 53 Abs. 3 entsprechend anzuwenden.

b) Herrschende Gesellschaft

Dieselbe Diskussion wie auf der Ebene der abhängigen Gesellschaft (Rdnr. 155 f.) findet sich 157
auf der Ebene der herrschenden Gesellschaft. Man wird auch hier unterscheiden müssen:

---

265 Formulierungsvorschläge z.B. bei *Kleinert/Lahl*, GmbHR 2003, 698.
266 S. z.B. *Casper*, in: Ulmer/Habersack/Löbbe, Rdnr. 205; *Emmerich/Habersack*, Kommentar, § 293
   AktG Rdnr. 44; *Liebscher*, in: MünchKomm. GmbHG, Rdnr. 743 f.
267 *Casper*, in: Ulmer/Habersack/Löbbe, Rdnr. 205; *Liebscher*, in: MünchKomm. GmbHG,
   Rdnr. 741.
268 *Altmeppen*, in: Roth/Altmeppen, Rdnr. 40; *Casper*, in: Ulmer/Habersack/Löbbe, Rdnr. 205; *Liebscher*, in: MünchKomm. GmbHG, Rdnr. 746.
269 Anders *Liebscher*, in: MünchKomm. GmbHG, Rdnr. 745.
270 Im Einzelnen str., s. *Casper*, in: Ulmer/Habersack/Löbbe, Rdnr. 205; *Altmeppen*, in: Roth/Altmep-
   pen, Rdnr. 40 f.
271 Ebenso *Altmeppen*, in: Roth/Altmeppen, Rdnr. 41.

Für eine herrschende **AG** ist von dem zwingenden Charakter der §§ 293 Abs. 3 und 294 AktG selbst dann auszugehen, wenn die abhängige Gesellschaft die Rechtsform einer GmbH hat. Bei einer herrschenden **GmbH** sind dagegen **Ermächtigungsklauseln** für die Geschäftsführer (s. Rdnr. 156) – mangels Anwendbarkeit des § 53 – zulässig, wenn sie sich auf konkrete Einzelfälle beziehen, so dass dann ein Zustimmungsbeschluss der Gesellschafterversammlung nach § 293 Abs. 2 AktG (ausnahmsweise) entbehrlich ist[272]. **Bagatellklauseln** dürften gleichfalls in engen Grenzen zulässig sein. Soweit es jedoch bei der Notwendigkeit eines Zustimmungsbeschlusses der Gesellschafterversammlung bleibt, ist auch für die GmbH von dem zwingenden Charakter des § 293 Abs. 2 AktG auszugehen. Der Gesellschaftsvertrag kann daher keine geringere, sondern nur eine höhere Mehrheit als in § 293 Abs. 2 AktG bestimmt für den Zustimmungsbeschluss vorschreiben[273].

5. Abfindung und Ausgleich

158 Durch den Abschluss von Beherrschungs- und Gewinnabführungsverträgen, die grundsätzlich allein den Interessen des herrschenden Unternehmens dienen, wird die Position der Minderheit in einer Gesellschaft im Kern bedroht. Deshalb sieht das Aktiengesetz als zwingendes Recht zum Schutz der außenstehenden Gesellschafter eine Ausgleichs- und Abfindungspflicht des herrschenden Unternehmens in den §§ 304 und 305 AktG vor. Eine Analogie zu diesen Vorschriften ist im GmbH-Konzernrecht jedoch entbehrlich, wenn und solange man grundsätzlich die **Zustimmung aller Gesellschafter** zu dem Abschluss eines Beherrschungs- oder Gewinnabführungsvertrages für erforderlich hält (Rdnr. 144 ff.), weil dann die außenstehenden Gesellschafter selbst in der Lage sind, ihre Rechte zu wahren[274].

159 Eine abweichende Beurteilung ist dagegen angebracht, wenn man sich – entgegen der hier vertretenen Meinung (Rdnr. 144 f.) – generell mit einer **qualifizierten Mehrheit** begnügt (Rdnr. 145) oder wenn doch solche Mehrheit ausnahmsweise aufgrund entsprechender **Satzungsklauseln** ausreichend ist (Rdnr. 156). Gleich steht der Fall, dass die außenstehenden Gesellschafter im Einzelfall aufgrund ihrer **Treuepflicht** zur Zustimmung zu dem Beherrschungs- oder Gewinnabführungsvertrag verpflichtet sind (Rdnr. 146). In derartigen Fällen ist eine **Analogie zu den §§ 304 und 305 AktG** unverzichtbar[275].

160 Im Wesentlichen unstreitig ist dies für die Verpflichtung des herrschenden Unternehmens zum **Angebot einer Barabfindung** entsprechend **§ 305 Abs. 2 Nr. 3 AktG**. Das den Gesellschaftern der abhängigen Gesellschaft zustehende **Austrittsrecht** gegen volle Abfindung ist **kein Ersatz** für das Abfindungsrecht, weil sich (anders als der Abfindungsanspruch nach dem Austritt) der Anspruch auf Barabfindung unmittelbar gegen das *herrschende* Unternehmen richtet (§ 305 Abs. 1 AktG)[276]. Offen ist dagegen bis heute, ob die Gesellschafter der abhängigen GmbH in bestimmten Fällen (s. § 305 Abs. 2 Nr. 1 und 2 AktG) stattdessen auch

---

272 Enger *Beurskens*, in: Baumbach/Hueck, Rdnr. 110.

273 S. *Grunewald*, AG 1990, 133, 135 f.; *Hoffmann-Becking*, WiB 1994, 57, 60; *Priester*, DB 1989, 1013, 1016 ff.; *Uwe H. Schneider*, in: Uwe H. Schneider, Beherrschungs- und Gewinnabführungsverträge, S. 7, 19 f.; *Timm*, GmbHR 1989, 11, 18.

274 Anders z.B. *Servatius*, in: Grigoleit, § 304 AktG Rdnr. 4.

275 S. Rdnr. 145 sowie *Altmeppen*, in: Roth/Altmeppen, Rdnr. 87 f.; *Baldamus*, ZGR 2007, 819, 843 ff.; *Casper*, in: Ulmer/Habersack/Löbbe, Rdnr. 229 ff.; *Grauer*, Konzernbildungskontrolle, S. 202 ff.; *Hoffmann-Becking*, WiB 1994, 57, 59 f.; *Kleindiek*, ZIP 1988, 613, 617 f.; *Kort*, Abschluss, S. 135, 157 ff.; *Liebscher*, in: MünchKomm. GmbHG, Rdnr. 916; *Lutter*, in: Hommelhoff, Entwicklungen im GmbH-Konzernrecht, S. 197 f.; *Lutter/Hommelhoff*, Rdnr. 68 ff.; *Mestmäcker*, Verwaltung, S. 352 ff.; *Priester*, in: Hommelhoff, Entwicklungen im GmbH-Konzernrecht, S. 151, 156 ff.; *Stoltenberger-Wolters*, Fehlerhafte Unternehmensverträge im GmbH-Recht, 1990, S. 21 ff.; *H. Weber*, GmbHR 2003, 1347.

276 *Casper*, in: Ulmer/Habersack/Löbbe, Rdnr. 230.

einen Anspruch auf **Abfindung in Anteilen** der herrschenden Gesellschaft haben. Dies ist jedenfalls dann zu bejahen, wenn die **herrschende Gesellschaft** die Rechtsform einer deutschen **AG** hat[277]. Ob dasselbe bei einer herrschenden Gesellschaft in der Rechtsform einer GmbH zu gelten hat, ist offen[278]. Denkbar wäre es hier auch, den außenstehenden Gesellschaftern ein **Wahlrecht** zwischen einer Abfindung in Anteilen und einer Barabfindung einzuräumen (§ 242 BGB).

Eine **Ausgleichspflicht** der herrschenden Gesellschaft entsprechend § 304 AktG wird dagegen   161
vielfach verneint, meistens mit der Begründung, die **Anfechtbarkeit** des Zustimmungsbeschlusses bei Abschluss eines Beherrschungs- oder Gewinnabführungsvertrages ohne angemessene Abfindungsleistung für die Minderheitsgesellschafter (Rdnr. 162) gewährleiste bereits ausreichend deren Schutz (§ 243 Abs. 1 AktG). Diese Überlegung ist **nicht zwingend**[279], da man nicht übersehen darf, dass die Minderheitsgesellschafter in keinem Fall, auch nicht, wenn sie ausnahmsweise aufgrund ihrer Treuepflicht zur Zustimmung zu dem Vertragsabschluss verpflichtet sind (Rdnr. 146), gegen ihren Willen zum Ausscheiden aus der abhängigen Gesellschaft gegen Abfindung gezwungen werden können, so dass sie dann einen Ausgleichsanspruch haben müssen.

Die **Höhe** von Abfindung und Ausgleich beurteilt sich, wenn man eine Analogie zu den   161a
§§ 304 und 305 AktG hier für angebracht hält, nach denselben Regeln wie im Aktienkonzernrecht, über deren Komplexität man sich freilich keinen Illusionen hingeben darf. Auszugehen ist folglich in der Regel von dem wie immer ermittelten *Ertragswert* der abhängigen Gesellschaft, d.h. den in die Zukunft fortgeschriebenen und gegebenenfalls kapitalisierten, bisherigen durchschnittlichen und bereinigten Erträgen der abhängigen Gesellschaft. Wegen der außerordentlichen damit verbundenen Berechnungsschwierigkeiten (die im Interesse der Wirtschaftsprüfer ständig weiter verschärft werden) liegt der Gedanke einer **vertraglichen Regelung** der Materie nahe. Folgerichtig wird im Schrifttum – unter Berufung auf die beiden in im Grunde gar nicht einschlägigen Wella-Urteile des BGH[280] – diskutiert, ob in dem Unternehmensvertrag die Kompensation *ausgeschlossen oder* doch *beschränkt* werden kann[281]. Davor ist dringend zu warnen, weil bei Zulassung derartiger vertraglicher Regelungen das herrschende Unternehmen seinen Einfluss mit Sicherheit dazu nutzen wird, um die Minderheit nach Möglichkeit um ihre Rechte zu bringen. Etwas anderes mag nur für entsprechende Regelungen in dem ursprünglichen Gesellschaftsvertrag gelten, weil dann alle Gründer genau wissen, worauf sie sich einlassen.

Wenn der Beherrschungsvertrag in einem der genannten Fälle (Rdnr. 159 ff.) überhaupt **kein**   162
Ausgleichs- und Abfindungsangebot enthält, sollte man – entgegen der ganz h.M. – ihn zum Schutze der Minderheit entsprechend § 304 Abs. 3 Satz 1 AktG als *nichtig* behandeln[282]. Ist das Angebot dagegen **nicht angemessen**, so ist der Zustimmungsbeschluss nach h.M. analog § 243 Abs. 2 AktG **anfechtbar**. Ob an die Stelle dieses Anfechtungsrechts das **Spruchverfahren** nach dem Spruchverfahrensgesetz von 2003 gesetzt werden kann, ist offen. Das Problem rührt daher, dass die hier interessierenden Fälle in § 1 SpruchG nicht ausdrücklich erwähnt sind, auf

---

277 Ebenso *Altmeppen*, in: Roth/Altmeppen, Rdnr. 89; *Casper*, in: Ulmer/Habersack/Löbbe, Rdnr. 232.
278 Dafür jedenfalls bei kapitalistischen Gesellschaften *Lutter/Hommelhoff*, Rdnr. 70.
279 Ebenso *Altmeppen*, in: Roth/Altmeppen, Rdnr. 89; *Casper*, in: Ulmer/Habersack/Löbbe, Rdnr. 229; *Lutter/Hommelhoff*, Rdnr. 68 ff.
280 BGH v. 19.4.2011 – II ZR 237/09, BGHZ 189, 261 = AG 2011, 514; BGH v. 19.4.2011 – II ZR 244/09, NZG 2011, 780 = AG 2011, 517; – unklar aber in der Tat BGH v. 24.10.1988 – II ZB 7/88, BGHZ 105, 324, 335 = NJW 1989, 295 = GmbHR 1989, 25 = AG 1989, 91 – Supermarkt; BGH v. 21.5.2011 – II ZR 109/10, BGHZ 190, 45, 52 Rdnr. 21 = GmbHR 2011, 922 = AG 2011, 668.
281 *Casper*, in: Ulmer/Habersack/Löbbe, Rdnr. 231.
282 Anders *Altmeppen*, in: Roth/Altmeppen, Rdnr. 87; *Liebscher*, in: MünchKomm. GmbHG, Rdnr. 949 ff.

der anderen Seite mittlerweile aber keine Bedenken mehr bestehen, das SpruchG in vergleichbaren Fallgestaltungen, entsprechend anzuwenden. Angesichts dieser Entwicklung sollte man nicht zögern, auch der Minderheit in einer GmbH entsprechend § 1 Nr. 1 und 2 SpruchG den Weg zum Spruchverfahren zu eröffnen, wenn sie die angebotene Abfindungs- oder Ausgleichsleistung des herrschenden Unternehmens nicht für angemessen hält[283]. Diese Auffassung setzt sich immer mehr durch[284].

6. Fehlerhafte und verdeckte Beherrschungsverträge

a) Überblick

163 Ein Unternehmensvertrag wird als fehlerhaft bezeichnet, wenn er an Mängeln leidet, die seine Wirksamkeit in Frage stellen, sei es, weil bei seinem Abschluss nicht sämtliche gesetzlichen Wirksamkeitsvoraussetzungen beachtet wurden (Rdnr. 139 ff.), sei es, weil er inhaltliche Mängel aufweist (§§ 125, 134, 138 BGB). Im Einzelnen hat man zwischen **Mängeln des Vertrages** und **Mängeln der Zustimmungsbeschlüsse** zu unterscheiden (§ 53 GmbHG, § 293 Abs. 2 AktG). Häufig spricht man insoweit auch von formellen und materiellen Mängeln des Vertrages[285]. Sind die genannten **Mängel nicht** in der Zwischenzeit, etwa durch Zeitablauf oder Nachholung der erforderlichen Beschlüsse **geheilt** worden (s. § 53 GmbHG; §§ 242, 244, 246 Abs. 1 AktG; § 140 BGB)[286], so stellt sich die Frage, wie zu verfahren ist, wenn der Vertrag trotz der genannten Mängel vollzogen wurde. Ein **Vollzug** des Vertrages liegt vor, wenn der Vertrag von den Beteiligten trotz seiner Nichtigkeit praktiziert wird, insbesondere indem das herrschende Unternehmen Verluste der abhängigen Gesellschaft ausgleicht oder in deren Geschäftsführung eingreift (vgl. §§ 302 Abs. 1, 308 Abs. 1 AktG)[287].

164 Die aufgeworfenen Fragen hatten sich mit besonderer Dringlichkeit Ende der achtziger Jahre im **Steuerrecht** für so genannte **Altverträge** gestellt, die nicht den vom BGH in dem Supermarktbeschluss vom 24.10.1988[288] entwickelten Wirksamkeitsvoraussetzungen genügten. Die Finanzverwaltung hatte hier mit verschiedenen **Übergangsfristen** bis Ende des Jahres 1992 für die Anpassung der Altverträge an die neue Rechtslage geholfen. Seit 1993 geht die Finanzverwaltung hingegen davon aus, dass die Anerkennung der Organschaft in jedem Fall die zivilrechtliche Wirksamkeit des Gewinnabführungs- oder des Organschaftsvertrages voraussetzt. Fehlt es daran, z.B. wegen eines Formmangels oder wegen der Nichtigkeit eines der Zustimmungsbeschlüsse, so wird die Organschaft „verworfen"[289].

164a Der Fragenkreis der fehlerhaften Unternehmensverträge besitzt bei der GmbH eine deutlich größere praktische Bedeutung als heute noch bei der AG[290]. Der Grund liegt in der Verbreitung von **Freigabeverfahren** aufgrund der § 246a AktG von 2005 im Aktienrecht, die zur Folge hat, dass sich der Anwendungsbereich der Lehre von den fehlerhaften Unternehmensverträgen seitdem hier im Grunde auf wenige Grenzfälle von Vertragsfehlern und Beschlussmängeln beschränkt, bei denen es ausnahmsweise nicht zu einem Freigabeverfahren gekommen ist[291]. Die deshalb naheliegende Übertragung des Freigabeverfahrens auf die GmbH

---

283 S. *Emmerich/Habersack*, Kommentar, § 304 AktG Rdnr. 12; § 1 SpruchG Rdnr. 8.

284 *Altmeppen*, in: Roth/Altmeppen, Rdnr. 88; *Lutter/Hommelhoff*, Rdnr. 71a; *Liebscher*, in: Münch-Komm. GmbHG, Rdnr. 953 ff.

285 Wegen der Einzelheiten s. *Emmerich/Habersack*, Kommentar, § 291 AktG Rdnr. 28 ff.; *Liebscher*, in: MünchKomm. GmbHG, Rdnr. 707-720.

286 S. dazu ausführlich *Casper*, in: Ulmer/Habersack/Löbbe, Rdnr. 210.

287 *Beurskens*, in: Baumbach/Hueck, Rdnr. 112; *Casper*, in: Ulmer/Habersack/Löbbe, Rdnr. 209; *Liebscher*, in: MünchKomm. GmbHG, Rdnr. 711.

288 BGH v. 24.10.1988 – II ZB 7/88, BGHZ 105, 324 = NJW 1989, 295 = GmbHR 1989, 25.

289 S. großzügiger z.B. *Fichtelmann*, GmbHR 2010, 576, 577.

290 Ebenso *Liebscher*, in: MünchKomm. GmbHG, Rdnr. 707.

291 S. *Emmerich/Habersack*, Kommentar, § 291 AktG Rdnr. 28a.

wird jedoch bisher von der Rechtsprechung unter Hinweis auf die Entstehungsgeschichte des § 246a AktG abgelehnt[292]. Zwingend ist dies zwar keineswegs, aber hinzunehmen – mit der notwendigen Folge der bleibenden praktischen Bedeutung des Fragenkreises der fehlerhaften Unternehmensverträge bei der GmbH.

b) Materielle Mängel

Beherrschungsverträge, die an formellen oder materiellen Mängeln (s. Rdnr. 163) leiden, sind grundsätzlich *nichtig*, weil es sich bei den fraglichen Wirksamkeitsvoraussetzungen durchweg um zwingende gesetzliche Regelungen handelt. Gleichwohl tendiert die **Rechtsprechung** dahin, fehlerhafte Beherrschungs- oder Gewinnabführungsverträge nach dem Muster fehlerhafter Gesellschaftsverträge nach ihrem Vollzug (Rdnr. 163) trotz ihrer Mängel nach Möglichkeit aufrechtzuerhalten, vor allem wohl, um den **Gläubigerschutz** aufgrund der hier entsprechend anwendbaren §§ 302 und 303 AktG sicherzustellen[293]. Generell kann dies indessen nicht gelten; man muss vielmehr nach der Art der Mängel unterscheiden. Im Mittelpunkt des Interesses stehen die so genannten materiellen Mängel des Vertrages. Paradigma ist das **Fehlen** oder die **Nichtigkeit des Zustimmungsbeschlusses** der **abhängigen Gesellschaft**. In diesem Fall muss es – entgegen der Rechtsprechung – bei der **Nichtigkeit** des Vertrages auch im Falle seines Vollzugs bleiben, weil es den Beteiligten andernfalls mühelos möglich wäre, die Mitwirkungsrechte der Gesellschafter in der abhängigen Gesellschaft durch simple Praktizierung eines nichtigen Beherrschungs- oder Gewinnabführungsvertrages zu umgehen[294]. Ob bei Fehlen oder Nichtigkeit des Zustimmungsbeschlusses der **herrschenden Gesellschaft** ebenso zu verfahren ist, ist umstritten, sollte aber zum Schutze der Beteiligten gleichfalls bejaht werden. Kontrovers diskutiert wird ferner, ob dasselbe auch bei „bloßer" **Anfechtbarkeit** eines der Zustimmungsbeschlüsse zu gelten hat. Indessen besteht bei Anfechtbarkeit eines der Zustimmungsbeschlüsse, die nur innerhalb kurzer Fristen möglich ist, kein Anlass für einen Vertrauensschutz, so dass in diesem Fall ebenfalls an der **Nichtigkeit** Vertrages festzuhalten ist.

Einen Sonderfall, der in letzter Zeit im Aktienkonzernrecht große Aufmerksamkeit gefunden hat, bilden in diesem Zusammenhang die so genannten **verdeckten Beherrschungsverträge**[295]. Man versteht darunter offenbar verbreitete, eigenartige Vertragsgestaltungen, mit denen die Beteiligten im Ergebnis denselben Zweck wie mit dem Abschluss eines Beherrschungsvertrages verfolgen, insbesondere durch die Begründung eines Weisungsrechts für einen Vertragsteil gegenüber der betroffenen Gesellschaft (§ 308 AktG), ohne jedoch die förmlichen und inhaltlichen Voraussetzungen eines wirksamen Beherrschungsvertrages zu beachten (§§ 293 ff. und 304 ff. AktG). Die Behandlung dieser Fälle ist noch weitgehend ungeklärt. Der Fragen-

165

165a

---

292 KG v. 23.6.2011 – 23 AktG 1/11, GmbHR 2011, 1044 = NZG 2011, 1068; kritisch zu Recht *Liebscher*, in: MünchKomm. GmbHG, Rdnr. 715, 776; *Bayer/Lieder*, NZG 2011, 1170 ff.

293 BGH v. 14.12.1987 – II ZR 170/87, BGHZ 103, 1, 5 = GmbHR 1988, 174 = NJW 1988, 1326 = AG 1988, 133 – Familienheim; BGH v. 19.9.1988 – III ZR 255/87, BGHZ 105, 168, 182 = GmbHR 1989, 19 = NJW 1988, 3143 = AG 1989, 27 – HSW; BGH v. 11.11.1991 – II ZR 287/90, BGHZ 116, 37, 39 ff. = GmbHR 1992, 34 = NJW 1992, 505 = AG 1992, 83 – Stromlieferungen/Hansa Feuerfest; BGH v. 5.11.2001 – II ZR 119/00, LM Nr. 11 zu § 53 GmbHG (Bl. 2) (mit Anm. *Emmerich*) = NJW 2002, 822 = AG 2002, 240 = GmbHR 2002, 62; OLG Koblenz v. 30.11.1990 – 2 U 317/89, GmbHR 1991, 420 = AG 1991, 142 = WM 1991, 227; OLG München v. 14.6.1991 – 23 U 4638/90, AG 1991, 358, 361; enger OLG Koblenz v. 23.11.2000 – 6 U 1434/95, ZIP 2001, 1095, 1098.

294 S. *Beurskens*, in: Baumbach/Hueck, Rdnr. 113; *Casper*, in: Ulmer/Habersack/Löbbe, Rdnr. 216; *Emmerich/Habersack*, Kommentar, § 291 AktG Rdnr. 29 f.; *Liebscher*, in: MünchKomm. GmbHG, Rdnr. 714; enger *Servatius*, in: Michalski u.a., Rdnr. 260; anders z.B. *Altmeppen*, in: Roth/Altmeppen, Rdnr. 115.

295 S. dazu *Emmerich/Habersack*, Kommentar, § 291 AktG Rdnr. 24 – 24f; *Emmerich*, in: FS Hüffer, 2010, S. 179, 183 ff.; *Ederle*, Verdeckte Beherrschungsverträge, 2010; *Ederle*, AG 2010, 273; *Kienzle*, Verdeckte Beherrschungsverträge im Aktienrecht, 2010.

kreis wird jedoch bisher nahezu ausschließlich mit Bezug auf Aktiengesellschaften diskutiert, während zur parallelen Problematik bei der GmbH (vorerst noch?) nur wenige Äußerungen vorliegen[296]. Deshalb mögen hier die folgenden Bemerkungen genügen: Es stellt jedenfalls *keine* Lösung der Problematik dar, die Minderheitsgesellschafter in solchen Fällen auf **Schadensersatzansprüche** wegen Treuepflichtverletzung gegen die Mehrheit zu verweisen, weil solche Ansprüche – mangels Kenntnis der relevanten Fakten – für die Minderheitsgesellschafter gar nicht durchsetzbar sind. Als Lösung kommt daher allein die Anwendung der **Regeln über den Vertragskonzern** nach den Regeln über fehlerhafte Unternehmensverträge in Betracht. Das Ergebnis ist: Entsprechende Geltung der §§ 302 f. und 304 f. AktG (s. auch Rdnr. 209, 221 f.).

c) Formelle Mängel

166   Verstöße gegen **Formvorschriften** sind der wohl wichtigste Anwendungsbereich der Grundsätze über fehlerhafte Beherrschungsverträge. Nach seinem Vollzug (Rdnr. 163) ist der Vertrag in diesen Fällen folglich grundsätzlich für die *Vergangenheit* als *wirksam* zu behandeln. Dies bedeutet vor allem, dass es für die bereits abgelaufene Zeit bei der entsprechenden Anwendbarkeit der §§ 302 und 303 AktG sein Bewenden hat[297]. Verstöße gegen die **§§ 134 und 138 BGB** stehen jedoch nicht gleich, so dass in diesen Fällen an der Nichtigkeit des Vertrages festzuhalten ist.

167   Die Einzelheiten sind umstritten. In besonderem Maße gilt dies für den Fall der **fehlenden Eintragung** des Vertrages ins Handelsregister (§ 54 GmbHG; § 294 Abs. 2 AktG). Speziell für die GmbH hat der BGH diesem Umstand wiederholt *keine* Bedeutung beigemessen und auf den Vertrag nach seinem Vollzug (entsprechend den Regeln über die fehlerhafte Gesellschaft) die Vorschriften über Beherrschungsverträge und damit insbesondere die §§ 302 und 303 AktG entsprechend angewandt[298]. Dem ist jedoch *nicht* zu folgen, weil vor Eintragung des Vertrages ins Handelsregister mit Rücksicht auf die gesetzliche Regelung (§ 54 GmbHG; § 294 Abs. 2 AktG) sinnvollerweise niemand auf den Bestand des Vertrages vertrauen kann und darf[299]. Die Frage spielt eine Rolle insbesondere bei der Behandlung der zahlreichen **stillen Gesellschaftsverträge** mit Aktiengesellschaften, bei deren Abschluss die §§ 292 Abs. 1 Nr. 2, 293 und 294 AktG „übersehen" (oder besser: missachtet) wurden (s. Rdnr. 213 ff.).

d) Rechtsfolgen

168   Fehlerhafte Beherrschungsverträge bleiben, selbst bei partieller Anerkennung für die Vergangenheit nach ihrem Vollzug (Rdnr. 166), fehlerhaft, solange nicht der Mangel geheilt ist (s. dazu Rdnr. 163). Die Folge ist, dass sich beide Parteien jederzeit auf die **Unwirksamkeit** des Vertrages **berufen** oder doch (so ohne Not die h.M.) durch *Kündigung* aus wichtigem Grunde die weitere Anwendung des Vertrages beenden können[300]. **Zuständig** für die Beendigung des durch den Vollzug des an sich unwirksamen Vertrages entstandenen Zustandes sind vor-

---

296   *Liebscher*, in: MünchKomm. GmbHG, Rdnr. 672 ff.; *Servatius*, in: Michalski u.a., Rdnr. 264 ff.

297   Insbes. BGH v. 11.11.1991 – II ZR 287/90, BGHZ 116, 37, 45 f. = AG 1992, 83 = NJW 1992, 505 = GmbHR 1992, 34 – Hansa Feuerfest/Stromlieferung.

298   BGH v. 11.11.1991 – II ZR 287/90, BGHZ 116, 37, 39 = NJW 1992, 505 = AG 1992, 83 = GmbHR 1992, 24 – Stromlieferungen/Hansa Feuerfest; insbes. BGH v. 5.11.2001 – II ZR 119/00, NJW 2002, 822 = GmbHR 2002, 62 = AG 2002, 240.

299   *Altmeppen*, in: Roth/Altmeppen, Rdnr. 115; *Beurskens*, in: Baumbach/Hueck, Rdnr. 114; *Casper*, in: Ulmer/Habersack/Löbbe, Rdnr. 209; *Liebscher*, in: MünchKomm. GmbHG, Rdnr. 712; *Krieger*, ZHR 158 (1994), 35, 41; *Lutter/Hommelhoff*, Rdnr. 82; anders *Servatius*, in: Michalski u.a., Rdnr. 260 f.

300   So insbesondere BFH v. 30.7.1997 – I R 7/97, BFHE 184, 88, 90 f. = BStBl. II 1998, 33 = GmbHR 1998, 53 = AG 1998, 491; dagegen wie hier *Beurskens*, in: Baumbach/Hueck, Rdnr. 115.

rangig die **Geschäftsführer** (§ 37). Ein Ermessen haben sie insoweit nicht; vielmehr sind sie *verpflichtet*, gegenüber dem herrschenden Unternehmen die „faktische" Fortgeltung des Vertrages durch die Berufung auf dessen Nichtigkeit oder (so die h.M.) durch dessen Kündigung aus wichtigem Grunde zu beenden, wenn die Minderheitsgesellschafter die nachträgliche Zustimmung zu dem Unternehmensvertrag ablehnen und auch auf andere Weise eine Heilung des Mangels nicht mehr möglich ist[301]. Durch die Gesellschafterversammlung können die Geschäftsführer hierzu auch **angewiesen** werden (§§ 46 Nr. 6, 50). Nach h.M. ist das herrschende Unternehmen bei der Beschlussfassung über eine entsprechende Weisung an die Geschäftsführer nach § 47 Abs. 4 vom Stimmrecht ausgeschlossen. Eine entgegenstehende Weisung des herrschenden Unternehmens an die Geschäftsführer ist rechtswidrig und deshalb unbeachtlich[302].

Werden die Geschäftsführer gleichwohl pflichtwidrig *nicht* tätig, so bleibt zu beachten, dass   **169** der von dem herrschenden Unternehmen geschaffene Zustand mangels Wirksamkeit des Vertrages *rechtswidrig* ist, so dass die Minderheitsgesellschafter in der abhängigen Gesellschaft von dem herrschenden Unternehmen **Schadensersatz** verlangen können, hier in erster Linie durch Vertragsaufhebung (§§ 249, 280 Abs. 1, 311 Abs. 1 BGB). Schließlich ist noch daran zu denken, ihnen eine **Notzuständigkeit** zur „Kündigung" einzuräumen, entweder entsprechend den Regeln über die actio pro socio oder (besser) entsprechend § 744 Abs. 2 BGB, so dass sie bei pflichtwidriger Untätigkeit der Geschäftsführer selbst die „Kündigung" des unwirksamen Unternehmensvertrages aussprechen können[303].

V. Weisungsrecht

1. Parteien

Kern des Beherrschungsvertrages ist bei der GmbH nicht anders als bei der AG entsprechend   **170** den §§ 291 Abs. 1 und 308 AktG das Weisungsrecht des herrschenden Unternehmens gegenüber den Geschäftsführern der abhängigen Gesellschaft hinsichtlich der Leitung der Gesellschaft. Wegen der Einzelheiten kann auf die Kommentierungen der §§ 291 und 308 AktG verwiesen werden. Im Folgenden genügt ein kurzer Überblick über die Rechtslage unter Beschränkung auf die für die GmbH besonders wichtigen Punkte.

Nach dem (entsprechend anwendbaren) § 308 Abs. 1 Satz 1 AktG berechtigt der wirksame   **171** Abschluss eines Beherrschungsvertrages das herrschende Unternehmen, den Geschäftsführern der abhängigen Gesellschaft hinsichtlich der Leitung ihrer Gesellschaft Weisungen zu erteilen. Der **Begriff** der Weisung ist, zum Schutze der abhängigen Gesellschaft, *weit* auszulegen und erfasst daher z.B. auch vom herrschenden Unternehmen initiierte *Weisungsbeschlüsse* der Gesellschafterversammlung (wichtig wegen der Haftung des herrschenden Unternehmens analog § 309 AktG)[304]. Adressaten der Weisungen des herrschenden Unternehmens sind (nur) die **Geschäftsführer** der abhängigen Gesellschaft. Vor allem in diesem direkten „Zugriff" auf die Geschäftsführung der abhängigen Gesellschaft liegt der Vorteil eines Beherrschungsvertrages gegenüber der an sich auch ohne ihn möglichen Beherrschung der abhängigen Gesellschaft über die Gesellschafterversammlung. Zugleich sind die Geschäftsführer der abhängigen Gesellschaft aber auch die einzigen zulässigen Adressaten von Weisungen des herrschenden Unternehmens, so dass diesem *kein* Weisungsrecht gegenüber **anderen Organen** der abhängigen

---

301 *Lutter/Hommelhoff*, Rdnr. 85; *Liebscher*, in: MünchKomm. GmbHG, Rdnr. 718.
302 *Liebscher*, in: MünchKomm. GmbHG, Rdnr. 718 f.
303 S. *Liebscher*, in: MünchKomm. GmbHG, Rdnr. 720.
304 *Emmerich/Habersack*, Kommentar, § 308 AktG Rdnr. 21 ff.; *Liebscher*, in: MünchKomm. GmbHG, Rdnr. 801.

Gesellschaft zusteht. Die abhängige Gesellschaft bleibt daher weisungsfrei, soweit die zwingende Zuständigkeit der **Gesellschafterversammlung oder** eines etwaigen obligatorischen **Aufsichtsrats** reicht (zum Aufsichtsrat s. Rdnr. 173). Dem Weisungsrecht des herrschenden Unternehmens entzogen sind insbesondere etwaige Änderungen des Gesellschaftsvertrages (§ 53), Kapitalveränderungen (§§ 55 ff.), die Zustimmung der Gesellschafter zum Abschluss, zur Änderung oder zur Kündigung von Unternehmensverträgen (§ 53 GmbHG, §§ 293 ff. AktG) sowie die Bestellung und die Abberufung von Geschäftsführern (§§ 38, 46 Nr. 5; s. Rdnr. 173)[305]. Ebenso wenig hat das herrschende Unternehmen grundsätzlich ein Weisungsrecht gegenüber den **Mitarbeitern** der abhängigen Gesellschaft. Davon zu trennen ist die Frage, ob die Geschäftsführer der abhängigen Gesellschaft ihrerseits ihre Mitarbeiter anweisen können, unmittelbar Weisungen des herrschenden Unternehmens entgegenzunehmen. Richtigerweise sollten solche Weisungen zum Schutze der abhängigen Gesellschaft nur zugelassen werden, wenn zugleich Sorge für die Beachtung des Prüfungsrechts der Geschäftsführer gegenüber Weisungen des herrschenden Unternehmens getroffen wird[306].

172   Das Weisungsrecht des herrschenden Unternehmens gegenüber den Geschäftsführern der abhängigen Gesellschaft (§ 308 Abs. 1 Satz 1 AktG) kann im Einzelfall mit dem **Weisungsrecht der Gesellschafter** gegenüber den Geschäftsführern auf dem Weg über die Gesellschafterversammlung kollidieren (§ 37 Abs. 1). In derartigen Fällen ist davon auszugehen, dass, nachdem einmal die Gesellschafter mit der erforderlichen Mehrheit, d.h. grundsätzlich einstimmig dem Beherrschungsvertrag zugestimmt haben, das Weisungsrecht des herrschenden Unternehmens den **Vorrang** vor dem Weisungsrecht der Gesellschafter hat[307]. Das gilt auch, soweit durch den Gesellschaftsvertrag vor Abschluss des Beherrschungsvertrages besondere Zuständigkeiten der Gesellschafterversammlung in Fragen der Geschäftsführung begründet wurden. Immer geht der grundsätzlich nur mit Zustimmung aller Gesellschafter mögliche Beherrschungsvertrag vor[308].

173   Dieselben Regeln wie für das Verhältnis des herrschenden Unternehmens zur Gesellschafterversammlung (Rdnr. 172) gelten als Folge des vertragsändernden Charakters des Beherrschungsvertrages für sein Verhältnis zu einem **fakultativen Aufsichtsrat**[309]. Anders ist die Rechtslage dagegen hinsichtlich eines **obligatorischen Aufsichtsrats** aufgrund der Mitbestimmungsgesetze, da dieser in dem ihm gesetzlich übertragenen Aufgabenbereich, namentlich also hinsichtlich der Bestellung der Geschäftsführer, **keinem Weisungsrecht** des herrschenden Unternehmens unterliegt (§ 31 MitbestG). Das gilt auch für die sich aus § 25 Abs. 1 Nr. 2 MitbestG i.V.m. § 111 Abs. 4 Satz 2 bis 5 AktG ergebende Befugnis des obligatorischen Aufsichtsrats einer GmbH, bestimmte Arten von Geschäften seiner Zustimmung zu unterwerfen, so dass nichts anderes übrig bleibt, als in diesem Fall zur Lösung etwaiger Konflikte **§ 308 Abs. 3 AktG** entsprechend anzuwenden[310]. Nach einer verbreiteten Meinung besitzt freilich bei der GmbH der obligatorische Aufsichtsrat (trotz der Verweisung auf § 111 Abs. 4 Satz 2 AktG in § 25 Abs. 1 Satz 1 Nr. 2 MitbestG) keine Möglichkeit, sich die Genehmigung bestimmter Geschäfte entgegen dem Willen der Gesellschafter vorzubehalten[311]. Folgt man dem, – das ist hier nicht zu entscheiden –, so ist auch eine Analogie zu § 308 Abs. 3 AktG entbehrlich.

---

305 *Liebscher*, in: MünchKomm. GmbHG, Rdnr. 798 f.
306 S. Rdnr. 176; *Emmerich/Habersack*, Kommentar, § 308 AktG Rdnr. 19 f.
307 OLG Stuttgart v. 29.10.1997 – 20 U 8/97, GmbHR 1998, 943 = AG 1998, 585 = NZG 1998, 601, 602 – Dornier; *Grauer*, Konzernbildungskontrolle, S. 158 ff.; *Kort*, Abschluss, S. 140 f.: *Liebscher*, in: MünchKomm. GmbHG, Rdnr. 791 f.
308 *Casper*, in: Ulmer/Habersack/Löbbe, Rdnr. 219; *Servatius*, in: Michalski u.a., Rdnr. 123.
309 *Altmeppen*, in: Roth/Altmeppen, Rdnr. 53; *Liebscher*, in: MünchKomm. GmbHG, Rdnr. 794.
310 S. *Hoffmann-Becking*, WiB 1994, 57, 61; *Casper*, in: Ulmer/Habersack/Löbbe, Rdnr. 240.
311 *Altmeppen*, in: Roth/Altmeppen, Rdnr. 64 f.; *Kropff*, in: FS Semler, 1993, S. 517, 529 f.; *Liebscher*, in: MünchKomm. GmbHG, Rdnr. 806; *Zöllner*, ZGR 1993, 173, 181.

2. Umfang

Das Weisungsrecht des herrschenden Unternehmens erstreckt sich analog § 308 Abs. 1 Satz 1 AktG (nur) auf die „Leitung" der abhängigen Gesellschaft. Gemeint ist damit, wie die §§ 76 bis 78 AktG zeigen, der gesamte weite Bereich der **Geschäftsführung und Vertretung** der abhängigen Gesellschaft, und zwar einschließlich der Geschäfte zwischen der Gesellschaft und dem herrschenden Unternehmen; § 47 Abs. 4 Satz 2 findet insoweit keine entsprechende Anwendung[312]. Den Gegensatz bilden die so genannten **Grundlagengeschäfte**, die der Sache nach auf eine Änderung des Gesellschaftsvertrages hinauslaufen, da der Beherrschungsvertrag dem herrschenden Unternehmen keine Befugnis zur einseitigen Änderung des Gesellschaftsvertrages der abhängigen Gesellschaft verleiht (Rdnr. 171, Rdnr. 177a).

Die **Grenzziehung** ist schwierig[313]. Richtiger Meinung nach sollte wie folgt unterschieden werden: Zur Geschäftsführung (im Rahmen des bestehenden Gesellschaftsvertrages) gehören grundsätzlich **auch** solche **außergewöhnlichen Maßnahmen**, die in der unabhängigen Gesellschaft entsprechend § 116 HGB von den Geschäftsführern vor ihrer Vornahme der Zustimmung der Gesellschafter zu unterbreiten sind (§ 49 Abs. 2), so dass bei Abschluss eines Beherrschungsvertrages das Weisungsrecht des herrschenden Unternehmens selbst derartige Maßnahmen umfasst, solange sie nur durch **Zweck und Gegenstand** der Gesellschaft gedeckt sind (§ 3 Abs. 1 Nr. 2) und sich deshalb im Rahmen des bestehenden **Gesellschaftsvertrages** halten (Rdnr. 177a). Das herrschende Unternehmen hat dagegen – ohne Änderung des Gesellschaftsvertrages – keine Befugnis, die Geschäftsführer der abhängigen Gesellschaft zu Geschäften **jenseits des Gegenstandes** der Gesellschaft anzuweisen oder die Aufgabe zentraler bisheriger, durch den Vertrag gedeckter Tätigkeitsbereiche zu verlangen (s. Rdnr. 177)[314]. Derart weitreichende Weisungen setzen vielmehr eine vorherige Änderung des Gesellschaftsvertrages voraus, – zu der das herrschende Unternehmen unter den gegebenen Umständen in aller Regel ohne weiteres in der Lage sein dürfte. Die vielberufene Holzmüller/Gelatine-Doktrin des BGH sollte man dagegen in diesem Zusammenhang, weil auf die AG zugeschnitten und heute auf Extremfälle reduziert, nicht mehr bemühen.

Umstritten ist ferner, ob sich das Weisungsrecht des herrschenden Unternehmens außerdem auf Maßnahmen im so genannten **innerkorporativen Bereich** erstreckt. Man versteht darunter Maßnahmen wie die Einberufung der Gesellschafterversammlung oder die Vorbereitung solcher Entscheidungen, die der ausschließlichen Zuständigkeit der Gesellschafterversammlung unterliegen. Solange nicht durch Weisungen in diesem Bereich in die ausschließliche Zuständigkeit der Gesellschafterversammlung eingegriffen wird, bestehen wohl keine Bedenken gegen eine Erstreckung des Weisungsrechts auf diesen Bereich[315]. Konkret gesprochen, bedeutet dies, dass die Geschäftsführer der abhängigen Gesellschaft, wenn etwa eine Änderung des Gesellschaftsvertrages nötig werden sollte, (selbstverständlich) angewiesen werden können, die deshalb erforderliche Gesellschafterversammlung in jeder Hinsicht vorzubereiten. Erst Weisungen des herrschenden Unternehmens an die Geschäftsführer zur **Überschreitung des Gesellschaftsvertrages** sind unwirksam (§ 134 BGB).

Aus dem ebenfalls entsprechend anwendbaren § 308 Abs. 1 Satz 2 AktG folgt außerdem die grundsätzliche Zulässigkeit **nachteiliger Weisungen**. Darunter sind solche Weisungen zu verstehen, die Maßnahmen zum Gegenstand haben, die der ordentliche und gewissenhafte Ge-

174

174a

174b

175

---

312 *Casper*, in: Ulmer/Habersack/Löbbe, Rdnr. 234.
313 S. *Altmeppen*, in: Roth/Altmeppen, Rdnr. 49 f.; *Casper*, in: Ulmer/Habersack/Löbbe, Rdnr. 234; *Liebscher*, in: MünchKomm. GmbHG, Rdnr. 791, 802 f., 828; *Servatius*, in: Michalski u.a., Rdnr. 127 f.
314 *Liebscher*, in: MünchKomm. GmbHG, Rdnr. 829.
315 *Casper*, in: Ulmer/Habersack/Löbbe, Rdnr. 235; *Liebscher*, in: MünchKomm. GmbHG, Rdnr. 800.

schäftsführer einer unabhängigen Gesellschaft, der sich ausschließlich an den Interessen seiner Gesellschaft orientiert, wegen der mit ihnen verbundenen Risiken oder Nachteile nicht vorgenommen hätte (§ 43 GmbHG; §§ 76, 93, 311, 317 Abs. 2 AktG). Voraussetzung der Zulässigkeit nachteiliger Weisungen ist jedoch, wie aus § 308 Abs. 1 Satz 2 AktG zu folgern ist, dass die Weisungen wenigstens **im Konzerninteresse** liegen (Rdnr. 176).

176   Die Zulässigkeit nachteiliger Weisungen (Rdnr. 175) setzt entsprechend § 308 Abs. 1 Satz 2 AktG voraus, dass die fragliche Weisung den Belangen des herrschenden Unternehmens oder der mit ihm und der abhängigen Gesellschaft konzernverbundenen Unternehmen dient, d.h. im **Konzerninteresse** liegt. Dagegen verstoßen insbesondere solche Weisungen, durch die die abhängige Gesellschaft **übermäßig** (unverhältnismäßig) **geschädigt** wird oder die nur dem **Interesse** außenstehender **Dritter**, z.B. des Mehrheitsgesellschafters dienen[316]. Derartige Weisungen dürfen von den Geschäftsführern der abhängigen Gesellschaft nicht befolgt werden und lösen gegebenenfalls die Haftung des herrschenden Unternehmens aus (s. Rdnr. 183 f.). Daraus ergibt sich zugleich, dass die Geschäftsführer der Gesellschaft verpflichtet sind, sämtliche Weisungen des herrschenden Unternehmens, bevor sie sie befolgen, auf ihre Zulässigkeit zu überprüfen. Dieser **Prüfungspflicht** der Geschäftsführer kommt in dem Haftungssystem im Vertragskonzern zentrale Bedeutung zu[317].

3. Schranken

177   Trotz seines weiten Umfangs (s. Rdnr. 174 ff.) ist das Weisungsrecht (natürlich) nicht grenzenlos, sondern unterliegt vielfältigen Schranken[318]. Solche ergeben sich zunächst aus dem zwingenden Gesetzesrecht (**§§ 134, 138 BGB**). Die abhängige Gesellschaft darf daher durch eine Weisung des herrschenden Unternehmens z.B. nicht zu Verstößen gegen das Steuerrecht, gegen das Kartellrecht, gegen die InsO oder gegen das Bilanzrecht veranlasst werden. Derartige Weisungen sind, weil gesetzwidrig, unbeachtlich und dürfen nicht befolgt werden (§ 134 BGB). Aus dem so genannten **Konzernprivileg** des § 30 Abs. 1 Satz 2 folgt nichts anderes, weil diese Vorschrift die allgemeinen Schranken des Weisungsrechts des herrschenden Unternehmens ebenso wenig wie etwa das allgemeine Schädigungsverbot in faktischen Konzernen tangiert (s. Rdnr. 179).

177a   Unzulässig sind ferner Weisungen, die zu einer **faktischen Änderung des Gesellschaftsvertrages** der abhängigen Gesellschaft führen, da solche Änderung in die ausschließliche Zuständigkeit der Gesellschafterversammlung fällt (§ 53; s. schon Rdnr. 171, 174). Die Geschäftsführer der abhängigen Gesellschaft bleiben auch nach Abschluss eines Beherrschungsvertrages grundsätzlich an den Gesellschaftsvertrag gebunden, soweit er nicht durch den Beherrschungsvertrag für die Dauer seiner Geltung verdrängt wird. Wichtig ist das vor allem für die **Bindung** der Geschäftsführer an **Gegenstand und Zweck** der abhängigen Gesellschaft, so dass sich das herrschende Unternehmen darüber auch nicht aufgrund seines Weisungsrechts (§ 308 Abs. 1 AktG) hinwegsetzen darf (§ 3 Abs. 1 Nr. 2)[319]. Daraus folgt z.B., dass das herrschende Unternehmen die Geschäftsführer der abhängigen Gesellschaft nicht dazu anweisen darf, neue Tätigkeiten außerhalb ihres bisherigen Gegenstandes aufzunehmen

---

316   S. im Einzelnen *Emmerich/Habersack*, Kommentar, § 308 AktG Rdnr. 48 ff.; *Altmeppen*, in: Roth/Altmeppen, Rdnr. 67 ff.; *Liebscher*, in: MünchKomm. GmbHG, Rdnr. 823.

317   Ebenso z.B. *Servatius*, in: Michalski u.a., Rdnr. 147 f.; s. dazu auch schon Rdnr. 171.

318   S. dazu mit Nachw. *Emmerich/Habersack*, Kommentar, § 308 AktG Rdnr. 55 ff.; *Liebscher*, in: MünchKomm. GmbHG, Rdnr. 821 ff.

319   OLG Stuttgart v. 29.10.1997 – 20 U 8/97, GmbHR 1998, 943 = AG 1998, 585 = NZG 1998, 601, 602 – Dornier; OLG Düsseldorf v. 7.6.1990 – 19 W 13/86, AG 1990, 490, 492; OLG Nürnberg v. 9.6.1999 – 12 U 4408/98, AG 2000, 228, 229 = GmbHR 2001, 73 – WBG.

oder wichtige derartige Tätigkeitsbereiche einzustellen, ohne dass zuvor der Gesellschaftsvertrag entsprechend geändert wurde (s. schon Rdnr. 174a).

Eine letzte Schranke für das Weisungsrecht des herrschenden Unternehmens ergibt sich aus der **Überlebensfähigkeit der abhängigen Gesellschaft**, die durch Weisungen des herrschenden Unternehmens grundsätzlich nicht in Frage gestellt werden darf. Hierher gehört insbesondere die **Existenzvernichtungshaftung** (s. § 13 Rdnr. 152 ff.), deren zwingender Charakter mithin selbst dem Weisungsrecht des herrschenden Unternehmens im Vertragskonzern unübersteigbare Schranken zieht. Die Einzelheiten sind umstritten[320]. Man muss vor allem zwischen existenzvernichtenden Eingriffen *während* des Bestandes des Vertrages und solchen unterscheiden, die die Überlebensfähigkeit der Gesellschaft erst *nach* Vertragsende bedrohen.

Bei den zuerst genannten Weisungen, die die Überlebensfähigkeit der Gesellschaft bereits während des **Bestandes des Vertrages** bedrohen, zeigt § 302 AktG (Rdnr. 180), dass die Zulässigkeitsgrenze für existenzgefährdende Weisungen im Vertragskonzern exakt entlang der Funktionsfähigkeit des Haftungssystems der §§ 302 und 303 AktG verläuft[321]: Solange auf dem Weg über die Verlustausgleichspflicht des herrschenden Unternehmens die Existenzfähigkeit der abhängigen Gesellschaft sichergestellt ist, bleiben auch existenzgefährdende Weisungen zulässig, während die Zulässigkeitsgrenze überschritten ist, sobald die Zahlungsfähigkeit der abhängigen Gesellschaft, etwa wegen einer drohenden Insolvenz des herrschenden Unternehmens, gefährdet ist. Daraus folgt zugleich, dass das herrschende Unternehmen – entgegen einer verbreiteten Meinung – bei einer drohenden **Zahlungsunfähigkeit** der abhängigen Gesellschaft auch schon unterjährig verpflichtet ist, die nötige Liquidität (als Vorschuss auf den entsprechend § 302 AktG geschuldeten Verlustausgleich) zur Verfügung zu stellen[322]. Die notwendige Folge sind zugleich unübersteigbare Schranken für die Praktizierung von Cash-Management-Systemen im Vertragskonzern, und zwar ungeachtet des § 30 Abs. 1 Satz 2, der die Schranken des Weisungsrechts im Vertragskonzern unberührt lässt. In allen diesen Fragen wird heute auch nicht mehr zwischen **Einpersonen**- und Mehrpersonengesellschaften unterschieden[323].

Sehr viel schwieriger zu beurteilen ist die Zulässigkeit von Weisungen, durch die die **Überlebensfähigkeit** der Gesellschaft **nach Vertragsende** bedroht wird. Nach bisher durchaus h.M. können dem Gesetz insoweit grundsätzlich *keine* Zulässigkeitsschranken und insbesondere nicht die Verpflichtung des herrschenden Unternehmens zur Leistung einer Wiederaufbauhilfe zugunsten der abhängigen Gesellschaft nach Vertragsende entnommen werden[324]. Freilich hatte das BAG eine Zeitlang bei Beendigung eines Beherrschungsvertrages eine Verpflichtung des herrschenden Unternehmens angenommen, die (früher) abhängige Gesellschaft mit dem erforderlichen Kapital auszustatten, das dieser Gesellschaft auch in Zukunft die gesetzlich geschuldete Anpassung von **Betriebsrenten** ermöglichen soll[325]. Wegen der verbreiteten Kritik[326] hat das BAG diese Praxis indessen später offenbar wieder aufgegeben und stützt sich

178

179

179a

320 S. OLG Düsseldorf v. 7.6.1990 – 19 W 13/86, AG 1990, 490, 492 – DAB/Hansa; *Emmerich/Habersack*, Kommentar, § 308 AktG Rdnr. 60 ff.; *Altmeppen*, in: Roth/Altmeppen, Rdnr. 58 ff.; *Casper*, in: Ulmer/Habersack/Löbbe, Rdnr. 237; *Liebscher*, in: MünchKomm. GmbHG, Rdnr. 830 ff.; *Servatius*, in: Michalski u.a., Rdnr. 140 ff.

321 Ebenso *Altmeppen*, in: Roth/Altmeppen, Rdnr. 58 ff.; *Liebscher*, in: MünchKomm. GmbHG, Rdnr. 835 f.; *Servatius*, in: Michalski u.a., Rdnr. 140 ff.

322 S. im Einzelnen *Emmerich/Habersack*, Kommentar, § 398 AktG Rdnr. 60 ff., 64; ebenso *Altmeppen*, in: Roth/Altmeppen, Rdnr. 60 f.

323 Enger *Liebscher*, in: MünchKomm. GmbHG, Rdnr. 789.

324 S. *Altmeppen*, in: Roth/Altmeppen, Rdnr. 62 ff.; *Burg/Hützen*, Der Konzern 2010, 20; *Decher*, in: MünchHdb. III, § 70 Rdnr. 25; *Emmerich/Habersack*, Kommentar, § 308 AktG Rdnr. 65; *Servatius*, in: Michalski u.a., Rdnr. 143 f.; anders z.B. *Beurskens*, in: Baumbach/Hueck, Rdnr. 138 f.

325 BAG v. 26.5.2009 – 3 AZR 369/07, BAGE 131, 50 = GmbHR 2009, 1335 = AG 2009, 829, 832.

326 S. *Emmerich/Habersack*, Kommentar, § 296 AktG Rdnr. 26 mit Nachw.

jetzt im Vertragskonzern zur Sicherung der Betriebsrenten mit Billigung des BGH[327] auf einen nicht minder problematischen **Berechnungsdurchgriff**[328]; s. hierzu § 13 Rdnr. 188 ff.

VI. Gläubigerschutz

180   Im Vertragskonzern verlangt der Gläubigerschutz angesichts des umfassenden Weisungsrechts des herrschenden Unternehmens (Rdnr. 174 ff.) besondere Beachtung. Das **AktG** bestimmt deshalb in den **§§ 302 und 303**, dass das herrschende Unternehmen verpflichtet ist, während des Bestandes des Vertrages jeden Jahresfehlbetrag auszugleichen und nach Vertragsende den Gläubigern Sicherheit zu leisten. Diese Vorschriften sind auch auf Beherrschungs- und Gewinnabführungsverträge mit einer abhängigen **GmbH** entsprechend **anwendbar** (Rdnr. 205 f.)[329]. In dem Vertrag kann nichts anderes bestimmt werden.

181   Eine wichtige ergänzende Regelung findet sich für steuerliche Zwecke in **§ 17 Satz 2 Nr. 2 KStG.** Nach dieser Vorschrift wird ein Gewinnabführungsvertrag mit einer GmbH – als Voraussetzung der körperschaft- und gewerbesteuerlichen Organschaft – nur anerkannt, wenn in dem Vertrag eine Verlustübernahme „durch Verweis auf die Vorschriften des § 302 AktG in seiner jeweils gültigen Fassung vereinbart wird". Anders als nach Gesellschaftsrecht (s. Rdnr. 180) setzt mithin steuerrechtlich der wirksame Abschluss eines Gewinnabführungsvertrages oder eines Organschaftsvertrages die *ausdrückliche Vereinbarung* einer Anwendung des § 302 AktG voraus. Eine Organschaft wird infolgedessen von der Finanzverwaltung nur anerkannt, wenn in dem Vertrag § 302 AktG insgesamt ausdrücklich in Bezug genommen wird. Fehlt eine Bezugnahme auf § 302 AktG oder ist diese in irgendeiner Hinsicht eingeschränkt, so wird die Organschaft – ungeachtet der feststehenden Anwendbarkeit des § 302 AktG nach Gesellschaftsrecht – mit Rücksicht auf den (angeblich) abweichenden Wortlaut des § 17 Satz 2 Nr. 2 KStG verworfen[330]. Dies ist deshalb so wichtig, weil Beherrschungs- und Gewinnabführungsverträge mit abhängigen GmbHs ganz überwiegend *aus steuerlichen Gründen*, nämlich

---

327   BGH v. 27.9.2016 – II ZR 57/15, GmbHR 2016, 1263 = AG 2017, 33 = NZG 2016, 1309.

328   BAG v. 10.3.2015 – 3 AZR 739/13, BAGE 151, 94 = AG 2015, 539 = GmbHR 2015, 696 Rdnr. 25 ff.; dazu *C. Schäfer*, NZG 2016, 1321; *C. Schäfer*, ZIP 2016, 2245.

329   BGH v. 5.2.1979 – II ZR 210/76, GmbHR 1979, 246 = NJW 1980, 231 = AG 1980, 47 – Gervais; BGH v. 16.9.1985 – II ZR 275/84, BGHZ 95, 330, 345 f. = NJW 1986, 188 = GmbHR 1986, 78 = AG 1986, 15 – Autokran/Heidemann; BGH v. 19.9.1988 – II ZR 255/87, BGHZ 105, 168, 182 = GmbHR 1989, 18 = AG 1989, 27 = NJW 1988, 3143 – HSW; BGH v. 24.10.1989 – II ZB 7/88, BGHZ 105, 324, 336 = NJW 1989, 295 = GmbHR 1989, 25 = AG 1989, 91 – Supermarkt; BGH v. 11.11.1991 – II ZR 287/90, BGHZ 116, 37, 39 = GmbHR 1992, 34 = NJW 1992, 505 = AG 1992, 83 – Stromlieferung/Hansa Feuerfest; BGH v. 7.10.2014 – II ZR 361/13, BGHZ 202, 317, 319 Rdnr. 8 = GmbHR 2015, 24 = AG 2014, 855; BGH v. 16.6.2015 – II ZR 384/13, BGHZ 206, 74 = NZG 2015, 912 = GmbHR 2015, 985 (durch Bestätigung von OLG München v. 20.11.2013 – 7 U 5025/11, GmbHR 2014, 535); BGH v. 5.11.2001 – II ZR 119/00, LM Nr. 11 zu § 53 GmbHG = NJW 2002, 822 = AG 2002, 240 = GmbHR 2002, 62; BAG v. 14.2.1989 – 3 AZR 191/87, BAGE 61, 94 = AP Nr. 22 zu § 16 BetrAVG = AG 1991, 274, 275 = NZA 1989, 844; BAG v. 10.3.2015 – 3 AZR 739/13, BAGE 151, 94 = GmbHR 2015, 696, 699 Rdnr. 26; BAG v. 15.3.2011 – 1 ABR 97/09, NZG 2011, 1112 Rdnr. 38 = ZIP 2011, 1433; *Altmeppen*, in: Roth/Altmeppen, Rdnr. 71 ff.; *Beurskens*, in: Baumbach/Hueck, Rdnr. 122; *Casper*, in: Ulmer/Habersack/Löbbe, Rdnr. 225, 241 f.; *Liebscher*, in: MünchKomm. GmbHG, Rdnr. 855 ff.; *Emmerich/Habersack*, Kommentar, § 302 AktG Rdnr. 25, 30a, 36a; *Servatius*, in: Michalski u.a., Rdnr. 173 ff.

330   Z.B. BFH v. 24.7.2013 – I R 40/12, BFHE 242, 139 Rdnr. 23 ff. = GmbHR 2013, 1105 = AG 2013, 924; BFH v. 3.3.2010 – I R 68/09, GmbHR 2010, 661 Rdnr. 17 ff.; BFH v. 28.7.2010 – I B 27/10, GmbHR 2010, 1049 Rdnr. 24; BGH v. 3.3.2011 – III ZR 170/10, AG 2011, 296; BMF v. 19.10.2010 – IV C 2 - S 2770/08/10004 DOK 2010/0769613, GmbHR 2010, 1232; *E.-A. Baldamus*, Die Unternehmensbesteuerung (Ubg) 2009, 484; *Emmerich/Habersack*, Kommentar, § 291 AktG Rdnr. 51b; *Kinzl*, AG 2010, 447; *Neumayer/Imschweiler*, GmbHR 2011, 57; *N. Schneider*, Der Konzern 2010, 486; *Wulf*, AG 2010, 34; *Wulf*, AG 2011, 23.

zur Schaffung der Voraussetzungen für die körperschaft- und gewerbesteuerliche Organschaft, abgeschlossen werden, so dass letztlich die steuerlichen Anforderungen die gesellschaftsrechtliche Praxis prägen. Die Folge ist, dass die meisten im GmbH-Konzernrecht mit Bezug auf § 302 AktG diskutierten gesellschaftsrechtlichen Fragen ohne praktische Relevanz sind[331], so dass dazu wenige Bemerkungen genügen:

Es geht dabei zunächst um die Frage, ob die Verlustausgleichpflicht des herrschenden Unternehmens immer die **gesamten Verluste** der abhängigen Gesellschaft umfassen muss oder sich, wie vielfach insbesondere bei Einpersonengesellschaften angenommen, auf die Deckung der Stammkapitalziffer beschränken kann[332]. Da das Steuerrecht in § 17 KStG in Übereinstimmung mit § 302 AktG in jedem Fall die Übernahme der *gesamten* Verluste der abhängigen GmbH verlangt, und zwar auch bei Einpersonengesellschaften, spielt diese Frage in der Praxis keine Rolle.

182

Diskutiert wird ferner die Bedeutung des § 302 Abs. 1 Halbsatz 2 im GmbH-Recht, nach dem die Verlustausgleichpflicht des herrschenden Unternehmens nur entfällt, wenn und soweit der Jahresfehlbetrag dadurch ausgeglichen werden kann, dass den **anderen Gewinnrücklagen** Beträge entnommen werden, die *während* der Vertragsdauer in sie eingestellt wurden. Gleich stehen die Kapitalrücklagen des § 272 Abs. 2 Nr. 4 HGB. Auch hier mag bei der GmbH eine andere Sicht der Dinge vertretbar sein, insbesondere bei Einpersonengesellschaften[333]. Praktische Bedeutung hat aber auch dies wiederum nicht, weil das Steuerrecht verlangt, dass § 302 AktG *ohne Einschränkungen* in dem Vertrag in Bezug genommen wird (§ 17 Satz 2 Nr. 2 KStG), so dass auch bei der GmbH **vorvertragliche Rücklagen** *nicht* zum Verlustausgleich herangezogen werden dürfen (§ 302 Abs. 1 Halbsatz 2 AktG), und zwar auch nicht bei den Einpersonengesellschaften.

182a

Der Anspruch der abhängigen Gesellschaft auf Ausgleich ihrer Verluste **entsteht** danach mit Ende des Geschäftsjahres und wird in diesem Augenblick auch grundsätzlich fällig (§ 271 BGB). Der Anspruch geht auf Ausgleich der Verluste durch Geldzahlungen des herrschenden Unternehmens, kann aber auch durch Leistungen an Erfüllung statt oder durch **Aufrechnung** erfüllt werden, sofern die Leistungen des herrschenden Unternehmens werthaltig sind. Besondere Bedeutung hat dies wiederum in Cash-Management-Systemen[334]. Droht unterjährig die Zahlungsunfähigkeit der abhängigen Gesellschaft, so kann sie **Abschlagszahlungen** auf den später geschuldeten Verlustausgleich verlangen (s. Rdnr. 179).

182b

VII. Haftung des herrschenden Unternehmens

Aus dem Beherrschungsvertrag ergeben sich nicht nur Rechte, sondern auch **Pflichten des herrschenden Unternehmens**. Einzelne Pflichten regelt bereits das Gesetz, wobei die §§ 302 und 303 AktG hervorzuheben sind (Rdnr. 180 f.). Andere Pflichten ergeben sich aus dem Vertrag in Verbindung mit den §§ 241 Abs. 2 und 242 BGB. **Beispiele** sind die Pflicht, die vertraglichen und gesetzlichen **Schranken** des Weisungsrechts einzuhalten (Rdnr. 177 ff.), sowie die weitere Pflicht, bei der Erteilung von Weisungen die **Sorgfalt** eines ordentlichen und gewissenhaften Geschäftsleiters zu beachten (s. § 309 Abs. 1 AktG). Das gilt im GmbH-Konzernrecht mit Rücksicht auf die Treuepflicht des herrschenden Unternehmens nicht weniger als im Aktienkonzernrecht, so dass wegen der Einzelheiten auf die Kommentierungen

183

---

331 Ebenso *Liebscher*, in: MünchKomm. GmbHG, Rdnr. 862 f.
332 S. einerseits *Emmerich/Habersack*, Kommentar, § 302 AktG Rdnr. 30a; andererseits *Liebscher*, in: MünchKomm. GmbHG, Rdnr. 863.
333 S. *Altmeppen*, in: Roth/Altmeppen, Rdnr. 75; *Emmerich/Habersack*, Kommentar, § 302 AktG Rdnr. 36a; *Liebscher*, in: MünchKomm. GmbHG, Rdnr. 864.
334 *Altmeppen*, in: Roth/Altmeppen, Rdnr. 73; *Casper*, in: Ulmer/Habersack/Löbbe, Rdnr. 225; *Emmerich/Habersack*, Kommentar, § 302 AktG Rdnr. 40f–40g mit Nachw.

des § 309 AktG verwiesen werden kann, der ebenso wie der unmittelbar zugehörige § 310 AktG allgemein im GmbH-Konzernrecht entsprechend angewandt wird[335].

184 Bei einer Verletzung der genannten Pflichten (Rdnr. 183) ist das herrschende Unternehmen der abhängigen Gesellschaft zum **Schadensersatz** verpflichtet (§§ 280 Abs. 1, 249 ff. BGB). Neben ihm haften persönlich entsprechend den §§ 309 Abs. 2 und 310 Abs. 1 AktG die **gesetzlichen Vertreter** des herrschenden Unternehmens sowie die **Geschäftsführer** und die Aufsichtsratsmitglieder der abhängigen Gesellschaft, die, insbesondere bei der Prüfung der Weisungen auf ihre Zulässigkeit, ihre Pflichten verletzt haben (§ 43 Abs. 2). Die Ersatzansprüche der abhängigen Gesellschaft können in diesen Fällen außer von den Geschäftsführern der Gesellschaft auch von deren Minderheitsgesellschaftern mit der actio pro socio verfolgt werden. Anwendbar sind ferner die §§ 309 Abs. 4 und 310 Abs. 4 AktG. Praktische Bedeutung haben bisher freilich alle genannten Haftungsvarianten des herrschenden Unternehmens sowie der Organe der beteiligten Gesellschaften nicht erlangt, wofür unterschiedliche Gründe genannt werden. Der wichtigste Grund dürfte das Kostenrisiko sein.

VIII. Änderung des Vertrages

185 Unternehmensverträge können ebenso wie andere Verträge von den Parteien nachträglich durch einen weiteren Vertrag abgeändert werden (§ 311 Abs. 1 BGB). **Beispiele** von Vertragsänderungen sind insbesondere die Änderung des Vertragstyps, z.B. die Ersetzung eines Gewinnabführungsvertrages durch einen Organschaftsvertrag, der Beitritt einer neuen Partei zu dem Vertrag sowie die Auswechslung einer Vertragspartei im Zusammenwirken aller Beteiligten[336]. Von einer Vertragsänderung muss vor allem die **Änderungskündigung** unterschieden werden, bei der es nach Wirksamkeit der Kündigung zum Abschluss eines neuen geänderten Vertrages kommt. In wirtschaftlicher Hinsicht mögen die Wirkungen einer Änderungskündigung mit denen einer Vertragsänderung vergleichbar sein. Der Unterschied ist gleichwohl gravierend, weil bei einer Änderungskündigung i.V.m. dem Abschluss eines neuen geänderten Vertrages die gerade in steuerlicher Hinsicht besonders wichtige *Vertragskontinuität* verloren geht (s. §§ 14 und 17 KStG), weshalb nach den §§ 133 und 157 BGB im Zweifel eine Vertragsänderung anzunehmen sein dürfte.

186 Eine gesetzliche Regelung der Abänderung von Unternehmensverträgen findet sich bislang allein für Verträge mit einer abhängigen AG in **§ 295 AktG**. Danach sind infolge der Verweisung auf die §§ 293 und 294 AktG für die Änderung eines Unternehmensvertrages mit einer abhängigen AG die Zustimmung gleichermaßen der Hauptversammlung der abhängigen Gesellschaft wie der der herrschenden AG mit qualifizierter Mehrheit, ein Sonderbeschluss der außenstehenden Aktionäre, sofern die Bestimmungen über Ausgleich und Abfindung geändert werden (§ 295 Abs. 2 AktG), sowie die Eintragung der Änderung ins Handelsregister der abhängigen Gesellschaft (§ 294 AktG) erforderlich. Anwendbar sind außerdem (infolge der Verweisung in § 295 Abs. 1 Satz 2 AktG) die §§ 293a bis 293g AktG über den Vertragsbericht und die Vertragsprüfung.

187 Bei der entsprechenden Anwendung der genannten Vorschriften (Rdnr. 186) im GmbH-Konzernrecht stellt sich als erstes die Frage nach der erforderlichen **Mehrheit**, mit der die Gesellschafter **der abhängigen GmbH** der Vertragsänderung zustimmen müssen. Das Problem rührt daher, dass bereits umstritten ist, mit welcher Mehrheit die Gesellschafterversammlung der abhängigen GmbH dem *Abschluss* des Vertrages zustimmen muss (s. Rdnr. 139 ff., 143 ff.).

---

335 Z.B. *Casper*, in: Ulmer/Habersack/Löbbe, Rdnr. 239; *Emmerich/Habersack*, Kommentar, § 309 AktG Rdnr. 7; *Emmerich*, in: GS Sonnenschein, 2003, S. 651; *Liebscher*, in: MünchKomm. GmbHG, Rdnr. 837 ff.; *Servatius*, in: Michalski u.a., Rdnr. 150 ff.

336 BGH v. 15.6.1992 – II ZR 18/91, BGHZ 119, 1, 6 ff. = NJW 1992, 2760 = AG 1992, 450 – Asea/BBC I; *Emmerich/Habersack*, Kommentar, § 295 AktG Rdnr. 13 ff. mit Nachw.

Diese Auseinandersetzung setzt sich naturgemäß bei der Frage fort, welche Anforderungen an den Zustimmungsbeschluss bei Vertragsänderungen zu stellen sind. Zum Teil wird angenommen, entsprechend § 53 Abs. 2 GmbHG und §§ 295 Abs. 1 Satz 2, 293 Abs. 1 Satz 2 AktG genüge eine Zustimmung der Gesellschafter mit *qualifizierter* Mehrheit, ergänzt freilich durch einen zustimmenden *Sonderbeschluss* der Minderheitsgesellschafter der abhängigen Gesellschaft, sofern die Bestimmungen des Vertrages über einen etwaigen Ausgleich oder eine Abfindung geändert werden[337]. Richtiger Meinung nach gelten dagegen für die Änderung des Vertrages *dieselben Voraussetzungen* wie für den Vertragsabschluss (§ 311 Abs. 1 BGB), so dass der Vertragsänderung grundsätzlich **alle Gesellschafter** der abhängigen Gesellschaft **zustimmen** müssen, schon, um sonst nahe liegenden Umgehungsmöglichkeiten zum Nachteil der Minderheit zu begegnen[338]. Das sollte auch für so genannte redaktionelle Änderungen gelten, schon, weil eine Grenzziehung zwischen „bloßen" redaktionellen und sonstigen Änderungen kaum möglich ist[339]. Sofern durch die Vertragsänderung die Belastungen der abhängigen Gesellschaft vermehrt werden, indem z.B. ein Gewinnabführungsvertrag oder ein Betriebspachtvertrag in einen Beherrschungsvertrag abgeändert wird, ist analog § 305 AktG sogar ein neues Abfindungsangebot gegenüber etwa noch vorhandenen Minderheitsgesellschaftern erforderlich[340]. Hinzukommen muss noch die **Eintragung** der Vertragsänderung ins Handelsregister, die hier konstitutive Bedeutung hat (§ 54 Abs. 1 GmbHG; §§ 293 Abs. 1 Satz 2, 294 AktG).

Umstritten ist ferner, ob entsprechend den §§ 295 Abs. 1 Satz 2 und 293 Abs. 2 AktG außerdem die Zustimmung der Gesellschafter der **herrschenden Gesellschaft** zu der Vertragsänderung mit qualifizierter Mehrheit erforderlich ist[341]. Die Frage ist zu bejahen, da die Gründe, die bei der AG zur Einführung des Zustimmungserfordernisses der Gesellschafter der herrschenden Gesellschaft geführt haben, letztlich von deren Rechtsform unabhängig sind. Aus denselben Gründen können auf beiden Seiten auch nur in engen Grenzen **Ermächtigungsklauseln** zugunsten der Geschäftsführer für Änderungen des Vertrages anerkannt werden; sie kommen wohl nur für reine Textanpassungen ohne materielle Bedeutung in Betracht[342].

188

IX. Beendigung des Vertrages

1. Überblick

Das AktG regelt in den §§ 296 und 297 AktG als Beendigungsgründe für Unternehmensverträge lediglich den Aufhebungsvertrag und die Kündigung (vgl. außerdem noch § 307 AktG). Weitere Beendigungsgründe sind der Zeitablauf bei einem befristeten Unternehmensvertrag (s. die §§ 14 und 17 KStG), Rücktritt und Anfechtung, außerdem die erfolgreiche Anfechtung des Zustimmungsbeschlusses einer der Vertragsparteien (§ 243 AktG), die Eingliederung einer abhängigen AG in ein drittes Unternehmen sowie je nach den Umständen des Falles die Umwandlung oder die Verschmelzung einer der Parteien mit der anderen oder mit einem dritten

189

---

337 *Altmeppen*, in: Roth/Altmeppen, Rdnr. 111; *Casper*, in: Ulmer/Habersack/Löbbe, Rdnr. 212 f.; *Hoffmann-Becking*, WiB 1994, 57; *Servatius*, in: Michalski u.a., Rdnr. 195 ff.; – noch weitergehend (Zustimmung aller betroffenen Gesellschafter) *Lutter/Hommelhoff*, Rdnr. 86.

338 *Emmerich/Habersack*, Kommentar, § 295 AktG Rdnr. 4a; *Liebscher*, in: MünchKomm. GmbHG, Rdnr. 791; *Mues*, RNotZ 2005, 1, 23.

339 *Casper*, in: Ulmer/Habersack/Löbbe, Rdnr. 215; *Liebscher*, in: MünchKomm. GmbHG, Rdnr. 764.

340 Im Einzelnen streitig; s. *Altmeppen*, in: Roth/Altmeppen, Rdnr. 111; *Emmerich/Habersack*, Kommentar, § 295 AktG Rdnr. 12; *Lutter/Hommelhoff*, Rdnr. 86.

341 Bejahend *Krieger*, in: Uwe H. Schneider, Beherrschungs- und Gewinnabführungsverträge, S. 99, 101 ff.; *Liebscher*, in: MünchKomm. GmbHG, Rdnr. 972; *Mues*, RNotZ 2005, 1, 23; *Servatius*, in: Michalski u.a., Rdnr. 194; *Wirth*, DB 1990, 2105; – dagegen *Casper*, in: Ulmer/Habersack/Löbbe, Rdnr. 214.

342 *Casper*, in: Ulmer/Habersack/Löbbe, Rdnr. 200.

Unternehmen[343]. – Umstritten ist vor allem der Fall der **Insolvenz**, wobei freilich mit Bezug auf Beherrschungs- und Gewinnabführungsverträge allein die Insolvenz des **herrschenden Unternehmens** relevant ist, da, solange das herrschende Unternehmen solvent ist, eine Insolvenz der abhängigen Gesellschaft mit Rücksicht auf die entsprechende Anwendbarkeit des § 302 AktG grundsätzlich ausscheidet. Bei Insolvenz des herrschenden Unternehmens sollte aber an der Unwirksamkeit des Beherrschungs- oder Gewinnabführungsvertrages festgehalten werden, weil die Leitung von Konzernen gewiss nicht die Aufgabe von Insolvenzverwaltern (noch dazu unter der Drohung persönlicher Haftung) ist[344].

189a Es besteht Übereinstimmung, dass die genannten **Beendigungsgründe** (s. Rdnr. 189) grundsätzlich auch für Unternehmensverträge mit einer abhängigen GmbH Bedeutung haben; zahlreiche Einzelheiten sind jedoch ebenso wie im Aktienrecht nach wie vor ungeklärt[345]. Im Folgenden ist lediglich auf einige Fragen einzugehen, die speziell mit der (umstrittenen) Anwendbarkeit der **§§ 296 und 297 AktG** auf Unternehmensverträge mit einer abhängigen *GmbH* zusammenhängen (Rdnr. 190 ff.).

2. Ordentliche Kündigung

190 Das AktG unterscheidet in § 297 AktG zwischen der ordentlichen und der außerordentlichen Kündigung eines Unternehmensvertrages aus wichtigem Grunde, sagt aber nicht, unter welchen **Voraussetzungen** Unternehmensverträge ordentlich gekündigt werden können, sondern beschränkt sich in § 297 Abs. 2 AktG auf die Bestimmung, dass solche Kündigung, wenn sie überhaupt in Betracht kommt, jedenfalls auf der Seite der *abhängigen* AG zu ihrer Wirksamkeit eines Sonderbeschlusses der außenstehenden Gesellschafter bedarf, *sofern* der Vertrag Ausgleichs- oder Abfindungsregelungen enthält. Daraus wird jedenfalls bei der AG überwiegend der Schluss gezogen, dass eine ordentliche Kündigung überhaupt nur möglich ist, wenn sie im **Vertrag** vorgesehen ist *oder* wenn sie sich (bei den anderen Unternehmensverträgen des § 292 AktG) sonst aus der **gesetzlichen Regelung** für den betreffenden Vertrag ergibt[346]. Ob bei der GmbH ebenso zu entscheiden ist, ist offen, liegt aber nahe[347]. Vertragsfreiheit besteht ferner hinsichtlich der **Kündigungsgründe** und Kündigungsfolgen. Außerdem ist **§ 297 Abs. 2 AktG** entsprechend anwendbar, wenn der Vertrag (ausnahmsweise) Ausgleichs- oder Abfindungsregelungen zugunsten der Minderheit enthält[348]. Nötig ist dann ein (dem GmbHG sonst unbekannter) **Sonderbeschluss** der Minderheitsgesellschafter, sofern man nicht gemäß § 311 Abs. 1 BGB die Zustimmung jedes einzelnen betroffenen Gesellschafters verlangt (str.).

191 Das AktG behandelt in § 297 Abs. 2 die Entscheidung über die ordentliche Kündigung eines Unternehmensvertrages als Akt der **Geschäftsführung**, für die der Vorstand zuständig ist

---

343 S. im Einzelnen *Emmerich/Habersack*, Kommentar, § 296 AktG Rdnr. 2, § 297 AktG Rdnr. 27, 34 ff.

344 S. *Emmerich/Habersack*, Kommentar, § 297 AktG Rdnr. 52 f.; *Altmeppen*, in: Roth/Altmeppen, Rdnr. 92 ff.; *Lutter/Hommelhoff*, Rdnr. 88; *Beurskens*, in: Baumbach/Hueck, Rdnr. 125, 136; sehr str.

345 S. *Beurskens*, in: Baumbach/Hueck, Rdnr. 125 ff.; *Decher*, in: MünchHdb. III, § 70 Rdnr. 37 ff.; *Emmerich/Habersack*, Konzernrecht, § 19; *Fichtelmann*, GmbHR 2010, 576; *M. Grüner*, Die Beendigung von Beherrschungs- und Gewinnabführungsverträgen, 2003; *Servatius*, in: Michalski u.a., Rdnr. 200 ff.

346 S. *Altmeppen*, in: Roth/Altmeppen, Rdnr. 88; *Emmerich/Habersack*, Kommentar, § 297 AktG Rdnr. 4–6.

347 Anders *Altmeppen*, in: Roth/Altmeppen, Rdnr. 98; *Fichtelmann*, GmbHR 2010, 576, 578 f.; *Timm*, in: FS Kellermann, 1991, S. 461, 469 ff.; wohl auch *Liebscher*, in: MünchKomm. GmbHG, Rdnr. 1002 ff.

348 *Altmeppen*, in: Roth/Altmeppen, Rdnr. 99.

(§§ 77 und 78 AktG); eine Mitwirkung der Aktionäre ist – jenseits des Sonderfalles des § 297 Abs. 2 AktG – nicht vorgesehen. Ebenso wird die Rechtslage z.T. bei der GmbH beurteilt[349]. Dagegen qualifiziert der BGH die Entscheidung der Gesellschaft über die ordentliche Kündigung eines Unternehmensvertrages als „innergesellschaftlichen Organisationsakt", der den Status der abhängigen Gesellschaft ändere, so dass die Kündigung einen **Zustimmungsbeschluss** der Gesellschafter der abhängigen Gesellschaft voraussetze, bei dem das herrschende Unternehmen – mangels Anwendbarkeit des § 47 Abs. 4 Satz 2 – nicht vom Stimmrecht ausgeschlossen sei[350]. Daraus wird im Schrifttum überwiegend der Schluss gezogen, dass – analog den §§ 53 und 54 – die Kündigung einer Zustimmung der Gesellschafterversammlung mit **qualifizierter Mehrheit** bedürfe, dass der Beschluss beurkundet werden müsse und dass er zu seiner Wirksamkeit der Eintragung ins Handelsregister bedürfe[351], – so unpraktisch dies im Einzelfall auch sein mag. Für die Kündigung selbst ist Schriftform vorgeschrieben (§ 297 Abs. 3 AktG analog); ein Verstoß gegen das Schriftformerfordernis hat ebenfalls die Nichtigkeit der Kündigung zur Folge (§§ 126, 125 BGB)[352]. Das Registergericht prüft nach der Anmeldung der Kündigung zur Eintragung deren Wirksamkeit[353].

Noch unklar ist, was aus der Qualifizierung der Entscheidung über die ordentliche Kündigung eines Beherrschungs- oder Gewinnabführungsvertrages als „innergesellschaftlicher Organisationsakt" (so jetzt der BGH) für die Rechtslage auf der Seite des herrschenden Unternehmens folgt. Es gibt gute Gründe für die Annahme, dass, wenn es sich bei dem **herrschenden Unternehmen** gleichfalls um eine GmbH handelt, Voraussetzung der Wirksamkeit der Kündigung seitens des herrschenden Unternehmens ebenfalls die *Zustimmung* der Gesellschafterversammlung mit qualifizierter Mehrheit ist[354]. Dagegen besteht kein Anlass, jeweils auch die Zustimmung der Gesellschafterversammlung der Kündigungsgegnerin zu verlangen, sofern diese die Rechtsform einer GmbH hat; dafür fehlt jede gesetzliche Grundlage[355].

191a

3. Außerordentliche Kündigung aus wichtigem Grunde

Ein Unternehmensvertrag kann jederzeit außerordentlich fristlos gekündigt werden, wenn ein wichtiger Grund vorliegt. Das folgt bereits aus § 314 BGB, ebenso aber auch aus der Analogie zu § 297 Abs. 1 Satz 1 AktG. Aus § 314 BGB ergibt sich zugleich, dass ein **wichtiger Grund** grundsätzlich nur anzunehmen ist, wenn dem kündigenden Teil, im vorliegenden Zusammenhang also in erster Linie der abhängigen GmbH, unter Berücksichtigung aller Umstände des Einzelfalls und unter Abwägung der beiderseitigen Interessen die *Fortsetzung* des Vertragsverhältnisses bis zur vereinbarten Beendigung oder bis zum Ablauf einer Kündigungsfrist *nicht mehr zugemutet* werden kann[356]. Nach § 297 Abs. 1 Satz 2 AktG ist dies insbesondere anzunehmen, wenn der andere Vertragsteil, d.h. das herrschende Unternehmen,

192

349 *Altmeppen*, in: Roth/Altmeppen, Rdnr. 400 f.; *Beurskens*, in: Baumbach/Hueck, Rdnr. 128 f.

350 BGH v. 31.5.2011 – II ZR 109/10, BGHZ 190, 45, 50 f. Rdnr. 19 ff. = GmbHR 2011, 922 = AG 2011, 608.

351 *Emmerich/Habersack*, Kommentar, § 297 AktG Rdnr. 3a mit Nachw.; *Lutter/Hommelhoff*, Rdnr. 87 3. Abs.; *Liebscher*, in: MünchKomm. GmbHG, Rdnr. 1005.

352 OLG München v. 21.3.2011 – 31 Wx 80/11, AG 2011, 467 = GmbHR 2011, 489.

353 OLG München v. 20.6.2011 – 31 Wx 163/11, ZIP 2011, 1912 = GmbHR 2011, 871.

354 *Deilmann*, NZG 2015, 450, 463; sehr str., anders z.B. *Liebscher*, in: MünchKomm. GmbHG, § 13 Anh Rdnr. 1008; *Servatius*, in: Grigoleit, § 297 AktG Rdnr. 31, 37 (nur interne Bedeutung).

355 *Liebscher*, in: MünchKomm. GmbHG, Rdnr. 1009, ebenfalls str., anders hier z.B. *Servatius*, in: Grigoleit, § 297 AktG Rdnr. 9, 15.

356 Z.B. BGH v. 16.6.2015 – II ZR 384/13, BGHZ 206, 74, 81 Rdnr. 19 = GmbHR 2015, 985; BFH v. 13.11.2013 – I R 45/12, BFHE 244, 277 Rdnr. 20 = GmbHR 2014, 499 = BStBl. II 2014, 486 = AG 2014, 369; OLG München v. 20.6.2011 – 31 Wx 163/11, GmbHR 2011, 871 = ZIP 2011, 1912 f.; *Emmerich/Habersack*, Kommentar, § 297 AktG Rdnr. 19 ff.; *M. Grüner*, Beendigung, S. 110 ff.; *Liebscher*, in: MünchKomm. GmbHG, Rdnr. 1015 ff.; *Servatius*, in: Michalski u.a., Rdnr. 245.

voraussichtlich nicht in der Lage sein wird, seine vertraglichen Verpflichtungen zu erfüllen, wobei hier in erster Linie an die Verpflichtungen des herrschenden Unternehmens aus den entsprechend anwendbaren §§ 302 und 303 AktG zu denken ist. Die Kündigung muss gemäß § 314 Abs. 3 BGB binnen angemessener **Frist** erfolgen[357]. Ergänzend bestimmt **§ 14 Abs. 1 Nr. 3 Satz 2 KStG**, dass eine vorzeitige Beendigung des Organschafts- oder Gewinnabführungsvertrages durch Kündigung unschädlich ist, wenn ein wichtiger Grund die Kündigung rechtfertigt, so dass in diesem Fall trotz vorzeitiger Beendigung des Vertrages die steuerlichen Vorteile der Organschaft nicht verloren gehen[358]. Bei der Anwendung dieser steuerrechtlichen Vorschrift ist insbesondere R 60 Abs. 6 der Körperschaftsteuerrichtlinien 2004/R 14.5 Abs. 6 KStR 2015 zu beachten (dazu Rdnr. 194a).

193 Das Kündigungsrecht aus wichtigem Grunde (§ 297 Abs. 1 AktG; § 314 BGB) ist zwingendes Recht, so dass eine **vertragliche Beschränkung** des Kündigungsrechts *nicht* in Betracht kommt. Zulässig ist dagegen eine vertragliche **Ausdehnung** des Kündigungsrechts, insbesondere durch eine Bestimmung, nach der Gründe, die an sich *keinen* wichtigen Grund i.S. des § 297 AktG und des § 314 BGB darstellen (Rdnr. 192), ausnahmsweise doch eine Partei zu solcher Kündigung berechtigen sollen[359]. Das folgt wohl schon daraus, dass die Parteien auch eine ordentliche Kündigung in beliebigem Umfang vertraglich einführen und ausgestalten können[360]. **Steuerrechtlich** wird solche Ausdehnung des Begriffs des wichtigen Grundes mit Rücksicht auf die Sonderregelung des § 14 Abs. 1 Nr. 3 Satz 2 KStG freilich heute nur noch anerkannt, wenn zugleich die Voraussetzungen des steuerrechtlichen Begriffs des wichtigen Grundes erfüllt sind, dagegen nicht, wenn mit der fraglichen Abrede lediglich der Zweck verfolgt wird, willkürlich einen Kündigungsgrund und damit einen Grund zur vorzeitigen steuerunschädlichen Beendigung der Organschaft zu schaffen[361].

194 Nach wie vor umstritten ist, ob die außerordentliche Kündigung aus wichtigem Grunde ebenso wie die ordentliche Kündigung (Rdnr. 191) wegen ihrer schwerwiegenden Konsequenzen für die Gesellschaft, insbesondere wegen des Verlustes des Anspruchs auf den Verlustausgleich aus § 302 AktG, zumindest auf der Seite der **abhängigen Gesellschaft** der **Zustimmung der Gesellschafterversammlung**, mit qualifizierter Mehrheit bedarf[362]. Obwohl nach wie vor gute Gründe angesichts der gesetzlichen Regelung in § 297 Abs. 1 AktG für die Verneinung der Frage sprechen[363], deuten doch die sehr allgemeinen Ausführungen des BGH in seinem Urteil vom 31.5.2011[364] darauf hin, dass der Fragenkreis bei der GmbH hinsichtlich der außerordentlichen Kündigung aus wichtigem Grund ebenso wie hinsichtlich der ordentlichen Kündigung zu behandeln ist, so dass wegen der Einzelheiten auf die Ausführungen zur ordentlichen Kündigung verwiesen werden kann (s. Rdnr. 191). Auch für die **Form** der Kündigung und die **Eintragung** ins Handelsregister gilt dasselbe wie bei der ordentlichen Kündigung (Rdnr. 191).

194a Die außerordentliche Kündigung eines Unternehmensvertrages mit einer abhängigen GmbH kommt in erster Linie in Betracht, wenn wirtschaftliche Schwierigkeiten bei dem herrschen-

---

357 OLG München v. 21.3.2011 – 31 Wx 80/11, AG 2011, 467 = GmbHR 2011, 489.
358 S. dazu *Fichtelmann*, GmbHR 2010, 576, 579 f.
359 Kritisch z.B. *Liebscher*, in: MünchKomm. GmbHG, Rdnr. 1028.
360 S. Rdnr. 191; *Emmerich/Habersack*, Kommentar, § 297 AktG Rdnr. 17 mit Nachw. zur Streitfrage.
361 BFH v. 13.11.2013 – I R 45/12, BFHE 244, 277 = GmbHR 2014, 499 = AG 2014, 369; s. dazu *Emmerich/Habersack*, Kommentar, § 297 AktG Rdnr. 15a, 24; *Deilmann*, NZG 2015, 460.
362 So z.B. *Beurskens*, in: Baumbach/Hueck, Rdnr. 130; *Casper*, in: Ulmer/Habersack/Löbbe, Rdnr. 217.
363 *Altmeppen*, in: Roth/Altmeppen, Rdnr. 103 ff.: „komplette Verwirrung"; *Liebscher*, in: Münch-Komm. GmbHG, Rdnr. 1029 f.; *Servatius*, in: Michalski u.a., Rdnr. 247
364 BGH v. 31.5.2011 – II ZR 109/10, BGHZ 190, 45, 50 Rdnr. 19 = GmbHR 2011, 922 = AG 2011, 608.

den Unternehmen den von diesem geschuldeten Verlustausgleich (Rdnr. 183 f.) gefährden[365]. Nach wie vor umstritten ist dagegen die zutreffende Beurteilung des offenbar verbreiteten Falles, dass das herrschende Unternehmen seine **Beteiligung** an der abhängigen Gesellschaft **veräußert** oder doch so stark verringert, dass die Abhängigkeit der fraglichen Gesellschaft für die Zukunft entfällt[366]. Man muss hier unterscheiden zwischen der Kündigung durch das herrschende Unternehmen und der durch die abhängige Gesellschaft. Im Mittelpunkt des Interesses steht die Kündigung durch das **herrschende Unternehmen**. Hintergrund der Diskussion ist die schwierige Situation, in die ein herrschendes Unternehmen nach Veräußerung seiner Beteiligung im Falle des Fortbestandes des Unternehmensvertrages notwendigerweise gerät[367]. Das Steuerrecht betrachtete deshalb früher generell eine Kündigung des Gewinnabführungsvertrages aus wichtigem Grunde in diesem Fall als *unschädlich*, so dass die Vorteile der Organschaft trotz vorzeitiger Beendigung des Vertrages erhalten blieben (R 60 Abs. 6 KStR 2004). Nach der Rechtsprechung des BFH gilt dies indessen heute nur noch, wenn zugleich die Voraussetzungen des steuerrechtlichen Begriffs des wichtigen Grundes erfüllt sind, also insbesondere dann nicht, wenn etwa mit einer konzerninternen Veräußerung der Beteiligung letztlich allein der Zweck verfolgt wird, willkürlich einen Kündigungsgrund für den Gewinnabführungsvertrag und damit die Möglichkeit zu einer vorzeitigen steuerunschädlichen Beendigung der Organschaft zu schaffen (Rdnr. 193)[368]. Die Einzelheiten sind noch nicht endgültig geklärt[369].

Im **Gesellschaftsrecht** wird bisher überwiegend noch ein Kündigungsrecht des **herrschenden Unternehmens** im Falle der Anteilsveräußerung verneint, weil das herrschende Unternehmen die bedrohliche Situation infolge der Anteilsveräußerung selbst aus freien Stücken herbeigeführt habe[370]. Indessen mehren sich die Stimmen, die für eine großzügigere Beurteilung des Kündigungsrechts des herrschenden Unternehmens eintreten, jedenfalls bei Veräußerung der Beteiligung an ein *konzernfremdes* Unternehmen, während naturgemäß eine bloße konzerninterne Umschichtung des Beteiligungsbesitzes nicht den Weg zu der Steuervergünstigung des § 14 Abs. 1 Nr. 3 Satz 2 KStG eröffnen kann[371]. Eine wieder andere Frage ist, ob und unter welchen Voraussetzungen das **abhängige Unternehmen** im Falle der Anteilsveräußerung kündigen kann. Ein derartiges Kündigungsrecht des abhängigen Unternehmens ist in der Tat vor allem zu erwägen, wenn fortan die Erfüllung des Vertrages infolge der Veräußerung der Beteiligung an ein konzernfremdes Unternehmen nicht mehr gewährleistet ist[372].

194b

365 LG Bochum v. 1.7.1986 – 12 O 67/86, AG 1987, 323 f. = GmbHR 1987, 24; *Timm*, GmbHR 1987, 8, 13 ff.

366 S. mit Nachw. *Emmerich/Habersack*, Kommentar, § 297 AktG Rdnr. 24 f.

367 S. dazu z.B. *Liebscher*, in: MünchKomm. GmbHG, Rdnr. 1020–1029; *Müller/Dorweiler*, in: FS Beuthien, 2009, S. 183, 195 f.; *H. Wilhelm*, Beendigung, S. 22 f.

368 BFH v. 13.11.2013 – I R 45/12, BFHE 244, 277 = GmbHR 2014, 499 mit Anm. *Herzberg* = AG 2014, 369 = NZG 2014, 558.

369 S. *Deilmann*, NZG 2015, 460, 461 f. mit Nachw.

370 OLG Düsseldorf v. 19.8.1994 – 3 Wx 178/94, GmbHR 1994, 805 = NJW-RR 1995, 233 = AG 1995, 137, 138; OLG Oldenburg v. 23.3.2000 – 1 U 175/99, NZG 2000, 1138, 1140; OLG München v. 20.11.2013 – 7 U 5025/11, GmbHR 2014, 535, 536, 538 f.; LG Frankenthal v. 4.8.1988 – 2 (HK) O 178/87, AG 1989, 253, 254 f.; LG Dortmund v. 6.8.1993 – 18 AktE 1/87, AG 1994, 85, 86; *Altmeppen*, in: Roth/Altmeppen, Rdnr. 102; *Beurskens*, in: Baumbach/Hueck, Rdnr. 131; *Lutter/Hommelhoff*, Rdnr. 87; *Mülbert*, in: Großkomm. AktG, § 297 AktG Rdnr. 36 ff.

371 S. mit Unterschieden im Einzelnen LG Bochum v. 1.7.1986 – 12 O 67/86, AG 1987, 323 = GmbHR 1987, 24, 25; *Angerer*, ZGR 2016, 609, 614 f.; *Knott/Rodewald*, BB 1996, 472, 473 f.; *Krieger/Jannott*, DStR 1995, 1473, 1476; *Liebscher*, in: MünchKomm. GmbHG, Rdnr. 1020; *Müller/Dorweiler*, in: FS Beuthien, 2009, S. 183, 193 f.; *Schlögell*, GmbHR 1995, 401, 408 ff.; – so wohl auch BGH v. 16.6.2015 – II ZR 384/13, BGHZ 206, 74, 81 = GmbHR 2015, 985.

372 *Veil*, in: Spindler/Stilz, § 297 AktG Rdnr. 12; a.A. *Langenbucher*, in: Karsten Schmidt/Lutter, § 297 AktG Rdnr. 8.

4. Vertragsaufhebung

a) Anwendbarkeit der §§ 53 und 54

195 Unternehmensverträge mit einer abhängigen GmbH können ebenso wie andere Verträge gemäß § 311 Abs. 1 BGB jederzeit durch actus contrarius, also durch einen neuen Vertrag wieder aufgehoben werden. Davon geht im Prinzip auch das AktG in § 276 für Unternehmensverträge mit einer abhängigen AG aus; das AktG bringt lediglich in § 276 einige ergänzende Regelungen. Daher stellt sich hier die Frage, ob bei Unternehmensverträgen mit einer abhängigen GmbH und insbesondere bei Beherrschungs- und Gewinnabführungsverträgen mit einer GmbH (zu den anderen Unternehmensverträgen s. Rdnr. 197) Raum für eine Analogie zu § 296 AktG ist[373]. Im Mittelpunkt des Interesses steht dabei naturgemäß die Frage, welche speziellen Voraussetzungen ein derartiger Aufhebungsvertrag erfüllen muss, um wirksam zu sein. In dieser Frage standen sich bis vor kurzem im Wesentlichen drei Meinungen gegenüber: (1.) Die bisher wohl *überwiegende Meinung* ging von der generellen Analogiefähigkeit des § 296 AktG aus, so dass im GmbH-Recht (ebenso wie im Aktienrecht) für die Vertragsaufhebung der **Abschluss** eines Vertrages durch die **Geschäftsführer** allein als ausreichend angesehen wurde (§ 311 Abs. 1 BGB; §§ 35, 37 GmbHG). Ein Sonderbeschluss der Minderheitsgesellschafter der abhängigen GmbH war nach dieser Auffassung nur vonnöten, wenn in dem aufzuhebenden Vertrag (ausnahmsweise) Ausgleichs- und Abfindungsleistungen zu ihren Gunsten vorgesehen waren[374]. Dagegen wurde jedoch (2.) verbreitet eingewandt, dass es sich bei der Aufhebung eines Unternehmensvertrages mit einer GmbH in aller Regel um eine außerordentliche Geschäftsführungsmaßnahme handele, zu der deshalb intern die Zustimmung der **Gesellschafterversammlung (mit einfacher Mehrheit)** erforderlich sei, wobei dann wieder umstritten war, ob das herrschende Unternehmen bei solcher Abstimmung ein Stimmrecht hat oder nicht (§ 47 Abs. 4 GmbHG)[375]. Nach einer wieder anderen Auffassung sollte schließlich (3.) darauf abzustellen sein, dass die Aufhebung eines Unternehmensvertrages für die abhängige GmbH in zahlreichen Fällen *dieselbe Bedeutung wie dessen Abschluss* hat, insbesondere wegen der häufig bedrohten Überlebensfähigkeit der Gesellschaft nach Aufhebung eines Unternehmensvertrages. Deshalb sei anzunehmen, dass bei der GmbH auf die Vertragsaufhebung ebenso wie auf den Vertragsabschluss die **§§ 53 und 54** entsprechend anzuwenden sind, sofern nicht sogar ebenso wie für den Abschluss des Vertrages (s. Rdnr. 139 ff.) die Zustimmung aller Gesellschafter erforderlich sei[376].

195a Der **BGH** hat sich in dieser Kontroverse mittlerweile zumindest im Ausgangspunkt der zuletzt genannten engsten Auffassung angeschlossen. Danach stellt bei der abhängigen oder verpflichteten GmbH anders als bei der AG die Entscheidung über die Aufhebung oder die Kündigung eines Unternehmensvertrages keine Maßnahme der Geschäftsführung, sondern einen „innergesellschaftlichen Organisationsakt" dar, weil mit der Beendigung des Unterneh-

---

373 S. ausführlich *Emmerich/Habersack*, Kommentar, § 296 AktG Rdnr. 7–7g.

374 OLG Frankfurt v. 11.11.1993 – 20 W 317/93, OLGR 1994, 286, 287 f. = GmbHR 1994, 809 = AG 1994, 85 = NJW-RR 1994, 296; OLG Karlsruhe v. 3.6.1994 – 4 W 122/93, AG 1995, 38 = NJW-RR 1994, 106 = GmbHR 1994, 807 – Mannesmann/Kienzle; LG Essen v. 27.2.1998 – 47 O 175/97, AG 1999, 135 = NZG 1998, 860; *Bungert*, NJW 1995, 1118; *Halsterkamp*, AnwBl. 1994, 487, 491 ff.; *Kallmeyer*, GmbHR 1995, 578; *Liebscher*, in: MünchKomm. GmbHG, Rdnr. 988, besonders 993 ff.; *Paschos/Goslar*, Der Konzern 2006, 479, 484; *St. Ulrich*, GmbHR 2004, 1000, 1002 ff.; *E. Vetter*, ZIP 1995, 345, 346 f.

375 So *Altmeppen*, in: Roth/Altmeppen, Rdnr. 107; *Beurskens*, in: Baumbach/Hueck, Rdnr. 133; *Grüner*, Beendigung, 61 ff.; *Servatius*, in: Grigoleit, § 296 AktG Rdnr. 10 f.; auch *Liebscher*, in: Münch-Komm. GmbHG, Rdnr. 995 ff.

376 OLG Oldenburg v. 23.3.2000 – 1 U 175/99, NZG 2000, 1138, 1139; *Ehlke*, ZIP 1995, 355, 357 f.; *Ebenroth/Wilken*, WM 1993, 1617; *Fleischer/Rentsch*, NZG 2000, 1141; *Halm*, NZG 2001, 728, 736 ff.; *Hoffmann-Becking*, WiB 1994, 57, 62 f.; *Krieger/Jannott*, DStR 1995, 1473, 1477; *Schlögell*, GmbHR 1995, 401, 403 ff.; *O. Schwarz*, DNotZ 1996, 68, 75 ff.

mensvertrags ein Eingriff in die Organisationsstrukturen der Gesellschaft verbunden sei, so dass die Aufhebung oder Kündigung des Vertrages nicht allein schuldrechtliche Wirkungen besitze[377]. Der BGH hat daraus den Schluss gezogen, dass der herrschende Gesellschafter, mit dem der Vertrag abgeschlossen worden war, bei der Abstimmung über dessen Aufhebung oder Kündigung ein Stimmrecht habe[378]. Jedoch könne sich im Einzelfall aus der Treuepflicht des Gesellschafters eine Stimmpflicht ergeben[379]. Daraus wird heute verbreitet der Schluss gezogen, dass bei der GmbH *analog den §§ 53 und 54* (und damit abweichend von § 296 AktG) die Entscheidung über den Abschluss des Aufhebungsvertrages seitens der Geschäftsführer der **Zustimmung** der Gesellschafter **mit qualifizierter Mehrheit** bedarf sowie dass der Beschluss *beurkundet* und ins Handelsregister *eingetragen* werden muss[380]. Umstritten ist, ob die **Eintragung** (analog § 53 Abs. 3) *konstitutive* Bedeutung hat[381] oder ob ihr analog § 298 AktG lediglich deklarierende Wirkung zukommt, wohin bisher deutlich die Rechtsprechung tendiert[382]. Dies alles soll offenbar auch für das Verhältnis zu **100 %igen Tochtergesellschaften** gelten[383]. Solange der Zustimmungsbeschluss der Gesellschafterversammlung mit qualifizierter Mehrheit *fehlt*, ist danach der von den Geschäftsführern abgeschlossene Aufhebungsvertrag mangels Vertretungsmacht der Geschäftsführer schwebend *unwirksam*, wird aber mit Fassung des Zustimmungsbeschlusses der Gesellschafterversammlung rückwirkend wirksam (§ 177 BGB)[384].

Aus dem Gesagten (Rdnr. 195a) können sich Probleme in den offenbar nicht seltenen Fällen ergeben, in denen bei Abschluss eines Aufhebungsvertrages (oder bei der Kündigung des Vertrages) die genannten Anforderungen an den Vertragsschluss oder die Kündigung *nicht beachtet* wurden, die Beteiligten den Unternehmensvertrag aber gleichwohl als nicht mehr wirksam behandelt haben. Da der Vertrag unter diesen Voraussetzungen in Wirklichkeit fortbesteht, kann dies erhebliche gesellschaftsrechtliche und steuerrechtliche Konsequenzen für die Beteiligten nach sich ziehen (§§ 302 und 303 AktG; §§ 14 und 17 KStG), für die bisher keine befriedigende Lösung gefunden wurde, – abgesehen von der natürlich immer möglichen Nachholung des Zustimmungsbeschlusses und dessen Eintragung ins Handelsregister mit rückwirkender Kraft (§ 177 BGB, Rdnr. 195a).[385] | 195b

Andere Regeln als auf der Ebene der abhängigen Gesellschaft (s. Rdnr. 195 ff.) gelten auf der Ebene der **herrschenden Gesellschaft**, bei der es sich i.d.R. wohl um eine AG oder um eine | 195c

---

377 BGH v. 31.5.2011 – II ZR 109/10, BGHZ 190, 45, 50 = AG 2011, 668 Rdnr. 19 f. = NJW-RR 2011, 1117 = NZG 2011, 902 = GmbHR 2011, 922.

378 BGH v. 31.5.2011 – II ZR 109/10, BGHZ 190, 45, 47 f. = AG 2011, 668 Rdnr. 12 ff. = NJW-RR 2011, 1117 = NZG 2011, 902 = GmbHR 2011, 922.

379 BGH v. 31.5.2011 – II ZR 109/10, BGHZ 190, 45, 51 = AG 2011, 668 Rdnr. 20 = NJW-RR 2011, 1117 = NZG 2011, 902 = GmbHR 2011, 922.

380 *L. Beck*, GmbHR 2014, 1075, 1078 ff.; *Casper*, in: Ulmer/Habersack/Löbbe, Rdnr. 212; *Lutter/Hommelhoff*, Rdnr. 89; *Liebscher*, in: MünchKomm. GmbHG, Rdnr. 995 f.; *Wachter*, GmbHR 2015, 360, 370 f.

381 *L. Beck*, GmbHR 2012, 777; *Casper*, in: Ulmer/Habersack/Löbbe, Rdnr. 212; *Halm*, NZG 2001, 728, 737 f.; *Liebscher*, in: MünchKomm. GmbHG, Rdnr. 995.

382 BayObLG v. 5.2.2003 – 3Z BR 232/02, GmbHR 2003, 476, 477 = NJW-RR 2003, 907; OLG München v. 21.3.2011 – 31 Wx 80/11, AG 2011, 467, 468 = GmbHR 2011, 489; OLG München v. 20.6.2011 – 31 Wx 163/11, NZG 2011, 867 = GmbHR 2012, 871, 872; OLG München v. 27.10.2014 – 31 Wx 235/14, AG 2015, 280 = GmbHR 2015, 368 = NZG 2015, 311; *L. Beck*, GmbHR 2014, 1075, 1081; *Paschos/Goslar*, Der Konzern 2006, 479, 484 (l. Sp. unten); *Veith/Schmid*, DB 2012, 728, 731; – offen gelassen in OLG Zweibrücken v. 29.10.2013 – 3 W 82/13, AG 2014, 630 = GmbHR 2014, 251, 252 f.

383 *Liebscher*, in: MünchKomm. GmbHG, Rdnr. 995.

384 OLG München v. 27.10.2014 – 31 Wx 235/14, AG 2015, 280 = GmbHR 2015, 368 = NZG 2015, 311; *Wachter*, GmbHR 2015, 369; str.

385 S. *Liebscher*, in: MünchKomm. GmbHG, Rdnr. 996; *Müller-Eising/Schmitt*, NZG 2011, 1100, 1101 f.

GmbH handeln wird. Es besteht weitgehende Übereinstimmung, dass auf dieser Seite des Vertrages eine Zustimmung der Hauptversammlung oder der Gesellschafterversammlung grundsätzlich entbehrlich ist[386]. Etwas anderes gilt nur, wenn es sich um eine *außergewöhnliche Geschäftsführungsmaßnahme* handelt, die nur mit Zustimmung der Gesellschafter (mit einfacher Möglichkeit) möglich ist. Der Zustimmungsbeschluss hat aber lediglich interne Bedeutung[387].

b) Unterjährige und rückwirkende Aufhebung

196 Nach § 296 Abs. 1 Satz 1 AktG ist die Aufhebung eines Unternehmensvertrages nur zum Ende des Geschäftsjahres (oder des sonst vertraglich bestimmten Abrechnungszeitraums) möglich. Außerdem ist eine rückwirkende Aufhebung des Vertrages unzulässig (§ 296 Abs. 1 Satz 2 AktG). Beide Regelungen sollten wegen der identischen Interessenlage bei der AG und der GmbH auch auf eine abhängige oder verpflichtete GmbH übertragen werden[388]. Zwar mehren sich die *kritischen* Stimmen, die insbesondere für die **Zulässigkeit einer unterjährigen Aufhebung** von Beherrschungs- und Gewinnabführungsverträgen mit einer GmbH eintreten, verbunden dann freilich mit der Notwendigkeit einer Stichtagsbilanz[389]; – indessen ist nicht recht zu erkennen, was mit dieser Abweichung von § 296 Abs. 1 Satz 1 AktG eigentlich gewonnenen sein soll, zumal bei Berücksichtigung von § 14 Abs. 1 Satz 1 Nr. 3 und § 17 KStG. In kritischen Fällen bleibt zudem immer noch als Ausweg die Möglichkeit einer Änderung des Geschäftsjahres, wozu freilich die Zustimmung der Finanzverwaltung erforderlich ist[390].

c) Andere Unternehmensverträge

197 Die vorstehenden Ausführungen zur Aufhebung von Unternehmensverträgen (Rdnr. 195 ff.) betrafen allein die Aufhebung von Beherrschungsverträgen sowie der in jeder Hinsicht gleichstehenden Gewinnabführungsverträge (zu diesem s. im Übrigen Rdnr. 198 ff.). Deshalb soll hier noch kurz auf die neuerdings ebenfalls umstrittene Frage eingegangen werden, ob die bisher entwickelten Regeln für die Aufhebung eines Beherrschungs- oder Gewinnabführungsvertrages mit einer GmbH (s. Rdnr. 195 ff.) auch für die Aufhebung der anderen Unternehmensverträge des § 292 Abs. 1 AktG mit einer GmbH in der Rolle der jeweils verpflichteten Gesellschaft zu gelten haben oder ob hier geringere Anforderungen an einen Aufhebungsvertrag gestellt werden können, sowie ob wenigstens bei den anderen Unternehmensverträgen auf eine Analogie zu Satz 1 und 2 des § 296 Abs. 1 AktG (Rdnr. 196) verzichtet werden kann. Die Diskussion wurde ausgelöst durch einen Beschluss des *OLG Zweibrücken* aus dem Jahr 2013, der mit Rücksicht auf die mangelnde Schutzbedürftigkeit der Beteiligten bei Aufhebung eines **Betriebspachtvertrages** mit einer GmbH als der Pächterin die Notwendigkeit ei-

---

386 *Casper*, in: Ulmer/Habersack/Löbbe, Rdnr. 214; *Liebscher*, in: MünchKomm. GmbHG, Rdnr. 997–999.

387 *Grüner*, Beendigung, 181 ff.; *Veith/Schmid*, DB 2012, 728, 732; *Servatius*, in: Grigoleit, § 296 AktG Rdnr. 9; krit. *Liebscher*, in: MünchKomm. GmbHG, Rdnr. 997 ff.

388 BGH v. 16.6.2015– II ZR 384/13, BGHZ 206, 74, 78 ff. = AG 2015, 630 Rdnr. 13 ff. = GmbHR 2015, 985 mit Anm. *Ulrich*, GmbHR 2015, 988; ebenso schon BGH v. 5.11.2001 – II ZR 119/00, GmbHR 2002, 62 = NJW 2002, 822 = AG 2002, 240; OLG München v. 16.3.2012 – 31 Wx 70/12, AG 2012, 422 = NZG 2012, 590 = GmbHR 2012, 641; OLG München v. 20.11.2013 – 7 U 5025/11, GmbHR 2014, 535, 538; OLG München v. 27.10.2014 – 31 Wx 235/14, AG 2015, 280 = NZG 2015, 311 = GmbHR 2015, 368; *Altmeppen*, in: Roth/Altmeppen, Rdnr. 108–110; *Angerer*, ZGR 21016, 609, 612 f.; *Lutter/Hommelhoff*, Rdnr. 89; *Wachter*, GmbHR 2015, 369.

389 So z.B. *L. Beck*, GmbHR 2014, 1075, 1080; *Beurskens*, in: Baumbach/Hueck, Rdnr. 134; *Paschos/Goslar*, Der Konzern 2006, 479, 482 ff.; *Priester*, NZG 2012, 641; *Priester*, GmbHR 2014, 254; *St. Ulrich*, GmbHR 2004, 1000, 1002; *W. Walter*, GmbHR 2015, 965.

390 S. *W. Walter*, GmbHR 2015, 965.

ner Analogie zu § 296 Abs. 1 AktG verneinte[391]. Im *Schrifttum* hat dies zum Teil Zustimmung gefunden[392]. Indessen bleibt zu bedenken, dass etwa die Wirkungen eines Teilgewinnabführungsvertrages i.S. des § 292 Abs. 1 Nr. 2 AktG häufig kaum hinter denen eines Gewinnabführungsvertrages i.S. des § 291 Abs. 1 Satz 1 AktG zurückbleiben, so dass die Aufhebung beider Verträge auch rechtlich gleich behandelt werden sollte[393]. Maßgeblich sind folglich grundsätzlich die §§ 53 und 54. Ebenso wenig sollte hinsichtlich der analogen Anwendung des § 296 Abs. 1 Satz 1 und 2 AktG nach der Art des Unternehmensvertrages differenziert werden; dagegen sprechen bereits Erfordernisse der Rechtssicherheit (s. Rdnr. 196).

F. Gewinnabführungsvertrag

I. Überblick

Ein Gewinnabführungsvertrag ist nach **§ 291 Abs. 1 Satz 1 AktG** ein Vertrag, durch den sich eine abhängige Gesellschaft verpflichtet, ihren gesamten Gewinn an ein anderes Unternehmen abzuführen. Zu unterscheiden ist der Gewinnabführungsvertrag vor allem von dem **Teilgewinnabführungsvertrag** des § 292 Abs. 1 Nr. 2 AktG. Die Abgrenzung zwischen beiden Verträgen richtet sich allein danach, ob sich der Vertrag auf die Abführung des gesamten Gewinns der abhängigen Gesellschaft oder „nur" eines (beliebig großen) Teils davon bezieht (s. Rdnr. 213 f.). Einen (praktisch bedeutungslosen) Sonderfall des Gewinnabführungsvertrages bildet der in § 291 Abs. 1 Satz 2 AktG erwähnte **Geschäftsführungsvertrag**. Ein derartiger Vertrag ist anzunehmen, wenn eine Gesellschaft sich verpflichtet, ihr Unternehmen für Rechnung eines anderen Unternehmens zu führen[394].

198

Die **praktische Bedeutung** der Gewinnabführungsverträge ist auch bei der GmbH erheblich, da der Abschluss eines wirksamen Gewinnabführungsvertrages für die Dauer von fünf Jahren nach den §§ 14 und 17 KStG Voraussetzung für die Anerkennung der körperschaft- und gewerbesteuerlichen **Organschaft mit einer GmbH** ist. Hinzu kommen muss nach § 17 Satz 2 KStG, dass die Gewinnabführung nicht den in § 301 AktG genannten Betrag überschreitet (§ 17 Satz 2 Nr. 1 KStG, dazu Rdnr. 203 ff.) und dass eine Verlustübernahme entsprechend den Vorschriften des (ganzen) § 302 AktG vereinbart wird (§ 17 Satz 2 Nr. 2 KStG, dazu Rdnr. 205 ff.).

199

Eine ausführliche gesetzliche Regelung haben die Gewinnabführungsverträge zusammen mit den Beherrschungsverträgen bisher allein im AktG gefunden. Das GmbHG beschränkt sich dagegen in § 30 Abs. 1 Satz 2 in der Fassung von 2008 auf die Bestimmung, dass das Verbot der Auszahlung des zur Erhaltung des Stammkapitals erforderlichen Vermögens an die Gesellschafter keine Anwendung bei Leistungen findet, die bei Bestehen eines Beherrschungs- oder Gewinnabführungsvertrages i.S. des § 291 AktG erfolgen. Aus dieser Vorschrift wird ebenso wie aus den erwähnten steuerrechtlichen Bestimmungen (s. insbesondere § 17 KStG) allgemein der Schluss gezogen, dass sich die gesellschaftsrechtliche Behandlung von Gewinnabführungsverträgen mit einer abhängigen GmbH nahezu vollständig an dem **aktienrechtlichen Vorbild** zu orientieren hat, soweit dem nicht die Besonderheiten des GmbH-Rechts entgegenstehen. Allein auf diese Besonderheiten ist daher im Folgenden näher einzugehen[395].

200

---

391 OLG Zweibrücken v. 29.10.2013 – 3 W 82/13, GmbHR 2014, 251, 253 = AG 2014, 630.
392 *Kürten/E. Chr. Westermann*, GmbHR 2014, 852, 854 f.; *Priester*, GmbHR 2014, 254.
393 *L. Beck*, GmbHR 2014, 1075, 1081 f.
394 S. dazu *Emmerich/Habersack*, Kommentar, § 291 AktG Rdnr. 67–72.
395 S. mit Nachw. *Altmeppen*, in: Roth/Altmeppen, Rdnr. 116 ff.; *Casper*, in: Ulmer/Habersack/Löbbe, Rdnr. 192, 202 ff.; *Emmerich/Habersack*, Kommentar, § 291 AktG Rdnr. 66 ff., § 293 AktG Rdnr. 38 ff.; *Liebscher*, in: MünchKomm. GmbHG, Rdnr. 725, 855, 913 ff.

II. Abschluss des Gewinnabführungsvertrages

201 Das AktG behandelt Gewinnabführungsverträge hinsichtlich der Erfordernisse des Vertragsabschlusses ebenso wie Beherrschungsverträge (§§ 291 und 293 ff. AktG). Davon ist grundsätzlich auch im GmbH-Konzernrecht auszugehen, so dass wegen der Einzelheiten auf die Ausführungen zum Abschluss eines Beherrschungsvertrages mit einer abhängigen GmbH verwiesen werden kann[396]. Auszugehen ist mit anderen Worten grundsätzlich von der entsprechenden **Anwendbarkeit der §§ 53 und 54**, wobei der Zustimmungsbeschluss der abhängigen Gesellschaft mit Rücksicht auf die darin liegende Zweckänderung gemäß § 33 Abs. 1 Satz 2 BGB in aller Regel zusätzlich der **Zustimmung aller Gesellschafter** bedarf[397]. Hinzukommen muss noch die Zustimmung der Gesellschafterversammlung der **herrschenden Gesellschaft** mit qualifizierter Mehrheit[398].

202 Die Zustimmung aller Gesellschafter der abhängigen (ihren Gewinn abführenden) Gesellschaft (Rdnr. 201) ist ebenso wie beim Beherrschungsvertrag nur entbehrlich, wenn der Gesellschaftsvertrag ausdrücklich für einen konkreten Fall einen Zustimmungsbeschluss mit **qualifizierter Mehrheit** genügen lässt[399]. In diesem Fall sind jedoch **Abfindungs- und Ausgleichsleistungen** für die Minderheit entsprechend den §§ 304 und 305 AktG unverzichtbar. Für die **Barabfindung** des § 305 Abs. 2 Nr. 3 AktG ist dies mittlerweile wohl bereits unstreitig[400]. Ist das herrschende Unternehmen eine AG, so sollte jedoch auch die Verpflichtung dieser Gesellschaft zur **Abfindung** der Minderheit **in Aktien** anerkannt werden (§ 305 Abs. 2 Nr. 1 AktG).

III. Gewinnabführung

203 Um trotz der Abführung des gesamten Gewinns an das herrschende Unternehmen (§ 291 Abs. 1 Satz 1 AktG) der abhängigen Gesellschaft wenigstens ihr bilanzielles Anfangsvermögen zu sichern, beschränkt das AktG durch die §§ 300 und 301 in verschiedener Hinsicht die Höhe des abzuführenden Gewinns. Für eine Anwendung des **§ 300 AktG** ist im GmbH-Konzernrecht von vornherein kein Raum, weil das GmbHG keine gesetzliche Rücklagen kennt[401]. Hinsichtlich des **§ 301 AktG** ist die Anwendbarkeit im Konzernrecht der GmbH umstritten, vor allem, weil bei der GmbH letztlich nur das Stammkapital gebunden, d.h. von einer Ausschüttung an die Gesellschafter ausgeschlossen ist und weil obendrein nach dem so genannten Konzernprivileg des § 30 Abs. 1 Satz 2 das Verbot der Auszahlung des zur Erhaltung des Stammkapitals erforderlichen Vermögens an die Gesellschafter keine Anwendung bei Leistungen findet, die bei Bestehen eines Gewinnabführungsvertrages erfolgen. Was daraus für die entsprechende Anwendbarkeit des § 301 AktG auf die GmbH erfolgt, ist noch nicht endgültig geklärt[402].

---

396 Rdnr. 139 ff. sowie z.B. *Casper*, in: Ulmer/Habersack/Löbbe, Rdnr. 202 ff.; *Liebscher*, in: MünchKomm. GmbHG, Rdnr. 725 ff.; *Servatius*, in: Michalski u.a., Rdnr. 299 ff.

397 S. 11. Aufl., § 53 Rdnr. 168, 171; *Casper*, in: Ulmer/Habersack/Löbbe, Rdnr. 202 ff.; *Emmerich/Habersack*, Kommentar, § 293 AktG Rdnr. 43 f.; ebenso zumindest für personalistische Gesellschaften *Liebscher*, in: MünchKomm. GmbHG, Rdnr. 740 ff.; – anders aber *Esch*, BB 1986, 272; *Koppensteiner*, öRdW 1985, 170, 173 ff.; *Kort*, Abschluss, S. 109 ff.

398 S. im Einzelnen Rdnr. 148 ff.; *Liebscher*, in: MünchKomm. GmbHG, Rdnr. 751 f.

399 S. Rdnr. 155 f.; *Casper*, in: Ulmer/Habersack/Löbbe, Rdnr. 192; großzügiger *Liebscher*, in: MünchKomm. GmbHG, Rdnr. 721.

400 S. Rdnr. 158 ff.; *Casper*, in: Ulmer/Habersack/Löbbe, Rdnr. 229 ff.; *Liebscher*, in: MünchKomm. GmbHG, Rdnr. 916, 921 ff.; *Servatius*, in: Michalski u.a., Rdnr. 317, 330.

401 Ebenso z.B. *Casper*, in: Ulmer/Habersack/Löbbe, Rdnr. 223.

402 S. mit Nachw. *Emmerich/Habersack*, Kommentar, § 301 AktG Rdnr. 6; *Hüffer*, in: FS Uwe H. Schneider, 2011, S. 559, 565, 569 f.

Nach **§ 301 Satz 1 AktG** darf aufgrund eines Gewinnabführungsvertrages als Gewinn höchstens der ohne die Gewinnabführung entstehende Jahresüberschuss abgeführt werden, vermindert um einen Verlustvortrag aus dem Vorjahr sowie um den nach § 268 Abs. 8 HGB ausschüttungsgesperrten Betrag. § 268 Abs. 8 HGB bestimmt eine **Ausschüttungssperre** für Beträge, die sich aus dem Ausweis selbst geschaffener immaterieller Vermögensgegenstände im Anlagevermögen in der Bilanz ergeben. Durch diese Regelung wurde das bisherige Verbot der Aktivierung selbst geschaffener immaterieller Vermögensgegenstände ersetzt[403]. Zugleich wurde durch die Änderung des § 301 AktG klargestellt, dass derartige ausschüttungsgesperrte Beträge nicht aufgrund eines Gewinnabführungsvertrages an das herrschende Unternehmen abgeführt werden dürfen, soweit nicht frei verfügbare Rücklagen abzüglich eines Verlustvortrags und zuzüglich eines Gewinnvortrags dem Gesamtbetrag der angesetzten Beträge mindestens entsprechen[404].

Die entsprechende Anwendung des § 301 AktG auf die GmbH wird teilweise für entbehrlich gehalten[405]. Nach dem Gesagten mag es dafür gute Gründe geben. Indessen hat die Frage mit Rücksicht auf § 17 Satz 2 Nr. 1 KStG keine praktische Bedeutung, da Gewinnabführungsverträge mit einer GmbH allein aus steuerrechtlichen Gründen abgeschlossen werden, das Steuerrecht jedoch die genaue **Beachtung des § 301 AktG** als Voraussetzung für die Anerkennung der Organschaft vorschreibt. Das gilt auch für den Verweis auf § 268 Abs. 8 HGB in § 301 Satz 1 AktG. Daraus ist zugleich der Schluss zu ziehen, dass der Vorschrift des § 301 Satz 1 AktG, soweit sie bei ihrer entsprechenden Anwendung auf die GmbH mit dem Konzernprivileg des § 30 Abs. 1 Satz 2 kollidiert, der Vorrang als lex specialis gebührt[406].

IV. Gläubigerschutz

Der Preis für die Übernahme des ganzen Gewinns einer abhängigen Gesellschaft aufgrund eines Gewinnabführungsvertrages ist nach dem Aktienrecht (§ 302 AktG) und dem Steuerrecht (§ 17 Satz 2 Nr. 2 KStG) die **Pflicht zur Verlustübernahme** durch Ausgleich jedes während der Vertragsdauer entstehenden Jahresfehlbetrags, soweit dieser nicht dadurch ausgeglichen werden kann, dass den anderen Gewinnrücklagen Beträge entnommen werden, die während der Vertragsdauer in sie eingestellt worden sind. Das Aktienrecht fügt noch in **§ 303 AktG** die Verpflichtung des herrschenden Unternehmens zur Sicherheitsleistung gegenüber den Gläubigern der abhängigen Gesellschaft bei Vertragsende hinzu. Es ist unstreitig, dass die §§ 302 und 303 AktG grundsätzlich auch auf Gewinnabführungsverträge mit einer abhängigen GmbH anwendbar sind, und zwar bereits unmittelbar kraft Gesetzes, d.h. auch dann, wenn dies in dem Vertrag nicht ausdrücklich vereinbart ist[407]. Wegen der Einzelheiten kann auf die Ausführungen zum Beherrschungsvertrag verwiesen werden (Rdnr. 180 ff.).

Fraglich ist jedoch, ob auch das in § 302 Abs. 1 AktG ausgesprochene Verbot der **Auflösung vorvertraglicher Rücklagen** zur Deckung eines Jahresfehlbetrags ins GmbH-Konzernrecht übernommen werden kann[408]. Die Frage ist im Grunde müßig, da § 17 Satz 2 Nr. 2 KStG für

403 S. Begr. RegE, BT-Drucks. 16/12407 = BR-Drucks. 344/08, S. 138.

404 Begr. RegE; BT-Drucks. 16/12407 = BR-Drucks. 344/08, S. 139, 231; *Emmerich/Habersack*, Kommentar, § 301 AktG Rdnr. 9a; *Altmeppen*, in: MünchKomm. AktG, 3. Aufl. 2010, § 301 AktG Rdnr. 4a; ebenso für die GmbH *Baldamus*, Die Unternehmensbesteuerung (Ubg) 2009, 484, 486, 489 f.; *Servatius*, in: Michalski, Rdnr. 278.

405 So z.B. *Casper*, in: Ulmer/Habersack/Löbbe, Rdnr. 224.

406 Ebenso im Ergebnis *Servatius*, in: Michalski u.a., Rdnr. 278; wohl auch *Baldamus*, Die Unternehmensbesteuerung (Ubg) 2009, 484, 486.

407 S. z.B. *Casper*, in: Ulmer/Habersack/Löbbe, Rdnr. 225 f., 241 f.; *Emmerich/Habersack*, Kommentar, § 302 AktG Rdnr. 25 mit Nachw.; *Liebscher*, in: MünchKomm. GmbHG, Rdnr. 860 ff.

408 Verneinend z.B. *Casper*, in: Ulmer/Habersack/Löbbe, Rdnr. 225.

die steuerliche Anerkennung von Gewinnabführungsverträgen mit abhängigen Gesellschaften in der Rechtsform einer GmbH die Anwendung des § 302 AktG vorschreibt und Gewinnabführungsverträge nahezu ausschließlich steuerliche Bedeutung haben, so dass schon deshalb immer von dem ganzen § 302 Abs. 1 AktG auszugehen ist[409]. Aber auch ohne Rücksicht darauf kommt in einer **mehrgliedrigen Gesellschaft** eine Inanspruchnahme vorvertraglicher Rücklagen durch das herrschende Unternehmen nur in Betracht, wenn dem alle anderen Gesellschafter in dem Vertrag ausdrücklich zugestimmt haben, im Regelfall also nicht[410], während bei **Einpersonen-Gesellschaften** keine Bedenken gegen die Auflösung vorvertraglicher Rücklagen bestehen, da bei solchen Gesellschaften der sonst gebotene Minderheitenschutz keine Rolle spielt, während der hier allein interessierende **Gläubigerschutz** bereits ausreichend durch die §§ 301 Satz 1, 302 Abs. 1 und 303 AktG (Rdnr. 204) sowie durch die Existenzvernichtungshaftung gewährleistet wird.

G. Andere Unternehmensverträge

Schrifttum: *Führling*, Sonstige Unternehmensverträge mit einer abhängigen GmbH, 1993; *Mimberg*, Konzernexterne Pachtverträge im Recht der GmbH, 2000; *Uwe H. Schneider*, Beherrschungs- und Gewinnabführungsverträge in der Praxis der GmbH, 1989.

I. Überblick

207 Das AktG unterscheidet innerhalb der Unternehmensverträge in den §§ 291 und 292 AktG deutlich zwischen den Beherrschungs- und Gewinnabführungsverträgen auf der einen Seite sowie den anderen Unternehmensverträgen andererseits. Es sind dies der Reihe nach die Gewinngemeinschaft (§ 292 Abs. 1 Nr. 1 AktG), der Teilgewinnabführungsvertrag (§ 292 Abs. 1 Nr. 2 AktG) sowie der Betriebspacht- und der Betriebsüberlassungsvertrag (§ 292 Abs. 1 Nr. 3 AktG), wobei den letzteren in der Regel noch der Betriebsführungsvertrag gleichgestellt wird. **Sonderregelungen** für den Teilgewinnabführungsvertrag finden sich in § 292 Abs. 2 und in § 300 Nr. 2 und 3 AktG sowie für die Betriebspacht- und Betriebsüberlassungsverträge in den §§ 292 Abs. 3 und 302 Abs. 2 AktG.

208 Mit der Qualifizierung der in § 292 AktG genannten Verträge als Unternehmensverträge verfolgt das AktG in erster Linie den **Zweck**, ihren Abschluss dem Regime der §§ 293 bis 299 AktG zu unterstellen. Im Übrigen hat das AktG jedoch, von wenigen Ausnahmen abgesehen (s. Rdnr. 207), auf besondere Vorschriften für diese „anderen" Verträge verzichtet. Dahinter steht die Vorstellung der Gesetzesverfasser, es handele sich bei ihnen grundsätzlich um normale schuldrechtliche **Austauschverträge** zwischen voneinander unabhängigen Unternehmen, so dass sich weitere Schutzmaßnahmen zugunsten der die vertragstypischen Leistungen erbringenden („abhängigen") Gesellschaft sowie ihrer Gesellschafter und Gläubiger erübrigten. Dabei ist jedoch übersehen worden, dass sich auch die anderen Unternehmensverträge des § 292 AktG durchaus zum Aufbau von Konzernen eignen. Betriebspacht- und Betriebsüberlassungsverträge dürften sogar überwiegend zwischen voneinander **abhängigen Unternehmen** abgeschlossen werden und dienen dann als Mittel zur „Eingliederung" des Unternehmens des Verpächters in den Konzern des Pächters. Das ist bei der GmbH nicht anders als bei der AG.

---

409 Ebenso *Altmeppen*, in: Roth/Altmeppen, Rdnr. 121.
410 Ebenso *Casper*, in: Ulmer/Habersack/Löbbe, Rdnr. 224; *Liebscher*, in: MünchKomm. GmbHG, Rdnr. 864 f.

Über die **Verbreitung** der anderen Unternehmensverträge mit Gesellschaften in der Rechtsform einer GmbH ist bisher nicht viel bekannt geworden[411]. Teilweise wird die Auffassung vertreten, lediglich Betriebspacht- und Betriebsüberlassungsverträge i.S. des § 292 Abs. 1 Nr. 3 AktG spielten bei der GmbH eine Rolle[412]. Aber auch Teilgewinnabführungsverträge nach § 292 Abs. 1 Nr. 2 AktG, meistens in Gestalt stiller Gesellschaftsverträge mit einer GmbH, kommen offenbar häufiger vor[413], während Gewinngemeinschaften unter Beteiligung einer GmbH (s. § 292 Abs. 1 Nr. 1 AktG) tatsächlich ausgesprochen selten zu sein scheinen, sofern sie heute überhaupt noch vorkommen sollten – als Nachfahren der früher durchaus verbreiteten Interessengemeinschaften (Stichwort: IG-Farben). Insgesamt lässt sich damit der Frage nach der Behandlung der anderen Unternehmensverträge des § 292 AktG unter Beteiligung einer GmbH als der Gesellschaft, die die vertragstypischen Leistungen erbringt (die so genannte „abhängige Gesellschaft") nicht ausweichen. Dabei ist nach allgemeiner Meinung davon auszugehen, dass die Definitionen der anderen Unternehmensverträge in § 292 Abs. 1 Nr. 1 bis Nr. 3 AktG ohne Einschränkungen auch für die GmbH maßgeblich sind, so dass insoweit wegen aller Einzelheiten auf die Kommentierungen des § 292 AktG verwiesen werden kann. Im Folgenden ist lediglich auf die umstrittene Frage einzugehen, welche besonderen Anforderungen an den **Abschluss** der genannten Verträge bei Beteiligung einer GmbH als der Gesellschaft zu stellen sind, die die vertragstypischen Leistungen erbringt.

209

II. Gewinngemeinschaft

Gewinngemeinschaften sind nach § 292 Abs. 1 Nr. 1 AktG Verträge, durch die sich mehrere Unternehmen verpflichten, ihren Gewinn oder den Gewinn einzelner ihrer Betriebe ganz oder zum Teil mit dem Gewinn anderer Unternehmen oder einzelner Betriebe anderer Unternehmen zur Aufteilung eines gemeinschaftlichen Gewinns zusammenzulegen. Ist an dem Vertrag eine AG (oder KGaA) beteiligt, so findet auf ihn das AktG Anwendung, so dass sich keine Probleme ergeben. Unklar ist die Situation dagegen, wenn an dem Vertrag allein Gesellschaften in anderer Rechtsform beteiligt sind, wobei im vorliegenden Zusammenhang lediglich die Beteiligung von *Gesellschaften mbH* interessiert[414].

210

Bei einer Gewinngemeinschaft handelt es sich wohl durchweg um eine **BGB-Gesellschaft** (§ 705 BGB). Deshalb stellt sich hier als erstes die Frage, ob der Abschluss des deshalb erforderlichen Gesellschaftsvertrages von der **Vertretungsmacht der Geschäftsführer** gedeckt ist (§ 37 Abs. 2) **oder** ob nach den **§§ 53 und 54** und entsprechend den §§ 292 Abs. 1 Nr. 1, 293 und 294 AktG die Zustimmung der Gesellschafterversammlung der beteiligten GmbH sowie die Eintragung ins Handelsregister hinzukommen müssen. Soweit in Literatur und Rechtsprechung angenommen wird, dass der Abschluss des Vertrages durch die Vertretungsmacht der Geschäftsführer gedeckt sei (§ 37), wird freilich meistens intern doch eine Zustimmung der Gesellschafterversammlung mit einfacher Mehrheit gefordert, weil es sich bei dem Vertragsschluss um eine außerordentliche Geschäftsführungsmaßnahme handele[415]. Außerdem stellt sich dann die Frage, ob der andere Vertragsteil, in der Regel das herrschende Unterneh-

211

---

411 S. insbesondere *Führling*, Sonstige Unternehmensverträge mit einer abhängigen GmbH, 1993; *Mimberg*, Konzernexterne Pachtverträge im Recht der GmbH, 2000.

412 *Lutter/Hommelhoff*, Rdnr. 77. Beispiele in OLG Zweibrücken v. 29.10.2013 – 3 W 82/13, GmbHR 2015, 251 = AG 2014, 630; LG Berlin v. 14.8.1991 – 94 O 164/91, AG 1992, 92; LG Darmstadt v. 24.8.2004 – 8 O 96/04, AG 2005, 488: s. *Kürten/Westermann*, GmbHR 2014, 852.

413 Ebenso *Altmeppen*, in: Roth/Altmeppen, Rdnr. 123; Beispiele in BayObLG v. 18.2.2003 – 3 Z BR 233/02, BayObLGZ 2003, 21 = GmbHR 2003, 534 = NJW-RR 2003, 908; OLG München v. 17.3.2011 – 31 Wx 68/11, GmbHR 2011, 487 = DStR 2011, 1139; KG v. 24.3.2014 – 12 W 43/12, GmbHR 2014, 756 = AG 2014, 627 = NZG 2014, 668.

414 S. dazu *Emmerich/Habersack*, Kommentar, § 292 AktG Rdnr. 21 f.

415 So mit Nachw. *Altmeppen*, in: Roth/Altmeppen, Rdnr. 124 f.

men, ein Stimmrecht nach § 47 Abs. 4 hat, – wobei freilich zu bedenken ist, dass der andere Vertragsteil dem Abschluss des Vertrages ohnehin immer zustimmen muss. Insgesamt erscheint diese Lösung deshalb wenig angemessen. Zu Recht wird daher heute überwiegend eine Erstreckung der Vertretungsmacht der Geschäftsführer auf solche **strukturverändernde Verträge** abgelehnt[416]. Dafür spricht bereits die große Gefährlichkeit von Gewinngemeinschaften zumal für eine abhängige GmbH. Davon zu trennen ist die Frage, mit welcher **Mehrheit** die Gesellschafterversammlung dem Vertragsabschluss zustimmen muss.

212 Die Frage der erforderlichen **Mehrheit** für den Zustimmungsbeschluss ist noch nicht ausdiskutiert. Soweit im Schrifttum (ebenso wie hier, s. Rdnr. 211), eine Zustimmung der Gesellschafterversammlung analog den §§ 53 und 54 für erforderlich gehalten wird, wird meistens eine qualifizierte Mehrheit der Gesellschafter als ausreichend angesehen[417]. Richtiger Meinung nach sollte man indessen unterscheiden: Sind die an der Gewinngemeinschaft beteiligten Unternehmen voneinander **unabhängig**, so genügt in der Tat eine **qualifizierte Mehrheit** der Gesellschafterversammlung für die Zustimmung zu dem Vertragsabschluss, weil die Gesellschaft unter dieser Voraussetzung selbst in der Lage sein dürfte, für einen ihrem Beitrag entsprechenden Anteil an dem vergemeinschafteten Gewinn zu sorgen. Gelingt ihr dies nicht, so läuft der Vertrag ohnehin, wenn die anderen Teilnehmer der Gewinngemeinschaft an der benachteiligten GmbH beteiligt sind, auf eine verdeckte Gewinnausschüttung hinaus, so dass ergänzend die für verdeckte Gewinnausschüttungen im GmbH-Recht entwickelten Schranken zu beachten sind (s. § 29 Rdnr. 115 ff.)[418]. Wenn dagegen die benachteiligte **Gesellschaft** von einem der anderen Teilnehmer an der Gewinngemeinschaft **abhängig** ist, sollte zusätzlich zu ihrem Schutz die **Zustimmung aller Gesellschafter** zu dem Vertragsabschluss verlangt werden, weil andernfalls auf dem Weg über eine Gewinngemeinschaft (nahezu) derselbe Erfolg wie mit einem Gewinnabführungsvertrag, aber ohne dessen Kautelen bewirkt werden könnte, – so auf jeden Fall in Missbrauchs- und Umgehungsfällen (Rdnr. 221 f.).

III. Teilgewinnabführungsvertrag

213 Ein Teilgewinnabführungsvertrag liegt nach § 292 Abs. 1 Nr. 2 AktG vor, wenn sich eine Gesellschaft verpflichtet, einen *Teil* ihres Gewinns oder den Gewinn *einzelner* ihrer Betriebe ganz oder zum Teil an einen anderen abzuführen. Die **Abgrenzung** zu den Gewinnabführungsverträgen des § 291 Abs. 1 AktG erfolgt formal nach dem Kriterium, ob der Vertrag nach seinem Wortlaut den *gesamten* Gewinn einer Gesellschaft oder nur einen *Teil* davon erfasst, mag dieser Teil auch noch so groß sein. In **Umgehungsfällen** kommt die Annahme eines verdeckten Gewinnabführungsvertrages in Betracht. Die Bedeutung der Abgrenzungsproblematik wird häufig überschätzt, weil Teilgewinnabführungsverträge, selbst wenn sie z.B. 99 % des Gewinns einer Gesellschaft erfassen, nicht den Anforderungen der §§ 14 und 17 KStG genügen, so dass sie als Grundlage der körperschaft- und gewerbesteuerlichen Organschaft ausscheiden. Dies zieht der Verwendbarkeit von Teilgewinnabführungsverträgen von vornherein enge Grenzen. Gleichwohl kommen derartige Verträge durchaus vor, da sich bei näherem Zusehen immer häufiger Verträge als Teilgewinnabführungsverträge erweisen, sofern sie nämlich im Ergebnis auf eine *Gewinnbeteiligung* des anderen Vertragsteils hinauslaufen. Beispiele sind insbesondere

---

416 *Casper*, in: Ulmer/Habersack/Löbbe, Rdnr. 197, 211; *Emmerich/Habersack*, Kommentar, § 292 AktG Rdnr. 21; *Führling*, Sonstige Unternehmensverträge mit einer abhängigen GmbH, 1993, S. 131 ff.; *Liebscher*, in: MünchKomm. GmbHG, Rdnr. 693, 778 f.; *Servatius*, in: Michalski u.a., Rdnr. 348.

417 So *Casper*, in: Ulmer/Habersack/Löbbe, Rdnr. 220; *Liebscher*, in: MünchKomm. GmbHG, Rdnr. 781 f.; *Servatius*, in: Michalski u.a., Rdnr. 351; – für die Notwendigkeit einer Zustimmung aller Gesellschafter dagegen *Uwe H. Schneider*, in: Uwe H. Schneider, Beherrschungs- und Gewinnabführungsverträge in der Praxis der GmbH, S. 7, 26 ff.

418 *Emmerich/Habersack*, Kommentar, § 292 AktG Rdnr. 22.

stille Gesellschaftsverträge mit einer GmbH, gewinnorientierte Genussrechte sowie zahlreiche partiarische Rechtsverhältnisse[419]. Das war letztlich auch bereits den Verfassern des AktG bewusst, wie die Ausnahmen in § 292 Abs. 2 des Gesetzes zeigen, die andernfalls durchaus entbehrlich gewesen wären.

Im Schrifttum zum GmbH-Konzernrecht findet sich ebenso wie in der Rechtsprechung vielfach die Auffassung, Teilgewinnabführungsverträge, insbesondere in Gestalt stiller Gesellschaftsverträge mit einer GmbH, könnten nicht generell den Unternehmensverträgen gleichgestellt werden; vielmehr umfasse die **Vertretungsmacht der Geschäftsführer** (§ 37 Abs. 2) grundsätzlich auch den Abschluss solcher Verträge, so dass kein Raum für die Anwendung der §§ 53 und 54 sei[420]. Es ist indessen kein Grund ersichtlich, Teilgewinnabführungsverträge, in welcher Form auch immer, bei einer GmbH anders als bei einer AG zu behandeln. Ebenso wie bei einer AG greifen vielmehr bei einer GmbH derartige Verträge tiefgreifend in die Struktur der gewinnabführenden Gesellschaft ein, so dass es sich bei ihnen letztlich um **Organisationsverträge** handelt, auf die sich die unbeschränkte Vertretungsmacht der Geschäftsführer *nicht* erstreckt. Dafür sprechen vor allem die mit solchen Verträgen verbundenen Eingriffe in das Gewinnbezugsrecht der Gesellschafter (§ 29) und in die Zuständigkeit der Gesellschafterversammlung (§ 46 Nr. 1). Der Vertragsabschluss bedarf daher der Zustimmung der **Gesellschafterversammlung** mit qualifizierter Mehrheit nach Maßgabe der §§ 53 und 54[421]. Folgt man dem, so ist es auch nur konsequent, dem Beschluss, mit dem die Gesellschafterversammlung dem Vertragsabschluss zustimmt, **Außenwirkung** beizumessen, so dass der Vertrag entsprechend § 54 GmbHG und § 294 Abs. 2 AktG erst mit seiner **Eintragung** ins Handelsregister wirksam wird[422].

Davon zu trennen ist die Frage, ob in bestimmten Fällen oder generell – über die §§ 53 und 54 hinaus (Rdnr. 214) – eine **Zustimmung aller Gesellschafter** erforderlich ist. Richtiger Meinung nach ergibt sich die Antwort auf diese Frage aus § 33 Abs. 1 Satz 2 BGB[423]. Eine Zustimmung aller Gesellschafter ist jedenfalls erforderlich, wenn der Teilgewinnabführungsvertrag **keine angemessene Gegenleistung** für die Gesellschaft vorsieht **oder** wenn die Gesellschaft von dem anderen Vertragsteil **abhängig** ist. Denn in diesen Fällen läuft der Vertrag auf eine **Zweckänderung** hinaus (§ 33 Abs. 1 Satz 2 BGB). Nur die hier vertretene Meinung erlaubt zudem eine Lösung der schwierigen Frage nach dem Schicksal stiller Gesellschaftsverträge im Falle der häufigen Umwandlung einer GmbH in eine AG, weil dann nämlich der

---

419 S. *Emmerich/Habersack*, Kommentar, Rdnr. § 292 AktG Rdnr. 29 ff.; Beispiele aus der Rechtsprechung s. schon Rdnr. 209.

420 BayObLG v. 18.2.2003 – 3Z BR 233/02, BayObLGZ 2003, 21, 23 ff. = GmbHR 2003, 534 = NJW-RR 2003, 908; LG Darmstadt v. 24.8.2004 – 8 O 96/04, AG 2005, 488 = ZIP 2005, 402, 404; *Altmeppen*, in: Roth/Altmeppen, Rdnr. 124 ff.; *Jung*, in: Blaurock, Hdb. Stille Gesellschaft, 8. Aufl. 2016, Rdnr. 8.18 ff.; *Habersack*, in: Liber amicorum Happ, 2006, S. 49, 54 f.; *Jebens*, BB 1996, 701; *Morshäuser/Dietz-Vollmer*, NZG 2011, 1135, 1136; *Rust*, AG 2006, 563, 564; *J. Schmitt-Ott*, GmbHR 2001, 182, 183 f.

421 *L. Beck*, GmbHR 2014, 1075, 1082; *Casper*, in: Ulmer/Habersack/Löbbe, Rdnr. 219; *Emmerich/Habersack*, Kommentar, § 292 AktG Rdnr. 37; *Führling*, Sonstige Unternehmensverträge, S. 109, 138 ff.; *Liebscher*, in: MünchKomm. GmbHG, Rdnr. 696, 781 f.; *K. Mertens*, AG 2000, 32; *Servatius*, in: Michalski u.a., Rdnr. 351.

422 *L. Beck*, GmbHR 2014, 1075, 1082; *Emmerich/Habersack*, Kommentar, § 292 AktG Rdnr. 37; *Liebscher*, in: MünchKomm. GmbHG, Rdnr. 697; *Chr. Schulte/Th. Waechter*, GmbHR 2002, 189; anders auch insoweit BayObLG v. 18.2.2003 – 3Z BR 233/02, BayObLGZ 2003, 21, 23 ff. = GmbHR 2003, 534 = NJW-RR 2003, 908, 909; OLG München v. 17.3.2011 – 31 Wx 68/11, GmbHR 2011, 487, 488 = DStR 2011, 1137; KG v. 24.3.2014 – 12 W 43/12, GmbHR 2014, 756 = AG 2014, 627 = NZG 2014, 668.

423 *Emmerich/Habersack*, Kommentar, § 292 AktG Rdnr. 37a; *Führling*, Sonstige Unternehmensverträge, S. 109, 138 ff.; ebenso zumindest für den Regelfall der personalistischen Gesellschaften *Liebscher*, in: MünchKomm. GmbHG, Rdnr. 780 ff.

stille Gesellschaftsvertrag bereits die auf jeden Fall bei einer AG erforderlichen Wirksamkeitsvoraussetzungen (Rdnr. 213) erfüllt[424]. Soweit dagegen eine GmbH an einem Teilgewinnabführungsvertrag als *berechtigte* Gesellschaft beteiligt ist, gelten auf ihrer Seite keine Besonderheiten für den Abschluss des Vertrages[425].

IV. Betriebspacht- und Betriebsüberlassungsvertrag

1. Begriff

216 Ein Betriebspachtvertrag ist nach § 581 Abs. 1 BGB i.V.m. § 292 Abs. 1 Nr. 3 AktG ein Vertrag, durch den die verpachtende Gesellschaft ihre *gesamten* betrieblichen Anlagen gegen Entgelt dem Pächter überlässt, der darin fortan den Betrieb im *eigenen* Namen und für eigene Rechnung weiterführt[426]. Solche Verträge, die eine GmbH ebenso wie eine AG abschließen kann, haben zur Folge, dass die Gesellschaft zu einer **Rentnergesellschaft** herabgestuft wird. Ihre praktische **Bedeutung**, und zwar auch bei der GmbH, wird heute als durchaus erheblich eingestuft, insbesondere im Handel sowie im Hotel- und Gaststättengewerbe[427].

217 Der in § 292 Abs. 1 Nr. 3 AktG dem Betriebspachtvertrag gleichgestellte **Betriebsüberlassungsvertrag** unterscheidet sich vom Betriebspachtvertrag lediglich dadurch, dass bei ihm der Übernehmer den Betrieb der überlassenden Gesellschaft zwar für eigene Rechnung, jedoch *nicht* im eigenen Namen, sondern im Namen der überlassenden Gesellschaft aufgrund einer entsprechenden umfassenden Vollmacht führt (§ 54 HGB). Betriebspacht- und Betriebsüberlassungsverträge sind häufig mit anderen Unternehmensverträgen, insbesondere mit **Beherrschungs- oder Gewinnabführungsverträgen verbunden**. In diesen Fällen greifen allein die weiter gehenden Schutzvorschriften ein, die bei dem Abschluss von Beherrschungs- oder Gewinnabführungsverträgen zu beachten sind. Besonderer Prüfung bedarf zudem in jedem Fall, insbesondere bei Verträgen zwischen voneinander abhängigen Gesellschaften, ob sich nicht unter (oder: hinter) dem Betriebspachtvertrag in Wirklichkeit ein Beherrschungs- oder Gewinnabführungsvertrag verbirgt (Rdnr. 221 f.).

2. Voraussetzungen

218 Betriebspachtverträge mit einer GmbH sind nur unbedenklich, wenn sie zwischen voneinander **unabhängigen Gesellschaften** gegen eine angemessene Gegenleistung abgeschlossen werden. Selbst in diesem Fall laufen sie indessen nach dem Gesagten (Rdnr. 216 f.) auf eine **Vertragsänderung** hinaus, so dass richtiger Meinung nach die Vertretungsmacht der Geschäftsführer (§ 37 Abs. 2) zum Abschluss derartiger Verträge wohl nicht ausreicht[428]; vielmehr muss die Gesellschafterversammlung der verpachtenden GmbH dem Vertragsabschluss

---

424 S. dazu *K. Mertens*, AG 2000, 32, 37 f.; *M. Winter*, in: FS Peltzer, 2001, S. 655, 659 ff.
425 *Casper*, in: Ulmer/Habersack/Löbbe, Rdnr. 220; *Liebscher*, in: MünchKomm. GmbHG, Rdnr. 283.
426 S. *Casper*, in: Ulmer/Habersack/Löbbe, Rdnr. 199 ff.; *Emmerich/Habersack*, Kommentar, § 292 AktG Rdnr. 38 ff.; *Liebscher*, in: MünchKomm. GmbHG, Rdnr. 698 ff.; *Mimberg*, Betriebspachtverträge; Beispiele in OLG Zweibrücken v. 29.10.2013 – 3 W 82/13, GmbHR 2014, 251 = AG 2014, 630; LG Berlin v. 14.8.1991 – 94 O 164/91, AG 1992, 92 = GmbHR 1992, 184 = WM 1992, 22 – Interhotel; LG Darmstadt v. 24.8.2004 – 8 O 96/04, AG 2005, 488; BFH v. 18.10.1967 – I 262/63, BFHE 90, 370; BFH v. 16.2.1979 – III R 37/77, BFHE 127, 56; BFH v. 7.12.1980 – I R 220/78 BFHE 132, 285 = GmbHR 1981, 203.
427 S. *Emmerich/Habersack*, Kommentar, § 292 AktG Rdnr. 38 mit Nachw.; *Küster/Westermann*, GmbHR 2014, 852.
428 So aber *Altmeppen*, in: Roth/Altmeppen, Rdnr. 123 ff.; differenzierend *Führling*, Sonstige Unternehmensverträge, S. 188 ff.

nach den §§ 53 und 54 mit **qualifizierter Mehrheit zustimmen**[429]. Die Vorschriften der §§ 292 Abs. 1 Nr. 3 und 293 AktG beruhen grundsätzlich auf derselben Wertung. Die Verträge bedürfen ferner entsprechend § 54 GmbHG und § 294 AktG der **Eintragung** ins Handelsregister. Wenn die Gegenleistung nicht angemessen ist, ist der Zustimmungsbeschluss auch **anfechtbar** (vgl. § 292 Abs. 3 AktG). Außerdem stellt der Vertragsabschluss einen Verstoß gegen das aus der Treuepflicht abgeleitete **Schädigungsverbot** dar, *sofern* der andere Vertragsteil, der Pächter, an der verpachtenden GmbH (unmittelbar oder mittelbar) beteiligt ist. Auch an die Anwendung der Regeln über die verdeckte Gewinnausschüttung ist in diesem Fall zu denken[430].

Eine wieder andere Frage ist, ob für den Zustimmungsbeschluss entsprechend § 53 GmbHG und § 293 Abs. 1 AktG eine **qualifizierte Mehrheit** der Gesellschafterversammlung genügt, wobei nach h.M. auch kein Raum für die Anwendung des § 47 Abs. 4 ist[431], oder ob generell oder doch in bestimmten Fallgestaltungen die **Zustimmung aller** Gesellschafter erforderlich ist[432]. Die Frage lässt sich nicht einheitlich beantworten; entscheidend ist vielmehr, wann nach den Umständen des Falles in dem Vertragsabschluss eine **Zweckänderung** i.S. des § 33 Abs. 1 Satz 2 BGB zu sehen ist[433]. Eine Zustimmung aller Gesellschafter ist danach insbesondere zu fordern, wenn die Gesellschaft **keine angemessene Gegenleistung** erhält; zu dieser Annahme nötigt bereits die dann in dem Vertragsabschluss liegende Verletzung des Schädigungsverbots. Ist die verpachtende GmbH von der Pächterin **abhängig**, so findet außerdem § 302 Abs. 2 AktG entsprechende Anwendung[434]. Es handelt sich dabei indessen um besonders gelagerte Ausnahmefälle, so dass es bei der herrschenden Gesellschaft, der „Pächterin", grundsätzlich nicht der Zustimmung der Gesellschafterversammlung zu dem Vertragsschluss bedarf[435].   219

Den Betriebspachtverträgen stehen nach § 292 Abs. 1 Nr. 3 AktG die **Betriebsüberlassungsverträge** gleich. Die vorstehend entwickelten Regeln für die Behandlung von Betriebspachtverträgen mit einer GmbH sollten deshalb grundsätzlich auch auf Betriebsüberlassungsverträge mit einer GmbH anwendbar sein. Ob dasselbe außerdem für die nicht geregelten **Betriebsführungsverträge** zu gelten hat, ist noch offen und lässt sich wohl wegen der großen Unterschiedlichkeit dieser Verträge nicht einheitlich beantworten[436].   220

V. Umgehungsproblematik

Hinter einer Gewinngemeinschaft oder einem Teilgewinnabführungsvertrag kann sich ein Gewinnabführungsvertrag, hinter einem Betriebspacht- oder Betriebsüberlassungsvertrag kann   221

---

429 LG Berlin v. 14.8.1991 – 94 O 164/91, GmbHR 1992, 184 = AG 1992, 91 = WM 1992, 22 – Interhotel; LG Darmstadt v. 24.8.2004 – 8 O 96/04, AG 2005, 488 = ZIP 2005, 402, 404; *Casper*, in: Ulmer/Habersack/Löbbe, Rdnr. 199, 221; *Emmerich/Habersack*, Kommentar, § 292 AktG Rdnr. 53 f.; *Hommelhoff*, Konzernleitungspflicht, S. 278 ff.; *Liebscher*, in: MünchKomm. GmbHG, Rdnr. 701, 784; *Lutter/Hommelhoff*, Rdnr. 78; *Mimberg*, Betriebspachtverträge, S. 107 ff.; *Uwe H. Schneider*, in: Uwe H. Schneider, Beherrschungs- und Gewinnabführungsverträge in der Praxis der GmbH, S. 7, 28; *Servatius*, in: Michalski u.a., Rdnr. 382; *Servatius*, in: Grigoleit, § 292 AktG Rdnr. 42.
430 S. *Emmerich/Habersack*, Kommentar, § 292 AktG Rdnr. 51 f.
431 Z.B. *Casper*, in: Ulmer/Habersack/Löbbe, Rdnr. 221; *Liebscher*, in: MünchKomm. GmbHG, Rdnr. 784; *Servatius*, in: Michalski u.a., Rdnr. 382.
432 Generell in diesem Sinne *Beurskens*, in: Baumbach/Hueck, Rdnr. 99; *Führling*, Sonstige Unternehmensverträge, S. 167 ff.; – dagegen *J. Mimberg*, Betriebspachtverträge, S. 144 ff.
433 Vgl. *Emmerich/Habersack*, Kommentar, § 292 AktG Rdnr. 54.
434 *Emmerich/Habersack*, Kommentar, § 302 AktG Rdnr. 25.
435 *Casper*, in: Ulmer/Habersack/Löbbe, Rdnr. 221.
436 Für die grundsätzliche Anwendbarkeit der Regeln über Betriebspachtverträge insbesondere *Beurskens*, in: Baumbach/Hueck, Rdnr. 100; *Casper*, in: Ulmer/Habersack/Löbbe, Rdnr. 200 f., 222 f.; *Liebscher*, in: MünchKomm. GmbHG, Rdnr. 702, 785.

sich ohne weiteres ein Beherrschungsvertrag verbergen. Solche Annahme liegt z.B. nahe, wenn sich die „Pächterin" ein Weisungsrecht gegenüber der verpachtenden Gesellschaft auch hinsichtlich der „pachtfreien" Sphäre, z. B. hinsichtlich der Verwaltung ihres übrigen Beteiligungsbesitzes, ausbedingt oder wenn die vereinbarte „Gegenleistung" der Pächterin hinter der angemessenen Gegenleistung zurückbleibt. Ebenso verhält es sich etwa bei einem Betriebsführungsvertrag, wenn der Betriebsführer herrschendes Unternehmen ist und durch den Vertrag die Kontroll- und Einflussrechte der Eigentümergesellschaft weitgehend beschnitten werden[437]. Die Behandlung dieser Fälle ist noch nicht geklärt[438]. Nach den §§ 133 und 157 BGB sollte in diesen Fällen die Betonung nicht auf die von den Parteien frei gewählte Bezeichnung ihres Vertrages, sondern auf dessen **„wirklichen" Inhalt** gelegt werden[439].

222 Dies bedeutet, dass eine Gewinngemeinschaft oder ein Teilgewinnabführungsvertrag ebenso wie ein Betriebspacht- oder Betriebsüberlassungsvertrag, hinter (oder: unter) denen sich ein Beherrschungs- oder Gewinnabführungsvertrag verbirgt, auch als solche, d.h. als **Beherrschungs- oder Gewinnabführungsverträge** zu behandeln sind, so dass der Vertrag nur wirksam ist, wenn er zugleich die Wirksamkeitsvoraussetzungen eines Beherrschungs- oder Gewinnabführungsvertrages erfüllt (Rdnr. 129, 198 ff.). Fehlt es daran, so dürfte der Vertrag grundsätzlich **nichtig** sein. Dazu gehört wohl auch die **Eintragung** des Vertrags ins Handelsregister *als solcher* (und nicht etwa als Betriebspacht- oder Betriebsüberlassungsvertrag) (§ 54 GmbHG; § 294 AktG). Im Schrifttum wird freilich vielfach eine Ausnahme befürwortet, wenn der Vertrag – trotz seiner falschen Bezeichnung im Handelsregister – die wichtigsten Voraussetzungen eines Beherrschungsvertrages im Interesse des Gläubiger- und Minderheitenschutzes erfüllt[440]. Das ist sicher gut vertretbar, wenn ein derartiger Fall tatsächlich einmal vorkommen sollte. Jenseits solcher Ausnahmefälle ist aber auch für die Anwendung der Regeln über **fehlerhafte Unternehmensverträge** mit Rücksicht auf die unrichtige Eintragung des Vertrags im Handelsregister *kein* Raum[441]. Der abweichenden Rechtsprechung, in der wiederholt auf Beherrschungs- und Gewinnabführungsverträge trotz fehlender Eintragung ins Handelsregister die Regeln über fehlerhafte Unternehmensverträge angewandt wurde, ist nicht zu folgen (s. Rdnr. 163 ff.).

---

437 S. *U. Huber*, ZHR 152 (1988), 123, 128, 135 ff.
438 S. *Altmeppen*, in: Roth/Altmeppen, Rdnr. 126; *Casper*, in: Ulmer/Habersack/Löbbe, Rdnr. 245; *Emmerich/Habersack*, Kommentar, § 292 AktG Rdnr. 61 f.; *Liebscher*, in: MünchKomm. GmbHG, Rdnr. 704 f.
439 S. Rdnr. 164a; *Casper*, in: Ulmer/Habersack/Löbbe, Rdnr. 245; *Emmerich*, in: FS Hüffer, 2010, S. 179, 183 ff.
440 So *Altmeppen*, in: Roth/Altmeppen, Rdnr. 126; *Liebscher*, in: MünchKomm. GmbHG, Rdnr. 706.
441 S. *Emmerich/Habersack*, Kommentar, § 291 AktG Rdnr. 30.

§ 14
Einlagepflicht

Auf jeden Geschäftsanteil ist eine Einlage zu leisten. Die Höhe der zu leistenden Einlage richtet sich nach dem bei der Errichtung der Gesellschaft im Gesellschaftsvertrag festgesetzten Nennbetrag des Geschäftsanteils. Im Fall der Kapitalerhöhung bestimmt sich die Höhe der zu leistenden Einlage nach dem in der Übernahmeerklärung festgesetzten Nennbetrag des Geschäftsanteils.

Neu gefasst durch das MoMiG vom 23.10.2008 (BGBl. I 2008, 2026).

I. Bedeutung

1   Die frühere, seit 1892 bestehende Fassung von § 14 (a.F.) bestimmte unter der amtlichen Überschrift „Geschäftsanteil" knapp „Der Geschäftsanteil jedes Gesellschafters bestimmt sich nach dem Betrage der von ihm übernommenen Stammeinlage" und statuierte (i) damit den Begriff des Geschäftsanteils (ohne ihn zu definieren) als Verkörperung der Verbandsmitgliedschaft in der GmbH, (ii) die Verknüpfung von durch den Gesellschafter zu leistender Stammeinlage und Geschäftsanteil sowie (iii) die Verknüpfung von Verbandsmitgliedschaft in der GmbH mit einer Kapitalbeteiligung[1]. Mit dem MoMiG hat § 14 diese Zentralstellung für das Verständnis des Geschäftsanteils verloren, und wesentliche Aspekte des Geschäftsanteils sind nun in Einzelbestimmungen (neu) geregelt, wobei die Neuregelungen Ausdruck der Akzentverschiebung hin zur kapitalgesellschaftsrechtlichen Seite des GmbH-Verbands sind: So kann ein Gesellschafter – anders als nach dem früheren Verbot der Übernahme mehrerer Stammeinlagen – nun schon bei der Gründung mehrere Geschäftsanteile übernehmen (§ 5 Abs. 2 Satz 2); die Höhe der Nennbeträge der einzelnen Geschäftsanteile können hierbei unterschiedlich bestimmt werden (§ 5 Abs. 3 Satz 1). Die Zahl und die Nennbeträge der Geschäftsanteile, die jeder Gesellschafter bei Errichtung der Gesellschaft übernimmt, sind nunmehr konsequenterweise im Gesellschaftsvertrag zu regeln (§ 3 Abs. 1 Nr. 4). Die Fungibilität des Geschäftsanteils und seine vermögensrechtliche Rolle als Finanzierungsunterlage wurde durch Abschaffung von § 17 a.F. und durch die Ermöglichung eines gutgläubigen Erwerbs von Ge-

---

1 Zur Bedeutung der früheren Norm 10. Aufl., Rdnr. 1.

schäftsanteilen nach Maßgabe von § 16 Abs. 3 erleichtert. Der verbleibende Regelungsgehalt des § 14 ist – allerdings bei einem Perspektivwechsel vom Geschäftsanteil als bisherigen Bezugspunkt auf die Einlagepflicht nach neuem Recht – materiell gegenüber der früheren Rechtslage unverändert geblieben: Der Gesellschafter hat für die Übernahme eines Geschäftsanteils eine Einlage zu leisten (Satz 1). Die Einlageverpflichtung entsteht im Fall der Errichtung der Gesellschaft in der Höhe, in welcher der Nennbetrag des jeweiligen Geschäftsanteils im Gesellschaftsvertrag festgesetzt wird (Satz 2), im Fall der Kapitalerhöhung in der Höhe, in welcher der Nennbetrag des jeweiligen Geschäftsanteils in der Übernahmeerklärung festgesetzt wird (Satz 3). Damit macht § 14 – wie die Regelung in § 14 a.F. – deutlich, dass sich die Nennbeträge der Geschäftsanteile und die Nennbeträge der Stammeinlagen grundsätzlich entsprechen[2].

II. Geschäftsanteil und Einlagepflicht

Schrifttum: *Buchwald*, Zum Wesen des GmbH-Geschäftsanteils, GmbHR 1962, 25; *U. Huber*, Vermögensanteil, Kapitalanteil und Gesellschaftsanteil an Personengesellschaften des Handelsrechts, 1970; *Kleindiek*, Die Einziehung von GmbH-Geschäftsanteilen und das Konvergenzgebot aus § 5 III 2 GmbHG, NZG 2015, 489; *Müller-Erzbach*, Das private Recht der Mitgliedschaft als Prüfstein eines kausalen Rechtsdenkens, 1948; *Neukamp*, Die Geschäftsanteile der GmbH, ZHR 57 (1906), 1; *Schefer*, Welche Rechte enthält der Geschäftsanteil eines GmbH-Gesellschafters?, GmbHR 1961, 81; *O. Schwarz*, Die Geschäftsanteile und ihre Übertragung bei der GmbH, Diss. Jena 1904; *Spitaler*, Das Wesen eines Geschäftsanteils an einer GmbH, GmbHR 1950, 153; *Wiedemann*, Die Übertragung und Vererbung von Mitgliedschaftsrechten bei Handelsgesellschaften, 1965; *Wolany*, Rechte und Pflichten des Gesellschafters einer GmbH, 1965.

1. Begriff des Geschäftsanteils

Das GmbHG verwendet zwar den Begriff des Geschäftsanteils in zahlreichen Vorschriften, gibt aber selbst keine Begriffsbestimmung. Er wurde in der Begründung zu den Gesetzentwürfen I (1891) bzw. II (1892) definiert als „die durch Übernahme der Stammeinlage geschaffene Rechtsposition des Gesellschafters"[3]. Genauer ist er in Anlehnung an das Reichsgericht zu bestimmen als die durch die Beteiligungserklärung begründete mitgliedschaftliche Rechtsstellung des Gesellschafters und der hieraus sich ergebenden Gesamtheit seiner Rechte und Pflichten[4]. Das Schrifttum stimmt damit weitgehend überein[5].

In welcher Form der Geschäftsanteil auch eine **Beteiligung am Gesellschaftsvermögen** verkörpert, war zunächst unklar, aber wird im Anschluss an die Rechtsprechung[6] mit Recht auch im Schrifttum überwiegend bejaht[7]. Der vermögensrechtliche Inhalt des Geschäftsanteils erschöpft sich nämlich nicht in den Rechten auf den Gewinnanteil und auf die Liquidationsquote. Die Vermögensgüter sind zwar dinglich der GmbH als rechtsfähigem Personenverband zugeordnet (s. § 13 Rdnr. 16 ff.), aber das schließt eine Beteiligung der Gesellschafter an der

---

2 Ausdrücklich BT-Drucks. 16/6140, S. 37 li.Sp.

3 Begr. zu Entw. I, 1891, S. 59, Begr. zu Entw. II, 1892, S. 47.

4 RG v. 18.4.1913 – II 659/12, RGZ 82, 167; RG v. 25.11.1919 – VII 295/19, RGZ 97, 197, 200; BGH v. 18.11.1971 – VII ZR 102/70, BB 1972, 11; KG v. 29.7.1943 – 1 Wx 258/43, DR 1943, 1230; OLG Frankfurt v. 2.7.1957 – 5 U 10/57, MDR 1958, 108.

5 Vgl. *Feine*, S. 258 ff.; *Raiser*, in: Ulmer/Habersack/Löbbe, Rdnr. 1; *Fastrich*, in: Baumbach/Hueck, Rdnr. 3; *Bayer*, in: Lutter/Hommelhoff, Rdnr. 1; *Reichert/Weller*, in: MünchKomm. GmbHG, Rdnr. 1 und 7; *Altmeppen*, in: Roth/Altmeppen, Rdnr. 2, 4; *Pentz*, in: Rowedder/Schmidt-Leithoff, Rdnr. 2; *D. Jasper/Wollbrink*, in: MünchHdb. III, § 23 Rdnr. 1.

6 RG v. 18.4.1913 – II 659/12, RGZ 82, 167, 169.

7 S. *Feine*, S. 264 ff.; *Brodmann*, Anm. 1; *Vogel*, Anm. 2; *U. Huber*, S. 145 ff.; *Altmeppen*, in: Roth/Altmeppen, Rdnr. 5; abw. *Pentz*, in: Rowedder/Schmidt-Leithoff, Rdnr. 3.

Vermögenssubstanz nicht aus. Es steht ihnen vielmehr als Mitglieder des Personenverbandes rechtlich[8] – nicht nur wirtschaftlich – ein Wertanteil an dem veränderlichen Gesellschaftsvermögen zu[9], der sich ganz oder teilweise durch die Veräußerung des Geschäftsanteils oder bei seiner entgeltlichen Einziehung oder bei der Liquidation auch realisieren lässt. Dem Umstand, dass der Wert des Geschäftsanteils noch durch andere Faktoren beeinflusst wird (s. Rdnr. 6), steht nicht entgegen, dass er auch einen Wertanteil am Gesellschaftsvermögen vermittelt[10].

2. Entstehung und Erlöschen

4   Die Geschäftsanteile entstehen nach weiter h.M. nicht schon mit dem Abschluss des Gesellschaftsvertrages, sondern erst mit der Eintragung der Gesellschaft in das Handelsregister[11]. Zwar ist auch in den das Vorgründungsstadium der Gesellschaft betreffenden §§ 3, 5 von „Geschäftsanteilen" die Rede, diese Formulierung ist jedoch dahingehend auszulegen, dass der MoMiG-Gesetzgeber lediglich Bezug auf die zukünftigen Geschäftsanteile nehmen wollte[12]. Zur Rechtsstellung der Gesellschafter bis zur Eintragung s. Erl. zu § 11 Rdnr. 48 ff.; ein Gesellschafterwechsel kann nach dieser h.M. bis dahin nicht durch Abtretung, sondern nur durch eine mit Zustimmung aller Gesellschafter erfolgende Änderung des Gesellschaftsvertrags vollzogen werden (vgl. dazu § 15 Rdnr. 11 f.). Der Geschäftsanteil erlischt mit seiner Einziehung (s. Erl. zu § 34) und mit der Vollbeendigung der GmbH (s. § 13 Rdnr. 9 ff.), nicht dagegen bereits mit ihrer Auflösung (s. 11. Aufl., bei § 69 Rdnr. 22). Der Erwerb eines Geschäftsanteils durch die GmbH (§ 33) berührt seinen Bestand nicht (s. § 33 Rdnr. 3), aber die personenrechtlichen Befugnisse ruhen (s. § 33 Rdnr. 37), während das für die vermögensmäßigen Rechte und Pflichten nur eingeschränkt gilt (eingehend dazu § 33 Rdnr. 36). Ebenso wenig geht der Anteil durch die Kaduzierung (s. § 21 Rdnr. 25 ff.), durch den Abandon (s. § 27 Rdnr. 18 ff.) und durch den Austritt oder die Ausschließung aus wichtigem Grunde (s. Anh. § 34 Rdnr. 6 ff., 25 ff.) unter, soweit letztere nicht mittels Einziehung ausgeführt werden.

3. Einlagepflicht

a) Pflicht zur Leistung der Einlage (§ 14 Satz 1)

5   Die GmbH-Verbandsmitgliedschaft ist zwingend mit der Übernahme einer Kapitalbeteiligung verkoppelt (Rdnr. 1). Dieser Rechtsgrundsatz galt bereits nach früherem Recht und kommt nun in § 3 Abs. 1 Nr. 4 sowie in § 14 Satz 1 zum Ausdruck. In Übereinstimmung mit dem in der Gesetzesbegründung niedergelegten gesetzgeberischen Willen ist § 14 Satz 1 keine neue Anspruchsgrundlage zugunsten der Gesellschaft gegenüber dem Gesellschafter auf Einlageleistung[13]. Die Verpflichtung des Gesellschafters auf Einlageleistung und spiegelbildlich der Anspruch der Gesellschaft auf Erhalt der Einlagenleistung ergibt sich wie nunmehr im Fall der Errichtung der Gesellschaft (in Anlehnung an § 2 AktG) aus der Aufnahme des Nennbetrages

---

8   RG v. 18.4.1913 – II 659/12, RGZ 82, 167, 169; *Würdinger*, S. 49; *U. Huber*, S. 147, 162.
9   *Würdinger*, S. 48; *U. Huber*, S. 151 ff.; *Altmeppen*, in: Roth/Altmeppen, Rdnr. 5; offen gelassen bei *Fastrich*, in: Baumbach/Hueck, Rdnr. 6.
10 A.M. *Wiedemann*, S. 36; vgl. dazu *U. Huber*, S. 147 f.
11 BGH v. 27.1.1997 – II ZR 123/94, GmbHR 1997, 405; OLG Frankfurt v. 14.8.1996 – 10 W 33/96, GmbHR 1997, 896; *Wicke*, Rdnr. 3; *Bayer*, in: Lutter/Hommelhoff, Rdnr. 4; *D. Jasper/Wollbrink*, in: MünchHdb. III, § 23 Rdnr. 10; s. aber auch überzeugend *Karsten Schmidt*, oben § 11 Rdnr. 49 m.w.N.; s. auch § 15 Rdnr. 10; a.A. auch *Reichert/Weller*, in: MünchKomm. GmbHG, Rdnr. 9 ff. (Entstehen mit der Errichtung der Vorgesellschaft).
12 A.A. *Reichert/Weller*, in: MünchKomm. GmbHG, Rdnr. 11.
13 BT-Drucks. 16/6140, S. 37 li.Sp. („Satz 1 dient lediglich der Klarstellung"); a.A. *Reichert/Weller*, in: MünchKomm. GmbHG, Rdnr. 4: Satz 1 ist neue Anspruchsgrundlage betreffend die Einlageleistung.

des jeweiligen Geschäftsanteils in der Satzung (§ 3 Abs. 1 Nr. 4) und im Falle der Kapitalerhöhung aus der Übernahmeerklärung. § 14 Satz 1 ist nur ein programmatischer Einleitungssatz und insofern ist auch aus der amtlichen Überschrift „Einlagepflicht" nichts Überschießendes zu gewinnen.

b) Höhe der zu leistenden Einlage (§ 14 Sätze 2 und 3)

Die Höhe der Einlagepflicht des Gesellschafters bemisst sich grundsätzlich nach der Höhe des Nennbetrags des in Frage stehenden Geschäftsanteils[14]. Dabei differenziert das Gesetz den Fall der Errichtung der Gesellschaft, bei dem der Nennbetrag des Geschäftsanteils im Gesellschaftsvertrag (§ 3 Abs. 1 Nr. 4) festgesetzt wird (Satz 2), und den Fall der Kapitalerhöhung, in dem der Nennbetrag des Geschäftsanteils in der Übernahmeerklärung (§ 55) festgesetzt ist (Satz 3). Aus einem Umkehrschluss zu diesen Regelungen ergibt sich, dass in den Fällen, in denen sich die Nennbeträge der Geschäftsanteile nach § 57h Abs. 1 im Rahmen einer Kapitalerhöhung aus Gesellschaftsmitteln oder im Zuge einer Einziehung nach § 34 erhöhen, dies keine Erhöhung der Einlageverpflichtung zur Folge hat[15].

4. Nennbetrag des Geschäftsanteils und dessen Funktion

Während § 14 a.F. festschrieb, dass „der Geschäftsanteil jedes Gesellschafters ... sich nach dem Betrage der von ihm übernommenen Stammeinlage [bestimmt]", ist nach dem Perspektivwechsel des MoMiG (Rdnr. 1) nun geregelt, dass sich die Höhe der zu leistenden Einlage nach dem im Gesellschaftsvertrag bzw. in der Übernahmeerklärung festgesetzten Nennbetrag bestimmt. Durch diesen Perspektivwechsel wird das frühere Verständnis unterstützt, dass der Nennbetrag des Geschäftsanteils von der Frage unabhängig ist, ob der Gesellschafter auf die Einlagepflicht bereits (vollständig) geleistet hat[16]. Der Nennbetrag wird *ab initio* im Gesellschaftsvertrag (Fall der Errichtung der Gesellschaft) bzw. in der Übernahmeerklärung (Fall der Kapitalerhöhung) festgesetzt, er kann sich aber auch später ändern, und zwar durch die Teilung des Geschäftsanteils (§ 46 Nr. 4), durch die Zusammenlegung zweier Geschäftsanteile (s. § 15 Rdnr. 45 f.) und durch die Kapitalerhöhung mittels Heraufsetzung des Nennbetrags (s. § 57h Abs. 1)[17], aber die veränderten Nennbeträge sind dann jedenfalls auf entsprechende Stammeinlagebeträge zurückzuführen.

Unberührt bleiben dagegen die Nennbeträge der übrigen Geschäftsanteile in den Fällen der Unwirksamkeit einer Beteiligungserklärung (s. § 2 Rdnr. 92 ff.) oder der Einziehung eines anderen Geschäftsanteils[18]; diese Vorgänge bewirken nur, dass die Summe der Nennbeträge aller (verbleibenden) Geschäftsanteile nicht mehr mit der Stammkapitalziffer übereinstimmt und dass sich die verhältnismäßige Beteiligung der Gesellschafter an den Rechten und Pflichten verschiebt (s. Rdnr. 6 u. § 34 Rdnr. 67). Zwar muss nach dem Wortlaut des § 5 Abs. 3 Satz 2 die Summe der Nennbeträge mit dem Nennbetrag des Stammkapitals übereinstim-

---

14 BT-Drucks. 16/6140, S. 28 und 37.

15 BT-Drucks. 16/6140, S. 37 li.Sp.; *Reichert/Weller*, in: MünchKomm. GmbHG, Rdnr. 6.

16 10. Aufl., Rdnr. 4.

17 Auch bei der Kapitalerhöhung gegen Einlagen ist u.U. abweichend von § 55 Abs. 3 eine Aufstockung bestehender Geschäftsanteile möglich; s. BGH v. 24.10.1974 – II ZB 1/74, BGHZ 63, 116; OLG Hamm v. 24.2.1982 – 15 W 114/81, GmbHR 1983, 102 = DB 1982, 945; BayObLG v. 17.1.1986 – BReg 3 Z 170/85, BReg 3 Z 228/85, GmbHR 1986, 159 = DB 1986, 738; BayObLG v. 24.5.1989 – BReg 3 Z 20/89, DB 1989, 1558, 1559 = GmbHR 1990, 35. Näheres vgl. 11. Aufl., § 55 Rdnr. 24 ff.

18 Näher dazu *Niemeier*, Rechtstatsachen und Rechtsfragen der Einziehung von GmbH-Anteilen, 1982, S. 357 ff. m.w.N.; *H. P. Westermann*, in: FS 100 Jahre GmbHG, 1992, S. 447, 469 f.; a.M. *Lutter/Kleindiek*, in: Lutter/Hommelhoff, § 34 Rdnr. 2; *Priester*, in: FS Kellermann, 1991, S. 337, 347 ff.; unklar *Wolany*, S. 77.

men. Nach dem BGH ist ein Einziehungsbeschluss aber nicht deshalb nichtig, weil nicht gleichzeitig Maßnahmen ergriffen wurden, um ein Auseinanderfallen der Summe der Nennbeträge mit dem Stammkapital zu verhindern[19]. Eine Anpassung der Nennbeträge wegen des Auseinanderfallens ihrer Summe und der Stammkapitalziffer ist auch nicht nachträglich notwendig[20]; sie ist beim Vorliegen dieser Voraussetzung zwar nicht unzulässig[21], aber wegen der möglichen Verwirrung über die Identität der Geschäftsanteile (s. Rdnr. 5) zu vermeiden. Die Kapitalherabsetzung hat grundsätzlich eine automatische Anpassung der Nennbeträge der Geschäftsanteile an die neue Stammkapitalziffer zur Folge (s. auch §§ 58 Abs. 2 Satz 2, 58a Abs. 3 Satz 1); besondere Bestimmungen darüber muss der Herabsetzungsbeschluss nur enthalten, wenn die Kapitalherabsetzung nicht alle Geschäftsanteile gleichmäßig betreffen soll oder wenn Maßnahmen zur Einhaltung der Erfordernisse der §§ 5 Abs. 1, Abs. 2 Satz 1 u. Abs. 3, 58 Abs. 2 Satz 2, 58 Abs. 3 Satz 2 zu treffen sind[22]. Im Übrigen ist die Änderung der Nennbeträge ausgeschlossen[23]. Möglich ist auch die Neubildung eines Geschäftsanteils an Stelle eines eingezogenen (s. § 34 Rdnr. 68). Die Angabe von Quoten an Stelle der Nennbeträge (sog. „Quotengeschäftsanteile") ist demgegenüber nicht statthaft[24].

9   Die Nennbeträge haben die folgenden **Funktionen**:
   – Sie dienen als **Identitätsbezeichnung** der Geschäftsanteile[25]. Die Nennbeträge sind in der Errichtungssatzung (§ 3 Abs. 1 Nr. 4) sowie in der Gesellschafterliste (§ 40) zu verzeichnen und sind im Gesellschaftsleben sowie bei Rechtsgeschäften über die Geschäftsanteile zu deren Bezeichnung zu verwenden.

10   – Sie bestimmen die Höhe der Einlageverpflichtung (Sätze 2 und 3; Rdnr. 7).

11   – Sie sind ferner **Beteiligungsmaßstab** für Rechte und Pflichten der Gesellschafter und geben insoweit die relative Größe der Geschäftsanteile an[26]. Für den Umfang der Beteiligung ist nach dem GmbHG meist das Größenverhältnis der Nominalbeträge der Geschäftsanteile untereinander maßgebend (§§ 24, 26 Abs. 3, 29 Abs. 3, 31 Abs. 3, 47 Abs. 2, 72). Diese verhältnismäßige Beteiligung ist im Ergebnis auch für das Bestehen der Minderheitenrechte aus §§ 50 Abs. 1, 61 Abs. 2, 66 Abs. 2 entscheidend, bei denen der Gesetzeswortlaut zwar an das Größenverhältnis der Nominalbeträge zur Stammkapitalziffer anknüpft, aber diese entsprechend dem Gesetzeszweck durch die Nichtberücksichtigung unwirksamer Übernahmen von Stammeinlagen, der eingezogenen Geschäftsanteile und eigener Geschäftsanteile

---

19 BGH v. 2.12.2014 – II ZR 322/13, BGHZ 203, 303 = GmbHR 2015, 416; zustimmend *Kleindiek*, NZG 2015, 489.
20 *Ebbing*, in: Michalski u.a., Rdnr. 8; *Kleindiek*, NZG 2015, 489; offen gelassen von BGH v. 2.12.2014 – II ZR 322/13, BGHZ 203, 303 = GmbHR 2015, 416; a.A. *Strohn*, in: MünchKomm. GmbHG, § 34 Rdnr. 65.
21 S. auch RG v. 30.9.1930 – II 518/29, RGZ 130, 39, 44 f.; BGH v. 6.6.1988 – II ZR 318/87, GmbHR 1988, 337, 338 f.; KG v. 29.7.1943 – 1 Wx 258/43, DR 1943, 1230; BayObLG v. 25.10.1991 – BReg 3 Z 125/91, BB 1991, 2464 f.; *Hohner*, in: FS Barz, 1974, S. 147, 165; *Niemeier*, Rechtstatsachen und Rechtsfragen der Einziehung von GmbH-Anteilen, 1982, S. 364 ff.; *Priester*, in: FS Kellermann, 1991, S. 351 f. u. *H. P. Westermann*, unten § 34 Rdnr. 68 m.w.N.
22 Vgl. 11. Aufl., § 58 Rdnr. 35; *Casper*, in: Ulmer/Habersack/Löbbe, § 58 Rdnr. 14 ff., 23 f.; *Lutter/ Kleindiek*, in: Lutter/Hommelhoff, § 58 Rdnr. 6 f.; *Zöllner/Haas*, in: Baumbach/Hueck, § 58 Rdnr. 7 ff.; *Roth*, in: Roth/Altmeppen, § 58 Rdnr. 13; *Zimmermann*, in: Rowedder/Schmidt-Leithoff, § 58 Rdnr. 10, 15.
23 Zu weitgehend daher LG Hamburg v. 14.2.1952 – 26 T 40/51, BB 1953, 8 betr. § 40.
24 Gl.M. *Feine*, S. 260; *Priester*, in: FS Kellermann, 1991, S. 348.
25 *Fastrich*, in: Baumbach/Hueck, Rdnr. 3; *Ebbing*, in: Michalski u.a., Rdnr. 5.
26 *Raiser*, in: Ulmer/Habersack/Löbbe, Rdnr. 6; *Fastrich*, in: Baumbach/Hueck, Rdnr. 5; *Bayer*, in: Lutter/Hommelhoff, Rdnr. 1; *Altmeppen*, in: Roth/Altmeppen, Rdnr. 4; *Niemeier*, Rechtstatsachen und Rechtsfragen der Einziehung von GmbH-Anteilen, 1982, S. 361 f.; *Reichert/Weller*, in: MünchKomm. GmbHG, Rdnr. 14; *Pentz*, in: Rowedder/Schmidt-Leithoff, Rdnr. 10.

der GmbH zu korrigieren ist[27]. Der vom GmbHG bestimmte Beteiligungsmaßstab ist für einige Rechte und Pflichten teilweise zwingend (§§ 24, 31 Abs. 3: keine Abschwächung der Haftung zulässig; §§ 50 Abs. 1, 61 Abs. 2, 66 Abs. 2: keine Verschärfung der Voraussetzungen möglich), kann aber im Übrigen (§§ 26 Abs. 3, 29 Abs. 3, 47 Abs. 2, 72) durch den Gesellschaftsvertrag anderweitig festgelegt werden. Es gibt darüber hinaus Gesellschafterrechte und -pflichten, die nicht oder jedenfalls nicht notwendig von einem Beteiligungsmaß abhängen, z.B. Auskunfts- und Einsichtsrechte, Sonderrechte und -pflichten[28].

5. Subjektives Recht

Der Geschäftsanteil ist Gegenstand eines subjektiven Rechts des Anteilsinhabers[29]. Das GmbHG ordnet ihm seine Rechtsposition als Gesellschafter mit ihrem vermögens- und personenrechtlichen Gehalt als einen einheitlichen Rechtsgegenstand zu, über den er nach § 15 Abs. 1 als Ganzen verfügen (ihn abtreten oder mit einem Pfand- oder Nießbrauchsrecht belasten; s. § 15 Rdnr. 172 ff., 212 ff.) kann, der als solcher vererblich ist (s. § 15 Rdnr. 24 ff.) und der der Zwangsvollstreckung in Rechte unterliegt (s. § 15 Rdnr. 195 ff.). Der Einwand, der Geschäftsanteil sei als „Gesamtheit der Rechte und Pflichten" zu charakterisieren und könne deshalb nicht als übertragbares Recht qualifiziert werden[30], beruht auf einem mit den vorstehenden Regelungen unvereinbaren und nicht sachgerechten Verständnis vom Anteilsrecht, da er die mitgliedschaftliche Rechtsposition in die aus ihr sich nach Gesetz und Gesellschaftsvertrag ergebenden[31] aktuellen sowie potentiellen Einzelrechte und -pflichten auflöst und zudem ihren vermögensrechtlichen Gehalt (s. Rdnr. 3) unzureichend berücksichtigt. 12

Das Anteilsrecht ist als **sonstiges Recht** i.S. des § 823 Abs. 1 BGB gegen Verletzungen *durch Dritte* geschützt[32]. Eine zum Schadensersatz verpflichtende Handlung liegt aber nur vor, wenn der Geschäftsanteil selbst verletzt ist[33]; es genügt nicht, dass allein das Vermögen oder der Ertrag der GmbH beeinträchtigt und dadurch mittelbar der Wert des Geschäftsanteils gemindert wird[34]. Die Rechtsposition des Gesellschafters wird im Innenverhältnis zur GmbH (d.h. zur 13

---

27 Gl.M. *Ebbing*, in: Michalski u.a., Rdnr. 10. Für § 50 Abs. 1: *Bayer*, in: Lutter/Hommelhoff, § 50 Rdnr. 5; *Reichert/Weller*, in: MünchKomm. GmbHG, Rdnr. 16; *Zöllner/Noack*, in: Baumbach/Hueck, § 50 Rdnr. 23. Für § 61: *Casper*, in: Ulmer/Habersack/Löbbe, § 61 Rdnr. 30; *Haas*, in: Baumbach/Hueck, § 61 Rdnr. 14; abw. *Karsten Schmidt/Bitter*, 11. Aufl., § 61 Rdnr. 8. Für § 66: *Haas*, in: Baumbach/Hueck, § 66 Rdnr. 19; abw. *Karsten Schmidt*, 11. Aufl., § 66 Rdnr. 17.

28 Vgl. *Wolany*, S. 78 f.

29 BGH v. 25.4.1968 – II ZR 149/67, GmbHR 1968, 207; *Feine*, S. 262 ff.; *Wiedemann*, S. 39 ff.; *Habersack*, Die Mitgliedschaft – subjektives und „sonstiges" Recht, 1996, S. 21 ff.; *U. Huber*, S. 381; *Flume*, Juristische Person, S. 258; *Fastrich*, in: Baumbach/Hueck, Rdnr. 6; *Reichert/Weller*, in: MünchKomm. GmbHG, Rdnr. 47; *Raiser*, in: Ulmer/Habersack/Löbbe, Rdnr. 23; *Lutter*, AcP 180 (1980), 84, 100 ff.; *Karsten Schmidt*, GesR, § 19 I 3; *Altmeppen*, in: Roth/Altmeppen, Rdnr. 4; *Pentz*, in: Rowedder/Schmidt-Leithoff, Rdnr. 4; *Schiessl/Böhm*, in: MünchHdb. III, § 31 Rdnr. 1.

30 *Vogel*, Anm. 2; *Hadding*, in: FS Reinhard, 1972, S. 258 Fn. 63; *Hadding*, in: FS Steindorff, 1990, S. 31, 38.

31 Unberechtigt daher die Kritik von *Hadding*, in: FS Reinhard, 1972, S. 261 f.

32 RG v. 26.11.1920 – VII 286/20, RGZ 100, 274, 278; *Wiedemann*, S. 39; *Mertens*, in: FS R. Fischer, 1979, S. 461, 468 ff.; *Habersack*, Die Mitgliedschaft – subjektives und „sonstiges" Recht, 1996, S. 113 ff.; *Fastrich*, in: Baumbach/Hueck, Rdnr. 6; *Reichert/Weller*, in: MünchKomm. GmbHG, Rdnr. 54; *Wicke*, Rdnr. 2; *Altmeppen*, in: Roth/Altmeppen, Rdnr. 4; *Raiser*, in: Ulmer/Habersack/Löbbe, Rdnr. 23; *Ebbing*, in: Michalski u.a., Rdnr. 43; *Lutter*, AcP 180 (1980), 130 f.; *Schiessl/Böhm*, in: MünchHdb. III, § 31 Rdnr. 2; krit. dazu aber *Hadding*, in: FS Kellermann, 1991, S. 91, 102 ff.

33 Gl.A. *Raiser*, in: Ulmer/Habersack/Löbbe, Rdnr. 23; zu Unrecht weiter gehend *Habersack*, Die Mitgliedschaft – subjektives und „sonstiges" Recht, 1996, S. 152 ff.; s. dazu *Reuter*, AcP 197 (1997), 322 ff.; *Hüffer*, ZHR 161 (1997), 867 ff.

34 RG v. 26.11.1920 – VII 286/20, RGZ 100, 274, 278; RG v. 21.9.1938 – II 183/37, RGZ 158, 248.

Geschäftsführung) und zu den anderen Gesellschaftern – anders als bei Verein oder AG – nicht durch § 823 Abs. 1 BGB, sondern durch die gesellschaftsrechtlichen Normen geschützt[35], u.U. greifen aber zusätzlich die Haftungsvorschriften der §§ 823 Abs. 2, 826 BGB ein. Der Geschäftsanteil steht ferner unter dem **Eigentumsschutz des Art. 14 GG**[36].

6. Bewertung des Geschäftsanteils

Schrifttum: *Bellinger/Vahl*, Unternehmensbewertung in Theorie und Praxis, 2. Aufl. 1992; *Braunhofer*, Unternehmens- und Anteilsbewertung bei Bemessung von familien- und erbrechtlichen Ausgleichsansprüchen, 1995; *Drukarczyk/Schüler*, Unternehmensbewertung, 7. Aufl. 2016; *Fleischer/Hüttemann*, Rechtshandbuch Unternehmensbewertung, 2015; *Götzenberger*, Konsequenzen des neuen Erbschaftsteuer- und Bewertungsrechts bei Ausscheiden eines Gesellschafters, BB 2009, 131; *Großfeld/Egger/Tönnes*, Recht der Unternehmensbewertung, 8. Aufl. 2016; *Helbling*, Unternehmensbewertung und Steuern, 8. Aufl. 1995; *Hülsmann*, Gesellschafterabfindung und Unternehmensbewertung nach der Ertragswertmethode im Lichte der Rechtsprechung, ZIP 2001, 450: *Hüttemann*, Unternehmensbewertung als Rechtsproblem, ZHR 162 (1998), 563; *Kiem*, Kaufpreisreglungen beim Unternehmenskauf, 2015; *Moxter*, Grundsätze ordnungsgemäßer Unternehmensbewertung, 2. Aufl. 1983; *Neuhaus*, Unternehmensbewertung und Abfindung bei freiwilligem Ausscheiden aus der Personengesellschaft, 1990; *Piltz*, Die Unternehmensbewertung in der Rechtsprechung zum Gesellschafts-, Familien-, Erb-, Schadens- und Enteignungsrecht, 3. Aufl. 1994; *Piltz*, Rechtspraktische Überlegungen zu Abfindungsklauseln in Gesellschaftsverträgen, BB 1994, 1021; *Ränsch*, Die Bewertung von Unternehmen als Problem der Rechtswissenschaft, AG 1984, 202; *Sieben*, Unternehmensbewertung, HWB, 5. Aufl. 1993; *Thoennes*, Die Rechtsprechung zur Unternehmensbewertung aus der Sicht der Berufspraxis, in: 50 Jahre Wirtschaftsprüferberuf, 1981, S. 265 ff.; *Ulmer*, Abfindungsklauseln in Personengesellschafts- und GmbH-Verträgen – Plädoyer für die Ertragswertklausel, in: FS Quack, 1991, S. 477 ff.

14 Der wirtschaftliche Wert des Geschäftsanteils, der nicht mit dessen Nennbetrag (über diesen Begriff und seine Funktionen s. Rdnr. 4 ff.) verwechselt werden darf und über oder unter dem Nennbetrag liegen kann, ist in verschiedenen Beziehungen rechtserheblich:

a) Privatrechtlich

15 Der Anteilswert ist privatrechtlich vor allem für die *Bemessung der Abfindungen* oder *Ausgleichszahlungen* in den Fällen der Ausschließung und des Austritts aus wichtigem Grunde (s. Anh. § 34 Rdnr. 22, 53), der Zwangseinziehung von Geschäftsanteilen (§ 34 Abs. 2), des Abschlusses von Beherrschungs- und/oder Gewinnabführungsverträgen, der Eingliederung (analog §§ 304, 305, 320 AktG)[37] und des Austritts widersprechender Gesellschafter bei der Umwandlung der GmbH (§§ 29 ff., 125 Satz 1, 176 Abs. 2, 207 ff. UmwG) von Bedeutung. Er ist darüber hinaus insbesondere für die *Festlegung des Umtauschverhältnisses* bei der Verschmelzung und Spaltung der GmbH (§§ 5 Abs. 1 Nr. 3, 15 Abs. 1, 126 Abs. 1 Nr. 3, 128

---

35 Für einen ausschließenden Vorrang gesellschaftsrechtlicher Schadensersatz- und Abwehransprüche *Wiedemann*, S. 39; *Teichmann*, in: FS Mühl, 1981, S. 663, 677; *Reuter*, in: FS Lange, 1992, S. 721 ff.; *Zöllner*, ZGR 1988, 392, 430; *Grunewald*, Die Gesellschafterklage in der Personengesellschaft und der GmbH, 1990, S. 100; *Zöllner/Noack*, in: Baumbach/Hueck, § 43 Rdnr. 65; *Ebbing*, in: Michalski u.a., Rdnr. 44; *Schiessl/Böhm*, in: MünchHdb. III, § 31 Rdnr. 2; wohl auch *Verse*, in: Henssler/Strohn, Gesellschaftsrecht, Rdnr. 34; im Detail unklar *Kleindiek*, in: Lutter/Hommelhoff, § 43 Rdnr. 49; a.A. *Mertens*, in: FS R. Fischer, 1979, S. 461, 469 ff. und in: Hachenburg, 8. Aufl., § 43 Rdnr. 105 ff.; *Karsten Schmidt*, JZ 1991, 157 ff.; *Reichert/Weller*, in: MünchKomm. GmbHG, Rdnr. 58; s. ferner BGH v. 12.3.1990 – II ZR 179/89, BGHZ 110, 323 – Schärenkreuzer (Verein).
36 Vgl. BVerfG v. 20.7.1954 – 1 BvR 459/52, BVerfGE 4, 7, 26; BVerfG v. 7.8.1962 – 1 BvL 16/60, BVerfGE 14, 263, 276 f.; BVerfG v. 1.3.1979 – 1 BvR 532/77, BVerfGE 50, 290; BVerfG v. 27.4.1999 – 1 BvR 1613/94, BVerfGE 100, 289, 298, 301 zur Aktie.
37 Zur Frage der analogen Anwendung des § 305 AktG vgl. *Casper*, in: Ulmer/Habersack/Löbbe, Anh. § 77 Rdnr. 228 ff.; oben *Emmerich*, Anh. § 13 Konzernrecht, Rdnr. 158 ff., jeweils m.w.N.

UmwG), für den (niedrigeren) *Wertansatz im Jahresabschluss* eines beteiligten Unternehmens (§ 253 Abs. 3 Satz 5 HGB) und für die *Berechnung des Zugewinns* beim gesetzlichen Güterstand (§§ 1373, 1376 BGB)[38] sowie des *Nachlasswerts* für den Pflichtteilsanspruch (§ 2311 BGB)[39] erheblich. Er kann ferner auch für die Bestimmung des Entgelts bei statutarischen Abtretungs- und Übernahmepflichten (s. § 15 Rdnr. 33, 51 f., 60) und allgemein beim Beteiligungs- oder Unternehmenskauf zur Ermittlung des Kaufpreises maßgeblich sein.

Die Anteilsbewertung ist schließlich **kostenrechtlich** Grundlage für die Ermittlung des Gegenstandswerts der anwaltlichen (§ 23 Abs. 3 RVG) und war dies früher (vgl. §§ 30 Abs. 1, 39 Abs. 2 KostO a.F.) auch für die notarielle Tätigkeit[40]. Maßgeblich war der objektive Wert, der nach freiem Ermessen auf der Grundlage einer nach betriebswirtschaftlichen Grundsätzen durchzuführenden Unternehmensbewertung zu schätzen ist[41]. Mit der Einführung des GNotKG hat § 39 Abs. 2 KostO a.F. in § 97 Abs. 3 GNotKG eine Nachfolgevorschrift gefunden, wonach nur der Wert der Leistungen des einen Teils, im Fall eines Auseinanderfallens von Leistung und Gegenleistung jedoch der höhere Wert maßgebend ist. Bei einer **gewerblich geprägten GmbH** wird in der Regel der Kaufpreis als (höherer) Wert gelten und kann damit als Anknüpfungspunkt für die Wertermittlung angesetzt werden[42] – in diesem Fall ist eine Wertermittlung des Geschäftsanteils durch den Notar nicht erforderlich[43]. In den anderen Fällen, vor allem wenn ein Geschäftsanteil bewusst „unter Wert" veräußert wird, z.B. zu einem symbolischen Kaufpreis von einem Euro, ist eine Bewertung des Geschäftsanteils nach Maßgabe des neu geschaffenen § 54 Satz 1 GNotKG vorzunehmen[44]. Danach ist für eine gewerblich geprägte GmbH als Mindestwert der anteilige Wert nach dem Eigenkapital i.S. von § 266 Abs. 3 HGB heranzuziehen; die Bewertung der Grundstücke, Gebäude, grundstücksgleichen Rechte, Schiffen und Schiffsbauwerken erfolgt dabei gemäß § 54 Satz 2 i.V.m. §§ 46 ff. GNotKG nicht nach Buch-, sondern nach Verkehrswerten[45]. Für **überwiegend vermögensverwaltende Gesellschaften** – insbesondere für Immobilienverwaltungs-, Objekt-, Holding-, Besitz- oder sonstige Beteiligungsgesellschaften – kann jedoch der Kaufpreis grundsätzlich nicht herangezogen werden; vielmehr ist gemäß § 54 Satz 3 GNotKG der auf den jeweiligen Anteil oder die Beteiligung entfallende Wert des Vermögens der Gesellschaft maßgeblich, und zwar gemäß § 38 GNotKG ohne Abzug der Schulden (Schuldenabzugsverbot)[46]. Bei einer

16

---

38 BGH v. 9.3.1977 – IV ZR 166/75, BGHZ 68, 163; BGH v. 1.10.1986 – IVb ZR 69/85, NJW 1987, 321 = GmbHR 1987, 19; *Hüttemann*, in: Fleischer/Hüttemann, Rechtshandbuch Unternehmensbewertung, 2015, § 1 Rdnr. 14; zu Einzelheiten *Braunhofer*, Unternehmens- und Anteilsbewertung, S. 107 ff.

39 BGH v. 17.1.1973 – IV ZR 142/70, NJW 1973, 509 f.; BGH v. 24.9.1984 – II ZR 256/83, NJW 1985, 192, 193 = GmbHR 1985, 113; *Reichert/Weller*, in: MünchKomm. GmbHG, Rdnr. 21; *Ebbing*, in: Michalski u.a., Rdnr. 14; *Raiser*, in: Ulmer/Habersack/Löbbe, Rdnr. 10; *Hüttemann*, in: Fleischer/Hüttemann, Rechtshandbuch Unternehmensbewertung, 2015, § 1 Rdnr. 15.

40 Vgl. BGH v. 23.10.2013 – V ZB 190/12, NJOZ 2014, 1941.

41 Vgl. BGH v. 17.4.1975 – III ZR 171/72, NJW 1975, 1417 (zu § 8 Abs. 2 BRAGebO i.V.m. § 39 Abs. 2 KostO a.F.).

42 Hierzu BGH v. 17.4.1975 – III ZR 171/72, NJW 1975, 1417; BayObLG v. 30.10.1984 – BReg 3 Z 204/84, BB 1985, 7; BayObLG v. 17.10.1991 – BReg 3 Z 114/91, MittBayNot 1992, 227; OLG Köln v. 14.2.2005 – 2 Wx 3/05, RNotZ 2005, 183; *Diehn*, in: Bormann/Diehn/Sommerfeldt, § 54 GNotKG Rdnr. 12, § 97 GNotKG Rdnr. 38; *Neie*, in: Dörndorfer/Neie/Petzold/Wendtland, Kostenrecht, § 54 GNotKG Rdnr. 5.

43 Vgl. auch *Tiedtke*, in: Korintenberg, § 54 GNotKG Rdnr. 11.

44 Eine Wertschätzung, wie sie nach alter Rechtslage erforderlich war, scheidet aus; vielmehr muss die Ermittlung des Geschäftswerts nach § 54 GNotKG erfolgen, vgl. *Gläser*, in: Dörndorfer/Neie/Petzold/Wendtland, Kostenrecht, § 97 GNotKG Rdnr. 20.

45 *Bengel*, in: Korintenberg, § 54 GNotKG Rdnr. 22; zum Berechnungsmodus für § 54 Satz 1 und 2 GNotKG vgl. *Neie*, in: Dörndorfer/Neie/Petzold/Wendtland, Kostenrecht, § 54 GNotKG Rdnr. 13.

46 Vgl. *Diehn*, in: Bormann/Diehn/Sommerfeldt, § 54 GNotKG Rdnr. 2; *Tiedtke*, in: Korintenberg, § 54 GNotKG Rdnr. 10.

überwiegend vermögensverwaltenden Gesellschaft ist somit ein Wertvergleich zwischen dem Kaufpreis und dem gemäß § 54 Satz 3 GNotKG errechneten Geschäftswert vorzunehmen, weil der kostenrechtlich relevante Wert des Geschäftsanteils den Wert der in der Regel um die Verbindlichkeiten der Gesellschaft verringerten Gegenleistung übersteigt[47].

17   Über die **Ermittlung** des (vom Buchwert zu unterscheidenden wirklichen) **Anteilswerts** fehlen für das Privatrecht ausdrücklich gesetzliche Vorschriften. Es ist deshalb durch Auslegung der jeweils einschlägigen Vorschrift nach Maßgabe des aus ihr sich ergebenden Bewertungszwecks, der in ihr enthaltenen sonstigen bewertungsrelevanten Vorgaben und des Regelungszusammenhangs festzustellen, welche Bewertungsmethode normgerecht ist und welche Bewertungselemente zu berücksichtigen sind[48]. Die Wertermittlung ist insoweit eine Rechtsfrage[49]. Der Anteilswert bemisst sich grundsätzlich nach dem dem Beteiligungsverhältnis entsprechenden Anteil am Verkaufswert des Unternehmens als Ganzes (d.i. der volle wirtschaftliche Wert des Geschäftsanteils)[50], der unter Beachtung des rechtlichen Bewertungszwecks und der sonstigen rechtlich maßgebenden Wertfaktoren nach betriebswirtschaftlich anerkannten Bewertungsmethoden zu ermitteln ist. Betriebswirtschaftlich hat sich, soweit nicht dauernd unrentable oder ertragsschwache Unternehmen den Bewertungsgegenstand bilden oder Besonderheiten etwas anderes erfordern (z.B. bei Beschränkung der Unternehmenstätigkeit auf die Beteiligungsverwaltung oder Start up-Unternehmen), weitgehend die sog. Ertragswertmethode durchgesetzt, bei der der Substanzwert lediglich für den Wert des hinzuzusetzenden nicht betriebsnotwendigen (neutralen) Vermögens maßgebend ist und im Übrigen allenfalls noch eine kontrollierende und korrigierende Hilfsfunktion hat[51]. Teilweise wird auch (daneben) die Anwendung der Discounted-Cash-Flow-Methode (Rdnr. 19), von transaktionsbezogenen Bewertungsmethoden (z.B. *Past Transactions Comparison Method*[52]) oder kapitalmarktorientierten Vergleichsmethoden (z.B. *Comparative Company*

---

47 Vgl. *Tiedtke*, in: Korintenberg, § 54 GNotKG Rdnr. 10.
48 BayObLG v. 19.10.1995 – 3Z BR 17/90, AG 1996, 127, 128; *Großfeld/Egger/Tönnes*, Recht der Unternehmensbewertung, 8. Aufl. 2016, S. 64 ff.; *Ränsch*, AG 1984, 202, 204; *Neuhaus*, Unternehmensbewertung und Abfindung, 1990, S. 64 f.; *Hüttemann*, ZHR 162 (1998), 563 ff.; *Hüttemann*, in: Fleischer/Hüttemann, Rechtshandbuch Unternehmensbewertung, 2015, § 1 Rdnr. 25; *Braunhofer*, S. 8 ff., jeweils m.w.N.
49 Nachw. in der vorherigen Fn. sowie *Piltz*, Unternehmensbewertung in der Rechtsprechung, 3. Aufl. 1994, S. 121 ff.; *Karsten Schmidt*, Handelsrecht, 6. Aufl. 2014, § 3 II 2; *Raiser*, in: Ulmer/Habersack/Löbbe, Rdnr. 12; *Reichert/Weller*, in: MünchKomm. GmbHG, Rdnr. 22; *Altmeppen*, in: Roth/Altmeppen, Rdnr. 6; *Hüttemann*, in: Fleischer/Hüttemann, Rechtshandbuch Unternehmensbewertung, 2015, § 1 Rdnr. 5.
50 BGH v. 30.3.1967 – II ZR 141/64, NJW 1967, 1464; BGH v. 20.9.1971 – II ZR 157/68, WM 1971, 1450; BGH v. 8.2.1979 – III ZR 2/77, WM 1979, 429, 432, 433; BGH v. 24.9.1984 – II ZR 256/83, GmbHR 1985, 113 = NJW 1985, 192; BGH v. 21.4.1955 – II ZR 227/53, BGHZ 17, 130, 137; BGH v. 10.10.1979 – IV ZR 79/78, BGHZ 75, 195, 199 = GmbHR 1980, 200; BGH v. 16.12.1991 – II ZR 58/91, BGHZ 116, 359, 370 f. = GmbHR 1992, 257; OLG Hamm v. 23.1.1963 – 8 AR 1/60, DB 1963, 446; OLG Köln v. 19.12.1997 – 4 U 31/97, GmbHR 1998, 641, 642; *Großfeld*, JZ 1981, 769; *Großfeld/Egger/Tönnes*, Recht der Unternehmensbewertung, 8. Aufl. 2016, S. 64 ff.; *Piltz*, S. 55, 207; *Braunhofer*, S. 84 f.
51 Hierzu *Mandl/Rabel*, in: Peemöller, Praxishdb. der Unternehmensbewertung, 6. Aufl. 2015, S. 85 ff.; *Seppelfricke*, Hdb. Aktien- und Unternehmensbewertung, 4. Aufl. 2012, S. 175 ff., 186; Institut der Wirtschaftsprüfer, IDW S 1: Grundsätze zur Durchführung von Unternehmensbewertungen, 2.4.2008, WPg Supplement 3/2008, S. 68 ff.; vorher: Stellungnahme des Hauptfachausschusses (HFA) des Instituts der Wirtschaftsprüfer: Grundsätze zur Durchführung von Unternehmensbewertungen, WPg 1983, 468 ff. und hierzu; *Helbling*, Unternehmensbewertung und Steuern, 8. Aufl. 1995; *Sieben*, Unternehmensbewertung, HWB, 5. Aufl. 1993, Sp. 4315 ff.
52 *Mandl/Rabel*, in: Peemöller, Praxishdb. der Unternehmensbewertung, 5. Aufl. 2015, S. 88 ff.; *Piltz*, S. 41 f.

Approach[53]) befürwortet. Die früher gebräuchlichen Methoden der Unternehmenswertermittlung aus Kombinationen des Substanz-(Reproduktions-) und des Ertragswertes oder nach dem Substanzwert unter Zuschlag eines Geschäftswertes werden dagegen heute nur noch in extremen Einzelfällen vertreten.

Die Anwendung einer **bestimmten Bewertungsmethode** ist (verfassungs-)rechtlich nicht vorgeschrieben[54]. Die Rechtsprechung[55] hat sich mit der Unternehmensbewertung hauptsächlich im Zusammenhang mit der Abfindung von Aktionären und mit der Zugewinn- und Pflichtteilsberechnung, vereinzelt aber auch mit der Abfindung von Mitgliedern der GmbH[56] befasst. Sie hat dabei früher zumeist die Substanzwertmethode unter Berücksichtigung der Ertragskraft durch den zusätzlichen Ansatz eines Firmenwertes oder den good will[57], aber auch die Mittelwertmethode angewandt[58], in neuerer Zeit indes praktisch ausschließlich die Ertragswertmethode (z.T. mit Einschränkungen) zugrunde gelegt[59], die zwar verfassungsrechtlich unbedenklich, deshalb in ihrer Anwendung jedoch nicht von Verfassungswegen geboten ist[60]. Bei der gerichtlichen Überprüfung der Bewertung haben die Gerichte zu entscheiden, ob die richtige Bewertungsmethode zugrunde gelegt wurde, ob die Methode zutreffend angewandt wurde und ob die einzelnen in die Bewertung eingegangenen Faktoren zutreffend berücksichtigt wur-

18

---

53 *Mandl/Rabel*, in: Peemöller, Praxishdb. der Unternehmensbewertung, 6. Aufl. 2015, S. 81 ff.; *Helbling*, Unternehmensbewertung und Steuern, 8. Aufl. 1995, S. 129 ff.; *Piltz*, S. 41.

54 BVerfG v. 26.4.2011 – 1 BvR 2658/10, ZIP 2011, 1051; BGH v. 23.11.1962 – V ZR 148/60, LM § 2311 BGB Nr. 5; BGH v. 26.4.1972 – IV ZR 114/70, WM 1972, 687; BGH v. 17.1.1973 – IV ZR 142/70, NJW 1973, 509 f.; BGH v. 13.3.1978 – II ZR 142/76, BGHZ 71, 40; BGH v. 24.10.1990 – XII ZR 101/89, NJW 1991, 1547, 1548; BGH v. 24.5.1993 – II ZR 36/92, NJW 1993, 2101, 2103 = GmbHR 1993, 505; BGH v. 28.4.1977 – II ZR 208/75, WM 1977, 781, 782; BGH v. 26.10.1983 – II ZR 44/83, GmbHR 1985, 18, 19; BGH v. 23.11.1977 – IV ZR 131/76, BGHZ 70, 224, 225; OLG Hamm 23.1.1963 – 8 AR 1/60, DB 1963, 446; KG v. 15.12.1970 – 1 W 2982/69, WM 1971, 764; OLG Düsseldorf v. 29.10.1976 – 19 W 6/73, WM 1977, 797; OLG Düsseldorf v. 17.2.1984 – 19 W 1/81, ZIP 1984, 586; OLG Celle v. 4.4.1979 – 9 Wx 2/77, DB 1979, 1031; BayObLG v. 31.5.1995 – 3Z BR 67/89, BB 1995, 1759, 1760 = GmbHR 1995, 662.

55 Hierzu *Wüstemann*, BB 2011, 1707 ff.; *Piltz*, S. 121 ff.; *Braunhofer*, S. 35 ff.; *Thoennes*, Die Rechtsprechung zur Unternehmensbewertung aus der Sicht der Berufspraxis, in: 50 Jahre Wirtschaftsprüferberuf, 1981, S. 265 ff.; *Hüttemann*, in: Fleischer/Hüttemann, Rechtshandbuch Unternehmensbewertung, 2015, § 1 Rdnr. 29 f.

56 BGH v. 28.4.1977 – II ZR 208/75, WM 1977, 781 betr. Einziehungsentgelt u. BGH v. 16.12.1991 – II ZR 58/91, BGHZ 116, 359 = GmbHR 1992, 257; OLG Köln v. 19.12.1997 – 4 U 31/97, GmbHR 1998, 641, 642 betr. Abfindung beim Austritt.

57 Vgl. *Piltz*, S. 203 ff.

58 BGH v. 30.9.1981 – IVa ZR 127/80, DB 1982, 106 betr. Pflichtteilsberechnung; OLG Saarbrücken v. 28.6.1984 – 6 UF 181/82 GÜR, FamRZ 1984, 794.

59 BGH v. 8.2.1979 – III ZR 2/77, WM 1979, 429, 432; BGH v. 24.5.1993 – II ZR 36/92, GmbHR 1993, 505 = NJW 1993, 2101; BGH v. 24.9.1984 – II ZR 256/83, GmbHR 1985, 113 = NJW 1985, 192; BGH v. 1.10.1986 – IVb ZR 69/85, GmbHR 1987, 19 = NJW 1987, 321; BGH v. 16.12.1991 – II ZR 58/91, BGHZ 116, 359 = GmbHR 1992, 257; BGH v. 19.6.1995 – II ZR 58/94, ZIP 1995, 1256, 1258 f. = GmbHR 1995, 302; BGH v. 8.5.1998 – BLw 18/97, ZIP 1998, 1161, 1165; OLG Celle v. 4.4.1979 – 9 Wx 2/77, DB 1979, 1031; OLG Hamburg v. 17.8.1979 – 11 W 2/79, DB 1980, 77; OLG Düsseldorf v. 17.2.1984 – 19 W 1/81, ZIP 1984, 586; OLG Düsseldorf v. 11.4.1988 – 19 W 32/86, ZIP 1988, 1555; OLG Düsseldorf v. 2.8.1994 – 19 W 1/93 AktE, WM 1995, 756, 761; OLG Düsseldorf v. 7.6.1990 – 19 W 13/86, ZIP 1990, 1333, 1336; OLG Düsseldorf v. 12.2.1992 – 19 W 3/91, AG 1992, 200, 203; OLG Frankfurt v. 24.1.1989 – 20 W 477/86, AG 1989, 442; OLG Zweibrücken v. 9.3.1995 – 3 W 133/92, WM 1995, 980, 981; BayObLG v. 31.5.1995 – 3Z BR 67/89, BB 1995, 1759, 1760 = GmbHR 1995, 662; BayObLG v. 19.10.1995 – 3Z BR 17/90, AG 1996, 127; OLG Köln v. 19.12.1997 – 4 U 31/97, GmbHR 1998, 641, 642. – Zur Ertragswertmethode z.B. *Caumanns*, in: Kiem, Kaufpreisregelungen beim Unternehmenskauf, § 1 Rdnr. 80 ff.

60 BVerfG v. 26.4.2011 – 1 BvR 2658/10, ZIP 2011, 1051, 1053.

den, wobei diese Fragen auch der revisionsgerichtlichen Nachprüfung zugänglich sind[61]. Das Ergebnis der Bewertung durch einen Sachverständigen ist vom Gericht nach §§ 286, 287 ZPO tatrichterlich frei zu würdigen[62]. Soweit es sich dabei um Tatsachenfragen handelt, ist die rechtliche Nachprüfung in der Revisionsinstanz nach den allgemeinen zivilprozessualen Grundsätzen ausgeschlossen[63].

19 Die **gesellschaftsrechtliche Praxis** folgt bei Unternehmensbewertungen im Regelfall einer (ggf. modifizierten) Ertragswertmethode[64], daneben auch das hiermit verwandte Discounted-Cash-Flow-Verfahren (DCF); im Regelfall wird hierbei IDW Standard „S 1" – Grundsätze zur Durchführung von Unternehmensbewertungen (IDW S 1) – angewandt[65]. Zur Bestimmung des Unternehmenswertes sind dem Ertragswert die zu schätzenden Nettoeinzelveräußerungs-erlöse des nicht betriebsnotwendigen Vermögens hinzuzurechnen und die nicht betriebsbedingten Verbindlichkeiten abzuziehen[66]. Zur Plausibilisierung werden nicht selten noch transaktionsbezogene oder kapitalmarktorientierte Vergleichsmethoden (Rdnr. 17 a.E.) herangezogen.

Für Sonderfälle weicht die Bewertungspraxis aber von Vorstehendem ab. Sie setzt bei vermögensverwaltenden oder mit einem außergewöhnlich hohen Anteil an nicht betriebsnotwendigem Vermögen ausgestatteten Unternehmen deren Substanzwert[67] und bei freiberuflichen sowie anderen stark personenbezogenen Unternehmen deren Substanzwert zuzüglich eines eventuellen Goodwill an[68]. Als Wertuntergrenze wird gesellschaftsrechtlich[69] der Liquidationswert des Unternehmens angenommen, sofern seine Abwicklung nicht aus rechtlichen

---

61 BGH v. 18.4.2002 – IX ZR 72/99, BGHZ 150, 319, 323; *Raiser*, in: Ulmer/Habersack/Löbbe, Rdnr. 12.
62 BGH v. 28.4.1977 – ZR 208/75, WM 1977, 781; BGH v. 13.3.1978 – II ZR 142/76, BGHZ 71, 40; OLG Düsseldorf v. 29.10.1976 – 19 W 6/73, WM 1977, 797; *Raiser*, in: Ulmer/Habersack/Löbbe, Rdnr. 12.
63 BGH v. 13.3.1978 – II ZR 142/76, BGHZ 71, 40; BGH v. 23.10.1985 – IVb ZR 62/84, WM 1986, 234, 236; vgl. auch *Raiser*, in: Ulmer/Habersack/Löbbe, Rdnr. 12.
64 Vgl. BGH v. 13.3.1978 – II ZR 142/76, BGHZ 71, 40; BGH v. 23.10.1985 – IVb ZR 62/84, WM 1986, 234, 236; *Piltz*, S. 125 ff.; *Ulmer*, in: FS Quack, 1991, S. 477, 490 ff.; *Raiser*, in: Ulmer/Habersack/Löbbe, Rdnr. 14; *Pentz*, in: Rowedder/Schmidt-Leithoff, Rdnr. 48 u.a.; zu den einzelnen Bewertungsmethoden vgl. *Caumanns*, in: Kiem, Kaufpreisregelungen beim Unternehmenskauf, 2015, § 1.
65 Aus der Rechtsprechung vgl. OLG Düsseldorf v. 31.1.2003 – 19 W 9/00 AktE, AG 2003, 329, 333; LG München v. 25.2.2002 – 5HK O 1080/96, AG 2002, 563, 566; BayObLG v. 28.10.2005 – 3Z BR 71/00, AG 2006, 41, 42 f. (alle zur AG); aus der Literatur vgl. *Caumanns*, in: Kiem, Kaufpreisregelungen beim Unternehmenskauf, § 1 Rdnr. 21 ff.; *Böcking/Rauschenberg*, in: Fleischer/Hüttemann, Rechtshandbuch Unternehmensbewertung, 2015, § 2 Rdnr. 44 ff.
66 BGH v. 13.3.1978 – II ZR 142/76, AG 1978, 196, 199; BGH v. 19.6.1995 – II ZR 58/94, ZIP 1995, 1256, 1258 = GmbHR 1995, 302; OLG Celle v. 4.4.1979 – 9 W 2/77, AG 1979, 230, 232; OLG Düsseldorf v. 17.2.1984 – 19 W 1/81, ZIP 1984, 586, 588; OLG Düsseldorf v. 11.4.1988 – 19 W 32/86, ZIP 1988, 1555, 1556; OLG Düsseldorf v. 12.2.1992 – 19 W 3/91, AG 1992, 200, 203; BayObLG v. 31.5.1995 – 3Z BR 67/89, BB 1995, 1759, 1760 = GmbHR 1995, 662; BayObLG v. 19.10.1995 – 3Z BR 17/90, AG 1996, 127, 130.
67 BGH v. 24.5.1993 – II ZR 36/92, GmbHR 1993, 505 = NJW 1993, 2101; OLG Düsseldorf v. 11.4.1988 – 19 W 32/86, ZIP 1988, 1555; LG Berlin v. 24.11.1982 – 98 AktE 3/80, AG 1983, 135; *Piltz*, S. 129; *Korth*, BB 1992 Beil. 19, S. 5; zur Berechnung des Substanzwerts vgl. *Franken/Schulte*, in: Fleischer/Hüttemann, Rechtshandbuch Unternehmensbewertung, 2015, § 10 Rdnr. 75 ff.
68 BGH v. 26.10.1972 – VII ZR 232/71, NJW 1973, 98, 100; BGH v. 13.10.1976 – IV ZR 104/74, NJW 1977, 378; BGH v. 23.11.1977 – IV ZR 131/76, BGHZ 70, 224; OLG Koblenz v. 11.1.1988 – 13 UF 1492/86, FamRZ 1988, 950; OLG München v. 13.3.1984 – 4 UF 195/83, FamRZ 1984, 1096; OLG München v. 5.3.1987 – 4 WF 11/87, NJW-RR 1988, 262; AG Münster v. 9.1.2007 – 46 F 858/05, NJW 2007, 2645 f. Vgl. dazu aber *Braunhofer*, S. 103 ff. m.w.N.
69 Anders für die Zugewinnausgleichs- und Pflichtteilsberechnung bei Unternehmensfortführung BGH v. 17.1.1973 – IV ZR 142/70, NJW 1973, 509, 510; BGH v. 1.7.1982 – IX ZR 34/81, NJW 1982, 2441; BGH v. 7.5.1986 – IVb ZR 42/85, FamRZ 1986, 776, 779. Krit. dazu *Piltz*, S. 170 ff.; *Braunhofer*, S. 167 ff., jeweils m.w.N.

oder tatsächlichen Gründen ausgeschlossen ist[70]. Der anteilige Unternehmenswert, der einem Geschäftsanteil zuzurechnen ist, richtet sich zunächst nach der durch ihn gewährten Beteiligung an den Rechten und Pflichten, also nach dem Verhältnis der Nennbeträge der Geschäftsanteile (s. Rdnr. 6)[71]. Sonderrechte und Sonderpflichten (s. Rdnr. 27 ff., 37), soweit sie bewertungsrelevant sind (z.B. ein Veräußerungserlösvorab, erhöhtes Gewinnrecht, Mehrfachstimmrecht, Bestellungsrecht für Geschäftsführer, Pattauslösungsrecht), beeinflussen daher den zuzurechnenden Unternehmenswertanteil. Unabhängig davon können nach dem jeweiligen Bewertungszweck auch andere Umstände es erforderlich machen, die Bewertung des Geschäftsanteils mit dem quotalen Anteil am Unternehmenswert durch Zu- oder Abschläge zu korrigieren, so z.B. die Größe der Beteiligung und die durch sie vermittelte Einflussmöglichkeit auf die Gesellschaft und andere Unternehmen[72], die Beschränkung oder der Ausschluss der Übertragbarkeit der Geschäftsanteile[73], statutarische Abfindungsbeschränkungen in Ausscheidensfällen[74], besondere Risiken oder steuerliche Folgen (z.B. Wegfall von Verlustvorträgen, § 8c KStG)[75].

Der **Gesellschaftsvertrag** kann eine abweichende Anteilsbewertung für die Zwecke statutarischer Abtretungspflichten oder Erwerbsrechte oder für die Zwangseinziehung nur insoweit wirksam treffen, als der Anspruch, dessen Höhe sich nach ihr bemessen soll, der statutarischen Disposition unterliegt[76]. Für andere Fälle wird es angesichts der Uneinheitlichkeit der Bewertungsmethoden als zulässig zu erachten sein, dass er mit Wirkung für das Gesellschaftsverhältnis (nicht zwischen Dritten, z.B. dem Gesellschafter-Erben und dem Pflichtteilsberechtigten) in den Grenzen der betriebswirtschaftlich anerkannten Bewertungsmethoden Zweifelsfragen regelt oder Bewertungsspielräume unerheblich einengt. Verweist der Gesellschaftsvertrag für die Anteilsbewertung auf eine (steuer)gesetzliche Norm, ein (steuer)verwaltungsrechtliches Verfahren (z.B. Ertragswertverfahren nach dem Leitfaden der OFD Münster und Rheinland[77]) oder auf berufsständische Verfahren (z.B. Institut der Wirtschaftsprüfer (IdW), Stellungnahme S1), so ist bei fehlender ausdrücklicher Regelung durch Auslegung zu ermitteln, ob die zum Zeitpunkt ihrer Vereinbarung (statische Verweisung) oder die zum Zeitpunkt der Wertermittlung geltenden Vorschriften anzuwenden sind (dynamische Verweisung). Im Regelfall wird die gebotene objektive Auslegung der Satzungsbestimmung für das Verständnis einer dy-

20

70 BGH v. 13.3.1978 – II ZR 142/76, BGHZ 71, 40; OLG Hamm v. 23.1.1963 – 8 AR 1/60, DB 1963, 446; BayOblG v. 31.5.1995 – 3Z BR 67/89, BB 1995, 1759, 1760 = GmbHR 1995, 662; LG Frankfurt v. 16.5.1984 – 3/3 AktE 144/80, AG 1985, 310; LG Dortmund v. 6.8.1993 – 18 AktE 1/87, AG 1994, 85; HFA-Grundsätze, WPg 1983, 468, 479; *Piltz*, S. 30; *Braunhofer*, S. 79 f.; *Hüttemann*, in: Fleischer/Hüttemann, Rechtshandbuch Unternehmensbewertung, 2015, § 1 Rdnr. 27; a.M. OLG Düsseldorf v. 11.4.1988 – 19 W 32/86, ZIP 1988, 1555; OLG Düsseldorf v. 11.1.1990 – 19 W 6/86, AG 1990, 397, 399; s. auch BGH v. 8.5.1998 – BLw 18/97, ZIP 1998, 1161, 1166.

71 Vgl. dazu BGH v. 21.4.1955 – II ZR 227/53, BGHZ 17, 130; BGH v. 10.10.1979 – IV ZR 79/78, BGHZ 75, 195, 199 = GmbHR 1980, 200; BGH v. 30.3.1967 – II ZR 141/64, NJW 1967, 1464; BGH v. 16.12.1991 – II ZR 58/91, BGHZ 116, 359 = GmbHR 1992, 257.

72 Vgl. *Großfeld/Egger/Tönnes*, Recht der Unternehmensbewertung, 8. Aufl. 2016, S. 333 f.; *Hüttemann*, in: Fleischer/Hüttemann, Rechtshandbuch Unternehmensbewertung, 2015, § 1 Rdnr. 9 jeweils m.w.N.

73 BGH v. 10.10.1979 – IV ZR 79/78, BGHZ 75, 195 = GmbHR 1980, 200; BGH v. 1.10.1986 – IVb ZR 69/85, GmbHR 1987, 19 = NJW 1987, 321; OLG Oldenburg v. 15.6.1995 – 1 U 126/90, GmbHR 1997, 503, 505.

74 BGH v. 10.10.1979 – IV ZR 79/78, BGHZ 75, 195, 201 f. = GmbHR 1980, 200.

75 Vgl. dazu *Großfeld/Egger/Tönnes*, Recht der Unternehmensbewertung, 8. Aufl. 2016, S. 333 f.; *Braunhofer*, S. 86 ff., jeweils m.w.N.

76 Zur Abtretung oder Einziehung im Erbfall s. § 15 Rdnr. 30, 32; zum Austritt oder zur Ausschließung aus wichtigem Grunde s. Anh. § 34 Rdnr. 19; zur Einziehung bei Anteilspfändung oder Insolvenz des Anteilsinhabers s. § 15 Rdnr. 205. Allgemein zur Einziehung unter Wert vgl. § 34 Rdnr. 55 ff.

77 Leitfaden der OFD Münster und Rheinland (v. 15.11.2007 – S2244-1008-St14), 4. Fassung v. Jan. 2007 (abrufbar unter: www.datenbank.nwb.de/dokument/Anzeigen/281184).

namischen Verweisung sprechen, wie dies auch die Rechtsprechung bei Gesetzesverweisen in Ruhegehaltsvereinbarungen entschieden hat[78]. Allerdings können auch bestimmte Umstände oder sonstige Satzungsbestimmungen für eine Auslegung als statische Verweisung streiten, insbesondere wenn es den Gesellschaftern erkennbar um die Heranziehung bestimmter Wertermittlungsvorschriften ging und eine Unterwerfung unter die zufällige Weiterentwicklung dieser Vorschriften erkennbar nicht gewollt war.

b) Steuerrechtlich

21 Steuerrechtlich ist für die Erbschaft- und Schenkungsteuer der gemeine Wert des Geschäftsanteils i.S. der §§ 9, 11 BewG maßgebend, d.h. der Betrag, der als Preis im gewöhnlichen Geschäftsverkehr nach der Beschaffenheit des Geschäftsanteils bei einer Veräußerung zu erzielen wäre (§ 9 Abs. 2 BewG). Der gemeine Wert ist, wenn er sich nicht aus weniger als ein Jahr zurückliegenden Verkäufen im gewöhnlichen Geschäftsverkehr (oder aus der Übernahme neuer Geschäftsanteile bei Kapitalerhöhungen[79]) ableiten lässt, unter Berücksichtigung des Vermögens und der Ertragsaussichten der GmbH zu schätzen (§ 11 Abs. 2 BewG). Die Schätzung erfolgte in der früheren Praxis der Finanzverwaltung (bis 2009) nach dem sog. **Stuttgarter Verfahren** (R 96 ff. ErbStR 2003 a.F.), das trotz Kritik im Schrifttum[80] vom BFH in ständiger Rspr. als geeignetes sowie bewährtes Bewertungsverfahren anerkannt und nach ihr der Ermittlung des gemeinen Wertes zugrunde zu legen war[81]; eine Abweichung wurde im Hinblick auf die Gleichmäßigkeit der Besteuerung nur zugelassen, wenn es zu nicht tragbaren Schätzungsergebnissen führte[82]. Die Anwendung des Stuttgarter Verfahrens führte zu einer systematischen Unterbewertung von Geschäftsanteilen gegenüber ihrem Verkehrswert; als Daumenregeln konnte angenommen werden, dass die Bewertung von Geschäftsanteilen renditestarker Unternehmen nur etwa 60 % des Verkehrswertes erreichte, bei renditeschwachen Unternehmen sogar eher nur 50 % des Verkehrswertes[83]. Das BVerfG kam deshalb zu dem Ergebnis, dass das Stuttgarter Verfahren eine „den gemeinen Wert strukturell verfehlende Bewertung" darstelle, die auf „realitätsfernen Ausgangsparametern" beruhe[84]. Mit der Erbschaftsteuerreform 2009 hatte sich das Stuttgarter Verfahren „erledigt"[85]. Maßgeblich ist seit 2009 – und auch nach der erneuten Erbschaftsteuerreform 2016[86] – das **vereinfachte (vergangenheitsorientierte) Ertragswertverfahren der §§ 199 ff. BewG**, demzufolge sich der Anteilswert aus dem zukünftig nachhaltig erzielbaren Jahresertrag multipliziert mit einem Ka-

78 BGH v. 27.3.1984 – IX ZR 147/83, WM 1984, 900; BGH v. 8.10.1979 – II ZR 177/78, GmbHR 1981, 59 = NJW 1980, 1741; BGH v. 20.9.1993 – II ZR 104/92, NJW 1993, 3193; BAG v. 10.8.1982 – 3 AZR 90/81, ZIP 1983, 104, 106.

79 BFH v. 5.2.1992 – II R 185/87, BStBl. II 1993, 266 = GmbHR 1992, 624.

80 Nachweise bei BVerfG v. 7.11.2006 – 1 BvL 10/02, NJW 2007, 573, 584 = GmbHR 2007, 320.

81 BFH v. 24.1.1975 – III R 4/73, BStBl. II 1975, 374; BFH v. 12.12.1975 – III R 30/74, BStBl. II 1976, 238; BFH v. 12.3.1980 – II R 28/77, BStBl. II 1980, 405, 407; BFH v. 28.3.1990 – II R 108/85, BStBl. II 1990, 493 = GmbHR 1990, 474; BFH v. 12.2.1992 – II R 113/88, BStBl. II 1993, 268, 269 = GmbHR 1992, 622; BFH v. 18.8.1993 – II R 102/90, BStBl. II 1994, 9 = GmbHR 1994, 137 st. Rspr.

82 BFH v. 17.5.1974 – III R 156/72, BStBl. II 1974, 626; BFH v. 24.1.1975 – III R 4/73, BStBl. II 1975, 374; BFH v. 12.12.1975 – III R 30/74, BStBl. II 1976, 238; BFH v. 2.10.1981 – III R 27/77, BStBl. II 1982, 8, 9; BFH v. 13.4.1994 – II R 57/90, BStBl. II 1994, 505, 507 = GmbHR 1994, 574.

83 Vgl. *Mannek*, NWB 2005, 941, 950 = Fach 9, 2787, 2796; vgl. auch Vorlagebeschluss BFH v. 22.5.2002 – II R 61/99, BStBl. II 2002, 598 = GmbHR 2002, 917: Stuttgarter Verfahren erreicht Substanzwert nur zu zwei Drittel.

84 BVerfG v. 7.11.2006 – 1 BvL 10/02, NJW 2007, 573, 584 = GmbHR 2007, 320.

85 *Leitzen*, RNotZ 2009, 315, 316; *Schulte/Birnbaum/Hinkers*, BB 2009, 300, 301; *Oppenländer*, in: Oppenländer/Trölitzsch, Praxishdb. der GmbH-Geschäftsführung, 2. Aufl. 2011, § 9 Rdnr. 44.

86 Gesetz zur Anpassung des Erbschaftsteuer- und Schenkungsteuergesetzes an die Rechtsprechung des Bundesverfassungsgerichtes, BGBl. I 2016, 2464.

pitalisierungsfaktor (vgl. § 203 BewG n.F.: fester Kapitalisierungsfaktor von 13,75 %[87]) und quotaler Aufteilung dieses Ergebnisses nach Beteiligungsverhältnis ergibt[88]. Dies kann zu nach Marktgesichtspunkten überhöhten Werten führen[89]; führt dieses Verfahren umgekehrt zu einem Ergebnis, das unter dem Substanzwert liegt, ist jener als Bemessungsgrundlage heranzuziehen (§ 11 Abs. 2 Satz 3 BewG). Gesellschaftsvertragliche Abfindungsklauseln, die Bezug auf das frühere Stuttgarter Verfahren nehmen, sind durch Auslegung dahingehend zu überprüfen, ob sie eine statische oder dynamische Verweisung auf das Ermittlungsverfahren für den gemeinen Wert eines Anteils beinhalten[90].

Auch für ertragsteuerliche Zwecke nutzt die Finanzverwaltung nicht mehr das Stuttgarter Verfahren[91], sondern zum einen ein sich am IDW S1 (Rdnr. 19) orientierendes Ertragswertverfahren, das in einem „Leitfaden zur Bewertung von (Anteilen an) Kapitalgesellschaften für ertragssteuerliche Zwecke" zusammengefasst ist[92], und zum anderen das vereinfachte Ertragswertverfahren (s. oben) im Gleichlautenden Erlass der obersten Finanzbehörden der Länder „zur Umsetzung des Gesetzes zur Reform des Erbschaftsteuer- und Bewertungsrechts vom 17.5.2011"[93].

III. Rechte und Pflichten der Gesellschafter im Allgemeinen

Schrifttum: *Altmeppen*, Kernbereichslehre, Bestimmtheitsgrundsatz und Vertragsfreiheit in der Personengesellschaft, NJW 2015, 2065; *Baltzer*, Die gesellschaftliche Treupflicht im Recht der AG und GmbH, Diss. Freiburg 1967; *Baumgärtner*, Rechtsformübergreifende Aspekte der gesellschaftlichen Treupflicht im deutschen und angloamerikanischen Recht, 1990; *Bopp*, Die Informationsrechte des GmbH-Gesellschafters, 1991; *Cohn*, Der Grundsatz der gleichmäßigen Behandlung aller Mitglieder im Verbandsrecht, AcP 132 (1932), 129; *Dreher*, Die gesellschaftsrechtliche Treupflicht bei der GmbH, DStR 1993, 1632; *Ebenroth*, Die Kontrollrechte der GmbH-Gesellschafter – eine methodische Studie zur GmbH-Reform, 1971; *Ebenroth*, Die Geschäftsführerkontrolle durch den GmbH-Gesellschafter nach geltendem und künftigem Recht, 1972; *von Falkenhausen*, Verfassungsrechtliche Grenzen der Mehrheitsherrschaft nach dem Recht der Kapitalgesellschaften, 1967; *R. Fischer*, Die Grenzen bei der Ausübung gesellschaftlicher Mitgliedschaftsrechte, NJW 1954, 777; *Flume*, Die juristische Person, 1983; *Gadow*, Die Sonderrechte der Körperschaftsmitglieder, Gruch. 66, 514; *Grunewald*, Einsichts- und Auskunftsrecht des GmbH-Gesellschafters nach neuem Recht, ZHR 146 (1982), 211; *Grüter*, Gleichbehandlung im Gesellschaftsrecht, Diss. Köln 1959; *Henze*, Treupflichten der Gesellschafter im Kapitalgesellschaftsrecht, ZHR 162 (1998), 186; *A. Hueck*, Der Treuegedanke im modernen Privatrecht, 1947; *G. Hueck*, Der Grundsatz der gleichmäßigen Behandlung im Privatrecht, 1958; *Immenga*, Die personalistische Kapitalgesellschaft, 1970; *Kipp*, Körperschaftliche Rechtsverhältnisse, IherJ 35, 319; *Kipp*, Bindung von Rechtsmacht durch Treupflichten, in: FS 100 Jahre GmbHG, 1992, S. 189; *Ivens*, Das Fördergebot des GmbH-Gesellschafters, GmbHR 1988, 249; *Kühn*, Die Minderheitsrechte in der GmbH und ihre Reform, 1964; *M. Lehmann*, Die ergänzende

---

87 Mit dieser Normierung 2016 soll der wegen des Niedrigzinsumfelds erfolgenden Überbewertung von Unternehmen im Rahmen der Unternehmenswertermittlung im vereinfachten Ertragswertverfahren entgegengewirkt werden; vgl. BT-Drucks. 18/8911, S. 47.

88 *Leitzen*, RNotZ 2009, 315, 316; *Oppenländer*, in: Oppenländer/Trölitzsch, Praxishdb. der GmbH-Geschäftsführung, 2. Aufl. 2011, § 9 Rdnr. 44.

89 Vgl. *Leitzen*, RNotZ 2009, 315 ff.; *Oppenländer*, in: Oppenländer/Trölitzsch, Praxishdb. der GmbH-Geschäftsführung, 2. Aufl. 2011, § 69 Rdnr. 44. – Zur Überbewertung in einem Niedrigzinsumfeld bis 2016: *Welling/Kambeck*, DB 2014, 2732 ff.; *Riedel*, ZErb 2015, 213 ff.

90 OLG Naumburg v. 2.10.2006 - 2 U 14/06, BeckRS 2007, 00361; im Zweifel dynamische Verweisung; dazu ausf. *Leitzen*, RNotZ 2009, 315, 321.

91 Anwendung erfolgte nur bis zum 12.12.2006 (SEStEG).

92 Leitfaden der OFD Münster und Rheinland (v. 15.11.2007 – S2244-1008-St14), 4. Fassung v. Jan. 2007 (abrufbar unter: www.datenbank.nwb.de/dokument/Anzeigen/281184).

93 BStBl. I 2011, 606; vgl. auch BMF-Schreiben vom 22.9.2011 betr. Bewertung von Unternehmen und Anteilen an Kapitalgesellschaften; Anwendung der bewertungsrechtlichen Regelungen für ertragsteuerliche Zwecke, BStBl. I 2011, 859.

Anwendung von Aktienrecht auf die GmbH, 1970; *Less*, Der Begriff der Sonderrechte nach § 35 BGB, Diss. Göttingen 1928; *Lutter*, Rechtsverhältnisse zwischen den Gesellschaftern und der Gesellschaft, in: Probleme der GmbH-Reform, 1970, 63; *Lutter*, Theorie der Mitgliedschaft, AcP 180 (1980), 84; *Lutter*, Treuepflichten und ihre Anwendungsprobleme, ZHR 162 (1998), 164; *Markowitsch*, Das Problem der Sonderrechte der Körperschaftsmitglieder, Diss. Berlin 1910; *Martens*, Mehrheits- und Konzernherrschaft in der personalistischen GmbH, 1970; *Martens*, Die GmbH und der Minderheitenschutz, GmbHR 1984, 265; *Martens*, Grundlagen und Entwicklung des Minderheitenschutzes in der GmbH, in: FS 100 Jahre GmbHG, 1992, S. 607; *Müller-Erzbach*, Das private Recht der Mitgliedschaft als Prüfstein eines kausalen Rechtsdenkens, 1948; *Obermüller*, Die Minderheitsrechte in der GmbH, DB 1967, 1971; *Ott*, Recht und Realität der Unternehmenskorporation, 1977; *Paschke*, Treuepflichten im Recht der juristischen Person, in: FS R. Serick, 1992, S. 313; *Raiser*, Der Gleichheitsgrundsatz im Privatrecht, ZHR 111 (1948), 75; *Raiser*, Das Unternehmen als Organisation, 1969; *Raiser*, Die Treuepflichten im GmbH-Recht als Beispiel der Rechtsfortbildung, ZHR 151 (1987), 422; *Regelsberger*, Entziehbare und unentziehbare Rechte der Mitglieder einer Corporation, SeuffBl. 60, 1; *Roitzsch*, Der Minderheitenschutz im Verbandsrecht, 1981; *Rücker*, Die Entziehung von Sonderrechten eines GmbH-Gesellschafters wegen missbräuchlicher Rechtsausübung, Diss. München 1969; *Rückersberg*, Minderheitenschutz bei der GmbH, HansGRZ 1940, A, 205; *Schäfer*, Der stimmrechtslose GmbH-Geschäftsanteil, 1997; *Schäfer*, Stimmrechtslose Anteile in der GmbH, GmbHR 1998, 113 u. 168; *H. M. Schmidt*, Die gegenseitige Treupflicht der GmbH-Gesellschafter, GmbHR 1960, 137; *U. Schmidt*, Die Mitgliedschaft in Verbänden, 1989; *F. Scholz*, Die Rechte eines Minderheitengesellschafters in der GmbH, GmbHR 1955, 36; *A. Schultze*, Organschaftsrechte als Sonderrechte, IherJ 75, 455; *A. Teichmann*, Gestaltungsfreiheit in Gesellschaftsverträgen, 1970; *Teichmann*, Rechte des Einzelnen und Befugnisse der Minderheit, in: GmbH-Reform, 1970, S. 59; *Waldenberger*, Sonderrechte der Gesellschafter einer GmbH – ihre Arten und ihre rechtliche Behandlung, GmbHR 1997, 49; *Wertenbruch*, Abschied vom Bestimmtheitsgrundsatz und Kernbereichslehre im Beschluss-anfechtungssystem der Personengesellschaft, DB 2014, 2875; *Wieacker*, Zur rechtstheoretischen Präzisierung des § 242 BGB, 1956; *Wiedemann*, Zu den Treuepflichten im Gesellschaftsrecht, in: FS Heinsius, 1991, S. 949; *Winkler*, Die Lückenausfüllung des GmbH-Rechts durch das Recht der Personengesellschaften, 1967; *M. Winter*, Mitgliedschaftliche Treuebindungen im GmbH-Recht, 1988; *Wolany*, Rechte und Pflichten des Gesellschafter einer GmbH, 1964; *Wohlleben*, Informationsrechte des Gesellschafters, 1989; *Ziemons*, Die Haftung der Gesellschafter für Einflussnahme auf die Geschäftsführung der GmbH, 1996; *Zöllner*, Die Schranken mitgliedschaftlicher Stimmrechtsmacht bei den privatrechtlichen Personenverbänden, 1963.

Weitere Lit.-Nachw. oben vor Rdnr. 2.

1. Gesellschaftsrechtliche und schuldrechtliche Rechte und Pflichten

a) Gesellschaftsrechtliche Rechte und Pflichten

22 Gesellschaftsrechtlich sind alle nach Gesetz oder Satzung aus dem Gesellschaftsverhältnis sich ergebenden Rechte und Pflichten der Mitglieder. Die übliche Einteilung in Verwaltungsrechte (z.T. enger Organschafts-, Herrschafts- oder Teilhaberechte genannt) und Vermögensrechte (auch als Wertrechte bezeichnet) erfasst sie nur unvollständig, z.B. lässt sich das statutarische Wettbewerbsverbot oder die statutarische Zustimmungsbefugnis zur Anteilsveräußerung (s. § 15 Rdnr. 126) in keine der beiden Gruppen einordnen. Geeigneter scheint deshalb die **Unterscheidung nach der personen- und vermögensrechtlichen Seite** der Mitgliedschaft[94], die die Mitgliedschaftsrechte im Gegensatz zu anderen Einteilungen umfassend und ohne Überschneidungen erfasst, dabei allerdings eine unzureichende funktionelle Kennzeichnung in Kauf nimmt. Der personenrechtliche Bereich umfasst insbesondere die Mitverwaltungsrechte i.e.S. (z.B. die Rechte auf Einberufung u. Teilnahme an sowie auf Anhörung in Gesell-

---

94 *Wiedemann*, S. 32 ff.; dem folgend *Ebbing*, in: Michalski u.a., Rdnr. 55 ff.; ähnlich *Raiser*, in: Ulmer/Habersack/Löbbe, Rdnr. 25; vgl. auch *Reichert/Weller*, in: MünchKomm. GmbHG, Rdnr. 77 ff. Über weitere Einteilungen vgl. *Teichmann*, S. 143 f. (Mitverwaltungsrechte u. einfache Mitgliedschaftsrechte), *Karsten Schmidt*, GesR, § 19 III 3c (Teilhaberechte, Schutzrechte u. Vermögensrechte), *Wolany*, S. 155, 162 ff., *Müller-Erzbach*, S. 207 ff. (gemeinnützige Mitgliedschaftsrechte, selbstnützige Mitgliedschaftsrechte, Sonderrechte).

schafterversammlungen, das Stimmrecht, das Anfechtungsrecht, besondere Zustimmungs-rechte zu Gesellschaftsangelegenheiten, das Recht auf Geschäftsführeramt), das Austrittsrecht aus wichtigem Grund (s. Anh. § 34 Rdnr. 6 ff.), die Informations- und Kontrollrechte (z.B. das Auskunfts- und Einsichtsrecht, das Recht auf Mitgliedschaft im Aufsichtsrat oder zur Entsen-dung eines Aufsichtsratsmitglieds) sowie die Treuepflichten (Rdnr. 64 ff.) und Wettbewerbs-verbote (Rdnr. 113). Vermögensrechtlich sind vor allem die Beitragspflichten (Leistung des Geschäftsanteils, Nachschüsse oder sonstige Beitragsleistungen nach § 3 Abs. 2, z.B. eine Dar-lehensgewährung), das Bezugsrecht (s. 11. Aufl., § 55 Rdnr. 40 ff.), die Beteiligung am Jahres-überschuss, Haftungspflichten aus §§ 24, 31 Abs. 3, Nebenleistungspflichten gemäß § 3 Abs. 2 und die Beteiligung am Liquidationsüberschuss zu nennen. Die gesellschaftlichen Rechte und Pflichten sind Bestandteil der Mitgliedschaft und gehen, sofern der Gesellschaftsvertrag nicht zulässigerweise eine Ausnahme macht oder diese sich aus der Natur des Rechts oder der Pflicht ergibt (s. § 3 Rdnr. 88; § 15 Rdnr. 16, 32), auf den Anteilserwerber über. Die gesonderte Abtretung einzelner Mitgliedschaftsrechte an Dritte ist nur bei bestimmten Ansprüchen ver-mögensrechtlicher Art statthaft (vgl. Rdnr. 50 und § 15 Rdnr. 20 f.). Eine befreiende Schuld-übernahme ist für gesellschaftliche Pflichten unzulässig; bei Nebenleistungspflichten ver-mögensrechtlicher Art aus § 3 Abs. 2 erfordert die Entlassung des Gesellschafter-Schuldners eine Satzungsänderung (über Erlöschensgründe vgl. § 3 Rdnr. 92).

b) Schuldrechtliche Rechte und Pflichten

Schuldrechtlich sind Rechte und Pflichten, die begründet werden durch Vereinbarungen zwi-schen **den Gesellschaftern persönlich** (s. § 3 Rdnr. 104 ff.). Solche Vereinbarungen können unterschiedliche Inhalte haben, z.B.: Einigung über die Bestellung einer bestimmten Person zum Geschäftsführer oder Aufsichtsratsmitglied; Verpflichtung, in einer bestimmten Angele-genheit in bestimmtem Sinne zu stimmen; Zusicherung von Büroräumen; Darlehensverspre-chen usw. (s. dazu § 3 Rdnr. 106). Auch eine Innengesellschaft bürgerlichen Rechts kann für solche Zwecke gegründet werden[95]. Die Vereinbarungen sind nicht nach GmbH-Recht, son-dern nach allgemeinem bürgerlichen Recht zu behandeln. Der Umstand, dass die Beteiligten zugleich Gesellschafter der GmbH sind und die Vereinbarung sich auf diese bezieht, kann zwar für deren Auslegung nach §§ 133, 157 BGB und für die Bewirkung der Leistung nach § 242 BGB bedeutsam sein, ändert aber an ihrem besonderen Charakter nichts. Die gesell-schaftsrechtliche Treuepflicht aus der Mitgliedschaft in der GmbH ist auf diese Leistungs-beziehung nicht anwendbar; möglich ist u.U. aber, dass die Gesellschafter durch nebenver-tragliche Bestimmungen gegen ihre Pflichten in der GmbH verstoßen (über Abreden sog. verdeckter Sacheinlagen vgl. § 19 Rdnr. 116 ff.). Die Verletzung der nebenvertraglichen Pflichten zieht grundsätzlich nur Rechtsfolgen unter den Beteiligten, z.B. Schadensersatz-ansprüche nach §§ 280 ff. BGB, nicht aber für das Gesellschaftsverhältnis nach sich, bildet al-so im Allgemeinen auch keinen wichtigen Grund für einen Gesellschafterausschluss (Anh. § 34 Rdnr. 25 ff.). Auch die Anfechtung eines Gesellschafterbeschlusses lässt sich, selbst wenn alle Gesellschafter an der Vereinbarung beteiligt sind[96], nicht aus der abredewidrigen Stimm-rechtsausübung herleiten (Trennungstheorie)[97], sofern sie nicht zugleich die gesellschaftliche

23

---

95 Vgl. *Baumann/Reiß*, ZGR 1989, 157, 200 f.; *Joussen*, Gesellschafterabsprachen neben Satzung und Gesellschaftsvertrag, 1995, S. 59 ff.; *Ulmer/Löbbe*, in: Ulmer/Habersack/Löbbe, § 3 Rdnr. 119.

96 Abw. insoweit BGH v. 20.1.1983 – II ZR 243/81, GmbHR 1983, 196; BGH v. 27.10.1986 – II ZR 240/85, NJW 1987, 1890, 1891 = GmbHR 1987, 94.

97 *Vomhof*, GmbHR 1984, 181 f.; *Ulmer*, NJW 1987, 1851, 1852; *Ulmer/Löbbe*, in: Ulmer/Habersack/Löbbe, § 3 Rdnr. 130 ff.; *M. Winter*, S. 51 f.; *M. Winter*, ZHR 154 (1990), 259, 268 ff.; *Bayer*, in: Lut-ter/Hommelhoff, § 47 Rdnr. 24; *Roth*, in: Roth/Altmeppen, § 47 Rdnr. 124; *Schiessl/Böhm*, in: MünchHdb. III, § 31 Rdnr. 8; wie BGH (vorige Fn.) im Erg. aber *Happ*, ZGR 1984, 168, 175; *Zöll-ner/Noack*, in: Baumbach/Hueck, § 47 Rdnr. 117 f.; *Karsten Schmidt*, 11. Aufl., § 45 Rdnr. 116 u. 11. Aufl., § 47 Rdnr. 53; *Noack*, Gesellschaftervereinbarungen, 1994, S. 162 ff.; *Joussen*, S. 146 ff. Eine Ausnahme gilt nur für den Fall des Rechtsmissbrauchs (vgl. *M. Winter*, S. 277 f. m.w.N.).

Bindung verletzen. Solche Verträge wirken auf die GmbH nur dann ein, wenn sie als Verträge zu Gunsten Dritter, hier der GmbH, i.S. des § 328 BGB anzusprechen sind[98], bleiben aber auch dann schuldrechtlicher Art (Rdnr. 24). Die Rechte und Pflichten aus der Vereinbarung gehen nicht ohne weiteres mit dem Geschäftsanteil auf den Erwerber über, sondern bedürfen der besonderen Abtretung bzw. Schuldübernahme (§§ 398, 414 f. BGB), es sei denn, es liegt eine Gesamtrechtsnachfolge des Erwerbers vor[99].

24 Nichtgesellschaftsrechtliche Leistungspflichten können auch zwischen der **GmbH und ihren Gesellschaftern** bestehen. Sie können wie mit einem Dritten durch ein gesondertes Rechtsgeschäft begründet werden, aber auch als sog. unechter Satzungsbestandteil bereits im Gesellschaftsvertrag enthalten sein, wenn dessen Auslegung ergibt, dass die betreffende Bestimmung nicht die Gesellschafterstellung des Berechtigten oder Verpflichteten als solche regeln soll (Näheres zur Abgrenzung vgl. § 3 Rdnr. 93 ff., insbes. 97). Die sog. Drittgeschäfte mit den Gesellschaftern unterliegen grundsätzlich nicht dem Gesellschaftsrecht[100], sondern auf sie sind die jeweils relevanten allgemeinen Vorschriften anwendbar. Die schuldrechtliche Natur des Rechtsgeschäfts ändert sich nicht schon deswegen, weil die Gesellschafterstellung für sein Zustandekommen oder die vereinbarten Konditionen erheblich war, aber für den Vertragsabschluss gelten dann der Gleichbehandlungsgrundsatz (Rdnr. 51) sowie die gesellschaftliche Treuepflicht (Rdnr. 64)[101], und bei der Vertragsabwicklung darf im Rahmen des § 242 BGB die Sonderverbindung zur Gesellschaft nicht unberücksichtigt bleiben. Die Gesellschafter stehen im Übrigen mit ihren Gläubigerforderungen aus besonderen schuldrechtlichen Geschäften grundsätzlich einem Dritten gleich (daher die übliche Bezeichnung als **Drittgeschäfte**). Die Doppelrolle als Gesellschafter und Gläubiger wird aber *ausnahmsweise* bei der rechtlichen Behandlung von Darlehensrückgewähransprüchen oder ihnen wirtschaftlich entsprechende Forderungen aus anderen Geschäften, z.B. Kaufpreisforderungen bei ungewöhnlichem Zahlungsziel oder bei Stundung, oder von Gesellschaftersicherheiten nach §§ 39 Abs. 1 Nr. 5, 135 InsO, § 6 AnfG bedeutsam[102]. Die in der äußeren Form eines Drittgeschäfts erscheinenden Rechtsgeschäfte können auch in anderen Fällen einen gesellschaftsrechtlichen Gehalt haben, z.B. bei der Vereinbarung einer unverhältnismäßig hohen Gegenleistung der GmbH beim Kauf, die teilweise als verdeckte Gewinnausschüttung oder verbotene Stammkapitalrückzahlung zu werten ist und daher den entsprechenden gesellschaftsrechtlichen Vorschriften unterliegt (s. § 29 Rdnr. 115 ff., § 30 Rdnr. 25 ff.). Es kann im Einzelfall auch eine Umgehung der gesetzlichen Vorschriften vorliegen, z.B. bei Vereinbarungen einer verdeckten Sachgründung mittels eines Kaufgeschäfts (s. § 19 Rdnr. 116 ff.).

c) Gläubigerrechte

25 Sog. Gläubigerrechte der Gesellschafter nehmen eine Mittelstellung ein zwischen den gesellschaftsrechtlichen und den schuldrechtlichen Rechten und Pflichten. Sie sind von den sog. Drittgläubigerrechten der Gesellschafter zu unterscheiden, die auf Rechtsgeschäften beruhen, die ein Gesellschafter wie ein Dritter mit der GmbH abgeschlossen hat, z.B. aus Verkauf, Vermietung von Räumen, Darlehenshingabe (falls nicht etwa eine gesellschaftsrechtliche Neben-

---

98 BGH v. 8.2.1993 – II ZR 24/92, GmbHR 1993, 214, 215; a.A. offenbar OLG Nürnberg v. 4.6.1981 – 8 U 3216/80, GmbHR 1981, 242 = BB 1981, 1293.
99 *Ulmer/Löbbe*, in: Ulmer/Habersack/Löbbe, § 3 Rdnr. 123 m.w.N.
100 Vgl. BGH v. 27.6.1988 – II ZR 143/87, ZIP 1988, 1117, 1118 = GmbHR 1988, 386 (zur gesellschafterlichen Treuepflicht).
101 Gl.M. *Fastrich*, in: Baumbach/Hueck, Rdnr. 12; *Ebbing*, in: Michalski u.a., Rdnr. 51.
102 Entgegen der auch im Ergebnis bedenklichen Entscheidung des OLG Hamburg v. 4.10.1985 – 11 U 18/83, ZIP 1985, 1390, 1391 = GmbHR 1986, 121 bleibt aber auch ein diesen Vorschriften unterliegender Rückgriffsanspruch eines Gesellschafterbürgen ein Drittgläubigerrecht, da er nur gegenüber Forderungen anderer Drittgläubiger, nicht aber gegenüber Gesellschafteransprüchen zurückgesetzt wird.

leistungspflicht i.S. des § 3 Abs. 2 hierzu bestand), und die ihnen deshalb grundsätzlich dieselbe Rechtsstellung gewähren (Rdnr. 24). Dagegen sind Gläubigerrechte der Gesellschafter solche, die dem Gesellschaftsverhältnis (Rdnr. 22) entstammen und zu einem Gläubigerrecht geworden sind, aber ihren gesellschaftsrechtlichen Sinngehalt behalten haben, z.B. dem Gleichbehandlungsgrundsatz (Rdnr. 51 ff.) und der besonderen Treuebindung des Gesellschafters (Rdnr. 64 ff.) weiter unterliegen, wodurch sie sich von reinen Gläubigerrechten (Drittgläubigerrechten) unterscheiden[103]. Hierher gehören: Ansprüche der Gesellschafter gegen die GmbH auf Bezahlung der Lieferungen, die in Erfüllung einer gesellschaftsrechtlichen Nebenleistungspflicht (§ 3 Abs. 2) erfolgt waren; das aus dem Gewinnverteilungsbeschluss der Gesellschafter (§ 46 Nr. 1) entspringende Gläubigerrecht des einzelnen Gesellschafters auf die Gewinnquote; Anspruch des einzelnen Gesellschafters auf Anteil am Liquidationserlös (§ 72).

2. Allgemeine Mitgliedschaftsrechte, Sonderrechte und Sonderpflichten

a) Grundlagen

Allgemeine Mitgliedschaftsrechte sind solche, die allen Gesellschaftern gleichmäßig zustehen; Sonderrechte sind dagegen die einzelnen Gesellschaftern oder Gruppen von Gesellschaftern statutarisch eingeräumten mitgliedschaftlichen Vorrechte (Rdnr. 27). Für Sonderrechte spricht § 35 BGB (den Verein betreffend) den auch für die GmbH geltenden[104] Grundsatz aus: „Sonderrechte eines Mitglieds können nicht ohne dessen Zustimmung durch Beschluss der Mitgliederversammlung beeinträchtigt werden." Damit ist entgegen einer früher häufig vertretenen Meinung keine Begriffsbestimmung gegeben, sondern nur an das Bestehen eines Sonderrechts eine Rechtsfolge geknüpft. Es gibt daneben auch allgemeine Mitgliedschaftsrechte, auf die jene Rechtsfolge ebenfalls zutrifft oder die darüber hinausgehend selbst mit Zustimmung des Gesellschafters nicht entziehbar sind (Rdnr. 40 ff.). Die Unentziehbarkeit richtet sich in diesen Fällen aber nach anderen, unter sich und im Vergleich mit den Sonderrechten nicht auf einen einheitlichen Regelungsgesichtspunkt zurückzuführende Kriterien[105]. Verwandt sind die Gründe der Unentziehbarkeit allerdings für Sonderrechte und für die Gruppe der kraft statutarischer Bestimmung unentziehbaren Mitgliedsrechte (Rdnr. 45) insofern, als die Eingriffsschranke aus dem Gesellschaftsvertrag sich ergibt. Eine relative Grenze für die Entziehung und Verkürzung von Mitgliedschaftsrechten bildet schließlich der Gleichbehandlungsgrundsatz (Rdnr. 51 ff.), der wie auch die gesellschaftliche Treuepflicht (Rdnr. 64 ff.) und die konzernrechtlichen Regelungen (Anh. Konzernrecht, nach § 13) einen Teil der Schutzfunktion übernommen hat, die die erwähnten früheren Lehrmeinungen in den Sonderrechtsbegriff einbezogen hatten[106].

26

---

103 Vgl. *Wiedemann*, S. 292 ff.; *Fastrich*, in: Baumbach/Hueck, Rdnr. 12 a.E.; *Altmeppen*, in: Roth/Altmeppen, Rdnr. 15; *Raiser*, in: Ulmer/Habersack/Löbbe, Rdnr. 44; *Ebbing*, in: Michalski u.a., Rdnr. 54; *Schiessl/Böhm*, in: MünchHdb. III, § 31 Rdnr. 12.

104 RG v. 12.11.1912 – II 291/12, RGZ 80, 385, 389; RG v. 23.12.1938 – II 102/38, RGZ 159, 272, 281; RG v. 4.2.1943 – II 94/42, RGZ 170, 358, 368; BGH v. 13.7.1967 – II ZR 238/64, BGHZ 48, 141, 143; BGH v. 30.11.1961 – II ZR 137/60, GmbHR 1962, 212; BGH v. 4.11.1968 – II ZR 63/67, NJW 1969, 131; BGH v. 10.10.1988 – II ZR 3/88, WM 1989, 250, 252; *Ullrich*, ZGR 1985, 235, 242.

105 Vgl. dazu auch *Wiedemann*, GesR I, S. 357 ff. m.w.N.; unzutr. die an die Sonderrechtsdefinition *O. v. Gierkes* anknüpfende Erklärung von *Feine*, S. 273 m.N., dass die Unentziehbarkeit immer aus der Zugehörigkeit des Rechts zur Individualsphäre des Mitglieds folge.

106 Unzutr. *Arnold*, in: MünchKomm. BGB, 7. Aufl. 2015, § 35 BGB Rdnr. 3, wonach die historischen Funktionen des Sonderrechts „so gut wie vollständig" auf die genannten Institutionen übergegangen sein sollen. Er verengt nicht nur den historischen Ansatz, sondern verkennt auch die gegenwärtige Schutzfunktion des Sonderrechts und übersieht – wie auch *Ullrich*, ZGR 1985, 235, 243 – die Entwicklung der sonstigen unentziehbaren Mitgliedschaftsrechte.

b) Sonderrechte

aa) Begriff

27 Der Begriff des Sonderrechts war lange Zeit im Schrifttum außerordentlich umstritten, was nicht zuletzt auf den immer wieder hervortretenden Bestrebungen beruhte, ihn als konstruktives Mittel für einen allgemeinen Schutz von Mitgliedschaftsrechten gegen Eingriffe durch die Gesellschaftermehrheit einzusetzen. Auch das Reichsgericht nahm keinen einheitlichen Standpunkt ein: Überwiegend verstand es unter einem Sonderrecht zwar das mitgliedschaftliche Vorrecht einzelner Gesellschafter[107], verwendete den Begriff aber auch in einem weiteren Sinne[108]. Die zuerst genannte Auffassung, die schon der Gesetzeswortlaut des § 35 BGB nahelegt, die sich auch auf die Gesetzesmaterialien[109] stützen kann und die allein eine befriedigende Abgrenzung dieser Gruppe unentziehbarer Rechte ermöglicht, hat sich heute mit Recht durchgesetzt, d.h. als Sonderrechte sind nur solche Mitgliedschaftsrechte anzusehen, die einzelnen Gesellschaftern oder einer Gruppe von Gesellschaftern eine Vorzugsstellung vor anderen gewährt[110]. Mit Sonderrechten ausgestattete Geschäftsanteile werden **Vorzugsgeschäftsanteile** genannt (Rdnr. 127). Die sog. Gläubigerrechte der Gesellschafter (Rdnr. 25) gehören dagegen nicht zu den mitgliedschaftlichen Sonderrechten. Schuldrechtliche Ansprüche einzelner Gesellschafter sind ebenfalls selbst dann nicht als „Sonderrecht" zu bezeichnen, wenn sie in den Gesellschaftsvertrag aufgenommen worden sind. Es versteht sich von selbst, dass diese Vertragsrechte nicht durch Mehrheitsbeschlüsse der Gesellschafter beeinträchtigt werden dürfen. Hierzu können auch Gründervorteile gehören, die allerdings, auch wenn als persönliche, nicht gesellschaftsrechtliche Rechte gedacht, nach h.M. der Aufnahme in die Satzung bedürfen.

bb) Begründung und Inhalt

28 (1) Ein Sonderrecht kann als dauernde Regelung des Gesellschaftsverhältnisses wirksam nur durch Aufnahme in den Gesellschaftsvertrag **begründet** werden[111]. Möglich ist seine Einführung bei Gründung und auch im Wege der Satzungsänderung (§ 53)[112], die dann nach Maß-

---

107 RG v. 30.10.1901 – IV 218/01, RGZ 49, 150, 151; RG v. 23.3.1910 – IV 694/09, RGZ 73, 187, 191; RG v. 4.4.1922 – II 547/21, RGZ 104, 253, 255 f.; RG v. 26.10.1940 – II 57/40, RGZ 165, 129, 133; RG v. 4.2.1942 – II 94/42, RGZ 170, 358, 368 u.a.

108 RG v. 5.7.1901 – VII 165/01, RGZ 49, 195, 198, 199 (das Recht eines Versicherten, bei Abänderung von Versicherungsbedingungen die Feststellung zu beantragen, dass diese Änderung auch sein Versicherungsverhältnis betrifft); RG v. 5.3.1904 – V 570/03, RGZ 57, 169, 174 (Herabsetzung von Invalidenrenten durch Versicherung nur bei gleichmäßiger Kürzung der Ansprüche aller Berechtigten); RG v. 4.4.1908 – I 302/07, RGZ 68, 210, 212 („die Befugnisse, die ein Mitglied ausschließlich zu seinem eigenen Nutze hat, – Sonderrechte"); RG v. 25.4.1911 – II 572/10, RGZ 76, 155, 156 (Recht auf Gleichberechtigung unter Altanteilsinhabern bei Kapitalerhöhung); RG v. 29.4.1932 – II 368/31, RGZ 136, 185, 190 (Recht auf Liquidation und Auskehrung der Liquidationsquote nach Ablauf der „satzungsmäßigen Dauer" der Gesellschaft) u.a.

109 Prot. I, 530.

110 BGH v. 4.11.1968 – II ZR 63/67, NJW 1969, 131; BGH v. 16.3.1970 – II ZR 58/68, LM, § 50 ZPO Nr. 23; BGH v. 27.6.1974 – III ZR 47/72, BGHZ 63, 14, 19; BGH v. 10.10.1988 – II ZR 3/88, WM 1989, 250, 252; OLG Stuttgart v. 14.2.1974 – 10 U 90/73, GmbHR 1974, 257; *Flume*, Juristische Person, S. 272; *Raiser*, in: Ulmer/Habersack/Löbbe, Rdnr. 27 ff.; *Fastrich*, in: Baumbach/Hueck, Rdnr. 18; *Altmeppen*, in: Roth/Altmeppen, Rdnr. 21; *Bayer*, in: Lutter/Hommelhoff, Rdnr. 19; *Pentz*, in: Rowedder/Schmidt-Leithoff, Rdnr. 26; *Wiedemann*, GesR I, S. 358 f., 380 f. u.a.

111 RG v. 10.5.1912 – II 43/12, RGZ 79, 332, 336; RG v. 16.4.1926 – II 532/25, RGZ 113, 241, 245; RG v. 26.10.1940 – II 57/41, RGZ 165, 129, 132; RG v. 4.2.1943 – II 94/42, RGZ 170, 358, 367; BGH v. 4.11.1968 – II ZR 63/67, NJW 1969, 131; BGH v. 16.2.1981 – II ZR 89/79, GmbHR 1982, 129; *Ebbing*, in: Michalski u.a., Rdnr. 82; *Ullrich*, ZGR 1985, 235, 240 ff.

112 RG v. 26.10.1940 – II 57/41, RGZ 165, 129, 132; *Fastrich*, in: Baumbach/Hueck, Rdnr. 18; *Altmeppen*, in: Roth/Altmeppen, Rdnr. 21; *Raiser*, in: Ulmer/Habersack/Löbbe, Rdnr. 31; *Ebbing*, in: Mi-

gabe des Grundsatzes der gleichmäßigen Behandlung (der z.B. nicht verletzt ist, sofern alle Gesellschafter ein Bezugsrecht auf Vorzugsgeschäftsanteile erhalten) der Zustimmung der nicht bevorrechtigten übrigen Gesellschafter bedarf[113]; andernfalls ist der satzungsändernde Beschluss anfechtbar (Rdnr. 61). Beeinträchtigt das vorgesehene Recht ein bestehendes unentziehbares, aber verzichtbares Recht eines anderen Gesellschafters, so ist die Satzungsänderung ohne Zustimmung des Rechtsinhabers unwirksam (Rdnr. 36, 48).

(2) Der **Inhalt** der Sonderrechte kann mitgliedschaftliche Bevorrechtigungen der verschiedensten Art betreffen. Die Beteiligten haben bei der GmbH gerade insoweit eine sehr weit gehende Gestaltungsfreiheit[114], die freilich – auch abgesehen von den allgemeinen gesetzlichen Verboten (§ 134 BGB) und den Schranken der guten Sitten (§ 138 BGB) – durch einzelne zwingende Vorschriften sowie Gestaltungsprinzipien des GmbH-Rechts begrenzt wird[115]. Sonderrechte dürfen keinen danach unzulässigen Gegenstand haben (z.B. entgegen § 30 eine Leistung aus dem zur Deckung des Stammkapitals erforderlichen Vermögen gewähren; s. Erl. zu § 30), nicht gegen zwingende Kompetenzvorschriften verstoßen (z.B. §§ 26 Abs. 1, 53 Abs. 1, 60 Abs. 1 Nr. 2, 66 Abs. 1 u. 3 GmbHG; §§ 5 f., 8, 12 Montan-MitbestG; §§ 6 f., 13 MitbestErgG v. 1956; §§ 6 f., 8, 31 MitbestG; § 1 Abs. 1 Nr. 3, § 4 Abs. 1 DrittelbG[116]) oder absolut unentziehbare Rechte anderer Gesellschafter (Rdnr. 40 ff.) verkürzen. Die Sonderrechte können innerhalb dieser Grenzen Vorrechte bei der Mitverwaltung gewähren, z.B. ein erhöhtes Stimmrecht (s. 11. Aufl., bei § 47 Rdnr. 11), Zustimmungs- oder Einspruchsrechte bei Gesellschafterbeschlüssen[117], Weisungsrechte gegenüber der Geschäftsführung, das Recht zur Versammlungsleitung, ein Entsendungsrecht für Mitglieder des Aufsichtsrats oder eines anderen Kontrollorgans[118], das Recht zur Ernennung des Geschäftsführers (s. § 6 Rdnr. 79 ff.) oder zur Geschäftsführung für sich und/oder seinen Nachfolger[119]. Das Recht zur Abberufung des Ernannten oder des Geschäftsführungsberechtigten aus wichtigem Grunde (§ 38 Abs. 2) kann aber nicht abbedungen werden[120]; eine solche Abberufung ist durch einfachen Mehrheitsbeschluss möglich, der allerdings zu beurkunden ist[121]. 29

Zu beachten ist auch, dass aus der Bestellung zum Geschäftsführer im Gesellschaftsvertrag (§ 6 Abs. 3) im Zweifel nicht auf das Bestehen eines Sonderrechts geschlossen werden kann (s. dazu § 6 Rdnr. 81) und auch sonst stets zu prüfen ist, ob die Satzungsbestimmung ein **Mitgliedschaftsrecht** des Betreffenden begründen wollte[122]. 30

---

chalski u.a., Rdnr. 82; *Reichert/Weller*, in: MünchKomm. GmbHG, Rdnr. 103; *Schiessl/Böhm*, in: MünchHdb. III, § 31 Rdnr. 14; s. auch *Priester*, 11. Aufl., § 53 Rdnr. 48.

113 Vgl. die in der vorigen Fn. Zitierten sowie *Lutter/Timm*, NJW 1982, 418; *Waldenberger*, GmbHR 1997, 49, 50.

114 Allg. M., früher von *Reuter*, in: MünchKomm. BGB, 3. Aufl. 1993, § 35 BGB Rdnr. 3, bestritten, der zu Unrecht für die sog. Satzungs-GmbH aus dem Sinn der §§ 12, 101, 139 f. AktG die Unzulässigkeit von Sonderorganschaftsrechten herleitete (mit 4. Aufl. aufgegeben).

115 Vgl. auch *Waldenberger*, GmbHR 1997, 49, 51.

116 Zu zulässigen Mitbestimmungsvereinbarungen *Seibt*, AG 2005, 413 ff.

117 RG v. 30.3.1942 – II 96/41, RGZ 169, 65, 81; KG v. 5.2.1925 – 1 X 19/25, JW 1926, 598.

118 OLG Stuttgart v. 28.12.1998 – 20 W 14/98, GmbHR 1999, 537, 538.

119 RG v. 21.10.1899 – I 247/99, RGZ 44, 95, 99; RG v. 19.5.1914 – II 26/14, LZ 1914, Sp. 1762; RG v. 11.2.1916 – II 408/15, LZ 1916, Sp. 809; BGH v. 30.11.1961 – II ZR 137/60, GmbHR 1962, 212 f.; BGH v. 4.11.1968 – II ZR 63/67, NJW 1969, 131; BGH v. 16.2.1981 – II ZR 89/79, GmbHR 1982, 129; BGH v. 3.5.1988 – KZR 17/87, GmbHR 1988, 334, 336; BGH v. 10.10.1988 – II ZR 3/88, WM 1989, 250. – Formulierungsvorschläge bei *Seibt*, in: MünchAnwHdb. GmbH-Recht, 3. Aufl. 2014, § 2 Rdnr. 93–101.

120 OLG Nürnberg v. 10.11.1999 – 12 U 813/99, GmbHR 2000, 563, 564.

121 OLG Nürnberg v. 10.11.1999 – 12 U 813/99, GmbHR 2000, 563, 564.

122 RG v. 4.2.1942 – II 94/42, RGZ 170, 358, 368; *Raiser*, in: Ulmer/Habersack/Löbbe, Rdnr. 31; *Reichert/Weller*, in: MünchKomm. GmbHG, Rdnr. 106. Formulierungsvorschläge bei *Seibt*, in: MünchAnwHdb. GmbH-Recht, 3. Aufl. 2014, § 2 Rdnr. 93–101.

Ebenso kann die Vorzugsstellung vermögensrechtlicher Art sein, z.B. einen höheren Gewinnanteil (s. § 29 Rdnr. 74), eine höhere Liquidationsquote (s. 11. Aufl., bei § 72 Rdnr. 14), ein Veräußerungserlösvorrecht (sog. Sales Preference), Benutzungsrechte an Vermögensgegenständen oder Einrichtungen der Gesellschaft, Belieferungs- oder Abnahmerechte u.ä. einräumen. Schließlich kommen auch sonstige personenrechtliche Befugnisse des Gesellschafters in Betracht, z.B. ein Zustimmungsrecht bei der Übertragung von Geschäftsanteilen[123] (s. § 15 Rdnr. 122), ein Recht zur Übernahme eines anderen Geschäftsanteils (s. § 15 Rdnr. 51), besondere Auskunfts-, Einsichts- oder Prüfungsrechte u. dgl. Kein Sonderrecht ist dagegen die im Verhältnis zu den übrigen Gesellschaftern erfolgte Verschonung von Nachschuss- oder Nebenleistungspflichten[124]; gegen eine nachträgliche Belastung schützt aber hier § 53 Abs. 3.

31 Die Sonderrechte können auf die **Dauer** der Gesellschaft oder mit zeitlicher Begrenzung, für einen bestimmten Gesellschafter oder jeden Anteilsinhaber (Rdnr. 32) begründet werden. Möglich ist auch die Vereinbarung einer aufschiebenden oder auflösenden Bedingung; ein Vorrecht, das nach dem Gesellschaftsvertrag ohne Zustimmung des Berechtigten entzogen werden kann, ist aber kein auflösend bedingtes Sonderrecht, sondern ihm fehlt dessen Rechtsqualität überhaupt[125].

cc) Übergang des Sonderrechts mit Geschäftsanteil

32 Der neue Inhaber eines Geschäftsanteils erwirbt grundsätzlich auch die mit dem Geschäftsanteil verbundenen Sonderrechte, da sie Bestandteil der Mitgliedschaft sind[126]. Doch kann der Gesellschaftsvertrag ausdrücklich Gegenteiliges vorsehen oder es kann sich aus dem Zusammenhang der gesellschaftsvertraglichen Regelungen eine hinreichend klare Ausnahme ergeben: So wird z.B. ein Sonderrecht zur Geschäftsführung im Zweifel als höchstpersönliches Recht gewollt sein und deshalb beim Ausscheiden erlöschen. Von den an die Mitgliedschaft eines bestimmten Gesellschafters gebundenen Sonderrechten sind die sog. Sondervorteile zu unterscheiden[127], die zwar die Zugehörigkeit des Begünstigten zur Gesellschaft bei der Begründung des Rechts durch eine Satzungsbestimmung und durch einen zusätzlichen schuldrechtlichen Vertrag voraussetzen, aber ihm unabhängig von der Mitgliedschaft persönlich zustehen, also ihm auch nach der Übertragung des Geschäftsanteils verbleiben und getrennt von diesem übertragen werden können.

dd) Aufhebung und Änderung des Sonderrechts

33 (1) Für die Aufhebung oder Änderung eines Sonderrechts ist ein satzungsändernder Beschluss erforderlich (§ 53 Abs. 3).

---

123 RG v. 23.12.1938 – II 102/38, RGZ 159, 272, 280.

124 Unzutr. *Wolany*, S. 177.

125 A.M. *Wolany*, S. 180.

126 *Fastrich*, in: Baumbach/Hueck, Rdnr. 20; *Raiser*, in: Ulmer/Habersack/Löbbe, Rdnr. 32; *Reichert/Weller*, in: MünchKomm. GmbHG, Rdnr. 118; *Bayer*, in: Lutter/Hommelhoff, Rdnr. 19; einschr. *Wiedemann*, Übertragung, S. 74 ff. u. GesR I, S. 381 f.; auf den Einzelfall abstellend: *Waldenberger*, GmbHR 1997, 49, 52.

127 A.M. *Ulmer/Casper*, in: Ulmer/Habersack/Löbbe, § 5 Rdnr. 179, 193, die sie unter der zuletzt genannten Bezeichnung zusammenfassen und den personenunabhängigen Vorzugsrechten gegenüberstellen. Wie hier *Waldenberger*, GmbHR 1997, 49, 53; *Fastrich*, in: Baumbach/Hueck, § 3 Rdnr. 46, § 5 Rdnr. 57, § 14 Rdnr. 18 f.; *Reichert/Weller*, in: MünchKomm. GmbHG, Rdnr. 107; *Ebbing*, in: Michalski u.a., Rdnr. 78; *Altmeppen*, in: Roth/Altmeppen, Rdnr. 21, § 37 Rdnr. 10; *Schiessl/Böhm*, in: MünchHdb. III, § 32 Rdnr. 13.

(2) Außerdem ist für jede Änderung, die ein Sonderrecht beeinträchtigt (Rdnr. 36), die **Zu-** **34** **stimmung** seines Inhabers erforderlich (§ 35 BGB)[128]. Eine Beeinträchtigung in diesem Sinne liegt nicht nur dann vor, wenn der Beschluss in das Sonderrecht direkt schmälernd eingreift, sondern es genügt vielmehr, wenn durch ihn notwendig nachteilige Folgen für den Berechtig-ten zu erwarten sind[129]. Die Vorschriften des § 37 Abs. 1 und 3 MitbestG, die für die ihm un-terliegenden GmbH die vor seinem Inkrafttreten oder vor seiner Anwendbarkeit wirksam begründeten Sonderrechte auf Geschäftsführung (Rdnr. 28 f.) beseitigen und die darauf beruhenden Geschäftsführerstellungen jederzeit widerruflich machen, sind mit Art. 12, 14 Abs. 3 GG unvereinbar und daher verfassungswidrig[130].

(3) Die Zustimmung des Rechtsinhabers ist ausnahmsweise entbehrlich, wenn ein **wichtiger** **35** **Grund für die Einschränkung oder Entziehung** von Sonderrechten vorliegt[131], d.h. wenn Umstände gegeben sind, die bei Abwägung der Interessen aller Beteiligten das (unveränder-te) Bestehen des Sonderrechts für die Gesellschaft auf Dauer unzumutbar erscheinen lassen. Die Nichtzustimmungsbedürftigkeit der Satzungsänderung kann aber nicht, wie teilweise an-genommen worden ist[132], mit dem Hinweis auf die Zulässigkeit der Ausschließung aus wichti-gem Grund (s. Anh. § 34 Rdnr. 25 ff.) gerechtfertigt werden. Die Einschränkung und Entzie-hung von Sonderrechten sind gegenüber der Ausschließung nicht einfach ein Weniger[133] und nicht einmal notwendig ein „milderes Mittel"[134], sondern wirken wegen der trotz Wegfall der Vorzugsstellung bestehenbleibenden Bindung des Gesellschafters an die GmbH wesentlich an-ders und u.U. viel einschneidender als eine Aufhebung der Mitgliedschaft. Die rechtliche Möglichkeit eines derartigen umgestaltenden Eingriffs in das Mitgliedschaftsverhältnis ergibt sich zum einen aus dem allgemeinen Grundsatz der Kündbarkeit von Dauerschuldverhältnis-sen aus wichtigem Grund sowie zum anderen aus der sinngemäßen Anwendung der Vor-schriften über die Entziehung der Geschäftsführungsbefugnis (§ 712 Abs. 1 BGB, § 117 HGB, § 38 Abs. 2 GmbHG), demzufolge der Gesellschafter unter Aufrechterhaltung seiner Bindung selbst den Verlust einer sonst gesicherten wesentlichen mitgliedschaftlichen Einzelbefugnis aus wichtigem Grunde im Interesse der Gesellschaft hinnehmen muss[135]. Bei der GmbH steht das Sonderrecht auf Geschäftsführung nach § 38 Abs. 2 überdies stets unter dem Vorbehalt

---

128 *Fastrich*, in: Baumbach/Hueck, Rdnr. 19; *Altmeppen*, in: Roth/Altmeppen, Rdnr. 21; *Raiser*, in: Ul-mer/Habersack/Löbbe, Rdnr. 33; *Bayer*, in: Lutter/Hommelhoff, Rdnr. 19; *Reichert/Weller*, in: MünchKomm. GmbHG, Rdnr. 109; *Pentz*, in: Rowedder/Schmidt-Leithoff, Rdnr. 35; *Schiessl/ Böhm*, in: MünchHdb. III, § 31 Rdnr. 42 und *Priester*, 11. Aufl., § 53 Rdnr. 48.

129 *Arnold*, in: MünchKomm. BGB, 7. Aufl. 2015, § 35 BGB Rdnr. 9; *Ellenberger*, in: Palandt, § 35 BGB Rdnr. 5; *Raiser*, in: Ulmer/Habersack/Löbbe, Rdnr. 33; *Ebbing*, in: Michalski u.a., Rdnr. 86; *Waldenberger*, GmbHR 1997, 49, 54.

130 Eb. *Ballerstedt*, ZGR 1977, 133, 157 f.; *Zöllner*, ZGR 1977, 320 f.; *Raiser*, in: Ulmer/Habersack/Löb-be, Rdnr. 33; *Hoffmann/Lehmann/Weinmann*, MitbestG, 1978, § 37 Rdnr. 62; differenzierend *Ul-mer/Habersack*, in: Ulmer/Habersack/Henssler, Mitbestimmungsrecht, 3. Aufl. 2013, § 37 MitbestG Rdnr. 36 f.; offen *Raiser/Veil/Jacobs*, 6. Aufl. 2015, § 37 MitbestG Rdnr. 2; a.M. *Koberski*, in: Wlotz-ke/Wißmann/Koberski/Kleinsorge, MitbestG, 5. Aufl. 2017, § 37 Rdnr. 37; *Fabricius*, in: Gemein-schafts-Komm. z. MitbestG, 1976, § 37 Rdnr. 69 ff.

131 OLG Düsseldorf v. 8.6.1989 – 6 U 223/88, WM 1990, 265; *H. M. Schmidt*, GmbHR 1960, 137, 139; *Wolany*, S. 180 f.; *Rücker*, S. 90 ff.; *Raiser*, in: Ulmer/Habersack/Löbbe, Rdnr. 34; *Fastrich*, in: Baum-bach/Hueck, Rdnr. 19; *Altmeppen*, in: Roth/Altmeppen, Rdnr. 21; *Flume*, Juristische Person, S. 192; *Pentz*, in: Rowedder/Schmidt-Leithoff, Rdnr. 36; *Schiessl/Böhm*, in: MünchHdb. III, § 31 Rdnr. 42.

132 So *Schilling*, in: Hachenburg, 7. Aufl. 1975, Rdnr. 11.

133 So *Schilling*, in: Hachenburg, 7. Aufl. 1975, Rdnr. 11; *Pentz*, in: Rowedder/Schmidt-Leithoff, Rdnr. 36.

134 So *Rücker*, S. 100; *Schilling*, in: Hachenburg, 7. Aufl. 1975, Rdnr. 11; dagegen mit Recht *Fastrich*, in: Baumbach/Hueck, Rdnr. 19; *Reichert/Weller*, in: MünchKomm. GmbHG, Rdnr. 110 ff.; *Raiser*, in: Ulmer/Habersack/Löbbe, Rdnr. 35; *Ebbing*, in: Michalski u.a., Rdnr. 88; *Waldenberger*, GmbHR 1997, 49, 54.

135 *Raiser*, in: Ulmer/Habersack/Löbbe, Rdnr. 34 stützt die Zulässigkeit der Entziehung aus wichtigem Grunde auf eine Rechtsanalogie zu den § 712 Abs. 1 BGB, §§ 117, 127, 140 HGB, § 38 Abs. 2

des wichtigen Grundes[136]. Die Vorschrift ermächtigt die Gesellschafterversammlung zwar nicht zur Aufhebung des Sonderrechts, sondern gestattet nur den keine Satzungsänderung voraussetzenden[137] Eingriff durch Abberufung, führt aber, wenn der wichtige Grund nicht nur vorübergehender Natur ist und deshalb eine (Wieder-)Bestellung[138] nicht mehr verlangt werden kann, zur Unmöglichkeit des statutarischen Rechts auf Geschäftsführung; das Zustimmungserfordernis zu der das Sonderrecht streichenden Satzungsänderung entfällt deshalb in diesem Fall auch mangels eines berechtigten Interesses. Für andere Sonderrechte fehlt es zwar an einer ausdrücklichen gesetzlichen Regelung der Rechtsfolgen des Eintritts eines wichtigen Grundes, aber die durch jene Vorschriften eröffnete Möglichkeit der Einschränkung oder Entziehung einer mitgliedschaftlichen Einzelbefugnis muss auf Grund desselben Rechtsgedankens ebenfalls für andere Vorrechte bei der Mitverwaltung (Rdnr. 29), aber auch für solche vermögensrechtlicher Art, insbesondere Abnahme- und Lieferungsrechte des Mitglieds (Rdnr. 30), gelten, wobei die bei der Zumutbarkeitsprüfung erforderliche Abwägung jeweils die besondere Natur des Rechts und seine Bedeutung sowohl für die GmbH als auch für den Gesellschafter berücksichtigen muss. Sind mildere Mittel als die dauernde oder vollständige Rechtsverkürzung vorhanden, gehen diese in allen Fällen vor (z.B. Verringerung einer Vorzugsdividende). Das *kann*, wie bereits erwähnt, im Einzelfall auch die Ausschließung sein, die (nur) dann vorgenommen werden darf[139]. Der wichtige Grund ersetzt im Übrigen nur das Zustimmungserfordernis des Betroffenen, macht aber den satzungsändernden Gesellschafterbeschluss (Rdnr. 33) nicht überflüssig[140]. Der Berechtigte hat in diesem Fall kein Stimmrecht (§ 47 Abs. 4)[141]. Ein gerichtliches Gestaltungsurteil ist nicht erforderlich[142].

ee) Folgen eines rechtswidrigen Eingriffs in das Sonderrecht durch Beschluss

36 Das Sonderrecht eines Gesellschafters kann durch Gesellschafterbeschluss außer beim Vorliegen eines wichtigen Grundes (Rdnr. 35) nur mit seiner Zustimmung beeinträchtigt werden (§ 35 BGB). Ein Gesellschafterbeschluss, der ohne die danach erforderliche Zustimmung ein Sonderrecht verletzt, ist insoweit unwirksam[143]. Er ist aber nur dem Verletzten gegenüber, al-

---

GmbHG; ebenso *Ebbing*, in: Michalski u.a., Rdnr. 87; *Waldenberger*, GmbHR 1997, 49, 54 bezieht sich zusätzlich auf die gesellschafterliche Treuepflicht.

136 RG v. 4.2.1943 – II 94/42, RGZ 170, 358, 368; RG v. 19.5.1914 – II 26/14, LZ 1914, Sp. 1762; RG v. 29.11.1918 – II 224/18, LZ 1919, Sp. 596; BGH v. 30.11.1961 – II ZR 137/60, GmbHR 1962, 212; BGH v. 4.11.1968 – II ZR 63/67, NJW 1969, 131; BGH v. 20.12.1982 – II ZR 110/82, GmbHR 1983, 149, 150.

137 Unzutr. OLG Hamburg v. 27.8.1954 – 1 U 395/53, GmbHR 1954, 188; wie hier *Raiser*, in: Ulmer/Habersack/Löbbe, Rdnr. 35; *Ebbing*, in: Michalski u.a., Rdnr. 90.

138 Vgl. dazu OLG Frankfurt v. 14.2.1916 – 1 U 17/16, GmbHRspr. II R. 38, 11.

139 *Fastrich*, in: Baumbach/Hueck, Rdnr. 19; *Raiser*, in: Ulmer/Habersack/Löbbe, Rdnr. 35; abw. *Arnold*, in: MünchKomm. BGB, 7. Aufl. 2015, § 35 BGB Rdnr. 10, der immer auf die Ausschließung verweist, während *Altmeppen*, in: Roth/Altmeppen, Rdnr. 21 ihre Anwendbarkeit generell verneint und dem Gesellschafter, wenn eine Sonderrechtsbeeinträchtigung ihn härter trifft, ein Austrittsrecht aus wichtigem Grunde geben will.

140 *Raiser*, in: Ulmer/Habersack/Löbbe, Rdnr. 35; *Ebbing*, in: Michalski u.a., Rdnr. 89; *Schiessl/Böhm*, in: MünchHdb. III, § 31 Rdnr. 42; a.M. *Wolany*, S. 181; *H. M. Schmidt*, GmbHR 1960, 137, 139, die einen einfachen Gesellschafterbeschluss genügen lassen.

141 *Raiser*, in: Ulmer/Habersack/Löbbe, Rdnr. 35; *Ebbing*, in: Michalski u.a., Rdnr. 89; *Reichert/Weller*, in: MünchKomm. GmbHG, Rdnr. 114.

142 *Raiser*, in: Ulmer/Habersack/Löbbe, Rdnr. 35; *Ebbing*, in: Michalski u.a., Rdnr. 90; a.M. *Rücker*, S. 116 ff.

143 RG v. 4.2.1943 – II 94/42, RGZ 170, 358, 376; BGH v. 10.11.1954 – II ZR 299/53, BGHZ 15, 177, 181; BGH v. 13.7.1967 – II ZR 238/64, BGHZ 48, 141, 143; BGH v. 30.11.1961 – II ZR 137/60, GmbHR 1962, 212; BGH v. 25.1.1966 – V ZR 121/63, WM 1966, 476, 477; *Raiser*, in: Ulmer/Habersack/Löbbe, Rdnr. 36; s. auch *Karsten Schmidt*, 11. Aufl., § 45 Rdnr. 54 und *Priester*, 11. Aufl., § 53 Rdnr. 48.

so relativ unwirksam[144], sofern sich aus dem Beschluss nicht ergibt, dass er seinem Inhalt nach ohne die Geltung für den Zustimmungsberechtigten rechtlich nicht bestehen kann (gegenstandslos oder nicht mehr sinnvoll ist), oder wenn er erkennbar nur für den Fall seiner Beteiligung gewollt ist. Einer Anfechtungsklage gegen den Beschluss bedarf es nicht. Der Sonderberechtigte kann aber erforderlichenfalls nach § 256 ZPO auf Feststellung des Fortbestehens seines Rechts oder der Unwirksamkeit der beschlossenen Rechtsbeeinträchtigung klagen[145]. Ebenso kann er sonst jederzeit auf die Unwirksamkeit der Beeinträchtigung sich berufen. Der Beschluss kann andererseits nachträglich durch die Genehmigung der Berechtigten wirksam werden (§ 184 BGB), die auch durch schlüssige Handlungen erfolgen kann und so lange möglich ist, wie er seine Ablehnung noch nicht erklärt hat. Bis dahin besteht ein Schwebezustand, den die GmbH analog §§ 108 Abs. 2, 177 Abs. 2 BGB durch eine Aufforderung mit angemessener Erklärungsfrist beenden kann[146]. Äußert er sich nicht fristgemäß, so gilt das als Ablehnung, und der Beschluss ist endgültig unwirksam. Es ist allerdings eine neue Beschlussfassung zulässig, bei der kein Gesellschafter an seine frühere Stimmabgabe gebunden ist[147]. Die schuldhafte Verletzung ebenso wie die rein tatsächliche Beeinträchtigung eines Sonderrechts begründet einen Schadensersatzanspruch[148].

c) Sonderpflichten

Sonderpflichten müssen, wie Sonderrechte, im Gesellschaftsvertrag festgesetzt sein. Hierzu gehören: Aufgeld-, Nachschuss- und sonstige Leistungspflichten einzelner Gesellschafter, Wettbewerbsverbot für einzelne, Pflicht zur Übernahme oder Beibehaltung einer Tätigkeit (z.B. als Geschäftsführer, Buchprüfer, Rechtsberater); allerdings ist zu beachten, dass Dienstleistungen nicht erzwingbar sind (§ 888 Abs. 3 ZPO)[149]. Auch hier ist, trotz Aufnahme in die Satzung, stets zu prüfen, ob die Verpflichtung eine schuldrechtliche und schon deshalb jedem Mehrheitsbeschluss entzogene und nicht mit dem Geschäftsanteil verbundene Pflicht ist, oder aber eine gesellschaftsrechtliche. Im letzteren Falle geht sie im Zweifel auf einen Erwerber des Geschäftsanteils des Verpflichteten über[150]. Ohne Zustimmung des Betroffenen kann auch durch satzungsändernden Beschluss eine Vermehrung (Erschwerung) der Sonderpflicht nicht erfolgen; ein solcher Beschluss wäre relativ unwirksam (vgl. Rdnr. 36). Dies folgt schon aus § 53 Abs. 3 (dazu auch § 180 Abs. 1 AktG) und ergibt sich auch durch Umkehrung des in § 35 BGB (Rdnr. 26) enthaltenen Rechtssatzes: Sonderpflichten eines Mitglieds können nicht ohne dessen Zustimmung durch Beschluss der Mitgliederversammlung begründet, vermehrt oder erschwert werden[151].

Von Sonderpflichten (Rdnr. 37) sind **Sonder- oder Nebenleistungspflichten i.S. des § 3 Abs. 2** zu unterscheiden: Bei jenen steht die Sonderpflicht im Gegensatz zur allgemeinen Pflicht zur Leistung der Geschäftsanteile, nicht als Sonderbelastung einzelner Gesellschafter

37

38

144 RG v. 4.2.1943 – II 94/42, RGZ 170, 358, 376; BGH v. 10.11.1954 – II ZR 299/53, BGHZ 15, 177, 181.

145 BGH v. 10.11.1954 – II ZR 299/53, BGHZ 15, 177, 181; *Raiser*, in: Ulmer/Habersack/Löbbe, Rdnr. 36.

146 Eb. *Raiser*, in: Ulmer/Habersack/Löbbe, Rdnr. 36; *Waldenberger*, GmbHR 1997, 49, 55.

147 Eb. *Raiser*, in: Ulmer/Habersack/Löbbe, Rdnr. 36.

148 RG v. 5.5.1930 – 408 29 IV, JW 1930, 3473; *Raiser*, in: Ulmer/Habersack/Löbbe, Rdnr. 36 a.E.; *Ebbing*, in: Michalski u.a., Rdnr. 92.

149 Zur mangelnden Vollstreckbarkeit der Pflicht zur Geschäftsführung BGH v. 14.7.1980 – II ZR 161/79, BGHZ 78, 82, 86; vgl. auch *Schneider/Schneider*, GmbHR 1980, 4, 8.

150 *Raiser*, in: Ulmer/Habersack/Löbbe, Rdnr. 75; *Schiessl/Böhm*, in: MünchHdb. III, § 32 Rdnr. 17; *Bayer*, in: Lutter/Hommelhoff, Rdnr. 19.

151 Eb. *Feine*, S. 281; *Zöllner*, S. 111; *Bayer*, in: Lutter/Hommelhoff, Rdnr. 19; *Raiser*, in: Ulmer/Habersack/Löbbe, Rdnr. 75; *Schiessl/Böhm*, in: MünchHdb. III, § 32 Rdnr. 17; *Reichert/Weller*, in: MünchKomm. GmbHG, Rdnr. 134.

im Verhältnis zu den anderen. Doch kann auch der letztere Fall vorliegen, wenn nämlich die Nebenleistungspflichten für einzelne Gesellschafter höher bemessen sind.

d) Unentziehbarkeit allgemeiner Mitgliedschaftsrechte

aa) Allgemeines

39   Es gibt kein einheitliches Kriterium, demzufolge sich bestimmen ließe, ob ein allgemeines Mitgliedschaftsrecht der Gesellschafter entzogen oder eingeschränkt werden kann[152]. Ebenso wenig lässt sich eine Vermutung für oder gegen eine Entziehbarkeit allgemeiner Mitgliedschaftsrechte begründen, insbesondere sind dahingehende Schlüsse aus § 53 Abs. 1 u. 2 oder aus den Spezialregelungen der § 35 BGB, § 53 Abs. 3 GmbHG nicht möglich[153]. Für jedes Mitgliedschaftsrecht ist vielmehr gesondert zu prüfen, ob und inwieweit das Gesetz oder der Gesellschaftsvertrag seine Entziehung ausschließen[154]. Nach dem Grund der Unentziehbarkeit sind die folgenden Gruppen zu unterscheiden:

bb) Absolut unentziehbare (unverzichtbare) Mitgliedschaftsrechte

40   Bei den absolut unentziehbaren (unverzichtbaren) Mitgliedschaftsrechten handelt es sich um die den Gesellschaftern kraft zwingender Rechtsnormen zustehenden und deshalb weder im ursprünglichen noch im geänderten Gesellschaftsvertrag auszuschließenden oder einzuschränkenden Mitgliedschaftsrechte. Die Unentziehbarkeit beruht bei ihnen auf der Begrenzung der Satzungsautonomie (inhaltliche Gestaltungsfreiheit) und ist eine rechtspaternalistische Reaktion der Rechtsordnung auf das Phänomen begrenzter Rationalität. Hierher gehören das Auskunfts- und Einsichtsrecht des Gesellschafters (§ 51a)[155], das Minderheitenrecht zur Einberufung der Gesellschafterversammlung und Aufnahme von Anträgen in die Tagesordnung (§ 50)[156], das Recht auf Teilnahme an und Rede in der Gesellschafterversammlung[157], die Berechtigung zur Erhebung der Anfechtungsklage bei mangelhaften Gesellschafterbeschlüssen (s. 11. Aufl., bei § 45 Rdnr. 127 ff.), das Preisgaberecht bei unbeschränkter Nachschusspflicht (§ 27 Abs. 1), das Austrittsrecht aus wichtigem Grund[158] (s. dazu Anh. § 34 Rdnr. 6 ff.), die Berechtigung zur Auflösungsklage nach § 61 und das Antragsrecht zur Bestellung oder Abberufung von Liquidatoren nach § 66 Abs. 2 u. 3. Dagegen sind die Rechte auf

---

152   Vgl. auch *Wiedemann*, GesR I, S. 363 f.

153   Abw. *Schäfer*, Der stimmrechtslose Geschäftsanteil, 1997, S. 171 ff., insbes. S. 176.

154   RG v. 4.2.1943 – II 94/42, RGZ 170, 358, 368; OLG Stuttgart v. 14.2.1974 – 10 U 90/73, GmbHR 1974, 257, 259; *Feine*, S. 274; *Fastrich*, in: Baumbach/Hueck, Rdnr. 17; *Reichert/Weller*, in: MünchKomm. GmbHG, Rdnr. 84; *Altmeppen*, in: Roth/Altmeppen, Rdnr. 16; *Winter*, GmbHR 1964, 251, 252; einschränkend auf sog. organschaftliche Mitgliedschaftsrechte RG v. 4.4.1908 – I 302/07, RGZ 68, 210, 211 f., was aber auf dem dort verwendeten zu weiten – alle selbstnützigen Mitgliedschaftsbefugnisse umfassenden – Sonderrechtsbegriff beruht; s. dazu Rdnr. 19.

155   Eb. *Raiser*, in: Ulmer/Habersack/Löbbe, Rdnr. 38; *Ebbing*, in: Michalski u.a., Rdnr. 60; *Reichert/Weller*, in: MünchKomm. GmbHG, Rdnr. 84.

156   Heute ganz h.M.; anders noch RG v. 4.4.1908 – I 302/07, RGZ 68, 210, 212; RG v. 22.9.1933 – II 60/33, JW 1933, 2904; KG v. 4.4.1908, GmbHRspr. I § 50 Nr. 1. Näheres dazu 11. Aufl., § 50 Rdnr. 6.

157   RG v. 24.4.1941 – II 117/40, RGZ 167, 65, 73; BGH v. 12.7.1971 – II ZR 127/69, GmbHR 1971, 207; BGH v. 17.10.1988 – II ZR 18/88, GmbHR 1989, 120, 121; OLG Frankfurt v. 26.8.1983 – 20 W 528/83, GmbHR 1984, 99, 100; s. auch 11. Aufl., § 48 Rdnr. 13 ff.; *Pentz*, in: Rowedder/Schmidt-Leithoff, Rdnr. 18; *Bayer*, in: Lutter/Hommelhoff, Rdnr. 17; *Zöllner/Noack*, in: Baumbach/Hueck, § 48 Rdnr. 6; *Reichert/Weller*, in: MünchKomm. GmbHG, Rdnr. 85; *Roth*, in: Roth/Altmeppen, § 48 Rdnr. 3. Die grundsätzliche Zulässigkeit von sog. Vertreterklauseln wird davon nicht berührt; vgl. dazu RG v. 12.11.1912 – II 291/12, RGZ 80, 385, 390 f.; RG v. 5.5.1916 – II 33/16, RGZ 88, 220, 221; BGH v. 17.10.1988 – II ZR 18/88, GmbHR 1989, 120, 121 u. 11. Aufl., § 48 Rdnr. 18a m.w.N.

158   BGH v. 16.12.1991 – II ZR 58/91, BGHZ 116, 359, 360/369 = GmbHR 1992, 257.

einen Gewinnanteil (§ 29) sowie auf eine Liquidationsquote (§ 72) und entgegen vereinzelt erhobener Bedenken[159] auch das Stimmrecht (§ 47)[160] trotz der ihnen normalerweise zukommenden Bedeutung für die Mitgliedschaft abdingbar. Unzulässig wäre allerdings der Ausschluss des Stimmrechts aller Gesellschafter, weil dadurch ein notwendiges (§§ 45 Abs. 1, 53 Abs. 1, 60 Abs. 1 Nr. 2, 66 Abs. 1) Beschlussorgan beseitigt würde. Das Zustimmungserfordernis bei Leistungsvermehrungen (§ 53 Abs. 3) kann die Satzung nicht generell ausschließen oder durch eine unbestimmte Klausel einschränken. Der Stimmrechtsausschluss berührt grundsätzlich auch nicht andere Zustimmungserfordernisse.

Fraglich ist es, ob der Geschäftsanteil über die unentziehbaren Einzelrechte (Rdnr. 40) hinaus **zwingend weitere Mitgliedschaftsrechte** gewähren muss, die, jedes für sich genommen, an sich abdingbar sind. Der BGH hat das bejaht und angenommen, dass der Gesellschaftsvertrag einem Gesellschafter nicht zugleich das Stimmrecht, das Gewinnrecht und den Liquidationserlösanteil nehmen könne[161]. Die Berufung darauf, dass diese Gestaltung mit dem „Wesen der GmbH" und mit dem „Gesellschafterbegriff" unvereinbar sei, überzeugt aber nicht; sie begründet nicht, warum überhaupt abdingbare Rechte und erst recht nicht warum gerade sie teilweise bestehen bleiben müssen. Ein Beteiligungsinteresse kann auch ohne sie gegeben sein, und die wirtschaftlichen Eintritts- und Austrittsbedingungen können entsprechend dem Rechteinhalt des Geschäftsanteils angepasst sein. Das GmbHG garantiert allein durch die unentziehbaren Mitgliedschaftsrechte die Mindestbedingungen einer „Teilnahme am Gesellschaftsleben"[162] und gestattet im Übrigen den Gesellschaftern (§ 45 Abs. 2), die Rechtsverhältnisse der Gesellschaft nach ihrem Bedürfnis zu gestalten[163]. Nur wenn die Mitgliedschaft im (extremen) Ausnahmefall ohne zusätzliche Verwaltungs- oder Vermögensrechte völlig sinnentleert wäre, kann die Ausgestaltung des Geschäftsanteils unzulässig sein[164].

Die Gesellschafterbeschlüsse, die unabdingbare Mitgliedschaftsrechte entziehen oder einschränken, sind in sinngemäßer Anwendung des § 241 Nr. 3 AktG **nichtig** (s. 11. Aufl., § 45 Rdnr. 73)[165]. Bei dementsprechenden Vereinbarungen im Gesellschaftsvertrag ist Teilnichtigkeit gegeben, die aber nach der Eintragung der GmbH in das Handelsregister (da dann § 139 BGB nicht mehr gilt) seine Rechtswirksamkeit im Übrigen unberührt lässt.

cc) Relativ unentziehbare Mitgliedschaftsrechte

Relativ unentziehbare Mitgliedschaftsrechte sind diejenigen Mitgliedschaftsrechte, die nach Gesetz oder Gesellschaftervertrag nur mit Zustimmung des Rechtsinhabers entzogen oder eingeschränkt werden können.

41

42

43

---

159 *Brodmann*, § 47 Anm. 1a und, soweit die zwingende Zuständigkeit der Gesellschafterversammlung gegeben ist, *Wiedemann*, GesR I, S. 369.

160 BGH v. 14.7.1954 – II ZR 342/53, BGHZ 14, 264, 269 ff.; BGH v. 24.5.1993 – II ZR 73/92, GmbHR 1993, 591, 592; *Raiser*, in: Ulmer/Habersack/Löbbe, Rdnr. 39; *Fastrich*, in: Baumbach/Hueck, Rdnr. 15; *Reichert/Weller*, in: MünchKomm. GmbHG, Rdnr. 91; *Bayer*, in: Lutter/Hommelhoff, Rdnr. 17; *Ebbing*, in: Michalski u.a., Rdnr. 64; *Pentz*, in: Rowedder/Schmidt-Leithoff, Rdnr. 19; *Schäfer*, Der stimmrechtslose Geschäftsanteil, 1997, S. 64 ff., 117 ff.

161 BGH v. 14.7.1954 – II ZR 342/53, BGHZ 14, 264, 270, 273; vgl. auch *Feine*, S. 265 f., 523; s. auch *Priester*, 11. Aufl., § 53 Rdnr. 45; a.A. *Reichert/Weller*, in: MünchKomm. GmbHG, Rdnr. 92.

162 RG v. 24.4.1941 – II 117/40, RGZ 167, 65, 73.

163 *Raiser*, in: Ulmer/Habersack/Löbbe, Rdnr. 37; *Fastrich*, in: Baumbach/Hueck, Rdnr. 15; *Wolany*, S. 182, 185 f.; *Teichmann*, S. 145 f., 208 ff.; *Schiessl/Böhm*, in: MünchHdb. III, § 31 Rdnr. 43; vgl. im Übrigen *Schäfer*, Der stimmrechtslose Geschäftsanteil, 1997, S. 130 ff.

164 Zutr. *Fastrich*, in: Baumbach/Hueck, Rdnr. 15; *Wicke*, Rdnr. 5.

165 Vgl. *Bayer*, in: Lutter/Hommelhoff, Anh. § 47 Rdnr. 16 f.; *Koppensteiner/Gruber*, in: Rowedder/Schmidt-Leithoff, § 47 Rdnr. 104; *Reichert/Weller*, in: MünchKomm. GmbHG, Rdnr. 88; *Vogel*, Gesellschafterbeschlüsse und Gesellschafterversammlung, 2. Aufl. 1986, S. 207.

44 **(1) Gesetzlich** ist die relative Unentziehbarkeit nur vereinzelt vorgesehen. Sie gilt vor allem für die Mitgliedschaft selbst[166], die – abgesehen von der Kaduzierung (§ 21 Abs. 2) sowie der Ausschließung aus wichtigem Grund (s. Anh. § 34 Rdnr. 25 ff.) – nur mit Zustimmung des Gesellschafters entzogen werden kann; keine Ausnahme, sondern eine vorweggenommene Zustimmung ist bei der sog. Zwangsamortisation auf Grund eines vor dem Anteilserwerb statutarisch festgesetzten Einziehungstatbestandes gegeben (s. Erl. zu § 34). Die nachträgliche Einführung der Einziehungsmöglichkeit erfordert deshalb ebenfalls die Zustimmung der betroffenen Gesellschafter (s. 11. Aufl., bei § 53 Rdnr. 126). Die Veräußerlichkeit und die Vererblichkeit des Geschäftsanteils (§ 15 Abs. 1) können nach dem Sinn dieser Vorschrift ohne Zustimmung des Anteilseigners nicht nachträglich ausgeschlossen oder eingeschränkt werden, sofern der Gesellschaftsvertrag das nicht zulässt[167]. Unter demselben Vorbehalt gewährt § 72 Satz 1 den Gesellschaftern einen unantastbaren Anspruch auf den anteiligen Liquidationserlös[168]; das gilt auch bei idealem oder gemeinnützigem Gesellschaftszweck[169], da aus der Belassung der Liquidationsquote hervorgeht, dass das verbleibende Vermögen nicht mehr jenen Zwecken gewidmet sein soll, eine abweichende Regelung (§ 72 Satz 2) also gerade nicht gewollt war.

45 **(2)** Ebenso kann der **Gesellschaftsvertrag** bestimmen, dass ein Mitgliedschaftsrecht ohne Zustimmung des Gesellschafters nicht entziehbar sein soll. Es ist für jedes Recht durch Auslegung zu ermitteln, ob dies gewollt war[170]. Für das Gewinnrecht der Gesellschafter (§ 29 Abs. 1 u. 3) ist bei Erwerbsgesellschaften wegen der Art des Zusammenschlusses und der Beteiligung grundlegend prägenden Charakters[171] in der Regel eine gewillkürte Unentziehbarkeit anzunehmen[172], die aber, wenn der Gesellschaftsvertrag nicht entsprechende weiter gehende Anordnungen trifft, *mittelbare* Eingriffe durch satzungsändernde Mehrheitsbeschlüsse (§ 53 Abs. 2 Satz 1) innerhalb der Grenzen des Gleichbehandlungsgebots (Rdnr. 51 ff.) und der gesellschaftlichen Treupflicht (Rdnr. 64 ff.) nicht ausschließt[173]. So kann z.B., wenn das im Gesellschaftsinteresse erforderlich ist, in einem sachlich vertretbaren Umfange die Bildung von Gewinnrücklagen nachträglich im Gesellschaftsvertrag bindend vorgeschrieben werden, während die Einführung eines dauernden vollständigen Ausschüttungsverbots oder die Änderung des bestehenden Gewinnverteilungsschlüssels ohne Zustimmung aller betroffenen Gesellschafter nicht möglich sind. Für das Stimmrecht ist ebenfalls anzunehmen, dass es als „Grundmitgliedsrecht" regelmäßig als unentziehbar gewollt ist[174]; es kann deshalb, auch wenn der

166 *Raiser*, in: Ulmer/Habersack/Löbbe, Rdnr. 39; *Fastrich*, in: Baumbach/Hueck, Rdnr. 17; *Flume*, Juristische Person, S. 273 ff.; *Wiedemann*, GesR I, S. 382 ff.; *Schiessl/Böhm*, in: MünchHdb. III, § 31 Rdnr. 43; abw. *Schäfer*, Der stimmrechtslose Geschäftsanteil, 1997, S. 185 ff.

167 Im Erg. eb. OLG München v. 23.1.2008 – 7 U 3292/07, GmbHR 2008, 541, das sich zudem auf die Wertungen des § 180 Abs. 2 AktG stützt; RG v. 4.4.1908 – I 302/07, RGZ 68, 210, 211; OLG Celle v. 24.7.1958 – 9 U 37/58, GmbHR 1959, 113; s. dazu § 15 Rdnr. 108 und *Priester*, 11. Aufl., § 53 Rdnr. 126, 175.

168 KG v. 16.9.1937 – 1 Wx 415/37, JW 1937, 2979; s. *Karsten Schmidt*, 11. Aufl., § 72 Rdnr. 14.

169 Abw. *Feine*, S. 286 m.w.N.

170 S. RG v. 4.2.1943 – I 94/42, RGZ 170, 358, 368; RG v. 14.11.1913 – II 444/13, LZ 1914, Sp. 571; OLG Karlsruhe v. 10.2.1926 – 2 BR 239 25, GmbHR 1926, 649; OLG Stuttgart v. 14.2.1974 – 10 U 90/73, GmbHR 1974, 257; OLG Stuttgart v. 22.5.1997 – 11 U 13/96, GmbHR 1997, 1108.

171 BGH v. 10.5.1976 – II ZR 180/74, WM 1976, 661; BayObLG v. 17.9.1987 – BReg 3 Z 122/87, GmbHR 1988, 102, 103.

172 *Feine*, S. 282 f.; *Raiser*, in: Ulmer/Habersack/Löbbe, Rdnr. 39; *Fastrich*, in: Baumbach/Hueck, Rdnr. 17; *Pentz*, in: Rowedder/Schmidt-Leithoff, Rdnr. 21; *Schiessl/Böhm*, in: MünchHdb. III, § 31 Rdnr. 43; *M. Winter*, S. 138 f.; *Ulmer*, in: Hachenburg, 8. Aufl. 1997, § 53 Rdnr. 69 u. *Priester*, 11. Aufl., § 53 Rdnr. 47; s. auch *Teichmann*, S. 152 ff.; *Flume*, Juristische Person, S. 274 f.

173 Vgl. dazu *Priester*, 11. Aufl., § 53 Rdnr. 142 sowie *Ulmer/Casper*, in: Ulmer/Habersack/Löbbe, § 53 Rdnr. 127 ff.; *M. Winter*, S. 280 ff.; *Flume*, Juristische Person, S. 276; *Immenga*, S. 208 f.

174 *Feine*, S. 284, 524 f.; *Raiser*, in: Ulmer/Habersack/Löbbe, Rdnr. 39; *Fastrich*, in: Baumbach/Hueck, Rdnr. 17; *Reichert/Weller*, in: MünchKomm. GmbHG, Rdnr. 91; *Pentz*, in: Rowedder/Schmidt-Leit-

Gleichbehandlungsgrundsatz (Rdnr. 51 ff.) gewahrt ist, nicht ohne seine Zustimmung beseitigt werden, z.B. durch Heraufsetzung des für die Stimme notwendigen Betrages (§ 47 Abs. 2) über den Nennbetrag des Geschäftsanteils. Andere satzungsändernde Regelungen sind dagegen, in den allgemeinen Grenzen, ohne Zustimmung möglich[175]. Vorstehendes gilt unabhängig davon, ob die Gründer es bei den dispositiven gesetzlichen Gewinn- und Stimmrechtsregelungen der §§ 29, 47 belassen oder ob sie gleich lautende oder abweichende Bestimmungen in den Gesellschaftsvertrag aufgenommen haben[176]. Unentziehbarkeit ist im Zweifel auch gewollt, wenn im Gesellschaftsvertrag die Liquidations- oder Abfindungsquote der Gesellschafter[177] oder für den Liquidationsfall die Rückgabe der zur Verwertung nicht benötigten Sacheinlagen bestimmt ist[178]. Schreibt der Gesellschaftsvertrag für eine bestimmte Maßnahme, die unmittelbar die Stellung der Gesellschafter oder ein grundlegendes Strukturelement der Gesellschaft betrifft, die Zustimmung aller Gesellschafter (also nicht nur einen einstimmigen Beschluss) vor, so ist daraus im Zweifel ebenfalls zu entnehmen, dass das Zustimmungsrecht jedes Gesellschafters nur mit dessen Einverständnis entziehbar oder einschränkbar sein soll[179]. Weitere Umstände, die bei der Auslegung zu berücksichtigen sind, aber für sich genommen noch nicht ohne weiteres einen Schluss auf die Unentziehbarkeit zulassen, sind z.B. die Bedeutung des Rechts für die Gesellschaft und die einzelnen Gesellschafter, seine mehr oder weniger starke Eigen- oder Fremdnützigkeit[180], das Sicherungsinteresse Einzelner oder aller Gesellschafter, der Gesellschaftszweck[181] und die Verbandsstruktur[182].

Für die **Umwandlung** (Verschmelzung, Spaltung, Formwechsel) regeln die §§ 13 Abs. 2, 50 Abs. 2, 125 Satz 1, 193 Abs. 2, 233 Abs. 2, 252 Abs. 2 UmwG die Zustimmungserfordernisse bei der Beeinträchtigung von Sonderrechten und anderen satzungsgemäß relativ unentziehbaren Mitgliedschaftsrechten in einer übertragenden bzw. formwechselnden GmbH. Die Vorschrift des § 50 Abs. 2 UmwG erfasst nach ihrem Wortlaut und Zweck in Übereinstimmung mit dem allgemeinen Grundsatz entgegen der sich auf die missverständliche Gesetzesbegründung[183] beziehenden überwiegenden Schrifttumsmeinung[184] auch die mitgliedschaftlichen Vermögensrechte (z.B. auf Vorzugsdividende oder auf erhöhten Liquidationserlösanteil u.a.)[185]. 46

(3) Aus **wichtigem Grunde** können relativ unentziehbare allgemeine Mitgliedschaftsrechte ohne Zustimmung des Betroffenen durch satzungsändernden Gesellschafterbeschluss (§ 53 47

---

hoff, Rdnr. 21; *Schiessl/Böhm*, in: MünchHdb. III, § 31 Rdnr. 43; *Priester*, 11. Aufl., § 53 Rdnr. 47, 158; *M. Winter*, S. 138 f.

175 Problematisch u.U. aber der Übergang zu einem anderen Stimmrechtsmaßstab (s. *Zöllner*, S. 123 f.) und die Einführung eines Höchststimmrechts (s. *Karsten Schmidt*, 11. Aufl., § 47 Rdnr. 11).

176 Unzutr. *Wolany*, S. 187 f. u. offenbar auch RG v. 12.11.1912 – II 291/12, RGZ 80, 385, 389 f.

177 Nicht aber die Anfallberechtigung Dritter; vgl. RG v. 30.3.1942 – II 96/41, RGZ 169, 65, 82.

178 Über die gesetzliche Liquidationsquote gemäß § 72 Satz 1 vgl. Rdnr. 44.

179 OLG Stuttgart v. 14.2.1974 – 10 U 90/73, GmbHR 1974, 257, 259; *Winter*, GmbHR 1964, 252; *Altmeppen*, in: Roth/Altmeppen, Rdnr. 18; weitergehend OLG Hamm v. 21.12.2015 – I-8 U 67/15, GmbHR 2016, 358, 359 ohne Rücksicht auf die Art der Maßnahme; ebenso *Raiser*, in: Ulmer/Habersack/Löbbe, Rdnr. 39.

180 *Feine*, S. 274; *Winter*, GmbHR 1964, 252; auch RG v. 4.4.1908 – I 302/07, RGZ 68, 210, 212, aber zu weitgehend.

181 *Feine*, S. 274.

182 OLG Stuttgart v. 14.2.1974 – 10 U 90/73, GmbHR 1974, 257, 259; zu weitgehend *Martens*, Mehrheits- und Konzernherrschaft in der personalistischen GmbH, 1970, S. 165 ff. in Anwendung des § 53 Abs. 2 Satz 2.

183 Abgedr. bei *Schaumburg/Rödder*, UmwG, UmwStG, 1995, S. 121 f.

184 *M. Winter/J. Vetter*, in: Lutter, 5. Aufl. 2014, § 50 UmwG Rdnr. 51; *Bermel*, in: Goutier/Knopf/Tulloch, 2. Aufl. 2007, § 50 UmwG Rdnr. 21; *Reichert*, in: Semler/Stengel, 4. Aufl. 2017, § 50 UmwG Rdnr. 31; *Zimmermann*, in: Kallmeyer, 6. Aufl. 2017, § 50 UmwG Rdnr. 21; *Simon/Nießen*, in: KölnKomm. UmwG, 2009, § 50 UmwG Rdnr. 20; *Mayer*, in: Widmann/Mayer, Umwandlungsrecht, § 50 UmwG Rdnr. 89.

185 Zutr. *Schöne*, Die Spaltung unter Beteiligung von GmbH, 1998, S. 183 ff.

Abs. 1) eingeschränkt oder beseitigt werden[186]. Es gelten im Wesentlichen die oben unter Rdnr. 35 dargestellten Grundsätze, da es für die Einschränkung der Unentziehbarkeit, wie auch aus den dort u.a. sinngemäß herangezogenen § 712 Abs. 1 BGB, § 117 HGB und aus § 38 Abs. 2 GmbHG für das Geschäftsführungsrecht folgt, keinen wertungserheblichen Unterschied macht, ob die Befugnis dem Gesellschafter als Vorrecht eingeräumt ist oder ob sie außer ihm auch den übrigen Gesellschaftern zusteht. Bei mitgliedschaftlichen Vermögensrechten wird es aber im zuletzt genannten Fall der Natur der Sache nach selten so liegen, dass der wichtige Grund nur einem Gesellschafter gegenüber eingreift, z.B. wenn dieser das allen Gesellschaftern zustehende Recht zur Verwertung eines Patents der GmbH[187] ständig treuwidrig missbraucht hat. Soweit das zutrifft, ist auch beim Vorliegen eines wichtigen Grundes der Grundsatz der gleichmäßigen Behandlung zu wahren (Rdnr. 52) und darf beim Fehlen von Differenzierungen rechtfertigenden zusätzlichen Umständen nicht nur das Recht eines Gesellschafters beschränkt oder aufgehoben werden: Gestattet z.B. die Notlage der GmbH keinerlei Gewinnausschüttung, so ist grundsätzlich das Gewinnrecht aller Gesellschafter zu suspendieren.

48 (4) Gesellschafterbeschlüsse, die ohne wichtigen Grund und ohne Zustimmung des Anteilsberechtigten oder ohne ausdrückliche statutarische Zulassung ein relativ unentziehbares Mitgliedschaftsrecht aufheben oder beschränken, sind insoweit (relativ) **unwirksam**[188]. Zu den Einzelheiten vgl. Rdnr. 36.

49 (5) Nach einem jüngeren Urteil des BGH[189] zum Personengesellschaftsrecht soll es nicht möglich sein, den Kreis der nicht ohne weiteres durch Mehrheitsbeschluss entziehbaren Rechte abstrakt und ohne Berücksichtigung der konkreten Umstände zu beschreiben. Vielmehr komme es bei Eingriffen in die individuelle Rechtsstellung des Gesellschafters letztlich immer darauf an, ob der Eingriff im Interesse der Gesellschaft geboten und dem betroffenen Gesellschafter unter Berücksichtigung seiner eigenen schutzwerten Belange zumutbar sei. Anders sei dies lediglich bei unverzichtbaren und schon deshalb unentziehbaren Rechten, sofern man solche überhaupt anerkennen wolle. Damit distanziert sich der BGH zu Recht von einem starren Bestand relativ unentziehbarer Rechte zugunsten einer **beweglichen Überprüfung anhand der Treuepflicht**. Ob und in welcher Weise dieses Urteil auf die Rechtslage bei der GmbH Anwendung finden kann, ist derzeit noch nicht abzusehen, aber voraussichtlich wird die bisherige Rechtslage damit ohne materiell-inhaltliche Änderung in den konkreten Einzelfällen auf eine neue dogmatische Grundlage (gesellschaftsrechtliche Treuepflicht; vgl. Rdnr. 64 ff.) gestellt[190].

e) Abspaltungsverbot

50 Eine isolierte Abtretung einzelner Mitgliedschaftsrechte ist als Aufspaltung der Mitgliedschaft in **einzelne Mitgliedschaftselemente** wie bei anderen Verbänden unzulässig (sog. Ab-

---

186 *Rücker*, S. 102 ff.; *Fastrich*, in: Baumbach/Hueck, Rdnr. 17; *Altmeppen*, in: Roth/Altmeppen, Rdnr. 19; *Schiessl/Böhm*, in: MünchHdb. III, § 31 Rdnr. 45; *Reichert/Weller*, in: MünchKomm. GmbHG, Rdnr. 93.
187 RG v. 2.7.1926 – II 570/25, RGZ 114, 212, 219.
188 BGH v. 10.11.1954 – II ZR 299/53, BGHZ 15, 177, 181; BGH v. 13.7.1967 – II ZR 238/64, BGHZ 48, 141, 143; *Schäfer*, Der stimmrechtslose Geschäftsanteil, S. 248 ff. m.w.N.; s. auch *Priester*, 11. Aufl., § 53 Rdnr. 48.
189 BGH v. 21.10.2014 – II ZR 84/13, BGHZ 203, 77 = GmbHR 2014, 1303; zustimmend *Wertenbruch*, DB 2014, 2875; krit. *Altmeppen*, NJW 2015, 2065; *Priester*, NZG 2015, 529; *Ulmer*, ZIP 2015, 657, 659.
190 *Ebbing*, in: Michalski u.a., Rdnr. 67; vgl. auch *Blath*, RNotZ 2017, 218, 220 mit Fn. 36; *Schäfer*, ZIP 2015, 1313.

spaltungsverbot)[191]. Eine solche Abspaltung widerspräche der gesetzlich festgelegten Konstitution der Mitgliedschaft als im Hinblick auf den Geschäftsanteil ungeteilte Partizipation an Schicksal und Steuerung der Gesellschaft (vgl. Rdnr. 22 u. § 15 Rdnr. 17). Diese verbietet daher nicht nur die Übertragung einzelner Mitgliedschaftsrechte an gesellschaftsfremde Dritte sondern auch an Mitgesellschafter, weil eine solche die Gesellschaftsstruktur nachhaltig und ohne erforderliche Satzungsänderung verändern würde[192]. Dies gilt insbesondere für Mitverwaltungsrechte, wobei hier das Stimmrecht von besonderer Bedeutung ist. Neben der isolierten Abtretung von aus der Mitgliedschaft rührenden **Verwaltungsrechten** sind auch die wertungsmäßig gleichzustellenden Legitimationszessionen sowie sog. „verdrängende Vollmachten"[193] unzulässig. Eine abweichende Bewertung ergibt sich auch nicht aus einem in sachlicher und zeitlicher Verbindung vereinbarten schuldrechtlichen oder dinglichen Recht am Geschäftsanteil[194] (vgl. § 15 Rdnr. 17 ff.). In Bezug auf die **Vermögensrechte** hat das Abspaltungsverbot lediglich das Vermögensstammrecht zum Gegenstand, was zur Folge hat, dass aus diesem hervorgehende – auch zukünftige – Einzelansprüche isoliert abtretbar sind (vgl. § 15 Rdnr. 20 ff.).

f) Gebot gleichmäßiger Behandlung

aa) Geltung

Der Gesellschaftsvertrag kann, von verhältnismäßig wenigen zwingenden Vorschriften abgesehen, die innergesellschaftlichen Rechtsverhältnisse frei gestalten (§ 45) und dabei auch den Gesellschaftern eine „ungleiche" Rechtsstellung zuweisen, also bei der Regelung der Mitgliedsrechte und/oder Mitgliedspflichten einzelne von ihnen bevorzugen oder zurücksetzen. Wenn und soweit dies aber nicht geschehen ist und durch Gesetz oder Satzung auch nicht für die betreffende Maßnahme eine Abweichung gestattet wird (Rdnr. 53), gilt mit dem Eintritt der Gemeinschaftsbindung und der dadurch gegebenen Unterwerfung unter die Verbandsmacht der **Grundsatz der gleichmäßigen Behandlung aller Gesellschafter.** Seine Anwendung auf die GmbH ist von der Rspr[195]. und der herrschenden Auffassung im Schrifttum[196]

51

---

191 *Bayer*, in: Lutter/Hommelhoff, Rdnr. 22; *Reichert/Weller*, in: MünchKomm. GmbHG, Rdnr. 119; *Fastrich*, in: Baumbach/Hueck, Rdnr. 20; *Raiser*, in: Ulmer/Habersack/Löbbe, Rdnr. 45; *Altmeppen*, in: Roth/Altmeppen, § 15 Rdnr. 22; zur Herleitung und Begründung des Abspaltungsverbots im Aktienrecht ausf. *Seibt*, ZGR 2010, 795, 814 ff.

192 *Reichert/Weller*, in: MünchKomm. GmbHG, Rdnr. 119; *Raiser*, in: Ulmer/Habersack/Löbbe, Rdnr. 46.

193 BGH v. 10.11.1951 – II ZR 111/50, BGHZ 3, 354; *Reichert/Weller*, in: MünchKomm. GmbHG, Rdnr. 124; *Bayer*, in: Lutter/Hommelhoff, Rdnr. 22; *Zöllner/Noack*, in: Baumbach/Hueck, § 47 Rdnr. 40 f.

194 A.A. *Bayer*, in: Lutter/Hommelhoff, Rdnr. 23.

195 RG v. 4.4.1908 – I 302/07, RGZ 68, 210, 213; RG v. 25.4.1911 – II 572/10, RGZ 76, 155; RG v. 12.11.1912 – II 291/12, RGZ 80, 385, 389; RG v. 23.10.1928 – II 54/28, RGZ 122, 159 163; RG v. 12.11.1935 – II 48/35, RGZ 149, 293, 300; RG v. 4.2.1943 – II 94/42, RGZ 170, 358, 378; BGH v. 14.5.1990 – II ZR 126/89, BGHZ 111, 224, 227; BGH v. 16.12.1991 – II ZR 58/91, BGHZ 116, 359, 373 = GmbHR 1992, 257; BGH v. 15.5.1972 – II ZR 70/70, WM 1972, 931; BGH v. 15.4.1985 – II ZR 274/83, NJW 1985, 1901, 1902 = GmbHR 1985, 297; BGH v. 27.11.1989 – II ZR 43/89, WM 1990, 182, 185 = GmbHR 1990, 122; OLG Hamm v. 25.3.1996 – 8 U 195/95, GmbHR 1996, 768; OLG München v. 24.10.1997 – 23 U 2392/97, GmbHR 1997, 1103; OLG Köln v. 10.3.1999 – 5 U 43/97, NZG 1999, 1112.

196 *Feine*, S. 274 ff.; *G. Hueck*, S. 48 ff.; *Zöllner*, S. 301 ff.; *Wolany*, S. 164 ff.; *Raiser*, in: Ulmer/Habersack/Löbbe, Rdnr. 113 ff.; *Fastrich*, in: Baumbach/Hueck, § 13 Rdnr. 31 ff.; *Altmeppen*, in: Roth/Altmeppen, § 13 Rdnr. 61 ff.; *Bayer*, in: Lutter/Hommelhoff, Rdnr. 46 ff.; *Schiessl/Böhm*, in: MünchHdb. III, § 31 Rdnr. 18 ff.; *Wiedemann*, GesR I, S. 427 ff.; *Pentz*, in: Rowedder/Schmidt-Leithoff, § 13 Rdnr. 94; a.M. *von Falkenhausen*, S. 30 ff.; *Konow*, S. 122 f.; s. für die AG auch *Wiethölter*, S. 103 ff.

seit langem anerkannt, aber über seinen Geltungsgrund besteht noch immer Unklarheit[197].

52 **Das GmbHG** schreibt die Gleichbehandlungspflicht **nicht ausdrücklich** vor (s. dagegen § 53a AktG). Die Vorschriften der §§ 14, 19 Abs. 1, 24, 26 Abs. 2 u. 3, 29 Abs. 3, 31 Abs. 3, 47 Abs. 2, 72, auf die die Gegenmeinung der ausdrücklichen Normierungsthese verweist[198], enthalten nur einen überwiegend dispositiven Maßstab der verhältnismäßigen Beteiligung der Gesellschafter an bestimmten allgemeinen Mitgliedschaftsrechten und -pflichten, der aber nicht uneingeschränkt gilt (Rdnr. 6 a.E.). Er ist, soweit sein Anwendungsgebiet reicht, im Einzelfall zwar für die Frage des *Ob* einer unterschiedlichen Behandlung bedeutsam (Rdnr. 56), begründet aber nicht die Geltung des Gleichbehandlungsgrundsatzes und schließt, wie schon die §§ 24 Satz 2, 31 Abs. 3 Satz 2 (nicht anders liegt es für § 19 Abs. 1[199]) zeigen, bei der erforderlichen Abwägung auch nicht die Relevanz anderer Umstände aus (Rdnr. 56). Die Beschränkung der Verbandsautonomie, die der Gleichbehandlungsgrundsatz bewirkt, folgt aus dem gesellschaftlichen Treuegedanken[200], mit dem sachlich unbegründete Differenzierungen in der Behandlung der Gesellschafter unvereinbar sind. Das Gleichbehandlungsgebot ist demnach ein spezieller Anwendungsfall der gesellschaftlichen Treuepflicht[201]. Dies entspricht auch unterstützenswerten, ökonomischen Begründungsmustern, denenzufolge die Parteien einer „nach vorne offenen" Rechtsbeziehung erwarten dürfen, gegen die begründete Enttäuschung geschützt zu sein, in vertraglich nicht spezifizierten und im Vorhinein auch nicht spezifizierbaren Situationen ohne Grund schlechter gestellt zu werden als vergleichbare Vertragspartner[202].

bb) Bedeutung und Inhalt

53 **(1) Anwendungsbereich.** Der Gleichbehandlungsgrundsatz ist nur subsidiär anwendbar, wenn und soweit der Gesellschaftsvertrag keine abweichende Bestimmung getroffen hat[203]. Dabei ist im Zweifel nicht anzunehmen, dass eine ungleiche Behandlung der Gesellschafter gewollt ist. Der Gleichbehandlungsgrundsatz kann für alle gesellschaftlichen Maßnahmen gelten, die die Gesellschafter als solche betreffen. Seine **Geltung für das Gesellschaftsverhältnis kann nicht generell ausgeschlossen** werden[204]. Allerdings können Gesellschafter auf konkrete, sich aus der Gleichbehandlungspflicht ergebene Rechtspositionen verzichten[205].

54 **Nicht vom Gleichbehandlungsgrundsatz** erfasst sind Drittgeschäfte zwischen der GmbH und den Gesellschaftern[206], es sei denn, dass sie gesellschaftliche Elemente insofern enthal-

---

197 Vgl. dazu insbesondere *G. Hueck*, S. 83 ff.; *Wiedemann*, GesR I, S. 428 f.; *Karsten Schmidt*, GesR, § 16 II 4b, jeweils m.w.N.
198 *Feine*, S. 261, 275 f.; *Raiser*, in: Ulmer/Habersack/Löbbe, Rdnr. 114; *Müller-Erzbach*, S. 75; *G. Hueck*, S. 47 ff.; vgl. auch *Fastrich*, in: Baumbach/Hueck, § 13 Rdnr. 31.
199 S. RG v. 12.11.1935 – II 48/35, RGZ 149, 293, 300.
200 *Ritter*, JW 1934, 3025 ff.; *Fechner*, S. 93 ff.; s. auch *G. Hueck*, S. 107 ff. m.w.N.
201 Vgl. auch *Lutter*, AcP 180 (1980), 84, 122 f.; a.M. *Raiser*, in: Ulmer/Habersack/Löbbe, Rdnr. 115 mit Fn. 256 (Minderheitenschutz); *Raiser/Veil*, Kapitalgesellschaften, § 38 Rdnr. 54, § 11 Rdnr. 58 (Minderheitenschutz); *Fastrich*, in: Baumbach/Hueck, § 13 Rdnr. 31.
202 Vgl. *Bachmann*, ZHR 170 (2006), 144, 161; *Fleischer*, ZGR 2001, 1, 5; *Janke*, Gesellschaftsrechtliche Treuepflicht, 2003, S. 151 ff.
203 *Feine*, S. 275; *Müller-Erzbach*, S. 74, 77; *G. Hueck*, S. 250 ff.; *Fastrich*, in: Baumbach/Hueck, § 13 Rdnr. 34; *Zöllner*, S. 302 f.; *Raiser*, in: Ulmer/Habersack/Löbbe, Rdnr. 113; *Bayer*, in: Lutter/Hommelhoff, Rdnr. 47; *Altmeppen*, in: Roth/Altmeppen, § 13 Rdnr. 60.
204 *G. Hueck*, S. 267 f.; *Fastrich*, in: Baumbach/Hueck, § 13 Rdnr. 33; *Bayer*, in: Lutter/Hommelhoff, Rdnr. 47; *Schiessl/Böhm*, in: MünchHdb. III, § 31 Rdnr. 20.
205 So zum Aktienrecht *Fleischer*, in: Karsten Schmidt/Lutter, § 53a AktG Rdnr. 37 f.; *Henze/Notz*, in: Großkomm. AktG, 4. Aufl. 2008, Anh. § 53a AktG Rdnr. 93 ff.
206 A.M. *Altmeppen*, in: Roth/Altmeppen, § 13 Rdnr. 64 „nach Maßgabe der unternehmerischen Vernunft".

ten, als die Gesellschaftereigenschaft des Geschäftspartners für den Abschluss oder für den Inhalt des Geschäfts (mit-)bestimmend war[207], z.B. die Festsetzung des Umfangs der Leistung (z.B. Umfang von Druckereiaufträgen für Gesellschafter einer Verlagsgesellschaft nach der Beteiligungsquote) oder die Höhe der Gegenleistung beeinflusst hat[208]. Die Verletzung des Gleichbehandlungsgebots kann in derartigen Fällen mit einer unzulässigen verdeckten Gewinnausschüttung zusammentreffen[209], ist indes nicht zwingend, da die Voraussetzungen und Rechtsfolgen dieser Institute nicht übereinstimmen (Rdnr. 60).

Der Gleichbehandlung unterliegen nicht nur die von **Gesellschaftsorganen**, sondern auch von einzelnen Gesellschaftern ausgehenden Rechtsakte, soweit ihnen durch den Gesellschaftsvertrag die Befugnis zu einem organähnlichen Handeln eingeräumt ist[210]. 55

(2) **Willkürverbot.** Der Gleichbehandlungsgrundsatz bedeutet inhaltlich das Verbot einer 56 willkürlichen, d.h. sachlich ungerechtfertigten verschiedenen Behandlung der Gesellschafter[211]. Für die Beurteilung kommt es nicht darauf an, ob der Urheber des Rechtsaktes (Rdnr. 55) eine willkürliche Ungleichbehandlung gewollt oder umgekehrt sein Vorgehen für gerechtfertigt gehalten hat, sondern maßgebend ist der Standpunkt eines objektiven Betrachters[212]. Bei der praktischen Handhabung sind mehrere Fallgruppen zu unterscheiden[213]:

(a) Bei den jedem Gesellschafter zustehenden unverzichtbaren Mitgliedschaftsrechten 57 (Rdnr. 40) gilt absolute Gleichheit nach Personen.

(b) Ansonsten ist die für das Eingreifen des Gleichbehandlungsgrundsatzes primär erforderliche „verschiedene Behandlung" gegeben, wenn der nach dem Gesetz oder dem Gesellschaftsvertrag für den Gegenstand des betreffenden gesellschaftlichen Rechtsaktes geltende Maßstab der Beteiligung der Gesellschafter (z.B. nach der dispositiven gesetzlichen Regel für das Gewinn- oder Stimmrecht die Größe der Geschäftsanteile; s. Rdnr. 6, 52) in ihrem Verhältnis zueinander nicht für alle gewahrt, also der sog. **Gleichbehandlungsmaßstab**[214] nicht eingehalten worden ist. Die Auswirkungen der Maßnahme auf die Gesellschafter sind nach ihrem Inhalt unter Berücksichtigung aller Gegebenheiten des konkreten Gesellschaftsverhältnisses festzustellen, wobei aber von vorübergehenden tatsächlichen Zufälligkeiten abzusehen ist[215]. Andere Umstände, insbesondere die außergesellschaftlichen persönlichen Verhältnisse der Gesellschafter und die sich daraus ergebenden Folgen haben i.d.R. außer Betracht zu bleiben[216]. Eine Ausnahme ist in dieser Hinsicht aber dann zu machen, wenn nach den Gesamtumständen feststeht, dass die gesellschaftliche Maßnahme sich nur gegen einzelne Gesellschafter rich-

---

207 BGH v. 14.1.1997 – KZR 30/95, AG 1997, 414; *Zöllner*, S. 304 ff.; *Fastrich*, in: Baumbach/Hueck, § 13 Rdnr. 34; *Schiessl/Böhm*, in: MünchHdb. III, § 31 Rdnr. 23.

208 RG v. 25.6.1930 – II 310/29, HRR 1932, 1287; BGH v. 14.5.1990 – II ZR 126/89, BGHZ 111, 224, 227; BGH v. 15.5.1972 – II ZR 70/70, WM 1972, 931.

209 BGH v. 14.5.1990 – II ZR 126/89, BGHZ 111, 224, 227; BGH v. 15.5.1972 – II ZR 70/70, WM 1972, 931; *Ballerstedt*, S. 174 ff.; *Flume*, Juristische Person, S. 286 ff., insbes. 294 ff.; *M. Winter*, ZHR 148 (1984), 579, 582, 597 ff. u. unten § 29 Rdnr. 115 ff.

210 *G. Hueck*, S. 226, 229 ff.

211 BGH v. 6.10.1960 – II ZR 150/58, BGHZ 33, 175, 186; BGH v. 19.12.1977 – II ZR 136/76, BGHZ 70, 117, 120 ff.; BGH v. 13.3.1978 – II ZR 142/76, BGHZ 71, 40, 44; BGH v. 16.12.1991 – II ZR 58/91, BGHZ 116, 359, 373 = GmbHR 1992, 257; BGH v. 9.11.1992 – II ZR 230/91, BGHZ 120, 141, 150 f.; BGH v. 15.5.1972 – II ZR 70/70, WM 1972, 931; *Bodenheimer*, S. 6 ff.; *G. Hueck*, S. 173 ff.; *Raiser/Veil*, Kapitalgesellschaften, § 38 Rdnr. 56; *Grüter*, S. 50 ff., 62 ff. u. 76 ff., jeweils m.w.N.

212 *G. Hueck*, S. 193 ff.; *Zöllner*, S. 303; *Raiser*, in: Ulmer/Habersack/Löbbe, Rdnr. 117.

213 Eb. *Raiser*, in: Ulmer/Habersack/Löbbe, Rdnr. 116 ff.

214 *G. Hueck*, S. 198 ff.

215 RG v. 4.4.1908 – I 302/07, RGZ 68, 210, 213.

216 RG v. 4.4.1908 – I 302/07, RGZ 68, 210, 213; RG v. 12.11.1912 – II 291/12, RGZ 80, 385; *G. Hueck*, S. 54 ff., 190 ff.; *Fastrich*, in: Baumbach/Hueck, § 13 Rdnr. 32; *Raiser*, in: Ulmer/Habersack/Löbbe, Rdnr. 117; *Schiessl/Böhm*, in: MünchHdb. III, § 31 Rdnr. 19.

ten kann und diese benachteiligt werden sollen[217]; u.U. kann außerdem ein Machtmissbrauch durch die Mehrheit vorliegen[218].

58 Liegt eine „Verschiedenbehandlung" der Gesellschafter in dem unter (b) (Rdnr. 57) erörterten Sinne vor, so ist das Gleichbehandlungsgebot verletzt, wenn nicht, was von dem Urheber des Rechtsaktes darzulegen und zu beweisen ist, nach Maßgabe des konkreten Gesellschaftsverhältnisses **relevante und ausreichende sachliche Gründe** die vorgenommene **Differenzierung rechtfertigen**[219]. Dabei kann eine Wechselwirkung zwischen der erforderlichen Qualität der sachlichen Rechtfertigung und dem Maß und der Spürbarkeit der Ungleichbehandlung bestehen. Missbraucht z.B. ein Gesellschafter die allen eingeräumte Nutzung eines Patentrechtes der GmbH, so kann ihm dieser Vorteil künftig genommen, den übrigen aber belassen werden. Die Einforderung der Resteinlage verstößt nicht deswegen gegen den Gleichbehandlungsgrundsatz (§ 19 Abs. 1), weil ein anderer Gesellschafter zahlungsunfähig ist[220]. Ebenso wenig trifft das zu, wenn die Satzung den Gesellschaftern einen Abfindungsanspruch beim Ausscheiden einräumt, der sich aus dem Nominalbetrag des Geschäftsanteils und einem nach Jahren der Gesellschaftszugehörigkeit bemessenen, nach größeren Zeitabschnitten gestaffelten, durch einen Höchstsatz begrenzten Betrag zusammensetzt[221]. Unzulässig wäre es dagegen, im Falle eines dringenden Rücklagenbedarfs die auf der Kapitalbeteiligung beruhenden Gewinnrechte ungleichmäßig zu kürzen oder bei der Zulassung bisheriger Gesellschafter zu einer Kapitalerhöhung einen Gesellschafter nicht anteilig zu beteiligen, obwohl dem keine im Gesellschaftsinteresse liegenden, seine Mitgliedsinteressen überwiegenden dringenden Gründe entgegenstehen[222].

59 Bei mit einfacher Mehrheit zu fassenden **Gesellschafterbeschlüssen**, z.B. zu einzelnen Geschäftsmaßnahmen oder zur Geschäftspolitik, wirkt das Diskriminierungsverbot nur noch durch **Verfahrensgerechtigkeit**. Jeder Gesellschafter ist berechtigt, am Beschlussverfahren gleichberechtigt beteiligt und mit seinen Argumenten gehört zu werden[223]. Inhaltlich kann der Gesellschafterbeschluss nur daraufhin überprüft werden, ob er nicht willkürlich ist (d.h. ohne jegliche sachliche Rechtfertigung ist) und Gesellschafter diskriminiert werden[224].

cc) Folgen der Verletzung des Gleichbehandlungsgrundsatzes

60 Es ist bezüglich der Rechtsfolgen einer Verletzung des Gleichbehandlungsgrundsatzes danach zu unterscheiden, ob sie durch einen Gesellschafterbeschluss oder ob sie durch andere gesellschaftliche Akte erfolgt ist.

61 (1) Ein **Gesellschafterbeschluss**, der die Gesellschafter ohne Einverständnis der Benachteiligten sachlich ungerechtfertigt verschieden behandelt, ist anfechtbar (s. 11. Aufl., bei § 45

---

217 *G. Hueck*, S. 191 ff.
218 RG v. 5.5.1916 – II 33/16, RGZ 88, 220, 222 f.
219 BGH v. 6.10.1960 – II ZR 150/58, BGHZ 33, 175, 186; BGH v. 16.12.1991 – II ZR 58/91, BGHZ 116, 359, 373 = GmbHR 1992, 257; BGH v. 15.5.1972 – II ZR 70/70, WM 1972, 931.
220 RG v. 12.11.1935 – II 48/35, RGZ 149, 293, 300 f.
221 BGH v. 16.12.1991 – II ZR 58/91, BGHZ 116, 359, 373 f = GmbHR 1992, 257.
222 Vgl. auch BGH v. 13.3.1978 – II ZR 142/76, BGHZ 71, 40, 44 ff. betr. AG.
223 *Raiser*, in: Ulmer/Habersack/Löbbe, Rdnr. 118; *Karsten Schmidt*, GesR, § 16 II 4, 460; *Raiser/Veil*, Kapitalgesellschaften, § 38 Rdnr. 56.
224 Vgl. BGH v. 6.10.1960 – II ZR 150/58, BGHZ 33, 175, 186; BGH v. 19.12.1977 – II ZR 136/76, BGHZ 70, 117, 120 ff.; BGH v. 13.3.1978 – II ZR 142/76, BGHZ 71, 40, 44; BGH v. 9.11.1992 – II ZR 230/91, BGHZ 120, 141, 149 f. (alle zur AG).

Rdnr. 105)[225]. Die abweichende Auffassung, derzufolge Unwirksamkeit eintrete[226], ist unzutreffend, da der Beschluss hier im Gegensatz zu den übrigen Unwirksamkeitsfällen (s. 11. Aufl., bei § 45 Rdnr. 54 ff.) keine der Mehrheitsherrschaft entzogenen Mitgliedschaftsrechte (Rdnr. 36, 48) oder Pflichtenvermehrungen (§ 53 Abs. 3) zum Gegenstande hat, sondern es um eine (keinen Nichtigkeitsgrund bildende; s. 11. Aufl., bei § 45 Rdnr. 61 ff.) Gesetzesverletzung geht und eine Ausdehnung der Unwirksamkeitsfolge mit dem Interesse an Rechtssicherheit unvereinbar ist[227]. Die den Gesellschafter benachteiligende Regelung bleibt so lange gültiges Verbandsrecht, bis der Beschluss auf eine entsprechende Anfechtungsklage durch Urteil rechtskräftig für nichtig erklärt worden ist. Er kann vor einer Nichtigerklärung unter Berufung auf den Gleichbehandlungsgrundsatz weder einen der beschlossenen Regelung widersprechenden Anspruch gegen die GmbH durchsetzen noch (außer bei treuwidrigem Vorgehen; s. 11. Aufl., bei § 45 Rdnr. 124 f.) der eigenen Inanspruchnahme aus dem Beschluss einredeweise begegnen; möglich sind aber u.U. die Beschlussausführung betreffende einstweilige Regelungen durch das Gericht (§§ 935 ff. ZPO). Eine Anfechtungsklage ist nicht erforderlich, wenn durch einen Beschluss lediglich der Antrag des benachteiligten Gesellschafters auf Gleichbehandlung abgelehnt wird, da dessen Wirkung sich in dem Verbrauch des Antrags erschöpft, den Anspruch selbst aber unberührt lässt[228].

Über satzungsändernde Beschlüsse vgl. zudem die Erl. in der 11. Aufl., bei § 53 Rdnr. 18 ff.

(2) Die Rechtsfolgen einer Verletzung des Gleichbehandlungsgrundsatzes durch **andere gesellschaftliche Rechtsakte** als Gesellschafterbeschlüsse lassen sich wegen der Verschiedenartigkeit der Verletzungsmöglichkeiten und ihrer Begleitumstände nicht einheitlich bestimmen[229]. Sie richten sich danach, was im Einzelfall erforderlich ist, einen der Gleichbehandlung entsprechenden Zustand herzustellen, ohne hierbei mehr als notwendig in die Verbandsautonomie einzugreifen[230]. Rechtsgeschäftliche oder rechtsgeschäftsähnliche Erklärungen, die einen Gesellschafter willkürlich ungleichmäßig belasten, sind insoweit unwirksam (nicht nichtig[231]), so z.B. eine ihn benachteiligende Einforderung von Leistungen auf den Geschäftsanteil durch den statutarisch zuständigen Geschäftsführer (s. § 19 Rdnr. 9 ff.) oder die Kündigung und Rückforderung eines Darlehens, das ihm von der Gesellschaft gewährt wurde[232]. Die Unwirksamkeitsfolge genügt aber u.U. allein nicht: Verweigert z.B. der Geschäftsführer unter Verletzung des Gleichbehandlungsgrundsatzes die zur Abtretung des Geschäftsanteils erforderliche Genehmigung (s. § 15 Rdnr. 119 ff.), so ist nicht nur diese Erklärung unwirksam, sondern der Gesellschafter hat einen Anspruch auf Genehmigung (s. § 15 Rdnr. 127). Bei einem Verstoß gegen den Gleichbehandlungsgrundsatz durch Zuwendung vermögenswerter Vorteile ist zu unterscheiden, ob deren Rückforderung rechtlich möglich und den Beteiligten nach den

62

---

225 RG v. 16.9.1927 – II 21/27, RGZ 118, 67, 72 f.; RG v. 13.11.1934 – II 190/34, JW 1935, 1776; BGH v. 14.5.1990 – II ZR 126/89, BGHZ 111, 224, 227; BGH v. 16.12.1991 – II ZR 58/91, BGHZ 116, 359, 373 = GmbHR 1992, 257; *G. Hueck*, S. 311 ff.; *Fastrich*, in: Baumbach/Hueck, § 13 Rdnr. 35; *A. Hueck*, in: FS Molitor, 1962, S. 403 f.; *Zöllner*, S. 416; *Wolany*, S. 164 f.; *Raiser*, in: Ulmer/Habersack/Löbbe, Rdnr. 120; *Altmeppen*, in: Roth/Altmeppen, Rdnr. 65; *Bayer*, in: Lutter/Hommelhoff, Rdnr. 48; *Schiessl/Böhm*, in: MünchHdb. III, § 31 Rdnr. 25 u.a.; offen gelassen von BGH v. 15.5.1972 – II ZR 70/70, WM 1972, 931.

226 So *Feine*, S. 276, 578; *Fischer*, JZ 1956, 363.

227 *G. Hueck*, S. 311 ff. m.w.N.

228 BGH v. 15.5.1972 – II ZR 70/70, WM 1972, 931; *Raiser*, in: Ulmer/Habersack/Löbbe, Rdnr. 120.

229 BGH v. 15.5.1972 – II ZR 70/70, WM 1972, 931; *Raiser*, Das Unternehmen als Organisation, 1969, S. 95 f.; *G. Hueck*, S. 295 f.; *Fastrich*, in: Baumbach/Hueck, § 13 Rdnr. 35; *Altmeppen*, in: Roth/Altmeppen, § 13 Rdnr. 65; *Bayer*, in: Lutter/Hommelhoff, Rdnr. 48; *Schiessl/Böhm*, in: MünchHdb. III, § 31 Rdnr. 26; *Martens*, GmbHR 1984, 265, 266.

230 *G. Hueck*, S. 296.

231 So aber *Bodenheimer*, S. 61 ff.

232 BGH v. 21.6.2010 – II ZR 113/09, DStR 2010, 1899; OLG Brandenburg v. 31.3.2009 – 6 U 4/08, GmbHR 2009, 825 = ZIP 2009, 1955.

Gesamtumständen zuzumuten ist oder nicht[233]. Die Gesellschaft ist im ersten Falle zwecks Herstellung eines der Gleichbehandlung entsprechenden Zustandes verpflichtet, entweder den Vermögensvorteil vom Begünstigten zurückzuverlangen oder dem benachteiligten Gesellschafter eine gleichartige Leistung zuzuwenden[234]. Das Wahlrecht steht der Gesellschaft und nicht dem benachteiligten Gesellschafter zu[235]; die Vorschriften der §§ 263 ff. BGB sind anwendbar. Bei Unmöglichkeit der Rückgewähr des Vermögensvorteils ist Wertersatz zu leisten. Wenn aus den oben genannten Gründen die Rückforderung ausgeschlossen ist, hat der Benachteiligte gegen die GmbH einen Anspruch auf Zuwendung eines gleichartigen Vermögensvorteils oder, sofern das nicht möglich ist, auf eine Ausgleichsleistung[236].

63 Der Gleichbehandlungsgrundsatz ist dagegen **kein Schutzgesetz** i.S. des § 823 Abs. 2 BGB[237]; es kann aber bei einer Verletzung in extremen Ausnahmefällen eine Schadensersatzpflicht aus § 826 BGB gegeben sein.

3. Treuepflicht

a) Geltung

64 Die im Bedeutungsinhalt schwer zu konturierende gesellschaftsrechtliche Treuepflicht ist eine **sprachliche Zusammenfassung einer Vielzahl von gesellschaftsrechtlichen Verhaltensnormen**[238] und ein **rechtsformübergreifendes, allgemeines verbandsrechtliches Prinzip**[239]. Ihre Geltung für das Gesellschaftsverhältnis der GmbH ist allgemein anerkannt[240], hat **in ihrem**

---

233 BGH v. 15.5.1972 – II ZR 70/70, WM 1972, 931. – Für einen verschulden*unabhängigen* Rückgewährungsanspruch *Bitter*, oben § 13 Rdnr. 54; *Bitter*, ZHR 164 (2004), 302, 317 ff.
234 BGH v. 15.5.1972 – II ZR 70/70, WM 1972, 931; *Raiser*, in: Ulmer/Habersack/Löbbe, Rdnr. 119; *Fastrich*, in: Baumbach/Hueck, § 13 Rdnr. 35; *Altmeppen*, in: Roth/Altmeppen, § 13 Rdnr. 65; *Bayer*, in: Lutter/Hommelhoff, Rdnr. 48; *Schiessl/Böhm*, in: MünchHdb. III, § 31 Rdnr. 26; *Martens*, S. 266. Für verdeckte Gewinnausschüttungen anders *M. Winter*, ZHR 148 (1984), 579, 597 ff.: Grundsätzlich *nur* ein Rückerstattungsanspruch der Gesellschaft, in Ausnahmefällen ein Ausgleichsanspruch der benachteiligten Gesellschafter.
235 Eb. *Altmeppen*, in: Roth/Altmeppen, § 13 Rdnr. 65; *Schiessl/Böhm*, in: MünchHdb. III, § 31 Rdnr. 26; a.M. *Raiser*, in: Ulmer/Habersack/Löbbe, Rdnr. 119; *Lutter*, ZGR 1978, 348, 366 ff.; *Ballerstedt*, S. 175, der aber zu Unrecht das Gleichbehandlungsproblem mit der Frage der unzulässigen verdeckten Gewinnausschüttung vermengt.
236 BGH v. 11.7.1960 – II ZR 24/58, LM § 18 GenG Nr. 2; BGH v. 15.5.1972 – II ZR 70/70, WM 1972, 931; *Raiser*, in: Ulmer/Habersack/Löbbe, Rdnr. 119; *Fastrich*, in: Baumbach/Hueck, § 13 Rdnr. 35; *Bayer*, in: Lutter/Hommelhoff, Rdnr. 48; *Schiessl/Böhm*, in: MünchHdb. III, § 31 Rdnr. 26.
237 *Bodenheimer*, S. 62; *G. Hueck*, S. 293 f.; a.M. *Wolany*, S. 164.
238 *Pentz*, in: Rowedder/Schmidt-Leithoff, § 13 Rdnr. 35; *Hüffer*, ZHR 153 (1989), 84, 87 f.; *Hüffer*, in: FS Steindorff, 1990, S. 59, 72 f.
239 *Raiser*, in: Ulmer/Habersack/Löbbe, Rdnr. 77; *Pentz*, in: Rowedder/Schmidt-Leithoff, § 13 Rdnr. 35.
240 RG v. 27.6.1940 – II 31/39, RGZ 164, 257, 262; RG v. 12.10.1940 – II 33/40, RGZ 165, 68, 79; RG v. 13.8.1942 – II 67/41, RGZ 169, 330, 333 f., 338; RG v. 4.2.1943 – II 94/41, RGZ 170, 358, 373; BGH v. 1.4.1953 – II ZR 235/52, BGHZ 9, 157, 163; BGH v. 9.6.1954 – II ZR 70/53, BGHZ 14, 25, 38; BGH v. 5.6.1975 – II ZR 23/74, BGHZ 65, 15, 18 f. – ITT; BGH v. 28.1.1980 – II ZR 124/78, BGHZ 76, 352, 355 = GmbHR 1981, 111; BGH v. 23.2.1981 – II ZR 229/79, BGHZ 80, 346, 349 = GmbHR 1981, 290; BGH v. 25.9.1986 – II ZR 262/85, BGHZ 98, 276, 279 f. = GmbHR 1986, 426; OLG Düsseldorf v. 28.10.1993 – 6 U 160/92, GmbHR 1994, 172, 175; OLG Düsseldorf v. 14.3.1996 – 6 U 119/94, ZIP 1996, 1083, 1087 = GmbHR 1996, 689; *Raiser*, in: Ulmer/Habersack/Löbbe, Rdnr. 77 ff.; *Fastrich*, in: Baumbach/Hueck, § 13 Rdnr. 20 ff.; *Bayer*, in: Lutter/Hommelhoff, Rdnr. 29 ff.; *Reichert/Weller*, in: MünchKomm. GmbHG, Rdnr. 131; *Schiessl/Böhm*, in: MünchHdb. III, § 32 Rdnr. 18 ff.; *Pentz*, in: Rowedder/Schmidt-Leithoff, § 13 Rdnr. 35; *Zöllner*, S. 335 ff.; 366 ff.; *Wolany*, S. 103 ff.; *Immenga*, S. 168 ff.; *Teichmann*, S. 168 ff.; *Lutter*, AcP 180 (1980), 102 ff.;

richterlich ausgelegten Kernbestand den Rang von Gewohnheitsrecht erlangt und steht insoweit Gesetzesrecht gleich[241].

b) Bedeutungsinhalt; Zweck, Wirkweise und Funktion der Treuepflicht

Zur **Bestimmung des Bedeutungsinhalts** der Treuepflicht im Gesellschafterbereich wird **herkömmlich formuliert**, dass diese gebiete, die Interessen der Treueberechtigten zu wahren und zu fördern sowie ihre Schädigung zu unterlassen[242]. Teilweise wird auch in der Inhaltsbestimmung die Pflicht weggelassen, Schädigungen der Interessen der Treueberechtigten zu unterlassen, und postuliert: Die Treuepflicht gebietet im Gesellschafterbereich das Wahren und Fördern der Interessen der Treueberechtigten. Es ist offenkundig, dass sich aus einer solch abstrakten Bedeutungszuschreibung **kein erkenntnisfördernder spezifischer Aussagegehalt für Einzelgebote und Einzelverbote** ergibt[243]. Zur Einhegung des Beurteilungsspielraums des das Gewohnheitsrecht auslegenden Richters und zur Steigerung der Rechtssicherheit ist daher eine weitere Konturierung des Bedeutungsinhalts der Treuepflicht im Gesellschafterbereich durch ihren Zweck (Rdnr. 66) und ihre Wirkweise (Rdnr. 67) notwendig. — 65

Die gesellschaftsrechtliche Treuepflicht hat den **janusk-öpfigen Doppelzweck**, einerseits das für das Funktionieren im Verband notwendige Vertrauen des Treueberechtigten (über internalisierte Moralvorstellungen hinaus) zu verrechtlichen und andererseits für die besonderen Einwirkungsmöglichkeiten des Treueverpflichteten zu kompensieren[244], wobei in der Rechtsprechung vorrangig auf die Kompensation der besonderen Einwirkungsmöglichkeit des Treueverpflichteten abgestellt wird[245]. Die Treuepflicht erfährt also ihre Rechtfertigung (und Konturierung) aus der in einem Gesellschaftsverband jedem Mitglied eingeräumten rechtlichen oder vergleichbaren qualifiziert tatsächlichen Möglichkeit (z.B. über ein qualifiziertes Wissens- oder Fähigkeitsgefälle), auf die in der Gesellschaft gebundenen Vermögenswerte und Interessen der Mitgesellschafter als Treueverpflichtete einzuwirken – mit anderen Worten: Die Treuepflicht soll für eine **Korrelation zwischen Einwirkungsmacht und Verantwortung** sorgen. — 66

Eine weitere Eingrenzung des Bedeutungsinhalts gelingt aus der **spezifischen Wirkweise der Treuepflicht**: Mit der gesellschaftsrechtlichen Treuepflicht sollen auf vorhersehbare Weise unvorhergesehene Lücken geschlossen werden, da eine explizite Regelung sämtlicher Lebens- — 67

M. Winter, S. 43 ff.; *Wiedemann*, GesR I, S. 431 ff., jeweils m.w.N. Krit. *Flume*, ZIP 1996, 161 ff.; *Altmeppen*, in: Roth/Altmeppen, § 13 Rdnr. 29 f.

241 *Raiser*, in: Ulmer/Habersack/Löbbe, Rdnr. 77.

242 So *M. Winter*, S. 2; vgl. auch BGH v. 1.4.1953 – II ZR 235/52, BGHZ 9, 157, 163; *Hueck*, Treuegedanke, S. 15; *Schilling*, in: Hachenburg, 7. Aufl., Rdnr. 24; *Marsch-Barner*, ZHR 157 (1993), 172 f.; *Lutter*, ZHR 1962 (1998), 164, 167 f.; *Michalski*, NZG 1998, 460; *Karsten Schmidt*, GesR, 2002, § 20 IV 1.a); *Wiedemann*, GesR I, 2004, S. 194; vgl. auch § 1186 Abs. 1 öst. ABGB, der 2015 neu eingeführt wurde.

243 Vgl. *Altmeppen*, in: Roth/Altmeppen, § 13 Rdnr. 30 („Bei der Treuepflicht handelt es sich danach jedenfalls um eine allgemeine Charakterisierung der Gesellschafterstellung ohne spezifischen Aussagegehalt"); *Verse*, in: Bayer/Habersack, Aktienrecht im Wandel, S. 579, Fn. 39 („Über einzelne Fallgruppen hinausgehende, übergreifende Aussagen lassen sich [über die Treuepflicht], jedenfalls was die Tatbestandsseite anbetrifft, kaum treffen"); *Koppensteiner*, GesRZ 2009, 177, 199 („Die aus der Bindung an das gemeinsame Interesse resultierenden Einzelpflichten lassen sich nicht abstrakt und aussagekräftig umschreiben"); *M. Mann*, Abdingbarkeit der Treuepflicht, Abschn. 2, A. I. 1.; *Martens*, in: Rechtsdogmatik & Rechtspolitik, 1990, S. 251, 259 („kein Erkenntniswert").

244 *M. Mann*, Abdingbarkeit der Treuepflicht, Abschn. 2, A. I. 3. a); *Zöllner*, Schranken mitgliedschaftlicher Stimmrechtsmacht, 1993, S. 341 ff.

245 S. z.B. BGH v. 5.6.1975 – II ZR 23/74, BGHZ 65, 15, 18 – ITT; BGH v. 1.2.1988 – II ZR 75/87, BGHZ 103, 184, 194 – Linotype; BGH v. 20.3.1995 – II ZR 205/94, BGHZ 129, 136, 142 = GmbHR 1995, 665 – Girmes; BGH v. 5.7.1999 – II ZR 126/98, BGHZ 142, 167, 170 – Hilgers; vgl. auch *Karsten Schmidt*, GesR, § 20 IV. 1b, S. 588; *Hennrichs*, AcP 195 (1995), 221, 239.

sachverhalte in einem Langzeitvertrag praktisch unmöglich oder jedenfalls mit prohibitiven Kosten verbunden wäre[246]. In Abgrenzung zum Rechtsinstitut der ergänzenden Vertragsauslegung ist das Charakteristikum der Treuepflicht allerdings seine **Handlungsoffenheit**[247]. Die gesellschaftsrechtliche Treuepflicht gebietet lediglich, das Interesse des Treueberechtigten als *ein* zu berücksichtigendes Handlungsziel anzusetzen, **sie gibt weder eine spezifische Handlung als Entscheidungsergebnis noch einen konkreten Handlungserfolg vor, sondern regelt lediglich den Entscheidungsprozess**[248]. Diese Handlungs- und Erfolgsoffenheit, ähnlich der Ermessensregelung im öffentlichen Recht[249], entspricht dem Vorgehen des BGH (z.B. in der Kali + Salz-Entscheidung[250]), nicht die Richtigkeit des Abstimmungsergebnisses zu fordern, sondern lediglich die Interessenabwägung als Prozess zu überprüfen.

68   Aus Zweck *und* Wirkweise der gesellschaftsrechtlichen Treuepflicht lässt sich der **Bedeutungsinhalt** also wie folgt schärfen: Die Treuepflicht soll für die objektiv anvertraute (rechtliche oder vergleichbare tatsächliche) Einwirkungsmöglichkeit des Treueverpflichteten über eine ihm anvertraute fremde Rechtsposition kompensieren und dabei eine Handlungs- und Ergebnisoffenheit wahren, in dem sie an den Entscheidungsprozess des Treueverpflichteten anknüpft und diesen Prozess dahingehend verbindlich regelt, dass der Treueverpflichtete (i) bei Tätigkeiten im ausschließlich fremden Interessenkreis allgemein und vorrangig die *Ziele* des Treueberechtigten für seine Entscheidungen ansetzen muss bzw. (ii) bei Tätigkeiten im auch fremden Interessenkreis die *Ziele* des Treueberechtigten angemessen mitberücksichtigen muss[251]. **Inhaltlich** fordert die gesellschaftsrechtliche Treuepflicht als Handlungsmaxime ein redliches und loyales Verhalten, wie es von dem Treueverpflichteten aufgrund seines – auf gegenseitig angelegten – Versprechens auf Unternehmenszweckförderung und seiner Teilhabe an dem zur Verfolgung des statutarischen Zwecks bestehenden Gemeinschaftsverhältnis vom Treuepflichtberechtigten erwartet werden darf[252].

69   Sie ist daher **funktional kein reines Minderheitenschutzinstrument**, wenngleich sie in der Unternehmenspraxis häufig als solches fungiert. Als allgemeine Handlungsmaxime wirkt sie aber nicht nur zu Lasten des Mehrheitsgesellschafters oder eines durch eine Veto-Rechtsposition qualifizierten Minderheitsgesellschafters, sondern konzeptionell zu Lasten und zu Gunsten eines jeden Gesellschafters (s. auch Rdnr. 78). Sie ist zudem kein Instrument des Gläubigerschutzes (vgl. *Bitter*, oben § 13 Rdnr. 54).

70   Dabei ist die gesellschaftsrechtliche Treuepflicht **eine selbständige Pflicht der Gesellschafter und der Gesellschaft**, sie hat also **nicht bloß akzessorischen Charakter**[253].

---

246 Vgl. *M. Winter*, S. 17; *Wiedemann*, GesR I, 2004, S. 198; *Fleischer*, ZGR 2001, 1, 4; *Fleischer*, ZHR 168 (2004), 673, 683; *Schmolke*, Grenzen der Selbstbindung, S. 596; für das US-amerikanische Recht vgl. *Easterbrook/Fischel*, 36 J. L. & Ecom. 425, 426 (1993); *Easterbrook/Fischel*, Economic Structure, 1998, S. 90 f.

247 Hierzu *M. Mann*, Abdingbarkeit der Treuepflicht, Abschn. 2, A. I. 3. b); s. auch *Zöllner*, Schranken mitgliedschaftlicher Stimmrechtsmacht, 1993, S. 342 f.; *Fischer*, in: FS Barz, 1974, S. 33, 36; *Lutter*, AcP 180 (1980), 84, 102 f.; *Cahn*, in: FS Wiese, 1998, S. 71, 79; allg. zu Langzeitverträgen: *Grundmann*, Treuhandvertrag, 1997, S. 146; *Löhnig*, Treuhand, 2006, S. 834.

248 *M. Mann*, Abdingbarkeit der Treuepflicht, Abschn. 2, A. I. 3. b).

249 *Timm*, ZGR 1987, 403, 410.

250 BGH v. 13.3.1978 – II ZR 142/76, BGHZ 71, 40, 49 f. – Der BGH stützt seine Entscheidung zwar nicht ausdrücklich auf die Treuepflicht, sie findet jedoch ihre Grundlage in ihr; vgl. *Henze*, BB 1996, 489, 499; *Lutter*, ZHR 162 (1998), 164, 167.

251 Ähnlich *M. Mann*, Abdingbarkeit der Treuepflicht, Abschn. 2, A. I. 3. c).

252 Vgl. OLG Düsseldorf v. 14.3.1996 – 6 U 119/94, ZIP 1996, 1083, 1087 = GmbHR 1996, 689; vgl. auch *Lutter*, AcP 180 (1980), 84, 102 f.

253 *Lutter*, AcP 180 (1980), 84, 117; *M. Winter*, S. 63 ff.

c) Rechtsgrundlage der Treuepflicht; Abdingbarkeit

Die gesellschaftsrechtliche Treuepflicht ist **als umfassendes Prinzip nicht gesetzlich geregelt**. Allerdings wurde ein Einzelausschnitt der gesellschaftsrechtlichen Treuepflicht mit § 7 Abs. 7 Satz 1 FMStBG[254] für Unternehmen des Finanzsektors positiviert[255]. Vor diesem Hintergrund ist die Rechtsgrundlage der gesellschaftsrechtlichen Treuepflicht im Einzelnen streitig: So wird in der Literatur herangezogen: (i) der Gesellschaftsvertrag selbst bzw. die von ihm begründeten vertragsähnlichen, schuldrechtlichen Beziehungen der Gesellschafter untereinander und zur Gesellschaft, (ii) der Grundsatz von Treu und Glauben aus § 242 BGB, (iii) die Zweckförderungspflicht aus § 705 BGB, (iv) ein je nach betroffenem Bereich differenzierte Rechtsgrundlage von § 242 BGB (Rechtsausübungskontrolle) und § 705 BGB (Förderungspflicht) sowie (v) ein vielen Einzelregelungen zugrundeliegendes Rechtsprinzip[256]. Zutreffend ist, dass die Treuepflicht ihren **Geltungsgrund im Gesellschaftsvertrag selbst** hat. Sie entspringt seiner Auslegung „*wie Treu und Glauben (…) es erfordern*" (vgl. § 157 BGB) unter Berücksichtigung der im Gesellschaftsvertrag bestimmten und ausgeformten gemeinschaftlichen Zweckförderpflicht (vgl. § 705 BGB). Die gesellschaftsrechtliche Treuepflicht **geht** daher **über den allgemeine Grundsatz von Treu und Glauben (§ 242 BGB)** im Hinblick auf die besondere Eigenart der Zusammenschlüsse zu Personenverbänden mit einem gemeinschaftlichen Zweck **sowohl in ihrer Intensität als auch in ihrer Qualität hinaus**[257]. Eine sog. personalistische Realstruktur der GmbH ist dabei keine Voraussetzung für die gesellschaftsrechtliche Treuepflicht[258], sie beeinflusst allerdings (nur) ihren Umfang und ihre Intensität (Rdnr. 76). 71

Nach herkömmlicher Ansicht ist die gesellschaftsrechtliche Treuepflicht als solche zwar nicht disponibel, jedoch sind ihre einzelnen Ausprägungen weitgehend abdingbar[259]. Mit einer neueren Literaturauffassung[260] ist **für die Frage der Abdingbarkeit der Treuepflicht als solcher zu differenzieren**: Die Treuepflicht ist grundsätzlich im Gesellschaftsvertrag abdingbar und modifizierbar. Jedoch sind von einer Abbedingung der Treuepflicht abgrenzbare allgemeine Institute wie das Institut des Rechtsmissbrauchs und der Sittenwidrigkeit nicht betroffen. Zudem kann die Abbedingung der Treuepflicht im Einzelfall nach allgemeinen Regeln unwirk- 72

---

254 Gesetz zur Beschleunigung und Vereinfachung des Erwerbs von Anteilen an sowie Risikopositionen von Unternehmen des Finanzsektors durch den Fonds „Finanzmarktstabilisierungsfonds – FMS" (FMStBG) vom 17.10.2008, BGBl. I 2008, 1986.

255 Hierzu *Karsten Schmidt*, ZGR 2011, 108, 118.

256 Zu den unterschiedlichen Begründungsansätzen eingehend z.B. *Hennrichs*, AcP 195 (1995), 221, 225 ff.; s. auch *Merkt*, in: MünchKomm. GmbHG, § 13 Rdnr. 95; *Lieder*, in: Michalski u.a., § 13 Rdnr. 135.

257 Vgl. BGH v. 1.4.1953 – II ZR 235/52, BGHZ 9, 157, 163 („Obliegt den Gesellschaftern einer GmbH … eine echte, nicht bloß dem Grundsatz von Treu und Glauben (§ 242 BGB) beinhaltende Treuepflicht"; s. auch *Veil*, in: FS Priester, 2007, S. 799, 813 (*Aliud* zu § 242 BGB), demgegenüber zur Interpretation der gesellschaftsrechtlichen Treuepflicht als verdichtete Ausprägung des allgemeinen Grundsatzes von Treu und Glauben z.B. OLG München v. 28.7.2008 – 7 U 3004/08, NZG 2009, 25, 26; *Karsten Schmidt*, GesR, § 20 IV 1a, S. 587 f.; *Hennrichs*, AcP 195 (1995), 221, 229 ff. und 238 f.

258 Vgl. *Wiedemann*, GesR I, § 8 II 3; *Karsten Schmidt*, GesR, § 20 IV d; *Raiser*, ZHR 151 (1987), 422, 430 ff.; *Raiser*, in: Ulmer/Habersack/Löbbe, Rdnr. 79; *Fastrich*, in: Baumbach/Hueck, § 13 Rdnr. 22; *Henze*, Hdb. zum GmbH-Recht, 2. Aufl. 1997, Rdnr. 832; *Schiessl/Böhm*, in: MünchHdb. III, § 32 Rdnr. 19. – Eindeutig BGH v. 20.3.1995 – II ZR 205/94, BGHZ 129, 136 = GmbHR 1995, 665 – Girmes (Treuepflichten in AG).

259 *Emmerich*, 11. Aufl., § 13 Rdnr. 38c; *Teichmann*, S. 170; *M. Winter*, S. 216, *Wiedemann*, GesR I, S. 198; aus der jüngeren Literatur *Fleischer/Harzmeier*, NZG 2015, 1289; *Kampf*, Abdingbarkeit der Treuepflicht; s. auch *Schmolke*, S. 593 ff.

260 *M. Mann*, Abdingbarkeit der Treuepflicht, Abschnitt 3; vgl. auch *Lieder*, in: Michalski u.a., § 13 Rdnr. 150 ff.; *Hellgardt*, in: FS Hopt, 2010, S. 765, 784 ff., 794; *Waclawik*, DB 2005, 1151, 1153; a.A. *Fleischer/Harzmeier*, NZG 2015, 1289; *Kampf*, Abdingbarkeit der Treuepflicht; s. auch *Schmolke*, S. 593 ff.

sam sein; insbesondere kommt eine Sittenwidrigkeit in Betracht, wenn die Abbedingung ausnahmsweise evident unangemessen ist und ein strukturelles Ungleichgewicht vorliegt, wofür aber konkrete und gewichtige Tatsachen dargelegt werden müssen. Die Frage nach der Abdingbarkeit der Treuepflicht hat nicht nur akademische Bedeutung, vielmehr kann ein praktisches Bedürfnis für die Abbedingung der Treuepflicht bestehen, namentlich wegen erheblicher Rechtsunsicherheiten und überschießender Wirkung bei Anwendung der Treuepflicht im konkreten Einzelfall[261].

d) Schutzrichtungen der Treuepflicht

73   Der **Anwendungsbereich** der gesellschaftlichen Treuepflicht umfasst nicht nur das Verhältnis der Gesellschafter zur GmbH, sondern auch dasjenige der Gesellschafter untereinander[262]. Die Treuepflicht hat also im Grundsatz eine **vertikale Schutzrichtung zugunsten der Interessen der Gesellschaft** und sie wirkt **horizontal pflichtenbegründend und -bestimmend gegenüber den Mitgesellschaftern**. Treueverpflichtete können also die Gesellschaft (im Verhältnis zu den Gesellschaftern) sowie die Gesellschafter (im Verhältnis zur Gesellschaft und untereinander), aber ausnahmsweise auch Dritte sein, die nicht selbst Gesellschafter sind, soweit diese gesellschaftsrechtlich vermittelte besondere Einwirkungsmöglichkeiten auf die Gesellschaft bzw. deren Gesellschafter haben. Dies gilt zunächst für den Treugeber/Hintermann, nach dessen Weisung und auf dessen Rechnung ein Treuhänder/Strohperson den Geschäftsanteil hält[263]. Aber auch den Erwerber eines Geschäftsanteils können bereits vor dem Erwerb Treuepflichten treffen, z.B. wenn er schon einen anderen Geschäftsanteil der Gesellschaft besitzt oder wenn er mit dem Veräußerer in einer Weise verbunden ist, dass ihm dessen Treuepflichten zugerechnet werden[264]. Schließlich kommt eine Zurechnung der Treuepflicht in Konzernbeziehungen in Frage, und zwar in zwei Richtungen: Das herrschende Unternehmen ist an die Treuepflicht des abhängigen Unternehmens gebunden, wenn es auf dessen Verhalten als Gesellschafter Einfluss nimmt[265], und umgekehrt bleibt ein herrschendes Unternehmen an die Beachtung der Treuepflicht gebunden, selbst wenn es gesellschaftsschädigende Handlungen durch ein von ihm abhängiges Unternehmen vornimmt[266].

74   Allerdings **gilt die gesellschaftsrechtliche Treuepflicht nicht für den Alleingesellschafter einer GmbH**, da ihm gegenüber außerhalb des zwingenden gesetzlichen Gläubigerschutzes (u.a. Haftung wegen existenzgefährdender Eingriffe) kein durch eine Treuepflicht zu schützendes gesondertes Eigeninteresse der Gesellschaft anzuerkennen ist[267]. Die hierdurch entste-

---

261   Dazu *M. Mann*, Abdingbarkeit der Treuepflicht, Abschnitt 3, A. IV. 2. a.
262   Vgl. BGH v. 5.6.1975 – II ZR 23/74, BGHZ 65, 15, 18 – ITT; BGH v. 23.2.1981 – II ZR 229/79, BGHZ 80, 346, 349 = GmbHR 1981, 290; BGH v. 15.4.1985 – II ZR 274/83, NJW 1985, 1901 = GmbHR 1985, 297; BGH v. 30.9.1991 – II ZR 208/90, NJW 1992, 368, 369 = GmbHR 1992, 104; BGH v. 23.9.1991 – II ZR 189/90, GmbHR 1991, 568, 569; BGH v. 30.9.1991 – II ZR 208/90, NJW 1992, 368 = GmbHR 1992, 104; OLG Düsseldorf v. 14.3.1996 – 6 U 119/94, ZIP 1996, 1083, 1087 = GmbHR 1996, 689; *M. Winter*, S. 85 ff., 95 ff., 130 ff. m.w.N.; a.M. *Flume*, Juristische Person, S. 268 ff.; *Flume*, ZIP 1996, 151; krit. auch *Altmeppen*, in: Roth/Altmeppen, § 13 Rdnr. 30 f.
263   Eb. *Raiser*, in: Ulmer/Habersack/Löbbe, Rdnr. 86.
264   *Raiser*, in: Ulmer/Habersack/Löbbe, Rdnr. 86; vgl. auch *M. Weber*, Vormitgliedschaftliche Treuebindung, S. 226 ff., 239 ff.
265   Vgl. BGH v. 5.12.1983 – II ZR 242/82, BGHZ 89, 162, 165 f. = GmbHR 1984, 203; *Pentz*, in: Rowedder/Schmidt-Leithoff, § 13 Rdnr. 72.
266   *Raiser*, in: Ulmer/Habersack/Löbbe, Rdnr. 86.
267   BGH v. 28.9.1992 – II ZR 299/91, BGHZ 119, 257, 259 f. und 262; BGH v. 10.5.1993 – II ZR 74/92, BGHZ 122, 333, 335 f. = GmbHR 1993, 427 (offen gelassen für existenzgefährdende Maßnahmen); *Fastrich*, in: Baumbach/Hueck, § 13 Rdnr. 20; *Bayer*, in: Lutter/Hommelhoff, Rdnr. 42; *Altmeppen*, in: Roth/Altmeppen, § 13 Rdnr. 58 ff.; *Schiessl/Böhm*, in: MünchHdb. III, § 32 Rdnr. 20; differenzierend *Priester*, ZGR 1993, 512, 520 ff.; *M. Winter*, S. 203 ff. u. ZGR 1994, 570 ff.; a.M. insbes. *Ziemons*, S. 97 ff. m.w.N. sowie BGH-Strafsenate, vgl. BGH v. 24.6.1952 – 1 StR 153/52, BGHSt 3,

hende Lücke im Gläubigerschutz ist durch Annahme einer Haftung wegen Existenzvernichtung/-gefährdung (s. § 13 Rdnr. 153 ff.) geschlossen.

e) Zeitliche Komponente der Treuepflicht

Bei der gesellschaftsrechtlichen Treuepflicht kann in zeitlicher Hinsicht zwischen **drei Phasen** unterschieden werden, nämlich die vormitgliedschaftliche, die mitgliedschaftliche und die nachmitgliedschaftliche Treuepflicht[268]. Bei der vormitgliedschaftlichen und der nachmitgliedschaftlichen Treuepflicht ist allerdings zu beachten, dass hier nur das engere Schädigungsverbot gilt, da es für die Geltung der Förderungspflicht (vgl. § 705 BGB) an der Verbandsmitgliedschaft als notwendiger Voraussetzung fehlt[269]. Im **vormitgliedschaftlichen Bereich** ist es dem zukünftigen Anteilserwerber jedenfalls ab der Vornahme auf den Anteilserwerb gerichteter, rechtlicher Schritte möglich, seine (qualifiziert tatsächlichen) Einflussmöglichkeiten zum Nachteil der Gesellschaft oder seiner zukünftigen Mitgesellschafter auszuüben, und zwar unabhängig davon, ob es sich um einen derivativen Anteilserwerb oder um einen originären Anteilserwerb qua Kapitalerhöhung handelt[270]. Folgerichtig unterliegt er ab diesem Zeitpunkt dem allgemeinen Schädigungsverbot. Davor gilt hingegen alleine das deliktsrechtliche Schädigungsverbot. Im **nachmitgliedschaftlichen Bereich** trifft den ausgeschiedenen Gesellschafter ebenfalls das sich aus der gesellschaftsrechtlichen Treuepflicht ergebene Schädigungsverbot, insbesondere hat er weiterhin Interna der Gesellschaft geheim zu halten (Rdnr. 115). Er darf diese nicht für eigene Rechnung verwerten und er ist allgemein verpflichtet, Wettbewerb zu unterlassen (Rdnr. 113 f.).

f) Umfang und Intensität der Treuepflichten

aa) Einzelfallbetrachtung anhand wertungserheblicher Umstände

Die **Konkretisierung der Treuepflicht** als umfassendes verbandsrechtliches Prinzip **kann nur unter Berücksichtigung aller Umstände im Einzelfall und ihrer jeweiligen Wertung erfolgen**, auf die die sie konstituierende Handlungsmaxime (Rdnr. 68) verweist[271]. Auch durch die Rechtsprechung und/oder Literatur gebildete Fallgruppen haben lediglich indizielle Bedeutung. Nach Lage des jeweiligen Einzelfalls können als **wertungserhebliche Umstände** insbesondere von Bedeutung sein:

(i) der statutarische Gesellschaftszweck[272] (z.B. Gewinnerzielung versus Verfolgung gemeinnütziger oder karitativer Zwecke durch den im Unternehmensgegenstand niedergelegten Tätigkeitsbereich);

(ii) weitere statutarische Bestimmungen (sowie Regelungen in alle Gesellschafter bindende Gesellschaftervereinbarungen), die Hinweise auf die Abgrenzung des mitgliedschaftlichen vom privaten Handlungsbereich erlauben (z.B. Regelung zum Unternehmensgegenstand, zur Reichweite des Wettbewerbsverbots, zur Regelung von Interessenkonfliktlagen sowie zu *Related Party Transactions*, zur Anteilsfungibilität und zu Fällen vor-geregelter Ausstiegsmechanismen);

75

76

32, 39 f.; BGH v. 29.5.1987 – 3 StR 242/86, BGHSt 34, 379 f. = GmbHR 1987, 464; BGH v. 20.12.1994 – 1 StR 593/94, GmbHR 1995, 654 = NStZ 1995, 185.

268 Ebenso *Pentz*, in: Rowedder/Schmidt-Leithoff, § 13 Rdnr. 39; *Karsten Schmidt*, GesR, § 20 IV 1b, S. 588 f.; *Wittkowski*, GmbHR 1990, 544, 549.

269 Ebenso *Pentz*, in: Rowedder/Schmidt-Leithoff, § 13 Rdnr. 39.

270 Ähnlich *Pentz*, in: Rowedder/Schmidt-Leithoff, § 13 Rdnr. 39; *Karsten Schmidt*, GesR, § 20 IV 1b, S. 588 f.; *M. Weber*, Vormitgliedschaftliche Treuebindung, 1999, S. 178 ff.; *Wittkowski*, GmbHR 1990, 544, 549.

271 Dazu *Wieacker*, S. 13 ff. m.w.N.

272 BGH v. 5.6.1975 – II ZR 23/74, BGHZ 65, 15, 19 – ITT.

(iii) der Grad der persönlichen Bindung der Gesellschafter untereinander (Realstruktur des Verbandes) (und zwar in dem Sinne, dass in einer auf eine persönliche Zusammenarbeit der Gesellschafter ausgelegten GmbH ein höheres Maß an Rücksichtnahme und Förderung geschuldet ist als bei einem unpersönlich, kapitalistisch strukturierten Gesellschafterkreis)[273] (s. auch § 13 Rdnr. 51; vgl. aber auch Rdnr. 88);

(iv) der Grad des durch besondere Maßnahmen geschaffenen Vertrauens in ein bestimmtes Verhalten der Treueverpflichteten[274];

(v) der Umfang der Beteiligung des Gesellschafters (als typischer Gradmesser der rechtlichen und tatsächlichen Einflussmöglichkeiten)[275];

(vi) die Dauer der Beteiligung (als Indiz für die Intensität des zwischen den Beteiligten bestehenden Vertrauens);

(vii) die Eigenart und das Maß der eingeräumten Einflussmöglichkeiten (insbesondere Rechtsmacht), insbesondere die Unterscheidung der Wahrnehmung eigennütziger Rechte (z.B. Gewinnrecht, Austrittsrecht) von fremdnützigen Rechten des Gesellschafters (z.B. Stimmrechte im Hinblick auf Geschäftsführungsmaßnahmen)[276]; sowie ähnlich

(viii) die mehr oder weniger starke Gemeinschaftsnähe (Fremdnützigkeit oder Zweckverfolgungsnähe) des konkret ausgeübten Gesellschafterrechts[277]; und schließlich

(ix) die Art der zu beurteilenden gesellschaftsrechtlichen Maßnahme, ihre Erforderlichkeit und Verhältnismäßigkeit im Hinblick auf die Auswirkung für die Interessen der Treueberechtigten[278].

---

273 BGH v. 1.4.1953 – II ZR 235/52, BGHZ 9, 157, 163; BGH v. 9.6.1954 – II ZR 70/53, BGHZ 14, 25, 38; BGH v. 5.6.1975 – II ZR 23/74, BGHZ 65, 15, 19 – ITT; BGH v. 25.9.1986 – II ZR 262/85, BGHZ 98, 276, 279 f. = GmbHR 1986, 426; BGH v. 27.6.1988 – II ZR 143/87, NJW 1989, 166, 167 = GmbHR 1988, 386; OLG Hamm v. 9.12.1991 – 8 U 78/91, GmbHR 1992, 612; OLG Düsseldorf v. 28.10.1993 – 6 U 160/92, GmbHR 1994, 172, 175; *Lutter*, S. 105 ff. u. *Bayer*, in: Lutter/Hommelhoff, Rdnr. 29; *Fastrich*, in: Baumbach/Hueck, § 13 Rdnr. 22 f.; *Altmeppen*, in: Roth/Altmeppen, § 13 Rdnr. 40; *Raiser*, in: Ulmer/Habersack/Löbbe, Rdnr. 78; *M. Winter*, S. 75 ff., 185 ff.; *Wiedemann*, GesR I, 434 ua; krit. insow. *Zöllner*, S. 338 f., 343.

274 RG v. 20.1.1941 – II 96/40, DR 1941, 1305, 1307.

275 RG v. 30.3.1926 – II 226/25, RGZ 113, 188, 196; RG v. 31.3.1931 – II 222/30, RG v. 31.3.1931 – II 222/30, RGZ 132, 149, 163; RG v. 13.8.1942 – II 67/41, RGZ 169, 330, 338; BGH v. 5.6.1975 – II ZR 23/74, BGHZ 65, 15, 20 – ITT; BGH v. 16.9.1985 – II ZR 275/84, BGHZ 95, 330, 340 = GmbHR 1986, 78; *Pentz*, in: Rowedder/Schmidt-Leithoff, § 13 Rdnr. 40.

276 RG v. 30.3.1926 – II 226/25, RGZ 113, 188, 196; RG v. 31.3.1931 – II 222/30, RGZ 132, 149, 163; RG v. 12.10.1940 – II 33/40, RGZ 165, 68, 79; RG v. 13.8.1942 – II 67/41, RGZ 169, 330, 338; BGH v. 5.6.1975 – II ZR 23/74, BGHZ 65, 19, 20 – ITT; BGH v. 16.9.1985 – II ZR 275/84, BGHZ 95, 330, 340 = GmbHR 1986, 78; *Zöllner*, S. 342 ff.; *Immenga*, S. 264 ff., 277 ff.; *Fastrich*, in: Baumbach/Hueck, § 13 Rdnr. 22; *Lutter*, S. 144; *Altmeppen*, in: Roth/Altmeppen, § 13 Rdnr. 40; *Pentz*, in: Rowedder/Schmidt-Leithoff, § 13 Rdnr. 40; *Schiessl/Böhm*, in: MünchHdb. III, § 32 Rdnr. 19.

277 Vgl. OLG Hamm v. 9.12.1991 – 8 U 78/91, GmbHR 1992, 612; OLG Düsseldorf v. 14.3.1996 – 6 U 119/94, ZIP 1996, 1083, 1087 = GmbHR 1996, 689; *Hueck*, Treuegedanke, S. 81, 86, 89 ff.; *Zöllner*, S. 344 ff.; *Immenga*, S. 269; *Fastrich*, in: Baumbach/Hueck, § 13 Rdnr. 22; *Raiser*, in: Ulmer/Habersack/Löbbe, Rdnr. 87 ff.; *Wiedemann*, GesR I, S. 434 f.

278 RG v. 31.3.1931 – II 222/30, RGZ 132, 149, 163; RG v. 13.8.1942 – II 67/41, RGZ 169, 330, 338; BGH v. 1.4.1953 – II ZR 235/52, BGHZ 9, 157, 158; BGH v. 17.2.1955 – II ZR 316/53, BGHZ 16, 317, 322; BGH v. 27.10.1955 – II ZR 310/53, BGHZ 18, 350, 362; BGH v. 28.1.1980 – II ZR 124/78, BGHZ 76, 352, 353 f., 355 f. = GmbHR 1981, 111; BGH v. 16.2.1981 – II ZR 168/79, BGHZ 80, 69, 74 f. = GmbHR 1981, 189; BGH v. 23.2.1981 – II ZR 229/79, GmbHR 1981, 290; BGH v. 15.4.1985 – II ZR 274/83, GmbHR 1985, 297 = NJW 1985, 1901; BGH v. 10.6.1991 – II ZR 234/89, GmbHR 1991, 362, 363; s. auch BGH v. 13.3.1978 – II ZR 142/76, BGHZ 71, 40, 44 betr. AG; *Zöllner*, S. 351 ff.; *Lutter*, S. 114; *Bayer*, in: Lutter/Hommelhoff, Rdnr. 35 f.; *Fastrich*, in: Baumbach/Hueck, § 13 Rdnr. 26, 28; *Raiser*, in: Ulmer/Habersack/Löbbe, Rdnr. 87.

bb) Spektrum der Rechtsfolgen

Die Handlungs- und Ergebnisoffenheit der Treuepflicht (Rdnr. 67) sowie die Vielgestaltigkeit 77 der zur Konkretisierung der Treuepflicht im konkreten Einzelfall anzulegenden Wertungsparameter macht augenscheinlich, dass die Beteiligten (sowie im Streitfall die Gerichte) eine **gewisse Zurückhaltung üben sollten bei der Deduktion konkreter Ge- und Verbote aus der gesellschaftsrechtlichen Treuepflicht.** Das Spektrum der sich aus der allgemeinen Handlungsmaxime der Treuepflicht (Rdnr. 68) ergebenden Rechtsfolgen ist breit: (1) Die Treuepflicht kann mitgliedschaftliche Einzelrechte und -pflichten überlagern, d.h. ihre Ausübung und Erfüllung näher bestimmen oder modifizieren und hat dann eine primär rechtsbegrenzende Schrankenfunktion (Rdnr. 78-82). (2) Sie kann aber darüber hinausgehend nach Maßgabe der Umstände des Einzelfalls zusätzliche Unterlassungs-, aber auch Tätigkeitspflichten der Gesellschaft bzw. der Gesellschafter begründen (Rdnr. 83 f.).

(1) Schrankenfunktion bei Rechtsausübung. Die gesellschaftliche Treupflicht hat vor allem 78 eine Schrankenfunktion bei der Ausübung von Gesellschafterrechten und von Befugnissen der Gesellschaftsorgane, kann sie also im Einzelfall unzulässig machen[279]. Sie ist von besonderer Bedeutung für den Minderheitenschutz, insbesondere beim Bestehen oder der Herausbildung gesteigerte Treupflichten auslösender fester Mehrheitsverhältnisse; sie geht in ihrer Reichweite aber wesentlich darüber hinaus, denn auch die Ausübung von Minderheiten- oder Quorumsrechten, von Individual- oder Sonderrechten und sogar von ordinären Verwaltungsrechten kann treuwidrig sein (Rdnr. 69)[280].

Die Gesellschafter haben bei der Wahrnehmung der ihnen als solchen zustehenden Rechte 79 grundsätzlich das **Gesellschaftsinteresse** *zu berücksichtigen*, was indes nicht bedeutet, dass diesem im Interessenwiderstreit allgemein oder gar ausschließlich Vorrang vor ihrem Eigeninteresse zukäme[281]. Die Bedeutung und damit die Wertigkeit des Gesellschaftsinteresses hängen vielmehr von den Umständen des Einzelfalles, vor allem auch von der Art und dem Gegenstand der ausgeübten Rechtsmacht ab:

(a) Bei Entscheidungen über **Geschäftsführungsangelegenheiten** durch Gesellschafterbe 80 schluss (§§ 37 Abs. 1, 45 Abs. 1) haben die Beteiligten sich bei der Ausübung des Stimmrechts vorrangig vom Gesellschaftsinteresse leiten zu lassen (s. näher Rdnr. 92). Auch sonst kann die besondere Gemeinschaftsnähe („Zweckverfolgungsnähe" oder Fremdnützigkeit) eines Rechts, z.B. zur Bestellung oder Abberufung eines Geschäftsführers (Rdnr. 96) oder Mitglieder ande-

---

279 RG v. 22.1.1935 – II 198/34, RGZ 146, 385, 396; RG v. 27.6.1940 – II 31/39, RGZ 164, 257, 263; RGZ 165, 49; BGH v. 1.4.1953 – II ZR 235/52, BGHZ 9, 157, 178; BGH v. 9.6.1954 – II ZR 70/53, BGHZ 14, 25, 38; BGH v. 13.3.1978 – II ZR 142/76, BGHZ 71, 40, 46; BGH v. 28.1.1980 – II ZR 124/78, BGHZ 76, 352, 357 = GmbHR 1981, 111; BGH v. 23.2.1981 – II ZR 229/79, BGHZ 80, 346, 349 = GmbHR 1981, 290; BGH v. 27.4.1970 – II ZR 24/68, WM 1970, 904; BGH v. 5.6.1975 – II ZR 23/74, BGHZ 65, 15, 19 – ITT; BGH v. 15.4.1985 – II ZR 274/83, GmbHR 1985, 297 = NJW 1985, 1901; BGH v. 9.11.1987 – II ZR 100/87, ZIP 1988, 22, 24; BGH v. 19.11.1990 – II ZR 88/89, GmbHR 1991, 62.

280 BGH v. 20.3.1995 – II ZR 205/94, BGHZ 129, 136 = GmbHR 1995, 665 – Girmes (zur AG); OLG München v. 3.11.1993 – 7 U 2905/93, GmbHR 1994, 406, 409; *Lutter*, S. 120 ff.; *Immenga*, S. 195; *Karsten Schmidt*, GesR, § 20 IV 3; *Altmeppen*, in: Roth/Altmeppen, § 13 Rdnr. 39; *Röhricht*, in: Hdb. Corporate Governance, 1. Aufl. 2003, S. 513, 540 und 543.

281 RG v. 12.11.1912 – II 291/12, RGZ 80, 385, 391; BGH v. 9.6.1954 – II ZR 70/53, BGHZ 14, 25, 38; BGH v. 25.9.1986 – II ZR 262/85, BGHZ 98, 276, 280 f. = GmbHR 1986, 426; BGH v. 10.6.1991 – II ZR 234/89, GmbHR 1991, 362; OLG Düsseldorf v. 14.3.1996 – 6 U 119/94, ZIP 1996, 1083, 1087 = GmbHR 1996, 689; OLG Frankfurt v. 15.1.1992 – 13 U 196/88, GmbHR 1993, 659; *A. Hueck*, Treuegedanke, S. 79; *Fischer*, NJW 1954, 777 ff.; (s. aber *Fischer*, in Pro GmbH, 1980, S. 159 f.); *Wolany*, S. 108 f.; *Wiedemann*, GesR I, S. 434 f.; *Fastrich*, in: Baumbach/Hueck, § 13 Rdnr. 21, 26 f.; *Pentz*, in: Rowedder/Schmidt-Leithoff, § 13 Rdnr. 40; *Altmeppen*, in: Roth/Altmeppen, § 13 Rdnr. 32; zurückhaltend *Raiser*, ZHR 151 (1987), 422, 435 ff.; abw. (zeitgeschichtlich begründet!) RG v. 22.1.1935 – II 198/34, RGZ 146, 385, 395; RG v. 25.8.1938 – V 32/38, RGZ 158, 145, 154.

rer Gesellschaftsorgane (Rdnr. 96); ebenso gilt das für die Beschlüsse über die Feststellung des Jahresabschlusses (§ 46 Nr. 1; Rdnr. 102), über die Wahl des gesetzlichen oder statutarischen Abschlussprüfers (Rdnr. 96), über die Verwendung des Jahresergebnisses zur Rücklagenbildung (§§ 29 Abs. 2, 46 Nr. 1; Rdnr. 103), über die Einforderung von Zahlungen auf Geschäftsanteile, die Rückzahlung von Nachschüssen sowie über die Bestellung von Prokuristen oder Handlungsbevollmächtigten (§ 46 Nr. 2, 3 und 7; Rdnr. 96). Das **Gebot einer im Rahmen des Gesellschaftsinteresses möglichen angemessenen Rücksichtnahme auf betroffene schutzwürdige mitgliedschaftliche (nicht aber private) Belange der Minderheit** (Rdnr. 68 a.E.) ist aber auch bei diesen Entscheidungen zu beachten.

81 (b) Bei der Entscheidung über **andere Gesellschaftsangelegenheiten** durch die Gesellschafter und bei der Ausübung sonstiger Gesellschafterrechte erfordert die gesellschaftliche Treuepflicht im Allgemeinen keine vorrangige Berücksichtigung des Gesellschaftsinteresses. Seine Bedeutung bestimmt sich im Einzelfall nach der Art des Rechts und den jeweils bei seiner Ausübung vorliegenden besonderen Umständen (Rdnr. 76)[282]. Allgemein gilt hier ebenfalls, dass ein Gesellschafter die GmbH nicht zwecks Erlangung gesellschaftsfremder Sondervorteile oder durch eine sonstige zweckwidrige Rechtsausübung schädigen darf (Rdnr. 70). Bei den ausschließlich eigennützigen Mitgliedsrechten und bei den Drittansprüchen/Gläubigerrechten der Gesellschafter (Rdnr. 91) steht im Übrigen das Gesellschaftsinteresse nur ausnahmsweise der Rechtsausübung entgegen, wenn die nachteiligen Auswirkungen für die Gesellschaft durch ein mögliches und zumutbares anderweitiges Vorgehen vermieden werden können oder wenn die Loyalitätspflicht auf Grund außergewöhnlicher Verhältnisse die Einschränkung geboten erscheinen lässt (s. näher Rdnr. 91).

82 (c) Auch den **Mitgesellschaftern gegenüber** verlangt die gesellschaftliche Treuepflicht bei den vorgenannten Maßnahmen (Rdnr. 81) grundsätzliche keine Zurücksetzung eigener Interessen[283], aber sie gebietet eine dem jeweiligen Mitgliedschaftsrecht und den übrigen wertungserheblichen Umständen des Einzelfalls (Rdnr. 76) gemäße *angemessene Rücksichtnahme* auf deren schutzwürdigen mitgliedschaftlichen (nicht aber privaten) Belange[284]. Es ist danach unzulässig, die Mitgliedschaftsstellung anderer Gesellschafter durch die zweckwidrige Ausübung eines Gesellschaftsrechts[285] oder signifikant mehr als erforderlich, d.h. nicht in Anwendung ei-

---

282 Vgl. BGH v. 9.6.1954 – II ZR 70/53, BGHZ 14, 25, 38; BGH v. 10.6.1991 – II ZR 234/89, GmbHR 1991, 362, 363; *Zöllner*, S. 344 f.; *Fastrich*, in: Baumbach/Hueck, § 13 Rdnr. 27 f.

283 BGH v. 7.10.1954 – III ZR 121/53, BGHZ 15, 25, 38; BGH v. 10.6.1991 – II ZR 234/89, GmbHR 1991, 362; *Fastrich*, in: Baumbach/Hueck, § 13 Rdnr. 21, 27; *Wiedemann*, GesR I, S. 434; *Raiser*, in: Ulmer/Habersack/Löbbe, Rdnr. 90 f.; *Pentz*, in: Rowedder/Schmidt-Leithoff, § 13 Rdnr. 40; *Altmeppen*, in: Roth/Altmeppen, § 13 Rdnr. 38, 55; *Schiessl/Böhm*, in: MünchHdb. III, § 32 Rdnr. 24.

284 RG v. 23.10.1928 – II 54/28, RGZ 122, 159, 166 f.; RG v. 31.3.1931 – II 222/30, RGZ 132, 149, 163 f. (AG); RG v. 13.8.1942 – II 67/41, RGZ 169, 330, 338; BGH v. 1.4.1953 – II ZR 235/52, BGHZ 9, 157, 158; BGH v. 17.2.1955 – II ZR 316/53, BGHZ 16, 317, 322; BGH v. 5.6.1975 – II ZR 23/74, BGHZ 65, 15, 18 ff. – ITT; BGH v. 13.3.1978 – II ZR 142/76, BGHZ 71, 40, 44 ff. (AG); BGH v. 28.1.1980 – II ZR 124/78, BGHZ 76, 352, 355 f. = GmbHR 1981, 111; BGH v. 23.2.1981 – II ZR 229/79, BGHZ 80, 346, 349 = GmbHR 1981, 290; BGH v. 19.4.1982 – II ZR 55/81, BGHZ 83, 319, 321; BGH v. 25.9.1986 – II ZR 262/85, BGHZ 98, 276, 279 ff. = GmbHR 1986, 426; BGH v. 1.2.1988 – II ZR 75/87, BGHZ 103, 184, 194 f. – Linotype (AG); BGH v. 20.3.1995 – II ZR 205/94, BGHZ 129, 136, 142 ff. = GmbHR 1995, 665 – Girmes (AG); BGH v. 15.4.1985 – II ZR 274/83, NJW 1985, 1901; *Zöllner*, S. 349 ff.; *Immenga*, S. 274 f.; *Lutter*, S. 114; *Bayer*, in: Lutter/Hommelhoff, Rdnr. 35; *Raiser*, in: Ulmer/Habersack/Löbbe, Rdnr. 90 f.; *Fastrich*, in: Baumbach/Hueck, § 13 Rdnr. 21, 24, 26 f.; *Altmeppen*, in: Roth/Altmeppen, § 13 Rdnr. 38 f.; *Henze*, Hdb. zum GmbH-Recht, 2. Aufl. 1997, Rdnr. 834, 847 f.; *Martens*, GmbHR 1984, 265, 267 ff., jeweils m.w.N.

285 RG v. 23.10.1928 – II 54/28, RGZ 122, 159, 166 f.; BGH v. 5.6.1975 – II ZR 23/74, BGHZ 65, 15, 18 – ITT; BGH v. 28.1.1980 – II ZR 124/78, BGHZ 76, 352, 355 ff. = GmbHR 1981, 111; *Zöllner*, S. 349 ff.

nes zur Zweckerreichung geeigneten und *zumutbaren* schonenderen Mittels[286], oder im Hinblick auf das mit der Rechtsausübung angestrebte Ziel unverhältnismäßig[287] zu beeinträchtigen oder die Mitgesellschafter als solche in sonstiger Weise illoyal zu schädigen. Eine Treuepflichtverletzung kann in Einzelfällen beispielsweise vorliegen (i) bei der Anteilsübertragung (Rdnr. 105); (ii) bei einer *Auflösungs*kündigung, einer Auflösungsklage (§ 61) oder einem Auflösungsbeschluss (§ 60 Abs. 1 Nr. 2) (Rdnr. 107-109); (iii) beim *Ausschluss* oder *Austritt* eines Gesellschafters aus wichtigem Grund (Rdnr. 108; s. auch Anh. § 34 Rdnr. 14, 34); (iv) bei der *Zwangseinziehung* eines Geschäftsanteils (§ 34 Abs. 2) oder der Geltendmachung des *Erwerbsrechts* an einem Geschäftsanteil (Rdnr. 108; s. auch § 15 Rdnr. 51). Die Rücksichtnahmepflicht hat besondere Bedeutung bei der Beeinträchtigung der mitgliedschaftlichen Stellung der Minderheit durch *Mehrheitsbeschlüsse*, insbesondere auch solchen über Satzungs-, Kapital- und Strukturänderungen, die nicht nur die Grundsätze der Erforderlichkeit und Verhältnismäßigkeit wahren, sondern auch der Bindung der Beschlusskompetenz an den Gesellschaftszweck und das Gesamtinteresse des Personenverbandes Rechnung tragen müssen, also nicht schikanös oder willkürlich schutzwürdige Minderheitsinteressen übergehen dürfen[288].

(2) Zusätzliche Handlungspflichten. Das Gebot des gesellschaftstreuen Verhaltens kann auch zusätzliche Handlungspflichten der Gesellschafter begründen[289]. Es kommen insoweit vor allem **Schutzpflichten auf Unterlassung** treuwidriger Schädigungen der GmbH und der Mitgesellschafter in ihrem mitgliedschaftlichen Bereich[290] in Betracht. Wie weit sie im Einzelnen reichen, hängt entscheidend von der rechtstatsächlichen Struktur des Gesellschaftsverhältnisses und dem Grad der geschuldeten oder tatsächlich ausgeübten Mitwirkung eines Gesellschafters an der Verwirklichung des Gesellschaftszwecks ab (Rdnr. 76). 83

Aus dem Treuegebot können im Ausnahmefall ebenfalls **positive Leistungspflichten** der Gesellschafter gegenüber der Gesellschaft und/oder den Mitgesellschaftern hergeleitet werden (sog. Förderfunktion oder Optimierungsgebot[291]); doch ist insoweit im Hinblick auf die grundsätzliche gesetzliche Wertung des § 53 Abs. 3 und besonders bei vorwiegend kapitalistisch geprägten Beteiligungen erhebliche Zurückhaltung erforderlich. Die Gesellschafter können danach in seltenen Einzelfällen auf Grund ihrer besonderen Stellung in der GmbH oder zwecks Gewährleistung der satzungsmäßigen Beschlussfähigkeit bei bestandskritischen Entscheidungen zur *Teilnahme an der Gesellschafterversammlung* in Person oder durch Vertreter verpflichtet sein (Rdnr. 110) und unter Umständen zu einer bestimmten (positiven) *Stimm-* 84

---

286 RG v. 31.3.1931 – II 222/30, RGZ 132, 149, 163; RG v. 13.8.1942 – II 67/41, RGZ 169, 330, 338; BGH v. 1.4.1953 – II ZR 235/52, BGHZ 9, 157, 158; BGH v. 17.2.1955 – II ZR 316/53, BGHZ 16, 317, 322; BGH v. 23.2.1981 – II ZR 229/79, BGHZ 80, 346, 349 = GmbHR 1981, 290; BGH v. 15.4.1985 – II ZR 274/83, GmbHR 1985, 297 = NJW 1985, 1901; BGH v. 23.3.1987 – II ZR 244/86, WM 1987, 841, 842 = GmbHR 1987, 349; *Zöllner*, S. 351 f.; *Lutter*, S. 114; *Wiedemann*, GesR I, S. 435; *Raiser*, in: Ulmer/Habersack/Löbbe, Rdnr. 87; *Fastrich*, in: Baumbach/Hueck, § 13 Rdnr. 26 f.; *M. Winter*, S. 144 ff.

287 *Zöllner*, S. 351; *Lutter*, S. 114; *Raiser*, in: Ulmer/Habersack/Löbbe, Rdnr. 87; *Fastrich*, in: Baumbach/Hueck, § 13 Rdnr. 26 f.; *Wiedemann*, GesR I, S. 435; *M. Winter*, S. 144 ff.

288 Vgl. RG v. 23.10.1928 – II 54/28, RGZ 122, 159, 166 f.; RG v. 31.3.1931 – II 222/30 RGZ 132, 149, 163 f. (AG); BGH v. 13.3.1978 – II ZR 142/76, BGHZ 71, 40, 44 ff. (AG); BGH v. 28.1.1980 – II ZR 124/78, BGHZ 76, 352, 355 ff. = GmbHR 1981, 111; BGH v. 16.2.1981 – II ZR 168/79, BGHZ 80, 69, 74 = GmbHR 1981, 189; BGH v. 1.6.1987 – II ZR 128/86, BGHZ 101, 113, 116 = GmbHR 1988, 18; OLG Stuttgart v. 1.12.1999 – 20 U 38/99, GmbHR 2000, 333 = NZG 2000, 156, 159 (Ermittlung Ausgabepreis bei Kapitalerhöhung). Näheres dazu s. *Karsten Schmidt*, 11. Aufl., § 45 Rdnr. 107; *Priester*, 11. Aufl, § 53 Rdnr. 55 ff.

289 Vgl. *Lutter*, S. 110 ff.; *Bayer*, in: Lutter/Hommelhoff, Rdnr. 33, 36; *Fastrich*, in: Baumbach/Hueck, § 13 Rdnr. 24, 28 f.; *Altmeppen*, in: Roth/Altmeppen, § 13 Rdnr. 52 ff.; *Schiessl/Böhm*, in: MünchHdb. III, § 32 Rdnr. 30, 37.

290 BGH v. 5.6.1975 – II ZR 23/74, BGHZ 65, 15, 18 ff. – ITT; BGH v. 30.9.1991 – II ZR 208/90, NJW 1992, 368, 369 = GmbHR 1992, 104.

291 Begriffsbildung von *Fleischer/St. Schneider*, DB 2010, 2713, 2717.

abgabe verpflichtet sein (Rdnr. 98 und 101). Grundsätzlich gilt das Vorstehende ebenfalls für **Satzungs- und Strukturänderungen zur Anpassung an veränderte Umstände**, aber es sind insoweit besonders strenge Anforderungen zu stellen (s. 11. Aufl., bei § 47 Rdnr. 31 und § 53 Rdnr. 37)[292]. Die Zustimmung zu einer Vermehrung der Leistungspflichten der Gesellschafter kann nicht mit Hilfe der Treuepflicht erzwungen werden (§ 53 Abs. 3)[293]; ebenso wenig rechtfertigt sie die Beeinträchtigung von Sonderrechten (Rdnr. 27 ff.) oder relativ unentziehbaren Mitgliedschaftsrechten (Rdnr. 43 ff.)[294], wenn dafür nicht ein wichtiger Grund gegeben ist (Rdnr. 35, 47).

g) Verhältnis der Treuepflichten zueinander

85 Bei der Wahrnehmung eigennütziger Rechte gebietet die gesellschaftsrechtliche Treuepflicht eine Mit-Berücksichtigung der gesellschaftsbezogenen Interessen der Mit-Gesellschafter im Wege einer Abwägung der widerstreitenden Interessen. Dies gilt allerdings für sämtliche Gesellschafter, so dass die Treuepflichtbeziehungen wechselseitig zum Tragen kommen. Häufig werden konkrete Lebenssachverhalte unterschiedliche Treuepflichtbeziehungen, z.B. Pflichten der Gesellschaft gegenüber den Gesellschaftern, oder der Pflichten der Gesellschafter gegenüber der Gesellschaft und/oder gegenüber ihren jeweiligen Mitgesellschaftern auslösen. Dabei kann es sich um widerstreitende Treuepflichtfolgen, aber auch um parallele Treupflichtfolgen handeln (z.B. treuwidriges Verhalten der Gesellschaft gegenüber einem Gesellschafter ist zugleich treuwidriges Verhalten der Mit-Gesellschafter[295]). Treuwidriges Verhalten eines Gesellschafters gegenüber der Gesellschaft ist zugleich treuwidriges Verhalten gegenüber den Mitgesellschaftern[296]. Bei parallelen, sich aus der Treuepflicht ergebenden Ansprüchen stehen diese im Grundsatz gesondert nebeneinander, allerdings mit folgenden Modifikationen[297]: Der geschädigte Gesellschafter kann entsprechend dem Rechtsgedanken der §§ 117 Abs. 1 Satz 2, 317 Abs. 1 Satz 2 AktG bei einer gleichzeitigen Schädigung der Gesellschaft nicht Zahlung an sich selbst, sondern nur in das Gesellschaftsvermögen verlangen (Ausnahme: in Höhe eines eigenen Schadens, der über den Schaden der Gesellschaft hinausgeht).

h) Verhältnis zu anderen Rechtsinstituten und zur Anfechtungsklage

aa) Verhältnis zu anderen Rechtsinstituten

86 Die Treuepflicht ist von allgemeinen Instituten wie dem Rechtsmissbrauch, dem widersprüchlichen Verhalten, der ergänzenden Vertragsauslegung und der Störung der Geschäftsgrundlage streng zu unterscheiden[298].

---

292 BGH v. 25.9.1986 – II ZR 262/85, BGHZ 98, 276, 279 f. = GmbHR 1986, 426; BGH v. 20.3.1995 – II ZR 205/94, BGHZ 129, 136, 152 f. = GmbHR 1995, 665 – Girmes; BGH v. 23.3.1987 – II ZR 244/86, GmbHR 1987, 349 = WM 1987, 841; *Ulmer/Casper*, in: Ulmer/Habersack/Löbbe, § 53 Rdnr. 81 ff.; *Bayer*, in: Lutter/Hommelhoff, § 53 Rdnr. 37; *Zöllner*, S. 353 f.; *Zöllner/Noack*, in: Baumbach/Hueck, § 53 Rdnr. 85; *M. Winter*, S. 178 ff.; *Henze*, ZHR 162 (1998), 186, 191 ff.; *Altmeppen*, in: Roth/Altmeppen, § 13 Rdnr. 54; *Schiessl/Böhm*, in: MünchHdb. III, § 32 Rdnr. 30; *Schnorbus*, in: Rowedder/Schmidt-Leithoff, § 53 Rdnr. 82.
293 Bedenklich daher BGH v. 23.3.1987 – II ZR 244/86, GmbHR 1987, 349 = WM 1987, 841.
294 BGH v. 9.6.1954 – II ZR 70/53, BGHZ 14, 25, 38; *Ulmer/Casper*, in: Ulmer/Habersack/Löbbe, § 53 Rdnr. 82; *M. Winter*, S. 179 f.
295 Beispiel nach *Pentz*, in: Rowedder/Schmidt-Leithoff, § 13 Rdnr. 41: Trotz erkennbarem Fehlen eines wichtigen Grundes kündigt die Gesellschaft den Geschäftsführerdienstvertrag eines Gesellschafter-Geschäftsführers aufgrund eines von der Mehrheit veranlassten Gesellschafterbeschlusses.
296 Beispiel nach *Pentz*, in: Rowedder/Schmidt-Leithoff, § 13 Rdnr. 41: Ein Gesellschafter schädigt die Gesellschaft durch eine unangemessen hohe Konzernumlage.
297 Zutreffend *Pentz*, in: Rowedder/Schmidt-Leithoff, § 13 Rdnr. 41.
298 Ausführlich *M. Mann*, Abdingbarkeit der Treuepflicht, Abschnitt 2, A. III.

bb) Verhältnis zur Anfechtungsklage

In der Praxis stellt sich nicht selten die Frage, ob die Geltendmachung von Schadensersatz- 87
ansprüchen, die im Zusammenhang mit treupflichtwidrigen Gesellschafterbeschlüssen stehen, voraussetzen, dass zuvor der betreffende Beschluss im Wege der Anfechtungsklage
gerichtlich für nichtig erklärt wurde. Es ist entgegen einer starken Literaturauffassung unzutreffend, dass ein Schadensersatzanspruch wegen treupflichtwidrigen Gesellschafterbeschlusses erst mit der erfolgreichen Anfechtung dieses Beschlusses entsteht[299]. Es ist vielmehr so, dass **der treuewidrige Gesellschafterbeschluss mit Feststellung durch den
Versammlungsleiter bereits besteht**, allerdings während der Anfechtungsfrist und bis zur
Bestandskräftigkeit einer Gerichtsentscheidung über den Gesellschafterbeschluss in der Geltendmachung gehemmt ist und – soweit der Sinn und Zweck der Anfechtungsfrist bei Gesellschafterbeschlüssen reicht – dann endgültig erlischt, sofern der treupflichtwidrig gefasste
Gesellschafterbeschluss bestandskräftig wird, entweder weil die Anfechtung von vornherein
unterbleibt oder eine an sich materiell gerechtfertigte Anfechtungsklage gleichwohl rechtskräftig abgewiesen wird[300].

i) Verhältnis der Treuepflicht zu außerrechtlichen Mechanismen

Es gibt eine **Reihe außergesetzlicher Mechanismen und Pflichten, die parallel zur gesell-** 88
schaftsrechtlichen Treuepflicht dazu bestimmt oder jedenfalls geeignet sind, die Interes-
sen des Treueberechtigten zu wahren. Hierzu gehören (i) die Herstellung gleichlaufender finanzieller Interessen der Gesellschafter (z.B. proportionale Beteiligung an der Wertsteigerung,
Vollausschüttungsgebot im Hinblick auf Bilanzgewinn), (ii) das Reputationsinteresse der Gesellschafter, (iii) die internalisierten Moralvorstellungen von Fairness und Gerechtigkeit sowie
(iv) die Herstellung und Stärkung persönlicher Bindungen zwischen den Gesellschaftern (die
einerseits zu einem Bedeutungsverlust der verrechtlichten Vertrauenserwartung führt, zum
anderen allerdings auch zu einer Intensivierung der Treuepflichten, vgl. Rdnr. 76). Diese flankierenden außergesetzlichen Mechanismen und Pflichten können die Gesellschafter – soweit
ihnen dies tatsächlich möglich ist – verstärken, um die Abhängigkeit vom *rechtlichen* Ver-
bandsprinzip der Treuepflicht zu verringern.

j) Fallgruppenbetrachtung

Von der Rechtsprechung und Literatur sind trotz der Notwendigkeit, dass die gesellschafts- 89
rechtliche Treuepflicht nur für den spezifischen Einzelfall unter Berücksichtigung seiner besonderen Umstände und ihrer Wertung erfolgen kann (Rdnr. 76), heuristisch bestimmte
Fallgruppen gebildet worden:

aa) Einwirkungsmöglichkeiten der Gesellschaft

Der Gesellschaft ist, soweit ihr aus dem Gesellschaftsverhältnis gegenüber den Gesellschaf- 90
tern qualifizierte Einwirkungsmöglichkeiten zukommt, verboten, diese zum Schaden der Gesellschafter auszuüben. So ist das Vorenthalten einer für das steuerliche Anrechnungsverfah-
ren notwendigen Bescheinigung über die abgeführte Körperschaft- und Kapitalertragsteuer
treupflichtwidrig[301]. Ebenfalls kann es treupflichtwidrig sein, wenn die Gesellschaft dem

---

299 Zutreffend *Pentz*, in: Rowedder/Schmidt-Leithoff, § 13 Rdnr. 42; entgegen *M. Winter*, S. 320 ff.;
     Hölters, BB 1977, 111, 112; *Berger*, ZHR 149 (1985), 499, 610.
300 Ähnlich (ohne Hemmung während der Anfechtungsfrist bzw. laufenden Anfechtungsverfahren)
     Pentz, in: Rowedder/Schmidt-Leithoff, § 13 Rdnr. 42.
301 BGH v. 30.9.1991 – II ZR 208/90, GmbHR 1992, 104 = NJW 1992, 368 mit Anm. *Zimmermann*,
     EWiR 1992, 59; *Pentz*, in: Rowedder/Schmidt-Leithoff, § 13 Rdnr. 44.

Mehrheitsgesellschafter finanzielle Informationen nicht zur Verfügung stellt, die dieser nach den einzuhaltenden Rechnungslegungsstandards oder nach Kapitalmarktvorschriften (auch ausländischer Börsen) benötigt und diese Zurverfügungstellung keine schutzwürdigen Belange der Gesellschaft beeinträchtigt und/oder der Mehrheitsgesellschafter anbietet, diese Beeinträchtigung finanziell auszugleichen[302]. Daneben ist die Gesellschaft aufgrund des Gleichbehandlungsgrundsatzes verpflichtet, die Gesellschafter ohne sachwidrigen Grund nicht ungleich zu behandeln (Rdnr. 53-55).

bb) (Dritt-)Ansprüche von Gesellschaftern

91 Bei Drittansprüchen des Gesellschafters aus mit der Gesellschaft ohne Satzungsgrundlage abgeschlossenen Verträgen unterliegt die Gesellschaft im Grundsatz keinen über das vertragliche Gebot von Treu und Glauben (§ 242 BGB) hinausgehenden, besonderen Treuebindungen; er **kann** insoweit **seine eigenen Interessen aus dem Vertragsverhältnis verfolgen**[303]. In **Krisen-/Sanierungssituationen** kann allerdings im Einzelfall aus der gesellschaftsrechtlichen Treuepflicht die Pflicht folgen, einen Anspruch gegen die Gesellschaft nicht[304] oder zumindest für einen vorübergehenden Zeitraum nicht geltend zu machen, sofern (i) die Gesellschaft durch die Anspruchsgeltendmachung in eine bestandsgefährdende Liquiditätskrise käme oder sonst wie schwerwiegender Schaden droht und (ii) dem Gesellschafter ein weiteres Zuwarten unter Berücksichtigung seiner eigenen Verhältnisse und derjenigen der Gesellschaft zumutbar ist[305]. Dies kann in Einzelfällen einen Anspruch auf Gewinnauszahlung[306] oder auf Rückgewähr eines Gesellschafterdarlehens[307] betreffen. Die Anforderungen an die Zumutbarkeit dürfen allerdings zu Lasten des anspruchsberechtigten Gesellschafters nicht überspannt werden und müssen auf extreme Ausnahmefälle beschränkt bleiben. Eine andere Beurteilung kann sich allerdings aus dem Verbot widersprüchlichen Verhaltens (§ 242 BGB) dann ergeben, wenn der anspruchsberechtigte Gesellschafter die Liquiditätskrise durch sein (Stimm-)Verhalten in objektiv vorhersehbarer Weise mitverursacht hat, z.B. durch die Beschlussfassung einer erheblichen, mit Eigen- und Fremdkapital finanzierten Investition, die in vorhersehbarer Weise die Bedienung des Drittanspruchs des Gesellschafters ausschließt.

cc) Fragen der Geschäftsführung

92 Bei Entscheidungen über Geschäftsführungsangelegenheiten durch Gesellschafterbeschluss (§§ 37 Abs. 1, 45 Abs. 1) haben sich die Stimmausübenden **vorrangig vom Gesellschaftsinteresse leiten zu lassen und müssen mit der Sorgfalt eines ordentlichen Kaufmanns verfahren**[308]. Dies betrifft alle Fragen der Geschäftsführung, z.B. den Abschluss von Verträgen, aber

---

302 Vgl. *Seibt*, in: Mülbert/Kiem/Wittig, 10 Jahre WpÜG, 2011, S. 148, 188 (zur AG).

303 BGH v. 27.6.1988 – II ZR 143/87, NJW 1989, 166, 167 f. = GmbHR 1988, 386; *Pentz*, in: Rowedder/Schmidt-Leithoff, § 13 Rdnr. 47.

304 BGH v. 10.6.1991 – II ZR 234/89, GmbHR 1991, 362.

305 Vgl. OLG Koblenz v. 5.4.1984 – 6 U 218/83, WM 1984, 1051; *Raiser*, in: Ulmer/Habersack/Löbbe, Rdnr. 98; *Pentz*, in: Rowedder/Schmidt-Leithoff, § 13 Rdnr. 47.

306 Vgl. dazu *Fastrich*, in: Baumbach/Hueck, § 13 Rdnr. 27; *Altmeppen*, in: Roth/Altmeppen, § 13 Rdnr. 56; *Schiessl/Böhm*, in: MünchHdb. III, § 32 Rdnr. 25.

307 Zum zeitweiligen Zinsverzicht auf Grund der Treuepflicht bei einer Publikums-KG s. BGH v. 5.11.1984 – II ZR 111/84, WM 1985, 195, 196 = GmbHR 1985, 152 (KG); BGH v. 25.9.1986 – II ZR 262/85, BGHZ 98, 276, 279 f. = GmbHR 1986, 426; OLG Koblenz v. 5.4.1984 – 6 U 218/83, WM 1984, 1051.

308 BGH v. 5.6.1975 – II ZR 23/74, BGHZ 65, 15, 19 f. – ITT; OLG Hamm v. 9.12.1991 – 8 U 78/91, GmbHR 1992, 612, 613; OLG Hamm v. 29.6.1992 – 8 U 279/91, ZIP 1993, 119, 121 = GmbHR 1992, 802; OLG Düsseldorf v. 14.3.1996 – 6 U 119/94, ZIP 1996, 1083, 1087; *Zöllner*, S. 322 ff., 344; *Immenga*, S. 266 ff.; *Fastrich*, in: Baumbach/Hueck, § 13 Rdnr. 26; *Schiessl/Böhm*, in: MünchHdb.

auch die Eingehung von Rechtsstreitigkeiten oder deren Vergleich[309]. Die Gesellschaftermehrheit darf dabei insbesondere keine durch das Gesellschaftsinteresse sachlich nicht legitimierten Konzerninteressen[310] und keine gesellschaftsfremden Sondervorteile für sich oder einen anderen zum Nachteil der Gesellschaft oder der anderen Mitgesellschafter durchsetzen[311] (§ 243 Abs. 2 Satz 1 AktG analog). Nichts anderes gilt, wenn die Mehrheit ihren Einfluss auf die Geschäftsführung ohne Beschluss faktisch durchsetzt[312] oder wenn einem (Minderheits-)Gesellschafter in solchen Angelegenheiten statutarisch ein Weisungs-, Widerspruchs- oder Vetorecht zusteht. Von diesen Fällen zu unterscheiden ist die Wahrnehmung eines vom Stimmrecht unterschiedenen Zustimmungsrechts zugunsten eines Gesellschafters, da durch ein Zustimmungsrecht ein individueller, eigennützig ausfüllbarer Bereich des Gesellschafters gebildet wird, der gerade der Gesellschaftsphäre entzogen sein soll; hier werden die Stimmausübungsgrenzen nur durch das Verbot des Rechtsmissbrauchs (§ 242 BGB) bzw. das Schikaneverbot (§ 226 BGB) gezogen[313]. Demgemäß sind dem Gesellschaftsinteresse entgegenstehende, eigennützige Stimmabgaben im Rahmen einer Beschlussfassung über Geschäftsführungsangelegenheiten treuwidrig und damit nichtig (s. Rdnr. 121). Der Geschäftsführer-Gesellschafter ist bei Entscheidungen über Geschäftsführungsangelegenheiten in doppelter Weise zur Wahrung der Gesellschaftsinteressen verpflichtet, nämlich aufgrund der gesellschaftsrechtlichen Treuepflicht als Gesellschafter und aufgrund seiner Organpflichten; beide Pflichtverletzungen stehen eigenständig nebeneinander[314].

dd) Related Party Transactions

Rechtsgeschäfte mit verbundenen Unternehmen (*Related Party Transactions*) sind ein Sonderfall der Geschäftsführungsmaßnahmen. Auch hier haben sich die Gesellschafter bei der Ausübung des Stimmrechts und im sonstigen tatsächlichen Verhalten **vorrangig vom Gesellschaftsinteresse leiten zu lassen und dürfen insbesondere keine durch das Gesellschaftsinteresse sachlich nicht legitimierte Konzerninteressen oder gesellschaftsfremde Sondervorteile verfolgen.** Aus der gesellschaftsrechtlichen Treuepflicht (und dem sich hieraus ergebenden Schädigungsverbot) sowie dem Gleichbehandlungsgrundsatz speist sich das spezifische Verbot, einem Gesellschafter (oder einer dem Gesellschafter nahestehenden Person) offen oder verdeckt Vorteile zu Lasten der Gesellschaft und damit auch mittelbar zu Lasten der übrigen Mitgesellschafter einzuräumen (Fälle der sog. verdeckten Gewinnausschüttung). Daher sind – unabhängig von den durch § 30 gezogenen Grenzen – solche Leistungen treuepflichtwidrig und demgemäß gesellschaftsrechtlich unzulässig, durch die ein Gesellschafter

93

III, § 32 Rdnr. 23; *Martens*, GmbHR 1984, 265, 267; *M. Winter*, S. 95 ff., 121 ff.; s. auch *Karsten Schmidt*, 11. Aufl., § 45 Rdnr. 6.

309 Zu den Treupflichtpflichtwidrigkeit einer Gesellschafterweisung an die Geschäftsführer, einen offensichtlich aussichtslosen Prozess zu führen, OLG Düsseldorf v. 28.10.1993 – 6 U 160/92, GmbHR 1994, 172, 175 f.

310 BGH v. 5.6.1975 – II ZR 23/74, BGHZ 65, 15, 20 f. – ITT; BGH v. 5.12.1983 – II ZR 242/82, BGHZ 89, 162 = GmbHR 1984, 203; näheres dazu Anh. Konzernrecht (nach § 13) Rdnr. 117 ff.

311 BGH v. 9.6.1954 – II ZR 70/53, BGHZ 14, 25, 38; BGH v. 5.6.1975 – II ZR 23/74, BGHZ 65, 15, 20 – ITT; BGH v. 28.1.1980 – II ZR 124/78, BGHZ 76, 352, 357 = GmbHR 1981, 111; BGH v. 11.10.1976 – II ZR 104/75, GmbHR 1977, 43 f.; BGH v. 10.2.1977 – II ZR 79/75, GmbHR 1977, 129 ff.; BGH v. 3.7.1978 – II ZR 180/76, WM 1978, 1205; BGH v. 30.9.1991 – II ZR 208/90, NJW 1992, 368, 369 = GmbHR 1992, 104; BGH v. 8.5.1989 – II ZR 229/88, ZIP 1989, 986, 987 = GmbHR 1989, 460; OLG Hamm v. 29.6.1992 – 8 U 279/91, ZIP 1993, 119, 121 = GmbHR 1992, 802; OLG Düsseldorf v. 14.3.1996 – 6 U 119/94, ZIP 1996, 1083, 1087 = GmbHR 1996, 689; OLG Brandenburg v. 15.10.1997 – 7 U 56/95, GmbHR 1998, 193, 195.

312 BGH v. 5.6.1975 – II ZR 23/74, BGHZ 65, 15, 19 – ITT.

313 I.E. gleichsinnig *Pentz*, in: Rowedder/Schmidt-Leithoff, § 13 Rdnr. 49; ausf. *Schäfer*, Der stimmrechtslose GmbH-Geschäftsanteil, 1997, S. 35 ff. und 56 ff.

314 Ebenso *Pentz*, in: Rowedder/Schmidt-Leithoff, § 13 Rdnr. 48.

(häufig, nicht aber zwingend der Mehrheitsgesellschafter) Vorteile erlangt, denen keine oder keine gleichwertige Gegenleistung gegenübersteht. Dabei kann es sich z.B. um überhöhte Vergütungen an einen Gesellschafter im Rahmen eines Geschäftsführerdienstvertrags[315], eines Beratungsvertrags oder sonstige Austauschgeschäfte handeln, aber auch umgekehrt um die Abgabe eines Vermögensgegenstands der Gesellschaft an den Gesellschafter (oder eine ihm nahestehende Person) zu einem unter dem Marktpreis bestimmten Entgelt[316]. In Konzernverhältnissen kann eine verdeckte Vorteilsgewährung in der Leistung unangemessener Konzernumlagen bestehen[317].

94   Eine gesonderte und nur anhand der Umstände des Einzelfalls positiv zu beantwortende Frage ist es, ob die Gesellschafter aufgrund der gesellschaftsrechtlichen Treuepflicht gezwungen sind, einer ohne Gesellschafterbeschluss erfolgten Leistung an einen Gesellschafter **nachträglich zuzustimmen**, wenn Leistung und Gegenleistung in einem angemessenen Verhältnis stehen[318]. Einer solchen Konkretisierung der Treuepflicht kann z.B. die Satzungslage entgegenstehen, aus der sich z.B. eine grundsätzliche Abneigung gegen Related Party Transactions oder eine zwingende Präventivkontrolle solcher Geschäfte ergibt.

95   In der Rechtsprechung und Literatur wird aus der gesellschaftsrechtlichen Treuepflicht zum Teil auch die Verpflichtung gefolgert, dass der (ggf. mittelbar) begünstigte Gesellschafter unangemessene Vorteilsgewährungen offenlegen müsste[319]. Eine solche **Offenlegungspflicht** ist mit Hinweis auf das verfassungsrechtlich geschützte Selbstbelastungsverbot (*nemo tenetur*-Grundsatz) für den Regelfall zu verneinen. Sie kommt nur in Betracht, wenn andernfalls eine Bestandsgefährdung der Gesellschaft ernsthaft droht.

ee) Besetzung von Gesellschaftsorganen

96   Bei der **Bestellung und Abberufung von Geschäftsführern** haben sich die Gesellschafter **bei Ausübung ihrer Stimmrechte vorrangig am Gesellschaftsinteresse auszurichten**. So kann die Treuepflicht gebieten, bei entsprechenden sachlichen (wichtigen) Gründen bestimmte Geschäftsführer nicht (wieder) zu bestellen bzw. abzuberufen und an den notwendigen Beschlüssen mitzuwirken[320]. In extremen Einzelfällen kann auch umgekehrt in einer sachlich nicht gerechtfertigten Abberufung (und noch seltener in einer Nicht-Wiederbestellung) eines Gesellschafter-Geschäftsführers eine Treuepflichtverletzung liegen, wenn die Gesellschaftermehrheit einen Minderheitsgesellschafter zuvörderst deshalb abberuft (bzw. nicht wiederbestellt), um ihn innergesellschaftlich zu neutralisieren, ihn tatsächlich von anderweitiger, an sich gerechtfertigter Rechtsausübung sachwidrig abzuhalten oder gar seine Lebensgrundlage zu vernichten[321]. Im Regelfall darf der Gesellschafter **mit sehr weitem Ermessen frei entscheiden**, welche Person er qua Stimmrecht als Geschäftsführer bestellen oder abberufen

---

315 *Merkt*, in: MünchKomm., § 13 Rdnr. 155; *Pentz*, in: Rowedder/Schmidt-Leithoff, § 13 Rdnr. 58.

316 *Pentz*, in: Rowedder/Schmidt-Leithoff, § 13 Rdnr. 58.

317 BGH v. 5.6.1975 – II ZR 23/74, BGHZ 65, 15, 18 ff. – ITT; *Pentz*, in: Rowedder/Schmidt-Leithoff, § 13 Rdnr. 63.

318 Für eine solche Pflicht in der Tendenz *Pentz*, in: Rowedder/Schmidt-Leithoff, § 13 Rdnr. 58 und 63.

319 BGH v. 11.12.2006 – II ZR 166/05, GmbHR 2007, 260 = NJW 2007, 917 Rdnr. 9; *Pentz*, in: Rowedder/Schmidt-Leithoff, § 13 Rdnr. 63 (und gleichsinnig Rdnr. 52 zur Offenlegung von Treueverhältnissen oder sonstigen Interessenkonflikten).

320 Zur Abberufung des Geschäftsführers aus wichtigem Grunde vgl. BGH v. 9.11.1987 – II ZR 100/87, ZIP 1988, 22, 24; BGH v. 19.11.1990 – II ZR 88/89, GmbHR 1991, 62; OLG Hamburg v. 28.6.1991 – 11 U 148/90, GmbHR 1992, 43, 45, 47 – Cats; OLG Braunschweig v. 9.9.2009 – 3 U 41/09, GmbHR 2009, 1276, 1278; vgl. auch *Pentz*, in: Rowedder/Schmidt-Leithoff, § 13 Rdnr. 50 und 58; *Paefgen*, in: Ulmer/Habersack/Löbbe, § 38 Rdnr. 184.

321 Vgl. BGH v. 29.11.1993 – II ZR 61/93, DStR 1994, 214, 215 mit Anm. *Goette*; *Pentz*, in: Rowedder/Schmidt-Leithoff, § 13 Rdnr. 58.

will, unabhängig davon, ob diese Person ein Angehöriger oder eine Person seines besonderen Vertrauens ist[322]. Die Grenze der Unzumutbarkeit ist aus Treuegesichtspunkten überschritten, wenn die Person offenkundig das Mindestmaß an erforderlicher Qualifikation besitzt oder einem dauerhaften und ernsthaften Interessenkonflikt (z.B. als Wettbewerber zur Gesellschaft) unterliegt. Die gleichen Grundsätze gelten bei der **Besetzung anderer Gesellschaftsorgane**, wie z.B. den Gesellschaftervertretern im Aufsichtsrat (einschließlich ihrer Entsendung aufgrund eines Entsendungsrechts, dort aber mit in der Regel abgeschwächter Berücksichtigung des Gesellschaftsinteresses)[323] oder in einem Beirat. Zudem gelten sie für die **Bestellung bzw. Nicht-Wiederbestellung von Abschlussprüfern**[324] sowie bei Beschlüssen über die Bestellung von Prokuristen und Handlungsbevollmächtigten bzw. deren Vollmachtswiderruf.

Auch bei Beschlüssen über die Entlastung von Geschäftsführern ist **dem Gesellschaftsinteresse Vorrang** einzuräumen, so dass Stimmabgaben in den Fällen treuwidrig sein können, in denen diese für die Entlastung eines Geschäftsführers trotz erkennbar schwerwiegender Pflichtverletzungen abgegeben werden[325]; umgekehrt kann in extremen Einzelfällen auch die Nicht-Entlastung vor allem eines Gesellschafter-Geschäftsführers treuwidrig sein, wenn dieser zweifelsfrei seine Pflichten erfüllt hatte und mit der Nicht-Entlastung primär das Ziel einer sachlich nicht gerechtfertigten Stigmatisierung, einer sachwidrigen Abhaltung von einer anderweitigen, an sich gerechtfertigten Rechtsausübung und/oder einer innergesellschaftlichen Neutralisierung verfolgt wird. 97

ff) Satzungsänderung (einschließlich Kapitalmaßnahmen)

Bei anstehenden Satzungsänderungen haben die Gesellschafter (insbesondere die Gesellschaftermehrheit) **auch die Belange der Mitgesellschafter nach Maßgabe des Verhältnismäßigkeitsgrundsatzes angemessen mitzuberücksichtigen** und dürfen insbesondere nicht aus sachfremden, willkürlichen Erwägungen heraus berechtigte Belange der Mitgesellschafter ignorieren[326]. Die Treuepflicht kann dann gebieten, sich im Hinblick auf einen bestimmten Beschlussgegenstand der Stimme zu enthalten, damit die von der Treuepflicht geforderte Satzungsänderung beschlossen werden kann. Im **Ausnahmefall** kann sich die Treuepflicht auch zu einer **Pflicht zur positiven Stimmabgabe** verdichten[327]. So kommt eine Zustimmungs- 98

---

322 Vgl. *Merkt*, in: MünchKomm. GmbHG, § 13 Rdnr. 131 f.; *Pentz*, in: Rowedder/Schmidt-Leithoff, § 13 Rdnr. 58.

323 Vgl. RG v. 12.10.1940 – II 33/40, RGZ 165, 68, 79; *Zöllner*, S. 344; *Immenga*, S. 268 f.; *Schiessl/Böhm*, in: MünchHdb. III, § 32 Rdnr. 28.

324 BGH v. 23.9.1991 – II ZR 189/90, GmbHR 1991, 568, 569 betr. Abwahl.

325 Vgl. BGH v. 25.11.2002 – II ZR 133/01, BGHZ 153, 47; vgl. auch BGH v. 1.2.1988 – II ZR 75/87, BGHZ 103, 184, 193 ff. – Linotype; *Pentz*, in: Rowedder/Schmidt-Leithoff, § 13 Rdnr. 50.

326 Vgl. RG v. 23.10.1928 – II 54/28, RGZ 122, 159, 166 f.; RG v. 31.3.1931 – II 222/30, RGZ 132, 149, 163 f.; BGH v. 13.3.1978 – II ZR 142/76, BGHZ 71, 40, 44 ff.; BGH v. 28.1.1980 – II ZR 124/78, BGHZ 76, 352, 355 f. = GmbHR 1981, 111; BGH v. 16.2.1981 – II ZR 168/79, BGHZ 80, 69, 74 = GmbHR 1981, 189; BGH v. 1.6.1987 – II ZR 128/86, BGHZ 101, 113, 116 = GmbHR 1988, 18; *Pentz*, in: Rowedder/Schmidt-Leithoff, § 13 Rdnr. 51.

327 Vgl. BGH v. 24.4.1954 –II ZR 35/53, BB 1954, 456; BGH v. 17.12.1959 – II ZR 81/59, NJW 1960, 434; BGH v. 28.4.1975 – II ZR 16/73, BGHZ 64, 253, 257; BGH v. 26.10.1983 – II ZR 87/83, BGHZ 88, 320, 329 = GmbHR 1984, 93; BGH v. 20.10.1986 – II ZR 86/85, NJW 1987, 952, 953; BGH v. 23.3.1987 – II ZR 244/86, GmbHR 1987, 349 = WM 1987, 841; BGH v. 19.11.1990 – II ZR 88/89, GmbHR 1991, 62; BGH v. 10.10.1994 – II ZR 18/94, NJW 1995, 194, 195 = GmbHR 1995, 55; OLG Hamburg v. 28.6.1991 – 11 U 148/90, GmbHR 1992, 43, 45 und 47; OLG Hamm v. 9.12.1991 – 8 U 78/91, GmbHR 1992, 612; *Karsten Schmidt*, GesR, § 5 IV 2 und § 37 V 1; *Fastrich*, in: Baumbach/Hueck, § 13 Rdnr. 29; *Zöllner/Noack*, in: Baumbach/Hueck, § 47 Rdnr. 111; *Bayer*, in: Lutter/Hommelhoff, Rdnr. 33; *Raiser*, in: Ulmer/Habersack/Löbbe, Rdnr. 95; *Pentz*, in: Rowedder/Schmidt-Leithoff, § 13 Rdnr. 51; *Schiessl/Böhm*, in: MünchHdb. III, § 32 Rdnr. 30.

pflicht ausnahmsweise dann in Betracht, wenn die zu beschließende Maßnahme zur Erhaltung wesentlicher Werte, die die Gesellschafter geschaffen haben, oder zur Vermeidung erheblicher Verluste, die die Gesellschaft bzw. die Gesellschafter erleiden könnten, objektiv unabweisbar erforderlich ist und den Gesellschaftern unter Berücksichtigung ihrer eigenen schutzwürdigen Belange zumutbar ist, also wenn der Gesellschaftszweck und das Interesse der Gesellschaft gerade diese Maßnahme zwingend gebieten und der Gesellschafter seine Zustimmung ohne vertretbaren Grund verweigert[328]. So waren Gesellschafter verpflichtet, an der durch die GmbH-Novelle 1980 eingeführten Heraufsetzung des Stammkapitals von 20000,00 DM auf 50000,00 DM ggf. durch positive Stimmabgabe mitzuwirken, soweit ihm unter Berücksichtigung seiner eigenen finanziellen Verhältnisse keine Nachteile erwuchsen oder ihm die Zustimmung angesichts der Gewinne der Gesellschaft ohne wirtschaftliche Opfer möglich war[329]. Aus der gesellschaftsrechtlichen Treuepflicht kann sich auch eine positive Mitwirkungspflicht zur Korrektur einer rechtlich mangelhaften Satzung ergeben (nichtige Satzungsbestimmung; objektiv und nachweisbar fehlgeschlagene Umsetzung des Gesellschafterwillens in der Satzung; in der Praxis nicht durchführbare Satzungsbestimmungen). Die dann erforderliche Mitwirkungshandlung hat sich allerdings am Grundsatz der Verhältnismäßigkeit zu orientieren und gebietet im Einzelfall dann nur eine solchermaßen minimalinvasive Satzungsänderung, um den Mangel entsprechend dem objektiven Gesellschafterwillen oder der sonstigen Gesamtlogik der Satzung zu heilen. Unmittelbare Eingriffe in den Kernbereich der Mitgliedschaft des Gesellschafters oder ein ihm statutarisch eingeräumtes Sonderrecht (i.S. von § 35 BGB) muss kein Gesellschafter aufgrund von Treuegesichtspunkten hinnehmen, ebenso wenig die Übernahme eines neuen Geschäftsanteils (vgl. § 53 Abs. 3)[330].

99 Bei **Satzungsänderungen** (und anderen Grundlagenmaßnahmen) darf sich der Gesellschafter im Grundsatz vorrangig an seinen eigenen Interessen orientieren.

100 Bei **Kapitalerhöhungen** folgt das Recht eines jeden Gesellschafters zum Bezug eines proportionalen Anteils am erhöhten Kapital (Bezugsrecht) aus der gesellschaftsrechtlichen Treuepflicht (hierzu 11. Aufl., § 55 Rdnr. 42 ff.). Bei Kapitalerhöhungsbeschlüssen dürfen die Gesellschafter vorrangig ihre eigenen Interessen berücksichtigen. Die Stimmabgaben zu Kapitalerhöhungsbeschlüssen können allerdings dann ausnahmsweise treuwidrig sein, wenn die Kapitalerhöhung offenkundig ohne entsprechendes Finanzierungsinteresse der Gesellschaft erfolgen soll[331]; dies kann beispielsweise dann vorliegen, wenn bei fehlender (Eigenkapital-)Finanzierungsnotwendigkeit der Gesellschaft der Gesellschafterbeschluss zwar formal das Bezugsrecht gewährt, aber einzelne Gesellschafter erkennbar z.B. wegen fehlender finanzieller Mittel das Bezugsrecht tatsächlich nicht wahrnehmen können und daher in der Beteiligungsquote und/oder im Beteiligungswert verwässert werden.

101 Im Falle **bestandsgefährdender Krisensituationen** können die Gesellschafter aufgrund der gesellschaftsrechtlichen Treuepflicht gezwungen sein, (i) Maßnahmen zu unterlassen, die eine unter Berücksichtigung des Verhältnismäßigkeitsgrundsatzes für den betreffenden Gesellschafter zumutbare Sanierung der Gesellschaft (z.B. durch Durchführung einer Kapitaler-

---

328 BGH v. 12.4.2016 – II ZR 275/14, GmbHR 2016, 759 = NJW 2016, 2739 – Media-Saturn; hierzu *Seibt*, EWiR 2016, 397; vgl. auch BGH v. 10.6.1965 – II ZR 6/63, BGHZ 44, 40, 41 f.; BGH v. 28.4.1975 – II ZR 16/73, BGHZ 64, 253, 257; BGH v. 25.9.1986 – II ZR 262/85, BGHZ 98, 276 = GmbHR 1986, 426; BGH v. 20.3.1995 – II ZR 205/94, BGHZ 129, 136 = GmbHR 1995, 665 – Girmes; BGH v. 19.10.2009 – II ZR 240/08, BGHZ 183, 1, 8 Rdnr. 23 = GmbHR 2010, 32 – Sanieren oder Ausscheiden; vgl. auch *Merkt*, in: MünchKomm. GmbHG, § 13 Rdnr. 120; *Pentz*, in: Rowedder/Schmidt-Leithoff, § 13 Rdnr. 51.

329 BGH v. 25.9.1986 – II ZR 262/85, BGHZ 98, 276 = GmbHR 1986, 426; BGH v. 23.3.1987 – II ZR 244/86, GmbHR 1987, 349 = WM 1987, 841; *Raiser*, in: Ulmer/Habersack/Löbbe, Rdnr. 95; *Pentz*, in: Rowedder/Schmidt-Leithoff, § 13 Rdnr. 51.

330 *Pentz*, in: Rowedder/Schmidt-Leithoff, § 13 Rdnr. 51.

331 Vgl. auch *Pentz*, in: Rowedder/Schmidt-Leithoff, § 13 Rdnr. 58.

höhung) verhindern, oder gar (ii) eine solche Sanierung durch positive Stimmabgabe zu verwirklichen. Nach der Rechtsprechung setzt dies voraus, dass (i) der Beschlussantrag einer „sinnvollen" Sanierung der Gesellschaft dient (Girmes) bzw. ein „nachhaltiges Sanierungskonzept" vorliegen muss (7days music entertainment), (ii) bei Scheitern der vorgeschlagenen Sanierungsmaßnahme der Zusammenbruch des Unternehmens unvermeidlich und im Falle des Zusammenbruchs die Stellung des einzelnen Gesellschafters ungünstiger als bei der Realisierung des gegenwärtigen Beteiligungswerts durch Aktienveräußerung sein muss (7days music entertainment) bzw. eine schonendere Sanierung nicht möglich sein darf (Girmes), und (iii) die Sanierung der Gesellschaft „mehrheitlich angestrebt" sein muss (Girmes)[332]. Es ist allerdings zweifelhaft, ob das Merkmal einer mehrheitlichen Unterstützung des Sanierungskonzepts tatsächlich eine Voraussetzung für die treuepflichtbezogene Stimmabgabepflicht ist, oder nicht vielmehr bloßer „Plausibilitätsindikator" für die Realisierungswahrscheinlichkeit und Erfolgsaussicht des Sanierungskonzepts[333]. Aus dieser Pflichtenlage kann sich der Zwang zur Stimmenthaltung, aber im Einzelfall auch zu einer bestimmten (positiven) Stimmabgabe ergeben[334]. Eine positive Stimmpflicht, die die gesetzlich den Gesellschaftern eingeräumte Autonomie zur Stimmrechtsausübung negiert, ist allerdings wertungsmäßig nur vertretbar, wenn die erforderliche Entscheidung ohne die Zustimmung des betreffenden Gesellschafters nicht zustande kommen kann, also z.B. die Satzung für bestimmte Angelegenheiten (beispielsweise für die Genehmigung zur Anteilsabtretung) die Einstimmigkeit aller Gesellschafter oder die Kapitalmehrheit aller Geschäftsanteile vorschreibt, oder wenn in Extremfällen jedes andere Verhalten als eine Zustimmung mit der Treuepflicht unvereinbar wäre; der Umstand, dass es sich um eine stark personalistisch ausgestaltete GmbH handelt, reicht dafür nicht aus[335]. In Zeiten bestandsgefährdender Unternehmenskrisen kann ein Gesellschafter aus der Treuepflicht verpflichtet sein, vorübergehend auf die Geltendmachung ihm zustehender Forderungen gegenüber der Gesellschaft zu verzichten, wenn dies mit hinreichender Wahrscheinlichkeit zur Insolvenzvermeidung führt[336]. Ist z.B. wegen der Höhe der Verbindlichkeiten gegenüber gesellschafsfremden Dritten ein Kapitalschnitt (§ 58a Abs. 4) zur Insolvenzvermeidung notwendig, so ist ein nachschussunwilliger Gesellschafter wegen § 53 Abs. 3 **nicht gegen seinen Willen zur Teilnahme an der Kapitalerhöhung verpflichtet**[337]. Allerdings gebietet seine Treuepflicht ihm, die Sanierung nicht zu vereiteln, wenn sich Dritte bereitfinden, neue Finanzmittel zur Verfügung zu stellen; eine sich aus der Refinanzierung resultierende Verwässerung seiner Vermögens- und Verwaltungsrechte muss er hinnehmen, da er durch die Abwendung der Insolvenz (zu der er selbst keinen finanziellen Beitrag leistet) in

---

332 Vgl. BGH v. 20.3.1995 – II ZR 205/94, BGHZ 129, 136, 142 = GmbHR 1995, 665 – Girmes; OLG München v. 16.1.2014 – 23 AktG 3/13, ZIP 2014, 472, 474 – 7days music entertainment; dazu *Seibt*, ZIP 2014, 1909, 1912 ff.

333 So *Seibt*, ZIP 2014, 1909, 1914; *C. Schäfer*, in: FS Hommelhoff, 2012, S. 939, 952 ff.

334 Vgl. BGH v. 12.4.2016 – II ZR 275/14, GmbHR 2016, 759 = NJW 2016, 2739 – Media-Saturn; BGH v. 26.10.1983 – II ZR 87/83, BGHZ 88, 320, 329 = GmbHR 1984, 93; BGH v. 25.9.1986 – II ZR 262/85, BGHZ 98, 276, 279 ff. = GmbHR 1986, 426; BGH v. 23.3.1987 – II ZR 244/86, GmbHR 1987, 349 = WM 1987, 841; BGH v. 19.11.1990 – II ZR 88/89, GmbHR 1991, 62; OLG Hamburg v. 28.6.1991 – 11 U 148/90, GmbHR 1992, 43, 45, 47; OLG Hamm v. 9.12.1991 – 8 U 78/91, GmbHR 1992, 612; *Zöllner*, S. 353 ff.; *Zöllner/Noack*, in: Baumbach/Hueck, § 47 Rdnr. 111; *A. Hueck*, ZGR 1972, 237, 252 f.; *Lutter*, S. 105 ff.; *Bayer*, in: Lutter/Hommelhoff, Rdnr. 33; *Fastrich*, in: Baumbach/Hueck, § 13 Rdnr. 29; *Altmeppen*, in: Roth/Altmeppen, § 13 Rdnr. 53; *Raiser*, in: Ulmer/Habersack/Löbbe, Rdnr. 95; *M. Winter*, S. 167 ff.; *Schiessl/Böhm*, in: MünchHdb. III, § 32 Rdnr. 30; s. ferner *Karsten Schmidt*, 11. Aufl., § 47 Rdnr. 31; *Priester*, 11. Aufl., § 53 Rdnr. 37.

335 A.M. *Zöllner*, S. 354; *Zöllner/Noack*, in: Baumbach/Hueck, § 53 Rdnr. 85.

336 Vgl. BGH v. 19.11.1984 – II ZR 102/84, GmbHR 1985, 188 = NJW 1985, 972 f. (Publikums-KG); BGH v. 5.11.1984 – II ZR 111/84, GmbHR 1985, 152 = WM 1985, 195 (Publikums-KG).

337 BGH v. 25.9.1986 – II ZR 262/85, BGHZ 98, 276, 280 = GmbHR 1986, 426; *Karsten Schmidt*, JZ 2010, 125, 126 und 128; *Priester*, ZIP 2010, 497, 449; *Bacina/R. Redeker*, DB 2010, 996, 997 f.

jedem Fall besser steht, als wenn die Sanierung unterbliebe[338]. Aus der gesellschaftsrechtlichen Treuepflicht kann sich sogar die Pflicht zu einer zum Ausscheiden des Gesellschafters führenden Zustimmung ergeben, wenn die nicht fortführungswilligen Gesellschafter finanziell hierdurch nicht schlechter gestellt werden als bei einer Liquidation der Gesellschaft[339].

gg) Feststellung des Jahresabschlusses; Gewinnverwendung

102   Sieht die Satzung ausnahmsweise für die **Feststellung des Jahresabschlusses** die Mitwirkung eines Gesellschafters vor, so kann dieser wegen der Treuepflichten gegenüber der Gesellschaft und gegenüber seinen Mitgesellschaftern verpflichtet sein, an der Feststellung eines formal und materiell ordnungsgemäß aufgestellten Jahresabschlusses mitzuwirken[340].

103   Bei Beschlussfassungen zur **Gewinnverwendung** dürfen sich die Gesellschafter primär von ihren eigenen Interessen leiten lassen, müssen aber auch signifikante Liquiditäts- und Finanzierungsinteressen der Gesellschaft (Zahlungsfähigkeit, Einhaltung von Covenants in Finanzierungsverträgen) mitberücksichtigen. Unter dem Gesichtspunkt des Verbots widersprüchlichen Verhaltens (§ 242 BGB) kann dem (Mehrheits-)Gesellschafter untersagt sein, seine Stimmrechte zugunsten einer solchen Dividendenausschüttung abzugeben, die aufgrund von ihm mitbeschlossener Geschäftsführungsmaßnahmen auch nicht durch Aufnahme von Fremdkapital finanzierbar oder voraussichtlich nicht finanzierbar wären; zudem verletzte eine solche Stimmabgabe wegen der dadurch hervorgerufenen konkreten Bestandsgefährdung auch die gesellschaftsrechtliche Treuepflicht. In Ausnahmefällen kann auch die Stimmrechtsausübung des (Mehrheits-)Gesellschafters wegen Missachtung der Gewinnbezugsinteressen der übrigen Gesellschafter treuepflichtwidrig sein, wenn z.B. durch grob unverhältnismäßige Rücklagenbildung eine innergesellschaftliche Neutralisierung, eine sachwidrige, rechtlich nicht zu rechtfertigende Druckausübung auf andere Mitgesellschafter oder die erhebliche Beeinträchtigung der Lebensgrundlagen anderer Mitgesellschafter bezweckt wird (mehr dazu bei § 29 Rdnr. 53 ff.)[341].

hh) Pflicht zur Offenlegung von Gesellschafterinterna

104   In der Rechtsprechung und Teilen der Literatur wird aus der gesellschaftsrechtlichen Treuepflicht gefolgert, dass ein Gesellschafter gegenüber seinen Mitgesellschaftern verpflichtet ist, diese über Umstände und Vorgänge beim Gesellschafter (Gesellschafterinterna) vollständig und zutreffend offenzulegen, sofern diese die mitgliedschaftlichen Vermögensinteressen der übrigen Gesellschafter berühren und diesen nicht bekannt sein können[342]. Dies soll beispielsweise für die Einräumung (bzw. Aufhebung) von Treuhandverhältnissen am Geschäftsanteil oder die Einräumung einer Unterbeteiligung am Geschäftsanteil an einen Dritten gelten (insbesondere wenn dieser Dritte ein Wettbewerber zur Gesellschaft oder ansonsten interessenkonfliktbelastet ist). Eine solche Offenlegungspflicht von Gesellschafterinterna ist über

---

338 BGH v. 19.10.2009 – II ZR 240/08, BGHZ 183, 1 ff. – Sanieren oder Ausscheiden; *Priester*, ZIP 2010, 497, 499; *Armbrüster*, EWiR 2009, 739, 740; *Wahl/Schult*, BB 2010, 10, 14; *Ulrich*, GmbHR 2010, 32, 36; *Stupp*, DB 2010, 489, 492 ff.; beachte aber die Abgrenzung durch BGH v. 25.1.2011 – II ZR 122/09, GmbHR 2011, 529 für den Fall eindeutiger Satzungsregelungen.

339 BGH v. 19.10.2009 – II ZR 240/08, BGHZ 183, 1, 8 Rdnr. 23 f. = GmbHR 2010, 32 – Sanieren oder Ausscheiden.

340 *Pentz*, in: Rowedder/Schmidt-Leithoff, § 13 Rdnr. 61.

341 Vgl. auch BGH v. 7.7.2008 – II ZR 151/07, DStR 2009, 1544 Rdnr. 3; BGH v. 15.1.2007 – II ZR 245/05, BGHZ 170, 283, 287 f. Rdnr. 10 = GmbHR 2007, 437 – Otto.

342 BGH v. 11.12.2006 – II ZR 166/05, GmbHR 2007, 260 = NJW 2007, 917 Rdnr. 9; *Pentz*, in: Rowedder/Schmidt-Leithoff, § 13 Rdnr. 52.

die sowieso (jetzt) bestehenden Gesetzesreglungen (Transparenzregister!)[343] hinaus wegen des verfassungsrechtlich gewährleisteten Selbstbelastungsverbots (*nemo tenetur*-Grundsatz) zweifelhaft (s. auch Rdnr. 93). Generell ist bei der Frage der sich aus der Treuepflicht ergebenden Offenlegungspflichten anhand der Satzungslage (ggf. auch unter Berücksichtigung plurilateraler Gesellschaftervereinbarungen sämtlicher Gesellschafter) zu ermitteln, welchen Grad der Gesellschafteroffenheit und Anteilsfungibilität bei der konkreten Gesellschaft besteht.

ii) Übertragung von Geschäftsanteilen

Bei der Übertragung von Geschäftsanteilen können die Gesellschafter vorrangig ihre eigenen Interessen berücksichtigen. Im Übrigen ist zwischen frei übertragbaren Geschäftsanteilen einerseits und vinkulierten Geschäftsanteilen andererseits zu unterscheiden: (1) Bei **frei übertragbaren Geschäftsanteilen** folgert ein Teil der Literatur aus der gesellschaftsrechtlichen Treuepflicht, dass ein Gesellschafter seinen Geschäftsanteil nicht ohne vorheriges Angebot an die übrigen Gesellschafter übertragen darf, wenn der vorgesehene Erwerber hiermit die Mehrheit in der Gesellschaft erlangen bzw. die Gesellschaft in einen Konzern eingliedern will oder ein Wettbewerber der Gesellschaft oder sonst wie ungeeignet ist[344]. Dies überspannt in der Regel die Wirkmächtigkeit der gesellschaftsrechtlichen Treuepflicht deutlich und belastet unangemessen die Vermögensinteressen des veräußerungswilligen Gesellschafters. Denn es ist in Ansatz zu nehmen, dass die Gesellschafter – abweichend vom empirischen Normalbefund[345] – die Geschäftsanteile frei übertragbar gestellt und damit die Fungibilität (und damit den Wert) der Geschäftsanteile höher gewichtet haben als die Zugangskontrolle der nichtveräußerungswilligen Gesellschafter. Etwas anderes kann nur in extremen Einzelfällen gelten, wenn der Mehrheits-Erwerber erkennbar und eindeutig unredliche oder für die Mitgesellschafter bzw. die Gesellschaft existenzbedrohende Ziele verfolgt. (2) Bei **statutarisch vinkulierten Geschäftsanteilen** kann sich in Ausnahmefällen aus der gesellschaftsrechtlichen Treuepflicht allerdings ergeben, bei Berücksichtigung der Sonderumstände des konkreten Falls (Schikane, Willkür) einer Anteilsübertragung zuzustimmen bzw. umgekehrt der an sich statutarisch vorgesehenen Zustimmungspflicht nicht nachzukommen (mehr dazu § 15 Rdnr. 127). 105

jj) Einziehung von Geschäftsanteilen

Bei Beschlussanträgen zur Einziehung von Geschäftsanteilen aus wichtigem Grund nach § 34 haben die Gesellschafter vorrangig die Gesellschaftsinteressen zu berücksichtigen[346]. 106

kk) Ausübung von Kündigungsrechten; Gesellschafterausschluss

Bei der Ausübung eines in der Satzung vorgesehenen Kündigungsrechts der Gesellschaft kann der kündigungswillige Gesellschafter vorrangig seine eigenen Interessen verfolgen. Ausnahmsweise können sich aus der gesellschaftsrechtlichen Treuepflicht entsprechend dem Rechtsgedanken des § 723 Abs. 2 Satz 1 BGB Beschränkungen ergeben, wenn die Kündigung „zur 107

---

343 Vgl. Gesetz zur Umsetzung der Vierten EU-Geldwäscherichtlinie, zur Ausführung der EU-Geldtransferverordnung und zur Neuorganisation der Zentralstelle für Finanztransaktionsuntersuchungen vom 23.6.2017, BGBl. I 2017, 1822; hierzu z.B. *Assmann/Hütten*, AG 2017, 449 ff.; *Bochmann*, DB 2017, 1310 ff.

344 Vgl. *Wiedemann*, GesR I, § 8 III 3, S. 450 ff.; *Raiser*, in: Ulmer/Habersack/Löbbe, Rdnr. 98; *Pentz*, in: Rowedder/Schmidt-Leithoff, § 13 Rdnr. 53.

345 Bei Mehrpersonen-GmbH haben nach empirischen Untersuchungen mehr als 85 % der Satzung Vinkulierungsbeschränkungen für Anteilsübertragungen; s. § 15 Rdnr. 1 Fn. 4.

346 *Pentz*, in: Rowedder/Schmidt-Leithoff, § 13 Rdnr. 58.

Unzeit" erfolgt[347]. Die Erklärung einer statutarisch vereinbarten ordentlichen Kündigung bedarf auch bei der Auslösungsfolge **keiner zusätzlichen sachlichen Rechtfertigung**. Sie kann aber wegen ihrer besonderen Begleitumstände ausnahmsweise rechtsmissbräuchlich (§ 242 BGB) oder deswegen treuwidrig und unzuverlässig sein, weil die Gesellschaft oder die übrigen Gesellschafter den Kündigungsberechtigten eine gesicherte Veräußerungsmöglichkeit für seinen Geschäftsanteil zu einem den voraussichtlichen anteiligen Liquidationserlös voll deckenden Preis bieten und ihre Wahrnehmung nicht andere wesentlichen Gründe entgegenstehen[348].

108 Entsprechendes ist auch für eine **Auflösungsklage gemäß § 61** anzunehmen[349], der mit Rücksicht auf die gesellschaftsrechtliche Treuepflicht außerdem dann der Erfolg zu versagen ist, wenn die Ausschließung des Klägers aus wichtigem Grund (s. Anh. § 34 Rdnr. 25 ff.) gerechtfertigt[350] oder wenn sein Austritt aus wichtigem Grund (s. Anh. § 34 Rdnr. 6 ff.) möglich und zumutbar ist (s. dazu 11. Aufl., Erl. zu § 61 Rdnr. 3 ff.). Die Treuepflicht kann bei Vorliegen eines die **Ausschließung eines Gesellschafters** eindeutig rechtfertigenden (wichtigen) Grundes auch gebieten, die Durchführung dieser Maßnahme zu ermöglichen. Auch die Geltendmachung eines Übernahme- bzw. Erwerbsrechts kann ausnahmsweise treuwidrig sein, wenn die hierfür notwendigen Voraussetzungen durch den Übernahmeberechtigten selbst treuwidrig herbeigeführt worden sind (Rechtsgedanke des § 161 Abs. 2 BGB)[351].

II) Liquidation der Gesellschaft

109 Bei der Beschlussfassung über die Auflösung der Gesellschaft bestehen über die gesetzlichen bzw. satzungsmäßigen Anforderungen hinaus keine zusätzlichen sachlichen Voraussetzungen, d.h. die Gesellschaftermehrheit ist unter eigennützigen Erwägungen berechtigt, das investierte Kapital aus der Gesellschaft abzuziehen. Aus der gesellschaftsrechtlichen Treuepflicht ergeben sich allerdings **zwei Einschränkungen**: (1) Kann die Gesellschaft offenkundig wirtschaftlich nicht mehr erfolgreich weitergeführt werden und droht dementsprechend Substanzverzehr (sog. perspektivlose Gesellschaft), kann sich aus der Treuepflicht gegenüber den Mitgesellschaftern ein Zwang der Gesellschafter zur Mitwirkung an der Liquidation und Abwicklung der Gesellschaft ergeben[352]. Diese Mitwirkungspflicht gilt nicht nur für die Gesellschaftermehrheit oder eine Gesellschafterminderheit mit Veto-Position, sondern auch für jeden Gesellschafter[353]. (2) Die Stimmabgabe des Mehrheitsgesellschafters kann ausnahmsweise dann treuwidrig sein, wenn er im Zusammenhang mit dem Liquidationsbeschluss mittels Vorabsprachen mit den Geschäftsführern und zukünftigen Liquidatoren Sonderinteressen zu Lasten der übrigen Gesellschafter verfolgt, insbesondere das Unternehmen der Gesellschaft auf sich ohne angemessene Gegenleistung übertragen will[354].

---

347 Vgl. *M. Weber*, Vormitgliedschaftliche Treuebindungen, 1999, S. 81 ff.; *Pentz*, in: Rowedder/Schmidt-Leithoff, § 13 Rdnr. 69.
348 BGH v. 15.4.1985 – II ZR 274/83, GmbHR 1985, 297 = NJW 1985, 1901; s. auch Rdnr. 71.
349 BGH v. 15.4.1985 – II ZR 274/83, GmbHR 1985, 297 = NJW 1985, 1901.
350 BGH v. 23.2.1981 – II ZR 229/79, BGHZ 80, 346, 348 ff. = GmbHR 1981, 290; BGH v. 10.6.1991 – II ZR 234/89, GmbHR 1991, 362, 363.
351 RG v. 17.1.1940 – II 126/39, RGZ 162, 388, 394 (BGB-Ges.); BGH v. 15.6.1959 – II ZR 44/58, BGHZ 30, 195, 201 f. (KG); *Pentz*, in: Rowedder/Schmidt-Leithoff, § 13 Rdnr. 69.
352 Vgl. *M. Winter*, S. 35; *Putz*, in: Rowedder/Schmidt-Leithoff, § 13 Rdnr. 68; vgl. auch BGH v. 17.12.1959 – II ZR 81/59, NJW 1960, 434 f. (KG); einschränkend (nur Zustimmungspflicht für Minderheitsgesellschafter) *Henze*, ZHR 162 (1998), 186, 196; *Pentz*, in: Rowedder/Schmidt-Leithoff, § 13 Rdnr. 68.
353 Für die Pflichtenstellung der Gesellschafterminderheit *Henze*, ZHR 162 (1998), 186, 196; *Raiser*, in: Ulmer/Habersack/Löbbe, Rdnr. 93 f.; *Pentz*, in: Rowedder/Schmidt-Leithoff, § 13 Rdnr. 68.
354 Vgl. BGH v. 28.1.1980 – II ZR 124/78, BGHZ 76, 352, 355 ff. = GmbHR 1981, 111; BGH v. 1.2.1988 – II ZR 75/87, BGHZ 103, 184, 193 ff. – Linotype (AG); vgl. auch *Lutter*, ZGR 198, 171,

mm) Ladung zur und Teilnahme an Gesellschafterversammlungen

Die gesellschaftsrechtliche Treuepflicht überlagert auch die Vorschriften zur Einberufung und **110** sonstigen Vorbereitungen sowie zur Teilnahme der Gesellschafter und Durchführung der Gesellschafterversammlung: (1) Bei der **Einberufung und Einladung der Gesellschafter zur Gesellschafterversammlung** zwingt die Treuepflicht dazu, auf eine bekannte Terminverhinderung eines Gesellschafters, soweit dies unter den Gesamtumständen möglich ist, Rücksicht zu nehmen und die Gesellschafterversammlung unter Berücksichtigung aller Umstände so anzusetzen, dass möglichst sämtliche Gesellschafter hieran teilnehmen können. Dies gilt im Hinblick auf den terminverhinderten Gesellschafter selbst dann, wenn er bei dem auf der Gesellschafterversammlung zu fassenden Beschluss vom Stimmrecht nach § 47 Abs. 4 ausgeschlossen ist[355]. (2) Bei der **Bestimmung der Ladungsfrist** folgt aus der Treuepflicht, dass hierbei auf den Grad der Vorbereitungsbedürftigkeit der bei der Gesellschafterversammlung zu behandelnden Tagesordnungspunkte angemessen Rücksicht zu nehmen ist[356]. (3) Je nach Komplexität oder Eingriffsintensität (z.B. Einziehung von Geschäftsanteilen, Ausschluss aus der Gesellschaft, Abberufung eines Gesellschafters als Geschäftsführer) kann sich aus der Treuepflicht ergeben, dem primär betroffenen Gesellschafter auf dessen Anforderung hin zusätzliche Informationen zu den geplanten Tagesordnungspunkten zu geben bzw. ihm die **Gelegenheit zu geben, seine Gegenvorstellung an die übrigen Mitgesellschafter vor der Gesellschafterversammlung zu übermitteln.** (4) Bei Durchführung der Gesellschafterversammlung kann die gesellschaftsrechtliche Treuepflicht in besonderen Einzelfällen (insbesondere bei erheblichen Kenntnis- und Fähigkeitsgefällen in der personalistisch strukturierten GmbH) dazu zwingen, unerfahrenen Gesellschaftern die **wirtschaftlichen und strategischen Folgen der Beschlussfassung näher zu erläutern**[357] und/oder für ihn – unabhängig von einer ausdrücklich dies gestattenden Satzungsregelung – den **Beistand eines Sachverständigen zu ermöglichen.** Die Erlaubnis zur Hinzuziehung eines Sachverständigen (z.B. Rechtsanwalt) kann sich im Einzelfall aus der Treuepflicht auch für die Fälle ergeben, in denen eine intensive gesellschaftsinterne Auseinandersetzung besteht und einen Gesellschafter erkennbar die für die Behandlung des Tagesordnungspunktes erforderliche Sachkunde (im Gegensatz zu den übrigen Gesellschaftern) fehlt[358]. (5) Gesellschafter sind im Grundsatz **nicht verpflichtet, an einer Gesellschafterversammlung teilzunehmen oder sich vertreten zu lassen,** selbst wenn hiervon die Beschlussfähigkeit der Versammlung abhängt[359]. Etwas anderes folgt aus der gesellschaftsrechtlichen Treuepflicht nur in solchen **extremen Einzelfällen,** in denen die konkrete Beschlussfassung für die Funktionsfähigkeit der Gesellschaft (z.B. Bestellung eines Geschäftsführers nach Wegfall des letzten Geschäftsführers) oder zur Abwendung einer konkreten Bestandsgefahr der Gesellschaft oder anderweitiger schwerer Schäden notwendig ist[360]. (6) Aus dem Rechtsinstitut des Verbots rechtsmissbräuchlichen Verhaltens (§ 242 BGB) ergibt sich, dass ein Gesellschafter **seine versammlungsbezogenen Verwaltungsrechte** (Rede- und

181 f.; *Timm*, JZ 1980, 669 f.; *Henze*, ZIP 1995, 1473 ff.; *Pentz*, in: Rowedder/Schmidt-Leithoff, § 13 Rdnr. 68.

355 BGH v. 28.1.1985 – II ZR 79/84, GmbHR 1985, 256 = WM 1985, 567, 568 (Verhinderung wegen Kindstaufe); vgl. auch BGH v. 13.2.2006 – II ZR 200/04, GmbHR 2006, 538 = NJW-RR 2006, 831; *Pentz*, in: Rowedder/Schmidt-Leithoff, § 13 Rdnr. 54.

356 *Pentz*, in: Rowedder/Schmidt-Leithoff, § 13 Rdnr. 54.

357 BGH v. 7.10.1991 – II ZR 194/90, NJW 1992, 300, 301 = GmbHR 1991, 569.

358 Vgl. OLG Düsseldorf v. 25.7.2001 – 17 W 42/01, GmbHR 2002, 67; *Pentz*, in: Rowedder/Schmidt-Leithoff, § 13 Rdnr. 54.

359 A.A. *Pentz*, in: Rowedder/Schmidt-Leithoff, § 13 Rdnr. 54.

360 Weitergehend (Teilnahme-/Vertretungspflicht bei wichtigen Beschlussgegenständen) vgl. OLG Hamburg v. 9.11.1990 – 11 U 92/90, NJW-RR 1991, 673, 674; OLG Köln v. 21.12.2001 – 2 Wx 59/01, NZG 2002, 381, 383 = GmbHR 2002, 492; OLG Brandenburg v. 9.5.2007 – 7 U 84/06, Rdnr. 30–32 (juris); *Fastrich*, in: Baumbach/Hueck, § 13 Rdnr. 29; *Bayer*, in: Lutter/Hommelhoff, Rdnr. 33; *Altmeppen*, in: Roth/Altmeppen, § 13 Rdnr. 52; *Vogel*, Gesellschafterbeschlüsse und Gesellschafterversammlung, 2. Aufl. 1986, S. 88 f.

Fragerecht, Anfechtungsrecht) **nicht schikanös und funktionsfremd zur Durchsetzung von Sonderinteressen wahrnehmen** darf. Bei schwerwiegenden Interessenkonfliktlagen kann sich aus der gesellschaftsrechtlichen Treuepflicht ergeben, dass der Interessenkonflikt belastete Gesellschafter von der Teilnahme an der Abstimmung und an der vorausgehenden Diskussion über einen bestimmten Tagesordnungspunkt (z.B. konkrete Wettbewerbslage bei einem Neugeschäft) besteht und diese Konfliktlage nicht auf andere, schonende Weise zu beheben ist.

nn) Pflicht zur Umsetzung von Gesellschafterbeschlüssen

111 Aus der gesellschaftsrechtliche Treuepflicht folgt, dass Gesellschafter bei umsetzungsbedürftigen, rechtmäßigen bzw. bestandskräftigen Gesellschafterbeschlüssen zur Mitwirkung an der Umsetzung (soweit dies unbedingt erforderlich ist) verpflichtet sind[361]. Bei Gesellschafter-Geschäftsführern liegt in einem Pflichtenverstoß der nicht ausreichenden Umsetzungsmitwirkung gleichzeitig und unabhängig hiervon ein Pflichtenverstoß aus dem Organverhältnis nach § 43 Abs. 1[362].

oo) Minderheitenrechte (§ 50, § 51a GmbHG)

112 Die gesellschaftsrechtliche Treuepflicht zieht auch für die Minderheiten- und Individualrechte aus § 50 und § 51a Grenzen: (1) Die **Ausübung des Einberufungs- und Ankündigungsrechts nach § 50** kann dann treuwidrig sein, wenn das Begehren schikanös ist (z.B. weil der beantragte Gegenstand auf einer ohnehin anberaumten und demnächst stattfindenden Gesellschafterversammlung behandelt wird oder behandelt werden könnte) und/oder offensichtlich sinnlos ist (z.B. weil der beantragte Gegenstand gar nicht in die Kompetenz der Gesellschafterversammlung fällt). Umgekehrt ist die Ausübung des Minderheitenrechts nicht bereits deshalb treuwidrig, weil der beantragte Gegenstand aller Voraussicht nach keine Beschlussmehrheit finden wird oder weil über dem Gegenstand bereits vor geraumer Zeit schon einmal Beschluss gefasst worden ist. (2) Das **Informations- und Einsichtsrecht nach § 51a** setzt ein Informationsbedürfnis des rechtsausübenden Gesellschafters voraus. Daher kann die Rechtsausübung treuwidrig sein, wenn ein solches offenkundig nicht besteht oder erkennbar für die Gesellschaft und die übrigen Gesellschafter auf deutlich schonendere Weise befriedigt werden kann. Das Informations- und Einsichtsrecht darf zudem nicht schikanös und/oder zu gesellschaftsfremden Zwecken ausgeübt werden. Aus der Treuepflicht folgt weiterhin, dass die über das Informations- und Einsichtsrecht erhaltenen Informationen vertraulich und überdies nicht zu eigenwirtschaftlichen, außergesellschaftlichen Zwecken benutzt werden dürfen[363].

pp) Wettbewerbsverbot; Verbot der Überleitung gesellschaftlicher Geschäftschancen

113 Die Gesellschafter einer GmbH, die nicht zugleich Geschäftsführer (s. dazu 11. Aufl., § 43) sind, unterliegen zwar nicht allgemein, wohl aber – auch ohne eine dahin gehende statutarische Nebenleistungsvereinbarung (s. § 3 Rdnr. 84 ff.) – dann einem **Wettbewerbsverbot**, wenn das Gesellschaftsverhältnis auf eine enge persönliche Bindung und/oder Zusammenarbeit angelegt ist[364] oder wenn der betreffende Gesellschafter einen bestimmenden Einfluss

---

361 *Pentz*, in: Rowedder/Schmidt-Leithoff, § 13 Rdnr. 60.

362 BGH v. 14.9.1998 – II ZR 175/97, GmbHR 1999, 186 = NJW 1999, 781.

363 Vgl. OLG Frankfurt v. 7.9.1991 – 11 U 21/91, GmbHR 1992, 668 = DB 1992, 2489; OLG Stuttgart v. 8.2.1983 – 8 W 496/82, GmbHR 1983, 242, 243; KG v. 23.12.1987 – 2 W 6008/87, GmbHR 1988, 221, 223; *Raiser*, in: Ulmer/Habersack/Löbbe, Rdnr. 98; *Pentz*, in: Rowedder/Schmidt-Leithoff, § 13 Rdnr. 65. – Vgl. auch 11. Aufl., Erl. zu § 51a Rdnr. 7 ff.

364 *Timm*, GmbHR 1981, 177, 178 f.; *Lutter*, AcP 180 (1980), 84, 112 f.; *M. Winter*, S. 252; *Bayer*, in: Lutter/Hommelhoff, Rdnr. 38; abw. OLG Karlsruhe v. 6.11.1998 – 15 U 179/97, GmbHR 1999, 539,

auf die Geschäftsführung ausübt oder ausüben kann[365] und deshalb eine mögliche Schädigung des gemeinschaftlichen Unternehmens durch eine Konkurrenztätigkeit angesichts des besonderen Vertrauensverhältnisses oder der geschäftsführungsnahen Stellung grundsätzlich als illoyal erscheinen muss[366]. Eine 50 %-Beteiligung allein reicht für die Annahme eines Wettbewerbsverbots nicht aus[367], erst recht nicht die Ausübung des Informationsrechts nach § 51a[368].

Unabhängig vom Wettbewerbsrecht kann die Treuepflicht einem Gesellschafter (ungeachtet **114** seiner Beteiligungsquote) im Einzelfall auch sonst gebieten, **Geschäftschancen der GmbH** nicht zu ihrem Nachteil für sich selbst auszunutzen, vor allem wenn er von ihnen als Mitglied Kenntnis erlangt hat, sie an ihn in dieser Eigenschaft herangetragen worden oder sie für die GmbH von besonderer Bedeutung sind[369].

qq) Verschwiegenheitspflicht; Unterlassung rufschädigender Äußerungen

Eine Verletzung der gesellschaftlichen Treuepflicht der Gesellschafter liegt ferner vor, wenn sie **115** vertrauliche Gesellschaftsangelegenheiten, die sie als Gesellschafter, insbesondere im Rahmen einer Gesellschafterversammlung oder in Ausübung ihres Einsichts- und Auskunftsrechts (§ 51a) erfahren haben, zum Schaden der Gesellschaft weiterverbreiten (**Verschwiegenheitspflicht**)[370]. Auch sonstige illoyale Schädigungen der Gesellschaft oder der Mitgesellschafter als solche, z.B. kreditgefährdende Äußerungen über die Gesellschaft oder die Erwirkung gesellschaftsfremder Sondervorteile, haben sie zu unterlassen[371].

k) Treuepflichten im Konzern

Die gesellschaftsrechtliche Treuepflicht hat im Konzern Bedeutung. Es ist zwischen den **116** Rechtsverhältnissen bei der Untergesellschaft und der Obergesellschaft zu unterscheiden:

540; *Schiessl/Böhm*, in: MünchHdb. III, § 34 Rdnr. 2 ff.; *Ivens*, Das Konkurrenzverbot des GmbH-Gesellschafters, 1987, S. 169 ff. m.w.N.

365 Vgl. dazu auch BGH v. 16.2.1981 – II ZR 168/79, BGHZ 80, 69, 74 = GmbHR 1981, 189; BGH v. 5.12.1983 – II ZR 242/82, BGHZ 89, 162, 166 = GmbHR 1984, 203; BGH v. 3.5.1988 – KZR 17/87, GmbHR 1988, 334, 335 f.; OLG Köln v. 22.2.1991 – 3 U 20/91, GmbHR 1991, 366; OLG Karlsruhe v. 6.11.1998 – 15 U 179/97, GmbHR 1999, 539, 540.

366 Vgl. dazu *Bayer*, in: Lutter/Hommelhoff, Rdnr. 38; *Wiedemann/Hirte*, ZGR 1986, 163; *Ivens*, Das Konkurrenzverbot des GmbH-Gesellschafters, S. 139 ff.; *M. Winter*, S. 248 ff.; *Fastrich*, in: Baumbach/Hueck, § 13 Rdnr. 28; *Altmeppen*, in: Roth/Altmeppen, § 13 Rdnr. 47; *von der Osten*, GmbHR 1989, 450, 451; einschr. *Mertens/Cahn*, in: FS Heinsius, 1991, S. 545, 555 ff.; *Schiessl/Böhm*, in: MünchHdb. III, § 34 Rdnr. 6 ff. m.w.N.; differenzierend *Pentz*, in: Rowedder/Schmidt-Leithoff, § 13 Rdnr. 89.

367 OLG Karlsruhe v. 6.11.1998 – 15 U 179/97, GmbHR 1999, 539 f.; *Bayer*, in: Lutter/Hommelhoff, Rdnr. 38; *Altmeppen*, in: Roth/Altmeppen, § 13 Rdnr. 46 a.E.

368 *Altmeppen*, in: Roth/Altmeppen, § 13 Rdnr. 50.

369 BGH v. 10.2.1977 – II ZR 79/75, GmbHR 1977, 129; BGH v. 23.9.1985 – II ZR 257/84, NJW 1986, 584, 585; BGH v. 8.5.1989 – II ZR 229/88, ZIP 1989, 986, 987 = GmbHR 1989, 460; OLG Köln v. 22.2.1991 – 3 U 20/91, GmbHR 1991, 366; *Timm*, GmbHR 1981, 177, 178 ff.; *Kübler*, in: FS Werner, 1984, S. 437 ff.; *Kübler/Waltermann*, ZGR 1991, 162; *Lutter*, S. 116; *M. Winter*, S. 241 ff.; *Raiser*, in: Ulmer/Habersack/Löbbe, Rdnr. 109; *Altmeppen*, in: Roth/Altmeppen, § 13 Rdnr. 45; *Schiessl/Böhm*, in: MünchHdb. III, § 32 Rdnr. 22; *Schiessl/Böhm*, GmbHR 1988, 53; *Karsten Schmidt*, GesR, § 20 V 3, S. 599 f.; *Wiedemann*, GesR I, S. 443 f.

370 *Fastrich*, in: Baumbach/Hueck, § 13 Rdnr. 28; *M. Winter*, S. 241; *Schiessl/Böhm*, in: MünchHdb. III, § 32 Rdnr. 32.

371 *Fastrich*, in: Baumbach/Hueck, § 13 Rdnr. 28; *Altmeppen*, in: Roth/Altmeppen, § 13 Rdnr. 51; *Bayer*, in: Lutter/Hommelhoff, Rdnr. 35.

aa) Untergesellschaft

117 Satzungsgemäß sind Mehrheitsbeschlüsse, die eine Gesellschaft (z.B. durch die Befreiung von einem Wettbewerbsverbot) in die Gefahr der Abhängigkeit i.S. von § 16 AktG vom Mehrheitsgesellschafter bringen, nicht *per se* wegen Treuepflichtverstoßes anfechtbar, sondern können nicht selten durch sachliche Gründe gerechtfertigt und im Unternehmensinteresse der Gesellschaft selbst sein[372]. Immerhin können die Gesellschafter im Unternehmensgegenstand die Konzernfreiheit stipulieren und diese Regelung sowie andere abhängigkeitsgeneigte Beschlussgegenstände einer qualifizierten Beschlussmehrheit unterwerfen.

118 Ist die Gesellschaft bereits faktisch abhängig, gebietet das sich aus der Treuepflicht ergebende Schädigungsverbot, die mit der Beherrschungsstellung verbundenen rechtlichen und tatsächlichen Einwirkungsmöglichkeiten zum Nachteil der Gesellschaft und der übrigen Gesellschafter auszuüben (s. zu *Related Party Transactions* Rdnr. 93-95). Das Schädigungsverbot erfasst auch das nur mittelbar beteiligte Unternehmen (Korrelation zwischen Einwirkungsmacht und Verantwortung)[373]. Eine umfassende Mitteilungspflicht über Umstände und Vorgänge in der Gesellschaftersphäre ergibt sich nun aus den gesetzlichen Regelungen zum Transparenzregister (Rdnr. 104), aber nicht überschießend aus der gesellschaftsrechtlichen Treuepflicht[374].

bb) Obergesellschaft

119 Aus der gesellschaftsrechtlichen Treuepflicht folgt, dass solche Gesellschafterbeschlüsse (außerhalb des Umwandlungsgesetzes), die dazu führen, dass einzelne Vermögensgegenstände der Gesellschaft in die Sphäre des Mehrheitsgesellschafters übertragen werden, einer sachlichen Rechtfertigung bedürfen[375]. Demgegenüber bedarf weder der Anteilserwerb an der Gesellschaft durch den Mehrheitsgesellschafter noch der Zustimmungsbeschluss zu einem Unternehmensvertrag (über die gesetzlichen Voraussetzungen hinaus) aus Treuepflichtgesichtspunkten einer sachlichen Rechtfertigung.

l) Folgen der Verletzung der Treuepflicht

120 Die Verletzungsfolgen bestimmen sich nach der Art der treuwidrigen Handlung.

aa) Treuwidrige Stimmabgabe; Durchsetzung von Stimmpflichten

121 Die **treuwidrig abgegebene Stimme ist nichtig** und wird bei der Berechnung der für den Beschluss erforderlichen Mehrheit nicht mitgezählt[376]. Hat der Versammlungsleiter die Stimme gleichwohl bei der Feststellung des Beschlussergebnisses mitgezählt und beruht die Beschlussfeststellung hierauf, kann der Beschluss im Wege der fristgebundenen Anfechtungsklage entsprechend § 243 AktG angefochten werden; der Gesellschafterbeschluss ist wegen

---

372 Restriktiver BGH v. 16.2.1981 – II ZR 168/79, BGHZ 80, 69 ff. = GmbHR 1981, 189 (Befreiung eines Gesellschafters vom Wettbewerbsverbot); *Pentz*, in: Rowedder/Schmidt-Leithoff, § 13 Rdnr. 71.

373 BGH v. 5.12.1983 – II ZR 242/82, BGHZ 89, 162, 165 ff. = GmbHR 1984, 203; *Pentz*, in: Rowedder/Schmidt-Leithoff, § 13 Rdnr. 72.

374 Weitergehend *Pentz*, in: Rowedder/Schmidt-Leithoff, § 13 Rdnr. 73 mit Hinweis auf BGH v. 9.9.2002 – II ZR 198/00, NJW-RR 2003, 169 sowie BGH v. 11.12.2006 – II ZR 166/05, GmbHR 2007, 260 = NJW 2007, 917 Rdnr. 9.

375 Ebenso *Pentz*, in: Rowedder/Schmidt-Leithoff, § 13 Rdnr. 75.

376 BGH v. 9.11.1987 – II ZR 100/87, ZIP 1988, 22, 24; BGH v. 19.11.1990 – II ZR 88/89, GmbHR 1991, 62; BGH v. 12.7.1993 – II ZR 65/92, GmbHR 1993, 579, 581; OLG Hamburg v. 28.6.1991 – 11 U 148/90, GmbHR 1992, 43, 47; *Raiser*, in: Ulmer/Habersack/Löbbe, Rdnr. 99; *Pentz*, in: Rowedder/Schmidt-Leithoff, § 13 Rdnr. 78; *Zöllner*, S. 366 ff.; *Karsten Schmidt*, GmbHR 1992, 9, 11 f. m.w.N.; a.M. *Koppensteiner*, ZIP 1994, 1325 ff.

der Treuepflichtverletzung also anfechtbar[377]. Im Regelfall wird dann die Anfechtungsklage mit einer positiven Beschlussfeststellungsklage verbunden werden. Gegen drohende treuwidrige Stimmabgaben oder die Umsetzung treuwidriger Gesellschafterbeschlüsse ist **vorbeugender Rechtsschutz** im Wege der einstweiligen Verfügung möglich[378]. Allerdings steht die Anordnung der einstweiligen Verfügung unter dem Vorbehalt, dass das Gebot des geringsten möglichen Eingriffs vom rechtsschutzsuchenden Gesellschafter beachtet worden sein muss[379].

Verpflichtet die gesellschaftsrechtliche Treuepflicht ausnahmsweise zu einer **bestimmten (positiven) Stimmabgabe** (s. Rdnr. 98 und 101), kann diese durch **Klage auf Erfüllung** (im seltenen Einzelfall auch durch einstweilige Verfügung) durchgesetzt werden[380].   122

bb) Unbeachtlichkeit von Maßnahmen

Treuwidrige Handlungen anderer Gesellschaftsorgane oder die treuwidrige Ausübung von Gesellschafterrechten (Rdnr. 68 f.) sind (als Rechtsmissbrauch) unbeachtlich[381].   123

cc) Einziehung, Ausschluss, Auflösung

Eingriffsintensive und insbesondere wiederholte bzw. nachhaltige Treuepflichtverletzungen können im Einzelfall (und sofern überhaupt jeweils statutarisch geregelt) (i) die Einziehung der Geschäftsanteile des betroffenen Gesellschafters aus wichtigem Grund gemäß § 34, (ii) die (temporäre) Entziehung von Sonderrechten oder anderen ansonsten unentziehbaren Gesellschafterrechten, (iii) die Erhebung einer Ausschlussklage oder (iv) ggf. auch eine Auflösungsklage nach § 61 rechtfertigen, sofern nicht bei Würdigung der Gesamtumstände des Einzelfalls ein milderes Mittel (z.B. Entziehung von Sonderrechten, Einsetzung eines Treuhänders zur Ausübung von Verwaltungsrechten) genügt[382].   124

dd) Schadensersatz

Wird die gesellschaftsrechtliche Treuepflicht schuldhaft verletzt, so können sich daraus je nach ihrem Schutzzweck **Schadensersatzansprüche** der Gesellschaft und/oder einzelner Gesell-   125

---

377 BGH v. 28.1.1980 – II ZR 124/78, BGHZ 76, 352, 357 = GmbHR 1981, 111; BGH v. 16.2.1981 – II ZR 168/79, BGHZ 80, 69, 74 = GmbHR 1981, 189; BGH v. 1.2.1988 – II ZR 75/87, BGHZ 103, 184, 185, 189 – Linotype; BGH v. 19.11.1990 – II ZR 88/89, GmbHR 1991, 62; s. auch *Karsten Schmidt*, 11. Aufl., § 45 Rdnr. 107, § 47 Rdnr. 29.

378 *Raiser*, in: Ulmer/Habersack/Löbbe, Rdnr. 99; *Merkt*, in: MünchKomm., § 13 Rdnr. 193; *Bayer*, in: Lutter/Hommelhoff, § 13 Rdnr. 23.

379 Vgl. OLG Hamburg v. 28.6.1991 – 11 U 65/91, GmbHR 1991, 467; OLG Frankfurt v. 1.7.1992 – 17 U 9/91, GmbHR 1993, 161; OLG Hamm v. 6.7.1992 – 8 W 18/92, GmbHR 1993, 163; LG München v. 2.12.1994 – 15 HKO 22453/94, ZIP 1994, 1858; vgl. auch *Happ*, Die GmbH im Prozess, 1997, §§ 24 ff. zu den streitigen Einzelheiten.

380 Vgl. BGH v. 29.5.1967 – II ZR 105/66, BGHZ 48, 163 (Durchsetzung Stimmpflicht); OLG Hamburg v. 28.6.1991 – 11 U 65/91, GmbHR 1991, 467, OLG Frankfurt v. 1.7.1992 – 17 U 9/91, GmbHR 1993, 161; OLG Hamm v. 6.7.1992 – 8 W 18/92, GmbHR 1993, 163; OLG Hamm v. 9.12.1991 – 8 U 78/91, GmbHR 1992, 612; LG München v. 2.12.1994 – 15 HKO 22453/94, ZIP 1994, 1858; *Raiser*, in: Ulmer/Habersack/Löbbe, Rdnr. 100; *Fastrich*, in: Baumbach/Hueck, § 13 Rdnr. 30; *Schiessl/Böhm*, in: MünchHdb. III, § 32 Rdnr. 39; vgl. auch *Happ*, Die GmbH im Prozess, 1997, §§ 24 ff. zu den streitigen Einzelheiten.

381 *Fastrich*, in: Baumbach/Hueck, § 13 Rdnr. 30; *Raiser*, in: Ulmer/Habersack/Löbbe, Rdnr. 99 a.E.; *Pentz*, in: Rowedder/Schmidt-Leithoff, § 13 Rdnr. 80; *Altmeppen*, in: Roth/Altmeppen, § 13 Rdnr. 42.

382 Vgl. BGH v. 17.2.1955 – II ZR 316/53, BGHZ 16, 317, 322; *Bayer*, in: Lutter/Hommelhoff, § 13 Rdnr. 31; *Fastrich*, in: Baumbach/Hueck, § 13 Rdnr. 30; *Pentz*, in: Rowedder/Schmidt-Leithoff, § 13 Rdnr. 81.

schafter ergeben, wenn und soweit letztere entweder allein oder über den bei der Gesellschaft eintretenden Schaden hinaus geschädigt worden sind[383]. Zur Geltendmachung von Gesellschaftsschäden durch Gesellschafterklage (actio pro socio) vgl. 11. Aufl., § 46 Rdnr. 161 f. Der Haftung gegenüber den Mitgesellschaftern steht nicht entgegen, dass die Gesellschaft „kapitalistisch" ausgestaltet ist[384]. Besonders in Geschäftsführungsangelegenheiten kann die Gesellschaftermehrheit, die durch Beschluss die Geschäftsführer angewiesen (§§ 37 Abs. 1, 45 Abs. 2) oder diese in sonstiger Weise maßgeblich beeinflusst hat, der treuwidrig verletzten Minderheit schadensersatzpflichtig sein, wenn sie nicht die Sorgfalt eines ordentlichen Kaufmannes gewahrt hat[385]. Desgleichen kann unter diesen Umständen ein Schadensersatzanspruch der Gesellschaft gegeben sein[386], der aber, wenn ein inneres Verbandsrecht begründender Gesellschafterbeschluss vorliegt, erst nach dessen Vernichtung auf Grund einer Anfechtungsklage geltend gemacht werden kann. Soweit nicht Geschäftsführungsangelegenheiten betroffen sind, gilt der allgemeine Verschuldensmaßstab des § 276 BGB[387]. Die Schadensersatzansprüche wegen Treupflichtverletzung unterliegen im Grundsatz der Regelverjährung, also § 195 BGB[388]; soweit daneben Ansprüche aus § 43 in Betracht kommen, sollte einheitlich die fünfjährige Verjährungsfrist nach § 43 Abs. 4 gelten[389].

ee) Eintrittsrecht bei Wettbewerbsverstößen

126 Entsprechend § 113 HGB sowie § 88 Abs. 2 AktG kann die Gesellschaft von dem gegen ein sich aus der Treuepflicht ergebenes Wettbewerbsverbot verstoßenden Gesellschafter nicht nur Unterlassung und Schadensersatz verlangen, sondern auch, dass er die verbotswidrig begangenen Geschäfte als für Rechnung der Gesellschaft eingegangen gelten lässt (sog. Eintrittsrecht)[390].

---

383 Vgl. BGH v. 5.6.1975 – II ZR 23/74, BGHZ 65, 15, 18 – ITT; BGH v. 16.9.1985 – II ZR 275/84, BGHZ 95, 330 = GmbHR 1986, 78; BGH v. 30.9.1991 – II ZR 208/90, NJW 1992, 368, 369 = GmbHR 1992, 104; OLG Karlsruhe v. 16.12.1983 – 15 U 99/82, WM 1984, 656; *Raiser*, in: Ulmer/Habersack/Löbbe, Rdnr. 101; *Fastrich*, in: Baumbach/Hueck, § 13 Rdnr. 30; *Bayer*, in: Lutter/Hommelhoff, Rdnr. 44; *Altmeppen*, in: Roth/Altmeppen, § 13 Rdnr. 42 f.; *Pentz*, in: Rowedder/Schmidt-Leithoff, § 13 Rdnr. 82 ff.; *Ulmer*, ZHR 148 (1984), 391, 392 ff., 416 ff.; *M. Winter*, ZHR 148 (1984), 579, 592 ff.; *Ziemons*, S. 75 ff., jeweils m.w.N. Krit. *Flume*, Juristische Person, S. 270 f. und – unter Annahme eines deliktischen Gesellschafterschutzes gemäß § 823 BGB – *Mertens*, in: FS R. Fischer, 1979, S. 461 ff.
384 BGH v. 5.6.1975 – II ZR 23/74, BGHZ 65, 15, 18 – ITT (offen gelassen); wie hier *Raiser*, in: Ulmer/Habersack/Löbbe, Rdnr. 79; *Fleischer*, in: MünchKomm. GmbHG, Einl. Rdnr. 188; a.M. *Zöllner*, S. 432.
385 Für diesen Sorgfaltsmaßstab auch BGH v. 5.6.1975 – II ZR 23/74, NJW 1976, 191, 192 – ITT (in BGHZ 65, 15 nicht abgedruckt); *Immenga*, S. 268, 283; *Immenga*, in: FS 100 Jahre GmbHG, 1992, S. 189, 199; *Schilling*, in: FS Hefermehl, 1976, S. 383, 385; *Raiser*, in: Ulmer/Habersack/Löbbe, Rdnr. 102; *Pentz*, in: Rowedder/Schmidt-Leithoff, § 13 Rdnr. 42; *Wiedemann*, GesR I, S. 455; *Blaurock*, in: FS Stimpel, 1985, S. 553, 563; *Ziemons*, S. 164 f. m.w.N.; abw. für Anwendung des § 276 BGB *Ulmer*, ZHR 148 (1984), 421.
386 A.M. *Wolany*, S. 114.
387 *Raiser*, in: Ulmer/Habersack/Löbbe, Rdnr. 102; *U. Stein*, Das faktische Organ, 1984, S. 181 f.; *Mertens*, GmbHR 1984, 265, 268; *Pentz*, in: Rowedder/Schmidt-Leithoff, § 13 Rdnr. 85. Näheres zur konzernrechtlichen Problematik vgl. Anh. Konzernrecht (nach § 13), Rdnr. 117 ff.
388 BGH v. 3.7.1978 – II ZR 180/76, WM 1978, 1205; BGH v. 14.9.1998 – II ZR 175/97, GmbHR 1999, 186 = NJW 1999, 781 = ZIP 1999, 240.
389 Eb. *Raiser*, in: Ulmer/Habersack/Löbbe, Rdnr. 103 a.E.
390 Vgl. BGH v. 16.2.1981 – II ZR 168/79, BGHZ 80, 69, 76 = GmbHR 1981, 189; BGH v. 5.12.1983 – II ZR 242/82, BGHZ 89, 162 = GmbHR 1984, 203; *Raiser*, in: Ulmer/Habersack/Löbbe, Rdnr. 112; *Pentz*, in: Rowedder/Schmidt-Leithoff, § 13 Rdnr. 86.

IV. Vorzugsgeschäftsanteile

Vorzugsgeschäftsanteile sind solche Geschäftsanteile, mit denen Vorzugsrechte (Sonderrechte) verknüpft sind[391]. Mit Übertragung des Geschäftsanteils geht daher das Sonderrecht auf den Anteilserwerber über, es sei denn, dass es, wie z.B. ein Recht auf ein Aufsichtsratsamt, höchstpersönlicher Natur ist oder der Gesellschaftsvertrag sonst einen Übergang ausschließt. Geschäftsanteile können auch derart gebildet sein, dass sie einerseits Sonderrechte, z.B. im Gewinnbezug, und andererseits geminderte Rechte vermitteln, z.B. ein geringeres oder gar kein Stimmrecht (vgl. § 139 AktG). In der Praxis werden auch solche Anteile Vorzugsgeschäftsanteile genannt[392].

127

V. Geschäftsbereichsanteile

In der Praxis findet sich in Sonderkonstellationen die Regelung von Geschäftsbereichsanteilen, bei denen das Dividenden- und Liquidationserlösrecht der Gesellschafter nicht an das Ergebnis der Gesamtgesellschaft anknüpft, sondern an einen bestimmten abgrenzbaren Geschäftsbereich. Eine derartige **spartenbezogene Vermögensbeteiligung** hat unter dem Schlagwort „Tracking Stocks" bei börsennotierten Aktiengesellschaften in den USA eine gewisse Verbreitung gefunden und dient dort vor allem dem Abbau des von Mischkonzernen am Kapitalmarkt zu zahlenden sog. Diversifikationsabschlags[393]. In Deutschland finden sich solche Tracking Stock-Modelle fast ausschließlich bei Gemeinschaftsunternehmen in der Rechtsform der GmbH[394], bei denen die Joint Venture-Partner vermögensmäßig ausschließlich an dem von ihnen eingebrachten Unternehmensteil beteiligt bleiben.

128

Eine solchermaßen divisionalisierte Gewinn- und Liquidationserlösbeteiligung ist nach § 29 Abs. 3 Satz 2 sowie § 72 Satz 2 zulässig[395] und bedarf zu ihrer steuerlichen Anerkennung einer Satzungsgrundlage. Die **Satzungsregelung** sollte eine hinreichend bestimmte Definition der „getrackten" Geschäftsbereiche oder Sparten sowie ein Verfahren zur Neubeschreibung dieser Geschäftsbereiche bei tatsächlichen Entwicklungen, die Aufstellung und Konturierung einer Spartenrechnungslegung, Zustimmungsvorbehalte zu Gunsten der Gesellschafterversammlung bzw. eines anderen Organs (z.B. Aufsichtsrat) bei Maßnahmen oder Rechtsgeschäften, die einen wesentlichen Einfluss auf die Ertragssituation bzw. die langfristige Wertbildung der „getrackten" Geschäftsbereiche haben sowie zur Verteilung des Gewinns und des Liquidationserlöses umfassen. Dabei ist es wichtig festzuhalten, dass für die Bestimmung des zu vertei-

129

---

391 Terminologisch abweichend *Ulmer/Casper*, in: Ulmer/Habersack/Löbbe, § 5 Rdnr. 180 mit Fn. 345, Rdnr. 193; *Bayer*, in: Lutter/Hommelhoff, Rdnr. 12; *Schiessl/Böhm*, in: MünchHdb. III, § 31 Rdnr. 13, die einen Vorzugsgeschäftsanteil *nur* annehmen, wenn das Vorzugsrecht nach der Satzungsregelung auf die jeweiligen oder bestimmte Anteilserwerber übergeht, während sonst trotz Bindung an die Mitgliedschaft ein teilweise abweichend zu behandelnder persönlicher Sondervorteil vorliegen soll.

392 RG v. 24.4.1941 – II 117/40, RGZ 167, 65.

393 Eingehend *Tonner*, Tracking Stocks – Eine Untersuchung zur Zulässigkeit und Gestaltungsmöglichkeiten von Geschäftsbereichsaktien nach deutschen Aktiengesetz, 2002; *Tonner*, IStR 2002, 317 ff.; *Thiel*, Spartenaktien für deutsche Aktiengesellschaften, 2001; *Sieger/Hasselbach*, BB 1999, 1277; *Sieger/Hasselbach*, AG 2001, 391 ff.; *Baums*, in: FS Boujong, 1996, S. 19 ff.; aus betriebswirtschaftlicher Sicht *Natusch*, „Tracking Stock" als Instrument der Beteiligungsfinanzierung diversifizierter Unternehmen, 2. Aufl. 2000, *passim*.

394 Zu solchen Einsatzmöglichkeiten *R. Müller*, WiB 1997, 57, 60 f.; *Fox/Hüttche/Lechner*, GmbHR 2000, 521. – Daneben hat die börsennotierte HHLA Hamburger Hafen und Logistik AG zum Schutz der Interessen der Freien und Hansestadt Hamburg am Immobilienbestand im Hafengebiet (sog. S-Sparte) Tracking Stocks; vgl. § 31 der Satzung.

395 *R. Müller*, WiB 1997, 57, 60; *Fox/Hüttche/Lechner*, GmbHR 2000, 521, 529; *Breuninger/Krüger*, in: FS W. Müller, 2001, S. 527, 529.

lenden Gewinns ungeachtet einer Regelung zur divisionalisierten Gewinnbeteiligung die Bezugsgröße des Jahresergebnisses maßgeblich bleibt und der festgestellte Jahresabschluss die im Rahmen der Gewinnverteilung disponible Masse bindend festlegt. Daher sind präzise Regelungen vor allem für den Fall erforderlich, dass nur einzelne von mehreren Bereichen der Gesellschaft positive Erträge erwirtschaften[396].

130 Die nachträgliche Satzungsregelung von Geschäftsbereichsanteilen setzt die Zustimmung aller Gesellschafter voraus.

VI. Anteilsscheine

131 **Begrifflich** handelt es sich bei sog. Anteilsscheinen um über Geschäftsanteile ausgestellte Urkunden. Das Gesetz sieht sie nicht vor (anders das Aktienrecht: §§ 10, 13 AktG). Es ist rechtlich zulässig, aber in der Praxis bislang noch selten, dass eine GmbH Anteilsscheine ausgibt. Insbesondere ausländische Gründer/Anteilserwerber verlangen aber vor dem Hintergrund ihrer (nicht anwendbaren) Heimatjurisdiktionen gelegentlich die Ausgabe von Anteilsscheinen. Ein Anspruch des Gesellschafters darauf besteht nur, wenn in der Satzung vorgesehen oder von den Gesellschaftern beschlossen[397]. Der Anteilsschein ist nur eine *Beweisurkunde*[398]. Auf den Inhaber oder an Order kann die Urkunde nicht gestellt werden (anders bei der Aktie), sondern muss auf den Namen des Berechtigten lauten. Sie hat außerdem, da anderenfalls der Beweiszweck nicht erreicht wird, zumindest die Gesellschaft und den Nennbetrag des Geschäftsanteils zu bezeichnen sowie Ort und Zeit der Ausstellung zu enthalten[399]; er kann maschinell unterschrieben sein. Die Ausgabe von **Teilanteilsscheinen**, die nach Art von Aktien auf Stückelungsbeträge gleicher Höhe (aber ohne tatsächliche Unterlegung mit entsprechenden Geschäftsanteilen) lauten, ist zwar nicht unzulässig[400], aber weiterhin, und obwohl Vorratsteilungen und anlasslose Teilungen von Geschäftsanteilen durch Gesellschafterbeschluss nunmehr möglich sind (§ 5 Abs. 2, § 46 Nr. 4), rechtlich bedeutungslos und irreführend[401].

132 Da der Anteilsschein **kein Wertpapier** ist, verkörpert er nicht das Anteilsrecht. Dieses wird wirksam übertragen (§ 15 Abs. 3) und gepfändet auch ohne Übergabe des Anteilsscheins[402]. Der Erwerber des Geschäftsanteils wird grundsätzlich analog § 952 BGB Eigentümer des Anteilsscheins[403] und kann seine Aushändigung nach §§ 985, 402, 413 BGB verlangen. Ein auf die Übergabe des Anteilsscheins gestützter gutgläubiger Erwerb eines Geschäftsanteils ist *de lege lata* ausgeschlossen[404]. Mit dem MoMiG hat der Gesetzgeber stattdessen die Gesellschafterliste zum Rechtsscheinträger erhoben (vgl. § 16 Rdnr. 1 f.). Der Gesellschaftsvertrag kann

---

396 Für Formulierungsvorschläge *Seibt*, in: MünchAnwHdb. GmbH-Recht, 3. Aufl. 2014, § 2 Rdnr. 309 f.

397 *Fastrich*, in: Baumbach/Hueck, Rdnr. 8; *Reichert/Weller*, in: MünchKomm. GmbHG, Rdnr. 42.

398 RG v. 26.4.1904 – VII 569/03, RGZ 57, 414, 415; OLG Köln v. 15.4.1994 – 20 U 149/93, GmbHR 1995, 293; *Reichert/Weller*, in: MünchKomm. GmbHG, Rdnr. 42 f.; *Fastrich*, in: Baumbach/Hueck, Rdnr. 8; *Ebbing*, in: Michalski u.a., Rdnr. 38.

399 *Fastrich*, in: Baumbach/Hueck, Rdnr. 8; *Bayer*, in: Lutter/Hommelhoff, Rdnr. 13; *D. Jasper/Wollbrink*, in: MünchHdb. III, § 23 Rdnr. 3; *Reichert/Weller*, in: MünchKomm. GmbHG, Rdnr. 42; *Pentz*, in: Rowedder/Schmidt-Leithoff, Rdnr. 41.

400 *Fastrich*, in: Baumbach/Hueck, Rdnr. 9; a.M. *Altmeppen*, in: Roth/Altmeppen, Rdnr. 9.

401 *Fastrich*, in: Baumbach/Hueck, Rdnr. 9; *Reichert/Weller*, in: MünchKomm. GmbHG, Rdnr. 42.

402 RG v. 26.3.1990 – II 413/19, RGZ 98, 276, 277.

403 *Raiser*, in: Ulmer/Habersack/Löbbe, Rdnr. 19; *Bayer*, in: Lutter/Hommelhoff, Rdnr. 13; *Fastrich*, in: Baumbach/Hueck, Rdnr. 9; *Altmeppen*, in: Roth/Altmeppen, Rdnr. 9; *Reichert/Weller*, in: MünchKomm. GmbHG, Rdnr. 44; *Pentz*, in: Rowedder/Schmidt-Leithoff, Rdnr. 42; *Ebbing*, in: Michalski u.a., Rdnr. 38.

404 Rechtspolitisch für einen Gutglaubenserwerb über die Einführung eines wertpapierrechtlichen Anteilsscheins *Grunewald/Gehling/Rodewig*, ZIP 2006, 685, 689 (*Gehling*), dort auch Gegenposition (690).

freilich die Abtretung des Geschäftsanteils an die Übergabe des Anteilsscheins knüpfen (als „weitere Voraussetzung" i.S. des § 15 Abs. 5; dazu § 15 Rdnr. 116), auch bestimmen, dass Gewinnanteile nur gegen Vorlage des Anteilsscheins oder des Dividendenscheins (Rdnr. 134) bezahlt werden[405] oder die Ausübung anderer Mitgliedschaftsrechte (z.B. Stimmrecht) von der Vorlage des Anteilsscheins abhängig ist[406]. Der Anspruch auf Anteilsübertragung kann auch bei Ausstellung von Anteilsscheinen nicht im Urkundenprozess geltend gemacht werden, da keine Wertpapiere i.S. des § 592 ZPO Klagegegenstand sind[407].

Das **Aufgebot** (Amortisation) von Anteilsscheinen ist unstatthaft (§ 433 FamFG). Der Gesellschaftsvertrag kann ein solches Verfahren nicht einführen. Ist nach dem Gesellschaftsvertrag die Übergabe des Anteilsscheins zur Übertragung des Geschäftsanteils erforderlich (§ 15 Abs. 5) oder die Ausübung von Mitgliedschaftsrechten von der Vorlage des Anteilsscheins abhängig (Rdnr. 132), so ist die GmbH verpflichtet, an Stelle des verlorenen Scheins ohne Amortisation einen anderen auszustellen[408]; dann muss auch im Falle der Verpfändung des Geschäftsanteils der Anteilsschein mitverpfändet werden[409].

133

VII. Dividendenscheine

Die Gewinnanteil- oder Dividendenscheine, die die Ansprüche der Gesellschafter auf den festgestellten verteilbaren Jahresüberschuss (§ 29 Abs. 1) verbriefen, sind im GmbHG zwar nicht geregelt, aber unbedenklich zulässig[410]. Sie können als Beweisurkunden, aber auch als Wertpapiere (Rekta-, Inhaber- oder Orderpapier) ausgestaltet werden. Der Inhabergewinnschein (Inhaberschuldverschreibung), der, weil er nicht auf eine bestimmte Summe lautet, keiner staatlichen Genehmigung bedarf, unterliegt grundsätzlich den §§ 793 ff. BGB[411]. Als Orderpapier ist er gemäß § 363 HGB („Verpflichtungsschein") zulässig. Da das Gewinnbezugsrecht selbständig übertragbar ist, steht die für die Übertragung der Geschäftsanteile in § 15 Abs. 3 vorgesehene notarielle Form einer formlosen Abtretung des Rechts auf den Gewinn nicht entgegen, bedarf diese Abtretung nicht einer nach § 15 Abs. 5 erforderlichen Genehmigung, können der Geschäftsanteil und das Gewinnbezugsrecht verschiedenen Personen zustehen. Die Zerlegung des auf einen Geschäftsanteil entfallenden Gewinnbezugsrechts in mehrere Teile, denen mehrere Dividendenscheine entsprechen, ist möglich[412]. Die Übertragung erfolgt durch einfache Abtretung (Zession) oder, wenn der Schein an Order lautet, auch durch Indossament (§ 364 HGB), beim Inhaberschein durch Übereignung des Papiers gemäß §§ 929 ff. BGB. Beim Order- oder Inhaberschein sind Einwendungen der GmbH als Ausstellerin nur gemäß § 364 HGB, § 796 BGB und aus dem Hauptrecht, d.h. der Mitgliedschaft, zulässig[413]. Die Gesellschafterrechte, z.B. Stimmrecht u. Mitwirkung bei Beschlussfassung

134

---

405 RG v. 26.3.1990 – II 413/19, RGZ 98, 276, 278; *Reichert/Weller*, in: MünchKomm. GmbHG, Rdnr. 44; *Raiser*, in: Ulmer/Habersack/Löbbe, Rdnr. 18.

406 *Fastrich*, in: Baumbach/Hueck, Rdnr. 9; *Reichert/Weller*, in: MünchKomm. GmbHG, Rdnr. 44; *Ebbing*, in: Michalski u.a., Rdnr. 38.

407 OLG Köln v. 15.4.1994 – 20 U 149/93, GmbHR 1995, 293.

408 *Neukamp*, ZHR 57 (1906), 30, 48; *Bayer*, in: Lutter/Hommelhoff, Rdnr. 13; *Ebbing*, in: Michalski u.a., Rdnr. 38; *Raiser*, in: Ulmer/Habersack/Löbbe, Rdnr. 19; a.M. *Brodmann*, Anm. 6 zu § 15.

409 RG v. 26.3.1990 – II 413/19, RGZ 98, 276, 277.

410 *Müller*, in: Ulmer/Habersack/Löbbe, § 29 Rdnr. 196; *Fastrich*, in: Baumbach/Hueck, § 29 Rdnr. 87; *Altmeppen*, in: Roth/Altmeppen, Rdnr. 10; *Pentz*, in: Rowedder/Schmidt-Leithoff, Rdnr. 43; *D. Jasper/Wollbrink*, in: MünchHdb. III, § 23 Rdnr. 4.

411 *Müller*, in: Ulmer/Habersack/Löbbe, § 29 Rdnr. 201; *Fastrich*, in: Baumbach/Hueck, § 29 Rdnr. 87.

412 Zust. *Müller*, in: Ulmer/Habersack/Löbbe, § 29 Rdnr. 199; *Pentz*, in: Rowedder/Schmidt-Leithoff, § 29 Rdnr. 125.

413 RG v. 9.10.1911 – VI 473/10, RGZ 77, 333, 335; RG v. 8.4.1913 – II 599/12, RGZ 82, 144, 145; KG v. 23.6.1925 – 11 U 4245/25, DNotZ 1926, 28; *Müller*, in: Ulmer/Habersack/Löbbe, § 29 Rdnr. 203.

über die Gewinnverteilung, stehen nur dem Gesellschafter (Geschäftsanteilsinhaber), nicht dem Dividendenzessionar zu[414]. Aufgebotsfähig sind Dividendenscheine nur, wenn sie an Order lauten (§ 365 Abs. 2 HGB; für Inhaberscheine vgl. § 799 BGB).

VIII. Genussrechte (Genussscheine)

Schrifttum: *Achleitner/von Einem/von Schröder*, Private Debt – alternative Finanzierung für den Mittelstand, 2004; *Albach*, Zur Versorgung der deutschen Wirtschaft mit Risikokapital, 1983, S. 116 ff.; *Buntschuh/Hadding/Schneider* (Hrsg.), Recht und Praxis der Genussscheine, 1987; *Claussen*, Der Genussschein und seine Einsatzmöglichkeiten, in: FS W. Werner, 1984, S. 83; *Feddersen/Knauth*, Eigenkapitalbildung durch Genussscheine, 2. Aufl. 1992; *Frantzen*, Genussscheine – zugleich eine Analyse der Genussscheinbedingungen deutscher Unternehmen, 1993; *Göhrum*, Einsatzmöglichkeiten von Genussrechten bei der notleidenden GmbH oder AG, 1992; *Golland/Gelhaar/Grossmann/Eickhoff-Kley/Jänisch*, Mezzanine-Kapital, BB Spezial 4/2005; *Häger/Elkemann/Reusch*, Mezzanine Finanzierungsinstrumente, 2004; *Hofert/Arends*, Mezzanine-Finanzierung der GmbH, GmbHR 2005, 1381; *Klusmeier*, Genussscheine als Gestaltungsinstrument im Rahmen der Sanierung einer GmbH & Co. KG, ZInsO 2010, 1873; *Pougin*, Genussrechte, 1987; *Rid-Niebler*, Genussrechte als Instrument zur Eigenkapitalbeschaffung über den organisierten Kapitalmarkt für die GmbH, 1989; *Schaber/Kuhn/Eichhorn*, BB 2004, 315; *Sethe*, Genussrechte: Rechtliche Rahmenbedingungen und Anlegerschutz, AG 1993, 293 und 351; *Vollmer*, Der Genussschein – ein Instrument für mittelständische Unternehmen zur Eigenkapitalbeschaffung an der Börse, ZGR 1983, 445; *Vollmer*, Eigenkapitalbeschaffung für die GmbH durch Börsengang, GmbHR 1984, 329.

1. Begriff und Bedeutung

135   Die sog. Genussrechte (Genussscheine), die bisher für die GmbH nur eine geringe praktische Bedeutung (mit heute eher seltener Ausnahme als Venture Capital-Finanzierungselement[415] und den vor allem vor der Finanzkrise 2008 genutzten sog. Conduit-Lösungen für bestimmte Mittelstandsunternehmen[416]) erlangt haben, sind durch die Unternehmenspraxis entwickelt worden. Das AktG erwähnt sie in § 221 Abs. 3[417], gibt aber selbst keine Begriffsbestimmung[418]. Es handelt sich um Rechte gegen die GmbH (oder AG) mit einem vermögensrechtlichen Inhalt, wie ihn typischerweise auch die Gesellschafterrechte gewähren, insbesondere Rechte auf einen Anteil am Gewinn und/oder am Liquidationserlös der Gesellschaft[419]. Die Genussrechte sind aber keine Mitgliedschaftsrechte, sondern Gläubigerrechte rein schuld-

---

414   Vgl. RG v. 16.4.1920 – II 396/19, RGZ 98, 318; *Müller*, in: Ulmer/Habersack/Löbbe, § 29 Rdnr. 200; *Fastrich*, in: Baumbach/Hueck, § 29 Rdnr. 87.

415   Für Musterverträge vgl. *Weitnauer*, Hdb. Venture Capital, 5. Aufl. 2016, S. 624 ff. (GmbH-Satzung), 610 ff. (Beteiligungsvertrag) – Alternativ werden Strukturen mit einer Kombination von Vorzugsgeschäftsanteilen mit Darlehensausreichung oder stillen Beteiligungen gewählt (vgl. hierzu *Weitnauer*, Hdb. Venture Capital, 5. Aufl. 2016, S. 621 ff.). – Das im Mai 1999 u.a. vom Business Angels Netzwerk Deutschland (BAND) veröffentlichte Mustervertragswerk, mit dem die Beteiligung von sog. Business Angels im Wege eines (verbrieften) Genussrechts empfohlen wurde, setzte sich in der Praxis – als zu komplex und für spätere Finanzierungsrunden hinderlich – nicht durch.

416   Bei den Conduit-Lösungen erwerben Einzweckgesellschaften von Kreditinstituten Genussscheine bestimmter Mittelstandsunternehmen, die sich dann ihrerseits am Kapitalmarkt refinanzieren; vgl. *Hofert/Arends*, GmbHR 2005, 1381.

417   Vgl. auch §§ 5 Abs. 1 Nr. 7, 23, 126 Abs. 1 Nr. 7, 194 Abs. 1 Nr. 5 UmwG.

418   Auch § 10 Abs. 5 KWG legt nur die Voraussetzung fest, unter denen das Genussrechtskapital für die dem Geltungsbereich dieses Gesetzes unterliegenden Kreditinstitute dem haftenden Eigenkapital zuzurechnen ist. Eine darüber hinausgehende Bedeutung hat er nicht; vgl. OLG Düsseldorf v. 10.5.1991 – 17 U 19/90, ZIP 1991, 1070, 1075; *Rid-Niebler*, S. 14 f., 68 f. m.w.N.

419   Vgl. dazu *Wünsch*, in: FS Strasser, 1983, S. 871, 879; *Wedel*, Der Partizipationsschein als Kapitalbeschaffungsmittel der Aktiengesellschaften, 1969, S. 50 ff.; *Rid-Niebler*, S. 1 ff.; *Sethe*, AG 1993,

rechtlicher Art[420]. Die früher abweichende Auffassung, die die Genussrechte demgegenüber als „Beteiligung besonderer Art" charakterisiert hat[421], ist abzulehnen. Ebenso wenig liegt normalerweise eine stille Gesellschaft vor[422].

2. Begründung

Begründet werden die Genussrechte durch Verträge zwischen der GmbH und dem ersten Er- **136** werber[423]. Übereinstimmendes Merkmal solcher Verträge ist zwar, dass die Gesellschaft einem anderen einen schuldrechtlichen Anspruch mit vermögensrechtlichem Inhalt einräumt, wie ihn typischerweise auch Gesellschafterrechte gewähren (Rdnr. 135), aber der Verpflichtigungsgrund kann ganz unterschiedlicher Art sein und die zugesagten Leistungen können inhaltlich sehr unterschiedlich ausgestaltet werden. Einen verkehrstypischen Genussrechtsvertrag gibt es deshalb nicht[424]; häufig handelt es sich um einen aus Elementen verschiedener Vertragstypen bestehenden gemischten Vertrag.

a) Es ist wegen der Verschiedenartigkeit der Genussrechtsverträge (Rdnr. 136) nicht mög- **137** lich, allgemein zu bestimmen, ob der Geschäftsführer rechtswirksam die Genussrechte ohne eine entsprechende **Festsetzung im Gesellschaftsvertrag** oder **ohne Zustimmung der Gesellschafter** vereinbaren kann[425]. Die satzungsmäßige Festsetzung aller wesentlichen Bedingungen des Genussrechts ist erforderlich, wenn es den Gesellschaftern im Rahmen des Gesellschaftsverhältnisses, z.B. als Gründervorteil, als Teilentgelt für eine gemischte Sacheinbringung (s. § 5 Rdnr. 81 ff.), als Entgelt für die Nebenleistungspflicht eines Gesellschafters (s. § 3 Rdnr. 69 ff., 71) oder für amortisierte Geschäftsanteile gewährt werden soll. Fehlt sie, so ist die entsprechende Ausführungsvereinbarung unwirksam.

Andere Genussrechtsverträge bedürfen dagegen grundsätzlich keiner satzungsmäßigen **138** Grundlage[426]. Sie greifen, wenn sie eine Gewinn- oder Ergebnisbeteiligung gewähren, nicht

---

293, 297; *Karsten Schmidt*, GesR, § 18 II 2b dd; *Schaber/Kuhn/Eichhorn*, BB 2004, 315, 316; *Hofert/Arends*, GmbHR 2005, 1381, 1383.

420 RG v. 18.11.1913 – II 280/13, RGZ 83, 295, 297; RG v. 25.11.1919 – VII 295/19, RGZ 97, 197, 199 f.; RG v. 20.10.1922 – II 654/21, RGZ 105, 236, 239; RG v. 16.11.1926 – II 135/26, RGZ 115, 227, 230; RG v. 13.3.1931 – II 315/30, RGZ 132, 199, 206; BGH v. 5.10.1992 – II ZR 172/91, BGHZ 119, 305, 310; BGH v. 9.11.1992 – II ZR 230/91, BGHZ 120, 141, 146 f.; BGH v. 5.3.1959 – II ZR 145/57, WM 1959, 434; *Feine*, S. 292 ff.; *Habersack*, ZHR 155 (1991), 378, 383 f.; *Rid-Niebler*, S. 10 ff.; *Golland/Gelhaar/Grossmann/Eickhoff-Kley/Jänisch*, BB-Spezial 4/2005, 1, 17; *Müller*, in: Ulmer/Habersack/Löbbe, Anh. § 29 Rdnr. 4; *Fastrich*, in: Baumbach/Hueck, § 29 Rdnr. 88; *Bayer*, in: Lutter/Hommelhoff, Rdnr. 15.

421 So *Würdinger*, Aktien- und Konzernrecht, 4. Aufl. 1981, S. 86; *Ernst*, Der Genussschein im deutschen und schweizerischen Aktienrecht, 1963, S. 98 ff., 115.

422 *Feddersen/Knauth*, S. 17 f.; *Frantzen*, S. 15; *Sethe*, AG 1993, 293, 297; *Blaurock*, Hdb. Stille Gesellschaft, 8. Aufl. 2016, S. 79; a.M. *Meilicke*, BB 1989, 465, 466; *Schön*, JZ 1993, 925, 929 f.; damit sympathisierend auch *Altmeppen*, in: Roth/Altmeppen, Rdnr. 11.

423 RG v. 13.3.1931 – II 315/30, RGZ 132, 199, 206 f.; *Müller*, in: Ulmer/Habersack/Löbbe, Anh. § 29 Rdnr. 29; *Fastrich*, in: Baumbach/Hueck, § 29 Rdnr. 91; *D. Jasper/Wollbrink*, in: MünchHdb. III, § 23 Rdnr. 5.

424 Zutr. *Müller*, in: Ulmer/Habersack/Löbbe, Anh. § 29 Rdnr. 5; s. auch BGH v. 5.10.1992 – II ZR 172/91, BGHZ 119, 305, 309. Die Qualifizierung als Vertrag sui generis (so z.B. *Pougin*, in: FS Oppenhoff, 1985, S. 275 ff.; *Rid-Niebler*, S. 82 m.w.N.) ist deshalb verfehlt oder zumindest irreführend.

425 *Sethe*, AG 1993, 293, 313 f.; *Müller*, in: Ulmer/Habersack/Löbbe, Anh. § 29 Rdnr. 29; *Fastrich*, in: Baumbach/Hueck, § 29 Rdnr. 91; s. auch *Pentz*, in: Rowedder/Schmidt-Leithoff, § 29 Rdnr. 138.

426 Eb. *Müller*, in: Ulmer/Habersack/Löbbe, Anh. § 29 Rdnr. 29; *Sethe*, AG 1993, 293, 313 f.; *Golland/Gelhaar/Grossmann/Eickhoff-Kley/Jänisch*, BB-Spezial 4/2005, 1, 17 (aber empfehlenswert); einschr. auf Verträge des laufenden Geschäftsverkehrs *Fastrich*, in: Baumbach/Hueck, § 29 Rdnr. 91; abw. für Genussrechte mit Eigenkapitalcharakter *Rid-Niebler*, S. 85 ff.

ohne weiteres in das Gewinnrecht der Gesellschafter (§ 29 Abs. 1) ein. Die Zahlungen an die Genussrechtsinhaber sind, sofern ihnen ein Drittgeschäft (Rdnr. 23 f.) zugrunde liegt, keine Verwendung des den Gesellschaftern zustehenden Jahresüberschusses, sondern stellen einen bei dessen Ermittlung zu berücksichtigenden Aufwand der Gesellschaft dar[427]. Auch eine mittelbare (wirtschaftliche) Beeinträchtigung der Gewinnrechte kann nur eintreten, wenn der Genussrechtsvertrag unzulässigerweise keine angemessene Gegenleistung vorsieht. Der durch eine solche Gestaltung mögliche Gefährdung der Gesellschafterinteressen wird ausreichend dadurch Rechnung getragen, dass bedeutsamere Genussrechtsverträge innergesellschaftlich als außergewöhnliche Geschäfte der Zustimmung der Gesellschafterversammlung unterliegen (s. 11. Aufl., § 37 Rdnr. 15 ff.)[428]; gegen ungerechtfertigte wirtschaftliche Beeinträchtigungen ihres Gewinnrechts ist die Minderheit dabei durch den Gleichbehandlungsgrundsatz (Rdnr. 51 ff.) und die gesellschaftliche Treuepflicht (Rdnr. 64 ff., 75) geschützt. Die entsprechende Anwendung der §§ 53, 54 (qualifizierte Mehrheit, Formerfordernisse u. Eintragung) auf dem Zustimmungsbeschluss zum schuldrechtlichen Genussrechtsvertrag scheidet demgegenüber ohne das Hinzutreten besonderer Umstände auch dann aus, wenn die Voraussetzungen eines Teilgewinnabführungsvertrages i.S. des § 292 Abs. 1 Nr. 2 AktG vorliegen[429]; sie kann nicht mit dem Hinweis auf die undifferenzierte aktienrechtliche Regelung der §§ 292 Abs. 1 Nr. 2, 293 f. AktG begründet werden.

139　Der **Gesellschaftsvertrag** kann nähere Bestimmungen über die Vereinbarung von Genussrechten treffen, aber sie beschränken nur die Geschäftsführungsbefugnis (§ 37), wirken nicht gegenüber Dritten. Eine Ausnahme gilt – auch bei Überschreitung der in Rdnr. 138 erörterten Grenzen – aber beim Missbrauch der Vertretungsmacht (s. 11. Aufl., § 35 Rdnr. 187 ff.).

140　**b)** Ein **Bezugsrecht** auf Genussrechte steht den Gesellschaftern der GmbH nicht zu[430]; § 221 Abs. 4 AktG ist nicht analog anwendbar. Die Satzung kann aber ein solches Recht einräumen (Rdnr. 139). Bei der Ausgabe von Genussrechten hat die Gesellschaft im Übrigen den Gleichbehandlungsgrundsatz zu beachten, darf also nicht einzelne Gesellschafter willkürlich vom Bezug ausschließen (Rdnr. 51 ff.).

141　**c)** Die Genussrechtsbedingungen unterliegen der **Inhaltskontrolle** nach §§ 307 ff. BGB, soweit es sich um für eine Vielzahl von Verträgen vorformulierte Vertragsbedingungen handelt (§ 305 Abs. 1 BGB)[431]. Die Bereichsausnahme für Verträge auf dem Gebiete des Gesellschaftsrechts (§ 310 Abs. 4 BGB) greift bei Genussrechtsverträgen im Allgemeinen nicht ein, da sie schuldrechtliche Regelungen treffen (Rdnr. 135); etwas anderes gilt nur für solche Genussrechte, die auf Grund der Festsetzung in der Satzung im Rahmen des Gesellschaftsverhältnis-

---

427　*Müller*, in: Ulmer/Habersack/Löbbe, Anh. § 29 Rdnr. 29.

428　*Sethe*, AG 1993, 293, 314; weitergehend *Müller*, in: Ulmer/Habersack/Löbbe, Anh. § 29 Rdnr. 29: „in aller Regel". Für einen Gesellschafterbeschluss mit satzungsändernder Mehrheit bei Finanzierungsgenussrechte *Fastrich*, in: Baumbach/Hueck, § 29 Rdnr. 91; ähnlich *Rid-Niebler*, S. 85 ff., 89 ff.

429　*Müller*, in: Ulmer/Habersack/Löbbe, Anh. § 29 Rdnr. 29 will in diesem Fall „in abgeschwächter Form" die für Gewinnabführungsverträge geltenden Rechtsprechungsgrundsätze (BGH v. 14.12.1987 – II ZR 170/87, BGHZ 103, 1, 4 f. = GmbHR 1988, 174; BGH v. 24.10.1988 – II ZB 7/88, BGHZ 105, 324, 338 ff. = GmbHR 1989, 25) anwenden.

430　Zutr. *Müller*, in: Ulmer/Habersack/Löbbe, Anh. § 29 Rdnr. 30; *Fastrich*, in: Baumbach/Hueck, § 29 Rdnr. 91; a.M. *Lutter*, in: FS Döllerer, 1988, S. 383, 385; *Rid-Niebler*, S. 48 f.; *Sethe*, AG 1993, 293, 315; offen *Hofert/Arends*, GmbHR 2005, 1381, 1383.

431　BGH v. 5.10.1992 – II ZR 172/91, BGHZ 119, 305, 312 ff.; OLG Düsseldorf v. 10.5.1991 – 17 U 19/90, ZIP 1991, 1070, 1075 (AG); *Müller*, in: Ulmer/Habersack/Löbbe, Anh. § 29 Rdnr. 33; *Rid-Niebler*, S. 83, 118 ff.; *Hammen*, BB 1990, 1917, 1918 ff.; *Frantzen*, S. 23, 100; *Sethe*, AG 1993, 351, 352, 368 f.; *Fastrich*, in: Baumbach/Hueck, § 29 Rdnr. 89. Krit. *Ekkenga*, ZHR 160 (1996), 59 ff. m.w.N. Eine Inhaltskontrolle gemäß § 242 BGB befürwortet *Kallrath*, Die Inhaltskontrolle der Wertpapierbedingungen von Wandel- und Optionsanleihen, Gewinnschuldverschreibungen und Genussrechten, 1994, S. 63 ff.

ses an Gesellschafter der GmbH gewährt werden (Rdnr. 137). Die Inhaltskontrolle bezieht sich nach § 307 Abs. 3 BGB nicht auf die Abreden, die den Gegenstand der Hauptleistung und den Preis bestimmen, z.B. bei Genussrechtsverträgen die Art und die Höhe der zugesagten Gewinnbeteiligung; insoweit sind – abgesehen von § 305c BGB – die allgemeinen Vorschriften der §§ 134, 138 BGB maßgebend. Die abweichende Auffassung, die die Inhaltskontrolle auf diese Abreden ausdehnen will[432], ist mit dem Gesetz unvereinbar und kann auch nicht mit Besonderheiten der Genussrechtsverträge gerechtfertigt werden. Nach der Generalklausel des § 307 Abs. 1 BGB sind die Bestimmungen der von der Gesellschaft verwendeten Genussrechtsbedingungen unwirksam (s. dazu § 306 BGB), die den Genussberechtigten entgegen den Geboten von Treu und Glauben unangemessen benachteiligen, was regelmäßig (§ 307 Abs. 2 BGB: „im Zweifel") vor allem dann zutrifft, wenn sie mit wesentlichen Grundgedanken der gesetzlichen Regelung unvereinbare Abweichungen von ihr enthalten oder aus der Natur des Vertrages sich ergebende wesentliche Rechte oder Pflichten derart einschränken, dass die Erreichung des Vertragszwecks gefährdet ist. Es ist dabei für die Beurteilung der keinem gesetzlichen Vertragstyp entsprechenden Genussrechtsverträge (Rdnr. 136) besonders zu beachten, dass unter „gesetzlicher Regelung" im obigen Sinne auch geltende allgemeine Rechtsgrundsätze und durch Analogie oder sonstige Rechtsfortbildung entstandene Rechtssätze zu verstehen sind[433]. Aus den Vorschriften über stimmrechtslose Vorzugsaktien (§§ 139 ff. AktG), die das Schrifttum teilweise als Beurteilungsmaßstab heranziehen will[434], lassen sich jedenfalls für die von einer GmbH gewährten Genussrechte keine geeigneten Angemessenheitskriterien ableiten (s. auch Rdnr. 40 f., 45)[435]. Auch die Regelungen über die stille Gesellschaft (§§ 230 ff. HGB) sind nicht vergleichbar[436].

3. Rechte der Genussrechtsgläubiger

Die Rechte der Genussrechtsgläubiger bestimmen sich ausschließlich nach dem Vertrag. Mitgliedschaftsrechte stehen ihnen nicht zu und können auch vertraglich nicht eingeräumt werden[437], insbesondere können sie einen Gesellschafterbeschluss, der sich auf das Genussrecht auswirkt (Rdnr. 143, 144), nicht anfechten[438]. Vereinzelt wird daher in der Unternehmenspraxis vorgesehen, dass der Genussrechtsgläubiger einen Geschäftsanteil mit Minimalnennbetrag erwirbt (in diesem Fall häufig einen bereits existierenden Geschäftsanteil von einem Großgesellschafter, der sich gleichzeitig eine Call-Option auf Rückerwerb dieses Geschäftsanteils nach Vertragsende einräumen lässt), um bestimmte Informations- und Kontrollrechte gesellschaftsrechtlicher Natur zu erhalten. Ansonsten können Genussrechtsgläubigern aber mit schuldrechtlicher Wirkung Auskunfts- und Kontrollrechte oder (dies aber stets nur auf Grund einer Ermächtigung durch den Gesellschaftsvertrag oder durch einstimmigen Gesellschafterbeschluss) ein Teilnahmerecht an der Gesellschafterversammlung eingeräumt wer-

142

---

432 *Rid-Niebler*, S. 118 f. m.w.N.; früher auch *Goerdeler/Müller*, in: Hachenburg, 8. Aufl. 1992, § 29 Anh. Rdnr. 28; wie hier BGH v. 5.10.1992 – II ZR 172/91, BGHZ 119, 305, 314 ff.; *Müller*, in: Ulmer/Habersack/Löbbe, Anh. § 29 Rdnr. 33; *Hammen*, BB 1990, 1917, 1918; *Sethe*, AG 1993, 351, 368 f.; *Bürger*, Genussrechte als Mittel zur Verbesserung der Eigenkapitalausstattung von Unternehmen, insbes. Kreditinstituten, Diss. Augsburg 1987, S. 262 ff.

433 Bedenklich insoweit OLG Düsseldorf v. 10.5.1991 – 17 U 19/90, ZIP 1991, 1070, 1075 f.; krit. dazu mit Recht *Hirte*, ZIP 1991, 1461, 1464 f.

434 *Rid-Niebler*, S. 119.

435 *Müller*, in: Ulmer/Habersack/Löbbe, Anh. § 29 Rdnr. 33; *Sethe*, AG 1993, 351, 369.

436 BGH v. 5.3.1959 – II ZR 145/57, WM 1959, 434.

437 BGH v. 5.10.1992 – II ZR 172/91, BGHZ 119, 305, 310/316.

438 RG v. 20.10.1922 – II 654/21, RGZ 105, 236, 239; BGH v. 5.10.1992 – II ZR 172/91, BGHZ 119, 305, 316; *Feine*, S. 239; *Müller*, in: Ulmer/Habersack/Löbbe, Anh. § 29 Rdnr. 11; *Fastrich*, in: Baumbach/Hueck, § 29 Rdnr. 89; *Wünsch*, in: FS Strasser, 1983, S. 871, 880; *Rid-Niebler*, S. 55 f.; *Lutter*, ZGR 1993, 291, 294 f.; *Sethe*, AG 1993, 351, 354; abw. *Vollmer*, ZGR 1983, 445, 463.

den[439]. In der Praxis werden zugunsten des Genussrechtsinhabers – anders als bei atypisch stillen Beteiligungen – regelmäßig nur geringe Informations- und Kontrollrechte vereinbart[440]. Weitergehende Mitwirkungsrechte, insbesondere eine Anfechtungsbefugnis betreffend die Gesellschafterbeschlüsse, können sie als Nichtmitglieder dagegen selbst dann nicht haben, wenn sie als Gegenleistung eine Eigenkapitaleinzahlung zu erbringen haben[441]. Die Nichtigkeitsfeststellungsklage gemäß § 256 ZPO können sie dagegen beim Vorliegen eines entsprechenden rechtlichen Interesses ohne Vereinbarung wie jeder andere erheben.

143 Den Genussrechtsinhabern, denen ein Gewinnanteil zu gewähren ist, steht nicht deswegen ein Recht zur Mitwirkung an der Aufstellung (§ 264 Abs. 1 HGB) und der **Feststellung des Jahresabschlusses** (§ 46 Nr. 1) oder die Befugnis zur Anfechtung eines gesetz- oder satzungswidrigen Feststellungsbeschlusses zu (Rdnr. 142)[442]. Auch die Ausübung von Bilanzierungswahlrechten ist eine Sache der Gesellschaft. Eine gesetzwidrige Ermittlung des Jahresüberschusses durch die Gesellschaft, die den Gewinnanteil schmälert, stellt dagegen zugleich eine zum Schadensersatz verpflichtende Verletzung des Genussrechtsvertrages dar. Sofern dieser den Anspruch aber an die rechtswirksamen (möglicherweise fehlerhaften) Feststellungsbeschlüsse bindet, gilt das nicht bei treuwidrigen Verkürzungen des Gewinnbezugs[443]. Entsprechendes ist bei einer nach dem Genussrechtsvertrag zulässigen Vorabverwendung des Jahresergebnisses zur Rücklagenbildung[444] anzunehmen, die nicht treuwidrig in einem kaufmännisch unvertretbaren Umfange erfolgen darf[445]. Die Beeinträchtigung des Jahresergebnisses durch verdeckte Gewinnausschüttungen an die Gesellschafter brauchen die Genussberechtigten nicht hinzunehmen. Es darf, wenn sie einen Anspruch auf den anteiligen Liquidationserlös haben, auch nicht zur Amortisation eigener Geschäftsanteile verwendet werden[446]. Besondere Abreden der Vertragsbeteiligten über die Ermittlung des für die Gewinnbeteiligung maßgebenden Jahresüberschusses hindern die Gesellschafter nicht an der Feststellung eines abweichenden Jahresabschlusses, sondern erfordern eine zusätzliche Abrechnung.

4. Änderung und Aufhebung

144 **Änderungen** der Genussrechte können nur nach Maßgabe des allgemeinen Vertragsrechts erfolgen. Gesellschafterbeschlüsse über derartige Änderungen schaffen nur innergesellschaftliches Recht (u.U. sind sie aber wegen Verstoßes gegen die guten Sitten nichtig), wirken aber nicht gegenüber den Genussrechtsinhabern[447], es sei denn, dass in der mit ihm getroffenen Vereinbarung ein entsprechender Änderungsvorbehalt aufgenommen worden ist[448]; ein bloßer Satzungsvorbehalt reicht – außer für die den Gesellschaftern im Rahmen des Gesellschafts-

---

439 Zutr. *Müller*, in: Ulmer/Habersack/Löbbe, Anh. § 29 Rdnr. 11; *Wünsch*, in: FS Strasser, 1983, S. 871, 880; *Feddersen/Knauth*, S. 80 ff.; *Fastrich*, in: Baumbach/Hueck, § 29 Rdnr. 89.
440 So auch *Golland/Gelhaar/Grossmann/Eickhoff-Kley/Jänisch*, BB-Spezial 4/2005, 1, 17; *Hofert/Arends*, GmbHR 2005, 1381, 1384.
441 A.M. *Vollmer*, ZGR 1983, 445, 463, 468 f.
442 *Müller*, in: Ulmer/Habersack/Löbbe, Anh. § 29 Rdnr. 15; *Wünsch*, in: FS Strasser, 1983, S. 871, 880; *Sethe*, AG 1993, 351, 359; a.M. *Vollmer*, ZGR 1983, 445, 468 f.
443 Vgl. *Müller*, in: Ulmer/Habersack/Löbbe, Anh. § 29 Rdnr. 15; *Rid-Niebler*, S. 116; *Feddersen/Knauth*, S. 116 f.; *Hammen*, BB 1990, 1917, 1919.
444 RG v. 18.11.1913 – II 280/13, RGZ 83, 295, 298.
445 Demgegenüber will *Sethe*, AG 1993, 351, 359 f. die §§ 315 f. BGB analog anwenden.
446 OLG Dresden v. 8.4.1886, ZHR 1935, 244.
447 RG v. 17.6.1901 – I 63/01, RGZ 49, 10, 16; RG v. 30.6.1927 – II 7/27, RGZ 117, 379, 384; RG v. 13.3.1931 – II 315/30, RGZ 132, 199, 205 f.; BGH v. 5.10.1992 – II ZR 172/91, BGHZ 119, 305; *Feine*, S. 293; *Müller*, in: Ulmer/Habersack/Löbbe, Anh. § 29 Rdnr. 32; *Wünsch*, in: FS Strasser, 1983, S. 871, 881 f.; *Sethe*, S. 358.
448 *Müller*, in: Ulmer/Habersack/Löbbe, Anh. § 29 Rdnr. 32; *Rid-Niebler*, S. 100; *Sethe*, AG 1993, 351, 358.

verhältnisses gewährten Genussrechte (Rdnr. 137) – nicht aus. Einschränkungen für Änderungsvorbehalte ergeben sich, soweit anwendbar (Rdnr. 141), aus §§ 307, 308 Nr. 4 BGB. Die Ausübung des einseitigen Änderungsrechts unterliegt der Billigkeitskontrolle gemäß § 315 Abs. 3 BGB[449] und muss den Gleichbehandlungsgrundsatz wahren[450].

Die GmbH ist dagegen grundsätzlich nicht an gesellschaftlichen Maßnahmen gehindert, die nicht direkt in das Genussrecht eingreifen, sondern sich nur **mittelbar auf seinen wirtschaftlichen Gehalt** auswirken (s. aber Rdnr. 146). Auch diesbezügliche Grundlagenentscheidungen der Gesellschafter (z.B. Kapitalerhöhungen und -herabsetzungen, Auflösung, Umwandlung, Betriebsverpachtung u.ä.) und ihre wirtschaftlichen Folgen muss der Genussberechtigte in der Regel hinnehmen[451]. Der Genussrechtsvertrag kann aber bestimmen, dass das Genussrecht in diesen Fällen an die wirtschaftlichen Auswirkungen der Maßnahme anzupassen ist. Fehlt eine dahingehende Vereinbarung, so kommt eine Anpassung im Allgemeinen nur in Betracht, wenn die gesellschaftliche Maßnahme andernfalls zu einer erheblichen Änderung der vereinbarten Gewinn- und/oder Liquidationserlösbeteiligung selbst führen würde. Das Gesetz schreibt dies ausdrücklich durch § 57m Abs. 3 GmbHG, § 216 Abs. 3 AktG zwar nur für die nominelle Kapitalerhöhung vor, aber der diesen Vorschriften zugrunde liegende Rechtsgedanke erfordert ihre entsprechende Anwendung auch auf die Kapitalerhöhung gegen Einlagen bei Festsetzung eines zu niedrigen, d.h. das vorhandene Rücklagekapital nicht berücksichtigenden[452] Ausgabekurses[453]. Aus denselben Gründen hat eine Anpassung der Genussrechtsbedingungen zur Verhinderung der ungerechtfertigten Besserstellung der Gläubiger zu erfolgen, wenn eine Kapitalherabsetzung die erhebliche Änderung der vereinbarten Gewinn- und/oder Liquidationserlösbeteiligung bewirken würde[454]. Für die Verschmelzung, die Spaltung und den Formwechsel der GmbH bestimmen §§ 23, 125, 204 UmwG, dass den Genussrechtsinhabern in dem übernehmenden oder neuen Rechtsträger bzw. in dem Rechtsträger neuer Form „gleichwertige Rechte"[455] zu gewähren sind. Eine Vertragsanpassung ist ferner bei der Ausgabe konkurrierender oder mittelbar vorgehender neuer Genussrechte[456] und beim Abschluss eines Beherrschungs- und/oder Gewinnabführungsvertrages erforderlich[457]. Ein allgemeiner Grundsatz, wonach die Genussrechtsverträge stets so auszulegen oder richterlich anzupassen seien, dass mittelbare wirtschaftliche Auswirkungen gesellschaftlicher Entschei-

145

---

449 *Van Look*, in: Recht und Praxis der Genussscheine, 1987, S. 98 f.; *Rid-Niebler*, S. 100; *Sethe*, AG 1993, 351, 358; *Florstedt*, in: KölnKomm. AktG, 3. Aufl. 2017, § 221 AktG Rdnr. 125.

450 *Rid-Niebler*, S. 83 ff.; *Sethe*, AG 1993, 351, 358.

451 RG v. 18.11.1913 – II 280/13, RGZ 83, 295, 298 f.; BGH v. 23.10.1958 – II ZR 4/57, BGHZ 28, 259, 277; *Müller*, in: Ulmer/Habersack/Löbbe, Anh. § 29 Rdnr. 16 ff.; *Pentz*, in: Rowedder/Schmidt-Leithoff, § 29 Rdnr. 142; *Wünsch*, in: FS Strasser, 1983, S. 871, 880; *Rid-Niebler*, S. 101 ff.; differenzierend *Fastrich*, in: Baumbach/Hueck, § 29 Rdnr. 93; krit. zu Unrecht *Habersack*, ZHR 155 (1991), 378, 389.

452 Von anderen Kriterien für die Bemessung des sog. Verwässerungseffekts gehen *Koppensteiner*, ZHR 139 (1975), 191, 197 ff.; *Köhler*, AG 1984, 197, 200 ff.; *Zöllner*, ZGR 1986, 288, 300 ff. aus.

453 Vgl. dazu *Müller*, in: Ulmer/Habersack/Löbbe, Anh. § 29 Rdnr. 19; *Koppensteiner*, ZHR 139 (1975), 191 ff.; *Priester*, 11. Aufl., § 55 Rdnr. 122; *Vollmer*, ZGR 1983, 445, 464; *Köhler*, AG 1984, 197, 198 f.; *Zöllner*, ZGR 1986, 288, 296 ff.; *Uwe H. Schneider*, in: FS Goerdeler, 1987, S. 511, 516; *Rid-Niebler*, S. 107 ff.; *Hirte*, ZIP 1988, 477, 487; *Sethe*, AG 1993, 351, 364.

454 Eb. *Rid-Niebler*, S. 111; *Vollmer*, ZGR 1983, 445, 466; *Hirte*, ZIP 1991, 1461, 1465; *Sethe*, AG 1993, 351, 365; a.M. *A. Hueck*, DB 1963, 1349; *Uwe H. Schneider*, in: FS Goerdeler, 1987, S. 511; *Müller*, in: Ulmer/Habersack/Löbbe, Anh. § 29 Rdnr. 20 unter Berufung darauf, dass § 57m Abs. 3 (früher § 13 Abs. 3 KapErhG) eine abschließende Regelung zum Schutz der Gläubiger sei.

455 Zum Begriff der „Gleichwertigkeit" vgl. *Marsch-Barner*, in: Kallmeyer, 6. Aufl. 2017, § 23 UmwG Rdnr. 8 ff.

456 *Sethe*, AG 1993, 351, 363 f.; *Florstedt*, in: KölnKomm. AktG, 3. Aufl. 2017, § 221 AktG Rdnr. 635.

457 Vgl. *Uwe H. Schneider*, in: FS Goerdeler, 1987, S. 511, 526 ff.; *Hirte*, ZIP 1988, 477, 488; *Frantzen*, S. 281 ff.; *Sethe*, AG 1993, 351, 366 f. u.a.

dungen neutralisiert werden[458], ist demgegenüber den § 57m Abs. 3 GmbHG, § 216 Abs. 3 AktG nicht zu entnehmen und widerspricht dem Vertragssinn. Vielmehr können diejenigen wirtschaftlichen Auswirkungen, die nicht das vereinbarte Beteiligungsverhältnis selbst betreffen, mit Rücksicht auf das der GmbH vorbehaltene Entscheidungsrecht in Gesellschaftsangelegenheiten nach den maßgebenden Grundsätzen über die Veränderung der Geschäftsgrundlage nur in ganz außergewöhnlichen Fällen eine Vertragsanpassung rechtfertigen.

146 Die **Aufhebung** des Genussrechts ist grundsätzlich nur durch Vereinbarung mit dem Berechtigten möglich. Der Genussrechtsvertrag kann aber vorsehen, dass sie ablösbar oder auslosbar sind. Da er ein Dauerschuldverhältnis begründet, ist auch die Kündigung aus wichtigem Grunde zwingend zulässig. Ablösungszahlungen an Gesellschafter können, wenn die Genussrechte im Rahmen des Gesellschaftsverhältnisses gewährt worden sind (Rdnr. 137) oder wenn der Rückzahlungsbetrag unangemessen ist, das Auszahlungsverbot des § 30 verletzen; zu beachten ist außerdem, dass die Ablösungszahlungen den §§ 39, 135 InsO unterliegen können. Auf außenstehende Genussrechtsinhaber sind diese Vorschriften auch dann nicht anwendbar, wenn sog. aktiengleiches Genusskapital vorliegt[459].

5. Haftung

147 Die Gesellschaft **haftet** für die Verletzung ihrer Pflichten aus dem Genussrechtsvertrag nach den allgemeinen schuldrechtlichen Vorschriften (§§ 275 ff., 326 BGB). Eine Pflichtverletzung ist auch dann gegeben, wenn sie den wirtschaftlichen Wert des Genussrechts durch Geschäftsführungsmaßnahmen oder andere gesellschaftliche Akte beeinträchtigt, die treu- oder sittenwidrig sind, nicht dem satzungsmäßigen Unternehmensgegenstand entsprechen oder kaufmännisch völlig unvertretbar sind[460]. Eine weiter gehende Haftung für fehlerhafte Geschäftsführung besteht dagegen nicht. Schadensersatzansprüche gegen die GmbH können sich daneben auch aus § 826 BGB ergeben.

6. Verbriefung und Veräußerlichkeit

148 Die Genussrechte werden meist verbrieft. Die darüber ausgestellten sog. **Genussscheine** können auf den Inhaber (§ 793 Abs. 1 Satz 1 BGB) oder den Namen ausgestellt werden, letzterenfalls auch als Orderpapier ausgestaltet sein (§ 363 Abs. 1 Satz 2 HGB)[461]. Seit dem FRUG[462] und der damit implementierten Zusammenfassung von geregeltem Markt und amtlichen Handel zum regulierten Markt ergeben sich die Voraussetzungen für die Zulassung von Genussscheinen zum Handel an der Börse aus § 34 BörsG i.V.m. BörsZulVO. Derzeit sind nur

---

458 So zu Unrecht *Vollmer*, ZGR 1983, 445, 465 f. Bedenklich auch die Verallgemeinerungen bei *Hirte*, ZIP 1988, 477, 487 u. *Habersack*, ZHR 155 (1991), 378, 389 f.
459 *Müller*, in: Ulmer/Habersack/Löbbe, Anh. § 29 Rdnr. 27; *Wünsch*, in: FS Strasser, 1983, S. 871, 882 f.; *Rid-Niebler*, S. 25 ff.; weitergehend *Vollmer*, ZGR 1983, 445, 452 f., der die §§ 30, 31 bei sog. aktiengleichem Genusskapital auch auf Dritte anwenden will.
460 BGH v. 5.10.1992 – II ZR 172/91, BGHZ 119, 305, 317 ff.; *Habersack*, ZHR 155 (1991), 378, 388 ff.; *Lutter*, ZGR 1993, 291, 303 ff.; *Sethe*, AG 1993, 351, 354, 360 ff. m.w.N. Zu eng RG v. 20.10.1922 – II 654/21, RGZ 105, 236, 240 f., wo eine Nachteilsabsicht verlangt wird.
461 Vgl. *Müller*, in: Ulmer/Habersack/Löbbe, Anh. § 29 Rdnr. 31; *Fastrich*, in: Baumbach/Hueck, § 29 Rdnr. 92. Ausführlich dazu *Wedel*, Der Partizipationsschein als Kapitalbeschaffungsmittel der Aktiengesellschaften, 1969, S. 54 ff.
462 Finanzmarktrichtlinie-Umsetzungsgesetz vom 16.7.2007, BGBl. I 2007, 1330.

wenige Genussscheine betreffend Unternehmen in der Rechtsform der GmbH zum Börsenhandel zugelassen[463].

Die Genussrechte sind, wenn nicht anders vereinbart wird (§§ 399, 413 BGB), frei **veräußerlich** und **vererblich**. Stehen sie Gesellschaftern zu, kann vereinbart werden, dass sie nur zusammen mit dem Geschäftsanteil übertragbar sind.   149

Steuerrechtlich bestehen Sonderbestimmungen für Genussrechte und Genussscheine: §§ 17 Abs. 1, 20 Abs. 1 Nr. 1, 43 Abs. 1 Nr. 1 und 2, 44 Abs. 1 EStG; § 8 Abs. 3 KStG; §§ 11, 12 BewG.   150

IX. Options- und Wandelanleihen

Optionsanleihen sind Schuldverschreibungen, die den Anleihegläubiger zusätzlich berechtigen, bei Fälligkeit einen Geschäftsanteil in bestimmter Höhe an der zu finanzierenden Gesellschaft zu erwerben[464]. Auch **Wandelanleihen** sind Schuldverschreibungen, die allerdings dem Anleihegläubiger das Recht verleihen, seinen Anspruch auf die Rückzahlung des von ihm geleisteten Darlehens gegen einen Geschäftsanteil in bestimmter Höhe an der zu finanzierenden Gesellschaft zu wandeln[465]. In beiden Fällen wird der Darlehensgeber durch die Ausübung des ihm in der Anleihe verliehenen Rechts Gesellschafter der Darlehensnehmerin. Da im Gegensatz zum Aktienrecht (§§ 192 Abs. 1, 193 AktG) das GmbH-Recht *de lege lata* kein bedingtes Kapital vorsieht, über das neue Geschäftsanteile automatisch mit Ausübung des Options- bzw. Wandlungsrechts zur Entstehung gelangen, müssen diese Finanzierungselemente synthetisch, dh schuldrechtlich, nachempfunden werden[466]. Hierzu wird in der Regel eine dreiseitige Vereinbarung zwischen dem Darlehensgeber, der Darlehensnehmerin (das ist die zu finanzierende Gesellschaft) sowie sämtlichen Gesellschaftern der Darlehensnehmerin geschlossen und in dieser vorgesehen, dass der Darlehensgeber das Recht hat zu verlangen, dass (i) eine Barkapitalerhöhung mit Übernahme des neuen Geschäftsanteils zum Nennwert (entspricht der Optionsanleihe) oder eine Sachkapitalerhöhung gegen Einbringung des Darlehensrückzahlungsanspruchs (entspricht der Wandelanleihe) durchzuführen ist oder (ii) (Teile von) Geschäftsanteilen von den Alt-Gesellschaftern an den Darlehensgeber abzutreten sind[467]. Entsprechendes kann auch in der Satzung geregelt werden[468].   151

Einen unterstützenswerten **rechtspolitischen Vorschlag zur Einführung eines bedingten Kapitals im GmbH-Recht** enthält das von *Vossius/Wachter* in 2005 entworfene GmbH-Reformgesetz (dort § 7 Abs. 2)[469]. Die Zulassung eines bedingten Kapitals für GmbH erleichterte die Mezzanine-Finanzierung (insbesondere die Verankerung sog. Equity-Kicker[470]).   152

---

463 Z.B. Genussscheine der Edeka Minden/Hannover Holding GmbH (1998 bis 2014); SeniVita Sozial gGmbH (seit 2014); LHI Portunus I Genüsse-GmbH (seit 2016); German Pellets GmbH (seit 2015); Calvatis GmbH (Österreich, gelistet an der Frankfurter Börse).

464 Für AG: *Koch*, in: Hüffer/Koch, § 221 AktG Rdnr. 6; *Habersack*, in: MünchKomm. AktG, 4. Aufl. 2016, § 221 AktG Rdnr. 31.

465 Für AG: *Koch*, in: Hüffer/Koch, § 221 AktG Rdnr. 4; *Habersack*, in: MünchKomm. AktG, 4. Aufl. 2016, § 221 AktG Rdnr. 29.

466 Vgl. *Hofert/Arends*, GmbHR 2005, 1381, 1383; *von Einem/Schmid*, in: Achleitner/von Einem/von Schröder, Private Debt, 2004, S. 162.

467 Zur Formbedürftigkeit der schuldrechtlichen Vereinbarung bei zweiter Variante *U. Jasper*, in: MünchHdb. III, § 24 Rdnr. 148.

468 Musterklausel bei *von Einem/Schmid*, in: Achleitner/von Einem/von Schröder, Private Debt, 2004, S. 162 f.

469 *Vossius/Wachter*, (Entwurf eines) Gesetz(es) zur Reform des Rechts der Gesellschaften mit beschränkter Haftung (GmbH-Reformgesetz) (GmbHRG).

470 Hierzu *Golland/Gelhaar/Grossmann/Eickhoff-Kley/Jänisch*, BB Spezial 4/2005, 21 f.; *Hofert/Arends*, GmbHR 2005, 1381, 1383.

§ 15
Übertragung von Geschäftsanteilen

(1) Die Geschäftsanteile sind veräußerlich und vererblich.

(2) Erwirbt ein Gesellschafter zu seinem ursprünglichen Geschäftsanteil weitere Geschäftsanteile, so behalten dieselben ihre Selbständigkeit.

(3) Zur Abtretung von Geschäftsanteilen durch Gesellschafter bedarf es eines in notarieller Form geschlossenen Vertrags.

(4) Der notariellen Form bedarf auch eine Vereinbarung, durch welche die Verpflichtung eines Gesellschafters zur Abtretung eines Geschäftsanteils begründet wird. Eine ohne diese Form getroffene Vereinbarung wird jedoch durch den nach Maßgabe des vorigen Absatzes geschlossenen Abtretungsvertrag gültig.

(5) Durch den Gesellschaftsvertrag kann die Abtretung der Geschäftsanteile an weitere Voraussetzungen geknüpft, insbesondere von der Genehmigung der Gesellschaft abhängig gemacht werden.

Text i.d.F. von 1892, doch Abs. 3 von 1898; Abs. 3 und Abs. 4 Satz 1 geändert durch Gesetz vom 28.8.1969 (BGBl. I 1969, 1513).

I. Grundsatz der freien Veräußerlichkeit und Vererblichkeit des Geschäftsanteils im Normengefüge des GmbHG

1. Grundlinien und weitere Reformbedürftigkeit

1   Der historische Gesetzgeber von 1892 hatte das Ziel verfolgt, der GmbH eine „Mittelstellung zwischen den strengen individualistischen Gesellschaftsformen und der Aktiengesellschaft zuzuweisen"[1]. Diesem **Leitbild eines in der Mitte zwischen kapital- und personengesellschaftsrechtlichen Strukturen angesiedelten Verbandes**[2] entspricht auch heute noch (nach der MoMiG-Reform) das gesetzgeberische Regelungskonzept zur Übertragung von Geschäftsanteilen. Dabei nimmt zwar § 15 Abs. 1 mit dem Grundsatz der freien Übertragbarkeit des Geschäftsanteils eine Zentralstellung ein, allerdings ist dieses kapitalistische Wesensmerkmal der GmbH in ein komplexes Normengefüge eingebettet, dessen vier **Grundlinien** sind: (1) Der Umfang der mitgliedschaftlichen Rechte und Pflichten eines Gesellschafters bestimmt sich im Grundsatz nach dem Nennbetrag seines Geschäftsanteils (§ 14), und der Nennbetrag des Geschäftsanteils kann für jeden einzelnen Gesellschafter verschieden sein (§ 5 Abs. 3 Satz 1). Dies spiegelt ein kapitalgesellschaftsrechtliches Grundverständnis wider und steht im Gegensatz zu der „Kopfbetrachtung" im Personengesellschaftsrecht (§ 119 HGB). (2) Die Geschäftsanteile

---

1 Gesetzentwurf betreffend die Gesellschaften mit beschränkter Haftung, in: Verhandlungen des
   Reichstages, 8. Legislaturperiode, Aktenstück Nr. 660, 3728.
2 *H. P. Westermann*, Einl. Rdnr. 3.

können überdies im Grundsatz frei veräußert und vererbt werden (§ 15 Abs. 1), ein weiteres kapitalgesellschaftsrechtliches Wesensmerkmal der GmbH, das sie von gesetzlicher Anteilsvinkulierung einer Personengesellschaft abhebt[3]. Im Recht der Personengesellschaft gilt nämlich der – wenngleich dispositive – Grundsatz der Unveräußerlichkeit und Unvererblichkeit der Mitgliedschaft, was allerdings durch ein im Kern nicht abdingbares Austrittsrecht des einzelnen Gesellschafters durch Kündigung kompensiert wird. Dieses Kündigungsmodell wurde vom historischen Gesetzgeber abgelehnt, um im Interesse der Gläubigersicherung und der Erhaltung der finanziellen Grundlagen der Gesellschaft die Auszahlung eines entsprechenden Vermögensanteils zu vermeiden. (3) Die Verkehrsfähigkeit von Geschäftsanteilen ist eingeschränkt, insbesondere ist eine Verkörperung der Mitgliedschaft in einem (börsenfähigen) Wertpapier und damit der Geschäftsanteil als ein für den Kapitalmarkt geeignetes Finanzierungsmittel ausgeschlossen. Der Erschwerung des „Handels" von Geschäftsanteilen dienten vor der MoMiG-Reform das Verbot der Übernahme mehrerer Geschäftsanteile bei Gründung (§ 5 Abs. 2 a.F.), die Vorschriften zur Mindestgröße und zur Größenbestimmung von Stammeinlagen (§ 5 Abs. 1 Halbsatz 2 a.F., § 5 Abs. 3 Satz 2 a.F.) sowie die Vorschriften zur Beschränkung späterer Teilung von Geschäftsanteilen (§ 17 a.F.). Daneben kann bei der GmbH auch nach derzeitiger Gesetzeslage – anders als bei Inhaberaktien, aber entsprechend dem empirischen Normalbefund bei Mehrpersonen-GmbH[4] – die Verkehrsfähigkeit statutarisch beschränkt (oder sogar ausgeschlossen, Rdnr. 127) (§ 15 Abs. 5) und insoweit der Verbandsmitgliedschaft in der Personengesellschaft angenähert werden. Dieses Normenbündel zur Erschwerung der Übertragung von Geschäftsanteilen sollte bewirken, dass der „Charakter der Mitgliedschaft als eines der Regel nach dauernden Verhältnisses" möglichst erhalten bleibt[5]. Die Zulassung statutarischer Vinkulierungen soll es den Gesellschaftern ermöglichen, durch geeignete Satzungsbestimmungen, die eine Einflussnahme auf das Ausscheiden eines Gesellschafters und/oder die Auswahl des neuen Gesellschafters gestatten (Rdnr. 115 ff.), ein stärker personenbezogenes Gesellschaftsverhältnis herzustellen oder eine bestimmte Eigenart der Gesellschaft zu sichern oder negative Einflüsse von der Gesellschaft abzuwehren, z.B. sie vor einer Eingliederung in einen Konzern zu schützen oder einem Finanzinvestor die Bestimmung eines geeigneten Unternehmensverkaufsweges zu ermöglichen. (4) Die Gesellschafterstruktur soll durch Einreichung aktueller Gesellschafterlisten im Handelsregister auch nach außen transparent sein, was eine gewisse Nähe zur Personengesellschaft und die Abgrenzung zur anonymen Aktiengesellschaft ausdrückt und unter anderem dem Gläubigerschutz dient. In ähnlicher Weise der Transparenz, vor allem aber der Rechtssicherheit im Verband verpflichtet war die Legitimationsfiktion der Anmeldung (§ 16), wobei die Anmeldung nur reflexhaft dem Verkehrsschutz diente und insbesondere keine Rechtsscheingrundlage für einen gutgläubigen Erwerb von Geschäftsanteilen bildete. Mit dem MoMiG hat der Gesetzgeber die Gesellschafterliste aufgewertet und zur Grundlage einer gutgläubigen Erwerbsmöglichkeit gemacht (vgl. Rdnr. 3, 101 sowie § 16 Rdnr. 57 ff.)

Die insoweit und weitgehend bereits 1892 festgelegte praktische Konkordanz zwischen den gesetzgeberischen Zielen (i) Fungibilität der Geschäftsanteile (mit positiver Rückwirkung auf den Anteilswert), (ii) Finanzierungstauglichkeit von Geschäftsanteilen, (iii) Sicherstellung einer personalistischen Binnenstruktur, (iv) Transparenz und Rechtssicherheit im Hinblick auf die Gesellschafterstruktur, (v) Verkehrsschutz und (vi) Minimierung nicht durch die vorgenannten Ziele notwendig verbundener Transaktionskosten war neu zu justieren. **2**

---

3 RGZ 73, 429, 432.

4 Vgl. *Wedemann*, Gesellschafterkonflikte in geschlossenen Kapitalgesellschaften, 2013, S. 20 (88 % der GmbH-Neugründungen in den Bezirken Augsburg, Bayreuth, Regensburg und Würzburg im Jahr 2011 verfügten über eine Vinkulierungsklausel in ihrer Satzung); *Bayer/Hoffmann/J. Schmidt*, GmbHR 2007, 953, 955 f. (97 % der GmbH-Mehrpersonen-Neugründungen in Thüringen [1.1.2006–30.3.2007] haben statutarische Vinkulierungsklauseln); vgl. auch *Reichert/M. Winter*, in: FS 100 Jahre GmbHG, S. 209, 212.

5 Entwurf I, 35 ff.

Das **Normengefüge war reformbedürftig** und benötigte eine Akzentverschiebung zugunsten der kapitalgesellschaftsrechtlichen Seite der GmbH. Dies lag zum einen daran, dass die Bedeutung der personalen Verbundenheit gegenüber dem Grundmodell am Ende des 19. Jahrhunderts abgenommen hat; ein sichtbares Zeugnis hierfür ist die erhebliche Zunahme von Einpersonengesellschaften auf derzeit mehr als 40 % sämtlicher GmbH und die Einbindung von GmbH in Kapitalgesellschaftskonzerne. Gleichzeitig hat aufgrund des Zeitablaufes mit Anteilsübertragungen und Erbgängen die Komplexität der Gesellschafter- und auch der Geschäftsanteilsstruktur bei vielen, historisch gewachsenen Gesellschaften zugenommen und diese Entwicklung wird sich zukünftig exponentiell verstärken, was auch daran liegt, dass die Zahl der GmbH-Gründungen seit Anfang der 60iger Jahre sprunghaft angestiegen ist[6] und daher mehr Nachfolgeregelungen als in der Vergangenheit anstehen; darüber hinaus nimmt auch die Bedeutung von Umstrukturierungen unter Einbeziehung von GmbH stark zu. Nachfolgeregelungen, Anteilsübertragungen und Umstrukturierungen sowie deren Finanzierung mit Geschäftsanteilen als Sicherungsunterlage wurden durch das Normengeflecht der § 5 Abs. 1 Halbsatz 2 a.F., § 5 Abs. 3 Satz 2 a.F., § 16 a.F. und § 17 a.F. stärker eingeschränkt als dies bei Wettbewerbsrechtsformen des EU-Auslandes der Fall ist, ohne einen hinreichenden Verkehrsschutz durch Zulassung des gutgläubigen Erwerbs von Geschäftsanteilen zu ermöglichen. Dabei war schließlich auch zu berücksichtigen, dass der durch die gesetzlichen Transparenzvorschriften sowie den Bestimmungen zur Übertragungserschwernis von Geschäftsanteilen reflexhaft verursachte Gläubigerschutz heute vielmals durch vertragliche Abreden einzelfallbezogen zugunsten von (Groß)Gläubigern geregelt wird (insbesondere durch sog. positive und negative *Covenants* in Finanzierungsverträgen[7], manchmal auch durch Informationsverpflichtungen bezüglich bestimmter Finanzzahlen und Preisanpassungs- oder Kündigungsklauseln in Lieferverträgen).

3   Den – auch hier in der Vorauflage erhobenen – Forderungen nach einer Akzentverschiebung hin zur kapitalgesellschaftsrechtlichen Seite der GmbH, insbesondere nach der Deregulierung der Größenvorgaben für Stammeinlagen und der Teilbarkeitsbeschränkungen[8] und der Ermöglichung eines gutgläubigen Erwerbs von Geschäftsanteilen[9] ist der Gesetzgeber durch das **Gesetz zur Modernisierung des GmbH-Rechts und zur Bekämpfung von Missbräuchen (MoMiG)** vom 23.10.2008 mit Wirkung zum 1.11.2008 nachgekommen. Die dringend notwendige Modernisierung der GmbH wurde vollzogen, indem (i) das Verbot der Übernahme mehrerer Geschäftsanteile bei Gründung (§ 5 Abs. 2 a.F.) sowie die Mindestgröße und die Größenbestimmungsregelung (§ 5 Abs. 1 Halbsatz 2, § 5 Abs. 2 Satz 2 a.F.) mit der Maßgabe aufgehoben wurden, dass die Stammeinlage mindestens 1,00 Euro und auf einen vollen Eurobetrag lauten muss, (ii) das Verbot der Übertragung mehrerer Teile eines Geschäftsanteils an denselben Erwerber (§ 17 Abs. 5 a.F.) wie überhaupt der § 17 a.F. mit seinen Teilbarkeitsanforderungen gestrichen wurde, (iii) die Gesellschafterliste anstelle der Anmeldung Grundlage der Legitimationsfunktion innerhalb des Verbandes geworden ist und (iv) der gutgläubige Erwerb auf der Grundlage dieser Gesellschafterliste möglich gemacht wurde (§ 16 Abs. 3).

---

6 Zur Verbreitung der GmbH seit 1950 *Ulmer*, in: Ulmer/Habersack/Löbbe, Einl. A Rdnr. 67 ff.

7 Zu Financial Covenants allg. *Heinrich*, Covenants als Alternative zum institutionellen Gläubigerschutz, 2009, insbes. S. 156 ff.; *Kuder/Unverdorben*, in: Karsten Schmidt/Uhlenbruck, Die GmbH in Krise, Sanierung und Insolvenz, 5. Aufl. 2016, Rdnr. 1.239 ff.; *Wittig*, WM 1996, 1381 ff.; *Thiessen*, ZBB 1996, 19 ff.; *Alberth*, WPg 1997, 744 ff.

8 Vgl. *Happ*, ZHR 169 (2005), 6, 17 f., 21 f., 32; *Vossius/Wachter*, §§ 7 Abs. 1 Satz 1, 22 GmbHRG mit Begründung, S. 14, 18, 24 (www.gmbhr.de/volltexte.htm, Stichwort: Gesetz zur Reform des Rechts der Gesellschaften mit beschränkter Haftung (GmbH-Reformgesetz – GmbHRG)); *BDI/Hengeler Mueller*, 2006, Rdnr. 140.

9 *Grunewald/Gehling/Rodewig*, ZIP 2006, 685 ff.; *Vossius/Wachter*, §§ 24–27 GmbHRG mit Begründung, S. 12 (www.gmbhr.de/volltexte.htm, Stichwort: Gesetz zur Reform des Rechts der Gesellschaften mit beschränkter Haftung (GmbH-Reformgesetz – GmbHRG)); *BDI/Hengeler Mueller*, 2006, Rdnr. 114, 116.

Die Gesetzesänderungen waren unterstützenswert und zielführend; das GmbHG sollte bei   4
der Frage der Fungibilität von Geschäftsanteilen alleine um eine Änderung von § 15 Abs. 4
in der Weise ergänzt werden, dass zukünftig für das der Abtretung von Geschäftsanteilen zugrundeliegende Verpflichtungsgeschäft (anders als bei der Abtretung selbst) nur noch Textform i.S. von § 126b BGB erforderlich ist (Rdnr. 9); hingegen ist die notarielle Beurkundung
der Abtretung von Geschäftsanteilen (§ 15 Abs. 3) beizubehalten, insbesondere auch um eines der notwendigen Elemente für die Rechtsscheinbasis zu bilden, die für die Zulassung des
gutgläubigen Erwerbs notwendig ist (Rdnr. 101 f.).

2. Reformbedürftigkeit der Formvorschriften

Schrifttum: *Armbrüster*, Zur Beurkundungsbedürftigkeit von Treuhandabreden über GmbH-Anteile,
DNotZ 1997, 762; *Armbrüster*, Die treuhänderische Beteiligung an Gesellschaften, 2001; *Claussen*, Kleine
Kapitalgesellschaften und der Zugang zum Kapitalmarkt, ZHR 153 (1989), 216; *Dyhr*, Das Formgebot
bei der Übertragung von Gesellschaftsanteilen, Diss., 1998; *Frenz*, Einige Anmerkungen zum Verhältnis
von Formzweck, Beurkundungsverfahren und Berufsrecht, in: FS Weichler, 1997, S. 175; *Hadding*, Zum
gesetzlich notwendigen Umfang der notariellen Beurkundung der „Vereinbarung", einen GmbH-Geschäftsanteil zu übertragen, ZIP 2003, 2133; *Harbarth*, Zum Reformbedarf im GmbH-Recht: Generalrevision oder punktuelle Fortentwicklung?, ZGR 2016, 84; *Heidenhain*, Zum Umfang der notariellen Beurkundung bei der Veräußerung von Geschäftsanteilen, NJW 1999, 3073; *Heidenhain*, Aufgabe des
Beurkundungserfordernisses beim Verkauf und der Abtretung von GmbH-Geschäftsanteilen, ZIP 2001,
721; *Kanzleiter*, Der Umfang der Beurkundungsbedürftigkeit bei verbundenen Rechtsgeschäften, DNotZ
1994, 275; *König*, Zur notariellen Beurkundung der Abtretung von GmbH-Geschäftsanteilen – Ein Vorschlag zur Einschränkung des § 15 Abs. 3 und 4 GmbHG, ZIP 2004, 1838; *Loritz*, Rechtsfragen der notariellen Beurkundung bei Verkauf und Abtretung von GmbH-Geschäftsanteilen, DNotZ 2000, 90; *Lutter*,
Probleme der GmbH-Reform, 1969, S. 86; *Meyer-Cording*, Belebung des Kapitalmarktes durch neue
Möglichkeiten der Zertifizierung, BB 1982, 896; *Schlüter*, Veräußerung und Abtretung von GmbH-Geschäftsanteilen als Formproblem, in: FS Bartholomeyczik, 1973, S. 359; *Schwarz*, Einige Überlegungen
zum Zweck des Beurkundungserfordernisses gem. § 15 Abs. 3 und 4 GmbHG, in: Jubiläums-FS des
Rheinischen Notariats, 1998, S. 371; *Walz/Fembacher*, Zweck und Umfang der Beurkundung nach § 15
GmbHG, NZG 2003, 1134; *Wicke*, Die Bedeutung der öffentlichen Beurkundung im GmbH-Recht, ZIP
2006, 977.

Unberührt hat das MoMiG jedoch die Formerfordernisse des § 15 Abs. 3 und Abs. 4 gelassen.   5
Im Hinblick auf die Pflicht zur notariellen Beurkundung der Abtretung nach § 15 Abs. 3 ist
dies richtig. § 16 Abs. 3 sieht nunmehr die Möglichkeit eines gutgläubigen Erwerbs vor, der
sich wesentlich auf die Gesellschafterliste (§ 40) stützt. Diese einschneidenden Konsequenzen
für den wahren Berechtigten gebieten eine u.a. durch notarielle Beurkundung verstärkte Richtigkeitsgewähr der als Rechtsscheinträger dienenden Gesellschafterliste. Im Gegensatz dazu ist
das **Formerfordernis nach § 15 Abs. 4 überholt** und **nicht mehr zu rechtfertigen**[10]. Die mit
der notariellen Beurkundungspflicht vom historischen Gesetzgeber von 1892 verfolgten Ziele,
die Erschwernis des Handels mit Geschäftsanteilen[11] und die „Verhinderung von Zweifel und
Unklarheiten über die Tatsache der Übertragung"[12], beruhten auf dem Konzept einer Gesellschaftsform, die eine „Mittelstellung" einnehmen sollte zwischen den Personengesellschaften,
bei denen die Rechtsstellung der Gesellschafter noch als unübertragbar galt[13], und der als „äußerste Konsequenz des kapitalistischen Prinzips sich darstellenden Aktiengesellschaft", bei der

---

10 Kritisch bereits *Lutter*, in: Probleme der GmbH-Reform, 1969, S. 86; *Meyer-Cording*, BB 1982, 896,
    897; *Claussen*, ZHR 153 (1989), 216, 227; jüngst auch *Harbarth*, ZGR 2016, 84, 109.
11 Begründung zum GmbH-Gesetz, Stenographische Berichte über die Verhandlungen des Reichstags,
    8. Legislaturperiode, I. Session, 1890/1892, 5. Anlagenband, S. 3724 ff., 3729 ff., 3738.
12 Begründung zum GmbH-Gesetz, Stenographische Berichte über die Verhandlungen des Reichstags,
    8. Legislaturperiode, I. Session, 1890/1892, 5. Anlagenband, S. 3729 ff., 3739.
13 Zur Rechtsentwicklung und inzwischen anerkannten Übertragbarkeit der Beteiligungen an Per-
    sonengesellschaften *Karsten Schmidt*, GesR, § 45 III 2, S. 1321 ff.

Gesellschaftsanteile durch formlose Übertragung zum Gegenstand des Handelsverkehrs gemacht werden können (s. auch Rdnr. 1)[14]. Rechtsprechung und Teile der Literatur haben die historischen Zielvorgaben übernommen[15], dabei aber den Grund für die **Erschwernis des Handels mit Geschäftsanteilen** teilweise verengt auf die Verhinderung des „spekulativen Handels mit Gesellschaftsbeteiligungen"[16]. Indes ging es dem Gesetzgeber um die Gewährleistung der Mitgliedschaft „als eines der Regel nach dauernden Verhältnisses"[17], mithin darum, den Wechsel von Gesellschaftern möglichst zu begrenzen[18]. Mit der Anerkennung der Übertragbarkeit von Beteiligungen an Personengesellschaften ist aber die „Mittelstellung" der GmbH aufgehoben[19]. Die Vorstellung, GmbH-Gesellschafter verblieben aufgrund der Formvorschriften dauerhaft in der Gesellschaft, wird der Realität nicht gerecht[20] und durch die heute anerkannten und verbreiteten alternativen Gestaltungsvarianten gerade bei (Publikums-)Personengesellschaften (etwa die wechselseitig beteiligte GmbH & Co. KG), bei denen die Verpflichtung zur Anteilsübertragung formfrei möglich ist, konterkariert[21].

6 Auch die zweite Zielsetzung, die Vermeidung von „Zweifeln und Unklarheiten über die Tatsache der Übertragung", also die **Beweisfunktion**[22], ist durch die notarielle Beurkundungspflicht der Verpflichtung zur Übertragung nicht zu erreichen. Angesichts der Möglichkeit wirksamer Verfügungen bis zur Eintragung in die Gesellschafterliste lässt sich selbst durch eine lückenlose, mit notariellen Urkunden nachgewiesene Verpflichtungskette nicht die Anteilsinhaberschaft feststellen. Der mit der notariellen Urkunde tatsächlich führbare Beweis der Abgabe entsprechender Willenserklärungen kann zudem genauso gut durch Privaturkunde (§ 416 ZPO) geführt werden wie durch die öffentliche Urkunde (§ 415 ZPO)[23].

7 In der Literatur sind Ansätze weit verbreitet, das Erfordernis der notariellen Beurkundung mit dem **Schutz der Beteiligten vor Übereilung** (Warnzweck)[24], der **Notwendigkeit einer**

---

14 Begründung zum GmbH-Gesetz, Stenographische Berichte über die Verhandlungen des Reichstags, 8. Legislaturperiode, I. Session, 1890/1892, 5. Anlagenband, S. 3728; zu dieser Konzeption des Gesetzgebers *Schlüter*, in: FS Bartholomeyczik, 1973, S. 359, 360.
15 RGZ 164, 170; BGH v. 24.3.1954 – II ZR 23/53, BGHZ 13, 49, 51 f.; BGH v. 5.11.1979 – II ZR 83/79, BGHZ 75, 352 = GmbHR 1981, 55; BGH v. 21.9.1994 – VIII ZR 257/93, BGHZ 127, 129, 135 = GmbHR 1994, 869 = NJW 1994, 3227, 3229; BGH v. 4.11.2004 – III ZR 172/03, GmbHR 2005, 53 = LMK 2005, 46, 47; OLG München v. 7.12.1994 – 7 U 4659/94, WM 1995, 670, 671 = GmbHR 1995, 293; OLG München v. 8.10.1993 – 23 U 3365/93, GmbHR 1994, 251 = DB 1993, 2477; OLG Hamm v. 19.9.1983 – 8 U 387/82, GmbHR 1984, 317 f.; OLG Frankfurt a.M. v. 25.1.2005 – 11 U 8/04, GmbHR 2005, 764, 765 f. unter Hinweis auf die ständige Rechtsprechung; *Fastrich*, in: Baumbach/Hueck, Rdnr. 21; *Bayer*, in: Lutter/Hommelhoff, Rdnr. 1; *Ebbing*, in: Michalski u.a., Rdnr. 55; a.A. *Nolting*, ZIP 2011, 1292, 1298.
16 Vgl. BGH v. 21.9.1994 – VIII ZR 257/93, BGHZ 127, 129, 135 = NJW 1994, 3227, 3229 = GmbHR 1994, 869; näher am historischen Zweck z.B. OLG Frankfurt a.M. v. 25.1.2005 – 11 U 8/04, GmbHR 2005, 764, 765 (§ 15 Abs. 3 und 4 sollen auch „vereiteln, dass GmbH-Geschäftsanteile Gegenstand des freien Handelsverkehrs" werden).
17 Begründung zum GmbH-Gesetz, Stenographische Berichte über die Verhandlungen des Reichstags, 8. Legislaturperiode, I. Session, 1890/1892, 5. Anlagenband, S. 3729.
18 *Heidenhain*, ZIP 2001, 721, 722.
19 Dazu *Karsten Schmidt*, GesR, § 45 III 2, S. 1321 ff.
20 Dazu *Heidenhain*, ZIP 2001, 721, 722, Fn. 17 m.w.N.
21 *Loritz*, DNotZ 2000, 90, 95 ff.
22 Gegen einen Beweiszweck bei § 15 Abs. 4 (im Gegensatz zu § 15 Abs. 3): *Löbbe*, in: Ulmer/Habersack/Löbbe, Rdnr. 43; *Armbrüster*, DNotZ 1997, 762, 773 f.
23 *Heidenhain*, ZIP 2001, 721, 725.
24 *Kanzleiter*, DNotZ 1994, 275, 282; *Frenz*, in: FS Weichler, 1997, S. 175, 179; *Walz/Fembacher*, NZG 2003, 1134, 1135 ff.; *Altmeppen*, in: Roth/Altmeppen, Rdnr. 66; *Fastrich*, in: Baumbach/Hueck, Einl. Rdnr. 5 und § 15 Rdnr. 21, 30; *Wicke*, Rdnr. 12; aus der Rechtsprechung OLG Stuttgart v. 7.7.1989 – 9 U 13/89, DB 1989, 1817; OLG München v. 7.12.1994 – 7 U 4659/94, WM 1995, 670, 671 = GmbHR 1995, 293.

Aufklärung über (Haftungs-)Risiken für die Gesellschafter (vgl. § 17 BeurkG)[25] oder allgemeine **Anlegerschutzerwägungen**[26] zu rechtfertigen. Diese Überlegungen überdehnen den Normzweck und werden von der Rechtsprechung nicht geteilt[27]. Es leuchtet letztlich (und trotz der besonderen Haftungsregelungen in § 24, § 31) auch nicht ein, warum die Beteiligten beim Handel mit GmbH-Anteilen eines größeren Schutzes bedürfen sollen, als beim Handel mit Aktien, Investmentzertifikaten, Optionsscheinen oder Anteilen an Personengesellschaften (z.B. Kommanditanteilen)[28], wobei es gerade bei letzteren wie bei der GmbH nicht den bei Aktien durch § 23 Abs. 5 AktG gewährleisteten Schutz des Erwerbers vor privatautonomen Sondergestaltungen des Innenverhältnisses gibt[29]. Einer der zentralen Aspekte des deutschen und europäischen Anlegerschutzrechts ist zudem die Erleichterung des Kapitalverkehrs, dem (neben sanktionierten Publizitäts- und Verhaltenspflichten) allenfalls die *Verringerung* von Transaktionskosten dienlich ist. Die notarielle Beurkundungs*pflicht* bewirkt aber strukturell das Gegenteil. Auch der Schutz der Beteiligten vor den Risiken des Anteilsbesitzes (insbes. aus § 24, § 31) kann durch die notarielle Belehrung (§ 17 Abs. 1 BeurkG) nicht effektiv gewährleistet werden: Bei Vertreterlösungen erreicht die Belehrung des Notars die eigentlich Betroffenen häufig nicht und die Heilungsmöglichkeit nach § 15 Abs. 4 Satz 2 ermöglicht eine (auch nachträglich abänderbare) Ausgestaltung des gesamten Geschäfts (z.B. hinsichtlich der Gegenleistung), über deren Konsequenzen der Notar schon mangels Kenntnis nicht umfassend belehren kann. Die inhaltliche Angemessenheit des Geschäfts, des Preises oder der Gewährleistungen kann und muss der Notar ohnehin nicht überprüfen (vgl. § 17 Abs. 1 Satz 1 BeurkG)[30]. Auch für den Notar ist schließlich häufig nicht ermittelbar, ob der veräußerte Geschäftsanteil überhaupt besteht, ob der Veräußerer tatsächlich (noch) Inhaber ist, ob die Einlage geleistet und auch nicht zurückgezahlt wurde und ob keine verdeckte Sacheinlage vorliegt[31]. Die Belehrung *durch den Notar* wird daher stets rechtlich-abstrakt bleiben und ist so zum Schutz der Beteiligten häufig ungeeignet[32]; überdies ist eine zwingende Belehrungsprärogative des Notars gegenüber dem Rechtsanwalt in diesen Fragen nicht begründbar.

Ist die Beurkundungspflicht im Ergebnis schon weder durch den historischen Normzweck noch durch die genannten neueren Ansätze zu rechtfertigen, so sprechen überdies die zahlreichen **praktischen Schwierigkeiten** und die z.T. **nicht unerheblichen Kosten**[33] gegen ihre Aufrechterhaltung. Vor allem die weite Auslegung der Beurkundungspflicht nach § 15 Abs. 4 durch die Rechtsprechung auf alle mit der Abtretungsverpflichtung unmittelbar oder mit- 8

---

25 *Armbrüster*, DNotZ 1997, 762, 784 f.; *Walz/Fembacher*, NZG 2003, 1134, 1135 ff., 1139 ff.; *Wicke*, ZIP 2006, 977, 980; vgl. auch *Loritz*, DNotZ 2000, 90, 97 f.

26 *Schwarz*, in: Jubiläums-Festschrift des Rheinischen Notariats, 1998, S. 371, 378; *Fastrich*, in: Baumbach/Hueck, Einl. Rdnr. 5.

27 Vgl. etwa BGH v. 25.9.1996 – VIII ZR 172/95, ZIP 1996, 1901, 1902 = NJW 1996, 3338, 3339 = GmbHR 1996, 919; RGZ 135, 70, 71.

28 Eb. *Heidenhain*, ZIP 2001, 721, 724; in Bezug auf Personengesellschaftsanteile *Harbarth*, ZGR 2016, 84, 109; hiergegen *Wicke*, ZIP 2006, 977, 981.

29 Zum Zusammenhang von Satzungsfreiheit und Beurkundungspflicht *Armbrüster*, DNotZ 1997, 762, 769; *Barth*, GmbHR 2004, 383, 388; *Großfeld/Berndt*, RIW 1996, 626, 629.

30 Zur eingeschränkten Sorgfaltspflicht des Notars in diesem Zusammenhang *Loritz*, DNotZ 2000, 90, 98; zum Umfang der Belehrungspflicht *Litzenburger*, in: Bamberger/Roth, BGB, § 17 BeurkG Rdnr. 3 ff.

31 Zu den Haftungsrisiken des Erwerbers etwa *Fastrich*, in: Baumbach/Hueck, § 16 Rdnr. 23; *Bayer*, in: Lutter/Hommelhoff, § 16 Rdnr. 55 ff.

32 *Heidenhain*, ZIP 2001, 721, 724; in der Analyse so auch *Loritz*, DNotZ 2000, 90, 97; vgl. zudem *Schlüter*, in: FS Bartholomeyczik, 1973, S. 359, 361 ff., 365, der der Beurkundungspflicht lediglich Erschwerungsfunktion attestiert.

33 Die Gebühren richten sich nicht nach Aufwand sondern nach dem Gegenstandswert der beurkundeten Vereinbarung. Allerdings sind für die Beurkundung von Verträgen über die Veräußerung von Geschäftsanteilen inzwischen Höchstgebühren festgelegt (vgl. § 35 Abs. 2 GNotKG). – Pointiert a.M. (Wettbewerbsvorteil des deutschen Systems der Notargebühren) *Wicke*, ZIP 2006, 977, 981.

telbar zusammenhängenden Vereinbarungen (zu diesem sog. Vollständigkeitsgrundsatz Rdnr. 66–66b) führt zu erheblichen Risiken bzw. **Risikovermeidungskosten**, da bei Nichtbeachtung der Form hinsichtlich nur einer Nebenvereinbarung sämtliche Vereinbarungen nichtig sind[34]. Dies zwingt in der Beratungspraxis zu einer erheblichen Ausweitung der Beurkundung mit entsprechender Erhöhung der Notarkosten.

9 Die **Aufgabe des Beurkundungserfordernisses** für die Verpflichtung zur Abtretung eines Geschäftsanteils und ihre Ersetzung durch die Textform i.S. von § 126b BGB würde den Rechtsverkehr erheblich erleichtern und bestehende Rechtsunsicherheiten beseitigen[35]. Die in der Begründung zum MoMiG-Regierungsentwurf angekündigten „gebotenen Änderungen"[36] haben bislang noch zu keiner näheren Konkretisierung in Form eines ministeriellen Diskussionsentwurfes geführt.

II. Veräußerlichkeit und Vererblichkeit des Geschäftsanteils (§ 15 Abs. 1)

Schrifttum: *Behr*, Die Abtretung, insbesondere die Teilabtretung der Geschäftsanteile bei der GmbH, Diss. Erlangen 1926; *Crezelius*, Gestaltungen mit Nachfolgeklauseln, EStB 2000, 15; *Eder*, Gefahren beim Erwerb von Geschäftsanteilen, GmbHR 1974, 173; *A. Hueck*, Die Übertragung von Geschäftsanteilen, ZHR 83 (1920), 1; *P. Krückmann*, Übertragbarkeit von Gesellschaftsanteilen, JherJ 74 (1924), 69; *Langner/Heydel*, Vererbung von GmbH-Geschäftsanteilen, GmbHR 2005, 377; *Langner/Heydel*, Nachfolgeklauseln im GmbH-Gesellschaftsvertrag, GmbHR 2006, 291; *v. Middendorf*, Der Kauf von GmbH-Geschäftsanteilen, Diss. Tübingen 1929; *Neukamp*, Die Geschäftsanteile der GmbH, ZHR 57 (1906), 1; *Ruth*, Eintritt und Austritt von Mitgliedern, ZHR 88 (1926), 454; *F. Sauter*, Die Anwendung der Kaufrechtssätze des Bürgerlichen Gesetzbuches auf den Verkauf von Geschäftsanteilen einer GmbH, Diss. Tübingen 1927; *H. Schumann*, Die Übertragung von Gesellschaftsanteilen, RdW 1944, 151; *O. Schwarz*, Die Geschäftsanteile und ihre Übertragung bei der GmbH, Diss. Jena 1904; *Wiedemann*, Die Übertragung und Vererbung von Mitgliedschaftsrechten bei Handelsgesellschaften, 1965; *E. Zitelmann*, Übertragbarkeit von Gesellschaftsanteilen, JherJ 73 (1923), 185.

1. Veräußerlichkeit des Geschäftsanteils

a) Geschäftsanteil

10 Das Gesetz regelt in § 15 die Übertragung der Geschäftsanteile, die mit der Eintragung der Gesellschaft in das Handelsregister entstehen (s. § 14 Rdnr. 9). Zum Begriff des Geschäftsanteils s. § 14 Rdnr. 2 ff.

11 Die Anwendbarkeit der Vorschrift auf die **Geschäftsanteile an der Vor-GmbH** wird von der h.M. zutreffend verneint[37]: Solche Geschäftsanteile sind nach der Gesetzesstruktur nicht ab-

---

34 Die Heilung der Anteilsverpflichtung nach § 15 Abs. 4 Satz 2 bei formgerechter (§ 15 Abs. 3) Anteilsübertragung erstreckt sich allerdings auch auf alle vom Vollständigkeitsgrundsatz erfassten Nebenabreden (dazu Rdnr. 74).

35 Wie hier: *Jasper*, in: MünchHdb. III, § 24 Rdnr. 29; *Bayer*, in: Lutter/Hommelhoff, Rdnr. 1 (bei zukünftiger GmbH-Reform noch einmal zu überdenken); *König*, ZIP 2004, 1838, 1842, der generell die Beurkundung durch die anwaltliche Vertretung ersetzen will.

36 BT-Drucks. 16/6140, S. 25 f. („In vielen Stellungnahmen ist die Beurkundungspflicht bei der Abtretung von Geschäftsanteilen, vor allem aber auch der Vollständigkeitsgrundsatz bei der Beurkundung kritisiert worden. (…) Es ist aber im laufenden Gesetzesvorhaben davon Abstand genommen worden, das Beurkundungsgesetz zu ändern. Die gebotenen Änderungen sollen aber in der nächsten Zeit in einem ohnehin geplanten Gesetz zur Erleichterung von beurkundungsrechtlichen Vorschriften untergebracht werden.").

37 BGH v. 12.7.1956 – II ZR 218/54, BGHZ 21, 242, 246; BGH v. 16.2.1959 – II ZR 170/57, BGHZ 29, 300, 303; BGH v. 17.1.1983 – II ZR 89/82, ZIP 1983, 299; BGH v. 27.1.1997 – II ZR 123/94, GmbHR 1997, 405, 406; BGH v. 13.12.2004 – II ZR 409/02, GmbHR 2005, 354, 355; OLG Jena v. 9.10.2013

tretbar, der Gesellschafterwechsel im Gründungsstadium nur durch die Änderung des Gesellschaftsvertrages in der Form des § 2 zulässig[38]. Hat die Vor-GmbH lediglich einen Gesellschafter, kann dem Abtretungsvertrag ggf. der Wille entnommen werden, den Gesellschaftsvertrag dahingehend zu ändern, dass der potentielle Erwerber der Vorgesellschaft beitritt[39]. Die Angabe der Gründungsgesellschafter ist ein wesentlicher Bestandteil des Gesellschaftsvertrages, der die Grundlage für die Eintragung der Gesellschaft in das Handelsregister bildet (§ 2, § 3 Abs. 1 Nr. 4, § 8 Abs. 1 Nr. 1). Ein Gesellschafterwechsel durch Abtretung und ohne die gründungsrechtlichen Sicherungen (§ 2 Abs. 1 Satz 2, Abs. 2, § 8 Abs. 1 Nr. 1) ist damit nicht vereinbar[40]. Auch die durch das MoMiG reformierten § 3, § 5 lassen keinen anderen Schluss zu, da deren Bezugnahme auf die „Geschäftsanteile" ausschließlich auf die zukünftigen, also nach Eintragung entstehenden Geschäftsanteile zielt. Aus einer solchen bloßen Formulierungsverkürzung kann nicht auf einen Willen des Gesetzgebers zur Abkehr von herrschender Ansicht und gefestigter Rechtsprechung geschlossen werden[41]. Es besteht Übereinstimmung darüber, dass § 15 Abs. 2 u. Abs. 5 nicht gelten.

Der **zukünftige Geschäftsanteil** kann dagegen schon vor der Eintragung der GmbH oder einer Kapitalerhöhung abgetreten werden[42]. Der dingliche Rechtsübergang vollzieht sich dann mit dem Entstehen des Geschäftsanteils, also mit der Eintragung der GmbH oder der Kapitalerhöhung im Handelsregister. Das schuldrechtliche Verpflichtungsgeschäft und der Abtretungsvertrag unterliegen der *Formvorschrift* in § 15 Abs. 3, 4 (unstr.). Der abgetretene künftige Geschäftsanteil muss in der Vertragsurkunde hinreichend bestimmt oder zumindest bestimmbar bezeichnet sein. Ist die Abtretung an die Genehmigung der Gesellschaft statutarisch gebunden (§ 15 Abs. 5), so tritt die Rechtswirkung nicht vor der Genehmigung ein[43]. Die Teilung des zukünftigen Geschäftsanteils kann als Änderung der Gründungssatzung (vgl. § 3 Abs. 1 Nr. 4) im Gründungsstadium der GmbH nur unter Mitwirkung aller Gesellschafter und in der Form des § 2 erfolgen[44]. Soweit sich aus dem Vertragswortlaut nicht klar ergibt, ob ein satzungsändernder Gesellschafterwechsel in der Vor-GmbH (s. Rdnr. 11) oder die Abtretung des künftigen Geschäftsanteils erfolgen soll, ist im Zweifel letzteres als gewollt anzunehmen[45]. Die Vorausabtretung *aller* künftigen Geschäftsanteile an *einen* Gesellschafter ist auch im Gründungsstadium zulässig[46]; die Gesellschaftsgründung ist nicht deshalb als

12

    – 2 U 678/12, NZG 2014, 902, 904 = GmbHR 2013, 1258; *Wiedemann*, S. 56; *Ulmer/Habersack*, in: Ulmer/Habersack/Löbbe, § 11 Rdnr. 48; *Fastrich*, in: Baumbach/Hueck, § 2 Rdnr. 13; *Schmidt-Leithoff*, in: Rowedder/Schmidt-Leithoff, § 11 Rdnr. 63; *Ebbing*, in: Michalski u.a., Rdnr. 4; *Bayer*, in: Lutter/Hommelhoff, Rdnr. 6; *Wicke*, Rdnr. 2.

38 BGH v. 13.12.2004 – II ZR 409/02, GmbHR 2005, 354 = DStR 2005, 388; OLG Jena v. 5.12.2012 – 2 U 557/12, RNotZ 2013, 226, 229 f. = GmbHR 2013, 145; *Ebbing*, in: Michalski u.a., Rdnr. 4; *Fastrich*, in: Baumbach/Hueck, § 2 Rdnr. 13.

39 Vgl. OLG Jena v. 9.10.2013 – 2 U 678/12, GmbHR 2013, 1258 = NZG 2014, 902.

40 A.M. *Karsten Schmidt*, GmbHR 1987, 77, 82; *Karsten Schmidt*, GmbHR 1997, 869 und § 11 Rdnr. 50, der die Übertragung der „Vorgeschäftsanteile" gemäß § 15 Abs. 3 u. 4 mit formloser Zustimmung aller Mitgesellschafter für zulässig hält. Sympathisierend *Gummert*, in: MünchHdb. III, § 16 Rdnr. 24; zustimmend *Reichert/Weller*, in: MünchKomm. GmbHG, 2. Aufl. 2015, Rdnr. 44.

41 So aber *Reichert/Weller*, in: MünchKomm. GmbHG, 2. Aufl. 2015, Rdnr. 44 u. § 14 Rdnr. 11.

42 RGZ 74, 358; RGZ 87, 248; RG, LZ 1911, 614; RG, LZ 1913, 221; RG, JW 1911, 111; BGH v. 12.7.1956 – II ZR 218/54, BGHZ 21, 242, 245; BGH v. 9.10.1956 – II ZB 11/56, BGHZ 21, 378, 383; BGH v. 16.2.1959 – II ZR 170/57, BGHZ 29, 300, 303; BGH v. 26.9.1994 – II ZR 166/93, GmbHR 1995, 119, 120; BGH v. 27.1.1997 – II ZR 123/94, GmbHR 1997, 405, 406; BGH v. 19.4.1999 – II ZR 365/97, GmbHR 1999, 707, 708 f.

43 Vgl. RG, LZ 1911, 614.

44 BGH v. 16.2.1959 – II ZR 170/57, BGHZ 29, 300, 303; BGH v. 17.1.1983 – II ZR 89/82, WM 1983, 230; BGH v. 27.01.1997 – II ZR 123/94, GmbHR 1997, 405, 406; *Roth*, in: Roth/Altmeppen, § 2 Rdnr. 27; *Bayer*, in: Lutter/Hommelhoff, § 2 Rdnr. 12; *J. Schmidt*, in: Michalski u.a., § 2 Rdnr. 10; a.M. *Karsten Schmidt*, § 11 Rdnr. 57.

45 KG, OLG 68, 477; *Fastrich*, in: Baumbach/Hueck, Rdnr. 1.

46 BGH v. 9.10.1956 – II ZB 11/56, BGHZ 21, 378, 383.

Scheingeschäft oder, ohne das Hinzutreten weiterer Umstände, als sittenwidrig oder als unzulässige Gesetzesumgehung anzusehen[47].

13 Der Geschäftsanteil bleibt auch während der **Liquidation** der GmbH nach § 15 Abs. 1 abtretbar[48]. Der Gesellschaftsvertrag kann die Übertragung aber für diesen Fall von weiteren Voraussetzungen abhängig machen (§ 15 Abs. 5) oder ganz ausschließen. Zur Gewährleistung s. Rdnr. 136 ff. Vgl. im Übrigen 11. Aufl., bei § 69.

14 Die Abtretung des **Teils eines Geschäftsanteils** wurde durch das MoMiG wesentlich reformiert. Nach früherer Rechtslage durfte diese zunächst nicht statutarisch ausgeschlossen sein (§ 17 Abs. 6 Satz 2 a.F.), es mussten die Mindestbeträge beachtet werden (§ 17 Abs. 4 a.F.) und die schriftliche Genehmigung der Gesellschaft war erforderlich (§ 17 Abs. 1 u. 2 a.F., vgl. Erl. zu § 17, 10. Aufl.). Seit Aufhebung des § 17 a.F. ist, wenn anderslautende Satzungsbestimmungen nicht existieren (vgl. Rdnr. 23, 106 ff.), lediglich die vorherige Teilung gemäß § 46 Nr. 4 durch Gesellschafterbeschluss notwendig, bevor der nunmehr selbständige Teil des ursprünglichen Geschäftsanteils gemäß § 15 Abs. 3 abgetreten werden kann (vgl. Erl. zu § 17, 10. Aufl.). Die Anforderungen an den Bestimmtheitsgrundsatz bei der Teilung eines Geschäftsanteils wurden durch die Streichung des § 17 Abs. 2 a.F. modifiziert. Die Rechtsprechung fordert nun lediglich die genaue Bestimmung der neuen Geschäftsanteile und ihrer Nennbeträge[49].

b) Fremder Geschäftsanteil

15 Auch der Verkauf eines dem Verkäufer nicht zustehenden Geschäftsanteils ist zulässig; es bestehen dann bei Nichtleistung nur Gewährleistungsansprüche gegen den Verkäufer (§ 453 Abs. 1 BGB)[50]. Denn ein Nichtgesellschafter kann einen fremden Geschäftsanteil wirksam abtreten, falls der berechtigte Anteilsinhaber zustimmt[51]. Die Abtretung bedarf der Form aus § 15 Abs. 3, die Zustimmung des berechtigten Gesellschafters ist formlos gültig (§ 185 Abs. 2 BGB). Zudem ist bei Vorliegen der Voraussetzungen des § 16 Abs. 3 ein gutgläubiger Erwerb vom Nichtberechtigten möglich (s. Rdnr. 101 f.).

c) Einzelne Rechte und Pflichten

16 Einzelne Rechte und Pflichten aus dem Geschäftsanteil sind notwendig mit diesem verbunden und gehen daher mit dessen Übertragung auf den Erwerber über. Ausnahmen hiervon sind höchstpersönliche Rechte (s. § 3 Rdnr. 68, § 14 Rdnr. 127). Es fragt sich aber, ob *einzelne* Mitgliedschaftsrechte *getrennt* übertragen werden können[52]. Hier ist zu unterscheiden:

aa) Mitverwaltungsrechte

17 Mitgliedschaftsrechte personenrechtlicher Art, wie das Recht auf Einberufung der Gesellschafterversammlung oder auf Teilnahme an ihr, das Stimmrecht, die Anfechtungsbefugnis

---

47 Vgl. BGH v. 9.10.1956 – II ZB 11/56, BGHZ 21, 378, 381 sowie § 2 Rdnr. 68; a.M. OLG Celle, GmbHR 1951, 26.
48 RG, JR 1926 Nr. 1718; OLG Dresden, GmbHRspr. III Nr. 2 zu § 70; KG v. 24.5.1995 – Kart U 3468/94, GmbHR 1996, 921.
49 BGH v. 17.12.2013 – II ZR 21/12, NZG 2014, 184, 187 = GmbHR 2014, 198 mit Anm. *Bayer*. Nach alter Rechtslage bedurfte die Zustimmung der Schriftform und es mussten die Person des Erwerbers und der Betrag des geteilten Geschäftsanteils bezeichnet werden.
50 RG, LZ 1912, 841; RGZ 109, 297; s. auch BGH, GmbHR 1960, 45 mit Anm. *Pleyer* (zur Rechtslage vor der Schuldrechtsmodernisierung).
51 RG, WarnR 5, 105 = LZ 1912, 326.
52 Über die Gründe einer solchen Abspaltung einzelner Mitgliedschaftsrechte vgl. *Wiedemann*, S. 274 ff.

bei fehlerhaften Beschlüssen, das Recht auf Auskunft und Büchereinsicht (s. § 14 Rdnr. 22) können nicht getrennt auf einen anderen übertragen werden[53]. Sie sind nach der gesetzlichen Wertung mit dem Geschäftsanteil notwendig verbundene *unselbständige Bestandteile der Mitgliedschaft* (s. auch § 717 Satz 1 BGB). Eine Abspaltung dieser Rechte ist mit ihrer Funktion als vom Mitgliedschaftsinteresse getragene Steuerungs- und Legitimationsmittel verbandsautonomer Willensbildung und Kontrolle unvereinbar (vgl. § 14 Rdnr. 50)[54]. Der unzulässigen getrennten Übertragung wertungsmäßig gleichzustellen sind demgemäß die Ermächtigung einen anderen zur Ausübung der Mitverwaltungsrechte im eigenen Namen (sog. Legitimationszession)[55] und die dauernde oder zeitweise unwiderrufliche Bevollmächtigung eines anderen mit den Vollmachtgeber verdrängender Wirkung[56] oder mit dessen schuldrechtlichem Verzicht auf eigene Rechtsausübung[57], während sonstige – auch nicht frei widerrufliche[58] – Bevollmächtigungen nicht betroffen und mangels gegenseitiger Satzungsbestimmung zulässig sind (§ 47 Abs. 3). Nicht gegen das Abspaltungsverbot verstößt die durch die Beteiligten vereinbarte oder durch die Satzung vorgeschriebene Gruppenvertretung mehrerer Gesellschafter, wenn der Vertreter weisungsgebunden und abberufbar ist[59].

---

53 BGH v. 25.2.1965 – II ZR 287/63, BGHZ 43, 261, 267; BGH v. 4.12.1967 – II ZR 91/65, NJW 1968, 396, 397; BGH v. 11.10.1976 – II ZR 119/75, BB 1977, 10, 11; BGH v. 17.11.1986 – II ZR 96/86, NJW 1987, 780; BayObLG v. 21.11.1985 – BReg3 Z 146/85, ZIP 1986, 303, 305 = GmbHR 1986, 87; OLG Koblenz v. 16.1.1992 – 6 U 963/91, GmbHR 1992, 464, 465; *Wiedemann*, S. 276 ff.; *Teichmann*, Gestaltungsfreiheit in Gesellschaftsverträgen, 1970, S. 221 ff.; *Raiser*, in: Ulmer/Habersack/Löbbe, § 14 Rdnr. 46 f.; *Fastrich*, in: Baumbach/Hueck, § 14 Rdnr. 20; *Bayer*, in: Lutter/Hommelhoff, § 14 Rdnr. 22; *Pentz*, in: Rowedder/Schmidt-Leithoff, § 14 Rdnr. 25; *Altmeppen*, in: Roth/Altmeppen, Rdnr. 22; *Schiessl/Böhm*, in: MünchHdb. III, § 31 Rdnr. 39 u.a.; teilw. abw. *Fleck*, in: FS Rob. Fischer, 1979, S. 107, 118 ff.

54 Zutr. *Flume*, Allg. Teil des Bürg. Rechts, I/2, 1983, S. 201 ff.; *Karsten Schmidt*, GesR, § 19 III 4a; *Raiser*, in: Ulmer/Habersack/Löbbe, § 14 Rdnr. 46. Vgl. auch die teilweise abweichenden Begründungen von *Wiedemann*, S. 272 ff. u. GesR I, S. 372 f.; *Teichmann*, S. 224 f.; *Reuter*, ZGR 1978, 633 ff. sowie den Überblick bei *Fleck*, S. 110 ff. u. *Schäfer*, GmbHR 1998, 113, 116.

55 *Bayer*, in: Lutter/Hommelhoff, § 14 Rdnr. 22; *Karsten Schmidt*, GesR, § 19 III 4a; *Schiessl/Böhm*, in: MünchHdb. III, § 31 Rdnr. 39. Demgegenüber verneinen *Wiedemann*, S. 289 f. u. *Flume*, S. 205 zwar die Gleichstellung, halten aber die sog. Legitimationszession bei der GmbH entgegen RGZ 157, 52, 55 f. aus anderen Erwägungen zutreffend für unzulässig; vgl. *Wiedemann*, S. 367 f. u. *Flume*, S. 206. Letzterem zust. auch *Raiser*, in: Ulmer/Habersack/Löbbe, § 14 Rdnr. 48; *Zöllner/Noack*, in: Baumbach/Hueck, § 47 Rdnr. 41; *Karsten Schmidt*, 10. Aufl., § 47 Rdnr. 21 mit Übersicht über den Streitstand. Dahingestellt von BayObLG v. 21.11.1985 – BReg3 Z 146/85, GmbHR 1986, 87; OLG Hamburg v. 22.2.1989 – 11 W 14/89, AG 1989, 327, 329 = GmbHR 1990, 42.

56 Nach h.M. ist sie auch aus allgemeinen privatrechtlichen Gründen unwirksam; allgemein *Schilken*, in: Staudinger, 2014, § 164 BGB Rdnr. 10; vgl. in Bezug auf Stimmenrechte *Schubert*, in: MünchKomm. BGB, 7. Aufl. 2015, § 164 BGB Rdnr. 92.

57 BGH, LM § 47 GmbHG Nr. 25; OLG Koblenz v. 16.1.1992 – 6 U 963/91, GmbHR 1992, 464, 465 f.; *Wiedemann*, S. 362; *Teichmann*, S. 225; *Fleck*, S. 117; s. auch OLG Hamburg v. 22.2.1989 – 11 W 14/89, AG 1989, 327, 329 = GmbHR 1990, 42.

58 Die Widerruflichkeit kann vorübergehend in der Weise eingeschränkt werden, dass sie an die begrenzte Laufzeit eines Kausalverhältnisses gebunden und im Übrigen beim Vorliegen eines wichtigen Grundes stets gegeben ist; vgl. dazu mit Unterschieden in Einzelheiten BGH v. 11.10.1976 – II ZR 119/75, GmbHR 1977, 244, 246; *Bayer*, in: Lutter/Hommelhoff, § 14 Rdnr. 22; *Karsten Schmidt*, 11. Aufl., § 47 Rdnr. 83 m.w.N. Enger *Flume*, Allg. Teil des Bürg. Rechts, I/2, 1983, S. 207 f.; *Reuter*, ZGR 1978, 633, 642; *Hüffer/Schürnbrand*, in: Ulmer/Habersack/Löbbe, § 47 Rdnr. 100; weitergehend *Wiedemann*, S. 361 ff.

59 Vgl. dazu BGH v. 12.12.1966 – II ZR 41/65, BGHZ 46, 291, 295 f. (KG); BGH v. 17.10.1988 – II ZR 18/88, GmbHR 1989, 120, 121; *Wiedemann*, S. 388 f.; *Michalski*, Gesellschaftsrechtliche Gestaltungsmöglichkeiten zur Perpetuierung von Unternehmen, 1980, S. 177 ff.; *Karsten Schmidt*, ZHR 146 (1982), 525, 530 ff.; *Raiser*, in: Ulmer/Habersack/Löbbe, § 14 Rdnr. 50; *Bayer*, in: Lutter/Hommelhoff, § 14 Rdnr. 22.

18 Dem **Pfandgläubiger** und dem **Nießbraucher** am Geschäftsanteil, denen gesetzlich keine Mitverwaltungsrechte in der Gesellschaft zustehen, können diese auch nicht durch den Besteller rechtsgeschäftlich übertragen oder in einer vergleichbaren Weise eingeräumt werden (Rdnr. 178 f., 217)[60]. Die dingliche Berechtigung der Genannten am Geschäftsanteil rechtfertigt es nicht, von der Unübertragbarkeit unselbständiger Mitgliedsbestandteile abzuweichen und eine funktionswidrige rechtsgeschäftliche Aufteilung der Mitverwaltungsrechte zu gestatten (Rdnr. 17, 178 f., 217). Ebenso wenig können sie im Falle der treuhänderischen Beteiligung dem **Treugeber** übertragen werden[61]. Anders als die Vorgenannten ist er zwar als wirtschaftlicher Inhaber des Geschäftsanteils auch Träger des Gesellschafterinteresses, aber eine Ausnahme ist gleichwohl ungerechtfertigt, da gesellschaftsrechtlich nur eine Mitgliedschaft des Treuhänders besteht und die Beteiligten den Konsequenzen der von ihnen gewählten rechtlichen Gestaltung nicht ausweichen können.

19 Keine Abspaltung von Mitverwaltungsrechten liegt in der kraft Amtes erfolgenden Ausübung dieser Rechte durch den **Nachlassverwalter** (Rdnr. 249), den **Testamentsvollstrecker** (Rdnr. 250) und den **Insolvenzverwalter** (Rdnr. 254).

bb) Vermögensrechte

20 Die den Bestandteil der Mitgliedschaft bildenden Vermögensstammrechte sind ebenfalls nicht selbständig abtretbar[62]. Etwas anderes gilt aber für die aus ihnen hervorgehenden Einzelansprüche, wie auf Anteil am Jahresgewinn, auf eine Abfindung beim Ausscheiden oder auf die Liquidationsquote, auf Gegenleistungen (Vergütung) für Nebenleistungen aus § 3 Abs. 2 oder für eine Tätigkeit in der Gesellschaft (z.B. als Geschäftsführer). Sie können mangels gegenseitiger Abrede im Gesellschaftsvertrag (§ 399 BGB) selbständig und formlos abgetreten werden. Der § 15 bezieht sich nur auf Abtretung von Geschäftsanteilen oder Teilen von solchen, nicht auf Abtretung Einzelner aus dem Geschäftsanteil fließender Rechte[63]. Es kann sowohl ein bereits entstandener als auch ein zukünftiger Gewinnanspruch abgetreten werden. Er geht im letzteren Fall mit seinem Entstehen, d.h. mit der Beschlussfassung über die Gewinnverwendung für das betreffende Geschäftsjahr (s. Erl. zu § 29 Rdnr. 58 ff.), auf den Erwerber über[64]. Entsprechendes gilt für die künftigen Ansprüche auf Abfindung oder auf die Liquidationsquote, die auf ihn übergehen, sobald die gesetzlichen und satzungsmäßigen Voraussetzungen ihrer Entstehung verwirklicht sind[65].

---

60 A.M. *Raiser*, in: Ulmer/Habersack/Löbbe, § 14 Rdnr. 49 und für den Nießbrauch mit Einschränkungen *Fleck*, S. 125 f.; *Koppensteiner/Gruber*, in: Rowedder/Schmidt-Leithoff, § 47 Rdnr. 25; *Bayer*, in: Lutter/Hommelhoff, § 14 Rdnr. 22, § 47 Rdnr. 4.
61 *Flume*, S. 205; *K. Müller*, Die Sicherheitsabtretung, S. 31 f.; *Beuthien*, ZGR 1974, 26, 82 f.; *Reuter*, ZGR 1978, 633, 642; *Roth*, in: Roth/Altmeppen, § 47 Rdnr. 20; *Roth/Töni*, in: FS 100 Jahre GmbHG, 1992, S. 245, 278; a.m. *Raiser*, in: Ulmer/Habersack/Löbbe, § 14 Rdnr. 49; *Fleck*, S. 127; *Koppensteiner/Gruber*, in: Rowedder/Schmidt-Leithoff, § 47 Rdnr. 25; *Bayer*, in: Lutter/Hommelhoff, § 47 Rdnr. 4 (für „offene" Treuhand); *Ulmer*, ZHR 156 (1992), 377, 387. Offen gelassen von BGH v. 11.10.1976 – II ZR 119/75, GmbHR 1977, 244.
62 *Wiedemann*, S. 414 f.; *Fastrich*, in: Baumbach/Hueck, § 14 Rdnr. 20; *Bayer*, in: Lutter/Hommelhoff, § 14 Rdnr. 22; *Altmeppen*, in: Roth/Altmeppen, Rdnr. 23 f. u. § 14 Rdnr. 13; *Schiessl/Böhm*, in: MünchHdb. III, § 31 Rdnr. 41; *Ebbing*, in: Michalski u.a., § 14 Rdnr. 74.
63 RGZ 82, 167; RG, LZ 1907, 1011; BGH v. 19.9.1983 – II ZR 12/83, GmbHR 1984, 101 = DB 1983, 2513; PrOVG, GmbHRspr. II § 15 R. 46; *Fastrich*, in: Baumbach/Hueck, Rdnr. 27 a.E.; *Bayer*, in: Lutter/Hommelhoff, Rdnr. 7; *Ebbing*, in: Michalski u.a., Rdnr. 123; *Löbbe*, in: Ulmer/Habersack/Löbbe, Rdnr. 129.
64 RGZ 98, 320; krit. *Wiedemann*, S. 299.
65 BGH v. 19.9.1983 – II ZR 12/83, BGHZ 88, 205, 206 = GmbHR 1984, 101; BGH v. 16.5.1988 – II ZR 375/87, BGHZ 104, 351, 353 = GmbHR 1989, 71; *Altmeppen*, in: Roth/Altmeppen, Rdnr. 24.

Der Zessionar hat gegenüber der GmbH **keine Kontroll- oder Mitwirkungsbefugnisse** beim   21
späteren Gewinnfeststellungs- und Verteilungsbeschluss[66]; diese verbleiben dem Gesellschafter. Er muss auch, soweit nicht im Einzelfall § 826 BGB verwirklicht wird[67], Beeinträchtigungen des zukünftigen Gewinnanspruchs durch die Feststellung des Jahresabschlusses oder den
Ergebnisverwendungsbeschluss oder durch Änderungen des Gesellschaftsvertrags hinnehmen[68]. Andererseits erwirbt der Zessionar schon vor dem Entstehen des Gewinnanspruchs
durch den Abtretungsvertrag eine geschützte Rechtsposition insofern, als spätere Verfügungen des Gesellschafters über das Recht (zur Pfandrechts- und Nießbrauchsbestellung s.
Rdnr. 172 ff., 212 ff.) unwirksam sind[69] und als der zukünftige Gewinnanspruch dem Zugriff
der Gläubiger des Gesellschafters in der Zwangsvollstreckung und in der Insolvenz[70] entzogen ist. Die Abtretung des Geschäftsanteils und seine Verwertung durch einen Pfandgläubiger machen dagegen eine Vorausabtretung von künftigen Gewinnansprüchen (auch des Li-
quidationsguthabens) gegenstandslos[71], soweit sie nicht in Wertpapieren verkörpert sind[72].
Die Vorausabtretung schränkt nicht die Rechtsmacht des Gesellschafters ein, zuzustimmen an
Gesellschafterbeschlüssen mitzuwirken, die den zukünftigen Gewinnanspruch beeinträchtigen. Er macht sich aber gegenüber dem Zessionar schadensersatzpflichtig, wenn er dabei die
Verpflichtungen aus dem mit ihm bestehenden Vertragsverhältnis nicht einhält. Fehlt es an
einer ausdrücklichen Vertragsbestimmung, so ist im Einzelfall nach Treu und Glauben und
gesetzlichen Wertungen (z.B. § 42 GmbHG, § 247 HGB) zu beurteilen, inwieweit er bei einer
Stimmabgabe die Interessen des Zessionars zu berücksichtigen hat[73].

Teilweise wird ein Geschäftsanteil unter **Vorbehalt des Gewinns** aus dem laufenden Ge-   22
schäftsjahr abgetreten. Dann erwirbt der Anteilserwerber, falls in der Gesellschafterliste eingetragen (§ 16 Abs. 1), als nunmehriger Gesellschafter den Gewinnanspruch gegenüber der
GmbH, überträgt ihn aber für das laufende Geschäftsjahr sofort an den Veräußerer zurück[74].

Die Abtretbarkeit des Gewinnanspruchs kann durch die Satzung **ausgeschlossen** werden   23
(§ 399 BGB). Er kann auch durch Dividendenscheine oder durch Genussscheine verbrieft
werden (§ 14 Rdnr. 134, 135 ff.).

2. Vererblichkeit des Geschäftsanteils

Schrifttum: *Becker*, Einziehung zwecks Ausschluss der Vererbung an Geschäftsanteilen, GmbHR 1941,
243; *Buchwald*, Gesellschaftsanteil und Erbrecht, AcP 154 (1955), 22; *Cohn*, Der Ausschluss der Vererblichkeit bei den Geschäftsanteilen der GmbH, Diss. Greifswald 1919; *Crezelius*, Gestaltungen mit Nachfolgeklauseln, EStB 2000, 15; *Däubler*, Die Vererbung des Geschäftsanteils bei der GmbH, 1965; *Däubler*,
Der Scheinerbe im Recht der GmbH, GmbHR 1963, 181; *Dilthey*, Unentgeltliche Einziehung von GmbH-
Anteilen, Diss. Bonn 1937; *Dörrie*, Die Testamentsvollstreckung im Recht der Personenhandelsgesellschaften und der GmbH, 1995; *Dörrie*, Erbrecht und Gesellschaftsrecht bei Verschmelzung, Spaltung und

---

66 RGZ 98, 320; OLG Hamburg, OLG 30, 379.
67 RGZ 98, 322; OLG Hamburg, OLG 30, 379; *Löbbe*, in: Ulmer/Habersack/Löbbe, Rdnr. 131.
68 Vgl. *Wiedemann*, S. 303 ff.
69 BGH v. 16.5.1988 – II ZR 375/87, BGHZ 104, 351, 353 = GmbHR 1989, 71; *Löbbe*, in: Ulmer/Haber-
    sack/Löbbe, Rdnr. 129.
70 Zutr. *Wiedemann*, S. 299 unter Hinweis auf BGH v. 5.1.1955 – IV ZR 154/54, NJW 1955, 544.
71 BGH v. 19.9.1983 – II ZR 12/83, BGHZ 88, 205, 208 = GmbHR 1984, 101; BGH v. 16.5.1988 – II
    ZR 375/87, BGHZ 104, 351, 353 = GmbHR 1989, 71; *Altmeppen*, in: Roth/Altmeppen, Rdnr. 26;
    Armbruster, NJW 1991, 606, 607; krit. dazu aber *Marotzke*, ZIP 1988, 1509.
72 *Wiedemann*, S. 299 ff.
73 Vgl. auch RGZ 98, 321; RG, SeuffA 1919 Nr. 6; *Wiedemann*, S. 306 f.; *Löbbe*, in: Ulmer/Habersack/
    Löbbe, Rdnr. 131.
74 RGZ 98, 320; OLG Karlsruhe, GmbHR 1914, 377; OLG Hamburg, OLG 30, 379; s. auch LG Köln,
    DNotZ 1974, 481. Zu den steuerrechtlichen Folgen s. aber § 20 Abs. 2a EStG u. dazu *Gondert/Beh-
    rens*, GmbHR 1997, 682 ff.

Formwechsel, GmbHR 1996, 245; *Feller*, Zur Vorerbschaft an GmbH-Geschäftsanteilen, Diss. Mainz 1974; *P. Finger*, Einziehung des Geschäftsanteils beim Tode eines Gesellschafters und Nachfolgeregelung, GmbHR 1975, 97; *Fleck*, Erbrechtliche Anwartschaften und Gesellschafterbeschlüsse in der GmbH, in: FS Stimpel, 1985, S. 353; *Habersack*, Die unentgeltliche Einziehung des Geschäftsanteils beim Tode des GmbH-Gesellschafters, ZIP 1990, 625; *Hadding*, Zur Rechtsstellung des Vorerben von GmbH-Geschäftsanteilen, in: FS Bartholomeyczik, 1973, S. 75; *Haegele*, Vererbung von GmbH-Geschäftsanteilen, DRpfl. 1969, 186; *Haegele*, Rechtsbeziehungen und Wechselwirkungen zwischen GmbH-Satzung und Gesellschaftertestament, GmbHR 1972, 219; *Haegele*, Erbrechtsfragen zur GmbH, BWNotZ 1976, 53; *Heckelmann*, Abfindungsklauseln in Gesellschaftsverträgen, 1973; *Hilger*, Zur Anwendbarkeit statutarischer Vinkulierungsklauseln bei der Übertragung von GmbH-Geschäftsanteilen in Ausführung letztwilliger Verfügungen, in: FS Quack, 1991, S. 259; *A. Hueck*, Gesellschaftsvertrag und Erbrecht, DNotZ 1952, 550; *A. Hueck*, Der Geschäftsanteil der GmbH als Gegenstand eines Vermächtnisses, DB 1956, 735; *Ivo*, Die Vererbung von GmbH-Geschäftsanteilen nach Inkrafttreten des MoMiG, ZEV 2009, 333; *Käppler*, Die Steuerung der Gesellschaftererbfolge in der Satzung einer GmbH, ZGR 1978, 542; *Kesselmeier*, Ausschließungs- und Nachfolgeregelung in der GmbH-Satzung, 1989; *U. Koch*, Die Zuordnung des vererbten GmbH-Geschäftsanteils, Diss. Heidelberg 1981; *Knur*, Die Familiengesellschaft, 1941; *Landmann*, Zur Regelung der Gesellschafternachfolge in der Satzung einer GmbH, Diss. Bonn 1962; *Langner/Heydel*, Vererbung von GmbH-Geschäftsanteilen – Sicherstellung einer familieninternen Nachfolge, GmbHR 2005, 377; *Langner/Heydel*, Nachfolgeklauseln im GmbH-Gesellschaftsvertrag, GmbHR 2006, 291; *Lessmann*, Vinkulierungsklauseln bei der Vererbung von GmbH-Geschäftsanteilen, GmbHR 1986, 409; *Lutter*, Zur Beschränkung des Vorerben im Gesellschaftsrecht, ZGR 1982, 108; *Nagler*, Die zweckmäßige Nachfolgeregelung im GmbH-Vertrag, 1998; *Niemeier*, Rechtstatsachen und Rechtsfragen der Einziehung von GmbH-Anteilen, 1982; *Petzold*, Gesellschaftsvertrag und Erbrecht bei der GmbH und der GmbH & Co. KG, GmbHR 1977, 25; *Pinkernelle*, Gesellschaft mit beschränkter Haftung und Erbrecht, Diss. Bonn 1960; *Priester*, Nachfolgeklauseln im GmbH-Vertrag, GmbHR 1981, 206; *Promberger*, Auslegung unvollständiger Nachfolgeklauseln in der Satzung einer GmbH, ZHR 150 (1986), 585; *Reuter*, Privatrechtliche Schranken der Perpetuierung von Unternehmen, 1972; *Saenger*, Beschränkungen hinsichtlich Veräußerung und Vererbung von Geschäftsanteilen einer GmbH, RG-Praxis IV, 1929, 17; *Schefer*, In welcher Weise kann die Satzung einer GmbH den Erwerb von Geschäftsanteilen durch Erbgang ausschließen oder beschränken?, Diss. Mainz 1960; *Schilling*, Die Regelung der Gesellschafternachfolge in der Satzung der GmbH, GmbHR 1962, 205; *Schneider*, Der GmbH-Anteil bei der Auseinandersetzung eines Gesamthandsvermögen, insbesondere der Erbengemeinschaft, GmbHR 1964, 157; *Scholz*, Die Vererbung des GmbH-Anteils, JR 1955, 331; *Schulze zur Wiesche*, Erbauseinandersetzung eines GmbH-Anteils, GmbHR 1980, 211; *Siegelmann*, Die Erbfolge bei dem Einmann-Gesellschafter einer GmbH, GmbHR 1956, 118; *Siegelmann*, Die Erbfolge in den Nachlass des verstorbenen Einmann-Gesellschafters einer GmbH, DB 1964, 397; *Siegmann*, Zur Fortbildung des Rechts der Anteilsvererbung – Grundlagen und aktuelle Fragen im Zivil- und Ertragssteuerrecht, NJW 1995, 481; *Sommer*, Rechtliche Wege zur Bestands- und Nachfolgeregelung von Familiengesellschaften, Diss. Hamburg 1967; *Soufleros*, Ausschließung und Abfindung eines GmbH-Gesellschafters, 1983; *Strickrodt*, Die Zukunftssicherung des Unternehmens im Rahmen der GmbH, GmbHR 1955, 157; *Sudhoff*, Die Vererbung von GmbH-Anteilen, DB 1963, 1109; *Töteberg*, Die Erbfolge in Geschäftsanteil und Mitgliedschaft bei der GmbH, Diss. Göttingen 1955; *Vins*, Kann im Gründungsvertrag einer GmbH unter Zustimmung aller Gesellschafter rechtswirksam vereinbart werden, dass der Geschäftsanteil eines Gesellschafters mit dessen Tode nicht seinen Erben, sondern Dritten zustehen soll?, ZHR 86 (1923), 325; *Vogel*, Zur Vererbung eines Geschäftsanteils, GmbHR 1971, 132; *H. P. Westermann*, Zum Anwendungsbereich von Vinkulierungsklauseln bei der Vererbung von GmbH-Geschäftsanteilen, ZIP 1985, 1249; *Wachter*, Unternehmensnachfolge bei der GmbH und GmbH & Co. KG nach dem MoMiG, DB 2009, 159; *Wiedemann*, Die Übertragung und Vererbung von Mitgliedschaftsrechten bei Handelsgesellschaften, 1965; *Wiedemann*, GmbH-Anteile in der Erbengemeinschaft, GmbHR 1969, 217; *K. Winter*, Die Vererbung von GmbH-Anteilen im Zivil- und Steuerrecht, 1997; *Wittek*, Die gesellschaftsrechtliche Behandlung der Familien-GmbH, Diss. Erlangen-Nürnberg, 1969; *Wolany*, Rechte und Pflichten des Gesellschafters einer GmbH, 1964. Zur Testamentsvollstreckung am Geschäftsanteil vgl. Nachw. in Rdnr. 250 ff.

a) Grundsatz

24　Kraft der Vererblichkeit geht der Geschäftsanteil mit dem Tode des Gesellschafters ohne weiteres auf die gesetzlichen oder testamentarischen Erben über (§ 1922 BGB) und kann auch letztwillig einem Dritten vermacht werden, der als *Vermächtnisnehmer* gegen den oder die Erben ein Forderungsrecht auf formgebundene (§ 15 Abs. 3) (dingliche) Abtretung des Geschäftsanteils hat (§ 2174 BGB). *Miterben* steht der ererbte Geschäftsanteil „ungeteilt", d.h. zur gesamten Hand der Erbengemeinschaft, zu; Erl. bei § 18 Abs. 1. Zur Auseinandersetzung unter Erben s. Rdnr. 93. *Vermächtnisse* (§§ 2147 ff. BGB) und *Teilungsanordnungen* des Erblassers (§ 2048 BGB) sind dabei aber nur in den satzungsmäßigen Grenzen ausführbar (Rdnr. 36 ff.). Der Einzelerbe gilt, obwohl Rechtsinhaber und im Außenverhältnis uneingeschränkt Gesellschafter, im Verhältnis zur Gesellschaft, also insbesondere in Bezug auf seine Gesellschafterrechte, gemäß § 16 Abs. 1 Satz 1, § 40 erst mit Eintragung in die Gesellschafterliste als Inhaber[75]. Der Nachweis der Erbfolge muss allerdings auf Verlangen durch Vorlage des Erbscheins erbracht werden[76]. Vor Eintragung in die Gesellschafterliste getätigte Rechtshandlungen als Gesellschafter sind nur dann wirksam, wenn gemäß § 16 Abs. 1 Satz 2 nach deren Vornahme unverzüglich eine Eintragung in die Gesellschafterliste erfolgt. Schlägt der Erbe die Erbschaft aus, so ist er niemals Gesellschafter geworden (vgl. § 1953 Abs. 1 BGB) und haftet dann in keiner Weise für Verbindlichkeiten aus dem Geschäftsanteil, insbesondere auch nicht nach § 16 Abs. 2 oder § 22[77]. Für Maßnahmen, die der Erbe vor der Ausschlagung getroffen hat oder die dem Erben gegenüber vor der Ausschlagung getroffen worden sind, gelten – in gleicher Weise wie bei einer späteren Anfechtung der Erbschaftsannahme (§ 1957 Abs. 1 BGB) – die §§ 1959 ff. BGB. Für den Scheinerben gelten die §§ 2366 f. BGB. Für die Verpflichtungen aus der Mitgliedschaft (Leistung von Einlagen, § 19, § 55; Rückzahlung nach § 31; Nachschusspflicht nach § 26) haftet der Erbe, es sei denn, er beschränkt seine Erbenhaftung nach den §§ 1975 ff. BGB, wobei diese Haftungsbeschränkung nur auf bis zum Erbfall begründete Verpflichtungen Anwendung findet.

Es kann ein **Testamentsvollstrecker** bestimmt sein, auch lediglich zur Verwaltung des Geschäftsanteils (Rdnr. 250 ff.). Auch ein **Nachlasspfleger** kann zu dieser Verwaltung befugt sein (§ 1960, § 2017 BGB; Rdnr. 248).   25

b) Abweichende Regelung durch den Gesellschaftsvertrag

Der § 15 Abs. 5 sieht (Möglichkeiten zur) Beschränkung nur für die Abtretung vor, also die   26
rechtsgeschäftliche Übertragung des Geschäftsanteils, und eine solche liegt bei der gesetzlichen Rechtsnachfolge kraft Erbenstellung gerade nicht vor. Das RG[78] hatte dieses Problem nicht erkannt und ging vielmehr ohne weitere Erörterung davon aus, dass aus § 15 Abs. 5 „folgt, dass die Veräußerlichkeit *und Vererblichkeit* der Geschäftsanteile durch Gesellschaftsvertrag beschränkt und auch gänzlich ausgeschlossen werden kann (vgl. auch § 17 Abs. 6 GmbHG)". Die letztgenannte Vorschrift ist nunmehr aufgehoben und bezog sich zudem lediglich auf den Ausschluss der Teilung von Geschäftsanteilen. Eine Vinkulierungsklausel i.S. von § 15 Abs. 5 erfasst nicht die Übertragung des Anteils eines Nachlasses, in dem sich der Geschäftsanteil befindet (dazu § 18 Rdnr. 9). Ebenso wie bei der Abtretung und zum Teil aus ähnlichen Gründen kann zwar auch bei der Vererbung der Geschäftsanteile ein vom Erblasserinteresse unabhängiges gesellschaftliches Bedürfnis dafür bestehen, in den Gesellschaftsvertrag bindende Regeln über die Gesellschafternachfolge aufzunehmen[79]. Hierfür stellen die

---

75 *Bayer*, in: Lutter/Hommelhoff, Rdnr. 13; *Ebbing*, in: Michalski u.a., Rdnr. 10; *Reichert/Weller*, in: MünchKomm. GmbHG, 2. Aufl. 2015, Rdnr. 444; *Brandes*, in: Bork/Schäfer, Rdnr. 64; *Wicke*, Rdnr. 10; *Wachter*, DB 2009, 159, 160; *Ivo*, ZEV 2009, 333, 335.

76 *Bayer*, in: Lutter/Hommelhoff, Rdnr. 13; *Reichert/Weller*, in: MünchKomm. GmbHG, 2. Aufl. 2015, Rdnr. 444; *Ebbing*, in: Michalski u.a., Rdnr. 10.

77 *Löbbe*, in: Ulmer/Habersack/Löbbe, Rdnr. 7; *Ebbing*, in: Michalski u.a., Rdnr. 11; *Töteberg*, Erbfolge, S. 36.

78 RGZ 80, 175, 179.

79 Vgl. *Karsten Schmidt*, GmbHR 2011, 1289, 1293, 1295.

Vorschriften des GmbHG mit Rücksicht auf die sonst nicht übereinstimmende Interessenlage im Erbfall jedoch andere Mittel zur Verfügung (vgl. Rdnr. 29).

aa) Ausschluss oder Beschränkung

27 Der Ausschluss oder die Beschränkung der Vererblichkeit der Geschäftsanteile ist nicht möglich[80]. Die durch die verunglückte Ausdrucksweise des RG (Rdnr. 26) nahe gelegte abweichende Ansicht ist nur vereinzelt früher im Wege der analogen Anwendung von § 38 Satz 1 BGB vertreten worden[81]. Eine solche Analogie widerspricht jedoch den Grundsätzen des GmbH-Rechts. Wäre der **Ausschluss** der Vererblichkeit möglich, müsste der Geschäftsanteil mit dem Tode seines Inhabers erlöschen, mit der Folge, dass alle Leistungspflichten des Gesellschafters einschließlich der Stammeinlageschuld (s. § 19) entfielen und die Aufbringung des Stammkapitals (s. § 5 Rdnr. 7 ff.) gefährdet wäre. Dass ein Geschäftsanteil ohne Einziehung (§ 34) erlöschen könne, ist mit dem GmbHG nicht vereinbar. Eine weitere Meinung gelangt auf einem anderen Weg indirekt zur Anerkennung des Ausschlusses der Vererblichkeit, indem sie eine mit dem Eintritt des Todes des Anteilsinhabers automatisch wirkende sog. Einziehung kraft Statuts zulässt[82]. Der Geschäftsanteil wäre dann ebenfalls nicht Nachlassbestandteil. Sie trägt damit zwar den oben erwähnten Bedenken Rechnung, ist aber aus Gründen der Rechtssicherheit abzulehnen, da bei automatischer Einziehung Ungewissheit über das Vorliegen der für das Wirksamwerden des vorweggenommenen Gestaltungsaktes notwendigen gesetzlichen Einziehungsvoraussetzungen (Volleistung der Einlagen und Möglichkeit zur Entgeltzahlung ohne Beeinträchtigung des Stammkapitals) besteht[83]. Die Gestaltung ist überdies wegen ihrer geringen Flexibilität wenig zweckmäßig.

28 Ebenso wenig kann der Gesellschaftsvertrag die Vererblichkeit des Geschäftsanteils **beschränken**, also z.B. seinen Übergang von einer Genehmigung abhängig machen[84] oder mit unmittelbarer Wirkung eine Sonderrechtsnachfolge anordnen[85]. Auch wenn der Gesellschaftsvertrag zugleich die Erfordernisse eines Erbvertrages erfüllen sollte (§§ 2274 ff. BGB), könnte eine derartige Bestimmung nicht getroffen werden (§ 2278 Abs. 2 BGB). Desgleichen ist die Konstruktion eines auf den Todesfall zu Gunsten des Nachfolgers geschlossenen dinglichen Vertrages abzulehnen[86]. Möglich wäre eine Sondernachfolge allerdings derart, dass der Ge-

---

80 *Wiedemann*, S. 93 f.; Reuter, S. 409; *Brodmann*, Anm. 7; *Löbbe*, in: Ulmer/Habersack/Löbbe, Rdnr. 11; Langner/Heydel, GmbHR 2006, 291; *Fastrich*, in: Baumbach/Hueck, Rdnr. 9, 12; *Bayer*, in: Lutter/Hommelhoff, Rdnr. 12; *Ebbing*, in: Michalski u.a., Rdnr. 6, 22; *Altmeppen*, in: Roth/Altmeppen, Rdnr. 8; *D. Jasper/Wollbrink*, in: MünchHdb. III, § 25 Rdnr. 1; *Wicke*, Rdnr. 7; *Görner*, in: Rowedder/Schmidt-Leithoff, Rdnr. 130.
81 OLG Colmar, Recht 1912, Nr. 484; *Feine*, S. 370; *Vins*, S. 328.
82 KG, GmbHRspr. IV § 34 R. 10; LG Frankfurt, GmbHR 1962, 118; *Feine*, S. 378; *Däubler*, S. 117 ff.; *Haegele*, GmbHR 1972, 221; *Finger*, GmbHR 1975, 97, 98 f.; *Sudhoff*, DB 1963, 1109.
83 *Wiedemann*, S. 79; *Löbbe*, in: Ulmer/Habersack/Löbbe, Rdnr. 12; *Fastrich*, in: Baumbach/Hueck, Rdnr. 12; *Bayer*, in: Lutter/Hommelhoff, Rdnr. 12; *Ebbing*, in: Michalski u.a., Rdnr. 22; *Käppler*, S. 569 ff.; *Nagler*, S. 60 ff.
84 *Däubler*, S. 111 f.
85 OLG Koblenz v. 19.1.1995 – 6 U 829/93, GmbHR 1995, 586, 587; *Schilling*, S. 206; *Löbbe*, in: Ulmer/Habersack/Löbbe, Rdnr. 11, 14; *Wiedemann*, S. 95 f.; *Däubler*, S. 105 f.; *Fastrich*, in: Baumbach/Hueck, Rdnr. 9, 12; *Bayer*, in: Lutter/Hommelhoff, Rdnr. 12; *Ebbing*, in: Michalski u.a., Rdnr. 6, 22; *Altmeppen*, in: Roth/Altmeppen, Rdnr. 28; *D. Jasper/Wollbrink*, in: MünchHdb. III, § 25 Rdnr. 1, 2; *Rodewald*, in: GmbH-Hdb., Rdnr. I 1084; *Käppler*, S. 575; *Priester*, S. 207; *Nagler*, S. 197 ff.; *Langner/Heydel*, GmbHR 2006, 291; a.M. *Schefer*, DB 1961, 59 u. Diss. S. 72 ff.; *Finger*, S. 102 f.; *Kesselmeier*, S. 259 ff.
86 Eb. *Feine*, S. 378; *Löbbe*, in: Ulmer/Habersack/Löbbe, Rdnr. 14; *Fastrich*, in: Baumbach/Hueck, Rdnr. 9; *Wiedemann*, S. 94; *Däubler*, S. 101 f.; *Käppler*, S. 575; a.M. noch RGZ 80, 177 f.; aufgegeben in RG, DR 1943, 812.

schäftsanteil im Gesellschaftsvertrag einem Mitgesellschafter, der GmbH oder einem beim Abschluss des Gesellschaftsvertrags mitwirkenden Dritten[87] auf den Todesfall aufschiebend bedingt abgetreten wird, aber dies ist wegen der rechtlichen Bindungen, denen der Gesellschafter sich schon zu Lebzeiten unterwerfen müsste (§§ 160, 161 BGB), im Regelfall kein geeignetes Mittel der Nachfolgeregelung[88]. Eine sog. qualifizierte Nachfolgeklausel des Statuts kann deshalb im Allgemeinen auch nicht in diesem Sinne ausgelegt werden[89]. Eine Potestativbedingung dahingehend, dass der Zedent sich eine anderweitige Verfügung zu Lebzeiten vorbehält[90], wäre dagegen mangels Bindungswillens unzulässig[91]. Soll eine am Gesellschaftsvertrag nicht beteiligte Person Nachfolger werden, scheitert die bedingte Übertragung zudem an § 15 Abs. 3 und der unzulässigen Belastung des Dritten mit den Pflichten (Satzung als unzulässiger Verfügungsvertrag zugunsten Dritter)[92]; die statutarische Regelung kann in Einzelfällen als schuldrechtlicher Vertrag zugunsten Dritter auf den Todesfall (§§ 328, 331 BGB) auszulegen sein[93].

bb) Zulässige Nachfolgeregelungen

Die Uneinschränkbarkeit des Anteilsübergangs auf die Erben schließt es aber nicht aus, eine dem Gesellschaftsverhältnis angepasste **Regelung der Gesellschafternachfolge im Gesellschaftsvertrag** zu treffen[94]. Es kommen als Mittel dafür vor allem die Abtretungspflicht der Erben (Rdnr. 32), das Einziehungsrecht der Gesellschaft (Rdnr. 30) und die Ermächtigung zur Kaduzierung entsprechend § 21 (s. § 21 Rdnr. 6)[95] in Betracht. In der Gestaltungspraxis werden häufig – zulässigerweise – Abtretungspflicht und – ggf. nachgelagert – Einziehungsmöglichkeit kombiniert (Rdnr. 30)[96]. Zulässig ist daneben auch, die Rechtsstellung des Gesellschafternachfolgers statutarisch einzuschränken (s. Rdnr. 34). Soweit im Gesellschaftsvertrag vom Ausschluss oder von der Beschränkung der Vererbung von Geschäftsanteilen gesprochen wird, muss nach seinem Gesamtinhalt ermittelt werden, ob damit eine der vorstehend genannten Lösungsmöglichkeiten gewollt war; mangels entsprechender Anhaltspunkte ist die Klausel nichtig (Rdnr. 26 f.). Die statutarische Bestimmung, wonach die Geschäftsanteile nur an einen darin näher umschriebenen Personenkreis vererbt werden können, ist im Allgemeinen dahingehend auszulegen, dass ein nicht qualifizierter Gesellschaftererbe zur Abtretung an die jenem Personenkreis zuzurechnenden Personen verpflichtet und die Gesellschaft hilfsweise zur Einziehung befugt ist[97].

29

---

[87] *Priester*, GmbHR 1981, 206, 209; *Langner/Heydel*, GmbHR 2005, 377, 378.

[88] Eb. *Langner/Heydel*, GmbHR 2005, 377, 378 und Fn. 9; *Ebbing*, in: Michalski u.a., Rdnr. 24.

[89] Vgl. *Wiedemann*, S. 94; *Löbbe*, in: Ulmer/Habersack/Löbbe, Rdnr. 14 a.E.; *Ebbing*, in: Michalski u.a., Rdnr. 24; *Priester*, S. 209; abw. *Däubler*, S. 107.

[90] *Priester*, GmbHR 1981, 206, 209 f.

[91] Vgl. dazu auch *Nagler*, S. 171 f.

[92] Eb. *Langner/Heydel*, GmbHR 2005, 377, 378; *Löbbe*, in: Ulmer/Habersack/Löbbe, Rdnr. 14.

[93] *Ebbing*, in: Michalski u.a., Rdnr. 28; *Langner/Heydel*, GmbHR 2005, 377, 378 Fn. 8.

[94] Für statutarische Musterklauseln *Seibt*, in: MünchAnwHdb. GmbH-Recht, 3. Aufl. 2014, § 2 Rdnr. 237 ff.

[95] BGH v. 20.6.1983 – II ZR 237/82, GmbHR 1984, 74 f.; OLG München v. 6.7.1984 – 23 U 1899/84, ZIP 1984, 1349, 1350; *Kesselmeier*, S. 53 ff.; *Löbbe*, in: Ulmer/Habersack/Löbbe, Rdnr. 17; *Ebbing*, in: Michalski u.a., Rdnr. 31; *Görner*, in: Rowedder/Schmidt-Leithoff, Rdnr. 135; *D. Jasper/Wollbrink*, in: MünchHdb. III, § 25 Rdnr. 22 ff.

[96] Vgl. *Langner/Heydel*, GmbHR 2005, 377, 379 („Königsweg"); zu Einziehungsklauseln mit alternativer Zwangsabtretung vgl. *Seibt*, in: MünchAnwHdb. GmbH-Recht, 3. Aufl. 2014, § 2 Rdnr. 253.

[97] Vgl. OLG Koblenz v. 19.1.1995 – 6 U 829/93, GmbHR 1995, 586, 587; *Löbbe*, in: Ulmer/Habersack/Löbbe, Rdnr. 15; *Fastrich*, in: Baumbach/Hueck, Rdnr. 13; *Bayer*, in: Lutter/Hommelhoff, Rdnr. 12; *Görner*, in: Rowedder/Schmidt-Leithoff, Rdnr. 132; *D. Jasper/Wollbrink*, in: MünchHdb. III, § 25 Rdnr. 20, *Rodewald*, in: GmbH-Hdb., Rdnr. I 1094; a.M. *Wiedemann*, S. 96, der der Gesellschaft ein Wahlrecht gibt; s. auch BGH v. 5.7.1962 – II ZR 108/61, WM 1962, 1083.

aaa) Einziehung

30 Der Gesellschaftsvertrag kann vorsehen, dass beim Tode eines Gesellschafters die Einziehung des Geschäftsanteils (§ 34) erfolgen darf oder muss[98]. Geschieht das ohne Einschränkung, so hat die Klausel den Sinn, dass die Gesellschaft nur durch die überlebenden Gesellschafter fortgesetzt werden oder die Entscheidung über eine Fortsetzung mit den Erben den übrigen Gesellschaftern überlassen sein soll. Die Voraussetzungen der Einziehungsbefugnis können aber auch dahingehend eingeengt werden, dass sie nur beim Tode des Inhabers bestimmter Geschäftsanteile oder nur dann gegeben sein soll, wenn der Geschäftsanteil im Wege der Erbfolge auf andere als die im Gesellschaftsvertrag genannten Personen oder Personengruppen, z.B. Familienangehörige[99] oder Abkömmlinge, übergeht. Desgleichen ist es zulässig, das Einziehungsrecht der Gesellschaft mit einer Abtretungspflicht (s. Rdnr. 32) alternativ oder derart zu verbinden, dass es entstehen soll, wenn die Abtretung nicht oder nicht rechtzeitig vorgenommen wird[100]. Die Einziehungsbefugnis darf die Gesellschaft aber nicht rechtsmissbräuchlich ausüben[101]. Die Vornahme der Einziehung kann im Gesellschaftsvertrag an eine Frist gebunden werden. Steht sie im Ermessen des zuständigen Organes, so ist auch ohne ausdrückliche Bestimmung dem Sinn der Nachfolgeklausel zu entnehmen, dass die Einziehung, sofern ihr nicht Hindernisse entgegenstehen (z.B. unzureichende freie Mittel für das Einziehungsentgelt; s. dazu § 34 Rdnr. 25), nur innerhalb einer angemessenen Zeit nach dem Tode des Anteilsinhabers vorgenommen werden kann[102]. Denn ansonsten würde ein unzulässiger Druck auf den neuen Gesellschafter entstehen, der diesem eine freie Ausübung seiner Gesellschafterrechte und -pflichten erschwert ("Damokles-Schwert")[103]. Die statutarische Festlegung einer Frist von einem Jahr dürfte indes noch zulässig sein[104]. Die Nichtausübung des Einziehungsrechts kann u.U. auch als Verzicht zu deuten sein[105] oder zur Verwirkung des Rechts führen[106], nicht aber ohne weiteres einen unabhängigen Zahlungsanspruch begründen[107].

31 Die vorstehenden Satzungsbestimmungen regeln die **gesellschaftsrechtlichen Folgen des Ausscheidens** eines Gesellschafters aus der GmbH durch Tod und haben grundsätzlich keine

---

98 Eb. BGH v. 20.12.1976 – II ZR 115/75, BB 1977, 563; OLG München v. 6.7.1984 – 23 U 1899/84, ZIP 1984, 1349; *Feine*, S. 377; *Löbbe*, in: Ulmer/Habersack/Löbbe, Rdnr. 17; *Ebbing*, in: Michalski u.a., Rdnr. 31; *Fastrich*, in: Baumbach/Hueck, Rdnr. 13; *Bayer*, in: Lutter/Hommelhoff, Rdnr. 12, 20; *Altmeppen*, in: Roth/Altmeppen, Rdnr. 29; *Reichert/Weller*, in: MünchKomm. GmbHG, 2. Aufl. 2015, Rdnr. 457; *Görner*, in: Rowedder/Schmidt-Leithoff, Rdnr. 132; *Nagler*, S. 52 ff. m.w.N.; *Lenz*, GmbHR 2000, 928; *Langner/Heydel*, GmbHR 2005, 377, 379; *Langner/Heydel*, GmbHR 2006, 291, 292.

99 BGH v. 20.12.1976 – II ZR 115/75, BB 1977, 563.

100 *Löbbe*, in: Ulmer/Habersack/Löbbe, Rdnr. 17; *Ebbing*, in: Michalski u.a., Rdnr. 31; *Fastrich*, in: Baumbach/Hueck, Rdnr. 13; *Bayer*, in: Lutter/Hommelhoff, Rdnr. 20; *Görner*, in: Rowedder/Schmidt-Leithoff, Rdnr. 132; *D. Jasper/Wollbrink*, in: MünchHdb. III, § 25 Rdnr. 32.

101 OLG München v. 6.7.1984 – 23 U 1899/84, ZIP 1984, 1349, 1350; *Niemeier*, S. 266 ff.

102 BGH v. 20.12.1976 – II ZR 115/75, BB 1977, 563; OLG München v. 6.7.1984 – 23 U 1899/84, ZIP 1984, 1349, 1350; *Niemeier*, S. 268; *Priester*, S. 209; *Däubler*, S. 92 f.; *Haegele*, S. 221; *Nagler*, S. 235 ff.; s. auch BGH v. 19.9.1988 – II ZR 329/87, BGHZ 105, 213, 220 ff. = GmbHR 1989, 117 (GmbH & Co. KG).

103 BGH v. 19.9.1988 – II ZR 329/87, BGHZ 105, 213, 218 ff. = GmbHR 1989, 117 (GmbH & Co. KG).

104 So auch *Langner/Heydel*, GmbHR 2005, 377, 382; *Grunewald*, Ausschluss aus Gesellschaft und Verein, 1987, S. 212; vgl. auch OLG München v. 6.7.1984 – 23 U 1899/84, ZIP 1984, 1349, 1350 (2 Gesellschafterversammlungen).

105 *Priester*, GmbHR 1981, 206, 209; *Niemeier*, S. 269; *D. Jasper/Wollbrink*, in: MünchHdb. III, § 25 Rdnr. 34.

106 BGH v. 20.12.1976 – II ZR 115/75, BB 1977, 563; *Niemeier*, S. 269 m.w.N.

107 Bedenklich OLG Brandenburg v. 11.11.1998 – 7 U 103/98, GmbHR 1999, 540; eb. krit. *Löbbe*, in: Ulmer/Habersack/Löbbe, Rdnr. 17 Fn. 44.

erbrechtliche Relevanz[108]. Die statutarische Bestimmung einer den Anteilswert unterschreitenden *Abfindung* ausscheidender Erben, die gesellschaftsrechtlich unbedenklich ist[109], ändert daran im Allgemeinen nichts. Sie ist rechtlich nicht, wie eine Schrifttumsmeinung annimmt[110], als ein Schenkungsversprechen von Todes wegen (§ 2301 BGB) an die Gesellschaft oder die überlebenden Mitgesellschafter zu qualifizieren, denen durch eine Einziehung ohne vollwertige (dem Verkehrswert entsprechende) Abfindung mittelbar ein Vermögensvorteil zuwachsen *kann*. Der Sinn satzungsmäßiger Abfindungsbeschränkungen (auf den Buchwert, den Substanzwert ohne Berücksichtigung des Good Will, den nach steuerlichen Verwaltungsvorschriften ermittelten gemeinen Wert u.Ä.), die für alle Geschäftsanteile gleichmäßig gelten sollen, ist es, im gemeinsamen Interesse das Abfindungsverfahren zu vereinfachen und den Gesellschaftsbestand gegen existenzbedrohende Kapitalabflüsse zu sichern[111]. Regelungstypisch ist daher von den Beteiligten keine gegenseitige schenkweise Zuwendung eines Vermögensvorteils, sondern ausschließlich eine gesellschaftsspezifische inhaltliche Ausgestaltung ihrer Beteiligungsrechte und -pflichten gewollt[112]. Auch der völlige Ausschluss einer Abfindung für die Einziehung im Todesfall durch die Satzung ist gesellschaftsrechtlich zulässig[113]. Die Einziehungsregelung hat aber dann im Unterschied zu den obigen Fällen der Abfindungsbeschränkung im Allgemeinen den Charakter einer unentgeltlichen Zuwendung an die begünstigten Mitgesellschafter[114]. Das gilt unabhängig davon, ob der Abfindungsausschluss bei der Einziehung der Geschäftsanteile Einzelner oder aller Gesellschafter eingreifen soll[115]. Anders kann es aber auf Grund einer besonderen Gestaltung des Gesellschaftsverhältnisses im Einzelfall liegen, wenn z.B. der Ausschluss einen dem betreffenden Gesellschafter eingeräumten Sondervorteil ausgleichen[116] oder die Verletzung einer entgeltlichen Abtretungspflicht durch die Gesellschaftererben sanktionieren soll[117]. Auch soweit danach eine unentgeltliche Zuwendung an die Mitgesellschafter vorliegt, stehen der Rechtswirksamkeit der Satzungsbestimmung zwingende erbrechtliche Vorschriften schon deswegen nicht entgegen, weil die

---

108 Sog. „Vorrang des Erbrechts", vgl. *Ebbing*, in: Michalski u.a., Rdnr. 6; *Löbbe*, in: Ulmer/Habersack/Löbbe, Rdnr. 11; *Görner*, in: Rowedder/Schmidt-Leithoff, Rdnr. 130; *Fastrich*, in: Baumbach/Hueck, Rdnr. 9; *Altmeppen*, in: Roth/Altmeppen, Rdnr. 28; *Reichert/Weller*, in: MünchKomm. GmbHG, 2. Aufl. 2015, Rdnr. 438; a.A. *Däubler*, S. 89 ff.; *Käppler*, ZGR 1978, 542, 547 ff.; vgl. auch *Reuter*, S. 412 ff.

109 BGH v. 20.12.1976 – II ZR 115/75, BB 1977, 563.

110 So insbesondere *Finger*, GmbHR 1975, 97, 99 f.; *Käppler*, ZGR 1978, 542, 551 ff.; *Wank*, ZGR 1979, 222, 248 f., jeweils m.w.N.; *D. Jasper/Wollbrink*, in: MünchHdb. III, § 25 Rdnr. 39 f.; einschr. *Nagler*, S. 256 ff.

111 Vgl. auch BGH v. 20.12.1976 – II ZR 115/75, BB 1977, 563, 564.

112 Eb. *Löbbe*, in: Ulmer/Habersack/Löbbe, Rdnr. 19; *Flume*, in: FS Ballerstedt, 1975, S. 207, 215; *Priester*, GmbHR 1981, 206, 211 ff.; *Niemeier*, S. 114 ff.; *Bayer*, in: Lutter/Hommelhoff, Rdnr. 20, 18 und § 34 Rdnr. 26. Teilweise wird im Schrifttum auch eine vollzogene (Teil-)Schenkung i.S. des § 2301 Abs. 2 BGB angenommen; vgl. *Heckelmann*, S. 87 ff. sowie für die GmbH *Däubler*, S. 94 f.; *Fastrich*, in: Baumbach/Hueck, Rdnr. 14; *Altmeppen*, in: Roth/Altmeppen, Rdnr. 123; *Ebbing*, in: Michalski u.a., Rdnr. 34.

113 BGH v. 20.12.1976 – II ZR 115/75, BB 1977, 563.

114 Zutr. *Ulmer/Habersack*, in: Ulmer/Habersack/Löbbe, § 34 Rdnr. 101; *Löbbe*, in: Ulmer/Habersack/Löbbe, Rdnr. 20; *Ebbing*, in: Michalski u.a., Rdnr. 34; *Däubler*, S. 94 f.; *Finger*, GmbHR 1975, 97, 99 f.; *Käppler*, ZGR 1978, 542, 547 ff.; *Habersack*, S. 626 f.; *Rodewald*, in: GmbH-Hdb., Rdnr. I 1097; *Niemeier*, S. 105 ff., 112 ff. m.w.N.

115 Eingehend dazu vor allem *Heckelmann*, S. 45 ff., 77 ff. und *Niemeier*, S. 112 ff. gegen die früher auch für die GmbH überwiegend vertretene Meinung, die bei allseitigen Abfindungsausschlüssen ein entgeltliches, aleatorisches Geschäft annahm (vgl. *Knur*, Familiengesellschaft, 1941, S. 111 ff., 114 Fn. 33; *Schilling*, GmbHR 1962, 205, 206; *Sudhoff*, DB 1963, 1109, 1110; *Wiedemann*, S. 96, 188 ff. u.a.).

116 *Heckelmann*, S. 80, 98; *Reinhardt*, ZGR 1975, 367, 382; *Niemeier*, S. 114.

117 *Wiedemann*, S. 97; *Niemeier*, S. 112 Fn. 221. Die §§ 339 ff. BGB sind dann zumindest analog anwendbar; vgl. *Ulmer/Habersack*, in: Ulmer/Habersack/Löbbe, § 34 Rdnr. 104 m.w.N.

Schenkung mit dem Abschluss des Gesellschaftsvertrages regelmäßig bereits aufschiebend bedingt vollzogen ist (§ 2301 Abs. 2 BGB)[118]. Abkömmlinge als gesetzliche Erben sind mit dem unentgeltlich zugewendeten Anteilswert analog § 2050 Abs. 1 BGB untereinander ausgleichspflichtig, wenn der verstorbene Anteilsinhaber dies nicht ausgeschlossen hat, was formfrei möglich ist; eine Pflicht zur Auszahlung des eventuellen Mehrbetrages besteht mangels einer gegenteiligen testamentarischen Auflage nicht (§ 2056 BGB)[119]. Die Pflichtteilsberechtigten sind wie bei sonstigen schenkweisen Zuwendungen des Erblassers durch § 2316, §§ 2325 ff. BGB geschützt[120], wobei entgegen der früheren Rspr. des BGH[121] für den Beginn der Zehnjahresfrist (§ 2325 Abs. 3 BGB) nicht auf den Zeitpunkt des Abschlusses des Gesellschaftsvertrages, sondern auf den des Todes des Anteilsinhabers abzustellen ist[122]. Die Nachlassgläubiger können im Falle des Abfindungsausschlusses von den begünstigten Gesellschaftern analog §§ 4, 11 AnfG, §§ 134, 143, 11 Abs. 2 Nr. 2 InsO Wertersatz in Geld für die infolge der Einziehung erlangte vorteilhafte Rechtsstellung verlangen[123]. Die Rückgewähr in Natur ist dagegen wegen des Untergangs des Geschäftsanteils ausgeschlossen[124]. Ansprüche gegen die Gesellschaft bestehen nicht, da sie durch die Einziehung nichts erwirbt.

bbb) Abtretungspflicht

32 Eine statutarisch begründete **Abtretungspflicht des Gesellschaftererben** soll i.d.R. die gesellschaftlichen Beziehungen regeln, d.h. beim Ausscheiden des Anteilsinhabers durch Tod die Zusammensetzung der die Gesellschaft fortsetzenden Gesellschafter bestimmen. Sie ist demzufolge entweder sog. Nebenleistungspflicht i.S. des § 3 Abs. 2[125] und/oder gesellschaftliche Pflicht gegenüber einem oder allen Mitgesellschaftern, also kein erbrechtlicher, sondern ein **gesellschaftsrechtlicher Tatbestand**. Der Gesellschaftsvertrag kann danach z.B. vorsehen, dass der im Wege der Erbfolge übergegangene Geschäftsanteil durch einen statutarisch nicht nachfolgeberechtigten Erben einem der Miterben, einem anderen Gesellschafter[126] oder einem Dritten[127], einer von der Gesellschaft[128] zu bestimmenden oder ihr genehmen Person

---

118 Eb. *Däubler*, S. 94 f.; *Heckelmann*, S. 87 ff.; *Niemeier*, S. 119 ff.; *Altmeppen*, in: Roth/Altmeppen, Rdnr. 123; *Fastrich*, in: Baumbach/Hueck, Rdnr. 14; *Bayer*, in: Lutter/Hommelhoff, Rdnr. 17; *Ebbing*, in: Michalski u.a., Rdnr. 34; *D. Jasper/Wollbrink*, in: MünchHdb. III, § 25 Rdnr. 40; *Habersack*, S. 629 f. und unten bei § 34 Rdnr. 28; a.M. *Wiedemann*, S. 186 f.; *Finger*, GmbHR 1975, 97, 100; *Käppler*, ZGR 1978, 542, 555 ff.; *Wank*, ZGR 1979, 222, 248.
119 Zutr. *Flume*, in: FS Schilling, 1973, S. 42 ff.; abw. die überwiegende Mehrheit für die Personenhandelsgesellschaften, vgl. *Schäfer*, in: Großkomm. HGB, 5. Aufl. 2009, § 139 HGB Rdnr. 155 ff.
120 *Bayer*, in: Lutter/Hommelhoff, Rdnr. 18; *Löbbe*, in: Ulmer/Habersack/Löbbe, Rdnr. 20; *Ebbing*, in: Michalski u.a., Rdnr. 34; *Nagler*, S. 270 f.; *D. Jasper/Wollbrink*, in: MünchHdb. III, § 25 Rdnr. 40; weitergehend *Däubler*, S. 95 f., der die überlebenden Gesellschafter wie Vermächtnisnehmer behandeln will.
121 BGH v. 25.5.1970 – III ZR 141/68, NJW 1970, 1638; BGH v. 14.7.1971 – III ZR 91/70, WM 1971, 1338. Der BGH ist für eine andere Fallgestaltung von diesen Entscheidungen ausdrücklich abgewichen (BGH v. 17.9.1986 – IVa ZR 13/85, BGHZ 98, 226).
122 Überzeugend *Reuter*, JuS 1971, 289 ff.; *Flume*, in: FS Schilling, 1973, S. 59 ff.; *Bayer*, in: Lutter/Hommelhoff, Rdnr. 18; *Ulmer*, ZGR 1972, 324, 334 f.
123 Zust. *D. Jasper/Wollbrink*, in: MünchHdb. III, § 25 Rdnr. 40.
124 Unzutr. *Däubler*, S. 97.
125 RGZ 113, 149; RGZ 121, 299; BGH v. 27.2.1985 – VIII ZR 328/83, ZIP 1985, 548; vgl. ferner RG, JW 1913, 743; KGJ 38 A 171; *Immenga*, Die personalistische Kapitalgesellschaft, 1970, S. 102; *G. Hueck*, in: FS Larenz, 1973, S. 749, 756 f.; *Nagler*, S. 111; *Fastrich*, in: Baumbach/Hueck, Rdnr. 13; *Reichert/Weller*, in: MünchKomm. GmbHG, 2. Aufl. 2015, Rdnr. 452; *Löbbe*, in: Ulmer/Habersack/Löbbe, Rdnr. 15.
126 BGH v. 5.11.1984 – II ZR 147/83, BGHZ 92, 386, 390 = GmbHR 1985, 150.
127 OLG Celle, GmbHR 1959, 113; OLG Koblenz v. 19.1.1995 – 6 U 829/93, GmbHR 1995, 586.
128 Bestimmungsberechtigt ist dann im Zweifel die Gesellschafterversammlung; s. *Nagler*, S. 113 f.

oder der Gesellschaft selbst abzutreten ist[129]. Beim Übergang des Geschäftsanteils auf eine Mehrheit von Erben, die nach dem Gesellschaftsvertrag teils nachfolgeberechtigt und teils nicht nachfolgeberechtigt sind, ist mangels abweichender statutarischer Bestimmung anzunehmen, dass die Abtretungspflicht gegenüber anderen Personen nicht eingreifen soll, wenn er im Wege der Erbauseinandersetzung auf die nachfolgeberechtigten Miterben übertragen wird[130]. Etwas anderes gilt, wenn dies nicht innerhalb einer angemessenen Zeit geschieht. Die Abtretung muss, auch wenn der Abtretungsempfänger Miterbe ist (Rdnr. 93), in notarieller Form erfolgen (§ 15 Abs. 3); dagegen bedarf es beim Vollzug einer solchen Nachfolgeklausel nicht noch zusätzlich einer für Abtretungen statutarisch vorgeschriebenen Genehmigung i.S. des § 15 Abs. 5[131]. Anspruchsberechtigt aus der gesellschaftlichen Nachfolgeklausel ist, wenn sich aus dem Gesellschaftsvertrag nichts anderes ergibt, die Gesellschaft[132]. Der Gesellschaftsvertrag kann jedoch auch dem Begünstigten[133], Mitgesellschaftern oder den zur Bestimmung des Begünstigten zuständigen Personen (z.B. der Erbengemeinschaft) das Recht einräumen, die Abtretung zu verlangen. Steht es einem Mitgesellschafter zu, so ist das Recht ebenfalls regelmäßig gesellschaftlicher Art. Anderenfalls handelt es sich um einen Anspruch aus einem gesonderten schuldrechtlichen Vertrag zu Gunsten Dritter auf den Todesfall (§§ 328, 331 BGB), der nur tatsächlich, nicht aber rechtliche Bestandteil des Gesellschaftsvertrages ist[134]. Die in diesem Zusammenhang vielfach angeführte Entscheidung des Reichsgerichts[135], wonach die durch den Gesellschaftsvertrag begründeten Rechte nicht mit unmittelbarer und bindender Wirkung einem Nichtgesellschafter zugute kommen können, steht deshalb nicht entgegen. Das Forderungsrecht des Begünstigten richtet sich, wenn nicht ein abweichender Wille erkennbar ist, gegen den Gesellschaftererben und nicht gegen die Gesellschaft[136]. Seinem Zweck entsprechend ist es ohne Zustimmung der Gesellschaft nur abtretbar, wenn der Erwerber nach dem Gesellschaftsvertrag ebenfalls als Nachfolger des Ausgeschiedenen geeignet ist, §§ 399, 413 BGB[137]. Die Satzung kann die Gesellschaft auch gemäß § 185 BGB ermächtigen, den Geschäftsanteil des verstorbenen Gesellschafters an einem bestimmten oder zu bestimmenden Erwerber zu übertragen; beim Fehlen einer abweichenden Regelung bedarf die Ausübung der Ermächtigung eines Gesellschafterbeschlusses analog § 46 Nr. 4[138].

Die Satzung kann auch die weiteren Bedingungen der gesellschaftsrechtlichen Abtretungspflicht (Rdnr. 32) festlegen, insbesondere Bestimmungen über die Höhe des **Entgelts**, seine Fälligkeit und die sonstigen Zahlungsbedingungen treffen[139]. Schweigt sie darüber, so ist im   33

---

129 RG, DR 1943, 812.

130 BGH v. 5.11.1984 – II ZR 147/83, BGHZ 92, 386, 392 f = GmbHR 1985, 150.

131 OLG Koblenz v. 19.1.1995 – 6 U 829/93, GmbHR 1995, 586, 587; *Bayer*, in: Lutter/Hommelhoff, Rdnr. 17; *Ebbing*, in: Michalski u.a., Rdnr. 29; *Wicke*, Rdnr. 8.

132 Eb. *Löbbe*, in: Ulmer/Habersack/Löbbe, Rdnr. 16; *Priester*, GmbHR 1981, 206, 209; *Fastrich*, in: Baumbach/Hueck, Rdnr. 13; *Bayer*, in: Lutter/Hommelhoff, Rdnr. 16; *Nagler*, S. 112; *D. Jasper/Wollbrink*, in: MünchHdb. III, § 25 Rdnr. 23; *Ebbing*, in: Michalski u.a., Rdnr. 27.

133 RGZ 80, 179; BGH v. 5.11.1984 – II ZR 147/83, BGHZ 92, 386, 391; *Saenger*, S. 35; *Däubler*, S. 75; *Löbbe*, in: Ulmer/Habersack/Löbbe, Rdnr. 15, 16; *Priester*, GmbHR 1981, 206, 209; *Fastrich*, in: Baumbach/Hueck, Rdnr. 13; *Bayer*, in: Lutter/Hommelhoff, Rdnr. 16; *D. Jasper/Wollbrink*, in: MünchHdb. III, § 25 Rdnr. 22; *Rodewald*, in: GmbH-Hdb., Rdnr. I 1094.

134 A.M. *Däubler*, S. 75; s. auch *Nagler*, S. 126 ff.

135 RGZ 169, 65, 83.

136 Eb. BGH v. 17.12.1984 – II ZR 36/84, ZIP 1985, 347, 349 = GmbHR 1985, 213; *Saenger*, S. 35; *Däubler*, S. 76; a.m. *Neukirchen*, S. 30 ff.

137 Enger *Däubler*, S. 79.

138 BGH v. 20.6.1983 – II ZR 237/82, NJW 1983, 2880 f. = GmbHR 1984, 74; BGH v. 20.12.1976 – II ZR 115/75, BB 1977, 563; *Löbbe*, in: Ulmer/Habersack/Löbbe, Rdnr. 16 a.E.; *Ebbing*, in: Michalski u.a., Rdnr. 30; *Ulmer*, ZHR 149 (1985), 28, 34 f.; *D. Jasper/Wollbrink*, in: MünchHdb. III, § 25 Rdnr. 24; vgl. auch *Kesselmeier*, S. 45 ff., der § 34 Abs. 2 analog anwenden will.

139 H.M., vgl. *Priester*, GmbHR 1981, 206, 210; *Löbbe*, in: Ulmer/Habersack/Löbbe, Rdnr. 21 f.; *Bayer*, in: Lutter/Hommelhoff, Rdnr. 18; *Reichert/Weller*, in: MünchKomm. GmbHG, 2. Aufl. 2015,

Zweifel als gewollt anzunehmen, dass die Abtretung gegen Zahlung eines nach dem vollen Wert (Verkehrswert) des Geschäftsanteils (s. § 14 Rdnr. 14 ff.) sich bemessenden und sofort fälligen Entgelts erfolgen soll[140]. Sie kann andererseits die Methode zur Ermittlung des Anteilswerts näher regeln, seine verbindliche Festsetzung durch einen Schiedsgutachter vorgeben[141] und auch das Abtretungsentgelt anderweitig festlegen oder seine Bestimmung nach abweichenden Bemessungskriterien (z.B. dem Buchwert gemäß der Handels- oder Steuerbilanz, dem Substanzwert unter Außerachtlassung eines etwaigen Firmenwertes, dem (Erbschaft-)Steuerwert nach dem von der Finanzverwaltung nur bis zum 12.12.2006 (SEStEG) angewandten[142] sog. Stuttgarter Verfahren [s. § 14 Rdnr. 21]) vorschreiben[143]. Zur Frage einer statistischen oder dynamischen Verweisung auf in der Satzung in Bezug genommene Bilanz- oder Steuernormen bzw. Bewertungsverfahren der Steuerverwaltung s. § 14 Rdnr. 21. Das statutarische Abtretungsentgelt braucht beim späteren Ausscheiden nicht den vollen Wert des Geschäftsanteils zu erreichen[144]. Die Abtretungsbestimmung kann auch bei einer derartigen Beschränkung oder, was ebenfalls zulässig[145], in der Praxis allerdings selten ist, bei einem vollständigen Ausschluss des Abtretungsentgelts nicht als ein den erbrechtlichen Vorschriften unterliegendes Schenkungsversprechen von Todes wegen (§ 2301 Abs. 1 BGB) oder als eine letztwillige Verfügung qualifiziert oder behandelt werden. Die Gegenmeinung[146] wertet die Abfindungsklauseln unzutreffend und kommt deshalb unter Betonung eines vermeintlichen Vorrangs erbrechtlicher Wertungsprinzipien[147] zu Ergebnissen[148], die der gesellschaftsrechtlichen Interessenlage, in die der vererbte Geschäftsanteil eingebunden ist, widersprechen. Die angeführten Abfindungsklauseln regeln Modalitäten einer gesellschaftsrechtlichen Nebenleistungspflicht, die den Vollzug der gesellschaftlichen Zwecken dienenden Abtretung (Rdnr. 32) erleichtern und sichern oder überhaupt erst ermöglichen sollen. Mit der Vereinbarung von vertretbaren Abfindungsbeschränkungen, die für alle gleichmäßig gelten oder einzelne nur wegen sachlicher Besonderheiten ihrer Betätigung ausnehmen, wollen die Gesellschafter demzufolge nicht einen bei der späteren Abtretung möglicherweise sich ergebenden Anteilsmehrwert den vorgesehenen Erwerbern unentgeltlich zuwenden, sondern generalisierend ein der speziellen gesellschaftlichen Interessenlage in diesen Ausscheidensfällen

---

Rdnr. 460 f.; *Fastrich*, in: Baumbach/Hueck, Rdnr. 13; *Rodewald*, in: GmbH-Hdb., Rdnr. I 1095; abw. *Görner*, in: Rowedder/Schmidt-Leithoff, Rdnr. 136.

140 Eb. BGH v. 16.12.1991 – II ZR 58/91, BGHZ 116, 359, 370; *Lenz*, GmbHR 2000, 927, 929; *Langner/Heydel*, GmbHR 2005, 377, 384; *Löbbe*, in: Ulmer/Habersack/Löbbe, Rdnr. 18.

141 Vgl. dazu *Soufleros*, S. 227 f. m.w.N.

142 Vgl. *Halaczinsky/Eisele*, in: Rössler/Troll, 15. Aufl. 2011, Anh. § 11 BewG Rdnr. 73.

143 Einen Überblick über die gebräuchlichen Abfindungsklauseln geben *Seibt*, in: MünchAnwHdb. GmbH-Recht, 3. Aufl. 2014, § 2 Rdnr. 254 ff. (Formulierungsvorschläge zur Einziehung); *Soufleros*, S. 222 ff.; *Ulmer*, in: FS Quack, 1991, S. 477 ff.; *Ulmer/Habersack*, in: Ulmer/Habersack/Löbbe, § 34 Rdnr. 81 ff.

144 RG, DR 1943, 812: Nennwert zuzüglich anteiliger offener Reserven.

145 OLG Kiel, SchlHA 1910, 20; BGH v. 20.12.1976 – II ZR 115/75, GmbHR 1977, 81, 82 (Wahrung des Charakters einer Familiengesellschaft für alle Zukunft); *Löbbe*, in: Ulmer/Habersack/Löbbe, Rdnr. 19 f.; *Fastrich*, in: Baumbach/Hueck, Rdnr. 14; *Reichert/Weller*, in: MünchKomm. GmbHG, 2. Aufl. 2015, Rdnr. 461; *Ebbing*, in: Michalski u.a., Rdnr. 34; *Sudhoff*, DB 1963, 1109, 1110; *Haegele*, Rpfleger 1969, 186, 190 ff.; *Haegele*, GmbHR 1972, 219, 220 Fn. 12; *Vogel*, GmbHR 1971, 132, 133; *Rodewald*, in: GmbH-Hdb., Rdnr. I 1095; *Langner/Heydel*, GmbHR 2005, 377, 384 f.

146 Vgl. *Däubler*, S. 81 ff.; *Käppler*, ZGR 1978, 542, 573 ff.: *Reuter*, S. 411 ff. und mit Einschränkungen *Schilling*, GmbHR 1962, 205, 206 f.; *Wiedemann*, S. 97.

147 Dagegen mit Recht *Priester*, GmbHR 1981, 206, 212 f.

148 Keine Bindung eines Gesellschafternachfolgers, begrenzte Geltungsdauer durch die Dreißigjahresfrist (§§ 2109, 2162 f., 2210 BGB), Anfechtung nach §§ 2078 ff., 2345 Abs. 1 BGB sowie Widerruf analog § 2294 BGB, Behandlung als bloßes Vermächtnis; vgl. dazu *Däubler*, S. 81 f.; 84 f.; *Käppler*, ZGR 1978, 542, 574; *Wiedemann*, S. 97.

gerecht werdendes und deshalb von ihnen als angemessen erachtetes Abtretungsentgelt festsetzen[149]. Das gilt nicht nur, wenn der Geschäftsanteil des Verstorbenen an die Gesellschaft oder anteilsmäßig an sämtliche Mitgesellschafter abzutreten ist, sondern trifft auch für statutarische Abtretungspflichten an einzelne Mitgesellschafter und an Dritte (Rdnr. 32) zu[150], sofern nach dem Sinn der Nachfolgeregelung die Fortsetzung des Gesellschaftsverhältnisses mit den vorgesehenen Erwerbern durch ein gesellschaftliches Interesse oder durch besondere Umstände ihrer bisherigen Gesellschafterstellung sachlich begründet ist[151]. In anderen Fällen nicht unerheblicher Abfindungsbeschränkungen und allgemein bei einem Abfindungsausschluss wird dagegen, wenn nicht ausnahmsweise andere Vorteile des verstorbenen Anteilsinhabers oder seiner Rechtsvorgänger kompensiert werden sollen (Rdnr. 31), eine unentgeltliche Zuwendung des Anteils(mehr)werts an die Begünstigten anzunehmen sein, die aber durch die satzungsmäßige Nachfolgeregelung als unter Lebenden erfolgt (§ 2301 Abs. 2 BGB) zu werten ist[152]. Für die Rechtsstellung der Nachlassbeteiligten (Nachlassgläubiger, Pflichtteilsberechtigte und Miterben) ist daher auf die Ausführungen Rdnr. 31 zu verweisen.

ccc) Rechtsbeschränkungen

Der Gesellschaftsvertrag kann auch anordnen, dass beim Ausscheiden eines Gesellschafters durch Tod **der Inhalt seines Geschäftsanteils sich ändert**[153]. Er kann beispielsweise bestimmen, dass Sonderrechte oder -pflichten nicht auf den Nachfolger übergehen (s. dazu § 3 Rdnr. 88 u. § 14 Rdnr. 24) oder dass einzelne allgemeine Mitgliedschaftsrechte (z.B. das Stimmrecht oder das Gewinnbezugsrecht), soweit sie als solche und gegebenenfalls in der vorgesehenen Kombination abdingbar sind (s. dazu § 14 Rdnr. 39 ff.), mit dem Tode des Anteilsinhabers ganz oder teilweise entfallen sollen. Die erbrechtliche Form ist zur Wirksamkeit derartiger Bestimmungen selbst dann nicht erforderlich, wenn die Rechtsänderung nach den Umständen des Einzelfalls eine mittelbare unentgeltliche Zuwendung des verstorbenen Anteilsinhabers an die übrigen Gesellschafter bewirkt[154], aber es gelten dann zu Gunsten der Nachlassgläubiger und der Pflichtteilsberechtigten die Ausführungen in Rdnr. 31 sinngemäß. Ebenfalls kann der Gesellschaftsvertrag vorschreiben, dass mehrere Erben eines Gesellschafters auch nach der Teilung des Geschäftsanteils (vorher gilt § 18) die abdingbaren Gesellschafterrechte, insbesondere die Stimmrechte, nur gemeinschaftlich durch einen Vertreter ausüben können[155]; eine unzulässige Rechtsabspaltung liegt darin nicht[156]. Über die Grenzen einer solchen Gruppenvertretung s. 11. Aufl., bei § 47 Rdnr. 80.

34

---

149 Zutr. *Priester*, GmbHR 1981, 206, 211 f.; *Niemeier*, S. 116 ff.; *Soufleros*, S. 263; a.M. *Käppler*, S. 567.
150 A.M. *Wiedemann*, S. 97; *Soufleros*, S. 265.
151 Weitergehend *Priester*, GmbHR 1981, 206, 208 f., 212.
152 *Däubler*, S. 83, 111; *Löbbe*, in: Ulmer/Habersack/Löbbe, Rdnr. 20; *Ulmer/Habersack*, in: Ulmer/Habersack/Löbbe, § 34 Rdnr. 102 f.; *Ebbing*, in: Michalski u.a., Rdnr. 34; *Habersack*, ZIP 1990, 625, 629; *D. Jasper/Wollbrink*, in: MünchHdb. III, § 25 Rdnr. 40; a.M. *Käppler*, ZGR 1978, 542, 573 ff. m.w.N.
153 *Däubler*, S. 112 ff.; *Sudhoff*, DB 1963, 1109, 1110; *Haegele*, GmbHR 1972, 217, 221 f.; *Löbbe*, in: Ulmer/Habersack/Löbbe, Rdnr. 15; *Görner*, in: Rowedder/Schmidt-Leithoff, Rdnr. 137; *Ebbing*, in: Michalski u.a., Rdnr. 32; *Reichert/Weller*, in: MünchKomm. GmbHG, 2. Aufl. 2015, Rdnr. 459; *D. Jasper/Wollbrink*, in: MünchHdb. III, § 25 Rdnr. 44; *Langner/Heydel*, GmbHR 2005, 377, 379.
154 Eb. *Ebbing*, in: Michalski u.a., Rdnr. 32; *Görner*, in: Rowedder/Schmidt-Leithoff, Rdnr. 74 a.E.; *Däubler*, S. 114.
155 *Schilling*, S. 207; *Sudhoff*, DB 1963, 1109, 1110; *Däubler*, S. 115; *Wiedemann*, S. 386; *Haegele*, GmbHR 1972, 219, 222; *Ebbing*, in: Michalski u.a., Rdnr. 32.
156 Zutr. *Wiedemann*, S. 388 ff.

c) Letztwillige Verfügungen

35 Die letztwillige Verfügung eines Gesellschafters über seinen Geschäftsanteil ist zulässig und kann durch den Gesellschaftsvertrag nicht ausgeschlossen werden (§ 2302 BGB). Er kann ihn zum Gegenstand eines Vermächtnisses (§§ 1939, 2147 ff. BGB) oder einer Teilungsanordnung (§ 2048 BGB) machen oder die Erben oder Vermächtnisnehmer in Bezug auf ihn mit einer Auflage belasten (§§ 1940, 2192 ff. BGB), z.B. sie zur Abtretung verpflichten oder umgekehrt die Veräußerung zeitweilig verbieten[157]. Möglich ist auch die Anordnung der Nacherbschaft (Rdnr. 40). Auf eine gesellschaftsrechtlich unmögliche Maßnahme darf die letztwillige Verfügung aber nicht gerichtet sein[158], wie auch umgekehrt die Erbfolge in den Geschäftsanteil nicht durch den Gesellschaftsvertrag als solchen bestimmt werden kann. Die Gesellschafter müssen deshalb die gesellschaftsrechtlichen und die testamentarischen Regelungen aufeinander abstimmen[159].

aa) Vermächtnis- und Teilungsanordnung

36 Die Vermächtnis- und die Teilungsanordnung des Erblassers bezüglich des Geschäftsanteils unterliegt nicht der Form des § 15 Abs. 4 (Rdnr. 66), während für die Abtretung § 15 Abs. 3 einzuhalten ist[160]. Die Teilung von Geschäftsanteilen ist nach neuer Gesetzeslage durch Gesellschafterbeschluss gemäß § 46 Nr. 4 möglich, kann aber durch die Satzung ausgeschlossen werden[161], so dass die dahingehende testamentarische Teilungsanordnung oder das Vermächtnis eines (Teil-)Geschäftsanteils unwirksam, weil unmöglich ist (§ 2171 BGB). Dasselbe trifft für das Vermächtnis eines (Teil-)Geschäftsanteils zu, wenn dessen Veräußerlichkeit statutarisch ausgeschlossen worden ist (Rdnr. 135). Ob eine **statutarische Abtretungsbeschränkung** (Rdnr. 107 ff.) sich auch auf den Vollzug der vorgenannten letztwilligen Anordnung beziehen soll, ist durch Auslegung (s. § 2 Rdnr. 39 ff.) zu ermitteln. Der Ausdruck „Veräußerung" in einer derartigen Satzungsklausel erfasst regelmäßig auch diese Geschäfte[162]. Schränkt der Gesellschaftsvertrag die Nachfolgeberechtigung der Erben eines Gesellschafters aber nicht ein (Rdnr. 30 ff.), so ist im Zweifel anzunehmen, dass sich eine Vinkulierungsklausel (Rdnr. 107 ff.) trotz ihres uneingeschränkten Wortlauts nicht auf die Abtretung eines Geschäftsanteils im Wege der Erbauseinandersetzung an einen Miterben beziehen soll (teleologische Reduktion)[163]. Die Ausführung einer dementsprechenden Teilungsanord-

---

157 Dazu *Däubler*, S. 36 ff.
158 BGH v. 25.1.1960 – II ZR 22/59, BGHZ 32, 34, 38 ff.; BGH v. 5.11.1984 – II ZR 147/83, BGHZ 92, 386, 390 = GmbHR 1985, 150; OLG Düsseldorf v. 28.12.1989 – 6 U 119/89, GmbHR 1990, 504, 508.
159 Vgl. dazu *Haegele*, GmbHR 1972, 219, 222 ff. und die Folgen des MoMiG betreffend *Wachter*, DB 2009, 159, 163, 165, 167.
160 Eb. *Löbbe*, in: Ulmer/Habersack/Löbbe, Rdnr. 23; *Görner*, in: Rowedder/Schmidt-Leithoff, Rdnr. 141; *Ebbing*, in: Michalski u.a., Rdnr. 37.
161 Die Satzung kann von § 46 Nr. 4 abweichende strengere Anforderungen an eine Teilung stellen, vgl. *Bayer*, in: Lutter/Hommelhoff, § 46 Rdnr. 22 m.w.N.; *Zöllner/Noack*, in: Baumbach/Hueck, § 46 Rdnr. 31, und diese auch ganz ausschließen, vgl. Rdnr. 135; *Wicke*, § 46 Rdnr. 13.
162 BGH v. 28.1.1960 – II ZR 236/57, BGHZ 32, 35, 39; OLG Düsseldorf v. 23.1.1987 – 7 U 244/85, ZIP 1987, 227, 230 = GmbHR 1987, 475; vgl. auch BGH v. 20.12.1976 – II ZR 115/75, WM 1977, 192 = GmbHR 1977, 81.
163 OLG Düsseldorf (6. Senat) v. 28.12.1989 – 6 U 119/89, GmbHR 1990, 504, 507 f.; *Bayer*, in: Lutter/Hommelhoff, Rdnr. 17; *Altmeppen*, in: Roth/Altmeppen, Rdnr. 33 (Hinweis auf § 2033 Abs. 1 Satz 1 BGB); *Ebbing*, in: Michalski u.a., Rdnr. 18; *Langner/Heydel*, GmbHR 2005, 377, 383 Fn. 42; a.M. OLG Düsseldorf (7. Senat) v. 23.1.1987 – 7 U 244/85, ZIP 1987, 227, 231; *Wiedemann*, S. 94; *Däubler*, S. 24, 38; *Haegele*, GmbHR 1972, 219, 222. Vgl. im Übrigen auch *Hilger*, in: FS Quack, 1991, S. 259 ff. m.w.N.

nung[164] und die Erfüllung eines dahingehenden Vermächtnisses zu Gunsten eines Miterben unterliegen dann nicht der Abtretungsbeschränkung. Es kann dagegen ohne zusätzliche Anhaltspunkte nicht davon ausgegangen werden, dass auch Vermächtnisse allgemein ausgenommen sein sollen[165]. Eine nach § 15 Abs. 5 vorgeschriebene Zustimmung zur Anteilsabtretung gilt normalerweise auch für sie[166].

Die **Rechtswirksamkeit einer solchen Vermächtnisanordnung** wird aber nicht davon betroffen, dass die nach dem Gesellschaftsvertrag (§ 15 Abs. 5) erforderliche Genehmigung zur Abtretung verweigert worden oder ein nach § 46 Nr. 4 notwendiger Teilungsbeschluss der Gesellschafterversammlung nicht zustande gekommen ist; eine anfängliche, d.h. zurzeit des Erbfalls bereits eingetretene Unmöglichkeit, wie sie § 2171 BGB erfordert, liegt nicht vor[167], es sei denn, die Veräußerung oder Teilung des Geschäftsanteils ist ausnahmsweise vollständig ausgeschlossen (s. Rdnr. 36) und die Gesellschafter sind erkennbar nicht zu einer Satzungsänderung bereit[168]. Aber auch die Vorschriften des § 275 BGB über die nachträgliche Unmöglichkeit greifen in diesem Fall nur unter der Voraussetzung ein, dass die durch die Ablehnung der Genehmigung herbeigeführte Unmöglichkeit[169] eine dauernde ist. Das ist zu verneinen, wenn die Vermächtnisforderung abtretbar ist (§ 399 BGB kann entgegenstehen) und den Umständen nach Aussicht besteht, dass der Vermächtnisnehmer sie in angemessener Zeit an einen anderen abtreten kann, der zum Erwerb keiner Genehmigung bedarf[170] oder dem diese erteilt wird[171]. Wird die Erfüllung der Vermächtnisschuld durch die Ablehnung der Genehmigung unmöglich, so kann die letztwillige Verfügung u.U. dahingehend umgedeutet werden, dass der Erbe zur Herausgabe des Gewinns und des Liquidationserlöses oder zur Abtretung der entsprechenden Rechte verpflichtet sein soll[172]. Die Auslegung des Testaments kann auch ergeben, dass der Erbe dann zum Wertersatz verpflichtet sein soll; im Zweifel ist das aber nicht anzunehmen[173].

Auf **Schadensersatz** haften die Erben dem Vermächtnisnehmer nur, wenn sie die Unmöglichkeit zu vertreten (§ 280 Abs. 1, 3, § 283 BGB), also pflichtwidrig das zur Herbeiführung

37

38

---

164 So OLG Düsseldorf (6. Senat) v. 28.12.1989 – 6 U 119/89, GmbHR 1990, 504, 508; *Bayer*, in: Lutter/Hommelhoff, Rdnr. 17; *Altmeppen*, in: Roth/Altmeppen, Rdnr. 32 ff.; *Petzold*, GmbHR 1977, 25, 27; *H. P. Westermann*, ZIP 1985, 1249, 1251 f.; *Leßmann*, GmbHR 1986, 409, 417; a.M. OLG Düsseldorf (7. Senat) v. 23.1.1987 – 7 U 244/85, ZIP 1987, 227, 231 = GmbHR 1987, 475; *Wiedemann*, S. 94; *Däubler*, S. 38; *Haegele*, S. 222.

165 A.M. *Petzold*, GmbHR 1977, 25, 27; *H. P. Westermann*, S. 1251 f.; *Leßmann*, GmbHR 1986, 409, 417; *Hilger*, S. 270.

166 *Löbbe*, in: Ulmer/Habersack/Löbbe, Rdnr. 23; *Ebbing*, in: Michalski u.a., Rdnr. 38; *Fastrich*, in: Baumbach/Hueck, Rdnr. 15; *Bayer*, in: Lutter/Hommelhoff, Rdnr. 17; *Reichert/Weller*, in: MünchKomm. GmbHG, 2. Aufl. 2015, Rdnr. 466; *Görner*, in: Rowedder/Schmidt-Leithoff, Rdnr. 141; *Langner/Heydel*, GmbHR 2005, 377, 383 Fn. 45; vgl. auch *Altmeppen*, in: Roth/Altmeppen, Rdnr. 36 f.; *D. Jasper/Wollbrink*, in: MünchHdb. III, § 25 Rdnr. 53, die danach differenzieren, ob der Vermächtnisnehmer Erbe ist.

167 *Winter*, GmbHR 1960, 89; *Fastrich*, in: Baumbach/Hueck, Rdnr. 15; *Wiedemann*, S. 93, 120; *Däubler*, S. 33; *Reichert/Weller*, in: MünchKomm. GmbHG, 2. Aufl. 2015, Rdnr. 469; *D. Jasper/Wollbrink*, in: MünchHdb. III, § 25 Rdnr. 54; nicht eindeutig BGH v. 28.1.1960 – II ZR 236/57, BGHZ 32, 35, 40, wonach „mindestens zunächst" die Rechtsfolge des § 2171 BGB nicht gilt.

168 Eb. *Löbbe*, in: Ulmer/Habersack/Löbbe, Rdnr. 24.

169 Abw. *Däubler*, S. 31 f.

170 BGH v. 28.1.1960 – II ZR 236/57, BGHZ 32, 35, 41 ff.

171 Im Erg. eb. *Fastrich*, in: Baumbach/Hueck, Rdnr. 15; *Löbbe*, in: Ulmer/Habersack/Löbbe, Rdnr. 24; *Ebbing*, in: Michalski u.a., Rdnr. 41; *Wiedemann*, S. 93, 120; *D. Jasper/Wollbrink*, in: MünchHdb. III, § 25 Rdnr. 54 f. u. z.T. auch *Däubler*, S. 33 f.; s. auch *Görner*, in: Rowedder/Schmidt-Leithoff, Rdnr. 141.

172 *Hueck*, DB 1956, 735, 736; *Wiedemann*, S. 93; *Löbbe*, in: Ulmer/Habersack/Löbbe, Rdnr. 24; *Ebbing*, in: Michalski u.a., Rdnr. 40; *Görner*, in: Rowedder/Schmidt-Leithoff, Rdnr. 141; *Fastrich*, in: Baumbach/Hueck, Rdnr. 15.

173 *Wiedemann*, S. 93.

der Genehmigung Nötige nicht getan haben[174]. Schuldhaftes Handeln ist nicht nur ein Stimmen gegen die Erteilung der Genehmigung bzw. Anteilsteilung, sondern auch Stimmenthaltung. Nachträgliche Unmöglichkeit kann auch durch andere Ereignisse eintreten, z.B. Kaduzierung (§ 21), Preisgabe (§ 27) und Einziehung (§ 34). Kollidiert die Vermächtnisschuld mit einer statutarischen Abtretungspflicht des Erben (Rdnr. 32 f.) und tritt dieser den Geschäftsanteil an den statutarisch Begünstigten ab, so ist er für sein Unvermögen (§ 275 BGB) dem Vermächtnisnehmer nicht verantwortlich. Sein Verhalten ist nicht rechtswidrig; es lag für ihn eine unvermeidbare Pflichtenkollision vor, bei der überdies die Erfüllung der gesellschaftlichen Pflicht vorrangig ist, da sie zum Inhalt des den Leistungsgegenstand des Vermächtnisses bildenden Geschäftsanteils gehört und dessen Erwerber ebenfalls binden würde[175]. Der Erbe wird daher dem Vermächtnisnehmer gegenüber von seiner Leistungspflicht frei (§ 275 BGB), muss ihm aber andererseits ein etwaiges Abtretungsentgelt (s. Rdnr. 33) herausgeben, § 285 BGB. Anders als bei einem Verschaffungsvermächtnis (§ 2170 Abs. 2 Satz 1 BGB) schuldet er auch nicht Wertersatz.

39   Ist formgerecht (§ 15 Abs. 3) an den Vermächtnisnehmer abgetreten, so ist der Erbe (oder die Erbengemeinschaft) **Rechtsvorgänger** i.S. des § 22[176].

bb) Nacherbfolge

40   Der Gesellschaftsvertrag kann für den Fall der Anordnung der Nacherbfolge bestimmen, dass der Geschäftsanteil beim Tode des Gesellschafters eingezogen werden darf (Rdnr. 30 f.) oder abzutreten ist (Rdnr. 32 f.). Er kann einschränkend auch vorsehen, dass diese Rechte gegeben sein sollen, wenn im Zeitpunkt seines Ausscheidens der Vor- oder Nacherbe nicht zu den statutarisch nachfolgeberechtigten Personen gehört. Fehlt eine Sonderregelung, sind im Grundsatz auf den Vor- *und* den Nacherbfall die allgemeinen Satzungsbestimmungen über die Fortsetzung des Gesellschaftsverhältnisses mit Gesellschaftererben anzuwenden, wobei Berücksichtigung finden kann, dass die Stellung des Vorerbens wirtschaftlich derjenigen eines Nießbrauchers ähnelt[177]. Die Einziehung oder das Abtretungsverlangen kann im Einzelfall beim Vorliegen besonderer Umstände rechtsmissbräuchlich sein, z.B. wenn nur der Nacherbe, nicht jedoch der Vorerbe statutarisch nachfolgeberechtigt ist[178].

41   Der **Vorerbe** wird Inhaber des Geschäftsanteils mit allen sich aus ihm ergebenden Rechten und Pflichten, soweit der Übergang nicht durch die höchstpersönliche Natur ausgeschlossen ist oder die Satzung nicht zulässigerweise Änderungen vorsieht (Rdnr. 34). Das gilt auch für Nebenleistungspflichten gemäß § 3 Abs. 2[179]. Die Vorschriften über die Beschränkbarkeit der Erbenhaftung gelten auch für mitgliedschaftliche Nachlassverbindlichkeiten[180]. Das Ver-

---

174 Dazu *Däubler*, S. 29 ff.; *Ebbing*, in: Michalski u.a., Rdnr. 39 f.; *Langner/Heydel*, GmbHR 2005, 377, 384.
175 Eb. *Langner/Heydel*, GmbHR 2005, 377, 384.
176 *Becker*, GmbHR 1937, 250.
177 Eb. *Löbbe*, in: Ulmer/Habersack/Löbbe, Rdnr. 25; *Ebbing*, in: Michalski u.a., Rdnr. 42; *Görner*, in: Rowedder/Schmidt-Leithoff, Rdnr. 140.
178 Enger *Fleck*, S. 355 (bei Sittenwidrigkeit). Wie hier auch *Löbbe*, in: Ulmer/Habersack/Löbbe, Rdnr. 25; *Reichert/Weller*, in: MünchKomm. GmbHG, 2. Aufl. 2015, Rdnr. 474 a.E.; *Görner*, in: Rowedder/Schmidt-Leithoff, Rdnr. 140. Weiter *Ebbing*, in: Michalski u.a., Rdnr. 42 (ergänzende Satzungsauslegung).
179 *Däubler*, S. 38 will ihm zu Unrecht analog § 139 HGB ein Wahlrecht geben, die Einräumung der Stellung eines nur kapitalmäßig Beteiligten zu verlangen. Dagegen auch *Löbbe*, in: Ulmer/Habersack/Löbbe, Rdnr. 25; *Ebbing*, in: Michalski u.a., Rdnr. 43.
180 *Fastrich*, in: Baumbach/Hueck, Rdnr. 10; *Löbbe*, in: Ulmer/Habersack/Löbbe, Rdnr. 21 f., 23 a.E.; *Ebbing*, in: Michalski u.a., Rdnr. 43; *Däubler*, S. 12 f.; *Feller*, S. 40 ff.; *Koch*, S. 102 ff.; *Görner*, in: Rowedder/Schmidt-Leithoff, Rdnr. 138; a.M. *Wiedemann*, S. 229 ff., 234 ff.; *Töteberg*, S. 45 ff.; unklar OLG Hamm v. 18.11.1974 – 15 Wx 111/74, OLGZ 1975, 164, 169; s. dazu auch § 18 Rdnr. 26 f.

fügungsrecht über den Geschäftsanteil steht dem Vorerben zu, sofern ihm nicht ausnahmsweise die Verwaltung nach § 2129 BGB entzogen ist[181]. Eine *unentgeltliche Verfügung* des Vorerben über den Geschäftsanteil ist aber bei Eintritt der Nacherbenfolge insoweit unwirksam, als sie das Recht des Nacherben vereiteln oder beeinträchtigen würde (§ 2113 Abs. 2 BGB). Darunter fallen die Übertragung[182], die Belastung und die Zustimmung zur Einziehung (§ 34 Abs. 2) des Geschäftsanteils ohne ein vollwertiges Entgelt[183], der unentgeltliche Verzicht auf Bezugsrechte[184], nicht dagegen seine Preisgabe gemäß § 27, die Erfüllung einer vorher rechtswirksam begründeten statutarischen Abtretungspflicht und, da es insoweit an einer Verfügung des Vorerben überhaupt fehlt, die Kaduzierung sowie bei Stimmrechtsausschluss des Betroffenen die Zwangsamortisation (§ 34 Abs. 2). Die Kündigung wird durch die Verfügungsbeschränkung erfasst, wenn sie ohne ausreichende sachliche Gründe erfolgt und die statutarische oder vereinbarte Abfindung unangemessen niedrig ist[185]. Dies gilt nicht für den Austritt aus wichtigem Grund (s. Anh. § 34 Rdnr. 6 ff.).

Die Ausübung der **Verwaltungsrechte** durch den Vorerben ist, auch wenn sie sich rechtlich oder wirtschaftlich nachteilig auf die Beteiligung auswirkt, im Allgemeinen keine unentgeltliche Verfügung i.S. des § 2113 Abs. 2 BGB[186]; u.U. können dann aber Ersatzansprüche gegeben sein (§ 2131 BGB). Die erforderliche zustimmende Mitwirkung insbesondere an satzungsändernden Beschlüssen, die in seine Mitgliedschaftsrechte unmittelbar rechtsmindernd oder pflichtmehrend eingreifen, ist zwar eine Verfügung über den Geschäftsanteil[187], aber sie ist deswegen nicht ohne weiteres auch unentgeltlich[188]. Bei vertragsändernden Eingriffen in die Mitgliedschaftsrechte, die alle Gesellschafter gleichmäßig treffen, ist eine Unentgeltlichkeit vielmehr nur ausnahmsweise anzunehmen, wenn die Rechtsminderung nicht mehr als ein durch das gemeinschaftliche gesellschaftliche Interesse sachlich zu rechtfertigender Beitrag zu werten ist, z.B. ein Abfindungsausschluss oder eine unvertretbare Abfindungsbeschränkung beim Ausscheiden ohne einen wichtigen Grund (Rdnr. 31, 33). Weitergehend ist bei einseitigen Satzungsänderungen zu Lasten des Geschäftsanteils des Vorerben eine Unentgeltlichkeit auch dann gegeben, wenn sie ohne einen anderweitigen zusätzlichen Beitrag der Mitgesellschafter und ohne einen sonstigen Ausgleich erfolgt ist. Der Geltendmachung der Unwirksamkeit solcher unentgeltlichen rechtsmindernden oder pflichtvermehrenden Eingriffe in die Mitgliedschaft nach § 2113 Abs. 2 BGB steht allerdings **analog § 242 Abs. 2 AktG** der Einwand entgegen, dass die Eintragung der Satzungsänderung in das Handelsregister im Zeitpunkt des

42

---

181 Eb. *Löbbe*, in: Ulmer/Habersack/Löbbe, Rdnr. 26; *Bayer*, in: Lutter/Hommelhoff, Rdnr. 21; *Ebbing*, in: Michalski u.a., Rdnr. 46; *Reichert/Weller*, in: MünchKomm. GmbHG, 2. Aufl. 2015, Rdnr. 475; *Görner*, in: Rowedder/Schmidt-Leithoff, Rdnr. 139. – Abweichend von der Rechtslage bei den Personengesellschaften (s. *Rohlff*, Nießbrauchsvermächtnis oder Vor- und Nacherbschaft im Unternehmertestament, Diss. Göttingen 1968, S. 132 f.; *Paschke*, ZIP 1985, 129, 137 f. m.w.N.) ist die Zwangsverwaltung des Geschäftsanteils zulässig.

182 Über einen im Zusammenhang mit der Anteilsveräußerung aus Nachlassmitteln gewährten Sanierungszuschuss vgl. BGH v. 23.11.1983 – IVa ZR 147/81, GmbHR 1984, 153.

183 *Löbbe*, in: Ulmer/Habersack/Löbbe, Rdnr. 28; *Bayer*, in: Lutter/Hommelhoff, Rdnr. 21; *Ebbing*, in: Michalski u.a., Rdnr. 46.

184 *Löbbe*, in: Ulmer/Habersack/Löbbe, Rdnr. 28.

185 Vgl. *Lutter*, ZGR 1982, 108, 116; *Löbbe*, in: Ulmer/Habersack/Löbbe, Rdnr. 28; *Reichert/Weller*, in: MünchKomm. GmbHG, 2. Aufl. 2015, Rdnr. 476; *D. Jasper/Wollbrink*, in: MünchHdb. III, § 25 Rdnr. 61 (weitgehend).

186 *Löbbe*, in: Ulmer/Habersack/Löbbe, Rdnr. 27; *Reichert/Weller*, in: MünchKomm. GmbHG, 2. Aufl. 2015, Rdnr. 477; *Ebbing*, in: Michalski u.a., Rdnr. 47; *D. Jasper/Wollbrink*, in: MünchHdb. III, § 25 Rdnr. 61; *Bayer*, in: Lutter/Hommelhoff, Rdnr. 21; *Fleck*, S. 358, 368.

187 Vgl. *Faller*, S. 190 ff.; *Lutter*, ZGR 1982, 109, 119 f. m.w.N.

188 Zur Unentgeltlichkeit i.S. des § 2113 Abs. 2 BGB bei vertragsändernden Eingriffen in die Mitgliedschaft bei Personengesellschaften vgl. BGH v. 6.10.1980 – II ZR 268/79, BGHZ 78, 177, 182 ff.; BGH v. 9.3.1981 – II ZR 173/80, NJW 1981, 1560; BGH v. 26.10.1983 – II ZR 44/83, GmbHR 1985, 18; dazu *Lutter*, ZGR 1982, 108, 119 f.; *Paschke*, ZIP 1985, 129; *Fleck*, S. 370.

Nacherbfalls mehr als drei Jahre zurückliegt[189]. Die Präklusion (vgl. dazu 11. Aufl., § 54 Rdnr. 59) wäre für den nach Fristablauf eintretenden, vorher durch den Betroffenen rechtlich undurchsetzbaren Unwirksamkeitsgrund nicht wertungsgerecht und würde den Schutzzweck des § 2113 Abs. 2 BGB vereiteln[190]. Die (teilweise) unentgeltliche Abtretung oder Belastung des Geschäftsanteils ist, sofern der Nacherbe sie nicht genehmigt hat (§ 185 BGB), bei Eintritt des Nacherbfalls unwirksam (§ 2113 Abs. 2 BGB). Ein gutgläubiger Erwerb des Geschäftsanteils ohne Belastung durch die Vorerbenstellung des Veräußerers ist nicht möglich[191]. Dies gilt auch nach Reform des § 16 Abs. 3, denn die Gesellschafterliste ist im Hinblick auf die Vorerbschaftsbelastung – wie auch bei dinglichen Belastungen – nicht tauglicher Rechtsscheinträger (s. § 16 Rdnr. 73 ff.). Für den in die Gesellschafterliste eingetragenen Erwerber gilt im Verhältnis zur GmbH die Vorschrift des § 16 Abs. 1.

43 Die **Nutzungen** aus dem Geschäftsanteil stehen dem Vorerben im Innenverhältnis zum Nacherben für die Dauer seiner Mitgliedschaft zu (§ 2111 Abs. 1 Satz 1 BGB). Sie bestehen vor allem aus den nach den Ergebnisverwendungsbeschlüssen (s. § 29 Rdnr. 36 ff.) auf den Geschäftsanteil entfallenden anteiligen Gewinnen (§§ 99 Abs. 2, 100 BGB)[192]. Die Nutzungsberechtigung des Vorerben deckt sich teilweise nicht mit seinem gesellschaftsrechtlichen Gewinnanspruch. Wird nach dem Vorerbfall rechtswirksam über die Ergebnisverwendung für einen vorangehenden Zeitraum beschlossen, erwirbt er zwar einen Gewinnanspruch gegenüber der GmbH, aber der Gewinn gebührt insoweit dem Nachlass. Beim Eintritt des Vorerbfalls während eines Geschäftsjahres ist der Gewinn nach § 101 Nr. 2 BGB zeitanteilig aufzuteilen. Entsprechend hat der Nacherbe umgekehrt einen ihm für den Zeitraum vor dem Eintritt der Nacherbschaft gesellschaftsrechtlich zufallenden Gewinn dem Vorerben zu erstatten (§§ 2111 Abs. 1 Satz 1, 101 Nr. 2 BGB). Der jeweilige Inhaber des ererbten Geschäftsanteils hat in diesen Fällen bei der Mitwirkung am Beschluss über die Gewinnverwendung auch (aber nicht vorwiegend) die Interessen des erbrechtlichen Nutzungsberechtigten zu berücksichtigen[193].

44 Die **Surrogate** des Geschäftsanteils fallen dagegen in den Nachlass (§ 2111 Abs. 1 Satz 1 BGB). Dazu gehören nicht nur das Einziehungs- und Abtretungsentgelt, der Überschuss aus dem Verkauf eines zur Verfügung gestellten Geschäftsanteils (§ 27 Abs. 2 Satz 3), zurückgezahlte Nachschuss- und Stammeinlagebeträge (§§ 30 Abs. 2, 58 Abs. 2 Satz 2) sowie die Liquidationsquote (§ 72), sondern auch die durch eine Kapitalerhöhung aus Gesellschaftsmitteln (§§ 57j, 57m) oder durch eine reguläre Kapitalerhöhung unter Verwendung von Nachlassmitteln oder auf Grund eines Bezugsrechts hinzuerworbene Geschäftsanteile[194]. Wendet der Vorerbe in dem zuletzt genannten Fall für die Einlage oder für Nebenleistungspflichten (§ 3 Abs. 2) eigene Mittel auf[195], kann er nach §§ 2124, 2125 BGB die Erstattung seiner Aufwen-

189 *Lutter*, ZGR 1982, 108, 120 ff., der aber eine – für Anteilsnachfolger eingeschränkte – Pflicht der Gesellschafter zur Beseitigung des Eingriffs annimmt; *Löbbe*, in: Ulmer/Habersack/Löbbe, Rdnr. 28 (§ 242 Abs. 2 AktG analog); a.M. *Ebbing*, in: Michalski u.a., Rdnr. 48; *H. Winter*, 9. Aufl. hier in diesem Kommentar, Rdnr. 35. – Zur Anwendung von § 242 Abs. 2 AktG im GmbH-Recht BGH v. 19.6.2000 – II ZR 73/99, BGHZ 144, 365, 367 f = GmbHR 2000, 822.
190 Zust. *Reichert/Weller*, in: MünchKomm. GmbHG, 2. Aufl. 2015, Rdnr. 479.
191 Vgl. *Lutter*, ZGR 1982, 108, 118, 121.
192 Näheres dazu *Hadding*, in: FS Bartholomeyczik, 1973, S. 75, 83 ff.; *Hefermehl*, in: FS H. Westermann, 1974, S. 223, 228 ff.; *Roggendorf*, MittRhNotK 1981, 31, 36 ff.; *Löbbe*, in: Ulmer/Habersack/Löbbe, Rdnr. 29.
193 Vgl. *Hadding*, in: FS Bartholomeyczik, S. 85 Fn. 22a; *Löbbe*, in: Ulmer/Habersack/Löbbe, Rdnr. 29.
194 *Hadding*, in: FS Bartholomeyczik, S. 89 ff.; *Fastrich*, in: Baumbach/Hueck, Rdnr. 16; *Bayer*, in: Lutter/Hommelhoff, Rdnr. 21; *Löbbe*, in: Ulmer/Habersack/Löbbe, Rdnr. 30; *Reichert/Weller*, in: MünchKomm. GmbHG, 2. Aufl. 2015, Rdnr. 483; *Ebbing*, in: Michalski u.a., Rdnr. 45; *Görner*, in: Rowedder/Schmidt-Leithoff, Rdnr. 139.
195 Krit. zur Surrogation *Hadding*, in: FS Bartholomeyczik, S. 96 f.

dungen verlangen[196]. Ebenfalls Surrogate sind die bei der Verschmelzung und Spaltung an die Stelle des Geschäftsanteils tretenden Anteile am übernehmenden oder neuen Rechtsträger (§§ 20 Abs. 1 Nr. 3, 131 Abs. 1 Nr. 3 UmwG), während bei der formwechselnden Umwandlung keine Surrogation stattfindet, da die Identität der Beteiligung gewahrt bleibt (§ 202 Abs. 1 Nr. 2 UmwG)[197].

3. Vereinigung von Geschäftsanteilen

Schrifttum: *Loritz*, Ausgewählte Rechtsfragen bei der Übertragung und Teilung von GmbH-Anteilen, in: FS Schippel, 1996, S. 437; *Mayer*, Der Erwerb einer GmbH nach den Änderungen des MoMiG, DNotZ 2008, 403; *Priester*, Die Zusammenlegung von GmbH-Anteilen, GmbHR 1976, 130; *Priester*, Anteilsnennwert und Anteilsneubildung nach Einziehung von Geschäftsanteilen, in: FS Kellermann, 1991, S. 337.

Die Vorschrift des § 15 Abs. 2 ist nicht in der Weise zwingendes Recht, dass eine Zusammenlegung der in einer Hand befindlichen Anteile unzulässig wäre. Vielmehr ist eine Vereinigung mehrerer Geschäftsanteile eines Gesellschafters zu einem Geschäftsanteil durch Beschluss der Gesellschafterversammlung gemäß § 46 Nr. 4 zulässig, wenn die Stammeinlagen voll eingezahlt und eine Nachschusspflicht nicht besteht oder wenn bei Fehlen einer statutarischen Nachschusspflicht ein nach § 23 verwerteter kaduzierter Geschäftsanteil oder ein nicht voll eingezahlter Geschäftsanteil verwendet wird, bei dem eine Haftung des Rechtsvorgängers nach § 22 Abs. 3 nicht mehr besteht[198]. Die zusammenzulegenden Geschäftsanteile dürfen darüber hinaus keine unterschiedlichen Rechte vermitteln und keine unterschiedlichen Pflichten beinhalten und nicht unterschiedlich mit Rechten Dritter belastet sein[199].   45

Die **Zusammenlegung erfolgt** durch Gesellschafterbeschluss[200], was seit dem MoMiG in § 46 Nr. 4 ausdrücklich normiert ist. Der Beschluss bedarf zu seiner Wirksamkeit der Zustimmung des betroffenen Gesellschafters[201]; dies hat sich auch nach dem MoMiG nicht geändert[202]. Der   46

---

196 *Löbbe*, in: Ulmer/Habersack/Löbbe, Rdnr. 30; *Bayer*, in: Lutter/Hommelhoff, Rdnr. 21; *Reichert/ Weller*, in: MünchKomm. GmbHG, 2. Aufl. 2015, Rdnr. 483; *Görner*, in: Rowedder/Schmidt-Leithoff, Rdnr. 139.

197 Dazu *Hadding*, in: FS Bartholomeyczik, S. 97 ff.

198 RGZ 142, 36, 40 ff.; BGH v. 13.7.1964 – II ZR 110/62, BGHZ 42, 89, 91 ff.; BGH v. 24.10.1974 – II ZB 1/74, BGHZ 63, 116, 117 f.; KG v. 22.11.1996 – 5 U 1304/96, GmbHR 1997, 603, 605; *Löbbe*, in: Ulmer/Habersack/Löbbe, Rdnr. 298; *Fastrich*, in: Baumbach/Hueck, Rdnr. 19; *Bayer*, in: Lutter/ Hommelhoff, Rdnr. 24; *Reichert/Weller*, in: MünchKomm. GmbHG, 2. Aufl. 2015, Rdnr. 180; *Altmeppen*, in: Roth/Altmeppen, Rdnr. 40; *Priester*, GmbHR 1976, 131; *Görner*, in: Rowedder/ Schmidt-Leithoff, Rdnr. 11 f., 16; a.M. zum alten Recht RGZ 82, 119; RGZ 130, 43; KG, Recht 1907 Nr. 1331 u. 3347.

199 *Löbbe*, in: Ulmer/Habersack/Löbbe, Rdnr. 299; *Bayer*, in: Lutter/Hommelhoff, Rdnr. 24; *U. Jasper*, in: MünchHdb. III, § 24 Rdnr. 213.

200 KG v. 22.11.1996 – 5 U 1304/96, GmbHR 1997, 603, 605; *Bayer*, in: Lutter/Hommelhoff, Rdnr. 24; *Altmeppen*, in: Roth/Altmeppen, Rdnr. 40; *Fastrich*, in: Baumbach/Hueck, Rdnr. 19; *Reichert/Weller*, in: MünchKomm. GmbHG, 2. Aufl. 2015, Rdnr. 184; *Ebbing*, in: Michalski u.a., Rdnr. 175; *U. Jasper*, in: MünchHdb. III, § 24 Rdnr. 214; a.M. noch zur alten Rechtslage *Priester*, GmbHR 1976, 130, 132; *Loritz*, in: FS Schippel, S. 445 f.; *Löbbe*, in: Ulmer/Habersack/Löbbe, Rdnr. 300: Einseitige Erklärung des Inhabers genügend.

201 RGZ 142, 39; KG v. 22.11.1996 – 5 U 1304/96, GmbHR 1997, 603, 605; *Feine*, S. 396; *Priester*, GmbHR 1976, 130, 133; soweit zutreffend *Löbbe*, in: Ulmer/Habersack/Löbbe, Rdnr. 300; *Fastrich*, in: Baumbach/Hueck, Rdnr. 19; *Bayer*, in: Lutter/Hommelhoff, Rdnr. 24; *Reichert/Weller*, in: MünchKomm. GmbHG, 2. Aufl. 2015, Rdnr. 188; *Görner*, in: Rowedder/Schmidt-Leithoff, Rdnr. 11; a.M. *Meyer-Landrut*, Rdnr. 24.

202 A.M. Begr. RegE, BR-Drucks. 354/07, S. 102; *Wachter*, DB 2009, 159, 163; wie hier *Bayer*, in: Lutter/ Hommelhoff, § 46 Rdnr. 20; *Reichert/Weller*, in: MünchKomm. GmbHG, 2. Aufl. 2015, Rdnr. 188; *U. Jasper*, in: MünchHdb. III, § 24 Rdnr. 214 a.E. m.w.N.; *Mayer*, DNotZ 2008, 403, 425 f.

Beschluss hat keinen satzungsändernden Charakter[203], selbst wenn eine bestimmte Stückelung der Geschäftsanteile in der Satzung enthalten ist, da diese Angaben keine materiellen Satzungsbestandteile sind. Aus gleichen Überlegungen ist eine ausdrückliche Satzungsermächtigung nicht erforderlich[204], es sei denn, dass die Vereinigung von Geschäftsanteilen auch gegen den Willen des betroffenen Gesellschafters ermöglicht werden soll[205]. Für diese Ansicht streitet nach dem MoMiG auch § 46 Nr. 4. Auch ansonsten kann die Satzungsregelung sinnvoll sein, um die Durchführung der Zusammenlegung im Einzelnen verbindlich zu regeln. Nach Vereinigung von Geschäftsanteilen zu einem einzigen Geschäftsanteil gelten für diesen die allgemeinen Bestimmungen. Eine spätere Teilung ist daher durch Gesellschafterbeschluss gemäß § 46 Nr. 4 zulässig. Zudem ist nach Zusammenlegung der Geschäftsanteile vom Geschäftsführer gemäß § 40 Abs. 1 unverzüglich eine korrigierte Gesellschafterliste zum Handelsregister einzureichen.

Zur Kapitalerhöhung durch Heraufsetzung des Nennbetrages der bisherigen Geschäftsanteile vgl. 11. Aufl., Erl. zu § 55 Rdnr. 24. Über die Zusammenlegung von Geschäftsanteilen bei verschiedenen Währungsumstellungen s. 5. Aufl., Rdnr. 55.

III. Vertragliche Verpflichtung zur Abtretung (§ 15 Abs. 4)

Schrifttum: *Armbrüster*, Zur Beurkundungsbedürftigkeit von Treuhandabreden über GmbH-Anteile, DNotZ 1997, 762; *Bungert*, Der internationale Anwendungsbereich von § 15 Abs. 3 und 4 GmbHG, DZWiR 1993, 494; *Depping*, Zur Beurkundungspflicht bei der Übertragung von Anteilen an einer ausländischen Kapitalgesellschaft, GmbHR 1994, 386; *Dyhr*, Das Formgebot bei der Übertragung von GmbH-Geschäftsanteilen, Diss. 1998; *Erbacher/Klarmann*, Beurkundungspflichten beim Unternehmenskauf, CFL 2011, 151; *Falkner*, Formerfordernisse bei der Veräußerung von Geschäftsanteilen einer ausländischen GmbH, NZG 2008, 86; *Fetsch*, Zur Beurkundungsbedürftigkeit von Kaufverträgen über eine englische Private Limited Company, GmbHR 2008, 133; *Frenz*, Einige Anmerkungen zum Verhältnis von Formzweck, Beurkundungsverfahren und Berufsrecht, in: FS Weichler, 1997, S. 175; *Gätsch/Schulte*, Notarielle Beurkundung bei der Veräußerung von Anteilen an ausländischen Gesellschaften mbH in Deutschland, ZIP 1999, 1909; *Harbarth*, Zum Reformbedarf im GmbH-Recht: Generalrevision oder punktuelle Fortentwicklung?, ZGR 2016, 84; *Häsemeyer*, Die gesetzliche Form des Rechtsgeschäfts, 1971; *Heidenhain*, Zum Umfang der notariellen Beurkundung bei der Veräußerung von Geschäftsanteilen, NJW 1999, 3073; *Heidenhain*, Aufgabe des Beurkundungserfordernisses beim Verkauf und der Abtretung von GmbH-Geschäftsanteilen, ZIP 2001, 721; *Hermanns*, Beurkundungspflichten, Beurkundungsverfahren und Beurkundungsmängel unter besonderer Berücksichtigung des Unternehmenskaufvertrages, DNotZ 2013, 9; *Hilgard/Haubner*, Beurkundungsbedürftigkeit von Schiedsordnungen?, BB 2014, 970; *Kanzleiter*, Der Umfang der Beurkundungsbedürftigkeit bei verbundenen Rechtsgeschäften, DNotZ 1994, 275; *Kindler*, Beurkundungsbedürftigkeit von Schiedsgerichtsordnungen beim GmbH-Beteiligungskauf, NZG 2014, 961; *Krause*, Formbedürftigkeit der Übertragung eines Gesellschaftsanteils an einer einen GmbH-Anteil haltenden GbR, BB 2008, 1251; *Leyendecker/Mackensen*, Beurkundung des Equity Commitment Letter beim Unternehmenskauf, NZG 2012, 129; *Liese*, Die Beurkundungspflicht von Änderungsvereinbarungen zu Geschäftsanteilskaufverträgen, GmbHR 2010, 1256; *Loritz*, Rechtsfragen der notariellen Beurkundung bei Verkauf und Abtretung von GmbH-Geschäftsanteilen, DNotZ 2000, 90; *Louven/Mehrbrey*, Bedeutung aktueller M&A-Streitigkeiten für die Gestaltungspraxis, NZG 2014, 1321; *Merkt*, Vertragsform beim Kauf von Anteilen einer ausländischen Gesellschaft, ZIP 1994, 1417; *Olk/Nikoleyczik*, Zulässigkeit der Auslandsbeurkundung in der Schweiz bei Verkauf und Abtretung

---

203 Vgl. BGH v. 6.6.1988 – II ZR 318/87, GmbHR 1988, 337, 338.
204 KG v. 10.3.2000 – 14 U 2105/98, NZG 2000, 787, 788; *Löbbe*, in: Ulmer/Habersack/Löbbe, Rdnr. 298; *Fastrich*, in: Baumbach/Hueck, Rdnr. 19; *Bayer*, in: Lutter/Hommelhoff, Rdnr. 24; *Görner*, in: Rowedder/Schmidt-Leithoff, Rdnr. 11; *Ebbing*, in: Michalski u.a., Rdnr. 175; *Priester*, GmbHR 1976, 132; a.M. RGZ 142, 42; *Feine*, S. 396; *H. Winter*, in diesem Kommentar 9. Aufl., Rdnr. 105; *Altmeppen*, in: Roth/Altmeppen, Rdnr. 40; *Reichert/Weller*, in: MünchKomm. GmbHG, 2. Aufl. 2015, Rdnr. 189; *U. Jasper*, in: MünchHdb. III, § 24 Rdnr. 214.
205 Eb. *Löbbe*, in: Ulmer/Habersack/Löbbe, Rdnr. 300.

von Geschäftsanteilen an einer deutschen GmbH, DStR 2010, 1576; *Petzoldt*, Beurkundungspflicht bei Übertragung von GmbH-Anteilen bei gesellschaftsrechtlichen Vorgängen, GmbHR 1976, 81; *Pohlmann*, Verzicht auf die aufschiebende Bedingung einer GmbH-Anteilsübertragung, NJW 1999, 190; *Reithmann*, Mitwirkung des ausländischen Notars bei der Geschäftsanteilsabtretung nach dem MoMiG, GmbHR 2009, 699; *Schlüter*, Veräußerung und Abtretung von GmbH-Geschäftsanteilen als Formproblem, in: FS Bartholomeyczik, 1973, 359; *Schütze*, Die Beurkundung der Übertragung von Geschäftsanteilen einer österreichischen GmbH durch einen deutschen Notar, DB 1992, 1970; *Schwarz*, Einige Überlegungen zum Zwecke des Beurkundungserfordernisses gemäß § 15 Abs. 3 und 4 GmbHG, in: Jubiläums-FS Rheinisches Notariat, 1998, S. 371; *Steindorff*, Formvorschriften in Gesellschaftsverträgen, ZHR 129 (1966), 21; *Stoppel*, Die Formbedürftigkeit von Vollzugsprotokollen im Rahmen des Erwerbs von Geschäftsanteilen, GmbHR 2012, 828; *Stoppel*, Reichweite der Heilung bei fehlender Beurkundung von Anteilsverkäufen, GmbHR 2010, 225; *Wertenbruch*, Formfreie Veräußerung von GbR-Anteilen bei Halten von GmbH-Anteilen oder Grundstücken, NZG 2008, 454; *Wiesner*, Beurkundungspflicht und Heilungswirkung bei Gründung von Personengesellschaften und Unternehmensveräußerungen, NJW 1984, 95; *Witt*, Formbedürftigkeit und Heilung von Formmängeln bei der gleichzeitigen Einbringung von KG- und GmbH-Anteilen in eine Holding-Gesellschaft, ZIP 2000, 1033; *Wolfsteiner*, Der Erschwerungsfunktionär, JZ 1977, 108; *Wrede*, Nochmals: Zur Beurkundungspflicht bei der Übertragung von Anteilen an einer ausländischen Kapitalgesellschaft, GmbHR 1995, 365. Weitere Lit.-Nachw. vor Rdnr. 10.

1. Verpflichtung

Nicht nur die Abtretung selbst, d.h. der dingliche Abtretungsvertrag, sondern auch ein obligatorischer Vertrag, der eine Verpflichtung zur Abtretung begründet, bedarf zwingend der Form (§ 15 Abs. 4 Satz 1). Auch der Zweck des Formzwanges ist derselbe (Rdnr. 1, 5 ff., 77). Zur Reformbedürftigkeit der Formvorschrift Rdnr. 5 ff. Häufig werden beide Rechtsakte zusammenfallen (Rdnr. 90). **47**

2. Vereinbarung

Eine „Vereinbarung", d.h. ein Vertrag i.S. von §§ 145 ff. BGB, durch den die Pflicht zur Abtretung begründet wird, bedarf der Form des § 15 Abs. 4. Die Vorschrift regelt damit nur eine Voraussetzung des Formzwangs, besagt aber nichts darüber, wie eine Pflicht zur Abtretung eines Geschäftsanteils begründet werden kann[206]. Das bedeutet zweierlei, nämlich zum einen, dass der Abtretungspflicht, soweit dies gesetzlich vorgesehen ist, auch ein anderes Rechtsgeschäft als ein Vertrag zugrunde liegen kann und zum anderen dass jenes Rechtsgeschäft nicht durch § 15 Abs. 4 erfasst wird. Nicht der dort bestimmten (wohl aber auch der für das betreffende Geschäft vorgeschriebenen) Form bedürfen daher z.B. die Begründung der Pflicht zur Abtretung eines Geschäftsanteils durch Stiftungsgeschäft (§§ 81, 82 BGB), Auslobung (§ 657 BGB), Vermächtnis (§ 2174 BGB), Auflage (§ 1940 BGB) oder einer entsprechenden Teilungsanordnung des Erblassers (§ 2048 BGB)[207]; außer bei § 82 Satz 2 BGB bedarf aber in den genannten Fällen die Erfüllung, d.h. die Abtretung der Form des § 15 Abs. 3 (s. auch Rdnr. 50). Keine „Vereinbarung" ist der Auseinandersetzungsplan des Testamentsvollstreckers (§ 2204 Abs. 2 BGB)[208], ebensowenig wie ein Liquidationsbeschluss[209]. War die Abtretungsverpflichtung un- **48**

---

206 Irreführend BGH v. 31.1.1963 – II ZR 61/62, GmbHR 1963, 188.
207 *Löbbe*, in: Ulmer/Habersack/Löbbe, Rdnr. 46 ff.; *Fastrich*, in: Baumbach/Hueck, Rdnr. 31; *Altmeppen*, in: Roth/Altmeppen, Rdnr. 80; *Bayer*, in: Lutter/Hommelhoff, Rdnr. 53; *Reichert/Weller*, in: MünchKomm. GmbHG, 2. Aufl. 2015, Rdnr. 83; ausführlich *U. Jasper*, in: MünchHdb. III, § 24 Rdnr. 35 ff.
208 BayObLGZ 67, 240; *Löbbe*, in: Ulmer/Habersack/Löbbe, Rdnr. 46; *Ebbing*, in: Michalski u.a., Rdnr. 57.
209 *Löbbe*, in: Ulmer/Habersack/Löbbe, Rdnr. 47; *Ebbing*, in: Michalski u.a., Rdnr. 57.

ter der aufschiebenden Bedingung vereinbart worden, dass der Berechtigte nach dem Eintritt eines bestimmten Ereignisses, z.B. der Kündigung eines anderen Rechtsverhältnisses, oder nach seinem Belieben die Übernahme erklärt, so unterliegt nur der schuldrechtliche Vertrag (über Ausnahmen s. Rdnr. 50), nicht aber auch die spätere Übernahmeerklärung der Form des § 15 Abs. 4[210]. Davon zu unterscheiden sind die Fälle, in denen zunächst nur ein Vertragsangebot beurkundet worden ist; dann muss bei dessen Annahme ebenfalls die Form eingehalten sein[211].

3. Verpflichtung zur Abtretung

49 Die Vereinbarung bedarf der Form des § 15 Abs. 4, wenn durch sie die Verpflichtung zur Abtretung begründet wird.

a) Verpflichtende Verträge

50 Alle Verträge, die zur Abtretung unmittelbar (s. Rdnr. 53) verpflichten, unterliegen dieser Form. Auch Handelsgeschäfte (§§ 343 ff. HGB) erfasst die Formvorschrift. Es ist unerheblich, ob es sich um einen einseitig oder zweiseitig verpflichtenden Vertrag handelt, oder ob die Abtretungspflicht den Hauptbestandteil bildet oder nur Nebenabrede ist. Hierher gehören deshalb nicht nur Kaufverträge, sondern auch andere Veräußerungsgeschäfte, z.B. die Schenkung[212]; ferner ein Vergleich, kraft dessen sich ein Gesellschafter zur Abtretung seines Geschäftsanteils verpflichtet[213], wobei aber im Falle des gerichtlichen Vergleichs die Aufnahme der Erklärungen in das nach den Vorschriften der ZPO errichtete Protokoll die notarielle Beurkundung ersetzt (§ 127a BGB); ebenso Gesellschaftsverträge, die zur Einlage eines Geschäftsanteils[214] oder die sonst, z.B. beim Ausscheiden aus der Gesellschaft oder bei ihrer Auseinandersetzung, zur Abtretung verpflichten[215]. Gleichgültig ist, ob die Verpflichtung auf Abtretung an den Vertragsgegner oder an einen Dritten geht[216], z.B. an die Gesellschaft, ob sie bedingt eingegangen wird[217], ob sie nur auf Verlangen zu erfüllen ist, ob sie wahlweise

---

210 RGZ 113, 149 f.; BGH, LM § 2 Nr. 7.

211 BGH v. 8.5.2007 – VIII ZR 235/06, ZIP 2007, 1155, 1156 = GmbHR 2007, 706; BGH v. 12.7.1956 – II ZR 218/54, BGHZ 21, 242, 247; BGH v. 31.1.1963 – II ZR 61/62, GmbHR 1963, 188; RG, LZ 1912, 760; offen gelassen noch von BGH, LM § 2 Nr. 7; a.M. KG, GmbHR 1912, 9.

212 Der Schenkungsvertrag, nicht nur das einseitige Schenkungsversprechen (§ 518 Abs. 1 BGB), bedarf der Form aus § 15 Abs. 4, wenn Gegenstand der Schenkung ein Geschäftsanteil ist; s. BGH v. 31.1.1963 – II ZR 61/62, GmbHR 1963, 188.

213 OLG Königsberg, OLG 38, 191; OLG München v. 8.10.1993 – 23 U 3365/93, GmbHR 1994, 251 = DB 1993, 2477.

214 RGZ 149, 397; KG, DR 1941, 1087; *Löbbe*, in: Ulmer/Habersack/Löbbe, Rdnr. 53; *Fastrich*, in: Baumbach/Hueck, Rdnr. 33; *Ebbing*, in: Michalski u.a., Rdnr. 65; *Bayer*, in: Lutter/Hommelhoff, Rdnr. 55; *U. Jasper*, in: MünchHdb. III, § 24 Rdnr. 54.

215 *Löbbe*, in: Ulmer/Habersack/Löbbe, Rdnr. 57; *Fastrich*, in: Baumbach/Hueck, Rdnr. 33; *Ebbing*, in: Michalski u.a., Rdnr. 65; *Petzoldt*, GmbHR 1976, 81; *U. Jasper*, in: MünchHdb. III, § 24 Rdnr. 54.

216 RGZ 50, 165; RGZ 149, 397; OLG Karlsruhe v. 23.3.1990 – 10 W 230/89, GmbHR 1991, 19, 20; OLG München v. 7.12.1994 – 7 U 4659/94, WM 1995, 670, 671 = GmbHR 1995, 293; *Löbbe*, in: Ulmer/Habersack/Löbbe, Rdnr. 50; *Fastrich*, in: Baumbach/Hueck, Rdnr. 33; *Rodewald*, in: GmbH-Hdb., Rdnr. I 986.

217 BGH v. 23.11.1988 – VIII ZR 262/87, GmbHR 1989, 194; OLG Karlsruhe v. 23.3.1990 – 10 W 230/89, GmbHR 1991, 19, 20; *Fastrich*, in: Baumbach/Hueck, Rdnr. 33; *Löbbe*, in: Ulmer/Habersack/Löbbe, Rdnr. 49; *Ebbing*, in: Michalski u.a., Rdnr. 64; *Altmeppen*, in: Roth/Altmeppen, Rdnr. 79; *Rodewald*, in: GmbH-Hdb., Rdnr. I 986; *Reichert/Weller*, in: MünchKomm. GmbHG, 2. Aufl. 2015, Rdnr. 220; *U. Jasper*, in: MünchHdb. III, § 24 Rdnr. 42.

übernommen ist[218], ob sie sich auf einen fremden[219] oder auf einen zukünftigen Geschäftsanteil bezieht[220]. Erfasst werden auch Mitverkaufsrechte und -pflichten (Tag along- und Drag along-Rechte), die einen Gesellschafter berechtigen (*tag along*) bzw. verpflichten (*drag along*), im Falle eines Verkaufs der Anteile unter bestimmten Voraussetzungen eines anderen Gesellschafters seine eigenen Anteile ebenfalls verkaufen zu dürfen bzw. zu müssen[221]. Ebenfalls werden Vorverträge erfasst, die zum Abschluss entsprechender obligatorischer Geschäfte verpflichten sollen[222]. Desgleichen Verträge, die die bestehende Pflicht erweitern[223]. Alles dies gilt auch dann, wenn der Vertrag den Teil eines Geschäftsanteils oder eine dingliche Mitberechtigung i.S. des § 747 Satz 1 BGB[224] oder das Bezugsrecht[225] betrifft. Nicht unter § 15 Abs. 4 fallen dagegen Verträge, die den Übergang des Geschäftsanteils oder einer Mitberechtigung an ihm kraft Gesetzes zur Folge haben, so z.B. bei der Verschmelzung (§§ 2 ff. UmwG), der Spaltung (§§ 123 ff. UmwG) oder der Anwachsung bzw. Gesamtrechtsnachfolge analog § 738 Abs. 1 Satz 1 BGB[226] (s. im Übrigen Rdnr. 93). Wird ein Anteil an einer Personengesellschaft, deren einziges Vermögen in Geschäftsanteilen besteht, veräußert, so unterliegt der Verpflichtungsvertrag nicht der notariellen Beurkundung, es sei denn, es liegt ausnahmsweise eine Normumgehung des § 15 Abs. 4 vor[227]. Verträge über die Abtretung des Geschäftsanteils zwischen zwei personengleichen Gesamthandsgesellschaften fallen dagegen unter § 15 Abs. 4[228]. Formlos gültig ist allerdings die Verpflichtung, innerhalb bestimmter Zeit oder unter gewissen Bedingungen den Geschäftsanteil nicht zu veräußern[229]. Dasselbe gilt für die Pflicht zur Beschaffung eines fremden Geschäftsanteils[230]. Das Versprechen einer nicht erfolgsabhängigen Maklerprovision für die Vermittlung von GmbH-Anteilen ist nicht formbedürftig[231]. Bei Absichtserklärungen (*Letter of Intent, Memorandum of Understanding*) ist durch Auslegung zu ermitteln, ob die Parteien einen Rechtsbindungswillen für die Verpflichtung zur Übertragung von Geschäftsanteilen haben; im Zweifel wird dies nicht der Fall sein. Auch die in einem Letter of Intent eingegangene Verpflichtung im Falle des Scheiterns

---

218 RG, LZ 1913, 141; *Löbbe*, in: Ulmer/Habersack/Löbbe, Rdnr. 49; *Ebbing*, in: Michalski u.a., Rdnr. 64; *U. Jasper*, in: MünchHdb. III, § 24 Rdnr. 42.

219 RG, LZ 1912, 841; RGZ 149, 397.

220 RGZ 74, 358; RGZ 149, 397; RG, LZ 1913, 141; BGH v. 12.7.1956 – II ZR 218/54, BGHZ 21, 242, 245; BGH v. 9.10.1956 – II ZB 11/56, BGHZ 21, 378, 383; BGH v. 16.2.1959 – II ZR 170/57, BGHZ 29, 300, 303; *Löbbe*, in: Ulmer/Habersack/Löbbe, Rdnr. 60; *Fastrich*, in: Baumbach/Hueck, Rdnr. 33.

221 Hierzu *Seibt*, in: MünchAnwHdb. GmbH-Recht, 3. Aufl. 2014, § 2 Rdnr. 223 f.; *Meyer-Sparenberg*, in: Hoffmann-Becking/Gebele, Beck'sches Formularbuch Bürgerliches, Handels- und Wirtschaftsrecht, 12. Aufl. 2016, III. A. Rdnr. 26; *Weitnauer*, in: Handbuch Venture Capital, 5. Aufl. 2016, Teil F. Rdnr. 84; zu der Zulässigkeit von Mitverkaufspflichten s. Rdnr. 221.

222 *Schlüter*, S. 370 ff.; *Löbbe*, in: Ulmer/Habersack/Löbbe, Rdnr. 79; *Ebbing*, in: Michalski u.a., Rdnr. 64; *Bayer*, in: Lutter/Hommelhoff, Rdnr. 54.

223 BGH v. 23.11.1988 – VIII ZR 262/87, GmbHR 1989, 194 = WM 1989, 256.

224 RGZ 87, 246; *Löbbe*, in: Ulmer/Habersack/Löbbe, Rdnr. 60; *Görner*, in: Rowedder/Schmidt-Leithoff, Rdnr. 6.

225 *Löbbe*, in: Ulmer/Habersack/Löbbe, Rdnr. 61, 129; *U. Jasper*, in: MünchHdb. III, § 24 Rdnr. 43.

226 *Seibt*, in: FS Röhricht, S. 603, 608, 612 f.

227 BGH v. 10.3.2008 – II ZR 312/06, DB 2008, 980, 981 = GmbHR 2008, 589; LG Stuttgart v. 16.1.2014 – 22 O 582/11, ZIP 2014, 1330, 1335 f.; *Wertenbruch*, NZG 2008, 454, 456; *Fastrich*, in: Baumbach/Hueck, Rdnr. 35; a.M. *Löbbe*, in: Ulmer/Habersack/Löbbe, Rdnr. 55; *Schäfer*, in: MünchKomm. BGB, 7. Aufl. 2017, § 719 BGB Rdnr. 36, die bereits das ausschließliche Halten von Geschäftsanteilen als eine Umgehung des § 15 Abs. 4 ansehen.

228 OLG Karlsruhe v. 15.4.1994 – 15 U 143/93, GmbHR 1995, 824, 825; *Fischer*, DNotZ 1955, 182; *Petzoldt*, GmbHR 1976, 81, 82; *Löbbe*, in: Ulmer/Habersack/Löbbe, Rdnr. 54; a.M. *Ganssmüller*, DNotZ 1955, 172.

229 Eb. *Ebbing*, in: Michalski u.a., Rdnr. 61.

230 RG, JW 1928, 1562; OLG Hamburg, OLGE, 259.

231 BGH v. 27.2.1997 – III ZR 75/96, GmbHR 1997, 605 = BB 1997, 1277; *Ebbing*, in: Michalski u.a., Rdnr. 61.

der Vertragsverhandlungen, die angefallenen Due-Diligence-Kosten zu erstatten, führt zu keinem faktischen Abschlusszwang und damit nicht zur Anwendbarkeit des § 15 Abs. 4 Satz 1[232].

b) Gesellschaftsvertrag

51 Auch der Gesellschaftsvertrag der GmbH kann die Verpflichtung zur Abtretung enthalten. Handelt es sich dabei, was durch Auslegung zu ermitteln ist, um eine **gesellschaftsrechtliche Pflicht**[233], so gelten für deren Begründung §§ 2, 3 Abs. 2[234], während auf eine in den Gesellschaftsvertrag aufgenommene **rein schuldrechtliche Abrede** § 15 Abs. 4 zwar anwendbar, aber durch die Beurkundung gemäß § 2 ebenfalls erfüllt ist. Das gilt allerdings nur, wenn die im Gesellschaftsvertrag festgelegten Veräußerungsbedingungen unverändert maßgebend bleiben sollen[235]. Eine satzungsmäßige Schiedsgerichtsklausel i.S. des § 1066 ZPO kann jedoch auf die Streitigkeiten über eine solche nicht-gesellschaftliche Abtretungspflicht nicht erstreckt werden[236]. Können nach dem Gesellschaftsvertrag beide Gesellschafter einer GmbH mit der Folge kündigen, dass der andere Gesellschafter den Geschäftsanteil des Kündigenden zu bestimmten Bedingungen zu übernehmen befugt ist, so ist damit formgerecht eine Vereinbarung getroffen worden, die eine bedingte Abtretungsverpflichtung (nicht nur ein Vertragsangebot) begründet; weder die Erklärung über die Kündigung noch die über die Ausübung des Übernahmerechts bedarf zusätzlich der Form des § 15 Abs. 4[237]. Die Bedingung, von der das Wirksamwerden der Abtretungsverpflichtung abhängt, darf vom Berechtigten nicht in rechtsmissbräuchlicher Weise herbeigeführt werden[238]. Eine Satzungsbestimmung, die einem Gesellschafter das nicht an einschränkende Voraussetzungen geknüpfte Recht gibt, den Geschäftsanteil eines anderen jederzeit nach freiem Ermessen zu übernehmen oder seine Abtretung zu verlangen, verstößt gegen § 138 BGB, wenn die Klausel nicht wegen besonderer Umstände sachlich gerechtfertigt ist[239]; die Vereinbarung eines freien Widerrufsvorbehalts im Schenkungsvertrag über einen Geschäftsanteil ist dagegen zulässig[240]. Häufig wird in Gesellschaftsverträgen das Übernahmerecht eines Gesellschafters mit der Vereinbarung verbunden, dass der Geschäftsanteil im Falle einer beabsichtigten Veräußerung zunächst dem Berechtigten anzubieten ist. Soweit diese **Anbietungspflicht**, was möglich ist (Rdnr. 117), nicht als weitere Voraussetzung der Abtretung i.S. des § 15 Abs. 5 gewollt war, macht ihre Verletzung die Abtretung an einen Dritten nicht unwirksam; der Beschluss über eine statutarisch erforderliche Genehmigung ist aber, soweit der Gesellschaftsvertrag keine andere Rechtsfolge

---

232 Vgl. OLG München v. 19.9.2012 – 7 U 736/12, NZG 2013, 257 f.; dazu *Louven/Mehrbrey*, NZG 2014, 1321, 1322.
233 RGZ 113, 149; RGZ 121, 299; BGH v. 14.4.1986 – II ZR 155/85, GmbHR 1986, 258 = BB 1986, 1251; KG, GmbHRspr. I § 3 R. 17.
234 RGZ 113, 149; BGH v. 14.4.1986 – II ZR 155/85, GmbHR 1986, 258 = BB 1986, 1251; wohl auch OLG Hamm v. 17.4.1978 – 8 U 314/77, GmbHR 1979, 59, 60; *Altmeppen*, in: Roth/Altmeppen, Rdnr. 79; abw. BGH, LM § 2 Nr. 7.
235 BGH v. 14.4.1986 – II ZR 155/85, GmbHR 1986, 258 = BB 1986, 1251.
236 BGH v. 25.10.1962 – II ZR 188/61, BGHZ 38, 155, 161 f.
237 RGZ 113, 149 f.; BGH, LM § 2 Nr. 5 u. oben Rdnr. 48.
238 BGH v. 25.5.1970 – II ZR 245/67, BB 1970, 1191.
239 So BGH v. 9.7.1990 – II ZR 194/89, BGHZ 112, 103, 107 ff. im Anschluss an die Rspr. zur Unzulässigkeit von Hinauskündigungsklauseln im Recht der Personengesellschaften (BGH v. 20.1.1977 – II ZR 217/75, BGHZ 68, 212, 215; BGH v. 13.7.1981 – II ZR 56/80, BGHZ 81, 263, 266 f.; BGH v. 19.9.1988 – II ZR 329/87, BGHZ 105, 213, 216 f. = GmbHR 1989, 117); kritisch zu dieser Rspr. *Karsten Schmidt*, in: MünchKomm. HGB, 4. Aufl. 2016, § 140 HGB Rdnr. 100; *Priester*, in: FS Hopt, 2010, S. 1139, 1145 f.
240 Bestr.; vgl. *Jülicher*, ZGR 1996, 82 ff.; *Karsten Schmidt*, GesR, § 50 III 4a, jeweils m.w.N. Zum Widerruf wegen groben Undanks (§ 530 BGB) s. auch BGH v. 2.4.1990 – II ZR 243/89, BGHZ 112, 40, 48.

vorsieht, anfechtbar, wenn er ergangen ist, ohne dass der abtretende Gesellschafter seiner Anbietungspflicht nachgekommen war[241].

4. Verpflichtung zur Abnahme

Die Verpflichtung zur Abnahme eines Geschäftsanteils erfasst der Wortlaut des § 15 Abs. 4 nicht. Die ständige Rspr[242]. nimmt gleichwohl seit langem mit Billigung des Schrifttums[243] zutreffend an, dass die Verpflichtung zum Erwerb ohne Rücksicht darauf formbedürftig sei, ob damit zugleich eine (durch das Verlangen auf Abtretung) bedingte Abtretungsverpflichtung begründet oder zumindest ein darauf gerichteter Vertragsantrag gemacht wurde. Das gilt nicht nur für Abnahmepflichten gegenüber Gesellschaftern, sondern auch gegenüber der GmbH und Dritten[244]. Auch die Erklärung einer Konzernobergesellschaft, für die Annahme eines Abtretungsangebots durch eine Tochtergesellschaft einzustehen, ist nach § 15 Abs. 4 formbedürftig (Rdnr. 60).

52

5. Gegenstand der Vereinbarung

Die **Verpflichtung zur Abtretung muss selbst Gegenstand der vereinbarten Leistung** sein. Dies schließt zwar nicht aus, dass der beurkundete Vertrag daneben und hauptsächlich Vereinbarungen ganz anderen Inhalts enthält, wie z.B. Gesellschaftsverträge (Rdnr. 50, 51). Der Form bedürfen aber nicht Verträge anderen Inhalts deshalb, weil sie mittelbar oder als gesetzliche Folge eine Pflicht zur Abtretung mit sich bringen[245]. Daher folgt aus dem formlos gültigen Auftrag zum Erwerb eines Geschäftsanteils ohne weiteres (§ 667 BGB) die Verpflichtung des Beauftragten, den in der Form des § 15 Abs. 3 erworbenen Geschäftsanteil dem Auftraggeber abzutreten[246], wie auch letzterer zur Übernahme und zu Auslagenersatz verpflichtet ist[247]. Dasselbe gilt für die im Gesellschaftsvertrag einer OHG, KG oder BGB-Gesellschaft getroffene Vereinbarung, dass im Falle der Beendigung ein Gesellschafter das gesamte

53

---

241 BGH v. 13.7.1967 – II ZR 238/64, BGHZ 48, 141, 145 f.

242 RGZ 57, 60, 61; RGZ 102, 63, 64; RGZ 127, 65, 71; RGZ 149, 385, 397; OLG München v. 7.12.1994 – 7 U 4659/94, BB 1995, 427, 428; OLG München v. 20.4.1996 – 7 U 5523/95, GmbHR 1996, 607, 608.

243 *Neukamp*, ZHR 57 (1906), 527; *Brodmann*, Anm. 3a; *Fastrich*, in: Baumbach/Hueck, Rdnr. 33; *Löbbe*, in: Ulmer/Habersack/Löbbe, Rdnr. 68; *Altmeppen*, in: Roth/Altmeppen, Rdnr. 79; *Rodewald*, in: GmbH-Hdb., Rdnr. I 989; *Ebbing*, in: Michalski u.a., Rdnr. 65; *U. Jasper*, in: MünchHdb. III, § 24 Rdnr. 35; *Armbrüster*, DNotZ 1997, 762, 777 f.; a.M. *E. Fuchs*, JW 1911, 201; *Feine*, S. 382 f.

244 RGZ 127, 65, 71; OLG München v. 7.12.1994 – 7 U 4659/94, BB 1995, 427, 428; *Löbbe*, in: Ulmer/Habersack/Löbbe, Rdnr. 68; *Altmeppen*, in: Roth/Altmeppen, Rdnr. 79; *U. Jasper*, in: MünchHdb. III, § 24 Rdnr. 35; *Armbrüster*, DNotZ 1997, 762, 768; *Schulz*, GmbHR 2001, 282, 284 f.

245 RGZ 50, 45; RGZ 82, 354; RGZ 124, 376; BGH v. 17.11.1955 – II ZR 222/54, BGHZ 19, 70; *Löbbe*, in: Ulmer/Habersack/Löbbe, Rdnr. 73; *Fastrich*, in: Baumbach/Hueck, Rdnr. 32, 34; *Altmeppen*, in: Roth/Altmeppen, Rdnr. 80; *Reichert/Weller*, in: MünchKomm. GmbHG, 2. Aufl. 2015, Rdnr. 85; *Bayer*, in: Lutter/Hommelhoff, Rdnr. 56; gegen das zuerst genannte Abgrenzungsmerkmal *Steindorff*, S. 21 ff. u. ihm folgend *Schlüter*, S. 370 ff., die aber in den nachstehenden Fällen jeweils unter Berufung auf den Gesetzeszweck zu demselben Ergebnis gelangen.

246 RGZ 50, 42; RGZ 80, 101, 102; RGZ 82, 354; RGZ 89, 195; RG, LZ 1912, 912; RG, LZ 1919, 866; BGH v. 17.11.1955 – II ZR 222/54, BGHZ 19, 70; BGH v. 26.9.1962 – VIII ZR 113/62, WM 1962, 1194, 1195; BGH v. 14.12.1970 – II ZR 161/69, WM 1971, 306 f.; OLG Frankfurt v. 27.11.1991 – 21 W 35/91, GmbHR 1992, 368, 369; OLG Hamm v. 20.10.1993 – 8 U 40/93, GmbHR 1994, 880 = OLGR 1994, 37. Der Auftrag selbst beinhaltet entgegen *Schacht*, in: BeckHdb. GmbH, 5. Aufl. 2014, § 12 Rdnr. 181 keine formbedürftige Erwerbsverpflichtung.

247 RGZ 124, 372; RG, JW 1930, 2677; OLG Hamm v. 20.10.1993 – 8 U 40/93, GmbHR 1994, 880 = OLGR 1994, 37.

Gesellschaftsvermögen, zu dem auch ein Geschäftsanteil gehört, übernehmen soll[248]. Die Verpflichtung zur Übertragung eines Geschäftsanteils an einer Personengesellschaft, in deren Gesellschaftsvermögen sich GmbH-Anteile befinden, bedarf ebenfalls nicht der notariellen Beurkundung[249]; etwas anderes gilt nur in extremen Einzelfällen bei Vorliegen eines offensichtlichen Umgehungsgeschäfts[250]. Bei der Verkaufskommission ist der Kommittent ohne weiteres (formlos) verpflichtet, den durch den Kommissionär in der Form des § 15 Abs. 3, 4 getätigten Verkauf gutzuheißen oder die dingliche Abtretung zu vollziehen. Bei der Einkaufskommission erwirbt der Kommittent, wenn der Kommissionär den Einkauf des Geschäftsanteils formgerecht getätigt hat, ohne weiteres den Anspruch auf formgerechte Übertragung[251]. Der Bürge für eine Schuld, zu deren Sicherheit dem Gläubiger vom Schuldner ein Geschäftsanteil übertragen ist, erwirbt mit Zahlung gemäß §§ 774, 412, 401 BGB ohne weiteres den Anspruch gegen den Gläubiger auf Übertragung des Anteils an sich[252].

6. Vorkaufsrechte, Optionen

54   Die Einräumung eines **Vorkaufsrechts** bedarf der Form aus § 15 Abs. 4, da eine durch den Abschluss eines Kaufvertrages und die Ausübung des Vorkaufsrechts bedingte Abtretungspflicht geschaffen wird[253]. Die Erklärung über die Ausübung des Vorkaufsrechts ist formfrei (§ 464 Abs. 1 Satz 2 BGB)[254]. Entsprechendes gilt für schuldrechtliche Vorerwerbs- oder Ankaufsrechte u.Ä.

55   Bei **Optionsrechten** über den Erwerb oder die Veräußerung von Geschäftsanteilen hängt das Formerfordernis von der rechtlichen Einordnung und vertraglichen Ausgestaltung der Option ab. Führt die Auslegung zu der Erkenntnis, dass die konkrete Option ein durch die Ausübung des Optionsrechts und ggf. weitere Ereignisse bedingter, möglicherweise zusätzlich befristeter Vertrag ist[255], der die Verpflichtung zur Übertragung des Geschäftsanteils beinhaltet, so bedarf diese Vereinbarung der Form des § 15 Abs. 4[256]. Die Ausübung des Optionsrechts unterliegt dann hingegen keiner Formpflicht[257]. Der Optionsvertrag ist auch dann

---

248   RGZ 136, 97, 99; *Löbbe*, in: Ulmer/Habersack/Löbbe, Rdnr. 77; *Fastrich*, in: Baumbach/Hueck, Rdnr. 31, 33; *Ebbing*, in: Michalski u.a., Rdnr. 66; *U. Jasper*, in: MünchHdb. III, § 24 Rdnr. 54; s. auch Rdnr. 93.

249   BGH v. 10.3.2008 – II ZR 312/06, GmbHR 2008, 589 = ZIP 2008, 876; ausführlich zu dieser Frage LG Stuttgart v. 16.1.2014 – 22 O 582/11, ZIP 2014, 1330, 1335; zustimmend *Reichert/Weller*, in: MünchKomm. GmbHG, 2. Aufl. 2015, Rdnr. 49; *Fastrich*, in: Baumbach/Hueck, Rdnr. 35; *Ebbing*, in: Michalski u.a., Rdnr. 4; *Krause*, BB 2008, 1251.

250   BGH v. 10.3.2008 – II ZR 312/06, GmbHR 2008, 589 = ZIP 2008, 876; LG Stuttgart v. 16.1.2014 – 22 O 582/11, ZIP 2014, 1330, 1335; ebenso *Fastrich*, in: Baumbach/Hueck, Rdnr. 35; *Ebbing*, in: Michalski u.a., Rdnr. 4; *Reichert/Weller*, in: MünchKomm. GmbHG, 2. Aufl. 2015, Rdnr. 49; kritisch zum Umgehungstatbestand *Wertenbruch*, NZG 2008, 454, 455.

251   RGZ 80, 99, 102.

252   RGZ 89, 193, 195; RGZ 91, 277, 279.

253   RG, JW 1916, 575; *Feine*, S. 382; *Löbbe*, in: Ulmer/Habersack/Löbbe, Rdnr. 62; *Fastrich*, in: Baumbach/Hueck, Rdnr. 31; *Ebbing*, in: Michalski u.a., Rdnr. 70; *Reichert/Weller*, in: MünchKomm. GmbHG, 2. Aufl. 2015, Rdnr. 95; *Görner*, in: Rowedder/Schmidt-Leithoff, Rdnr. 43; *Rodewald*, in: GmbH-Hdb., Rdnr. I 986; *U. Jasper*, in: MünchHdb. III, § 24 Rdnr. 82.

254   RGZ 113, 147, 149; BGH v. 30.6.1969 – II ZR 71/68, NJW 1969, 2049; *Löbbe*, in: Ulmer/Habersack/Löbbe, Rdnr. 63; *Fastrich*, in: Baumbach/Hueck, Rdnr. 31. Die Vereinbarung abweichender Bedingungen ist dagegen formbedürftig; vgl. BGH v. 30.6.1969 – II ZR 71/68, BB 1969, 1242.

255   BGH v. 21.4.1967 – V ZR 75/64, BGHZ 47, 387, 391; *Ellenberger*, in: Palandt, Einf. Vor § 145 BGB Rdnr. 23.

256   So *Ebbing*, in: Michalski u.a., Rdnr. 76; *Ellenberger*, in: Palandt, Einf. Vor § 145 BGB Rdnr. 23.

257   BGH, LM § 433 Nr. 16; *Ellenberger*, in: Palandt, Einf. Vor § 145 BGB Rdnr. 23; *Ebbing*, in: Michalski u.a., Rdnr. 76.

nach § 15 Abs. 4 formpflichtig, wenn es sich um ein Optionsrecht des Veräußerers handelt (Put-Option), da die andere Partei dann eine korrespondierende Abnahmepflicht trifft (zur Formbedürftigkeit der Abnahmepflicht Rdnr. 52). Führt die Auslegung der Option hingegen dazu, dass es sich um ein langfristig bindendes Angebot einer Partei handelt[258], so muss auch die spätere Optionsausübung als Annahmeerklärung der Form des § 15 Abs. 4 entsprechen[259].

7. Weitere Verpflichtungsinhalte

Die Verpflichtung zur Abtretung eines **Geschäftsanteils** sowie eines Teiles davon (Rdnr. 50) bedarf nach § 15 Abs. 4 der Form. Hieraus folgt: 56

a) Keiner Form bedarf die Verpflichtung **zur Abtretung Einzelner mit dem Geschäftsanteil verknüpften Rechte**, z.B. des Anspruchs auf Bilanzgewinn und Liquidationserlös[260].   57

b) Nicht der Form des § 15 bedarf in der Regel die Verpflichtung zur **Abtretung des schuldrechtlichen Anspruchs auf Übertragung eines Geschäftsanteils** (Rdnr. 53).   58

c) Keiner Form bedarf die **Begründung der Unterbeteiligung** an einem Geschäftsanteil und die Aufhebung der internen rechnerischen Beteiligung (Rdnr. 224). Formbedürftig ist allerdings der Abschluss eines **Treuhandvertrages**, kraft dessen der Anteilsinhaber künftig nur noch die Stellung des Treuhänders einnehmen soll, da sich dadurch die unbeschränkte Inhaberschaft in eine treuhänderisch gebundene umwandelt und der Anteilsinhaber sich inzident zur Abtretung des Geschäftsanteils nach der Beendigung des Treuhandverhältnisses verpflichtet (Rdnr. 230).   59

8. Garantieverträge

Streitig ist, ob und inwieweit Verträge mit Garantienatur der Form des § 15 Abs. 4 unterliegen. Geht die Garantie dahin, dass der Garant sich verpflichtet, einem Gesellschafter für dessen Stammeinlage in der Weise aufzukommen, dass er ihm unter gewissen Voraussetzungen den Geschäftsanteil abnehmen werde, so liegt eine bedingte Verpflichtung zur Abnahme des Geschäftsanteils vor und es ist daher die Form des § 15 Abs. 4 zu fordern (Rdnr. 52)[261]. Etwas anderes gilt, trotz ähnlich liegenden Falls, richtigerweise dann, wenn der Garant sich verpflichtet, dem Vertragspartner die Bareinlage unter gewissen Voraussetzungen zu erstatten, weil hier nur eine „primäre" Haftung für den Rückempfang der Bareinlage übernommen wird, woraus sich die Verpflichtung zur Abnahme des Geschäftsanteils gesetzlich ergibt[262]. Die Garantie der Muttergesellschaft für die Abnahme eines Geschäftsanteils durch ihre Toch-   60

---

258   *Görner*, in: Rowedder/Schmidt-Leithoff, Rdnr. 46; vgl. auch *Busche*, in: MünchKomm. BGB, 7. Aufl. 2015, Vor § 145 BGB Rdnr. 73.

259   *Ebbing*, in: Michalski u.a., Rdnr. 76; *Reichert/Weller*, in: MünchKomm. GmbHG, 2. Aufl. 2015, Rdnr. 96; *Löbbe*, in: Ulmer/Habersack/Löbbe, Rdnr. 87; vgl. auch BGH, LM § 433 Nr. 16; *Busche*, in: MünchKomm. BGB, 7. Aufl. 2015, Vor § 145 BGB Rdnr. 74; *Ellenberger*, in: Palandt, Einf. Vor § 145 BGB Rdnr. 23.

260   *Löbbe*, in: Ulmer/Habersack/Löbbe, Rdnr. 65, 129; *Fastrich*, in: Baumbach/Hueck, Rdnr. 45 a.E.; *Bayer*, in: Lutter/Hommelhoff, Rdnr. 56; *U. Jasper*, in: MünchHdb. III, § 24 Rdnr. 62.

261   RGZ 76, 306, 310; *Fastrich*, in: Baumbach/Hueck, Rdnr. 33; *Reichert/Weller*, in: MünchKomm. GmbHG, 2. Aufl. 2015, Rdnr. 100; *Ebbing*, in: Michalski u.a., Rdnr. 82; *U. Jasper*, in: MünchHdb. III, § 24 Rdnr. 51.

262   RGZ 82, 350, 354 f.; RGZ 89, 193, 195; RG, JW 1918, 266: Es bedarf der Form nicht, wenn die Rückübertragungspflicht aus dem Gesetz folgt und im Vertrag lediglich erwähnt (nicht etwa begründet) wird, krit. noch *H. Winter/Seibt*, 10. Aufl., Rdnr. 60.

tergesellschaft unterliegt der Form des § 15 Abs. 4²⁶³. Dasselbe gilt für eine Rückkaufsgarantie, aber ein Formmangel wird hier regelmäßig durch die ursprüngliche Abtretung geheilt sein²⁶⁴. Keiner Form bedarf eine Garantie dafür, dass ein anderer Gesellschafter seinen Geschäftsanteil dem Dritten abtreten werde; denn sie verpflichtet nicht zur Abtretung, sondern zum Schadensersatz; doch kann hierin ein der Schriftform bedürfendes Bürgschaftsversprechen liegen (§ 766 BGB). Keiner Form bedarf ferner die Garantie eines Gewinnanteils²⁶⁵.

9. Rückgängigmachung

61 Die Aufhebung eines zur Abtretung verpflichtenden Vertrages, die auch durch konkludentes Verhalten erfolgen kann, bedarf keiner Form²⁶⁶. War jedoch die dingliche Abtretung bereits formgerecht erfüllt, so bedarf die Rückübertragung des Geschäftsanteils in jedem Falle der Form aus § 15 Abs. 3, da er nicht von selbst zurückfallen kann, während hinsichtlich der Verpflichtung zur Rückübertragung zu unterscheiden ist:

a) Rückkaufsvorbehalt

62 War die Verpflichtung in dem ursprünglichen, zur Abtretung an den Erwerber (z.B. Käufer) verpflichtenden Vertrage bereits enthalten, z.B. als Rückkaufsvorbehalt, und war man über die Bedingungen der Rückübertragung einig, so verpflichtet dieser ursprüngliche Vertrag zur Rückübertragung, sobald deren vereinbarte Bedingungen eingetreten sind. Dabei ist es unerheblich, ob dieser ursprüngliche Vertrag oder ein Nachtragsvertrag gemäß § 15 Abs. 4 beurkundet war oder nicht, da nach § 15 Abs. 4 Satz 2 auch der nicht beurkundete Verpflichtungsvertrag mit seinen Nebenabreden durch formgerechten dinglichen Abtretungsvertrag gültig wird.

b) Rückübertragung eines zur Sicherheit abgetretenen Geschäftsanteils

63 In dieser Weise ist auch eine formlose Verpflichtung zur Rückübertragung eines zur Sicherung abgetretenen Geschäftsanteils wirksam. Es liegt im Wesen dieser Übertragung, dass sie unter bestimmten Voraussetzungen, spätestens nach Befriedigung des zu sichernden Gläubigers, rückgängig zu machen ist. Alle diese schuldrechtlichen Abmachungen, mögen sie auch formlos oder selbst stillschweigend getroffen sein, werden vermöge des § 15 Abs. 4 Satz 2 durch die Sicherungsübertragung wirksam und verpflichten zur Rückübertragung nach Eintritt ihrer Voraussetzungen²⁶⁷.

c) Rückgängigmachung einer erfolgten dinglichen Übertragung

64 Rückgängigmachung einer erfolgten dinglichen Übertragung kann formlos nur verlangt werden, wenn entweder der Übertragung eine entsprechende, wenn auch stillschweigende Abrede zugrunde lag (§ 15 Abs. 4 Satz 2) oder wenn die Übertragung ohne Rechtsgrund erfolgt war (§ 812 BGB). War vor der Abtretung vereinbart, dass der Veräußerer durch Erklärung

---

263 OLG München v. 20.4.1996 – 7 U 5523/95, GmbHR 1996, 607, 608; eb. *Löbbe*, in: Ulmer/Habersack/Löbbe, Rdnr. 68.
264 RGZ 76, 306, 310.
265 Zust. *Ebbing*, in: Michalski u.a., Rdnr. 82.
266 Eb. *Löbbe*, in: Ulmer/Habersack/Löbbe, Rdnr. 72; *Ebbing*, in: Michalski u.a., Rdnr. 79; *Fastrich*, in: Baumbach/Hueck, Rdnr. 35; *Bayer*, in: Lutter/Hommelhoff, Rdnr. 56; *U. Jasper*, in: MünchHdb. III, § 24 Rdnr. 65.
267 Zust. *K. Müller*, Die Sicherungsübertragung von GmbH-Anteilen, 1969, S. 7; *Ebbing*, in: Michalski u.a., Rdnr. 211; *U. Jasper*, in: MünchHdb. III, § 24 Rdnr. 65, 71.

bis zu einem bestimmten Termin die Rückübertragung verlangen könne – formlos wirksam nach § 15 Abs. 4 Satz 2 –, so bedarf die Erklärung des Veräußerers keiner Form; sie gilt als zugegangen in dem Zeitpunkt, der aus § 130 BGB und der Verkehrssitte sich ergibt.

10. Verpflichtung eines „Gesellschafters"

Obwohl § 15 Abs. 4 von der Verpflichtung eines „Gesellschafters" spricht, ist wegen Gleichheit des Grundes auch die obligatorische Verpflichtung der GmbH, eigene Geschäftsanteile (§ 33) oder kaduzierte und abandonnierte Geschäftsanteile (§§ 23 Satz 2, 27 Abs. 2 Satz 2) abzutreten, der Form unterworfen[268], ebenso wie bei Erwerb durch die GmbH gemäß § 33 Abs. 2[269]. War ein Geschäftsanteil an einen Treuhänder übertragen, so bedarf auch die Verpflichtung zur Abtretung der Rechte des Treugebers, der als solcher nicht mehr „Gesellschafter" ist, der Form aus § 15 Abs. 4 (Rdnr. 230).   65

11. Form und Inhalt

Das der Abtretung eines Geschäftsanteils zugrunde liegende Verpflichtungsgeschäft bedarf der „notariellen Form", d.h. der Anfertigung einer förmlichen Niederschrift über die Abgabe der Willenserklärungen der Parteien (Angebot und Annahme[270]) durch den Notar und deren Unterzeichnung durch die Beteiligten (§§ 6 ff. BeurkG: notarielle Beurkundung). Über Angebot und Annahme können getrennte Urkunden errichtet werden (§ 128 BGB). Die dem Abwesenden gegenüber abgegebene Erklärung wird mit dem Zugang einer Ausfertigung der Notarurkunde wirksam, sofern nicht von den gesetzlichen Vorschriften (§§ 130, 132 BGB) abweichende Zugangserleichterungen vereinbart worden sind[271]. Die Vorschrift des § 15 Abs. 4 umfasst nach h.M. alle für das Zustandekommen des Verpflichtungsgeschäfts **wesentlichen Teile der Willenserklärungen der Parteien**, auch entsprechende **Nebenabreden**, z.B. die Zusicherung einer Eigenschaft des Geschäftsanteils (vgl. Rdnr. 149), Abtretungsbedingungen[272], Modalitäten der Vertragserfüllung[273], verdeckte Gegenleistungen zur Abtretungsverpflichtung[274], Verpflichtungen zur Leistung von einem Unternehmenskauf nachlaufenden (Konzern-)Dienstleistungen durch den Verkäufer (sog. *Transitional Services Agreement*[275]), die Garantieabrede der Muttergesellschaft der Käuferin für Zahlungsverpflichtungen der Käuferin zugunsten des Verkäufers (*Parent Guarantee*)[276] oder Regelungen zur Kostentragung, die allesamt nach dem Willen der Parteien untrennbarer und (wirtschaftlich) notwendiger Bestandteil des schuldrechtlichen Veräußerungsgeschäfts sein sollen (**Vollständigkeitsgrundsatz**)[277].   66

268 RG, JW 1907, 370; RG, DJZ 1909, 828; *Löbbe*, in: Ulmer/Habersack/Löbbe, Rdnr. 64; *Fastrich*, in: Baumbach/Hueck, Rdnr. 33; *Bayer*, in: Lutter/Hommelhoff, Rdnr. 54; *Altmeppen*, in: Roth/Altmeppen, Rdnr. 79; *Reichert/Weller*, in: MünchKomm. GmbHG, 2. Aufl. 2015, Rdnr. 102; *Görner*, in: Rowedder/Schmidt-Leithoff, Rdnr. 45.
269 RGZ 93, 326; *Löbbe*, in: Ulmer/Habersack/Löbbe, Rdnr. 64; *Bayer*, in: Lutter/Hommelhoff, Rdnr. 54.
270 Vgl. RG, LZ 1912, 670; BGH v. 12.7.1956 – II ZR 218/54, BGHZ 21, 242, 247; BGH v. 31.1.1963 – II ZR 61/62, GmbHR 1963, 188; BGH v. 7.6.1995 – VIII ZR 125/94, ZIP 1995, 1089.
271 BGH v. 7.6.1995 – VIII ZR 125/94, ZIP 1995, 1089, 1090.
272 BGH v. 23.11.1988 – VIII ZR 262/87, GmbHR 1989, 194, 195.
273 BGH v. 25.9.1996 – VIII ZR 172/95, ZIP 1996, 1901, 1902 = GmbHR 1996, 919; s. aber auch OLG Hamm v. 17.4.1978 – 8 U 314/77, GmbHR 1979, 59, 60.
274 Vgl. auch BGH v. 30.6.1969 – II ZR 71/68, NJW 1969, 2049 (Verzicht auf Gewinngutschriften).
275 *Erbacher/Klarmann*, CFL 2011, 151, 152 f.
276 OLG München v. 20.3.1996 – 7 U 5523/95, BB 1996, 1296.
277 RG, LZ 1920, 652; BGH, LM § 2 Nr. 7; BGH v. 23.2.1983 – IVa ZR 187/81, GmbHR 1983, 268 = NJW 1983, 1843; BGH v. 23.11.1988 – VIII ZR 262/87, GmbHR 1989, 194, 195; BGH v. 25.9.1996 – VIII ZR 172/95, ZIP 1996, 1901, 1902 = GmbHR 1996, 919; OLG München v. 14.11.1966 – 12

66a   Dem Formzwang von § 15 Abs. 4 unterliegen demgegenüber nicht sog. **abtrennbare Klauseln**, also Vereinbarungsteile, die für sich genommen nicht formbedürftig sind und von denen anzunehmen ist, dass sie nach dem mutmaßlichen Parteiwillen nicht (wirtschaftlich) zwingend mit der Verpflichtung zur Anteilsabtretung verbunden sein sollten[278]. Ebenso wenig formbedürftig sind solche **Nebenabreden, die mit der Anteilsabtretung in keinem rechtlichen Zusammenhang stehen**, wie z.B. eine Vollmachtserteilung, die Genehmigung eines von Nichtberechtigten geschlossenen Abtretungsvertrages (§§ 185 Abs. 2, 182 Abs. 2 BGB)[279]. Dasselbe gilt für solche nachgeordneten und unwesentlichen Regelungen, die lediglich eine nähere Auslegung der Haupterklärung beinhalten[280]. Im Falle der Aufnahme einer Schiedsklausel in den Verpflichtungsvertrag unterfällt die in Bezug genommene **Schiedsgerichtsordnung** nicht der Beurkundungspflicht[281]. **Vereinbarungen mit Dritten**, die weder Partei des (Kauf-)Vertrags mit der Abtretungsverpflichtung noch verbundene Unternehmen (i.S. von § 15 AktG) einer der Parteien eines solchen Kaufvertrags sind (z.B. *Financing Commitment Letter* eines externen Kreditinstituts), unterliegen nur dann der Beurkundungspflicht nach § 15 Abs. 4 Satz 1, wenn auch der Dritte ausnahmsweise – z.B. wegen signifikanter eigener wirtschaftlicher Interessen an der Anteilsabtretung (Verknüpfungsinteresse) – die Verknüpfung der weiteren Vereinbarung mit der Abtretungsverpflichtung will (Verknüpfungswille)[282]; ein mittelbares Interesse (z.B. Zinsmarge für Darlehensgewährung) ist nicht ausreichend. Bei Vereinbarungen mit solchen Dritten, die mit bei einer Partei des (Kauf-)Vertrages mit der Abtretungsverpflichtung verbunden (i.S. von § 15 AktG) oder in vergleichbarer Weise wirtschaftlich verflochten sind (z.B. *Equity Commitment Letter* eines Private Equity Fonds gegenüber der konkreten Akquisitionsgesellschaft), ist ein Verknüpfungsinteresse und ein Verknüpfungswille jedenfalls bei wertsignifikanter Vereinbarung (für die Hauptvereinbarung) widerleglich zu vermuten[283]. Ist die weitere Vereinbarung hiernach beurkundungspflichtig, ist sie in ihrem gesamten Umfang, einschließlich einer Verknüpfungsabrede, zu beurkunden[284]. Andernfalls wä-

---

U 1738, 1739/65, NJW 1967, 1326, 1328; OLG Düsseldorf v. 10.2.1978 – 16 U 88/77, MDR 1978, 668; OLG Karlsruhe v. 23.3.1990 – 10 W 230/89, GmbHR 1991, 19, 20; OLG Hamm v. 6.7.1992 – 8 U 234/91, GmbHR 1993, 106, 107; *Löbbe*, in: Ulmer/Habersack/Löbbe, Rdnr. 80; *Bayer*, in: Lutter/Hommelhoff, Rdnr. 57; *Fastrich*, in: Baumbach/Hueck, Rdnr. 30; *Reichert/Weller*, in: Münch-Komm. GmbHG, 2. Aufl. 2015, Rdnr. 106; *Wicke*, Rdnr. 17; *Ebbing*, in: Michalski u.a., Rdnr. 89.

278 BGH v. 14.4.1986 – II ZR 155/85, NJW 1986, 2642, 2643; *Löbbe*, in: Ulmer/Habersack/Löbbe, Rdnr. 81; *Pohlmann*, GmbHR 2002, 41, 42 f.; *Witt*, ZIP 2000, 1033, 1035, 1037 f.

279 BGH v. 23.11.1988 – VIII ZR 262/87, WM 1989, 256, 259 = GmbHR 1989, 194; *Löbbe*, in: Ulmer/Habersack/Löbbe, Rdnr. 81.

280 BGH v. 8.5.2000 – II ZR 144/98, DStR 2000, 1272 f.; OLG München v. 14.11.1966 – 12 U 1738, 1739/65, NJW 1967, 1326, 1328; abw. allerdings OLG München v. 7.12.1994 – 7 U 4659/94, BB 1995, 427, 428.

281 BGH v. 24.7.2014 – III ZB 83/13, BGHZ 202, 168, 175 = NJW 2014, 3652, 3654 = GmbHR 2014, 1088 mit Anm. *Wachter*; im Ergebnis gleichlautend; aber mit abweichender Begründung OLG München v. 10.9.2013 – 34 SchH 10/13, NZG 2014, 994, 997 f. = GmbHR 2014, 36; zustimmend *Bayer*, in: Lutter/Hommelhoff, § 3 Rdnr. 114; *Verse*, in: Henssler/Strohn, Gesellschaftsrecht, Rdnr. 65; *Hilgard/Haubner*, BB 2014, 970, 972; a.A. *Kindler*, NZG 2014, 961, 963; *Wachter*, GmbHR 2014, 1092, 1093 f.

282 *Erbacher/Klarmann*, CFL 2011, 151, 155 und 156; *Leyendecker/Mackensen*, NZG 2012, 129, 132; *Kästle/Oberbracht*, Unternehmenskauf – Share Purchase Agreement, 2. Aufl. 2010, S. 19; wohl generell gegen eine Beurkundungspflicht *Löbbe*, in: Ulmer/Habersack/Löbbe, Rdnr. 81.

283 Im Grundsatz gegen eine Beurkundungspflichtigkeit von *Equity Commitment Letter Leyendecker/Mackensen*, NZG 2012, 129, 133; im Grundsatz für eine Beurkundungspflichtigkeit *Erbacher/Klarmann*, CFL 2011, 151, 155; *Verse*, in: Henssler/Strohn, Gesellschaftsrecht, Rdnr. 65a; *Hermanns*, DNotZ 2013, 9, 15 f. bejaht die Beurkundungsbedürftigkeit, sofern die Parteien des beurkundungsbedürftigen Rechtsgeschäfts die Beibringung eines Equity Commitment Letter vereinbart haben.

284 *Erbacher/Klarmann*, CFL 2011, 151, 156; *Stoppel*, GmbHR 2010, 225, 228.

re nicht nur diese weitere Vereinbarung formunwirksam, sondern auch die beurkundete Abtretungsverpflichtung wäre als Scheingeschäft nichtig[285].

Die Geltung des Vollständigkeitsgrundsatzes im Rahmen von § 15 Abs. 4 wird zu Recht zunehmend kritisiert[286], da er weder den – rechtspolitisch durchaus zweifelhaften – Gesetzeszwecken der Handelserschwerung von Geschäftsanteilen noch einer Beweisfunktion dient, aber zu erheblicher Rechtsunsicherheit bzw. Risikovermeidungskosten (Rdnr. 8) führt. *De lege ferenda* ist jedenfalls das Formerfordernis des § 15 Abs. 4 ausschließlich auf die Vereinbarung der Abtretungsverpflichtung zu beschränken, wenn nicht gleich § 15 Abs. 4 in der Weise geändert wird, dass zukünftig für das der Abtretung von Geschäftsanteilen zugrunde liegende Verpflichtungsgeschäft nur noch Textform i.S. von § 126b BGB erforderlich ist (Rdnr. 4 und 9).

Spätere Änderungen des Verpflichtungsgeschäfts sind nur dann nach § 15 Abs. 4 zu beurkunden, wenn sie wesentliche Bestandteile des Vertrags betreffen[287]; Klarstellungen oder sog. **Auslegungsvereinbarungen** bedürfen der Form des § 15 Abs. 4 ebenso wenig wie **Leistungsbestimmungen** aufgrund des Verpflichtungsgeschäfts nach bestimmten Richtlinien oder nach beliebigem Ermessen (§ 315 BGB)[288]. Der **Verzicht auf Bedingungen für den Vollzug der Abtretung** (sog. *Closing Conditions*) durch den vertraglich hierzu Berechtigten unterfällt – in gleicher Weise wie der Verzicht auf Bedingungen der Abtretung selbst[289] – nicht der Formvorschrift des § 15 Abs. 4[290].

Ist in Erfüllung schuldrechtlichen Vertrages die dingliche Abtretung formgerecht erfolgt, so wird ein Formmangel (nicht jedoch ein anderer Mangel) jenes Vertrages geheilt (§ 15 Abs. 4 Satz 2); stellt sich nach der Abtretung heraus, dass der Vertrag materiell rechtsungültig war, so ist ein bestätigender (§ 141 BGB) oder ein inhaltlich neuer obligatorischer Vertrag über dieselbe Veräußerung nicht mehr formbedürftig, weil er die Abtretung nicht erst herbeiführen soll[291]. Wird aber nach der Abtretung eine Rück- oder Weiterübertragung vereinbart, so muss das in der Form des § 15 Abs. 4 erfolgen[292]. Die Aufnahme der Parteierklärungen in ein nach den Vorschriften der ZPO errichtetes Protokoll ersetzt beim gerichtlichen Vergleich die notarielle Beurkundung (§ 127a BGB).

Bei **Auslandsbeurkundungen des Verpflichtungsgeschäfts** gilt das Schuldvertragsstatut, d.h. es bleibt gemäß Art. 3 Abs. 1 Rom I-VO den Parteien überlassen, konkludent oder ausdrücklich zu vereinbaren, welcher Rechtsordnung sie den Verpflichtungsvertrag unterwerfen wollen. Diese Rechtsordnung befindet grundsätzlich auch über die Formgültigkeit dieses Vertrags

66b

66c

66d

---

285 *Reichert/Weller*, in: MünchKomm. GmbHG, 2. Aufl. 2015, Rdnr. 118; *von Rom*, WM 2007, 2223, 2225; *Leyendecker/Mackensen*, NZG 2012, 129.

286 Z.B. *Schlüter*, in: FS Bartholomeyczik, S. 359, 366 f.; *Siegle/Maurer*, NJW 1984, 2657, 2658 ff.; *Hadding*, ZIP 2003, 2133, 2137; *Heidenhain*, NJW 1999, 3073, 3077; *Herrmann*, GmbHR 2009, 625, 627 und 630; *Loritz*, DNotZ 2000, 90, 99 f.; *Pohlmann*, GmbHR 2002, 41, 43; *Witt*, ZIP 2000, 1033, 1036; *Löbbe*, in: Ulmer/Habersack/Löbbe, Rdnr. 82; *Reichert/Weller*, in: MünchKomm. GmbHG, 2. Aufl. 2015, Rdnr. 113 ff.; jüngst auch *Harbarth*, ZGR 2016, 84, 109 f.

287 BGH v. 23.11.1988 – VIII ZR 262/87, GmbHR 1989, 194, 195; *Löbbe*, in: Ulmer/Habersack/Löbbe, Rdnr. 84; *Wicke*, Rdnr. 17; *U. Jasper*, in: MünchHdb. III, § 24 Rdnr. 33; a.A. *Liese*, GmbHR 2010, 1256, 1259 f.

288 BGH v. 27.10.1972 – V ZR 37/71, NJW 1973, 37; OLG Hamm v. 17.4.1978 – 8 U 314/77, GmbHR 1979, 59; OLG München v. 14.11.1966 – 12 U 1738, 1739/65, NJW 1967, 1326, 1328; *Löbbe*, in: Ulmer/Habersack/Löbbe, Rdnr. 84; *Fastrich*, in: Baumbach/Hueck, Rdnr. 30; *Altmeppen*, in: Roth/Altmeppen, Rdnr. 73; *Ebbing*, in: Michalski u.a., Rdnr. 92; *U. Jasper*, in: MünchHdb. III, § 24 Rdnr. 33, 35; vgl. auch BGH v. 9.7.1979 – II ZR 61/78, WM 1979, 1258, 1259.

289 Vgl. BGH v. 21.9.1994 – VIII ZR 257/93, GmbHR 1994, 869 = NJW 1994, 3227; BGH v. 23.11.1988 – VIII ZR 262/87, DNotZ 1990, 122 = GmbHR 1989, 194.

290 Eb. *Erbacher/Klarmann*, CFL 2011, 151, 160.

291 RGZ 88, 65; RGZ 112, 241; *Fastrich*, in: Baumbach/Hueck, Rdnr. 30.

292 Zust. *Löbbe*, in: Ulmer/Habersack/Löbbe, Rdnr. 109; *Fastrich*, in: Baumbach/Hueck, Rdnr. 30; *Ebbing*, in: Michalski u.a., Rdnr. 92, 103.

(Art. 11 Abs. 1 Alt. 1 Rom I-VO). Allerdings statuieren die Art. 6, 11 Abs. 4 Satz 2 Rom I-VO eine Ausnahme für Verbraucherverträge, also Verträge, die von einer Seite im Rahmen ihrer gewerblichen und selbständigen beruflichen Tätigkeit (§ 14 Abs. 1 BGB), von der anderen Seite jedoch weder zu gewerblichen noch zu selbständigen Zwecken (§ 13 BGB) abgeschlossen worden sind. Bei solchen Verträgen ist die Form der Rechtsordnung maßgeblich, in der der Verbraucher seinen gewöhnlichen Aufenthalt hat, sofern der Unternehmer seine berufliche oder gewerbliche Tätigkeit auf diesen Staat ausgerichtet hat und der Vertrag in den Bereich dieser Tätigkeit fällt (Art. 6 Abs. 1 Rom I-VO). Ansonsten ist nach zutreffender Ansicht die Vereinbarung eines von § 15 Abs. 4 abweichenden ausländischen Rechts (insbesondere der ausländischen Ortsform) als Vertrags- und damit Formstatut (auch mittels Teilrechtswahl[293]) grundsätzlich möglich (Art. 3 Abs. 1 Satz 3 Rom I-VO)[294]. Sollte keine Rechtswahl durch die Parteien getroffen worden sein, so unterliegt der Vertrag gemäß Art. 4 Abs. 2 Rom I-VO (nicht: Art. 4 Abs. 1 lit. a Rom I-VO) dem Recht des Staates, in dem die Partei, die die vertragscharakteristische Leistung erbringt (das ist regelmäßig der Anteilsverkäufer), ihren gewöhnlichen Aufenthalt hat[295]. Alternativ genügt nach richtiger Ansicht (sowohl im Falle der Rechtswahl als auch bei objektiver Anknüpfung) indes bereits gemäß Art. 11 Abs. 1 Alt. 2 Rom I-VO (der nach Art. 3 Nr. 1 lit. b EGBGB den im Wesentlichen gleich lautenden Art. 11 Abs. 1 EGBGB verdrängt und ungeachtet des Art. 1 lit. f. Rom I-VO auf Anteilskaufverträge Anwendung findet[296]) die jeweilige Ortsform, so dass diese auch ohne entsprechende Rechtswahl zur Anwendung gelangt[297]. Dasselbe gilt für die Übertragung von Anteilen an einer **ausländischen, mit einer GmbH vergleichbaren Gesellschaft** in Deutschland, wobei die Ortsform hier gemäß § 15 Abs. 4 die notarielle Beurkundung vorsieht[298].

12. Folge formgerechter Beurkundung

67   Die Folge formgerechter Beurkundung des obligatorischen Vertrags ist die Verpflichtung zur Abtretung und/oder, je nach Art des Vertrages, zur Annahme der Abtretung, d.h. zur Mitwirkung an einem formgerechten, dinglichen Abtretungsvertrag. Der sich weigernde Vertragsbeteiligte kann zur Abgabe der Abtretungs- oder Annahmeerklärung im Prozesswege gezwungen werden. Im Urkundenprozess kann der Übertragungsanspruch auch bei Ausstellung von Anteilsscheinen nicht geltend gemacht werden[299]. Das rechtskräftige Urteil ersetzt die Abgabe

---

293 BGH v. 4.11.2004 – III ZR 172/03, DB 2004, 2631, 2633 = GmbHR 2005, 53 (obiter dictum).
294 *Göthel*, in: Reithmann/Martiny, Internationales Vertragsrecht, 8. Aufl. 2015, Rdnr. 6.2504; *Thorn*, in: Palandt, Rom I 3 Rdnr. 4, 10, Anh zu EGBGB 12 Rdnr. 16; *Reithmann*, GmbHR 2009, 699; *Götze/Mörtel*, NZG 2011, 727, 732; *Reichert/Weller*, in: MünchKomm. GmbHG, 2. Aufl. 2015, Rdnr. 166, 168; a.M. *Kindler*, in: MünchKomm. BGB, 6. Aufl. 2015, IntGesR, Rdnr. 536 ff. m.w.N.
295 *Martiny*, in: MünchKomm. BGB, 6. Aufl. 2015, Art. 4 Rom I-VO Rdnr. 207; *Göthel*, in: Merkt/Göthel, Internationaler Unternehmenskauf, 3. Aufl. 2011, § 4 Rdnr. 114.
296 Die Ausnahme für „Fragen betreffend das Gesellschaftsrecht" ist eine Fortführung der bereits vor Normierung der Rom I-VO existierenden Ausnahme, die sich lediglich auf Fragen der inneren Struktur der Gesellschaft bezog (umgesetzt in Art. 37 Nr. 2 EGBGB a.F.), vgl. dazu *Mankowski*, NZG 2010, 201, 205 f.
297 *Reithmann*, GmbHR 2009, 699, 700; *Olk/Nikoleyczik*, DStR 2010, 1576, 1582; *Götze/Mörtel*, NZG 2011, 727, 732; vgl. auch mit Bezugnahme auf den für Verträge bis 17.12.2009 einschlägigen Art. 11 Abs. 1 EGBGB *Bayer*, in: Lutter/Hommelhoff, Rdnr. 51; *Bayer*, DNotZ 2009, 887, 889; *Mohr*, GmbH-StB 2011, 310, 313; *Fetsch*, GmbHR 2008, 133, 134; a.M. *Kindler*, in: MünchKomm. BGB, 6. Aufl. 2015, IntGesR, Rdnr. 536 ff. m.w.N.; vgl. zur korrespondierenden Streitfrage bei der Abtretung von Geschäftsanteilen Rdnr. 82.
298 *Bayer*, in: Lutter/Hommelhoff, Rdnr. 62 m.w.N.; *Fetsch*, GmbHR 2008, 133, 134; *Falkner*, NZG 2008, 86, 88.
299 OLG Köln v. 15.4.1994 – 20 U 149/93, GmbHR 1995, 293; *Löbbe*, in: Ulmer/Habersack/Löbbe, Rdnr. 95.

der Willenserklärung (§ 894 ZPO). Ist zur Erklärung der Abtretung rechtskräftig verurteilt, so ist durch das Urteil die Form gewahrt; doch bedarf es dann der formgerechten Erklärung der Annahme dieser Abtretung durch die klagende Partei. Entsprechendes gilt, wenn zur Annahmeerklärung verurteilt ist. Ungeachtet des gültigen Vertrages ist freilich der Veräußerer in der Lage, denselben Geschäftsanteil an einen Dritten abzutreten. Der erste Erwerber (Käufer) hat dann einen Schadensersatzanspruch gegen den Veräußerer (wegen zu vertretenden nachfolgenden Unvermögens), gegen den Dritterwerber nur unter den Voraussetzungen des § 826 BGB. Trotz formgerechter Beurkundung kann der Vertrag wegen seines Inhalts nichtig oder anfechtbar sein (hierzu Rdnr. 103).

13. Folge fehlerhafter Beurkundung oder wesentlicher Verstöße gegen die Beurkundungsform

a) Nichtigkeit

Der Formmangel hat grundsätzlich die Nichtigkeit des ganzen Vertrages zur Folge (§ 125 Satz 1 BGB). Eine Ausnahme ist nach dem Rechtsgedanken des § 139 BGB aber für solche abtrennbaren Teile einer Vereinbarung zu machen, die für sich allein genommen nicht nach § 15 Abs. 4 Satz 1 formbedürftig gewesen wären und von denen anzunehmen ist, dass sie nach dem mutmaßlichen Parteiwillen auch ohne die Verpflichtung zur Abtretung des Geschäftsanteils abgeschlossen worden wären (s. auch Rdnr. 66a)[300]. Das kann u.U. auch bei einem Verpflichtungsgeschäft über die Abtretung des Geschäftsanteils und der Kommanditbeteiligung an einer GmbH & Co. KG zutreffen[301], wird aber – auch beim Fehlen von gesellschaftsvertraglichen Bindungen – nicht dem Regelfall entsprechen[302]. Das in Erfüllung des nichtigen Vertrages Hingegebene (die Zahlung des Kaufpreises für den Geschäftsanteil) kann nach §§ 812 ff. BGB zurückgefordert werden. Nichtigkeit ist von Amts wegen zu beachten; ein Verzicht auf sie ist wirkungslos. Doch ist die Rückforderung des Geleisteten ausgeschlossen, wenn der Leistende (z.B. Käufer des Anteils) wusste, dass er zur Leistung nicht verpflichtet war (§ 814 BGB), es sei denn, dass er mit einem nachträglichen formgültigen Abschluss noch rechnete. Die Formnichtigkeit des Vertrages kann grundsätzlich auch nicht durch die Berufung auf **Treu und Glauben** ausgeräumt werden. Die Nichtigkeitsfolgen können aber **ausnahmsweise** dann entfallen, wenn Umstände gegeben sind, die es als unerträgliche, auf andere Weise nicht auszugleichende Härte erscheinen lassen, dem zur Abtretung des Geschäftsanteils verpflichtenden Vertrag wegen des Formmangels die Anerkennung zu versagen[303].

68

---

300 Vgl. BGH v. 14.4.1986 – II ZR 155/85, GmbHR 1986, 258, 260; BGH v. 19.12.1988 – II ZR 101/88, GmbHR 1989, 249 = WM 1989, 406; OLG Karlsruhe v. 23.3.1990 – 10 W 230/89, GmbHR 1991, 19, 20; OLG Hamm v. 6.7.1992 – 8 U 234/91, GmbHR 1993, 106, 107; OLG München v. 7.12.1994 – 7 U 4659/94, BB 1995, 427, 428; *Löbbe*, in: Ulmer/Habersack/Löbbe, Rdnr. 81, 82.

301 BGH v. 20.10.2009 – VIII ZB 13/08, NJW 2010, 2218, 2220; BGH v. 14.4.1986 – II ZR 155/85, GmbHR 1986, 258, 259 f.; *Löbbe*, in: Ulmer/Habersack/Löbbe, Rdnr. 85; *Wicke*, Rdnr. 17.

302 *U. Jasper*, in: MünchHdb. III, § 24 Rdnr. 63; *Binz/Sorg*, Die GmbH & Co. KG, 11. Aufl. 2010, § 6 Rdnr. 8; *Hannes*, in: Hesselmann/Tillmann/Mueller-Thuns, Handbuch GmbH & Co. KG, 21. Aufl. 2016, Rdnr. 8.28 ff.

303 Vgl. BGH v. 6.7.1961 – II ZR 219/58, BGHZ 35, 272, 277; BGH v. 28.1.1993 – IX ZR 259/91, BGHZ 121, 224, 233; BGH, LM § 2 Nr. 7; BGH v. 4.11.2004 – III ZR 172/03, GmbHR 2005, 53 = ZIP 2004, 2324, 2325; BGH v. 7.6.1995 – VIII ZR 125/94, ZIP 1995, 1089, 1090 f.; OLG München v. 7.12.1994 – 7 U 4659/94, BB 1995, 427, 428; OLG München v. 20.4.1996 – 7 U 5523/95, GmbHR 1996, 607, 609; *Löbbe*, in: Ulmer/Habersack/Löbbe, Rdnr. 96; *Ebbing*, in: Michalski u.a., Rdnr. 100; *Wicke*, Rdnr. 19.

b) Heilung der Formnichtigkeit

69 **aa) Allgemeines.** Der Formmangel des Verpflichtungsgeschäfts wird gemäß § 15 Abs. 4 Satz 2 durch die formgerechte Abtretung des Geschäftsanteils geheilt[304]. Das Gesetz macht insoweit eine Ausnahme von § 141 Abs. 1 BGB, der für die Gültigkeit grundsätzlich die förmliche Neuvornahme des Geschäfts verlangt und der neben § 15 Abs. 4 Satz 2 anwendbar ist[305]. Er will damit den Bestand der formgerecht vollzogenen Abtretung bewirken und eine Rückforderung aus Gründen der Rechtssicherheit ausschließen[306]. Die Vorschrift kann nicht analog auf den Fall angewandt werden, dass es nach einem formwidrigen Verpflichtungsgeschäft zur Gründung der GmbH in notarieller Form gekommen ist[307].

70 **bb) Voraussetzung** der Heilung ist danach der formgültige (dingliche) Abtretungsvertrag nach § 15 Abs. 3 (Rdnr. 77 ff.). Die Abtretung muss aber wirksam sein[308], insbesondere ist auch die Erfüllung etwaiger weiterer Abtretungsvoraussetzungen i.S. des § 15 Abs. 5 erforderlich. Auch eine aufschiebende Abtretungsbedingung muss deshalb eingetreten oder, soweit möglich, durch Verzicht des Begünstigten (Rdnr. 89) hinfällig geworden sein[309]. Die abweichende Meinung, die den formgerechten Vertragsabschluss genügen lässt[310], ist zwar mit dem Gesetzeswortlaut, nicht aber mit dem Zweck der Vorschrift vereinbar, der einen wirksamen Anteilsübergang voraussetzt (Rdnr. 69)[311]. Die Abtretung muss im Übrigen, um die Wirkung des § 15 Abs. 4 Satz 2 herbeizuführen, nicht notwendig an den Gläubiger aus dem obligatorischen Vertrag, sondern kann auch an einen Dritten erfolgt sein, wenn der Verpflichtete an ihn leisten durfte und zwecks Vertragserfüllung geleistet hat, z.B. im Falle des Weiterverkaufs des Erstkäufers an den Dritten[312]. Nicht genügend ist dagegen die Abtretung an einen im Interesse beider Parteien des schuldrechtlichen Vertrages tätigen Treuhänder, der den Geschäftsanteil beim Eintritt bzw. Nichteintritt bestimmter Voraussetzungen entweder an den Gläubiger übertragen oder aber an den Veräußerer zurückübertragen muss[313]. Auch eine Abtretung an andere als im Kaufvertrag bezeichnete Personen unter vom Kaufvertrag abweichenden Bedingungen führt nicht zu einer Heilung[314]. Eine Heilung scheitert zudem, wenn Abtretungs- und Kaufvertrag inhaltlich unvereinbar sind[315]. Sind mehrere Geschäftsanteile formungültig verkauft und wird nur einer formgültig abgetreten, so wird nur

---

304 Dazu *Pohlmann*, Die Heilung formnichtiger Verpflichtungsgeschäfte durch Erfüllung, 1992; *Pohlmann*, GmbHR 1995, 412.

305 BGH v. 6.5.1985 – VIII ZR 119/84, WM 1985, 1000.

306 BGH v. 21.9.1994 – VIII ZR 257/93, BGHZ 127, 129, 136; *Pohlmann*, Die Heilung formnichtiger Verpflichtungsgeschäfte durch Erfüllung, 1992, S. 91; *Pohlmann*, GmbHR 1995, 412, 414; *Löbbe*, in: Ulmer/Habersack/Löbbe, Rdnr. 97.

307 OLG Brandenburg v. 25.10.1995 – 1 U 13/95, GmbHR 1995, 895.

308 BGH v. 23.11.1988 – VIII ZR 262/87, GmbHR 1989, 194, 195; BGH v. 21.9.1994 – VIII ZR 257/93, BGHZ 127, 129, 135 = GmbHR 1994, 869; *Löbbe*, in: Ulmer/Habersack/Löbbe, Rdnr. 98; *Fastrich*, in: Baumbach/Hueck, Rdnr. 36; *Ebbing*, in: Michalski u.a., Rdnr. 109; *Görner*, in: Rowedder/ Schmidt-Leithoff, Rdnr. 43 f.; *U. Jasper*, in: MünchHdb. III, § 24 Rdnr. 93.

309 BGH v. 23.11.1988 – VIII ZR 262/87, GmbHR 1989, 194, 195; BGH v. 25.3.1998 – VIII ZR 185/96, ZIP 1998, 908, 911 = GmbHR 1998, 635; BGH v. 21.9.1994 – VIII ZR 257/93, BGHZ 127, 129, 135; *Görner*, in: Rowedder/Schmidt-Leithoff, Rdnr. 43; *Ebbing*, in: Michalski u.a., Rdnr. 111; *Reichert/ Weller*, in: MünchKomm. GmbHG, 2. Aufl. 2015, Rdnr. 122; *Löbbe*, in: Ulmer/Habersack/Löbbe, Rdnr. 99; *Pohlmann*, GmbHR 1995, 412 Fn. 2; *Rodewald*, in: GmbH-Hdb., Rdnr. I 990.

310 *M. Wolf*, Anm. zu LM § 15 Nr. 28 Bl. 4 f.; *Schnorbus*, MDR 1995, 679, 681; *Moll*, MDR 1998, 1041, 1042.

311 Eb. *Löbbe*, in: Ulmer/Habersack/Löbbe, Rdnr. 99.

312 RGZ 71, 402 f.; BGH v. 27.6.2001 – VIII ZR 329/99, NZG 2001, 940, 941 = GmbHR 2001, 815; *Löbbe*, in: Ulmer/Habersack/Löbbe, Rdnr. 100; *Ebbing*, in: Michalski u.a., Rdnr. 104.

313 BGH v. 26.9.1962 – VIII ZR 113/62, WM 1962, 1194, 1195.

314 BGH v. 27.6.2001 – VIII ZR 329/99, NJW 2002, 142, 143 = GmbHR 2001, 815.

315 OLG Hamburg v. 26.1.2007 – 11 U 254/05, GmbHR 2007, 377 = RNotZ 2007, 415, 417 mit zust. Anm. *Specks*, 418.

der hierauf bezügliche Teil des obligatorischen Vertrages geheilt[316]. Die Wirksamkeit im Übrigen bestimmt sich nach § 139 BGB: Richtete sich das Grundgeschäft einheitlich auf Abtretung mehrerer Geschäftsanteile, z.B. sämtlicher Anteile an einer Grundstücks-GmbH, so ist die formgerechte dingliche Abtretung nur einzelner Anteile kein Erfüllungsgeschäft, heilt also den Formmangel des obligatorischen Vertrages nicht. Dann ist die dingliche Abtretung, soweit formgerecht erfolgt, zwar wirksam; der Veräußerer kann aber nach §§ 812 ff. BGB Rückübertragung verlangen[317].

Die Heilung setzt weiter voraus, dass die **Willensübereinstimmung der Vertragsparteien** 71 über den Inhalt des von ihnen abgeschlossenen formunwirksamen Verpflichtungsgeschäfts noch in dem Zeitpunkt fortbesteht, in dem die Bindung an das Verfügungsgeschäft eingetreten ist[318]. Bei befristeten und aufschiebend bedingten Abtretungen ist daher nicht der Zeitpunkt des Termin- bzw. Bedingungseintritts, sondern der des bindenden Abschlusses des Verfügungsgeschäfts maßgebend[319]. Entsprechendes gilt für eine nach § 15 Abs. 5 statutarisch genehmigungsbedürftige Abtretung. Sind am Verpflichtungsgeschäft neben Zedent und Zessionar noch weitere Parteien beteiligt, so kommt es auf deren Willen und dessen Fortbestehen nicht an. Die Abtretung ist kein neuerlicher Vertragsschluss, der unzulässig zu Lasten des Dritten wirkt, sondern heilt gemäß § 15 Abs. 4 Satz 2 lediglich formelle Mängel der sonst wirksamen Verpflichtung. Gerade die Bezugnahme des § 15 Abs. 4 Satz 2 auf § 15 Abs. 3 zeigt, dass es bei der Heilung des Vertrages nur auf die an der Abtretung beteiligten Parteien ankommen kann, denn nur diese sind am heilenden Vollzug des nichtigen Verpflichtungsvertrages beteiligt. Der primäre aber rechtspolitisch ohnehin zweifelhafte Formzweck des § 15 Abs. 4 (Verringerung der Anteilsfungibilität) zwingt nicht dazu, die (materiellen) Interessen bestimmter Dritter durch Beteiligung zu stärken. Im Rahmen der Heilung nach § 15 Abs. 4 Satz 2 zusätzlich eine Willensübereinstimmung auch mit an der Abtretung nicht beteiligten Parteien zu fordern wäre daher systemwidrig[320]. Das Fortbestehen der Willensübereinstimmung wird unwiderleglich vermutet, wenn keine Partei des Verpflichtungsgeschäfts erkennbar einen abweichenden Willen geäußert hat, was bis zum Eintritt der Bindung an das Verfügungsgeschäft uneingeschränkt möglich ist. Das Verpflichtungsgeschäft kann dagegen bei befristeten, aufschiebend bedingten oder statutarisch genehmigungsbedürftigen Abtretungen während der Schwebezeit nicht mehr einseitig, sondern nur noch einvernehmlich geändert werden (Rdnr. 74)[321].

Der **Abtretungsvertrag** kann dem obligatorischen Vertrag nachfolgen oder einheitlich mit 72 ihm beurkundet sein oder ihm vorausgehen. Die heilende Wirkung tritt in jedem der drei Fälle ein[322]. Dies gilt aber für einen formlosen, der Abtretung nachfolgenden Vertrag, mag er

---

316 RGZ 112, 241; *Löbbe*, in: Ulmer/Habersack/Löbbe, Rdnr. 101; *Ebbing*, in: Michalski u.a., Rdnr. 110.

317 KG, JW 1924, 1179; RGZ 112, 236, 241; RG, LZ 1920, 652; *Löbbe*, in: Ulmer/Habersack/Löbbe, Rdnr. 101 a.E.; *Fastrich*, in: Baumbach/Hueck, Rdnr. 36; *Reichert/Weller*, in: MünchKomm. GmbHG, 2. Aufl. 2015, Rdnr. 127; *Ebbing*, in: Michalski u.a., Rdnr. 110; a.M. OLG Düsseldorf v. 10.2.1978 – 16 U 88/77, MDR 1978, 668.

318 BGH v. 21.9.1994 – VIII ZR 257/93, BGHZ 127, 129, 135 = GmbHR 1994, 869; OLG München v. 20.4.1996 – 7 U 5523/95, GmbHR 1996, 607, 609; *Pohlmann*, GmbHR 1995, 412, 413 f.; *Löbbe*, in: Ulmer/Habersack/Löbbe, Rdnr. 103; *Fastrich*, in: Baumbach/Hueck, Rdnr. 36; *Bayer*, in: Lutter/Hommelhoff, Rdnr. 64; *Reichert/Weller*, in: MünchKomm. GmbHG, 2. Aufl. 2015, Rdnr. 123; *Ebbing*, in: Michalski u.a., Rdnr. 107; *U. Jasper*, in: MünchHdb. III, § 24 Rdnr. 95.

319 BGH v. 21.9.1994 – VIII ZR 257/93, BGHZ 127, 129, 135 ff.; *Pohlmann*, GmbHR 1995, 413 f.; *Löbbe*, in: Ulmer/Habersack/Löbbe, Rdnr. 103.

320 A.M. *Stoppel*, GmbHR 2010, 225, 229.

321 Dazu *Pohlmann*, GmbHR 1995, 414 f., 416 f.

322 Vgl. RGZ 88, 65; RGZ 112, 240; BGH v. 21.9.1994 – VIII ZR 257/93, BGHZ 127, 129, 132 = GmbHR 1994, 869; BGH v. 23.2.1983 – IVa ZR 187/81, GmbHR 1983, 268 = NJW 1983, 1843; BGH v. 23.11.1988 – VIII ZR 262/87, GmbHR 1989, 194, 195; BGH v. 29.1.1992 – VIII ZR 95/91, GmbHR 1993, 106; *Löbbe*, in: Ulmer/Habersack/Löbbe, Rdnr. 102; *Fastrich*, in: Baumbach/Hueck, Rdnr. 36;

auch als Bestandteil des ursprünglichen Vertrags gemeint sein, dann nicht, wenn der Nachtragsvertrag zur Rück- oder Weiterübertragung verpflichten soll. Ein Formmangel dieser Verpflichtung wird nicht durch die erste Abtretung, sondern erst durch die formgerechte Rück- oder Weiterübertragung geheilt (Rdnr. 61). Sonstige nachfolgende Änderungen und Ergänzungen sind formlos gültig[323].

73 Die Formnichtigkeit des Verpflichtungsvertrages wird nicht dadurch geheilt, dass die geschuldete Abtretung durch den **Abschluss eines Treuhandvertrages** zwischen dem Veräußerer als Treuhänder und dem Erwerber als Treugeber „ersetzt" worden ist[324].

74 **cc) Folge der Heilung** ist das Wirksamwerden des gesamten Inhalts des obligatorischen Vertrags[325], auch **mit seinen Nebenabreden**[326], auch mit der Vereinbarung eines Rückkaufsrechts[327]. Haben die Parteien an Stelle des beurkundeten Kaufpreises in Wirklichkeit einen höheren vereinbart, so wird auch diese Abrede nunmehr gültig[328]. Haben die Parteien bei einer befristeten, aufschiebend bedingten oder statutarisch genehmigungsbedürftigen Abtretung (§ 15 Abs. 5) während der Schwebezeit einvernehmlich Änderungen des Verpflichtungsgeschäfts vorgenommen (Rdnr. 71), so sind diese zu berücksichtigen[329]. Wirksam werden auch formlose Zwischenveräußerungen, wenn der Gesellschafter seinen Geschäftsanteil dem letzten Erwerber zur Erfüllung auch jener Verträge formgerecht abtritt[330]. Mit der Übertragung des Geschäftsanteils der Komplementär-GmbH wird auch die im obligatorischen Vertrag enthaltene **Verpflichtung zur Abtretung des Kommanditanteils an der GmbH & Co. KG** gültig (s. auch Rdnr. 68)[331]. Dasselbe gilt für die in einem mündlichen Vertrage seitens einer der Parteien übernommene Bürgschaft[332], nicht dagegen mündliche Bürgschaft eines Dritten, da deren Unverbindlichkeit (§ 766 BGB) nicht durch ein fremdes Rechtsgeschäft verbindlich werden kann. Nicht geheilt wird ein formloser obligatorischer Vertrag, in dem als wesentlicher Bestandteil, z.B. im Austausch gegen Geschäftsanteile, die Verpflichtung zur Auflassung eines Grundstücks übernommen ist. Hier muss nach dem Zwecke des § 311b Abs. 1 Satz 2 BGB Auflassung und Grundbucheintragung zur formgerechten Abtretung hinzukommen, um den ganzen Vertrag wirksam zu machen[333].

75 Nur die durch den **Formmangel** begründete Nichtigkeit des schuldrechtlichen Vertrags wird durch formgültige Abtretung geheilt. Materielle Mängel des obligatorischen Vertrags werden

---

Reichert/Weller, in: MünchKomm. GmbHG, 2. Aufl. 2015, Rdnr. 124; *U. Jasper*, in: MünchHdb. III, § 24 Rdnr. 94; abw. OLG Düsseldorf v. 10.2.1978 – 16 U 88/77, MDR 1978, 668 für den Fall, dass das in einer einheitlichen Urkunde enthaltene Verpflichtungsgeschäft unvollständig ist.

323 RGZ 112, 241; RG, DR 1940, 1292, BGH, LM § 15 Nr. 5; s. auch Rdnr. 66c.

324 BGH v. 6.7.1961 – II ZR 219/58, BGHZ 35, 272, 276 f.

325 BGH v. 29.1.1992 – VIII ZR 95/91, GmbHR 1993, 106; eb. *Löbbe*, in: Ulmer/Habersack/Löbbe, Rdnr. 106; *Bayer*, in: Lutter/Hommelhoff, Rdnr. 65; *Görner*, in: Rowedder/Schmidt-Leithoff, Rdnr. 43.

326 RGZ 65, 39; BGH v. 6.11.1986 – V ZB 8/86, GmbHR 1987, 301 = NJW-RR 1987, 807.

327 RGZ 76, 311; Rdnr. 62.

328 RGZ 112, 239 f.; RGZ 168, 296 f.; BGH v. 21.9.1994 – VIII ZR 257/93, BGHZ 127, 129, 131 = GmbHR 1994, 869; BGH v. 23.2.1983 – IVa ZR 187/81, GmbHR 1983, 268 = NJW 1983, 1843; eb. *Löbbe*, in: Ulmer/Habersack/Löbbe, Rdnr. 106.

329 Vgl. *Pohlmann*, GmbHR 1995, 412, 417.

330 RGZ 71, 402; RGZ 132, 287, 290; eb. *Löbbe*, in: Ulmer/Habersack/Löbbe, Rdnr. 107.

331 BGH v. 29.1.1992 – VIII ZR 95/91, GmbHR 1993, 106; *Löbbe*, in: Ulmer/Habersack/Löbbe, Rdnr. 106; *Wiesner*, NJW 1984, 95, 99; *Sieveking*, MDR 1984, 989; *Altmeppen*, in: Roth/Altmeppen, Rdnr. 96; *Reichert/Weller*, in: MünchKomm. GmbHG, 2. Aufl. 2015, Rdnr. 118; *Binz/Sorg*, Die GmbH & Co. KG, 11. Aufl. 2010, § 6 Rdnr. 9; *Ebbing*, in: Michalski u.a., Rdnr. 110; a.M. *Kempermann*, NJW 1991, 684.

332 Gl.M. *Löbbe*, in: Ulmer/Habersack/Löbbe, Rdnr. 105; *U. Jasper*, in: MünchHdb. III, § 24 Rdnr. 96; a.M. OLG Kiel, SchlHA 1912, 267; *Ebbing*, in: Michalski u.a., Rdnr. 109.

333 Gl.M. *Löbbe*, in: Ulmer/Habersack/Löbbe, Rdnr. 105; *Görner*, in: Rowedder/Schmidt-Leithoff, Rdnr. 43.

nicht geheilt, aber formloser Neuabschluss ist nunmehr möglich (s. Rdnr. 66c). Eine Bestätigung des wegen sonstiger Mängel nichtigen Verpflichtungsgeschäfts i.S. des § 141 BGB kann konkludent auch durch den formgültigen Abtretungsvertrag erfolgt sein[334].

dd) Zeitpunkt der Heilung. Sie wirkt nicht zurück, sondern erst vom Zeitpunkt der formgerechten Abtretung an „wird die (schuldrechtliche) Vereinbarung gültig (= wirksam)" (§ 15 Abs. 4 Satz 2)[335]. Aber in entsprechender Anwendung des § 141 Abs. 2 BGB sind die Vertragsparteien im Zweifel verpflichtet, einander zu gewähren, was sie haben würden, wenn der Vertrag von Anfang an gültig gewesen wäre[336]. Aus der Wirkung *ex nunc* folgt, dass vorher vorgenommene Rechtshandlungen, wie Pfändung der Kaufpreisforderung, gegenstandslos sind. Schuldnerverzug tritt durch die formwirksame Anteilsabtretung indes nicht rückwirkend ein[337].

76

IV. Abtretung des Geschäftsanteils (§ 15 Abs. 3)

Schrifttum: *Armbrüster*, Zur Beurkundungsbedürftigkeit von Treuhandabreden über GmbH-Anteile, DNotZ 1997, 762; *Bacher/Blumenthal*, Zugriffsmöglichkeiten der Mitgesellschafter auf die GmbH-Anteile des ausscheidenden Gesellschafters, GmbHR 2007, 1016; *Bayer/Illhardt*, Darlegungs- und Beweislast im Recht der GmbH, GmbHR 2011, 638; *Bungert*, Der internationale Anwendungsbereich von § 15 Abs. 3 und 4 GmbHG, DZWiR 1993, 494; *Depping*, Zur Beurkundungspflicht bei der Übertragung von Anteilen an einer ausländischen Kapitalgesellschaft, GmbHR 1994, 386; *Desch*, Der Erwerb von GmbH-Geschäftsanteilen zwei Jahre nach der Reform, BB 2010, 3104; *Dyhr*, Das Formgebot bei der Übertragung von GmbH-Geschäftsanteilen, Diss. 1998; *Frenz*, Einige Anmerkungen zum Verhältnis von Formzweck, Beurkundungsverfahren und Berufsrecht, in: FS Weichler, 1997, S. 175; *Gätsch/Schulte*, Notarielle Beurkundung bei der Veräußerung von Anteilen an ausländischen Gesellschaften mbH in Deutschland, ZIP 1999, 1909; *Häsemeyer*, Die gesetzliche Form des Rechtsgeschäfts, 1971; *Heidenhain*, Zum Umfang der notariellen Beurkundung bei der Veräußerung von Geschäftsanteilen, NJW 1999, 3073; *Heidenhain*, Aufgabe des Beurkundungserfordernisses beim Verkauf und der Abtretung von GmbH-Geschäftsanteilen, ZIP 2001, 721; *Hupka*, Zu rechtlichen Einheit von Geschäftsanteilsübertragung und Treuhandvertrag und den Amtspflichten des Notars, NZG 2017, 55; *Kanzleiter*, Der Umfang der Beurkundungsbedürftigkeit bei verbundenen Rechtsgeschäften, DNotZ 1994, 275; *Loritz*, Rechtsfragen der notariellen Beurkundung bei Verkauf und Abtretung von GmbH-Geschäftsanteilen, DNotZ 2000, 90; *Merkt*, Vertragsform beim Kauf von Anteilen einer ausländischen Gesellschaft, ZIP 1994, 1417; *Petzold*, Beurkundungspflicht bei Übertragung von GmbH-Anteilen bei gesellschaftsrechtlichen Vorgängen, GmbHR 1976, 81; *Pohlmann*, Verzicht auf die aufschiebende Bedingung einer GmbH-Anteilsübertragung, NJW 1999, 190; *Rösler*, Formbedürftigkeit der Vollmacht – Eine Darstellung nach Fallgruppen, NJW 1999, 1150; *Schlüter*, Veräußerung und Abtretung von GmbH-Geschäftsanteilen als Formproblem, in: FS Bartholomeyczik, 1973, S. 359; *Schütze*, Die Beurkundung der Übertragung von Geschäftsanteilen einer österreichischen GmbH durch einen deutschen Notar, DB 1992, 1970; *Schwarz*, Einige Überlegungen zum Zweck des Beurkundungserfordernisses gemäß § 15 Abs. 3 und 4 GmbHG, in: Jubiläums-FS Rheinisches Notariat, 1998, S. 371; *Seelinger*, Abtretung identischer GmbH-Geschäftsanteile und Bestimmtheitsgrundsatz, GmbHR 2014, 199; *Specks*, Zur Heilung einer Geschäftsanteilsabtretung, RNotZ 2007, 418; *Steindorff*, Formvorschriften in Gesellschaftsverträgen, ZHR 129 (1966), 21; *Verse*, Zur Reichweite des Formzwangs bei der Verpfändung von GmbH-Geschäftsanteilen, CFL 2012, 209; *Wicke*, Die Bedeutung der öffentlichen Beurkundung im GmbH-Recht, ZIP 2006, 977; *Wiesner*, Beurkundungspflicht und Heilungswirkung bei Gründung von Personengesellschaften und Unternehmensveräußerungen, NJW 1984, 95; *Witt*, Formbedürftigkeit und Heilung von Formmängeln bei der gleichzeitigen Einbringung von KG- und GmbH-Anteilen in eine Holding-Gesellschaft, ZIP 2000, 1033; *Wolfsteiner*, Der Erschwerungsfunktionär, JZ 1977, 108; *Wrede*, Nochmals: Zur Beurkundungspflicht bei der Übertragung von Anteilen an einer ausländischen Kapitalgesellschaft, GmbHR 1995, 365. Weitere Lit.-Nachw. vor Rdnr. 10.

---

334 *U. Jasper*, in: MünchHdb. III, § 24 Rdnr. 97.
335 Vgl. BGH v. 25.3.1998 – VIII ZR 185/96, BGHZ 138, 195, 203.
336 *Löbbe*, in: Ulmer/Habersack/Löbbe, Rdnr. 108; *Ebbing*, in: Michalski u.a., Rdnr. 111.
337 BGH, WM 1979, 263; eb. *Löbbe*, in: Ulmer/Habersack/Löbbe, Rdnr. 108; *Ebbing*, in: Michalski u.a., Rdnr. 111.

1. Abtretung

77 Das Gesetz schreibt durch § 15 Abs. 3 die notarielle Form für die Abtretung der Geschäftsanteile vor. Die Abtretung ist ein Vertrag zwischen dem Anteilsinhaber und dem Erwerber, der unmittelbar den Übergang des Geschäftsanteils auf letzteren im Wege der Einzelnachfolge zum Gegenstand und zur Folge hat[338]. Sie ist als Verfügungsgeschäft vom schuldrechtlichen Grundgeschäft zu unterscheiden (Rdnr. 90, 47 ff.). Die Formvorschrift ist zwingend[339]. Sie schränkt die Umlauffähigkeit der Geschäftsanteile ein, um die Lösung der Gesellschafter aus der Mitgliedschaft und um den Handel mit Geschäftsanteilen zu erschweren (Rdnr. 5)[340]. Daneben dient sie der Beweiserleichterung, da die Mitgliedschaft nicht wie die Aktie verbrieft werden kann[341]. Anders als § 311b Abs. 1 Satz 1 BGB hat sie dagegen keine Warnfunktion[342].

78 Die Vorschrift des § 15 Abs. 3 erfasst **alle Abtretungen** von Geschäftsanteilen, auch diejenigen an Mitgesellschafter[343] oder an oder durch die GmbH selbst (Rdnr. 97). Formbedürftige Abtretungen liegen ebenfalls vor, wenn ein Geschäftsanteil, der einer Personengemeinschaft gehört, ganz oder real geteilt an einzelne Mitberechtigte (s. § 18 Rdnr. 13) oder an eine personenidentische andere Personengemeinschaft übertragen wird[344]. Die Abtretung kann mit einer Befristung oder unter einer aufschiebenden oder auflösenden Bedingung erfolgen (s. auch Rdnr. 91)[345]. Die Gesellschaft ist in diesen Fällen durch das Erfordernis zur Eintragung in die Gesellschafterliste gemäß § 16 geschützt[346].

79 Der **Abtretungsgegenstand** muss bei § 15 Abs. 3 der Geschäftsanteil sein. Das trifft auch für die Abtretung eines ideellen Bruchteils des Geschäftsanteils (§ 747 Satz 1 BGB) zu[347], während die Begründung oder Übertragung einer Unterbeteiligung nicht darunter fällt (Rdnr. 224). Geschäftsanteile, die nur teilweise abgetreten werden sollen, müssen zuvor mangels anderweitiger Satzungsbestimmungen gemäß § 46 Nr. 4 durch Gesellschafterbeschluss geteilt werden. Die Abtretung eines künftigen Geschäftsanteils unterliegt der Formvorschrift (Rdnr. 12). Sie ist darüber hinaus analog anwendbar auf die Abtretung des Bezugsrechts auf Geschäftsanteile[348], auf die Vereinbarung eines Treuhandverhältnisses für einen bestehenden Geschäftsanteil und auf die Übertragung der Treugeberstellung bezüglich eines Geschäftsanteils (Rdnr. 227 ff.). Die Formvorschrift greift dagegen nicht beim Mitgliederwechsel bei Per-

338 *Roth/Kieninger*, in: MünchKomm. BGB, 7. Aufl. 2016, § 398 BGB Rdnr. 13.
339 *Fastrich*, in: Baumbach/Hueck, Rdnr. 21; *Löbbe*, in: Ulmer/Habersack/Löbbe, Rdnr. 115.
340 RGZ 68, 394, 396; RGZ 135, 70, 71; BGH v. 24.3.1954 – II ZR 23/53, BGHZ 13, 49, 51 f.; BGH v. 5.11.1979 – II ZR 83/79, BGHZ 75, 352, 353 = GmbHR 1981, 55; BGH v. 21.9.1994 – VIII ZR 257/93, BGHZ 127, 129, 135 = GmbHR 1994, 869; BGH, LM § 15 Nr. 5; § 2 Nr. 7; BGH v. 27.2.1997 – III ZR 75/96, BB 1997, 1277 f. = GmbHR 1997, 605; BGH v. 19.4.1999 – II ZR 365/97, GmbHR 1999, 707, 709 u.a.
341 RGZ 164, 162, 170; BGH v. 24.3.1954 – II ZR 23/53, BGHZ 13, 49, 52; BGH, LM § 15 Nr. 5; BGH v. 19.4.1999 – II ZR 365/97, GmbHR 1999, 707, 709; OLG Hamm v. 19.9.1983 – 8 U 387/82, GmbHR 1984, 317, 318; OLG München v. 8.10.1993 – 23 U 3365/93, GmbHR 1994, 250, 251.
342 RGZ 135, 70, 71; BGH v. 24.3.1954 – II ZR 23/53, BGHZ 13, 49, 51; BGH v. 27.2.1997 – III ZR 75/96, BB 1997, 1277, 1278 = GmbHR 1997, 605; OLG München v. 20.4.1996 – 7 U 5523/95, GmbHR 1996, 607, 608; *Schlüter*, S. 360 f.; teilw. abw. *Altmeppen*, in: Roth/Altmeppen, Rdnr. 69 (rekurriert auch auf den Schutz beider Beteiligten); wohl auch *Wicke*, ZIP 2006, 977, 979 f.
343 OLG München v. 8.10.1993 – 23 U 3365/93, GmbHR 1994, 251.
344 OLG Karlsruhe v. 15.4.1994 – 15 U 143/93, GmbHR 1995, 824, 825.
345 RGZ 79, 182, 185; BGH v. 23.11.1988 – VIII ZR 262/87, GmbHR 1989, 194, 195; BGH v. 21.9.1994 – VIII ZR 257/93, BGHZ 127, 129, 133 = GmbHR 1994, 869; OLG Hamm v. 23.5.1997 – 19 U 150/96, GmbHR 1997, 950; KG v. 22.11.1996 – 5 U 1304/96, GmbHR 1997, 603, 605; *Löbbe*, in: Ulmer/Habersack/Löbbe, Rdnr. 128; *Fastrich*, in: Baumbach/Hueck, Rdnr. 24.
346 Zum alten Recht: *Löbbe*, in: Ulmer/Habersack/Löbbe, Rdnr. 128.
347 *Löbbe*, in: Ulmer/Habersack/Löbbe, Rdnr. 126; *U. Jasper*, in: MünchHdb. III, § 24 Rdnr. 130.
348 *Löbbe*, in: Ulmer/Habersack/Löbbe, Rdnr. 129; *U. Jasper*, in: MünchHdb. III, § 24 Rdnr. 129; *Priester*, 10. Aufl., § 55 Rdnr. 53.

sonengesellschaften oder anderen Gesamthandsgemeinschaften ein, zu deren Vermögen ein Geschäftsanteil gehört (Rdnr. 93). Ebenso wenig gilt sie für die Abtretung von vermögens-rechtlichen Ansprüchen aus dem Gesellschaftsverhältnis (Rdnr. 94).

2. Form

a) Inlandsbeurkundung

Mit „notarieller" Form meint § 15 Abs. 3 – wie bei § 15 Abs. 4 (Rdnr. 66) – die notarielle Be-urkundung, d.h. die Anfertigung einer förmlichen Niederschrift über die Abgabe der Willens-erklärungen der Parteien durch den Notar und deren Unterzeichnung durch die Beteiligten (§§ 6 ff. BeurkG); die bloße Beglaubigung der Unterschrift genügt nicht[349]. Der Formzwang bezieht sich auf den Abtretungsvertrag[350], also die Abgabe der Abtretungserklärung und ihre Annahme. Es müssen demgemäß in der beurkundeten Verhandlung entweder, was die Regel ist, beide Beteiligte auftreten, Erklärungen abgeben (für den Erwerber genügt die Erklärung, dass er das vom Veräußerer Gesagte „annehme") und die Niederschrift eigenhändig unter-schreiben[351], oder es müssen Vertragsangebot und Vertragsannahme gesondert beurkundet werden (§§ 128, 152 BGB)[352]. Das Vertragsangebot wird im letzteren Falle wirksam, wenn dem Erklärungsempfänger eine Ausfertigung der Notarurkunde zugeht (§§ 130, 132 BGB); die Parteien können aber abweichende Zugangsvoraussetzungen vereinbaren[353]. Mit frist-gerechter Beurkundung der Annahme (§§ 151 Satz 2, 152 Satz 2 BGB) kommt der Vertrag zu Stande, auch wenn die Annahme dem Offerenten vorher nicht zugegangen ist[354]. Verlän-gerung der gesetzten Annahmefrist bedarf ebenfalls der Form[355]. Erklärung durch einen Be-vollmächtigten ist zulässig; s. Rdnr. 95. Über die Belehrungspflicht des Notars vgl. §§ 17 ff. BeurkG. Bei einem gerichtlichen Vergleich ersetzt die Aufnahme der Vertragserklärungen in ein nach den Vorschriften der ZPO errichtetes Protokoll die in § 15 Abs. 3, 4 vorgeschriebene Form (§ 127a BGB); ebenfalls ein rechtskräftiges Urteil, das zur Abgabe der Abtretungserklä-rung oder der Abnahme verurteilt (§ 894 ZPO, nicht § 888 ZPO ist anwendbar)[356].

80

b) Auslandsbeurkundung

Schrifttum: *Albers*, Kauf und Übertragung von GmbH-Anteilen im Ausland, GmbHR 2011, 1078; *Al-bers*, Kauf und Übertrtagung von Anteilen an ausländischen „Quasi-GmbH", GmbHR 2011, 1266; *Bau-er/Anders*, Beurkundung von GmbH-Anteilsübertragungen in der Schweiz – Rechtsfolgen einer mögli-chen Unwirksamkeit, BB 2012, 593; *Bayer*, Privatschriftliche Abtretung deutscher GmbH-Anteile in der Schweiz?, DNotZ 2009, 887; *Bayer*, Übertragung von GmbH-Geschäftsanteilen im Ausland nach der MoMiG-Reform, GmbHR 2013, 897; *Benecke*, Auslandsbeurkundung im GmbH-Recht: Anknüpfung und Substitution, RIW 2002, 280; *Berger/Kleissl*, Neue Unsicherheiten bei der Auslandsbeurkundung von GmbH-Geschäftsanteilen, DB 2008, 2235; *Böttcher/Blasche*, Die Übertragung von Geschäftsanteilen deutscher GmbHs in der Schweiz vor dem Hintergrund der Revision des Schweizer Obligationenrechts, NZG 2006, 766; *Bohrer*, Geschäftsanteilsverkehr, Beschlussfassungskompetenz und Gesellschafterliste, MittBayNot 2010, 17; *von Bonin*, Die Corporation und die Limited Liability Company nach dem Recht des US-Staates Delaware, in: Hirte/Bücker (Hrsg.), Grenzüberschreitende Gesellschaften, 2. Aufl. 2006, § 10; *Braun*, Die Abtretung von Geschäftsanteilen einer GmbH im Ausland: Wirksam oder nicht?, DNotZ 2009, 585; *Brück*, Rechtsprobleme der Auslandsbeurkundung im Gesellschaftsrecht, DB 2004, 2409; *Bungert*, Die GmbH im US-amerikanischen Recht: Close Corporation, GmbHR 1993, 478; *Bungert*, Die

---

349 RG, JW 1901, 521.
350 BGH v. 12.7.1956 – II ZR 218/54, BGHZ 21, 242, 247.
351 Vgl. OLG Düsseldorf v. 23.5.1997 – 3 Wx 203/97, GmbHR 1997, 742.
352 RGZ 105, 384; OLG München v. 20.3.1996 – 7 U 5523/95, GmbHR 1996, 607 = BB 1996, 1296.
353 BGH v. 7.6.1995 – VIII ZR 125/94, BGHZ 130, 71.
354 RGZ 105, 384.
355 RG, GmbHR 1928, 231.
356 KG, JW 1929, 1404.

GmbH im US-amerikanischen Recht: Close Corporation, 1993; *Bungert*, Gesellschaftsrecht in den USA, 3. Aufl. 2003; *Dutta*, Form follows function? – Formfragen bei Schuldverträgen über ausländische Gesellschaftsanteile, RIW 2005, 98; *Engel*, Die Auslandsbeurkundung nach MoMiG und Schweizer GmbH-Reform, DStR 2008, 1593; *Goette*, Auslandsbeurkundungen im Kapitalgesellschaftsrecht, DStR 1996, 709; *Goette*, Auslandsbeurkundungen im Kapitalgesellschaftsrecht, in: FS Boujong, 1996, S. 131; *Götze/Mörtel*, Zur Beurkundung von GmbH-Anteilsübertragungen in der Schweiz, NZG 2011, 727; *Großfeld/Berndt*, Die Übertragung von deutschen GmbH-Anteilen im Ausland, RIW 1996, 625; *Halm*, GmbH-International, GmbHR 1995, 576; *Heckschen*, Auslandsbeurkundung: Ausländischer Notar kann unter eingeschränkten Voraussetzungen Gesellschafterliste einreichen (Anm. zu BGH v. 17.12.2013 – II ZB 6/13), BB 2014, 462; *Herrler*, Zuständigkeit des ausländischen Notars zur Einreichung der Gesellschafterliste – (k)ein Vehikel zur Klärung der Zulässigkeit der Auslandsbeurkundung, GmbHR 2014, 225; *Herrmanns*, Die Auslandsbeurkundung bei Abtretung von GmbH-Geschäftsanteilen, RNotZ 2010, 38; *Herrmanns*, Das Mysterium der Auslandsbeurkundung – Neues aus Düsseldorf, RNotZ 2011, 224; *Janssen/Robertz*, Die Formwirksamkeit des internationalen GmbH-Unternehmenskaufs, GmbHR 2003, 433; *Kindler*, Neue Offenlegungspflichten für Zweigniederlassungen ausländischer Kapitalgesellschaften, NJW 1993, 3301; *Kindler*, Keine Geltung des Ortsstatuts für Geschäftsanteilsabtretungen im Ausland, BB 2010, 74; *Klein/Theusinger*, Zulässigkeit der Auslandsbeurkundung für Abtretung eines GmbH-Anteils durch Notar des Kantons Basel-Stadt (Anm. zu OLG Frankfurt/M v. 25.1.2005, 11 U 8/04), EWiR 2005, 727; *Kröll*, Beurkundung gesellschaftsrechtlicher Vorgänge durch einen ausländischen Notar, ZGR 2000, 111; *Laeger*, Formwirksamkeit der Übertragung von GmbH-Anteilen in der Schweiz, BB 2010, 2647; *Landbrech/Beckert*, Effektiv und kostengünstig – Übertragung deutscher GmbH-Anteile „Swiss Made", BB 2013, 1290; *Lieder*, Die rechtsgeschäftliche Sukzession, 2015; *Mankowski*, Änderungen bei der Auslandsbeurkundung von Anteilsübertragungen durch das MoMiG oder durch die Rom I-VO?, NZG 2010, 201; *Mayer*, Der Erwerb einer GmbH nach den Änderungen des MoMiG, DNotZ 2008, 403; *Maysenhölder*, Verkauf von Anteilen deutscher Anteilsinhaber an einer tschechischen Gesellschaft, WiRO 2011, 65; *Merkt*, Vertragsform beim Kauf von Anteilen an einer ausländischen Gesellschaft, ZIP 1994, 1417; *Mohr*, Auslandsbeurkundungen bei der deutschen GmbH, GmbH-StB 2011, 310; *Müller*, Auslandsbeurkundung von Abtretungen deutscher GmbH-Geschäftsanteile in der Schweiz, NJW 2014, 1994; *Olk*, OLG Düsseldorf erkennt Zulässigkeit der Auslandsbeurkundung durch Notare aus dem Kanton Basel bei Abtretung von GmbH-Geschäftsanteilen an, NZG 2011, 381; *Olk/Nikoleyczik*, Zulässigkeit der Auslandsbeurkundung in der Schweiz bei Verkauf und Abtretung von Geschäftsanteilen an einer deutschen GmbH, DStR 2010, 1576; *Pilger*, Die Unwirksamkeit der Beurkundung der Abtretung von Geschäftsanteilen in der Schweiz, BB 2005, 1285; *Reichert/Weller*, Geschäftsanteilsübertragung mit Auslandsberührung, DStR 2005, 250 u. 292; *Reithmann*, Mitwirkung des ausländischen Notars bei der Geschäftsanteilsabtretung nach dem MoMiG, GmbHR 2009, 699; *Reithmann*, Substitution bei Anwendung der Formvorschriften des GmbH-Gesetzes, NJW 2003, 385; *Reuter*, Keine Auslandsbeurkundung im Gesellschaftsrecht?, BB 1998, 116; *Saenger/Scheuch*, Auslandsbeurkundung bei der GmbH – Konsequenzen aus MoMiG und Reform des Schweizer Obligationenrechts, BB 2008, 65; *Schervier*, Beurkundung GmbH-rechtlicher Vorgänge im Ausland, NJW 1992, 593; *Schlößler*, Die Auswirkungen der Schweizer GmbH-Reform auf die Übertragung von Geschäftsanteilen einer deutschen GmbH in der Schweiz, GmbHR 2007, 301; *Schulze*, Übertragung deutscher GmbH-Anteile in Zürich und Basel, IPRax 2011, 365; *Seebach*, Die Zuständigkeitsverteilung zwischen Geschäftsführer und (ausländischem) Notar bei Einreichung und Korrektur einer GmbH-Gesellschafterliste – Zugleich Anmerkungen zu den beiden Entscheidungen des BGH v. 17.12.2013 – II ZB 6/13 und II ZR 21/12 –, DNotZ 2014, 413; *Seibt*, Befugnis des ausländischen Notars zur Einreichung einer Gesellschafterliste (Anm. zu BGH v. 17.11.2013 – II ZB 6/13), EWiR 2014, 171; *Süß*, Abtretung von GmbH-Geschäftsanteilen vor dem Basler Notar, DNotZ 2011, 414; *Tebben*, Geschäftsführer oder Notar – wer darf die Gesellschafterliste einreichen?, DB 2014, 585; *Trendelenburg*, Die Beurkundung von Anteilskaufverträgen und gesellschaftsrechtlichen Maßnahmen nach der Reform des Schweizer Obligationenrechts, GmbHR 2008, 644; *Weller*, Nochmals: Zur formwirksamen GmbH-Anteilsabtretung in der Schweiz, BB 2005, 1807; *Weller*, Die Übertragung von GmbH-Geschäftsanteilen im Ausland, Der Konzern 2008, 253; *Wright/Holland*, Neue Wege im Gesellschaftsrecht der USA: Die Limited Liability-Company (LLC) am Beispiel des Bundesstaates Georgia, NJW 1996, 95; *Zabel*, Die kollisionsrechtliche Qualifikation von § 15 Abs. 3 GmbHG, DZWiR 2011, 136.

81   In der Praxis werden Geschäftsanteile häufig auch im Ausland übertragen. Der Grund hierfür liegt in der Regel in – tatsächlichen oder vermeintlichen – Kostenvorteilen einer Beurkundung im Ausland. Bei der Beurteilung der Formwirksamkeit ist zu unterscheiden zwischen der kollisionsrechtlichen Frage der maßgeblichen Formvorschrift (Rdnr. 82) und der

Frage, ob die Vornahme der Rechtshandlung im Ausland die ggf. maßgebliche deutsche Formvorschrift wahrt (Rdnr. 84).

aa) Kollisionsrechtliche Anknüpfung der Form

Grundsätzlich ist für das Verfügungsgeschäft – die dingliche Übertragung der Anteile – als gesellschaftsrechtlicher Vorgang das **Gesellschaftsstatut** maßgebend[357]. Für die Formwirksamkeit der dinglichen Übertragung von Gesellschaftsanteilen[358] genügt aber nach Art. 11 Abs. 1 EGBGB, den die h.M. in Rechtsprechung und Literatur hier zutreffend für anwendbar hält[359], neben der Einhaltung des Gesellschaftsstatuts (Art. 11 Abs. 1 Alt. 1 EGBGB, hier also § 15 Abs. 3) gemäß Art. 11 Abs. 1 Alt. 2 EGBGB auch die Einhaltung der vom ausländischen Recht vorgesehenen Form (**Ortsform**). Etwas anderes gilt nur dann, wenn das Ortsrecht das betreffende Rechtsgeschäft nicht kennt und deshalb hierfür keine Form bereit hält (sog. Normenmangel; zu dieser Ausnahme sogleich Rdnr. 83). Der BGH hat über die Anwendbarkeit von Art. 11 Abs. 1 EGBGB auf die Abtretung von Gesellschaftsanteilen bislang nicht entschieden[360], neigt aber in einer Entscheidung aus 2005 ausdrücklich der h.M.

82

357 OLG Stuttgart v. 17.5.2000 – 20 U 68/99, GmbHR 2000, 721, 724; *Kindler*, in: MünchKomm. BGB, 6. Aufl. 2015, IntGesR Rdnr. 533; *Großfeld*, in: Staudinger, IntGesR 1998, Rdnr. 258, 341; *Brück*, DB 2004, 2409, 2410; das (schuldrechtliche) Verpflichtungsgeschäft unterliegt demgegenüber nicht dem Gesellschaftsstatut sondern dem Schuldstatut, BGH v. 21.9.1995 – VII ZR 248/94, NJW 1996, 54, 55; BGH v. 9.10.1986 – II ZR 241/85, NJW 1987, 1141.

358 Für gesellschaftsrechtliche Verfassungsakte (Gründung, Satzungsänderung, Kapitalerhöhung, Verschmelzung, Spaltung und formwechselnde Umwandlung) lehnt die überwiegende Meinung in Rspr. und Lit. eine Anwendung von Art. 11 Abs. 1 EGBGB und damit die Ortsform nach Art. 11 Abs. 1 Alt. 2 EGBGB wegen der besonderen materiellen Bedeutung dieser Akte ab und verlangt die Beurkundung durch einen deutschen Notar, OLG Hamm v. 1.2.1974 – 15 Wx 6/74, NJW 1974, 1057 (Satzungsänderung); LG Augsburg v. 4.6.1996 – 2 HK T 2093/96, NJW-RR 1997, 420 (Verschmelzung); LG Kiel v. 25.4.1997 – 3 T 143/97, GmbHR 1997, 952 (Verschmelzung); *Goette*, DStR 1996, 709; *Benecke*, RIW 2002, 280, 286; *Fastrich*, in: Baumbach/Hueck, § 2 Rdnr. 9; *Zöllner/Noack*, in: Baumbach/Hueck, § 53 Rdnr. 75; *Altmeppen*, in: Roth/Altmeppen, § 2 Rdnr. 23; *Bayer*, in: Lutter/Hommelhoff, § 2 Rdnr. 25; *Behrens/Hoffmann*, in: Ulmer/Habersack/Löbbe, Einl. B Rdnr. 189 m.w.N.; *Kindler*, in: MünchKomm. BGB, 6. Aufl. 2015, IntGesR Rdnr. 535 m.w.N.; a.A. OLG Düsseldorf v. 25.1.1989 – 3 Wx 21/89, GmbHR 1990, 169 = NJW 1989, 2200 (Kapitalerhöhung); *J. Schmidt*, in: Michalski u.a., § 2 Rdnr. 57; *Thorn*, in: Palandt, Art. 11 EGBGB Rdnr. 2, Rdnr. 10; *Spellenberg*, in: MünchKomm. BGB, 6. Aufl. 2015, Art. 11 EGBGB Rdnr. 174 ff.; vgl. zu dieser Streitfrage näher Anh. § 4a Rdnr. 54.

359 Sympathisierend, aber offen gelassen BGH v. 4.11.2004 – III ZR 172/03, GmbHR 2005, 53, 54 (obiter dictum); BayObLG v. 18.10.1977 – BReg 3 Z 68/76, BayObLGZ 1977, 242, 244 ff. = NJW 1978, 500; OLG Frankfurt a.M. v. 10.4.1981 – 20 W 460/80, DB 1981, 1456; OLG Düsseldorf v. 25.1.1989 – 3 Wx 21/89, GmbHR 1990, 169, 170; OLG München v. 19.11.1997 – 7 U 2511/97, GmbHR 1998, 46 (bestätigt durch Nichtannahmebeschluss des BGH v. 25.11.1998 – VIII ZR 41/98, unveröffentlicht); OLG Stuttgart v. 17.5.2000 – 20 U 68/99, GmbHR 2000, 721, 724; OLG Frankfurt a.M. v. 25.1.2005 – 11 U 8/04, OLGR 2005, 715 = GmbHR 2005, 764, 765 f.; *H. Winter*, hier in diesem Kommentar, 9. Aufl., § 15 Rdnr. 39; *Goette*, in: FS Boujong, 1996, S. 131, 138, 142; *Goette*, DStR 1996, 709, 711; *Altmeppen*, in: Roth/Altmeppen, Rdnr. 22; *Fastrich*, in: Baumbach/Hueck, Rdnr. 22; *Ebbing*, in: Michalski u.a., Rdnr. 126, 97; *Behrens/Hoffmann*, in: Ulmer/Habersack/Löbbe, Einl. B Rdnr. 192; *Löbbe*, in: Ulmer/Habersack/Löbbe, Rdnr. 140; *Klein/Theusinger*, EWiR 2005, 727 f.; *Mankowski*, NZG 2010, 201, 207 f.; *Landbrecht/Becker*, BB 2013, 1290, 1292; *Schulze*, IPRax 2011, 365, 369; *Zabel*, DZWiR 2011, 136, 142 f.; a.A. *Bayer*, in: Lutter/Hommelhoff, Rdnr. 35; *Bayer*, GmbHR 2013, 897, 902; *Großfeld*, in: Staudinger, IntGesR, 1998, Rdnr. 467 ff., 492 ff.; *Großfeld/Berndt*, RIW 1996, 625, 628; *Süß*, DNotZ 2011, 414, 415 f.; sowie (nur) für die GmbH unter Hinweis auf den Normzweck der Formvorschrift (Erschwernis des Handels mit GmbH-Anteilen) *Kindler*, in: MünchKomm. BGB, 6. Aufl. 2015, IntGesR Rdnr. 536; *König/Götte/Bormann*, NZG 2009, 881, 882.

360 Offengelassen in BGH v. 12.6.1989 – II ZR 334/87, NJW-RR 1989, 1259, 1261.

zu[361]. Gegen die Anwendung von Art. 11 EGBGB auf die Anteilsübertragung sprechen weder Wortlaut und systematischer Standort noch der – mittlerweile ohnehin aufgehobene – Art. 37 Satz 1 Nr. 2 EGBGB[362]. Denn der Wortlaut des Art. 11 Abs. 1 EGBGB („ein Rechtsgeschäft") und die amtliche Abschnittsüberschrift („Recht der natürlichen Personen und der Rechtsgeschäfte") lassen keine Beschränkung auf bestimmte Arten von Rechtsgeschäften erkennen (Art. 37 Satz 1 Nr. 2 EGBGB a.F. bezog sich ausdrücklich auf einen anderen Unterabschnitt)[363]. Eine Analogie zu (jetzt) Art. 11 Abs. 4 EGBGB mit Verweis auf den Zweck der notariellen Form[364] ist verfehlt, da Art. 11 Abs. 1 EGBGB gerade den Grundsatz der Formenalternativität aufstellt und ein Gesellschaftsanteil als Gesamtheit von Rechten und Pflichten weder mit einem Grundstück noch mit einer Sache (§ 90 BGB) vergleichbar ist[365]. Auch ändert der Normzweck von § 15 Abs. 3 und 4 nichts an ihrem Charakter als Formerfordernis im Sinne von Art. 11 Abs. 1 EGBGB[366]. Zwar soll die Beurkundungspflicht nicht nur der Beweissicherung dienen, sondern in der Tat auch den freien Handel mit Geschäftsanteilen erschweren[367] (zum Normzweck von § 15 Abs. 3 und 4 näher Rdnr. 5 ff.). Eine Formvorschrift nach Art. 11 Abs. 1 EGBGB ist aber jede Norm, die die Art und Weise der Äußerung einer Willenserklärung regelt[368]. Das Beurkundungserfordernis für die Abtretungs- bzw. Verpflichtungserklärungen stellt also – unabhängig vom Zweck – ein derartiges Formerfordernis dar[369]. Eine Klassifizierung des § 15 Abs. 3 als eine streng gesellschaftsrechtlich zu qualifizierenden Norm mit vorwiegend materiellem Regelungsinhalt (oder gar eine Qualifikation als zwingend anwendbare „Eingriffsnorm") überzeugt daher auch vor dem Hintergrund der durch den Gesetzgeber verfolgten „materiellen" Regelungszwecke nicht[370]. Die Beeinträchtigung der mit den deutschen Formvorschriften verfolgten Zwecke durch eine leichtere ausländische Ortsform hat der Gesetzgeber bei der Schaffung von Art. 11 Abs. 1 EGBGB bewusst in Kauf genommen[371]. Dass damit ein gewisses Umgehungs- oder gar Fälschungsrisiko einhergeht, mag zwar zuzugeben sein[372]. Dieser Umstand stellt aber keine ausschließlich bei Geschäftsanteilsabtretungen bestehende Gefahr dar. Er ist vielmehr eine – vom Gesetzgeber

---

361 Nach BGH v. 4.11.2004 – III ZR 172/03, GmbHR 2005, 53, 54 = NZG 2005, 41, 42 (*obiter*) „spricht viel für die Richtigkeit" dieser Ansicht.

362 Vgl. *Goette*, in: FS Boujong, 1996, S. 131, 136 f.; *Goette*, DStR 1996, 709, 710 f., der jedoch aus der Entstehungsgeschichte und Gesetzesbegründung zur Neuregelung des IPR vom 25.7.1986 (BGBl. I 1986, 1142) die Unanwendbarkeit der Vorschrift auf gesellschaftsrechtliche Vorgänge ableiten will; dagegen überzeugend *Kröll*, ZGR 2000, 111, 115 f.

363 Vgl. *Hohloch*, in: Erman, Art. 11 EGBGB Rdnr. 11; *Leible*, in: Michalski u.a., Syst. Darst. 2 Rdnr. 104.

364 AG Köln v. 22.6.1989 – 42 AR 468/89, GmbHR 1990, 171; AG Fürth v. 16.11.1990 – HR B 2177, GmbHR 1991, 24; *Bayer*, in: Lutter/Hommelhoff, Rdnr. 35.

365 *Hohloch*, in: Erman, Art. 11 EGBGB Rdnr. 27; *Reichert/Weller*, DStR 2005, 250, 254; vgl. auch *Ebbing*, in: Michalski u.a., Rdnr. 97; i.E. eb. *Albers*, GmbHR 2011, 1078, 1080; gegen jegliche Analogie, d.h. auch bei Verfassungsakten, *Spellenberg*, in: MünchKomm. BGB, 6. Aufl. 2015, Art. 11 EGBGB Rdnr. 174 ff.

366 So aber *Kindler*, in: MünchKomm. BGB, 6. Aufl. 2015, IntGesR Rdnr. 536; *König/Götte/Bormann*, NZG 2009, 881, 883.

367 Insoweit zutreffend *Kindler*, in: MünchKomm. BGB, 6. Aufl. 2015, IntGesR Rdnr. 536; *Wicke*, Rdnr. 20.

368 Hierzu etwa *Mäsch*, in: Bamberger/Roth, BGB, Art. 11 EGBGB Rdnr. 20; *Hohloch*, in: Erman, Art. 11 EGBGB Rdnr. 13.

369 Vgl. *Mäsch*, in: Bamberger/Roth, BGB, Art. 11 EGBGB Rdnr. 20; a.A. *König/Götte/Bormann*, NZG 2009, 881, 883.

370 So aber *König/Götte/Bormann*, NZG 2009, 881, 883; *Kindler*, RIW 2011, 257, 259 f.; wie hier *Zabel*, DZWIR 2011, 136, 137 ff.; *Albers*, GmbHR 2011, 1078, 1080.

371 So auch *Löbbe*, in: Ulmer/Habersack/Löbbe, Rdnr. 140.

372 *Bayer* weist in DNotZ 2009, 887, 894 darauf hin, dass es nach der hier vertretenen Ansicht möglich wäre, einer privatschriftlichen Abtretung eines Geschäftsanteils durch „gefälschten" Ortszusatz scheinbare Gültigkeit zu verleihen.

gerade in Kauf genommene – notwendige Folge der allgemeinen Anerkennung der Formgültigkeit nach Ortsrecht im internationalen Zivilrechtsverkehr gemäß § 11 Abs. 1 EGBGB (die mit Art. 11 Abs. 1 Rom I-VO zumindest für Schuldverträge sogar europarechtlich verbürgt ist; dazu Rdnr. 66d). Auch der vom Gesetzgeber durch das MoMiG verfolgte Zweck der Erhöhung der Richtigkeitsgewähr muss mangels Normierung einer ausdrücklichen Ausnahme hinter der geltenden Rechtslage zurückstehen[373]. Ebenso ist eine wertungsmäßige Korrektur im Fall einer im Hinblick auf den Vornahmeort gefälschten privatschriftlichen Abtretungserklärung nicht angezeigt, denn die Gesellschaft ist durch die Legitimationsfunktion der Gesellschafterliste gemäß § 16 ausreichend geschützt, und den Interessen des Rechtsverkehrs ist mit dem § 16 Abs. 3 ausreichend Rechnung getragen, während die Interessen des (fälschenden) Gesellschafters nicht als schutzwürdig zu erachten sind.

Fehlt ein vergleichbares Rechtsgeschäft nach dem Ortsrecht und daher auch eine entsprechende Formvorschrift (sog. **Normenmangel**), geht Art. 11 Abs. 1 Alt. 2 EGBGB ins Leere, so dass bei der Anteilsübertragung allein das Gesellschaftsstatut gilt[374]. Die Frage der Vergleichbarkeit ist aus der Sicht des ausländischen Rechts zu stellen[375]: Es muss nämlich untersucht werden, ob die vom Ortsrecht aufgestellte Form auch für die Übertragung von deutschen GmbH-Anteilen Geltung beansprucht (sog. Substituierbarkeit). Das ist der Fall, wenn die im Ortsrecht geregelte (ausländische) Gesellschaftsform nach Funktion, rechtlichem Erfolg und inhaltlicher Ausgestaltung den wesentlichen Merkmalen einer deutschen GmbH entspricht[376]. Welche Gesellschaftsformen der EU-Mitgliedstaaten mit der GmbH vergleichbar sind, kann der Zwölften gesellschaftsrechtlichen Richtlinie betreffend GmbH mit einem einzigen Gesellschafter[377] entnommen werden[378]. Bei der kanadischen *Limited* (Ltd.)[379] sowie bei der *Limited Liability Company* (LLC) der US-Bundesstaaten[380] hat die Rechtsprechung eine Vergleichbarkeit mit der deutschen GmbH abgelehnt[381], so dass die Einhaltung der Formvorschriften der Ltd. bzw. LLC bei der Übertragung deutscher GmbH-Anteile im jeweiligen Land nicht ausreichend ist; etwas anderes gilt für die in nahezu allen US-Bundesstaaten existierende *Close Corporation*[382]. Besteht keine Formenleere (d.h. kein Normenmangel), so genügt nach Art. 11 Abs. 1 Alt. 2 EGBGB gerade auch die leichtere Form für die Abtretung von GmbH-Anteilen, häufig also

83

---

373 A.A. *Bayer*, DNotZ 2009, 887, 894; wie hier etwa *Mankowski*, NZG 2010, 201, 204 ff.

374 RGZ 160, 225, 229; BayObLG v. 18.10.1977 – BReg 3 Z 68/76, BayObLGZ 1977, 242, 244 ff. = NJW 1978, 500; OLG Frankfurt a.M. v. 10.4.1981 – 20 W 460/80, DB 1981, 1456; BGH v. 4.11.2004 – III ZR 172/03, GmbHR 2005, 53, 54 (unter II.2.b); *Goette*, DStR 1996, 709, 711; *Altmeppen*, in: Roth/Altmeppen, Rdnr. 91; *Fastrich*, in: Baumbach/Hueck, Rdnr. 22 m.w.N.; *Reichert/Weller*, in: MünchKomm. GmbHG, 2. Aufl. 2015, Rdnr. 154; *Bayer*, in: Lutter/Hommelhoff, Rdnr. 27; *Leible*, in: Michalski u.a., Syst. Darst. 2 Rdnr. 113; *Löbbe*, in: Ulmer/Habersack/Löbbe, Rdnr. 140; *Behrens/Hoffmann*, in: Ulmer/Habersack/Löbbe, Einl. B Rdnr. 188.

375 *Mankowski*, NZG 2010, 201, 207.

376 *Mankowski*, NZG 2010, 201, 207. Aufstellungen nach Ländern finden sich bei *Bayer*, in: Lutter/Hommelhoff, Anh zu § 4a Rdnr. 9 und *Leible*, in: Michalski, 1. Aufl. 2002, Syst. Darst. 2 Rdnr. 177 ff., jeweils m.w.N.

377 89/667/EWG, ABl. EG Nr. L 395 v. 30.12.1989, S. 40.

378 *Kindler*, NJW 1993, 3301, 3304; *Winter*, in: 9. Aufl., § 12 Rdnr. 41.

379 OLG München v. 5.3.1993 – 23 U 5958/92, GmbHR 1993, 654 = NJW-RR 1993, 998.

380 Für eine (kalifornische) LLC: OLG Stuttgart v. 17.5.2000 – 20 U 68/99, NZG 2001, 40, 43 = GmbHR 2000, 721.

381 So in der Literatur auch *Halm*, GmbHR 1995, 576; *Wright/Holland*, NJW 1996, 95, 96; *Bungert*, Gesellschaftsrecht in den USA, S. 47 ff. und Tabelle S. 61 ff.; typmäßig ist die LLC vergleichbar mit einer Kommanditgesellschaft ohne persönlich haftenden Komplementär, der Sache nach also mit einer GmbH & Co. KG, vgl. *v. Bonin*, in: Hirte/Bücker, Grenzüberschreitende Gesellschaften, 2. Aufl. 2006, § 10 Rdnr. 111 m.w.N.

382 Für Vergleichbarkeit *Bungert*, GmbHR 1993, 478; *Bungert*, Die GmbH im US-amerikanischen Recht – close corporation, 1993, S. 79 ff.; *v. Bonin*, in: Hirte/Bücker, Grenzüberschreitende Gesellschaften, 2. Aufl. 2006, § 10 Rdnr. 6; offengelassen in OLG Stuttgart v. 17.5.2000 – 20 U 68/99, NZG 2001, 40, 43 = GmbHR 2000, 721.

Schriftlichkeit, wie mittlerweile auch in der Schweiz (s. Rdnr. 87); in Frankreich[383], Italien[384], Spanien[385] und Belgien[386] ist sogar eine formfreie Einigung über die Übertragung möglich. Keine Frage der Ortsform und deswegen für die Formwirksamkeit der Abtretung von GmbH-Anteilen nach Art. 11 Abs. 1 Alt. 2 EGBGB unerheblich sind eine allein aus Beweis- oder Legitimierungsgründen vorgenommene notarielle Beurkundung (wie z.B. in Spanien[387]) oder zusätzliche gesellschaftsrechtliche Publizitätserfordernisse nach dem jeweiligen Landesrecht, wie die Übergabe von Anteilsscheinen[388], die Zustimmung der Altgesellschafter oder die Eintragung der Übertragung in einem Anteilsbuch oder Register[389] (wie z.B. in Frankreich[390], Italien[391] und Belgien[392]). Denn Formvorschriften im kollisionsrechtlichen Sinne liegen lediglich

---

383 *Arlt*, in: Kalss, Die Übertragung von GmbH-Geschäftsanteilen in 14 Rechtsordnungen Europas, 2003, S. 89, 97 f. m.w.N.; *Karst*, in: Süß/Wachter, Hdb. des internationalen GmbH-Rechts, 3. Aufl. 2015, S. 893 f. (Kap. Frankreich Rdnr. 95).

384 *U. Jasper*, in: MünchHdb. III, § 24 Rdnr. 90; *Ebbing*, in: Michalski u.a., Rdnr. 97.

385 Die Übertragung von Anteilen der spanischen *Sociedad de Responsabilidad Limitada* soll zwar gemäß Art. 106.1 LSC notariell beurkundet werden oder in öffentlicher Beurkundung erfolgen, die Wirksamkeit der Übertragung jedoch hängt nach einem im Januar 2012 ergangenen Urteil des spanischen *Tribunal Supremo* nicht von der Wahrung einer bestimmten Form ab, vgl. Sentencia del Tribunal Supremo (sala de lo Civil, Sección 1ª) 258/2012, de 5 de enero de 2012. Vielmehr gilt auch in diesem Zusammenhang der allgemeine Rechtsgedanke des Art. 1278 Código Civil, der die Gültigkeit sonst wirksam geschlossener Verträge ohne Ansehung ihrer Form statuiert; a.A.: *Lozano/Hilgers/Löber*, in: Wachter/Süß, Hdb. des internationalen GmbH-Rechts, 3. Aufl. 2016, S. 1712 (Kap. Spanien Rdnr. 170).

386 *Bervoets*, in: Kalss, Die Übertragung von GmbH-Geschäftsanteilen in 14 Rechtsordnungen Europas, 2003, S. 141, 148; *Kocks/Hennes*, in: Süß/Wachter, Hdb. des internationalen GmbH-Rechts, 3. Aufl. 2016, S. 481 (Kap. Belgien Rdnr. 76).

387 In Spanien muss die Übertragung von Anteilen der *Sociedad de Responsabilidad Limitada* gemäß Art. 106.1 LSC notariell beurkundet oder in einer öffentlichen Urkunde niedergelegt werden, um gegenüber der Gesellschaft Wirkung zu entfalten (Art. 112 LSC); vgl. dazu *Lozano/Hilgers/Löber*, in: Wachter/Süß, Hdb. des internationalen GmbH-Rechts, 3. Aufl. 2016, S. 1712 (Kap. Spanien Rdnr. 170). Gleichzeitig kann mit einer solchen Urkunde anderen Gesellschaftern und Dritten die Gesellschafterstellung nachgewiesen werden.

388 So aber OLG Stuttgart v. 17.5.2000 – 20 U 68/99, NZG 2001, 40, 43 = GmbHR 2000, 721.

389 So aber *Pilger*, BB 2005, 1285, 1286 (zur Ortsform in der Schweiz).

390 So ist die Schriftform in Frankreich aufgrund bestimmter Publizitätserfordernisse zwar unentbehrlich, weil bei der *Société à Responsabilité Limitée* (SARL) für die Erlangung der Gesellschafterstellung im Verhältnis zu der Gesellschaft (mindestens) Schriftlichkeit und im Verhältnis zu Dritten die – nur durch Hinterlegung eines schriftlichen Dokuments erzielbare – Eintragung in das Handels- und Gesellschaftsregister erforderlich ist (vgl. Art. L 223–17 i.V.m. Art. L 221–14 Code de Commerce); außerdem kann zwischen Privatleuten der Beweis für die Übertragung eines Geschäftsanteils grundsätzlich nur durch schriftliche Urkunde geführt werden. Die Wirksamkeit der Übertragung zwischen den Parteien setzt gleichwohl nur eine (mündliche) Einigung voraus, vgl. *Arlt*, in: Kalss, Die Übertragung von GmbH-Geschäftsanteilen in 14 Rechtsordnungen Europas, 2003, S. 89, 97 f. Die genannten Publizitätserfordernisse zählen daher nicht zu den Formvorschriften im Sinne von Art. 11 Abs. 1 Alt. 2 EGBGB, vgl. *Mäsch*, in: Bamberger/Roth, BGB, Art. 11 EGBGB Rdnr. 25.

391 Die für die Anteilsübertragung bei der italienischen *Società a Responsabilità Limitata* vorgesehene notarielle Beglaubigung einer Übertragungsurkunde (vgl. § 2470 Abs. 2 Codice Civile) ist (nur) für die Eintragung des Anteilsübergangs in das Unternehmensregister erforderlich, was Voraussetzung dafür ist, dass der Erwerber gegenüber der Gesellschaft als Anteilsinhaber gilt; die Übertragung ist aber auch ohne diese Maßnahmen zwischen den Parteien wirksam, allerdings bei fehlender Unternehmensregistereintragung mit dem Risiko eines gutgläubigen Erwerbs durch einen Dritten behaftet (vgl. § 2470 Abs. 3 Codice Civile). Auch hier handelt es sich wie bei der französischen SARL um Publizitätserfordernisse, die nicht zu den Formvorschriften im Sinne von Art. 11 Abs. 1 Alt. 2 EGBGB zählen, vgl. *Mäsch*, in: Bamberger/Roth, BGB, Art. 11 EGBGB Rdnr. 25.

392 Während sich auch in Belgien der Anteilsübergang durch formfreie Willensübereinstimmung vollzieht, ist die Übertragung gegenüber Dritten und der Gesellschaft erst mit der ordnungsgemäßen

dann vor, wenn sie im Zusammenhang mit der Art und Weise der Erscheinungsform von Willenserklärungen stehen (z.B. Mündlichkeit, Schriftlichkeit, Beglaubigung, Beurkundung oder persönliche Anwesenheit)[393].

bb) Substitution bei Gleichwertigkeit der ausländischen Form

Unabhängig von der Ortsform (Art. 11 Abs. 1 Alt. 2 EGBGB) kann eine Anteilsübertragung 84 im Ausland gemäß Art. 11 Abs. 1 Alt. 1 EGBGB (in Verbindung mit den Grundsätzen der Substitution[394]) auch dadurch wirksam vorgenommen werden, dass hierbei die als Geschäftsstatut (*lex societatis*) anwendbare deutsche **Geschäftsform** nach § 15 Abs. 3 beachtet wird (s. dazu auch § 2 Rdnr. 16). Bis zu einer endgültigen Klärung durch den BGH, ob Art. 11 Abs. 1 Alt. 2 EGBGB (Ortsform) auf die Anteilsübertragung Anwendung findet (s. Rdnr. 82), ist dies der für die Praxis zu empfehlende Weg. Die Wahrung der notariellen Form i.S. des § 15 Abs. 3 durch eine **ausländische Urkundsperson**[395] (**Substitution**) setzt unter anderem deren funktionale **Gleichwertigkeit** voraus (s. dazu auch § 2 Rdnr. 17): Die Beurkundungsperson muss nach Vorbildung und Stellung im Rechtsleben eine der Tätigkeit des deutschen Notars entsprechende Funktion ausüben und beim Beurkundungsvorgang ein Verfahrensrecht beachten, das den tragenden Grundsätzen des deutschen Beurkundungsrechts entspricht[396]. In personeller Hinsicht erfordert dies eine vergleichbare Ausbildung und ähnliche Haftungsregelungen[397]. In Bezug auf das Verfahren zu berücksichtigende Faktoren sind, ob bei der ausländischen Beurkundung vergleichbare Prüfungs- und Belehrungspflichten vorgesehen sind, ob die Identität der Beteiligten festzustellen ist, ob eine Verhandlungsniederschrift anzufertigen, vorzulesen und durch die Beteiligten zu genehmigen und zu unterzeichnen ist, sowie ob durch die Urkundsperson zu siegeln und unterzeichnen ist[398]. Entscheidend ist aber nicht die detailgenaue Übereinstimmung der Rechtsfigur und des Verfahrens, sondern vielmehr die Frage nach der **Funktionsäquivalenz**[399].

Eintragung im Anteilsregister wirksam (vgl. Art. 233 Z 3 i.V.m. Art. 250 Code des sociétés/Wetboek van vennootschappen), vgl. *Bervoets*, in: Kalss, Die Übertragung von GmbH-Geschäftsanteilen in 14 Rechtsordnungen Europas, 2003, S. 141, 149; *Kocks/Hennes*, in: Süß/Wachter, Hdb. des internationalen GmbH-Rechts, 3. Aufl. 2016, S. 481 (Kap. Belgien Rdnr. 76).

393 *Winkler von Mohrenfels*, in: Staudinger, EGBGB/IPR, 2007, Art. 11 Rdnr. 100, 112; *Weller*, BB 2005, 1807, 1808; *Mäsch*, in: Bamberger/Roth, BGB, Art. 11 EGBGB Rdnr. 20, 25; näher *Reichert/Weller*, DStR 2005, 250, 255.

394 Dazu BGH v. 4.10.1989 – IVb ZB 9/88, BGHZ 109, 1, 6; KG v. 25.3.1997 – 1 W 6538/96, NJW-RR 1997, 1094, 1095; *Hein*, in: MünchKomm. BGB, 6. Aufl. 2015, Einl. IPR Rdnr. 227 ff.

395 Zwar wäre eine Beurkundung durch einen deutschen Notar im Ausland formwirksam, der Wirkungskreis eines deutschen Notars ist aber nach h.M. auf das deutsche Hoheitsgebiet beschränkt, vgl. BGH v. 30.4.1998 – IX ZR 150/97, BGHZ 138, 359, 361 m.w.N.; dazu *Großfeld*, in: Staudinger, IntGesR, 1998, Rdnr. 471. Die Genehmigungsfähigkeit einer notariellen Urkundstätigkeit im EU-Ausland ist ausnahmsweise in Betracht zu ziehen, sofern andernfalls objektiv gewichtige Interessen der Urkundsbeteiligten gefährdet sind, vgl. BGH v. 4.3.2013 – NotZ (Brfg) 9/12, ZIP 2013, 886, 888.

396 BGH v. 17.12.2013 – II ZB 6/13, BGHZ 199, 270, 276 = NJW 2014, 2026, 2027 = GmbHR 2014, 248; OLG Frankfurt a.M. v. 25.1.2005 – 11 U 8/04, OLGR 2005, 715 = GmbHR 2005, 764, 765 f. (mit Anm. *Werner*) = EWiR § 15 GmbHG 2/05, 727 (mit Anm. *Klein/Theusing*); *Thorn*, in: Palandt, EGBGB (IPR) Art. 11 Rdnr. 9 m.w.N.; *Roth*, in: Roth/Altmeppen, § 2 Rdnr. 23a; *Reichert/Weller*, in: MünchKomm. GmbHG, 2. Aufl. 2015, Rdnr. 144; *Leible*, in: Michalski u.a., Syst. Darst. 2 Rdnr. 115 m.w.N.; *Behrens/Hoffmann*, in: Ulmer/Habersack/Löbbe, Einl. B Rdnr. 198; weitergehend *Schervier*, NJW 1992, 593, 598.

397 OLG Frankfurt a.M. v. 25.1.2005 – 11 U 8/04, GmbHR 2005, 764, 766 f.; *Reichert/Weller*, DStR 2005, 250, 252; *Löbbe*, in: Ulmer/Habersack/Löbbe, Rdnr. 144; a.A. *Reithmann*, NJW 2003, 385, 387 (entscheidend nur Gleichwertigkeit des ausländischen Verfahrens).

398 Vgl. BGH v. 16.2.1981 – II ZB 8/80, BGHZ 80, 76, 78 = GmbHR 1981, 238 = NJW 1981, 1160.

399 Vgl. BGH v. 4.10.1989 – IVb ZB 9/88, BGHZ 109, 1, 6.

85 Vor diesem Hintergrund ist zunächst zu berücksichtigen, dass die Regelung des § 15 Abs. 3 im Rahmen der **Übertragung von GmbH-Anteilen** bezweckt, den Handel mit Geschäftsanteilen zu erschweren und die Beweisführung zu erleichtern (dazu Rdnr. 5 f.). Die ausländische Beurkundung ist somit gleichwertig, wenn diese Formzwecke gewährleistet werden[400]. So kommt es nicht vorrangig auf eine Belehrung durch die Notarsperson (§ 17 BeurkG) oder vertiefte Kenntnisse des deutschen Gesellschaftsrechts an[401], da § 15 Abs. 3 – anders als etwa § 311b Abs. 1 Satz 1 BGB – keine Warnfunktion hat (s. Rdnr. 77) und § 17 Abs. 1 BeurkG als bloße Sollvorschrift ausgestaltet ist. Die Beteiligten, deren Schutz § 17 BeurkG alleine dient[402], bringen durch die Beurkundung im Ausland zum Ausdruck, dass sie den nach dem ausländischen Recht vorgesehenen Belehrungsumfang für ausreichend erachten und auf den Schutz der Belehrung nach § 17 BeurkG verzichten[403]. Der mit einer Auslandsbeurkundung häufig – aber nicht notwendigerweise (Vertretungslösungen!) – verbundene Reiseaufwand ist indes nicht geeignet, zur Begründung der Gleichwertigkeit bei Anteilsübertragungen herangezogen zu werden[404], da dies weder eine Frage der Vorbildung oder Stellung der Notarsperson noch eine Frage des Beurkundungsverfahrens ist.

86 Für die in der Praxis häufig aufgesuchte **Schweiz** ist die Gleichwertigkeit **für den jeweiligen Kanton festzustellen**[405]. Vom BGH anerkannt wurde die Gleichwertigkeit im Kanton Zürich-Altstadt im Falle einer Satzungsänderung[406]. Gleichwertigkeit wird danach erst Recht für die Anteilsübertragung anzunehmen sein, da mit § 15 Abs. 3 im Gegensatz zu § 53 Abs. 2

---

400 OLG Stuttgart v. 17.5.2000 – 20 U 68/99, GmbHR 2000, 721; OLG Frankfurt a.M. v. 25.1.2005 – 11 U 8/04, GmbHR 2005, 764, 766; *Weller*, BB 2005, 1807, 1808 f.; *Reichert/Weller*, DStR 2005, 250, 252; ähnlich *Reithmann*, NJW 2003, 385, 388.

401 BGH v. 17.12.2013 – II ZB 6/13, BGHZ 199, 270, 276 = NJW 2014, 2026, 2027; *Weller*, BB 2005, 1807, 1808 f.; *Reichert/Weller*, DStR 2005, 250, 252; *Leible*, in: Michalski u.a., Syst. Darst. 2 Rdnr. 114 ff.; *Behrens/Hoffmann*, in: Ulmer/Habersack/Löbbe, Einl. B Rdnr. 199; *Reichert/Weller*, in: MünchKomm. GmbHG, 2. Aufl. 2015, Rdnr. 144; *Löbbe*, in: Ulmer/Habersack/Löbbe, Rdnr. 144; *Stenzel*, GmbHR 2014, 1024, 1027; a.A. OLG Hamburg v. 7.5.1993 – 2 Wx 55/91, NJW-RR 1993, 1317, 1318 f.

402 *Kröll*, ZGR 2000, 111, 135 ff., 139 ff.; *Behrens/Hoffmann*, in: Ulmer/Habersack/Löbbe, Einl. B Rdnr. 199.

403 Dies gilt laut BGH v. 17.12.2013 – II ZB 6/13, BGHZ 199, 270, 276 = NJW 2014, 2026, 2027 = GmbHR 2014, 248 auch nach dem Inkrafttreten des MoMiG; vgl. ansonsten BGH v. 16.2.1981 – II ZB 8/80, BGHZ 80, 76, 78 = GmbHR 1982, 83; *Benecke*, RIW 2002, 280, 285; *Kröll*, ZGR 2000, 111, 131 ff.; a.A. AG Charlottenburg v. 22.1.2016 – 99 AR 9466/15, ZIP 2016, 770, 773; *Bayer*, GmbHR 2013, 897, 909; *Reuter*, BB 1998, 116; *Goette*, DStR 1996, 709, 713, der sich jedoch differenzierend bei Verfassungsakten gegen die Möglichkeit eines Verzichts der Parteien auf Belehrung durch den deutschen Notar ausspricht.

404 So *Weller*, BB 2005, 1807, 1809 (mit dem Hinweis, dass hierdurch der Handel mit GmbH-Anteilen gleichermaßen erschwert werde).

405 In seiner Allgemeinheit daher nicht überzeugend BGH v. 12.6.1989 – II ZR 334/87, NJW-RR 1989, 1259, 1261; zu der Gleichwertigkeit des Beurkundungsverfahrens in diversen Schweizer Kantonen *Müller*, NJW 2014, 1994, 1996 f.

406 BGH v. 16.2.1981 – II ZB 8/80, BGHZ 80, 76, 78 = GmbHR 1981, 238 = NJW 1981, 1160 (Satzungsänderung); zunehmend wird die Gleichwertigkeit dagegen bei statusrelevanten, d.h. in die Verfassung der Gesellschaft eingreifenden Akten (Satzungsänderungen, Umwandlungsvorgänge, etc.), abgelehnt, vgl. OLG Hamm v. 1.2.1974 – 15 Wx 6/74, NJW 1974, 1057, 1058 f. (Satzungsänderung); OLG Karlsruhe v. 10.4.1979 – 11 W 104/78, RIW 1979, 567, 568; LG Augsburg v. 4.6.1996 – 2 HKT 2093/96, GmbHR 1996, 941 (Verschmelzung); AG Köln v. 14.8.1989 – 42 HRB 8123, GmbHR 1990, 172 (Zustimmungsbeschluss zu Gewinnabführungsvertrag); dazu *Goette*, DStR 1996, 709; *Goette*, in: FS Boujong, 1996, S. 131; nach dem Rundschreiben 3/96 – Sonderrundschreiben vom 30.7.1996 – der Notarkammer Frankfurt am Main verweigert das AG Frankfurt am Main die Eintragung von Satzungsänderungen, wenn die Beurkundung durch einen ausländischen Notar vorgenommen worden ist; auch das AG Hamburg hat es mit Schreiben an den Präsidenten der Hamburgischen Notarkammer vom 9.2.2005 (Az. 383.0 E2) zu seiner einheitlichen Praxis erklärt, Auslandsbeurkundungen bei Satzungsänderungen und anderen in die Verfas-

kein Übereilungsschutz bezweckt ist[407]. Bejaht wurde die Gleichwertigkeit außerdem für die Beurkundung von Anteilsabtretungen in Basel-Stadt[408]. Ältere, die Gleichwertigkeit bejahende Urteile zu Bern[409], Luzern[410] und Zug[411] sind für die Unternehmenspraxis nicht belastbar, da hier die Grundsätze des BGH zur Gleichwertigkeit (Rdnr. 84) noch nicht berücksichtigt werden konnten[412]. Von der instanzgerichtlichen Rechtsprechung wurde zudem die Beurkundung in **Österreich**[413] und in den **Niederlanden**[414] für gleichwertig befunden. In der Literatur wird Gleichwertigkeit außerdem angenommen für andere Schweizer Notare (deutschsprachige Kantone) und Notare in **Frankreich, Belgien, Italien** sowie **Spanien**[415]. Gleichwertigkeit ist abzulehnen bei einer Beurkundung durch einen **US-amerikanischen** notary public, da dieser mangels juristischer Kompetenz nicht mit einem deutschen Notar vergleichbar ist[416].

Die Reform des Schweizer GmbH-Rechts[417] und die mit dem MoMiG einhergehenden Neuerungen des deutschen GmbH-Rechts haben die Diskussion über die Gleichwertigkeit der Beurkundung der Abtretung von deutschen GmbH-Anteilen durch einen ausländischen Notar wiederbelebt. Dabei hat die Gesetzesnovellierung in der Schweiz nach zutreffender Ansicht **keinen Einfluss** auf die Beurteilung der Gleichwertigkeit einer Beurkundung durch einen Schweizer Notar[418]: Der Verzicht auf das Erfordernis der öffentlichen Beurkundung für die Abtretung von GmbH-Anteilen (Art. 791 Abs. 4 OR a.F.) zugunsten der Schriftform (Art. 785 OR n.F.)[419] führt zu keiner inhaltlichen Änderung des Notars- und Beurkundungsrechts. Ob die ausländische Rechtsordnung für die Anteilsübertragung zwingend eine notarielle Beur- 87

---

sung von Gesellschaften eingreifenden Akten nicht mehr anerkennen und die Handelsregistereintragung daher verweigern zu wollen; vgl. auch § 2 Rdnr. 15 ff. und 11. Aufl., § 53 Rdnr. 71 ff.

407 *Reichert/Weller*, DStR 2005, 250, 252 f.; *Löbbe*, in: Ulmer/Habersack/Löbbe, Rdnr. 144.

408 OLG München v. 19.11.1997 – 7 U 2511/97, GmbHR 1998, 46; mit ausführlicher Begründung OLG Frankfurt a.M. v. 25.1.2005 – 11 U 8/04, OLGR 2005, 715 = GmbHR 2005, 764, 767 (mit Anm. *Werner*) = EWiR § 15 GmbHG 2/05, 727 (mit zust. Anm. *Klein/Theusing*); a.A. in Bezug auf die Beurkundung der Gründung einer deutschen GmbH: AG Charlottenburg v. 22.1.2016 – 99 AR 9466/15, ZIP 2016, 770.

409 OLG Hamburg, IPRspr 1979, Nr. 9.

410 LG Koblenz, IPRspr 1970, Nr. 144.

411 LG Stuttgart, IPRspr. 1976, Nr. 5a.

412 *Hohloch*, in: Erman, Art. 11 EGBGB Rdnr. 19; *Reichert/Weller*, DStR 2005, 250, 253.

413 LG Kiel v. 25.4.1997 – 3 T 143/97, GmbHR 1997, 952.

414 OLG Düsseldorf v. 25.1.1989 – 3 Wx 21/89, GmbHR 1990, 169 = NJW 1989, 2200, allerdings im Ergebnis offengelassen.

415 Früher allgemein für das „lateinische" Notariat, jetzt differenzierend *Bayer*, in: Lutter/Hommelhoff, Rdnr. 28, § 2 Rdnr. 28; eb. *Brandes*, in: Bork/Schäfer, Rdnr. 49; *Reichert/Weller*, in: MünchKomm. GmbHG, 2. Aufl. 2015, Rdnr. 151; vgl. auch die Nachweise bei *Brück*, DB 2004, 2409, 2411; *Mäsch*, in: Bamberger/Roth, BGB, Art. 11 EGBGB Rdnr. 36; *Janssen/Robertz*, GmbHR 2003, 434, 437.

416 OLG Stuttgart v. 17.5.2000 – 20 U 68/99, GmbHR 2000, 721; *Großfeld*, in: Staudinger, IntGesR, Rdnr. 472.

417 Beschluss der Bundesversammlung vom 16.12.2005 zur Änderung des Obligationenrechts (GmbH-Recht sowie Anpassungen im Aktien-, Genossenschafts-, Handelsregister- und Firmenrecht), Bundesblatt 2005, S. 7289.

418 So bereits hier die 10. Aufl. und die jetzige h.M., OLG Düsseldorf v. 2.3.2011 – I-3 Wx 236/10, GmbHR 2011, 417, 419; *Altmeppen*, in: Roth/Altmeppen, Rdnr. 92; *Leible*, in: Michalski u.a., Syst. Darst. 2 Rdnr. 118 a.E.; *Reichert/Weller*, in: MünchKomm. GmbHG, 2. Aufl. 2015, Rdnr. 150; *U. Jasper*, in: MünchHdb. III, § 24 Rdnr. 89; *Böttcher/Blasche*, NZG 2006, 766, 768; *Schlößler*, GmbHR 2007, 301, 304; *Olk/Nikoleyczik*, DStR 2010, 1576, 1579; *Laeger*, BB 2010, 2647, 2651; *Weller*, Der Konzern 2008, 253, 258; insoweit zutreffend *Saenger/Scheuch*, BB 2008, 65, 67; *Berger/Kleissl*, DB 2008, 2235, 2238; *Trendelenburg*, GmbHR 2008, 644, 649; *Landbrecht/Becker*, BB 2013, 1290, 1291.

419 Vgl. zur Gesetzesbegründung auch Ziffer 2.1.2.1 der Botschaft zur Revision des Obligationenrechts (GmbH-Recht sowie Anpassungen im Aktien-, Genossenschafts-, Handelsregister- und Firmenrecht) vom 19.12.2001, Bundesblatt 2002, S. 3148, 3184 f.

kundung vorsieht oder ob eine solche lediglich **freiwillig** erfolgen kann, ist für die Beurteilung der Gleichwertigkeit nach deutschem Recht unerheblich. Denn bei der Frage nach der Gleichwertigkeit und der Möglichkeit einer Substitution geht es ausschließlich um die Wahrung der deutschen Geschäftsform. Den Schweizer Notaren mangelt es wegen des Wegfalls der Beurkundungspflicht auch nicht an der notwendigen Expertise zur Errichtung formgültiger Urkunden[420]. Denn eine spezifische Erfahrung im Bezug auf die Übertragung von Geschäftsanteilen wird bei deren Beurkundung weder von einem deutschen noch von einem Schweizer Notar verlangt[421]. Für die Gleichwertigkeit genügt es, dass die Urkundsperson nach Vorbildung und Stellung im Rechtsleben eine der Tätigkeit des deutschen Notars entsprechende Funktion inne hat und ein Verfahrensrecht beachtet, das den tragenden Grundsätzen des deutschen Beurkundungsrechts entspricht (vgl. Rdnr. 84).

87a Schwieriger zu beurteilen sind die **Auswirkungen der MoMiG-Gesetzesänderungen**: So wird teilweise insbesondere die mit dem neuen § 40 Abs. 2 eingeführte Pflicht des Notars zur Einreichung einer aktualisierten Gesellschafterliste bei von ihm beurkundeten Anteilsübertragungen als die gesetzliche Begründung eines **exklusiv im Inland durchzuführenden Beurkundungsverfahrens** angesehen. Die einzelnen Streitpunkte haben alle die **Substituierbarkeit** des § 15 Abs. 3 zum Gegenstand. Ob die Möglichkeit einer Ersetzung der Beurkundung im Inland durch eine im Ausland durchgeführte Beurkundung besteht, ist in zwei Schritten zu ermitteln[422]: Zunächst ist zu prüfen, ob § 15 Abs. 3 überhaupt der Substitution durch ein ausländisches Rechtsinstitut zugänglich ist, es sich also um eine „offene" Norm handelt. Erst danach kann untersucht werden, ob die beiden Beurkundungsvorgänge gleichwertig (funktionsäquivalent) sind, das heißt das Verfahren den vom BGH aufgestellten Gleichwertigkeitskriterien entspricht (vgl. Rdnr. 84).

87b Auch seit Geltung des MoMiG ist **§ 15 Abs. 3 grundsätzlich weiterhin „offen" für eine Substitution.** Zwar hat das MoMiG die Gesellschafterliste zu einem Rechtsscheinsträger aufgewertet und die Einreichungspflicht des Notars gemäß § 40 Abs. 2 auch zur Erhöhung der Richtigkeitsgewähr begründet[423], eine „Geschlossenheit" des § 15 Abs. 3 lässt sich daraus jedoch nicht ableiten[424]. Nach der Konzeption des Gesetzgebers besteht gemäß § 40 Abs. 1 eine Ausgangsverantwortung des juristisch zumeist nur laienhaft vorgebildeten Geschäftsführers für die Erstellung und Einreichung der Gesellschafterliste. Mit dieser gesetzlichen Funktionszuweisung ist der Schluss von der partiellen Handlungszuständigkeit des Notars (§ 40 Abs. 2 Satz 1) zur Unverzichtbarkeit einer deutschen Beurkundung wegen erhöhter Richtigkeits-

---

420 *Braun*, DNotZ 2009, 585, 588 f.; zweifelnd auch, i.E. aber wie hier *Trendelenburg*, GmbHR 2008, 644, 647 f.; *Seebach*, DNotZ 2014, 413, 420 f.

421 Zumal das Schweizer Obligationenrecht auch weiterhin die Beurkundung gesellschaftsrechtlicher Rechtshandlungen vorsieht, so dass ein Verlust der zur Beurkundung notwendigen Expertise ausgeschlossen ist, vgl. Art. 821 Satz 2 OR (Auflösung einer Schweizer GmbH); Art. 780 OR (Statutenänderung bei der GmbH); Art. 634, 647, 650 OR (Sacheinlage, Statutenänderung und Kapitalerhöhung bei der AG); so auch *Laeger*, BB 2010, 2647, 2651; *Olk/Nikoleyczik*, DStR 2010, 1576, 1579; *Olk*, NZG 2011, 381, 383.

422 BGH v. 4.10.1989 – IVb ZB 9/88, BGHZ 109, 1, 6; KG v. 25.3.1997 – 1 W 6538/96, NJW-RR 1997, 1094, 1095; *Lorenz*, in: Bamberger/Roth, EGBGB Einl. IPR, Rdnr. 91; *Hausmann/Odersky*, Das internationale Privatrecht in der notariellen Praxis, 3. Aufl. 2017, § 3 Rdnr. 91 ff. m.w.N.; vgl. auch *Reichert/Weller*, in: MünchKomm. GmbHG, 2. Aufl. 2015, Rdnr. 143.

423 Begr. RegE, BT-Drucks. 16/6140, S. 43.

424 BGH v. 17.12.2013 – II ZB 6/13, BGHZ 199, 270, 275 = NJW 2014, 2026, 2027 f.; *Reichert/Weller*, in: MünchKomm. GmbHG, 2. Aufl. 2015, Rdnr. 144; *Stenzel*, GmbHR 2014, 1024, 1030; *Engel*, DStR 2008, 1593, 1597 f.; *Weller*, Der Konzern 2008, 253, 258 f.; *Olk/Nikoleyczik*, DStR 2010, 1576, 1579 f.; *Olk*, NZG 2011, 381, 382; *Zabel*, DZWiR 2011, 136, 142 f.; *Götze/Mörtel*, NZG 2011, 727, 728 f.; a.A. *Kindler*, BB 2010, 74, 76 f.; *Kindler*, RIW 2011, 257 (der sich hierzu im Einklang mit der „ganz herrschenden Meinung in der Literatur" wähnt); *Berger/Kleissl*, DB 2008, 2235, 2240; wohl auch *Braun*, DNotZ 2009, 585, 592 f.; *Bauer/Anders*, BB 2012, 593, 595.

gewähr nicht vereinbar[425]. Zudem trifft den Notar lediglich eine begrenzte Richtigkeitsgewähr, die sich in der Regel auf die zutreffende Abbildung der beurkundeten Abtretungen erstreckt; es handelt sich gerade nicht um die Abgabe eines spezifisch notariellen Zeugnisses gemäß §§ 39, 39a BeurkG[426]. Es leuchtet indes nicht ein, wieso eine solche wahrheitsgemäße Abbildung der Abtretungen nicht auch durch den Geschäftsführer erfolgen können sollte, zumal sich dieser mit dem nicht unerheblichen Haftungsrisiko aus § 40 Abs. 3 konfrontiert sieht. Weiterhin ist zu bedenken, dass die oft in den Mittelpunkt gerückte Erhöhung der Richtigkeitsgewähr nicht der einzige Beweggrund des Gesetzgebers bei der Novellierung des § 40 Abs. 2 war, sondern der Gedanke der Verfahrensvereinfachung eine ebenso maßgebliche Rolle spielte[427]. Gerade dieser Aspekt streitet für die Substituierbarkeit des Beurkundungsvorgangs durch (hinreichend qualifizerte) ausländische Notare[428]. Auch die Stärkung der internationalen Konkurrenzfähigkeit der GmbH, die der Gesetzgeber mit den Reformen des MoMiG bezweckte, spricht gegen eine vermeintlich intendierte Substitutionsgeschlossenheit des § 15 Abs. 3[429]. Schließlich legt die uneindeutige Gesetzesbegründung zumindest nahe, dass der Gesetzgeber die Auslandsbeurkundung durch Novellierung des § 40 Abs. 2 nicht abschaffen wollte[430].

Fraglich ist daher, ob auch nach dem MoMiG von einer **Gleichwertigkeit** der Beurkundungsverfahren weiterhin ausgegangen werden kann. Nach der Novellierung des § 40 Abs. 2 trifft den an Veränderungen in den Personen der Gesellschafter mitwirkenden Notar nunmehr die Pflicht, eine korrigierte Gesellschafterliste zum Handelsregister einzureichen. Diese Pflicht gilt für ausländische Notare nicht[431]. Daraus wird teilweise gefolgert, dass keine Gleichwertigkeit 87c

---

425 So auch BGH v. 17.12.2013 – II ZB 6/13, BGHZ 199, 270, 276 = NJW 2014, 2026, 2027 = GmbHR 2014, 248; a.A. Vorinstanz: OLG München v. 6.2.2013 – 31 Wx 8/13, GmbHR 2013, 269 = NZG 2013, 340; dem BGH zustimmend *Götze/Mörtel*, NZG 2011, 727, 729; *Engel*, DStR 2008, 1593, 1598; *Saenger/Scheuch*, BB 2008, 65, 69; *Weller*, Der Konzern 2008, 253, 258 f.; *Olk/Nikoleyczik*, DStR 2010, 1576, 1579; *Schockenhoff/Höder*, ZIP 2006, 1841, 1845; a.A. *Bayer*, GmbHR 2013, 897, 909.
426 LG Gera v. 18.6.2009 – 2 HK T 16/09, NotBZ 2009, 332; *Mankowski*, NZG 2010, 201, 203.
427 Begr. RegE, BT-Drucks. 16/6140, S. 44. Ursprünglich stand im Gesetzgebungsverfahren ausweislich Begr. RegE, BT-Drucks. 16/6140, S. 25 f. sogar die vollständige Aufgabe des Beurkundungserfordernisses bei der Abtretung von Geschäftsanteilen zur Diskussion. Der BGH zieht daraus in BGH v. 17.12.2013 – II ZB 6/13, BGHZ 199, 270, 279 = NJW 2014, 2026, 2028 = GmbHR 2014, 248 den überzeugenden Schluss, dass zumindest eine Verschärfung der Formvorschriften hinsichtlich der Anteilsübertragungen im Ausland vom Gesetzgeber nicht intendiert war.
428 BGH v. 17.12.2013 – II ZB 6/13, BGHZ 199, 270, 280 = NJW 2014, 2026, 2028 f. = GmbHR 2014, 248; dazu *Seibt*, EWiR 2014, 171, 172; *Götze/Mörtel*, NZG 2011, 727, 729, vgl. dazu auch *Berger/Kleissl*, DB 2008, 2235, 2239 f.
429 Vgl. Begr. RegE, BT-Drucks. 16/6140, S. 29; wie hier BGH v. 17.12.2013 – II ZB 6/13, BGHZ 199, 270, 279 = NJW 2014, 2026, 2028; *Mankowski*, NZG 2010, 201, 204; *Götze/Mörtel*, NZG 2011, 727, 729; *Engel*, DStR 2008, 1593, 1598; *Saenger/Scheuch*, BB 2008, 65, 67; *Schlößler*, GmbHR 2007, 301, 303; *Schockenhoff/Höder*, ZIP 2006, 1841, 1845.
430 Begr. RegE, BT-Drucks. 16/6140, S. 37 spricht vom Schließen der „Lücken, z.B. *bei* der Auslandsbeurkundung" (Hervorhebung vom Autor) und nicht von der Auslandsbeurkundung als nunmehr geschlossener Lücke; BGH v. 17.12.2013 – II ZB 6/13, BGHZ 199, 270, 278 = NJW 2014, 2026, 2028 interpretiert diese Gesetzesbegründung ebenfalls nicht als Ausschluss der Auslandsbeurkundung durch den Gesetzgeber. *Heidinger*, in: Heckschen/Heidinger, Die GmbH in der Gestaltungs- und Beratungspraxis, 3. Aufl. 2013, § 13 Rdnr. 27 verkennt diesen Aspekt; hierzu zu Recht krit. *Braun*, DNotZ 2009, 585, 592 („kryptisch"); *Saenger/Scheuch*, BB 2008, 65, 66 („sibyllinisch"). *Bayer*, GmbHR 2013, 897, 908 sieht in der Neuregelung allerdings das Bemühen des Gesetzgebers, der „Gefahr einer Verschleierung der Transparenz der Beteiligungsverhältnisse durch bisher im Ausland vorgenommene Anteilsabtretungen" entgegenzuwirken.
431 Vgl. 11. Aufl., § 40 Rdnr. 89; *Noack*, in: Baumbach/Hueck, § 40 Rdnr. 69; *Altmeppen*, in: Roth/Altmeppen, § 40 Rdnr. 20; *Wachter*, in: Bork/Schäfer, § 40 Rdnr. 33; *Bayer*, in: Lutter/Hommelhoff, § 40 Rdnr. 29; *Terlau*, in: Michalski u.a., § 40 Rdnr. 27.

der Beurkundungen mehr besteht[432]. Bei der Beurteilung dieser Frage muss **differenziert** werden: Geht man davon aus, der **ausländische Notar** sei grundsätzlich **befugt**[433], die Vorgaben des § 40 Abs. 2 Satz 1 trotz nicht bestehender persönlicher Verpflichtung durch **Einreichung einer aktualisierten Gesellschafterliste** zu erfüllen, so stellt sich die Folgefrage, ob der Notar auch nach der die Gleichwertigkeit einer Beurkundung ohne Einreichung ablehnenden Ansicht eine solche herstellen könnte, indem er eine aktualisierte Gesellschafterliste zum Handelsregister einreicht[434]. Allerdings dürfte gerade Schweizer Notaren die Legalisation der erforderlichen Bescheinigung mittels schriftlicher Apostille (§ 40 Abs. 2 Satz 2) im Rahmen der elektronischen Einreichung regelmäßig nicht möglich sein[435]. Dieser Umstand ist jedoch für die Legitimationswirkung der Liste bedeutungslos, sollte es gleichwohl zu deren Aufnahme in das Handelsregister durch das Registergericht kommen (vgl. § 16 Rdnr. 23). Auch die **Befugnis eines ausländischen Notars zur Einreichung** einer Gesellschafterliste ist **zweifelhaft**: Die Rechtsprechung schließt von der Beurkundungskompetenz ausländischer Notare auch auf eine entsprechende Einreichungskompetenz[436]. Bei dieser Kompetenz handle es sich jedoch um keine Pflicht, sondern um eine bloße Berechtigung[437]. Der von der Rechtsprechung beschrittene Weg ermöglicht zwar eine praktische Handhabung schwieriger Abgrenzungsfragen bei der Zuständigkeit. Gegen die Auffassung des BGH spricht jedoch die fehlende gesetzliche Haftung gemäß § 19 BNotO beim Handeln ausländischer Notare[438]. Zudem ist nach dem Wortlaut des § 40 Abs. 2 nur derjenige Notar zur Einreichung befugt, der „anstelle" des Geschäftsführers tätig wird. Gemeint ist also der Notar, dessen neu begründete Einreichungsverpflichtung die eigentlich dem Geschäftsführer obliegende Pflicht zur Einreichung aus § 40 Abs. 1 Satz 1 verdrängt[439]. Eine solche Verdrängungswirkung besteht bei ausländischen Notaren wegen des Territorialprinzips indes nicht[440]. Schließlich verlangt die Gesellschafterliste als Grundlage der einschneidenden Folgen des § 16 nach einer rechtsklaren Zuständigkeitsregel,

---

432 LG Frankfurt v. 7.10.2009 – 3-13 O 46/09, GmbHR 2010, 96 (obiter dictum) mit zust. Anm. *Gerber*, 98 u. ZIP 2010, 88, 89; *Süß*, DNotZ 2011, 414, 424; *Reithmann*, GmbHR 2009, 699, 701 (wenn nicht Gesellschafterliste eingereicht ist).

433 Ob auch ausländische Notare zur Einreichung von Gesellschafterlisten befugt sind, ist sehr umstritten; bejahend, für den Fall, dass sie eine Abtretung des Geschäftsanteils wirksam beurkunden können: OLG Düsseldorf v. 2.3.2011 – I-3 Wx 236/10, GmbHR 2011, 417, 420 mit (zust.) Anm. *Ulrich/Marniok*, 421; *Löbbe*, in: Ulmer/Habersack/Löbbe, Erg.-Band MoMiG, § 16 Rdnr. 48 m.w.N.; *Mankowski*, NZG 2010, 201, 203; *Landbrecht/Becker*, BB 2013, 1290, 1292; *Peters*, DB 2010, 97, 99; *Engel*, DStR 2008, 1593, 1598; *Laeger*, BB 2010, 2647, 2649; *Berninger*, GmbHR 2009, 679, 682; *Mayer*, DNotZ 2008, 403, 411; *Desch*, BB 2010, 3104, 3107; *Olk/Nikoleyczik*, DStR 2010, 1576, 1580; *Schulze*, IPRax 2011, 365, 368; a.A. *Paefgen*, in: Ulmer/Habersack/Löbbe, Erg.-Band MoMiG, § 40 Rdnr. 56; *Bayer*, in: Lutter/Hommelhoff, § 40 Rdnr. 29; *Noack*, in: Baumbach/Hueck, § 40 Rdnr. 69; *Wicke*, Rdnr. 20.

434 So wohl *Peters*, DB 2010, 97, 99; *Reithmann*, GmbHR 2009, 699, 701; a.A. *Bohrer*, MittBayNot 2010, 17, 17 f.

435 *Böttcher*, ZNotP 2010, 6, 9 f.; *Begemann/Galla*, GmbHR 2009, 1065, 1068 f.; vgl. aber auch *Peters*, DB 2010, 97, 99 u. *Olk/Nikoleyczik*, DStR 2010, 1576, 1580, die auf eine abw. Praxis der Registergerichte im süddeutschen Raum verweisen.

436 BGH v. 17.12.2013 – II ZB 6/13, BGHZ 199, 270, 276 = NJW 2014, 2026, 2027 = GmbHR 2014, 248; kritisch: *Seibt*, EWiR 2014, 171, 172; *Heckschen*, BB 2014, 466; *Seebach*, DNotZ 2014, 413, 419.

437 Zustimmend *Ebbing*, in: Michalski u.a., Rdnr. 98; sehr kritisch zu diesem Aspekt: *Herrler*, GmbHR 2014, 225, 228 f.; *Tebben*, DB 2014, 585, 586 f.; s. auch *Seibt*, EWiR 2014, 171, 172; *Seebach*, DNotZ 2014, 413, 419.

438 *Bayer*, in: Lutter/Hommelhoff, § 40 Rdnr. 29; *Heckschen*, BB 2014, 466.

439 A.A. BGH v. 17.12.2013 – II ZB 6/13, BGHZ 199, 270, 275 = GmbHR 2014, 248 = NJW 2014, 2026; wie hier *Heckschen*, BB 2014, 466; vgl. *Seibt*, EWiR 2014, 171, 172.

440 OLG München v. 6.2.2013 – 31 Wx 8/13, GmbHR 2013, 269 = NZG 2013, 340; *Ebbing*, in: Michalski u.a., Rdnr. 98; *Bohrer*, MittBayNot 2010, 17, 17; a.A. BGH v. 17.12.2013 – II ZB 6/13, BGHZ 199, 270 = GmbHR 2014, 248 = NJW 2014, 2026.

um das Risiko falscher oder gefälschter Gesellschafterlisten zu minimieren[441]; vgl. dazu auch Erl. zu § 40, 11. Aufl., Bd. II.

Selbst wenn jedoch die Möglichkeit der Einreichung durch einen ausländischen Notar nicht besteht oder wie hier generell verneint wird, **berührt** dies die **Gleichwertigkeit des Beurkundungsverfahrens nicht**. Denn die bloße Mitteilungspflicht ist **kein Bestandteil einer wirksamen Beurkundung**, sondern lediglich deren „Folgeformalie"[442]. Sie kann daher auch keinen Einfluss auf deren Gleichwertigkeit haben[443]. Richtigerweise wird daher auch allgemein nicht angenommen, dass eine Geschäftsanteilsabtretung im Inland unwirksam sei, wenn der Notar seiner Einreichungspflicht nicht nachkomme. Auch die teilweise geltend gemachte **Erweiterung des Formzwecks** von § 15 Abs. 3, derzufolge eine Beurkundung nur vom einreichungspflichtigen Notar gestattet sei[444], ist eine Argumentation mit einer selbstgesetzten Voraussetzung: Nur wenn angenommen wird, dass Beurkundung und Erstellung bzw. Einreichung der Gesellschafterliste **als einheitlicher Vorgang** die Richtigkeitsgewähr erhöhen sollen, kann man auch zu dem Schluss gelangen, dass der Gesetzgeber den Formzweck des § 15 Abs. 3 auf den Schutz des Rechtsverkehrs zur Stützung der materiellen Richtigkeit der Gesellschafterliste erweitert hat. Dem gesetzlichen Regelungskonzept ist diese Verknüpfung der Zwecke von § 15 Abs. 3 und § 40 Abs. 2 jedoch nicht zu entnehmen[445]. Hinzu kommt, dass § 16 Abs. 3 zwar an die Gesellschafterliste anknüpft, so dass den einreichenden Notar auch eine (begrenzte) Richtigkeitsgewähr trifft. Dieser Umstand hat aber gerade nicht die Pflicht des Notars zur Folge, diese bei der Beurkundung auf inhaltliche Richtigkeit zu überprüfen[446]. Der Beurkundungsvorgang selbst hat deshalb dieselbe Gestalt wie vor dem MoMiG. Auch geht der prozessuale Hinweis fehl, dass § 40 Abs. 2 eine beurkundungsverfahrensrechtliche Pflicht sei und das auf Beurkundungsverfahren anwendbare Recht (die *lex fori*) weder derogiert noch gewählt werden könne und es deshalb eines exklusiv inländischen Verfahrens bedürfe[447]. Denn es geht um die materiellrechtliche Frage der Formgültigkeit der Anteilsabtretung gemäß § 15 Abs. 3 und eben nicht um die (hiervon zu trennende) verfahrensrechtliche Umsetzung der „Folgeformalie" der Mitteilung der geänderten Gesellschafterliste. Es bleibt daher auch nach Neufassung des § 40 Abs. 2 bei einer Gleichwertigkeit der Beurkundung durch solche ausländische Notare, bei denen dies bereits vor Geltung des MoMiG anerkannt war (vgl. Rdnr. 85 f.).

87d

441 So auch OLG München v. 6.2.2013 – 31 Wx 8/13, NZG 2013, 340; *Herrler*, GmbHR 2014, 225, 228; a.A. BGH v. 17.12.2013 – II ZB 6/13, BGHZ 199, 270, 276 = NJW 2014, 2026, 2027 = GmbHR 2014, 248, der zwar das Risiko falscher Gesellschafterlisten anerkennt, in den Änderungen durch das MoMiG vor allem aber das Bestreben sieht, „eine zügige Aufnahme der Gesellschafterliste im Handelsregister zu erreichen".
442 Begr. RegE, BT-Drucks. 16/6140, S. 44.
443 BGH v. 17.12.2013 – II ZB 6/13, BGHZ 199, 270, 280 = GmbHR 2014, 248; so auch OLG Düsseldorf v. 2.3.2011 – I-3 Wx 236/10, GmbHR 2011, 417, 420 mit zust. Anm. *Ulrich/Marniok*, 421; *Reichert/Weller*, in: MünchKomm. GmbHG, 2. Aufl. 2015, Rdnr. 144; *Fastrich*, in: Baumbach/Hueck, Rdnr. 22 a.E.; *Ebbing*, in: Michalski u.a., Rdnr. 98; *Altmeppen*, in: Roth/Altmeppen, Rdnr. 8; *Mankowski*, NZG 2010, 201, 204 f.; *Peters*, DB 2010, 97, 100; *Laeger*, BB 2010, 2647, 2649 f.; *Olk/Nikoleyczik*, DStR 2010, 1576, 1579 f.; *Weller*, Der Konzern 2008, 253, 258 f.; *Schulze*, IPRax 2011, 365, 366; a.A. LG Frankfurt v. 7.10.2009 – 3-13 O 46/09, GmbHR 2010, 96 (obiter dictum) mit zust. Anm. *Gerber*, 98 u. ZIP 2010, 88, 89; *Süß*, DNotZ 2011, 414, 424; *Reithmann*, GmbHR 2009, 699, 701 (wenn nicht Gesellschafterliste eingereicht wird); wohl auch *Böttcher*, ZNotP 2010, 6, 11; offen gelassen von *König/Götte/Bormann*, NZG 2009, 881, 885; *Bayer*, GmbHR 2013, 897, 905.
444 So aber *Hermanns*, RNotZ 2011, 224, 226 f.; wie hier *Götze/Mörtel*, NZG 2011, 727, 730 f.; *Schulze*, IPRax 2011, 365, 366 f.; *Bayer*, GmbHR 2013, 897, 905.
445 So auch BGH v. 17.12.2013 – II ZB 6/13, BGHZ 199, 270, 280 = NJW 2014, 2026, 2028 f. = GmbHR 2014, 248.
446 OLG Düsseldorf v. 2.3.2011 – I-3 Wx 236/10, GmbHR 2011, 417, 419.
447 *Bohrer*, MittBayNot 2010, 17, 18.

87e   Trotz der begrüßenswerten Klarstellung des BGH, dass die Vornahme der Beurkundung im (bestimmten) Ausland auch nach dem MoMiG weiterhin möglich bleibt, sollte die weiterhin nicht vollständig rechtssichere Rechtslage hinsichtlich der Gleichwertigkeit der Auslandsbeurkundungen von der Unternehmenspraxis in der Kosten-Nutzen-Kalkulation einer Auslandsbeurkundung als Malus berücksichtigt werden[448]. Zudem sollte hinsichtlich der Anerkennung der Gleichwertigkeit auch bei Auslandsbeurkundungen in der Schweiz im Hinblick auf die Formulierung der Grundsätze des BGH zur Gleichwertigkeit (Rdnr. 86) sicherheitshalber darauf geachtet und dokumentiert werden, dass die Urkunde verlesen wird, die Haftung des Notars nicht ausgeschlossen wird und nur solche Notare mit der Beurkundung betraut werden, die bereits Erfahrung mit derartigen Rechtsgeschäften haben.

c) Abtretung von Geschäftsanteilen einer ausländischen GmbH

88   Spiegelbildlich zur Frage der Übertragung von deutschen GmbH-Anteilen im Ausland ist die umgekehrte Frage nach der Inlandsübertragung von Anteilen an einer ausländischen Rechtsform, die einer deutschen GmbH funktional vergleichbar ist, zu beurteilen: In einem ersten Schritt ist zu untersuchen, welches Recht über das Problem der Formbedürftigkeit der Veräußerung entscheidet (sog. Qualifikation). Die Formfrage unterliegt nach zutreffender Ansicht nicht exklusiv dem Gesellschaftsstatut, sondern ist vielmehr nach Art. 11 Abs. 1 EGBGB gesondert anzuknüpfen (dazu bereits Rdnr. 83)[449]. Damit gilt alternativ das Gesellschaftsstatut als Geschäftsrecht (Art. 11 Abs. 1 Alt. 1 EGBGB)[450] oder das deutsche Recht als Ortsrecht (Art. 11 Abs. 1 Alt. 1 EGBGB)[451], wobei sich die mildere Form durchsetzt[452]. Im Rahmen der Anwendung des deutschen Ortsrechts ist zu untersuchen, ob die Formvorschrift des § 15 Abs. 3 auch für ausländische GmbH-Anteile Geltung beansprucht (Fall der Substitution) oder ob vielmehr der allgemeine Grundsatz der Formfreiheit der Übertragung von Gesellschaftsanteilen (OHG, KG, AG, KGaA, SE) gilt[453]. Die Form des § 15 Abs. 3 muss nach deutschem Recht im Ergebnis (nur) gewahrt werden, wenn die ausländische Gesellschaft nach Funktion, rechtlichem Erfolg und inhaltlicher Ausgestaltung im Wesentlichen den Struktur-

---

448   A.A. offensichtlich *Mohr*, GmbH-StB 2011, 310, 314 („Beurkundung der Anteilsübertragung im Ausland wieder unproblematisch").
449   *Reichert/Weller*, in: MünchKomm. GmbHG, 2. Aufl. 2015, Rdnr. 173; *Verse*, in: Henssler/Strohn, Gesellschaftsrecht, Rdnr. 47, 67.
450   Die Maßgeblichkeit des Gesellschaftsstatuts ist unstreitig; vgl. *Reichert/Weller*, in: MünchKomm. GmbHG, 2. Aufl. 2015, Rdnr. 170 f.; *Fastrich*, in: Baumbach/Hueck, Rdnr. 21 a.E.; *Altmeppen*, in: Roth/Altmeppen, Rdnr. 95; *Bayer*, in: Lutter/Hommelhoff, Rdnr. 41; *Ebbing*, in: Michalski u.a., Rdnr. 113; *Rehm*, in: Eidenmüller, Ausländische Kapitalgesellschaften im deutschen Recht, 2004, § 4 Rdnr. 49; *Fetsch*, GmbHR 2008, 133, 135; *Falkner*, NZG 2008, 86, 87; *Maysenhölder*, WiRO 2011, 65, 66.
451   Für eine alternative Geltung des deutschen Ortsrechts die wohl überwiegende Meinung; vgl. für das schuldrechtliche Geschäft (§ 15 Abs. 4) BGH v. 4.11.2004 – III ZR 172/03, NZG 2005, 41, 42 f. (obiter dictum); für das dingliche Geschäft (§ 15 Abs. 3) *Altmeppen*, in: Roth/Altmeppen, Rdnr. 95 m.w.N.; *Reichert/Weller*, in: MünchKomm. GmbHG, 2. Aufl. 2015, Rdnr. 174; *Ebbing*, in: Michalski u.a., Rdnr. 113; *Rehm*, in: Eidenmüller, Ausländische Kapitalgesellschaften im deutschen Recht, 2004, § 4 Rdnr. 49; *Fetsch*, GmbHR 2008, 133, 135; *Brandes*, in: Bork/Schäfer, Rdnr. 51; *Maysenhölder*, WiRO 2011, 65, 66; *Verse*, in: Henssler/Strohn, Gesellschaftsrecht, Rdnr. 47, 67; *Leible*, in: Michalski u.a., Syst. Darst. 2 Rdnr. 112; zweifelnd aber *Bayer*, in: Lutter/Hommelhoff, Rdnr. 41; a.A. *Winkler v. Mohrenfels*, in: Staudinger, BGB/EGBGB, 2007, Art. 11 EGBGB Rdnr. 310; *Großfeld*, in: Staudinger, IntGesR 1998, Rdnr. 500; wohl auch *Fastrich*, in: Baumbach/Hueck, Rdnr. 21; der Praxis die Nutzung dieser Alternative abratend *Albers*, GmbHR 2011, 1267.
452   *Leible*, in: Michalski u.a., Syst. Darst. 2 Rdnr. 112; *Thorn*, in: Palandt, § 11 EGBGB Rdnr. 11, 17.
453   *Merkt*, ZIP 1994, 1417, 1420; *Dutta*, RIW 2005, 98, 99; *Leible*, in: Michalski u.a., Syst. Darst. 2 Rdnr. 112.

merkmalen einer deutschen GmbH entspricht (Funktionsäquivalenz; dazu auch Rdnr. 83, 84). Alternativ genügt stets die Wahrung der (zumeist weniger strengen) Formvorschriften des ausländischen Gesellschaftsstatuts.

3. Inhalt

Inhaltlich bezieht sich der Formzwang des § 15 Abs. 3 auf alle Abreden, die Bestandteil des Abtretungsvertrages sind[454]. Die Auslegung der beurkundeten Erklärungen muss unzweideutig ergeben, dass der Parteiwille unmittelbar auf den Rechtsübergang abzielt; es brauchen aber weder die Worte „abtreten" oder „übertragen" verwendet werden, noch muss das sonst ausdrücklich gesagt sein[455]. „A verkauft seinen Geschäftsanteil an B" ist genügend, falls nicht der sonstige Urkundeninhalt ergibt, dass ein sofortiger Rechtsübergang nicht stattfinden soll. Schuldrechtliches und dingliches Rechtsgeschäft fallen hier zusammen[456]. Wird zugleich beurkundet, dass der Kaufpreis bezahlt sei, so lässt dies den Schluss zu, dass die Parteien den Verkauf als erfüllt ansehen; die Urkunde enthält dann zugleich die dingliche Abtretung. Die Annahme kann sich ebenso aus den Umständen der Erklärungen ergeben[457]. Auch „Aufhebung" eines Abtretungsvertrages bedeutet Übertragung. Gleichgültig ist, ob die Urkunde daneben oder auch in erster Linie für andere Erklärungen bestimmt ist[458]. Daher kann auch im Gründungsstatut die Einbringung eines Geschäftsanteils (an einer anderen GmbH) als Sacheinlage mit Abtretungswirkung erklärt werden, wobei der Beurkundungsform aus § 15 Abs. 3 die Form aus § 2 entspricht. Der Rechtsgrund der Abtretung braucht nicht mitbeurkundet zu werden, um die Abtretungswirkung zu erzielen. Es muss zweifelsfrei feststellbar sein, welcher Geschäftsanteil übergehen soll (Bestimmtheitsgrundsatz). Besitzt der Abtretende **mehrere Geschäftsanteile**, so ist demzufolge derjenige Anteil hinreichend genau zu bezeichnen, den er ganz oder teilweise übertragen will. Eine zusammenfassende Bezeichnung bei Abtretung mehrerer Geschäftsanteile kann genügen, wenn keine ernsthaften Zweifel am Übertragungsgegenstand bestehen[459]. Unzureichend ist aber eine bloß summenmäßige Angabe, wenn aus ihr nicht hinreichend klar erkennbar ist, welche seiner unterschiedlich großen Geschäftsanteile der Veräußerer übertragen wollte; unerheblich ist dabei, dass sie verhältnismäßig gleiche Rechtspositionen vermitteln. Mangelt es an der **erforderlichen Bestimmtheit** des Abtretungsgegenstands, so ist der Vertrag nichtig[460]. Die Formbedürftigkeit nach § 15 Abs. 3 steht der Wirksamkeit des Abtretungsvertrages nicht entgegen, wenn die Parteien den abgetretenen Geschäftsanteil, den sie übereinstimmend meinen, nur unrichtig bezeichnet ha-

89

---

454 Dazu *Wiesner*, S. 97.
455 RGZ 68, 397; KG, DR 1941, 1087.
456 Vgl. auch RGZ 83, 179; OLG Rostock, OLG 40, 434; *Löbbe*, in: Ulmer/Habersack/Löbbe, Rdnr. 116; *Fastrich*, in: Baumbach/Hueck, Rdnr. 22; *Altmeppen*, in: Roth/Altmeppen, Rdnr. 68.
457 KG, DNotZ 1953, 255.
458 RGZ 68, 397; RG JW 1914, 250; KG, JFG 22, 216.
459 BGH v. 6.11.1986 – V ZB 8/86, GmbHR 1987, 301 = NJW-RR 1987, 807; KG v. 22.11.1996 – 5 U 1304/96, GmbHR 1997, 603, 605; *Bayer*, in: Lutter/Hommelhoff, Rdnr. 39; *Löbbe*, in: Ulmer/Habersack/Löbbe, Rdnr. 117.
460 RG, JW 1930, 2680; RG, JW 1932, 1008; RG, GmbHRspr. IV § 15 R. 45; BGH v. 19.4.2010 – II ZR 150/09, GmbHR 2010, 918 = NZG 2010, 908; OLG Düsseldorf v. 10.2.1978 – 16 U 88/77, MDR 1978, 668; KG v. 22.11.1996 – 5 U 1304/96, GmbHR 1997, 603, 605; FG Baden-Württemberg v. 18.3.2009 – 1 K 158/05, DStRE 2010, 1443, 1444; *Fastrich*, in: Baumbach/Hueck, Rdnr. 22; *Ebbing*, in: Michalski u.a., Rdnr. 116; *Reichert/Weller*, in: MünchKomm. GmbHG, 2. Aufl. 2015, Rdnr. 26; *Wicke*, Rdnr. 13. *Seelinger*, GmbHR 2014, 119, 121 f. plädiert – allerdings ohne ausreichende rechtliche Basis – dafür, zumindest im Falle identischer Geschäftsanteile den Bestimmtheitsgrundsatz insoweit einzuschränken, als dass eine fehlende konkrete Bezeichnung bei der Veräußerung nicht mehr die Nichtigkeit der Verfügung nach sich ziehen soll.

ben[461]. Zu den Auswirkungen des § 16 Abs. 3 bei einer Abtretung unter unrichtiger Stücke-lungsbezeichnung vgl. Erl. zu § 16 Rdnr. 70 ff. Die **Person des Erwerbers** muss im Abtre-tungsvertrag ebenfalls bestimmt sein[462]; bloß unrichtige Bezeichnung der von den Parteien gemeinten Person ist auch hier unschädlich[463]. Auch Nebenabreden der Abtretung (z.B. über Befristungen oder Bedingungen des Übergangs, über Gewinnansprüche u.a.), die aber von solchen des Verpflichtungsgeschäfts zu unterscheiden sind[464], sind formbedürftig[465]. Die no-tarielle Urkunde hat die Vermutung der Vollständigkeit und Richtigkeit für sich[466]. Die Aus-wirkungen der Formnichtigkeit einer Nebenabrede (§ 125 Satz 1 BGB) auf den Abtretungs-vertrag beurteilen sich nach § 139 BGB. *Änderungen* des Abtretungsvertrages unterliegen der Form des § 15 Abs. 3[467]. Bei einer aufschiebend bedingten Abtretung kann der durch die Be-dingung Alleinbegünstigte auf sie einseitig durch eine formfreie, empfangsbedürftige Erklä-rung verzichten[468].

4. Verhältnis der Abtretung zur Verpflichtung

90   Das dingliche Abtretungsgeschäft ist vom schuldrechtlichen Grundgeschäft zu unterscheiden, das die Verpflichtung zur Abtretung begründet (s. Rdnr. 47 ff.). Es unterliegt, soweit es sich um einen verpflichtenden Vertrag (Rdnr. 48, 50) handelt, nach § 15 Abs. 4 Satz 1 ebenfalls der notariellen Form. Die gemeinsame Beurkundung beider Verträge kann deshalb in vielen Fäl-len aus Zeit- und Kostengründen (§ 109 Abs. 1 Satz 2 GNotKG) zweckmäßig sein[469]. Hängt die Wirksamkeit der Abtretung noch von weiteren (objektiven) Verfahrensschritten wie bspw. der ausstehenden Zustimmung der Kartellbehörde ab, kann die Abtretung aus diesen Grün-den aufschiebend bedingt erklärt und damit zeitgleich – und kostenrechtlich „gegenstands-gleich" – mit der schuldrechtlichen Kausa beurkundet werden. Die Gültigkeitsmängel des Grundgeschäfts berühren im Allgemeinen nicht die Rechtswirksamkeit der Abtretung. Viel-mehr ist der Erwerber dann nach Bereicherungsrecht (§§ 812, 818 BGB) zur Rückübertragung verpflichtet (Rdnr. 91). Etwas anderes gilt, wenn die Gültigkeitsmängel das Grundgeschäft und die Abtretung gleichermaßen betreffen (z.B. eine arglistige Täuschung) oder wenn die Wirksamkeit des Grundgeschäfts ausdrücklich oder stillschweigend zur Abtretungsbedingung gemacht worden ist oder wenn beide Verträge als einheitliches Geschäft i.S. des § 139 BGB ge-wollt sind[470], was aber auch bei Aufnahme in dieselbe Urkunde noch nicht ohne weiteres an-

---

461 RG, GmbHRspr. IV § 15 R. 68.
462 RG, JW 1932, 1009.
463 Unrichtig OLG Karlsruhe, Bad. Rspr. 1912, 63 u. *Vogel*, Anm. 6, die Formnichtigkeit annehmen, wenn in der Vertragsurkunde als Erwerber die Gesellschaft genannt, aber Abtretung an deren Al-leingesellschafter gewollt war.
464 RGZ 68, 394, 397; OLG Frankfurt a.M. v. 21.2.2012 – 11 U 97/11, GmbHR 2012, 513, 514; zur Ab-grenzung *Verse*, CFL 2012, 209, 214.
465 Vgl. RG, LZ 1920, 652; OLG Frankfurt a.M. v. 21.2.2012 – 11 U 97/11, GmbHR 2012, 513, 514; *Görner*, in: Rowedder/Schmidt-Leithoff, Rdnr. 91; *U. Jasper*, in: MünchHdb. III, § 24 Rdnr. 147; *Verse*, CFL 2012, 209, 214. OLG München v. 14.11.1966 – 12 U 1738, 1739/65, NJW 1967, 1326, 1328 nimmt zu Unrecht „bloße Einschränkungen der Haupterklärung" aus.
466 BGH v. 8.12.1997 – II ZR 203/96, ZIP 1998, 384, 385 = GmbHR 1998, 538.
467 BGH v. 23.11.1988 – VIII ZR 262/87, GmbHR 1989, 194, 195; *Altmeppen*, in: Roth/Altmeppen, Rdnr. 73; einschr. für „unwesentliche Änderungen" RG, DR 1940, 1292.
468 BGH v. 23.11.1988 – VIII ZR 262/87, GmbHR 1989, 194, 195; KG v. 2.1.2001 – 14 U 2955/99, NZG 2001, 508; *Löbbe*, in: Ulmer/Habersack/Löbbe, Rdnr. 128; *Reichert/Weller*, in: MünchKomm. GmbHG, 2. Aufl. 2015, Rdnr. 32; *U. Jasper*, in: MünchHdb. III, § 24 Rdnr. 128.
469 Zum einheitlichen Beurkundungsgegenstand bzgl. schuldrechtlicher Kausa und ihrem Erfüllungs-geschäft bei einem Grundstückskaufvertrag und der Auflassung vgl. *Bachmayer*, in: BeckOK Kos-tenR, § 109 GNotKG Rdnr. 15; *Diehn*, in: Korinenberg, GNotKG, § 109 Rdnr. 167.
470 RGZ 76, 306, 311; RGZ 79, 182, 184 f.; OLG Frankfurt a.M. v. 21.2.2012 – 11 U 97/11, GmbHR 2012, 513, 515; OLG München v. 20.3.1996 – 7 U 5523/95, BB 1996, 1296, 1297 = GmbHR 1996,

genommen werden kann[471]. Verzichten die Parteien bei der Übertragung eines GmbH-Anteils auf einen Treuhänder bewusst auf die Beurkundung der Treuhandabrede, führt dies nicht per se zu einer Nichtigkeit des Geschäftsanteilsübertragungsvertrages. Die bloße wirtschaftliche Verknüpfung dieser Geschäfte ist nicht ausreichend für die Annahme eines einheitlichen Rechtsgeschäfts i.S. des § 139 BGB[472]. Eine Besonderheit ergibt sich allerdings bei einem Formmangel des Grundgeschäfts, da dieser nach § 15 Abs. 4 Satz 2 durch die formgerechte und ordnungsgemäße Abtretung geheilt wird (Rdnr. 69 ff.) und daher dessen Wirksamkeit nicht berühren kann[473], und zwar auch nicht bei einer gemeinsamen Beurkundung der Geschäfte[474].

5. Rückübertragung

Die Rückübertragung des Geschäftsanteils bedarf ebenfalls der Form aus § 15 Abs. 3. Dies gilt 91
z.B., wenn bei einer Veräußerung ein Rückkauf vereinbart war. Aber auch wenn zu Sicherungs- oder Treuhandzwecken übertragen war (Rdnr. 227 ff.), fällt nach Erfüllung des Zwecks und vereinbarter Aufhebung der Treuhänderstellung der Geschäftsanteil grundsätzlich nicht von selbst an den Übertrager zurück[475]; anders ist es nur, wenn der Geschäftsanteil unter einer auflösenden Bedingung, z.B. der Rückzahlung des gesicherten Darlehens, abgetreten worden war[476]. Zweifelhaft ist jedoch, ob die Verpflichtung zur Rückübertragung gemäß § 15 Abs. 4 Satz 1 beurkundet sein muss, um zur Rückübertragung zu zwingen (Rdnr. 61).

6. Formfreie Geschäfte

Nur der Übergang des Geschäftsanteils durch Abtretung unterliegt der Form des § 15 Abs. 3. 92
Die Vorschrift ist daher nicht anwendbar auf:

a) Anteilsübergang ohne Abtretung

Dazu gehört in erster Linie der Erwerb des Geschäftsanteils im Wege der Gesamtnachfolge, die 93
aber nur in den gesetzlich bestimmten Fällen eintritt. Außer der **Erbfolge** (§ 1922 BGB) kommen vor allem in Betracht: Der Übergang des Vermögens jedes Ehegatten in das Gesamtgut bei

---

607; *Löbbe*, in: Ulmer/Habersack/Löbbe, Rdnr. 149; gegen diese Möglichkeit grundsätzlich *Flume*, Das Rechtsgeschäft, 1965, S. 177 ff.; *Roth*, in: Staudinger, 2015, § 139 BGB Rdnr. 54.

471 OLG Frankfurt a.M. v. 21.2.2012 – 11 U 97/11, GmbHR 2012, 513, 515; entgegen OLG München v. 20.3.1996 – 7 U 5523/95, BB 1996, 1296, 1297 = GmbHR 1996, 607 ist dem auch kein Indiz für einen Einheitswillen zu entnehmen.

472 BGH v. 22.9.2016 – III ZR 427/15, GmbHR 2016, 1198 = NZG 2016, 1312; Vorinstanz: OLG Schleswig v. 26.11.2015 – 11 U 114/14, BeckRS 2016, 17815; zustimmend *Staak*, BB 2017, 16; *Hupka*, NZG 2017, 55.

473 Anders kann es liegen, wenn im Abtretungszeitpunkt die Willensübereinstimmung bezüglich des Grundgeschäfts nicht mehr bestand; dazu OLG München v. 20.3.1996 – 7 U 5523/95, BB 1996, 1296, 1297 = GmbHR 1996, 607 u. Rdnr. 71.

474 BGH v. 28.2.1983 – II ZB 8/82, GmbHR 1983, 268; BGH v. 23.11.1988 – VIII ZR 262/87, GmbHR 1989, 194, 195; BGH v. 29.1.1992 – VIII ZR 95/91, GmbHR 1993, 106; BGH v. 21.9.1994 – VIII ZR 257/93, BGHZ 127, 129, 132 = GmbHR 1994, 869; OLG Frankfurt a.M. v. 21.2.2012 – 11 U 97/11, GmbHR 2012, 513, 515. Weitere Nachw. bei Rdnr. 72.

475 BGH v. 14.12.1959 – II ZR 187/57, BGHZ 31, 258, 266; BGH v. 29.9.1955 – II ZR 225/54, WM 1955, 1447.

476 RGZ 79, 182, 185; KG v. 22.11.1996 – 5 U 1304/96, GmbHR 1997, 603, 605; *Serick*, Eigentumsvorbehalt und Sicherungsübereignung, Bd. II, 1, 1965, S. 472; *Müller*, Die Sicherungsabtretung von GmbH-Anteilen, 1969, S. 7 f.; *Däubler*, S. 246; *Fastrich*, in: Baumbach/Hueck, Rdnr. 57.

der **Gütergemeinschaft** (§ 1416 BGB), wobei zu beachten ist, dass auch der später durch einen von ihnen zuerworbene Geschäftsanteil ohne Übertragung gemeinschaftlich wird, sofern er nicht ausnahmsweise Vorbehaltsgut ist (§ 1418 BGB); soll aber ein Geschäftsanteil, der zum Vorbehaltsgut gehört, danach in das Gesamtgut überführt werden, so ist seine Abtretung in der Form des § 15 Abs. 3 erforderlich. Ebenso ist Gesamtnachfolge gegeben, wenn bei der **Verschmelzung** (§§ 2 ff. UmwG), der **Spaltung** (§§ 123 ff. UmwG) und der **Vermögensübertragung** (§§ 174 ff. UmwG) das Gesellschaftsvermögen ganz oder teilweise kraft Gesetzes übergeht; nicht hierzu ist der Formwechsel (§§ 190 ff. UmwG) zu rechnen, da sich bei ihr nur die Rechtsform der Gesellschaft ändert, der Vermögensträger aber nicht wechselt[477]. Zu nennen ist weiter der Erwerb des Geschäftsanteils durch **dingliche Surrogation** (z.B. nach §§ 718 Abs. 2, 1418 Abs. 2 Nr. 3, 1473, 1638 Abs. 2, 1646, 2019, 2041, 2111 Abs. 1 BGB). Schließlich kommt in Betracht der Übergang einer gesamthänderischen Mitinhaberschaft an den Gegenständen des Sondervermögens durch die **Übertragung eines Erbteils** (§ 2033 BGB) oder des **Gesellschaftsanteils an einer Personengesellschaft**[478] (vgl. dazu Rdnr. 50) und durch **Anwachsung** infolge des Eintritts oder Ausscheidens des Gesellschafters einer Personengesellschaft (§ 738 Abs. 1 Satz 1 BGB, §§ 105 Abs. 2, 161 Abs. 2 HGB) sowie der Anfall des gesamten Gesellschaftsvermögens einer Personengesellschaft an einen Gesellschafter analog § 738 Abs. 1 Satz 1 BGB durch Anwachsung[479], wenn dieser auf Grund des Gesellschafts- oder des Auseinandersetzungsvertrages unter Ausschluss der Liquidation zur Übernahme des „Geschäfts" mit Aktiven und Passiven berechtigt ist[480]. Wird dagegen das Gesamthandsvermögen einer Erbengemeinschaft oder einer Personengesellschaft in Natur unter deren Mitglieder verteilt und soll dabei eines von ihnen einen Geschäftsanteil erhalten, so muss das durch Abtretung in der Form des § 15 Abs. 3 geschehen (Rdnr. 78)[481]; dasselbe gilt, wenn der Geschäftsanteil unter den Mitgliedern real aufgeteilt werden soll (s. dazu Erl. in der 11. Aufl., bei § 46 Rdnr. 64 ff.). Die Übertragung des im Wege der Zwangsvollstreckung **versteigerten Geschäftsanteils** erfolgt durch Hoheitsakt des Gerichtsvollziehers, auf den § 15 Abs. 3 nicht anwendbar ist; wohl aber unterliegt der gerichtlich angeordnete freihändige Verkauf der vorgeschriebenen Form[482]. Die Vorschrift des § 15 Abs. 3 greift ebenfalls nicht ein beim Erwerb eines kaduzierten Geschäftsanteils nach § 22 Abs. 4 und durch die GmbH bei Unverkäuflichkeit (s. Erl. zu § 23).

b) Andere Abtretungsverträge

94 Nicht unter § 15 Abs. 3 fällt die Abtretung von **vermögensrechtlichen Ansprüchen** des Gesellschafters, die ihm auf Grund seiner Mitgliedschaft gegen die Gesellschaft zustehen[483].

---

477 Eb. *Löbbe*, in: Ulmer/Habersack/Löbbe, Rdnr. 125.
478 BGH v. 8.11.1965 – II ZR 223/64, BGHZ 44, 229, 231; BGH v. 29.6.1981 – II ZR 142/80, BGHZ 81, 82, 84 = GmbHR 1981, 262; BGH v. 14.5.1986 – IVa ZR 155/84, BGHZ 98, 48, 50; *Wiedemann*, Vermögensanteil, Kapitalanteil und Gesellschaftsanteil an Personengesellschaften des Handelsrechts, 1970, S. 349 ff.; *Flume*, Die Personalgesellschaft, 1977, § 17; *Flume*, in: FS Larenz, 1973, S. 769 ff.; *Karsten Schmidt*, GesR, § 45 III 2.
479 BGH v. 19.5.1960 – II ZR 72/59, BGHZ 32, 307, 315; BGH v. 9.7.1968 – V ZR 80/66, BGHZ 50, 307, 309; hierzu auch ausführlich *Seibt*, in: FS Röhricht, 2005, S. 603 ff.
480 Zu bejahen auch für die BGB-Gesellschaft; vgl. BGH v. 19.5.1960 – II ZR 72/59, BGHZ 32, 307, 314 ff.; BGH, LM § 737 BGB Nr. 2; *Schäfer*, in: MünchKomm. BGB, 7. Aufl. 2017, § 738 BGB Rdnr. 11; *Huber*, S. 67 ff. m.w.N.
481 Eb. *Feine*, S. 379; *Fastrich*, in: Baumbach/Hueck, Rdnr. 11, 25; *Löbbe*, in: Ulmer/Habersack/Löbbe, Rdnr. 120.
482 RGZ 164, 169 ff. u. Rdnr. 207.
483 RGZ 82, 170; BGH v. 19.9.1983 – II ZR 12/83, GmbHR 1984, 101 = ZIP 1983, 1327; *Löbbe*, in: Ulmer/Habersack/Löbbe, Rdnr. 129; *Fastrich*, in: Baumbach/Hueck, Rdnr. 27 a.E.; vgl. auch oben Rdnr. 20.

Entgegen der BGH-Rechtsprechung[484] und der h.M. in der Literatur[485] ist die Abtretung des schuldrechtlichen Anspruchs auf Übertragung eines Geschäftsanteils grundsätzlich **formfrei gültig**, es sei denn, es liegt eine rechtsmissbräuchliche Gestaltung in der Weise vor, dass die Abtretung des schuldrechtlichen Übertragungsanspruchs die des Geschäftsanteils ersetzen soll[486]. Es ist nicht gerechtfertigt, den Wortlaut von § 15 Abs. 3 unter Hinweis auf den – im Übrigen rechtspolitisch bedenklichen – Gesetzeszweck einer Vermeidung eines spekulativen (und formlosen) Anteilshandels zu ignorieren. Zudem steht die Mehrheitsmeinung auch im Widerspruch zur BGH-Rechtsprechung, derzufolge sowohl die Abtretung des Rückübertragungsanspruchs des Treugebers an einen neuen Treuhänder[487] als auch die Abtretung des Anspruchs auf Auflassung eines Grundstücks nicht formbedürftig sind[488]. Eine analoge Anwendung von § 15 Abs. 3 entbehrt einer gleichen Wertungsbasis, da die bloße Gläubigerstellung die Anteilsinhaberschaft weder rechtlich noch wirtschaftlich ersetzen kann und deshalb ungeeignet ist, anstelle des Geschäftsanteils als Handelsobjekt zu dienen.

7. Vollmacht zur Abtretung

Die Vollmacht zur Abtretung bedarf, im Gegensatz zu § 2 Abs. 2, nach der Regel des § 167 Abs. 2 BGB nicht der notariellen Form[489]. Dasselbe gilt für die Genehmigung (§ 182 Abs. 2 BGB) beim Abschluss durch einen vollmachtlosen Vertreter (§ 177 Abs. 1 BGB) oder durch einen Nichtberechtigten (§ 185 BGB)[490]. Entgegen einer früheren Auffassung[491] ist die Ermächtigung zum „Kontrahieren mit sich selbst" (§ 181 BGB) formlos gültig[492]. Die Form des Abtretungsvertrages (§ 15 Abs. 3) ist auch dann gewahrt, wenn eine Person als Veräußerer (oder Erwerber) für sich und zugleich für den anderen Vertragsteil die urkundlichen Erklärungen abgibt, ebenso wie auch ein Dritter allein auftreten kann, der sowohl vom Veräußerer wie vom Erwerber bevollmächtigt ist. Dagegen werden formlose Blankovollmachten, mögen sie eine Befreiung von § 181 BGB enthalten oder nicht, die zur Umsetzung von Geschäftsanteilen von Hand zu Hand gehen, als dem Zwecke des § 15 Abs. 3 widersprechend

95

---

484 BGH v. 5.11.1979 – II ZR 83/79, BGHZ 75, 352, 354 ff. = GmbHR 1981, 55.

485 *Löbbe*, in: Ulmer/Habersack/Löbbe, Rdnr. 72; *Fastrich*, in: Baumbach/Hueck, Rdnr. 26; *Bayer*, in: Lutter/Hommelhoff, Rdnr. 38; *Ebbing*, in: Michalski u.a., Rdnr. 122; *Reichert/Weller*, in: Münch-Komm. GmbHG, 2. Aufl. 2015, Rdnr. 46; *Altmeppen*, in: Roth/Altmeppen, Rdnr. 77; *Schlüter*, in: FS Bartholomeyczik, S. 359, 362 ff.; *U. Jasper*, in: MünchHdb. III, § 24 Rdnr. 150; *Feine*, S. 383 f.; *Ganssmüller*, GmbHR 1956, 44; *Lieder*, Die rechtsgeschäftliche Sukzession, 2015, S. 360 ff.; a.A. *Görner*, in: Rowedder/Schmidt-Leithoff, Rdnr. 52.

486 So auch RGZ 80, 102 f.; RG, JW 1912, 110; RG, Recht 1917 Nr. 84; *Brodmann*, Anm. 3; *Vogel*, Anm. 5.

487 BGH v. 17.11.1955 – II ZR 222/54, BGHZ 19, 69, 71 f.; BGH v. 5.11.1979 – II ZR 83/79, BGHZ 75, 352, 353 = GmbHR 1981, 55; zust. *Fastrich*, in: Baumbach/Hueck, Rdnr. 57; *Görner*, in: Rowedder/Schmidt-Leithoff, Rdnr. 76; *Löbbe*, in: Ulmer/Habersack/Löbbe, Rdnr. 206 a.E.

488 RGZ 53, 268; RGZ 111, 298, 300; BGH v. 11.11.1983 – V ZR 211/82, WM 1984, 337.

489 RGZ 87, 248; RGZ 135, 71; BGH v. 24.3.1954 – II ZR 23/53, BGHZ 13, 49, 51; BGH v. 18.11.1955 – I ZR 176/53, BGHZ 19, 72; BGH v. 5.11.1979 – II ZR 83/79, BGHZ 75, 353 = GmbHR 1981, 55; BGH v. 27.2.1997 – III ZR 75/96, GmbHR 1997, 605 = BB 1997, 1277; *Löbbe*, in: Ulmer/Habersack/Löbbe, Rdnr. 88; *Fastrich*, in: Baumbach/Hueck, Rdnr. 23; *Wicke*, Rdnr. 15.

490 BGH v. 23.11.1988 – VIII ZR 262/87, WM 1989, 256, 259 = GmbHR 1989, 194; *Löbbe*, in: Ulmer/Habersack/Löbbe, Rdnr. 89; *Fastrich*, in: Baumbach/Hueck, Rdnr. 23; *Bayer*, in: Lutter/Hommelhoff, Rdnr. 40; *Altmeppen*, in: Roth/Altmeppen, Rdnr. 88. Erst recht gilt dies für eine Pflicht zur Genehmigung; s. BGH v. 25.9.1996 – VIII ZR 172/95, GmbHR 1996, 919, 920.

491 RGZ 87, 248; RG, JW 1916, 575; eb. *Brodmann*, Anm. 1d; *Vogel*, Anm. 5.

492 So BGH v. 24.3.1954 – II ZR 23/53, BGHZ 13, 49, 52 f.; BGH v. 18.11.1955 – I ZR 176/53, BGHZ 19, 72; *Feine*, S. 380; *Löbbe*, in: Ulmer/Habersack/Löbbe, Rdnr. 88; *Fastrich*, in: Baumbach/Hueck, Rdnr. 23; *Altmeppen*, in: Roth/Altmeppen, Rdnr. 88; *Bayer*, in: Lutter/Hommelhoff, Rdnr. 40.

nichtig sein[493]. Aber selbst dann, wenn die Form eingehalten ist, muss nach dem Gesetzeszweck diese Rechtsfolge eintreten[494].

96　Ob die **unwiderrufliche Vollmacht** zur Abtretung eines Geschäftsanteils der förmlichen Beurkundung bedarf, ist zwar umstritten[495], im Ergebnis aber zu verneinen. Denn im Gegensatz zur Formvorschrift des § 311b Abs. 1 BGB, die auch vor übereilten Verpflichtungen schützen soll und damit eine Warnfunktion erfüllt, ist die Bindung gegenüber dem Bevollmächtigten nach dem Zweck des § 15 Abs. 3 rechtsunerheblich, weil auch bei Bestehen dieser dem Formzweck des § 15 Abs. 3, nämlich die Einschränkung der Fungibilität von Geschäftsanteilen, Genüge getan wird.

8. Gesellschafter

97　Der notariellen Form bedarf nach § 15 Abs. 3 die Abtretung „durch Gesellschafter", also des materiell Berechtigten. „Gesellschafter" ist diejenige Person, die ursprünglich (bei Gründung oder Kapitalerhöhung) oder kraft Gesetzes (z.B. infolge von Erbschaft oder Verschmelzung von Gesellschaften, s. Rdnr. 24 ff., 93) oder rechtsgeschäftlich einen Geschäftsanteil erworben hat, wobei es unerheblich ist, ob diese gemäß § 16 Abs. 1 in die Gesellschafterliste eingetragen ist. Bei eigenen Anteilen der GmbH unterliegt der Erwerb nach § 33 Abs. 2 ebenso wie eine Weiterabtretung dem Formzwang[496]. Das gilt auch für einen freihändigen Verkauf durch die GmbH im Kaduzierungsverfahren (§§ 21, 23) und im Abandonfall (§ 27)[497]. Der Formzwang gilt dagegen nicht bei der Übertragung eines zwangsversteigerten Geschäftsanteils kraft Hoheitsakts, wohl aber bei der Verwertung durch gerichtlich angeordneten Zwangsverkauf[498]. Zum Erwerb vom Nichtberechtigten vgl. Rdnr. 101 f. und Erl. zu § 16 Rdnr. 57 ff.

9. Folgen formgerechter Beurkundung

a) Heilung des Verpflichtungsgeschäfts und Anteilsübergang

98　Die Folgen formgerechter Beurkundung des Abtretungsvertrages sind (i) Heilung der mangelnden Form eines auf Abtretung gerichteten schuldrechtlichen Vertrags (§ 15 Abs. 4 Satz 2)

493　BGH v. 24.3.1954 – II ZR 23/53, BGHZ 13, 49, 53; BGH v. 18.11.1955 – I ZR 176/53, BGHZ 19, 72; BGH v. 5.11.1979 – II ZR 83/79, BGHZ 75, 352, 353 = GmbHR 1981, 55; *Löbbe*, in: Ulmer/Habersack/Löbbe, Rdnr. 87; *Ebbing*, in: Michalski u.a., Rdnr. 94; *Fastrich*, in: Baumbach/Hueck, Rdnr. 23; *Altmeppen*, in: Roth/Altmeppen, Rdnr. 88; *Bayer*, in: Lutter/Hommelhoff, Rdnr. 40; *Reichert/Weller*, in: MünchKomm. GmbHG, 2. Aufl. 2015, Rdnr. 63; *Wicke*, Rdnr. 15.
494　*Schilling*, JZ 1954, 635 f.; *Löbbe*, in: Ulmer/Habersack/Löbbe, Rdnr. 88 a.E.; *Ebbing*, in: Michalski u.a., Rdnr. 94; *Fastrich*, in: Baumbach/Hueck, Rdnr. 23; *Bayer*, in: Lutter/Hommelhoff, Rdnr. 40; *Altmeppen*, in: Roth/Altmeppen, Rdnr. 95; *U. Jasper*, in: MünchHdb. III, § 24 Rdnr. 156; *Rodewald*, in: GmbH-Hdb., Rdnr. I 974; a.M. *Trautmann*, GmbHR 1985, 78.
495　Bejahend OLG Stuttgart v. 7.7.1989 – 9 U 13/89, DB 1989, 1817; *Rösler*, NJW 1999, 1150, 1153; so auch bereits *R. Fischer*, GmbHR 1952, 114; s. auch *Trautmann*, GmbHR 1985, 78 f.; verneinend RGZ 135, 70; *Löbbe*, in: Ulmer/Habersack/Löbbe, Rdnr. 88; *Schlüter*, S. 374; *Fastrich*, in: Baumbach/Hueck, Rdnr. 23; *Bayer*, in: Lutter/Hommelhoff, Rdnr. 40; *Altmeppen*, in: Roth/Altmeppen, Rdnr. 88; *Görner*, in: Rowedder/Schmidt-Leithoff, Rdnr. 47; *Reichert/Weller*, in: MünchKomm. GmbHG, 2. Aufl. 2015, Rdnr. 62.
496　RG, JW 1907, 370, RG, DJZ 1909, 828; KG, Recht 1907, 1898; eb. *Löbbe*, in: Ulmer/Habersack/Löbbe, Rdnr. 134; *Bayer*, in: Lutter/Hommelhoff, Rdnr. 37; *Fastrich*, in: Baumbach/Hueck, Rdnr. 24 a.E.
497　*Löbbe*, in: Ulmer/Habersack/Löbbe, Rdnr. 134; *Fastrich*, in: Baumbach/Hueck, Rdnr. 24 a.E.; *Reichert/Weller*, in: MünchKomm. GmbHG, 2. Aufl. 2015, Rdnr. 50; zustimmend, in Bezug auf den freihändigen Verkauf im Rahmen der Kaduzierung jedoch zweifelnd *Altmeppen*, in: Roth/Altmeppen, Rdnr. 78 u. § 23 Rdnr. 11; a.M. RG, JW 1907, 370. Vgl. auch § 23 Rdnr. 17.
498　RGZ 164, 169 ff. sowie RGZ 44, 175, 184.

und (ii) Übergang des Geschäftsanteils auf den Erwerber im Zeitpunkt der beendeten Beurkundung. Im Falle des § 15 Abs. 5 müssen freilich die „weiteren Voraussetzungen" erst erfüllt sein. Die Wirkung der Abtretung zeigte sich früher insbesondere darin, dass, auch ohne erfolgte Anmeldung, der Veräußerer nicht mehr an einen Dritten wirksam abtreten konnte, und dass überhaupt Dritten gegenüber, ohne Rücksicht auf § 16, der Erwerber Anteilseigner war. Mit Einführung des § 16 Abs. 3 gilt dies nun nicht mehr; vielmehr kann auch der Veräußerer bei weiterbestehender Eintragung in die Gesellschafterliste nach der Abtretung einem Dritten wirksam im Wege des gutgläubigen Erwerbs bei Vorliegen der Voraussetzungen des § 16 Abs. 3 Eigentum am Geschäftsanteil verschaffen sowie Pfandrechte und Nießbrauch an diesem bestellen (s. Erl. zu § 16 Rdnr. 57 ff.). Unverändert ist die Rechtslage jedoch in Bezug auf die Insolvenz des Erwerbers, denn gerät dieser in die Insolvenz, so gehört der Geschäftsanteil zur Insolvenzmasse, und der Insolvenzverwalter kann ihn veräußern. Nur im Verhältnis zur Gesellschaft gilt § 16. Sind in derselben Urkunde schuldrechtliche Abreden beurkundet und sind diese, z.B. wegen Vorliegen eines Scheingeschäfts, nichtig (§ 117 BGB), so ändert dies an der Wirksamkeit der Abtretung nichts; gleichzeitig werden die wirklich gewollten, also die formlos getroffenen, nicht die zum Schein beurkundeten Abreden wirksam[499]. Entsprechendes ist auch für unvollständig oder unrichtig beurkundete Verpflichtungsgeschäfte anzunehmen[500]. Aus § 15 Abs. 4 Satz 2 folgt zugleich, dass Änderungen und Ergänzungen des Verpflichtungsgeschäfts, die *nach* der formgerechten Abtretung des Geschäftsanteils vereinbart werden, formfrei wirksam sind[501]. Näheres dazu Rdnr. 69 ff.

b) Selbständigkeit der Geschäftsanteile (§ 15 Abs. 2)

Jeder Geschäftsanteil behält seine Selbständigkeit, wenn ein Gesellschafter zu seinem bisherigen ein gleicher Rückgriff hier möglich ist (§ 28). Die Vorschrift gilt grundsätzlich für alle Fälle des Hinzuerwerbs, also auch im Falle von Kapitalerhöhung (§ 55 Abs. 3; für die Kapitalerhöhung aus Gesellschaftsmitteln s. jedoch § 57h Abs. 1), durch Erbfolge usw. Die Verschmelzung mehrerer in einer Hand befindlicher Gesellschaftsanteile, die bei Beteiligungen an Personengesellschaften eintritt, findet demzufolge nicht statt, und jeder Anteil behält seinen Nennbetrag. Dies gilt selbstverständlich auch für den Fall, dass ein veräußerter Geschäftsanteil oder ein zunächst nach § 46 Nr. 4 geteilter und dann veräußerter Teil eines Geschäftsanteils an den früheren Inhaber rückübertragen wird (Form aus § 15 Abs. 3, 5 erforderlich). Ein Teilgeschäftsanteil wird nach seiner Veräußerung ein selbständiger Anteil und bleibt dies auch, wenn er rückübertragen wird.

c) Wirkungen im Verhältnis zur Gesellschaft

Im Verhältnis zur Gesellschaft gilt neben dem § 15 auch § 16. Das bedeutet insbesondere, dass die Abtretung erst dann Wirkung **im Verhältnis vom Neugesellschafter zur Gesellschaft** entfaltet, wenn dieser in der Gesellschafterliste gemäß § 16 Abs. 1, § 40 eingetragen wurde. Im Zeitraum zwischen Abtretung und Eintragung kann dem Neugesellschafter jedoch vom Altgesellschafter eine Bevollmächtigung erteilt werden (zu deren Wirksamkeitsvoraussetzungen vgl. Rdnr. 17, 111 f.). Liegt eine solche nicht vor, so entfalten dennoch vor-

99

100

---

499 RGZ 112, 239 f.; RGZ 168, 296; BGH v. 23.2.1983 – IVa ZR 187/81, GmbHR 1983, 268 = NJW 1983, 1843; BGH v. 29.1.1992 – VIII ZR 95/91, GmbHR 1993, 106; BGH v. 21.9.1994 – VIII ZR 257/93, GmbHR 1994, 869 f.; OLG Hamburg, GmbHR 1953, 90, 91.

500 BGH v. 9.7.1979 – II ZR 61/78, WM 1979, 1258, 1259; BGH v. 23.2.1983 – IVa ZR 187/81, GmbHR 1983, 268 = NJW 1983, 1843; BGH v. 29.1.1992 – VIII ZR 95/91, GmbHR 1993, 106; *Löbbe*, in: Ulmer/Habersack/Löbbe, Rdnr. 102; *Fastrich*, in: Baumbach/Hueck, Rdnr. 36; a.M. OLG Düsseldorf v. 10.2.1978 – 16 U 88/77, MDR 1978, 668.

501 RGZ 88, 65; RG, DR 1940, 1292; BGH, LM § 15 Nr. 5.

genommene Rechtshandlungen jedenfalls mit unverzüglich nach diesen erfolgter Eintragung Rechtswirkung (§ 16 Abs. 1 Satz 2; vgl. dazu § 16 Rdnr. 45 ff.).

d) Gutglaubensschutz

101 Mit der Neufassung des § 16 durch das MoMiG und der damit verbundenen Aufwertung der Gesellschafterliste ist ein **gutgläubiger Erwerb eines Geschäftsanteils** nunmehr möglich. Der Gesetzgeber entsprach damit der Forderung des Schrifttums und der Praxis nach der Schaffung eines solchen Instituts zur Steigerung von Rechtssicherheit und Konkurrenzfähigkeit der GmbH gegenüber anderen Gesellschaftsformen[502]. Die Gesellschaft bleibt jedoch durch § 16 Abs. 1 geschützt. Nach altem Recht war ein **Schutz des guten Glaubens** in dem Sinne, dass auf Grund formgerechten Abtretungsvertrags der Geschäftsanteil auch dann erworben wurde, wenn er nicht dem Veräußerer gehörte oder dass dingliche Rechte am Geschäftsanteil (Pfandrechte, Nießbrauch) nicht vorhanden waren oder erloschen, nicht gegeben[503]. Der Zessionar wurde, sofern der Berechtigte den Erwerb nicht später gemäß § 185 Abs. 2 BGB genehmigte[504], nicht Inhaber des Geschäftsanteils. Dasselbe galt, wenn der Anteil vorher kaduziert (§ 21) oder der Gesellschaft zur Verfügung gestellt (abandonniert) war (§ 27). In Bezug auf Pfandrechte und andere dingliche Belastungen am Geschäftsanteil besteht diese Rechtslage fort. Diese bleiben auch beim Erwerber bestehen, selbst wenn er die Belastung nicht kannte (vgl. Rdnr. 190a). Eine Änderung hat sich lediglich im Hinblick auf die Bestellung eines Pfandrechts am Geschäftsanteil durch einen Nichtberechtigten ergeben (vgl. Rdnr. 173). Auch nach dem MoMiG hindert ein schuldrechtlicher Veräußerungsvertrag nicht, dass später an einen Dritten wirksam abgetreten wird (s. Rdnr. 67). Der Umstand, dass ein Anteilsschein (§ 14 Rdnr. 64) ausgestellt ist, ändert an der Wirksamkeit der Abtretung generell nichts. Insbesondere kommt dem Anteilsschein kein Gutglaubensschutz zu (vgl. § 14 Rdnr. 132). Auch § 405 BGB ist nicht anwendbar.

102 Zu den Einzelheiten des gutgläubigen Erwerbs nach § 16 Abs. 3 s. § 16 Rdnr. 57 ff.

e) Nichtigkeit und Willensmängel

103 Während aus dem BGB herzuleitende Nichtigkeits- und Anfechtungsgründe für die Übernahme einer Einlage bei der Gründung oder einer Kapitalerhöhung nach deren Eintragung in das Handelsregister nur noch sehr beschränkt gelten, um die Gesellschaft insbes. im Gläubigerinteresse in ihrem Bestand zu schützen (s. § 2 Rdnr. 89 ff.), gelten für die Anteilsabtretung die allgemeinen Vorschriften des BGB[505]. Entgegen dieser zuvor einhelligen Meinung und ohne Auseinandersetzung mit ihr wandte der BGH in einer vereinzelten Entscheidung[506] „jedenfalls" in den Fällen der Anfechtung wegen Irrtums oder arglistiger Täuschung (§§ 119 ff. BGB) und der Nichtigkeit wegen Formmangels (§ 125 BGB, § 15 Abs. 3 GmbHG) sowie sittenwidriger Übervorteilung (§ 138 BGB) die Grundsätze über die **fehlerhafte Gesellschaft** bei Mängeln eines Gesellschafterwechsels mit der Folge an, dass die Unwirksam-

502 So schon *Grau*, in: FS Oberneck, 1929, S. 174; *Hohner*, in: FS Barz, 1974, S. 147; vgl. auch *Grunewald/Gehling/Rodewig*, ZIP 2006, 685, m.w.N.

503 Dazu *Grau*, in: FS Oberneck, 1929, S. 173; *Kühn*, GmbHR 1970, 201; *Hohner*, in: FS Barz, 1974, S. 147; *Hofmann*, GmbHR 1979, 97; *Rodewald*, GmbHR 1995, 718, jeweils m.w.N.

504 Vgl. BGH, GmbHR 1960, 45.

505 RGZ 68, 311 f.; RGZ 76, 312 f.; RG, JW 1915, 589; RG, JW 1932, 1008; RG, JW 1934, 1412; RG, DR 1943, 801; *Feine*, S. 392 f.; *Knobbe-Keuk*, ZIP 1983, 274; *Grunewald*, ZGR 1991, 452, 457 ff.; *Fastrich*, in: Baumbach/Hueck, Rdnr. 29; *Bayer*, in: Lutter/Hommelhoff, Rdnr. 50; *Löbbe*, in: Ulmer/Habersack/Löbbe, Rdnr. 149; *Görner*, in: Rowedder/Schmidt-Leithoff, Rdnr. 202; *Lass*, ZGR 1997, 401, 403 f.; vgl. im Übrigen auch *Karsten Schmidt*, AcP 186 (1986), 438 ff.; *Karsten Schmidt*, BB 1988, 1053 ff.

506 BGH v. 13.3.1975 – II ZR 154/73, WM 1975, 512, 514.

keit einer „vollzogenen Ausscheidungsvereinbarung" (!) i.d.R. nicht zu einer rückwirkenden Wiedereinsetzung des Gesellschafters führen könne[507]. Diese Auffassung ist vom BGH zu Recht aufgegeben worden[508]. Die Annahme, dass die Rechtslage der bei einer fehlerhaften Personengesellschaft entspreche und dass die Anwendung der bürgerlich-rechtlichen Nichtigkeits- und Anfechtungsvorschriften auf die „vollzogene" Abtretung mit deren Zweck unvereinbar sei und wegen der Rückwirkung zu „unerträglichen Ergebnissen" führen könne, ist unzutreffend. Bei der rechtlichen Behandlung von Vertragsmängeln bei der Abtretung des Geschäftsanteils an einer GmbH besteht weder eine Gesetzeslücke noch ein gerechtfertigtes Bedürfnis für die Übernahme jener Grundsätze[509]. Der Bestand der Gesellschaft, dessen Schutz bei der Behandlung von Mängeln der Beteiligungserklärung bei der Gründung sowie Kapitalerhöhung ausschlaggebend (s. § 2 Rdnr. 89 ff.) und auch für die Entwicklung der Grundsätze über die fehlerhafte Gesellschaft maßgebend war, wird durch die rückwirkende Unwirksamkeit einer mangelhaften Anteilsabtretung nicht berührt[510]. Auch im Übrigen werden die Gesellschaft und die Mitgesellschafter vor den Auswirkungen der genannten Rechtsfolge auf das Gesellschaftsverhältnis völlig ausreichend durch § 16 geschützt (s. Erl. zu § 16 Rdnr. 6). Die Rückwirkungsfolge berührt daher keine Interessen der Gesellschaft, sondern betrifft nur die individualrechtlichen Beziehungen zwischen Veräußerer und Erwerber.

Der **Abtretungsvertrag** kann daher, trotz Erfüllung der Formen aus § 15 Abs. 3, 5, nach BGB **nichtig oder anfechtbar** sein, so bei fehlender Geschäftsfähigkeit einer Vertragspartei (§§ 104 ff. BGB), bei mangelnder Bestimmtheit des Abtretungsgegenstandes (Rdnr. 89), bei Verstoß gegen ein Verbotsgesetz[511], bei Sittenwidrigkeit[512], bei Nichteintritt der aufschiebenden Bedingung der Abtretung oder bei Eintritt der auflösenden Bedingung (§§ 158 ff. BGB)[513], nach begründeter Anfechtung (§§ 119, 142 ff. BGB)[514]. Da im Abtretungsfalle nur der dingliche Vertrag (§ 15 Abs. 3) den Rechtsübergang herbeiführt, kommt es i.d.R. auf Mängel des schuldrechtlichen Vertrages (§ 15 Abs. 4) nicht an. In Ausnahmefällen kann es aber anders liegen; vgl. dazu näher Rdnr. 90. | 104

10. Folge fehlender Beurkundung

Die Folge fehlender Beurkundung (oder wesentlicher Verstöße gegen die Beurkundungsform) ist die Nichtigkeit der Abtretung (§ 125 BGB). Die formgerechte Neuvornahme hat | 105

---

507 Zust. OLG Hamm v. 27.6.1983 – 8 U 225/82, GmbHR 1985, 22; OLG Hamburg v. 22.2.1989 – 11 W 14/89, GmbHR 1990, 42 = AG 1989, 327; *Kuhn*, WM 1976, 757; *Wiesner*, NJW 1984, 95, 97 f., mit unterschiedlichen Einschränkungen; s. dazu auch *Henze*, Handbuch zum GmbH-Recht, Rdnr. 668 ff.

508 Vgl. BGH v. 22.1.1990 – II ZR 25/89, ZIP 1990, 371; ferner BGH v. 17.1.2007 – VIII ZR 37/06, GmbHR 2007, 375; BGH v. 13.12.2004 – II ZR 409/02, GmbHR 2005, 354 (für die Vorgesellschaft); BGH v. 27.3.1995 – II ZR 3/94, ZIP 1995, 1085, 1086; BGH v. 17.7.2012 – II ZR 217/10, ZIP 2013, 118, 119 = GmbHR 2012, 1304; OLG Frankfurt a.M. v. 2.4.1992 – 6 W (Kart) 18/92, GmbHR 1992, 666.

509 Das zeigt auch die spätere Entscheidung in BGH v. 10.5.1982 – II ZR 89/81, BGHZ 84, 47, 49 ff. = GmbHR 1983, 42, die die Frage wieder offenließ und § 16 (sinngemäß) anwendete; vgl. ferner auch BGH v. 23.11.1988 – VIII ZR 262/87, GmbHR 1989, 194 = WM 1989, 256; BGH v. 27.3.1995 – II ZR 3/94, ZIP 1995, 1085, 1086.

510 Zutr. RGZ 68, 310 ff.; RGZ 76, 312 f. Der BGH weicht hiervon, trotz Anerkennung der Anwendbarkeit der Grundsätze der fehlerhaften Gesellschaft auf die nichtige Übertragung von Geschäftsanteilen einer Fonds-GbR, in Bezug auf die GmbH ausdrücklich nicht ab, vgl. BGH v. 20.7.2010 – XI ZR 465/07, NZG 2010, 991, 993 f.

511 OLG Frankfurt a.M. v. 2.4.1992 – 6 W (Kart) 18/92, GmbHR 1992, 666.

512 RG, DR 1943, 801; OLG Hamm v. 15.7.1998 – 8 U 200/97, GmbHR 1998, 984.

513 RGZ 79, 182.

514 BGH v. 22.1.1990 – II ZR 25/89, ZIP 1990, 371.

keine rückwirkende Kraft. Daran ändert auch ein formgültiger, zur Abtretung verpflichtender Vertrag (§ 15 Abs. 4) nichts, auch nicht ausdrückliche oder stillschweigende Anerkennung des Erwerbers durch die Gesellschaft. War auch der schuldrechtliche Vertrag formungültig, so muss das auf Grund desselben hingegebene Abtretungsentgelt nach den Regeln über ungerechtfertigte Bereicherung (§§ 812 ff. BGB) zurückgegeben werden. War dagegen der schuldrechtliche Vertrag formgültig, so kann auf Grund desselben die Mitwirkung bei der Beurkundung eines formgerechten Abtretungsvertrags erzwungen werden (§ 894 ZPO). Die **Berufung auf den Formmangel** ist nicht ohne weiteres arglistig oder sonstwie **unbeachtlich.** Der Abtretungsvertrag kann aber in besonderen Ausnahmefällen trotz des Formmangels nachträglich wirksam werden, wenn Umstände vorliegen, die es nach Treu und Glauben als untragbar erscheinen lassen, dem gewollten und tatsächlich vollzogenen Gesellschafterwechsel die Anerkennung zu versagen[515]. Die Treuepflicht des Gesellschafters schließt die Berufung auf den Formmangel aus[516]. Zur Anwendung der Grundsätze über die fehlerhafte Gesellschaft vgl. Rdnr. 103. Die Umdeutung der formungültigen Abtretung des Geschäftsteils in eine Abtretung des Gewinnbezugsrechts und des Anspruchs auf die Liquidationsquote (§ 140 BGB) kann in Einzelfällen in Betracht kommen[517]. Die formgerechte Wiederholung einer ursprünglich formungültigen Abtretung gilt im Zweifel als **Bestätigung** i.S. von § 141 BGB, mit der Folge, dass die Parteien gemäß § 141 Abs. 2 BGB einander zu gewähren haben, was bei anfänglicher Gültigkeit der anderen Partei zugeflossen wäre.

V. Weitere Voraussetzungen der Abtretung (§ 15 Abs. 5)

Schrifttum: *Binz/Mayer,* Anteilsvinkulierung bei Familienunternehmen, NZG 2012, 201; *Bunte,* Die Abschließung der Kapitalgesellschaft gegen Außenstehende in den Niederlanden, Deutschland und der Schweiz, 1969; *Blasche,* Vinkulierungsklauseln in GmbH-Gesellschaftsverträgen, RNotZ 2013, 515; *Burg/Marx,* Vinkulierungen und Konsortialverträge in Umwandlungsfällen, NZG 2013, 127; *Däubler,* Rechtsgeschäftlicher Ausschluss der Veräußerlichkeit von Rechten?, NJW 1968, 1117; *Eder,* Zustimmung zur Abtretung von GmbH-Geschäftsanteilen durch den Geschäftsführer, GmbHR 1966, 279; *Ehlke,* Vinkulierung bei GmbH-Kapitalerhöhungen und anderen Fällen des Gesellschaftereintritts ohne Anteilsübertragung, DB 1995, 561; *Fischer,* Das Recht der OHG als ergänzende Rechtsquelle zum GmbHG, GmbHR 1953, 131; *Fischer,* Die personalistische GmbH als rechtspolitisches Problem, in: FS W. Schmidt, 1959, S. 117; *Fleischer/Schneider,* Tag along- and Drag along-Klauseln in geschlossenen Kapitalgesellschaften, DB 2012, 961; *Frenzel,* Nachträgliche Vinkulierung von Geschäftsanteilen, GmbHR 2008, 983; *Gessler,* Sicherung der Herrschaftsmacht bei Übertragung von Geschäftsanteilen, GmbHR 1974, 202; *Grothus,* Das Vorkaufsrecht an GmbH-Anteilen, GmbHR 1959, 24; *Häger/Wilts,* Kontrolle des Übergangs von Geschäftsanteilen auf Dritte bei Familienkapitalgesellschaften, WiB 1995, 409; *Hänn,* Beschränkung in der Veräußerung von Geschäftsanteilen der GmbH durch den Gesellschaftsvertrag, Diss. Jena 1931; *Happ,* Die GmbH im Prozess, 1997, S. 205 ff.; *U. Huber,* Vermögensanteil, Kapitalanteil und Gesellschaftsanteil an Personalgesellschaften des Handelsrechts, 1970; *G. Hueck,* Erwerbsvorrechte im Gesellschaftsrecht, in: FS Larenz, 1973, S. 749; *Immenga,* Die personalistische Kapitalgesellschaft, 1970; *Knur,* Die Familiengesellschaft, eine vergleichende Untersuchung der Unternehmensformen, 1941; *Kowalski,* Vinkulierte Geschäftsanteile – Übertragungen und Umgehungen, GmbHR 1992, 347; *Lange/Sabel,* Steuerung der Gesellschafterstellung in Familienunternehmen, NZG 2015, 1249; *M. Lehmann,* Die ergänzende Anwendung von Aktienrecht auf die GmbH, 1970; *Lieder/Scholz,* Vinkulierte Forderungen und Gesellschaftsanteile in der umwandlungsrechtlichen Universalsukzession, ZIP 2015, 1705; *Limbach,* Theorie und Wirklich-

---

515 Vgl. BGH, LM § 2 Nr. 7; BGH v. 7.6.1995 – VIII ZR 125/94, ZIP 1995, 1089, 1090; OLG München v. 20.3.1996 – 7 U 5523/95, BB 1996, 1296, 1297 = GmbHR 1996, 607; OLG Karlsruhe v. 27.11.1970 – 5W-Wb-80/70, WM 1971, 1035, 1036; *Altmeppen,* in: Roth/Altmeppen, Rdnr. 67; *Löbbe,* in: Ulmer/Habersack/Löbbe, Rdnr. 96, 133; *Ebbing,* in: Michalski u.a., Rdnr. 128.

516 BGH v. 27.6.1988 – II ZR 143/87, WM 1988, 1367, 1369 = GmbHR 1988, 386; *Löbbe,* in: Ulmer/Habersack/Löbbe, Rdnr. 96 a.E.

517 So auch BGH v. 17.7.2012 – II ZR 217/10, ZIP 2013, 118, 119 = GmbHR 2012, 1304, wenngleich eine Umdeutung im konkreten Fall abgelehnt wird; eb. *Löbbe,* in: Ulmer/Habersack/Löbbe, Rdnr. 130.

keit der GmbH, 1966; *Loritz*, Die Reichweite von Vinkulierungsklauseln in GmbH-Gesellschaftsverträgen, NZG 2007, 361; *Lutter/Grunewald*, Zur Umgehung von Vinkulierungsklauseln in Satzungen von AG und GmbH, AG 1989, 109; *Lutter/Grunewald*, Gesellschaften als Inhaber vinkulierter Aktien und Geschäftsanteile, AG 1989, 409; *K. Müller*, Die Sicherungsübertragung von GmbH-Anteilen, 1969; *Nadoushani*, Die Pauschalzustimmung zur Übertragung vinkulierter Anteile, ZGR 2014, 809; *Neukamp*, Die Geschäftsanteile der Gesellschaft mit beschränkter Haftung, ZHR 57 (1906), 1; *Ohr*, Der Ausschluss der Abtretbarkeit von Geschäftsanteilen im Gesellschaftsvertrag der GmbH, Diss. Mainz 1967; *Otto*, Gesellschafterstreit und Anteilsfungibilität in der gesellschaftsrechtlichen Vertragspraxis, GmbHR 1996, 16; *Pastor/Werner*, Die Verbindung von Vorkaufsrecht und Genehmigungsvorbehalt bei der Übertragung von GmbH-Geschäftsanteilen, BB 1969, 1418; *Priester*, Drag along- und Call-Option-Klauseln in der GmbH-Satzung, in: FS Hopt, 2010, S. 1138; *Reichert*, Das Zustimmungserfordernis zur Abtretung von Geschäftsanteilen in der GmbH, 1984; *Reichert*, Folgen der Anteilsvinkulierung für Umstrukturierungen von GmbH und AG nach dem UmwG 1995, GmbHR 1995, 176; *Reichert*, Vinkulierung von GmbH-Geschäftsanteilen – Möglichkeiten der Vertragsgestaltung, GmbHR 2012, 713; *Petersen*, Die personengesellschaftliche Struktur der GmbH, Diss. Kiel 1954; *Saenger*, Beschränkungen hinsichtlich Veräußerung und Vererbung von Geschäftsanteilen einer GmbH, RG-Praxis IV, 1929, 17; *Salje*, Kompetenzen des Beirats bei der Unternehmensveräußerung, ZIP 1989, 1526; *Karsten Schmidt*, Aktionärs- und Gesellschafterzuständigkeiten bei der Freigabe vinkulierter Aktien und Geschäftsanteile, in: FS Beusch, 1993, S. 759; *Karsten Schmidt*, Anteilssteuerung durch Vinkulierungsklauseln, GmbHR 2011, 1289; *Schneider*, Die Sicherung der Familien-GmbH vor dem Eindringen Familienfremder, GmbHR 1964, 219; *Stoppel*, Vinkulierungsklauseln in der Vorgesellschaft und bei Umwandlung, WM 2008, 147; *Teichmann*, Vinkulierte Geschäftsanteile im Vermögen zu spaltender Rechtsträger, GmbHR 2014, 393; *Transfeld*, Anteilsübertragung trotz Vinkulierung – ein vermeintlicher Widerspruch, GmbHR 2010, 185; *Triebner*, Die Vinkulierung von Aktien und Geschäftsanteilen der GmbH, Diss. Leipzig 1929; *Wiedemann*, Die Übertragung und Vererbung von Mitgliedschaftsrechten bei Handelsgesellschaften, 1965; *Winkler*, Die Lückenausfüllung des GmbH-Rechts durch das Recht der Personengesellschaften, 1967; *Wittek*, Die gesellschaftsrechtliche Behandlung der Familien-GmbH, Diss. Erlangen-Nürnberg 1969; *Wolany*, Rechte und Pflichten des Gesellschafters einer GmbH, 1964; *K. Zimmermann*, Genehmigung des Geschäftsführers zur Abtretung von GmbH-Geschäftsanteilen, BB 1966, 1171. Vgl. auch die Schrifttumsnachw. vor Rdnr. 24.

1. Schuldrechtlicher Vertrag

Durch eine statutarische Bestimmung kann die *Wirksamkeit* des schuldrechtlichen Vertrages auf Abtretung eines Geschäftsanteils nicht an weitere Voraussetzungen geknüpft werden[518], solche Bestimmungen wären insoweit (d.h. „dinglich") unbeachtlich; einer von § 15 Abs. 5 bezweckten Durchbrechung des § 137 BGB ist sowieso nur die Verfügung zugänglich. Allerdings bedeutet dies nicht, dass der schuldrechtliche Vertrag auf Anteilsabtretung (oder wirtschaftlich vergleichbare Fälle) nicht Beschränkungen durch Gesellschaftsvertrag oder anderweitige Gesellschafterabreden unterworfen werden kann, dessen Verletzung Rechtsfolgen wie Unterlassungs- oder Schadenersatzansprüche zur Folge haben können[519]. Zu den Gewährleistungsfolgen bei Veräußerungen entgegen auf § 15 Abs. 5 beruhenden Satzungsbestimmungen s. Rdnr. 148.   **106**

2. Dingliche Abtretung

Die Abtretung der Geschäftsanteile kann, über das gesetzliche Formerfordernis hinausgehend, durch den Gesellschaftsvertrag und unter Durchbrechung des § 137 BGB an weitere Voraussetzungen geknüpft werden (§ 15 Abs. 5). Bei Mehrpersonen-GmbH sind statutarische Vinkulierungsklauseln der Normbefund[520].   **107**

---

518 So bereits RG, JW 1934, 1412, 1413; RGZ 159, 272, 281.
519 Insoweit zutr. *Karsten Schmidt*, GmbHR 2011, 1289, 1290 f. und 1296.
520 Zu empirischen Studien s. *Bayer/Hoffmann/J. Schmidt*, GmbHR 2007, 953 ff. – Für statutarische Musterformulierungen s. *Seibt*, in: MünchAnwHdb. GmbH-Recht, 3. Aufl. 2014, § 2 Rdnr. 196 ff.

a) Regelung im Gesellschaftsvertrag

108 Die Anordnung der Vinkulierung kann mit dinglicher Wirkung nur durch den Gesellschaftsvertrag getroffen werden, während anderweitige Vereinbarungen über die Abtretbarkeit der Geschäftsanteile lediglich schuldrechtlich wirken. Es ist zulässig, eine solche Anordnung i.S. von § 15 Abs. 5 auch durch Satzungsänderung nachträglich einzuführen. Allerdings bedarf die Änderung der **Zustimmung aller betroffenen Gesellschafter**, weil die freie Übertragbarkeit der Geschäftsanteile ein unentziehbares Mitgliedschaftsrecht ist[521]. Sollten in der Satzung abweichende Beschluss- und Mehrheitserfordernisse statuiert (und insofern die Anteilsübertragung erschwert) werden, bindet die betreffende Beschränkung in gleicher Wertung nur diejenigen Gesellschafter, die ihr zugestimmt haben[522]. Die Aufhebung bzw. Abschwächung der Anordnung ist demgegenüber, wenn die Satzung nichts anderes bestimmt oder das Sonderrecht eines Gesellschafters entgegensteht (s. 11. Aufl., § 53 Rdnr. 163), mit satzungsändernder Mehrheit (§ 53 Abs. 2) möglich. Zulässig ist auch die satzungsmäßige Vereinbarung von **Mitveräußerungspflichten** (Drag along-Rechte). Diese räumen bestimmten Gesellschaftern – zumeist Finanzinvestoren mit in der Regel mittelfristigen Anlagezielen – die Möglichkeit ein, bei eigener Verkaufsabsicht und Vorliegen weiterer Umstände die übrigen Gesellschafter zur Mitveräußerung zu zwingen[523]. Die vom BGH entwickelten Grundsätze zu den „Hinauskündigungsklauseln"[524] können im Grundsatz auch für die Beurteilung der Zulässigkeit von Mitveräußerungspflichten herangezogen werden[525]: Danach darf die Vereinbarung einer Mitveräußerungspflicht nicht willkürlich erfolgen, sondern bedarf eines rechtfertigenden sachlichen Grundes[526], der indes in der Regel auch vorliegt (Sicherstellung einer wertmäßig adäquaten Veräußerungsmöglichkeit) und in der Einstiegsbewertung des Investors auch vergütet wird.

109 Das zusätzliche Abtretungserfordernis muss wegen des Zwecks der Form aus § 2 hinreichend deutlich aus der **Vertragsurkunde** ersichtlich sein[527]. Dafür genügt u.U. auch, dass es in einer primär anderen Zwecken dienenden Vorschrift inzident ausgesprochen ist oder sich aus dem Gesamtzusammenhang der statutarischen Regelung des Gesellschaftsverhältnisses ergibt[528].

---

521 Vgl. § 14 Rdnr. 44 m.w.N.; so auch OLG München v. 23.1.2008 – 7 U 3292/07, GmbHR 2008, 541.

522 A.M. *Frenzel*, GmbHR 2008, 983, 986.

523 *Priester*, in: FS Hopt, 2010, S. 1139, 1140; mit Formulierungsvorschlag *Seibt*, in: MünchAnwHdb. GmbH-Recht, 3. Aufl. 2014, § 2 Rdnr. 223 f.; zu den wirtschaftlichen Hintergründen *Fleischer/Schneider*, DB 2012, 961, 962.

524 So BGH v. 9.7.1990 – II ZR 194/89, BGHZ 112, 103, 107 ff. im Anschluss an die Rspr. zur Unzulässigkeit von Hinauskündigungsklauseln im Recht der Personengesellschaften (BGH v. 20.1.1977 – II ZR 217/75, BGHZ 68, 212, 215; BGH v. 13.7.1981 – II ZR 56/80, BGHZ 81, 263, 266 f.; BGH v. 19.9.1988 – II ZR 329/87, BGHZ 105, 213, 216 f. = GmbHR 1989, 117; BGH v. 5.6.1989 – II ZR 227/88, BGHZ 107, 351; BGH v. 25.3.1985 – II ZR 240/84, WM 1985, 772, 773 = GmbHR 1985, 259); kritisch zu dieser Rspr. *Karsten Schmidt*, in: MünchKomm. HGB, 4. Aufl. 2016, § 140 HGB Rdnr. 100; *Priester*, in: FS Hopt, 2010, S. 1139, 1145 f.

525 *Priester*, in: FS Hopt, 2010, S. 1140, 1147, 1151 f.; *Weitnauer*, in: Handbuch Venture Capital, 5. Aufl. 2016, Teil F. Rdnr. 184; a.A. *Lange/Sabel*, NZG 2015, 1249, 1252 f.; *Fleischer*, DB 2012, 961, 966.

526 *Priester*, in: FS Hopt, 2010, S. 1140, 1147 f.; *Weitnauer*, in: Handbuch Venture Capital, 5. Aufl. 2016, Teil F. Rdnr. 184; *Mackensen*, in: Eilers/Koffka/Mackensen, Private Equity, 2. Aufl. 2010, VI. 6. b.; a.A. *Winkler*, S. 233 f., der den zwanghaften Ausstieg des Altgesellschafters nicht durch das Veräußerungsinteresse des Investors gerechtfertigt sieht; *Lange/Sabel*, NZG 2015, 1249, 1252 f. halten das bloße Veräußerungsinteresse des Investors nicht per se für ausreichend zur Rechtfertigung der Mitveräußerungspflichten; es bedarf stets einer darüber hinausgehend Einzelfallprüfung.

527 Eb. OLG Köln v. 25.2.1992 – 22 U 175/91, GmbHR 1993, 108 = OLGR 1992, 178; *Fastrich*, in: Baumbach/Hueck, Rdnr. 40; *Bayer*, in: Lutter/Hommelhoff, Rdnr. 71.

528 Insow. zutr. *Fischer*, GmbHR 1953, 135; *Wiedemann*, S. 83; *Winkler*, S. 56; *Limbach*, S. 70, die in der Anwendung auf den Einzelfall jedoch z.T. bedenklich weit gehen; s. dazu auch *Immenga*, S. 82 f. Enger auch *Löbbe*, in: Ulmer/Habersack/Löbbe, Rdnr. 227.

Aus dem Bestehen einer statutarischen Nebenleistungspflicht folgt es aber im Allgemeinen noch nicht[529]. Ein zusätzliches Abtretungserfordernis lässt sich dagegen nicht allein aus Umständen außerhalb des urkundlich festgelegten Satzungsinhalts herleiten[530]. Andererseits ist aber auch die früher von der Rspr.[531] vertretene Ansicht zu streng, wonach eine Satzungsbestimmung über weitere Abtretungserfordernisse „eindeutig" sein müsse und andernfalls „nur zu der denkbar geringsten Anforderung anwendbar" sei: Dass die dispositive Regel aus § 15 Abs. 1 eingeschränkt wird, rechtfertigt keine inhaltliche Restriktion von Klauseln mit mehrdeutigem oder unklarem Wortlaut. Die Auslegung der betreffenden Klausel ist wie auch sonst mit Rücksicht auf die Bedeutung der Satzung für Dritte, insbesondere für Gläubiger und künftige Gesellschafter, allein dadurch begrenzt, dass eine Sinndeutung, die für Außenstehende nicht erkennbar ist, nicht erfolgen darf, muss aber im Übrigen unter Ausschöpfung aller Auslegungsmittel nach Maßgabe der §§ 133, 157 BGB uneingeschränkt den Inhalt der Vereinbarung ermitteln[532].

b) Beschränkungen bei Abtretung anderer Rechte

Die Abtretung anderer Rechte, z.B. des Anspruchs auf den **Gewinnanteil** oder auf das **Liquidationsguthaben**, fällt nicht unter § 15 Abs. 5[533], aber der Gesellschaftsvertrag kann sie nach §§ 399, 413 BGB ausschließen oder einschränken[534]. Auf ein statutarisches **Bezugsrecht** ist dagegen § 15 Abs. 5 seinem Zweck nach analog anwendbar; soweit das Statut für die Übertragung des Geschäftsanteils weitere Voraussetzungen aufstellt, ist im Zweifel anzunehmen, dass diese sich auch auf die Bezugsrechtsabtretung beziehen sollen[535]. Zur Begründung, Änderung und Aufhebung von Treuhandstrukturen s. Rdnr. 234.   110

c) Umgehungsgeschäfte und Change of Control-Fälle

Die statutarischen Abtretungsbeschränkungen erfassen auch Umgehungsgeschäfte[536]. Es ist nach dem Inhalt und Zweck der betreffenden Klausel zu entscheiden, ob eine Gestaltung als unzulässige Umgehung zu werten ist[537]. Dazu gehören regelmäßig **Treuhandverträge** über Geschäftsanteile, die auch dann, wenn sie nicht mit einer Anteilsübertragung verbunden sind, einem statutarischen Genehmigungserfordernis unterliegen (hierzu Rdnr. 234) und ohne Zulassung der Gesellschafter nicht wirksam mit Dritten geschlossen werden können, die die statutarisch vorgeschriebenen Eigenschaften nicht aufweisen (Rdnr. 229, 116)[538]. Ebenso   111

529 *Fastrich*, in: Baumbach/Hueck, Rdnr. 40; *Ebbing*, in: Michalski u.a., Rdnr. 133; *Ulmer/Löbbe*, in: Ulmer/Habersack/Löbbe, § 3 Rdnr. 110.

530 So aber *Wieland* II, 290 u. 325.

531 BGH v. 13.7.1967 – II ZR 238/64, BGHZ 48, 141, 144; *Fastrich*, in: Baumbach/Hueck, Rdnr. 40.

532 Zutr. RGZ 101, 247; RGZ 159, 278; RG, JW 1934, 1412; OLG Stuttgart v. 14.2.1974 – 10 U 90/73, GmbHR 1974, 257, 259; differenzierend *Reichert*, S. 55; *Reichert*, DB 1985, 1496, 1497. Allgemein zur Auslegungsproblematik vgl. § 2 Rdnr. 39 ff.

533 BGH v. 19.9.1983 – II ZR 12/83, GmbHR 1984, 101 = DB 1983, 2513.

534 *Wiedemann*, S. 119; *Fastrich*, in: Baumbach/Hueck, Rdnr. 39; *Görner*, in: Rowedder/Schmidt-Leithoff, Rdnr. 195; *Altmeppen*, in: Roth/Altmeppen, Rdnr. 22.

535 Zust. *Fastrich*, in: Baumbach/Hueck, Rdnr. 39; *U. Jasper*, in: MünchHdb. III, § 24 Rdnr. 173.

536 Eingehend dazu *Lutter/Grunewald*, AG 1989, 109 ff.; *Kowalski*, GmbHR 1992, 347 ff.; *Liebscher*, ZIP 2003, 825.

537 Vgl. OLG Köln v. 25.2.1992 – 22 U 175/91, GmbHR 1993, 108 betr. eine Kettenübertragung im Familienkreis; s. auch *Löbbe*, in: Ulmer/Habersack/Löbbe, Rdnr. 262; *U. Jasper*, in: MünchHdb. III, § 24 Rdnr. 184 ff.

538 Eb. OLG Köln v. 26.3.2008 – 18 U 7/07, ZIP 2008, 1683, 1684; *Löbbe*, in: Ulmer/Habersack/Löbbe, Rdnr. 263; *Bayer*, in: Lutter/Hommelhoff, Rdnr. 92; *Altmeppen*, in: Roth/Altmeppen, Rdnr. 118; zurückhaltend aber OLG Hamm v. 28.9.1992 – 8 U 9/92, GmbHR 1993, 656, 658; a.M. in Bezug auf die statutarischen Anforderungen an die Person des Gesellschafters *Reichert/Weller*, in: MünchKomm. GmbHG, 2. Aufl. 2015, Rdnr. 222; insgesamt abw. *Transfeld*, GmbHR 2010, 185, 189.

sind **Stimmbindungsverträge**, die den Gesellschafter dauerhaft verpflichten, nach den Interessen und Weisungen eines anderen abzustimmen, im Falle der Vinkulierung der Geschäftsanteile regelmäßig nur mit Zustimmung des zuständigen Organs (Rdnr. 121 ff.) rechtswirksam, wenn sie mit Personen abgeschlossen werden, für die die Satzung den Anteilserwerb von diesem Erfordernis abhängig macht[539]. Eine Stimmrechtsvollmacht, die nicht als verdeckte Stimmrechtsabspaltung unzulässig ist (Rdnr. 17), unterliegt dagegen im Allgemeinen nicht der Vinkulierungsklausel, auch wenn sie nicht nur für einzelne Beschlussgegenstände und für eine kurze Dauer erteilt ist[540]; anders liegt es, wenn sie nach den Gesamtumständen lediglich als Mittel dazu dient, dem Bevollmächtigten wirtschaftlich die Stellung eines Anteilserwerbers zu verschaffen (Rdnr. 106 a.E.)[541]. Die Umgehung der statutarischen Vinkulierung führt zur schwebenden Unwirksamkeit des Treuhandvertrages (s. Rdnr. 236), des Stimmbindungsvertrages o.Ä.[542]; Beschlüsse, die mit Stimmen Nichtberechtigter gefasst werden, sind anfechtbar[543].

111a Statutarische Vinkulierungsklauseln können z.B. auch dadurch umgangen werden, dass die Anteile an dem den vinkulierten Geschäftsanteil innehabenden Gesellschafter veräußert werden (oder ein Dritter durch Kapitalerhöhung an diesem Gesellschafter beteiligt wird) oder – bei Zulässigkeit konzerninterner Anteilsübertragungen – ein Dritter in eine Zwischenholding eintritt, in die der vinkulierte Geschäftsanteil zunächst zustimmungsfrei übertragen worden ist. Zur Unterbindung solcher **Change of Control-Fälle** kann im Gesellschaftsvertrag der vinkulierten Gesellschaft kein (dinglich wirkendes) Zustimmungserfordernis für die Abtretung von Anteilen an der beteiligten Gesellschaft vorgesehen werden (arg. § 137 Satz 1 BGB)[544]. Ein dinglich wirkender Vinkulierungsschutz kann nur in der Satzung der beteiligten Gesellschaft selbst verankert werden, was indes weiterhin voraussetzt, dass der vinkulierten Gesellschaft oder den Mitgesellschaftern oder einem von diesen eine Beteiligung an dieser Gesellschaft eingeräumt wird[545]. Allerdings können im Gesellschaftsvertrag der vinkulierten Gesellschaft für den Eintritt eines *Change von Control*-Falls die Einziehung der betreffenden Geschäftsanteile, eine Andienungsverpflichtung des betreffenden Gesellschafters, Ankaufsrechte der übrigen Mitgesellschafter oder bedingte Anteilsabtretungen (verlängerte Konzernklauseln) vorgesehen werden; daneben werden häufig auch – rein schuldrechtlich wirkende – Vereinbarungen zwischen den Gesellschaftern der vinkulierten Gesellschaft und den Gesellschafter-Gesellschaftern geschlossen. Ob der Gesellschaftsvertrag die Gesellschaft und ihre Gesellschafter vor dem Eintritt solcher *Change of Control*-Fälle schützt ist durch Satzungsauslegung zu ermitteln, wobei neben dem Wortlaut der einzelnen Satzungsbestimmungen auch das Normengefüge des Gesellschaftsvertrags zum Gesellschafterbestand insgesamt (z.B. Vinkulierungsklausel, Regelungen zu Kapitalerhöhungen mit Bezugsrechtsausschluss, Regelungen für den Todesfall, Austritts- und Ausschlussrechte) und die Realstruktur der Gesellschaft zu berücksichtigen sind. Die Abwesenheit ausdrücklicher Satzungsbestimmungen für *Change of Control*-Fälle spricht in der Regel ebenso für die zustimmungsfreie Zulässigkeit

---

539 So mit Unterschieden in Einzelheiten RGZ 69, 134, 136 f.; *Lutter/Grunewald*, AG 1989, 109, 111 ff.; *Wiedemann*, S. 119; *Koppensteiner/Gruber*, in: Rowedder/Schmidt-Leithoff, § 47 Rdnr. 30; *Bayer*, in: Lutter/Hommelhoff, Rdnr. 92; *Ebbing*, in: Michalski u.a., Rdnr. 165; *U. Jasper*, in: MünchHdb. III, § 24 Rdnr. 185; *Liebscher*, ZIP 2003, 825, 826; *Reichert*, GmbHR 2012, 713, 718; a.M. *Zöllner/Noack*, in: Baumbach/Hueck, § 47 Rdnr. 113 a.E.; *Transfeld*, GmbHR 2010, 185, 189, der jedoch die in Frage stehende Konstellation zu stark auf Rechtsschutzmöglichkeiten reduziert.
540 Zu weitgehend *Lutter/Grunewald*, AG 1989, 109, 113; *Bayer*, in: Lutter/Hommelhoff, Rdnr. 92.
541 Vgl. RGZ 132, 149, 158 f.; BGH v. 17.11.1986 – II ZR 96/86, NJW 1987, 780.
542 BGH v. 10.5.2006 – II ZR 209/04, GmbHR 2006, 875; *Löbbe*, in: Ulmer/Habersack/Löbbe, Rdnr. 265; *Lutter/Grunewald*, AG 1989, 109, 110.
543 *Löbbe*, in: Ulmer/Habersack/Löbbe, Rdnr. 265 a.E.; *Lutter/Grunewald*, AG 1989, 109, 114.
544 Eb. *Löbbe*, in: Ulmer/Habersack/Löbbe, Rdnr. 267; *Altmeppen*, in: Roth/Altmeppen, Rdnr. 116 ff.; *Lutter/Grunewald*, AG 1989, 409, 412; *Schmitz*, in: FS Wiedemann, S. 1223, 1239; *Transfeld*, GmbHR 2010, 185, 188 f.; *Loritz*, NZG 2007, 361, 367; *Binz/Mayer*, NZG 2012, 201, 208.
545 Eb. *Löbbe*, in: Ulmer/Habersack/Löbbe, Rdnr. 267.

solcher Sachverhalte[546] wie auch die Zulassung reiner Holdinggesellschaften zur vinkulierten Gesellschaft, deren gesamtes oder nahezu gesamtes Vermögen aus eben dem vinkulierten Geschäftsanteil besteht[547]. Ergibt die Satzungsauslegung, dass die Vinkulierungsbestimmung i.S. von § 15 Abs. 5 auch in *Change of Control*-Fällen eingreifen soll, so führt ein Verstoß wegen § 137 Satz 1 BGB i.d.R. nicht zur Unwirksamkeit der Übertragung der Anteile an der beteiligten Gesellschaft, es sei denn, das Umgehungsgeschäft ist nach § 138 BGB als sittenwidrig einzustufen[548]. Allerdings kann ein Ausschluss des betreffenden Gesellschafters oder eine Einziehung der von ihm gehaltenen Geschäftsanteile in Betracht kommen, wenn bei Gesamtabwägung aller Umstände des Einzelfalls eine schwerwiegende Satzungs- bzw. Treuepflichtverletzung vorliegt[549]. Ansonsten haben die Mitgesellschafter bzw. die vinkulierte Gesellschaft Schadensersatz- und Unterlassungsansprüche wegen Verletzung der Satzung bzw. von (mittelbaren) Treuepflichten. Unterlassungsansprüche können auch im Wege des einstweiligen Rechtschutzes durchgesetzt werden[550].

d) Keine Geltung bei Verwertung des Geschäftsanteils durch Zwangsvollstreckung

Keine Geltung haben die statutarischen Abtretungsbeschränkungen in der Regel bei der Verwertung des Geschäftsanteils durch Zwangsvollstreckung (Rdnr. 202) und in der Insolvenz (Rdnr. 254). Die Abschließungsinteressen der Gesellschafter können in diesen Fällen aber in anderer Weise geregelt werden (Rdnr. 202 ff., 254). 112

e) Gesetzlicher Übergang des Geschäftsanteils

Die statutarischen Abtretungsbeschränkungen hindern im Allgemeinen nicht den gesetzlichen Übergang des Geschäftsanteils im Wege der Gesamtrechtsnachfolge. §§ 399 Alt. 2, 412, 413 BGB sind insoweit nicht entsprechend anwendbar[551]. Außer bei der Erbfolge, die in § 15 Abs. 1 besonders hervorgehoben ist (Rdnr. 24 ff.), gilt das insbesondere für den Vermögensübergang nach § 20 Abs. 1 Nr. 1 UmwG bei der **Verschmelzung**[552], nach § 131 Abs. 1 Nr. 1 UmwG bei der **Aufspaltung**[553] sowie nach §§ 176 Abs. 3, 177 Abs. 2 UmwG bei der Voll- 113

---

546 A.M. *Löbbe*, in: Ulmer/Habersack/Löbbe, Rdnr. 269.

547 Eb. OLG Naumburg v. 22.1.2004 – 7 U 133/03, NZG 2004, 775, 779; *Löbbe*, in: Ulmer/Habersack/Löbbe, Rdnr. 269; *Lutter/Grunewald*, AG 1989, 409, 410; *Altmeppen*, in: Roth/Altmeppen, Rdnr. 117; *Reichert/Weller*, in: MünchKomm. GmbHG, 2. Aufl. 2015, Rdnr. 371; *Liebscher*, ZIP 2003, 825, 829 ff.; *Ebbing*, in: Michalski u.a., Rdnr. 167; *Transfeld*, GmbHR 2010, 185, 188.

548 Eb. *Löbbe*, in: Ulmer/Habersack/Löbbe, Rdnr. 271; *Lutter/Grunewald*, AG 1989, 409, 410; weitergehend *Liebscher*, ZIP 2003, 825, 831 f. (Evidenz des Pflichtverstoßes ist für Unwirksamkeit ausreichend); a.M. *Kowalski*, GmbHR 1992, 347, 353; *H. Winter*, hier in diesem Kommentar, 9. Aufl., Rdnr. 83a.

549 Ähnlich *Löbbe*, in: Ulmer/Habersack/Löbbe, Rdnr. 273; *Lutter/Grundwald*, AG 1989, 409, 411.

550 LG München I v. 12.9.2002 – 15 K O 15764/02 (nicht veröffentlicht; Kirch Media/Axel Springer); hierzu *Liebscher*, ZIP 2003, 825, 828; vgl. auch *Löbbe*, in: Ulmer/Habersack/Löbbe, Rdnr. 272; *Liebscher*, ZIP 2003, 824, 828; *Karsten Schmidt*, GmbHR 2011, 1289, 1292; a.M. *Altmeppen*, in: Roth/Altmeppen, Rdnr. 116 f. (nur Schadensersatz).

551 Es ist umstritten, ob die §§ 412, 413 BGB überhaupt auf die Gesamtrechtsnachfolge anwendbar sind; vgl. *Roth/Kieninger*, in: MünchKomm. BGB, 7. Aufl. 2016, § 412 BGB Rdnr. 15 ff. m.w.N.

552 Vgl. *Grunewald*, in: Lutter, 5. Aufl. 2014, § 20 UmwG Rdnr. 17; *Kübler*, in: Semler/Stengel, 3. Aufl. 2012, § 20 UmwG Rdnr. 22; *Stratz*, in: Schmitt/Hörtnagl/Stratz, UmwG/UmwStG, 7. Aufl. 2016, § 20 UmwG Rdnr. 63; *Marsch-Barner*, in: Kallmeyer, 6. Aufl. 2017, § 20 UmwG Rdnr. 7; *Reichert/Weller*, in: MünchKomm. GmbHG, 2. Aufl. 2015, Rdnr. 368; *Bayer*, in: Lutter/Hommelhoff, Rdnr. 75; allgemein zum Übergang vinkulierter Forderungen bei einer Verschmelzung OLG Düsseldorf v. 25.11.2014 – I-21 U 172/12, ZIP 2015, 1289, 1290 f.

553 Unstreitig bereits nach alter Rechtslage vgl. *Teichmann*, in: Lutter, 3. Aufl. 2004, § 131 UmwG Rdnr. 2; § 132 UmwG Rdnr. 29; *Kallmeyer*, 3. Aufl. 2006, § 132 UmwG Rdnr. 15; *Widmann/Mayer*, Umwandlungsrecht, § 132 UmwG Rdnr. 22, 62; *Mayer*, in: MünchHdb. III, § 73 Rdnr. 556 u.a.

oder der aufspaltenden Teilübertragung des Vermögens einer Kapitalgesellschaft und für den Anfall des Vermögens einer Personengesellschaft an den letzten verbliebenen Gesellschafter analog § 738 Abs. 1 Satz 1 BGB durch Anwachsung (Rdnr. 93)[554]. Nach der Aufhebung von § 132 UmwG durch das 2. UmwGÄndG in 2007 hindert eine Vinkulierung nun auch bei der Abspaltung, Ausgliederung und abspaltenden oder ausgliedernden Teilvermögensübertragung nicht den Übergang des Geschäftsanteils[555]. Eine gegenteilige Auffassung ist weder mit der Gesetzesbegründung[556] noch mit dem Wesen der partiellen Universalsukzession vereinbar. Nach altem Recht griffen die Abtretungsbeschränkungen gemäß § 15 Abs. 5 dagegen uneingeschränkt bei der Abspaltung, Ausgliederung und abspaltenden oder ausgliedernden Teilvermögensübertragung ein (§§ 131 Abs. 1 Nr. 1 Satz 2, 132 Satz 1 a.F., 177 Abs. 2 Satz 1 UmwG), soweit sie, was durch enge Auslegung der Satzung zu ermitteln war, auch für diese Fälle gelten sollten[557]. Beim **ehelichen Güterstand** der Gütergemeinschaft greift im Falle des Ausschlusses oder der Beschränkung der Abtretbarkeit des Geschäftsanteils nicht § 1417 Abs. 2 BGB über das Sondergut ein, sondern er wird ohne Rücksicht darauf nach § 1416 Abs. 2 BGB gemeinschaftliches Vermögen der Ehegatten (Rdnr. 241). Die Erwerbe auf Grund dinglicher Surrogation (§§ 718 Abs. 2, 1418 Abs. 2 Nr. 3, 1473 Abs. 1, 1638 Abs. 2, 1646 Abs. 2, 2019 Abs. 1, 2041, 2111 Abs. 1 BGB) unterliegen den Abtretungsbeschränkungen gemäß § 15 Abs. 5 (§§ 399 Alt. 2, 412, 413 BGB), werden also erst mit der Erfüllung der statutarischen Voraussetzungen wirksam. Der Gesellschaftsvertrag kann ähnlich wie bei der Erbfolge (Rdnr. 29 ff.) auch in anderen Fällen des gesetzlichen Übergangs des Geschäftsanteils dessen Einziehung ermöglichen oder eine Pflicht zu seiner Abtretung begründen (Rdnr. 51), wenn der Erwerber zu einem als Gesellschafter unerwünschten Personenkreis gehört.

f) Umwandlung der GmbH

114 Die statutarischen Abtretungsbeschränkungen sind teilweise auch für die Umwandlung der GmbH (Verschmelzung, Spaltung, Vermögensübertragung und Formwechsel) von Bedeutung. Macht der Gesellschaftsvertrag der übertragenden bzw. formwechselnden GmbH die Abtretung der Geschäftsanteile von der Zustimmung Einzelner oder aller Gesellschafter abhängig (s. Rdnr. 122), so bedarf der Umwandlungsbeschluss zu seiner Wirksamkeit ihrer Zustimmung (§§ 13 Abs. 2, 125, 176 f., 193 Abs. 2 UmwG)[558]. Unerheblich ist hierbei, ob das

---

554 Vgl. BGH v. 9.7.1968 – V ZR 80/66, BGHZ 50, 307, 310 ff. betr. Vorkaufsrecht. Ausführlich zur Gesamtrechtsnachfolge analog § 738 Abs. 1 BGB *Seibt*, in: FS Röhricht, S. 603 ff., insbes. S. 612 f.

555 Zur Abspaltung OLG Hamm v. 16.4.2014 – I-8 U 82/13, ZIP 2014, 1479, 1481 f.; i.E. zustimmend *Lieder/Scholz*, ZIP 2015, 1705, 1707; vgl. auch *Simon*, in: KölnKomm. UmwG, 2009, § 131 UmwG Rdnr. 21; *Schröer*, in: Semler/Stengel, 3. Aufl. 2012, § 131 UmwG Rdnr. 26 a.E.; *Vossius*, in: Widmann/Mayer, Umwandlungsrecht, § 131 UmwG Rdnr. 74; *Hörtnagl*, in: Schmitt/Hörtnagl/Stratz, UmwG/UmwStG, 7. Aufl. 2016, § 131 UmwG Rdnr. 40; *Burg/Marx*, NZG 2013, 127, 129; wohl auch *Schwedhelm*, Die Unternehmensumwandlung, 8. Aufl. 2016, Rdnr. 825, 1075; kritisch zur Rechtslage: *Mayer*, in: MünchHdb. III, § 73 Rdnr. 555 ff.; a.A. *Teichmann*, in: Lutter, 5. Aufl. 2014, § 131 UmwG Rdnr. 5, 71, der auch nach neuem Recht einen Übergang nur analog §§ 77, 77a GenG, also zeitlich beschränkt, zulassen will; ausführlich in *Teichmann*, GmbHR 2014, 393, 401.

556 Die Begr. RegE, BT-Drucks. 16/2919, S. 19, nimmt ausdrücklich nur auf „höchstpersönliche Rechte" Bezug, die einen Übergang verhindern, und unterwirft ansonsten die Spaltung den gleichen Rechtsgrundsätzen wie die Verschmelzung.

557 *Rieble*, ZIP 1997, 301, 307 ff.; *Teichmann*, in: Lutter, 3. Aufl. 2004, § 132 UmwG Rdnr. 29; *Kallmeyer*, 3. Aufl. 2006, § 132 UmwG Rdnr. 10; *Mayer*, in: MünchHdb. III, § 73 Rdnr. 656; a.A. zur alten Gesetzeslage mit Unterschieden in Einzelheiten *Schwedhelm/Streck/Mack*, GmbHR 1995, 7, 9 f.; *Hennrichs*, ZIP 1995, 794, 798 f.; *Stratz*, in: Schmitt/Hörtnagl/Stratz, UmwG/UmwStG, 4. Aufl. 2006, § 132 UmwG Rdnr. 42; *Schröer*, in: Semler/Stengel, 2004, § 32 UmwG Rdnr. 49; *Fuhrmann/Simon*, AG 2000, 49, 56; *Kallmeyer*, GmbHR 1996, 242, 243 f.; *Mayer*, GmbHR 1996, 403, 406 ff.

558 Allg. M.; vgl. *Reichert*, GmbHR 2012, 713, 718 f.; *Drygala*, in: Lutter, 5. Aufl. 2014, § 13 UmwG Rdnr. 29; *Gehling*, in: Semler/Stengel, 3. Aufl. 2012, § 13 UmwG Rdnr. 35; *Stratz*, in: Schmitt/Hörtnagl/Stratz, UmwG/UmwStG, 7. Aufl. 2016, § 13 UmwG Rdnr. 69.

statutarische Zustimmungserfordernis sich auf alle Abtretungsarten bezieht (Rdnr. 120), ob die Zustimmungsbefugnis personen- oder anteilsgebunden ist[559] und ob die Entscheidungsmöglichkeit inhaltlich eingeschränkt ist (Rdnr. 127). Die obigen Vorschriften sind beim Ausschluss der Abtretbarkeit (Rdnr. 135) entsprechend anwendbar, wenn dessen Aufhebung nach dem Gesellschaftsvertrag (§ 53 Abs. 2 Satz 2) nur mit Zustimmung Einzelner oder aller Gesellschafter möglich ist[560]. Keine Zustimmungsbedürftigkeit für den Umwandlungsbeschluss besteht dagegen, wenn für die Zustimmung zur Abtretung die Gesellschaft oder ein Gesellschaftsorgan (Gesellschafterversammlung[561], Geschäftsführer, Aufsichtsrat u.a.) zuständig ist (Rdnr. 121 ff.). Eine Zustimmung kann außerdem erforderlich sein, wenn Vorkaufs- oder Vorerwerbsrechte (Rdnr. 117), die der Gesellschaftsvertrag einzelnen oder allen Gesellschaftern der übertragenden bzw. formwechselnden GmbH als relativ unentziehbare Mitgliedschaftsrechte (s. § 14 Rdnr. 26, 37) gewährt, durch die Umwandlung beeinträchtigt, d.h. nicht durch gleichwertige Rechte im Statut des übernehmenden bzw. formgewechselten Rechtsträgers ersetzt werden (§§ 50 Abs. 2, 125, 176 f., 241 Abs. 2 UmwG)[562]. Der Gesellschaftsvertrag kann im Übrigen zur Sicherung der gewollten Gesellschafterzusammensetzung für alle oder einzelne Umwandlungsfälle größere als die gesetzlichen Beschlussmehrheiten vorschreiben und/oder zusätzliche Erfordernisse, z.B. die Zustimmung bestimmter Gesellschafter festlegen (§§ 50 Abs. 1 Satz 2, 125 Satz 1, 176 f., 233 Abs. 2 Satz 2, 240 Abs. 1 Satz 2 UmwG)[563]. Bei der Einführung derartiger Regelungen ist aber stets zu bedenken, dass die Entwicklungsmöglichkeiten der Gesellschaft nicht unnötig oder übermäßig erschwert werden dürfen.

3. Einzelne Abtretungsbeschränkungen

Der Gesellschaftsvertrag ist in der Aufstellung **weiterer Abtretungserfordernisse** nicht beschränkt. Die Genehmigung der Gesellschaft ist im Gesetz nur als Beispiel erwähnt. Auch die Kombination mehrerer Voraussetzungen ist möglich und für abgewogene Regelungen oft auch notwendig (Rdnr. 117).

a) Eigenschaften, Pflichtübernahme, Formerfordernisse

Es kann die Abtretbarkeit von bestimmten Eigenschaften oder der Stellung des Erwerbers abhängig gemacht werden, z.B. dem Alter, einer Konfessions-, Familien- oder Berufszugehörigkeit, die Mitgliedschaft in der GmbH oder einer anderen Gesellschaft u.ä.[564]. Erfüllt der Er-

115

116

---

559 *Reichert*, GmbHR 2012, 713, 716; *Stratz*, in: Schmitt/Hörtnagl/Stratz, UmwG/UmwStG, 7. Aufl. 2016, § 13 UmwG Rdnr. 69.

560 Eb. *Drygala*, in: Lutter, 5. Aufl. 2014, § 13 UmwG Rdnr. 33; *Zimmermann*, in: Kallmeyer, 6. Aufl. 2017, § 13 UmwG Rdnr. 22; a.M. *Stratz*, in: Schmitt/Hörtnagl/Stratz, UmwG/UmwStG, 7. Aufl. 2016, § 13 UmwG Rdnr. 64; *Reichert*, GmbHR 1975, 176, 180 f., der aber zusätzliche Erfordernisse für die Aufhebung der Abtretungsklausel auch beim Umwandlungsbeschluss heranziehen will.

561 Die §§ 53 Abs. 2, 193 Abs. 2 UmwG sind aber analog anwendbar, wenn der Gesellschaftsvertrag einen einstimmigen Beschluss aller Gesellschafter verlangt; vgl. *Reichert*, GmbHR 1975, 176, 180; *Drygala*, in: Lutter, 5. Aufl. 2014, § 13 UmwG Rdnr. 29; *Zimmermann*, in: Kallmeyer, 6. Aufl. 2017, § 13 UmwG Rdnr. 23.

562 *Reichert*, GmbHR 1975, 176, 183 f.; *M. Winter/J. Vetter*, in: Lutter, 5. Aufl. 2014, § 50 UmwG Rdnr. 51; *Mayer*, in: Widmann/Mayer, Umwandlungsrecht, § 50 UmwG Rdnr. 88; *Zimmermann*, in: Kallmeyer, 6. Aufl. 2017, § 50 UmwG Rdnr. 22 f. u.a.

563 Dazu *M. Winter/J. Vetter*, in: Lutter, 5. Aufl. 2014, § 50 UmwG Rdnr. 19 f.

564 *Löbbe*, in: Ulmer/Habersack/Löbbe, Rdnr. 276; *Fastrich*, in: Baumbach/Hueck, Rdnr. 38; *Bayer*, in: Lutter/Hommelhoff, Rdnr. 69; *Altmeppen*, in: Roth/Altmeppen, Rdnr. 111; *Reichert/Weller*, in: MünchKomm. GmbHG, 2. Aufl. 2015, Rdnr. 394; *Görner*, in: Rowedder/Schmidt-Leithoff, Rdnr. 105; *Reichert*, S. 91 ff. m.w.N.

werber die festgesetzte Voraussetzung nicht, ist die Abtretung unwirksam; beim Erwerb durch einen Strohmann oder einen Treuhänder muss sie i.d.R. sowohl bei diesem als auch beim Hintermann gegeben sein[565]. Die verbleibenden Gesellschafter können den Erwerb trotz Fehlens der Eigenschaft zulassen, durch Mehrheitsentscheidung ohne Satzungsänderung aber nur, wenn der Gesellschaftsvertrag dies erlaubt; andernfalls vermag sie das Abtretungshindernis nicht zu beseitigen. Möglich ist auch, dass das Vorliegen der Eigenschaft nur als Genehmigungsvoraussetzung bestimmt ist[566]; ein das Erfordernis missachtender Gesellschafterbeschluss kann i.d.R. durch Anfechtungsklage beseitigt werden, während die Genehmigungserklärung (Rdnr. 128 ff.) nach § 119 Abs. 2 BGB anfechtbar ist. Der Gesellschaftsvertrag kann als weiteres Abtretungserfordernis auch die Übernahme bestimmter Verpflichtungen durch den Erwerber vorschreiben[567] oder als zusätzliches Formerfordernis die Übergabe des Anteilscheins (s. § 14 Rdnr. 131 f.) verlangen[568]; alsdann ist die Abtretung erst wirksam, wenn der dingliche Vertrag in der Form des § 15 Abs. 3 vollzogen und der Anteilschein dem Erwerber übergeben ist. Die bloße Übergabe des Scheins genügt niemals[569]. Hinsichtlich seiner Übereignung gelten die §§ 929 ff. BGB. Möglich ist zudem die statutarische Bestimmung, dass eine Abtretung erst wirksam wird, wenn der Neugesellschafter in die Gesellschafterliste gemäß §§ 16, 40 eingetragen worden ist[570].

b) Vorkaufs- und Erwerbsvorrechte

117 Der Gesellschaftsvertrag kann ein Vorkaufsrecht (§§ 463 ff. BGB) oder, wenn auch andere Verpflichtungsgeschäfte als ein Verkauf (z.B. Tausch, Schenkung, Einbringung in eine Gesellschaft) erfasst werden und/oder keine Bindungen an die Bestimmungen des Drittvertrages eintreten sollen[571], ein Erwerbsvorrecht der Gesellschaft oder Einzelner oder aller Gesellschafter begründen[572]. Es sind geeignete Mittel, die Zusammensetzung des Gesellschafterkreises zu steuern und das Eindringen unerwünschter Personen zu verhindern, zugleich aber jedem Gesellschafter ein Austrittsrecht zu belassen[573]. Die Vorkaufs- und Erwerbsvorrechtsklauseln können sich auf alle oder nur auf bestimmte Veräußerungsgeschäfte (z.B. Veräußerungen an Nichtgesellschafter) beziehen, miteinander kombiniert werden und geltungsmäßig durch den Vorbehalt eines abweichenden Gesellschafterbeschlusses o.Ä. eingeschränkt werden[574]. Möglich, aber wenig zweckmäßig ist es, die Zulässigkeit der Anteilsabtretungen wegen eines Vorkaufsrechts auf Kaufgeschäfte zu beschränken[575]. Die Ausübung des Vorkaufsrechts, die durch

---

565 S. RGZ 103, 199; BayObLG v. 18.3.1991 – BReg 3 Z 69/90, GmbHR 1991, 572, 575.
566 Vgl. *Löbbe*, in: Ulmer/Habersack/Löbbe, Rdnr. 277; *U. Jasper*, in: MünchHdb. III, § 24 Rdnr. 200; *Reichert*, S. 66.
567 *Löbbe*, in: Ulmer/Habersack/Löbbe, Rdnr. 276 a.E.; *Fastrich*, in: Baumbach/Hueck, Rdnr. 38; *U. Jasper*, in: MünchHdb. III, § 24 Rdnr. 200.
568 RGZ 98, 277; *Feine*, S. 385; *Löbbe*, in: Ulmer/Habersack/Löbbe, Rdnr. 274; *Fastrich*, in: Baumbach/Hueck, § 14 Rdnr. 8; *Görner*, in: Rowedder/Schmidt-Leithoff, Rdnr. 186; *Altmeppen*, in: Roth/Altmeppen, Rdnr. 111; a.M. *Brodmann*, Anm. 6.
569 RG, GmbHR 1921, 165; eb. *Löbbe*, in: Ulmer/Habersack/Löbbe, Rdnr. 274.
570 Vgl. § 16 Rdnr. 11; eb. *Löbbe*, in: Ulmer/Habersack/Löbbe, Erg.-Band MoMiG, § 16 Rdnr. 17 a.E.
571 Allerdings kann auch im Vorkaufsvertrag vereinbart werden, dass für dessen Parteien im Verkaufsfall vom Drittvertrag abweichende Bestimmungen gelten sollen; vgl. RGZ 67, 42, 43; RGZ 104, 122, 123; RGZ 118, 1, 6 f.
572 Vgl. dazu *G. Hueck*, in: FS Larenz, 1973, S. 749 ff.; *Reichert*, S. 73 ff.; *H. P. Westermann/Klingberg*, in: FS Quack, 1991, S. 545 ff.; *Löbbe*, in: Ulmer/Habersack/Löbbe, Rdnr. 284; *Fastrich*, in: Baumbach/Hueck, Rdnr. 38; *Kowalski*, GmbHR 1992, 347 f., jeweils m.w.N.
573 Vgl. auch *Immenga*, S. 85 f. m. Hinweis auf die Auslandsrechte; *H. P. Westermann/Klingberg*, S. 548 f.; krit. *Otto*, GmbHR 1996, 16, 18 ff.; *Reichert*, GmbHR 2012, 713, 721.
574 OLG Stuttgart v. 22.5.1997 – 11 U 13/96, GmbHR 1997, 1108.
575 RG, JW 1934, 1412.

eine nicht formbedürftige Erklärung erfolgen kann (§ 464 Abs. 1 Satz 2 BGB), setzt den Abschluss eines rechtswirksamen Kaufvertrages zwischen dem Gesellschafter und einem Dritten voraus (§ 463 BGB), während die Berechtigung zur Ausübung des Erwerbsvorrechts auch an andere Ereignisse, z.B. die Kündigung des Gesellschafters, die förmliche Anzeige seiner Veräußerungsabsicht, das Erwerbsangebot u.Ä. geknüpft werden kann. Der Gesellschaftsvertrag muss alle Bedingungen des Erwerbs bestimmt oder bestimmbar festlegen, § 15 Abs. 4 (Rdnr. 54, 60). Die Erklärung über die Ausübung des Erwerbsvorrechts ist dagegen nicht formbedürftig, da der Gesellschaftsvertrag in der Regel bereits einen – durch den Eintritt des Ereignisses und dem Erklärungszugang – aufschiebend bedingten Abtretungsanspruch begründen soll[576]. Die Anteilsübertragung an die Vorkaufs- oder Erwerbsvorberechtigten hat in der Form des § 15 Abs. 3 zu erfolgen.

Die Vorkaufs- und Vorerwerbsrechte wirken aber nur **persönlich** gegen den Gesellschafter, der verkaufen will[577]. Volle Sicherung des Erwerbsberechtigten ist daher nur dann erreicht, wenn die Auslegung des Gesellschaftsvertrags ergibt, dass die Abtretbarkeit der Geschäftsanteile an die Nichtausübung des Vorkaufs- oder Erwerbsvorrechts gebunden ist[578] oder von der Genehmigung des Berechtigten abhängt. Schreibt der Gesellschaftsvertrag für die nicht an den Erwerbsberechtigten erfolgenden Abtretungen dagegen die Genehmigung durch andere Personen vor, so soll damit i.d.R. eine Verknüpfung mit dem Vorkaufs- oder Erwerbsvorrecht derart bewirkt werden, dass das Genehmigungsverfahren zugleich die Möglichkeit zur Ausübung und Verwirklichung jenes statutarischen Rechts sichern oder sie zumindest nicht gefährden soll; ein Genehmigungsbeschluss, der sich darüber hinwegsetzt, ist anfechtbar[579]. Möglich ist andererseits auch, dass die Nichtausübung des Vorkaufs- oder Erwerbsvorrechts Wirksamkeitsbedingung der Genehmigung oder neben dem Genehmigungsvorbehalt selbständiges Abtretungserfordernis sein soll[580], aber eine dahingehende Auslegung ist nur gestattet, wenn der Gesellschaftsvertrag ausreichende Anhaltspunkte dafür bietet[581]. Entsprechendes gilt auch für die Anbietungspflicht eines Gesellschafters, die gleichfalls nicht ohne weiteres dinglich wirkende Voraussetzung der Abtretung ist[582], aber sie kann als solche ausgestaltet oder im erörterten Sinne mit einem Genehmigungsvorbehalt verbunden werden. Ebenso wenig hindert eine gesellschaftliche Abtretungspflicht (§ 3 Abs. 2)[583] die Übertragung an eine andere Person als den Begünstigten, aber sie trifft je nach Inhalt auch den Erwerber und ist dann durch ihn zu erfüllen[584]; hat z.B. der Anteilsinhaber das Gesellschaftsverhältnis vertragsgemäß mit der Folge gekündigt, dass er seinen Geschäftsanteil an die Gesellschaft oder anteilsmäßig an die Gesellschafter abzutreten hat, so ist sein Rechtsnachfolger daran gebunden.

118

---

576 RGZ 113, 147, 149 f.; BGH, LM § 2 Nr. 7; *Löbbe*, in: Ulmer/Habersack/Löbbe, Rdnr. 284; *Fastrich*, in: Baumbach/Hueck, Rdnr. 31.

577 Allg. M.; *Ebbing*, in: Michalski u.a., Rdnr. 73; *Wiedemann*, S. 88; *G. Hueck*, S. 751; *Reichert*, S. 78; *Kowalski*, S. 348; *Binz/Mayer*, NZG 2012, 201, 210.

578 RG, JW 1934, 1412; *Löbbe*, in: Ulmer/Habersack/Löbbe, Rdnr. 280, 283; *Pastor/Werner*, BB 1969, 1418, 1419 f.; *G. Hueck*, S. 763; *Reichert*, S. 78; *Bayer*, in: Lutter/Hommelhoff, Rdnr. 68; *U. Jasper*, in: MünchHdb. III, § 24 Rdnr. 205.

579 BGH v. 13.7.1967 – II ZR 238/64, BGHZ 48, 145 betr. Anbietungspflicht; vgl. auch OLG Stuttgart v. 23.7.1993 – 2 U 79/93, GmbHR 1994, 257, 258; *Löbbe*, in: Ulmer/Habersack/Löbbe, Rdnr. 283; für stärkere Differenzierung *Kowalski*, S. 148.

580 RG, JW 1934, 1412, 1413.

581 RG, JW 1934, 1413 f.; *G. Hueck*, S. 751; *Reichert*, S. 78; a.M. *Pastor/Werner*, S. 1420.

582 BGH v. 13.7.1967 – II ZR 238/64, BGHZ 48, 145; *Bunte*, S. 59 ff.; *G. Hueck*, S. 755 ff.; bedenklich OLG Schleswig v. 28.5.1998 – 5 U 24/97, GmbHR 1999, 35.

583 Vgl. dazu § 3 Rdnr. 81 und oben Rdnr. 32 ff.

584 Unzutr. *Wiedemann*, S. 88.

c) Genehmigung

119 Sie ist der häufigste und wichtigste Fall statutarischer Abtretungsbeschränkungen und schon in § 15 Abs. 5 besonders hervorgehoben. Sie ist vorgeschrieben für Steuerberatungs- und Wirtschaftsprüfungsgesellschaften (§ 50 Abs. 5 Satz 2 u. 3 StBG, § 28 Abs. 5 Satz 2, 3 WPO).

aa) Genehmigungspflichtige Abtretungen

120 Die **Art der Abtretungen**, die der Genehmigung unterliegen sollen, kann der Gesellschaftsvertrag frei bestimmen[585]. Der Genehmigungsvorbehalt kann für alle Geschäftsanteile oder auch nur für gewisse Geschäftsanteilsarten oder einzelne Anteile gemacht, und ebenso können von der Genehmigungsbedürftigkeit gewisse Anteile oder gewisse Abtretungsfälle, z.B. Abtretung an Mitgesellschafter, befreit sein. Hier bedarf es trotzdem der Genehmigung, wenn zwar an einen Mitgesellschafter abgetreten wird, doch mit der Abrede der Weiterabtretung an einen Nichtgesellschafter und vorläufige Ausübung des Gesellschaftsrechts nur nach dessen Weisungen[586]. Nimmt der Gesellschaftsvertrag einer Familien-GmbH vom Erfordernis der Genehmigung durch die Gesellschaft und (oder) die Gesellschafter Abtretungen nur für den Sonderfall der Erbteilung aus, so ist im Zweifel eine ausdehnende Anwendung, insbesondere auch auf Abtretungen an die GmbH nicht möglich[587]. Ausgenommen sind im Allgemeinen auch Abtretungen, die auf Grund einer gesellschaftlichen Pflicht (§ 3 Abs. 2) sowie eines gesellschaftlichen Verkaufs- oder Übernahmerechts an die statutarisch bestimmte oder an die von einem hierzu Ermächtigten benannte Person vorgenommen werden[588]. Es kann vorgesehen sein, dass nur entgeltliche Abtretungen vom Genehmigungserfordernis erfasst werden. Schreibt der Gesellschaftsvertrag die Genehmigung für den „Verkauf" von Geschäftsanteilen vor, so sind darunter im Zweifel auch kaufähnliche Verträge (i.S. von § 453 Abs. 1 BGB) und Tauschverträge (§ 480 BGB)[589] zu verstehen, während unentgeltliche Verfügungen im Zweifel nicht unter die Bestimmung fallen[590]. Die Abtretung an einen Treuhänder sowie die Rückabtretung durch ihn[591] (s. aber auch Rdnr. 233), die Übertragung der Treugeberstellung im Ganzen[592] und die Begründung des Treuhandverhältnisses durch Vertrag zwischen dem Anteilsinhaber und einem anderen (s. Rdnr. 224) unterliegen dem Genehmigungserfordernis, wenn es nach dem Gesellschaftsvertrag für die Abtretung des betreffenden Geschäftsanteils allgemein gilt oder wenn der Vertrag die die Genehmigungspflicht auslösenden speziellen Merkmale aufweist (hierzu Rdnr. 234 ff.).

bb) Zuständigkeit

121 Bei der Zuständigkeit zur Genehmigung ist zunächst zwischen der Zuständigkeit zur Erteilung der Genehmigung im Innenverhältnis (Rdnr. 122 ff.) und ihrer **Erklärung im Außenverhältnis** zu differenzieren. Diese Zuständigkeiten werden durch das GmbHG nicht ausdrücklich geregelt. Gleichwohl hält eine Ansicht eine statutarische Bestimmung, die die Genehmigung der Gesellschafterversammlung oder den Gesellschaftern zuweist, ausschließlich im Innen-

---

585 Eine Übersicht über typische Klauseln gibt *Seibt*, in: MünchAnwHdb. GmbH-Recht, 3. Aufl. 2014, § 2 Rdnr. 199 ff.; *Reichert*, S. 62 ff.
586 RGZ 103, 195; *Reichert*, S. 64; s. dazu auch Rdnr. 110, 111, 116.
587 BGH v. 15.12.1975 – II ZR 17/74, WM 1976, 204.
588 Vgl. auch *Löbbe*, in: Ulmer/Habersack/Löbbe, Rdnr. 227; *U. Jasper*, in: MünchHdb. III, § 24 Rdnr. 192 und oben Rdnr. 32.
589 Dazu RG, JW 1934, 1412.
590 RGZ 101, 247 f.
591 RGZ 159, 282; RG, JW 1931, 2967; BGH, LM § 15 Nr. 8; BayObLG v. 18.3.1991 – BReg 3 Z 69/90, GmbHR 1991, 572, 574; krit. *Roth/Thöni*, in: FS 100 Jahre GmbHG, 1992, S. 245, 262 ff.; *Görner*, in: Rowedder/Schmidt-Leithoff, Rdnr. 193.
592 RGZ 159, 281 f.

verhältnis für bedeutsam und gesteht dem Geschäftsführer zwingend sowie unbeschränkbar die Vertretungsmacht zur Abgabe der Genehmigungserklärung mit der Folge zu, dass die Genehmigung auch ohne oder gegen die Entscheidung jener wirksam erteilt sei. Folgerichtig soll das auch gelten, wenn ein anderes Gesellschaftsorgan, z.B. der Aufsichtsrat oder der Beirat, nach dem Gesellschaftsvertrag zuständig ist[593]. Soweit dabei zur Begründung § 35 Abs. 1, § 37 Abs. 2 angeführt werden, wird rechtsirrig unterstellt, dass die Genehmigung in den vorgenannten Fällen ein Rechtsakt der Gesellschaft sei und ihrer Rechtsqualität nach stets sein müsse. Keines von beiden trifft aber zu, da sie die Zulassung des Bewerbers als Gesellschafter zum Gegenstand hat und demzufolge ausschließlich die Regelung des internen Gesellschaftsverhältnisses betrifft, auf die die § 35 Abs. 1, § 37 Abs. 2 nicht anwendbar sind[594]. Es liegt nicht anders als bei der Zulassung des Beitritts eines Dritten im Falle der Kapitalerhöhung, für die der BGH trotz des Gesetzeswortlauts des § 55 Abs. 2 Satz 1 mit Recht ebenso entschieden hat[595]. Die Gegenauffassung ist darüber hinaus mit § 15 Abs. 5 unvereinbar, der es in Übereinstimmung mit den vorstehenden Grundsätzen den Gesellschaftern uneingeschränkt überlässt, durch Bestimmung ihnen geeignet erscheinender Abtretungsvoraussetzungen die Art und Weise der Zulassung neuer Gesellschafter zu regeln[596]. Die Erwägung, dass die Zwischenschaltung des Geschäftsführers erforderlich sei, um den Bewerber vor Unklarheiten über die Genehmigung zu schützen[597], ist schon deswegen nicht sachgerecht, weil nach dem Gesetzeszweck des § 15 Abs. 5 dessen Interesse dem der Gesellschaft nachrangig[598] und er zudem nicht schutzwürdig ist. Der Bewerber kann sich über die Zuständigkeit aus dem Gesellschaftsvertrag unterrichten und muss, wenn er Gesellschafter werden will, dessen Regelung mit allen Konsequenzen hinnehmen. Die Analogie zu § 68 Abs. 2 Satz 2 AktG, auf die sich die abweichende Meinung z.T. stützt[599], ist wegen der Beschränkung der Vinkulierungsmöglichkeiten durch § 68 Abs. 2 Satz 1 AktG (zulässig nur Bindung an die Zustimmung der Gesellschaft) und wegen der Besonderheiten sowohl der aktienrechtlichen Zuständigkeitsordnung als auch des Aktienhandels unzulässig[600]. Den Geschäftsführern kommt daher keine zwingende und unbeschränkbare Vertretungsmacht im Außenverhältnis zu, vielmehr ist die Zustimmung durch den Zustimmungsberechtigten abzugeben, was sich nach den bestehenden Zustimmungszuständigkeiten bestimmt:

(1) Der **Gesellschaftsvertrag** ist ausschließlich maßgebend dafür, wer zur Entscheidung über die Genehmigung befugt ist und wer demgemäß die entsprechende Erklärung abzugeben hat (hierzu Rdnr. 128 ff.). Die Zuständigkeit kann der Gesellschaft (als Beispiel in § 15 Abs. 5 genannt), einzelnen oder allen Gesellschaftern, der Gesellschafterversammlung[601] den Geschäftsführern, dem Aufsichtsrat[602] oder einem anderen Gesellschaftsorgan, z.B. einem Bei- 122

593 S. dazu aber RGZ 85, 48 betr. § 17 Abs. 1; dahingestellt in BGH v. 29.10.1956 – II ZR 130/55, BGHZ 22, 101, 107.
594 Zutr. *Brodmann*, Anm. 5g; *Fastrich*, in: Baumbach/Hueck, Rdnr. 42 f.; *Bayer*, in: Lutter/Hommelhoff, Rdnr. 78; *Ebbing*, in: Michalski u.a., Rdnr. 148; *Löbbe*, in: Ulmer/Habersack/Löbbe, Rdnr. 244, 235 ff.; *Wicke*, Rdnr. 25; *Feine*, S. 386; *Wiedemann*, S. 99 f.; *Winkler*, S. 58; *Immenga*, S. 80 f.; *Reichert*, S. 69 f.; *Karsten Schmidt*, in: FS Beusch, 1993, S. 762 ff. u. GesR, § 35 II 1. b); *U. Jasper*, in: MünchHdb. III, § 24 Rdnr. 198; *Happ*, Die GmbH im Prozess, S. 212.
595 BGH v. 30.11.1967 – II ZR 68/65, BGHZ 49, 117, 119 f.
596 Vgl. auch OLG Koblenz v. 12.1.1989 – 6 U 1053/87 (Kart), GmbHR 1990, 39; *Wiedemann*, S. 100; *Löbbe*, in: Ulmer/Habersack/Löbbe, Rdnr. 247; *Karsten Schmidt*, in: FS Beusch, 1993, S. 762 ff. u. GesR, § 35 II 1. b).
597 RGZ 104, 415.
598 Zutr. *Immenga*, S. 80.
599 *Zimmermann*, BB 1966, 1171; *Fischer*, ZHR 130 (1968), 367; *M. Lehmann*, S. 76 f.; vgl. auch *Altmeppen*, in: Roth/Altmeppen, Rdnr. 109; wohl auch *Nodoushani*, ZGR 2014, 809, 815.
600 Eb. *Eder*, GmbHR 1966, 279; *Winkler*, S. 58 Fn. 322; *Bunte*, S. 53; *Reichert*, S. 72.
601 BGH v. 20.2.1989 – II ZR 148/88, GmbHR 1989, 327, 329; BayObLG v. 18.3.1991 – BReg 3 Z 69/90, GmbHR 1991, 572, 573; BayObLG v. 7.11.1991 – BReg 3 Z 120/91, BB 1992, 226.
602 BGH v. 29.10.1956 – II ZR 130/55, BGHZ 22, 101.

rat[603] oder einem Gesellschafterausschuss[604] zugewiesen werden. Es kann auch bestimmt werden, dass die Abtretung von der Gesellschaft *und* von allen (einzelnen) Gesellschaftern genehmigt werden muss[605]. Von der Genehmigung eines gesellschaftsfremden Dritten (z.B. Kreditgeber) kann die Abtretung dagegen nicht abhängig gemacht werden[606]. Denn es ist nicht zulässig, einem Dritten ein gesellschaftliches Recht einzuräumen[607], und einer Rechtszuweisung bei Vinkulierungsklauseln steht überdies entgegen, dass der Dritte nicht der gesellschaftsrechtlichen Treuepflicht unterliegt. Doch kann sich z.B. die Gesellschaft ihm gegenüber schuldrechtlich verpflichten, eine satzungsmäßig ihr zustehende Genehmigungsbefugnis nicht ohne Befragen oder ohne Zustimmung auszuüben.

123 (2) Schreibt die Satzung die **Genehmigung der „Gesellschaft"** vor, so wird dadurch, wenn nicht ein abweichender Wille aus anderen berücksichtigungsfähigen Umständen (Rdnr. 108 f.) klar hervorgeht, die Zuständigkeit der juristischen Person selbst begründet[608]. Die Genehmigung obliegt dann den Geschäftsführern in vertretungsberechtigter Zahl, und die von ihnen regelmäßig herbeizuführende Entschließung der Gesellschafter (arg. e § 46 Nr. 4)[609] wirkt *nur* im Innenverhältnis[610], es sei denn, dass die Regeln über den Missbrauch der Vertretungsmacht (s. 11. Aufl., § 35 Rdnr. 137 ff.) eingreifen[611]. Der Erklärungsempfänger muss sich den Missbrauch entgegenhalten lassen, wenn er weiß oder sich ihm aufdrängen muss, dass der Geschäftsführer ohne den vorgeschriebenen Gesellschafterbeschluss gehandelt hat[612]. Ist der Erklärungsempfänger ein (veräußernder oder erwerbender) Gesellschafter, wird das regelmäßig zutreffen[613]. Es ist durch Auslegung des Gesellschaftsvertrages festzustellen, ob ein Gesellschafterbeschluss intern erforderlich ist; ergibt sich aus ihm nichts Gegenteiliges, so ist dies anzunehmen, da die Entscheidung über die Zusammensetzung der Gesellschafter pri-

---

603 Vgl. dazu *Salje*, S. 1526 ff.; *Altmeppen*, in: Roth/Altmeppen, Rdnr. 107; *Happ*, Die GmbH im Prozess, S. 20.

604 RG, WarnRspr. 1918 Nr. 79.

605 BGH v. 15.12.1975 – II ZR 17/74, WM 1976, 204.

606 *Löbbe*, in: Ulmer/Habersack/Löbbe, Rdnr. 251; *Wicke*, Rdnr. 23; *Brodmann*, Anm. 5c; *Wiedemann*, S. 104 m.w.N.; a.M. KG, DR 1942, 1059; *Feine*, S. 387; *Fastrich*, in: Baumbach/Hueck, Rdnr. 38, 44; *Ebbing*, in: Michalski u.a., Rdnr. 152; *Reichert*, S. 62; *Reichert/Weller*, in: MünchKomm. GmbHG, 2. Aufl. 2015, Rdnr. 428; *U. Jasper*, in: MünchHdb. III, § 24 Rdnr. 196; *Lessmann*, GmbHR 1985, 185; offen: *Bayer*, in: Lutter/Hommelhoff, Rdnr. 81; *Stoppel*, WM 2008, 147, 151.

607 Dazu allgemein *Ulmer*, in: FS Werner, 1984, S. 911, 922 ff.; *Ulmer*, in: FS Wiedemann, 2002, S. 1297 ff.

608 A.M. *Immenga*, S. 81.

609 BGH v. 14.3.1988 – II ZR 211/87, GmbHR 1988, 260, 261; OLG Hamburg v. 5.6.1992 – 11 W 30/92, GmbHR 1992, 609, 610; eb. *Löbbe*, in: Ulmer/Habersack/Löbbe, Rdnr. 243; *Fastrich*, in: Baumbach/Hueck, Rdnr. 42; *Bayer*, in: Lutter/Hommelhoff, Rdnr. 77.

610 OGHZ 3, 93; *Löbbe*, in: Ulmer/Habersack/Löbbe, Rdnr. 244; *Bayer*, in: Lutter/Hommelhoff, Rdnr. 77; *Görner*, in: Rowedder/Schmidt-Leithoff, Rdnr. 182; *Fastrich*, in: Baumbach/Hueck, Rdnr. 42; *Wenz*, in: Formular-Kommentar GmbH-Recht, 3. Aufl. 2016, E. Rdnr. 145; *Ebbing*, in: Michalski u.a., Rdnr. 143; *Wiedemann*, S. 104; *Eder*, S. 279; *Reichert*, S. 70 f.; *Reichert/Weller*, in: MünchKomm. GmbHG, 2. Aufl. 2015, Rdnr. 420; *Altmeppen*, in: Roth/Altmeppen, Rdnr. 100; *Karsten Schmidt*, in: FS Beusch, 1993, S. 761 ff. u. GesR, § 35 II 1. b); a.M. *Zöllner/Noack*, in: Baumbach/Hueck, § 35 Rdnr. 92; *Immenga*, ZGR 1979, 392, 395 f.; *Zimmermann*, BB 1966, 1171; offen gelassen von BGH v. 14.3.1988 – II ZR 211/87, GmbHR 1988, 260, 261.

611 BGH v. 14.3.1988 – II ZR 211/87, GmbHR 1988, 260, 261; OLG Hamburg v. 5.6.1992 – 11 W 30/92, GmbHR 1992, 609, 610; *Löbbe*, in: Ulmer/Habersack/Löbbe, Rdnr. 244; *Fastrich*, in: Baumbach/Hueck, Rdnr. 42; *Görner*, in: Rowedder/Schmidt-Leithoff, Rdnr. 182; *Bayer*, in: Lutter/Hommelhoff, Rdnr. 77; *Altmeppen*, in: Roth/Altmeppen, Rdnr. 100.

612 BGH v. 14.3.1988 – II ZR 211/87, GmbHR 1988, 260, 261.

613 *Löbbe*, in: Ulmer/Habersack/Löbbe, Rdnr. 244; *Altmeppen*, in: Roth/Altmeppen, Rdnr. 102; *Bayer*, in: Lutter/Hommelhoff, Rdnr. 77; *Reichert*, in: Anm. zu OLG Hamburg, WuB II C § 15 GmbHG 2.92; *Happ*, Die GmbH im Prozess, S. 211. Zu weitgehend sieht *U. Jasper*, in: MünchHdb. III, § 24 Rdnr. 194 die ohne Genehmigungsbeschluss abgegebene Erklärung generell als unwirksam an.

mär deren Sache ist. Der Beschluss bedarf, wenn die Satzung nichts anderes bestimmt, der einfachen Mehrheit der abgegebenen Stimmen (§ 47 Abs. 1)[614]. Ein am Veräußerungsgeschäft beteiligter Gesellschafter darf, wenn statutarisch nicht anders bestimmt, mitstimmen[615]. Fehlt das statutarisch zuständige Gesellschaftsorgan oder ist es handlungsunfähig, so entscheidet, wenn es der Gesellschafterversammlung nachgeordnet ist, diese an seiner Stelle[616].

Die **Insolvenz der Gesellschaft** ändert an der Zuständigkeit nichts. Der Insolvenzverwalter ist weder zur Entscheidung über die Genehmigung noch zu deren Erklärung befugt (s. Rdnr. 258).   **124**

(3) Sieht die Satzung die **Genehmigung der Gesellschafterversammlung** vor, so ist zunächst durch Auslegung zu klären, ob es sich lediglich um ein innergesellschaftliches Erfordernis handelt (Rdnr. 123) oder ob, was im Zweifel anzunehmen ist[617], eine eigenständige Abtretungsvoraussetzung i.S. des § 15 Abs. 5 gewollt ist. Diese Zustimmungszuständigkeit kann auch gemeint sein, wenn die Satzung die Genehmigung „der Gesellschafter" vorschreibt (Rdnr. 126). Die Entscheidung der Gesellschafterversammlung ist mangels abweichender Regelung durch einen Beschluss mit der Mehrheit der abgegebenen Stimmen zu treffen (§ 47 Abs. 1)[618]. Der abtretende Gesellschafter und, wenn er der Gesellschaft bereits angehört, auch der Erwerber können mitstimmen (Rdnr. 123). Die Satzung kann andere Bestimmungen treffen, z.B. alternativ die Beschlussfassung außerhalb einer Versammlung genügen lassen[619] oder eine größere Mehrheit oder auch Einstimmigkeit vorsehen[620]. Es muss sich aber immer hinreichend deutlich aus dem Gesellschaftsvertrag ergeben, dass eine solche verstärkte Bindung gewollt ist; die personalistische Realstruktur ist hierfür allein nicht ausreichend[621]. Die Zustimmungsentscheidung muss dem Veräußerer oder Erwerber des vinkulierten Geschäftsanteils anerklärt werden (Rdnr. 128); ist einer von ihnen bei der Bekanntgabe des Beschlussergebnisses anwesend, so genügt das, wenn kein Vorbehalt gemacht wird (Rdnr. 130 a.E.). Andernfalls muss die Gesellschafterversammlung als Zustimmungsberechtigte den Geschäftsführer oder eine andere Person zur Übermittlung ihrer Entscheidung ermächtigen (Rdnr. 130).   **125**

(4) Eine Bestimmung, die die Genehmigung **„der Gesellschafter"** verlangt, ist mehrdeutig. Auch wenn es heißt „übrige Gesellschafter", ist damit zwar zweifelsfrei ausgedrückt, dass die Mitwirkung des Abtretenden ausgeschlossen ist (§ 47 Abs. 4 Satz 2 greift andernfalls nicht ein, aber es bleibt ebenso wie im ersten Fall offen, ob die Genehmigung jedes Gesellschafters als einzelnen erforderlich sein soll oder ob die Gesellschafter als Beschlussorgan gemeint sind   **126**

---

614 Eb. *Löbbe*, in: Ulmer/Habersack/Löbbe, Rdnr. 245; *Fastrich*, in: Baumbach/Hueck, Rdnr. 42; *U. Jasper*, in: MünchHdb. III, § 24 Rdnr. 193.

615 BGH v. 29.5.1967 – II ZR 105/66, BGHZ 48, 163, 167; BayObLG v. 18.3.1991 – BReg 3 Z 69/90, GmbHR 1991, 572, 573; BayObLG v. 7.11.1991 – BReg 3 Z 120/91, BB 1992, 226; *Löbbe*, in: Ulmer/Habersack/Löbbe, Rdnr. 245; *Fastrich*, in: Baumbach/Hueck, Rdnr. 42; *Bayer*, in: Lutter/Hommelhoff, Rdnr. 77, 79; *Görner*, in: Rowedder/Schmidt-Leithoff, Rdnr. 188; *Altmeppen*, in: Roth/Altmeppen, Rdnr. 104; a.M. *Zöllner*, Die Schranken mitgliedschaftlicher Stimmrechtsmacht, 1963, S. 245 ff.; *Zöllner*, GmbHR 1968, 177 ff.; *Zöllner/Noack*, in: Baumbach/Hueck, § 47 Rdnr. 90.

616 Vgl. BGH v. 29.10.1956 – II ZR 130/55, BGHZ 22, 101, 108 betr. Aufsichtsrat.

617 OLG Koblenz v. 12.1.1989 – 6 U 1053/87 (Kart), GmbHR 1990, 39; *Reichert*, S. 70; *Karsten Schmidt*, in: FS Beusch, 1993, S. 763 u. GesR, § 35 II 1. b).

618 BGH v. 29.5.1967 – II ZR 105/66, BGHZ 48, 163, 167; *Löbbe*, in: Ulmer/Habersack/Löbbe, Rdnr. 248; *Fastrich*, in: Baumbach/Hueck, Rdnr. 42; *Reichert/Weller*, in: MünchKomm. GmbHG, 2. Aufl. 2015, Rdnr. 422; *Altmeppen*, in: Roth/Altmeppen, Rdnr. 108; *Reichert*, GmbHR 2012, 713, 715; *Wiedemann*, S. 98; *Görner*, in: Rowedder/Schmidt-Leithoff, Rdnr. 185; einschr. *Mertens*, JR 1967, 462, 463.

619 BayObLG v. 7.11.1991 – BReg 3 Z 120/91, BB 1992, 226.

620 BayObLG v. 18.3.1991 – BReg 3 Z 69/90, GmbHR 1991, 572, 573.

621 *Löbbe*, in: Ulmer/Habersack/Löbbe, Rdnr. 248; *Ebbing*, in: Michalski u.a., Rdnr. 151; *U. Jasper*, in: MünchHdb. III, § 24 Rdnr. 197; *Reichert*, S. 60 f.; a.M. *Mertens*, JR 1967, 462, 463.

und ob dann gegebenenfalls ein Mehrheitsbeschluss genügt[622]. Ersteres wird nur beim Vorliegen ausreichender Anhaltspunkte im Gesellschaftsvertrag, z.B. einem entsprechenden Vinkulierungszweck oder der auch in anderen Bestimmungen zum Ausdruck kommenden besonderen Rücksichtnahme auf die Person jedes Beteiligten, anzunehmen sein, während im Zweifel die zweite Alternative gilt[623]. Regelt der Gesellschaftsvertrag einen Zustimmungsvorbehalt zugunsten „aller Gesellschafter", so ist ein von sämtlichen Gesellschaftern (nicht nur von den bei der Beschlussfassung Anwesenden) einstimmig gefasster Gesellschafterbeschluss oder die Zustimmungserklärungen sämtlicher Gesellschafter erforderlich[624]. Zur Erklärung der Zustimmung vgl. Rdnr. 128, 130.

cc) Versagungsgründe

127 Der Gesellschaftsvertrag kann die Versagungsgründe näher regeln, bestimmen, dass die Genehmigung grundlos (aber nicht willkürlich) oder dass sie umgekehrt nur in bestimmten Fällen oder nur beim Vorliegen eines wichtigen Grundes[625] verweigert werden darf oder bei Erfüllung bestimmter Voraussetzungen erteilt werden muss. Der veräußerungsbegehrende Gesellschafter (nicht der gesellschaftsfremde Erwerber[626], der aber von jenem als seinem Schuldner grundsätzlich ein Tätigwerden verlangen kann) hat ein mittels Klage durchsetzbares Recht auf Genehmigung, wenn der statutarische Versagungsgrund, was von ihm darzulegen und zu beweisen ist, nicht vorliegt[627]; das zuerkennende Urteil ersetzt dann die Genehmigung (§ 894 ZPO). Passiv legitimiert ist, wenn die Zustimmung durch die Gesellschaft oder ein Gesellschaftsorgan zu erteilen ist, die GmbH[628], sonst die jeweiligen Zustimmungsberechtigten (Rdnr. 122)[629]. Schweigt der Gesellschaftsvertrag über die zulässigen Ablehnungsgründe, so steht die Entscheidung grundsätzlich im pflichtgemäßen, aber gleichwohl weiten Ermessen des Genehmigungsberechtigten[630]. Die Ablehnung braucht daher nicht

---

622 Dazu *Winter*, GmbHR 1964, 252; *Reichert*, S. 57.
623 Eb. *Feine*, S. 387; *Brodmann*, Anm. 5 f.; *Löbbe*, in: Ulmer/Habersack/Löbbe, Rdnr. 249; *Reichert/Weller*, in: MünchKomm. GmbHG, 2. Aufl. 2015, Rdnr. 425; *Bayer*, in: Lutter/Hommelhoff, Rdnr. 79; *Karsten Schmidt*, in: FS Beusch, 1993, S. 766; *Happ*, Die GmbH im Prozess, S. 213; LG Köln v. 18.12.1991 – 88 O 97/91, GmbHR 1993, 109, 110; a.m. *Fischer*, GmbHR 1953, 153; *Görner*, in: Rowedder/Schmidt-Leithoff, Rdnr. 185 u. *Immenga*, S. 81 f., die i.d.R. Einstimmigkeit fordern. Vgl. auch BGH v. 16.2.1981 – II ZR 168/79, GmbHR 1981, 189 = DB 1981, 931; *Fastrich*, in: Baumbach/Hueck, Rdnr. 48, die nach Struktur der Gesellschaft differenzieren.
624 *Löbbe*, in: Ulmer/Habersack/Löbbe, Rdnr. 249.
625 RG, JW 1934, 1412; OLG Bremen v. 7.6.2007 – 2 U 1/07, BB 2007, 1643 (zur KG).
626 KG v. 2.1.2001 – 14 U 2955/99, NZG 2001, 508. – Einem Erwerber, der bereits Gesellschafter ist, kann zwar ebenfalls ein Genehmigungsanspruch zustehen, aber notwendig ist das nicht; zu weitgehend daher *Reichert*, S. 110; *Happ*, Die GmbH im Prozess, S. 215, 220.
627 OLG Koblenz v. 12.1.1989 – 6 U 1053/87 (Kart), NJW-RR 1989, 1057, 1059 = GmbHR 1990, 39; KG v. 2.1.2001 – 14 U 2955/99, NZG 2001, 508, 509; *Wiedemann*, S. 107; *Bayer*, in: Lutter/Hommelhoff, Rdnr. 83; *Fastrich*, in: Baumbach/Hueck, Rdnr. 46; *Altmeppen*, in: Roth/Altmeppen, Rdnr. 101; *Ebbing*, in: Michalski u.a., Rdnr. 154; *Görner*, in: Rowedder/Schmidt-Leithoff, Rdnr. 190; *Happ*, Die GmbH im Prozess, S. 219 ff., 234 m.w.N.; *Bayer/Illhardt*, GmbHR 2011, 638; a.A. *Kossmann*, DB 1985, 1364, 1367.
628 OLG Koblenz v. 12.1.1989 – 6 U 1053/87 (Kart), GmbHR 1990, 39, 41; *U. Jasper*, in: MünchHdb. III, § 24 Rdnr. 199; *Happ*, Die GmbH im Prozess, S. 222 f.; *Görner*, in: Rowedder/Schmidt-Leithoff, Rdnr. 190; *Ebbing*, in: Michalski u.a., Rdnr. 154.
629 *U. Jasper*, in: MünchHdb. III, § 24 Rdnr. 199; *Happ*, Die GmbH im Prozess, S. 223 f.
630 RGZ 88, 325; RG, JW 1934, 1412; OLG Düsseldorf v. 27.2.1964 – 6 U 208/63, GmbHR 1964, 250; *Wiedemann*, S. 106 f.; *Immenga*, S. 83 ff.; *Löbbe*, in: Ulmer/Habersack/Löbbe, Rdnr. 253 ff.; *Fastrich*, in: Baumbach/Hueck, Rdnr. 46; *Reichert/Weller*, in: MünchKomm. GmbHG, 2. Aufl. 2015, Rdnr. 409; *Bayer*, in: Lutter/Hommelhoff, Rdnr. 82; *Zöllner*, GmbHR 1968, 177, 178; *Blasche*, RNotZ 2013, 515, 528; *Happ*, Die GmbH im Prozess, S. 215 f.; vgl. auch OLG Koblenz v. 12.1.1989 – 6 U 1053/87 (Kart), GmbHR 1990, 39, 41.

durch einen wichtigen Grund gerechtfertigt zu sein[631]. Ebenso wenig kann die Wirksamkeit der Erklärung des Berechtigten mit der Begründung in Frage gestellt werden, dass seine Entscheidung verbands- oder unternehmenspolitisch unzweckmäßig sei[632]. Die Genehmigungsbefugnis darf aber nicht rechtsmissbräuchlich (§§ 226, 242, 826 BGB), insbesondere nicht zweckwidrig ausgeübt werden, wobei aber zu beachten ist, dass der Vinkulierungszweck (zulässigerweise) auch andere als unternehmensbezogene Interessen betreffen kann[633]. Wenn die Genehmigung grundlos, willkürlich oder aus sachfremden Gründen[634] verweigert wird, stellt dies einen Rechtsmissbrauch[635] und zugleich einen Verstoß gegen die gesellschaftliche Treuepflicht dar[636]. Die rechtsmissbräuchliche Ablehnung ist unwirksam, begründet aber nicht ohne weiteres ein Recht auf Genehmigung[637]. Anders liegt es nur dann, wenn der Gleichbehandlungsgrundsatz ihre Erteilung erfordert[638] oder wenn die gesellschaftliche Treuepflicht ausnahmsweise ein Zustimmungsrecht begründet (s. § 14 Rdnr. 105)[639], weil *keinerlei* nach dem Sinn der Satzungsklausel beachtlicher Verweigerungsgrund gegeben ist (d.h. ein Ermessensspielraum für den Berechtigten völlig fehlt) und die Treuepflicht deshalb die Rücksichtnahme auf die Veräußerungsinteressen des Gesellschafters (z.B. ernsthaftes und dringendes Verkaufsbedürfnis zur Abwendung einer Insolvenz oder wegen gesundheitlichen Siechtums, das die Ausübung seiner mitgliedschaftlichen Verwaltungsrechte ausschließt) den Umständen nach gebietet. Dabei ist im Rahmen der Treuepflicht auch (aber nicht allein entscheidend!) zu berücksichtigen, ob dem veräußerungsbegehrenden Gesellschafter die Veräußerung über längere Dauer faktisch unmöglich gemacht wird/wurde, indem etwa mehrfach die Zustimmung zur Übertragung an verschiedene, nicht konfliktträchtige Erwerbsinteressenten verweigert wurde[640]. Möglich ist darüber hinaus ein rechtsgeschäftlicher Anspruch auf Zustimmung[641]. Umgekehrt kann die gesellschaftliche Treuepflicht auch einer Genehmigung entgegenstehen[642].

---

631 *Löbbe*, in: Ulmer/Habersack/Löbbe, Rdnr. 253 f.; *Görner*, in: Rowedder/Schmidt-Leithoff, Rdnr. 189; *Reichert*, S. 222, 229 ff.; *Reichert/M. Winter*, in: FS 100 Jahre GmbHG, 1992, S. 209, 223 f.; a.M. *Scholz*, SJZ 1949, 6; GmbHR 1949, 72; *Neflin*, GmbHR 1963, 24.

632 Vgl. auch RGZ 132, 155 betr. AG; *Reichert*, GmbHR 2012, 713, 719.

633 Daher kann die Entscheidung des BGH v. 1.12.1986 – II ZR 287/85, ZIP 1987, 291, 292 zu § 68 Abs. 2 AktG (folgend LG Aachen v. 19.5.1992 – 41 O 30/92, AG 1992, 410, 411 und 412 f. – AMB/AGF) nicht verallgemeinert werden; s. aber *Löbbe*, in: Ulmer/Habersack/Löbbe, Rdnr. 254; *Reichert/M. Winter*, in: FS 100 Jahre GmbHG, S. 217; *Happ*, Die GmbH im Prozess, S. 216.

634 OLG Karlsruhe v. 25.4.1984 – 6 U 20/84, BB 1984, 2015, 2016; vgl. auch OLG Bremen v. 7.6.2007 – 2 U 1/07, BB 2007, 1643 (zur Publikums-KG): Ist die Verweigerung nur aus wichtigem Grund zulässig, dann ist die Zustimmung bei Nichtvorliegen eines solchen Grundes und voller gerichtlicher Überprüfbarkeit zu erteilen.

635 *Winter*, GmbHR 1964, 252; *Wiedemann*, S. 106; *Immenga*, S. 84; a.M. *Feine*, S. 385; *Winkler*, S. 59; *Happ*, Die GmbH im Prozess, S. 216.

636 Zutr. *Reichert*, S. 224 ff.; *Löbbe*, in: Ulmer/Habersack/Löbbe, Rdnr. 255.

637 *Wiedemann*, S. 106 f.; *Ebbing*, in: Michalski u.a., Rdnr. 155; *Fastrich*, in: Baumbach/Hueck, Rdnr. 46; *Happ*, Die GmbH im Prozess, S. 216.

638 *Wiedemann*, S. 106; *Fastrich*, in: Baumbach/Hueck, Rdnr. 46; *Ebbing*, in: Michalski u.a., Rdnr. 155; *U. Jasper*, in: MünchHdb. III, § 24 Rdnr. 199; *Happ*, Die GmbH im Prozess, S. 214.

639 Vgl. *Löbbe*, in: Ulmer/Habersack/Löbbe, Rdnr. 253, 256; *Fastrich*, in: Baumbach/Hueck, Rdnr. 46; *Altmeppen*, in: Roth/Altmeppen, Rdnr. 104; *Ebbing*, in: Michalski u.a., Rdnr. 155; *Happ*, Die GmbH im Prozess, S. 214 f.

640 Vgl. OLG München v. 28.7.2008 – 7 U 3004/08, NZG 2009, 25, 26 (zur Publikums-KG); zu weitgehend allerdings *Lutter/Drygala*, in: KölnKomm. AktG, 3. Aufl. 2012, § 68 AktG Rdnr. 82 (Beweislastumkehr zu Lasten der Gesellschaftermehrheit); *Löbbe*, in: Ulmer/Habersack/Löbbe, Rdnr. 253 f.; *Reichert/M. Winter*, in: FS 100 Jahre GmbHG, S. 209, 221.

641 OLG Düsseldorf v. 23.1.1987 – 7 U 244/85, ZIP 1987, 227, 231 f. = GmbHR 1987, 475; eb. *Löbbe*, in: Ulmer/Habersack/Löbbe, Rdnr. 253.

642 Eb. *Löbbe*, in: Ulmer/Habersack/Löbbe, Rdnr. 256; *Lutter/Timm*, NJW 1982, 409, 417; *Happ*, Die GmbH im Prozess, S. 217 f.; *Reichert/M. Winter*, in: FS 100 Jahre GmbHG, S. 209, 229 ff.

dd) Erklärung

128 Die Genehmigung zur Abtretung bedeutet „Zustimmung" i.S. der §§ 182 ff. BGB[643]. Sie erfordert daher eine **Willenserklärung** gegenüber dem Veräußerer oder dem Erwerber und wird erst mit deren Zugang bei dem Betreffenden wirksam (§§ 130, 182 BGB).

129 (1) Die Erklärung ist durch den **Zustimmungsberechtigten abzugeben**. Die der Gesellschaft obliegende Genehmigung kann deshalb wirksam nur durch die Geschäftsführer erklärt werden (§ 35 Abs. 1; s. darüber Rdnr. 121 ff.), die dabei in vertretungsberechtigender Zahl handeln müssen[644]. § 181 BGB ist anwendbar[645], hindert aber den Geschäftsführer nicht, seinem Vertragspartner gegenüber zu genehmigen[646]. Die bloße Erwähnung eines internen Zustimmungsbeschlusses der Gesellschafter durch den Geschäftsführer, die ersichtlich nicht als Genehmigungserklärung gemeint war, genügt ebenso wenig[647] wie die Mitteilung über den Beschluss durch einen anderen oder die Anwesenheit der Parteien des Abtretungsvertrages bei der Beschlussfassung, außer wenn auch der Geschäftsführer zugegen und sein Verhalten als Genehmigung zu deuten war[648]. Zur konkludenten Zustimmung vgl. im Übrigen Rdnr. 131.

130 Im Falle der **Zuständigkeit eines anderen** ist die Genehmigung nicht durch den Geschäftsführer, sondern durch den jeweiligen Zustimmungsberechtigten zu erklären[649]. Das gilt nicht nur, wenn einzelne Gesellschafter oder alle Gesellschafter jeder für sich genehmigungsberechtigt sind, sondern auch bei der Zuständigkeit der Gesellschafterversammlung oder eines sonstigen Gesellschaftsorgans (Rdnr. 122 f.). Eine allgemeine Kompetenz der Geschäftsführer zur Vertretung eines anderen Gesellschaftsorgans besteht nicht und ein Mitteilungsrecht fließt auch nicht aus der allgemeinen Geschäftsführungskompetenz der Geschäftsführer[650]. Wenn der Gesellschaftsvertrag für die Vornahme dieses Sozialaktes keine abweichende Bestimmung nach § 45 Abs. 2 trifft[651], muss das zustimmungsberechtigte Gesellschaftsorgan ihn entweder selbst vornehmen oder einen anderen, z.B. eines seiner Mitglieder oder den Geschäftsführer, ermächtigen; im Regelfall wird bei einer Übermittlung der Zustimmungserklärung durch die Geschäftsführer eine solche Ermächtigung vorliegen[652]. Anders als bei der Zuständigkeit der Gesellschaft (Rdnr. 129) muss es deshalb hier auch als ausreichend angesehen werden, wenn das betreffende Gesellschaftsorgan in Anwesenheit der Parteien des Abtretungsvertrages be-

---

643 RGZ 160, 225, 232; BGH v. 28.4.1954 – II ZR 8/53, BGHZ 13, 179, 184 f.
644 Unzutr. OLG Frankfurt v. 22.2.1962 – U 190/60, GmbHR 1962, 157 betr. § 17; dagegen *Winter*, GmbHR 1962, 158 u. *Wiedemann*, S. 104 Fn. 3. Eb. *Löbbe*, in: Ulmer/Habersack/Löbbe, Rdnr. 242; *Bayer*, in: Lutter/Hommelhoff, Rdnr. 77; *U. Jasper*, in: MünchHdb. III, § 24 Rdnr. 192; *Wicke*, Rdnr. 24.
645 OLG Hamburg v. 5.6.1992 – 11 W 30/92, GmbHR 1992, 609, 610.
646 RGZ 85, 51; *Löbbe*, in: Ulmer/Habersack/Löbbe, Rdnr. 242.
647 OGHZ 3, 90.
648 Vgl. *Wiedemann*, S. 104; *Löbbe*, in: Ulmer/Habersack/Löbbe, Rdnr. 237; *Fastrich*, in: Baumbach/Hueck, Rdnr. 45; s. auch RGZ 104, 413, 415; BGH v. 29.10.1956 – II ZR 130/55, BGHZ 22, 101, 108, wo aber noch hinzukam, dass die Beteiligten die Abtretung jahrelang als gültig behandelt hatten.
649 Eb. OLG Koblenz v. 12.1.1989 – 6 U 1053/87 (Kart), GmbHR 1990, 39; BayObLG v. 18.3.1991 – BReg 3 Z 69/90, GmbHR 1991, 572, 573; *Fastrich*, in: Baumbach/Hueck, Rdnr. 43; *Reichert*, S. 69 f.; *Karsten Schmidt*, in: FS Beusch, 1993, S. 762 f.; *U. Jasper*, in: MünchHdb. III, § 24 Rdnr. 198; *Bayer*, in: Lutter/Hommelhoff, Rdnr. 68, 85; a.M. RGZ 104, 413, 414; RGZ 160, 225, 231; *Fischer*, ZHR 130 (1968), 367; *Görner*, in: Rowedder/Schmidt-Leithoff, Rdnr. 185.
650 So *Feine*, S. 386; *Wiedemann*, S. 101, 103.
651 Vgl. OLG Hamm v. 23.5.1997 – 19 U 150/96, GmbHR 1997, 950, 951.
652 Vgl. BGH v. 30.11.1967 – II ZR 68/65, BGHZ 49, 117, 120 (zur Kapitalerhöhung); *Fastrich*, in: Baumbach/Hueck, Rdnr. 43 und Fn. 277; *Karsten Schmidt*, in: FS Beusch, S. 759, 764; *Bayer*, in: Lutter/Hommelhoff, Rdnr. 85 a.E.; i.E. ähnlich *Löbbe*, in: Ulmer/Habersack/Löbbe, Rdnr. 248.

schließt und ihnen das Beschlussergebnis vorbehaltlos bekanntgibt oder wenn die erforderliche Mehrheit seiner Mitglieder die Abtretung selbst vornimmt[653].

(2) Eine **Form** der Genehmigungserklärung verlangt weder das GmbHG noch folgt sie aus der des Abtretungsvertrages (§ 182 Abs. 2 BGB). Die Genehmigung kann mithin auch durch schlüssiges Verhalten seitens des Berechtigten[654], z.B. dadurch erklärt werden, dass er am Abtretungsvertrag selbst mitgewirkt[655], den Erwerber als Gesellschafter behandelt hat[656] oder an der Abtretung widerspruchslos teilnimmt[657]. Die Eintragung in die Gesellschafterliste und deren Einreichung zum Handelsregister (§ 40) sind keine Erklärungen gegenüber dem Veräußerer oder dem Erwerber und reichen deshalb allein nicht aus[658]. Der *Gesellschaftsvertrag* kann aber für die Genehmigung eine bestimmte Form vorschreiben, die dann im Zweifel nicht nur bloße Beweisanforderung oder Ordnungsvorschrift[659], sondern Wirksamkeitsvoraussetzung ist, § 125 Satz 2 BGB[660]. Verlangt der Gesellschaftsvertrag die „schriftliche Genehmigung der Gesellschafterversammlung", so ist, wenn darüber nichts Näheres bestimmt ist, die Aufzeichnung des gefassten Beschlusses und seine Unterzeichnung durch den Versammlungsleiter oder die Gesellschaftermehrheit notwendig[661]. Die Schriftform der Erklärung ist gewahrt, wenn die Zustimmung des Berechtigten in der Abtretungsurkunde irgendwie zum Ausdruck kommt, §§ 126 Abs. 3, 127 BGB[662]. Sie wird dagegen nicht durch einen dem Erwerber mitgeteilten einstimmigen Gesellschafterbeschluss ersetzt[663]. Doch kann der Formmangel nach Treu und Glauben unbeachtlich und die Erklärung wirksam werden, wenn danach der Erwerber von allen Beteiligten über einen langen Zeitraum hinweg als Gesellschafter behandelt worden ist (s. auch Rdnr. 129).

131

(3) Die Genehmigung kann wirksam **vor, bei** und **nach dem Abschluss des Abtretungsvertrages** erteilt werden, §§ 183, 184 BGB[664]. Unzulässig ist eine Blanko-Zustimmung zu allen Abtretungen oder zu einzelnen Arten, da das dem Sinn des Satzungserfordernisses widerspräche und da die Genehmigung empfangsbedürftige Willenserklärung ist (Rdnr. 128) und

132

---

653 BGH v. 1.12.1954 – II ZR 285/53, BGHZ 15, 324, 329 f.; BayObLG v. 18.3.1991 – BReg 3 Z 69/90, GmbHR 1991, 572, 573; *Fastrich*, in: Baumbach/Hueck, Rdnr. 45; *Wiedemann*, S. 102.

654 RGZ 160, 232; BGH v. 1.12.1954 – II ZR 285/53, BGHZ 15, 324, 329; BGH v. 29.10.1956 – II ZR 130/55, BGHZ 22, 101, 108; BayObLG v. 18.3.1991 – BReg 3 Z 69/90, GmbHR 1991, 572, 573; OLG Frankfurt, JW 1923, 87; OLG Hamm v. 23.5.1997 – 19 U 150/96, GmbHR 1997, 950, 951; *Fastrich*, in: Baumbach/Hueck, Rdnr. 45; *Altmeppen*, in: Roth/Altmeppen, Rdnr. 106; *Reichert/Weller*, in: MünchKomm. GmbHG, 2. Aufl. 2015, Rdnr. 402; *Bayer*, in: Lutter/Hommelhoff, Rdnr. 85; *Wicke*, Rdnr. 25.

655 BGH v. 1.12.1954 – II ZR 285/53, BGHZ 15, 324, 328 f.

656 RGZ 104, 415; RGZ 160, 232; BGH v. 1.12.1954 – II ZR 285/53, BGHZ 15, 324, 329; BGH v. 29.10.1956 – II ZR 130/55, BGHZ 22, 101, 108.

657 BGH v. 13.5.1968 – II ZR 218/66, WM 1968, 1037; BayObLG v. 18.3.1991 – BReg 3 Z 69/90, GmbHR 1991, 572, 579.

658 RGZ 64, 153; RGZ 85, 46, 52; RG, JW 1910, 843; differenzierend *Löbbe*, in: Ulmer/Habersack/Löbbe, Rdnr. 237.

659 So *Brodmann*, Anm. 5d; vgl. auch OLG Hamm v. 11.2.1999 – 27 U 187/98, NZG 1999, 600, 601.

660 OGHZ 3, 94; *Fastrich*, in: Baumbach/Hueck, Rdnr. 45; *Löbbe*, in: Ulmer/Habersack/Löbbe, Rdnr. 238; *Ebbing*, in: Michalski u.a., Rdnr. 141; *Reichert/Weller*, in: MünchKomm. GmbHG, 2. Aufl. 2015, Rdnr. 403; *Vogel*, Anm. 9; *Wiedemann*, S. 102; offen gelassen in BGH v. 1.12.1954 – II ZR 285/53, BGHZ 15, 324, 330.

661 Nach BGH v. 13.7.1967 – II ZR 238/64, BGHZ 48, 141, 144 soll auch die Unterschrift eines einzelnen Gesellschafters genügen.

662 BGH v. 29.10.1956 – II ZR 130/55, BGHZ 22, 101, 108.

663 Zutr. *Wiedemann*, S. 102 f.; a.M. BGH v. 1.12.1954 – II ZR 285/53, BGHZ 15, 324, 330.

664 RGZ 160, 232; BGH v. 28.4.1954 – II ZR 8/53, BGHZ 13, 179, 184; BGH v. 29.5.1967 – II ZR 105/66, BGHZ 48, 166; BayObLG v. 18.3.1991 – BReg 3 Z 69/90, GmbHR 1991, 572, 573; *Fastrich*, in: Baumbach/Hueck, Rdnr. 41; *Reichert/Weller*, in: MünchKomm. GmbHG, 2. Aufl. 2015, Rdnr. 397; *Ebbing*, in: Michalski u.a., Rdnr. 140. Nach BGH v. 8.4.1965 – II ZR 77/63, GmbHR 1965, 155 gilt das auch, wenn die Satzung ausdrücklich die vorherige Zustimmung verlangt.

demzufolge nur gegenüber bestimmten Personen, nämlich den Parteien des jeweiligen Abtretungsvertrages, abgegeben werden kann[665]. Bis zur Entscheidung über die Frage der Genehmigung sind die Vertragsparteien in angemessener Frist gebunden[666]. Solange nicht nach außen die Genehmigung oder Verweigerung erklärt oder in Erscheinung getreten ist, kann ein interner Genehmigungsbeschluss natürlich geändert werden[667]. Die erteilte Zustimmung ist selbst dann unwiderruflich, wenn sie vor dem Abschluss des Abtretungsvertrages erklärt worden ist[668]. Das gilt unabhängig davon, ob der abtretende Gesellschafter ein Recht auf Zustimmung hat (hierzu Rdnr. 127); § 183 BGB ist deswegen unanwendbar, weil die Zustimmung im Falle des § 15 Abs. 5 als Aufgabe einer Rechtsposition zu werten ist, die der Gesellschaftsvertrag dem Ermächtigten zur Wahrung eigener Interessen im Hinblick auf die ihn treffende Folge eines an sich fremden Abtretungsgeschäfts einräumt[669]. Die Verweigerung der Zustimmung ist dagegen bis zum Abschluss des Abtretungsvertrages widerruflich[670], während sie danach ebenfalls nicht mehr widerrufen werden kann, weil sie sich gestaltend auf den Abtretungsvertrag derart ausgewirkt hat, dass dieser endgültig unwirksam geworden ist[671]. Die Zustimmung und ihre Verweigerung können aber nach Maßgabe der §§ 119 ff. BGB anfechtbar sein[672]. Zulässig ist auch eine aufschiebend befristete oder bedingte Zustimmung oder Genehmigung, nicht hingegen eine auflösende Bedingung bei der Genehmigung[673].

ee) Wirkung

133 Der Abtretungsvertrag ist schwebend unwirksam, solange sich der Berechtigte über die Genehmigung noch nicht erklärt hat[674]. Erteilt er sie, **wird die Abtretung wirksam**, und zwar, soweit der Abtretungsvertrag nichts anderes bestimmt, **mit Rückwirkung** auf den Zeitpunkt von dessen Abschluss, § 184 Abs. 1 BGB[675]. Im Verhältnis zur GmbH ist jedoch § 16 zu beachten. Verfügungen über den Geschäftsanteil, die der Veräußerer während der Schwebezeit getroffen hat, sind unwirksam, außer wenn er selbst Genehmigungsberechtigter ist (§ 184 Abs. 2). Auch im Hinblick auf § 16 Abs. 3 gilt nichts anderes, vgl. Erl. zu § 16 Rdnr. 76. Zwischenzeitliche Zwangsvollstreckungsmaßnahmen gegen den Veräußerer in den Geschäftsanteil bleiben dem Erwerber gegenüber wirksam[676]. Andererseits werden zwischenzeitliche Verfügungen des Erwerbers nach § 185 Abs. 2 BGB wirksam[677]. Wird die *Genehmigung rechts-*

---

665 RGZ 132, 155 f.; kritisch dazu *Nodoushani*, ZGR 2014, 809, 811 f., 816 ff.
666 RGZ 64, 154.
667 RGZ 64, 153; RGZ 88, 326.
668 Anders die mittlerweile h.M. *Löbbe*, in: Ulmer/Habersack/Löbbe, Rdnr. 240; *Ebbing*, in: Michalski u.a., Rdnr. 142; *Bayer*, in: Lutter/Hommelhoff, Rdnr. 86; *Reichert/Weller*, in: MünchKomm. GmbHG, 2. Aufl. 2015, Rdnr. 399; *Fastrich*, in: Baumbach/Hueck, Rdnr. 47, die das nur für die Genehmigung annehmen. Wie hier *U. Jasper*, in: MünchHdb. III, § 24 Rdnr. 188.
669 Dazu *Flume*, Das Rechtsgeschäft, 1965, S. 898.
670 BGH v. 29.5.1967 – II ZR 105/66, BGHZ 48, 163, 166.
671 BGH v. 28.4.1954 – II ZR 8/53, BGHZ 13, 179, 187; BGH v. 29.5.1967 – II ZR 105/66, BGHZ 48, 163, 166; *Löbbe*, in: Ulmer/Habersack/Löbbe, Rdnr. 240; *Fastrich*, in: Baumbach/Hueck, Rdnr. 47.
672 RG, HRR 1933 Nr. 45.
673 *Neukamp*, ZHR 57 (1906), 521; *Bayer*, in: Lutter/Hommelhoff, Rdnr. 61; a.M. (weil generell gegen die Bedingung der Genehmigung) *Ebbing*, in: Michalski u.a., Rdnr. 142.
674 BGH v. 28.4.1954 – II ZR 8/53, BGHZ 13, 179, 184 f.; BGH v. 29.5.1967 – II ZR 105/66, BGHZ 48, 163, 166; allg. M.
675 OLG München, GmbHR 1937, 749.
676 RGZ 134, 121, 123; *Wiedemann*, S. 106; *Löbbe*, in: Ulmer/Habersack/Löbbe, Rdnr. 259; *Fastrich*, in: Baumbach/Hueck, Rdnr. 47; *Reichert*, S. 52; *Bayer*, in: Lutter/Hommelhoff, Rdnr. 88; *Ebbing*, in: Michalski u.a., Rdnr. 156; a.M. *Schuler*, NJW 1956, 691.
677 Die Vorschrift ist analog anwendbar, wenn der Erwerber später den Geschäftsanteil desjenigen erwirbt, dessen Zustimmung noch aussteht; vgl. OLG Hamm v. 27.6.1983 – 8 U 225/82, GmbHR 1985, 22.

wirksam verweigert, so ist der Abtretungsvertrag endgültig unwirksam, §§ 399, 413 BGB[678]; bei einer (treue-)rechtswidrigen Genehmigungsverweigerung bleibt der Abtretungsvertrag wegen § 242 BGB indes wirksam[679]. Eine spätere Zustimmung vermag daran auch dann nichts zu ändern, wenn die Parteien des Abtretungsvertrages an der Übertragungsabsicht festhalten[680]; es ist formgerechte Neuvornahme notwendig. Die Zustimmungs- und die Versagungserklärung können nach §§ 119 ff. BGB angefochten werden[681] mit der Folge, dass erneut die schwebende Unwirksamkeit der Abtretung eintritt, es sei denn, dass die Anfechtungserklärung zugleich eine neue Entscheidung über die Zustimmung enthält, was nicht notwendigerweise der Fall sein muss. Über die Auswirkung der Anfechtung bei zwischenzeitlicher Eintragung in die Gesellschafterliste s. § 16 Rdnr. 25. Über die Folgen der Unwirksamkeit der Abtretung für das obligatorische Geschäft vgl. Rdnr. 105.

ff) Nicht genehmigungsbedürftige Abtretungen

Nicht genehmigungsbedürftig sind mit Rücksicht auf den Zweck des statutarischen Genehmigungserfordernisses die Abtretung des Geschäftsanteils durch den Alleingesellschafter einer GmbH[682] oder durch den einen Gesellschafter einer zweigliedrigen GmbH an den anderen[683]. Ob die statutarische Bestimmung entgegen ihrem Wortlaut auch bei anderen Abtretungen nicht eingreifen soll, ist im Einzelfall durch Auslegung festzustellen. Soll das Genehmigungserfordernis *nur* der Einflussnahme auf den Beitritt neuer Gesellschafter dienen, wird z.B. der Erwerb eigener Geschäftsanteile durch die Gesellschaft als genehmigungsfrei gelten können; nicht dagegen dann, wenn es daneben noch das Vorkaufsrecht eines Gesellschafters oder andere Interessen der Mitgesellschafter sichern soll[684].

134

d) Ausschluss der Abtretbarkeit

Ein Ausschluss der Abtretbarkeit durch Gesellschaftsvertrag ist in § 15 Abs. 5 zwar nicht ausdrücklich vorgesehen, gleichwohl im Grundsatz mit der h.M.[685] anzuerkennen. Einwendungen gegen einen Ausschluss können nicht aus § 137 Satz 1 BGB[686] hergeleitet werden, da es nicht um die Verfügungsbefugnis des Anteilsinhabers[687], sondern um die Abtretbarkeit des

135

---

678 BGH v. 28.4.1954 – II ZR 8/53, BGHZ 13, 179, 187; BGH v. 29.5.1967 – II ZR 105/66, BGHZ 48, 163, 166.
679 BGH v. 29.9.1989 – V ZR 1/88, BGHZ 108, 380, 385; krit. *Karsten Schmidt*, GmbHR 2011, 1289, 1294.
680 BGH v. 29.5.1967 – II ZR 105/66, BGHZ 48, 163, 166; *Löbbe*, in: Ulmer/Habersack/Löbbe, Rdnr. 259.
681 *Löbbe*, in: Ulmer/Habersack/Löbbe, Rdnr. 260.
682 BGH v. 15.4.1991 – II ZR 209/90, GmbHR 1991, 311, 312; OLG Dresden u. KG, GmbHRspr. IV § 15 R. 51, 52; *Fastrich*, in: Baumbach/Hueck, Rdnr. 39; *Altmeppen*, in: Roth/Altmeppen, Rdnr. 99; *Bayer*, in: Lutter/Hommelhoff, Rdnr. 70.
683 RFH, JW 1929, 2205.
684 BGH v. 15.12.1975 – II ZR 17/74, WM 1976, 204; *Kühn*, WM 1976, 758; *Bayer*, in: Lutter/Hommelhoff, Rdnr. 70; *U. Jasper*, in: MünchHdb. III, § 24 Rdnr. 192; zu weitgehend daher *Wiedemann*, S. 101.
685 RGZ 80, 175, 179 (obiter dictum); BayObLG v. 24.11.1988 – BReg 3 Z 111/88, DB 1989, 214, 215 f.; *Feine*, S. 370; *Löbbe*, in: Ulmer/Habersack/Löbbe, Rdnr. 4; *Fastrich*, in: Baumbach/Hueck, Rdnr. 38; *Altmeppen*, in: Roth/Altmeppen, Rdnr. 110; *Bayer*, in: Lutter/Hommelhoff, Rdnr. 68; *Reichert/Weller*, in: MünchKomm. GmbHG, 2. Aufl. 2015, Rdnr. 393; *Wiedemann*, S. 76 ff.; *Görner*, in: Rowedder/Schmidt-Leithoff, Rdnr. 174 f.; *Immenga*, S. 86 f.; *Flume*, Juristische Person, 1983, S. 279; *Reichert*, S. 93 ff. m.w.N.; a.M. *Brodmann*, Anm. 5a; *Vogel*, Anm. 2; *Saenger*, S. 31; *Wolany*, S. 81. Offen gelassen von RG, JW 1934, 1412, 1413.
686 Auf ihn beruft sich *Wolany*, S. 81.
687 So unzutr. *Wiedemann*, S. 77; *Winkler*, S. 59 Fn. 336; *Immenga*, S. 87.

Geschäftsanteils und daher ebenso wie bei den Abtretungsvoraussetzungen gemäß § 15 Abs. 5 um eine die Verkehrssicherheit nicht beeinträchtigende Inhaltsbestimmung des Anteilsrechts i.S. der §§ 399 Alt. 2, 413 BGB geht, die das GmbH-Recht nicht allgemein verbietet[688]. Die Vorschriften des § 15 Abs. 1, 5 stehen einem Ausschluss nicht grundsätzlich entgegen, insbesondere ist ihnen nicht zu entnehmen, dass das Statut die Abtretung *nur* erschweren, nicht aber auch ausschließen dürfe oder dass die Veräußerlichkeit ein unabdingbares Wesensmerkmal „der" Kapitalgesellschaft sei. Eine Grenze für den statutarischen Ausschluss der Abtretbarkeit ist nur insoweit gegeben, als die Abtretung des Geschäftsanteils zum Vollzug des Austritts (s. Anh. § 34 Rdnr. 6 ff.) und der Ausschließung (s. Anh. § 34 Rdnr. 25 ff.) eines Gesellschafters aus wichtigem Grunde notwendig ist[689]. Auch der Schutz der Gesellschaftergläubiger ist dadurch gewährleistet, dass ihnen der Zugriff nach §§ 851 Abs. 2, 857 Abs. 1 ZPO, §§ 35 f. InsO erhalten bleibt (Rdnr. 202 ff., 254).

VI. Gewährleistung beim Anteilskauf

Schrifttum: *Barnert*, Mängelhaftung beim Unternehmensverkauf zwischen Sachgewährleistung und Verschulden bei Vertragsschluss im neuen Schuldrecht, WM 2003, 416; *Blassl*, Zur Legalitätsprüfung bei Unternehmenstransaktionen und Regressansprüchen bei Unternehmensgeldbußen, CCZ 2017, 37; *Boerner*, Kaufrechtliche Sachmängelhaftung und Schuldrechtsreform, ZIP 2001, 2264; *Brüggemeier*, Das neue Kaufrecht des Bürgerlichen Gesetzbuches, WM 2002, 1376; *Canaris*, Die Neuregelung des Leistungsstörungs- und des Kaufrechts – Grundstrukturen und Problemschwerpunkte, in: E. Lorenz, Karlsruher Forum 2002, 2003, S. 5; *Dauner-Lieb/Konzen/Karsten Schmidt*, Das neue Schuldrecht in der Praxis, 2003; *Dauner-Lieb/Thiessen*, Das neue Leistungsstörungsrecht – Leistungshemmend und störanfällig?, DStR 2002, 809; *Dauner-Lieb/Thiessen*, Garantiebeschränkungen in Unternehmenskaufverträgen nach der Schuldrechtsreform, ZIP 2002, 108; *Dietzel*, Haftung des Verkäufers und Unternehmensprüfung (due diligence), in: Semler/Volhard, Arbeitshandbuch für Unternehmensübernahmen, Bd. I, 2001, S. 351; *Eidenmüller*, Die Verjährung beim Rechtskauf, NJW 2002, 1625; *Eidenmüller*, Rechtskauf und Unternehmenskauf, ZGS 2002, 290; *Emmerich*, Schuldrecht Besonderer Teil, 12. Aufl. 2009; *Faust*, Garantie und Haftungsbeschränkung in § 444 BGB, ZGS 2002, 271; *Findeisen*, Die Sorgfaltspflichten des Erwerbers beim Unternehmenskauf, BB 2015, 2700; *Fischer*, Die Haftung des Unternehmensverkäufers nach dem neuen Schuldrecht, DStR 2004, 276; *Fleischer/Körber*, Due diligence und Gewährleistung beim Unternehmenskauf, BB 2001, 841; *Gaul*, Schuldrechtsmodernisierung und Unternehmenskauf, ZHR 166 (2002), 35; *Geldsetzer*, Aufklärungspflichten des Verkäufers bei M&A-Transaktionen, M&A Review 2005, 475; *Graf von Westphalen*, Ein Stein des Anstoßes – § 444 BGB n.F., ZIP 2001, 2107; *Graf von Westphalen*, Nach der Schuldrechtsreform: Neue Grenzen für Haftungsfreizeichnungs- und Haftungsbegrenzungsklauseln, BB 2002, 209; *Graf von Westphalen*, „Garantien" bei Lieferung von Maschinen und Anlagen – Todesstoß für Haftungsbegrenzungen durch §§ 444, 639 BGB?, ZIP 2002, 545; *Grigoleit*, Reformperspektiven der vorvertraglichen Informationshaftung, in: Schulze/Schulte-Nölke, Die Schuldrechtsreform vor dem Hintergrund des Gemeinschaftsrechts, 2001, S. 269; *Grigoleit/Herresthal*, Grundlagen der Sachmängelhaftung im Kaufrecht, JZ 2003, 118; *Grigoleit/Herresthal*, Die Beschaffenheitsvereinbarung und ihre Typisierung in § 434 I BGB, JZ 2003, 233; *Gronstedt/Jörgens*, Die Gewährleistungshaftung bei Unternehmensverkäufen nach dem neuen Schuldrecht, ZIP 2002, 52; *Grunewald*, Rechts- und Sachmängelhaftung beim Kauf von Unternehmensanteilen, NZG 2003, 372; *Heerstraßen/Reinhard*, Die Verjährung von Rechtsmängelansprüchen beim Beteiligungskauf nach der Schuldrechtsreform, BB 2002, 1429; *Hilgard*, Berechnung des Schadens bei Verletzung von Garantien eines Unternehmenskaufvertrages, ZIP 2005, 1813; *Hilgard/Kraayvanger*, Unternehmenskauf – Rechtsfolgen eines selbständigen Garantieversprechens nach der Reform, MDR 2002, 678; *Hilgard*, Kenntnis des Käufers von einer Garantieverletzung beim Unternehmenskauf, BB 2013, 963; *Hommelhoff*, Zur Abgrenzung von Unternehmenskauf und Anteilserwerb, ZGR 1982, 366; *U. Huber*, Die Praxis des Unternehmenskaufs im System des Kaufrechts, AcP 202 (2002), 179; *Jaques*, Haftung des Verkäufers für arglistiges Ver-

---

688 Zutr. *Reichert*, S. 97 f.; *Altmeppen*, in: Roth/Altmeppen, Rdnr. 110; *Bayer*, in: Lutter/Hommelhoff, Rdnr. 68; *Binz/Mayer*, NZG 2012, 713 f.

689 Abw. *Reuter*, Verh. d. 55. DJT, 1984, Bd. I B 63 ff.; s. dazu Anh. § 34 Rdnr. 7.

halten bei Unternehmenskauf – zugleich eine Stellungnahme zu § 444 BGB n.F., BB 2002, 417; *Kindl*, Unternehmenskauf und Schuldrechtsmodernisierung, WM 2003, 409; *Knott*, Unternehmenskauf nach der Schuldrechtsreform, NZG 2002, 249; *Larisch*, Gewährleistungshaftung beim Unternehmens- und Beteiligungskauf, 2004; *Lieb*, Gewährleistung beim Unternehmenskauf, in: FS Gernhuber, 1993, S. 259; *Lorenz*, Der Unternehmenskauf nach der Schuldrechtsreform, in: FS Heldrich, 2005, S. 305; *Lorenz*, Schadensersatz wegen Pflichtverletzung – ein Beispiel für die Überhastung der Kritik an der Schuldrechtsreform, JZ 2001, 742; *Lorenz*, Schuldrechtsreform 2002: Problemschwerpunkte drei Jahre danach, NJW 2005, 1889; *Mellert*, Selbständige Garantien beim Unternehmenskauf – Auslegungs- und Abstimmungsprobleme, BB 2011, 1667; *Oetker/Maultzsch*, Vertragliche Schuldverhältnisse, 2002; *Picot*, Unternehmenskauf und Sachmängelhaftung, DB, 2009, 2587; *Rodewald*, Gutgläubiger Erwerb von Geschäftsanteilen nach MoMiG, GmbHR 2009, 196; *Schellhammer*, Das neue Kaufrecht – Rechtsmängelhaftung, Rechtskauf und Verbrauchsgüterkauf, MDR 2002, 485; *Schickerling/Blunk*, Auswirkungen des MoMiG auf die gesellschaftsrechtliche Due Diligence im Vorfeld eines Geschäftsanteilskaufs, GmbHR 2009, 337; *Schiemzik*, Erwerb von GmbH-Geschäftsanteilen seit Geltung des MoMiG, NWB 2011, 2481; *Schinkels*, Zur Abgrenzung von zulässiger Beschaffenheitsvereinbarung und Umgehung der Gewährleistung beim Verbrauchsgüterkauf, ZGS 2003, 310; *D. Schmidt*, Die Beschaffenheit der Kaufsache, BB 2005, 2763; *Schmitz*, Mängelhaftung beim Unternehmenskauf nach der Schuldrechtsreform, RNotZ 2006, 561; *Schröcker*, Unternehmenskauf und Anteilskauf nach der Schuldrechtsreform, ZGR 2005, 63; *Seibt*, Rechtssicherheit beim Unternehmens-, Beteiligungs- und Anlagenverkauf: Analyse der Änderungen bei §§ 444, 639 BGB, NZG 2004, 801; *Seibt/Raschke/Reiche*, Rechtsfragen der Haftungsbegrenzung bei Garantien (§ 444 BGB n.F.) und M&A Transaktionen, NZG 2002, 256; *Seibt/Reiche*, Unternehmens- und Beteiligungskauf nach der Schuldrechtsreform, DStR 2003, 1135 u. 1181; *Seibt/Schwarz*, Sachmängelgewährleistung und Verschulden bei Vertragsverhandlungen beim Unternehmenskauf, JuS 2012, 42; *Stengel/Scholder*, Aufklärungspflichten beim Beteiligungs- und Unternehmenskauf, NJW 1994, 158; *Triebel/Hölzle*, Schuldrechtsreform und Unternehmenskaufverträge, BB 2002, 521; *Wälzholz*, Auswirkungen der Schuldrechtsreform auf Gesellschaften und Geschäftsanteilsabtretungen, DStR 2002, 500; *Weigl*, Die Auswirkungen der Schuldrechtsreform auf den Unternehmenskauf, DNotZ 2005, 246; *Weitnauer*, Der Unternehmenskauf nach neuem Kaufrecht, NJW 2002, 2511; *Weller*, KurzKomm. OLG Köln, EWiR § 434 BGB 1/10, 15; *Wertenbruch*, Gewährleistung beim Unternehmenskauf, in: Dauner-Lieb/Konzen/Karsten Schmidt, Das neue Schuldrecht in der Praxis, 2003, S. 493; *Wilde*, Die Gewährleistung bei der Call-Option, NZG 2010, 1176; *Wolf/Kaiser*, Die Mängelhaftung beim Unternehmenskauf nach neuem Recht, DB 2002, 411; *Ziegler*, Gewährleistungsrechtliche Haftung für „öffentliche Äußerungen" am organisierten Kapitalmarkt, DStR 2005, 873; *Zimmermann*, Die Sachmängelgewährleistung beim Rechtskauf, AcP 213 (2013), 653.

1. Anwendbares Gewährleistungsrecht

Der Kauf eines Geschäftsanteils ist ein Rechtskauf[690]. Für die Beurteilung der Konsequenzen bei Vorliegen von Mängeln ist zwischen Verträgen, die dem BGB in seiner Fassung bis zum 31.12.2001 (vgl. Art. 229 § 5 Satz 1 EGBGB) unterliegen, und solchen nach dem BGB in seiner durch das am 1.1.2002 in Kraft getretene Schuldrechtsmodernisierungsgesetz[691] geänderten Fassung zu unterscheiden (Rdnr. 143 ff.). Entscheidend für die Anwendung alten Rechts ist, dass Angebot und Annahme bis zum 31.12.2001 wirksam geworden sind[692]. Unerheblich ist, ob etwaige aufschiebende Bedingungen (z.B. Gremienvorbehalte, kartellrechtliche Genehmigung) erst später eingetreten sind[693]. Zur Rechtslage nach altem Recht vgl. 10. Aufl., Rdnr. 137 ff.

136

---

690 *Altmeppen*, in: Roth/Altmeppen, Rdnr. 6; *Westermann*, in: MünchKomm. BGB, 7. Aufl. 2016, § 453 BGB Rdnr. 3 f.; *Seibt/Schwarz*, JuS 2012, 42, 43 m.w.N.

691 Gesetz zur Modernisierung des Schuldrechts vom 26.11.2001 (BGBl. I 2001, 3138).

692 Vgl. BGH v. 15.6.2005 – VIII ZR 118/03 (nicht veröffentlicht); *Grüneberg*, in: Palandt, Art. 229 § 5 EGBGB Rdnr. 3.

693 *Triebel/Hölzle*, BB 2002, 521.

Die gesetzlichen Gewährleistungsvorschriften sind entsprechend anwendbar auf vertragliche Abreden im Zusammenhang mit der Übernahme neuer Geschäftsanteile, die durch eine Kapitalerhöhung entstehen[694].

137–142 Einstweilen frei.

2. Gewährleistung beim Anteilskauf

143 Die Schuldrechtsmodernisierung hat den Rechtskauf dem Sachkauf gleichgestellt (§ 453 Abs. 1 BGB), es gelten daher für den **Anteilskauf** die §§ 433 ff. BGB[695]. Gemäß §§ 453 Abs. 1, 433 Abs. 1 Satz 1 BGB hat der Veräußerer dem Käufer den verkauften Geschäftsanteil zu übertragen.

a) Haftung für Rechtsmängel

aa) Rechtsmängel

144 Die Haftung für **Rechtsmängel beim Anteilsverkauf** folgt aus §§ 453 Abs. 1 Alt. 1, 433 Abs. 1 Satz 2, 435 BGB. Die Rechtsfolgen eines Rechtsmangels sind in § 437 BGB denen eines Sachmangels gleichgestellt worden (hierzu Rdnr. 165 ff.), so dass die Abgrenzung zwischen Rechts- und Sachmangel erheblich an Bedeutung verloren hat. Nach dem Wortlaut von §§ 435, 453 BGB liegt ein Rechtsmangel vor, wenn ein Dritter in Bezug auf den Geschäftsanteil ein – nicht im Anteilskaufvertrag übernommenes[696] – Recht gegen den Käufer geltend machen kann. Dies ist jedenfalls dann der Fall, wenn der Anteil **gepfändet**, an einen Dritten **verpfändet** oder mit einem **Nießbrauch** belastet ist.

145 Ein Rechtsmangel liegt darüber hinaus dann vor, wenn der Anteil in seinem **Bestand gefährdet** ist, etwa weil die Gesellschaft sich im Insolvenzverfahren oder in Liquidation befindet[697]. Gleiches gilt, wenn der Anteil mit Einlagerückständen oder Nachschusspflichten belastet und deshalb die Kaduzierung möglich ist[698]. Dies folgt zwar nicht mehr aus der Verantwortung des Verkäufers für den Bestand des Rechts i.S. des § 437 BGB a.F., ergibt sich aber daraus, dass ein Drittrecht vorliegt, das sich nach § 16 Abs. 2 gegen den Käufer als Rechtsinhaber richtet (vgl. § 435 BGB) und auf Grund dessen der Entzug der Rechtsstellung des Gesellschafters droht. Für die Entziehung des Anteils ist mit Vorliegen des Tatbestandmerkmals der „verzögerten Einzahlung" i.S. von § 21 Abs. 1 zum maßgeblichen Zeitpunkt der Anteilsübertragung eine ausreichende Gefährdungslage geschaffen[699]. Dass die Einleitung des Kaduzierungsverfahrens

---

694 Ausführlich *Seibt/Raschke/Reiche*, NZG 2002, 256, 260 ff.

695 Der Gesetzgeber wollte mit den „sonstigen Gegenständen" (§ 453 Abs. 1 Alt. 2 BGB) insbesondere auch Unternehmen (als Zusammenfassung von persönlichen und sachlichen Mitteln einschließlich aller zugehörigen Werte und Güter) erfassen, womit für den *Asset Deal* die Anwendbarkeit der Gewährleistungsregeln des Sachkaufs, §§ 437, 434 ff. BGB, klargestellt werden sollte, vgl. *Weidenkaff*, in: Palandt, § 453 BGB Rdnr. 1, 7; *Fischer*, DStR 2004, 276.

696 § 435 Satz 1 BGB spricht missverständlich von im Kaufvertrag „übernommenen Rechten". Gemeint sind hier die Fälle der §§ 414–416 BGB, wenn der Käufer die mit dem Drittrecht korrespondierende *Schuld* übernommen hat. Ein Rechtsmangel liegt aber auch dann nicht vor, wenn der Käufer nach dem Kaufvertrag das Drittrecht zu dulden hat, *H. P. Westermann*, in: MünchKomm. BGB, 7. Aufl. 2016, § 435 BGB Rdnr. 5.

697 *Faust*, in: Bamberger/Roth, § 453 BGB Rdnr. 11; *Weidenkaff*, in: Palandt, § 453 BGB Rdnr. 23.

698 *Faust*, in: Bamberger/Roth, § 453 BGB Rdnr. 11; *Wälzholz*, DStR 2002, 500, 501; *Bayer*, in: Lutter/Hommelhoff, Rdnr. 9; *Ebbing*, in: Michalski u.a., Rdnr. 177; *Larisch*, Gewährleistungshaftung, S. 187 f.; a.A. *Grunewald*, NZG 2003, 372, 373.

699 RGZ 96, 227, 230; *U. Jasper*, in: MünchHdb. III, § 24 Rdnr. 107; *Winter*, in: 9. Aufl., Rdnr. 112; a.A. *Grunewald*, NZG 2003, 372, 373.

im Ermessen der Geschäftsführung liegt, spricht nicht gegen[700], sondern vielmehr für die Gefährdungslage, da diese Entscheidung aus Sicht des Erwerbers – *de iure* unabhängig – von Dritten getroffen wird[701]. Das reicht für die Annahme eines Rechtsmangels aus, solange das Kaduzierungsverfahren bei der Geltendmachung der Mängelrechte noch eingeleitet werden kann[702]. Aus den gleichen Gründen muss auch schon bei Vorliegen eines **Insolvenzgrundes** (Überschuldung) ein Rechtsmangel angenommen werden[703]. Damit wird nicht etwa eine Bonitätshaftung eingeführt (s. Rdnr. 152), sondern vielmehr dem Umstand Rechnung getragen, dass aufgrund der Insolvenzantragspflicht (§ 15a Abs. 1 InsO) der Bestand des Anteils konkret gefährdet ist (vgl. § 60 Abs. 1 Nr. 4).

bb) Nichtbestehen des Anteils, Drittinhaberschaft und Vinkulierung

Kein Rechtsmangel ist das **Nichtbestehen des Anteils**. Vielmehr haftet der Veräußerer wegen Nichterfüllung seiner Verschaffenspflicht i.S. des § 433 Abs. 1 Satz 1 BGB nach den allgemeinen Regeln (d.h. nach §§ 311a, 280 Abs. 1 und 3, 281, 283 BGB)[704]. Die gegenteilige Auffassung[705] verkennt, dass das neue Recht nicht mehr die verschuldensunabhängige Einstandspflicht des Verkäufers für den Bestand des Rechts wie nach § 437 BGB a.F. kennt. Zudem ist der Anwendungsbereich der §§ 437 ff. BGB grundsätzlich erst mit Übergabe der Kaufsache bzw. Übertragung des Rechts an den Käufer eröffnet (vgl. §§ 446, 453 Abs. 1 und 3 BGB), wozu es bei Nichtexistenz eines Rechts gar nicht kommen kann. Insbesondere die mit dem Gefahrenübergang verbundene Vorstellung einer Überprüfbarkeit der Mängelfreiheit greift bei einem nicht existenten Recht nicht. Dementsprechend passen die Rechtsfolgen nach § 437 BGB n.F. auf einen solchen Fall auch nicht (insbesondere §§ 439, 441 BGB)[706]. Bei Nichtbestehen der GmbH, des aus einer Teilung zur Anteilsübertragung oder einer Kapitalerhöhung vermeintlich hervorgegangenen GmbH-Anteils hat der Veräußerer den Anteil also im Prinzip nach §§ 433 Abs. 1 Satz 1, 453 BGB zu verschaffen und zur Entstehung zu bringen[707], sofern die Leistungspflicht des Verkäufers nicht nach § 275 BGB wegen echter (§ 275 Abs. 1 BGB) oder normativer (§ 275 Abs. 2 oder 3 BGB) Unmöglichkeit entfällt. Werden Anteile einer bestimmten, in Wahrheit aber nicht bzw. nach Abschluss der Liquidation

146

700 *Grunewald*, NZG 2003, 372, 373.

701 Dies ist auch mit der Lage bei einem verpfändeten Anteil vergleichbar, wo eine tatsächliche Beeinträchtigung durch das Pfandrecht sowohl Pfandreife als auch die Entscheidung des Pfandgläubigers zur Geltendmachung des Rechts voraussetzt. Gleichwohl wird ein Rechtsmangel angenommen (Rdnr. 144).

702 *Winter*, in: 9. Aufl., Rdnr. 112.

703 A.A. die h.M. zum alten Recht, insbesondere BGH v. 2.6.1980 – VIII ZR 64/79, GmbHR 1980, 204 = NJW 1980, 2408; für weitere Nachweise zum alten Recht s. 10. Aufl., Rdnr. 137; zum neuen Recht ebenfalls abw. *Weidenkaff*, in: Palandt, § 453 BGB Rdnr. 23; *Wolf/Kaiser*, DB 2002, 411, 416, kommen im Fall der unabwendbar bevorstehenden Insolvenz im Ergebnis gleichfalls zu einer Mängelhaftung, allerdings über die Annahme einer Haftung für die übliche Beschaffenheit des *Unternehmens* i.S. von § 434 Abs. 1 Satz 2 Nr. 2 BGB; für die Einordnung der Überschuldung als Mangel des Unternehmens auch *Larisch*, Gewährleistungshaftung, S. 188 f.; so auch *Altmeppen*, in: Roth/Altmeppen, Rdnr. 10; wie hier *U. Jasper*, in: MünchHdb. III, § 24 Rdnr. 107; *Ebbing*, in: Michalski u.a., Rdnr. 177; *Wicke*, Rdnr. 4.

704 *Grunewald*, NZG 2003, 372, 373; *Eidenmüller*, NJW 2002, 1625, 1626; *Grunewald*, in: Erman, § 453 BGB Rdnr. 8; *Faust*, in: Bamberger/Roth, § 453 BGB Rdnr. 12, 16 ff.; folgend auch *Ebbing*, in: Michalski u.a., Rdnr. 177 a.E.; *Larisch*, Gewährleistungshaftung, S. 182 ff.

705 *Heerstraßen/Reinhard*, BB 2002, 1429, 1430; *Schellhammer*, MDR 2002, 485, 488; *U. Jasper*, in: MünchHdb. III, § 24 Rdnr. 106; *Weidenkaff*, in: Palandt, § 453 BGB Rdnr. 23 konkret beim Anteilserwerb (Rechtsmangel, wenn Gesellschaft nicht besteht), anders jedoch zum Nichtbestehen von Rechten im Allgemeinen *Weidenkaff*, in: Palandt, § 453 BGB Rdnr. 19.

706 *Westermann*, in: MünchKomm. BGB, 7. Aufl. 2016, § 435 BGB Rdnr. 9.

707 Vgl. *Weidenkaff*, in: Palandt, § 453 BGB Rdnr. 19.

(Vollbeendigung) oder infolge Verschmelzung o.ä. nicht mehr bestehenden GmbH verkauft, so besteht objektive Unmöglichkeit (§ 275 Abs. 1 BGB), da ein Spezieskauf vorliegt. Ist ein aus einer Kapitalerhöhung vermeintlich entstandener Anteil in Wahrheit nicht entstanden, so kann die nach § 275 Abs. 2 bzw. Abs. 3 BGB vorzunehmende Abwägung im Einzelfall ergeben, dass der Verkäufer nicht von der Leistungspflicht befreit ist, sondern als Gesellschafter der GmbH das Erforderliche tun muss, um den Anteil zum Entstehen zu bringen und übertragen zu können. Ist die Verschaffenspflicht des Veräußerers nach § 275 BGB ausgeschlossen, so haftet dieser nach § 311a Abs. 2 bzw. § 280 Abs. 1 und 3, § 281 bzw. § 283 BGB auf Schadensersatz statt der Leistung oder Aufwendungsersatz (§ 284 BGB), sofern er sich nicht entlastet (§§ 311a Abs. 2 Satz 2, 280 Abs. 1 Satz 2 BGB). Das Gleiche gilt bei fehlerhaften Teilungen von Geschäftsanteilen. Aus der Aufhebung von § 437 BGB a.F. folgt auch, dass beim Rechtskauf nicht allgemein eine (konkludente) Übernahme des Risikos für den Bestand des Rechts angenommen werden kann[708]. Beim Verkauf eines Geschäftsanteils kann sich aus den Umständen freilich etwas anderes ergeben (§§ 133, 157 BGB), insbesondere ist dies denkbar, wenn der Verkäufer zur Untermauerung seiner Rechtsinhaberschaft die Entstehungs- oder Erwerbsgeschichte des Geschäftsanteils bei den Vertragsverhandlungen darlegt.

146a   Auch nach dem MoMiG ist eine rechtliche **Due Diligence** daher weiterhin erforderlich. Der Anteilserwerber wird wie bisher die Abtretungshistorie des Anteils nachvollziehen[709], ferner das Entstehen der GmbH sowie Struktur- und Kapitalmaßnahmen auch nach neuer Rechtslage auf ihre Wirksamkeit überprüfen müssen[710]. Der durch das MoMiG eingeführte gutgläubige Erwerb von Geschäftsanteilen gemäß § 16 Abs. 3 bezieht sich nicht auf nichtbestehende Anteile (vgl. § 16 Rdnr. 69) und führt in Bezug auf dingliche Rechte am Geschäftsanteil nicht zu einem gutgläubig lastenfreien Erwerb, so dass in diesen Fällen auch weiterhin das Risiko besteht, dass der Käufer den Geschäftsanteil nicht oder lediglich belastet erwirbt und ausschließlich Schadensersatzansprüche gegen den Verkäufer (vgl. Rdnr. 146) geltend machen kann. Es ist daher auch zu prüfen, ob der Anteil auf andere Weise (bspw. Kaduzierung gemäß § 21) vernichtet wurde und ob dem Erwerber weitere Haftungsrisiken, etwa wegen nicht vollständig erbrachter Einlagen, drohen[711]. Eine sorgsame Due Diligence ist auch bei der Vereinbarung von Call-Optionen über den Erwerb von Geschäftsanteilen anzuraten[712].

147   Ist ein **Dritter Inhaber des Anteils** gilt das soeben Gesagte entsprechend. Der Veräußerer haftet für diese subjektive Unmöglichkeit nach §§ 311a, 280 Abs. 1, 3, 281 bzw. 283 BGB, sofern er den Anteil nicht vom Dritten beschafft bzw. beschaffen kann[713]. Ein Rechtsmangel

---

708 *Eidenmüller*, ZGS 2002, 290, 293; *Westermann*, in: MünchKomm. BGB, 7. Aufl. 2016, § 453 BGB Rdnr. 10.
709 Abw. BT-Drucks. 16/6140, S. 38 („Den an der Abtretung beteiligten Personen sollen die Mühen, Kosten und Unsicherheiten der mitunter sehr langen Abtretungskette seit Gründung der Gesellschaft erspart werden"); wie hier *Rodewald*, GmbHR 2009, 196, 199 („business as usual"); *Bohrer*, DStR 2007, 995, 1003; *Klöckner*, NZG 2008, 841, 843; *Schockenhoff/Höder*, ZIP 2006, 1841 ff.; *Stenzel*, BB 2012, 337, 339 ff.; vgl. auch BGH v. 20.9.2011 – II ZB 17/10, GmbHR 2011, 1269 = BB 2011, 2832 mit Anm. *Löwe*.
710 *Rodewald*, GmbHR 2009, 196, 199; *Schickerling/Blunk*, GmbHR 2009, 337, 339; *Schiemzik*, NWB 2011, 2481, 2484 f.
711 *Schiemzik*, NWB 2011, 2481, 2485; *Desch*, BB 2010, 3104.
712 Hierzu *Wilde*, NZG 2010, 1176, 1176 ff.
713 *Faust*, in: Bamberger/Roth, § 453 BGB Rdnr. 12, 16; *Weidenkaff*, in: Palandt, § 453 BGB Rdnr. 19; *Wicke*, Rdnr. 4; *Larisch*, Gewährleistungshaftung, S. 186 f.; a.A. *U. Jasper*, in: MünchHdb. III, § 24 Rdnr. 106; *Wälzholz*, DStR 2002, 500, 503; *Eidenmüller*, ZGS 2002, 290, 293, der zur Anwendung von § 437 BGB tendiert, da keine Gründe bestünden, zwischen anfänglich-subjektiver Unmöglichkeit aufgrund der Rechtsinhaberschaft eines Dritten beim Sachkauf (Fall des Rechtsmangels nach §§ 437, 438 Abs. 1 Nr. 1a BGB) und beim Rechtskauf zu differenzieren. Jedenfalls verjährungsrechtlich soll der Fall (anfänglicher) subjektiver Unmöglichkeit beim Rechtskauf wie beim Sachkauf nach § 438 Abs. 1 Nr. 1a BGB behandelt werden, *Eidenmüller*, NJW 2002, 1625, 1626.

liegt nicht vor, da der Dritte kein Recht gegen den Käufer geltend machen muss, denn – anders als beim Sachkauf – erhält dieser nichts gegen das der Rechtsinhaber vorgehen müsste[714].

Die allgemeinen Regeln gelten auch für den Fall **mangelnder Übertragbarkeit**[715], etwa wenn nach § 15 Abs. 5 bestehende Zustimmungserfordernisse endgültig verweigert werden oder die Abtretbarkeit des GmbH-Anteils vollständig ausgeschlossen ist (§§ 399, 413 BGB; s. dazu Rdnr. 135; zur Pflicht, eine erforderliche Zustimmung herbeizuführen, vgl. 10. Aufl., Rdnr. 138). | 148

cc) Beschaffenheit des Anteils

Obwohl ein Recht keinen Sachmangel aufweisen kann, kann man die übrigen als Rechtsmängel einzuordnenden Umstände (Rdnr. 144 f.) nunmehr entsprechend § 434 BGB, der unmittelbar den Sachmangel regelt, als Abweichungen von der geschuldeten Beschaffenheit erfassen[716]. Dabei geht es zunächst um die **Beschaffenheit des Rechts**; ob beim Anteilskauf auch die Beschaffenheit des *Unternehmens* eine Rolle spielt, ist eine andere Frage (dazu Rdnr. 151 f.). Der Veräußerer eines Geschäftsanteils haftet jedenfalls für die ausdrücklich oder konkludent im Kaufvertrag vereinbarte Beschaffenheit (§ 434 Abs. 1 Satz 1 BGB), ansonsten für die übliche Beschaffenheit eines derartigen Anteils (§ 434 Abs. 1 Satz 2 Nr. 2 BGB), die sich insbesondere nach dem dispositiven Recht des GmbHG richtet (z.B. § 3 Abs. 2, § 29 Abs. 3 und § 47 Abs. 2). Mit Ausnahme der Vorschrift des § 434 Abs. 2 BGB dürften in Einzelfällen auch die übrigen Vorschriften zum Sachmangel (§ 434 Abs. 1 Satz 2 Nr. 1 und Satz 3 sowie Abs. 3) für eine „entsprechende Anwendung" i.S. von § 453 Abs. 1 BGB beim GmbH-Anteilskauf in Betracht kommen[717]. | 149

Zur Beschaffenheit des Rechts gehören solche Eigenschaften, die seine **Struktur** bzw. **Gestalt prägen**[718]. Beim Anteilskauf können daher bestimmte Gewinnbeteiligungs-, Veräußerungsbeteiligungs-[719], Stimm- oder Sonderrechte des Anteils als Beschaffenheitsmerkmale i.S. des § 434 Abs. 1 Satz 1 BGB vereinbart werden. Ohne Vereinbarung müssen sie die übliche Größe haben, also der Größe des verkauften Geschäftsanteils entsprechen (vgl. § 29 Abs. 3 Satz 1, § 47 Abs. 2, § 72). Ein Rechtsmangel liegt auch dann vor, wenn die Größe des Geschäftsanteils von der vereinbarten abweicht, wobei eine Vereinbarung über die Größe eines GmbH-Anteils in der Regel schon durch die Bestimmung des zu veräußernden Anteils getroffen wird. | 150

---

714 Insoweit auch *Eidenmüller*, NJW 2002, 1625, 1626.

715 *Bayer*, in: Lutter/Hommelhoff, Rdnr. 9 a.E.; *Faust*, in: Bamberger/Roth, § 453 BGB Rdnr. 12, 16; *Wälzholz*, DStR 2002, 500, 504; unklar *Weidenkaff*, in: Palandt, § 453 BGB Rdnr. 20.

716 *Eidenmüller*, ZGS 2002, 290, 291; *Westermann*, in: MünchKomm. BGB, 7. Aufl. 2016, § 453 BGB Rdnr. 11 und 19; *Larisch*, Gewährleistungshaftung, S. 188; insoweit auch *Ziegler*, DStR 2005, 873, 874 f. (§ 453 Abs. 1 BGB als Rechtsgrundverweisung (auch) auf § 434 BGB).

717 Vgl. *Faust*, in: Bamberger/Roth, § 453 BGB Rdnr. 10; *Eidenmüller*, ZGS 2002, 290, 291. Das rein objektive Verständnis in der *Begründung zum Regierungsentwurf*, BT-Drucks. 14/6040, S. 218, bezieht sich erkennbar nicht auf die hier behandelte entsprechende Anwendung von § 434 BGB beim Kauf eines *Rechts*, sondern auf Rechtsmängel i.S. von § 435 BGB beim Sachkauf.

718 *Eidenmüller*, ZGS 2002, 290, 291; *Westermann*, in: MünchKomm. BGB, 7. Aufl. 2016, § 453 BGB Rdnr. 24.

719 Damit sind die insbes. zugunsten von Finanzinvestoren typischerweise eingeräumten Rechte gemeint, denenzufolge der Finanzinvestor die geleistete Einlage zzgl. Verzinsung bei Veräußerung von Einzelrechtsgütern (z.B. Patente) oder Anteilen vorab erhält, bevor die Regeldividendenberechtigung eingreift.

b) Haftung für die Beschaffenheit des Unternehmens

aa) Grundsatz nach alter Rechtslage (bis 2002)

150a Das **Sachmängelgewährleistungsrecht** nach §§ 459 ff. BGB a.F. kam neben der Haftung für Rechtsmängel grundsätzlich nicht zur Anwendung[720]. Eine Haftung für die **Beschaffenheit des Unternehmens** der GmbH, dessen Anteile erworben wurden, oder der ihr gehörenden Vermögensgegenstände sowie ihre Verbindlichkeiten schied daher im Regelfall genauso aus wie eine Haftung für den Wert des Geschäftsanteils[721], es sei denn, es wurde eine – in der Praxis übliche – Garantieabrede unter Wahrung der Form des § 15 Abs. 4 getroffen (s. Rdnr. 160 ff.). Der Verkäufer konnte jedoch außerhalb des Gewährleistungsrechts nach den Grundsätzen des Verschuldens bei Vertragsschluss (*culpa in contrahendo*) haften, der Käufer den Anteilskaufvertrag bei Irrtum über verkehrswesentliche Eigenschaften u.U. nach § 119 Abs. 2 BGB oder bei Täuschung nach § 123 BGB anfechten[722].

150b Ausnahmsweise wurden nach der früheren Rechtslage die **§§ 459 ff. BGB a.F.** auf den Anteilskauf **analog** angewandt, wenn es sich wirtschaftlich um einen **Unternehmenskauf** handelte (Unternehmenskauf in Gestalt eines *Share Deal*)[723]. Dies wurde jedenfalls für den Fall angenommen, dass (nahezu) alle Geschäftsanteile Gegenstand des Kaufvertrages waren[724]. Im Übrigen war die Grenzziehung zwischen Unternehmens- und Anteilskauf höchst umstritten. Der BGH stellte vor allem auf den wirtschaftlichen Vertragszweck und den Umfang der durch den Erwerb vermittelten unternehmerischen Einflussmöglichkeit ab, welche sich durch die Beteiligungsgröße und die gesellschaftsvertragliche Gestaltung bestimme. Ein Share Deal war danach als Unternehmenskauf zu qualifizieren, wenn der Parteiwille auf den Erwerb des Unternehmens als Ganzes gerichtet war, sich der Kaufpreis daran orientierte und beim Verkäufer oder einem Dritten nur ein geringfügiger Anteilsbesitz verblieb, der nicht geeignet war, die Verfügungsmacht des Erwerbers über das Unternehmen wesentlich zu beeinträchtigen[725]. Nicht ausreichend war der Erwerb einer einfachen oder satzungsändernden Mehrheit[726]. Die wohl überwiegende Auffassung in der Literatur tendierte wie der BGH zu strengen Anforderungen, so dass nach einer verbreiteten Auffassung die verbleibenden Geschäftsanteile im Allgemeinen einen Anteil von 10 % nicht überschreiten durften[727].

---

720 *Winter*, in diesem Kommentar, 9. Aufl., Rdnr. 113 mit Nachweisen zur h.M.; zur Ausnahme beim Anteilskauf als Unternehmenskauf s. Rdnr. 153.
721 BGH v. 12.11.1975 – VIII ZR 142/74, BGHZ 65, 246, 248 ff.; BGH v. 2.6.1980 – VIII ZR 64/79, GmbHR 1980, 204 = NJW 1980, 2408; OLG München v. 14.11.1966 – 12 U 1738, 1739/65, NJW 1967, 1327; OLG Naumburg v. 28.2.1995 – 7 U 38/94, GmbHR 1995, 378, 379; KG v. 24.5.1995 – Kart U 3468/94, GmbHR 1996, 921; für Aktien: OLG München v. 23.4.2002 – 18 U 5204/01, NZG 2004, 530 („Börsengängigkeit, der Kurs oder künftige Erträge sind von der Haftung des Verkäufers nicht erfasst"); *Winter*, in: 9. Aufl., Rdnr. 113; *Fastrich*, in: Baumbach/Hueck, Rdnr. 6.
722 BGH v. 12.11.1975 – VIII ZR 142/74, BGHZ 65, 246, 248 ff.; BGH v. 2.6.1980 – VIII ZR 64/79, GmbHR 1980, 204 = NJW 1980, 2408; *Winter*, in: 9. Aufl., Rdnr. 113.
723 Bei einem *Asset Deal* hingegen, bei dem Gegenstand des Kaufvertrages nicht die Anteile der Gesellschaft, sondern die Vermögensgegenstände des Unternehmens sind, haftete der Verkäufer für Sachmängel unmittelbar nach §§ 459 ff. BGB a.F.; darüber hinaus kam bei Vorlage fehlerhafter Erfolgs- und Finanzplanungen auch eine Anfechtung nach § 123 BGB oder bei falschen Angaben zu Umsatzzahlen eine Haftung aus *culpa in contrahendo* in Betracht, vgl. BGH v. 18.6.1996 – VI ZR 121/95, NJW 1996, 2503.
724 RGZ 98, 289, 292; BGH v. 12.11.1975 – VIII ZR 142/74, BGHZ 65, 246, 248 ff.; BGH v. 2.6.1980 – VIII ZR 64/79, GmbHR 1980, 204 = NJW 1980, 2408; BGH v. 25.3.1998 – VIII ZR 185/96, NJW 1998, 2360; weitere Nachweise zu dieser h.M. in Rspr. und Lit. bei *Winter*, in diesem Kommentar, 9. Aufl., Rdnr. 113 und bei *Fastrich*, in: Baumbach/Hueck, Rdnr. 7.
725 BGH v. 12.11.1975 – VIII ZR 142/74, BGHZ 65, 246, 248 ff.; BGH v. 2.6.1980 – VIII ZR 64/79, GmbHR 1980, 204 = NJW 1980, 2408; *Winter*, in: 9. Aufl., Rdnr. 113 m.w.N.
726 BGH v. 2.6.1980 – VIII ZR 64/79, GmbHR 1980, 204 = NJW 1980, 2408, 2409.
727 *Winter*, in: 9. Aufl., Rdnr. 113 m.w.N.; *Fastrich*, in: Baumbach/Hueck, Rdnr. 7 m.w.N.; weniger streng etwa OLG München v. 14.11.1966 – 12 U 1738, 1739/65, NJW 1967, 1327 (Erwerb von

bb) Keine Haftung beim reinen Anteilskauf

Auch nach geltendem Recht kommt beim Anteilskauf eine Sachmängelhaftung für die **Beschaffenheit des Unternehmens** grundsätzlich nur in Betracht, wenn wirtschaftlich ein Unternehmenskauf vorliegt. Die Verweisung von § 453 Abs. 1 BGB auf die §§ 434 ff. BGB erfasst zwar nach der Gesetzesbegründung auch Unternehmen und Unternehmensteile als „sonstige Gegenstände"[728], allerdings ist hiermit zunächst nur die Anwendung der §§ 434 ff. BGB für den *Asset Deal* eröffnet. Ob und inwieweit bei einem Anteilskauf (§ 453 Abs. 1 Alt. 1 BGB) auch eine Mängelhaftung für das Unternehmen greift (Frage nach der einfachen oder doppelten „Entsprechung" nach § 453 Abs. 1 Alt. 1 BGB), ist damit nicht beantwortet. Richtigerweise ist wie nach altem Recht zu unterscheiden zwischen dem reinen Anteilskauf (Beteiligungserwerb) und dem Anteilskauf, der wirtschaftlich einem Unternehmenskauf gleichsteht. | 151

Beim **Beteiligungserwerb** kommt eine Haftung für die Beschaffenheit des *Unternehmens* nach Sachmängelrecht nicht in Betracht[729]. Diese Annahme ist allerdings umstritten und im Ausgangspunkt nicht zweifelsfrei. Denn aus der Entsprechensverweisung in § 453 Abs. 1 BGB könnte gefolgert werden, dass beim reinen Anteilskauf Beschaffenheiten des Unternehmens als Beschaffenheiten i.S. des § 434 Abs. 1 Satz 1 BGB vereinbart werden können oder als nach dem Verwendungszweck erforderliche oder übliche Beschaffenheiten i.S. des § 434 Abs. 1 Satz 2 Nr. 1 bzw. 2 BGB in Betracht kommen (These der doppelten „Entsprechung")[730]. Nach einer etwas strengeren Auffassung soll zwar die Anwendung von § 434 Abs. 1 Satz 2 BGB ausscheiden, eine Beschaffenheitsvereinbarung i.S. des § 434 Abs. 1 Satz 1 BGB über das durch den Anteil vermittelte unternehmensbezogene Vermögen aber möglich sein[731]. Allerdings ist zu berücksichtigen, dass auf Fälle derartiger „Mängel" des Unternehmens beim Beteiligungserwerb insbesondere der Nacherfüllungsanspruch und das Recht zur zweiten Andienung nicht passen, da der Erwerber, der keinen beherrschenden Einfluss auf das Unternehmen erlangt hat, nicht in der Lage ist, über die sinnvolle Art der Nacherfüllung (vgl. § 439 Abs. 1 BGB) zu entscheiden[732]. Auch spricht die Gesetzesbegründung[733] eher gegen die Annahme, dass ein Paradigmenwechsel vollzogen und entgegen dem hergebrachten Grundsatz eine Haftung für die Werthaltigkeit (Bonität) eines verkauften Rechts eingeführt werden sollte[734]. Aus einem | 152

---

80 %); *Hommelhoff*, ZGR 1982, 366, 381 (Erwerb von mehr als 50 %); weitere Nachweise auch bei *Grunewald*, NZG 2003, 372 f.

728 Begr. RegE, BT-Drucks. 14/6040, S. 242.

729 *Meyer-Sparenberg*, in: Beck'sches M&A-Hdb., § 44 Rdnr. 103; *Beisel*, in: Beisel/Klumpp, Der Unternehmenskauf, 7. Aufl. 2016, § 16 Rdnr. 22 ff.; *Eidenmüller*, NJW 2002, 1625, 1627; *Eidenmüller*, ZGS 2002, 290, 294; *Lorenz*, in: FS Heldrich, 2005, S. 305, 319 f.; *Weidenkaff*, in: Palandt, § 453 BGB Rdnr. 23; *U. Huber*, AcP 202 (2002), 223 ff.; *Wälzholz*, DStR 2002, 500, 503; *Weitnauer*, NJW 2002, 2511, 2514; *Westermann*, in: MünchKomm. BGB, 7. Aufl. 2016, § 453 BGB Rdnr. 20; *Wicke*, Rdnr. 5; weitere Nachweise bei *Fischer*, DStR 2004, 276, 279.

730 *Seibt/Reiche*, DStR 2002, 1135, 1137; *Gaul*, ZHR 166 (2002), 35, 39 (allerdings in sich nicht schlüssig, da *Gaul* von der Identität des Fehlerbegriffs i.S. des § 459 Abs. 1 BGB a.F. mit dem Beschaffenheitsbegriff i.S. des § 434 Abs. 1 BGB ausgeht und vernachlässigt, dass fehlerbegründende Umstände bzw. Beschaffenheiten des Unternehmens dem allein kaufgegenständlichen *Anteil* nicht unmittelbar anhaften); *Wolf/Kaiser*, DB 2002, 411, 417; *Ziegler*, DStR 2005, 873, 875; *Larisch*, Gewährleistungshaftung, S. 193 ff. (Frage der Auslegung des Kaufvertrags).

731 *Westermann*, in: MünchKomm. BGB, 7. Aufl. 2016, § 453 BGB Rdnr. 20; *Zimmermann*, AcP 213 (2013), 652, 673; *Gronstedt/Jörgens*, ZIP 2002, 52, 55; *Triebel/Hölzle*, BB 2002, 521, 523 f. und 525 (§ 434 Abs. 1 Satz 2 BGB nur bei Erwerb einer Mehrheitsbeteiligung); *Grunewald*, NZG 2003, 372, 373.

732 *Westermann*, in: MünchKomm. BGB, 7. Aufl. 2016, § 453 BGB Rdnr. 20; *Wertenbruch*, in: Dauner-Lieb/Konzen/Karsten Schmidt, Das neue Schuldrecht in der Praxis, 2002, S. 509.

733 Begr. RegE, BT-Drucks. 14/6040, S. 242.

734 *Fischer*, DStR 2004, 276, 280; ausdrücklich für einen solchen Paradigmenwechsel hingegen *Ziegler*, DStR 2005, 873, 875.

Umkehrschluss zu § 453 Abs. 3 BGB folgt vielmehr, dass im Grundsatz keine Haftung für die Beschaffenheit der vom verkauften Recht betroffenen Sache besteht[735].

cc) Anteilskauf als Unternehmenskauf

153 Eine Ausnahme kommt – wie nach altem Recht – nur in Betracht, wenn so viele Anteile erworben werden, dass dies wirtschaftlich dem **Kauf des gesamten Unternehmens**[736] gleich kommt. Eine qualitative Änderung der Rechtslage hat sich insofern nicht ergeben[737]. Ab welcher Schwelle eine Gleichstellung bejaht werden kann, ist vom BGH auch zum alten Recht nicht endgültig entschieden worden (Rdnr. 150b). Jedenfalls dann, wenn alle oder nahezu alle Anteile einer Gesellschaft übertragen werden und dem Erwerber dadurch umfassende Leitungsmacht verschafft wird, greift Sachmängelrecht beim Anteilserwerb auch in Bezug auf das Unternehmen[738]. Ansonsten kommt eine Gleichstellung nicht unterhalb der Schwelle einer satzungsändernden Mehrheit von 75 % des Geschäftskapitals in Betracht[739], so dass der Erwerb einer einfachen Mehrheit keinesfalls ausreicht[740]. Entscheidend ist, dass der Wille der Vertragsparteien auf den Verkauf des Unternehmens gerichtet ist und der Käufer mit dem Erwerb der Anteile die unternehmerisch beherrschende Stellung in diesem Unternehmen erlangt und daher ohne entscheidende Einschränkungen über das Unternehmen verfügen kann, selbst wenn formell die GmbH Trägerin des Unternehmens und Eigentümerin der Sachwerte bleibt[741]. Da Minderheitsbefugnisse nach §§ 50 Abs. 1, 61 Abs. 2 Satz 2 erst ab der Schwelle von 10 % der GmbH-Anteile greifen und auch nach jüngster Gesetzgebung Anteilsinhaber mit einer Beteiligungsquote von weniger als 10 % als bloße Finanzinvestoren qualifiziert werden (vgl. § 39 Abs. 5 InsO), ist jedenfalls bei einem Anteilsrest von 10 % (oder weniger) in der Regel ein Unternehmenskauf anzunehmen[742]. Es kommt jedoch auf die gesellschaftsrechtlichen Verhältnisse im Einzelfall an. So dürfen Gesellschaftsanteile, die

---

735 *Eidenmüller*, ZGS 2002, 290, 294; *Grunewald*, NZG 2003, 372, 373.
736 Ein Unternehmenskauf liegt nach ständiger Rechtsprechung vor, wenn nicht nur einzelne Wirtschaftsgüter, sondern ein Inbegriff von Sachen, Rechten und sonstigen Vermögenswerten als selbständige Organisationseinheit übertragen und der Erwerber dadurch in die Lage versetzt wird, das Unternehmen als solches weiterzuführen, etwa BGH v. 28.11.2001 – VIII ZR 37/01, NJW 2002, 1042, 1043; *Schröcker*, ZGR 2005, 63, 65.
737 *Eidenmüller*, ZGS 2002, 290, 294; *Weitnauer*, NJW 2002, 2511, 2514; *Westermann*, in: Münch-Komm. BGB, 7. Aufl. 2016, § 453 BGB Rdnr. 19, 21; *Seibt/Schwarz*, JuS 2012, 43, 45 m.w.N.
738 BGH v. 12.11.1975 – VIII ZR 142/74, BGHZ 65, 246, 251 = NJW 1976, 236, 237; ein Rest von 0,25 % ist als quantité négligeable in jedem Fall unbeachtlich, BGH v. 27.2.1970 – I ZR 103/68, WM 1970, 819; vgl. auch *Schröcker*, ZGR 2005, 63, 64, der eine Ausnahme für den Fall machen will, dass die Satzung dem Alleingesellschafter (oder „Fast-Alleingesellschafter") lediglich die Rolle eines Anlagegesellschafters beimisst; *Westermann*, in: MünchKomm. BGB, 7. Aufl. 2016, § 453 BGB Rdnr. 22 geht bei einer Beteiligung von 95 % im Regelfall vom wirtschaftlichen Kauf des Unternehmens aus.
739 BGH v. 2.6.1980 – VIII ZR 64/79, NJW 1980, 2408, 2409 = GmbHR 1980, 204.
740 BGH v. 12.11.1975 – VIII ZR 142/74, BGHZ 65, 246, 251 = NJW 1976, 236, 237; BGH v. 4.4.2001 – VIII ZR 32/00, GmbHR 2001, 516 = NJW 2001, 2163; ebenso *Meyer-Sparenberg*, in: Beck'sches M&A-Hdb., § 44 Rdnr. 103; a.A. *Hommelhoff*, ZGR 1982, 366, 378 f., 384; *Schröcker*, ZGR 2005, 63, 65.
741 BGH v. 12.11.1975 – VIII ZR 142/74, BGHZ 65, 246, 251 = NJW 1976, 236, 237; ähnlich *Meyer-Sparenberg*, in: Beck'sches M&A-Hdb., § 44 Rdnr. 104.
742 BGH v. 12.11.1975 – VIII ZR 142/74, BGHZ 65, 246, 252 = NJW 1976, 236, 237; so auch *Ebbing*, in: Michalski u.a., Rdnr. 178; *U. Jasper*, in: MünchHdb. III, § 24 Rdnr. 110, stellt auf 90 % der *Stimmrechte* ab; *Fastrich*, in: Baumbach/Hueck, Rdnr. 22 u. *Schröcker*, ZGR 2005, 63, 68 f., wollen sogar den Erwerb von Geschäftsanteilen mit einer Stimmrechtsanzahl genügen lassen, mit der eine satzungsändernde Mehrheit herbeigeführt werden kann. *Meyer-Sparenberg*, in: Beck'sches M&A-Hdb., § 44 Rdnr. 104 stellt vorwiegend auf den Umfang der Gesellschafterrechte des Erwerbers ab; ebenso *Zimmermann*, AcP 213 (2013), 653, 672.

bereits dem Erwerber gehören, nicht mitgezählt werden[743]. Erwirbt ein bereits maßgeblich beteiligter Gesellschafter weitere Anteile hinzu, so dass er danach die unternehmerische Herrschaft innehat, wird es jedenfalls auf der Seite des Veräußerers an dem auf den Verkauf des Unternehmens gerichteten Willen fehlen, da dieser in der Regel keinen Einblick in das Unternehmen hat, der über denjenigen des Erwerbers hinausgeht. Ein Unternehmenskauf liegt dann nicht vor[744].

dd) Beschaffenheit des Unternehmens

aaa) Vereinbarte Beschaffenheit (§ 434 Abs. 1 Satz 1 BGB)

Vorrangig kommt es für die Gewährleistungshaftung darauf an, welche Beschaffenheit die Vertragsparteien vereinbart haben (§ 434 Abs. 1 Satz 1 BGB). Der Anwendungsbereich des Sachmängelrechts beim Unternehmenskauf ist aber nur dann eröffnet, wenn die fraglichen Umstände eine Beschaffenheit des Unternehmens darstellen können, andernfalls greifen die allgemeinen Regeln, insbesondere die Haftung für die Verletzung vorvertraglicher Informationspflichten (§§ 280 ff., 311a BGB). Der Beschaffenheitsbegriff ist zentrales Tatbestandsmerkmal im neuen Recht, durch die Schuldrechtsreform allerdings nicht definiert worden. Der BGH argumentierte nach altem Recht v.a. mit dem engen traditionellen Fehlerbegriff, wonach als ein Beschaffenheitsmerkmal nur das in Betracht kam, was der Kaufsache für eine gewisse Dauer selbst anhaftete[745]. Dem hat sich der Gesetzgeber durch die Schuldrechtsreform nicht angeschlossen. Er hat vielmehr ganz bewusst offengelassen, ob der Begriff „Beschaffenheit" nach neuem Recht nur Eigenschaften umfasst, die der Kaufsache **unmittelbar** physisch **anhaften**, oder ob auch außerhalb der Sache selbst liegende Umstände einzubeziehen sind[746]. Die Frage ist daher, insbesondere im Zusammenhang mit dem Unternehmenskauf, umstritten. Nach einer Auffassung soll der Begriff neben der Beschaffenheit nach altem Recht nunmehr auch die frühere zusicherungsfähige Eigenschaft (§ 459 Abs. 2 BGB a.F.) umfassen, wobei die Umstände, die dem Kaufgegenstand nicht ohnehin dauerhaft physisch anhaften, sondern Beziehungen zu seiner Umwelt darstellen, zumindest ihren Grund im Zustand der Sache selbst haben müssen[747]. Das OLG Hamm hat in einer Entscheidung zu einem Autokauf verlangt, dass der Umstand in der Beschaffenheit der Kaufsache wurzelt und ihr „unmittelbar (physisch) auf eine gewisse Dauer anhaftet"; der Gesetzgeber habe bei der Schuldrechtsreform den bisherigen Beschaffenheitsbegriff nicht ändern wollen[748].

Jedoch sollte nach der Gesetzesbegründung jedenfalls eine Festlegung auf ein solches enges Verständnis und den alten Fehlerbegriff vermieden werden[749], was von der – vor allem im weiteren Gesetzgebungsverfahren erkennbaren[750] – Tendenz her also für eine Ausweitung des Begriffs spricht. Richtigerweise ist der Beschaffenheitsbegriff gegenüber dem Verständnis

154

155

---

743 OLG Naumburg v. 28.2.1995 – 7 U 38/94, GmbHR 1995, 378, 379.
744 *Westermann*, in: MünchKomm. BGB, 7. Aufl. 2016, § 453 BGB Rdnr. 22; *U. Jasper*, in: MünchHdb. III, § 24 Rdnr. 111.
745 Vgl. etwa BGH v. 12.11.1969 – I ZR 93/67, NJW 1970, 653, 655; BGH v. 14.7.1978 – I ZR 154/76, NJW 1979, 33; gegen diesen Fehlerbegriff z.B. *Westermann*, in: MünchKomm. BGB, 7. Aufl. 2016, § 453 BGB Rdnr. 24 ff.
746 Begr. RegE, BT-Drucks. 14/6040, S. 213.
747 *Kindl*, WM 2003, 409; *Weidenkaff*, in: Palandt, § 434 BGB Rdnr. 10 ff.; noch restriktiver *U. Huber*, AcP 202 (2002), 179, 224 ff., der die Beschaffenheit mit dem Begriff aus § 459 Abs. 1 BGB a.F. gleichsetzt, ohne die frühere zusicherungsfähige Eigenschaft einzubeziehen.
748 OLG Hamm v. 13.5.2003 – 28 U 150/02, NJW-RR 2003, 1360, 1361 (Kauf eines PKW, der sich als Importfahrzeug herausstellte); kritisch dazu *Schröcker*, ZGR 2005, 63, 76.
749 Vgl. Begr. RegE, BT-Drucks. 14/6040, S. 213 („insbesondere soll nicht entschieden werden, ob …").
750 Dazu *D. Schmidt*, BB 2005, 2763, 2764.

nach altem Recht **auszudehnen**[751]. Einzubeziehen sind jedenfalls solche Umstände, die von der Rechtsprechung nach altem Recht als zusicherungsfähige Eigenschaften i.S. des § 459 Abs. 2 BGB a.F. eingeordnet wurden[752]. Umfasst sind aber auch die Beziehungen der Sache zur Umwelt, sofern irgendein Zusammenhang mit dem Zustand der Kaufsache besteht. Nur vom Zustand der Kaufsache vollständig unabhängige Umstände zählen nicht zur Beschaffenheit[753], da die Wortlautgrenze des Begriffs einen gewissen Bezug zum objektiven Zustand des Kaufgegenstandes verlangt[754]. Überlässt man den Begriff völlig der Definitionsgewalt der Privatautonomie gibt man ihn – auch außerhalb des Unternehmenskaufs – der Konturlosigkeit Preis[755].

156 Beim Unternehmenskauf scheiden daher nur gänzlich außerhalb des Unternehmens liegende Umstände und Anforderungen, die sich (nur) auf Dritte beziehen, aus, wie z.B. die Eröffnung eines Konkurrenzunternehmens durch die Ehefrau des Veräußerers[756] oder allgemeine Marktgegebenheiten[757]. Allerdings ist beim Unternehmenskauf zu berücksichtigen, dass eine Beschaffenheit auch dort vorliegen kann, wo ein Umstand den Organismus „Unternehmen" als solchen betrifft, ohne dass er auf eine konkrete Sache, ein einzelnes Recht oder sonstigen Gegenstand aus dem Unternehmen zurückzuführen ist[758]. Entscheidend ist jedoch nicht mehr (wie nach altem Recht), dass die Umstände dem Unternehmen **auf gewisse Dauer** anhaften[759]. Ausreichend, aber auch erforderlich, ist vielmehr, dass der Umstand **gegenwärtig** ist, d.h. zum Zeitpunkt des Gefahrenübergangs vorliegt (vgl. § 434 Abs. 1 Satz 1 BGB)[760]. Beim Unternehmenskauf können deshalb nunmehr *gegenwärtige* Unternehmenskennzahlen, z.B. aktueller Vermögens- und Schuldenstand oder unternehmensspezifische Kennziffern, als Beschaffenheit vereinbart werden[761]. Für *vergangenheitsbezogene* Ertrags- und Umsatzzahlen,

751 *Boerner*, ZIP 2001, 2264, 2266 f.; *Brüggemeier*, WM 2002, 1376, 1377 ff.; *Faust*, in: Bamberger/Roth, § 434 BGB Rdnr. 19 ff.; *Thiessen*, in: MünchKomm. HGB, 4. Aufl. 2016, Anh. § 25 HGB Rdnr. 61 f.; *Grigoleit/Herresthal*, JZ 2003, 118, 120 ff.; *Grigoleit/Herresthal*, JZ 2003, 233; *Oetker/Maultzsch*, Vertragliche Schuldverhältnisse, 2002, S. 37 ff.; *Weidenkaff*, in: Palandt, § 434 BGB Rdnr. 10 ff.; *Schinkels*, ZGS 2003, 310; konkret zum Unternehmenskauf: *Seibt/Reiche*, DStR 2002, 1135, 1138 f.; *Eidenmüller*, ZGS 2002, 290, 295; *Lorenz*, in: FS Heldrich, 2005, S. 305, 317 („Begradigung" des Beschaffenheitsbegriffs); *Gaul*, ZHR 166 (2002), 35; *Gronstedt/Jörgens*, ZIP 2002, 52, 54 f.; *Wolf/Kaiser*, DB 2002, 411; *Triebel/Hölzle*, BB 2002, 521, 525; *Knott*, NZG 2002, 249, 251; *D. Schmidt*, BB 2005, 2763, 2764 f.; *Schröcker*, ZGR 2005, 63, 76 f., 80 (soweit ausdrücklich vereinbart); *Weitnauer*, NJW 2002, 2511, 2513 f. (soweit ausdrücklich vereinbart).
752 Vgl. Begr. RegE, BT-Drucks. 14/6040, S. 212 f.; s. *Müller*, in: Ebenroth/Boujong/Joost/Strohn, Vorb. § 377 HGB Rdnr. 20; etwa *Grigoleit/Herrestahl*, JZ 2003, 118, 122; *Weitnauer*, NJW 2002, 2511, 2513 f.; *Eidenmüller*, ZGS 2002, 290, 295; *Kindl*, WM 2003, 409, 411; *Lorenz*, in: FS Heldrich, 2005, S. 305, 316 f.; a.A. *U. Huber*, AcP 202 (2002), 179, 224 ff.
753 *Grigoleit/Herrestahl*, JZ 2003, 118, 124; *Faust*, in: Bamberger/Roth, § 434 BGB Rdnr. 22 f.
754 Vgl. *Grigoleit*, in: Schulze/Schulte-Nölke, Die Schuldrechtsreform vor dem Hintergrund des Gemeinschaftsrechts, 2001, S. 269, 293 f.
755 Zur Gefahr der Konturlosigkeit auch *Lorenz*, in: FS Heldrich, 2005, S. 305, 321.
756 Vgl. BGH v. 26.11.1986 – VIII ZR 260/85, NJW 1987, 909, 910.
757 *Eidenmüller*, ZGS 2002, 290, 295 f.; vgl. auch *D. Schmidt*, BB 2005, 2763, 2766.
758 Dies folgt für den *Asset Deal* schon aus der Verweisung in § 453 Abs. 1 Alt. 2 BGB auf §§ 434 ff. BGB und gilt nach dem oben (Rdnr. 151 f.) Gesagten gleichermaßen beim Unternehmenskauf in Gestalt des *Share Deal*.
759 *Gaul*, ZHR 166 (2002), 35, 51; *Triebel/Hölzle*, BB 2002, 521, 525; *Wolf/Kaiser*, DB 2002, 411, 412; *Eidenmüller*, ZGS 2002, 290, 295; *Faust*, in: Bamberger/Roth, § 434 BGB Rdnr. 24; *D. Schmidt*, BB 2005, 2763, 2766 f.; a.A. *Weidenkaff*, in: Palandt, § 434 BGB Rdnr. 11; *U. Huber*, AcP 202 (2002), 179, 228; *Jaques*, BB 2002, 417, 418; *Weitnauer*, NJW 2002, 2511, 2514 (jedenfalls für vergangenheitsbezogene Abschlussangaben).
760 *Faust*, in: BeckOK BGB, Stand: 1.2.2017, § 453 BGB Rdnr. 30; *Eidenmüller*, ZGS 2002, 290, 295; *Faust*, in: Bamberger/Roth, § 434 BGB Rdnr. 25; *Fischer*, DStR 2004, 276, 278.
761 *Faust*, in: BeckOK BGB, Stand: 1.2.2017, § 453 BGB Rdnr. 30; *Gaul*, ZHR 166 (2002), 35, 46 f., 49 f.; *Eidenmüller*, ZGS 2002, 290, 295; *Fischer*, DStR 2004, 276, 278.

d.h. solche, die aus einer früheren Rechnungslegungsperiode stammen, gilt dies nur dann, wenn sie dergestalt dauernde Wirkung haben, dass sie sich auf den Zustand des Unternehmens zum Zeitpunkt des Gefahrübergangs auswirken und eine Aussage über die Ertragsfähigkeit des Unternehmens zulassen[762]. Dafür kann auf die bisherige Rechtsprechung[763] zu zusicherungsfähigen Eigenschaften zurückgegriffen werden, derzufolge sich die Umsatz- und Ertragsangaben über einen längeren, mehrjährigen Zeitraum erstrecken und dadurch einen verlässlichen Anhalt für die Bewertung der Ertragsfähigkeit und damit für die Ermittlung des Wertes des Unternehmens abgeben müssen[764]. Sofern in entsprechenden Angaben aus vergangenen Perioden nicht zugleich eine Angabe über die gegenwärtige Beschaffenheit liegt (was auch vereinbart werden kann), sind dies typische Fälle einer *culpa*-Haftung (§§ 280 Abs. 1, 311 Abs. 2 BGB) für die Verletzung vorvertraglicher Informationspflichten[765], bei denen die Rechtsfolgen des § 437 BGB nicht passen würden[766]. So kommen etwa unzutreffende Unternehmensdaten hinsichtlich abgeschlossener wirtschaftlicher Bewertungsperioden für eine „Nachbesserung" nicht in Betracht[767]. Angaben über zukünftige Umsätze oder Erträge sind – soweit sie nicht aus aktuell vorhandenen Umständen abgeleitet werden[768] – einer Beschaffenheitsvereinbarung nicht zugänglich, da sie zum maßgeblichen Zeitpunkt des Gefahrübergangs nicht vorliegen und zudem regelmäßig außerhalb des Einflussbereichs des Verkäufers liegen werden[769].

Liegt eine zwischen den Parteien vereinbarte Beschaffenheit i.S. des § 434 Abs. 1 Satz 1 BGB vor, so kommt es bei der Abweichung vom Soll-Zustand auf die Erheblichkeit dieses Mangels für das Gesamtunternehmen (vgl. Rdnr. 158) im Gegensatz zur typisierten Sollbeschaffenheit nicht mehr an. Der Gesetzgeber hat es mit Einführung des subjektiven Mangelbegriffs den Parteien überlassen, die Erheblichkeit von Beschaffenheitsumständen durch Vereinbarung zu bestimmen[770]. **156a**

bbb) Typisierte Soll-Beschaffenheit (§ 434 Abs. 1 Satz 2 BGB)

Besteht keine Beschaffenheitsvereinbarung, haftet der Veräußerer u.U. nach § 434 Abs. 1 Satz 2 BGB. Er hat gemäß § 434 Abs. 1 Satz 2 Nr. 1 BGB für die nach dem Vertrag voraus- **157**

---

762 Tendenziell großzügiger *D. Schmidt*, BB 2005, 2763, 2767, der bei entsprechender Vereinbarung auch vergangene Umstände, wie bestimmte Ertrags- oder Umsatzzahlen, als Beschaffenheitsmerkmale zulassen will, die allerdings dann ausscheiden, wenn „keine Auswirkungen auf die Beschaffenheit zum Gefahrübergang, und zwar auch im Sinne einer Risikoerhöhung" festgestellt werden können, so dass im Ergebnis eine Beweislastumkehr zu Lasten des Verkäufers eintrete.

763 Vgl. BGH v. 30.3.1990 – V ZR 13/89, WM 1990, 1344; BGH v. 25.5.1977 – VIII ZR 186/75, NJW 1977, 1536, 1537.

764 *Eidenmüller*, ZGS 2002, 290, 295; *Lorenz*, in: FS Heldrich, 2005, S. 305, 317 f.; *Canaris*, in: Lorenz, Karlsruher Forum 2002, S. 5, 60; *Thiessen*, in: MünchKomm. HGB, 4. Aufl. 2016, Anh. § 25 HGB Rdnr. 63; *Gaul*, ZHR 166 (2002), 35, 46 ff.; *Kindl*, WM 2003, 409, 411; *Gronstedt/Jörgens*, ZIP 2002, 54 f.; a.A. *Schröcker*, ZGR 2005, 63, 78, 80.

765 *Müller*, in: Ebenroth/Boujong/Joost/Strohn, Vorb. § 377 HGB Rdnr. 23; *Grigoleit/Herresthal*, JZ 2003, 118, 125 f.; *Eidenmüller*, ZGS 2002, 290, 295; *Faust*, in: Bamberger/Roth, § 434 BGB Rdnr. 25, 26; *Lorenz*, in: FS Heldrich, 2005, S. 305, 317 f.

766 *Wertenbruch*, in: Dauner-Lieb/Konzen/Karsten Schmidt, Das neue Schuldrecht in der Praxis, 2002, S. 504, *Westermann*, in: MünchKomm. BGB, 7. Aufl. 2016, § 453 BGB Rdnr. 29.

767 *Barnert*, WM 2003, 416, 422.

768 Vgl. insoweit *Westermann*, in: MünchKomm. BGB, 7. Aufl. 2016, § 453 BGB Rdnr. 31, tendenziell aber weitergehend; ähnlich *D. Schmidt*, BB 2005, 2763, 2767.

769 *Schröcker*, ZGR 2005, 63, 78, 80; *Fischer*, DStR 2004, 276, 278.

770 *Thiessen*, in: MünchKomm. HGB, 4. Aufl. 2016, Anh. § 25 HGB Rdnr. 82; *Schmitz*, RNotZ 2006, 561, 577 f.; *Picot*, DB 2009, 2587, 2591; *Knott*, NZG 2002, 249, 251; *Seibt/Schwarz*, JuS 2012, 43, 45; a.A. *Meyer-Sparenberg*, in: Beck'sches M&A-Hdb., § 44 Rdnr. 115; wohl auch OLG Köln v. 29.1.2009 – I-12 U 20/08, OLG Köln ZIP 2009, 2063.

gesetzte Verwendung des Unternehmens einzustehen, in Ermangelung einer solchen nach § 434 Abs. 1 Satz 2 Nr. 2 BGB für die Eignung zur gewöhnlichen Verwendung und die **übliche Beschaffenheit**. Auch bei einem Unternehmen kann bis zu einem gewissen Grade von einer insoweit relevanten Normbeschaffenheit gesprochen werden[771]. So liegt beim Unternehmenskauf die gewöhnliche Verwendung im Betrieb des Unternehmens, d.h. der Ausübung des Unternehmensgegenstandes[772]. Eine abweichende Verwendung kann in Ausnahmefällen vorausgesetzt sein, z.B. wenn das Unternehmen (bzw. die Anteile hieran) zum Zwecke der Weiterveräußerung in Teileinheiten erworben wird. Soweit es um **Abschlussangaben** und sonstige wirtschaftliche Kennzahlen geht, kommt eine Haftung nach § 434 Abs. 1 Satz 2 Nr. 1 und Nr. 2 Alt. 1 BGB aber in der Regel **nicht in Betracht**, da diese Zahlen den Verwendungszweck nicht beeinflussen, soweit der Unternehmensgegenstand betrieben werden kann[773].

158   Von den Fällen der Abweichung von der typisierten Soll-Beschaffenheit nach § 434 Abs. 1 Satz 2 BGB werden in Ermangelung einer entsprechenden Beschaffenheitsvereinbarung auch **Mängel am Sachsubstrat**, d.h. an einzelnen zum Unternehmensvermögen gehörenden Sachen, Rechten oder unkörperlichen Werten, erfasst[774]. Einige Stimmen im Schrifttum fordern in Anbetracht der Ausweitung des Mangelbegriffs durch die Schuldrechtsmodernisierung, bereits die Mangelhaftigkeit einzelner Vermögensgegenstände dem Mängelgewährleistungsregime zu unterstellen[775]. Dies ist abzulehnen, denn ein Unternehmen ist als Sachgesamtheit nur dann mangelhaft, wenn ihm insgesamt ein Mangel anhaftet[776]. Deshalb werden Mängel am Sachsubstrat wie nach § 459 BGB a.F. nur dann zu einem relevanten Mangel des *Unternehmens*, wenn sie auf das Unternehmen **durchschlagen**[777]. In allen Fällen muss sich der Mangel auf die Funktionstauglichkeit des Unternehmens als solches auswirken. Insoweit kann im Grundsatz auf die Rechtsprechung zum alten Recht zurückgegriffen werden[778] (10. Aufl., Rdnr. 141). Allerdings wird der Fortfall des Erheblichkeitskriteriums (§ 459 Abs. 1 Satz 2 BGB a.F.) und damit der „Gesamterheblichkeitstheorie" in gewisser Weise zu berücksichtigen sein, wenngleich ein Mangel an einem einzelnen Gegenstand, der nicht „durchschlägt", eben kein Mangel des *Unternehmens* ist, weil er die Eignung zur vorausgesetzten

---

771 *Meyer-Sparenberg*, in: Beck'sches M&A-Hdb., § 44 Rdnr. 115; *Lorenz*, in: FS Heldrich, 2005, S. 305, 321; *Eidenmüller*, ZGS 2002, 290, 295; *Lieb*, in: FS Gernhuber, 1993, S. 259, 264 ff.; a.A. *U. Huber*, AcP 202 (2002), 179, 212 f., der nur bei Gebrauchsgütern mit Standardbeschaffenheit eine „übliche Beschaffenheit" anerkennt; *Gaul*, ZHR 166 (2002), 35, 48; *Kindl*, WM 2003, 409, 412; *Weitnauer*, NJW 2002, 2511, 2514.

772 Das gilt bei konsequenter analoger Anwendung des § 434 BGB auch beim Unternehmenskauf in Gestalt des *Share Deal*, auch wenn nicht der Erwerber sondern die Gesellschaft, deren Anteile erworben werden, das Unternehmen betreibt.

773 *Schröcker*, ZGR 2005, 63, 80, 81; *Fischer*, DStR 2004, 276, 278; *Weitnauer*, NJW 2002, 2511, 2514.

774 Vgl. *Lorenz*, in: FS Heldrich, 2005, S. 305, 321 mit Fn. 89.

775 *Matusche-Beckmann*, in: Staudinger, BGB, 2014, § 434 BGB Rdnr. 184, die Gewährleistungsrechte in Bezug auf den gesamten Kaufvertrag für einschlägig hält; *Grunewald*, in: Erman, § 434 BGB Rdnr. 44, die jedoch nur in Bezug auf das mangelhafte Einzelstück Gewährleistungsrechte für einschlägig hält.

776 OLG Köln v. 29.1.2009 – I-12 U 20/08, ZIP 2009, 2063, 2065; *Meyer-Sparenberg*, in: Beck'sches M&A-Hdb., § 44 Rdnr. 111.

777 Insoweit zutreffend OLG Köln v. 29.1.2009 – I-12 U 20/08, ZIP 2009, 2063, 2065; *Meyer-Sparenberg*, in: Beck'sches M&A-Hdb., § 44 Rdnr. 111; *Faust*, in: Bamberger/Roth, § 434 BGB Rdnr. 27; *Westermann*, in: MünchKomm. BGB, 7. Aufl. 2016, § 453 BGB Rdnr. 24; *Thiessen*, in: MünchKomm. HGB, 4. Aufl. 2016, Anh. § 25 HGB Rdnr. 79; *Ebbing*, in: Michalski u.a., Rdnr. 181; *Wicke*, Rdnr. 5; *Schröcker*, ZGR 2005, 63, 79; *Triebel/Hölzle*, BB 2002, 521 ff.; *Seibt/Schwarz*, JuS 2012, 43, 45.

778 RGZ 98, 289; BGH v. 27.2.1970 – I ZR 103/68, WM 1970, 819, 821; vgl. auch *Triebel/Hölzle*, BB 2002, 521, 525; *Westermann*, in: MünchKomm. BGB, 7. Aufl. 2016, § 453 BGB Rdnr. 24, beide m.w.N.

bzw. gewöhnlichen Verwendung nicht beeinträchtigt[779]. Erfasst werden sowohl Quantitäts- als auch Qualitätsabweichungen. An der Eignung zur gewöhnlichen Verwendung, d.h. zur Ausübung des Unternehmensgegenstandes, kann es fehlen, wenn der Betrieb des Unternehmens ausgeschlossen ist, etwa weil nicht genügend Material oder Arbeitsmittel zur Aufrechterhaltung der Produktion vorhanden sind[780] oder das entwickelte Verkaufsprodukt nicht brauchbar und kaufmännisch verwertbar ist[781]. Auch Umstände, die nicht an einzelnen Gegenständen des Unternehmensvermögens haften, sondern sich aus dem ungenügendenden Funktionieren und Zusammenwirken der im Unternehmen gebündelten Sachen, Personen, Ideen und Finanzierungsmaßnahmen ergeben, können die Beschaffenheit des Unternehmens beeinflussen, wenn sie die wirtschaftliche Grundlage der unternehmerischen Tätigkeit erschüttern, wie etwa ein negativer Ruf der hergestellten Produkte[782], ein unzureichender Auftragsbestand[783] oder das Fehlen bestimmter Charaktereigenschaften eines wichtigen Mitarbeiters[784]. Die Insolvenz des Unternehmens ist hingegen Rechtsmangel (s. Rdnr. 145)[785], was aber für die Rechtsfolgen keine Rolle spielt (vgl. § 437 BGB).

ccc) Öffentliche Äußerungen (§ 434 Abs. 1 Satz 3 BGB)

Die geschuldete Beschaffenheit des Unternehmens kann durch öffentliche Äußerungen des   159
Verkäufers ausgedehnt werden. In Betracht kommen hier Äußerungen bei **Pressekonferenzen**, in **Unternehmenspräsentationen** oder in einem **Informationsmemorandum** eines vom Verkäufer eingeschalteten Finanzberaters (z.B. einer Investmentbank) im Rahmen eines – nicht auf wenige interessierte Parteien begrenzten – Auktionsverfahrens[786]. In der Praxis des Unternehmenskaufs wird dies aber häufig an der mangelnden **Öffentlichkeit** der Äußerung scheitern, da die Äußerung auch von nicht am Kaufvertrag beteiligten Dritten (in im Grundsatz unbeschränkter Zahl) wahrnehmbar sein muss. Äußerungen beauftragter **Dritter** (z.B. Berater) können zugerechnet werden, ohne dass diese auch Vertreter sein müssen[787]. Durch sorgfältige, einzelfallbezogene Hinweise bei derartigen öffentlichen Äußerungen, mit der die Verkäuferhaftung wegen unzutreffender Äußerungen ausgeschlossen wird, insbesondere bei entsprechenden *Disclaimers* im Informationsmemorandum, kann die **Beeinflussung der Kaufentscheidung** i.S. des § 434 Abs. 1 Satz 3 Halbsatz 2 Var. 3 BGB jedoch verhindert werden[788]. Erfolgt der Unternehmenskauf im Anschluss an eine in der Praxis häufige **Käufer-Due Diligence**, so wird es in der Regel ebenfalls an der erforderlichen Beeinflussung der Kaufentscheidung fehlen. Im Unternehmenskaufvertrag wird dann die Haftung des Verkäufers für außerhalb des Vertragstextes zur Verfügung gestellte Informationen nicht selten im Verkäuferinteresse ausgeschlossen[789].

---

779 Vgl. *Schröcker*, ZGR 2005, 63, 79; zum Wegfall der Gesamterheblichkeitstheorie *Seibt/Reiche*, DStR 2002, 1135, 1140.

780 BGH v. 14.7.1978 – I ZR 154/76, WM 1979, 102 ff. (zu geringer Bestand an Gerüsten beim Gerüstbauunternehmen).

781 BGH v. 9.11.1977 – VIII ZR 40/76, WM 1978, 59.

782 Vgl. RGZ 67, 86, 90 (Pension als Absteigequartier).

783 *Westermann*, in: MünchKomm. BGB, 7. Aufl. 2016, § 453 BGB Rdnr. 22, 24 f.; *Schröcker*, ZGR 2005, 63, 79.

784 BGH v. 16.1.1991 – VIII ZR 335/89, NJW 1991, 1223.

785 A.A. *Weitnauer*, NJW 2002, 2511, 2514 (Sachmangel i.S. von § 434 Abs. 1 Satz 2 Nr. 1 BGB); *Wolf/Kaiser*, DB 2002, 411, 416 (Sachmangel i.S. von § 434 Abs. 1 Satz 2 Nr. 2 BGB); *Larisch*, Gewährleistungshaftung, S. 188.

786 Hierzu näher *Seibt/Reiche*, DStR 2002, 1135, 1139; mit Blick auf öffentliche Äußerungen beim Erwerb über den organisierten Kapitalmarkt *Ziegler*, DStR 2005, 873, 876 ff.

787 *Seibt/Reiche*, DStR 2002, 1135, 1139.

788 *Seibt/Reiche*, DStR 2002, 1135, 1139.

789 Vgl. auch *Meyer-Sparenberg*, in: Beck'sches M&A-Hdb., § 44 Rdnr. 106 f.

c) Haftung für Garantien und Haftungsausschluss

160 Sowohl beim Anteils- als auch beim Unternehmenskauf wurde in der Praxis schon vor der Schuldrechtsreform das gesetzliche Gewährleistungsrecht aufgrund der unpassenden Rechtsfolgen, der zu kurzen Verjährung und der Abgrenzungsschwierigkeiten zur vorvertraglichen Informationshaftung vertraglich ausgeschlossen und durch ein eigenständiges Haftungsregime aus Garantievereinbarungen über die (Nicht-)Existenz und Werthaltigkeit bestimmter Faktoren oder das Nichtvorhandensein bestimmter wertmindernder Einflüsse ersetzt. Hieran sollte in der Praxis festgehalten werden, da es die oben (Rdnr. 154 ff.) beschriebenen Unsicherheiten hinsichtlich der Reichweite des Beschaffenheitsbegriffs und dem davon abhängigen Anwendungsbereich des gesetzlichen Gewährleistungsrechts gibt, die Anknüpfung der Verjährung in manchen Punkten unklar ist (s. Rdnr. 168 f.), und schließlich nach wie vor manche Rechtsfolgen der gesetzlichen Gewährleistung (Nacherfüllungs*recht*, Rücktritt) beim Unternehmenskauf i.d.R. unerwünscht bzw. unpassend sind[790].

161 Der **Begriff der Garantie** wird im Gesetz an verschiedenen Stellen verwendet (vgl. §§ 276 Abs. 1, 442, 443 Abs. 1, 444 BGB), jedoch nicht definiert. Neben der einfachen Beschaffenheitsvereinbarung nach § 434 Abs. 1 Satz 1 BGB (Rdnr. 154 ff.), welche die gesetzlichen Gewährleistungsregeln auslöst (d.h. Schadensersatz kommt nur bei Verschulden in Betracht), ist eine **Garantie i.S. des § 276 Abs. 1 Satz 1 BGB** denkbar, bei der eine Haftung auf Schadensersatz für Pflichtverletzungen (insb., aber nicht nur, für Mängel i.S. der §§ 434 ff. BGB) unabhängig von einem Verschulden vereinbart wird. Von derartigen **unselbständigen Garantien** sind **selbständige Garantien** (vgl. § 311 Abs. 1 BGB) zu unterscheiden, die ein eigenes, selbständiges Haftungsregime über die vertragsgemäße Erfüllung hinaus mit eigenständiger Verjährung unabhängig von bzw. neben den Ansprüchen aus § 437 BGB schaffen sollen[791].

162 Werden Garantien beim Anteilserwerb eingeräumt, so sind deren Bedeutung, Inhalt und Reichweite durch Auslegung (§§ 133, 157 BGB) zu ermitteln. Wird hinsichtlich bestimmter Beschaffenheitsmerkmale die verschuldensunabhängige Haftung i.S. des § 276 Abs. 1 Satz 1 BGB übernommen, so liegt eine **Beschaffenheitsgarantie** vor, welche jedenfalls die ursprüngliche Eigenschaftszusicherung nach altem Recht umfasst, die lediglich die gesetzlichen Mängelrechte des Käufers modifiziert bzw. erweitert[792]. Die Auslegung kann jedoch auch ergeben, dass die Beschaffenheitsgarantien **selbständige Garantien** darstellen sollen, die neben die gesetzlichen Gewährleistungsvorschriften oder – wie häufig – an deren Stelle treten. Von § 442 Abs. 1 Halbsatz 2 und § 443 BGB werden jedoch nur unselbständige Beschaffenheitsgarantien erfasst. Das folgt aus der Gesetzesbegründung[793].

163 Die nach der Schuldrechtsreform zunächst diskutierte Frage, ob die in der Praxis beim Anteils- und Unternehmenskaufvertrag typischen Garantien, die zugleich betragsmäßige (*de minimis-*, *basket-* oder *cap-*Klauseln), zeitliche oder rechtsfolgenbezogene (z.B. Ausschluss des Rücktritts) Einschränkungen vorsehen[794], wegen **§ 444 BGB** wirkungslos sind[795], hat sich spä-

---

790 Hierzu ausführlich *Seibt/Reiche*, DStR 2002, 1135, 1140; gleiche Empfehlung sprechen u.a. aus *Picot*, DB 2009, 2587, 2594; *Weller*, EWiR, § 434 BGB 1/10, 15, 16.

791 Zur selbständigen Garantie z.B. BGH v. 23.3.1988 – VIII ZR 58/87, BGHZ 104, 82, 86; zur wachsenden Bedeutung der selbständigen Garantie in der M&A-Praxis z.B. *Meyer-Sparenberg*, in: Beck'sches M&A-Hdb., § 44 Rdnr. 10 f.

792 Zur Beschaffenheitsgarantie OLG Frankfurt v. 7.5.2015 – 26 U 35/12, NZG 2016, 435, 438 = GmbHR 2016, 116; *Schröcker*, ZGR 2005, 63, 91.

793 Begr. RegE, BT-Drucks. 14/6040, S. 132, 236, 240.

794 Eine Aufzählung typischer Garantien beim Unternehmenskauf findet sich u.a. bei *Triebel/Hölzle*, BB 2002, 521, 528.

795 So insbesondere *Graf von Westphalen*, ZIP 2001, 2107; *Graf von Westphalen*, BB 2002, 209; *Graf von Westphalen*, ZIP 2002, 545 f.

testens durch die Gesetzesklarstellung[796] erledigt[797]. Im Einklang mit der schon davor ganz überwiegenden Auffassung[798] wurde mit der Gesetzesänderung klargestellt, dass § 444 Alt. 2 BGB nach Sinn und Zweck widersprüchliches Verhalten des Verkäufers verhindern soll, in dem etwa eine zunächst übernommene Garantie an anderer Stelle in überraschender oder intransparenter Weise ausgeschlossen oder beschränkt wird (Rechtsgrundsatz des *venire contra factum proprium*)[799]. Die Reichweite einer Garantie richtet sich daher allein nach der privatautonom getroffenen Vereinbarung. Haftungsausschlüsse und -beschränkungen in Bezug auf die Beschaffenheit der Kaufsache sind nach § 444 Alt. 2 BGB nur insoweit unwirksam, als sie mit einer (selbständigen oder unselbständigen) Garantie in Widerspruch stehen[800] oder der Verkäufer den Mangel gemäß § 444 Alt. 1 BGB arglistig verschweigt[801]. Soweit die Garantie Umstände betrifft, die nicht als Beschaffenheit des Unternehmens einzuordnen sind (s. Rdnr. 154 ff.) ist § 444 Alt. 2 BGB aber schon vom Wortlaut her nicht einschlägig[802].

Kenntnis des Käufers vom Mangel führt zum Ausschluss der Haftung des Verkäufers, grob fahrlässige Unkenntnis nur dann, wenn der Verkäufer nicht eine Beschaffenheitsgarantie übernommen oder einen Mangel arglistig verschwiegen bzw. eine bestimmte Beschaffenheit arglistig vorgespiegelt hat, **§ 442 Abs. 1 BGB**. Das **Nichtdurchführen einer Due Diligence** (d.h. einer Unternehmensuntersuchung) führt nicht ohne weiteres zu einer grob fahrlässigen Unkenntnis des Käufers, da den Käufer keine entsprechende Obliegenheit zur Durchführung einer Due Diligence trifft[803]. Nach der gesetzlichen Risikoverteilung ist der Käufer ohne konkrete Anhaltspunkte gerade nicht gehalten, Nachforschungen über den Zustand der Kaufsache anzustellen. Übersieht der Käufer trotz **Durchführung einer Due Diligence** einen Mangel, so hängt es vom Einzelfall ab, ob grob fahrlässige Unkenntnis anzunehmen ist. Im Grundsatz ist der Wunsch des Käufers, eine Due Diligence durchzuführen, Ausdruck eines gesteigerten Auf-

164

---

796 Art. 1 Nr. 6 des Gesetzes zur Änderung der Vorschriften über Fernabsatzverträge bei Finanzdienstleistungen v. 2.12.2004 (BGBl. I 2004, 3102), in Kraft getreten am 8.12.2004, hat in § 444 BGB sowie in § 639 BGB das Wort „wenn" durch das Wort „soweit" ersetzt.

797 *Meyer-Sparenberg*, in: Beck'sches M&A-Hdb., § 44 Rdnr. 16 f.; hierzu näher *Seibt*, NZG 2004, 801 ff.; *Lorenz*, NJW 2005, 1889, 1895.

798 *Seibt/Reiche*, DStR 2002, 1181; *Seibt/Raschke/Reiche*, NZG 2002, 256, 259; *Canaris*, in: Lorenz, Karlsruher Forum 2002, S. 5, 85 f.; *Eidenmüller*, ZGS 2002, 290, 296; *Lorenz*, in: FS Heldrich, 2005, S. 305, 324, 326; *Gaul*, ZHR 166 (2002), 35, 63; *Jaques*, BB 2002, 417, 418; *Triebel/Hölzle*, BB 2002, 521, 530 f.; *Wolf/Kaiser*, DB 2002, 411, 419; *Knott*, NZG 2002, 249; 255; *Hilgard/Kraayvanger*, MDR 2002, 678, 679 ff.; *Dauner-Lieb/Thiessen*, ZIP 2002, 108; *Schröcker*, ZGR 2005, 63, 94 f.; anders *Faust*, in: Bamberger/Roth, § 444 BGB Rdnr. 19 f., der in § 444 Alt. 2 BGB eine Auslegungsregel sieht, nach der sich im Zweifel eine Garantie gegenüber einer Haftungsbeschränkung durchsetzt; ebenso *Faust*, ZGS 2002, 271, 272.

799 *Westermann*, in: MünchKomm. BGB, 7. Aufl. 2016, § 444 BGB Rdnr. 14 f.; *Seibt*, NZG 2004, 801, 802, dort auch näher zur Entstehens- und Gesetzgebungsgeschichte der Klarstellung des § 444 BGB; *Lorenz*, in: FS Heldrich, 2005, S. 305, 324.

800 *Westermann*, in: MünchKomm. BGB, 7. Aufl. 2016, § 444 BGB Rdnr. 14 f.; *Weidenkaff*, in: Palandt, 76. Aufl. 2017, § 444 BGB Rdnr. 12; *Seibt*, NZG 2004, 801, 802; *Lorenz*, NJW 2005, 1889, 1895.

801 Vgl. OLG Düsseldorf v. 16.6.2016 – I-6 U 20/15, NZG 2017, 152; *Altmeppen*, in: Roth/Altmeppen, Rdnr. 12.

802 *Eidenmüller*, ZGS 2002, 290, 296.

803 *Westermann*, in: MünchKomm. BGB, 7. Aufl. 2016, § 453 BGB Rdnr. 54; *Altmeppen*, in: Roth/Altmeppen, Rdnr. 14 a.E.; *Picot*, in: Due Diligence bei Unternehmensakquisitionen, 7. Aufl. 2013, S. 350; *Fleischer/Körber*, BB 2001, 841, 844 ff.; *Hilgard*, BB 2013, 963; *Dietzel*, in: Semler/Volhard, Arbeitshandbuch für Unternehmensübernahmen, Bd. I, 2001, S. 351; *Stengel/Scholder*, NJW 1994, 158, 164; trotz Annahme einer Verkehrssitte auch: *Böttcher*, ZGS 2007, 20, 24 f.; *Blassl*, CCZ 2017, 37, 39 weist darauf hin, dass die Unternehmensleitung in der Regel jedenfalls gesellschaftsrechtlich gemäß § 93 Abs. 1 Satz 1, 2 AktG zur Durchführung einer Due Diligence verpflichtet ist; differenzierend nach Umfang der Transaktion *Sieja*, NWB 2009, 2974, 2978; a.A. *Meurer*, in: Beck'sches M&A-Hdb., § 6 Rdnr. 6.

klärungsinteresses, nicht der Bereitschaft, seine Rechtspositionen zu verschlechtern[804]. Auch ist die Erkenntnismöglichkeit des Käufers bei der Due Diligence stets durch Art und Umfang des zur Verfügung gestellten Materials und die Bereitschaft des Verkäufers zur Darlegung von Unternehmensinterna begrenzt. Der Vorwurf der grobfahrlässigen Unkenntnis ist dem Käufer daher in der Regel nur dann zu machen, wenn er den Fehler auch ohne nähere Untersuchung hätte erkennen können[805]. Allerdings ist dem Käufer je nach Sachlage und Komplexität des Unternehmenskaufs zuzumuten, die Prüfung des Unternehmens in adäquater Breite und Tiefe, evtl. mit Hilfe qualifizierter Berater, vorzunehmen und gewisse Standards zu verfolgen, um keine erfahrungsgemäß wesentlichen Punkte zu übersehen[806].

d) Rechtsfolgen bei Rechts- und Sachmängeln

165   Bei Mangelhaftigkeit veräußerter Geschäftsanteile bzw. des Unternehmens beim Unternehmenskauf stehen dem Käufer die Rechte aus § 437 BGB zu: Danach kann er zunächst **Nacherfüllung** durch Mängelbeseitigung verlangen (§§ 437 Nr. 1, 439 BGB), wobei der Unterfall der Nachlieferung (§ 439 Abs. 1 Alt. 2 BGB) aufgrund der Besonderheit und Individualität des Kaufgegenstandes „Geschäftsanteil" bzw. „Unternehmen" grundsätzlich wegen Unmöglichkeit ausscheidet. Nacherfüllung wird jedoch in Betracht kommen zum einen bei auf das Unternehmen durchschlagenden Mängeln am Sachsubstrat (s. Rdnr. 158) durch Lieferung einwandfreier Sachen oder Übertragung von Rechten der geschuldeten Art[807], zum anderen hinsichtlich unerkannter Verbindlichkeiten im Wege der Übernahme durch den Verkäufer[808]. Beim Anteils- bzw. Unternehmenskauf wird der gesetzliche Nacherfüllungsanspruch häufig ausgeschlossen und durch ein privatautonomes Haftungsregime (s. Rdnr. 160 ff.) ersetzt. Denn das zugleich bestehende **Nachbesserungsrecht** des Verkäufers[809] und die damit einhergehende erneute Einflussnahme auf das kaufgegenständliche Unternehmen nach Abwicklung der Transaktion sind in der Regel nicht erwünscht und die Ausschlussgründe der Unverhältnismäßigkeit bzw. Unzumutbarkeit der Nacherfüllung nach § 275 Abs. 2 und 3 BGB bringen häufig erhebliche Zweifelsfragen mit sich[810].

166   Der Käufer kann aber auch den Kaufpreis **mindern**, was anders als beim Schadensersatz ohne Verschulden möglich ist und nur eine – u.U. entbehrliche – Nachfristsetzung erfordert (§§ 437 Nr. 2, 441, 440 BGB). Das **Rücktrittsrecht** nach §§ 437 Nr. 2, 440, 323, 326 Abs. 5 BGB wird häufig vertraglich ausgeschlossen, da es beim Anteils- oder Unternehmenskauf aufgrund der möglichen Rückabwicklungsschwierigkeiten und des u.U. bestehenden Wertersatzanspruchs des Verkäufers bei Unmöglichkeit der Rückgewähr (§ 346 Abs. 2 BGB) in der Regel nicht interessengerecht ist[811]. Beim reinen Anteilskauf als Rechtskauf werden sol-

---

804 *Stengel/Scholder*, NJW 1994, 158, 164; ähnlich *Meyer-Sparenberg*, in: Beck'sches M&A-Hdb., § 44 Rdnr. 33.

805 *Hilgard*, BB 2013, 963, 967; *Fleischer/Körber*, BB 2001, 841, 848; *Westermann*, in: MünchKomm. BGB, 7. Aufl. 2016, § 453 BGB Rdnr. 54; zu weitgehend LG Hamburg v. 13.3.2015 – 315 O 89/13, BeckRS 2015, 07608, das bereits dann das Vorliegen grober Fahrlässigkeit bejaht, wenn der Käufer konkreten Verdachtsmomenten bei Durchführung der Due Diligence nicht nachgeht; zustimmend *Findeisen*, BB 2015, 2700, 2702.

806 Näher *Westermann*, in: MünchKomm. BGB, 7. Aufl. 2016, § 453 BGB Rdnr. 54; LG Berlin v. 1.2.2005 – 5 O 176/04, juris, Rdnr. 168; ähnlich *Meurer*, in: Beck'sches M&A Hdb., § 6 Rdnr. 6; *Picot*, in: Due Diligence bei Unternehmensakquisitionen, 7. Aufl. 2013, S. 350.

807 *Westermann*, in: MünchKomm. BGB, 7. Aufl. 2016, § 453 BGB Rdnr. 41.

808 *Triebel/Hölzle*, BB 2002, 521, 526; *Westermann*, in: MünchKomm. BGB, 7. Aufl. 2016, § 453 BGB Rdnr. 42.

809 Vgl. *Lorenz*, JZ 2001, 742, 743; *Dauner-Lieb/Thiessen*, DStR 2002, 809, 811.

810 *Seibt/Reiche*, DStR 2002, 1135, 1140.

811 Vgl. *Gaul*, ZHR 166 (2002), 35, 56; *Triebel/Hölzle*, BB 2002, 521, 527; s. aber auch *Westermann*, in: MünchKomm. BGB, 7. Aufl. 2016, § 453 BGB Rdnr. 45 f.

che Rückabwicklungsschwierigkeiten jedoch selten bestehen. Der Rücktritt kann aber auch schon nach den gesetzlichen Vorschriften ausgeschlossen sein, wenn der Mangel unerheblich ist (§ 323 Abs. 5 Satz 2 BGB). Ob darüber hinaus ein Rücktritt (nicht nur die Rückgabe an sich, § 346 Abs. 2 BGB) auch ohne vertragliche Regelung aufgrund der besonderen Konstellation beim Unternehmenskauf ausgeschlossen sein kann, erscheint zweifelhaft[812].

Bei Fehlschlagen der Nacherfüllung oder ihrer Unzumutbarkeit kann der Käufer schon bei   167
einfacher Fahrlässigkeit (nicht mehr nur bei Arglist oder Fehlen einer zugesicherten Eigenschaft) **Schadensersatz** verlangen (§§ 437 Nr. 3, 440, 280, 281, 283, 284, 311a BGB). Der Schaden liegt im geringeren Wert des Unternehmens, in den Einbußen, die der Käufer durch die Mangelhaftigkeit des Unternehmens sonst erlitten hat und in den frustrierten Vertragskosten[813]. Der Käufer kann zwischen kleinem und großem Schadensersatz wählen, wobei der kleine Schadensersatz im Wesentlichen auf eine Minderung hinausläuft und der große Schadensersatz grundsätzlich die Rückgabe der Anteile bzw. des Unternehmens erfordert (§ 281 Abs. 5 BGB). Statt des (großen oder kleinen) Schadensersatzes kann für den Käufer auch der **Aufwendungsersatz** nach § 284 BGB von Interesse sein, etwa hinsichtlich im Vertrauen auf die Gültigkeit des Anteils- bzw. Unternehmenskaufs getätigte Investitionen oder veräußerte Unternehmensteile[814].

e) Verjährung

Für Mängelrechte aus § 437 BGB gilt grundsätzlich die zweijährige Verjährungsfrist des § 438   168
Abs. 1 Nr. 3 BGB. Die Divergenz zur Haftung nach allgemeinem Schuldrecht ist durch die Schuldrechtsreform gemildert aber nicht vollständig beseitigt worden[815]. Für die Haftung aus *culpa in contrahendo* beim Anteils- und Unternehmenskauf gilt die regelmäßige Verjährungsfrist von drei Jahren (§ 195 BGB) ab Kenntnis bzw. grob fahrlässiger Unkenntnis der Anspruchsvoraussetzungen und der Person des Schuldners (§ 199 Abs. 1 BGB). Die Verjährung beim Rechtskauf, insbesondere beim Anteilskauf, ist allerdings umstritten[816]. Ist der Anteil **mit dem Recht eines Dritten belastet**, so ist bei solchen Drittrechten, durch welche dem Käufer die Nutzung des Anteilsrechts entzogen werden kann (Pfandrecht, Nießbrauch), eine Vergleichbarkeit mit entsprechenden Drittrechten beim Sachkauf gegeben und die dreißigjährige Verjährungsfrist nach § 438 Abs. 1 Nr. 1a BGB analog heranzuziehen[817]. Gleiches gilt für den Fall einer offenen Einlageschuld oder bestehenden Nachschusspflicht[818]. Die Ansprüche wegen anderer Rechtsmängel (z.B. fehlendes Stimmrecht, fehlende vereinbarte Gewinn- oder Veräußerungserlösbeteiligung) verjähren dagegen nach § 438 Abs. 1 Nr. 3 BGB[819]. Steht der veräußerte Anteil nicht dem Verkäufer sondern einem Dritten zu (**Drittinhaberschaft**), ist ein Gleichlauf zum Fall der Drittberechtigung beim *Sach*kauf zu befürworten und § 438 Abs. 1

---

812 Kritisch zu entsprechenden Ansätzen *Westermann*, in: MünchKomm. BGB, 7. Aufl. 2016, § 453 BGB Rdnr. 45.

813 OLG Frankfurt 7.5.2015 – 26 U 35/12, NZG 2016, 435, 439 = GmbHR 2016, 116; *Westermann*, in: MünchKomm. BGB, 7. Aufl. 2016, § 453 BGB Rdnr. 46; zur Schadensberechnung bei der Verletzung von Garantien beim Unternehmenskauf *Hilgard*, ZIP 2005, 1813.

814 *Westermann*, in: MünchKomm. BGB, 7. Aufl. 2016, § 453 BGB Rdnr. 48 ff.

815 *Seibt/Reiche*, DStR 2002, 1135, 1183.

816 Vgl. etwa *Faust*, in: Bamberger/Roth, § 438 BGB Rdnr. 17 f. m.w.N.

817 *Heerstraßen/Reinhard*, BB 2002, 1429, 1434; *Faust*, in: Bamberger/Roth, § 438 BGB Rdnr. 17; für eine generelle Analogie *Eidenmüller*, NJW 2002, 1625, 1626.

818 A.A. *Heerstraßen/Reinhard*, BB 2002, 1429, 1434 (Anwendung von § 438 Abs. 1 Nr. 3 BGB); zur Einordnung der offenen Einlageschuld und Nachschusspflicht als Rechtsmangel s. aber Rdnr. 145.

819 *Faust*, in: Bamberger/Roth, § 438 BGB Rdnr. 17; *Heerstraßen/Reinhard*, BB 2002, 1429, 1434; a.A. *Eidenmüller*, NJW 2002, 1625, 1626.

Nr. 1a BGB analog anzuwenden[820]. Zwar liegt hierin kein Rechtsmangel sondern Unmöglichkeit (s. Rdnr. 147), so dass an sich die dreijährige Regelverjährung von §§ 195, 199 BGB eingreifen müsste[821]. Eine analoge Anwendung von § 438 Abs. 1 Nr. 1a BGB ist aber geboten, da eine längere Verjährungsfrist (insb. angesichts der Höchstfristen nach § 199 Abs. 3 BGB) beim Rechtskauf, wo der Käufer im Gegensatz zum Sachkauf gar nichts erhält, erst recht zur Feststellung des „Mangels" erforderlich sein kann. Konsequenterweise gilt § 438 Abs. 1 Nr. 1a BGB auch dann, wenn der verkaufte **Anteil nicht existiert**[822]. Im Unterschied zum Sachkauf, wo für diesen Fall der anfänglichen Unmöglichkeit (Nichtexistenz des Kaufgegenstandes) §§ 195, 199 BGB gilt, ist die Nichtexistenz eines Rechts für den Käufer genauso schlecht zu erkennen wie die Drittinhaberschaft. Für den **Verjährungsbeginn** hinsichtlich dieser Rechtsmängel und der analog zu behandelnden Fälle der Nichtexistenz bzw. Drittinhaberschaft ist der Zeitpunkt der (vermeintlichen) Übertragung des Rechts maßgeblich, beim Anteilskauf also des (geplanten) Wirksamwerdens der Abtretung[823]. Auf den Betriebsübergang[824] bzw. die Übertragung des unmittelbaren Besitzes an den Betriebsmitteln[825] kann beim reinen Anteilskauf hingegen nicht abgestellt werden, da ein solcher Zeitpunkt nicht existiert. Auf Grund der (geringen) erworbenen Beteiligungsquote erhält der Käufer keine unternehmerische Leitungsmacht, so dass von einem Betriebs- oder Besitzübergang nicht gesprochen werden kann[826].

169   Ist der Anteilskauf wirtschaftlich ein **Unternehmenskauf** (Rdnr. 153), so gelten für die Mängel an der Beschaffenheit des Unternehmens (Rdnr. 154 ff.) die Verjährungsregeln des § 438 BGB. Insbesondere greift bei von der Beschaffenheit abweichenden betriebswirtschaftlichen Daten, etwa zur Ertragsfähigkeit, § 438 Abs. 1 Nr. 3 BGB mit der zweijährigen Verjährungsfrist ein[827]. § 438 BGB gilt auch bei auf das Unternehmen durchschlagenden Mängeln am Sachsubstrat (vgl. Rdnr. 158). Wie oben (Rdnr. 158) ist auch im Rahmen der Verjährungsfrist ein Abstellen auf den einzelnen Vermögensgegenstand abzulehnen[828], denn die Mängelgewährleistungsrechte finden Anwendung nur in Bezug auf den mangelhaften Anteil. **Verjährungsbeginn** in Bezug auf Rechtsmängel der Anteile ist beim Anteilskauf auch im Falle des Unternehmenskaufs der Zeitpunkt des (vermeintlichen oder tatsächlichen) Anteilsübergangs[829]. Bei einem Anteilskauf, der einen Unternehmenskauf darstellt (vgl. Rdnr. 153), ist hinsichtlich der Mängel an der Beschaffenheit des Unternehmens der maßgebliche Zeitpunkt hingegen die Betriebsübergabe[830]. Dies entspricht der Vorstellung

---

820 *Westermann*, in: MünchKomm. BGB, 7. Aufl. 2016, § 453 BGB Rdnr. 10, 13; § 438 BGB Rdnr. 7; *Faust*, in: Bamberger/Roth, § 453 BGB Rdnr. 18; *Eidenmüller*, NJW 2002, 1625, 1626; *Heerstraßen/ Reinhard*, BB 2002, 1429, 1430 ff.; a.A. *Grunewald*, NZG 2003, 372, 374; *Grunewald*, in: Erman, § 453 BGB Rdnr. 9.

821 So *Weigl*, DNotZ 2005, 246, 251.

822 *Westermann*, in: MünchKomm. BGB, 7. Aufl. 2016, § 438 BGB Rdnr. 7; *Faust*, in: Bamberger/Roth, § 453 BGB Rdnr. 18; *Eidenmüller*, NJW 2002, 1625, 1626; *Heerstraßen/Reinhard*, BB 2002, 1429, 1433 f.

823 *Heerstraßen/Reinhard*, BB 2002, 1429, 1435; *Westermann*, in: MünchKomm. BGB, 7. Aufl. 2016, § 438 BGB Rdnr. 8, § 446 BGB Rdnr. 4; *Faust*, in: Bamberger/Roth, § 446 BGB Rdnr. 5; *Eidenmüller*, NJW 2002, 1625, 1626; offen noch *Seibt/Reiche*, DStR 2002, 1135, 1138.

824 Vgl. Begr. RegE, BT-Drucks. 14/6040, S. 227.

825 Vgl. *Gaul*, ZHR 166 (2002), 35, 67.

826 *Seibt/Reiche*, DStR 2002, 1135, 1138.

827 *Westermann*, in: MünchKomm. BGB, 7. Aufl. 2016, § 453 BGB Rdnr. 51; *Eidenmüller*, NJW 2002, 1625, 1627.

828 So aber noch *Holzapfel/Pöllath*, Unternehmenskauf in Recht und Praxis13. Aufl. 2008, Rdnr. 818, die bei einem Substratmangel, der aus einem Gebäude rührt, § 438 Abs. 1 Nr. 2 BGB zur Anwendung bringen wollten (aufgegeben seit 14. Aufl. 2010, Rdnr. 665).

829 *Eidenmüller*, NJW 2002, 1625, 1627; *Heerstraßen/Reinhard*, BB 2002, 1429, 1435.

830 *Eidenmüller*, NJW 2002, 1625, 1627; wohl auch *Westermann*, in: MünchKomm. BGB, 7. Aufl. 2016, § 453 BGB Rdnr. 51; a.A. *Heerstraßen/Reinhard*, BB 2002, 1429, 1435, allerdings nur im Zusam-

des Gesetzgebers[831], folgt aber auch aus der Anwendung von § 434 BGB auf derartige Mängel, so dass konsequenterweise auch § 438 Abs. 2 BGB eingreift. Dies kann zwar beim Zusammenfallen von Rechtsmängeln der Anteile und Beschaffenheitsabweichungen des Unternehmens zu unterschiedlichen Zeitpunkten für den Verjährungsbeginn führen (Anteilsübertragung bzw. Betriebsübergang)[832], was aber sachgerecht ist, da Beschaffenheitsmängel des Unternehmens – anders als Rechtsmängel an den Anteilen – schon bzw. erst mit der faktischen Kontrolle über den Betrieb für den Käufer erkennbar werden. Dieser Gedanke liegt auch dem direkten Fall des § 438 Abs. 2 BGB zugrunde, der als Vorschrift des Sachkaufs beim wirtschaftlich als Unternehmenskauf einzuordnenden Anteilskauf hinsichtlich der Beschaffenheit des Unternehmens entsprechende Anwendung findet. Jedoch wird es in der Praxis in vielen Fällen schon zu keiner Abweichung vom Verjährungsbeginn für Rechtsmängel an den Anteilen kommen. Ist nämlich wie häufig ein Closing[833] (d.h. ein nach dem Kaufvertragsschluss liegender Stichtag für den dinglichen Vollzug der Anteilsübertragung und der Übertragung von weiteren Rechtsgütern, z.B. Grundstücke, für den Übergang der tatsächlichen Sachherrschaft über das Unternehmen sowie ggf. für weitere Erfüllungshandlungen) vorgesehen, so fallen Betriebsübergabe und Zeitpunkt der Anteilsübertragung bzw. deren Wirksamkeit regelmäßig zusammen.

Angesichts der verbleibenden Zweifelsfragen ist beim Anteils- bzw. Unternehmenskauf in der Praxis allerdings die auch nach früherem Recht übliche **vertragliche Regelung** von Verjährungsfrist und Verjährungsbeginn, ggf. differenziert nach Art der Mängel[834], zu empfehlen (vgl. § 202 Abs. 2 BGB)[835]. Soweit die gesetzlichen Gewährleistungsansprüche ausgeschlossen und durch **selbständige Garantieversprechen** ersetzt werden, greift typischerweise zugleich ein vertragliches Verjährungsregime. Bei selbständigen Garantieversprechen ohne eigene Verjährungsregelung verjähren hierdurch begründete Erfüllungsansprüche nach §§ 195, 199 BGB ab dem Schluss des Jahres, in dem der Vertrag geschlossen wurde, hieraus entstehende Sekundäransprüche nach §§ 195, 199 BGB ab dem Schluss des Jahres, in welchem die anspruchsbegründenden Umstände dem Käufer bekannt wurden oder nur durch grobe Fahrlässigkeit unbekannt blieben. Zu beachten sind die Höchstgrenzen nach § 199 Abs. 3 und 4 BGB.

f) Haftung wegen vorvertraglicher Pflichtverletzung

Auch nach der Schuldrechtsreform verbleibt beim Anteils- und Unternehmenskauf Raum für die Haftung des Verkäufers aus vorvertraglicher Pflichtverletzung (**culpa in contrahendo**, §§ 311 Abs. 2, 280 Abs. 1, 241 Abs. 2 BGB). Da beim reinen Anteilskauf (Beteiligungserwerb) eine Haftung für die Beschaffenheit des Unternehmens grundsätzlich nicht in Betracht kommt (Rdnr. 152), hat der Verkäufer nach den Grundsätzen der *culpa in contrahendo* für unrichtige bzw. – bei entsprechender Aufklärungspflicht[836] – unterlassene Angaben einzustehen. Beim Anteilskauf als Unternehmenskauf ist neben den Fällen allgemeiner Geheimhaltungs- und Aufklärungspflichtverletzung eine *culpa*-Haftung dort möglich, wo die Grenzen

170

171

menhang mit Rechtsmängeln und ohne zwischen diesen und Beschaffenheitsmängeln des Unternehmens zu differenzieren.

831 Begr. RegE, BT-Drucks. 14/6040, S. 227, wenn auch undifferenziert für Ansprüche „wegen Mangels eines verkauften Unternehmens".

832 Vgl. *Heerstraßen/Reinhard*, BB 2002, 1429, 1435.

833 Von *Signing* (Vertragsunterzeichnung) und *Closing* (dinglicher Anteilsübergang) ist zudem der steuerrechtlich relevante Übergang des wirtschaftlichen Eigentums (§ 39 Abs. 2 Satz 1 Nr. 1 AO), der auch vor dem *Closing* erfolgen kann (vgl. *Kleinheisterkamp/Schell*, DStR 2010, 833, 834 ff.), sowie der Kontrollübergang im Sinne der Vorschriften der Rechnungslegung zu unterscheiden.

834 *Westermann*, in: MünchKomm. BGB, 7. Aufl. 2016, § 453 BGB Rdnr. 51.

835 *Seibt/Reiche*, DStR 2002, 1135, 1183 mit Formulierungsvorschlag.

836 Zu Aufklärungspflichten beim Unternehmenskauf zuletzt etwa *Geldsetzer*, M&A Review 2005, 475.

des Beschaffenheitsbegriffs überschritten werden (Rdnr. 156). Insbesondere bei unrichtigen Angaben über Erträge oder Umsätze, die nicht als Vereinbarung über die Ertragsfähigkeit des Unternehmens angesehen werden können (Rdnr. 156), haftet der Veräußerer für fahrlässig falsche Angaben nach §§ 311 Abs. 2, 280 Abs. 1, 241 Abs. 2 BGB auf das negative Interesse. Soweit das Haftungsregime der §§ 434 ff. BGB aber eingreift, ist ein generelles Nebeneinander mit einer *culpa*-Haftung[837] abzulehnen[838], da andernfalls die dort in ihrem Anwendungsbereich abschließend geregelten Verjährungsfristen (§ 438 BGB), Ausschlussgründe (§ 442 BGB) und Anspruchsinhalte (§ 437 BGB) umgangen würden[839]. Etwas anderes gilt wie nach altem Recht[840] nur in Fällen der Arglist des Verkäufers, bei denen dem Käufer der Anspruch auf das negative Interesse nicht genommen werden darf[841]. Der Anspruch aus culpa in contrahendo verjährt nicht mehr nach dreißig Jahren wie nach altem Recht, sondern nunmehr in der Regelzeit von drei Jahren ab (grob fahrlässiger Un-)Kenntnis der den Anspruch begründenden Umstände (§§ 195, 199 BGB).

VII. Verpfändung des Geschäftsanteils

Schrifttum: *Becker*, Das vertragliche Pfandrecht am Geschäftsanteil, GmbHR 1928, 405; *Becker*, Das Stimmrecht bei Sicherungsübertragung, Nießbrauch, Verpfändung, Pfändung, Miete, Pacht, Leihe eines Geschäftsanteils und im Konkurs- und Vergleichsverfahren, GmbHR 1935, 803; *Bruhns*, Verpfändung von GmbH-Anteilen in der Finanzierungspraxis, GmbHR 2006, 587; *Buchwald*, Verpfändung und Pfändung von GmbH-Anteilen, GmbHR 1959, 254; GmbHR 1960, 5; *Ch. Büchner*, Verpfändung von Anteilen einer GmbH, 1989; *Ewald*, GmbH-Anteile (Anteilscheine) als Pfandstücke, ZHR 92 (1928), 96; *J. Fackenheim*, Das vertragliche Pfandrecht bei Geschäftsanteilen einer GmbH, 1910; *Freitag*, Finanzverfassung und Finanzierung von GmbH und AG nach dem Regierungsentwurf des MoMiG, WM 2007, 1681; *Gehrlein*, Die Behandlung von Gesellschafterdarlehen durch das MoMiG, BB 2008, 846; *Heidenhain*, Umfang der Beurkundungspflicht bei der Verpfändung von GmbH-Geschäftsanteilen, GmbHR 1996, 275; *Kerbusch*, Zur Erstreckung des Pfandrechts an einem GmbH-Geschäftsanteil auf den durch Kapitalerhöhung aus Gesellschaftsmitteln erhöhten oder neu gebildeten Geschäftsanteil, GmbHR 1990, 156; *Klemann*, Begründungen und Wirkungen eines Pfandrechts an einem Geschäftsanteil in einer GmbH, Diss. Erlangen 1908; *Kolkmann*, Die Verpfändung von Geschäftsanteilen und die Sicherung des Pfandrechts, MittRhNotK 1992, 1; *Külbs*, Pfändung, Verpfändung und Zwangsvollstreckung in den Geschäftsanteil einer GmbH, Diss. Köln 1938; *Liebscher/Lübke*, Die zwangsweise Verwertung vinkulierter Anteile, ZIP 2004, 241; *Mertens*, Typische Probleme bei der Verpfändung von GmbH-Anteilen, GmbHR 1998, 1787; *Mühl*, in: Hadding/Schneider, Gesellschaftsanteile als Kreditsicherheit, 1979, S. 155; *K. Müller*, Die Verpfändung von GmbH-Anteilen, GmbHR 1969, 4, 34 u. 57; *Reymann*, Die Verpfändung von GmbH-Geschäftsanteilen, DNotZ 2005, 425; *Rodewald*, Überlegungen im Zusammenhang mit der Verpfändung von GmbH-Anteilen, GmbHR 1995, 418; *von Rom*, Zum Umfang der Beurkundungspflicht bei der Verpfändung von GmbH-Geschäftsanteilen, WM 2007, 2223; *Roth*, Pfändung und Verpfändung von Geschäftsanteilen, ZGR 2000, 213; *Schuler*, Die Verpfändung von GmbH-Anteilen, NJW 1956, 689; *Sieger/Hasselbach*, Praktische Probleme der Verpfändung von GmbH-Geschäftsanteilen, GmbHR 1999, 633; *Verse*, Zur Reichweite des Formzwangs bei der Verpfändung von GmbH-Geschäftsanteilen, CFL 2012, 209; *Vogel*, Die Verpfändung von GmbH-Anteilen, DB 1954, 208; *Walbeck*, Pfandrecht an dem Geschäftsanteil einer GmbH, Diss. Erlangen 1909; *Wenz*, Pfandrecht am Geschäftsanteil und an Gewinnbezugsrechten der GmbH, Diss. Straßburg 1914; *Werner*, Zur Formbedürftigkeit der Verpfändung von Kommanditanteilen an einer GmbH & Co. KG, GmbHR 2008, 755; *Widder*, Die Aufhebung der Ver-

---

837 So *Barnert*, WM 2003, 416.
838 So auch OLG Köln v. 29.1.2009 – I-12 U 20/08, ZIP 2009, 2063, 2066; *Ebbing*, in: Michalski u.a., Rdnr. 183; *Thiessen*, in: MünchKomm. HGB, 4. Aufl. 2016, Anh. § 25 HGB Rdnr. 71; *Faust*, in: Bamberger/Roth, § 453 BGB Rdnr. 30; *Picot*, DB 2009, 2587, 2591; *Seibt/Schwarz*, JuS 2012, 43, 48.
839 OLG Düsseldorf v. 16.6.2016 – I-6 U 20/15, NZG 2017, 152, 153; *Schröcker*, ZGR 2005, 63, 89.
840 Aus der Rechtsprechung etwa BGH v. 3.7.1992 – V ZR 97/91, NJW 1992, 2564, 2565.
841 *Schröcker*, ZGR 2005, 63, 89 f.; *Weidenkaff*, in: Palandt, § 437 BGB Rdnr. 51b; a.A. noch *Putzo*, in: Palandt, 62. Aufl. 2003, § 437 BGB Rdnr. 51.

pfändung von GmbH-Anteilen, GmbHR 2002, 898; *Wiedemann*, Die Übertragung und Vererbung von Mitgliedschaftsrechten bei Handelsgesellschaften, 1965.

1. Wirtschaftlicher Hintergrund und Zulässigkeit

Die Verpfändung von Geschäftsanteilen hat in der Finanzierungspraxis größte Bedeutung. Dabei dient das Pfandrecht am Geschäftsanteil in erster Linie der Sicherung von Forderungen, die gegen den Anteilsinhaber (oder eine ihm nahestehende Person) bestehen, häufig sichert die Pfandrechtsbestellung aber auch eine Kreditgewährung an die Gesellschaft oder die Finanzierung des Anteilserwerbs selbst. Die Unternehmenspraxis nutzt die Verpfändung in deutlich größerem Umfang als die Sicherungsabtretung, aus Sicht der Sicherungsnehmer deshalb, damit er nicht Gesellschafter mit allen mitgliedschaftlichen Rechten und Pflichten wird, aus Sicht des Sicherungsgebers weil er Gesellschafter bleiben kann. Durch schuldrechtliche Vereinbarung (insbesondere durch sog. *financial covenants*) erhält der Sicherungsnehmer häufig allerdings eine gesellschafterähnliche Position. 172

Die Anteilsverpfändung ist im GmbHG nicht erwähnt, was historisch daran liegt, dass das Pfandrecht 1892 noch nicht reichsgesetzlich geordnet war[842]. Dennoch ist die Verpfändung eines Geschäftsanteils ohne Zweifel zulässig[843]. Es handelt sich um die Verpfändung eines Rechts; sie ist soweit zulässig, als die Abtretung zulässig ist (§ 1274 Abs. 2 BGB). Es kann daher auch ein zukünftiger Geschäftsanteil, vor Eintragung der GmbH oder vor Durchführung einer beschlossenen Kapitalerhöhung, wirksam verpfändet werden (Rdnr. 12); mit dem Entstehen des Geschäftsanteils tritt dann das Pfandrecht in Wirksamkeit. Ist die Abtretung statutarisch an bestimmte Voraussetzungen, z.B. an die Genehmigung der Gesellschaft oder an die Übergabe des Anteilscheins (Rdnr. 116), geknüpft (§ 15 Abs. 5), so ist auch die Verpfändung ohne diese Voraussetzungen unwirksam[844]. Ist die Abtretung statutarisch ausgeschlossen (Rdnr. 135), so ist Verpfändung unzulässig (§ 1274 Abs. 2 BGB). Auch unabhängig von der vereinbarten Abtretungsregelung kann der Gesellschaftsvertrag die Verpfändung an einschränkende Voraussetzungen knüpfen oder sie ausschließen[845], umgekehrt freilich auch erleichtern[846].

2. Bestellung und Form

Grundsätzlich ist eine Verpfändung nur dann wirksam, wenn sie durch den **Inhaber** des Geschäftsanteils oder durch von diesem ermächtigte bzw. bevollmächtigte Personen vorgenommen wird. Nach Reform des § 16 durch das MoMiG ist bei Vorliegen der Voraussetzungen des § 16 Abs. 3 nun aber auch die Bestellung durch einen **Nichtberechtigten** möglich (vgl. 173

---

842 Begr. I S. 62, II 50.

843 RGZ 53, 108; RGZ 58, 224; RGZ 100, 274.

844 OLG Karlsruhe, OLG 3, 263; *Brodmann*, Anm. 2; *Löbbe*, in: Ulmer/Habersack/Löbbe, Rdnr. 165; *Fastrich*, in: Baumbach/Hueck, Rdnr. 49; *Bayer*, in: Lutter/Hommelhoff, Rdnr. 111; *Altmeppen*, in: Roth/Altmeppen, Rdnr. 51; *Reichert/Weller*, in: MünchKomm. GmbHG, 2. Aufl. 2015, Rdnr. 278; *Görner*, in: Rowedder/Schmidt-Leithoff, Rdnr. 105; *Heidinger*, in: Heckschen/Heidinger, Die GmbH in der Gestaltungs- und Beratungspraxis, 3. Aufl. 2013, § 13 Rdnr. 41.

845 Zutr. *Müller*, GmbHR 1969, 5; *Schuler*, NJW 1969, 690; *Löbbe*, in: Ulmer/Habersack/Löbbe, Rdnr. 165; *Fastrich*, in: Baumbach/Hueck, Rdnr. 49; *Bayer*, in: Lutter/Hommelhoff, Rdnr. 111; *Altmeppen*, in: Roth/Altmeppen, Rdnr. 51; *Kraus*, in: MünchHdb. III, § 26 Rdnr. 138; *Görner*, in: Rowedder/Schmidt-Leithoff, Rdnr. 98, 105.

846 *Schuler*, NJW 1969, 690; *Löbbe*, in: Ulmer/Habersack/Löbbe, Rdnr. 165; *Sieger/Hasselbach*, GmbHR 1999, 633; *Görner*, in: Rowedder/Schmidt-Leithoff, Rdnr. 105; a.M. offenbar *K. Müller*, NJW 1956, 689, 5.

§ 16 Rdnr. 68). Die **Form** der Verpfändung ist die notarielle Beurkundung (§ 15 Abs. 3 GmbHG; § 1274 Abs. 1 BGB)[847]. Die Übergabe des Anteilsscheins, wo ein solcher ausgestellt, ist nur da zur Verpfändung erforderlich, wo das Statut die Übergabe als Voraussetzung der Abtretung gemäß § 15 Abs. 5 vorschreibt (Rdnr. 116); denn statutarisch weitere Voraussetzungen der Abtretung (§ 15 Abs. 5) gelten auch für die Verpfändung (§ 1274 Abs. 1 Satz 2 BGB); vgl. Rdnr. 172.

174 Der **Formzwang** gilt für alle Abreden, die ein Bestandteil des Pfandrechtsvertrages sind (zur schuldrechtlichen Verpflichtung s. Rdnr. 176). Die beurkundeten Erklärungen müssen den verpfändeten Geschäftsanteil hinreichend genau bezeichnen und unzweideutig ergeben, dass ein Pfandrecht an ihm bestellt wird. Soweit ihnen kein abweichender Wille zu entnehmen ist, handelt es sich um ein einfaches Pfandrecht und nicht um ein Nutzungspfand, §§ 1273 Abs. 2, 1213 Abs. 1 BGB (Rdnr. 181). Sie müssen außerdem ausreichend bestimmt die Forderung angeben, die durch das Pfandrecht gesichert werden soll[848]. Formbedürftig sind auch Nebenabreden, z.B. über die Ausübung von Gesellschafterrechten (Rdnr. 176), über die Verwertung (Rdnr. 194), über das Erlöschen des Pfandrechts u.ä. Nicht notwendig ist dagegen, dass die der Forderung zugrunde liegenden Vereinbarungen wiedergegeben werden[849]. Dies gilt – nach dem begrenzten Formzweck des § 15 Abs. 3 (!) – auch für solche Darlehensverträge, Anteilskaufverträge u.Ä., auf die im Verpfändungsvertrag verwiesen wird[850]. Eine Anwendung der oben (vgl. Rdnr. 68) ausgeführten Grundsätze über die Formbedürftigkeit der Abtretungsverpflichtung von Anteilen an einer GmbH & Co. KG auch bei der Pfandbestellung an Kommanditanteilen bei gleichzeitiger Verpfändung von Anteilen an der Komplementär-GmbH (mit der Folge, dass das Formerfordernis auf die Verpfändung der Kommanditanteile zu erstrecken wäre) scheidet aus zwei Gründen aus: Denn in diesem Fall ist ein schuldrechtliches Verpflichtungsgeschäft nämlich gerade nicht betroffen, so dass der Vollständigkeitsgrundsatz hier keine Anwendung findet[851] (vgl. Rdnr. 66). Zudem wäre ein solches Erfordernis nur schwer mit der h.M. (vgl. Rdnr. 74) in Einklang zu bringen, nach der die Heilung des formnichtigen Verpflichtungsvertrags bereits durch die notariell beurkundete Abtretung des GmbH-Geschäftsanteils bewirkt wird, für die wirksame Abtretung also gerade keine Beurkundung der Abtretung der Kommanditanteile zu fordern ist[852]. Gleiches muss auch für die Verpfändung gelten.

175 Eine **Anzeige der Verpfändung** gegenüber der Gesellschaft nach § 1280 BGB ist nicht erforderlich, da diese Vorschrift nur Forderungen und keine Mitgliedschaftsrechte betrifft[853]. Etwas anderes gilt allerdings, wenn die Verpfändung sich auf bereits entstandene Gläubigerrechte des Gesellschafters beziehen soll[854]. Bei der Frage nach der Erforderlichkeit einer **Anmeldung**

---

847 RGZ 53, 107; RGZ 58, 224; RGZ 100, 274; RGZ 157, 52; allg. M.
848 Vgl. *Heidenhain*, GmbHR 1996, 275 unter Hinweis auf RGZ 136, 422, 424 (betr. Grundschuldverpfändung); *Löbbe*, in: Ulmer/Habersack/Löbbe, Rdnr. 163; abw. *Altmeppen*, in: Roth/Altmeppen, Rdnr. 52.
849 *Heidenhain*, GmbHR 1996, 275; s. auch *Mertens*, GmbHR 1998, 1787, 1788; *Löbbe*, in: Ulmer/Habersack/Löbbe, Rdnr. 163.
850 Eb. gegen Beurkundungserfordernis *Heidenhain*, GmbHR 1996, 275, 276 f.; wohl auch *Löbbe*, in: Ulmer/Habersack/Löbbe, Rdnr. 163; *Bruhns*, GmbHR 2006, 587, 591; enger *Werner*, GmbHR 2008, 755, 756 u. *Heidinger*, in: Heckschen/Heidinger, Die GmbH in der Gestaltungs- und Beratungspraxis, 3. Aufl. 2013, § 13 Rdnr. 38 f. (nur dann, wenn Vertrag zur Identifizierung der Pfandrechtsforderung notwendig ist); a.M. *Sieger/Hasselbach*, GmbHR 1999, 633, 634 f.; vgl. auch *B. Mertens*, ZIP 1998, 1787, 1788.
851 *Heidinger*, in: Heckschen/Heidinger, Die GmbH in der Gestaltungs- und Beratungspraxis, 3. Aufl. 2013, § 13 Rdnr. 40.
852 *Werner*, GmbHR 2008, 755, 758 m.w.N.; i.E. auch *Heidinger*, in: Heckschen/Heidinger, Die GmbH in der Gestaltungs- und Beratungspraxis, 3. Aufl. 2013, § 13 Rdnr. 40.
853 RGZ 57, 414, 415; *Löbbe*, in: Ulmer/Habersack/Löbbe, Rdnr. 166; *Görner*, in: Rowedder/Schmidt-Leithoff, Rdnr. 100; *Ebbing*, in: Michalski u.a., Rdnr. 220; *Sieger/Hasselbach*, GmbHR 1999, 633, 634.
854 Zutr. *Wiedemann*, S. 425; *Löbbe*, in: Ulmer/Habersack/Löbbe, Rdnr. 166 Fn. 500 a.E.

oder Mitteilung gegenüber der Gesellschaft ist zu differenzieren: Weder die Wirksamkeit der Abtretung noch die der Verpfändung ist von der Eintragung in die Gesellschafterliste abhängig, sondern beides ist im Verhältnis zwischen den Vertragsparteien und zu Dritten auch ohne eine solche Eintragung wirksam[855]. Allerdings ist auch nach Änderung des § 16, der nunmehr keine Anmeldung eines Gesellschafterwechsels bei der Gesellschaft zur Legitimation mehr vorsieht, für die Geltendmachung des Pfandrechts im Verhältnis zur Gesellschaft eine Anmeldung der Verpfändung analog § 16 a.F. notwendig[856]; der Rechtsgedanke des § 407 BGB gebietet ein solches Erfordernis[857]. Dies hat insbesondere für das Nutzungspfand (Rdnr. 181) Bedeutung. Eine Anmeldung der Verpfändung analog § 16 Abs. 1 a.F. liegt i.d.R. darin, dass der Pfandgläubiger die Rechte aus der Verpfändung gegenüber der Gesellschaft geltend macht[858]. Hieraus folgt allerdings auch, dass der Pfandgläubiger die Anmeldung solange unterlassen kann, wie er keine Ansprüche gegenüber der GmbH erheben kann oder möchte.

3. Schuldrechtlicher Vertrag

Ein schuldrechtlicher Vertrag, der zur dinglichen Pfandbestellung verpflichtet, bedarf keiner Form. Denn ein dem § 1274 BGB entsprechender Satz gilt hier nicht; § 15 Abs. 4 ist nicht (analog) anwendbar[859]. Aus einem solchen formlosen Vertrage kann daher auf Verpfändung geklagt werden. Ist die Verpfändung formlos erfolgt, so ist sie zwar als solche unwirksam; regelmäßig wird aber ein solcher unwirksamer dinglicher in einen bindenden schuldrechtlichen Vertrag umgedeutet (§ 140 BGB) werden können, der zur Nachholung formgerechter Verpfändung verpflichtet[860]. Das auf Abgabe der Verpfändungserklärung lautende rechtskräftige Urteil ersetzt die formgerechte Verpfändungserklärung. Aber erst mit formgerechter Annahme dieser Erklärung (vor oder nach dem Urteil) wird die (dingliche) Verpfändung wirksam.

176

4. Teilverpfändung

Die Verpfändung des Teils eines Geschäftsanteils ist grundsätzlich zulässig[861]. Etwas anderes gilt nur, wenn die Satzung die Verpfändung oder Teilung von Geschäftsanteilen ausschließt.

177

---

855 Eb. *Löbbe*, in: Ulmer/Habersack/Löbbe, Rdnr. 166; *Fastrich*, in: Baumbach/Hueck, Rdnr. 49; *Bayer*, in: Lutter/Hommelhoff, Rdnr. 111; *Ebbing*, in: Michalski u.a., Rdnr. 220.

856 Vgl. § 16 Rdnr. 20; *Ebbing*, in: Michalski u.a., Rdnr. 220; *Kraus*, in: MünchHdb. III, § 26 Rdnr. 184; *Bayer*, in: Lutter/Hommelhoff, Rdnr. 111; *Wicke*, Rdnr. 28; a.A. *Brandes*, in: Bork/Schäfer, Rdnr. 54; wohl auch *Fastrich*, in: Baumbach/Hueck, Rdnr. 49.

857 Eb. *Bayer*, in: Lutter/Hommelhoff, Rdnr. 111; *Wicke*, § 16 Rdnr. 10.

858 *Löbbe*, in: Ulmer/Habersack/Löbbe, Rdnr. 166 a.E.; *Ebbing*, in: Michalski u.a., Rdnr. 220.

859 RGZ 53, 107; RGZ 58, 225; RG, JW 1937, 2118; *Neukamp*, ZHR 57 (1906), 524; *K. Müller*, GmbHR 1969, 6 f.; *Löbbe*, in: Ulmer/Habersack/Löbbe, Rdnr. 164; *Fastrich*, in: Baumbach/Hueck, Rdnr. 49; *Altmeppen*, in: Roth/Altmeppen, Rdnr. 53; *Reichert/Weller*, in: MünchKomm. GmbHG, 2. Aufl. 2015, Rdnr. 285; *Görner*, in: Rowedder/Schmidt-Leithoff, Rdnr. 98; *Wiegand*, in: Staudinger, 2009, § 1274 BGB Rdnr. 55; *Habersack*, in: Soergel, 13. Aufl. 2001, § 1274 BGB Rdnr. 36; *Sieger/Hasselbach*, GmbHR 1999, 633, 634; *Reymann*, DNotZ 425, 428; *v. Rom*, WM 2007, 2223, 2224 f.; *Verse*, CFL 2012, 209, 210 f.; *Werner*, GmbHR 2008, 755; a.M. *Damrau*, in: MünchKomm. BGB, 7. Aufl. 2017, § 1274 BGB Rdnr. 52; *Leuering/Simon*, NJW-Spezial 2005, 171.

860 Eb. *Löbbe*, in: Ulmer/Habersack/Löbbe, Rdnr. 164.

861 *Ewald*, ZHR 92 (1928), 116 ff.; *Wiedemann*, S. 423 ff.; *Feine*, S. 406; *Löbbe*, in: Ulmer/Habersack/Löbbe, Rdnr. 162; *Fastrich*, in: Baumbach/Hueck, Rdnr. 48; *Ebbing*, in: Michalski u.a., Rdnr. 221; *Reichert/Weller*, in: MünchKomm. GmbHG, 2. Aufl. 2015, Rdnr. 279; *Bayer*, in: Lutter/Hommelhoff, Rdnr. 111; *Görner*, in: Rowedder/Schmidt-Leithoff, Rdnr. 104; a.M. *Brodmann*, Anm. 2 an § 17 Anm. 1 (zur Rechtslage vor Aufhebung des § 17).

Eine zur Verpfändung lediglich des Teils eines Geschäftsanteils in der Praxis häufig erfolgende vorweggenommene Teilung[862] ist nunmehr gemäß § 46 Nr. 4 durch Gesellschafterbeschluss und ohne Anteilsübergang möglich[863]. Nach alter Rechtslage war gemäß § 17 a.F. eine Zustimmung der Gesellschaft zur teilweisen Verpfändung auch ohne Teilung erforderlich. Die Teilung selbst erfolgte jedoch nach zutreffender h.M. erst mit der Verwertung des Teilgeschäftsanteils. Bis zu diesem Zeitpunkt, also insbesondere bei deren Ausbleiben blieb der Geschäftsanteil ungeteilt. Nach neuer Rechtslage ist eine Zustimmung der Gesellschaft gemäß § 17 Abs. 1 u. 2 a.F. nicht mehr notwendig, jedoch ist gemäß § 46 Nr. 4 eine Teilung von Geschäftsanteilen ohne abweichende Satzungsregelung nur durch Gesellschafterbeschluss möglich. Fraglich ist daher, ob der teilende Gesellschafterbeschluss bereits bei Bestellung oder erst bei Verwertung des Teilgeschäftsanteils zu erfolgen hat. Gemäß § 1274 Abs. 1 Satz 1 BGB erfolgt die Bestellung eines Pfandrechts nach den für die Übertragung des Rechts maßgeblichen Vorschriften. Sinn der Regelung ist es, dass die Bestellung des Pfandrechts einer „bedingten Abtretung" gleichkommen soll[864]. Um diesem Zweck zu entsprechen ist ein Zustimmungsbeschluss der Gesellschafter aber bereits bei der Bestellung des Pfandrechts erforderlich[865], denn die Abtretung lediglich eines Teils eines Geschäftsanteils ist nur bei ideellen Bruchteilen möglich (vgl. § 18 Rdnr. 5). Der Gesellschafterbeschluss dürfte aber regelmäßig auf die Verwertung des Anteils bedingt sein, um keiner grundlosen Zerstückelung von Geschäftsanteilen Vorschub zu leisten. Nur auf diese Weise lässt sich nach neuer Rechtslage ein Teilgeschäftsanteil überhaupt verpfänden, weil ein unbedingter Teilungsbeschluss der Gesellschafter zur sofortigen Teilung des Geschäftsanteils führt, so dass das Pfandrecht dann am neuen, ungeteilten Geschäftsanteil bestellt wird.

5. Verwaltungsrechte, Stimmrecht

178 Der Pfandgläubiger hat als solcher nur das Recht, sich aus dem Pfande zu befriedigen (§§ 1204, 1273 BGB; über das Nutzungspfand s. Rdnr. 181). Bis zum Pfandverkauf bleibt der Verpfänder Gesellschafter und damit Träger der Mitgliedschaftsrechte und -pflichten[866]. Das gilt auch dann, wenn die Stimmrechtsausübung zur Beseitigung des Anteils führt[867]. Vorbehaltlich schuldrechtlicher Abmachungen mit seinem Pfandgläubiger und der sich daraus bei Zuwiderhandlung ergebenden persönlichen Schadensersatzpflicht kann der Verpfänder den verpfändeten Geschäftsanteil verkaufen (das Pfandrecht geht auf den Erwerber über; Rdnr. 188), es zur Kaduzierung (§ 21) des Anteils kommen lassen, ihn gemäß § 27 preisgeben (abandonnieren)[868] (in beiden Fällen erlöschen die dinglichen Rechte), einer Einziehung des verpfändeten Anteils zustimmen (§ 34 Abs. 2), die Umwandlung der Gesellschaft mit be-

---

862 BGH v. 17.12.2013 – II ZR 21/12, NZG 2014, 184, 187 = GmbHR 2014, 198 stellt klar, dass auch nach der Streichung des § 17 GmbHG die Teilung eines Geschäftsanteils möglich bleibt.

863 Ein Hin- und Herübertragen ist nicht mehr erforderlich, vgl. zur Praxis nach altem Recht 10. Aufl., § 17 Rdnr. 35.

864 *Damrau*, in: MünchKomm. BGB, 7. Aufl. 2017, § 1274 BGB Rdnr. 1.

865 So auch *Ebbing*, in: Michalski u.a., Rdnr. 221; *Wicke*, Rdnr. 28 (entsprechend § 46 Nr. 4).

866 H.M.; vgl. RGZ 139, 224, 226 f.; RGZ 157, 52, 55; BGH v. 13.7.1992 – II ZR 251/91, BGHZ 119, 191, 195 f. = GmbHR 1992, 656; LG Mannheim v. 17.1.1990 – 21 O 9/89, WM 1990, 760, 762.

867 Eb. *Löbbe*, in: Ulmer/Habersack/Löbbe, Rdnr. 169; *Fastrich*, in: Baumbach/Hueck, Rdnr. 50; *K. Müller*, GmbHR 1969, 7 f.; *Rodewald*, GmbHR 1995, 419; einschr. *Wiedemann*, S. 430 f.

868 *Wiedemann*, S. 430; *K. Müller*, GmbHR 1969, 7; *Löbbe*, in: Ulmer/Habersack/Löbbe, Rdnr. 169; *Altmeppen*, in: Roth/Altmeppen, Rdnr. 62; *Kraus*, in: MünchHdb. III, § 26 Rdnr. 190; a.M. *Görner*, in: Rowedder/Schmidt-Leithoff, Rdnr. 109; *Becker*, GmbHR 1935, 806. Dem Pfandgläubiger steht aber analog § 268 BGB ein Ablösungsrecht zu; der Gesellschafter kann der Nachschussleistung durch ihn nicht wirksam widersprechen; zutr. *Damrau*, in: MünchKomm. BGB, 7. Aufl. 2017, § 1274 BGB Rdnr. 64 m.w.N.

schließen (vgl. dazu Rdnr. 187)[869], die Auflösung der GmbH gemäß §§ 60, 61 herbeiführen[870], den Austritt aus wichtigem Grunde (s. Anh. § 34 Rdnr. 6 ff.) erklären[871] usw. Näheres vgl. Rdnr. 192. Er allein übt die mit dem Geschäftsanteil verbundenen Mitverwaltungsrechte aus[872].

Die Verwaltungsrechte, insbesondere auch das Stimmrecht, werden danach zwar von der Verpfändung nicht erfasst[873], aber die Parteien des Pfandvertrages können, wenn der Gesellschaftsvertrag das nicht ausschließt, in den Grenzen des GmbH-Rechts **Abreden über ihre Ausübung** treffen[874]. Sie können im Rahmen der gesellschaftlichen Treuepflicht mit Wirkung für das Innenverhältnis eine Rücksichtnahme oder Abstimmung für die Mitwirkung an besonders wichtigen oder die Interessen des Pfandgläubigers erheblich berührenden Entscheidungen festlegen, in diesen Fällen außer bei strukturändernden Beschlüssen der Gesellschafter[875] eine Stimmbindung zu Gunsten des Pfandgläubigers vereinbaren, unter Beachtung bestehender Verschwiegenheitspflichten des Gesellschafters interne Auskunftsansprüche vorsehen und darüber hinaus auch die Ausübung des Stimmrechts durch den Pfandgläubiger als Bevollmächtigten ermöglichen. Während der Verpfänder dem Pfandgläubiger eine Vollmacht zur Ausübung des Stimmrechts (§ 47 Abs. 3) nicht ausnahmsweise höchstpersönlich wahrzunehmender Rechte erteilen kann, ist eine Übertragung von Verwaltungsrechten oder eine Einräumung der Verwaltungsrechte zu eigenem Recht unzulässig[876]. Diese Beschränkung der Rechte des Pfandgläubigers sind dadurch gerechtfertigt, dass diesem eben kein dingliches Nutzungsrecht am Geschäftsanteil zusteht, sondern lediglich ein Verwertungsrecht und der Gesellschaft und ihren Gesellschaftern nicht zugemutet werden kann, die Mitwirkung eines Nichtgesellschafters mit gesellschaftsrechtlich nicht legitimierter (und nicht durch die verbandsrechtliche Treuepflicht begrenzte) eigener Kompetenz bei Ausübung der Verwaltungsrechte zu dulden. Die gleichen Überlegungen gelten auch für eine unwiderrufliche verdrängende Vollmacht zugunsten des Pfandgläubigers; sie ist ebenfalls unzulässig[877]. Wird das Pfandrecht zur Sicherung einer Schuld der Gesellschaft bestellt, darf dem Pfandgläubiger aber durch Nebenabreden keine Position eingeräumt werden, die im wirtschaftlichen Ergebnis der Stellung eines Gesellschafters nahekommt, wenn er nicht gemäß § 39 Abs. 1 Nr. 5 InsO wie

179

---

869 Allg. M.; vgl. *Zimmermann*, in: Kallmeyer, 6. Aufl. 2017, § 13 UmwG Rdnr. 35 m.w.N.

870 *Löbbe*, in: Ulmer/Habersack/Löbbe, Rdnr. 169; *Altmeppen*, in: Roth/Altmeppen, Rdnr. 60; *Rodewald*, GmbHR 1995, 419; einschr. *Wiedemann*, S. 430 für die kapitalistisch organisierte GmbH.

871 *Löbbe*, in: Ulmer/Habersack/Löbbe, Rdnr. 169; *Reichert/Weller*, in: MünchKomm. GmbHG, 2. Aufl. 2015, Rdnr. 295; *Fastrich*, in: Baumbach/Hueck, Anh. § 34 Rdnr. 24; *Becker*, Der Austritt aus der GmbH, 1985, S. 190 f.; *H. F. Müller*, Das Austrittsrecht des GmbH-Gesellschafters, 1996, S. 89 f.; *Altmeppen*, in: Roth/Altmeppen, Rdnr. 62; *Kraus*, in: MünchHdb. III, § 26 Rdnr. 190.

872 Entgegen *Wiedemann*, S. 432 steht dem Pfandgläubiger gegenüber der Gesellschaft auch kein auf die Sicherung des Pfandrechts beschränkter Auskunftsanspruch zu.

873 RGZ 139, 224, 227 ff.; RGZ 157, 52, 55; BGH v. 13.7.1992 – II ZR 251/91, BGHZ 119, 191, 195 f. = GmbHR 1992, 656; LG Mannheim v. 17.1.1990 – 21 O 9/89, WM 1990, 760, 762.

874 Dazu *K. Müller*, GmbHR 1969, 9 ff.; *Rodewald*, GmbHR 1995, 419 f.; *Kolkmann*, MittRhNotK 1992, 1 ff.; *Löbbe*, in: Ulmer/Habersack/Löbbe, Rdnr. 172.

875 Bestr.; vgl. *Priester*, in: FS Werner, 1984, S. 657 ff.; *Karsten Schmidt*, 10. Aufl., § 47 Rdnr. 42 m.w.N.

876 Eb. *Löbbe*, in: Ulmer/Habersack/Löbbe, Rdnr. 171; *Fastrich*, in: Baumbach/Hueck, Rdnr. 50; *Altmeppen*, in: Roth/Altmeppen, Rdnr. 57; *Bayer*, in: Lutter/Hommelhoff, Rdnr. 113; *Koppensteiner/Gruber*, in: Rowedder/Schmidt-Leithoff, § 47 Rdnr. 25; *K. Müller*, GmbHR 1969, 4, 9; *B. Mertens*, ZIP 1998, 1787, 1789; a.M. RGZ 157, 52, 55 f.; *Wiedemann*, S. 429; *H. Lehmann*, GmbHR 1953, 143; *Becker*, GmbHR 1935, 805; *Görner*, in: Rowedder/Schmidt-Leithoff, Rdnr. 108. – Zur Übertragung von Verwaltungsrechten bei Treuhand und Nießbrauch OLG Köln v. 12.7.1996 – 19 U 257/95, BB 1996, 2058 f. = GmbHR 1997, 174 sowie Rdnr. 227 f., 217.

877 *Brodmann*, Anm. 2a; *Löbbe*, in: Ulmer/Habersack/Löbbe, Rdnr. 172; *Bayer*, in: Lutter/Hommelhoff, Rdnr. 113; *Teichmann*, Gestaltungsfreiheit in Gesellschaftsverträgen, 1970, S. 225 f.; vgl. auch OLG Frankfurt, JW 1933, 131; *Feine*, S. 406.

dieser den insolvenzrechtlichen Bestimmungen zum Gesellschafterdarlehen unterliegen will (§§ 135, 143 InsO, §§ 6, 11 AnfG)[878].

180 Einstweilen frei.

6. Umfang des Pfandrechts

a) Nutzungsrechte

181 Das Pfandrecht gewährt grundsätzlich nur ein Recht auf Befriedigung aus dem Pfande und erstreckt sich nicht – z.B. analog § 1289 BGB – ohne weiteres auf den Gewinnanspruch[879]. Doch kann das Pfand auch als Nutzungspfand bestellt werden (§§ 1273, 1213 Abs. 1 BGB). Im letzteren Fall ist der Pfandgläubiger nach gehöriger Anmeldung des Pfandrechts bei der Gesellschaft (analog § 16 Abs. 1 a.F.; Rdnr. 175) auch der Gesellschaft unmittelbar gegenüber zum Gewinnbezug befugt. Mit dem Verpfänder hat er abzurechnen; die Nutzungen sind, falls nicht anders vereinbart, zunächst auf Zinsen und Kosten, dann auf die Hauptforderung des Pfandgläubigers anzurechnen (§ 1214 Abs. 2 BGB).

182 Vom Nutzungspfand abgesehen, kann auch der **Gewinnbezug allein**, ohne den Geschäftsanteil verpfändet werden, es sei denn, dass der Gesellschaftsvertrag die Abtretung oder die Verpfändung des Gewinnanspruchs ausschließt. Diese Pfandbestellung ist formlos gültig (ebenso wie die Abtretung; Rdnr. 20). Sie wird erst durch die Anzeige des Verpfänders gemäß § 1280 BGB wirksam. Zur Geltendmachung des Pfandrechts unmittelbar der GmbH gegenüber bedarf es aber der Anmeldung durch den Verpfänder oder Pfandgläubiger mit Nachweis (§ 16 Abs. 1 a.F. entsprechend). Sind Dividendenscheine ausgestellt (§ 14 Rdnr. 134), so erfolgt ihre Verpfändung, falls sie auf den Inhaber lauten, nach § 1293 BGB (Einigung und Übergabe des Scheins), falls sie an Order lauten, nach § 1292 BGB[880]. Hier bedarf es keiner Anmeldung, denn der Pfandgläubiger an diesem Wertpapier weist sich durch dessen Besitz aus (§§ 1292, 1293 BGB).

183 Hat ein Gesellschafter, der seinen Geschäftsanteil verpfändet hat, den ihm zustehenden, durch Gewinnverteilungsbeschluss der Gesellschafter unbedingt und fällig gewordenen An-

---

878 Auch nach neuer Rechtslage soll der „atypische Pfandrechtsgläubiger" im Rahmen des Eigenkapitalersatzrechts einem Gesellschafter gleichzustellen sein: *Kleindiek*, in: Lutter/Hommelhoff, Anh. zu § 64 Rdnr. 151; *Ebbing*, in: Michalski u.a., Rdnr. 231; *Karsten Schmidt*, 10. Aufl. 2010, Nachtr. MoMiG, §§ 32a/b a.F. Rdnr. 22 u. 10. Aufl. 2006, §§ 32a, 32b Rdnr. 156; *Fastrich*, in: Baumbach/Hueck, Anh. nach § 30 Rdnr. 2; *Kraus*, in: MünchHdb. III, § 26 Rdnr. 189; *Thiessen*, in: Bork/Schäfer, Anh. zu § 30 Rdnr. 39; *Damrau*, in: MünchKomm. BGB, 7. Aufl. 2017, § 1274 BGB Rdnr. 60; *Ehricke*, in: MünchKomm. InsO, 3. Aufl. 2013, § 39 InsO Rdnr. 53 f.; *Gehrlein*, BB 2008, 846, 850; a.M. *Altmeppen*, in: Roth/Altmeppen, Anh. zu § 30 Rdnr. 84; *Habersack*, in: Ulmer/Habersack/Löbbe, Erg.-Band MoMiG, § 30 Rdnr. 45; krit. auch *Freitag*, WM 2007, 1681, 1682; vgl. zust. zum alten Recht: BGH v. 5.4.2011 – II ZR 173/10, GmbHR 2011, 870 = WM 2011, 1371 (Nießbrauch); BGH v. 13.7.1992 – II ZR 251/91, BGHZ 119, 191, 195 f.; *Löwisch*, Eigenkapitalersatzrecht, 2007, Rdnr. 195 (wenn mit Stellung des atypischen stillen Gesellschafters vergleichbar); *Mertens*, GmbHR 1998, 1789; *Dreher*, ZGR 1994, 144 ff.; *Maier-Reimer*, in: FS Rowedder, 1994, S. 259 ff.

879 BGH v. 13.7.1992 – II ZR 251/91, BGHZ 119, 191, 194; *Feine*, S. 405 f.; *Schuler*, NJW 1960, 1424; *K. Müller*, GmbHR 1969, 57; *Brodmann*, Anm. 2; *Bruhns*, GmbHR 2006, 587, 588; *Löbbe*, in: Ulmer/Habersack/Löbbe, Rdnr. 167; *Altmeppen*, in: Roth/Altmeppen, Rdnr. 56; *Reichert/Weller*, in: MünchKomm. GmbHG, 2. Aufl. 2015, Rdnr. 291; *Fastrich*, in: Baumbach/Hueck, Rdnr. 51; *Ebbing*, in: Michalski u.a., Rdnr. 223; *Görner*, in: Rowedder/Schmidt-Leithoff, Rdnr. 108; *Kraus*, in: MünchHdb. III, § 26 Rdnr. 187; *Damrau*, in: MünchKomm. BGB, 7. Aufl. 2017, § 1274 BGB Rdnr. 53 m.w.N.; a.M. *Ewald*, ZHR 92 (1928), 143; *Wiedemann*, S. 426; *Roth*, ZGR 2000, 187, 219.

880 *Löbbe*, in: Ulmer/Habersack/Löbbe, Rdnr. 177.

spruch auf die Jahresgewinnquote an einen Dritten abgetreten, sei es vor oder nach der Anteilsverpfändung, so erlangt im Falle der Zwangsversteigerung des Geschäftsanteils der Zuschlagsempfänger den Geschäftsanteil ohne den Anspruch auf jene Gewinnquote, und ebenso liegt es, wenn die Gewinnforderung dem Gesellschafter verblieben ist. Denn diese Forderung ist ein reines Gläubigerrecht des bisherigen Gesellschafters und geht auf den Anteilserwerber nicht über, wenn es ihm nicht besonders abgetreten wird. Ebenso verbleibt dem Anteilsverpfänder auch der Anspruch auf zukünftige Jahresgewinnanteile. Auch diesen Anspruch kann er formlos abtreten oder verpfänden. Dies hat aber nur Wirkung für diejenigen Gewinnansprüche, die als Gläubigerrecht entstehen während der Zeit, in welcher der Gesellschafter, der abgetreten oder verpfändet hat, den Geschäftsanteil noch als eigenen besitzt. Tritt er ihn ab, so erwirbt der Anteilserwerber als pfandfreies Recht die Gewinnforderung, die während seiner Gesellschaftereigenschaft als Gläubigerrecht entsteht; eine Ausnahme gilt aber dann, wenn der Gewinnanspruch in einem Wertpapier verkörpert ist (Rdnr. 20). Entsprechend verbleiben, wenn der Geschäftsanteil verpfändet ist und die Gewinnbezugsrechte einem Dritten abgetreten sind, nach Zwangsversteigerung des Geschäftsanteils die bis zum Zuschlag als Gläubigerrechte entstandenen Gewinnforderungen dem Abtretungsempfänger (Dividendenzessionar), während die nach dem Zuschlag als Gläubigerrechte entstehenden dem Zuschlagsempfänger gebühren. Sind sowohl der Geschäftsanteil als auch die Gewinnbezugsrechte demselben Gläubiger verpfändet, so kann der Pfandgläubiger, wenn sowohl seine pfandgesicherte Forderung wie eine Gewinnforderung fällig sind, die Gewinnforderung für sich geltend machen, soweit es zu seiner Befriedigung erforderlich ist (§ 1282 BGB). Ist die pfandgesicherte Forderung noch nicht fällig, so gilt für Auszahlung der fälligen Gewinnforderung der § 1281 BGB. Wird der zukünftige Jahresgewinnanspruch zunächst abgetreten und danach vom Anteilsinhaber an eine andere Person verpfändet, so erwirbt der Abtretungsempfänger mit dem Gewinnverteilungsbeschluss eine unbelastete Gewinnforderung; die Verpfändung ist unwirksam (Rdnr. 20). Im umgekehrten Falle erwirbt er eine mit dem Pfandrecht belastete Forderung.

b) Pfandrecht am Recht auf die Liquidationsquote

Im Auflösungsstadium der Gesellschaft bleiben zwar die Geschäftsanteile bestehen, aber ihr vermögensrechtlicher Inhalt wandelt sich um vom bisherigen Anspruch auf einen Teil des Jahresgewinns in den Anspruch auf einen Anteil am Liquidationserlös. Da der Zweck des Pfandrechts ist, den Gläubiger durch den Vermögenswert des Pfandes zu sichern, und da es auch den Gewinnanspruch erfasst, freilich kraft besonderer Vorschrift nur bei entsprechender Abrede (§§ 1213, 1273 Abs. 2 BGB), muss da, wo der Vermögenswert im Anspruch auf die Liquidationsquote in aller Regel sich erschöpft, das Pfandrecht am Geschäftsanteil ohne weiteres den Anspruch auf Liquidationserlös erfassen (analog § 1287 BGB)[881].

184

Das Recht auf die künftige Liquidationsquote kann auch **selbständig abgetreten** (Rdnr. 20) und verpfändet werden, und zwar formlos. Zur Wirksamkeit ist aber die Anzeige des Verpfänders gemäß § 1280 BGB erforderlich. War vor der Entstehung der Forderung auf den anteiligen Liquidationserlösüberschuss auch der Geschäftsanteil verpfändet worden, so erwirbt der Abtretungsempfänger die Quotenforderung, belastet mit dem Pfandrecht (Rdnr. 21)[882].

185

---

881 So *Becker*, GmbHR 1940, 186; *K. Müller*, GmbHR 1969, 36; *Schuler*, NJW 1956, 690; *Feine*, S. 405 f.; *Brodmann*, Anm. 2; *Löbbe*, in: Ulmer/Habersack/Löbbe, Rdnr. 174; *Fastrich*, in: Baumbach/Hueck, Rdnr. 51; *Altmeppen*, in: Roth/Altmeppen, Rdnr. 59 mit unterschiedlicher Begründung; *Reichert/Weller*, in: MünchKomm. GmbHG, 2. Aufl. 2015, Rdnr. 305.

882 BGH v. 16.5.1988 – II ZR 375/87, BGHZ 104, 351, 353 ff. = GmbHR 1989, 71.

c) Andere Kapitalforderungen

186 Ebenso wie die Forderung auf die Liquidationsquote ohne weiteres vom Anteilspfandrecht erfasst wird, erstreckt sich das Pfandrecht auf andere „Surrogate" des Geschäftsanteils wie Forderungen auf das Einziehungsentgelt (Rdnr. 193), Forderungen des Gesellschafters auf den Überschuss aus Verkauf des preisgegebenen Geschäftsanteils (§ 27) sowie Abfindungsansprüche in den Fällen des Austritts (s. Anh. § 34 Rdnr. 22) und der Ausschließung (s. Anh. § 34 Rdnr. 53). Man wird auch nicht anders behandeln können die Forderungen auf Nachschussrückzahlung (§ 30 Abs. 2) und auf Stammeinlagerückzahlung im Falle von Kapitalherabsetzung (§ 58 Abs. 2), da diese verselbständigte Vermögenswerte der Anteilsubstanz sind[883].

d) Kapitalerhöhung, Umwandlung

187 Das Pfandrecht erstreckt sich bei der Kapitalerhöhung aus Gesellschaftsmitteln ohne besonderen Bestellungsakt auf das erhöhte oder neu gebildete Anteilsrecht[884]. Es erfasst bei der Verschmelzung, der Aufspaltung und der Abspaltung im Wege der dinglichen Surrogation ohne weiteres auch die an die Stelle des bisherigen Geschäftsanteils tretenden Anteile an dem übernehmenden bzw. neuen Rechtsträger (§§ 20 Abs. 1 Nr. 3 Satz 2, 36 Abs. 1, 131 Abs. 1 Nr. 3 Satz 2, 135 Abs. 1 UmwG). Dasselbe gilt analog § 1287 BGB für die Ansprüche auf bare Zuzahlung zwecks Spitzenausgleichs oder Verbesserung des Umtauschverhältnisses (§§ 5 Abs. 1 Nr. 3, 15, 36 Abs. 1, 125, 126 Abs. 1 Nr. 3, 135 f. UmwG) und auf Abfindung der wegen der Umwandlung austretenden Gesellschafter (§§ 29 ff., 36 Abs. 1, 125, 135 UmwG). Soweit durch die Umwandlung Geschäftsanteile ersatzlos wegfallen (§§ 20 Abs. 1 Nr. 3 Satz 1 Halbsatz 2, 131 Abs. 1 Nr. 3 Satz 1 Halbsatz 2 UmwG), erlischt das Pfandrecht; der Pfandgläubiger kann u.U. aber Ansprüche aus dem Kausalverhältnis geltend machen (Rdnr. 176)[885]. Bei einem Formwechsel besteht das Pfandrecht an dem an die Stelle des belasteten Geschäftsanteils tretenden Anteil am Rechtsträger neuer Rechtsform weiter (§ 202 Abs. 1 Nr. 2 Satz 2 UmwG). Im Falle des umwandlungsbedingten Austritts des Gesellschafters wird statt dessen analog § 1287 BGB der Abfindungsanspruch (§§ 207 ff. UmwG) erfasst.

7. Rechtsübergang

a) Übertragung des Geschäftsanteils

188 Mit dem Übergang des verpfändeten Geschäftsanteils auf einen Erwerber geht das Pfandrecht als dingliche Last auf diesen über. Zum gutgläubig lastenfreien Erwerb vgl. Rdnr. 190a.

b) Übergang des Pfandrechts

189 Eine Übertragung des Pfandrechts (am Geschäftsanteil, an der Gewinnforderung, am Liquidationsguthaben) kann nur erfolgen durch Übertragung der Forderung, zu deren Sicherheit

---

883 *Feine*, S. 406; *Wiedemann*, S. 427; *K. Müller*, GmbHR 1969, 37; *Schuler*, NJW 1956, 690; *Löbbe*, in: Ulmer/Habersack/Löbbe, Rdnr. 174; *Reichert/Weller*, in: MünchKomm. GmbHG, 2. Aufl. 2015, Rdnr. 305; *Sieger/Hasselbach*, GmbHR 1999, 633, 638; *Kerbusch*, GmbHR 1990, 156, 158; *Reymann*, DNotZ 2005, 425, 459; abw. bezüglich des Anspruchs auf Nachschussrückzahlung *Damrau*, in: MünchKomm. BGB, 7. Aufl. 2017, § 1274 BGB Rdnr. 64; *Ebbing*, in: Michalski u.a., Rdnr. 232, jeweils unter Hinweis auf die Fiktion des § 30 Abs. 2 Satz 4.

884 H.M.; s. *Priester*, 10. Aufl., § 57m Rdnr. 24 m.w.N.; abw. *Kerbusch*, GmbHR 1990, 156, 159 f.; *Bruhns*, GmbHR 2006, 587, 588; *Görner*, in: Rowedder/Schmidt-Leithoff, Rdnr. 108; *Reichert/Weller*, in: MünchKomm. GmbHG, 2. Aufl. 2015, Rdnr. 306; bei der Kapitalerhöhung mit gesellschaftsfremden Mitteln gegen analoge Anwendung von § 1287 BGB: LG Kiel v. 30.4.2015 – 16 O 42/14, GmbHR 2015, 1044, 1045.

885 Vgl. *Grunewald*, in: Lutter, 5. Aufl. 2014, § 20 UmwG Rdnr. 71.

es dient. Mit der Forderungsübertragung geht es von selbst auf den neuen Gläubiger über (§§ 1273, 1250 Abs. 1 BGB). Wird der Übergang des Pfandrechts bei der Forderungsabtretung ausgeschlossen, so erlischt es (§§ 1273, 1250 Abs. 2 BGB). Befriedigt der Bürge den Pfandgläubiger, so erwirbt er ohne weiteres das Pfand (§§ 774, 1250 BGB).

8. Aufhebung und Beeinträchtigung des Pfandrechts

a) Aufhebung

Die Aufhebung des Pfandrechts erfolgt durch formfreie Einigung zwischen Verpfänder und Pfandgläubiger (§ 1276 BGB).   **190**

b) Kein gutgläubig lastenfreier Erwerb

Der Erwerber ist durch guten Glauben an eine Pfandfreiheit nicht geschützt (§ 936 BGB gilt nicht für Übertragung von „Rechten"). Doch haftet ihm der Verkäufer wegen Lastenfreiheit nach § 433 Abs. 1 Satz 2, § 435 BGB. Auch § 16 Abs. 3 ermöglicht *de lege lata* keinen gutgläubig lastenfreien Erwerb in Hinsicht auf an Geschäftsanteilen bestehende Pfandrechte[886]. Auch eine analoge Anwendung von § 16 Abs. 3 scheidet aus, so dass das Pfandrecht am Geschäftsanteil auch bei Gutgläubigkeit des Erwerbers generell fortbesteht. Die Satzung kann zwar nach hier vertretener Ansicht die Eintragung von Belastungen in die Gesellschafterliste vorsehen, diese hat dann allerdings lediglich informatorischen Charakter (vgl. § 16 Rdnr. 20).   **190a**

c) Beeinträchtigung

Gegen Veränderungen und Verschlechterungen des Pfandobjekts (Geschäftsanteils) durch Gesellschafterbeschlüsse ist der Pfandgläubiger grundsätzlich nicht geschützt (Rdnr. 178). Nichtig ist ein Beschluss aber, wenn er die sittenwidrige Schädigung des Pfandgläubigers bezweckt; es können dann außerdem Schadensersatzansprüche aus § 826 BGB gegeben sein. Die Mitwirkung des Pfandschuldner-Gesellschafters an den erwähnten Beschlüssen fällt nicht unter § 1276 BGB. Er kann ohne Beteiligung des Pfandgläubigers auch solchen Satzungsänderungen wirksam zustimmen, die Sonderrechte oder andere nur einverständlich entziehbare Mitgliedschaftsrechte verkürzen oder die i.S. des § 53 Abs. 3 die Leistungen des Gesellschafters vermehren[887]. Verletzt er dabei eine Vereinbarung des Verpfändungsvertrages, so berührt das i.d.R. nicht die Wirksamkeit der Stimmabgabe oder der Zustimmung, wohl aber macht er sich schadensersatzpflichtig. Der Verpfändungsvertrag verpflichtet den Gesellschafter nicht, ohne Rücksicht auf die Belange der Gesellschaft und eigene Belange sein Stimmrecht ausschließlich im Interesse des Pfandgläubigers auszuüben; nur deren angemessene Berücksichtigung im Rahmen der Gesamtumstände ist im Allgemeinen erforderlich[888]. Auch eine ausdrückliche Abstimmungsvereinbarung findet ihre Grenze in der Treupflicht gegenüber der Gesellschaft[889].   **191**

Auch die **rechtsgestaltenden Akte der GmbH**, die den Untergang des Geschäftsanteils oder jedenfalls den Verlust des Pfandrechts zur Folge haben (z.B. die Kaduzierung; s. § 21   **192**

---

886 *Bayer*, in: Lutter/Hommelhoff, § 16 Rdnr. 74; *Fastrich*, in: Baumbach/Hueck, § 16 Rdnr. 11, 26; *Ebbing*, in: Michalski u.a., § 16 Rdnr. 12, 251; *Altmeppen*, in: Roth/Altmeppen, § 16 Rdnr. 64.

887 RGZ 139, 228 ff.; *Fastrich*, in: Baumbach/Hueck, Rdnr. 50; *Görner*, in: Rowedder/Schmidt-Leithoff, Rdnr. 109 und *Altmeppen*, in: Roth/Altmeppen, Rdnr. 57; teilw. abw. *Wiedemann*, S. 431 f. und *Fischer*, GmbHR 1961, 26 betr. die Schmälerung des Gewinnbezugsrechts und des Rechts auf die Liquidationsquote; noch weitergehend *Schuler*, NJW 1960, 1428.

888 Dazu *K. Müller*, GmbHR 1969, 7, 34; *Rodewald*, GmbHR 1995, 420; krit. *Damrau*, in: Münch-Komm. BGB, 7. Aufl. 2017, § 1274 BGB Rdnr. 60.

889 S. *K. Müller*, GmbHR 1969, 7, 34.

Rdnr. 28), unterliegen nicht § 1276 BGB. Fraglich ist aber, ob eine möglicherweise notwendige Einverständniserklärung des Gesellschafters mit derartigen Maßnahmen (z.B. bei der Einziehung gemäß § 34 Abs. 2) oder die entsprechenden rechtsgestaltenden Akte des Gesellschafters zu ihrer Wirksamkeit der Zustimmung des nach analog § 16 Abs. 1 a.F. angemeldeten Pfandgläubigers bedürfen. Verneint wird das mit Recht für die Ausübung des Preisgaberechts gemäß § 27[890]; nach dem Eintritt der Pfandreife steht dem Pfandgläubiger aber bei der Zustimmung zu einer anderweitigen Verwertung i.S. des § 27 Abs. 2 Satz 2 ein Mitspracherecht zu[891]. Die **Auflösungsklage** (§ 61) und das **Austrittsrecht** aus wichtigem Grunde (s. Anh. § 34 Rdnr. 6 ff.) können schon wegen ihres besonderen Zwecks, dem Gesellschafter bei Unzumutbarkeit der Fortsetzung des Gesellschaftsverhältnisses die vorzeitige Lösung der gesellschaftlichen Bindung zu ermöglichen, nicht von der Zustimmung eines Dritten abhängig gemacht und daher § 1276 BGB nicht unterworfen werden[892]; eine abweichende Beurteilung ist auch nicht für die sog. kapitalistisch organisierte GmbH zu rechtfertigen[893]. Vorstehendes gilt entsprechend auch für den umwandlungsbedingten Austritt des Gesellschafters gemäß §§ 29 ff., 125 Satz 1, 207 ff. UmwG (Rdnr. 187). Für die Ausübung eines dem Gesellschafter statutarisch eingeräumten **ordentlichen Kündigungsrechts** wird im Schrifttum überwiegend die Zustimmungsbedürftigkeit durch den angemeldeten Pfandgläubiger bejaht[894]. Dabei wird jedoch ebenso wie von der ablehnenden Meinung[895] übersehen, dass eine einheitliche Lösung des Problems nicht möglich ist, sondern nach der statutarischen Folge des Kündigungsrechts unterschieden werden muss. Nicht einschlägig ist § 1276 BGB, wenn sie in der Pflicht zur Abnahme des Geschäftsanteils durch die Gesellschaft oder durch die anderen Gesellschafter besteht (s. 11. Aufl., Erl. zu § 60): Der Geschäftsanteil bleibt dann unverändert und geht pfandbelastet auf den Nachfolger über. Stellt die Kündigung nach dem Gesellschaftsvertrag einen Auflösungsgrund (§ 60 Abs. 2) dar, so ist sie zwar eine rechtsändernde Verfügung i.S. des § 1276 Abs. 2 BGB, aber es fehlt i.d.R. an der weiteren Voraussetzung, dass die eingetretene Rechtsänderung selbst schon das Pfandrecht beeinträchtigt. Vor allem aber spricht gegen die Anwendung der genannten Vorschrift, dass es hier um eine Entscheidung über das Schicksal der Gesellschaft geht, die nicht an die Mitwirkung eines außerhalb des Personenverbandes stehenden Dritten gebunden werden kann. Eine rechtsändernde Verfügung i.S. des § 1276 Abs. 2 BGB beinhaltet die Kündigung auch dann, wenn sie statutarische Einziehungsvoraussetzung (§ 34 Abs. 2) ist; sie ist in diesem Fall wertungsmäßig wie die Zustimmung zur Einziehung zu behandeln und ist daher zustimmungsbedürftig (Rdnr. 193)[896].

---

890 *Feine*, S. 406; *Vogel*, DB 1954, 208; *Wiedemann*, S. 430; *K. Müller*, GmbHR 1969, 7 f.; *Löbbe*, in: Ulmer/Habersack/Löbbe, Rdnr. 169; *Altmeppen*, in: Roth/Altmeppen, Rdnr. 59; *Kraus*, in: MünchHdb. III, § 26 Rdnr. 190; *Damrau*, in: MünchKomm. BGB, 7. Aufl. 2017, § 1274 BGB Rdnr. 64; *Reichert/Weller*, in: MünchKomm. GmbHG, 2. Aufl. 2015, Rdnr. 295; a.M. *Becker*, GmbHR 1935, 806; offen *Görner*, in: Rowedder/Schmidt-Leithoff, Rdnr. 109.

891 Eb. *Wiedemann*, S. 431.

892 *Löbbe*, in: Ulmer/Habersack/Löbbe, Rdnr. 169; *Fastrich*, in: Baumbach/Hueck, § 34 Anh. Rdnr. 24; *Altmeppen*, in: Roth/Altmeppen, Rdnr. 60; *Becker*, GmbHR 1940, 186, 191; *H. F. Müller*, Das Austrittsrecht des GmbH-Gesellschafters, 1996, S. 89 f.; *Kraus*, in: MünchHdb. III, § 26 Rdnr. 190; *Damrau*, in: MünchKomm. BGB, 7. Aufl. 2017, § 1274 BGB Rdnr. 63; *Reichert/Weller*, in: MünchKomm. GmbHG, 2. Aufl. 2015, Rdnr. 295.

893 A.M. *Wiedemann*, S. 430.

894 *Feine*, S. 405; *Becker*, GmbHR 1937, 573; *Teichmann*, ZGR 1972, 16; *Löbbe*, in: Ulmer/Habersack/Löbbe, Rdnr. 170; *Fastrich*, in: Baumbach/Hueck, Rdnr. 50; *Reichert/Weller*, in: MünchKomm. GmbHG, 2. Aufl. 2015, Rdnr. 297; auch *Wiedemann*, S. 430, der aber im Widerspruch dazu dieselbe Frage für den Nießbrauch anders beantwortet. Vgl. dazu auch *Niemeier*, Rechtstatsachen und Rechtsfragen der Einziehung von GmbH-Anteilen, 1982, S. 188 ff.

895 OLG Hamm v. 13.11.1970 – 15 W 280/70, GmbHR 1971, 57, 59 f.; *Fischer*, GmbHR 1961, 27; *K. Müller*, GmbHR 1969, 8; *Damrau*, in: MünchKomm. BGB, 7. Aufl. 2017, § 1274 BGB Rdnr. 63; *Kraus*, in: MünchHdb. III, § 26 Rdnr. 190.

896 Wie hier *Rodewald*, GmbHR 1995, 419 Fn. 19 und wohl auch *Altmeppen*, in: Roth/Altmeppen, Rdnr. 61.

d) Einziehung

Die Verpfändung berührt nicht die Einziehungsbefugnis der GmbH aus § 34 Abs. 1. Die Einziehung erfolgt durch einen einseitigen rechtsgestaltenden Akt der Gesellschaft (s. Erl. zu § 34 Rdnr. 6, 41), so dass insoweit eine Anwendung des § 1276 BGB ausscheidet. Mit Recht nimmt die h.M. aber an, dass eine nach § 34 Abs. 2 **erforderliche Zustimmung** des Anteilsinhabers zur Einziehung nach der Anmeldung **des Pfandgläubigers** (analog § 16 Abs. 1 a.F.) wirksam nur mit dessen Zustimmung (Einwilligung oder Genehmigung) erteilt werden kann[897]. Die Zustimmung zur Einziehung ist zwar keine rechtsgeschäftliche Verfügung des Verpfänders über den Geschäftsanteil, sondern nur Rechtswirksamkeitsbedingung des einseitigen Einziehungsaktes der Gesellschaft, aber § 1276 BGB ist jedenfalls entsprechend anzuwenden[898]. Nicht überzeugend ist der Einwand, dass die Zustimmung zur Einziehung aus gesellschaftlichen Gründen nicht von der Mitwirkung des Pfandgläubigers als einem Verbandsfremden abhängig sein könne[899]. Die Zustimmung gemäß § 34 Abs. 2 unterscheidet sich wesentlich von den in Rdnr. 178 behandelten Mitverwaltungsrechten; sie hat keinen Sozialcharakter, sondern bedeutet das Einverständnis mit dem von der Gesellschaft erklärten Ausschluss aus dem Verband durch Vernichtung des Geschäftsanteils. Das schutzwürdige Interesse des Pfandgläubigers an der Mitwirkung bei der Zustimmung nach § 34 Abs. 2 kann auch nicht mit der Erwägung verneint werden, dass entspr. § 1287 BGB kraft dinglicher Surrogation ein Pfandrecht am Einziehungsentgelt entsteht[900]. Abgesehen davon, dass das Zustimmungserfordernis u.a. auch den Einfluss des Anteilsinhabers auf die Bestimmung des Einziehungsentgelts sichern soll, ändert die Möglichkeit der Surrogation weder etwas an der eintretenden Beeinträchtigung des Pfandrechts noch an der Gefährdung der Vermögensinteressen des Pfandgläubigers[901]. Das Einverständnis des Pfandgläubigers gemäß § 1276 BGB ist aber nur für die nach seiner Anmeldung bei der Gesellschaft erteilte Zustimmung zur Einziehung erforderlich (analog § 16 Abs. 1 a.F.; Rdnr. 173). Die Wirksamkeit einer vorher erklärten Einwilligung des Gesellschafters (s. § 34 Rdnr. 12) bleibt unberührt, auch wenn die Einziehung selbst im Zeitpunkt der Anmeldung noch nicht vollzogen war[902]; er muss dann ebenfalls hinnehmen, dass der Gesellschafter der Unentgeltlichkeit der Einziehung zugestimmt hat.

193

9. Befriedigung des Pfandgläubigers

Die Befriedigung der Pfandgläubiger erfolgt auf Grund eines vollstreckbaren Titels im Wege der Zwangsvollstreckung (§ 1277 BGB). Vor dem Eintritt der Verkaufsberechtigung kann auf die öffentliche Versteigerung des Geschäftsanteils sowie auf die öffentliche Bekanntmachung des Orts und der Zeit der Versteigerung nicht verzichtet (§§ 1277 Satz 2, 1245 Abs. 2, 1235, 1237 Satz 1 BGB) und auch keine Verfallklausel vereinbart werden (§§ 1277 Satz 2, 1229

194

---

897 *Feine*, S. 405; *Wiedemann*, S. 430 f.; *Teichmann*, ZGR 1972, 16; *Niemeier*, Rechtstatsachen und Rechtsfragen der Einziehung von GmbH-Anteilen, 1982, S. 188 ff.; *Brodmann*, Anm. 2d u. § 34 Anm. 3d; *Reymann*, DNotZ 2005, 425, 459; *Fastrich*, in: Baumbach/Hueck, Rdnr. 50; *Löbbe*, in: Ulmer/Habersack/Löbbe, Rdnr. 170; *Altmeppen*, in: Roth/Altmeppen, Rdnr. 61; *Görner*, in: Rowedder/Schmidt-Leithoff, Rdnr. 96; *Reichert/Weller*, in: MünchKomm. GmbHG, 2. Aufl. 2015, Rdnr. 297; a.M. *K. Müller*, GmbHR 1969, 8 f.

898 Zutr. *Schuler*, NJW 1956, 689; 1960, 1424; s. aber auch *Niemeier*, Rechtstatsachen und Rechtsfragen der Einziehung von GmbH-Anteilen, 1982, S. 190 (Zustimmung habe selbst verfügenden Charakter).

899 So *K. Müller*, GmbHR 1969, 8.

900 RGZ 142, 378 f. u. oben Rdnr. 186; a.M. *Fischer*, GmbHR 1961, 23, 27.

901 Dazu *Wiedemann*, S. 431; *Niemeier*, Rechtstatsachen und Rechtsfragen der Einziehung von GmbH-Anteilen, 1982, S. 191.

902 Vgl. *Schuler*, NJW 1961, 2282; *Winter*, GmbHR 1967, 204.

BGB)[903]. Möglich (und aus Pfandgläubigersicht unbedingt zu empfehlen) sind dagegen sonstige Vereinbarungen zwischen dem Anteilsinhaber und dem Pfandgläubiger, die die Verwertung abweichend vom Gesetz regeln (§§ 1277 Satz 1, 1273 Abs. 2, 1245 Abs. 1 BGB), z.B. auf das Erfordernis eines vollstreckbaren Titels verzichten (§ 1277 Satz 1 BGB), die Versteigerungsbedingungen oder das Mitbieten von Anteilsinhaber und Pfandgläubiger anderweitig festlegen (§§ 1238, 1239 BGB) usw.[904]. Die gerichtlich angeordnete Versteigerung in der Zwangsvollstreckung (§ 1277 Satz 1 BGB i.V.m. §§ 844, 857 Abs. 5 ZPO) überträgt den Geschäftsanteil durch Zuschlag als Hoheitsakt; hier bedarf es nicht der Formen des § 15 Abs. 3–5 (Rdnr. 198 f.). Anderes gilt, wenn der Geschäftsanteil durch einen gerichtlich angeordneten oder vom Anteilsinhaber und dem Pfandgläubiger nach Eintritt der Pfandreife zulässigerweise vereinbarten freihändigen Verkauf verwertet wird; in beiden Fällen muss die durch § 15 Abs. 3 u. 4 vorgeschriebene notarielle Form eingehalten werden (Rdnr. 200)[905]. Bei dem in Abweichung von § 1277 Satz 1 BGB erfolgenden Pfandverkauf durch privatrechtliche öffentliche Versteigerung (§§ 1273 Abs. 2, 1235 Abs. 1, 383 Abs. 3 BGB) muss die Abtretung des Geschäftsanteils unter Einhaltung der Form des § 15 Abs. 3 erfolgen. Auch Abtretungsbeschränkungen aus § 15 Abs. 5 werden beim vereinbarten freihändigen Verkauf und bei der privatrechtlichen öffentlichen Versteigerung zu beachten sein, da Veräußerung ohne Mitwirkung der Vollstreckungsorgane noch im Rahmen privatrechtsgeschäftl. Verkehrs liegt und die Zulassung der Verpfändung nicht ohne weiteres (Auslegungsfrage) diese Verwertungsart einschließt[906]. Beim Nutzungspfand (Rdnr. 181) kann auch Zwangsverwaltung (§ 857 Abs. 4 ZPO) in Frage kommen.

VIII. Zwangsvollstreckung in den Geschäftsanteil

Schrifttum: *Becker*, Welche Sicherungsmöglichkeiten können im Gesellschaftsvertrag vorgesehen werden für den Fall der Zwangsvollstreckung in einem Geschäftsanteil oder für den Fall des Konkurses eines Gesellschafters, GmbHR 1930, 567, 661 u. 742; *Becker*, Unentgeltliche Einziehung von Geschäftsanteilen für den Fall der Pfändung oder des Konkurses eines Gesellschafters, GmbHR 1934, 425; *Behr*, Pfändung des GmbH-Geschäftsanteils, JurBüro 1995, 286; *Bischoff*, Zur pfändungs- und konkursbedingten Einziehung von Geschäftsanteilen, GmbHR 1984, 61; *Bokelmann*, Die Einziehung von GmbH-Anteilen im Falle der Pfändung und des Konkurses, BB 1970, 1235; *Buchwald*, Verpfändung und Pfändung von GmbH-Anteilen, GmbHR 1959, 254; 1960, 5; *Bunte*, Die Abschließung der Kapitalgesellschaft gegen Außenstehende in den Niederlanden, Deutschland und der Schweiz, 1969; *Dilthey*, Unentgeltliche Einziehung von GmbH-Anteilen, Diss. Bonn 1937; *Döring*, Gesellschafterschutzbestimmungen und Zwangsvollstreckung, BWNotZ 1980, 152; *Ewald*, GmbH-Anteile (Anteilscheine) als Pfandstücke, ZHR 92, (1928), 96; *R. Fischer*, Die Pfändung und Verwertung eines GmbH-Geschäftsanteils, GmbHR 1961, 21; *Happ*, Die GmbH im Prozeß, 1997; *Heckelmann*, Vollstreckungszugriff und GmbH-Statut, ZZP 92 (1979), 28; *Heuer*, Der GmbH-Anteil in der Zwangsvollstreckung, ZIP 1998, 405; *Kalbfleisch*, Zwangsvollstreckung in den Geschäftsanteil einer GmbH, Diss. Gießen 1989; *Külbs*, Pfändung, Verpfändung und Zwangsvollstreckung in den Geschäftsanteil einer GmbH, Diss. Köln 1938; *Liebscher/Lübke*, Die zwangsweise Verwer-

---

903 RGZ 100, 274, 276; *Löbbe*, in: Ulmer/Habersack/Löbbe, Rdnr. 175; *Rodewald*, GmbHR 1995, 418, 421; zu weitgehend *Görner*, in: Rowedder/Schmidt-Leithoff, Rdnr. 107.

904 Vgl. *Sieger/Hasselbach*, GmbHR 1999, 633, 636; *Rodewald*, GmbHR 1995, 418, 421; *B. Mertens*, ZIP 1998, 1787, 1790.

905 Vgl. RGZ 164, 162, 169 ff.; *Löbbe*, in: Ulmer/Habersack/Löbbe, Rdnr. 175; *Fastrich*, in: Baumbach/Hueck, Rdnr. 51; *Ebbing*, in: Michalski u.a., Rdnr. 235; a.M. *Damrau*, in: MünchKomm. BGB, 7. Aufl. 2017, § 1274 BGB Rdnr. 69 für den gerichtl. angeordneten freihändigen Verkauf durch den Gerichtsvollzieher.

906 OLG Hamburg v. 7.7.1959 – 2 W 57/59, NJW 1960, 870, 871; *Damrau*, in: MünchKomm. BGB, 7. Aufl. 2016, § 1274 BGB Rdnr. 69; *Liebscher/Lübke*, ZIP 2004, 241, 247; a.M. *Wiedemann*, S. 433; *Löbbe*, in: Ulmer/Habersack/Löbbe, Rdnr. 176; *Fastrich*, in: Baumbach/Hueck, Rdnr. 51; *Ebbing*, in: Michalski u.a., Rdnr. 235; *Bayer*, in: Lutter/Hommelhoff, Rdnr. 114; *Reichert/Weller*, in: MünchKomm. GmbHG, 2. Aufl. 2015, Rdnr. 322.

tung vinkulierter Anteile – Zur angeblich vinkulierungsfreien Pfand- und Insolvenzverwertung, ZIP 2004, 241; *Marotzke*, Zwangsvollstreckung in Gesellschaftsanteile und Abspaltung der Vermögensansprüche, ZIP 1988, 1509; *Michalski*, Die Zwangseinziehung eines GmbH-Anteils im Falle der Anteilspfändung, ZIP 1991, 147; *Neukamp*, Die Zwangsvollstreckung in Geschäftsanteile einer GmbH, DJZ 1904, 231; *Niemeier*, Rechtstatsachen und Rechtsfragen der Einziehung von GmbH-Anteilen, 1982; *Noack*, Aktuelle Fragen der Zwangsvollstreckung gegen die GmbH, insbesondere in den GmbH-Anteil, DB 1969, 471; *Noack*, Die Versteigerung von Rechten (§ 844 ZPO), insbesondere eines GmbH-Anteils, MDR 1970, 890; *A. Paulick*, Einziehungsklausel in der Satzung der GmbH, GmbHR 1978, 122; *Pfaff*, Zur Pfändung des GmbH-Anteils, GmbHR 1964, 92; *Pleyer*, Einziehung von GmbH-Anteilen durch Satzungsbestimmung, GmbHR 1960, 124; *Priester*, Grundsatzregelung, Wertmaßstäbe und Zahlungsmodalitäten des Einziehungsentgelts für GmbH-Anteile bei Pfändung oder Konkurs, GmbHR 1976, 5; *Reichert*, Das Zustimmungserfordernis zur Abtretung von Geschäftsanteilen in der GmbH, 1984; *H. Reuter*, Einziehung von GmbH-Geschäftsanteilen gegen wirtschaftlich nicht vollwertiges Entgelt, NJW 1973, 22; *Roth*, Pfändung und Verpfändung von Geschäftsanteilen, ZGR 2000, 213; *Sachs*, Zur Einziehung von Geschäftsanteilen wegen Pfändung, GmbHR 1974, 84; *Sachs*, Das Entgelt bei der Anteilseinziehung wegen Pfändung, GmbHR 1976, 60; *Karsten Schmidt*, Stimmrecht beim Anteilsnießbrauch, ZGR 1999, 601; *Schuler*, Die Pfändung von GmbH-Anteilen und die miterfassten Ersatzansprüche, NJW 1960, 1423; *Schuler*, Einziehung gepfändeter GmbH-Anteile, NJW 1961, 2281; *Seydel*, Zwangsvollstreckung in den Geschäftsanteil der GmbH, GmbHR 1950, 135; *Sieber-Meyer zu Hage*, Zwangsvollstreckung in GmbH-Anteile, Diss. Jena 1933; *Simon*, Einziehung eines gepfändeten Geschäftsanteils nur gegen vollwertiges Entgelt?, GmbHR 1961, 137; *Soufleros*, Ausschließung und Abfindung eines GmbH-Gesellschafters, 1983; *Tiedau*, Zur Wirksamkeit gesellschaftsrechtlicher Abfindungsklauseln gegenüber Vollstreckungsmaßnahmen, DNotZ 1964, 94; *Ulmer*, Die Sicherung der GmbH gegen das Überfremdungsrisiko in der Insolvenz eines Gesellschafters, ZHR 149 (1985), 28; *Wälzholz*, Rückforderungsrechte an Gesellschaftsanteilen für den Fall von Insolvenz und Zwangsvollstreckung, GmbHR 2007, 1319; *Wiedemann*, Die Übertragung und Vererbung von Mitgliedschaftsrechten bei Handelsgesellschaften, 1965; *Winkler*, Die Lückenausfüllung des GmbH-Rechts durch das Recht der Personalgesellschaften, 1967; *H. Winter*, Die Einziehung gepfändeter Geschäftsanteile auf Grund statutarischer Ermächtigung, GmbHR 1967, 201; *Wolany*, Rechte und Pflichten des Gesellschafters einer GmbH, 1964; *Wolany*, Bedingte Einziehbarkeit gepfändeter GmbH-Geschäftsanteile, in: FS H. C. Nipperdey, Bd. I, 1965, S. 975.

1. Pfändung

Die Pfändung des Geschäftsanteils erfolgt nach § 857 ZPO durch Beschluss des Vollstreckungsgerichts[907]. Sie ist nach §§ 857 Abs. 1, 829 Abs. 3 ZPO mit der Zustellung an die GmbH als bewirkt anzusehen, da der Begriff „Drittschuldner" i.S.von § 829 Abs. 3 ZPO auch die GmbH erfasst[908]. Eine Anmeldung bei der Gesellschaft (§ 16 Abs. 1 a.F.) ist im Regelfall überflüssig, aber nicht unzulässig und kann im Einzelfall geboten sein, z.B. bei Ersatzzustellung zur Vermeidung von Nachteilen (s. § 16 Rdnr. 34). Auch ein **Teil eines Geschäftsanteils** kann gepfändet werden[909], denn anderenfalls müsste wegen geringfügiger Forderung trotz

195

---

907 Zur Wirksamkeit einer im Ausland vorgenommenen Pfändung s. OLG Oldenburg v. 25.4.1995 – 1 U 161/94, OLGR 1995, 295.

908 *Löbbe*, in: Ulmer/Habersack/Löbbe, Rdnr. 312; *Fastrich*, in: Baumbach/Hueck, Rdnr. 60; *Bayer*, in: Lutter/Hommelhoff, Rdnr. 97; *Görner*, in: Rowedder/Schmidt-Leithoff, Rdnr. 150; *Altmeppen*, in: Roth/Altmeppen, Rdnr. 62; *Ebbing*, in: Michalski u.a., Rdnr. 236; *Brehm*, in: Stein/Jonas, 22. Aufl. 2004, § 859 ZPO Rdnr. 20; *Smid*, in: MünchKomm. ZPO, 5. Aufl. 2016, § 859 ZPO Rdnr. 28; *Becker*, in: Musielak/Voit, 14. Aufl. 2017, § 859 ZPO Rdnr. 14; *Wiedemann*, S. 425 f.; *Roth*, ZGR 2000, 187, 213; a.M. die frühere Rechtsprechung RGZ 54, 415; RG, GmbHR 1916, 217; OLG Köln, OLGR 13, 206; OLG Hamm, GmbHR 1916, 65; *Brodmann*, Anm. 2d, NJW 1960, 1423.

909 *Feine*, S. 407; *Löbbe*, in: Ulmer/Habersack/Löbbe, Rdnr. 326; *Fastrich*, in: Baumbach/Hueck, Rdnr. 60; *Reichert/Weller*, in: MünchKomm. GmbHG, 2. Aufl. 2015, Rdnr. 525; *Görner*, in: Rowedder/Schmidt-Leithoff, Rdnr. 157; *Ebbing*, in: Michalski u.a., Rdnr. 237; *Brehm*, in: Stein/Jonas, 22. Aufl. 2004, § 859 ZPO Rdnr. 20; *Happ*, Die GmbH im Prozess, § 9 Rdnr. 26; *Schuler*, NJW 1960, 1423, 1425.

§ 803 Abs. 1 Satz 1 ZPO ein ganzer, werthaltiger Geschäftsanteil gepfändet werden. Wegen Arrestes und seiner Vollziehung durch Pfändung s. §§ 916 ff., 928 ff. ZPO.

2. Wirkung der Pfändung

196 Mit der Pfändung entsteht ein Pfändungspfandrecht zu Gunsten des Vollstreckungsgläubigers (§§ 857 Abs. 1, 804 ZPO), das sich auch auf alle Surrogate des Geschäftsanteils (wie bei der Verpfändung; s. Rdnr. 184 ff.) erstreckt[910]. Doch muss der Schuldner in dem Zeitpunkt, in dem der Pfändungsbeschluss der Gesellschaft zugestellt ist (Rdnr. 195), Anteilsinhaber sein. Hatte er den Anteil vorher abgetreten, so fällt der Beschluss ins Leere und erzeugt kein Pfandrecht[911]. Einer vorausgehenden Abtretung, Verpfändung oder Pfändung des Anspruchs auf Abfindung oder auf die Liquidationsquote geht die Anteilspfändung dagegen vor (Rdnr. 21 u. 211)[912].

197 Nach Zustellung des Beschlusses hat der Schuldner **„sich jeder Verfügung über das Recht zu enthalten"** (§§ 857 Abs. 1, 829 Abs. 1 Satz 2 ZPO). Trotz dieses Gesetzeswortlauts ist man weitgehend darüber einig, dass, da dieses Verbot nur den Schutz des Pfändungsgläubigers bezweckt (§§ 135, 136 BGB), der Schuldner nach wie vor den gepfändeten Geschäftsanteil veräußern kann[913], denn das Pfandrecht als dingliches Recht belastet den Geschäftsanteil auch in der Hand des Erwerbers und wird durch die Übertragung rechtlich in keiner Weise verändert (Rdnr. 188); ein gutgläubiger Erwerb zur Lastenfreiheit ist *de lege lata* nicht möglich[914]. Verboten sind nur die das Recht des Gläubigers beeinträchtigenden Verfügungen[915]. Die Verwaltungsrechte, insbes. das Stimmrecht, verbleiben dem Pfändungsschuldner als Gesellschafter[916]; sie können auch nicht Gegenstand besonderer Pfändung sein, da sie kein „Vermögensrecht" (§ 857 Abs. 1 ZPO) sind[917]. Auch das Erfordernis einer Zustimmung des Pfandgläubigers zur Stimmabgabe des Gesellschafters ist aus §§ 857 Abs. 1, 829 Abs. 1 Satz 2 ZPO nicht herzuleiten[918], da diese keine Verfügung über den Geschäftsanteil darstellt, ein Zustimmungserfordernis dem Sinn des Mitgliedschaftsrechts widerspricht und die Gewäh-

---

910 BGH v. 8.12.1971 – VIII ZR 113/70, BB 1972, 10; BGH v. 16.5.1988 – II ZR 375/87, BGHZ 104, 351, 354 f. = GmbHR 1989, 71; OLG Hamburg v. 23.9.1982 – 2 W 34/81, DB 1982, 2344 f. = GmbHR 1983, 126; *Löbbe*, in: Ulmer/Habersack/Löbbe, Rdnr. 313; *Wiedemann*, S. 426 f.; *Fastrich*, in: Baumbach/Hueck, Rdnr. 62; *Görner*, in: Rowedder/Schmidt-Leithoff, Rdnr. 153; *Bayer*, in: Lutter/Hommelhoff, Rdnr. 98; *Brehm*, in: Stein/Jonas, 22. Aufl. 2004, § 859 ZPO Rdnr. 21.

911 Drittwiderspruchsklage gemäß § 771 ZPO durch den wirklichen Anteilsinhaber ist gleichwohl möglich.

912 Zutr. BGH v. 16.5.1988 – II ZR 375/87, BGHZ 104, 351, 354 = GmbHR 1989, 71; *Löbbe*, in: Ulmer/Habersack/Löbbe, Rdnr. 317; *Brehm*, in: Stein/Jonas, 22. Aufl. 2004, § 859 ZPO Rdnr. 21; *Reichert/Weller*, in: MünchKomm. GmbHG, 2. Aufl. 2015, Rdnr. 529; a.M. *Schuler*, NJW 1960, 1423, 1426; *Marotzke*, S. 1510 ff. m.w.N. zum Streitstand.

913 *Löbbe*, in: Ulmer/Habersack/Löbbe, Rdnr. 318; *Bayer*, in: Lutter/Hommelhoff, Rdnr. 97; *Wiedemann*, S. 429, 439; *Fastrich*, in: Baumbach/Hueck, Rdnr. 62; *Görner*, in: Rowedder/Schmidt-Leithoff, Rdnr. 151; *Reichert/Weller*, in: MünchKomm. GmbHG, 2. Aufl. 2015, Rdnr. 531; *Altmeppen*, in: Roth/Altmeppen, Rdnr. 63; *Reichert*, S. 85; a.M. *Schuler*, NJW 1960, 1423, 1426; *Heuer*, ZIP 1998, 405, 408.

914 Zur rechtspolitischen Forderung eines Gutglaubensschutzes bei Anteilsbelastungen *Grunewald/Gehling/Rodeweg*, ZIP 2006, 685 ff.; vgl. auch § 16 Rdnr. 74 m.w.N.

915 Vgl. *Brehm*, in: Stein/Jonas, 22. Aufl. 2004, § 829 ZPO Rdnr. 92; *Herget*, in: Zöller, 32. Aufl. 2018, § 829 ZPO Rdnr. 18.

916 BGH v. 29.5.1967 – II ZR 105/66, NJW 1967, 1963; KG, JW 1932, 757; *Löbbe*, in: Ulmer/Habersack/Löbbe, Rdnr. 318; *Fastrich*, in: Baumbach/Hueck, Rdnr. 62; *Altmeppen*, in: Roth/Altmeppen, Rdnr. 57, 63; *Reichert/Weller*, in: MünchKomm. GmbHG, 2. Aufl. 2015, Rdnr. 532; *Görner*, in: Rowedder/Schmidt-Leithoff, Rdnr. 151, 163; s. auch Rdnr. 178.

917 KG, JW 1932, 757; LG Köln v. 21.4.1989 – 87 T 7/88, Rpfleger 1989, 511; vgl. auch RGZ 95, 231.

918 Unzutr. *Heuer*, ZIP 1998, 405, 409; s. auch *Kalbfleisch*, S. 90.

rung einer Einflussmöglichkeit auf Gesellschafterentscheidungen die berechtigten Interessen der Gesellschaft und der Mitgesellschafter unvertretbar beeinträchtigt. Der Pfandschuldner kann auch einem Auflösungsbeschluss (§ 60 Abs. 1 Nr. 2) oder einer Satzungsänderung zustimmen, selbst wenn sie die ihm nach dem Gesellschaftsvertrag obliegenden Leistungen vermehrt (§ 53 Abs. 3) oder ohne seinen Willen nicht entziehbare Rechte verkürzt (bestr., s. dazu Rdnr. 191 f.). Ebenso kann er seinen Geschäftsanteil preisgeben (Rdnr. 192)[919], Auflösungsklage erheben (Rdnr. 192) und aus wichtigem Grunde aus der Gesellschaft austreten (Rdnr. 192)[920], da die Entscheidung über die Lösung von einer unzumutbar gewordenen Mitgliedschaft ausschließlich dem Betroffenen vorbehalten bleiben muss. Dagegen kann der Gesellschafter nicht ohne Mitwirkung des Pfändungspfandgläubigers mit Einziehungsfolge ordentlich kündigen (Rdnr. 192) oder der Einziehung zustimmen (Rdnr. 193)[921]. Kann nach dem Gesellschaftsvertrag der Geschäftsanteil gemäß § 34 Abs. 2 ohne Zustimmung des Gesellschafters eingezogen werden, so schließt die Pfändung, da das Verfügungsverbot sich nur gegen den Schuldner richtet und nicht in die Rechte der GmbH eingreift, die einseitige Einziehung durch die Gesellschaft nicht aus (s. Rdnr. 205 f.)[922]. Grundsätzlich steht dem auch nicht entgegen, dass sie entsprechend dem Gesellschaftsvertrag ganz oder teilweise gegen eine nicht vollwertige Abfindung erfolgt[923]; über den Ausnahmefall der Einziehung wegen der Pfändung oder Gesellschafterinsolvenz s. Rdnr. 205. Ebenso wenig ist es von Bedeutung, ob der statutarische Einziehungsgrund vor oder nach der Pfändung eingetreten ist[924]. Darauf kommt es nur an, wenn eine Verfügungshandlung i.w.S. des Schuldner-Gesellschafters[925] zu den Einziehungsvoraussetzungen gehört[926]; wird sie erst nach der Pfändung vorgenommen, so bedarf die Einziehung unabhängig von der Frage des Entgelts der Zustimmung des Pfändungspfandgläubigers.

Die mit der Gesellschafterstellung verbundenen, **höchstpersönlichen Auskunfts- und Einsichtsrechte nach § 51a** verbleiben beim Vollstreckungsschuldner und kommen daneben nicht dem Vollstreckungsgläubiger zu[927]. Allerdings hat der Pfandgläubiger einen Informationsanspruch aus § 836 Abs. 3 Satz 1 ZPO gegen den Schuldner, der diesen verpflichtet, die zur Verwertung nötigen Auskünfte zu erteilen und vorhandene Urkunden herauszugeben. Dabei gelten im Rahmen des § 836 Abs. 3 ZPO die Geheimhaltungspflichten des Gesellschafters entsprechend § 51a, so dass bei Ausübung des Informationsrechts das Informationsinteresse des Vollstreckungsgläubigers mit dem gebotenen Vertraulichkeitsinteresse der Gesellschaft und ihrer Mitgesellschafter in Ausgleich zu bringen ist[928]. 197a

---

919 *Löbbe*, in: Ulmer/Habersack/Löbbe, Rdnr. 318; *Altmeppen*, in: Roth/Altmeppen, Rdnr. 59, 63; *Brehm*, in: Stein/Jonas, 22. Aufl. 2004, § 859 ZPO Rdnr. 19; *Wiedemann*, S. 430 f., jedoch mit Einschr. für kapital. GmbH; a.M. *Schuler*, NJW 1960, 1427; *Heuer*, ZIP 1998, 405, 409.

920 *Fischer*, GmbHR 1961, 21, 26; *Löbbe*, in: Ulmer/Habersack/Löbbe, Rdnr. 318; *Altmeppen*, in: Roth/Altmeppen, Rdnr. 59, 63; weitergehend *Wiedemann*, S. 430 f.; a.M. *Heuer*, ZIP 1998, 405, 409.

921 *Fastrich*, in: Baumbach/Hueck, Rdnr. 62; *Löbbe*, in: Ulmer/Habersack/Löbbe, Rdnr. 318; *Ebbing*, in: Michalski u.a., Rdnr. 240; *Altmeppen*, in: Roth/Altmeppen, Rdnr. 59, 63; *Wiedemann*, S. 430 f.; *Brehm*, in: Stein/Jonas, 22. Aufl. 2004, § 859 ZPO Rdnr. 20, 22; *Heuer*, ZIP 1998, 405, 409.

922 A.M. *Wolany*, Rechte und Pflichten, S. 145 u. in: FS Nipperdey, S. 975.

923 RGZ 142, 377; BGH v. 7.4.1960 – II ZR 69/58, BGHZ 32, 151, 156; *Schuler*, NJW 1960, 1293; *Schuler*, NJW 1961, 2282; *H. Winter*, GmbHR 1967, 208; *Löbbe*, in: Ulmer/Habersack/Löbbe, Rdnr. 333.

924 RGZ 142, 377; *Schuler*, NJW 1960, 1293, 1961, 2282; *H. Winter*, GmbHR 1967, 208; a.M. BGH v. 7.4.1960 – II ZR 69/58, BGHZ 32, 151, 157; *Fischer*, GmbHR 1961, 25.

925 Vgl. dazu *Brehm*, in: Stein/Jonas, 22. Aufl. 2004, § 829 ZPO Rdnr. 92.

926 S. *H. Winter*, GmbHR 1967, 208.

927 BayObLG v. 27.10.1988 – BReg.3 Z 100/88, GmbHR 1989, 201, 203; *Löbbe*, in: Ulmer/Habersack/Löbbe, Rdnr. 319; *Heuer*, ZIP 1998, 405, 411; *Karsten Schmidt*, 10. Aufl., § 51a Rdnr. 12; a.M. *Kalbfleisch*, S. 93.

928 Eb. *Löbbe*, in: Ulmer/Habersack/Löbbe, Rdnr. 319 a.E.; vgl. LG Essen, Rpfleger 1973, 410; *Roth*, ZGR 2000, 187, 213 f.

3. Befriedigung des Pfandgläubigers

198   Maßgebend sind die §§ 857, 835, 844 ZPO.

199   **a)** Eine **Überweisung** des Geschäftsanteils zur Einziehung oder an Zahlungs Statt zum Nennwert (§ 835 ZPO) oder zum Schätzwert ist unzulässig[929]. Eine Ausnahme ist auch dann nicht gerechtfertigt, wenn der Schuldner zur Kündigung der Gesellschaft oder seiner Beteiligung berechtigt ist oder wenn die regelmäßige Veräußerung des Geschäftsanteils nach §§ 857 Abs. 1, 5, 844 ZPO (Rdnr. 200) ausscheidet[930]. Möglich ist die Überweisung zur Einziehung dagegen für die Forderungen auf den Gewinnanteil, auf die Abfindung beim Ausscheiden und auf das Liquidationsguthaben (Rdnr. 211).

200   **b)** Die „Verwertung" (§ 844 Abs. 1 ZPO) durch vom Gericht angeordnete „**Veräußerung**" (§ 857 Abs. 1, 5 ZPO) des Geschäftsanteils ist das regelmäßig einzige und allgemein anerkannte Befriedigungsmittel. Das Gericht hat im Verfahren nach § 844 ZPO dann den Bestand des gepfändeten Geschäftsanteils zu überprüfen, wenn ein Beteiligter schlüssige Einwendungen erhebt[931] oder sonst erhebliche Zweifel bestehen. Die Veräußerung erfolgt i.d.R. in der Form der **öffentlichen Versteigerung**, nach besonderer gerichtlicher Anordnung auch durch **freihändigen Verkauf**[932]. Frühere Pfändungen (Vorpfändungen) stehen dem Zwangsverkauf zu Gunsten des nachstehenden Pfandgläubigers nicht entgegen (§ 827 ZPO)[933]. Während der versteigerte Geschäftsanteil ohne Beobachtung der Form aus § 15 Abs. 3 auf den Ersteher durch Zuschlag übergeht, muss die Form beim gerichtlich angeordneten freihändigen Verkauf eingehalten werden (s. auch Rdnr. 194)[934]. Zu statutarischen Abtretungsbeschränkungen s. Rdnr. 202. Der Erwerber kann keine Gewährleistungsansprüche wegen Rechts- oder Sachmängel geltend machen (§ 806 ZPO)[935].

201   **c)** Ob das Gericht auch „eine andere Art der Verwertung" (§ 844 ZPO) anordnen kann, etwa eine **Zwangsverwaltung** (§ 857 Abs. 4), ist zweifelhaft, aber, abgesehen vom Nutzungspfand (Rdnr. 194 a.E.), mit der h.M. zu verneinen[936]; vgl. dazu noch Rdnr. 203.

---

929 KG, OLG 10, 392; LG Berlin v. 9.3.1987 – 81 T 105/87, GmbHR 1988, 70 = MDR 1987, 592; *Löbbe*, in: Ulmer/Habersack/Löbbe, Rdnr. 320; *Ebbing*, in: Michalski u.a., Rdnr. 241; *Fastrich*, in: Baumbach/Hueck, Rdnr. 63; *Reichert/Weller*, in: MünchKomm. GmbHG, 2. Aufl. 2015, Rdnr. 536; *Heuer*, ZIP 1998, 405, 406; *Karsten Schmidt*, GesR, § 35 II 2; *Herget*, in: Zöller, 32. Aufl. 2018, § 859 ZPO Rdnr. 13; abw. *Kalbfleisch*, S. 115 ff.; *Raiser/Veil*, Kapitalgesellschaften, § 40 Rdnr. 43 a.E.

930 A.M. *Brehm*, in: Stein/Jonas, 22. Aufl. 2004, § 859 ZPO Rdnr. 20; *Smid*, in: MünchKomm. ZPO, 5. Aufl. 2016, § 859 ZPO Rdnr. 29.

931 OLG Frankfurt v. 18.6.1976 – 20 W 26/76, BB 1976, 1147, 1148.

932 BGH v. 16.5.1988 – II ZR 375/87, GmbHR 1989, 71 = NJW 1989, 458; *Löbbe*, in: Ulmer/Habersack/Löbbe, Rdnr. 322; *Fastrich*, in: Baumbach/Hueck, Rdnr. 63; *Bayer*, in: Lutter/Hommelhoff, Rdnr. 99; *Görner*, in: Rowedder/Schmidt-Leithoff, Rdnr. 159; *Reichert/Weller*, in: MünchKomm. GmbHG, 2. Aufl. 2015, Rdnr. 538; *Happ*, Die GmbH im Prozess, S. 108 f.; *Brehm*, in: Stein/Jonas, 22. Aufl. 2004, § 859 ZPO Rdnr. 21; *Smid*, in: MünchKomm. ZPO, 5. Aufl. 2016, § 857 ZPO Rdnr. 50; *Herget*, in: Zöller, 32. Aufl. 2018, § 859 ZPO Rdnr. 13; *Heuer*, ZIP 1998, 405, 406.

933 RGZ 164, 169.

934 RGZ 164, 170 f.; *Feine*, S. 408; *Löbbe*, in: Ulmer/Habersack/Löbbe, Rdnr. 322; *Fastrich*, in: Baumbach/Hueck, Rdnr. 62; *Bayer*, in: Lutter/Hommelhoff, Rdnr. 114; *Reichert/Weller*, in: MünchKomm. GmbHG, 2. Aufl. 2015, Rdnr. 539, 542; *Görner*, in: Rowedder/Schmidt-Leithoff, Rdnr. 159; a.M. *Damrau*, in: MünchKomm. BGB, 7. Aufl. 2017, § 1274 BGB Rdnr. 69.

935 *Löbbe*, in: Ulmer/Habersack/Löbbe, Rdnr. 322; *Görner*, in: Rowedder/Schmidt-Leithoff, Rdnr. 161; *Ebbing*, in: Michalski u.a., Rdnr. 242.

936 *Löbbe*, in: Ulmer, Rdnr. 320 a.E.; *Ebbing*, in: Michalski u.a., Rdnr. 241; abw. *Kalbfleisch*, S. 115 ff.; *Raiser/Veil*, Kapitalgesellschaften, § 40 Rdnr. 43.

4. Statutarische Beschränkungen

Der Pfändbarkeit eines Geschäftsanteils steht nicht entgegen, dass der Gesellschaftsvertrag 202
seine Abtretung ausschließt (§§ 857 Abs. 1, 851 Abs. 2 ZPO). Auch die statutarisch begründeten weiteren Voraussetzungen der Abtretung i.S. des § 15 Abs. 5 (s. Rdnr. 107 ff.) gelten
nach diesen Bestimmungen nicht bei der Pfändung und bei der Zwangsverwertung des Geschäftsanteils[937]. Die Regelung soll zwar nur verhindern, dass der Schuldner durch Vereinbarung von Übertragungsbeschränkungen einen eigenen Vermögenswert dem Zugriff seiner
Gläubiger entziehen kann, aber sie hat die unvermeidliche Nebenwirkung, dass die Gesellschaft, obwohl Dritte, ihr rechtlich geschütztes Interesse am Fernhalten unerwünschter Personen als Gesellschafter auf diesem Wege nicht durchsetzen kann. Ein darüber hinausgehender Vorrang des Gläubiger- vor dem Gesellschaftsinteresse, wie er gelegentlich angenommen
wird[938], ist dagegen den §§ 857 Abs. 1, 851 ZPO nicht zu entnehmen[939]. Die allgemeine
Rücksetzung der Gesellschaftsinteressen wäre wertungsmäßig unvertretbar; wie schon der
Differenzierungsversuch der §§ 851, 857 Abs. 3, 4 ZPO, mehr aber noch der früher für Personenhandelsgesellschaften geltende § 141 HGB a.F. zeigte, ist sie ersichtlich nicht gewollt.
Eine angemessene Lösung des bezeichneten Interessenkonflikts zwischen Pfändungspfandgläubiger und Gesellschaft mit anderen Mitteln (z.B. Einziehungs- und Erwerbsrechte, Ausschluss aus wichtigem Grund) schließt jene Regelung also nicht aus[940].

a) Vorkaufsrecht

Ein Vorkaufsrecht zu Gunsten der Gesellschaft oder der Gesellschafter (Rdnr. 117) scheidet 203
als Mittel zur Wahrung des Gesellschaftsinteresses aus, da es für den Verkauf des Geschäftsanteils im Wege der Zwangsvollstreckung oder durch den Insolvenzverwalter nicht wirksam
vereinbart werden kann (§ 471 BGB)[941]. Das Schrifttum hat in Anlehnung an einige Auslandsrechte (§ 76 Abs. 4 öGmbHG; Art. 794 Abs. 1 Nr. 3 revOR; § 2480 Abs. 3 Cod.civ.) ergänzende Lösungsvorschläge entwickelt, um durch eine Art von Vorrechtsstellung ein
Abschließungsinteresse der Gesellschaft bei der Verwertung zu verwirklichen. So soll das
Vollstreckungsgericht (der Rechtspfleger; vgl. § 20 Nr. 17 RpflG) bei einem vinkulierten Geschäftsanteil die Gesellschaft nach §§ 857, 844 ZPO vor einer anderweitigen Verwertung zur
Benennung eines Käufers ermächtigen können, der innerhalb einer bestimmten Frist den gerichtlich festgesetzten Schätzwert zu zahlen hat und dem der Anteil sodann zu übertragen
ist[942]. Teilweise abweichend wird auch eine Anordnung des Vollstreckungsgerichts für zuläs-

---

937 RGZ 70, 64; RGZ 142, 376; RG, LZ 1909, 235; RG, GmbHR 1928, 689; RG, DR 1944, 83; BGH v.
7.4.1960 – II ZR 69/58, BGHZ 32, 151, 155; *Löbbe*, in: Ulmer/Habersack/Löbbe, Rdnr. 322, 328;
Fastrich, in: Baumbach/Hueck, Rdnr. 61; *Altmeppen*, in: Roth/Altmeppen, Rdnr. 62; *Reichert/Weller*, in: MünchKomm. GmbHG, 2. Aufl. 2015, Rdnr. 539; *Görner*, in: Rowedder/Schmidt-Leithoff,
Rdnr. 150, 158; *Hartmann*, in: Baumbach/Lauterbach/Albers/Hartmann, 75. Aufl. 2017, § 859
ZPO Anh. Rdnr. 4; *Brehm*, in: Stein/Jonas, 22. Aufl. 2004, § 857 ZPO Rdnr. 14, § 859 ZPO Rdnr. 18
u.a.; *Roth*, ZGR 2000, 187, 212 f.; a.M. OLG (Hamburg) 16, 312: Pfändung zur Ausübung; *Liebscher/Lübke*, ZIP 2004, 241, 243 f.; eb. abw. mit Bez. auf aktienrechtl. Wertungen *Bayer*, in: Lutter/
Hommelhoff, Rdnr. 100; s. für die Verwertung auch unten Rdnr. 207.
938 RGZ 142, 376; *Wolany*, Rechte und Pflichten, S. 143 ff.; *Wiedemann*, S. 434; s. auch *Heuer*, ZIP
1998, 405, 409 ff.
939 BGH v. 12.6.1975 – II ZB 12/73, BGHZ 65, 22, 24 f.; *Löbbe*, in: Ulmer/Habersack/Löbbe,
Rdnr. 329.
940 Eb. *Löbbe*, in: Ulmer/Habersack/Löbbe, Rdnr. 330; *Karsten Schmidt*, GmbHR 2011, 1289, 1294; s.
auch Rdnr. 204 ff.
941 *Feine*, S. 408; *Löbbe*, in: Ulmer/Habersack/Löbbe, Rdnr. 331; *Reichert/Weller*, in: MünchKomm.
GmbHG, 2. Aufl. 2015, Rdnr. 544; *Ebbing*, in: Michalski u.a., Rdnr. 245; *Soufleros*, S. 288; *Görner*,
in: Rowedder/Schmidt-Leithoff, Rdnr. 158.
942 *Wiedemann*, S. 439 f.; ähnlich auch *Fischer*, GmbHR 1961, 24 f., der aber allein ein entsprechendes
Angebot der Gesellschaft zur Abwendung der Zwangsversteigerung genügen lässt.

sig gehalten, wonach bei der Versteigerung eines solchen Geschäftsanteils der Zuschlag unter der Bedingung zu erteilen sei, dass die Gesellschaft das Recht habe, binnen einer zu bestimmenden Frist einen Übernehmer zu stellen, der den Höchstgebotspreis zahlt[943]. Beide Vorschläge laufen indessen darauf hinaus, dem Vollstreckungsgericht die Begründung einer neuen Art quasidinglichen Vorkaufsrechts zu gestatten, was durch die dafür herangezogenen §§ 857, 844 ZPO nicht mehr gedeckt und mit dem Zweck des § 471 BGB unvereinbar ist. Sie zeigen ferner deswegen keinen befriedigenden Ausweg, weil der Erlass entsprechender Anordnungen im Ermessen des Vollstreckungsgerichts stünde[944] und zudem, wenn die Gesellschaft keinen ihr genehmen Erwerber findet, ein Erwerb bei nicht voll eingezahlten Geschäftsanteilen an § 33 Abs. 1 und im Übrigen an dem Kapitalentzug zwecks Aufbringung des u.U. beträchtlichen Schätz- oder Versteigerungspreises wirtschaftlich scheitern kann[945]. Auch der Möglichkeit, die Zwangsversteigerung durch eine Befriedigung des Pfandgläubigers nach § 267 Abs. 1 BGB abzuwenden, der der Gesellschafter auf Grund eines vorweggenommenen Verzichts in der Satzung oder seiner gesellschaftlichen Treuepflicht nicht widersprechen kann[946], kommt nur begrenzte Bedeutung in den Fällen zu, in denen die Zahlung nach § 30 möglich und die Schuld im Verhältnis zum Anteilswert nicht zu hoch ist.

b) Abtretungspflicht

204 Der Gesellschaftsvertrag kann für den Pfändungsfall rechtswirksam eine Pflicht zur Abtretung des Geschäftsanteils an die Gesellschaft oder an die übrigen Gesellschafter oder an einen (eventuell erst noch zu bestimmenden) Gesellschafter oder Dritten begründen[947]. Der Erwerber erwirbt den Geschäftsanteil dann aber pfandrechtsbelastet. Die abweichende Meinung, die sich demgegenüber auf den mit der Verfallerklärung bei der Kaduzierung eintretenden Untergang der dinglichen Rechte Dritter am Geschäftsanteil beruft[948], verkennt dabei, dass es sich um ein gesetzliches Zwangsverwertungsrecht der Gesellschaft zwecks Sicherung der Stammkapitalaufbringung handelt und seine Ausübung beim Fortbestehen von Anteilsbelastungen vereitelt oder doch schwerwiegend beeinträchtigt würde. Eine statutarische Abtretungspflicht ist damit nicht vergleichbar und kann nach der gesetzlichen Wertung (Rdnr. 202) auch keinen Anteilsübergang unter Wegfall eines Pfändungspfandrechts bewirken[949]. Dem Erwerber des Geschäftsanteils steht vielmehr nur analog §§ 268, 1273 Abs. 2, 1223 Abs. 2 BGB ein Ablösungsrecht zu, das aber im vorliegenden Problemzusammenhang (Rdnr. 202) nicht weiterführt, wenn die Gläubigerforderung den Anteilswert übersteigt.

c) Einziehung

205 Die Einziehung des Geschäftsanteils für den Fall seiner Pfändung oder der Insolvenz des Anteilsinhabers (Rdnr. 254) kann die Satzung nach § 34 Abs. 2 vorsehen mit der Folge, dass er mit dem Zugang des Beschlusses oder, soweit erforderlich, der gesonderten Einziehungserklärung (s. bei § 34 Rdnr. 41 ff.) beim Anteilsinhaber untergeht und das Pfandrecht sich

---

943 *Wolany*, Rechte und Pflichten, S. 141 f.
944 *H. Winter*, GmbHR 1967, 205; *Soufleros*, S. 289.
945 *Soufleros*, S. 289.
946 Vgl. *Hueck*, DB 1957, 38; *Schuler*, NJW 1961, 2281, 2282; *Wiedemann*, S. 440.
947 Dazu KG, GmbHR 1930, 431; *Wiedemann*, S. 439; *Altmeppen*, in: Roth/Altmeppen, Rdnr. 119 f.; *Reichert*, S. 85 sowie betr. statutarischer Erwerbsrechte *Ulmer*, ZHR 149 (1985), 37 f.; *Löbbe*, in: Ulmer/Habersack/Löbbe, Rdnr. 331; *Ebbing*, in: Michalski u.a., Rdnr. 245; *Michalski*, ZIP 1991, 147, 148 f.; abl. *Görner*, in: Rowedder/Schmidt-Leithoff, Rdnr. 158.
948 *Soufleros*, S. 290 ff.; *Ulmer*, ZHR 149 (1985), 38.
949 Abw. *Ulmer*, ZHR 149 (1985), 38 f.; zust. dazu *Reichert/Weller*, in: MünchKomm. GmbHG, 2. Aufl. 2015, Rdnr. 547; *Löbbe*, in: Ulmer/Habersack/Löbbe, Rdnr. 331, die aber nicht begründen, inwiefern die Satzungsautonomie dazu berechtigen könnte, den Untergang von dinglichen Rechten Dritter vorzusehen und in Zwangsvollstreckungsmaßnahmen unmittelbar einzugreifen.

am Einziehungsentgelt (Rdnr. 206) als Surrogat fortsetzt (Rdnr. 186, 196). Weitere Voraussetzungen für die Einziehung sind allerdings, dass es sich um einen voll eingezahlten Geschäftsanteil handelt (s. bei § 34 Rdnr. 1, 52) und dass das Einziehungsentgelt aus dem nicht zur Deckung des Stammkapitals erforderlichen Gesellschaftsvermögen gezahlt werden kann (§ 34 Abs. 3). Einer Mitwirkung des Pfandgläubigers bedarf es zur Rechtswirksamkeit einer nach der Satzung ohne Zustimmung des Gesellschafters zulässigen Einziehung dagegen nicht (Rdnr. 197). Die Satzungsbestimmung enthält keine ihm gegenüber nach § 137 Satz 1 BGB, §§ 851 Abs. 2, 857 Abs. 1, 3 ZPO unwirksame Verfügungsbeschränkung[950]. Sie kann auch nicht deswegen, weil sie ein den Verkehrswert des Anteils unterschreitendes Entgelt festsetzt, als eine Umgehung des Beeinträchtigungsverbots des Pfandrechts (Rdnr. 197) qualifiziert werden[951], es sei denn, jene Bewertung ist ausschließlich für den Fall der Pfändung und der Insolvenz (und nicht für andere Fälle des zwangsweise Ausscheidens) geregelt (Rdnr. 206). Es kann im Einzelfall aber ein Anfechtungsrecht (§ 3 AnfG, § 133 InsO) gegeben sein.

Ein **Einziehungsentgelt** muss die Satzung entgegen einer früher verbreiteten Ansicht[952] nicht notwendig bestimmen. Schweigt sie darüber, so ist im Zweifel anzunehmen, dass ein nach dem vollen Wert des Geschäftsanteils zu bemessendes und sofort fälliges Entgelt zu leisten ist[953]. Die Warnfunktion des § 34 Abs. 2 ist insoweit gegenstandslos. Nach früherer Ansicht der Rechtsprechung[954] waren abweichende statutarische Abfindungsklauseln, die für die pfändungs- oder insolvenzbedingten Einziehungen ein den vollen Anteilswert unterschreitendes Entgelt festsetzen, generell als nichtig anzusehen[955]. Entsprechendes wurde auch für Vereinbarungen erheblich abweichender Zahlungsbedingungen angenommen[956]. Die heute h.M. geht dagegen zutreffend davon aus, dass derartige Entgeltbeschränkungen grundsätzlich zulässig sind, wenn sie den Anspruchsberechtigten nicht schlechter stellen als in anderen vergleichbaren Fällen des zwangsweisen Ausscheidens des Gesellschafters, also nicht eigens darauf angelegt sind, das Pfändungspfandrecht eines Vollstreckungsgläubigers oder das Verwertungsrecht des Insolvenzverwalters zu vereiteln[957]. Die Begründung, dass die Entgeltbeschränkung als in-

206

950 BGH v. 12.6.1975 – II ZB 12/73, BGHZ 65, 22, 25; OLG Frankfurt v. 18.6.1976 – 20 W 26/76, BB 1976, 1147, 1148; OLG Hamburg v. 26.4.1996 – 11 U 189/95, ZIP 1996, 962, 963 = GmbHR 1996, 610; *Heckelmann*, ZZP 92 (1979), 28, 32, 44 f.; *Löbbe*, in: Ulmer/Habersack/Löbbe, Rdnr. 333; *Fastrich*, in: Baumbach/Hueck, Rdnr. 61; *Altmeppen*, in: Roth/Altmeppen, Rdnr. 63, 119 f.; *Reichert/Weller*, in: MünchKomm. GmbHG, 2. Aufl. 2015, Rdnr. 548; *Görner*, in: Rowedder/Schmidt-Leithoff, Rdnr. 158; abw. noch RGZ 142, 373, 376; BGH v. 7.4.1960 – II ZR 69/58, BGHZ 32, 151, 155 f. Weitergehende Einschränkungen der Wirksamkeit entsprechender Einziehungsklauseln leiten aber *Bischoff*, GmbHR 1984, 61, 64 u. *Grunewald*, Der Ausschluss aus Gesellschaft und Verein, 1987, S. 208 aus § 138 BGB her.
951 A.M. *Heuer*, ZIP 1998, 405, 412 f.; *Roth*, ZGR 2000, 187, 215.
952 So noch OLG Hamburg v. 25.1.1957 – 2 W 95/56, NJW 1957, 1033; *Paulick*, GmbHR 1978, 121. Über Nachw. des älteren Schrifttums vgl. *Niemeier*, Rechtstatsachen und Rechtsfragen der Einziehung von GmbH-Anteilen, 1982, S. 101 ff.
953 Vgl. BGH v. 16.12.1991 – II ZR 58/91, BGHZ 116, 359, 375 f.; *Löbbe*, in: Ulmer/Habersack/Löbbe, Rdnr. 333; *Fastrich*, in: Baumbach/Hueck, Rdnr. 61; *Altmeppen*, in: Roth/Altmeppen, § 34 Rdnr. 47; *Reichert/Weller*, in: MünchKomm. GmbHG, 2. Aufl. 2015, Rdnr. 548; *Ebbing*, in: Michalski u.a., Rdnr. 247; *Niemeier*, Rechtstatsachen und Rechtsfragen der Einziehung von GmbH-Anteilen, 1982, S. 101 ff., 232 ff.; *Sachs*, GmbHR 1978, 169, 171; vgl. auch § 34 Rdnr. 26 ff.
954 RGZ 142, 373; BGH v. 7.4.1960 – II ZR 69/58, BGHZ 32, 151.
955 Eingehend dazu *Wiedemann*, S. 435 ff.
956 BGH v. 7.4.1960 – II ZR 69/58, BGHZ 32, 151, 158.
957 BGH v. 12.6.1975 – II ZB 12/73, BGHZ 65, 22; OLG Frankfurt v. 9.9.1977 – 20 W 702/76, GmbHR 1978, 170; OLG Hamburg v. 23.9.1982 – 2 W 34/81, GmbHR 1983, 126 = DB 1982, 2344; OLG Celle v. 25.9.1985 – 9 U 217/84, ZIP 1985, 1392; *Löbbe*, in: Ulmer/Habersack/Löbbe, Rdnr. 333; *Fastrich*, in: Baumbach/Hueck, Rdnr. 61 u. § 34 Rdnr. 30; *Reichert/Weller*, in: MünchKomm. GmbHG, 2. Aufl. 2015, Rdnr. 550; *Bayer*, in: Lutter/Hommelhoff, § 34 Rdnr. 81; *Altmeppen*, in: Roth/Altmeppen, Rdnr. 121 f.; *Soufleros*, S. 278 ff.; a.M. *Heckelmann*, ZZP 92 (1979), 28 ff.; *Bischoff*, GmbHR 1984, 61 ff.; *Engel*, NJW 1986, 345, 347; *Heuer*, ZIP 1998, 405, 412 f.; *Roth*, ZGR 2000, 187, 215; krit.

nere Vorbelastung des Geschäftsanteils hinzuzunehmen sei, überzeugt freilich nicht, da sie die entscheidende Frage nach den zum Schutze der Privatgläubiger der Gesellschaft gebotenen Grenzen der Satzungsautonomie gerade ausklammert[958]. Die rechtliche Wertung dieses vom Gesetzgeber nicht bedachten Konflikts darf aber nicht einseitig auf das Befriedigungsinteresse des Privatgläubigers abstellen, sondern muss vor allem die gesellschaftliche Bindung des Pfandgegenstandes beachten und deshalb berücksichtigen, dass bei der Bestimmung der Abfindung wie auch in anderen gleichartigen Fällen des Ausscheidens aus in der Gesellschaftersphäre liegenden Gründen schutzwürdige Interessen der Gesellschaft an der Sicherung gegen u.U. bestandsgefährdende Kapitalabflüsse und gegen schwierige sowie zeitraubende Auseinandersetzungen um seine Höhe bestehen[959]. Satzungsrechtliche Regelungen, die in einem vertretbaren Umfange solchen schutzwürdigen Gesellschaftsinteressen Rechnung tragen, sind deshalb nicht zu beanstanden. Der BGH hat eine Satzungsbestimmung, die die Berechnung des Entgelts nach den wahren Vermögenswerten der Gesellschaft, aber ohne Ansatz des Firmenwertes vorschrieb, unter der Voraussetzung einer entsprechenden (keiner besseren) Entschädigungsregelung für den vergleichbaren Fall der Ausschließung des Gesellschafters aus wichtigem Grunde gebilligt, aber die Zulässigkeit noch weitergehender Einschränkungen offen gelassen[960]. Es sind in der Rechtsprechung aber darüber hinausgehend Abfindungsklauseln anerkannt worden, die die Bemessung nach dem letzten handels- oder steuerrechtlichen Jahresabschluss, also unter Ausschluss des Firmenwertes und der stillen Reserven[961], und sogar nach dem Nennwert des Geschäftsanteils[962] vorsehen. Eine Beschränkung des Entgelts bis zum Buchwert wird im Allgemeinen noch als vertretbar angesehen werden können[963], während ein niedrigeres Entgelt nur in besonders gelagerten Ausnahmefällen in Betracht kommen kann. Die Abfindungsklausel ist aber nach § 138 Abs. 1 BGB nichtig, wenn die Abfindung unter Berücksichtigung des Ausscheidensgrundes und der bei ihrer Einführung gegebenen Umstände grob unbillig, d.h. willkürlich und ohne jede sachliche Berechtigung ist[964]. Entsteht auf Grund der wirtschaftlichen Entwicklung der Gesellschaft später eine Lage, die die statutarisch bestimmte Abfindung als grob unbillig erscheinen lässt, so ist sie im Einzelfall durch ergänzende Vertragsauslegung angemessen anzupassen[965]. Vorstehendes gilt sinngemäß auch für Satzungsbestimmungen über die Zahlungsmodalitäten, insbesondere die Vereinbarung angemessener Ratenzahlungen[966], deren Zulässigkeit aber im Zusammenhang mit der Einschränkung

---

auch *Brehm*, in: Stein/Jonas, 22. Aufl. 2004, § 859 ZPO Rdnr. 23; unklar *Görner*, in: Rowedder/ Schmidt-Leithoff, Rdnr. 164 f.

958 Darauf weist mit Recht schon RGZ 142, 373, 376 f. („petitio principii") hin; vgl. auch *H. Winter*, GmbHR 1967, 201, 205; *Heckelmann*, ZZP 92 (1979), 33; *Bischoff*, GmbHR 1984, 65.

959 BGH v. 12.6.1975 – II ZB 12/73, BGHZ 65, 22, 27.

960 BGH v. 12.6.1975 – II ZB 12/73, BGHZ 65, 22, 27 f.

961 OLG Frankfurt v. 9.9.1977 – 20 W 702/76, GmbHR 1978, 170; OLG Hamburg v. 23.9.1982 – 2 W 34/81, GmbHR 1983, 126 = DB 1982, 2344.

962 OLG Celle v. 25.9.1985 – 9 U 217/84, GmbHR 1986, 120 = ZIP 1985, 1392; die Entscheidung ist problematisch; vgl. dazu BGH v. 16.12.1991 – II ZR 58/91, BGHZ 116, 359, 368 f., 375 f = GmbHR 1992, 257.

963 Eb. *Priester*, GmbHR 1976, 8 f.; *Reichert/Weller*, in: MünchKomm. GmbHG, 2. Aufl. 2015, Rdnr. 550; *Fastrich*, in: Baumbach/Hueck, § 34 Rdnr. 35; *Piltz*, BB 1994, 1021, 1025; *Karsten Schmidt*, GesR, § 50 IV 2c; *Hartmann*, Der ausscheidende Gesellschafter, S. 150; a.M. *Bischoff*, GmbHR 1984, 67; *Heuer*, ZIP 1998, 405, 412 f. Bedenken gegen eine Buchwertklausel auch OLG München v. 17.9.1987 – 24 U 794/86, GmbHR 1988, 216, 217.

964 BGH v. 16.12.1991 – II ZR 58/91, BGHZ 116, 359, 368 f., 376 = GmbHR 1992, 257.

965 BGH v. 16.12.1991 – II ZR 58/91, BGHZ 116, 359, 371 = GmbHR 1992, 257; s. auch Anh. § 34 Rdnr. 24.

966 BGH v. 9.1.1989 – II ZR 83/88, NJW 1989, 2685, 2686; *Priester*, GmbHR 1976, 9. Generell für bedenklich halten *Ulmer/Habersack*, in: Ulmer/Habersack/Löbbe, § 34 Rdnr. 92; *Kort*, in: MünchHdb. III, § 28 Rdnr. 34 über einen Zeitraum von fünf Jahren hinausgehende Stundungs- oder Ratenvereinbarungen, aber dies ist zu eng; vgl. BGH v. 9.1.1989 – II ZR 83/88, NJW 1989, 2685,

der Entgelthöhe und der Verzinsung zu beurteilen ist. Näheres zu statutarischen Abfindungsklauseln s. Erl. zu § 34 Rdnr. 29 ff.

5. Ersteher (Erwerber)

Der Ersteher (Erwerber) im Zwangsvollstreckungsverfahren erwirbt den Geschäftsanteil mit   207
dem Zuschlag durch den Gerichtsvollzieher oder, bei gerichtlich angeordnetem freihändigen
Verkauf, durch dingliche Abtretung, die der Form nach § 15 Abs. 3 bedarf (Rdnr. 200). Erstehen kann auch die GmbH den Anteil gemäß § 33, ebenso wie Schuldner und Gläubiger
(§ 816 Abs. 4 ZPO, § 1239 BGB). Der Erlös gebührt dem die Vollstreckung betreibenden
Gläubiger, soweit zu seiner Befriedigung erforderlich. Der Erwerber hat zwar keinen Gewährleistungsanspruch (§ 806 ZPO), erwirbt aber den Geschäftsanteil frei vom Pfandrecht. Denn
mit Veräußerung im Vollstreckungswege **erlöschen alle dinglichen Rechte am Geschäftsanteil** (§§ 1242, 1247 BGB entsprechend). Alle Pfandrechte an demselben Geschäftsanteil
haben Anspruch auf den Erlös, die älteren mit Vorrang vor den jüngeren. Daher kann es
kommen, dass der Vollstreckungsgläubiger ausfällt (§ 805 ZPO).

Da **Abtretungsbeschränkungen** aus § 15 Abs. 5 im Vollstreckungsverfahren nicht gelten   208
(Rdnr. 202)[967], bedarf es weder bei der Pfändung noch beim Zwangsverkauf der Übergabe
eines etwa ausgestellten Anteilscheins[968]. Der Erwerber kann aber vom Vollstreckungsschuldner Herausgabe dieser Urkunde, falls ausgestellt, gemäß §§ 402, 413 BGB verlangen;
sie können vom Gerichtsvollzieher im Wege der Hilfevollstreckung weggenommen werden
(§ 836 Abs. 3 ZPO analog).

Mit dem Erwerb wird der **Erwerber** an Stelle des Vollstreckungsschuldners Gesellschafter.   209
Der Geschäftsanteil geht mit allen Pflichten aus dem Gesellschaftsverhältnis über. Für sein
Verhältnis zur GmbH gilt aber der § 16, insbesondere auch dessen Abs. 2 betr. rückständiger
Leistungen[969].

Die **gesonderten Abtretungen und Verpfändungen der künftigen Ansprüche** auf den Ge-   210
winnanteil, die Abfindung beim Ausscheiden oder die Liquidationsquote durch den bisherigen Gesellschafter sowie die Pfändung dieser Ansprüche durch seine Gläubiger (Rdnr. 211)
werden mit dem Übergang des Geschäftsanteils auf den Ersteher (Erwerber) wirkungslos
(Rdnr. 21)[970]. Die Verfügungen bzw. Vollstreckungsmaßnahmen gehen ins Leere, da die genannten Ansprüche nicht mehr in der Person des bisherigen Gesellschafters entstehen können.

6. Vollstreckung in einzelne Vermögensrechte

Die aus der Mitgliedschaft fließenden Forderungen auf den Gewinnanteil, die Abfindung   211
beim Ausscheiden und die Liquidationsquote (nicht aber Verwaltungsrechte, wie das Stimmrecht) sind, wie selbständig abtretbar (Rdnr. 20) und verpfändbar (Rdnr. 181 ff.), so auch

---

     2686; BayObLG v. 5.11.1982 – BReg 3 Z 92/82, DB 1983, 99 = GmbHR 1983, 270; *Fastrich*, in: Baumbach/Hueck, § 34 Rdnr. 38.

967 A.M. zu Unrecht OLG Hamburg v. 7.7.1959 – 2 W 57/59, NJW 1960, 870 für den freihändigen Verkauf.

968 OLG Köln, GmbHR 1911, 372; OLG Bamberg, GmbHR 1914, 212; *Feine*, S. 408; *Löbbe*, in: Ulmer/Habersack/Löbbe, Rdnr. 327; *Ebbing*, in: Michalski u.a., Rdnr. 241.

969 *Feine*, S. 408; *Löbbe*, in: Ulmer/Habersack/Löbbe, Rdnr. 325; *Bayer*, in: Lutter/Hommelhoff, Rdnr. 101.

970 Vgl. BGH v. 19.9.1983 – II ZR 12/83, BGHZ 88, 205, 207 f. = GmbHR 1984, 101; BGH v. 16.5.1988 – II ZR 375/87, BGHZ 104, 351, 353 = GmbHR 1989, 71; *Altmeppen*, in: Roth/Altmeppen, Rdnr. 26; a.M. *Marotzke*, ZIP 1988, 1514 ff.

pfändbar. Da es sich hier um Pfändung einer Forderung handelt, muss der Pfändungsbeschluss der GmbH als Drittschuldnerin zugestellt werden (§ 829 ZPO). Ist der Geschäftsanteil gepfändet und vorher oder nachher zu Gunsten eines Dritten auch die Gewinnforderung, so kann nach deren Fälligkeit bis zur Anteilsverwertung (Rdnr. 210) der Dritte
vollstrecken (§ 835 ZPO), ohne dass der Anteilspfandgläubiger widersprechen könnte (anders
wäre es naturgemäß im letzten Fall, wenn die Anteilspfändung, wie teilweise angenommen
wird[971], die zukünftigen Gewinnansprüche ohne weiteres umfassen würde; s. dazu jedoch
oben Rdnr. 181). Andererseits wird die Forderung auf die Abfindung und die Liquidationsquote vom Pfandrecht am Geschäftsanteil umfasst (Rdnr. 184 f.). War diese künftige Forderung vorher zu Gunsten eines Dritten gepfändet, so erwirbt er sie im späteren Entstehensfall
wegen der Priorität des Anteilspfandrechts mit dieser Belastung[972].

IX. Nießbrauch am Geschäftsanteil

Schrifttum: *Adamkiewicz*, Der Nießbrauch am Bruchteil, BürgA 31, 20; *Barry*, Nießbrauch an GmbH-
Geschäftsanteilen, RNotZ 2014, 401; *Becker*, Der rechtsgeschäftliche Nießbrauch an einem Geschäftsanteil
der GmbH, GmbHR 1928, 46, 115; *Becker*, Das Stimmrecht bei Sicherungsübertragung, Nießbrauch, Verpfändung, Pfändung, Miete, Pacht, Leihe eines Geschäftsanteils und im Konkurs und Vergleichsverfahren
eines Gesellschafters, GmbHR 1935, 803; *Brandi/Mühlmeier*, Übertragung von Gesellschaftsanteilen im
Wege vorweggenommener Erbfolge und Vorbehaltsnießbrauch, GmbHR 1997, 734; *Fricke*, Der Nießbrauch an einem GmbH-Geschäftsanteil – Zivil- und Steuerrecht, GmbHR 2008, 739; *v. Godin*, Nutzungsrechte an Unternehmen und Unternehmensbeteiligungen, 1949; *Goertzen*, Nießbrauch und dauernde Lasten im Zusammenhang mit Vermögensübertragungen im Rahmen vorweggenommener Erbfolge,
DStR 1994, 1553; *Grunsky*, Probleme des Nießbrauchs an einem Unternehmen, BB 1972, 585; *Hesselmann*, Nießbrauch an GmbH-Anteilen, GmbHR 1959, 21; *Hoyer*, Der Nießbrauch an einem Gesellschaftsanteil, BB 1978, 1459; *Janssen/Nickel*, Unternehmensnießbrauch, 1998; *Körting*, Die Ausübung des
Stimmrechts bei der GmbH im Falle der Nießbrauchsbestellung am Geschäftsanteil, JW 1934, 1452; *Lohr*,
Der Nießbrauch an Unternehmen und Unternehmensanteilen, Diss. Köln, 1989; *Meilicke*, Zivilrecht und
Steuerrecht des Nießbrauchs und Nutzungsanspruchs an Grundstücken sowie an Anteilen an Kapital-
und Kommanditgesellschaften, StbJb. 1972/73, 375; *Mühl*, in: Hadding/Schneider, Gesellschaftsanteile als
Kreditsicherheit, 1979, S. 158 ff.; *Murray*, Der Nießbrauch am GmbH-Anteil, Diss. Köln 1965; *Petzoldt*,
Zum Nießbrauch an dem „Gewinnstammrecht", GmbHR 1980, 197; *Petzoldt*, Nießbrauch an Kommanditanteilen und GmbH-Geschäftsanteilen, GmbHR 1987, 381 u. 433; *Reichert/Schlitt*, Nießbrauch an
GmbH-Geschäftsanteilen, in: FS Flick, 1997, S. 217; *Reichert/Schlitt/Düll*, Die gesellschafts- und steuerrechtliche Gestaltung des Nießbrauchs am GmbH-Anteil, GmbHR 1998, 545; *v. Schilling*, Das Nießbrauchsrecht an einer Beteiligung, DB 1954, 561; *Schlodtmann*, Nießbrauch und Nutznießung an Geschäftsanteilen, Diss. Rostock 1932; *Schön*, Der Nießbrauch am Gesellschaftsanteil, ZHR
158 (1994), 229; *Spieß*, Nießbrauch an Aktien und GmbH-Geschäftsanteilen, MittRhNotK 1969, 752;
Sudhoff, Der Nießbrauch am Geschäftsanteil einer GmbH, GmbHR 1971, 53; *Sudhoff*, Nochmals: Das
Nießbrauchsrecht am Gesellschaftsanteil, NJW 1974, 2205; *Superczynski*, Das Stimmrecht beim Nießbrauch an Aktien und GmbH-Geschäftsanteilen, Diss. Köln 1963; *Teichmann*, Der Nießbrauch an Gesellschaftsanteilen, ZGR 1972, 1 (gesellschaftsrechtlicher Teil), ZGR 1973, 24 (Probleme der praktischen
Gestaltung); *Tüffers*, Der Nießbrauch an Geschäftsanteilen der GmbH, Diss. Köln 1930; *Wachter*, Vorbehaltsnießbrauch an GmbH-Geschäftsanteilen, GmbH-StB 1999, 172; *M. Weber*, Der Nießbrauch an
Gesellschaftsanteilen (steuerrechtliche Behandlung), ZGR 1972, 24; *Wedemann*, Ist der Nießbraucher eines Gesellschaftsanteils wie ein Gesellschafter zu behandeln?, ZGR 2016, 798; *Wiedemann*, Die Übertragung und Vererbung von Mitgliedschaftsrechten bei Handelsgesellschaften, 1965.

---

971 *Brodmann*, Anm. 2d; *Fischer*, GmbHR 1961, 22; *Wiedemann*, S. 426; dagegen mit Recht *Löbbe*, in:
Ulmer/Habersack/Löbbe, Rdnr. 315; *Fastrich*, in: Baumbach/Hueck, Rdnr. 62 a.E.; *Noack*, DB 1969,
471; *Görner*, in: Rowedder/Schmidt-Leithoff, Rdnr. 156; *Altmeppen*, in: Roth/Altmeppen, Rdnr. 56,
62.

972 BGH v. 16.5.1988 – II ZR 375/87, BGHZ 104, 351, 353 ff. = GmbHR 1989, 71 und oben
Rdnr. 196.

1. Zulässigkeit

Die Nießbrauchsbestellung an GmbH-Geschäftsanteilen ist zulässig. Denn nach § 1068 BGB 212
kann auch ein „Recht" Gegenstand des Nießbrauchs sein, also auch der Geschäftsanteil und
entsprechend dem in Rdnr. 177 Ausgeführten der Teil eines Geschäftsanteils[973]. Doch muss
das Recht, an dem der Nießbrauch bestellt wird, selber übertragbar sein (§ 1069 BGB).
Schließt der Gesellschaftsvertrag die Übertragbarkeit des Geschäftsanteils aus (Rdnr. 135), so
ist die Bestellung des Nießbrauchs im Zweifel auch unzulässig[974]. Für seine Begründung gelten im Grundsatz ebenfalls die statutarischen Abtretungsbeschränkungen (Rdnr. 107 ff.)[975].
Das Statut kann ferner die Nießbrauchsbestellung selbst einschränken oder ausschließen.

2. Form und Bestellung

Nach § 1069 Abs. 1 BGB sind die Abtretungsformen zu wahren. Also gilt für die dingliche Be- 213
stellung des Nießbrauchs § 15 Abs. 3, 5[976], nicht allerdings § 15 Abs. 4 für das zugrunde liegende Verpflichtungsgeschäft. Ist Übergabe eines Anteilscheines satzungsmäßige Voraussetzung der Abtretung (§ 15 Abs. 5), so wird (analog § 1081 Abs. 2 BGB) mindestens der
Mitbesitz an der Urkunde einzuräumen sein[977]. Sind Dividendenscheine (§ 14 Rdnr. 134) als
Wertpapiere ausgestellt, so gebührt ihr Besitz dem Nießbraucher, der Erneuerungsschein (Ta-
lon) beiden gemeinschaftlich (§ 1081 BGB entsprechend). Zur Geltendmachung des Nießbrauchs gegenüber der GmbH (nicht zur Wirksamkeit der Bestellung!) bedarf es der Anzeige
an die GmbH (§§ 1070, 407, 409 BGB; § 16 a.F. analog; s. Rdnr. 175)[978]; sind Dividendenscheine ausgestellt, so bedarf es der Vorlage des ggf. indossierten Papieres. Ist der Nießbrauch
durch Testament vermacht, sind die Erben als Anteilseigner (§ 15) kraft des Testaments verpflichtet, dem Vermächtnisnehmer den Nießbrauch unter Beachtung von § 15 Abs. 3, 5 zu
bestellen und dies gemäß § 16 Abs. 1 a.F. anzumelden. Eine Bestellung durch einen Nichtberechtigten ist gemäß § 16 Abs. 3 möglich, nicht jedoch der gutgläubige Zweiterwerb eines
Pfandrechts durch einen Nichtberechtigten; vgl. dazu die Erl. zu § 16 Rdnr. 68.

3. Inhalt des Nießbrauchs

a) Nutzung

„Die Nutzungen der Sache zu ziehen", ist der Nießbraucher berechtigt (§§ 1030, 1068, 100 214
BGB). Er kann also, solange der Nießbrauch besteht, die auf den Geschäftsanteil entfallenden

973 Eb. *Feine*, S. 408 f.; *Löbbe*, in: Ulmer/Habersack/Löbbe, Rdnr. 180; *Fastrich*, in: Baumbach/Hueck, Rdnr. 49, 52; *Reichert/Weller*, in: MünchKomm. GmbHG, 2. Aufl. 2015, Rdnr. 324; *Kraus*, in: MünchHdb. III, § 26 Rdnr. 75; a.M. *Becker*, GmbHR 1928, 48; *Brodmann*, Anm. 2a.
974 OLG Koblenz v. 16.1.1992 – 6 U 963/91, GmbHR 1992, 464, 465; eb. *Löbbe*, in: Ulmer/Habersack/Löbbe, Rdnr. 180; *Barry*, RNotZ 2014, 401, 405 f.
975 *Löbbe*, in: Ulmer/Habersack/Löbbe, Rdnr. 180; *Fastrich*, in: Baumbach/Hueck, Rdnr. 52, 49; *Altmeppen*, in: Roth/Altmeppen, Rdnr. 51; *Görner*, in: Rowedder/Schmidt-Leithoff, Rdnr. 85; *Reichert/Weller*, in: MünchKomm. GmbHG, 2. Aufl. 2015, Rdnr. 327; *Kraus*, in: MünchHdb. III, § 26 Rdnr. 77; *Heinze*, in: Staudinger, 2017, Anh. §§ 1068, 1069 BGB Rdnr. 94; *Reichert/Schlitt*, in: FS Flick, S. 217, 221; *Ebbing*, in: Michalski u.a., Rdnr. 193; unklar *Schön*, ZHR 158 (1994), 239.
976 OLG Koblenz v. 16.1.1992 – 6 U 963/91, GmbHR 1992, 464, 465; *Fricke*, GmbHR 2008, 739, 740, 742.
977 *Feine*, S. 409; *Becker*, S. 17; *Wiedemann*, S. 399; *Löbbe*, in: Ulmer/Habersack/Löbbe, Rdnr. 180; *Görner*, in: Rowedder/Schmidt-Leithoff, Rdnr. 85.
978 Zur alten Rechtslage: RG, JW 1934, 976, 977; *Wiedemann*, S. 399; *Löbbe*, in: Ulmer/Habersack/Löbbe, Rdnr. 180; *Fricke*, GmbHR 2008, 739, 742; zur neuen Rechtslage: *Fastrich*, in: Baumbach/Hueck, Rdnr. 49, 52; *Ebbing*, in: Michalski u.a., Rdnr. 193; *Reichert/Weller*, in: MünchKomm. GmbHG, 2. Aufl. 2015, Rdnr. 327; *Kraus*, in: MünchHdb. III, § 26 Rdnr. 87.

Gewinnanteile i.S. des § 29 beziehen[979], und zwar kann er, kraft der Dinglichkeit seines Rechts, sie unmittelbar von der GmbH erheben, sobald diese die Ergebnisverwendung beschlossen hat (§§ 29 Abs. 1, 46 Nr. 1). Doch setzt dies die Anmeldung des Nießbrauchers gemäß § 16 a.F. voraus, falls nicht Dividendenscheine ausgestellt sind (Rdnr. 182). Wird der Nießbrauch im Laufe eines Geschäftsjahres bestellt oder aufgehoben, so gebührt dem Nießbraucher im Zweifel ein der Zeitdauer entsprechender Gewinnanteil (§ 101 BGB)[980]. An den während der Dauer des Nießbrauchs in die Rücklage eingestellten Gewinnen oder in dieser Zeit erwirtschafteten **stillen Reserven partizipiert der Nießbraucher nicht**, es sei denn, sie werden als Gewinn ausgeschüttet; denn sie stellen ansonsten keine Nutzung des Geschäftsanteils dar[981]. Werden umgekehrt Gewinnvorträge während der Zeit des Nießbrauchs ausgeschüttet oder freie Rücklagen aufgelöst, so hat der Nießbraucher hierauf auch dann einen Anspruch, wenn sie in der Zeit vor der Nießbrauchsbestellung gebildet worden sind[982]. Im Innenverhältnis können die Parteien abweichende vertragliche Regelungen treffen[983]; in Einzelfällen können sich auch Ausgleichsansprüche analog §§ 1039, 1049 Abs. 1 BGB ergeben[984].

Nicht zu den Nutzungen gehören Vergütungen für besondere Leistungen des Gesellschafters, z.B. für Nebenleistungen i.S. des § 3 Abs. 2 oder für die Geschäftsführertätigkeit[985]. Ebenso wenig rechnet das Bezugsrecht (s. 11. Aufl., Erl. zu § 65) dazu, das nicht Ertrag des Geschäftsanteils, sondern eine dem Gesellschafter vorbehaltene Befugnis zur Bestimmung des Beteiligungsumfangs ist[986]. Desgleichen gebühren Geschäftsanteile aus einer Kapitalerhöhung aus Gesellschaftsmitteln nicht dem Nießbraucher, da durch diesen Vorgang nur die dem Stammkapital zukommende Bindungswirkung auf vorhandenes Beteiligungsvermögen ausgedehnt wird und deshalb eine Nutzung nicht gegeben ist (zur Erstreckung des Nießbrauchs auf diese Geschäftsanteile s. jedoch Rdnr. 215).

b) Surrogate

215 Dem Nießbrauchsrecht unterliegen auch die Surrogate des Geschäftsanteils, soweit sie Gegenstand eines Nießbrauchs sein können (entspr. § 1075 Abs. 1 BGB). Soweit sie in Forderungen auf Kapitalleistungen bestehen, sind auf sie die §§ 1077, 1079 BGB entsprechend anzuwenden[987]; hierher gehören die Forderungen auf die Liquidationsquote (§ 72), das Einziehungs-

---

979 RGZ 87, 383, 386; *Löbbe*, in: Ulmer/Habersack/Löbbe, Rdnr. 181; *Bayer*, in: Lutter/Hommelhoff, Rdnr. 115; *Ebbing*, in: Michalski u.a., Rdnr. 194; *Altmeppen*, in: Roth/Altmeppen, Rdnr. 56; *Wiedemann*, S. 404 f.; *Reichert/Weller*, in: MünchKomm. GmbHG, 2. Aufl. 2015, Rdnr. 329; *Kraus*, in: MünchHdb. III, § 26 Rdnr. 89; *Heinze*, in: Staudinger, 2017, Anh. §§ 1068, 1069 BGB Rdnr. 103; *Stürner*, in: Soergel, 13. Aufl. 2001, § 1068 BGB Rdnr. 8; *Pohlmann*, in: MünchKomm. BGB, 7. Aufl. 2017, § 1068 BGB Rdnr. 62; teilw. abw. *Schön*, ZHR 158 (1994), 241 ff.
980 Eb. *Löbbe*, in: Ulmer/Habersack/Löbbe, Rdnr. 181 a.E.
981 Eb. *Löbbe*, in: Ulmer/Habersack/Löbbe, Rdnr. 182; *Reichert/Weller*, in: MünchKomm. GmbHG, 2. Aufl. 2015, Rdnr. 331; *Kraus*, in: MünchHdb. III, § 26 Rdnr. 93; *Reichert/Schlitt*, in: FS Flick, S. 217, 231; *Teichmann*, ZGR 1972, 1, 17.
982 Eb. *Löbbe*, in: Ulmer/Habersack/Löbbe, Rdnr. 182; *Reichert/Schlitt*, in: FS Flick, S. 217, 234 f.
983 Hierzu *Reichert/Schlitt*, in: FS Flick, S. 217, 235.
984 Gl. M. *Löbbe*, in: Ulmer/Habersack/Löbbe, Rdnr. 182; weitergehend *Schön*, ZHR 158 (1994), 229, 242 ff.
985 RGZ 170, 309; eb. *Löbbe*, in: Ulmer/Habersack/Löbbe, Rdnr. 182 a.E.; *Stürner*, in: Soergel, 13. Aufl. 2001, § 1068 BGB Rdnr. 86.
986 BGH v. 20.4.1972 – II ZR 143/69, BGHZ 58, 316, 319 betr. KG; *Löbbe*, in: Ulmer/Habersack/Löbbe, Rdnr. 185; *Teichmann*, ZGR 1972, 18; *Wiedemann*, S. 405 ff.; *Fastrich*, in: Baumbach/Hueck, Rdnr. 54; *Petzoldt*, GmbHR 1987, 381, 389; *Pohlmann*, in: MünchKomm. BGB, 7. Aufl. 2017, § 1068 BGB Rdnr. 63; *Bayer*, in: Lutter/Hommelhoff, Rdnr. 115; *Heinze*, in: Staudinger, 2017, Anh. §§ 1068 f. BGB Rdnr. 105; *Reichert/Schlitt*, in: FS Flick, S. 217, 236.
987 *Feine*, S. 409; *Becker*, GmbHR 1928, 49; *Wiedemann*, S. 403; *Löbbe*, in: Ulmer/Habersack/Löbbe, Rdnr. 183; *Fastrich*, in: Baumbach/Hueck, Rdnr. 54; *Petzoldt*, GmbHR 1987, 381, 388; *Mühl*, S. 160;

entgelt (§ 34), die Abfindung bei anderweitigem Ausscheiden, der Überschuss aus dem Verkauf des abandonnierten Geschäftsanteils (§ 27), die Barabfindung bei der Umwandlung (§§ 29 ff., 125, 207 ff. UmwG), die Rückzahlung von Nachschüssen (§ 30 Abs. 2) und die Teilrückzahlung der Einlage im Falle des § 58 Abs. 2[988]. Sie sind keine Nutzungen des Geschäftsanteils i.S. der §§ 1030, 1068 BGB[989]. Die Zahlung hat in diesen Fällen, sofern der Nießbraucher bei der Gesellschaft angemeldet ist (Rdnr. 213), an ihn und den Anteilsinhaber gemeinsam zu erfolgen (entspr. § 1077 Abs. 1 BGB)[990]. Die Kapitalien sind von ihnen auf dessen Namen erneut nutzbringend anzulegen, wobei der Nießbraucher die Art der Neuanlage bestimmen und daran den Nießbrauch beanspruchen kann (entspr. § 1079 BGB)[991].

Das Nießbrauchsrecht erfasst bei der **Verschmelzung, der Aufspaltung** und **der Abspaltung** auf Grund dinglicher Surrogation automatisch die an die Stelle des bisherigen Geschäftsanteils tretenden Anteile oder Mitgliedschaften der übernehmenden bzw. neuen Rechtsträger (§§ 20 Abs. 1 Nr. 3 Satz 2, 36 Abs. 1, 131 Abs. 1 Nr. 3 Satz 2, 135 Abs. 1 UmwG). Zum Formwechsel vgl. § 202 Abs. 1 Nr. 2 Satz 2 UmwG. An einem neuen Geschäftsanteil, der dem Inhaber des belasteten Anteils bei einer **Kapitalerhöhung aus Gesellschaftsmitteln** zufällt (§ 57j), erwirbt der Nießbraucher ohne weiteres den Nießbrauch[992]. Steht dem Anteilsinhaber bei einer Kapitalerhöhung gegen Einlagen ein Bezugsrecht zu, so stellt sich ähnlich wie im Aktienrecht[993] auch für die GmbH die Frage, ob der Nießbrauch sich an dem neuen Geschäftsanteil dann fortsetzt, wenn die vom bezugsberechtigten Übernehmer zu erbringende (u.U. ein Aufgeld einschließende) Beitragsleistung den inneren Wert des Anteilsrechts unterschreitet. Das Bezugsrecht vermittelt dann, damit zugleich den am alten Anteilsrecht eintretenden Wertverlust ausgleichend, in Höhe jener Differenz einen Teil des Substanzwerts des neuen Geschäftsanteils. Da das Bezugsrecht aber nur ein abgespaltener Bestandteil des nießbrauchsbelasteten Rechts ist, muss dem Nießbraucher ein schuldrechtlicher Anspruch auf Bestellung des Nießbrauchs an einem entsprechenden Bruchteil des neuen Anteilsrechts gewährt werden[994]. Entsprechendes gilt, soweit zulässig, beim Verkauf des Bezugsrechts (s. Rdnr. 12 u. 11. Aufl., Erl. zu § 55 Rdnr. 53) für den Verkaufserlös.

216

Brandi/Mühlmeier, GmbHR 1997, 735; *Kraus*, in: MünchHdb. III, § 26 Rdnr. 91; *Reichert/Schlitt*, in: FS Flick, S. 217, 235 f.

988 Eb. *Feine*, S. 409; *Becker*, GmbHR 1928, 49; *Hesselmann*, GmbHR 1959, 22; *Wiedemann*, S. 403; *Löbbe*, in: Ulmer/Habersack/Löbbe, Rdnr. 183; *Fastrich*, in: Baumbach/Hueck, Rdnr. 54; *Bayer*, in: Lutter/Hommelhoff, Rdnr. 115; *Reichert/Weller*, in: MünchKomm. GmbHG, 2. Aufl. 2015, Rdnr. 346; *Kraus*, in: MünchHdb. III, § 26 Rdnr. 91.

989 A.M. *Schön*, ZHR 158 (1994), 229, 246 f. für Wertsteigerungen infolge unterbliebener Gewinnausschüttungen.

990 *Wiedemann*, S. 403; *Löbbe*, in: Ulmer/Habersack/Löbbe, Rdnr. 183; *Fastrich*, in: Baumbach/Hueck, Rdnr. 54; *Kraus*, in: MünchHdb. III, § 26 Rdnr. 91.

991 *Petzoldt*, GmbHR 1987, 381, 388; *Löbbe*, in: Ulmer/Habersack/Löbbe, Rdnr. 183; *Kraus*, in: MünchHdb. III, § 26 Rdnr. 91; *Ebbing*, in: Michalski u.a., Rdnr. 196; *Reichert/Schlitt*, in: FS Flick, S. 217.

992 Eb. *Löbbe*, in: Ulmer/Habersack/Löbbe, Rdnr. 185; *Teichmann*, ZGR 1972, 16 ff.; *Fastrich*, in: Baumbach/Hueck, Rdnr. 54; *Bayer*, in: Lutter/Hommelhoff, Rdnr. 115; *Görner*, in: Rowedder/Schmidt-Leithoff, Rdnr. 89; *Reichert/Weller*, in: MünchKomm. GmbHG, 2. Aufl. 2015, Rdnr. 349; *Kraus*, in: MünchHdb. III, § 26 Rdnr. 92; *Barry*, RNotZ 2014, 401, 414.

993 Über den dortigen Streitstand vgl. *Wiedemann*, S. 406 ff.; *Teichmann*, ZGR 1972, 18 ff. u. *Lutter*, in: KölnKomm. AktG, 2. Aufl. 1995, § 186 AktG Rdnr. 20 m.w.N.

994 Vgl. *Wiedemann*, S. 405, 407 f.; *Teichmann*, ZGR 1972, 20; *Bayer*, in: Lutter/Hommelhoff, Rdnr. 115; *Löbbe*, in: Ulmer/Habersack/Löbbe, Rdnr. 185; *Fastrich*, in: Baumbach/Hueck, Rdnr. 54; *Petzoldt*, GmbHR 1987, 381, 389; *Reichert/Weller*, in: MünchKomm. GmbHG, 2. Aufl. 2015, Rdnr. 350; *Kraus*, in: MünchHdb. III, § 26 Rdnr. 92; *Heinze*, in: Staudinger, 2017, Anh. §§ 1068, 1069 BGB Rdnr. 114; *Stürner*, in: Soergel, 13. Aufl. 2001, § 1068 BGB Rdnr. 8, 9b; *Görner*, in: Rowedder/Schmidt-Leithoff, Rdnr. 89 f.; *Fricke*, GmbHR 2008, 739, 743; a.M. *Murray*, S. 61 ff.

c) Mitverwaltungsrechte

217 Mitverwaltungsrechte werden vom Nießbrauch nicht erfasst, sondern verbleiben im vollen Umfang dem Gesellschafter[995]. Dies gilt zunächst für die mit dem Anteilsrecht verbundene Geschäftsführungsbefugnis oder das Mitwirkungsrecht im Aufsichtsrat oder in einem Beirat[996]. Abweichend von der h.M. wird dagegen für die von der Rechtsprechung für den Nießbrauch an Geschäftsanteilen bisher offengelassene Frage[997] des Stimmrechts verschiedentlich die Ansicht vertreten, dass es dem Nießbraucher allein und umfassend[998], partiell (Aufspaltungslösung)[999] oder gemeinsam mit dem Gesellschafter (Vergemeinschaftslösung)[1000] zustehe. Dabei beruft man sich u.a. auf die Verwaltungsbefugnis beim Nießbrauch an Sachen, insbesondere am Miteigentumsanteil (§ 1066 BGB), verkennt dabei aber, dass eine analoge Anwendung nach § 1068 Abs. 2 BGB auf das mitgliedschaftliche Stimmrecht ausscheidet, weil es sich um einen ganz anders gearteten Sachverhalt handelt[1001]. Die Mitverwaltungsrechte an der Gesellschaft haben nicht den Nießbrauchsgegenstand, den Geschäftsanteil, zum Objekt, sondern sind aus ihm sich ergebende Mitgliedschaftsrechte in einem Personenverband. Ansatzpunkt für eine Beteiligung des Nießbrauchs an den Mitverwaltungsrechten könnte deshalb allenfalls die durch die Nießbrauchsbestellung begründete partielle Rechtsgemeinschaft zwischen ihm und dem Anteilsinhaber sein, aber auch aus ihr lässt sich keine alleinige oder anteilige Stimmrechtsbefugnis des Nießbrauchers herleiten[1002]. Auch die Funktion des mitgliedschaftlichen Stimmrechts steht im Widerspruch zu seiner zeitweisen Überlassung an einen Nichtgesellschafter, der eigene Sonderinteressen mittels seiner eingeschränkten, nicht auf Dauer angelegten dinglichen Berechtigung am Geschäftsanteil verfolgt (s. auch Rdnr. 178)[1003]. Eine andere und im Ergebnis zu bejahende Frage ist, ob der Gesellschafter, wenn ein Beschluss nur die Interessen des Nießbrauchers betrifft, in den Grenzen seiner gesellschaftlichen Treuepflicht im Innenverhältnis zum Niebraucher verpflichtet ist, nach dessen Weisung und in anderen Angelegenheiten unter Berücksichtigung seiner Interessen abzustimmen[1004]. Auch das Recht zur Teilnahme an Gesellschaftsversammlungen[1005] oder zur Anfechtung von Gesell-

---

995 OLG Koblenz v. 16.1.1992 – 6 U 963/91, GmbHR 1992, 464, 465; *Teichmann*, ZGR 1972, 9 ff.; *Mühl*, S. 160; *Blaurock*, Unterbeteiligung und Treuhand an Gesellschaftsanteilen, 1981, S. 142 ff.; *Fastrich*, in: Baumbach/Hueck, Rdnr. 53; *Bayer*, in: Lutter/Hommelhoff, Rdnr. 119; *Altmeppen*, in: Roth/Altmeppen, Rdnr. 57; *Reichert/Weller*, in: MünchKomm. GmbHG, 2. Aufl. 2015, Rdnr. 335; *Görner*, in: Rowedder/Schmidt-Leithoff, Rdnr. 92; *Kraus*, in: MünchHdb. III, § 26 Rdnr. 94 ff.; *Barry*, RNotZ 2014, 401, 409 f.; *Reichert/Schlitt*, in: FS Flick, S. 217, 225 ff.; *Karsten Schmidt*, ZGR 1999, 601, 607 ff.; offen *Löbbe*, in: Ulmer/Habersack/Löbbe, Rdnr. 187 f. (unklare gesetzliche Regelung).

996 RGZ 170, 369; a.A. in Bezug auf die Geschäftsführungsbefugnis *Wedemann*, ZGR 2016, 798, 826 f.

997 RG, JW 1934, 974. Auch der BGH hat sich bisher nicht festgelegt; seine Bemerkung in BGH v. 3.7.1989 – II ZB 1/89, BGHZ 108, 187, 199 = GmbHR 1990, 28 ist nicht dahingehend zu verstehen, dass er tendenziell für eine Berechtigung des Nießbrauchers eintrete; vgl. vielmehr BGH v. 9.11.1998 – II ZR 213/97, NJW 1999, 571 (Nießbrauch an Personengesellschaftsanteil lässt Stimmrecht des Gesellschafters zumindest bei wesentlichen Entscheidungen unberührt).

998 *Superczinski*, S. 77; *Petzoldt*, GmbHR 1987, 381, 387 f.; *Ulmer*, in: FS Fleck, 1988, S. 353, 389; *Sudhoff*, NJW 1974, 2207; *Wedemann*, ZGR 2016, 798, 824 f.

999 *Fleck*, in: FS R. Fischer, 1979, S. 106, 125 f.; *Sudhoff*, GmbHR 1971, 74.

1000 *Ewald*, ZHR 92 (1928), 149; *Brodmann*, GmbHR 1938, 11; *Schön*, ZHR 158 (1994), 229, 260 ff.

1001 OLG Koblenz v. 16.1.1992 – 6 U 963/91, GmbHR 1992, 464, 465; *Wiedemann*, S. 411 f.

1002 Zutr. *Wiedemann*, S. 412 ff.

1003 Zutr. OLG Koblenz v. 16.1.1992 – 6 U 963/91, GmbHR 1992, 464, 465; *Teichmann*, ZGR 1972, 10 f.; *Fricke*, GmbHR 2008, 739, 744; abw. *Fleck*, S. 125; *Schön*, ZHR 158 (1994), 229, 258 f.

1004 Vgl. OLG Koblenz v. 16.1.1992 – 6 U 963/91, GmbHR 1992, 464, 465; *Fastrich*, in: Baumbach/Hueck, Rdnr. 53; *Löbbe*, in: Ulmer/Habersack/Löbbe, Rdnr. 191; *Bayer*, in: Lutter/Hommelhoff, Rdnr. 119; *Görner*, in: Rowedder/Schmidt-Leithoff, Rdnr. 92; *Altmeppen*, in: Roth/Altmeppen, Rdnr. 58; *Kraus*, in: MünchHdb. III, § 26 Rdnr. 98.

1005 *Teichmann*, ZGR 1972, 13; *Murray*, S. 112; *Kraus*, in: MünchHdb. III, § 26 Rdnr. 97.

schafterbeschlüssen[1006] verbleiben beim Gesellschafter. Desgleichen stehen dem Nießbraucher nicht die mitgliedschaftlichen Kontrollrechte (Auskunfts- und Einsichtsrechte) zu[1007]; er hat gegenüber der GmbH lediglich ein sich auf die Gewinnverteilung beschränkendes Auskunftsrecht aus § 242 BGB. Unzulässig ist auch die rechtsgeschäftliche Übertragung von Verwaltungsrechten, insbesondere des Stimmrechts (Rdnr. 17)[1008]; möglich ist dagegen wie beim Pfandrecht (Rdnr. 179) die Erteilung einer – außer im Falle des Vorliegens eines wichtigen Grundes unwiderruflichen – Stimmrechtsvollmacht. Über Beeinträchtigungen des Nießbrauchs durch Verfügungen des Anteilsinhabers s. Rdnr. 223.

d) Gesellschafterpflichten

Die Pflichten aus dem Geschäftsanteil hat weiterhin der Gesellschafter zu erfüllen[1009]. Er muss daher fällig werdende Einlageraten oder Nachschüsse zahlen oder Nebenleistungen erbringen. Auch ständig wiederkehrende Nebenleistungen, die im Zusammenhang mit den Nutzungen des Geschäftsanteils stehen, schuldet der Gesellschafter und nicht der Nießbraucher[1010]; im Innenverhältnis zwischen beiden können sie aber u.U. analog §§ 1068 Abs. 2, 1047 BGB letzterem zur Last fallen[1011]. Ein unmittelbarer Anspruch der Gesellschaft gegen den Nießbraucher kann sich aber aus § 31 ergeben (s. Erl. zu § 31). Er kann bei der Gewährung von Darlehen an die Gesellschaft nur in besonderen Fällen nach § 39 Abs. 1 Nr. 5 InsO bzw. § 32a Abs. 3 Satz 1 GmbHG a.F. einem Gesellschafter gleichgestellt werden (Rdnr. 179)[1012].

218

4. Rechtsübergang

Mit dem Übergang des Geschäftsanteils auf einen Erwerber geht der Nießbrauch als dingliche Last auf ihn über (hierzu Rdnr. 188).

219

Das **Nießbrauchsrecht** als solches ist grundsätzlich **unübertragbar**. Dagegen kann die Ausübung des Nießbrauchs durch formlosen Vertrag (keine Wirkung gegenüber der GmbH) ei-

220

1006 *Feine*, S. 410; *Hesselmann*, GmbHR 1959, 22; *Teichmann*, ZGR 1972, 13; *Reichert/Weller*, in: MünchKomm. GmbHG, 2. Aufl. 2015, Rdnr. 338; *Koppensteiner/Gruber*, in: Rowedder/Schmidt-Leithoff, § 47 Rdnr. 154; a.M. *Wiedemann*, S. 420; *Murray*, S. 106 ff.; *Schön*, ZHR 158 (1994), 229, 263.

1007 *Teichmann*, ZGR 1972, 13; *Bayer*, in: Lutter/Hommelhoff, § 51a Rdnr. 5; *Zöllner/Noack*, in: Baumbach/Hueck, § 51a Rdnr. 6; *Roth*, in: Roth/Altmeppen, § 51a Rdnr. 14; *Koppensteiner/Gruber*, in: Rowedder/Schmidt-Leithoff, § 51a Rdnr. 4; *Kraus*, in: MünchHdb. III, § 26 Rdnr. 97; *Reichert/Weller*, in: MünchKomm. GmbHG, 2. Aufl. 2015, Rdnr. 338; *Fricke*, GmbHR 2008, 739, 745; a.M. *Wiedemann*, S. 419; *Murray*, S. 111 f.; *Schön*, ZHR 158 (1994), 229, 263 f.; offen *Löbbe*, in: Ulmer/Habersack/Löbbe, Rdnr. 189 (§ 51a oder § 242 BGB).

1008 H.M.; vgl. OLG Koblenz v. 16.1.1992 – 6 U 963/91, GmbHR 1992, 464, 465; abw. *Fleck*, in: FS R. Fischer, 1979, S. 106, 107, 125 f.; *Löbbe*, in: Ulmer/Habersack/Löbbe, Rdnr. 190; *Bayer*, in: Lutter/Hommelhoff, Rdnr. 119; *Kraus*, in: MünchHdb. III, § 26 Rdnr. 94 f.; *Gesell*, in: Rowedder/Schmidt-Leithoff, § 74 Rdnr. 25; *Karsten Schmidt*, ZGR 1999, 601, 610 f.; *Reichert/Schlitt*, in: FS Flick, S. 217, 228 f. mit im Einzelnen unterschiedlichen Beschränkungen.

1009 *Feine*, S. 409; *Löbbe*, in: Ulmer/Habersack/Löbbe, Rdnr. 186; *Fastrich*, in: Baumbach/Hueck, Rdnr. 53; *Reichert/Weller*, in: MünchKomm. GmbHG, 2. Aufl. 2015, Rdnr. 343; *Ebbing*, in: Michalski u.a., Rdnr. 203; *Barry*, RNotZ 2014, 401, 415 f.; teilw. abw. bezüglich der Haftung des Nießbrauchers zu Unrecht *Petzoldt*, GmbHR 1987, 381, 389.

1010 Abw. *Teichmann*, ZGR 1972, 13 f.; unklar *Feine*, S. 409.

1011 Eb. *Löbbe*, in: Ulmer/Habersack/Löbbe, Rdnr. 186; *Petzoldt*, GmbHR 1987, 381, 389.

1012 So auch BGH v. 5.4.2011 – II ZR 173/10, GmbHR 2011, 870 = WM 2011, 1371 (zum alten Recht); *Löbbe*, in: Ulmer/Habersack/Löbbe, Rdnr. 186 a.E. (zum alten Recht); *Kleindiek*, in: Lutter/Hommelhoff, Anh zu § 64 Rdnr. 150 a.E.; *Löwisch*, Eigenkapitalersatzrecht, 2007, Rdnr. 191 (zum alten Recht); abw. *Schön*, ZHR 148 (1994), 229, 256 (zum alten Recht).

nem Dritten überlassen werden (§ 1059 BGB). Wird „Abtretung" des Nießbrauchs vereinbart, so kann dies als Überlassung der Ausübung umgedeutet werden[1013]. Eine Ausnahme
von der Unübertragbarkeit macht § 1059a BGB für nießbrauchsberechtigte juristische Personen, wenn deren Vermögen im Wege der Gesamtrechtsnachfolge auf einen anderen übergeht und der Übergang des Nießbrauchs nicht ausdrücklich ausgeschlossen wird oder wenn
das von ihr betriebene Unternehmen oder ein Teil davon auf einen anderen übertragen wird
und der Nießbrauch deren Zwecken zu dienen geeignet ist. Die Voraussetzungen der zweiten
Alternative müssen auch bei der sog. partiellen Gesamtrechtsnachfolge in den Fällen der
Spaltung gegeben sein (§ 131 Abs. 1 Nr. 1 UmwG)[1014].

5. Erlöschen, Aufhebung und Beeinträchtigung des Nießbrauchs

221 **a)** Der Nießbrauch **erlischt mit dem Tode** des Nießbrauchers. Steht er einer juristischen Person oder einer OHG oder KG zu, so erlischt er mit dieser (§§ 1061, 1068 BGB), soweit nicht
die in Rdnr. 220 genannten §§ 1059a ff. BGB Ausnahmen machen. Das Erlöschen der juristischen Person oder Gesellschaft erfolgt erst mit Beendigung der Liquidation. Der Nießbrauch
erlischt ferner, wenn der Nießbraucher den belasteten Geschäftsanteil erwirbt (§§ 1063, 1072
BGB). Ein gutgläubig lastenfreier Erwerb kommt auch nach Neufassung des § 16 nicht in
Betracht; vgl. § 16 Rdnr. 73.

222 **b) Aufhebung** des Nießbrauchs erfolgt durch formlosen Vertrag zwischen Besteller und Nießbraucher. Doch genügt auch einseitige Aufhebungserklärung des Nießbrauchers an den Besteller oder Anteilseigner (§§ 1064, 1072 BGB). Eine Anmeldung nach § 16 Abs. 1 a.F. ist gegenüber der GmbH erforderlich.

223 **c)** Der für die **Beeinträchtigung** des Nießbrauchs geltende § 1071 BGB entspricht dem § 1276
BGB bei der Verpfändung. Das hierzu in Rdnr. 178 f., 191 ff. über die Stimmrechtsausübung
sowie über Zustimmungserklärungen bei Satzungsänderungen, den Austritt aus wichtigem
Grunde, die Abandonnierung, die Kündigung der Beteiligung[1015], die Auflösung und über
Einziehung des Geschäftsanteils Gesagte gilt daher für den Nießbrauch entsprechend.

X. Unterbeteiligung und Treuhand

1. Unterbeteiligung

Schrifttum: *Blaurock*, Unterbeteiligung und Treuhand an Gesellschaftsanteilen, 1981; *Blaurock/Berninger*,
Unterbeteiligung an GmbH-Anteilen, GmbHR 1990, 11, 87; *Böttcher/Zartmann/Faut*, Stille Gesellschaft
und Unterbeteiligung, 3. Aufl. 1978; *Henn*, Die Unterbeteiligung in der GmbH, 1996; *Herzfeld*, Die Unterbeteiligung, AcP 137 (1933), 270; *Hesselmann*, Die Unterbeteiligung an GmbH-Anteilen, GmbHR 1964,
26; *Meyer*, Die Unterbeteiligung an Handelsgesellschaftsanteilen, Diss. Münster 1971; *Paulick*, Die Unterbeteiligung in gesellschaftsrechtlicher u. steuerrechtlicher Sicht, ZGR 1974, 253; *Post*, Die stille
Beteiligung am Unternehmen der KapGes., 1975; *Roth/Thöni*, Treuhand und Unterbeteiligung, in: FS
100 Jahre GmbHG, 1992, S. 245; *Schulze zur Wiesche*, Unterbeteiligung an einem GmbH-Anteil, GmbHR
1986, 236; *Steckhan*, Die Innengesellschaft, 1966; *Wendelstein*, Die Unterbeteiligung als zweckmäßige
Erbfolgeregelung, BB 1970, 735; *Tebben*, Unterbeteiligung und Treuhand an GmbH-Anteilen, 2000;

1013 RG, JW 1910, 801.
1014 *Rieble*, ZIP 1997, 301, 306; *Teichmann*, in: Lutter, 5. Aufl. 2014, § 131 UmwG Rdnr. 39; *Schröer*,
in: Semler/Stengel, 3. Aufl. 2012, § 131 UmwG Rdnr. 42; *Stratz*, in: Schmitt/Hörtnagl/Stratz,
UmwG/UmwStG, 7. Aufl. 2016, § 131 UmwG Rdnr. 17.
1015 Dazu OLG Hamm v. 13.11.1970 – 15 W 280/70, GmbHR 1971, 57; *Löbbe*, in: Ulmer/Habersack/
Löbbe, Rdnr. 192; *Fastrich*, in: Baumbach/Hueck, Rdnr. 53; *Altmeppen*, in: Roth/Altmeppen,
Rdnr. 61; *Schön*, ZHR 158 (1994), 229, 267 f. und dazu oben Rdnr. 191.

H. P. Westermann, Vertragsfreiheit u. Typengesetzlichkeit im Recht der Personengesellschaften, 1970, S. 190 ff.; *Zapp*, Unterbeteiligung an mittelständischen Unternehmen, 1990.

Der **Vertrag über die Unterbeteiligung** an einem Geschäftsanteil bedarf grundsätzlich nicht der Form des § 15 Abs. 3, 4 und kann ohne die nach dem Gesellschaftsvertrag für die Abtretung erforderliche Genehmigung (§ 15 Abs. 5) geschlossen werden[1016]. Besteht ein statutarisches Verbot von Unterbeteiligungen, kann dessen Verletzung aber Schadensersatzansprüche auslösen und einen wichtigen Grund zum Ausschluss bilden. Ist das Unterbeteiligungsverhältnis mit der Treuhandschaft am Geschäftsanteil verknüpft[1017], so sind die für letztere geltenden Regeln (Rdnr. 227 ff.) anzuwenden[1018]. Die Schenkung einer Unterbeteiligung durch bloße „Einbuchung" bedarf der notariellen Beurkundung gemäß § 518 Abs. 1 BGB, da hierin noch kein Schenkungsvollzug (§ 518 Abs. 2 BGB) zu sehen ist[1019]; anders liegt es bei einer unentgeltlichen Abtretung (Rdnr. 225 a.E.). Der Unterbeteiligte tritt durch den Vertragsabschluss nicht in Rechtsbeziehung zur GmbH[1020]. Dieser gegenüber bleibt vielmehr der Anteilsinhaber vollberechtigter und -verpflichteter Gesellschafter[1021]. 224

Es besteht zwischen ihm (Hauptgesellschafter) und dem Unterbeteiligten i.d.R. eine **bürgerlich-rechtliche Innengesellschaft**[1022], durch die letzterer mit schuldrechtlicher Wirkung am Ertrag und an der Substanz des Geschäftsanteils oder an einem von beiden beteiligt wird. Für die Unterbeteiligungsgesellschaft gelten mangels abweichender Regelung im Gesellschaftsvertrag unter teleologischer Reduktion der Regelungen in §§ 705 ff. BGB nach Maßgabe der Besonderheiten des Unterbeteiligungsverhältnisses die §§ 230 ff. HGB analog[1023]. Die Geschäftsführungsbefugnis steht dem Hauptgesellschafter zu; der Gesellschaftsvertrag kann dem Unterbeteiligten aber im Innenverhältnis Mitwirkungsrechte geben[1024]. Der Unterbeteiligte hat hinsichtlich der Geschäftsvorgänge der Unterbeteiligungsgesellschaft die in 225

1016 Vgl. RG, LZ 1907, 224; RG, LZ 1915, 1011; OLG Königsberg, GmbHR 1918, 18; OLG Frankfurt v. 8.8.1985 – 15 U 233/83, GmbHR 1987, 57; OLG Frankfurt v. 7.9.1991 – 11 U 21/91, GmbHR 1992, 668; OLG Schleswig v. 23.5.2002 – 5 U 58/01, GmbHR 2002, 652, 654; *Blaurock/Berninger*, GmbHR 1990, 14; *Löbbe*, in: Ulmer/Habersack/Löbbe, Rdnr. 217; *Fastrich*, in: Baumbach/Hueck, Rdnr. 59; *Altmeppen*, in: Roth/Altmeppen, Rdnr. 65, 118; *Bayer*, in: Lutter/Hommelhoff, Rdnr. 110; *Reichert/Weller*, in: MünchKomm. GmbHG, 2. Aufl. 2015, Rdnr. 251; *Görner*, in: Rowedder/Schmidt-Leithoff, Rdnr. 83; einschr. *Karsten Schmidt*, in: MünchKomm. HGB, 3. Aufl. 2012, § 230 HGB Rdnr. 221.

1017 Entgegen der früheren Lehre (*Wiedemann*, S. 387; *Böttcher/Zartmann/Faut*, S. 58 f. u.a.) kann beides zusammen treffen; vgl. BGH v. 13.6.1994 – II ZR 259/92, ZIP 1994, 1180, 1181; *Karsten Schmidt*, GesR, § 63 I 1; *Mock*, in: Röhricht/Graf von Westphalen/Haas, 4. Aufl. 2014, § 230 HGB Rdnr. 159 ff., jeweils m.w.N.; vgl. auch *Wedemann*, in: Oetker, 5. Aufl. 2017, § 230 HGB Rdnr. 125.

1018 OLG Frankfurt v. 7.9.1991 – 11 U 21/91, GmbHR 1992, 668; *Fastrich*, in: Baumbach/Hueck, Rdnr. 59; s. auch *Roth/Thöni*, in: FS 100 Jahre GmbHG, S. 262 ff., 273 ff.

1019 BGH, WM 1967, 685. Bestr., vgl. die Nachw. bei *Blaurock/Berninger*, GmbHR 1990, 14 u. *Kraus*, in: MünchHdb. III, § 26 Rdnr. 137.

1020 Vgl. auch BGH v. 11.7.1968 – II ZR 179/66, BGHZ 50, 316, 324; BGH, WM 1959, 595, 596; OLG Frankfurt v. 8.8.1985 – 15 U 233/83, GmbHR 1987, 57.

1021 RG, LZ 1915, 1011; OLG Frankfurt, LZ 1929, 793; h.M.

1022 RG, LZ 1915, 1011; BGH v. 11.7.1968 – II ZR 179/66, BGHZ 50, 316, 320; BGH, WM 1959, 595, 596; OLG Frankfurt v. 8.8.1985 – 15 U 233/83, GmbHR 1987, 57; *Paulick*, ZGR 1974, 259 ff.; BGH v. 11.7.1968 – II ZR 179/66, BGHZ 50, 316, 321; *Löbbe*, in: Ulmer/Habersack/Löbbe, Rdnr. 216; *Schäfer*, in: MünchKomm. BGB, 7. Aufl. 2017, Vor § 705 BGB Rdnr. 92; *Fastrich*, in: Baumbach/Hueck, Rdnr. 59; *von Mock*, in: Röhricht/Graf von Westphalen/Haas, 4. Aufl. 2014, § 230 HGB Rdnr. 150.

1023 Vgl. BGH v. 11.7.1968 – II ZR 179/66, BGHZ 50, 316, 321; *Löbbe*, in: Ulmer/Habersack/Löbbe, Rdnr. 216; *Schäfer*, in: MünchKomm. BGB, 7. Aufl. 2017, Vor § 705 BGB Rdnr. 92 m.w.N.; *Reichert/Weller*, in: MünchKomm. GmbHG, 2. Aufl. 2015, Rdnr. 259, 261.

1024 RG, LZ 1915, 1011.

dem entsprechend anwendbaren § 233 Abs. 1 HGB[1025] bestimmten Kontrollrechte[1026]. Die Einsicht in den Jahresabschluss der GmbH kann er dagegen nur verlangen, wenn dies im Gesellschaftsvertrag vorgesehen und ohne Verletzung der Treuepflicht des Hauptgesellschafters gegenüber der GmbH möglich ist[1027]. Auch im Übrigen ist die Informationspflicht über Angelegenheiten der Hauptgesellschaft durch die ihr gegenüber bestehende Verschwiegenheitspflicht begrenzt[1028]. Die Unterbeteiligung ist nur übertragbar, wenn der Gesellschaftsvertrag dies zulässt oder der Hauptgesellschafter nachträglich zustimmt.

226 Die Unterbeteiligungsgesellschaft wird **aufgelöst** durch Zeitablauf, Beendigung der Mitgliedschaft des Hauptgesellschafters in der GmbH, Kündigung (§§ 723, 724 BGB sind anwendbar)[1029], Tod des Hauptgesellschafters[1030] und Insolvenz eines Gesellschafters. Der Tod des Unterbeteiligten führt analog § 234 Abs. 2 HGB nicht zur Auflösung[1031]. Auf die Auseinandersetzung sind im Allgemeinen die für die stille Gesellschaft geltenden Regeln entsprechend anzuwenden[1032]. Der Geschäftsanteil verbleibt i.d.R. auch dann dem Hauptgesellschafter, wenn die Unterbeteiligung sich auf die Substanz des Geschäftsanteils bezieht. Der Unterbeteiligte hat normalerweise keinen Anspruch auf Verwertung des Geschäftsanteils, sondern kann nur Abfindung in Geld beanspruchen[1033]. Die Aufhebung der internen rechnerischen Beteiligung fällt nicht unter § 15 Abs. 3[1034]. Aus dem Gesellschaftsvertrag der Unterbeteiligungsgesellschaft kann sich eine andere Art der Auseinandersetzung ergeben, insbesondere kann vereinbart sein, dass eine Realteilung des Geschäftsanteils erfolgen soll. Der Gesellschaftsvertrag bedarf aber in diesem Fall der Form des § 15 Abs. 4[1035], was auch für die Vereinbarung in einem Unterbeteiligungsvertrag gilt, derzufolge der Unterbeteiligte nach Ablauf eines Jahres die Übertragung der Hälfte des Geschäftsanteils fordern kann.

1025 BGH v. 11.7.1968 – II ZR 179/66, BGHZ 50, 316, 323.

1026 BGH v. 11.7.1968 – II ZR 179/66, BGHZ 50, 316, 323; BGH v. 10.10.1994 – II ZR 285/93, GmbHR 1995, 57 = NJW-RR 1995, 165; OLG Frankfurt v. 8.8.1985 – 15 U 233/83, GmbHR 1987, 57, 59; *Paulick*, ZGR 1974, 271; *Schäfer*, in: MünchKomm. BGB, 7. Aufl. 2017, Vor § 705 BGB Rdnr. 99 m.w.N.; a.M. *Blaurock*, S. 183 f.

1027 BGH v. 11.7.1968 – II ZR 179/66, BGHZ 50, 316, 324 f.; *Roth/Thöni*, in: FS 100 Jahre GmbHG, S. 277. Das Schrifttum lässt überwiegend genügen, dass die Weitergabe dem Hauptgesellschafter gestattet ist; vgl. *Karsten Schmidt*, in: MünchKomm. HGB, 3. Aufl. 2012, § 233 HGB Rdnr. 34 m.w.N.; *Wedemann*, in: Oetker, 5. Aufl. 2017, § 233 HGB Rdnr. 22; abw. *Roth*, in: Baumbach/Hopt, 37. Aufl. 2016, § 233 HGB Rdnr. 13, der eine Zustimmung der Gesellschaft verlangt.

1028 OLG Frankfurt v. 7.9.1991 – 11 U 21/91, GmbHR 1992, 668.

1029 Vgl. dazu BGH v. 11.7.1968 – II ZR 179/66, BGHZ 50, 316, 320 ff. Für die Kündigungsfristen gelten aber abweichend von §§ 723 Abs. 1 Satz 1, 725 BGB die Bestimmungen der §§ 234 Abs. 1, 132, 135 HGB entsprechend; vgl. *Schäfer*, in: MünchKomm. BGB, 7. Aufl. 2017, Vor § 705 BGB Rdnr. 69; abw. *Blaurock*, S. 163; *Blaurock/Berninger*, GmbHR 1990, 15.

1030 Verbleiben seine Erben in der GmbH (s. Rdnr. 24 ff.), wird es aber regelmäßig dem Parteiwillen entsprechen, die Unterbeteiligungsgesellschaft mit ihnen fortzusetzen; vgl. *Blaurock*, S. 165 f. m.w.N.

1031 *Löbbe*, in: Ulmer/Habersack/Löbbe, Rdnr. 219.

1032 Sehr bestr.; vgl. die Nachw. bei *Blaurock*, S. 174 ff., der selbst eine differenzierende Lösung vertritt.

1033 RGZ 166, 164 f.; BGH, WM 1955, 298 f.; BGH v. 14.7.1960 – II ZR 188/58, WM 1960, 1121 f.; BGH v. 27.3.1961 – II ZR 256/59, WM 1961, 574 f.

1034 BGH v. 17.3.1966 – II ZR 282/63, WM 1966, 472.

1035 Eb. *Löbbe*, in: Ulmer/Habersack/Löbbe, Rdnr. 217; *Fastrich*, in: Baumbach/Hueck, Rdnr. 59; *Altmeppen*, in: Roth/Altmeppen, Rdnr. 65; *Kraus*, in: MünchHdb. III, § 26 Rdnr. 136; *Blaurock/Berninger*, GmbHR 1990, 14; a.M. RG, LZ 1915, 1011 mit der nicht tragfähigen Begründung, dass jene Verpflichtung zur Teilabtretung aus einem Vertrag anderen Inhalts kraft Gesetzes folge.

2. Treuhand

Schrifttum: *Armbrüster*, Die treuhänderische Beteiligung an Gesellschaften; 2001; *Armbrüster*, Zur Beurkundungsbedürftigkeit von Treuhandabreden über GmbH-Anteile, DNotZ 1997, 762; *Armbrüster*, Treuhänderische GmbH-Beteiligungen, GmbHR 2001, 941 und 1021; *Beuthien*, Treuhand an Geschäftsanteilen, ZGR 1974, 26; *Blasche*, Vinkulierungsklauseln in GmbH-Gesellschaftsverträgen, RNotZ 2013, 515; *Blaurock*, Unterbeteiligung und Treuhand an Gesellschaftsanteilen, 1981; *Däubler*, Die treuhänderische Abtretung des GmbH-Geschäftsanteils, GmbHR 1966, 243; *Beuthin*, Treuhand an Geschäftsanteilen, ZGR 1974, 26; *Ebermann*, Die Verwaltungstreuhand an GmbH-Anteilen, Diss. Köln 1970; *Ebermann*, Beendigung der Verwaltungstreuhand bei der GmbH, GmbHR 1971, 32; *Eden*, Treuhandschaft an Unternehmen und Unternehmensanteilen, 1981; *Ehlke*, Zur Behandlung von Treugeber und Treuhänder an einem GmbH-Anteil, DB 1985, 795; *Elsing*, Treuhandverträge über GmbH-Geschäftsanteile mit Blick auf das MoMiG, ZNotP 2008, 151; *H. Emmerich*, Treuhand an GmbH-Anteilen, GmbHR 1931, Sp. 153 u. 241; *Flore/Lewinski*, Einsatzmöglichkeiten der Treuhänderschaft an GmbH-Geschäftsanteilen, GmbH-StB 1999, 258; *Geyrhalter*, Grenzüberschreitende Treuhandvereinbarungen bei GmbH-Beteiligungen, ZIP 1999, 647; *Gruber*, Treuhandbeteiligung an Gesellschaften, 2001; *Heining*, Treuhand an GmbH-Anteilen, GmbHR 1954, 98; *Herfs*, Einwirkung Dritter auf den Willensbildungsprozess der GmbH, 1994; *Köhl*, Die Ausfallhaftung von Hintermännern bzw. Treugebern für nicht geleistete Stammeinlagen, GmbHR 1998, 119; *Kötz*, Trust und Treuhand, 1964; *M. Lehmann*, Sicherungsabtretung von Geschäftsanteilen, GmbHR 1953, 143; *Michalski*, Zustimmungserfordernisse bei der Sicherungsabtretung eines Teilgeschäftsanteils, GmbHR 1991, 89; *K. Müller*, Die Sicherungsübertragung von GmbH-Anteilen, 1969; *Reichert*, Vinkulierung von GmbH-Geschäftsanteilen – Möglichkeiten der Vertragsgestaltung, GmbHR 2012, 713; *Roth/Thöni*, Treuhand und Unterbeteiligung, in: FS 100 Jahre GmbHG, 1992, S. 245; *Schaub*, Treuhand an GmbH-Anteilen, DStR 1995, 1634, DStR 1996, 65; *Scheuermann*, Zur Sicherungsübertragung von GmbH-Anteilen, Diss. Heidelberg 1965; *Schmitz*, Treuhand an GmbH-Anteilen, in: Freundesgabe W. Weichler, 1997, S. 129; *Schulz*, Zur Formbedürftigkeit von Vereinbarungs- und Erwerbstreuhand an GmbH-Geschäftsanteilen, GmbHR 2001, 282; *Seidl*, Die Haftung des fremdnützigen Treuhänders als Gründungsgesellschafter einer GmbH und Möglichkeiten der Risikoabgrenzung, DStR 1998, 1220; *Serick*, Sicherungsabtretung von GmbH-Anteilen und andere Kreditsicherungsmöglichkeiten im Bereiche der GmbH, GmbHR 1967, 133; *Siebert*, Das rechtsgeschäftliche Treuhandverhältnis, 1933; *Sieverking/Technau*, Das Problem sogenannter „disponibler Stimmrechte" zur Umgehung der Vinkulierung von Namensaktien, AG 1989, 17; *Transfeld*, Anteilsübertragung trotz Vinkulierung – ein vermeintlicher Widerspruch, GmbHR 2010, 185; *Tebben*, Gesellschaftsvertraglicher Schutz gegen Treuhand- und Unterbeteiligungen an Geschäftsanteilen, GmbHR 2007, 63; *Tebben*, Unterbeteiligung und Treuhand an GmbH-Anteilen, 2000; *Ulmer*, Rechts- und Steuerfragen zur Treuhand an GmbH-Anteilen, WPg 1963, 345; *Ulmer*, Zur Treuhand an GmbH-Anteilen: Haftung des Treugebers für Einlageansprüche der GmbH?, ZHR 156 (1992), 377; *Ulmer*, Zur Treuhand an GmbH-Anteilen, in: FS Odersky, 1996, S. 873; *Vossius*, Sicherungsgeschäfte bei der Übertragung von Gesellschaftsanteilen, BB 1988 Beil. 5 zu H. 13.

a) Zweck

Unter dem Rechtsinstitut der Treuhand fasst man die Fälle der Wahrnehmung (auch) fremder   227
Interessen bezogen auf ein bestimmtes Vermögensrecht zusammen, über das der Treuhänder
zwar die volle Rechtsmacht bzw. Verfügungsmacht innehat und das von ihm im eigenen Namen ausgeübt wird, das wirtschaftlich indes dem Treugeber zusteht. **Typisierendes Merkmal
der Treuhand** ist das Auseinanderfallen von rechtlicher und wirtschaftlicher Zuordnung des
Rechts. Treuhandstrukturen werden zur Erreichung vielfältiger Zwecke genutzt[1036]: Der Treuhand kann eine Verwaltungs- oder Bündelungsfunktion dadurch zukommen, dass der Treuhänder die Mitgliedschaftsrechte einer Personenmehrheit (z.B. Mitarbeiter, Familienangehörige, Mitberechtigte i.S. von § 18, Kleinstbeteiligte) wahrnehmen soll. Die Treuhand kann
überdies auch eine Entlastungsfunktion für den wirtschaftlich Berechtigten erfüllen, und zwar

---

1036 Hierzu *Armbrüster*, Die treuhänderische Beteiligung an Gesellschaften, S. 49 ff.; *Blaurock*, Unterbeteiligung und Treuhand, S. 69 ff.; *Ebermann*, Verwaltungstreuhand an GmbH-Anteilen, S. 1 ff.; *Tebben*, Unterbeteiligung und Treuhand, S. 33 ff.; *Ulmer*, in: FS Odersky, S. 873, 875 ff.; *Löbbe*, in: Ulmer/Habersack/Löbbe, Rdnr. 197.

aus persönlichen (z.B. Nähe zur Gesellschaft und Unternehmensausübung, Alter und Gesundheit) oder sachlichen Gründen (z.B. Fachnähe). Schließlich werden Treuhandstrukturen auch zur Verdeckung wirtschaftlicher Sachverhalte (nach Einführung des Transparenzregisters in 2017 nur noch schwer zu erreichen) oder zur Umgehung (gesellschafts)vertraglicher oder gesetzlicher Pflichten genutzt. Die **Zulässigkeit der Treuhandschaft an Geschäftsanteilen** ist allgemein anerkannt[1037]. Dies gilt im Grundsatz auch beim Einsatz der Treuhand zur Umgehung (gesellschafts)vertraglicher oder gesetzlicher Bestimmungen, es sei denn, die betroffene Norm oder Vorschrift selbst oder deren Auslegung ergibt im Einzelfall die Unzulässigkeit der Treuhand[1038].

b) Gesellschafterstellung des Treuhänders

228 Der Treuhänder ist vollberechtigter und vollverpflichteter Gesellschafter, dem demgemäß alle Mitgliedschaftsrechte aus dem Geschäftsanteil zustehen und den auch alle Pflichten aus den Geschäftsanteil treffen[1039]. Dies betrifft sowohl das Verhältnis zur Gesellschaft als auch zu den Mitgesellschaftern. Die schuldrechtlichen Vereinbarungen zwischen Treuhänder und Treugeber schlagen nicht auf das Außenverhältnis des Treuhänders zu der Gesellschaft und den Mitgesellschaftern durch[1040]. Der Rechte- und Pflichtenübergang auf den Treuhänder ist im Fall der Sicherungstreuhand nicht anders zu beurteilen, selbst wenn die GmbH an dem Sicherungsvertrag beteiligt ist und den zugrunde liegenden Kredit erhalten hat[1041]. Wenngleich die Vermögensrechte aus dem Geschäftsanteil (z.B. Gewinnanspruch, Anspruch auf den Liquidationserlös, Anspruch auf das Auseinandersetzungsguthaben) alleine dem Treuhänder zustehen, können solche Ansprüche auch in ihrer Gesamtheit vom Treuhänder an den Treugeber abgetreten werden; der Treugeber kann auf diese Rechte auch im Wege der Zwangsvollstreckung gegen den Treuhänder zugreifen[1042]. Bei den Verwaltungsrechten kann der Treugeber mittelbar auf die Willensbildung der Gesellschaft Einfluss nehmen, indem er sein Weisungsrecht aus dem Treuhandvertrag gegenüber dem Treuhänder ausübt. Aber auch hier schlagen die treuhandvertraglichen Bindungen nicht auf das Verhältnis zwischen Treuhänder zur Gesellschaft und den Mitgesellschaftern durch, so dass die weisungswidrige Ausübung von Verwaltungsrechten deren Wirksamkeit unberührt lässt[1043]. Präventiv kann der Treugeber gegen eine weisungswidrige Ausübung von Stimmrechten im Wege einer einstweiligen Verfügung vorgehen oder das Treuhandverhältnis kündigen. Eine Legitimationszession betreffend die mitgliedschaftlichen Verwaltungsrechte oder eine generelle Übertragung des Stimmrechts auf

---

1037 *Löbbe*, in: Ulmer/Habersack/Löbbe, Rdnr. 198; *Bayer*, in: Lutter/Hommelhoff, Rdnr. 103, § 14 Rdnr. 26; *Armbrüster*, GmbHR 2001, 941.
1038 Z.B. bestimmt § 59e Abs. 3 BRAO ausdrücklich die Unzulässigkeit einer treuhänderischen Beteiligung an einer Rechtsanwalts-GmbH.
1039 RG, JW 1934, 2906; RGZ 138, 108; RGZ 153, 352 f.; BGH v. 9.10.1956 – II ZB 11/56, BGHZ 21, 378, 382; BGH v. 14.12.1959 – II ZR 187/57, BGHZ 31, 258, 263; BGH v. 14.12.1970 – II ZR 161/69, WM 1971, 306, 307; BGH v. 31.5.1976 – II ZR 185/74, WM 1976, 736; BGH v. 3.11.1976 – I ZR 156/74, WM 1977, 73, 75; BayObLG v. 18.3.1991 – BReg 3 Z 69/90, GmbHR 1991, 572, 574; *Feine*, S. 398; *Löbbe*, in: Ulmer/Habersack/Löbbe, Rdnr. 212; *Fastrich*, in: Baumbach/Hueck, Rdnr. 55; *Görner*, in: Rowedder/Schmidt-Leithoff, Rdnr. 69; *Altmeppen*, in: Roth/Altmeppen, Rdnr. 43; *Bayer*, in: Lutter/Hommelhoff, § 14 Rdnr. 26; *Reichert/Weller*, in: MünchKomm. GmbHG, 2. Aufl. 2015, Rdnr. 234; *Ebbing*, in: Michalski u.a., Rdnr. 206.
1040 *Löbbe*, in: Ulmer/Habersack/Löbbe, Rdnr. 212; *Henssler*, AcP 196 (1996), 37, 47; *Blaurock*, Unterbeteiligung und Treuhand, S. 128 ff.
1041 Eb. *Flechtheim*, JW 1931, 1963; *Löbbe*, in: Ulmer/Habersack/Löbbe, Rdnr. 212; a.M. RGZ 131, 147 ff.; *Serick*, GmbHR 1967, 133, 136; einschränkend *K. Müller*, Sicherungsübertragung, S. 23.
1042 *Löbbe*, in: Ulmer/Habersack/Löbbe, Rdnr. 212; *Armbrüster*, S. 224 ff.; *Beuthien*, ZGR 1974, 26, 81.
1043 *Löbbe*, in: Ulmer/Habersack/Löbbe, Rdnr. 212; *Armbrüster*, S. 229 ff.; *Henssler*, AcP 196 (1996), 37, 79.

den Treugeber ist als Verstoß gegen das Abspaltungsverbot unzulässig[1044]. Auch eine Treuhandvereinbarung, die zu einer gespaltenen Stimmenabgabe aus demselben Geschäftsanteil führen kann, ist unzulässig und gemäß §§ 134, 139 BGB i.V.m. § 18 nichtig[1045]. Verletzt der Treuhänder seine Treuepflichten aus dem Treuhandvertrag oder missbraucht er ansonsten seine Treuhänderstellung, so ist der Treugeber grundsätzlich auf Schadensersatzansprüche gegen den Treuhänder verwiesen. Ansprüche gegen die Gesellschaft bzw. die Mitgesellschafter können sich aus § 826 BGB oder nach den Grundsätzen über den Missbrauch der Vertretungsmacht herleiten.

Das Treuhandverhältnis kann sich, soweit der Sinn einzelner gesetzlicher oder gesellschaftsvertraglicher Bestimmungen dies erfordert, auf die Rechtstellung des Treuhänder-Gesellschafters modifizierend auswirken (vgl. § 2 Rdnr. 74 ff.). Statutarisch geforderte Gesellschaftereigenschaften müssen regelmäßig beim Treuhänder *und* Treugeber vorliegen (Rdnr. 116). Die Mitgesellschafter können bei einer verdeckten Treuhandschaft jedenfalls im Falle des Bestehens statutarischer Abtretungsbeschränkungen vom Treuhandgesellschafter Auskunft über die Person des Treugebers verlangen[1046] (vgl. Rdnr. 235).

229

c) Form

Bei der Frage nach der Formbedürftigkeit von Treuhandverträgen gemäß § 15 Abs. 3 und Abs. 4 sind fünf Fälle zu unterscheiden: Bei der **Erwerbstreuhand** verpflichtet sich der Treuhänder gegenüber dem Treugeber, einen Geschäftsanteil durch Teilnahme an der Gesellschaftsgründung bzw. an einer Kapitalerhöhung oder von einem Dritten zu erwerben. Hier greift die Beurkundungspflichtigkeit nach § 15 Abs. 4 nicht ein, da sich einerseits die Abtretungsverpflichtung des Treuhänders gegenüber dem Treugeber aus der gesetzlichen Herausgabepflicht (§ 667 BGB) ergibt[1047], und zum anderen weil die Vorschrift nach ihrem

230

Normzweck (Verhinderung eines Anteilshandels) nicht betroffen ist[1048]. Allerdings kann sich auch bei der Erwerbstreuhand die Beurkundungspflichtigkeit nach § 15 Abs. 4 ergeben, wenn der Treuhänder sich gegenüber dem Treugeber verpflichtet, einen bereits bestehenden oder in Entstehung befindlichen Geschäftsanteil von einem Dritten zu erwerben[1049]. Auch die **Übertragungstreuhand**, bei der ein Treuhänder den Geschäftsanteil vom Treugeber erwirbt, ist nach § 15 Abs. 4 beurkundungspflichtig, da hier eine Abtretungsverpflichtung des Treugebers gegenüber dem Treuhänder begründet wird[1050]. Ebenso unterliegt die **Vereinbarungstreu-**

1044 BGH v. 11.2.1960 – II ZR 51/58, DB 1960, 352; BayObLG v. 21.11.1985 – BReg 3 Z 146/85, WM 1986, 226, 227; *Beuthien*, ZGR 1974, 26, 82; a.M. *Armbrüster*, GmbHR 2001, 1021, 1025.

1045 LG Berlin v. 13.1.2010 – 105 O 42/09, GmbHR 2010, 875, 876; vgl. auch § 18 Rdnr. 17.

1046 OLG Hamburg v. 30.4.1993 – 11 W 13/93, GmbHR 1993, 507 f.; *Löbbe*, in: Ulmer/Habersack/Löbbe, Rdnr. 212 a.E.; *Fastrich*, in: Baumbach/Hueck, Rdnr. 58; *Bayer*, in: Lutter/Hommelhoff, Rdnr. 96; *Altmeppen*, in: Roth/Altmeppen, Rdnr. 115; *Ebbing*, in: Michalski u.a., Rdnr. 216; *Armbrüster*, S. 371 f.; zur Geheimhaltung des Treuhandverhältnisses vgl. *Elsing*, ZNotP 2008, 151, 153 f.

1047 So RGZ 124, 371, 376; BGH v. 17.11.1955 - II ZR 222/54, BGHZ 19, 69, 70; OLG Bamberg v. 30.11.2000 – 1 U 72/00, NZG 2001, 509, 511; *Fastrich*, in: Baumbach/Hueck, Rdnr. 34; *Bayer*, in: Lutter/Hommelhoff, Rdnr. 56, 104; *Ebbing*, in: Michalski u.a., Rdnr. 208; *Heidinger*, in: Heckschen/Heidinger, Die GmbH in der Gestaltungs- und Beratungspraxis, 3. Aufl. 2013, § 13 Rdnr. 18 f.; *Elsing*, ZNotP 2008, 151, 153.

1048 So *Armbrüster*, DNotZ 1997, 762, 765 ff.; ihm folgend *Löbbe*, in: Ulmer/Habersack/Löbbe, Rdnr. 204.

1049 *Löbbe*, in: Ulmer/Habersack/Löbbe, Rdnr. 205; *Ebbing*, in: Michalski u.a., Rdnr. 208; *Armbrüster*, DNotZ 1997, 762, 779.

1050 BayObLG v. 18.3.1991 – BReg 3 Z 69/90, GmbHR 1991, 572, 574; *Fastrich*, in: Baumbach/Hueck, Rdnr. 56; *Görner*, in: Rowedder/Schmidt-Leithoff, Rdnr. 68; *Ebbing*, in: Michalski u.a., Rdnr. 209; *Reichert/Weller*, in: MünchKomm. GmbHG, 2. Aufl. 2015, Rdnr. 211; *Bayer*, in: Lutter/Hommelhoff, Rdnr. 105; *Ulmer*, in: FS Odersky, S. 873, 890; abweichend (teleologische Reduktion des § 15

hand, derzufolge ein Gesellschafter den von ihm gehaltenen Geschäftsanteil künftig für einen Dritten (Treugeber) treuhänderisch hält, der notariellen Beurkundungspflichtigkeit nach § 15 Abs. 4[1051]. Die Vereinbarung zum **Treugeberwechsel** ist nach § 15 Abs. 4 beurkundungspflichtig, denn mit der Übertragung der Treugeberstellung wird der Anspruch gegen den Treuhänder auf Rückabtretung des Geschäftsanteils nach Ende des Treuhandverhältnisses abgetreten. Die dingliche Abtretung des Anspruchs auf Übertragung eines Geschäftsanteils bedarf grundsätzlich der Form des § 15 Abs. 3[1052]. Grund für die über den Wortlaut hinausgehende Anwendung von § 15 Abs. 3 und 4 ist deren Zweck, einen formlosen Handel mit Geschäftsanteilen zu verhindern, denn die Übertragung der Treugeberstellung steht wirtschaftlich der Anteilsabtretung gleich. Auch eine Vereinbarung mit dem Treuhänder, wonach dieser den Geschäftsanteil zukünftig für einen anderen Treugeber halten soll, ist deshalb gemäß § 15 Abs. 3 beurkundungspflichtig[1053]. Aus dem Zweck der Formvorschrift folgt zugleich, dass Vereinbarungen zum **Treuhänderwechsel** keiner Beurkundungspflicht unterliegen. Entsprechend wird auch § 15 Abs. 3 auf die dingliche Abtretung des Anspruchs auf Übertragung eines Geschäftsanteils ausnahmsweise dann nicht angewendet, wenn sie dazu dient, den Abtretungsempfänger zum neuen Treuhänder zu machen[1054]. Allerdings unterliegt nach einem jüngsten BGH-Urteil ein Treuhandvertrag zwischen dem Treugeber und dem Treuhänder dem Formzwang nach § 15 Abs. 4 Satz 1[1055].

231 Die Anteilsabtretung selbst unterliegt auch im Rahmen von Treuhandverhältnissen stets dem Beurkundungsbedürfnis nach § 15 Abs. 3. Dies gilt auch in den Fällen, in denen die Verpflichtung zur Abtretung formfrei begründet wurde und für Anteilsabtretungen zwischen alten und neuen Treuhändern[1056].

d) Satzungsmäßige Beschränkungen gemäß § 15 Abs. 5

232 Der Gesellschaftsvertrag kann speziell einzelne oder alle Formen der Treuhandübertragung von Geschäftsanteilen ausschließen[1057]. Zudem kann er z.B. ausdrücklich ein Zustimmungserfordernis vor Begründung, Änderung oder Beendigung der Treuhandstruktur oder ein bestimmtes Verfahren für diese regeln, umgekehrt aber auch eine ausdrückliche Freistellung für die ansonsten erforderliche Zustimmung enthalten[1058].

Abs. 4) *Armbrüster*, S. 104; *Armbrüster*, DNotZ 1997, 762, 779 f.; *Löbbe*, in: Ulmer/Habersack/Löbbe, Rdnr. 206.

1051 RGZ 124, 371, 377; BGH v. 19.4.1999 – II ZR 365/97, BGHZ 141, 208, 213 = GmbHR 1999, 707; OLG Bamberg v. 30.11.2000 – 1 U 72/00, NZG 2001, 509, 510; KG v. 21.1.2013 – 23 U 179/12, GmbHR 2013, 360; *Fastrich*, in: Baumbach/Hueck, Rdnr. 57; *Bayer*, in: Lutter/Hommelhoff, Rdnr. 106; *Görner*, in: Rowedder/Schmidt-Leithoff, Rdnr. 56; *Ebbing*, in: Michalski u.a., Rdnr. 209; *Reichert/Weller*, in: MünchKomm. GmbHG, 2. Aufl. 2015, Rdnr. 215; *Löbbe*, in: Ulmer/Habersack/Löbbe, Rdnr. 204; *Armbrüster*, DNotZ 1997, 762, 782 ff.; a.M. *Beuthien*, ZGR 1974, 26, 177.

1052 BGH v. 5.11.1979 – II ZR 83/79, NJW 1980, 1100, 1101 = GmbHR 1981, 55; *Fastrich*, in: Baumbach/Hueck, Rdnr. 57; *Bayer*, in: Lutter/Hommelhoff, Rdnr. 107.

1053 *Fastrich*, in: Baumbach/Hueck, Rdnr. 57.

1054 BGH v. 24.3.1954 – II ZR 23/53, NJW 1954, 1157; BGH v. 5.11.1979 – II ZR 83/79, NJW 1980, 1100, 1101 = GmbHR 1981, 55; *Fastrich*, in: Baumbach/Hueck, Rdnr. 57; *Bayer*, in: Lutter/Hommelhoff, Rdnr. 108.

1055 BGH v. 22.9.2016 – III ZR 427/15, GmbHR 2016, 1198 = NZG 2016, 1312. Es besteht jedoch keine rechtliche Einheit i.S. von § 139 BGB zwischen dem Geschäftsanteilsübertragungsvertrag und dem wirtschaftlich verknüpften Treuhandvertrag, wenn die Beteiligten von der Beurkundung des Treuhandvertrages bewusst abweichen; eine Formnichtigkeit des Treuhandvertrages hat insofern keine Auswirkung auf die Wirksamkeit des Geschäftsanteilsübertragungsvertrages, vgl. Rdnr. 90.

1056 BGH v. 8.4.1965 – II ZR 77/63, NJW 1965, 1376, 1377.

1057 Zutr. *K. Müller*, Sicherungsübertragung, S. 5 f.

1058 Für einen Formulierungsvorschlag zur ausdrücklichen Einbeziehung von Treuhandstrukturen s. *Seibt*, in: MünchAnwHdb. GmbH-Recht, 3. Aufl. 2014, § 2 Rdnr. 201.

Die Beantwortung der Frage, ob die Schaffung, Änderung oder Beendigung einer Treuhand- **233** struktur einer **statutarischen Vinkulierungsklausel i.S. von § 15 Abs. 5** unterfällt, hängt in erster Linie von der betreffenden Satzungsbestimmung und ihrer Auslegung selbst ab (Schutzzweck). Ansonsten sind insbesondere zu berücksichtigen (i) sonstige Satzungsbestimmungen zur Schutzzweckbestimmung (z.B. Überfremdungsschutz oder Sicherstellung der wirtschaftlichen Leistungsfähigkeit oder spezifischer Fachkenntnisse des Gesellschafterkreises), (ii) die Realstruktur der Gesellschaft (z.B. kleiner und familiengebundener Gesellschafterkreis einerseits oder großer, personell nicht verbundener Gesellschafterkreis mit ausschließlichen Finanzinteressen andererseits), (iii) der Treuhandzweck (z.B. Sicherungs- oder Verwaltungstreuhand) und (iv) die Kenntnis und Praxis der Gesellschafter bei der Eingehung und Änderung von Treuhandverhältnissen[1059].

In Ermangelung anderweitiger Anhaltspunkte wird im Zweifel bei einem unspezifischen Zu- **234** stimmungsvorbehalt bei rechtsgeschäftlichen Verfügungen zwischen folgenden Fällen zu unterscheiden sein: Die Anteilsübertragung auf einen Dritten, der diesen Anteil nicht für eigene Rechnung erwirbt, sondern für einen Treugeber (**Erwerbstreuhand**), unterfällt – eben wegen der Anteilsübertragung – der Vinkulierung[1060]. Das Gleiche gilt für den Fall der **Übertragungstreuhand**, bei der ein Treuhänder den Geschäftsanteil vom Treugeber erwirbt, da die Gesellschafterstellung und somit die Rechtsausübungs- und Kontaktperson zu den übrigen Gesellschaftern auf den Treuhänder übergeht[1061]. Die konkrete Person des (formal-juristischen) Gesellschafters und damit die Rechtsausübungsperson (z.B. Teilnahmerecht an Gesellschafterversammlungen, Stimmrecht und Stimmrechtsausschluss nach § 47 Abs. 4, Einsichts- und Auskunftsrecht nach § 51a) ist trotz der regelmäßigen Weisungsunterworfenheit des Treuhänders im Zweifel für die übrigen Gesellschafter von erheblichem Belang. Das Gleiche gilt beim **Treuhänderwechsel**[1062]. Bei der **Vereinbarungstreuhand**, bei der ein Gesellschafter den von ihm gehaltenen Geschäftsanteil künftig für einen Dritten (Treugeber) treuhänderisch hält, findet zwar keine Anteilsübertragung statt, der Sinngehalt der Vinkulierungsklausel (Überfremdungsschutz des rechtlich und wirtschaftlich interessierten Gesellschafterkreises) verlangt aber auch hier die Zustimmungspflicht[1063]. Aus dem gleichen Grund wird im Zweifel auch der **Treugeberwechsel** von der Vinkulierungsklausel erfasst[1064].

1059 Zur konkludenten Erteilung einer Zustimmung der Gesellschafterversammlung durch entsprechende Behandlung BGH v. 10.5.2006 – II ZR 209/04, GmbHR 2006, 875 = ZIP 2006, 1343.

1060 Vgl. RG, JW 1931, 2967; BayObLG v. 18.3.1991 – BReg 3 Z 69/90, DB 1991, 1270, 1272 = GmbHR 1991, 572; OLG Hamburg v. 30.4.1993 – 11 W 13/93, DB 1993, 1081, 1082; *Winter/Löbbe*, in: Ulmer/Habersack/Löbbe, Rdnr. 208; *Görner*, in: Rowedder/Schmidt-Leithoff, Rdnr. 193; *Armbrüster*, S. 94 ff.; *Blasche*, RNotZ 2013, 515, 517; *Däubler*, GmbHR 1966, 243, 244; *Karsten Schmidt*, GmbHR 2011, 1289, 1291.

1061 Vgl. *Winter/Löbbe*, in: Ulmer/Habersack/Löbbe, Rdnr. 208; *Armbrüster*, S. 96; offen *Ulmer*, in: FS Odersky, S. 873, 882.

1062 *Fastrich*, in: Baumbach/Hueck, Rdnr. 58; *Ebbing*, in: Michalski u.a., Rdnr. 215.

1063 Eb. RGZ 69, 134, 137; RGZ 103, 195, 199; RGZ 159, 272, 280 ff.; OLG Frankfurt a.M. v. 7.9.1991 – 11 U 21/91, GmbHR 1992, 668 (*ob. dic.*); KG v. 29.10.2012 – 5 W 107/12, GmbHR 2013, 360, 361; *Löbbe*, in: Ulmer/Habersack/Löbbe, Rdnr. 209; *Fastrich*, in: Baumbach/Hueck, Rdnr. 58; *Reichert/Weller*, in: MünchKomm. GmbHG, 2. Aufl. 2015, Rdnr. 222; *Altmeppen*, in: Roth/Altmeppen, Rdnr. 115; *Ebbing*, in: Michalski u.a., Rdnr. 215; *Blasche*, RNotZ 2013, 515, 518; *Blaurock*, S. 153 f.; *Reichert*, GmbHR 2012, 713, 719; *Schaub*, DStR 1995, 1634, 1637; *Karsten Schmidt*, GmbHR 2011, 1289, 1291; a.M. OLG Hamm v. 28.9.1992 – 8 U 9/92, GmbHR 1993, 656, 658 (im Rahmen der Prüfung des Ausschlusses des Gesellschafters = Treuhänders aus wichtigem Grund wegen Verstoßes gegen Vinkulierung); *Armbrüster*, S. 117 f.; *Beuthien*, ZGR 1974, 26, 77 f.; *Sieveking/Technau*, AG 1989, 17, 19.

1064 OLG Hamburg v. 30.4.1993 – 11 W 13/93, GmbHR 1993, 507 f.; *Löbbe*, in: Ulmer/Habersack/Löbbe, Rdnr. 209; *Fastrich*, in: Baumbach/Hueck, Rdnr. 58; *Ebbing*, in: Michalski u.a., Rdnr. 215; *Blaurock*, S. 153 f.; *Däubler*, GmbHR 1966, 243, 246; a.M. für die verdeckte Treuhand *Beuthien*, ZGR 1974, 26, 34; *Tebben*, GmbHR 2007, 63, 67 f.; *Transfeld*, GmbHR 2010, 185, 189; abw. beim

235   Allerdings ist davon auszugehen, dass die **Auflösung der Treuhandstruktur** mit Rückübertragung des Geschäftsanteils auf den Treugeber dann zustimmungsfrei ist (aber auch nur
dann), wenn die Begründung der Treuhandstruktur gegenüber dem Entscheidungsgremium
offen gelegt und entsprechend der statutarischen Vinkulierungsklausel behandelt wurde; die
hierbei erfolgte Zustimmung impliziert nämlich im Regelfall auch die unwiderrufliche Zustimmung zur Aufhebung und Rückabwicklung der Treuhandstruktur[1065], sofern der Treugeber auch Gläubiger des Rückübertragungsanspruchs ist. Erfolgt die Anteilsabtretung auf
den Treuhänder auflösend bedingt, so bedarf der Rückfall des Geschäftsanteils an den Treugeber im Regelfall keiner Zustimmung i.S. von § 15 Abs. 5[1066].

236   Bei Bestehen einer statutarischen Vinkulierung i.S. von § 15 Abs. 5 haben die betroffenen
Mitgesellschafter gegen den Treuhänder ein schutzwürdiges Interesse und einen **materiellen
Anspruch auf Benennung seines Hintermanns** (Treugebers)[1067]. Ein ohne die erforderliche
Zustimmung geschlossener Treuhandvertrag (Vereinbarungstreuhand) führt zudem zum
Stimmrechtsausschluss des Geschäftsanteilsinhabers bei Gesellschaftsversammlungen, um eine mittelbare Beeinflussung der Gesellschaft durch den Treugeber über den Treuhänder zu
verhindern[1068]; allerdings bleibt der Geschäftsanteilsinhaber in diesem Fall zur Einberufung
der Gesellschafterversammlung und zur Antragsstellung berechtigt[1069]. Umstritten ist die
Frage, ob eine statutarische Vinkulierungsklausel i.S. von § 15 Abs. 5 auch bei Treuhandverträgen mit Mitgesellschaftern eingreift[1070]. Richtigerweise ist nach dem erkennbaren Schutzzweck der Vinkulierungsklausel zu differenzieren: Ergibt die Auslegung der Abtretungsbeschränkung, dass diese primär dem Zweck dient, eine Überfremdung der Gesellschaft
durch Eintritt Dritter zu verhindern, so greift sie in diesem Fall nicht ein, da der Schutzzweck dann nicht berührt ist. Ist der Schutzzweck allerdings darauf gerichtet, eine bestimmte
Gesellschafterstruktur (z.B. 50 %/50 % Gesellschafterstämme-Gleichgewicht) sicherzustellen,
die schleichende Konzentration von Stimmrechten zu verhindern o.Ä., so ist die Vinkulierung auch für den Fall maßgeblich, dass ein Mitgesellschafter Treugeber ist[1071].

237   Mit der Erstreckung des § 15 Abs. 5 auf Treuhandkonstruktionen geht auch dessen Rechtsfolge, nämlich die schwebende Unwirksamkeit nicht genehmigter Verfügungen (vgl. Rdnr. 133)
einher. Unstreitig ist dies jedenfalls für den Fall der Erwerbs- und Übertragungstreuhand.
Gleiches gebietet der Schutzzweck des § 15 Abs. 5 jedoch auch hinsichtlich der Vereinbarungstreuhand, denn nur so kann die Gesellschaft vor Überfremdung im Hinblick auf wirtschaftliche Interessen (vgl. Rdnr. 233) geschützt werden. Dem wird teilweise entgegengesetzt, dass
§ 15 Abs. 5 durch diese Erstreckung auch auf schuldrechtlicher Ebene „dinglich" wirke, was

       Schutzzweck der Sicherung der Leistungsfähigkeit des Gesellschafterkreises OLG Frankfurt v.
       7.9.1991 – 11 U 21/91, GmbHR 1992, 668 (zur Unterbeteiligung).
1065 BGH v. 8.4.1965 – II ZR 77/63, NJW 1965, 1376, 1377 = GmbHR 1965, 155 mit abl. Anm. *Gott-
      schling*; BGH v. 30.6.1980 – II ZR 219/79, NJW 1980, 2708 f. (zur KG); BayObLG v. 18.3.1991 –
      BReg 3 Z 69/90, DB 1991, 1270, 1272 = GmbHR 1991, 572; *Löbbe*, in: Ulmer/Habersack/Löbbe,
      Rdnr. 209; *Fastrich*, in: Baumbach/Hueck, Rdnr. 58; *Görner*, in: Rowedder/Schmidt-Leithoff,
      Rdnr. 76; *Ebbing*, in: Michalski u.a., Rdnr. 215; *Altmeppen*, in: Roth/Altmeppen, Rdnr. 50.
1066 *Löbbe*, in: Ulmer/Habersack/Löbbe, Rdnr. 209; *Bayer*, in: Lutter/Hommelhoff, Rdnr. 107; vgl.
      auch KG v. 22.11.1996 – 5 U 1304/96, GmbHR 1997, 603, 605.
1067 OLG Hamburg v. 30.4.1993 – 11 W 13/93, GmbHR 1993, 507 f.
1068 OLG Köln v. 26.3.2008 – 18 U 7/07, ZIP 2008, 1683, 1684.
1069 OLG Köln v. 26.3.2008 – 18 U 7/07, ZIP 2008, 1683, 1684.
1070 Generell verneinend: *Ebbing*, in: Michalski u.a., Rdnr. 164; OLG Hamm v. 28.9.1992 – 8 U 9/92,
      GmbHR 1993, 656, 658; generell bejahend: *Bayer*, in: Lutter/Hommelhoff, Rdnr. 92; *Brandes*, in:
      Bork/Schäfer, Rdnr. 17.
1071 Ähnlich *Löbbe*, in: Ulmer/Habersack/Löbbe, Rdnr. 264, der jedoch bereits der Statuierung einer
      Vinkulierung durch die Satzung grundsätzlich den Zweck der Verhinderung einer Machtkonzen-
      tration bei einem Gesellschafter beimisst und deshalb regelmäßig zu einem Zustimmungserfor-
      dernis gelangt.

systemfremd wäre, weil niemand sich seiner Verpflichtungsfähigkeit begeben könne[1072]. Allerdings ist ein Zustimmungsvorbehalt Dritter auch in Bezug auf die Wirksamkeit schuldrechtlicher Verträge ist dem deutschen Recht nicht fremd (vgl. z.B. § 1365 BGB)[1073]. Zudem muss die Erstreckung des § 15 Abs. 5 auch auf schuldrechtliche Geschäfte in der Rechtsfolge als ein Zustimmungsvorbehalt wirken, weil sein Schutzzweck sonst leer liefe. Alle anderen Schutzmechanismen (Schadensersatz oder Vertragsstrafe[1074]) sind unzureichend, um die Gesellschaft vor gesellschafterfremden Interessen zu schützen, deren Einfluss durch die Vinkulierung ausgeschlossen werden soll.

XI. Verwaltung nach Familien- und Erbrecht

Schrifttum: *Apfelbaum*, Gütergemeinschaft und Gesellschaftsrecht, MittBayNot 2006, 185; *Beitzke*, Gesellschaftsvertrag und güterrechtliche Verfügungsbeschränkung, DB 1961, 21; *Biddermann*, Der minderjährige Gesellschafter, 1965; *Biddermann*, Zur Rechtsstellung des minderjährigen GmbH-Gesellschafters, GmbHR 1966, 4; *Braunhofer*, Unternehmens- und Anteilsbewertung zur Bemessung von familien- und erbrechtlichen Ausgleichsansprüchen, 1995; *Däubler*, Die Vererbung des Geschäftsanteils bei der GmbH, 1965; *Dörrie*, Die Testamentsvollstreckung im Recht der Personenhandelsgesellschaften und der GmbH, 1995; *Dörrie*, Erbrecht und Gesellschaftsrecht bei Verschmelzung, Spaltung und Formwechsel, GmbHR 1996, 245; *Eiselt*, Die Bedeutung des § 1365 BGB für Gesellschaftsverträge, JZ 1960, 562; *Emmerich*, Die Testamentsvollstreckung an Gesellschaftsanteilen, ZHR 132 (1969), 297; *Fischer*, Kollision zwischen Gesellschaftsrecht und ehelichem Güterrecht, NJW 1960, 937; *Goroney*, Gesellschaftsrechtliche Probleme der Zugewinngemeinschaft unter bes. Berücksichtigung der Bewertungsfragen, Diss. Bonn 1965; *Haegele*, GmbH und Verfügungsbeschränkungen der Zugewinngemeinschaft, GmbHR 1965, 187; *Haegele*, GmbH und Zugewinnausgleich, GmbHR 1966, 24; *Haegele*, Vertragliche Güterrechte und GmbH, GmbHR 1968, 69, 95, 138, 159; *Haegele*, Geschäftsunfähige und beschränkt Geschäftsfähige im GmbH-Recht, GmbHR 1971, 198; *Knopp*, Über die Genehmigungsbedürftigkeit von Änderungen eines Gesellschaftsvertrages bei Beteiligung von Minderjährigen oder Mündeln, BB 1962, 939; *Lenzen*, Der Zugewinnausgleich bei Gesellschaftsbeteiligungen, BB 1974, 1050; *Model/Haegele*, Testament und Güterstand des Unternehmers, 1966; *W. Müller*, Zur vormundschaftsgerichtlichen Genehmigung bei GmbH-Beteiligungen von Minderjährigen, Mündeln und Pfleglingen, JR 1961, 326; *Nagel*, Familiengesellschaft und elterliche Gewalt, 1966; *Ollig*, Die Auslegung des § 1365 Abs. 1 BGB und sein Einfluss auf das Gesellschaftsrecht, Diss. Frankfurt 1964; *Priester*, Testamentsvollstreckung am GmbH-Anteil, in: FS Stimpel, 1985, S. 463; *Rehmann*, Testamentsvollstreckung an Gesellschaftsanteilen, BB 1985, 297; *Reinicke*, Verwaltungsbeschränkungen im Güterstand der Zugewinngemeinschaft und Gesellschaftsrecht, BB 1960, 1002; *Ronkel*, Einzelfragen zur Ehegatten- und Familien-GmbH, GmbHR 1968, 26; *Rosenau*, Beteiligung Minderjähriger an gesellschaftsrechtlichen Unternehmensformen, BB 1965, 1393; *Rittner*, Handelsrecht und Zugewinngemeinschaft (SonderNr. aus FamRZ), 1962; *Schilling*, Zur Ausübung fremder Gesellschafterrechte im eigenen Namen, in: FS W. Schmidt, 1959, S. 208; *Karsten Schmidt*, Testamentsvollstreckung am Kommanditanteil ohne gesellschaftsvertragliche Testamentsvollstreckungsklausel?, in: FS Maier-Reimer, 2010, S. 629; *Sudhoff*, Die Familien-GmbH, GmbHR 1973, 193; *Tiedau*, Zur Problematik des § 1365 BGB unter besonderer Berücksichtigung des Gesellschaftsrechts, MDR 1961, 721; *Tiedau*, Gesellschaftsrechtliche und erbrechtliche Probleme der Zugewinngemeinschaft, Dtsch. Notartag 1961, 97; *Töteberg*, Die Erbfolge in Geschäftsanteil und Mitgliedschaft bei der GmbH, Diss. Göttingen 1955; *Tubbesing*, Zur Auswirkung der Zugewinngemeinschaft auf die Gesellschaftsverträge von Personengesellschaften, BB 1966, 829; *Wiedemann*, Die Übertragung und Vererbung von Mitgliedschaftsrechten bei Handelsgesellschaften, 1965; *Winkler*, Die Genehmigung des Vormundschaftsgerichts zu gesellschaftsrechtlichen Akten bei Beteiligung Minderjähriger, ZGR 1973, 177; *Winkler*, Der Testamentsvollstrecker, 20. Aufl. 2010; *Winkler*, Erwerb von GmbH-Anteilen durch Minderjährige und vormundschaftsgerichtliche Genehmigung, ZGR 1990, 131; *Zelz*, Der Minderjährige in der GmbH, GmbHR 1959, 91.

Zum Erbrecht vgl. auch Lit.-Ang. vor Rdnr. 24.

1072 *Tebben*, GmbHR 2007, 63, 65 ff. mit eingehender Argumentation.
1073 I. E. eb. *Kraus*, in: MünchHdb. III, § 26 Rdnr. 28; wohl auch BGH v. 12.12.2005 – II ZR 330/04, GmbHR 2006, 875.
1074 Dies schlägt als Alternative zur schwebenden Unwirksamkeit vor *Tebben*, GmbHR 2007, 63, 68.

1. Eheliches Güterrecht

a) Zugewinngemeinschaft

238 Beim gesetzlichen Güterstand der Zugewinngemeinschaft (§§ 1363 ff. BGB) steht jedem Ehegatten das Verwaltungs- und Verfügungsrecht über sein Vermögen, also auch über einen ihm gehörenden Geschäftsanteil grundsätzlich allein zu (§ 1364 BGB). Eine Einschränkung gilt aber für **Verfügungen des Ehegatten über sein Vermögen im Ganzen und für die entsprechenden Verpflichtungsgeschäfte**, die nur mit Zustimmung des anderen Ehegatten wirksam sind (§§ 1365 ff. BGB: absolute Veräußerungsverbote). Sie umfasst auch entgeltliche Verfügungen. Nach h.M. greift die Verfügungsbeschränkung auch dann ein, wenn über einen einzelnen Vermögensgegenstand, der das ganze oder doch nahezu das ganze Vermögen des Ehegatten bildet, verfügt wird und der beteiligte Dritte dies weiß oder jedenfalls die für die Beurteilung maßgeblichen Verhältnisse kennt[1075]. Unter den genannten Voraussetzungen kann daher der Erwerb und die Veräußerung eines Geschäftsanteils wirksam nur mit Zustimmung des anderen Ehegatten vorgenommen werden[1076], die formlos erteilt werden kann (§§ 182 ff. BGB). Fehlt die Zustimmung, ist das Rechtsgeschäft nichtig. Nach § 1365 Abs. 2 BGB kann das Familiengericht die fehlende Zustimmung des Ehegatten ersetzen, wenn das Rechtsgeschäft den Grundsätzen ordnungsgemäßer Verwaltung entspricht und die Zustimmung entweder ohne zureichenden Grund verweigert wird oder nicht oder nicht rechtzeitig eingeholt werden kann. Die sich aus der Unwirksamkeit der Verfügung ergebenden Rechte kann auch der andere Ehegatte gegen den Dritten gerichtlich geltend machen (§ 1368 BGB). Die Verfügungsbeschränkung wirkt sich aber noch in anderen Beziehungen auf die Rechtsstellung des Anteilsinhabers aus, so dass u.U. ihr Ausschluss durch Ehevertrag gemäß § 1408 BGB ratsam ist[1077].

238a Als eine **Verfügung** i.S. von § 1365 BGB gilt auch die Vermögensübertragung an eine Gesamthand oder an eine juristische Person, an welcher der verfügende Ehegatte beteiligt ist[1078], und zwar unabhängig von der Gestaltung des betreffenden Gesellschaftsvertrages und die Beteiligungshöhe des Ehegatten. Die *Zustimmung zur Einziehung* (§ 34 Abs. 2) und die *ordentliche Kündigung* mit Einziehungs- oder Abtretungsfolge (s. 11. Aufl., Erl. zu § 60 Rdnr. 77 f.) sind nur rechtsgültig, wenn der andere Ehegatte darin eingewilligt hat (§§ 1365 Abs. 1, 1367 BGB)[1079]. Für die *Preisgabe* des Geschäftsanteils (§ 27) und den *Austritt aus wichtigem Grund* (s. Anh. § 34 Rdnr. 6 ff.) ist dies dagegen nicht anzunehmen[1080]. Die Entscheidung über Nach-

---

1075 BGH v. 28.4.1961 – V ZB 17/60, BGHZ 35, 135, 143 ff.; BGH v. 26.2.1965 – V ZR 227/62, BGHZ 43, 174 ff.; BGH v. 22.4.1975 – VI ZR 90/74, BGHZ 64, 246, 247; BGH v. 25.6.1980 – IVb ZR 516/80, BGHZ 77, 293, 295; BGH v. 25.6.1993 – V ZR 7/92, BGHZ 123, 93, 95; BGH v. 21.3.1996 – III ZR 106/95, ZIP 1996, 834, 835 = GmbHR 1996, 612; st. Rspr.

1076 Dasselbe gilt für die Abtretung des Anwartschaftsrechts auf den Geschäftsanteil; vgl. BGH v. 21.3.1996 – III ZR 106/95, ZIP 1996, 834, 835 f. = GmbHR 1996, 612.

1077 Zur Zulässigkeit auch eines nur einseitigen Ausschlusses BGH v. 28.2.1964 – IV ZB 586/63, NJW 1964, 1795; eb. *Löbbe*, in: Ulmer/Habersack/Löbbe, Rdnr. 158. Die ehevertragliche Befreiung kann sich auf Verfügungen über den Geschäftsanteil beschränken; s. *Thiele*, in: Staudinger, 2017, § 1363 BGB Rdnr. 21.

1078 BGH v. 28.4.1961 – V ZB 17/60, BGHZ 35, 135, 144 f.; BGH v. 26.2.1965 – V ZR 227/62, BGHZ 43, 174, 176; *Löbbe*, in: Ulmer/Habersack/Löbbe, Rdnr. 155; *Thiele*, in: Staudinger, 2017, § 1365 BGB Rdnr. 58 ff.; a.M. *Reinecke*, BB 1960, 1003; *Fischer*, NJW 1960, 938 ff.

1079 Eb. *Löbbe*, in: Ulmer/Habersack/Löbbe, Rdnr. 155; *Reichert/Weller*, in: MünchKomm. GmbHG, 2. Aufl. 2015, Rdnr. 511; *Görner*, in: Rowedder/Schmidt-Leithoff, Rdnr. 117. Für die Kündigung bestritten; vgl. dazu *Thiele*, in: Staudinger, 2017, § 1365 BGB Rdnr. 67.

1080 *Löbbe*, in: Ulmer/Habersack/Löbbe, Rdnr. 155; *Reichert/Weller*, in: MünchKomm. GmbHG, 2. Aufl. 2015, Rdnr. 511; *Fischer*, NJW 1960, 938, 942; *Reinicke*, BB 1960, 1002, 1005; *H. F. Müller*, Das Austrittsrecht des GmbH-Gesellschafters, 1996, S. 90 f.; a.M. *Haegele*, GmbHR 1965, 190; *Görner*, in: Rowedder/Schmidt-Leithoff, Rdnr. 117; *Thiele*, in: Staudinger, 2017, § 1365 BGB Rdnr. 67.

schussleistungen aus eigenem Vermögen oder über die Fortsetzung des Gesellschaftsverhältnisses bei Unzumutbarkeit kann nicht an die Zustimmung eines anderen gebunden werden; mit dem Hinweis der ablehnenden Meinung[1081] auf die Möglichkeit, die verweigerte Einwilligung des Ehegatten nach § 1365 Abs. 2 BGB durch das Vormundschaftsgericht (nunmehr Familiengericht) ersetzen zu lassen, wird das Problem nicht gelöst, sondern nur verlagert und zudem die Wirksamkeit der Preisgabe- bzw. Austrittserklärung wiederum von der zumindest teilweise nach anderen Gesichtspunkten zu treffenden Entscheidung eines anderen abhängig gemacht. Nicht anders liegt es bei der *Auflösungsklage* (§ 61), die überdies ebenso wie auch die zur Auflösung der Gesellschaft führende Kündigung (s. 11. Aufl., Erl. zu § 60 Rdnr. 74 ff.) keine Verfügung über den Geschäftsanteil ist, sondern sich nur mittelbar auf ihn auswirkt[1082]; die zweifache Analogie, wie sie die Befürworter der Anwendung des Verfügungsverbots auf diese Fälle[1083] voraussetzen, lässt sich nicht rechtfertigen.

Keine Verfügung über den Geschäftsanteil, sondern Ausübung eines sich aus ihm ergebenden   239
Mitgliedschaftsrechts ist die *Stimmabgabe* (Rdnr. 178, 217). Die Mitwirkung des Ehegatten-Gesellschafters an einem *Auflösungsbeschluss* nach § 60 Abs. 1 Nr. 2 oder einer *Satzungsänderung* fällt schon deswegen nicht unter §§ 1365, 1367 BGB[1084]. Auch soweit zu einer Satzungsänderung die Zustimmung des betroffenen Gesellschafters erforderlich ist (s. 11. Aufl., Erl. zu § 53 Rdnr. 48), bedarf diese grundsätzlich nicht der Einwilligung des anderen Ehegatten. Eine Ausnahme ist nach dem Zweck des § 1365 Abs. 1 BGB aber dann zu machen, wenn durch die Satzungsänderung der Anspruch auf den anteiligen Liquidationsüberschuss (s. 11. Aufl., Erl. zu § 72 Rdnr. 3 ff.) oder der Abfindungsanspruch in den Ausscheidensfällen (bei Einziehung ohne Zustimmung oder bei Abtretungspflichten) ganz oder doch nahezu ganz ausgeschlossen werden soll[1085]. Auch der Sicherungsübertragung und Pfandrechtsbestellung sind unter den oben genannten Voraussetzungen unter § 1365 BGB fallende Verfügungen[1086], nicht aber die Nießbrauchsbestellung[1087].

Es kann durch Ehevertrag gemäß §§ 1408, 1410 BGB bestimmt werden, dass der einem Ehe-   240
gatten gehörende Geschäftsanteil **nicht dem Zugewinnausgleich** unterliegt[1088].

b) Vertragliche Güterstände

Keine gesellschaftsrechtlichen Probleme ergeben sich bei der **Gütertrennung** (§ 1414 BGB):   241
Jeder Ehegatte ist ohne Einschränkung berechtigt, einen ihm gehörenden Geschäftsanteil zu verwalten und über ihn allein zu verfügen. Beim Bestehen der **Gütergemeinschaft** (§§ 1415 ff. BGB) kommt es demgegenüber für diese Fragen darauf an, zu welcher Vermögensmasse der Geschäftsanteil gehört (über die Formfrage beim Erwerb und bei der Auseinandersetzung vgl. Rdnr. 93). Sondergut wird er auch dann nicht, wenn seine Übertragbarkeit statutarisch aus-

---

1081 So z.B. *Wiedemann*, S. 264.
1082 Eb. *Fischer*, NJW 1960, 942; *Löbbe*, in: Ulmer/Habersack/Löbbe, Rdnr. 155; s. auch Rdnr. 201.
1083 So z.B. *Beitzke*, DB 1961, 24; *Eiselt*, JZ 1960, 564; *Wiedemann*, S. 263 f. für die Personengesellschaft; abw. *Thiele*, in: Staudinger, 2017, § 1365 BGB Rdnr. 67.
1084 Im Erg. eb. *Haegele*, GmbHR 1965, 190 f.; *Löbbe*, in: Ulmer/Habersack/Löbbe, Rdnr. 155; *Görner*, in: Rowedder/Schmidt-Leithoff, Rdnr. 118; abw. für Auflösungsbeschluss *Thiele*, in: Staudinger, 2017, § 1365 BGB Rdnr. 67 m.w.N.
1085 Vgl. dazu *Thiele*, in: Staudinger, 2017, § 1365 BGB Rdnr. 63; *Löbbe*, in: Ulmer/Habersack/Löbbe, Rdnr. 155; einschränkend *Fischer*, NJW 1960, 942 und *Wiedemann*, S. 262, die erhebliche wirtschaftliche Beeinträchtigungen genügen lassen; weitergehend *Eiselt*, JZ 1960, 563.
1086 BayObLG v. 31.3.1967 – 2 Z 7/67, FamRZ 1967, 337, 338 (zum Grundpfandrecht); *Löbbe*, in: Ulmer/Habersack/Löbbe, Rdnr. 155; *Görner*, in: Rowedder/Schmidt-Leithoff, Rdnr. 117.
1087 BGH v. 23.9.1965 – II ZR 60/63, FamRZ 1966, 22.
1088 BGH v. 26.3.1997 – XII ZR 250/95, ZIP 1997, 1287; eb. *Löbbe*, in: Ulmer/Habersack/Löbbe, Rdnr. 160.

geschlossen ist (Rdnr. 135), da § 1417 Abs. 2 BGB insoweit nicht eingreift[1089]. Wohl aber kann der Geschäftsanteil insbesondere durch ehevertragliche Vereinbarung oder durch Bestimmung des Erblassers oder des unentgeltlich Zuwendenden Vorbehaltsgut eines Ehegatten sein (§ 1418 Abs. 2 BGB). Dieser ist dann alleiniger Rechtsinhaber und kann den Anteil für eigene Rechnung verwalten sowie uneingeschränkt über ihn verfügen (§ 1418 Abs. 3 BGB). Gehört der Geschäftsanteil aber entsprechend dem gesetzlichen Regelfall zum Gesamtgut (§ 1416 BGB), so ist er, wenn der Ehevertrag nichts anderes vorsieht, von den Ehegatten gemeinschaftlich zu verwalten (§ 1421 BGB); im Verhältnis zur GmbH gilt § 18. Steht die Verwaltung des Gesamtguts dagegen nach dem Ehevertrag einem der Ehegatten zu, so übt dieser die Gesellschaftsrechte aus und ist über den Geschäftsanteil verfügungsberechtigt; der andere ist grundsätzlich von der Verwaltung ausgeschlossen (Ausnahmen: §§ 1423 ff., 1428 ff. BGB); § 18 ist nicht anwendbar[1090]. Schenkungen kann der Verwaltungsberechtigte ohne Einwilligung des anderen nicht vornehmen (§ 1425 BGB); darunter wird nach dem Schutzzweck der Bestimmung z.B. auch die Zustimmung zu einer unentgeltlichen Einziehung zu verstehen sein. Erforderlich ist die Einwilligung ferner vor allem für Verpflichtungen zur Verfügung „über das Gesamtgut im Ganzen" und, wenn sie nicht eingeholt war, für die entsprechenden Ausführungsgeschäfte (§ 1423 BGB); das oben Rdnr. 238 zu § 1365 BGB Ausgeführte gilt hier sinngemäß. Bei der **fortgesetzten Gütergemeinschaft** (§§ 1483 ff. BGB) steht die Verwaltung des Gesamtguts (§ 1485 BGB) dem überlebenden Ehegatten zu, doch greifen die erwähnten Verfügungsbeschränkungen der §§ 1423, 1425 BGB ebenfalls ein (§ 1487 BGB).

2. Elterliche Sorge

242 Zur **Verwaltung des Geschäftsanteils**, der einem unter elterlicher Sorge stehenden ehelichen Kinder gehört, sind grundsätzlich beide Eltern berechtigt und verpflichtet (§§ 1626, 1629 ff. BGB). Den bei der Geburt des Kindes nicht miteinander verheirateten Eltern steht die elterliche Sorge gemeinsam zu, wenn sie eine dementsprechende Sorgeerklärung abgeben oder wenn sie einander heiraten; andernfalls ist dann nur die Mutter sorgeberechtigt (§ 1626a BGB). Die gemeinsame elterliche Sorge ist einvernehmlich (aber nicht notwendig gemeinschaftlich) auszuüben (§ 1627 BGB). Können sich die Eltern nicht einigen, so kann das Familiengericht, wenn die Regelung der Angelegenheit von erheblicher Bedeutung ist, auf Antrag eines Elternteils die Entscheidung einem Elternteil – auch unter Beschränkungen oder Auflagen – übertragen (§ 1628 BGB). Die Vertretung des Kindes erfolgt durch beide Eltern gemeinsam (§ 1629 Abs. 1 BGB). Bei **Willenserklärungen**, die gegenüber dem Kind abzugeben sind, genügt die Abgabe gegenüber einem Elternteil. Ausnahmsweise kann die elterliche Sorge oder deren Ausübung auch nur einem Elternteil zustehen (§§ 1671 f., 1678 ff. BGB). Die Inhaber der elterlichen Sorge üben in sowie gegenüber der GmbH die Rechte aus dem Geschäftsanteil des Minderjährigen aus und sind über ihn verfügungsberechtigt. Sie haben ein Teilnahmerecht an Gesellschafterversammlungen (die Ladung muss ihnen zugehen) und sind zur Stimmabgabe befugt. Das gilt auch dann, wenn sie bei Beschlüssen über Geschäftsführungsmaßnahmen oder sonstigen, sich in den Grenzen des Gesellschaftsvertrages haltenden gemeinsamen Angelegenheiten an der Abstimmung zugleich im eigenen Namen oder als Vertreter eines Dritten teilnehmen; § 181 BGB ist insoweit nicht anwendbar[1091]. Anders liegt es bei Entscheidungen über die Gesellschaftsgrundlagen, insbesondere bei Satzungsänderun-

---

1089 A.M. *Löbbe*, in: Ulmer/Habersack/Löbbe, Rdnr. 159; vgl. dazu *Lutter*, AcP 161 (1962), 163; *Apfelbaum*, MittBayNot 2006, 185, 190. Zum Streitstand über die Geltung des § 1417 Abs. 2 BGB bei rechtsgeschäftlichem Ausschluss der Übertragbarkeit s. im Übrigen *Kanzleiter*, in: MünchKomm. BGB, 7. Aufl. 2017, § 1417 BGB Rdnr. 3 f. m.w.N.
1090 *Haegele*, GmbHR 1968, 98.
1091 BGH v. 18.9.1975 – II ZB 6/74, BGHZ 65, 93, 96 ff.

gen[1092], und über die den gesetzlichen Vertreter persönlich betreffenden Rechtsverhältnisse[1093]. Ebenso kann nach § 181 BGB außerhalb der Beschlussfassung ihre Vertretungsmacht ausgeschlossen sein. Entsprechendes ist für die Fälle der §§ 1629 Abs. 2, 1795 BGB anzunehmen. Erforderlich ist daher in diesen Fällen zur wirksamen Vertretung der Minderjährigen die Bestellung eines Ergänzungspflegers gemäß § 1909 BGB (Rdnr. 246); soweit es sich wie z.B. bei Satzungsänderungen um die Regelung des Rechtsverhältnisses unter mehreren als Gesellschafter beteiligten Minderjährigen handelt, muss für jeden von ihnen ein besonderer Pfleger vorhanden sein. Die Haftung für Verbindlichkeiten, die die Eltern mit Wirkung für das Kind begründet haben, beschränkt sich auf den Bestand seines bei Eintritt der Volljährigkeit vorhandenen Vermögens (§ 1629a BGB).

Der **familiengerichtlichen Genehmigung** bedürfen die Inhaber der elterlichen Sorge in den Grenzen des § 1643 BGB. Die Zustimmung zu einer Satzungsänderung ist nicht (wie das von einigen für Personengesellschaften angenommen wird) schon deswegen genehmigungspflichtig, weil es die Beteiligung an der Gründung oder der Erwerb des Geschäftsanteils (s. unten) war (s. 11. Aufl., § 53 Rdnr. 104)[1094], sondern maßgebend für die Erforderlichkeit der Genehmigung kann immer nur die jeweilige Änderung sein, so z.B. wenn ihr Gegenstand die Begründung einer Nebenleistungspflicht des Minderjährigen i.S. der §§ 1643 Abs. 1, 1822 Nr. 5 oder 10 BGB ist (wegen der Übernahme von Einlagen bei der Kapitalerhöhung s. 11. Aufl., § 55 Rdnr. 107 f.).   243

Der entgeltliche **Erwerb und die Veräußerung** (bei Unentgeltlichkeit ist § 1641 BGB zu beachten) eines Geschäftsanteils fällt grundsätzlich nicht unter das Genehmigungserfordernis der §§ 1643 Abs. 1, 1822 Nr. 3 BGB, auch wenn die GmbH „ein Erwerbsgeschäft" betreibt[1095]; anders ist i.d.R.[1096] (nur) beim Erwerb und bei der Veräußerung (nahezu) aller Geschäftsanteile zu entscheiden[1097]. Die überwiegend befürwortete Ausdehnung auf eine den Umständen des Einzelfalls nach wirtschaftlich dem Unternehmensbesitz gleichkommende erhebliche Beteiligung[1098], die der BGH im Einzelfall bereits bei Erwerb von 50 % der Geschäftsanteile angenommen und zudem auf den Fall, dass ausschließlich Minderjährige an der Gesellschaft beteiligt sind und alle Geschäftsanteile veräußert werden erstreckt hat[1099], ist nicht mit dem   244

1092 BGH v. 18.9.1975 – II ZB 6/74, BGHZ 65, 93, 95 f. (KG); BGH v. 6.6.1988 – II ZR 318/87, GmbHR 1988, 337, 338 (GmbH). Vgl. im Übrigen 11. Aufl., § 47 Rdnr. 180, § 53 Rdnr. 101 f., 103.

1093 Näheres dazu 11. Aufl., § 47 Rdnr. 181 m.w.N. Zur Geschäftsführerbestellung des Vertreters BGH v. 9.12.1968 – II ZR 57/67, BGHZ 51, 209, 214 f.; BGH v. 12.6.1989 – II ZR 246/88, BGHZ 108, 21, 24 f. = GmbHR 1989, 329; BGH v. 24.9.1990 – II ZR 167/89, ZIP 1991, 25, 26 (GbR).

1094 Überzeugend dazu *Winkler*, ZGR 1973, 193 ff.

1095 BGH v. 20.2.1989 – II ZR 148/88, BGHZ 107, 24, 28 ff. = GmbHR 1989, 327; KG, KGJ 34 A 89; KG, JW 1927, 2578; KG v. 20.1.1976 – 1 W 1341/75, NJW 1976, 1946 f.; *Löbbe*, in: Ulmer/Habersack/Löbbe, Rdnr. 287; *Fastrich*, in: Baumbach/Hueck, Rdnr. 3; *Bayer*, in: Lutter/Hommelhoff, Rdnr. 8; *Altmeppen*, in: Roth/Altmeppen, Rdnr. 21; *Reichert/Weller*, in: MünchKomm. GmbHG, 2. Aufl. 2015, Rdnr. 501; *Wicke*, Rdnr. 3; *Görner*, in: Rowedder/Schmidt-Leithoff, Rdnr. 127 f.; *Kroll-Ludwigs*, in: MünchKomm. BGB, 7. Aufl. 2017, § 1822 BGB Rdnr. 17.

1096 Zum Treuhanderwerb RGZ 133, 12.

1097 So zutreffend allerdings nur für den Erwerb *aller* Anteile *Ebbing*, in: Michalski u.a., Rdnr. 168.

1098 KG, JW 1926, 600; KG, JW 1927, 2578; KG v. 20.1.1976 – 1 W 1341/75, NJW 1976, 1946 f.; OLG Hamm v. 9.7.1984 – 15 W 33/83, GmbHR 1985, 121 = WM 1984, 1314; *Feine*, S. 66 Fn. 7; *Görner*, in: Rowedder/Schmidt-Leithoff, Rdnr. 126 f.; *Reichert/Weller*, in: MünchKomm. GmbHG, 2. Aufl. 2015, Rdnr. 502; *U. Jasper*, in: MünchHdb. III, § 24 Rdnr. 209; *Zimmermann*, in: Soergel, 13. Aufl. 2000, § 1822 BGB Rdnr. 17 (75 %); *Veit*, in: Staudinger, 2014, § 1822 BGB Rdnr. 85; *Kroll-Ludwigs*, in: MünchKomm. BGB, 7. Aufl. 2017, § 1822 BGB Rdnr. 17; eb. *Löbbe*, in: Ulmer/Habersack/Löbbe, Rdnr. 288, der aber bei der Annahme eines solchen Tatbestandes Zurückhaltung für geboten hält.

1099 BGH v. 28.1.2003 – X ZR 199/99, DNotZ 2004, 152, 153; *Altmeppen*, in: Roth/Altmeppen, Rdnr. 21; *Reichert/Weller*, in: MünchKomm. GmbHG, 2. Aufl. 2015, Rdnr. 502; *Bayer*, in: Lutter/Hommelhoff, Rdnr. 8; *Brandes*, in: Bork/Schäfer, Rdnr. 54.

Gesetzeszweck des § 1822 Nr. 3 Alt 1 u. 2 BGB vereinbar[1100]. Der Erwerb eines Geschäftsanteils ist aber nach § 1822 Nr. 10 BGB dann genehmigungspflichtig, wenn der Minderjährige dabei eine Verbindlichkeit übernimmt, für die im Innenverhältnis zu ihm der bisherige Schuldner haftet und ersatzpflichtig ist. Das trifft zu, wenn eine Haftung des Minderjährigen für rückständige Leistungen seines Rechtsvorgängers auf den Geschäftsanteil (§ 16 Abs. 2), für ausstehende Einlageleistungen anderer Gesellschafter (§ 24) oder für bestehende Erstattungsforderungen wegen gegen § 30 verstoßender Zahlungen (§ 31 Abs. 3) in Betracht kommt und ihm nach dem Veräußerungsgeschäft bei einer Inanspruchnahme durch eine Gesellschaft die rechtliche Möglichkeit zum Regress verbleiben soll[1101]. Das Genehmigungserfordernis greift dagegen nicht schon deswegen ein, weil es theoretisch möglich ist, dass ein Gesellschafter erst nach der Anteilsübertragung unter Verstoß gegen § 30 Leistungen erhielt und nicht nach § 31 erstatten kann[1102]. Bildet der Geschäftsanteil das ganze oder doch nahezu das ganze Vermögen des Minderjährigen, so ist zur Veräußerung auch bei Kenntnis des Erwerbers keine Genehmigung des Vormundschaftsgerichts erforderlich, da nach der nicht unbedenklichen h.M.[1103] das Erfordernis einer Verpflichtung zur Verfügung über das Vermögen im Ganzen für § 1822 Nr. 1 BGB enger ausgelegt wird als für §§ 1365, 1423 BGB (Rdnr. 238, 241). Keine Veräußerung i.S. des § 1822 Nr. 1, 3 BGB sind die Stimmabgabe für einen Auflösungsbeschluss[1104], die Erhebung der Auflösungsklage (§ 61) oder die die Auflösung bewirkende Kündigung (s. 11. Aufl., Erl. zu § 60 Rdnr. 74 ff.); die Sollvorschrift des § 1823 BGB betrifft nur den Vormund, nicht die Eltern. Ob für die Kündigung mit Ausscheidungsfolge oder für die Zustimmung zur Einziehung etwas anderes anzunehmen ist, mag offenbleiben, da eine Genehmigungspflicht jedenfalls nach dem oben Gesagten praktisch nicht in Betracht kommt.

244a Besteht ein Zustimmungserfordernis gemäß § 1822 BGB, so erstreckt sich dieses auf alle Nebenabreden, Zusicherungen oder sonstige Abreden im Zusammenhang mit dem Erwerb bzw. der Veräußerung der Geschäftsanteile, weil nur dann das Gericht seine Kontrollaufgabe erfüllen kann[1105].

3. Vormund, Pfleger und Betreuer

245 Für den **Vormund** über einen Minderjährigen (§§ 1793 ff. BGB) gelten die Ausführungen in Rdnr. 242 ff. mit der Maßgabe entsprechend, dass der Kreis der genehmigungspflichtigen Geschäfte erweitert ist. Von Bedeutung ist im vorliegenden Zusammenhang vor allem, dass dazu auch der Erbteilungsvertrag (§ 1822 Nr. 2 BGB), d.h. also die Zuteilung eines Geschäftsanteils aus einem Nachlass an einen Erben gehört (zur Form s. Rdnr. 93).

1100 *Hachenburg*, JW 1926, 600; *Zelz*, GmbHR 1959, 92; *Müller*, JR 1961, 329; *Wiedemann*, S. 247 f.; *Winkler*, ZGR 1973, 186 f.; *Fastrich*, in: Baumbach/Hueck, Rdnr. 4; krit. auch *Damrau*, Rpfleger 1985, 62 ff. m.w.N.; offen gelassen von BayObLG v. 22.5.1985 – BReg 3 Z 63/85, GmbHR 1985, 393 = BB 1985, 1149.

1101 BGH v. 20.2.1989 – II ZR 148/88, BGHZ 107, 24, 28 ff. = GmbHR 1989, 327; KG v. 26.9.1961 – 2 U 266/61, NJW 1962, 54, 55; *Löbbe*, in: Ulmer/Habersack/Löbbe, Rdnr. 289; *Bayer*, in: Lutter/Hommelhoff, Rdnr. 8; *Görner*, in: Rowedder/Schmidt-Leithoff, Rdnr. 128; *U. Jasper*, in: Münch-Hdb. III, § 24 Rdnr. 210; *Wicke*, Rdnr. 3; *Zimmermann*, in: Soergel, 13. Aufl. 2000, § 1822 BGB Rdnr. 42. Einschr. auf die Haftung für Mitgesellschafter nach §§ 24, 31 Abs. 3 *Fastrich*, in: Baumbach/Hueck, Rdnr. 5; während *Wiedemann*, S. 248; *Winkler*, ZGR 1973, 188 die Anwendbarkeit des § 1822 Nr. 10 BGB überhaupt verneinen.

1102 BGH v. 20.2.1989 – II ZR 148/88, BGHZ 107, 24, 28 ff. = GmbHR 1989, 327; *Löbbe*, in: Ulmer/Habersack/Löbbe, Rdnr. 289; *Bayer*, in: Lutter/Hommelhoff, Rdnr. 8; a.M. KGJ 44 A 145; KG, JW 1927, 2578.

1103 RGZ 69, 420; RGZ 94, 314; BGH, LM § 1643 BGB Nr. 2.

1104 BGH v. 22.9.1969 – II ZR 144/68, BGHZ 52, 316, 319, 202 ff.

1105 BGH v. 28.1.2003 – X ZR 199/99, DNotZ 2004, 152, 154; insoweit zutreffend *Altmeppen*, in: Roth/Altmeppen, Rdnr. 21.

Die Befugnisse des **Pflegers** ergeben sich aus seiner familiengerichtlichen Bestellung. In Frage 246
kommt: Fürsorge und gesetzliche Vertretung in Angelegenheiten, an deren Besorgung der
Sorgeberechtigte oder Vormund verhindert ist, z.B. bei der Stimmabgabe im Falle von Satzungsänderungen infolge Verhinderung nach § 181 BGB (Rdnr. 242), bei Abtretung des Geschäftsanteils des Minderjährigen an die Eltern (Vormund; vgl. § 181 BGB) oder Verwaltung
des Geschäftsanteils durch den Pfleger, wenn den Eltern oder dem Vormund die Verwaltung
nicht zusteht (§§ 1630, 1638, 1795, 1796, 1909 BGB). Im Rahmen dieser Verwaltung steht der
Pfleger völlig an Stelle des Anteilseigners (Pfleglings). Dagegen kommt es bei der Abwesen-
heitspflegschaft (§ 1911) für einen volljährigen Gesellschafter ganz auf den Geschäftsumfang
an, den das Vormundschaftsgericht der Pflegschaft zugewiesen hat. Ist der Volljährige geschäftsfähig, so ist sein Pfleger nur ein staatlich bestellter Bevollmächtigter[1106]; ist jener ganz
oder beschränkt geschäftsunfähig, so ist der Pfleger im Rahmen seines Aufgabenbereichs gesetzlicher Vertreter[1107].

Der Aufgabenkreis eines **Betreuers** (§§ 1896 ff. BGB) wird in der betreuungsgerichtlichen Be- 247
stellung festgelegt. Er kann entsprechend der Betreuungsnotwendigkeit umfassend sein oder
sich auf bestimmte Angelegenheiten, z.B. die Vermögenssorge oder auch nur die Verwaltung
des Geschäftsanteils beschränken (§ 1896 Abs. 2 BGB). Der Betreuer vertritt den Betreuten in
seinem Aufgabenkreis gerichtlich und außergerichtlich (§ 1902 BGB); er hat dabei die Stellung eines gesetzlichen Vertreters. Die Geschäftsfähigkeit eines Betreuten wird durch die Bestellung nicht berührt, aber soweit dies zur Abwehr einer erheblichen Gefahr für seine Person
oder sein Vermögen erforderlich ist, ordnet das Betreuungsgericht an, dass der Betreute zu einer Willenserklärung, die den Aufgabenkreis des Betreuers betrifft, dessen Einwilligung bedarf; ausgenommen sind rechtlich lediglich vorteilhafte Willenserklärungen (§ 1903 Abs. 1 u.
3 BGB). Ein geschäftsunfähiger Betreuter kann dagegen nur durch den Betreuer als gesetzlichen Vertreter am rechtsgeschäftlichen Verkehr teilnehmen (§§ 104 Nr. 2, 105 Abs. 1 BGB).
Auf die Betreuung sind die in § 1908i BGB genannten familiengerichtlichen Vorschriften
sinngemäß anzuwenden, insbesondere gilt das auch für den Ausschluss der Vertretungsmacht
gemäß §§ 1795 f. BGB und für die familiengerichtlichen Genehmigungen gemäß § 1822 BGB
(Rdnr. 242 ff., 245). Der Gesellschaftsvertrag kann die Ausübung der Gesellschafterrechte
durch den Betreuer nicht ausschließen oder beschränken[1108].

4. Nachlasspfleger

Dieser ist vom Nachlassgericht im Bedarfsfalle zu bestellen zur Vertretung des noch unbe- 248
kannten Erben, insbes. wenn Nachlassforderungen geltend gemacht werden sollen (§§ 1960 ff.
BGB). Gehört also zum Nachlass ein Geschäftsanteil, so verwaltet der Nachlasspfleger diesen
nach Maßgabe seiner Bestellung. Alle Rechtshandlungen zwischen der GmbH und dem (noch
unbekannten) Anteilseigner sind im Verhältnis zwischen GmbH und Nachlasspfleger abzuwickeln; dieser ist im Rahmen seiner Aufgaben gesetzl. Vertreter des noch ungewissen Erben[1109].

5. Nachlassverwalter

Nachlassverwalter werden vom Nachlassgericht auf Antrag des Erben oder eines Nachlass- 249
gläubigers zum Zwecke der Befriedigung der Nachlassgläubiger eingesetzt (§§ 1975, 1981
BGB). Zur Verwaltung des Nachlasses und zur Verfügung über ihn ist nur der Nachlassverwalter befugt (§§ 1984 f. BGB). Er verfügt also über einen zum Nachlass gehörenden Ge-

1106 KG, HRR 1929, 1651; a.M. OLG Celle v. 6.2.1963 – 9 U 167/62, FamRZ 1963, 465.
1107 KG, HRR 1929, 1651.
1108 BGH v. 21.6.1965 – II ZR 68/63, BGHZ 44, 98, 100 ff. zu § 1910 a.F. BGB.
1109 RGZ 76, 125; BGH, LM § 1960 BGB Nr. 3.

schäftsanteil. Da er die Nachlassgläubiger aus dem Nachlass (nicht aus anderem Vermögen) zu befriedigen oder sicherzustellen hat, kann er auch den Geschäftsanteil veräußern, ist dabei aber an etwaige statutarische Abtretungsvoraussetzungen (Rdnr. 107 ff.) gebunden[1110]. Bis dahin übt er die mit dem Anteil verknüpften Rechte aus; höchstpersönliche Rechte, wie z.B. die mit dem Geschäftsanteil verbundene Geschäftsführungsbefugnis, stehen ihm nicht zu. Forderungen der GmbH, soweit vor dem Erbfall, wenn auch bedingt oder betagt, entstanden (Nachlassforderungen), sind nur ihm gegenüber geltend zu machen und nur aus dem Nachlass zu befriedigen. Der Erbe haftet nach Beendigung der Nachlasspflegschaft nur „beschränkt", d.h. nur mit dem etwa noch vorhandenen Nachlassvermögen (§§ 1975, 1990 BGB). Nach dem Erbfall entstandene Forderungen der GmbH sind keine Nachlassforderungen; für diese haftet der Erbe als Gesellschafter unbeschränkt.

6. Testamentsvollstrecker

250 Die **Testamentsvollstreckung** am Geschäftsanteil ist gesellschaftsrechtlich ohne Rücksicht darauf zulässig, ob sie zwecks Abwicklung (§§ 2203 ff. BGB) oder Verwaltung (§ 2205 BGB) angeordnet ist[1111]. Die personalistische Ausgestaltung des Gesellschaftsverhältnisses steht ihr nicht entgegen. Der Gesellschaftsvertrag kann aber die Ausübung der Mitverwaltungsrechte aus dem Geschäftsanteil durch den Testamentsvollstrecker ausschließen, von dessen Zugehörigkeit zu einem bestimmten Personenkreis abhängig machen oder sonst sachlich einschränken[1112]. Statutarische Beschränkungen der Vertretung bei der Ausübung von Mitgliedschaftsrechten gelten trotz der besonderen Rechtsstellung des Testamentsvollstreckers im Zweifel auch für ihn[1113]. Soweit der Testamentsvollstrecker durch den Gesellschaftsvertrag an der Wahrnehmung der Gesellschafterrechte verhindert ist, steht sie dem Erben zu[1114]. Ob die vermögensrechtlichen Ansprüche aus dem Geschäftsanteil (auf Gewinn, Abfindung, Liquidationserlösquote u.a.) auch bei zeitweiser Undurchführbarkeit der testamentarischen Anordnung der Verwaltung des Testamentsvollstreckers unterliegen sollen, ist durch Auslegung des Erblasserwillens festzustellen. Der Ausschluss oder die Beschränkung der Abtretbarkeit des Geschäftsanteils (Rdnr. 107 ff.) sind grundsätzlich ohne Einfluss auf die Zulässigkeit der Testamentsvollstreckung.

251 Der **Aufgabenkreis** des Testamentsvollstreckers kann sehr verschieden sein, da hier der Wille des Erblassers maßgebend ist, den er zu vollstrecken hat (§§ 2203, 2208, 2209 BGB). Mangels

---

1110 Abw. *Däubler*, S. 15 f.
1111 BGH v. 12.6.1989 – II ZR 246/88, BGHZ 108, 21, 23 = GmbHR 1989, 329; BGH v. 10.6.1959 – V ZR 25/58, NJW 1959, 1820; BGH v. 11.10.1976 – II ZR 119/75, GmbHR 1977, 244, 246; BayObLG v. 18.3.1991 – BReg 3 Z 69/90, GmbHR 1991, 572, 574 f.; *Priester*, in: FS Stimpel, 1985, S. 463; *Löbbe*, in: Ulmer/Habersack/Löbbe, Rdnr. 31; *Fastrich*, in: Baumbach/Hueck, Rdnr. 17; *Reichert/Weller*, in: MünchKomm. GmbHG, 2. Aufl. 2015, Rdnr. 486; *Bayer*, in: Lutter/Hommelhoff, Rdnr. 22; *Wiedemann*, S. 338; *Nagler*, Die zweckmäßige Nachfolgeregelung im GmbH-Vertrag, 1998, S. 220 ff.; *D. Jasper/Wollbrink*, in: MünchHdb. III, § 25 Rdnr. 68; *Wicke*, Rdnr. 9; einschr. für die Verwaltungsvollstreckung *Görner*, in: Rowedder/Schmidt-Leithoff, Rdnr. 146.
1112 BGH v. 10.6.1959 – V ZR 25/58, NJW 1959, 1820; OLG Frankfurt a.M. v. 16.9.2008 – 5 U 187/07, EWiR § 15 GmbHG 1/09, 83, 84 (mit Komm. *Floeth*); *Löbbe*, in: Ulmer/Habersack/Löbbe, Rdnr. 31; *Fastrich*, in: Baumbach/Hueck, Rdnr. 17; *Reichert/Weller*, in: MünchKomm. GmbHG, 2. Aufl. 2015, Rdnr. 486; *Ebbing*, in: Michalski u.a., Rdnr. 53; *Bayer*, in: Lutter/Hommelhoff, Rdnr. 22; *Nagler*, Die zweckmäßige Nachfolgeregelung im GmbH-Vertrag, S. 222 ff.; a.M. *Karsten Schmidt*, in: FS Maier-Reimer, S. 629, 633 f.; *Wiedemann*, S. 398; *Petzoldt*, GmbHR 1977, 28; *Priester*, in: FS Stimpel, S. 463, 471.
1113 Vgl. *Schilling*, in: FS W. Schmidt, 1959, S. 208, 217; *Priester*, in: FS Stimpel, S. 471 f.; a.M. *Karsten Schmidt*, in: FS Maier-Reimer, S. 629, 634.
1114 *Löbbe*, in: Ulmer/Habersack/Löbbe, Rdnr. 31; *Bayer*, in: Lutter/Hommelhoff, Rdnr. 22; *Ebbing*, in: Michalski u.a., Rdnr. 53.

testamentarischer Einschränkung hat er, unter Ausschluss des (der) Erben (§§ 2205, 2211 BGB), den gesamten Nachlass zu verwalten und kann über ihn verfügen (§§ 2205 f. BGB), doch nicht unentgeltlich (§ 2205 Satz 3 BGB); die Verwaltung und Verfügung kann auch auf einzelne Nachlassgegenstände, z.B. auf den zum Nachlass gehörenden Geschäftsanteil, beschränkt sein (§§ 2205, 2208 BGB). Unzulässig ist dagegen die auf ein selbständig nicht übertragbares Mitgliedschaftsrecht beschränkte Testamentsvollstreckung, so z.B. die bloße Einräumung des Stimmrechts[1115]. Im Übrigen kann aber auch bei der Verwaltung eines Geschäftsanteils der Umfang letztwillig bestimmt werden, § 2208 BGB[1116]. War ohne Einschränkung die Verwaltung durch den Testamentsvollstrecker angeordnet, so ist dieser unter Ausschluss der Gesellschaftererben berechtigt und verpflichtet, grundsätzlich alle sich aus dem Geschäftsanteil ergebenden Rechte, insbesondere auch – vorbehaltlich etwaiger Beschränkungen des Gesellschaftsvertrages (Rdnr. 250) – die Mitverwaltungsrechte wahrzunehmen[1117]. Ausgenommen sind jedoch höchstpersönliche Gesellschafterrechte, z.B. ein dem Gesellschafternachfolger statutarisch eingeräumtes persönliches Geschäftsführungsrecht[1118]. Insichgeschäfte kann er analog § 181 BGB grundsätzlich nur dann rechtswirksam vornehmen, wenn der Erblasser durch letztwillige Verfügung oder die Erben dies gestattet haben[1119]; zur Anwendung der Stimmverbote aus § 47 Abs. 4 s. 11. Aufl., § 47 Rdnr. 155 ff. Die Informations- und Kontrollrechte stehen dem Testamentsvollstrecker zu und sind durch ihn pflichtgemäß (§ 2216 Abs. 1 BGB) wahrzunehmen[1120]. Er hat, soweit seine Verwaltungsbefugnis reicht, auch das Recht zur Anfechtung der Gesellschafterbeschlüsse[1121]. Rechtshandlungen der GmbH haben ihm gegenüber zu erfolgen[1122].

Der Testamentsvollstrecker kann an **satzungsändernden Beschlüssen** (§ 53) mitwirken und auch, wenn dies der letztwilligen Verfügung entspricht, ohne Einwilligung der Erben eine zusätzlich erforderliche Zustimmung zur Satzungsänderung wegen Eingriffs in Sonderrechte oder relativ unentziehbare Mitgliedschaftsrechte, Leistungsvermehrung oder Abweichung vom Gleichbehandlungsgrundsatz erteilen[1123]. Es ist nicht sinn- und wertungsgerecht, den gesellschaftsrechtlichen Kernbereichsschutz, den die Gegenmeinung heranzieht, auf das völlig   252

1115 *Schilling*, in: FS W. Schmidt, S. 217; *Vogel*, GmbHR 1971, 132, 137; *Priester*, in: FS Stimpel, S. 468; *Koch*, Die Zuordnung des vererbten GmbH-Geschäftsanteils, 1981, Fn. 8; *Nagler*, Die zweckmäßige Nachfolgeregelung im GmbH-Vertrag, S. 224; *D. Jasper/Wollbrink*, in: MünchHdb. III, § 25 Rdnr. 71; *Groß*, GmbHR 1994, 596, 597 Fn. 5; a.M. OLG Hamm, BB 1956, 511; *Wiedemann*, S. 338; *Löbbe*, in: Ulmer/Habersack/Löbbe, Rdnr. 31 a.E.; *Haegele*, Rpfleger 1969, 186, 187.

1116 H.M.; abw. *v. Burchard*, GmbHR 1954, 151; *Schilling*, in: FS W. Schmidt, S. 217.

1117 BGH v. 10.6.1959 – V ZR 25/58, GmbHR 1959, 256; BayObLG v. 18.3.1991 – BReg 3 Z 69/90, GmbHR 1991, 572, 575; *v. Burchard*, GmbHR 1954, 150 ff.; *Däubler*, S. 39 ff.; *Schilling*, in: FS W. Schmidt, S. 217; *Wiedemann*, S. 338; *Priester*, in: FS Stimpel, S. 472 f.; *Löbbe*, in: Ulmer/Habersack/Löbbe, Rdnr. 32; *Fastrich*, in: Baumbach/Hueck, Rdnr. 17; *Ebbing*, in: Michalski u.a., Rdnr. 50; *Bayer*, in: Lutter/Hommelhoff, Rdnr. 22; *Reichert/Weller*, in: MünchKomm. GmbHG, 2. Aufl. 2015, Rdnr. 488; *D. Jasper/Wollbrink*, in: MünchHdb. III, § 25 Rdnr. 74.

1118 *Schilling*, in: FS W. Schmidt, S. 217; *D. Jasper/Wollbrink*, in: MünchHdb. III, § 25 Rdnr. 74; *Wicke*, Rdnr. 9. Anders liegt es, wenn das Geschäftsführungsrecht zwar als Anteilsbestandteil gewollt, aber nicht personengebunden ist; vgl. *Priester*, in: FS Stimpel, S. 472; *Löbbe*, in: Ulmer/Habersack/Löbbe, Rdnr. 33; *Koch*, Die Zuordnung des vererbten GmbH-Geschäftsanteils, S. 194.

1119 BGH v. 29.4.1959 – V ZR 11/58, BGHZ 30, 67, 69 ff.; BGH v. 9.12.1968 – II ZR 57/67, BGHZ 51, 209, 214 f.; BGH v. 12.6.1989 – II ZR 246/88, BGHZ 108, 21, 24 f. = GmbHR 1989, 329; eb. *Löbbe*, in: Ulmer/Habersack/Löbbe, Rdnr. 32.

1120 BGH v. 10.6.1959 – V ZR 25/58, NJW 1959, 1820, 1821 f.

1121 BGH v. 12.6.1989 – II ZR 246/88, BGHZ 108, 21, 23 = GmbHR 1989, 329; OLG Düsseldorf v. 24.8.1995 – 6 U 124/94, GmbHR 1996, 443, 446; eb. *Löbbe*, in: Ulmer/Habersack/Löbbe, Rdnr. 32.

1122 *Priester*, in: FS Stimpel, S. 472 f.

1123 *Lorz*, in: FS Boujong, 1996, S. 319 ff.; *D. Jasper/Wollbrink*, in: MünchHdb. III, § 25 Rdnr. 85 ff.; a.M. *Priester*, in: FS Stimpel, S. 481 ff.; *Karsten Schmidt*, GesR, § 35 II 3c; *Heinemann*, GmbHR 1985, 349; *Ulmer*, NJW 1990, 73, 79 ff.; s. auch *Wiedemann*, S. 338. BGH v. 3.7.1989 – II ZB 1/89,

anders geartete Rechtsverhältnis zwischen dem Testamentsvollstrecker und den Erben zu übertragen[1124]. Eine Zustimmung ist dagegen erforderlich, wenn seine Erklärungen (Stimmabgabe und/oder Zustimmung) als eine das Anteilsrecht inhaltlich umgestaltende unentgeltliche Verfügung i.S. des § 2205 Satz 3 BGB zu qualifizieren sind; es gelten hierfür dieselben Beurteilungsmaßstäbe wie für entsprechende Verfügungen des Vorerben (Rdnr. 41)[1125]. Neue Gesellschafterpflichten darf er im Rahmen der §§ 2206, 2207 BGB ohne Zustimmung der Erben unter der Voraussetzung begründen, dass ihre Erfüllung aus dem Nachlass gesichert oder die Haftung auf ihn beschränkt ist[1126]; seine Zustimmungsbefugnis gemäß § 53 Abs. 3 ist insoweit eingeschränkt. Einer Kapitalerhöhung gegen Einlagen darf er deshalb im Hinblick auf § 24 auch ohne eigene Beteiligung nur zustimmen, wenn die sofortige Einlageleistung der Übernehmer festgelegt und gewährleistet ist oder wenn der Nachlass für die Ausfallhaftung ausreicht[1127]. Er selbst ist zur Übernahme eines Geschäftsanteils nur befugt, wenn sie sofort fällig und aus Nachlassmitteln zu erbringen ist[1128]. Auch bei Umwandlungen kann aus den vorgenannten Gründen im Einzelfall eine Zustimmung erforderlich sein[1129]. Die Mitwirkung an einer Kapitalerhöhung aus Gesellschaftsmitteln ist dagegen uneingeschränkt zulässig. Bei der Rückübertragung eines Treuhandanteils auf den minderjährigen Treugeber ist eine Zustimmung jedenfalls dann nicht erforderlich, wenn keine zusätzlichen persönlichen Pflichten begründet werden[1130].

253 **Unentgeltliche Verfügungen** über den Geschäftsanteil oder über die aus ihm sich ergebenden Vermögensansprüche sind dem Testamentsvollstrecker nicht gestattet (§ 2205 Satz 3 BGB). Nicht darunter fallen Abtretungen oder Belastungen, die er in Vollzug einer Teilungsanordnung des Erblassers[1131] oder in Erfüllung von Vermächtnissen oder testamentarischen Auflagen[1132] vorgenommen hat. Eine unentgeltliche Verfügung des Testamentsvollstreckers ist im Übrigen anzunehmen, wenn er damit aus der Erbmasse ein Opfer ohne gleichwertige Gegenleistung erbringt und er dies weiß oder bei ordnungsgemäßer Verwaltung erkennen müsste[1133]; bei Verfügungen im Rahmen der Auseinandersetzung unter Miterben (§ 2204

BGHZ 108, 187, 198 ff. = GmbHR 1990, 28 hat die ähnliche Frage für Kommanditanteile offen gelassen.

1124 Eb. *Löbbe*, in: Ulmer/Habersack/Löbbe, Rdnr. 34; *Brandner*, in: FS Kellermann, 1991, S. 37, 44 f.; *Lorz*, in: FS Boujong, S. 319 ff.; *Rowedder*, in: FS Goerdeler, 1987, S. 445, 464 f.; *Reichert/Weller*, in: MünchKomm. GmbHG, 2. Aufl. 2015, Rdnr. 491; *D. Jasper/Wollbrink*, in: MünchHdb. III, § 25 Rdnr. 87; *Hehemann*, BB 1995, 1301, 1309 f.; abw. *Ulmer*, ZHR 146 (1982), 555, 564 ff.; *Ulmer*, NJW 1990, 73, 79/80 f.; *Priester*, in: FS Stimpel, S. 481 ff.; *Nagler*, Die zweckmäßige Nachfolgeregelung im GmbH-Vertrag, S. 221; *Raddatz*, Die Nachlasszugehörigkeit vererbter Personengesellschaftsanteile, 1991, S. 173 ff.

1125 *Priester*, in: FS Stimpel, S. 475 ff.; *Löbbe*, in: Ulmer/Habersack/Löbbe, Rdnr. 34; *Bayer*, in: Lutter/Hommelhoff, Rdnr. 22; *D. Jasper/Wollbrink*, in: MünchHdb. III, § 25 Rdnr. 85 ff.

1126 *Däubler*, S. 41; *Priester*, in: FS Stimpel, S. 479; *D. Jasper/Wollbrink*, in: MünchHdb. III, § 25 Rdnr. 79 ff.; a.M. *v. Burchard*, GmbHR 1954, 152 f.; *Wiedemann*, S. 338.

1127 *Groß*, GmbHR 1994, 598; *Priester*, in: FS Stimpel, S. 479; *D. Jasper/Wollbrink*, in: MünchHdb. III, § 25 Rdnr. 79; *Löbbe*, in: Ulmer/Habersack/Löbbe, Rdnr. 34.

1128 *Priester*, in: FS Stimpel, S. 478; *Löbbe*, in: Ulmer/Habersack/Löbbe, Rdnr. 34; *Groß*, GmbHR 1994, 598.

1129 Vgl. dazu *Dörrie*, GmbHR 1996, 245 ff., der zu Unrecht generell eine Zustimmung verlangt; differenzierend zwischen der Verschmelzung zur Aufnahme und der Verschmelzung zur Neugründung *Zimmermann*, in: Kallmeyer, 6. Aufl. 2017, § 13 UmwG Rdnr. 34.

1130 BayObLG v. 18.3.1991 – BReg 3 Z 69/90, GmbHR 1991, 572, 575.

1131 OLG Düsseldorf v. 28.12.1989 – 6 U 119/89, GmbHR 1990, 504, 507.

1132 RGZ 105, 246, 248; OLG Düsseldorf v. 28.12.1989 – 6 U 119/89, GmbHR 1990, 504, 507.

1133 RGZ 105, 246, 248; BGH v. 24.9.1971 – V ZB 6/71, BGHZ 57, 84, 89 f.; BGH v. 15.5.1963 – V ZR 141/61, NJW 1963, 1613, 1614; OLG Düsseldorf v. 28.12.1989 – 6 U 119/89, GmbHR 1990, 504, 507; vgl. dazu auch *Zimmermann*, in: MünchKomm. BGB, 7. Aufl. 2017, § 2205 BGB Rdnr. 72; *Damrau*, in: Soergel, 13. Aufl. 2003, § 2205 BGB Rdnr. 75, jeweils m.w.N.

BGB) kommt es auf den Wert der weggefallenen Gesamthandsbeteiligung an[1134]. Die angeführten Beurteilungskriterien gelten nicht nur für die Veräußerung und Belastung des Geschäftsanteils, sondern auch für Verfügungen des Testamentsvollstreckers durch die Zustimmung zur Einziehung (§ 34 Abs. 2) oder durch Ausscheidenskündigung; die für die Abfindung maßgebende statutarische Bewertungsklausel kann in diesen Fällen zu einer teilweisen unentgeltlichen Verfügung führen[1135]. Über Besonderheiten bei Verfügungen über den Geschäftsanteil durch die Mitwirkung an Satzungsänderungen vgl. Rdnr. 252. Der Testamentsvollstrecker haftet gemäß §§ 2216, 2219 BGB für die ordnungsmäßige Verwaltung des Nachlasses.

XII. Der Geschäftsanteil im Insolvenzverfahren

1. Insolvenz des Gesellschafters

Die Insolvenz des Gesellschafters hat die **Wirkung**, dass dessen Geschäftsanteil mit dem Zeitpunkt der Eröffnung des Insolvenzverfahrens zur Insolvenzmasse gehört (§ 35 InsO), und zwar unabhängig davon, ob die Satzung für den Fall der Anteilsabtretung oder des Insolvenzverfahrens Beschränkungen (§ 15 Abs. 5) vorsieht (Rdnr. 256). Das für den Fall der Pfändung eines Geschäftsanteils in Rdnr. 202 ff. Gesagte, auch soweit es unentgeltliche Einziehung des Anteils betrifft, gilt grundsätzlich auch für das Insolvenzverfahren[1136], eine Abweichung besteht jedoch entsprechend den in Rdnr. 197 a.E. behandelten Einziehungsfällen insofern, als ein Einziehungsrecht, dessen statutarische Voraussetzungen ganz oder teilweise erst nach der Beschlagnahme erfüllt worden sind, den Insolvenzgläubigern gegenüber auch dann nicht wirksam erworben ist, wenn der Erwerb nicht auf einer Rechtshandlung des Schuldners beruht[1137]. Der Insolvenzverwalter, als staatlich eingesetzte Amtsperson, übt die Verwaltungsrechte, also auch das Stimmrecht[1138], aus dem zur Insolvenzmasse gehörigen Geschäftsanteil aus (§ 80 InsO), auch wenn die Satzung eine Vertretung bei der Abstimmung nicht zulässt; sie kann aber dessen Ruhen für den Insolvenzfall anordnen[1139]. Höchstpersönliche Gesellschafterrechte kann er nicht wahrnehmen, wohl aber mit dem Geschäftsanteil verbundene Rechte zur Bestellung des Geschäftsführers oder zur Entsendung eines Aufsichtsratsmitglieds[1140]. Die Verwaltungs- und Verfügungsbefugnis des Anteilsinhabers bleibt jedoch bestehen, wenn das Insolvenzgericht die Eigenverwaltung der Insolvenzmasse angeordnet hat (§§ 270 f. InsO); die Anteilsrechte werden dann weiter durch ihn unter Aufsicht und, soweit besonders angeordnet, mit Zustimmung eines Sachwalters ausgeübt (§§ 270, 274 f.; 277 InsO); der Sachwalter ist an der Gesellschafterversammlung teilnahmeberechtigt.   254

Pfändungen des Geschäftsanteils (Zwangsvollstreckungen und Arreste; Rdnr. 195) **seitens** eines **Insolvenzgläubigers** sind während der Dauer des Insolvenzverfahrens unzulässig (§ 89 Abs. 1 InsO); früher begründete Pfandrechte bleiben bestehen, soweit sie nicht anfechtbar sind (§§ 129 ff. InsO), und können zu abgesonderter Befriedigung führen (§ 50 InsO). Das Insolvenzgericht kann auf Antrag des Verwalters und nach Anhörung des Gläubigers eine   255

1134 BGH v. 15.5.1963 – V ZR 141/61, NJW 1963, 1613, 1615; OLG Düsseldorf v. 28.12.1989 – 6 U 119/89, GmbHR 1990, 504, 507.

1135 Näher dazu *Priester*, in: FS Stimpel, S. 474 f. m.w.N.

1136 RGZ 70, 64, 67; *Fastrich*, in: Baumbach/Hueck, Rdnr. 64; *Bayer*, in: Lutter/Hommelhoff, Rdnr. 102.

1137 *Wolany*, Rechte und Pflichten der Gesellschafter einer GmbH, 1964, S. 145; *H. Winter*, GmbHR 1967, 201, 208.

1138 So auch OLG München v. 24.8.2010 – 31 Wx 154/10, GmbHR 2010, 1038 = ZIP 2010, 1756.

1139 *Löbbe*, in: Ulmer/Habersack/Löbbe, Rdnr. 338; *Fastrich*, in: Baumbach/Hueck, Rdnr. 64; a.M. *Görner*, in: Rowedder/Schmidt-Leithoff, Rdnr. 165.

1140 Zutr. *Görner*, in: Rowedder/Schmidt-Leithoff, Rdnr. 165.

Frist zur Verwertung durch ihn bestimmen; nach Fristablauf ist der Verwalter zur Verwertung berechtigt (§ 173 InsO). Der Insolvenzplan kann die Befriedigung der absonderungsberechtigten Gläubiger abweichend regeln, insbesondere auch ihre Rechte kürzen (§§ 217, 221, 223 InsO).

256 Der Insolvenzverwalter oder, wenn die Eigenverwaltung angeordnet ist (Rdnr. 254), der Gesellschafter kann den Geschäftsanteil **verkaufen**, und zwar, da es sich um einen Akt der Zwangsvollstreckung handelt, **ohne Rücksicht auf** satzungsmäßige Abtretungsbeschränkungen i.S. von **§ 15 Abs. 5** (Rdnr. 202)[1141]; allerdings kann bei einer provozierten Insolvenz der Einwand des Rechtsmissbrauchs eingreifen. Die freihändige Veräußerung des Geschäftsanteils bedarf allerdings der Form des § 15 Abs. 3 und Abs. 4[1142]. Insolvenzverwalter bzw. Gesellschafter haben für die Veräußerung die Zustimmung des Gläubigerausschusses einzuholen (§§ 160 Abs. 1 u. 2 Nr. 1, 276 InsO); ein Verstoß hiergegen berührt ihre Wirksamkeit aber nicht (§§ 164, 276 InsO). Enthält der rechtskräftig bestätigte Insolvenzplan die Willenserklärung eines Beteiligten über die Abtretung des Geschäftsanteils oder über die Verpflichtung hierzu, so ersetzt er insoweit die Formen der Abs. 3 und/oder 4 (§ 254 Abs. 1 InsO). Für den Erwerb gilt im Verhältnis zur GmbH der § 16[1143] (Rdnr. 209). Weiteres über die Gesellschafterinsolvenz s. bei § 64. Aufgelöst wird die GmbH durch das Insolvenzverfahren nur dann, wenn dies im Gesellschaftsvertrag als Auflösungsgrund vorgesehen ist (§ 60 Abs. 2).

257 In der **Insolvenz des Treugebers** kann der Insolvenzverwalter bei der echten uneigennützigen Treuhand (Verwaltungstreuhand) von dem Treuhänder Herausgabe des Geschäftsanteils verlangen; hier ist der Geschäftsanteil haftungsrechtlich nämlich dem Treugeber zugeordnet[1144]. Bei der eigennützigen Treuhand (Sicherungstreuhand) hat der Treuhänder nur ein Recht auf abgesonderte Befriedigung nach § 51 Nr. 1 InsO[1145]. In der **Insolvenz des Treuhänders** hat der Treugeber sowohl bei der echten uneigennützigen Treuhand (Verwaltungstreuhand) als auch bei der Sicherungstreuhand ein Aussonderungsrecht gemäß § 47 InsO[1146]. Dabei ist es unerheblich, in welche Weise der Treuhänder das Treugut erworben hat[1147]. Allerdings steht das Aussonderungsrecht bei der eigennützigen Treuhand unter der Voraussetzung, dass der Treugeber die gesicherte Forderung tilgt, da ansonsten der Sicherungsfall noch eintreten könnte. Bei der uneigennützigen Treuhand (Verwaltungstreuhand) wird in der Unternehmenspraxis das Treugut unter der auflösenden Bedingung der Insolvenz des Treuhänders übertragen.

1141 BGH v. 12.6.1975 – II ZB 12/73, BGHZ 65, 22, 24 f.; *Löbbe*, in: Ulmer/Habersack/Löbbe, Rdnr. 338; *Fastrich*, in: Baumbach/Hueck, Rdnr. 64; *Altmeppen*, in: Roth/Altmeppen, Rdnr. 64; *Ebbing*, in: Michalski u.a., Rdnr. 251; *Reichert/Weller*, in: MünchKomm. GmbHG, 2. Aufl. 2015, Rdnr. 558; *Brandes*, in: Bork/Schäfer, Rdnr. 79; a.M. *Bayer*, in: Lutter/Hommelhoff, Rdnr. 102; *Liebscher/Lübke*, ZIP 2004, 241, 251.
1142 *Löbbe*, in: Ulmer/Habersack/Löbbe, Rdnr. 338; *Fastrich*, in: Baumbach/Hueck, Rdnr. 64; *Ebbing*, in: Michalski u.a., Rdnr. 251; *Altmeppen*, in: Roth/Altmeppen, Rdnr. 64; *Bayer*, in: Lutter/Hommelhoff, Rdnr. 102; *Brandes*, in: Bork/Schäfer, Rdnr. 79; *Görner*, in: Rowedder/Schmidt-Leithoff, Rdnr. 168.
1143 *Altmeppen*, in: Roth/Altmeppen, Rdnr. 64; *Reichert/Weller*, in: MünchKomm. GmbHG, 2. Aufl. 2015, Rdnr. 558; *Ebbing*, in: Michalski u.a., Rdnr. 251.
1144 BGH v. 11.12.1974 – VIII ZR 126/72, DB 1975, 300; *Löbbe*, in: Ulmer/Habersack/Löbbe, Rdnr. 342; *Peters*, in: MünchKomm. InsO, 3. Aufl. 2013, § 35 InsO Rdnr. 125; *Ganter*, in: MünchKomm. InsO, 3. Aufl. 2013, § 47 InsO Rdnr. 371.
1145 BGH v. 6.11.1986 – IX ZR 125/85, WM 1987, 74, 76; BGH v. 5.11.1964 – VII ZR 2/63, WM 1965, 84; *Löbbe*, in: Ulmer/Habersack/Löbbe, Rdnr. 342; *Ganter*, in: MünchKomm. InsO, 3. Aufl. 2013, § 47 InsO Rdnr. 381.
1146 *Löbbe*, in: Ulmer/Habersack/Löbbe, Rdnr. 341.
1147 *Löbbe*, in: Ulmer/Habersack/Löbbe, Rdnr. 341; a.M. kein Aussonderungsrecht bei Erwerbstreuhand *Peters*, in: MünchKomm. InsO, 3. Aufl. 2013, § 35 InsO Rdnr. 117, 122; *Ganter*, in: MünchKomm. InsO, 3. Aufl. 2013, § 47 InsO Rdnr. 375.

2. Insolvenz der GmbH

Hierüber s. § 64. Jeder Gesellschafter kann, ohne Rücksicht auf das Insolvenzverfahren, seinen **258** Geschäftsanteil nach den Regeln des § 15 veräußern und verpfänden[1148]. Eine erforderliche Genehmigung dazu (§ 15 Abs. 5) beschließt die Gesellschafterversammlung oder ein nach § 45 Abs. 2 zuständiges anderes Gesellschaftsorgan; sie wird erforderlichenfalls vom Geschäftsführer erklärt (Rdnr. 129 f.), nicht dagegen vom Insolvenzverwalter[1149]. Aber die Gesellschaftsorgane bleiben bestehen. Der § 16 (Eintragung des Anteilserwerbers in die Gesellschafterliste und Haftungsfragen) gilt unverändert; die Einreichung beim Registergericht erfolgt durch den Geschäftsführer oder den mitwirkenden Notar, nicht den Insolvenzverwalter[1150]. Das Vorliegen eines Insolvenzgrundes stellt einen Rechtsmangel des Geschäftsanteils dar; der Verkäufer kann dem Käufer gegenüber schadensersatzpflichtig sein, wenn er dies oder die bevorstehende Eröffnung des Insolvenzverfahrens verschwiegen hatte[1151]. Zwangsvollstreckungen in Geschäftsanteile werden durch das Insolvenzverfahren über das Vermögen der GmbH nicht berührt.

Besitzt die GmbH eigene Geschäftsanteile (§ 33), so verfügt der Insolvenzverwalter oder, **259** wenn Eigenverwaltung angeordnet ist (Rdnr. 254), der Geschäftsführer über diese[1152]. Für Verkauf gilt das in Rdnr. 258 Gesagte entsprechend. Verwaltungsrechte, insbes. Stimmrecht, aus den eigenen Geschäftsanteilen ruhen (s. bei § 33).

XIII. Steuerrecht

Schrifttum: *Crezelius*, Unternehmenserbrecht, 2. Aufl. 2009; *Gosch*, KStG, 3. Aufl. 2015; *Schmidt*, EStG, 36. Aufl. 2017; *von Oerzten/Loose*, ErbStG, 2017.

1. Ertragsteuerrechtliche Systematik und Verhältnis zur Erbschaftsteuer- und Schenkungsteuer

Wird ein GmbH-Geschäftsanteil auf ein anderes Rechtssubjekt übertragen, können auch die **260** steuerrechtlichen Folgen davon abhängen, ob der Übertragung eine entgeltliche oder unentgeltliche Causa oder eine Leistung societatis causa zugrunde liegt[1153]. **Entgeltliche Übertragungen** und diesen gleichgestellte Vorgänge (z.B. Leistungen societatis causa in Form der verdeckten Einlage, § 17 Abs. 1 Satz 2 EStG) unterliegen grundsätzlich der **Ertragsbesteuerung** (Einkommensteuer, Körperschaftsteuer, Solidaritätszuschlag, Gewerbesteuer und ggf. Kirchensteuer). Für die Ertragsbesteuerung von Übertragungsvorgängen ist grundsätzlich der Übergang des **wirtschaftlichen Eigentums** maßgeblich. Das wirtschaftliche Eigentum an GmbH-Geschäftsanteilen geht regelmäßig gemeinsam mit der Übertragung der zivilrechtlichen Inhaberschaft über (vgl. § 39 Abs. 1 EStG). Es kann jedoch auch vor, nach oder gänz-

---

1148 RGZ 64, 153; eb. *Löbbe*, in: Ulmer/Habersack/Löbbe, Rdnr. 343; *Ebbing*, in: Michalski u.a., Rdnr. 252.

1149 RG, GmbHR 1918, 99; OLG Rostock, GmbHRspr. II § 17 R. 3; *Wiedemann*, Übertragung, S. 98; *Löbbe*, in: Ulmer/Habersack/Löbbe, Rdnr. 343; *Reichert/Weller*, in: MünchKomm. GmbHG, 2. Aufl. 2015, Rdnr. 563; *Görner*, in: Rowedder/Schmidt-Leithoff, Rdnr. 172; zweifelnd RGZ 64, 154 u. OLG München, GmbHRspr. II § 16 R. 10; a.M. *Brodmann*, Anm. 5c; anscheinend auch OLG Hamburg, GmbHR 1914, 383 = GmbHRspr. II § 17 R. 18.

1150 Vgl. zum alten Recht: *Löbbe*, in: Ulmer/Habersack/Löbbe, Rdnr. 343; *Görner*, in: Rowedder/Schmidt-Leithoff, Rdnr. 172.

1151 RGZ 143, 22; hierzu ausführlich Rdnr. 144 f.

1152 *Löbbe*, in: Ulmer/Habersack/Löbbe, Rdnr. 343 a.E.; *Görner*, in: Rowedder/Schmidt-Leithoff, Rdnr. 172 a.E.

1153 Zu etwaigen grunderwerbsteuerlichen Konsequenzen s. § 1 Abs. 2a, 3, 3a und § 6a GrEStG.

lich unabhängig von der zivilrechtlichen Inhaberschaft übertragen werden (vgl. § 39 Abs. 2 Nr. 1 Satz 1 AO). Es geht z.B. vor der Abtretung eines GmbH-Geschäftsanteils über, wenn der Erwerber eine rechtlich geschützte, auf den Erwerb des GmbH-Geschäftsanteils gerichtete Rechtsposition erlangt hat, die ihm nicht mehr gegen seinen Willen entzogen werden kann, und die mit dem Anteil verbundenen wesentlichen Rechte (u.a. Stimmrechte, Dividenden) sowie Risiken bzw. Chancen der Wertminderung bzw. -steigerung auf ihn übergegangen sind[1154]. Ob ein solcher Übergang vorliegt, ist regelmäßig im Rahmen einer wertenden Gesamtwürdigung zu bestimmen. Z.B. durch Begründung einer Vereinbarungstreuhand kann das wirtschaftliche Eigentum auch unabhängig von einem zivilrechtlichen Übertragungsvorgang übergehen (vgl. § 39 Abs. 2 Nr. 1 Satz 2 AO). Ertragsteuerlich ist weiter danach zu differenzieren, ob die GmbH-Geschäftsanteile durch ein **Einkommensteuersubjekt** – d.h. eine natürliche Person – (s. Rdnr. 261 ff.) oder durch **Körperschaftsteuersubjekt** – d.h. insbesondere Kapitalgesellschaften – (s. Rdnr. 267 ff.) übertragen werden. Überträgt eine **Personengesellschaft** ihren GmbH-Anteil, ist für die Einkommen- bzw. Körperschaftsteuer auf die dahinterstehenden Personen (Gesellschafter) abzustellen. Personengesellschaften sind insoweit einkommen-/körperschaftsteuerlich transparent. Unabhängig von der Person des Veräußerers unterliegt eine Übertragung zudem grundsätzlich der **Gewerbesteuer**, wenn die GmbH-Anteile zu einem inländischen Gewerbebetrieb (der den GmbH-Anteil übertragenden natürlichen Person, Körperschaft oder Personengesellschaft) gehörten (s. Rdnr. 263, 267). Erfolgt eine Übertragung von GmbH-Geschäftsanteilen (zumindest teilweise) **unentgeltlich** und nicht als Leistung societatis causa (z.B. als verdeckte Einlage in eine Kapitalgesellschaft)[1155], unterliegt die Übertragung grundsätzlich nicht der Ertragsbesteuerung, sondern ggf. als freigebige Zuwendung der Schenkungsteuer (§ 7 Abs. 1 Nr. 1 ErbStG). Das Erbschaft-/Schenkungsteuerrecht ist grundsätzlich stärker **zivilrechtsakzessorisch** ausgeprägt als das Ertragsteuerrecht[1156]. Die freigebige Zuwendung eines GmbH-Anteils setzt daher grundsätzlich eine formwirksame Abtretung des GmbH-Anteils voraus (§ 7 Abs. 1 Nr. 1, § 9 Abs. 1 Nr. 2 ErbStG). Eine Übertragung kann unter Umständen auch in einen entgeltlichen – der Ertragsbesteuerung unterliegenden – und einen unentgeltlichen – der Schenkungsteuer unterliegenden – Teil aufgespalten werden (s. Rdnr. 261, 262).

2. Anteilseigner ist eine natürliche Person

a) Entgeltliche Übertragungen und gleichgestellte Vorgänge

261 Veräußert – vereinfacht – eine zu **weniger als 1 v.H.** an einer GmbH beteiligte natürliche Person einen im **Privatvermögen** gehaltenen GmbH-Geschäftsanteil, dann war dieser Vorgang nach früherer Rechtslage nur dann steuerbar, wenn der GmbH-Geschäftsanteil innerhalb eines Jahres nach Erwerb wieder verkauft worden ist (§ 23 Abs. 1 Satz 1 Nr. 2 EStG a.F.). Mittlerweile fällt die Veräußerung von nach dem 31.12.2008 erworbenen Kapitalgesellschaftsanteilen unabhängig von der Haltedauer unter das Abgeltungssteuersystem (§ 20 Abs. 2 Satz 1 Nr. 1 i.V.m. § 32d Abs. 1 EStG; § 52 Abs. 28 Satz 11 EStG), sofern keines der in den Rdnr. 262 – 264 beschriebenen Regime greift. Es erfolgt grundsätzlich eine abgeltende „Pauschalbesteuerung" des Veräußerungsgewinns mit Einkommensteuer von 25 v.H. zuzüglich Solidaritätszuschlag von 5,5 v.H. der Einkommensteuer (§§ 3, 4 SolzG) und ggf. Kirchensteuer. Bei teilentgeltlichen Übertragungen von GmbH-Geschäftsanteilen, beispielsweise im Rahmen einer vorweggenommenen Erbfolge, gilt nach der zu § 17 EStG (s. Rdnr. 262) er-

---

1154 BFH v. 11.7.2006 – VIII R 32/04, BStBl. II 2007, 296 = GmbHR 2007, 49 mit Anm. *Hoffmann*.
1155 BFH v. 30.1.2013 – II R 6/12, BStBl. II 2013, 930 = GmbHR 2013, 486; BFH v. 17.10.2007 – II R 63/05, BStBl. II 2008, 381 = GmbHR 2008, 220; vgl. aber § 7 Abs. 8 Satz 1 ErbStG zur Fiktion einer Schenkung für den Fall einer kapitaldisproportionalen Einlage (z.B. eines GmbH-Geschäftsanteils) in eine Kapital- oder Personengesellschaft.
1156 *Esskandari*, in: von Oertzen/Loose, § 7 ErbStG Rdnr. 115.

gangenen Rechtsprechung die sog. Trennungstheorie. Die Übertragung wird nach dem Verhältnis des Veräußerungsentgelts zum Verkehrswert des übertragenen GmbH-Geschäftsanteils in einen entgeltlichen und unentgeltlichen Teil aufgespalten. Nur soweit eine entgeltliche Übertragung vorliegt, handelt es sich um eine steuerbare Veräußerung[1157].

Handelt es sich um eine im **Privatvermögen** gehaltene Beteiligung einer innerhalb der letzten fünf Jahre (zumindest zeitweise) **mindestens** zu 1 v.H. unmittelbar oder mittelbar an der Gesellschaft beteiligten natürlichen Person, dann führt die Veräußerung nach § **17 Abs. 1 Satz 1 EStG** zu Einkünften aus Gewerbebetrieb. Dies gilt auch bei einer geringeren Beteiligungsquote, wenn die GmbH-Geschäftsanteile im Rahmen einer unter dem gemeinen Wert erfolgten Sacheinlage (s. Rdnr. 263) erworben wurden (§ 17 Abs. 6 Nr. 1 EStG). Auf Einkünfte i.S. des § 17 EStG ist grundsätzlich das Teileinkünfteverfahren anzuwenden. Danach sind lediglich 60 v.H. des Veräußerungspreises steuerpflichtig (§ 3 Nr. 40 Satz 1 Buchst. c EStG) und lediglich 60 v.H. der Anschaffungs- sowie der Veräußerungskosten anzusetzen (§ 3c Abs. 2 Satz 1 EStG). Aufgrund der Einordnung als gewerbliche Einkünfte und der in § 17 Abs. 2 Satz 1 EStG gesondert geregelten Gewinnermittlung[1158] wird der Veräußerungsgewinn grundsätzlich nicht (erst) mit Zufluss des Veräußerungserlöses, sondern mit der Übertragung des wirtschaftlichen Eigentums an den GmbH-Geschäftsanteilen realisiert[1159]. Eine teilentgeltliche Übertragung wird nach dem Verhältnis des Veräußerungsentgelts zum Verkehrswert des übertragenen GmbH-Geschäftsanteils in einen nach § 17 EStG steuerbaren entgeltlichen und in einen unentgeltlichen Teil aufgespalten (vgl. Rdnr. 261)[1160]. 262

Befindet sich der GmbH-Geschäftsanteil im **Betriebsvermögen** eines Einzelunternehmens oder einer gewerblichen Personengesellschaft, dann gelten die Regeln der betrieblichen Einkünfteermittlung (§ 2 Abs. 2 Nr. 2 EStG), die Vorrang vor §§ 17, 20 Abs. 2 EStG haben (vgl. § 20 Abs. 8 Satz 1 EStG). Auch hier kommt es grundsätzlich zur Anwendung des Teileinkünfteverfahrens (§ 3 Nr. 40 Satz 1 Buchst. a, b, § 3c Abs. 2 EStG). Bei einer Veräußerung durch eine gewerbliche Personengesellschaft (Mitunternehmerschaft im Sinne des § 15 Abs. 1 Satz 1 Nr. 2 EStG) ist ebenfalls das Teileinkünfteverfahren anzuwenden (§ 3 Nr. 40 Satz 1 Buchst. a, § 3c Abs. 2 EStG), soweit natürliche Personen an der Personengesellschaft beteiligt sind[1161]. Das Teileinkünfteverfahren gilt nach § 7 Satz 4 GewStG auch für die Gewerbesteuer. Es kommt u.U. zu einem weiter begünstigten Veräußerungsgewinn nach § 16 Abs. 1 Satz 1 Nr. 1 EStG, wenn die veräußerte Beteiligung das gesamte Nennkapital umfasst und die gesamte Beteiligung an einen Erwerber veräußert wird[1162]. 263

Wurden GmbH-Geschäftsanteile im Rahmen einer unter dem gemeinen Wert angesetzten Einbringung eines Betriebs oder Teilbetriebs (Sacheinlage) nach § 20 UmwStG erworben und innerhalb von 7 Jahren wieder veräußert (**sperrfristbehaftete Anteile**), ist das in Rdnr. 262, 263 beschriebene Teileinkünfteverfahren nicht uneingeschränkt anzuwenden. Vielmehr ist der Wert des eingebrachten Betriebs bzw. Teilbetriebs – vereinfacht – für jedes noch nicht abgelaufene Jahr der 7-jährigen Sperrfrist um $^1/_7$tel der Differenz zwischen dem gemeinen Wert im Zeitpunkt der Einbringung und dem bei der Einbringung angesetzten Wert zu erhöhen (§ 22 264

1157 Vgl. zu § 17 EStG BFH v. 17.7.1980 – IV R 15/76, BStBl. II 1981, 11 = GmbHR 1981, 21; *Weber-Grellet*, in: Schmidt, § 17 EStG Rdnr. 105.
1158 BFH v. 22.6.1998 – VIII B 26/98, BFH/NV 1999, 33.
1159 BFH v. 6.10.1993 – I R 97/92, BStBl. II 1994, 287; *Weber-Grellet*, in: Schmidt, § 17 EStG Rdnr. 131.
1160 Vgl. zu § 17 EStG BFH v. 17.7.1980 – IV R 15/76, BStBl. II 1981, 11 = GmbHR 1981, 21; *Weber-Grellet*, in: Schmidt, § 17 EStG Rdnr. 105.
1161 Zur einheitlichen und gesonderten Feststellung der von den Personengesellschaftern erzielten Einkünfte und der Berücksichtigung des Teileinkünfteverfahrens im Rahmen dieser Feststellungen bzw. der Veranlagung vgl. BFH v. 18.7.2012 – X R 28/10, BStBl. II 2013, 444 = GmbHR 2013, 105.
1162 BFH v. 24.6.1982 – IV R 151/79, BStBl. II 1982, 751 = GmbHR 1983, 57.

Abs. 1 Satz 3 UmwStG). Der daraus resultierende sog. Einbringungsgewinn I (i) ist nach § 22 Abs. 1 Satz 1 UmwStG nachträglich als Gewinn des Einbringenden gemäß § 16 EStG zu versteuern, (ii) erhöht die Anschaffungskosten für die GmbH-Geschäftsanteile (§ 22 Abs. 1 Satz 4 UmwStG) und (ii) reduziert den im Rahmen des Teileinkünfteverfahrens (s. Rdnr. 262, 263) zu versteuernden Gewinn aus der Veräußerung des Geschäftsanteils.

b) Unentgeltliche Übertragungen

265 Wird der GmbH-Geschäftsanteil unentgeltlich übertragen, dann ist wie folgt zu unterscheiden: Handelt es sich in der Person des Abgebenden um eine **Beteiligung nach § 17 Abs. 1 Satz 1 EStG**, dann ist der Vorgang zunächst erfolgsneutral. Der Zuwendungsempfänger hat jedoch die erweiterte Steuerpflicht des § 17 Abs. 1 Satz 4 EStG zu beachten. Für ihn ist eine anschließende Veräußerung auch dann nach § 17 EStG zu versteuern, wenn er nicht selbst, jedoch sein Rechtsvorgänger die nominelle Beteiligungsschwelle (von 1 v.H.) des § 17 Abs. 1 Satz 1 EStG während der letzten 5 Jahre vor der Veräußerung erfüllt hat. Für betrieblich gehaltene Beteiligungen gelten andere Regelungen.

266 Handelt es sich bei der unentgeltlichen Übertragung um eine freigebige Zuwendung i.S. des § 7 Abs. 1 Nr. 1 ErbStG wird der GmbH-Geschäftsanteil **erbschaft- und schenkungsteuerrechtlich** nach den Regeln der §§ 11 Abs. 2, 199 ff. BewG bewertet. Ist keine zeitnahe Wertableitung nach § 11 Abs. 2 Satz 2 BewG möglich, dann kommt es entweder zur Anwendung einer im Geschäftsverkehr üblichen Unternehmensbewertungsmethode (§ 11 Abs. 2 Satz 2 BewG) oder zum vereinfachten Bewertungsverfahren der §§ 199 ff. BewG. Im Verhältnis der beiden Verfahren zueinander will die Finanzverwaltung ein Wahlrecht gewähren (s. § 11 Rdnr. 208)[1163]. Handelt es sich um einen GmbH-Geschäftsanteil im Privatvermögen, dann kommt es unter bestimmten Voraussetzungen der §§ 13a, 13b ErbStG zu einer Befreiung von 85 v.H. (§ 13a Abs. 1 ErbStG; Regelverschonung) bzw. von 100 v.H. (§ 13a Abs. 10 ErbStG; Optionsverschonung). Allerdings sind die in §§ 13a, 13b ErbStG geregelten Behaltetatbestände zu beachten[1164].

3. Anteilseigner ist eine Kapitalgesellschaft

267 Überträgt eine Kapitalgesellschaft das wirtschaftliche Eigentum an einem GmbH-Geschäftsanteil, bleibt ein etwaiger Veräußerungsgewinn grundsätzlich nach **§ 8b Abs. 2 Satz 1 KStG** außer Ansatz. Diese Steuerbefreiung gilt – anders als die Steuerbefreiung für Dividenden (vgl. § 8b Abs. 4 Satz 1 KStG) – unabhängig von der Beteiligungshöhe und der Beteiligungsdauer. Ausnahmen gelten u.a. für Kredit- und Finanzdienstleistungsinstitute bzw. für Lebens- und Krankenversicherungen, die die veräußerten Geschäftsanteile in ihrem Handelsbestand (§ 8b Abs. 7 KStG) bzw. als Kapitalanlagen gehalten haben (§ 8b Abs. 8 KStG). Ferner sind Besonderheiten bei der Veräußerung sperrfristbehafteter Anteile entsprechend Rdnr. 264 zu beachten. Durch die Steuerbefreiung von Veräußerungsgewinnen und Dividenden soll eine weitere ertragsteuerliche Belastung der von einer Kapitalgesellschaft erzielten Gewinne grundsätzlich erst dann erfolgen, wenn die Gewinne – als Dividende bzw. als sich im Wert der Geschäftsanteile widerspiegelnder Veräußerungserlös – von einer natürlichen Person als Gesellschafter erzielt werden. Allerdings gelten 5 % der außer Ansatz bleibenden Veräußerungsgewinne als nicht abzugsfähige Betriebsausgaben (§ 8b Abs. 3 Satz 1 KStG). Im Ergebnis sind also nur 95 % des Veräußerungsgewinns steuerbefreit.

1163 R B 11.2 Abs. 2 Satz 4 ErbStR 2011.
1164 Zu den in der Praxis nicht seltenen Einziehungsklauseln und Abtretungsklauseln näher *Crezelius*, Unternehmenserbrecht, 2. Aufl. 2009, Rdnr. 347 ff.

Erzielt eine Körperschaft Gewinnminderungen/Verluste aus einer Beteiligung an einer GmbH 268
(Veräußerungsverluste; Teilwertabschreibungen), bleiben diese Gewinnminderungen/Verluste
hingegen unberücksichtigt (§ 8b Abs. 3 Satz 3 KStG). Dieses Abzugsverbot entspricht der teilweisen (60 %-igen) Nichtabzugsfähigkeit von Gewinnminderungen/Veräußerungsverlusten,
die eine gemäß Teileinkünfteverfahren besteuerte natürliche Person erzielt (§ 3c Abs. 2 EStG).
Das vollständige körperschaftsteuerliche Abzugsverbot überzeugt steuersystematisch ebenso
wenig wie die teilweise einkommensteuerliche Nichtabzugsfähigkeit von Gewinnminderun-
gen im Rahmen des Teileinkünfteverfahrens (Rdnr. 261).

Die körperschaftsteuerliche Beteiligungsertragsbefreiung gilt zudem bei einer Veräußerung 269
durch eine gewerbliche Personengesellschaft (Mitunternehmerschaft i.S. des § 15 Abs. 1 Satz 1
Nr. 2 EStG), soweit Kapitalgesellschaften an ihr beteiligt sind. Die Beteiligungsertragsbefreiung wirkt sich ferner auf die gewerbesteuerliche Bemessungsgrundlage aus (§ 7 Satz 1, 4 Halbsatz 2 GewStG), so dass 5 v.H. eines Veräußerungsgewinns der Gewerbesteuer unterliegen
und ein Veräußerungsverlust auch für die Gewerbesteuer außer Ansatz bleibt.

4. Verlustuntergang infolge von Gesellschafterwechseln (§§ 8c, 8d KStG)

Mit dem Unternehmenssteuerreformgesetz 2008 wurde der steuerliche Verlustuntergang ei- 270
ner Kapitalgesellschaft infolge von Gesellschafterwechseln neu geregelt. § 8c KStG ist an die
Stelle der früheren Mantelkaufregelung des § 8 Abs. 4 KStG getreten. § 8c KStG begründet
grundsätzlich den **partiellen bzw. vollständigen Verlustuntergang** (§ 8c Abs. 1 Satz 1 bzw.
Satz 2 KStG) der Gesellschaft, wenn innerhalb von fünf Jahren zwischen mehr als 25 % und
bis zu 50 % bzw. mehr als 50 % der Anteile an einer Kapitalgesellschaft auf einen Erwerber
oder eine Erwerbergruppe i.S. des § 8c Abs. 1 Satz 3 KStG übertragen werden (schädlicher Beteiligungserwerb). Dabei werden auch Veränderungen der Beteiligungsquote infolge von Kapitalerhöhungen (§ 8c Abs. 1 Satz 4 KStG) und nach Verwaltungsauffassung auch andere
quotenverändernde Vorgänge (z.B. Kapitalherabsetzungen oder Erwerb eigener Anteile durch
die Gesellschaft) berücksichtigt[1165]. Die Regelung gilt für Zinsvorträge (§ 8a Abs. 1 Satz 3
KStG) und für gewerbesteuerliche Fehlbeträge (§ 10a Satz 10 GewStG) entsprechend. Nach
der gesetzgeberischen Vorstellung ändert ein schädlicher Beteiligungserwerb die wirtschaftliche Identität einer Gesellschaft und rechtfertige damit den Untergang von Verlusten und
Zinsvorträgen[1166]. Das **BVerfG** hat hingegen mit Beschluss vom 29.3.2017[1167] entschieden,
dass jedenfalls der anteilige Verlustuntergang bei schädlichen Beteiligungserwerben von mehr
als 25 % und bis zu 50 % der Anteile an einer Kapitalgesellschaft in der Zeit vom 1.1.2008 bis
zum 31.12.2015 (dem Inkrafttreten des § 8d KStG; s. Rdnr. 272) gegen den Gleichheitssatz
verstößt. Das BVerfG hat die Regelung nicht für nichtig erklärt, sondern dem Gesetzgeber
aufgegeben, bis Ende 2018 rückwirkend eine verfassungskonforme Neuregelung (d.h. Einschränkung des Verlustuntergangs nach § 8c KStG) zu treffen. Wenn der Gesetzgeber dem
nicht nachkommt, tritt die Nichtigkeit von § 8c Abs. 1 Satz 1 KStG rückwirkend ein.

Eine **Einschränkung** des Verlustuntergangs findet sich in § 8c Abs. 1 Satz 6 KStG (**Stille-Re-** 271
serven-Klausel). Ein nicht abziehbarer nicht genutzter Verlust bleibt abweichend von den
Grundregeln in § 8c Abs. 1 Sätze 1, 2 KStG (anteilig) erhalten, soweit bei der Körperschaft
im Zeitpunkt des schädlichen Beteiligungserwerbs im Inland steuerpflichtige stille Reserven
vorhanden sind. Hintergrund dieser Vorschrift ist offenbar die Überlegung des Steuergesetz-
gebers, dass eine Aufdeckung der stillen Reserven mit einem Verlustvortrag verrechnet werden könnte. Dann soll ein derartiger Verlustvortrag auch bei einem prinzipiell schädlichen
Beteiligungserwerb nicht untergehen. Eine weitere Einschränkung zum Verlustuntergang re-

---

1165 *Roser*, in: Gosch, § 8c KStG Rdnr. 56.
1166 Vgl. BT-Drucks. 16/4841, S. 34 f., 74 ff.
1167 BVerfG v. 29.3.2017 – 2 BvL 6/11, GmbHR 2017, 710 = BFH/NV 2017, 1006.

gelt § 8c Abs. 1 Satz 5 KStG (**Konzernklausel**). Danach begründen Anteilserwerbe keinen schädlichen Beteiligungserwerb, wenn – stark vereinfacht – vor und nach der Übertragung dieselbe Person zumindest mittelbar 100 % der Anteile an der Gesellschaft hält, deren Anteile übertragen worden sind.

272 Auch außerhalb des § 8c Abs. 1 KStG sind Ausnahmen zum Verlustuntergang gemäß § 8c Abs. 1 KStG geregelt. Dies betrifft zum einen die sog. Sanierungsklausel des § 8c Abs. 1a KStG und zum anderen § 8d KStG. Die **Sanierungsklausel** des § 8c Abs. 1a KStG ist allerdings von der EU-Kommission mit Beschluss vom 26.1.2011 als unzulässige Beihilfe nach Art. 108 Abs. 3 AEUV qualifiziert worden. Sollte der EuGH den Beschluss für nichtig erklären, dann gilt die Entscheidung nicht nur inter partes, sondern für alle betroffenen Rechtssubjekte[1168]. Mittlerweile hat der deutsche Steuergesetzgeber die Anwendung des § 8c Abs. 1a KStG bis zu einer Aufhebung der Kommissionsentscheidung suspendiert (Einzelheiten in § 34 Abs. 6 KStG). Zum anderen hat der Gesetzgeber Ende 2016 die Ausnahme des **§ 8d KStG** zum Verlustuntergang nach § 8c Abs. 1 KStG eingeführt[1169]. Sie ist auf schädliche Beteiligungserwerbe seit dem 1.1.2016 anwendbar (§ 34 Abs. 6a KStG). Danach kann der Verlust unter bestimmten Voraussetzungen auf Antrag als **fortführungsgebundener Verlustvortrag** festgestellt und als solcher weiter genutzt werden. Für einen solchen Antrag muss der Geschäftsbetrieb der Gesellschaft während der letzten drei Jahre vor und im Jahr des schädlichen Beteiligungserwerbs qualitativ identisch geblieben sein i.S. des § 8d KStG. Die künftige Nutzung des fortführungsgebundenen Verlustvortrags setzt (ebenfalls) eine qualitativ unveränderte Fortführung des Geschäftsbetriebs der Gesellschaft voraus (§ 8d Abs. 2 KStG).

1168 Vgl. anhängige EuGH-Verfahren Rs. C-203/16 und C-209/16 sowie EuG v. 4.2.2016 – T-287/11, Heitkamp Bauholding GmbH, Slg. 2016, II-60 ff. und EuG v. 4.2.2016 – T-620/11, GFKL Financial Services AG, GmbHR 2016, 384.
1169 Gesetz zur Weiterentwicklung der steuerlichen Verlustverrechnung bei Körperschaften vom 20.12.2016, BGBl. I 2016, 2998.

§ 16

Rechtsstellung bei Wechsel der Gesellschafter oder Veränderung des Umfangs ihrer Beteiligung; Erwerb vom Nichtberechtigten

(1) Im Verhältnis zur Gesellschaft gilt im Fall einer Veränderung in den Personen der Gesellschafter oder des Umfangs ihrer Beteiligung als Inhaber eines Geschäftsanteils nur, wer als solcher in der im Handelsregister aufgenommenen Gesellschafterliste (§ 40) eingetragen ist. Eine vom Erwerber in Bezug auf das Gesellschaftsverhältnis vorgenommene Rechtshandlung gilt als von Anfang an wirksam, wenn die Liste unverzüglich nach Vornahme der Rechtshandlung in das Handelsregister aufgenommen wird.

(2) Für Einlageverpflichtungen, die in dem Zeitpunkt rückständig sind, ab dem der Erwerber gemäß Absatz 1 Satz 1 im Verhältnis zur Gesellschaft als Inhaber des Geschäftsanteils gilt, haftet der Erwerber neben dem Veräußerer.

(3) Der Erwerber kann einen Geschäftsanteil oder ein Recht daran durch Rechtsgeschäft wirksam vom Nichtberechtigten erwerben, wenn der Veräußerer als Inhaber des Geschäftsanteils in der im Handelsregister aufgenommenen Gesellschafterliste eingetragen ist. Dies gilt nicht, wenn die Liste zum Zeitpunkt des Erwerbs hinsichtlich des Geschäftsanteils weniger als drei Jahre unrichtig und die Unrichtigkeit dem Berechtigten nicht zuzurechnen ist. Ein gutgläubiger Erwerb ist ferner nicht möglich, wenn dem Erwerber die mangelnde Berechtigung bekannt oder infolge grober Fahrlässigkeit unbekannt ist oder der Liste ein Widerspruch zugeordnet ist. Die Zuordnung eines Widerspruchs erfolgt aufgrund einer einstweiligen Verfügung oder aufgrund einer Bewilligung desjenigen, gegen dessen Berechtigung sich der Widerspruch richtet. Eine Gefährdung des Rechts des Widersprechenden muss nicht glaubhaft gemacht werden.

Neu gefasst durch das MoMiG vom 23.10.2008 (BGBl. I 2008, 2026).

Schrifttum: *Altmeppen,* Abschied von der „unwiderlegbar vermuteten" Mitgliedschaft des Scheingesellschafters in der Kapitalgesellschaft, ZIP 2009, 345; *Altmeppen,* Der gutgläubige Zwischenerwerb am Beispiel des § 16 Abs. 3 GmbHG, in: Liber amicorum Schurig, 2012, S. 1; *Apfelbaum,* Das Merkmal der Zurechenbarkeit beim gutgläubigen Erwerb von GmbH-Anteilen, BB 2008, 2470; *Barthel,* § 16 Abs. 1 S. 2 GmbHG n.F. – Ein neuer Anwendungsbereich für eine wirksame Verpflichtung einer GmbH im Außenverhältnis nach den Grundsätzen der fehlerhaften Organstellung, GmbHR 2009, 569; *Battke,* Haftungsrisiken bei Erwerb von GmbH-Geschäftsanteilen und kein Ende?, GmbHR 2014, 747; *Bayer,* Gesellschafterliste: Einreichungspflichtige Veränderungen der Beteiligungsverhältnisse, GmbHR 2012, 1; *Bayer,* Kein gutgläubiger Erwerb bei aufschiebend bedingter Abtretung eines GmbH-Geschäftsanteils?, GmbHR 2011, 1254; *Bayer,* Gesellschafterliste und Aktienregister, in: Liber amicorum M. Winter, 2011, S. 9; *Bayer/Illhardt,* Darlegungs- und Beweislast im Recht der GmbH, GmbHR 2011, 638; *Bednarz,* Die Gesellschafterliste als Rechtsscheinträger für einen gutgläubigen Erwerb von Geschäftsanteilen, BB 2008, 1854;

Begemann/Grunow, Erwerberschutz bei aufschiebend bedingter Abtretung von GmbH-Geschäftsanteilen, DNotZ 2011, 403; *Bernauer/Bernauer*, Praktische Fragen zum Widerspruch gegen die Gesellschafterliste, GmbHR 2016, 621; *Böhringer*, Möglicher gutgläubiger Wegerwerb von beschränkten dinglichen Rechten und dessen Ausschluss, BWNotZ 2008, 70; *Böttcher/Blasche*, Gutgläubiger Erwerb von Geschäftsanteilen entsprechend der in der Gesellschafterliste eingetragenen Stückelung nach dem MoMiG, NZG 2007, 565; *Bohrer*, Fehlerquellen und gutgläubiger Erwerb im Geschäftsanteilverkehr – Das Vertrauensschutzkonzept im Regierungsentwurf des MoMiG, DStR 2007, 995; *Brandes*, Gutgläubiger Erwerb bei bedingter Abtretung von GmbH Geschäftsanteilen, GmbHR 2012, 545; *Breitenstein/Meyding*, GmbH-Reform: Die „neue" GmbH als wettbewerbsfähige Alternative oder nur „GmbH light", BB 2006, 1457; *Desch*, Der Erwerb von GmbH-Geschäftsanteilen zwei Jahre nach der Reform, BB 2010, 3104; *Dittert*, Einstweiliger Rechtsschutz gegen falsche GmbH-Gesellschafterliste, NZG 2015, 221; *Eder, Cajetan J.*, Die rechtsgeschäftliche Übertragung von Aktien, NZG 2004, 107; *Eidenmüller*, Die GmbH im Wettbewerb der Rechtsformen, ZGR 2007, 168; *Flesner*, Die GmbH-Reform (MoMiG) aus Sicht der Akquisitions- und Restrukturierungspraxis, NZG 2006, 641; *Gasteyer/Goldschmidt*, Der schwebend unwirksam bestellte Geschäftsführer nach einem Gesellschafterwechsel – Wirksamkeit seiner Rechtshandlungen nach § 16 Abs. 1 GmbHG i.d.F. des MoMiG, ZIP 2008, 1906; *Gehrlein*, Der aktuelle Stand des neuen GmbH-Rechts, Der Konzern 2007, 771; *Götze/Bressler*, Praxisfragen der Gesellschafterliste und des gutgläubigen Erwerbs von Geschäftsanteilen nach dem MoMiG, NZG 2007, 894; *Gottschalk*, Neue Regelungen für die Gesellschafterliste und die Geschäftsanteile sowie der gutgläubige Erwerb von Geschäftsanteilen nach dem MoMiG, DZWIR 2008, 45; *Greitemann/Bergjan*, Die Auswirkungen des MoMiG auf die M&A-Praxis, in: FS Pöllath, 2008, S. 271; *Grunewald*, Der gutgläubige Erwerb von GmbH-Anteilen: Eine neue Option, Der Konzern 2007, 13; *Grunewald/Gehling/Rodewig*, Gutgläubiger Erwerb von GmbH-Anteilen, ZIP 2006, 685; *Hamann*, GmbH-Anteilserwerb vom Nichtberechtigten – Die Mischung verschiedener Gutglaubenstatbestände im MoMiG-Regierungsentwurf, NZG 2007, 492; *Harbarth*, Gutgläubiger Erwerb von GmbH-Geschäftsanteilen nach dem MoMiG-RegE, ZIP 2008, 57; *Hasselmann*, Die Gesellschafterliste nach dem MoMiG – Überblick und Gesellschaftsgründung, NZG 2009, 409; *Heckschen*, Die GmbH-Reform – Wege und Irrwege, DStR 2007, 1442; *Heckschen*, Auswirkungen des MoMiG auf die Übertragung von GmbH-Anteilen von Todes wegen und im Wege der vorweggenommenen Erbfolge, ZErb 2008, 246; *Heidinger*, Die Totengräber der Gesellschafterliste, GmbHR 2017, 273; *Herrler*, (Stark) beschränkte Publizitätswirkung der GmbH-Gesellschafterliste? – Schutz des Rechtsverkehrs de lege lata und de lege ferenda, NZG 2011, 1321; *Herrler*, Gutgläubiger Erwerb bei aufschiebend bedingter GmbH-Geschäftsanteilsabtretung – Sicherung durch Vermerk in der Gesellschafterliste, BB 2009, 2272; *Kort*, Offene Fragen zu Gesellschafterliste, Gesellschafterstellung und gutgläubigem Anteilserwerb (§§ 40 und 16 GmbHG n.F.), GmbHR 2009, 169; *Kort*, Kein Gutglaubensschutz nach § 16 Abs. 3 GmbHG beim Zweiterwerb eines aufschiebend bedingt abgetretenen Geschäftsanteils, DB 2011, 2897; *Liebscher/C. Goette*, Korrektur einer von einem Notar eingereichten Gesellschafterliste, DStR 2010, 2038; *Lieder*, Einstweiliger Rechtsschutz gegen die Gesellschafterliste, GmbHR 2016, 271; *Link*, Gesellschafterliste und gutgläubiger Erwerb von GmbH-Anteilen aus Sicht der Notarpraxis, RNotZ 2009, 193; *Löbbe*, Die GmbH-Gesellschafterliste – Eine Bestandsaufnahme sieben Jahre nach dem MoMiG, GmbHR 2016, 141; *Lohr*, Gesellschafterstellung bei aufschiebend bedingtem Anteilserwerb, GmbH-StB 2009, 111; *Maier-Reimer*, Gutgläubiger Anteilserwerb und Bedingung, in: FS Graf von Westphalen, 2010, S. 489; *Mayer*, Der Erwerb einer GmbH nach den Änderungen durch das MoMiG, DNotZ 2008, 403; *Mayer*, Probleme rund um die Gesellschafterliste (Teil I), MittBayNot 2014, 24; *Mayer/Färber*, Gutgläubiger Erwerb von GmbH-Geschäftsanteilen bei aufschiebend bedingter Anteilsabtretung, GmbHR 2011, 785; *Klaus J. Müller*, Der Entwurf des „MoMiG" und die Auswirkungen auf den Unternehmens- und Beteiligungskauf, GmbHR 2006, 953; *Noack*, Reform des deutschen Kapitalgesellschaftsrechts: Das Gesetz zur Modernisierung des GmbH-Rechts und zur Bekämpfung von Missbräuchen, DB 2006, 1475; *Nolting*, Mitwirkung des Anteilserwerbers bei Gesellschafterbeschlüssen der GmbH vor Aufnahme in die Gesellschafterliste, GmbHR 2010, 584; *Omlor*, Verkehrsschutzfragen zum Anwartschaftsrecht am GmbH-Geschäftsanteil, DNotZ 2012, 179; *Omlor/Spies*, Grundfragen der Gesellschafterliste, MittBayNot 2011, 353; *Oppermann*, Praktische Gestaltung der bedingten Abtretung von GmbH-Anteilen – Risiken durch gutgläubigen bedingungsfreien Erwerb Dritter, ZIP 2009, 651; *Osterloh*, Gutgläubiger Erwerb bei aufschiebend bedingter Übertragung von GmbH-Geschäftsanteilen, NZG 2011, 495; *Paefgen/Wallisch*, Die Schutzfunktion der Gesellschafterliste beim GmbH-Anteilserwerb, NZG 2016, 801; *Peetz*, Anmeldung einer Anteilsabtretung – eine eher unscheinbare Norm, GmbHR 2006, 852; *Prasse/Strotmann*, Die Zuordnung eines Widerspruchs zur Gesellschafterliste im Handelsregister durch einstweilige Verfügung, BB 2010, 1747, 1750; *Preuß*, Gesellschafterliste, Legitimation gegenüber der Gesellschaft und gutgläubiger Erwerb von GmbH-Anteilen, ZGR 2008, 676; *Rau*, Der Erwerb einer GmbH nach In-Kraft-Treten des MoMiG – Höhere Transparenz des Gesellschafterkreises, gutgläubiger Erwerb und vereinfachte Stückelung, DStR 2006, 1892; *Reymann*, Gutgläubiger Erwerb und Rechte an GmbH-Geschäftsanteilen, WM 2008, 2095; *Reymann*, Zurechnungssystem und Regelungsebenen der GmbH-Gesellschafterliste, BB 2009, 506; *Reymann*, Aufschiebend bedingte Geschäftsanteilsabtretung und Zwischenverfügungen bei der GmbH, GmbHR 2009, 343; *Ries*, Aktuelle Fragen der Praxis zur Gesellschafterliste, GWR 2011, 54; *Rodewald*, Gutgläubiger Erwerb von Geschäftsanteilen nach MoMiG – drei Fragen zum Umfang der Legal Due Diligence, GmbHR 2009, 196; *Saenger/Sandhaus*, Nicht aktualisierte Gesellschafterlisten – weiterhin Unklarheit hinsichtlich der Anwendung von § 16 Abs. 1 GmbHG auf „Altfälle", DNotZ 2012, 346; *Schickerling/Blunk*, Auswirkungen des MoMiG auf die gesellschaftsrechtliche Due Diligence im Vorfeld eines Geschäftsanteils, GmbHR 2009, 337; *Schiemzik*, Erwerb von GmbH-Geschäftsanteilen seit Geltung des MoMiG, NWB 2011, 2481; *Schockenhoff/Höder*, Gutgläubiger Erwerb von GmbH-Anteilen nach dem MoMiG: Nachbesserungsbedarf aus Sicht der M&A-Praxis, ZIP 2006, 1841; *Schreinert/Berresheim*, Bedingte Abtretung von GmbH-Geschäftsanteilen und gutgläubiger Erwerb nach dem MoMiG, DStR 2009, 1265; *Sieja*, Gesellschafterliste nach dem MoMiG, NWB 2011, 1167; *Tebben*, Die Reform der GmbH – das MoMiG in der notariellen Praxis, RNotZ 2008, 441; *Thomale/Gutfried*, Geschäftsanteilsverkehr als Regulierungsproblem – Zugleich Vorüberlegungen zu einer institutionenökonomischen Theorie des Erwerbs kraft Rechtsscheins, ZGR 2017, 61; *Vossius*, Gutgläubiger Erwerb von GmbH-Anteilen nach MoMiG, DB 2007, 2299; *Wachter*, GmbH-Reform – Auswirkungen auf die Überlegung von GmbH-Geschäftsanteilen, ZNotP 2008, 378; *Wachter*, Übertragung von GmbH-Geschäftsanteilen nach MoMiG, in: Römermann/Wachter (Hrsg.), GmbH-Beratung nach dem MoMiG, GmbHR-Sonderheft 2008, S. 51; *Walch*, Treuhandbeteiligung und die Transparenz der Anteilseignerstrukturen im GmbH-Recht, NZG 2015, 1259; *Wedemann*, Das neue GmbH-Recht, WM 2008, 1381; *Wegen*, Gutgläubiger Erwerb von GmbH-Geschäftsanteilen?, in: FS Lüer, 2008, S. 321; *Wicke*, Gründung, Satzungsgestaltung und Anteilsabtretung nach der GmbH-Reform, NotBZ 2009, 1; *Wicke*, Kein gutgläubiger Erwerb eines bereits zuvor aufschiebend bedingt abgetretenen GmbH-Geschäftsanteils – Vertane Chance des BGH zu einer praxisgerechten Rechtsfortbildung, DStR 2011, 2356; *Wicke*, Die GmbH-Gesellschafterliste im Fokus der Rechtsprechung, DB 2011, 1037; *Wiersch*, Der gutgläubige Erwerb von GmbH-Anteilen, 2009; *Wiersch*, Die Vermutungswirkung von Gesellschafterliste und Aktienregister, ZGR 2015, 591; *Wolff*, Die Verbindlichkeit der Gesellschafterliste für Stimmrecht und Beschlussverfahren, BB 2010, 454; *Zessel*, Gutgläubiger Erwerb von GmbH-Geschäftsanteilen nach dem MoMiG, GmbHR 2009, 303; *Ziemons*, Mehr Transaktionssicherheit durch das MoMiG?, BB-Spezial 7/2006, 9; *Zinger/Ulrich-Erber*, Der Testamentsvollstreckervermerk in der Gesellschafterliste, NZG 2011, 286.

I. Gesetzesänderungen und Änderungszwecke

1. Überblick über Gesetzesänderungen

1 Die Vorschrift des § 16 in ihrer früheren Fassung vor dem MoMiG regelte die Anmeldung eines „Erwerbers" bei der Gesellschaft als Basis einer Legitimationsfiktion dieser Person gegenüber der Gesellschaft (§ 16 Abs. 1 und Abs. 2 a.F.). Daneben wurde bestimmt, dass für zum Zeitpunkt der Anmeldung rückständige Leistungen neben dem „Veräußerer" auch der „Erwerber" haftet (§ 16 Abs. 3 a.F.). Die Bedeutung der Anmeldung als Mitteilung an die Gesellschaft über den erfolgten Rechtsübergang erschöpfte sich in ihrer Bedeutung als Grundlage für die relative Legitimationsfiktion zur Gesellschaft im Zusammenhang mit Veräußerungen. Sie hatte keinerlei Auswirkung auf die Wirksamkeit von Verfügungsgeschäften und die rechtliche Inhaberschaft an Geschäftsanteilen. Mit der **Neufassung von § 16 durch das MoMiG** (i) ersetzt der Gesetzgeber die Anmeldung durch die **Eintragung in der Gesellschafterliste (und Veröffentlichung im Handelsregister) als Grundlage für die relative Legitimationsfiktion zur Gesellschaft,** (ii) erweitert er den **Anwendungsbereich der Legitimationsfiktion** in rechtlicher und tatsächlicher Hinsicht umfassend und (iii) verstärkt schließlich in qualitativer Weise die Bedeutung des bislang primär verbandsintern wirkenden Faktums zu einem **Rechtsscheinträger für einen gutgläubigen Erwerb von Geschäftsanteilen,** also einer Basis für eine Änderung in der rechtlichen Inhaberschaft von Geschäftsanteilen. Die Ersetzung des Anmeldeprinzips durch die Eintragung in die in das Handelsregister aufgenommene Gesellschafterliste als Grundlage für die relative Legitimationsfiktion erfolgte in Anlehnung an die

für Namensaktien geltende aktienrechtliche Vorschrift des § 67 Abs. 2 AktG[1]. Der Blick auf dieses Gesetzgebungsvorbild macht aber auch augenscheinlich, dass eine zwingende Verkoppelung der Funktion einer relativ zur Gesellschaft wirkenden Legitimationsfiktion einerseits und einer Rechtsscheinbasis für einen gutgläubigen Erwerb von Geschäftsanteilen andererseits nicht zwingend ist. Die nähere Bestimmung der Eintragung in der Gesellschafterliste ist in § 40 niedergelegt, der mit § 16 ein Gesamtbild ergibt. Der § 40 wurde ebenfalls durch das MoMiG und kürzlich zur weiteren Erhöhung der „Transparenz über die Anteilseignerstrukturen bei der GmbH" durch das Gesetz zur Umsetzung der Vierten EU-Geldwäscherichtlinie, zur Ausführung der EU-Geldtransferverordnung und zur Neuorganisation der Zentralstelle für Finanztransaktionsuntersuchungen vom 23.6.2017[2] geändert.

Die beiden Hauptelemente und Regelungsfelder der Gesetzesneufassungen durch das MoMiG **2** (ein doppelter Konzeptionswechsel), nämlich die Ersetzung des Anmeldeprinzips durch das Prinzip der **veröffentlichten Eintragung** in der Gesellschafterliste als Basis der relativen Legitimationsfiktion gegenüber der Gesellschaft und der Nutzung dieser Eintragung als **Rechtsscheinträger für einen gutgläubigen Erwerb**, waren bereits im BMJ-Referentenentwurf enthalten[3]. Die Diskussion über den BMJ-Referentenentwurf hat zu einer Reihe von Detailänderungen am Gesetzestext des § 16 geführt. Der Text des Regierungsentwurfs[4] ist trotz einer Überarbeitungsbitte des Bundesrats zu § 16 Abs. 3 (gutgläubiger Erwerb)[5] und kritischen Literaturanmerkungen[6] unverändert Gesetz worden.

Der neugefasste § 16 mit seinen beiden Regelungsfeldern enthält **drei Regelungskomplexe:** **3** (1) In § 16 Abs. 1 Satz 1 ist das Prinzip der Eintragung in der Gesellschafterliste als Basis für die Legitimationsfiktion zur Gesellschaft geregelt, d.h. die Bestimmungsbasis dafür, wer im Fall einer Veränderung in den Personen der Gesellschafter oder des Umfangs ihrer Beteiligung im Verhältnis zur Gesellschaft als Gesellschafter gilt. Eine für die Unternehmenspraxis wichtige Rückbeziehung dieser Fiktion ist im Hinblick auf solche Rechtshandlungen des in der Gesellschafterliste eingetragenen bzw. einzutragenden Erwerbers vorgesehen, sofern die Gesellschafterliste unverzüglich nach Vornahme der Gesellschafterhandlung in das Handelsregister aufgenommen wird (§ 16 Abs. 1 Satz 2). Dieser Regelungskomplex entspricht funktional den früheren Regelungen in § 16 Abs. 1 und Abs. 2 a.F. (2) Die Vorschrift des § 16 Abs. 2 ordnet für rückständige „Einlageverpflichtungen" (dazu Rdnr. 51 ff.) eine zusätzliche Haftung des Erwerbers des Geschäftsanteils neben dem Veräußerer an. Dies entspricht funktional – und nach dem gesetzgeberischen Willen auch materiell[7] – der früheren Regelung in § 16 Abs. 3 a.F. (3) Nach Maßgabe von § 16 Abs. 3 ist nunmehr der gutgläubige Erwerb von Geschäftsanteilen oder von Rechten an Geschäftsanteilen möglich.

---

1 BR-Drucks. 354/07, S. 84 = Begr. RegE zu § 16.

2 BGBl. I 2017, 1822. – Zum Gesetzeszweck Begr. RegE zu Art. 14, BT-Drucks. 18/11555 v. 17.3.2017, S. 172 und 173.

3 RefE Gesetz zur Modernisierung des GmbH-Rechts und zur Bekämpfung von Missbräuchen (MoMiG) vom 29.5.2006, S. 4, 48 ff.

4 BR-Drucks. 354/07 = RegE Gesetz zur Modernisierung des GmbH-Rechts und zur Bekämpfung von Missbräuchen (MoMiG) vom 25.5.2007.

5 S. BR-Drucks. 354/07 (Beschluss), S. 14 f. = Stellungnahme BR zu § 16 Abs. 3. Die Kritik des BR bezog sich dabei maßgeblich darauf, dass der gutgläubige Erwerb auf Grundlage der Gesellschafterliste und somit eines Rechtsscheinträgers erfolgt, dessen inhaltliche Richtigkeit nicht stets durch Notare überprüft wird, nämlich bei Veränderungen der Inhaberschaft von Geschäftsanteilen, die nicht durch Abtretung erfolgen (Erbfall etc.).

6 *Bednarz*, BB 2008, 1854, 1858; *Bohrer*, DStR 2007, 995, 1001; *Eidenmüller*, ZGR 2007, 168, 203; *Handelsrechtsausschuss DAV*, NZG 2007, 211, 214 f.

7 S. BR-Drucks. 354/07, S. 86 f. = Begr. RegE zu § 16 („Im neu gefassten § 16 Abs. 2 wird die bisherige Regelung in § 16 Abs. 3 aufgegriffen. Zeitlicher Anknüpfungspunkt ist hierfür – Absatz 1 folgend – nicht mehr die Anmeldung des Erwerbs bei der Gesellschaft, sondern der Zeitpunkt der Aufnahme der aktualisierten Gesellschafterliste im Handelsregister").

2. Zwecke des Konzeptionswechsels

4   Mit der Anhebung der Anforderungen an die Führung der Gesellschafterliste (s. hierzu 11. Aufl., § 40 Rdnr. 3 ff.) sowie des faktischen Drucks auf die Beteiligten auf Mitteilung der Veränderung (insbesondere auf Grund des ansonsten bestehenden Risikos auf Eigentumsverlust nach § 16 Abs. 3) und damit auch ihrer Richtigkeitsgewähr durch die MoMiG-Neufassung von § 40 sowie mit der Regelung der Eintragung in der Gesellschafterliste als Basis für die Legitimationsfiktion durch die Neufassung von § 16 Abs. 1 Satz 1 hat der Gesetzgeber ausweislich der Gesetzesbegründung die **Zwecke der Missbrauchsbekämpfung, der Verhinderung von Geldwäscheaktivitäten und eine erhöhte Transparenz über Anteilseignerstrukturen** verfolgt[8]. Diese Zwecke lassen sich unter zwei Hauptzwecke fassen: (1) Die Erhöhung der **Transparenz der Gesellschafterstruktur** im Hinblick auf die beteiligten Personen und deren gehaltene Geschäftsanteile soll missbräuchliche Unternehmensstrukturen und Straftaten vermeiden und die Transaktionskosten für Vertragspartner und Gläubiger der GmbH und ihrer Gesellschafter verringern. Dies sollte sowohl die Kosten im laufenden Geschäftsverkehr mit einer GmbH als auch bei Anteils- und Unternehmensverkäufen sowie Unternehmensfinanzierungen reduzieren. (2) Mit der erhöhten Transparenz der Anteilseignerstruktur geht ein Mehr an **Rechtssicherheit** und Verkehrsschutz einher. Der Aspekt der Rechtssicherheit wird auch durch die Regelung des gutgläubigen Erwerbs gestärkt. Die vom Gesetzgeber verfolgten Zwecke sind unterstützenswert und die Regelungsmethode (erhöhte Anforderungen an den Inhalt und die Führung der Gesellschafterliste, Eintragung in der Gesellschafterliste als Basis der Legitimationsfiktion und für einen gutgläubigen Erwerb) ist geeignet, diese Zwecke zu erreichen. Nach über acht Jahren Praxiserfahrung lässt sich vorläufig resümieren, dass sich die Qualität der Gesellschafterliste und damit die Rechtssicherheit signifikant verbessert hat sowie Anteilsübertragungen (durch geringere Due-Diligence-Aufwendungen) erleichtert und vergünstigt haben[9].

II. Allgemeine Bedeutung der Eintragung in der Gesellschafterliste

1. Anteilsübergang und Eintragung in der Gesellschafterliste

5   Der Konzeptionswechsel vom Anmeldeprinzip zum Prinzip der Eintragung in der Gesellschafterliste als Basis für die Legitimationsfiktion ändert nichts daran, dass der Rechtsübergang des Geschäftsanteils sich durch Abtretung nach Maßgabe von § 15 Abs. 3 vollzieht. Die **Eintragung in die Gesellschafterliste lässt die materielle Rechtslage im Grundsatz unberührt** und ist weder Bestandteil der Abtretung noch, sofern der Gesellschaftsvertrag nichts anderes nach § 15 Abs. 5 bestimmt, Bedingung des Anteilsübergangs oder gar eine Beitrittserklärung des Erwerbers[10]. Allerdings wird dieser Grundsatz nun im Falle des gutgläubigen Erwerbs nach Maßgabe von § 16 Abs. 3 durchbrochen (dazu Rdnr. 57 ff.).

6   Die Eintragung in der Gesellschafterliste legitimiert den Eingetragenen gegenüber der GmbH, und zwar *gilt* nur er im Verhältnis zur Gesellschaft als Gesellschafter (§ 16 Abs. 1 Satz 1). Die vom Gesetz früher an die Anmeldung und nun an die veröffentlichte Eintragung in der Gesell-

---

8   S. BR-Drucks. 354/07, S. 84 = Begr. RegE zu § 16; allgem. zum Zweck des § 16 *Walch*, NZG 2015, 1259, 1261 f. – Zur erneuten Änderung von § 40 zur Transparenzerhöhung s. Rdnr. 1 und Fn. 2.

9   Kritisch aber *Heidinger*, in: MünchKomm. GmbHG, Rdnr. 355 ff.; *Löbbe*, GmbHR 2016, 141, 149; *Paefgen/Wallisch*, NZG 2016, 801, 805 ff.; *Thomale/Gutfried*, ZGR 2017, 61, 70 ff.

10   Vgl. *Altmeppen*, in: Roth/Altmeppen, Rdnr. 5; *Wicke*, Rdnr. 1; *Löbbe*, in: Ulmer/Habersack/Löbbe, Rdnr. 15; *Fastrich*, in: Baumbach/Hueck, Rdnr. 2; *Heidinger*, in: Heckschen/Heidinger, Die GmbH in der Gestaltungs- und Beratungspraxis, § 13 Rdnr. 249; *Böhringer*, BWNotZ 2008, 104, 112; *Gehrlein*, Der Konzern 2007, 790; *Hasselmann*, NZG 2009, 409, 410; *Kort*, GmbHR 2009, 169, 173; *D. Mayer*, DNotZ 2008, 403, 404; *Wachter*, ZNotP 2008, 378, 379.

schafterliste geknüpfte **Fiktion der materiellen Berechtigung**[11] bezweckt den Schutz sowohl der GmbH vor den Unsicherheiten eines Gesellschafterwechsels als auch des Eingetragenen und des Vor-Eingetragenen in ihrer Stellung gegenüber der GmbH; sie ist damit eine besondere Ausprägung der Grundsätze der fehlerhaften Gesellschaft und verdrängt diese. Die bloße Kenntnis von einer Veränderung in den Personen der Gesellschafter oder des Umfangs ihrer Beteiligung als Inhaber eines Geschäftsanteils darf die GmbH (ohne entsprechende Mitteilung nach § 40 Abs. 1 Satz 4) deshalb im Grundsatz auch nicht beachten (s. aber Ausnahmefall in Rdnr. 36)[12]. Denn trotz der Neufassung von §§ 16 und 40 durch das MoMiG gibt es – im Rahmen der Satzungsregelungen – ein „Recht auf Privatheit/Vertraulichkeit" (z.B. Nicht-Aufdeckung von Treuhandbindungen).

Dritte werden nun im Rahmen des Instituts des gutgläubigen Erwerbs (§ 16 Abs. 3) durch die Eintragung in der Gesellschafterliste geschützt, da die Listeneintragung Rechtsscheinträger für den gutgläubigen Erwerb ist. Darüber hinaus können als Reflex des Gesellschaftsschutzes bestimmte Rechtswirkungen auch ihnen zugute kommen, so z.B. wenn ein Scheingesellschafter an einem ausnahmsweise nach außen wirkenden Gesellschafterbeschluss (z.B. über die Bestellung und Anstellung eines Fremdgeschäftsführers, über die Zustimmung zu einem Gewinnabführungsvertrag, über die Genehmigung einer Anteilsabtretung nach § 15 Abs. 5) mitgewirkt hat.

7

2. Verhältnisse bis zur Eintragung in der Gesellschafterliste

a) Rechte und Pflichten der Gesellschaft und der Gesellschafter

Der zuletzt in Bezug auf einen bestimmten Geschäftsanteil in der Gesellschafterliste Eingetragene gilt nach § 16 Abs. 1 Satz 1 bis zur Eintragung einer Veränderung der GmbH gegenüber als Gesellschafter. Die **Gesellschaft ist** nicht nur berechtigt, sondern auch **verpflichtet, den Eingetragenen in jedem Fall** – und sogar trotz Kenntnis von einer (allerdings nicht in der Gesellschafterliste eingetragenen) Veränderung – **als Gesellschafter zu behandeln**[13]. Die §§ 407, 413 BGB gelten hier nicht, sondern sind durch § 16 Abs. 1 Satz 1 ersetzt, der es weiterhin grundsätzlich den an einer Veränderung der Gesellschafterverhältnisse Beteiligten überlässt, ob und wann sie die Veränderung gegenüber der Gesellschaft zur Geltung bringen wollen.

8

Der **bisher** in Bezug auf einen Geschäftsanteil **Eingetragene** und daher gegenüber der GmbH Legitimierte kann vor der Eintragung der Veränderung die Gesellschafterrechte wahrnehmen und haftet für die bis dahin fällig werdenden Gesellschafterpflichten allein[14]. Umgekehrt kann der nicht in der Gesellschafterliste Eingetragene, aber materiell Berechtigte keine Gesellschafterrechte ausüben und haftet grundsätzlich auch nicht für Pflichten aus dem Geschäftsanteil[15]. Er muss auch alle Rechtshandlungen gegen sich gelten lassen, die vor seiner Eintragung in der Gesellschafterliste von der Gesellschaft gegenüber dem bisher Legitimier-

9

---

11 Zur früheren Rechtslage 10. Aufl., Rdnr. 2 m.w.N.; zur jetzigen Rechtslage OLG Frankfurt v. 4.11.2016 – 20 W 269/16, GmbHR 2017, 868, 870, zu dem Urteil *König/Steffes-Holländer*, DB 2017, 2022; *Ebbing*, in: Michalski u.a., Rdnr. 51; *Kort*, GmbHR 2009, 169, 170; a.A. (unwiderlegliche Vermutung) OLG Düsseldorf v. 24.6.2016 – I-16 U 74/15, GmbHR 2016, 988, 992; *Altmeppen*, in: Roth/Altmeppen, Rdnr. 5; *Wicke*, Rdnr. 3; *Löbbe*, in: Ulmer/Habersack/Löbbe, Rdnr. 18 a.E.; *Brandes*, in: Bork/Schäfer, Rdnr. 8; *Fastrich*, in: Baumbach/Hueck, Rdnr. 11; *Bayer*, in: Lutter/Hommelhoff, Rdnr. 35; *Heidinger*, in: MünchKomm. GmbHG, Rdnr. 2 sowie ausführlich in Rdnr. 14; *Hasselmann*, NZG 2009, 409, 410; *Heidinger*, in: Heckschen/Heidinger, Die GmbH in der Gestaltungs- und Beratungspraxis, § 8 Rdnr. 157; *Tebben*, RNotZ 2008, 441, 457; ausf. Wiersch, ZGR 2015, 596 ff.
12 Zur früheren Rechtslage beim Anmeldeprinzip 10. Aufl., Rdnr. 2.
13 Zur früheren Rechtslage beim Anmeldeprinzip 10. Aufl., Rdnr. 5.
14 Zur früheren Rechtslage beim Anmeldeprinzip 10. Aufl., Rdnr. 6.
15 Zur früheren Rechtslage beim Anmeldeprinzip 10. Aufl., Rdnr. 7.

ten und von diesem gegenüber der Gesellschaft in Bezug auf das Gesellschaftsverhältnis vorgenommen worden sind (dazu Rdnr. 34 ff.).

10   Ein **Recht auf die Eintragung in der Gesellschafterliste** können die an einer Veränderung der Gesellschafterstruktur Beteiligten aus dem Gesellschaftsvertrag oder dem der Veränderung zugrunde liegenden Kausalgeschäft haben. Darüber hinaus kommt dem eintretenden oder hinzuerwerbenden Gesellschafter ein gesetzlicher **Anspruch** gegen die Gesellschaft auf Einreichung der Gesellschafterliste in das Handelsregister zu[16]. Demgegenüber kommt der Gesellschaft selbst ein solches Recht weiterhin und trotz der auf Transparenzzugewinn ausgerichteten Aufwertung der Gesellschafterliste nicht zu (s. auch Rdnr. 6). Sie kann weder auf Bewirkung der Mitteilung noch auf Feststellung der Veränderung in der Gesellschafterstruktur klagen noch die Mitteilung tatsächlich (z.B. durch Geltendmachung von Zurückbehaltungsrechten) erzwingen[17]. Nur wenn streitig ist, ob eine wirksame Eintragung in der Gesellschafterliste erfolgt oder ob die ihr zugrunde liegende Veränderung rechtsgültig ist, wird man der Gesellschaft ein rechtliches Interesse an alsbaldiger Feststellung (§ 256 ZPO) zuerkennen müssen[18].

b) Verhältnis zwischen Veräußerer und Erwerber

11   Das Verhältnis zwischen Veräußerer und Erwerber beurteilt sich nach dem der (dinglichen) Abtretung zugrunde liegenden **Kausalgeschäft** (Kaufvertrag, Schenkung usw.). Schreibt der **Gesellschaftsvertrag** (ausnahmsweise und in einem zulässig-erweiterten Verständnis von § 40[19]) vor, dass die Abtretung erst mit Eintragung der Veränderung in der Gesellschafterliste auf der Grundlage einer Mitteilung des Veräußerers unter Nachweis des Kausalgeschäfts wirksam wird, so ist es im Zweifel Vertragspflicht des Verkäufers, die Mitteilung unter Nachweis des Kausalgeschäfts gegenüber der Gesellschaft zu bewirken[20]. Besteht eine vertragliche Mitteilungspflicht, so kann sie von dem Vertragsgegner – im Zweifel aber nicht von der Gesellschaft – durch Klage erzwungen werden. Im Grundsatz ist auch eine Vereinbarung zulässig, mit der bestimmt wird, dass eine Mitteilung zum Zwecke der Eintragung der Veränderung in der Gesellschafterliste nicht erfolgen soll, denn dem Gesetzeszweck der Rechtssicherheit und Transparenz (vgl. Rdnr. 4) wird bereits durch die Fiktion der materiellen Rechtsinhaberschaft Rechnung getragen[21]. Dies entspricht einer ebenfalls zulässigen schuldrechtlichen Vereinbarung, der bisherige Rechtsinhaber solle so gestellt werden, als habe er noch die Rechte und Pflichten des Gesellschafters. Etwas anderes gilt nur, wenn die **Wirksamkeit** der Abtretung von Geschäftsanteilen gemäß § 15 Abs. 5 **statutarisch an die Eintragung** in der Gesellschafterliste nach Maßgabe der Mitteilung **geknüpft** ist[22], was ebenfalls möglich ist[23]. Ist im Kausalgeschäft vereinbart, dass Nutzen und Lasten zu einem bestimmten Termin auf den Er-

---

16 Vgl. BR-Drucks. 354/07, S. 86 = Begr. RegE zu § 16; vgl. auch *Fastrich*, in: Baumbach/Hueck, Rdnr. 8 (mit Bezug auf § 67 Abs. 3 AktG); *Noack*, in: Baumbach/Hueck, § 40 Rdnr. 30; *Heidinger*, in: MünchKomm. GmbHG, Rdnr. 157; *Altmeppen*, in: Roth/Altmeppen, Rdnr. 5 und § 40 Rdnr. 10; *Löbbe*, in: Ulmer/Habersack/Löbbe, Rdnr. 60; *Bayer/Illhardt*, GmbHR 2011, 638; *Kort*, GmbHR 2009, 169, 172; abweichend *Hasselbach*, NZG 2009, 486, 489 (Anspruch gegen Geschäftsführer persönlich); weiter auch *Ebbing*, in: Michalski u.a., Rdnr. 43 (Anspruch gegen Gesellschaft und ggf. Notar).

17 Zur früheren Rechtslage beim Anmeldeprinzip 10. Aufl., Rdnr. 8.

18 Zur früheren Rechtslage beim Anmeldeprinzip 10. Aufl., Rdnr. 8.

19 Zwar sieht § 40 vor, dass die Einreichung der Liste erst *nach* Wirksamwerden des Anteilsübergangs erfolgt. Dies sollte aber der Statuierung der Listeneintragung als einer letzten, aufschiebenden Bedingung für die dingliche Abtretung nicht entgegenstehen, zumal dann die Rechtssicherheit auch nicht gefährdet ist.

20 Zur früheren Rechtslage beim Anmeldeprinzip und weiteren Einzelheiten 10. Aufl., Rdnr. 10.

21 A.M. *Heidinger*, in: MünchKomm. GmbHG, Rdnr. 157; *Reymann*, BB 2009, 506, 509 (gesetzliche Pflicht zur Mitteilung).

22 Zur früheren Rechtslage beim Anmeldeprinzip 10. Aufl., Rdnr. 10.

23 Vgl. § 15 Rdnr. 116; ebenso *Löbbe*, in: Ulmer/Habersack/Löbbe, Rdnr. 17 a.E.

werber übergehen, so muss zwar der Erwerber der Gesellschaft gegenüber alle zwischen ihr und dem Veräußerer bis zur Eintragung in der Gesellschafterliste vorgenommenen Rechtshandlungen gegen sich gelten lassen, der Veräußerer hat aber den auf den Geschäftsanteil von ihm bezogenen und von der Gesellschaft nur an ihn auszuzahlenden Gewinn an den Erwerber weiter abzuführen. Umgekehrt muss der Erwerber den Veräußerer für alle Lasten, die Letzterer im Verhältnis zur Gesellschaft zu tragen hat, schadlos halten, soweit diese Lasten nach dem vereinbarten Stichtag fällig werden. Bis zur Eintragung in der Gesellschafterliste hat auch der Veräußerer das Stimmrecht in der Gesellschaft auszuüben; er muss es aber auf der Grundlage des Kausalgeschäfts im Interesse des Erwerbers ausüben, falls die Wahrnehmung dieses Interesses nicht der gegenüber der Gesellschaft fortbestehenden Treuepflicht widerspricht.

c) Verhältnis zwischen Veräußerer und Dritten

Im Verhältnis zu Dritten (außer der Gesellschaft) ist der Geschäftsanteil mit der formgerechten Abtretung (§ 15 Abs. 3 und Abs. 5) übergegangen, auch wenn die Eintragung der Veränderung in der Gesellschafterliste nicht erfolgt ist. Der Geschäftsanteil gehört von der Abtretung an zum Vermögen des Erwerbers, nicht mehr des Veräußerers. § 16 entfaltet jedoch Reflexwirkungen, die Dritte betreffen können, so z.B. die Haftungsregelungen des § 16 Abs. 2, und macht die Gesellschafterliste zudem in § 16 Abs. 3 zum Anknüpfungspunkt für den gutgläubigen Erwerb eines Dritten[24] (Rdnr. 7).   12

3. Zulässigkeit abweichender Satzungsbestimmungen

Die **Regelungen** in § 16 sind **grundsätzlich zwingender Natur**, können also durch die Satzung nicht abbedungen werden. Allerdings sind wie nach früherem Recht solche Satzungsbestimmungen zulässig, die im Rahmen und zur Konkretisierung von § 40 Abs. 1 Form- und Fristanforderungen an die Mitteilung (z.B. Schrift- oder Textform) bzw. den Nachweis (z.B. Erbschein) aufstellen, was sich mittelbar auf die Rechtswirkungen des § 16 Abs. 1 bis Abs. 3 auswirkt[25].   13

Weitergehend könnte aus der Regelung des § 15 Abs. 5, demzufolge die Abtretung der Anteile durch Satzungsbestimmung von der Zustimmung der Gesellschaft abhängig gemacht oder sogar ausgeschlossen werden kann, mit einem *argumentum a majore ad minus* geschlossen werden, dass dann auch die Satzung einen Erwerb vom Nichtberechtigten nach Maßgabe des § 16 Abs. 3 beschränken können müsste. Diese Überlegung findet allerdings im Wortlaut von § 16 Abs. 3 keine Stütze, da dort eben kein Satzungsvorbehalt geregelt ist. Darüber hinaus hat der Gesetzgeber die Anregungen im Gesetzgebungsverfahren[26] verworfen, eine Regelung vorzusehen, wonach die Gesellschafter in der Satzung bestimmen können, ob die Geschäftsanteile an der Gesellschaft einem gutgläubigen Erwerb zugänglich sind oder nicht. Die Satzungsdispositivität von § 16 Abs. 3 stünde auch dem Verkehrsschutzinteresse der Allgemeinheit und der Zielsetzung des Gesetzgebers entgegen, die Fungibilität von Geschäftsanteilen zu erhöhen und die Transaktionskosten (z.B. durch aufwendige Due Diligence-Prüfung historischer Erwerbsketten) zu senken. Schließlich ist es keineswegs zwingend aus der   14

---

24 *Bayer*, in: Lutter/Hommelhoff, Rdnr. 30; vgl. auch *Heidinger*, in: MünchKomm. GmbHG, Rdnr. 170 ff.; *Löbbe*, in: Ulmer/Habersack/Löbbe, Rdnr. 21.

25 *Seibt*, in: MünchAnwHdb. GmbH-Recht, 3. Aufl. 2014, § 2 Rdnr. 231c und 231d (mit Musterformulierung); *Bayer*, in: Lutter/Hommelhoff, Rdnr. 1; *Fastrich*, in: Baumbach/Hueck, Rdnr. 5; zust. ebenfalls *Heidinger*, in: MünchKomm. GmbHG, Rdnr. 103 a.E. – Zur früheren Rechtslage 10. Aufl., Rdnr. 4.

26 So Vorschläge von *Grunewald* und *Gehling*, in: Grunewald/Gehling/Rodewig, ZIP 2006, 685, 688, 689 und 692.

Möglichkeit, die Übertragbarkeit eines Rechts ausschließen zu können, zu folgern, auch die grundsätzliche Möglichkeit eines gutgläubigen Erwerbs sei durch Rechtsgeschäft ausschließbar. So lässt sich etwa die Übertragbarkeit einer Grundschuld ausschließen, ohne allerdings dass der Eigentümer des belasteten Grundstücks und der Gläubiger einer übertragbaren Grundschuld mit Wirkung gegen Dritte die Nichtanwendbarkeit der Regelung des § 892 BGB vereinbaren können. In gleicher Weise beseitigt die Aufnahme einer Vinkulierungsklausel in die Satzung keineswegs die Möglichkeit eines gutgläubigen Erwerbs, nämlich in dem Fall, dass der Antrag des Nichtberechtigten auf Zustimmung positiv beschieden wird. Im Ergebnis kann also die **Satzung den gutgläubigen Erwerb von Nichtberechtigten materiell nicht beschränken oder gar ausschließen**[27].

15 Noch nicht abschließend geklärt ist die Frage, ob auf Grund einer Satzungsregelung auch **Belastungen von Geschäftsanteilen** (in Form eines Nießbrauchs oder eines Pfandrechts) in die Gesellschafterliste aufgenommen werden können. Dies wird in der Literatur zum Teil mit der Begründung abgelehnt, dass Belastungen weder die Person des Gesellschafters noch den Umfang der Beteiligung betreffen und eine Eintragung zudem dem Wortlaut des § 40 Abs. 1 Satz 1 widerspreche[28]. Diese Ansicht ist allerdings nur überzeugend, soweit mit der Eintragung der Belastung in die Gesellschafterliste auch verbunden sein soll, dass diese Belastungen nach Maßgabe der sonstigen Voraussetzungen des § 16 Abs. 3 wie das Eigentumsrecht des Berechtigten verloren gehen. Die Satzungsgestaltung kann keine Auswirkungen auf die gesetzliche Reichweite des etwaigen gutgläubigen Erwerbs haben und nach der gesetzlichen Konzeption ist ein gutgläubig-lastenfreier Erwerb von Geschäftsanteilen nicht vorgesehen[29].

15a Allerdings ist – nach hier vertretener Auffassung – eine **Satzungsbestimmung zulässig**, die den Gesellschaftern vorschreibt, **Belastungen** der von ihnen gehaltenen Geschäftsanteile **aus Informationszwecken zur Eintragung in die Gesellschafterliste zu bringen**[30]. Mit einer solchen inhaltlichen Erweiterung der Gesellschafterliste könnten die Gesellschafter ein umfassendes Dokument der rechtlichen und wirtschaftlichen Beteiligungstransparenz schaffen. Dem steht auch nicht der Grundsatz der Registerklarheit entgegen[31], weil Belastungen ohne Weiteres in einer eigenen Spalte der Gesellschafterliste vermerkt werden könnten und die Inhaberschaft eines Geschäftsanteils damit weiterhin auf einen Blick erkennbar bliebe. Angesichts der verbleibenden Rechtsunsicherheit mit einer jedenfalls skeptischen höchstrichterli-

---

27 So bereits *Seibt*, in: MünchAnwHdb. GmbH-Recht, 3. Aufl. 2014, § 2 Rdnr. 231c.

28 *Paefgen*, in: Ulmer/Habersack/Löbbe, § 40 Rdnr. 42 m.w.N.; *Noack*, in: Baumbach/Hueck, § 40 Rdnr. 15 f.; *Bayer*, in: Lutter/Hommelhoff, Rdnr. 11; *Vossius*, DB 2007, 2299; so wohl auch, aber ohne Begr., *Schockenhoff/Höder*, ZIP 2006, 1841, 1844.

29 Ganz überwiegende Meinung, vgl. nur *Löbbe*, in: Ulmer/Habersack/Löbbe, Rdnr. 132; *Bayer*, in: Lutter/Hommelhoff, Rdnr. 74; *Fastrich*, in: Baumbach/Hueck, Rdnr. 26, jew. m.w.N.; *Harbarth*, ZIP 2008, 57, 63 f.; *Schockenhoff/Höder*, ZIP 2006, 1841, 1844; *Rau*, DStR 2006, 1892, 1898 f.; a.M. *Reymann*, WM 2008, 2095, 2101.

30 *Seibt*, in: MünchAnwHdb. GmbH-Recht, 3. Aufl. 2014, § 2 Rdnr. 231d. Für eine Eintragungsfähigkeit dinglicher Belastungen LG Aachen v. 6.4.2009 – 44 T 1/09, GmbHR 2009, 1218, 1219 (in Bezug auf einen Nießbrauch) mit zust. Anm. *Reymann*, RNotZ 2009, 410, 412; *Link*, DNotZ 2009, 193, 2004; *Zinger/Ulrich-Erber*, NZG 2011, 286, 289; *Heidinger*, in: FS Stilz, 2014, S. 253, 256 ff.; weitergehend [Analogie zu § 16 Abs. 3 bei Eintragung] *Reymann*, WM 2008, 2095, 2101; *Reymann*, GmbHR 2009, 343, 347; *Heidinger*, in: Heckschen/Heidinger, Die GmbH in der Gestaltungs- und Beratungspraxis, § 13 Rdnr. 286 ff.; gegen Eintragungsfähigkeit *Paefgen*, in: Ulmer/Habersack/Löbbe, § 40 Rdnr. 42 m.w.N.; *Verse*, in: Henssler/Strohn, Gesellschaftsrecht, Rdnr. 9; *Wicke*, Rdnr. 10, § 40 Rdnr. 5; *Noack*, in: Baumbach/Hueck, § 40 Rdnr. 15; *Bayer*, in: Lutter/Hommelhoff, Rdnr. 11; *Ebbing*, in: Michalski u.a., Rdnr. 12, 251; *Wachter*, in: Bork/Schäfer, § 40 Rdnr. 9 f.; wohl auch BGH v. 20.9.2011 – II ZB 17/10, GmbHR 2011, 1269, 1270; *Altmeppen*, in: Roth/Altmeppen, Rdnr. 26; *Mayer*, MittBayNot 2014, 24, 32.

31 So aber OLG München v. 8.9.2009 – 31 Wx 82/09, GmbHR 2009, 1211, 1212; wohl auch BGH v. 20.9.2011 – II ZB 17/10, GmbHR 2011, 1269, 1270; ebenfalls a.A. *Wicke*, Rdnr. 10; zu Gestaltungsvorschlag für Gesellschafterliste mit Belastungsspalte s. *Sieja*, NWB 2011, 1167, 1173.

chen Rechtsprechung[32] ist jedoch eine Ablehnung der Aufnahme der in solcher Form modifizierten Gesellschafterlisten durch die Registergerichte zu befürchten. Im Regelfall wird es allerdings schon nicht dem Interesse der Gesellschafter entsprechen, das Bestehen von Belastungen an Geschäftsanteilen über den Kreis der Gesellschafter hinaus der Öffentlichkeit offenzulegen, so dass gleichzeitig die Geschäftsführung dann angewiesen werden wird, zum Handelsregister nur die Gesellschafterliste mit dem gesetzlich vorgeschriebenen Mindestinhalt einzureichen.

III. Legitimationswirkung im Verhältnis zur GmbH nach Eintragung in der Gesellschafterliste (§ 16 Abs. 1)

1. Anwendungsbereich/Voraussetzungen der Legitimationswirkung

a) Veränderung

Mit der Neufassung von § 16 hat der Gesetzgeber einen **deutlich erweiterten Anwendungsbereich der Legitimationsfiktion** geregelt[33]. So erfasste der § 16 Abs. 1 a.F. ausschließlich den Fall einer Veräußerung des Geschäftsanteils und fand keine Anwendung auf gesetzliche Erwerbstatbestände wie die Gesamtrechtsnachfolge durch Erbfall oder übertragende Umwandlung und auf Veränderungen ohne Rechtsnachfolge wie beim Erwerb eines Geschäftsanteils im Rahmen einer Kapitalerhöhung oder beim Formwechsel[34]. Nach der jetzigen Fassung des § 16 Abs. 1 Satz 1 wird hingegen **jede Veränderung in den Personen der Gesellschafter oder des Umfangs ihrer Beteiligung** erfasst. Diese Erweiterung des Anwendungsbereichs der Legitimationsfiktion ist vom Gesetzgeber auch so bezweckt worden[35].   **16**

Eine **Veränderung** ist eine Abweichung von den Angaben in der Gesellschafterliste, und zwar von der ursprünglich gemäß § 8 Abs. 1 Nr. 3 zusammen mit der Gründungssatzung (§ 8 Abs. 1 Nr. 1) bei der Anmeldung der GmbH zur Eintragung in das Handelsregister eingereichten Gesellschafterliste sowie gleichermaßen von jeder dort neu eingereichten Gesellschafterliste. Die insoweit missverständliche Formulierung in § 16 Abs. 1 Satz 1 setzt nicht den „Fall" einer tatsächlich erfolgten Veränderung voraus[36], sondern nur, dass sich die Listeneintragung auf die Person des Gesellschafters oder den Umfang der Beteiligung bezieht[37].   **17**

b) Veränderung in der Person des Gesellschafters

Der erste Topos eines die Eintragung in der Gesellschafterliste auslösenden Umstands ist die „Veränderung in der Person des Gesellschafters". Hiermit wird jede Abweichung in der Zuordnung zu einem Geschäftsanteil, also in der Gesellschafterstellung, im Vergleich zu der bisherigen Eintragung in der Gesellschafterliste erfasst. Damit unterfallen dem neugefassten § 16 Abs. 1 Satz 1 nicht nur wie bislang die Veräußerung des Geschäftsanteils, sondern auch jede weitere Form der **Einzelrechtsnachfolge** durch Abtretung gemäß § 15 Abs. 3. Im Einzelnen werden also erfasst die treuhänderische Übertragung sowie die Sicherungsübertragung eines Geschäftsanteils, der Erwerb in der Zwangsvollstreckung, auf Grund eines Vermächtnisses oder im Rahmen einer Erbauseinandersetzung, die Realteilung eines gemeinschaftlichen Geschäftsanteils, aber auch – und wiederum anders als nach früherer Rechtslage – der Erwerb im   **18**

---

32 BGH v. 20.9.2011 – II ZB 17/10, GmbHR 2011, 1269, 1270.
33 A.A. *Fastrich*, in: Baumbach/Hueck, Rdnr. 11; *Bayer*, in: Liber amicorum M. Winter, 2011, S. 9, 21; *Omlor/Spies*, MittBayNot 2011, 353, 355; *Wicke*, Rdnr. 3.
34 Zur früheren Rechtslage 10. Aufl., Rdnr. 28 f., § 15 Rdnr. 93.
35 S. BR-Drucks. 354/07, S. 86 = Begr. RegE zu § 16 („gilt … bei allen Formen des Anteilsübergangs").
36 OLG Frankfurt v. 4.11.2016 – 20 W 269/16, GmbHR 2017, 868, 869 f., zu dem Urteil *König/Steffes-Holländer*, DB 2017, 2022; *Verse*, in: Henssler/Strohn, Gesellschaftsrecht, Rdnr. 5; *Löbbe*, in: Ulmer/Habersack/Löbbe, Rdnr. 24.
37 Ebenso *Kort*, GmbHR 2009, 169, 173.

Kaduzierungsverfahren (§ 21) oder im Abandonverfahren (§ 27). Ebenso wie nach altem Recht (vgl. 10. Aufl., Rdnr. 27) unterfällt der Erwerb einer Mitberechtigung nach Bruchteilen (§§ 741, 747 Satz 1 BGB) § 16. Dies gilt jetzt auch für den Erwerb eines Geschäftsanteils durch die GmbH selbst[38]. Darüber hinaus wird nun jede Form der **Gesamtrechtsnachfolge** in einen Geschäftsanteil erfasst, also die Gesamtrechtsnachfolge durch Erbfall (§ 1922 BGB)[39], durch übertragende Umwandlung nach dem UmwG (Verschmelzung und Spaltung)[40], durch Anwachsung gemäß § 738 Abs. 1 Satz 1 BGB (auch entsprechend)[41], aber auch durch die Begründung einer Gütergemeinschaft (§ 1416 Abs. 1 Satz 1 BGB)[42]. Demgegenüber wird jede Veränderung in der Person des Gesellschafters **ohne Rechtsnachfolge**, also insbesondere beim Formwechsel eines Gesellschafters, Umfirmierung oder Namenswechsel z.B. durch Heirat, vom neugefassten § 16 Abs. 1 Satz 1 nicht erfasst[43].

c) Veränderung im Umfang der Beteiligung

19 Der zweite Topos eines die Eintragung in der Gesellschafterliste auslösenden Umstands ist die Veränderung des Umfangs der Beteiligung. Mit dieser Variante wird nicht die Person des Gesellschafters in den Blick genommen, sondern der Geschäftsanteil als Objekt der Gesellschafterbeteiligung. Beide Varianten haben eine große Schnittmenge, z.B. bei der Abtretung eines Teil-Geschäftsanteils oder eines von mehreren Geschäftsanteilen eines Gesellschafters, beim Hinzuerwerb eines Geschäftsanteils durch einen Gesellschafter oder im Falle von Kapitalveränderungen nach Einziehung eines Geschäftsanteils (§ 34)[44]. Nur dem zweiten Topos unterfallen allerdings **alle Beteiligungsveränderungen ohne Gesellschafterwechsel**, also die Zusammenlegung und Teilung von Geschäftsanteilen sowie von Kapitalmaßnahmen, an denen ausschließlich Altgesellschafter unter Inanspruchnahme ihres Bezugsrechts teilnehmen. Ebenfalls werden von diesem Topos die **Übernahme neuer Geschäftsanteile durch bisherige Nicht-Gesellschafter im Rahmen von Kapitalerhöhungen** erfasst[45].

---

38 *Bayer*, in: Lutter/Hommelhoff, Rdnr. 9; *Löbbe*, in: Ulmer/Habersack/Löbbe, Rdnr. 25 f.; *Heidinger*, in: Heckschen/Heidinger, Die GmbH in der Gestaltungs- und Beratungspraxis, § 13 Rdnr. 274.

39 *Bayer*, in: Lutter/Hommelhoff, Rdnr. 9; *Löbbe*, in: Ulmer/Habersack/Löbbe, Rdnr. 30; *Ebbing*, in: Michalski u.a., Rdnr. 96; *Wicke*, Rdnr. 6; *Pfisterer*, in: Saenger/Inhester, Rdnr. 2; *Altmeppen*, in: Roth/Altmeppen, Rdnr. 21; *Heidinger*, in: Heckschen/Heidinger, Die GmbH in der Gestaltungs- und Beratungspraxis, § 13 Rdnr. 277; *Hasselmann*, NZG 2009, 409, 410; *Uwe H. Schneider*, GmbHR 2009, 393, 394.

40 *Bayer*, in: Lutter/Hommelhoff, Rdnr. 9; *Altmeppen*, in: Roth/Altmeppen, Rdnr. 26; *Löbbe*, in: Ulmer/Habersack/Löbbe, Rdnr. 28; *Ebbing*, in: Michalski u.a., Rdnr. 101; *Wicke*, Rdnr. 8; *Heidinger*, in: Heckschen/Heidinger, Die GmbH in der Gestaltungs- und Beratungspraxis, § 13 Rdnr. 278 f.; *Gottschalk*, DZWiR 2009, 45, 46; *Hasselmann*, NZG 2009, 409, 410.

41 *Bayer*, in: Lutter/Hommelhoff, Rdnr. 9; *Ebbing*, in: Michalski u.a., Rdnr. 10, 101; *Heidinger*, in: Heckschen/Heidinger, Die GmbH in der Gestaltungs- und Beratungspraxis, § 13 Rdnr. 280; *Hasselmann*, NZG 2009, 409, 410.

42 *Bayer*, in: Lutter/Hommelhoff, Rdnr. 9; *Heidinger*, in: MünchKomm. GmbHG, Rdnr. 89; *Altmeppen*, in: Roth/Altmeppen, Rdnr. 26; *Heckschen*, DStR 2007, 1442, 1450; *Kort*, GmbHR 2009, 169, 173; *D. Mayer*, DNotZ 2008, 403, 407; *Vossius*, DB 2007, 2299.

43 *Löbbe*, in: Ulmer/Habersack/Löbbe, Rdnr. 29; so auch *Bayer*, GmbHR 2012, 1, 4 (anders noch *Bayer*, in: Lutter/Hommelhoff, 17. Aufl. 2009, Rdnr. 7).

44 *Bayer*, in: Lutter/Hommelhoff, Rdnr. 10; *Löbbe*, in: Ulmer/Habersack/Löbbe, Rdnr. 33; *Heidinger*, in: MünchKomm. GmbHG, Rdnr. 93; *Hasselmann*, NZG 2009, 409, 410; *D. Mayer*, DNotZ 2008, 403, 407; *Vossius*, DB 2007, 2299.

45 *Bayer*, in: Lutter/Hommelhoff, Rdnr. 10; *Heidinger*, in: Heckschen/Heidinger, Die GmbH in der Gestaltungs- und Beratungspraxis, § 13 Rdnr. 282; teilw. abw. *Löbbe*, in: Ulmer/Habersack/Löbbe, Rdnr. 34, der dies der Alt. 1, also einer „Veränderung in der Person der Gesellschafter" unterstellen will.

d) Verpfändung und Nießbrauch

Weder die Verpfändung eines Geschäftsanteils noch die Begründung eines Nießbrauchs an einem Geschäftsanteil sind eine Veränderung in der Person des Gesellschafters (denn es erfolgt kein Gesellschafterwechsel) und auch keine Veränderung im Umfang der Beteiligung. Dem Wortlaut des § 16 Abs. 1 Satz 1 unterfallen demnach weder Verpfändung noch Nießbrauch an einem Geschäftsanteil. Auch eine rechtspolitisch an sich wünschenswerte Erfassung von Belastungen von Geschäftsanteilen (s. auch Rdnr. 73) über eine **analoge Anwendung von § 16 Abs. 1 Satz 1 ist nach geltendem Recht nicht zu rechtfertigen**[46]: Die Wirksamkeit der Bestellung eines Pfandrechts oder eines Nießbrauchs an einen Geschäftsanteil ist nämlich materiell-rechtlich nicht von einer Anzeige gegenüber der Gesellschaft abhängig. Leistungen der GmbH an den Gesellschafter oder Handlungen des Gesellschafters gegenüber der GmbH wurden indes nach der Altregelung in § 16 Abs. 2 a.F. analog auch dann als wirksam erachtet, wenn sie in die Rechte des Pfandgläubigers oder Nießbrauchsberechtigten eingreifen[47]. Diese als unbefriedigend erkannte Konsequenz wurde durch eine entsprechende Anwendung von § 16 Abs. 1 a.F., nämlich durch das Erfordernis einer Anmeldung zur Rechtswahrung, vermieden[48]. Nur in diesem Fall sollten auch die Verfügungsbeschränkungen des Gesellschafters gegenüber der GmbH nach §§ 1071, 1276 BGB gelten[49]. Auch nach Wegfall des § 16 Abs. 2 a.F. ist im Hinblick auf den Rechtsgedanken des § 407 BGB zur Wahrung der Rechte des Pfandgläubigers oder des Nießbrauchsberechtigten eine Anzeige an die GmbH erforderlich[50]. Eine Eintragung in die Gesellschafterliste i.S. von §§ 16 Abs. 1 Satz 1, 40 kommt *de lege lata* nicht in Betracht[51]. Allerdings kann der Gesellschaftsvertrag eine Eintragung von Belastungen in der Gesellschafterliste informationshalber vorsehen (vgl. Rdnr. 15a). Hierdurch wird jedoch nicht die Möglichkeit eines gutgläubig lastenfreien Erwerbs geschaffen (Rdnr. 74).

e) Pfändung

Bei der Pfändung eines Geschäftsanteils wurde bereits nach früherer Rechtslage auf eine (weitere) Anzeige verzichtet, da dort die Zustellung des Pfändungsbeschlusses an die GmbH Voraussetzung für die Wirksamkeit der Pfändung ist[52]. Dies bleibt auch nach neuer Rechtslage unverändert. Demgegenüber gilt im Falle der Verwertung des Geschäftsanteils durch den Gerichtsvollzieher im Wege der Zwangsvollstreckung – wie nach früherer Rechtslage[53] – auch der neugefasste § 16 Abs. 1 Satz 1[54].

---

46 I.E. ebenso *Bayer*, in: Lutter/Hommelhoff, Rdnr. 11; *Wicke*, Rdnr. 10; für eine analoge Anwendung allerdings *Heidinger*, in: MünchKomm. GmbHG, Rdnr. 95 ff.; *Reymann*, WM 2008, 2095, 2101; *Reymann*, GmbHR 2009, 343, 347.
47 Zur früheren Rechtslage 10. Aufl., Rdnr. 44.
48 Zur früheren Rechtslage 10. Aufl., Rdnr. 44, § 15 Rdnr. 175.
49 Zur früheren Rechtslage 10. Aufl., Rdnr. 44.
50 Ebenso *Bayer*, in: Lutter/Hommelhoff, Rdnr. 11; *Wicke*, Rdnr. 10; *Löbbe*, in: Ulmer/Habersack/Löbbe, Rdnr. 37; *Fastrich*, in: Baumbach/Hueck, Rdnr. 9; *Ebbing*, in: Michalski u.a., Rdnr. 104; weitergehend (Anwendung von § 16 Abs. 1 n.F. analog) *Heidinger*, in: MünchKomm. GmbHG, Rdnr. 94 ff.
51 Ebenso *Bayer*, in: Lutter/Hommelhoff, Rdnr. 11; *Wicke*, Rdnr. 10; *Ebbing*, in: Michalski u.a., Rdnr. 12; *Löbbe*, in: Ulmer/Habersack/Löbbe, Rdnr. 37; *D. Mayer*, DNotZ 2008, 403, 407; *Preuß*, ZGR 2008, 676, 684; *Uwe H. Schneider*, GmbHR 2009, 393, 394.
52 Zur früheren Rechtslage 10. Aufl., Rdnr. 45.
53 Zur früheren Rechtslage 10. Aufl., Rdnr. 45.
54 *Bayer*, in: Lutter/Hommelhoff, Rdnr. 13; *Löbbe*, in: Ulmer/Habersack/Löbbe, Rdnr. 26; *Ebbing*, in: Michalski u.a., Rdnr. 8.

2. Eintragung der Veränderung in der Gesellschafterliste

a) Legitimationsgrundlage

22 Für die Gesellschafterstellung gegenüber der GmbH ist nach § 16 Abs. 1 Satz 1 die Eintragung als Gesellschafter in der im Handelsregister aufgenommenen Gesellschafterliste (§ 40) maßgeblich. Regelmäßiger Auslöser der Eintragung ist nach Aufnahme der bei der Anmeldung der Errichtung der GmbH eingereichten Gründungsgesellschafterliste der Eintritt einer Veränderung in den Personen der Gesellschafter oder des Umfangs ihrer Beteiligung. Es wäre eine Fehlauslegung des Gesetzeswortlautes (*„im Fall einer Veränderung …"*), die Legitimationswirkung auf die Veränderung selbst oder die „Eintragung der Veränderung" zu beziehen[55], zumal die Veränderung selbst nur eine Differenzbezeichnung ist und in einer gegenüber der bisherigen Gesellschafterliste veränderten Eintragung in der Person eines Gesellschafters oder im Umfang seiner Beteiligung besteht.

23 Entsprechend der Rechtslage bei Namensaktien nach § 67 Abs. 2 AktG[56] tritt die Legitimationswirkung einer Eintragung in der Gesellschafterliste nur dann ein, wenn die **Eckpunkte des gesetzlichen Eintragungs- und Aufnahmeverfahrens in das Handelsregister eingehalten** worden sind. So erfordert die Legitimationswirkung, dass die Eintragung in die Gesellschafterliste und die Einreichung zur Aufnahme beim Handelsregister entweder (i) vom zuständigen Geschäftsführer auf Grund einer zurechenbaren und mit Nachweis versehenen Mitteilung eines hierzu Befugten oder (ii) vom zuständigen, an der Veränderung mitwirkenden Notar von Amts wegen erfolgt (vgl. 11. Aufl., § 40 Rdnr. 32 ff., 54 ff.)[57]. Die Erstellung einer Gesellschafterliste und Einreichung beim Handelsregister durch eine dritte Person, z.B. einen Gesellschafter, führt nicht zur Legitimationswirkung des § 16 Abs. 1 Satz 1[58]; bei Einreichung durch den zulässigerweise mit Rechtswirkung beurkundenden ausländischen Notar tritt die Legitimationswirkung dagegen ein[59]. Die Legitimationswirkung tritt auch dann ein, wenn statt des zuständigen Notars der Geschäftsführer die Gesellschafterliste einreicht sowie im umgekehrten Fall[60]. Zudem schadet es nicht, wenn ein Dritter die Gesellschafterliste zwar erstellt, aber die nach § 40 zuständige Person (also insbesondere der zuständige Geschäftsführer) sich diese zu eigen macht und diese dann auch beim Handelsregister zur Anmeldung einreicht. Dabei ist selbstverständlich auch eine offen gelegte und bestehende Vertretung des oder Botenschaft für den an sich zuständigen Geschäftsführer oder Notar unschädlich. Zu den für die Legitimationswirkung erheblichen Eckpunkten gehört die der Gesellschafterliste beizufügende Bescheinigung des Notars (§ 40 Abs. 2 Satz 2) nicht, so dass deren Fehlen für die Legitimationswirkung bedeutungslos ist[61]. Das Gleiche gilt für das Fehlen der Unterschrift des zuständigen Geschäftsführers oder zuständigen Notars unter der Gesellschafterliste.

---

55 *Bayer*, in: Lutter/Hommelhoff, Rdnr. 14; so wie hier *Ries*, GWR 2011, 54, 56 unter besonderer Berücksichtigung der Bedeutung dieser Auslegung für Altlisten („Papierlisten").
56 Hierzu *Bayer*, in: MünchKomm. AktG, 4. Aufl. 2016, § 67 AktG Rdnr. 82 f., 93, 95; *T. Bezzenberger*, in: Karsten Schmidt/Lutter, § 67 AktG Rdnr. 11.
57 Ebenso *Bayer*, in: Lutter/Hommelhoff, Rdnr. 18; *Wicke*, Rdnr. 9; *Tebben*, RNotZ 2008, 441, 451 f.; abweichend *Reymann*, BB 2009, 506, 508 f.
58 *Bayer*, in: Lutter/Hommelhoff, Rdnr. 16; *Wicke*, Rdnr. 9; *Verse*, in: Henssler/Strohn, Gesellschaftsrecht, Rdnr. 31; *Pfisterer*, in: Saenger/Inhester, Rdnr. 10; *Herrler*, GmbHR 2013, 617, 625; wohl differenzierend *Löbbe*, in: Ulmer/Habersack/Löbbe, Rdnr. 46, 64.
59 Vgl. BGH v. 17.12.2013 – II ZB 6/13, GmbHR 2014, 248; dazu *Seibt*, EWiR 2014, 171; vgl. auch OLG Düsseldorf v. 2.3.2011 – I-3 Wx 236/10, GmbHR 2011, 417, 420; *Ebbing*, in: Michalski u.a., Rdnr. 33; *Verse*, in: Henssler/Strohn, Gesellschaftsrecht, Rdnr. 31; a.A. *Wicke*, Rdnr. 9; *Heidinger*, in: MünchKomm. GmbHG, Rdnr. 73.
60 *Heidinger*, in: MünchKomm. GmbHG, Rdnr. 71; *Verse*, in: Henssler/Strohn, Gesellschaftsrecht, Rdnr. 31; *Wicke*, Rdnr. 9; *Herrler*, GmbHR 2013, 617, 625.
61 Ebenso *Bayer*, in: Lutter/Hommelhoff, Rdnr. 18; *Löbbe*, in: Ulmer/Habersack/Löbbe, Rdnr. 54; *Ebbing*, in: Michalski u.a., Rdnr. 71; *Kort*, GmbHR 2009, 169, 172; *D. Mayer*, DNotZ 2008, 403, 415.

Das für den Eintritt der Legitimationswirkung erforderliche **Merkmal der Zurechenbarkeit**   24
der Mitteilung eines hierzu Befugten fehlt, wenn in Abweichung zu der Mitteilung eine andere Person als Gesellschafter oder ein unzutreffender Beteiligungsumfang eingetragen wurde.
Das Gleiche gilt, wenn die Mitteilung durch einen unbefugten Dritten oder auf Grund von *vis
absoluta* oder einer in ihrer Intensität bzw. Wirkung gleichkommender *vis compulsiva* oder
durch einen Vertreter ohne Vertretungsmacht (einschließlich der Fälle gefälschter Vollmacht)
erfolgt[62]. An der Zurechenbarkeit der Mitteilung fehlt es auch, wenn diese zwar durch den an
sich Befugten geschieht, dieser aber geschäftsunfähig oder nur beschränkt geschäftsfähig ist[63].
Keine Legitimationswirkungen lösen auch die gefälschte Mitteilung oder die gefälschte Gesellschafterliste aus[64]. Etwas anderes gilt für die mittels Täuschung des Notars durch einen Dritten zustande gekommene Fehlerhaftigkeit der Gesellschafterliste, denn eine solche entsteht
ebenso wie eine durch Fehler des Notars falsche Liste im vom Gesetzgeber vorgesehenen Verfahren und durch den Befugten[65]. Eine in Kenntnis aller Beteiligten (einschließlich des für
die Erstellung der Gesellschafterliste und zur Einreichung beim Handelsregister zuständigen
Geschäftsführers) nur zum Schein abgegebene Mitteilung unter Vorlage eines sachlich unrichtigen, aber die Mitteilung deckenden Nachweises führt demgegenüber zur Legitimationswirkung des Eingetragenen. Denn in diesem Fall ist die Mitteilung zurechenbar und es sind
die Eckpunkte des gesetzlich geregelten Verfahrens eingehalten. Bei der Abwägung zwischen
der Geltung der materiellen Rechtslage einerseits und dem Verkehrsschutz mit der Gesellschafterliste als Rechtsscheinträger andererseits ist in diesen Fällen – und trotz Kenntnis von
der „Scheineintragung" durch die Gesellschaft als primären Verkehrsschutzbegünstigten –
dem Verkehrsschutz Vorrang einzuräumen[66].

b) Auswirkungen von Nichtigkeit und Anfechtbarkeit

aa) Mängel des Abtretungsvertrages

Die Frage nach der dinglichen Rechtsinhaberschaft ist strikt von derjenigen nach dem Be-   25
rechtigten und Verpflichteten der relativen Legitimationswirkung des § 16 Abs. 1 Satz 1 zu
unterscheiden: So wird die **Nichtigkeit oder Anfechtbarkeit des Abtretungsvertrages nicht
durch die Eintragung in der Gesellschafterliste oder deren Aufnahme im Handelsregister
geheilt**[67]. Die Regeln über den vollzogenen fehlerhaften Gesellschafterwechsel bei Personen-

---

62 *Bayer*, in: Lutter/Hommelhoff, Rdnr. 15; *Löbbe*, in: Ulmer/Habersack/Löbbe, Rdnr. 46, 57; *Heidinger*,
   in: MünchKomm. GmbHG, Rdnr. 62 f.; *Fastrich*, in: Baumbach/Hueck, Rdnr. 12a; *Brandes*, in: Bork/
   Schäfer, Rdnr. 28; *Altmeppen*, in: Roth/Altmeppen, Rdnr. 12; in Bezug auf den unbefugten Dritten
   abw. *Ebbing*, in: Michalski u.a., Rdnr. 72; *Reymann*, BB 2009, 506, 507 f.; einschränkend *Wiersch*,
   S. 219 f.
63 *Bayer*, in: Lutter/Hommelhoff, Rdnr. 15; *Löbbe*, in: Ulmer/Habersack/Löbbe, Rdnr. 57; *Heidinger*,
   in: MünchKomm. GmbHG, Rdnr. 67; *Altmeppen*, in: Roth/Altmeppen, Rdnr. 12; *Pfisterer*, in: Saen-
   ger/Inhester, Rdnr. 10; *U. Jasper*, in: MünchHdb. III, § 24 Rdnr. 230; *Reymann*, BB 2009, 506,
   507 f.
64 *Bayer*, in: Lutter/Hommelhoff, Rdnr. 15; *Löbbe*, in: Ulmer/Habersack/Löbbe, Rdnr. 57; *Fastrich*, in:
   Baumbach/Hueck, Rdnr. 12a; *Brandes*, in: Bork/Schäfer, Rdnr. 28; *Wicke*, Rdnr. 9; *Heidinger*, in:
   MünchKomm. GmbHG, Rdnr. 76 ff.; *Altmeppen*, in: Roth/Altmeppen, Rdnr. 12; *Reymann*, BB 2009,
   506, 507 f.; einschränkend *Wiersch*, S. 219 f.
65 A.A. *Liebscher/C. Goette*, DStR 2010, 2038, 2044.
66 Gleichsinnig *Kort*, GmbHR 2009, 169, 170; a.A. *Bayer*, in: Lutter/Hommelhoff, Rdnr. 15; *Heidinger*,
   in: MünchKomm. GmbHG, Rdnr. 54; *Löbbe*, in: Ulmer/Habersack/Löbbe, Rdnr. 58; zu § 67 Abs. 2
   AktG a.A. *Bayer*, in: MünchKomm. AktG, 4. Aufl. 2016, § 67 AktG Rdnr. 83 und 93; hiergegen zweifelnd z.B. *Hüffer/Koch*, § 67 AktG Rdnr. 15.
67 Zur früheren Rechtslage unter Geltung des Anmeldeprinzips 10. Aufl., Rdnr. 22; zur jetzigen Rechtslage *Wicke*, Rdnr. 2; *Ebbing*, in: Michalski u.a., Rdnr. 49; *Bayer*, in: Lutter/Hommelhoff, Rdnr. 29; *Heidinger*, in: MünchKomm. GmbHG, Rdnr. 169; *Verse*, in: Henssler/Strohn, Gesellschaftsrecht,
   Rdnr. 10; *Hasselmann*, NZG 2009, 409, 410.

gesellschaften sind auf die Abtretung von Geschäftsanteilen an einer GmbH nicht anwendbar. Die Nichtigkeit und die Anfechtung des Abtretungsvertrages haben vielmehr auch nach erfolgter Eintragung in die Gesellschafterliste grundsätzlich rückwirkende Kraft; Ausnahmen ergeben sich im Verhältnis zur GmbH nur aus § 16[68].

26 Umgekehrt erfasst die Nichtigkeit des Abtretungsvertrages ohne weitere Handlungen (nämlich die Vornahme einer neuen Eintragung in der Gesellschafterliste und ihre Aufnahme in das Handelsregister) die Eintragung in der Gesellschafterliste und damit auch die Legitimationswirkung des § 16 Abs. 1 Satz 1 nicht[69]. Dies wäre nämlich mit den Verkehrsschutzzwecken des § 16 nicht zu vereinbaren (Rdnr. 4). **Ausnahmen gelten nur bei Unwirksamkeit wegen fehlender Geschäftsfähigkeit**, bei **nicht zurechenbaren Willenserklärungen zur Anteilsübertragung** (z.B. *vis absoluta*, Handeln des Vertreters ohne Vertretungsmacht [*falsus procurator*]) oder bei **kollusiven Zusammenwirken unter Kenntnis des zuständigen Geschäftsführers bzw. Notars** (vgl. Rdnr. 29, 105). Dagegen bleibt es auch bei Verstößen des Abtretungsvertrages gegen gesetzliche Verbote (z.B. gegen das Vollzugsverbot nach § 41 Abs. 1 GWB oder das Verbot wettbewerbsbeschränkender Vereinbarungen nach § 1 GWB) bei der Legitimationswirkung. Das hat der BGH hinsichtlich § 1 GWB in einem jüngeren Urteil zu § 16 Abs. 1 a.F. bestätigt[70] und dieses Urteil dürfte auch für die jetzige Rechtslage Geltung beanspruchen[71].

27 Mängel des Abtretungsvertrages berechtigen aber zur **Berichtigung der Gesellschafterliste nach Maßgabe des Verfahrens in § 40**. Die Legitimationswirkung entfällt dann mit Wirkung *ex nunc*[72]. Das Gleiche gilt für die Rücknahme der zum Handelsregister gerichteten Gesellschafterliste (Rdnr. 31 f.).

bb) Mängel der Mitteilung

28 Die Mitteilung eines hierzu Berechtigten gegenüber dem Geschäftsführer kann – wie früher die Anmeldung[73] – selbst nichtig oder anfechtbar sein, da sie den **Vorschriften über Willenserklärungen** unterliegt[74]. Die Anfechtung der Mitteilung hat gegenüber der Gesellschaft zu erfolgen (§ 143 Abs. 3 BGB analog). Das Anfechtungsrecht steht demjenigen zu, der die Mitteilung vorgenommen hat. Kein Anfechtungsgrund ist die Unkenntnis der (mittelbaren) Rechtsfolgen der Mitteilung. Die Unwirksamkeit einer Mitteilung kann durch eine sie bestätigende konkludente Rechtshandlung behoben werden (§ 141 Abs. 1 BGB) und die Anfechtung kann aus denselben Gründen ausgeschlossen sein (§ 144 BGB). Die Anfechtung der Mitteilung ist allerdings als Rechtsmissbrauch unbeachtlich, wenn die mitgeteilte Veränderung rechtswirksam ist und andere schutzwürdige Interessen an der Rückgängigmachung der Mitteilung nicht bestehen[75]. Dies ist z.B. der Fall, wenn sie nur darauf beruht, dass der

---

68 Gleichsinnig zur früheren Rechtslage unter Geltung des Anmeldeprinzips 10. Aufl., Rdnr. 22.
69 OLG Bremen v. 21.10.2011 – 2 U 43/11, GmbHR 2012, 687; *Bayer*, in: Lutter/Hommelhoff, Rdnr. 32; *Altmeppen*, in: Roth/Altmeppen, Rdnr. 17; *Löbbe*, in: Ulmer/Habersack/Löbbe, Rdnr. 80 f.; *Heidinger*, in: MünchKomm. GmbHG, Rdnr. 46 f.; *Ebbing*, in: Michalski u.a., Rdnr. 84, gleichsinnig zur früheren Rechtslage 10. Aufl., Rdnr. 23.
70 BGH v. 27.1.2015 – KZR 90/13, GmbHR 2015, 532; zustimmend *Karsten Schmidt*, GmbHR 2015, 505.
71 *Karsten Schmidt*, GmbHR 2015, 505, 506.
72 *Bayer*, in: Lutter/Hommelhoff, Rdnr. 34; *Löbbe*, in: Ulmer/Habersack/Löbbe, Rdnr. 84; *Ebbing*, in: Michalski u.a., Rdnr. 85; *Heidinger*, in: MünchKomm. GmbHG, Rdnr. 50.
73 Zur früheren Rechtslage unter Geltung des Anmeldeprinzips 10. Aufl., Rdnr. 24.
74 *Paefgen*, in: Ulmer/Habersack/Löbbe, § 40 Rdnr. 79; *Fastrich*, in: Baumbach/Hueck, Rdnr. 4 (alle geschäftsähnliche Handlung); *Zirngibl*, in: Bunnemann/Zirngibl, Auswirkungen des MoMiG auf bestehende GmbHs, 2008, § 4 Rdnr. 39; *Kort*, GmbHR 2009, 169, 170; *D. Mayer*, DNotZ 2008, 403, 412 (alle analoge Anwendung).
75 Zur früheren Rechtslage unter Geltung des Anmeldeprinzips 10. Aufl., Rdnr. 24; zur neuen Rechtslage *Löbbe*, in: Ulmer/Habersack/Löbbe, Rdnr. 59; *U. Jasper*, in: MünchHdb. III, § 24 Rdnr. 229.

materiell Berechtigte nun das Interesse verfolgt, nicht in dieser Stellung öffentlich zu werden. Die Unwirksamkeit einer Mitteilung kann nur in einem Rechtsstreit gegen die GmbH mit Wirkung für diese verbindlich festgestellt werden[76].

Im Hinblick auf die **Rechtsfolgen einer mangelhaften Mitteilung** ist zu unterscheiden: Sie ist wirkungslos, wenn sie nicht durch ein einem Mitteilungsberechtigten zurechenbares Verhalten verursacht, z.B. durch *vis absoluta* oder Fälschung herbeigeführt oder durch einen vollmachtlosen Vertreter (*falsus procurator*) oder einen Geschäftsunfähigen oder beschränkt Geschäftsfähigen vorgenommen worden ist[77]. Das gilt nicht bei einer Mitteilung, die nur zum Schein im Einverständnis oder mit Kenntnis der GmbH abgegeben wurde, oder wenn die GmbH die Unwirksamkeit der Mitteilung positiv kannte (Rdnr. 24 a.E.). Alle anderen Nichtigkeits- und Anfechtungsgründe können nur mit Wirkung für die Zukunft geltend gemacht werden[78]. Die Beseitigung der Mitteilung erfolgt nach Maßgabe des in § 40 geregelten Verfahrens und lässt die Rechtswirkung des § 16 Abs. 1 für die Vergangenheit unberührt, und alle Leistungen zwischen dem in der Gesellschafterliste eingetragenen Gesellschafter einerseits und der GmbH andererseits sind mit Rechtsgrund getätigt worden. Allerdings hat die Beseitigung der Mitteilung auch die Wirkung, dass sie für die Zukunft als nie erfolgt gilt[79]. Der zu Unrecht in der Gesellschafterliste Eingetragene ist z.B. im Falle einer künftigen Kaduzierung nicht Rechtsvorgänger und haftet daher nicht nach § 22[80].   29

cc) Mängel bei der Aufnahme der Gesellschafterliste in das Handelsregister

Beim technischen Prozess der Aufnahme der Gesellschafterliste in das Handelsregister kann es u.a. zur (unabsichtlichen) Nicht-Aufnahme der Liste und zur (unabsichtlichen) Datenänderung kommen. In diesen Fällen ist die Gesellschafterliste bzw. das betreffende Datum wirkungslos[81].   30

c) Widerruf der Mitteilung und Rücknahme der Einreichung der Gesellschafterliste

Die Mitteilung des hierzu Berechtigten kann nur durch Anfechtung oder Geltendmachung ihrer Nichtigkeit widerrufen werden (Rdnr. 28). Eine hiervon losgelöste, grundlose **Rücknahme der Mitteilung ist nicht möglich**[82]. Bei Anfechtung der Mitteilung oder der Geltendmachung der Nichtigkeit einer Mitteilung durch den Mitteilenden ist im Grundsatz ein noch nicht abgeschlossenes Eintragungs- und Aufnahmeverfahren in das Handelsregister zu stoppen[83]. Dies gilt ausnahmsweise dann nicht, wenn offensichtlich keine Nichtigkeit oder Anfechtbarkeit der Mitteilung vorliegt.   31

---

76 Zur früheren Rechtslage unter Geltung des Anmeldeprinzips 10. Aufl., Rdnr. 24.

77 So wie hier *Wicke*, Rdnr. 9; *Löbbe*, in: Ulmer/Habersack/Löbbe, Rdnr. 57; *Heidinger*, in: Münch-Komm. GmbHG, Rdnr. 62 (in Bezug auf Mitteilung durch den Geschäftsführer); a.M. *Ebbing*, in: Michalski u.a., Rdnr. 72; *Hasselmann*, NZG 2009, 486, 492 (im Falle eines tatsächlichen Gesellschafterwechsels).

78 Gleichsinnig zur früheren Rechtslage unter Geltung des Anmeldeprinzips 10. Aufl., Rdnr. 26; *Löbbe*, in: Ulmer/Habersack/Löbbe, Rdnr. 59; *Pfisterer*, in: Saenger/Inhester, Rdnr. 10; *U. Jasper*, in: Münch-Hdb. III, § 24 Rdnr. 229.

79 Ebenso *Bayer*, in: Lutter/Hommelhoff, Rdnr. 23; zum Aktienrecht auch *Bayer*, in: MünchKomm. AktG, 4. Aufl. 2016, § 67 AktG Rdnr. 146.

80 *Bayer*, in: Lutter/Hommelhoff, Rdnr. 23; *Löbbe*, in: Ulmer/Habersack/Löbbe, Rdnr. 84; *Brandes*, in: Bork/Schäfer, Rdnr. 32.

81 Zust. *Löbbe*, in: Ulmer/Habersack/Löbbe, Rdnr. 65.

82 Ebenso *Heidinger*, in: Heckschen/Heidinger, Die GmbH in der Gestaltungs- und Beratungspraxis, § 13 Rdnr. 299; a.A. *Bayer*, in: Lutter/Hommelhoff, Rdnr. 24; ebenfalls a.A. zu § 67 Abs. 2 AktG *Lutter/Drygala*, in: KölnKomm. AktG, 3. Aufl. 2009, § 67 AktG Rdnr. 99; *Bayer*, in: MünchKomm. AktG, 4. Aufl. 2016, § 67 AktG Rdnr. 95.

83 *Bayer*, in: Lutter/Hommelhoff, Rdnr. 24.

32   Die Einreichung der Gesellschafterliste zur Aufnahme in das Handelsregister ist ein rein tatsächlicher Vorgang, der durch ein Berichtigungsschreiben gegenüber dem Handelsregister rückgängig gemacht werden kann. Die Zulässigkeit einer solchen Rücknahme bemisst sich nach den durch § 40 konturierten Sorgfaltspflichtmaßstäben des zuständigen Geschäftsführers bzw. Notars (vgl. 11. Aufl., § 40 Rdnr. 39, 68 ff.).

d) Löschung der Eintragung und Wegfall aus dem Handelsregister

33   Die Löschung (einschließlich der Änderung) einer Eintragung in der Gesellschafterliste führt zu einem Wegfall der Legitimationswirkung der Alt-Eintragung mit Wirkung *ex nunc*. Mit der Aufnahme der geänderten Gesellschafterliste kommt der Neu-Eintragung Legitimationswirkung nach § 16 Abs. 1 Satz 1 zu. Wird eine zunächst beim Handelsregister aufgenommene Gesellschafterliste ausgelistet oder fällt sie aus irgendwelchen Gründen weg, so entfällt auch die Legitimationswirkung ab dem Zeitpunkt des Wegfalls. Sofern dann eine vorherige Gesellschafterliste im Handelsregister ausgewiesen wird, so entfaltet diese Legitimationswirkung.

3. Rechtswirkungen der Eintragung in der Gesellschafterliste

a) Legitimationswirkung zu Gunsten/zu Lasten des Eingetragenen

34   Eine Person erlangt alleine durch Eintragung in die beim Handelsregister aufgenommene Gesellschafterliste relativ gegenüber der GmbH die Gesellschafterstellung (**relative Legitimationswirkung**). Die Gesellschaft ist dabei nicht nur berechtigt, die eingetragene Person als legitimen Gesellschafter zu behandeln, sondern auch hierzu verpflichtet[84]. Die Legitimationswirkung gilt zu Gunsten wie zu Lasten des Eingetragenen, und zwar unabhängig von der materiell-rechtlichen Lage. Bei Abweichung der Eintragungslage zur materiell-rechtlichen Rechtslage haben sowohl der materielle Rechtsinhaber als auch der – materiell zu Unrecht – in die Gesellschafterliste Eingetragene einen Anspruch gegen die GmbH auf Berichtigung der unrichtigen Gesellschafterliste nach Maßgabe des in § 40 Abs. 1 geregelten Verfahrens[85].

35   **Maßgeblicher Zeitpunkt für die Legitimationswirkung** nach § 16 Abs. 1 Satz 1 ist die Aufnahme der (geänderten) Gesellschafterliste in das Handelsregister, d.h. in den für das entsprechende Registerblatt bestimmten Registerordner (vgl. § 9 Abs. 1 HRV; s. auch Rdnr. 91). Zur Sonderregelung des § 16 Abs. 1 Satz 2 s. Rdnr. 48.

b) Gesellschafterrechte

36   Von der Eintragung in der Gesellschafterliste und deren Aufnahme im Handelsregister an stehen alle mit dem betreffenden Geschäftsanteil verbundenen **Mitgliedschaftsrechte** nur noch dem Eingetragenen zu und können auch nur von diesem geltend gemacht werden. Insbesondere ist der Eingetragene berechtigt, an der Beschlussfassung der Gesellschafterversammlung teilzunehmen und das Stimmrecht auszuüben; in der Konsequenz ist dem Eingetragenen auch Rechtsschutz gegen fehlerhafte Gesellschafterbeschlüsse zu gewähren, auch wenn der Gesellschafter seinen Geschäftsanteil aufgrund einer Satzungsbestimmung verliert[86]. Umgekehrt ist ein Gesellschafter, der noch nicht in die Gesellschafterliste aufgenommen ist, nicht einmal zur Gesellschafterversammlung zu laden[87]. An der Legitimationswirkung partizipieren allerdings

---

84 Zur früheren Rechtslage unter Geltung des Anmeldeprinzips 10. Aufl., Rdnr. 32.
85 BR-Drucks. 344/07, S. 86 = Begr. RegE zu § 16; *Bayer*, in: Lutter/Hommelhoff, Rdnr. 26; *Löbbe*, in: Ulmer/Habersack/Löbbe, Rdnr. 60.
86 OLG Düsseldorf v. 24.6.2016 – I-16 U 74/15, GmbHR 2016, 988, 990.
87 OLG Zweibrücken v. 15.12.2011 – 3 W 144/11, GmbHR 2012, 689, 690.

solche Mitgliedschaftsrechte nicht, die bereits vor Aufnahme der Gesellschafterliste im Handelsregister selbständig abgetreten waren. Solange die Eintragung in der im Handelsregister aufgenommenen Gesellschafterliste besteht, können von keiner Person wegen der Ausübung von Mitgliedschaftsrechten durch den Eingetragenen Rechtsfolgen hergeleitet werden, durch welche die unter Mitwirkung des Legitimierten zu Stande gekommenen Rechtsakte beeinträchtigt werden. So sind Gesellschafterbeschlüsse nicht wegen seiner Mitwirkung anfechtbar, Dividendenzahlungen an ihn wirksam und nicht ohne Rechtsgrund geleistet etc.[88] Diese Grundsätze gelten – wenngleich mit einigen Besonderheiten – auch bei **Kapital- und Strukturbeschlüssen** (Satzungsänderung, Kapitalerhöhung, Kapitalherabsetzung, Verschmelzung, Spaltung, Formwechsel, andere Umstrukturierungsmaßnahmen)[89]: Auch Strukturmaßnahmen können wegen der Legitimationswirkung des § 16 Abs. 1 Satz 1 mit den Stimmen eines aus materiell-rechtlicher Sicht zu Unrecht eingetragenen Gesellschafters (Scheingesellschafter) und ohne Beteiligung des tatsächlichen Anteilsinhabers beschlossen werden. Die Geschäftsführung ist gehalten, den Gesellschafterbeschluss auszuführen, um die betreffende Strukturmaßnahme umzusetzen, es sei denn, sie hat positive Kenntnis von der materiellen Nichtberechtigung des Eingetragenen[90]. Im gleichen Umfang ist auch das Registergericht an die Wirkung des § 16 Abs. 1 Satz 1 gebunden und hat die Strukturmaßnahme einzutragen[91]. Mit Eintragung werden Kapitalbeschlüsse und Umwandlungen wirksam und etwaige Mängel (bei Kapitalbeschlüssen ggf. nach Ablauf einer 3-Jahresfrist analog § 242 Abs. 2 AktG) geheilt. Zu den Auswirkungen einer Strukturmaßnahme unter Teilnahme eines Scheingesellschafters auf die Rechtsposition des materiell berechtigten Anteilsinhabers 10. Aufl., Rdnr. 36.

c) Gesellschafterpflichten

Ab dem Zeitpunkt der Aufnahme der Gesellschafterliste in das Handelsregister hat der Eingetragene gegenüber der GmbH und seinen Mitgesellschaftern grundsätzlich **alle mit dem Geschäftsanteil unmittelbar verknüpften Pflichten** zu erfüllen[92]. Von diesem Zeitpunkt an fällige Stammeinlageraten, fällig werdende Nachschussbeträge oder Nebenleistungspflichten (§ 3 Abs. 2) hat der Eingetragene zu tragen; der Rechtsvorgänger schuldet sie nicht. Allerdings kann im Innenverhältnis zwischen den an einer Veränderung beteiligten Parteien Abweichendes vereinbart sein[93]. Die mit dem Geschäftsanteil verknüpften Pflichten gehen auf den Eingetragenen über, auch wenn er sie nicht kannte[94]. Gleiches gilt für die Pflichten der Gesellschafter im Fall der Führungslosigkeit der Gesellschaft (vgl. § 35 Abs. 1 Satz 2 GmbHG, § 10 Abs. 2 Satz 2 InsO), also insbesondere für die Insolvenzantragspflicht nach § 15a Abs. 1 Satz 2,

37

---

88 Zur früheren Rechtslage unter Geltung des Anmeldeprinzips 10. Aufl., Rdnr. 35; zur jetzigen Rechtslage *Heidinger*, in: MünchKomm. GmbHG, Rdnr. 134; *Heidinger*, in: Heckschen/Heidinger, Die GmbH in der Gestaltungs- und Beratungspraxis, § 8 Rdnr. 160; *Löbbe*, in: Ulmer/Habersack/Löbbe, Rdnr. 66; *Brandes*, in: Bork/Schäfer, Rdnr. 32; *Hasselmann*, NZG 2009, 409, 410.
89 Ebenso *Altmeppen*, in: Roth/Altmeppen, Rdnr. 17; *Brandes*, in: Bork/Schäfer, Rdnr. 33; *Fastrich*, in: Baumbach/Hueck, Rdnr. 16; *Löbbe*, in: Ulmer/Habersack/Löbbe, Rdnr. 76 ff. Hierzu ausführlich unter Geltung der früheren Rechtslage *Schnorbus*, ZGR 2004, 126, 133 ff.; vgl. auch 10. Aufl., Rdnr. 35.
90 Grundsätzlich gegen die Berücksichtigung subjektiver Elemente wie die Kenntnis von der Unrichtigkeit der Gesellschafterliste OLG Bremen, v. 21.10.2011 – 2 U 43/11, GmbHR 2012, 687, 689; OLG Frankfurt v. 4.11.2016 – 20 W 269/16, GmbHR 2017, 868, 870, zu dem Urteil *König/Steffes-Holländer*, DB 2017, 2022; *Fastrich*, in: Baumbach/Hueck, Rdnr. 11; s. aber *Löbbe*, in: Ulmer/Habersack/Löbbe, Rdnr. 58.
91 Vgl. OLG Frankfurt v. 4.11.2016 – 20 W 269/16, GmbHR 2017, 868, 870.
92 *Löbbe*, in: Ulmer/Habersack/Löbbe, Rdnr. 66; *Ebbing*, in: Michalski u.a., Rdnr. 55; *Fastrich*, in: Baumbach/Hueck, Rdnr. 14; *Wicke*, Rdnr. 3.
93 Zur früheren Rechtslage 10. Aufl., Rdnr. 37.
94 Zur früheren Rechtslage 10. Aufl., Rdnr. 38. Zu möglichen (Gewährleistungs-)Ansprüchen des Eingetragenen gegenüber seinem Vertragspartner 10. Aufl., Rdnr. 38.

Abs. 3 InsO[95]. Leistet der eingetragene Scheingesellschafter aufgrund seiner formalen Gesellschafterstellung an die Gesellschaft, erfolgt dies mit Rechtsgrund[96].

38   Der Pflichtenübergang findet nur statt, wenn die Pflicht nach Gesetz oder Satzung mit dem Geschäftsanteil verknüpft ist, während **schuldrechtliche Verpflichtungen** durch die Veränderung in der Anteilszuordnung und ihre Eintragung in die Gesellschafterliste unberührt bleiben[97]. Sie können in den Fällen der Einzelrechtsnachfolge nur im Wege der Schuldübernahme (§§ 414 ff. BGB) oder in Fällen der Gesamtrechtsnachfolge durch diese auf den Eingetragenen übergehen. Auch für **Schadensersatzpflichten**, die durch ein schuldhaftes Verhalten des Rechtsvorgängers entstanden sind, haftet der Eingetragene nicht, sondern die Haftung verbleibt beim Rechtsvorgänger[98].

d) Rechtshandlungen des Rechtsvorgängers

39   In § 16 Abs. 2 a.F. war ausdrücklich geregelt, dass der Erwerber die vor der Anmeldung (als damaliger Legitimationsbasis) von der GmbH gegenüber dem Veräußerer oder von dem Veräußerer gegenüber der GmbH **in Bezug auf das Gesellschaftsverhältnis vorgenommenen Rechtshandlungen** gegen sich gelten lassen muss. Diese Bestimmung hat der MoMiG-Gesetzgeber nicht wiederholt, ohne damit allerdings eine konzeptionelle Rechtsänderung zu beabsichtigen. Sie ergibt sich vielmehr bereits aus dem Grundsatz in § 16 Abs. 1 Satz 1, der eine von der materiell-rechtlichen Situation abgelöste relative Legitimationswirkung die Eintragung in der Gesellschafterliste anknüpft[99]. Somit muss der noch nicht in die Gesellschafterliste eingetragene Rechtsnachfolger die Rechtshandlungen des noch wirksam in der Gesellschafterliste eingetragenen Rechtsvorgängers generell gegen sich gelten lassen[100]. Dies gilt z.B. für die Auszahlung von Dividenden an den noch Eingetragenen[101], für die Ausübung des Stimmrechts durch den noch Eingetragenen[102] und auch bei einer Zustimmung nach § 53 Abs. 3 zu einer Satzungsänderung, selbst wenn der Rechtsnachfolger hiervon keine Kenntnis hat[103]. Der noch nicht in die Gesellschafterliste eingetragene Rechtsnachfolger muss selbst einen Ausschluss seines Rechtsvorgängers aus wichtigem Grund oder die Einziehung des ihm materiell-rechtlich zugeordneten Geschäftsanteils im Grundsatz gegen sich gelten lassen.

40   Bereits nach früherer Rechtslage konnte der Rechtsnachfolger solchen **Gefahren für seine Rechtsposition entgegenwirken**, und zwar durch Vornahme der Anmeldung und durch Geltendmachung von Unterlassungs- und Schadensersatzansprüchen gegen den Rechtsvorgänger insbesondere aus dem der Rechtsänderung zu Grunde liegenden Kausalgeschäft. Auch nach neuem Recht kann der Rechtsnachfolger mögliche Rechtsbeeinträchtigungen durch den noch in der Gesellschafterliste Eingetragenen bis zur Aufnahme der die Veränderung anzeigenden Gesellschafterliste in das Handelsregister abwenden, und zwar wiederum auf zweifachem Weg:

---

95 *Verse*, in: Henssler/Strohn, Gesellschaftsrecht, Rdnr. 12; hierzu auch *Horstkotte*, ZInsO 2009, 209; vgl. auch *Hasselmann*, NZG 2009, 409, 410.
96 *Ebbing*, in: Michalski u.a., Rdnr. 55; s. dazu auch *Wied*, NZG 2012, 725, 727 ff.
97 Zur früheren Rechtslage 10. Aufl., Rdnr. 39.
98 Zur früheren Rechtslage 10. Aufl., Rdnr. 37.
99 BR-Drucks. 354/07, S. 87 = Begr. RegE zu § 16 („Für die bisherige Regelung in § 16 Abs. 2 besteht kein gesondertes Regelungsbedürfnis, da sich die dort geregelten Rechtsfolgen bisher schon aus § 16 Abs. 1 ableiten ließen").
100 *Bayer*, in: Lutter/Hommelhoff, Rdnr. 40; *Löbbe*, in: Ulmer/Habersack/Löbbe, Rdnr. 70; *Heidinger*, in: MünchKomm. GmbHG, Rdnr. 141 f.; *Ebbing*, in: Michalski u.a., Rdnr. 114 ff.; *Pfisterer*, in: Saenger/Inhester, Rdnr. 13; zur früheren Rechtslage 10. Aufl., Rdnr. 7.
101 *Bayer*, in: Lutter/Hommelhoff, Rdnr. 40; *Heidinger*, in: MünchKomm. GmbHG, Rdnr. 134; *Löbbe*, in: Ulmer/Habersack/Löbbe, Rdnr. 66.
102 *Bayer*, in: Lutter/Hommelhoff, Rdnr. 40; *Heidinger*, in: MünchKomm. GmbHG, Rdnr. 142.
103 *Bayer*, in: Lutter/Hommelhoff, Rdnr. 40; *Löbbe*, in: Ulmer/Habersack/Löbbe, Rdnr. 70; *Heidinger*, in: MünchKomm. GmbHG, Rdnr. 142.

(1) Beruht der Rechtsübergang auf einem **Kausalgeschäft**, so wird der Rechtsnachfolger ausdrückliche Regelungen über die Vornahme von tatsächlichen Maßnahmen und Rechtshandlungen nur nach vorheriger Zustimmung vereinbaren. Hieraus ergeben sich dann Unterlassungs- und im Verletzungsfall Schadensersatzpflichten. (2) Darüber hinaus wird der Rechtsnachfolger im Regelfall bestrebt sein, auch die GmbH und die Mitgesellschafter von der eingetretenen Rechtsänderung und ggf. dem zwischen ihm und dem in der Gesellschafterliste eingetragenen Rechtsvorgänger Vereinbarten zu informieren. Denn die GmbH und ihre Gesellschafter sind in dem Fall, in dem ihnen eine Rechtsänderung mitgeteilt und (plausibel) nachgewiesen wurde, aus der **mitgliedschaftlichen Treuepflicht** (oder bei Rechtsnachfolgern, die noch nicht Gesellschafter der GmbH sind, aus einer vorlaufenden Treuepflicht), verpflichtet, die materielle Rechtsposition des noch nicht eingetragenen Rechtsnachfolgers nicht zu vereiteln oder wesentlich zu beeinträchtigen. Der noch nicht eingetragene Rechtsnachfolger kann korrespondierend hierzu bei Vorliegen der sonstigen Voraussetzungen einstweiligen Rechtsschutz gegen die drohende Rechtsbeeinträchtigung erwirken. Darüber hinaus können Beschlussfassungen der Gesellschafterversammlung, die im Zeitraum zwischen der materiellen Rechtsänderung und der Aufnahme der die Veränderung ausweisenden Gesellschafterliste im Handelsregister zum Nachteil des noch nicht eingetragenen Rechtsnachfolgers vorgenommen werden, anfechtbar oder nichtig sein[104]. Schließlich kommen **Schadensersatzansprüche** in Betracht[105].

e) Erbrechtlicher Erwerb

Für den erbrechtlichen Erwerb gelten im Grundsatz die gleichen Bestimmungen: Die Erben [41] sind beim Tod eines Gesellschafters erst dann gegenüber der GmbH legitimiert und können erst dann die **Gesellschafterrechte** ausüben, wenn sie im Verfahren nach § 40 in die Gesellschafterliste eingetragen wurden und diese im Handelsregister aufgenommen worden ist[106]. Damit ist der MoMiG-Gesetzgeber zu Recht nicht der herrschenden Auslegung zu § 67 Abs. 2 AktG gefolgt, derzufolge die Erben auch ohne Eintragung in das Handelsregister in die Aktionärsstellung einrücken[107]. Für **Verbindlichkeiten des Erblassers gegenüber der GmbH** haften die Erben jeder auch ohne Eintragung in der Gesellschafterliste gemäß §§ 1922, 1967 BGB, allerdings mit der **Möglichkeit der Haftungsbeschränkung** nach §§ 1975 ff. BGB. Eine solche Haftungsbeschränkung kommt nach erfolgter Eintragung der Veränderung in der Gesellschafterliste und deren Aufnahme in das Handelsregister – wiederum anders als im Aktienrecht[108] – wegen § 16 Abs. 2 nicht mehr in Betracht, da der Erbe nach ausdrücklicher gesetzlicher Anordnung stets unbeschränkt für die rückständigen Leistungen haftet (hierzu ausführlich Rdnr. 51 ff.)[109].

Der **Wegfall der Erbenstellung** hat eine erneute „Veränderung in den Personen der Gesell- [42] schafter" (oder in Einzelfällen auch im Umfang ihrer Beteiligung) zur Folge, was wiederum

---

104 *Bayer*, in: Lutter/Hommelhoff, Rdnr. 41; *Löbbe*, in: Ulmer/Habersack/Löbbe, Rdnr. 72.
105 *Bayer*, in: Lutter/Hommelhoff, Rdnr. 41; *Löbbe*, in: Ulmer/Habersack/Löbbe, Rdnr. 71 f.
106 OLG Naumburg v. 1.9.2015 – 2 U 95/15, GmbHR 2017, 86, 88; gleichsinnig (aber verkürzend) *Bayer*, in: Lutter/Hommelhoff, Rdnr. 43; *Wicke*, Rdnr. 6; *Fastrich*, in: Baumbach/Hueck, Rdnr. 17; *Löbbe*, in: Ulmer/Habersack/Löbbe, Rdnr. 30; *Ebbing*, in: Michalski u.a., Rdnr. 96; ausf. *Wiersch*, NZG 2015, 1336, 1337 ff.; *Bayer*, GmbHR 2012, 1, 4; *Wolff*, BB 2010, 454, 456; a.A. *Altmeppen*, in: Roth/Altmeppen, Rdnr. 21 f.; *Link*, RNotZ 2009, 193, 213.
107 So OLG Jena v. 25.2.2004 – 2 U 635/03, AG 2004, 268, 270; OLG Brandenburg v. 6.6.2001 – 7 U 145/00, NZG 2002, 476, 478; *Lutter/Drygala*, in: KölnKomm. AktG, 3. Aufl. 2009, § 67 AktG Rdnr. 34; kritisch zu dieser Auslegung *Bayer*, in: MünchKomm. AktG, 4. Aufl. 2016, § 67 AktG Rdnr. 75 ff.; *Cahn*, in: Spindler/Stilz, § 67 AktG Rdnr. 47.
108 Hierzu *Bayer*, in: MünchKomm. AktG, 4. Aufl. 2016, § 67 AktG Rdnr. 79.
109 *Bayer*, in: Lutter/Hommelhoff, Rdnr. 44; *Löbbe*, in: Ulmer/Habersack/Löbbe, Rdnr. 106 a.E.; *Bayer*, GmbHR 2012, 1, 4; a.A. *Altmeppen*, in: Roth/Altmeppen, Rdnr. 23; *Wicke*, Rdnr. 7.

das Verfahren nach § 40 auslöst. Allerdings bleibt beim Eintritt des **Nacherbfalls** die Rechtsstellung des Vorerben (vgl. §§ 2106, 2139 BGB) für die Zeit seiner Legitimation durch Eintragung in der Gesellschafterliste unberührt. Das Gleiche gilt im Fall der **Ausschlagung** (vgl. § 1945 BGB) für den in der Gesellschafterliste eingetragenen vorläufigen Erben. Die in § 1953 Abs. 1 BGB geregelte Rückwirkung betrifft nur das Verhältnis zum wirklichen Erben, nicht das Verhältnis zur GmbH. Hieraus folgt, dass Rechtsausübungen des Legitimierten wirksam bleiben und erhaltene Dividendenzahlungen mit Rechtsgrund geleistet wurden, aber an den wirklichen Erben gemäß §§ 1959 Abs. 1, 667, 681 BGB herauszugeben sind. Für eine zwischenzeitlich begründete Haftung gelten die allgemeinen Grundsätze (Rdnr. 51 ff.). Auch die Rechtshandlungen des nach allgemeinen Grundsätzen (Rdnr. 103) zurechenbar in der Gesellschafterliste eingetragenen Scheinerben sind wirksam, wobei im Verhältnis zum Erben die §§ 2018 ff. BGB gelten[110].

f) Gesellschafter im Insolvenzverfahren

43 Auch in dem Fall, in dem ein Gesellschafter insolvent wird, ist im Grundsatz zwischen der materiellen Rechtsinhaberschaft des Geschäftsanteils einerseits und der relativen Legitimationswirkung durch Eintragung in der Gesellschafterliste und deren Aufnahme im Handelsregister andererseits zu unterscheiden: Ob ein Geschäftsanteil zur **Insolvenzmasse** gehört, entscheidet sich primär danach, ob der von der Insolvenz betroffene Gesellschafter zum Zeitpunkt der Eröffnung des Insolvenzverfahrens materiell-rechtlich betrachtet Inhaber dieses Geschäftsanteils war. Auf eine der materiellen Rechtslage entgegenstehende Eintragung in der Gesellschafterliste kommt es nicht an. So gehört ein Geschäftsanteil nicht zur Masse, und der Insolvenzverwalter kann – mit Ausnahme einer erfolgreichen insolvenzmäßigen Anfechtung der Veräußerung nach §§ 129 ff. InsO oder bei Nichtigkeit der Veräußerung – den Geschäftsanteil nicht zur Masse ziehen, wenn der Gesellschafter vor Eröffnung des Insolvenzverfahrens den Geschäftsanteil abgetreten hatte, selbst wenn die Aufnahme der veränderten Gesellschafterliste in das Handelsregister erst nach Eröffnung des Insolvenzverfahrens erfolgt. Umgekehrt kann der Schuldner nach der Insolvenzeröffnung den Geschäftsanteil mit Wirkung auf die Insolvenzgläubiger nicht mehr abtreten. Das Verfügungsrecht steht dem Insolvenzverwalter zu (§§ 35, 80 InsO), es sei denn, das Insolvenzgericht hat ausnahmsweise Eigenverwaltung angeordnet (§ 270 InsO).

44 Erfolgt eine **Veränderung i.S. von § 40 Abs. 1 Satz 1 vor der Insolvenzeröffnung**, so gelten für das Eintragungsverfahren folgende Grundsätze: Wirkt an der Veränderung ein deutscher Notar mit, so hat dieser die veränderte Gesellschafterliste zu erstellen, zu unterschreiben und zum Handelsregister einzureichen (§ 40 Abs. 2; hierzu 11. Aufl., § 40 Rdnr. 54 ff.). In den anderen Fällen sind die an der Veränderung Beteiligten zur Mitteilung nach § 40 Abs. 1 Satz 4 an den zuständigen Geschäftsführer berechtigt, wenn der Rechtsvorgänger noch vor der Insolvenzeröffnung den Geschäftsanteil übertragen hatte; der Insolvenzverwalter ist wie nach der bisher hier vertretenen Auffassung zur früheren Rechtslage nicht befugt, die Mitteilung nach § 40 Abs. 1 Satz 4 gegenüber dem Geschäftsführer vorzunehmen[111]. Ist umgekehrt der Rechtsnachfolger in den Geschäftsanteil vor der Aufnahme der geänderten Gesellschafterliste in das Handelsregister in Insolvenz geraten, ist nur der Insolvenzverwalter zur Mitteilung nach § 40 Abs. 1 Satz 4 befugt. Denn in diesem Fall gehört der Geschäftsanteil materiellrechtlich zur Insolvenzmasse des Rechtsnachfolgers und unterliegt daher der Verfügung des Insolvenzverwalters. Eine Mitteilung durch den Rechtsnachfolger persönlich ist nach § 81 InsO unwirksam[112].

---

110 *Bayer*, in: Lutter/Hommelhoff, Rdnr. 46; *Wicke*, Rdnr. 7; *Löbbe*, in: Ulmer/Habersack/Löbbe, Rdnr. 31; *Fastrich*, in: Baumbach/Hueck, Rdnr. 17.
111 Zur früheren Rechtslage 10. Aufl., Rdnr. 48 mit Hinweis auf die überwiegende Gegenansicht.
112 Zur früheren Rechtslage und zu Einzelheiten 10. Aufl., Rdnr. 49.

4. Rückbeziehung der Legitimationswirkung (§ 16 Abs. 1 Satz 2)

a) Inhalt und Zweck der Regelung

Häufig besteht ein **praktisches Bedürfnis** dafür, dass der Erwerber eines Geschäftsanteils be- 45
reits vor Aufnahme der ihn ausweisenden und insoweit geänderten Gesellschafterliste in das
Handelsregister Rechtshandlungen in Bezug auf das Gesellschaftsverhältnis vornehmen
kann[113]. Dies gilt beispielhaft für dessen Mitwirkung an der Abberufung des bisherigen Geschäftsführers und der Neubestellung einer anderen Person als neuen Geschäftsführer sowie
in diesem Zusammenhang an der Beschlussfassung über den dienstrechtlichen Aufhebungsvertrag sowie den Abschluss eines neuen Geschäftsführer-Anstellungsvertrags. Dies gilt aber
auch für die Beschlussfassung über Satzungsänderungen, die z.B. deshalb erforderlich sind,
weil sich auf Grund einer im bisherigen Gesellschafterkreis vollzogenen Anteilsübertragung
die Mehrheitsverhältnisse ändern oder weil ein bislang Gesellschaftsfremder neu in den Kreis
der Gesellschafter eintritt und seinen Eintritt von der Änderung der Satzung abhängig macht;
praktische Bedeutung hat die Regelung aber auch beim Erwerb von Vorratsgesellschaften und
den dann notwendigen Satzungsänderungen. Zur **Interessenwahrung des noch nicht legitimierten Rechtsnachfolgers** regelt § 16 Abs. 1 Satz 2 im Wege einer Fiktion[114], dass eine ausschließlich auf Grund der Rechtswirkung des § 16 Abs. 1 Satz 1 noch nicht wirksame (aber
im Übrigen wirksame), sondern bis zur Aufnahme der veränderten Gesellschafterliste in das
Handelsregister schwebend unwirksame Maßnahme des Rechtsnachfolgers mit Wirkung *ex
tunc* als wirksam gilt[115], wenn die die Veränderung ausweisende Gesellschafterliste unverzüglich nach der Vornahme der Rechtshandlung in das Handelsregister aufgenommen wird. Die
Rechtshandlung wird umgekehrt endgültig unwirksam, wenn eben keine unverzügliche Aufnahme der geänderten Gesellschafterliste in das Handelsregister erfolgt[116]. Beteiligt sich der
Rechtsnachfolger an der Beschlussfassung der Gesellschaft und wird er danach nicht unverzüglich eingetragen oder die aktualisierte Liste nicht unverzüglich aufgenommen, ist der Beschluss anfechtbar und im Falle einer Einpersonengesellschaft nichtig[117].

b) Rechtshandlung des Erwerbers in Bezug auf das Gesellschaftsverhältnis

Die mit § 16 Abs. 1 Satz 2 gesetzlich angeordnete Rückbeziehung der Legitimationswirkung 46
bezieht sich auf eine *„vom Erwerber in Bezug auf das Gesellschaftsverhältnis vorgenommene
Rechtshandlung“*. Dieser Wortlaut lehnt sich an die Formulierung in § 16 Abs. 2 a.F. an, was
trotz des unterschiedlichen Regelungskontexts bei der Auslegung berücksichtigt werden kann.
Die Rückbeziehung der Legitimationswirkung scheint nach dem **Wortlaut** von § 16 Abs. 1
Satz 2 in doppelter Hinsicht im **Anwendungsbereich** beschränkt zu sein: (1) Zunächst bezieht
sich die Rückbeziehung nur auf Rechtshandlungen eines „Erwerbers", also des Adressaten einer rechtsgeschäftlichen Übertragung des Geschäftsanteils im Wege der Einzelrechtsnachfolge.
Dies wäre nicht mit dem gegenüber der bisherigen Rechtslage erweiterten Anwendungsbereich der Legitimationswirkung abgestimmt und führte zu nicht gerechtfertigten Benachtei-

---

113 Zutr. BR-Drucks. 354/07, S. 85 = Begr. RegE zu § 16. Zu Fallgestaltungen vgl. auch *D. Mayer*,
DNotZ 2008, 403, 405 m.w.N.
114 Ebenso *Bayer*, in: Lutter/Hommelhoff, Rdnr. 48; *Löbbe*, in: Ulmer/Habersack/Löbbe, Rdnr. 86.
115 *Bayer*, in: Lutter/Hommelhoff, Rdnr. 48; *Löbbe*, in: Ulmer/Habersack/Löbbe, Rdnr. 86; *Ebbing*, in:
Michalski u.a., Rdnr. 119; *Altmeppen*, in: Roth/Altmeppen, Rdnr. 7; *Kort*, GmbHR 2009, 169,
174.
116 BR-Drucks. 354/07, S. 85 = Begr. RegE zu § 16; *Bayer*, in: Lutter/Hommelhoff, Rdnr. 48; *Löbbe*,
in: Ulmer/Habersack/Löbbe, Rdnr. 86; *Brandes*, in: Bork/Schäfer, Rdnr. 17; *Ebbing*, in: Michalski
u.a., Rdnr. 119; *Wicke*, Rdnr. 11; *Heidinger*, in: Heckschen/Heidinger, Die GmbH in der Gestal-
tungs- und Beratungspraxis, § 8 Rdnr. 175; *Hasselmann*, NZG 2009, 409, 411; *D. Mayer*, DNotZ
2008, 403, 405.
117 *Ebbing*, in: Michalski u.a., Rdnr. 119; *Verse*, in: Henssler/Strohn, Gesellschaftsrecht, Rdnr. 27.

ligungen von Personen, die Geschäftsanteile im Wege der Gesamtrechtsnachfolge oder durch Übernahme neuer, durch eine Kapitalerhöhung entstehender Geschäftsanteile erhalten. Ein solchermaßen enges Wortlautverständnis ist nicht überzeugend[118]. (2) Darüber hinaus behandelt die Rückbeziehung der Legitimationswirkung dem Wortlaut nach nur Rechtshandlungen des Erwerbers in Bezug auf das Gesellschaftsverhältnis, nicht aber Rechtshandlungen der GmbH gegenüber dem Erwerber. Zu den von einem Erwerber in Bezug auf das Gesellschaftsverhältnis vornehmbaren Rechtshandlungen gehören die Wahrnehmung des Teilnahme-, Rede- und Fragerechts sowie das Antragsrecht auf Gesellschafterversammlungen, die Ausübung des Stimmrechts bei Beschlussfassungen[119], die Ausübung des Anfechtungsrechts bezogen auf Gesellschafterbeschlüsse[120], die Ausübung des Informationsrechts nach § 51a sowie die Ausübung des vermögensrechtlichen Bezugsrechts. Fraglich ist indes, ob auch Rechtshandlungen der GmbH wie die Dividendenauszahlung, die Auskehrung eines Liquidationserlöses oder Erklärungen der Gesellschaft (vertreten durch ihre Geschäftsführer in vertretungsberechtigter Zahl) z.B. bei der Übertragung von Geschäftsanteilen, bei der Teilung oder Zusammenlegung von Geschäftsanteilen, bei der Einziehung von Geschäftsanteilen oder dem Ausschluss von Gesellschaftern in gleicher Weise von § 16 Abs. 1 Satz 2 erfasst werden. Eine wortlautüberschießende Auslegung in dem Sinne, dass auch Rechtshandlungen der GmbH gegenüber dem Rechtsnachfolger als mit Wirkung *ex tunc* wirksam gelten, sofern nur die geänderte Gesellschafterliste unverzüglich in das Handelsregister aufgenommen wird, würde indes eine vom Gesetzgeber nicht beabsichtigte Generalausnahme zu § 16 Abs. 1 Satz 1 bedeuten. Eine solche wortlautüberschreitende Generalausnahme, die der Rechtssicherheit innerhalb der GmbH entgegensteht, ist nicht nötig, um die Interessen des noch nicht legitimierten Rechtsnachfolgers zu schützen. Denn die GmbH und ihre Mitgesellschafter haben bei Kenntnis der Veränderung alle Rechtshandlungen zu vermeiden, die die materielle Rechtsposition des Rechtsnachfolgers aufheben oder wesentlich beeinträchtigen (hierzu Rdnr. 40).

c) Unverzügliche Aufnahme der Gesellschafterliste in das Handelsregister

47 Die Rückbeziehung der Legitimationswirkung ist nach dem Gesetzeswortlaut weiterhin davon abhängig, dass *„die Liste unverzüglich nach Vornahme der Rechtshandlung in das Handelsregister aufgenommen wird"*. Die Formulierung ist **objektiv und i.S. der Rechtssicherung ergebnisorientiert formuliert** und verweist mit dem **Merkmal der Unverzüglichkeit** auf § 121 Abs. 1 Satz 1 BGB, d.h. die Aufnahme der geänderten Gesellschafterliste muss ohne schuldhaftes Zögern erfolgen. Danach wäre jede schuldhafte Verzögerung im Verfahrensablauf vom Eintritt der Veränderung i.S. der §§ 16 Abs. 1 Satz 1, 40 Abs. 1 Satz 1 an schädlich, also Verzögerungen bei der Erstellung und Unterzeichnung der Gesellschafterliste durch den zuständigen Geschäftsführer bzw. Notar, bei der Einreichung der Gesellschafterliste zum Handelsregister oder aber auch bei der Aufnahme der Gesellschafterliste im Handelsregister durch den Registerrichter[121]. Dieses Verständnis entspricht allerdings nicht dem Rechtsgedanken des § 167 ZPO und seine Berücksichtigung in anderen gesellschafts- und steuerrechtlichen Normen, bei denen der Gesetzgeber die Dauer eines Eintragungsverfahrens im Handelsregister (das in der Praxis durchaus 1–4 Wochen dauern kann[122]) nicht zu Lasten der die Eintragung ersuchenden Personen wertet (vgl. z.B. § 17 Abs. 2 Satz 4 UmwG, §§ 9 Satz 3, 20 Abs. 6 Sätze 1 und 2 UmwStG). Aus den Gesetzesmaterialien ergibt sich gerade nicht[123], dass der Gesetz-

---

118 Ebenso *Hasselmann*, NZG 2009, 409, 411.
119 Zu einzelnen Fallkonstellationen ausf. *Nolting*, GmbHR 2010, 584, 585 ff.
120 Vgl. im Einzelnen *Nolting*, GmbHR 2010, 584, 588.
121 Vgl. *Gasteyer/Goldschmidt*, ZIP 2008, 1906, 1909.
122 Vgl. auch *Greitemann/Bergjan*, in: FS Pöllath, 2008, S. 271, 274.
123 In BR-Drucks. 354/07, S. 85 = Begr. RegE zu § 16 heißt es nur, „die Aufnahme in den Registerordner erfolgt dann regelmäßig ebenfalls binnen sehr kurzer Zeit", was eher („dann") für eine Nichtberücksichtigung der Handelsregisteraufnahme für die Frage der Unverzüglichkeit spricht.

geber von diesem allgemeinen Rechtsgedanken abweichen wollte und dies entspräche auch nicht dem mit § 16 Abs. 1 Satz 2 verfolgten Privilegierungszweck zu Gunsten des noch nicht legitimierten Rechtsnachfolgers. Daher ist alleine entscheidend, ob die vom Geschäftsführer bzw. Notar nach § 40 vorzunehmende Handlung (also die Erstellung und Unterzeichnung der Gesellschafterliste sowie die Einreichung der Gesellschafterliste zum Handelsregister) ohne schuldhaftes Zögern erfolgt[124]. Ein Zeitablauf vom Eintritt der Veränderung bis zur Einreichung der geänderten Gesellschafterliste beim Handelsregister von etwa vier Wochen[125] ist im Regelfall noch nicht als schuldhafte Verzögerung anzusehen; in extremen Sonderfällen (z.B. Tod oder dauernde Dienstunfähigkeit des Geschäftsführers bzw. Notars) ist auch noch ein längerer Zeitraum als unverzügliches Handeln anzusehen[126].

In der Praxis können verbleibende Rechtsunsicherheiten hinsichtlich der Rückbeziehung der Legitimationswirkung weitgehend vermieden werden, indem der Veräußerer an der Rechtshandlung des Erwerbes mitwirkt oder dem Erwerber eine Vollmacht zur Ausübung der Gesellschafterrechte erteilt[127]. Zur Bevollmächtigung des Erwerbers kann beispielsweise folgende Klausel in den Anteilsübertragungsvertrag aufgenommen werden: *„(1) Die Verkäuferin bevollmächtigt die Käuferin hiermit unwiderruflich, nach Wirksamwerden der Abtretung der Geschäftsanteile bis zu dem Zeitpunkt, zu dem die Käuferin gemäß § 16 Abs. 1 Satz 1 GmbHG im Verhältnis zur Gesellschaft als Gesellschafterin gilt, die folgenden Gesellschafterbeschlüsse zu fassen (ggf. hilfsweise zusätzlich zu durch die Käuferin gemäß § 16 Abs. 1 Satz 2 GmbHG gefassten Gesellschafterbeschlüssen): (a) Abberufung aller oder einzelner bisheriger Geschäftsführer der Gesellschaft sowie die Änderung ihrer Vertretungsberechtigung; (b) Bestellung neuer Geschäftsführer der Gesellschaft; (c) Änderungen des Gesellschaftsvertrages einschließlich Änderung von Firma, Sitz, Geschäftsjahr, Regelungen zur Vertretung und Geschäftsführung sowie Gesellschafterversammlung, Einzahlungen in die Kapitalrücklage, jedoch mit Ausnahme von Erhöhungen des Stammkapitals; (d) Abschluss von Beherrschungs- und/oder Gewinnabführungsverträgen sowie sonstigen Unternehmensverträgen; (e) sämtliche sonstigen Gesellschafterbeschlüsse, wenn die Käuferin der Verkäuferin Sicherheit leistet für potenzielle Inanspruchnahmen der Verkäuferin als Gesellschafterin aufgrund dieser Gesellschafterbeschlüsse. (2) Die Käuferin ist nicht berechtigt, im Namen der Verkäuferin einen Gesellschafterbeschluss zu fassen, der offensichtlich rechtswidrig ist oder, mit Ausnahme von Abs. 1 lit. (e), ein Haftungsrisiko für die Verkäuferin zur Folge hat. Die Käuferin stellt die Verkäuferin von sämtlichen Haftungsrisiken aufgrund von durch die Verkäuferin nach dieser Regelung gefassten Gesellschafterbeschlüssen frei.“*

Für Anteilsabtretungen, die unter einer **aufschiebenden Bedingung** i.S. von § 158 Abs. 1 BGB (z.B. Kaufpreiszahlung) oder einer **heteronomen Rechtsbedingung** vorgenommen werden, gilt im Hinblick auf § 16 Abs. 1 Satz 2 Folgendes: Eine Veränderung i.S. von §§ 16 Abs. 1 Satz 1, 40 Abs. 1 Satz 1 liegt erst nach Bedingungseintritt vor. Deshalb kann auch die Gesellschafterliste erst nach Bedingungseintritt geändert, unterzeichnet und zum Handelsregister

47a

48

---

124 Ebenso *Bayer*, in: Lutter/Hommelhoff, Rdnr. 49; *Gasteyer/Goldschmidt*, ZIP 2008, 1906, 1909; alle Verzögerungen (auch solche des Registergerichts) wollen hingegen berücksichtigen *Ebbing*, in: Michalski u.a., Rdnr. 130; *Heidinger*, in: MünchKomm. GmbHG, Rdnr. 163; *Brandes*, in: Bork/Schäfer, Rdnr. 17; *Wicke*, Rdnr. 11; enger als hier hingegen, d.h. nur schuldhafte Verzögerungen durch den Erwerber schädlich: *Verse*, in: Henssler/Strohn, Gesellschaftsrecht, Rdnr. 25; *Nolting*, GmbHR 2010, 584, 589; *Link*, DNotZ 2009, 192, 212; offen gelassen von *Löbbe*, in: Ulmer/Habersack/Löbbe, Rdnr. 89; *Hasselmann*, NZG 2009, 409, 411.

125 Zust. *Wicke*, Rdnr. 11.

126 Restriktiver *Bayer*, in: Lutter/Hommelhoff, Rdnr. 49 („Fristen von 1–2 Monaten sind wesentlich zu lang“); *Pfisterer*, in: Saenger/Inhester, Rdnr. 20; *Ries*, GWR 2011, 54, 56 (3–4 Wochen); *Barthel*, GmbHR 2009, 569, 570 Fn. 6 (Hinweis auf Obergrenze von 2 Wochen in Kommentarliteratur zu § 121 BGB); *Elsing*, GmbHR 2008, R17, R18 (3 Wochen zu lang); *Gasteyer/Goldschmidt*, ZIP 2008, 1906, 1909 (1 Monat zu lang).

127 *Mayer*, MittBayNot 2014, 24, 30.

zur Aufnahme eingereicht werden[128]. Die Rückbeziehung der Legitimationswirkung tritt nur für solche Rechtshandlungen des noch nicht legitimierten Rechtsnachfolgers ein, die dieser nach Bedingungseintritt und damit nach Veränderung vorgenommen hat. Die Vornahme einer Rechtshandlung durch den Rechtsnachfolger *vor* Bedingungseintritt geht ins Leere; in diesem Fall ist die Aufnahme der geänderten Gesellschafterliste im Handelsregister generell nicht unverzüglich i.S. von § 16 Abs. 1 Satz 2, da die Rechtshandlung vor dem Fristbeginn der Unverzüglichkeit liegt. Die Rückbeziehung der Legitimationswirkung kommt jedoch nur dann in Betracht, wenn die Einreichung der geänderten Gesellschafterliste unverzüglich nach Vornahme der Rechtshandlung und ohne Eintreten weiterer Umstände wie des Bedingungseintritts erfolgen kann[129]. Allerdings kann der Rechtsnachfolger in den Genuss der Rückbeziehung der Legitimationswirkung nach § 16 Abs. 1 Satz 2 kommen, wenn er die Rechtshandlung nach Bedingungseintritt bestätigt (§ 141 Abs. 1 BGB). Dabei sind an die Bestätigung der Rechtshandlung keine hohen Anforderungen zu stellen, insbesondere ist konkludentes Verhalten dann ausreichend, wenn es übereinstimmend von sämtlichen Gesellschaftern sowie von der Geschäftsführung der GmbH erfolgt.

d) Rechtshandlungen eines schwebend unwirksam bestellten Geschäftsführers

49 Der Gesetzgeber verfolgt mit der Regelung in § 16 Abs. 1 Satz 2 u.a. das Ziel, dass ein durch den noch nicht legitimierten Rechtsnachfolger bestellter Geschäftsführer, dessen Bestellung dann zunächst schwebend unwirksam ist, vollständig handlungsfähig sein soll[130]. Dieses unterstützenswerte Ziel lässt sich nur durch die gesetzliche Anordnung erreichen, dass mit der rückwirkenden Wirksamkeit der Rechtshandlung des Rechtsnachfolgers auch alle Handlungen des von ihm (mit)bestellten Geschäftsführers mit Wirkung *ex tunc* wirksam werden[131]. Dies hat allerdings auch zur Folge, dass bei Nichteintritt der Rückwirkungsfiktion (z.B. weil die Einreichung der Gesellschafterliste zum Handelsregister nicht unverzüglich i.S. von § 16 Abs. 1 Satz 2 erfolgt) alle Rechtshandlungen des Geschäftsführers nach allgemeinen Vorschriften endgültig unwirksam werden. Dieses Ergebnis ist **im Wege einer teleologischen Erweiterung des § 16 Abs. 1 Satz 2** aus Verkehrsschutzgesichtspunkten nicht hinzunehmen: Sofern der in dieser Weise bestellte Geschäftsführer im Handelsregister eingetragen ist, gilt bereits § 15 Abs. 3 HGB. Ansonsten sollte dies aus den Grundsätzen zur fehlerhaften Organstellung folgen[132]. Einseitige Rechtsgeschäfte des Geschäftsführers werden in jedem Fall unter den Voraussetzungen des § 180 Satz 2 BGB i.V.m. § 16 Abs. 1 Satz 2 rückwirkend wirksam. Dem gesetzgeberischen Willen entspricht es auch, dass der noch schwebend unwirksam bestellte Geschäftsführer in den Fällen des § 40 Abs. 1 die Gesellschafterliste verändern, unterzeichnen und zum Handelsregister zur Aufnahme einreichen kann[133].

50 Unabhängig von der gesetzlichen Regelung des § 16 Abs. 1 Satz 2 sichert sich der Rechtsnachfolger in der Regel dadurch ab, dass er auf einer **vertraglichen Verpflichtung des Rechtsvorgängers** besteht, dass jener den Rechtshandlungen des Erwerbers bis zur Aufnahme der geänderten Gesellschafterliste (ggf. unter einer entsprechenden Haftungsfreistellung) zustimmt

---

128 So auch OLG München v. 8.9.2009 – 31 Wx 82/09, GmbHR 2009, 1211.
129 Zutr. *Bayer*, in: Lutter/Hommelhoff, Rdnr. 50; *D. Mayer*, DNotZ 2008, 403, 405; *Löbbe*, in: Ulmer/Habersack/Löbbe, Rdnr. 91; wohl auch *Ebbing*, in: Michalski u.a., Rdnr. 126.
130 Ebenso *Bayer*, in: Lutter/Hommelhoff, Rdnr. 51; *Gasteyer/Goldschmidt*, ZIP 2008, 1906, 1907.
131 Ebenso i.E. *Bayer*, in: Lutter/Hommelhoff, Rdnr. 51; *Altmeppen*, in: Roth/Altmeppen, Rdnr. 7; *Gasteyer/Goldschmidt*, ZIP 2008, 1906 ff.; *Barthel*, GmbHR 2009, 569, 572 ff. (unter Anwendung der Grundsätze zur fehlerhaften Organstellung).
132 Vgl. hierzu 10. Aufl., § 6 Rdnr. 114 ff.; *Löbbe*, in: Ulmer/Habersack/Löbbe, Rdnr. 92; *Kleindiek*, in: Lutter/Hommelhoff, Vor § 35 Rdnr. 11; BGH v. 6.4.1964 – II ZR 75/62, BGHZ 41, 282, 287 für Vorstandsmitglieder von Aktiengesellschaften; hierzu auch *Barthel*, GmbHR 2009, 569, 570 ff.
133 Ebenso *Wicke*, Rdnr. 11; *Löbbe*, in: Ulmer/Habersack/Löbbe, Rdnr. 93; offen gehalten von *Bayer*, in: Lutter/Hommelhoff, Rdnr. 51.

oder dass der Rechtsvorgänger den Rechtsnachfolger hierzu ausdrücklich bevollmächtigt[134]. Im Zweifel ergibt sich eine Zustimmungspflicht bzw. eine solche zur Erteilung einer Vollmacht auch als vertragliche Nebenpflicht zum dem Rechtsübergang zu Grunde liegenden Kausalgeschäft[135]. Aus Sicht des Rechtsnachfolgers ist eine entsprechende vertragliche Vereinbarung sowie die Aushändigung einer Vollmachtsurkunde empfehlenswert[136].

IV. Haftung für rückständige Einlagen (§ 16 Abs. 2)

1. Gesamtschuldnerische Haftung von Veräußerer und Erwerber

Die Vorschrift des § 16 Abs. 2 regelt – wie nach früherer Rechtslage § 16 Abs. 3 a.F. – eine **gesamtschuldnerische Haftung von Veräußerer und Erwerber für zum maßgeblichen Anfangszeitpunkt der Legitimationswirkung rückständige Einlageverpflichtungen**, während für Leistungen, die zu diesem Zeitpunkt noch nicht fällig waren, nach § 16 Abs. 1 Satz 1 allein der Erwerber haftet. Diese Regelung dient dem Kapitalaufbringungs- und Kapitalerhaltungsschutz und damit den Interessen der Mitgesellschafter sowie Gesellschaftsgläubiger und ist konsequenterweise zwingend (vgl. Rdnr. 13).   51

Ausweislich des Wortlauts von § 16 Abs. 2 bezieht sich die (gesamtschuldnerische) Haftung auf „Einlageverpflichtungen". Demgegenüber bezog sich die gesamtschuldnerische Haftung nach § 16 Abs. 3 a.F. auf alle zurzeit der Anmeldung auf den Geschäftsanteil rückständigen „Leistungen". Trotz des nunmehr vom Gesetzgeber gewählten, engeren Begriffs der „Einlageverpflichtungen" an Stelle des Begriffs der „Leistung" hat der Gesetzgeber hiermit **keine inhaltliche Neuregelung** beabsichtigt. Ausweislich der Gesetzesbegründung sollte mit der Neufassung lediglich die Regelung in § 16 Abs. 3 a.F. „aufgegriffen" und ausschließlich der Anknüpfungspunkt der Legitimationswirkung von der Anmeldung auf die Aufnahme der geänderten Gesellschafterliste modifiziert werden[137]. Zwar hat der Gesetzgeber nicht die ursprüngliche Formulierung „rückständige Leistung" aus dem BMJ-Referentenentwurf übernommen[138] und die Wortlautänderung (übrigens ohne Änderung der Gesetzesbegründung!) trotz entsprechenden Hinweises aus der Literatur[139] nicht rückgeändert oder überhaupt kommentiert. Dies ändert allerdings nichts an dem offenkundigen gesetzgeberischen Willen, den Umfang der gesamtschuldnerischen Haftung gegenüber der früheren Rechtslage unverändert zu lassen und insoweit den Kapitalaufbringungs- und Kapitalerhaltungsschutz nicht einzuschränken. Dementsprechend kann das frühere Verständnis auch für die Auslegung von § 16 Abs. 2 herangezogen werden[140]. Vom früheren Leistungsbegriff waren sowohl **die Haftung für Einlagen** als auch das Schulden bzw. die Haftung aus **anderen Rechtsgrundlagen erfasst**, z.B. aus Erwerb einer Vorratsgesellschaft, aus verdeckter Sacheinlage, aus Differenz-   52

---

134 Vgl. hierzu auch die Fallgestaltung bei BGH v. 11.2.2008 – II ZR 291/06, GmbHR 2008, 702; vgl. auch *Gasteyer/Goldschmidt*, ZIP 2008, 1906; *Hasselmann*, NZG 2009, 409, 411; *Wachter*, ZNotP 2008, 378, 381 f.
135 So wohl auch *Bayer*, in: Lutter/Hommelhoff, Rdnr. 51.
136 Vgl. *Bayer*, in: Lutter/Hommelhoff, Rdnr. 53; *Ebbing*, in: Michalski u.a., Rdnr. 132; *Heidinger*, in: Heckschen/Heidinger, Die GmbH in der Gestaltungs- und Beratungspraxis, § 8 Rdnr. 176; *Gottschalk*, DZWiR 2009, 45, 48; *Hasselmann*, NZG 2009, 409, 411; *Wachter*, ZNotP 2008, 378, 382 (mit Formulierungsvorschlag).
137 BR-Drucks. 354/07, S. 86 f. = Begr. RegE zu § 16.
138 Vgl. RefE v. 29.5.2006, S. 4.
139 Z.B. *Götze/Bressler*, NZG 2007, 894.
140 I.E. ebenso *Bayer*, in: Lutter/Hommelhoff, Rdnr. 56; *Fastrich*, in: Baumbach/Hueck, Rdnr. 23; *Löbbe*, in: Ulmer/Habersack/Löbbe, Rdnr. 96; *Ebbing*, in: Michalski u.a., Rdnr. 136; *Pfisterer*, in: Saenger/Inhester, Rdnr. 23; *Götze/Bressler*, NZG 2007, 894; *D. Mayer*, DNotZ 2008, 403, 405 f.; zweifelnd hingegen *U. Jasper*, in: MünchHdb. III, § 24 Rdnr. 238; a.A. *Link*, DNotZ 2009, 193, 213 f. m.w.N.

haftung, aus Vorbelastungshaftung, aus einer Nachschussverpflichtung, aus einer Verpflichtung zur Nebenleistung oder aus Ausfallhaftung[141]. Die Erwerberhaftung erstreckte sich auch auf mitgliedschaftliche Regressansprüche von Mitgesellschaftern. Der Erwerber haftete jedoch nicht für Schadenersatzansprüche der GmbH gegen den Veräußerer aus schuldhaft verletzter mitgliedschaftlicher Treupflicht oder wegen Verletzung der verschuldensunabhängigen Gründerhaftung aus § 9a, und zwar auch nicht im Hinblick auf einen etwaigen Verzugsschaden[142]. Ebenso wenig haftete der Erwerber gemäß § 16 Abs. 3 a.F. nach überwiegender Ansicht in der Literatur[143] auf Erstattung unzulässiger und vom Veräußerer als Empfänger erhaltener Einlagenrückgewähr gemäß § 31 Abs. 1. Das OLG Köln hat diese bislang von der Rechtsprechung unbehandelte Frage nun gegen die hier vertretene Ansicht und im Sinne derer entschieden, die dem Anspruch aus § 31 Abs. 1 mitgliedschaftlichen Charakter beimessen, weil die Kapitalerhaltung die Kehrseite der Kapitalaufbringung sei[144]. Das ist vor dem Hintergrund des nunmehr enger gefassten Wortlauts des § 16 Abs. 2 nicht überzeugend und verkennt zudem, dass § 31 Abs. 1 im Gegensatz zu § 31 Abs. 3 lediglich eine persönliche Verpflichtung des die Rückgewähr Empfangenden begründet, dessen mitgliedschaftliche Komponente sich in der Anteilsinhaberschaft bei Auszahlung erschöpft[145]. Die Solidarhaftung nach § 31 Abs. 3 trifft hingegen, wie bereits nach alter Rechtslage, auch den Erwerber.

53   Eine Leistung ist **rückständig**, wenn sie fällig geworden und nicht bewirkt ist. Auf einen Verzug kommt es nicht an, auch nicht darauf, ob die Leistung während der Besitzzeit des Veräußerers vor dem Zeitpunkt der Aufnahme der Gesellschafterliste in das Handelsregister fällig geworden, oder ob der Rückstand schon aus der Zeit eines weiteren Rechtsvorgängers stammt und ungetilgt geblieben ist. **Fällig** ist eine Leistung, wenn der Anspruch auf sie geltend gemacht werden kann. Die Fälligkeit kann, je nach Satzungsregelung oder Gesellschafterbeschluss, auch ohne besondere Aufforderung eintreten; wo dies nicht geregelt ist, ist eine Anforderung durch den Geschäftsführer erforderlich[146]. Gleiches gilt für eine trotz Fälligkeit nicht geleistete Sacheinlage (einschließlich einer verdeckten Sacheinlage), allerdings schuldet der Erwerber hier nur Geldleistung. Bei einheitlichen unteilbaren Leistungen richtet sich die Fälligkeit nach dem vereinbarten Ablieferungstermin[147].

54   Für die auf den Geschäftsanteil rückständigen Leistungen haftet neben dem Veräußerer, d.h. **gesamtschuldnerisch und nicht subsidiär**, der legitimierte Erwerber. Der Erwerber hat u.U. gegen den Veräußerer einen Ausgleichsanspruch nach § 426 BGB. Danach haften Veräußerer und Erwerber im Grundsatz (Abweichungen werden sich häufig aus den Regelungen zur Risikotragung/Garantien im Kausalgeschäft ergeben) je zur Hälfte. Die Mithaftung kann durch eine Satzungsregelung nicht ausgeschlossen werden. Aus der Mithaftung folgt, dass der Verzug des Veräußerers sich beim legitimierten Erwerber ohne weiteres fortsetzt, und dass er bei gesellschaftlichen Lieferungspflichten (Nebenleistung) für Ansprüche der Gesellschaft mit aufzukommen hat, die gegen den Veräußerer aus Gewährleistung oder auf Vollzugzinsen (auch aus § 20) entstanden und fällig geworden waren. Beim Erwerb durch Minderjährige greift die Haftungsbeschränkung aus § 1629a BGB ein[148].

---

141 Zur früheren Rechtslage 10. Aufl., Rdnr. 40.
142 Zur früheren Rechtslage 10. Aufl., Rdnr. 40.
143 Vgl. 10. Aufl., § 31 Rdnr. 15 m.w.N.
144 OLG Köln v. 31.3.2011 – I-18 U 171/10, GmbHR 2011, 648, 650; zu Handlungsansätzen, um das aus der Entscheidung folgende Haftungsrisiko zu begrenzen, *Battke*, GmbHR 2014, 747, 750 ff.
145 Ebenso *Bayer*, in: Lutter/Hommelhoff, Rdnr. 55; *Habersack*, in: Ulmer/Habersack/Löbbe, § 31 Rdnr. 10, 15; *Altmeppen*, in: Roth/Altmeppen, Rdnr. 30; *Fastrich*, in: Baumbach/Hueck, § 31 Rdnr. 8; wohl auch *U. Jasper*, in: MünchHdb. III, § 24 Rdnr. 238; a.A. *Heidinger*, in: Michalski u.a., § 31 Rdnr. 17; *Brandes*, in: Bork/Schäfer, Rdnr. 24.
146 Zur früheren Rechtslage und weiteren Einzelheiten 10. Aufl., Rdnr. 40.
147 *Bayer*, in: Lutter/Hommelhoff, Rdnr. 57; *Heidinger*, in: MünchKomm. GmbHG, Rdnr. 196.
148 Zur früheren Rechtslage 10. Aufl., Rdnr. 42.

2. Befreiung des Veräußerers

Der Veräußerer wird von den **Leistungspflichten** befreit, **die nach Eintragung der Verände-** 55
rung in der Gesellschafterliste und deren Aufnahme im Handelsregister fällig werden.
Ausnahmsweise bleibt der Veräußerer aber subsidiär haftbar für Einzahlungen auf den Geschäftsanteil und beschränkten Nachschuss (§§ 22, 28), selbst wenn zurzeit der Aufnahme
der geänderten Gesellschafterliste im Handelsregister noch nichts eingefordert war[149].

Als **haftender „Veräußerer"** gilt – entsprechend der Rechtslage unter § 16 Abs. 3 a.F. – nur ein 56
solcher Anteilsinhaber, der selbst in der Gesellschafterliste eingetragen war. Ein Zwischenzes-
sionar, auf den dies nicht zutrifft, hatte weder Rechte noch Pflichten gegen die GmbH erlangt
(§ 16 Abs. 1 Satz 1). Vielmehr haftet im Falle einer Kette von Rechtsübergängen als Veräußerer
i.S. des § 16 Abs. 2 derjenige, der zuletzt im Hinblick auf den betreffenden Geschäftsanteil eingetragen war, selbst wenn er nicht der unmittelbare Rechtsvorgänger und ggf. Vertragspartner
des nunmehr legitimierten Erwerbers ist[150]. Zu keiner Mithaftung des Erwerbers nach § 16
Abs. 2 kommt es, wenn die geänderte Gesellschafterliste noch vor Aufnahme in das Handelsregister zulässigerweise zurückgenommen wird (hierzu Rdnr. 31). Denn in diesem Fall ist der
Erwerber noch nicht durch die Legitimationswirkung des § 16 Abs. 1 Satz 1 belastet. Ist es
hingegen zunächst zu einer wirksamen Eintragung in der Gesellschafterliste und deren Aufnahme in das Handelsregister gekommen und wird erst hiernach die Eintragung in der Gesellschafterliste wieder geändert, so bleibt es nach den allgemeinen Grundsätzen (Rdnr. 51 ff.) bei
der Mithaftung[151].

3. Haftung des eingetragenen Nichtgesellschafters

Nach altem Recht war umstritten, für welche Verbindlichkeiten ein Scheingesellschafter haf- 56a
ten musste. Die Neufassung des § 16 hat insofern keine Veränderung der Rechtslage mit sich
gebracht[152]; vielmehr gilt weiterhin: Für noch nicht fällige Leistungen haftet der zunächst legitimierte Erwerber ab dem Zeitpunkt der Kenntnis der GmbH vom unwirksamen Rechtsübergang nicht[153]. In diesem Fall wird der unrichtig in die Gesellschafterliste eingetragene Erwerber auch nicht als Rechtsvorgänger des nun wieder eingetragenen Veräußerers behandelt
und haftet deshalb für künftig fällig werdende Leistungen auch nicht aus § 22[154]. Demgegenüber haftet der Scheingesellschafter auch für rückständige noch nicht abgewickelte Leistungen[155]. Dies muss gerade nach der Aufwertung der Gesellschafterliste zum Rechtsscheinträger

---

149 Zur früheren Rechtslage und Einzelheiten 10. Aufl., Rdnr. 43.
150 Zur früheren Rechtslage 10. Aufl., Rdnr. 41.
151 Zur früheren Rechtslage 10. Aufl., Rdnr. 22 m.w.N.
152 Insoweit zutr. *Löbbe*, in: Ulmer/Habersack/Löbbe, Rdnr. 121.
153 Ganz h.M.; zur früheren Rechtslage 10. Aufl., Rdnr. 22; zur neuen Rechtslage gleichsinnig *Bayer*,
     in: Lutter/Hommelhoff, Rdnr. 62; *Altmeppen*, in: Roth/Altmeppen, Rdnr. 44; *Ebbing*, in: Michalski
     u.a., Rdnr. 153 a.E.
154 Zur früheren Rechtslage 10. Aufl., Rdnr. 22; zur neuen Rechtslage gleichsinnig *Bayer*, in: Lutter/
     Hommelhoff, Rdnr. 62.
155 BGH v. 17.1.2007 – VIII ZR 37/06, GmbHR 2007, 375, 376 (obiter dictum zur alten Rechtslage);
     Heidinger, in: MünchKomm. GmbHG, Rdnr. 226 ff.; *Ebbing*, in: Michalski u.a., Rdnr. 153; teilw.
     abw. *U. Jasper*, in: MünchHdb. III, § 24 Rdnr. 239; *Raiser/Veil*, Kapitalgesellschaften, § 40 Rdnr. 27;
     a.M. OLG Hamm v. 13.12.2005 – 27 U 43/05, GmbHR 2006, 252 (nach Anfechtung wegen arglisti-
     ger Täuschung); *Löbbe*, in: Ulmer/Habersack/Löbbe, Rdnr. 116 ff.; *Altmeppen*, in: Roth/Altmeppen,
     Rdnr. 46; *Bayer*, in: Lutter/Hommelhoff, Rdnr. 61; *Brandes*, in: Bork/Schäfer, Rdnr. 35; ausf.
     Wiersch, ZGR 2015, 591, 610 ff.; *Lieder*, GmbHR 2016, 189, 195 f.; differenzierend *Fastrich*, in:
     Baumbach/Hueck, Rdnr. 24, der lediglich bei Zurechenbarkeit der Eintragung eine Haftung an-
     nimmt.

gelten, weil die Legitimierung des (Schein-)Gesellschafters nun nicht mehr lediglich intern durch Anmeldung erfolgt, sondern mit Publizitätswirkung durch Eintragung in die für jedermann einzusehende Gesellschafterliste[156].

V. Gutgläubiger Erwerb (§ 16 Abs. 3)

1. Grundlagen

a) Gesetzgeberische Motivlage und Konzeption des Gutglaubensschutzes

57 Ein weiterer Bestandteil der auch hier geforderten **Akzentverschiebung zu Gunsten der kapitalgesellschaftsrechtlichen Seite der GmbH** ist die Normierung des Gutglaubenstatbestands des § 16 Abs. 3, mit dem es einem Gutgläubigen – vorbehaltlich des Sonderfalls nach § 2366 BGB[157] – erstmals seit dem Inkrafttreten des GmbHG möglich ist, Geschäftsanteile bzw. Rechte an diesen von einer anderen Person als dem Anteilsinhaber zu erwerben. Die Möglichkeit des gutgläubigen Erwerbs vertieft die Unterschiede zwischen einer Beteiligung an einer GmbH und an einer Personengesellschaft, bei der ein gutgläubiger Erwerb gesetzlich nicht vorgesehen ist[158]. Demgegenüber ist das Eigentum an Inhaberaktien gemäß §§ 932 ff., 935 Abs. 2 BGB und an Namensaktien nach § 68 Abs. 1 Satz 2 AktG, Art. 16 Abs. 2 WG ebenfalls einem gutgläubigen Erwerb zugänglich[159]. Die Regelung des gutgläubigen Erwerbs in § 16 Abs. 3 wird begleitet und ermöglicht durch (i) eine bessere Identifikation der einzelnen Geschäftsanteile (§§ 8 Abs. 1 Nr. 3, 40 Abs. 1 Satz 1), (ii) die Deregulierung der Vorschriften zur Größe von Geschäftsanteilen und der Übernahme von Geschäftsanteilen (§ 5 Abs. 2), (iii) die Deregulierung der Vorschriften zur Teilung von Geschäftsanteilen (Aufhebung von § 17) und (iv) die Aufwertung der Gesellschafterliste und die sich hierauf beziehende Pflichtenverschärfung für Geschäftsführer und Notare (§ 40).

58 Mit der Akzentverschiebung zur kapitalgesellschaftlichen Seite der GmbH und der Einführung eines gutgläubigen Erwerbs von Geschäftsanteilen hat der MoMiG-Gesetzgeber das **Ziel** verfolgt, die Attraktivität der Rechtsform der GmbH zu steigern und die Rahmenbedingungen für GmbH-Gesellschafter und ihre Vertragspartner zu verbessern sowie Geschäftsanteile als Gegenstand des Rechtsverkehrs, der Nachfolgeplanung und als Sicherheitengrundlage zu erhöhen. Immerhin ist die GmbH bei Unternehmens- und Beteiligungskäufen in Deutschland die am meisten vorkommende Rechtsform der Zielgesellschaft[160]. Im Speziellen verfolgte der Gesetzgeber mit der Einführung des gutgläubigen Erwerbs von Geschäftsanteilen das Anliegen, das Risiko der Erwerber von Geschäftsanteilen zu verringern, diese mangels Verfügungsbefugnis des Veräußerers nicht wirksam erwerben zu können[161]. Nach früherer Rechtslage ohne gutgläubigen Erwerb von Geschäftsanteilen waren Erwerber in der Regel darauf verwiesen, detaillierte Nachforschungen (sog. *Due Diligence*-Untersuchungen) über die Gesellschafterstellung des Veräußerers und die historische Entwicklung der betreffenden Geschäftsantei-

156 Zutr. *Ebbing*, in: Michalski u.a., Rdnr. 153; *Heidinger*, in: MünchKomm. GmbHG, Rdnr. 228 f.
157 Die Regelung des § 2366 BGB überwindet die mangelnde Erbenstellung des Verfügenden in der (Ausnahme-)Konstellation, dass Geschäftsanteile zum Vermögen eines verstorbenen Gesellschafters gehörten und ein durch einen Erbschein legitimierter Scheinerbe über diese zugunsten eines in Bezug auf die vermeintliche Erbenstellung gutgläubigen Erwerbers verfügte; hierzu z.B. *Simon*, in: Erman, § 2366 BGB Rdnr. 2.
158 Hierzu rechtspolitisch krit. *Freitag*, WM 2007, 1681, 1684.
159 Zum gutgläubigen Erwerb von Aktien *Eder*, NZG 2004, 107, 108 f.
160 Vgl. z.B. *Müller*, GmbHR 2006, 953.
161 BR-Drucks. 354/07, S. 87 = Begr. RegE zu § 16; vgl. auch *Wiersch*, S. 5.

le anzustellen[162]. Zur Ermittlung der Gesellschafterstellung des Veräußerers wurde demnach regelmäßig das Schicksal der Geschäftsanteile über sämtliche Abtretungen, Vererbungen, Verschmelzungen, Spaltungen, Zusammenlegungen, Teilungen, Einziehungen und Kapitalerhöhungen bis zur Errichtung der betreffenden GmbH zurückverfolgt, um das Risiko einer fehlschlagenden Anteilsübertragung zu minimieren. Dabei war trotz eines ggf. hohen Prüfungsaufwands keine Sicherheit über die Inhaberschaft an den betreffenden Geschäftsanteilen zu erreichen, da in jedem Fall das Risiko verdeckter Zwischenübertragung oder die Möglichkeit bestand, dass eine scheinbar wirksame Anteilsübertragung – und infolgedessen auch alle späteren Anteilsübertragungen – unerkannt unwirksam war (z.B. Geschäftsunfähigkeit des Verfügenden, unerlaubte Zwischenverfügungen)[163]. Auch eine zumeist in den vertraglichen Regelungen zur Anteilsübertragung enthaltene Garantie des Veräußerers, dass diesem der veräußerte Geschäftsanteil auch tatsächlich zusteht[164], führte im Verletzungsfall nur zu Schadensersatzansprüchen, aber nicht zur Erlangung der an sich bestrebten Gesellschafterstellung, was insbesondere für strategisch ausgerichtete Investoren misslich war[165]. Mit dem gutgläubigen Erwerb von Geschäftsanteilen lassen sich die **Transaktionskosten** und der **Zeitaufwand bei Unternehmens- und Beteiligungskäufen**, aber auch bei **Finanzierungsgeschäften** unter Einbeziehung von Geschäftsanteilen verringern und die **Rechtssicherheit** für den Erwerber oder Finanzierungspartner sowie für die Allgemeinheit erhöhen[166]. Nach über acht Jahren Praxiserfahrung lässt sich vorläufig resümieren, dass sich die Qualität der Gesellschafterliste und damit die Rechtssicherheit signifikant verbessert hat sowie Anteilsübertragungen (durch geringere Due-Diligence-Aufwendungen) erleichtert und vergünstigt haben[167]. Dies sollte letztlich wirtschaftlich den GmbH-Gesellschaftern über höhere Verkaufspreise für Geschäftsanteile oder bessere Zinskonditionen bei Finanzierungsgeschäften zugute kommen.

Im deutschen Recht gilt der Grundsatz, dass der gutgläubige Erwerb vom Nichtberechtigten einen **Rechtsscheintatbestand** voraussetzt, z.B. den Besitz bei beweglichen Sachen und den Grundbuchstand bei Rechten an Grundstücken. Der MoMiG-Gesetzgeber hat nach intensiver Diskussion in der Literatur eine **gegenüber dem früheren Rechts- und Tatsachenstand aufgewertete Gesellschafterliste** als Rechtsscheintatbestand normiert. Ein gutgläubiger Erwerb ist möglich, wenn der Nichtberechtigte zu Unrecht in der im Handelsregister aufgenommenen und damit öffentlichen Gesellschafterliste eingetragen ist und diese Unrichtigkeit entweder seit drei Jahren besteht oder – dann unabhängig vom Ablauf der Drei-Jahresfrist – dem Berechtigten zuzurechnen ist. **Alternativvorschläge der Literatur** umfassten u.a. (i) die Verbriefung von Geschäftsanteilen in Form von Orderpapieren mit dem Erfordernis eines notariell beurkundeten Indossaments[168], (ii) die Ausgestaltung der Anteilsübertragung als zweiaktigen Erwerbsvorgang aus Einigung und Eintragung in ein hoheitlich geführtes (Handels-)Register

59

---

162 Vgl. *Schickerling/Blunk*, GmbHR 2009, 337, 341 ff.; *Breitenstein/Meyding*, BB 2006, 1457, 1459; *Müller*, GmbHR 2006, 953, 954. Zur Due Diligence und den dort üblichen Due Diligence-Anforderungslisten *Seibt*, in: Beck'sches Formularbuch Mergers & Acquisitions, 2. Aufl. 2011, S. 54 ff.

163 Vgl. *Rau*, DStR 2006, 1892; *Schockenhoff/Höder*, ZIP 2006, 1841, 1842.

164 Zur Formularpraxis *Schrader*, in: Beck'sches Formularbuch Mergers & Acquisitions, 2. Aufl. 2011, Form. C.II.1, S. 190.

165 Zutr. *Flesner*, NZG 2006, 641, 643.

166 Vgl. BR-Drucks. 354/07, S. 87 = Begr. RegE zu § 16.

167 Kritisch aber *Heidinger*, in: MünchKomm. GmbHG, Rdnr. 355 ff.; *Löbbe*, GmbHR 2016, 141, 149; *Paefgen/Wallisch*, NZG 2016, 801, 805 ff.; *Thomale/Gutfried*, ZGR 2017, 61, 70 ff.

168 So *Gehling*, ZIP 2006, 685, 689; *Ziemons*, BB-Spezial 7/2006, 9, 13. – Gegen eine Verbriefung wurde insbesondere ein erhöhtes Fälschungsrisiko (*Grunewald*, ZIP 2006, 685, 686; *Handelsrechtsausschuss des DAV*, NZG 2007, 211, 215), der Entwicklungswiderspruch zur Dematerialisierung von Aktien bei Aktiengesellschaften (*Noack*, DB 2006, 1475, 1478) sowie die mangelnde Transparenz des Gesellschafterbestandes (*Handelsrechtsausschuss des DAV*, NZG 2007, 211, 215) eingewandt.

mit dem Registerbestand als Rechtsscheinbasis[169] und (iii) die Anerkennung einer dem *estoppel* englischen Rechts vergleichbare Verwirkung der Unwirksamkeitseinrede, soweit der Veräußerer den unrichtigen Rechtsschein selbst gesetzt hat[170].

60 Die gesetzliche Regelungstechnik bei § 16 Abs. 3 ist an den Gutglaubensschutz von Rechten an Grundstücken (§ 892 BGB) angelehnt, wenngleich der Umfang des Gutglaubensschutzes beim Erwerb von Geschäftsanteilen mangels einer der Aufnahme der Gesellschafterlisten im Handelsregister vorangehenden inhaltlichen Richtigkeitsüberprüfung durch einen Hoheitsträger im Verhältnis zu dieser Vorschrift jedoch verringert ist[171]. So findet die den Gutglaubensschutz erheblich einschränkende Vorschrift des § 16 Abs. 3 Satz 2 keine Entsprechung bei § 892 BGB (und auch nicht in anderen Gutglaubensvorschriften des deutschen Rechts): Hiernach ist zum einen ein gutgläubiger Erwerb vom Zeitpunkt des Eintritts der Unrichtigkeit der Gesellschafterliste an nur möglich, wenn dem Berechtigten diese Unrichtigkeit *zuzurechnen* ist. Zwar setzen auch andere Gutglaubensvorschriften ein mitwirkendes Verhalten des Berechtigten für den Rechtsverlust voraus (z.B. der Ausschluss des gutgläubigen Erwerbs bei Abhandenkommen einer Sache nach § 935 Abs. 1 BGB), allerdings wird in § 16 Abs. 3 Satz 2 kein konkreter Handlungstatbestand statuiert, sondern ein wertungsoffenes Merkmal (hierzu Rdnr. 104). Zum anderen kommt im Fall der Nichtzurechnung der Unrichtigkeit der Gesellschafterliste anders als nach §§ 932 ff. und § 892 BGB ein gutgläubiger Erwerb erst ab dem Zeitpunkt in Betracht, zu dem die Gesellschafterliste seit mindestens drei Jahren unrichtig ist. Dies verdeutlicht die Janusköpfigkeit der Gutglaubensvorschrift in § 16 Abs. 3, derzufolge der Gutglaubensschutz vor Ablauf der Drei-Jahresfrist dem Veranlassungsprinzip folgt und hiernach dem reinen Rechtsscheinsprinzip (Rdnr. 99). Im Vergleich zur Verkehrsfreundlichkeit des § 892 BGB (gutgläubiger Erwerb von Rechten an Grundstücken) bleibt also § 16 Abs. 3 deutlich zurück, zum einen wegen der Geltung des Veranlassungsprinzips während der dreijährigen Übergangsfrist und zum anderen wegen des verschärften Gutglaubensmaßstabs. Allerdings wird die Beeinträchtigung des Verkehrsinteresses durch Normierung des Veranlassungsprinzips rechtstatsächlich wohl nicht so erheblich sein, da den Berechtigten die Unrichtigkeit der Gesellschafterliste in der weit überwiegenden Zahl der Fälle zuzurechnen sein wird. Und selbst wenn dem Berechtigten die Unrichtigkeit im Ausnahmefall nicht zuzurechnen ist, führt dies nur zu einem dreijährigen Risiko des Zusammenbrechens von Erwerbsketten (im Gegensatz zu den zeitlich nur durch die Ersitzung der §§ 937 ff. BGB begrenzten Regelungen der §§ 932 ff., 935 Abs. 1 BGB) und geht daher im Hinblick auf die Verkehrsfreundlichkeit andererseits deutlich über die §§ 932 ff. BGB (Gutglaubensschutz bei beweglichen Sachen) hinaus[172]. Die Gutglaubensregelung des § 16 Abs. 3 steht damit **in der Mitte zwischen dem stärker legitimierten Verlust von Rechten an Grundeigentum und dem durch das bloße Risikoprinzip legitimierten Rechtsverlust hinsichtlich beweglicher Sachen.**

61 Zur Veranschaulichung der **konzeptionellen Eingliederung** des § 16 Abs. 3 in die Systematik anderer Gutglaubensvorschriften deutschen Rechts dient die **Tabellenübersicht** auf S. 1149 f.

---

169 So *Eidenmüller*, ZGR 2007, 168, 202 f.; *Flesner*, NZG 2006, 641, 643 f.; konzeptionell ähnlich *Vossius/Wachter*-Entwurf (www.gmbhr.de/volltext.html) mit zweiaktigem Erwerbsvorgang aus Einigung und Eintragung in ein vom sog. Gesellschaftsnotar geführtes Anteilsregister; ähnlich *Bednarz*, BB 2008, 1854, 1861; *Harbarth*, ZIP 2008, 57, 62 f. – Der Ausgestaltung des Handelsregisters als Rechtsscheintatbestand stand insbesondere die damit einhergehende erhöhte finanzielle Belastung der Bundesländer entgegen; vgl. *Seibert*, ZIP 2006, 1157, 1160.
170 So *Triebel/Otte*, ZIP 2006, 311, 316; ähnlich schon *Hohner*, in: FS Barz, 1974, S. 147, 152 ff.
171 BR-Drucks. 354/07, S. 87 = Begr. RegE zu § 16.
172 *Wiersch*, S. 33 ff., 47.

b) Verfassungsmäßigkeit

Entgegen vereinzelter in der Literatur geäußerter Zweifel[173] ist § 16 Abs. 3 eine **verhältnis-** 62
mäßige Inhalts- und Schrankenbestimmung des von Art. 14 GG geschützten Eigen-
tums[174]. Der verfassungsrechtliche Eigentumsschutz erfordert insbesondere keine gesetzliche
Regelung einer hoheitlichen oder notariellen Überprüfung der materiell-rechtlichen Richtigkeit der Gesellschafterliste. Vielmehr entspricht das Fehlen einer hoheitlichen oder notariellen Überprüfung der Gesellschafterliste den typischen (Zeit- und Kosten-)Interessen der Gesellschafter, und es kann von Gesellschaftern einer GmbH überdies erwartet werden, dass sie
selbst für die Überprüfung der im Handelsregister aufgenommenen Gesellschafterliste Sorge
tragen[175].

Verkehrsschutz ⟵⟶ Eigentumsschutz					
	Grund-besitz	Inhaberaktien	Namensaktien	Geschäftsanteile	Bewegl. Sachen
Norm für gutgläubigen Erwerb von Nicht-berechtigten	§ 892 BGB	§§ 932 ff., 935 Abs. 2 BGB [problematisch bei ausschl. Bestehen einer bei Clearstream Banking hinterlegten Globalurkunde]; kein gutgläubiger Erwerb möglich bei Übertragung nach §§ 398, 413 BGB	§ 68 Abs. 1 Satz 2 AktG, Art. 16 Abs. 2 WG (bei Übertragung durch Indossament); kein gutgläubiger Erwerb möglich bei Übertragung nach §§ 398, 413 BGB	§ 16 Abs. 3 GmbHG	§§ 932 ff., 935 BGB
Rechts-scheinträger	Grund-buch	Besitz	Unmittelbarer Besitz an Aktien-urkunde nebst Legitimation durch ununterbrochene Indossamenten-kette. [Bei blanko-indossierten Namensaktien im Girosammelbe-stand wird teils befürwortet, die Umbuchung des Miteigentums-anteils an der Globalurkunde an Stelle des fehlen-den unmittelbaren Besitzes des Veräußerers aus-reichen zu lassen.]	Gesellschafterliste (im Handelsregister aufgenommen und online einseh-bar)	Besitz

---

173 Zweifel an der Verfassungsmäßigkeit (Art. 14 GG) von § 16 Abs. 3 äußern *Harbarth*, ZIP 2008,
   57, 62 ff.; *D. Mayer*, DNotZ 2008, 403, 431; *Wegen*, in: FS Lüer, S. 327 f.; *Ziemons*, BB-Spezial
   7/2006, 9, 12 f.
174 So bereits 10. Aufl., Rdnr. 52. So auch *Löbbe*, in: Ulmer/Habersack/Löbbe, Rdnr. 125; *Wiersch*,
   S. 49 ff.; *Hamann*, NZG 2007, 492, 493.
175 Zutr. *Wiersch*, S. 55 ff.

Verkehrsschutz ⟷ Eigentumsschutz					
	Grundbesitz	Inhaberaktien	Namensaktien	Geschäftsanteile	Bewegl. Sachen
Präventivmaßnahmen	Inhaltliche Prüfung durch Grundbuchamt als staatliche Stelle und strikte Verfahrensregeln	Kein präventiver Schutz durch staatliche Einrichtung; Eigentümer kann Rechtsverlust faktisch dadurch verhindern, dass er den unmittelbaren Besitz „nicht aus der Hand" gibt, so dass Nichtberechtigte gutgläubigen Dritten den Besitz nicht übertragen können. Weitergehender Schutz des Berechtigten: § 367 Abs. 1 Satz 1 HGB	Kein präventiver Schutz durch staatliche Einrichtung; Eigentümer kann Rechtsverlust faktisch dadurch verhindern, dass er den unmittelbaren Besitz „nicht aus der Hand" gibt, so dass Nichtberechtigte gutgläubigen Dritten den Besitz nicht übertragen können. Weitergehender Schutz des Berechtigten: § 367 Abs. 1 Satz 2 HGB sowie bei vinkulierten Namensaktien durch Erfordernis der Zustimmung durch die Gesellschaft	Kein präventiver Schutz durch staatliche Einrichtung; diverse Präventivmaßnahmen (z.B. notarielle Beurkundung von Anteilsübertragungen; Einreichungs-, Kontroll- und Aktualisierungspflicht der Gesellschafterliste von Geschäftsführer/Notar mit Haftungsandrohung; Widerspruchs- und Berichtigungsrecht)	Kein präventiver Schutz durch staatliche Einrichtung; Eigentümer kann Rechtsverlust (abgesehen von den Fällen des § 935 Abs. 2 Var. 1, Var. 3 BGB) verhindern, indem er den unmittelbaren Besitz anderen Personen nicht überlässt.
Erwerbsprinzip	reines Rechtsscheinprinzip	reines Rechtsscheinprinzip (§ 935 Abs. 2 BGB)	reines Rechtsscheinprinzip (Art. 16 Abs. 2 WG)	Vor Ablauf der 3-Jahresfrist: Veranlassungsprinzip/ potenzielles Gefahrbeherrschungsprinzip; mit Ablauf der 3-Jahresfrist: reiner Rechtsscheintatbestand.	Risiko-/Veranlassungsprinzip [= willentliche Besitzentäußerung]; reines Rechtsscheinprinzip gilt nur bei Geld, Inhaberpapieren oder Veräußerungen in öffentlichen Versteigerungen.
Umfang des Gutglaubenserwerbs: Lastenfreiheit	ja (§ 892 BGB)	ja (§ 936 BGB)	nein (§ 68 Abs. 1 Satz 2 AktG, Art. 16 Abs. 2 WG)	nein	ja (§ 936 BGB)
Gutglaubensmaßstab	Ausschluss bei positiver Kenntnis	Ausschluss bei positiver Kenntnis oder grob fahrlässiger Unkenntnis (§ 932 Abs. 2 BGB)	Ausschluss bei positiver Kenntnis oder grob fahrlässiger Unkenntnis (Art. 16 Abs. 2 WG)	Ausschluss bei positiver Kenntnis oder grob fahrlässiger Unkenntnis (§ 16 Abs. 3 Satz 3 GmbHG)	Ausschluss bei positiver Kenntnis oder grob fährlässiger Unkenntnis (§ 932 Abs. 2 BGB)

c) Rechtspolitische Bewertung

Der MoMiG-Gesetzgeber hat mit der Akzentverschiebung zur kapitalgesellschaftlichen Seite   63
der GmbH und der Eröffnung eines gutgläubigen Erwerbs von Geschäftsanteilen Recht getan.
Die Eröffnung des gutgläubigen Erwerbs wird zur Attraktivität der GmbH als Rechtsform
und zur Erleichterung von Unternehmens- und Beteiligungskäufen, Nachfolgeregelungen sowie Finanzierungsgeschäften und damit zur Wertsteigerung von GmbH-Beteiligungen in den
Händen der Gesellschafter einer GmbH beitragen. Die Grundkonzeption des § 16 Abs. 3 mit
ihrer Austarierung der Bestandsinteressen des Berechtigten einerseits und des Rechtsverkehrs
andererseits unter Nutzung einer aufgewerteten Gesellschafterliste und mit zeitlicher Differenzierung zwischen einer Geltung des Veranlassungsprinzips und dem nachlaufenden
Rechtsscheinprinzip ist überzeugend[176]. Bei einer **rechtsvergleichenden Umschau** ist zu kon-
statieren, dass das Recht der US-amerikanischen Bundesstaaten (mit Ausnahme von Louisia-
na) zur *close corporation* sowie das kanadische Bundesrecht zur *corporation* einen gutgläubigen lastenfreien Erwerb von Geschäftsanteilen erlaubt und dem Gutglaubensschutz auch im
Hinblick auf Übertragungsbeschränkungen ausdehnt[177]. Demgegenüber bleibt allerdings der
Rechtsstand europäischer Jurisdiktionen zum gutgläubigen Erwerb von Anteilen an nicht
börsennotierten Kapitalgesellschaften bislang noch hinter § 16 Abs. 3 zurück[178]. Die Erweiterung des Gutglaubensschutzes auf Belastungen ist rechtspolitisch zu fordern und passte sich
ohne Brüche sowohl in die verfahrensrechtliche Ausgestaltung der Gesellschafterliste nach
§ 40 als auch in die Systematik des § 16 Abs. 3 ein (Rdnr. 74). Zudem sollte vor dem Hintergrund der BGH-Rechtsprechung ein gutgläubiger Zwischenerwerb nach bedingter Abtretung ausdrücklich ermöglicht werden (Rdnr. 78). Demgegenüber sollte der Gutglaubensschutz nicht im Hinblick auf die Existenz von Geschäftsanteilen (Rdnr. 69) oder im Hinblick
auf statutarische Abtretungshindernisse (Rdnr. 14) oder die insolvenzrechtliche Beschränkung der Verfügungsbefugnis (Rdnr. 77) erweitert werden, da für eine derartige Ausdehnung
des Verkehrsschutzes kein Regelungsbedürfnis besteht. Insgesamt ist gesetzgeberische Zurückhaltung gegenüber einer Totalreform geboten, lediglich die vorgenannten punktuellen
Eingriffe erscheinen sinnvoll[179].

2. Erwerb eines Geschäftsanteils

a) Rechtsgeschäftlicher Erwerb

Der Gutglaubensschutz wird wie bei den §§ 892, 932 ff. BGB nur im Zusammenhang mit   64
einem **rechtsgeschäftlichen Erwerb** gewährt. Dabei muss es sich um ein **wirksames
Rechtsgeschäft** handeln[180]. Darüber hinaus ist im Gleichklang zu den Regelungen der
§§ 892, 932 ff. BGB die Vorschrift des § 16 Abs. 3 teleologisch dahin zu reduzieren, dass
der Gutglaubensschutz nur bei Vorliegen eines Verkehrsgeschäfts eingreift (Rdnr. 65)[181]

---

176 Kritisch *Kort*, GmbHR 2009, 169, 175 („Der durch die Gesellschafterliste erzeugte Rechtsschein
[steht] auf sehr tönernen Füßen").

177 Hierzu *Wiersch*, S. 168 ff.

178 Hierzu *Wiersch*, S. 176 ff.

179 Vgl. *Harbarth*, ZGR 2016, 84, passim; s. aber den weitergehenden Reformentwurf von *Thomale/
Gutfried*, ZGR 2017, 61.

180 *Bayer*, in: Lutter/Hommelhoff, Rdnr. 75; *Ebbing*, in: Michalski u.a., Rdnr. 179; *Löbbe*, in: Ulmer/
Habersack/Löbbe, Rdnr. 144; *Altmeppen*, in: Roth/Altmeppen, Rdnr. 74; *Wicke*, Rdnr. 20; *Heidinger*, in: MünchKomm. GmbHG, Rdnr. 341; a.A. *Kort*, GmbHR 2009, 169, 174; *D. Mayer*, DNotZ
2008, 403, 420; *Vossius*, DB 2007, 2299, 2300.

181 *Bayer*, in: Lutter/Hommelhoff, Rdnr. 85; *Altmeppen*, in: Roth/Altmeppen, Rdnr. 73; *Wicke*, Rdnr. 19;
Ebbing, in: Michalski u.a., Rdnr. 170; *Heidinger*, in: MünchKomm. GmbHG, Rdnr. 342; *Löbbe*, in:
Ulmer/Habersack/Löbbe, Rdnr. 146; *Fastrich*, in: Baumbach/Hueck, Rdnr. 31; *Brandes*, in: Bork/
Schäfer, Rdnr. 38; *Berger*, in: Bunnemann/Zirngibl, Auswirkungen des MoMiG auf bestehende

und ferner auf eine Rechtsübertragung im Wege der Einzelrechtsnachfolge beschränkt ist (Rdnr. 66)[182].

65 Ein **Verkehrsgeschäft** liegt nur dann vor, wenn zwischen dem Veräußerer und dem Erwerber keine rechtliche oder wirtschaftliche Identität gegeben ist. Daher darf mindestens eine Person der Erwerberseite nicht der Veräußererseite zuzurechnen sein, wobei auch jede Form von wirtschaftlicher Identität schädlich ist, z.B. die Übertragung eines Geschäftsanteils durch den in der Gesellschafterliste eingetragenen Nichtberechtigten auf eine in seinem Allein- oder Mehrheitsbesitz stehende Gesellschaft[183].

66 Ein gutgläubiger Erwerb ist **bei einem Übergang von Geschäftsanteilen kraft Gesetzes** auf eine andere Person **ausgeschlossen**. Dies gilt insbesondere bei der Gesamtrechtsnachfolge im Wege der Erbfolge nach §§ 1922 ff. BGB[184], der Verschmelzung (§ 20 UmwG) oder der Spaltung (§ 131 UmwG)[185]. Gleiches gilt bei Übertragung im Wege der vorweggenommenen gesetzlichen Erbfolge[186] (oder bei Übertragung im Wege der Vollstreckung in einen Geschäftsanteil[187]). Ein gutgläubiger Erwerb scheidet auch beim Erwerb durch Gesellschafterbeschluss aus, z.B. nach Einziehung eines Geschäftsanteils und Aufstockung der Geschäftsanteile der Mitgesellschafter nach § 34 Abs. 1[188] oder durch den Rechtsvorgänger eines (unwirksam) Ausgeschlossenen im Falle einer unwirksamen Kaduzierung nach § 22 Abs. 4[189]. Ein rechtsgeschäftlicher und damit gutgläubiger Erwerb ist indes möglich im Falle der möglichen Versteigerung eines Geschäftsanteils durch den Gerichtsvollzieher nach § 23 GmbHG i.V.m. § 383 BGB[190].

b) Geschäftsanteil

67 Nach dem Gesetzeswortlaut von § 16 Abs. 1 Satz 1 kann tauglicher Gegenstand eines gutgläubigen Erwerbs nur ein „Geschäftsanteil oder ein Recht daran" sein. Der Geschäftsanteil ist die durch die Beteiligungserklärung begründete mitgliedschaftliche Rechtsstellung des

---

GmbHs, 2008, § 7 Rdnr. 16; *Wiersch*, S. 74 Fn. 222; *D. Mayer*, DNotZ 2008, 403, 420; *Vossius*, DB 2007, 2299, 2300; vgl. auch *Herrler*, in: Palandt, § 892 BGB Rdnr. 5 ff. und § 932 BGB Rdnr. 1.

182 *Bayer*, in: Lutter/Hommelhoff, Rdnr. 85; *Löbbe*, in: Ulmer/Habersack/Löbbe, Rdnr. 145; vgl. auch *Herrler*, in: Palandt, § 892 BGB Rdnr. 3; *Karsten Schmidt*, AcP 191 (1991), 495, 517 ff.

183 Vgl. *Bayer*, in: Lutter/Hommelhoff, Rdnr. 87; *Wicke*, Rdnr. 19; *Gottschalk*, DZWiR 2009, 45, 50; *Ebbing*, in: Michalski u.a., Rdnr. 177; *Löbbe*, in: Ulmer/Habersack/Löbbe, Rdnr. 146; *Heidinger*, in: Heckschen/Heidinger, Die GmbH in der Gestaltungs- und Beratungspraxis, § 13 Rdnr. 143; *D. Mayer*, DNotZ 2008, 403, 420; *Vossius*, DB 2007, 2299, 2300; *Wachter*, in: Römermann/Wachter, GmbH-Beratung nach dem MoMiG, GmbHR-Sonderheft 2008, S. 51, 59.

184 *Bayer*, in: Lutter/Hommelhoff, Rdnr. 86; *Altmeppen*, in: Roth/Altmeppen, Rdnr. 72; *Löbbe*, in: Ulmer/Habersack/Löbbe, Rdnr. 145; *Ebbing*, in: Michalski u.a., Rdnr. 172; *Pfisterer*, in: Saenger/Inhester, Rdnr. 38; *Wiersch*, S. 75; *Wachter*, ZNotP 2008, 378, 394.

185 *Bayer*, in: Lutter/Hommelhoff, Rdnr. 86; *Altmeppen*, in: Roth/Altmeppen, Rdnr. 72; *Wicke*, Rdnr. 18.

186 *Bayer*, in: Lutter/Hommelhoff, Rdnr. 86; vgl. auch *Herrler*, in: Palandt, § 892 BGB Rdnr. 3; OLG Zweibrücken v. 30.8.1999 – 3 W 125/99, FGPrax 1999, 208.

187 *Bayer*, in: Lutter/Hommelhoff, Rdnr. 86; *Löbbe*, in: Ulmer/Habersack/Löbbe, Rdnr. 145; *Heidinger*, in: MünchKomm. GmbHG, Rdnr. 345; *D. Mayer*, DNotZ 2008, 403, 420; *Wachter*, in: Römermann/Wachter, GmbH-Beratung nach dem MoMiG, GmbHR-Sonderheft 2008, S. 51, 59; vgl. auch *Herrler*, in: Palandt, § 892 BGB Rdnr. 2.

188 Ebenso *Bayer*, in: Lutter/Hommelhoff, Rdnr. 86; *Heidinger*, in: MünchKomm. GmbHG, Rdnr. 344; *Löbbe*, in: Ulmer/Habersack/Löbbe, Rdnr. 145; *Altmeppen*, in: Roth/Altmeppen, Rdnr. 72; *Vossius*, DB 2007, 2299, 2300; *Wachter*, in: Römermann/Wachter, GmbH-Beratung nach dem MoMiG, GmbHR-Sonderheft 2008, S. 51, 59; a.A. *Wicke*, Rdnr. 18.

189 Ebenso *Wiersch*, S. 75.

190 Ebenso *Bayer*, in: Lutter/Hommelhoff, Rdnr. 86 a.E.; *Heidinger*, in: MünchKomm. GmbHG, Rdnr. 345; *Löbbe*, in: Ulmer/Habersack/Löbbe, Rdnr. 145.

Gesellschafters und der sich hieraus ergebenden Gesamtheit seiner Reche und Pflichten (hierzu § 14 Rdnr. 2); er muss tatsächlich bestehen (Rdnr. 69).

c) Rechte an einem Geschäftsanteil

Auch Rechte an einem Geschäftsanteil können gutgläubig erworben werden. Hierunter fallen das **Pfandrecht** (§ 1274 BGB) und der **Nießbrauch an Geschäftsanteilen** (§ 1068 BGB)[191]. Die **Unterbeteiligung an einem Geschäftsanteil** oder die **Einräumung einer Treugeberstellung** im Rahmen einer Vereinbarungstreuhand sind hingegen **keine tauglichen Gegenstände** des gutgläubigen Erwerbs, denn in diesen Fällen findet keine Änderung der dinglichen Rechtslage bezogen auf den Geschäftsanteil statt[192]. 68

d) Nicht existenter Geschäftsanteil

Die Regelung des § 16 Abs. 3 gewährt ausweislich der insoweit eindeutigen Regierungsbegründung[193] **keinen Gutglaubensschutz** im Hinblick auf einen in der Gesellschafterliste zwar ausgewiesenen, tatsächlich aber nicht existenten Geschäftsanteilen[194]. Der fehlende Gutglaubensschutz hinsichtlich der Existenz von Geschäftsanteilen ist im Gesetzgebungsverfahren vereinzelt und insbesondere unter Hinweis auf das praktische Bedürfnis bei nichtigen Kapitalerhöhungen kritisiert worden[195]. Vor dem Hintergrund der geringen praktischen Relevanz nichtiger Kapitalerhöhungen und den gravierenden Auswirkungen zum Nachteil aller in der betreffenden GmbH verbleibenden Gesellschafter (nämlich durch Verwässerung deren Mitgliedschaftsrechte) ist von einer Ausdehnung des Verkehrsschutzes durch Erweiterung des Gutglaubensschutzes auf die Existenz von Geschäftsanteilen auch **rechtspolitisch** abzuse- 69

---

191 Vgl. BR-Drucks. 354/07, S. 87 = Begr. RegE zu § 16; *Bayer*, in: Lutter/Hommelhoff, Rdnr. 71; *Ebbing*, in: Michalski u.a., Rdnr. 167; *Löbbe*, in: Ulmer/Habersack/Löbbe, Rdnr. 142; *Heidinger*, in: MünchKomm. GmbHG, Rdnr. 309; *Brandes*, in: Bork/Schäfer, Rdnr. 41; *Wicke*, Rdnr. 15; *Altmeppen*, in: Roth/Altmeppen, Rdnr. 65; *Heidinger*, in: Heckschen/Heidinger, Die GmbH in der Gestaltungs- und Beratungspraxis, § 13 Rdnr. 127; *Gottschalk*, DZWiR 2009, 45, 49; *Kort*, GmbHR 2009, 169, 174.

192 Ebenso *Bayer*, in: Lutter/Hommelhoff, Rdnr. 71; *Altmeppen*, in: Roth/Altmeppen, Rdnr. 65; *Löbbe*, in: Ulmer/Habersack/Löbbe, Rdnr. 142; *Ebbing*, in: Michalski u.a., Rdnr. 169; *Heidinger*, in: Heckschen/Heidinger, Die GmbH in der Gestaltungs- und Beratungspraxis, § 13 Rdnr. 128 und 129; *D. Mayer*, DNotZ 2008, 403, 419.

193 BR-Drucks. 354/07, S. 88 = Begr. RegE zu § 16 („Geschützt wird nur der gute Glaube an die Verfügungsbefugnis. Nicht existente Geschäftsanteile können demnach nicht gutgläubig erworben werden").

194 Ebenso *Bayer*, in: Lutter/Hommelhoff, Rdnr. 72; *Altmeppen*, in: Roth/Altmeppen, Rdnr. 60; *Ebbing*, in: Michalski u.a., Rdnr. 246; *Fastrich*, in: Baumbach/Hueck, Rdnr. 28; *Brandes*, in: Bork/Schäfer, Rdnr. 37; *Löbbe*, in: Ulmer/Habersack/Löbbe, Rdnr. 127; *Pfisterer*, in: Saenger/Inhester, Rdnr. 8; *Wiersch*, S. 225 f.; *Götze/Bressler*, NZG 2007, 894, 897; *Hamann*, NZG 2007, 492, 494; *Heidinger*, in: Heckschen/Heidinger, Die GmbH in der Gestaltungs- und Beratungspraxis, § 13 Rdnr. 77 und 137; *Gottschalk*, DZWiR 2009, 45, 49; *Kögel*, Rpfleger 2008, 605, 608; *Kort*, GmbHR 2009, 169, 174; *Lips/Randel/Werwigk*, DStR 2008, 2220, 2224; *Schockenhoff/Höder*, ZIP 2006, 1841, 1844; *Vossius*, DB 2007, 2299, 2300; *Wachter*, in: Römermann/Wachter, GmbH-Beratung nach dem MoMiG, GmbHR-Sonderheft 2008, S. 51, 59; *Zessel*, GmbHR 2009, 303; OLG München v. 8.9.2009 – 31 Wx 82/09, GmbHR 2009, 1211 (obiter dictum).

195 So *Grunewald*, Der Konzern 2007, 13, 14; *Klöckner*, NZG 2008, 841, 844; im Grundsatz auch *D. Mayer*, DNotZ 2008, 403, 430 (Ausweitung des Gutglaubensschutzes in Bezug auf die Existenz von Anteilen, aber Ausnahme für den Fall der Nichtigkeit einer Kapitalerhöhung, um zu verhindern, dass die Summe der Nennbeträge aller Geschäftsanteile die Stammkapitalziffer übersteigt); jetzt auch nach Inkrafttreten des MoMiG *Kort*, GmbHR 2009, 169, 174; ausdrücklich dagegen *Wiersch*, S. 226 ff.; *Haas/Oechsler*, NZG 2006, 806, 812; *Wälzholz*, MittBayNot 2008, 425, 436; wohl auch *Götze/Bressler*, NZG 2007, 894, 897.

hen[196]. Es verbleibt alleine bei der Heilung nichtiger Kapitalerhöhungen entsprechend § 242 Abs. 2 AktG (hierzu 11. Aufl., § 45 Rdnr. 86 ff.). Dies gilt vor allem (aber eben nicht nur) im Hinblick auf solche Kapitalerhöhungen, bei denen die Nichtigkeit wegen Verletzung von überwiegend zum Schutz der Gläubiger oder sonst im öffentlichen Interesse bestehender Vorschriften statuiert ist, da dieser Schutz nicht zur Disposition der Gesellschafter steht[197].

e) Unrichtige Stückelung

70   In der bisherigen Unternehmenspraxis ist es auf Grund fehlerhafter oder unwirksamer Teilung bzw. Zusammenlegung von Geschäftsanteilen sowie Dokumentationsfehlern zu fehlgeschlagenen Anteilsübertragungen deshalb gekommen, weil der Gegenstand der Übertragung, nämlich ein bestimmter, identifizierbarer Geschäftsanteil mit einem konkreten Nennbetrag, nicht existierte, was dem Umstand geschuldet war, dass die Rechtsprechung mit Unterstützung der Literatur annahm, dass eine fehlerhafte Stückelung die Nichtexistenz der betreffenden Geschäftsanteile zur Folge hat (vgl. 10. Aufl., § 17 Rdnr. 11 m.w.N.). Ein Teil der Literatur vertritt nach dem MoMiG die Auffassung, dass sich der von § 16 Abs. 3 vermittelte Verkehrsschutz auch auf die Stückelung der Anteile nach Maßgabe der tatsächlichen Eintragungen in der im Handelsregister aufgenommenen Gesellschafterliste erstreckt[198]. Diese Fälle der Verfügungen von Nicht(so)berechtigten seien Verfügungen von Nichtberechtigten wertungsmäßig gleichzustellen und der Gutglaubensschutz in Bezug auf die Stückelung sei vom Wortlaut des § 16 Abs. 3 noch gedeckt; überdies entspräche es der Rechtslage beim gutgläubigen Erwerb von Rechten an Grundstücken, da hier nach § 892 BGB auch im Fall einer unwirksamen Grundstücksteilung das zu Unrecht im Grundbuch eingetragene Teilgrundstück gutgläubig erworben werden kann[199].

71   Die **Problematik fehlerhafter Stückelung von Geschäftsanteilen ist differenziert nach verschiedenen Fallgruppen zu behandeln**; es verbietet sich eine Pauschallösung. Dabei steht im Vordergrund ein praxisgerechtes Verständnis des Bestimmtheitsgrundsatzes bei der Übertragung von Geschäftsanteilen (hierzu § 15 Rdnr. 89), und zwar unter Berücksichtigung der durch das MoMiG vorgegebenen Wertungen der Deregulierung der Nennbetragsgrößen von Geschäftsanteilen, der zulässigen Übernahme mehrerer Geschäftsanteile durch einen Gesellschafter und der Teilung von Geschäftsanteilen sowie der Stärkung des Verkehrsschutzes mit der Einführung des gutgläubigen Erwerbs nach § 16 Abs. 3. Einem an § 16 Abs. 3 orientierten, wertend reduzierten Verständnis des Bestimmtheitsgrundsatzes steht der Wortlaut des § 16

---

196   So auch *Löbbe*, in: Ulmer/Habersack/Löbbe, Rdnr. 127; a.M. *Heidinger*, in: MünchKomm. GmbHG, Rdnr. 322.

197   Gleichsinnig *Wiersch*, S. 233; *Haas/Oechsler*, NZG 2006, 806, 812.

198   So *Wicke*, Rdnr. 15; *Leistikow*, Das neue GmbH-Recht, 2009, § 4 Rdnr. 196; *Böttcher/Blasche*, NZG 2007, 565, 566 ff.; wohl auch *Wegen*, in: FS Lüer, S. 330 f.; einschränkend für den Fall, dass die Geschäftsanteile dem Veräußerer in anderer Stückelung tatsächlich zustehen, *Gehrlein*, Der Konzern 2007, 771, 791 f.; *Götze/Bressler*, NZG 2007, 894, 897; *Gottschalk*, DZWiR 2008, 45, 49; ablehnend *Bayer*, in: Lutter/Hommelhoff, Rdnr. 73; *Altmeppen*, in: Roth/Altmeppen, Rdnr. 62; *Berger*, in: Bunnemann/Zirngibl, Auswirkungen des MoMiG auf bestehende GmbHs, 2008, S. 188 ff.; *Everts*, in: Kroiß/Everts/Poller, GmbH-Registerrecht, 2008, § 1 Rdnr. 162; *Flesner*, NZG 2006, 641, 643; *Heidinger*, in: Heckschen/Heidinger, Die GmbH in der Gestaltungs- und Beratungspraxis, § 13 Rdnr. 140 ff.; *Klöckner*, NZG 2008, 841, 844 f.; *D. Mayer*, DNotZ 2008, 403, 418; *Wachter*, in: Römermann/Wachter, GmbH-Beratung nach dem MoMiG, GmbHR-Sonderheft 2008, S. 51, 59; *Ziemons*, BB-Spezial 7/2006, 9, 11.

199   Hierzu z.B. *Böttcher/Blasche*, NZG 2007, 565, 569; zustimmend *Klöckner*, NZG 2008, 841, 845; differenzierend *Löbbe*, in: Ulmer/Habersack/Löbbe, Rdnr. 129; ablehnend *Bayer*, in: Lutter/Hommelhoff, Rdnr. 73; *Berger*, in: Bunnemann/Zirngibl, Auswirkungen des MoMiG auf bestehende GmbHs, 2008, § 7 Rdnr. 34, S. 191. – Zur Reichweite des Gutglaubensschutzes nach § 892 BGB bei unwirksamer Grundstücksteilung s. OLG Frankfurt v. 28.1.1985 – 20 W 113/84, Rpfleger 1985, 229, 230.

Abs. 3 Sätze 1 und 2 mit seiner Differenzierung zwischen dem „Nichtberechtigten" und dem „Berechtigten" nicht zwingend entgegen. Denn zum einen geht es nicht um eine unmittelbare oder entsprechende Anwendung von § 16 Abs. 3, sondern um das Verständnis eines Rechtsgrundsatzes unter Berücksichtigung gesetzlicher Wertungen und zum anderen schließt das idealtypische Begriffspaar Berechtigter/Nichtberechtigter Verfügungen eines „Nicht(so)berechtigten" nicht aus[200].

In einer **ersten Fallgruppe** können die Sachverhalte zusammengefasst werden, in denen sämtliche Geschäftsanteile eines Gesellschafters, die in der Gesellschafterliste in ihrer Gesamtheit mit gleichem Nennbetrag, aber in der tatsächlichen Rechtslage widersprechender Stückelung aufgeführt sind, an einen Erwerber übertragen werden. Nach bisher herrschendem Verständnis konnte in diesen Fällen im Grundsatz (d.h. ausgenommen Sondersituationen mit unterschiedlicher Rechtsausstattung oder Belastung der einzelnen Geschäftsanteile) mit Hilfe einer Auslegung der entsprechenden Willenserklärung und unter Zuhilfenahme des Rechtsgrundsatzes *falsa demonstratio non nocet* in dem Sinne gelöst werden, dass die tatsächlich existenten Geschäftsanteile entgegen Fehlbezeichnung und Eintragungsstand in der Gesellschafterliste übertragen werden[201]. Nach Einführung von § 16 Abs. 3 liegt es jedenfalls bei Vorliegen von dessen Voraussetzungen (3-Jahresfrist, Zurechnung, keine Bösgläubigkeit) näher, den Inhalt der ergänzenden Vertragsauslegung am Inhalt des Gesellschafterlistenbestandes zu orientieren und dann die fehlende Teilung bzw. Zusammenlegung von Geschäftsanteilen *ex lege* anzunehmen. Der Annahme einer Teilung bzw. Zusammenlegung *ex lege* steht auch nicht entgegen, dass dadurch die unterschiedlichen Gutglaubenskonzeptionen des § 892 BGB einerseits und § 16 Abs. 3 andererseits unzulässigerweise verwischt werden. Ein Gleichlauf mit dem ansonsten deutlich erweiterten Verkehrsschutzkonzept des § 892 BGB rechtfertigt sich in den Fällen der fehlerhaften Stückelung dann, wenn der Verfügungsgegenstand mit Hilfe der Willenserklärung der Beteiligten und dem Gesellschafterlistenbestand identifizierbar ist; der Schutz der Mitgesellschafter und sonstiger Dritter wird durch die übrigen, für den Gutglaubenserwerb weiter erforderlichen Tatbestandsvoraussetzungen des § 16 Abs. 3 erfüllt[202]. In einer **zweiten Fallgruppe** sind die der ersten Fallgruppe entsprechenden Sachverhalte zusammengefasst, bei denen allerdings nur eine teilweise Übertragung des vom Erwerber gehaltenen Geschäftsanteilsbestands vorliegt. Hier hatte bislang die Rechtsprechung angenommen, dass eine Auslegung der Willenserklärungen die Nichtigkeit der Anteilsübertragung nicht vermeiden kann[203]. Sofern die vom Erwerber gehaltenen Geschäftsanteile den gleichen Rechtsinhalt und keine unterschiedlichen Belastungen aufweisen, führen die Wertungsentscheidungen des MoMiG-Gesetzgebers dazu, dass im Regelfall die Auslegung zur Übertragung der Geschäftsanteile im Umfang des Gesellschafterlistenbestandes erfolgt ist; die fehlenden Teilungen bzw. Zusammenlegungen von Geschäftsanteilen erfolgen hier ebenfalls *ex lege*. In einer **dritten Fallgruppe** können die Sachverhalte zusammengefasst werden, in denen die Summe der Nennbeträge der in einer Gesellschafterliste einem Gesellschafter zugeordneten Geschäftsanteile den tatsächlichen Nennbetragsumfang seiner Geschäftsanteile überschreitet. In diesem Fall kann die Auslegung der Willenserklärung nicht zu einem hinreichend bestimmten Ergebnis führen und es träte überdies ein Wertungswiderspruch zu der Versagung eines Gutglaubensschutzes für

72

---

200 Zutr. *Böttcher/Blasche*, NZG 2007, 565, 569; dagegen *Wiersch*, S. 137 ff.; *Berger*, in: Bunnemann/Zirngibl, Auswirkungen des MoMiG auf bestehende GmbHs, 2008, S. 189 f.

201 Hierzu BGH v. 19.1.1987 – II ZR 81/86, NJW-RR 1987, 807, 808; s. auch § 15 Rdnr. 113.

202 So auch *Löbbe*, in: Ulmer/Habersack/Löbbe, Rdnr. 130; *Wicke*, Rdnr. 15; wohl auch *Ebbing*, in: Michalski u.a., Rdnr. 247; a.A. *Bayer*, in: Lutter/Hommelhoff, Rdnr. 73; *Heidinger*, in: MünchKomm. GmbHG, Rdnr. 325 f.; wohl auch *Schickerling/Blunk*, GmbHR 2009, 337, 342.

203 OLG Düsseldorf v. 10.2.1978 – 16 U 88/77, MDR 1978, 668; für das neue Recht wird dies weiterhin vertreten von *Schickerling/Blunk*, GmbHR 2009, 337, 342 m.w.N., die jedoch Nichtexistenz eines Geschäftsanteils mit Andersgestaltigkeit gleichsetzen.

nicht existente Geschäftsanteile (Rdnr. 69) ein[204]. Für diese Konstellationen ist ein Gutglaubenserwerb daher abzulehnen[205]. Dies gilt auch für die Fälle, in der die Nennbetragssumme der *abgetretenen* Geschäftsanteile vom tatsächlichen Nennbetragsumfang der Gesellschaft insgesamt abweicht[206].

f) Belastungen des Geschäftsanteils

73 Die Regelung des § 16 Abs. 3 ermöglicht *de lege lata* **keinen gutgläubigen lastenfreien Erwerb in Bezug auf an Geschäftsanteilen bestehenden Pfandrechten oder Nießbrauchsrechten**[207]. Gegen die Zulässigkeit einer Analogiebildung von § 16 Abs. 3 zur Begründung eines Gutglaubensschutzes in Bezug auf Belastungen spricht die intensive Diskussion dieses Problemkreises im Gesetzgebungsverfahren und die trotzdem unterbliebene Änderung des Gesetzeswortlautes; damit fehlt es an einer planwidrigen Regelungslücke als Analogievoraussetzung[208]. Konsequenterweise fehlt es daher auch an einem, von der Rechtsscheinwirkung getragenen Eintragungsrecht von Belastungen an Geschäftsanteilen[209]. Zur Eintragungsfähigkeit dinglicher Belastungen vgl. Rdnr. 15.

74 **De lege ferenda** sollten auch Belastungen an Geschäftsanteilen (z.B. Pfandrecht, Nießbrauch) in eine, in zwei Abteilungen untergliederte Gesellschafterliste eingetragen werden, damit dann auch diese vom Gutglaubensschutz des § 16 Abs. 3 mit der Folge erfasst werden können, dass **nicht eingetragene Belastungen gutgläubig hinwegerworben werden können**[210]. Die Nichterstreckung des Gutglaubensschutzes auf Belastungen führt nämlich dazu, dass ein Erwerber von Geschäftsanteilen auch nach neuer Rechtslage riskiert, dass diese mit Pfandrechten oder Nießbrauchrechten belastet und deshalb in ihrem Wert gemindert oder gar aufgehoben sind. Daher wird der Erwerber auch nach der Einführung des gutgläubigen Rechtserwerbs in der Regel daran interessiert sein, im Rahmen einer sorgfältigen Due Diligence zu überprüfen und

---

204 Insoweit zutr. *Wiersch*, S. 140 ff.; vgl. auch *Wachter*, in: Römermann/Wachter, GmbH-Beratung nach dem MoMiG, GmbHR-Sonderheft 2008, S. 51, 59.

205 Zust. *Löbbe*, in: Ulmer/Habersack/Löbbe, Rdnr. 129; *Bayer*, in: Lutter/Hommelhoff, Rdnr. 73; insoweit zutr. *Heidinger*, in: MünchKomm. GmbHG, Rdnr. 325 f.; *Altmeppen*, in: Roth/Altmeppen, Rdnr. 63; *Löbbe*, GmbHR 2016, 141, 143; a.M. *Fastrich*, in: Baumbach/Hueck, Rdnr. 28; *Wicke*, Rdnr. 15 a.E.

206 *Wicke*, Rdnr. 15; *Löbbe*, in: Ulmer/Habersack/Löbbe, Rdnr. 129; *Fastrich*, in: Baumbach/Hueck, Rdnr. 28 a.E.

207 BGH v. 20.9.2011 – II ZB 17/10, GmbHR 2011, 1269, 1270; *Bayer*, in: Lutter/Hommelhoff, Rdnr. 74; *Bayer*, GmbHR 2012, 1, 5; *Wicke*, Rdnr. 16; *Brandes*, in: Bork/Schäfer, Rdnr. 39; *Löbbe*, in: Ulmer/Habersack/Löbbe, Rdnr. 132; *Ebbing*, in: Michalski u.a., Rdnr. 251; *Fastrich*, in: Baumbach/Hueck, Rdnr. 28 a.E.; *Altmeppen*, in: Roth/Altmeppen, Rdnr. 64; *Wiersch*, S. 201; *Götze/Bressler*, NZG 2007, 894, 897; *Vossius*, DB 2007, 2299, 2303; *Altmeppen*, in: Roth/Altmeppen, Rdnr. 64; *Wachter*, ZNotP 2008, 378, 397; *Wegen*, in: FS Lüer, 2008, S. 321, 331 f.; *Zessel*, GmbHR 2009, 303; OLG München v. 8.9.2009 – 31 Wx 82/09, GmbHR 2009, 1211 (obiter dictum); a.A. *Reymann*, WM 2008, 2095, 2098 ff.; *Heidinger*, in: Heckschen/Heidinger, Die GmbH in der Gestaltungs- und Beratungspraxis, § 13 Rdnr. 135.

208 *Verse*, in: Henssler/Strohn, Gesellschaftsrecht, Rdnr. 93 m.w.N.; a.M. *Reymann*, WM 2008, 2095, 2100 ff., 2106.

209 S. auch Rdnr. 20; vgl. auch *Bayer*, in: Lutter/Hommelhoff, Rdnr. 74; *Haas/Oechsler*, NZG 2006, 806, 812; abweichend *Reymann*, WM 2008, 2095, 2101 ff. (Eintragung als Widerspruch).

210 I.E. ebenso *Bayer*, in: Lutter/Hommelhoff, Rdnr. 74; *Bayer*, GmbHR 2012, 1, 5; *Wicke*, Rdnr. 28; *Brandes*, in: Bork/Schäfer, Rdnr. 39; *Löbbe*, in: Ulmer/Habersack/Löbbe, Rdnr. 132; *Wiersch*, S. 202 ff.; *Ries*, GWR 2011, 54, 57; *Eidenmüller*, ZGR 2007, 168, 202; *Grunewald*, ZIP 2006, 685, 689; *Gehling*, ZIP 2006, 686, 689; *Harbarth*, ZIP 2008, 57, 63; *Klöckner*, NZG 2008, 841, 844; *Herrler*, ZIP 2011, 615, 617; *Kort*, GmbHR 2009, 169, 174; *Rau*, DStR 2006, 1892, 1899; *Wulfetange*, BB-Spezial 7/2006, 19, 22; *Ziemons*, BB-Spezial 7/2006, 9, 13; *Zöllner*, in: VGR (Hrsg.), GmbH-Reform in der Diskussion, 2006, S. 175, 182 Fn. 17; *Thomale/Gutfried*, ZGR 2017, 61, passim, insb. 104 ff.

sich dann im Kausalgeschäft im Wege eines selbständigen Garantieversprechens zusichern zu lassen, dass die Geschäftsanteile nicht belastet sind. Hierdurch werden Übertragungen sämtlicher Geschäftsanteile (und zwar auch unbelasteter Geschäftsanteile) mit Zeitaufwand und Kosten belastet, was die mit der Einführung von § 16 Abs. 3 bezweckte Entlastung von Zeitaufwand und Transaktionskosten zu nicht unerheblichem Teil frustriert, und zwar eingedenk der Tatsache, dass solche Belastungen auch umfangreiche Erwerbsketten überdauern können[211]. Ein Gutglaubensschutz in Bezug auf Belastungen passte sich auch systematisch in das deutsche Gutglaubensrecht ein, das sowohl für Liegenschaften (§ 892 Abs. 1 Satz 1 BGB) als auch in Bezug auf bewegliche Sachen (§ 936 BGB) einen gutgläubigen lastenfreien Erwerb vorsieht; dementsprechend ist auch bei Inhaberaktien nach §§ 932 ff., 936 BGB ein gutgläubiger lastenfreier Erwerb gegenüber Nießbrauchsrechten und Pfandrechten möglich[212]. Die Gesellschafterliste als Rechtsscheintatbestand eignet sich auch für die Eintragung von Belastungen und sollte in Anlehnung an das Grundbuch in zwei Abteilungen untergliedert sein, wobei in der ersten Abteilung die in § 40 Abs. 1 Satz 1 normierten Angaben enthalten und für jedermann frei einsehbar und in der zweiten Abteilung die Belastungen aufgenommen wären; die zweite Abteilung könnte wie das Grundbuch (vgl. § 12 Abs. 1 Satz 1 GBO) nur von Personen eingesehen werden dürfen, die ein berechtigtes Interesse an der Einsichtnahme haben. Damit könnten auch die Geheimhaltungsinteressen der an der Einräumung von Belastungen beteiligten Parteien und insbesondere dem Praxisinteresse an Fortführung stiller Verpfändungen Rechnung getragen werden[213]. Wegen der Beurkundungspflichtigkeit der Bestellung von Pfand- und Nießbrauchsrechten könnte die verfahrensrechtliche Konzeption des § 16 Abs. 3 beibehalten werden. Dabei erstreckte sich der einzuführende Gutglaubensschutz alleine auf die negative Publizität der Gesellschafterliste in Bezug auf Belastungen; eine positive Publizität der Gesellschafterliste ist nicht zu normieren[214].

g) Einlagenleistung auf den Geschäftsanteil

Der **gute Glaube an eine vollständige und schuldbefreiende Leistung aller Einlagen** wird durch die Gutglaubensvorschrift des § 16 Abs. 3 **nicht geschützt**[215]. 75

h) Verfügungsbeschränkungen über den Geschäftsanteil

Verfügungsbeschränkungen über Geschäftsanteile in Form **statutarischer Vinkulierungsregelungen i.S. des § 15 Abs. 5** sind auch unter den sonstigen Voraussetzungen des § 16 Abs. 3 wirksam und deren Einhaltung Voraussetzung für die Übertragung von Geschäftsanteilen. Es gibt *de lege lata* **keinen Gutglaubensschutz** in Bezug auf solche Verfügungsbeschränkungen, die somit auch der gutgläubige Erwerber gegen sich gelten lassen muss[216]. Der im Ge- 76

---

211 Gleichsinnige Kritik bei *Bayer*, in: Lutter/Hommelhoff, Rdnr. 74; *Brandes*, in: Bork/Schäfer, Rdnr. 39; *Wiersch*, S. 202 f.; *Harbarth*, ZIP 2008, 57, 64; *Klöckner*, NZG 2008, 841, 844; *Rau*, DStR 2006, 1892, 1899; *Reichert*, in: Bayer/Koch, Das neue GmbH-Recht, 2008, S. 29, 43; *Wachter*, ZNotP 2008, 378, 397; *Schiemzik*, NWB 2011, 2481, 2484 f.

212 Vgl. *Lutter/Drygala*, in: KölnKomm. AktG, 3. Aufl. 2009, Anh. § 68 AktG Rdnr. 15 f.; *Heider*, in: MünchKomm. AktG, 4. Aufl. 2016, § 10 AktG Rdnr. 38. – Keinen gutgläubigen lastenfreien Erwerb gibt es hingegen bei Namensaktien (§ 68 Abs. 1 Satz 2 AktG, Art. 16 Abs. 2 WG); vgl. auch *Haas/Oechsler*, NZG 2006, 806, 812.

213 Zu diesen Geheimhaltungsinteressen *Handelsrechtsausschuss des DAV*, NZG 2007, 211, 215; *Harbarth*, ZIP 2008, 57, 64; *Wicke*, Rdnr. 28; *Bayer*, GmbHR 2012, 1, 6 f.

214 Ebenso *Wiersch*, S. 207 ff.; *Reymann*, WM 2008, 2095, 2103 ff.

215 *Bayer*, in: Lutter/Hommelhoff, Rdnr. 75; *Löbbe*, in: Ulmer/Habersack/Löbbe, Rdnr. 133; *Haas/Oechsler*, NZG 2006, 806, 812; *Wachter*, in: Römermann/Wachter, GmbH-Beratung nach dem MoMiG, GmbHR-Sonderheft 2008, S. 51, 59.

216 BGH v. 20.9.2011 – II ZB 17/10, GmbHR 2011, 1269, 1270; *Bayer*, in: Lutter/Hommelhoff, Rdnr. 76; *Bayer*, GmbHR 2012, 1, 6; *Löbbe*, in: Ulmer/Habersack/Löbbe, Rdnr. 134; *Brandes*, in:

setzgebungsverfahren erhobenen Forderung, den Gutglaubensschutz des § 16 Abs. 3 auch auf Verfügungsbeschränkungen auszudehnen und insoweit dem Verkehrsinteresse Vorrang vor den satzungsrechtlichen Vorschriften zum Gesellschafterbestandschutz einzuräumen[217], hat der Gesetzgeber zu Recht nicht entsprochen. Eine solche Erweiterung des Gutglaubensschutzes ist auch rechtspolitisch nicht angängig: Denn Verfügungsbeschränkungen i.S. des § 15 Abs. 5 können mit dinglicher Wirkung nur im Gesellschaftsvertrag festgelegt werden, so dass der Zeit- und Kostenaufwand für die Aufdeckung solcher Übertragungshindernisse gering ist. Dieses gilt umso mehr, als wegen einer Nichtbeachtung statutarischer Vinkulierungsklauseln früher fehlgeschlagene Vor-Übertragungen bei Vorliegen der sonstigen Voraussetzungen des § 16 Abs. 3 unbeachtlich sind, da der Erwerber in diesen Fällen wie ansonsten bei Verfügungen Nichtberechtigter im Umfang des § 16 Abs. 3 geschützt ist. Zudem ist die gesellschaftsvertragliche Wertigkeit einer Vinkulierung von Geschäftsanteilen als Ausdruck eines erheblichen Gesellschaftsinteresses an einer Kontrolle des Gesellschafterkreises zu beachten (z.B. wegen einer Prüfung der persönlichen oder sachlichen Einpassung in den Gesellschafterkreis, des Bestehens von Interessenkonflikten, des Risikos einer Ausfallhaftung nach §§ 24, 31 Abs. 3) und im Normfall höher einzuschätzen als ein erweiterter Verkehrsschutz[218]. Auch die rechtsvergleichende Umschau offenbart keinen Regelungsrückstand[219].

77 Der Gutglaubensschutz zu Gunsten von Erwerbern von Geschäftsanteilen oder von Rechten an diesen erstreckt sich ebenfalls nicht auf den guten Glauben daran, dass der Verfügende in seiner **Verfügungsmacht infolge der Eröffnung eines Insolvenzverfahrens** nicht beschränkt ist[220]. Dies ergibt sich bereits daraus, dass der Gesetzgeber davon abgesehen hat, den Wortlaut der Regelung des § 81 Abs. 1 Satz 2 InsO (mit seiner Verweisung auf § 892 Abs. 1 Satz 2 BGB) auf die Vorschrift des § 16 Abs. 3 zu erstrecken. Dabei handelt es sich nicht um ein Redaktionsversehen[221], sondern entspricht auch der Systematik der Gutglaubensvorschriften des deutschen Rechts: Anders als bei § 892 Abs. 1 Satz 2 BGB sehen § 40 Abs. 1 Satz 1 und die hierauf Bezug nehmende Glutglaubensvorschrift des § 16 Abs. 3 keine Eintragungsfähigkeit von Verfügungsbeschränkungen vor. Ein Gleichlauf des durch die Gesellschafterliste gewährten Glutglaubensschutzes zu dem des Grundbuchs ist nicht veranlasst; bei den der Gutglaubensvorschrift des § 16 Abs. 3 im Hinblick auf das Veranlassungsprinzip und dem Gutglaubensmaßstab ähnlichen Regelungen der §§ 932 ff. BGB gibt es auch keinen gutgläubigen Erwerb des Eigentums oder von beschränkten dinglichen Rechten an beweglichen Sachen des Insolvenzschuldners nach Eröffnung des Insolvenzverfahrens[222]. Eine Erweiterung des Verkehrsschutzes ist auch rechtspolitisch nicht angängig, da sich die Tatsache, ob über das Vermögen

---

Bork/Schäfer, Rdnr. 39; *Ebbing,* in: Michalski u.a., Rdnr. 248; *Fastrich,* in: Baumbach/Hueck, Rdnr. 32; *Altmeppen,* in: Roth/Altmeppen, Rdnr. 66; *Wiersch,* S. 234 ff.; *Bohrer,* DStR 2007, 995, 1003; *Kort,* GmbHR 2009, 169, 174; *Hamann,* NZG 2007, 492, 494; *Rodewald,* GmbHR 2009, 196, 197; *Schockenhoff/Höder,* ZIP 2006, 1841, 1844; *Wachter,* in: Römermann/Wachter, GmbH-Beratung mit MoMiG, GmbHR-Sonderheft 2008, S. 51, 59; *Zessel,* GmbHR 2009, 303; OLG München v. 8.9.2009 – 31 Wx 82/09, GmbHR 2009, 1211 (obiter dictum).

217 Hierfür *Eidenmüller,* ZGR 2007, 168, 202; *Gehling,* ZIP 2006, 685, 689; *Klöckner,* NZG 2008, 841, 845; *Wegen,* in: FS Lüer, S. 331 f. Nach Inkrafttreten des MoMiG *Kort,* GmbHR 2009, 169, 174.

218 Ebenso *Wiersch,* S. 235 f.

219 Für die close corporation US-amerikanischen Rechts sieht § 8–204 U.C.C. einen Gutglaubensschutz nur in Bezug auf solche Abtretungshindernisse vor, die außerhalb des Gesellschaftsvertrags geregelt sind.

220 Ebenso *Altmeppen,* in: Roth/Altmeppen, Rdnr. 60; *Fastrich,* in: Baumbach/Hueck, Rdnr. 31; *Brandes,* in: Bork/Schäfer, Rdnr. 40; *Löbbe,* in: Ulmer/Habersack/Löbbe, Rdnr. 135; *Heidinger,* in: MünchKomm. GmbHG, Rdnr. 321; *Altmeppen,* in: Roth/Altmeppen, Rdnr. 74.

221 So *Vossius,* DB 2007, 2299, 2302; i.E. auch *Wicke,* Rdnr. 20b (Anwendbarkeit von § 16 Abs. 3 analog § 81 Abs. 1 Satz 2 InsO).

222 Vgl. OLG Frankfurt v. 17.2.2003 – 25 W 9/03, ZInsO 2003, 713, 714; *Wimmer-Amend,* in: FrankfurtKomm. InsO, 8. Aufl. 2015, § 81 InsO Rdnr. 31; *Lüke,* in: Kübler/Prütting/Bork, § 81 InsO Rdnr. 24.

eines Gesellschafters das Insolvenzverfahren eröffnet wurde, mit geringem Aufwand überprüfen lässt[223].

Der Gutglaubensschutz erstreckt sich gemäß § 2211 Abs. 2 BGB – entgegen der Ansicht des BGH[224] – auf die Verfügungsbefugnis eines Erbens, soweit diese aufgrund einer Testamentsvollstreckung beschränkt ist[225]. Dem kann nicht entgegengehalten werden, dass die Gesellschafterliste keinen Rechtsschein hinsichtlich der Verfügungsbefugnis schafft. Eines solchen besonderen Rechtsscheins bedarf es nicht, er existiert bei beweglichen Sachen ebenfalls nicht[226]. Um einen gutgläubigen Erwerb zu verhindern, kann in die Gesellschafterliste ein Testamentsvollstreckervermerk aufgenommen werden (vgl. 11. Aufl., § 40 Rdnr. 27)[227]. **77a**

i) Aufschiebend/auflösend bedingte oder befristete Übertragung des Geschäftsanteils

Besonders schwierige Auslegungs- und Wertungsfragen stellen sich bei **aufschiebend oder auflösend bedingten bzw. befristeten Abtretungen von Geschäftsanteilen**. Bei einer aufschiebend bedingten Abtretung des Geschäftsanteils wird der Erst-Erwerber durch § 161 Abs. 1 Satz 1 BGB vor Zwischenverfügungen des Veräußerers dadurch geschützt, dass solche Zwischenverfügungen mit Bedingungseintritt unwirksam werden[228]. Der Erst-Veräußerer wird bei der auflösend bedingten Anteilsübertragung dadurch geschützt, dass Zwischenverfügungen des Erst-Erwerbers nach § 161 Abs. 1 Satz 1, Abs. 2 BGB mit Bedingungseintritt absolut unwirksam werden. Ist für die Abtretung des Geschäftsanteils ein Anfangs- oder Endtermin bestimmt worden (aufschiebend oder auflösend befristete Anteilsübertragung), so findet über § 163 BGB die Vorschrift des § 161 BGB entsprechende Anwendung[229]; insofern sind Bedingungen und Befristungen identisch zu behandeln. Bei einem Erwerb des Zweit-Erwerbers von dem bis zum Bedingungs- bzw. Befristungseintritt in der Gesellschafterliste eingetragenen Zweit-Veräußerer stellt sich die Frage[230], (i) ob der Zweit-Erwerber den Geschäftsanteil nach § 161 Abs. 3 BGB i.V.m. § 16 Abs. 3 in der Weise endgültig erwirbt, dass er den Geschäftsanteil (oder das Recht hieran) auch nach Bedingungs- oder Befristungseintritt zu Lasten des Erst-Erwerbers/Erst-Veräußerers behält oder (ii) ob ein gutgläubiger Erwerb des Zweit-Erwerbers bereits deshalb nicht in Betracht kommt, weil es an der Eintragbarkeit solcher Verfügungsbeschränkungen in der Gesellschafterliste fehlt. Entsprechendes gilt für **Optionen**[231]. **78**

Der BGH hat sich in dieser Frage auf Seiten der Meinung positioniert, die eine **Anwendung des § 161 Abs. 3 BGB auf den Fall der bedingten/befristeten Anteilsübertragung ver-** **79**

---

223 Ebenso *Wiersch*, S. 243 f.

224 BGH v. 24.2.2015 – II ZB 17/14, GmbHR 2015, 526, 528; i.E. zustimmend *Kalbfleisch/Glock*, GmbHR 2015, 847, 850; vgl. auch OLG Köln v. 21.7.2014 – 2 Wx 191/14, GmbHR 2014, 1206, 1207; OLG München v. 15.11.2011 – 31 Wx 274/11, GmbHR 2012, 39, 41.

225 *Altmeppen*, in: Roth/Altmeppen, Rdnr. 71; *Omlor*, DStR 2012, 306; a.A. *Fastrich*, in: Baumbach/Hueck, Rdnr. 26; *Ebbing*, in: Michalski u.a., Rdnr. 183, 249; *Bayer*, in: Lutter/Hommelhoff, Rdnr. 78.

226 *Omlor*, DStR 2012, 306

227 Dagegen BGH v. 24.2.2015 – II ZB 17/14, GmbHR 2015, 526, 528; OLG Köln v. 21.7.2014 – 2 Wx 191/14, GmbHR 2014, 1206, 1207; OLG München v. 15.11.2011 – 31 Wx 274/11, GmbHR 2012, 39, 41.

228 Zur Rechtsfolge der absoluten Unwirksamkeit *Westermann*, in: MünchKomm. BGB, 7. Aufl. 2015, § 161 BGB Rdnr. 7; *Bork*, in: Staudinger, 2015, § 161 BGB Rdnr. 1 und 12; vgl. auch *Reymann*, WM 2008, 2095, 2097.

229 Zur entsprechenden Anwendung der Bedingungsvorschriften *Westermann*, in: MünchKomm. BGB, 7. Aufl. 2015, § 163 BGB Rdnr. 4; *Bork*, in: Staudinger, 2015, § 163 BGB Rdnr. 6.

230 Hierzu ausführlich *Reymann*, GmbHR 2009, 343 ff.; *Reymann*, WM 2008, 2095, 2097 ff.; *Berger*, in: Bunnemann/Zirngibl, Auswirkungen des MoMiG auf bestehende GmbHs, 2008, § 7 Rdnr. 79 ff., S. 203 ff.; *Wiersch*, S. 216 ff.; *Zessel*, GmbHR 2009, 303, 305 f.

231 Hierzu *Kamlah*, GmbHR 2009, 841 ff.

neint[232]. In seiner Entscheidung verweist der BGH auf das Prioritätsprinzip des § 161 Abs. 1 BGB (vgl. Rdnr. 78), das auch nach Einführung des § 16 Abs. 3 weiter gelte. Nur aus dem Zusammenspiel des § 161 Abs. 3 BGB und den jeweils anwendbaren Vorschriften des Gutglaubenserwerbs (in diesem Fall des § 16 Abs. 3) könne ermittelt werden, ob ein Gutglaubenserwerb eines Zweiterwerbers bei aufschiebend bedingter Übertragung möglich sei, wobei der jeweilige Gutglaubensvorschrift vorrangige Bedeutung zukomme. Da aber im Rahmen des § 16 Abs. 3 die Gesellschafterliste als maßgeblicher Rechtsscheinträger fungiere und diese lediglich Aussagen über die Inhaberschaft von Geschäftsanteilen treffe, könne auch der Erwerber nur in diesem Umfang auf die Abbildung der wahren Rechtslage vertrauen. Zudem sei anerkannt, dass die Rechtsscheinwirkung der Gesellschafterliste sich nicht auf mit der bedingten Abtretung eines Geschäftsanteils vergleichbare Fälle, wie die dingliche Belastung eines Geschäftsanteils (vgl. dazu Rdnr. 20) oder das Bestehen einer Vinkulierung erstrecke (vgl. dazu Rdnr. 14, 80). Schließlich stehe einer solchen Auffassung auch nicht die insofern abweichende herrschende Meinung in Bezug auf § 892 BGB entgegen, da der Gesetzgeber gerade keine vollständige Übertragung der Grundsätze des § 892 BGB beabsichtigte[233]. Das Urteil ist auch für die Praxis von hoher Bedeutung, denn es bedeutet eine Absage sowohl an das „Zwei-Listen-Modell" als auch an die – hier vertretene – Widerspruchslösung.

80　Die dem Urteil des BGH zu Grunde liegende Auffassung, § 161 Abs. 3 BGB sei nicht auf den bedingten/befristeten Erwerb von Geschäftsanteilen anwendbar, vermag nicht zu überzeugen[234]. Zum Teil wird dieser Ansicht entgegengesetzt, dass § 161 Abs. 3 BGB lediglich eine **„entsprechende Anwendung"** der Gutglaubensvorschriften anordnet. Wer im Rahmen dieser „entsprechenden Anwendung" darauf beharre, dass die Gesellschafterliste nur und ausschließlich den Rechtsschein der Inhaberschaft konstituiere, der verkenne, dass gerade diesem Umstand durch die entsprechende Anwendung der Vorschrift des § 16 Abs. 3 für den Fall der aufschiebend/auflösend bedingten Abtretung abgeholfen wird[235]. Selbst wenn aber nur auf § 16 Abs. 3 abgestellt und dieser nicht entsprechend zur Anwendung gebracht wird, ergibt sich zwingend weder aus dem Gesetzgeberwillen[236] noch aus dem Zweck der Vorschrift, dass die Anwartschaft auf den Geschäftsanteil vom Gutglaubensschutz nicht umfasst sein soll.

80a　Zwar spricht gegen einen Gutglaubensschutz in Bezug auf Anwartschaftsrechte außerdem der Umstand, dass ausschließlich der Inhaber des betreffenden Geschäftsanteils, nicht aber der Anwartschaftsberechtigte in der Gesellschafterliste eintragbar ist (vgl. 11. Aufl., § 40 Rdnr. 27) und die Gesellschafterliste zum Zeitpunkt des Erwerbs des Zweit-Erwerbers nicht unrichtig und insofern auch nicht als Rechtsscheinträger für eine abweichende materielle Rechtslage in Betracht kommt. Zudem und ausweislich der Ausführungen zur Zurechnung der Unrichtigkeit der Gesellschafterliste gehen die Verfasser der Gesetzesbegründung[237] wohl davon aus, dass bei der Frage der Zurechnung alleine auf den „wahren Rechtsinhaber" (und nicht etwa auf einen Anwartschaftsberechtigten) abzustellen ist[238]. Beide Argumente sind allerdings letztlich nicht zwingend und die Ablehnung eines Gutglaubensschutzes in Bezug auf Anwart-

---

232　BGH v. 20.9.2011 – II ZB 17/10, GmbHR 2011, 1269 ff.; zust. *Löwe*, BB 2011, 2836; i.E. ebenfalls zust. *Jeep*, NJW 2012, 658, 659; wie der BGH auch OLG München v. 11.3.2011 – 31 Wx 162/10, GmbHR 2011, 425; offen lassend KG v. 17.5.2013 – 12 W 30/12, GmbHR 2013, 762, 763.

233　Vgl. BT-Drucks. 16/6140, S. 38.

234　Krit. auch *Wicke*, DStR 2011, 2356, 2357 („weitgehende richterliche Selbstbeschränkung", die eine „erhebliche Chance zu einer wesentlichen Praxisverbesserung" vertut); *Bayer*, GmbHR 2011, 1254, 1257 („undifferenziert" und „mutlos"); *Herrler*, NZG 2011, 1321, 1325 ff.; vgl. auch *Altmeppen*, in: Liber amicorum Schurig, 2012, S. 1; *Brandes*, GmbHR 2012, 545; *Omlor*, DNotZ 2012, 179.

235　S. *Schneider*, NZG 2009, 1167, 1168; *Oppermann*, ZIP 2009, 651, 652.

236　Vgl. BT-Drucks. 16/6140, S. 39 ist insofern nicht eindeutig: „Geschützt wird nur der gute Glaube an die Verfügungsbefugnis".

237　BR-Drucks. 354/07, S. 88 = Begr. RegE zu § 16.

238　*Wiersch*, S. 220; *Zessel*, GmbHR 2009, 303, 305.

schaftsrechte würde zu erheblichen Wertungsbrüchen führen und auch den gesetzgeberischen Zweck der Ermöglichung eines gutgläubigen Erwerbs von Geschäftsanteilen beachtlich frustrieren. Die Ablehnung eines gutgläubigen Erwerbs in Bezug auf Anwartschaftsrechte hätte nämlich gravierende Folgen für den Verkehrsschutz, zumal von der absoluten Verfügungsbeschränkung des § 161 Abs. 1 Satz 1 BGB nicht nur spätere Verfügungen desjenigen Gesellschafters betroffen sind, der die Geschäftsanteile bedingt oder befristet abgetreten hat, sondern auch solche seiner Rechtsnachfolger[239]; damit könnten Zwischenverfügungen Abtretungsketten überdauern[240].

Im Gesetzgebungsverfahren wurde dieses mit der bedingten oder befristeten Übertragung einhergehende Problem gerade nicht zum Gegenstand der Erörterung[241], so dass die legislativhistorische Auslegung fruchtlos bleiben muss. Zielführend ist die teleologische Betrachtung der Regelung des § 16 Abs. 3, nämlich die Reduktion von „unnötig hohen Transaktionskosten und Rechtsunsicherheiten"[242]: Dies spricht für die Anwendung des § 161 Abs. 3 BGB, da ansonsten nie ohne aufwendige Prüfungen der Anteilshistorie und selbst dann nur unter Fortbestand von Restzweifeln auszuschließen wäre, dass eine Anteilsübertragung nicht letztendlich am § 161 Abs. 1 BGB scheiterte. Auch der Vergleich zu § 892 BGB[243] ist in diesem Fall nur von begrenztem Erkenntniswert, da eine aufschiebend bedingte Übertragung von Grundstücken nicht möglich ist (vgl. § 925 Abs. 2 BGB), ein vergleichbarer Fall daher nicht gebildet werden kann. Es stellte zudem einen Wertungswiderspruch dar, dass nach § 16 Abs. 3 zwar ein Erwerb vom gänzlich Nichtberechtigten möglich sein soll, nicht aber ein solcher vom (auflösend) Berechtigten, oder auch mit anderem Blick: Es ist wertungswidersprüchlich, dass der Zweit-Erwerber beim Erwerb vom (auflösend) Berechtigten geringer geschützt werden soll, als beim Erwerb vom gänzlich Nichtberechtigten[244], oder noch einmal anders gewendet: Es besteht keine Veranlassung, das Anwartschaftsrecht des Erst-Erwerbers stärker zu schützen als sein Vollrecht. Es ist demnach entsprechend § 161 Abs. 3 BGB, der einen Gutglaubensschutz in Bezug auf das Bestehen von Anwartschaftsrechten an beweglichen Sachen als auch an Grundstücksrechten (über den Verweis auf §§ 892, 932 ff. BGB) vorsieht, ein **Gutglaubensschutz nach § 16 Abs. 3 auch in Bezug auf Anwartschaftsrechte bei Geschäftsanteilen** anzunehmen[245].

80b

---

239 Vgl. *Bork*, in: Staudinger, 2015, § 161 BGB Rdnr. 11a; *Eckert*, Sachenrecht, 2005, S. 167 f.

240 Zutr. *Wiersch*, S. 221 f.; vgl. auch *Brandes*, GmbHR 2012, 545, 546.

241 *Herrler*, NZG 2011, 1321, 1325; *Bayer*, GmbHR 2011, 1254, 1257; *Mayer/Färber*, GmbHR 2011, 785, 793.

242 BT-Drucks. 16/6140, S. 38.

243 Bspw. mit Hinweis auf die h.M. bei § 892 BGB, die den gutgläubigen Erwerb nur bei eintragungsfähigen Verfügungsbeschränkungen zulässt, vgl. BGH v. 20.9.2011 – II ZB 17/10, GmbHR 2011, 1269, 1271.

244 Ebenso *Bayer*, in: Lutter/Hommelhoff, Rdnr. 79; *Wiersch*, S. 222 f.

245 LG Köln v. 16.6.2009 – 88 T 13/09, GmbHR 2009, 1215; *Bayer*, in: Lutter/Hommelhoff, Rdnr. 79; wohl auch *Heidinger*, in: MünchKomm. GmbHG, Rdnr. 330; *Bork*, in: Staudinger, 2015, § 161 BGB Rdnr. 15; eingehend *Maier-Reimer*, in: FS Graf von Westphalen, S. 489, 491 ff.; *Wicke*, DB 2011, 1037, 1038; *Osterloh*, NZG 2011, 495, 496 f.; *Greitemann/Bergjan*, in: FS Pöllath, 2008, S. 271, 286; *Klöckner*, NZG 2008, 841, 842; *Vossius*, DB 2007, 2299, 2301; *Wachter*, in: Römermann/Wachter, GmbH-Beratung nach dem MoMiG, GmbHR-Sonderheft 2008, S. 51, 61; *Wachter*, ZNotP 2008, 378, 396 f.; *Omlor/Spies*, MittBayNot 2011, 353, 361; wohl auch *Wicke*, Rdnr. 20; kritisch gegenüber der Rspr. aber insgesamt offen lassend *Heidinger*, in: Heckschen/Heidinger, Die GmbH in der Gestaltungs- und Beratungspraxis, § 13 Rdnr. 141 ff.; *Reymann*, GmbHR 2009, 343 ff.; *Reymann*, WM 2008, 2095, 2097; *de lege ferenda* auch *Wiersch*, S. 223 ff.; *Eidenmüller*, ZGR 2007, 168, 202; ablehnend OLG München v. 11.3.2011 – 31 Wx 162/10, GmbHR 2011, 425, 426, mit abl. Komm. von *A. Heidinger*, GmbHR 2011, 429 = BB 2011, 1424, 1426, mit zust. Anm. von *Schwetzler*, BB 2011, 1427 f. = ZIP 2011, 612, 613, mit abl. Anm. von *Herrler*, ZIP 2011, 615 ff.; *Fastrich*, in: Baumbach/Hueck, Rdnr. 29; *Begemann/Grunow*, DNotZ 2011, 403, 411 ff.; *Berger*, in: Bunnemann/Zirngibl, Auswirkungen des MoMiG auf bestehende GmbHs, 2008, S. 204 ff.; *Mayer/Färber*, GmbHR 2011, 785, 790 ff.; *Preuß*, ZGR 2008, 676, 691 f.; *Weigl*, MittBayNot 2009, 116, 117 f.; *Weigl*, NZG 2009, 1173, 1176; *Zessel*, GmbHR 2009, 303, 305.

Eine entsprechende Anwendung von § 161 Abs. 3 BGB auf § 16 Abs. 3 verlangt aber auch eine Anpassung der sonstigen, dort geregelten Merkmale, insbesondere also die Alternativvoraussetzungen der 3-jährigen Unrichtigkeit der Listeneintragung bzw. der Zurechenbarkeit der Unrichtigkeit zum Nichtberechtigten[246]. Bei der Zurechenbarkeit der „Unrichtigkeit" der Gesellschafterliste (die ja in den Fällen des gutgläubigen bedingungsfreien Erwerbs die materielle Rechtslage richtig wiedergibt) ist zu verlangen, dass für den Zweit-Erwerber nicht aus der veröffentlichten Gesellschafterliste erkennbar ist, dass die Gesellschafterstellung des Verfügenden auflösend bedingt oder befristet ist. Es ist dem Erst-Erwerber wertungsmäßig zuzumuten, eine Schutzmaßnahme gegen rechtsvereitelnde Zwischenverfügungen z.B. durch Zuordnung eines Widerspruchs zur Gesellschafterliste (Rdnr. 96a) vorzunehmen; das Unterlassen einer solchen Schutzmaßnahme führt zur Zurechnung[247].

80c Der Erst-Erwerber/Erst-Veräußerer kann sich gegen rechtsvereitelnde Zwischenverfügungen durch Zuordnung eines **Widerspruchs** zur Gesellschafterliste schützen, den der Veräußerer bewilligt (s. Rdnr. 96a)[248]. Eine Alternative könnte es sein, mit dem Abschluss des Kausalgeschäfts dem Erwerber ein **Pfandrecht an dem Geschäftsanteil** zu bestellen (§§ 1273, 1274 BGB), da dieses auch gegenüber einem gutgläubigen Erwerber des Geschäftsanteils fortbestehen würde[249]. Aus Sicht des Veräußerers sollte die Pfandbestellung dann aufschiebend bedingt auf die Kaufpreiszahlung erfolgen, damit er den Geschäftsanteil bei Nichteintritt der Bedingung anderweitig lastenfrei veräußern kann[250]. Schließlich ist es auch möglich, in generell-abstrakter Weise den Schutz von Erst-Erwerbern/Erst-Veräußerern durch die Aufnahme einer bestimmten **Vinkulierungsklausel** im Gesellschaftsvertrag zu schützen. Auf der Grundlage von § 15 Abs. 5 könnte die Vinkulierungsklausel den Ausschluss von Verfügungen eines Gesellschafters regeln, soweit derselbe Geschäftsanteil (oder einen Teil hiervon) zum Zeitpunkt der Verfügung bereits aufschiebend bedingt oder befristet veräußert wurde und die Bedingung bzw. Befristung noch nicht eingetreten ist[251]. Die Vornahme einer Zwischenverfügung durch den bedingt oder befristet gebundenen Gesellschafter unter Verstoß gegen die statutarische Vinkulierungsklausel wäre unwirksam[252]. Da § 16 Abs. 3 nicht den guten Glauben an das Nichtbestehen von statutarischen Vinkulierungsklauseln erfasst (Rdnr. 14), wird diese Unwirksamkeitsfolge nicht durch § 161 Abs. 3 BGB, § 16 Abs. 3 aufgehoben[253]. Schließlich kommt ein schuldrechtlicher Schutz des Erst-Erwerbers durch eine entsprechende Regelung im **Kausalgeschäft** (z.B. Kaufvertrag oder Treuhandvertrag) in Betracht[254].

3. Eintragung des Nichtberechtigten in der Gesellschafterliste

81 Nach § 16 Abs. 3 Satz 1 kann der Erwerber einen Geschäftsanteil oder ein Recht daran wirksam „*vom Nichtberechtigten*" erwerben, wenn „*der Veräußerer als Inhaber des Geschäftsanteils*

---

246 Zutr. *Oppermann*, ZIP 2009, 651, 652 f.
247 *Maier-Reimer*, in: FS Graf von Westphalen, S. 489, 501; a.A. *Oppermann*, ZIP 2009, 651, 654.
248 Zutr. *Bayer*, in: Lutter/Hommelhoff, Rdnr. 79; *Prasse/Strotmann*, BB 2010, 1747, 1750; *Greitemann/Bergjan*, in: FS Pöllath, 2008, S. 271, 287; *Götze/Bressler*, NZG 2007, 894, 899; *Reymann*, GmbHR 2009, 343, 347; *Vossius*, DB 2007, 2299, 2301; *Wachter*, in: Römermann/Wachter, GmbH-Beratung nach dem MoMiG, GmbHR-Sonderheft 2008, S. 51, 61; vgl. auch LG Köln v. 16.6.2009 – 88 T 13/09, GmbHR 2009, 1215; kritisch aber *Oppermann*, ZIP 2009, 651, 654.
249 *D. Mayer*, DNotZ 2008, 403, 421; *Zessel*, GmbHR 2009, 303, 306.
250 *Zessel*, GmbHR 2009, 303, 306.
251 *Reymann*, GmbHR 2009, 343, 348 ff. (mit Formulierungsvorschlag, ohne Regelung des Befristungsfalls).
252 S. § 15 Rdnr. 133; vgl. auch *Reymann*, GmbHR 2009, 343, 348.
253 *Reymann*, GmbHR 2009, 343, 348; vgl. auch *Hamann*, NZG 2007, 492, 494; *D. Mayer*, DNotZ 2008, 403, 418; *Schockenhoff/Höder*, ZIP 2006, 1841, 1844; *Wachter*, in: Römermann/Wachter, GmbH-Beratung nach dem MoMiG, GmbHR-Sonderheft 2008, S. 51, 59.
254 Hierzu *Reymann*, GmbHR 2009, 343, 348 f.

in der im Handelsregister aufgenommenen Gesellschafterliste eingetragen ist". Dabei ist der Gesetzesverweis auf den „Veräußerer" nicht in der Weise zu verstehen, dass mangels einer „Veräußerung" bei der Bestellung eines Pfandrechts oder eines Nießbrauchs an Geschäftsanteilen durch Nichtberechtigte ein gutgläubiger Rechtserwerb nicht möglich sei. Vielmehr ist bei einem teleologischen Verständnis der Norm alleine Voraussetzung für einen gutgläubigen Erwerb, dass der „Nichtberechtigte" in der im Handelsregister aufgenommenen Gesellschafterliste als Inhaber des betreffenden Geschäftsanteils eingetragen ist[255].

Der Nichtberechtigte muss in der im Handelsregister aufgenommenen (Rdnr. 35) Gesellschafterliste eingetragen sein, wobei die Gesellschafterliste als Rechtsscheinsträger im Grundsatz den Anforderungen des § 40 genügen muss. Dabei sind für § 16 Abs. 3 **keine zu strengen Anforderungen** zu stellen, sofern nur die **personelle Inhaberschaft eines hinreichend konkretisierten Geschäftsanteils identifizierbar** ist[256]. Dabei ist ein objektivierter Maßstab anzusetzen, der keineswegs Erkenntnisquellen außerhalb der Gesellschafterliste selbst ausschließt[257]. **82**

Bei der Frage nach dem **maßgeblichen Zeitpunkt**, zu dem die Unrichtigkeit der Gesellschafterliste bestehen muss, damit ein gutgläubiger Erwerb nach § 16 Abs. 3 möglich ist, ist zwischen echten Bedingungen i.S. des § 158 BGB einerseits und heteronomen Rechtsbedingungen andererseits zu unterscheiden: (1) Ein nach § 158 BGB bedingtes Rechtsgeschäft ist tatbestandlich vollendet und vollgültig, seine Rechtswirkungen sind allerdings bis zum Eintritt der Bedingung in der Schwebe und die Rechtsstellung des bedingt Berechtigten kann nicht mehr durch die andere Vertragspartei zerstört werden[258]. Für die Frage der Gutgläubigkeit im Rahmen der §§ 892, 932 ff. BGB sowie für die Frage der Unrichtigkeit des Grundbuchs im Rahmen des § 892 BGB ist auf die Vornahme des Verfügungsgeschäfts abzustellen, so dass es einem Erwerber nicht mehr schadet, wenn er nach diesem Zeitpunkt aber vor Bedingungseintritt bösgläubig wird oder z.B. ein Widerspruch in das Grundbuch eingetragen wird. In dieser Entsprechung ist in den Fällen aufschiebend bedingter Übertragungen von Geschäftsanteilen für sämtliche positiven und negativen Voraussetzungen der Regelung des § 16 Abs. 3 grundsätzlich auf den Zeitpunkt der Beurkundung des Verfügungsgeschäfts abzustellen[259]. Dies gilt auch für die aufschiebend bedingte Bestellung beschränkter dinglicher Rechte an Geschäftsanteilen[260]. (2) Bei heteronomen Rechtsbedingungen, wie beispielsweise der fusionskartellrechtlichen Freigabe bzw. der außenwirtschaftsrechtlichen Untersagung einer Transaktion (§ 40 GWB; § 15 Abs. 3 Satz 1 AWG) oder Vinkulierungen i.S. von § 15 Abs. 5, steht dem Erwerber vor dem Eintritt der heteronomen Wirksamkeitsvoraussetzung keine gesicherte Rechtsposition (Anwartschaftsrecht) zu, sondern eine bloße Erwerbsaussicht. Im Rahmen der Gutglaubensvorschriften der §§ 892, 932 ff. BGB wird hier bis zum Zeitpunkt der Erteilung der erforderlichen Genehmigung dem Rechtserhaltungsinteresse des Berechtigten gegenüber den Verkehrsschutzinteressen der Vorrang eingeräumt[261]. Diese Interessenabwägung ist auch für § 16 Abs. 3 überzeugend, so dass bei heteronomen Rechtsbedingungen sämtliche Voraussetzungen des Gutglaubenstatbestand des § 16 Abs. 3 sowohl im Zeitpunkt der Beurkundung des Verfügungsgeschäfts als auch im Zeitpunkt des Eintritts der **83**

---

255 Ebenso *Wiersch*, S. 77.
256 *Verse*, in: Henssler/Strohn, Gesellschaftsrecht, Rdnr. 53; tendenziell strenger *Vossius*, DB 2007, 2299, 2300 f.
257 A.A. *Vossius*, DB 2007, 2299, 2301; *Löbbe*, in: Ulmer/Habersack/Löbbe, Rdnr. 148; wohl auch *Heidinger*, in: MünchKomm. GmbHG, Rdnr. 254.
258 *Bork*, in: Staudinger, 2015, § 158 BGB Rdnr. 1; *Wolf*, in: Soergel, 13. Aufl. 1999, § 158 BGB Rdnr. 8.
259 Ebenso *Wiersch*, S. 79 f.; *Greitemann/Bergjan*, in: FS Pöllath, 2008, S. 271, 285 f.; a.A. *Götze/Bressler*, NZG 2007, 894, 899.
260 *Wiersch*, S. 80 f.
261 Vgl. *Herrler*, in: Palandt, § 892 BGB Rdnr. 25, § 932 BGB Rdnr. 14; *Gursky*, in: Staudinger, 2013, § 892 BGB Rdnr. 193 und 211; a.A. *Stürner*, in: Soergel, 13. Aufl. 2002, § 892 BGB Rdnr. 38.

heteronomen Rechtsbedingung (falls letzterer zeitlich nach der Beurkundung des Verfügungsgeschäfts liegt) vorliegen müssen[262].

4. Gefälschte Gesellschafterliste

83a Weiterhin umstritten ist, ob auch eine gefälschte Gesellschafterliste, also eine nur scheinbar durch Geschäftsführer oder Notar unterzeichnete, inhaltlich unrichtige Liste, tauglicher Rechtsscheinträger für den gutgläubigen Erwerb nach § 16 Abs. 3 sein kann. Bei einem Teil der Literatur stößt dies auf Bedenken, weil eine gefälschte Liste als Rechtsscheinträger mangels Zurechenbarkeit dem Veranlassungsprinzip widerspreche und mithin einen „Systembruch" darstelle[263]. Die Bedenken gegen einen Gutglaubensschutz, der sich auch auf die gefälschte Gesellschafterliste erstreckt, waren dem Gesetzgeber jedoch bekannt[264] und wurden von ihm zurückgewiesen[265]. Zudem sprechen weder Wortlaut des § 16 Abs. 3[266] noch die Interessenlage[267] dafür, die gefälschte Gesellschafterliste aus dem Anwendungsbereich des § 16 Abs. 3 auszuschließen. Auch der Verkehrsschutz streitet für die Einbeziehung gefälschter Listen in den Gutglaubensschutz des § 16 Abs. 3, denn für einen Erwerber ist es regelmäßig nicht erkennbar, ob eine Gesellschafterliste gefälscht ist. Schließlich kann auch keine Parallelwertung zu § 892 BGB bemüht werden[268], weil die Erstellung und Einreichung der Gesellschafterliste im Gegensatz zur Buchung nach § 892 BGB kein hoheitlicher Akt ist[269]. Als Folge dessen ist bei fehlender Zurechenbarkeit nach drei Jahren, ansonsten mit Eintragung und Aufnahme der Gesellschafterliste im Register ein gutgläubiger Erwerb auf Grundlage einer gefälschten Gesellschafterliste möglich[270].

5. Keine Bösgläubigkeit

a) Konzeption und Funktion

84 Nach § 16 Abs. 3 Satz 3 Alt. 1 ist ein gutgläubiger Erwerb ausgeschlossen, *„wenn dem Erwerber die mangelnde Berechtigung bekannt oder infolge grober Fahrlässigkeit unbekannt ist".* Dieser **Doppel-Ausschlussgrund von positiver Kenntnis und grob fahrlässiger Unkenntnis der mangelnden Rechtsinhaberschaft** passt sich an sich nicht in das System der deutschen Gutglaubensvorschriften ein, da hier in Bezug auf künstliche Rechtsscheintatbestände wie Grundbuch und Erbschein (vgl. §§ 892, 2366 BGB) nur positive Kenntnis von der Nichtberechtigung einem Erwerb vom Nichtberechtigten entgegensteht. Demgegenüber schadet beim schwachen Rechtsscheinträger des Besitzes bereits die grob fahrlässige Unkenntnis von der Nichtberechtigung, so dass hier erhöhte Nachforschungs- und Überprüfungsobliegen-

---

262 Ebenso *Wiersch*, S. 83.
263 *Wicke*, Rdnr. 14; *Heckschen*, Das MoMiG in der notariellen Praxis, 2009, Rdnr. 548 f.; *Bohrer*, DStR 2007, 995, 998; *Altmeppen*, in: Roth/Altmeppen, Rdnr. 58; *Link*, RNotZ 2009, 193, 216 (betont Rechtfertigungsproblem hinsichtlich des Rechtsverlusts).
264 Der BR hat auf diesen Punkt ausdrücklich in seiner Stellungnahme zu § 16 Abs. 3 hingewiesen, vgl. BR-Drucks. 354/07 (Beschluss), S. 17; s. auch oben Rdnr. 2 Fn. 5.
265 BT-Drucks. 16/6140 (Gesetzentwurf), S. 76.
266 *Löbbe*, in: Ulmer/Habersack/Löbbe, Rdnr. 151; *Wiersch*, S. 164.
267 *Heidinger*, in: MünchKomm. GmbHG, Rdnr. 259; *Ebbing*, in: Michalski u.a., Rdnr. 198.
268 Gefälschte Eintragungen im Grundbuch sind nichtig und damit kein tauglicher Anknüpfungspunkt für einen gutgläubigen Erwerb, vgl. *Gursky*, in: Staudinger, 2013, § 892 BGB Rdnr. 21; *Kohler*, in: MünchKomm. BGB, § 892 BGB Rdnr. 10.
269 *Wiersch*, S. 166.
270 Ebenso *Heidinger*, in: MünchKomm. GmbHG, Rdnr. 259; *Ebbing*, in: Michalski u.a., Rdnr. 198; *Löbbe*, in: Ulmer/Habersack/Löbbe, Rdnr. 151; *Wiersch*, S. 164 ff.; *Hasselmann*, NZG 2009, 486, 488.

heiten bestehen. Der BMJ-Referentenentwurf sah noch systematisch überzeugend einen Ausschluss des gutgläubigen Erwerbs nur bei positiver Kenntnis der Nichtberechtigung vor[271]. Offenbar ging der Gesetzgeber später von einer, gegenüber den sonstigen künstlichen Rechtsscheinträgern wie Grundbuch und Erbschein deutlich verringerten Zuverlässigkeit der Gesellschafterliste aus, was wegen der fehlenden hoheitlichen materiellen Prüfung der Eintragung in der Gesellschafterliste immerhin nachvollziehbar ist[272]. Der Doppel-Ausschlussgrund von positiver Kenntnis und grob fahrlässiger Unkenntnis bürdet dem (potenziellen) Erwerber eine erhöhte Nachforschungs- und Überprüfungsobliegenheit auf und schwächt damit die Verkehrsschutzinteressen gegenüber den Rechtsbewahrungsinteressen des materiell Berechtigten.

b) Ausschlusstatbestand und Praxisfolgen

Dem Erwerber ist die mangelnde Berechtigung **bekannt**, wenn er weiß, dass der Veräußerer nicht der wahre Rechtsinhaber ist. Der Erwerber muss demnach alle Tatsachen kennen, aus denen sich die mangelnde Berechtigung des Veräußerers ergibt, und den rechtlichen Schluss auf die fehlende Rechtsinhaberschaft gezogen haben. Wertet der Erwerber die Tatsachen auf Grund eines Rechtsirrtums falsch, so liegt allenfalls grob fahrlässige Unkenntnis vor[273]. 85

In Anlehnung an die Rechtsprechung zum **Merkmal der grob fahrlässigen Unkenntnis der Nichtberechtigung** bei § 932 BGB ist von einer auf grober Fahrlässigkeit beruhenden Unkenntnis auszugehen, wenn der Erwerber die im Verkehr erforderliche Sorgfalt nach den gesamten Umständen in ungewöhnlich großem Maße verletzt und dasjenige unbeachtet lässt, was im gegebenen Fall jedem hätte einleuchten müssen[274]. Dabei ist von einem durchschnittlichen, objektivierten, auf die berufsspezifischen oder gruppentypischen Fähigkeiten abstellenden Maßstab auszugehen und der ermittelte Sorgfaltsmaßstab auf die Umstände des Einzelfalls zu beziehen[275]. Die Bestimmung einer grob fahrlässigen Unkenntnis entzieht sich einer typisierenden Betrachtung, sondern beurteilt sich stets vor dem Hintergrund der besonderen Umstände des jeweiligen Einzelfalls[276]. Die **Anforderungen dürfen nicht überspannt werden**, um den mit der Gutglaubensregelung verfolgten Verkehrsschutzzweck nicht zu vereiteln. Vor dem Hintergrund einer – im Vergleich zum Rechtsscheinträger des Besitzes – mit größerer Richtigkeitsvermutung versehenen Gesellschafterliste und dem mit § 16 Abs. 3 verfolgten Gesetzeszweck einer Reduktion der Transaktionskosten ist von der **Regelannahme** auszugehen, dass der Erwerber **keiner Obliegenheit zur Durchführung einer Due Diligence-Prüfung** unterliegt. Denn nähme man umgekehrt eine solche Überprüfungsobliegenheit für den Regelfall an, dann würde der gesetzliche Zweck der Transaktionserleichterung im Wesentlichen frustriert und ein gutgläubiger Erwerb nur dann eingreifen, wenn trotz einer sorgfältigen Due Diligence-Überprüfung die Unrichtigkeit der Gesellschafterliste leicht fahrlässig nicht erkannt 86

---

271 RefE v. 29.5.2006, S. 4; krit. hierzu *Rau*, DStR 2006, 1892, 1899 (Beschränkung auf positive Bösgläubigkeit „nicht sachgerecht").

272 Kritisch allerdings *Wiersch*, S. 115 ff.

273 *Verse*, in: Henssler/Strohn, Gesellschaftsrecht, Rdnr. 70, vgl. auch *Oechsler*, in: MünchKomm. BGB, 7. Aufl. 2017, § 932 BGB Rdnr. 38; *Henssler*, in: Soergel, 13. Aufl. 2002, § 932 BGB Rdnr. 16; *Wiegand*, in: Staudinger, 2017, § 932 BGB Rdnr. 41; zu § 932 BGB RG v. 17.11.1910 – VII 51/10, RGZ 74, 354; BGH v. 21.12.1960 – VIII ZR 145/59, NJW 1961, 777; ähnlich zu § 439 BGB a.F. (§ 442 BGB n.F.) BGH v. 20.12.1978 – VIII ZR 114/77, NJW 1979, 713, 714.

274 Zu § 932 Abs. 2 BGB BGH v. 9.2.2005 – VIII ZR 82-03, NJW 2005, 1365; BGH v. 13.4.1994 – II ZR 196/93, NJW 1994, 2022, 2023; BGH v. 15.11.1999 – II ZR 98/98, NJW-RR 2000, 576, 577; BGH v. 11.5.1953 – IV ZR 170/52, BGHZ 10, 14, 16; *Herrler*, in: Palandt, § 932 BGB Rdnr. 10; *Henssler*, in: Soergel, 13. Aufl. 2002, § 932 BGB Rdnr. 20.

275 Vgl. *Wiegand*, in: Staudinger, 2017, § 932 BGB Rdnr. 49 f.

276 BGH v. 1.7.1987 – VIII ZR 331/86, NJW-RR 1987, 1456, 1457.

würde[277]. Daher wird man eine Obliegenheit zur Durchführung einer Due Diligence-Untersuchung nur dann annehmen können, wenn konkrete Verdachtsmomente für die Unrichtigkeit der Gesellschafterliste vorliegen[278]. Solche konkreten Verdachtsmomente können z.B. in den Fällen in Betracht kommen, (i) dass bestimmte Geschäftsanteile in derselben Gesellschafterliste zugleich unterschiedlichen Personen zugewiesen werden[279] oder (ii) die im Handelsregister eingereichte Gesellschafterliste ansonsten widersprüchlich, offensichtlich unvollständig oder unter erheblichen formalen Mängeln leidet (z.B. fehlende Unterschrift).

87   Die für die §§ 892, 932 ff. BGB entwickelten Grundsätze in Bezug auf den Zeitpunkt der Gutgläubigkeit gelten auch für § 16 Abs. 3: Der **gute Glaube an die Rechtsinhaberschaft** muss also **im Zeitpunkt der Vollendung des Rechtserwerbs** vorliegen, was bei Übertragung von Geschäftsanteilen regelmäßig der Zeitpunkt der Wirksamkeit der Abtretung ist. Dabei ist jedoch für nach § 158 Abs. 1 BGB **aufschiebend bedingte Abtretungen** oder Verpfändungen von Geschäftsanteilen auf den Zeitpunkt der Beurkundung des Verfügungsgeschäfts abzustellen[280] (Rdnr. 83). Richtigerweise muss hier noch einmal für den Fall differenziert werden, dass eine Bedingung eine reine „Wollensbedingung" ist[281]; die Wirksamkeit der Abtretung demnach allein von der **Billigung** des Erwerbers abhängt. In einem solchen Fall muss seine Gutgläubigkeit auch bei Billigung der Abtretung noch bestehen. Bei bloßen Potestativbedingungen, wie bspw. der Zahlung des Kaufpreises, genügt es hingegen, dass der Erwerber im Zeitpunkt der bedingten Abtretung gutgläubig war; eine Abweichung von den Grundsätzen der §§ 892, 932 ff. BGB für § 16 Abs. 3 ist nicht angezeigt[282]. Demgegenüber ist bei **heteronomen Rechtsbedingungen** (z.B. fusionskartellrechtliche Freigabe einer Transaktion; Vinkulierung i.S. von § 15 Abs. 5) eine doppelte Zeitanknüpfung angängig, nämlich der gute Glaube muss sowohl zum Zeitpunkt der Beurkundung als auch zum Zeitpunkt des Eintritts der heteronomen Rechtsbedingung (falls letztere zeitlich nach der Beurkundung des Verfügungsgeschäfts liegt) bestehen[283]. Eine nach den vorgenannten Zeitpunkten eintretende Kenntnis oder grob

---

277 Zutr. *Bayer*, in: Lutter/Hommelhoff, Rdnr. 88; *Löbbe*, in: Ulmer/Habersack/Löbbe, Rdnr. 169; *Ebbing*, in: Michalski u.a., Rdnr. 223; *Heidinger*, in: MünchKomm. GmbHG, Rdnr. 277; *Fastrich*, in: Baumbach/Hueck, Rdnr. 38; *Altmeppen*, in: Roth/Altmeppen, Rdnr. 79; *Rodewald*, GmbHR 2009, 196, 199.

278 *Bayer*, in: Lutter/Hommelhoff, Rdnr. 88; *Altmeppen*, in: Roth/Altmeppen, Rdnr. 79; *Löbbe*, in: Ulmer/Habersack/Löbbe, Rdnr. 170; *Ebbing*, in: Michalski u.a., Rdnr. 223; *Heidinger*, in: MünchKomm. GmbHG, Rdnr. 277; *Wicke*, Rdnr. 23; *Leistikow*, Das neue GmbH-Recht, 2009, § 4 Rdnr. 212; *Götze/Bressler*, NZG 2007, 894, 898; *Greitemann/Bergjan*, in: FS Pöllath, 2008, S. 271, 285; *Heidinger*, in: Heckschen/Heidinger, Die GmbH in der Gestaltungs- und Beratungspraxis, § 13 Rdnr. 116; *Götze/Bressler*, NZG 2007, 894, 898; *Klöckner*, NZG 2008, 841, 845 f.; *Kort*, GmbHR 2009, 169, 176; *D. Mayer*, DNotZ 2008, 403, 422; *Schickerling/Blunk*, GmbHR 2009, 337, 342; *Zessel*, GmbHR 2009, 303, 304; strenger *Rodewald*, GmbHR 2009, 196, 198.

279 Ebenso *Wiersch*, S. 120; *Götze/Bressler*, NZG 2007, 894, 898.

280 *Altmeppen*, in: Roth/Altmeppen, Rdnr. 80; *Löbbe*, in: Ulmer/Habersack/Löbbe, Rdnr. 173 ff.; *Verse*, in: Henssler/Strohn, Gesellschaftsrecht, Rdnr. 82; a.A. *Götze/Bressler*, NZG 2007, 894, 899; *Kort*, GmbHR 2009, 169, 176; *Rodewald*, GmbHR 2009, 196, 197 ff.; *Zessel*, GmbHR 2009, 303, 304.

281 Ausführlich dazu *Löbbe*, in: Ulmer/Habersack/Löbbe, Rdnr. 176 f.; zur Abgrenzung zur Potestativbedingung s. *Westermann*, in: MünchKomm. BGB, 7. Aufl. 2015, § 158 BGB Rdnr. 18 ff.; zur Zulässigkeit einer solchen Bedingung s. auch *Gursky*, in: Staudinger, 2012, § 873 BGB Rdnr. 123.

282 *Löbbe*, in: Ulmer/Habersack/Löbbe, Rdnr. 177 m.w.N; *Altmeppen*, in: Roth/Altmeppen, Rdnr. 80; *Maier-Reimer*, in: FS Graf von Westphalen, S. 489, 504 f.; a.M. *Heidinger*, in: MünchKomm. GmbHG, Rdnr. 278; *Ebbing*, in: Michalski u.a., Rdnr. 224; *Bayer*, in: Lutter/Hommelhoff, Rdnr. 89 f.; *Wicke*, Rdnr. 23 (mit zutr. Hinweis auf § 892 BGB und dessen Erfassung von Bestellungen aller dinglichen Rechte an einem Grundstück, aber unzutr. Zitierung von *Gursky*; vgl. *Gursky*, in: Staudinger, 2013, § 892 BGB Rdnr. 212); *Altmeppen*, in: Roth/Altmeppen, Rdnr. 80.

283 *Löbbe*, in: Ulmer/Habersack/Löbbe, Rdnr. 175; *Wicke*, Rdnr. 23; *Wiersch*, S. 83; so zu § 892 BGB *Kohler*, in: MünchKomm. BGB, 7. Aufl. 2017, § 892 BGB Rdnr. 55; a.A. zu § 16 Abs. 3 *Götze/Bressler*, NZG 2007, 894, 898 f.; *D. Mayer*, DNotZ 2008, 403, 421; *Zessel*, GmbHR 2009, 303, 305; s. auch Rdnr. 83.

fahrlässige Unkenntnis von der mangelnden Berechtigung ist unbeachtlich, selbst wenn der betreffende Erwerb vor Ablauf der 3-Jahresfrist (ohne Zurechenbarkeit an den Berechtigten) erfolgte; § 937 Abs. 2 BGB ist nicht, auch nicht entsprechend anzuwenden[284]. Im Prozess trifft den wahren Berechtigten die Beweislast in Hinblick auf die Bösgläubigkeit des Erwerbers[285].

6. Widerspruch

a) Konzeption und Wirkung des Widerspruchs

Nach § 16 Abs. 3 Satz 3 Alt. 2 ist ein gutgläubiger Rechtserwerb ausgeschlossen, wenn *„der* **88** *Liste ein Widerspruch zugeordnet ist"*. Damit gibt der Gesetzgeber dem materiell Berechtigten zwei Instrumente zur Hand, um einen Rechtsverlust auf Grund des gutgläubigen Erwerbs eines Dritten verhindern zu können, nämlich (i) einen Anspruch auf Aufnahme einer der materiellen Rechtslage entsprechenden Gesellschafterliste in das Handelsregister[286] sowie (ii) einen Anspruch auf Zuordnung eines Widerspruchs. Der Widerspruch dient – ebenso wie im Recht des gutgläubigen Erwerbs von Grundeigentumsrechten[287] – allein dem Rechtserhaltungsinteresse des wahren Inhabers des in der Gesellschafterliste zu Unrecht einer anderen Person zugewiesenen Geschäftsanteils. Deshalb beseitigt ein der Gesellschafterliste zugeordneter Widerspruch weder die Möglichkeit des Berechtigten, über die betreffenden Geschäftsanteile wirksam verfügen zu können, noch vermag er die zu Gunsten eines Nichtberechtigten nach Maßgabe des § 16 Abs. 1 Satz 1 bestehende relative Legitimationsfiktion aufzuheben[288]. Die Regelung des Widerspruchs als Ausschlussgrund des gutgläubigen Erwerbs nach § 16 Abs. 3 Sätze 3 Alt. 2, 4 und 5 ist den Vorschriften der §§ 892, 899 BGB nachgebildet[289], so dass das Rechtsverständnis im Liegenschaftsrecht zur Auslegung des § 16 Abs. 3 herangezogen werden kann.

b) Inhaltliche Anforderungen an den Widerspruch

Ein Widerspruch ist ein Sicherungsmittel eigener Art, das lediglich dazu dient, den Rechts- **89** schein der unrichtigen Gesellschafterliste zu zerstören[290]. Aus ihm muss sich – entsprechend den Anforderungen bei § 899 BGB – **inhaltlich** ergeben, (i) gegen welches Recht er sich richtet (Geschäftsanteil, Listenberechtigter) und (ii) welches Recht bzw. welchen Berechtigten er schützt[291]. Er hat im Regelfall folgenden Wortlaut: „Hiermit wird ein Widerspruch gegen die Eintragung von … als Inhaber des in der zum Handelsregister eingerichteten Gesellschafterliste aufgeführten Geschäftsanteils Nr. … der Gesellschaft … (Amtsgericht …, HRB …) unter Bezugnahme auf die [einstweilige Verfügung des … [Gericht] vom … [Datum] mit dem

---

284 A.A. *Vossius*, DB 2007, 2299, 2303.
285 *Löbbe*, in: Ulmer/Habersack/Löbbe, Rdnr. 165; *Heidinger*, in: MünchKomm. GmbHG, Rdnr. 276; *Bayer/Illhardt*, GmbHR 2011, 638, 639.
286 Vgl. BR-Drucks. 354/07, S. 86 = Begr. RegE zu § 16; *D. Mayer*, DNotZ 2008, 403, 414.
287 Hierzu *Baur/Stürner*, Sachenrecht, 18. Aufl. 2009, § 18 Rdnr. 11.
288 BR-Drucks. 354/07, S. 89 = Begr. RegE zu § 16; vgl. auch *Heidinger*, in: MünchKomm. GmbHG, Rdnr. 285; *Altmeppen*, in: Roth/Altmeppen, Rdnr. 82; *Bayer*, in: Lutter/Hommelhoff, Rdnr. 93; *Verse*, in: Henssler/Strohn, Gesellschaftsrecht, Rdnr. 83; *Harbarth*, ZIP 2008, 57, 60; *Berger*, in: Bunnemann/Zirngibl, Auswirkungen des MoMiG auf bestehende GmbHs, 2008, § 7 Rdnr. 68, S. 199.
289 BR-Drucks. 354/07, S. 89 = Begr. RegE zu § 16.
290 Zu § 899 BGB *Herrler*, in: Palandt, § 899 BGB Rdnr. 1.
291 *Löbbe*, in: Ulmer/Habersack/Löbbe, Rdnr. 180; *Heidinger*, in: MünchKomm. GmbHG, Rdnr. 286; *Bayer*, in: Lutter/Hommelhoff, Rdnr. 91. Zu § 899 BGB *Gursky*, in: Staudinger, 2013, § 899 BGB Rdnr. 79; schwächer *Wachter*, in: Römermann/Wachter, GmbH-Beratung nach dem MoMiG, GmbHR-Sonderheft 2008, S. 51, 60; ohne Begründung gegen notwendige Konkretisierung des Widerspruchs *Kort*, GmbHR 2009, 169, 175.

Az. …/Eintragungsbewilligung des Eingetragenen …] zu Gunsten von … [jeweils als Anlage beigefügt] beantragt".

90 Im Regelfall bezieht sich der Widerspruch nicht gegen die Gesellschafterliste in ihrer Gesamtheit, sondern nur gegen eine bestimmte Eintragung. Der Widersprechende muss sein Begehren nicht nur im Eintragungsverfahren inhaltlich hinreichend bestimmt konkretisieren[292] (vgl. § 9 Abs. 1 Satz 3 HRV; s. auch Rdnr. 89), sondern diese Konkretisierung muss auch im Rahmen der Zuordnung des Widerspruchs zur Gesellschafterliste erfolgen, damit der Rechtsverkehr nicht irritiert wird[293].

c) Zuordnung eines Widerspruchs zur Gesellschafterliste

91 Der Ausschluss des gutgläubigen Erwerbs nach § 16 Abs. 3 Satz 3 Alt. 2 setzt voraus, dass der Widerspruch *„der Liste zugeordnet ist"*. In **technischer Hinsicht** bedeutet die Zuordnung des Widerspruchs zu einer Gesellschafterliste, dass der elektronisch eingereichte (vgl. § 12 Abs. 2 Satz 1 HGB) Widerspruch mit dem *.tiff-Dokument der Gesellschafterliste im entsprechenden Registerordner so verbunden wird, dass ein Abruf der Gesellschafterliste ohne den Widerspruch nicht möglich ist[294]. Der Widerspruch ist hierbei besonders hervorzuheben (§ 9 Abs. 1 Satz 3 HRV); dabei ist es nicht gefordert, gleichwohl zweckmäßig, dass der Widerspruch der Gesellschafterliste vorangestellt wird[295].

92 Die **Zuordnung eines Widerspruchs** erfolgt auf zwei Wegen (§ 16 Abs. 3 Satz 4), nämlich (i) auf Grund einer einstweiligen Verfügung (1. Fall; Rdnr. 93) oder (ii) auf Grund einer Bewilligung des Eingetragenen, gegen dessen Eintragung in der Gesellschafterliste sich der Widerspruch richtet (2. Fall; Rdnr. 95).

93 Der **Erlass einer einstweiligen Verfügung** setzt voraus, dass der Antragsteller einen Anspruch auf Einreichung einer abweichenden Gesellschafterliste hat und seine materiell-rechtliche Gesellschafterstellung glaubhaft machen kann[296]. Die Glaubhaftmachung erfolgt gemäß § 936 i.V.m. §§ 920 Abs. 2, 294 ZPO durch präsente Beweismittel, also z.B. durch eigene Versicherung des Berechtigten oder eines Dritten an Eides statt, durch anwaltliche Versicherung oder schriftliche Zeugenerklärung[297]. Eine Gefährdung seines Rechts muss der Widersprechende hingegen nicht glaubhaft machen (§ 16 Abs. 3 Satz 5; Abweichung von § 935 ZPO). Nach Ansicht des OLG Nürnberg setzt die Zuordnung eines Widerspruchs vor Ablauf der Drei-Jahres-Frist allerdings Sachvortrag zur konkreten Gefahr eines gutgläubigen Erwerbs voraus[298]. Die Entscheidung ist in der Literatur aber zu Recht auf Kritik gestoßen[299]. Gegen die Notwendigkeit der Darlegung eines Verfügungsgrundes spricht zunächst die Regierungsbegründung zum MoMiG, in der es heißt: Die einstweilige Verfügung werde nur erlassen, „wenn der Anspruch auf Einreichung einer korrigierten Liste glaubhaft gemacht ist"; die Not-

---

292 Abweichend *Wachter*, in: Römermann/Wachter, GmbH-Beratung nach dem MoMiG, GmbHR-Sonderheft 2008, S. 51, 60.

293 *Bayer*, in: Lutter/Hommelhoff, Rdnr. 91.

294 *Verse*, in: Henssler/Strohn, Gesellschaftsrecht, Rdnr. 87; *Pfisterer*, in: Saenger/Inhester, Rdnr. 44; *Vossius*, DB 2007, 2299, 2303.

295 Vgl. *Bayer*, in: Lutter/Hommelhoff, Rdnr. 91; *Vossius*, DB 2007, 2299, 2303.

296 BGH v. 17.12.2013 – II ZR 21/12, DNotZ 2014, 463, 467; BR-Drucks. 354/07, S. 89 = Begr. RegE zu § 16; *Bayer*, in: Lutter/Hommelhoff, Rdnr. 96; *Altmeppen*, in: Roth/Altmeppen, Rdnr. 84; *Löbbe*, in: Ulmer/Habersack/Löbbe, Rdnr. 183; *Wicke*, Rdnr. 25; *Fastrich*, in: Baumbach/Hueck, Rdnr. 37; *Harbarth*, ZIP 2008, 57, 60; *Kort*, GmbHR 2009, 169, 175.

297 *Zirngibl*, in: Bunnemann/Zirngibl, Auswirkungen des MoMiG auf bestehende GmbHs, 2008, § 4 Rdnr. 49.

298 OLG Nürnberg v. 19.8.2014 – 12 W 1568/14, GmbHR 2014, 1153, 1154.

299 *Altmeppen*, in: Roth/Altmeppen, Rdnr. 84; *Verse*, in: Henssler/Strohn, Gesellschaftsrecht, Rdnr. 84; *Bernauer/Bernauer*, GmbHR 2016, 621, 624; *Lieder*, GmbHR 2016, 271, 276; *Dittert*, NZG 2015, 221; *Wettich*, GWR 2014, 434.

wendigkeit eines Verfügungsgrunds wird hingegen nicht erwähnt[300]. Zudem droht dem Widersprechenden auch bereits vor Ablauf der Drei-Jahres-Frist ein Rechtsverlust, da ein gutgläubiger Erwerb innerhalb dieser Frist nur dann ausgeschlossen ist, wenn die unrichtige Eintragung dem Berechtigten nicht zuzurechnen ist – hierfür trägt der Berechtigte die Beweislast[301]. Antragsgegner ist der nach seinem Vortrag unrichtig in der Gesellschafterliste Eingetragene bzw. in dessen Bezug eine falsche Eintragung besteht[302]. Zuständig ist gemäß den allgemeinen Vorschriften das Gericht der Hauptsache (§§ 937 Abs. 1, 943 Abs. 1 ZPO)[303]. Die Einreichung einer für richtig gehaltenen Gesellschafterliste kann – im Gegensatz zur Zuordnung eines Widerspruchs – im vorläufigen Rechtsschutz nicht erzwungen werden[304].

In jedem Fall kommt demjenigen die **Berechtigung** zu, einen Widerspruch zu einer Eintragung in der Gesellschafterliste zuordnen zu lassen und dementsprechend auch einen Antrag auf entsprechende Zuordnung des Widerspruchs im Rahmen eines einstweiligen Verfügungsverfahrens zu beantragen, der geltend macht, er sei an Stelle des Eingetragenen der tatsächliche materiell-rechtliche Berechtigte (Wertung aus § 894 BGB)[305]. Erwägenswert ist es daneben, den Geschäftsführern[306] oder Mitgesellschaftern eine Widerspruchsberechtigung einzuräumen. Der Wortlaut des § 16 Abs. 3 ist insoweit offen und enthält keine ausdrückliche Begrenzung des Berechtigtenkreises. Allerdings ging der Gesetzgeber ausweislich der Regierungsbegründung davon aus, dass alleine dem Prätendenten ein Zuordnungsrecht für einen Widerspruch zukommt[307]; zudem wird dort bei der Erläuterung des einstweiligen Verfügungsverfahrens nach § 16 Abs. 3 Satz 4 Alt. 1 auf das Erfordernis hingewiesen, dass der (ungeschriebene) Anspruch auf Einreichung einer richtigen Liste glaubhaft gemacht wird, der alleine dem Prätendenten zukomme[308]. Für eine Zuordnungsberechtigung von Widersprüchen zu Gunsten des **Geschäftsführers** gibt es vor allem aber auch kein Bedürfnis, da dieser jederzeit das Recht und auch die tatsächliche Möglichkeit hat, eine geänderte Gesellschafterliste einzureichen[309]. Mit der Einreichung einer geänderten Gesellschafterliste nimmt er zwar ein persönliches Haftungsrisiko auf sich (vgl. § 40 Abs. 3; hierzu 11. Aufl., § 40 Rdnr. 96 ff.), dies ist aber auch ausdrücklich beabsichtigt, um den Geschäftsführer zur sorgfältigen Amtsführung anzuhalten und Beeinträchtigungen der Rechts- und Vermögenssphären der in der Gesellschafterliste Eingetragenen sowie der materiell Berechtigten zu vermeiden. Geschäfts-

94

---

300 BT-Drucks. 16/6140, S. 39; vgl. auch *Lieder*, GmbHR 2016, 271, 277.

301 *Wettich*, GWR 2014, 434.

302 Vgl. OLG Jena v. 5.12.2012 – 2 U 557/12, GmbHR 2013, 145, 146; *Bayer*, in: Lutter/Hommelhoff, Rdnr. 96; *Wicke*, Rdnr. 25; *Ebbing*, in: Michalski u.a., Rdnr. 228; *Löbbe*, in: Ulmer/Habersack/Löbbe, Rdnr. 183; *Heidinger*, in: Heckschen/Heidinger, Die GmbH in der Gestaltungs- und Beratungspraxis, § 13 Rdnr. 120; *Handelsrechtsausschuss des DAV*, NZG 2007, 735, 739.

303 *Verse*, in: Henssler/Strohn, Gesellschaftsrecht, Rdnr. 84; *Bernauer/Bernauer*, GmbHR 2016, 621, 623; *Lieder*, GmbHR 2016, 271, 276.

304 KG v. 10.12.2015 – 23 U 99/15, GmbHR 2016, 416, 417; *Ebbing*, in: Michalski u.a., Rdnr. 228; offen lassend noch OLG München v. 17.7.2015 – 14 W 1132/15, GmbHR 2015, 1214, 1215.

305 Dies ist unstreitig; vgl. *Bayer*, in: Lutter/Hommelhoff, Rdnr. 99; *Wicke*, Rdnr. 25; *Heidinger*, in: MünchKomm. GmbHG, Rdnr. 290; *Löbbe*, in: Ulmer/Habersack/Löbbe, Rdnr. 184; *Ebbing*, in: Michalski u.a., Rdnr. 228; *Altmeppen*, in: Roth/Altmeppen, Rdnr. 84.

306 Hierfür *Altmeppen*, in: Roth/Altmeppen, Rdnr. 84; *Löbbe*, in: Ulmer/Habersack/Löbbe, Rdnr. 184; *Ebbing*, in: Michalski u.a., Rdnr. 228; *Wicke*, Rdnr. 25; *Heidinger*, in: MünchKomm. GmbHG, Rdnr. 290; *Pfisterer*, in: Saenger/Inhester, Rdnr. 44; *Prasse/Strotmann*, BB 2010, 1747, 1748; *Harbarth*, ZIP 2008, 57, 61; *Kort*, GmbHR 2009, 169, 175; *Leistikow*, Das neue GmbH-Recht, 2009, § 4 Rdnr. 216; *D. Mayer*, DNotZ 2008, 403, 422 f.; *Wachter*, in: Römermann/Wachter, GmbH-Beratung nach dem MoMiG, GmbHR-Sonderheft 2008, S. 51, 60.

307 BR-Drucks. 354/07, S. 89 = Begr. RegE zu § 16.

308 BR-Drucks. 354/07, S. 89 = Begr. RegE zu § 16.

309 Ebenso *Bayer*, in: Lutter/Hommelhoff, Rdnr. 99; *Wiersch*, S. 125; *Handelsrechtsausschuss des DAV*, NZG 2007, 735, 739; *Lieder*, GmbHR 2016, 271, 278; ohne Begründung i.E. auch *Zirngibl*, in: Bunnemann/Zirngibl, Auswirkungen des MoMiG auf bestehende GmbHs, 2008, § 4 Rdnr. 45.

führer und andere Dritte wie **Mitgesellschafter** sollen nicht einerseits glaubhaft machen können, dass ein Anspruch auf Änderung der Gesellschafterliste besteht, andererseits aber unter Hinweis auf eigene Haftungsgefahren die Erfüllung dieses Anspruchs ablehnen und nur „zur Sicherheit" einen Widerspruch beantragen[310]. Gerade für Mitgesellschafter ist daher eine Berechtigung abzulehnen, denn sie tragen nicht die Verantwortung für die Gesellschafterliste, was dem Geschäftsführer gemäß § 40 Abs. 1 und 3 auferlegt ist, und können sich zudem über eine Vinkulierung gemäß § 15 Abs. 5 vor einem gutgläubigen Erwerb schützen[311] (vgl. Rdnr. 76). Haben die Mitgesellschafter Zweifel an der Richtigkeit der Gesellschafterliste, so haben sie die Geschäftsführung zu einer Prüfung und ggf. Einreichung einer geänderten Gesellschafterliste anzuhalten. Ist für die Geschäftsführer die materielle Rechtslage nicht mit hinreichender Sicherheit aufzuklären, können diese gegenüber dem möglichen Prätendenten anregen, den Erlass eines Widerspruchs im einstweiligen Verfügungsverfahren zu beantragen.

d) Widerspruch im Einvernehmen von Veräußerer und Erwerber

95 Die Zuordnung eines Widerspruchs zu der Gesellschafterliste ist auch auf der Grundlage einer **einseitigen Bewilligung** (als materiell-rechtliche Erklärung) oder einer **Vereinbarung zwischen dem in der Gesellschafterliste eingetragenen Veräußerer und dem Erwerber bzw. Dritten** zulässig, und zwar unabhängig davon, ob die dem Widerspruch zugeordnete Listeneintragung zu diesem Zeitpunkt materiell-rechtlich unrichtig ist[312]. Bei einer einvernehmlichen Bewilligung des Widerspruchs durch den Eingetragenen sind keine weiteren Nachweise zu verlangen und dem Registergericht kommt auch keine Prüfungskompetenz über die materielle Rechtslage oder die materielle Berechtigung des Widerspruchs zu[313]. Das Registergericht kann aber überprüfen, ob die Bewilligung desjenigen, gegen dessen Berechtigung sich der Widerspruch richtet, (formal) wirksam ist. Insoweit kann das Registergericht auch kontrollieren, ob die Bewilligung von dem Listenberichtigten stammt. Die Bewilligung ist daher (nämlich zur Ermöglichung einer registergerichtlichen Prüfung) entsprechend der Wertung des § 29 Abs. 1 Satz 1 GBO in öffentlich beglaubigter Form (analog § 12 Abs. 1 HGB) zusammen mit dem Widerspruch und dem Antrag auf Zuordnung einzureichen[314]. In der **Praxis** wird eine Widerspruchszuordnung trotz materiell-rechtlicher Richtigkeit der Listeneintragung vor allem in zwei Fällen vorkommen, nämlich (i) zum Schutz des Erwerbers vor Zwischenverfügungen des Veräußerers bei aufschiebend bedingten oder befristeten Abtretungen von Geschäftsanteilen oder bei Bestehen von Rechtsbedingungen (s. auch Rdnr. 83, 96) oder (ii) zur Sicherung eines späteren Rückerwerbs durch den Veräußerer, insbesondere bei der treuhänderischen Abtretung von Geschäftsanteilen oder bei der Sicherungsübertragung von Geschäftsanteilen aus Finanzierungsgründen.

---

310 Zutr. *Bayer*, in: Lutter/Hommelhoff, Rdnr. 99; *Wiersch*, S. 125; a.A. aber *Harbarth*, ZIP 2008, 57, 61; *Heidinger*, in: Heckschen/Heidinger, Die GmbH in der Gestaltungs- und Beratungspraxis, § 13 Rdnr. 119; *D. Mayer*, DNotZ 2008, 403, 422 f.; *Kort*, GmbHR 2009, 169, 175; *Wachter*, in: Römermann/Wachter, GmbH-Beratung nach dem MoMiG, GmbHR-Sonderheft 2008, S. 51, 60.

311 Zutr. *Harbarth*, ZIP 2008, 57, 61; ebenso *Löbbe*, in: Ulmer/Habersack/Löbbe, Rdnr. 185; unentschieden aber krit. *Heidinger*, in: MünchKomm. GmbHG, Rdnr. 290; *Wicke*, Rdnr. 25; a.A. *Ebbing*, in: Michalski u.a., Rdnr. 228.

312 Ebenso *Bayer*, in: Lutter/Hommelhoff, Rdnr. 95; *Altmeppen*, in: Roth/Altmeppen, Rdnr. 84; *Löbbe*, in: Ulmer/Habersack/Löbbe, Rdnr. 182; *Wachter*, ZNotP 2008, 378, 397; *Wicke*, NotBZ 2009, 1, 15.

313 *Bayer*, in: Lutter/Hommelhoff, Rdnr. 96; *Löbbe*, in: Ulmer/Habersack/Löbbe, Rdnr. 182; *Heidinger*, in: MünchKomm. GmbHG, Rdnr. 291; offen lassend LG Köln v. 16.6.2009 – 88 T 13/09, GmbHR 2009, 1215.

314 *Verse*, in: Henssler/Strohn, Gesellschaftsrecht, Rdnr. 86; *Zirngibl*, in: Bunnemann/Zirngibl, Auswirkungen des MoMiG auf bestehende GmbHs, 2008, § 4 Rdnr. 52; *Löbbe*, in: Ulmer/Habersack/Löbbe, Rdnr. 182; a.A. *Handelsrechtsausschuss des DAV*, NZG 2007, 735, 739.

e) Aufnahme neuer Gesellschafterliste nach Zuordnung eines Widerspruchs

Da das Registergericht einen elektronisch eingereichten Widerspruch mit einer bestimmten, im elektronischen Registerordner eingestellten Gesellschafterliste verbindet, stellt sich die Frage nach den Rechtsfolgen, wenn nach der Zuordnung eines Widerspruchs gegen eine bestimmte Eintragung eine weitere materiell-rechtlich unrichtige Gesellschafterliste im Handelsregister aufgenommen wird[315]. Der Kreis der möglichen Praxisfälle ist groß und reicht von einer vom betreffenden Nichtberechtigten selbst veranlassten neuen, in dem den Widerspruch betreffenden Punkt allerdings ungeänderten Gesellschafterliste, über Fälle, in denen auf Grund eines Geschäfts eines Drittgesellschafters der mitwirkende Notar eine neue Gesellschafterliste zum Handelsregister einreicht, bis hin zu Fällen, in denen der Geschäftsführer der Gesellschaft unabsichlich eine neue, erneut in dem den Widerspruch betreffenden Punkt fehlerhafte (aber in anderer Form fehlerhaften) Gesellschafterliste einreicht. In allen diesen Fällen beschränkt sich die rechtsscheinzerstörende Wirkung des Widerspruchs alleine auf die ihm zugeordnete Gesellschafterliste und erstreckt sich nicht automatisch auf spätere, im Handelsregister aufgenommene Listen[316]. Für ein solches **konkretes Zuordnungsverhältnis vom Widerspruch zur Gesellschafterliste** spricht zunächst der Wortlaut der Regelung des § 16 Abs. 3 Satz 3, der für den Ausschluss des gutgläubigen Erwerbs voraussetzt, dass der Widerspruch „der Liste" zugeordnet ist. Dies macht es nicht nahe liegend, die durch den Widerspruch zunächst in Bezug genommene Gesellschafterliste und später im Handelsregister aufgenommene Liste als eine Einheit, gleichsam als „die Liste" zu begreifen. Selbst bei Annahme einer Einheit der Gesellschafterlisten ist zu beachten, dass sich ein Erwerb vom Nichtberechtigten allein auf der Basis der zeitlich letzten im Registerordner eingestellten Liste vollziehen kann. Entscheidend gegen die Annahme einer Einheit der Gesellschafterlisten in der Weise, dass ein einer bestimmten Gesellschafterliste zugeordneter Widerspruch auch den gutgläubigen Erwerb auf der Grundlage einer zeitlich später eingestellten Liste ausschließt, sprechen aber Wertungsüberlegungen: Der Rechtsbehelf des Widerspruchs würde nämlich bei Annahme einer Einheit der Gesellschafterlisten das Rechtserhaltungsinteresse des Berechtigten in höherem Maße schützen, als dies durch die Einreichung einer richtigen Gesellschafterliste der Fall wäre, da im letzteren Fall ein Rechtsverlust auf der Grundlage einer zeitlich später eingereichten, dann wieder unrichtigen Liste erfolgen könnte[317]. Zudem würde dieser Bedeutungszuwachs des Widerspruchs zu einer unangemessenen Beeinträchtigung der Verkehrsinteressen führen. Mit Einstellung einer im Hinblick auf eine vom Widerspruch in Bezug genommenen Eintragung unrichtigen Gesellschafterliste entsteht die Unrichtigkeit der Gesellschafterliste mit der Folge neu, dass für den Beginn der 3-Jahres-Frist auf den Zeitpunkt der Aufnahme der neuen Gesellschafterliste im Handelsregister abzustellen ist. Deshalb ist ein gutgläubiger Erwerb nach dem reinen Rechtsscheinsprinzip frühestens drei Jahre nach dem Zeitpunkt möglich, ein früherer gutgläubiger Erwerb kommt nur dann in Betracht, wenn dem Berechtigten die Unrichtigkeit der neu eingereichten Gesellschafterliste zuzurechnen ist[318]. Die Registerpraxis ist nicht einheitlich und teilweise auch behördenintern umstritten. Beispielsweise erkennt das Registergericht Stuttgart ebenfalls keine Fortwirkung an, d.h. der Widerspruch bleibt der alten Gesellschafterliste zugeordnet; auch das Registergericht München lässt den Widerspruch der alten Gesellschafterliste zugeordnet, allerdings ist bei Abruf weiterhin erkennbar, dass der alten Gesellschafterliste ein Widerspruch zugeordnet war.

96

---

315 Hierzu *Wiersch*, S. 126 ff.
316 Ebenso *Wiersch*, S. 128 ff.; a.A. *Heidinger*, in: MünchKomm. GmbHG, Rdnr. 287; *Bernauer/Bernauer*, GmbHR 2016, 621, 625 f.
317 Ebenso *Wiersch*, S. 128 f.
318 *Wiersch*, S. 130 ff.

f) Widerspruchszuordnung bei aufschiebend/auflösend bedingten Abtretungen

96a Umstritten ist weiterhin, ob der Gesellschafterliste ein Widerspruch auch bei einer lediglich aufschiebend bzw. auflösend bedingten Abtretung zugeordnet werden kann, um (dauerhaft wirksame) Zwischenverfügungen durch den bis Bedingungseintritt Berechtigten zu verhindern[319]. Dies ist gerade vor dem Hintergrund der hier vertretenen **Anwendbarkeit des § 161 Abs. 3 BGB** bei aufschiebend bedingten Verfügungen und der damit einhergehenden Beeinträchtigung der Anwartschaftsposition des Erwerbers relevant (vgl. Rdnr. 78 ff.). Eine Eintragungsfähigkeit des Widerspruchs wird daher (nur) von Stimmen abgelehnt, die auch eine Anwendung des § 161 Abs. 3 BGB verneinen, weil nach dieser Auffassung eine Notwendigkeit zur Rechtsscheinzerstörung nicht besteht[320]. Als Ausgangspunkt ist – auf Basis der Prämisse, dass Anwartschaftsrechte in der Gesellschafterliste nicht eintragbar sind – festzustellen, dass die Gesellschafterliste im Zeitraum zwischen bedingter Abtretung und Bedingungseintritt richtig ist. Daraus kann aber nicht etwa in Anlehnung an § 892 BGB gefolgert werden, dass ein Widerspruch ausscheidet (vgl. Rdnr. 79 ff.), denn der Wortlaut des § 16 Abs. 3 Satz 4 nimmt im Gegensatz zu § 892 BGB keinen Bezug auf eine erforderliche Unrichtigkeit der Gesellschafterliste[321]. Dem vom Gesetzgeber mit § 16 Abs. 3 verfolgten Ziel, ein erhöhtes Maß an Rechtssicherheit herzustellen, ist in einem solchen Fall durch Zuordnung eines Widerspruchs Rechnung zu tragen, schon weil dies der vom Gesetzgeber favorisierten Regelungskonzeption entspricht[322]. Zwar sollte die Gesellschafterliste kein „kleines Grundbuch"[323], aber zumindest in Bezug auf die Inhaberschaft eines Geschäftsanteils und der damit einhergehenden „Verfügungsbefugnis"[324] lückenlos sein, was die mittelbare Berücksichtigung von Anwartschaften als Vorstufe zum Eigentum durch die Eintragung eines Widerspruchs gegen Zwischenverfügungen gebietet. Versäumt der Ersterwerber die Eintragung des Widerspruchs, so führt dies im Regelfall zu einer Zurechnung (vgl. Rdnr. 80b). Richtigerweise muss dann aber auch § 16 Abs. 3 Satz 2 Alt. 2 im Hinblick auf die Nichteintragung des Widerspruchs analog angewendet werden. Alternativ zum Widerspruch hat die Praxis ein „Zwei-Listen-Modell" entwickelt, das in Hinsicht auf die Berechtigung den aufschiebend bedingt Verfügenden allerdings mit Hinweis auf und Nennung des bedingt Erwerbenden aufführt, um damit die Gutgläubigkeit des Erwerbers zu zerstören[325]. Ein solcher Weg ist wohl ebenfalls gangbar, jedoch

---

319 Zulässigkeit bejahend LG Köln v. 16.6.2009 – 88 T 13/09, GmbHR 2009, 1215; *Altmeppen*, in: Roth/Altmeppen, Rdnr. 83; *Bayer*, in: Lutter/Hommelhoff, Rdnr. 79; *Heidinger*, in: MünchKomm. GmbHG, Rdnr. 303; *Maier-Reimer*, in: FS Graf von Westphalen, S. 489, 499; *Desch*, BB 2010, 3104, 3109; *Osterloh*, NZG 2011, 495, 496; *Prasse/Strotmann*, BB 2010, 1747, 1750; *Schreinert/Berresheim*, DStR 2009, 1265, 1269; *Herrler*, BB 2009, 2272, 2274; Zulässigkeit verneinend OLG München v. 11.3.2011 - 31 Wx 162/10, GmbHR 2011, 425, 426; *Fastrich*, in: Baumbach/Hueck, Rdnr. 29 a.E.; *Begemann/Grunow*, DNotZ 2011, 403, 404 ff.

320 So ausdrücklich BGH v. 20.9.2011 – II ZB 17/10, GmbHR 2011, 1269, 1270; OLG München v. 11.3.2011 – 31 Wx 162/10, GmbHR 2011, 425, 426; anders wohl nur *Ries*, GWR 2011, 54, 57.

321 *Heidinger*, in: MünchKomm. GmbHG, Rdnr. 303; a.A. *Ries*, GWR 2011, 54, 57; *Begemann/Grunow*, DNotZ 2011, 403, 405.

322 Zu (gestaltungstechnischen) alternativen Rechtsschutzmöglichkeiten vgl. oben Rdnr. 80; *Desch*, BB 2010, 3104, 3109; *Schreinert/Berresheim*, DStR 2009, 1265, 1269 ff.; *Mayer/Färber*, GmbHR 2011, 785, 787 f. m.w.N.

323 *Vossius*, DB 2007, 2299; vgl. BR-Drucks. 354/07, S. 87 ff. = Begr. RegE zu § 16 [Dies gebietet keinen erst-recht-Schluss darauf, dass was nicht buchungsfähig im Grundbuch ist, nicht in der Gesellschafterliste eingetragen werden kann, sondern betont vielmehr die qualitative Verschiedenheit der Rechtsscheinträger, die eine gewisse Vorsicht bei der Übertragung der im Grundbuchrecht geltenden Grundsätze gebietet].

324 Begr. RegE, BR-Drucks. 354/07, S. 88; vgl. dazu *Wicke*, DB 2011, 1037, 1038.

325 Befürwortet von *Heidinger*, in: MünchKomm. GmbHG, Rdnr. 279; *Zinger/Ulrich-Erber*, NZG 2011, 286, 290; *Wicke*, DB 2011, 1037, 1039; *Herrler*, BB 2009, 2272, 2276 ff.; *König/Bormann*, ZIP 2009, 1913; *Reymann*, GmbHR 2009, 343, 347; abgelehnt von BGH v. 20.9.2011 – II ZB 17/10, GmbH

in Anbetracht der Konzeption des § 16 Abs. 3 mit dem Widerspruch als wesentlichem Schutzmechanismus des Berechtigten nach hier vertretener Ansicht überflüssig und zudem vom Regelungskonzept nicht vorgesehen. Auch müssen sich die Vertreter des „Zwei-Listen-Modells" der Frage stellen, weshalb die Einführung einer Veränderungsspalte mit dem Grundsatz der Registerklarheit vereinbar sein, während gleichzeitig eine Belastungsspalte – deren Eintragbarkeit hier vertreten wird – gegen eben jenen Grundsatz verstoßen und eine „Irreführung des Rechtsverkehrs" zur Folge haben soll[326].

g) Löschung eines Widerspruchs

Die Löschung eines Widerspruchs erfolgt – spiegelbildlich zum Zuordnungverfahren – nicht automatisch, sondern nur (i) durch Aufhebung der Widerspruchszuordnung im Wege einer **einstweiligen Verfügung**[327] oder (ii) mit **Bewilligung** desjenigen, der die Zuordnung des konkreten Widerspruchs erreicht hatte[328]. Demgegenüber kann der in der Gesellschafterliste Eingetragene, der die Zuordnung des Widerspruchs ehemals bewilligt hatte (Rdnr. 95), die Löschung nicht einseitig beantragen oder sonst wie erreichen. Vielmehr muss er im Streitfall auf Löschung gegen den aus dem Widerspruch Begünstigten klagen[329]. Aus Sicht des in der Gesellschafterliste Eingetragenen wird es sich daher bei einer einvernehmlich vorgenommenen Widerspruchszuordnung anbieten, für den Fall Regelungen vorzusehen, dass der Grund für die Widerspruchszuordnung entfällt (z.B. Ausfall der aufschiebenden Bedingungen (z.B. keine Kaufpreiszahlung) oder Rechtsbedingungen (z.B. keine behördliche Genehmigung, Rücktritt vom Vertrag). Dies kann z.B. durch eine vorsorglich erteilte Löschungsbewilligung durch den Begünstigten der Widerspruchszuordnung erfolgen, die der Eingetragene oder z.B. ausschließlich ein gemeinsam beauftragter Notar nach bestimmten Vorgaben nutzen darf[330]. Die Einreichung einer neuen Gesellschafterliste anstelle der Löschung des Widerspruchs ist nicht möglich[331].

97

h) Schadensersatz

Bei einer Anordnung des Widerspruchs im Wege der einstweiligen Verfügung gilt § 945 ZPO. Danach ist der Antragsteller dem Antragsgegner zum Ersatz des Schadens verpflichtet, der durch die Vollziehung der einstweiligen Verfügung entstanden ist, wenn sich diese als von Anfang an ungerechtfertigt erweist oder später aufgehoben wird[332].

98

2011, 1269, 1270; OLG München v. 8.9.2009 – 31 Wx 82/09, GmbHR 2009, 1211; OLG Hamburg v. 12.7.2010 – 11 W 51/10, GmbHR 2011, 32; *Osterloh*, NZG 2011, 495.

326 So aber *Wicke*, Rdnr. 10 einerseits; sowie *Wicke*, § 40 Rdnr. 5a; *Wicke*, DB 2011, 1037, 1039 andererseits.

327 *Bayer*, in: Lutter/Hommelhoff, Rdnr. 86; *Löbbe*, in: Ulmer/Habersack/Löbbe, Rdnr. 186; *Wicke*, Rdnr. 25; *Heidinger*, in: Heckschen/Heidinger, Die GmbH in der Gestaltungs- und Beratungspraxis, § 13 Rdnr. 121a; zur Rechtslage bei § 899 BGB *Herrler*, in: Palandt, § 899 BGB Rdnr. 6; *Kohler*, in: MünchKomm. BGB, 7. Aufl. 2017, § 899 BGB Rdnr. 28; a.A. wohl *Ebbing*, in: Michalski u.a., Rdnr. 230; *Bernauer/Bernauer*, GmbHR 2016, 621, 626.

328 KG v. 17.5.2013 – 12 W 30/12, GmbHR 2013, 762, 763.

329 Ebenso *Bayer*, in: Lutter/Hommelhoff, Rdnr. 100; *Löbbe*, in: Ulmer/Habersack/Löbbe, Rdnr. 186; *Ebbing*, in: Michalski u.a., Rdnr. 230; *Heidinger*, in: MünchKomm. GmbHG, Rdnr. 292.

330 Hierzu *Oppermann*, ZIP 2009, 651, 654.

331 KG v. 17.5.2013 – 12 W 30/12, GmbHR 2013, 762, 763; *Ebbing*, in: Michalski u.a., Rdnr. 230.

332 *Bayer*, in: Lutter/Hommelhoff, Rdnr. 101; *Wicke*, Rdnr. 25; *Ebbing*, in: Michalski u.a., Rdnr. 235; *Heidinger*, in: MünchKomm. GmbHG, Rdnr. 293; *Handelsrechtsausschuss des DAV*, NZG 2007, 735, 739.

7. Ablauf der 3-Jahresfrist oder Zurechenbarkeit der Unrichtigkeit

a) Konzeption

99 Der Gesetzgeber hat vor dem Hintergrund der gegenüber anderen künstlichen Rechtsscheinträgern wie Grundbuch und Erbschein geringeren Verlässlichkeit der Gesellschafterliste und damit auch verfassungsrechtlichen Erwägungen zwei Zusatzelemente verankert, die für zwei alternative Sachverhaltsgruppen den Rechtsverlust des materiell-rechtlich Berechtigten legitimieren, wobei die beiden Sachverhaltsgruppen durch den Ablauf einer 3-Jahresfrist vor dem Erwerbszeitpunkt getrennt sind[333]: (1) Vor Ablauf der 3-Jahresfrist ist ein gutgläubiger Erwerb von Geschäftsanteilen oder Rechten daran nur möglich, wenn dem Berechtigten die Unrichtigkeit der Gesellschafterliste „zuzurechnen" ist, was im Sinne des **Veranlassungsprinzips** eine Mitwirkung bestimmter Qualität voraussetzt (Rdnr. 103 ff.). (2) Demgegenüber beruht die Legitimation des Rechtsverlustes nach Ablauf der 3-Jahresfrist alleine auf dem Umstand eines über diese Zeitspanne veröffentlichten Rechtsscheinträgers (**reines Rechtsscheinprinzip**). Der materiell-rechtlich Berechtigte muss also mit Ablauf der 3-Jahresfrist einen vollständigen Rechtsverlust ungeachtet der Tatsache hinnehmen, ob sich zwischen der Unrichtigkeit der Listeneintragung und seiner Person ein wie auch immer gearteter Bezug herstellen lässt[334]. Dabei liegt der den Rechtsverlust legitimierende Umstand nicht darin, dass der Gesetzgeber der Gesellschafterliste zu Gunsten Gutgläubiger öffentlichen Glauben verliehen hat, sondern allein in der Rechtsmacht und faktischen Potentialität des Berechtigten, während der 3-Jahresfrist den Rechtsschein der unrichtigen Gesellschafterliste zerstören zu können[335]. Der Gesetzgeber hat zu Recht die im Vergleich zum Grundbuch bestehende geringere Verlässlichkeit der Gesellschafterliste durch ein Erfordernis des Zeitablaufs als soweit ausgeglichen angesehen, dass der Verkehrsschutz mit diesem Fristablauf (mit Ausnahme eines verschärften Gutglaubensmaßstabs [Rdnr. 84]) dem des Grundbuchs entspricht. Denn Gesellschaftern einer GmbH ist abzuverlangen (i.S. einer Obliegenheit), während einer bestimmten Zeitspanne selbst dafür Sorge zu tragen, dass es zu einem Rechtsverlust nicht kommt; sie können das Risiko eines Rechtsverlustes beherrschen[336]. Bei der **Dauer des Zeitablaufs**, die ein Rechtsverlust ohne Veranlassung legitimieren kann, hat sich der Gesetzgeber an § 242 Abs. 2 Satz 1 AktG orientiert. Sie war während des Gesetzgebungsverfahrens umstritten[337]; die gewählte 3-Jahresfrist ist indes ein angemessener und verfassungsmäßiger Ausgleich zwischen den Rechtsbestandsinteressen des Berechtigten und den Verkehrsinteressen. Die Formulierung von § 16 Abs. 3 Satz 2 mit ihrer doppelten Verneinung wurde deshalb vom Gesetzgeber gewählt, um anzuzeigen, dass es sich um eine Replik des materiellen Berechtigten gegen die Einwendung des Gutglaubenserwerbs handelt, für die der materiell Berechtigte die Darlegungs- und Beweislast trägt[338].

---

333 *Apfelbaum*, BB 2008, 2470; *Götze/Bressler*, NZG 2007, 894, 897 sprechen vom Ablauf der 3-Jahresfrist als „Wasserscheide"; *Wachter*, ZNotP 2008, 387, 395; *Wiersch*, S. 41 ff.

334 Kritisch hierzu: *Goette*, Einführung in das neue GmbH-Recht, 2008, Einf. Rdnr. 76; *Harbarth*, ZIP 2001, 57, 61 f.; *Preuss*, ZGR 2008, 676, 701; *Wicke*, Rdnr. 28.

335 Vgl. BR-Drucks. 354/07, S. 88 = Begr. RegE zu § 16; vgl. auch *Preuss*, ZGR 2008, 676, 688 f.

336 Vgl. *Bohrer*, DStR 2007, 995, 999 (mit Hinweis auf Institute des handelsrechtlichen Vertrauensschutzes); *Wiersch*, S. 46 spricht daher von einem „potentiellen Gefahrbeherrschungsprinzip" als Legitimationsbasis für den Rechtsverlust.

337 Vgl. *Haas/Oechsler*, NZG 2006, 806, 812 (fraglich, ob „zu lang"); *Heckschen*, DStR 2007, 1442, 1450; *Rau*, DStR 2006, 1892, 1897 f. (Ersetzung der 3-Jahresfrist durch 3-Monatsfrist nach Ablauf einer 3–5jährigen Übergangszeit); *Schockenhoff/Höder*, ZIP 2006, 1841, 1847; *Triebel/Otte*, ZIP 2006, 1321, 1326 (alle zum BMJ-Referentenentwurf).

338 *Vossius*, DB 2007, 2299, 2301; *Hoffmann-Becking*, Stellungnahme zur Anhörung des Rechtsausschusses am 23.1.2008 v. 16.1.2008, S. 3 (Formulierung rechtspolitisch unterstützend).

b) 3-Jahresfrist (Fristberechnung)

Die Gesellschafterliste ist nur dann „*drei Jahre* [oder länger] *unrichtig*", wenn sie während   100
dieses gesamten 3-Jahreszeitraums **in Bezug auf die konkrete Eintragung durchgängig unrichtig** war, d.h. im Hinblick auf den nach § 8 Abs. 1 Nr. 3 identifizierbaren Geschäftsanteil
nicht den materiell-rechtlich Berechtigten ausgewiesen hat. Dabei ist es für die Einhaltung
der 3-Jahresfrist unerheblich, ob die in Bezug auf die konkrete Eintragung bestehende Unrichtigkeit durchgängig in einer Gesellschafterliste enthalten war oder konsekutiv in mehreren Gesellschafterlisten (bei denen Veränderungen nur bezogen auf andere Geschäftsanteile
vorgenommen wurden)[339]. Insoweit stellen für diese Frage die Gesellschafterlisten eine Einheit dar. Es ist weiter unerheblich, ob während der 3-Jahresfrist in Bezug auf die unrichtige
Eintragung (jeweils) derselbe Nichtberechtigte eingetragen war oder ob in den konsekutiv eingestellten Gesellschafterlisten jeweils oder jedenfalls zum Teil verschiedene Personen in Bezug
auf den konkreten Geschäftsanteil eingetragen waren, denen allesamt eine Nichtberechtigung
zukommt[340]. Eine Einhaltung der 3-Jahresfrist liegt umgekehrt nicht vor, wenn eine zunächst
im Hinblick auf eine konkrete Eintragung unrichtige Gesellschafterliste durch eine im Hinblick auf diese konkrete Eintragung richtige Liste ersetzt wird. In diesem Fall verfällt die abgelaufene Unrichtigkeitsdauer und bei Einreichung einer erneut in Bezug auf dieselbe konkrete
Eintragung unrichtige Liste beginnt die 3-Jahresfrist wieder neu zu laufen[341].

Für die **Bestimmung des Fristbeginns** gilt je nach dem Zeitpunkt der Unrichtigkeit Folgen-   101
des: In dem Fall, in dem die Gesellschafterliste bereits bei ihrer Einreichung zum Handelsregister unrichtig war, beginnt die 3-Jahresfrist mit der Aufnahme der Gesellschafterliste in
den Registerordner beim Handelsregister (d.h. mit Einstellen der Liste in den elektronischen
Dokumentenabruf), nicht etwa schon mit der Einreichung zum Handelsregister[342]. Wird die
Gesellschafterliste dagegen durch tatsächliche Umstände (und nicht durch Einreichung einer
geänderten Gesellschafterliste) unrichtig, beginnt die 3-Jahresfrist in dem Zeitpunkt, in dem
die Liste unrichtig wurde[343].

---

339 BR-Drucks. 354/07, S. 88 = Begr. RegE zu § 16.
340 BR-Drucks. 354/07, S. 88 = Begr. RegE zu § 16; *Bayer*, in: Lutter/Hommelhoff, Rdnr. 103; *Altmeppen*, in: Roth/Altmeppen, Rdnr. 78; *Fastrich*, in: Baumbach/Hueck, Rdnr. 36; *Löbbe*, in: Ulmer/Ha-
bersack/Löbbe, Rdnr. 156; *Ebbing*, in: Michalski u.a., Rdnr. 218; *Heidinger*, in: MünchKomm.
GmbHG, Rdnr. 264; *Berger*, in: Bunnemann/Zirngibl, Auswirkungen des MoMiG auf bestehende
GmbHs, 2008, § 7 Rdnr. 48 ff., S. 194 f. (mit Fallbeispielen); *Heidinger*, in: Heckschen/Heidinger,
Die GmbH in der Gestaltungs- und Beratungspraxis, § 13 Rdnr. 103; *Götze/Bressler*, NZG 2007,
894, 897; *Heckschen*, ZErb 2008, 246, 253; *Kögel*, Rpfleger 2008, 605, 607; *Vossius*, DB 2007, 2299,
2303 (mit Fallbeispielen).
341 *Bayer*, in: Lutter/Hommelhoff, Rdnr. 103; *Altmeppen*, in: Roth/Altmeppen, Rdnr. 78; *Löbbe*, in: Ul-
mer/Habersack/Löbbe, Rdnr. 156; *Fastrich*, in: Baumbach/Hueck, Rdnr. 36; *Ebbing*, in: Michalski
u.a., Rdnr. 217; *Heidinger*, in: MünchKomm. GmbHG, Rdnr. 264.
342 *Bayer*, in: Lutter/Hommelhoff, Rdnr. 104; *Löbbe*, in: Ulmer/Habersack/Löbbe, Rdnr. 157; *Fastrich*,
in: Baumbach/Hueck, Rdnr. 36; *Ebbing*, in: Michalski u.a., Rdnr. 216; *Heidinger*, in: MünchKomm.
GmbHG, Rdnr. 265; *Berger*, in: Bunnemann/Zirngibl, Auswirkungen des MoMiG auf bestehende
GmbHs, 2008, § 7 Rdnr. 45 ff., S. 194 f. (mit Fallbeispielen); *Gottschalk*, DZWiR 2009, 45, 50; *Kort*,
GmbHR 2009, 169, 175; *Noack*, DB 2007, 1395, 1399; *Vossius*, DB 2007, 2299, 2301; *Zessel*,
GmbHR 2009, 303, 304.
343 *Bayer*, in: Lutter/Hommelhoff, Rdnr. 104; *Altmeppen*, in: Roth/Altmeppen, Rdnr. 78; *Löbbe*, in: Ul-
mer/Habersack/Löbbe, Rdnr. 157; *Fastrich*, in: Baumbach/Hueck, Rdnr. 36; *Ebbing*, in: Michalski
u.a., Rdnr. 216; *Heidinger*, in: MünchKomm. GmbHG, Rdnr. 265 f.; *Berger*, in: Bunnemann/Zirn-
gibl, Auswirkungen des MoMiG auf bestehende GmbHs, 2008, § 7 Rdnr. 45 ff., S. 194 f. (mit Fallbeispielen); *Gottschalk*, DZWiR 2009, 45, 50; *Götze/Bressler*, NZG 2007, 894, 897; *Kort*, GmbHR
2009, 169, 175; *D. Mayer*, DNotZ 2008, 403, 420; *Rousseau*, GmbHR 2009, R 49, R 50; *Vossius*, DB
2007, 2299, 2302 f.; *Zessel*, GmbHR 2009, 303, 304.

102 Die **Fristberechnung** der 3-Jahresfrist richtet sich nach den §§ 187 ff. BGB. Wird z.B. am 1.5.2010 eine unrichtige Gesellschafterliste im Registerordner des Handelsregisters aufgenommen, beginnt die Frist am 2.5.2010 zu laufen (vgl. § 187 Abs. 1 BGB) und endet – da es sich um eine Jahresfrist handelt – am 1.5.2013 um 24 Uhr (vgl. § 188 Abs. 2 Alt. 1 BGB). Dabei ist es unerheblich, ob das Fristende auf einen Sonntag, einen allgemeinen Feiertag oder auf einen Sonnabend fällt, da § 193 BGB eine Fristverlängerung nur für die Fälle vorsieht, dass eine Willenserklärung abzugeben oder eine Leistung i.S. des § 362 BGB zu erbringen ist.

c) Zurechenbarkeit der Unrichtigkeit der Gesellschafterliste

103 Vor Ablauf der 3-Jahresfrist ist selbst bei Vorliegen der sonstigen Voraussetzungen des § 16 Abs. 3 ein gutgläubiger Erwerb ausgeschlossen, wenn die Unrichtigkeit der Listeneintragung „dem Berechtigten [...] nicht zuzurechnen ist" (Umkehrschluss aus § 16 Abs. 3 Satz 2). In dem Tatbestandsmerkmal der Zurechnung fokussiert sich das **Veranlassungsprinzip als Legitimationsbasis** für den gutgläubigen Erwerb mit dem Rechtsscheinträger der Gesellschafterliste und dieses Merkmal steht somit unmittelbar im **Spannungsverhältnis zwischen dem Rechtserhaltungsinteresse des Berechtigten einerseits und den Erwerbsinteressen des Rechtsverkehrs andererseits**. Hieraus folgt, dass je geringere Anforderungen an die Voraussetzungen der Zurechnung der Unrichtigkeit gestellt werden, desto stärker nähert sich die Gutglaubensvorschrift des § 16 Abs. 3 bereits vor Ablauf der 3-Jahresfrist dem reinen Rechtsscheinstatbestand des § 892 BGB mit dem Rechtsscheinträger des Grundbuchs an und je eher ist der gutgläubige Erwerb von Geschäftsanteilen oder Rechten *in praxi* vor Ablauf der 3-Jahresfrist möglich. Weder § 16 selbst noch dem GmbH-Gesetz an anderer Stelle ist eine weitere Konturierung des Zurechnungsmerkmals zu entnehmen. Die **Begründung des Regierungsentwurfs** beschränkt sich darauf, drei Sachverhaltskonstellationen zu beschreiben, von denen zwei eine Zurechnung der Unrichtigkeit begründen sollen und eine nicht, ohne abstrakt generelle Auslegungshinweise zu geben[344]:

„Dem wahren Rechtsinhaber, der sich nach Erwerb seines Geschäftsanteils nicht darum gekümmert hat, dass die Gesellschafterliste geändert wird und seine Rechtsstellung richtig wiedergibt, ist die Unrichtigkeit der Liste ohne Wartefrist zuzurechnen. Eine zurechenbare Unrichtigkeit liegt beispielsweise vor, wenn zunächst der Scheinerbe des früheren Gesellschafters in der Gesellschafterliste eingetragen wird und der wahre Erbe es unterlässt, die Geschäftsführer zur Einreichung einer korrigierten Liste zu veranlassen.

Anders liegt der Fall, wenn einem Gesellschafter die Unrichtigkeit in keiner Weise zuzurechnen ist. Dies ist beispielsweise gegeben, wenn der Geschäftsführer ohne Wissen des Gesellschafters eine falsche Liste einreicht, in der seine Rechtsstellung nicht mehr vollständig aufgeführt ist."

104 Das Merkmal der Zurechnung impliziert, dass zwischen der Person des Berechtigten und der Unrichtigkeit einer Listeneintragung eine **spezifische Beziehung** besteht i.S. einer (Mit-)Veranlassung, (Mit-)Verursachung (i.S. einer adäquaten Kausalität) oder jedenfalls (Mit-)Verantwortung. Die Intensität der geforderten Beziehung ist eine **Wertungsentscheidung** zwischen den Polen des Rechtserhaltungsinteresses des Berechtigten einerseits und den Erwerbsinteressen des Rechtsverkehrs auf der anderen Seite (Rdnr. 103), bei der die allgemeine **verkehrsschutzfreundliche Konzeption des § 16 Abs. 3** zu berücksichtigen ist. Hieraus ergeben sich drei Folgen zur weiteren Konturierung des Zurechnungsbegriffes, nämlich (i) dass eine Zurechnung im Falle eines aktiven Tuns oder Unterlassens nur bei einer ansonsten bestehenden Zurechnungsfähigkeit des Berechtigten bzw. Zurechenbarkeit der Handlung oder des Unterlassens in Frage kommt (Rdnr. 105), (ii) die Frage des Verschuldens irrelevant ist (da es um

---

344 BR-Drucks. 354/07, S. 88.

die Abgrenzung von Risikosphären geht) (Rdnr. 105) und (iii) die Anforderungen an das aktive Tun oder Unterlassen nicht überspannt werden dürfen (Rdnr. 106).

Eine Zurechnung der Unrichtigkeit einer Listeneintragung zum Berechtigten scheidet – wie bei den Gutglaubensvorschriften der §§ 932 ff. BGB[345] – aus (**Frage der Zurechnungsfähigkeit**), wenn der Berechtigte (i) geschäftsunfähig (§ 104 BGB) oder (ii) nur beschränkt geschäftsfähig (§§ 2, 106 BGB) ohne ausreichende Einsichtsfähigkeit[346] ist. Denn bei dieser Personengruppe trägt der den Rechtsverlust legitimierende Gedanke nicht, dass ein GmbH-Gesellschafter besondere Sorgfalt im Zusammenhang mit der Gesellschafterliste und ihrer Kontrolle auszuüben hat. Eine Ausnahme ist aus Verkehrsschutzinteressen nur für den Fall zuzulassen, dass ein Notar eine nach § 105 Abs. 1 BGB oder § 108 BGB unerkannt nichtige Abtretung beurkundet und anschließend die insoweit unrichtige Gesellschafterliste zum Handelsregister einreicht (§ 40 Abs. 2)[347]. Zudem scheidet eine Zurechnung der Unrichtigkeit zum Berechtigten – ebenfalls wie bei den Gutglaubensvorschriften der §§ 932 ff. BGB[348] – bei Ausübung von *vis absoluta* oder *vis compulsiva*, die in einem Umfang auf den Berechtigten ausgeübt wird, dass eine unwiderstehliche Gewalt- oder Zwangslage besteht[349]. Auf die Frage eines Verschuldens kommt es wegen der notwendigen Abgrenzung von Risikosphären und Interessenlagen nicht an; die Zurechnung ist **verschuldensunabhängig**[350]. 105

Eine **Zurechnung durch Unterlassen** kommt insbesondere dann in Betracht, wenn der Berechtigte die Unrichtigkeit der Listeneintragung kennt oder kennen muss und dennoch keine möglichen Maßnahmen zu ihrer Beseitigung ergreift, z.B. gegenüber den Geschäftsführern unter Beifügung entsprechender Nachweise anregt, eine geänderte Gesellschafterliste zum Handelsregister einzureichen, oder selbst die Zuordnung eines Widerspruchs im Wege der einstweiligen Verfügung zu erreichen versucht[351]. Dies betrifft beispielsweise die Fälle einer wirksamen Abtretung (ggf. mit Eintritt einer auflösenden Bedingung) sowie einer wirksamen Kaduzierung bzw. Preisgabe, in der die Einreichung einer geänderten Gesellschafterliste im Anschluss an die Anteilsübertragung unterbleibt (Zurechnung an den Erwerber)[352]. Es ist daher auch zu pauschal, mit der Regierungsbegründung (S. 88) anzunehmen (Rdnr. 103), eine zurechenbare Unrichtigkeit liege dann vor, wenn zunächst der Scheinerbe des früheren Gesellschafters in der Gesellschafterliste eingetragen wird und der wahre Erbe es unterlässt, die Ge- 106

---

345 Vgl. *Herrler*, in: Palandt, § 935 BGB Rdnr. 5; *Wiegand*, in: Staudinger, 2017, § 935 BGB Rdnr. 10; *Oechsler*, in: MünchKomm. BGB, 7. Aufl. 2017, § 935 BGB Rdnr. 7; hiergegen (Abstellen auf Einsichtsfähigkeit) *Baur/Stürner*, Sachenrecht, § 52 Rdnr. 42; *Henssler*, in: Soergel, 13. Aufl. 2002, § 935 BGB Rdnr. 6.

346 So ist eine Zurechnung der Unrichtigkeit im Einzelfall (!) auch bei einer nur beschränkt geschäftsfähigen Person möglich, z.B. bei einem unternehmerisch tätigen 17-Jährigen mit ausreichender Einsichtsfähigkeit.

347 *Wiersch*, S. 98 ff.

348 *Herrler*, in: Palandt, § 935 BGB Rdnr. 5; *Wiegand*, in: Staudinger, 2017, § 935 BGB Rdnr. 11; *Baur/Stürner*, Sachenrecht, § 52 Rdnr. 43; strenger allerdings *Oechsler*, in: MünchKomm. BGB, 7. Aufl. 2017, § 935 BGB Rdnr. 7.

349 *Löbbe*, in: Ulmer/Habersack/Löbbe, Rdnr. 162; *Reymann*, BB 2009, 506 ff.; differenzierend *Wiersch*, S. 102 ff.

350 Ebenso *Bayer*, in: Lutter/Hommelhoff, Rdnr. 105; *Löbbe*, in: Ulmer/Habersack/Löbbe, Rdnr. 161; *Fastrich*, in: Baumbach/Hueck, Rdnr. 33; *Heidinger*, in: MünchKomm. GmbHG, Rdnr. 273; *Verse*, in: Henssler/Strohn, Gesellschaftsrecht, Rdnr. 69; *Leistikow*, Das neue GmbH-Recht, 2009, § 4 Rdnr. 207; *Kort*, GmbHR 2009, 169, 175; *Wiersch*, S. 92; *Zessel*, GmbHR 2009, 303, 304.

351 Zu solchen Fällen auch *Bayer*, in: Lutter/Hommelhoff, Rdnr. 105; *Wicke*, Rdnr. 22; *Berger*, in: Bunnemann/Zirngibl, Auswirkung des MoMiG auf bestehende GmbHs, 2008, S. 195; *Wiersch*, S. 87 ff.; *Apfelbaum*, DB 2008, 2470, 2475; *Götze/Bressler*, NZG 2007, 894, 898; *D. Mayer*, DNotZ 2008, 403, 421.

352 A.A. *Gehrlein*, Der Konzern 2007, 771, 792; *Wicke*, Rdnr. 22, die beide eine Zurechnung verneinen, wenn ein Notar die ihm gemäß § 40 Abs. 2 obliegende Einreichungspflicht verletzen.

schäftsführer zur Einreichung einer korrigierten Liste zu veranlassen. Denn es kommen durchaus Fälle in Betracht, in denen dem Berechtigten die Unrichtigkeit nicht zuzurechnen ist (Fund eines abweichenden Testaments nach Aufnahme der Gesellschafterliste im Handelsregister)[353]. Eine **Zurechnung auf Grund aktiven Tuns** kommt insbesondere für die Fälle einer unwirksamen Abtretung von Geschäftsanteilen in Betracht, solange der Berechtigte für die Einreichung der unrichtigen Liste zum Handelsregister nur kausal wird, d.h. er die unrichtige Publizierung durch sein Verhalten in irgendeiner Weise veranlasst[354]. Etwas anderes gilt aus Verkehrsschutzinteressen auch nicht, wenn der Einreichende der Gesellschafterliste hierzu auf Grund einer arglistigen Täuschung veranlasst wurde[355].

8. Verhältnis des Berechtigten zum Nichtberechtigten

107 Der **gutgläubige Erwerber** ist dem materiell-rechtlichen Berechtigten im Grundsatz nicht zum Ausgleich verpflichtet[356]. Allerdings haftet ein unentgeltlicher Erwerber gegebenenfalls nach § 816 Abs. 1 Satz 2 BGB und ein unentgeltlicher Drittempfänger nach § 822 BGB. Darüber hinaus kann der Berechtigte vom verfügenden **Nichtberechtigten** die Herausgabe des durch die Verfügung Erlangten beanspruchen (§ 816 Abs. 1 Satz 1 BGB)[357], d.h. die Herausgabe der Gegenleistung einschließlich eines Gewinns, auch wenn dieser Wert über dem wahren Wert des Geschäftsanteils liegt[358]. Weiterhin kommen Ansprüche aus §§ 681, 687 Abs. 2 BGB und deliktische Schadensersatzansprüche nach §§ 823 ff. BGB in Betracht.

VI. Inkrafttreten und Übergangsvorschrift

1. Legitimationswirkung und Haftung

108 Mangels einer besonderen Übergangsregelung sind die Neuregelungen in § 16 Abs. 1 und Abs. 2 mit den MoMiG am 1.11.2008 in Kraft getreten (Art. 25 MoMiG)[359]. Dies hat zur Folge, dass einer vor dem 1.11.2008 nach § 40 a.F. eingereichten und im Handelsregister aufgenommenen[360] Gesellschafterliste ungeachtet ihrer materiell-rechtlichen Richtigkeit bis zur

---

353 Ebenso *Apfelbaum*, BB 2008, 2470, 2475; *Gehrlein*, Der Konzern 2007, 771, 792; *Götze/Bressler*, NZG 2007, 894, 897 Fn. 56; *D. Mayer*, DNotZ 2008, 403, 421; *Noack*, DB 2007, 1395, 1399; *Heidinger*, in: Heckschen/Heidinger, Die GmbH in der Gestaltungs- und Beratungspraxis, § 13 Rdnr. 112; *Wiersch*, S. 90 f.; a.A. *Fastrich*, in: Baumbach/Hueck, Rdnr. 34.

354 *Heidinger*, in: MünchKomm. GmbHG, Rdnr. 272; *Ebbing*, in: Michalski u.a., Rdnr. 214; *Götze/Bressler*, NZG 2007, 894, 897 f.; *D. Mayer*, DNotZ 2008, 403, 421; *Wiersch*, S. 91 ff.; im Grundsatz auch *Berger*, in: Bunnemann/Zirngibl, Auswirkung des MoMiG auf bestehende GmbHs, S. 196; a.A. *Vossius*, DB 2007, 2299, 2302.

355 A.A. *Apfelbaum*, BB 2008, 2470, 2476; *Vossius*, DB 2007, 2299, 2302.

356 *Bayer*, in: Lutter/Hommelhoff, Rdnr. 106; *Löbbe*, in: Ulmer/Habersack/Löbbe, Rdnr. 190; *Heidinger*, in: MünchKomm. GmbHG, Rdnr. 346; *Ebbing*, in: Michalski u.a., Rdnr. 257; zu § 932 BGB BGH v. 23.5.1956 – IV ZR 34/56, JZ 1956, 490 f.; zu § 892 BGB RG v. 13.5.1914 – V 551/13, RGZ 85, 61, 64; RG v. 7.7.1917 – V 66/17, RGZ 90, 395, 397 f.; *Kohler*, in: MünchKomm. BGB, 7. Aufl. 2017, § 892 BGB Rdnr. 74.

357 *Grunewald*, ZIP 2006, 685, 688 f.

358 BGH v. 8.1.1959 – VII ZR 26/58, BGHZ 29, 157, 159 ff.; BGH v. 24.9.1996 – XI ZR 227/95, NJW 1997, 190; *Buck-Heeb*, in: Erman, § 816 BGB Rdnr. 20; a.A. *Medicus/Petersen*, Bürgerliches Recht, 23. Aufl. 2011, Rdnr. 723; *Schwab*, in: MünchKomm. BGB, 7. Aufl. 2017, § 816 BGB Rdnr. 45; differenziert *Lorenz*, in: Staudinger, 2007, § 816 BGB Rdnr. 23 f.

359 *Hasselmann*, NZG 2009, 409, 412; *Reymann*, BB 2009, 506, 510; *Zirngibl*, in: Bunnemann/Zirngibl, Auswirkungen des MoMiG auf bestehende GmbHs, 2008, § 4 Rdnr. 21.

360 Hierzu OLG München v. 27.5.2009 – 31 Wx 38/09, GmbHR 2009, 825; OLG Dresden v. 1.6.2016 – 17 W 289/16, GmbHR 2017, 306, 307.

Einreichung einer neuen Gesellschafterliste einerseits die Legitimationswirkung des § 16 Abs. 1 zukommt, andererseits aber auch die in jener Liste ausgewiesenen Gesellschafter für rückständige Leistungen nach § 16 Abs. 2 haften[361]. Allerdings erstreckt sich nach einer jüngeren Entscheidung des OLG Dresden die Legitimationswirkung des § 16 Abs. 1 nicht auf Veränderungen, die vor dem 1.11.2008 ordnungsgemäß angemeldet wurden, aber nach der Anmeldung keine Aktualisierung der Gesellschafterliste zur Folge hatten; denn ansonsten liege eine verfassungsrechtlich unzulässige echte Rückwirkung vor[362]. Die Ansicht des OLG Dresden ist jedoch nicht überzeugend[363]. So steht keine echte Rückwirkung im Raum, sondern lediglich eine zulässige unechte Rückwirkung. Der Gesellschafter kann durch die Gesetzesänderung nicht rückwirkend seine relative Gesellschafterstellung verlieren. Vielmehr verliert der Gesellschafter, der nach altem Recht zwar angemeldet wurde, nicht aber in die Gesellschafterliste eingetragen ist, seine relative Gesellschafterstellung lediglich ex nunc ab Inkrafttreten der neuen gesetzlichen Regelungen[364]. Voraussetzung für das Einsetzen der Legitimationswirkung ist jedenfalls, dass die Eintragung in der Gesellschafterliste dem Eingetragenen zugerechnet werden kann[365]. Dies ist im Hinblick auf vor dem 1.11.2008 erfolgte Einreichungen von Gesellschafterlisten zum Handelsregister nur bei einer ordnungsgemäßen Anmeldung nach § 16 Abs. 1 a.F. der Fall, und für einen noch eingetragenen Rechtsvorgänger umgekehrt dann nicht, wenn sich der Rechtsnachfolger (Erwerber) ordnungsgemäß angemeldet hat; in diesem Fall kommt für den Rechtsvorgänger allein eine Haftung nach § 16 Abs. 2 und nicht nach § 16 Abs. 1 in Betracht[366]. Unanwendbar ist § 16 Abs. 1 schließlich bei Alteintragungen, denen keine Anmeldung nach § 16 Abs. 1 a.F. vorausgegangen war, insbesondere weil sie nicht auf Grund einer Veräußerung erfolgen.

2. Gutgläubiger Erwerb

Für die Frage der Anwendbarkeit des § 16 Abs. 3 mit der Möglichkeit des gutgläubigen Erwerbs ist zunächst zwischen Neugesellschaften und Altgesellschaften zu differenzieren. Für sämtliche GmbHs, die nach dem 31.10.2008 errichtet oder durch Eintragung eines Formwechsels in die Rechtsform der GmbH nach § 202 UmwG entstanden sind, gilt § 16 Abs. 3 ohne Besonderheiten. Dies ergibt sich aus einem Umkehrschluss aus § 3 Abs. 3 Satz 1 EGGmbHG[367]. Im Hinblick auf vor dem 1.11.2008 errichtete oder durch Formwechsel entstandene Altgesellschaften ist weiter wie folgt zu differenzieren: (1) Eine (konkrete) Unrichtigkeit in der Gesellschafterliste, die bereits vor dem 1.11.2008 vorhanden war und dem Berechtigten i.S. von § 16 Abs. 3 Satz 2 zuzurechnen ist, kann frühestens nach dem 1.5.2009 (also ab dem 2.5.2009, 0 Uhr) zum gutgläubigen Erwerb führen (§ 3 Abs. 3 Satz 1 EGGmbHG). Diese Regelung einer 6-monatigen Karenzzeit dient dazu, es den Gesellschaften und ihren Gesellschaftern zu ermöglichen, die materiell-rechtliche Richtigkeit der Gesellschafterliste zu überprüfen und ggf.

109

361 *Bayer*, in: Lutter/Hommelhoff, Rdnr. 108; *Heidinger*, in: MünchKomm. GmbHG, Rdnr. 108 ff.; *Verse*, in: Henssler/Strohn, Gesellschaftsrecht, Rdnr. 46; *Reymann*, BB 2009, 506, 511; *Saenger/Sandhaus*, DNotZ 2012, 346; a.A. LG München v. 24.9.2009 – 17 HK T 15914/09, GmbHR 2010, 149; *Fastrich*, in: Baumbach/Hueck, Rdnr. 13a; *Pfisterer*, in: Saenger/Inhester, Rdnr. 7; *Zirngibl*, in: Bunnemann/Zirngibl, Auswirkungen des MoMiG auf bestehende GmbHs, 2008, § 4 Rdnr. 22; *Mayer*, MittBayNot 2014, 24, 28 f.
362 OLG Dresden v. 1.6.2016 – 17 W 289/16, GmbHR 2017, 306, 308 ff.
363 *Heidinger*, GmbHR 2017, 273, passim.
364 *Heidinger*, GmbHR 2017, 273, 277 f.
365 Ausführlich *Reymann*, BB 2009, 506, 511.
366 Ausführlich *Reymann*, BB 2009, 506, 512.
367 Ebenso *Bayer*, in: Lutter/Hommelhoff, Rdnr. 109; *Löbbe*, in: Ulmer/Habersack/Löbbe, Rdnr. 191; *Heidinger*, in: MünchKomm. GmbHG, Rdnr. 365.

eine Unrichtigkeit durch Einreichung einer geänderten Gesellschafterliste zu korrigieren[368]. Berechtigte könnten in dieser Zeit auch ohne Einvernehmen mit der Gesellschaft und ihren Gesellschaftern einen Widerspruch auf der Grundlage einer einstweiligen Verfügung der Listeneintragung zuordnen lassen, um somit einen gutgläubigen Erwerb zu verhindern. (2) In dem Fall, dass die Unrichtigkeit der Gesellschafterliste dem Berechtigten nicht i.S. von § 16 Abs. 3 Satz 3 zugerechnet werden kann, kommt ein gutgläubiger Erwerb erst nach Ablauf der 3-Jahresfrist, also ab dem 2.11.2011, 0 Uhr in Betracht (§ 3 Abs. 3 Satz 2 EGGmbHG). – Bei den Anfangsterminen ist jeweils auf das schuldrechtliche Kausalgeschäft abzustellen[369].

---

368 Vgl. *Rodewald*, GmbHR 2009, 196, 199; *Wedemann*, GmbHR 2008, 1131.
369 *Rodewald*, GmbHR 2009, 196, 199.

§ 17 a.F.
Veräußerung von Teilen des Geschäftsanteils

(1) Die Veräußerung von Teilen eines Geschäftsanteils kann nur mit Genehmigung der Gesellschaft stattfinden.

(2) Die Genehmigung bedarf der schriftlichen Form; sie muss die Person des Erwerbers und den Betrag bezeichnen, welcher von der Stammeinlage des ungeteilten Geschäftsanteils auf jeden der durch die Teilung entstehenden Geschäftsanteile entfällt.

(3) Im Gesellschaftsvertrag kann bestimmt werden, dass für die Veräußerung von Teilen eines Geschäftsanteils an andere Gesellschafter, sowie für die Teilung von Geschäftsanteilen verstorbener Gesellschafter unter deren Erben eine Genehmigung der Gesellschaft nicht erforderlich ist.

(4) Die Bestimmungen in § 5 Abs. 1 und 3 über den Betrag der Stammeinlagen finden bei der Teilung von Geschäftsanteilen entsprechende Anwendung.

(5) Eine gleichzeitige Übertragung mehrerer Teile von Geschäftsanteilen eines Gesellschafters an denselben Erwerber ist unzulässig.

(6) Außer dem Fall der Veräußerung und Vererbung findet eine Teilung von Geschäftsanteilen nicht statt. Sie kann im Gesellschaftsvertrag auch für diese Fälle ausgeschlossen werden.

§ 17 aufgehoben durch das MoMiG vom 23.10.2008 (BGBl. I 2008, 2026).

Die **Aufhebung von § 17** durch das MoMiG ist Teil der auch hier (§ 15 Rdnr. 2 ff.) befürworteten **Akzentverschiebung zu Gunsten der kapitalgesellschaftlichen Seite der GmbH**. Diese Neu-Akzentuierung umfasste daneben (i) die Aufhebung des Verbots der Übernahme mehrerer Geschäftsanteile bei Gesellschaftsgründung (§ 5 Abs. 2 Satz 2), (ii) die Ersetzung der früheren Regelungen zur Mindestgröße und Größenbestimmung durch das Erfordernis, dass jeder Geschäftsanteil einen Nennbetrag von mindestens 1,00 Euro haben und auf einen vollen Eurobetrag lauten muss (§ 5 Abs. 2 Satz 1), (iii) die Ersetzung der Anmeldung durch die Gesellschafterliste als Grundlage der Legitimationsfunktion innerhalb des Verbandes (§ 16 Abs. 1) sowie (iv) die Einführung eines gutgläubigen Erwerbs auf der Grundlage der Gesellschafterliste (§ 16 Abs. 3). Diese Regelungen dienen dem Zweck, die Fungibilität von Geschäftsanteilen und deren Bedeutung als Sicherheitengrundlage für (Unternehmens-) Finanzierungen unter Geltung des Gesetzesstatuts zu erhöhen sowie die hiermit verbundenen Transaktionskosten (Kosten der Beurkundung und für Due Diligence-Untersuchungen) zu verringern. Unsicherheiten in Bezug auf die Verpfändung von und den Nießbrauch an Teil-Geschäftsanteilen (10. Aufl., § 17 Rdnr. 35 ff.), die Regelung von Earn Out-Anteilsübertragungen (10. Aufl., § 17 Rdnr. 14) oder die Regelung einer Vereinbarungstreuhand bestehen nun nicht mehr. Die Summe der Neuerungen durch Aufhebung von § 17 erleichtert mittelbar Anteilsübertragungen, Unternehmensnachfolgen, Wachstums- und Restrukturierungsfinanzierungen bei der GmbH und Maßnahmen zur Risikodiversifikation ihrer Gesellschafter.

Keine Änderung durch das MoMiG hat in Bezug auf die Teilung von Geschäftsanteilen die Regelung in **§ 46 Nr. 4** gefunden, derzufolge die Anteilsteilung der „Bestimmung der Gesellschafter unterlieg[t]", also im Grundsatz (vgl. § 45 Abs. 2) eines Gesellschafterbeschlusses bedarf. Wegen der Einzelheiten der Teilung von Geschäftsanteilen wird auf die Kommentierung zu § 46 verwiesen (11. Aufl., § 46 Rdnr. 64 ff.).

3   Soweit Satzungen – wie häufig im Rahmen von Vinkulierungsregelungen – noch aus der **Zeit vor dem 1.11.2008** die Bestimmung enthalten, dass § 17 [a.F.] unberührt bleibe, führt dies nicht zur statutarischen Aufrechterhaltung der gesetzlich aufgehobenen Norm[1].

4   Die Aufhebung von § 17 trat zum 1.11.2008 **in Kraft** (Art. 25 MoMiG). Bei Anteilsteilungen bis zum Ablauf des 31.10.2008 waren die Anforderungen des § 17 a.F. zu beachten (vgl. hierzu Erl. 10. Aufl., § 17), bei ab 1.11.2008 erfolgenden Anteilsteilungen gelten die Satzungsbestimmungen und § 46 Nr. 4. Bei dinglich gestreckten Übertragungen von Geschäftsanteilen über den 1.11.2008 hinaus (z.B. Anteilsverkauf am 31.10.2008 mit aufschiebend bedingtem, dinglichem Anteilsübergang bei Kaufpreiszahlung am 4.11.2008) ist der Gesellschafterbeschluss in dem Sinne erheblich, dass das Fehlen oder die Unwirksamkeit des Gesellschafterbeschlusses im Zeitpunkt des dinglichen Anteilsübergangs nun nach neuer Rechtslage auch die Anteilsteilung selbst unwirksam macht.

---

1 So bereits *Heckschen*, ZErb 2008, 246, 250; *Wälzholz*, MittBayNot 2008, 425, 429; *Irriger/Münstermann*, GmbHR 2010, 617, 624; *Witte/Rousseau*, GmbHR 2010, R 65, R 66.

§ 18
Mitberechtigung am Geschäftsanteil

(1) Steht ein Geschäftsanteil mehreren Mitberechtigten ungeteilt zu, so können sie die Rechte aus demselben nur gemeinschaftlich ausüben.

(2) Für die auf den Geschäftsanteil zu bewirkenden Leistungen haften sie der Gesellschaft solidarisch.

(3) Rechtshandlungen, welche die Gesellschaft gegenüber dem Inhaber des Anteils vorzunehmen hat, sind, sofern nicht ein gemeinsamer Vertreter der Mitberechtigten vorhanden ist, wirksam, wenn sie auch nur gegenüber einem Mitberechtigten vorgenommen werden. Gegenüber mehreren Erben eines Gesellschafters findet diese Bestimmung nur in bezug auf Rechtshandlungen Anwendung, welche nach Ablauf eines Monats seit dem Anfall der Erbschaft vorgenommen werden.

Text seit 1892 unverändert.

Schrifttum: *Apfelbaum*, Gütergemeinschaft und Gesellschaftsrecht, MittBayNot 2006, 185; *Bettecken*, Die Gesellschafterstellung von Miterben an GmbH-Geschäftsanteilen, 2016; *Däubler*, Die Vererbung des Geschäftsanteils bei der GmbH, 1965; *Hohner*, Zur Beteiligung von Personengesellschaften an Gesellschaften, NJW 1975, 718; *Koch*, Die Zuordnung des vererbten GmbH-Geschäftsanteils, 1981; *Koch*, Die Beteiligung einer Gesellschaft bürgerlichen Rechts an der GmbH-Gründung, ZHR 146 (1982), 118; *Lange*, Erbengemeinschaft an einem GmbH-Geschäftsanteil, GmbHR 2013, 113; *Raue*, Die ordnungsgemäße Verwaltung eines GmbH-Anteils durch eine Erbengemeinschaft, GmbHR 2015, 121; *Malberg*, Übernahme einer Stammeinlage durch eine Erbengemeinschaft bei Erhöhung des Stammkapitals einer GmbH, DB 1975, 2419; *Neukamp*, Die Geschäftsanteile der GmbH, ZHR 57 (1906), 541; *Ropeter*, Die Beteiligung als Bruchteilsgemeinschaft, 1980; *Jessica Schmidt*, Die gemeinschaftliche Ausübung von Rechten aus einem GmbH-Anteil, NZG 2015, 1049; *Karsten Schmidt*, Die obligatorische Gruppenvertretung im Recht der Personengesellschaften und der GmbH, ZHR 146 (1982), 525; *Karsten Schmidt*, Die GmbH-Beteiligung von Gesellschaften bürgerlichen Rechts als Publizitätsproblem, BB 1983, 1697; *Schürnbrand*, Die Ausübung von Gesellschafterrechten in der GmbH durch Erbengemeinschaften, NZG 2016, 241; *Timm/Schöne*, Zwingende gesamtschuldnerische Haftung der Mitglieder eines Übernahmekonsortiums?, ZGR 1994, 113; *Wiedemann*, Die Übertragung und Vererbung von Mitgliedschaftsrechten bei Handelsgesellschaften, 1965; *Wiedemann*, GmbH-Anteile in der Erbengemeinschaft, GmbHR 1969, 247.

Weitere Lit.-Nachw. vor Rdnr. 46 zu § 2 und Rdnr. 10 zu § 15.

I. Zweck der Regelung

1 Die Vorschriften des § 18 bezwecken den **Schutz der GmbH** und sollen sicherstellen, dass die Stellung der Gesellschaft durch die Mitinhaberschaft mehrerer an einem Geschäftsanteil nicht verschlechtert bzw. erschwert wird. Die Mitinhaber können deshalb ohne Rücksicht auf die Art ihrer Rechtsgemeinschaft die Mitgliedschaftsrechte aus dem Geschäftsanteil nur gemeinschaftlich ausüben (Rdnr. 17 ff.) und haften der Gesellschaft für die auf den Geschäftsanteil zu erbringenden Leistungen als Gesamtschuldner (Rdnr. 25 ff.). Rechtshandlungen der Gesellschaft können, wenn ein gemeinschaftlicher Vertreter der Rechtsgemeinschaft nicht bestellt ist, mit Wirkung gegen alle gegenüber einem Mitinhaber vorgenommen werden (Rdnr. 33 ff.). Eine ähnliche Regelung findet sich in § 69 AktG, der jedoch die Bestellung eines Vertreters zwingend vorschreibt.

2 Eine weitergehende Bedeutung hat die Vorschrift nicht. Sie regelt ausschließlich das Verhältnis zur Gesellschaft. Die **Rechtsbeziehungen der Mitinhaber untereinander** (Rdnr. 24, 32) und zu Dritten bleiben unberührt, soweit sich aus ihr nicht Reflexwirkungen ergeben. Über die in § 18 geregelten Angelegenheiten hinausgehend, lassen sich aus der Anwendbarkeit der Vorschrift auch nicht ohne weiteres Folgerungen für die sonstige gesellschaftliche Stellung der Mitinhaber ziehen (Rdnr. 12). Schließlich ist ihr auch nichts über die Entstehung (zur Beteiligung von Rechtsgemeinschaften als Gründungsgesellschafter vgl. § 2 Rdnr. 60 ff.) oder über die Beendigung der Mitinhaberschaft zu entnehmen (Rdnr. 13).

II. Mitberechtigung am Geschäftsanteil

1. Begriff

3 Der Geschäftsanteil muss **„mehreren Mitberechtigten ungeteilt"** zustehen (§ 18 Abs. 1). Die Terminologie entstammt der Zeit vor dem Inkrafttreten des BGB und ist ihm nicht angepasst worden. „Mitberechtigung" i.S. des § 18 liegt vor, wenn mehrere natürliche oder juristische Personen oder auch mehrere Personengemeinschaften Inhaber eines Geschäftsanteils sind, er ihnen also gemeinschaftlich dinglich zugeordnet ist (dingliche Berechtigungspluralität[1]). Unter die Vorschrift fallen demnach nur Bruchteils- und -mit Ausnahmen-Gesamthandsgemeinschaften am Geschäftsanteil (Rdnr. 16). Lediglich schuldrechtlich zwischen Geschäftsanteilsinhaber und Berechtigtem wirkende Unterbeteiligungen am Geschäftsanteil werden ebensowenig erfasst wie Nießbraucher und Pfandgläubiger, deren Rechte am Geschäftsanteil keine Inhaberschaft begründen (s. § 15 Rdnr. 172 ff. (Pfandrecht), § 15 Rdnr. 212 ff. (Nießbrauch) und unten Rdnr. 16). Zu unterscheiden ist die „Mitberechtigung" auch von der Einräumung von Gesamtvertretungsmacht für mehrere Personen durch einen Geschäftsanteilsinhaber[2].

3a Auf eine **juristische Person** (AG, GmbH, rechtsfähige Vereine, Stiftungen des privaten und öffentlichen Rechts), die Geschäftsanteile hält, findet § 18 **keine Anwendung**. Sie besitzt eigene Rechtspersönlichkeit und ihre Mitglieder sind an dem von der juristischen Person gehaltenen Geschäftsanteil nicht mitberechtigt. Auch auf Personengesellschaften ist § 18 nicht anwendbar[3], obwohl der Gesetzeswortlaut auf den ersten Blick sämtliche gesamthänderischen Mitberechtigten erfassen könnte. Das allgemeine restriktive Verständnis rechtfertigt sich

---

1 *Reichert/Weller*, in: MünchKomm. GmbHG, Rdnr. 7.
2 *Reichert/Weller*, in: MünchKomm. GmbHG, Rdnr. 11.
3 BGH v. 3.11.1980 – II ZB I/79, BGHZ 78, 311, 316 = GmbHR 1981, 188 (obiter dictum); *Löbbe*, in: Ulmer/Habersack/Löbbe, Rdnr. 12 f.; *Fastrich*, in: Baumbach/Hueck, Rdnr. 2; *Ebbing*, in: Michalski u.a., Rdnr. 10; *Altmeppen*, in: Roth/Altmeppen, Rdnr. 3 ff.; *Pentz*, in: Rowedder/Schmidt-Leithoff, Rdnr. 4; *Bayer*, in: Lutter/Hommelhoff, Rdnr. 3; *Feine*, S. 399; a.M. *Schwichtenberg*, DB 1976, 375.

daraus, dass der Gesetzeszweck (Rdnr. 1) ihre Einbeziehung nicht erfordert, da sie im Rechtsverkehr als Einheit zu behandeln sind (§ 124 Abs. 1 HGB) und sie durch ihre im Handelsregister verlautbarten persönlich haftenden Gesellschafter gesetzlich vertreten sind (§§ 125, 170 HGB). Es ist überdies zu berücksichtigen, dass ansonsten durch § 18 Abs. 2 eine für die Beteiligung einer KG an einer GmbH mit ihrer Rechtsform unvereinbare Haftungsregelung (§§ 171 ff. HGB) entstehen würde. Auch die **EWIV** und die **Partnerschaftsgesellschaft**, die in den maßgeblichen Beziehungen entsprechend geregelt sind (§ 1 EWIVG, §§ 7, 8 PartGG), **unterfallen nicht** der Vorschrift des **§ 18**[4]. Bei der Gesellschaft bürgerlichen Rechts (§§ 705 ff. BGB) ist zwischen den unternehmenstragenden **Außen-GbR**, die wegen ihrer rechtlichen Verselbständigung gegenüber ihren Mitgliedern den Personengesellschaften gleichgestellt werden, und den Innen-GbR zu unterscheiden. Nur die **Innen-GbR unterfällt § 18** (Rdnr. 7a). Mit der allgemein anerkannten Rechtsfähigkeit der unternehmenstragenden Außen-GbR sprechen nun die besseren Gründe dafür, auch auf den nichtrechtsfähigen Verein (§ 54 BGB) § 18 nicht anzuwenden[5]. Auch der **nichtrechtsfähige Verein** ist durch seine körperschaftliche Struktur geprägt, ist vom Bestand seiner Mitglieder weitgehend unabhängig und wird nach außen durch die Vereinsorgane vertreten; trotz des Verweises in § 54 BGB auf die §§ 705 ff. BGB gilt für die Organisation des nichtrechtsfähigen Vereins im Wesentlichen Vereinsrecht. Die fehlende Registerpublizität zwingt weder bei der Außen-GbR noch beim nichtrechtsfähigen Verein zur Anwendung des § 18[6].

Das weitere Merkmal in § 18 Abs. 1, dass den Mitberechtigten der Geschäftsanteil „**ungeteilt**" zustehen müsse, ist überflüssig, da nach erfolgter Teilung mehrere selbständige Anteile entstehen und, sofern nicht einer von ihnen wiederum mehreren Personen übertragen wird, auch keine Mitberechtigung mehr besteht[7]. 4

a) Bruchteilsgemeinschaft

Eine Bruchteilsgemeinschaft am Geschäftsanteil (§§ 741 ff. BGB) kann dadurch entstehen, dass mehrere, ohne eine Gesamthandsgemeinschaft zu bilden, bei der Gründung oder bei einer Kapitalerhöhung gemeinschaftlich einen Geschäftsanteil übernehmen oder den Anteil als Teilhaber durch Abtretung erwerben. Die Möglichkeit zur Verfügung über den ideellen Anteil vom Geschäftsanteil (§ 747 Satz 1 BGB) steht der Annahme der Mitberechtigung i.S. des § 18 nicht entgegen[8]. Die Abtretung des ideellen Anteils bedarf keiner Teilung gemäß § 46 Nr. 4, sondern ist gesellschaftsrechtlich wie die Übertragung des ganzen Geschäftsanteils zu behandeln, unterliegt also der Form aus § 15 Abs. 3 u. 4, benötigt eine statutarisch vorgeschriebene Genehmigung nach § 15 Abs. 5 und ist gemäß § 16 in die Gesellschafterliste einzutragen[9]. Die Verwaltung des gemeinschaftlichen Geschäftsanteils regeln §§ 744, 745 BGB; soweit die Rechtsausübung gegenüber der GmbH betroffen ist, geht aber die spezielle Regelung des § 18 Abs. 1 vor (Rdnr. 17 ff., 33 ff.). 5

---

4 Eb. *Löbbe*, in: Ulmer/Habersack/Löbbe, Rdnr. 13; *Pentz*, in: Rowedder/Schmidt-Leithoff, Rdnr. 4; *Ebbing*, in: Michalski u.a., Rdnr. 14 ff.; *Reichert/Weller*, in: MünchKomm. GmbHG, Rdnr. 22.

5 Eb. *Löbbe*, in: Ulmer/Habersack/Löbbe, Rdnr. 14; *Fastrich*, in: Baumbach/Hueck, Rdnr. 2; *Pentz*, in: Rowedder/Schmidt-Leithoff, Rdnr. 4; *Altmeppen*, in: Roth/Altmeppen, Rdnr. 5; *Wicke*, Rdnr. 2; *Reichert/Weller*, in: MünchKomm. GmbHG, Rdnr. 24 ff.; *Ebbing*, in: Michalski u.a., Rdnr. 18, 32 f.; *Bayer*, in: Lutter/Hommelhoff, Rdnr. 3; a.M. noch *Winter*, 9. Aufl., Rdnr. 3a, 6.

6 Eb. *Löbbe*, in: Ulmer/Habersack/Löbbe, Rdnr. 14; *Ebbing*, in: Michalski u.a., Rdnr. 32 f.; a.M. noch *Winter*, 9. Aufl., Rdnr. 3a.

7 *Brodmann*, Anm. 1; *Löbbe*, in: Ulmer/Habersack/Löbbe, Rdnr. 2; *Reichert/Weller*, in: MünchKomm. GmbHG, Rdnr. 13.

8 Eb. *Löbbe*, in: Ulmer/Habersack/Löbbe, Rdnr. 4; *Karsten Schmidt*, BB 1983, 1697, 1700.

9 *Feine*, S. 399; *Löbbe*, in: Ulmer/Habersack/Löbbe, Rdnr. 4; *Reichert/Weller*, in: MünchKomm. GmbHG, Rdnr. 15; *Brandes*, in: Bork/Schäfer, Rdnr. 3 a.E.; *Ebbing*, in: Michalski u.a., Rdnr. 28.

b) Gesamthandsgemeinschaft

6   Auch die Gesamthandsgemeinschaften, die unter § 18 zu subsumieren sind (**Innen-GbR, eheliche Gütergemeinschaft, Erbengemeinschaft**), können den Geschäftsanteil durch Übernahme einer Stammeinlage bei der Gründung (s. § 2 Rdnr. 61 ff.) oder bei einer Kapitalerhöhung[10], durch rechtsgeschäftliche Übertragung oder durch gesetzlichen Übergang erwerben. Der einzelne Mitbeteiligte an diesen Gemeinschaften kann nicht über einen Anteil an dem zum gesamthänderischen **Sondervermögen** gehörenden Geschäftsanteil verfügen (§§ 719 Abs. 1, 1419 Abs. 1, 2033 Abs. 2 BGB); eine entsprechende Pfändung durch seinen Gläubiger ist unzulässig (§§ 859, 860 ZPO). Für die Verpflichtung aus dem Geschäftsanteil haften die Mitbeteiligten mit dem Gesamthandsvermögen; zur Vollstreckung in das Gesellschaftsvermögen der Innen-GbR (§ 736 ZPO), in den Nachlass (§ 747 ZPO; bei Testamentsvollstreckung s. aber § 748 ZPO) und, wenn es von beiden Ehegatten verwaltet wird, in das Gesamtgut der ehelichen Gütergemeinschaft (§ 740 Abs. 2 ZPO; bei Einzelverwaltung s. § 740 Abs. 1 ZPO) ist ein gegen alle Mitbeteiligten ergangenes Urteil notwendig ist. Über eine weiter gehende Haftung mit dem sonstigen Privatvermögen vgl. Rdnr. 25 ff.

Bei den einzelnen Gesamthandsgemeinschaften ist im vorliegenden Zusammenhang noch Folgendes von Bedeutung:

7   **aa)** Seit der Grundsatzentscheidung des BGH („Weißes Ross")[11] ist allgemein anerkannt, dass die **unternehmenstragende Außen-GbR** trotz Fehlens einer gesetzlichen Vorschrift nach Art des § 124 Abs. 2 HGB ein eigenständiges Zuordnungsobjekt des Gesellschaftsvermögens und der Gesellschaftsschulden ist[12]. Bei der unternehmenstragenden Außen-GbR ist daher eine uneinheitliche Rechtsausübung, der § 18 Abs. 1 vorbeugen will, von vornherein nicht möglich. Vor dem Hintergrund der Organstruktur der Außen-GbR und des Vorhandenseins eines für die Gesamthand zuständigen Geschäftsführungsorgans bedarf es auch keiner analogen Anwendung von § 18 Abs. 1 und Abs. 3[13]. Auch für eine analoge Anwendung von § 18 Abs. 2 besteht kein Bedürfnis, da die zwingende gesamtschuldnerische Haftung aller GbR-Gesellschafter für die Einlageschuld der Außen-GbR bereits aus der Anerkennung der Akzessorietätstheorie in Analogie zu § 128 HGB folgt[14]. § 18 findet daher auf die rechtsfähige Außen-GbR weder direkt noch analog Anwendung[15].

7a   Für die Innen-GbR bleibt allerdings § 18 in vollem Umfang anwendbar. Die **Gesellschaft bürgerlichen Rechts** wird im Zweifel durch die zur Geschäftsführung befugten Gesellschafter in dem im Gesellschaftsvertrag bestimmten Umfange als Bevollmächtigte der Mitgesellschafter vertreten (§ 714 BGB); gegenüber der GmbH greift § 18 Abs. 1, 3 ein (Rdnr. 3a, 17 ff., 33 ff.). Der Rechtsübergang an dem zum Gesellschaftsvermögen gehörenden Geschäftsanteil vollzieht sich beim Ausscheiden eines Gesellschafters, beim Eintritt eines neuen Gesellschafters und bei einem (gesellschaftsvertraglich zugelassenen oder mit Zustimmung aller Mitgesellschafter erfolgenden) Gesellschafterwechsel durch Übertragung des Gesellschaftsanteils[16] in unmittelbarer oder entsprechender Anwendung des § 738 Abs. 1 Satz 1 BGB durch Anwachsung. Es liegt keine der Formvorschrift des § 15 Abs. 3 u. 4 unterliegende Abtretung vor (s.

---

10 OLG Hamm v. 18.11.1974 – 15 Wx 111/74, GmbHR 1975, 83.
11 BGH v. 29.1.2001 – II ZR 331/00, BGHZ 146, 341 = AG 2001, 307.
12 Hierzu z.B. *Schäfer*, in: MünchKomm. BGB, § 705 BGB Rdnr. 303 ff.; *Sprau*, in: Palandt, § 705 BGB Rdnr. 23 ff., § 714 BGB Rdnr. 7 ff.
13 So noch *Lutter/Bayer*, in: Lutter/Hommelhoff, 16. Aufl. 2004, Rdnr. 2.
14 Eb. *Löbbe*, in: Ulmer/Habersack/Löbbe, Rdnr. 6.
15 *Reichert/Weller*, in: MünchKomm. GmbHG, Rdnr. 24; *Altmeppen*, in: Roth/Altmeppen, Rdnr. 6; *Fastrich*, in: Baumbach/Hueck, Rdnr. 2; *Löbbe*, in: Ulmer/Habersack/Löbbe, Rdnr. 6; *Bayer*, in: Lutter/Hommelhoff, Rdnr. 3; *Ebbing*, in: Michalski u.a., Rdnr. 18 f., der einen Vertretungsnachweis der vertretungsberechtigten Gesellschafter fordert.
16 BGH v. 28.4.1954 – II ZR 8/53, BGHZ 13, 179, 187; BGH v. 8.11.1965 – II ZR 223/64, BGHZ 44, 229, 231; BGH v. 18.11.1974 – II ZR 70/73, NJW 1975, 166, 167 u.a.

§ 15 Rdnr. 93). Der Gesellschaftsvertrag der GmbH kann den Erwerb der gesamthänderischen Rechtszuständigkeit durch Anwachsung auch nicht an eine „weitere Voraussetzung" i.S. des § 15 Abs. 5 knüpfen. Er kann aber, auch konkludent, für den Fall des Wechsels einzelner oder aller Gesellschafter der an der GmbH beteiligten Innen-GbR die Einziehung des Geschäftsanteils gestatten (§ 34 Abs. 2) oder zu dessen Abtretung verpflichten (s. § 15 Rdnr. 51). Möglich ist ferner, dass der Gesellschafterwechsel einen die Ausschließung rechtfertigenden wichtigen Grund darstellt (s. Anh. § 34 Rdnr. 29 ff.).

bb) Miterben können über den zum Nachlass gehörenden Geschäftsanteil nur gemeinschaftlich verfügen, § 2040 Abs. 1 BGB, d.h. ihn übertragen, belasten, abandonnieren (§ 27), seiner Einziehung zustimmen (§ 34) oder in die unmittelbare Änderung seines Rechtsinhalts (Verkürzung der Rechte oder Vermehrung der Pflichten) einwilligen. Ebenso sind sie gemeinschaftlich zuständig zur Begründung von Pflichten gegenüber der GmbH oder Dritten (z.B. Bürgschaftsübernahme für Gesellschaftsschulden) und Vornahme den Geschäftsanteil betreffender sonstiger Rechtshandlungen. Eine dem Anteilsrecht entsprechende ordnungsgemäße Verwaltung kann aber auch durch einen Mehrheitsbeschluss der Miterben (§§ 2038 Abs. 2, 745 BGB) geregelt werden mit der Wirkung, dass die Mehrheit zur Ausführung der erforderlichen Rechtshandlungen (mit Ausnahme von Verfügungen) im Außenverhältnis ermächtigt ist[17]. Gegenstand der ordnungsgemäßen Verwaltung ist der Gesamtnachlass[18]. Die Bestellung eines gemeinsamen Vertreters gehört zu den Maßnahmen einer ordnungsgemäßen Verwaltung[19]. Zur Erhaltung des Nachlassgegenstandes notwendige Maßregeln kann darüber hinaus jeder Miterbe mit Außenwirkung treffen (§ 2038 Abs. 1 Satz 2 Halbsatz 2 BGB). Schließlich kann jeder Miterbe zum Nachlass gehörende Ansprüche geltend machen (§ 2039 BGB). Für die Ausübung der Anteilsrechte gegenüber der GmbH gilt das Vorstehende nur mit den aus § 18 Abs. 1, 3 sich ergebenden Einschränkungen und Modifikationen (Rdnr. 17 ff., 33 ff.). Die Verwaltungs- und Verfügungsbefugnis der Miterben können im Übrigen auch durch die Anordnung der Testamentsvollstreckung (§ 2205 BGB) oder der Nachlassverwaltung (§ 1984 BGB) oder durch die Eröffnung des Nachlassinsolvenzverfahrens (§ 80 InsO) ausgeschaltet sein (s. § 15 Rdnr. 248 ff.).

Jeder Miterbe kann über seinen **Anteil am Nachlass** verfügen (§ 2033 Abs. 1 Satz 1 BGB). Die Form der Übertragung bestimmt sich, auch wenn ein Geschäftsanteil zum Nachlass gehört, nicht nach § 15 Abs. 3, sondern nach § 2033 Abs. 1 Satz 2 BGB[20], der allerdings ebenfalls die notarielle Beurkundung vorschreibt. Allenfalls in extremen Einzelfällen können Vinkulierungsklauseln i.S. von § 15 Abs. 5 unter Umgehungsschutzgesichtspunkten eingreifen, z.B. bei der nahezu vollständigen Auseinandersetzung des Nachlasses unter den Miterben außer dem Geschäftsanteil und der anschließenden Übertragung des Nachlasses auf einen Dritten[21]. Der Erwerb der gesamthänderischen Rechtszuständigkeit am Geschäftsanteil erfolgt analog § 738

---

17 H.M., vgl. BGH v. 29.3.1971 – III ZR 255/68, BGHZ 56, 47, 49 ff.; BGH v. 30.1.1951 – V BLw 36/50, LM § 2038 BGB Nr. 1; OLG Karlsruhe v. 15.4.1994 – 15 U 143/93, GmbHR 1995, 824, 826. Näheres dazu *Gergen*, in: MünchKomm. BGB, § 2038 BGB Rdnr. 51 ff. m.w.N. Eb. für Not- und Eilfälle BGH v. 14.12.1967 – II ZR 30/67, BGHZ 49, 183, 193, wo jedoch im Übrigen Bedenken geäußert werden. – Zu Maßnahmen ordnungsgemäßer Verwaltung *J. Schmidt*, NZG 2015, 1049, 1052 f.; *Schürnbrand*, NZG 2016, 241, 242 ff.; anders *Raue*, GmbHR 2015, 121 (mit einem unternehmensbezogenen, an § 116 HGB orientierten Ansatz).

18 Vgl. *Lange*, GmbHR 2013, 113, 117.

19 BGH v. 14.12.1967 – II ZR 30/67, BGHZ 49, 183, 191; *Lange*, GmbHR 2013, 113, 118; *Schürnbrand*, NZG 2016, 241, 244.

20 *Löbbe*, in: Ulmer/Habersack/Löbbe, Rdnr. 7 u. § 15 Rdnr. 38; *Fastrich*, in: Baumbach/Hueck, § 15 Rdnr. 11; *Ebbing*, in: Michalski u.a., § 15 Rdnr. 14 f.; *D. Jasper/Wollbrink*, in: MünchHdb. III, § 25 Rdnr. 21, 27.

21 Eb. *Karsten Schmidt*, GesR, § 35 II 3, S. 1052 (mit weiteren Beispielen); zust. *Löbbe*, in: Ulmer/Habersack/Löbbe, § 15 Rdnr. 38; *Ebbing*, in: Michalski u.a., § 15 Rdnr. 16; zweifelnd *Altmeppen*, in: Roth/Altmeppen, Rdnr. 9.

Abs. 1 Satz 1 BGB durch Anwachsung (Rdnr. 7a). Der Rechtsübergang kann deshalb nicht statutarisch von „weiteren Voraussetzungen" i.S. des § 15 Abs. 5 abhängig gemacht werden[22]. Unzulässig ist es auch, die Befugnis des Miterben zur Verfügung über den Nachlassanteil im Gesellschaftsvertrag zu beschränken. Die abweichende Meinung, die darauf die statutarischen Abtretungserfordernisse für Geschäftsanteile anwenden will[23], verkennt, dass der Anteil an dem (überdies meist nicht auf den Geschäftsanteil beschränkten) Nachlass nicht der gesellschaftlichen Bindung unterworfen werden kann und eine vom Gesellschaftsvertrag für ihn vorgesehene Verfügungsbeschränkung nach § 137 Satz 1 BGB nichtig ist. Das zugrunde liegende Verpflichtungsgeschäft unterliegt der jeweiligen Formvorschrift (z.B. § 518 Abs. 1 BGB), nicht aber § 15 Abs. 4, denn die Verpflichtung bezieht sich nicht auf die Übertragung des Geschäftsanteils, sondern auf die Übertragung des Nachlassanteils. Entsprechend kommt eine Heilung durch die (formwirksame) Übertragung nur in Betracht, wenn das Gesetz wie bei § 518 Abs. 2 BGB, eine solche Heilungsmöglichkeit vorsieht; § 15 Abs. 4 Satz 2 greift nicht. Vorkehrungen gegen die Beteiligung unerwünschter Personen lassen sich daher auch bei der Erbengemeinschaft nur in der in Rdnr. 7a beschriebenen Art treffen. Der Erblasser kann die Verfügung über den Nachlassanteil ebenfalls nicht beschränken (§ 137 Satz 1 BGB).

10   cc) Das Gesamtgut der **ehelichen Gütergemeinschaft** wird, wenn der Ehevertrag nichts anderes bestimmt, durch die Ehegatten gemeinschaftlich verwaltet, § 1421 BGB (s. § 15 Rdnr. 241). Gehört zum Gesamtgut ein Geschäftsanteil, so sind für das Verhältnis zur GmbH die Vorschriften des § 18 Abs. 1, 3 maßgebend[24]. Die Verwaltung kann durch den Ehevertrag auch einem Ehegatten übertragen sein (§ 1421 Satz 1 BGB), der dann gegenüber der GmbH allein zur Vertretung berechtigt ist; für einzelne Geschäfte bedarf er jedoch der Zustimmung des anderen Ehegatten (s. § 15 Rdnr. 241).

11   Der **Anteil eines Ehegatten am Gesamtgut** kann auch mit Zustimmung des anderen nicht abgetreten werden (§ 1419 Abs. 1 BGB). Erwirbt ein Ehegatte während des Bestehens der ehelichen Gütergemeinschaft einen Geschäftsanteil, so geht er ohne besonderen Übertragungsakt grundsätzlich in das Gesamtgut über (§ 1416 Abs. 1 Satz 2 u. Abs. 2 BGB); statutarische Abtretungsbeschränkungen ändern nichts (s. § 15 Rdnr. 241). Er kann jedoch auch **Vorbehaltsgut** sein, § 1418 Abs. 2 BGB (s. § 15 Rdnr. 241). Die Überführung von einer Vermögensmasse in die andere hat unter Beachtung der Form des § 15 Abs. 3 zu erfolgen (s. § 15 Rdnr. 93) und kann statutarisch von „weiteren Voraussetzungen" i.S. des § 15 Abs. 5 abhängig gemacht werden.

2. Mitberechtigte als Gesellschafter

12   Nach dem Wortlaut von § 18 Abs. 1 „steht ein Geschäftsanteil mehreren Mitberechtigten ungeteilt zu", was darauf hindeuten könnte, dass der Gesetzgeber davon ausging, Träger der Mitgliedschaftsrechte seien sämtliche Mitberechtigte und jeder für sich habe selbst die Gesellschaftereigenschaft[25]. Der Wortlaut von § 18 Abs. 1 ist aber auch in diesem Punkt (s. bereits

22   BGH v. 5.11.1984 – II ZR 147/83, BGHZ 92, 386, 393 = GmbHR 1985, 150, 151; *Löbbe*, in: Ulmer/Habersack/Löbbe, § 15 Rdnr. 38; *Fastrich*, in: Baumbach/Hueck, § 15 Rdnr. 11; *Reichert/Weller*, in: MünchKomm. GmbHG, Rdnr. 33; *Altmeppen*, in: Roth/Altmeppen, Rdnr. 9; *D. Jasper/Wollbrink*, in: MünchHdb. III, § 25 Rdnr. 26 f.; *Vogel*, GmbHR 1971, 134 f.

23   *Feine*, S. 377; *Däubler*, S. 23; *Priester*, GmbHR 1981, 206, 207 m.w.N.

24   *Feine*, S. 399; *Löbbe*, in: Ulmer/Habersack/Löbbe, Rdnr. 8; *Fastrich*, in: Baumbach/Hueck, Rdnr. 2; *Ebbing*, in: Michalski u.a., Rdnr. 21; *Reichert/Weller*, in: MünchKomm. GmbHG, Rdnr. 35 ff.; *Altmeppen*, in: Roth/Altmeppen, Rdnr. 2; *Bayer*, in: Lutter/Hommelhoff, Rdnr. 2; *Pentz*, in: Rowedder/Schmidt-Leithoff, Rdnr. 9 f.; *Apfelbaum*, MittBayNot 2006, 185, 193; einschr. *Haegele*, GmbHR 1968, 98; a.M. *Brodmann*, Anm. 1, jedoch ohne Begründung.

25   So BGH v. 3.11.1980 – II ZB 1/79, BGHZ 78, 311, 313 = GmbHR 1981, 188; *Pentz*, in: Rowedder/Schmidt-Leithoff, Rdnr. 5; *Brodmann*, Anm. 3; *Fischer*, ZGR 1979, 251, 256.

Rdnr. 3) sprachlich nicht eindeutig. Vielmehr kommt es darauf an, **ob die Bruchteilsgemeinschaft oder Gesamthandsgemeinschaft dank rechtlicher Verselbständigung Zuordnungssubjekt der Gesellschaftereigenschaft** sein kann[26]. Dies ist aber weder bei Bruchteilsgemeinschaften noch bei den Gesamthandsgemeinschaften der Fall, die § 18 unterliegen (also bei der Innen-GbR, der ehelichen Gütergemeinschaft und der Erbengemeinschaft). Daher sind die Mitberechtigten i.S. von § 18 Gesellschafter[27], allerdings eben verpflichtet, die Mitgliedschaftsrechte, also insbesondere das Stimmrecht, die Informationsrechte, das Recht zur Anfechtung von Gesellschafterbeschlüssen, die Befugnis zur Einberufung von Gesellschafterversammlungen und zur Stellung von Anträgen etc. (Rdnr. 23) nur gemeinschaftlich und einheitlich auszuüben (vgl. § 18 Abs. 1). Den einzelnen Mitberechtigten kann allerdings das Teilnahmerecht bei Gesellschafterversammlungen zustehen[28], wenn die Bruchteilsgemeinschaft oder Gesamthandsgemeinschaft keinen gemeinsamen Vertreter bestellt hat[29].

Von der Frage, ob die Mitberechtigten i.S. von § 18 als Gesellschafter der GmbH, und damit als Träger der Mitgliedschaftsrechte anzusehen sind, ist die Frage zu trennen, ob sie im Hinblick auf **Satzungsbestimmungen** entsprechend § 17 Abs. 3 a.F. („Veräußerung von Teilen eines Geschäftsanteils an andere Gesellschafter") sowie auf Vinkulierungsklauseln i.S. von § 15 Abs. 5, die Anteilsübertragung an Mitgesellschafter privilegieren, **als „Gesellschafter" gelten**. Das ist durch Satzungsauslegung zu ermitteln. So fällt eine Abtretung eines Teilgeschäftsanteils an den Mitberechtigten in der Regel nicht unter die neue statutarische Befreiung vom Genehmigungserfordernis für „die Veräußerung an anderen Gesellschafter", und zwar unabhängig davon, ob es sich um eine Personenhandelsgesellschaft, eine andere Gesamthandsgemeinschaft oder eine Bruchteilsgemeinschaft handelt[30]. Bei einer statutarischen Vinkulierung gibt es allerdings keine Auslegungsregel dahingehend, dass die Mitberechtigten i.S. des § 18 im Zweifel zum Gesellschafterkreis dazugehören[31]. Die Mitberechtigten sind als solche in der Gesellschafterliste gemäß § 40 anzugeben[32]. Im Verhältnis zur Gesellschaft gilt § 16 Abs. 1.

3. Beendigung der Mitberechtigung

Die Mitberechtigung endet, wenn bei der Auseinandersetzung der Gemeinschaft (§§ 731 ff., 752 ff., 1471 ff., 2042 ff. BGB) oder auch vorher der Geschäftsanteil an einen Mitberechtigten oder einen Dritten übertragen wird oder wenn Teilgeschäftsanteile gebildet und diese übertragen werden. Die vorgenannten Übertragungen bedürfen alle der Form des § 15 Abs. 3 (s.   13

---

26 Eb. *Löbbe*, in: Ulmer/Habersack/Löbbe, Rdnr. 9.
27 So *Löbbe*, in: Ulmer/Habersack/Löbbe, Rdnr. 9; *Reichert/Weller*, in: MünchKomm. GmbHG, Rdnr. 42; *Pentz*, in: Rowedder/Schmidt-Leithoff, Rdnr. 5; *Brodmann*, Anm. 3; *Fischer*, ZGR 1979, 251, 256; a.M. noch *Winter*, 9. Aufl., Rdnr. 12.
28 *Reichert/Weller*, in: MünchKomm. GmbHG, Rdnr. 42 f.; *Bayer*, in: Lutter/Hommelhoff, Rdnr. 4; *Pentz*, in: Rowedder/Schmidt-Leithoff, Rdnr. 5; *J. Schmidt*, NZG 2015, 1049, 1050; *Schürnbrand*, NZG 2016, 241, 244.
29 In diese Richtung auch *Reichert/Weller*, in: MünchKomm. GmbHG, Rdnr. 43; a.A. *Bayer*, in: Lutter/Hommelhoff, Rdnr. 4, 12 (keine Verdrängung des Teilnahmerechts); *J. Schmidt*, NZG 2015, 1049, 1050; wohl auch *Schürnbrand*, NZG 2016, 241, 244; differenzierend *Ebbing*, in: Michalski u.a., Rdnr. 47.
30 So zu § 17 Abs. 3 a.F. *Feine*, S. 404; *Jasper*, in: MünchHdb. III, 3. Aufl., § 24 Rdnr. 21. Nach *Löbbe*, in: Ulmer/Habersack/Löbbe, Rdnr. 10 ist zwischen Bruchteils- und Gesamthandsgemeinschaft zu unterscheiden, während die h.M. die Gesellschaftereigenschaft lediglich für Mitglieder einer Personenhandelsgesellschaft verneint; *Brodmann*, Anm. 3; *Meyer-Landrut*, Rdnr. 6 (beide mit Ausnahme von OHG u. KG); vgl. für die Erbengemeinschaft auch BGH v. 28.1.1960 – II ZR 236/57, BGHZ 32, 35, 39 = GmbHR 1960, 88.
31 A.A. bzgl. Bruchteilseignern *Löbbe*, in: Ulmer/Habersack/Löbbe, Rdnr. 10.
32 OLG Hamm v. 18.11.1974 – 15 Wx 111/74, BB 1975, 292, 293 (zur Erbengemeinschaft); *Löbbe*, in: Ulmer/Habersack/Löbbe, Rdnr. 11; *Reichert/Weller*, in: MünchKomm. GmbHG, Rdnr. 45.

§ 15 Rdnr. 78, 93). Zur realen Teilung des Geschäftsanteils ist ein Gesellschafterbeschluss erforderlich (vgl. 10. Aufl., Erl. zu § 17 a.F. u. 11. Aufl., Erl. zu § 46). Ist die Teilung nicht möglich und wird außerdem die statutarisch vorgeschriebene Genehmigung zur Abtretung (§ 15 Abs. 5) des ganzen Geschäftsanteils verweigert, so kann die Aufhebung der Gemeinschaft nur durch Versteigerung unter den Teilhabern erfolgen, die durch die Satzung nicht ausgeschlossen werden kann (§ 753 Abs. 1 Satz 2 BGB). Der GmbH gegenüber hat die Auseinandersetzung nur dann Wirkung, wenn die neuen Gesellschafter gemäß § 16 in die Gesellschafterliste eingetragen sind (s. § 16 Rdnr. 16 ff.).

14 Auch **ohne Übertragung** kann die Mitberechtigung enden, wenn bei einer Personenhandelsgesellschaft oder einer Gesellschaft bürgerlichen Rechts durch das Ausscheiden der übrigen Gesellschafter und bei einer Erbengemeinschaft durch die Veräußerung der Anteile am Nachlass dem verbleibenden Mitberechtigten die alleinige Inhaberschaft am Geschäftsanteil zuwächst[33]. Der Inhaberwechsel ist auch in diesem Falle gemäß § 16 einzutragen (s. § 16 Rdnr. 16)[34].

15 Im Falle des rechtsgeschäftlichen Übergangs des (ganzen oder geteilten) Geschäftsanteils ist die (bisherige) Gemeinschaft Rechtsvorgängerin des Erwerbers, die bis zu dessen **Eintragung** (**§ 16 Abs. 1**) der GmbH gegenüber als berechtigte und verpflichtete (§ 18 Abs. 2) Gesellschafterin gilt, nach Eintragung des Erwerbers aber für die auf den Geschäftsanteil rückständigen Leistungen weiter pflichtig bleibt (§ 16 Abs. 2) und auch in einem gegen den Erwerber etwa eingeleiteten Kaduzierungsverfahren als Rechtsvorgängerin gemäß §§ 22, 18 Abs. 2 rückgriffspflichtig ist.

4. Keine Mitberechtigung

16 Eine Mitberechtigung i.S. von § 18 liegt nicht vor, wenn eine juristische Person, eine Personenhandelsgesellschaft, eine EWIV, eine Partnerschaftsgesellschaft, eine Außen-GbR oder ein nichtrechtsfähiger Verein (Rdnr. 3a) Anteilsinhaberin ist. Dies gilt auch für Vorgesellschaften, die Geschäftsanteile halten[35]. Ebenso wenig stellen die Unterbeteiligung am Geschäftsanteil (s. § 15 Rdnr. 224) und der Nießbrauch oder das Pfandrecht eine solche Mitberechtigung dar[36].

III. Rechtsausübung der Mitberechtigten (§ 18 Abs. 1)

1. Gemeinschaftliche Ausübung

17 Die Mitberechtigten können die Rechte aus dem Geschäftsanteil nur gemeinschaftlich ausüben (§ 18 Abs. 1). Das Gesetz will damit die einheitliche Ausübung der Gesellschafterrechte sicherstellen[37], die Gesellschaft vor Streitigkeiten unter den Mitberechtigten schützen und

---

33 Vgl. BGH v. 19.5.1960 – II ZR 72/59, BGHZ 32, 307, 314 ff.; BGH v. 13.12.1965 – II ZR 10/64, NJW 1966, 827 (zur GbR).
34 Eb. *Löbbe*, in: Ulmer/Habersack/Löbbe, Rdnr. 17; *Ebbing*, in: Michalski u.a., Rdnr. 36; *Reichert/Weller*, in: MünchKomm. GmbHG, Rdnr. 40; *Altmeppen*, in: Roth/Altmeppen, Rdnr. 4 f., 7; *Pentz*, in: Rowedder/Schmidt-Leithoff, Rdnr. 4.
35 *Reichert/Weller*, in: MünchKomm. GmbHG, Rdnr. 40; *Altmeppen*, in: Roth/Altmeppen, Rdnr. 4 f., 7; *Pentz*, in: Rowedder/Schmidt-Leithoff, Rdnr. 4.
36 *Löbbe*, in: Ulmer/Habersack/Löbbe, Rdnr. 2; *Ebbing*, in: Michalski u.a., Rdnr. 7; *Fastrich*, in: Baumbach/Hueck, Rdnr. 2; *Altmeppen*, in: Roth/Altmeppen, Rdnr. 7; *Bayer*, in: Lutter/Hommelhoff, Rdnr. 2; *Pentz*, in: Rowedder/Schmidt-Leithoff, Rdnr. 4; *Reichert/Weller*, in: MünchKomm. GmbHG, Rdnr. 10.
37 Vgl. BGH v. 14.12.1967 – II ZR 30/67, BGHZ 49, 183, 191; BGH v. 12.6.1989 – II ZR 246/88, BGHZ 108, 21, 31 = GmbHR 1989, 329; OLG Stuttgart v. 9.9.2014 – 14 U 9/14, GmbHR 2015, 192, 193;

damit zugleich Rechtsklarheit für die Gesellschaft gewährleisten[38]. Kann nach dem einschlägigen Gemeinschaftsrecht nur eine bestimmte Person mit Wirkung für die Mitberechtigten handeln, so bewendet es dabei. Die Verwaltungs- und Verfügungsbefugnisse des Testamentsvollstreckers, Nachlassverwalters und Nachlassinsolvenzverwalters schließen, soweit sie reichen (s. § 15 Rdnr. 248 ff.), eine Mitwirkung der Miterben an der Rechtsausübung aus (§§ 1984 Abs. 1, 2211 Abs. 1 BGB, §§ 80 f. InsO). Entsprechendes gilt für die eheliche Gütergemeinschaft, wenn die Verwaltung des Gesamtguts durch den Ehevertrag einem Ehegatten übertragen worden ist, § 1421 Satz 1 BGB[39]. Ebenso liegt es, wenn in einer Innen-GbR einem Gesellschafter durch den Gesellschaftsvertrag oder durch Beschluss die Geschäftsführung und Vertretung übertragen worden ist (§§ 710, 714 BGB; zur Legitimation s. Rdnr. 21). – Ein Treuhandvertrag, demzufolge ein Teil eines Geschäftsanteils – ohne Teilung – treuhänderisch für einen Treugeber gehalten und das Stimmrecht sowie weitere Gesellschafterrechte hieraus durch den Treuhänder nur mit Zustimmung des Treugebers (und daher vom übrigen Teil des Geschäftsanteils unterschiedlich) ausgeübt werden soll(en), ist wegen Verstoßes gegen das Prinzip der einheitlichen Abstimmung aus einem Geschäftsanteil nichtig (§ 134 BGB)[40].

Bei einer **Mitberechtigung derselben Personen an mehreren Geschäftsanteilen** ist § 18 für jeden gesondert anzuwenden[41]. Die Formen der gemeinschaftlichen Rechtsausübung (Rdnr. 20) brauchen nicht übereinzustimmen. Auch eine uneinheitliche Abstimmung mit den verschiedenen Geschäftsanteilen ist zulässig (s. 11. Aufl., bei § 47 Rdnr. 72). **18**

Die Vorschrift des § 18 Abs. 1 ist **nicht zwingend**[42]. Dies ist ein wesentlicher Unterschied zu ihrer jüngeren Parallelvorschrift § 69 Abs. 1 AktG[43]. Der Gesellschaftsvertrag kann abweichende Bestimmungen über die Rechtsausübung gegenüber der GmbH treffen, insbesondere, was zur Vermeidung von Unklarheiten und Beeinträchtigungen des Gesellschaftslebens im Interesse der GmbH zweckmäßig ist, die Notwendigkeit der Rechtsausübung durch einen gemeinsamen Vertreter vorschreiben und nähere Bestimmungen über seine Person (z.B. Beschränkung auf Mitberechtigte) treffen[44]. Die internen Rechtsverhältnisse der Gemeinschaft und, soweit es nicht um die Einschränkung oder den Ausschluss der Abtretbarkeit des Geschäftsanteils (s. § 15 Rdnr. 107 ff.) oder um dessen Teilung (§ 46 Nr. 4) geht, ihr Verhältnis zu Dritten kann er dagegen nicht regeln[45]. **19**

Altmeppen, in: Roth/Altmeppen, Rdnr. 12, die sich aber zu Unrecht auf diesen Aspekt beschränken; auch: *J. Schmidt*, NZG 2015, 1049, 1049 und 1051.

38 OLG Karlsruhe v. 15.4.1994 – 15 U 143/93, GmbHR 1995, 824, 826; *Löbbe*, in: Ulmer/Habersack/Löbbe, Rdnr. 19; *Fastrich*, in: Baumbach/Hueck, Rdnr. 1; *Reichert/Weller*, in: MünchKomm. GmbHG, Rdnr. 2; *Lange*, GmbHR 2013, 113, 114. -Zu Unsicherheiten bei sog. mittelbar einheitlicher Rechtsausübung *Schürnbrand*, NZG 2016, 241, 242 f.

39 *Löbbe*, in: Ulmer/Habersack/Löbbe, Rdnr. 25; *Pentz*, in: Rowedder/Schmidt-Leithoff, Rdnr. 9; *Ebbing*, in: Michalski u.a., Rdnr. 50.

40 LG Berlin v. 13.1.2010 – 105 O 42/09, GmbHR 2010, 875.

41 Eb. *Löbbe*, in: Ulmer/Habersack/Löbbe, Rdnr. 2; *Reichert/Weller*, in: MünchKomm. GmbHG, Rdnr. 13.

42 *Löbbe*, in: Ulmer/Habersack/Löbbe, Rdnr. 20; *Ebbing*, in: Michalski u.a., Rdnr. 59; *Fastrich*, in: Baumbach/Hueck, Rdnr. 1 a.E., 6; *Bayer*, in: Lutter/Hommelhoff, Rdnr. 4; *Pentz*, in: Rowedder/Schmidt-Leithoff, Rdnr. 10.

43 Allg. M., vgl. nur *Bayer*, in: MünchKomm. AktG, § 69 AktG Rdnr. 3; *Koch*, in: Hüffer/Koch, § 69 AktG Rdnr. 1.

44 *Löbbe*, in: Ulmer/Habersack/Löbbe, Rdnr. 20; *Fastrich*, in: Baumbach/Hueck, Rdnr. 6; *Bayer*, in: Lutter/Hommelhoff, Rdnr. 4, 10; *Pentz*, in: Rowedder/Schmidt-Leithoff, Rdnr. 10; s. auch BGH v. 17.10.1988 – II ZR 18/88, GmbHR 1989, 120, 121 u. *Karsten Schmidt*, ZHR 146 (1982), 526 ff.

45 So bereits *Wiedemann*, GmbHR 1969, 247, 250; vgl. auch *Löbbe*, in: Ulmer/Habersack/Löbbe, Rdnr. 2 a.E., 19; *Reichert/Weller*, in: MünchKomm. GmbHG, Rdnr. 54; *Ebbing*, in: Michalski u.a., Rdnr. 60; weiter einschr. *Altmeppen*, in: Roth/Altmeppen, Rdnr. 15.

2. Durchführung

20 Die gemeinschaftliche Ausübung der Rechte aus dem Geschäftsanteil kann nach § 18 Abs. 1 entweder so erfolgen, dass **alle Beteiligten** durch übereinstimmendes Handeln unmittelbar **mitwirken**, oder so, dass sie einen **gemeinsamen Vertreter** bestellen und durch ihn handeln[46]. Vorbehaltlich einer abweichenden Regelung im Gesellschaftsvertrag (Rdnr. 19) kann letzteres aber durch die **GmbH nicht verlangt werden**; eine Ausnahme gilt bei Unzumutbarkeit der Mitwirkung aller. Die Rechtsausübung durch eine Mehrheit der Mitberechtigten oder durch einzelne Mitberechtigte ist dagegen, auch wenn das einschlägige Gemeinschaftsrecht sie zulässt (§§ 744 Abs. 2, 745 Abs. 1 Satz 1, 2038 Abs. 1 Satz 2 Halbsatz 2 u. Abs. 2, 2039 BGB; vgl. dazu Rdnr. 5, 8), nach § 18 Abs. 1 gegenüber der GmbH unwirksam, es sei denn, dass die übrigen Mitberechtigten die Maßnahme als eine solche der Gemeinschaft billigen oder, soweit möglich (§§ 174, 180 BGB), später genehmigen (§ 184 BGB)[47]. Die abweichende Rechtsprechung und herrschende Meinung, die die Wahrnehmung der Gesellschafterrechte durch einen Teil der Mitberechtigten in diesen Fällen gestatten will[48], ist mit dem Wortlaut und Zweck des Gesetzes unvereinbar. Zwar macht sie zu Recht geltend, dass § 18 keine minderheitenschützende Dimension besitzt und die hier vertretene Auffassung ein erhebliches Obstruktionspotential mit sich bringt[49]. Allerdings bürdet sie der Gesellschaft u.U. beträchtliche Unsicherheiten über die Berechtigung und Wirksamkeit des Handelns der vermeintlich nach Innenrecht Legitimierten sowie erhebliche Behinderungen ihrer Tätigkeit auf, die die Vorschrift des § 18 Abs. 1 gerade verhindern soll (Rdnr. 1, 17). Insbesondere vor dem Hintergrund, dass es den Gesellschaftern freisteht, § 18 Abs. 1 abzubedingen und durch eine abweichende Satzungsregel zu ersetzen (Rdnr. 19), besteht für eine rechtspolitische Korrektur der Vorschrift kein Bedürfnis.

21 Der **gemeinsame Vertreter**, der ein Mitberechtigter oder ein Dritter sein kann, wird nach Maßgabe des einschlägigen Gemeinschaftsrechts bestellt. Hierfür kann also auch ein **Mehrheitsbeschluss** genügen, wenn er Vertretungsmacht für alle Mitberechtigten begründet[50]. Die Bestellung ist, wenn das Gemeinschaftsrecht nichts anderes vorsieht, **formlos** möglich[51]; für die Stimmrechtsvollmacht gilt aber § 47 Abs. 3 (s. 11. Aufl., bei § 47 Rdnr. 89). Die Vertretungsmacht braucht nicht umfassend zu sein, sondern kann in gegenständlicher und zeitlicher Hinsicht beschränkt sein[52]. Auch Gesamtvertretungsmacht mehrerer ist zuläs-

---

46 BGH v. 14.12.1967 – II ZR 30/67, BGHZ 49, 183, 191; BayObLG v. 28.8.1997 – 3Z BR 1/97, BB 1997, 2546, 2547 = GmbHR 1997, 1002; *Feine*, S. 400; *Löbbe*, in: Ulmer/Habersack/Löbbe, Rdnr. 18; *Fastrich*, in: Baumbach/Hueck, Rdnr. 4 f.; *Wicke*, Rdnr. 6; *Pentz*, in: Rowedder/Schmidt-Leithoff, Rdnr. 10.

47 *Brodmann*, Anm. 2; *Ebbing*, in: Michalski u.a., Rdnr. 44.

48 BGH v. 12.6.1989 – II ZR 246/88, BGHZ 108, 21, 31 = GmbHR 1989, 329; OLG Karlsruhe v. 15.4.1994 – 15 U 143/93, GmbHR 1995, 824, 826; Thüringer OLG v. 18.4.2012 – 2 U 523/11, ZEV 2012, 493, 495; Thüringer OLG v. 25.4.2012 – 2 U 520/11, GmbHR 2013, 149, 151; OLG Karlsruhe v. 16.12.2013 – 7 W 76/13, GmbHR 2014, 254, 256; OLG Stuttgart v. 9.9.2014 – 14 U 9/14, GmbHR 2015, 192, 193; *Wiedemann*, GmbHR 1969, 247, 249; *Altmeppen*, in: Roth/Altmeppen, Rdnr. 14; *Bayer*, in: Lutter/Hommelhoff, Rdnr. 5; *Löbbe*, in: Ulmer/Habersack/Löbbe, Rdnr. 23; *Karsten Schmidt*, in: MünchKomm. BGB, §§ 744, 745 BGB Rdnr. 10; *Schürnbrand*, NZG 2016, 241, 242.

49 Ausf. *Reichert/Weller*, in: MünchKomm. GmbHG, Rdnr. 60; *Löbbe*, in: Ulmer/Habersack/Löbbe, Rdnr. 23; *J. Schmidt*, NZG 2015, 1049, 1051.

50 BGH v. 14.12.1967 – II ZR 30/67, BGHZ 49, 183, 191 ff.; OLG Nürnberg v. 16.7.2014 – 12 U 2267/12, GmbHR 2014, 1147, 1149; OLG Stuttgart v. 9.9.2014 – 14 U 9/14, GmbHR 2015, 192, 193; *Fastrich*, in: Baumbach/Hueck, Rdnr. 5; *Altmeppen*, in: Roth/Altmeppen, Rdnr. 15; *Reichert/Weller*, in: MünchKomm. GmbHG, Rdnr. 76; *Bayer*, in: Lutter/Hommelhoff, Rdnr. 11; *Pentz*, in: Rowedder/Schmidt-Leithoff, Rdnr. 15 ff.

51 *Vogel*, Anm. 2; *Löbbe*, in: Ulmer/Habersack/Löbbe, Rdnr. 26; *Fastrich*, in: Baumbach/Hueck, Rdnr. 5; *Altmeppen*, in: Roth/Altmeppen, Rdnr. 15; *Reichert/Weller*, in: MünchKomm. GmbHG, Rdnr. 75.

52 *Löbbe*, in: Ulmer/Habersack/Löbbe, Rdnr. 27; *Pentz*, in: Rowedder/Schmidt-Leithoff, Rdnr. 13.

sig[53]. Der Gesellschaftsvertrag kann besondere Anforderungen oder Qualifikationen an die Person des Vertreters stellen; auch kann der Gesellschaftsvertrag bestimmte Personen(kreise) als gemeinsamer Vertreter ausschließen (z.B. Wettbewerber, Arbeitnehmer, Kunden, Kreditgeber)[54]. Nach dem Schutzzweck des § 18 Abs. 1 (Rdnr. 1) ist entgegen der herrschenden Meinung anzunehmen, dass die Vertreterbestellung der GmbH gegenüber nur wirkt, wenn der Vertreter sich ausreichend als solcher legitimieren kann oder wenn die Mitberechtigten sie (§ 16 Abs. 1 a.F. analog) angemeldet haben[55]. Das Vorhandensein eines gemeinsamen Vertreters schließt die unmittelbare gemeinsame Rechtsausübung durch die Mitberechtigten nur aus, wenn das einschlägige Gemeinschaftsrecht oder der Gesellschaftsvertrag dies bestimmt[56]. Für den *Widerruf* der Bestellung gelten die vorstehenden Grundsätze sinngemäß; auch er ist der Gesellschaft in hinreichender Form bekanntzumachen oder (§ 16 Abs. 1 a.F. analog) anzumelden.

Die **Klage** nur eines Mitberechtigten ist unbegründet[57]. Klagen sie sämtlich, so sind sie notwendige Streitgenossen nach § 62 ZPO[58]. Gibt einer der Mitberechtigten zugleich für die übrigen eine Willenserklärung ab, ohne Vollmacht von ihnen zu haben, so wird seine Erklärung durch nachfolgende Genehmigung seitens der übrigen wirksam, und zwar rückwirkend auf den Zeitpunkt, in dem die Willenserklärung abgegeben wurde (§ 184 BGB)[59]. Bei einseitigen Rechtsgeschäften oder rechtsgeschäftsähnlichen Handlungen ist § 180 BGB anwendbar. Ist kein Vertreter bestellt und erfolgt keine Einigung, so kann das gemeinschaftliche Recht nicht ausgeübt werden; dies gilt z.B. vom Stimmrecht, wenn die Teilhaber über einheitliche Abstimmung sich nicht einigen können[60]. (zur Unzulässigkeit einer uneinheitlichen Stimmabgabe s. 11. Aufl., bei § 47 Rdnr. 63 ff.). 22

3. Rechte aus dem Geschäftsanteil

„Rechte aus dem Geschäftsanteil" sind sowohl die gesellschaftlichen **Mitverwaltungsrechte** (Ausübung des Stimmrechts, Ausübung von Informationsrechten, Anfechtung gefasster Gesellschafterbeschlüsse, Befugnis zur Einberufung von Gesellschafterversammlungen und zur Stellung von Anträgen usw.), ferner besondere **statutarische Rechte oder Sonderrechte** (z.B. auf Ernennung eines Geschäftsführers oder Aufsichtsratsmitglieds) und die reinen **Ver-** 23

---

53 *Löbbe*, in: Ulmer/Habersack/Löbbe, Rdnr. 27; *Fastrich*, in: Baumbach/Hueck, Rdnr. 5 a.E.; *Pentz*, in: Rowedder/Schmidt-Leithoff, Rdnr. 13; *Reichert/Weller*, in: MünchKomm. GmbHG, Rdnr. 81; *Ebbing*, in: Michalski u.a., Rdnr. 56.

54 Eb. *Löbbe*, in: Ulmer/Habersack/Löbbe, Rdnr. 25; *Reichert/Weller*, in: MünchKomm. GmbHG, Rdnr. 68; *Ebbing*, in: Michalski u.a., Rdnr. 57.

55 Wie hier *Feine*, S. 400; *Ebbing*, in: Michalski, Rdnr. 51; a.M. *Löbbe*, in: Ulmer/Habersack/Löbbe, Rdnr. 26; *Fastrich*, in: Baumbach/Hueck, Rdnr. 5; *Altmeppen*, in: Roth/Altmeppen, Rdnr. 15; *Pentz*, in: Rowedder/Schmidt-Leithoff, Rdnr. 13; *Bayer*, in: Lutter/Hommelhoff, Rdnr. 11; *Raue*, GmbHR 2015, 121, 127; *J. Schmidt*, NZG 2015, 1049, 1055.

56 Thüringer OLG v. 18.4.2012 – 2 U 523/11, ZEV 2012, 493, 495; Thüringer OLG v. 25.4.2012 – 2 U 520/11, GmbHR 2013, 149, 151; *Löbbe*, in: Ulmer/Habersack/Löbbe, Rdnr. 28; *Bayer*, in: Lutter/Hommelhoff, Rdnr. 12. Weitergehend *Brodmann*, Anm. 4; *Reichert/Weller*, in: MünchKomm. GmbHG, Rdnr. 82.

57 *Bayer*, in: Lutter/Hommelhoff, Rdnr. 4; *Fastrich*, in: Baumbach/Hueck, Rdnr. 4; abw. BGH v. 12.6.1989 – II ZR 246/88, BGHZ 108, 21, 30 = GmbHR 1989, 329 unter unzutreffender Berufung auf § 2038 Abs. 1 Satz 2 Halbsatz 2 BGB (s. dazu Rdnr. 20); abw. insbes. für die Anfechtungsklage *Ebbing*, in: Michalski u.a., Rdnr. 45.

58 OLG Nürnberg v. 16.7.2014 – 12 U 2267/12, GmbHR 2014, 1147, 1149.

59 Eb. *Löbbe*, in: Ulmer/Habersack/Löbbe, Rdnr. 24; *Fastrich*, in: Baumbach/Hueck, Rdnr. 4; *Altmeppen*, in: Roth/Altmeppen, Rdnr. 12; *Reichert/Weller*, in: MünchKomm. GmbHG, Rdnr. 56.

60 *Pentz*, in: Rowedder/Schmidt-Leithoff, Rdnr. 6; *Löbbe*, in: Ulmer/Habersack/Löbbe, Rdnr. 23; *Reichert/Weller*, in: MünchKomm. GmbHG, Rdnr. 55; *Bayer*, in: Lutter/Hommelhoff, Rdnr. 6.

mögensrechte (auf Auszahlung des Gewinnanteils und der Liquidationsquote)[61]. Auch die Kündigung der Mitgliedschaft, der Austritt, die Zustimmung zur Einziehung u.ä. werden erfasst; soweit ein gemeinsamer Vertreter bestellt ist, kann in diesen Fällen wie auch bei verfügungsähnlich wirkenden Stimmabgaben eine Zustimmung der übrigen Mitberechtigten erforderlich sein (z.B. nach §§ 1423, 1425 BGB).

4. Verhältnis zur Gesellschaft

24 Der § 18 regelt nur das Verhältnis zur Gesellschaft[62]. Die Rechte der Mitberechtigten untereinander und ihre Rechtsausübung den anderen Gesellschaftern und Dritten gegenüber berührt die Vorschrift dagegen nicht (Rdnr. 2, 5 ff.).

IV. Haftung der Mitberechtigten (§ 18 Abs. 2)

1. Gesamtschuldner

25 Die Mitberechtigten haften der GmbH solidarisch, d.h. als Gesamtschuldner nach § 421 BGB. Das gilt für alle dem § 18 unterliegenden Gemeinschaftsverhältnisse (Rdnr. 3 ff.), auch für die Bruchteilsgemeinschaft (§§ 741 ff. BGB)[63], kraft zwingenden Rechts. Die Haftung kann deshalb auch weder durch die Satzung der GmbH noch durch rechtsgeschäftliche Regelung der Mitberechtigten untereinander, z.B. durch eine Beschränkung der Vertretungsmacht der Geschäftsführer einer BGB-Gesellschaft (§ 714 BGB), auf das Gesamthandsvermögen oder in sonstiger Weise beschränkt werden, soweit es sich um unabdingbare Verpflichtungen gegenüber der GmbH handelt[64].

a) Erbengemeinschaft

26 Die gesamtschuldnerische Haftung der Miterben, die grundsätzlich auch erbrechtlich angeordnet ist (§ 2058 BGB), gilt nach § 18 Abs. 2 gegenüber der GmbH für Pflichten aus dem gemeinschaftlichen Geschäftsanteil uneingeschränkt. Die erbrechtlichen Ausnahmen der §§ 2060, 2061 BGB sind insoweit unanwendbar[65].

27 Jeder Miterbe kann aber, wenn er erbrechtlich noch nicht unbeschränkbar haftet, bis zur Nachlassteilung die **Einrede der beschränkten Erbenhaftung** gemäß § 2059 Abs. 1 Satz 1

---

61 *Löbbe*, in: Ulmer/Habersack/Löbbe, Rdnr. 21; *Fastrich*, in: Baumbach/Hueck, Rdnr. 4; *Wicke*, Rdnr. 3; *Reichert/Weller*, in: MünchKomm. GmbHG, Rdnr. 66; *Bayer*, in: Lutter/Hommelhoff, Rdnr. 4; *Pentz*, in: Rowedder/Schmidt-Leithoff, Rdnr. 6.

62 BGH v. 14.12.1967 – II ZR 30/67, BGHZ 49, 183, 191; *Löbbe*, in: Ulmer/Habersack/Löbbe, Rdnr. 2 a.E., 19; *Fastrich*, in: Baumbach/Hueck, Rdnr. 3; *Bayer*, in: Lutter/Hommelhoff, Rdnr. 6; *Ebbing*, in: Michalski u.a., Rdnr. 42; *Reichert/Weller*, in: MünchKomm. GmbHG, Rdnr. 54.

63 *Löbbe*, in: Ulmer/Habersack/Löbbe, Rdnr. 29 f.; *Fastrich*, in: Baumbach/Hueck, Rdnr. 8; *Altmeppen*, in: Roth/Altmeppen, Rdnr. 17; *Bayer*, in: Lutter/Hommelhoff, Rdnr. 7; *Pentz*, in: Rowedder/Schmidt-Leithoff, Rdnr. 19; *Wicke*, Rdnr. 4; *Reichert/Weller*, in: MünchKomm. GmbHG, Rdnr. 86 f.

64 Vgl. BGH v. 3.11.1980 – II ZB 1/79, BGHZ 78, 311, 316 f. = GmbHR 1981, 188; OLG Hamm v. 18.12.1995 – 15 W 413/95, GmbHR 1996, 363, 364; *Flume*, in: FS Raiser, S. 27, 38; *Hohner*, NJW 1975, 718, 720; *Löbbe*, in: Ulmer/Habersack/Löbbe, Rdnr. 30; *Fastrich*, in: Baumbach/Hueck, Rdnr. 1, 8; *Reichert/Weller*, in: MünchKomm. GmbHG, Rdnr. 85; *Pentz*, in: Rowedder/Schmidt-Leithoff, Rdnr. 23; a.M. *Koch*, ZHR 146 (1982), 118, 227 ff.

65 *Feine*, S. 400; *Wiedemann*, Übertragung, S. 239; *Löbbe*, in: Ulmer/Habersack/Löbbe, Rdnr. 30; *Fastrich*, in: Baumbach/Hueck, Rdnr. 8 („allgM"); *Bayer*, in: Lutter/Hommelhoff, Rdnr. 7; *Wicke*, Rdnr. 4; *Reichert/Weller*, in: MünchKomm. GmbHG, Rdnr. 94; *Ebbing*, in: Michalski u.a., Rdnr. 66; *Pentz*, in: Rowedder/Schmidt-Leithoff, Rdnr. 20; *Däubler*, S. 21 m.w.N.

erheben[66]. Der Einwand, dass der Miterbe mit dem Erbfall in die GmbH „eintrete" und deshalb als Gesellschafter unbeschränkbar für die rückständigen Einlage- und Nachschussleistungen haften müsse[67], überzeugt nicht. Es ist keine Besonderheit des Anteilsübergangs, sondern Grundlage und Voraussetzung der Haftungsregelung des BGB, dass die Erben als Gesamtrechtsnachfolger in die vererblichen Rechtsstellungen des Erblassers „eintreten" und deshalb für die Verbindlichkeiten haften. Eine bevorzugte Behandlung der Pflichten aus dem Geschäftsanteil gegenüber anderen Nachlassverbindlichkeiten lässt sich daher mit der angeführten Erwägung nicht rechtfertigen. Die Gründe, die für die Beschränkbarkeit der Miterbenhaftung maßgebend sind, treffen vielmehr auch für die Nachlassverbindlichkeiten aus dem Geschäftsanteil solange zu, wie er von den Miterben gemeinschaftlich zum Zwecke der Nachlassabwicklung gehalten wird. Die Beschränkbarkeit der Miterbenhaftung berührt selbstverständlich nicht das Recht der GmbH, den zum Nachlass (dem haftenden Vermögen) gehörenden Geschäftsanteil wegen rückständiger Einlagen (§ 21) und, wenn der Gesellschaftsvertrag das bestimmt, wegen rückständiger Nachschüsse (§ 28 Abs. 2) zu kaduzieren oder den Abandon zu fingieren (§ 27 Abs. 1 Satz 2).

Mit der **Nachlassteilung** hört i.d.R. die Rechtsgemeinschaft der Miterben an dem Geschäfts-   28
anteil auf. Entweder wird er real unter ihnen geteilt (§ 46 Nr. 4) oder er wird einem Miterben ganz übertragen oder an einen Dritten veräußert (§ 2042 Abs. 2, §§ 752 ff. BGB). Nach der Eintragung des Erwerbers oder Teilerwerbers (§ 16 Abs. 1) haftet dieser für die zukünftig fällig werdenden Leistungen allein. Für die rückständigen Leistungen haftet er solidarisch mit den Miterben (§ 16 Abs. 2), diese jedoch u.U. nur beschränkt (§§ 1974 ff., 2063 BGB). Als Erwerber haftet der Miterbe dagegen wie jeder andere Rechtsnachfolger. Nehmen die Miterben den Geschäftsanteil von der Nachlassteilung aus, so haften sie ab diesem Zeitpunkt unbeschränkt gesamtschuldnerisch[68].

Keine Beschränkbarkeit der Haftung ist möglich, wenn die Erbengemeinschaft **nach dem**   29
Erbfall einen Geschäftsanteil durch Übernahme einer Stammeinlage oder durch Abtretung erwirbt (§ 16 Abs. 2).

b) Eheliche Gütergemeinschaft

Auch bei der ehelichen Gütergemeinschaft (§§ 1415 ff. BGB) haften die Ehegatten nach § 18   30
Abs. 2 der GmbH stets gesamtschuldnerisch für die aus dem gemeinschaftlichen Geschäftsanteil sich ergebenden Pflichten. Der Ehegatte, der das Gesamtgut nicht verwaltet, haftet also nicht nur dann persönlich (d.h. über das gesamthänderische Vermögen hinaus mit seinem Sonder- und Vorbehaltsgut) als Gesamtschuldner, wenn er gemeinschaftlich mit dem anderen oder mit dessen Zustimmung (vgl. ferner §§ 1429, 1431 BGB) eine Stammeinlage übernommen oder einen Geschäftsanteil übertragen erhalten hat, sondern in Abweichung vom bürgerlichen Recht (erg. §§ 1437 Abs. 2 Satz 1, 1480 BGB) auch dann, wenn das seitens des Gesamtgutsverwalters geschehen ist[69]. Ebenso wenig ist die Vorschrift des § 1437 Abs. 2 Satz 2 BGB über das Erlöschen der persönlichen gesamtschuldnerischen Haftung des das Gesamtgut verwaltenden Ehegatten anwendbar; seine Haftung aus § 18 Abs. 2 erlischt auch in dem von § 1437 Abs. 2 Satz 2 BGB erfassten Fall, dass die Verbindlichkeit im Verhältnis der Ehegatten

---

66   *Wiedemann*, Übertragung, S. 239; *Däubler*, S. 21; *Feine*, S. 400; *Brodmann*, Anm. 3; *Fastrich*, in: Baumbach/Hueck, Rdnr. 8; *Altmeppen*, in: Roth/Altmeppen, Rdnr. 17; *Ebbing*, in: Michalski u.a., Rdnr. 66; *Löbbe*, in: Ulmer/Habersack/Löbbe, Rdnr. 30; *Wicke*, Rdnr. 4; *Reichert/Weller*, in: MünchKomm. GmbHG, Rdnr. 89; *Bayer*, in: Lutter/Hommelhoff, Rdnr. 7; *Pentz*, in: Rowedder/Schmidt-Leithoff, Rdnr. 20.

67   So früher *Schilling/Zutt*, in: Hachenburg, 7. Aufl., Rdnr. 26 u. § 15 Anh. Rdnr. 103.

68   Eb. *Wiedemann*, S. 239; zust. *Reichert/Weller*, in: MünchKomm. GmbHG, Rdnr. 95.

69   Str., wie hier *Ebbing*, in: Michalski u.a., Rdnr. 67; *Fastrich*, in: Baumbach/Hueck, § 1 Rdnr. 37; *Verse*, in: Henssler/Strohn, Gesellschaftsrecht, Rdnr. 12; a.M. *Ulmer/Löbbe*, in: Ulmer/Habersack/Löbbe, § 2 Rdnr. 95; *Reichert/Weller*, in: MünchKomm. GmbHG, Rdnr. 96.

zueinander dem anderen Ehegatten zur Last fällt, nicht mit der Beendigung der Gütergemeinschaft, sondern sie besteht nach § 16 Abs. 2 fort für die auf den Geschäftsanteil zu erbringenden Leistungen, die zurzeit der Anmeldung der bei der Auseinandersetzung (§§ 1471 ff. BGB) erfolgten Abtretung des Geschäftsanteils oder der Teilgeschäftsanteile rückständig sind.

2. Die auf den Geschäftsanteil „zu bewirkenden Leistungen"

31 Die Gesamthaftung besteht für „die auf den Geschäftsanteil zu bewirkenden Leistungen", also für rückständige und während der Besitzzeit der Gemeinschaft fällig werdende (§ 16 Abs. 2), z.B. für etwa noch rückständige Stammeinlagen, für später einzufordernde Einlageraten, für Verpflichtung zu Nachschüssen, für die ergänzende Geldeinlagepflicht bei der Überbewertung von Sacheinlagen (§ 9), für die Haftung für andere Gesellschafter nach §§ 24, 31 Abs. 3, für die gesellschaftlichen Nebenleistungspflichten nach § 3 Abs. 2. Dem einzelnen Mitberechtigten kann auch nicht in entsprechender Anwendung des § 139 HGB ein Recht zur Kündigung der Nebenleistungspflicht für seine Person zugestanden werden[70]. Rein obligatorische Verpflichtungen, die ein Gesellschafter für sich gegenüber der GmbH übernommen hat, oder solche gesellschaftlichen Pflichten nach § 3 Abs. 2, die an die Person eines Verpflichteten gebunden sind (**höchstpersönliche Pflichten** wie z.B. Verpflichtungen zur Geschäftsführung), fallen dagegen nicht unter § 18 Abs. 2[71]. Es gilt das zu § 16 Abs. 2 Gesagte mit dem Unterschied, dass als Geschäftsanteilsinhaber dort eine Person vorausgesetzt wurde, an deren Stelle hier eine Gemeinschaft als Gesamtschuldnerschaft steht[72].

3. Haftung im Innenverhältnis

32 Die Haftung im Innenverhältnis, d.h. zwischen den Mitberechtigten, wird durch § 18 nicht geregelt. Es entscheidet ausschließlich das BGB. Nach § 426 BGB sind die Gesamtschuldner im Verhältnis zueinander zu gleichen Anteilen verpflichtet, soweit nicht aus Gesetz oder Vertrag, auch konkludent, ein anderes sich ergibt, was bei den unter § 18 fallenden Rechtsgemeinschaften (Rdnr. 3 ff.) häufig der Fall ist.

V. Rechtshandlungen der GmbH gegenüber den Mitberechtigten (§ 18 Abs. 3)

1. Zweck des § 18 Abs. 3

33 Der Zweck des § 18 Abs. 3 ist eine Erleichterung für die GmbH im Verkehr mit den Mitberechtigten (Rdnr. 1). Sie soll, wenn sie mit dem Inhaber des Geschäftsanteils zu verkehren hat, im Falle der Mitberechtigung, z.B. im Falle der Beerbung, die im Rahmen ihrer Verwaltung erforderlichen Erklärungen gegenüber einem der angemeldeten oder ihr gegenüber sonst legitimierten Mitberechtigten mit Wirkung für die Geschäftsanteilsgemeinschaft vornehmen können. Während die Gemeinschaft nur gemeinsam handeln kann, gilt im Verkehr ihr gegenüber eine Art Einzelvertretungsbefugnis, wenn nicht ein gemeinsamer Vertreter vorhanden ist (Rdnr. 35). Entsprechend anwendbar ist § 18 Abs. 3 bei Gesamtvertretung der Gemeinschaft[73]; für die eheliche Gütergemeinschaft vgl. auch § 1450 Abs. 2 BGB. Doch hat die

---

70 A.M. *Däubler*, S. 22 betr. Miterben.
71 *Löbbe*, in: Ulmer/Habersack/Löbbe, Rdnr. 29; *Fastrich*, in: Baumbach/Hueck, Rdnr. 7; *Reichert/Weller*, in: MünchKomm. GmbHG, Rdnr. 98; *Ebbing*, in: Michalski u.a., Rdnr. 62; *Altmeppen*, in: Roth/Altmeppen, Rdnr. 17.
72 Zutr. bereits *Becker*, GmbHR 1937, 218 betr. Erbengemeinschaft.
73 Eb. *Löbbe*, in: Ulmer/Habersack/Löbbe, Rdnr. 32; *Ebbing*, in: Michalski u.a., Rdnr. 73.

GmbH nur das Recht, mit Wirkung für die Gemeinschaft sich an einen der Gemeinschafter zu wenden. Sie kann auch mehreren von ihnen und allen gegenüber mit gleicher Wirkung handeln. Letzteres ist auch beim Vorhandensein eines gemeinsamen Vertreters möglich, sofern das Gesetz dies für die betreffende Gemeinschaft nicht ausschließt. Doch muss derjenige, dem gegenüber sie eine Erklärung abgibt, in der Gesellschafterliste eingetragen (§ 16 Abs. 1) oder sonst ausreichend legitimiert sein (Rdnr. 21). Der Gesellschaftsvertrag kann eine von § 18 Abs. 3 abweichende Regelung treffen[74].

2. Rechtshandlungen

Aus dem Zweck (nicht unbedingt aus dem Wortlaut) folgt, dass der Begriff „Rechtshandlun- 34 gen" nur **einseitige Rechtsgeschäfte** und rechtsgeschäftsähnliche Handlungen, nicht auch zweiseitige umfasst[75]. Es gehören hierher z.B. Mahnungen, Kündigungen, Einladungen zu Gesellschafterversammlungen, Aufforderungen zu Einzahlungen, Mängelrügen bei Sacheinlagen, Kaduzierung von Geschäftsanteilen, prozessuale Zustellungen usw., dagegen nicht Zahlungen und der Abschluss anderer Verträge[76]. Bei anderer Auslegung wäre eine Abgrenzung zwischen Abs. 1 und Abs. 3 des § 18 nicht zu finden. Die Wertungen des § 125 Abs. 2 Satz 3 HGB finden im Rahmen des § 18 Abs. 3 wegen des abweichenden Wortlauts gerade keine Anwendung[77]; es handelt sich um unterschiedliche Tatbestände. Ansprüche auf Anteil am Jahresgewinn können die Gemeinschafter nach § 18 Abs. 1 nur gemeinschaftlich geltend machen; es kann daher nicht mit Berufung auf § 18 Abs. 3 die Auszahlung mit befreiender Wirkung an einen von ihnen erfolgen. – Aus § 18 Abs. 3 folgt, dass, wenn z.B. ein Mitbeteiligter durch Mahnung in Verzug gesetzt oder die Verjährung ihm gegenüber unterbrochen wird, dies für die ganze Anteilsgemeinschaft wirkt (§ 425 BGB ist insoweit nicht einschlägig)[78]. Es kann daher das Kaduzierungsverfahren (§§ 21 ff.) jenem einen gegenüber mit Wirkung auf den gemeinschaftlichen Geschäftsanteil durchgeführt werden. Doch kann ein anderer Mitbeteiligter durch Zahlung das weitere Verfahren abwenden. In diesem Verfahren kann die GmbH sogar in der Person des in Anspruch genommenen Mitbeteiligten wechseln; doch kann dies eine unzulässige Rechtsausübung sein[79]. Ebenso wirkt **Kenntnis oder Bösgläubigkeit eines Mitberechtigten** (z.B. bei § 32) gegen alle Mitberechtigten[80]. Ein Mitberechtigter, der zugleich Inhaber eines weiteren Geschäftsanteils oder an einem solchen mitberechtigt ist, muss erkennbar in beiden Beziehungen angesprochen werden, wenn die Rechtshandlung für beide Beteiligungen wirken soll[81].

---

74 Eb. *Löbbe*, in: Ulmer/Habersack/Löbbe, Rdnr. 33 a.E.; *Fastrich*, in: Baumbach/Hueck, Rdnr. 1 a.E; *Reichert/Weller*, in: MünchKomm. GmbHG, Rdnr. 104 a.E.

75 *Fastrich*, in: Baumbach/Hueck, Rdnr. 9; *Ebbing*, in: Michalski u.a., Rdnr. 75 f.; *Wicke*, Rdnr. 5; so auch schon *Zutt*, in: Hachenburg, 8. Aufl., Rdnr. 31; a.M. *Altmeppen*, in: Roth/Altmeppen, Rdnr. 19; *Bayer*, in: Lutter/Hommelhoff, Rdnr. 8; *Löbbe*, in: Ulmer/Habersack/Löbbe, Rdnr. 34; *Reichert/Weller*, in: MünchKomm. GmbHG, Rdnr. 110 f.; *Brandes*, in: Bork/Schäfer, Rdnr. 14.

76 *Fastrich*, in: Baumbach/Hueck, Rdnr. 9; *Bayer*, in: Lutter/Hommelhoff, Rdnr. 8; *Pentz*, in: Rowedder/Schmidt-Leithoff, Rdnr. 28; *Altmeppen*, in: Roth/Altmeppen, Rdnr. 19; so auch schon *Zutt*, in: Hachenburg, 8. Aufl., Rdnr. 31.

77 So aber *Reichert/Weller*, in: MünchKomm. GmbHG, Rdnr. 111; *Bayer*, in: Lutter/Hommelhoff, Rdnr. 8 (Passivvertretung wegen § 125 Abs. 2 Satz 3 HGB).

78 Eb. *Löbbe*, in: Ulmer/Habersack/Löbbe, Rdnr. 36; *Pentz*, in: Rowedder/Schmidt-Leithoff, Rdnr. 28; *Reichert/Weller*, in: MünchKomm. GmbHG, Rdnr. 109; *Ebbing*, in: Michalski u.a., Rdnr. 76.

79 *Brodmann*, Anm. 4; *Löbbe*, in: Ulmer/Habersack/Löbbe, Rdnr. 36.

80 *Löbbe*, in: Ulmer/Habersack/Löbbe, Rdnr. 37; *Fastrich*, in: Baumbach/Hueck, Rdnr. 4; *Bayer*, in: Lutter/Hommelhoff, Rdnr. 4; *Ebbing*, in: Michalski u.a., Rdnr. 77.

81 BGH v. 14.12.1967 – II ZR 30/67, BGHZ 49, 183, 189; *Löbbe*, in: Ulmer/Habersack/Löbbe, Rdnr. 37; *Fastrich*, in: Baumbach/Hueck, Rdnr. 11; *Reichert/Weller*, in: MünchKomm. GmbHG, Rdnr. 108; *Ebbing*, in: Michalski u.a., Rdnr. 74.

3. Gemeinsamer Vertreter

35 Wenn ein „gemeinsamer Vertreter" vorhanden ist, können einseitige Rechtsgeschäfte seitens der GmbH **nicht gegenüber einem Mitberechtigten vorgenommen** werden (§ 18 Abs. 3 Satz 1). „Vorhanden" i.S. des § 18 Abs. 3 ist der Vertreter nur dann, wenn er der GmbH gegenüber ausreichend legitimiert oder angemeldet ist (analog § 16 Abs. 1 a.F.), sei es seitens der Mitberechtigten oder seitens des Vertreters selbst, der aber seine Vertretungsmacht nachweisen muss. Ist dies nicht geschehen, so kann die GmbH wirksam durch Erklärung an einen der Mitberechtigten handeln, auch wenn ein Vertreter im Übrigen ernannt ist und die Gesellschaft auf sonstigem Wege zufällig hiervon erfahren hat[82]. Dafür streitet die Rechtssicherheit schon deshalb, weil auch nicht mitberechtigte Dritte zu gemeinsamen Vertretern bestellt werden können und die Gesellschaft bei anderweitiger Kenntniserlangung und dem damit verbundenen Risiko der Falschinformation Gefahr läuft, unwirksame Rechtsgeschäfte zu tätigen. Der in § 16 a.F. zum Ausdruck gekommene bevorzugte Verkehrsschutz der Gesellschaft im Verhältnis zu ihren Gesellschaftern muss zudem erst recht gelten, wenn es um die Frage der gewillkürten Vertretung einer Gesellschaftergemeinschaft geht. Ist ein Vertreter vorhanden und angemeldet, so kann die Rechtshandlung ihm gegenüber mit Wirkung für die Gemeinschaft vorgenommen werden. In diesem Zusammenhang erweist sich auch die Argumentation als verfehlt, eine analoge Anwendung des § 16 Abs. 1 a.F. scheitere bereits wegen der Vorschriften der §§ 174, 171 BGB mangels Regelungslücke[83], denn gerade in Bezug auf die erstmalige Vornahme von Rechtsgeschäften nach Bestellung eines gemeinsamen Vertreters steht die Gesellschaft schutzlos[84]. Ob aber nur dem Vertreter gegenüber, nicht auch gegenüber allen Mitbeteiligten Rechtsgeschäfte wirksam vorgenommen werden können, bestimmt § 18 Abs. 3 Satz 1 nicht. Die Vorschrift will nur zu Gunsten der GmbH eine Erleichterung geben, und man wird daher Rechtshandlungen, die **gegenüber allen Beteiligten vorgenommen** sind, als wirksam ansehen müssen[85]. – Der Verwaltende bei der ehelichen Gütergemeinschaft, Eltern, Vormund, Pfleger einer Rechtsgemeinschaft, der verwaltende Testamentsvollstrecker und Nachlassverwalter sind in der Aktiv- wie in der Passivrolle allein legitimiert.

4. Erbengemeinschaft

36 Im Falle der Erbengemeinschaft gilt nach § 18 Abs. 3 Satz 2 die Besonderheit, dass die Erleichterung für die GmbH, im Falle nicht erfolgter Anzeige eines Vertreters einseitige Erklärungen gegenüber auch nur einem Beteiligten mit Wirkung für die Gemeinschaft abgeben zu können, erst „nach Ablauf eines Monats seit dem Anfalle der Erbschaft" in Kraft tritt. Der Zweck dieser Regelung ist eine Schonfrist für die Erben, damit sie sich in Bezug auf die Annahme der Erbschaft besinnen und einen gemeinsamen Vertreter bestellen können (ähnliche Schonfristen in §§ 1958, 2014 ff. BGB). Die Worte „Anfall der Erbschaft" in § 18 Abs. 3 Satz 2 sind nicht im technischen Sinne der §§ 1942, 1953, 2139 BGB zu verstehen, da § 18 aus dem Jahr 1892 stammt und bei der Anpassung des GmbHG an das BGB unberührt geblieben ist[86]. Gemeint ist der „Erbfall", d.h. der Zeitpunkt des Todes des Erblassers (§§ 1922, 1946 BGB)[87]. Die Aus-

---

82 *Feine*, S. 400; a.M. *Brodmann*, Anm. 4; *Löbbe*, in: Ulmer/Habersack/Löbbe, Rdnr. 32 (anders noch *Zutt*, in: Hachenburg, 8. Aufl., Rdnr. 28); *Reichert/Weller*, in: MünchKomm. GmbHG, Rdnr. 112.

83 So aber in Bezugnahme auf den oben angeführten „erst-recht-Schluss" *Reichert/Weller*, in: Münch-Komm. GmbHG, Rdnr. 78.

84 I.E. daher ähnlich *Reichert/Weller*, in: MünchKomm. GmbHG, Rdnr. 112.

85 So *Brodmann*, Anm. 4; *Löbbe*, in: Ulmer/Habersack/Löbbe, Rdnr. 33; *Fastrich*, in: Baumbach/Hueck, Rdnr. 10; *Altmeppen*, in: Roth/Altmeppen, Rdnr. 20; *Reichert/Weller*, in: MünchKomm. GmbHG, Rdnr. 114; a.M. *Feine*, S. 400.

86 § 11 EinfG z. HGB; RGBl. 1897, 444.

87 Eb. *Löbbe*, in: Ulmer/Habersack/Löbbe, Rdnr. 39; *Fastrich*, in: Baumbach/Hueck, Rdnr. 11; *Bayer*, in: Lutter/Hommelhoff, Rdnr. 9; *Altmeppen*, in: Roth/Altmeppen, Rdnr. 21; *Däubler*, S. 20; *Pentz*,

schlagung der Erbschaft (§§ 1942 ff. BGB) setzt keine neue Frist nach § 18 Abs. 3 Satz 2 in Lauf[88]. Zurückbeziehung auf den Todestag gilt auch sonst: §§ 1923 Abs. 2, 1953 Abs. 2, 2344 Abs. 2 BGB. Wenngleich die Ausschlagungsfrist sechs Wochen beträgt und von ungewissen Ereignissen (Kenntniserlangung; § 1944) abhängig ist, so können doch einseitige, nicht zivilprozessuale Rechtshandlungen der GmbH schon vor einer Erbschaftsannahme wirksam erfolgen (§§ 1958, 1959 Abs. 3 BGB); freilich kommt der Erbe vor der Annahme mit einer Leistungspflicht nicht in Verzug[89]. Es genügt, dass die eine Person, der gegenüber die Erklärung der GmbH erfolgt, Miterbe ist, mögen auch die Personen und die Zahl der übrigen noch ungewiss sein.

Im Falle der Einsetzung von **Nacherben** (§§ 2100 ff. BGB) gilt der § 18 Abs. 2 Satz 2 zunächst für die Vorerben. Der Eintritt des Falles der Nacherbfolge (§§ 2100 ff., 2106 BGB) gilt i.S. des § 18 Abs. 3 Satz 2 als neuer Erbfall (§ 2139). 37

Vor wie nach Ablauf der Monatsfrist können Erklärungen der GmbH, die gegenüber den Erben wirken sollen, an einen verwaltenden **Testamentsvollstrecker** oder Nachlassverwalter erfolgen. 38

VI. Gemeinschaftlicher Besitz aller Geschäftsanteile

Auch wenn alle Geschäftsanteile der GmbH derselben Rechtsgemeinschaft gehören, ist auf sie § 18 anzuwenden[90]. Der Alleinbesitz durch eine Rechtsgemeinschaft kann es erforderlich machen, die GmbH in einzelnen Beziehungen dem Sonderrecht der Einmann-GmbH zu unterstellen (s. zur Einpersonen-GmbH § 1 Rdnr. 49 ff.). Das Innenverhältnis der Mitberechtigten bestimmt sich, wie auch sonst, nach dem jeweiligen Gemeinschaftsrecht (§§ 741 ff., 2038 ff. BGB). Die Auffassung von *Wiedemann*[91], dass auf eine Erbengemeinschaft, die sämtliche Geschäftsanteile besitzt, an Stelle der erbrechtlichen Organisationsregeln weitgehend die §§ 45 ff. anzuwenden seien, ist mit der gesetzlichen Wertung unvereinbar und **führt zu interessewidrigen Ergebnissen**[92]. Dasselbe gilt für die Bruchteilsgemeinschaft (Rdnr. 5) und für die eheliche Gütergemeinschaft (Rdnr. 10). Einschränkungen sind dagegen für eine (Innen-)Gesellschaft des bürgerlichen Rechts überlegenswert, wenn sie von den Gesellschaftern der GmbH ausschließlich zum Zwecke der gemeinschaftlichen Verwaltung aller GmbH-Geschäftsanteile gegründet worden ist[93]. Bestimmungen im Gesellschaftsvertrag einer solchen (Innen-)Verwaltungsgesellschaft, durch die zwingendes GmbH-Recht (z.B. das Mehrheitserfordernis für Satzungsänderungen gemäß § 53 Abs. 2 Satz 1) vermieden werden soll, sind nichtig. 39

in: Rowedder/Schmidt-Leithoff, Rdnr. 31.; *Ebbing*, in: Michalski u.a., Rdnr. 81; *Reichert/Weller*, in: MünchKomm. GmbHG, Rdnr. 117; wohl a.M. *Brodmann*, Anm. 5.

88 *Löbbe*, in: Ulmer/Habersack/Löbbe, Rdnr. 39; *Fastrich*, in: Baumbach/Hueck, Rdnr. 11; *Altmeppen*, in: Roth/Altmeppen, Rdnr. 21.

89 RGZ 79, 203.

90 Eb. *Löbbe*, in: Ulmer/Habersack/Löbbe, Rdnr. 40; *Reichert/Weller*, in: MünchKomm. GmbHG, Rdnr. 120; *Ebbing*, in: Michalski u.a., Rdnr. 83; a.M. *Wiedemann*, GmbHR 1969, 247, 252 f. betr. Erbengemeinschaft.

91 *Wiedemann*, GmbHR 1969, 247, 252 f.

92 Zutr. *Löbbe*, in: Ulmer/Habersack/Löbbe, Rdnr. 40; *Ebbing*, in: Michalski u.a., Rdnr. 83; *Reichert/Weller*, in: MünchKomm. GmbHG, Rdnr. 120; *J. Schmidt*, NZG 2015, 1049, 1050. S. aber *Schürnbrand*, NZG 2016, 241, 246 (Einfluss des GmbH-Rechts, insb. Treupflicht, auf Willensbildung in Erbengemeinschaft).

93 Vgl. den Sachverhalt in BGH v. 21.4.1969 – II ZR 199/67, LM § 705 BGB Nr. 21.

§ 19
Leistung der Einlagen

(1) Die Einzahlungen auf die Geschäftsanteile sind nach dem Verhältnis der Geldeinlagen zu leisten.

(2) Von der Verpflichtung zur Leistung der Einlagen können die Gesellschafter nicht befreit werden. Gegen den Anspruch der Gesellschaft ist die Aufrechnung nur zulässig mit einer Forderung aus der Überlassung von Vermögensgegenständen, deren Anrechnung auf die Einlageverpflichtung nach § 5 Abs. 4 Satz 1 vereinbart worden ist. An dem Gegenstand einer Sacheinlage kann wegen Forderungen, welche sich nicht auf den Gegenstand beziehen, kein Zurückbehaltungsrecht geltend gemacht werden.

(3) Durch eine Kapitalherabsetzung können die Gesellschafter von der Verpflichtung zur Leistung von Einlagen höchstens in Höhe des Betrags befreit werden, um den das Stammkapital herabgesetzt worden ist.

(4) Ist eine Geldeinlage eines Gesellschafters bei wirtschaftlicher Betrachtung und aufgrund einer im Zusammenhang mit der Übernahme der Geldeinlage getroffenen Abrede vollständig oder teilweise als Sacheinlage zu bewerten (verdeckte Sacheinlage), so befreit dies den Gesellschafter nicht von seiner Einlageverpflichtung. Jedoch sind die Verträge über die Sacheinlage und die Rechtshandlungen zu ihrer Ausführung nicht unwirksam. Auf die fortbestehende Geldeinlagepflicht des Gesellschafters wird der Wert des Vermögensgegenstandes im Zeitpunkt der Anmeldung der Gesellschaft zur Eintragung in das Handelsregister oder im Zeitpunkt seiner Überlassung an die Gesellschaft, falls diese später erfolgt, angerechnet. Die Anrechnung erfolgt nicht vor Eintragung der Gesellschaft in das Handelsregister. Die Beweislast für die Werthaltigkeit des Vermögensgegenstandes trägt der Gesellschafter.

(5) Ist vor der Einlage eine Leistung an den Gesellschafter vereinbart worden, die wirtschaftlich einer Rückzahlung der Einlage entspricht und die nicht als verdeckte Sacheinlage im Sinne von Absatz 4 zu beurteilen ist, so befreit dies den Gesellschafter von seiner Einlageverpflichtung nur dann, wenn die Leistung durch einen vollwertigen Rückgewähranspruch gedeckt ist, der jederzeit fällig ist oder durch fristlose Kündigung durch die Gesellschaft fällig werden kann. Eine solche Leistung oder die Vereinbarung einer solchen Leistung ist in der Anmeldung nach § 8 anzugeben.

(6) Der Anspruch der Gesellschaft auf Leistung der Einlagen verjährt in zehn Jahren von seiner Entstehung an. Wird das Insolvenzverfahren über das Vermögen der Gesellschaft eröffnet, so tritt die Verjährung nicht vor Ablauf von sechs Monaten ab dem Zeitpunkt der Eröffnung ein.

Die Vorschrift wurde durch die GmbH-Novelle vom 4.7.1980 (BGBl. I 1980, 836) geändert. Abs. 4 Satz 2 wurde durch Art. 1 des Gesetzes zur Durchführung der Zwölften Richtlinie des Rates der Europäischen Gemeinschaften auf dem Gebiet des Gesellschaftsrechts betreffend Gesellschaften mit beschränkter Haftung mit einem einzigen Gesellschafter vom 18.12.1991 (BGBl. I 1991, 2206) aufgehoben. Abs. 6 wurde durch das Gesetz zur Anpassung von Verjährungsvorschriften an das Gesetz zur Modernisierung des Schuldrechts vom 9.12.2004 (BGBl. I 2004, 3214) eingeführt. Sodann wurden Abs. 1 und Abs. 2 Satz 2 geändert sowie Abs. 4 und 5 neu gefasst durch das MoMiG vom 23.10.2008 (BGBl. I 2008, 2026).

Schrifttum: *Allerkamp*, Verrechnungsbefugnis der Kreditinstitute bei Stammeinlagezahlung auf debitorisches Konto der Gesellschaft, WM 1988, 521; *Altmeppen*, Zur Frage, ob die geänderten Vorschriften über die verdeckte Sacheinlage rückwirkend Anwendung finden, NJW 2010, 1955; *Altmeppen*, Cash Pooling und Kapitalaufbringung, NZG 2010, 441; *Ballerstedt*, Kapital, Gewinn und Ausschüttung bei Kapitalgesellschaften, 1949; *Bayer*, Unwirksame Leistungen auf die Stammeinlage und nachträgliche Erfüllung, GmbHR 2004, 445; *Bayer*, Abtretung und Pfändung der GmbH-Stammeinlageforderung, ZIP 1989, 8; *Bayer*, „MoMiG II" – Plädoyer für eine Fortführung der GmbH-Reform, GmbHR 2010, 1289; *Benecke*, Die Prinzipien der Kapitalaufbringung und ihre Umgehung – Rechtsentwicklung und Perspektiven, ZIP 2010, 105; *Benecke/Geldsetzer*, Wann verjähren Einlageforderungen von Kapitalgesellschaften?, NZG 2006, 7; *Benz*, Verdeckte Sacheinlage und Einlagenrückzahlung im reformierten GmbH-Recht (MoMiG), 2010; *Berger*, Das „Vollwertigkeitsprinzip" als Voraussetzung der Pfändung von Einlageforderungen bei Kapitalgesellschaften, ZZP 107 (1994), 29; *Blasche*, Verdeckte Sacheinlage und Hin- und Herzahlen, GmbHR 2010, 288; *Bormann*, Die Kapitalaufbringung nach dem Regierungsentwurf des MoMiG, GmbHR 2007, 897; *Bormann/Urlichs*, Der Entwurf des MoMiG zur Regelung des Hin- und Herzahlens – ein Fremdkörper im GmbH-Gesetz, GmbHR 2008, 119; *Bormann/Urlichs*, Kapitalaufbringung und Kapitalerhaltung nach dem MoMiG, in: Römermann/Wachter (Hrsg.), GmbH-Beratung nach dem MoMiG, GmbHR-Sonderheft MoMiG, 2008, S. 37; *Büchel*, Kapitalaufbringung, insbesondere Regelung der verdeckten Sacheinlage nach dem Regierungsentwurf des MoMiG, GmbHR 2007, 1065; *Buscher/Klusmann*, Die Nutzungsüberlassung durch Gesellschafter an die GmbH, ZIP 1991, 10; *Butzke*, Die Bedeutung anderweitiger Auffüllung des Stammkapitals für Einlage- oder Erstattungsansprüche der GmbH gegen ihre Gesellschafter, ZHR 154 (1990), 357; *Ceffinato*, Die verdeckte Sacheinlage nach der Reform des GmbHG aus strafrechtlicher Sicht, wistra 2010, 171; *Döllerer*, Überhöhter Gewinnanteil der GmbH in einer GmbH & Co. KG als verdeckte Einlage, DStR 1991, 1033; *Dreßel*, Kapitalaufbringung und -erhaltung in der GmbH, 1988; *Drygala*, Zweifelsfragen im Regierungsentwurf zum MoMiG, NZG 2007, 561; *Ekkenga*, Vom Umgang mit überwertigen Sacheinlagen im Allgemeinen und mit gemischten (verdeckten) Sacheinlagen im Besonderen, ZIP 2013, 541; *Fastrich*, Die „Anrechnung" des Werts von Sachleistungen auf die Geldeinlagepflicht im GmbH-Recht – ein neues Rechtsinstitut?, in: FS Köhler, 2014, S. 107; *Fleck*, Kapitalaufbringung, Kapitalerhaltung und Insolvenzprobleme in der GmbH, 1982; *Gehrlein*, Erfüllung der Stammeinlage durch reale Leistungsbewirkung, NZG 2006, 374; *Gehrlein*, Der aktuelle Stand des neuen GmbH-Rechts, Der Konzern 2007, 771; *Geißler*, Grundfragen und Fallgestaltungen der verdeckten (gemischten) Sacheinlage bei der GmbH in der Praxis des Insolvenzverwalters, ZInsO 2015, 182; *Gesell*, Verdeckte Sacheinlage & Co. im Lichte des MoMiG – das „Hin- und Herzahlen" de lege lata und de lege ferenda, BB 2007, 2241; *Goette*, Kapitalaufbringung und Kapitalschutz in der GmbH, 2004; *Goette*, Chancen und Risiken der GmbH-Novelle, WPg 2008, 231; *Habersack*, Dienst- und Werkleistungen des Gesellschafters und das Verbot der verdeckten Sacheinlage und des Hin- und Herzahlens, in: FS Priester, 2007, S. 157; *Habersack*, Verdeckte Sacheinlage, nicht ordnungsgemäß offengelegte Sacheinlage und Hin- und Herzahlen – Geklärte und ungeklärte Fragen nach „Eurobike", GWR 2010, 107; *Habersack/Weber*, Die Einlageforderung als Gegenstand von Aufrechnung, Abtretung, Verpfändung und Pfändung, ZGR 2014, 509; *Handelsrechtsausschuss DAV*, Stellungnahme zum Referentenentwurf eines Gesetzes zur Modernisierung des GmbH-Rechts und zur Bekämpfung von Missbräuchen, NZG 2007, 211; *Heckschen*, Die GmbH-Reform – Wege und Irrwege, DStR 2007, 1442; *Heidinger/Knaier*, Die Heilung der verdeckten Sacheinlage und der Austausch des Einlagengegenstandes nach dem MoMiG, GmbHR 2015, 1; *Heinemann*, Verdeckte Sacheinlagen im Recht der Kapitalgesellschaften, 2014; *Heinze*, Verdeckte Sacheinlagen und verdeckte Finanzierungen nach dem MoMiG, GmbHR 2008, 1065; *Heinze*, „Präventivkontrolle" der Kapitalaufbringung bei der wirtschaftlichen Neugründung, GmbHR 2011, 962; *Henkel*, Kapitalaufbringung nach dem MoMiG – verdeckte Sacheinlage, NZI 2010, 6; *Henkel*, Kapitalaufbringung bei der GmbH nach dem MoMiG – Hin- und Herzahlen, NZI 2010, 84; *Hentzen/Schwandtner*, Für eine Vereinfachung des Rechts der Kapitalaufbringung!, ZGR 2009, 1107; *Henze*, Zur Problematik der „verdeckten (verschleierten) Sacheinlage" im Aktien- und GmbH-Recht, ZHR 154 (1990), 105; *Hermanns*, Grauzonen im Kapitalaufbringungsrecht der GmbH – die Abgrenzung der verdeckten Sacheinlage vom Hin- und Herzahlen, DNotZ 2011, 325; *Herrler*, Kapitalaufbringung nach dem MoMiG, DB 2008, 2347; *Herrler*, Erleichterung der Kapitalaufbringung durch § 19 Abs. 5 GmbHG (sog. Hin- und Herzahlen)?, DStR 2011, 2255; *Herrler*, Handlungsoptionen bei tilgungsschädlicher Einlagenrückzahlung i.S. von § 19 Abs. 5 GmbHG (sog. Hin- und Herzahlen), DStR 2011, 2300; *Hommelhoff/Kleindiek*, Schuldrechtliche Verwendungspflichten und „freie Verfügung" bei der Barkapitalerhöhung, ZIP 1987, 477; *Ihrig*, Die endgültig freie Verfügung über die Einlage von Kapitalgesellschaften, 1991; *Illhardt*, Verfassungsmäßigkeit der Rückwirkung sowie Behandlung der verdeckten gemischten Sacheinlage, DZWIR 2010, 346; *John*, Die Gründung der Einmann-GmbH, 1986; *Kaiser/Berbuer*, Einige Gedanken zur Verjährung des (statuarischen) Agios bei der

GmbH, GmbHR 2017, 732; *Kallmeyer*, Kapitalaufbringung und Kapitalerhaltung nach dem MoMiG: Änderungen für die GmbH-Beratungspraxis, DB 2007, 2755; *Kleindiek*, Reform des gesellschaftsrechtlichen Gläubigerschutzes, Referat zum 66. Deutschen Juristentag, 2006, P 55; *Kleindiek*, Verdeckte (gemischte) Sacheinlagen nach MoMiG: Rückwirkende Neuregelung und Wertanrechnung, ZGR 2011, 334; *Koch*, Die verdeckte gemischte Sacheinlage im Spannungsfeld zwischen Kapitalaufbringung und Kapitalerhaltung, ZHR 175 (2011), 55; *Körber*, Neuausrichtung der Kapitalaufbringung in der GmbH, 2015; *Küting/Pfitzer/Weber*, Handbuch der Rechnungslegung – Einzelabschluss, 5. Aufl., Stand: November 2012; *Kupjetz/Peter*, Die Kapitalaufbringung der GmbH in Gründung in einem physischen Cash-Pooling-System, GmbHR 2012, 498; *Kutzer*, Die Tilgung der Bareinlageschuld durch den GmbH-Gesellschafter, GmbHR 1987, 297; *Lieder*, Kapitalaufbringung im Cash Pool nach neuem Recht, GmbHR 2009, 1177; *Lubberich*, Sachagio bei GmbH-Gründungen und Kapitalerhöhungen – Gestaltungsmöglichkeiten und Risiken im Überblick, DNotZ 2016, 164; *Lutter*, Kapital, Sicherung der Kapitalaufbringung und Kapitalerhaltung in den Aktien- und GmbH-Rechten der EWG, 1964; *Lutter*, Verdeckte Leistungen und Kapitalschutz, in: FS Stiefel, 1987, S. 505; *Lutter/Gehling*, Verdeckte Sacheinlagen, WM 1989, 1445; *Maier-Reimer/Wenzel*, Kapitalaufbringung in der GmbH nach dem MoMiG, ZIP 2008, 1449; *Maier-Reimer/Wenzel*, Nochmals – Die Anrechnung der verdeckten Sacheinlage nach dem MoMiG, ZIP 2009, 1185; *Maier-Reimer*, Die verdeckte gemischte und die verdeckt gemischte Sacheinlage, in: FS Hoffmann-Becking, 2013, S. 755; *Mansel/Budzikiewicz*, Verjährungsanpassungsgesetz: Neue Verjährungsfristen, insbesondere für die Anwaltshaftung und im Gesellschaftsrecht, NJW 2005, 321; *Mayer*, Ein Beitrag zur „Entschleierung" der verschleierten Sacheinlage im Recht der GmbH, NJW 1990, 2593; *Mülbert*, Das „Magische Dreieck der Barkapitalaufbringung", ZHR 154 (1990), 145; *H.-F. Müller*, Rechtsfolgen verdeckter Sacheinlagen, NZG 2011, 761; *K. Müller*, Zur Abtretung der Einlageforderung der GmbH, GmbHR 1970, 57; *K. J. Müller*, Zur Frage der verdeckten Sacheinlage bei Beratungsleistungen, GmbHR 2010, 424; *W. Müller*, Die Verwendung von Gesellschafterforderungen zur Erfüllung von Einlagenverpflichtungen bei Gründung und von Übernahmeverpflichtungen bei Erhöhung des Stammkapitals, WPg 1968, 173; *Neumann*, Cash Pooling bei einer konzernangehörigen GmbH, GmbHR 2016, 1016; *Pentz*, Die verdeckte Sacheinlage im GmbH-Recht nach dem MoMiG, in: FS Karsten Schmidt, 2009, S. 1265; *Pentz*, Verdeckte Sacheinlagen nach dem MoMiG und prozessuale Folgen des Übergangsrechts, GmbHR 2009, 126; *Pentz*, Die Anrechnung der verdeckten (gemischten) Sacheinlage, GmbHR 2010, 673; *Priester*, Die Verwendung von Gesellschafterforderungen zur Kapitalerhöhung bei der GmbH, DB 1976, 1801; *Priester*, Stammeinlagezahlungen auf debitorisches Bankkonto der GmbH, DB 1987, 1743; *Priester*, Die Erhöhung des Stammkapitals mit kapitalersetzenden Gesellschafterdarlehen, in: FS Döllerer, 1988, S. 475; *Priester*, Voreinzahlung auf Stammeinlagen bei sanierender Kapitalerhöhung, in: FS Fleck, 1988, S. 231; *Priester*, Verdeckte Sacheinlagen: Tatbestand, Rechtsfolgen, Heilungsmöglichkeiten, DStR 1990, 770; *Priester*, Kapitalaufbringung bei korrespondierenden Zahlungsvorgängen, ZIP 1991, 345; *Priester*, Mindestkapital und Sacheinlageregeln, in: Gesellschaftsrechtliche Vereinigung (VGR), Die GmbH-Reform in der Diskussion, 2006, S. 1; *Priester*, Kapitalaufbringung nach Gutdünken? Ein Zwischenruf zum MoMiG, ZIP 2008, 55; *Priester*, Vorausleistungen auf die Kapitalerhöhung nach MoMiG und ARUG, DStR 2010, 454; *Reuter*, Probleme der Vollwertigkeit von Gesellschafterforderungen im Zusammenhang mit deren Verwendung zur Kapitalerhöhung bei der GmbH, BB 1978, 1195; *Roth*, „Schütt aus – hol zurück" als verdeckte Sacheinlage, NJW 1991, 1913; *Schall*, Kapitalaufbringung nach dem MoMiG, ZGR 2009, 126; *Schick*, Probleme der Einstellung der Einlageforderung einer GmbH in ein Kontokorrent im Hinblick auf das Gebot der Leistung zur freien Verfügbarkeit, GmbHR 1997, 1048; *A. Schmidt*, MoMiG aus insolvenzrechtlicher Sicht – ein Überblick über die Änderungen im GmbHG, ZInsO 2007, 975; *Karsten Schmidt*, Barkapitalaufbringung und „freie Verfügung" bei der Aktiengesellschaft und der GmbH, AG 1986, 106; *Karsten Schmidt*, Die Übertragung, Pfändung und Verwertung von Einlageforderungen, ZHR 157 (1993), 291; *Uwe H. Schneider*, Kredite der GmbH an ihre Geschäftsführer, GmbHR 1982, 197; *Schnurbein*, Verdeckte Sacheinlage im Konzern – Vereinfachung durch das MoMiG?, GmbHR 2010, 568; *Seibert/Decker*, Die GmbH-Reform kommt!, ZIP 2008, 1208; *Sernetz*, Anrechnung und Bereicherung bei der verdeckten Sacheinlage, ZIP 2010, 2173; *Stiller/Redeker*, Aktuelle Rechtsfragen der verdeckten gemischten Sacheinlage, ZIP 2010, 865; *Strohn*, Cash-Pooling – verbotene und unwirksame Zahlungen, DB 2014, 1535; *Ulmer*, Der „Federstrich des Gesetzgebers" und die Anforderungen der Rechtsdogmatik, ZIP 2008, 45; *Ulmer*, Die „Anrechnung" (MoMiG) des Wertes verdeckter Sacheinlagen auf die Bareinlageforderung der GmbH – ein neues Erfüllungssurrogat?, ZIP 2009, 293; *Ulmer*, Sacheinlagenverbote im MoMiG – umgehungsfest?, GmbHR 2010, 1298; *Veil*, Die Reform des Rechts der Kapitalaufbringung durch den RegE MoMiG, ZIP 2007, 1241; *Veil/Werner*, Die Regelung der verdeckten Sacheinlage – eine gelungene Rechtsfortbildung des GmbH-Rechts und bürgerlich-rechtlichen Erfüllungsregimes?, GmbHR 2009, 729; *Volmer*, Die Pfändbarkeit der Stammeinlageforderung eines GmbH-Gesellschafters, GmbHR

1998, 579; *Wachter*, Dienstleistungen und Kapitalaufbringung, NJW 2010, 1715; *Wedemann*, Die Übergangsbestimmungen des MoMiG – was müssen bestehende GmbH's beachten?, GmbHR 2008, 1131; *H. P. Westermann*, Kapitalersetzende Darlehen eines GmbH-Gesellschafters als Gegenstand von Verrechnungsabreden, in: FS Oppenhoff, 1985, S. 534; *Wiedemann*, Die Erfüllung der Geldeinlagepflicht bei Kapitalerhöhungen im Aktienrecht, ZIP 1991, 1257; *Wilhelm*, Kapitalaufbringung und Handlungsfreiheit der Gesellschaft nach Aktien- und GmbH-Recht, ZHR 152 (1988), 333; *Winter*, Die Rechtsfolgen der „verdeckten" Sacheinlage – Versuch einer Neubestimmung, in: FS Priester, 2007, S. 867; *Zick*, Die verdeckte Sacheinlage im Recht der GmbH, 2011.

I. Allgemeines

1. Regelungsinhalt und -zweck

1   Die Vorschrift regelt die Anforderungen an die Leistung der Einlagen. So bestimmt sie, dass die Gesellschafter die Einzahlungen nach dem Verhältnis der Geldeinlagen zu leisten haben (§ 19 Abs. 1). Diese Regelung bezieht sich auf das Innenverhältnis und ist dispositiv[1]. Die **Absätze 2 bis 6** dienen dem **Gläubigerschutz** und sind **zwingend**. Ihnen liegt zugrunde, dass die Gesellschafter im Falle einer Bargründung vor der Eintragung nur die Hälfte des Mindeststammkapitals aufzubringen haben (§ 7 Abs. 2 Satz 2). Es muss sichergestellt werden, dass die Gesellschafter auch nach der Eintragung der GmbH ihren Verpflichtungen gerecht werden. Dies geschieht, indem § 19 Abs. 2 ein Erlassverbot vorsieht und die Aufrechnung durch einen Gesellschafter grundsätzlich ausschließt. Ferner bestimmt § 19 Abs. 3, dass die Gesellschafter im Falle einer Kapitalherabsetzung nur in Höhe des herabgesetzten Betrags von ihrer Einlageschuld befreit werden können. Schließlich regeln § 19 Abs. 4 und 5 Umgehungssituationen. So sind nach § 19 Abs. 4 verdeckte Sacheinlagen grundsätzlich unzulässig. Nach Eintragung der Gesellschaft wird ein Gesellschafter aber (nur) in Höhe des Werts der verdeckt eingebrachten Sache von seiner Einlagepflicht frei. Auch in den Fällen des sog. Hin- und Herzahlens wird ein Gesellschafter von seiner Einlagepflicht nur frei, wenn das Gesellschaftsvermögen objektiv vermehrt wird.

2   Die in § 19 Abs. 2 bis 6 getroffenen Regelungen wollen ebenso wie die §§ 7 ff. und §§ 20 ff. die **reale Kapitalaufbringung** sicherstellen. Sie finden sowohl bei der **Gründung** als auch bei der **Kapitalerhöhung** Anwendung. Dies ist für die Kapitalerhöhung teilweise ausdrücklich angeordnet (vgl. § 56 Abs. 2). Aber auch die anderen Vorschriften des § 19 sind bei einer Kapitalerhöhung zu beachten.

3   § 19 wird zusammen mit § 30 als **„das Kernstück des GmbH-Rechts"** bezeichnet, das keine Aushöhlung vertrage[2]. Dies trifft auch nach der Reform der Vorschrift durch das MoMiG (s. Rdnr. 9) zu. Die **Vorschriften** sind weiterhin **streng auszulegen**[3], denn der Reformgesetzgeber hat am Grundsatz der effektiven Kapitalaufbringung festgehalten[4]. Der Regelungszweck schließt es aber nicht aus, die mit den Neuregelungen in § 19 Abs. 4 und 5 getroffenen Wertungen bei der Auslegung der anderen Bestimmungen des § 19 zu berücksichtigen[5] (s. Rdnr. 9 und 80 ff.). Dies gilt auch bei anderen Auslegungsfragen (s. § 5 Rdnr. 95 f.).

---

1   *Bayer*, in: Lutter/Hommelhoff, Rdnr. 1, 6; *Fastrich*, in: Baumbach/Hueck, Rdnr. 1; *Schwandtner*, in: MünchKomm. GmbHG, Rdnr. 2 f.
2   BGH v. 30.6.1958 – II ZR 213/56, BGHZ 28, 77, 78; BGH v. 24.10.1988 – II ZR 176/88, BGHZ 105, 300, 302 = GmbHR 1989, 74 („Der im Recht der Kapitalgesellschaft besonders wichtige und streng durchgeführte Grundsatz der Aufbringung und Erhaltung des Nennkapitals …").
3   Ebenso *Fastrich*, in: Baumbach/Hueck, Rdnr. 3.
4   Zutr. OLG München v. 12.10.2016 – 7 U 1983/16, GmbHR 2017, 39, wonach auch die Resteinlage „gewissen Grundvoraussetzungen" unterliegt, namentlich ein vollwertiger, unbeschränkter und definitiver Vermögenszufluss an die Gesellschaft erfolgen muss; s. auch Rdnr. 31.
5   Ebenso *Fastrich*, in: Baumbach/Hueck, Rdnr. 2 (Relativierungen würden aus Gründen der Wertungskonsistenz weitere Konzessionen nach sich ziehen).

2. Bar- und Sacheinlagen

Die Vorschrift setzt das Bestehen einer Einlageschuld voraus. Sie ist also keine selbständige 4
Anspruchsgrundlage für die Pflicht zur Leistung der Einlage[6]. Diese wird im Falle der Gründung im Gesellschaftsvertrag begründet und bei der Kapitalerhöhung im Übernahmevertrag
zwischen dem Gesellschafter und der Gesellschaft (§ 55).

§ 19 Abs. 1 handelt nur von den Bareinlagen. Die Schuldner einer Sacheinlage, die gemäß 5
§ 7 Abs. 3 vor Anmeldung der GmbH ihre Leistung voll erbringen müssen, haben wegen eines Ausbleibens der entsprechenden Volleinzahlung durch die Geldeinleger kein Leistungsverweigerungsrecht, es sei denn, die Satzung schreibt auch für diese Einleger vor, dass die
Bareinlagen vor der Anmeldung voll einzuzahlen sind[7]. Auch außerhalb der Anwendung des
§ 19 Abs. 1 kann allerdings aus dem Grundsatz der Gleichbehandlung im Einzelfall folgen,
dass zwar die Schuldner einer Geldeinlage wie die Sacheinleger bis zur Anmeldung voll
geleistet haben müssen, bei erheblich späterer Einforderung und Zahlung aber gegenüber
dem Sacheinleger Abstriche bei der Gewinnverteilung hinnehmen müssen[8].

Dagegen beziehen sich § 19 Abs. 2 bis Abs. 6 sowohl auf Bar- als auch auf Sacheinlagen, un- 6
abhängig davon, ob sie vor oder nach der Eintragung im Handelsregister geleistet werden
und ob sie auf dem Gründungsvertrag oder einer Kapitalerhöhung beruhen. § 19 Abs. 2 und
3 sind auch anwendbar für Ansprüche auf Grund der Differenzhaftung nach § 9 und nach
§ 11 sowie für Ansprüche auf Grund einer Ausfall- oder Rechtsvorgängerhaftung[9]. Bei den
Ansprüchen gegen einen Sacheinleger, die sich aus den Gesichtspunkten von Unmöglichkeit
oder Mangelhaftigkeit seiner Erfüllungsleistung ergeben (§ 5 Rdnr. 62 ff.) und die hauptsächlich in einem Aufleben der Geldeinlagepflicht bestehen, liegt es nahe, auch den mittelbar
aus § 19 Abs. 1 im Vergleich zu § 7 Abs. 3 abzuleitenden Grundsatz der Volleinzahlung vor
Anmeldung anzuwenden, so dass der Sacheinleger – soweit die Störung vor Anmeldung ersichtlich wird – auch hier vorzuleisten hat[10].

3. Reformen

Die Vorschrift hat in den letzten Jahren grundlegende Reformen erfahren. Die durch die 7
GmbH-Novelle 1980 erfolgten Änderungen hatten im Wesentlichen nur klarstellende Natur
oder klärten in Anlehnung an das Aktienrecht Streitfragen[11]. Sodann hat der Gesetzgeber
mit dem **Gesetz** zur **Anpassung** von **Verjährungsvorschriften** an die Schuldrechtsmodernisierung vom 9.12.2004 die in § 19 Abs. 6 getroffene Regelung über die Verjährung der
Einlageforderung eingeführt. Denn für den früher der regelmäßigen 30-jährigen Verjährung
unterliegenden Anspruch auf Leistung der Einlage galt seit Inkrafttreten des Schuldrechtsmodernisierungsgesetzes am 1.1.2002 die auf drei Jahre verkürzte Regelverjährung gemäß
§ 195 BGB, die zu Recht als unangemessen empfunden wurde.

---

6 *Ebbing*, in: Michalski u.a., Rdnr. 3; *Ulmer/Casper*, in: Ulmer/Habersack/Löbbe, Rdnr. 12.
7 *Ulmer/Casper*, in: Ulmer/Habersack/Löbbe, Rdnr. 29; zur Unanwendbarkeit des § 19 Abs. 1 auf
   Sacheinlagen RGZ 149, 293, 301; *Bayer*, in: Lutter/Hommelhoff, Rdnr. 2; *Pentz*, in: Rowedder/
   Schmidt-Leithoff, Rdnr. 5.
8 *Ulmer/Casper*, in: Ulmer/Habersack/Löbbe, Rdnr. 30.
9 RGZ 98, 277; RGZ 123, 9; *Bayer*, in: Lutter/Hommelhoff, Rdnr. 3; ebenso für Ansprüche aus Differenzhaftung *Pentz*, in: Rowedder/Schmidt-Leithoff, Rdnr. 36; *Fastrich*, in: Baumbach/Hueck,
   Rdnr. 4; *Ulmer/Casper*, in: Ulmer/Habersack/Löbbe, Rdnr. 44; anders dort Rdnr. 26 für Ansprüche
   aus § 9, soweit die Anwendung des Abs. 1 in Rede steht; vgl. auch BGH v. 6.12.2011 – II ZR 149/10,
   BGHZ 191, 365, 373 Rdnr. 21 zur AG (Befreiungs- und Aufrechnungsverbot gilt auch für Differenz-
   haftungsanspruch).
10 *Ulmer/Casper*, in: Ulmer/Habersack/Löbbe, Rdnr. 26.
11 Vgl. Begr. RegE, BT-Drucks. 8/1347, S. 38.

8 Schließlich hat das **MoMiG** die Vorschrift an mehreren Stellen geändert. § 19 Abs. 1 hat eine redaktionelle Korrektur erfahren; die Einzahlungen sind nicht mehr auf die Stammeinlagen, sondern auf die Geschäftsanteile (vgl. § 14) zu leisten. Ferner wurde die früher in § 19 Abs. 5 enthaltene Ausnahme vom grundsätzlichen Verbot der Aufrechnung durch den Gesellschafter gegen die Einlageforderung in § 19 Abs. 2 überführt. Außerdem hat der Gesetzgeber § 19 Abs. 3 a.F. aufgehoben. Dies ist darauf zurückzuführen, dass im Falle einer Einmann-Gründung eine besondere Sicherung nicht mehr erforderlich ist (s. § 7 Rdnr. 4). Am gewichtigsten sind die Neufassungen von § 19 Abs. 4 und 5. Sie betreffen zum einen die verdeckte Sacheinlage, welche nunmehr unter bestimmten Voraussetzungen auf die Einlageschuld angerechnet wird, und zum anderen die sog. Fälle des Hin- und Herzahlens, bei denen der Gesellschafter von seiner Einlageverpflichtung befreit ist, wenn bestimmte gesetzliche Anforderungen an den Rückgewähranspruch erfüllt sind.

9 Der Gesetzgeber hat bei der Reform 2008 die Kapitalaufbringung nur punktuell neu geregelt. Die Neuregelungen (§ 19 Abs. 4 und 5) relativieren das bis zur Reform streng verstandene Gebot effektiver Kapitalaufbringung. Dies allein ist rechtspolitisch vertretbar. Zu kritisieren ist aber der Regelungsansatz, die Kapitalaufbringung fallgruppenbezogen aufzuweichen[12]. Denn er hat zur Folge, dass das Gesetz vergleichbare Sachverhalte unterschiedlich behandelt. Am deutlichsten zeigt sich dies bei der Aufrechnung durch einen Gesellschafter mit einer vollwertigen Forderung, die gemäß § 19 Abs. 2 Satz 2 unzulässig ist (s. Rdnr. 85), obwohl eine verdeckt eingebrachte Forderung gemäß § 19 Abs. 4 zu einer Befreiung des Gesellschafters von seiner Einlagepflicht führen kann (s. Rdnr. 134 ff.). Hier sind die Gerichte gefragt, durch eine analoge Anwendung der Anrechnungslösung des § 19 Abs. 4 Satz 3 den „Plan des Gesetzgebers konsequent zu Ende zu denken"[13]. Die vielfältigen Systembrüche drängen freilich dazu, die Reformdiskussion weiter zu führen und auch eine weitergehende Lösung zu erwägen[14].

II. Verhältnismäßige Einzahlung (§ 19 Abs. 1)

10 Die Pflicht, Einzahlungen zu leisten (vgl. § 14), ist durch das MoMiG inhaltlich unverändert geblieben. Neu ist lediglich, dass die Einzahlungen „auf die Geschäftsanteile" zu leisten sind. Der Grund dafür ist, dass im reformierten Kapitalaufbringungsrecht nicht mehr auf die Stammeinlagen, sondern die Geschäftsanteile abgestellt wird (s. § 5 Rdnr. 3).

1. Pflicht zur Leistung der Resteinlage

11 § 19 sichert die Erfüllung von rechtsgeschäftlich begründeten Pflichten der Gesellschafter zur Leistung ihrer Einlage. **Vor der Eintragung** der GmbH sind nach § 7 Abs. 2 auf jeden Geschäftsanteil, soweit nicht Sacheinlagen vereinbart sind, ein Viertel einzuzahlen. Sacheinlagen sind bereits voll zu erbringen (§ 7 Abs. 3). § 19 handelt daher zum einen von den Pflichten zur Zahlung der „**Resteinlage" nach der Eintragung**. Der in § 19 Abs. 1 normierte Grundsatz der Gleichbehandlung gilt als allgemeiner Grundsatz aber auch in der Vorgesellschaft. Praktisch relevant wird er freilich nur für diejenigen Zahlungen, die über die gesetzlich geforderten Mindesteinzahlungen hinausgehen und kraft gesellschaftsvertraglicher Bestimmung schon vor der Eintragung zu erbringen sind[15].

---

12 Zutr. *Fastrich*, in: Baumbach/Hueck, Rdnr. 3; vgl. auch *Dauner-Lieb*, AG 2009, 217 ff.; *Ulmer*, ZIP 2008, 45, 51.
13 Ausf. *Habersack/Weber*, ZGR 2014, 509, 530 ff.
14 Vgl. etwa *Bayer*, GmbHR 2010, 1289, 1294 ff. (insbesondere zum KG-Modell).
15 *Ulmer/Casper*, in: Ulmer/Habersack/Löbbe, Rdnr. 23.

Die Anforderungen an den **Beweis** der vom Gesellschafter erbrachten **Leistung** sind streng. [12] Grundsätzlich hat diesen Beweis der Gesellschafter zu erbringen[16], auch dann, wenn zwischen der Gründung der Gesellschaft und dem Zeitpunkt der angeblichen Erbringung der Einlage geraume Zeit verstrichen ist[17]. Ein Gesellschafter kann sich aber im Wege des Anscheinsbeweises auf die vom Geschäftsführer nach § 8 Abs. 2 abgegebene Versicherung berufen[18]. Das gilt auch dann, wenn streitig ist, ob eine bestimmte Leistung des Gesellschafters als Darlehen oder als Einlage erbracht ist[19]. Bei unstreitiger oder bewiesener Einlageleistung auf ein Konto der Gesellschaft ist von der Erfüllung der Einlageschuld jedenfalls solange auszugehen, als nicht vom Insolvenzverwalter konkrete Anhaltspunkte dafür dargetan sind, dass die Gesellschaft daran gehindert war, über den eingezahlten Betrag zu verfügen[20].

2. Einforderung und Anforderung

Der Geschäftsführer ist berechtigt und verpflichtet, die gesetzliche Mindesteinzahlung (s. § 7 [13] Rdnr. 18 ff.) vor der Eintragung einzufordern. Eines Gesellschafterbeschlusses bedarf es nicht. Anders ist dies aber für die nach der Eintragung noch bestehende Resteinlage zu beurteilen. Die Pflicht zur Zahlung der Resteinlage wird erst mit dem Zeitpunkt fällig, der in der Satzung angegeben ist (**fester Zahlungstermin**)[21]. Eines besonderen Einforderungsbeschlusses durch die Gesellschafter und/oder einer Anforderung durch die Geschäftsführer bedarf es dann nicht[22]. Fehlt für die Resteinlage in der Satzung ein fester Zahlungstermin (**offener Zahlungstermin**), so wird der Anspruch gemäß § 46 Nr. 2 grundsätzlich erst mit der Einforderung durch Beschluss der Gesellschafter fällig. Der betroffene Gesellschafter unterliegt dabei keinem Stimmverbot[23]. Fehlt es an einem Gesellschafterbeschluss, so können die Geschäftsführer die Resteinlage nicht wirksam einfordern[24] (s. aber zur Fälligkeit bei Pfändung Rdnr. 112 und in der Insolvenz Rdnr. 29).

Der Gesellschafterbeschluss bestimmt den **Leistungsort**, die Höhe und die Zeit, in der die [14] Einlagepflicht zu erfüllen ist (s. bei § 46). Der Gesellschafterbeschluss führt aber nach herrschender Meinung noch nicht zur Fälligkeit. Voraussetzung hierfür ist vielmehr zweitens die **Anforderung**, also die Mitteilung des Gesellschafterbeschlusses durch den Geschäftsführer an den Gesellschafter[25]. Die Mitteilung des Gesellschafterbeschlusses durch den Geschäfts-

---

16 BGH v. 17.9.2013 – II ZR 142/12, GmbHR 2014, 319 = ZIP 2014, 261; OLG Karlsruhe v. 18.11.2013 – 7 W 45/13, GmbHR 2014, 144; OLG Thüringen v. 9.4.2013 – 2 U 905/12, ZIP 2013, 1378; OLG Hamm v. 19.9.1983 – 8 U 387/82, GmbHR 1984, 317.
17 OLG Frankfurt v. 18.7.2005 – 1 U 109/05, NZG 2005, 898; OLG Koblenz v. 7.3.2002 – 6 U 1220/00, GmbHR 2002, 968 = NZG 2002, 821 f.; KG v. 12.7.1990 – 2 U 3964/89, GmbHR 1991, 64 f.; KG v. 13.8.2004 – 14 U 23/03, GmbHR 2004, 1388 = NZG 2005, 46. A.A. OLG Frankfurt v. 26.7.2000 – 23 U 118/99, GmbHR 2001, 725 = NJW-RR 2001, 402 f.; *Ulmer/Casper*, in: Ulmer/Habersack/Löbbe, Rdnr. 16; *Vossen*, DStR 2004, 1299, 1303.
18 KG v. 13.8.2004 – 14 U 23/03, GmbHR 2004, 1388 = NZG 2005, 46; *Ulmer/Casper*, in: Ulmer/Habersack/Löbbe, Rdnr. 16; zur „sekundären Behauptungslast" auch BGH v. 13.9.2004 – II ZR 137/02, GmbHR 2005, 230 = DStR 2004, 2112.
19 OLG Stuttgart v. 19.12.1986 – 2 U 57/86, GmbHR 1988, 30 = NJW 1987, 1032.
20 BGH v. 17.9.2013 – II ZR 142/12, ZIP 2014, 261 Leitsatz 2 = GmbHR 2014, 319.
21 RGZ 65, 432; RGZ 76, 438; *Fastrich*, in: Baumbach/Hueck, Rdnr. 6; *Schwandtner*, in: MünchKomm. GmbHG, Rdnr. 15.
22 BGH v. 15.4.1991 – II ZR 209/90, ZIP 1991, 724, 726; OLG Zweibrücken v. 11.12.1994 – 8 U 158/93, GmbHR 1996, 122; OLG Brandenburg v. 17.1.2001 – 7 U 151/00, NZG 2001, 366; *Bayer*, in: Lutter/Hommelhoff, Rdnr. 8.
23 BGH v. 9.7.1990 – II ZR 9/90, NJW 1991, 172.
24 BGH v. 29.6.1961 – II ZR 39/60, BB 1961, 953; OLG München v. 1.2.1984 – 7 U 4142/83, GmbHR 1985, 56; *Bayer*, in: Lutter/Hommelhoff, Rdnr. 9.
25 *Bayer*, in: Lutter/Hommelhoff, Rdnr. 9. Die Zahlungsaufforderung steht einer Klage gleich, OLG Dresden v. 6.7.1998 – 2 U 959/98, GmbHR 1998, 884, 886.

führer erübrigt sich, wenn der verpflichtete Gesellschafter bei der Beschlussfassung anwesend war[26]. Dann tritt die Fälligkeit mit der Feststellung des Beschlussergebnisses ein. War der Gesellschafter nicht anwesend, so wird die Einzahlungspflicht erst fällig, wenn dem Gesellschafter der Gesellschafterbeschluss durch den Geschäftsführer ordnungsgemäß mitgeteilt wird[27]. Auch die Mitteilung durch den Vorsitzenden der Gesellschafterversammlung genügt.

15 Zu welchem Zeitpunkt die Gesellschafter den Einforderungsbeschluss fassen und damit die Fälligkeit herbeiführen, liegt **im unternehmerischen Ermessen der Gesellschafter**[28]. Unterlassen die Gesellschafter einen entsprechenden Beschluss, so liegt darin keine verbotene Stundung[29] (s. Rdnr. 61). Dies gilt auch dann, wenn die Gesellschaft einen dringen Kapitalbedarf hat; die Resteinlage wird dann nicht kraft Gesetzes fällig[30]. In solchen Ausnahmekonstellationen können die Gesellschafter aber aufgrund ihrer mitgliedschaftlichen Treuepflicht gehalten sein, einem Beschluss über die Einforderung zuzustimmen[31].

16 Werden die Einlagen nicht innerhalb des gegebenen Zeitraums eingefordert, so sind die ausstehenden Beträge durch den verpflichteten Gesellschafter nach Marktsätzen zu **verzinsen**; zur Verzinsung eingeforderter Einlagen vgl. § 20.

3. Grundsatz der gleichmäßigen Behandlung

a) Anwendungsbereich

17 § 19 Abs. 1 regelt im Innenverhältnis den Grundsatz der gleichmäßigen Behandlung der Gesellschafter bei der **Einforderung der Geldeinlage** durch die Gesellschaft[32]. Der Grundsatz gilt nicht nur für die nach der Entstehung der GmbH zu leistenden Bareinzahlungen, sondern auch für die erforderlichen Leistungen auf die Mindesteinzahlung nach § 7 Abs. 2 Satz 2 vor der Eintragung. Ohne Bedeutung ist es auch, ob die Einlagepflicht durch den **Gründungsvertrag** oder durch eine **Kapitalerhöhung** begründet wurde. Im Fall der Kapitalerhöhung werden neue Geschäftsanteile geschaffen (§ 55), auf die sich § 19 ebenfalls bezieht[33]. Dass auf die neuen Bareinlagen mindestens ein Viertel sogleich zu zahlen ist und die Sacheinlagen vollständig vor der Anmeldung zur Eintragung in das Handelsregister zu bewirken sind, folgt aus § 56a und § 57 Abs. 2.

18 Sacheinlagen werden von § 19 Abs. 1 nicht erfasst. Sie sind vor Anmeldung der GmbH vollständig zu leisten (§ 7 Abs. 3). Wandelt sich eine Pflicht zur Sacheinlage in eine Pflicht zur Geldeinlage, so ist § 19 Abs. 1 anzuwenden. Bei **„gemischten" Sacheinlagen** (s. § 5 Rdnr. 81) wird nur der Geldanteil von § 19 Abs. 1 erfasst[34].

---

26 BGH v. 16.9.2002 – II ZR 1/00, BGHZ 152, 37, 40 = GmbHR 2002, 1193; OLG Dresden v. 17.7.1996 – 12 U 202/96, GmbHR 1997, 946, 947; *Schwandtner*, in: MünchKomm. GmbHG, Rdnr. 18.

27 OLG München v. 1.2.1984 – 7 U 4142/83, GmbHR 1985, 56.

28 *Bayer*, in: Lutter/Hommelhoff, Rdnr. 10. Vgl. auch BFH v. 29.5.1968 – I 200/65, BFHE 93, 414: daher unterlassene Einforderung auch keine verdeckte Gewinnausschüttung.

29 *Bayer*, in: Lutter/Hommelhoff, Rdnr. 19; *Ebbing*, in: Michalski u.a., Rdnr. 11; *Fastrich*, in: Baumbach/Hueck, Rdnr. 21; *Ulmer/Casper*, in: Ulmer/Habersack/Löbbe, Rdnr. 66.

30 *Ebbing*, in: Michalski u.a., Rdnr. 13; *Fastrich*, in: Baumbach/Hueck, Rdnr. 8; *Schwandtner*, in: MünchKomm. GmbHG, Rdnr. 21; *Ulmer/Casper*, in: Ulmer/Habersack/Löbbe, Rdnr. 65. A.A. *Roth*, in: Roth/Altmeppen, Rdnr. 8 f.; ferner *Uwe H. Schneider/H. P. Westermann*, 10. Aufl., Rdnr. 11.

31 *Ebbing*, in: Michalski u.a., Rdnr. 13; *Fastrich*, in: Baumbach/Hueck, Rdnr. 8; *Schwandtner*, in: MünchKomm. GmbHG, Rdnr. 21; *Ulmer/Casper*, in: Ulmer/Habersack/Löbbe, Rdnr. 65.

32 RGZ 65, 432, 434; *Bayer*, in: Lutter/Hommelhoff, Rdnr. 5; *Fastrich*, in: Baumbach/Hueck, Rdnr. 4; *Pentz*, in: Rowedder/Schmidt-Leithoff, Rdnr. 12; *Ulmer/Casper*, in: Ulmer/Habersack/Löbbe, Rdnr. 21; s. auch Begr. RegE 1977, BT-Drucks. 8/1347, S. 38.

33 RGZ 62, 426; RG, JW 1938, 1400; *Fastrich*, in: Baumbach/Hueck, Rdnr. 4; *Ulmer/Casper*, in: Ulmer/Habersack/Löbbe, Rdnr. 24.

34 *Ebbing*, in: Michalski u.a., Rdnr. 20; *Ulmer/Casper*, in: Ulmer/Habersack/Löbbe, Rdnr. 31.

§ 19 Abs. 1 ist eine besondere gesetzliche Ausformung des allgemeinen Grundsatzes der Gleichbehandlung. Die Vorschrift gilt daher entsprechend für **alle Leistungspflichten** der **Gesellschafter**, wie etwa für Aufgelder[35], für solche Pflichten, die an Stelle einer unwirksamen oder unerfüllbaren Sacheinlage[36] (s. § 5 Rdnr. 63 ff.) oder in Ergänzung einer überbewerteten Sacheinlage (§ 9)[37] bestehen, sowie ferner für die Zahlungspflicht auf Grund der höchstrichterlich entwickelten Verlustdeckungs- (s. § 11 Rdnr. 88 ff.) und Vorbelastungshaftung (s. § 11 Rdnr. 139 ff.) und auf Grund der Ausfallhaftung (§ 24)[38]. Das Gleichbehandlungsprinzip gilt auch für **Nachschüsse**[39] und sonstige **Nebenleistungspflichten** i.S. des § 3 Abs. 2[40].

b) Inhalt

Der Grundsatz der Gleichbehandlung bezieht sich auf die **Höhe** der Einforderung und auf das **Verfahren** der Einzahlung. Auch in Bezug auf die **Leistungszeit** muss die Heranziehung gleichmäßig sein[41]; sonst könnte aus der Sicht der später herangezogenen Gesellschafter eine nach § 19 Abs. 2 verbotene Stundung vorliegen.

Maßstab für die gleichmäßige Behandlung ist der **Nominalbetrag** des **Geschäftsanteils**. Wenn beispielsweise im Falle einer Bargründung einer Zweipersonengesellschaft ein Gesellschafter mit 50 (A) und der andere Gesellschafter mit 100 (B) beteiligt ist, so ist B im Verhältnis zu A in doppelter Höhe bezüglich der Resteinlage heranzuziehen. Auch bei der gemischten Sacheinlage (s. § 5 Rdnr. 81) kommt es im Hinblick auf § 7 Abs. 3 nur auf den nominellen Bareinlageteil für die Beurteilung der gleichmäßigen Behandlung an[42]. § 19 Abs. 1 ist unterschiedslos auf **alle Geschäftsanteile** anzuwenden. Die Satzung kann vorsehen, dass nach Abdeckung der Mindestbeträge die weiteren Einzahlungen zunächst auf die früheren Einlagen zu erbringen sind.

Ist ein Gesellschafter leistungsunfähig oder -unwillig, so steht dies der Heranziehung der übrigen Gesellschafter nicht entgegen[43]. Dies folgt aus dem vorrangigen Grundsatz der realen Kapitalaufbringung[44]. Der Zahlungsunfähige sollte aber zur Leistung durch Einforderungsbeschluss aufgefordert werden, um eine Kaduzierung (§ 20) zu ermöglichen. Die Einlagen müssen bei jedem Gesellschafter angefordert werden, um Zweifeln oder Irrtümern über die Zahlungsfähigkeit vorzubeugen und um anderen Gesellschaftern den sonst vielleicht gegebenen Einwand der ungleichmäßigen Behandlung zu nehmen.

Der Grundsatz der Gleichbehandlung der Einlagepflichten gilt auch, wenn zu einem Zeitpunkt, in dem noch Einlagen offen sind, im Zuge einer **Kapitalerhöhung** neue Einlagepflich-

---

35 *Bayer*, in: Lutter/Hommelhoff, Rdnr. 2; *Ebbing*, in: Michalski u.a., Rdnr. 7; *Schwandtner*, in: Münch-Komm. GmbHG, Rdnr. 40; *Ulmer/Casper*, in: Ulmer/Habersack/Löbbe, Rdnr. 27.

36 S. dazu BGH v. 2.5.1966 – II ZR 219/63, BGHZ 45, 338, 345.

37 *Bayer*, in: Lutter/Hommelhoff, Rdnr. 2. A.A. *Ebbing*, in: Michalski u.a., Rdnr. 7; *Schwandtner*, in: MünchKomm. GmbHG, Rdnr. 41; *Ulmer/Casper*, in: Ulmer/Habersack/Löbbe, Rdnr. 26.

38 *Ebbing*, in: Michalski u.a., Rdnr. 7; *Schwandtner*, in: MünchKomm. GmbHG, Rdnr. 40; *Pentz*, in: Rowedder/Schmidt-Leithoff, Rdnr. 14; *Ulmer/Casper*, in: Ulmer/Habersack/Löbbe, Rdnr. 26.

39 *Schwandtner*, in: MünchKomm. GmbHG, Rdnr. 40; *Ulmer/Casper*, in: Ulmer/Habersack/Löbbe, Rdnr. 27; *Pentz*, in: Rowedder/Schmidt-Leithoff, Rdnr. 14.

40 *Ulmer/Casper*, in: Ulmer/Habersack/Löbbe, Rdnr. 23; grundsätzlich ebenso *Schwandtner*, in: Münch-Komm. GmbHG, Rdnr. 40 (die Auslegung könne aber ergeben, dass eine gleichmäßige Belastung der Gesellschafter nicht gewollt sei); *Pentz*, in: Rowedder/Schmidt-Leithoff, Rdnr. 16.

41 RGZ 132, 336; *Fastrich*, in: Baumbach/Hueck, Rdnr. 9; *Schwandtner*, in: MünchKomm. GmbHG, Rdnr. 31; *Ulmer/Casper*, in: Ulmer/Habersack/Löbbe, Rdnr. 21.

42 *Schwandtner*, in: MünchKomm. GmbHG, Rdnr. 33.

43 RGZ 149, 293, 300; OLG München v. 1.4.1954 – 6 U 1950/53, BB 1954, 758; *Schwandtner*, in: MünchKomm. GmbHG, Rdnr. 32; *Ulmer/Casper*, in: Ulmer/Habersack/Löbbe, Rdnr. 32.

44 *Ebbing*, in: Michalski u.a., Rdnr. 26; *Ulmer/Casper*, in: Ulmer/Habersack/Löbbe, Rdnr. 32.

ten begründet werden. Alt- und Neueinlagen sind also gleichmäßig einzufordern[45]. Eine Vorleistungspflicht bezüglich „älterer" Einlagen kann aber im Beschluss über die Kapitalerhöhung begründet werden. Für eine schlüssige Vereinbarung dieses Inhalts kann es beispielsweise sprechen, wenn die neuen Geschäftsanteile neu beitretenden Partnern angeboten werden sollen, denen man nicht zumuten will, einer Gesellschaft mit erheblichen ausstehenden Einlagen beizutreten, es sei denn, durch die Einlagen der neuen Gesellschafter sollen gerade diese Lücken geschlossen werden. Auch mit einer Kapitalerhöhung, die nur von den bisherigen Gesellschaftern übernommen wird und die die Beteiligungsverhältnisse unverändert lassen soll, kann die konkludente Vereinbarung verbunden sein, dass Zahlungspflichten auf die neuen Anteile erst entstehen, wenn offene Einlageforderungen erfüllt sind[46].

c) Vertragsfreiheit

24 § 19 Abs. 1 ist nicht zwingendes Recht[47]. Die Gesellschafter können im Gesellschaftsvertrag oder im Einforderungsbeschluss unterschiedliche Quoten für die einzelnen Gesellschafter und eine Zahlung zu unterschiedlichen Zeitpunkten bestimmen[48]. Auch durch vertraglich vorgesehenen Mehrheitsbeschluss kann von der gesetzlichen Regel abgewichen werden. Es bedarf aber aus Gründen des Gesellschafterschutzes der Zustimmung des durch die Abweichung benachteiligten Gesellschafters[49]. Ein Verzicht auf gleichmäßige Behandlung kann bei nachträglicher Änderung der Leistungspflicht für den begünstigten Gesellschafter aber eine unzulässige Stundung nach § 19 Abs. 2 bedeuten. Dagegen verletzt eine Abweichung von der gesetzlichen Regel in der Gründungssatzung oder in einem Beschluss über die Kapitalerhöhung als eine lediglich das Innenverhältnis berührende Verpflichtung das Interesse der Gesellschaftsgläubiger nicht.

d) Rechtsfolgen

25 Die Einforderung der Resteinlage setzt einen Beschluss der Gesellschafter voraus (s. Rdnr. 13). Liegt ein solcher nicht vor und sieht der Gesellschaftsvertrag keine Fälligkeit der Resteinlageschuld vor (s. Rdnr. 13), so ist eine Anforderung durch den Geschäftsführer unwirksam. Die Gesellschafter haben bei der Beschlussfassung über die Einforderung der Einlagen § 19 Abs. 1 zu beachten. Verstößt der Beschluss gegen den Gleichbehandlungsgrundsatz, ist er nicht nichtig. Der betroffene Gesellschafter kann daher die Einzahlungen grundsätzlich nicht verweigern. Er hat auch dann zu zahlen, wenn der entsprechende Betrag von den anderen Gesellschaftern nicht eingefordert wurde oder wenn andere Gesellschafter zahlungsunfähig sind[50]. Der unverhältnismäßig stark herangezogene Gesellschafter kann aber den **Beschluss** wegen Verstoßes gegen § 19 Abs. 1 **anfechten**[51]. Erhebt er keine Anfechtungsklage, muss er den Beschluss gegen sich gelten lassen. Wurde der Betrag von anderen Gesellschaftern nicht angefordert, also der Beschluss ihnen nicht mitgeteilt, und fehlt es damit an der Fälligkeit (s. Rdnr. 14), so hat der andere Gesellschafter ein zeitlich begrenztes **Leistungsverweigerungsrecht** und gerät mit seiner eigenen Leistung nicht in Verzug[52], es sei denn, die Einforderung

---

45 *Schwandtner*, in: MünchKomm. GmbHG, Rdnr. 36.
46 Ähnlich *Ulmer/Casper*, in: Ulmer/Habersack/Löbbe, Rdnr. 25; *Ebbing*, in: Michalski u.a., Rdnr. 22.
47 Vgl. bereits Begr. RegE, BT-Drucks. 8/1347, S. 38: „Die Regelung ist … dispositiven Rechts".
48 Allg. Ansicht; vgl. RGZ 149, 300; *Bayer*, in: Lutter/Hommelhoff, Rdnr. 6; *Ulmer/Casper*, in: Ulmer/Habersack/Löbbe, Rdnr. 41; vgl. *Fastrich*, in: Baumbach/Hueck, Rdnr. 1, 4.
49 *Bayer*, in: Lutter/Hommelhoff, Rdnr. 6; *Ulmer/Casper*, in: Ulmer/Habersack/Löbbe, Rdnr. 41.
50 Zum Letzteren: RGZ 149, 300; OLG München v. 1.4.1954 – 6 U 1950/53, BB 1954, 758; *Fastrich*, in: Baumbach/Hueck, Rdnr. 11; *Roth*, in: Roth/Altmeppen, Rdnr. 5; *Pentz*, in: Rowedder/Schmidt-Leithoff, Rdnr. 25.
51 *Ulmer/Casper*, in: Ulmer/Habersack/Löbbe, Rdnr. 36; *Fastrich*, in: Baumbach/Hueck, Rdnr. 11; *Roth*, in: Roth/Altmeppen, Rdnr. 5.
52 *Ulmer/Casper*, in: Ulmer/Habersack/Löbbe, Rdnr. 37; *Fastrich*, in: Baumbach/Hueck, Rdnr. 11.

wurde wegen Insolvenz des Schuldners unterlassen; auch ein Vorgehen nach §§ 20, 21 scheidet aus. Der herangezogene **Gesellschafter** kann **Auskunft** darüber verlangen, welche Zahlungen und zu welcher Zeit bei den übrigen Gesellschaftern angefordert werden, wenn er keine Klarheit hat[53]. Bis zur Auskunftserteilung darf er die Zahlung verweigern[54].

Wenn der Geschäftsführer nach der Satzung berechtigt ist, die Resteinlagen einzufordern (s. Rdnr. 13), trifft er die Entscheidung nach pflichtgemäßem unternehmerischem Ermessen. Dabei hat er das in § 19 Abs. 1 normierte Gleichbehandlungsprinzip zu beachten[55]. Denn die Vorschrift bindet die für die Einforderung zuständigen Organe der GmbH[56].   26

Zahlt ein Gesellschafter nach der Eintragung der Gesellschaft freiwillig **mehr** als den fälligen Betrag oder ist ihm die Unverhältnismäßigkeit der Einforderung (**Vorauszahlung**) nicht bewusst, so kann er das Gezahlte nicht zurückfordern[57]. Dies gilt entsprechend § 813 Abs. 2 BGB unabhängig davon, ob er Kenntnis oder Unkenntnis von der fehlenden Fälligkeit hatte. Die Mehrleistung ist allerdings auf eine spätere Einforderung anzurechnen[58].   27

4. Einzelzwangsvollstreckung, Insolvenz und Liquidation

Der Grundsatz der Gleichbehandlung wirkt nur intern. Das Gläubigerinteresse geht dem Grundsatz der Gleichbehandlung vor. **Pfändet** ein Gläubiger der Gesellschaft die Einlageforderung, so wird sie sofort auch ohne Einforderungsbeschluss fällig (s. Rdnr. 112). Der Gläubiger braucht sich den Grundsatz der Gleichbehandlung nicht entgegenhalten zu lassen, weil er sonst praktisch gezwungen wäre, gegen alle Schuldner noch offener Einlageforderungen unter Beachtung des Gleichbehandlungsgrundsatzes (und etwaiger einzelfallbezogener Durchbrechungen) mit Klage und Zwangsvollstreckung vorzugehen[59]. Der betroffene Gesellschafter kann aber Ausgleich von seinen Mitgesellschaftern verlangen.   28

Anders ist die Lage in der **Insolvenz** der Gesellschaft[60] und im **Liquidationsstadium**. Der Insolvenzverwalter oder Liquidator ist legitimiert, die Einzahlung auch ohne Gesellschafterbeschluss einzufordern[61]. Dabei ist er zwar an den Grundsatz der Gleichbehandlung gebunden; die Gesellschafter können aber, was sich aus § 24 schließen lässt, ihre Leistung nicht wegen der Insolvenz eines Mitgesellschafters verweigern. Der Insolvenzverwalter und der Liquidator haben sich allerdings im Rahmen des Insolvenz- oder Liquidationszwecks zu halten[62].   29

---

53 RGZ 49, 149; RGZ 65, 432, 435; *Ulmer/Casper*, in: Ulmer/Habersack/Löbbe, Rdnr. 38.
54 RGZ 65, 432, 433; *Bayer*, in: Lutter/Hommelhoff, Rdnr. 7.
55 Vgl. dazu BGH v. 29.6.1961 – II ZR 39/60, BB 1961, 953; OLG München v. 1.2.1984 – 7 U 4142/83, GmbHR 1985, 56; *Pentz*, in: Rowedder/Schmidt-Leithoff, Rdnr. 11; *Ulmer/Casper*, in: Ulmer/Habersack/Löbbe, Rdnr. 37.
56 *Ulmer/Casper*, in: Ulmer/Habersack/Löbbe, Rdnr. 35.
57 *Bayer*, in: Lutter/Hommelhoff, Rdnr. 7; *Fastrich*, in: Baumbach/Hueck, Rdnr. 11; *Pentz*, in: Rowedder/Schmidt-Leithoff, Rdnr. 24; *Ulmer/Casper*, in: Ulmer/Habersack/Löbbe, Rdnr. 40.
58 *Fastrich*, in: Baumbach/Hueck, Rdnr. 11; *Pentz*, in: Rowedder/Schmidt-Leithoff, Rdnr. 24; *Ulmer/Casper*, in: Ulmer/Habersack/Löbbe, Rdnr. 40.
59 BGH v. 29.5.1980 – II ZR 142/79, GmbHR 1981, 141 = ZIP 1980, 551; OLG Köln v. 13.10.1988 – 1 U 37/88, GmbHR 1989, 293 = ZIP 1989, 174; *Fleck*, ZIP 1986, 272; *Ulmer/Casper*, in: Ulmer/Habersack/Löbbe, Rdnr. 34; *Schwandtner*, in: MünchKomm. GmbHG, Rdnr. 39. A.A. RGZ 76, 434; RGZ 133, 81; zur Pfändung des Anspruchs einer bereits gelöschten GmbH auf Zahlung der Einlage s. OLG Hamm v. 20.2.1991 – 8 U 121/90, 8 U 196/90, GmbHR 1992, 111 = DB 1991, 1925.
60 RG, DR 1943, 811; *Schwandtner*, in: MünchKomm. GmbHG, Rdnr. 38; *Ulmer/Casper*, in: Ulmer/Habersack/Löbbe, Rdnr. 33; zur Fälligkeit bei Eröffnung des Insolvenzverfahrens vgl. OLG Hamm v. 5.12.1984 – 8 U 12/84, GmbHR 1985, 326.
61 BGH v. 10.5.1982 – II ZR 89/81, BGHZ 84, 47, 48 = GmbHR 1983, 42; OLG Karlsruhe v. 18.11.2013 – 7 W 45/13, GmbHR 2014, 144.
62 RGZ 131, 147; RGZ 149, 301; LG Hamburg v. 20.11.1984 – 4 O 406/84, WM 1985, 1525 f.

30 An die im Gesellschaftsvertrag oder durch Gesellschafterbeschluss bestimmten Fälligkeitstermine sind der Insolvenzverwalter und der Liquidator aus Gründen des Gläubigerschutzes nicht gebunden[63]. Die Bareinlagepflicht wird vielmehr mit der Eröffnung des Insolvenzverfahrens in voller Höhe fällig[64]. Da die Gesellschaft bei Ablehnung der Eröffnung des Insolvenzverfahrens liquidiert wird (§ 60 Abs. 1 Nr. 5), gelten auch für diesen Fall die Fälligkeitstermine nicht.

5. Einzahlung

a) Grundlagen

31 Für die **Erfüllung** gilt, dass die Gesellschafter die Resteinlage in einer Weise zu erbringen haben, dass die Beträge aus dem Vermögen des Gesellschafters ausgesondert werden und dem Vermögen der Gesellschaft endgültig zufließen[65] (s. auch Rdnr. 38). Dies ist zwar nicht ausdrücklich in § 19 vorgesehen, folgt aber aus dem Grundsatz effektiver Kapitalaufbringung. Folglich ist es (ebenso wie bezüglich der Mindesteinlage, s. § 7 Rdnr. 38) unzulässig, wenn die Beträge sogleich wieder an den Gesellschafter (etwa aufgrund eines Darlehens) zurückfließen[66] (s. aber die Regelung in § 19 Abs. 5 zum Forderungsaustausch). Keine Anwendung finden dagegen § 7 Abs. 2 und § 8 Abs. 2; eine „Leistung zur endgültigen freien Verfügung der Geschäftsführer" ist also nicht verlangt[67]. Eine analoge Anwendung der genannten Vorschriften ist mangels einer registergerichtlichen Kontrolle bezüglich der Aufbringung der Resteinlage nicht geboten.

32 Die Einzahlung kann durch **Barzahlung** erfolgen. In Betracht kommen ferner alle Zahlungsformen, die einer Barzahlung gleichstehen. Dazu gehört die Einreichung eines bestätigten **Bundesbankschecks**, obwohl hier die Besonderheit besteht, dass nach § 23 Abs. 3 BBankG der Scheck innerhalb von acht Tagen nach der Ausstellung vorgelegt werden muss (andernfalls erlischt die Bestätigung). Denn eine höhere Form der Sicherheit bei einer unbaren Geldzahlung ist nicht denkbar.

33 Zulässig ist auch eine **Überweisung** auf ein **Konto** der **Gesellschaft**[68]. Die Überweisung steht der Barzahlung gleich, wenn der Geschäftsführer dem Gesellschafter ein Konto benannt hat. Bei sehr hohen Beträgen kann die Barzahlung sogar als rechtsmissbräuchlich angesehen werden (Verdacht der Geldwäsche). Der Erfüllungswirkung steht es nicht entgegen, wenn zwar das Konto ein Guthaben der Gesellschaft ausweist, das Kreditinstitut aber die Möglichkeit zur Verrechnung mit einem der Gesellschaft gewährten Kredit hat, der nicht über dieses Konto abgerechnet wird. Anders, wenn nach Kündigung des Kredits oder wegen des Fehlens einer Kreditlinie die Bank den eingezahlten Betrag sofort zur Verrechnung mit einem Debet-

---

63 *Roth*, in: Roth/Altmeppen, Rdnr. 7; *Ulmer/Casper*, in: Ulmer/Habersack/Löbbe, Rdnr. 33.
64 OLG Hamm v. 5.12.1984 – 8 U 12/84, GmbHR 1985, 326, 327; vgl. auch RGZ 138, 106.
65 OLG München v. 12.10.2016 – 7 U 1983/16, GmbHR 2017, 39; OLG Oldenburg v. 26.7.2007 – 1 U 8/07, GmbHR 2007, 1043, 1044 f.; OLG Hamm v. 26.10.1999 – 27 U 26/99, GmbHR 2000, 386, 387; OLG Düsseldorf v. 18.11.1994 – 17 U 87/94, GmbHR 1995, 518, 519 f.; OLG Hamm v. 5.12.1984 – 8 U 12/84, GmbHR 1985, 326, 327; *Bayer*, in: Lutter/Hommelhoff, Rdnr. 12; *Schwandtner*, in: MünchKomm. GmbHG, Rdnr. 30.
66 BGH v. 12.4.2011 – II ZR 17/10, ZIP 2011, 1101, 1102 = GmbHR 2011, 705; BGH v. 2.12.2002 – II ZR 101/02, BGHZ 153, 107 = GmbHR 2003, 231; *Roth*, in: Roth/Altmeppen, Rdnr. 17.
67 BGH v. 16.2.2009 – II ZR 120/07, BGHZ 180, 38, 46 Rdnr. 17 = GmbHR 2009, 540 – Qivive; BGH v. 21.2.1994 – II ZR 60/93, BGHZ 125, 141, 151 = GmbHR 1994, 394; BGH v. 25.11.1985 – II ZR 48/85, GmbHR 1986, 115 = NJW 1986, 989; *Schwandtner*, in: MünchKomm. GmbHG, Rdnr. 29; *Ulmer/Casper*, in: Ulmer/Habersack/Löbbe, Rdnr. 15; *Pentz*, in: Rowedder/Schmidt-Leithoff, Rdnr. 42. A.A. OLG Frankfurt v. 21.12.1983 – 9 U 43/83, WM 1984, 1448; *Priester*, DB 1987, 1473, 1475.
68 Allg.M.; vgl. *Fastrich*, in: Baumbach/Hueck, Rdnr. 12; *Goette*, DStR 1997, 925; *Wimmer*, GmbHR 1997, 827; *Bayer*, GmbHR 2004, 445; vgl. auch § 7 Rdnr. 31.

saldo nutzen kann; dann tritt zwar eine Vermögensmehrung ein, aber die Gesellschaft kann über den eingezahlten Betrag nicht mehr verfügen[69].

Besondere Probleme treten auf, wenn die Zahlung auf ein **debitorisch geführtes Konto** erfolgt. Sie stellen sich hauptsächlich bei (sanierenden) Kapitalerhöhungen. Nach der Rechtsprechung reicht die Zahlung auf ein im Debet geführtes Konto aus, sofern die Geschäftsführung die Möglichkeit erhält, über einen Betrag in Höhe der Einlageleistung frei zu verfügen, sei es im Rahmen eines förmlich eingeräumten Kreditrahmens, sei es aufgrund einer nur stillschweigenden Gestattung der Bank[70].   34

Leistet der Gesellschafter seine Einlage durch Überweisung auf ein bei einem Kreditinstitut geführtes Konto, so verlangt § 37 Abs. 1 Satz 3 AktG einen entsprechenden Nachweis gegenüber dem Registergericht durch eine schriftliche Bestätigung des Instituts. Eine § 37 Abs. 1 AktG entsprechende Vorschrift fehlt im GmbHG. Nach § 8 Abs. 2 genügt vielmehr die Versicherung der Geschäftsführer, dass die nach dem Gesetz vorgeschriebenen Leistungen auf die Geschäftsanteile bewirkt sind und dass der Gegenstand der Leistung endgültig zu ihrer freien Verfügung steht. Die **Gewährleistungshaftung** des § 37 Abs. 1 Satz 4 AktG ist aber im GmbH-Recht entsprechend anwendbar, wenn ein Kreditinstitut eine der Vorschrift des § 37 Abs. 1 Satz 2 AktG entsprechende Bestätigung ausstellt und diese von den Geschäftsführern dem Registergericht vorgelegt wird[71]. Für die Richtigkeit der Bestätigung hat das Kreditinstitut einzustehen[72]; denn die Gläubiger vertrauen auf die Richtigkeit der Erklärung. Allerdings reicht die bloße Bestätigung durch das Kreditinstitut, die Einzahlung sei auf das bei ihr geführte Konto der GmbH gutgeschrieben worden, nicht zur Begründung der Gewährleistungshaftung, wenn das Institut den Einlagebetrag zur Verrechnung mit einem auf einem Girokonto geführten Kredit der Gesellschaft verwendet hat; denn das Institut hat nicht bestätigt, dass sich der Betrag auch endgültig in der freien Verfügung der Geschäftsführer befinde[73]. Hat das Kreditinstitut eine entsprechende Bestätigung abgegeben, kann es gegenüber der Forderung der GmbH ebenso wenig aufrechnen, wie es dem Gesellschafter gegenüber der Einlageforderung möglich ist[74].   35

b) Tilgungsbestimmung

Eine besondere Tilgungsbestimmung ist grundsätzlich nicht erforderlich. Dies ist zwar anders zu beurteilen, wenn die Gesellschaft mehrere Forderungen gegen den Gesellschafter hat. Doch kann dann durch **Auslegung** ermittelt werden, auf welche Schuld der Gesellschafter gezahlt hat[75]. Wenn im Falle mehrerer durch die Zahlung nicht vollständig gedeckter Ver-   36

---

69 BGH v. 24.9.1990 – II ZR 203/89, NJW 1991, 226; OLG Düsseldorf v. 5.4.1984 – 6 U 239/82, WM 1984, 586, 597 f.; OLG Stuttgart v. 28.6.1995 – 1 U 182/94, GmbHR 1995, 666 = WM 1996, 395; OLG Naumburg v. 24.11.2000 – 7 U (Hs) 98/99, 7 U (Hs) 101/99, NZG 2001, 230 f.; *Hommelhoff/ Kleindiek*, ZIP 1987, 477; *Priester*, DB 1987, 1473 ff.; teilweise werden noch strengere Anforderungen gestellt; vgl. etwa OLG Hamm v. 5.12.1984 – 8 U 12/84, GmbHR 1985, 326 (nur Zahlung auf besonderes Sperrkonto reiche aus); OLG Dresden v. 23.8.1999 – 2 U 1449/99, GmbHR 1999, 1036 (tatsächliche Duldung einer Überziehung reiche aus).
70 BGH v. 8.11.2004 – II ZR 362/02, GmbHR 2005, 229 f.; BayObLG v. 27.5.1998 – 3Z BR 110/98, GmbHR 1998, 736 („Kreditrahmen gewährt hat, der höher ist als der Schuldsaldo zuzüglich der Einlageschuld").
71 BGH v. 18.2.1991 – II ZR 104/90, BGHZ 113, 335, 336, 351 = GmbHR 1991, 255.
72 BGH v. 18.2.1991 – II ZR 104/90, BGHZ 113, 335, 353 = GmbHR 1991, 255; BGH v. 13.7.1992 – II ZR 263/91, BGHZ 119, 177, 180 = GmbHR 1993, 225.
73 BGH v. 16.12.1996 – II ZR 200/95, GmbHR 1997, 255 = ZIP 1997, 281.
74 BGH v. 18.2.1991 – II ZR 104/90, BGHZ 113, 335, 358 = GmbHR 1991, 255.
75 Die Tilgungsbestimmung kann auch konkludent erfolgen; vgl. OLG Frankfurt v. 24.11.1989 – 10 W 165/88, GmbHR 1991, 103; OLG Dresden v. 14.12.1998 – 2 U 2679/98, GmbHR 1999, 233, 234.

bindlichkeiten für den Empfänger ersichtlich ist, dass eine bestimmte Forderung nach dem Willen des Leistenden getilgt werden soll, ist die Gesellschaft bei der Verrechnung nicht frei[76]. Bei der Auslegung kommt es auf den Empfängerhorizont des Leistungsempfängers an[77]. Musste also die Gesellschaft – ihr Geschäftsführer – die Leistung als Einlagezahlung auffassen, dann ist diese erbracht. Es spielt keine Rolle, ob der Leistungszweck für die Gesellschaftsgläubiger erkennbar war[78].

37 Im Falle einer **rechtsirrtümlichen** *Tilgungsbestimmung* ist ebenfalls durch Auslegung zu bestimmen, auf welche Schuld der Gesellschafter gezahlt hat. Praktisch relevant werden kann es beispielsweise, dass ein Gesellschafter auf eine in Wahrheit nicht bestehende (weil unwirksame) Darlehensschuld gezahlt hat. Dann kann die Auslegung ergeben, dass seine Leistung bezüglich der Einlageschuld Erfüllungswirkung hat[79] (s. auch Rdnr. 172).

38 Bleibt die Zweckbestimmung einer vom Gesellschafter an die GmbH erbrachten Zahlung offen, so kann der Gesellschafter der Zahlung nicht nachträglich die Zweckbestimmung einer Leistung auf eine noch ausstehende Einlage geben, wenn der gezahlte Betrag sich nicht mehr in der freien Verfügung der Gesellschaft befindet[80].

c) Zahlung an Dritte

39 **Schuldrechtliche Verwendungsverpflichtungen**, durch die die Geschäftsführer angehalten werden, die Einlage in bestimmter Weise zu verwenden, z.B. einen Bankkredit abzulösen oder bestimmte Anlagegüter zu bezahlen, stehen der Wirksamkeit der Einzahlung nicht entgegen. Die Verwendungsverpflichtung darf aber nicht dazu führen, dass der Betrag an den Gesellschafter zurückfließt[81]; dies ist eine der hauptsächlichen Erscheinungsformen der verdeckten Sacheinlage (s. Rdnr. 122, 126). Die Einlageleistung muss vielmehr unternehmerischen Zwecken dienen, was bei der Befreiung von Forderungen Dritter gegen die Gesellschaft aber durchaus zutreffen kann.

40 Hiervon zu unterscheiden sind **Zahlungen des Gesellschafters an Dritte**. Insoweit wird teilweise die Ansicht vertreten, Zahlungen des Gesellschafters an Dritte seien als eine Umgehung der Sacheinlagevorschriften anzusehen[82]. Dem ist nicht zuzustimmen (s. bereits § 7 Rdnr. 33). Zwar muss nach § 7 Abs. 2, § 8 Abs. 2, soweit es um den **Mindesteinlagebetrag** geht, die Einzahlung „endgültig zur freien Verfügung der Geschäftsführer" stehen[83]. Für die **Resteinlage**

76 BGH v. 17.9.2001 – II ZR 275/99, GmbHR 2001, 1114 (angesichts der Höhe des überwiesenen Betrags konnte die Überweisung nach dem Willen des Gesellschafters nur die ausstehende Einlageschuld betreffen).
77 BGH v. 22.6.1992 – II ZR 30/91, GmbHR 1992, 601, 602 f.; OLG Köln v. 17.5.2001 – 18 U 17/01, GmbHR 2001, 627 f.
78 BGH v. 22.6.1992 – II ZR 30/91, GmbHR 1992, 601, 602 f.
79 BGH v. 9.1.2006 – II ZR 72/05, BGHZ 165, 352, 356 = GmbHR 2006, 306; BGH v. 21.11.2005 – II ZR 140/04, BGHZ 165, 113, 117 = GmbHR 2006, 43; BGH v. 12.6.2006 – II ZR 334/04, GmbHR 2006, 982.
80 BGH v. 2.12.1968 – II ZR 144/67, BGHZ 51, 157, 162; OLG Hamburg v. 15.4.1994 – 11 U 237/93, ZIP 1994, 948, 949 f. = GmbHR 1994, 468 (Revision vom BGH nicht angenommen); OLG Köln v. 17.5.2001 – 18 U 17/01, GmbHR 2001, 627 f.; *Fastrich*, in: Baumbach/Hueck, Rdnr. 12.
81 BGH v. 10.11.1958 – II ZR 3/57, GmbHR 1990, 555; BGH v. 3.12.1990 – II ZR 215/89, WM 1991, 454, 455 = GmbHR 1991, 152; s. aber auch BGH v. 11.11.1985 – II ZR 109/84, BGHZ 96, 231 (Tilgung eines vom Aktionär gewährten Vorfinanzierungskredits mit Einlageleistung); *Karsten Schmidt*, AG 1986, 109; *Hommelhoff/Kleindiek*, ZIP 1987, 477, 486.
82 OLG Stuttgart v. 24.1.1985 – 7 U 261/84, GmbHR 1985, 299 = ZIP 1985, 476. Das Urteil wurde durch BGH v. 25.11.1985 – II ZR 48/85, GmbHR 1986, 115 = NJW 1986, 989 aufgehoben, die Sache durch OLG Stuttgart v. 12.6.1986 – 7 U 22/86, GmbHR 1986, 349 = DB 1986, 1514 neu entschieden.
83 S. dazu *Karsten Schmidt*, AG 1986, 106 sowie *Ulmer*, GmbHR 1993, 189 einerseits und *Hüffer*, ZGR 1993, 474, 478 andererseits.

gilt dies aber nicht[84] (s. Rdnr. 31). Insoweit ist daher jedenfalls die Zahlung an Dritte im Blick auf § 7 Abs. 2, § 8 Abs. 2 unbedenklich. Auch ist eine Umgehung der Sacheinlagevorschriften nicht zu befürchten, wenn erstens die Geschäftsführer den Gesellschafter zur Zahlung an den Dritten **veranlasst** haben, es wird dann nämlich nur eine Verlängerung der Zahlungswege vermieden. Dafür spricht auch, dass die Zahlung an einen Dritten auf Veranlassung der Geschäftsführer der Zahlung an den Dritten nach der Abtretung der Einlageforderung gleichsteht[85]. Dies wird i.d.R. nur der Fall sein, wenn der Gesellschaft von Seiten des Dritten eine gleichwertige Leistung zugeflossen ist.

Zahlungen an Dritte auf Veranlassung der Gesellschaft befreien aber den Gesellschafter nur unter der weiteren Voraussetzung, dass der Dritte zum Zeitpunkt der Leistung durch den Gesellschafter eine vollwertige, liquide und fällige Forderung gegen die Gesellschaft hat (**Vollwertigkeitsprinzip**)[86] (s. zum Begriff der Vollwertigkeit Rdnr. 182).   41

Die vorstehend entfalteten Grundsätze gelten auch im **Konzern**. Zahlungen an das herrschende Unternehmen oder an beherrschte Konzernunternehmen befreien den Gesellschafter daher auch dann nicht, wenn diesem eine Forderung gegen die Gesellschaft zusteht. Konzernunternehmen bilden ebenso wenig eine Einheit wie die KG mit der GmbH bei einer **GmbH & Co. KG**. Der Gesellschafter einer Komplementär-GmbH wird daher nur unter bestimmten Voraussetzungen von seiner Einlageschuld frei, wenn er an die KG zahlt. Die Zahlung muss auf Veranlassung der Gesellschaft an die KG erfolgen und die Forderung der KG, die damit abgelöst werden soll, muss fällig, liquide und vollwertig sein[87]. Die Forderung ist nur **vollwertig**, wenn das verbleibende Vermögen der GmbH zur vollen Befriedigung sowohl der Eigengläubiger der GmbH als auch der Gläubiger der KG, soweit deren Ansprüche das Vermögen dieser Gesellschaft übersteigen, ausreicht. Die Zahlung an die KG wird damit dann gefährlich, wenn eine Überschuldung der GmbH oder der KG nicht ausgeschlossen werden kann.   42

d) Rechtsfolgen fehlender Tilgungswirkung

Hat ein Gesellschafter eine Zahlung erbracht, die aufgrund der vorgenannten Gründe keine Erfüllungswirkung hat, muss er seine Einlage nochmals leisten. Er hat hinsichtlich der vermeintlich wirksam erbrachten Bareinlage zwar einen Kondiktionsanspruch. Da die Fragen meist in der Insolvenz aktuell werden, dürfte der Kondiktionsanspruch in der Regel aber praktisch entwertet sein.   43

---

84 BGH v. 25.11.1985 – II ZR 48/85, GmbHR 1986, 115 = NJW 1986, 989; OLG Düsseldorf v. 3.8.1988 – 17 U 11/88, GmbHR 1989, 164 = BB 1988, 2126; OLG Köln v. 10.11.1988 – 1 U 55/88, ZIP 1989, 238, 239; OLG Naumburg v. 10.5.1999 – 7 W 24/99, GmbHR 1999, 1037; *Pentz*, in: Rowedder/Schmidt-Leithoff, Rdnr. 55; *Fastrich*, in: Baumbach/Hueck, Rdnr. 13; *Goette*, DStR 1997, 926 f.; zulässig auch für Mindesteinlage: *Ulmer*, GmbHR 1993, 189, 191; *Ihrig*, Die endgültig freie Verfügung über die Einlage von Kapitalgesellschaften, 1991, S. 276 ff.; *Schwandtner*, in: MünchKomm. GmbHG, Rdnr. 155, 158; grundsätzlich ablehnend: *Brändel*, ZHR 156 (1992), 191; s. auch *Hüffer*, ZGR 1993, 474, 478.

85 Vgl. dazu allgemein BGHZ 69, 282; BGH v. 11.3.1985 – II ZR 42/84, WM 1985, 730; OLG Köln v. 18.11.1983 – 20 U 71/83, WM 1984, 740, 742; zur Abtretung des Anspruchs auf Einzahlung der Mindesteinlage s. Rdnr. 129.

86 BGH v. 25.11.1985 – II ZR 48/85, GmbHR 1986, 115 = NJW 1986, 989; OLG Naumburg v. 10.5.1999 – 7 W 24/99, GmbHR 1999, 1037, 1038; OLG Zweibrücken v. 17.9.1965 – I U 110/65, GmbHR 1967, 29; OLG Düsseldorf v. 3.8.1988 – 17 U 11/88, GmbHR 1989, 164 = BB 1988, 2126; OLG Köln v. 10.11.1988 – 1 U 55/88, ZIP 1989, 239; *Fastrich*, in: Baumbach/Hueck, Rdnr. 13; *Pentz*, in: Rowedder/Schmidt-Leithoff, Rdnr. 55; *Bayer*, in: Lutter/Hommelhoff, Rdnr. 45; *Roth*, in: Roth/Altmeppen, Rdnr. 18. A.A. *Schwandtner*, in: MünchKomm. GmbHG, Rdnr. 155 f.; *Wilhelm*, ZHR 152 (1988), 333, 335.

87 BGH v. 25.11.1985 – II ZR 48/85, GmbHR 1986, 115 = NJW 1986, 989.

III. Keine Befreiung von der Verpflichtung zur Einlagenleistung (§ 19 Abs. 2 und 3)

1. Der Grundsatz der realen Kapitalaufbringung

44   § 19 Abs. 2 normiert den Grundpfeiler des Grundsatzes der realen Kapitalaufbringung. Danach ist jede rechtsgeschäftliche Beeinträchtigung der Pflicht zur Leistung der Einlagen unzulässig, insbesondere der Erlass der Einlage. Die Aufrechnung durch den Gesellschafter wird nur unter sehr eng umrissenen Voraussetzungen zugelassen. Ferner wird ein Zurückbehaltungsrecht am Gegenstand der Sacheinlage eingeschränkt. Schließlich regelt § 19 Abs. 3, dass die Gesellschafter bei einer Kapitalherabsetzung nur in Höhe des Betrags von ihrer Einlageverpflichtung befreit werden, um den das Stammkapital herabgesetzt worden ist. Diese Vorschriften dienen dem Gläubigerschutz und sind daher zwingend.

45   Die Regelung in § 19 Abs. 2 Satz 2 war vor dem MoMiG in § 19 Abs. 5 vorgesehen. Im Übrigen hat das MoMiG die in § 19 Abs. 2 und 3 getroffenen Regelungen unverändert gelassen. Die Vorschriften sind daher weiterhin im Interesse einer effektiven Kapitalaufbringung streng auszulegen (s. bereits Rdnr. 3). Allerdings hat das MoMiG in § 19 Abs. 4 und 5 Sonderregeln für verdeckte Sacheinlagen und den Forderungsaustausch eingeführt. Dies ist bei der rechtssystematischen Auslegung des § 19 Abs. 2 zu berücksichtigen (s. Rdnr. 80 f. und 85).

2. Umfang des Befreiungsverbots

46   Das Befreiungsverbot erstreckt sich auf **Bar-** und **Sacheinlagen** und die damit verknüpften Verpflichtungen[88]. Es gilt auch für alle mit der Einlagepflicht verbundenen **Neben- und Folgeansprüche**, soweit dies die Aufbringung des gebundenen Vermögens zur Sicherung der Gläubiger erfordert. Dazu gehören Ausfallhaftungsansprüche (§§ 21 Abs. 3, 24)[89], Ansprüche aus der Rechtsvorgängerhaftung (§ 22), aus der Verlustdeckungs-[90] und Vorbelastungshaftung (s. § 11 Rdnr. 62)[91] und die Schadensersatz- und Gewährleistungspflichten von Gesellschaftern, die eine Sacheinlage übernommen haben[92].

47   Nicht erfasst werden sonstige, neben der Einlage auf den Geschäftsanteil zu bewirkende Leistungen, mögen sie rein obligatorischer oder auch gesellschaftsrechtlicher Natur sein, wie Verzugszinsen nach § 20[93], Vertragsstrafen, Nebenleistungen nach § 3 Abs. 2[94] oder Nachschüsse (§§ 26 bis 28)[95]. Bezüglich dieser Verpflichtungen sind also Befreiungen zulässig[96]. Es gelten nur die sich aus § 30 Abs. 1 ergebenden Beschränkungen. Das Verbot der Schmälerung fin-

---

88 Begr. RegE, BT-Drucks. 8/1347, S. 38; BGH v. 16.2.1959 – II ZR 170/57, BGHZ 29, 300, 304 f.; RG, JW 1902, 259; LG Hamburg v. 20.11.1984 – 4 O 406/84, WM 1985, 1525; *Pentz*, in: Rowedder/Schmidt-Leithoff, Rdnr. 36; *Ulmer/Casper*, in: Ulmer/Habersack/Löbbe, Rdnr. 43 f.

89 *Ulmer/Casper*, in: Ulmer/Habersack/Löbbe, Rdnr. 44.

90 OLG Köln v. 20.12.2001 – 18 U 138/01, GmbHR 2002, 1066; *Fastrich*, in: Baumbach/Hueck, Rdnr. 4.

91 BGH v. 6.12.1993 – II ZR 102/93, BGHZ 124, 282, 286 = GmbHR 1994, 176; ferner *Fastrich*, in: Baumbach/Hueck, Rdnr. 4; *Ulmer/Casper*, in: Ulmer/Habersack/Löbbe, Rdnr. 44.

92 *Ulmer/Casper*, in: Ulmer/Habersack/Löbbe, Rdnr. 44.

93 *Fastrich*, in: Baumbach/Hueck, Rdnr. 5; *Ulmer/Casper*, in: Ulmer/Habersack/Löbbe, Rdnr. 45. A. A. *Ebbing*, in: Michalski u.a., Rdnr. 50. S. aber § 20 Rdnr. 20 (Erlass und Verzicht sind wegen des zwingenden Charakters des § 20 unstatthaft).

94 RGZ 87, 179; *Fastrich*, in: Baumbach/Hueck, Rdnr. 5; *Ulmer/Casper*, in: Ulmer/Habersack/Löbbe, Rdnr. 45.

95 RG, JW 1931, 3653; *Fastrich*, in: Baumbach/Hueck, Rdnr. 5.

96 RGZ 79, 274; RGZ 87, 179; RG, JW 1912, 760.

det ferner keine Anwendung für ein vereinbartes Agio (Aufgeld)[97]. Andererseits folgen dem Schicksal der Einlage auch deren der Aufbringung des Stammkapitals dienende Folgeverbindlichkeiten, z.B. bei der Einbringung eines Handelsgeschäfts die Haftung des Inferenten für die Außenstände[98]. Diese Haftung kann nicht erlassen werden. Die Unkenntnis des gesetzlichen Verbots ist unbeachtlich[99].

Bei **Überbewertung** einer **Sacheinlage** unterliegt der entstehende **Zuzahlungsanspruch** gemäß § 9 Abs. 1 dem Befreiungsverbot (s. § 9 Rdnr. 23). Im Übrigen kommt es nicht darauf an, ob die Verpflichtung auf dem Gründungsvertrag oder auf einer Kapitalerhöhung beruht. Die Einlageverpflichtung muss aber bereits bestehen, eine Kapitalerhöhung also eingetragen sein. Das gilt für die Gesellschaft nach ihrer Eintragung im Handelsregister, während der Liquidation jedoch nur, soweit noch Drittforderungen gegen die Gesellschaft geltend gemacht werden[100]. Insofern wird das Schmälerungsverbot durch den Zweck der Liquidation, nämlich die Gläubiger zu befriedigen und das Geschäftsvermögen aufzuteilen, beschränkt. **48**

In der **Vorgründungsgesellschaft** ist § 19 Abs. 2 nicht anwendbar; denn diese ist eine eigenständige Gesellschaft bürgerlichen Rechts oder eine Personenhandelsgesellschaft[101]. Dagegen ist § 19 Abs. 2 in der **Vorgesellschaft** uneingeschränkt anwendbar[102]. Diese Auslegung ist zwecks Sicherstellung der Kapitalaufbringung geboten. Außerdem besteht die Pflicht zu einer Geldeinlage bereits mit dem Vertragsschluss. Die Gesellschafter können aber nach Abschluss des notariellen Vertrags bis zur Eintragung der Gesellschaft in das Handelsregister den Umfang der Kapitalausstattung oder auch Zahlungstermine durch Gesellschaftsvertrag jederzeit ändern[103]. § 19 Abs. 2 steht jedenfalls dieser Änderung nicht entgegen, auch nicht solchen Vereinbarungen, die nur die Eintragung in das Handelsregister hinausschieben. **49**

Ein **Insolvenzverwalter** ist in der Insolvenz der Gesellschaft gleichfalls an das Verbot des § 19 Abs. 2 Satz 1 gebunden[104]. Er hat die offenen Einlagen einzufordern, um die Befriedigung der Gesellschaftsgläubiger sicherzustellen. **50**

Die Befreiung des Gesellschafters von seiner Einlagepflicht setzt eine Zahlung mit **Erfüllungswirkung** voraus. Die Anforderungen an eine ordnungsgemäße Erfüllung unterscheiden sich je nach den verschiedenen Stadien der Existenz der Gesellschaft. Die **Mindesteinlage**, die vor der Eintragung der Gesellschaft in das Handelsregister erbracht sein muss (§ 7 Abs. 3), muss zur „**endgültig freien Verfügung**" der Geschäftsführung geleistet werden (s. § 8 Rdnr. 26 f.). Wenn nach der Eintragung der Gesellschaft noch eine Einlage offen ist (**Resteinlage**), gilt zwar das Erfordernis der freien Verfügbarkeit nicht mehr; der Gesellschafter muss den **Betrag** aber aus seinem **Vermögen aussondern** und **effektiv** in das **Gesellschaftsvermögen einbringen** (s. Rdnr. 31). Leistet der Gesellschafter eine Zahlung, deren Verwendung zunächst in der Schwebe bleibt, so kann er noch nachträglich als Leistungszweck die Einlageschuld bezeichnen, ohne **51**

---

97 *Bayer*, in: Lutter/Hommelhoff, Rdnr. 3; *Fastrich*, in: Baumbach/Hueck, Rdnr. 5; *Pentz*, in: Rowedder/Schmidt-Leithoff, Rdnr. 37; *Ulmer/Casper*, in: Ulmer/Habersack/Löbbe, Rdnr. 45.
98 RGZ 79, 273.
99 RG, LZ 1907, 603.
100 RGZ 149, 297; BGH v. 31.5.1976 – II ZR 90/74, BB 1976, 852 bezüglich mehrerer Einlageschuldner; *Pentz*, in: Rowedder/Schmidt-Leithoff, Rdnr. 65; *Ulmer/Casper*, in: Ulmer/Habersack/Löbbe, Rdnr. 50.
101 BGH v. 7.5.1984 – II ZR 276/83, GmbHR 1984, 316 = WM 1984, 929; *Ebbing*, in: Michalski u.a., Rdnr. 52.
102 *Ulmer/Casper*, in: Ulmer/Habersack/Löbbe, Rdnr. 48; *Pentz*, in: Rowedder/Schmidt-Leithoff, Rdnr. 38; *Ebbing*, in: Michalski u.a., Rdnr. 52 f.; unklar BGH v. 9.3.1981 – II ZR 54/80, BGHZ 80, 129, 133 = GmbHR 1981, 114.
103 RG, Recht 1923, Nr. 1257.
104 BayObLG v. 30.10.1984 – BReg 3 Z 204/84, GmbHR 1985, 215; *Ebbing*, in: Michalski u.a., Rdnr. 54; *Ulmer/Casper*, in: Ulmer/Habersack/Löbbe, Rdnr. 50.

dass § 19 Abs. 2 entgegensteht[105]. Voraussetzung ist aber, dass der gezahlte Betrag der Gesellschaft noch voll zur Verfügung steht[106].

3. Erlass

a) Befreiungsverbot

52 Die Gesellschafter können nach § 19 Abs. 2 von der Verpflichtung zur Leistung der Einlagen nicht befreit werden. Dieses Verbot ist weit auszulegen. **Unzulässig** ist jedes rechtsgeschäftliche Aufgeben des Zahlungsanspruchs, wie beispielsweise ein **negatives Schuldanerkenntnis** oder die **Novation**. Auch der Verzicht der Gesellschaft auf andere Forderungen gegen den Gesellschafter ist ausgeschlossen. Mit § 19 Abs. 2 nicht zu vereinbaren ist daher der Verzicht auf den Anspruch auf Rückzahlung eines Darlehens, damit der Gesellschafter die Bareinlage bewirken kann[107]. Unzulässig ist weiterhin die Annahme einer fehlerhaften Sacheinlage als Erfüllung und die tatsächliche Nichteinforderung der Einlage. Das Verbot betrifft den Erlass der ganzen oder auch eines Teils der rückständigen Einlageschuld. Lässt der Geschäftsführer eine Einlageforderung verjähren, ist der Tatbestand des Befreiungsverbots nicht erfasst. Der Geschäftsführer kann dann aber gemäß § 43 Abs. 2 zum Schadensersatz verpflichtet sein[108].

b) Verbot der Finanzierung der Einlage durch die Gesellschaft

53 Ein verbotener Erlass kann nach Sinn und Zweck des Verbots auch vorliegen, wenn die Forderung auf Leistung der Einlage durch eine andere Forderung (z.B. eine Darlehensforderung) ersetzt wird (**verdeckte Finanzierung**)[109]. Ein solcher Forderungsaustausch steht einer nach § 19 Abs. 2 Satz 1 verbotenen Befreiung gleich. Anders ist dies seit dem MoMiG nur zu beurteilen, wenn die Voraussetzungen des § 19 Abs. 5 über einen zulässigen Forderungsaustausch erfüllt sind. Die Einlage ist nicht befreiend geleistet, (i) wenn die Gesellschaft dem Gesellschafter oder einem mit diesem verbundenen Unternehmen ein Darlehen gewährt hat, damit er seine Einlage bezahlen kann[110]; (ii) wenn die Gesellschaft dem Gesellschafter oder einen mit diesem verbundenen Unternehmen den Betrag zugleich als Darlehen zurückgewährt[111]; (iii) wenn die Gesellschaft zusammen mit dem Gesellschafter oder mit einem mit dem Gesellschafter verbundenen Unternehmen bei einem Dritten ein Darlehen aufnimmt, und mit der Darlehensvaluta die Einlagepflicht des Gesellschafters erfüllt wird[112]; (iv) wenn die Gesellschaft einem Dritten Sicherheiten stellt, damit der Dritte dem Gesellschafter oder einem mit dem Gesellschafter verbundenen Unternehmen zum Zwecke der Einzahlung ein Darlehen ge-

---

105 BGH v. 2.12.1968 – II ZR 144/67, BGHZ 51, 157, 162; BGH v. 15.6.1992 – II ZR 229/91, GmbHR 1992, 522 = NJW 1992, 2229 f.; OLG Hamburg v. 15.4.1994 – 11 U 237/93, GmbHR 1994, 468 = BB 1994, 1240; *Pentz*, in: Rowedder/Schmidt-Leithoff, Rdnr. 72. A.A. OLG Oldenburg v. 10.10.2006 – 1 U 89/96, ZIP 1996, 2026; OLG Schleswig v. 3.2.1998 – 5 W 1/98, GmbHR 1998, 1226.

106 BGH v. 15.6.1992 – II ZR 229/91, NJW 1992, 2229, 2231 = GmbHR 1992, 522; OLG Hamburg v. 15.4.1994 – 11 U 237/93, GmbHR 1994, 468 = ZIP 1994, 948.

107 OLG Hamburg v. 18.10.1985 – 11 U 92/85, NJW-RR 1986, 116, 118 = GmbHR 1986, 230; OLG Köln v. 13.10.1988 – 1 U 37/88, GmbHR 1989, 293 = NJW-RR 1989, 354; s. auch *Ulmer/Casper*, in: Ulmer/Habersack/Löbbe, Rdnr. 52, 56.

108 Vgl. etwa LG Wiesbaden v. 3.5.2013 – 1 O 229/12, GmbHR 2013, 596.

109 *Bayer*, in: Lutter/Hommelhoff, Rdnr. 13; *Fastrich*, in: Baumbach/Hueck, Rdnr. 19; *Roth*, in: Roth/Altmeppen, Rdnr. 21; *Ulmer/Casper*, in: Ulmer/Habersack/Löbbe, Rdnr. 52 a.E.

110 RGZ 47, 180, 185; RGZ 98, 276, 277; BGH v. 30.6.1958 – II ZR 213/56, BGHZ 28, 77 f.; BGH, WM 1958, 936; OLG Köln v. 18.11.1983 – 20 U 71/83, WM 1984, 740, 741; *Bayer*, in: Lutter/Hommelhoff, Rdnr. 13; *Ulmer/Casper*, in: Ulmer/Habersack/Löbbe, Rdnr. 56.

111 OLG Hamm v. 16.2.1994 – 8 U 179/93, GmbHR 1994, 472.

112 RGZ 47, 180, 185; OLG Köln v. 18.11.1983 – 20 U 71/83, WM 1984, 740.

währt[113]; (v) wenn die Gesellschaft in Verbindung mit der Einzahlung zugleich eine weitere Forderung gegen den Gesellschafter oder einem mit diesem verbundenen Unternehmen erlässt[114]. Die Tilgung der Einlageschuld kann aber in allen diesen Fällen mit der Tilgung des Darlehens durch den Gesellschafter erfolgen[115].

Unzulässig ist es weiterhin, wenn die an eine Komplementär-GmbH gezahlten Einlagemittel umgehend als Darlehen an die von dem oder den Inferenten beherrschte KG weiterfließen[116]. Allerdings kann in einem solchen Fall seit dem MoMiG gemäß § 19 Abs. 5 eine Befreiungswirkung eintreten (s. dazu unten Rdnr. 177 ff.).   54

Unzulässig ist wegen Verstoßes gegen § 5 Abs. 4 die Annahme einer Leistung an Erfüllungs statt, soweit hierdurch die Pflichten aus einer Geldeinlage erfüllt werden sollen. Eine Leistung an Erfüllungs statt kann aber seit dem MoMiG nach Eintragung der Gesellschaft entsprechend § 19 Abs. 4 zur Folge haben, dass die Einlageschuld erlischt (s. Rdnr. 102). Zu einer (unbedenklichen) erfüllungshalber auf eine Bareinlage erbrachten Sachleistung s. Rdnr. 104. Wenn im Gründungsstadium oder auch später eine Bareinlagepflicht durch eine Pflicht zur Erbringung einer Sacheinlage ersetzt werden soll, ebenso im umgekehrten Fall, stellen sich Probleme mit einer u.U. notwendigen Satzungsänderung und mit der registerrechtlichen Kontrolle, s. dazu § 5 Rdnr. 106. Zur Einschaltung Dritter als Zahlender oder Zahlungsempfänger s. Rdnr. 39 ff.   55

c) Rechtsfolgen

Die Einlagepflicht besteht unverändert fort. Auch ein **Gesellschafterbeschluss**, der in irgendeiner Form eine Minderung der Verpflichtung zur Leistung der Einlagen enthält, ist nichtig. Dadurch kann also, wenn nicht Kapitalherabsetzung erfolgt, die Einlagepflicht nicht erlassen werden. Alle **schuldrechtlichen Geschäfte** zwischen der Gesellschaft und dem Gesellschafter, die auf eine Beeinträchtigung der Einlagepflicht abzielen, sind nichtig, § 134 BGB. Nichtig sind auch vertragliche Nebenbestimmungen, wonach ein Gesellschafter berechtigt sein soll, die Einlage unter einer Bedingung oder mit Vorbehalt zu leisten[117]. Das Verbot richtet sich auch gegen die Gesellschafter und an den Insolvenzverwalter[118].   56

d) Mittelbare verdeckte Finanzierungen durch beherrschte Konzernunternehmen

Dem Sinn und Zweck des § 19 Abs. 2 würde es auch widersprechen, wenn der Einzahlungsbetrag mittelbar aus dem Vermögen der Gesellschaft, nämlich aus dem Vermögen eines Konzernunternehmens stammt, an der die Gesellschaft unmittelbar oder mittelbar eine wesentliche Beteiligung hält (**mittelbare verdeckte Finanzierung**); denn auch in diesem Fall würde an die Stelle der gesellschaftlichen Einlagepflicht eine schuldrechtliche Forderung treten. Darin aber liegt eine qualitative Minderung[119]. An einer wirksamen Einzahlung fehlt es daher   57

---

113 BGH v. 2.4.1962 – II ZR 169/61, GmbHR 1962, 233; OLG Köln v. 18.11.1983 – 20 U 71/83, ZIP 1984, 176; OLG Hamburg v. 18.10.1985 – 11 U 92/85, GmbHR 1986, 230 = ZIP 1985, 1488; OLG Hamm v. 17.6.1992 – 8 U 30/92, GmbHR 1992, 749; s. auch (ein Konzernfall) BGH v. 15.1.1990 – II ZR 164/88, BGHZ 110, 47, 66.

114 OLG Hamburg v. 18.10.1985 – 11 U 92/85, GmbHR 1986, 230 = ZIP 1985, 1488.

115 OLG Köln v. 18.11.1983 – 20 U 71/83, WM 1984, 740.

116 BGH v. 2.12.2002 – II ZR 101/02, BGHZ 153, 107 = GmbHR 2003, 231; BGH v. 10.12.2007 – II ZR 180/06, BGHZ 174, 370 = GmbHR 2008, 203.

117 Vgl. *Fastrich*, in: Baumbach/Hueck, Rdnr. 12, 17; *Pentz*, in: Rowedder/Schmidt-Leithoff, Rdnr. 43.

118 BayObLG v. 30.10.1984 – BReg 3 Z 204/84, GmbHR 1985, 215, 216.

119 BGH v. 30.6.1958 – II ZR 213/56, BGHZ 28, 77; vgl. auch zum entsprechenden Problem der mittelbaren verdeckten Gewinnausschüttung: BGH v. 29.3.1973 – II ZR 25/70, BGHZ 60, 324, 328; BGH v. 29.9.1977 – II ZR 157/76, BGHZ 69, 274, 279; *Hunscha*, GmbHR 1973, 257; *Karsten Schmidt*, DB 1973, 2227; *Uwe H. Schneider*, ZGR 1985, 279, 286.

auch dann, wenn dem Gesellschafter ein Darlehen durch ein beherrschtes Konzernunternehmen gewährt wird, damit er mit diesem Betrag seine Einlage finanziert.

e) Erlassverbot bei Kapitalherabsetzung (§ 19 Abs. 3)

58 Sind die Einlagen noch nicht in vollem Umfang geleistet, so kann nach § 19 Abs. 3 gleichwohl das Stammkapital bis zur Höhe des Mindestkapitals herabgesetzt werden. § 19 Abs. 2 steht dem nicht entgegen. Die Befreiung von der Einzahlungspflicht kann jedoch höchstens in Höhe des Betrages erfolgen, um den das Kapital herabgesetzt wurde. Sie kann aber erst nach ordnungsgemäß durchgeführter und bekannt gemachter Kapitalherabsetzung erfolgen, § 58.

4. Stundung

59 Vor der GmbH-Novelle 1980 war die Stundung der Stammeinlagen ausdrücklich verboten. Zwar ist seit dieser Reform in § 19 Abs. 2 Satz 1 nicht mehr die Rede von einer Stundung. Nach dem Wortlaut der Vorschrift können die Gesellschafter von der Verpflichtung zur Leistung der Einlagen „nicht befreit" werden. Mit dieser weiten Formulierung ist aber zweifelsfrei die Stundung erfasst. Auch die Reform der Kapitalaufbringung durch das MoMiG rechtfertigt keine andere Beurteilung[120]. § 19 Abs. 5 erlaubt zwar den Forderungsaustausch. Doch geschieht dies unter der Voraussetzung, dass der Rückzahlungsanspruch (etwa aus Darlehen) fällig ist bzw. fällig gestellt werden kann.

60 Stundung ist jedes **vertragliche Hinausschieben** der **Fälligkeit** mit der Folge, dass der Schuldner auf Zeit zur Verweigerung der Leistung berechtigt ist, § 271 BGB. Darin liegt eine **Teilbefreiung** von der Verpflichtung zur Leistung der Einlage. Ist daher im Gesellschaftsvertrag ein Zahlungstermin genannt, so dürfen weder die Gesellschafter noch der Geschäftsführer den Fälligkeitstermin ändern[121]. Der Gesellschaftsvertrag kann die Gesellschafter oder Geschäftsführer auch nicht zu Stundungen ermächtigen; denn wenn einmal die Fälligkeit eingetreten ist, greift das gesetzliche Stundungsverbot zwingend ein. Auch durch eine Satzungsänderung kann nicht nachträglich eine Befristung eingeführt, bestehende Zahlungstermine aufgeschoben oder eine Stundung ausgesprochen werden[122]. Bis zur Eintragung ist dagegen ein solcher Aufschub durch Satzungsänderung grundsätzlich möglich.

61 Fehlt in der Satzung eine Angabe zum Zeitpunkt, so können die Gesellschafter im Rahmen ihres unternehmerischen Ermessens den Zeitpunkt für den Gesellschafterbeschluss, der zur Fälligkeit der Verpflichtung zur Leistung der Einlage führt, selbst bestimmen (s. dazu auch Rdnr. 15). In der Nicht-Geltendmachung durch das Unterlassen eines entsprechenden Beschlusses, also im Unterlassen der Einforderung, liegt in der Regel keine verbotene Stundung[123]. Auch wird der Geschäftsführer nicht schadensersatzpflichtig, da er nur den fälligen Anspruch geltend machen kann.

62 Eine unzulässige Stundung liegt ferner in einem dem vorübergehend oder dauerhaft zahlungsunfähigen Gesellschafter gewährten Moratorium[124].

---

120 *Fastrich*, in: Baumbach/Hueck, Rdnr. 21.
121 *Schwandtner*, in: MünchKomm. GmbHG, Rdnr. 77.
122 *Fastrich*, in: Baumbach/Hueck, Rdnr. 21; *Ulmer/Casper*, in: Ulmer/Habersack/Löbbe, Rdnr. 64.
123 *Ulmer/Casper*, in: Ulmer/Habersack/Löbbe, Rdnr. 66; *Fastrich*, in: Baumbach/Hueck, Rdnr. 21; *Pentz*, in: Rowedder/Schmidt-Leithoff, Rdnr. 59; zweifelnd *Roth*, in: Roth/Altmeppen, Rdnr. 22, 8 f.
124 *Ulmer/Casper*, in: Ulmer/Habersack/Löbbe, Rdnr. 63; *Schwandtner*, in: MünchKomm. GmbHG, Rdnr. 76.

Dem Stundungsverbot widersprechende Vereinbarungen sind nichtig. Auch ein Gesellschaf- 63
terbeschluss, der Stundung gewährt, ist nichtig (§ 134 BGB).

5. Vergleich

Die Zulässigkeit eines Vergleichs über die Einlageforderung durch Rechtsgeschäft oder im 64
Prozess ist umstritten. Die Geschäftsführer können ebenso wenig wie die anderen Gesellschafter (trotz ihrer Ausfallhaftung) über den Einzahlungsanspruch verfügen. Daher scheidet
ein Vergleich über das Entstehen des Einzahlungsanspruchs grundsätzlich aus. Anders kann
ein Vergleich zu beurteilen sein, wenn Zweifel an der ordnungsgemäßen Erfüllung bestehen,
also wenn zweifelhaft ist, ob die Resteinlage bereits bezahlt wurde[125], wenn zweifelhaft ist, ob
rechtzeitig bezahlt wurde, und wenn zweifelhaft ist, ob die geschuldete Sacheinlage fehlerfrei
war[126].

Nach verbreiteter Ansicht zulässig ist, wenn ein **ernsthafter rechtlich** oder **tatsächlich** be- 65
gründeter **Streit** durch beiderseitiges Nachgeben **beendet** wird (vgl. § 779 BGB)[127]. Ein Vergleich ist in diesem Fall nicht nur wirtschaftlich sinnvoll. Es fehlt, wenn strenge Maßstäbe
angelegt werden, auch an der Beeinträchtigung des Gesellschaftsvermögens; denn das Pro-
zessrisiko mindert den Wert der Einlageforderung oder entsprechender Sekundäransprüche.
Deshalb ist zu differenzieren: Probleme der Beweisbarkeit einer vom Gesellschafter behaupteten Erfüllung reichen angesichts der Beweislastverteilung zu Ungunsten des Gesellschafters
für ein vergleichsweises Nachgeben der Gesellschaft nicht aus. Ob eine Einlageschuld entstanden ist, ist in der Regel eine reine Rechtsfrage, über die ein Vergleich nicht in Betracht
kommen wird. In Betracht kommt aber ein Vergleich bei Streit über die Bewertung einer
Sacheinlage, etwa eines Unternehmens oder gewerblicher Schutzrechte[128]. Andernfalls würde
man die Gesellschaft und den Inferenten praktisch dazu zwingen, die Meinungsverschieden-
heit durch ein gerichtliches, meist mit Gutachten durchgeführtes Verfahren entscheiden zu
lassen[129]. Ein gerichtlicher Vergleich, der nicht lediglich zur Abkürzung des Verfahrens angeregt wird, sondern auf der Erkenntnis von Bewertungsschwierigkeiten und beiderseitigen
Prozessrisiken beruht, sollte in einem solchen Fall erlaubt sein. Bei Sekundäransprüchen wie
Ansprüchen aus Leistungsstörung bei einer Sacheinlage (§ 5 Rdnr. 62 ff.) sind gegen eine
großzügige Handhabung von Vergleichsmöglichkeiten[130] Bedenken zu erheben, wenn der

---

125 Unzulässig ist jedenfalls Anerkenntnis, dass gezahlt: OLG Köln v. 13.10.1988 – 1 U 37/88, ZIP
 1989, 174, 176 = GmbHR 1989, 293.
126 Dagegen *Lamers*, DNotZ 1992, 195 hinsichtlich eines Vergleichs über die Fehlerfreiheit einer Sacheinlage.
127 RGZ 79, 271, 274; BayObLG v. 30.10.1984 – BReg 3 Z 204/84, GmbHR 1985, 215 = ZIP 1985, 33;
 OLG Hamm v. 16.11.1987 – 8 U 338/86, GmbHR 1988, 308; *Bayer*, in: Lutter/Hommelhoff,
 Rdnr. 20; *Schwandtner*, in: MünchKomm. GmbHG, Rdnr. 70; krit. und i.E. zurückhaltender *Ul-
 mer/Casper*, in: Ulmer/Habersack/Löbbe, Rdnr. 59 f. und *Fastrich*, in: Baumbach/Hueck, Rdnr. 20;
 Lamers, DNotZ 1992, 195; *Pentz*, in: Rowedder/Schmidt-Leithoff, Rdnr. 60 (u.a. nur über die Bewertung einer Sacheinlage); s. auch BGH v. 22.5.1975 – KZR 9/74, BGHZ 65, 147, 151: zum
 Prozessvergleich bei vergleichbarer Rechtslage im Blick auf § 1 GWB; vgl. auch BGH v. 19.7.2004 – II
 ZR 65/03, BGHZ 160, 127, 133 = GmbHR 2004, 1214 zur Schiedsfähigkeit einer Einlageforderung
 („Damit steht im Einklang, dass die herrschende Meinung – wenn auch mit unterschiedlicher Akzentuierung – einen ‚echten‘ Vergleich i.S. von § 779 BGB über eine umstrittene Einlageforderung
 grundsätzlich als zulässig erachtet.").
128 *Pentz*, in: Rowedder/Schmidt-Leithoff, Rdnr. 60; *Schwandtner*, in: MünchKomm. GmbHG,
 Rdnr. 71.
129 Im Hinblick auf § 19 Abs. 2 stehen gerichtlicher und außergerichtlicher Vergleich gleich, BGH v.
 22.5.1975 – KZR 9/74, BGHZ 65, 147.
130 *Fastrich*, in: Baumbach/Hueck, Rdnr. 20; *Ulmer/Casper*, in: Ulmer/Habersack/Löbbe, Rdnr. 60; zu
 großzügig OLG Hamm v. 16.11.1987 – 8 U 338/86, GmbHR 1988, 308 f.

Streitfall nicht so liegt, dass eine vergleichsweise Regelung (etwa durch Nacherfüllung oder Schadensersatzleistung) für die Einlageforderung bessere Realisierungsmöglichkeiten bietet als der Rückgriff auf eine ersatzweise Geldeinlagepflicht in voller Höhe. Eine Rolle spielen kann auch die Überlegung, dass ein Vergleich mit einem Einlageschuldner, bei dem in absehbarer Zeit eine Schmälerung der Bonität oder gar Insolvenz droht, der aber die vergleichsweise festgelegte Leistung kurzfristig erbringen kann, sinnvoll sein kann. Auf der anderen Seite ist stets zu bedenken, dass durch eine Erledigung des Anspruchs auch der Regress gegen Mithaftende entfällt[131]. Insgesamt ist der Spielraum für einen Vergleich gering.

66 Fehlt es an den Voraussetzungen für die Zulässigkeit eines Vergleichs, liegt nur der Form nach ein Vergleich vor, sind sich die Parteien aber über die Zahlungspflicht dem Grunde und der Höhe nach einig, so ist ein „Vergleich", der zur Minderung der Zahlungspflicht führt, ein unzulässiger Erlass. Ist ein **Gesellschafter zahlungsunfähig**, hat er Zahlungsschwierigkeiten oder bestehen Zweifel, ob der Gesellschafter zahlungsfähig ist, so ist ein Vergleich über die Höhe oder über den Zeitpunkt der Zahlung (sog. Abwendungsvergleich) mit § 19 Abs. 2 Satz 1 nicht vereinbar[132]. Das gilt auch für den Vergleich, den ein Insolvenzverwalter der Gesellschaft schließt[133].

67 Fraglich ist die Zulässigkeit einer vergleichenden Regelung in einem **Insolvenzplan** (§§ 217 ff. InsO). § 9b Abs. 1 Satz 2, der den Vergleich zur Abwendung des Insolvenzverfahrens oder eine entsprechende Regelung im Rahmen eines Insolvenzplanes für Ersatzansprüche gegen den Angemeldeten zulässt, kann auf die Einlageforderung nicht analog angewandt werden[134]. Denn das Gesetz enthält für den hier zu behandelnden Fall ein besonderes Verfahren über die Aufbringung des Kapitals in Form des Kaduzierungsverfahrens sowie Regelungen über die Ausfallhaftung des betreffenden Gesellschafters (§ 21 Abs. 3) und der Mitgesellschafter (§ 24).

68 Soweit ein zulässiger Vergleich zu einer Minderung der Zahlungspflicht führt, mindert er zugleich die Ausfallhaftung der übrigen Gesellschafter nach § 24; sonst würde der Vergleich zu Lasten Dritter gehen.

69 Bei Abschluss des Vergleichs wird die Gesellschaft durch den Geschäftsführer vertreten. Ein zugleich erforderlicher Gesellschafterbeschluss ist aber Wirksamkeitsvoraussetzung[135]. Das folgt zwar nicht aus entsprechender Anwendung von § 46 Nr. 2[136], aber aus der Notwendigkeit, eine so schwerwiegende und in ihren Voraussetzungen unsichere Entscheidung intern abzusichern.

6. Schiedsvereinbarungen

70 Der BGH sprach sich bereits zum alten Schiedsverfahrensrecht für die Zulässigkeit von Schiedsvereinbarungen zwischen der Gesellschaft und einem Gesellschafter über die Wirksamkeit einer erbrachten Einlage aus[137]. Der BGH begründete dies damit, dass die objektive

---

131 *Bayer*, in: Lutter/Hommelhoff, Rdnr. 20; *Roth*, in: Roth/Altmeppen, Rdnr. 23.
132 BayObLG v. 30.10.1984 – BReg 3 Z 204/84, GmbHR 1985, 215 = ZIP 1985, 33; *Ulmer/Casper*, in: Ulmer/Habersack/Löbbe, Rdnr. 62; *Bayer*, in: Lutter/Hommelhoff, Rdnr. 20; *Pentz*, in: Rowedder/Schmidt-Leithoff, Rdnr. 61.
133 BayObLG v. 30.10.1984 – BReg 3 Z 204/84, GmbHR 1985, 215 = ZIP 1985, 33.
134 *Ulmer/Casper*, in: Ulmer/Habersack/Löbbe, Rdnr. 62; *Pentz*, in: Rowedder/Schmidt-Leithoff, Rdnr. 62; *Schwandtner*, in: MünchKomm. GmbHG, Rdnr. 72.
135 *Ulmer/Casper*, in: Ulmer/Habersack/Löbbe, Rdnr. 61; *Bayer*, in: Lutter/Hommelhoff, Rdnr. 20; *Pentz*, in: Rowedder/Schmidt-Leithoff, Rdnr. 63; *Fastrich*, in: Baumbach/Hueck, Rdnr. 20.
136 *Pentz*, in: Rowedder/Schmidt-Leithoff, Rdnr. 63.
137 BGH v. 19.7.2004 – II ZR 65/03, BGHZ 160, 127, 133 = GmbHR 2004, 1214; *Fastrich*, in: Baumbach/Hueck, Rdnr. 20; *Schwandtner*, in: MünchKomm. GmbHG, Rdnr. 75.

Schiedsfähigkeit im Wesentlichen nur dann fehlen würde, wenn sich der Staat im Interesse besonders schutzwürdiger, der Verfügungsmacht privater Personen entzogener Rechtsgüter ein Rechtsprechungsmonopol in dem Sinn vorbehalten habe, dass allein der staatliche Richter in der Lage sein solle, durch seine Entscheidung den angestrebten Rechtszustand herbeizuführen. Das sei im Hinblick auf die Einforderung von Einlagen trotz der gläubigerschützenden Funktion der Kapitalaufbringungsvorschriften nicht der Fall. Die Neuordnung des Schiedsverfahrensrechts hat daran nichts geändert. Es gilt vielmehr gemäß § 1030 ZPO, dass „jeder vermögensrechtliche Anspruch" Gegenstand einer Schiedsvereinbarung sein kann. Ob vor einem Schiedsgericht ein Vergleich wirksam geschlossen werden kann, beurteilt sich nach den zu § 19 Abs. 2 dargelegten Auslegungsgrundsätzen.

7. Aufrechnung

§ 19 Abs. 2 Satz 2 bestimmt, dass die Aufrechnung nur unter bestimmten Voraussetzungen 71 zulässig ist. Die Vorschrift statuiert also ein Aufrechnungsverbot. Dieses soll verhindern, dass die Einlageforderung erlischt, obgleich die Gegenforderung wegen der wirtschaftlichen Lage der Gesellschaft nicht vollwertig ist. Die Vorschrift hat durch das MoMiG eine Änderung erfahren. So hat der Gesetzgeber die in § 19 Abs. 5 a.F. enthaltene Ausnahme vom grundsätzlichen Verbot der Aufrechnung durch den Gesellschafter gegen die Einlageforderung in § 19 Abs. 2 Satz 2 überführt: Gegen den Anspruch der Gesellschaft ist die Aufrechnung nur zulässig mit einer Forderung aus der Überlassung von Vermögensgegenständen, deren Anrechnung auf die Einlageverpflichtung nach § 5 Abs. 4 Satz 1 vereinbart worden ist. Allein diese Änderung gebietet keine abweichende Beurteilung der verschiedenen Konstellationen einer Aufrechnung. Doch hat der Gesetzgeber mit dem MoMiG die Fälle der verdeckten Sacheinlage und des Hin- und Herzahlens reformiert. Dies hat Auswirkungen auf die Auslegung des § 19 Abs. 2 Satz 2 und die zutreffende rechtliche Beurteilung der Aufrechnungssachverhalte.

a) Aufrechnung durch Gesellschaft

Rechtsprechung und h.L. haben bis zum MoMiG die Aufrechnung durch die Gesellschaft 72 unter bestimmten Voraussetzungen als zulässig angesehen. Dies wird im Folgenden zunächst dargestellt. Im Anschluss ist aufzuzeigen, ob sich an der Rechtslage durch das MoMiG etwas geändert hat.

aa) Meinungsstand (Rechtslage bis zum MoMiG)

(1) Grundlagen

Eine Aufrechnung durch die Gesellschaft war und ist im Unterschied zur Aufrechnung durch 73 einen Gesellschafter nach dem Wortlaut des § 19 Abs. 2 Satz 2 nicht verboten. Dennoch haben Rechtsprechung und Schrifttum sie wegen der Sonderregelungen in § 7 Abs. 2 und § 57 Abs. 2 einerseits und § 19 Abs. 5 a.F. andererseits nur unter engen Voraussetzungen für zulässig angesehen. Die Aufrechnung durch die Gesellschaft sollte *erstens* nur hinsichtlich der **Resteinzahlung** zulässig sein, nicht aber soweit es um die gemäß § 7 zu erbringende Mindesteinzahlung geht (s. § 7 Rdnr. 19)[138]. Die Mindesteinzahlung sollte nämlich der Gesellschaft auch eine Mindestliquidität zuführen. Die **Gegenforderung** des Gesellschafters durfte *zweitens* **keine Altforderung**, also in der Gründungsphase der Gesellschaft oder vor der Kapitalerhöhung begründet sein. Eine solche Forderung des Gesellschafters hätte als Sacheinlage eingebracht wer-

---

138 *Priester*, DB 1976, 1801; *Kutzer*, GmbHR 1987, 299.

den müssen[139]. In Betracht kamen daher Ansprüche auf Auszahlung des Gewinns, wenn dieser nach der Eintragung entstanden ist, Gehaltsansprüche des Gesellschafter-Geschäftsführers, Aufwendungserstattungsansprüche, Schadensersatzansprüche des Gesellschafters gegen die Gesellschaft oder Ansprüche auf Rückzahlung eines Darlehens[140]. ***Drittens*** durfte die **Forderung nicht** aus der **Überlassung** von **Vermögensgegenständen** stammen. Schließlich musste ***viertens*** die durch die Aufrechnung zu tilgende **Gegenforderung** des Gesellschafters **fällig, liquide** und **vollwertig** sein, so dass durch die Aufrechnung die Effektivität der Kapitalaufbringung nicht gefährdet wurde[141].

(2) Anforderungen an die Forderung

74   Die Gegenforderung musste **fällig** sein[142]. Eine Forderung ist fällig, wenn der Gläubiger die Leistung verlangen kann (§ 271 BGB). Dann verhindert die Aufrechnung ein bloßes Hin- und Herzahlen. Fehlt es hieran, so würde die Aufrechnung für die Gesellschaft zu einem Liquiditätsverlust führen. Abzinsung einer nicht fälligen Forderung genügt nicht. Im Prozess durfte die Gesellschaft nicht durch das Unterlassen der Geltendmachung einer Einrede die Fälligkeit einer Forderung herbeiführen[143].

75   Die Gegenforderung musste auch **liquide** sein. Eine Forderung ist liquide, wenn sie unbestritten und durchsetzbar ist. Liquidität in diesem Sinne ist nicht gegeben, wenn der Forderungen Einwendungen oder Einreden, wie beispielsweise die Einrede der Verjährung, entgegenstehen oder jedenfalls objektiv begründete Zweifel am Bestehen der Forderung vorhanden sind[144].

76   Die Forderung des Gesellschafters musste schließlich **vollwertig** sein. Bis zum MoMiG fehlte eine gesetzliche Grundlage für dieses Erfordernis. Es war daher zweifelhaft, wie genau es zu verstehen ist. Die Rechtsprechung hat darauf abgestellt, dass die Gesellschaft in der Lage sein muss, alle fälligen Gesellschaftsschulden sicher zu bezahlen; andernfalls sei die Forderung des Gesellschafters entwertet[145]. Im Falle einer Überschuldung zum Zeitpunkt der Zahlung sei es „offensichtlich, dass die Gegenforderung nicht vollwertig" sei[146]. Die Beweislast für die Vollwertigkeit der Gegenforderung traf den Einlageschuldner[147].

---

139   Vgl. BGH v. 15.3.2004 – II ZR 210/01, BGHZ 158, 283, 285 = GmbHR 2004, 736; OLG Celle v. 16.11.2005 – 9 U 69/05, GmbHR 2006, 433.

140   OLG Düsseldorf v. 22.4.1994 – 16 U 168/93, GmbHR 1994, 623 = ZIP 1994, 897.

141   RGZ 72, 268; RG, JW 1938, 1400; BGH v. 13.10.1954 – II ZR 182/53, BGHZ 15, 52; BGH v. 14.12.1959 – II ZR 187/57, BGHZ 31, 258, 266; BGH v. 13.7.1954 – II ZR 110/62, BGHZ 42, 89, 93; BGH v. 30.11.1967 – II ZR 68/65, NJW 1968, 398; BGH v. 21.2.1994 – II ZR 60/93, BGHZ 125, 141, 143 = GmbHR 1994, 394; BayObLG v. 30.10.1984 – BReg 3 Z 204/84, GmbHR 1985, 215 = DB 1985, 107; OLG Hamburg v. 27.4.1984 – 11 U 29/84, GmbHR 1985, 84 = BB 1984, 1253.

142   BGH v. 13.10.1954 – II ZR 182/53, BGHZ 15, 52, 57; OLG Hamburg v. 10.4.1981 – 14 U 170/80, GmbHR 1982, 157 f.; a.A. *Frey*, Einlagen in Kapitalgesellschaften, 1990, S. 49.

143   OLG Hamm v. 5.7.1993 – 8 U 249/92, GmbHR 1994, 399.

144   OLG Köln v. 7.1.1986 – 22 U 93/85, ZIP 1986, 569, 571 = GmbHR 1986, 310.

145   BGH v. 21.2.1994 – II ZR 60/93, BGHZ 125, 141, 145 = GmbHR 1994, 394; BGH v. 26.3.1984 – II ZR 14/84, BGHZ 90, 370, 373 = GmbHR 1984, 313; BGH v. 15.6.1992 – II ZR 229/91, GmbHR 1992, 522, 524; BGH v. 25.11.1985 – II ZR 48/85, GmbHR 1986, 115 = ZIP 1986, 161; OLG Nürnberg v. 30.6.1970 – 7 U 180/69, GmbHR 1970, 276; OLG Hamburg v. 10.4.1981 – 14 U 170/80, GmbHR 1982, 157 f.; OLG Köln v. 7.1.1986 – 22 U 93/85, GmbHR 1986, 310 = ZIP 1986, 569; OLG Düsseldorf v. 22.4.1994 – 16 U 168/93, GmbHR 1994, 623 = ZIP 1994, 897; *Priester*, DB 1976, 1803; a.A. *Möhring*, in: FS R. Schmidt, 1976, S. 91 ff. (nur Schadensersatzanspruch gegen Geschäftsführer); *Reuter*, BB 1978, 1195 ff.; *Geßler*, in: FS Möhring, 1975, S. 173; s. auch *Haase*, DB 1972, Beil. 6 S. 103 ff.; *Meilicke*, Die „verschleierte" Sacheinlage, 1989, S. 29 f.; *Meilicke*, DB 1989, 1121; *Frey*, Einlagen in Kapitalgesellschaften, 1990, S. 51.

146   BGH v. 21.2.1994 – II ZR 60/93, BGHZ 125, 141, 146 = GmbHR 1994, 394; BGH v. 26.3.1984 – II ZR 14/84, BGHZ 90, 370, 373 = GmbHR 1984, 313.

147   BGH v. 15.6.1992 – II ZR 229/91, ZIP 1992, 992, 995 = GmbHR 1992, 522.

Ein zur Aufrechnung gestelltes Darlehen, das nach den früheren Rechtsprechungsregeln als **kapitalersetzendes Darlehen** zu qualifizieren ist, ist nicht vollwertig[148], weil es nicht ohne die Folge (nach den „Rechtsprechungsregeln") eines sofortigen Rückgewähranspruchs entsprechend § 31 zurückgeführt werden darf. Bei der **GmbH & Co. KG** muss das verbleibende Vermögen auch zur Befriedigung der Gläubiger der KG ausreichen, soweit deren Ansprüche das Vermögen der KG übersteigen[149]. Der Gesellschafter darf nicht auf Kosten anderer Gesellschaftsgläubiger bevorzugt werden[150]. Die Werthaltigkeit ist anhand des objektiven Sachverhalts zum Zeitpunkt der Aufrechnungserklärung zu beurteilen; die subjektive Einschätzung durch die Beteiligten ist irrelevant[151]. 77

Ist die Einlageforderung **ernsthaft gefährdet**, ist zu befürchten, dass der Gesellschafter zahlungsunfähig wird, oder muss davon ausgegangen werden, dass die Einlageforderung aus anderen Gründen (z.B. nur Vermögen im Ausland) kaum einbringlich ist, so wurde die Aufrechnung durch die Gesellschaft auch dann als zulässig angesehen, wenn die allgemeinen, zuvor genannten Zulässigkeitsvoraussetzungen nicht gegeben waren. Die Gesellschaft musste dann das Kaduzierungsverfahren betreiben. Die Erledigung einer Gegenforderung kann aber auch wirtschaftliche Vorteile bieten; in diesen Fällen wurde die Aufrechnung als zulässig angesehen[152]. Von der Vollwertigkeit wurde daher auch abgesehen, wenn das Unterlassen der Aufrechnung die Gesellschaft schädigen würde, weil sie zur Erfüllung ihrer Schuld mehr aufwenden müsste, als sie selbst hereinbekäme[153]. 78

(3) Rechtsfolgen einer unzulässigen Aufrechnung

Fehlte es an den die Aufrechnung einschränkenden Voraussetzungen, so war sie unwirksam (§ 19 Abs. 2 Satz 2 i.V.m. § 134 BGB). Die Einlageschuld war nicht erloschen. Es trat auch keine anteilige Tilgung ein[154] (s. aber Rdnr. 80 ff. zu den Auswirkungen der Reform durch das MoMiG). Folglich konnte ein Gesellschafter, der bei einer Zahlung die Zweckbestimmung offengelassen hatte, nicht nachträglich festlegen, die Zahlung sei auf eine Einlageschuld und nicht auf eine andere Forderung geleistet[155]. Die **Darlegungs- und Beweislast** für die Aufrechnungsvoraussetzungen, insbesondere die Vollwertigkeit der Gegenforderung, trug der Einlageschuldner[156]. 79

---

148 BGH v. 26.3.1984 – II ZR 14/84, BGHZ 90, 370 = GmbHR 1984, 313; BGH v. 20.9.1982 – II ZR 136/81, WM 1982, 1200; OLG Frankfurt v. 21.12.1983 – 9 U 43/83, ZIP 1984, 837; OLG Köln v. 18.11.1983 – 20 U 71/83, WM 1984, 740; OLG Köln v. 7.1.1986 – 22 U 93/85, ZIP 1986, 569, 571 = GmbHR 1986, 310; OLG Hamm v. 7.7.1986 – 8 U 278/85, GmbHR 1987, 229 = DB 1986, 2320; *Pentz*, in: Rowedder/Schmidt-Leithoff, Rdnr. 83 (mangelnde Liquidität annehmend); *Priester*, DB 1987, 211; *H. P. Westermann*, in: FS Oppenhoff, 1985, S. 538 ff.
149 BGH v. 25.11.1985 – II ZR 48/85, GmbHR 1986, 115 = WM 1986, 129; s. auch das auf die Rückverweisung ergangene Urteil OLG Stuttgart v. 12.6.1986 – 7 U 22/86, GmbHR 1986, 349 = DB 1986, 1514.
150 BGH v. 26.3.1984 – II ZR 14/84, GmbHR 1984, 313 = WM 1984, 652.
151 RGZ 134, 268; *Ulmer/Casper*, in: Ulmer/Habersack/Löbbe, Rdnr. 87.
152 Ähnlich *Ulmer/Casper*, in: Ulmer/Habersack/Löbbe, Rdnr. 86 (aber Vorrang der Kaduzierung); für Vorrangigkeit des Kaduzierungsverfahrens auch *Pentz*, in: Rowedder/Schmidt-Leithoff, Rdnr. 85.
153 BGH v. 13.10.1954 – II ZR 182/53, BGHZ 15, 52, 57.
154 OLG Nürnberg v. 30.6.1970 – 7 U 180/69, GmbHR 1970, 276 f.; OLG Düsseldorf v. 20.11.1992 – 17 U 98/92, GmbHR 1993, 292 f.; a.A. *Priester*, DB 1976, 1805; *Dreßel*, Kapitalaufbringung und Kapitalerhaltung in der GmbH, 1988, S. 199; differenzierend: *Reuter*, BB 1978, 1195.
155 OLG Hamburg v. 15.4.1994 – 11 U 237/93, GmbHR 1994, 468 = ZIP 1994, 948.
156 BGH v. 15.6.1992 – II ZR 229/91, GmbHR 1992, 522, 524; OLG Köln v. 7.1.1986 – 22 U 93/85, ZIP 1986, 569, 571 = GmbHR 1986, 310; OLG Köln v. 13.10.1988 – 1 U 37/88, ZIP 1989, 174, 176 = GmbHR 1989, 293; OLG Düsseldorf v. 22.7.1993 – 6 U 214/92, GmbHR 1994, 247 = DB 1993, 1714; OLG Köln v. 12.4.1994 – 22 U 189/93, NJW-RR 1995, 32, 33 = GmbHR 1994, 470; OLG Hamburg v. 24.11.1989 – 11 U 163/89, WM 1990, 636, 638 = GmbHR 1990, 267; a.A. OLG Karlsruhe v. 2.12.1970 – 11 U 75/69, GmbHR 1971, 7, 8.

bb) Auswirkungen des MoMiG

80 Die **Aufrechnung** durch die **Gesellschaft gegen** eine **Neuforderung** des **Gesellschafters** ist auch nach der Reform durch das MoMiG zulässig[157], denn sie wird durch § 19 Abs. 2 Satz 2 nicht ausdrücklich verboten. Der Grundsatz effektiver Kapitalaufbringung gebietet keine andere Beurteilung. Nach altem Recht wurde eine Aufrechnung durch die Gesellschaft nur unter bestimmten Voraussetzungen (fällige, liquide und vollwertige Hauptforderung) als zulässig angesehen (Alles-oder-nichts-Lösung). Seit der Reform durch das MoMiG ist die Frage aber mit Rücksicht auf § 19 Abs. 4 zu beantworten, so dass der Gesellschafter in der Höhe des Wertes der Hauptforderung (seiner Forderung gegen die Gesellschaft) frei wird[158]. Wenn bei einer einvernehmlichen verdeckten Verrechnung eine Anrechnung erfolgt und damit die Einlageschuld in Höhe des objektiven Werts erlischt (s. Rdnr. 125), so muss dies auch bei einer Aufrechnung durch die Gesellschaft der Fall sein. Es wäre wertungswidersprüchlich, die beiden Fälle unterschiedlich zu behandeln[159] (zum Umfang der Tilgung s. Rdnr. 82).

81 Die **Aufrechnung** durch die Gesellschaft **gegen** sog. **Altforderungen** ist weiterhin unzulässig, führt aber zum Erlöschen der Bareinlageschuld des Gesellschafters, wenn die Voraussetzungen des § 19 Abs. 4 Satz 3 erfüllt sind[160]. Der Gesellschafter müsste seine Altforderung nach der Konzeption des Kapitalaufbringungsrechts als Sacheinlage einbringen, daran hat die Reform durch das MoMiG nichts geändert[161]. Doch würde § 19 Abs. 4 Anwendung finden, wenn er mit der Gesellschaft verdeckt die Verrechnung mit seiner Bareinlageschuld vereinbarte (s. Rdnr. 125). Es ist daher wertungsstimmig, auch der Aufrechnung durch die Gesellschaft gegen eine Altforderung des Gesellschafters eine Befreiungswirkung beizumessen, wenn und soweit die Altforderung werthaltig ist. Da die Neuregelung der verdeckten Sacheinlage nichts daran ändert, dass der Vorgang rechtswidrig ist, kann aber nicht, wie in der 11. Aufl. noch vertreten[162], angenommen werden, dass die Aufrechnung zulässig sei.

82 Es bleibt also zunächst dabei, dass bei einer Aufrechnung durch die Gesellschaft gegen eine Altforderung der Gesellschafter nicht von seiner Einlageverpflichtung befreit wird. Auf seine fortbestehende Geldeinlagepflicht wird aber entsprechend § 19 Abs. 4 Satz 3 der Wert der Hauptforderung (seiner Forderung gegen die Gesellschaft) angerechnet. Entscheidend ist also der Wert der Forderung. Seit der Reform der Kapitalaufbringung ist der Terminus der Vollwertigkeit in § 19 Abs. 4 und 5 zu finden. Die zu diesen Vorschriften getroffene Auslegung kann auch für die Aufrechnung und die Beurteilung des Umfangs der Tilgungswirkung herangezogen werden.

---

157 Vgl. OLG München v. 30.4.2009 – 8 U 4778/08, abrufbar unter www.juris.de; *Bayer*, in: Lutter/Hommelhoff, Rdnr. 28 ff.; *Ulmer/Casper*, in: Ulmer/Habersack/Löbbe, Rdnr. 81. A.A. *Schall*, ZGR 2009, 126, 141 ff.

158 *Fastrich*, in: Baumbach/Hueck, Rdnr. 39; *Wicke*, Rdnr. 14; wohl auch *Ulmer/Casper*, in: Ulmer/Habersack/Löbbe, Rdnr. 81 (die eine zweistufige Prüfung verlangen, i.E. aber eine Anrechnung analog Abs. 4 Satz 3 befürworten); ebenso bereits für die Rechtslage vor dem MoMiG *Priester*, DB 1976, 1805; *Dreßel*, Kapitalaufbringung und Kapitalerhaltung in der GmbH, 1988, S. 199; *Ebbing*, in: Michalski u.a., Rdnr. 88; einschränkend *Bayer*, in: Lutter/Hommelhoff, Rdnr. 33 (nur mit Einverständnis des Gesellschafters). Nach *Habersack/Weber*, ZGR 2014, 509, 522 soll die Aufrechnung zulässig sein und ergänzend eine Differenzhaftung entsprechend § 9 eingreifen (damit Anlehnung an das Recht der offenen Sacheinlage).

159 *Veil*, ZIP 2007, 1241, 1246; *Roth*, in: Roth/Altmeppen, Rdnr. 33.

160 Ebenso *Ulmer/Casper*, Ulmer/Habersack/Löbbe, Rdnr. 89; *Bayer*, in: Lutter/Hommelhoff, Rdnr. 27 f.; *Fastrich*, in: Baumbach/Hueck, Rdnr. 34; *Habersack/Weber*, ZGR 2014, 509, 521; *Ebbing*, in: Michalski u.a., Rdnr. 87. A.A. *Wicke*, Rdnr. 14.

161 Vgl. BGH v. 16.2.2009 – II ZR 120/07, BGHZ 180, 38, 41 Rdnr. 8 = GmbHR 2009, 540 – Qivive.

162 Für eine Zulässigkeit der Aufrechnung *Schwandtner*, in: MünchKomm. GmbHG, Rdnr. 113; *Schall*, ZGR 2009, 126, 149 f.

b) Aufrechnung durch Gesellschafter

Gegen den Anspruch der Gesellschaft ist die Aufrechnung nur zulässig mit einer Forderung aus der Überlassung von Vermögensgegenständen, deren Anrechnung auf die Einlageverpflichtung nach § 5 Abs. 4 Satz 1 vereinbart worden ist. § 19 Abs. 2 Satz 2 verbietet also die Aufrechnung durch den Gesellschafter und macht eine Ausnahme für Forderungen aus der Überlassung von Vermögensgegenständen. Diese Ausnahme betrifft die Fälle einer **Sachübernahme** (s. § 5 Rdnr. 73). Die Aufrechnung eines Gesellschafters ist also zulässig, wenn seine Gegenforderung aus einer Sachübernahme stammt, die gemäß § 5 Abs. 4, § 55 Abs. 1, § 56 Abs. 1 beurkundet ist[163] und die wegen der Gleichstellung mit der Sacheinlage gemäß § 7 Abs. 3 vor der Eintragung bewirkt sein muss (s. § 5 Rdnr. 74). 83

Die Aufrechnung mit einer aus einer Sachübernahme stammenden Gegenforderung kann entweder von der Gesellschaft oder vom Gesellschafter erklärt werden. In beiden Fällen wird der Gesellschafter von seiner Einlageschuld befreit. Die Aufrechnung ist auch dann zulässig, wenn der Vergütungsanspruch des Gesellschafters nicht vollwertig ist[164]. Der Gesellschafter wird dann in Höhe des Wertes der Forderung frei; im Übrigen unterliegt er einer Differenzhaftung gemäß § 9[165]. 84

Im Übrigen ist die Aufrechnung durch den Gesellschafter unzulässig. Es hätte zwar nahegelegen, diese Konstellation ebenso wie eine Aufrechnung durch die Gesellschaft zu behandeln[166]. Der Gesetzgeber hat die Reform der Kapitalaufbringung durch das MoMiG 2008 aber nicht dazu genutzt, auch die Aufrechnung wertungsstimmig zu regeln[167]. Mangels planwidriger Regelungslücke verbietet sich eine analoge Anwendung des § 19 Abs. 4. Doch ist es nach dem Wortlaut des § 19 Abs. 2 Satz 2 nicht ausgeschlossen, die **Aufrechnung** durch den **Gesellschafter zuzulassen**, wenn sie **auf Grund** einer im Zusammenhang mit der Übernahme der Einlage getroffenen **Abrede** und damit im Einvernehmen mit der GmbH erfolgt. Dieser Fall kann nicht anders behandelt werden als der in § 19 Abs. 4 normierte Fall einer verdeckten Sacheinlage. Folglich ist in dieser engen Ausnahmekonstellation die Aufrechnung analog § 19 Abs. 4 Satz 3 wirksam. Der Wert der Forderung des Gesellschafters gegen die GmbH wird auf seine Bareinlageschuld angerechnet[168]. Schließlich kann auf die Anrechnungslösung zurückgegriffen werden, wenn die Anrechnung einer Forderung aus der Überlassung von Vermögensgegenständen auf die Einlageverpflichtung gemäß § 19 Abs. 2 Satz 2 i.V.m. § 5 Abs. 4 Satz 1 vereinbart worden ist, die Voraussetzungen des § 5 Abs. 4 aber nicht eingehalten wurden[169]. 85

Das **Aufrechnungsverbot** gilt ohne Rücksicht darauf, ob die **Gegenforderung** des Gesellschafters **gesellschaftlicher** oder **schuldrechtlicher** Natur ist. Es kommt auch nicht darauf 86

---

163 BGH v. 13.10.1954 – II ZR 182/53, BGHZ 15, 52; LG Hamburg v. 20.11.1984 – 4 O 406/84, WM 1985, 1525 f.; *Fastrich*, in: Baumbach/Hueck, Rdnr. 25; *Bayer*, in: Lutter/Hommelhoff, Rdnr. 26.

164 RGZ 141, 204, 212; *Ulmer/Casper*, in: Ulmer/Habersack/Löbbe, Rdnr. 73; *Ebbing*, in: Michalski u.a., Rdnr. 83.

165 BGH v. 13.10.1954 – II ZR 182/53, BGHZ 15, 52, 57; *Ulmer/Casper*, in: Ulmer/Habersack/Löbbe, Rdnr. 73; *Ebbing*, in: Michalski u.a., Rdnr. 83.

166 *Veil*, ZIP 2007, 1241, 1246; a.A. *Gehrlein*, Der Konzern 2007, 771, 784.

167 Vgl. aber *Habersack/Weber*, ZGR 2014, 509, 526 mit dem Argument, die Differenzierungen des Kapitalaufbringungsrechts seien sachlich gerechtfertigt. Es sei sinnvoll, dass nur die Gesellschaft über den Liquiditätsaspekt der Bareinlage dispositionsbefugt sei.

168 Ebenso *Ulmer/Casper*, in: Ulmer/Habersack/Löbbe, Rdnr. 76; *Wicke*, Rdnr. 12; *Roth*, in: Roth/Altmeppen, Rdnr. 33; wohl auch *Schwandtner*, in: MünchKomm. GmbHG, Rdnr. 122, 95 f. (bei einvernehmlicher Verrechnungsvereinbarung); vgl. bereits zum RegE MoMiG *Veil*, ZIP 2007, 1241, 1246; a.A. *Bayer*, in: Lutter/Hommelhoff, Rdnr. 25 (keine planwidrige Regelungslücke); *Fastrich*, in: Baumbach/Hueck, Rdnr. 32 (Abs. 4 sei Ausnahmeregelung und daher eng zu interpretieren).

169 *Ulmer/Casper*, in: Ulmer/Habersack/Löbbe, Rdnr. 76; *Wicke*, Rdnr. 12; wohl auch *Roth*, in: Roth/Altmeppen, Rdnr. 33.

an, zu welchem Zeitpunkt die Forderung des Gesellschafters entstanden ist. Unzulässig ist daher sowohl die Aufrechnung mit rückständiger Gewinndividende[170] und auf Bezahlung bewirkter besonderer Leistungen nach § 3 Abs. 2 als auch mit Ansprüchen auf Rückzahlung an die Gesellschaft darlehenshalber geleisteter Beträge[171]. Unzulässig ist ferner die Aufrechnung durch den Gesellschafter mit einer Schadensersatzforderung gegen die Gesellschaft[172] oder mit einer ihm abgetretenen Forderung[173]. Unbedenklich ist es zwar, dass die Einlage durch einen Dritten für den Gesellschafter bezahlt wird. Der Gesellschafter kann aber nicht mit einer Forderung, die einem Dritten gegen die GmbH zusteht, mit Zustimmung des Dritten gegen die eigene Einlageschuld aufrechnen[174]. Dem Sinn und Zweck des Aufrechnungsverbots durch den Gesellschafter würde es auch widersprechen, wenn der Gesellschafter die gegen ihn bestehende Einlageforderung der Gesellschaft pfänden und sich zur Einziehung überweisen ließe[175] oder wenn verabredet ist, mit künftigen Lohnforderungen des Gesellschafters zu verrechnen[176]. Das Verbot kann auch nicht mit dem Hinweis, die Gesellschaft verstoße durch die Berufung auf § 19 Abs. 2 Satz 2 gegen Treu und Glauben (§ 242 BGB), ausgeschaltet werden[177].

87 Das Risiko verspäteter Zweckbestimmung trägt grundsätzlich der Gesellschafter. Die **nachfolgende Zweckbestimmung** verstößt aber nicht gegen § 19 Abs. 2 Satz 2, wenn zunächst offengeblieben war, auf welche von mehreren Verbindlichkeiten eine Leistung angerechnet werden soll (s. auch Rdnr. 36). Es reicht auch aus, wenn sich die Leistung auf eine besondere Zweckvereinbarung bezieht, aus der der Zusammenhang mit der künftigen Einlageverpflichtung zweifelsfrei hervorgeht, wobei einschränkend verlangt wird, dass die Voreinzahlung in der Krise der Gesellschaft erfolgt und in der Anmeldeversicherung und in der Registereintragung vermerkt wird[178]. Unzulässig ist eine rückwirkende Zweckänderung, etwa die Erklärung, der zuvor geleistete Betrag sei nicht als Darlehen, sondern als Zahlung auf die Einlage anzusehen[179]; denn darin liegt dann doch eine Aufrechnung mit dem Rückzahlungsanspruch aus Darlehen durch den Gesellschafter.

88 Das Aufrechnungsverbot gilt nicht nur gegenüber der eigenen Einlageschuld, sondern auch gegenüber der Haftung für fremde Einlagen gemäß § 24.

89 Das Aufrechnungsverbot gilt grundsätzlich auch im **Liquidationsstadium**[180] und bei **Löschung** der GmbH wegen Vermögenslosigkeit nach § 394 FamFG, § 60 Abs. 1 Nr. 7 GmbHG[181]. Anders ist es aber, wenn und soweit der Zweck der Vorschrift, die Aufbringung des Stammkapitals zu sichern, seine Anwendung nicht mehr erfordert. Die Rechtsprechung nimmt daher zutreffend an, dass die Aufrechnung in den genannten Fällen zulässig ist, wenn

---

170 RGZ 47, 185.
171 OLG Celle v. 16.11.2005 – 9 U 69/05, GmbHR 2006, 433 = DB 2006, 40.
172 RGZ 93, 326.
173 BGH v. 18.11.1969 – II ZR 83/68, BGHZ 53, 71, 72.
174 BGH v. 18.11.1969 – II ZR 83/68, BGHZ 53, 71; *Ulmer/Casper*, in: Ulmer/Habersack/Löbbe, Rdnr. 72.
175 KG, JW 1930, 3779; zu dem Sonderfall, bei dem die Pfändung der Einlageforderung aufgrund einer ursprünglich dem Gesellschafter gehörenden Forderung erfolgte, s. BGH v. 31.5.1976 – II ZR 90/74, GmbHR 1976, 205 f.; BGH v. 11.3.1985 – II ZR 42/84, WM 1985, 730.
176 BGH v. 21.9.1978 – II ZR 214/77, GmbHR 1978, 268.
177 BGH v. 29.3.1962 – II ZR 50/61, BGHZ 37, 75, 79; BGH v. 20.9.1982 – II ZR 236/81, GmbHR 1983, 194.
178 OLG Celle v. 16.11.2005 – 9 U 69/05, GmbHR 2006, 433 = DB 2006, 40.
179 BGH v. 20.9.1982 – II ZR 236/81, GmbHR 1983, 194; BGH v. 15.6.1992 – II ZR 229/91, GmbHR 1992, 522, 524.
180 BGH v. 18.11.1969 – II ZR 83/68, BGHZ 53, 71; BGH v. 31.5.1976 – II ZR 90/74, BB 1976, 852, 853; *Schwandtner*, in: MünchKomm. GmbHG, Rdnr. 84.
181 Vgl. BGH v. 30.11.1967 – II ZR 68/65, GmbHR 1968, 162, 163; *Schwandtner*, in: MünchKomm. GmbHG, Rdnr. 84.

alle Gesellschaftsgläubiger befriedigt, die Vermögensgegenstände im Wesentlichen verwertet sind, jeder Geschäftsbetrieb aufgehört hat und die Entstehung neuer Verbindlichkeiten, die nicht aus den vorhandenen Barbeständen befriedigt werden können, nicht zu erwarten ist[182].

Der Gesellschafter kann auch in der **Insolvenz** der GmbH als Insolvenzgläubiger, ungeachtet 90 der §§ 94 ff. InsO, gegen seine Einlageschuld nicht aufrechnen. Das öffentliche Interesse, d.h. das Interesse aller Gläubiger an der Beschaffung der Einlage, geht dem Interesse eines Gesellschafter-Gläubigers vor[183]. Das Aufrechnungsverbot gilt in der Insolvenz der GmbH auch für die Massegläubiger[184].

Das Aufrechnungsverbot ist wiederum durch den **Insolvenzzweck** begrenzt. Es entfällt, wenn 91 sämtliche Gläubiger befriedigt sind und mit dem Entstehen neuer Verbindlichkeiten nicht zu rechnen ist[185].

Verletzt die Aufrechnung durch den Gesellschafter § 19 Abs. 2 Satz 2, so ist sie **unwirksam**. 92 Die Verpflichtung zur Leistung der Einlage bleibt in vollem Umfang bestehen[186].

c) Verrechnung (zweiseitige Aufrechnung)

Eine Verrechnung (auch als zweiseitige oder einvernehmliche Aufrechnung bezeichnet) – 93 nicht dagegen die Abrede über eine künftige Verrechnung, die als Form der verdeckten Sacheinlage unzulässig ist und sich nach § 19 Abs. 4 beurteilt, – ist unter denselben Voraussetzungen wie die Aufrechnung durch die Gesellschaft wirksam (s. Rdnr. 80 ff.). Die Gegenforderung muss also im Falle einer Verrechnung **fällig, liquide und wirtschaftlich vollwertig** sein. Ist dies der Fall, so wird durch den Verrechnungsvertrag lediglich ein Hin- und Herzahlen vermieden[187]. Ist die Gegenforderung verjährt, so ist die Einlageforderung trotz der Verrechnung nicht getilgt, da jene nicht vollwertig ist[188]. Es ist nicht danach zu unterscheiden, ob der Anstoß hierzu vom Gesellschafter oder von der Gesellschaft ausging. Maßgebend ist, dass der Wille auch der Gesellschaft auf Verrechnung geht. Die Gegenforderung darf nicht zu den Forderungen gehören, für die ein beiderseitiges Aufrechnungsverbot besteht. Praktische Bedeutung hat die Verrechnung in den Fällen, in denen der Anspruch auf Resteinzahlung noch nicht fällig ist.

Für die Vollwertigkeit kommt es auf den **Zeitpunkt der bewirkten Verrechnung** an, nicht 94 auf den früheren Zeitpunkt der Vereinbarungen einer Verrechnung oder einen späteren Zeit-

---

182 RGZ 149, 298; RGZ 156, 25; BGH v. 30.11.1967 – II ZR 68/65, GmbHR 1968, 162; BGH v. 31.5.1976 – II ZR 90/74, GmbHR 1976, 205, 206; BGH v. 21.9.1978 – II ZR 214/77, NJW 1979, 216; *Pentz*, in: Rowedder/Schmidt-Leithoff, Rdnr. 73.

183 BGH v. 13.10.1954 – II ZR 182/53, BGHZ 15, 52, 56; BGH v. 21.9.1978 – II ZR 214/77, WM 1978, 1271; OLG Köln v. 18.11.1983 – 20 U 71/83, WM 1984, 740, 742; OLG Hamm v. 5.12.1984 – 8 U 12/84, GmbHR 1985, 326; RGZ 94, 62 (für AG); *Ulmer/Casper*, in: Ulmer/Habersack/Löbbe, Rdnr. 75.

184 *Ulmer/Casper*, in: Ulmer/Habersack/Löbbe, Rdnr. 75; *Kuhn*, GmbHR 1955, 165; a.A. *Burchard*, GmbHR 1955, 136.

185 BGH v. 18.11.1969 – II ZR 83/68, BGHZ 53, 71, 75; BGH v. 30.11.1967 – II ZR 68/65, GmbHR 1968, 162; BGH v. 21.9.1978 – II ZR 214/77, NJW 1979, 216; *Ulmer/Casper*, in: Ulmer/Habersack/Löbbe, Rdnr. 75.

186 BGH v. 29.3.1962 – II ZR 50/61, BGHZ 37, 75, 79; BGH v. 20.9.1982 – II ZR 236/81, GmbHR 1983, 194; OLG Köln v. 18.11.1983 – 20 U 71/83, WM 1984, 740.

187 RGZ 54, 392; RGZ 68, 121; RGZ 72, 266; RGZ 85, 354; RGZ 94, 62; RGZ 98, 277; RGZ 133, 81; RG, JW 1905, 700; RG, JW 1926, 153, 1; RG, JW 1938, 40; BGH v. 13.10.1954 – II ZR 182/53, BGHZ 15, 52, 60, 61; BGH v. 10.11.1958 – II ZR 3/57, BGHZ 28, 314, 319; BGH v. 13.7.1964 – II ZR 110/62, BGHZ 42, 89, 93; BGH v. 2.12.2002 – II ZR 101/02, BGHZ 153, 107, 112 = GmbHR 2003, 231; *Fastrich*, in: Baumbach/Hueck, Rdnr. 40; *Schwandtner*, in: MünchKomm. GmbHG, Rdnr. 122; *Ulmer/Casper*, in: Ulmer/Habersack/Löbbe, Rdnr. 78.

188 OLG Breslau, GmbHR 1915, 87.

punkt, zu dem sich ergibt, dass die Gesellschaft schon früher überschuldet war[189]. Ebenso ist für die Zulässigkeit einer einseitigen Aufrechnung der Zeitpunkt des Wirksamwerdens maßgeblich, also der Zugang der Aufrechnungserklärung, wie es allgemeinem Recht entspricht[190].

95 Die Einstellung der Einlageschuld und -zahlungen in ein **Kontokorrent** zwischen der GmbH und ihren Gesellschaftern ist als Stundung und vorweggenommene Aufrechnung unzulässig, weil nicht feststeht, ob im maßgeblichen Zeitpunkt die Voraussetzungen vorliegen werden. Die Maßnahme hat also hinsichtlich der Einlageschuld wegen § 19 Abs. 2 Satz 1 keine Stundungswirkung, und die in ihr liegende vertragsmäßige Aufrechnung ist nur unter den vorgenannten Voraussetzungen (Vollwertigkeit usw. der Gegenforderung des Gesellschafters) zulässig[191]. Wird die Einstellung in ein Kontokorrent durchgeführt, tritt also einerseits die **kontokorrentmäßige** Bindung der Forderung nicht ein; andererseits kann, wenn im Zeitpunkt der von den Beteiligten gewollten Verrechnungswirkung die gesellschaftsrechtlichen Voraussetzungen vorliegen, bei einem Rechnungsabschluss die Erfüllungswirkung eintreten, eine Saldoforderung zugunsten der Gesellschaft ist nicht mehr die Einlageforderung[192].

d) Vertretung der Gesellschaft

96 Die Entscheidung, ob der Geschäftsführer von der Aufrechnungsmöglichkeit oder von der Möglichkeit zum Abschluss eines Verrechnungsvertrags Gebrauch macht, liegt in seinem pflichtmäßigen Ermessen[193]. Bei der **Erklärung der Aufrechnung** und beim Abschluss des Verrechnungsvertrags wird die Gesellschaft durch den Geschäftsführer vertreten. Ein Gesellschafterbeschluss, ausschüttungsfähige Gewinne sollten mit den Ansprüchen auf Resteinzahlung verrechnet werden, führt nicht zur Verrechnung; denn die Gesellschaft ist nicht ordnungsgemäß vertreten[194]. Ist der verpflichtete Gesellschafter zugleich Geschäftsführer, so ist er weder befugt, die Aufrechnungserklärung abzugeben, noch befugt, die Gesellschaft bei Abschluss des Verrechnungsvertrags zu vertreten; andernfalls wäre die Kapitalaufbringung nicht gesichert. Das gilt unabhängig davon, ob der Gesellschafter-Geschäftsführer wirksam vom Verbot des Selbstkontrahierens befreit ist; denn die Unwirksamkeit folgt aus § 19 Abs. 2 Satz 2[195].

e) Zurückbehaltungsrecht

97 Nach § 19 Abs. 2 Satz 3 kann der Gesellschafter an dem Gegenstand einer Sacheinlage wegen Forderungen, welche sich nicht auf den Gegenstand beziehen, kein Zurückbehaltungsrecht geltend machen. Die Zurückbehaltung einer **Bareinlage** ist in § 19 Abs. 2 Satz 3 nicht ausdrücklich verboten. Aus dem Zwecke des § 19 Abs. 2 folgt aber, dass ein Gesellschafter seiner Einlagepflicht gegenüber auch ein – der Aufrechnung wirtschaftlich gleichstehendes – Zu-

---

189 RGZ 54, 392; RG, JW 1914, 983; RG, JW 1938, 1400.
190 *Ulmer/Casper*, in: Ulmer/Habersack/Löbbe, Rdnr. 87.
191 *Ulmer/Casper*, in: Ulmer/Habersack/Löbbe, Rdnr. 93 f.; *Fastrich*, in: Baumbach/Hueck, Rdnr. 38; *Roth*, in: Roth/Altmeppen, Rdnr. 38; *Kutzer*, GmbHR 1987, 299; *Schick*, GmbHR 1997, 1048.
192 Dies ist für *Ulmer/Casper*, in: Ulmer/Habersack/Löbbe, Rdnr. 94, der Grund, weshalb die Verrechnungswirkung nicht eintreten soll, wenn der Saldo für die Gesellschaft positiv wäre.
193 *Hommelhoff*, in: FS Kellermann, 1991, S. 165, 175 ff.; *Ulmer/Casper*, in: Ulmer/Habersack/Löbbe, Rdnr. 91; *Fastrich*, in: Baumbach/Hueck, Rdnr. 40.
194 OLG Hamburg v. 24.11.1989 – 11 U 163/89, GmbHR 1990, 267 = WM 1990, 636; *Schwandtner*, in: MünchKomm. GmbHG, Rdnr. 117.
195 OLG Hamm v. 1.2.1988 – 8 U 107/87, GmbHR 1988, 310 = ZIP 1988, 1057; OLG Düsseldorf v. 15.6.1989 – 6 U 271/88, GmbHR 1990, 135; *Ulmer/Casper*, in: Ulmer/Habersack/Löbbe, Rdnr. 91; *Fastrich*, in: Baumbach/Hueck, Rdnr. 40; a.A. BGH v. 16.9.2002 – II ZR 1/00, BGHZ 152, 37, 44 = GmbHR 2002, 1193; OLG Karlsruhe v. 2.12.1970 – 11 U 75/69, GmbHR 1971, 7, 8; *Schwandtner*, in: MünchKomm. GmbHG, Rdnr. 119.

rückbehaltungsrecht nicht ausüben kann[196]. Er kann also z.B. die Bareinlage nicht zurückbehalten, bis die Gesellschaft ihm die Vorschüsse erstattet, die er ihr gegeben hat[197], oder bis die ihm zugesagten Anteilsscheine geliefert sind[198].

Die Zurückbehaltung der **Sacheinlage** ist in § 19 Abs. 2 Satz 3 ausdrücklich verboten und nur insoweit zugelassen, als die Gegenforderung wegen die Zurückbehaltung erfolgt, **sich auf den Gegenstand der Sacheinlage bezieht**. Diese Ausnahme ist enger als das nach § 273 Abs. 1 BGB zulässige Zurückbehaltungsrecht wegen Beruhens von Forderung und Gegenforderung auf „demselben rechtlichen Verhältnis". Die nach § 19 Abs. 2 Satz 3 zulässige Ausnahme (Gegenforderung, die sich auf den Gegenstand der Sacheinlage bezieht) ist daher nur dann gegeben, wenn der Gesellschafter **einen fälligen Anspruch wegen Verwendung auf den Gegenstand der Sacheinlage** hat[199] (§ 1001 BGB). Deshalb kann z.B. die Grundstückseinbringung nicht mit der Begründung verweigert werden, die versprochene Bestellung des einbringungspflichtigen Gesellschafters zum Geschäftsführer sei noch nicht erfolgt oder die Anteilsscheine noch nicht geliefert worden, obwohl die Gegenansprüche aus „demselben rechtlichen Verhältnis" im Sinne von § 273 Abs. 1 BGB resultieren.

98

Bei den **gemischten Sacheinlagen** (§ 5 Rdnr. 81) kann dieses Zurückbehaltungsrecht sich aber nicht auf den bar zu zahlenden Teil der Einlageschuld beziehen. Das kaufmännische Zurückbehaltungsrecht (§§ 369 ff. HGB) ist hier unanwendbar[200].

99

8. Leistungen an Erfüllungs statt

Die Zulässigkeit der Leistung einer anderen Sacheinlage sowie der (offenen) Leistung einer Sacheinlage statt einer Geldeinlage – beides Fälle einer Leistung an Erfüllungs statt gemäß § 364 BGB – wurde vor der Reform des GmbH-Rechts durch das MoMiG an § 19 Abs. 5 Alt. 1 a.F. gemessen. Nach h.M. sollte die Annahme einer anderen als der formgerecht vereinbarten Sachleistung entsprechend § 19 Abs. 5 Alt. 1 a.F. (bzw. § 5 Abs. 4 Satz 1) unzulässig sein[201]. Nach § 19 Abs. 5 Alt. 1 a.F. war jede Leistung an Erfüllungs statt (§ 364 BGB) ausgeschlossen. Begründet wurde dies damit, dass eine Überbewertung der Leistung nicht ausgeschlossen und daher die Kreditbasis gefährdet wäre[202]. Dagegen sollte die Erfüllung einer Sacheinlagepflicht durch eine Geldleistung nicht durch § 19 Abs. 5 Alt. 1 a.F. ausgeschlossen sein[203]. Die Gesellschafter mussten sich allerdings einverstanden erklären.

100

Da § 19 Abs. 5 Alt. 1 a.F. durch das MoMiG aufgehoben und eine entsprechende Regelung im neu konzipierten Kapitalaufbringungsrecht nicht mehr vorgesehen ist, stellt sich die Frage, wie die beiden Fallgruppen nach heutiger Rechtslage zu bewerten sind. Aus den Materialien zum MoMiG können keine Rückschlüsse gezogen werden. Der Gesetzgeber hat zu der

101

---

196 RGZ 83, 268; *Ulmer/Casper*, in: Ulmer/Habersack/Löbbe, Rdnr. 96; *Fastrich*, in: Baumbach/Hueck, Rdnr. 41; *Bayer*, in: Lutter/Hommelhoff, Rdnr. 41.

197 RGZ 83, 268; RG, JW 1914, 150.

198 OLG Braunschweig, DJZ 1907, 246.

199 Fall des § 273 Abs. 2, § 1000 BGB; *Ulmer/Casper*, in: Ulmer/Habersack/Löbbe, Rdnr. 95; *Fastrich*, in: Baumbach/Hueck, Rdnr. 41; *Bayer*, in: Lutter/Hommelhoff, Rdnr. 41; *Schwandtner*, in: Münch-Komm. GmbHG, Rdnr. 127.

200 *Fastrich*, in: Baumbach/Hueck, Rdnr. 41; *Ebbing*, in: Michalski u.a., Rdnr. 104.

201 KG, JW 1933, 1031; BayObLG v. 5.12.1977 – BReg 3 Z 155/76, WM 1978, 526.

202 BGH v. 13.10.1954 – II ZR 182/53, BGHZ 15, 52, 60; BGH v. 15.1.1990 – II ZR 164/88, BGHZ 110, 47, 60; BGH v. 18.2.1991 – II ZR 104/90, BGHZ 113, 335, 342 = GmbHR 1991, 255; BGH v. 21.9.1978 – II ZR 214/77, WM 1978, 1271; BGH v. 20.9.1982 – II ZR 136/81, WM 1982, 1200.

203 BayObLG v. 5.12.1977 – BReg 3 Z 155/76, WM 1978, 526; *Ulmer/Casper*, in: Ulmer/Habersack/Löbbe, Rdnr. 54; *Langenfeld*, GmbHR 1981, 54; a.A. *Pentz*, in: Rowedder/Schmidt-Leithoff, Rdnr. 105.

Frage keine Stellung genommen. Eine Antwort muss durch Auslegung der neuen Vorschriften gewonnen werden.

102 Einerseits ist zu berücksichtigen, dass auch nach der Reform des Kapitalaufbringungsrechts Leistungen an Erfüllungs statt ohne Festsetzung in der Satzung entsprechend § 5 Abs. 4 Satz 1 unzulässig sind. Da § 19 Abs. 5 Alt. 1 a.F. lediglich die in § 5 Abs. 4 Satz 1 getroffenen Aussagen konkretisierte[204], könnte sich trotz Aufhebung der Vorschrift nichts an der Rechtslage geändert haben. Dafür könnte ferner sprechen, dass der Gesetzgeber eine gesetzliche Lösung vor allem deshalb einführte, weil die Fallkonstellationen, in denen eine verdeckte Sacheinlage vorliegen kann, in der Praxis oft nicht eindeutig zu beurteilen sind[205]. Andererseits ist zu bedenken, dass eine werthaltige verdeckte Sacheinlage mittlerweile gemäß § 19 Abs. 4 im Ergebnis Erfüllungswirkung hat (s. Rdnr. 134 ff.). Der frühere Grundsatz, dass Sacheinlagen nur bei ordnungsgemäßer Festsetzung in der Satzung erfüllungstauglich sind, ist nach der Neuregelung nicht mehr gültig[206]. In den Fällen, in denen statt einer versprochenen Sacheinlage eine andere Sacheinlage eingebracht wird, ist daher § 19 Abs. 4 entsprechend anzuwenden[207]. Aber auch die Fälle, in denen statt einer Geldeinlage offen eine Sacheinlage erbracht wird, können durch eine entsprechende Anwendung des § 19 Abs. 4 angemessen bewältigt werden. Zwar trifft der Gesellschaftsvertrag andere Aussagen zur Erbringung der geschuldeten Einlage. Wenn aber selbst Sacheinlagen, die von den Parteien verdeckt, d.h. bewusst zur Umgehung der gesetzlichen Vorschriften über Sacheinlagen verabredet bzw. erbracht wurden, auf die Einlageschuld angerechnet werden (s. Rdnr. 131), wäre es inkonsequent, dies in den vergleichbar gelagerten Fällen der Erbringung einer Sacheinlage statt einer Geldeinlage[208] und der Erbringung einer anderen als der im Gesellschaftsvertrag festgesetzten Sacheinlage abzulehnen[209]. Folglich ist § 19 Abs. 4 Satz 3 analog anzuwenden. Ferner ist § 19 Abs. 4 Satz 2 analog heranzuziehen[210].

103 Waren sich die Gesellschafter **bei Vertragsschluss** darüber einig, dass zwar nach außen eine Geldeinlagepflicht vereinbart, in Wirklichkeit jedoch eine Sacheinlage gewollt sei, so ist die beurkundete Vereinbarung, die ein selbständiger Teil der Beteiligungserklärung des Gesellschafters ist, ein Scheingeschäft (§ 117 BGB). Für die gewollte Vereinbarung ist aber die Form nicht gewahrt, sie ist daher aufgrund von § 5 Abs. 4 der Gesellschaft gegenüber unwirksam. Dies begründet aber nicht die Unwirksamkeit der Satzung, § 27 Abs. 3 Satz 2 AktG analog, so dass es bei der vom Gesetz mangels wirksamer anderer Vereinbarung vorgesehenen Bareinlagepflicht bleibt.

104 Unbedenklich sind Sachleistungen auf die Bareinlageschuld **erfüllungshalber**. Dazu gehört die Übertragung eines Gegenstandes an die Gesellschaft mit dem Ziel, den Verwertungserlös mit der Einlagepflicht zu verrechnen. Das Risiko angemessener Verwertung trägt der Gesellschafter. Bis zur Verwertung und zur Aufrechnung durch die Gesellschaft in Höhe des erzielten Erlöses ist die Einlageschuld daher nicht erfüllt. Der die Einlageschuld übersteigende Erlös ist an den Gesellschafter herauszugeben[211]. Erfüllungshalber erfolgen auch Zahlungen durch Wechsel und Scheck. Auch dies ist von § 19 Abs. 2 Satz 2 nicht verboten; die Erfül-

---

204 *Ulmer/Casper*, in: Ulmer/Habersack/Löbbe, Rdnr. 89.
205 Vgl. Begr. RegE MoMiG, BT-Drucks. 16/6140, S. 40.
206 *Veil*, ZIP 2007, 1241, 1246; zustimmend *Gesell*, BB 2007, 2241, 2245; vgl. *Bayer*, in: Lutter/Hommelhoff, Rdnr. 70.
207 *Bayer*, in: Lutter/Hommelhoff, Rdnr. 70; *Schwandtner*, in: MünchKomm. GmbHG, Rdnr. 220; *Roth*, in: Roth/Altmeppen, Rdnr. 45; so wohl auch *Herrler*, DB 2008, 2347, 2351 f.
208 *Bayer*, in: Lutter/Hommelhoff, Rdnr. 70; *Fastrich*, in: Baumbach/Hueck, Rdnr. 53; *Ulmer/Casper*, in: Ulmer/Habersack/Löbbe, Rdnr. 54; so auch *Heinze*, GmbHR 2008, 1068, 1069 (unmittelbare Anwendung des § 19 Abs. 4).
209 *Veil*, ZIP 2007, 1241, 1246; *Gesell*, BB 2007, 2241 f.; *Gehrlein*, Der Konzern 2007, 771, 783; *Ulmer/Casper*, in: Ulmer/Habersack/Löbbe, Rdnr. 54.
210 *Bayer*, in: Lutter/Hommelhoff, Rdnr. 70; *Ulmer/Casper*, in: Ulmer/Habersack/Löbbe, Rdnr. 55.
211 *Bayer*, GmbHR 2004, 445, 458 ff.; vgl. *Ulmer/Casper*, in: Ulmer/Habersack/Löbbe, § 7 Rdnr. 38.

lungswirkung tritt mit Einlösung ein[212]. In der Entgegennahme einer solchen Leistung darf aber nicht praktisch eine Stundung der Einlageforderung liegen, die gegen § 19 Abs. 2 verstieße (Rdnr. 60).

IV. Abtretung, Verpfändung und Pfändung

1. Zulässigkeit

Ob die Forderung der GmbH auf Einzahlung der Einlage abtretbar (§ 398 BGB), und wenn abtretbar, auch pfändbar (§ 851 ZPO) und verpfändbar (§ 1274 BGB) ist, wird heute einhellig bejaht, unabhängig davon, ob es sich um die **Mindesteinlage** oder die **Resteinlage** handelt, vorausgesetzt, dass die Gesellschaft eine vollwertige Gegenleistung erhält[213] (zu den Ausnahmen s. Rdnr. 109). Diese muss – wiederum ohne Unterschied zwischen der Mindest- und der Resteinlage – entweder in Geld oder in der Befreiung von einer liquiden, fälligen und vollwertigen Zahlungspflicht bestehen. Dann ist den Anforderungen an die Kapitalaufbringung genügt, und auch die Möglichkeit eines Kaduzierungsverfahrens steht nicht entgegen. Die Übertragung der Einlageforderung wird erst wirksam, wenn der Gesellschaft die Gegenleistung effektiv zugeflossen ist[214].

Grundsätzlich ist auch in der **Liquidation** der Gesellschaft die Einlageforderung noch abtretbar, verpfändbar und pfändbar[215]. Es darf aber nicht zum Nachteil außenstehender Gesellschaftsgläubiger an einen Gesellschafter abgetreten werden, um eine nicht vollwertige Forderung dieses Gesellschafters bevorzugt zu befriedigen[216].

In der **Satzung** können die Gesellschafter die Abtretung und die Verpfändung der Einlageforderung beschränken oder ausschließen, § 399 BGB. Die Zulässigkeit der Pfändung bleibt hiervon aber unberührt, § 851 Abs. 2 ZPO.

2. Vollwertige Gegenleistungen

Das Erfordernis der Vollwertigkeit gilt nach h.M. auch bei der Pfändung[217], wobei die Berücksichtigung der Vollwertigkeit der Forderung des betreibenden Gläubigers einer titulier-

105

106

107

108

---

212 OLG Düsseldorf v. 3.8.1988 – 17 U 11/88, GmbHR 1989, 164 = BB 1988, 2126.
213 RGZ 133, 81; RGZ 135, 57; RGZ 149, 295; RGZ 156, 125. Die Judikatur betrifft fast ausschließlich die Pfändung: BGH v. 18.11.1969 – II ZR 83/68, BGHZ 53, 71, 72 f.; BGH v. 31.5.1976 – II ZR 90/74, GmbHR 1976, 205, 206; BGH v. 29.5.1980 – II ZR 142/79, ZIP 1980, 551, 552 = GmbHR 1981, 141; BGH v. 11.3.1985 – II ZR 42/84, WM 1985, 730; BGH v. 15.6.1992 – II ZR 229/91, GmbHR 1992, 522 = NJW 1992, 2229; OLG Köln v. 13.10.1988 – 1 U 37/88, GmbHR 1989, 293 = ZIP 1989, 174; zur Abtretung und Pfändung *Bayer*, ZIP 1998, 8; s. ferner *Fastrich*, in: Baumbach/Hueck, Rdnr. 42; *Ulmer/Casper*, in: Ulmer/Habersack/Löbbe, Rdnr. 97, 99 (Abtretung), 102 (Verpfändung); a.A. aber *Pentz*, in: Rowedder/Schmidt-Leithoff, Rdnr. 256.
214 *Ulmer/Casper*, in: Ulmer/Habersack/Löbbe, Rdnr. 99; *Bayer*, in: Lutter/Hommelhoff, Rdnr. 42.
215 BGH v. 18.11.1969 – II ZR 83/68, BGHZ 53, 71, 73 (zur Pfändung); BGH v. 29.5.1980 – II ZR 142/79, GmbHR 1981, 141 = NJW 1980, 2253; BGH v. 15.6.1992 – II ZR 229/91, GmbHR 1992, 522 = NJW 1992, 2229; *Fastrich*, in: Baumbach/Hueck, Rdnr. 42; *Ulmer/Casper*, in: Ulmer/Habersack/Löbbe, Rdnr. 98 f.; *Bayer*, in: Lutter/Hommelhoff, Rdnr. 43; zur Pfändung im Liquidationsstadium s. im Einzelnen *Bayer*, ZIP 1989, 8 ff. (mit besonderem Hinweis auf die Rechtslage nach Beendigung nach Liquidation durch Insolvenz oder Löschung).
216 BGH v. 18.11.1969 – II ZR 83/68, BGHZ 53, 71.
217 BGH v. 15.6.1992 – II ZR 229/91, GmbHR 1992, 522 = NJW 1992, 2229; OLG Zweibrücken v. 12.1.1998 – 7 U 80/97, OLGR Zweibrücken 1998, 311 f.; *Ulmer/Casper*, in: Ulmer/Habersack/Löbbe, Rdnr. 102; *Fastrich*, in: Baumbach/Hueck, Rdnr. 42; *Bayer*, in: Lutter/Hommelhoff, Rdnr. 49; näher *Bayer*, ZIP 1989, 8 ff. A.A. *Müller*, GmbHR 1970, 58; *Karsten Schmidt*, ZHR 157 (1993), 291, 300;

ten Forderung im Vollstreckungsverfahren nur im Wege von Einwendungen der Gesellschaft als Drittschuldnerin möglich erscheint. Ist die offene Einlage höher als die Forderung des Pfändungsgläubigers, so ist sie nicht unterwertig, in diesem Fall ist aber der Umfang des Pfändungspfandrechts begrenzt.

109   Die h.M. lässt **Ausnahmen** vom Erfordernis der Vollwertigkeit der Gegenleistung zu. Es handelt sich dabei um Situationen, in denen die Aufbringung und Erhaltung des Nennkapitals für die Gesellschaftsgläubiger und die Gesellschaft nicht mehr erforderlich ist[218]. Dies ist anzunehmen, wenn die **Gesellschaft kein Vermögen** mehr hat und der **Zessionar** der **einzige Gläubiger** ist oder wenn die GmbH sich in der **Liquidation** befindet, also ihren Geschäftsbetrieb völlig und endgültig eingestellt hat[219]. Von dem Erfordernis des Fehlens anderer Gesellschaftsgläubiger kann abgesehen werden, wenn die Gesellschaft keine eigenen Mittel zur Beitreibung einer umstrittenen Einlageforderung besitzt und deutlich erkennbar geworden ist, dass keiner der anderen Gesellschaftsgläubiger bereit ist, die erforderlichen Kostenvorschüsse im Interesse der gemeinschaftlichen Befriedigung zu leisten[220]. Ist der Antrag auf Eröffnung des Insolvenzverfahrens über das Vermögen der Gesellschaft mangels Masse abgelehnt worden, oder ist die Gesellschaft schon nach § 394 FamFG im Handelsregister gelöscht worden, so hat die Einlageforderung ihre Bedeutung als Kapitalgrundlage und Befriedigungsgegenstand für die Gesamtheit der Gesellschaftsgläubiger verloren. Sie ist zu einem gewöhnlichen Befriedigungsgegenstand jedes einzelnen Gesellschaftsgläubigers geworden[221].

110   Der Grundsatz der Kapitalaufbringung und -erhaltung dient zwar der Befriedigung, nicht aber der gleichmäßigen Befriedigung aller Gesellschaftsgläubiger[222]. In diesen Fällen ist die Pfändung durch einzelne Gläubiger daher möglich[223]. Der Grundsatz der gleichmäßigen Behandlung gilt zwar für die Abtretung[224], nicht aber bei Pfändung einer Einlageforderung[225]. Dies folgt zum einen aus dem Vorrang des Gläubigerinteresses an der Pfändung und zum anderen daraus, dass § 19 Abs. 1 nur das interne Verhältnis der Gesellschafter zueinander regelt, also ein Ausgleich im Innenverhältnis zu bewirken ist. Dagegen ist die Abtretung in der Liquidation an einen der Gesellschaftsgläubiger unzulässig, wenn seine Forderung an die Gesellschaft nicht vollwertig ist und außenstehende Gläubiger benachteiligt werden.

111   Das Erfordernis der Vollwertigkeit der Gegenleistung, die der Gesellschaft in der Form zufließen muss, wie sie für die Leistung auf den Geschäftsanteil vorgeschrieben ist, schließt eine Abtretung der Einlageforderungen gegen eine **Sachleistung** aus[226]. Eine Pfändung schei-

---

Berger, ZZP 107 (1994), 29; *Volmer*, GmbHR 1998, 579; Bedenken auch bei *Roth*, in: Roth/Altmeppen, Rdnr. 15.

218 *Fastrich*, in: Baumbach/Hueck, Rdnr. 42.
219 RGZ 149, 298; RGZ 156, 25; BGH v. 18.11.1969 – II ZR 83/68, BGHZ 53, 71, 73; BGH v. 30.11.1967 – II ZR 68/65, GmbHR 1968, 162; BGH v. 31.5.1976 – II ZR 90/74, BB 1976, 852, 853; BGH v. 29.5.1980 – II ZR 142/79, GmbHR 1981, 141 = NJW 1980, 2253; BGH v. 11.3.1985 – II ZR 42/84, WM 1985, 730; BGH v. 15.6.1992 – II ZR 229/91, NJW 1992, 2229; *Bayer*, in: Lutter/Hommelhoff, Rdnr. 43 und 49, 53; *Fastrich*, in: Baumbach/Hueck, Rdnr. 42; *Ulmer/Casper*, in: Ulmer/Habersack/Löbbe, Rdnr. 98 f.; *Beise*, GmbHR 1978, 101, 102.
220 BGH v. 18.11.1969 – II ZR 83/68, BGHZ 53, 71; BGH v. 30.11.1967 – II ZR 68/65, GmbHR 1968, 162; BGH v. 15.6.1992 – II ZR 229/91, GmbHR 1992, 522 = WM 1992, 1273; für Pfändung und Verpfändung: s. wiederum *Bayer*, ZIP 1989, 10.
221 RGZ 149, 298; RGZ 156, 25, 29.
222 BGH v. 18.11.1969 – II ZR 83/68, BGHZ 53, 71, 74.
223 A.A. *Beise*, GmbHR 1978, 101, der die Geltendmachung durch einen Gesellschaftsgläubiger auch ohne Pfändung zulassen will.
224 BGH v. 29.9.1977 – II ZR 157/76, BGHZ 69, 274, 282; *Müller*, GmbHR 1970, 85.
225 BGH v. 29.5.1980 – II ZR 142/79, GmbHR 1981, 141 = NJW 1980, 2253; *Ulmer/Casper*, in: Ulmer/Habersack/Löbbe, Rdnr. 34, 103; *Fastrich*, in: Baumbach/Hueck, Rdnr. 44; a.A. früher RGZ 133, 81; KG, JW 1930, 3779.
226 Ebenso *Roth*, in: Roth/Altmeppen, Rdnr. 11.

det schließlich auch dann aus, wenn der Inhaber der titulierten Forderung **selber Schuldner der Einlagepflicht** ist, dies verstieße gegen das Aufrechnungsverbot gemäß § 19 Abs. 2 Satz 2[227].

3. Fälligkeit

Die **Pfändung** der **Einlageforderung** und die **Überweisung** an den Vollstreckungsgläubiger führt zur Fälligkeit, und zwar ohne Einforderungsbeschluss der Gesellschafterversammlung[228].   112

Dagegen begründet die **Abtretung** der **Einlageforderung** nicht ihre Fälligkeit[229]. Die mangelnde Fälligkeit kann daher von dem Einlageschuldner auch dem Abtretungsempfänger entgegenhalten werden[230]. Wenn also die Einlage mangels entsprechender gesellschaftsvertraglicher Bestimmung nicht fällig ist, tritt Fälligkeit erst durch einen Gesellschafterbeschluss auf Einforderung der Einlage ein[231]. Der Zessionar kann die Fassung eines solchen Beschlusses nach dem der Abtretung zugrundeliegenden Rechtsverhältnis verlangen.   113

4. Einreden, Erlass, Kaduzierung

Das Gleichbehandlungsgebot kann von dem Einlageschuldner auch dem Abtretungsempfänger entgegengesetzt werden[232]. Das gilt auch für alle übrigen Einreden, die dem Gesellschafter gegen die Gesellschaft zustehen (§ 404 BGB). Dagegen sind die Bestimmungen über die Kapitalaufbringung und Kapitalerhaltung im Verhältnis des verpflichteten Gesellschafters zum Erwerber der Einlageforderung nicht anwendbar. Daher kann der zur Zahlung verpflichtete Gesellschafter zwar nicht mit Gegenforderungen, die ihm gegen die GmbH zustehen, aufrechnen, denn sonst bestünde die Gefahr, dass der Zessionar aus dem Grundverhältnis von der GmbH als der Zedentin einen Ausgleich verlangen kann, wodurch die Vollwertigkeit seiner Leistung in Frage gestellt würde[233]. Der Einlageschuldner kann aber mit solchen Forderungen aufrechnen, die er gegen den Zessionar oder Vollstreckungsgläubiger hat[234]. Das Entsprechende gilt für das Zurückbehaltungsrecht.   114

Zulässig sind ein Erlassvertrag und eine Stundungsvereinbarung mit dem Erwerber. Ob auch das **Kaduzierungsverfahren** Anwendung findet, ist streitig. Das Kaduzierungsverfahren erfährt seine Rechtfertigung in der Sicherung der Kapitalaufbringung. Es dient dem Interesse der Gläubiger. Die Gesellschaft aber hat bei der Abtretung ein vollwertiges Äquivalent erhal-   115

---

227 KG, JW 1930, 3779; *Ulmer/Casper*, in: Ulmer/Habersack/Löbbe, Rdnr. 103; *Roth*, in: Roth/Altmeppen, Rdnr. 14; *Fastrich*, in: Baumbach/Hueck, Rdnr. 42.
228 RGZ 76, 434, 436; RGZ 149, 301; OLG Köln v. 13.10.1988 – 1 U 37/88, GmbHR 1989, 293; *Bayer*, in: Lutter/Hommelhoff, Rdnr. 51; *Ebbing*, in: Michalski u.a., Rdnr. 118; *Ulmer/Casper*, in: Ulmer/Habersack/Löbbe, Rdnr. 103.
229 RGZ 133, 81; *Bayer*, in: Lutter/Hommelhoff, Rdnr. 44; *Fastrich*, in: Baumbach/Hueck, Rdnr. 43.
230 BGH v. 29.9.1977 – II ZR 157/76, BGHZ 69, 274, 282; *Bayer*, in: Lutter/Hommelhoff, Rdnr. 44; *Ulmer/Casper*, in: Ulmer/Habersack/Löbbe, Rdnr. 101.
231 So (zur KG) BGH v. 29.9.1977 – II ZR 157/76, BGHZ 69, 274, 282; zur GmbH *Fastrich*, in: Baumbach/Hueck, Rdnr. 43; *Ebbing*, in: Michalski u.a., Rdnr. 127; *Bayer*, in: Lutter/Hommelhoff, Rdnr. 44; anders früher RGZ 76, 436; RGZ 149, 301.
232 BGH v. 29.9.1977 – II ZR 157/76, BGHZ 69, 274, 282; *Ulmer/Casper*, in: Ulmer/Habersack/Löbbe, Rdnr. 101.
233 Vgl. *Bayer*, in: Lutter/Hommelhoff, Rdnr. 44 (Aushebelung des § 19 Abs. 2 Satz 2).
234 RGZ 85, 353; BGHZ 53, 75; BGH v. 30.11.1967 – II ZR 68/65, GmbHR 1968, 162; *Roth*, in: Roth/Altmeppen, Rdnr. 13.

ten. Der Schutzzweck des Kaduzierungsverfahrens ist damit entfallen[235]. Das Recht der Ausschließung gemäß § 21 kann daher weder von dem Erwerber noch von der Gesellschaft ausgeübt werden.

V. Verdeckte Sacheinlage (§ 19 Abs. 4)

1. Reform

116 Die Erbringung einer verdeckten Sacheinlage wurde vor der Reform durch das MoMiG als eine **Umgehung** der **gesetzlichen Vorschriften** über **Sacheinlagen** qualifiziert. Die Rechtsprechung lehnte es ab, der vom Inferenten erbrachten Einzahlung eine Erfüllungswirkung beizumessen. Dies ergab sich bereits daraus, dass die Geldbeträge nicht wie von § 8 Abs. 2 gefordert zur endgültigen freien Verfügung des Geschäftsführers erbracht wurden[236]. Die vom Inferenten mit der Gesellschaft geschlossenen schuldrechtlichen und dinglichen Verträge wurden als Umgehungsgeschäfte qualifiziert und waren daher analog § 27 Abs. 3 Satz 1 AktG a.F. nichtig[237]. Daraus folgte, dass der Inferent weiterhin zur Einlageleistung verpflichtet war. Dies galt auch für sog. Cash-Pools; denn der BGH sprach sich dagegen aus, für die in ein Cash-Pool-System einbezogenen Gesellschaften ein „Sonderrecht" zu entwickeln[238]. Wollte der Inferent den Vorgang im Nachhinein heilen[239], musste er den Sachwert einbringen[240]. Dies war ihm aber häufig nicht mehr möglich, denn die Sache musste zum Zeitpunkt der erneuten Einbringung werthaltig sein[241]. Der Inferent war somit der Gefahr ausgesetzt, ein zweites Mal, in der Regel in der Insolvenz der Gesellschaft, zahlen zu müssen. Die **Rechtsprechungsgrundsätze** zur verdeckten Sacheinlage sollten nach Ansicht des BGH auch bei sog. „**gewöhnlichen Umsatzgeschäften**" im Rahmen des laufenden Geschäftsverkehrs" anzuwenden sein[242]. Auf Grund der als katastrophal empfunden Rechtsfolgen sprachen sich mehrere Autoren eindringlich für eine gesetzliche Lösung des Problems in Gestalt einer Differenzhaftung aus[243]. Auch der 66. Deutsche Juristentag votierte für eine Reform[244].

117 Der RegE MoMiG reagierte auf den Reformdruck und verfolgte das Ziel, das Recht der Sacheinlage zu deregulieren[245]. Eine verdeckte Sacheinlage sollte unter bestimmten Voraussetzun-

---

235 Ebenso im Ergebnis *Ulmer/Casper*, in: Ulmer/Habersack/Löbbe, Rdnr. 100; *Fastrich*, in: Baumbach/Hueck, Rdnr. 43. A.A. *K. Müller*, GmbHR 1970, 60 ff. und für den Fall der Pfändung OLG Celle v. 27.7.1994 – 9 U 125/93, GmbHR 1994, 801 f.; *Bayer*, in: Lutter/Hommelhoff, Rdnr. 51.

236 Vgl. *Gesell*, BB 2007, 2241, 2243 m.w.N.

237 St. Rspr.; vgl. zuletzt BGH v. 21.2.1994 – II ZR 60/93, BGHZ 125, 141, 149 ff. = GmbHR 1994, 394 (keine Erfüllungswirkung der verdeckten Sacheinlage); BGH v. 7.7.2003 – II ZR 235/01, BGHZ 155, 329, 338 = GmbHR 2003, 1051 (Unwirksamkeit des schuldrechtlichen und dinglichen Rechtsgeschäfts).

238 BGH v. 16.1.2006 – II ZR 76/04, BGHZ 166, 8, 15 = GmbHR 2006, 477 – Cash-Pool I.

239 Vgl. zur Zulässigkeit einer Heilung BGH v. 4.3.1996 – II ZB 8/95, BGHZ 132, 141 = GmbHR 1996, 351.

240 BGH v. 7.7.2003 – II ZR 235/01, BGHZ 155, 329, 339 f = GmbHR 2003, 1051.

241 *Casper*, in: Ulmer/Habersack/Löbbe, Rdnr. 104 a.E.

242 BGH v. 11.2.2008 – II ZR 171/06, WM 2008, 638, 639 = GmbHR 2008, 483; zur AG bereits BGH v. 20.11.2006 – II ZR 176/05, BGHZ 170, 47.

243 *Karsten Schmidt*, Die Sicherung der Kapitalaufbringung und Kapitalerhaltung in Kapitalgesellschaften, in: Blaurock, Recht der Unternehmen in Europa, 1993, S. 105, 119; *Grunewald*, in: FS Rowedder, 1994, S. 111, 114 ff. und *Grunewald*, WM 2006, 2333, 2335 f.; *Brandner*, in: FS Boujong, S. 37, 45; *Krieger*, ZGR 1996, 674, 691; *Schöpflin*, GmbHR 2003, 57, 64; *Heidenhain*, GmbHR 2006, 455, 457 f. A.A. *Priester*, in: VGR, Die GmbH-Reform in der Diskussion, 2006, S. 1, 21; *Habersack*, ZHR 170 (2006), 607, 609; *Trölitzsch*, Differenzhaftung für Sacheinlagen in Kapitalgesellschaften, 1998, S. 194 ff.

244 Beschluss 8.b) (Antrag angenommen: 135 Ja-Stimmen, 29 Nein-Stimmen, 10 Enthaltungen).

245 Vgl. Begr. RegE MoMiG, BT-Drucks. 16/6140, S. 39 ff.

gen Erfüllungswirkung haben. So bestimmte § 19 Abs. 4 Satz 1 RegE zunächst, dass eine Geldeinlage eines Gesellschafters, die bei wirtschaftlicher Betrachtung und auf Grund einer im Zusammenhang mit der Übernahme der Geldeinlage getroffenen Abrede vollständig oder teilweise als Sacheinlage zu bewerten ist (verdeckte Sacheinlage), der Erfüllung der Einlagenschuld nicht entgegensteht (Erfüllungslösung). Ferner sah § 19 Abs. 4 Satz 2 RegE vor, dass im Falle einer verdeckten Sacheinlage § 9 entsprechend gilt; es sollte also eine Differenzhaftung bestehen.

Der RegE MoMiG stieß auf rechtsdogmatische und rechtssystematische Einwände[246]. Selbst **118** die Befürworter reklamierten, dass die vorgeschlagenen Regelungen nicht stimmig seien und neue Probleme aufwerfen würden[247]. Der Gesetzgeber gab daher die Erfüllungslösung auf und entschied sich – einem Vorschlag des Handelsrechtsausschusses des DAV[248] folgend – für eine Anrechnungslösung. Danach ist der Wert einer verdeckt eingebrachten Sacheinlage kraft Gesetzes, d.h. ohne dass es einer Anrechnungserklärung bedürfte, auf die Geldeinlagepflicht des Gesellschafters anzurechnen. Dies geschieht allerdings erst nach der Eintragung in das Handelsregister. Dadurch sollte klargestellt werden, dass eine verdeckte Sacheinlage weiterhin als eine Umgehung der gesetzlichen Vorschriften über die Erbringung von Sacheinlagen zu verstehen ist und die Geschäftsführer wegen falscher Angaben strafrechtlich zur Verantwortung gezogen werden können (§ 82 Abs. 1 Nr. 1).

Die Anrechnungslösung ist nicht durchdacht. Sie wirft schwierige Auslegungs- und Abgren- **119** zungsfragen auf, die im Laufe der Zeit von der Rechtsprechung entschieden werden müssen[249]. Auch rechtsdogmatisch kann die Neuregelung schwerlich überzeugen. Eine Anrechnung mit der Wirkung, dass Ansprüche erlöschen, war dem deutschen Recht vor dem MoMiG nicht bekannt[250]. Als eine Leistung an Erfüllungs statt (§ 364 Abs. 1 BGB)[251] kann sie nicht verstanden werden, denn sie erfolgt kraft Gesetzes, also unabhängig vom Willen der Parteien[252]. Diese sind noch nicht einmal über die „Erfüllungswirkung" dispositionsbefugt[253]. Bemerkenswert ist zudem der Wortlaut des § 19 Abs. 4 Satz 3: Angerechnet wird der „Wert des Vermögensgegenstandes". Die Leistung eines Gegenstands an Erfüllungs statt erfordert mehr als die bloße Zuführung eines bestimmten Werts[254]. Vorzugswürdig ist es daher, die **Anrechnung** als ein **Institut eigener Art** zu begreifen, welches sich nicht einem der bekannten Erfüllungssurrogate zuordnen lässt[255].

2. Tatbestand der verdeckten Sacheinlage

Die verdeckte Sacheinlage ist nunmehr legaldefiniert. Sie liegt vor, wenn „eine Geldeinlage **120** eines Gesellschafters bei wirtschaftlicher Betrachtung und aufgrund einer im Zusammen-

---

246 *Büchel*, GmbHR 2007, 1065, 1070; *Priester*, ZIP 2008, 55 f.; *Ulmer*, ZIP 2008, 45, 50 ff.
247 *Veil*, ZIP 2007, 1241, 1243 f.; *Heckschen*, DStR 2007, 1442, 1448 f.
248 Abgedr. in: NZG 2007, 211; ebenso *M. Winter*, in: FS Priester, S. 867, 876 ff.; vgl. auch den vom Handelsrechtsausschuss schon früher unterbreiteten Vorschlag einer Regelung der verdeckten Sacheinlage, abgedr. in: WiB 1996, 707.
249 Vgl. *Veil/Werner*, GmbHR 2009, 729, 735; krit. auch *Bayer*, in: Lutter/Hommelhoff, Rdnr. 56 f.
250 Ausf. *Ulmer*, ZIP 2008, 45, 52.
251 So *Maier-Reimer/Wenzel*, ZIP 2008, 1449, 1452; *Fuchs*, BB 2009, 170, 172.
252 *Pentz*, in: FS Karsten Schmidt, 2009, S. 1265, 1275. Zur Unabhängigkeit auch von einer erfüllungstauglichen Leistung oder eines entsprechenden Surrogats vgl. *Ulmer*, ZIP 2009, 293, 296.
253 Vgl. auch *Ulmer*, ZIP 2008, 45, 51; nach *Dauner-Lieb*, AG 2009, 217, 221 f. soll es sich um eine zeitlich versetzte Erfüllung handeln, was aber nicht damit in Einklang gebracht werden kann, dass die ursprüngliche Erfüllungslösung gerade verworfen wurde.
254 *Ulmer*, ZIP 2009, 293, 295.
255 Vgl. *Veil/Werner*, GmbHR 2009, 729, 730; *Casper*, in: Ulmer/Habersack/Löbbe, Rdnr. 140; ähnlich auch *Pentz*, in: FS Karsten Schmidt, 2009, S. 1265, 1275; *Ulmer*, ZIP 2009, 293; *Verse*, in: Henssler/Strohn, Gesellschaftsrecht, Rdnr. 58.

hang mit der Übernahme der Geldeinlage getroffenen Abrede vollständig oder teilweise als Sacheinlage zu bewerten" ist. Der Gesetzgeber hat an die in der Rechtsprechung übliche Definition der verdeckten Sacheinlage anknüpfen wollen[256]. Es können daher die vom BGH entwickelten Grundsätze zum Begriff der verdeckten Sacheinlage weiterhin herangezogen werden[257]. Folglich ist § 19 Abs. 4 auch bei gewöhnlichen Umsatzgeschäften anzuwenden (s. bereits Rdnr. 116).

a) Leistung einer Sacheinlage statt Bareinzahlung

121   Eine **Geldeinlage** eines Gesellschafters muss bei **wirtschaftlicher Betrachtung** entweder vollständig oder teilweise als **Sacheinlage zu bewerten** sein. Diese Voraussetzung ist objektiv zu beurteilen. Sie kann erstens bei einem **Verkehrsgeschäft** erfüllt sein[258]. Dabei erbringt der Gesellschafter seine Bareinlage, lässt sich den Betrag aber als Vergütung für einen der Gesellschaft veräußerten Vermögensgegenstand zurückzahlen. Es handelt sich um den klassischen Fall einer verdeckten Sacheinlage. Das Umgehungsgeschäft wird entweder vor oder nach der Bareinlage abgeschlossen; in beiden Konstellationen wird eine Sacheinlage verdeckt eingebracht[259]. Der von der Rechtsprechung bislang geforderte Rückfluss der Einlage an den Inferenten[260] ist zwar vom Wortlaut des Gesetzes nicht ausdrücklich gefordert[261]. Jedoch kann „eine Geldeinlage eines Gesellschafters bei wirtschaftlicher Betrachtung" nur dann als eine „verdeckte Sacheinlage bewertet" werden, wenn der Betrag an den Gesellschafter zurückgezahlt wurde[262].

122   Einer Rückzahlung an den Inferenten steht eine **Zahlung an** einen **Dritten** gleich, wenn der Inferent dadurch in gleicher Weise begünstigt wird wie durch eine unmittelbare Leistung an ihn selbst[263]. Dies ist nach ständiger Rechtsprechung des BGH der Fall, wenn die Leistung an ein vom Inferenten beherrschtes Unternehmen erbracht wird[264], u.U. auch bei Leistungen an ein Unternehmen, von dem der Inferent seinerseits abhängig ist[265], nicht aber bei einer Leistung an ein Schwesterunternehmen[266] (s. zu den Problemen beim Cash-Pooling im Konzern Rdnr. 164 ff.).

123   Eine verdeckte Sacheinlage kann auch vorliegen, wenn die Gegenleistung den Betrag der Bareinlage um ein Vielfaches übersteigt. Der BGH ging bislang in solchen Fällen von einer sog. **gemischten Sacheinlage** aus[267]. Bei unteilbaren Leistungen nahm er an, dass das Rechtsgeschäft

---

256 Begr. RegE MoMiG, BT-Drucks. 16/6140, S. 40; BGH v. 22.3.2010 – II ZR 12/08, BGHZ 185, 44, 48 Rdnr. 11 = GmbHR 2010, 700 – AdCoCom.
257 Vgl. etwa BGH v. 15.1.1990 – II ZR 164/88, BGHZ 110, 47, 64; BGH v. 4.3.1996 – II ZR 89/95, BGHZ 132, 133, 138 f. = GmbHR 1996, 283.
258 Vgl. BGH v. 18.2.1991 – II ZR 104/90, BGHZ 113, 335, 340 ff. = GmbHR 1991, 255; BGH v. 4.3.1996 – II ZB 8/95, BGHZ 132, 141, 143 = GmbHR 1996, 351; BGH v. 16.9.2002 – II ZR 1/00, BGHZ 152, 37, 42 = GmbHR 2002, 1193; *Casper*, in: Ulmer/Habersack/Löbbe, Rdnr. 115.
259 Vgl. *Casper*, in: Ulmer/Habersack/Löbbe, Rdnr. 115.
260 BGH v. 12.2.2007 – II ZR 272/05, BGHZ 171, 113 Leitsatz a) = GmbHR 2007, 433.
261 Kritisch deshalb *Büchel*, GmbHR 2007, 1065, 1070.
262 *Casper*, in: Ulmer/Habersack/Löbbe, Rdnr. 115; *Fastrich*, in: Baumbach/Hueck, Rdnr. 50.
263 BGH v. 12.2.2007 – II ZR 272/05, BGHZ 171, 113, 116 = GmbHR 2007, 433.
264 BGH v. 21.2.1994 – II ZR 60/93, BGHZ 125, 141, 144 = GmbHR 1994, 394; BGH v. 2.12.2002 – II ZR 101/02, BGHZ 153, 107, 111 = GmbHR 2003, 231; BGH v. 16.1.2006 – II ZR 76/04, BGHZ 166, 8 = GmbHR 2006, 477 – Cash-Pool I; BGH v. 20.11.2006 – II ZR 176/05, BGHZ 170, 47, 53; BGH v. 20.7.2009 – II ZR 273/07, BGHZ 182, 103, 113.
265 BGH v. 15.1.1990 – II ZR 164/88, BGHZ 110, 47, 66 ff.
266 BGH v. 12.2.2007 – II ZR 272/05, BGHZ 171, 113, 116 = GmbHR 2007, 433; vgl. dazu *Bayer*, in: Lutter/Hommelhoff, Rdnr. 72.
267 BGH v. 9.7.2007 – II ZR 62/06, BGHZ 173, 145, 152; BGH v. 18.2.2008 – II ZR 132/06, BGHZ 175, 265, 270 Rdnr. 11 – Rheinmöve.

insgesamt den für Sacheinlagen geltenden Regelungen unterliegen würde[268]. Bereits aus dem Wortlaut des § 19 Abs. 4 Satz 1 („teilweise") folgt, dass eine gemischte Sacheinbringung auch nach der Reform eine verdeckte Sacheinlage sein kann[269]. Die von der Rechtsprechung entwickelten Grundsätze können weiterhin nutzbar gemacht werden[270] (s. Rdnr. 146).

Zweitens kann in der **Verwendung** einer **Forderung** des **Gesellschafters** eine verdecke Sacheinlage liegen[271]. Voraussetzung ist, dass die Forderung bereits bei Begründung der Einlageverpflichtung besteht und damit einlagefähig ist[272]. In der Praxis geschieht dies häufig bei einer zu Sanierungszwecken beschlossenen Barkapitalerhöhung, indem Darlehensforderungen[273], Gewinnansprüche, Miet- bzw. Pachtforderungen oder sonstige Forderungen[274] verrechnet werden[275]. Im Zuge der effektiven Kapitalerhöhung übernimmt der Gläubiger einen Geschäftsanteil und vereinbart mit dem Geschäftsführer, den Bareinlageanspruch mit seiner Forderung gegen die Gesellschaft zu verrechnen[276]. Durch die Verrechnung der (Gesellschafter-)Forderung bringt der Inferent im Ergebnis lediglich eine Forderung ein (und leistet daher eine Sacheinlage)[277]. Auch dieser Fall wird vom Wortlaut des § 19 Abs. 4 erfasst, so dass nach neuem Recht eine Anrechnung erfolgt[278]. Allerdings dürfte der Unterschied zur alten Rechtslage in Sanierungsfällen gering sein, denn der tatsächliche Wert der Forderung des Gläubigers wird in der Krise in der Regel weit unterhalb des Nominalbetrages liegen[279].

Keine verdeckte Sacheinlage erfolgt bei bloßen **Verwendungsabsprachen**[280] (s. auch Rdnr. 39). Dabei trifft der Inferent mit dem Geschäftsführer eine Abrede darüber, wie die eingelegten Mittel zu verwenden sind (Kauf eines bestimmten Vermögensgegenstands; Ausgleich einer bestimmten Forderung). Dies gilt aber nur, wenn die Mittel nicht an den Inferenten oder ein ihm unmittelbar oder mittelbar nahestehenden bzw. verbundenen Dritten fließen. In der Tilgung eines vom Ehegatten des Inferenten gewährten Darlehens mit der Bareinlage liegt eine verdeckte Sacheinlage durch Einbringung eines (Gesellschafter-)Darlehens, wenn es wirtschaftlich vom Inferenten gewährt wurde oder die Einlage mit Mitteln bewirkt wird, die dem Inferenten vom Ehegatten zur Verfügung gestellt worden sind[281].

124

125

---

268 BGH v. 9.7.2007 – II ZR 62/06, BGHZ 173, 145, 152; BGH v. 18.2.2008 – II ZR 132/06, BGHZ 175, 265, 272 Rdnr. 14 – Rheinmöve.
269 BGH v. 22.3.2010 – II ZR 12/08, BGHZ 185, 44, 48 Rdnr. 11 = GmbHR 2010, 700 – AdCoCom.
270 *Maier-Reimer/Wenzel*, ZIP 2008, 1449, 1451.
271 Vgl. BGH v. 21.2.1994 – II ZR 60/93, BGHZ 125, 141, 143 f. = GmbHR 1994, 394; BGH v. 16.9.2002 – II ZR 1/00, BGHZ 152, 37, 43 = GmbHR 2002, 1193; BGH v. 16.1.2006 – II ZR 76/04, BGHZ 166, 8, 11 f. = GmbHR 2006, 477 – Cash-Pool I; *Casper*, in: Ulmer/Habersack/Löbbe, Rdnr. 115.
272 *Bayer*, in: Lutter/Hommelhoff, Rdnr. 66; *Fastrich*, in: Baumbach/Hueck, Rdnr. 51; s. auch Rdnr. 80 zur Aufrechnung der Gesellschaft gegen eine Neuforderung der Gesellschaft.
273 Vgl. etwa OLG Köln v. 20.5.2010 – 18 U 122/09, GmbHR 2010, 1213, 1215.
274 Vgl. auch BGH v. 10.7.2012 – II ZR 212/10, GmbHR 2012, 1066, 1068 (Bereicherungsanspruch aus einer fehlgeschlagenen Voreinzahlung auf eine Kapitalerhöhung); dazu *Priester*, DStR 2010, 454, 499 f.; ferner BGH v. 19.1.2016 – II ZR 61/15, GmbHR 2016, 479 und BGH v. 19.1.2016 – II ZR 303/14, bezüglich einer mangels Vorliegens eines Gesellschafterbeschlusses unzulässigen Voreinzahlung auf die Bareinlage und der Frage, ob der Gesellschafter stattdessen eine Altforderung als Sachwert einbringen konnte.
275 *Wicke*, Rdnr. 21.
276 Vgl. zu solchen Fallkonstellationen *Karollus*, ZIP 1994, 589, 590.
277 BGH v. 13.10.1954 – II ZR 182/53, BGHZ 15, 52, 60 f.; BGH v. 15.1.1990 – II ZR 164/88, BGHZ 110, 47, 60 f.; *Casper*, in: Ulmer/Habersack/Löbbe, Rdnr. 122.
278 Vgl. *Fastrich*, in: Baumbach/Hueck, Rdnr. 51 f.
279 BGH v. 16.9.2002 – II ZR 1/00, BGHZ 152, 37, 45 = GmbHR 2002, 1193.
280 BGH v. 2.12.2002 – II ZR 101/02, BGHZ 153, 107, 110 = GmbHR 2003, 231; BGH v. 12.2.2007 – II ZR 272/05, BGHZ 171, 113, 115 f. = GmbHR 2007, 433; *Schwandtner*, in: MünchKomm. GmbHG, Rdnr. 221; *Casper*, in: Ulmer/Habersack/Löbbe, Rdnr. 128.
281 BGH v. 12.4.2011 – II ZR 17/10, ZIP 2011, 1101, 1102 Rdnr. 15 = GmbHR 2011, 705; BGH v. 18.2.1991 – II ZR 104/90, BGHZ 113, 335, 345 f. = GmbHR 1991, 255; BGH v. 15.1.1990 – II ZR 164/88, BGHZ 110, 47, 67.

126 **Keine verdeckte Sacheinlage** liegt vor, wenn ein Gesellschafter nach Leistung einer Bareinlage eine **entgeltliche Dienstleistung** erbringen soll[282]. Denn Gegenstand einer verdeckten Sacheinlage kann nur eine sacheinlagefähige Leistung sein[283] (s. Rdnr. 125). Dienstleistungen eines Gesellschafters können aber weder Gegenstand von Sacheinlagen noch von Sachübernahmen sein. Außerdem kann dem Gesellschafter in einem solchen Fall nicht der Vorwurf einer Umgehung des Kapitalaufbringungsrechts gemacht werden[284]. Die mit dem Vorgang aufgeworfenen Gefahren können somit nur durch das Recht der Kapitalerhaltung (§ 30 Abs. 1) und (in einer Ausnahmekonstellation) der vom BGH entwickelten Existenzvernichtungshaftung begegnet werden. Ferner handelt es sich auch nicht um eine verdeckte Sacheinlage, wenn mit der **Bareinlage** ein **Darlehen abgelöst** wird, für dessen **Rückzahlung** sich der **Inferent verbürgt** hat[285]. Der künftige Regressanspruch des Bürgen ist nicht sacheinlagefähig, weil es sich um eine Forderung handelt, die werthaltig erst entsteht, wenn der Bürge an den Gläubiger zahlt. Aufschiebend bedingte Forderungen sind aber nicht sacheinlagefähig (s. § 5 Rdnr. 45). Schließlich können eigene Anteile der Gesellschaft nicht als Sacheinlage eingebracht werden, weil der Gesellschaft mit der Überlassung der Anteile kein neues Kapital zugeführt wird[286].

127 Die Verträge über die Sacheinlage sind nach § 19 Abs. 4 Satz 2 nicht unwirksam. Damit ist aber nur gesagt, dass die Verträge nicht wegen Umgehung der Kapitalaufbringungsvorschriften unwirksam sind. Ob die Anrechnung nach § 19 Abs. 4 Satz 3 voraussetzt, dass das **Austauschgeschäft** im Übrigen **wirksam** sein muss, folgt daraus nicht. Diese höchstrichterlich bislang nicht geklärte Frage ist nach Sinn und Zweck des § 19 Abs. 4 Satz 3 (effektive Wertzuführung) zu bejahen[287].

b) Abrede zwischen den Beteiligten

128 Hinzukommen muss eine **im Zusammenhang** mit der **Übernahme** der **Geldeinlage** getroffene **Abrede**. Schon vor der Reform durch das MoMiG war im Schrifttum anerkannt, dass eine verdeckte Sacheinlage eine Umgehungsabrede bzw. Verwendungsabsprache voraussetzt[288]. Der BGH hatte die Frage lange Zeit offen gelassen und erst mit seinem Urteil vom 4.3.1996 entschieden, dass die Umgehung der auf Publizität und Wertdeckungskontrolle zielenden Vorschriften über die Leistung von Sacheinlagen eine – wenn auch unwirksame – Abrede des Einlageschuldners mit den Mitgesellschaftern (anlässlich der Gründung oder Kapitalerhöhung) oder den Geschäftsführern (im Hinblick auf die Erfüllung der Einlagepflicht) voraussetzt, die den wirtschaftlichen Erfolg einer Sacheinlage umfasst[289]. Diese Voraussetzung hat Eingang in das Gesetz gefunden. Eine Umgehungsabsicht ist ebenso wenig erforderlich wie eine Abrede über den Rückfluss der Einlage; es genügt die Verabredung eines darauf hinauslaufenden Gegengeschäfts[290]. Entscheidender Zeitpunkt ist derjenige des Abschlusses des Gesellschaftsvertrags bzw. der Beschlussfassung über die Kapitalerhöhung.

---

282 BGH v. 16.2.2009 – II ZR 120/07, BGHZ 180, 38, 43 Rdnr. 11 = GmbHR 2009, 540 – Qivive; *Casper*, in: Ulmer/Habersack/Löbbe, Rdnr. 117.
283 BGH v. 16.2.2009 – II ZR 120/07, BGHZ 180, 38, 43 Rdnr. 11 = GmbHR 2009, 540 – Qivive; BGH v. 12.4.2011 – II ZR 17/10, ZIP 2011, 1101, 1102 Rdnr. 14 = GmbHR 2011, 705; BGH v. 20.9.2011 – II ZR 234/09, ZIP 2011, 2097 (zur AG).
284 BGH v. 16.2.2009 – II ZR 120/07, BGHZ 180, 38, 43 Rdnr. 11 = GmbHR 2009, 540 – Qivive.
285 BGH v. 12.4.2011 – II ZR 17/10, ZIP 2011, 1101, 1102 Rdnr. 14 = GmbHR 2011, 705; BGH v. 18.3.2002 – II ZR 363/00, ZIP 2002, 799, 801 (insoweit in BGHZ 150, 197 nicht abgedruckt); OLG Köln v. 31.3.2011 – 18 U 171/10, GmbHR 2011, 648, 650.
286 BGH v. 20.9.2011 – II ZR 234/09, ZIP 2011, 2097, 2098 (zur AG).
287 *Ulmer*, ZIP 2009, 229 f.; *Maier-Reimer/Wenzel*, ZIP 2009, 1185, 1187, 1193 f.; *Veil/Werner*, GmbHR 2009, 729, 733; *Casper*, in: Ulmer/Habersack/Löbbe, Rdnr. 118; *Verse*, in: Henssler/Strohn, Gesellschaftsrecht, Rdnr. 57.
288 *Casper*, in: Ulmer/Habersack/Löbbe, Rdnr. 104, 125.
289 BGH v. 4.3.1996 – II ZR 89/95, BGHZ 132, 133 Leitsatz a) Satz 1 = GmbHR 1996, 283.
290 BGH v. 18.2.2008 – II ZR 132/06, BGHZ 175, 265, 271 f. Rdnr. 13 – Rheinmöve.

Liegt ein enger zeitlicher und sachlicher Zusammenhang zwischen Leistung der Einlage und Erfüllung des zwischen Gesellschafter und Gesellschaft vereinbarten Rechtsgeschäfts und dem Verkehrsgeschäft vor, so begründet das nach der bisherigen Rechtsprechung eine **tatsächliche Vermutung** für das Vorliegen einer **Umgehungsabrede**[291]. Der Gesetzgeber wollte diese Grundsätze nicht in das Gesetz aufnehmen. Auch eine Frist für den zeitlichen Zusammenhang wollte er wegen der Sorge vor einer Umgehung einer solchen Vorschrift nicht normieren. Die Rechtsprechung sei aber weiterhin frei, „die Voraussetzungen der verdeckten Sacheinlage innerhalb der gegebenen Definition zu entwickeln und Beweisregeln mit Zeitfaktoren zu verbinden"[292]. Vor diesem Hintergrund ist es zulässig und geboten, die bisherigen Rechtsprechungsgrundsätze zur Umgehungsabrede weiterhin heranzuziehen und grundsätzlich unter den genannten Voraussetzungen von einer Beweislastumkehr auszugehen. Ein **zeitlicher Zusammenhang** ist in der Regel gegeben, wenn zwischen Bareinlage und Veräußerungsgeschäft nicht mehr als sechs Monate liegen; ein Zeitabstand von acht Monaten reicht nicht aus[293]. Ein **sachlicher Zusammenhang** ist in der Regel zu bejahen, wenn der Vermögensgegenstand bei der Gründung bzw. der Fassung des Kapitalerhöhungsbeschlusses als Sacheinlage hätte eingebracht werden können[294]. Auch die Übereinstimmung des Einlagebetrags und des Entgelts aus dem Verkehrsgeschäft kann für einen sachlichen Zusammenhang sprechen[295]. Bei **normalen Umsatzgeschäften** soll die Beweislast nicht umgekehrt sein[296]. Darunter werden Geschäfte verstanden, die die Gesellschaft zur Verfolgung ihres Unternehmensgegenstands zu marktüblichen Bedingungen mit dem Einlageschuldner schließt. Diese (zum früheren Recht wegen der harschen Sanktionen möglicherweise sinnvolle) Ausnahme überzeugt nicht, weil Umsatzgeschäfte den typischen Fall der Umgehungssachverhalte bilden und es kein Bedürfnis dafür gibt, für sie vom Grundsatz abzuweichen, dass bei Vorliegen eines zeitlichen und sachlichen Zusammenhangs auf eine Umgehungsabrede zu schließen ist. Dies mag vor dem MoMiG anders gewesen sein. Seit der Reform des Rechts der verdeckten Sacheinlage durch das MoMiG erfolgt aber eine Anrechnung in Höhe des objektiven Werts der verdeckt eingebrachten Sache, wofür der Gesellschafter beweispflichtig ist. Wenn das Umsatzgeschäft zu marktüblichen Bedingungen geschlossen wird, findet eine Anrechnung in Höhe des Marktwerts statt. Damit ist den Interessen des Inferenten ausreichend Rechnung getragen.

129

Zweifelhaft ist, ob bei einer Einpersonen-Gründung eine verdeckte Sacheinlage ebenfalls eine Umgehungsabrede bzw. Verwendungsabsprache voraussetzt. Der BGH hat die Frage zum alten Recht verneint. Bei einer **Einpersonen-GmbH** könne es von der Natur der Sache her keine Verwendungsabsprache geben, weil es an einer Mehrzahl von Gesellschaftern fehle; jedoch reiche bei dieser Sonderkonstellation ein entsprechendes „Vorhaben" des alleinigen Gründungsgesellschafters (bzw. bei einer Kapitalerhöhung des Alleingesellschafters) aus[297]. Diese Entscheidungsaussagen können auch nach der gesetzlichen Regelung der verdeckten Sach-

130

---

291 BGH v. 21.2.1994 – II ZR 60/93, BGHZ 125, 141, 144 = GmbHR 1994, 394; BGH v. 4.3.1996 – II ZR 89/95, BGHZ 132, 133, 139 = GmbHR 1996, 283; zur Abgrenzung zwischen verdeckter Sacheinlage und einem normalen Umsatzgeschäft BGH v. 22.6.1992 – II ZR 30/91, NJW 1992, 2698, 2699 = GmbHR 1992, 601.

292 Begr. RegE MoMiG, BT-Drucks. 16/6140, S. 41.

293 *Casper*, in: Ulmer/Habersack/Löbbe, Rdnr. 126; offen gelassen von BGH v. 16.9.2002 – II ZR 1/00, BGHZ 152, 37, 45 = GmbHR 2002, 1193 (keine Zusammenhangsvermutung bei Zeitabstand von acht Monaten).

294 *Lutter/Gehling*, WM 1989, 1445, 1447; *Schwandtner*, in: MünchKomm. GmbHG, Rdnr. 228.

295 Vgl. *Schwandtner*, in: MünchKomm. GmbHG, Rdnr. 228; *Casper*, in: Ulmer/Habersack/Löbbe, Rdnr. 126.

296 Vgl. zum alten Recht OLG Hamm v. 17.8.2004 – 27 U 189/03, AG 2005, 444, 445; andeutungsweise bereits OLG Hamm v. 12.3.1990 – 8 U 172/89, NJW-RR 1990, 803, 804 = GmbHR 1990, 559; einschränkend OLG Karlsruhe v. 29.11.1990 – 18a U 92/90, GmbHR 1991, 199, 200; zum Recht ex post MoMiG statt aller *Casper*, in: Ulmer/Habersack/Löbbe, Rdnr. 126.

297 BGH v. 11.2.2008 – II ZR 171/06, WM 2008, 638, 639 = GmbHR 2008, 483.

einlage herangezogen werden[298], denn der in § 19 Abs. 4 Satz 1 verwandte Terminus der Abrede ist nach Sinn und Zweck der Norm weit zu verstehen.

3. Rechtsfolgen

131 Die vom Gesetz verfolgte Lösung in Gestalt der Anrechnung einer verdeckten Sacheinlage auf eine Bareinlage sanktioniert die verdeckte Sacheinlage stärker als die im RegE MoMiG noch vorgesehene Erfüllungslösung inklusive Differenzhaftung[299]. Zwar hat sie im Ergebnis zur Folge, dass die Einlageschuld in Höhe des Wertes der Sacheinlage getilgt wird (s. Rdnr. 134). Dies gilt auch bei vorsätzlicher Umgehung der gesetzlichen Vorschriften[300], so dass die gesetzlichen Vorschriften über die Publizität von Sacheinlagen (§ 5 Abs. 4 Satz 1 und 2) erheblich entwertet werden. Allerdings stellt die Erbringung einer verdeckten Sacheinlage weiterhin einen Verstoß gegen diese Vorschriften dar, der nicht sanktionslos ist. Der Geschäftsführer kann gemäß § 9a Abs. 1 und § 43 Abs. 2 zum Schadensersatz verpflichtet sein und sich gemäß § 82 Abs. 1 Nr. 1 strafbar machen (s. Rdnr. 159). Auch der Gesellschafter kann gemäß § 9a Abs. 1 haftungsrechtlich verantwortlich sein (s. Rdnr. 160).

a) Einlageverpflichtung

132 Eine **verdeckte Sacheinlage befreit** den Gesellschafter **nicht** von seiner **Einlageverpflichtung** (§ 19 Abs. 4 Satz 1). Dieser Regelung liegt zugrunde, dass eine verdeckte Sacheinlage auch nach neuer Rechtslage eine Umgehung der gesetzlichen Vorschriften über die Kapitalaufbringung, insbesondere des § 5 Abs. 4 Satz 1 und 2, bedeutet. Die vom Gesellschafter geleistete Einzahlung hat keine Erfüllungswirkung. Stattdessen gilt, dass der Gesellschaft weiterhin ein Bareinlageanspruch gegen den Gesellschafter zusteht. Dieser hat aber hinsichtlich des Betrags der von ihm geleisteten Barzahlung grundsätzlich einen Kondiktionsanspruch gegen die Gesellschaft[301] (Rdnr. 138).

b) Verträge über Sacheinlage und Ausführungshandlungen

133 § 19 Abs. 4 Satz 2 bestimmt, dass die **Verträge** über die **Sacheinlage** und die **Rechtshandlungen** zu ihrer **Ausführung nicht unwirksam** sind. Gemeint ist, dass die Umgehung der Sacheinlagevorschriften, insbesondere des § 5 Abs. 4 Satz 1 und 2, nicht die Unwirksamkeit des schuldrechtlichen Vertrags (Kaufvertrag etc.) und der dinglichen Verträge (Übereignungsverträge) bewirkt. Dies hatte die Rechtsprechung vor der Reform durch das MoMiG noch anders gesehen und entschieden, dass die Rechtsfolgen einer verdeckten Sacheinlage auch bei der GmbH analog § 27 Abs. 3 Satz 1 AktG in der Nichtigkeit sowohl des schuldrechtlichen Verpflichtungsgeschäfts als auch des dinglichen Erfüllungsgeschäfts liegen würden[302]. Diese Analogie ist nunmehr ausgeschlossen. Selbst wenn ein Gesellschafter die Absicht hat, die Vorschriften über die Kapitalaufbringung zu umgehen, sind die schuldrechtlichen und dinglichen Rechtsgeschäfte nicht wegen des Gesetzesverstoßes unwirksam. Die **Gesellschaft** wird also **Eigentümerin** der **verdeckt eingebrachten Vermögensgegenstände** bzw. Inhaberin der verdeckt eingebrachten Forderungen. Sie braucht diese auch nicht an den Inferenten herauszugeben, denn sie ist insoweit keinen Vindikations- und Kondiktionsansprüchen des Inferenten ausgesetzt.

---

298 BGH v. 22.3.2010 – II ZR 12/08, BGHZ 185, 44, 48 Rdnr. 11 = GmbHR 2010, 700 – AdCoCom.
299 Vgl. auch Beschlussempfehlung und Bericht des Rechtsausschusses, BT-Drucks. 16/9737, S. 97.
300 Begr. RegE MoMiG, BT-Drucks. 16/6140, S. 40.
301 *Maier-Reimer/Wenzel*, ZIP 2008, 1449, 1452; *Veil/Werner*, GmbHR 2009, 729, 732 f.; a.A. *Bayer*, in: Lutter/Hommelhoff, Rdnr. 83; *Casper*, in: Ulmer/Habersack/Löbbe, Rdnr. 133 ff.
302 BGH v. 7.7.2003 – II ZR 235/01, BGHZ 155, 329 Leitsatz b) = GmbHR 2003, 1051.

c) Anrechnung auf die Geldeinlagepflicht

aa) Grundlagen

Auf die fortbestehende **Geldeinlagepflicht** des Gesellschafters wird der **Wert** des **Vermögens-** 134
gegenstandes im Zeitpunkt der Anmeldung der Gesellschaft zur Eintragung in das Handelsregister oder im Zeitpunkt seiner Überlassung an die Gesellschaft, falls diese später erfolgt, **an-**
gerechnet (§ 19 Abs. 4 Satz 3). Der Begriff des Vermögensgegenstands ist weit zu verstehen; er
erfasst Sachen i.S. des § 90 BGB, Rechte und Forderungen. Hat der Inferent mehrere Geschäftsanteile übernommen und mit der Gesellschaft (nur) ein Austauschgeschäft geschlossen,
muss die Anrechnung proportional auf alle Anteile erfolgen[303].

Die **Anrechnung** erfolgt **nicht vor** der **Eintragung** der Gesellschaft in das Handelsregister 135
(§ 19 Abs. 4 Satz 4). Dies gilt auch dann, wenn die Sacheinlage bereits vor der Eintragung
der Gesellschaft in das Handelsregister erbracht wurde. Der Gesetzgeber wollte mit dieser
Regelung zum einen klarstellen, dass der Geschäftsführer in der Anmeldung nach § 8 nicht
versichern kann und darf, die Geldeinlage sei zumindest durch Anrechnung erloschen und
damit erfüllt. Zum anderen sollte das Registergericht die Eintragung auch in dem Fall, dass
der Wert der verdeckten Sacheinlage den Wert der geschuldeten Geldeinlage erreicht, die
Eintragung nach § 9c ablehnen können.

Welche Konsequenzen die Anrechnung im Einzelnen hat, ist noch nicht geklärt[304]. Zur Lö- 136
sung der Rechtsprobleme empfiehlt es sich, im Ausgangspunkt zugrunde zu legen, dass das
Gesetz in § 19 Abs. 4 trotz einer Umgehung (der Gesellschafter wollte statt einer Bareinlage
eine Sacheinlage erbringen!) der Kapitalaufbringungsregeln einerseits das Verkehrsgeschäft
und die zu seiner Ausführung getroffenen Geschäfte als wirksam behandelt und andererseits
vom Fortbestehen der Einlageschuld des Gesellschafters ausgeht. Die Anrechnung wirkt sich
nun in dreierlei Hinsicht aus.

Die **Anrechnung** betrifft den Vermögensgegenstand und hat damit erstens **Auswirkungen** 137
auf das zwischen **Gesellschaft** und **Gesellschafter** geschlossene **Kausalgeschäft**. Angenommen, der Gesellschafter hat der Gesellschaft den Vermögensgegenstand bereits vor Eintragung
der Gesellschaft in das Handelsregister übereignet, so geschah dies in Erfüllung seiner kauf-
vertraglichen Verpflichtung. Mit der Eintragung wird der Vermögensgegenstand aber auf die
fortbestehende Einlageschuld angerechnet. Dabei wird das Kausalgeschäft (Kaufvertrag, etc.)
„ausgeblendet"[305]. Denn Rechtsfolge der Anrechnung ist, dass die Einlageschuld erlischt,
wenn der Wert des Vermögensgegenstands ihr entspricht. Ist der Wert des Vermögensgegenstands geringer, bleibt die Einlageschuld in Höhe der Wertdifferenz bestehen. Die Anrechnung bewirkt also zivilrechtlich, dass die von der Gesellschaft und dem Gesellschafter erbrachten Leistungen nachträglich „umgewidmet" werden; es kommt zu einer Umgestaltung
der Rechtsverhältnisse[306].

Zweitens folgt aus der fortbestehenden Einlagepflicht, dass dem **Gesellschafter** wegen der 138
den Einlageanspruch gerade nicht tilgenden Barleistung wie nach alter Rechtslage ein **Kon-**
diktionsanspruch gegen die **Gesellschaft** zusteht[307]. Dies scheint man im Gesetzgebungs-

---

303 *Bayer*, in: Lutter/Hommelhoff, Rdnr. 94; *Casper*, in: Ulmer/Habersack/Löbbe, Rdnr. 146.
304 Vgl. hierzu auch die zum Teil abweichenden Lösungsvorschläge von *Bormann/Urlichs*, in: Römer-
     mann/Wachter, GmbH-Beratung nach dem MoMiG, GmbHR-Sonderheft MoMiG, 2008, S. 37,
     39 ff.; *Heinze*, GmbHR 2008, 1065, 1070 ff.; *Herrler*, DB 2008, 2347; *Pentz*, in: FS Karsten Schmidt,
     2009, S. 1265 ff.; *Ulmer*, ZIP 2009, 293; noch anders *Bayer*, in: Lutter/Hommelhoff, Rdnr. 75 ff.
305 *Maier-Reimer/Wenzel*, ZIP 2008, 1449, 1452; *Veil/Werner*, GmbHR 2009, 729, 732 f.
306 *Maier-Reimer/Wenzel*, ZIP 2008, 1449, 1452; *Veil/Werner*, GmbHR 2009, 729, 732 f.
307 Sehr str.; wie hier *Grigoleit/Rieder*, GmbH-Recht nach dem MoMiG, Rdnr. 63; *Pentz*, in: FS Karsten
     Schmidt, 2009, S. 1265, 1276; *Maier-Reimer/Wenzel*, ZIP 2008, 1449, 1452; *Fuchs*, BB 2009, 170,
     172; a.A. *Ulmer*, ZIP 2009, 293, 298; i.E. auch *Schwandtner*, in: MünchKomm. GmbHG, Rdnr. 290,
     276, 265.

verfahren übersehen zu haben, als im Rechtsausschuss die Erfüllungslösung verworfen wurde und man sich auf die Anrechnungslösung verständigt hat (s. Rdnr. 118). Es handelt sich grundsätzlich um einen Anspruch aus § 812 Abs. 1 Satz 1 Alt. 1 BGB (condictio indebiti)[308]. In dem Fall, dass ein Gesellschafter die Bareinlage zunächst wie geschuldet erbringt und nachträglich ein Verkehrsgeschäft mit der Gesellschaft abschließt und durchführt, welches die Bewertung der Geldeinlage als verdeckte Sacheinlage rechtfertigt, ist von einem nachträglichen Wegfall der Tilgungswirkung kraft Gesetzes auszugehen, so dass der Kondiktionsanspruch des Gesellschafters als Anspruch gemäß § 812 Abs. 1 Satz 2 Alt. 1 BGB (condictio ob causam finitam) einzuordnen ist[309].

139 Fraglich ist, wie die Erfüllungswirkung der verschiedenen Leistungen dogmatisch erfasst werden und dabei auch das Schicksal des Kondiktionsanspruchs geklärt werden kann. Darüber besteht im Schrifttum keine Einigkeit. Es werden zahlreiche Lösungen propagiert. In Betracht kommt, die von der **Gesellschaft erbrachte Leistung an** den **Gesellschafter** (Kaufpreiszahlung, etc.) mit dem **Kondiktionsanspruch**, den der Gesellschafter (wegen § 19 Abs. 4 Satz 1) gegen die Gesellschaft hat, zu verrechnen[310]. Auf diese Weise würde es gelingen, den (im Gesetzgebungsverfahren offenbar nicht gesehenen) Bereicherungsanspruch zum Erlöschen zu bringen. Vorgeschlagen wird ferner, den Einwand der Entreicherung zu eröffnen[311]. Eine andere Lösung besteht darin, den Bereicherungsanspruch als von § 19 Abs. 4 Satz 3 verdrängt anzusehen, sobald § 19 Abs. 4 anwendbar ist, also ab Eintragung der Gesellschaft bzw. Kapitalerhöhung in das Handelsregister[312]. Keine dieser Lösungen ist in der Lage, zuverlässig zu erklären, wie die vom Gesellschafter und der Gesellschaft erbrachten Leistungen zuzuordnen sind[313].

140 In jedem Fall erfolgt eine **Umgestaltung** der **Rechtsverhältnisse**. Diese ist bedingt durch die vom Gesetz vorgegebene Anrechnung des Werts des Vermögensgegenstandes. Nach Sinn und Zweck dieser Anrechnung muss eine Kondiktion der Bareinlage (s. Rdnr. 138) nach der Eintragung vermieden werden. Es ist deshalb anzunehmen, dass ein Bereicherungsanspruch kraft Gesetzes mit Eintragung der Gesellschaft bzw. Kapitalerhöhung ausgeschlossen ist[314]. Diese Auslegung erlaubt es, sachgerechte Ergebnisse zu entwickeln. Angenommen, ein Gesellschafter schuldet eine Bareinlage in Höhe von 100 TEUR und schließt mit der Gesellschaft einen Kaufvertrag über einen Vermögensgegenstand zum Preis von 150 TEUR und dieser hat auch einen solchen Wert, dann ist der Bereicherungsanspruch des Gesellschafters (100 TEUR) infolge der Eintragung der Gesellschaft in das Handelsregister ausgeschlossen; der Wert des Vermögensgegenstands (150 TEUR) wird auf die fortbestehende Einlageschuld (100 TEUR) angerechnet, diese erlischt. Summa summarum: Der Gesellschafter hat verdeckt eine Sacheinlage erbracht; seine Einlageschuld ist getilgt; die Gesellschaft ist Eigentümerin des Vermögensgegenstands und hinsichtlich des nicht angerechneten Betrags von 50 TEUR nicht bereichert; der Gesellschafter darf den nicht zur Tilgung seines Bereicherungsanspruchs benötigten Teilbetrag des Kaufpreises (50 TEUR) behalten.

141 Das Gesetz verlangt, auf den **Wert** des **Vermögensgegenstandes** im Zeitpunkt der **Anmeldung** der **Gesellschaft** zur **Eintragung** in das Handelsregister oder im Zeitpunkt seiner **Über-**

---

308 *Veil/Werner*, GmbHR 2009, 729, 731.
309 *Veil/Werner*, GmbHR 2009, 729, 731.
310 *Maier-Reimer/Wenzel*, ZIP 2008, 1449, 1452; *Veil/Werner*, GmbHR 2009, 729, 731.
311 *Pentz*, in: FS Karsten Schmidt, 2009, S. 1265, 1278; *Pentz*, GmbHR 2009, 126, 128 f.
312 *Ulmer*, ZIP 2009, 293, 298; *Casper*, in: Ulmer/Habersack/Löbbe, Rdnr. 134 ff.; *Schwandtner*, in: MünchKomm. GmbHG, Rdnr. 276; *Bayer*, in: Lutter/Hommelhoff, Rdnr. 83 (der davon ausgeht, dass auch vor der Anrechnung kein Bereicherungsanspruch entsteht).
313 *Bartels*, in: Bork/Schäfer, Rdnr. 24 (mit der These, dass die Anrechnung durch „das Paket" des Abs. 4 herbeigeführt werde).
314 Vgl. auch *Bartels*, in: Bork/Schäfer, Rdnr. 24.

lassung an die Gesellschaft abzustellen (§ 19 Abs. 4 Satz 4). Es kommt auf den **objektiven Wert** an[315]. Wenn eine Forderung verdeckt eingebracht wurde, ist nicht ihr Nennwert maßgeblich, sondern ihr objektiv zu bestimmender Wert[316]. Eine gegen die Gesellschaft gerichtete Forderung ist dann nicht vollwertig, wenn das Gesellschaftsvermögen bei Befriedigung der Forderung nicht ausreichen würde, um alle (sonstigen) fälligen Forderungen der Gesellschaftsgläubiger zu erfüllen[317] (s. zur Vollwertigkeit von Forderungen ferner Rdnr. 182). Wenn die Gesellschaft im maßgeblichen Zeitpunkt überschuldet ist, ist die Forderung offensichtlich nicht vollwertig[318]. Die **Beweislast** für die **Werthaltigkeit** des Vermögensgegenstandes trägt der Gesellschafter (§ 19 Abs. 4 Satz 5). Der Nachweis der Werthaltigkeit dürfte ihm häufig nur durch Vorlage eines Sachverständigengutachtens gelingen. Der Beweiswert eines solchen Gutachtens lässt sich nur im Einzelfall bestimmen[319]. Weitergehende Beweiserleichterungen sieht das Gesetz nicht vor. In einem Prozess ist daher die Gesellschaft (bzw. der Insolvenzverwalter) beweispflichtig bezüglich des Vorliegens des in § 19 Abs. 4 Satz 1 normierten Tatbestands einer verdeckten Sacheinlage[320].

Sind die Voraussetzungen einer Anrechnung erfüllt, ist es ausgeschlossen, die Anrechnungswirkung der verdeckten Sacheinlage mit der Erwägung in Frage zu stellen, dass die Bareinlage entgegen § 7 Abs. 2 und § 8 Abs. 2 Satz 1 nicht zur endgültig freien Verfügung des Geschäftsführers erbracht wurde[321]. 142

bb) Fallgruppen

Die Anrechnung nach § 19 Abs. 4 wirft in den zahlreichen, in Betracht kommenden Konstellationen sehr spezifische Fragen auf. Es empfiehlt sich daher, Fallgruppen zu bilden. Im Folgenden wird jeweils angenommen, dass der zwischen Gesellschafter und Gesellschaft geschlossene Kaufvertrag unter Umständen zu Stande kommt, die es rechtfertigen, den Vorgang als eine verdeckte Sacheinlage zu bewerten. Auch ist davon auszugehen, dass die Gesellschaft (bzw. die Kapitalerhöhung) bereits in das Handelsregister eingetragen worden ist. 143

(1) „Einfache" verdeckte Sacheinlage

Beispiel: Ein Gesellschafter schuldet eine Bareinlage in Höhe von 150 TEUR. Er schließt mit der Gesellschaft einen Kaufvertrag über einen Vermögensgegenstand zum Preis von 150 TEUR. Der Gegenstand hat tatsächlich einen Wert von 150 TEUR. 144

Infolge der Eintragung der Gesellschaft in das Handelsregister wird der Wert des Vermögensgegenstands (150 TEUR) auf die fortbestehende Einlageschuld in Höhe von 150 TEUR angerechnet, diese erlischt (s. dazu bereits Rdnr. 140). Der Bereicherungsanspruch des Gesellschafters ist ab Eintragung der Gesellschaft ausgeschlossen. Die Gesellschaft ist Eigentümerin des Vermögensgegenstandes geworden, da die Übereignung gemäß § 19 Abs. 4 Satz 2 nicht unwirksam ist. 145

---

315 *Veil/Werner*, GmbHR 2009, 729, 732; *Bayer*, in: Lutter/Hommelhoff, Rdnr. 78 („Nettowert ohne USt."); *Casper*, in: Ulmer/Habersack/Löbbe, Rdnr. 142.

316 BGH v. 19.1.2016 – II ZR 303/14, Rdnr. 25.

317 BGH v. 19.1.2016 – II ZR 303/14, Rdnr. 25; BGH v. 10.7.2012 – II ZR 212/10, GmbHR 2012, 1066 = ZIP 2012, 1857; *Bayer*, in: Lutter/Hommelhoff, Rdnr. 84.

318 BGH v. 19.1.2016 – II ZR 303/14, Rdnr. 26.

319 Zu kritisch gegenüber angeblichen „Schubladengutachten" *Bayer*, in: Lutter/Hommelhoff, Rdnr. 79; *Casper*, in: Ulmer/Habersack/Löbbe, Rdnr. 167; *Fastrich*, in: Baumbach/Hueck, Rdnr. 65.

320 *Casper*, in: Ulmer/Habersack/Löbbe, Rdnr. 167.

321 *Veil*, ZIP 2007, 1241, 1243; *Gesell*, BB 2007, 2241, 2244.

(2) Verdeckte gemischte Sacheinlage

146 **Beispiel:** Der Gesellschafter schuldet und erbringt eine Bareinlage in Höhe von 100 TEUR. Er schließt mit der Gesellschaft einen Kaufvertrag über einen Vermögensgegenstand zum Preis von 150 TEUR. Der Gegenstand hat tatsächlich einen Wert von 120 TEUR[322].

147 Hierbei handelt es sich um eine verdeckte gemischte Sacheinlage. Dass der für den eingelegten Gegenstand vereinbarte Preis den Betrag der Einlageverpflichtung wesentlich überschreitet, ändert nach ständiger Rechtsprechung des BGH an der Anwendung der Vorschriften über Sacheinlagen nichts, wenn eine kraft Parteivereinbarung unteilbare Leistung zur Rede steht[323] (s. bereits Rdnr. 124).

148 Die Anrechnung darf nicht zu Lasten des übrigen Gesellschaftsvermögens gehen[324]. Dies bedeutet: Die überschießende Barleistung der Gesellschaft wird primär auf den Sachwert bezogen, so dass nur der über diesen Differenzbetrag hinausgehende Teil des Kaufpreises auf die Einlage angerechnet wird[325]. Der über die Einlagepflicht hinausgehende Kaufpreisanteil von 50 TEUR wird zunächst vom tatsächlichen Wert des Vermögensgegenstands (120 TEUR) abgezogen und nur der verbleibende Betrag (70 TEUR) auf die Einlageschuld (100 TEUR) angerechnet[326]. Diese besteht also in Höhe von 30 TEUR fort. Der Kondiktionsanspruch des Gesellschafters (100 TEUR) ist mit der Eintragung der Gesellschaft in das Handelsregister nach Sinn und Zweck des § 19 Abs. 4 ausgeschlossen. Hinsichtlich des nicht angerechneten Teilbetrags des Kaufpreises sowie des überschießenden Werts des Gegenstands besteht der durch die verdeckte Sacheinlage lediglich teilweise überlagerte Kaufvertrag als Rechtsgrund fort: Ausgleichsansprüche bestehen nicht, die betreffenden Werte verbleiben bei den Parteien. Die Reihenfolge der Berücksichtigung des an den Inferenten erbrachten Kaufpreises ist aus Gründen der effektiven Kapitalaufbringung geboten[327].

149 Darüber hinaus kann es erforderlich sein, einem weitergehenden Vermögensabfluss zu begegnen. Der BGH hat sich dafür entschieden, dies durch **Anwendung** der **Kapitalerhaltungsvorschriften** zu leisten[328]: Bestand oder entsteht im Zeitpunkt einer verdeckten gemischten Sachkapitalerhöhung eine Unterbilanz oder war die Gesellschaft überschuldet, können auf den Teil der Gegenleistung der Gesellschaft, der den Nominalbetrag der Bareinlage übersteigt, §§ 30, 31 Anwendung finden[329]. Dies ist nach Auffassung des BGH deshalb geboten, weil nach reformiertem Recht die die Sacheinlage verdeckenden Rechtsgeschäfte gemäß § 19 Abs. 4 Satz 2

---

322 Beispiel nach *Maier-Reimer/Wenzel*, ZIP 2008, 1449, 1452.
323 BGH v. 22.3.2010 – II ZR 12/08, BGHZ 185, 44, 48 Rdnr. 11 = GmbHR 2010, 700 – AdCoCom; vgl. ferner BGH v. 18.2.2008 – II ZR 132/06, BGHZ 175, 265, 272 Rdnr. 14 – Rheinmöve; BGH v. 9.7.2007 – II ZR 62/06, BGHZ 173, 145, 152 Rdnr. 15 – Lurgi I; BGH v. 20.11.2006 – II ZR 176/05, BGHZ 170, 47, 54 Rdnr. 17.
324 BGH v. 22.3.2010 – II ZR 12/08, BGHZ 185, 44, 64 Rdnr. 58 = GmbHR 2010, 700 – AdCoCom.
325 BGH v. 22.3.2010 – II ZR 12/08, BGHZ 185, 44, 64 Rdnr. 58 = GmbHR 2010, 700 – AdCoCom; *Maier-Reimer/Wenzel*, ZIP 2008, 1449, 1452; *Bayer*, in: Lutter/Hommelhoff, Rdnr. 91; *Bormann/Urlichs*, in: Römermann/Wachter, GmbH-Beratung nach dem MoMiG, GmbHR-Sonderheft MoMiG, 2008, S. 37, 40; *Fastrich*, in: Baumbach/Hueck, Rdnr. 58.
326 Vgl. BGH v. 22.3.2010 – II ZR 12/08, BGHZ 185, 44, 64 Rdnr. 58 = GmbHR 2010, 700 – AdCoCom.
327 Vgl. BGH v. 22.3.2010 – II ZR 12/08, BGHZ 185, 44, 64 Rdnr. 58 = GmbHR 2010, 700 – AdCoCom; *Veil/Werner*, GmbHR 2009, 729, 735; *Casper*, in: Ulmer/Habersack/Löbbe, Rdnr. 153.
328 So auch *Schwandtner*, in: MünchKomm. GmbHG, Rdnr. 287. Nach a.A. sollen statt Kapitalerhaltungsrecht ausschließlich die Sicherungen der Kapitalaufbringung eingreifen, insbesondere die Differenzhaftung nach § 9; vgl. *Bayer*, in: Lutter/Hommelhoff, Rdnr. 92; *Benz*, S. 183 ff.; *Casper*, in: Ulmer/Habersack/Löbbe, Rdnr. 155; *Kleindiek*, ZGR 2011, 334, 344; *Koch*, ZHR 175 (2011), 55, 71 ff.
329 BGH v. 22.3.2010 – II ZR 12/08, BGHZ 185, 44, 61 Rdnr. 49 – AdCoCom; zustimmend *Pentz*, GmbHR 2010, 673, 679 f.

nicht mehr unwirksam sind[330]. Der Inferent muss also den Vorteil, den er durch die Leistung der Gesellschaft erlangt hat, gemäß § 31 in das Gesellschaftsvermögen erstatten, vorausgesetzt, es handelt sich nicht bloß um einen bilanzneutralen Aktivtausch[331]. Denn dann kann das Verbot der Einlagenrückgewähr (§ 30 Abs. 1) nicht verletzt sein.

Mindert die Gesellschaft den Kaufpreis um 30 TEUR, muss der Gesellschafter einen gegebe-   150
nenfalls bereits zu viel erhaltenen Kaufpreis zurückzahlen. Der Betrag, um den der nach der Minderung verbleibende Kaufpreis die Einlage übersteigt (20 TEUR), wird vom tatsächlichen Wert der Sache (120 TEUR) abgezogen, so dass bei Verrechnung des verbleibenden anrechenbaren Sachwerts (100 TEUR) mit der Einlageschuld keine Differenz verbleibt. Der Gesellschafter schuldet also keine weitere Einlageleistung. Die Kaufpreiszahlung tilgt auch hier den Kondiktionsanspruch des Gesellschafters vollständig; in Höhe der verbleibenden 20 TEUR bildet der Kaufvertrag den Rechtsgrund für das Behaltendürfen des Gesellschafters[332].

(3) „Teilweise verdeckte Sacheinlage"

Beispiel: Ein Gesellschafter schuldet eine Bareinlage in Höhe von 100 TEUR. Er schließt mit   151
der Gesellschaft einen Kaufvertrag über einen Vermögensgegenstand zum Preis von 90 TEUR. Der Gegenstand ist tatsächlich 90 TEUR wert.

Wie es sich auswirkt, wenn der vereinbarte Kaufpreis niedriger ist als der Betrag, den der Ge-   152
sellschafter einlegen muss, lässt sich dem Gesetz nicht eindeutig entnehmen. Die in § 19 Abs. 4 Satz 1 enthaltene Aussage, dass eine Geldeinlage „vollständig oder teilweise als Sacheinlage zu bewerten" sein kann, wirft diese Frage jedoch auf. Ist § 19 Abs. 4 Satz 1 so zu lesen, dass es für die Rechtsfolgen der verdeckten Sacheinlage gerade nicht darauf ankommt, ob eine Geldeinlage wegen einer vollständigen oder einer bloß teilweisen Rückzahlung an den Gesellschafter die Bewertung als verdeckte Sacheinlage rechtfertigt? Dann wären im Beispielsfall die gesamten 100 TEUR nicht wirksam erbracht. Oder ist dem 2. Halbsatz des § 19 Abs. 4 Satz 1 ein „soweit" hinzuzudenken, so dass die Bareinlagepflicht des Gesellschafters im geschilderten Fall immerhin teilweise erfüllt wird, nämlich insoweit sie endgültig bei der Gesellschaft verbleibt (also: in Höhe von 10 TEUR)? Die Folgen der verdeckten Sacheinlage wären dann auf den Betrag beschränkt, der als Kaufpreis an den Inferenten zurückfließt[333] (also: 90 TEUR).

Das mit § 19 Abs. 4 verfolgte Ziel der Sicherstellung einer effektiven Kapitalaufbringung ist   153
bei der zweiten Variante ausreichend gewahrt, da jedenfalls in der Höhe der Differenz zwischen Einlageschuld und Kaufpreis der Gesellschaft gerade wie vereinbart der geschuldete Geldbetrag in bar zugeführt wird. Die Einlage ist also in Höhe von 10 TEUR durch Barleistung erbracht. Darüber hinaus wird der Wert der Sache (90 TEUR) auf den noch verbleibenden Einlageanspruch (90 TEUR) angerechnet. Die Einlageschuld ist also erloschen[334].

Abwandlung: Der Gesellschafter schuldet eine Bareinlage in Höhe von 100 TEUR und er-   154
bringt diese. Er schließt dann mit der Gesellschaft einen Kaufvertrag über einen Vermögensgegenstand zum Preis von 90 TEUR. Der Gegenstand hat tatsächlich lediglich einen Wert von 60 TEUR.

---

330 BGH v. 22.3.2010 – II ZR 12/08, BGHZ 185, 44, 61 Rdnr. 49 = GmbHR 2010, 700 – AdCoCom.
331 BGH v. 22.3.2010 – II ZR 12/08, BGHZ 185, 44, 65 Rdnr. 61 = GmbHR 2010, 700 – AdCoCom.
332 Vgl. *Maier-Reimer/Wenzel*, ZIP 2008, 1449, 1452; *Fuchs*, BB 2009, 170, 172; *Casper*, in: Ulmer/Habersack/Löbbe, Rdnr. 154.
333 So *Heinze*, GmbHR 2008, 1065, 1067; *Bormann/Urlichs*, in: Römermann/Wachter, GmbH-Beratung nach dem MoMiG, GmbHR-Sonderheft MoMiG, 2008, S. 37, 39; *Bayer*, in: Lutter/Hommelhoff, Rdnr. 93.
334 *Casper*, in: Ulmer/Habersack/Löbbe, Rdnr. 159.

155 Nach Anrechnung des Werts des Vermögensgegenstands (60 TEUR) auf die Bareinlageschuld (noch offen gemäß § 19 Abs. 4 Satz 1 sind 90 TEUR) verbleibt ein Bareinlageanspruch der Gesellschaft in Höhe von 30 TEUR. Übt die Gesellschaft ihr Minderungsrecht aus, bleibt es dabei, dass die Einlageschuld in Höhe des Werts der Sache (60 TEUR) erlischt und der Gesellschafter zu einer Bareinlage in Höhe von 30 TEUR verpflichtet bleibt[335].

(4) Unterbewertung der Sache/„Überanrechnung"

156 **Beispiel:** Der Gesellschafter schuldet eine Bareinlage in Höhe von 200 TEUR. Eingefordert werden hiervon zunächst lediglich 100 TEUR. Er schließt mit der Gesellschaft einen Kaufvertrag über einen Vermögensgegenstand zum Preis von 100 TEUR. Der Gegenstand hat tatsächlich einen Wert von 120 TEUR. Der Mehrwert des Gegenstands ist den Beteiligten bekannt.

157 Übersteigt der Wert der Sache die vereinbarte Vergütung, so ist die Anrechnungswirkung des § 19 Abs. 4 Satz 3 grundsätzlich auf den vereinbarten Wert der Vergütung zu begrenzen[336]. Anderenfalls würde eine darüber hinaus fortbestehende Einlageschuld (die etwa noch nicht fällig gestellt wurde) von der Anrechnungswirkung erfasst und zusätzlich getilgt[337]. Der Gesellschafter ist an seiner Entscheidung grundsätzlich festzuhalten, der Gesellschaft mehr zuzuwenden, als er im Gegenzug als Kaufpreis erhält. Angesichts des zwischen Gesellschaft und Gesellschafter vereinbarten Kaufpreises für die Sache, der den Wert der Sache gerade nicht erreicht, ist in Ermangelung einer ausdrücklich abweichenden Abrede eine Leistung nur auf den fälligen Teil der Einlageschuld anzunehmen.

158 Der Differenzbetrag ist bei der Gesellschaft gegebenenfalls als Agio zu verbuchen und gemäß § 272 Abs. 2 Nr. 1 HGB der Kapitalrücklage zuzuführen. Im Beispiel erlischt durch die Anrechnung also lediglich die fällige Einlageschuld in Höhe von 100 TEUR. Die verbleibende Einlageschuld von weiteren 100 TEUR bleibt unberührt und kann bei Bedarf fällig gestellt und eingefordert werden. Der über die Einlageschuld hinausgehende Wert der Sache (20 TEUR) wird als Agio behandelt und nicht angerechnet.

d) Sanktionen gegen Geschäftsführer und Inferent

159 Das Registergericht lehnt die Eintragung der Gesellschaft bzw. der Kapitalerhöhung gemäß § 9c ab, wenn es von der verdeckten Sacheinlage erfährt. Eine Legalisierung des Vorgangs erfolgt erst dann, wenn das Registergericht einträgt. Eine verdeckte Sacheinlage führt dann zwar zur „Tilgung" der Einlageschuld. Dies bedeutet aber nicht, dass Sanktionen gegen den Geschäftsführer und Gesellschafter ausgeschlossen sind, weil die Anrechnung keine echte Erfüllung ist. Festzuhalten ist zunächst, dass der **Geschäftsführer** die Versicherung nach § 8 Abs. 2 nicht abgeben darf, wenn er eine verdeckte Sacheinlage verabredet hat. Die Erklärung des Geschäftsführers, die Leistungen auf die Geschäftsanteile seien bewirkt und die Beträge stünden ihm zur freien Verfügung (§ 8 Abs. 2), sind im Falle einer verdeckten Sacheinlage falsch[338]. Der Geschäftsführer kann sich in diesem Fall gemäß § 82 Abs. 1 Nr. 1 strafbar gemacht haben[339]. Außerdem kann er gemäß § 9a zivilrechtlich verantwortlich sein und gemäß § 43 Abs. 2 zum Schadensersatz verpflichtet sein[340], denn er verstößt gegen seine Pflichten,

---

335 *Casper*, in: Ulmer/Habersack/Löbbe, Rdnr. 160.
336 Vgl. *Heinze*, GmbHR 2008, 1065, 1067; *Casper*, in: Ulmer/Habersack/Löbbe, Rdnr. 161; im Erg. ebenso *Ulmer*, ZIP 2009, 293, 297.
337 Vgl. *Heinze*, GmbHR 2008, 1065, 1067.
338 *Schwandtner*, in: MünchKomm. GmbHG, Rdnr. 264.
339 *Ceffinato*, wistra 2010, 171, 173 ff.; *Ulmer*, ZIP 2009, 293, 300 f.; *Zick*, S. 197 ff.
340 *Handelsrechtsausschuss DAV*, NZG 2007, 211, 222; ausführlich *Zick*, S. 204 ff.

wenn er an einer verdeckten Sacheinlage mitwirkt. Im Falle einer Anrechnung dürfte die Gesellschaft aber keinen eigenen Schaden erleiden[341] (mit Ausnahme der Rechtsverfolgungskosten).

Der eine Sacheinlage verdeckt einbringende **Gesellschafter** ist nicht gemäß § 82 Abs. 1 Nr. 1 strafrechtlich verantwortlich. Denn er macht bei der Gründung der Gesellschaft keine Angaben über die Leistung der Einlagen. Allerdings kann er gemäß § 9a Abs. 1 haften. 160

Eine vom Reformgesetzgeber nicht behandelte Frage betrifft den **Schutz** der **Mitgesellschafter**[342]. Sofern diese an der verdeckten Sacheinlage nicht mitgewirkt haben, können sie ein berechtigtes Interesse daran haben, eine Anrechnung zu verhindern[343]. Vor der Eintragung kann ein Mitgesellschafter das Registergericht auf den Vorgang aufmerksam machen. Außerdem kommen Unterlassungsansprüche bezüglich des Abschlusses des schuldrechtlichen (Umgehungs-)Geschäfts bzw. der Durchführung dieses Geschäfts in Betracht[344]. 161

e) Heilung einer verdeckten Sacheinlage

Vor dem Inkrafttreten des MoMiG blieb den Beteiligten nur die Möglichkeit der Heilung einer verdeckten Sacheinlage entsprechend den vom BGH entwickelten Grundsätzen[345]. Diese Grundsätze sollen nach der Vorstellung des Gesetzgebers durch die Neuregelung der verdeckten Sacheinlage weder eingeschränkt noch abgeschafft sein[346]. Da seit der Reform durch das MoMiG sowohl das schuldrechtliche als auch das dingliche Geschäft wirksam sind (s. Rdnr. 133) und die verdeckte Sacheinlage auf Grund der kraft Gesetzes stattfindenden Anrechnung im Ergebnis Erfüllungswirkung hat (s. Rdnr. 136 ff.), wird es für die Beteiligten nur von eingeschränkter Bedeutung sein, die höchstrichterlichen Grundsätze nutzbar zu machen[347]. So würde der Inferent von der Heilung nur dadurch profitieren, dass er bezüglich der Werthaltigkeit seiner verdeckten Sacheinlage nicht mehr der vom Gesetz angeordneten Beweislast (s. Rdnr. 141) unterliegt. Außerdem könnte dem Geschäftsführer nicht mehr der Vorwurf einer Pflichtverletzung wegen der gesetzeswidrigen Abrede und Annahme der verdeckten Sacheinlage (s. Rdnr. 159) gemacht werden. 162

Eine solche Heilung einer verdeckten Sacheinlage verlangt *erstens* einen satzungsändernden **Beschluss** der **Gesellschafter**, durch den die Bareinlagepflicht in eine Pflicht zur Sacheinlage umgewandelt wird. Der Einlagegegenstand war nach der Rechtsprechung des BGH bislang die Sache, die nicht wirksam eingebracht bzw. die Forderung, die nicht wirksam verrechnet wurde. Nach dem durch das MoMiG reformierten Recht ist das dingliche Geschäft aber wirksam (§ 19 Abs. 4 Satz 2). Folglich muss die Satzungsänderung sich auf die **Feststellung** des (teilweise) **Erlöschens** des **Einlageanspruchs durch** die bereits erfolgte **Anrechnung** beziehen[348]. Der Beschluss bedarf einer satzungsändernden Mehrheit; die Zustimmung aller Gesellschafter ist nicht erforderlich[349]. Es ist *zweitens* ein **Bericht** über die Umwandlung der Einlage zu erstatten. Außerdem muss *drittens* die **Vollwertigkeit** der „verdeckt eingebrachten Sache" durch eine von Wirtschaftsprüfern testierte aktuelle Bilanz nachgewiesen werden. Anders als nach der früheren Judikatur des BGH ist aber nicht die Werthaltigkeit zum Zeitpunkt der An- 163

---

341 *Casper*, in: Ulmer/Habersack/Löbbe, Rdnr. 169.
342 *Veil*, ZIP 2007, 1241, 1244.
343 Ausführlich *Zick*, S. 242 ff.
344 *Casper*, in: Ulmer/Habersack/Löbbe, Rdnr. 171; *Markwardt*, BB 2008, 2414, 2417; *Zick*, S. 259 ff.
345 Vgl. BGH v. 4.3.1996 – II ZB 8/95, BGHZ 132, 141 = GmbHR 1996, 351; BGH v. 16.9.2002 – II ZR 1/00, BGHZ 152, 37 = GmbHR 2002, 1193.
346 Begr. RegE MoMiG, BT-Drucks. 16/6140, S. 40.
347 *Veil*, ZIP 2007, 1241, 1245; *Gehrlein*, Der Konzern 2007, 771, 784.
348 *Bayer*, in: Lutter/Hommelhoff, Rdnr. 81; *Casper*, in: Ulmer/Habersack/Löbbe, Rdnr. 173.
349 *Casper*, in: Ulmer/Habersack/Löbbe, Rdnr. 173; *Verse*, in: Henssler/Strohn, Gesellschaftsrecht, Rdnr. 69.

meldung der Satzungsänderung entscheidend, sondern zu dem Zeitpunkt, in dem die Sacheinlage verdeckt geleistet wurde[350]. Allein diese Sichtweise ist wertungsstimmig (vgl. § 19 Abs. 4) und gibt den Gesellschaftern einen Anreiz, den rechtswidrigen Vorgang zu heilen. Schließlich setzt eine Heilung *viertens* voraus, dass der **Geschäftsführer** die **Werthaltigkeit** und den Empfang der verdeckt eingebrachten **Sache** versichert (ausführlich § 5 Rdnr. 106 ff.).

4. Probleme des Cash-Poolings

164 Beim Cash-Pooling übertragen Konzerngesellschaften die Liquiditätsüberschüsse ihrer Bankkonten (Quellkonten) auf ein Zentralkonto (der Konzernmuttergesellschaft oder einer anderen Konzerngesellschaft). In der Regel werden die Quellkonten täglich auf Null gestellt (*Zero Balancing*), indem die Konzerngesellschaften entweder (darlehensweise) ihre Liquidität abführen oder aber zum Ausgleich eines negativen Saldos vom Zentralkonto (darlehensweise) Liquidität erhalten. Der BGH lehnte es ab, für die in ein Cash-Pooling einbezogenen Gesellschaften ein Sonderrecht zu entwickeln[351]. Die vom II. Senat im sog. November-Urteil entwickelten hohen Anforderungen an eine Darlehensausreichung[352] veranlassten den Gesetzgeber, die Kapitalaufbringung mit dem MoMiG zu reformieren. Dennoch wirft das Cash-Pooling schwierige Fragen auf, wenn eine noch nicht eingetragene Gesellschaft in das Cash-Pooling einbezogen wird oder aber, was praktisch relevanter ist, in einer in das Cash-Pooling einbezogenen Konzerngesellschaft eine Kapitalerhöhung durchgeführt wird.

165 Der BGH hat in der Grundsatz-Entscheidung *Cash-Pool II* zur Anwendung des § 19 Abs. 4 und 5 n.F. Stellung genommen: Als ein **Rückfluss** an den **Inferenten** ist es anzusehen, wenn die **Einlagemittel** auf ein in einen **Cash-Pool eingebundenes Konto** der Gesellschaft eingezahlt werden und der **Inferent** über dieses Zentralkonto mittelbar oder unmittelbar **verfügungsberechtigt** ist[353]. Zur Begründung führt der BGH aus, dass der Gesellschaft wirtschaftlich gesehen nur die Befreiung von der Verbindlichkeit aus der Cash-Pool-Verbindung zufließt. Die Gesellschaft erhalte nicht den Barbetrag, sondern mit dem Verzicht des Inferenten auf die Darlehensrückzahlung einen Sachwert[354]. Die für eine verdeckte Sacheinlage notwendige Abrede liegt nach Ansicht des BGH in der Vereinbarung der Zahlung auf ein in ein Cash-Pool einbezogenes Konto. Der Inferent nehme es bei der Vereinbarung eines Cash-Pools in Kauf, dass auf dem Zentralkonto des Cash-Pools im Zeitpunkt der Weiterleitung des Einlagebetrags ein negativer Saldo zulasten der Gesellschaft bestehe und es dann zu einer verbotenen Verrechnung komme[355]. Zwar kann der Wert der verdeckten Sacheinlage angerechnet werden (§ 19 Abs. 4 Satz 3). Doch ändert dies nichts daran, dass der Geschäftsführer der Konzerngesellschaft eine falsche Versicherung abgibt (§ 8 Abs. 2) und sich strafbar macht (s. Rdnr. 159)[356]. Will der Gesellschafter die verdeckte Sacheinlage vermeiden, kommt in Betracht, dass er die bei einer Barkapitalerhöhung geschuldete Einlage auf ein Sonderkonto der Gesellschaft einzahlt, das nicht in das Cash-Pooling eingebunden ist. Völlig risikolos ist dieses Vorgehen aber nicht, weil zweifelhaft sein kann, ob die Einlage endgültig zur freien Ver-

---

350 Ebenso *M. Winter*, in: FS Priester, S. 867, 877; *Casper*, in: Ulmer/Habersack/Löbbe, Rdnr. 174; *Bayer*, in: Lutter/Hommelhoff, Rdnr. 98.
351 BGH v. 16.1.2006 – II ZR 76/04, BGHZ 166, 8, 15 = GmbHR 2006, 477 – Cash-Pool I.
352 BGH v. 24.11.2003 – II ZR 171/01, BGHZ 157, 72 ff. = GmbHR 2004, 302.
353 BGH v. 20.7.2009 – II ZR 273/07, BGHZ 182, 103, 107 Rdnr. 10 = GmbHR 2009, 926 – Cash-Pool II.
354 BGH v. 20.7.2009 – II ZR 273/07, BGHZ 182, 103, 107 Rdnr. 10 = GmbHR 2009, 926 – Cash-Pool II.
355 BGH v. 20.7.2009 – II ZR 273/07, BGHZ 182, 103, 107 Rdnr. 10 = GmbHR 2009, 926 – Cash-Pool II.
356 Zu Recht kritisch daher *Bayer*, in: Lutter/Hommelhoff, Rdnr. 130, 133.

fügung des Geschäftsführers geleistet wurde[357]. Um Haftungsrisiken zu minimieren, empfiehlt es sich, vertraglich sicherzustellen, dass die auf dem Sonderkonto gebuchte Einlage nicht zur anderweitigen Tilgung von Verbindlichkeiten gegenüber anderen Gesellschaften des Konzerns verwendet werden darf[358].

Eine verdeckte Sacheinlage liegt nur vor, wenn im Zeitpunkt der Weiterleitung des Einlagebetrags der Saldo auf dem Zentralkonto zu Lasten der Gesellschaft negativ ist. Ist der **Saldo positiv**, gewährt die **Gesellschaft** dem **Inferenten** mit der **Weiterleitung** auf das **Zentralkonto** ein **Darlehen**[359]. Die eingezahlten Beträge fließen also an den Inferenten zurück. Dies ist mit dem Erfordernis der Leistung zur freien Verfügung der Geschäftsführung (§ 8 Abs. 2) nicht vereinbar. Es liegt ein Forderungsaustausch, ein „reines **Hin- und Herzahlen**" vor[360]. Der Inferent wird dann von seiner Einlageverpflichtung nur frei, wenn die Voraussetzungen des § 19 Abs. 5 erfüllt sind (s. Rdnr. 181 ff.), insbesondere also der Vorgang des Hin- und Herzahlens offengelegt wurde, oder wenn der Inferent durch spätere Leistungen seine Einlageschuld getilgt hat[361]. Greift § 19 Abs. 5 ein, hat der Geschäftsführer die Vollwertigkeit des Rückzahlungsanspruchs zu prüfen und ist außerdem gemäß § 43 Abs. 2 verpflichtet, dauerhaft die Liquidität der Konzernmuttergesellschaft zu beobachten[362]; muss er zu dem Schluss kommen, dass die Konzernmutter die darlehensweise überlassenen Beträge nicht erstatten kann, kann ihn die Pflicht treffen, das Cash-Pooling zu kündigen (s. auch Rdnr. 186). 166

Liegt nur teilweise eine verdeckte Sacheinlage vor, weil die Einlagenzahlung den negativen Saldo zu Lasten der Gesellschaft im Zentralkonto übersteigt, ist der Vorgang **teilweise** als **verdeckte Sacheinlage**, **teilweise** als **Hin- und Herzahlen** zu beurteilen[363]. 167

Es war erklärtes Ziel des Reformgesetzgebers, das Cash-Pooling zu erleichtern. Vergegenwärtigt man sich die komplizierte und sachlich kaum einleuchtende neue Rechtslage, fällt das Urteil eindeutig aus: Der Gesetzgeber hat das Ziel verfehlt[364]. Dass je nach Saldo des Quellkontos unterschiedliche Regelungen zur Anwendung kommen, leuchtet rechtspolitisch nicht ein. Auch überzeugt es rechtspolitisch nicht, dass nur beim Vorliegen eines Habensaldos die Einlage auf das Zentralkonto geleistet werden kann[365]. Die Praxis ist weiterhin vor schwierige Gestaltungsaufgaben gestellt[366]. Da die Probleme durch Auslegung nicht zuverlässig gelöst werden können[367], besteht weiterhin gesetzgeberischer Handlungsbedarf[368]. 168

---

357 Vgl. *Casper*, in: Ulmer/Habersack/Löbbe, Rdnr. 207; *Fastrich*, in: Baumbach/Hueck, Rdnr. 84b; *Schwandtner*, in: MünchKomm. GmbHG, Rdnr. 217; *Theusinger*, NZG 2009, 1017, 1018.

358 *Casper*, in: Ulmer/Habersack/Löbbe, Rdnr. 207; strenger *Bormann/Urlichs*, DStR 2009, 641, 644.

359 BGH v. 20.7.2009 – II ZR 273/07, BGHZ 182, 103, 107 Rdnr. 11 = GmbHR 2009, 926 – Cash-Pool II.

360 BGH v. 20.7.2009 – II ZR 273/07, BGHZ 182, 103, 107 Rdnr. 11 = GmbHR 2009, 926 – Cash-Pool II.

361 Ausführlich BGH v. 20.7.2009 – II ZR 273/07, BGHZ 182, 103, 110 Rdnr. 22 = GmbHR 2009, 926 – Cash-Pool II zu Zahlungen im Rahmen des Zero Balancing.

362 Vgl. *Fastrich*, in: Baumbach/Hueck, Rdnr. 84b.

363 BGH v. 20.7.2009 – II ZR 273/07, BGHZ 182, 103, 108 Rdnr. 15 = GmbHR 2009, 926 – Cash-Pool II.

364 Ähnlich *Bayer*, in: Lutter/Hommelhoff, Rdnr. 134; *Casper*, in: Ulmer/Habersack/Löbbe, Rdnr. 201 ff.; *Fastrich*, in: Baumbach/Hueck, Rdnr. 84b.

365 *Casper*, in: Ulmer/Habersack/Löbbe, Rdnr. 201 ff.

366 Vgl. *Theusinger*, NZG 2009, 1017 ff.; *Theiselmann*, Der Konzern 2009, 460 ff.

367 *Casper*, in: Ulmer/Habersack/Löbbe, Rdnr. 201 will ausschließlich § 19 Abs. 5 als speziellere Vorschrift gegenüber § 19 Abs. 4 im Cash-Pool anwenden. Dies ist aber mit dem Wortlaut der beiden Vorschriften nicht in Einklang zu bringen, was er anerkennt („Auch wenn diese Lösung de lege lata nicht durch den Gesetzeswortlaut gestützt wird und wie eine dogmatische Brechstange wirken mag"), aber als einzigen Weg ansieht, um eine rechtssichere Lösung zu erhalten. Ebenso wie hier *Bayer*, in: Lutter/Hommelhoff, Rdnr. 134.

368 *Bayer*, in: Lutter/Hommelhoff, Rdnr. 133 f.

5. Behandlung von sog. Altfällen

169 Die Vorschrift trat in ihrer geänderten Fassung zum 1.11.2008 in Kraft. Die Neuregelung in § 19 Abs. 4 gilt aber auch für Einlagenleistungen, die vor dem Inkrafttreten des MoMiG bewirkt worden sind, soweit sie nach der vor diesem Zeitpunkt geltenden Rechtslage wegen der Vereinbarung einer verdeckten Sacheinlage keine Erfüllung der Einlagenverpflichtung bewirkt haben (§ 3 Abs. 4 Satz 1 EGGmbHG)[369]. Dies bedeutet, dass die Gesellschaft im Nachhinein wirksam Eigentum an den verdeckt eingebrachten Sachen erwirbt[370]. Die Neuregelung gilt allerdings nicht, soweit über die aus der Unwirksamkeit folgenden Ansprüche zwischen der Gesellschaft und dem Gesellschafter bereits vor dem Inkrafttreten des MoMiG ein rechtskräftiges Urteil ergangen oder eine wirksame Vereinbarung zwischen der Gesellschaft und dem Gesellschafter getroffen worden ist; in diesem Fall beurteilt sich die Rechtslage nach den alten Vorschriften (§ 3 Abs. 4 Satz 2 EGGmbHG).

170 Die rückwirkende Anrechnung bei der verdeckten Sacheinlage wird verschiedentlich als verfassungswidrig angesehen[371]. Nach Ansicht des BGH begegnet sie aber keinen durchgreifenden verfassungsrechtlichen Bedenken[372]. § 3 Abs. 4 EGGmbHG greife im Sinne einer Inhalts- und Schrankenbestimmung in das Eigentum der Gesellschaft und des Inferenten ein. Dies sei aber gerechtfertigt, denn die Vorschrift schaffe Rechtssicherheit, indem sie Rechtsgeschäften Wirksamkeit verleihe, deren fehlende rechtliche Anerkennung aus Sicht der handelnden Personen nicht ohne Weiteres erkennbar sei[373]. Das Vertrauensschutzprinzip werde durch die rückwirkende Anrechnung des Wertes der verdeckt eingebrachten Sache nicht verletzt, weil der Gesetzgeber bei der Anordnung einer unechten Rückwirkung due gezogenen Grenzen eingehalten habe[374].

VI. Deckung der Leistung durch vollwertigen Rückgewähranspruch (§ 19 Abs. 5)

1. Reform

171 Die in § 19 Abs. 5 auf Grund des MoMiG neu aufgenommene Regelung hat die Fälle zum Gegenstand, in denen die Gesellschaft nach erfolgter Einlageleistung im Rahmen eines Darlehens Barmittel an den Gesellschafter ausreicht (sog. **„Hin- und Herzahlen"**)[375]. Nach Ansicht des BGH scheitert die Erfüllungswirkung der Einlageleistung an dem gesetzlichen Erfordernis der Leistung der Einlage zur endgültigen freien Verfügung des Geschäftsführers (§ 8 Abs. 2 Satz 1)[376]. Dies setzt voraus, dass das zunächst als Einlage erbrachte Kapital in einem engen zeitlichen Zusammenhang wieder an den einzahlenden Gesellschafter zurück-

---

369 Vgl. *Wedemann*, GmbHR 2008, 1131, 1133; zu den prozessualen Folgen des Übergangsrechts *Pentz*, GmbHR 2009, 126 ff.

370 *Bormann*, GmbHR 2007, 897, 901; *Gehrlein*, Der Konzern 2007, 771, 784.

371 *Bormann*, GmbHR 2007, 897, 901; *Heinze*, GmbHR 2008, 1065, 1073 ff. A.A. *Bayer*, in: Lutter/Hommelhoff, Rdnr. 137.

372 BGH v. 22.3.2010 – II ZR 12/08, BGHZ 185, 44, 52 ff. Rdnr. 21 ff. = GmbHR 2010, 700 – AdCoCom; dazu *Kleindiek*, ZGR 2011, 334, 339 ff.

373 BGH v. 22.3.2010 – II ZR 12/08, BGHZ 185, 44, 57 Rdnr. 36 = GmbHR 2010, 700 – AdCoCom.

374 BGH v. 22.3.2010 – II ZR 12/08, BGHZ 185, 44, 58 f. Rdnr. 39 und 44 = GmbHR 2010, 700 – AdCoCom.

375 BGH v. 21.11.2005 – II ZR 140/04, BGHZ 165, 113, 116 ff. = GmbHR 2006, 43; BGH v. 12.6.2006 – II ZR 334/04, GmbHR 2006, 982; BGH v. 15.10.2007 – II ZR 263/06, GmbHR 2008, 818 = ZIP 2008, 1281 f.; zur Abgrenzung von einer Scheinzahlung vgl. BGH v. 17.9.2013 – II ZR 142/12, GmbHR 2014, 319 = ZIP 2014, 261 ff.

376 BGH v. 2.12.2002 – II ZR 101/02, BGHZ 153, 107, 109 f. = GmbHR 2003, 231; BGH v. 21.11.2005 – II ZR 140/04, BGHZ 165, 113, 116 f. = GmbHR 2006, 43.

fließt[377]. Die Darlehensabrede sei, so der BGH, wegen Verstoßes gegen die Vorschriften über die Kapitalaufbringung unwirksam[378]. Eine verdeckte Sacheinlage liege allerdings nicht vor, denn bei einer solchen „Darlehenskonstruktion" würden keine Forderungen bestehen, die als Sacheinlage dienen könnten[379]. Damit ist gemeint, dass eine Forderung der Gesellschaft gegen den Gesellschafter nicht einlagefähig ist. Anders gewendet: Das Kapitalaufbringungsrecht gestattet es nicht, die Bareinlageschuld durch „Einräumung" eines Anspruchs der Gesellschaft gegen den Gesellschafter zu erfüllen.

Der BGH hat den Gesellschafter aber in den Fällen einer „Darlehenskonstruktion" oder einer „Treuhandkonstruktion" nicht im Regen stehen lassen. Wenn der Gesellschafter die erhaltenen Geldmittel an die Gesellschaft zurückzahlt, habe der Gesellschafter seine Einlagepflicht erfüllt, und zwar auch dann, wenn seine Zahlung zur „Tilgung des Darlehens" erfolgte[380]. Wann der geforderte zeitliche Zusammenhang noch gewahrt ist, hat die Rechtsprechung noch nicht abschließend entschieden; bejaht wurde der zeitliche Zusammenhang, wenn die Rückzahlung nach 2,5 Monaten[381] bzw. 3,5 Monate[382] erfolgte. Doch wird er – wie bei einer verdeckten Sacheinlage (s. Rdnr. 129) – bei einem Zeitraum von bis zu 6 Monaten zu bejahen sein.   172

Der Gesetzgeber hat mit dem MoMiG die Fallgruppe des sog. „Hin- und Herzahlens" neu geregelt[383]. Der RegE hatte dies durch eine Neufassung des § 8 Abs. 2 Satz 2 erreichen wollen. Diese Regelung wurde nach den Beratungen im Rechtsausschuss wegen ihrer Sachnähe zu der in § 19 Abs. 4 normierten Regelung der verdeckten Sacheinlage in § 19 Abs. 5 verschoben[384] und tatbestandlich enger gefasst. Sie privilegiert den Inferenten gegenüber der vom BGH entwickelten Lösung, denn nunmehr hat schon die ursprüngliche Bareinlagenzahlung unter bestimmten Voraussetzungen Erfüllungswirkung. Diese auch für Cash-Pools[385] bedeutsame Regelung[386] ist Ausdruck der vom MoMiG verfolgten bilanziellen Betrachtungsweise im System der Kapitalaufbringung und -erhaltung[387]. Sie findet sowohl bei der **Gründung** als auch bei der **Kapitalerhöhung** Anwendung[388].   173

Voraussetzung für eine Erfüllungswirkung ist, dass der Rückzahlungsanspruch der Gesellschaft (aus dem Darlehen) vollwertig und liquide ist. Eine solche Leistung der Gesellschaft an den Gesellschafter oder die Vereinbarung einer solchen Leistung ist ferner in der Anmeldung nach § 8 anzugeben (§ 19 Abs. 5 Satz 2). Dieses Erfordernis ist erst auf Empfehlung des Rechtsausschusses eingeführt worden[389]. Damit soll der Registerrichter in die Lage versetzt werden, die Ordnungsmäßigkeit des Vorgangs, insbesondere die Vollwertigkeit und Liquidität des Rückzahlungsanspruchs der Gesellschaft, zu prüfen.   174

---

377 BGH v. 15.10.2007 – II ZR 263/06, ZIP 2008, 1281, 1282 = GmbHR 2008, 818; vgl. auch die Berufungsentscheidung OLG Hamburg v. 31.10.2006 – 11 U 4/06, ZIP 2007, 580; ferner OLG Hamm v. 11.2.2014 – I-27 U 110/13, GmbHR 2014, 426.
378 BGH v. 21.11.2005 – II ZR 140/04, BGHZ 165, 113, 116 = GmbHR 2006, 43.
379 BGH v. 21.11.2005 – II ZR 140/04, BGHZ 165, 113, 117 = GmbHR 2006, 43.
380 BGH v. 21.11.2005 – II ZR 140/04, BGHZ 165, 113, 117 = GmbHR 2006, 43; BGH v. 22.12.2005 – VII ZB 84/05, BGHZ 165, 332, 356 (irrige Vorstellung, mit der Zahlung werde eine Verbindlichkeit aus einem Treuhandverhältnis erfüllt); dies gilt nach BGH v. 12.6.2006 – II ZR 334/04, GmbHR 2006, 982, 983 auch dann, wenn dem Gesellschafter das Darlehen vor der Leistung der Bareinlage ausgezahlt wurde (Fall des sog. Her- und Hinzahlens).
381 OLG Hamburg v. 31.10.2006 – 11 U 4/06, ZIP 2007, 580.
382 OLG Koblenz v. 17.3.2011 – 6 U 879/10, GmbHR 2011, 579, 580.
383 Begr. RegE MoMiG, BT-Drucks. 16/6140, S. 34.
384 Beschlussempfehlung und Bericht des Rechtsausschusses, BT-Drucks. 16/9737, S. 97.
385 S. Rdnr. 166; vgl. hierzu auch *J. Vetter/Schwandtner*, Der Konzern 2006, 407; *Priester*, ZIP 2006, 1557, 1558.
386 Begr. RegE MoMiG, BT-Drucks. 16/6140, S. 34.
387 Vgl. Begr. RegE MoMiG, BT-Drucks. 16/6140, S. 35; *Seibert/Decker*, ZIP 2008, 1208, 1210.
388 *Schwandtner*, in: MünchKomm. GmbHG, Rdnr. 324.
389 Vgl. zur Notwendigkeit der Regelung *Büchel*, GmbHR 2007, 1065, 1068.

175 Der Gesetzgeber hat die beiden Konstellationen einer Umgehung der Vorschriften über die Kapitalaufbringung bewusst unterschiedlich geregelt[390]. Dies zeigt sich erstens daran, dass die Vollwertigkeit Voraussetzung für die Anwendung des § 19 Abs. 5 ist, während der Wert des Vermögensgegenstands bei § 19 Abs. 4 nur für die Höhe des Anspruchs der Gesellschaft von Bedeutung ist. Zweitens ist im Falle des § 19 Abs. 5 anders als bei § 19 Abs. 4 die Offenlegung konstitutive Voraussetzung für eine Befreiung von der Einlageverpflichtung.

176 Die Neuregelung in § 19 Abs. 5 gilt auch für sog. **Altfälle**, nämlich Einlagenleistungen, die vor dem Inkrafttreten des MoMiG bewirkt worden sind, soweit sie nach der vor diesem Zeitpunkt geltenden Rechtslage wegen der Vereinbarung einer Einlagenrückgewähr keine Erfüllung der Einlagenverpflichtung bewirkt haben (§ 3 Abs. 4 Satz 1 EGGmbHG)[391].

2. Tatbestand

a) Hin- und Herzahlen

177 Die Vorschrift setzt voraus, dass eine **Leistung** an den **Gesellschafter vereinbart** worden ist, die **wirtschaftlich** einer **Rückzahlung** der **Einlage entspricht** und die nicht als verdeckte Sacheinlage im Sinne von § 19 Abs. 4 zu beurteilen ist. Auf Grund ihrer explizit angeordneten Subsidiarität gegenüber der Regelung der verdeckten Sacheinlage gilt sie nur für die beschriebenen Sachverhalte eines „Hin- und Herzahlens" (s. Rdnr. 171). Diese kennzeichnet, dass der „Vermögensgegenstand" nicht einlagefähig ist (s. Rdnr. 171)[392], wie beispielsweise bei schuldrechtlichen Ansprüchen der Gesellschaft gegen den Inferenten[393]. Die Leistung der Gesellschaft besteht typischerweise in einer **Geldleistung**. In Betracht kommen aber auch **Sachwerte** (Forderungen, etc.)[394]. Ferner kann die Bestellung einer Sicherheit aus dem Vermögen der Gesellschaft der Rückzahlung der Einlage gleichstehen und unter § 19 Abs. 5 fallen[395]; der von § 19 Abs. 5 Satz 1 vorausgesetzte Rückgewähranspruch ist dann im Rückgriffsanspruch der Gesellschaft gegen den Schuldner nach erfolgter Inanspruchnahme aus der Sicherheit zu sehen[396]. Bei einer gescheiterten Voreinzahlung auf die durch eine Kapitalerhöhung begründete Einlageschuld erlangt der Inferent einen Bereicherungsanspruch, so dass zur Debatte steht, ob er diesen verdeckt einbringt; daher ist nicht § 19 Abs. 5, sondern § 19 Abs. 4 anwendbar[397] (s. auch Rdnr. 124). Die Vorschrift ist anwendbar, wenn die Einlage vollständig oder teilweise an den Inferenten zurückfließt[398].

178 Die Vorschrift kann ferner nach Sinn und Zweck auf die Sachverhalte des **„Her- und Hinzahlens"** – die Gesellschaft stellt dem Gesellschafter zunächst die Mittel als Darlehen zur Verfügung und dieser erbringt daraufhin seine Einlage – entsprechend angewandt werden, denn die Interessenlage ist identisch[399]. Die zeitliche Reihenfolge ist folglich irrelevant. Vo-

---

390 *Herrler*, DStR 2011, 2300.

391 Vgl. *Wedemann*, GmbHR 2008, 1131, 1133; zu den prozessualen Folgen des Übergangsrechts *Pentz*, GmbHR 2009, 126 ff.

392 *Zick*, S. 158.

393 BGH v. 21.11.2005 – II ZR 140/04, BGHZ 165, 113, 117 = GmbHR 2006, 43 bezüglich eines (vermeintlichen) Anspruchs der Gesellschaft gegen den Inferenten auf „Darlehensrückzahlung"; s. auch § 5 Rdnr. 48; *Casper*, in: Ulmer/Habersack/Löbbe, Rdnr. 181.

394 *Fastrich*, in: Baumbach/Hueck, Rdnr. 76; *Roth*, in: Roth/Altmeppen, Rdnr. 100.

395 *Schwandtner*, in: MünchKomm. GmbHG, Rdnr. 330; *Roth*, in: Roth/Altmeppen, Rdnr. 100.

396 Vgl. *Schwandtner*, in: MünchKomm. GmbHG, Rdnr. 330, 346 f.

397 BGH v. 10.7.2012 – II ZR 212/10, GmbHR 2012, 1066, 1068; *Casper*, in: Ulmer/Habersack/Löbbe, Rdnr. 181.

398 *Schwandtner*, in: MünchKomm. GmbHG, Rdnr. 326; *Wicke*, Rdnr. 34a.

399 *Maier-Reimer/Wenzel*, ZIP 2008, 1449, 1454; *Bayer*, in: Lutter/Hommelhoff, Rdnr. 128; *Casper*, in: Ulmer/Habersack/Löbbe, Rdnr. 185; *Wicke*, Rdnr. 34a; *Schwandtner*, in: MünchKomm. GmbHG, Rdnr. 327; a.A. *Fastrich*, in: Baumbach/Hueck, Rdnr. 75.

raussetzung ist allerdings, dass der Vorgang auf einer Abrede zwischen Inferent und Gesell-schaft beruht. Die Vorschrift findet auch dann Anwendung, wenn wie im Fall BGHZ 174, 370 die Leistung an ein vom Gesellschafter beherrschtes Unternehmen erfolgt[400]. Dies ist bei einer GmbH & Co. KG (s. dazu bereits Rdnr. 54) von Bedeutung, wenn die an die Komplementär-GmbH gezahlten Einlagemittel umgehend als „Darlehen" an die vom Gesellschafter beherrschte KG weiterfließen[401]. Schließlich kann auch die **Weiterleitung** der **Einlagemittel** auf ein **Zentralkonto** eines **Cash-Pools** als ein „Hin- und Herzahlen" i.S. von § 19 Abs. 5 an-zusehen sein (s. Rdnr. 166).

Aus dem Erfordernis der Deckung durch einen Rückgewähranspruch ist zu schließen, dass die Vorschrift auf **Sachleistungen** bei **Austauschgeschäften** zwischen Gesellschaft und Ge-sellschafter keine Anwendung findet[402]. Der Umgehungstatbestand des § 19 Abs. 5 ist auch nicht anzuwenden auf **Dienstleistungen** eines Gesellschafters (obwohl es sich dabei um ei-nen nicht einlagefähigen „Vermögensgestand" handelt), die dieser nach Leistung einer Bar-einlage entgeltlich erbringen soll[403]. Denn es findet dabei weder eine verdeckte Finanzierung noch ein bloßer Austausch der Einlageforderung gegen eine andere schuldrechtliche Forde-rung der Gesellschaft statt. Soweit der Inferent die Einlagemittel nicht für seine Zwecke „re-serviert", sondern in den Geldkreislauf der Gesellschaft einspeist, ist das für die Mindestein-zahlung gemäß § 7 Abs. 2, § 56a geltende Erfordernis einer Einzahlung zur endgültig freien Verfügung der Geschäftsführer (§ 8 Abs. 2, § 57 Abs. 2) nicht berührt[404]. | 179

b) Abrede

Voraussetzung ist weiterhin, dass vor der Einlage eine Leistung an den Gesellschafter verein-bart wird. Es ist also eine Abrede erforderlich, die in der Regel zwischen **Gesellschafter** und **Gesellschaft** erfolgt. Im Falle einer Einpersonen-Gesellschaft genügt ein entsprechendes **Vor-haben** des **Alleingesellschafters**[405] (s. auch zur verdeckten Sacheinlage Rdnr. 130). Ein sachli-cher und zeitlicher Zusammenhang zwischen Ein- und Auszahlung begründet nach ständiger Rechtsprechung die **Vermutung**, dass die Beteiligten das Hin- und Herzahlen abgesprochen haben (s. Rdnr. 172). Es kommt für die Anwendbarkeit des § 19 Abs. 5 nicht darauf an, dass die Darlehensvaluta ausgezahlt wurde. Dies folgt aus dem Wortlaut der Vorschrift, wonach es genügt, dass vor der Einlage eine Leistung an den Gesellschafter „vereinbart" worden ist[406]. | 180

3. Voraussetzungen einer Befreiung von der Einlageverpflichtung

Die Leistung der Gesellschaft muss durch einen **vollwertigen Rückgewähranspruch gedeckt** sein, der **jederzeit fällig** ist oder durch fristlose Kündigung durch die Gesellschaft **fällig wer-den kann**. Was unter vollwertig zu verstehen ist, hat der Gesetzgeber in den Materialien nicht ausgeführt[407]; es findet sich allein der Hinweis, dass die Durchsetzbarkeit der Forde-rung Teil der Definition des Begriffs der Vollwertigkeit sei und daher keiner besonderen Er-wähnung bedürfe[408]. Der Rückgewähranspruch muss also **liquide** sein[409] (s. zur Auslegung | 181

400 OLG Koblenz v. 17.3.2011 – 6 U 879/10, GmbHR 2011, 579, 580; *Grigoleit/Rieder*, GmbH-Recht nach dem MoMiG, Rdnr. 204.
401 OLG Schleswig v. 9.5.2012 – 2 W 37/12, GmbHR 2012, 908, 910.
402 *Casper*, in: Ulmer/Habersack/Löbbe, Rdnr. 184; *Schwandtner*, in: MünchKomm. GmbHG, Rdnr. 331; *Wicke*, Rdnr. 34.
403 BGH v. 16.2.2009 – II ZR 120/07, BGHZ 180, 38, 46 Rdnr. 17 = GmbHR 2009, 540 – Qivive.
404 BGH v. 16.2.2009 – II ZR 120/07, BGHZ 180, 38, 46 Rdnr. 17 = GmbHR 2009, 540 – Qivive.
405 OLG Koblenz v. 17.3.2011 – 6 U 879/10, GmbHR 2011, 579, 580.
406 OLG Schleswig v. 9.5.2012 – 2 W 37/12, GmbHR 2012, 908, 911.
407 Kritisch deshalb *Büchel*, GmbHR 2007, 1065, 1067.
408 Begr. RegE MoMiG zu § 30, BT-Drucks. 16/6140, S. 41.
409 *Schwandtner*, in: MünchKomm. GmbHG, Rdnr. 350.

dieses Erfordernisses Rdnr. 73 und 75). Zwar wurde die Vollwertigkeit von Forderungen schon zum alten Kapitalaufbringungs- und -erhaltungsrecht diskutiert[410]. Denn die h.M. ließ die Aufrechnung durch die Gesellschaft zu, wenn die Forderung des Gesellschafters vollwertig war (s. Rdnr. 73). Der Terminus ist aber neu im GmbHG und muss daher mit Rücksicht auf die Normzwecke ausgelegt werden[411].

a) Vollwertiger Rückgewähranspruch

182 Ausgangspunkt für eine Auslegung der Vollwertigkeit sollte das Anliegen des MoMiG sein, im Kapitalaufbringungs- und -erhaltungsrecht zu einer bilanziellen Betrachtungsweise zurückzukehren[412]. Die Vollwertigkeit ist daher, wie der BGH bereits zum aktienrechtlichen Nachteilsausgleich gemäß § 311 AktG entschieden hat[413], zu bejahen, wenn die **Forderung bilanziell zu 100 % angesetzt** werden **darf**[414]. Ob dies der Fall ist, bestimmt sich (negativ) danach, ob die Forderung mit einem Risiko belastet ist; denn dann muss sie auf den niedrigeren beizulegenden Wert abgeschrieben werden[415]. Die wichtigsten Risiken sind das **Ausfallrisiko** des Schuldners (hier also des Gesellschafters), das **Wechselkursrisiko**, das **Risiko** von **Zinsänderungen** und das **Beitreibungsrisiko**[416]. Da eine fehlende Zahlungsfähigkeit und -bereitschaft des Schuldners nie ganz ausgeschlossen werden kann, müssen insoweit für eine Abschreibung konkrete Anhaltspunkte vorliegen[417]. Schließlich ist nach Handelsbilanzrecht eine Forderung auf ihren Barwert abzuschreiben, wenn sie unverzinslich oder nicht marktüblich verzinst ist[418]. Dies ist auch für die Auslegung des § 19 Abs. 5 Satz 1 zu berücksichtigen[419]. Es sind sämtliche dieser handelsbilanziellen Kriterien ohne Abstriche heranzuziehen, um die Vollwertigkeit des Rückgewähranspruchs zu beurteilen. Andernfalls würde das Gebot effektiver Kapitalaufbringung entwertet. Der Rechtsanwender sollte bei der Auslegung des § 19 Abs. 5 im Sinn haben, dass das Gesetz es nur unter der Prämisse der Vollwertigkeit und Liquidität erlaubt, dass die starke (durch § 24 abgesicherte) Einlageforderung durch eine schwächere schuldrechtliche Forderung ersetzt wird (s. aber auch Rdnr. 193) Andererseits ist es nicht zwingend erforderlich, für den Rückgewähranspruch eine Sicherheit zu bestellen[420]. Eine **unbesicherte Forderung** kann, Kreditwürdigkeit des Schuldners vorausgesetzt, vollumfänglich zu aktivieren und daher vollwertig sein. Ein erhöhtes Ausfallrisiko kann nicht durch einen höheren Zins „ausgeglichen" werden[421].

---

410 Vgl. etwa BGH v. 24.11.2003 – II ZR 171/01, BGHZ 157, 72, 75 = GmbHR 2004, 302.

411 Der Begriff „vollwertig" findet sich nun auch in § 30 Abs. 1 Satz 1.

412 *Kallmeyer*, DB 2007, 2755; kritisch *Büchel*, GmbHR 2007, 1065, 1067.

413 Vgl. BGH v. 1.12.2008 – II ZR 102/07, BGHZ 179, 71, 78 Rdnr. 13 = GmbHR 2009, 199 (vernünftige kaufmännische Beurteilung entsprechend § 253 HGB).

414 *Büchel*, GmbHR 2007, 1065, 1067; *Casper*, in: Ulmer/Habersack/Löbbe, Rdnr. 187.

415 Vgl. *Brösel/Olbrich*, in: Küting/Pfitzer/Weber, § 253 HGB Rdnr. 186.

416 *Böcking/Gros*, in: Ebenroth/Boujong/Joost/Strohn, § 253 HGB Rdnr. 112 ff.; *Brösel/Olbrich*, in: Küting/Pfitzer/Weber, § 253 HGB Rdnr. 186, 188; vgl. auch *Ballwieser*, in: MünchKomm. HGB, § 253 HGB Rdnr. 60.

417 *Casper*, in: Ulmer/Habersack/Löbbe, Rdnr. 187; vgl. auch *Schwandtner*, in: MünchKomm. GmbHG, Rdnr. 343; ähnlich auch BGH v. 1.12.2008 – II ZR 102/07, BGHZ 179, 71, 78 f. Rdnr. 13 und 16 zu § 311 AktG = GmbHR 2009, 199.

418 *Brösel/Olbrich*, in: Küting/Pfitzer/Weber, § 253 HGB Rdnr. 183; *Ballwieser*, in: MünchKomm. HGB, § 253 HGB Rdnr. 60.

419 *Bayer*, in: Lutter/Hommelhoff, Rdnr. 115; *Heinze*, GmbHR 2008, 1065, 1071; *Herrler*, DStR 2011, 2255, 2259; *Schwandtner*, in: MünchKomm. GmbHG, Rdnr. 345. A.A. *Drygala/Kremer*, ZIP 2007, 1289, 1293; *Roth*, in: Roth/Altmeppen, Rdnr. 104; *Schall*, ZGR 2009, 126, 141.

420 *Schwandtner*, in: MünchKomm. GmbHG, Rdnr. 344; vgl. auch BGH v. 1.12.2008 – II ZR 102/07, BGHZ 179, 71, 78 Rdnr. 13 = GmbHR 2009, 199 – MPS.

421 *Bayer*, in: Lutter/Hommelhoff, Rdnr. 115; *Casper*, in: Ulmer/Habersack/Lutter, Rdnr. 187. A.A. *Wirsch*, Der Konzern 2009, 443, 448.

Aus Sinn und Zweck des Gesetzes folgt, dass der Rückgewähranspruch in dem **Zeitpunkt** voll- 183
wertig sein muss, in dem die Mittel an den Gesellschafter ausgereicht werden (das sog. Herzahlen)[422]. Da die Offenlegung Voraussetzung für die Erfüllungswirkung ist, wird man darüber hinaus verlangen müssen, dass der Rückgewähranspruch im Zeitpunkt der Offenlegung
gegenüber dem Registergericht (Eingang der Handelsregisteranmeldung) vollwertig sein
muss[423]. Ist er später nicht mehr vollwertig, so hat dies auf die Anwendung des § 19 Abs. 5
keinen Einfluss. Der Geschäftsführer bleibt aber gemäß § 43 Abs. 1 verpflichtet, zu prüfen,
ob der Anspruch der Gesellschaft auf Rückgewähr des Darlehens noch vollwertig ist[424]. Sollten Anhaltspunkte dafür bestehen, dass der Gesellschafter nicht in der Lage sein wird, den
Anspruch zu erfüllen, wird der Geschäftsführer den Anspruch fällig stellen und geltend machen müssen.

Anders als bei der verdeckten Sacheinlage sieht das Gesetz für die Fälle des Hin- und Her- 184
zahlens keine Regelung vor, wer die **Beweislast** bezüglich der Vollwertigkeit trägt[425]. Eine
analoge Anwendung des § 19 Abs. 4 Satz 5 ist allerdings nicht erforderlich, um dem Gebot
der effektiven Kapitalaufbringung gerecht zu werden. Denn der Gesellschafter trägt nach allgemeinen Regeln die Beweislast dafür, dass er seine Einlage erbracht hat; dies ist nur der Fall,
wenn der Rückgewähranspruch der Gesellschaft vollwertig ist[426].

Anschauungsmaterial zur Vollwertigkeit ist aus der Rechtsprechung bislang rar. Das OLG 185
Nürnberg hat einen Bereicherungsanspruch als nicht vollwertig und nicht liquide angesehen,
bei dem die Einrede des Wegfalls der Bereicherung (§ 818 Abs. 3 BGB) möglich war und
dem der Kapitalerhaltungsgrundsatz entgegenstand[427].

b) Fälligkeit des Rückgewähranspruchs

Voraussetzung für eine Befreiungswirkung ist ferner, dass der vollwertige Rückgewähr- 186
anspruch jederzeit fällig ist oder durch fristlose Kündigung durch die Gesellschaft fällig gestellt werden kann (§ 19 Abs. 5 Satz 1). Der Gesetzgeber hat diese Voraussetzung der **Liquidität** erst nach den Beratungen im Rechtsausschuss in das Gesetz aufgenommen. Damit hat
er auf die Kritik an der Regelung im RegE MoMiG reagiert, dass nur ein voll liquider Anspruch so gut sei wie Bargeld oder Kontoguthaben[428]. Im Ergebnis bedeutet dies, dass der
Gesellschafter jederzeit den Darlehensbetrag „zur Verfügung haben muss"[429]. Im Falle eines
Cash-Pools muss die Gesellschaft den der Einbeziehung in den Cash-Pool zugrundeliegenden Vertrag nicht nur bei einer Verschlechterung der Vermögensverhältnisse im Regelfall
(§ 490 Abs. 1 BGB) oder aus wichtigem Grund (§ 314 Abs. 1 BGB), sondern jederzeit ohne
Einschränkung kündigen können[430]. Es ist schließlich nach Sinn und Zweck der Vorschrift

---

422 OLG Schleswig v. 9.5.2012 – 2 W 37/12, GmbHR 2012, 908, 911; *Bormann*, GmbHR 2007, 897,
    902; *Casper*, in: Ulmer/Habersack/Löbbe, Rdnr. 188; *Gehrlein*, Der Konzern 2007, 771, 782;
    Fastrich, in: Baumbach/Hueck, Rdnr. 79; *Zick*, S. 150. A.A. *Schwandtner*, in: MünchKomm.
    GmbHG, Rdnr. 348 (Zeitpunkt der Anmeldung).
423 *Herrler*, DStR 2011, 2255, 2260; *Pentz*, GmbHR 2009, 505, 511; *Zick*, S. 150.
424 *Goette*, WPg 2008, 231, 235; *Casper*, in: Ulmer/Habersack/Löbbe, Rdnr. 188.
425 Kritisch deshalb *Büchel*, GmbHR 2007, 1065, 1068.
426 BGH v. 20.7.2009 – II ZR 273/07, BGHZ 182, 103, 111; *A. Schmidt*, ZInsO 2007, 975 f.; *Gehrlein*,
    Der Konzern 2007, 771, 781; *Casper*, in: Ulmer/Habersack/Löbbe, Rdnr. 189. A.A. wohl *Büchel*,
    GmbHR 2007, 1065, 1068.
427 OLG Nürnberg v. 13.10.2010 – 12 U 1528/09, ZIP 2010, 2300.
428 Vgl. *Ulmer*, ZIP 2008, 45, 54; Beschlussempfehlung und Bericht des Rechtsausschusses, BT-Drucks.
    16/9737, S. 97 f.
429 *Bormann/Urlichs*, in: Römermann/Wachter, GmbH-Beratung nach dem MoMiG, GmbHR-Sonder-
    heft MoMiG, 2008, S. 37, 44.
430 BGH v. 20.7.2009 – II ZR 273/07, BGHZ 182, 103, 111 Rdnr. 28 = GmbHR 2009, 926 – Cash-
    Pool II.

erforderlich, dass der Rückgewähranspruch unstreitig ist; es dürfen keine Einwendungen oder Einreden bestehen[431].

c) Offenlegung gegenüber dem Registergericht

187 Eine weitere Voraussetzung für die Anwendung des § 19 Abs. 5 Satz 1 ist, dass die Leistung der Gesellschaft oder die Vereinbarung einer von ihr zu erbringenden Leistung in der Anmeldung nach § 8 angegeben wird (s. auch Rdnr. 191). Sinn und Zweck der Offenlegung ist es, dem Registergericht die Prüfung zu ermöglichen, ob die Voraussetzungen einer Erfüllungswirkung gegeben sind[432]. Es handelt sich nicht nur um eine formell-rechtliche Pflicht der Geschäftsführer, die zivil- und strafrechtlich sanktioniert wird, sondern um eine Erfüllungsvoraussetzung[433]. Die Offenlegung ist auch für sog. Altfälle (vgl. § 3 Abs. 4 Satz 1 EGGmbHG) Voraussetzung für den Eintritt der Erfüllungswirkung[434].

188 Zwar ist weder in § 8 noch in § 19 ausdrücklich normiert, dass dem Gericht Unterlagen zur Verfügung zu stellen sind. Aus Sinn und Zweck des § 19 Abs. 5 Satz 2 ist aber zu folgern, dass sowohl die schuldrechtlichen Vereinbarungen als auch ein Beleg für die Vollwertigkeit vorzulegen sind[435] (s. auch § 8 Rdnr. 28).

4. Rechtsfolgen

189 Sind die Voraussetzungen der Vorschrift erfüllt, so befreit schon die ursprüngliche Einlageleistung den Gesellschafter von seiner Einlageverpflichtung; seine **Leistung** hat also **Erfüllungswirkung**. Diese Wirkung kann nicht unter Berufung auf das in § 8 normierte und durch das MoMiG unverändert gebliebene Erfordernis der „Leistung zur endgültigen freien Verfügung der Geschäftsführer" in Frage gestellt werden[436]. Dies bedeutet, dass die Leistung des Inferenten zwar nicht endgültig zur freien Verfügung des Geschäftsführers erfolgt ist, dies aber – sofern die Voraussetzungen des § 19 Abs. 5 erfüllt sind – der Erfüllungswirkung der Leistung nicht entgegensteht. Eine andere Frage ist, wann die Erfüllungswirkung eintritt. Da die Offenlegung Voraussetzung für eine Anwendung des § 19 Abs. 5 Satz 1 ist, tritt die Erfüllungswirkung erst zu diesem Zeitpunkt ein[437].

190 Ist eine der **Voraussetzungen** des § 19 Abs. 5 Satz 1 und 2 **nicht erfüllt**, hat die Einlageleistung des Gesellschafters keine Erfüllungswirkung[438]. Dies ist der Fall, wenn der Rückzahlungsanspruch der Gesellschaft gegen den Gesellschafter aus dem Darlehensvertrag nicht

---

431 *Bayer*, in: Lutter/Hommelhoff, Rdnr. 116; *Lieder*, GmbHR 2009, 1177, 1183.
432 OLG München v. 17.2.2011 – 31 Wx 246/10, GmbHR 2011, 422 f.
433 BGH v. 16.2.2009 – II ZR 120/07, BGHZ 180, 38, 46 Rdnr. 16 = GmbHR 2009, 540; BGH v. 20.7.2009 – II ZR 273/07, BGHZ 182, 103, 111 Rdnr. 25 = GmbHR 2009, 926 – Cash-Pool II; OLG Koblenz v. 17.3.2011 – 6 U 879/10, GmbHR 2011, 579, 580; OLG Nürnberg v. 13.10.2010 – 12 U 1528/09, ZIP 2010, 2300. A.A. *Altmeppen*, ZIP 2009, 1545, 1547 f.; *Bayer*, in: Lutter/Hommelhoff, Rdnr. 122; *Herrler*, DStR 2011, 2255, 2257 ff.; *G. H. Roth*, NJW 2009, 3397.
434 BGH v. 16.2.2009 – II ZR 120/07, BGHZ 180, 38, 46 Rdnr. 16 = GmbHR 2009, 540; BGH v. 20.7.2009 – II ZR 273/07, BGHZ 182, 103, 111 Rdnr. 25 = GmbHR 2009, 926 – Cash-Pool II; OLG Koblenz v. 17.3.2011 – 6 U 879/10, GmbHR 2011, 579, 580; OLG Nürnberg v. 13.10.2010 – 12 U 1528/09, ZIP 2010, 2300. A.A. LG Erfurt v. 15.7.2010 – 10 O 994/09, DZWiR 2010, 525; *Casper*, in: Ulmer/Habersack/Löbbe, Rdnr. 192; *Schwandtner*, in: MünchKomm. GmbHG, Rdnr. 364.
435 OLG Schleswig v. 9.5.2012 – 2 W 37/12, GmbHR 2012, 908, 910; OLG München v. 17.2.2011 – 31 Wx 246/10, GmbHR 2011, 422 f.; *Casper*, in: Ulmer/Habersack/Löbbe, Rdnr. 193. A.A. *Schwandtner*, in: MünchKomm. GmbHG, Rdnr. 352 (der dies aber empfiehlt); *Schall*, ZGR 2009, 126, 143.
436 Beschlussempfehlung und Bericht des Rechtsausschusses, BT-Drucks. 16/9737, S. 98.
437 A.A. *Fastrich*, in: Baumbach/Hueck, Rdnr. 82.
438 *Maier-Reimer/Wenzel*, ZIP 2008, 1449, 1453; *Herrler*, DB 2008, 2347, 2348; *Bayer*, in: Lutter/Hommelhoff, Rdnr. 124 f.

vollwertig ist oder wenn er nicht fällig ist bzw. nicht fällig gestellt werden kann. Die Befreiungswirkung entfällt insbesondere auch dann, wenn die Forderung handelsbilanziell nur geringfügig abgeschrieben werden müsste.

Schließlich tritt auch keine Befreiung ein, wenn der Rückgewähranspruch zwar den Anforderungen des § 19 Abs. 5 Satz 1 gerecht wird, der Gesellschafter den Vorgang aber nicht, wie von § 19 Abs. 5 Satz 2 gefordert, gegenüber dem Registergericht offengelegt hat[439]. Zwar hat eine verdeckte Sacheinlage eine Erfüllungswirkung, obwohl die Öffentlichkeit über den Vorgang nicht richtig informiert wurde. Der Gesetzgeber hat aber die Fälle des Hin- und Herzahlens bewusst anders geregelt. Das mag für Altfälle misslich sein, weil in der Vergangenheit in der Regel keine Offenlegung im Gründungsverfahren oder bei der Anmeldung der Kapitalerhöhung erfolgte[440]. Nach Sinn und Zweck der Vorschrift ist die Offenlegung aber materiell-rechtlich relevant.

191

Sind die Voraussetzungen des § 19 Abs. 5 Satz 1 oder 2 nicht erfüllt, scheidet eine Erfüllungswirkung nach § 19 Abs. 5 aus. Es sind dann die vom BGH entwickelten Rechtsgrundsätze zur Fallgruppe des „Hin- und Herzahlens" (s. Rdnr. 172) heranzuziehen[441]. Der Forderungsaustausch ist folglich unwirksam. Eine Erfüllung kann dann nur noch eintreten, wenn der Gesellschafter die erhaltenen Geldmittel an die Gesellschaft zurückzahlt[442]. Eine – wie auch immer deklarierte – Zahlung des Gesellschafters würde seine Einlageschuld – und nicht seine vermeintlich wirksame Darlehensschuld – tilgen.

192

Für den an die Stelle der Einlageforderung tretenden **schuldrechtlichen Rückgewähranspruch** (aus Darlehensvertrag oder Treuhandabrede) gelten die allgemeinen bürgerlich-rechtlichen Regeln. Folglich müsste die Gesellschaft auch auf den Anspruch verzichten können. Dies ist aber aus Gründen des Gläubigerschutzes abzulehnen; § **19 Abs. 2 Satz 1** ist **analog** anzuwenden[443]. Der Reformgesetzgeber hat diesen Aspekt nicht behandelt und wohl übersehen. Da der schuldrechtliche Anspruch an die Stelle der Einlageforderung tritt, ist eine vergleichbare Interessenlage zu bejahen. Dass der Geschäftsführer sich im Falle eines Verzichts gemäß § 43 Abs. 2 schadensersatzpflichtig macht, ist kein ausreichender Schutz des Gesellschaftsvermögens. Schließlich ist dem Gesellschafter auch **analog § 19 Abs. 2 Satz 2** die **Aufrechnung** verboten[444]. Andernfalls wäre nicht gewährleistet, dass das Gesellschaftsvermögen effektiv ver-

193

---

439 Vgl. BGH v. 20.7.2009 – II ZR 273/07, BGHZ 182, 103, 111 Rdnr. 25 = GmbHR 2009, 926 – Cash-Pool II; BGH v. 16.2.2009 – II ZR 120/07, BGHZ 180, 38, 46 Rdnr. 16 = GmbHR 2009, 540 – Qivive; OLG Koblenz v. 17.3.2011 – 6 U 879/10, GmbHR 2011, 579, 580 f.; OLG Stuttgart v. 6.9.2011 – 8 W 319/11, ZIP 2011, 1959, 1960 (zur AG); so auch *Bormann/Urlichs*, in: Römermann/Wachter, GmbH-Beratung nach dem MoMiG, GmbHR-Sonderheft MoMiG, 2008, S. 37, 44 (auf die Offenlegung als Voraussetzung für die Befreiung von der Bareinlageschuld sei nur für Altfälle, für die § 19 Abs. 5 Satz 1 rückwirkend gelte, zu verzichten); *Wälzholz*, GmbHR 2008, 841, 846; *Heckschen*, DStR 2009, 166, 173; kritisch *Bayer*, in: Lutter/Hommelhoff, Rdnr. 122 f.

440 Zu den Möglichkeiten einer „Heilung" auch nach erfolgter Eintragung vgl. *Herrler*, DStR 2011, 2300, 2301 ff.

441 *Veil*, ZIP 2007, 1241, 1247; *Büchel*, GmbHR 2007, 1065, 1068; *Gehrlein*, Der Konzern 2007, 771, 782; *Bayer*, in: Lutter/Hommelhoff, Rdnr. 124 f.

442 Vgl. hierzu OLG München v. 17.10.2012 – 31 Wx 352/12, GmbHR 2012, 1299, 1300, wonach die erneute Erbringung der geschuldeten Leistung durch den Gesellschafter keine im Handelsregister eintragungsfähige Tatsache ist.

443 *Wicke*, Rdnr. 37; *Casper*, in: Ulmer/Habersack/Löbbe, Rdnr. 196; *Ebbing*, in: Michalski u.a., Rdnr. 178. A.A. *Bayer*, in: Lutter/Hommelhoff, Rdnr. 121; *Bormann*, GmbHR 2007, 897, 902; *Gehrlein*, Der Konzern 2007, 771, 782; *Henkel*, NZI 2010, 84, 87; *Roth*, in: Roth/Altmeppen, Rdnr. 108; *Schwandtner*, in: MünchKomm. GmbHG, Rdnr. 358; *Verse*, in: Henssler/Strohn, Gesellschaftsrecht, Rdnr. 91.

444 *Heinze*, GmbHR 2008, 1065, 1071; *Wicke*, Rdnr. 37; *Casper*, in: Ulmer/Habersack/Löbbe, Rdnr. 196. A.A. *Bayer*, in: Lutter/Hommelhoff, Rdnr. 121; *Bormann*, GmbHR 2007, 897, 903; *Schwandtner*, in: MünchKomm. GmbHG, Rdnr. 358; ebenso (wenngleich kritisch) *Fastrich*, in: Baumbach/Hueck, Rdnr. 83.

mehrt wird. Aus der Zulassung des Forderungsaustauschs durch § 19 Abs. 5 Satz 1 kann nicht geschlossen werden, dass für die an die Stelle der Einlagenforderung tretende Forderung das gesamte Kapitalaufbringungsrecht irrelevant wäre.

VII. Verjährung der Einlageforderung (§ 19 Abs. 6)

1. Entstehungsgeschichte

194 Die in § 19 Abs. 6 getroffene Regelung über die Verjährung ist durch das Gesetz zur Anpassung von Verjährungsvorschriften an die Schuldrechtsmodernisierung vom 9.12.2004 eingeführt worden. Für den früher der regelmäßigen 30-jährigen Verjährung unterliegenden Anspruch auf Leistung der Einlage galt seit Inkrafttreten des Schuldrechtsmodernisierungsgesetzes am 1.1.2002 die auf drei Jahre verkürzte Regelverjährung gemäß § 195 BGB, was als unangemessen empfunden wurde. Gläubiger erfahren in der Regel erst in der Krise oder Insolvenz der Gesellschaft vom Ausstehen fälliger Einlagen. Eine kurze Verjährung beeinträchtigt daher den Gläubigerschutz. Als Übergangsregel legte der Gesetzgeber fest, dass die zehnjährige Frist nach § 19 Abs. 6 auch für bestehende Ansprüche gilt, allerdings mit der Maßgabe, dass der Zeitraum, der für einen solchen Anspruch vor dem 15.12.2004 abgelaufen ist, in die Verjährungsfrist eingerechnet wird (Art. 229 § 12 Abs. 2 Satz 2 EGBGB). Diese Regel warf einige Rechtsanwendungsprobleme auf, die nun höchstrichterlich geklärt sind. Es ist von folgenden Grundsätzen auszugehen:

195 Eine vor dem 1.1.2002 entstandene und fällige Einlageforderung unterlag zunächst der 30-jährigen Verjährung[445]. Mit Inkrafttreten des Schuldrechtsmodernisierungsgesetzes am 1.1.2002 unterfiel die Forderung der neuen dreijährigen Verjährung[446]. Diese verkürzte Verjährungsfrist war gemäß der Überleitungsvorschrift des Art. 229 § 6 Abs. 4 Satz 1 EGBGB vom 1.1.2002 an zu berechnen. Am 15.12.2004 fand aber das neue Verjährungsregime Anwendung, so dass gemäß Art. 229 § 12 Abs. 2 Satz 2 EGBGB auch der vor dem 1.1.2002 abgelaufene Zeitraum in die Verjährungsfrist einzurechnen sein könnte. Der BGH hat diese Lösung aber zu Recht abgelehnt und die Übergangsregel gesetzeskonform dahin ausgelegt, dass in die ab **Inkrafttreten** des **Verjährungsanpassungsgesetzes** am **15.12.2004 laufende** neue **zehnjährige Verjährungsfrist** lediglich die seit Inkrafttreten des Schuldrechtsmodernisierungsgesetzes (also: ab 1.1.2002) verstrichenen Zeiträume der zuvor geltenden dreijährigen Regelfrist des § 195 BGB n.F. einzurechnen sind[447].

2. Verjährungsfrist

196 Der Anspruch der Gesellschaft auf Leistung der Einlagen verjährt nach § 19 Abs. 6 Satz 1 in zehn Jahren von seiner Entstehung an. Dies gilt sowohl für **Bar-** als auch für **Sacheinlagen**, nicht jedoch für ein Agio (das nicht Teil der Einlagepflicht ist) oder andere Nebenleistungen, für die die allgemeinen Verjährungsvorschriften der §§ 195, 199 BGB gelten[448]. Die Verjährungsfrist des Einlagenanspruchs beginnt nicht schon mit Abschluss des Gesellschaftsvertrags oder mit Fassung des Kapitalerhöhungsbeschlusses, sondern erst im Zeitpunkt seiner

---

445 BGH v. 24.7.2000 – II ZR 202/98, NZG 2000, 1226, 1228; *Altmeppen*, DB 2002, 514 ff.; *Schockenhoff/Fiege*, ZIP 2002, 917 ff.; *Pentz*, GmbHR 2004, 225 ff.

446 BGH v. 11.2.2008 – II ZR 171/06, WM 2008, 638, 640 = GmbHR 2008, 483; OLG Düsseldorf v. 30.11.2005 – I-16 U 76/05, GmbHR 2006, 654, 655; OLG Jena v. 14.6.2006 – 6 U 1021/05, ZIP 2006, 1862, 1864 = GmbHR 2006, 1206.

447 BGH v. 11.2.2008 – II ZR 171/06, WM 2008, 638, 641 = GmbHR 2008, 483; OLG Karlsruhe v. 18.11.2013 – 7 W 45/13, GmbHR 2014, 144, 147.

448 *Fastrich*, in: Baumbach/Hueck, Rdnr. 86; *Schwandtner*, in: MünchKomm. GmbHG, Rdnr. 371.

Fälligkeit[449]. Der Wortlaut scheint zwar eine andere Auslegung zu gebieten („von seiner Entstehung an"). Andernfalls wäre es aber den Gesellschaftern möglich, durch die Nichtgeltendmachung der Einlagen deren Verjährung herbeizuführen. Die Verjährung beginnt mit dem auf den Fälligkeitszeitpunkt folgenden Tag (§ 187 Abs. 1 BGB). Die Frist von zehn Jahren kann nicht verkürzt werden, eine vertragliche Verlängerung ist dagegen zulässig (vgl. § 202 Abs. 2 BGB).

Wird das **Insolvenzverfahren** über das Vermögen der Gesellschaft eröffnet, so tritt die Verjährung nicht vor Ablauf von sechs Monaten ab dem Zeitpunkt der Eröffnung ein (§ 19 Abs. 6 Satz 2). Die Ablaufhemmung (§§ 187, 188 BGB) bei Insolvenz gibt dem Insolvenzverwalter die Möglichkeit einer Prüfung der Rechtslage und gegebenenfalls zu einem die Verjährung unterbrechenden Vorgehen.   197

3. Verwirkung

Die Einlageforderung kann aus Gründen des Gläubigerschutzes grundsätzlich nicht gemäß   198
§ 242 BGB verwirken[450]. Aus § 19 Abs. 2 Satz 1 folgt, dass ein Gesellschafter kein schützenswertes Vertrauen haben kann, die Gesellschaft werde die Einlage nicht beanspruchen[451].

---

449 Begr. RegE, BT-Drucks. 15/3653, S. 25; *Fastrich*, in: Baumbach/Hueck, Rdnr. 86; *Schwandtner*, in: MünchKomm. GmbHG, Rdnr. 372; *Thiessen*, ZHR 168 (2004), 503, 519.

450 Vgl. auch OLG Karlsruhe v. 18.11.2013 – 7 W 45/13, GmbHR 2014, 144, 149: Verwirkung könne „allenfalls mit äußerster Zurückhaltung angenommen werden".

451 Ähnlich *Fastrich*, in: Baumbach/Hueck, Rdnr. 88 („äußerste Zurückhaltung"); *Schwandtner*, in: MünchKomm. GmbHG, Rdnr. 382 (grundsätzliche keine Anwendung der Grundsätze der Verwirkung).

§ 20
Verzugszinsen

Ein Gesellschafter, welcher den auf die Stammeinlage eingeforderten Betrag nicht zur rechten Zeit einzahlt, ist zur Entrichtung von Verzugszinsen von Rechts wegen verpflichtet.

Text seit 1892 unverändert. Abs. 2 wurde 1898 gestrichen (s. Rdnr. 22).

I. Allgemeines

1   Die gesetzliche Verzinsung der Geldeinlage (die Vorschrift verwendet noch den Begriff der Stammeinlage, obwohl das MoMiG diesen Begriff in den anderen Vorschriften des GmbHG aufgegeben hat) soll im Interesse einer ordnungsgemäßen Kapitalaufbringung deren rechtzeitige Zahlung fördern. Die Entstehung der Zinspflicht ist deshalb gegenüber der nur einen Mindestschadensausgleich bezweckenden Verzinsung wegen Schuldnerverzugs an erleichterte Voraussetzungen geknüpft (Rdnr. 6 ff.). Die Vorschrift des § 20 enthält *insoweit* eine Sonderregelung gegenüber § 288 Abs. 1 BGB[1] und betrifft nur die Bareinlage. Die allgemeinen Bestimmungen des BGB über den Schuldnerverzug bleiben sowohl auf Geld- und Sacheinlagepflichten als auch auf sonstige Gesellschafterpflichten (Rdnr. 4) anwendbar[2], allerdings müssen dann die besonderen Verzugsvoraussetzungen erfüllt sein (s. Rdnr. 21). § 20 ist nach zutreffender Auslegung **zwingendes Recht**. Es ist allein zulässig, dass die Satzung einen höheren als den gesetzlichen Zinssatz festsetzt[3]. Der zwingende Charakter folgt aus dem Normzweck, die effektive Kapitalaufbringung sicherzustellen. Dem Umstand, dass das Gesetz den zwingenden Charakter nicht ausdrücklich festlegt (wie etwa in § 25 für die §§ 21 bis 24), kommt für die Auslegung keine entscheidende Bedeutung zu.

---

1   Vgl. *W. Müller*, in: Ulmer/Habersack/Löbbe, Rdnr. 5; *Altmeppen*, in: Roth/Altmeppen, Rdnr. 1; *Bayer*, in: Lutter/Hommelhoff, Rdnr. 1.

2   *W. Müller*, in: Ulmer/Habersack/Löbbe, Rdnr. 5; *Fastrich*, in: Baumbach/Hueck, Rdnr. 8; *Pentz*, in: Rowedder/Schmidt-Leithoff, Rdnr. 21.

3   *Fastrich*, in: Baumbach/Hueck, Rdnr. 1; *Ebbing*, in: Michalski u.a., Rdnr. 1; *Verse*, in: Henssler/Strohn, Gesellschaftsrecht, Rdnr. 9; *Pentz*, in: Rowedder/Schmidt-Leithoff, Rdnr. 2; *Bartels*, in: Bork/Schäfer, Rdnr. 6; *Schwandtner*, in: MünchKomm. GmbHG, Rdnr. 21. A.A. *W. Müller*, in: Ulmer/Habersack/Löbbe, Rdnr. 6; ferner 11. Aufl., Rdnr. 1.

II. Anwendungsbereich

§ 20 handelt nur von dem auf die **Stammeinlagen in Geld** „eingeforderten Betrag", *nicht von* 2 *Sacheinlagen* (§ 5 Abs. 4). Sacheinlagen sind vor der Anmeldung der GmbH zum Handelsregister vollständig zu leisten (§ 7 Abs. 3). Werden sie verzögert geleistet, treten die allgemeinen Verzugsfolgen ein, also Schadensersatzpflicht gegenüber der GmbH (§ 286 BGB), Haftung für Verlust und Beschädigung des Einlagegenstandes, es sei denn, dass der Schaden auch bei rechtzeitiger Leistung eingetreten sein würde (§ 287 BGB). Soweit aufgrund von Leistungsstörungen an Stelle des Sachgegenstandes eine Geldeinlage zu leisten ist (s. § 5 Rdnr. 63), gilt aber § 20[4]. Die Vorschrift ist auch auf die Differenzhaftung gemäß § 9 anwendbar (s. § 9 Rdnr. 23)[5]. Bei gemischten Sacheinbringungen (s. § 5 Rdnr. 81 ff.) ist sie für den Geldeinlageteil maßgebend.

Die Vorschrift ist auf die Geldschuld aus der rechtsfortbildend entwickelten **sog. Vorbelas-** 3 **tungshaftung der Gesellschafter** (s. § 11 Rdnr. 139 ff.) entsprechend anzuwenden[6]. Es handelt sich hierbei im Gegensatz zu den in Rdnr. 2 behandelten Fällen zwar nicht um eine Stammeinlageschuld, aber sie ist wegen ihres einlageähnlichen Charakters der in § 20 vorgesehenen Kapitalaufbringungsregel (Rdnr. 1) zu unterwerfen[7]. **Sonstige Beitragspflichten** der Gesellschafter (Nebenleistungspflichten, s. § 5 Rdnr. 21) erfasst § 20 dagegen nicht[8], z.B. die im Gesellschaftsvertrag vorgesehenen Nebenpflichten (§ 3 Abs. 2), auch nicht Haftungsfälle aus §§ 9a, 16 Abs. 2, die Haftung der Rechtsvorgänger (§ 22) und Mitgesellschafter (§ 24), der Einlagepflichtigen, auch nicht Nachschusspflichten (§§ 26 ff.). In diesen Fällen bleibt es bei den allgemeinen Verzugsvoraussetzungen und -folgen (Rdnr. 1). Dasselbe gilt für Erstattungs- bzw. Rückzahlungsansprüche gemäß § 31.

Die Verzinsungspflicht besteht für **alle Stammeinlagen in Geld** (Rdnr. 2) ohne Rücksicht 4 darauf, ob sie vor (§ 7 Abs. 2) oder nach der Eintragung zu erbringen sind. Aus der Stellung des § 20 im zweiten Abschnitt des Gesetzes und der auf § 46 Nr. 2 hinweisenden Verwendung des Terminus „Einforderung" ist Gegenteiliges nicht zu entnehmen (Rdnr. 6 ff.). Der Normzweck (Rdnr. 1) gestattet keine unterschiedliche Behandlung. Ebenso ist § 20 auf die Geldeinlagepflicht aus einer Kapitalerhöhung (§§ 55, 56a) anzuwenden.

Die Rechtslage bei einer **verdeckten Sacheinlage** hat sich durch das MoMiG (§ 19 Abs. 4) 5 geändert, indem klargestellt ist, dass die Geldeinlagepflicht bestehen bleibt (Satz 1), auf die aber der Wert des Verrechnungsgegenstandes angerechnet wird (Satz 3). Wenn dieser den Betrag der Bareinlagepflicht nicht erreicht, fällt der Anspruch auf Leistung der Differenz unter § 20[9] (es handelt sich ja um die ursprüngliche Bareinlagepflicht).

---

4 *W. Müller*, in: Ulmer/Habersack/Löbbe, Rdnr. 8; *Fastrich*, in: Baumbach/Hueck, Rdnr. 2; *Bayer*, in: Lutter/Hommelhoff, Rdnr. 1; *Pentz*, in: Rowedder/Schmidt-Leithoff, Rdnr. 1.

5 *W. Müller*, in Ulmer/Habersack/Löbbe, Rdnr. 11; *Fastrich*, in: Baumbach/Hueck, Rdnr. 2; *Bayer*, in: Lutter/Hommelhoff, Rdnr. 1; *Altmeppen*, in: Roth/Altmeppen, Rdnr. 2; *Ebbing*, in: Michalski u.a., Rdnr. 5.

6 *Altmeppen*, in: Roth/Altmeppen, Rdnr. 2. Für eine unmittelbare Anwendung *W. Müller*, in: Ulmer/Habersack/Löbbe, Rdnr. 11; *Fastrich*, in: Baumbach/Hueck, Rdnr. 2; *Bayer*, in: Lutter/Hommelhoff, Rdnr. 1; *Verse*, in: Henssler/Strohn, Gesellschaftsrecht, Rdnr. 2; *Schwandtner*, in: MünchKomm. GmbHG, Rdnr. 3.

7 BGH v. 9.3.1981 – II ZR 54/80, BGHZ 80, 129, 141. Weitere Nachw. s. § 11 Rdnr. 143.

8 *W. Müller*, in: Ulmer/Habersack/Löbbe, Rdnr. 12; *Fastrich*, in: Baumbach/Hueck, Rdnr. 2; *Bayer*, in: Lutter/Hommelhoff, Rdnr. 1; *Pentz*, in: Rowedder/Schmidt-Leithoff, Rdnr. 1.

9 *Schwandtner*, in: MünchKomm. GmbHG, Rdnr. 4; *Verse*, in: Henssler/Strohn, Gesellschaftsrecht, Rdnr. 3.

III. Voraussetzungen

1. Einforderung

6 Die Entstehung der Zinspflicht, d.h. ihre **Fälligkeit**, setzt nach § 20 voraus, dass der auf die Stammeinlage zu zahlende Betrag „eingefordert" ist, was auf die §§ 7 Abs. 2 und 3, 56a bezüglich der Mindesteinlagen verweist[10]. Die Vorschrift geht mit diesem Erfordernis wie die Kompetenznorm des § 46 Nr. 2 von dem gesetzlichen Regelfall aus, dass die betreffende Stammeinlage erst durch die Einforderung zur Zahlung durch Gesellschafterbeschluss (Rdnr. 10) fällig wird, wobei zwischen dem Beschluss und der Anforderung durch den Geschäftsführer zu unterscheiden ist[11]; zum Verhältnis von „festen" und „offenen" Zahlungsterminen § 19 Rdnr. 13. Die Regelung ist deshalb nicht in dem Sinne zu verstehen, dass es einer zusätzlichen Erklärung auch dann bedarf, wenn die Fälligkeit ohne Einforderung kraft Gesetzes oder Satzung eingetreten und der Leistungszeitpunkt kalendermäßig bestimmt ist[12]. Nach dem Normzweck (Rdnr. 1) ist § 20 vielmehr dahingehend auszulegen, dass die Zinspflicht in diesen Fällen mit der Fälligkeit beginnt. Ein sachlicher Grund für die Annahme, dass das Gesetz die Zinsvoraussetzungen gegenüber den schon bei seinem Erlass anerkannten Grundsätzen des § 286 Abs. 2 Nr. 1 BGB verschärfen wollte, ist nicht ersichtlich. Anderweitige statutarische Zahlungsbestimmungen lösen daher die Zinspflicht gemäß § 20 nicht aus (Rdnr. 8, 13 f.). Der Gleichbehandlungsgrundsatz (s. dazu Rdnr. 14), auf den verwiesen worden ist, greift bei den satzungsmäßigen oder gesetzlichen Leistungsbestimmungen nicht (s. § 14 Rdnr. 51). Eine Einforderung kann darüber hinaus im Einzelfall nach Treu und Glauben (§ 242 BGB) entbehrlich sein[13], s. auch § 19 Rdnr. 15.

7 Die Voraussetzungen einer rechtswirksamen Einforderung bestimmt § 20 nicht näher. Die Entscheidungskompetenz für die Einforderung der die gesetzlich vorgeschriebenen Mindesteinzahlungen (§ 7 Abs. 2) übersteigenden Geldeinlageleistung steht mangels abweichender Satzungsbestimmung (§ 45 Abs. 2) den Gesellschaftern zu, doch gibt es insoweit Ausnahmen (Rdnr. 11). Im Übrigen ist bezüglich der zu stellenden Anforderungen zwischen der Zeit vor und nach Eintragung der Gesellschaft zu unterscheiden.

a) Vor Eintragung der Gesellschaft

8 Vor der Eintragung der Gesellschaft (§ 11 Abs. 1) sind die **Geschäftsführer** auf Grund der ihnen bei der Gründung übertragenen Funktionen für die Einforderung der gesetzlich (§ 7 Abs. 2) oder statutarisch vorgeschriebenen Mindesteinzahlungen auf den Geschäftsanteil **zuständig**, ohne dass es der Mitwirkung der Gesellschafter bedürfte[14]; für die Form und den

---

10 *Verse*, in: Henssler/Strohn, Gesellschaftsrecht, Rdnr. 4, § 14 GmbHG Rdnr. 9.
11 BGH v. 29.6.1961 – II ZR 39/60, GmbHR 1961, 144, 145; OLG München v. 1.2.1984 – 7 U 4142/83, GmbHR 1985, 56 f.; *W. Müller*, in: Ulmer/Habersack/Löbbe, Rdnr. 15, 17; *Pentz*, in: Rowedder/Schmidt-Leithoff, Rdnr. 6; *Fastrich*, in: Baumbach/Hueck, Rdnr. 3; *Bayer*, in: Lutter/Hommelhoff, Rdnr. 3. Anders die frühere Rechtsprechung (RG v. 23.6.1911 – II 601/10, RGZ 76, 434, 438; RG v. 12.11.1935 – II 48/35, RGZ 149, 293, 301), die die Fälligkeit mit dem Vertragsabschluss oder der Eintragung eintreten lässt und nur die Geltendmachung von einem Einforderungsbeschluss abhängig macht. Vgl. auch BGH v. 17.10.1988 – II ZR 372/87, GmbHR 1989, 151, 152.
12 So für die satzungsmäßige Fristbestimmung RG v. 18.1.1915 – II 434/14, JW 1915, 195; RG v. 18.10.1932 – II 91/32, RGZ 138, 106, 111; OLG Oldenburg v. 26.7.2007 – 1 U 8/07, NZG 2008, 32 f. = GmbHR 2007, 1043; *W. Müller*, in: Ulmer/Habersack/Löbbe, Rdnr. 30 f.; *Altmeppen*, in: Roth/Altmeppen, Rdnr. 4; s. auch OLG Zweibrücken v. 11.12.1994 – 8 U 158/93, GmbHR 1996, 122; zu § 21 OLG Celle v. 12.5.1997 – 9 U 204/96, GmbHR 1997, 748; abw. *Schuler*, GmbHR 1961, 98.
13 Vgl. OLG Hamm v. 16.9.1992 – 8 U 203/91, GmbHR 1993, 360, 361 für den Fall einer Verpflichtungs- und Unterwerfungserklärung des Gesellschafters.
14 BGH v. 29.6.1961 – II ZR 39/60, GmbHR 1961, 144, 145; OLG Celle v. 27.7.1994 – 9 U 125/93, GmbHR 1994, 801; *W. Müller*, in: Ulmer/Habersack/Löbbe, Rdnr. 28; *Fastrich*, in: Baumbach/

Inhalt der Erklärung gilt das in Rdnr. 12 Gesagte. Die Einforderung ist als Fälligkeitsvoraussetzung nicht schon deshalb entbehrlich, weil der Gesellschaftsvertrag die sofortige Volleinzahlung bestimmt[15], es sei denn, dass der Leistungszeitpunkt in der Satzung zugleich kalendermäßig festgelegt ist (Rdnr. 6) oder sonst alle Gesellschafter einschließlich des Einlageschuldners bei dem Beschluss anwesend waren. Die Zuständigkeit der Geschäftsführer erstreckt sich auch auf die Einforderung der bei Anmeldung fällig werdenden ergänzenden Geldeinlageleistungen des Sacheinlegers wegen eines Mangels des Einlagegegenstandes (s. § 5 Rdnr. 64) und/oder wegen Überbewertung (s. § 9 Rdnr. 13) sowie der anteiligen einlageähnlichen Ergänzungsleistungen zum Ausgleich einer in diesem Zeitpunkt bestehenden Vorbelastung (Rdnr. 3). Mehrleistungen auf die Geschäftsanteile können die Geschäftsführer dagegen ohne Mitwirkung der Gesellschafter nur rechtswirksam einfordern, wenn der Gesellschaftsvertrag sie dazu ermächtigt (Rdnr. 13).

b) Nach Eintragung der Gesellschaft

Nach der Eintragung der GmbH setzt eine rechtswirksame Einforderung grundsätzlich einen Gesellschafterbeschluss und die Anforderung der Einlage durch den Geschäftsführer voraus. 9

aa) Erforderlich ist zunächst **ein Gesellschafterbeschluss** über die Einforderung (§ 46 Nr. 2), 10
der die Höhe der einzuzahlenden Beträge und die Leistungszeit bestimmt; Letzteres kann er auch in das Ermessen der Geschäftsführer stellen. Der Beschluss hat den Gleichbehandlungsgrundsatz zu wahren (§ 19 Abs. 1, dazu § 19 Rdnr. 17). Er ist, wenn die Satzung nichts Anderes bestimmt (Rdnr. 13), mit einfacher Mehrheit zu fassen; die betroffenen Gesellschafter sind stimmberechtigt, da § 47 Abs. 4 hierbei nicht eingreift[16]. Die ablehnende Stimmabgabe kann aber u.U. wegen Verstoßes gegen die gesellschaftliche Treuepflicht unwirksam sein (s. § 14 Rdnr. 84). Ebenso kann eine Weigerung möglicherweise die Ausschließung des Betreffenden (s. Anh. § 34 Rdnr. 26 ff.) oder die Auflösungsklage gemäß § 61 rechtfertigen[17]. Beim Erwerb einer vermögenslosen Mantelgesellschaft, der von der Rechtsprechung u.U. als wirtschaftliche Neugründung behandelt wird (§ 3 Rdnr. 22), was zur Anwendung der Regeln über die Kapitalaufbringung führt, muss auch § 20 analog angewendet werden mit der weiteren Maßgabe, dass zeitlich an den Erwerb anzuknüpfen ist[18].

Die Einforderung ohne einen wirksamen Gesellschafterbeschluss ist, auch wenn die Einlage 11
gleichwohl fällig war, im Allgemeinen unwirksam, s. § 19 Rdnr. 25. **Ausnahmsweise** bedarf es **keines Einforderungsbeschlusses**, wenn die Gesellschaft sich im Insolvenzverfahren oder in Liquidation befindet; die Einlageforderung kann dann, soweit sie für diese Zwecke erforderlich ist, durch den Insolvenzverwalter oder die Liquidatoren geltend gemacht werden[19]. Entsprechendes gilt bei der Pfändung der Einlageforderung für den Pfändungsgläubiger[20], s.

Hueck, Rdnr. 3; *Altmeppen*, in: Roth/Altmeppen, Rdnr. 3; *Pentz*, in: Rowedder/Schmidt-Leithoff, Rdnr. 5.

15 OLG München v. 1.2.1984 – 7 U 4142/83, GmbHR 1985, 56 f.; OLG Hamburg v. 23.8.1991 – 11 U 55/91, GmbHR 1991, 578; *Bayer*, in: Lutter/Hommelhoff, Rdnr. 3; a.A. OLG Köln v. 14.12.1994 – 26 U 19/94, BB 1995, 426, 427; *W. Müller*, in: Ulmer/Habersack/Löbbe, Rdnr. 33.

16 RG v. 18.10.1932 – II 91/32, RGZ 138, 106, 111; RG v. 18.1.1915 – II 434/14, JW 1915, 195, 196; BGH v. 9.7.1990 – II ZR 9/90, GmbHR 1990, 452, 453; *W. Müller*, in: Ulmer/Habersack/Löbbe, Rdnr. 15 f.; *Altmeppen*, in: Roth/Altmeppen, Rdnr. 3; *Pentz*, in: Rowedder/Schmidt-Leithoff, Rdnr. 8.

17 RG v. 18.10.1932 – II 91/32, RGZ 138, 106, 111; *W. Müller*, in: Ulmer/Habersack/Löbbe, Rdnr. 16.

18 *W. Müller*, in: Ulmer/Habersack/Löbbe, Rdnr. 13 in Auseinandersetzung mit LG Dresden v. 18.7.2000 – 9 O 699/00, ZIP 2000, 1834; wie hier auch *Ebbing*, in: Michalski u.a., Rdnr. 13.

19 RG v. 23.6.1911 – II 601/10, RGZ 76, 434, 437 ff.; RG v. 18.10.1932 – II 91/32, RGZ 138, 106, 111; OLG Celle v. 27.7.1994 – 9 U 125/93, GmbHR 1994, 801.

20 RG v. 23.6.1911 – II 601/10, RGZ 76, 434, 439; RG v. 9.1.1931 – II 157/30, RGZ 131, 146, 147; RG v. 12.11.1935 – II 48/35, RGZ 149, 293, 301; *Ebbing*, in: Michalski u.a., Rdnr. 14.

auch § 19 Rdnr. 112. Ein Beschluss ist ferner nicht für die Einziehung der Einlageforderungen notwendig, die die Geschäftsführer bereits im Gründungsstadium anfordern konnten und müssten (Rdnr. 8). Dringender Kapitalbedarf der Gesellschaft macht einen Gesellschafterbeschluss nicht entbehrlich.

12 **bb)** Es bedarf ferner einer **Anforderung** des **Stammeinlagebetrags** durch die **Geschäftsführer**, die den Einforderungsbeschluss (Rdnr. 10) gegenüber den Zahlungspflichtigen vollzieht[21] (s. zu den Einzelheiten § 19 Rdnr. 14). Eine besondere Form schreibt das Gesetz nicht vor, aber die Satzung kann nähere Bestimmungen darüber treffen, z.B. die Anforderung durch eingeschriebenen Brief anordnen. Nicht möglich ist aber die Beschränkung auf eine öffentliche Bekanntmachung, da der Zugang gewährleistet sein muss[22]. Fehlt eine dahingehende Satzungsbestimmung, so genügt auch eine mündliche Erklärung.

13 **cc)** Die **Satzung** kann die **Mitwirkung** der **Gesellschafterversammlung ausschließen** und die „Einforderung" dem Aufsichtsrat, einem Beirat, einem Gesellschafter, dem Geschäftsführer usw. zuweisen (§ 45 Abs. 2)[23]. Die Durchführung (Anforderung) obliegt auch hier regelmäßig dem Geschäftsführer, aber der Gesellschaftsvertrag kann sie, da das Innenverhältnis der Gesellschaft betroffen ist, dem für zuständig erklärten Organ oder dessen Vorsitzenden übertragen[24]. Enthält die Satzung (nicht kalendermäßig; s. dazu Rdnr. 6, 21) bestimmte oder bestimmbare Zahlungstermine, so ist im Zweifel anzunehmen, dass die Geschäftsführer ohne Gesellschafterbeschluss (Rdnr. 10) zur Einforderung berechtigt sind. Es kann sogar sein, dass in diesem Fall sofortige Fälligkeit eintritt, § 19 Rdnr. 13. Es ist aber durch Auslegung zu ermitteln, ob die Satzung wirklich sofortige Fälligkeit (mit der Folge der Verzinsungspflicht) ohne Einforderung mindestens durch den Geschäftsführer verfügen will (Rdnr. 14), was aber für den Fall gewollt sein kann, dass dringender Kapitalbedarf besteht[25].

2. Zahlungstermine

14 Sind im Gesellschaftsvertrag kalendermäßige Zahlungstermine bestimmt, so dass diese als Leistungszeit (§ 286 Abs. 2 BGB), nicht etwa nur als Fristen für eine Einforderung erscheinen, und ist die Höhe der jeweiligen Einzahlungsrate und die Art der Zahlung (etwa durch Angabe des Gesellschaftskontos) dort ausreichend bestimmt, so wird die Zahlung mit dem Termin fällig, ohne dass es einer Anforderung bedarf (Rdnr. 6, 13, Nachw. bei § 19 Rdnr. 13). Sind sie anderweitig bestimmt oder bestimmbar, so entfällt nur die Notwendigkeit eines Gesellschafterbeschlusses (Rdnr. 13). Bestehen *keine Zahlungstermine* und sagt das Statut nichts über Einforderungsfristen (z.B.: „nicht vor dem 1.4.2000"), was in Bezug auf Datum und Höhe der Zahlung genau bestimmt sein muss[26], so steht die Einforderung nach Zeit und Umfang im freien Ermessen der Gesellschafterversammlung oder des statutarisch an ihre Stelle tretenden Organs (Rdnr. 13), ohne dass Notwendigkeit oder Zweckmäßigkeit bemängelt werden kann (s. § 19 Rdnr. 15). Der Einforderungsbeschluss kann aber im Einzelfall we-

---

21 OLG München v. 1.2.1984 – 7 U 4142/83, GmbHR 1985, 56, 57; *W. Müller*, in: Ulmer/Habersack/Löbbe, Rdnr. 17; *Fastrich*, in: Baumbach/Hueck, Rdnr. 3; *Bayer*, in: Lutter/Hommelhoff, Rdnr. 3; *Altmeppen*, in: Roth/Altmeppen, Rdnr. 3; *Pentz*, in: Rowedder/Schmidt-Leithoff, Rdnr. 5.

22 *Pentz*, in: Rowedder/Schmidt-Leithoff, Rdnr. 12; *Ebbing*, in: Michalski u.a., Rdnr. 16; abw. *Fastrich*, in: Baumbach/Hueck, Rdnr. 4; *Bayer*, in: Lutter/Hommelhoff, Rdnr. 3.

23 RG v. 10.4.1907 – I 392/06, RGZ 65, 432, 434; RG v. 18.10.1932 – II 91/32, RGZ 138, 106, 111; OLG Zweibrücken v. 11.12.1994 – 8 U 158/93, GmbHR 1996, 122; *W. Müller*, in: Ulmer/Habersack/Löbbe, Rdnr. 38; *Pentz*, in: Rowedder/Schmidt-Leithoff, Rdnr. 9.

24 *W. Müller*, in: Ulmer/Habersack/Löbbe, Rdnr. 39.

25 *W. Müller*, in: Ulmer/Habersack/Löbbe, Rdnr. 29; *Ebbing*, in: Michalski u.a., Rdnr. 20.

26 *Ebbing*, in: Michalski u.a., Rdnr. 17; zum Unterschied von Einzahlungstermin und Fristbestimmung *W. Müller*, in: Ulmer/Habersack/Löbbe, Rdnr. 32.

gen Verletzung der gesellschaftsrechtlichen Treuepflicht (s. § 14 Rdnr. 64 ff.) oder wegen un-
gleichmäßiger Einforderung (§ 19 Abs. 1) hinsichtlich des Betrags oder des Zeitpunkts an-
fechtbar sein (§ 19 Rdnr. 17); dann fällt mit seiner Nichtigerklärung rückwirkend auch die
Säumnis weg. Ohne Anfechtung bewendet es dagegen bei der Zahlungspflicht[27]. War *nur* die
Anforderung (Rdnr. 12) mit einem dieser Mängel behaftet, so steht dem Gesellschafter ein
Leistungsverweigerungsrecht zu[28]. Dem Gesellschafter steht ein Auskunftsrecht über die He-
ranziehung der übrigen Gesellschafter zu (s. schon § 19 Rdnr. 25); eine Verweigerung dieser
Auskunft kann der Gesellschafter der Anforderung entgegenhalten[29].

3. Zahlung „nicht zur rechten Zeit"

Die Leistung erfolgt „nicht zur rechten Zeit", wenn sie nicht innerhalb der bestimmten Zah-   15
lungsfrist oder, wenn es daran fehlt, nicht sofort (§ 271 Abs. 1 BGB) nach dem Zugang der
Anforderung erfolgt[30], ohne dass es einer Mahnung (§ 286 Abs. 1 BGB) bedarf. Insoweit unterscheidet sich § 20 von der Verzugsregelung im BGB, während im Falle statutarisch festen
Zahlungstermins die Verzugsfolge schon mit Ablauf dieses Termins eintritt, entsprechend
dem § 286 Abs. 2 BGB. Die Leistung muss danach so schnell bewirkt werden, wie das den
(objektiven) Umständen nach möglich ist, i.d.R. werden zwei bis drei Tage nach Vertragsabschluss genügen[31]. Es reicht also nicht aus, dass die Leistung innerhalb einer angemessenen Frist[32] erfolgt ist. Die Verzinsungspflicht nach § 20 setzt kein Verschulden des Gesellschafters voraus[33]; deshalb wäre die Anwendung des etwa in § 121 Abs. 1 und 2 BGB genannten
Maßstabs („unverzüglich") unpassend.

4. Annahmeverzug der Gesellschaft

Die Zinspflicht besteht so lange nicht, als die Gesellschaft nicht bereit oder nicht in der Lage   16
ist, die Zahlung entgegenzunehmen; die Gesellschafter sind dann nicht säumig[34].

IV. Rechtsfolge: Verzugszinsen

1. Höhe

Nicht klar geregelt ist die Höhe des geschuldeten Zinses. Der Ausdruck „Verzugszinsen von   17
Rechts wegen" bedeutet einerseits, dass die Zinsen ab Fälligkeit unabhängig von einer Mah-

---

27   OLG Köln v. 25.3.1987 – 17 U 23/86, NJW-RR 1988, 356, 357; *Altmeppen*, in: Roth/Altmeppen,
     Rdnr. 7; *Pentz*, in: Rowedder/Schmidt-Leithoff, Rdnr. 30. Bis zur Nichtigerklärung besteht die Ver-
     zinsungspflicht, *Schwandtner*, in: MünchKomm. GmbHG, Rdnr. 9.
28   So auch *Altmeppen*, in: Roth/Altmeppen, Rdnr. 7; *Saenger*, in: Saenger/Inhester, Rdnr. 3.
29   Zum Auskunftsrecht RG v. 10.4.1907 – I 392/06, RGZ 65, 432, 435; OLG Köln v. 25.3.1987 – 17 U
     23/86, NJW-RR 1988, 356; zum Verweigerungsrecht und dem Entfallen der Säumnis des Gesell-
     schafters *W. Müller*, in: Ulmer/Habersack/Löbbe, Rdnr. 25; *Altmeppen*, in: Roth/Altmeppen, Rdnr. 7;
     Ebbing, in: Michalski u.a., Rdnr. 26, 27 f.
30   *W. Müller*, in: Ulmer/Habersack/Löbbe, Rdnr. 20; *Fastrich*, in: Baumbach/Hueck, Rdnr. 5; *Bayer*,
     in: Lutter/Hommelhoff, Rdnr. 4; *Altmeppen*, in: Roth/Altmeppen, Rdnr. 6.
31   OLG Köln v. 14.12.1994 – 26 U 19/94, WM 1995, 488, 490; OLG Brandenburg v. 17.1.2001 – 7 U
     151/00, NZG 2001, 366 ff.; *Bartels*, in: Bork/Schäfer, Rdnr. 4.
32   Zur Objektivität der Fristbestimmung *Altmeppen*, in: Roth/Altmeppen, Rdnr. 6.
33   *W. Müller*, in: Ulmer/Habersack/Löbbe, Rdnr. 20; *Pentz*, in: Rowedder/Schmidt-Leithoff, Rdnr. 17;
     Bayer, in: Lutter/Hommelhoff, Rdnr. 4.
34   *W. Müller*, in: Ulmer/Habersack/Löbbe, Rdnr. 23.

nung geschuldet sind[35], könnte aber weiter darauf hindeuten, dass die gesetzliche Regelung über Verzugszinsen anzuwenden ist, also (§ 288 BGB) der Zinssatz 5 bzw. 9 Prozentpunkte über dem Basiszinssatz (§ 247 BGB) läge[36]. Diese Auslegung wird überwiegend für unangebracht gehalten[37]. Als Argument ist zunächst anzuführen, dass die Regelung des BGB über Verzugszinsen auf Verpflichtungen bezogen ist, deren Schuldner ein Entgelt für eine empfangene Leistung zu entrichten hat[38]. Außerdem passt die Unterscheidung des § 288 Abs. 1 und 2 BGB nach der Verbrauchereigenschaft des Schuldners im Gesellschaftsrecht nicht. Es kommt hinzu, dass die richtlinienbedingte Veränderung des § 288 BGB dazu zwingen würde, zwischen Einlageschulden und Fälligkeit vor und nach dem 30.4.2000, dem Stichtag der Gesetzesänderung vom Jahre 2000, zu unterscheiden, was mit dem in § 20 angestrebten zusätzlichen Gläubigerschutz (Rdnr. 1) nichts zu tun hat. Schließlich wird darauf hingewiesen, dass für die AG kraft ausdrücklicher Regelung in § 63 Abs. 2 AktG ein Zinssatz von 5 % vorgesehen ist, und eine so hohe Diskrepanz zwischen Aktien- und GmbH-Recht nicht erklärlich ist[39]. Aus diesen Gründen ist es überzeugend, die Bezeichnung als „Verzugszinsen" nicht als einen Verweis auf § 288 BGB anzusehen, sondern von „**Fälligkeitszinsen**"[40] auszugehen, die nach § 246 BGB **4 %** betragen. Der höhere Satz gemäß §§ 343, 352 HGB kommt nicht zum Zuge, da der Abschluss des Gesellschaftsvertrags gewöhnlich kein Handelsgeschäft ist[41], was freilich im Einzelfall anders liegen kann, wenn alle Gesellschafter als Kaufleute handeln, zumal die Gesellschaft selber am Geschäft nicht teilnimmt[42].

18 Der **Gesellschaftsvertrag**, nicht die Gesellschafterversammlung oder ein sonstiges zur Einforderung befugtes Organ, kann *höhere* Zinsen festsetzen[43], während die Möglichkeit, einen niedrigeren Zinssatz zu bestimmen (bis hin zum Verzicht auf die Verzinsung), wegen des zwingenden Charakters der Norm (Rdnr. 1) unzulässig ist (Rdnr. 20).

2. Schuldner

19 Der **säumige Gesellschafter** hat die Zinspflicht. Ein Rechtsvorgänger eines kaduzierten Gesellschafters haftet für die Zinsen nicht (s. § 22 Rdnr. 13a), auch nicht die Mitgesellschafter (§ 24 Rdnr. 3). Ein Rechtsnachfolger haftet für die zur Zeit der Anmeldung rückständigen Zinsen neben dem Veräußerer (§ 16 Abs. 2). Mitberechtigte an einem Geschäftsanteil haften als Gesamtschuldner (§ 18 Abs. 2); bei Miterben ist hinsichtlich der Anforderung § 18 Abs. 3 Satz 2 zu beachten.

---

35 *Pentz*, in: Rowedder/Schmidt-Leithoff, Rdnr. 19; *W. Müller*, in: Ulmer/Habersack/Löbbe, Rdnr. 20.
36 So in der Tat *Pentz*, in: Rowedder/Schmidt-Leithoff, Rdnr. 19; s. auch *Wachter*, GmbHR 2002, 665, 667.
37 *Ebbing*, in: Michalski u.a., Rdnr. 30; *Fastrich*, in: Baumbach/Hueck, Rdnr. 6; *Schwandtner*, in: MünchKomm. GmbHG, Rdnr. 13; *Verse*, in: Henssler/Strohn, Gesellschaftsrecht, Rdnr. 7.
38 Vgl. *Altmeppen*, in: Roth/Altmeppen, Rdnr. 9.
39 *Fastrich*, in: Baumbach/Hueck, Rdnr. 6.
40 *Altmeppen*, in: Roth/Altmeppen, Rdnr. 10; *Bayer*, in: Lutter/Hommelhoff, Rdnr. 5; *W. Müller*, in: Ulmer/Habersack/Löbbe, Rdnr. 42 f.; *Ebbing*, in: Michalski u.a., Rdnr. 30; *Saenger*, in: Saenger/Inhester, Rdnr. 5.
41 OLG Köln v. 14.12.1994 – 26 U 19/94, WM 1995, 488; *Ebbing*, in: Michalski u.a., Rdnr. 31; *Fastrich*, in: Baumbach/Hueck, Rdnr. 6; *Bayer*, in: Lutter/Hommelhoff, Rdnr. 5; *Verse*, in: Henssler/Strohn, Gesellschaftsrecht, Rdnr. 6.
42 Für diesen Fall für einen Zinssatz von 5 % *W. Müller*, in: Ulmer/Habersack/Löbbe, Rdnr. 45.
43 *Pentz*, in: Rowedder/Schmidt/Leithoff, Rdnr. 26; *Fastrich*, in: Baumbach/Hueck, Rdnr. 6; *Ebbing*, in: Michalski u.a., Rdnr. 32.

3. Aufrechnung, Erlass, Verjährung

Die **Aufrechnung** gegen die Zinspflicht ist statthaft[44], denn das Verbot des § 19 Abs. 2 betrifft nur die Einlagepflicht und das Befreiungsverbot in § 25 bezieht sich nicht auf § 20. Bei wirksamer Aufrechnung gelangt anstelle der Zinsen ein zusätzlicher Wert in das Vermögen der Gesellschaft, so dass unter dem Gesichtspunkt effektiver Kapitalaufbringung keine andere Auslegung geboten ist. Dagegen sind der **Erlass und Verzicht** wegen des zwingenden Charakters des § 20 (s. Rdnr. 1) unstatthaft[45]. Wenn man mit einem Teil der Lit. die Vorschrift für abdingbar hält, kann ein Verzicht auf geschuldete Zinsen aber eine Einlagenrückgewähr i.S. des § 30 darstellen[46]. Verzicht, Stundung oder Erlass der Zinsen fallen in die Zuständigkeit der Gesellschafterversammlung. Sachlich sinnvoll ist es, bezüglich der **Verjährung** des Zinsanspruchs § 19 Abs. 6 entsprechend anzuwenden, obwohl dies vom Wortlaut nicht gedeckt ist; aber die Verjährung nach BGB-Regeln passt nicht zu den Voraussetzungen der Fälligkeit des Einlageanspruchs[47].   20

V. Weitere Verzugsfolgen

1. Schadensersatz

Die Regelung über Fälligkeitszinsen (§ 20) ändert nichts an dem Grundsatz in § 288 Abs. 3 BGB, wonach der Gläubiger von dem säumigen Schuldner weitergehenden Schadensersatz verlangen kann, falls er einen über 4 % hinausgehenden Verzugsschaden darzutun vermag. Erforderlich ist aber, dass die allgemeinen Verzugsvoraussetzungen (§ 286 BGB) erfüllt sind. Die Einforderung der Stammeinlagerate (Rdnr. 6 ff.) ist regelmäßig noch keine Mahnung i.S. des § 286 Abs. 1 BGB; sie ist aber für den Verzugseintritt notwendig, sofern die Leistungszeit nicht kalendermäßig bestimmt ist (in diesem Sinne auch § 286 Abs. 2 Nr. 2 BGB). Der Verzug setzt **Verschulden** voraus (§§ 280 Abs. 2, 286 BGB), doch hat der Gesellschafter eine fehlende finanzielle Leistungsfähigkeit stets zu vertreten. Für den Zeitraum, für den der Zinsanspruch gemäß § 20 besteht, können die allgemeinen Zinsansprüche nicht kumulativ erhoben werden[48].   21

2. Vertragsstrafen

Gesellschaftsverträge sehen mitunter Vertragsstrafen vor. Dies ist zulässig. § 20 Abs. 2 der Fassung v. 1892 sprach dies ausdrücklich aus. Der Abs. 2 wurde durch Art. 11 EinfG z. HGB gestrichen. Jetzt gilt das BGB; das Klauselverbot des § 309 Nr. 6 BGB ist auf die gesellschaftsvertragliche Regelung nicht anwendbar (§ 310 Abs. 4 BGB). Auch sonst bestehen keine grundsätzlichen Bedenken.   22

a) Festsetzung im Gesellschaftsvertrag

Vertragsstrafen können im **Gesellschaftsvertrag** festgelegt werden und **binden** als gesellschaftliche Nebenverpflichtungen zur Einlagepflicht **auch** die **Rechtsnachfolger**. Dies gilt so-   23

---

44 *Fastrich*, in: Baumbach/Hueck, Rdnr. 7; *Altmeppen*, in: Roth/Altmeppen, Rdnr. 11; *W. Müller*, in: Ulmer/Habersack/Löbbe, Rdnr. 47; *Pentz*, in: Rowedder/Schmidt-Leithoff, Rdnr. 28; *Schwandtner*, in: MünchKomm. GmbHG, Rdnr. 25. A.A. (§ 19 voll anwendbar) *Bayer*, in: Lutter/Hommelhoff, Rdnr. 5; *Ebbing*, in: Michalski u.a., Rdnr. 38; *Saenger*, in: Saenger/Inhester, Rdnr. 5.

45 *Altmeppen*, in: Roth/Altmeppen, Rdnr. 11; *Bayer*, in: Lutter/Hommelhoff, Rdnr. 5; a.A. *W. Müller*, in: Ulmer/Habersack/Löbbe, Rdnr. 47; *Fastrich*, in: Baumbach/Hueck, Rdnr. 7.

46 *Pentz*, in: Rowedder/Schmidt-Leithoff, Rdnr. 28.

47 *Schwandtner*, in: MünchKomm. GmbHG, Rdnr. 17.

48 *Schwandtner*, in: MünchKomm. GmbHG, Rdnr. 28.

wohl vom Gründungsstatut wie von den neuen Geschäftsanteilen, die durch einen Kapitalerhöhungsbeschluss geschaffen werden. Die Anforderungen an eine nachträgliche Begründung sind hoch: Vertragsstrafen können durch **Satzungsänderung** nur mit Zustimmung aller derjenigen gegenwärtigen Gesellschafter eingeführt werden, die durch sie betroffen werden oder betroffen werden können (§ 53 Abs. 3)[49]. Die Vertragsstrafe braucht nicht sämtliche Gesellschafter zu betreffen; sie kann auch nur zu Lasten Einzelner von ihnen vorgesehen sein. Andere können die Einlage, z.B. eine Sacheinlage, voll bewirkt haben; dann ist deren Zustimmung für die Einführung einer Vertragsstrafe nicht erforderlich[50].

b) Voraussetzungen

24 Die Vertragsstrafe kann für **jeden Fall nicht gehöriger Erfüllung** vorgesehen werden, also regelmäßig für nicht rechtzeitige Leistung der Einlage. In diesem Fall ist Verzug Voraussetzung der Strafverwirkung (§ 339 Satz 1 BGB), sofern die Satzung die Anforderungen nicht abschwächt (z.B. Verzicht auf Mahnung oder Verschulden). Dies gilt auch von nicht rechtzeitiger Bewirkung der Sacheinlage oder etwaiger nach § 3 Abs. 2 vorgesehener gesellschaftlicher Sonderleistungen. Die Strafe kann auch zur Sicherung einer Unterlassungspflicht vorgesehen sein, so besonders für den Fall der Zuwiderhandlung gegen ein im Statut vorgesehenes Konkurrenzverbot. Sie ist dann mit der Zuwiderhandlung verwirkt (§ 339 Satz 2 BGB), falls nicht die Auslegung des Statuts eine andere Beurteilung verlangt[51].

25 Dagegen ist **§ 340 Abs. 1 Satz 1 BGB**, wonach die Strafe auch **für den Fall der Nichterfüllung** und mit der Wirkung vereinbart werden kann, dass der Gläubiger (hier die GmbH) die Strafe an Stelle der Erfüllung verlangen kann, insoweit unanwendbar, als damit die Vertragsstrafe an die Stelle der Einlage, sei es Bar- oder Sacheinlage, treten würde[52]. Dies stünde mit den zwingenden Vorschriften über Bewirkung der Einlagen (§§ 7, 8, 19, 21 ff.) in Widerspruch, zumal die Vertragsstrafe nicht die rechtliche Natur der Einlage erlangt und ihr Aufkommen nicht nach Maßgabe des § 19 Abs. 2 (Aufrechnungsverbot usw.) und der §§ 21 bis 25 gesichert ist[53]. Dagegen kann auf Sonderpflichten nach § 3 Abs. 2 der § 340 Abs. 1 BGB anwendbar werden (s. zum Nebeneinander von Vertragsstrafe und Verzugszinsen Rdnr. 28). Soweit es sich um die Einlage handelt, kann die Strafe nur neben der Erfüllung verlangt werden. Nach § 341 Abs. 3 BGB müssen die Geschäftsführer, wenn sie die nicht rechtzeitig geleistete Einlage annehmen, sich das Recht auf die Strafe ausdrücklich vorbehalten, widrigenfalls sie diese nicht mehr verlangen können.

c) Rechtsfolgen

26 **Gegenstand** der **Vertragsstrafe** ist regelmäßig ein **Geldbetrag**. Zulässig und zweckmäßig ist aber auch eine Rechtsbeschränkung oder ein Rechtsverlust, z.B. Ruhen des Gewinnbezugs-

---

49 *W. Müller*, in: Ulmer/Habersack/Löbbe, Rdnr. 53; *Bayer*, in: Lutter/Hommelhoff, Rdnr. 7; *Fastrich*, in: Baumbach/Hueck, Rdnr. 9; *Altmeppen*, in: Roth/Altmeppen, Rdnr. 12; *Pentz*, in: Rowedder/Schmidt-Leithoff, Rdnr. 22; *Schwandtner*, in: MünchKomm. GmbHG, Rdnr. 31.

50 Für Anwendung des Gleichbehandlungsgebots bei der Festsetzung der Vertragsstrafe *Schwandtner*, in: MünchKomm. GmbHG, Rdnr. 33; *Ebbing*, in: Michalski u.a., Rdnr. 49.

51 RG v. 8.3.1912 – III 291/11, JW 1912, 582; es wird insoweit trotz des unklaren Wortlauts angenommen, auch den Verstoß gegen eine Unterlassungspflicht müsse der Schuldner zu vertreten haben, BGH v. 29.6.1972 – II ZR 101/70, NJW 1972, 1893.

52 H.M.; vgl. *W. Müller*, in: Ulmer/Habersack/Löbbe, Rdnr. 57; *Fastrich*, in: Baumbach/Hueck, Rdnr. 9; *Ebbing*, in: Michalski u.a., Rdnr. 45; *Bayer*, in Lutter/Hommelhoff, Rdnr. 7; *Pentz*, in: Rowedder/Schmidt-Leithoff, Rdnr. 22; *Schwandtner*, in: MünchKomm. GmbHG, Rdnr. 36.

53 *W. Müller*, in: Ulmer/Habersack/Löbbe, Rdnr. 57.

rechts oder des Stimmrechts während des Verzuges[54]. Sogar der Verlust des Mitgliedschaftsrechts (des Geschäftsanteils) kann als Vertragsstrafe bedungen werden. Dies kann durch Einziehung (Amortisation) des Geschäftsanteils aber nur erfolgen, wenn deren Voraussetzungen in der Satzung vorgesehen sind (§ 34) und die Einlage voll eingezahlt ist, und allein wegen Säumnis mit der Zinszahlung wird die Einziehung i.d.R. unverhältnismäßig sein.

Das **richterliche Ermäßigungsrecht** (§ 343 BGB) gilt auch hier. Ein Gesellschafter, der bei Begründung der Vertragsstrafe im Gesellschaftsvertrag Kaufmann war, und der das Strafversprechen im Betriebe seines Handelsgewerbes abgegeben hat, was nach § 344 HGB vermutet wird, kann jedoch die Herabsetzung nicht verlangen (§ 348 HGB)[55] (s. zur Anwendung des für Kaufleute geltenden Zinssatzes Rdnr. 17). Geht der Geschäftsanteil eines Kaufmanns auf einen Nicht-Kaufmann über, so kann dieser sich auf das Ermäßigungsrecht berufen, obgleich sein Vormann es nicht konnte. War jedoch zur Zeit der Anmeldung des Erwerbers die Vertragsstrafe durch den Vormann bereits verwirkt, so haftet der Erwerber dafür als Gesamtschuldner (§ 16 Abs. 2)[56].   27

d) Verhältnis von Fälligkeitszinsen und Vertragsstrafe

Verzugszinsen (= Fälligkeitszinsen) **und Vertragsstrafe** können im **Gesellschaftsvertrag kumulativ festgesetzt** sein. Dann hat es hierbei sein Bewenden, vorbehaltlich des Ermäßigungsrechts (Rdnr. 27). Mangels Kumulierung im Statut, die durch Auslegung festgestellt werden müsse, ist aber davon auszugehen, dass die Verzugszinsen, soweit sie nicht etwa die Vertragsstrafe übersteigen, durch die letztere absorbiert werden[57]. Denn beide Verzugsfolgen bedeuten einen Mindestschadensersatz (§§ 288 Abs. 4, 340 Abs. 2, 341 Abs. 2 BGB). Darüber hinaus kann nur ein konkret nachweisbarer Schaden ersetzt verlangt werden; doch ist der Betrag der Verzugszinsen der in jedem Falle zu zahlende Mindestbetrag[58]. Prozesszinsen (§ 291 BGB) greifen neben der Vertragsstrafe Platz, doch nicht neben den Verzugszinsen[59].   28

e) Stundung, Erlass und Aufrechnung

Stundung und Erlass der Vertragsstrafe sowie Aufrechnung sind uneingeschränkt statthaft. Wird die Einlageleistung angenommen, kann die Vertragsstrafe nur noch verlangt werden, wenn dies ausdrücklich vorbehalten wurde (§ 341 Abs. 3 BGB). Zum Erlass und Verzicht bei Verzugszinsen s. Rdnr. 20.   29

3. Kaduzierung

Die schwerwiegendste Rechtsfolge bei verzögerter Einzahlung ist die Kaduzierung nach den §§ 21–25.   30

---

54 *W. Müller*, in: Ulmer/Habersack/Löbbe, Rdnr. 56; *Fastrich*, in: Baumbach/Hueck, Rdnr. 9; *Bayer*, in: Lutter/Hommelhoff, Rdnr. 7; *Ebbing*, in: Michalski u.a., Rdnr. 43.
55 *W. Müller*, in: Ulmer/Habersack/Löbbe, Rdnr. 58; *Fastrich*, in: Baumbach/Hueck, Rdnr. 9; *Bayer*, in: Lutter/Hommelhoff, Rdnr. 7. A.A. *Pentz*, in: Rowedder/Schmidt-Leithoff, Rdnr. 25 sowie *Altmeppen*, in: Roth/Altmeppen, Rdnr. 13, weil die Regeln für Handelsgeschäfte nicht für Einlageversprechen passten; so im Ergebnis auch *Verse*, in: Henssler/Strohn, Gesellschaftsrecht, Rdnr. 12.
56 *W. Müller*, in: Ulmer/Habersack/Löbbe, Rdnr. 58.
57 *Altmeppen*, in: Roth/Altmeppen, Rdnr. 12; *W. Müller*, in: Ulmer/Habersack/Löbbe, Rdnr. 59; *Verse*, in: Henssler/Strohn, Gesellschaftsrecht, Rdnr. 12.
58 Zur Strafe als Mindestbetrag des Schadens *Schaub*, in: Erman, 15. Aufl. 2017, § 340 BGB Rdnr. 5.
59 RG v. 4.3.1918 – VI 76/16, RGZ 92, 283.

VI. Jahresabschluss und Verwendung

31 Die Einnahmen aus Verzugszinsen und Vertragsstrafen gehören zu den außerordentlichen Erträgen i.S. der §§ 275 Abs. 2 Nr. 12 oder Abs. 3 Nr. 10 HGB. Sie sind, auch wenn sie wegen verzögerter Stammeinlageleistungen anfallen, in der Jahresbilanz nicht wie ein Agio in die Kapitalrücklage (§§ 266 Abs. 3 A II, 272 Abs. 2 HGB) einzustellen. Die Gesellschaft ist, soweit nicht § 30 entgegensteht, in ihrer Verwendung frei[60]. Sie kann sie, soweit sie in den Jahresüberschuss eingeflossen sind, im Rahmen der Ergebnisverwendung den Gewinnrücklagen zuführen oder ausschütten (§ 29 Abs. 1 und 2).

---

60 *W. Müller*, in: Ulmer/Habersack/Löbbe, Rdnr. 61; *Bayer*, in: Lutter/Hommelhoff, Rdnr. 8; *Pentz*, in: Rowedder/Schmidt-Leithoff, Rdnr. 32.

§ 21
Kaduzierung

(1) Im Fall verzögerter Einzahlung kann an den säumigen Gesellschafter eine erneute Aufforderung zur Zahlung binnen einer zu bestimmenden Nachfrist unter Androhung seines Ausschlusses mit dem Geschäftsanteil, auf welchen die Zahlung zu erfolgen hat, erlassen werden. Die Aufforderung erfolgt mittels eingeschriebenen Briefes. Die Nachfrist muss mindestens einen Monat betragen.

(2) Nach fruchtlosem Ablauf der Frist ist der säumige Gesellschafter seines Geschäftsanteils und der geleisteten Teilzahlungen zugunsten der Gesellschaft verlustig zu erklären. Die Erklärung erfolgt mittels eingeschriebenen Briefes.

(3) Wegen des Ausfalls, welchen die Gesellschaft an dem rückständigen Betrag oder den später auf den Geschäftsanteil eingeforderten Beträgen der Stammeinlage erleidet, bleibt ihr der ausgeschlossene Gesellschafter verhaftet.

Text seit 1892 unverändert.

Schrifttum (Auswahl): *Apfelbaum*, Die Verpfändung der Mitgliedschaft in der AG, 2005; *P. Baumann*, Die Ausschließung von GmbH-Gesellschaftern, MittRhNotK 1997, 271; *O. Ewald*, GmbH-Anteile als Pfandstücke, ZHR 92 (1928), 96; *M. Gehrlein*, Ausschluss und Abfindung von GmbH-Gesellschaftern, 1997; *M. Graff*, Exekution auf die Einzahlungsverpflichtung des früheren GmbH-Gesellschafters bei nicht voll eingezahlter Stammeinlage, GesRZ 1979, 29; *v. Halem*, Die Kaduzierung von Aktien und Geschäftsanteilen einer GmbH, Diss. Köln 1961; *Hohner*, Subjektlose Rechte, 1969; *Hörstel*, Der Ausschluss des GmbH-Gesellschafters durch Kaduzierung, NJW 1994, 965; *B. Kesselmeier*, Ausschluss- und Nachfolgeregelungen in der GmbH-Satzung, 1989; *D. Köhl*, Die Ausfallhaftung von Hintermännern bzw. Treugebern für nichtgeleistete Stammeinlagezahlungen, GmbHR 1998, 119; *Lieder/Bialluch*, Der eingeschriebene Brief im Gesellschaftsrecht, NZG 2017, 9; *Lutter*, Kapital, Sicherung der Kapitalaufbringung und Kapitalerhaltung in den Aktien- und GmbH-Rechten der EWG, 1964; *Melber*, Die Kaduzierung in der

GmbH, 1993; *Soufleros*, Ausschließung und Abfindung eines GmbH-Gesellschafters, 1983; *Wehrstedt/ Füssenich*, Die Einziehung von GmbH-Geschäftsanteilen, GmbHR 2006, 698.

I. Überblick

1 Die Vorschriften der §§ 21 bis 25 und 28 dienen der **Sicherung der Kapitalaufbringung** bei der GmbH und sind deshalb in erster Linie im Zusammenhang mit den Vorschriften über die Kapitalerhaltung (§§ 30 f.) zu sehen. Keine Probleme bereitet freilich in der Regel die Kapitalaufbringung, soweit es sich um **Sacheinlagen** handelt, da Sacheinlagen vor der Anmeldung der Gesellschaft oder einer Kapitalerhöhung zur Eintragung ins Handelsregister so an die Gesellschaft zu bewirken sind, dass sie endgültig zur freien Verfügung der Geschäftsführer stehen (§§ 7 Abs. 3, 56a). Anders ist die Rechtslage dagegen bei **Bareinlagen**, weil bei ihnen die Anmeldung der Gesellschaft und die einer Kapitalerhöhung zum Handelsregister *lediglich* voraussetzt, dass *ein Viertel* auf die Einlage eingezahlt ist (§§ 7 Abs. 2 Satz 1, 56a). Das Gesetz hat deshalb mit den §§ 21 bis 25 (vgl. auch § 28 für Nachschusspflichten) der Gesellschaft ein **Mittel** an die Hand gegeben, unter allen Umständen auch die **Einzahlung des restlichen Teils der Bareinlagen sicherzustellen.** Der Kern des Verfahrens besteht darin, dass ein Gesellschafter, der seiner Bareinlagepflicht nicht pünktlich nachkommt, gleichsam „zur Strafe" unter engen Voraussetzungen seines Geschäftsanteils *und* der darauf bereits geleisteten Einzahlungen für verlustig erklärt werden kann (s. § 21 Abs. 2 Satz 1), *ohne* doch von der Haftung für den noch ausstehenden Teil der Bareinlage endgültig frei zu werden (§ 21 Abs. 3). Als **Bezeichnung** für dieses eigenartige Ausschlussverfahren hat sich der Begriff der **Kaduzierung** (= Verfall) durchgesetzt[1]. Vorbild der gesetzlichen Regelung waren die entsprechenden Bestimmungen des ADHGB für die Aktiengesellschaft, die sich heute in den **§§ 64 und 65 AktG** finden. Eine vergleichbare Regelung enthält das **öGmbHG** in den **§§ 66 bis 71 und 73.**

2 Der Ausschluss eines Gesellschafters kann außer durch Kaduzierung auch durch **Einziehung** oder Amortisation nach § 34 oder durch die von der Praxis praeter legem entwickelte **Ausschließung** eines Gesellschafters **aus wichtigem Grunde** erreicht werden[2]. Die Einziehung oder Amortisation kommt indessen nur in Betracht, wenn sie im Gesellschaftsvertrag ausdrücklich zugelassen ist (§ 34 Abs. 1), wobei als Gründe meistens die Pfändung eines Gesellschaftsanteils, die Insolvenz eines Gesellschafters sowie schwere Verstöße gegen die Treuepflicht, z.B. die Verletzung eines Wettbewerbsverbotes genannt werden. Von der Einziehung oder Amortisation und der Ausschließung aus wichtigem Grunde unterscheidet sich die Kaduzierung vor allem dadurch, dass sie nach überwiegender Meinung entschädigungslos erfolgt (s. Rdnr. 26a). **Welchen Weg** die Gesellschaft schließlich einschlägt, um bei Zahlungsverzug eines Gesellschafters die dringend nötige Kapitalaufbringung sicherzustellen, steht grundsätzlich in ihrem pflichtgemäßen **Ermessen**, wobei sie jedoch den Gleichbehandlungsgrundsatz beachten und die gebotene Rücksicht auf die legitimen Interessen des Gesellschafters nehmen muss (§ 242 BGB; Rdnr. 3, 9, 14).

3 Die Kaduzierung ist nach § 21 Abs. 1 Satz 1 möglich, sobald ein Gesellschafter der Zahlungspflicht nicht nachkommt, die sich aus seiner Stammeinlagepflicht ergibt. Es handelt sich dabei um ein **Recht der Gesellschaft**, das durch den Gesellschaftsvertrag weder ausgeschlossen noch eingeschränkt, wohl aber erweitert werden kann (§ 25). Eine **Pflicht** der Gesellschaft zur Kaduzierung im Falle der Säumnis eines Gesellschafters mit der Einzahlung seiner restlichen Bareinlage besteht dagegen *nicht* (s. schon Rdnr. 2); vielmehr kann die Gesellschaft in einem derartigen Fall auch den Weg der **Klage und** der anschließenden **Vollstreckung** in das

---

1 S. zur Terminologie *Melber*, Kaduzierung, S. 4 f.
2 S. Anh. § 34 Rdnr. 25 ff. sowie z.B. *Battke*, GmbHR 2008, 350; *Lindemann/Imschweiler*, GmbHR 2009, 423; *Wehrstedt/Füssenich*, GmbHR 2006, 698.

Vermögen des Gesellschafters wählen, wenn ihr dies vorteilhafter erscheint. Beide Verfahren können ferner durchaus nebeneinander betrieben werden, bis das eine oder das andere durch Befriedigung der Gesellschaft oder durch Ausschluss des Gesellschafters sein Ende gefunden hat. Die Gesellschaft ist auch nicht verpflichtet, gegen **mehrere säumige Gesellschafter** stets auf dieselbe Weise vorzugehen, sondern kann je nach der Situation der einzelnen Gesellschafter den Weg wählen, der ihr jeweils am meisten erfolgversprechend erscheint, z.B. gegen einen von ihnen auf Zahlung klagen, gegen einen anderen das Kaduzierungsverfahren betreiben und einen dritten, wenn ein wichtiger Grund vorliegt, (gegen Entschädigung) ausschließen[3].

Die Kaduzierung führt zum Ausschluss des Gesellschafters, anders als die Einziehung (§ 34) aber nicht zur Vernichtung des Geschäftsanteils. Sie löst vielmehr nach § 22 eine **(gestaffelte) Haftung der Rechtsvorgänger** des ausgeschlossenen Gesellschafters für die rückständige Einzahlung auf den Geschäftsanteil aus. Ist auf diese Weise eine Befriedigung der Gesellschaft nicht zu erreichen, so ist als nächstes eine **Verwertung des Anteils** durch öffentliche Versteigerung zu versuchen (§ 23). Hilfsweise haftet außerdem der **ausgeschlossene** Gesellschafter für etwaige noch offene Rückstände sowie für später eingeforderte Beträge fort (§ 21 Abs. 3). Ganz hilfsweise greift schließlich die gefürchtete **Ausfallhaftung** der übrigen Gesellschafter nach § 24 ein. | 4

Über die **praktische Bedeutung** des Kaduzierungsverfahrens besteht Streit. Zum Teil wird aus der geringen Zahl veröffentlichter Urteile zu den §§ 21 bis 24 auf eine geringe Bedeutung des Verfahrens geschlossen. Dem steht jedoch gegenüber, dass gerade in jüngerer Zeit in Deutschland ebenso wie in Österreich wieder eine ganze Anzahl obergerichtlicher Urteile zu den §§ 21 bis 24 (bzw. zu den §§ 66 bis 71 öGmbHG) veröffentlicht worden ist[4]. Außerdem wird immer wieder auf die **generalpräventive Wirkung** des Verfahrens mit seinen gravierenden Folgen für den betroffenen Gesellschafter hingewiesen[5]. Auf keinen Fall aber handelt es sich bei den §§ 21 bis 24 um totes Recht; vielmehr kommen in der Praxis Kaduzierungsverfahren durchaus vor und hängen deshalb mit ihren gravierenden Folgen wie ein Damoklesschwert über jedem säumigen Gesellschafter. | 4a

II. Anwendungsbereich

1. Einzahlung

a) Das Kaduzierungsverfahren ist streng formalisiert, so dass seine Folgen nur bei genauer Beachtung der sich insbesondere aus § 21 ergebenden Voraussetzungen für eine Kaduzierung eintreten[6]. Die erste Voraussetzung ist, dass es sich um eine „verzögerte Einzahlung" handeln muss (§ 21 Abs. 1 Satz 1). Aus dieser Formulierung wird überwiegend der Schluss gezogen, dass Raum für die Anwendung des Kaduzierungsverfahrens **nur bei Bareinlagen**, d.h. bei | 5

---

3 S. Rdnr. 14; z.B. OLG Hamm v. 25.2.2010 – 27 U 24/09, GmbHR 2010, 707, 708.
4 S. insbes. BGH v. 27.9.2016 – II ZR 299/15, NJW 2017, 68 = GmbHR 2017, 30; BGH v. 19.5.2015 – II ZR 291/14, NJW 2015, 2731 = GmbHR 2015, 935 = NZG 2015, 1002; OLG Jena v. 8.6.2007 – 6 U 311/07, GmbHR 2007, 982; OLG Oldenburg v. 26.7.2007 – 1 U 8/07, GmbHR 2007, 1043; OLG Köln v. 29.1.2009 – 18 U 19/08, GmbHR 2009, 1209; OLG Hamm v. 25.2.2010 – 27 U 24/09, GmbHR 2010, 707; 2011, 588; OLG Düsseldorf v. 20.7.2012 – 16 U 55/11, GmbHR 2012, 1135; sowie aus Österreich: OGH v. 7.10.1998 – 3 Ob 196/98i, SZ Bd. 71 (1998) II Nr. 163, S. 303 = NZG 1999, 444; OGH v. 26.1.1999 – 4 Ob 341/98w, SZ Bd. 72 (1999) I Nr. 10, S. 63 = NZG 1999, 552.
5 S. *Ebbing*, in: Michalski u.a., Rdnr. 8; *Bayer*, in: Lutter/Hommelhoff, Rdnr. 1; *W. Müller*, in: Ulmer/Habersack/Löbbe, vor § 21 Rdnr. 7 f., § 21 Rdnr. 2; *Pentz*, in: Rowedder/Schmidt-Leithoff, Rdnr. 1; *Schütz*, in: MünchKomm. GmbHG, Rdnr. 4.
6 S. Rdnr. 8, 32 sowie z.B. OLG Jena v. 8.6.2007 – 6 U 311/07, GmbHR 2007, 982, 985.

Geldeinzahlungspflichten auf den Geschäftsanteil ist, nicht dagegen bei anderen Verpflichtungen des Gesellschafters auf Grund des Gesellschaftsvertrages, solange sie sich nicht in Geldeinlagepflichten verwandelt haben (s. Rdnr. 5a). Den Gegensatz zu den Bareinlagen bilden in erster Linie die **Sacheinlagen**, bei denen schon mit Rücksicht auf die §§ 7 Abs. 3 und 56a in aller Regel kein Bedürfnis für eine Heranziehung der §§ 21 ff. besteht (Rdnr. 1).

5a Bei einer Verbindung von Geld- und Sacheinlagen (sog. **gemischten Einlagen**) sind die §§ 21 ff. hinsichtlich des **Baranteils** anwendbar; das Verfahren betrifft dann indessen den *ganzen* Geschäftsanteil[7]; dieser wird nicht etwa für die Zwecke des Kaduzierungsverfahrens geteilt (s. Rdnr. 24, 25). Ebenso verhält es sich, wenn sich die Sacheinlagepflicht infolge von Leistungsstörungen oder aus sonstigen Gründen **in eine Geldeinlagepflicht verwandelt** hat, während für zusätzliche Schadensersatzpflichten des Gesellschafters § 21 nicht gilt[8]. § 21 ist schließlich noch in den Fällen der **Differenzhaftung** des § 9 und der **Unterbilanz- oder Vorbelastungshaftung** anwendbar, da es der Sache nach hier ebenfalls durchweg um Bar- oder Geldeinlagepflichten geht[9]. Darunter fällt heute insbesondere auch die **Mantelverwendung** nach einer Vorratsgründung der Gesellschaft, die als „wirtschaftliche Neugründung" behandelt wird (s. § 3 Rdnr. 22 ff.), so dass es nur folgerichtig ist, dann auf diesen Vorgang zugleich die §§ 21 ff. anzuwenden – wodurch die Mantelverwendung nach einer Vorratsgründung für die Beteiligten (zu Recht) mit erheblichen zusätzlichen Risiken belastet wird[10]. Ein weiterer Anwendungsfall des Kaduzierungsverfahrens kann sich schließlich von Fall zu Fall aus **§ 23 Satz 2** ergeben (s. § 23 Rdnr. 14). Dagegen ist bei der **Unternehmergesellschaft** (haftungsbeschränkt) mit Rücksicht auf die Regelung des § 5a Abs. 2 grundsätzlich kein Raum für eine Anwendung des § 21[11], wohl aber durchaus bei der **Einpersonen-Gesellschaft**, namentlich im Falle ihrer Insolvenz[12].

5b Umstritten ist die Rechtslage insbesondere, wenn die Gesellschaft oder eine Kapitalerhöhung entgegen § 7 Abs. 3 oder § 56a **vor** der vollständigen **Leistung** der Sacheinlage **eingetragen** wurden. Im Schrifttum wird zumindest für diesen Fall zum Teil eine entsprechende Anwendung der §§ 21 bis 25 befürwortet[13]. Dem ist die überwiegende Meinung indessen bisher *nicht* gefolgt[14]. Für die Richtigkeit der ablehnenden Meinung sprechen der Wortlaut des § 21 Abs. 1 sowie die gravierenden Folgen des Kaduzierungsverfahrens für den betroffenen Gesellschafter. Aus diesen Gründen findet die Regelung ferner *keine* Anwendung auf die **Nebenpflichten** des § 3 Abs. 2, auf die Verzugszinsen des § 20, auf Vertragsstrafen, auf die **Ausfallhaftung** der übrigen Gesellschafter nach § 24[15], auf die unbeschränkte Nachschusspflicht des

---

7   S. Rdnr. 25; *Fleck*, GmbHR 1993, 550, 552.
8   RGZ 68, 271, 273; s. *Melber*, Kaduzierung, S. 243 ff.
9   *Fastrich*, in: Baumbach/Hueck, Rdnr. 3; *Fleck*, GmbHR 1993, 550, 552; *W. Müller*, in: Ulmer/Habersack/Löbbe, Rdnr. 11; *Bayer*, in: Lutter/Hommelhoff, Rdnr. 3; *Koppensteiner*, öGmbHG, § 66 Rdnr. 3; *Ebbing*, in: Michalski u.a., Rdnr. 17 f.; *Schütz*, in: MünchKomm. GmbHG, Rdnr. 15; kritisch *Melber*, Kaduzierung, S. 251 f.
10 OLG Düsseldorf v. 20.7.2012 – I-16 U 55/11, GmbHR 2012, 1135, 1136 f.; *W. Müller*, in: Ulmer/Habersack/Löbbe, Rdnr. 12; *Schütz*, in: MünchKomm. GmbHG, Rdnr. 15a.
11 *Schütz*, in: MünchKomm. GmbHG, Rdnr. 15b.
12 S. Rdnr. 9; *Altmeppen*, in: Roth/Altmeppen, Rdnr. 6; *Michalski/Schulenburg*, NZG 1999, 431.
13 *Koppensteiner*, öGmbHG, § 66 Rdnr. 3; *Reich-Rohrwig*, GmbH-Recht, S. 593; *Pentz*, in: Rowedder/Schmidt-Leithoff, Rdnr. 4, 26; *Karsten Schmidt*, GesR, § 37 II 5a.
14 RGZ 68, 271, 273; OGH v. 10.2.1988 – 3 Ob 595/86, SZ Bd. 61 (1988) Nr. 33, S. 158, 160 = GesRZ 1988, 168 = WBl. 1988, 197; KG, KGJ 35 A 178, 181, 184 = RJA 9, 146; ebenso für § 24 BGH v. 13.10.1966 – II ZR 56/64, WM 1966, 1262, 1263; *Fastrich*, in: Baumbach/Hueck, Rdnr. 3; *Feine*, in: Ehrenbergs Hdb. III/3, S. 302 f.; *Gummert*, in: MünchHdb. III, § 50 Rdnr. 129; *W. Müller*, in: Ulmer/Habersack/Löbbe, Rdnr. 11; *Bayer*, in: Lutter/Hommelhoff, Rdnr. 3; *Michalski/Schulenburg*, NZG 1999, 431; *Ebbing*, in: Michalski u.a., Rdnr. 15 f.; *Schütz*, in: MünchKomm. GmbHG, Rdnr. 14.
15 BGH v. 13.10.1966 – II ZR 56/64, WM 1966, 1262, 1263; *Schütz*, in: MünchKomm. GmbHG, Rdnr. 16.

§ 27 sowie auf die Rückzahlungspflicht des § 31; in dem zuletzt genannten Fall tritt an die Stelle des Kaduzierungsverfahrens die subsidiäre Kollektivhaftung der Mitgesellschafter nach § 31 Abs. 3[16].

b) Den Gesellschaftern steht es nach § 45 Abs. 1 frei, **im Gesellschaftsvertrag** das Kaduzierungsverfahren auf **weitere Fälle** zu erstrecken. Bedeutung hat dies vor allem für die Nebenpflichten des § 3 Abs. 2 (s. § 3 Rdnr. 89) sowie für die Ausschließung eines Gesellschafters aus wichtigem Grunde[17]. In der Ausgestaltung des Verfahrens sind die Gesellschafter dann frei, solange nicht der Grundsatz der Kapitalaufbringung gefährdet wird[18]. Die (nicht unbedenkliche) Folge ist freilich, dass die Gesellschafter in den genannten Fällen die Wahl zwischen dem entschädigungspflichtigen Ausschluss eines Gesellschafters, entweder nach § 34 oder durch Ausschließung aus wichtigem Grunde, und der entschädigungslosen Kaduzierung haben[19].

2. Fälligkeit, Säumnis

a) Überblick

Zweite Voraussetzung des Kaduzierungsverfahrens ist nach § 21 Abs. 1 Satz 1, dass die Einzahlung auf die Bareinlage (Rdnr. 5 f.) „verzögert" wird (ebenso § 28 Abs. 1 Satz 1 für den Fall der Nachschusspflicht) und der Gesellschafter „säumig" ist. Mit dieser Formulierung bringt das Gesetz zum Ausdruck, dass die Einzahlungspflicht der Gesellschafter (Rdnr. 5 ff.) **fällig** und die gleichwohl nicht erfolgende Zahlung der Gesellschafter außerdem **rechtswidrig** sein muss, dass der Gesellschafter mit anderen Worten **kein Leistungsverweigerungsrecht** haben darf, aufgrund dessen er ausnahmsweise die Zahlung der Einlage trotz ihrer Fälligkeit verweigern darf (Rdnr. 7g). Zu prüfen sind somit als nächstes die einzelnen Voraussetzungen der Fälligkeit der Bareinlagepflicht der Gesellschafter. Eine vor solcher Fälligkeit durchgeführte Kaduzierung ist unwirksam.

Das Gesetz verlangt in § 21 Abs. 1 Satz 1 lediglich die „Verzögerung" der fälligen Zahlung auf die Bareinlageverpflichtung sowie die „Säumnis" des Gesellschafters. **Nicht** erforderlich ist mithin außerdem **Verzug** im Sinne der §§ 286 ff. BGB. Daraus wird überwiegend der Schluss gezogen, dass das Kaduzierungsverfahren nicht voraussetzt, dass der Gesellschafter die Zahlungsverzögerung auch im Sinne der §§ 286 Abs. 4 und 276 BGB zu vertreten hat[20]. Praktische Bedeutung kommt dem jedoch nicht zu, weil die Gesellschafter die Verzögerung einer Zahlung ohnehin immer im Sinne des § 276 Abs. 1 BGB zu vertreten haben (§ 279 BGB a.F.).

b) Einforderungsbeschluss, § 46 Nr. 2

Nach § 46 Nr. 2 unterliegt die Einforderung der Einlagen – mangels abweichender Bestimmungen des Gesellschaftsvertrages (§ 45; s. dazu Rdnr. 7c ff.) – der Bestimmung der Gesellschafter. Die Fälligkeit der Zahlungspflicht der Gesellschafter setzt folglich grundsätzlich einen **Beschluss der Gesellschafterversammlung** und dessen **Umsetzung** durch die Geschäftsfüh-

6

7

7a

7b

---

16 S. § 31 Rdnr. 47 ff.; *Ebbing*, in: Michalski u.a., Rdnr. 25.
17 BGH v. 20.6.1983 – II ZR 237/82, LM Nr. 5 zu § 61 GmbHG = GmbHR 1984, 74 = NJW 1983, 2880; KG, KGJ 35 A 178, 182 f. = RJA 9, 146; OLGE 42, 220.
18 *Battke*, GmbHR 2008, 850; *W. Müller*, in: Ulmer/Habersack/Löbbe, Rdnr. 83 ff.
19 Deshalb kritisch *Melber*, Kaduzierung, S. 257, 279 ff.; ablehnend wohl auch OLG Kiel, OLGE 19, 164; *Feine*, in: Ehrenbergs Hdb. III/3, S. 303.
20 Statt aller *Altmeppen*, in: Roth/Altmeppen, Rdnr. 6; *Goette*, DStR 1996, 111, 112; *Ebbing*, in: Michalski u.a., Rdnr. 30.

rer voraus (s. 11. Aufl., § 46 Rdnr. 49 ff.). Man spricht insoweit häufig auch von dem „**Einforderungsbeschluss**" der Gesellschafterversammlung und der ersten „**Einforderung**" oder besser: „**Anforderung**" der Einlagen seitens der Geschäftsführer. Im Regelfall muss folglich **beides** zusammenkommen, um die Fälligkeit der Bareinlageforderung (als unabdingbare Voraussetzung des Kaduzierungsverfahrens) der Gesellschaft herbeizuführen. Die Folge ist z.B., dass allein auf Grund eines Einforderungsbeschlusses (ohne nachfolgende Anforderung der Einlagen seitens der Geschäftsführer) das Kaduzierungsverfahren nicht durchgeführt werden kann[21]. Der **Einforderungsbeschluss und** die erste **Anforderung** der Einlagen seitens der Geschäftsführer können dagegen auch bereits **vor Eintragung** der Gesellschaft ins Handelsregister erfolgen[22]. Besondere **Formvorschriften** bestehen für die erste Anforderung der Einlagen (vor oder nach Eintragung der Gesellschaft in das Handelsregister) *nicht*, so dass die Anforderung formlos erfolgen kann. Erhebt die Gesellschaft **Zahlungsklage**, so liegt in der Klageerhebung gleichfalls eine wirksame erste Anforderung[23].

c) Abweichende Regelungen

7c § 46 Nr. 2 ist kein zwingendes Recht (§ 45). Deshalb sind abweichende Regelungen der Fälligkeit der Einzahlungspflicht der Gesellschafter gleichermaßen im Gesellschaftsvertrag wie durch Beschluss der Gesellschafter möglich. Zunächst kommt in Betracht, dass die **Fälligkeit** der Einzahlungspflicht der Gesellschafter bereits unmittelbar **im Gesellschaftsvertrag geregelt** wird. Die Fälligkeit der Zahlungspflicht der Gesellschafter tritt dann ohne weiteres zu dem in dem Gesellschaftsvertrag bestimmten Termin ein[24]. Einer zusätzlichen Anforderung der Bareinlagen seitens der Geschäftsführer zur Auslösung des Kaduzierungsverfahrens bedarf es dann nicht mehr[25].

7d Ein Einforderungsbeschluss ist außerdem **entbehrlich**, wenn sich die Gesellschaft in der **Liquidation** oder im **Insolvenzverfahren** befindet. In diesen Fällen geht die Zuständigkeit für die Einforderung der rückständigen Bareinlagen auf die Liquidatoren oder den Insolvenzverwalter über[26].

7e Umstritten ist die Rechtslage, wenn die Gesellschafter die **Fälligkeit** bereits selbst in dem **Einforderungsbeschluss** nach § 46 Nr. 2 regeln. Eine gesetzliche Regelung fehlt. Man wird unterscheiden müssen: Wird in dem Beschluss der **Termin** der Fälligkeit genau bestimmt, so kann man wohl nach Treu und Glauben (§ 242 BGB) auf eine zusätzliche Anforderung der Einlagen seitens der Geschäftsführer als Voraussetzung der Fälligkeit verzichten, wenn der

---

21 OLG München v. 1.2.1984 – 7 U 4142/83, GmbHR 1985, 56; OLG Hamm v. 14.6.1995 – 8 U 297/94, GmbHR 1995, 663, 664; *Goette*, GmbH, § 2 Rdnr. 63 f. (S. 58 f.); *Ebbing*, in: Michalski u.a., Rdnr. 32 ff.

22 *Ebbing*, in: Michalski u.a., Rdnr. 34.

23 OLG Dresden v. 6.7.1998 – 2 U 959/98, GmbHR 1998, 884, 886 (unter 2a, aa); *Altmeppen*, in: Roth/Altmeppen, Rdnr. 6.

24 Z.B. *Schütz*, in: MünchKomm. GmbHG, Rdnr. 33.

25 Rdnr. 15; OLG Dresden v. 17.7.1996 – 12 U 202/96, GmbHR 1997, 946, 947; OLG Oldenburg v. 26.7.2007 – 1 U 8/07, GmbHR 2007, 1043, 1047 f.; OLG Jena v. 8.6.2007 – 6 U 311/07, GmbHR 2007, 982, 984 = NZG 2007, 717; *Fastrich*, in: Baumbach/Hueck, Rdnr. 4; *Ebbing*, in: Michalski u.a., Rdnr. 36 f.; *Pentz*, in: Rowedder/Schmidt-Leithoff, Rdnr. 10; *Schütz*, in: MünchKomm. GmbHG, Rdnr. 33; ebenso wohl BGH v. 29.6.1961 – II ZR 39/60, LM Nr. 2 zu § 16 GmbHG = MDR 1961, 748.

26 S. Rdnr. 11; OLG Celle v. 27.7.1994 – 9 U 125/93, GmbHR 1994, 801; OLG Hamm v. 14.6.1995 – 8 U 297/94, GmbHR 1995, 663, 664; OLG Dresden v. 6.7.1998 – 2 U 959/98, GmbHR 1998, 884, 886 (unter 2a); OLG Zweibrücken v. 23.2.2006 – 4 U 20/05, ZIP 2007, 335, 336; *Altmeppen*, in: Roth/Altmeppen, Rdnr. 10; *Ebbing*, in: Michalski u.a., Rdnr. 35; *Schütz*, in: MünchKomm. GmbHG, Rdnr. 34.

betreffende **Gesellschafter** bei der Beschlussfassung **anwesend** war, so dass er über die Fälligkeit seiner Zahlungspflicht nicht im Zweifel sein kann[27]. Gegenüber **abwesenden Gesellschaftern** ist jedoch an der Notwendigkeit einer zusätzlichen ersten Anforderung der Einlagen seitens der Geschäftsführer festzuhalten. Ebenso ist zu entscheiden, wenn die Fälligkeit in dem Beschluss lange hinausgeschoben oder von zusätzlichen Bedingungen abhängig gemacht wird (alles str.).

Die Gesellschafter können schließlich die Einforderung der Bareinlagen (als Voraussetzung der Fälligkeit) ganz den **Geschäftsführern** übertragen (§ 45). Mit Rücksicht auf den Ausnahmecharakter einer derartigen Regelung ist dafür jedoch eine **eindeutige Regelung** im Gesellschaftsvertrag erforderlich[28]. Als Anforderung mit der Folge der Fälligkeit der Bareinlagepflicht genügt es schließlich noch, wenn ein Gesellschafter seine Zahlungspflicht in einer **notariellen Urkunde** anerkennt und sich zugleich ihretwegen der sofortigen Zwangsvollstreckung unterwirft[29].

d) Leistungsverweigerungsrecht

Die erforderliche Rechtswidrigkeit der Zahlungsverzögerung fehlt, wenn ein Gesellschafter ein Leistungsverweigerungsrecht hat (§ 273 BGB), etwa, weil die Gesellschaft unter Verstoß gegen den Gleichbehandlungsgrundsatz nur ihn in Anspruch nimmt (s. Rdnr. 14) oder weil sie ihm die erforderliche Auskunft über die gleichmäßige Einforderung der Rückstände (vgl. § 19 Abs. 1) verweigert[30]. Nach wirksamer Durchführung der Kaduzierung ist der Gesellschafter jedoch mit den genannten Einreden nach dem Zweck des Verfahrens ausgeschlossen[31].

III. Verfahren (§ 21 Abs. 1)

Das Gesetz hat in § 21 das von der Gesellschaft bei der Kaduzierung zu beobachtende Verfahren eingehend geregelt. Von der sorgfältigen Beachtung dieser Vorschriften hängt die Wirksamkeit der Kaduzierung ab. Ein Verstoß gegen § 21 hat die Unwirksamkeit der Kaduzierung zur Folge (Rdnr. 5, 32).

1. Zuständigkeit

a) Geschäftsführer der Gesellschaft

Der Kaduzierung muss nach § 21 Abs. 1 Satz 1 eine (in aller Regel, aber nicht notwendig **zweite**) **Zahlungsaufforderung** „der Gesellschaft" an den säumigen Gesellschafter vorausgehen. Aus dieser Formulierung des Gesetzes ist der Schluss zu ziehen, dass die Gesellschaft bei dieser zweiten (nicht bei der vorausgegangenen ersten) Zahlungsaufforderung durch Eintragung ins Handelsregister **bereits entstanden** sein muss (§ 11 Abs. 1), so dass es vor Eintragung der Gesellschaft, also im Rahmen der Vorgesellschaft noch keine Kaduzierung von

---

27 OLG Hamburg v. 23.8.1991 – 11 U 55/91, GmbHR 1991, 578; OLG Dresden v. 17.7.1996 – 12 U 202/96, GmbHR 1997, 946, 947; *Ebbing*, in: Michalski u.a., Rdnr. 38 ff.; *Schütz*, in: MünchKomm. GmbHG, Rdnr. 31 f.; – anders OLG München v. 1.2.1984 – 7 U 4142/83, GmbHR 1985, 56; *Fastrich*, in: Baumbach/Hueck, Rdnr. 4.

28 BGH v. 11.12.1995 – II ZR 268/94, DStR 1996, 111 f. mit Anm. *Goette*.

29 OLG Zweibrücken v. 11.12.1994 – 8 U 158/93, GmbHR 1996, 122.

30 RGZ 65, 432, 435; OLG Köln v. 25.3.1987 – 17 U 23/86, NJW-RR 1988, 356 = MDR 1987, 675; *Melber*, Kaduzierung, S. 87 ff.

31 OLG Köln v. 25.3.1987 – 17 U 23/86, NJW-RR 1988, 356 = MDR 1987, 675.

Beteiligungen gibt[32]. Die überwiegende Meinung entnimmt der Formulierung des Gesetzes außerdem, dass das Kaduzierungsverfahren ausschließlich von der „Gesellschaft" und in deren Interessen betrieben werden kann, so dass dafür mangels abweichender Bestimmungen des Gesellschaftsvertrages (s. Rdnr. 10) die **Geschäftsführer zuständig** sind, die sich bei ihrer Entscheidung über die Einleitung des Kaduzierungsverfahrens gegen einzelne Gesellschafter ausschließlich von den Interessen der Gesellschaft (und dem Gleichbehandlungsgrundsatz) leiten lassen dürfen[33]. Sind **mehrere Geschäftsführer** bestellt, so müssen so viele tätig werden, wie jeweils zur Vertretung der Gesellschaft erforderlich sind[34]. Ein Geschäftsführer kann die Zahlungsaufforderung auch **an sich selbst richten**; § 181 BGB steht nicht entgegen[35]. Das gilt selbst bei **Einpersonen-Gesellschaften**; gegebenenfalls muss ein Notgeschäftsführer bestellt werden[36].

10 Einen besonderen **Gesellschafterbeschluss** setzt die Einleitung und Durchführung des Kaduzierungsverfahrens grundsätzlich *nicht* voraus, sobald die Gesellschafter einmal die Einforderung der Einlagen beschlossen haben (§ 46 Nr. 2)[37]. Doch können die Gesellschafter jederzeit den Geschäftsführern **Weisungen** für die Einleitung, Durchführung und Beendigung des Kaduzierungsverfahrens erteilen (§ 37 Abs. 1)[38]. **Missbrauchen** die Gesellschafter ihr Weisungsrecht, um im Einzelfall ein im Gläubigerinteresse dringend erforderliches Kaduzierungsverfahren zu verhindern, so dürfte der richtige Ausweg in der Insolvenzantragspflicht der Geschäftsführer bestehen (§ 15a Abs. 1 InsO). Im Gesellschaftsvertrag kann außerdem die **Zuständigkeit eines anderen Organs** für die Einleitung des Kaduzierungsverfahrens begründet werden, wobei insbesondere an die Übertragung auf die Gesellschafterversammlung oder auf einen Aufsichtsrat oder Beirat zu denken ist (§ 45 Abs. 1)[39].

b) Insolvenz

11 In der Insolvenz der Gesellschaft geht die **Zuständigkeit** für das Kaduzierungsverfahren auf den **Verwalter** über, der die restliche Einlageforderung jederzeit geltend machen kann, ohne an weitere vertragliche Voraussetzungen oder Einschränkungen gebunden zu sein[40]. Einzah-

---

32 RGZ 58, 55, 57; *W. Müller*, in: Ulmer/Habersack/Löbbe, Rdnr. 23; *Ebbing*, in: Michalski u.a., Rdnr. 54; *Schütz*, in: MünchKomm. GmbHG, Rdnr. 38, 49; *Pentz*, in: Rowedder/Schmidt-Leithoff, Rdnr. 13.

33 Rdnr. 2 f.; OLG Köln v. 23.6.1993 – 2 U 118/92, GmbHR 1995, 125 = NJW-RR 1994, 1192, 1194 = ZIP 1993, 1389; OLG Dresden v. 17.7.1996 – 12 U 202/96, GmbHR 1997, 946, 948; *Melber*, Kaduzierung, S. 67 ff.; *Ebbing*, in: Michalski u.a., Rdnr. 56 f.

34 OLG Braunschweig, OLGE 36, 287; *Feine*, in: Ehrenbergs Hdb. III/3, S. 304.

35 OGH v. 9.11.1977 – 1 Ob 690/77, SZ Bd. 50 (1977) Nr. 140, S. 681, 683 = GesRZ 1978, 34; *Ebbing*, in: Michalski u.a., Rdnr. 55.

36 S. Rdnr. 5a; OGH v. 9.11.1977 – 1 Ob 690/77, SZ Bd. 50 (1977) Nr. 140, S. 681, 683 = GesRZ 1978, 34; OGH v. 7.10.1998 – 3 Ob 196/98i, SZ Bd. 71 (1998 II) Nr. 163, S. 303, 308 ff. = WiBl. 1999, 275 = NZG 1999, 444, 445; OGH v. 26.1.1999 – 4 Ob 341/98w, SZ Bd. 72 (1999 I) Nr. 10, 63, 65 f. = RdW 1999, 345 = EvBl. 1999 Nr. 107 = ÖJZ 1999, 470 = NZG 1999, 552; *Michalski/Schulenburg*, NZG 1999, 431, 432.

37 OLG Dresden v. 17.7.1996 – 12 U 202/96, GmbHR 1997, 946, 948; OLG Hamm v. 25.2.2010 – 27 U 24/09, GmbHR 2010, 707, 708; OGH v. 9.11.1977 – 1 Ob 690/77, SZ 50 (1977) Nr. 140, S. 681, 683 = GesRZ 1978, 34; OGH v. 10.2.1988 – 3 Ob 595/86, SZ 61 (1988) Nr. 33, S. 158, 160 = GesRZ 1988, 168; OGH, GesRZ 1981, 185, 186; *Koppensteiner*, öGmbHG, § 66 Rdnr. 5.

38 RG, GmbHR 1918, 256; OLG Köln, OLGE 19, 369; OLG Düsseldorf, GmbHR 1962, 158; enger *Ebbing*, in: Michalski u.a., Rdnr. 59.

39 OGH v. 9.11.1977 – 1 Ob 690/77, SZ 50 (1977) Nr. 140, S. 681, 683 = GesRZ 1978, 34; *Melber*, Kaduzierung, S. 68 ff.; *Pentz*, in: Rowedder/Schmidt-Leithoff, Rdnr. 14.

40 Rdnr. 7d; RGZ 86, 419, 422; OLG Karlsruhe, GmbHR 1971, 9; OLG Köln v. 23.6.1993 – 2 U 118/92, GmbHR 1995, 125 = NJW-RR 1994, 1192, 1194 = ZIP 1993, 1389; OLG Hamm v. 14.6.1995 – 8 U 297/94, GmbHR 1995, 663, 664; OLG Dresden v. 6.7.1998 – 2 U 959/98, GmbHR 1998, 884, 886 = NZG 1998, 852, 853; OLG Zweibrücken v. 23.2.2006 – 4 U 20/05, ZIP 2007, 335, 336; LG Osnabrück

lungen können jetzt aber nur noch zum Zwecke der Abwicklung der Gesellschaft, nicht mehr hingegen zu produktiven Zwecken eingefordert werden[41].

c) Abtretung und Pfändung

Die **Gläubiger** der Gesellschaft besitzen nach überwiegender Meinung keine Möglichkeit, die Gesellschaft zur Durchführung des Kaduzierungsverfahrens zu zwingen[42]. Denn das Kaduzierungsrecht ist als Gestaltungsrecht (§ 21 Abs. 1 Satz 1) nach den §§ 413 und 398 BGB sowie § 851 ZPO nicht selbständig abtretbar oder pfändbar[43]. Und auch bei einer wirksamen **Abtretung** der Einlageforderung durch die Gesellschaft gegen ein vollwertiges Entgelt ist für einen Übergang des Kaduzierungsrechts auf den Zessionar kein Raum, weil die Gesellschaft dann bereits in vollem Umfang ihre Forderung realisiert hat, so dass im Verhältnis zu ihr der Gesellschafter nicht mehr säumig ist. Damit entfällt die Grundlage für eine Kaduzierung dieses Gesellschafters. Gelingt es dem Zessionar nicht, die Forderung einzuziehen, so steht ihm (nur) der Klageweg offen. Nichts anderes gilt schließlich im Ergebnis im Falle der **Pfändung** und Überweisung der Einlageforderung an einen Dritten: Weil die Gesellschaft in diesem Fall die Einlageforderung erst realisiert, wenn der betreffende Gesellschafter an den Pfändungsgläubiger gezahlt hat, kann die Gesellschaft bis zu diesem Zeitpunkt auch das Kaduzierungsverfahren selbst weiter betreiben[44], während für ein eigenes Kaduzierungsrecht des Pfändungsgläubigers hier ebenfalls kein Raum ist.

2. Adressat

Die erneute (zweite) Aufforderung (Rdnr. 15 ff.) ist nach § 21 Abs. 1 Satz 1 an den „**säumigen Gesellschafter**" zu richten. Gemeint ist damit der Gründungsgesellschafter oder der später an dessen Stelle getretene Gesellschafter. Dabei ist **§ 16** zu beachten, so dass im Falle der **Veräußerung** des Geschäftsanteils der Gesellschaft gegenüber nur derjenige als Erwerber gilt, der in die **Gesellschafterliste** eingetragen ist (§§ 16 Abs. 1 Satz 1, 40)[45]. Solange dies nicht geschehen ist, ist daher die zweite Aufforderung an den Veräußerer zu richten und wirkt dann auch gegen den Erwerber[46]. Das gilt auch im Falle des **gutgläubigen Erwerbs** nach § 16 Abs. 3[47] sowie bei **Nichtigkeit oder Anfechtbarkeit der Veräußerung** des Geschäftsanteils: Immer bleibt es dabei, dass der Gesellschaft gegenüber als Gesellschafter (nur) derjenige anzusehen ist, der in die Gesellschafterliste eingetragen ist. Ist dies der Erwerber, so blei-

v. 30.4.2010 – 15 O 420/09, ZInsO 2010, 1846; OGH v. 7.10.1998 – 3 Ob 196/98i, SZ Bd. 71 (1998 II) Nr. 163, 303, 306 ff. = WiBl. 1999, 275 = NZG 1999, 444 f.; *Goette*, DStR 1993, 1528, 1529; *Bayer*, in: Lutter/Hommelhoff, Rdnr. 5; *Ebbing*, in: Michalski u.a., Rdnr. 61; – kritisch *Altmeppen*, in: Roth/Altmeppen, Rdnr. 10.

41 RGZ 79, 174, 175; zur Rechtslage in der Insolvenz des Gesellschafters s. Rdnr. 14a.

42 RGZ 86, 419, 421 f.; OLG München, GmbHR 1914, 244; KG, OLGE 24, 151; OLG Hamburg, OLGE 27, 137; OLG Celle v. 27.7.1994 – 9 U 125/93, GmbHR 1994, 801, 802; *W. Müller*, in: Ulmer/Habersack/Löbbe, Rdnr. 21; *Bayer*, in: Lutter/Hommelhoff, Rdnr. 4; *Melber*, Kaduzierung, S. 70, 163 ff.; *Michalski/Schulenburg*, NZG 1999, 431, 433 f.; *Ebbing*, in: Michalski u.a., Rdnr. 62–64; – anders für Österreich OGH, NZ 1917, 284; OGH v. 7.10.1998 – 3 Ob 196/98i, SZ Bd. 71 (1998 II) Nr. 163, S. 303, 308 ff. = NZG 1999, 444 f.; *Koppensteiner*, öGmbHG, § 66 Rdnr. 5; *M. Graff*, GesRZ 1979, 29; *B. König*, JBl. 1980, 208; *Reich-Rohrwig*, GmbH-Recht, S. 595 f.

43 S. Rdnr. 21; *Melber*, Kaduzierung, S. 70, 163 ff.; str.

44 *Bayer*, in: Lutter/Hommelhoff, Rdnr. 4; *Schütz*, in: MünchKomm. GmbHG, Rdnr. 18, 20.

45 S. *Altmeppen*, in: Roth/Altmeppen, Rdnr. 8; *Fastrich*, in: Baumbach/Hueck, Rdnr. 7; *Ebbing*, in: Michalski u.a., Rdnr. 47–50; *Melchior*, GmbHR 2010, 418 sub verbo „Einziehung"; *Schütz*, in: MünchKomm. GmbHG, Rdnr. 40.

46 *Schütz*, in: MünchKomm. GmbHG, Rdnr. 41.

47 *Schütz*, in: MünchKomm. GmbHG, Rdnr. 41.

ben die ihm gegenüber vorgenommenen Handlungen der Gesellschaft einschließlich der zweiten Zahlungsaufforderung auch dann wirksam, wenn er nachträglich den Veräußerungsvertrag mit Erfolg anficht (§§ 119, 123 BGB; § 16 Abs. 1 GmbHG)[48].

13a Anders ist die Rechtslage im Falle der **Vererbung** des Geschäftsanteils. Hier gilt der Gesellschaft gegenüber als Erbe, wer durch einen **Erbschein** ausgewiesen ist[49]. Unter diesen Voraussetzungen kann gegen den Erben des Gesellschafters das Kaduzierungsverfahren selbst dann gerichtet werden, wenn er nur beschränkt haftet[50]. Bei einer **Mehrheit von Erben** oder sonstigen Mitberechtigten an einem Geschäftsanteil ist § 18 Abs. 3 zu beachten (s. § 18 Rdnr. 33 ff.). Hat umgekehrt ein einzelner **Gesellschafter mehrere Anteile**, so muss in der erneuten Aufforderung eindeutig klargestellt werden, auf welche Anteile sich die Aufforderung und damit das Kaduzierungsverfahren beziehen sollen[51].

14 Sind **mehrere Gesellschafter säumig**, so haben die Geschäftsführer nach pflichtgemäßem Ermessen unter strikter **Beachtung des Gleichbehandlungsgrundsatzes** (§ 53a AktG analog) zu entscheiden, gegen welche Gesellschafter sie auf welche Weise vorgehen wollen (Rdnr. 2 f., 9). Maßgeblicher Gesichtspunkt darf allein die Sicherung der Aufbringung des Stammkapitals sein. Soweit danach vertretbar und geboten, können die Gesellschafter ausnahmsweise auch *ungleich* behandelt werden[52]. So ist es z.B. denkbar, gegen solvente Gesellschafter mit der Zahlungsklage vorzugehen, bei insolventen Gesellschaftern dagegen sofort zum Kaduzierungsverfahren zu schreiten. Verstößt dagegen die unterschiedliche Vorgehensweise der Geschäftsführer gegen den Gleichbehandlungsgrundsatz, so erlangen die betroffenen Gesellschafter ein **Leistungsverweigerungsrecht** (§ 273 BGB)[53], so dass sie nicht mehr als säumig gelten (s. Rdnr. 7f) mit der weiteren Folge, dass eine gleichwohl erfolgte Kaduzierung wegen Verstoßes gegen § 21 Abs. 1 Satz 1 unwirksam ist (vgl. § 66 Abs. 1 Satz 3 öGmbHG)[54]. Rügt der betroffene Gesellschafter freilich den Mangel des Kaduzierungsverfahrens nicht, so kann er später aus Gründen der Rechtssicherheit darauf nicht mehr zu Abwehr einer etwaigen Ausfallklage nach § 24 zurückkommen[55].

14a In der **Insolvenz** des säumigen Gesellschafters richtet sich das Kaduzierungsverfahren gegen den **Verwalter**[56]. Der Verwalter kann das Verfahren nur noch durch Zahlung der *vollen* offenen Einlageforderung des Gesellschafters abwenden; die bloße **Zahlung der Quote** genügt mit Rücksicht auf den vorrangigen Zweck des § 21 *nicht*, und zwar auch nicht im Falle eines Insolvenzplans nach § 254 InsO[57]. Handelt es sich bei dem insolventen Gesellschafter um eine

---

48 S. im Einzelnen § 16 Rdnr. 25 ff., 42 f.; BGH v. 10.5.1982 – II ZR 89/81, BGHZ 84, 47, 49 f. = GmbHR 1983, 42 = NJW 1982, 2822; BGH v. 22.1.1990 – II ZR 25/89, LM Nr. 6 zu § 16 GmbHG (Bl. 2 R) = NJW 1990, 1915 = GmbHR 1990, 164.

49 *Däubler*, Die Vererbung des Geschäftsanteils bei der GmbH, 1965, S. 16 f.; *Däubler*, GmbHR 1963, 164; *Schütz*, in: MünchKomm. GmbHG, Rdnr. 40.

50 *Ebbing*, in: Michalski u.a., Rdnr. 50; *Pentz*, in: Rowedder/Schmidt-Leithoff, Rdnr. 13.

51 LG Hildesheim v. 30.9.1997 – 4 O 416/96, NZG 1998, 158 = NJW-RR 1998, 248 = GmbHR 1998, 44.

52 OLG Hamm v. 25.2.2010 – 27 U 24/09, GmbHR 2010, 707, 708; *Altmeppen*, in: Roth/Altmeppen, Rdnr. 9.

53 OLG Hamm v. 25.2.2010 – 27 U 24/09, GmbHR 2010, 707, 708.

54 OLG Düsseldorf, GmbHR 1962, 158, 159; OLG Köln v. 25.3.1987 – 17 U 23/86, MDR 1987, 675 = NJW-RR 1988, 356; OLG Hamm v. 25.2.2010 – 27 U 24/09, GmbHR 2010, 707, 708; OGH v. 9.11.1977 – 1 Ob 690/77, SZ Bd. 50 (1977) Nr. 140, S. 681, 683 = GesRZ 1978, 34; *Feine*, in: Ehrenbergs Hdb. III/3, S. 303; *Pentz*, in: Rowedder/Schmidt-Leithoff, Rdnr. 24; *Bayer*, in: Lutter/Hommelhoff, Rdnr. 6; *Koppensteiner*, öGmbHG, § 66 Rdnr. 6.

55 So jedenfalls OLG Köln v. 25.3.1987 – 17 U 23/86, NJW-RR 1988, 356 = MDR 1987, 675.

56 RGZ 79, 174, 178; *Fastrich*, in: Baumbach/Hueck, Rdnr. 7; *Bayer*, in: Lutter/Hommelhoff, Rdnr. 5; *W. Müller*, in: Ulmer/Habersack/Löbbe, Rdnr. 17; *Ebbing*, in: Michalski u.a., Rdnr. 52; *Schütz*, in: MünchKomm. GmbHG, Rdnr. 44; *Pentz*, in: Rowedder/Schmidt-Leithoff, Rdnr. 11.

57 *Gummert*, in: MünchHdb. III, § 50 Rdnr. 136; *W. Müller*, in: Ulmer/Habersack/Löbbe, Rdnr. 17; *Pentz*, in: Rowedder/Schmidt-Leithoff, Rdnr. 64; *Schütz*, in: MünchKomm. GmbHG, Rdnr. 44.

juristische Person, z.B. eine GmbH oder eine AG, die inzwischen wegen Vermögenslosigkeit im **Handelsregister gelöscht** wurde, gegen die aber gleichwohl ein Kaduzierungsverfahren durchgeführt werden soll, etwa, um die Voraussetzungen für die Anwendung des § 22 gegen einen früheren Gesellschafter zu schaffen, so kann auf eine aufwändige Nachtragsliquidation hinsichtlich der genannten juristischen Person und Gesellschafterin verzichtet werden; stattdessen kommt die entsprechende Anwendung des § 74 Abs. 2 Satz 2 in Betracht, so dass sich dann die erneute Zahlungsaufforderung an den Verwahrer der Bücher und Schriften der gelöschten Gesellschaft richtet[58].

3. Zahlungsaufforderung

a) Reihenfolge

Nach § 21 Abs. 1 Satz 1 muss die Gesellschaft an den säumigen Gesellschafter zur Einleitung des Verfahrens eine „erneute Aufforderung zur Zahlung" richten. Das Gesetz geht folglich davon aus, dass der „erneuten" Zahlungsaufforderung im Sinne des § 21 Abs. 1 Satz 1 bereits eine andere **erste Zahlungsaufforderung** vorausgegangen ist. Gemeint ist damit die „Einforderung" oder besser: „**Anforderung**" der Einzahlung **seitens der Geschäftsführer** in Durchführung des Gesellschafterbeschlusses nach § 46 Nr. 2 als Voraussetzungen der Fälligkeit der fraglichen Bareinlageverpflichtung (s. Rdnr. 7 ff.). Daraus folgt einerseits, dass die erste Anforderung mit der *zweiten* Zahlungsaufforderung als Voraussetzung des Kaduzierungsverfahrens nach § 21 Abs. 1 Satz 1 **nicht verbunden** werden kann[59]. Auf der anderen Seite ist jedoch auch **nicht** eine **besondere Frist** zwischen der ersten Anforderung und der zweiten Zahlungsaufforderung im Sinne des § 21 Abs. 1 Satz 1 vorgeschrieben, so dass die erneute Aufforderung der ersten *alsbald* nachfolgen kann. Die **Frist** zwischen beiden Aufforderungen muss jedoch zumindest so lange sein, dass der Gesellschafter seiner Zahlungspflicht überhaupt nachkommen kann (§ 242 BGB)[60]. Zu beachten bleibt, dass in bestimmten Fällen zwar die erste Anforderung entfallen kann (Rdnr. 7c ff.), niemals jedoch die „zweite" Zahlungsaufforderung im Sinne des § 21 Abs. 1 Satz 1; ohne sie ist vielmehr die Kaduzierung in jedem Fall unwirksam[61].

b) Betrag

Die zweite Zahlungsaufforderung muss nach § 21 Abs. 1 Satz 1 einen genau vorgeschriebenen Inhalt haben, widrigenfalls sie nicht geeignet ist, das Kaduzierungsverfahren auszulösen. Der **Mindestinhalt** umfasst der Reihe nach die Zahlungsaufforderung, eine Fristsetzung sowie die Androhung des Ausschlusses des Gesellschafters mit dem fraglichen Geschäftsanteil (dazu Rdnr. 17). Daraus folgt als erstes, dass der **rückständige Betrag** in der (erneuten) Zahlungsaufforderung **genau beziffert** werden muss. Verlangt die Gesellschaft **zu wenig**, so kann der Gesellschafter das Kaduzierungsverfahren bereits dadurch abwenden, dass er den eingeforderten, an sich zu niedrigen Betrag bezahlt[62]. Ebenso **unschädlich** ist nach h.M. eine **Zuvielforderung**[63]. Indessen sollte man zum Schutze der Gesellschafter daran festhalten,

15

16

58 So jedenfalls OLG Jena v. 8.6.2007 – 6 U 311/07, GmbHR 2007, 982, 984 f. = NZG 2007, 717; zustimmend *Schütz*, in: MünchKomm. GmbHG, Rdnr. 45.

59 Statt aller *Ebbing*, in: Michalski u.a., Rdnr. 81; *Schütz*, in: MünchKomm. GmbHG, Rdnr. 38.

60 *Altmeppen*, in: Roth/Altmeppen, Rdnr. 7; *Ebbing*, in: Michalski u.a., Rdnr. 83 m.N.

61 Ebenso *Altmeppen*, in: Roth/Altmeppen, Rdnr. 11.

62 OGH v. 10.2.1988 – 3 Ob 595/86, SZ Bd. 61 (1988) Nr. 33, S. 158, 161 = GesRZ 1988, 168; *Altmeppen*, in: Roth/Altmeppen, Rdnr. 11.

63 OLG Hamburg v. 25.6.1993 – 11 U 121/92, GmbHR 1994, 249 = NJW-RR 1994, 1528, 1529 = WM 1993, 1751; LG Hildesheim v. 30.9.1997 – 4 O 416/96, NGZ 1998, 158 = NJW-RR 1998, 248 = GmbHR 1998, 44; *Fastrich*, in: Baumbach/Hueck, Rdnr. 5; *W. Müller*, in: Ulmer/Habersack/Löbbe,

dass jedenfalls eine nicht ganz unerhebliche Zuvielforderung zur Unwirksamkeit der Zahlungsaufforderung führt (§ 242 BGB).

c) Frist, Androhung

17 Entsprechend dem Vorbild des § 323 Abs. 1 BGB muss die Zahlungsaufforderung nach § 21 Abs. 1 Satz 1 und 3 mit der Setzung einer **Nachfrist** von mindestens einem Monat unter Androhung des Ausschlusses mit dem Geschäftsanteil, auf den die Zahlung zu erfolgen hat (dazu Rdnr. 18), verbunden werden. Die Nachfrist sollte möglichst mit den Worten des Gesetzes bestimmt werden[64]. Gemäß § 21 Abs. 1 Satz 3 muss sie „mindestens" einen Monat betragen; eine Frist von vier Wochen genügt daher nicht[65]. Nicht geregelt ist die Frage, welche Rechtsfolgen die Setzung einer **zu kurzen Frist** hat. Nach überwiegender Meinung führt solche Fristsetzung zur **Unwirksamkeit** der zweiten Zahlungsaufforderung und damit auch zur Unwirksamkeit einer anschließenden Kaduzierung[66], während nach anderen – ebenso wie bei § 323 Abs. 1 BGB – durch die Setzung einer zu kurzen Frist die gesetzliche Mindestfrist des § 21 Abs. 1 Satz 3 ausgelöst wird[67]. Dieser Meinung ist nicht zu folgen; denn anders als bei § 323 Abs. 1 BGB verlangt das Gesetz hier nicht eine „angemessene Frist", sondern ausdrücklich eine Frist von „mindestens einem Monat", die daher mit Rücksicht auf die Formstrenge des Kaduzierungsverfahrens unbedingt beachtet werden muss.

17a Der **Gesellschaftsvertrag** kann eine **längere**, nicht jedoch eine kürzere **Nachfrist** vorschreiben (§ 25). Auch eine nachträgliche **Fristverlängerung** durch die Geschäftsführer kommt in Betracht, so dass dann die Kaduzierung nicht vor Ablauf der verlängerten Nachfrist möglich ist[68]. Für die **Fristberechnung** gelten die §§ 187 ff. BGB[69]. Fristbeginn ist der **Zugang** der Zahlungsaufforderung (Rdnr. 19) bei dem Gesellschafter (s. § 66 Abs. 1 Satz 2 öGmbHG)[70].

18 Zur Fristsetzung (Rdnr. 17) muss die **Androhung des Ausschlusses** des Gesellschafters gerade mit demjenigen Geschäftsanteil hinzukommen, auf den die Geldeinlage rückständig ist. Ein bestimmter Wortlaut ist dafür nicht vorgeschrieben; die Androhung muss jedoch für den Gesellschafter **eindeutig** sein[71]. Fehlt eine wirksame Nachfristsetzung oder Androhung, so ist die darauf gestützte Kaduzierung unwirksam (Rdnr. 32).

d) Form

19 Die Rechtsnatur der (zweiten) Zahlungsaufforderung als **empfangsbedürftige Willenserklärung** oder bloße rechtsgeschäftsähnliche Handlung ist zwar umstritten[72]; auf jeden Fall sind aber auf sie die §§ 130 ff. BGB anwendbar[73]. Die Zahlungsaufforderung muss folglich dem

---

Rdnr. 31; *Bayer*, in: Lutter/Hommelhoff, Rdnr. 9; *Ebbing*, in: Michalski u.a., Rdnr. 69; *Schütz*, in: MünchKomm. GmbHG, Rdnr. 57; s. *Melber*, Kaduzierung, S. 87 f.

64 OLG Köln, OLGE 19, 369.
65 *Altmeppen*, in: Roth/Altmeppen, Rdnr. 12; anders OLG München, OLGE 22, 15.
66 OLG Jena v. 8.6.2007 – 6 U 311/07, GmbHR 2007, 982, 985; *Bayer*, in: Lutter/Hommelhoff, Rdnr. 10; *Pentz*, in: Rowedder/Schmidt-Leithoff, Rdnr. 20; *Schütz*, in: MünchKomm. GmbHG, Rdnr. 58.
67 *Ebbing*, in: Michalski u.a., Rdnr. 71.
68 OLG Rostock v. 15.1.1997 – 6 U 167/96, GmbHR 1997, 449, 450.
69 *Pentz*, in: Rowedder/Schmidt-Leithoff, Rdnr. 20.
70 OLG Hamburg, OLGE 37, 3; OGH SZ Bd. 7 (1925) Nr. 177, S. 433, 434; OGH v. 20.1.1977 – 6 Ob 503/77, GesRZ 1977, 101, 102; OGH v. 18.1.1977 – 5 Ob 884/76, EvBl. 1977 Nr. 71 = ÖJZ 1977, 159, 160; *Pentz*, in: Rowedder/Schmidt-Leithoff, Rdnr. 19; a.A. früher RG, JW 1905, 443 Nr. 30 = HoldheimsMS 14(1905), 239, 240; RG, Recht 1908 Nr. 3181.
71 OLG Hamm v. 16.9.1992 – 8 U 203/91, GmbHR 1993, 360, 361; *Bayer*, in: Lutter/Hommelhoff, Rdnr. 11; *Ebbing*, in: Michalski u.a., Rdnr. 74.
72 Offengelassen in BGH v. 27.9.2016 – II ZR 299/15 Rdnr. 19, NJW 2017, 68 = GmbHR 2017, 30.
73 BGH v. 27.9.2016 – II ZR 299/15, Rdnr. 19, NJW 2017, 68 = GmbHR 2017, 30.

betroffenen Gesellschafter zugehen; dafür gelten die allgemeinen Regeln, so dass der **Zugang** der Zahlungsaufforderung anzunehmen ist, wenn diese derart in den Machtbereich des säumigen Gesellschafters gelangt ist, dass er unter normalen Umständen davon Kenntnis nehmen konnte[74]. Verhindert der Gesellschafter schuldhaft den Zugang der Zahlungsaufforderung, so muss er sich so behandeln lassen, als ob die Aufforderung ihm zugegangen wäre[75]. Anwendbar ist ferner § 132 Abs. 1 Satz 1 und Abs. 2 BGB, wonach eine Willenserklärung in jedem Fall als zugegangen gilt, wenn sie durch Vermittlung eines Gerichtsvollziehers nach der ZPO (§§ 166 ff. ZPO) oder gegebenenfalls auch durch öffentliche Zustellung zugestellt wurde[76]. Als **Form** verlangt das Gesetz für die zweite Zahlungsaufforderung in § 21 Abs. 1 Satz 2 mindestens einen **eingeschriebenen Brief**, um den Zugang bei dem Gesellschafter sicherzustellen und der Gesellschaft gegebenenfalls den Nachweis des Zugangs zu erleichtern. Für beide Zwecke stehen das Übergabe-Einschreiben und das Einwurf-Einschreiben gleich[77], so dass der Beweis des ersten Anscheins zwar nicht durch die bloße Vorlage des Absendebelegs allein erbracht werden kann[78], wohl aber zusammen mit der Vorlage des Auslieferungsbelegs[79].

Weil das Gesetz als Form der Zahlungsaufforderung (mindestens) einen eingeschriebenen „Brief" verlangt (s. Rdnr. 19), ist **Schriftform** i.S. des § 126 Abs. 1 BGB erforderlich. Eine Ersetzung der Schriftform durch die elektronische Form scheidet nach dem Zweck der Regelung aus (§ 126 Abs. 3 BGB). Dagegen kann die Schriftform durch notarielle Beurkundung (§ 126 Abs. 4 BGB) oder durch einen gerichtlichen Vergleich (§ 127a BGB) ersetzt werden, ebenso wie an Stelle der Einschreibung des Briefes (Rdnr. 19) die Zustellung durch den Gerichtsvollzieher (§ 132 Abs. 1 BGB) oder gegebenenfalls die öffentliche Zustellung (§ 132 Abs. 2 BGB) treten können. *Nicht* ausreichend ist dagegen eine **Bekanntmachung** in den Gesellschaftsblättern, weil das Gesetz dies anders als das AktG (§ 64 Abs. 2 AktG) nicht vorsieht[80]. Wählt die Gesellschaft die Form der §§ 126 Abs. 4 oder 127a BGB, so bleibt zu beachten, dass das Gesetz in § 21 Abs. 1 Satz 2 in jedem Fall zusätzlich den *Zugang* der Zahlungsaufforderung bei dem betroffenen Gesellschafter verlangt, so dass das Protokoll ihm zugehen muss (§ 130 BGB)[81].

19a

Das Gesetz bezweckt mit der Formvorschrift des § 21 Abs. 1 Satz 2 auch einen **Schutz der Gesellschafter** vor den gravierenden Folgen der Kaduzierung, indem ihnen „der Ernst der Lage" in Gestalt der drohenden Kaduzierung ihres Anteils noch einmal unmissverständlich vor Augen geführt wird[82]. Die Vorschrift des § 21 ist deshalb als **Mindestvorschrift** zu verstehen[83], so dass sie durch den Gesellschaftsvertrag zwar **verschärft**, aber nicht abgemildert werden kann (§ 25)[84]. Eine Zahlungsaufforderung durch einfachen (nicht eingeschriebenen) Brief ist deshalb in jedem Fall unwirksam und zieht die Unwirksamkeit der nachfolgenden Kaduzierung nach sich. Dasselbe gilt für eine Zahlungsaufforderung durch Telefax[85].

19b

---

74 BGH v. 27.9.2016 – II ZR 299/15, Rdnr. 19, NJW 2017, 68 = GmbHR 2017, 30.

75 OGH v. 20.1.1977 – 6 Ob 503/77, GesRZ 1977, 101, 102; *Pentz*, in: Rowedder/Schmidt-Leithoff, Rdnr. 19.

76 OLG Hamm v. 14.6.1995 – 8 U 297/94, GmbHR 1995, 663, 664; OLG Zweibrücken v. 23.2.2006 – 4 U 20/05, ZIP 2007, 335, 336; s. auch Rdnr. 19a.

77 BGH v. 27.9.2016 – II ZR 299/15 Rdnr. 7 ff., NJW 2017, 68 = GmbHR 2017, 30; LG Mannheim v. 8.3.2007 – 23 O 10/06, NZG 2008, 111, 112; *Köper*, NZG 2008, 96; *Lieder/Bialluch*, NZG 2017, 9.

78 Anders noch 11. Aufl., Rdnr. 19.

79 BGH v. 27.9.2016 – II ZR 299/15 Rdnr. 32 f., NJW 2017, 68 = GmbHR 2017, 30.

80 *Altmeppen*, in: Roth/Altmeppen, Rdnr. 14; *Bayer*, in: Lutter/Hommelhoff, Rdnr. 8; *Ebbing*, in: Michalski u.a., Rdnr. 76.

81 *Altmeppen*, in: Roth/Altmeppen, Rdnr. 14.

82 BGH v. 27.9.2016 – II ZR 299/15 Rdnr. 21, NJW 2017, 68 = GmbHR 2017, 30.

83 Ebenso OLG Hamm v. 14.6.1995 – 8 U 297/94, GmbHR 1995, 663, 664.

84 Anders *Schütz*, in: MünchKomm. GmbHG, Rdnr. 64.

85 OLG Rostock v. 15.1.1997 – 6 U 167/96, GmbHR 1997, 449, 450; OLG Wien v. 25.1.1996 – 6 R 109/94, NZ 1997, 97 = HS 27.209.

e) Fruchtloser Ablauf der Nachfrist

20 Letzte Voraussetzung der Befugnis der Gesellschaft zur Kaduzierung ist der fruchtlose Ablauf der Nachfrist (§ 21 Abs. 2 Satz 1). Die Gesellschaft kann jetzt die Kaduzierung erklären. Dagegen **hindert** der Fristablauf den Gesellschafter bis zur Erklärung der Kaduzierung **nicht** etwa auch an der **Zahlung** der rückständigen und eingeforderten Bareinlage. Die Zahlung wird in der Regel durch Überweisung des offenen Betrages auf ein Konto der Gesellschaft erfolgen; dagegen scheitert eine **Aufrechnung** des Gesellschafters in aller Regel an § 19 Abs. 2 Satz 2[86]. Die Bareinlagepflicht des Gesellschafters kann insbesondere nicht durch die Aufrechnung mit Erstattungsansprüchen, z.B. wegen der Inanspruchnahme aus Bürgschaften für die Gesellschaft (§ 774 BGB) getilgt werden[87]. Ebenso wenig genügt die Aufrechnung mit dem Gewinnanspruch des Gesellschafters (§ 29); gleich stehen **Umgehungsgeschäfte**, etwa die Einreichung eines Schecks über den Gewinnanspruch zur Verrechnung mit der Bareinlageverpflichtung[88]. Nicht ausreichend sind ferner **Sachleistungen** des Gesellschafters.

20a **Zahlt der Gesellschafter** noch rechtzeitig **vor Erklärung** der Kaduzierung, so erledigt sich das Verfahren[89]. Gleich steht die Zahlung eines Dritten (§ 267 BGB). Es genügt die Zahlung des eingeforderten Betrages, während die Zahlung von Verzugszinsen oder Vertragsstrafen nicht erforderlich ist[90]. Jedoch muss der geschuldete Betrag **vor der Kaduzierungserklärung** der Gesellschaft bei dieser **eingehen**[91]. Die Übersendung eines Verrechnungsschecks genügt dafür nur, wenn die Gutschrift auf dem Konto der Gesellschaft noch rechtzeitig erfolgt[92]. Geschieht die Zahlung **am selben Tag** wie die Kaduzierung, so sollte zum Schutze des Gesellschafters vom Vorrang der Zahlung ausgegangen werden[93].

20b Die **Beweislast** für die rechtzeitige Zahlung der Bareinlage trägt der **Gesellschafter**[94]. An den Nachweis der rechtzeitigen Zahlung werden in der Regel im Interesse der tatsächlichen Kapitalaufbringung **strenge Anforderungen** gestellt, so dass der Beweis grundsätzlich nur durch zweifelsfreie, unanfechtbare und den Grundsätzen ordnungsmäßiger Buchführung entsprechende Belege erbracht werden kann[95]. Dazu gehört auch der Nachweis, dass eine etwaige Zahlung tatsächlich auf die Stammeinlageverpflichtung erfolgt ist und nicht etwa nur, wie von der Gesellschaft verbucht, ein Gesellschafterdarlehen darstellte[96]. In Ausnahmefällen begnügen sich die Gerichte jedoch auch mit *niedrigeren* Anforderungen an den Nachweis der Zahlung, wenn weitergehende Forderungen nach den Umständen des Falles für den Gesellschafter unzumutbar sind, z.B. weil die fraglichen Vorgänge schon viele Jahre zurückliegen, jedoch von dem Gesellschafter nicht verlangt werden kann, ohne besonderen Anlass über Jahre hinweg die Zahlungsbelege aufzubewahren (§ 242 BGB)[97].

---

86 *Melber*, Kaduzierung, S. 194 ff.; *Ebbing*, in: Michalski u.a., Rdnr. 84; s. aber OLG Dresden v. 17.7.1996 – 12 U 202/96, GmbHR 1997, 946, 948.
87 OLG Celle v. 27.7.1994 – 9 U 101/93, GmbHR 1995, 124 f.
88 S. OLG Köln v. 23.6.1993 – 2 U 118/92, NJW-RR 1994, 1192 = GmbHR 1995, 125 (nur Leitsatz); *Altmeppen*, in: Roth/Altmeppen, Rdnr. 15.
89 *Altmeppen*, in: Roth/Altmeppen, Rdnr. 15; *W. Müller*, in: Ulmer/Habersack/Löbbe, Rdnr. 51; *Ebbing*, in: Michalski u.a., Rdnr. 85; *Pentz*, in: Rowedder/Schmidt-Leithoff, Rdnr. 29.
90 *Fastrich*, in: Baumbach/Hueck, Rdnr. 9.
91 *Ebbing*, in: Michalski u.a., Rdnr. 85.
92 *Pentz*, in: Rowedder/Schmidt-Leithoff, Rdnr. 31.
93 Ebenso *Schütz*, in: MünchKomm. GmbHG, Rdnr. 71.
94 Statt aller *Altmeppen*, in: Roth/Altmeppen, Rdnr. 15.
95 OLG Hamm v. 19.9.1983 – 8 U 387/82, GmbHR 1984, 317, 318; OLG Frankfurt v. 3.11.1993 – 23 U 6/93, OLGR 1994, 102 = GmbHR 1994, 474 (nur Leitsatz); LG Hildesheim v. 30.9.1997 – 4 O 416/96, NJW-RR 1998, 248, 249 = NZG 1998, 44, 45.
96 OLG Frankfurt v. 22.12.1993 – 21 U 87/92, OLGR 1994, 113 = GmbHR 1994, 474 (nur Leitsatz).
97 OLG Frankfurt v. 3.11.1993 – 23 U 6/93, OLGR 1994, 102 = GmbHR 1994, 474 (nur Leitsatz); OLG Köln v. 29.1.2009 – 18 U 19/08, GmbHR 2009, 1209, 1210.

IV. Kaduzierung (§ 21 Abs. 2)

1. Gestaltungsrecht

Gemäß § 21 Abs. 2 Satz 1 ist der säumige Gesellschafter nach fruchtlosem Ablauf der Nachfrist 21 seines Geschäftsanteils (auf den Bareinlagen rückständig sind) sowie der geleisteten Teilzahlungen zugunsten der Gesellschaft (für) verlustig zu erklären, und zwar durch eingeschriebenen Brief (§ 21 Abs. 2 Satz 2). Es kommt also weder zu einem automatischen Ausschluss des Gesellschafters mit Fristablauf[98], noch ist die Gesellschaft überhaupt zur Ausschließung des Gesellschafters verpflichtet. Trotz des vielleicht abweichenden Wortlauts des § 21 Abs. 2 Satz 1 herrscht Übereinstimmung, dass es sich bei der Kaduzierung um ein **Gestaltungsrecht** der Gesellschaft handelt, über dessen Ausübung die Geschäftsführer grundsätzlich nach pflichtgemäßem Ermessen zu entscheiden haben[99]. Jedoch können weder die Gesellschaft im Allgemeinen noch die Geschäftsführer im Einzelfall wirksam gegenüber einem Gesellschafter auf das Kaduzierungsrecht **verzichten** (§ 25 i.V.m. § 21 Abs. 2). Die Möglichkeit zur Kaduzierung hat die Gesellschaft vielmehr in jedem Fall; es ist jedoch ihre Sache, ob sie von dieser Möglichkeit Gebrauch machen will oder nicht[100]. Wenn ihr dies angemessener erscheint, kann sie, anstatt die Kaduzierung auszusprechen, z.B. auch weiterhin Klage auf Zahlung gegen den säumigen Gesellschafter erheben[101].

2. Ausübung

Der Ausschluss des säumigen Gesellschafters (seine Kaduzierung) erfolgt nach § 21 Abs. 2 22 Satz 1 durch einseitige empfangsbedürftige **Willenserklärung** der Gesellschaft, die dabei gemäß § 35 von ihren Geschäftsführern vertreten wird[102]. Die Erklärung muss nach § 21 Abs. 2 Satz 2 ebenso wie schon die Nachfristsetzung durch **eingeschriebenen Brief** erfolgen (s. deshalb im Einzelnen Rdnr. 19 ff.) und wird mit **Zugang** bei dem säumigen Gesellschafter wirksam (§ 130 BGB; zu den Formerfordernissen s. Rdnr. 19 f.).

Eine besondere **Frist** ist für die Ausübung des Gestaltungsrechts nicht vorgeschrieben. Aus 22a § 242 BGB folgt jedoch, dass der Ausspruch der Kaduzierung nicht illoyal verzögert werden darf, sondern binnen angemessener Frist zu erfolgen hat. Andernfalls **verwirkt** die Gesellschaft ihr Recht zur Kaduzierung des Gesellschafters, wobei auf die gesamten Umstände des Einzelfalls für die Frage abzustellen ist, ob der Gesellschafter darauf vertrauen darf, dass die Gesellschaft von ihrem Recht keinen Gebrauch mehr machen wird (§ 242 BGB)[103]. Eine bloße mehrmonatige Verzögerung der Erklärung allein führt noch nicht automatisch zur Verwirkung des Gestaltungsrechts, sofern nur deutlich ist, dass die Gesellschaft das Kaduzierungsverfahren noch weiter betreibt[104].

Nach überwiegender Meinung kann die Kaduzierung von der Gesellschaft **bereits vor Ablauf** der Nachfrist **erklärt** werden, vorausgesetzt nur, dass die Erklärung dem Gesellschafter 22b

---

98 OGH v. 20.1.1977 – 6 Ob 503/77, GesRZ 1977, 101, 102.
99 Rdnr. 2 f.; *Ebbing*, in: Michalski u.a., Rdnr. 90; *Pentz*, in: Rowedder/Schmidt-Leithoff, Rdnr. 32; *Schütz*, in: MünchKomm. GmbHG, Rdnr. 73 f.
100 OLG Celle, OLGE 6, 191 f.; *Schütz*, in: MünchKomm. GmbHG, Rdnr. 73.
101 RGZ 51, 416 f.; OLG München, OLGE 22, 15; OLG Düsseldorf, GmbHR 1962, 158 f.
102 S. Rdnr. 23; OGH v. 20.1.1977 – 6 Ob 503/77, GesRZ 1977, 101, 102.
103 *Schütz*, in: MünchKomm. GmbHG, Rdnr. 83.
104 OLG Hamburg v. 25.6.1993 – 11 U 121/92, NJW-RR 1994, 1528, 1529 = GmbHR 1994, 249 = WM 1993, 1751; OLG Rostock v. 15.1.1997 – 6 U 167/96, GmbHR 1997, 449, 450 (über 2 Jahre); *Altmeppen*, in: Roth/Altmeppen, Rdnr. 16; *Fastrich*, in: Baumbach/Hueck, Rdnr. 10; *Bayer*, in: Lutter/Hommelhoff, Rdnr. 12; *Ebbing*, in: Michalski u.a., Rdnr. 100; *Pentz*, in: Rowedder/Schmidt-Leithoff, Rdnr. 37.

erst *nach* Fristablauf zugeht[105]. Dies ist jedoch mit Rücksicht auf Zweck und Wortlaut des Gesetzes (§ 21 Abs. 2) durchaus problematisch[106]. Auf keinen Fall zulässig ist aber eine Erklärung der Kaduzierung vor Ablauf der Nachfrist für den Fall des fruchtlosen Ablaufs der Nachfrist[107]. Eine vorzeitige und deshalb unwirksame Erklärung des Ausschlusses kann jedoch nach Fristablauf jederzeit wiederholt werden[108].

3. Beteiligte

23 Die Ausschlusserklärung ist von den **Geschäftsführern** in der zur Vertretung der Gesellschaft erforderlichen Zahl abzugeben (§ 35); eines vorgängigen **Gesellschafterbeschlusses** bedarf es dazu *nicht*[109]. Jedoch müssen die Geschäftsführer auch insoweit etwaige **Weisungen** der Gesellschafter berücksichtigen (§ 37 Abs. 1)[110]. Spricht der Geschäftsführer die Kaduzierung gegenüber einem säumigen Gesellschafter entgegen einer Weisung der Gesellschafterversammlung aus, so ist sie *unwirksam*, weil § 37 Abs. 2 für derartige innergesellschaftliche Erklärungen nicht gilt[111].

23a **Adressat** der Erklärung ist derjenige Gesellschafter, der als Inhaber des Anteils in der Gesellschafterliste eingetragen ist (§§ 16 Abs. 1, 40). Die Erklärung wirkt dann auch gegenüber dem nicht eingetragenen Erwerber. Entsprechendes gilt bei **Anfechtung oder Nichtigkeit** der Übertragung nach Eintragung des Erwerbers in die Gesellschafterliste[112]. Im Falle des Todes des säumigen Gesellschafters kann die Kaduzierungserklärung aber gegenüber dessen **Erben** abgegeben werden (§ 18). In der Insolvenz des säumigen Gesellschafters ist der richtige Adressat der **Insolvenzverwalter**[113].

4. Inhalt

24 Inhaltlich muss die Erklärung gemäß § 21 Abs. 2 Satz 1 darauf gerichtet sein, den säumigen Gesellschafter sowohl seines **Geschäftsanteils**, auf den die Bareinlage rückständig ist, als auch der schon geleisteten **Teilzahlungen** zugunsten der Gesellschaft (für) verlustig zu erklären. *Beide* Erklärungen müssen mithin in einer Weise abgegeben werden, die dem betroffenen Gesellschafter die beiden (einschneidenden) Rechtsfolgen *mit hinreichender Deutlichkeit* klar macht. Bei gemischten Bar- und Sacheinlagen ist der Gesellschafter (weil der Anteil nicht geteilt wird, Rdnr. 5a, 25) auch der schon erbrachten Sacheinlage für verlustig zu erklären[114]. Insgesamt empfiehlt es sich – nicht anders als bei § 323 Abs. 1 BGB –, nach Möglichkeit den Wortlaut des Gesetzes zu wählen.

---

105 *Altmeppen*, in: Roth/Altmeppen, Rdnr. 16; *Bayer*, in: Lutter/Hommelhoff, Rdnr. 12.
106 Anders deshalb zu Recht *Ebbing*, in: Michalski u.a., Rdnr. 99; *Schütz*, in: MünchKomm. GmbHG, Rdnr. 82.
107 OGH v. 20.1.1977 – 6 Ob 503/77, GesRZ 1977, 101, 102; *W. Müller*, in: Ulmer/Habersack/Löbbe, Rdnr. 48.
108 OGH v. 20.1.1977 – 6 Ob 503/77, GesRZ 1977, 101, 102; *Reich-Rohrwig*, GmbH-Recht, S. 594.
109 RG, GmbHR 1918, 256; OLG Dresden v. 17.7.1996 – 12 U 202/96, GmbHR 1997, 946, 948; OLG Hamm v. 25.2.2010 – 27 U 24/09, GmbHR 2010, 707, 708; OGH v. 9.11.1977 – 1 Ob 690/77, SZ Bd. 50 (1977) Nr. 140, S. 681, 683 = GesRZ 1978, 34; OGH v. 10.2.1988 – 3 Ob 595/86, SZ Bd. 61 (1988) Nr. 33, S. 158, 160 = GesRZ 1988, 168 = WiBl. 1988, 197; OGH, GesRZ 1981, 185, 186.
110 OLG Düsseldorf, GmbHR 1962, 158; OLG Düsseldorf v. 15.11.1984 – 8 U 22/84, ZIP 1984, 1476, 1478 f.; *Ebbing*, in: Michalski u.a., Rdnr. 91 f.; *Pentz*, in: Rowedder/Schmidt-Leithoff, Rdnr. 33; s. *Melber*, Kaduzierung, S. 65, 286 ff.
111 OLG Düsseldorf, GmbHR 1962, 158; *Schütz*, in: MünchKomm. GmbHG, Rdnr. 77.
112 *Schütz*, in: MünchKomm. GmbHG, Rdnr. 80.
113 *Pentz*, in: Rowedder/Schmidt-Leithoff, Rdnr. 34.
114 *Schütz*, in: MünchKomm. GmbHG, Rdnr. 87.

V. Wirkungen

1. Verlust der Mitgliedschaft

a) Geschäftsanteil

Aus § 21 Abs. 2 Satz 1 folgt, dass der säumige Gesellschafter mit Zugang der Ausschlusserklä- | 25
rung der Gesellschaft (nur) für die Zukunft (*ex nunc*) seinen **Geschäftsanteil** einschließlich
der bereits erbrachten **Teilleistungen verliert**. Er hört mit anderen Worten auf, Gesellschafter
zu sein[115], so dass er für die Zukunft gleichermaßen die **Verwaltungs-** wie die **Vermögensrechte** einschließlich des Gewinnanspruchs (Rdnr. 27a) einbüßt[116]. Außerdem **verfallen** bereits erbrachte **Teilzahlungen** (§ 21 Abs. 2 Satz 1)[117]. Denn die fraglichen Zahlungen wurden
seinerzeit mit Rechtsgrund geleistet, woran der nur für die Zukunft wirkende Ausschluss des
Gesellschafters nichts ändert (§ 812 Abs. 1 BGB). Die **Höhe** der schon erbrachten Teilzahlungen spielt *keine* Rolle, so dass die Gesellschaft einen Gesellschafter grundsätzlich auch wegen
geringfügiger Rückstände ausschließen kann, sofern dem nicht im Einzelfall der Einwand des
Rechtsmissbrauchs (§ 242 BGB) entgegensteht[118]. Ebenso zu behandeln sind schon erbrachte
Nachschüsse sowie bei den gemischten Sacheinlagen die **Sacheinlagen** selbst (s. Rdnr. 5a, 24);
sie alle verfallen daher der Gesellschaft[119]. Die **Satzung** kann nichts anderes bestimmen, insbesondere nicht die Rückerstattung der von dem ausgeschlossenen Gesellschafter auf den Geschäftsanteil geleisteten Zahlungen anordnen, weil dies auf eine Kapitalherabsetzung ohne
Einhaltung der dafür vorgesehenen Vorschriften hinausliefe[120].

Die gesellschaftlichen **Pflichten** des Gesellschafters **enden** ebenfalls für die Zukunft (**ex nunc**; | 26
zu den bereits entstandenen Pflichten s. Rdnr. 27). Den Gesellschafter trifft daher fortan keine
Einlageverpflichtung mehr; noch nicht fällige Nebenleistungen (§ 3 Abs. 2) und Nachschüsse
(§ 26) schuldet er gleichfalls nicht mehr[121]. An die Stelle dieser Pflichten tritt seine **subsidiäre
Ausfallhaftung** nach § 21 Abs. 3, die grundsätzlich von der Einlagepflicht zu unterscheiden ist
(Rdnr. 33 ff.).

b) Keine Entschädigung

Nach h.M. folgt aus der geschilderten Rechtslage (Rdnr. 25 f.) sowie aus der Bestimmung, | 26a
dass der Gesellschafter der bereits geleisteten Teilzahlungen zugunsten der Gesellschaft für
verlustig zu erklären ist (§ 21 Abs. 2 Satz 1), dass der Gesellschafter auch keine Entschädigung oder Abfindung für den Verlust seines Anteils infolge der Kaduzierung erhält, und zwar
selbst dann nicht, wenn der Verkehrswert seines Anteils die Rückstände auf die Einlagen und
die geleisteten Teilzahlungen übersteigt; dieser **Mehrwert** gebühre vielmehr ebenso wie ein
etwaiger Mehrerlös im Falle des § 23 allein der Gesellschaft[122]. Zwingend ist dieser Schluss

---

115 So für § 64 AktG BayObLG v. 24.11.1988 – BReg 3 Z 111/88, BayObLGZ 1988, 371, 376 = AG
1989, 173 = NJW-RR 1989, 687.
116 OLG Darmstadt, GmbHR 1915, 388; OLG Hamm v. 6.7.1988 – 8 U 315/86, GmbHR 1989, 126 =
DB 1989, 167; *Altmeppen*, in: Roth/Altmeppen, Rdnr. 17; *Ebbing*, in: Michalski u.a., Rdnr. 104 ff.;
Pentz, in: Rowedder/Schmidt-Leithoff, Rdnr. 38; *Schütz*, in: MünchKomm. GmbHG, Rdnr. 88 ff.
117 Z.B. OLG Hamm v. 25.2.2010 – 27 U 24/09, GmbHR 2010, 707, 709.
118 S. *Melber*, Kaduzierung, S. 223 ff.; *Schütz*, in: MünchKomm. GmbHG, Rdnr. 91.
119 *Altmeppen*, in: Roth/Altmeppen, Rdnr. 17; *Fleck*, GmbHR 1993, 550, 552; *Schütz*, in: Münch-
Komm. GmbHG, Rdnr. 93.
120 OGH, NZ 1917, 228; *Reich-Rohrwig*, GmbH-Recht, S. 595; *Ebbing*, in: Michalski u.a., Rdnr. 114.
121 OLG Hamm v. 6.7.1988 – 8 U 315/86, GmbHR 1989, 126 = DB 1989, 167.
122 OLG Hamm v. 25.2.2010 – 27 U 24/09, GmbHR 2010, 707, 709; *Altmeppen*, in: Roth/Altmeppen,
Rdnr. 17; *Bayer*, in: Lutter/Hommelhoff, Rdnr. 14; *Schütz*, in: MünchKomm. GmbHG, Rdnr. 91.

freilich nicht, der zudem in auffälligem Gegensatz zu der Rechtslage bei der Einziehung nach § 34 und dem Ausschluss aus wichtigem Grunde steht[123].

c) Schon entstandene Rechte und Pflichten

27　Schon entstandene Rechte und Pflichten des Gesellschafters bleiben von der Kaduzierung unberührt, weil diese nur für die Zukunft (ex nunc) wirkt (Rdnr. 25 ff.). Das gilt insbesondere für Ansprüche des Gesellschafters wegen sonstiger, d.h. aus anderen Rechtsgründen an die Gesellschaft erbrachter Leistungen[124], z.B. aus **Miet- oder Lizenzverträgen** mit der Gesellschaft oder aus der Gewährung eines Darlehens an die Gesellschaft. In diesen Fällen hängt die Frage, ob eine der Parteien mit Rücksicht auf die Kaduzierung fristlos kündigen kann, von den Umständen ab. Generell stellt jedoch die Kaduzierung keinen wichtigen Grund im Sinne insbesondere der §§ 314 und 543 BGB dar[125]. Auf der anderen Seite muss der Gesellschafter aber auch noch die schon vor dem Ausschluss fällig gewordenen **Nebenleistungspflichten** erfüllen (§ 3 Abs. 2)[126]. Ebenso zu behandeln ist eine bereits eingetretene **Ausfallhaftung** nach § 24 für Einlageverpflichtungen von Mitgesellschaftern.

27a　Umstritten ist, welche Folgerungen aus dem Gesagten für den Anspruch des Gesellschafters auf den **Gewinnanteil** (§ 29) zu ziehen sind. Eindeutig ist die Rechtslage nur, wenn der Gewinnverwendungsbeschluss, durch den der Gewinnanspruch spätestens entsteht, bereits **vor der Kaduzierung** gefasst wurde. Denn dann hatte der ausgeschlossene Gesellschafter vor der Kaduzierung bereits einen selbständigen Gewinnanspruch erlangt, der ihm jetzt nicht mehr entzogen werden kann[127]. Anders dagegen, wenn der Gewinnverwendungsbeschluss für das laufende Jahr oder auch für vorausgehende Geschäftsjahre erst **nach Kaduzierung** gefasst wird. Nach überwiegender Meinung geht in diesem Fall der Gesellschafter leer aus, weil der Gewinnanspruch des Gesellschafters eben erst mit der (späteren) Fassung des Gewinnverwendungsbeschlusses entsteht, der Ausgeschlossene zu diesem Zeitpunkt aber nicht mehr Gesellschafter war[128]. Diese Lösung wird zwar vielfach als unbillig kritisiert und dem ausgeschiedenen Gesellschafter deshalb ohne Rücksicht auf den Zeitpunkt des Gewinnverwendungsbeschlusses ein Anspruch auf den anteiligen Jahresgewinn zugebilligt[129]. Das abweichende Ergebnis, zu dem die überwiegende Meinung gelangt, dürfte gleichwohl nach der Gesetzeslage (§ 29) unvermeidbar sein. Der Gesellschafter behält lediglich das Recht, von der Gesellschaft die Verwertung des kaduzierten Gesellschaftsanteils nach Maßgabe der §§ 22 bis 24 zu verlangen und die Gesellschaft an einer anderen Verwertung zu hindern.

123　Deshalb a.A. *Melber*, Kaduzierung, passim, bes. S. 208 ff.
124　*Ebbing*, in: Michalski u.a., Rdnr. 110 f., 127; *Pentz*, in: Rowedder/Schmidt-Leithoff, Rdnr. 39; *Schütz*, in: MünchKomm. GmbHG, Rdnr. 96.
125　*Ebbing*, in: Michalski u.a., Rdnr. 111; *Pentz*, in: Rowedder/Schmidt-Leithoff, Rdnr. 39; *Schütz*, in: MünchKomm. GmbHG, Rdnr. 96.
126　*Altmeppen*, in: Roth/Altmeppen, Rdnr. 18; *Ebbing*, in: Michalski u.a., Rdnr. 108; *Pentz*, in: Rowedder/Schmidt-Leithoff, Rdnr. 42; *Schütz*, in: MünchKomm. GmbHG, Rdnr. 98.
127　BGH v. 14.9.1998 – II ZR 172/97, BGHZ 139, 299, 302 ff. = NJW 1998, 3646 = GmbHR 1998, 1177.
128　BGH v. 14.9.1998 – II ZR 172/97, BGHZ 139, 299, 302 ff. = NJW 1998, 3646 = GmbHR 1998, 1177; *Altmeppen*, in: Roth/Altmeppen, Rdnr. 18; *Ebbing*, in: Michalski u.a., Rdnr. 109 ff.; *Bayer*, in: Lutter/Hommelhoff, Rdnr. 14; *Pentz*, in: Rowedder/Schmidt-Leithoff, Rdnr. 38 f.; *Schütz*, in: MünchKomm. GmbHG, Rdnr. 95.
129　OLG Hamm v. 6.7.1988 – 8 U 315/86, GmbHR 1989, 126 = DB 1989, 167; *W. Müller*, in: Ulmer/Habersack/Löbbe, Rdnr. 55; *G. Roth*, Anm., LM Nr. 8 zu § 29 GmbHG (Bl. 3 f.); *Salje*, Anm., NZG 1998, 986 f.

2. Rechte Dritter

Der Ausschluss des Gesellschafters hat zur Folge, dass Rechte Dritter an dem **Anteil unter-** 28
gehen[130]. Schon entstandene Pfändungspfandrechte Dritter sind mithin auf Klage der Gesellschaft (Rdnr. 29) hin nach § 771 ZPO zu beseitigen. Eine spätere **Vollstreckung** der Gläubiger
des säumigen Gesellschafters in den kaduzierten Anteil scheitert schon daran, dass dieser nunmehr nicht mehr zum Vermögen des Gesellschafters gehört[131]. Außenstehende Dritte können
den Rechtsverlust aufgrund der Kaduzierung des Anteils nur durch **rechtzeitige Zahlung**
der Rückstände auf die Bareinlageforderung vermeiden (§ 267 BGB)[132]. Daraus folgt jedoch
keine Verpflichtung der Gesellschaft, etwa betroffene Dritte von dem laufenden Kaduzierungsverfahren zu **unterrichten**, weil dafür mangels eines Rechtsverhältnisses zwischen der
Gesellschaft und den betroffenen Dritten keine Grundlage erkennbar ist (§§ 241 Abs. 2, 242
BGB)[133]. Nach h.M. gilt das Gesagte auch, wenn die Gesellschaft einen **Übererlös** erzielt, da
dieser der Gesellschaft und nicht dem Gesellschafter gebührt (Rdnr. 26a). Rechte Dritter setzen sich daher nicht an solchem Übererlös fort[134].

Von den Rechten Dritter an dem Geschäftsanteil müssen Rechte Dritter an der **Einlageforde-** 28a
rung der Gesellschaft gegen den später ausgeschlossenen Gesellschafter unterschieden werden. **Beispiele** sind Pfand- und Pfändungspfandrechte von Gesellschaftsgläubigern. Derartige Rechte verwandeln sich entsprechend § 1287 BGB in Pfandrechte an den Ansprüchen der
Gesellschaft auf Grund der Verwertung des kaduzierten Anteils nach den §§ 22 und 23[135].
Eine **Zwangsvollstreckung** von Gläubigern der Gesellschaft in den kaduzierten Geschäftsanteil wird dagegen überwiegend als unzulässig angesehen, weil die Gesellschaft den Anteil
nicht veräußern kann, sondern darüber nur nach den §§ 22 und 23 verfügen darf (§§ 851
und 857 ZPO)[136].

3. Zuständigkeit

Das Gesetz enthält keine Aussage über das Schicksal des Geschäftsanteils nach seiner Kadu- 29
zierung. Deshalb wird diskutiert, ob der Anteil jetzt der *Gesellschaft* **zusteht**, gegebenenfalls
nur treuhänderisch für spätere Erwerber, oder ob sich der Anteil vorübergehend in ein *sub-
jektloses Recht* verwandelt, über das die Gesellschaft lediglich in bestimmter Weise verfügen
darf, um sich aus ihm zu befriedigen[137]. Die Konstruktion subjektloser Rechte ist indessen

---

130 S. *Apfelbaum*, Verpfändung, S. 133 ff.; *Altmeppen*, in: Roth/Altmeppen, Rdnr. 21; *Ewald*, ZHR 92
 (1928), 96, 153 ff.; *Feine*, in: Ehrenbergs Hdb. III/3, S. 306; *Fastrich*, in: Baumbach/Hueck,
 Rdnr. 13; *W. Müller*, in: Ulmer/Habersack/Löbbe, Rdnr. 59; *Ebbing*, in: Michalski u.a., Rdnr. 124,
 128; *Polzius*, DGVZ 1987, 17, 19; *Pentz*, in: Rowedder/Schmidt-Leithoff, Rdnr. 40; dagegen *Melber*,
 Kaduzierung, S. 174, 178 ff., 224 f.
131 *Melber*, Kaduzierung, S. 174 f.
132 OLG Dresden v. 17.7.1996 – 12 U 202/96, GmbHR 1997, 946, 948 (unter 1.2.1.); *Altmeppen*, in:
 Roth/Altmeppen, Rdnr. 21; für Analogie zu § 268 BGB *Apfelbaum*, Verpfändung, S. 135.
133 *Schütz*, in: MünchKomm. GmbHG, Rdnr. 109.
134 Dagegen *Apfelbaum*, Verpfändung, S. 133 f.; *Melber*, Kaduzierung, S. 224 ff.
135 *Ebbing*, in: Michalski u.a., Rdnr. 129; *Schütz*, in: MünchKomm. GmbHG, Rdnr. 111; ebenso im Ergebnis OGH v. 7.10.1998 – 3 Ob 196/98i, SZ Bd. 71 (1998 II) Nr. 163, S. 303, 306 ff. = WiBl. 1999,
 275 = NZG 1999, 444.
136 *Altmeppen*, in: Roth/Altmeppen, Rdnr. 20; *Melber*, Kaduzierung, S. 174 f.; *Ebbing*, in: Michalski
 u.a., Rdnr. 117; *W. Müller*, in: Ulmer/Habersack/Löbbe, Rdnr. 61a; *Schütz*, in: MünchKomm.
 GmbHG, Rdnr. 111.
137 So RGZ 98, 276, 278; BGH v. 13.7.1964 – II ZR 110/62, BGHZ 42, 89, 92 = NJW 1964, 1954 m.
 Anm. *R. Fischer*, LM Nr. 7 zu § 15 GmbHG; BayObLGZ 1914, 730, 734 f. = GmbHR 1914, 215;
 Hohner, Subjektlose Rechte, 1969, S. 113 ff.

von hoher Künstlichkeit, so dass man nicht ohne Not auf sie zurückgreifen sollte. Zudem müsste eine solche Lösung bei **Einpersonen-Gesellschaften**, bei denen eine Kaduzierung des einzigen Geschäftsanteils gleichfalls möglich ist, zu absurden Folgerungen nötigen[138]. Deshalb ist daran festzuhalten, dass der Anteil nach der Kaduzierung vorübergehend ein (**gebundenes**) **Sondervermögen der Gesellschaft** darstellt, wobei die umstrittene Frage, ob die Gesellschaft den Anteil nur treuhänderisch für die späteren Erwerber oder zu vollem Recht, aber belastet mit den Pflichten aus den §§ 22 und 23 erwirbt, im Ergebnis offen bleiben kann[139]. Soweit **Anteilsscheine** ausgestellt worden sind, sind sie daher der Gesellschaft nach den §§ 413 und 402 BGB herauszugeben; neue Anteilsscheine sind bis zur Verwertung des Anteils entbehrlich[140].

30 Solange der Anteil der Gesellschaft zusteht (Rdnr. 29), **ruhen** die Rechte und Pflichten aus ihm[141]. Die Gesellschaft kann daher nicht das **Stimmrecht** aus dem Anteil ausüben oder für den Anteil an einer **Kapitalerhöhung** gegen Einlagen nach den §§ 55 ff. teilnehmen; lediglich bei einer Kapitalerhöhung aus Gesellschaftsmitteln wird der Anteil berücksichtigt[142]. Die Gesellschaft kann sich jedoch als (vorübergehende) Inhaberin eines Geschäftsanteils in die **Gesellschafterliste** eintragen lassen (§ 40 Abs. 1), woraus sich zugleich unter den Voraussetzungen des § 16 Abs. 3 die Möglichkeit eines gutgläubigen Erwerbs Dritter an dem Anteil ergibt, sofern die Gesellschaft zu Unrecht in die Gesellschafterliste eingetragen worden war, etwa weil das Kaduzierungsverfahren an einem Mangel gelitten hatte[143].

30a Schwierigkeiten bereitet die **bilanzielle Behandlung** eines kaduzierten (und dadurch der Gesellschaft zugefallenen, s. Rdnr. 29) Geschäftsanteils. Früher wurde allgemein angenommen, dass der fragliche Anteil in der Bilanz nicht aktiviert werden müsse, weil die Gesellschaft keine Aufwendungen gehabt hatte, während die Einlageforderung gegen den Gesellschafter auszubuchen sei[144]. Rücklagen für eigene Anteile nach § 272 Abs. 4 HGB seien entbehrlich. Es ist jedoch fraglich, ob an dieser herkömmlichen Auffassung seit Inkrafttreten des Bilanzrechtmodernisierungsgesetzes von 2009 (BGBl. I 2009, 1102) am 1.1.2010 noch festgehalten werden kann (s. Art. 66 EGHGB). Denn nach § 272 Abs. 1a Satz 1 HGB ist heute auf der Passivseite der Bilanz der Nennbetrag erworbener eigener Anteile der Gesellschaft in einer Vorspalte offen von dem Posten „gezeichnetes Kapital" abzusetzen. Eigene Anteile sind seitdem folglich als **Korrekturposten** zum Eigenkapital auszuweisen[145]. Ebenso muss dann wohl mit kaduzierten Anteilen verfahren werden, sofern man diese (wie hier vertreten) zum gebundenen Sondervermögen der Gesellschaft rechnet (s. Rdnr. 29)[146]. In den Fällen der §§ 22 und 23 ist daher die Absetzung des Nennbetrages der kaduzierten Anteile von dem Eigen-

---

138 S. zu diesem Fall auch § 22 Rdnr. 24 sowie OLG Hamburg v. 16.3.2001 – 11 U 190/00, GmbHR 2001, 972 = BB 2001, 2182; OGH v. 7.10.1998 – 3 Ob 196/98i, SZ Bd. 71 (1998 II) Nr. 113, S. 303, 309 f. = WiBl. 1999, 275 = NZG 1999, 444, 445; *Ebbing*, in: Michalski u.a., Rdnr. 121; *Michalski/Schulenberg*, NZG 1999, 431, 432 f.; *Schütz*, in: MünchKomm. GmbHG, Rdnr. 106.

139 *Altmeppen*, in: Roth/Altmeppen, Rdnr. 19; *Fastrich*, in: Baumbach/Hueck, Rdnr. 12; *Feine*, in: Ehrenbergs Hdb. III/3, S. 306 ff.; *Lutter*, Kapital, S. 147 ff.; *Bayer*, in: Lutter/Hommelhoff, Rdnr. 15; *Ebbing*, in: Michalski u.a., Rdnr. 116; *W. Müller*, in: Ulmer/Habersack/Löbbe, Rdnr. 61; *Polzius*, DGVZ 1987, 17, 19; *Pentz*, in: Rowedder/Schmidt-Leithoff, Rdnr. 44; *Schütz*, in: MünchKomm. GmbHG, Rdnr. 100.

140 S. *Fastrich*, in: Baumbach/Hueck, Rdnr. 12; *W. Müller*, in: Ulmer/Habersack/Löbbe, Rdnr. 65; *Schütz*, in: MünchKomm. GmbHG, Rdnr. 112.

141 *Altmeppen*, in: Roth/Altmeppen, Rdnr. 21; *Ebbing*, in: Michalski u.a., Rdnr. 117; *Pentz*, in: Rowedder/Schmidt-Leithoff, Rdnr. 46.

142 *Altmeppen*, in: Roth/Altmeppen, Rdnr. 20; *Pentz*, in: Rowedder/Schmidt-Leithoff, Rdnr. 46.

143 S. Rdnr. 32b; *Fastrich*, in: Baumbach/Hueck, Rdnr. 11; *Altmeppen*, in: Roth/Altmeppen, Rdnr. 19; *Schütz*, in: MünchKomm. GmbHG, Rdnr. 101, 140.

144 So z.B. *Pentz*, in: Rowedder/Schmidt-Leithoff, Rdnr. 45.

145 *Merkt*, in: Baumbach/Hopt, 37. Aufl. 2016, § 272 HGB Rdnr. 4.

146 Ebenso *Altmeppen*, in: Roth/Altmeppen, Rdnr. 20; *W. Müller*, in: Ulmer/Habersack/Löbbe, Rdnr. 61.

kapital der Gesellschaft wieder rückgängig zu machen (§ 272 Abs. 1b Satz 1 HGB); ein etwaiger Mehrerlös ist in die Kapitalrücklage einzustellen (§ 272 Abs. 1b Satz 2 und Satz 3 HGB)[147].

Für die problematische Behandlung der auf den Anteil in der Zwischenzeit **entfallenden Gewinne** werden unterschiedliche Lösungen diskutiert[148]. In Betracht kommen insbesondere die Zuweisung des Gewinns an die Gesellschaft, die Zuweisung an die übrigen Gesellschafter sowie die Zuweisung an die späteren Erwerber des Anteils nach den §§ 22 und 23. Ein Gewinnbezugsrecht der Gesellschaft scheitert indessen bereits an der Vereinigung von Schuld und Anspruch (Konfusion). Daher kann sich nur die Frage stellen, ob die Gewinne dem zukünftigen Erwerber (§§ 22, 23) gebühren oder ob das **Gewinnbezugsrecht** aus dem Anteil in der Zwischenzeit **ruht**. Die überwiegende Meinung nimmt das letztere an und weist damit die auf die Zwischenzeit entfallenden Gewinne letztlich den übrigen Gesellschaftern zu, die in erster Linie an der damit verbundenen Vermehrung des Gesellschaftsvermögens partizipieren[149].

4. Kein Widerruf

Die geschilderten Rechtsfolgen (Rdnr. 25–30) treten mit Zugang der Ausschlusserklärung unter den Voraussetzungen des § 21 kraft Gesetzes ein. Die Gesellschaft kann diese Rechtsfolgen später *nicht* einseitig, z.B. durch einen Widerruf der Kaduzierung **rückgängig machen**[150]. Dies gilt selbst dann, wenn der frühere (säumige) Gesellschafter jetzt noch sämtliche rückständigen Leistungen erbringt. Die Möglichkeit, durch Zahlung der rückständigen Beträge die Kaduzierung abzuwenden, hat er mit Zugang der Ausschlusserklärung verloren. Daraus wird zum Teil der Schluss gezogen, die Gesellschaft sei auch *gehindert*, den Gesellschafter nach Zahlung der rückständigen Bareinlage und der sonstigen offenen Beträge durch Übertragung des Gesellschaftsanteils **wieder** als Gesellschafter **aufzunehmen**[151]. Dies mag konsequent sein; sachlich gerechtfertigt ist solcher Rigorismus indessen nicht, da der Zweck der gesetzlichen Regelung, die Kapitalaufbringung unter allen Umständen sicherzustellen, auch auf diese Weise problemlos verwirklicht werden kann[152].

5. Fehlerhafter Ausschluss

Wenn[153] die Voraussetzungen des § 21 nicht erfüllt sind oder das Verfahren des § 21 nicht genau beachtet wurde, ist die Kaduzierung unwirksam, so dass der säumige Gesellschafter

---

147 *Merkt*, in: Baumbach/Hopt, 37. Aufl. 2016, § 272 HGB Rdnr. 5; *W. Müller*, in: Ulmer/Habersack/Löbbe, Rdnr. 61.
148 S. *Altmeppen*, in: Roth/Altmeppen, Rdnr. 20; *Ebbing*, in: Michalski u.a., Rdnr. 118 ff.; *Pentz*, in: Rowedder/Schmidt-Leithoff, Rdnr. 146.
149 S. § 22 Rdnr. 22; *Altmeppen*, in: Roth/Altmeppen, Rdnr. 20; *Bayer*, in: Lutter/Hommelhoff, § 22 Rdnr. 11; *Ebbing*, in: Michalski u.a., Rdnr. 118 ff.; *W. Müller*, in: Ulmer/Habersack/Löbbe, Rdnr. 62; *Pentz*, in: Rowedder/Schmidt-Leithoff, Rdnr. 46.
150 *Fastrich*, in: Baumbach/Hueck, Rdnr. 10; *W. Müller*, in: Ulmer/Habersack/Löbbe, Rdnr. 54; *Bayer*, in: Lutter/Hommelhoff, Rdnr. 16; *Pentz*, in: Rowedder/Schmidt-Leithoff, Rdnr. 49; *Schütz*, in: MünchKomm. GmbHG, Rdnr. 89.
151 *Schütz*, in: MünchKomm. GmbHG, Rdnr. 90.
152 *Bayer*, in: Lutter/Hommelhoff, Rdnr. 16.
153 S. zum Folgenden ausführlich *Ebbing*, in: Michalski u.a., Rdnr. 130–139; *W. Müller*, in: Ulmer/Habersack/Löbbe, Rdnr. 67 ff.; *Pentz*, in: Rowedder/Schmidt-Leithoff, Rdnr. 52–62; *Schütz*, in: MünchKomm. GmbHG, Rdnr. 132–145.

nicht wirksam ausgeschlossen ist[154]. Dies gilt **auch bei geringfügigen Mängeln** des Verfahrens. **Beispiele** für eine mangelhafte und deshalb unwirksame Kaduzierung sind die fehlende Fälligkeit der Einlageforderung, die auch darauf beruhen kann, dass der Einforderungsbeschluss (§ 46 Nr. 2) erfolgreich angefochten wurde, das Fehlen der ersten Anforderung (soweit erforderlich) oder der erneuten Zahlungsaufforderung des § 21 Abs. 1 Satz 1, die fehlende Säumnis des Gesellschafters sowie die rechtzeitige Zahlung der offenen Bareinlageforderung noch vor Zugang der Erklärung der Kaduzierung seitens des Gesellschafters oder eines Dritten[155]. Zu beachten ist jedoch, dass die meisten Mängel noch während des Verfahrens, etwa durch Nachholung einer verfrühten Ausschlusserklärung, **geheilt** werden können[156].

32a Ein mangelhaftes Kaduzierungsverfahren in dem genannten Sinne (Rdnr. 32, mit der Folge der Unwirksamkeit der Kaduzierung) liegt auch vor, wenn das Verfahren gegen einen zu Unrecht in die Gesellschafterliste des § 16 eingetragenen so genannten **Scheingesellschafter** durchgeführt wurde[157]. Denn von einem Scheingesellschafter kann die Gesellschaft nicht im Wege der Kaduzierung einen Gesellschaftsanteil erwerben; die Voraussetzungen eines gutgläubigen Erwerbs, etwa nach § 16 Abs. 3, liegen nicht vor. Zudem kann nicht angenommen werden, dass der wirkliche Gesellschafter infolge der Durchführung eines Kaduzierungsverfahrens gegen einen Scheingesellschafter seinen Gesellschaftsanteil verliert (Art. 14 GG). Die Gesellschaft trägt folglich das Risiko, dass der von ihr in Anspruch genommene Gesellschafter nicht der wirkliche Gesellschafter, sondern ein bloßer Scheingesellschafter ist[158].

32b Die Unwirksamkeit der Kaduzierung kann von dem betroffenen Gesellschafter, der Gesellschaft und Dritten auf jedem beliebigen Wege, insbesondere durch **Feststellungsklage**, geltend gemacht werden[159]. Eine Zuständigkeit des Registergerichts besteht nicht[160]. Auch für eine **Anfechtungsklage** ist in aller Regel kein Raum, da die Kaduzierung nicht durch Gesellschafterbeschluss erfolgt[161]. Anfechtbar ist lediglich gegebenenfalls der Einforderungsbeschluss der Gesellschaft nach § 46 Nr. 2 (s. Rdnr. 7b ff.) sowie ein etwaiger Beschluss, durch den die Geschäftsführer zur Kaduzierung angewiesen wurden[162]. Führt die Gesellschaft das Kaduzierungsverfahren trotz eines von dem Gesellschafter gerügten Mangels fort, so kommt auch der Erlass einer **einstweiligen Verfügung** auf Antrag des Gesellschafters gegen die Ge-

---

154 S. zum Folgenden ausführlich *Ebbing*, in: Michalski u.a., Rdnr. 130–139; *W. Müller*, in: Ulmer/Habersack/Löbbe, Rdnr. 67 ff.; *Pentz*, in: Rowedder/Schmidt-Leithoff, Rdnr. 52–62; *Schütz*, in: MünchKomm. GmbHG, Rdnr. 132–145.

155 OLG Rostock v. 15.1.1997 – 6 U 167/96, GmbHR 1997, 449 f.; OLG Dresden v. 17.7.1996 – 12 U 202/96, GmbHR 1997, 946, 948 f.; OGH v. 20.1.1977 – 6 Ob 503/77, GesRZ 1977, 101, 102; OGH v. 22.2.1994 – 6 Ob 16/93, ecolex 1994, 543 = HS 25.187; *W. Müller*, in: Ulmer/Habersack/Löbbe, Rdnr. 67 ff.; *Bayer*, in: Lutter/Hommelhoff, Rdnr. 18; *Ebbing*, in: Michalski u.a., Rdnr. 130 ff.; *Pentz*, in: Rowedder/Schmidt-Leithoff, Rdnr. 53–60; *Schütz*, in: MünchKomm. GmbHG, Rdnr. 133; s. auch § 23 Rdnr. 27.

156 OLG Naumburg, GmbHR 1915, 295; OGH, GesRZ 1977, 101, 102; OGH, ecolex 1997, 436 = HS 27.212.

157 *W. Müller*, in: Ulmer/Habersack/Löbbe, Rdnr. 67a; *Schütz*, in: MünchKomm. GmbHG, Rdnr. 133, 135.

158 Ebenso im Ergebnis OLG Frankfurt v. 17.6.2009 – 13 U 104/08, GmbHR 2009, 1155, 1157 = ZIP 2009, 1521; *Kl. Müller*, GmbHR 2009, 1158, 1159.

159 RGZ 9, 36, 41 f.; OLG Hamm v. 25.2.2010 – 27 U 24/09, GmbHR 2010, 707, 708; OGH SZ Bd. 66 (1993 I) Nr. 24, S. 117, 121; OGH, GesRZ 1977, 101, 102; OGH v. 22.2.1994 – 6 Ob 16/93, ecolex 1994, 543 = HS 25.187; OGH, ecolex 1997, 436 = HS 27.212; OLG Wien, NZ 1994, 40 = HS 24.202; OLG Wien v. 25.1.1996 – 6 R 88/95, NZ 1997, 101 = HS 27.210.

160 OLG Wien v. 25.1.1996 – 6 R 88/95, NZ 1997, 101 = HS 27.210; *Altmeppen*, in: Roth/Altmeppen, Rdnr. 22; *Schütz*, in: MünchKomm. GmbHG, Rdnr. 142.

161 *Fastrich*, in: Baumbach/Hueck, Rdnr. 18.

162 S. Rdnr. 10; *Ebbing*, in: Michalski u.a., Rdnr. 135.

sellschaft in Betracht[163]. Das gilt insbesondere, sobald die Veräußerung des Geschäftsanteils seitens der Gesellschaft droht (§ 23)[164]. Unternimmt der Gesellschafter dagegen längere Zeit nichts gegen eine in seinen Augen unwirksame Kaduzierung, so dass sich die Gesellschaft darauf einstellen durfte, der Gesellschafter akzeptiere seinen Ausschluss, so kommt von Fall zu Fall auch die Annahme in Betracht, der Gesellschafter habe das Recht zur Rüge des Mangels der Kaduzierung **verwirkt**[165].

Ist der Anteil von der Gesellschaft bereits **weiterveräußert** worden (§§ 22 f.), so ändert dies nichts an dem Gesagten (Rdnr. 32 f.). Früher gab es insoweit auch keinen **Schutz des guten Glaubens**[166]. Anders gegebenenfalls heute aufgrund des § 16 Abs. 3 (Rdnr. 30)[167]. Andernfalls muss sich der Erwerber an die Gesellschaft halten (§§ 311a, 275, 280 BGB). Das gilt selbst dann, wenn der Geschäftsanteil gemäß § 23 Satz 1 im Wege öffentlicher Versteigerung nach § 383 Abs. 3 BGB verkauft wurde, weil auch dann (anders als bei der Versteigerung nach der ZPO) der Anteil nicht hoheitlich übertragen wird[168]. 32c

VI. Ausfallhaftung (§ 21 Abs. 3)

1. Voraussetzungen

Nach § 21 Abs. 3 bleibt der ausgeschlossene (kaduzierte) Gesellschafter „wegen des Ausfalls" der Gesellschaft verhaftet, den die Gesellschaft an dem rückständigen Betrag *oder* den später auf den Geschäftsanteil eingeforderten Beträgen erleidet. Durch diese strenge Ausfallhaftung des ausgeschlossenen Gesellschafters soll die Kapitalaufbringung bei Bareinlagen, soweit überhaupt möglich, sichergestellt werden (Rdnr. 1 ff.). Mit dem Wort „Ausfall" verweist das Gesetz zugleich auf die **vorrangigen §§ 22 und 23** als Mittel zur Aufbringung der rückständigen Bareinlage. § 22 regelt die Haftung der Rechtsvorgänger des ausgeschlossenen Gesellschafters für die Rückstände auf die Bareinlage; § 23 fügt hinzu, dass die Gesellschaft den Geschäftsanteil (hilfsweise) verkaufen kann, wenn die Zahlung des rückständigen Betrages von den Rechtsvorgängern nach § 22 nicht zu erlangen ist. Die Ausfallhaftung des ausgeschlossenen Gesellschafters ist **subsidiär** gegenüber der Haftung nach den §§ 22 und 23, **geht aber** ihrerseits der Haftung der anderen Gesellschafter nach **§ 24 vor**, weil für diese nur Raum ist, soweit ein Geschäftsanteil weder von den Zahlungspflichtigen (§§ 21, 22) eingezogen noch durch Verkauf des Geschäftsanteils (§ 23) gedeckt werden kann[169]. Auf die Ausfallhaftung des kaduzierten Gesellschafters nach § 21 Abs. 3 ist **§ 19 Abs. 2 entsprechend** anzuwenden; Verzicht, Stundung und Aufrechnung sind daher unzulässig[170]. 33

Die Ausfallhaftung trifft denjenigen Gesellschafter, der **kaduziert** worden ist, also denjenigen, dem die Ausschlusserklärung zugegangen ist und der in diesem Augenblick in der **Ge-** 34

---

163 *Altmeppen*, in: Roth/Altmeppen, Rdnr. 22; *Schütz*, in: MünchKomm. GmbHG, Rdnr. 143.
164 *Ebbing*, in: Michalski u.a., Rdnr. 137; ebenso im Ergebnis (Regelungsverfügung nach § 940 ZPO) OLG Rostock v. 15.1.1997 – 6 U 167/96, GmbHR 1997, 449 f.
165 *Schütz*, in: MünchKomm. GmbHG, Rdnr. 145.
166 OGH, SZ Bd. 66 (1993 I) Nr. 24, S. 117, 121 = WiBl. 1993, 229; OGH v. 22.2.1994 – 6 Ob 16/93, ecolex 1994, 543 = HS 25.187; OLG Wien, NZ 1994, 40 = HS 24.202; *Pentz*, in: Rowedder/Schmidt-Leithoff, Rdnr. 61.
167 Zustimmend *Altmeppen*, in: Roth/Altmeppen, Rdnr. 22.
168 S. im Einzelnen § 23 Rdnr. 19 ff.; OLG Rostock v. 15.1.1997 – 6 U 167/96, GmbHR 1997, 449.
169 OLG Hamm v. 12.10.1987 – 8 U 232/86, GmbHR 1988, 266 f.; *Fastrich*, in: Baumbach/Hueck, Rdnr. 15; *W. Müller*, in: Ulmer/Habersack/Löbbe, Rdnr. 76; *Bayer*, in: Lutter/Hommelhoff, Rdnr. 17; *Schütz*, in: MünchKomm. GmbHG, Rdnr. 114 f.
170 RGZ 92, 365, 366; RGZ 98, 276, 277; *Fastrich*, in: Baumbach/Hueck, Rdnr. 14; *Ebbing*, in: Michalski u.a., Rdnr. 141; *Pentz*, in: Rowedder/Schmidt-Leithoff, Rdnr. 50; *Schütz*, in: MünchKomm. GmbHG, Rdnr. 130.

sellschafterliste eingetragen war (§§ 16, 40). Stirbt der Gesellschafter während des Kaduzierungsverfahrens, so trifft die Haftung (auch ohne Eintragung in der Gesellschafterliste) seine **Erben**. Ebenso verhält es sich im Falle der **Umwandlung** einer Gesellschaft in der Position des Gesellschafters, sofern an dessen Stelle ein neuer Rechtsträger tritt[171]. In der **Insolvenz** des ausgeschlossenen Gesellschafters richtet sich die Ausfallhaftung gegen den Verwalter, indessen nur in Höhe der Insolvenzquote[172].

2. Später eingeforderte Beträge

35 Die Ausfallhaftung nach § 21 Abs. 3 erstreckt sich auch auf die „später eingeforderten Beträge der Stammeinlage", obwohl die Haftung für Beträge, die von der Gesellschaft auf die Bareinlage erst *nach* Ausschluss des kaduzierten Gesellschafters eingefordert werden, in erster Linie den *Erwerber* des Geschäftsanteils trifft (s. Rdnr. 36). Daraus ist der Schluss zu ziehen, dass von einem „Ausfall" im Sinne des § 21 Abs. 3 hinsichtlich dieser später eingeforderten Beträge erst die Rede sein kann, wenn zuvor der **Erwerber** nach § 21 **kaduziert** wurde[173]. Nach dessen Kaduzierung sind die beiden ausgeschlossenen Gesellschafter **Gesamtschuldner**[174], so dass sich der Ausgleich in ihrem Innenverhältnis nach § 426 BGB richtet; dabei dürfte die Verpflichtung letztlich i.d.R. den Erwerber treffen.

3. Umfang

36 Die Haftung des ausgeschlossenen Gesellschafters gemäß § 21 Abs. 3 umfasst den „**Ausfall**", den die Gesellschaft an dem rückständigen Betrag *und* den später auf den Geschäftsanteil eingeforderten Beträgen (s. Rdnr. 35) der Stammeinlage erleidet. Gemeint ist damit zunächst der **offene Betrag** der Bareinlagepflicht, dessentwegen die Gesellschaft das Kaduzierungsverfahren (gegebenenfalls auch gegen den Erwerber, s. Rdnr. 35) betrieben hat. Gleich stehen **erst später fällig werdende Beträge**, wenn die Gesellschaft zunächst nur einen *Teil* der Einlageforderung eingefordert und wegen dieses Teils das Kaduzierungsverfahren durchgeführt hatte, sowie ferner **Sacheinlageverpflichtungen**, sofern sie sich bereits vor dem Ausschluss in Bareinlagepflichten verwandelt hatten[175].

36a Die Ausfallhaftung des Gesellschafters erstreckt sich nach h.M. weiter auf die **Kosten der Beitreibung** des offenen Betrages (Rdnr. 36), **Verzugszinsen** (§ 20), sonstige durch seinen Verzug verursachte **Schäden** der Gesellschaft wie z.B. höhere Zinsen einer Kreditaufnahme (§ 288 BGB)[176] und **Vollstreckungskosten**[177] sowie noch die **Kosten der Verwertung** nach den §§ 22 und 23. Dagegen haftet der Gesellschafter *nicht* für die Ausfälle der Gesellschaft bei den Geschäftsanteilen der *anderen* Gesellschafter **nach § 24** (Rdnr. 33); insoweit wird er vielmehr durch seinen Ausschluss (endlich) von der Haftung **frei**. Dasselbe gilt für **sonstige Gesellschafterpflichten** einschließlich der Nachschuss- und Nebenpflichten, soweit sie bei

---

171 *Schütz*, in: MünchKomm. GmbHG, Rdnr. 122.
172 *W. Müller*, in: Ulmer/Habersack/Löbbe, Rdnr. 81; *Schütz*, in: MünchKomm. GmbHG, Rdnr. 122.
173 *Altmeppen*, in: Roth/Altmeppen, Rdnr. 26; *Fastrich*, in: Baumbach/Hueck, Rdnr. 15; *W. Müller*, in: Ulmer/Habersack/Löbbe, Rdnr. 79; *Bayer*, in: Lutter/Hommelhoff, Rdnr. 17; *Ebbing*, in: Michalski u.a., Rdnr. 146; *Schütz*, in: MünchKomm. GmbHG, Rdnr. 116; – anders *Schuler*, GmbHR 1961, 103.
174 *Altmeppen*, in: Roth/Altmeppen, Rdnr. 26; – anders *Ebbing*, in: Michalski u.a., Rdnr. 147, § 23 Rdnr. 48.
175 *W. Müller*, in: Ulmer/Habersack/Löbbe, Rdnr. 74.
176 S. OGH, SZ Bd. 27 (1956) Nr. 195.
177 *Altmeppen*, in: Roth/Altmeppen, Rdnr. 25; *Fastrich*, in: Baumbach/Hueck, Rdnr. 14; *Ebbing*, in: Michalski u.a., Rdnr. 149; *Schütz*, in: MünchKomm. GmbHG, Rdnr. 120.

dem Ausschluss noch nicht fällig waren, während er für fällige Rückstände insoweit ebenfalls nach § 21 Abs. 3 weiterhaftet[178].

4. Verjährung

Das Gesetz enthält keine Regelung für die Verjährung der Ansprüche der Gesellschaft auf Grund des § 21 Abs. 3. Das spricht, jedenfalls auf den ersten Blick, für die Anwendbarkeit der **Regelverjährungsfrist** der §§ 195 und 199 BGB auf die Ausfallhaftung der Gesellschafter nach § 21 Abs. 3. Auf der anderen Seite bestimmt jedoch heute § 19 Abs. 6 Satz 1, dass der Anspruch der Gesellschaft auf Leistung der Einlagen (erst) in 10 Jahren von seiner Entstehung an verjährt (s. dazu im Einzelnen § 19 Rdnr. 193 ff.). Deshalb stellt sich hier die Frage, ob **§ 19 Abs. 6** auch auf die Ausfallhaftung des ausgeschlossenen Gesellschafters nach § 21 Abs. 3 **entsprechend** anzuwenden ist, weil die Ausfallhaftung der Sache nach an die Stelle der Haftung des Gesellschafters für die Einlageforderung tritt. Im Schrifttum wird die Frage wohl überwiegend bejaht, freilich nur hinsichtlich der Haftung für die rückständige Einlage, während es hinsichtlich der übrigen Bestandteile der Ausfallhaftung (s. Rdnr. 36 f.) bei der Regelverjährungsfrist des § 195 BGB verbleiben soll[179]. *Gegen* die Analogie zu § 19 Abs. 6 spricht indessen der Umstand, dass kein Anlass besteht, die ohnehin ungewöhnlich strenge Ausfallhaftung der ausgeschlossenen Gesellschafter noch über das Gesetz hinaus zu verschärfen.

36b

5. Rechtsfolgen der Zahlung

Durch die Zahlung des Ausfalls wird der ausgeschlossene Gesellschafter **nicht wieder Gesellschafter** der GmbH. § 22 Abs. 4 findet im Rahmen des § 21 Abs. 3 keine, auch keine entsprechende Anwendung[180]. Vor allem hieran wird der Sanktionscharakter des Kaduzierungsverfahrens deutlich. Ebenso wenig stehen ihm sonstige **Rückgriffsansprüche** gegen die Gesellschaft oder gegen den Erwerber zu[181]. **Schadensersatzansprüche**, etwa bei Verstößen der Gesellschaft gegen die §§ 22 und 23, werden dem ausgeschlossenen Gesellschafter gleichfalls überwiegend verwehrt[182]. Dies alles ist nur deshalb unbedenklich und letztlich erträglich, weil tatsächlich den ausgeschlossenen Gesellschafter nichts hindert, in dem Verfahren **nach § 23 mitzubieten**, um seinen (früheren) Geschäftsanteil zurückzuerwerben. In diesem Fall beschränkt sich seine Ausfallhaftung nach § 21 Abs. 3 auf die Differenz zwischen dem von ihm gezahlten Kaufpreis und den Rückständen auf die Bareinlage (Rdnr. 36). Schäden drohen ihm dann also im Ergebnis nicht[183].

37

6. Prozessuales

Die Gesellschaft kann die Haftung des kaduzierten Gesellschafters nach § 21 Abs. 3 im **Gerichtsstand** des § 22 ZPO geltend machen. In dem Rechtsstreit trifft sie die **Beweislast** für sämtliche Voraussetzungen des § 21 Abs. 3 und damit insbesondere auch dafür, dass sie zu-

38

---

178 OGH, SZ Bd. 27 (1956) Nr. 195; *Fastrich*, in: Baumbach/Hueck, Rdnr. 14; *W. Müller*, in: Ulmer/Habersack/Löbbe, Rdnr. 75; *Ebbing*, in: Michalski u.a., Rdnr. 150.
179 *Altmeppen*, in: Roth/Altmeppen, Rdnr. 28; *Ebbing*, in: Michalski u.a., Rdnr. 155; *Schütz*, in: MünchKomm. GmbHG, Rdnr. 125 f.; *W. Müller*, in: Ulmer/Habersack/Löbbe, Rdnr. 80a.
180 Z.B. *Altmeppen*, in: Roth/Altmeppen, Rdnr. 27.
181 *Altmeppen*, in: Roth/Altmeppen, Rdnr. 27; *W. Müller*, in: Ulmer/Habersack/Löbbe, Rdnr. 80; *Bayer*, in: Lutter/Hommelhoff, Rdnr. 17; *Ebbing*, in: Michalski u.a., Rdnr. 152.
182 *Schütz*, in: MünchKomm. GmbHG, Rdnr. 123.
183 Ebenso *Altmeppen*, in: Roth/Altmeppen, Rdnr. 27.

nächst auf dem Wege der §§ 22 und 23 vergeblich eine Befriedigung wegen ihrer rückständigen Bareinlageforderungen versucht hat. Lediglich die **Vermutung des § 22 Abs. 2** kommt ihr insoweit zur Hilfe, wogegen dann dem ausgeschlossenen Gesellschafter der **Gegenbeweis** offen steht, dass seine Rechtsvorgänger tatsächlich zahlungsfähig sind[184]. Er kann außerdem geltend machen, dass die Gesellschaft nicht genau das Verfahren der §§ 22 und 23 eingehalten hat. Sobald aber der Anteil gemäß § 23 verkauft worden ist, haften die Rechtsvorgänger nicht mehr nach § 22, so dass dann dem ausgeschlossenen Gesellschafter die Berufung auf deren Zahlungsfähigkeit abgeschnitten ist[185]. Auf die Ungültigkeit des Verkaufs nach § 23 kann er sich nach Meinung des RG außerdem nur berufen, wenn ihm daraus Nachteile erwachsen sind[186].

---

184 OLG Hamburg, OLGE 37, 3; *Fastrich*, in: Baumbach/Hueck, Rdnr. 16; *Ebbing*, in: Michalski u.a., Rdnr. 156.
185 RGZ 85, 237, 241; *Altmeppen*, in: Roth/Altmeppen, Rdnr. 25; *Fastrich*, in: Baumbach/Hueck, Rdnr. 15 f.; *Schütz*, in: MünchKomm. GmbHG, Rdnr. 131.
186 RGZ 98, 276, 279.

§ 22
Haftung der Rechtsvorgänger

(1) Für eine von dem ausgeschlossenen Gesellschafter nicht erfüllte Einlageverpflichtung haftet der Gesellschaft auch der letzte und jeder frühere Rechtsvorgänger des Ausgeschlossenen, der im Verhältnis zu ihr als Inhaber des Geschäftsanteils gilt.

(2) Ein früherer Rechtsvorgänger haftet nur, soweit die Zahlung von dessen Rechtsnachfolger nicht zu erlangen ist; dies ist bis zum Beweis des Gegenteils anzunehmen, wenn der letztere die Zahlung nicht bis zum Ablauf eines Monats geleistet hat, nachdem an ihn die Zahlungsaufforderung und an den Rechtsvorgänger die Benachrichtigung von derselben erfolgt ist.

(3) Die Haftung des Rechtsvorgängers ist auf die innerhalb der Frist von fünf Jahren auf die Einlageverpflichtung eingeforderten Leistungen beschränkt. Die Frist beginnt mit dem Tag, ab welchem der Rechtsnachfolger im Verhältnis zur Gesellschaft als Inhaber des Geschäftsanteils gilt.

(4) Der Rechtsvorgänger erwirbt gegen Zahlung des rückständigen Betrags den Geschäftsanteil des ausgeschlossenen Gesellschafters.

Text von Abs. 2 und Abs. 4 seit 1892 unverändert; Abs. 1 und 3 neu gefasst durch das Mo-MiG vom 23.10.2008 (BGBl. I 2008, 2026).

I. Überblick

1. Zweck

§ 22 regelt die „Haftung der Rechtsvorgänger" des ausgeschlossenen (kaduzierten) Gesell- 1
schafters für die immer noch offene Bareinlageforderung der Gesellschaft. Der **Zweck** der Regelung besteht in der Sicherung der Kapitalaufbringung[1]. Vorbild des § 22 war die entsprechende aktienrechtliche Regelung (s. heute § 65 AktG). Durch das **MoMiG** wurden Abs. 1 und Abs. 3 des § 22 geändert, in erster Linie, um die Vorschrift des § 22 an die Aufwertung der Gesellschafterliste als Grundlage der Legitimation der Gesellschafter gegenüber der Gesellschaft anzupassen (§§ 16, 40). Bei dieser Gelegenheit wurde außerdem § 22 durch die Er-

---

1 BGH v. 24.10.1974 – II ZB 1/74, BGHZ 63, 116, 117 = NJW 1975, 118; OLG Köln v. 23.1.1987 – 20 U 148/86, GmbHR 1987, 478 = WM 1987, 537, 538.

setzung des als überholt angesehenen Begriffs der Stammeinlage durch den der „Einlageverpflichtung" sprachlich „modernisiert"[2].

2   Kern der Regelung des § 22 ist ein **staffelmäßiger Regress** der Gesellschaft gegen die Vormänner des ausgeschlossenen Gesellschafters wegen der immer noch offenen Einlageforderung. Zu diesem Zweck bestimmt § 22 Abs. 1, dass der Gesellschaft auch der letzte und jeder frühere Rechtsvorgänger des Ausgeschlossenen, der im Verhältnis zur Gesellschaft als Inhaber des Geschäftsanteils gilt, für eine von dem ausgeschlossenen Gesellschafter nicht erfüllte Einlageverpflichtung haftet. Wer in diesem Sinne im Verhältnis zur Gesellschaft als Inhaber eines Geschäftsanteils gilt, ergibt sich aus § 16 Abs. 1 n.F.; maßgebend ist mit anderen Worten die **Eintragung in** der ins Handelsregister aufgenommenen **Gesellschafterliste** des § 40, während § 22 Abs. 1 a.F. noch auf die Anmeldung bei der Gesellschaft nach § 16 a.F. abgestellt hatte. Die Haftung trifft folglich zunächst den **unmittelbaren**, in der Gesellschafterliste **eingetragenen Rechtsvorgänger** des ausgeschlossenen Gesellschafters, also in aller Regel den, von dem er den Geschäftsanteil erworben hat. Dessen Rechtsvorgänger, die so genannten **Vormänner**, haften dagegen nur, wenn ihre Rechtsnachfolger, die so genannten Nachmänner, sich als zahlungsunfähig erweisen (§ 22 Abs. 2 Halbsatz 1). Für die Haftung der Vormänner gilt eine **Ausschlussfrist** von fünf Jahren, welche an dem Tag beginnt, an dem der Rechtsnachfolger im Verhältnis zur Gesellschaft (infolge seiner Eintragung in die Gesellschafterliste bei dem Handelsregister) als Inhaber des Geschäftsanteils gilt (§ 22 Abs. 3). Derjenige Rechtsvorgänger des ausgeschlossenen Gesellschafters, der schließlich den letzten Teil der noch offenen Bareinlageverpflichtung zahlt, **erwirbt** zum Ausgleich den Geschäftsanteil des ausgeschlossenen (kaduzierten) Gesellschafters (§ 22 Abs. 4). In **Österreich** gilt eine entsprechende Regelung auf Grund des § 67 öGmbHG.

3   Die Regelung ist **zwingend** (§ 25). Weder der Gesellschaftsvertrag noch die Gesellschaft können auf die Haftung der Rechtsvorgänger des ausgeschlossenen Gesellschafters nach § 22 verzichten; ihre Haftung kann durch den Gesellschaftsvertrag auch nicht abgeschwächt werden. Möglich ist dagegen sehr wohl eine **Verschärfung** der Haftung, etwa durch eine Verlängerung der Fristen des § 22 Abs. 2 und 3[3]. Daraus folgt zugleich, dass die **Geschäftsführer** nach der Kaduzierung eines Anteils grundsätzlich **verpflichtet** sind, die Rechtsvorgänger des nach § 21 ausgeschlossenen Gesellschafters auf dem Wege des § 22 in Anspruch zu nehmen[4]. Eine pflichtwidrige Verzögerung der Inanspruchnahme der Vormänner macht sie ersatzpflichtig (§ 43 Abs. 2).

4   § 22 baut unmittelbar auf § 21 auf. Die Haftung der Rechtsvorgänger greift daher nur ein, wenn der **säumige Nachmann wirksam kaduziert** worden ist[5]. Werden die Rechtsvorgänger des ausgeschlossenen Gesellschafters auf Grund des § 22 von der Gesellschaft in Anspruch genommen, so können sie daher die **Unwirksamkeit** der Kaduzierung in jeder beliebigen Form **einwenden**; in Betracht kommt namentlich eine Feststellungsklage gegen die Gesellschaft (s. § 21 Rdnr. 32b).

---

2 Begr., BT-Drucks. 16/6140, S. 41 „Zu Nr. 18".
3 Ebenso z.B. *Altmeppen*, in: Roth/Altmeppen, Rdnr. 1.
4 *Drygala*, in: KölnKomm. AktG, 3. Aufl. 2011, § 65 AktG Rdnr. 2 f.
5 RGZ 86, 419, 420 f.; RGZ, 127, 236, 237 f.; OLG Hamm v. 12.10.1987 – 8 U 232/86, GmbHR 1988, 266; OLG Dresden v. 6.7.1998 – 2 U 959/98, GmbHR 1998, 884, 886 = NZG 1998, 852; LG Osnabrück v. 30.4.2010 – 15 O 420/09, ZInsO 2010, 1846; OGH v. 26.1.1999 – 4 Ob 341/98w, SZ Bd. 72 (1999 I) Nr. 10, S. 63, 65 = RdW 1999, 345 = EvBl. 1999 Nr. 107 = ÖJZ 1999, 470 = NZG 1999, 552; OGH, RdW 2000, 607 = NZG 2000, 891, 892; *Altmeppen*, in: Roth/Altmeppen, Rdnr. 2; *Ebbing*, in: Michalski u.a., Rdnr. 8–10; s. Rdnr. 20.

2. Verhältnis zu § 16 Abs. 2

Eine mit § 22 vergleichbare Regelung findet sich insbesondere in § 16 Abs. 2 i.d.F. des Mo- 5
MiG von 2008, nach dem der Erwerber neben dem Veräußerer für Einlageverpflichtungen
haftet, die in dem Zeitpunkt rückständig sind, ab dem der Erwerber nach § 16 Abs. 1 Satz 1
(durch seine Eintragung in die Gesellschafterliste) im Verhältnis zur Gesellschaft als Inhaber
des Geschäftsanteils gilt. Die §§ 16 Abs. 2 und 22 überschneiden sich nur zum Teil, da der
Anwendungsbereich des § 16 Abs. 2 zum Teil weiter, zum Teil aber auch enger als der des
§ 22 ist. Sie decken sich nur, soweit es um die **Haftung des unmittelbaren Rechtsvorgän-**
gers des ausgeschlossenen Gesellschafters gerade für die Rückstände auf die Bareinlagepflicht
des letzteren geht. In diesem Fall sind beide Vorschriften **nebeneinander anwendbar**, und
zwar auch nach wirksamer Kaduzierung des säumigen Gesellschafters, des Nachmannes, so
dass die Geschäftsführer nach pflichtgemäßem Ermessen (§ 43) wählen können, welchen Weg
(§ 16 Abs. 2 oder § 22) sie zur Sicherung der Kapitalaufbringung einschlagen wollen[6]. Geht
die Gesellschaft allein **nach § 16 Abs. 2** vor, so ist insbesondere auch kein Raum für die Anwendung des § 22 Abs. 4, so dass die Gesellschaft in diesem Fall nach Eingang der fälligen
Restschuld seitens des Veräußerers unbeschränkte Inhaberin des durch die Kaduzierung des
säumigen Erwerbers erworbenen Geschäftsanteils wird[7]. Darin liegt nach h.M. keine Treuwidrigkeit gegenüber dem Veräußerer, der bei Vorgehen der Gesellschaft nach § 22 den Geschäftsanteil (wieder) erworben hätte[8]. Raum für die Anwendung des § 22 Abs. 4 ist nur, wenn die
Gesellschaft eindeutig nach § 22 vorgeht oder beide Ansprüche (§§ 16 Abs. 2 und 22) gleichberechtigt nebeneinander verfolgt[9].

II. Haftung des unmittelbaren Rechtsvorgängers (§ 22 Abs. 1)

1. Eintragung in die Gesellschafterliste

Die Kaduzierung eines säumigen Gesellschafters nach § 21 löst gemäß § 22 Abs. 1 und 2 zu- 6
nächst nur die Haftung desjenigen „letzten" Rechtsvorgängers des ausgeschlossenen Gesellschafters aus, der im Verhältnis zur Gesellschaft nach § 16 Abs. 1 als Inhaber des fraglichen
(kaduzierten) Geschäftsanteils gilt (zum Umfang der Haftung s. Rdnr. 13, 15 ff.). Gemeint ist
damit der **unmittelbare Rechtsvorgänger** des ausgeschlossenen (kaduzierten) Gesellschafters,
von dem der letztere den Geschäftsanteil erworben hat[10], vorausgesetzt, dass er im Sinne des
§ 16 Abs. 1 in der ins Handelsregister aufgenommenen **Gesellschafterliste** nach § 40 **einge-**
tragen ist, während § 22 Abs. 1 in der bis zum Inkrafttreten des MoMiG am 1.11.2008 geltenden Fassung noch auf die *Anmeldung* bei der Gesellschaft abgestellt hatte (§ 16 Abs. 1 a.F.).
Daraus ist der Schluss zu ziehen, dass für den Regress bis zum 31.10.2008 auf die Anmeldung
und erst für die Folgezeit nach Inkrafttreten des MoMiG am 1.11.2008 auf die Eintragung in
der Gesellschafterliste nach den §§ 16 Abs. 1 und 40 n.F. abzustellen ist[11].

---

6 OLG Oldenburg v. 26.7.2007 – 1 U 8/07, GmbHR 2007, 1043, 1047; LG Köln, GmbHR 1913, 94; *Fei-*
ne, in: Ehrenbergs Hdb. III/3, S. 309; *Altmeppen*, in: Roth/Altmeppen, Rdnr. 8; *Fastrich*, in: Baum-
bach/Hueck, Rdnr. 2; *W. Müller*, in: Ulmer/Habersack/Löbbe, Rdnr. 6; *Ebbing*, in: Michalski u.a.,
Rdnr. 99–102; *Pentz*, in: Rowedder/Schmidt-Leithoff, Rdnr. 3 f.; *Schütz*, in: MünchKomm. GmbHG,
Rdnr. 9–14.
7 *Ebbing*, in: Michalski u.a., Rdnr. 102; *Pentz*, in: Rowedder/Schmidt-Leithoff, Rdnr. 4; str.
8 *Ebbing*, in: Michalski u.a., Rdnr. 102; *Schütz*, in: MünchKomm. GmbHG, Rdnr. 13 f. – anders
Fastrich, in: Baumbach/Hueck, Rdnr. 2, nach dem bei Zusammentreffen der §§ 16 Abs. 3 und 22 immer § 22 Abs. 4 anwendbar sein soll.
9 *Altmeppen*, in: Roth/Altmeppen, Rdnr. 10.
10 BGH v. 19.5.2015 – II ZR 291/14, NJW 2015, 2731 Rdnr. 7 = GmbHR 2015, 935 = NZG 2015, 1002;
statt aller *Bayer/Scholz*, NZG 2015, 1089, 1090.
11 *Ebbing*, in: Michalski u.a., Rdnr. 22.

6a   Seit Inkrafttreten des MoMiG am 1.11.2008 besagt somit die gesetzliche Regelung, dass die Haftung des unmittelbaren („letzten") Rechtsvorgängers des ausgeschlossenen Gesellschafters seine **Eintragung in die Gesellschafterliste nach § 16 Abs. 1 und § 40** voraussetzt, während nicht eingetragene Vormänner keine Haftung nach § 22 trifft[12]. Den Vorteil dieser eigenartigen Regelung sieht man – wenig überzeugend – in der Vereinfachung und damit Beschleunigung des Staffelregresses[13]. Die ganze Regelung gilt – mangels Vormänner – nicht für den Gründer oder **Gründungsgesellschafter**, auf dessen Beteiligung letztlich der Geschäftsanteil des ausgeschlossenen Gesellschafters zurückgeht. Er haftet mit anderen Worten (als endgültig „letzter" Rechtsvorgänger) *immer* im Wege des Staffelregresses für die noch offene Bareinlageverpflichtung des ausgeschlossenen Gesellschafters[14]. Ist auch von ihm der offene Betrag nicht zu erlangen, so bleibt der Gesellschaft nur noch der Weg nach § 23 (Versteigerung des Anteils). Dasselbe gilt, wenn sich die Kaduzierung von vornherein direkt gegen den Gründungsgesellschafter richtete[15]. Rechtsvorgänger im Sinne des § 22 kann schließlich auch der ausgeschlossene (kaduzierte) Gesellschafter selbst sein, sofern er bereits früher einmal Gesellschafter gewesen war[16].

6b   Keine Rechtsvorgänger im Sinne des § 22 sind Gesellschafter, die bereits aus der **Vorgesellschaft** durch Vertragsänderung wieder ausgeschieden waren. Tritt in der Vorgesellschaft an ihre Stelle ein anderer Gesellschafter, so ist dieser im Sinne des § 22 als Gründer zu behandeln[17]. Wieder anders ist die Rechtslage, wenn der Gründungsgesellschafter noch vor Eintragung der Gesellschaft seinen **zukünftigen Geschäftsanteil** für die Zeit **nach Eintragung** der Gesellschaft an einen Dritten abtritt. In diesem Fall wird der Gründungsgesellschafter allgemein als Rechtsvorgänger des Dritten behandelt[18].

6c   Den angemeldeten Gesellschaftern standen früher im Rahmen des § 22 Abs. 1 und 2 a.F. diejenigen Rechtsvorgänger des ausgeschlossenen Gesellschafters gleich, die der Gesellschaft gegenüber **auch ohne Anmeldung** als **Gesellschafter** galten, weil auf sie § 16 nach seinem Zweck nicht anwendbar war. Der wichtigste Fall war der **gesetzliche Erwerb**, z.B. im Wege des **Erbgangs**, durch Anwachsung nach § 738 Abs. 1 BGB oder durch Umwandlung[19]. Die Frage, ob an dieser **Ausnahme von** dem (heutigen) **Erfordernis der Eintragung** in die Gesellschafterliste als Voraussetzung des Staffelregresses festzuhalten ist, wird wohl überwiegend *verneint*, d.h. eine Haftung des Gesellschafters nach § 22 in den genannten Fällen abgelehnt, und zwar mit der Begründung, nach § 40 Abs. 1 seien nunmehr auch kraft Gesetzes eintretende Änderungen in der Person eines Gesellschafters unverzüglich zur Eintragung in die Gesellschafterliste im Handelsregister zu melden[20]. Das Ergebnis überrascht, weil sich Erben danach von der kraft Gesetzes auf sie übergehenden Haftung des Erblassers für die Einlageforderung (§ 1922 BGB) einfach dadurch zu befreien vermögen, dass sie vor ihrer Eintragung in die Gesellschafterliste den Erbteil weiterveräußern. Es ist schwer vorstellbar, dass die Verfasser des MoMiG dieses Ergebnis bezweckt haben sollten[21].

---

12 BGH v. 19.5.2015 – II ZR 291/14, NJW 2015, 2731 Rdnr. 7 = GmbHR 2015, 935 = NZG 2015, 1002.
13 *Schütz*, in: MünchKomm. GmbHG, Rdnr. 39.
14 *Pentz*, in: Rowedder/Schmidt-Leithoff, Rdnr. 7.
15 *Ebbing*, in: Michalski u.a., Rdnr. 15; *Schütz*, in: MünchKomm. GmbHG, Rdnr. 35, 41.
16 *Bayer*, in: Lutter/Hommelhoff, Rdnr. 4a.
17 S. *W. Müller*, in: Ulmer/Habersack/Löbbe, Rdnr. 10.
18 *Altmeppen*, in: Roth/Altmeppen, Rdnr. 6; *Ebbing*, in: Michalski u.a., Rdnr. 7; *Bayer*, in: Lutter/Hommelhoff, Rdnr. 4a.
19 RGZ 127, 236, 241 f.; OLG Braunschweig, OLGE 36, 288; *Pentz*, in: Rowedder/Schmidt-Leithoff, Rdnr. 8; a.A. OLG Rostock, OLGE 32, 139.
20 *Ebbing*, in: Michalski u.a., Rdnr. 22; *Schütz*, in: MünchKomm. GmbHG, Rdnr. 40 f.; *Bayer*, in: Lutter/Hommelhoff, Rdnr. 4a; wohl auch *Fastrich*, in: Baumbach/Hueck, Rdnr. 4.
21 *Altmeppen*, in: Roth/Altmeppen, Rdnr. 3 f.; *Altmeppen*, ZIP 2009, 345, 351; zu Miterben s. Rdnr. 7b.

2. Wirksamkeit des Erwerbs

Die **Art des Erwerbs** spielt keine Rolle. Die Haftung trifft z.B. auch solche Rechtsvorgänger, 7
die den Anteil nur zur Sicherheit oder als **Treuhänder** erworben hatten[22]. In jedem Fall aber
setzt die Haftung der Rechtsvorgänger voraus, dass sie den fraglichen Geschäftsanteil überhaupt **wirksam** erworben hatten[23]. An der Haftung eines Rechtsvorgängers ändert es daher
zwar nichts, wenn der Erwerb später wieder rückgängig gemacht wird, selbst wenn die Rückabtretung auf Grund eines **Rücktrittsrechts** des Erwerbers erfolgt[24]. Keine Haftung des Erwerbers als Rechtsvorgänger besteht dagegen, wenn sich sein **Erwerb** als **nichtig** erweist oder
wirksam angefochten wird[25]. Das gilt jedenfalls, wenn es dem in die Gesellschafterliste zu
Unrecht eingetragenen Scheingesellschafter rechtzeitig vor der Kaduzierung eines späteren
Gesellschafters gelingt, seine Eintragung in der Gesellschafterliste korrigieren zu lassen[26], zumal dann auch kein Kaduzierungsverfahren gegen ihn möglich ist[27].

Noch offen ist insbesondere, wie Personen zu behandeln sind, die den fraglichen Geschäfts- 7a
anteil wirksam **kraft guten Glaubens** nach § 16 Abs. 3 n.F. **erworben** haben. Nach einer verbreiteten Meinung können auch solche Personen zu den Rechtsvorgängern im Sinne des § 22
gehören, jedenfalls, wenn der kaduzierte Gesellschafter seinen Anteil letztlich von ihnen direkt oder über andere Vormänner erworben hat. Unklar ist indessen die Position des Berechtigten, der durch den gutgläubigen Erwerb eines Dritten seinen Anteil verliert; zum Teil wird
angenommen, dass er endgültig aus der Regresskette ausscheidet[28]. Zwingend ist dies jedoch
nicht[29]. Beim **Erwerb in der Zwangsvollstreckung** ist Rechtsvorgänger schließlich der Vollstreckungsschuldner, nicht etwa der die Vollstreckung betreibende Gläubiger[30].

3. Mehrheit von Erwerbern

Mehrere Erwerber haften als „Mitberechtigte" an dem Geschäftsanteil gesamtschuldnerisch 7b
für die auf den Geschäftsanteil zu bewirkenden Leistungen (§ 18 Abs. 2). Das gilt auch für
Miterben. Erwirbt ein Miterbe von der Erbengemeinschaft den Geschäftsanteil in der Auseinandersetzung, so sind Rechtsvorgänger die übrigen Miterben, die folglich weiter nach § 18
Abs. 2 und § 22 Abs. 2 als Gesamtschuldner haften, und zwar selbst dann, wenn sie nicht in
der Gesellschafterliste eingetragen waren (anders die h.M., Rdnr. 6c), immer vorausgesetzt,
dass zumindest der Erblasser eingetragen war (§ 16)[31].

---

22 OLG Dresden v. 6.7.1998 – 2 U 959/98, NZG 1998, 852 = GmbHR 1998, 884, 886; LG Ulm v.
23.11.1999 – 2 KfH O 221/99, GmbHR 2000, 241 (nur Leitsatz); *Altmeppen*, in: Roth/Altmeppen,
Rdnr. 5; *Ebbing*, in: Michalski u.a., Rdnr. 13.
23 RGZ 127, 236, 238 f.; OLG Dresden v. 6.7.1998 – 2 U 959/98, NZG 1998, 852 = GmbHR 1998, 884,
886.
24 RGZ 127, 236, 242.
25 *Altmeppen*, ZIP 2009, 345; *Fastrich*, in: Baumbach/Hueck, Rdnr. 4; *Ebbing*, in: Michalski u.a.,
Rdnr. 14; *Karsten Schmidt*, Handelsrecht, § 37 II 5b; *Pentz*, in: Rowedder/Schmidt-Leithoff, Rdnr. 9;
Schütz, in: MünchKomm. GmbHG, Rdnr. 34.
26 *Bayer*, in: Lutter/Hommelhoff, Rdnr. 4a.
27 Str., s. § 21 Rdnr. 32a.
28 *Schütz*, in: MünchKomm. GmbHG, Rdnr. 37; zustimmend noch 11. Aufl., Rdnr. 7a.
29 Berechtigte Kritik bei *Altmeppen*, in: Roth/Altmeppen, Rdnr. 5.
30 *Fastrich*, in: Baumbach/Hueck, Rdnr. 4; *Pentz*, in: Rowedder/Schmidt-Leithoff, Rdnr. 10.
31 *Pentz*, in: Rowedder/Schmidt-Leithoff, Rdnr. 9; *Ebbing*, in: Michalski u.a., Rdnr. 25.

III. Haftung früherer Rechtsvorgänger (§ 22 Abs. 2)

1. Staffelregress

8 Nach § 22 Abs. 1 haften für die noch immer offene, weil von dem ausgeschlossenen (kaduzierten) Gesellschafter nicht erfüllte Einlageverpflichtung neben dem „letzten", d.h. *unmittelbaren* Rechtsvorgänger des ausgeschlossenen Gesellschafters (dazu Rdnr. 6 ff.) ferner auch die weiteren oder *mittelbaren*, „früheren" Rechtsvorgänger, sofern sie wegen ihrer Eintragung in die Gesellschafterliste der Gesellschaft gegenüber als (frühere) Inhaber des Gesellschaftsanteils gelten. Alle Genannten haften indessen *nicht* etwa auf gleicher Stufe, d.h. als Gesamtschuldner, sondern *hintereinander* „gestaffelt" (Rdnr. 8b). Denn Voraussetzung der Haftung der früheren Rechtsvorgänger, der so genannten **Vormänner**, ist nach § 22 Abs. 2 Halbsatz 2, dass die Zahlung von ihren jeweiligen Rechtsnachfolgern nicht zu erlangen ist. Vormänner können mit anderen Worten nur im Wege des so genannten **Staffelregresses** und nur **bei Zahlungsunfähigkeit** ihrer Nachmänner in Anspruch genommen werden, wobei jedoch die Beweiserleichterung des § 22 Abs. 2 Halbsatz 2 zu beachten ist (Rdnr. 9). Dies bedeutet im Einzelnen:

8a Der **letzte Rechtsvorgänger** des ausgeschlossenen (kaduzierten) Gesellschafters (von dem dieser seinen Anteil erworben hat) haftet, seine Eintragung in der Gesellschafterliste vorausgesetzt, vom Augenblick des Wirksamwerdens der Kaduzierung an *ohne weiteres* für die Rückstände auf die Bareinlageverpflichtung des ausgeschlossenen Gesellschafters aufgrund des § 22 Abs. 1 im Rahmen des § 22 Abs. 3 (Rdnr. 6, 13, 15 ff.). Weitere Voraussetzungen seiner Haftung bestehen nicht. Insbesondere kommt es nicht auf die Zahlungsunfähigkeit des ausgeschlossenen Gesellschafters an; § 22 Abs. 2 Halbsatz 1 gilt nur für die „Rechtsvorgänger" des ausgeschlossenen Gesellschafters, also nicht für diesen selbst[32].

8b Anders verhält es sich dagegen mit der Haftung der **früheren (mittelbaren) Rechtsvorgänger** des ausgeschlossenen Gesellschafters. Gemeint sind damit die mittelbaren oder **früheren** und in der Gesellschafterliste **eingetragenen Inhaber** des Geschäftsanteils des ausgeschlossenen Gesellschafters, also alle früheren Inhaber mit Ausnahme des unmittelbaren Rechtsvorgängers des ausgeschlossenen Gesellschafters (zu diesem s. Rdnr. 8a), gleichgültig, auf welchem Rechtsgrund ihr Erwerb beruhte, bis hin zu dem Gründungsgesellschafter, in dessen Person der Geschäftsanteil mit Eintragung der Gesellschaft entstanden war[33]. Die Haftung dieser Personen setzt nach § 22 Abs. 2 Halbsatz 1 *zusätzlich* voraus, dass ihre jeweiligen Rechtsnachfolger, die sog. **Nachmänner, zahlungsunfähig** sind. Um einen früheren Rechtsvorgänger in Anspruch nehmen zu können, muss die Gesellschaft folglich die Zahlungsunfähigkeit dessen Nachmänner beweisen, wobei ihr die **Vermutung** des § 22 Abs. 2 Halbsatz 2 zu Hilfe kommt (Rdnr. 9a). Daraus folgt vor allem, dass die Gesellschaft *nicht* etwa im Wege des sog. **Sprungregresses** gegen beliebige Rechtsvorgänger des ausgeschlossenen Gesellschafters vorgehen kann, vielmehr sich genau an die Reihenfolge des § 22 halten muss (sog. **Stufen-** oder **Staffelregress**)[34]. Die weitere Rechtsfolge ist, dass die Zahlungsfähigkeit eines Rechtsvorgängers des ausgeschlossenen Gesellschafters die Haftung aller seiner weiteren Rechtsvorgänger (seiner Vormänner) ausschließt, so dass jeder Rechtsnachfolger, der aus § 22 in Anspruch genommen wird, sich durch den **Nachweis der Zahlungsfähigkeit** eines seiner Nachmänner verteidigen kann.

---

32 OLG Dresden v. 6.7.1998 – 2 U 959/98, GmbHR 1998, 884, 886; LG Osnabrück v. 30.4.2010 – 15 O 420/09, ZInsO 2010, 1846; *Altmeppen*, in: Roth/Altmeppen, Rdnr. 12; anders nur einmal OLG Köln v. 23.1.1987 – 20 U 148/86, GmbHR 1987, 478.

33 S. Rdnr. 11; *Ebbing*, in: Michalski u.a., Rdnr. 27 ff.

34 S. schon Rdnr. 8; *Altmeppen*, in: Roth/Altmeppen, Rdnr. 11; *Fastrich*, in: Baumbach/Hueck, Rdnr. 5; *Bayer*, in: Lutter/Hommelhoff, Rdnr. 5; *Ebbing*, in: Michalski u.a., Rdnr. 30; *Schütz*, in: Münch-Komm. GmbHG, Rdnr. 48.

2. Beweis

Im Rechtsstreit gegen einen der Vormänner aufgrund des § 22 Abs. 2 obliegt der **Gesellschaft** 9 die Beweislast für sämtliche Voraussetzungen der subsidiären Haftung des in Anspruch genommenen Vormannes. Die wichtigsten sind die wirksame *Kaduzierung* des ausgeschlossenen Gesellschafters nach § 21, die Einhaltung der zwingend vorgeschriebenen *Reihenfolge* des Staffelregresses aufgrund des § 22 Abs. 1 und 2 sowie die *Zahlungsunfähigkeit* der Nachmänner des in Anspruch genommenen Vormannes nach § 22 Abs. 2 Halbsatz 1. Der Beweis dieser Voraussetzungen ist nur entbehrlich, wenn alle Voraussetzungen unstreitig sind, wozu insbesondere gehört, dass sämtliche Nachmänner ihre Zahlungsunfähigkeit bestätigten und deshalb mit der Inanspruchnahme des beklagten Vormannes einverstanden sind (der dadurch auch die Chance erhält, durch Zahlung des möglicherweise nur noch geringfügigen rückständigen Betrages den Geschäftsanteil nach § 22 Abs. 4 zu erwerben).

Ist die Zahlungsunfähigkeit der Nachmänner (§ 22 Abs. 2) dagegen streitig, so kann die Ge- 9a sellschaft den **Beweis der Zahlungsunfähigkeit** der Nachmänner in jeder beliebigen Weise erbringen; der Beweis dürfte vor allem bei Eröffnung des Insolvenzverfahrens über das Vermögen eines Nachmannes, bei Leistung der eidesstattlichen Versicherung oder bei fruchtlosen Vollstreckungsversuchen erbracht sein[35]. Stattdessen kann die Gesellschaft aber auch nach § 22 Abs. 2 Halbsatz 2 vorgehen. Danach wird bis zum Beweis des Gegenteils die **Zahlungsunfähigkeit** eines Nachmannes **vermutet**, wenn dieser die Zahlung nicht bis zum Ablauf eines Monats geleistet hat, nachdem an ihn die Zahlungsaufforderung der Gesellschaft *und* an seinen unmittelbaren Rechtsvorgänger die Benachrichtigung von dieser Zahlungsaufforderung erfolgt sind.

Voraussetzung ist, dass die beiden Genannten (Rdnr. 9a) im Verhältnis zur Gesellschaft als 9b Inhaber des Geschäftsanteils gelten (§ 22 Abs. 1), weil sie in der **Gesellschafterliste** eingetragen sind (§ 16 Abs. 1). War der Rechtsvorgänger des in Anspruch genommenen Nachmannes nicht in der Gesellschafterliste eingetragen, so muss die Benachrichtigung an den letzten in der Liste eingetragenen Vormann ergehen[36]. Eine besondere **Form** ist weder für die Zahlungsaufforderung noch für die Benachrichtigung dessen unmittelbaren Rechtsvorgängers vorgeschrieben, so dass beide auch mündlich erfolgen können[37]. Bei unbekanntem Aufenthalt eines der Beteiligten ist § 132 BGB anzuwenden. Die Bedeutung der **Benachrichtigung** des Rechtsvorgängers nach § 22 Abs. 2 Halbsatz 2 beschränkt sich auf die Auslösung der Vermutung der Zahlungsunfähigkeit des in Anspruch genommenen Rechtsvorgängers, wenn dieser nicht binnen der Monatsfrist des § 22 Abs. 2 Halbsatz 2 zahlt (Rdnr. 9c). Weitergehende Bedeutung hat sie nicht; insbesondere ist die Benachrichtigung keine Voraussetzung für die nachfolgende Inanspruchnahme des Rechtsvorgängers[38].

Die **Monatsfrist** für die Zahlung des Rechtsvorgängers, durch deren fruchtlosen Ablauf die 9c Vermutung seiner Zahlungsunfähigkeit ausgelöst wird (§ 22 Abs. 2 Halbsatz 2), läuft von dem *Zugang der letzten* der beiden Erklärungen des § 22 Abs. 2 Halbsatz 2 an (Rdnr. 9a, 9b); ihre Berechnung richtet sich nach den §§ 187 Abs. 1 und 188 Abs. 2 BGB[39]. Zu beachten ist, dass der Beweis der Zahlungsunfähigkeit eines Nachmannes nur die Bedeutung hat, die Haftung dessen Rechtsvorgänger auszulösen, jedoch nichts an der grundsätzlichen **Haftung des** fraglichen **Nachmannes** nach § 22 Abs. 2 ändert. Seine Haftung lebt folglich wieder auf, wenn sich nachträglich herausstellt, dass er doch zahlungsfähig ist oder wenn seine Zahlungsfähigkeit

---

35 *Altmeppen*, in: Roth/Altmeppen, Rdnr. 13; *Fastrich*, in: Baumbach/Hueck, Rdnr. 6; *Ebbing*, in: Michalski u.a., Rdnr. 33 ff.

36 *Schütz*, in: MünchKomm. GmbHG, Rdnr. 56.

37 *Fastrich*, in: Baumbach/Hueck, Rdnr. 6; *Pentz*, in: Rowedder/Schmidt-Leithoff, Rdnr. 14.

38 *Bayer*, in: Lutter/Hommelhoff, Rdnr. 7; *Ebbing*, in: Michalski u.a., Rdnr. 41.

39 S. *Bayer*, in: Lutter/Hommelhoff, Rdnr. 8.

später wiederhergestellt wird; im selben Augenblick endet dann wieder die (subsidiäre) Haftung seiner Vormänner, d.h. seiner Rechtsvorgänger[40].

10 Unter den Voraussetzungen des § 22 Abs. 2 Halbsatz 2 hat der in Anspruch genommene **Rechtsvorgänger** seines zur Zahlung aufgeforderten Rechtsnachfolgers nach dem Gesagten die **Wahl**. Er kann entweder **zahlen** und dadurch den Anteil nach § 22 Abs. 4 erwerben; *oder* er kann den **Gegenbeweis** antreten, dass tatsächlich einer seiner Nachmänner doch (wieder) zahlungsfähig ist mit der Folge, dass die Gesellschaft den Nachmann, dessen Zahlungsfähigkeit sich (wieder) herausgestellt hat, jetzt erneut in Anspruch nehmen muss. Zwar hat der Nachmann keinen Anspruch mehr auf ein Vorgehen der Gesellschaft gegen ihn, nachdem er einmal sein Erwerbsrecht (§ 22 Abs. 4) durch Verstreichenlassen der Monatsfrist des § 22 Abs. 2 Halbsatz 2 verwirkt hat; in aller Regel wird jedoch den Geschäftsführern kein anderer Weg bleiben, als ihn jetzt tatsächlich in Anspruch zu nehmen (§ 43)[41]. Hatte ein Vormann bereits **Teilleistungen** erbracht, so kann er diese folglich kondizieren, wenn die Gesellschaft später den (wieder) zahlungsfähigen Nachmann mit Erfolg in Anspruch nimmt[42].

3. Gründer

11 Der Stufenregress der Gesellschaft endet bei dem letzten Rechtsvorgänger des kaduzierten Gesellschafters, d.h. grundsätzlich bei einem der **Gründer** oder Gründungsgesellschafter. Auch auf ihn ist, freilich ohne die jetzt nicht mehr mögliche Benachrichtigung seines Rechtsvorgängers, die Vermutung des § 22 Abs. 2 Halbsatz 2 anwendbar[43]. Nach fruchtlosem Ablauf der Monatsfrist kann die Gesellschaft folglich ohne weiteres nach § 23 vorgehen (vgl. außerdem die §§ 21 Abs. 3 und 24).

4. Regressfragen

12 Ein Rechtsvorgänger des ausgeschlossenen (kaduzierten) Gesellschafters, der gemäß § 22 die noch offene Bareinlageschuld des kaduzierten Gesellschafters tilgt und damit dessen Geschäftsanteil erwirbt (§ 22 Abs. 4), erfüllt damit eine **eigene**, auf Gesetz beruhende **Verpflichtung**, so dass er grundsätzlich **keine Ausgleichsansprüche** gegen seine zahlungsunfähigen Rechtsnachfolger oder gegen seine Rechtsvorgänger (die erst nach ihm haften, § 22 Abs. 2) erwirbt. Der **Ausgleich** für seine Leistung besteht vielmehr in dem gesetzlichen Erwerb des Geschäftsanteils des kaduzierten Gesellschafters nach § 22 Abs. 4, der für ihn durchaus einen Gewinn darstellen kann, insbesondere bei verhältnismäßiger Geringfügigkeit der noch offenen Rückstände auf die Bareinlageverpflichtung des ausgeschlossenen (kaduzierten) Gesellschafters. Aus **§ 426 BGB** folgt nichts anderes, weil die Regressschuldner **keine Gesamtschuldner** sind, da sie nicht nebeneinander, d.h. auf derselben Stufe haften (§ 421 BGB), sondern gemäß § 22 Abs. 2 nur hintereinander (Stichwort: Staffelregress[44]).

12a Es kann somit keine Rede davon sein, dass der zahlende Regressschuldner stets **Erstattungsansprüche** gegen seine Nachmänner oder doch zumindest gegen den ausgeschlossenen (ka-

---

40 *Bayer*, in: Lutter/Hommelhoff, Rdnr. 10; *Ebbing*, in: Michalski u.a., Rdnr. 32, 45; *Pentz*, in: Rowedder/Schmidt-Leithoff, Rdnr. 15 f.

41 *Altmeppen*, in: Roth/Altmeppen, Rdnr. 17; *Fastrich*, in: Baumbach/Hueck, Rdnr. 7; *W. Müller*, in: Ulmer/Habersack/Löbbe, Rdnr. 45; *Ebbing*, in: Michalski u.a., Rdnr. 46.

42 S. Rdnr. 18a; *Altmeppen*, in: Roth/Altmeppen, Rdnr. 17.

43 *Altmeppen*, in: Roth/Altmeppen, Rdnr. 16; *Fastrich*, in: Baumbach/Hueck, Rdnr. 6; *Feine*, in: Ehrenbergs Hdb. III/3, S. 309; *W. Müller*, in: Ulmer/Habersack/Löbbe, Rdnr. 54; *Bayer*, in: Lutter/Hommelhoff, Rdnr. 6 Abs. 2; *Ebbing*, in: Michalski u.a., Rdnr. 40, 47 f.

44 S. Rdnr. 8; *Altmeppen*, in: Roth/Altmeppen, Rdnr. 25; *W. Müller*, in: Ulmer/Habersack/Löbbe, Rdnr. 56.

duzierten) Gesellschafter habe[45]. Derartige Ansprüche können sich vielmehr immer nur im Einzelfall aus den vertraglichen Beziehungen zwischen den Beteiligten ergeben[46]. Hatte z.B. der unmittelbare Rechtsnachfolger des zahlenden Rechtsvorgängers (der dafür den Geschäftsanteil erwirbt) seinerzeit in dem Vertrag mit dem ersteren, seinem Rechtsvorgänger, insbesondere also in dem Kaufvertrag über den Geschäftsanteil (§§ 433, 453 BGB), vertraglich die *Zahlung* der noch offenen Bareinlageverpflichtung *übernommen*, so macht er sich einer Vertragsverletzung schuldig, wenn er seiner Zahlungspflicht nicht nachkommt. In diesem Fall kann der Rechtsvorgänger (der *Verkäufer*) von ihm auf Grund des Vertrages **Schadensersatz** in Höhe seiner Aufwendungen verlangen, Zug um Zug gegen Übertragung des Geschäftsanteils (§§ 433, 453, 280 Abs. 1, 255 BGB analog)[47]. Im umgekehrten Fall, d.h. bei **Zahlung** des Rechtsnachfolgers (des *Käufers*) ohne entsprechende vertragliche Verpflichtung gegenüber dem anderen Vertragsteil kommen dagegen vertragliche oder gesetzliche Ersatzansprüche wohl nur in Betracht, wenn der letztere, d.h. der Verkäufer, bei Abschluss des Vertrages eine **Aufklärungspflicht verletzt** hat (s. §§ 311 Abs. 2, 241 Abs. 2, 435, 437, 311a, 823 Abs. 2 und 826 BGB)[48]. Maßgeblich sind hier letztlich immer die Abreden der Beteiligten, so dass sich allgemeine Regeln nur schwer aufstellen lassen.

Zusätzliche Probleme ergeben sich bei **Teilleistungen von Nachmännern**, die zu einer entsprechenden *partiellen* Tilgung der noch offenen Bareinlageschuld des ausgeschlossenen (kaduzierten) Gesellschafters geführt hatten, so dass einer ihrer Vormänner schließlich gegen Tilgung des möglicherweise geringfügigen noch offenen Restes den ganzen Geschäftsanteil erwirbt (§ 22 Abs. 4; s. Rdnr. 17, 18). In der Regel werden hier **Ausgleichsansprüche der Nachmänner** gegen den den Anteil erwerbenden Rechtsvorgänger, d.h. gegen ihren Vormann *verneint*, weil die Nachmänner mit der Erbringung von Teilleistungen lediglich einer *eigenen* gesetzlichen Verpflichtung auf Grund des § 22 nachgekommen waren, so dass für Ausgleichsansprüche aus Geschäftsführung ohne Auftrag oder Bereicherungsrecht kein Raum ist (§§ 684, 812 Abs. 1 Satz 1 Fall 2 BGB)[49]. | 12b

Unklar ist die Rechtslage, wenn ein wieder zahlungsfähig gewordener **Nachmann** die **letzte Zahlung erbringt** und dadurch nach § 22 Abs. 4 den Geschäftsanteil erwirbt. Hier sollten seine Rechtsvorgänger Bereicherungsansprüche gegen ihn erwerben, weil sich jetzt herausstellt, dass sie bei ihren Zahlungen mit Rücksicht auf die Verpflichtung ihres Rechtsnachfolgers an sich nach § 22 Abs. 2 gar nicht zur Zahlung verpflichtet waren, so dass sie auf eine nicht bestehende Schuld geleistet hatten (§ 812 Abs. 1 Satz 1 Fall 1 BGB)[50]. | 12c

IV. Umfang der Haftung

1. Nur Einlageverpflichtung

Der Umfang der Haftung der Rechtsvorgänger im Wege des Staffelregresses ergibt sich aus § 22 Abs. 1 und Abs. 3. Nach § 22 Abs. 1 haften die Rechtsvorgänger des ausgeschlossenen (kaduzierten) Gesellschafters (nur) wegen der von dem letzteren **nicht erfüllten Einlageverpflichtung** (i.S. des § 21 Abs. 1). Außerdem umfasst die Haftung der Rechtsvorgänger nach § 22 Abs. 3 die binnen einer **Frist von fünf Jahren** auf die offene Einlageverpflichtung des | 13

---

45 So aber *Bayer*, in: Lutter/Hommelhoff, Rdnr. 17.
46 *Altmeppen*, in: Roth/Altmeppen, Rdnr. 25; *W. Müller*, in: Ulmer/Habersack/Löbbe, Rdnr. 56.
47 S. *Ebbing*, in: Michalski u.a., Rdnr. 111.
48 *Pentz*, in: Rowedder/Schmidt-Leithoff, Rdnr. 24; *Schütz*, in: MünchKomm. GmbHG, Rdnr. 77.
49 *Altmeppen*, in: Roth/Altmeppen, Rdnr. 25; *Bayer*, in: Lutter/Hommelhoff, Rdnr. 18; *Ebbing*, in: Michalski u.a., Rdnr. 106.
50 Andere Lösungen bei *Bayer*, in: MünchKomm. AktG, 4. Aufl. 2016, § 65 AktG Rdnr. 69 f.; *Bayer*, in: Lutter/Hommelhoff, Rdnr. 17; *Schütz*, in: MünchKomm. GmbHG, Rdnr. 79.

ausgeschlossenen Gesellschafters (zusätzlich) eingeforderten Leistungen, wobei diese Frist von fünf Jahren mit dem Tag beginnt, an dem der Rechtsnachfolger infolge seiner Eintragung in die Gesellschafterliste gegenüber der Gesellschaft als Inhaber des fraglichen Geschäftsanteils gilt (s. im einzelnen Rdnr. 15). Diese Frist ist eine Ausschlussfrist für die Haftung der Vormänner des ausgeschlossenen Gesellschafters[51]. Der Umfang der Haftung der Rechtsvorgänger des ausgeschlossenen Gesellschafters entspricht dem Umfang der Haftung des ausgeschlossenen Gesellschafters (s. deshalb § 21 Rdnr. 5 ff.), begrenzt jedoch durch die Ausschlussfrist von fünf Jahren aufgrund des § 22 Abs. 3.

13a Die Haftung der Rechtsvorgänger umfasst nach dem Gesagten (Rdnr. 13) auch den **Bareinlageteil gemischter Einlagen**, eine Unterbilanz oder **Vorbelastungshaftung** aus der Zeit vor Eintragung der Gesellschaft, die **Differenzhaftung** nach § 9 sowie bei einer Sacheinlagepflicht diese im Falle ihrer **Umwandlung in eine Geldeinlagepflicht**; *keine* Haftung besteht dagegen für sonstige rückständige Beträge wie z.B. **Zinsen** (§ 20), Vertragsstrafen oder Nebenleistungen im Sinne des § 3 Abs. 2 (s. § 21 Rdnr. 5a). Für diese Beträge kann eine Haftung (nur) den unmittelbaren Rechtsvorgänger des ausgeschlossenen (kaduzierten) Gesellschafters allein nach **§ 16 Abs. 2** treffen (s. Rdnr. 5). Für **rückständige Nachschüsse** haften die Rechtsvorgänger ferner nur, wenn gerade ihretwegen die Kaduzierung nach § 28 i.V.m. § 21 erfolgt ist[52]. Handelte es sich um eine **gemischte Sacheinlage**, so führt spätestens der Rückerwerb des Rechtsvorgängers nach § 22 Abs. 4 dazu, dass er nunmehr auch die noch offene Sacheinlage erbringen muss, sofern ausnahmsweise die Gesellschaft vor voller Leistung der Sacheinlage ins Handelsregister eingetragen worden war (§§ 7 Abs. 3, 56a)[53].

14 Der Anspruch der Gesellschaft gegen die Rechtsvorgänger des kaduzierten Gesellschafters aus § 22 dient der Sicherung der Aufbringung des Stammkapitals. Auf den Anspruch findet deshalb **§ 19 Abs. 2** Anwendung[54]. Daraus folgt vor allem, dass **Zahlungen an Gläubiger** der Gesellschaft auf Veranlassung der Gesellschaft nur dann befreiende Wirkung haben, wenn die getilgte Forderung vollwertig, fällig und liquide ist[55]. Dadurch wird jedoch eine Pfändung des Anspruchs bei der Gesellschaft durch deren Gläubiger nicht ausgeschlossen[56].

2. Fünfjahresfrist (§ 22 Abs. 3)

15 Die Fünfjahresfrist, eine Ausschlussfrist, für die Berücksichtigung der nachträglich eingeforderten Beträge auf die Einlageverpflichtung des ausgeschlossenen Gesellschafters beginnt gemäß § 22 Abs. 3 Satz 2 mit dem Tag, an dem der Rechtsnachfolger im Verhältnis zur Gesellschaft infolge seiner Eintragung in die Gesellschafterliste nach § 16 Abs. 1 als Inhaber des Geschäftsanteils gilt. Von dem Tag der Eintragung des Übergangs des Geschäftsanteils von dem Gesellschafter A (dem Rechtsvorgänger) auf den Gesellschafter B (den Rechtsnachfolger) in die Gesellschafterliste läuft folglich eine **Fünfjahresfrist**, in der sich die Haftung der Vormänner noch durch die nachträgliche Einforderung weiterer Beträge auf die Einlageverpflichtung des ausgeschlossenen Gesellschafters *erweitern* kann. Zutreffend wird die Frist von fünf Jahren deshalb auch als **Haftungsbegründungsfrist** bezeichnet[57]. Für Beträge, die die Gesellschaft erst **nach Ablauf** der Fünfjahresfrist **einfordert**, besteht dagegen *keine* Haftung der früheren Rechtsvorgänger (in unserem Beispiel des Gesellschafters A) mehr[58]. Die Haftung der

51 OLG Zweibrücken v. 23.2.2006 – 4 U 20/05, ZIP 2007, 335, 336.
52 *Ebbing*, in: Michalski u.a., Rdnr. 70; *W. Müller*, in: Ulmer/Habersack/Löbbe, Rdnr. 15.
53 *Ebbing*, in: Michalski u.a., Rdnr. 69; *Pentz*, in: Rowedder/Schmidt-Leithoff, Rdnr. 22.
54 S. *Ebbing*, in: Michalski u.a., Rdnr. 71; *Pentz*, in: Rowedder/Schmidt-Leithoff, Rdnr. 23.
55 RGZ 92, 365, 366 f.; RGZ 98, 276, 277; OLG Köln v. 23.1.1987 – 20 U 148/86, GmbHR 1987, 478 = WM 1987, 537.
56 RG, WarnR 1914 Nr. 120, S. 168, 170.
57 So *Altmeppen*, in: Roth/Altmeppen, Rdnr. 8; *W. Müller*, in: Ulmer/Habersack/Löbbe, Rdnr. 16 ff.
58 OLG Zweibrücken v. 23.2.2006 – 4 U 20/05, ZIP 2007, 335, 336.

Rechtsvorgänger setzt dagegen *nicht* voraus, dass die fraglichen rückständigen Beträge auch tatsächlich innerhalb der Frist gegen den in Anspruch genommenen Rechtsvorgänger von der Gesellschaft geltend gemacht worden sind; er haftet vielmehr kraft Gesetzes für alle Rückstände auf die Bareinlageverpflichtung des kaduzierten Gesellschafters sowie auf die später eingeforderten Beträge (Rdnr. 13), die von der Gesellschaft von dem ausgeschlossenen (kaduzierten) Gesellschafter oder dessen Rechtsnachfolgern eingefordert werden[59].

Unter **Einforderung** der Geldeinlage ist in § 22 Abs. 3 Satz 1 die Zahlungsaufforderung der Geschäftsführer an die Gesellschafter auf Grund eines Beschlusses der Gesellschafterversammlung nach § 46 Nr. 2 zu verstehen, d.h. die die Fälligkeit erst begründende Einforderung (oder **Anforderung**) der jeweils auf die Bareinlageverpflichtung der Gesellschafter geschuldeten Beträge durch die Geschäftsführer oder in der Insolvenz der Gesellschaft durch den Insolvenzverwalter[60]. Ergibt sich die Fälligkeit der jeweils geschuldeten Beträge bereits aus dem **Gesellschaftsvertrag** (s. § 21 Rdnr. 7c) oder doch aus dem **Einforderungsbeschluss** nach § 46 Nr. 2 selbst (s. § 21 Rdnr. 7b), so ist hier ebenso wie bei § 21 eine besondere (zusätzliche) Einforderung von Leistungen durch die Geschäftsführer oder gegebenenfalls durch den Insolvenzverwalter zur Auslösung der gesetzlichen Haftung der Rechtsvorgänger nach § 22 Abs. 3 entbehrlich. In diesen Fällen kommt es folglich nur darauf kann, ob der **Fälligkeitstermin** in die Fünfjahresfrist fällt[61]. | 15a

Die Fünfjahresfrist beginnt nach § 22 Abs. 3 Satz 2 mit dem Tag zu laufen, an dem der Rechtsnachfolger im Verhältnis zur Gesellschaft infolge seiner **Eintragung** in die Gesellschafterliste nach § 16 Abs. 1 als Inhaber des Geschäftsanteils gilt. Dieser Tag markiert folglich den Beginn der Fünfjahresfrist, so dass sich deren **Berechnung** nach den §§ 187 Abs. 2 und 188 Abs. 2 Fall 2 BGB richtet[62]. Die Haftung beschränkt sich kraft Gesetzes auf die in den nächsten fünf Jahren eingeforderten Beträge. Für später fällig werdende Beträge braucht der Rechtsvorgänger nicht mehr zu haften[63]. Die **Verjährung** des Anspruchs der Gesellschaft auf die fristgerecht eingeforderten Beträge richtet sich nach den §§ 195 und 199 BGB[64]. Entgegen einer offenbar verbreiteten Meinung besteht kein Anlass, hier zum Nachteil der Gesellschafter auch noch § 19 Abs. 6 entsprechend anzuwenden (s. § 21 Rdnr. 36b). | 16

Die gesetzliche Regelung des § 22 Abs. 3 Satz 2, die für den Fristbeginn betont auf die Eintragung in die Gesellschafterliste abstellt, hat zur Folge, dass **nicht eingetragene Zwischenerwerber** *keine* Haftung nach § 22 im Wege des Staffelregresses trifft. Der Erwerb des Geschäftsanteils durch sie löst freilich auch nicht zugunsten ihrer Vormänner den Lauf der Frist von fünf Jahren aus. Dies geschieht vielmehr erst mit der erstmaligen Eintragung eines späteren Nachmannes, spätestens aber mit der Kaduzierung des Anteils, die den ganzen Prozess überhaupt erst ausgelöst hat[65]. Schwierigkeiten ergeben sich daraus in Fällen des gesetzlichen Erwerbs, vor allem also im Falle der **Erbfolge**. Die sachgerechte Behandlung dieser Fälle, die bei der Neuregelung des Fragenkreises im Jahr 2008 offenbar übersehen wurden, ist noch nicht endgültig geklärt[66]. Vernünftig erscheint es, hier darauf abzustellen, dass die Erben die | 16a

---

59 S. *Ebbing*, in: Michalski u.a., Rdnr. 49 ff.; *Pentz*, in: Rowedder/Schmidt-Leithoff, Rdnr. 17 ff.; *Schütz*, in: MünchKomm. GmbHG, Rdnr. 23 ff.

60 S. § 21 Rdnr. 7 ff., 11; OLG Zweibrücken v. 23.2.2006 – 4 U 20/05, ZIP 2007, 335, 336; LG Osnabrück v. 30.4.2010 – 15 O 420/09, ZInsO 2010, 1846; *Altmeppen*, in: Roth/Altmeppen, Rdnr. 8.

61 LG Osnabrück v. 30.4.2010 – 15 O 420/09, ZInsO 2010, 1846; *Fastrich*, in: Baumbach/Hueck, Rdnr. 9; *Koppensteiner*, öGmbHG, § 67 Rdnr. 2; *Bayer*, in: Lutter/Hommelhoff, Rdnr. 8; *W. Müller*, in: Ulmer/Habersack/Löbbe, Rdnr. 17; *Ebbing*, in: Michalski u.a., Rdnr. 52.

62 *Ebbing*, in: Michalski u.a., Rdnr. 54 f.; *W. Müller*, in: Ulmer/Habersack/Löbbe, Rdnr. 18; *Schütz*, in: MünchKomm. GmbHG, Rdnr. 27.

63 S. *Altmeppen*, in: Roth/Altmeppen, Rdnr. 8.

64 *Altmeppen*, in: Roth/Altmeppen, Rdnr. 8; *Schütz*, in: MünchKomm. GmbHG, Rdnr. 30.

65 *Schütz*, in: MünchKomm. GmbHG, Rdnr. 25; *Ebbing*, in: Michalski u.a., Rdnr. 68; *Pentz*, in: Rowedder/Schmidt-Leithoff, Rdnr. 19.

66 *Ebbing*, in: Michalski u.a., Rdnr. 58 f.; *Schütz*, in: MünchKomm. GmbHG, Rdnr. 23 f.

Rechtsposition des Erblassers fortsetzen (§ 1922 BGB). Lief zu dessen Gunsten bereits zu seinen Lebzeiten, weil er selbst noch den Geschäftsanteil veräußert hatte, die Fünfjahresfrist, so kommt dies auch seinen Erben zugute. Davon zu trennen ist die Frage, ob der **Rechtsübergang auf die Erben** infolge des Erbfalls (§ 1922 BGB) die Ausschlussfrist von fünf Jahren auslöst. Das ist nach der hier vertretenen Meinung (Rdnr. 6b) zwar konsequent, soll indessen nach manchen nur die vom *Erblasser* herrührende Haftung der Erben für die Einlageforderung beschränken, nicht dagegen ihre *eigene* Haftung als neue Gesellschafter[67], – eine für die Erben fatale Konsequenz der nicht durchdachten gesetzlichen Regelung.

17 Die Haftung **erlischt** – außer durch Erfüllung – mit der **Versteigerung** des Anteils nach § 23, weil danach ein Rückerwerb durch die Rechtsvorgänger nach § 22 Abs. 4 nicht mehr möglich ist[68]. Die Haftung der Vormänner endet außerdem mit **Zahlung** durch einen Nachmann oder mit der Wiederherstellung dessen Zahlungsfähigkeit[69]. **Teilleistungen** der Nachmänner befreien die Vormänner gleichfalls, so dass sie dann nur noch auf den noch offenen Rest haften (s. Rdnr. 12b, Rdnr. 18).

V. Anteilserwerb (§ 22 Abs. 4)

1. Voraussetzungen

18 Nach § 22 Abs. 4 erwirbt der Rechtsvorgänger eines ausgeschlossenen (kaduzierten) Gesellschafters gegen Zahlung des rückständigen Betrages (s. § 22 Abs. 1 und 3) kraft Gesetzes den Geschäftsanteil dieses Gesellschafters. In der Zwischenzeit, d.h. in der Zeit zwischen der Kaduzierung des säumigen und deshalb ausgeschlossenen Gesellschafters und Übergang des Geschäftsanteils auf einen nach § 22 zahlenden Rechtsvorgänger, stand der Geschäftsanteil der Gesellschaft zu, die über ihn aber nur nach den §§ 22 und 23 verfügen durfte (s. § 21 Rdnr. 29 f.). Die Geschäftsführer müssen mit anderen Worten nach der Kaduzierung des säumigen Gesellschafters aufgrund des § 21 gemäß den §§ 22 und 23 vorgehen, um die rückständigen Beträge auf die Bareinlageverpflichtung des säumigen Gesellschafters (endlich) beizutreiben. Dabei haben sie sich **genau an den** durch § 22 Abs. 1 und 2 vorgeschriebenen **Stufen- oder Staffelregress zu halten** (s. Rdnr. 8; Rdnr. 19). Hatte ein anderer, nach § 22 Abs. 1 und 2 vorrangig haftender Rechtsvorgänger des kaduzierten Gesellschafters bereits einen **Teil** der rückständigen Geldeinlage gezahlt, so **erwirbt** gleichwohl derjenige frühere Rechtsvorgänger den gesamten Anteil, der den möglicherweise geringfügigen, **letzten** noch offenen **Rest** der Geldeinlage **zahlt**[70]. Die Haftungsbegrenzung des § 22 Abs. 3 spielt in diesem Zusammenhang mit Rücksicht auf den Zweck der Regelung, die Kapitalaufbringung unter allen Umständen sicherzustellen (s. Rdnr. 1), keine Rolle, so dass ein Rechtsvorgänger des kaduzierten säumigen Gesellschafters dessen Geschäftsanteil nur erwerben kann, wenn er tatsächlich die **gesamten offenen Rückstände** auf dessen Bareinlageverpflichtung zahlt, selbst wenn ein Teil bereits länger als fünf Jahre rückständig ist (§ 22 Abs. 3 Satz 1)[71].

18a Schwierigkeiten ergeben sich aus der geschilderten Rechtslage (Rdnr. 18) bei Erbringung einer **Teilleistung** zunächst **durch einen früheren Rechtsvorgänger und** anschließender **Zahlung durch** einen dessen **Nachmänner**, dessen Zahlungsfähigkeit sich erst später (wieder)

---

67 *Schütz*, in: MünchKomm. GmbHG, Rdnr. 23.

68 RGZ 85, 237, 241; BGH v. 13.7.1964 – II ZR 110/62, BGHZ 42, 89, 92 = NJW 1964, 1954.

69 *Bayer*, in: Lutter/Hommelhoff, Rdnr. 10; *Koppensteiner*, öGmbHG, § 67 Rdnr. 6.

70 S. schon Rdnr. 12b, 17 sowie *Fastrich*, in: Baumbach/Hueck, Rdnr. 10; *Ebbing*, in: Michalski u.a., Rdnr. 73, 86; *W. Müller*, in: Ulmer/Habersack/Löbbe, Rdnr. 62; *Pentz*, in: Rowedder/Schmidt-Leithoff, Rdnr. 28; *Schütz*, in: MünchKomm. GmbHG, Rdnr. 64.

71 *Altmeppen*, in: Roth/Altmeppen, Rdnr. 21; *Fastrich*, in: Baumbach/Hueck, Rdnr. 10; *Ebbing*, in: Michalski u.a., Rdnr. 27; *W. Müller*, in: Ulmer/Habersack/Löbbe, Rdnr. 62; *Schütz*, in: MünchKomm. GmbHG, Rdnr. 62; weitere Einzelheiten bei *Melber*, Kaduzierung, S. 142 ff.

herausgestellt hat (so dass an sich der zahlende frühere Rechtsvorgänger dazu gar nicht verpflichtet war). In solchen Fällen ist anzunehmen, dass der Nachmann den Anteil nur durch Zahlung der *vollen*, offenen Bareinlage erwirbt, während der zunächst zahlende Vormann seine jetzt grundlos erbrachte Teilleistung von der Gesellschaft kondizieren kann (§ 812 Abs. 1 Satz 2 Fall 1 BGB; s. Rdnr. 10).

Die Regelung des § 22 ist **zwingend** (§ 25) und von dem Willen der Beteiligten unabhängig (Rdnr. 20). Die Folge ist, dass den Anteil nach § 22 Abs. 4 immer nur derjenige Rechtsvorgänger durch Zahlung der offenen Bareinlage erwerben kann, der im Wege des Stufen- oder Staffelregresses tatsächlich gemäß § 22 Abs. 1 und 2 **an der Reihe** ist, weil seine Nachmänner zahlungsunfähig sind[72]. Das kann folglich durchaus auch ein Gesellschafter sein, den die Gesellschaft zuvor aus wichtigem Grunde ausgeschlossen hatte oder der ihr sonst nicht willkommen ist[73].

19

Im Schrifttum wird diskutiert, ob hier Raum für eine Anwendung des § 267 Abs. 1 BGB ist, ob mit anderen Worten auch ein **Dritter** für den Rechtsvorgänger, der an sich nach § 22 Abs. 1 und Abs. 2 zahlungspflichtig ist, die rückständige Einlage **leisten** kann. Die Frage ist in der Tat zweifelhaft, weil hier offenbar die Gefahr besteht, dass auf dem Weg über § 267 BGB einem Rechtsvorgänger am Ende sogar *gegen* seinen Willen von Dritten ein Geschäftsanteil nach § 22 Abs. 4 aufgedrängt werden kann. Für die damit verbundenen Probleme werden im Schrifttum unterschiedliche Lösungen erwogen[74]. Vielfach wird darauf abgestellt, ob ein beliebiger Dritter oder ein noch nicht verpflichteter Nachmann für einen Rechtsvorgänger zahlt, um den eigenen Erwerb zu vermeiden, *oder* ob der zahlungspflichtige Gesellschafter der Zahlung durch einen Dritten zustimmt, weil andernfalls die Gesellschaft aufgrund ihrer Treuepflicht die Leistung eines Dritten nach den §§ 267 Abs. 2, 242 und 705 BGB ablehnen *müsse*[75]. Auszugehen ist von dem Zweck des § 22, die Erfüllung der offenen Einlageverpflichtung des kaduzierten Gesellschafters unter allen Umständen sicherzustellen (s. Rdnr. 1). Daraus kann nur der Schluss gezogen werden, dass die Gesellschaft lediglich dann und aufgrund ihrer Treuepflicht zur *Ablehnung* der Leistung eines Dritten *verpflichtet* ist (§§ 262 Abs. 2, 242 und 705 BGB), wenn der an sich verpflichtete Gesellschafter zugleich Sicherheit für die Erfüllung noch offener weiterer Verpflichtungen, etwa hinsichtlich von Nebenleistungen, leistet. Man darf nicht übersehen, dass unter den Voraussetzungen des § 22 die Gesellschaft die Haftung eines Rechtsvorgängers auch im Wege der Zwangsvollstreckung durchsetzen kann, so dass es dann bei Erfolg der Zwangsvollstreckung ebenfalls zu einem Rechtserwerb des Vollstreckungsschuldners und verpflichteten Rechtsvorgängers gegen dessen Willen kommen kann (s. Rdnr. 21).

19a

Die Rechtsvorgänger des kaduzierten Gesellschafters haben kraft Gesetzes unter den Voraussetzungen des § 22 einen **Anspruch auf Erwerb** des Geschäftsanteils des kaduzierten säumigen Gesellschafters gegen Zahlung der offenen Geldeinlage[76]. Dieser Anspruch kann von den Gläubigern der Rechtsvorgänger **gepfändet** werden (§ 851 ZPO); mit Zahlung der offenen Geldeinlage durch ihren Schuldner erwerben sie sodann ein Pfandrecht an dem Geschäftsanteil[77].

19b

---

72 S. Rdnr. 18; *Altmeppen*, in: Roth/Altmeppen, Rdnr. 17; *Fastrich*, in: Baumbach/Hueck, Rdnr. 10; *Ebbing*, in: Michalski u.a., Rdnr. 81; *Schütz*, in: MünchKomm. GmbHG, Rdnr. 65.

73 *Ebbing*, in: Michalski u.a., Rdnr. 90; *Pentz*, in: Rowedder/Schmidt-Leithoff, Rdnr. 34; *Altmeppen*, in: Roth/Altmeppen, Rdnr. 69.

74 S. *Altmeppen*, in: Roth/Altmeppen, Rdnr. 20; *Bayer*, in: Lutter/Hommelhoff, Rdnr. 13; *W. Müller*, in: Ulmer/Habersack/Löbbe, Rdnr. 60; *Schütz*, in: MünchKomm. GmbHG, Rdnr. 66-68.

75 S. 11. Aufl., Rdnr. 19a m. Nachw.

76 A.A. *Soufleros*, Ausschließung, S. 115 f.

77 *Ebbing*, in: Michalski u.a., Rdnr. 96; *Pentz*, in: Rowedder/Schmidt-Leithoff, Rdnr. 30.

2. Wirkungen

20 Der **Erwerb** tritt **kraft Gesetzes** ein. Ein entgegenstehender Wille des zahlenden Rechtsvorgängers oder der Gesellschaft ist unerheblich. Die einzigen **Voraussetzungen** des gesetzlichen Erwerbs des Geschäftsanteils seitens des zahlenden Rechtsvorgängers sind, dass die Kaduzierung des säumigen Gesellschafters wirksam war (s. Rdnr. 4) und dass der zahlende Rechtsvorgänger nach § 22 Abs. 1 und 2 überhaupt an der Reihe war (Rdnr. 19). Fehlt es daran, so ist auch ein gutgläubiger Erwerb des Geschäftsanteils durch einen zahlenden Rechtsvorgänger nicht möglich, weil es sich nicht um einen Fall des rechtsgeschäftlichen Erwerbs im Sinne des § 16 Abs. 3 handelt (§ 21 Rdnr. 31).

21 Eine **Vinkulierung** der Anteile bleibt im vorliegenden Zusammenhang des gesetzlichen Erwerbs ebenso unbeachtlich (§ 15 Abs. 5), wie z.B. ein **vertragliches Vorkaufsrecht** der übrigen Gesellschafter. Ebenso unerheblich ist, ob der Rechtsvorgänger **freiwillig** gezahlt hat. § 22 Abs. 4 greift selbst dann ein, wenn die offenen Beträge von der Gesellschaft im Wege der **Zwangsvollstreckung** beigetrieben werden[78]. Für die Eintragung des den Gesellschaftsanteil erwerbenden Rechtsvorgängers in die **Gesellschafterliste** (die keine konstitutive Wirkung hat) gelten die §§ 16 Abs. 1 und 40.

22 Der zahlende Rechtsvorgänger erwirbt den Geschäftsanteil des kaduzierten säumigen Gesellschafters kraft Gesetzes so, wie er sich inzwischen gestaltet hat. Die Folge ist vor allem, dass er **zwischenzeitliche Vertragsänderungen** gegen sich **gelten** lassen muss. Er kehrt daher möglicherweise in eine in der Zwischenzeit weitgehend veränderte Gesellschaft zurück, gegebenenfalls sogar mit verändertem Gegenstand und anderen Gesellschaftern[79]. In der Zwischenzeit zwischen Kaduzierung und Rückerwerb fällig gewordene **Ansprüche gegen die Gesellschaft**, z.B. auf Zahlung von Gewinnanteilen, stehen ihm dagegen nicht zu, ebenso wenig wie er verpflichtet ist, in der Zwischenzeit entstandene **Nebenpflichten** nach § 3 Abs. 2 zu erfüllen, denn in der Zwischenzeit war die Gesellschaft Inhaberin des Anteils mit der Folge, dass alle Rechte und Pflichten aus dem Anteil ruhten (s. § 21 Rdnr. 30). Anders ist die Rechtslage vom Augenblick des Anteilserwerbs seitens des zahlenden Rechtsvorgängers an: Da er jetzt (wieder) Gesellschafter ist, treffen ihn auch **alle Pflichten aus dem Gesellschaftsvertrag** und ergänzenden Verträgen, die von diesem Augenblick an fällig werden (s. Rdnr. 23). Durch die Kaduzierung erloschene **dingliche Lasten** leben dagegen nicht wieder auf, selbst wenn sie seinerzeit von dem Erwerber begründet worden waren[80].

23 Wenn der Erwerber mit später, d.h. *nach* dem Rückerwerb fällig werdenden Raten auf die Geldeinlagepflicht wiederum in Rückstand gerät (s. Rdnr. 22), kann der **Geschäftsanteil erneut kaduziert** werden (sog. Zweitkaduzierung)[81]. Auch § 22 ist dann wieder anwendbar. Überwiegend wurde für diesen Fall früher angenommen, dass als Rechtsvorgänger des erneut kaduzierten Gesellschafters dann allein **seine ursprünglichen Vormänner** gelten, nicht dagegen seine ursprünglichen Nachmänner, die mithin durch den Rückerwerb eines ihrer Rechtsvorgänger endgültig von ihrer Haftung nach § 22 befreit würden, weil der Erwerber nach § 22 Abs. 4 wieder in seine alte Position in der Veräußerungskette einrückte[82]. Diese Auffassung ist indessen nur schwer mit dem Zweck der Regelung, die Kapitalaufbringung unter allen Umständen sicherzustellen, zu vereinbaren und kollidiert auch mit dem heute allgemein akzeptierten Erwerb des Gesellschaftsanteils durch die Gesellschaft im Wege der

---

78 S. schon Rdnr. 19a; *Altmeppen*, in: Roth/Altmeppen, Rdnr. 22; *Ebbing*, in: Michalski u.a., Rdnr. 89.

79 *Altmeppen*, in: Roth/Altmeppen, Rdnr. 23; *Fastrich*, in: Baumbach/Hueck, Rdnr. 12; *W. Müller*, in: Ulmer/Habersack/Löbbe, Rdnr. 63 f.

80 *Fastrich*, in: Baumbach/Hueck, Rdnr. 12; *Ebbing*, in: Michalski u.a., Rdnr. 95; *Pentz*, in: Rowedder/Schmidt-Leithoff, Rdnr. 3; *Schütz*, in: MünchKomm. GmbHG, Rdnr. 74.

81 BGH v. 13.7.1964 – II ZR 110/62, BGHZ 42, 89, 93 = NJW 1964, 1954.

82 S. 11. Aufl., Rdnr. 21 m. Nachw.

Kaduzierung nach § 21. Mit der mittlerweile durchaus h.M. ist deshalb anzunehmen, dass der Erwerber aufgrund des § 22 Abs. 4 auch Rechtsnachfolger der *GmbH* als Inhaberin des kaduzierten Gesellschaftsanteils ist, so dass § 22 nicht nur partiell (wie früher überwiegend angenommen, sondern) insgesamt Anwendung findet[83].

Die Kaduzierung des säumigen Gesellschafters nach § 21 ist auch bei einer **Einpersonenge-** **24** **sellschaft** möglich, insbesondere seitens des Insolvenzverwalters in der Insolvenz der Gesellschaft (s. § 21 Rdnr. 29). Die Folge ist freilich die Entstehung einer so genannten **Keinmanngesellschaft**, die kraft Gesetzes (spätestens) nach einer kurzen Übergangzeit als aufgelöst gilt (§ 13 Rdnr. 13). Dies hindert indessen nicht die **Inanspruchnahme der Rechtsvorgänger** des einzigen kaduzierten Gesellschafters durch die Liquidatoren nach § 22 Abs. 1 und 2, womit dann auch § 22 Abs. 4 anwendbar wird. Mit dem Erwerb des Geschäftsanteils durch einen zahlenden Rechtsvorgänger nach § 22 Abs. 4 dürfte sich die Gesellschaft ohne weiteres wieder in eine werbende Gesellschaft zurückverwandeln[84], während nach anderen der Rechtsvorgänger zunächst einen Fortsetzungsbeschluss fassen muss, da die Einmanngesellschaft kraft Gesetzes als aufgelöst gelte[85].

---

83 *Altmeppen*, in: Roth/Altmeppen, Rdnr. 24; *W. Müller*, in: Ulmer/Habersack/Löbbe, Rdnr. 66a; *Feine*, in: Ehrenbergs Hdb. III/3, S. 310 f.; *Bayer*, in: Lutter/Hommelhoff, Rdnr. 15; *Ebbing*, in: Michalski u.a., Rdnr. 18–21; *Schütz*, in: MünchKomm. GmbHG, Rdnr. 73.
84 *Ebbing*, in: Michalski u.a., Rdnr. 92; *Michalski/Schulenburg*, NZG 1999, 431, 432 f.
85 *Schütz*, in: MünchKomm. GmbHG, Rdnr. 70 „kuriose Lösung".

§ 23
Versteigerung des Geschäftsanteils

Ist die Zahlung des rückständigen Betrages von Rechtsvorgängern nicht zu erlangen, so kann die Gesellschaft den Geschäftsanteil im Wege öffentlicher Versteigerung verkaufen lassen. Eine andere Art des Verkaufs ist nur mit Zustimmung des ausgeschlossenen Gesellschafters zulässig.

Text seit 1898 unverändert.

I. Überblick

1 Gemäß § 23 Satz 1 kann die Gesellschaft den Geschäftsanteil des kaduzierten Gesellschafters (s. § 21) im Wege öffentlicher Versteigerung verkaufen lassen, sofern die Zahlung des rückständigen Betrags (auf den Geschäftsanteil) nicht von den Rechtsvorgängern des kaduzierten Gesellschafters nach § 22 zu erlangen ist. Eine andere Art des Verkaufs ist nach § 23 Satz 2 nur mit Zustimmung des ausgeschlossenen Gesellschafters zulässig (Rdnr. 14 ff.). § 23 eröffnet der Gesellschaft bei Ausschluss eines Gesellschafters durch Kaduzierung seines Anteils (§ 21) nach dem Rückgriff gegen die Rechtsvorgänger (§ 22) eine **weitere (zweite) Möglichkeit**, die rückständige **Geldeinlage beizutreiben**. **Zweck** der Regelung ist ebenso wie bei den §§ 21 und 22 die Sicherung der Kapitalaufbringung. § 23 ist **zwingend** (§ 25), so dass er durch den **Gesellschaftsvertrag** weder ausgeschlossen noch eingeschränkt, wohl aber verschärft werden kann. Unzulässig ist insbesondere die generelle Ersetzung der öffentlichen Versteigerung des Anteils durch eine andere Art der Verwertung, zulässig dagegen die Vorwegnahme der Zustimmung des ausgeschlossenen Gesellschafters nach § 23 Satz 2 in dem Gesellschaftsvertrag, so dass die Geschäftsführer dann die Wahl zwischen den verschiedenen Wegen zur Verwertung des Anteils haben (Rdnr. 15). **Vorbild** der Vorschrift ist der (jetzige) § 65 Abs. 3 AktG. Eine vergleichbare Regelung findet sich in **§ 68 öGmbHG**, der jedoch ausführlicher als § 23 ist.

2 Die Verwertung des Geschäftsanteils nach § 23 setzt die wirksame Kaduzierung des Anteils nach § 21 und den vergeblichen Rückgriff gegen die Rechtsvorgänger des kaduzierten Gesellschafters gemäß § 22 voraus (Rdnr. 3, 19). Die Verwertung ist ihrerseits die Voraussetzung für die Ausfallhaftung des ausgeschlossenen Gesellschafters (§ 21 Abs. 3) sowie (in letzter Linie) der übrigen Gesellschafter auf Grund des (gefürchteten) § 24.

II. Verwertung

1. Voraussetzungen

Die Verwertung des kaduzierten Geschäftsanteils durch öffentliche Versteigerung oder durch   3
eine andere Art des Verkaufs setzt nach § 23 Satz 1 voraus, dass die Zahlung des rückständigen
Betrags auf die Geldeinlage von den Rechtsvorgängern des kaduzierten Gesellschafters nicht
nach § 22 zu erlangen ist, wobei die Vermutung des § 22 Abs. 2 Halbsatz 2 zu beachten ist. Mit
dem rückständigen Betrag meint das Gesetz die **rückständige Geldeinlage**, für die die Rechtsvorgänger nach § 22 haften (§ 22 Rdnr. 13). Eine Verwertung des Anteils wegen dieses rückständigen Betrages kommt folglich nur in Betracht, wenn der Anteil zunächst **wirksam** gemäß § 21 **kaduziert** worden ist und die Gesellschaft sodann **erfolglos** nach § 22 gegen die
Rechtsvorgänger des kaduzierten Gesellschafters vorgegangen ist[1]. Fehlt es an einer dieser
Voraussetzungen, so hat die Gesellschaft kein Verwertungsrecht nach § 23 (s. Rdnr. 19 f.). Eine wirksame **Kaduzierung** (§ 21) kann jedoch ebenso wie die Inanspruchnahme der Vormänner nach § 22 jederzeit **nachgeholt** werden mit der Folge, dass die Mängel der Verwertung dann geheilt sind (§ 185 Abs. 2 BGB)[2].

2. Verwertungspflicht?

Nach § 23 Satz 1 „kann" die Gesellschaft den Geschäftsanteil unter den genannten Vorausset-   4
zungen (Rdnr. 3) verwerten. Aus dieser Formulierung des Gesetzes wird überwiegend der
Schluss gezogen, anders als im Aktienrecht (s. § 65 Abs. 3 Satz 1 AktG: „unverzüglich") brauche die Gesellschaft **nicht sofort** nach erfolglosem Rückgriff gegen die Rechtsvorgänger des
ausgeschlossenen Gesellschafters (§ 22) zur Verwertung des Anteils gemäß § 23 zu schreiten,
sondern könne stattdessen auch den günstigsten Zeitpunkt hierfür abwarten[3]. Allein die Geschäftsführer hätten daher (mangels entsprechender Weisungen der Gesellschafter) nach
pflichtgemäßem Ermessen (§ 43) darüber zu entscheiden, **ob, wann und wo** der Anteil nach
§ 23 verwertet werden soll. Weder der ausgeschlossene Gesellschafter noch die übrigen Gesellschafter besäßen daher trotz der ihnen drohenden Ausfallhaftung (§§ 21 Abs. 3, 24) die
Möglichkeit, die Gesellschaft zur Verwertung des Anteils nach § 23 zu zwingen, selbst wenn
sich eine günstige Verkaufsgelegenheit bietet[4]. Nach anderen ist die Gesellschaft dagegen
ebenso wie im Aktienrecht grundsätzlich zur sofortigen Verwertung des Anteils verpflichtet[5].

Man muss hier verschiedene Fragen unterscheiden: Im Vordergrund des Interesses steht die   5
Frage, ob die Gesellschaft **verpflichtet** ist, nach § 23 vorzugehen und im Falle der Erfolglosigkeit des Rückgriffs gegen die Vormänner (§ 22) den Geschäftsanteil, und zwar in erster
Linie durch öffentliche Versteigerung, zu verwerten. Soweit dies nach wie vor von einer verbreiteten Meinung verneint wird (s. Rdnr. 4), dürfte übersehen sein, dass der Versuch einer
Verwertung des Geschäftsanteils nach § 23 Voraussetzung für die Ausfallhaftung des ausgeschlossenen Gesellschafters nach § 21 Abs. 3 sowie der übrigen Gesellschafter nach § 24 ist

---

1 S. Rdnr. 19 sowie RGZ 86, 419 ff.; OLG Rostock v. 15.1.1997 – 6 U 167/96, GmbHR 1997, 449;
   OGH v. 25.2.1993 – 6 Ob 27/92, SZ Bd. 66 (1993) Nr. 24, S. 117, 121 = WiBl. 1993, 229 = RdW 1993,
   243.
2 RGZ 85, 237 ff.; *Ebbing*, in: Michalski u.a., Rdnr. 6, 10; *Schütz*, in: MünchKomm. GmbHG,
   Rdnr. 11.
3 BayObLGZ 1914, 730, 734; KG, OLGE 19, 371.
4 OLG Nürnberg v. 9.4.2002 – 9 U 3811/01, NZG 2002, 578; *Altmeppen*, in: Roth/Altmeppen, Rdnr. 5;
   Fastrich, in: Baumbach/Hueck, Rdnr. 3; *Feine*, in: Ehrenbergs Hdb. III/3, S. 311; *W. Müller*, in: Ulmer/
   Habersack/Löbbe, Rdnr. 9-15.
5 *Ebbing*, in: Michalski u.a., Rdnr. 13; *Bayer*, in: Lutter/Hommelhoff, Rdnr. 3; *Pentz*, in: Rowedder/
   Schmidt-Leithoff, Rdnr. 3; *Schütz*, in: MünchKomm. GmbHG, Rdnr. 16 ff.

(s. Rdnr. 2). Verzichtet die Gesellschaft (entgegen § 23) auf einen nicht von vornherein aussichtslosen Verwertungsversuch (s. Rdnr. 6), so wird folglich die **Kapitalaufbringung** in einer mit dem Gesetz nicht zu vereinbarenden Weise **gefährdet**. Daraus kann man nur den Schluss ziehen, dass der (nicht von vornherein aussichtslose) Versuch der **Verwertung** des Geschäftsanteils nach § 23 (entgegen der h.M.) eine gesetzliche **Pflicht der Gesellschaft** ist, die folglich von den Geschäftsführern *sobald wie tunlich* zu erfüllen ist[6].

6 Dies bedeutet, dass die Geschäftsführer die Verwertung des Geschäftsanteils nicht grundlos aufschieben dürfen, sondern entsprechend § 23 **sobald wie möglich und tunlich** zur Verwertung des Anteils schreiten müssen. Eine Ausnahme gilt nur, wenn der Verwertungsversuch **von vornherein aussichtslos** erscheint, insbesondere, weil sich die Gesellschaft inzwischen in der **Insolvenz** befindet, wobei die Beweislast für diesen Ausnahmefall die Gesellschaft trifft[7]. Verstoßen die Geschäftsführer gegen ihre hiernach grundsätzlich anzunehmende Pflicht zur Verwertung des Geschäftsanteils nach Maßgabe des § 23, so haften sie zunächst der Gesellschaft auf Schadensersatz in Höhe des infolgedessen eintretenden Schadens bei der Kapitalaufbringung (§ 43 Abs. 2). Analog § 31 Abs. 6 haften sie außerdem dem ausgeschlossenen und den übrigen Gesellschaftern, die infolge des pflichtwidrigen Vorgehens der Geschäftsführer in größerem Ausmaß zur Ausfallhaftung herangezogen werden, als es bei pflichtgemäßem Vorgehen der Geschäftsführer der Fall gewesen wäre[8]. Soweit diese Haftung der Geschäftsführer im Schrifttum zum Teil auf **Vorsatz** beschränkt wird[9], ist dafür kein tragfähiger Grund erkennbar, zumal bei Vorsatz der Geschäftsführer immer zugleich § 826 BGB erfüllt sein dürfte. Soweit die Gesellschafter danach Schadensersatz verlangen können, steht ihnen nach § 242 BGB außerdem ein Recht auf **Einsicht** in die Unterlagen der Gesellschaft zu, soweit sie der Einsicht bedürfen, um ihren Schaden berechnen zu können[10].

7 Die Gesellschafter haben außerdem die Möglichkeit, bei pflichtwidriger Untätigkeit der Geschäftsführer nach § 50 vorzugehen und einen **Weisungsbeschluss** zur ordnungsmäßigen Verwertung des Anteils zu erwirken. Lehnt die Mehrheit solchen Beschluss – entgegen § 23 – ab, so darf der Beschluss, weil gesetzwidrig (§ 23), von den Geschäftsführern nicht beachtet werden[11], widrigenfalls sie sich ersatzpflichtig machen. Dasselbe gilt (erst recht), wenn die Gesellschafter die Geschäftsführer sogar dazu anweisen sollten, entgegen § 23 den Geschäftsanteil des ausgeschlossenen Gesellschafters nicht zu verwerten, um ihrer eigenen Ausfallhaftung nach § 24 zu entgehen. In den beiden genannten Fällen dürfte die Mehrheit der Gesellschafter außerdem der Gesellschaft ebenso wie der Minderheit **wegen Verletzung ihrer Treuepflicht schadensersatzpflichtig** in Höhe des Ausfalls bei dem Stammkapital und der daraus resultierenden Ausfallhaftung sein (§§ 280 Abs. 1, 276, 242, 249 BGB). In diese Ansprüche können die Gesellschafter vollstrecken (§§ 829, 835 ZPO), womit es im Ergebnis dann doch zu der Ausfallhaftung der Mehrheit entsprechend § 24 kommen dürfte[12].

---

6 Ebenso z.B. *Schütz*, in: MünchKomm. GmbHG, Rdnr. 16; *Schütz*, DStR 2015, 2556, 2557.
7 S. Rdnr. 31; OGH v. 23.4.1996 – 1 Ob 2085/96s, SZ Bd. 69 (1996 I) Nr. 96, S. 584, 586 = GesRZ 1996, 240 = RdW 1996, 582 = WiBl. 1996, 370; OLG Köln v. 23.6.1993 – 2 U 118/92, GmbHR 1995, 125 = NJW-RR 1994, 1192, 1194 = ZIP 1993, 1389; OLG Hamm v. 16.9.1992 – 8 U 203/91, GmbHR 1993, 360, 362 = DB 1993, 1765; OLG Hamm v. 26.1.2011 – I-8 U 142/10, GmbHR 2011, 588, 590; OLG Celle v. 27.7.1994 – 9 U 125/93, GmbHR 1994, 801; LG Mönchengladbach v. 23.10.1985 – 7 O 45/85, NJW-RR 1986, 837, 839 = GmbHR 1986, 312; LG Hildesheim v. 30.9.1997 – 4 O 416/96, NZG 1998, 158 = NJW-RR 1998, 248 = GmbHR 1998, 44.
8 OLG Nürnberg v. 9.4.2002 – 9 U 3811/01, NZG 2002, 578, 579; *Altmeppen*, in: Roth/Altmeppen, Rdnr. 6; *Ebbing*, in: Michalski u.a., Rdnr. 16; *Schütz*, in: MünchKomm. GmbHG, Rdnr. 21 ff.
9 *Pentz*, in: Rowedder/Schmidt-Leithoff, Rdnr. 8; *Schütz*, in: MünchKomm. GmbHG, Rdnr. 23.
10 OLG Nürnberg v. 9.4.2002 – 9 U 3811/01, NZG 2002, 578, 579; *Altmeppen*, in: Roth/Altmeppen, Rdnr. 6.
11 Ebenso im Ergebnis *Ebbing*, in: Michalski u.a., Rdnr. 18; *Schütz*, in: MünchKomm. GmbHG, Rdnr. 15.
12 Ebenso im Ergebnis *Ebbing*, in: Michalski u.a., Rdnr. 17.

3. Öffentliche Versteigerung

Die Verwertung des kaduzierten Geschäftsanteils hat nach § 23 Satz 1 grundsätzlich durch Verkauf im Wege öffentlicher Versteigerung zu erfolgen (vgl. § 68 Abs. 2 öGmbHG). Das Gesetz verweist damit auf die **§§ 383 Abs. 3 und 156 BGB**. Unanwendbar sind hingegen die §§ 814 ff. ZPO über die Versteigerung gepfändeter Sachen sowie die §§ 1233 ff. BGB über die Verwertung von Sachen, an denen ein vertragliches oder gesetzliches Pfandrecht besteht[13]. Nach § 383 Abs. 3 Satz 1 BGB muss die Versteigerung des Geschäftsanteils, und zwar im Namen der Gesellschaft, von einem für den Versteigerungsort bestellten Gerichtsvollzieher oder zu Versteigerungen befugten anderen Beamten oder öffentlich angestellten Versteigerer durchgeführt werden. Gemäß § 383 Abs. 3 Satz 2 BGB sind außerdem Zeit und Ort der Versteigerung unter allgemeiner Bezeichnung der Sache öffentlich bekannt zu machen. 8

Zur öffentlichen Versteigerung eines Geschäftsanteils befugt sind nach § 383 Abs. 3 Satz 1 BGB in erster Linie die **Gerichtsvollzieher**. Die Einzelheiten richten sich nach der Geschäftsanweisung für Gerichtsvollzieher (GVGA) in der Fassung von 2013. Zuständig sind außerdem sonstige zu Versteigerungen befugte Beamte, d.h. die **Notare** im Rahmen ihrer Tätigkeit nach § 20 Abs. 3 BNotO, sowie öffentlich angestellte Versteigerer, womit die von den Landesbehörden **gemäß § 34b Abs. 5 GewO bestellten Personen** gemeint sind[14]. Die genannten Personen werden nur auf **Antrag** der Gesellschaft tätig. Anschließend sind **Zeit und Ort** der Versteigerung unter allgemeiner Bezeichnung der Sache öffentlich bekannt zu machen (§ 383 Abs. 3 Satz 2 BGB). Besondere Vorgaben enthält das Gesetz insoweit nicht. Die **Versteigerungsbedingungen**, die Zeit und der Ort der Versteigerung sowie die Art der Bekanntmachung hat vielmehr die Gesellschaft zu bestimmen. Die Wirksamkeit der öffentlichen Versteigerung setzt nicht voraus, dass die **Bekanntmachung** gerade in den Gesellschaftsblättern, soweit vorhanden, erfolgt; nötig ist lediglich, dass die Versteigerung in (beliebigen) öffentlich Publikationsorganen bekannt gemacht wird, so dass (potentiell) jedermann Kenntnis nehmen kann[15]. Außerdem sollten entsprechend § 384 Abs. 2 BGB und § 65 Abs. 3 Satz 4 AktG der ausgeschlossene Gesellschafter, seine Vormänner sowie die Mitgesellschafter unverzüglich von der Gesellschaft gesondert von der Versteigerung benachrichtigt werden, ohne dass davon freilich die Wirksamkeit der öffentlichen Versteigerung abhinge[16]. 9

Aus dem Gesagten (Rdnr. 9) folgt bereits, dass anders als im Aktienrecht (§ 65 Abs. 3 Satz 2 AktG) ein bestimmter **Versteigerungsort** nicht vorgeschrieben ist, so dass die Gesellschaft den Anteil grundsätzlich an jedem Ort versteigern lassen kann, an dem ein angemessener Erfolg zu erwarten ist[17]. Da es sich um eine öffentliche Versteigerung handelt, muss aber sichergestellt sein, dass grundsätzlich **jedermann** einschließlich der übrigen Gesellschafter und des ausgeschlossenen Gesellschafters **mitbieten** kann[18]. Wird der Teilnehmerkreis in irgendeiner Hinsicht **begrenzt**, so handelt es sich nicht mehr um eine öffentliche Versteigerung im Sinne des § 23 Satz 1, sondern um eine andere Art des Verkaufs, die nach Satz 2 der Vorschrift nur mit Zustimmung des ausgeschlossenen Gesellschafters zulässig ist (Rdnr. 14). Lediglich die **Gesellschaft** selbst ist gemäß § 33 Abs. 1 von der Teilnahme an der Versteigerung **ausgeschlossen**, zumal ihr der kaduzierte Anteil ohnehin zusteht (s. § 21 Rdnr. 29 f.). Ein 10

---

13 *Polzius*, DGVZ 1987, 17, 20; *Schütz*, in: MünchKomm. GmbHG, Rdnr. 25.
14 Vgl. die Versteigererverordnung vom 1.6.1976, BGBl. I 1976, 1345; s. BGH v. 5.10.1989 – IX ZR 265/88, LM Nr. 1 zu § 383 BGB (Bl. 2 f.) = NJW 1990, 899, 900 = MDR 1990, 238; *Olzen*, in: Staudinger, 2016, § 383 BGB Rdnr. 10–14.
15 *Ebbing*, in: Michalski u.a., Rdnr. 25; *Pentz*, in: Rowedder/Schmidt-Leithoff, Rdnr. 12.
16 S. *Bayer*, in: Lutter/Hommelhoff, Rdnr. 4; *Ebbing*, in: Michalski u.a., Rdnr. 25.
17 *Fastrich*, in: Baumbach/Hueck, Rdnr. 4; *Ebbing*, in: Michalski u.a., Rdnr. 26.
18 BGH v. 5.10.1989 – IX ZR 265/88, LM Nr. 1 zu § 383 BGB (Bl. 2 f.) = NJW 1990, 899, 900 = MDR 1990, 238; OGH v. 25.2.1993 – 6 Ob 27/92, SZ Bd. 66 (1993 I) Nr. 24, S. 177, 120 = WiBl. 1993, 229 = RdW 1993, 243; *Altmeppen*, in: Roth/Altmeppen, Rdnr. 8; *Schütz*, in: MünchKomm. GmbHG, Rdnr. 30.

Zuschlag des Anteils an die Gesellschaft wäre nichtig, worauf sich freilich die Ausfallschuldner nur berufen können, wenn sie durch den Zuschlag an die Gesellschaft einen Schaden erlitten haben[19].

11 Die Gesellschaft kann die Versteigerungsbedingungen vorschreiben und sich deshalb z.B. auch die **Genehmigung des Zuschlags** an einen bestimmten Erwerber vorbehalten[20]. In Österreich ist dies z.T. ausdrücklich bestimmt (§ 68 Abs. 4 öGmbHG)[21]. Entgegen einer verbreiteten Meinung[22] handelt es sich daher nicht um einen Fall des § 23 Satz 2. **Verweigern** die Geschäftsführer aufgrund einer entsprechenden Weisung der Gesellschaftermehrheit *grundlos* die Genehmigung des Zuschlags des Anteils an einen Erwerber, so verstoßen die Gesellschafter damit freilich gegen ihre Treuepflicht gegenüber der Gesellschaft, gegenüber dem ausgeschlossenen Gesellschafter (§ 21 Abs. 3) sowie gegenüber den Ausfallschuldnern (§§ 21 Abs. 3 und 24), so dass sie ihnen für den daraus resultierenden Schaden **ersatzpflichtig** werden können (§§ 280 Abs. 1, 276, 242, 249 BGB)[23]. Außerdem ist § 1238 Abs. 1 BGB entsprechend anwendbar, so dass ein Zuschlag des Anteils nur gegen **sofortige Barzahlung** der rückständigen Einlage zulässig ist[24]. Gleich steht die Zahlung durch bestätigten oder garantierten Scheck oder mittels Kreditkarte, wenn die Zahlung garantiert ist[25].

12 Der **ausgeschlossene (kaduzierte) Gesellschafter** hat auf die Versteigerungsbedingungen *keinen Einfluss*, da Auftraggeber allein die Gesellschaft ist. Fehlen die Voraussetzungen für eine öffentliche Versteigerung seines früheren Geschäftsanteils oder werden dabei die genannten Förmlichkeiten (Rdnr. 8 ff.) nicht beachtet, so ist die Versteigerung unwirksam (s. Rdnr. 3). Es liegt auf der Hand, dass unter diesen Umständen, schon mit Rücksicht auf die heute bestehende Möglichkeit eines gutgläubigen Erwerbs des Anteils durch Dritte nach § 16 Abs. 3, die Rechtsstellung des kaduzierten Gesellschafters ernsthaft bedroht ist, wenn die Gesellschaft gleichwohl das Versteigerungsverfahren weiterbetreibt. Der Gesellschafter kann deshalb in solchem Fall nach § 940 ZPO im **Verfügungsverfahren** die Feststellung begehren, dass er weiter Gesellschafter ist[26]. Entgegen einer verbreiteten Meinung ist auch nicht zu erkennen, was dagegen spricht, ihm darüber hinaus das Recht zuzubilligen, durch einstweilige Verfügung nach § 935 ZPO die Fortsetzung des Versteigerungsverfahrens zu untersagen[27].

13 Mit dem Zuschlag in der Versteigerung kommt gemäß § 156 BGB ein **Kaufvertrag** über den Anteil zwischen dem Erwerber und der Gesellschaft zustande (zur Haftung s. Rdnr. 30). Die **Erfüllung** des Kaufvertrages erfolgt durch Abtretung des Geschäftsanteils seitens der Gesellschaft Zug um Zug gegen die Entgegennahme des Kaufpreises (§§ 398, 413, 433 BGB). Für den Zuschlag und die darauf beruhende Abtretung des Geschäftsanteils gelten *nicht* die **Formvorschriften** des § 15 Abs. 3 und 4[28]. Kein Raum ist auch für die Anwendung etwaiger Beschränkungen der Abtretbarkeit des Geschäftsanteils aufgrund des **§ 15 Abs. 5**; der Zweck der Kapitalaufbringung, dem § 23 dient, hat in allen diesen Beziehungen den unbedingten Vor-

---

19 RGZ 98, 276, 278 f.; *Guntau*, DGVZ 1982, 161, 165 f.
20 So *Altmeppen*, in: Roth/Altmeppen, Rdnr. 8; *Ebbing*, in: Michalski u.a., Rdnr. 32; *Pentz*, in: Rowedder/Schmidt-Leithoff, Rdnr. 6, 18; *Schütz*, in: MünchKomm. GmbHG, Rdnr. 35; str.
21 OGH v. 25.2.1993 – 6 Ob 27/92, SZ Bd. 66 (1993 I) Nr. 24, S. 117, 120 = WiBl. 1993, 229 = RdW 1993, 243.
22 Z.B. *W. Müller*, in: Ulmer/Habersack/Löbbe, Rdnr. 25.
23 *Ebbing*, in: Michalski u.a., Rdnr. 33; *Schütz*, in: MünchKomm. GmbHG, Rdnr. 35.
24 *R. Fischer*, Anm. zu BGH, LM Nr. 7 zu § 15 GmbHG; *Altmeppen*, in: Roth/Altmeppen, Rdnr. 8; *Guntau*, DGVZ 1982, 161, 166; *Polzius*, DGVZ 1987, 17, 21 f.; zum freihändigen Verkauf s. Rdnr. 17.
25 So jedenfalls *Schütz*, in: MünchKomm. GmbHG, Rdnr. 39.
26 OLG Rostock v. 15.1.1997 – 6 U 167/96, GmbHR 1997, 449; *Altmeppen*, in: Roth/Altmeppen, Rdnr. 2; *W. Müller*, in: Ulmer/Habersack/Löbbe, Rdnr. 46a; *Schütz*, in: MünchKomm. GmbHG, Rdnr. 10.
27 *Schütz*, in: MünchKomm. GmbHG, Rdnr. 10.
28 *Altmeppen*, in: Roth/Altmeppen, Rdnr. 9; wohl weitgehend unstr.

rang[29]. Anwendbar bleibt dagegen § 16, so dass der Erwerber in die **Gesellschafterliste** einzutragen ist. Die **Zahlung** des Erwerbers hat eine Doppelnatur; sie ist einerseits Erfüllung des durch den Zuschlag zustandegekommenen Kaufvertrags (§ 156 BGB), zugleich aber auch Einzahlung auf die noch offene Einlageforderung hinsichtlich des verwerteten Geschäftsanteils[30].

4. Andere Art des Verkaufs

Mit Zustimmung des ausgeschlossenen Gesellschafters (§ 21) ist gemäß § 23 Satz 2 auch eine andere Art des Verkaufs als gerade durch öffentliche Versteigerung zulässig. In Betracht kommen vor allem ein **freihändiger Verkauf** oder eine Versteigerung unter Beschränkung des Bieterkreises (s. Rdnr. 10). Auch jede sonstige wegen eines Verstoßes gegen die zwingenden Formvorschriften einer öffentlichen Versteigerung als solche **unwirksame öffentliche Versteigerung** (Rdnr. 8 ff.) kann mit nachträglicher Zustimmung (Genehmigung) des ausgeschlossenen Gesellschafters nach § 185 Abs. 2 BGB als andere Art des Verkaufs im Sinne des § 23 Satz 2 aufrechterhalten werden (Rdnr. 16). Der ausgeschlossene (kaduzierte) Gesellschafter ist jedoch grundsätzlich *nicht* zur Zustimmung nach § 23 Satz 2 **verpflichtet**; anders kann es sich nur im Einzelfall aufgrund seiner (nachwirkenden) Treuepflicht gegenüber der Gesellschaft verhalten, wenn jede andere Art der Verwertung als etwa der freihändige Verkauf des Anteils an eine bestimmte Person offenbar ausscheidet[31].   14

Die **Zustimmung** des kaduzierten Gesellschafters kann auch schon **im Voraus im Gesellschaftsvertrag** erklärt werden (Rdnr. 1). Denn durch den Gesellschaftsvertrag kann die Verwertung nur erleichtert, dagegen nicht erschwert werden (§ 25). Unzulässig ist daher ein Ausschluss oder eine Erschwerung der öffentlichen Versteigerung durch den Gesellschaftsvertrag entgegen dem Gesetz (Rdnr. 1), zulässig dagegen eine Erleichterung, so dass es möglich ist, die Modalitäten der Verwertung des kaduzierten Geschäftsanteils im Vertrag vorweg abweichend von § 23 Satz 1 zu regeln (§ 23 Satz 2). Wird solche Regelung freilich erst **nachträglich** durch **Änderung** des Vertrages eingeführt, so müssen ihr *sämtliche* Gesellschafter zustimmen (§ 23 Satz 2, § 53 Abs. 3)[32].   15

Gemäß § 185 Abs. 2 BGB kann die nach § 23 Satz 2 erforderliche Zustimmung des ausgeschlossenen Gesellschafters zu einer anderen Art des Verkaufs auch noch **nachträglich**, d.h. nach der Verwertung des Geschäftsanteils erklärt werden. Darauf beruht insbesondere die Möglichkeit der Heilung etwaiger Verfahrensmängel durch spätere **Genehmigung** des Verkaufs seitens des ausgeschlossenen Gesellschafters (s. schon Rdnr. 14, Rdnr. 29)[33].   16

Ein **freihändiger Verkauf** des kaduzierten Anteils nach § 23 Satz 2 ist ein normales Veräußerungsgeschäft. Nach h.M. ist deshalb hier auch Raum für die Anwendung der **Formvorschriften** des § 15 Abs. 3 und 4, obwohl sie mit Rücksicht auf den Zweck der Regelung offenkundig nur schlecht passen[34]. Ebenso zweifelhaft ist im vorliegenden Zusammenhang die Anwendbarkeit der Vorschrift des § 15 Abs. 5, nach der die Abtretung von Geschäftsanteilen an **weitere Voraussetzungen** geknüpft, insbesondere von der Genehmigung der Gesellschaft abhängig gemacht werden kann. Man muss hier unterscheiden: Soweit der Gesellschaftsvertrag eine **Genehmigung der Gesellschaft** vorschreibt, ist offenkundig kein Raum für die   17

---

29 *Altmeppen*, in: Roth/Altmeppen, Rdnr. 9; *Fastrich*, in: Baumbach/Hueck, Rdnr. 4; *Ebbing*, in: Michalski u.a., Rdnr. 30–35; *Schütz*, in: MünchKomm. GmbHG, Rdnr. 41.
30 *Koppensteiner*, öGmbHG, § 68 Rdnr. 6; s. auch Rdnr. 18, 19.
31 *Ebbing*, in: Michalski u.a., Rdnr. 42; *Schütz*, in: MünchKomm. GmbHG, Rdnr. 50.
32 *Altmeppen*, in: Roth/Altmeppen, Rdnr. 10; *Schütz*, in: MünchKomm. GmbHG, Rdnr. 7, 51; *W. Müller*, in: Ulmer/Habersack/Löbbe, Rdnr. 4.
33 *Ebbing*, in: Michalski u.a., Rdnr. 42; *Pentz*, in: Rowedder/Schmidt-Leithoff, Rdnr. 22; *Schütz*, in: MünchKomm. GmbHG, Rdnr. 48.
34 Anders deshalb *Altmeppen*, in: Roth/Altmeppen, Rdnr. 11.

Anwendung des § 15 Abs. 5, wenn die Gesellschaft selbst den kaduzierten Anteil nach § 23 Satz 2 veräußert[35]. Eine abweichende Beurteilung ist höchstens zum Schutz der Gesellschafter zu erwägen, wenn die Zustimmung zu der Veräußerung ein **Individualrecht** eines einzelnen Gesellschafters ist[36]. Aber auch insoweit sollte man dem Grundsatz der Kapitalaufbringung den Vorrang einräumen[37].

18 Die Verpflichtung zur Zahlung des Kaufpreises steht der Bareinlagepflicht gleich, so dass § 19 entsprechend anwendbar ist. Daher scheidet eine **Stundung** des Kaufpreises durch die Gesellschaft – entgegen der Rechtsprechung[38] – richtiger Meinung nach aus[39].

III. Rechtsfolgen

1. Übergang des Anteils

19 Die Verwertung des Geschäftsanteils erfolgt nach § 23 durch **Verkauf** des Anteils, entweder im Wege der öffentlichen Versteigerung oder auf eine andere Art, und zwar durch die Gesellschaft (§§ 433 Abs. 1, 383 Abs. 3 und 156 BGB). Mit der **Zahlung des Kaufpreises** (§ 433 Abs. 2 BGB) tilgt daher der Erwerber zugleich die *rückständige* Bareinlagepflicht, die letztlich zur Kaduzierung und damit Veräußerung des Geschäftsanteils geführt hat (Rdnr. 13). Der Übergang des Geschäftsanteils erfolgt anschließend durch **Abtretung** seitens der Gesellschaft, in aller Regel im Augenblick der Zahlung des Erwerbers (§§ 398, 413 BGB; s. dazu Rdnr. 13, 17). Andere Abreden der Beteiligten, insbesondere eine spätere Abtretung des Geschäftsanteils, sind aber möglich (§ 311 Abs. 1 BGB), soweit dem nicht im Einzelfall § 19 Abs. 2 entgegensteht.

2. Stellung als Gesellschafter

20 Von dem Augenblick der Abtretung an ist der Erwerber in jeder Hinsicht **Gesellschafter**, so dass er auch zwischenzeitliche Änderungen des Gesellschaftsvertrages gegen sich gelten lassen muss. Er erwirbt den Anteil in demjenigen Zustand, in dem er sich im Augenblick der Verwertung befindet, und damit namentlich **frei von Rechten Dritter**, da diese nach h.M. bereits mit der Kaduzierung erloschen sind und sich auch nicht an einem etwaigen Übererlös fortsetzen[40]. Sind in der Zwischenzeit zwischen der Kaduzierung und der Verwertung des Anteils an diesem **neue Rechte Dritter** begründet worden, so dürfte § 1242 Abs. 2 Satz 1 BGB entsprechende Anwendung finden, so dass diese gleichfalls erlöschen[41]. Umstritten ist, in welcher Höhe der Gewinnanspruch dem Erwerber zusteht, entweder zeitanteilig (pro rata temporis) von der Kaduzierung oder von dem Erwerb ab[42], oder nur, wenn der Gewinnver-

---

35 *Altmeppen*, in: Roth/Altmeppen, Rdnr. 12; *Fastrich*, in: Baumbach/Hueck, Rdnr. 5; *Feine*, in: Ehrenbergs Hdb. III/3, S. 312; *Ebbing*, in: Michalski u.a., Rdnr. 48; *Schütz*, in: MünchKomm. GmbHG, Rdnr. 53; – anders offenbar *M. Ehlke*, DB 1995, 561, 564; *Pentz*, in: Rowedder/Schmidt-Leithoff, Rdnr. 23; *W. Müller*, in: Ulmer/Habersack/Löbbe, Rdnr. 29.

36 S. *M. Ehlke*, DB 1995, 561, 564.

37 Ebenso *Schütz*, in: MünchKomm. GmbHG, Rdnr. 53.

38 BGH v. 13.7.1964 – II ZR 110/62, BGHZ 42, 89, 93 = NJW 1964, 1954; *Fischer*, Anm. LM Nr. 7 zu § 15 GmbHG.

39 *Pentz*, in: Rowedder/Schmidt-Leithoff, Rdnr. 24; *Ebbing*, in: Michalski u.a., Rdnr. 46; *Schütz*, in: MünchKomm. GmbHG, Rdnr. 39.

40 S. § 21 Rdnr. 28; anders *Melber*, Kaduzierung, S. 178 ff., 224 f.

41 *Altmeppen*, in: Roth/Altmeppen, Rdnr. 14; *W. Müller*, in: Ulmer/Habersack/Löbbe, Rdnr. 36; *Ebbing*, in: Michalski u.a., Rdnr. 51; *Schütz*, in: MünchKomm. GmbHG, Rdnr. 59.

42 *Ebbing*, in: Michalski u.a., Rdnr. 54; *Schütz*, in: MünchKomm. GmbHG, Rdnr. 58.

wendungsbeschluss *nach* seinem Anteilserwerb gefasst wird (§ 29)[43]. Eine gesetzliche Regelung fehlt; deshalb kann es nur auf den Augenblick des Gewinnverwendungsbeschlusses ankommen, mit dem der Anspruch auf den Gewinn überhaupt erst fällig wird (§ 29).

3. Haftung

Der Kaufpreis tritt für den Erwerber an die Stelle der Bareinlagepflicht der Gesellschafter auf Grund des Gesellschaftsvertrages (Rdnr. 13, 18). Folglich kann der Erwerber nach § 21 **kaduziert** werden, wenn er mit der Zahlung des Kaufpreises **in Verzug** gerät, wozu es freilich in aller Regel nur bei einer freihändigen Veräußerung nach § 23 Satz 2 kommen dürfte, weil auf die öffentliche Versteigerung (§ 23 Satz 1) § 1238 Abs. 1 BGB entsprechend angewandt wird (s. Rdnr. 11). Schreitet die Gesellschaft zur **Kaduzierung** des Erwerbers, so ist fraglich, ob § 22 (Haftung der Rechtsvorgänger) erneut anwendbar ist. Früher wurde dies (ebenso wohl im Falle des § 22 Abs. 4; s. § 22 Rdnr. 23) überwiegend verneint, weil weder die Gesellschaft noch der ausgeschlossene Gesellschafter als Rechtsvorgänger des Erwerbers im Sinne des § 22 angesehen werden könnten und weil die Haftung der anderen Rechtsvorgänger mit der Verwertung des Anteils nach § 23 bereits (endgültig) erloschen sei[44]. Gegen die Richtigkeit dieser Meinung spricht indessen, dass der Erwerber den Geschäftsanteil unbestreitbar von der Gesellschaft als seiner Rechtsvorgängerin durch Kauf (s. Rdnr. 19) erwirbt, so dass sich mittlerweile die gegenteilige Auffassung, d.h. die **Haftung** der Rechtsvorgänger **nach** § 22, weitgehend durchgesetzt hat[45].   21

Die Gesellschaft kann folglich erneut nach § 22 vorgehen[46] und erst bei Erfolglosigkeit des Rückgriffs gegen die Rechtsvorgänger den Anteil des Erwerbers nochmals **nach § 23 verwerten**. Gelingt ihr dies nicht oder nur partiell, so tritt neben die **Ausfallhaftung** des ursprünglich kaduzierten Gesellschafters, des so genannten Erstkaduzierten (§ 21 Abs. 3), die Ausfallhaftung des Erwerbers, ebenfalls nach § 21 Abs. 3. Im Gesetz nicht geregelt ist die Frage, in welchem Verhältnis die Ausfallhaftung der beiden Genannten zueinander steht. Im Interesse der Kapitalaufbringung dürfte hier am meisten dafür sprechen, beide als **Gesamtschuldner** anzusehen[47]. Davon zu trennen ist die Frage nach der Haftung der Beteiligten, wenn die Gesellschaft bei der Verwertung des Anteils nach § 23 nur einen Mindererlös erzielt, der Erwerber diesen aber in voller Höhe bezahlt (s. dazu Rdnr. 24).   22

Für *nach* der Verwertung des Gesellschaftsanteils aufgrund des § 23 **eingeforderte Beträge** auf die Bareinlagepflicht der Gesellschaft haftet der **Erwerber** wie jeder andere Gesellschafter unmittelbar mit seinem gesamten Vermögen, so dass er im Falle einer verzögerten Zahlung **nach § 21 kaduziert** werden kann. Hinsichtlich der Haftung der Rechtsvorgänger gilt in diesem Fall das bereits Gesagte (Rdnr. 21). Nach § 21 Abs. 3 greift bei Erfolglosigkeit des Verwertungsversuchs erneut die Ausfallhaftung des erstkaduzierten Gesellschafters ein, so dass dessen Ausfallhaftung (erneut) gleichrangig (str.) neben die des jetzt kaduzierten Erwerbers tritt (s. Rdnr. 22 sowie § 21 Rdnr. 35). Hilfsweise kommt es zur Ausfallhaftung der übrigen Gesellschafter nach § 24.   23

---

43 *Pentz*, in: Rowedder/Schmidt-Leithoff, Rdnr. 29.
44 BGH v. 13.7.1964 – II ZR 110/62, BGHZ 42, 89, 92 = NJW 1964, 1954; BayObLGZ 1914, 730, 735; s. 11. Aufl., Rdnr. 20.
45 S. schon § 33 Rdnr. 23 sowie insbesondere *Altmeppen*, in: Roth/Altmeppen, Rdnr. 13, 17; *W. Müller*, in: Ulmer/Habersack/Löbbe, Rdnr. 36.
46 Anders 11. Aufl., Rdnr. 21.
47 S. im Einzelnen § 21 Rdnr. 35; anders *Altmeppen*, in: Roth/Altmeppen, Rdnr. 18.

4. Mindererlös

24 Der Erlös aus der Verwertung des Geschäftsanteils gebührt nach Abzug der Kosten der Verwertung der Gesellschaft. Deckt er die rückständige Bareinlagepflicht des kaduzierten Gesellschafters, so hat das Kaduzierungsverfahren seinen Zweck erfüllt, weil das Stammkapital, soweit eingefordert, damit aufgebracht ist. Andernfalls spricht man von einem Mindererlös, der zur Folge hat, dass es **in Höhe der Differenz** zwischen dem Erlös aus der Verwertung des Geschäftsanteils (§ 23) und der rückständigen Bareinlagepflicht des kaduzierten Gesellschafters zur **Ausfallhaftung** (in erster Linie) des letzteren gemäß § 21 Abs. 3 und (in zweiter Linie) der übrigen Gesellschafter nach § 24 kommt. Dagegen trifft den **Erwerber keine zusätzliche Haftung**, auch nicht nach § 24, weil er mit Zahlung des Kaufpreises für den Geschäftsanteil auf Grund der Verwertung nach § 23 seiner Bareinlagepflicht für die bis zum Augenblick der Verwertung eingeforderten Beträge auf das Stammkapital in voller Höhe nachgekommen ist (Rdnr. 13, 19)[48].

5. Mehrerlös

25 Von einem Mehrerlös spricht man, wenn der bei der Verwertung des Geschäftsanteils nach § 23 erzielte Kaufpreis die rückständige Bareinlagepflicht des kaduzierten Gesellschafters sowie die Kosten der Verwertung übersteigt. Eine gesetzliche Regelung der Mehrerlösproblematik findet sich lediglich in **Österreich**. Danach ist der Überschuss zunächst auf den noch offenen Teil der Stammeinlage (des kaduzierten Gesellschafters) in Anrechnung zu bringen, so dass sich seine Haftung um diesen Betrag verringert (§ 68 Abs. 5 Satz 1 und 2 öGmbHG), während der weitergehende Überschuss dem ausgeschlossenen Gesellschafter zufließt (§ 68 Abs. 5 Satz 3 öGmbHG)[49].

26 Eine vergleichbare Lösung der Mehrerlösproblematik wird zum Teil auch für Deutschland befürwortet[50]. Nach überwiegender Meinung **gebührt** dagegen der Mehrerlös *nicht* dem ausgeschlossenen (kaduzierten) Gesellschafter, sondern der **Gesellschaft**, so dass er entsprechend § 272 Abs. 2 Nr. 1 HGB der Kapitalrücklage zuzuführen ist und auch *nicht* der Körperschaftsteuer unterliegt[51]. Daraus wird häufig der weitere Schluss gezogen, dass der Mehrerlös weder den übrigen Gesellschaftern noch dem Erwerber hinsichtlich **später eingeforderter Beträge** auf den Geschäftsanteil zugute komme[52]. Dasselbe wird sogar hinsichtlich der **Ausfallhaftung** des ausgeschlossenen Gesellschafters nach § 21 Abs. 3 für **später eingeforderte Beträge** auf den Geschäftsanteil angenommen[53]. Zumindest die zuletzt genannte Meinung ist indessen nicht haltbar (§ 242 BGB); vielmehr ist insoweit auch für Deutschland eine dem (in jeder Hinsicht sachgerechten) **§ 68 Abs. 5 öGmbHG** entsprechende Lösung anzustreben, so dass der Mehrerlös die Ausfallhaftung des ausgeschlossenen Gesellschafters nach § 21 Abs. 3 mindert[54].

---

48 RG, JW 1937, 2284, 2285; *Altmeppen*, in: Roth/Altmeppen, Rdnr. 15; *Bayer*, in: Lutter/Hommelhoff, Rdnr. 8; *Schütz*, in: MünchKomm. GmbHG, Rdnr. 62.

49 S. *Koppensteiner*, öGmbHG, § 68 Rdnr. 6; *Reich-Rohrwig*, GmbH-Recht, S. 600.

50 *Melber*, Kaduzierung, S. 181 ff., 224 f.

51 OLG Naumburg, GmbHR 1915, 295; *Ebbing*, in: Michalski u.a., Rdnr. 60; *Bayer*, in: Lutter/Hommelhoff, Rdnr. 8; *Pentz*, in: Rowedder/Schmidt-Leithoff, Rdnr. 32, 43 f.; *Schütz*, in: MünchKomm. GmbHG, Rdnr. 68 f., 94.

52 Anders nur *Melber*, Kaduzierung, S. 184 f.

53 *Feine*, in: Ehrenbergs Hdb. III/3, S. 313; *Fastrich*, in: Baumbach/Hueck, Rdnr. 8; *Pentz*, in: Rowedder/Schmidt-Leithoff, Rdnr. 32; *Bayer*, in: Lutter/Hommelhoff, Rdnr. 8.

54 Ebenso *Altmeppen*, in: Roth/Altmeppen, Rdnr. 16; *Melber*, Kaduzierung, S. 224 f.; *Ebbing*, in: Michalski u.a., Rdnr. 61, 63.

IV. Mängel des Erwerbs

1. Fehlen der Voraussetzungen

Bei der Verwertung des Geschäftsanteils durch die Gesellschaft auf der Grundlage des § 23 können Fehler (Mängel) unterlaufen, deren Rechtsfolgen gesonderter Betrachtung bedürfen. Im Einzelnen hat man danach zu unterscheiden, ob es schon an den **Voraussetzungen** für eine Verwertung des Anteils nach § 23 fehlt oder ob bei der Verwertung selbst, insbesondere also bei der öffentlichen Versteigerung des Anteils, wesentliche **Verfahrensvorschriften** nicht beachtet wurden (zu den Verfahrensfehlern s. Rdnr. 29). Die wichtigsten **Voraussetzungen** einer Verwertung des Geschäftsanteils durch die Gesellschaft auf Grund des § 23 sind, dass der Geschäftsanteil wirksam begründet wurde *und* dass die §§ 21 bis 23 beachtet wurden, dass insbesondere die Kaduzierung unter genauer Beachtung des § 21 durchgeführt wurde. **Beispiele** für derartige Mängel sind das völlige Fehlen eines Geschäftsanteils, weil dieser (ausnahmsweise) wegen schwerer Mängel nichtig ist (s. § 2 Rdnr. 93 ff.), die mangelhafte Kaduzierung des Geschäftsanteils unter Verletzung der Voraussetzungen des § 21 (s. § 21 Rdnr. 32) sowie das Fehlen eines wirksamen Staffel- oder Stufenregresses gegen die Rechtsvorgänger des ausgeschlossenen Gesellschafters nach § 22, da hiervon schon nach dem Wortlaut des § 23 Satz 1 das Verwertungsrecht der Gesellschaft abhängt.

27

Bei den **Rechtsfolgen** muss man unterscheiden: Ist der Geschäftsanteil überhaupt **nicht entstanden**, so scheidet auch ein gutgläubiger Erwerb nach § 16 Abs. 3 aus, weil diese Vorschrift nur den guten Glauben an die Verfügungsbefugnis des Veräußerers, hier der Gesellschaft, schützt, nicht aber den guten Glauben an den Bestand eines gar nicht existierenden Geschäftsanteils[55]. Anders verhält es sich dagegen heute (abweichend von der früheren Rechtslage), wenn das **Kaduzierungsverfahren** an einem Mangel litt oder bei dem Staffelregress § 22 verletzt wurde. In solchen Fällen kommt nunmehr unter den engen Voraussetzungen des § 16 Abs. 3 ein **gutgläubiger Erwerb** aufgrund der Verwertung des Anteils nach § 23 in Betracht. Zu beachten bleibt, dass die meisten **Mängel** nachträglich **geheilt** werden können; außerdem wird Verstößen gegen § 22 häufig dann noch jede Relevanz abgesprochen, wenn der bei der Zwangsverwertung erzielte **Erlös** die gesamte rückständige Geldeinlage deckt[56]. Diese Auffassung ist indessen nur schwer mit dem (vorrangigen) Erwerbsrecht der Vormänner nach § 22 Abs. 4 zu vereinbaren[57].

28

2. Verfahrensfehler

Ein Erwerb im Wege der Zwangsverwertung nach § 23 scheitert ferner, wenn bei der öffentlichen Versteigerung die wesentlichen **Erfordernisse einer öffentlichen Versteigerung** nicht beachtet wurden[58] **oder** wenn die Gesellschaft zu einer anderen Art der Verwertung **ohne** die erforderliche vorherige **Zustimmung** des ausgeschlossenen Gesellschafters schreitet; jedoch

29

---

55 OLG Rostock v. 15.1.1997 – 6 U 167/96, GmbHR 1997, 449; OLG Dresden v. 17.7.1996 – 12 U 202/96, GmbHR 1997, 946, 949; OLG München, OLGE 22, 15; OGH v. 25.2.1993 – 6 Ob 27/92, SZ Bd. 66 (1993 I) Nr. 24, S. 117, 121 = WiBl. 1993, 229 = RdW 1993, 243; OLG Wien v. 15.9.1993 – 6 R 52/93, NZ 1994, 40 = HS 24.202; *Polzius*, DGVZ 1987, 17, 21; *Schütz*, in: MünchKomm. GmbHG, Rdnr. 82.

56 OLG Hamm v. 12.10.1987 – 8 U 232/86, GmbHR 1988, 266 = DB 1988, 1311; *W. Müller*, in: Ulmer/Habersack/Löbbe, Rdnr. 40–44.

57 *Ebbing*, in: Michalski u.a., Rdnr. 85 f.; *Pentz*, in: Rowedder/Schmidt-Leithoff, Rdnr. 39; *Schütz*, in: MünchKomm. GmbHG, Rdnr. 87.

58 *Ebbing*, in: Michalski u.a., Rdnr. 84 ff.; *Pentz*, in: Rowedder/Schmidt-Leithoff, Rdnr. 41; *Schütz*, in: MünchKomm. GmbHG, Rdnr. 90; anders *Bayer*, in: Lutter/Hommelhoff, Rdnr. 11 entsprechend § 1243 BGB.

können diese Mängel nach § 23 Satz 2 durch dessen nachträgliche Zustimmung **geheilt** werden (Rdnr. 16 f.).

3. Haftung

30 Scheitert in den genannten Fällen (Rdnr. 27 f.) endgültig die Verwertung des Geschäftsanteils nach § 23, so ist hinsichtlich der Haftung der Gesellschaft gegenüber dem **Erwerber** zu beachten, dass durch den Zuschlag in der öffentlichen Versteigerung oder durch die sonstige Verwertung des Anteils zwischen der Gesellschaft und dem Erwerber nach § 156 BGB ein **Kaufvertrag** über den Geschäftsanteil zu Stande kommt (§ 433 BGB; s. Rdnr. 13 f.). Die Haftung der Gesellschaft richtet sich folglich nach **§ 311a Abs. 2 BGB**, da es sich wohl durchweg um Fälle anfänglicher Unmöglichkeit handeln wird (§ 275 Abs. 1 BGB). Die Folge ist, dass der Erwerber grundsätzlich nach seiner Wahl Schadensersatz statt der Leistung oder Aufwendungsersatz verlangen kann (§§ 311a Abs. 2 Satz 1, 283, 284 BGB). Statt dessen kann er auch nach § 326 Abs. 5 BGB zurücktreten.

V. Unverkäuflichkeit des Anteils

31 Die Gesellschaft ist grundsätzlich verpflichtet, eine Verwertung des Anteils nach § 23 zu versuchen, um das Stammkapital aufzubringen (Rdnr. 5 ff.). Sie darf hiervon nur absehen, wenn die **Aussichtslosigkeit** eines Verwertungsversuches von vornherein feststeht, wie es sich insbesondere häufig, aber nicht notwendig in der Insolvenz der Gesellschaft verhalten wird (s. Rdnr. 5). Ebenso zu beurteilen ist die Rechtslage, wenn wiederholte ernsthafte **Verwertungsversuche** der Gesellschaft gescheitert sind. Die Gesellschaft muss dann nicht immer wieder einen Verwertungsversuch unternehmen; vielmehr gilt der Anteil fortan als unverkäuflich.

32 Die **Rechtsfolge** ist in allen genannten Fällen der Unverkäuflichkeit des Anteils dieselbe: Abweichend von dem hier nicht passenden § 33 Abs. 1 Satz 1 fällt der Anteil jetzt endgültig der **Gesellschaft** zu[59]. Die Gesellschaft wird dadurch aber nicht etwa zur Schuldnerin einer immer noch offenen oder zukünftig fällig werdenden Einlagenforderung. Ebenso wenig tritt Konfusion ein[60]; vielmehr bleibt es insoweit bei der Haftung der **Vormänner** nach § 22[61]. Versagt auch sie, kommt es anschließend zur **Ausfallhaftung** zunächst des kaduzierten Gesellschafters nach § 21 Abs. 3 und sodann der übrigen Gesellschafter nach § 24. Wird später die Verwertbarkeit des Anteils wiederhergestellt, z.B. durch eine erfolgreiche Sanierung der Gesellschaft, so lebt auch die **Verwertungspflicht** der Gesellschaft wieder auf[62].

---

59 RGZ 86, 419, 421; OLG Köln, OLGE 13, 25; KG, OLGE 32, 141; *Altmeppen*, in: Roth/Altmeppen, Rdnr. 20.
60 *Altmeppen*, in: Roth/Altmeppen, Rdnr. 20.
61 *Altmeppen*, in: Roth/Altmeppen, Rdnr. 19.
62 *Schütz*, in: MünchKomm. GmbHG, Rdnr. 79.

§ 24
Aufbringung von Fehlbeträgen

Soweit eine Stammeinlage weder von den Zahlungspflichtigen eingezogen, noch durch Verkauf des Geschäftsanteils gedeckt werden kann, haben die übrigen Gesellschafter den Fehlbetrag nach Verhältnis ihrer Geschäftsanteile aufzubringen. Beiträge, welche von einzelnen Gesellschaftern nicht zu erlangen sind, werden nach dem bezeichneten Verhältnis auf die übrigen verteilt.

Text seit 1892 unverändert.

I. Überblick

§ 24 ordnet eine Haftung der Gesellschafter für Rückstände bei den Geldeinlagen einzelner Gesellschafter an, die auf dem in den §§ 21 bis 23 bezeichneten Weg nicht beigetrieben werden können. Diese sog. **Ausfallhaftung der Gesellschafter** bildet mithin die letzte Stufe des Kaduzierungsverfahrens nach den §§ 21 bis 31. **Zweck** der Regelung ist die Sicherstellung der Kapitalaufbringung[1]. § 24 soll zugleich einen wirksamen Ausgleich für die im Verhältnis zum Aktienrecht wesentlich vereinfachte Gründung einer GmbH schaffen[2]. Folgerichtig enthält das AktG keine dem § 24 entsprechende Regelung. Die vergleichbare **österreichische Regelung** findet sich in § 70 Abs. 1 und 2 öGmbHG.   1

§ 24 ist **zwingend** (§ 25), so dass er weder durch den Gesellschaftsvertrag noch durch einen Vertrag mit der Gesellschaft oder mit Dritten eingeschränkt oder ausgeschlossen, wohl aber **verschärft** werden kann[3]. Daher steht es der Ausfallhaftung der Gesellschafter auch nicht entgegen, wenn sie **zusätzlich** die **persönliche Haftung** für Verbindlichkeiten der Gesellschaft übernehmen; der Zweck der Sicherstellung der Kapitalaufbringung hat den unbedingten Vorrang[4].   2

Die Regelung des § 24 kann – bei Zahlungsunfähigkeit der übrigen Gesellschafter und Anmeldung der Gesellschaft unter Verstoß gegen § 7 Abs. 2 Satz 1 und Abs. 3 – dazu führen, dass im   2a

---

1 RGZ 82, 116, 122 f.; RGZ 92, 365, 367; RGZ 123, 8, 10; RGZ 132, 392, 397 f.; RG, JW 1937, 2284, 2286; BGH v. 14.12.1959 – II ZR 187/57, BGHZ 31, 258, 265 = NJW 1960, 285; BGH v. 19.5.2015 – II ZR 291/14, NJW 2015, 2731 Rdnr. 16 = GmbHR 2015, 935 = NZG 2015, 1002; OGH v. 30.4.1996 – 4 Ob 2083/96, SZ Bd. 69 (1996 I) Nr. 96, S. 584, 585 = GesRZ 1996, 240 = RdW 1996, 582; LG Mönchengladbach v. 23.10.1985 – 7 O 45/85, GmbHR 1986, 312 = NJW-RR 1986, 837, 838 = ZIP 1986, 306.
2 OGH v. 30.4.1996 – 4 Ob 2083/96, SZ Bd. 69 (1996 I) Nr. 96, S. 584, 585 = GesRZ 1996, 240 = RdW 1996, 582; *Gaiser*, GmbHR 1999, 210, 212 ff.; *Karsten Schmidt*, in: FS Th. Raiser, 2005, S. 311, 322 f. mit Nachw.
3 S. § 25 Rdnr. 1 f.; RGZ 92, 365, 366; RG, JW 1937, 2284, 2286; *Schütz*, in: MünchKomm. GmbHG, Rdnr. 11.
4 OGH SZ Bd. 24 (1951) Nr. 22, S. 62 f.

Ergebnis **ein einziger Gesellschafter** das **gesamte Stammkapital aufbringen** muss[5]. Erschwerend kommt hinzu, dass sich § 24 auch auf die **Vorbelastungs-** oder **Unterbilanzhaftung** der Gesellschafter der Vorgesellschaft (s. Rdnr. 2c, Rdnr. 3) sowie auf die **Differenzhaftung** der Gesellschafter nach § 9 Abs. 1 im Falle der Überbewertung einer Sacheinlage erstreckt (Rdnr. 3; letzteres str.), so dass die Ausfallhaftung eines oder mehrerer Gesellschafter im Einzelfall sogar noch **über die Stammkapitalziffer hinausgehen** kann. Paradigma ist die *Einbringung eines überschuldeten Unternehmens* als Sacheinlage, die nach herrschender Meinung eine Differenzhaftung der Gesellschafter in Höhe dieses negativen Wertes, also über die Stammkapitalziffer hinaus, auslösen kann[6]. Entsprechend weit geht dann die Ausfallhaftung der übrigen Gesellschafter. Sie wird noch weiter verstärkt durch die von der herrschenden Meinung angenommene uneingeschränkte Geltung des § 24 bei **Kapitalerhöhungen** (Rdnr. 16 f.) sowie durch die Parallelregelung des § 31 Abs. 3 im Falle der Rückzahlung des Stammkapitals. Die sich aus diesen Regelungen ergebenden Risiken sind den meisten Gesellschaftern einer GmbH *unbekannt* und sollten deshalb den **Notaren** bei Beurkundung des Gesellschaftsvertrags (§ 2 Abs. 1 Satz 1) Anlass geben, alle Beteiligten umfassend hierüber zu unterrichten (§ 17 Abs. 1 Satz 1 BeurkG)[7].

2b   Die geschilderten, nahezu unkalkulierbaren Risiken der Beteiligung an einer GmbH (Rdnr. 2a) haben im Schrifttum zu Überlegungen zur sachgerechten **Begrenzung dieser Risiken** unter Einschränkung des offenbar zu weit geratenen Wortlauts des § 24 geführt[8]. Erwogen werden vor allem – ebenso wie heute bei § 31 Abs. 3 – eine Beschränkung der Ausfallhaftung der übrigen Gesellschafter auf die *Stammkapitalziffer* (s. § 31 Rdnr. 61) sowie eine entsprechende Anwendung des § 39 Abs. 5 InsO durch Beschränkung der Ausfallhaftung zumindest für Kleingesellschafter mit einer Beteiligung von max. 10 % (s. auch für den Fall der Kapitalerhöhung Rdnr. 17). Keiner dieser Vorschläge, deren Vereinbarkeit mit dem Wortlaut des Gesetzes ohnehin zweifelhaft ist[9], hat indessen bisher im Rahmen des § 24 die Billigung der Rechtsprechung gefunden[10].

2c   Der Anwendungsbereich des § 24 wird auf der anderen Seite zum Teil noch über den Wortlaut des Gesetzes hinaus auf die **Vorgesellschaft** erstreckt[11]. Tatsächlich ist indessen in diesem Stadium für das Kaduzierungsverfahren nach den §§ 21 bis 23 (als Voraussetzung der Ausfallhaftung nach § 24) noch gar kein Raum[12], so dass bei Lichte besehen wohl auch kein Raum für eine Anwendung des § 24 auf die Vorgesellschaft ist[13]. Daraus folgt zugleich, dass die Ausfallhaftung der Gesellschafter für die **Unterbilanzhaftung** aus der Zeit der Vorgesellschaft, wie immer man im Übrigen § 24 auslegen mag, **summenmäßig nicht begrenzt** ist[14].

---

5   Ein Beispiel in OLG Hamm v. 26.1.2011 – I-8 U 142/10, GmbHR 2011, 588, 590; s. eindringlich zu den Haftungsrisiken *Altmeppen*, in: Roth/Altmeppen, Rdnr. 19; *W. Bayer*, in: FS Röhricht, 2005, S. 25, 31 ff.; *Gätsch*, BB 1999, 701; *Grunewald*, in: FS Lutter, 2000, S. 413, 416 ff.; *Podewils*, GmbHR 2015, 937, 938; *Robrecht*, GmbHR 1995, 809; *Karsten Schmidt*, in: FS Raiser, 2005, S. 311; *Schütz*, in: MünchKomm. GmbHG, Rdnr. 2; *Schütz*, DStR 2015, 2556.
6   Dagegen *Grunewald*, in: FS Lutter, 2000, S. 415 f.; *Karsten Schmidt*, in: FS Raiser, 2005, S. 318 ff.
7   *Schütz*, in: MünchKomm. GmbHG, Rdnr. 2 f.; *Schütz*, DStR 2015, 2556.
8   Insbes. *Bayer/Scholz*, GmbHR 2016, 89, 95 f.; *Karsten Schmidt*, BB 1985, 154 f.; *Karsten Schmidt*, BB 1995, 529, 532; *Karsten Schmidt*, in: FS Raiser, 2005, S. 311, 318, 326 ff. mit Nachw.; dagegen *Gätsch*, BB 1999, 701, 703 f.
9   Verneinend deshalb auch *Bayer*, in: FS Röhricht, 2005, S. 25, 31 ff.; *Ebbing*, in: Michalski u.a., Rdnr. 60–63; *Pentz*, in: Rowedder/Schmidt-Leithoff, Rdnr. 23 f.
10   Z.B. OLG Hamm v. 26.1.2011 – I-8 U 142/10, GmbHR 2011, 588, 590; *Altmeppen*, in: Roth/Altmeppen, Rdnr. 18.
11   So KG v. 7.1.1993 – 22 U 7180/91, GmbHR 1993, 647, 649; *Habersack*, in: Ulmer/Habersack/Löbbe, § 11 Rdnr. 82.
12   *Pentz*, in: Rowedder/Schmidt-Leithoff, Rdnr. 2.
13   *Altmeppen*, in: Roth/Altmeppen, Rdnr. 3.
14   *Karsten Schmidt*, in: FS Raiser, 2005, S. 311, 335 ff.

§ 24 führt zusammen mit § 31 Abs. 3 dazu, dass der Beitritt zu einer GmbH letztlich auf eine Übernahme fremder Verbindlichkeiten, nämlich der der anderen Gesellschafter auf Grund des Gesellschaftsvertrages hinausläuft. Die Folge ist, dass der Beitritt **Minderjähriger** zu einer GmbH grundsätzlich der Genehmigung des Familiengerichts nach **§ 1822 Nr. 10 BGB** bedarf (str.; s. im Einzelnen § 2 Rdnr. 48 ff.).

Die Ausfallhaftung greift nach § 24 Satz 1 ein, soweit die Stammeinlage eines Gesellschafters „weder von den Zahlungspflichtigen eingezogen noch durch Verkauf des Geschäftsanteils gedeckt werden kann". Das Gesetz nimmt mit dieser Formulierung Bezug auf die §§ 21 bis 23. Daraus folgt, dass sich die Ausfallhaftung der übrigen Gesellschafter **auf** denjenigen **Bar- oder Geldeinlagebetrag bezieht, der nicht nach den §§ 21 bis 23** von dem eigentlich zahlungspflichtigen und deshalb kaduzierten Gesellschafter (§ 21), von dessen Rechtsvorgängern (§ 22) *oder* durch Verwertung des Anteils nach § 23 **beigetrieben** werden kann.

Gleich stehen ebenso wie bei den §§ 21 bis 23 der **Geldeinlageteil** bei einer gemischten Sacheinlage, die **Differenzhaftung** der Gesellschafter nach § 9 (s. schon Rdnr. 2a), die Unterbilanz- oder **Vorbelastungshaftung** bei einer Geschäftsaufnahme vor Eintragung der Gesellschaft (Rdnr. 2c) sowie noch solche Geldeinlagen, die infolge der **Verwandlung** einer **Sacheinlage** in eine Geldeinlage, etwa infolge von Leistungsstörungen, geschuldet werden[15]. Ebenso wie in den Fällen der §§ 22 und 23 umfasst die Ausfallhaftung der anderen Gesellschafter außerdem **später**, d.h. nach der Kaduzierung **eingeforderte Beträge** auf die Geldeinlagepflicht des kaduzierten Gesellschafters[16] sowie Einlageverpflichtungen aus einer **Kapitalerhöhung** (Rdnr. 16 f.). *Kein* Raum für die Ausfallhaftung der Gesellschafter ist dagegen bei einem Agio, bei **Zinsen**, bei Vertragsstrafen, bei sonstigen Nebenleistungen (§ 3 Abs. 2) sowie bei (reinen) **Sacheinlagen**[17].

II. Voraussetzungen

Die Ausfallhaftung der Gesellschafter für die rückständigen Beträge (Rdnr. 3 f.) ist nach dem Wortlaut des § 24 Satz 1 *subsidiär*[18], da sie erst eingreift, wenn es der Gesellschaft nicht gelungen ist, die rückständigen Beträge auf die betreffende Stammeinlage auf den in den §§ 21 bis 23 bezeichneten Wegen von dem eigentlich zahlungspflichtigen und deshalb kaduzierten Gesellschafter (§ 21), von dessen Rechtsvorgängern (§ 22) oder von einem Erwerber des Anteils (§ 23) beizutreiben. Daraus ergeben sich die einzelnen Voraussetzungen der Ausfallhaftung der Gesellschafter nach § 24:

Erste Voraussetzung der Ausfallhaftung der Gesellschafter ist, dass es sich überhaupt um einen gültigen Geschäftsanteil handelt, der **wirksam** gemäß § 21 **kaduziert** wurde[19]. Ferner ist erforderlich, dass die Gesellschaft zuvor vergeblich versucht hat, den rückständigen Betrag von den **Rechtsvorgängern** des kaduzierten Gesellschafters nach § 22 beizutreiben, wobei ihr freilich die Vermutung des § 22 Abs. 2 Halbsatz 2 zugute kommt. Dies alles gilt auch im Falle der Auflösung oder der Insolvenz der Gesellschaft (s. aber Rdnr. 9).

15 *Bayer*, in: FS Röhricht, 2005, S. 25, 31 ff.; *Gätsch*, BB 1999, 701, 702; *B. Grunewald*, in: FS Lutter, 2000, S. 413, 416 ff.; *Ebbing*, in: Michalski u.a., Rdnr. 12; *Karsten Schmidt*, BB 1985, 154; *Karsten Schmidt*, in: FS Raiser, 2005, S. 311; *Schütz*, in: MünchKomm. GmbHG, Rdnr. 14; – anders früher *Feine*, in: Ehrenbergs Hdb. III/3, S. 302, 333.

16 Statt aller *Altmeppen*, in: Roth/Altmeppen, Rdnr. 4.

17 BGH v. 13.10.1966 – II ZR 56/64S, WM 1966, 1262, 1263; *Altmeppen*, in: Roth/Altmeppen, Rdnr. 4; *Ebbing*, in: Michalski u.a., Rdnr. 12 f.; *Schütz*, in: MünchKomm. GmbHG, Rdnr. 15.

18 So z.B. RG, JW 1936, 805 Nr. 18 (Leitsatz).

19 RGZ 86, 419, 421 f.; RG, JW 1936, 805 Nr. 18; OLG Celle v. 27.7.1994 – 9 U 125/93, GmbHR 1994, 801; OGH v. 17.5.2000 – 2 Ob 111/00p, RdW 2000, 607 = NZG 2000, 891, 892.

5 Nächste Voraussetzung der Ausfallhaftung der Gesellschafter ist der **vergebliche Versuch** der Gesellschaft, den Anteil nach § 23 durch öffentliche Versteigerung oder in sonstiger Weise zu **verwerten**. Die Ausfallhaftung der Gesellschafter nach § 24 greift nur ein, wenn die Verwertung keinen die Kosten des Verfahrens übersteigenden Erlös gebracht hat oder wenn die Verwertung als von vornherein aussichtslos unterbleiben durfte, namentlich, weil sich die Gesellschaft im Insolvenzverfahren befindet (s. § 23 Rdnr. 5, 31). Sobald dagegen von der Verwertung ein Erlös zu erwarten ist, der über die Kosten des Verfahrens hinausgeht, *muss* zunächst dieser Weg zur Deckung der rückständigen Beträge beschritten werden. Dies gilt – zum Schutze der Gesellschafter vor der gefährlichen Ausfallhaftung nach § 24 – selbst dann, wenn sich erst *nachträglich*, d.h. noch nach Rückgriff der Gesellschaft auf die Ausfallhaftung der Gesellschafter auf Grund des § 24, eine *anderweitige Verwertungsmöglichkeit* entsprechend § 23 herausstellt (s. § 23 Rdnr. 32).

6 Schließlich ist noch erforderlich, dass auch die (**vorrangige**) **Ausfallhaftung** des **kaduzierten** Gesellschafters **nach § 21 Abs. 3** kein Ergebnis gebracht hat, z.B., weil er zahlungsunfähig ist[20]. Die **Beweislast** hierfür trägt die Gesellschaft, wenn sie die Ausfallhaftung der anderen Gesellschafter geltend macht (Rdnr. 7). Es genügt, dass die Inanspruchnahme des kaduzierten Gesellschafters nach den Umständen **aussichtslos** ist, etwa, weil er bereits die eidesstattliche Versicherung abgegeben hat oder weil eine Vollstreckung gegen ihn offenbar sinnlos ist[21]. War es früher in einem Vergleichsverfahren des kaduzierten Gesellschafters zu einem **Zwangsvergleich** gekommen, so konnte die Gesellschaft gegen die übrigen Gesellschafter auf Grund des § 24 nur noch wegen ihrer Ausfälle in dem Vergleich vorgehen, musste aber auch dann genau die Voraussetzungen der §§ 21 bis 23 für die Ausfallhaftung der Gesellschafter beachten[22]. Dasselbe dürfte heute in der Insolvenz des kaduzierten Gesellschafters nach rechtskräftiger Bestätigung des Insolvenzplanes gelten (§§ 254 ff. InsO).

7 Die **Beweislast** für alle Voraussetzungen der Ausfallhaftung der Gesellschafter (Rdnr. 4 ff.) trägt die Gesellschaft[23]. Die Gesellschaft trägt insbesondere auch die Beweislast dafür, dass die **Einlageverpflichtung** des kaduzierten Gesellschafters tatsächlich noch offen ist[24] sowie dass er **zahlungsunfähig** ist (Rdnr. 6). Für die Heranziehung der Vermutung des § 22 Abs. 2 Halbsatz 2 ist hier kein Raum; im Streitfall hat daher das Gericht auf Grund der gesamten Umstände des Falles zu entscheiden, ob der kaduzierte Gesellschafter tatsächlich zahlungsunfähig ist[25]. Dies bedeutet indessen nicht, dass die Gesellschaft, wenn der kaduzierte Gesellschafter z.B. Vermögensteile in anfechtbarer Weise weggegeben hat, zunächst gezwungen wäre, aufwendige Anfechtungsprozesse gegen Dritte zu führen; vielmehr kann in derartigen Fällen unbedenklich zunächst von der Zahlungsunfähigkeit des kaduzierten Gesellschafters

---

20 Z.B. *Altmeppen*, in: Roth/Altmeppen, Rdnr. 9.
21 S. Rdnr. 7; OLG Köln v. 19.8.2004 – 18 W 29/04, GmbHR 2004, 1587 (nur Leitsatz); OLG Hamm v. 26.1.2011 – I-8 U 142/10, GmbHR 2011, 588, 590; *Altmeppen*, in: Roth/Altmeppen, Rdnr. 9; *Fastrich*, in: Baumbach/Hueck, Rdnr. 3; *Ebbing*, in: Michalski u.a., Rdnr. 18; *Schütz*, in: Münch-Komm. GmbHG, Rdnr. 22.
22 KG, OLGE 32, 141; anders in Österreich, s. OGH v. 20.6.1990 – 1 Ob 563/90, SZ Bd. 63 (1990) Nr. 107, S. 540, 543 = GesRZ 1990, 224 = RdW 1991, 13 = WiBl. 1991, 35; OGH v. 17.5.2000 – 2 Ob 111/00p, RdW 2000, 607 = NZG 2000, 891, 892; offen gelassen in OGH v. 30.4.1996 – 4 Ob 2083/96, SZ Bd. 69 (1996 I) Nr. 96, S. 584, 586 = GesRZ 1996, 240.
23 BGH v. 13.5.1996 – II ZR 275/94, BGHZ 132, 390, 394 = NJW 1996, 2306 = ZIP 1996, 1248 = GmbHR 1996, 601; OLG Köln v. 29.1.2009 – 18 U 19/08, GmbHR 2009, 1209); OLG Hamm v. 26.1.2011 – I-8 U 142/10, GmbHR 2011, 588, 590.
24 OLG Köln v. 29.1.2009 – 18 U 19/08, GmbHR 2009, 1209; OLG Hamm v. 26.1.2011 – I-8 U 142/10, GmbHR 2011, 588, 590.
25 OLG Hamburg, OLGE 37, 5; OLG Celle v. 27.7.1994 – 9 U 125/93, GmbHR 1994, 801; OLG Köln v. 19.8.2004 – 18 W 29/04, GmbHR 2004, 1587; OLG Köln v. 29.1.2009 – 18 U 19/08, GmbHR 2009, 1209.

ausgegangen werden (§ 21 Abs. 3) mit der Folge, dass Raum für die Ausfallhaftung der übrigen Gesellschafter ist[26]. Die Gesellschaft kann es folglich den in Anspruch genommenen Gesellschaftern überlassen, gegebenenfalls Rückgriff bei dem kaduzierten Gesellschafter zu nehmen und in diesem Rahmen auch gegen Dritte vorzugehen, die in anfechtbarer Weise Vermögensteile des ausgeschlossenen Gesellschafters erworben haben[27].

Die aus § 24 in Anspruch genommenen Gesellschafter können das Vorliegen sämtlicher **Voraussetzungen** ihrer Ausfallhaftung **bestreiten** (Rdnr. 3–6), für die die Gesellschaft die Beweislast trägt[28]. Eine **Rechtskrafterstreckung** von Urteilen, die in dem vorausgegangenen Kaduzierungsverfahren gegen andere Gesellschafter ergangen sind, besteht nicht; vielmehr können die anderen im Wege der Ausfallhaftung in Anspruch genommenen Gesellschafter – ohne Rücksicht auf zuvor ergangene Urteile gegen den kaduzierten Gesellschafter – immer noch geltend machen, der kaduzierte Gesellschafter habe tatsächlich seine **Einlage** doch ganz oder teilweise **erbracht**, so dass für eine Ausfallhaftung kein Raum sei[29]. Die nach § 24 in Anspruch genommenen Gesellschafter können ferner geltend machen, dass der Gesellschaft im Kaduzierungsverfahren nach den §§ 21 bis 23 bisher nicht geheilte Verfahrensmängel unterlaufen seien, dass die **Kaduzierung nicht wirksam** erfolgt sei (Rdnr. 4a) oder dass die Gesellschaft zu Unrecht auf den Versuch einer **Verwertung** des Anteils nach § 23 verzichtet habe (Rdnr. 5). Dagegen ist der Einwand, ihrer Haftung stehe entgegen, dass noch **solvente Rechtsvorgänger** des kaduzierten Gesellschafters vorhanden seien (§ 22), nach h.M. spätestens dann ausgeschlossen, wenn der Anteil wirksam verwertet ist, weil damit die Haftung der Rechtsvorgänger erlischt[30]. Ebenso wenig können die Gesellschafter einwenden, die Gesellschaft habe bei der Verwertung des Anteils (§ 23) nicht den höchstmöglichen Erlös erzielt, sobald der Anteil einmal wirksam verkauft ist. Den Ausgleich bildet in diesem Fall die Haftung der Geschäftsführer gegenüber den Gesellschaftern für die Verletzung ihrer Sorgfaltspflicht bei der Beitreibung der rückständigen Beträge nach den §§ 21 bis 23 (§ 43 Abs. 2)[31].

Die Gesellschafter können ferner nicht einwenden, die Gesellschaft benötige die eingeforderten Beträge überhaupt nicht zur Befriedigung ihrer Gläubiger[32]. Anders verhält es sich nur nach **Auflösung** und in der **Insolvenz** der Gesellschaft, weil in diesem Stadium Beiträge nur noch eingefordert werden dürfen, soweit zur Befriedigung der Gläubiger erforderlich[33].

---

26 OLG Hamm v. 16.9.1992 – 8 U 203/91, NJW-RR 1994, 611 = GmbHR 1993, 360, 362 f. = DB 1993, 1765; bestätigt durch BGH v. 5.7.1993 – II ZR 227/92, DStR 1993, 1528 f. mit Anm. *Goette*.

27 S. Rdnr. 24; BGH v. 5.7.1993 – II ZR 227/92, DStR 1993, 1528; OLG Hamm v. 16.9.1992 – 8 U 203/91, NJW-RR 1994, 611 = GmbHR 1993, 360, 362 f. = DB 1993, 1765.

28 S. Rdnr. 7; *Robrecht*, GmbHR 1995, 809, 811 f.

29 BGH v. 8.11.2004 – II ZR 362/02, NJW-RR 2005, 338, 339 = NZG 2005, 180 = GmbHR 2005, 229; OLG Köln v. 29.1.2009 – 18 U 19/08, GmbHR 2009, 1209, 1210; OLG Hamm v. 26.1.2011 – I-8 U 142/10, GmbHR 2011, 588, 590; *Altmeppen*, in: Roth/Altmeppen, Rdnr. 6.

30 S. § 22 Rdnr. 17; *Pentz*, in: Rowedder/Schmidt-Leithoff, Rdnr. 13; *Ebbing*, in: Michalski u.a., Rdnr. 80 ff.

31 S. § 23 Rdnr. 6 sowie unten Rdnr. 25; *Ebbing*, in: Michalski u.a., Rdnr. 83; enger OLG Köln, OLGE 13, 25; *W. Müller*, in: Ulmer/Habersack/Löbbe, Rdnr. 55–60.

32 *W. Müller*, in: Ulmer/Habersack/Löbbe, Rdnr. 27 f.; *Ebbing*, in: Michalski u.a., Rdnr. 54; kritisch hierzu *Immenga*, Die personalistische Kapitalgesellschaft, 1970, S. 386 ff.; offen gelassen in OGH v. 30.4.1996 – 4 Ob 2083/96, SZ Bd. 69 (1996 I) Nr. 96, S. 584, 587 = GesRZ 1996, 240.

33 Vgl. OLG Köln, OLGE 13, 25 f.; *Robrecht*, GmbHR 1995, 809, 811; *Ebbing*, in: Michalski u.a., Rdnr. 55, 79; *Pentz*, in: Rowedder/Schmidt-Leithoff, Rdnr. 37.

III. Verpflichteter

1. Die „übrigen" Gesellschafter

10 Die Ausfallhaftung trifft nach § 24 Satz 1 die „übrigen" Gesellschafter[34]. Das können nach dem Zusammenhang der §§ 21 bis 24 nur die **Gesellschafter** der fraglichen Gesellschaft mit **Ausnahme des kaduzierten Gesellschafters (§ 21) und des Erwerbers (§ 23)** sein[35]. Für den kaduzierten Gesellschafter ergibt sich dies aus seiner vorrangigen Ausfallhaftung nach § 21 Abs. 3 und für den Erwerber im Falle des § 23 daraus, dass er mit der Zahlung des Kaufpreises seiner Verpflichtung hinsichtlich der rückständigen Stammeinlage nachgekommen ist (s. § 23 Rdnr. 9 ff.). Die anschließend eingreifende Ausfallhaftung des kaduzierten Gesellschafters (§ 21 Abs. 3) sowie der übrigen Gesellschafter (§ 24) hat gerade den Zweck, *nach* der Verwertung etwa immer noch verbliebene Ausfälle zu decken. **Nicht betroffen** sind ferner die **Rechtsvorgänger des kaduzierten Gesellschafters**, weil sie keine Gesellschafter mehr sind und weil ihre Haftung aus § 22 grundsätzlich mit der Veräußerung des Anteils nach § 23 erlischt (wegen einer Ausnahme s. Rdnr. 12). Keine Rolle spielt dagegen, ob sich der betreffende Gesellschafter mit einer **Geld- oder Sacheinlage** beteiligt hat: *Alle* haften vielmehr nach § 24 (der insoweit nicht differenziert) für anderweitig nicht beitreibbare Rückstände auf die Bar- oder *Geldeinlage* eines kaduzierten Gesellschafters[36]. Ebenso unerheblich ist, ob gegen einen der anderen Gesellschafter ebenfalls ein Kaduzierungsverfahren eingeleitet wurde. Solange dieses nicht abgeschlossen ist, ändert das nichts an seiner Ausfallhaftung hinsichtlich anderer bereits kaduzierter Geschäftsanteile[37].

11 Nach herrschender Meinung setzt die Ausfallhaftung der übrigen Gesellschafter deren **Eintragung** in die Gesellschafterliste voraus (§§ 16 und 40)[38]. Im Falle der **Rechtsnachfolge** in einen Gesellschaftsanteil trifft die Ausfallhaftung nach § 24 infolgedessen grundsätzlich nur die in der **Gesellschafterliste eingetragenen Erwerber** (§ 16) sowie außerdem noch diejenigen Erwerber, deren Eintragung wie z.B. im Falle der Gesamtrechtsnachfolge oder der §§ 22 Abs. 4 und 23 entbehrlich ist. Von diesen Ausnahmefällen abgesehen, bleiben jedoch **nicht** in die **Gesellschafterliste eingetragene Erwerber** von der Ausfallhaftung nach § 24 verschont; an ihrer Stelle haften ihre in der Gesellschafterliste eingetragenen Rechtsvorgänger fort[39].

11a Hält ein Gesellschafter seinen Anteil lediglich als **Treuhänder** für einen Dritten, so erstreckt die Rechtsprechung die Ausfallhaftung freilich auch auf den **Treugeber**, um die Kapitalaufbringung unter allen Umständen sicherzustellen[40]. Diese Praxis ist, und zwar auch mit Rücksicht auf die besondere Regelung, die die Haftung für Treuhänder in § 9a Abs. 4 gefunden hat, nicht unbedenklich (s. im Einzelnen § 2 Rdnr. 81).

---

34 S. dazu zuletzt ausf. *Bayer/Scholz*, NZG 2015, 1089; *Bayer/Scholz*, GmbHR 2016, 89; *Müller-Michael*, BB 2015, 2191; *Podewils*, GmbHR 2015, 937; *Schütz*, DStR 2015, 2556.
35 *Altmeppen*, in: Roth/Altmeppen, Rdnr. 10 ff.; *Fastrich*, in: Baumbach/Hueck, Rdnr. 4; *Ebbing*, in: Michalski u.a., Rdnr. 35 ff.; *Schütz*, in: MünchKomm. GmbHG, Rdnr. 23 ff.
36 *Ebbing*, in: Michalski u.a., Rdnr. 24; *Pentz*, in: Rowedder/Schmidt-Leithoff, Rdnr. 15.
37 LG Hildesheim v. 30.9.1997 – 4 O 416/96, GmbHR 1998, 44 = NJW-RR 1998, 248 = NZG 1998, 158 mit Anm. *Michalski*.
38 *Altmeppen*, in: Roth/Altmeppen, Rdnr. 10; *W. Müller*, in: Ulmer/Habersack/Löbbe, Rdnr. 31 f.; *Schütz*, in: MünchKomm. GmbHG, Rdnr. 32 ff.; *Schütz*, DStR 2015, 2556, 2557.
39 OLG Rostock, OLGE 32, 139; *W. Müller*, in: Ulmer/Habersack/Löbbe, Rdnr. 31 f.; *Bayer*, in: Lutter/Hommelhoff, Rdnr. 9.
40 BGH v. 14.12.1959 – II ZR 187/57, BGHZ 31, 258, 265 ff. = GmbHR 1960, 43, 63 = NJW 1960, 285; BGH v. 26.11.1979 – II ZR 104/77, BGHZ 75, 334, 335 f. = GmbHR 1980, 28 = NJW 1980, 592; BGH v. 20.2.1989 – II ZR 167/88, BGHZ 107, 7, 11 f. = NJW 1989, 1800 = GmbHR 1989, 196 = AG 1989, 243 – Tiefbau; BGH v. 13.4.1992 – II ZR 225/91, BGHZ 118, 107, 110 ff. = NJW 1992, 2023 = GmbHR 1992, 525 = AG 1992, 440 – Thyssen Rheinstahl; OLG Hamburg v. 27.4.1984 – 11 U 29/84, GmbHR 1985, 84; *Altmeppen*, in: Roth/Altmeppen, Rdnr. 12.

Keine Rolle spielt die **Art des Erwerbs**; auch Erwerber des Anteils in der Zwangsvollstreckung unterfallen dem § 24[41]. Gesellschafter i.S. des § 24 ist ferner der **Rechtsvorgänger des kaduzierten** Gesellschafters, der nach § 22 Abs. 4 den Anteil erworben hat. Er haftet mithin fortan wie jeder andere Gesellschafter für Rückstände auf *andere* Stammeinlagen, während er ebenso wenig wie der Erwerber nach § 23 für noch offene Rückstände auf den betreffenden kaduzierten Geschäftsanteil nach § 24 zu haften braucht; beide haben vielmehr *insoweit* ihre Einlageschuld durch die Zahlung des Kaufpreises bzw. des Betrages, wegen dessen die Gesellschaft Rückgriff genommen hat (s. § 22 Abs. 3), erfüllt (s. im Einzelnen Rdnr. 13, 15). Im Falle der **Preisgabe** des Geschäftsanteils (§ 27) haftet der Gesellschafter nach § 24 fort, bis der betreffende Geschäftsanteil verkauft ist oder die Gesellschaft einen fruchtlosen Verkaufsversuch gemacht hat; nach dem Verkauf trifft den Erwerber die Haftung (§ 27 Abs. 2)[42]. 12

Da die Kaduzierung immer nur einen bestimmten Geschäftsanteil erfasst, trifft auch den **kaduzierten Gesellschafter** die Ausfallhaftung für die eigenen Rückstände, wenn er zugleich mit *anderen* Anteilen an der Gesellschaft beteiligt ist[43]. Dasselbe gilt für seine **Rechtsvorgänger** und sogar für den **Erwerber** im Falle des § 23[44], immer vorausgesetzt, dass die Genannten noch mit einem *weiteren* Anteil an der Gesellschaft beteiligt sind[45]. Dagegen ist hier, wie bereits ausgeführt (Rdnr. 12), kein Raum mehr für die Anwendung des Staffelregresses des § 22 in Bezug auf die **Rechtsvorgänger** des *kaduzierten* Gesellschafters hinsichtlich des *kaduzierten* Anteils. Das folgt nicht zuletzt daraus, dass die Haftung aufgrund des § 24 kein Fall einer „nichterfüllten Einlageverpflichtung" im Sinne des § 22 ist, so dass wegen der Ausfallhaftung eines Gesellschafters nach § 24 **keine Kaduzierung** möglich ist – mit der weiteren Folge, dass auch kein Raum für den **Staffelregress** gegen schon *ausgeschiedene* Rechtsvorgänger des kaduzierten Gesellschafters hinsichtlich der Haftung aus § 24 ist[46]. 13

Wenn die Gesellschaft **eigene Geschäftsanteile** hält (s. § 33), sollte sie nach einer früher verbreiteten Meinung im Rahmen des § 24 anderen Gesellschaftern gleichstehen, so dass sie den Ausfall bei der Einlage des Kaduzierten anteilig mittragen musste, sofern ihr dies aus freien Rücklagen möglich war[47]. Diese Auffassung war jedoch mit dem Zweck der gesetzlichen Regelung unvereinbar, weil sie der Sache nach auf einen anteiligen Verzicht der Gesellschaft auf bestimmte Einlagen hinauslief. Eigene Geschäftsanteile der Gesellschaft werden aus diesem Grunde nach heute h.M. bei der Ausfallhaftung *nicht* berücksichtigt, und zwar auch nicht, wenn sie der Gesellschaft nach § 23 oder nach § 27 Abs. 3 als unverkäuflich zugefallen sind[48]. 14

Im Falle der **Verschmelzung** zweier Gesellschaften mbH, bei denen eine Ausfallhaftung nach § 24 droht, weil noch nicht alle Einlagen in voller Höhe geleistet sind, ist § 51 Abs. 1 Satz 1 und Satz 3 UmwG zu beachten. Droht die Ausfallhaftung bei der *übernehmenden* Gesellschaft, so bedarf der Verschmelzungsbeschluss der übertragenden Gesellschaft (wegen der dann deren Gesellschaftern drohenden persönlichen Haftung) nach § 51 Abs. 1 Satz 1 UmwG der Zustimmung aller Gesellschafter, weil sie durch die Verschmelzung Gesellschafter der übernehmenden Gesellschaft werden, so dass auf sie jetzt § 24 anwendbar wird. Im umgekehrten Fall (dro- 14a

---

41 RG, JW 1937, 2284, 2286.
42 *Ebbing*, in: Michalski u.a., Rdnr. 25; *W. Müller*, in: Ulmer/Habersack/Löbbe, Rdnr. 40; *Schütz*, in: MünchKomm. GmbHG, Rdnr. 44.
43 BGH v. 19.5.2015 – II ZR 291/14, NJW 2015, 2731 Rdnr. 12 = GmbHR 2015, 935 = NZG 2015, 1002; *Bayer/Scholz*, NZG 2015, 1089, 1091.
44 RG, JW 1937, 2284, 2286; *Ebbing*, in: Michalski u.a., Rdnr. 36–40.
45 RG, JW 1937, 2284, 2286.
46 BGH v. 19.5.2015 – II ZR 291/14, NJW 2015, 2731 Rdnr. 14 = GmbHR 2015, 935, 936 = NZG 2015, 1002; zustimmend *Bayer/Scholz*, NZG 2015, 1089, 1095; *Bayer/Scholz*, GmbHR 2016, 89, 90, 95; *Podewils*, GmbHR 2015, 937; *Schütz*, DStR 2015, 2556, 2558.
47 *Feine*, in: Ehrenbergs Hdb. III/3, S. 334.
48 *Altmeppen*, in: Roth/Altmeppen, Rdnr. 11; *Fastrich*, in: Baumbach/Hueck, Rdnr. 7; *Bayer*, in: Lutter/Hommelhoff, Rdnr. 7; *Ebbing*, in: Michalski u.a., Rdnr. 46–48; *Pentz*, in: Rowedder/Schmidt-Leithoff, Rdnr. 21; *Schütz*, in: MünchKomm. GmbHG, Rdnr. 45.

hende Ausfallhaftung bei der *übertragenden* Gesellschaft) müssen folgerichtig nach § 51 Abs. 1 Satz 3 UmwG alle Gesellschafter der übernehmenden Gesellschaft der Verschmelzung zustimmen, in beiden Fällen, weil niemandem eine praktisch unbegrenzte persönliche Haftung gegen seinen Willen auferlegt werden kann (§ 138 BGB).

2. Maßgeblicher Zeitpunkt

15 § 24 sagt nicht ausdrücklich, in welchem Zeitpunkt die für die Begründung der Ausfallhaftung maßgebliche Gesellschaftereigenschaft (Rdnr. 10 ff.) vorgelegen haben muss. Die Frage ist bedeutsam, wenn *während* des Kaduzierungsverfahrens nach den §§ 21 bis 23 hinsichtlich *anderer* Geschäftsanteile *Rechtsnachfolge* eintritt. Diskutiert werden im Wesentlichen zwei verschiedene Zeitpunkte, nämlich einmal der Zeitpunkt der **Fälligkeit** der fraglichen Bareinlagerate und zum anderen der in der Regel wesentlich spätere Zeitpunkt, in dem erstmals **sämtliche Voraussetzungen der Ausfallhaftung** nach § 24 erfüllt sind. Es liegt auf der Hand, dass die zuerst genannte Auffassung (die auf die Fälligkeit der Bareinlagerate abstellt) im Interesse der Kapitalaufbringung den Kreis der verpflichteten Gesellschafter wesentlich weiter zieht als die zweite engere Auffassung, die auf den (späteren) Zeitpunkt der Erfüllung der Voraussetzungen des § 24 abstellt. Die Frage war lange Zeit umstritten[49]. Einigkeit bestand aber schon immer darüber, dass Gesellschafter, die *vor* Einforderung der rückständigen Bareinlage und damit **vor** deren **Fälligkeit ausgeschieden** sind, von der Ausfallhaftung **befreit** sind, sofern der **Rechtsnachfolger** noch rechtzeitig in die bei dem Handelsregister eingereichte **Gesellschafterliste** eingetragen wurde (§§ 16 Abs. 1, 40)[50].

15a Das Gesagte (s. Rdnr. 15) gilt, wie inzwischen geklärt ist, auch in dem Ausnahmefall, dass **Rechtsnachfolger** des inzwischen ausgeschiedenen Gesellschafters gerade der später **kaduzierte Gesellschafter** ist; die Ausnahmevorschrift des § 24 darf nicht über ihren Wortlaut hinaus – entgegen einer früher gelegentlich vertretenen Meinung[51] – auf diesen Sonderfall ausgedehnt werden[52]. Eine andere Beurteilung ist nur in **Missbrauchsfällen** zu erwägen, wenn mit der Veräußerung des Anteils gerade an den später kaduzierten (offenbar vermögenslosen) Gesellschafter der Zweck verfolgt wird, sich noch rechtzeitig von der drohenden Ausfallhaftung vor Fälligkeit der Einlageschuld des später kaduzierten Gesellschafters zu befreien, wobei vor allem an Einpersonengesellschaften zu denken ist[53], – Fallgestaltungen, in denen es in der Tat möglich ist, die Ausfallhaftung des § 24 ins Leere laufen zu lassen, die aber wohl durchweg an der Grenze zu § 826 BGB liegen dürften.

15b Bei **späterer Rechtsnachfolge** muss dagegen entschieden werden, auf welchen Zeitpunkt abgestellt werden soll, bereits auf den der Fälligkeit der fraglichen Bareinlagerate, in der Regel aufgrund der Anforderung durch die Geschäftsführer oder (in der Insolvenz der Gesellschaft) durch den Insolvenzverwalter, *oder* erst auf den der Erfüllung der Voraussetzungen des § 24 infolge des Abschlusses des Kaduzierungsverfahrens nach den §§ 21 bis 23. Der zuletzt genannte, auch hier früher vertretene[54], **engere Standpunkt** findet jedoch heute nur noch gele-

---

49 Ausf. *Bayer/Scholz*, NZG 2015, 1089, 1092 mit Nachw.
50 BGH v. 19.5.2015 – II ZR 291/14, NJW 2015, 2731 Rdnr. 15 f. = GmbHR 2015, 935, 936 = NZG 2015, 1002; OLG Hamm v. 14.6.1995 – 8 U 297/94, GmbHR 1995, 663, 664 f.; *Schütz*, in: Münch-Komm. GmbHG, Rdnr. 25.
51 OLG Köln v. 23.6.1993 – 2 U 118/92, NJW-RR 1994, 1192, 1194 f. = ZIP 1993, 1389 = GmbHR 1995, 125; s. 11. Aufl., Rdnr. 15a.
52 BGH v. 19.5.2015 – II ZR 291/14, NJW 2015, 2731 Rdnr. 15 f. = GmbHR 2015, 935, 936 = NZG 2015, 1002; *Bayer/Scholz*, NZG 2015, 1089, 1095 f.; *Bayer/Scholz*, GmbHR 2016, 89, 91 f.
53 BGH v. 19.5.2015 – II ZR 291/14, NJW 2015, 2731 Rdnr. 20. = GmbHR 2015, 935, 936 = NZG 2015, 1002; *Bayer/Scholz*, NZG 2015, 1089, 1095 f.; kritisch *Bayer/Scholz*, GmbHR 2016, 89, 91 f.
54 11. Aufl., Rdnr. 15b.

gentlich Zustimmung[55] und wird deshalb mit Rücksicht auf die abweichende Rechtsprechung des BGH aufgegeben[56]. Danach ist jetzt im Interesse der umfassenden Sicherung der Kapitalaufbringung auf den zuerst genannten Zeitpunkt der **Fälligkeit der fraglichen Bareinlagerate** abzustellen; denn bereits in diesem Augenblick entsteht die Ausfallhaftung aufschiebend bedingt, wobei die Bedingung in der Erfüllung der Voraussetzungen der §§ 21 bis 24 liegt[57]. Dadurch soll vor allem verhindert werden, dass sich Gesellschafter noch nachträglich ihrer Ausfallhaftung in der sich abzeichnenden Krise der Gesellschaft durch Veräußerung ihres Gesellschaftsanteils, möglicherweise sogar an vermögenslose Personen zu entziehen vermögen (vgl. § 16 Abs. 2). Lediglich dann, wenn ein Geschäftsanteil in der Zeitspanne zwischen Fälligkeit und Erfüllung der Voraussetzungen des § 24 **mehrfach veräußert** wurde, soll ausnahmsweise denjenigen Gesellschafter, der lediglich in der Zwischenzeit (*vorübergehend*) Gesellschafter war, d.h. der erst *nach* Fälligkeit der Stammeinlage Gesellschafter wurde und *vor* Erfüllung der Voraussetzungen des § 24 wieder ausgeschieden ist, die Ausfallhaftung *nicht* treffen[58]. Zwingend ist das nicht; auf jeden Fall ist aber in derartigen Fällen an die unmittelbare oder entsprechende Anwendung des § 16 Abs. 2 zu denken.

3. Kapitalerhöhung

Zusätzliche Fragen stellen sich im Falle einer Kapitalerhöhung. Hier muss entschieden werden, ob die alten Gesellschafter auch für Fehlbeträge bei den neuen Geschäftsanteilen haften und ob die Übernehmer der neuen Anteile zugleich für Rückstände bei den alten Anteilen in Anspruch genommen werden können. Der Fragenkreis war lange Zeit umstritten[59]. Heute hat sich jedoch allgemein die Auffassung durchgesetzt, dass unterschiedslos *alte wie neue* Gesellschafter für *sämtliche* Ausfälle bei den Geschäftsanteilen haften müssen, und zwar ohne Rücksicht darauf, ob die alten Gesellschafter der Kapitalerhöhung zugestimmt haben oder nicht, weil § 53 Abs. 3 hier nicht anwendbar ist[60].

16

---

55 RG, JW 1937, 2284, 2286; LG Aachen v. 5.6.1992 – 41 O 65/92, GmbHR 1992, 751; *Ebbing*, in: Michalski u.a., Rdnr. 26 f.; *W. Müller*, in: Ulmer/Habersack/Löbbe, Rdnr. 29–31; früher auch *Schütz*, in: MünchKomm. GmbHG, Rdnr. 29 ff.

56 Ebenso *Schütz*, DStR 2015, 2556, 2557, dagegen aber *Ebbing*, in: Michalski u.a., Rdnr. 30 ff.

57 BGH v. 13.5.1996 – II ZR 275/94, BGHZ 132, 390, 393 f. = NJW 1996, 2306 =GmbHR 1996, 601; BGH v. 19.5.2015 – II ZR 291/14, NJW 2015, 2731 Rdnr. 9 ff. = GmbHR 2015, 935, 936 = NZG 2015, 1002; OLG Köln v. 23.6.1993 – 2 U 118/92, NJW-RR 1994, 1192, 1194 f. = ZIP 1993, 1389 = GmbHR 1995, 125 (nur Leitsatz); LG Hildesheim v. 30.9.1997 – 4 O 416/96, NZG 1998, 158 = NJW-RR 1998, 248 = GmbHR 1998, 44; *Altmeppen*, in: Roth/Altmeppen, Rdnr. 13 f.; *Fastrich*, in: Baumbach/Hueck, Rdnr. 6; *Feine*, in: Ehrenbergs Hdb. III/3, S. 333 f.; *Bayer*, in: Lutter/Hommelhoff, Rdnr. 9; *Bayer/Scholz*, NZG 2015, 1089, 1092 f.; *Bayer/Scholz*, GmbHR 2016, 89, 90; *Pentz*, in: Rowedder/Schmidt-Leithoff, Rdnr. 17; *Podewils*, GmbHR 2015, 937; *Schulenburg*, NZG 2000, 892; jetzt auch *Schütz*, DStR 2015, 2556, 2557.

58 OLG Celle v. 27.7.1994 – 9 U 101/93, GmbHR 1995, 124 = NJW-RR 1995, 1065; *Altmeppen*, in: Roth/Altmeppen, Rdnr. 16; *Bayer/Scholz*, NZG 2015, 1089, 1096 f.; *Bayer/Scholz*, GmbHR 2016, 89, 92 f.; *Fastrich*, in: Baumbach/Hueck, Rdnr. 6; – anders *Ebbing*, in: Michalski u.a., Rdnr. 32.

59 S. im Einzelnen *W. Müller*, in: Ulmer/Habersack/Löbbe, Rdnr. 19; *Schütz*, in: MünchKomm. GmbHG, Rdnr. 53 f.; 11. Aufl., Rdnr. 16.

60 RGZ 82, 116, 118 ff.; RGZ 93, 251, 252 f.; RGZ 132, 392, 394 ff.; KG, KGBl. 30 (1909), 58; OLG Karlsruhe, OLGE 14, 365; OLG Köln, LZ 1918, 227 Nr. 8 = OLGE 37, 5 f.; OLG Dresden, OLGE 40, 196; LG Dresden, LZ 1918, 146, 147; LG Mönchengladbach v. 23.10.1985 – 7 O 45/85, NJW-RR 1986, 837, 838 = ZIP 1986, 306 = GmbHR 1986, 312; *Altmeppen*, in: Roth/Altmeppen, Rdnr. 17; *Bayer*, in: Lutter/Hommelhoff, Rdnr. 8; *Fastrich*, in: Baumbach/Hueck, Rdnr. 11; *Gaiser*, GmbHR 1999, 210 (mit Ausnahmen); *Grunewald*, in: FS Lutter, 2000, S. 413, 417 ff.; *W. Müller*, in: Ulmer/Habersack/Löbbe, Rdnr. 20; *Ebbing*, in: Michalski u.a., Rdnr. 51; *Neukamp*, BankArch 13 (1914), 193; *Pentz*, in: Rowedder/Schmidt-Leithoff, Rdnr. 30; *Schütz*, in: MünchKomm. GmbHG, Rdnr. 55; s. dazu auch *Karsten Schmidt*, in: FS Raiser, 2005, S. 311, 327 ff.

17 Die **Risiken**, die sich aus dieser Handhabung des § 24 insbesondere für Altgesellschafter ergeben, die gegen die Kapitalerhöhung gestimmt und sich auch nicht an ihr beteiligt haben, sind **unübersehbar**. Sie haben zu unterschiedlichen Überlegungen geführt, wie hier in Ausnahmefällen für Abhilfe gesorgt werden kann. Eine verbreitete Meinung will (nur) diesen Gesellschaftern ein **Austrittsrecht aus wichtigem Grunde** zubilligen, sobald ihnen die mit der Kapitalerhöhung verbundene Erhöhung ihrer Risiken nicht mehr tragbar erscheint (s. Anh. § 34 Rdnr. 1 ff., 6 ff.). Von diesem Austrittsrecht müssen die Gesellschafter jedoch **unverzüglich** nach der Kapitalerhöhung Gebrauch machen, wenn der Austritt befreiende Wirkung haben soll; andernfalls können sie sich später ihrer Inanspruchnahme aufgrund des § 24 nicht mehr durch einen nachgeholten Austritt aus der Gesellschaft entziehen[61]. Viel geholfen ist den Gesellschaftern freilich mit solchem Austrittsrecht nicht[62]. Nach anderen soll deshalb zumindest hier unter zusätzlichen Voraussetzungen Raum für eine entsprechende Anwendung des **Kleinbeteiligtenprivilegs** des § 39 Abs. 5 InsO sein[63]; indessen hat sich diese Auffassung gleichfalls bisher nicht durchgesetzt[64]. Gut vertretbar ist aber auf jeden Fall die Auffassung, dass, wenn die Gesellschafter aufgrund ihrer Treuepflicht ausnahmsweise zur Mitwirkung an einer Kapitalerhöhung *verpflichtet* sind (s. § 14 Rdnr. 98), zusätzliche Voraussetzung der Mitwirkungspflicht ist, dass zugleich sichergestellt wird, dass alle Gesellschafter die erhöhten Stammeinlagen tatsächlich in voller Höhe vor der Eintragung der Kapitalerhöhung erbringen, um eine Ausfallhaftung der Gesellschafter zu vermeiden (§ 242 BGB)[65].

IV. Umfang der Haftung

1. Anteilige Haftung

18 Die Ausfallhaftung der Gesellschafter erstreckt sich nach § 24 Satz 1 auf denjenigen Teil der **Bareinlagepflicht** des kaduzierten Gesellschafters, der bisher auf dem Wege der §§ 21 bis 23 nicht gedeckt wurde, einschließlich später eingeforderter und fällig gestellter Einlagebeträge sowie auf die gleichstehenden Beträge, *nicht* dagegen auf (reine) Sacheinlagen, die Kosten des Verfahrens, ein etwaiges Agio, Zinsen, Vertragsstrafen und sonstige Nebenleistungen im Sinne des § 3 Abs. 2[66]. Für die fraglichen Beträge haften die Gesellschafter gemäß § 24 Satz 1 nicht gesamtschuldnerisch, sondern **nach dem** rechnerischen Verhältnis der Nennbeträge (aller) ihrer Geschäftsanteile, d.h. **pro rata**. Der rückständige Betrag ist daher **nach dem Verhältnis der Nennbeträge** aller Geschäftsanteile auf die einzelnen haftenden Gesellschafter (Rdnr. 10) aufzuteilen. Geld- und Sacheinlagen stehen dabei gleich. Keine Rolle spielt, wieviel auf die Geschäftsanteile bereits eingezahlt wurde. Kaduzierte und eigene Anteile der Gesellschaft werden dagegen ebenso wenig wie amortisierte Anteile (§ 34) mitgezählt[67]. Hatte der in Anspruch ge-

61 LG Mönchengladbach v. 23.10.1985 – 7 O 45/85, NJW-RR 1986, 837, 839 = ZIP 1986, 306 = GmbHR 1986, 312; *Altmeppen*, in: Roth/Altmeppen, Rdnr. 17; *Fastrich*, in: Baumbach/Hueck, Rdnr. 5; *Bayer*, in: Lutter/Hommelhoff, Rdnr. 11; *Ebbing*, in: Michalski u.a., Rdnr. 52.
62 S. die treffende Kritik bei *Gaiser*, GmbHR 1999, 210, 213 f.; *Grunewald*, in: FS Lutter, 2000, S. 413, 418; *Pentz*, in: Rowedder/Schmidt-Leithoff, Rdnr. 31.
63 Insbesondere *Gaiser*, GmbHR 1999, 210, 213 ff.; wohl auch *Grunewald*, in: FS Lutter, 2000, S. 413, 416 ff.
64 S. schon Rdnr. 2b; OLG Hamm v. 26.1.2011 – I-8 U 142/10, GmbHR 2011, 588, 590; *Altmeppen*, in: Roth/Altmeppen, Rdnr. 18.
65 *Gaiser*, GmbHR 1999, 210, 215.
66 S. Rdnr. 3 f.; *Altmeppen*, in: Roth/Altmeppen, Rdnr. 19; *Ebbing*, in: Michalski u.a., Rdnr. 57; *Pentz*, in: Rowedder/Schmidt-Leithoff, Rdnr. 28; *Schütz*, in: MünchKomm. GmbHG, Rdnr. 58.
67 S. *Altmeppen*, in: Roth/Altmeppen, Rdnr. 21; *Fastrich*, in: Baumbach/Hueck, Rdnr. 7; *Feine*, in: Ehrenbergs Hdb. III/3, S. 337; *Ebbing*, in: Michalski u.a., Rdnr. 66; *Pentz*, in: Rowedder/Schmidt-Leithoff, Rdnr. 22; *Schütz*, in: MünchKomm. GmbHG, Rdnr. 61.

nommene Gesellschafter einen **Rechtsvorgänger**, so haftet er mit diesem zusammen gesamtschuldnerisch nach § 16 Abs. 2[68].

Die **Verjährungsfrist** richtet sich heute nicht mehr nach § 195 BGB[69], sondern seit dem Gesetz zur Anpassung von Verjährungsvorschriften von 2004 (BGBl. I 2004, 3214) nach § 19 Abs. 6 Satz 1 und beträgt mithin zehn Jahre von der Entstehung des Anspruchs aus § 24 an[70]. – Im Falle der **Umwandlung** der Gesellschaft in eine AG besteht der Anspruch aus § 24 nur fort, wenn er im Augenblick der Eintragung der Umwandlung ins Handelsregister bereits fällig war[71].

19

2. Durchsetzung

Die Haftung besteht nach § 24 Satz 1 nicht gegenüber den Gläubigern der Gesellschaft, sondern gegenüber der **Gesellschaft** und wird von den **Geschäftsführern**, die dabei mit pflichtgemäßer Sorgfalt vorzugehen haben (§ 43), geltend gemacht. Einen Ermessensspielraum besitzen die Geschäftsführer insoweit nicht; vielmehr *müssen* sie unter den Voraussetzungen des § 24 im Interesse der Kapitalaufbringung die Gesellschafter im Wege der Ausfallhaftung in Anspruch nehmen[72]. Eines vorgängigen **Gesellschafterbeschlusses** bedarf es dazu *nicht*; § 46 Nr. 2 findet keine Anwendung[73]. Die Satzung kann nichts Abweichendes bestimmen[74]. Soweit erforderlich, obliegt den Geschäftsführern auch die **Aufteilung** der Ausfallhaftung auf die Gesellschafter nach Maßgabe des § 24 Satz 1 oder Satz 2 (Rdnr. 18, Rdnr. 21).

20

In der Frage, **welche Gesellschafter** in Anspruch genommen werden sollen, haben die Geschäftsführer gleichfalls keinen Ermessensspielraum; sie müssen vielmehr unter Beachtung des Gleichbehandlungsgrundsatzes (s. § 53a AktG) gegen *alle* Gesellschafter *gleichmäßig* vorgehen und können daher nur auf die Inanspruchnahme solcher Gesellschafter verzichten, deren Inanspruchnahme von vornherein aussichtslos erscheint (s. § 24 Satz 2 und dazu Rdnr. 21)[75]. Notfalls müssen die Geschäftsführer daher gegen die Gesellschafter (im Gerichtsstand des § 22 ZPO) **Klage** erheben; aufgrund eines dergestalt erlangten Titels können sie dann auch in den Anteil des Gesellschafters vollstrecken. Dagegen ist hier kein Raum mehr für ein Kaduzierungsverfahren nach den §§ 21 bis 23 (s. Rdnr. 12 und 13). An die Stelle der Kaduzierung tritt die Umlage der Fehlbeträge bei einzelnen Gesellschaftern auf die übrigen Gesellschafter, worauf die besondere Gefährlichkeit der Ausfallhaftung beruht (Rdnr. 21). In der **Insolvenz** der Gesellschaft tritt der Verwalter an die Stelle der Geschäftsführer[76].

20a

---

68 *Ebbing*, in: Michalski u.a., Rdnr. 70.
69 So noch OLG Köln v. 23.6.1993 – 2 U 118/92, GmbHR 1995, 125 = NJW-RR 1994, 1192, 1196 = ZIP 1993, 1389; LG Hildesheim v. 30.9.1997 – 4 O 416/96, NZG 1998, 158 = NJW-RR 1998, 248 = GmbHR 1998, 44.
70 *Altmeppen*, in: Roth/Altmeppen, Rdnr. 20; *Schütz*, in: MünchKomm. GmbHG, Rdnr. 85–87; früher str.
71 *Habersack/Schürnbrand*, NZG 2007, 81, 83; *Schütz*, in: MünchKomm. GmbHG, Rdnr. 88 mit Nachw.; str.
72 RGZ 87, 179, 183; *Fastrich*, in: Baumbach/Hueck, Rdnr. 9; *Ebbing*, in: Michalski u.a., Rdnr. 99 ff.
73 OGH v. 30.4.1996 – 4 Ob 2083/96, SZ Bd. 69 (1996 I) Nr. 96, S. 584, 587 = GesRZ 1996, 240 = RdW 1996, 582; *Schütz*, in: MünchKomm. GmbHG, Rdnr. 74.
74 *Pentz*, in: Rowedder/Schmidt-Leithoff, Rdnr. 33.
75 OGH v. 30.4.1996 – 4 Ob 2083/96, SZ Bd. 69 (1996 I) Nr. 96, S. 584, 587 f. = GesRZ 1996, 240; *Altmeppen*, in: Roth/Altmeppen, Rdnr. 21; *Ebbing*, in: Michalski u.a., Rdnr. 102; *Pentz*, in: Rowedder/Schmidt-Leithoff, Rdnr. 33.
76 OGH v. 30.4.1996 – 4 Ob 2083/96, SZ Bd. 69 (1996 I) Nr. 96, S. 584, 586 = GesRZ 1996, 240; *Fastrich*, in: Baumbach/Hueck, Rdnr. 9.

20b Die Ausfallhaftung der Gesellschafter dient der Aufbringung des Stammkapitals (Rdnr. 1). Daraus folgt, dass auf die Ansprüche der Gesellschaft aus § 24 die Vorschrift des **§ 19 Abs. 2** anwendbar ist[77].

3. Umlage der Fehlbeträge

21 Nach § 24 Satz 2 werden Beträge, die von einzelnen Gesellschaftern nicht zu erlangen sind, ebenfalls nach dem Verhältnis der Nennbeträge der zahlungsfähigen übrigen Gesellschafter auf deren Anteile verteilt[78]. Die Umlage der Fehlbeträge obliegt den Geschäftsführern[79]. Voraussetzung ist die **Zahlungsunfähigkeit** einzelner Gesellschafter, die auch schon anzunehmen sein kann, wenn die Beitreibung der Fehlbeträge bei ihnen **von vornherein keinen Erfolg** verspricht[80]. Die **Beweislast** dafür obliegt der Gesellschaft; § 22 Abs. 2 Halbsatz 2 findet keine Anwendung[81]. Diese (wenig bekannte) Regelung kann – wie schon ausgeführt (Rdnr. 2a) – bei Zahlungsunfähigkeit aller übrigen Gesellschafter dazu führen, dass letztlich ein **einziger Gesellschafter** allein für sämtliche Ausfälle nach § 24 aufkommen muss.

4. Abtretung, Pfändung

22 Die Ansprüche der Gesellschaft aus § 24 sind abtretbar und pfändbar (§ 398 BGB; § 851 ZPO)[82]. Voraussetzung dafür ist weder ein vorgängiger Gesellschafterbeschluss (s. Rdnr. 20) noch eine „Umlegung" der Fehlbeträge auf die einzelnen Gesellschafter durch die Geschäftsführer (Rdnr. 21). Das folgt einfach daraus, dass die Ansprüche der Gesellschaft auf Grund des § 24 gegen die Gesellschafter in dem Augenblick **fällig** werden, in dem die Voraussetzungen ihrer Ausfallhaftung nach § 24 erfüllt sind (§ 271 Abs. 1 BGB).

5. Rechtsfolgen der Zahlung

23 Das Gesetz regelt nicht ausdrücklich die Folgen einer Zahlung der Gesellschafter auf ihre Ausfallhaftung nach § 24. Dagegen enthält das **öGmbHG** in § 70 Abs. 3 eine ausführliche Regelung dieser Frage. Nach § 70 Abs. 3 Satz 1 öGmbHG erwerben die Gesellschafter, falls der kaduzierte Geschäftsanteil nicht verkauft worden ist (s. § 23), im Falle der Ausfallhaftung einen Anspruch auf den diesem Geschäftsanteil zufallenden Gewinn und Liquidationserlös im Verhältnis ihrer Beitragsleistung (§ 70 Abs. 3 Satz 1 öGmbHG). Findet noch nachträglich ein Verkauf des Geschäftsanteils statt, so sind den Gesellschaftern aus dem Erlös die von ihnen geleisteten Beiträge zurückzuerstatten (§ 70 Abs. 3 Satz 2 Halbsatz 1 öGmbHG)[83]. Zum **deutschen Recht** wird überwiegend die Auffassung vertreten, dass § 22 Abs. 4 (Anteilserwerb der zahlenden Gesellschafter) nicht, auch *nicht* entsprechend anwendbar ist, so dass der kaduzierte Gesellschaftsanteil, sofern er nicht inzwischen veräußert worden ist (§ 23), der **Gesellschaft ver-**

---

77 RGZ 92, 365, 366 f.; RGZ 123, 8, 9 f.; RG, JW 1936, 805 Nr. 18; 1937, 2284, 2286; OLG Köln, OLGE 13, 25, 26; *Fastrich*, in: Baumbach/Hueck, Rdnr. 9; *Ebbing*, in: Michalski u.a., Rdnr. 58; *Pentz*, in: Rowedder/Schmidt-Leithoff, Rdnr. 35 f.

78 Beispiele bei *Schütz*, in: MünchKomm. GmbHG, Rdnr. 66.

79 S. Rdnr. 20a; OLG München, SeuffArch. 69 (1914) Nr. 221, S. 411, 413 = GmbHR 1914, 244.

80 *Fastrich*, in: Baumbach/Hueck, Rdnr. 8; *Ebbing*, in: Michalski u.a., Rdnr. 73; *Schütz*, in: MünchKomm. GmbHG, Rdnr. 64.

81 *Bayer*, in: Lutter/Hommelhoff, Rdnr. 6; *Ebbing*, in: Michalski u.a., Rdnr. 74; *Pentz*, in: Rowedder/Schmidt-Leithoff, Rdnr. 25.

82 RGZ 86, 419, 421 f.; OLG München, SeuffArch. 69 (1914) Nr. 221, S. 411, 412 f. = GmbHR 1914, 244; KG, KGBl. 30 (1909), 58; *Altmeppen*, in: Roth/Altmeppen, Rdnr. 20.

83 Wegen der Einzelheiten s. *Koppensteiner*, öGmbHG, § 70 Rdnr. 6 f.

bleibt mit der Folge, dass der auf den fraglichen Anteil entfallende Gewinn anteilig den Gesellschaftern gebührt[84]. Dasselbe sollte im Falle einer späteren Verwertung des Anteils für den Erlös gelten (vgl. § 70 Abs. 3 Satz 2 öGmbHG).

V. Rückgriffsansprüche

Die Gesellschafter, die von der Gesellschaft aufgrund des § 24 mit Erfolg in Anspruch genommen worden sind, haben nach einhelliger Meinung Rückgriffsansprüche gegen den **kaduzierten Gesellschafter** (§ 21) sowie im Falle des § 24 Satz 2 gegen ihre **Mitgesellschafter**, für die sie einspringen mussten; umstritten ist „nur" die Begründung[85]. Am meisten spricht hier für die entsprechende Anwendung des **§ 426 BGB** auf das Verhältnis unter den Gesellschaftern. Veräußert der danach seinen Mitgesellschaftern ausgleichspflichtige Gesellschafter seinen Anteil, so haftet auch der Erwerber (**§ 16 Abs. 2**)[86]. Die Analogie zu § 426 BGB zeigt zugleich, dass man nicht darüber hinausgehen und außerdem noch Rückgriffsansprüche gegen die Rechtsvorgänger des kaduzierten Gesellschafters bejahen kann[87]. 24

Die **Geschäftsführer** sind nach § 43 *verpflichtet*, alle gebotenen Maßnahmen zur Sicherung der Kapitalaufbringung zu ergreifen und dabei mit der Sorgfalt eines ordentlichen Kaufmanns vorzugehen (Rdnr. 20). Diese Verpflichtung besteht (analog § 31 Abs. 6) nicht nur gegenüber der Gesellschaft, sondern ebenso **gegenüber den Gesellschaftern**, da jede Nachlässigkeit der Geschäftsführer bei dem Vorgehen nach den §§ 21 ff. für sie die Gefahr der Inanspruchnahme nach § 24 heraufbeschwört. Folglich sind sie (auch) den Gesellschaftern zum **Schadensersatz** verpflichtet, wenn sie das Verfahren nach den §§ 21 ff. nicht mit der gebotenen Sorgfalt betreiben und die Gesellschafter durch die Begründung ihrer Ausfallhaftung schädigen[88]. Auf die **Verjährung** der Ersatzansprüche gegen die Geschäftsführer dürfte § 31 Abs. 5 entsprechend anzuwenden sein. 25

---

84 RGZ 86, 419, 421; OLG Köln, OLGE 13, 25, 26; *Altmeppen*, in: Roth/Altmeppen, Rdnr. 25; *W. Müller*, in: Ulmer/Habersack/Löbbe, Rdnr. 61; *Bayer*, in: Lutter/Hommelhoff, Rdnr. 14; *Ebbing*, in: Michalski u.a., Rdnr. 88 f.; *Pentz*, in: Rowedder/Schmidt-Leithoff, Rdnr. 32; *Schütz*, in: MünchKomm. GmbHG, Rdnr. 72 f.
85 OLG Hamm v. 16.9.1992 – 8 U 203/91, GmbHR 1993, 360, 362 = NJW-RR 1994, 611 = DB 1993, 1765 (Revision vom BGH [v. 5.7.1993 – II ZR 227/92, DStR 1993, 1528] nicht angenommen); OGH v. 30.4.1996 – 4 Ob 2083/96, SZ Bd. 69 (1996 I) Nr. 96 S. 584, 587 = GesRZ 1996, 240; *Altmeppen*, in: Roth/Altmeppen, Rdnr. 26; *Bayer*, in: Lutter/Hommelhoff, Rdnr. 16; *Fastrich*, in: Baumbach/Hueck, Rdnr. 10; *W. Müller*, in: Ulmer/Habersack/Löbbe, Rdnr. 62–64; *Ebbing*, in: Michalski u.a., Rdnr. 90–92; *Pentz*, in: Rowedder/Schmidt-Leithoff, Rdnr. 26; *Schütz*, in: MünchKomm. GmbHG, Rdnr. 90 ff.
86 *Ebbing*, in: Michalski u.a., Rdnr. 94.
87 *Altmeppen*, in: Roth/Altmeppen, Rdnr. 27; *Fastrich*, in: Baumbach/Hueck, Rdnr. 10; *Schütz*, in: MünchKomm. GmbHG, Rdnr. 92.
88 S. schon Rdnr. 8; ebenso *Altmeppen*, in: Roth/Altmeppen, Rdnr. 28; *Feine*, in: Ehrenbergs Hdb. III/3, S. 338; *Ebbing*, in: Michalski u.a., Rdnr. 97; *Pentz*, in: Rowedder/Schmidt-Leithoff, Rdnr. 27; *Schütz*, in: MünchKomm. GmbHG, Rdnr. 93.

§ 25
Zwingendes Recht

Von den in den §§ 21 bis 24 bezeichneten Rechtsfolgen können die Gesellschafter nicht befreit werden.

Text seit 1892 unverändert.

1. Keine Befreiung der Gesellschafter von den §§ 21–24

1   Nach § 25 können die Gesellschafter nicht von den in den §§ 21 bis 24 bezeichneten „Rechtsfolgen" befreit werden. Gemeint ist mit dieser missverständlichen Formulierung, dass die Vorschriften der §§ 21 bis 24 insgesamt zwingend sind (ebenso § 71 öGmbHG). Entsprechendes gilt für § 20 (s. § 20 Rdnr. 1, 20). Der Grund liegt darin, dass durch die §§ 20 und 21 bis 24 die Aufbringung des Stammkapitals gesichert werden soll, woraus zugleich der Schluss zu ziehen ist, dass § 25 ganz weit ausgelegt werden muss. Die einzige Ausnahme von dem zwingenden Charakter der genannten Vorschriften findet sich in § 23 Satz 2. Im Übrigen kann **weder durch den Gesellschaftsvertrag noch durch Verträge** der Gesellschafter mit der Gesellschaft oder untereinander die Befugnis der Gesellschaft, rückständige Stammeinlagen nach den §§ 21 bis 24 beizutreiben, ausgeschlossen oder eingeschränkt werden (§ 134 BGB). Dasselbe gilt für entsprechende Gesellschafterbeschlüsse.

2   Keine Rolle spielt, **wann** das fragliche Rechtsgeschäft vorgenommen wird. Unwirksam sind gleichermaßen von §§ 21 bis 24 abweichende Vereinbarungen oder Beschlüsse in der Zeit *vor oder nach Inanspruchnahme* des oder der Gesellschafter[1]. Ebenso wenig kommt es darauf an, ob die betreffende Regelung **generell oder für den Einzelfall** getroffen wird und ob die Haftung der Gesellschafter ganz ausgeschlossen oder nur in der einen oder anderen Hinsicht beschränkt wird. Dasselbe gilt entsprechend für jede Verschärfung der Voraussetzungen des Kaduzierungsverfahrens zum Nachteil der Gesellschaft, etwa durch die Aufstellung zusätzlicher Haftungsvoraussetzungen für die Gesellschafter wie eines Beschlusses der Gesellschafter mit qualifizierter Mehrheit[2].

3   Ein Verstoß gegen § 25 hat die **Nichtigkeit** des betreffenden Rechtsgeschäfts zur Folge. Das gilt gleichermaßen für Bestimmungen des Gesellschaftsvertrages wie für Beschlüsse der Gesellschafterversammlung oder Vereinbarungen der Gesellschafter mit der Gesellschaft, untereinander oder mit Dritten.

2. Verschärfung der Haftung der Gesellschafter

4   § 25 betrifft nur eine Erleichterung der Haftung der Gesellschafter nach den §§ 21 bis 24. Er steht daher einer Verschärfung der genannten Bestimmungen zum Nachteil der Gesellschafter nicht entgegen[3]. **Beispiele** sind die Ausdehnung des Kaduzierungsverfahrens auf andere Fälle von Pflichtverletzungen der Gesellschafter, die Verlängerung der Ausschlussfrist des § 22 Abs. 3 Satz 1, die generelle Erlaubnis eines freihändigen Verkaufs nach § 23 Satz 2 oder die Bestimmung, dass die Gesellschafter für Ausfälle bei den Stammeinlagen einzelner Gesellschafter nicht nur pro rata (§ 24 Satz 1), sondern gesamtschuldnerisch haften sollen.

---

1 RG, JW 1937, 2284, 2286 Nr. 11 mit Anm. *Klausing.*
2 *Schütz*, in: MünchKomm. GmbHG, Rdnr. 4–8.
3 *Ebbing*, in: Michalski u.a., Rdnr. 7 ff.; *Koppensteiner*, öGmbHG, § 71 Rdnr. 2; *Pentz*, in: Rowedder/Schmidt-Leithoff, Rdnr. 2; *Schütz*, in: MünchKomm. GmbHG, Rdnr. 13–16.

Etwas anderes gilt jedoch für Bestimmungen, die ausgesprochen den **Schutz der Gesellschaf-** 5
ter bezwecken. Beispiele sind das Erfordernis einer zweiten Zahlungsaufforderung nach § 21
Abs. 1 Satz 1, das Formerfordernis des § 21 Abs. 1 Satz 2 sowie die Bestimmung des § 21
Abs. 1 Satz 3 über die Dauer der Nachfrist. Von der Beachtung dieser Vorschriften zum Schutze der Gesellschafter in Kaduzierungsverfahren kann die Gesellschaft weder generell durch
den Gesellschaftsvertrag noch im Einzelfall durch Gesellschafterbeschluss oder Vertrag befreit
werden[4].

Eine Verschärfung der §§ 21 bis 24 zum Nachteil der Gesellschafter ist auch **nachträglich** 6
durch Änderung des Gesellschaftsvertrages möglich. In diesem Fall ist § 53 Abs. 3 zu beachten, so dass die Zustimmung *aller* Gesellschafter erforderlich ist.

---

4 OLG Jena v. 8.6.2007 – 6 U 311/07, GmbHR 2007, 982, 985 = NZG 2007, 717; *Schütz*, in: Münch-
  Komm. GmbHG, Rdnr. 13.

§ 26
Nachschusspflicht

(1) Im Gesellschaftsvertrag kann bestimmt werden, dass die Gesellschafter über die Nennbeträge der Geschäftsanteile hinaus die Einforderung von weiteren Einzahlungen (Nachschüssen) beschließen können.

(2) Die Einzahlung der Nachschüsse hat nach Verhältnis der Geschäftsanteile zu erfolgen.

(3) Die Nachschusspflicht kann im Gesellschaftsvertrag auf einen bestimmten, nach Verhältnis der Geschäftsanteile festzusetzenden Betrag beschränkt werden.

Abs. 1 geändert durch das MoMiG vom 23.10.2008 (BGBl. I 2008, 2026).

Schrifttum: *G. Häusler*, Lastentragung und Gewinnverteilung bei der GmbH, Diss. Bonn 1965; *Hommelhoff/Kleindiek*, Flexible Finanzierungsinstrumente im GmbH-Recht, in: FS 100 Jahre GmbHG, 1992, S. 421; *Kl. Kaminski*, Nachschusspflichten, Diss. Münster, 1965; *Winter*, Nachschüsse – besser als ihr Ruf, Gestaltende Steuerberatung (GStB) Bd. 7 (1997), S. 10.

I. Überblick

1. Zweck

1 In den §§ 26 bis 28 eröffnet das Gesetz der Gesellschaft die Möglichkeit, durch den Gesellschaftsvertrag Nachschusspflichten der Gesellschafter einzuführen. Damit wurde vor allem der **Zweck** verfolgt, der Gesellschaft jederzeit eine elastische Anpassung ihres Kapitals an ihre Kapitalbedürfnisse zu ermöglichen, ohne jedes Mal den umständlichen Weg einer Kapitalerhöhung beschreiten zu müssen[1]. In **Österreich** entsprechen den §§ 26 bis 28 die §§ 72 bis 74 öGmbHG, jedoch mit der Besonderheit, dass dem österreichischen Recht eine unbeschränkte Nachschlusspflicht unbekannt ist (§ 72 Abs. 2 öGmbHG). Im Übrigen entsprechen die Abs. 1 und 3 des § 72 öGmbHG nahezu wörtlich den Abs. 1 und 2 des § 26.

---

1 RFHE 12, 217; *Hommelhoff/Kleindiek*, in: FS 100 Jahre GmbHG, S. 421, 422 ff.

Trotz verschiedener Vorteile wird von der Möglichkeit, Nachschusspflichten einzuführen, in der Praxis offenbar nur selten Gebrauch gemacht. Lediglich im Rahmen des aus steuerlichen Gründen eine Zeitlang beliebten Ausschüttungsrückholverfahrens sollen Nachschusspflichten eine gewisse Rolle gespielt haben. Im Übrigen sind an ihre Stelle mittlerweile weithin mit den **Nebenleistungen (§ 3 Abs. 2) und** den **Gesellschafterdarlehen** einfacher zu handhabende, aber ebenso elastische Finanzierungsinstrumente getreten[2]. Hinzu getreten ist zuletzt noch nach dem Vorbild des Aktienrechts das **genehmigte Kapital** des § 55a. 1a

2. Erscheinungsformen

Die gesetzliche Regelung der Nachschüsse findet sich verstreut über das ganze Gesetz in den §§ 26 bis 28, 30 Abs. 2, 42 Abs. 2, § 46 Nr. 3 und 57d. Daraus ergibt sich, dass das Gesetz im Einzelnen **drei** verschiedene **Formen von Nachschusspflichten** kennt, nämlich 1. die unbeschränkte Nachschusspflicht mit unbeschränktem Preisgabe- oder Abandonrecht (§§ 26 Abs. 1, 27 Abs. 1 bis 3), 2. die beschränkte Nachschusspflicht unter Ausschluss des Preisgaberechts, aber mit der Möglichkeit der Kaduzierung des Anteils (§§ 26 Abs. 3, 28) sowie 3. die unbeschränkte Nachschusspflicht mit beschränktem Preisgaberecht (§§ 27 Abs. 4, 28 Abs. 1 Satz 2). Durch den Gesellschaftsvertrag können (mit Zustimmung aller Gesellschafter gemäß § 53 Abs. 3) **weitere Varianten** geschaffen werden. 2

3. Bilanzierung

Die Bilanzierung der Nachschüsse regelt im Einzelnen § 42 Abs. 2. Hervorzuheben ist, dass nur bereits eingeforderte Nachschüsse unter den besonderen Voraussetzungen des § 42 Abs. 2 Satz 1 und 2 aktiviert werden dürfen[3]. Die geleisteten Nachschüsse bilden einen gesondert auszuweisenden Teil der **Kapitalrücklage** (s. § 42 Abs. 2 Satz 3), vorausgesetzt, dass sie nicht zur Deckung von Verlusten am Stammkapital dienen[4]. Die in Rücklagen eingestellten Nachschüsse können außerdem nach § 57d **in Stammkapital umgewandelt** werden[5]. Solange dies nicht geschehen ist, führt ein schwindendes Nachschusskapital lediglich zu einer Minderung des Nominalbetrags der Nachschüsse in der Bilanz durch Auflösung der entsprechenden Rücklagen ohne umständliche Kapitalherabsetzung[6]. **Körperschaftsteuer** fällt bei der Zahlung von Nachschüssen nicht an, weil es sich bei ihnen um Gesellschafterbeiträge und nicht um Erträge der Gesellschaft handelt. 3

II. Abgrenzung

1. Stammeinlagen

Als Finanzierungsinstrumente stehen der Gesellschaft neben Stammeinlagen und Nachschüssen namentlich noch Nebenleistungen nach § 3 Abs. 2, freiwillige Zuschüsse der Gesellschafter ohne gesellschaftsvertragliche Grundlage sowie Gesellschafterdarlehen und das genehmigte Kapital des § 55a zur Verfügung (Rdnr. 1a). Bei der Abgrenzung kommt es weniger 4

---

2 S. *Hommelhoff/Kleindiek*, in: FS 100 Jahre GmbHG, S. 421, 422 ff.; *Kornblum/Kleinle/Baumann/Steffan*, GmbHR 1985, 42, 47; *Küting/Weber*, GmbHR 1984, 165, 172; *Winter*, GmbHR 1969, 119, 145, 146.
3 S. *Küting/Weber*, GmbHR 1964, 165, 172 f.
4 S. OLG Frankfurt a.M. v. 10.1.1992 – 10 U 308/90, GmbHR 1992, 665 = NJW-RR 1992, 1512.
5 *Küting/Weber*, GmbHR 1984, 165, 173.
6 RFHE 12, 217 f.

auf die jeweils von den Beteiligten gewählte (untechnische) Bezeichnung ihrer Leistungen, sondern auf das von ihnen wirklich Gewollte an (§§ 133, 157 BGB). Dabei ist vor allem auf die folgenden Punkte zu achten:

5 Nachschüsse sind nach den §§ 26, 30 Abs. 2 und 42 Abs. 2 ebenso wie **Stammeinlagen** Einzahlungen der Gesellschafter, die auf gesellschaftsvertraglicher Grundlage erbracht werden und das Vermögen der Gesellschaft erhöhen, so dass die Gesellschafter nicht einseitig die Rückzahlung der Nachschüsse verlangen können[7]. Insoweit stehen Nachschüsse den Stammeinlagen gleich. Beide **unterscheiden** sich jedoch dadurch, dass lediglich die Stammeinlagen von vornherein im Gesellschaftsvertrag fest bestimmt sein müssen und im Handelsregister eingetragen und bekannt gemacht werden (s. §§ 3 Abs. 1 Nr. 4, 10, 57 f.). Außerdem dürfen Stammeinlagen nur im Wege der Kapitalherabsetzung an die Gesellschafter zurückgezahlt werden (§ 58). Beides gilt nicht für Nachschüsse (s. § 30 Abs. 2)[8]. Auf Nachschüsse finden außerdem die **§§ 19 und 24 keine Anwendung**, so dass die Abgrenzung i.d.R. keine besonderen Schwierigkeiten bereiten dürfte (s. Rdnr. 20).

2. Nebenleistungen

6 Die Gesellschafter können sich außer zu Nachschüssen noch zu Nebenleistungen i.S. des § 3 Abs. 2 und außerhalb des Gesellschaftsvertrages zu sonstigen Leistungen einschließlich Darlehen verpflichten (Rdnr. 6a, 8). Außerdem hindert die Gesellschafter nichts, freiwillig zusätzliche Leistungen, sog. Zuschüsse oder Zubußen zu erbringen (Rdnr. 7). Die Abgrenzung dieser Leistungen von Nachschüssen kann im Einzelfall schwierig sein (s. schon § 3 Rdnr. 78, 109):

6a Nachschüsse unterscheiden sich von den Nebenleistungen nach § 3 Abs. 2 vor allem dadurch, dass allein die Einforderung von Nachschüssen gemäß § 26 Abs. 1 zwingend einen **Gesellschafterbeschluss** voraussetzt und dass auch nur die gezahlten Nachschüsse in die **Kapitalrücklage** einzustellen sind (§ 42 Abs. 2 Satz 3). Außerdem können Nachschüsse im Gegensatz zu Nebenleistungen nur auf Geldleistungen gerichtet sein[9]. Folglich spricht es für die Anordnung einer **Nebenleistungspflicht** i.S. des § 3 Abs. 2, wenn der Gesellschaftsvertrag die Einforderung der Leistungen einem **anderen Organ** als der Gesellschafterversammlung, z.B. den Geschäftsführern oder einem Aufsichtsrat, übertragen hat[10] oder wenn die Gesellschafter unmittelbar durch den Gesellschaftsvertrag zu Kostendeckungsbeiträgen verpflichtet werden, so dass im Unterschied zu den Nachschüssen (§ 26 Abs. 1) **kein weiterer Gesellschafterbeschluss** zur Begründung der Leistungspflicht erforderlich ist[11]. Ebenso ist regelmäßig ein vereinbartes Aufgeld auf Geschäftsanteile, ein so genanntes **Agio**, zu beurteilen[12].

6b Um die Anordnung einer **Nachschusspflicht** handelt es sich z.B., wenn im Gesellschaftsvertrag bestimmt ist, dass die einzelnen Unternehmungen der Gesellschaft nur von Fall zu Fall einstimmig beschlossen werden können und dass sich die Gesellschafter dann jeweils an de-

---

7 § 46 Nr. 3; RGZ 81, 368, 369 f.; RGZ 87, 179, 181; RFHE 1, 69, 70; RFHE 1, 71, 73 f.; RFHE 2, 47, 49; RFHE 12, 217 f.

8 RGZ 87, 179, 181; OGH, JBl. 1959, 159 f.; *Altmeppen*, in: Roth/Altmeppen, Rdnr. 3; *Schütz*, in: MünchKomm. GmbHG, Rdnr. 19 f.

9 S. OLG Frankfurt a.M. v. 10.1.1992 – 10 U 308/90, GmbHR 1992, 665 = NJW-RR 1992, 1512; öVwGH v. 3.11.1994 – 93/15/0082, GesRZ 1995, 207, 209 = HS 25.188; *Bayer*, in: Lutter/Hommelhoff, Rdnr. 9.

10 Anders RGZ 70, 326, 329 ff.; s. Rdnr. 14.

11 OLG Frankfurt a.M. v. 10.1.1992 – 10 U 308/90, GmbHR 1992, 665 = NJW-RR 1992, 1512; ein weiteres Beispiel in OLG Schleswig v. 29.4.2015 – 9 U 132/13, GmbHR 2015, 990 = NZG 2015, 1076; dazu kritisch *Bormann*, GmbHR 2015, 993.

12 *W. Müller*, in: Ulmer/Habersack/Löbbe, Rdnr. 26 f.; *Schütz*, in: MünchKomm. GmbHG, Rdnr. 34.

ren Kosten entsprechend ihren Geschäftsanteilen beteiligen sollen[13]. Ebenso ist es zu beurteilen, wenn die Gesellschafter in der Krise der Gesellschaft beschließen, dass jeder Gesellschafter sofort einen bestimmten Betrag zur Sicherung der Liquidität der Gesellschaft einzahlt und dass die verbleibenden Schulden der Gesellschaft zu gleichen Teilen auf die Gesellschafter verteilt werden; für den Beschluss gelten somit § 53 Abs. 2 und Abs. 3 sowie § 54[14]. Werden diese Voraussetzungen nicht beachtet, so ist der Beschluss nichtig und kann wohl in der Regel auch nicht wegen der besonderen Strenge der Nachschusspflicht und wegen der mit den Förmlichkeiten der §§ 53 und 54 bezweckten Warnung der Gesellschafter in eine (jederzeit formlos mögliche) Vereinbarung von Zuschüssen (s. Rdnr. 7) umgedeutet werden[15]. Die Annahme von Nachschusspflichten liegt ferner nahe, wenn die Gesellschaft genossenschaftlichen Charakter trägt (s. die §§ 6 Nr. 3, 105 GenG).

3. Zuschüsse

Die Gesellschafter können sich auch **außerhalb des Gesellschaftsvertrages** zu Leistungen an die Gesellschaft verpflichten. Es handelt sich dabei um eigenartige (nicht benannte) formfreie Verträge der Gesellschafter untereinander (§ 311 Abs. 1 BGB); gegen die Annahme einer derartigen Vereinbarung spricht es aber, wenn die Gesellschafter darüber einen ausdrücklichen Gesellschafterbeschluss fassen[16]. Die Gesellschafter hindert natürlich auch nichts, **freiwillig zusätzliche Leistungen** an die Gesellschaft zu erbringen, etwa, um aufgetretene Verluste zu decken. Derartige Zuschüsse (oder Zubußen) fließen ebenso wie Nachschüsse in das Vermögen der Gesellschaft und sind gegebenenfalls unter den **Kapitalrücklagen** zu verbuchen (§ 272 Abs. 2 Nr. 4 HGB), so dass sie an die Gesellschafter nur unter Beachtung des § 30 Abs. 1 zurückgezahlt werden dürfen[17]. Einen **Anspruch auf Rückzahlung** haben die Gesellschafter in keinem Fall[18]. Genau darin liegt der Unterschied zu den Gesellschafterdarlehen (s. Rdnr. 8). **Beispiele** sind Zuzahlungen auf Geschäftsanteile, die erfolgen, um ihn in einen Vorzugsgeschäftsanteil umzuwandeln[19], Zuschüsse, die nach der Vereinbarung der Gesellschafter in freie Rücklagen einzustellen sind[20], oder freiwillige Subventionsleistungen der öffentlichen Hand an ihr gehörige oder ihr nahe stehende Gesellschaften[21].

4. Darlehen

Nachschüsse, Zubußen und Darlehen unterscheiden sich vor allem in der Frage der **Rückzahlbarkeit**, da ein Darlehen nur angenommen werden kann, wenn der Gesellschafter, wenn auch möglicherweise erst nach Kündigung, einen Anspruch auf Rückzahlung des fraglichen Betrages hat (§ 488 Abs. 1 Satz 2 BGB; s. Rdnr. 6b). Auf den Wortlaut der Vereinbarungen kommt es in diesem Zusammenhang nicht an (§§ 133, 157 BGB); entscheidend ist vielmehr allein, ob nach den Umständen eine grundsätzlich nicht rückforderbare, *endgültige* gesellschaftliche Einlage in das Vermögen der Gesellschaft oder nur eine *vorübergehende* Kapital-

7

8

---

13 RFHE 12, 217, 218 f.
14 KG v. 20.12.1999 – 2 U 6691/98, NZG 2000, 688, 689 = GmbHR 2000, 981 (nur Leitsatz).
15 *Altmeppen*, in: Roth/Altmeppen, Rdnr. 4; *Bayer*, in: Lutter/Hommelhoff, Rdnr. 7; str.
16 KG v. 20.12.1999 – 2 U 6691/98, NZG 2000, 688, 689 = GmbHR 2000, 981 (nur Leitsatz).
17 Ebenso z.B. *Altmeppen*, in: Roth/Altmeppen, Rdnr. 6.
18 RGZ 81, 368, 370 f.; RGZ 105, 299, 301 f.; RG, LZ 1917, 927 Nr. 15 = GmbHR 1918, 183; RG, Recht 1928, 267 f. Nr. 1063 = GmbHR 1929, 370; OLG Düsseldorf, OLGE 41, 210; OLG Hamm v. 2.2.1977 – 8 U 229/76, GmbHR 1978, 271 f.
19 RFHE 1, 71, 73.
20 öVwGH v. 3.11.1994 – 93/15/0082, GesRZ 1995, 207, 209 = HS 25.188.
21 öVwGH v. 19.4.1995 – 93/16/0044, GesRZ 1996, 53, 54 f. = HS 26.208 (S. 116 f.).

überlassung gewollt ist[22]. Weitere **Indizien** für das Vorliegen **eines Darlehens** sind die **Verzinsung** der von den Gesellschaftern zur Verfügung gestellten Beträge, das Fehlen einer gesellschaftsvertraglichen Regelung sowie eine etwaige **Sicherheitsleistung** der Gesellschaft[23]. Verlangt ein Gesellschafter von der Gesellschaft die Rückzahlung bestimmter Beträge mit der Begründung, es habe sich dabei lediglich um ein Darlehen gehandelt, so trifft ihn die **Beweislast**, wenn die Gesellschaft das Vorliegen eines Darlehens bestreitet[24]. In der Krise der Gesellschaft relativieren sich freilich wieder die Unterschiede zwischen Nachschüssen und Darlehen[25].

III. Voraussetzungen

1. Zulassung im Gesellschaftsvertrag (§ 26 Abs. 1)

9   Nachschusspflichten können nach § 26 Abs. 1 nur durch den Gesellschaftsvertrag begründet werden, und zwar entweder von Anfang an oder nachträglich im Wege der Vertragsänderung (s. Rdnr. 9a). Für die wirksame Begründung einer Nachschusspflicht genügt bereits die Bestimmung im Gesellschaftsvertrag, dass die Gesellschafter über den Nennbetrag der Geschäftsanteile hinaus die Einforderung von weiteren Einzahlungen oder Nachschüssen beschließen können. Weitere Bestimmungen sind im Gesellschaftsvertrag nur erforderlich, wenn die Nachschusspflicht entsprechend den §§ 26 Abs. 3 und 28 beschränkt oder von weiteren Voraussetzungen abhängig gemacht werden soll. Fehlt es im Gesellschaftsvertrag an entsprechenden Bestimmungen, so ist daher von einer unbeschränkten Nachschusspflicht i.S. des § 27 (als gesetzlichem Regelfall) auszugehen.

9a   Wird die Nachschusspflicht erst nachträglich im Wege der **Vertragsänderung** eingeführt, so bedarf diese gemäß § 53 Abs. 3 der Zustimmung *aller* Gesellschafter, die von der Einführung oder Abänderung der Nachschusspflicht betroffen werden. Dies gilt gleichermaßen für die nachträgliche **Einführung** der Nachschusspflicht wie für ihre **Erweiterung oder** für die **Umwandlung** einer unbeschränkten in eine beschränkte Nachschusspflicht, weil die Gesellschafter dadurch ihr Preisgaberecht aus § 27 einbüßen[26]. Mit dem Änderungsbeschluss kann dann auch der außerdem erforderliche Einforderungsbeschluss verbunden werden (s. Rdnr. 14 f.).

9b   Bei der Vertragsänderung müssen die Förmlichkeiten der §§ **53 und 54** beachtet werden[27]. Die **Zustimmung** der betroffenen Gesellschafter (§ 53 Abs. 3) kann auch noch nachträglich formlos erteilt werden. Ohne ihr Vorliegen darf aber die Vertragsänderung nicht ins Handelsregister eingetragen werden (§ 54). Wird sie gleichwohl **eingetragen**, so ist umstritten, welche Folgen der Verstoß gegen § 53 Abs. 3 hat. Richtiger Meinung nach ist von der **Unwirksamkeit** des Beschlusses auszugehen. Unanwendbar ist § 53 Abs. 3 dagegen auf Vertragsänderungen,

22 RGZ 81, 368, 369; RFHE 1, 69, 70; RFHE 12, 217, 218; OLG München v. 24.1.2000 – 17 U 4879/99, GmbHR 2000, 981; KG v. 20.12.1999 – 2 U 6691/98, NZG 2000, 688, 689 = GmbHR 2000, 981 (nur Leitsatz); *Altmeppen*, in: FS Sigle, 2000, S. 211.
23 S. *W. Müller*, in: Ulmer/Habersack/Löbbe, Rdnr. 24; *Schütz*, in: MünchKomm. GmbHG, Rdnr. 39 ff.
24 RG, LZ 1917, 927 Nr. 15 = GmbHR 1918, 183; RG, Recht 1928, 267 f. Nr. 1063 = GmbHR 1929, 370; OLG Düsseldorf, OLGE 41, 210; *Schütz*, in: MünchKomm. GmbHG, Rdnr. 44.
25 *Schütz*, in: MünchKomm. GmbHG, Rdnr. 39.
26 RGZ 81, 368, 369 ff.; RFHE 1, 71, 73; OLG Hamm v. 2.2.1977 – 8 U 229/76, GmbHR 1978, 271 f.; KG v. 20.12.1999 – 2 U 6691/98, NZG 2000, 688, 689 = GmbHR 2000, 981 (nur Leitsatz); *Altmeppen*, in: Roth/Altmeppen, Rdnr. 8; *S.Ebert/Nebeling*, GmbHR 2001, 664, 665.
27 OLG Hamm v. 2.2.1977 – 8 U 229/76, GmbHR 1978, 271 f.; OLG München v. 24.1.2000 – 17 U 4879/99, GmbHR 2000, 981; KG v. 20.12.1999 – 2 U 6691/98, NZG 2000, 688, 689 = GmbHR 2000, 981 f. (nur Leitsatz); anders nur einmal RGZ 81, 368, 370 ff.

durch die die Nachschusspflicht ganz *beseitigt* wird[28]. Auch die §§ 1071 und 1276 BGB finden keine unmittelbare oder entsprechende Anwendung (s. § 27 Rdnr. 28).

2. Zusätzliche Erfordernisse

Soweit nicht die §§ 26 bis 28 zwingendes Recht enthalten, können im Gesellschaftsvertrag beliebige weitere Regelungen getroffen werden. Namentlich kann der Gesellschaftsvertrag **zusätzliche Erfordernisse** wie z.B. die Zustimmung eines Aufsichtsrats oder Beirats vorsehen (§ 45), ein bestimmtes Verfahren bei der Einforderung der Nachschüsse vorschreiben und besondere Sanktionen für den Fall der Nichtzahlung der Nachschüsse vorsehen. Ebenso gut kann die Nachschusspflicht aber auch auf bestimmte Fallgestaltungen beschränkt werden[29]. Zulässig ist es ferner, die Nachschusspflicht durch die Festlegung jährlicher **Höchstbeträge** oder von Höchstbeträgen für jeden Einzelfall weiter zu konkretisieren, ohne dass sie sich dadurch in eine beschränkte im Sinne des § 26 Abs. 3 verwandelte, weil solche Regelung nicht gleichbedeutend mit einer Obergrenze für die Nachschusspflicht *insgesamt* ist (s. Rdnr. 11 f.). 10

3. Beschränkung der Nachschusspflicht (§ 26 Abs. 3)

Die Nachschusspflicht kann nach § 26 Abs. 3 im Gesellschaftsvertrag zum Schutze der Gesellschafter auf einen bestimmten, nach dem Verhältnis der Geschäftsanteile festzusetzenden Betrag beschränkt werden. In Österreich ist solche Beschränkung sogar zwingende Voraussetzung für die Einführung einer Nachschusspflicht (§ 76 Abs. 2 öGmbHG). Mit einer derartigen Beschränkung wird **bezweckt**, den Gesellschaftern von vornherein **Klarheit** darüber zu verschaffen, welche Pflichten auf sie äußerstenfalls zukommen können. Deshalb genügt es, wenn die Höchstbeträge der Nachschüsse *bestimmbar* sind. **Beispiele** sind die Festlegung einer Höchstsumme für *alle* Nachschüsse, von Höchstbeträgen pro Geschäftsanteil sowie die Festlegung von Quoten der Geschäftsanteile oder des Stammkapitals als Obergrenze *sämtlicher* Nachschüsse (insgesamt)[30]. Nicht ausreichend ist dagegen eine Beschränkung der Nachschusspflicht auf eine bestimmte Quote des jährlich ausgeschütteten Gewinns[31]. 11

Nach dem Wortlaut des § 26 Abs. 3 muss der festzusetzende Höchstbetrag **gleichmäßig** (nach Verhältnis der Geschäftsanteile) auf die einzelnen Gesellschafter **verteilt** werden. Diese Vorschrift wird jedoch überwiegend ebenso wenig wie § 26 Abs. 2 (s. Rdnr. 25) als zwingend angesehen, so dass im Gesellschaftsvertrag **mit Zustimmung** der betroffenen Gesellschafter (§ 53 Abs. 3) hiervon **abgewichen** kann[32]. Unklar ist, welche Rechtsfolgen eintreten, wenn die **nötige Zustimmung** des oder der betroffenen Gesellschafter zu einer Ungleichbehandlung **fehlt**. Man wird zu unterscheiden haben: Liegt der Mangel **von Anfang an** vor, so gelten die besonderen Regeln über Mängel des Gesellschaftsvertrages; d.h. der Mangel wird mit der Eintragung im Zweifel als geheilt anzusehen sein (s. § 2 Rdnr. 90). Anders dagegen im Falle der Ungleichbehandlung **bei einer späteren Vertragsänderung** unter Verstoß gegen § 53 Abs. 3. In diesem Fall ist von der Unwirksamkeit des Änderungsbeschlusses auszugehen[33]. 12

28 *Pentz*, in: Rowedder/Schmidt-Leithoff, Rdnr. 19.
29 OLG Schleswig v. 23.9.1993 – 5 U 176/92, GmbHR 1994, 250; bestätigt durch BGH v. 6.6.1994 – II ZR 221/93, GmbHR 1994, 710 = DStR 1994, 1129.
30 S. *Esch*, NJW 1978, 2529, 2532; *Feine*, in: Ehrenbergs Hdb. III/3, S. 320; *Fastrich*, in: Baumbach/Hueck, Rdnr. 6.
31 *Altmeppen*, in: Roth/Altmeppen, Rdnr. 16; anders *Esch*, NJW 1978, 2529, 2532.
32 *Altmeppen*, in: Roth/Altmeppen, Rdnr. 14; *Fastrich*, in: Baumbach/Hueck, Rdnr. 6; *Schütz*, in: MünchKomm. GmbHG, Rdnr. 66.
33 S. Rdnr. 9b; anders z.B. *Altmeppen*, in: Roth/Altmeppen, Rdnr. 17.

4. Übergang

13   Sobald die Nachschusspflicht durch den Gesellschaftsvertrag wirksam eingeführt ist (Rdnr. 9 ff.), belastet sie die Geschäftsanteile der betroffenen Gesellschafter. Folglich **geht** die Nachschusspflicht **auf Anteilserwerber über**, die jedoch von der Gesellschaft grundsätzlich erst nach Eintragung in die Gesellschafterliste (§ 16 Abs. 1) in Anspruch genommen werden können (Rdnr. 21). Voraussetzung ist, dass der Einforderungsbeschluss (§ 26 Abs. 1, Rdnr. 14) bereits vor der Eintragung des Erwerbers in die Gesellschafterliste gefasst wurde[34]. § 16 Abs. 2 ist ebenfalls anwendbar, so dass der Veräußerer neben dem Erwerber zahlungspflichtig bleibt.

5. Einforderungsbeschluss

a) Zwingendes Recht

14   § 26 Abs. 1 nennt als zweite unabdingbare Voraussetzung der Nachschusspflicht neben der Einführung durch den Gesellschaftsvertrag (Rdnr. 9 ff.) einen Einforderungsbeschluss der Gesellschafter, durch den erst die Nachschusspflicht konkretisiert wird. § 46 Nr. 2 findet insoweit keine Anwendung, so dass es sich bei der zusätzlichen Notwendigkeit eines Einforderungsbeschlusses der Gesellschafter hier anders als bei den Geschäftsanteilen (s. § 45) um zwingendes Recht handelt. Im Gesellschaftsvertrag kann daher weder bestimmt werden, dass die Nachschüsse sofort oder zu bestimmten Terminen fällig sein sollen, noch kann durch den Gesellschaftsvertrag die Einforderung der Nachschüsse einem anderen Organ, etwa den Geschäftsführern oder einem Aufsichtsrat übertragen werden[35]. Für den Einforderungsbeschluss genügt, wenn der Gesellschaftsvertrag nichts anderes bestimmt, die **einfache Mehrheit** der Gesellschafter (Rdnr. 15). Der Gesellschaftsvertrag kann lediglich eine höhere Mehrheit vorschreiben, nicht jedoch auf das Erfordernis einer einfachen Mehrheit verzichten. § 26 Abs. 1 ist insoweit zum Schutze der Minderheit als zwingend anzusehen[36]. Ebenso wenig kann angenommen werden, dass die Gesellschafter ausnahmsweise bei dringendem Kapitalbedarf der Gesellschaft aufgrund ihrer **Treuepflicht** verpflichtet seien, einem Einforderungsbeschluss zuzustimmen, da der Gesellschaft auch dann immer noch der die Gesellschafter weniger belastende Weg einer Kapitalerhöhung offen steht[37].

14a   Überträgt der Gesellschaftsvertrag die Einforderung der Nachschüsse entgegen § 26 Abs. 1 einem **anderen Organ**, so ist dies nur wirksam, wenn es sich bei den eingeforderten Leistungen nicht um echte Nachschüsse, sondern z.B. um Nebenleistungen i.S. des § 3 Abs. 2 handelt (Rdnr. 6a) oder wenn die Bestimmung die Bedeutung haben soll, dass *zusätzlich* zu dem Gesellschafterbeschluss noch die Zustimmung anderer Organe erforderlich ist (Rdnr. 10). Sofern die Bestimmung dagegen besagt, dass die Einforderung der Nachschüsse *allein* einem anderen Organ als der Gesellschafterversammlung unter Verstoß gegen § 26 Abs. 1 obliegen soll, ist sie *nichtig* (§ 134 BGB). Umstritten sind die weiteren **Rechtsfolgen**. Zum Teil wird angenommen, die Nichtigkeit beschränke sich auf die Anordnung der Zuständigkeit eines anderen Organs zur Einforderung der Nachschüsse, während es im Übrigen bei der Wirksamkeit der Einführung der Nachschusspflicht bleibe[38]. Dem ist jedoch im Interesse des gerade hier gebotenen, umfassenden Gesellschafterschutzes gegen unerwartete Belastungen aufgrund des Gesellschaftsvertrages nicht zu folgen. In dem genannten Fall ist daher die Einführung der Nachschusspflicht wegen Verstoßes gegen § 26 Abs. 1 insgesamt *nichtig* (§§ 134, 139 BGB)[39].

---

34 *Schütz*, in: MünchKomm. GmbHG, Rdnr. 54.
35 RGZ 70, 326, 328 ff.; OLG Frankfurt a.M. v. 10.1.1992 – 10 U 308/90, GmbHR 1992, 665 = NJW-RR 1992, 1512; *Bayer*, in: Lutter/Hommelhoff, Rdnr. 8.
36 *Schütz*, in: MünchKomm. GmbHG, Rdnr. 53.
37 *Schütz*, in: MünchKomm. GmbHG, Rdnr. 61.
38 So *W. Müller*, in: Ulmer/Habersack/Löbbe, Rdnr. 41.
39 *Mock*, in: Michalski u.a., Rdnr. 25; *Pentz*, in: Rowedder/Schmidt-Leithoff, Rdnr. 23.

Für den Einforderungsbeschluss genügt, wenn der Gesellschaftsvertrag nicht etwas anderes bestimmt, die **einfache Mehrheit**. § 53 Abs. 3 findet keine Anwendung. Ohne (wirksame) Einführung der Nachschusspflicht durch den Gesellschaftsvertrag ist der Einforderungsbeschluss jedoch nichtig. Anders verhält es sich nur, wenn der Beschluss zugleich alle Voraussetzungen einer **Änderung des Gesellschaftsvertrages** erfüllt, wozu insbesondere die Zustimmung aller Gesellschafter sowie die Eintragung ins Handelsregister gehören (§§ 53, 54)[40].

b) Mängel

Der Einforderungsbeschluss ist **anfechtbar**, wenn seine Durchführung unzulässigerweise (Rdnr. 20) in das Ermessen der Geschäftsführer gestellt wird; der Beschluss ist jedoch nicht etwa nichtig, so dass er nach Ablauf der Anfechtungsfrist für die Gesellschafter bindend ist. Der Einforderungsbeschluss ist ferner anfechtbar bei einem Verstoß gegen den **Gleichbehandlungsgrundsatz** oder gegen die **Treuepflicht**. Letzteres kommt insbesondere in Betracht, wenn die Mehrheit mit dem Beschluss den Zweck verfolgt, die Minderheit durch die Einforderung besonders hoher Nachschüsse aus der Gesellschaft zu vertreiben (s. § 27)[41]. Den betroffenen Gesellschaftern steht dann bis zur rechtskräftigen Entscheidung über die Anfechtung nach Treu und Glauben ein **Leistungsverweigerungsrecht** zu (§§ 242 und 273 BGB)[42]. In besonders schwerwiegenden Fällen dieser Art kommt von Fall zu Fall auch die Anwendung der §§ 138 und 826 BGB in Betracht, so dass der Beschluss nichtig ist[43].

c) Abtretung, Pfändung

Erst der (wirksame) Einforderungsbeschluss, der insoweit konstitutive Bedeutung hat, bringt den Anspruch der Gesellschaft auf Einzahlung der Nachschüsse zur Entstehung (§ 26 Abs. 1). *Vor* der Beschlussfassung besteht noch kein Anspruch der Gesellschaft auf Nachschüsse, so dass der Anspruch in dieser Zeitspanne auch noch *nicht* abgetreten oder gepfändet werden kann. Die Folge ist vor allem, dass die **Gläubiger** vor Beschlussfassung der Gesellschafter ihrerseits keine Möglichkeit besitzen, die Gesellschaft zur Einforderung von Nachschüssen zu zwingen. Dasselbe gilt in der **Insolvenz** der Gesellschaft für den Verwalter[44]. **Nach Erlass** des Einforderungsbeschlusses gehört der Anspruch auf die Nachschüsse dagegen zum Vermögen der Gesellschaft (s. § 42 Abs. 2), so dass er fortan auch abgetreten oder gepfändet werden kann. In der **Insolvenz** der Gesellschaft ist jetzt der Verwalter zu seiner Geltendmachung befugt; dasselbe gilt nach **Auflösung** der Gesellschaft für den Liquidator (s. Rdnr. 17).

d) Zeitpunkt

Die Entscheidung über die Notwendigkeit und den Zeitpunkt der Einforderung von Nachschüssen obliegt der Gesellschaftermehrheit, so dass sie Nachschüsse grundsätzlich auch einfordern darf, wenn diese im Augenblick zur Sicherung der Liquidität der Gesellschaft an sich nicht erforderlich sind[45]. Voraussetzung ist lediglich, dass das **Stammkapital** bereits **vollständig eingefordert** ist, während es nicht erforderlich ist, dass es auch schon ganz ein-

15

15a

16

17

---

40 S. schon Rdnr. 9a; RGZ 81, 368, 370; RFHE 1, 71, 74; öVwGH v. 3.11.1994 – 93/15/0082, GesRZ 1995, 207, 209 = HS 25.188; *Altmeppen*, in: Roth/Altmeppen, Rdnr. 9.
41 *Pentz*, in: Rowedder/Schmidt-Leithoff, Rdnr. 31.
42 Statt aller *Altmeppen*, in: Roth/Altmeppen, Rdnr. 9.
43 RGZ 87, 179, 183; ebenso generell *Schütz*, in: MünchKomm. GmbHG, Rdnr. 78, str.
44 BGH v. 6.6.1994 – II ZR 221/93, GmbHR 1994, 710 = DStR 1994, 1129 (nur Leitsatz); OGH SZ Bd. 37 (1964) Nr. 137, S. 391, 392; *Altmeppen*, in: Roth/Altmeppen, Rdnr. 9; *Bayer*, in: Lutter/Hommelhoff, Rdnr. 8.
45 *Pentz*, in: Rowedder/Schmidt-Leithoff, Rdnr. 30.

gezahlt ist; dies folgt aus § 28 Abs. 2[46]. Erst in der **Insolvenz** oder nach **Auflösung** der Gesellschaft können die Gesellschafter daher gegen die (weitere) Einforderung von Nachschüssen einwenden, dass die eingeforderten Nachschüsse zur Befriedigung der Gesellschaftsgläubiger nicht mehr erforderlich seien[47].

e) Höhe, Fälligkeit

18   Der Einforderungsbeschluss muss die **Höhe** der einzuzahlenden Nachschüsse unter Berücksichtigung des Gesellschaftsvertrages, des Gleichbehandlungsgrundsatzes und des § 26 Abs. 2 festlegen. Im Rahmen des Gesellschaftsvertrages kann er außerdem weitere Einzelheiten regeln, wozu insbesondere die **Fälligkeit** der Einzahlungen auf die Nachschusspflicht gehört[48]. Der Beschluss kann ferner die **Zahlungsmodalitäten** festlegen und, soweit es der Gesellschaftsvertrag zulässt, die **Verzugsfolgen** abweichend vom Gesetz bestimmen. Notwendig ist dies alles indessen nicht. Sagt der Einforderungsbeschluss z.B. nichts über die **Fälligkeit** der Nachschüsse, so sind sie zu leisten, sobald sie von den Geschäftsführern eingefordert werden (§ 271 Abs. 1 BGB; Rdnr. 20).

f) Aufhebung

19   Solange nicht die Nachschüsse eingezahlt sind, kann der Einforderungsbeschluss von den Gesellschaftern **mit einfacher Mehrheit** wieder **aufgehoben** werden. Ist nach dem Gesellschaftsvertrag für den Einforderungsbeschluss eine **größere Mehrheit** erforderlich (s. Rdnr. 14), so kann dies bedeuten, dass für den Aufhebungsbeschluss gleichfalls diese Mehrheit nötig ist[49]; zwingend ist solche Auslegung jedoch nicht. Ein Aufhebungsbeschluss ist aber *nicht mehr* möglich, wenn die Ansprüche in der Zwischenzeit bereits **abgetreten oder gepfändet** wurden, wenn sich die Gesellschaft im **Insolvenzverfahren** befindet sowie, wenn der Beschluss zu einer Unterbilanz führte, weil das verbleibende Kapital (s. § 42 Abs. 2) die Schulden nicht mehr deckt (§ 30 Abs. 2 analog)[50]. Entsprechendes gilt gemäß **§ 30 Abs. 2 Satz 1** für einen Rückzahlungsbeschluss auf Grund des § 46 Nr. 3 *nach* Einzahlung der Zuschüsse (s. 11. Aufl., § 46 Rdnr. 60 ff.).

IV. Durchführung

1. Aufgabe der Geschäftsführer

20   Die Durchführung des Einforderungsbeschlusses ist die Aufgabe der Geschäftsführer. Ein Ermessen haben sie insoweit nicht. Ist die **Fälligkeit** nicht bereits im Einforderungsbeschluss geregelt (Rdnr. 18), so wird die Nachschusspflicht der Gesellschafter (spätestens) mit der Zahlungsaufforderung der Geschäftsführer (s. § 27 Abs. 1 Satz 1) fällig (§ 271 Abs. 1 BGB)[51]. Besondere Formvorschriften gelten dafür nicht[52]; jedoch kann der Gesellschaftsvertrag etwas anderes bestimmen. Da § 19 Abs. 2 und 5 keine Anwendung findet, können die Geschäfts-

---

46 S. § 28 Rdnr. 12 f.; RGZ 87, 179, 180 ff.; OLG Köln, GmbHR 1915, 258; *Altmeppen*, in: Roth/Altmeppen, Rdnr. 9; *Fastrich*, in: Baumbach/Hueck, Rdnr. 8; *Pentz*, in: Rowedder/Schmidt-Leithoff, Rdnr. 25; *Koppensteiner*, öGmbHG, § 72 Rdnr. 11; *Schönherr*, ÖJZ 1959, 340; str.

47 S. RGZ 70, 326, 330; *Mock*, in: Michalski u.a., Rdnr. 43; *Schütz*, in: MünchKomm. GmbHG, Rdnr. 59.

48 S. *Pentz*, in: Rowedder/Schmidt-Leithoff, Rdnr. 26 ff.

49 So *Schütz*, in: MünchKomm. GmbHG, Rdnr. 76.

50 *Altmeppen*, in: FS Sigle, 2000, S. 211, 215; *Schütz*, in: MünchKomm. GmbHG, Rdnr. 76.

51 S. Rdnr. 18; *Altmeppen*, in: Roth/Altmeppen, Rdnr. 11; *Fastrich*, in: Baumbach/Hueck, Rdnr. 9; *Schütz*, in: MünchKomm. GmbHG, Rdnr. 54, 80; *Mock*, in: Michalski u.a., Rdnr. 33.

52 *Schütz*, in: MünchKomm. GmbHG, Rdnr. 81.

führer den Gesellschaftern **Stundung** bewilligen oder ihnen gemäß § 397 BGB ihre **Schuld** ganz oder zum Teil **erlassen**, beides freilich nur mit Zustimmung der Gesellschafterversammlung, wie aus § 26 Abs. 1 zu folgern ist[53]. Ohne Zustimmung der Gesellschafterversammlung sind die fraglichen Rechtsgeschäfte zwar wirksam (§ 37 Abs. 2), machen die Geschäftsführer jedoch ersatzpflichtig (§ 43 Abs. 2). Die Geschäftsführer können schließlich noch **Sachleistungen an Zahlungs Statt** annehmen (§ 364 BGB) oder mit der Nachschussforderung gegen Forderungen der Gesellschafter aufrechnen (§ 387 BGB). Indessen darf dadurch nicht das Stammkapital tangiert werden (§ 30 Abs. 1)[54].

Die Geschäftsführer müssen den **Gleichbehandlungsgrundsatz** beachten. Verstoßen sie dagegen, indem sie willkürlich nur gegen einzelne säumige Gesellschafter, nicht jedoch gegen andere vorgehen, so steht den betroffenen Gesellschaftern ein **Leistungsverweigerungsrecht** zu (§§ 242, 273 BGB). Abreden, die zu einer willkürlichen Begünstigung einzelner Gesellschafter führen, sind nichtig (§ 134 BGB; s. § 14 Rdnr. 62). Sind mehrere Gesellschafter säumig, so müssen die Geschäftsführer **gleichmäßig gegen alle Gesellschafter vorgehen** und dürfen nicht einzelne willkürlich bevorzugen, widrigenfalls sie sich ersatzpflichtig machen (§ 43)[55].   20a

2. Verpflichteter

Die Nachschusspflicht trifft nach § 26 Abs. 1 „die Gesellschafter". Gemeint sind damit diejenigen Personen, die im Augenblick der Beschlussfassung über die Einforderung der Nachschüsse oder in dem der späteren Fälligkeit der Nachschüsse (Rdnr. 18, 20) der Gesellschaft gegenüber als Gesellschafter gelten. Das sind die **Gründer** sowie im Falle der Anteilsveräußerung die vor der Beschlussfassung in der Gesellschafterliste **eingetragenen Erwerber** (§ 16 Abs. 1). Wird die schon früher erfolgte Veräußerung erst nach Fälligkeit der Nachschussforderung eingetragen oder wird der Geschäftsanteil erst nach diesem Zeitpunkt veräußert, so haften Veräußerer und Erwerber nach **§ 16 Abs. 2** als Gesamtschuldner[56].   21

Im Falle einer **Kapitalerhöhung** wird grundsätzlich davon auszugehen sein, dass, sofern der Gesellschaftsvertrag nicht ausdrücklich etwas anderes bestimmt, die Nachschusspflicht auch für die *neuen* Geschäftsanteile gelten soll, sofern die Kapitalerhöhung beschlossen wird, nachdem schon die Nachschusspflicht im Gesellschaftsvertrag begründet worden ist[57]. Eine bloße Aufstockung schon bestehender Gesellschaftsanteile (in Abweichung von § 55 Abs. 3) kommt nach h.M., wenn der Gesellschaftsvertrag eine Nachschusspflicht vorsieht, mit Rücksicht auf § 22 Abs. 4 nicht in Betracht (s. 11. Aufl., § 55 Rdnr. 25).   22

Die Nachschusspflicht trifft in keinem Fall die **Gesellschaft** selbst, auch nicht, wenn sie **eigene Geschäftsanteile** besitzt (§ 33). In diesem Fall erlischt vielmehr die Nachschusspflicht durch Konfusion, und zwar auch, wenn die Gesellschaft bereits mit einer Nachschusspflicht belastete Anteile erwirbt; insoweit ist kein Raum für die Anwendung des § 16 Abs. 2[58]. Umstritten ist die Rechtslage lediglich im Falle der Weiterveräußerung der Anteile durch die Gesellschaft (s. dazu § 33 Rdnr. 36, 40).   22a

---

53 RGZ 133, 297, 298; *W. Müller*, in: Ulmer/Habersack/Löbbe, Rdnr. 61–63.
54 *Altmeppen*, in: Roth/Altmeppen, Rdnr. 3; *W. Müller*, in: Ulmer/Habersack/Löbbe, Rdnr. 61.
55 S. Rdnr. 20; OGH SZ Bd. 27 (1954) Nr. 195 = HS 2239; *Fastrich*, in: Baumbach/Hueck, Rdnr. 8; *Schütz*, in: MünchKomm. GmbHG, Rdnr. 55, 74 f.
56 S. *Altmeppen*, in: Roth/Altmeppen, Rdnr. 13; *Bayer*, in: Lutter/Hommelhoff, Rdnr. 10; *Mock*, in: Michalski u.a., Rdnr. 35; *Pentz*, in: Rowedder/Schmidt-Leithoff, Rdnr. 34.
57 S. *W. Müller*, in: Ulmer/Habersack/Löbbe, Rdnr. 38; *Mock*, in: Michalski u.a., Rdnr. 37.
58 *Altmeppen*, in: Roth/Altmeppen, Rdnr. 13; *Bayer*, in: Lutter/Hommelhoff, Rdnr. 10; *Fastrich*, in: Baumbach/Hueck, Rdnr. 10; *Mock*, in: Michalski u.a., Rdnr. 38; *W. Müller*, in: Ulmer/Habersack/Löbbe, Rdnr. 50.

3. Schuldrechtliche Forderung

23 Der mit dem Einforderungsbeschluss entstehende Anspruch der Gesellschaft (Rdnr. 16) ist eine normale (schuldrechtliche) Forderung der Gesellschaft auf Geldzahlung gegen die Gesellschafter, die gemäß §§ 195 und 199 BGB in drei Jahren ab Jahresschluss **verjährt**[59]. § 19 Abs. 6 findet keine Anwendung[60]. Für die **Einklagung** (im Gerichtsstand des § 22 ZPO) und für die Zwangsvollstreckung in das Vermögen der Gesellschafter gelten keine Besonderheiten. Die **Verzugsfolgen** sind die allgemeinen (§ 286 BGB), soweit nicht im Gesellschaftsvertrag oder im Einforderungsbeschluss (Rdnr. 18) abweichend geregelt; § 20 findet keine Anwendung (s. § 20 Rdnr. 3). Eine **Kaduzierung** des belasteten Anteils kommt nur im Rahmen des § 28 in Betracht, der jedoch nur auf die §§ 21 bis 23, nicht dagegen auf § 24 verweist, so dass es hier nicht zur Ausfallhaftung der übrigen Gesellschafter kommen kann.

4. Nachschusspflicht gemäß dem Verhältnis der Geschäftsanteile (§ 26 Abs. 2)

24 Nach § 26 Abs. 2 hat die Einzahlung der Nachschüsse nach dem Verhältnis der Geschäftsanteile zu erfolgen. § 26 Abs. 2 ist Ausdruck des allgemeinen Gleichbehandlungsgrundsatzes. Die eingeforderten Beträge sind folglich entsprechend § 14 grundsätzlich **gleichmäßig nach dem Verhältnis der Nennbeträge** der Geschäftsanteile (ohne Rücksicht auf die Höhe der tatsächlich schon geleisteten Einzahlungen) auf die Gesellschafter zu verteilen. Maßgebend ist die Höhe der Anteile im Augenblick der Fassung des Einforderungsbeschlusses[61], wobei die eigenen Anteile der Gesellschaft mitgezählt werden (s. § 33 Rdnr. 36).

25 § 26 Abs. 2 ist ebenso wie der Gleichbehandlungsgrundsatz selbst mit Zustimmung der jeweils Betroffenen **dispositiv**[62]. Durch den Gesellschaftsvertrag kann daher mit Zustimmung der betroffenen Gesellschafter auch eine ungleichmäßige Einforderung der Nachschüsse vorgesehen werden. Nach überwiegender Meinung gilt dasselbe für den Einforderungsbeschluss, sofern ihm nur die durch die Ungleichbehandlung betroffenen Gesellschafter zustimmen, da diese dann nach § 242 BGB kein Anfechtungsrecht mehr haben[63].

---

59 *Altmeppen*, in: Roth/Altmeppen, Rdnr. 15; *Schütz*, in: MünchKomm. GmbHG, Rdnr. 90 f.
60 *Schütz*, in: MünchKomm. GmbHG, Rdnr. 92 f.
61 *Schütz*, in: MünchKomm. GmbHG, Rdnr. 87.
62 RFHE 12, 217, 219; *Altmeppen*, in: Roth/Altmeppen, Rdnr. 14; *Feine*, in: Ehrenbergs Hdb. III/3, S. 322; *Mock*, in: Michalski u.a., Rdnr. 45; *Pentz*, in: Rowedder/Schmidt-Leithoff, Rdnr. 21, 33.
63 *Fastrich*, in: Baumbach/Hueck, Rdnr. 9; *Bayer*, in: Lutter/Hommelhoff, Rdnr. 8; str.

§ 27
Unbeschränkte Nachschusspflicht

(1) Ist die Nachschusspflicht nicht auf einen bestimmten Betrag beschränkt, so hat jeder Gesellschafter, falls er die Stammeinlage vollständig eingezahlt hat, das Recht, sich von der Zahlung des auf den Geschäftsanteil eingeforderten Nachschusses dadurch zu befreien, dass er innerhalb eines Monats nach der Aufforderung zur Einzahlung den Geschäftsanteil der Gesellschaft zur Befriedigung aus demselben zur Verfügung stellt. Ebenso kann die Gesellschaft, wenn der Gesellschafter binnen der angegebenen Frist weder von der bezeichneten Befugnis Gebrauch macht, noch die Einzahlung leistet, demselben mittels eingeschriebenen Briefes erklären, dass sie den Geschäftsanteil als zur Verfügung gestellt betrachte.

(2) Die Gesellschaft hat den Geschäftsanteil innerhalb eines Monats nach der Erklärung des Gesellschafters oder der Gesellschaft im Wege öffentlicher Versteigerung verkaufen zu lassen. Eine andere Art des Verkaufs ist nur mit Zustimmung des Gesellschafters zulässig. Ein nach Deckung der Verkaufskosten und des rückständigen Nachschusses verbleibender Überschuss gebührt dem Gesellschafter.

(3) Ist die Befriedigung der Gesellschaft durch den Verkauf nicht zu erlangen, so fällt der Geschäftsanteil der Gesellschaft zu. Dieselbe ist befugt, den Anteil für eigene Rechnung zu veräußern.

(4) Im Gesellschaftsvertrag kann die Anwendung der vorstehenden Bestimmungen auf den Fall beschränkt werden, dass die auf den Geschäftsanteil eingeforderten Nachschüsse einen bestimmten Betrag überschreiten.

Text seit 1892 unverändert.

I. Überblick, Zweck

Nach § 27 haben die Gesellschafter bei Vereinbarung einer unbeschränkten Nachschusspflicht im Sinne des § 26 die unabdingbare Möglichkeit, sich von der Haftung für die eingeforderten Nachschüsse im Wege der Preisgabe des Geschäftsanteils (auch **Abandon** genannt) zu befreien. Im Einzelnen hat man die Preisgabe durch den Gesellschafter mittels Erklärung gegenüber der Gesellschaft binnen eines Monats nach Zahlungsaufforderung (§ 27 Abs. 1 Satz 1) sowie die fingierte Preisgabe durch Erklärung der Gesellschaft nach Ablauf dieser Frist (§ 27 Abs. 1

1

Satz 2) zu unterscheiden (s. Rdnr. 11, 16 ff.). Die Folge ist in beiden Fällen, dass die Gesellschaft (nur) ein **Verwertungsrecht** erlangt, durch das ihr die Möglichkeit eröffnet wird, sich wegen der eingeforderten Nachschüsse aus dem preisgegebenen (abandonierten) Anteil zu befriedigen, und zwar grundsätzlich im Wege öffentlicher Versteigerung im Sinne des § 383 Abs. 3 BGB (§ 27 Abs. 2, s. Rdnr. 18, 22 ff.). Nur wenn auf diesem Wege eine Verwertung des Anteils scheitert, fällt er der Gesellschaft endgültig zu (§ 27 Abs. 3, Rdnr. 29). Die **praktische Bedeutung** des Preisgaberechts dürfte **gering** sein, da unbeschränkte Nachschusspflichten ausgesprochen selten sind (s. § 26 Rdnr. 1a). Das **österreichische Recht** kennt – mangels unbeschränkter Nachschusspflichten – keine vergleichbare Regelung.

1a Mit der Einführung des Preisgaberechts (§ 27) wurde seinerzeit der **Zweck** verfolgt, den Gesellschaftern einer GmbH einen Weg zu eröffnen, sich von möglicherweise auf die Dauer unerträglichen Belastungen auf Grund einer Nachschusspflicht zu befreien, da eine rigoros gehandhabte unbeschränkte Nachschusspflicht eine GmbH der Sache nach in eine **OHG verwandelt** (s. § 128 HGB). Nicht zu übersehen ist freilich, dass das Preisgaberecht den Gesellschafter häufig vor eine **schwierige Entscheidung** stellt, da es bedeutet, dass er die Befreiung von einer bestimmten gesellschaftlichen Pflicht nur um den Preis der Aufgabe eines möglicherweise hohen Vermögenswertes, verkörpert in dem Gesellschaftsanteil, zu erlangen vermag.

II. Anwendungsbereich

1. Unbeschränkte Nachschusspflicht

2 Das Preisgaberecht des § 27 greift nur ein, wenn der Gesellschaftsvertrag eine unbeschränkte Nachschusspflicht der Gesellschafter vorsieht (s. § 26 Rdnr. 9 ff.). Gleich steht nach einer verbreiteten Meinung der Fall, dass die Nachschusspflicht außer Verhältnis zum Stammkapital steht, so dass sie, bezogen auf das möglicherweise niedrige Stammkapital, *der Sache nach unbegrenzt* ist[1]. § 27 ist nach dem Zweck der gesetzlichen Regelung (Rdnr. 1 f.) zugunsten der Gesellschafter **zwingendes Recht**, so dass das Preisgaberecht des § 27 weder ausgeschlossen noch eingeschränkt werden kann, z.B. durch Verschärfung der Voraussetzungen des Preisgaberechts über § 27 Abs. 1 hinaus[2]. Daran scheitert insbesondere eine Ersetzung des Preisgaberechts der Gesellschafter durch das Kaduzierungsverfahren der §§ 21 bis 24 im Gesellschaftsvertrag.

2a Unbedenklich sind dagegen **Erleichterungen** des Preisgaberechts für die Gesellschafter, z.B. durch die Verlängerung der Frist des § 27 Abs. 1 Satz 1[3]. Das Preisgaberecht der Gesellschafter kann außerdem durch den Gesellschaftsvertrag auf andere vergleichbare Fallgestaltungen ausgedehnt werden, z.B. auf die beschränkte Nachschusspflicht des § 28 oder auf die Nebenleistungspflichten des § 3 Abs. 2[4]. **Ohne vertragliche Regelung** kommt dagegen eine entsprechende Anwendung des Preisgaberechts in anderen vergleichbaren Fallgestaltungen *nicht* in Betracht, auch nicht bei übermäßigen („unbegrenzten") belastenden Nebenpflichten[5] oder zugunsten wirtschaftlich enttäuschter Anleger, die sich von der Gesellschaft trennen wollen[6]. Dafür spricht heute auch die ausdrückliche gesetzliche Regelung des Kündigungsrechts aus

---

1 *Schütz*, in: MünchKomm. GmbHG, Rdnr. 14.
2 RGZ 81, 368, 372; RGZ 128, 1, 16 f.; *Fastrich*, in: Baumbach/Hueck, Rdnr. 2; *Schütz*, in: MünchKomm. GmbHG, Rdnr. 19; *Pentz*, in: Rowedder/Schmidt-Leithoff, Rdnr. 10, 29 f.
3 *Schütz*, in: MünchKomm. GmbHG, Rdnr. 20.
4 S. § 3 Rdnr. 69 ff.; *Buchholz*, JherJb Bd. 74 (1924), 260, 333 f.
5 Str., anders z.B. *Altmeppen*, in: Roth/Altmeppen, Rdnr. 1; *W. Müller*, in: Ulmer/Habersack/Löbbe, Rdnr. 7; *Schütz*, in: MünchKomm. GmbHG, Rdnr. 17.
6 *Altmeppen*, in: Roth/Altmeppen, Rdnr. 9; anders nur *van Venrooy*, GmbHR 1992, 141, 147 f.

wichtigem Grund bei Dauerschuldverhältnissen in § 314 BGB, der in den genannten Fällen bereits ohne Rückgriff auf die Analogie zu § 27 eine angemessene Lösung bietet[7].

2. Gemischte Nachschusspflicht

Die einzige zulässige **Beschränkung** des Preisgaberechts der Gesellschafter im Falle der Einführung einer unbeschränkten Nachschusspflicht ergibt sich aus **§ 27 Abs. 4** i.V.m. § 28 Abs. 1 Satz 2 (sog. gemischte Nachschusspflicht). Beide Vorschriften bedeuten im Zusammenhang Folgendes: Der Gesellschaftsvertrag kann zugleich mit der Einführung der unbeschränkten Nachschusspflicht eine (ernst gemeinte, nicht nur fiktive) **Obergrenze** für die Nachschüsse festsetzen mit der Folge, dass das Preisgaberecht der Gesellschafter erst eingreift, wenn die Summe der bisher eingeforderten Nachschüsse die Obergrenze, wenn auch nur geringfügig, überschreitet. Solange dies nicht der Fall ist, tritt dagegen an die Stelle des Preisgaberechts gemäß § 27 Abs. 1 Satz 2 das **Kaduzierungsverfahren** nach § 28. Wird eine gemischte Nachschusspflicht im Sinne des § 27 Abs. 4 *nachträglich* im Wege der Satzungsänderung eingeführt, so ist § 53 Abs. 3 zu beachten, weil dadurch das Preisgaberecht der Gesellschafter beschränkt wird.

3. Mehrere Geschäftsanteile

Wenn ein Gesellschafter mehrere Geschäftsanteile besitzt, kann er das Preisgaberecht für jeden einzelnen Anteil (§ 15 Abs. 2) *unterschiedlich* ausüben[8]. Selbständig in diesem Sinne sind auch **geteilte Anteile**, selbst wenn die Teilung allein zu dem Zweck erfolgte, das Preisgaberecht nur für einzelne Teile des früheren Geschäftsanteils auszuüben, um entsprechend die Nachschusspflicht zu begrenzen, und zwar deshalb, weil die Gesellschafter ohnehin der Teilung zustimmen müssen (§ 46 Nr. 4)[9].

4. Mitberechtigung mehrerer Personen

Im Falle einer Mitberechtigung mehrerer Personen an einem Anteil gilt § 18, so dass sie das Preisgaberecht des § 27 Abs. 1 Satz 1 nur gemeinschaftlich ausüben können (§ 18 Abs. 1), während es auf der anderen Seite genügt, wenn die fingierte Preisgabeerklärung der Gesellschaft nach § 27 Abs. 1 Satz 2 lediglich einem der mehreren Mitberechtigten zugeht (§ 18 Abs. 3 Satz 1)[10].

III. Voraussetzungen

Die Preisgabe des Geschäftsanteils ist in den genannten Fällen (Rdnr. 2–5) ein Recht der Gesellschafter, durch dessen Ausübung sie ihre Haftung bei unbeschränkter Nachschusspflicht beschränken können. Die Ausübung dieses Rechts ist nach den §§ 26 und 27 an **vier Voraussetzungen** geknüpft:

---

7 Anders noch RGZ 128, 1, 15 ff. (für eine Kartell-GmbH).
8 *Altmeppen*, in: Roth/Altmeppen, Rdnr. 4; *Fastrich*, in: Baumbach/Hueck, Rdnr. 1; *Bayer*, in: Lutter/Hommelhoff, Rdnr. 1; *Mock*, in: Michalski u.a., Rdnr. 24; *Pentz*, in: Rowedder/Schmidt-Leithoff, Rdnr. 21.
9 S. *Pentz*, in: Rowedder/Schmidt-Leithoff, Rdnr. 22; *Schütz*, in: MünchKomm. GmbHG, Rdnr. 47.
10 S. auch Rdnr. 13; *W. Müller*, in: Ulmer/Habersack/Löbbe, Rdnr. 24–26; *Pentz*, in: Rowedder/Schmidt-Leithoff, Rdnr. 15.

1. Die Stammeinlage, d.h. der Geschäftsanteil, muss voll eingezahlt sein (Rdnr. 7 f.).
2. Der Nachschuss muss durch Gesellschafterbeschluss eingefordert sein (Rdnr. 9).
3. Der Gesellschafter muss zur Einzahlung des Nachschusses aufgefordert worden sein (Rdnr. 9a).
4. Die eingeforderten Nachschüsse dürfen noch nicht in voller Höhe eingezahlt sein (Rdnr. 10).

1. Vollständige Einzahlung der Stammeinlagen

7   Die Preisgabe kommt zur Sicherung der vollständigen Aufbringung des Stammkapitals nach § 27 Abs. 1 Satz 1 nur in Betracht, wenn die fragliche Stammeinlage, d.h. der Geschäftsanteil, vollständig eingezahlt ist[11]. Gemeint ist damit die gesamte Einlage des Gesellschafters im Sinne des § 3 Abs. 1 Nr. 4, also nicht nur die Bareinlagen, sondern **auch** die **Sacheinlagen** (§ 7 Abs. 3), freilich nur hinsichtlich desjenigen Geschäftsanteils, um dessen Preisgabe es geht, während es keine Rolle spielt, ob die Einlagen auch auf andere Geschäftsanteile des betroffenen Gesellschafters oder anderer Gesellschafter vollständig erbracht sind[12]. Ebenso wenig kommt es auf die Erfüllung der Ansprüche der Gesellschaft aus der **Differenzhaftung** nach § 9 Abs. 1 oder aus der Unterbilanz- oder **Vorbelastungshaftung** im Falle des Geschäftsbeginns vor Eintragung an[13]. Dagegen reichen bloße **Teilzahlungen** des betroffenen Gesellschafters nicht aus, um sein Preisgaberecht nach § 27 auszulösen (Rdnr. 7a).

7a   Ist die Stammeinlage in dem genannten Sinne (Rdnr. 7) nicht vollständig eingezahlt, so ist eine gleichwohl erklärte **Preisgabe unwirksam**. Statt dessen kann die Gesellschaft dann den betreffenden Geschäftsanteil wegen der rückständigen Einlage nach § 21 **kaduzieren** mit der Folge, dass der Gesellschafter zwar ebenfalls seinen Geschäftsanteil verliert, indessen zur Zahlung der fälligen Nachschüsse verpflichtet bleibt; lediglich von zukünftigen Nachschüssen wird er in diesem Fall frei[14]. Nichts hindert jedoch den Gesellschafter, die Voraussetzungen des Preisgaberechts noch **nachträglich** bis zum Ablauf der Monatsfrist des § 27 Abs. 1 Satz 1 durch **Zahlung** der rückständigen Stammeinlage herbeizuführen[15]. Keine Rolle spielen **Rückstände bei anderen Leistungen** wie z.B. Zinsen, Vertragsstrafen oder Nebenleistungen nach § 3 Abs. 2[16]. Der Gesellschafter haftet aber für solche fälligen Leistungen auch nach der Preisgabe fort[17].

8   Umstritten ist die Rechtslage, wenn der Anteil **aufgrund einer unwirksamen Preisgabe** (Rdnr. 7a) doch **verwertet** wird (§ 27 Abs. 2). Teilweise wird angenommen, dass die Verwertung dann – zum Schutz des Erwerbers – gleichwohl als wirksam zu behandeln sei[18]. Dem ist nicht zu folgen, weil die Gesellschaft in diesem Fall tatsächlich gar **kein Verwertungsrecht** hatte und zudem kein Raum für die Anwendung des § 16 Abs. 3 ist, weil die Gesellschaft nicht Inhaber des verwerteten Geschäftsanteils war und deshalb auch nicht in die Gesellschafterliste eingetragen sein konnte[19].

---

11 Vgl. RGZ 87, 179, 181.
12 *Schütz*, in: MünchKomm. GmbHG, Rdnr. 37.
13 Str., s. *Schütz*, in: MünchKomm. GmbHG, Rdnr. 38; *Mock*, in: Michalski u.a., Rdnr. 9 ff.
14 *Altmeppen*, in: Roth/Altmeppen, Rdnr. 5.
15 *Altmeppen*, in: Roth/Altmeppen, Rdnr. 5; *Fastrich*, in: Baumbach/Hueck, Rdnr. 4; *Schütz*, in: MünchKomm. GmbHG, Rdnr. 41.
16 *Mock*, in: Michalski u.a., Rdnr. 10; *Pentz*, in: Rowedder/Schmidt-Leithoff, Rdnr. 13.
17 *Altmeppen*, in: Roth/Altmeppen, Rdnr. 4; *Fastrich*, in: Baumbach/Hueck, Rdnr. 4; *Mock*, in: Michalski u.a., Rdnr. 10; *Pentz*, in: Rowedder/Schmidt-Leithoff, Rdnr. 47.
18 S. *W. Müller*, in: Ulmer/Habersack/Löbbe, Rdnr. 18.
19 *Mock*, in: Michalski u.a., Rdnr. 11; *Pentz*, in: Rowedder/Schmidt-Leithoff, Rdnr. 26.

2. Einforderungsbeschluss

Zweite Voraussetzung des Preisgaberechts ist gemäß § 27 Abs. 1 Satz 1, dass der Nachschuss 9 durch (wirksamen) Gesellschafterbeschluss nach § 26 Abs. 1 eingefordert worden ist. Das Preisgaberecht der Gesellschafter entsteht mithin nicht, wenn der danach unerlässliche Gesellschafterbeschluss (ausnahmsweise) **nichtig** sein sollte, während seine bloße **Anfechtbarkeit** nach Ablauf der Anfechtungsfrist unschädlich ist[20]. Wird der Einforderungsbeschluss nach der Verwertung des Anteils **wieder aufgehoben**, so gebührt der gesamte Erlös dem betroffenen Gesellschafter[21]. Dieser kann außerdem von seinen Mitgesellschaftern **Schadensersatz** verlangen, wenn sie mit der Einforderung der Nachschüsse den Zweck verfolgt hatten, ihn aus der Gesellschaft zu verdrängen, und zwar wegen Verletzung der Treuepflicht sowie nach § 826 BGB. Der Schadensersatzanspruch geht auf **Rückübertragung** des Anteils, wenn ein ersatzpflichtiger Mitgesellschafter den Anteil in der Verwertung erworben hatte (§ 249 BGB)[22].

3. Aufforderung zur Einzahlung

Das Preisgaberecht der Gesellschafter setzt nach § 27 Abs. 1 Satz 1 ferner voraus, dass der Ge- 9a sellschafter zur Zahlung des Nachschusses aufgefordert worden ist. **Zuständig** für die Zahlungsaufforderung sind die **Geschäftsführer** (s. § 26 Rdnr. 20). Eine besondere Form ist für sie nicht vorgeschrieben. Streitig ist, ob der Gesellschafter sein Preisgaberecht **auch schon vor Zugang** der Zahlungsaufforderung ausüben kann, sobald nur die Nachschüsse durch Gesellschafterbeschluss eingefordert sind. Die Frage ist zu *verneinen*, weil vor Zugang der Zahlungsaufforderung die Nachschusspflicht grundsätzlich noch nicht fällig ist, so dass auch ein besonderer Schutz der Gesellschafter auf dem Weg über das Preisgaberecht entbehrlich ist[23].

4. Zahlungsrückstand

Letzte Voraussetzung des Preisgaberechts ist nach § 27 Abs. 1 Satz 1, dass die *eingeforderten* 10 Nachschüsse noch *nicht* (vollständig) eingezahlt sind. Solange das Preisgaberecht nicht ausgeübt ist, beseitigt mithin die vollständige Einzahlung der eingeforderten Nachschüsse das Preisgaberecht. Das gilt auch für den fingierten Abandon der Gesellschaft nach Ablauf der Monatsfrist (§ 27 Abs. 1 Satz 2). Bloße **Teilzahlungen** des Gesellschafters auf die eingeforderten Nachschüsse bringen dagegen das Preisgaberecht nicht zum Erlöschen; nach Ausübung des Preisgaberechts sind dann vielmehr die schon erbrachten Teilzahlungen auf die Nachschusspflicht (als nunmehr grundlos geleistet) zurückzuzahlen (§ 812 Abs. 1 Satz 2 Fall 1 BGB)[24].

IV. Preisgabe

Das Gesetz kennt **zwei verschiedene Formen** des Preisgaberechts, einmal die vom Ge- 11 sellschafter erklärte Preisgabe des Anteils binnen der Monatsfrist des § 27 Abs. 1 Satz 1 (Rdnr. 12 ff.), zum anderen den fingierten Abandon durch Erklärung der Gesellschaft nach Ablauf der genannten Frist gemäß § 27 Abs. 1 Satz 2 (Rdnr. 16 f.). Für die Ausübung und die Wirkungen des Preisgaberechts gilt in beiden Fällen im Wesentlichen dasselbe (Rdnr. 18 ff.).

---

20 *Schütz*, in: MünchKomm. GmbHG, Rdnr. 29; *Mock*, in: Michalski u.a., Rdnr. 13.
21 *Schütz*, in: MünchKomm. GmbHG, Rdnr. 30.
22 *Schütz*, in: MünchKomm. GmbHG, Rdnr. 32.
23 *Mock*, in: Michalski u.a., Rdnr. 14.
24 *Altmeppen*, in: Roth/Altmeppen, Rdnr. 8; *Mock*, in: Michalski u.a., Rdnr. 16; *Pentz*, in: Rowedder/Schmidt-Leithoff, Rdnr. 14.

1. Preisgabe durch den Gesellschafter

a) Monatsfrist

12   Durch die Zahlungsaufforderung der Gesellschaft (s. Rdnr. 9a) wird nach § 27 Abs. 1 Satz 1 eine Monatsfrist in Lauf gesetzt, binnen derer der Gesellschafter sein Preisgaberecht ausüben muss. Die **Frist** beginnt mit Zugang der Zahlungsaufforderung bei dem Gesellschafter (§ 27 Abs. 1 Satz 1 GmbHG i.V.m. § 130 BGB) und wird folglich nach den §§ 187 Abs. 1 und 188 Abs. 2 BGB berechnet. Innerhalb dieser Frist muss nach § 27 Abs. 1 Satz 1 die Preisgabeerklärung von dem Gesellschafter *abgegeben* werden, während es auf den Zugang bei der Gesellschaft nicht ankommt[25]. Durch den Gesellschaftsvertrag kann die Monatsfrist nicht verkürzt, wohl aber verlängert werden (s. Rdnr. 2 f.). Eine **Fristverlängerung** ist außerdem durch den Einforderungsbeschluss des § 26 Abs. 1 möglich; ist in diesem eine längere Zahlungsfrist vorgesehen, so liegt darin im Zweifel zugleich eine entsprechende Verlängerung der Frist für die Ausübung des Preisgaberechts. Entsprechendes gilt für die **Zahlungsaufforderung** seitens der Geschäftsführer, schon, weil durch diese die Fälligkeit der Nachschüsse beliebig hinausgeschoben werden kann[26]. Dabei müssen die Geschäftsführer jedoch den **Gleichbehandlungsgrundsatz** beachten und dürfen nicht einzelne Gesellschafter willkürlich bevorzugen oder benachteiligen, widrigenfalls die Gesellschaft schadensersatzpflichtig ist (§§ 242 und 280 Abs. 1 BGB). Schließlich hindert auch die Gesellschaft im Einzelfall nichts, auf die Einhaltung der Monatsfrist zu **verzichten** und die Preisgabeerklärung noch nach Ablauf der Frist entgegenzunehmen[27]. Das folgt schon aus dem sich an das (befristete) Preisgaberecht des Gesellschafters anschließende, unbefristete Verwertungsrecht der Gesellschaft im Wege des fingierten Abandons (§ 27 Abs. 1 Satz 2; s. Rdnr. 16 f.).

b) Berechtigter

13   Die Preisgabeerklärung muss von demjenigen ausgehen, der im Augenblick ihrer Abgabe infolge seiner **Eintragung** in die Gesellschafterliste nach § 16 Abs. 1 der Gesellschaft gegenüber als Gesellschafter gilt. Dies ist, wenn nach dem Einforderungsbeschluss der Anteil veräußert worden ist, der *Erwerber*, sofern er schon gemäß § 16 in der Gesellschafterliste eingetragen ist. Im Falle des § 18 muss die Erklärung von sämtlichen Mitberechtigten abgegeben werden (s. Rdnr. 4). Dritte, zu deren Gunsten der Geschäftsanteil belastet ist, insbesondere also **Pfandgläubiger** oder **Nießbraucher**, brauchen nicht mitzuwirken und haben auch kein eigenes Preisgaberecht, können jedoch die Preisgabe seitens des Schuldners durch Zahlung der eingeforderten Nachschüsse gemäß § 267 BGB abwenden; § 268 BGB findet keine Anwendung[28]. Den Gesellschafter hindert jedoch nichts, dem genannten Dritten, z.B. einem Nießbraucher, ein Mitwirkungsrecht einzuräumen. Nimmt er darauf bei der Ausübung seines Preisgaberechts keine Rücksicht, so macht er sich zwar gegebenenfalls schadensersatzpflichtig (§ 280 Abs. 1 BGB); indessen ändert dies nichts an der Wirksamkeit seiner Erklärung gegenüber der Gesellschaft (§ 137 BGB)[29].

14   Der Gesellschafter kann die Preisgabe **jederzeit** während des Laufs der Monatsfrist erklären. Er verliert sein Preisgaberecht nicht etwa dadurch, dass er bereits rechtskräftig zur Zahlung der Nachschüsse verurteilt ist. Ebenso wenig kann die Gesellschaft ihm sein Preisgaberecht

---

25 Im Ergebnis ebenso *Pentz*, in: Rowedder/Schmidt-Leithoff, Rdnr. 16 f.; anders *Mock*, in: Michalski u.a., Rdnr. 19.

26 S. Rdnr. 9; *Mock*, in: Michalski u.a., Rdnr. 26; enger *Schütz*, in: MünchKomm. GmbHG, Rdnr. 54.

27 *Schütz*, in: MünchKomm. GmbHG, Rdnr. 53; *Mock*, in: Michalski u.a., Rdnr. 28.

28 *Schütz*, in: MünchKomm. GmbHG, Rdnr. 44 f.

29 Anders offenbar *Schütz*, in: MünchKomm. GmbHG, Rdnr. 46.

dadurch aus der Hand schlagen, dass sie mit der fälligen Nachschussforderung gegen andere Forderungen des Gesellschafters *aufrechnet*[30].

c) Erklärung

Das Preisgaberecht wird ausgeübt durch einseitige empfangsbedürftige Willenserklärung gegenüber der Gesellschaft. Eine bestimmte **Form** ist für die Erklärung nicht vorgeschrieben; sie muss lediglich eindeutig den Willen des Gesellschafters zur Preisgabe seines Anteils erkennen lassen. Die Erklärung wird wirksam mit Zugang bei der Gesellschaft (§ 130 BGB) und ist dann unwiderruflich, kann aber unter den Voraussetzungen der §§ 119 und 123 BGB **angefochten** werden. Ist der Anteil in der Zwischenzeit bereits verwertet worden, so fällt er nach Anfechtung der Preisgabe an den Gesellschafter zurück; ein **gutgläubiger Erwerb** kommt *nicht* in Betracht, weil die Gesellschaft über einen fremden Anteil kraft Gesetzes verfügt und deshalb auch nicht in der Gesellschafterliste eingetragen ist (§ 16 Abs. 3)[31]. Möglich ist ferner eine **einverständliche Aufhebung** der Preisgabeerklärung durch Gesellschaft und Gesellschafter, etwa, wenn der Gesellschafter jetzt doch noch den Nachschuss bezahlen will (§ 311 Abs. 1 BGB). Die Gestaltungswirkung der Erklärung (Rdnr. 18 f.) steht nicht entgegen, da Rechte Dritter nicht betroffen sind[32]. 15

2. Fingierte Preisgabe

Mit fruchtlosem Ablauf der Monatsfrist des § 27 Abs. 1 Satz 1 (Rdnr. 12) geht das Preisgaberecht nach Satz 2 der Vorschrift auf die Gesellschaft über (sog. **fingierter Abandon**). Die Gesellschaft hat jetzt die **Wahl**, ob sie gegen den Gesellschafter **Klage** auf Zahlung erhebt und anschließend in dessen Vermögen vollstrecken *oder* ob sie von der ihr durch § 27 Abs. 1 Satz 2 eröffneten Möglichkeit Gebrauch machen und dem Gesellschafter erklären will, dass sie den Geschäftsanteil als zur Verfügung gestellt betrachtet. Eine bestimmte **Frist** ist für die Ausübung dieses Wahlrechts nicht vorgeschrieben[33]; das Wahlrecht erlischt jedoch, sobald der Gesellschafter die eingeforderten Nachschüsse bezahlt hat (s. Rdnr. 10). 16

Die Ausübung des Wahlrechts steht, wenn der Gesellschaftsvertrag nichts anderes bestimmt, den **Geschäftsführern** zu. Sie müssen hierbei **nach pflichtgemäßem Ermessen** vorgehen und prüfen, auf welchem Weg eine größere Chance der Gesellschaft zur Realisierung der eingeforderten Nachschüsse besteht[34]. Entscheiden sie sich für den fingierten Abandon, so hat die Erklärung nach § 27 Abs. 1 Satz 2 **durch eingeschriebenen Brief** gegenüber dem Gesellschafter zu erfolgen. Eine vergleichbare Regelung findet sich bereits in § 21 Abs. 1 Satz 2[35]. Wird die vorgeschriebene Form nicht beachtet, so ist die Erklärung nichtig (§§ 125, 126 Abs. 1 BGB)[36]. Ein bestimmter Wortlaut ist für die Erklärung nicht vorgeschrieben; sie muss aber eindeutig zum Ausdruck bringen, dass die Gesellschaft den Geschäftsanteil wegen der Nichtzahlung der eingeforderten Nachschüsse als zur Verfügung gestellt betrachte, wobei mit Rücksicht auf die weit reichenden Folgen der Preisgabe für alle Beteiligten Zurückhaltung 17

---

30 S. Rdnr. 1; *Fastrich*, in: Baumbach/Hueck, Rdnr. 2; *Pentz*, in: Rowedder/Schmidt-Leithoff, Rdnr. 27.
31 *Altmeppen*, in: Roth/Altmeppen, Rdnr. 9; *Fastrich*, in: Baumbach/Hueck, Rdnr. 5; *Schütz*, in: MünchKomm. GmbHG, Rdnr. 51; *Mock*, in: Michalski u.a., Rdnr. 27.
32 Ebenso im Ergebnis *Schütz*, in: MünchKomm. GmbHG, Rdnr. 59.
33 *Mock*, in: Michalski u.a., Rdnr. 30.
34 *Altmeppen*, in: Roth/Altmeppen, Rdnr. 11; *Fastrich*, in: Baumbach/Hueck, Rdnr. 6; *Mock*, in: Michalski u.a., Rdnr. 30; *Pentz*, in: Rowedder/Schmidt-Leithoff, Rdnr. 35.
35 Wegen der Einzelheiten s. deshalb § 21 Rdnr. 19; insbesondere BGH v. 27.9.2016 – II ZR 299/15, Rdnr. 19 = NJW 2017, 68 = GmbHR 2017, 30.
36 Anders zum Teil *Mock*, in: Michalski u.a., Rdnr. 32.

geboten ist (§§ 133, 157, 242 BGB). Für den Widerruf, die **Anfechtung** und die Aufhebung der Erklärung der Gesellschaft gilt dasselbe wie für die entsprechenden Erklärungen auf der Seite des Gesellschafters (s. deshalb im Einzelnen Rdnr. 15).

V. Rechtsfolgen

18 Die Preisgabe hat, gleichgültig, ob sie von dem Gesellschafter (Rdnr. 12 ff.) oder von der Gesellschaft erklärt wird (Rdnr. 16 f.), folgende **Wirkungen**:

1. Die Haftung des Gesellschafters (nur) für die eingeforderten Nachschüsse beschränkt sich fortan auf den preisgegebenen Geschäftsanteil (§ 27 Abs. 1 Satz 1).
2. Der Anteil steht der Gesellschaft zur Verfügung (§ 27 Abs. 1 Satz 1); sie darf aber von ihrem Verfügungsrecht nur mit dem Ziel der Verwertung des Anteils Gebrauch machen (§ 27 Abs. 2). Inhaber des Anteils bleibt vorerst der Gesellschafter.
3. Ist eine Verwertung des Anteils nicht möglich, so fällt der Anteil der Gesellschaft zu, die nunmehr frei über ihn verfügen kann (§ 27 Abs. 3).

1. Verwertungsrecht der Gesellschaft

19 Die Preisgabe hat lediglich die Bedeutung, dass der fragliche Geschäftsanteil der Gesellschaft zur Befriedigung aus ihm zur Verfügung gestellt wird (§ 27 Abs. 1 Satz 1 und 2). Der Geschäftsanteil geht folglich *nicht* sofort auf die Gesellschaft über (s. § 27 Abs. 3); die Gesellschaft erlangt vielmehr lediglich ein Verfügungs- oder genauer: **Verwertungsrecht** an dem Anteil (§ 27 Abs. 2), während im Übrigen keine Veränderung der Rechtslage hinsichtlich des Anteils eintritt. Die Folge ist, dass dem betroffenen Gesellschafter zwar auf der einen Seite weiterhin seine **Vermögens- und Mitverwaltungsrechte** einschließlich des Stimmrechts und des Rechts auf den Gewinnanteil zustehen (§ 29), dass er aber auf der anderen Seite auch für die Verbindlichkeiten aus den §§ 3 Abs. 2 und 16 Abs. 2 sowie aus § 24 persönlich **forthaftet** (s. Rdnr. 26).

20 Die **Rechtsstellung des Gesellschafters**, der von seinem Preisgaberecht nach § 27 Gebrauch macht, **ändert** sich lediglich in zwei Beziehungen: Er **haftet** einmal fortan für die eingeforderten Nachschüsse, derentwegen die Preisgabe erklärt worden ist, nach § 27 Abs. 1 Satz 1 nur noch mit dem **abandonierten Geschäftsanteil**. Sein **Verfügungsrecht** ist zum anderen jetzt durch das vorrangige Verwertungsrecht der Gesellschaft belastet (Rdnr. 21). Der Gesellschafter schuldet mithin zwar weiter die eingeforderten Nachschüsse; er haftet dafür aber nur noch mit seinem Geschäftsanteil. Wird die Preisgabe von dem Erwerber des Geschäftsanteils erklärt, so beschränkt sich im gleichen Ausmaß die Haftung des Veräußerers nach § 16 Abs. 2[37]. Der Gesellschafter kann daher auch nach wie vor der Nachschusspflicht nachkommen und damit der bereits erklärten Preisgabe die Grundlage entziehen; nur gezwungen werden kann er jetzt nicht mehr zur Zahlung. Unberührt bleibt außerdem seine persönliche **Haftung für früher eingeforderte Nachschüsse**, sofern sich der erklärte Abandon nicht auch auf diese erstreckt[38].

21 Preisgabe bedeutet, dass der abandonierte Geschäftsanteil der Gesellschaft zur Verfügung gestellt wird (§ 27 Abs. 1 Satz 1 und 2), die jedoch über ihn nur in ganz bestimmter Weise verfügen darf (§ 27 Abs. 2; s. Rdnr. 22 f.). Umstritten ist, ob dies besagt, dass die Verfügungsbefugnis *insgesamt* auf die Gesellschaft übergeht, so dass weitere **Verfügungen des Gesellschafters** über den Anteil unwirksam sind[39], *oder* ob der Gesellschafter, als (noch) Inhaber des An-

---

37 RGZ 51, 73, 74 f.
38 S. *Altmeppen*, in: Roth/Altmeppen, Rdnr. 13; *Bayer*, in: Lutter/Hommelhoff, Rdnr. 2; *Polzius*, DGVZ 1987, 17, 25; *Schütz*, in: MünchKomm. GmbHG, Rdnr. 62 ff.
39 So früher *Zeidler*, in: Michalski, 2. Aufl. 2010, Rdnr. 42.

teils (Rdnr. 19 f.), auch fernerhin zu Verfügungen über den Anteil befugt bleibt, freilich *belastet mit* dem *vorrangigen Verwertungsrecht* der Gesellschaft aus § 27 Abs. 3. Die besseren Gründe sprechen für die zweite Auffassung[40], so dass der Gesellschafter nach wie vor **Dritten Rechte an** dem **Anteil bestellen** kann, ebenso wie er weiterhin in der Lage ist, durch Zahlung der eingeforderten Nachschüsse der Preisgabe die Grundlage zu entziehen (Rdnr. 20). Aus demselben Grund können die **Gläubiger** des Gesellschafters immer noch in den Anteil **vollstrecken**, während eine Vollstreckung der Gläubiger der Gesellschaft in ihn ausscheidet, weil die Gesellschaft (noch) nicht Inhaberin des Anteils ist. Durch eine Pfändung des Anteils seitens der Gläubiger des Gesellschafters wird jedoch das vorrangige Verwertungsrecht der Gesellschaft nicht beeinträchtigt[41]. Etwaige **Rechte Dritter** an dem Anteil **erlöschen** vielmehr **im Falle dessen Verwertung** (§ 27 Abs. 2) oder bei Anfall an die Gesellschaft (§ 27 Abs. 3; s. Rdnr. 28).

2. Öffentliche Versteigerung

Die Gesellschaft darf nur in ganz bestimmter Weise über den ihr zur Verfügung stehenden Anteil verfügen, nämlich grundsätzlich nur durch Verkauf im Wege öffentlicher Versteigerung (§ 383 Abs. 3 BGB) binnen eines Monats nach Wirksamwerden der Preisgabe (§ 27 Abs. 2 Satz 1; s. Rdnr. 23). Die **Monatsfrist**, deren Sinn ohnehin nicht erkennbar ist, kann durch den Gesellschaftsvertrag oder im Einzelfall durch Vereinbarung mit dem betroffenen Gesellschafter **verlängert** werden[42]. Ihre **Überschreitung** hat außerdem keinen Einfluss auf die Wirksamkeit der Verwertung des Anteils durch dessen Verkauf, sondern kann allenfalls eine **Schadensersatzpflicht** der Gesellschaft auslösen, sofern dem Gesellschafter durch die Verzögerung ein Schaden entstanden ist, der bei einer rechtzeitigen Verwertung vermieden worden wäre (§§ 280 Abs. 1, 249, 252 BGB)[43]. 22

Für die **öffentliche Versteigerung** i.S. des § 383 Abs. 3 BGB gilt dasselbe wie im Falle des § 23 (s. deshalb § 23 Rdnr. 8 ff.), nur mit der Besonderheit, dass hier neben dem **Gesellschafter** auch die **Gesellschaft mitbieten** darf, weil die Preisgabe nach § 27 Abs. 1 Satz 1 voraussetzt, dass die Einlage bereits voll eingezahlt ist (§ 33 Abs. 1)[44]. Die Versteigerung erfolgt im Namen der Gesellschaft, jedoch für Rechnung des Gesellschafters[45]. Die **Formvorschriften** des § 15 Abs. 3 und 4 finden *keine* Anwendung; ebenso wenig gilt hier § 15 Abs. 5. Der **Zuschlag** (§ 156 BGB) darf zu jedem Preis erfolgen, der die Kosten des Verfahrens deckt; eine vollständige Deckung der offenen Nachschussforderung ist nicht erforderlich (Rdnr. 27). Die Gesellschaft kann jedoch nach pflichtgemäßem Ermessen den **Zuschlag verweigern**, wenn durch den Erlös ihre Forderung nicht befriedigt wird[46]. Dasselbe gilt, wenn der Erwerber aus einem anderen Grunde für sie nicht akzeptabel ist, etwa, weil es sich um einen Konkurrenten handelt[47]. Von solchen Ausnahmefällen abgesehen, ist die Gesellschaft jedoch aufgrund ihrer Treuepflicht gegenüber dem betroffenen Gesellschafter verpflichtet, ein die Kosten des Verfahrens und die offene Nachschussforderung mindestens deckendes Gebot anzunehmen. Eine grundlose Ablehnung verpflichtet die Gesellschaft zum Schadensersatz gegenüber dem Gesellschafter, insbesondere, wenn diesem infolgedessen ein etwaiger Überschuss entgeht (§§ 242, 249 und 280 Abs. 1 BGB). 23

---

40 *Altmeppen*, in: Roth/Altmeppen, Rdnr. 12; *Bayer*, in: Lutter/Hommelhoff, Rdnr. 2.

41 *W. Müller*, in: Ulmer/Habersack/Löbbe, Rdnr. 49; *Mock*, in: Michalski u.a., Rdnr. 35.

42 *W. Müller*, in: Ulmer/Habersack/Löbbe, Rdnr. 53; *Schütz*, in: MünchKomm. GmbHG, Rdnr. 73.

43 *Altmeppen*, in: Roth/Altmeppen, Rdnr. 14; *Guntau*, DGVZ 1982, 161, 167 ff.; *Polzius*, DGVZ 1987, 17, 25 f.; *Schütz*, in: MünchKomm. GmbHG, Rdnr. 73.

44 S. *Altmeppen*, in: Roth/Altmeppen, Rdnr. 116; *Guntau*, DGVZ 1982, 161, 167 ff.; *Polzius*, DGVZ 1987, 17, 25 f.

45 *Mock*, in: Michalski u.a., Rdnr. 41; *Pentz*, in: Rowedder/Schmidt-Leithoff, Rdnr. 41.

46 *Schütz*, in: MünchKomm. GmbHG, Rdnr. 78.

47 *Schütz*, in: MünchKomm. GmbHG, Rdnr. 79; *Pentz*, in: Rowedder/Schmidt-Leithoff, Rdnr. 41; *Mock*, in: Michalski u.a., Rdnr. 41.

3. Andere Art der Verwertung

24 Eine andere Art der Verwertung als durch öffentliche Versteigerung, insbesondere also ein **freihändiger Verkauf** des Anteils, ist nur mit Zustimmung des Gesellschafters zulässig (§ 27 Abs. 2 Satz 2). Die Vorschrift entspricht § 23 Satz 2 (s. deshalb § 23 Rdnr. 14 f.). Eine besondere **Form** ist für die **Zustimmung** des Gesellschafters nicht vorgeschrieben. Sie kann auch schon im Voraus im Gesellschaftsvertrag erklärt werden[48]. Auf den freihändigen Verkauf des Anteils durch die Gesellschaft finden die **Formvorschriften des § 15 Abs. 3 und 4** (anders als bei öffentlicher Versteigerung [Rdnr. 23]) Anwendung, *nicht* dagegen § 15 Abs. 5. **Ohne Zustimmung** des Gesellschafters hat die Gesellschaft dagegen kein Recht zur Verwertung des Geschäftsanteils durch freihändigen Verkauf, so dass die **Abtretung** auf Grund eines gleichwohl abgeschlossenen Kaufvertrages mit einem Dritten **unwirksam** ist[49]. Bestehen an dem Anteil **Rechte Dritter**, so müssen auch die Dritten der anderen Art der Verwertung **zustimmen** (Rdnr. 28).

24a § 27 Abs. 2 Satz 2 gilt entsprechend für den **Verzicht** der Gesellschaft **auf** jeden Versuch der **Verwertung** des Anteils als aussichtslos. Mit Zustimmung des Gesellschafters zu dem Verzicht fällt dann der Anteil entsprechend § 27 Abs. 3 Satz 1 der Gesellschaft zu[50].

4. Verkauf

25 Mit der Versteigerung oder dem anderweitigen Verkauf des Anteils geht dieser im Wege der Abtretung (§§ 413, 398 BGB) auf den Erwerber über. Der Erwerber muss in die Gesellschafterliste eingetragen werden (§ 16 Abs. 1). Die **Gesellschaft haftet dem Erwerber** wie jeder sonstige Verkäufer eines Rechts, weil sie im eigenen Namen, wenn auch für fremde Rechnung, tätig wird (s. Rdnr. 23)[51].

26 Auf die Veräußerung ist § 16 Abs. 2 anwendbar, so dass sowohl der frühere Gesellschafter als auch der **Erwerber** für **rückständige Leistungen** auf den Anteil als Gesamtschuldner haften; die einzige Ausnahme bildet gerade diejenige Nachschussforderung der Gesellschaft, derentwegen die Preisgabe erfolgte[52]. Die Haftung für zukünftige Leistungen trifft dagegen allein den Erwerber. Bis zur Veräußerung fällig gewordene **Gewinnansprüche** stehen dem Gesellschafter, die zukünftigen Gewinnansprüche dem Erwerber zu (s. Rdnr. 19). Lediglich die **Nachschussforderung**, derentwegen die Preisgabe erklärt wurde, erlischt nach § 27 Abs. 1 Satz 1 mit der Verwertung (§ 27 Abs. 2) oder dem Anfall des Geschäftsanteils (§ 27 Abs. 3) endgültig, und zwar auch dann, wenn der Erlös der Verwertung die Forderung nicht deckt (Rdnr. 27).

5. Mindererlös, Überschuss

27 Die Gesellschaft darf den Anteil zu jedem Preis verwerten, der über den Verfahrenskosten liegt (§ 242 BGB; Rdnr. 23). Bleibt der Erlös (nach Abzug der Kosten) hinter der Nachschussforderung zurück, so ändert dies nichts an dem *Erlöschen der Nachschussforderung* durch die Ver-

---

48 *Pentz*, in: Rowedder/Schmidt-Leithoff, Rdnr. 42.
49 *Pentz*, in: Rowedder/Schmidt-Leithoff, Rdnr. 42; *Schütz*, in: MünchKomm. GmbHG, Rdnr. 82; *Mock*, in: Michalski u.a., Rdnr. 43.
50 S. Rdnr. 29 f.; *Fastrich*, in: Baumbach/Hueck, Rdnr. 8 ff.; *Schütz*, in: MünchKomm. GmbHG, Rdnr. 92, *Mock*, in: Michalski u.a., Rdnr. 41.
51 *Altmeppen*, in: Roth/Altmeppen, Rdnr. 116.
52 S. Rdnr. 20; *Pentz*, in: Rowedder/Schmidt-Leithoff, Rdnr. 47; – str., anders z.B. *Altmeppen*, in: Roth/Altmeppen, Rdnr. 16.

wertung des Geschäftsanteils nach § 27 Abs. 2[53]. Ergibt sich dagegen bei der Verwertung ein **Überschuss**, so gebührt dieser nach § 27 Abs. 2 Satz 3 dem Gesellschafter (Rdnr. 23). Die Gesellschaft kann dann gegen diese Forderung des Gesellschafters auf den Überschuss mit eigenen Forderungen wegen anderer rückständiger Leistungen des Gesellschafters aufrechnen. Etwaige **Rechte Dritter**, die durch die Veräußerung erlöschen, setzen sich **an dem Überschuss** fort (Rdnr. 28).

6. Rechte Dritter

Rechte Dritter an dem abandonierten Geschäftsanteil, insbesondere ein **Pfandrecht oder** ein   28
Nießbrauch, erlöschen mit der Verwertung des Anteils, sei es durch öffentliche Versteigerung, sei es durch sonstigen Verkauf (§§ 1273, 1242 Abs. 2 BGB; s. Rdnr. 24, 30). Gleichwohl bedarf die Erklärung der **Preisgabe nicht** der **Zustimmung** des Pfandgläubigers nach § 1276 BGB. Ein etwaiges Pfandrecht setzt sich vielmehr an dem dem Gesellschafter nach § 27 Abs. 2 Satz 3 gebührenden **Überschuss** fort[54]. Dies gilt auch dann, wenn die Nachschusspflicht erst *nach* Bestellung des Pfandrechts durch Vertragsänderung eingeführt wurde; das Verwertungsrecht der Gesellschaft hat in jedem Fall den Vorrang. Lediglich **im Falle anderweitiger Verwertung** des Anteils nach § 27 Abs. 2 Satz 2 oder bei Verzicht auf jeden Versuch der Verwertung wegen Aussichtslosigkeit (Rdnr. 24) bedarf es außer der Zustimmung des Gesellschafters analog § 1276 BGB zusätzlich der **Zustimmung des Pfandgläubigers oder des Nießbrauchers**[55].

7. Unverwertbarkeit des Anteils

Erweist sich der Verkaufsversuch als erfolglos oder verzichtet die Gesellschaft von vornherein   29
mit Zustimmung des Gesellschafters auf den Versuch der Verwertung des Anteils als aussichtslos (s. Rdnr. 24), so fällt ihr der Anteil nach § 27 Abs. 3 Satz 1 zu. Dies bedeutet, dass die Gesellschaft in dem **Augenblick**, in dem die Aussichtslosigkeit der Verwertung, etwa infolge des ergebnislosen Abbruchs der öffentlichen Versteigerung, feststeht oder der Gesellschafter dem Verzicht zustimmt, kraft Gesetzes **Inhaberin** des Anteils wird[56].

Der **Anfall** tritt **kraft Gesetzes** ein; § 15 gilt nicht. **Rechte Dritter** an dem Anteil **erlöschen**[57].   30
Die Gesellschaft kann fortan frei über den Anteil verfügen (§ 27 Abs. 3 Satz 2). Der Erlös gebührt ihr, selbst wenn er die rückständige Nachschussforderung übersteigt. Der **Erwerber** des Anteils **haftet** hier anders als im Falle des § 27 Abs. 2 (Rdnr. 26) für rückständige Leistungen auf den Anteil *nicht*, da er Rechtsnachfolger der Gesellschaft und nicht des jetzt ausgeschlossenen Gesellschafters ist[58]. Unberührt bleibt die **Forthaftung** des früheren Gesellschafters für diese rückständigen Leistungen.

---

53 S. Rdnr. 26; *W. Müller*, in: Ulmer/Habersack/Löbbe, Rdnr. 65; *Pentz*, in: Rowedder/Schmidt-Leithoff, Rdnr. 46.
54 S. Rdnr. 27; *Altmeppen*, in: Roth/Altmeppen, Rdnr. 18; *Bayer*, in: Lutter/Hommelhoff, Rdnr. 3; *Schütz*, in: MünchKomm. GmbHG, Rdnr. 63, 66, 88.
55 S. *Feine*, in: Ehrenbergs Hdb. III/3, S. 325; *Ewald*, ZHR 92 (1928), 96, 163 ff.; *Schuler*, NJW 1960, 1423, 1427; *Schütz*, in: MünchKomm. GmbHG, Rdnr. 83; *Wiedemann*, Die Übertragung und Vererbung von Mitgliedschaftsrechten bei Handelsgesellschaften, 1965, S. 426 ff.
56 S. *Altmeppen*, in: Roth/Altmeppen, Rdnr. 20; *Pentz*, in: Rowedder/Schmidt-Leithoff, Rdnr. 49 ff.; *Schütz*, in: MünchKomm. GmbHG, Rdnr. 94.
57 S. Rdnr. 24, 28; *Altmeppen*, in: Roth/Altmeppen, Rdnr. 20; *Feine*, in: Ehrenbergs Hdb. III/3, S. 326; *Pentz*, in: Rowedder/Schmidt -Leithoff, Rdnr. 46, 50 f.; *Mock*, in: Michalski u.a., Rdnr. 48.
58 *Altmeppen*, in: Roth/Altmeppen, Rdnr. 21; *Fastrich*, in: Baumbach/Hueck, Rdnr. 9; *Schütz*, in: MünchKomm. GmbHG, Rdnr. 96, 98; *Mock*, in: Michalski u.a., Rdnr. 49.

§ 28
Beschränkte Nachschusspflicht

(1) Ist die Nachschusspflicht auf einen bestimmten Betrag beschränkt, so finden, wenn im Gesellschaftsvertrag nicht ein anderes festgesetzt ist, im Fall verzögerter Einzahlung von Nachschüssen die auf die Einzahlung der Stammeinlagen bezüglichen Vorschriften der §§ 21 bis 23 entsprechende Anwendung. Das Gleiche gilt im Fall des § 27 Abs. 4 auch bei unbeschränkter Nachschusspflicht, soweit die Nachschüsse den im Gesellschaftsvertrag festgesetzten Betrag nicht überschreiten.

(2) Im Gesellschaftsvertrag kann bestimmt werden, dass die Einforderung von Nachschüssen, auf deren Zahlung die Vorschriften der §§ 21 bis 23 Anwendung finden, schon vor vollständiger Einforderung der Stammeinlagen zulässig ist.

Text seit 1892 unverändert.

I. Überblick

1   § 28 ergänzt die Regelung der §§ 26 und 27 durch verschiedene Vorschriften für die beiden Formen der beschränkten Nachschusspflicht, die die §§ 26 Abs. 3 und 27 Abs. 4 zulassen. § 28 Abs. 1 regelt die Haftung der Gesellschafter für eingeforderte Nachschüsse im Falle der beschränkten Nachschusspflicht, während § 28 Abs. 2 unter bestimmten Voraussetzungen die Einforderung von Nachschüssen auch schon vor vollständiger Einforderung der Stammeinlagen oder Geschäftsanteile zulässt. Nach § 28 Abs. 1 Satz 1 finden bei **Beschränkung** der Nachschusspflicht auf einen **bestimmten Betrag** (§ 26 Abs. 3) im Falle der verzögerten Einzahlung von Nachschüssen die §§ 21 bis 23 entsprechende Anwendung, sofern im Gesellschaftsvertrag nichts anderes bestimmt ist. Für den Fall der **gemischten Nachschusspflicht** gemäß § 27 Abs. 4 bestimmt § 28 Abs. 1 Satz 2 dasselbe, solange nicht die Summe aller bisher eingeforderten Nachschüsse die im Gesellschaftsvertrag bestimmte Obergrenze überschreitet (s. § 27 Rdnr. 3). Eine mit § 28 Abs. 1 übereinstimmende Regelung findet sich in § 73 Abs. 1 **öGmbHG**.

2   Bei der **beschränkten Nachschusspflicht** der §§ 26 Abs. 3 und 27 Abs. 4 tritt folglich das **Kaduzierungsverfahren** aufgrund der §§ 21 bis 23 gemäß § 28 Abs. 1 an die Stelle des Preisgaberechts der Gesellschafter bei der unbeschränkten Nachschusspflicht aufgrund des § 27. Die Regelung hat zur Folge, dass die Gesellschaft nach Einforderung der Nachschüsse die **Wahl** hat, ob sie gegen die Gesellschafter bei verzögerter Einzahlung mittels **Klage** und Zwangsvollstreckung oder nach den §§ 21 bis 23, d.h. durch Einleitung des **Kaduzierungsverfahrens** vorgehen soll. Unanwendbar sind jedoch im zweiten Fall die §§ 24 und 25, weil das Gesetz auf sie in § 28 Abs. 1 Satz 1 nicht Bezug nimmt (s. Rdnr. 9). Außerdem darf durch das Kaduzierungsverfahren nicht die Aufbringung des Stammkapitals gefährdet werden (s. Rdnr. 6). Die Kaduzierung bleibt auch möglich, wenn die Gesellschaft zunächst vergeblich den Klageweg beschritten und die Zwangsvollstreckung in das Vermögen des Gesellschafters versucht hatte.

Das Wahlrecht zwischen Klageerhebung und Kaduzierung liegt bei der Gesellschafterversammlung, nicht bei den Geschäftsführern[1].

II. Kaduzierung (§ 28 Abs. 1)

1. Voraussetzungen

a) Verzögerung der Zahlung

Die Kaduzierung setzt bei der beschränkten Nachschusspflicht des § 26 Abs. 3 nach § 28 Abs. 1 Satz 1 (nur) voraus, dass die Einzahlung der Nachschüsse „verzögert" wird und dass der Gesellschaftsvertrag keine abweichenden Bestimmungen enthält. Im Falle der gemischten Nachschusspflicht des § 27 Abs. 4 muss noch hinzukommen, dass die Summe der bisher eingeforderten Nachschüsse nicht die im Gesellschaftsvertrag festgesetzte Obergrenze überschreitet (§ 28 Abs. 1 Satz 2; s. § 27 Rdnr. 3).   3

Wichtigste Voraussetzung der Kaduzierung ist die **Verzögerung der Zahlung** der von der Gesellschaft eingeforderten Nachschüsse. Der Begriff ist hier derselbe wie in § 21 Abs. 1 (s. deshalb § 21 Rdnr. 7 ff.). Eine Verzögerung der Zahlung liegt danach nur vor, wenn der Gesellschafter *pflichtwidrig* die eingeforderten Nachschüsse trotz ihrer Fälligkeit *nicht* an die Gesellschaft *zahlt*. Bei § 28 Abs. 1 setzt die Kaduzierung folglich voraus, dass die Gesellschafter aufgrund des Gesellschaftsvertrages einen **Einforderungsbeschluss** gefasst haben und dass die Geschäftsführer die Zahlung der eingeforderten **Nachschüsse** von den Gesellschaftern **angefordert** haben, weil vorher der Anspruch der Gesellschaft nicht fällig ist[2]. Weitere Voraussetzungen bestehen nicht; insbesondere muss *nicht* außerdem **Verzug** i.S. des § 286 BGB vorliegen (obwohl dies in aller Regel der Fall sein dürfte)[3].   4

b) Ausfallhaftung

Liegen die genannten Voraussetzungen (Rdnr. 4) vor, so *kann* die Gesellschaft gemäß § 28 Abs. 1 Satz 1 nach § 21 Abs. 1 und 2 den Gesellschafter seines Geschäftsanteils und aller bereits erbrachten Teilzahlungen für verlustig erklären, ohne dass sich dadurch freilich etwas an der fortbestehenden Ausfallhaftung des kaduzierten Gesellschafters nach § 21 Abs. 3 für die eingeforderten Nachschüsse änderte. Umstritten ist, ob sich seine Ausfallhaftung außerdem auch auf **später eingeforderte Nachschüsse** erstreckt, soweit der Gesellschaftsvertrag bei seinem Ausschluss die Einforderung von Nachschüssen zuließ. Diese Frage dürfte im Interesse einer sachgerechten Begrenzung der Ausfallhaftung des ausgeschlossenen Gesellschafters zu verneinen sein. Seine Haftung beschränkt sich daher auf **schon eingeforderte**, aber erst nach dem Ausschluss *fällig* werdende **Nachschüsse**[4].   5

c) Konkurrenz von Kaduzierungsverfahren

Sind bei dem Ausschluss eines Gesellschafters nach den §§ 21 und 28 neben den Nachschüssen **außerdem** noch Einzahlungen auf die **Stammeinlage** rückständig, so kann es zu einer Konkurrenz zweier Kaduzierungsverfahren kommen. Jedoch darf die Kaduzierung des Gesellschafters wegen der Rückstände bei den Nachschüssen (§ 28) die Aufbringung der Stammein-   6

---

1 *Schütz*, in: MünchKomm. GmbHG, Rdnr. 19; – anders *Altmeppen*, in: Roth/Altmeppen, Rdnr. 3; *W. Müller*, in: Ulmer/Habersack/Löbbe, Rdnr. 4.
2 S. § 26 Rdnr. 14, 20 ff.; *Mock*, in: Michalski u.a., Rdnr. 6 f.
3 *Schütz*, in: MünchKomm. GmbHG, Rdnr. 12.
4 Ebenso *Altmeppen*, in: Roth/Altmeppen, Rdnr. 4; *Fastrich*, in: Baumbach/Hueck, Rdnr. 5; *Schütz*, in: MünchKomm. GmbHG, Rdnr. 15.

lage nicht gefährden. Da zudem allein hinsichtlich der Rückstände bei der Stammeinlage die zwingende Ausfallhaftung der übrigen Gesellschafter eingreift (§§ 24 und 25), ist anzunehmen, dass die Kaduzierung wegen der Rückstände bei der **Stammeinlage** den **Vorrang** hat, so dass die Gesellschaft beide Kaduzierungsverfahren zumindest *gleichzeitig* betreiben muss, um sich auf jeden Fall den Weg (auch) zu § 24 hinsichtlich der Rückstände bei den Stammeinlagen zu eröffnen[5].

2. Vormänner, Verwertung

7 Für die Rückstände auf die eingeforderten Nachschüsse haften außerdem nach § 22 die **Vormänner**, d.h. die Rechtsvorgänger des ausgeschlossenen Gesellschafters. Vor allem diese Regelung stellt trotz der „Beschränkung" der Nachschusspflicht auf einen Höchstbetrag für die Vormänner eine besondere, kaum kalkulierbare Belastung dar. Im österreichischen Recht ist deshalb die Haftung der Rechtsvorgänger auf den **Betrag der Nachschusspflicht zurzeit** der Anmeldung ihres **Austritts** beschränkt (§ 73 Abs. 2 öGmbHG)[6]. Eine vergleichbare Regelung ist trotz Fehlens einer ausdrücklichen gesetzlichen Regelung für das deutsche Recht anzunehmen[7].

8 Die Rechtsvorgänger haften folglich überhaupt *nicht*, wenn die Nachschusspflicht erst nach der Eintragung ihres Ausscheidens in die Gesellschafterliste (§ 16) durch *Änderung* des Gesellschaftsvertrages eingeführt wurde. Im Falle der Erhöhung der Nachschusspflicht nach diesem Zeitpunkt *beschränkt* sich dagegen ihre Haftung auf den Betrag, der bei der Eintragung ihres Ausscheidens in die Gesellschafterliste (§ 16) die *Obergrenze* der Nachschusspflicht bildete.

9 Wenn der eingeforderte Nachschuss auch von den Vormännern nicht zu erlangen ist (Rdnr. 4 f.), kann die Gesellschaft den kaduzierten Geschäftsanteil nach § 23 verwerten, grundsätzlich also durch **öffentliche Versteigerung** i.S. der §§ 156 und 383 Abs. 3 BGB (s. § 23 Rdnr. 8 ff.). Die Gesellschaft darf auch hier nicht mitbieten, weil ihr der kaduzierte Anteil ohnehin schon zusteht und weil sie im Falle einer Teilnahme an der Versteigerung infolge der Konfusion von Nachschussforderung und Kaufpreisschuld keinen Erlös erzielen könnte[8]. *Keine* Anwendung findet dagegen (mangels Bezugnahme in § 28 Abs. 1 Satz 1) der § 24, so dass die Gesellschafter hier **keine Ausfallhaftung** für ausbleibende Nachschüsse bei einem ihrer Mitgesellschafter trifft[9].

3. Abweichende Regelungen

10 Die Anwendbarkeit der §§ 21 bis 23 im Falle der beschränkten Nachschusspflicht ist nach § 28 Abs. 1 Satz 1 nicht zwingend. Der Gesellschaftsvertrag kann daher auch etwas anderes bestimmen[10]. Das **Kaduzierungsverfahren** kann somit durch den Gesellschaftsvertrag aus-

---

5 *Altmeppen*, in: Roth/Altmeppen, Rdnr. 6; *Fastrich*, in: Baumbach/Hueck, Rdnr. 8; *Pentz*, in: Rowedder/Schmidt-Leithoff, Rdnr. 8; *Schütz*, in: MünchKomm. GmbHG, Rdnr. 17; *Mock*, in: Michalski u.a., Rdnr. 13.

6 S. *Koppensteiner*, öGmbHG, § 73 Rdnr. 4; *Reich-Rohrwig*, GmbH-Recht, S. 608.

7 *Altmeppen*, in: Roth/Altmeppen, Rdnr. 5; *Feine*, in: Ehrenbergs Hdb. III/3, S. 326 f.; *Fastrich*, in: Baumbach/Hueck, Rdnr. 6; *W. Müller*, in: Ulmer/Habersack/Löbbe, Rdnr. 6; *Bayer*, in: Lutter/Hommelhoff, Rdnr. 2; *Schütz*, in: MünchKomm. GmbHG, Rdnr. 14.

8 S. § 23 Rdnr. 10; *W. Müller*, in: Ulmer/Habersack/Löbbe, Rdnr. 6a; *Schütz*, in: MünchKomm. GmbHG, Rdnr. 16.

9 OGH, JBl. 1959, 159 f. = HS 2208.

10 S. *Altmeppen*, in: Roth/Altmeppen, Rdnr. 9; *Bayer*, in: Lutter/Hommelhoff, Rdnr. 4; *Fastrich*, in: Baumbach/Hueck, Rdnr. 1, 3; *Pentz*, in: Rowedder/Schmidt-Leithoff, Rdnr. 4 ff.; *Schütz*, in: MünchKomm. GmbHG, Rdnr. 4–7, 20.

geschlossen oder abgeschwächt, ebenso aber auch, etwa durch Einführung der Ausfallhaftung der übrigen Gesellschafter gemäß § 24, **verschärft** werden. Außerdem kann an die Stelle des Kaduzierungsverfahrens durch den Gesellschaftsvertrag das **Preisgaberecht** der Gesellschafter nach Maßgabe des § 27 gesetzt werden (s. § 27 Rdnr. 3). Jedoch darf durch derartige Bestimmungen die Aufbringung der Stammeinlagen nicht gefährdet werden, so dass ein Preisgaberecht nur eingeführt werden kann, wenn die Stammeinlage des jeweiligen Gesellschafters bereits vollständig eingezahlt ist (s. § 27 Abs. 1 Satz 1)[11].

§ 19 Abs. 2 findet gleichfalls keine Anwendung, so dass ein **Erlass** der Ausfallhaftung des ausgeschlossenen Gesellschafters (§ 21 Abs. 3) ebenso zulässig ist wie ein **Verzicht** der Gesellschaft auf die Haftung der Rechtsvorgänger nach § 22[12]. Die Gesellschaft kann außerdem, selbst wenn sie die Kaduzierung bereits ausgesprochen hat, auf die weitere **Durchführung** des Verfahrens **verzichten**; der Anteil muss dann auf den Gesellschafter zurückübertragen werden, sofern dieser dazu bereit ist[13]. Eines Gesellschafterbeschlusses bedarf es dafür wohl nicht[14]. Jedoch muss bei derartigen Maßnahmen der Gesellschaft zugunsten einzelner Gesellschafter der Gleichbehandlungsgrundsatz beachtet werden (§ 53a AktG). **11**

III. Vorzeitige Einforderung (§ 28 Abs. 2)

Nachschüsse können grundsätzlich erst nach *vollständiger* Einforderung (nicht Einzahlung) der Stammeinlagen eingefordert werden (s. § 26 Rdnr. 17). Davon macht § 28 Abs. 2 für die *beiden* Fälle der beschränkten Nachschusspflicht (§§ 26 Abs. 3 und 27 Abs. 4) unter zwei Voraussetzungen eine **Ausnahme**[15]: Der Gesellschaftsvertrag muss 1. die vorzeitige Einforderung der Nachschüsse ausdrücklich zulassen; und auf die Zahlung der vorzeitig eingeforderten Nachschüsse müssen 2. die §§ 21 bis 23 (nicht aber § 24) (uneingeschränkt) Anwendung finden. Für die Anwendung des § 28 Abs. 2 ist dagegen kein Raum, wenn durch den Gesellschaftsvertrag an die Stelle des Kaduzierungsverfahrens ein Preisgaberecht der Gesellschafter gesetzt wurde, weil das Preisgaberecht in jedem Fall gemäß § 27 Abs. 1 Satz 1 die vollständige Einzahlung der Stammeinlagen voraussetzt[16]. **12**

Im Falle der auf der Grundlage des § 28 Abs. 2 vorzeitig eingeforderten Nachschüsse ist die **Sperrvorschrift des § 30 Abs. 2 Satz 3** zu beachten. Die Zurückzahlung vorzeitig eingeforderter Nachschüsse ist danach vor der Volleinzahlung des Stammkapitals unzulässig. Werden sonst Nachschüsse vor voller Einforderung der Stammeinlagen eingezahlt, so wird anzunehmen sein, dass die Zahlungen einfach auf die offenen Stammeinlagebeträge zu verrechnen sind[17]. **13**

---

11 S. *Altmeppen*, in: Roth/Altmeppen, Rdnr. 9; *Fastrich*, in: Baumbach/Hueck, Rdnr. 3; *Mock*, in: Michalski u.a., Rdnr. 12; *Bayer*, in: Lutter/Hommelhoff, Rdnr. 4; *Schütz*, in: MünchKomm. GmbHG, Rdnr. 5.

12 *W. Müller*, in: Ulmer/Habersack/Löbbe, Rdnr. 7; *Pentz*, in: Rowedder/Schmidt-Leithoff, Rdnr. 4, 8; *Schütz*, in: MünchKomm. GmbHG, Rdnr. 20.

13 *Schütz*, in: MünchKomm. GmbHG, Rdnr. 21.

14 Anders *Pentz*, in: Rowedder/Schmidt-Leithoff, Rdnr. 4 ff.; *Schütz*, in: MünchKomm. GmbHG, Rdnr. 20.

15 S. RGZ 87, 179, 181.

16 S. Rdnr. 5; *Pentz*, in: Rowedder/Schmidt-Leithoff, Rdnr. 11.

17 *Schütz*, in: MünchKomm. GmbHG, Rdnr. 26.

§ 29
Ergebnisverwendung

(1) Die Gesellschafter haben Anspruch auf den Jahresüberschuss zuzüglich eines Gewinnvortrags und abzüglich eines Verlustvortrags, soweit der sich ergebende Betrag nicht nach Gesetz oder Gesellschaftsvertrag, durch Beschluss nach Absatz 2 oder als zusätzlicher Aufwand auf Grund des Beschlusses über die Verwendung des Ergebnisses von der Verteilung unter die Gesellschafter ausgeschlossen ist. Wird die Bilanz unter Berücksichtigung der teilweisen Ergebnisverwendung aufgestellt oder werden Rücklagen aufgelöst, so haben die Gesellschafter abweichend von Satz 1 Anspruch auf den Bilanzgewinn.

(2) Im Beschluss über die Verwendung des Ergebnisses können die Gesellschafter, wenn der Gesellschaftsvertrag nichts anderes bestimmt, Beträge in Gewinnrücklagen einstellen oder als Gewinn vortragen.

(3) Die Verteilung erfolgt nach Verhältnis der Geschäftsanteile. Im Gesellschaftsvertrag kann ein anderer Maßstab der Verteilung festgesetzt werden.

(4) Unbeschadet der Absätze 1 und 2 und abweichender Gewinnverteilungsabreden nach Absatz 3 Satz 2 können die Geschäftsführer mit Zustimmung des Aufsichtsrats oder der Gesellschafter den Eigenkapitalanteil von Wertaufholungen bei Vermögensgegenständen des Anlage- und Umlaufvermögens in andere Gewinnrücklagen einstellen. Der Betrag dieser Rücklagen ist in der Bilanz gesondert auszuweisen; er kann auch im Anhang angegeben werden.

Abs. 4 neu gefasst durch das Bilanzrichtlinie-Umsetzungsgesetz (BilRUG) vom 17.7.2015 (BGBl. I 2015, 1245).

Schrifttum: *Armbrüster*, Abtretung künftiger gesellschaftsrechtlicher Vermögensansprüche bei anschlie-
ßendem Verlust der Gesellschafterstellung, NJW 1991, 606; *M. Arnold*, Der Gewinnauszahlungsanspruch
des GmbH-Minderheitsgesellschafters, 2001; *Ballerstedt*, Kapital, Gewinn und Ausschüttung bei Kapitalgesellschaften, 1949; *K. Becker*, Gewinnbeteiligung der GmbH-Gesellschafter, GmbHR 1941, 333; *T. Bezzenberger*, Das Kapital der Aktiengesellschaft, 2005; *Bitter*, Rechtsperson und Kapitalerhaltung, ZHR 168
(2004), 302; *Bödeker*, Dividendenpolitik und Minderheitenschutz in der nichtbörsennotierten Kapitalgesellschaft, 1999; *Bork/Oepen*, Schutz des GmbH-Minderheitsgesellschafters vor der Mehrheit bei der Gewinnverteilung, ZGR 2002, 241; *Buchwald*, Gewinnausschüttung aus Nichtgewinn, GmbHR 1953, 167;
Crezelius, Gewinnermittlung vs. Gewinnverwendung, in: FS 100 Jahre GmbH-Gesetz, 1992, S. 315; *Ehlke*,
Ergebnisverwendungsregelungen in der GmbH nach dem BiRiLiG, DB 1987, 671; *Eidenmüller/Engert*, Insolvenzrechtliche Ausschüttungssperren, in: FS Karsten Schmidt, 2009, S. 305; *Einhaus/Selter*, Die Treuepflicht des GmbH-Gesellschafters zwischen Ausschüttungs- und Thesaurierungsinteresse, GmbHR 2016,
1177; *Emmerich*, Fortschritt oder Rückschritt? – Zur Änderung des § 29 GmbHG durch das BilanzrichtlG
von 1985, in: FS Seuß, 1987, S. 137; *Erhart/Riedel*, Disquotale Gewinnausschüttungen bei Kapitalgesellschaften – gesellschafts- und steuerrechtliche Gestaltungsmöglichkeiten, BB 2008, 2266; *Falkenstein*,
Grenzen für die Entnahmerechte der GmbH-Gesellschafter, 1992; *Fiedler*, Verdeckte Vermögensverlagerungen bei Kapitalgesellschaften, 1994; *Fleischer/Trinks*, Minderheitenschutz bei der Gewinnthesaurierung in der GmbH – Ein deutsch-spanischer Rechtsvergleich, NZG 2015, 289; *Flume*, Der Gesellschafter
und das Vermögen der Kapitalgesellschaft und die Problematik der verdeckten Gewinnausschüttung,
ZHR 144 (1980), 18; *Gehrlein*, Zum Gewinnbezugsrecht eines GmbH-Gesellschafters nach Einziehung
seines Geschäftsanteils, DB 1998, 2355; *Gelhausen/Althoff*, Die Bilanzierung ausschüttungs- und abfüh-
rungsgesperrter Beträge im handelsrechtlichen Jahresabschluss nach dem BilMoG, WPg 2009, 585, 629;
Geßler, Nichtigkeit und Anfechtung des GmbH-Jahresabschlusses, in: FS Goerdeler, 1987, S. 127; *Goerdeler*, Gewinnverwendung der GmbH, in: FS Werner, 1984, S. 153; *Gschwendtner*, Vorabausschüttungen bei einer GmbH nach Handels- und Steuerrecht, BB 1978, 109; *Habersack*, Die Mitgliedschaft –
subjektives und „sonstiges" Recht, 1996; *Haertlein*, Vorstandshaftung wegen Dividendenausschüttung,
ZHR 168 (2004), 437; *Hager*, Die verdeckte Gewinnausschüttung in der GmbH, ZGR 1989, 71; *Har-
barth/Zeyher/Brechtel*, Gestaltung einer von der Satzung und dem gesetzlichen Regelfall abweichenden
Gewinnauszahlungsabrede in der Aktiengesellschaft, AG 2016, 801; *Hennrichs*, Auswirkungen des Bil-
MoG auf Bilanzpolitik, Gläubigerschutz und Ausschüttungsbemessung in Familienunternehmen, in:
Winkeljohann/Reuther, Zukunft des Bilanzrechts in Familienunternehmen, 2009, S. 99; *Hennrichs*, Zum
Fehlerbegriff im Bilanzrecht, NZG 2013, 681; *Henssler*, Minderheitenschutz im faktischen GmbH-Kon-
zern, in: FS Zöllner, 1998, S. 203; *Heusel/M. Goette*, Zum Gewinnausschüttungsanspruch bei Pattsitua-

tionen in der GmbH, GmbHR 2017, 385; *Hommelhoff*, Gesellschaftsrechtliche Fragen im Entwurf eines Bilanzrichtlinie-Gesetzes, BB 1981, 944; *Hommelhoff*, Die Ergebnisverwendung in der GmbH, ZGR 1986, 418; *Hommelhoff*, Auszahlungsanspruch und Ergebnisverwendungsbeschluss in der GmbH, in: FS Rowedder, 1994, S. 171; *Hommelhoff*, Anmerkungen zum Ergebnisverwendungs-Entscheid der GmbH-Gesellschafter, GmbHR 2010, 1328; *Hommelhoff/Priester*, BilanzrichtlG und GmbH-Satzung, ZGR 1986, 463; *G. Hueck*, Gewinnvorschuss bei der GmbH, ZGR 1975, 133; *G. Hueck*, Der Grundsatz der gleichmäßigen Behandlung im Privatrecht, 1958; *G. Hueck*, Minderheitsschutz bei der Ergebnisverwendung in der GmbH, in: FS Steindorff, 1990, S. 45; *Immenga*, Die personalistische Kapitalgesellschaft, 1970; *Joost*, Beständigkeit und Wandel im Recht der Gewinnverwendung, in: FS 100 Jahre GmbH-Gesetz, 1992, S. 289; *Jürgenmeyer*, Zur Bestimmung des Geschäftsjahrs, 2015; *Kallmeyer*, Recht der Gewinnverwendung in der GmbH, GmbHR 1992, 788; *J. Koch*, Gewinnansprüche und Ausgleichsforderungen beim Erlöschen des Nießbrauchs am Geschäftsanteil oder an Aktien, ZHR 168 (2004), 55; *J. Koch*, Höherrangiges Satzungsrecht vs. schuldrechtliche Satzungsüberlagerung, AG 2015, 213; *v. d. Laage*, Die Ausschüttungssperre des § 268 Abs. 8 HGB nach dem Bilanzrechtsmodernisierungsgesetz, WM 2012, 1322; *U. Lange*, Die Vereinbarung über noch nicht ausgeschüttete Gewinne bei der Veräußerung von GmbH-Anteilen, BWNotZ 1999, 70; *Lenz*, Anknüpfung der Gewinnverteilung am Gewinn einer Schwestergesellschaft, GmbHR 1997, 932; *Leuering/Rubner*, Vorabgewinnausschüttungen im Recht der GmbH, NJW-Spezial 2011, 207; *Leuschner*, Satzungsdurchbrechende Beschlüsse bei AG und GmbH, ZHR 180 (2016), 422; *Link*, Die Ausschüttungssperre des § 268 Abs. 8 HGB, 2014; *Loritz*, Das Recht des GmbH-Gesellschafters auf anteiligen Dividendenbezug nach Anteilsübertragung, DStR 1998, 84; *Martens*, Grundlagen und Entwicklung des Minderheitsschutzes in der GmbH, in: FS 100 Jahre GmbH-Gesetz, 1992, S. 607; *Marx/Dallmann*, Problembereiche und Anwendungsfragen der außerbilanziellen Ausschüttungssperre des § 268 Abs. 8 HGB, Stbg 2010, 453; *Morlock*, Gewinnbezugsrecht und Minderheitenschutz im GmbH-Recht, 2005; *W. Müller*, Die Änderung von Jahresabschlüssen, Möglichkeiten und Grenzen, in: FS Quack, 1991, S. 359; *Mueller-Thuns*, Gewinnbezugsrecht und bilanzpolitische Gestaltungsmöglichkeiten in der GmbH, 1989; *Mylich*, Gegenstandsbezogene Ausschüttungssperren und gesellschaftsrechtliche Kapitalschutzmechanismen, ZHR 181 (2017), 87; *Mylich*, Die einheitliche Anwendung von § 135 Abs. 1 Nr. 2 InsO auf Gewinnausschüttung und Darlehensrückzahlung, ZIP 2017, 1255; *Paus*, Verdeckte Gewinnausschüttung wegen unüblicher Vereinbarungen mit einem Minderheitsgesellschafter, GmbHR 2001, 328; *Peschke*, Gesellschafts- und steuerrechtliche Zulässigkeit disquotaler Gewinnverteilungen bei der GmbH, 2006; *Pörschke*, Disquotale Gewinnausschüttungen bei der GmbH, DB 2017, 1165; *Priester*, Schuldrechtliche Vereinbarungen zur Gewinnverteilung bei der AG, ZIP 2015, 2156; *Priester*, Gewinnthesaurierung im Konzern, ZHR 176 (2012), 268; *Priester*, Öffnungsklauseln zur Gewinnverteilung, in: FS W. Müller, 2001, S. 113; *Priester*, Änderung von Gewinnverwendungsbeschlüssen, ZIP 2000, 261; *Priester*, Quotenabweichende Rücklagenzuordnung, in: GS Knobbe-Keuk, 1997, S. 392; *Prinz*, Die handels- und steuerrechtliche Änderung von Bilanzen, in: FS W. Müller, 2001, S. 687; *Renkl*, Der Gewinnanspruch der Gesellschafter einer GmbH nach der Neuregelung des § 29 GmbHG, DB 1986, 1108; *Renkl*, Zugriffsmöglichkeiten der Gesellschafter einer GmbH auf das Gesellschaftsvermögen vor Ablauf des Geschäftsjahres, BB 1988, 2069; *Karsten Schmidt*, Satzungsmäßige Gewinnverwendungsklauseln, in: FS Doralt, 2004, S. 597; *Schmolke*, Kapitalerhaltung in der GmbH nach dem MoMiG, 2009; *Schön*, Bestandskraft fehlerhafter Bilanzen, in: Festgabe 50 Jahre BGH Bd. II, 2000, S. 153; *Schön*, Gewinnermittlung, Gewinnverteilung und Gewinnausschüttung im Recht der Personengesellschaften und GmbH, in: Hommelhoff/Rowedder/Ulmer (Hrsg.), Max Hachenburg, Fünfte Gedächtnisvorlesung, 2002, S. 17; *Schulze-Osterloh*, Die verdeckte Gewinnausschüttung bei der GmbH, in: FS Stimpel, 1987, S. 487; *Schulze-Osterloh*, Ergebnisverwendungsbeschluss der GmbH für länger zurückliegende Geschäftsjahre, in: FS G.H. Roth, 2011, S. 749; *Seidel*, Die mangelnde Bedeutung mitgliedschaftlicher Treupflichten im Willensbildungsprozess der GmbH, 1998; *Sieker*, Die Verzinsung eigenkapitalersetzender Darlehen, ZGR 1995, 250; *Stengel/Scholderer*, Der zivilrechtliche Ausgleich des Steuernachteils einer verdeckten Gewinnausschüttung, ZGR 1997, 41; *Stüben*, Jahresabschlussfeststellung und Gesellschafteranerkenntnis, 2012; *Sudhoff*, Gewinnanspruch und Gesellschaftsvertrag, GmbHR 1961, 118; *Tavakoli*, Disquotale Gewinnausschüttungen in der Unternehmensnachfolge: Gesellschafts- und steuerrechtliche Rahmenbedingungen, DB 2006, 1882; *Tries*, Verdeckte Gewinnausschüttungen im GmbH-Recht, 1991; *Verse*, Der Gleichbehandlungsgrundsatz im Recht der Kapitalgesellschaften, 2006; *Verse*, Auswirkungen der Bilanzrechtsmodernisierung auf den Kapitalschutz, in: Gesellschaftsrechtliche Vereinigung (VGR), Gesellschaftsrecht in der Diskussion 2009, Bd. 15, 2010, S. 67; *Verse*, Konfliktvermeidender Minderheitenschutz durch Satzungsgestaltung, in: Röthel/Karsten Schmidt (Hrsg.), Konfliktvermeidung in Familienunternehmen, 2014, S. 33; *Vollmer*, Mehrheitskompetenzen und Minderheitenschutz bei der Gewinnverwendung nach künftigem GmbH-Recht, DB 1983, 93; *Vonnemann*, Das Entnahmerecht des GmbH-Gesellschafters, BB 1989, 877; *Vonnemann*, Ausschüttungen an die Gesellschafter einer GmbH, GmbHR 1992, 637; *Waitz*, Disquotale Gewinnverteilung als Kompensation für den Wegfall von ertragsteuerlichen Verlustvorträgen durch Gesellschafterwechsel bei einer GmbH, BB 2010, 2535; *Walk*, Die zweckmäßige Gewinnverwendungsklausel in der GmbH, 1993; *Wälzholz*, Disquotale Gewinnverwendungsabreden bei Personen- und Kapitalgesellschaften, notar 2016, 346; *Wedemann*, Gesellschafterkonflikte in geschlossenen Kapitalgesellschaften, 2013; *Westerfelhaus*, Ergebnisverwendung und Gewinnverteilung bei einer GmbH, DB 1987, 2135; *Wilhelm*, Die Vermögensbindung bei der AG und der GmbH und das Problem der Unterkapitalisierung, in: FS Flume Bd. II, 1978, S. 337; *M. Winter*, Verdeckte Gewinnausschüttungen, ZHR 148 (1984), 579; *M. Winter*, Mitgliedschaftliche Treuebindungen im GmbH-Recht, 1988; *Witt*, Vorabausschüttungen in der GmbH, in: FS Hommelhoff, 2012, S. 1363; *Wünschmann*, Eigenkapitalausschüttungen zwischen Gesellschafts- und Insolvenzrecht, NZG 2017, 51; *Zöllner*, Die Gesellschafterklagen im Kapitalgesellschaftsrecht, ZGR 1988, 392.

I. Grundlagen

1. Regelungsgegenstand

§ 29 regelt die **Verwendung** des im Jahresabschluss (Einzelabschluss) ausgewiesenen **Jahresüberschusses** (§ 29 Abs. 1 Satz 1) bzw. **Bilanzgewinns** (§ 29 Abs. 1 Satz 2) der Gesellschaft. Abs. 1 gewährt den Gesellschaftern einen Anspruch auf den nach Gesetz und Gesellschaftsvertrag ausschüttungsfähigen Gewinn, soweit die Gesellschafterversammlung nicht nach Abs. 2 entscheidet, den Gewinn ganz oder teilweise durch Rücklagenbildung oder Gewinnvortrag einzubehalten (zu thesaurieren). Für den Fall der Ausschüttung sieht Abs. 3 vor, dass die Gewinnverteilung im Verhältnis der Geschäftsanteile zu erfolgen hat. Abs. 4 schließlich enthält eine praktisch wenig bedeutsame Vorschrift über die Rücklagenbildung in einem Sonderfall (Wertaufholungen bei Gegenständen des Anlage- und Umlaufvermögens). Die Vorschrift ist in allen Absätzen **abdingbar**; das ergibt sich für Abs. 1–3 bereits aus dem Wortlaut, ist aber auch für Abs. 4 Satz 1 anerkannt (Rdnr. 99). Zwingend ist freilich die Vorgabe des Abs. 4 Satz 2 (Angabe einer etwaigen Wertaufholungsrücklage in der Bilanz oder im Anhang).

Anders als die Parallelnormen im Recht der Personengesellschaften (§§ 120 Abs. 1, 121 Abs. 3 HGB) sieht § 29 keine Beteiligung der Gesellschafter am **Verlust** des abgelaufenen Geschäftsjahrs vor. Eine unmittelbare Verlustbeteiligung der Gesellschafter ist dem GmbH-Recht schon im Ansatz fremd. Ein Verlust wirkt sich nur mittelbar auf die Gesellschafter aus, indem der Wert der Geschäftsanteile sinkt und das Ausschüttungsvolumen in den Folgejahren geschmälert wird. Die Gesellschafter können allerdings auf unterschiedliche Weise eine unmittelbare Verlustbeteiligung vereinbaren, etwa indem sie Nachschusspflichten (§§ 26–28) oder sonstige Nebenleistungspflichten (§ 3 Abs. 2) in den Gesellschaftsvertrag aufnehmen. Zudem können sich die Gesellschafter auch außerhalb des Gesellschaftsvertrags schuldrechtlich zur Übernahme der Verluste der Gesellschaft verpflichten[1], gemäß § 328 BGB auch in der Weise, dass die Gesellschaft unmittelbare Ansprüche gegen die Gesellschafter erhält[2].

---

1 RG v. 22.12.1914 – 440/14 II, JW 1915, 335 Nr. 11; BGH v. 8.2.1993 – II ZR 24/92, GmbHR 1993, 214, 215; OLG Hamm v. 2.2.1977 – 8 U 229/76, GmbHR 1978, 271 f.; OLG Nürnberg v. 4.6.1981 – 8 U 3216/80, GmbHR 1981, 242; *Fastrich*, in: Baumbach/Hueck, Rdnr. 6; *Priester*, in: MünchHdb. III, § 57 Rdnr. 3; näher zum Ganzen § 3 Rdnr. 104 ff.; *Verse*, in: Henssler/Strohn, Gesellschaftsrecht, § 26 GmbHG Rdnr. 5.
2 BGH v. 8.2.1993 – II ZR 24/92, GmbHR 1993, 214, 215; OLG Hamm v. 2.2.1977 – 8 U 229/76, GmbHR 1978, 271 f.; *Priester*, in: MünchHdb. III, § 57 Rdnr. 3; zu eng insoweit OLG Nürnberg v. 4.6.1981 – 8 U 3216/80, GmbHR 1981, 242.

2. Entstehungsgeschichte und Übergangsrecht

a) Entstehungsgeschichte

3 Die geltende Fassung der **Absätze 1–3** des § 29 beruht auf dem **Bilanzrichtliniengesetz (BiRiLiG)** vom 19.12.1985[3], in Kraft getreten am 1.1.1986. Sie unterscheidet sich von der alten Fassung vor allem dadurch, dass nach Abs. 2 n.F. die Gesellschafter mit einfacher Mehrheit beschließen können, das Jahresergebnis ganz oder teilweise zu thesaurieren, sofern der Gesellschaftsvertrag nichts Abweichendes vorsieht. Das steht in diametralem Gegensatz zur Regelung des § 29 Abs. 1 a.F., nach der vorbehaltlich abweichender Regelung im Gesellschaftsvertrag stets der gesamte sich aus der jährlichen Bilanz ergebende „Reingewinn" auszuschütten war.

4 Dieses **Vollausschüttungsgebot** des alten § 29 Abs. 1, das die zum Überleben der Gesellschaft häufig unerlässliche Rücklagenbildung von einer Regelung im Gesellschaftsvertrag abhängig machte, galt indes schon lange als reformbedürftig[4]. Konkrete Gestalt gewannen die Reformbestrebungen erstmals mit dem **Entwurf des Reichsjustizministeriums** für ein neues GmbHG aus dem Jahr **1939**, der in seinem § 89 erstmals den Gesellschaftern ausdrücklich das Recht einräumte, mit einfacher Mehrheit über die erforderlichen Rücklagen zu beschließen[5]. Zum Ausgleich war freilich für die Minderheit ein besonderes Anfechtungsrecht vorgesehen, wenn die Rücklagen das nach kaufmännischen Grundsätzen notwendige Maß gröblich übersteigen (§ 130 Abs. 3 des Entwurfs). Damit sollte auf das dringende Interesse vieler Gesellschafter an der Ausschüttung des Gewinns zur Bestreitung ihres Lebensunterhalts Rücksicht genommen werden[6].

5 An dem Entwurf von 1939 orientierten sich später die beiden Regierungsentwürfe eines neuen GmbHG von 1971 und 1973[7] sowie schließlich auch der **Regierungsentwurf des BiRiLiG** von 1982[8]. Die in dem zuletzt genannten Entwurf vorgeschlagene Neufassung des § 29 deckte sich bereits weitestgehend mit der später Gesetz gewordenen Fassung. Zur **Begründung** verwies die Bundesregierung vor allem auf die weitgehende Unterbindung stiller Reserven durch das BiRiLiG und die sich daraus ergebende Folge, dass die Gesellschaften nur noch durch die Bildung offener Rücklagen angemessen Vorsorge treffen können. Deshalb müsse § 29 dahin geändert werden, dass die Mehrheit das Recht erhalte, den erwirtschafteten Gewinn ganz oder zumindest teilweise dem Unternehmen zu belassen[9].

6 Allerdings sah der Regierungsentwurf des BiRiLiG zum Ausgleich noch eine Regelung vor, um die Minderheitsgesellschafter vor einer übermäßigen Thesaurierung durch die Mehrheit zu schützen. Nach dem **Vorbild des § 254 AktG** sollte in § 42h des Entwurfs[10] ein besonderer Anfechtungstatbestand für den Fall geschaffen werden, dass die Thesaurierung bei vernünftiger kaufmännischer Beurteilung zur Sicherung der Lebens- und Widerstandsfähigkeit der Gesellschaft nicht notwendig ist *und* infolge der Thesaurierung keine Ausschüttung in Höhe von mindestens 4 % des um nicht eingeforderte Einlagen verminderten Stammkapitals erfolgt. Dieser Vorschlag stieß jedoch im Schrifttum auf heftige **Kritik**, vor allem wegen der als unzureichend angesehenen Höhe der „Mindestdividende" von 4 %[11]. Wohl nicht zuletzt

---

3 BGBl. I 2015, 1245.
4 Näher zum Folgenden *Emmerich*, in: FS Seuß, S. 137, 138 ff.; *Walk*, Gewinnverwendungsklausel, S. 10 ff.
5 Vgl. *W. Schubert* (Hrsg.), Entwurf des RJM zu einem GmbHG von 1939, 1985.
6 Vgl. die Begr. des RJM bei *Schubert*, Entwurf des RJM zu einem GmbHG von 1939, 1985, S. 160 f.
7 BT-Drucks. 6/3088; 7/253.
8 BT-Drucks. 9/1878.
9 BT-Drucks. 9/1878, S. 107.
10 BT-Drucks. 9/1878, S. 39, 110. Sinngemäß ebenso bereits § 205 RegE-GmbHG 1971.
11 S. etwa *Vollmer*, DB 1983, 93, 94 („völlig unzureichend"); zuvor bereits *Hommelhoff*, BB 1981, 944, 952 f. („ridiküle 4 %"); näher dazu *M. Winter*, Mitgliedschaftliche Treuebindungen, S. 290. Der in

unter dem Eindruck dieser Kritik ist der genannte Anfechtungstatbestand in den **Ausschuss-beratungen** aus „ordnungspolitischen Gründen" wieder gestrichen worden. Ein bestimmter Gewinnanspruch der Minderheit solle nicht ausdrücklich im Gesetz „festgeschrieben" werden[12].

Vor diesem Hintergrund darf der Umstand, dass das Gesetz keine ausdrückliche Regelung 7 zum Schutz der Minderheit vor übermäßigen, aus kaufmännischer Sicht ungerechtfertigten Thesaurierungsbeschlüssen vorsieht, nicht dahin missverstanden werden, dass der Gesetzgeber Gewinnthesaurierungen schrankenlos zulassen wollte. Vielmehr sollte es nach dem Willen des Gesetzgebers der Rechtsprechung überlassen bleiben, anhand allgemeiner Rechtsgrundsätze flexible Schranken zu entwickeln[13]. Es entspricht denn auch der ganz h.M., dass namentlich die mitgliedschaftliche **Treuepflicht** übermäßigen Thesaurierungen Grenzen setzt (s. im Einzelnen Rdnr. 53 ff.). Diese flexible Schranke reicht weiter als die starre Schranke des § 254 Abs. 1 AktG. Während nämlich Aktionäre bei Ausschüttung von 4 % des gezeichneten Kapitals auch eine offensichtlich nicht erforderliche Thesaurierung hinzunehmen haben, kommt in der GmbH auch hier eine Treuepflichtverletzung in Betracht (Rdnr. 56). Daran zeigt sich, dass die Einführung einer dem § 254 Abs. 1 AktG nachgebildeten Vorschrift den Minderheitenschutz nicht erweitert, sondern im Gegenteil beschränkt hätte[14], was in der rechtspolitischen Diskussion nicht immer hinreichend bedacht wird. Ungeachtet dessen ändert auch die Treuebindung der Gesellschaftermehrheit nichts daran, dass nach geltender Rechtslage das **Ausschüttungsinteresse** der Minderheit nur **schwach geschützt** ist[15] und Minderheitsgesellschaftern daher nur angeraten werden kann, bei Eintritt in die Gesellschaft auf Schutzvorkehrungen im Gesellschaftsvertrag zu bestehen[16].

Die Vorschrift des § 29 **Abs. 4**, die nur geringe praktische Bedeutung hat (Rdnr. 98), ist durch 7a das **Bilanzrichtlinie-Umsetzungsgesetz (BilRUG)** vom 17.7.2015[17] neu gefasst worden. Die Vorschrift sah in ihrer ursprünglichen, durch das BiRiLiG (Rdnr. 3) eingeführten Fassung vor, dass nicht nur – wie in der aktuellen Fassung – der Eigenkapitalanteil von Wertaufholungen in die anderen Gewinnrücklagen eingestellt werden kann, sondern auch der Eigenkapitalanteil von bei der steuerrechtlichen Gewinnermittlung gebildeten Passivposten, die nicht im Sonderposten mit Rücklageanteil ausgewiesen werden dürfen. Diese zweite Tatbestandsvariante

---

diesem Zusammenhang vielzitierte Begriff „Mindestdividende" ist freilich missverständlich, da § 254 Abs. 1 AktG keine Mindestausschüttung von 4 % vorgibt, sondern lediglich anordnet, dass bei Unterschreitung dieses Betrags die Thesaurierung auf ihre kaufmännische Notwendigkeit geprüft werden muss; s. dazu auch noch Rdnr. 55.

12 Bericht des Rechtsausschusses, BT-Drucks. 10/4268, S. 131.

13 Im Vorentwurf für die Ausschussberatungen vom August 1985 wird der Verzicht auf § 42h des Regierungsentwurfs ausdrücklich damit begründet, insoweit solle es bei den von der Rechtsprechung ermittelten Grundsätzen bleiben; Deutscher Bundestag, Rechtsausschuss, Unterausschuss „Bilanzrichtlinie-Gesetz", Entwurf eines Bilanzrichtlinien-Gesetzes vom 1. August 1985, Erläuterungen S. 14 (zitiert nach *Hommelhoff*, ZGR 1986, 418, 424).

14 Treffend *M. Winter*, Mitgliedschaftliche Treuebindungen, S. 291.

15 Zur rechtspolitischen Kritik etwa *Emmerich*, in: FS Seuß, S. 137 ff., insbes. S. 146 ff., 149; *Joost*, in: FS 100 Jahre GmbHG, S. 289, 305 ff. (dazu aber auch die Gegenkritik von *Kallmeyer*, GmbHR 1992, 788 ff.); *Martens*, in: FS 100 Jahre GmbHG, S. 607, 619 ff.; *Walk*, Gewinnverwendungsklausel, S. 38 ff.

16 Beispiel einer solchen Satzungsregelung bei *Wentrup*, in: Beck'sches Formularbuch Bürgerliches, Handels- und Wirtschaftsrecht, 12. Aufl. 2016, IX.9 § 14; s. auch die Hinweise zur Klauselgestaltung bei *Hommelhoff*, in: Lutter/Hommelhoff, Rdnr. 26. De lege ferenda sprechen gute Gründe dafür, die Gesellschafter durch einen gesetzlichen Regelungsauftrag betreffend die Gewinnverwendung zu einer statutarischen Regelung anzuhalten; *Verse*, in: Röthel/Karsten Schmidt, Konfliktvermeidung in Familienunternehmen, S. 33, 48 ff.; *Wedemann*, Gesellschafterkonflikte in geschlossenen Kapitalgesellschaften, S. 434 ff.; *Weller*, ZGR 2012, 386, 401; zurückhaltend aber *Fleischer/Trinks*, NZG 2015, 289, 296.

17 BGBl. I 2015, 1245.

hat das BilRUG aufgehoben, da es seit dem Gesetz zur Modernisierung des Bilanzrechts (**Bil-MoG**) vom 25.5.2009[18] den Sonderposten mit Rücklageanteil nicht mehr gibt (Rdnr. 100).

b) Zeitlicher Anwendungsbereich und Übergangsrecht

8 § 29 in der Fassung des BiRiLiG (Rdnr. 3) gilt uneingeschränkt für die nach dem 31.12.1985 ins Handelsregister eingetragenen Neugesellschaften. Für die **vor dem 1.1.1986** entstandenen **Altgesellschaften** ist zu differenzieren: Abs. 3 (inhaltsgleich mit Abs. 2 a.F.) und Abs. 4 i.d.F. des BiRiLiG (zur Neufassung durch das BilRUG Rdnr. 8a) gelten seit dem 1.1.1986 auch für Altgesellschaften, Abs. 1 und Abs. 2 dagegen nur nach Maßgabe der Übergangsregelung des **Art. 12 § 7 GmbHÄndG** (im Folgenden: § 7 ÄndG). Nach § 7 Abs. 1 ÄndG bleibt es für Altgesellschaften zunächst bei der Geltung des alten Vollausschüttungsgebots, sofern der Gesellschaftsvertrag nicht bereits eine andere Regelung trifft. Bleibt es mangels Regelung im Gesellschaftsvertrag zunächst beim Vollausschüttungsgebot, dürfen nach § 7 Abs. 2 Satz 1 ÄndG Satzungsänderungen der Gesellschaft nur noch dann in das Handelsregister eingetragen werden (Registersperre), wenn zugleich die Gewinnverwendung – entsprechend oder abweichend von § 29 n.F. – im Gesellschaftsvertrag erstmals geregelt wird. Für Letzteres genügt nach § 7 Abs. 2 Satz 2 ÄndG ein Beschluss mit einfacher Mehrheit. Da sich diese Beschlusserleichterung auf den vorausgehenden Satz 1 des § 7 Abs. 2 ÄndG bezieht, gilt auch sie nur, wenn es zuvor noch keine gesellschaftsvertragliche Regelung über die Gewinnverwendung gab und es deshalb zunächst beim Vollausschüttungsgebot geblieben ist[19]. Da das Übergangsrecht heute kaum noch Bedeutung hat, wird wegen weiterer Einzelheiten auf die 10. Aufl., Rdnr. 9 ff. verwiesen.

8a § 29 Abs. 4 in der Fassung des BilRUG (Rdnr. 7a) ist nach **§ 6 EGGmbHG** erstmals auf Jahresabschlüsse für ein nach dem 31.12.2015 beginnendes Geschäftsjahr anzuwenden. Auf Jahresabschlüsse für ein vor dem 1.1.2016 beginnendes Geschäftsjahr bleibt § 29 Abs. 4 i.d.F. des BiRiLiG anwendbar.

3. Unterscheidung von Gewinnstammrecht und Gewinnanspruch

9 Grundlegend für das richtige Verständnis der Gewinnberechtigung der Gesellschafter ist die Unterscheidung zwischen dem allgemeinen Recht auf Teilhabe an den periodischen Ergebnissen der Gesellschaft, dem **Gewinnstammrecht** (auch Gewinnbezugsrecht), und dem konkreten Anspruch des Gesellschafters auf Auszahlung seines Anteils am Gewinn des abgelaufenen Geschäftsjahrs, dem Dividenden- oder **Gewinnanspruch** (auch: Gewinnauszahlungsanspruch). Das Gewinnstammrecht ist ein Mitgliedschaftsrecht und bildet zusammen mit dem Recht auf Beteiligung am Liquidationserlös (§ 72) den wichtigsten vermögensrechtlichen Bestandteil der Mitgliedschaft. Wie andere Mitgliedschaftsrechte auch ist das Gewinnstammrecht mit der Mitgliedschaft untrennbar verbunden (Abspaltungsverbot)[20]; es geht daher bei Übertragung des Geschäftsanteils mit diesem auf den Erwerber über (Akzessorietät)[21].

---

18 BGBl. I 2009, 1102.
19 BGH v. 26.9.1988 – II ZR 34/88, BGHZ 105, 206, 210 ff. = GmbHR 1989, 72; OLG Nürnberg v. 9.7.2008 – 12 U 690/07, DB 2008, 2415, 2416 f.
20 Unstr., s. nur *Ekkenga*, in: MünchKomm. GmbHG, Rdnr. 55; *Fastrich*, in: Baumbach/Hueck, Rdnr. 48; *Pentz*, in: Rowedder/Schmidt-Leithoff, Rdnr. 21; *Arnold*, Gewinnauszahlungsanspruch, S. 10 f.; allg. zum Abspaltungsverbot *Verse*, in: Henssler/Strohn, Gesellschaftsrecht, § 14 GmbHG Rdnr. 45.
21 Statt aller BGH v. 8.12.1997 – II ZR 203/96, GmbHR 1998, 538, 539; *Fastrich*, in: Baumbach/Hueck, Rdnr. 48, 59; *Pentz*, in: Rowedder/Schmidt-Leithoff, Rdnr. 21, 29; allg. zur Akzessorietät der Mitgliedschaftsrechte *Verse*, in: Henssler/Strohn, Gesellschaftsrecht, § 14 GmbHG Rdnr. 44; s. auch § 14 Rdnr. 22.

Der konkrete Gewinnanspruch, der sich aus dem Gewinnstammrecht entwickelt und nach ganz h.M. erst mit der Fassung eines auf Ausschüttung gerichteten Verwendungsbeschlusses entsteht (Rdnr. 37), ist dagegen ein von der Mitgliedschaft verselbständigter schuldrechtlicher Anspruch, mithin ein normales **Forderungsrecht (Gläubigerrecht)** der einzelnen Gesellschafter[22]; s. dazu im Einzelnen Rdnr. 78 ff. Aus dem Gewinnstammrecht lassen sich als weitere Rechte der Gesellschafter die Ansprüche auf Auf- und Feststellung des Jahresabschlusses (Rdnr. 17, 19) sowie auf Fassung des Verwendungsbeschlusses (Rdnr. 62) ableiten. Diese sind wie das Gewinnstammrecht den Mitgliedschaftsrechten zuzuordnen und unterliegen daher ebenfalls dem Abspaltungsverbot[23].

Uneinigkeit besteht im Schrifttum, ob mit dem in § 29 Abs. 1 genannten „**Anspruch**" auf **10** den Jahresüberschuss bzw. den Bilanzgewinn das allgemeine Gewinnstammrecht oder der konkrete Gewinnanspruch angesprochen ist[24]. Der Wortlaut legt Letzteres nahe. Die Frage hat aber letztlich keine entscheidende Bedeutung. Auch wenn man § 29 Abs. 1 auf den konkreten Gewinnanspruch bezieht, lässt sich daraus nämlich kein Einwand gegen die These der h.M. ableiten, dass der Gewinnanspruch erst mit Fassung des Ausschüttungsbeschlusses entsteht[25]. § 29 Abs. 1 stellt dieses Erfordernis zwar nicht explizit auf, lässt sich aber doch mit ihm vereinbaren; denn wenn § 29 Abs. 1 Satz 1 formuliert, dass die Gesellschafter einen Ausschüttungsanspruch haben, soweit dieser nicht durch Verwendungsbeschluss nach § 29 Abs. 2 „ausgeschlossen *ist*" (nicht: ausgeschlossen wird), bezieht sich die Regelungsaussage ersichtlich auf einen Zeitpunkt, in dem der Verwendungsbeschluss bereits gefasst wurde[26].

II. Voraussetzungen und Gegenstand der Ergebnisverwendung

1. Ablauf des Geschäftsjahrs

Aus der Tatsache, dass § 29 Abs. 1 an bilanzielle Größen (Jahresüberschuss bzw. Bilanzge- **11** winn) anknüpft, ergibt sich, dass der **Jahresabschluss** (Einzelabschluss) Grundlage für die Ergebnisverwendung nach § 29 ist. Der Jahresabschluss ist nach Ablauf eines jeden **Geschäfts-** **jahrs** auf- und festzustellen (§ 264 Abs. 1 HGB, § 42a Abs. 2 GmbHG, Rdnr. 12 ff.). Das Geschäftsjahr entspricht mangels anderer Bestimmung im Gesellschaftsvertrag dem Kalenderjahr[27]. Soll nachträglich eine abweichende Regelung eingeführt werden, so ist hierzu eine Satzungsänderung im Sinne der §§ 53 f. erforderlich[28]. Steuerrechtlich muss überdies das Finanzamt zustimmen (§ 4a Abs. 1 Nr. 2 Satz 2 EStG, § 7 Abs. 4 Satz 3 KStG). Eine rückwirkende Änderung des Geschäftsjahrs nach Ablauf desselben scheidet nach h.M. aus, da andernfalls die Interessen Dritter, namentlich Gläubigerinteressen, beeinträchtigt werden

---

22 Gleichfalls unstr., *Fastrich*, in: Baumbach/Hueck, Rdnr. 49; *Pentz*, in: Rowedder/Schmidt-Leithoff, Rdnr. 22; *Arnold*, Gewinnauszahlungsanspruch, S. 12 f.; allg. zu Gläubigerrechten der Gesellschafter *Verse*, in: Henssler/Strohn, Gesellschaftsrecht, § 14 GmbHG Rdnr. 47.

23 *Ekkenga*, in: MünchKomm. GmbHG, Rdnr. 55.

24 Für Ersteres etwa *Fastrich*, in: Baumbach/Hueck, Rdnr. 48; *Arnold*, Gewinnauszahlungsanspruch, S. 109 ff. m.w.N.; für Letzteres *Bork/Oepen*, ZGR 2002, 241, 272 f.

25 So aber *Hommelhoff*, in: FS Rowedder, S. 171, 179.

26 *Bork/Oepen*, ZGR 2002, 241, 272 f.

27 Ganz h.M., s. etwa 11. Aufl., § 53 Rdnr. 139; *Harbarth*, in: MünchKomm. GmbHG, § 53 Rdnr. 246; jeweils m.w.N.; a.A. *Jürgenmeyer*, Zur Bestimmung des Geschäftsjahrs, S. 49 ff.

28 H.M., 11. Aufl., § 53 Rdnr. 139; *Harbarth*, in: MünchKomm. GmbHG, § 53 Rdnr. 246 m.w.N.; a.A. *Jürgenmeyer*, Zur Bestimmung des Geschäftsjahrs, S. 53 ff. Keiner Satzungsänderung bedarf es aber, wenn nach Eröffnung des Insolvenzverfahrens der Insolvenzverwalter von dem durch § 155 Abs. 2 Satz 1 InsO vorgegebenen neuen Geschäftsjahrsrhythmus wieder zum alten Geschäftsjahr zurückkehren will; BGH v. 14.10.2014 – II ZB 20/13, GmbHR 2015, 132 Rdnr. 12. Der Insolvenzverwalter muss diese Entscheidung dem Registergericht noch während des laufenden Geschäftsjahrs mitteilen; BGH v. 21.2.2017 – II ZB 16/15, GmbHR 2017, 479.

könnten[29]. Die **Dauer** des Geschäftsjahrs muss grundsätzlich zwölf Monate betragen. Eine Überschreitung ist unzulässig (§ 240 Abs. 2 Satz 2 HGB). Eine Dauer von weniger als zwölf Monaten ist nach überwiegender Ansicht nicht generell, wohl aber aus besonderem Anlass zulässig, so z.B. in der ersten Periode nach Gründung der Gesellschaft oder im Zusammenhang mit der Umstellung des Geschäftsjahrs, der Auflösung der Gesellschaft (einschließlich der Eröffnung des Insolvenzverfahrens[30]) oder Umwandlungsvorgängen[31]. In solchen Fällen gilt § 29 für den das Rumpfgeschäftsjahr abschließenden Jahresabschluss. **Vor Ablauf des Geschäftsjahrs** kann noch kein Gewinnanspruch der Gesellschafter aus § 29 Abs. 1 bestehen. Ungeachtet dessen können aber unter bestimmten Voraussetzungen Vorabausschüttungen auf den erwarteten Gewinn vorgenommen werden (Rdnr. 106 ff.).

2. Auf- und Feststellung des Jahresabschlusses

a) Grundlagen

12 **aa)** Die **Aufstellung** des Jahresabschlusses nach Maßgabe der gesetzlichen (§§ 242 ff. HGB, § 42) und ggf. gesellschaftsvertraglichen Vorgaben ist Sache der **Geschäftsführer** (§§ 41, 42a Abs. 1 Satz 1) und hat binnen der **Fristen** des § 264 Abs. 1 Satz 3 und 4 HGB zu erfolgen, d.h. innerhalb von drei Monaten und bei kleinen Gesellschaften im Sinne des § 267 Abs. 1 HGB spätestens innerhalb von sechs Monaten nach Ablauf des Geschäftsjahrs[32]. Die Geschäftsführer sind – wie sonst auch – an rechtmäßige Weisungen der Gesellschafter gebunden (11. Aufl., § 37 Rdnr. 37 ff.). Nach seiner Aufstellung haben die Geschäftsführer den Jahresabschluss unverzüglich (ohne schuldhaftes Zögern, § 121 Abs. 1 BGB) den Gesellschaftern vorzulegen (§ 42a Abs. 1 Satz 1; s. 11. Aufl., § 42a Rdnr. 3 ff.). Bei prüfungspflichtigen Gesellschaften (§§ 316 Abs. 1, 267 Abs. 1 HGB) muss die Vorlage an die Gesellschafter gemäß § 42a Abs. 1 Satz 2 unverzüglich nach Eingang des Prüfungsberichts des **Abschlussprüfers** erfolgen (11. Aufl., § 42a Rdnr. 20 ff.). Hat die Gesellschaft einen **Aufsichtsrat**, ist auch dieser nach § 25 Abs. 1 Nr. 2 MitbestG, § 1 Abs. 1 Nr. 3 DrittelbG und (satzungsdispositiv) § 52 Abs. 1, jeweils i.V.m. § 171 AktG, mit der Prüfung des Jahresabschlusses zu befassen. Der Prüfungsbericht des Aufsichtsrats ist dann ebenfalls den Gesellschaftern vorzulegen (§ 42a Abs. 1 Satz 3; s. 11. Aufl., § 42a Rdnr. 26 ff.).

13 **bb)** Von der Aufstellung des Jahresabschlusses durch die Geschäftsführer ist die **Feststellung** des Jahresabschlusses zu unterscheiden. Durch die Feststellung erlangt der Jahresabschluss **Verbindlichkeit** im Verhältnis der Gesellschafter zur Gesellschaft und untereinander; mit ihr steht zwischen den Gesellschaftern fest, wie viel Gewinn im betreffenden Geschäftsjahr entstanden ist[33]. Die Feststellung des Jahresabschlusses bildet damit die Grundlage für die späte-

---

29 11. Aufl., § 53 Rdnr. 187; *Schnorbus*, in: Rowedder/Schmidt-Leithoff, § 54 Rdnr. 41; jeweils mit zahlreichen Nachw.; a.A. *Jürgenmeyer*, Zur Bestimmung des Geschäftsjahrs, S. 64 ff.

30 Wird ein Insolvenzverfahren über das Vermögen der Gesellschaft eröffnet, wird dadurch das bisher laufende Geschäftsjahr kraft Gesetzes zu einem Rumpfgeschäftsjahr, da mit Eröffnung des Insolvenzverfahrens gemäß § 155 Abs. 2 Satz 1 InsO ein neues Geschäftsjahr beginnt; BGH v. 14.10.2014 – II ZB 20/13, GmbHR 2015, 132 Rdnr. 10.

31 *Merkt*, in: Baumbach/Hopt, § 240 HGB Rdnr. 6; *Pentz*, in: Rowedder/Schmidt-Leithoff, Rdnr. 38; großzügiger – Verkürzung generell zulässig – W. *Müller*, in: Ulmer/Habersack/Löbbe, Rdnr. 18.

32 Wegen der Einzelheiten der Aufstellung s. 11. Aufl., § 41 Rdnr. 1 ff., § 42a Rdnr. 3 ff.; *Arnold*, Gewinnauszahlungsanspruch, S. 25 ff.

33 Weist der Jahresabschluss Ansprüche der Gesellschaft gegen die Gesellschafter aus, wird in der einvernehmlichen Feststellung in der Regel zugleich ein deklaratorisches (kausales) Schuldanerkenntnis liegen, das bekannte oder für möglich gehaltene Einwendungen gegenüber den bilanzierten Gesellschafterverbindlichkeiten ausschließt; BGH v. 2.3.2009 – II ZR 264/07, GmbHR 2009, 712, 714 mit Anm. *Münnich*; eingehend dazu und im Ergebnis zurückhaltender als der BGH in der Annahme eines Schuldanerkenntnisses *Stüben*, Jahresabschlussfeststellung und Gesellschafteranerkenntnis, S. 54 ff., insbes. S. 94 ff., 103 ff.

re Gewinnverwendung, über die in dem vom Feststellungsbeschluss zu trennenden Verwendungsbeschluss (Rdnr. 36 ff.) entschieden wird. Die Feststellung obliegt gemäß § 46 Nr. 1 vorbehaltlich abweichender Regelung im Gesellschaftsvertrag den **Gesellschaftern**. Diese haben binnen der **Fristen** des § 42a Abs. 2 über die Feststellung zu beschließen, also innerhalb von acht Monaten und bei kleinen Gesellschaften im Sinne des § 267 Abs. 1 HGB innerhalb von elf Monaten nach Ablauf des Geschäftsjahrs. Der Gesellschaftsvertrag kann diese Fristen nur verkürzen, nicht verlängern (§ 42a Abs. 2 Satz 2; s. 11. Aufl., § 42a Rdnr. 40 ff.). In einer kapitalmarktorientierten GmbH, also einer GmbH, die Schuldverschreibungen oder sonstige Wertpapiere (z.B. Genussscheine) am organisierten Markt begeben hat (§ 264d HGB), verkürzt sich die Feststellungsfrist im Ergebnis auf vier Monate nach Ablauf des Geschäftsjahrs. Dies ergibt sich zwar nicht aus § 42 Abs. 2, folgt aber aus dem Zusammenhang mit den Vorgaben über die Offenlegung des Jahresabschlusses (§ 325 HGB). Der Jahresabschluss einer kapitalmarktorientierten GmbH muss innerhalb von vier Monaten nach dem Abschlussstichtag durch Einreichung zum Bundesanzeiger offengelegt werden (§ 325a Abs. 4 HGB), und diese Offenlegungspflicht kann nur mit einem bereits festgestellten Jahresabschluss erfüllt werden, wie § 325 Abs. 1 Satz 1 Nr. 1 HGB n.F. nunmehr unmissverständlich anordnet. In einer nicht kapitalmarktorientierten GmbH genügt es dagegen, wenn der festgestellte Jahresabschluss innerhalb eines Jahres nach Ablauf des Geschäftsjahrs offengelegt wird (§ 325 Abs. 1a Satz 1 HGB n.F.).[34]

Die Beschlussfassung über die Feststellung des Jahresabschlusses erfolgt nach dem gesetzlichen Normalstatut mit **einfacher Stimmenmehrheit** (§ 47 Abs. 1). Wenn der Gesellschaftsvertrag für den Verwendungsbeschluss nach § 29 Abs. 2 eine qualifizierte Mehrheit vorsieht, folgt allein daraus noch nicht, dass auch der Feststellungsbeschluss dieser Mehrheit bedarf[35]. Inhaltlich haben die Gesellschafter innerhalb der gesetzlichen und ggf. gesellschaftsvertraglichen Bilanzierungsvorgaben grundsätzlich freie Hand. Sie sind nicht an den von den Geschäftsführern aufgestellten Abschluss gebunden, sondern können diesen durch die abweichende Ausübung von Bilanzierungswahlrechten nach ihrem Ermessen **abändern**[36]. Bei prüfungspflichtigen Gesellschaften machen Änderungen allerdings eine Nachtragsprüfung erforderlich (§ 316 Abs. 3 HGB)[37]. Eine – freilich weit gezogene – ungeschriebene Schranke für die Entscheidung der Gesellschaftermehrheit ergibt sich aus der mitgliedschaftlichen Treuepflicht gegenüber den Minderheitsgesellschaftern. So ist in Extremfällen denkbar, dass die einseitige Ausnutzung bilanzpolitischer Spielräume im festgestellten Jahresabschluss mit der Folge, dass die Entstehung eines Gewinns künstlich verhindert und damit das Ausschüttungsinteresse der Minderheitsgesellschafter beeinträchtigt wird, gegen die Treuepflicht verstößt[38]. Der Feststel-

13a

---

34 Die frühere Vorgabe, dass die Geschäftsführer den Jahresabschluss schon unverzüglich nach Vorlage an die Gesellschafter offenlegen mussten (§ 325 Abs. 1 Satz 2 HGB a.F.), ist durch das BilRUG (Rdnr. 7a) aufgehoben worden; zum Hintergrund (Offenlegung erst nach Feststellung) s. Begr. RegE BilRUG, BT-Drucks. 18/4050, S. 77 f. Zur erstmaligen Anwendung des § 325 HGB i.d.F. des BilRUG s. Art. 75 Abs. 1 EGHGB (Geschäftsjahre ab 2016).
35 BGH v. 14.2.1974 – II ZR 76/72, LM Nr. 3 zu § 29 GmbHG = BB 1974, 854.
36 Allg. M.; BGH v. 28.1.1985 – II ZR 79/84, BB 1985, 567; *Hüffer/Schürnbrand*, in: Ulmer/Habersack/Löbbe, § 46 Rdnr. 13; *Arnold*, Gewinnauszahlungsanspruch, S. 32 m.w.N.; s. auch 11. Aufl., § 46 Rdnr. 14. Davon zu unterscheiden ist der Fall, dass nachträglich, d.h. nach bereits erfolgter Feststellung, noch Änderungen erfolgen sollen; s. dazu Rdnr. 27 f.
37 Zu den Einzelheiten 11. Aufl., § 46 Rdnr. 14; *Hüffer/Schürnbrand*, in: Ulmer/Habersack/Löbbe, § 46 Rdnr. 14.
38 *W. Müller*, in: Ulmer/Habersack/Löbbe, Rdnr. 42 ff.; *Strohn*, in: Henssler/Strohn, Gesellschaftsrecht, Rdnr. 16; ausführlich *Mueller-Thuns*, Gewinnbezugsrecht, S. 64 ff.; abw. *Seidel*, Treupflichten, S. 138 ff. Vgl. auch Rdnr. 53 ff. zur ähnlichen Problematik im Rahmen des Verwendungsbeschlusses.

lungsbeschluss wäre dann anfechtbar (Rdnr. 25). Das BilMoG (Rdnr. 7a) hat das Problem allerdings entschärft, indem es wichtige Ansatz- und Bewertungswahlrechte gestrichen hat[39].

14 Da § 46 Nr. 1 kein zwingendes Recht enthält (§ 45 Abs. 2), kann die Feststellung des Jahresabschlusses ebenso wie die Entscheidung über die Gewinnverwendung auch einem **anderen Organ**, z.B. einem Beirat oder Aufsichtsrat und nach h.M. auch den Geschäftsführern, übertragen werden (11. Aufl., § 42a Rdnr. 33–35, § 46 Rdnr. 46). Die Entscheidungen dieser Organe sollen dann nach überwiegender Meinung durch Klage gegen die Gesellschaft in gleicher Weise wie die Gesellschafterbeschlüsse anfechtbar sein, an deren Stelle sie treten[40]. Zulässig sind auch unterschiedliche Kompetenzzuweisungen. Nichts hindert die Gesellschafter etwa, die Feststellung des Jahresabschlusses den Geschäftsführern oder dem Aufsichtsrat zu übertragen, während sie sich selbst die Beschlussfassung über die Gewinnverwendung vorbehalten. Ist die Zuständigkeit für beide Beschlüsse entsprechend dem gesetzlichen Normalstatut (§ 46 Nr. 1) den Gesellschaftern verblieben, so können diese auch beide Beschlüsse miteinander verbinden, wovon in der Praxis verbreitet Gebrauch gemacht wird. Auch in diesem Fall ist jedoch sachlich zwischen der Feststellung des Jahresabschlusses und der Entscheidung über die Gewinnverwendung zu trennen (§ 46 Nr. 1).

b) IFRS-Abschluss

15 Grundsätzlich ist für die Gewinnberechtigung der Gesellschafter der nach §§ 242 ff. HGB (i.V.m. § 42) erstellte Jahresabschluss (Einzelabschluss) maßgeblich. Auf einen etwaigen Konzernabschluss kommt es ebenso wenig an wie auf einen nach § 325 Abs. 2a HGB freiwillig vorgelegten IFRS-Einzelabschluss[41]. § 29 ist indes auch insoweit nicht zwingend; der Gesellschaftsvertrag kann eine Gewinnermittlung nach anderen Regelungsgrundsätzen vorsehen und daher insbesondere auch an einen **IFRS-Abschluss** anknüpfen[42]. Allerdings muss auch in diesem Fall stets die HGB-Bilanz mit berücksichtigt werden, da die Gewinnausschüttung nicht zu Lasten des nach § 30 gebundenen Vermögens gehen darf und dieses unstreitig anhand der HGB-Bilanz zu berechnen ist[43].

c) Verzögerung, Blockade

16 Werden die für die Auf- und Feststellung des Jahresabschlusses geltenden Fristen (§ 264 Abs. 1 Satz 3–4 HGB, § 42a Abs. 2) nicht eingehalten, so lässt dies die **Wirksamkeit** des schlussendlich doch noch festgestellten Jahresabschlusses **unberührt**; der Feststellungsbeschluss ist weder nichtig noch anfechtbar[44]. Ungeachtet dessen stellt sich die Frage, ob und ggf. wie einzelne Gesellschafter einer Verzögerung entgegenwirken und die Auf- und Feststellung des Jahresabschlusses erzwingen können. Relevant wird die Frage etwa, wenn es die Gesellschaftermehrheit auf Verzögerung anlegt, um einen Minderheitsgesellschafter „auszuhungern" und so aus der Gesellschaft herauszudrängen[45], oder wenn eine Patt-Situation (z.B. in einem 50:50-Joint Venture) entsteht.

---

39 *Hennrichs*, in: Winkeljohann/Reuther (Hrsg.), Zukunft des Bilanzrechts in Familienunternehmen, 2009, S. 99, 101 ff.

40 BGH v. 25.2.1965 – II ZR 287/63, BGHZ 43, 261, 264 f. = GmbHR 1965, 111; OLG Düsseldorf v. 11.3.1982 – 6 U 174/81, GmbHR 1983, 124; str., s. 11. Aufl., § 45 Rdnr. 184 ff.

41 Allg. M., statt aller *Ekkenga*, in: MünchKomm. GmbHG, Rdnr. 84.

42 *Ekkenga*, in: MünchKomm. GmbHG, Rdnr. 11; *Mock*, in: Michalski u.a., Rdnr. 36; *W. Müller*, in: Ulmer/Habersack/Löbbe, Rdnr. 28, 59; *Strohn*, in: Henssler/Strohn, Gesellschaftsrecht, Rdnr. 12.

43 *W. Müller*, in: Ulmer/Habersack/Löbbe, Rdnr. 28, 59; *Strohn*, in: Henssler/Strohn, Gesellschaftsrecht, Rdnr. 12; s. auch § 30 Rdnr. 58.

44 Statt vieler *Strohn*, in: Henssler/Strohn, Gesellschaftsrecht, Rdnr. 9; s. auch 11. Aufl., § 42a Rdnr. 43.

45 Praktisch werden solche Blockaden allerdings meist erst bei der Fassung des Verwendungsbeschlusses, nicht schon bei der Auf- und Feststellung des Jahresabschlusses ansetzen; zu den Gründen *Ar-*

aa) Wird bereits die **Aufstellung** verzögert, kann nach überwiegender und zutreffender Ansicht jeder Gesellschafter einen **Anspruch gegen die Gesellschaft** auf Aufstellung des Jahresabschlusses geltend machen[46]. Der Anspruch ergibt sich unmittelbar aus dem mitgliedschaftlichen Gewinnbezugsrecht[47]. Weniger gesichert ist, ob die Gesellschafter auch direkt gegen die **Geschäftsführer** vorgehen können. Teilweise wird das unter Hinweis auf §§ 823 Abs. 1, 1004 BGB bejaht[48]. Allerdings ist zweifelhaft und heftig umstritten, ob sich der deliktische Schutz der Mitgliedschaft als sonstiges Recht im Sinne des § 823 Abs. 1 BGB tatsächlich auch auf Eingriffe aus dem Verbandsinnenverhältnis erstreckt[49]. Da die Geschäftsführer aber jedenfalls gegenüber der Gesellschaft zur Rechnungslegung verpflichtet sind[50], bleibt dem Gesellschafter auch bei Ablehnung deliktischer Ansprüche die Möglichkeit, im Wege der actio pro socio (11. Aufl., § 46 Rdnr. 161 ff.) den Anspruch der GmbH gegen die Geschäftsführer geltend zu machen[51]. Inhaltlich ist der Anspruch indes nur darauf gerichtet, dass *irgendein* den Vorgaben ordnungsgemäßer Buchführung entsprechender Abschluss aufgestellt wird[52]; denn Fälle, in denen nur ein einziger Abschluss mit einem ganz konkreten Inhalt zulässig wäre, werden angesichts bestehender Bilanzwahlrechte und Bewertungsspielräume kaum vorkommen. Daher wird man mit diesem Anspruch praktisch immer nur zu einem Urteil gelangen, das auf dem umständlichen Weg des § 888 ZPO zu vollstrecken ist[53].

Weist die **Gesellschaftermehrheit** die Geschäftsführer pflichtwidrig an, die Aufstellung zu verzögern, so macht sie sich wegen Treuepflichtverletzung haftbar (§ 280 Abs. 1 BGB)[54]. Die Geschäftsführer dürfen solche rechtswidrigen Weisungen nicht befolgen (§§ 41, 42a; § 264 Abs. 1 HGB). Tun sie es doch, können sie abberufen (§ 38) und von der Gesellschaft auf Schadensersatz in Anspruch genommen werden (§ 43 Abs. 2).

bb) Verzögert sich die **Feststellung** des Jahresabschlusses durch die Gesellschafter, so ist heute im Ausgangspunkt weithin anerkannt, dass jeder Gesellschafter aufgrund seines mitgliedschaftlichen Gewinnbezugsrechts einen **Anspruch gegen die Gesellschaft** auf Feststellung ei-

17

18

19

---

nold, Gewinnauszahlungsanspruch, S. 130 f.; *Bork/Oepen*, ZGR 2002, 241, 244 f. Zur Verzögerung des Verwendungsbeschlusses s. Rdnr. 62 f.

46 Ausführlich *Arnold*, Gewinnauszahlungsanspruch, S. 194 ff. m.w.N.; *Bork/Oepen*, ZGR 2002, 241, 287 ff.; ferner *Beckmann/Hofmann*, in: Gehrlein/Born/Simon, Rdnr. 21; *Mock*, in: Michalski u.a., Rdnr. 19; *W. Müller*, in: Ulmer/Habersack/Löbbe, Rdnr. 24; a.A. *Ekkenga*, in: MünchKomm. GmbHG, Rdnr. 44.

47 *Arnold*, Gewinnauszahlungsanspruch, S. 200 ff.; *Bork/Oepen*, ZGR 2002, 241, 287 f.; ähnlich *W. Müller*, in: Ulmer/Habersack/Löbbe, Rdnr. 24: „unmittelbar aus der Mitgliedschaft".

48 *Arnold*, Gewinnauszahlungsanspruch, S. 205 ff.; *Bork/Oepen*, ZGR 2002, 241, 290; zustimmend *Strohn*, in: Henssler/Strohn, Gesellschaftsrecht, Rdnr. 9.

49 Bejahend BGH v. 12.3.1990 – II ZR 179/89, BGHZ 110, 323, 327 f., 334 – Schärenkreuzer (zum e.V.); grundsätzlich auch *Habersack*, Mitgliedschaft, S. 171 ff.; abl. aber die wohl h.L.; s. zum Streitstand *Verse*, in: Henssler/Strohn, Gesellschaftsrecht, § 14 GmbHG Rdnr. 34.

50 H.M., 11. Aufl., § 41 Rdnr. 8; *W. Müller*, in: Ulmer/Habersack/Löbbe, Rdnr. 24; *Arnold*, Gewinnauszahlungsanspruch, S. 193 f. m.w.N.; a.A. – kein Erfüllungsanspruch der GmbH gegen die Geschäftsführer, sondern nur Schadensersatz nach § 43 Abs. 2 – *Ekkenga*, in: MünchKomm. GmbHG, Rdnr. 43; wohl auch *Heusel/M. Goette*, GmbHR 2017, 385, 387 f.

51 So auch 11. Aufl., § 41 Rdnr. 8; *Mock*, in: Michalski u.a., Rdnr. 19; *Tiedchen*, in: Rowedder/Schmidt-Leithoff, § 41 Rdnr. 10; *Bork/Oepen*, ZGR 2002, 241, 290; *Gutbrod*, GmbHR 1995, 551, 555 f.; ablehnend insoweit aber *Arnold*, Gewinnauszahlungsanspruch, S. 212 ff.; *W. Müller*, in: Ulmer/Habersack/Löbbe, Rdnr. 24; ferner diejenigen, die schon einen Erfüllungsanspruch der Gesellschaft negieren (vorige Fn.). Voraussetzung ist freilich, dass man bereit ist, die actio pro socio auch auf Ansprüche gegen die Organwalter auszudehnen; dafür mit Recht die vordringende Ansicht, s. 11. Aufl., § 46 Rdnr. 161; *Verse*, in: Henssler/Strohn, Gesellschaftsrecht, § 14 GmbHG Rdnr. 124; *Verse*, in: FS Uwe H. Schneider, 2011, S. 1325, 1333 f.; jew. m.w.N.

52 *Bork/Oepen*, ZGR 2002, 241, 288; *W. Müller*, in: Ulmer/Habersack/Löbbe, Rdnr. 24.

53 *Bork/Oepen*, ZGR 2002, 241, 288.

54 *Pentz*, in: Rowedder/Schmidt-Leithoff, Rdnr. 63; *Strohn*, in: Henssler/Strohn, Gesellschaftsrecht, Rdnr. 9.

nes den Grundsätzen ordnungsgemäßer Buchführung genügenden Jahresabschlusses hat[55]. Streitig ist aber der genaue Inhalt des Anspruchs. Da aus den genannten Gründen (Rdnr. 17) der Jahresabschluss in aller Regel nicht nur mit einem einzigen zulässigen Inhalt festgestellt werden kann, sondern eine Bandbreite verschiedener Beschlussinhalte in Betracht kommt, liegt es auf den ersten Blick nahe, dass der Anspruch nicht auf Feststellung eines bestimmten Jahresabschlusses, sondern nur auf Feststellung *irgendeines* den Grundsätzen ordnungsgemäßer Buchführung genügenden Jahresabschlusses gerichtet sein kann[56]. Unbefriedigend ist daran jedoch, dass eine Klage auf Feststellung irgendeines ordnungsgemäßen Jahresabschlusses nur zu einem Urteil führen kann, das auf dem Weg des § 888 ZPO vollstreckbar ist. Dieser Weg ist für den klagenden Gesellschafter umständlich und auch deshalb unattraktiv, weil ein nach § 888 ZPO verhängtes Zwangsgeld gegen die Gesellschaft indirekt auf ihn selbst zurückfällt[57]. Um dieses Ergebnis zu vermeiden, wird teilweise vorgeschlagen, dass der Gesellschafter die Gesellschaft auf Feststellung eines Jahresabschlusses *nach billigem Ermessen* durch den Richter (analog § 315 Abs. 3 Satz 2 Halbsatz 2 BGB) verklagen könne[58]; das rechtskräftige Urteil soll dann gemäß § 894 ZPO den Feststellungsbeschluss ersetzen[59]. Dieser Lösung ist jedoch mit Recht entgegengehalten worden, dass sie rein bilanzpolitische Entscheidungen wie die Auswahl zwischen verschiedenen Ansatz- und Bewertungswahlrechten auf das Gericht verlagert, diesem aber klare Maßstäbe für derartige unternehmerische Entscheidungen fehlen[60].

20 Vorzugswürdig erscheint daher eine dritte, im neueren Schrifttum zunehmend vertretene Lösung: Ausgehend von der Überlegung, dass die Feststellung des Jahresabschlusses in der von den Geschäftsführern vorgeschlagenen Form die Regel und die abweichende Ausübung von Ansatz- und Bewertungswahlrechten die Ausnahme darstellt, wird den Gesellschaftern ein (mit Ablauf der Frist des § 42a Abs. 2 fällig werdender[61]) Anspruch gegen die Gesellschaft auf Feststellung des Jahresabschlusses **mit dem Inhalt** zuerkannt, den die Geschäftsführer ihm bei **der Aufstellung** gegeben haben[62]. Das rechtskräftige Urteil über die Leistungsklage, mit der dieser Anspruch geltend gemacht wird, ersetzt sodann auch nach dieser

---

55 BGH v. 14.9.1998 – II ZR 172/97, BGHZ 139, 299, 303 (obiter) = GmbHR 1998, 1177; *Hommelhoff*, in: Lutter/Hommelhoff, Rdnr. 12a; *Hüffer/Schürnbrand*, in: Ulmer/Habersack/Löbbe, § 46 Rdnr. 18; *W. Müller*, in: Ulmer/Habersack/Löbbe, Rdnr. 34; *Bork/Oepen*, ZGR 2002, 241, 283; *Arnold*, Gewinnauszahlungsanspruch, S. 171 ff. mit umfangreichen Nachw.; a.A. noch RG v. 28.10.1901 – I 208/1901, RGZ 49, 141, 145 f.

56 So etwa *Hüffer*, in: Ulmer/Habersack/Winter, 1. Aufl., § 46 Rdnr. 16 f.; *Morlock*, Gewinnbezugsrecht und Minderheitenschutz im GmbH-Recht, 2005, S. 64 f. m.w.N.

57 *Arnold*, Gewinnauszahlungsanspruch, S. 179 f.; *Bork/Oepen*, ZGR 2002, 241, 283 i.V.m. 251 f.

58 *Zöllner*, ZGR 1988, 392, 416 f.; ihm folgend *Hüffer/Schürnbrand*, in: Ulmer/Habersack/Löbbe, § 46 Rdnr. 19; *Pentz*, in: Rowedder/Schmidt-Leithoff, Rdnr. 68; *Strohn*, in: Henssler/Strohn, Gesellschaftsrecht, Rdnr. 14 f.

59 *Pentz*, in: Rowedder/Schmidt-Leithoff, Rdnr. 68; abw. insoweit *Strohn*, in: Henssler/Strohn, Gesellschaftsrecht, Rdnr. 15: Gestaltungsurteil.

60 *Arnold*, Gewinnauszahlungsanspruch, S. 176 f.; *Bork/Oepen*, ZGR 2002, 241, 284 m.w.N.; vgl. auch OLG Düsseldorf v. 29.6.2001 – 17 U 200/00, NZG 2001, 1085, 1086 (zum Verwendungsbeschluss).

61 *Ekkenga*, in: MünchKomm. GmbHG, Rdnr. 49; der Sache nach auch *Arnold*, Gewinnauszahlungsanspruch, S. 269; *Bork/Oepen*, ZGR 2002, 241, 285 i.V.m. 269: Vor Ablauf der Frist des § 42a Abs. 2 steht die Treuepflicht der Durchsetzung des Anspruchs entgegen.

62 Eingehend *Arnold*, Gewinnauszahlungsanspruch, S. 176 ff.; *Bork/Oepen*, ZGR 2002, 241, 284 ff.; ferner *Ekkenga*, in: MünchKomm. GmbHG, Rdnr. 47; *Hommelhoff*, in: Lutter/Hommelhoff, Rdnr. 12a; *Beckmann/Hofmann*, in: Gehrlein/Born/Simon, Rdnr. 23. Weitergehend *Gutbrod*, GmbHR 1995, 551, 557: Unterbleibt die Feststellung ohne sachlichen Grund, soll der aufgestellte Jahresabschluss auch ohne Anrufung des Gerichts als festgestellt gelten. Eine derartige Präklusionswirkung hat aber im Gesetz keine Grundlage.

zutreffenden Lösung gemäß § 894 ZPO den Feststellungsbeschluss[63]. Ein unzulässiger Eingriff in das Entscheidungsermessen der Gesellschafterversammlung liegt darin nicht, da es dieser während des Rechtsstreits unbenommen bleibt, den Jahresabschluss (gleich mit welchem Inhalt) doch noch festzustellen; in diesem Fall entfällt der Anspruch des klagenden Gesellschafters[64]. Dieser kann mit der Erledigungserklärung reagieren, um eine negative Kostenfolge abzuwenden. Da das Urteil analog § 248 AktG für und gegen alle Gesellschafter wirkt, sind diese zur Wahrung rechtlichen Gehörs (Art. 103 Abs. 1 GG) von der Klage zu unterrichten[65] und als Nebenintervenienten zuzulassen (§§ 66 ff. ZPO)[66]. Die Klage auf Feststellung des Jahresabschlusses kann im Übrigen gleich mit der darauf aufbauenden Klage auf Fassung des Verwendungsbeschlusses (Rdnr. 62) sowie der Zahlungsklage auf Ausschüttung verbunden werden[67].

Da der Feststellungsbeschluss mit Rechtskraft des Urteils nach § 894 ZPO als gefasst gilt, ist **21** der Gesellschafter nicht auf den mühsamen Weg angewiesen, erst eine tatsächliche Beschlussfassung durchzusetzen. Es ist ihm aber nicht verboten, diesen Weg zu beschreiten[68]. Die Möglichkeit, die Einberufung einer Gesellschafterversammlung zu erzwingen, gewährt ihm bei Erreichen des Quorums von 10 % des Stammkapitals das **Einberufungsrecht** nach § 50, das er ggf. im Wege der Selbstvornahme (§ 50 Abs. 3) durchsetzen kann. Für Gesellschafter, die das Quorum nicht erreichen, besteht zwar kein Selbstvornahmerecht; ihnen steht aber ein aus dem mitgliedschaftlichen Gewinnbezugsrecht abzuleitender Anspruch gegen die Gesellschaft zu, der darauf gerichtet ist, dass die Geschäftsführer die Gesellschafterversammlung zur Beschlussfassung über die Feststellung des Jahresabschlusses (und die Gewinnverwendung) einberufen[69]. Sofern die Mehrheit in der einberufenen Gesellschafterversammlung die Feststellung des Jahresabschluss treuwidrig wieder von der Tagesordnung absetzt, kann sich der Minderheitsgesellschafter hiergegen zur Wehr setzen, indem er sich in der betreffenden Versammlung über die Absetzung hinwegsetzt und selbst einen Sachbeschluss fasst[70]. Er kann sodann mit der Anfechtungsklage die Rechtswidrigkeit des Absetzungsbeschlusses und

---

63 *Bork/Oepen*, ZGR 2002, 241, 285 i.V.m. 267 f.; *Ekkenga*, in: MünchKomm. GmbHG, Rdnr. 47; *Beckmann/Hofmann*, in: Gehrlein/Born/Simon, Rdnr. 23; abw. insoweit (Gestaltungsurteil) *Arnold*, Gewinnauszahlungsanspruch, S. 183 f.; *Hüffer/Schürnbrand*, in: Ulmer/Habersack/Löbbe, § 46 Rdnr. 20; *Strohn*, in: Henssler/Strohn, Gesellschaftsrecht, Rdnr. 15. S. dazu auch noch Rdnr. 62 (zur Parallelfrage beim Verwendungsbeschluss).

64 Das ergibt sich zwanglos aus § 362 Abs. 1 BGB (Erfüllung), wenn der aufgestellte Jahresabschluss unverändert festgestellt wird. Wird der Jahresabschluss mit abweichendem Inhalt festgestellt, lässt sich entweder an eine von Gesetzes wegen bestehende auflösende Bedingung (*Arnold*, Gewinnauszahlungsanspruch, S. 182 i.V.m. S. 148 ff.) oder – wohl vorzugswürdig – an eine gesetzliche Ersetzungsbefugnis der Gesellschaft anknüpfen (*Bork/Oepen*, ZGR 2002, 241, 285 i.V.m. 266 f.).

65 *Bork/Oepen*, ZGR 2002, 241, 285 i.V.m. 268 f.; *Hüffer/Schürnbrand*, in: Ulmer/Habersack/Löbbe, § 46 Rdnr. 20.

66 *Hüffer/Schürnbrand*, in: Ulmer/Habersack/Löbbe, § 46 Rdnr. 20; *Strohn*, in: Henssler/Strohn, Gesellschaftsrecht, Rdnr. 15.

67 *Arnold*, Gewinnauszahlungsanspruch, S. 250 f.; *Bork/Oepen*, ZGR 2002, 241, 285 f.; *Hüffer/Schürnbrand*, in: Ulmer/Habersack/Löbbe, § 46 Rdnr. 20.

68 *Bork/Oepen*, ZGR 2002, 241, 286 i.V.m. 281.

69 OLG Düsseldorf v. 29.6.2001 – 17 U 200/00, NZG 2001, 1085, 1086 (zum Verwendungsbeschluss); *Hüffer/Schürnbrand*, in: Ulmer/Habersack/Löbbe, § 46 Rdnr. 17; *Pentz*, in: Rowedder/Schmidt-Leithoff, Rdnr. 66; *Strohn*, in: Henssler/Strohn, Gesellschaftsrecht, Rdnr. 13; *Bork/Oepen*, ZGR 2002, 241, 286 (dort i.V.m. 275 ff. auch zur Möglichkeit eines Vorgehens direkt gegen die Geschäftsführer). Für die Geltendmachung dieses Anspruchs fehlt allerdings das Rechtsschutzbedürfnis, wenn der Gesellschafter mindestens 10 % des Kapitals hält und daher nach § 50 Abs. 3 selbst einberufen kann; OLG Düsseldorf v. 29.6.2001 – 17 U 200/00, NZG 2001, 1085, 1086; OLG Nürnberg v. 9.7.2008 – 12 U 690/07, DB 2008, 2415, 2420.

70 *Pentz*, in: Rowedder/Schmidt-Leithoff, Rdnr. 68; ferner *Bork/Oepen*, ZGR 2002, 241, 248 (zum Verwendungsbeschluss).

mit der positiven Beschlussfeststellungsklage die Wirksamkeit des Sachbeschlusses geltend machen.

22 Die Klage gegen die Gesellschaft auf Feststellung des aufgestellten Jahresabschlusses mit anschließender Vollstreckung nach § 894 ZPO macht es auch entbehrlich, die **Mitgesellschafter** auf Zustimmung zur Feststellung des Jahresabschlusses in Anspruch zu nehmen. Ein auf die mitgliedschaftliche Treuepflicht gestützter Anspruch auf Zustimmung zur Feststellung des aufgestellten Jahresabschlusses kommt ohnehin allenfalls in engen Grenzen in Betracht[71]. Praktische Bedeutung dürfte die Treuebindung der Mitgesellschafter daher eher unter dem Gesichtspunkt erlangen, dass sich Gesellschafter, die eine rechtzeitige Beschlussfassung treuwidrig vereiteln, schadensersatzpflichtig machen[72].

d) Mängel

23 Leidet der aufgestellte Jahresabschluss an einem Verstoß gegen Gesetz oder Gesellschaftsvertrag – was unter Berücksichtigung des im Handelsbilanzrecht geltenden normativ-subjektiven Fehlerbegriff zu beurteilen ist[73] –, ist es zunächst Aufgabe des Feststellungsorgans, i.d.R. also der Gesellschafterversammlung, den Fehler zu korrigieren[74]. Unterbleibt die Korrektur, ist der Feststellungsbeschluss je nach Schwere des Mangels nichtig oder durch Anfechtungsklage anfechtbar.

24 **aa)** Da eine Regelung im GmbHG fehlt, richtet sich die **Nichtigkeit** des Feststellungsbeschlusses nach dem entsprechend anwendbaren § 256 AktG, soweit die Bestimmung auf die GmbH passt[75]. Die wichtigsten Fälle der Nichtigkeit des Feststellungsbeschlusses sind danach die Verletzung von gesetzlichen[76] Vorschriften, die ausschließlich oder überwiegend zum Schutz der Gläubiger gegeben sind (§ 256 Abs. 1 Nr. 1 AktG)[77], ferner eine – nicht unwesentliche[78] –

---

71 *Bork/Oepen*, ZGR 2002, 241, 286 (i.V.m. 279 f.): nur, wenn es wegen eines gesellschaftsvertraglichen Quorums zur Wirksamkeit der Beschlussfassung auf die Zustimmung ankommt; großzügiger wohl *Strohn*, in: Henssler/Strohn, Gesellschaftsrecht, Rdnr. 15; ganz ablehnend *Hüffer/Schürnbrand*, in: Ulmer/Habersack/Löbbe, § 46 Rdnr. 20: kein Bedürfnis für Rechtsfortbildung.

72 *Ekkenga*, in: MünchKomm. GmbHG, Rdnr. 50.

73 Danach ist die Bilanz nur fehlerhaft, wenn ein Bilanzansatz objektiv gegen Bilanzierungsvorschriften verstößt und die Geschäftsführer dies nach den im Zeitpunkt der Bilanzfeststellung bestehenden Erkenntnismöglichkeiten bei pflichtgemäßer und gewissenhafter Prüfung auch hätten erkennen können; s. dazu aus neuerer Zeit namentlich *Hennrichs*, NZG 2013, 681, in Auseinandersetzung mit der Entscheidung des Großen Senats des BFH v. 31.1.2013 – GrS 1/10, GmbHR 2013, 547, der zufolge der subjektive Fehlerbegriff im Steuerbilanzrecht nur noch für Tatsachenfragen, nicht mehr für Rechtsfragen gelten soll.

74 *Pentz*, in: Rowedder/Schmidt-Leithoff, Rdnr. 69.

75 BGH v. 1.3.1982 – II ZR 23/81, BGHZ 83, 341, 347 = GmbHR 1983, 169; BGH v. 12.1.1998 – II ZR 82/93, BGHZ 137, 378, 380 = GmbHR 1998, 324; ausführlich *Geßler*, in: FS Goerdeler, S. 127 ff.; *Haas*, in: Baumbach/Hueck, § 42a Rdnr. 24 ff.; *Pentz*, in: Rowedder/Schmidt-Leithoff, Rdnr. 71 ff.; *Raiser*, in: Ulmer/Habersack/Löbbe, Anh. § 47 Rdnr. 75 ff.; s. auch 11. Aufl., § 46 Rdnr. 36 f.

76 Gesellschaftsvertragliche Bilanzierungsvorgaben stehen dem *nicht* gleich, *Raiser*, in: Ulmer/Habersack/Löbbe, Anh. § 47 Rdnr. 76 m.w.N. Ihre Verletzung kann aber zur Anfechtbarkeit führen (Rdnr. 25).

77 Z.B. die Vorgabe, dem Jahresabschluss einen Anhang beizufügen (§§ 264 Abs. 1, 284 HGB); OLG Stuttgart v. 11.2.2004 – 14 U 23/03, GmbHR 2004, 662, 663 = DStR 2004, 1972 mit Anm. *Wälzholz*.

78 Zu dieser ungeschriebenen Einschränkung BGH v. 1.3.1982 – II ZR 23/81, BGHZ 83, 341, 347 = GmbHR 1983, 169; BGH v. 12.1.1998 – II ZR 82/93, BGHZ 137, 378, 385 = GmbHR 1998, 324 („ihrem Umfang nach nicht bedeutungslos"); OLG Hamm v. 17.4.1991 – 8 U 173/90, BB 1991, 2122 („schwerwiegender Verstoß", der das Ergebnis „maßgeblich beeinflusst"); OLG Frankfurt v. 18.3.2008 – 5 U 171/06, AG 2008, 417, 419; OLG Frankfurt v. 24.6.2009 – 23 U 90/07, AG 2009, 542, 548; ausführlich *Schwab*, in: Karsten Schmidt/Lutter, § 256 AktG Rdnr. 15 ff. m.w.N. aus der Rechtsprechung.

Überbewertung (§ 256 Abs. 5 Satz 1 Nr. 1 und Satz 2 AktG) sowie eine vorsätzliche *Unterbewertung*, die zur Folge hat, dass die Vermögens- und Ertragslage der Gesellschaft unrichtig wiedergegeben oder verschleiert wird (§ 256 Abs. 5 Satz 1 Nr. 2 und Satz 3 AktG). Der Überbewertung stehen Ansatzfehler gleich, soweit sie zu vergleichbaren Ergebnissen führen, also eine unzulässige Aktivierung oder das Unterbleiben einer gebotenen Passivierung[79]. Wenn die Gesellschaft nach § 316 Abs. 1, Abs. 3 HGB prüfungspflichtig ist, sind ferner § 256 Abs. 1 Nrn. 2 und 3 AktG anwendbar[80]. § 256 Abs. 1 Nr. 4 AktG findet auf die GmbH dagegen nur Anwendung, soweit es um Verstöße gegen *gesetzliche* Bestimmungen über die Bildung und Auflösung von Rücklagen (z.B. § 5a Abs. 3, § 272 Abs. 4, Abs. 5 HGB) geht. Der in § 256 Abs. 1 Nr. 4 AktG weiter angeführte Verstoß gegen die Satzung kann nur Anfechtbarkeit[81], da diese anders als im Aktienrecht nicht nach § 257 Abs. 1 Satz 2 AktG ausgeschlossen ist (Rdnr. 25). Nichtig soll die Feststellung auch sein, wenn ihr keine Aufstellung des Jahresabschlusses durch die hierfür zuständigen Geschäftsführer vorausgegangen ist, sondern die Gesellschafter den Jahresabschluss selbst aufgestellt haben; hierfür wird der Rechtsgedanke des § 256 Abs. 2 AktG angeführt[82]. Anwendbar sind außerdem § 256 Abs. 3 Nr. 1, Nr. 3 und Abs. 4 AktG, so dass es zur Nichtigkeit des Feststellungsbeschlusses führt, wenn der Beschluss in einer nicht ordnungsgemäß einberufenen[83] Gesellschafterversammlung gefasst wurde und dieser Mangel nicht durch rügelose Einlassung aller Gesellschafter geheilt wurde (§ 51 Abs. 3), wenn eine Anfechtungsklage Erfolg hatte oder wenn der Jahresabschluss schwerwiegend gegen die Vorschriften über die Gliederung des Jahresabschlusses verstößt. Für die Heilung der Nichtigkeit gilt § 256 Abs. 6 AktG entsprechend (11. Aufl., § 46 Rdnr. 37). Die Nichtigkeit des Feststellungsbeschlusses hat **analog § 253 Abs. 1 AktG** auch die **Nichtigkeit des Verwendungsbeschlusses** zur Folge (Rdnr. 65).

bb) Führt der Mangel nicht zur Nichtigkeit des Feststellungsbeschlusses, kommt nach den ebenfalls entsprechend anwendbaren §§ 257 Abs. 1 Satz 1, 243 AktG die **Anfechtung** des Beschlusses in Betracht[84]. Da § 257 Abs. 1 Satz 2 AktG im GmbH-Recht keine analoge Anwendung findet[85], kann die Anfechtung anders als im Aktienrecht nicht nur auf Verfahrensfehler[86], sondern auch auf inhaltliche Mängel des Jahresabschlusses gestützt werden. Zu denken ist dabei etwa an eine Über- oder Unterbewertung diesseits der Schwellen des § 256 Abs. 5

25

---

79 *Raiser*, in: Ulmer/Habersack/Löbbe, Anh. § 47 Rdnr. 77; *Koch*, in: MünchKomm. AktG, 4. Aufl. 2016, § 256 AktG Rdnr. 58; Letzteres offenbar übersehen in OLG Brandenburg v. 20.3.1996 – 7 U 84/95, GmbHR 1996, 697 (unterlassene Rückstellung).

80 Bei Verstoß gegen eine lediglich im Gesellschaftsvertrag vorgesehene Prüfungspflicht (denkbar bei kleinen Gesellschaften im Sinne der §§ 267 Abs. 1, 316 Abs. 1 HGB) kommt dagegen nur Anfechtbarkeit in Betracht; vgl. *Geßler*, in: FS Goerdeler, S. 127, 136.

81 Ganz h.M.; s. 11. Aufl., § 46 Rdnr. 37; *Ekkenga*, in: MünchKomm. GmbHG, Rdnr. 103; *Raiser*, in: Ulmer/Habersack/Löbbe, Anh. § 47 Rdnr. 78; *Haas*, in: Baumbach/Hueck, § 42a Rdnr. 28 m.w.N.

82 *Arnold*, Gewinnauszahlungsanspruch, S. 44 ff.; zweifelhaft, da die Gesellschafter den von den Geschäftsführern aufgestellten Abschluss nach Belieben abändern können (Rdnr. 13). Zweifelnd denn auch *Bork/Oepen*, ZGR 2002, 241, 287 f. mit Fn. 248.

83 Darunter fallen nur besonders qualifizierte Einberufungsmängel; zu den Einzelheiten 11. Aufl., § 45 Rdnr. 64 ff. (zu § 241 Nr. 1 AktG, der sich mit § 256 Abs. 3 Nr. 1 AktG deckt).

84 Zur Anfechtungsfrist und den weiteren Einzelheiten der Anfechtungsklage s. 11. Aufl., § 45 Rdnr. 93 ff.

85 BGH v. 12.1.1998 – II ZR 82/93, BGHZ 137, 378, 386 = GmbHR 1998, 324; BGH v. 21.7.2008 – II ZR 39/07, GmbHR 2008, 1092 Rdnr. 14; OLG Brandenburg v. 30.4.1997 – 7 U 174/96, GmbHR 1997, 796, 797; ferner 11. Aufl., § 46 Rdnr. 38. Der Grund hierfür liegt u.a. darin, dass § 257 Abs. 1 Satz 2 AktG im Zusammenhang mit der Möglichkeit der Sonderprüfung nach §§ 258 ff. AktG zu sehen ist, die ihrerseits nicht auf die GmbH übertragbar ist.

86 Z.B. die fehlende Prüfung durch den Aufsichtsrat nach § 42a Abs. 1 Satz 3 (*Strohn*, in: Henssler/ Strohn, Gesellschaftsrecht, Rdnr. 9) oder eine kompetenzwidrige Vorwegnahme der Ergebnisverwendung durch das Feststellungsorgan (Rdnr. 33). Zu weiteren denkbaren Verfahrensfehlern s. 11. Aufl., § 46 Rdnr. 40; zum Erfordernis der Relevanz des Verfahrensfehlers 11. Aufl., § 45 Rdnr. 100.

AktG oder die Verletzung gesellschaftsvertraglicher Bilanzierungsvorgaben[87]. Auch ein möglicher Verstoß des Feststellungsbeschlusses gegen die mitgliedschaftliche Treuepflicht (Rdnr. 13) gehört hierher[88]. Allerdings führt auch bei inhaltlichen Mängeln des festgestellten Jahresabschlusses **nicht jeder Verstoß** gegen das Gesetz oder den Gesellschaftsvertrag zur Anfechtbarkeit. Vielmehr schließt die Treuepflicht des klagenden Gesellschafters die Anfechtung der Feststellung des Jahresabschlusses aus, wenn dessen Änderung zu Kosten und Belastungen der Gesellschaft und damit mittelbar auch der Gesellschafter führen würde, die **außer Verhältnis** zu dem den Gesellschaftern daraus erwachsenden wirtschaftlichen Vorteil stehen[89].

26   Solange der anfechtbare Feststellungsbeschluss nicht wirksam angefochten ist, bleibt er maßgebend und bildet die Grundlage des Verwendungsbeschlusses. Erst **mit Rechtskraft des Urteils entfällt** der Feststellungsbeschluss (§ 256 Abs. 3 Nr. 3 AktG), dann allerdings rückwirkend[90], wodurch analog § 253 Abs. 1 AktG zugleich dem Verwendungsbeschluss rückwirkend die Grundlage entzogen wird (Rdnr. 65 f.). Die erfolgreiche Anfechtung des Feststellungsbeschlusses hat für sich genommen lediglich kassatorische Wirkung, so dass die Gesellschafter jetzt einen erneuten Feststellungsbeschluss fassen müssen (§§ 42a Abs. 2, 46 Nr. 1). Für die Frage, wie eine solche neuerliche Feststellung notfalls auf dem Klageweg durchgesetzt werden kann, gelten die zuvor (Rdnr. 19 ff.) getroffenen Feststellungen.

e) Nachträgliche Änderung

27   Soll ein bereits festgestellter Jahresabschluss nachträglich geändert werden, so ist zu unterscheiden: (1) Geht es um die **Beseitigung eines Mangels**, der zur **Nichtigkeit** der Feststellung des Jahresabschlusses geführt hat (Rdnr. 24), handelt es sich in Wahrheit nicht um eine Änderung der Feststellung, sondern darum, den Jahresabschluss erstmals wirksam festzustellen, was ohne weiteres zulässig ist. (2) Die Änderung eines **fehlerfrei** festgestellten Jahresabschlusses ist dagegen nach h.M. nur zulässig, sofern ein wichtiger rechtlicher, wirtschaftlicher oder steuerlicher Grund vorliegt (z.B. nach der Feststellung erlangte wertaufhellende Erkenntnisse)[91]; andernfalls ist der Änderungsbeschluss anfechtbar[92]. Die Änderung erfolgt als actus contrarius mit derselben Beschlussmehrheit wie die ursprüngliche Feststellung, mangels abweichender Regelung im Gesellschaftsvertrag also mit einfacher Stimmenmehrheit (§ 47 Abs. 1)[93]. Wurde allerdings auf der Grundlage des ursprünglich festgestellten Jahresabschlusses bereits ein Verwendungsbeschluss gefasst, ist eine Änderung des Feststellungsbeschlusses mit Auswirkungen auf das verwendbare Ergebnis nur noch dann möglich, wenn auch der Verwendungsbeschluss entsprechend geändert wird[94]. Die Änderung des Verwendungsbeschlusses wiederum ist aber nicht in allen Fällen mit einfacher Mehrheit zulässig. Sah der Verwendungsbeschluss eine Ausschüttung vor, die nun infolge der geänderten Feststellung nach unten korrigiert werden soll, bedarf es vielmehr der Zustimmung jedes betroffenen Ge-

---

87 *Pentz*, in: Rowedder/Schmidt-Leithoff, Rdnr. 81; *Raiser*, in: Ulmer/Habersack/Löbbe, Anh. § 47 Rdnr. 76.

88 *Pentz*, in: Rowedder/Schmidt-Leithoff, Rdnr. 81; *Strohn*, in: Henssler/Strohn, Gesellschaftsrecht, Rdnr. 16 a.E.

89 BGH v. 12.1.1998 – II ZR 82/93, GmbHR 1998, 324, 327 (unter II 1 e; insoweit in BGHZ 137, 378 nicht abgedruckt); BGH v. 21.7.2008 – II ZR 39/07, GmbHR 2008, 1092 Rdnr. 15.

90 11. Aufl., § 45 Rdnr. 172.

91 *Arnold*, Gewinnauszahlungsanspruch, S. 61 ff.; *Ekkenga*, in: MünchKomm. GmbHG, Rdnr. 105; *W. Müller*, in: Ulmer/Habersack/Löbbe, Rdnr. 53; *Prinz*, in: FS W. Müller, S. 687, 689 f.; *Schön*, in: FS 50 Jahre BGH, Bd. II, S. 153, 163 f. („vernünftige" wirtschaftliche Gründe); kritisch zum Erfordernis eines wichtigen Grundes 11. Aufl., § 46 Rdnr. 25.

92 *Ekkenga*, in: MünchKomm. GmbHG, Rdnr. 105.

93 *Arnold*, Gewinnauszahlungsanspruch, S. 62 f.; *W. Müller*, in: Ulmer/Habersack/Löbbe, Rdnr. 54.

94 *Schön*, in: FS 50 Jahre BGH, Bd. II, S. 153, 164.

sellschafters, da in bereits entstandene Gewinnansprüche eingegriffen wird (Rdnr. 70). Bei prüfungspflichtigen Gesellschaften lösen Änderungen nach der Abschlussprüfung zudem das Erfordernis einer Nachtragsprüfung aus (§ 316 Abs. 3 HGB). (3) Sofern es schließlich um die Beseitigung eines Mangels geht, der zur **Anfechtbarkeit** der Feststellung geführt hat (Rdnr. 25), kommt es – auch nach Unanfechtbarkeit – nicht auf das Vorliegen eines wichtigen Grundes für die Änderung an; die Fehlerkorrektur selbst wird als hinreichender Grund angesehen[95]. Davon abgesehen sind aber dieselben Voraussetzungen wie bei der Änderung eines fehlerfreien Feststellungsbeschlusses einzuhalten. Eine Pflicht der Gesellschafter, der Fehlerkorrektur zuzustimmen, wird man jedenfalls nach Eintritt der Unanfechtbarkeit nicht annehmen können[96].

In **steuerrechtlicher Hinsicht** ist § 4 Abs. 2 EStG (i.V.m. § 8 Abs. 1 Satz 1 KStG) zu beach-   28
ten. Nach dieser Vorschrift ist eine Änderung des Jahresabschlusses bis zur Einreichung beim Finanzamt unbeschränkt zulässig, nach der Einreichung dagegen nur noch bis zur Bestandskraft der Steuerfestsetzung und nur zur Fehlerberichtigung (§ 4 Abs. 2 Satz 1 EStG) oder im Zusammenhang mit einer Fehlerberichtigung (§ 4 Abs. 2 Satz 2 EStG). Darin liegt aber kein Hindernis für die Änderung der Handelsbilanz[97].

3. Verwendbares Ergebnis

Der festgestellte Jahresabschluss bildet die Grundlage für den Beschluss über die **Ergebnis-**   29
verwendung nach § 29 Abs. 2 (Rdnr. 36 ff., 42). Voraussetzung für einen solchen Beschluss ist, dass überhaupt ein **verwendbares Ergebnis** im Sinne des § 29 vorliegt. Insoweit unterscheidet § 29 Abs. 1 danach, ob die Bilanz gemäß § 268 Abs. 1 HGB unter Berücksichtigung der teilweisen Ergebnisverwendung aufgestellt wird oder Rücklagen aufgelöst werden (Satz 2) oder ob dies nicht der Fall ist (Satz 1). Letzterenfalls ist die für das verwendbare Ergebnis maßgebliche Ausgangsgröße der im festgestellten Jahresabschluss ausgewiesene Jahresüberschuss (Rdnr. 30), ersterenfalls ist auf den Bilanzgewinn abzustellen (Rdnr. 31 ff.). Das verwendbare Ergebnis deckt sich nicht notwendig mit dem **ausschüttungsfähigen Ergebnis**. Der Unterschied zeigt sich in Fällen, in denen der ordnungsgemäß festgestellte Jahresabschluss zwar ein verwendbares Ergebnis ausweist, dieses aber infolge von Ausschüttungssperren (namentlich §§ 253 Abs. 6 Satz 2, 268 Abs. 8 HGB, § 58d; dazu Rdnr. 48 ff.) oder wegen eines ausschüttungsbedingten Zusatzaufwands (Rdnr. 52) nicht vollständig ausgeschüttet werden kann.

a) Jahresüberschuss (§ 29 Abs. 1 Satz 1)

Wird die Bilanz nicht unter Berücksichtigung der Ergebnisverwendung festgestellt (Rdnr. 32)   30
und werden auch keine Rücklagen aufgelöst (Rdnr. 34), ist das **verwendbare Ergebnis**, über das die Gesellschafter im Verwendungsbeschluss nach § 29 Abs. 2 verfügen können, nach § 29 Abs. 1 Satz 1 zu ermitteln. Auszugehen ist danach vom **Jahresüberschuss** (bzw. bei negativem Ergebnis vom Jahresfehlbetrag). Dieser entspricht dem gleichnamigen Posten in der Gewinn- und Verlustrechnung (§ 275 Abs. 2 Nr. 17, Abs. 3 Nr. 16 HGB) und der Bilanz (§ 266 Abs. 3 A V HGB). Die Verwendungsmasse vergrößert sich sodann um einen etwaigen **Gewinnvortrag**, der sich ebenfalls unmittelbar aus der Bilanz ergibt (§ 266 Abs. 3 A IV HGB). Der Gewinnvortrag speist sich aus den Jahresüberschüssen zurückliegender Jahre, soweit diese weder aus-

95 *W. Müller*, in: Ulmer/Habersack/Löbbe, Rdnr. 52.
96 Generell gegen Mitwirkungspflicht der Gesellschafter *W. Müller*, in: FS Quack, S. 359, 367 f. (unter 3. a.E.); anders aber *Pentz*, in: Rowedder/Schmidt-Leithoff, Rdnr. 24, der aus § 242 Abs. 1 HGB eine Pflicht der Gesellschafter herleitet, der Änderung eines fehlerhaften Feststellungsbeschlusses und damit mittelbar auch des Verwendungsbeschlusses zuzustimmen.
97 *W. Müller*, in: Ulmer/Habersack/Löbbe, Rdnr. 54; *Frotscher*, in: Frotscher/Geurts, 154. Lfg. 2009, § 4 EStG Rdnr. 469; *Prinz*, in: FS W. Müller, S. 687, 700.

geschüttet noch in Rücklagen eingestellt wurden[98]. Umgekehrt reduziert sich die Verwendungsmasse um einen etwaigen **Verlustvortrag**, der aus Jahresfehlbeträgen früherer Geschäftsjahre gebildet wurde. Auch der Verlustvortrag ist in der Bilanz auszuweisen (§ 266 Abs. 3 A IV HGB). Das Ergebnis der Rechnung Jahresüberschuss plus Gewinnvortrag bzw. minus Verlustvortrag wird verbreitet als **Jahresergebnis** bezeichnet[99]. Über die Verwendung dieses Ergebnisses hat die Gesellschafterversammlung sodann im Verwendungsbeschluss nach § 29 Abs. 2 zu entscheiden (Rdnr. 36 ff.).

b) Bilanzgewinn (§ 29 Abs. 1 Satz 2)

31 Sofern die Bilanz unter Berücksichtigung der teilweisen Verwendung des Jahresergebnisses festgestellt[100] wird (§ 29 Abs. 1 Satz 2 Var. 1) oder Rücklagen aufgelöst werden (Var. 2), bildet anstelle des Jahresüberschusses der Bilanzgewinn die maßgebliche Größe für die Ermittlung der Verwendungsmasse.

32 **aa)** Soweit § 29 Abs. 1 Satz 2 Var. 1 an eine unter **Berücksichtigung der teilweisen Ergebnisverwendung**[101] erstellte Bilanz anknüpft, wird damit auf **§ 268 Abs. 1 HGB** Bezug genommen. Nach dieser Vorschrift hat die GmbH grundsätzlich ein Wahlrecht, ob sie die Bilanz unter Berücksichtigung der Ergebnisverwendung erstellt oder nicht. Dieses Wahlrecht unterliegt jedoch erheblichen Einschränkungen. So sieht das Gesetz in § 272 Abs. 4 Satz 3 HGB (Rücklage für Anteile an herrschendem Unternehmen) und § 5a Abs. 3 (gesetzliche Rücklage der Unternehmergesellschaft) jeweils vor, dass die dort genannten Rücklagen bereits im Rahmen der Auf- und Feststellung des Jahresabschlusses und nicht erst im Rahmen des Verwendungsbeschlusses nach § 29 Abs. 2 zu dotieren sind. Dahinter steht der verallgemeinerungsfähige Leitgedanke, dass die Ergebnisverwendung in die Bilanz aufzunehmen ist, soweit sie **zwingend vorgeschrieben**, der Disposition des Verwendungsorgans mithin entzogen ist[102]. Daher sind auch Gewinnrücklagen, deren Bildung der Gesellschaftsvertrag vorschreibt, bereits bei Auf- und Feststellung des Jahresabschlusses zu berücksichtigen[103]. Gleiches gilt, wenn vor dem Abschlussstichtag eine Gewinnverwendung durch Vorabausschüttungen (Rdnr. 106 ff.) vollzogen wurde[104].

33 Soweit es dagegen um die **diskretionäre Bildung von Rücklagen** geht, bleibt es bei dem Wahlrecht des § 268 Abs. 1 Satz 1 HGB. Damit stellt sich die Frage, wer nach der Kompetenzordnung der GmbH über die Ausübung des Wahlrechts entscheidet. Wird bereits bei Feststellung der Bilanz das Jahresergebnis ganz oder teilweise in die Gewinnrücklagen eingestellt, hat dies zur Folge, dass die Entscheidung über die Gewinnverwendung insoweit vom Verwendungsbeschluss (§ 29 Abs. 2) auf die Feststellung des Jahresabschlusses (§§ 42a Abs. 2, 46 Nr. 1) vor-

---

98 Näher *Ekkenga*, in: MünchKomm. GmbHG, Rdnr. 12; *W. Müller*, in: Ulmer/Habersack/Löbbe, Rdnr. 55; s. auch noch unten Rdnr. 46.

99 *Ekkenga*, in: MünchKomm. GmbHG, Rdnr. 11; *Witt*, in: Bork/Schäfer, Rdnr. 7. Die Terminologie ist allerdings uneinheitlich, teilweise wird der Begriff Jahresergebnis auch nur als Oberbegriff für Jahresüberschuss und -fehlbetrag verwendet; *Schubert/Waubke*, in: Beck Bil-Komm., § 266 HGB Rdnr. 182.

100 Der Gesetzeswortlaut stellt auf die „Aufstellung" ab. Da der aufgestellte Jahresabschluss jedoch nur ein unverbindlicher Entwurf der Geschäftsführer ist und der Jahresabschluss erst mit dem Feststellungsbeschluss Verbindlichkeit erlangt (Rdnr. 13), muss es auf die Feststellung ankommen.

101 Bei vollständiger Ergebnisverwendung entfällt der Gewinnanspruch ganz, daher erwähnt § 29 Abs. 1 Satz 2 nur die teilweise Ergebnisverwendung.

102 *Reiner/Haußer*, in: MünchKomm. HGB, 3. Aufl. 2013, § 268 HGB Rdnr. 7.

103 *Ekkenga*, in: MünchKomm. GmbHG, Rdnr. 16.

104 *Adler/Düring/Schmaltz*, § 268 HGB Rdnr. 25; *Grottel/Waubke*, in: Beck Bil-Komm., § 268 HGB Rdnr. 7; *Hüttemann/Meyer*, in: Staub, 5. Aufl. 2014, § 268 HGB Rdnr. 3; *W. Müller*, in: Ulmer/Habersack/Löbbe, Rdnr. 148.

verlagert wird[105]. Das ist nicht weiter bedeutsam, wenn wie im gesetzlichen Regelfall die Feststellung des Jahresabschlusses und der Verwendungsbeschluss demselben Organ (der Gesellschafterversammlung) obliegen und dieselben Mehrheitserfordernisse gelten. Praktisch relevant wird die Vorverlagerung dagegen, wenn der Gesellschaftsvertrag die Feststellungskompetenz einem anderen Organ, etwa einem Bei- oder Aufsichtsrat, zuweist (Rdnr. 14). Im Einzelnen wird man wie folgt differenzieren müssen: Obliegt wie im Regelfall die Feststellung des Jahresabschlusses der Gesellschafterversammlung, trifft diese mit dem Feststellungsbeschluss auch die verbindliche Entscheidung über die Ausübung des Wahlrechts nach § 268 Abs. 1 HGB[106]. Weist hingegen der Gesellschaftsvertrag die Feststellungskompetenz einem anderen Organ zu, ist vorbehaltlich einer abweichenden Regelung im Gesellschaftsvertrag *nicht* anzunehmen, dass das Feststellungsorgan auch befugt sein soll, diskretionäre Rücklagen zu bilden[107]; denn andernfalls könnte es in die Gewinnverwendungskompetenz der Gesellschafter eingreifen, was im Zweifel nicht deren Willen entspricht. In diesem Fall dürfen Geschäftsführer und Feststellungsorgan mithin von der Möglichkeit des § 268 Abs. 1 HGB keinen Gebrauch machen. Stellt das Feststellungsorgan den Jahresabschluss gleichwohl unter Bildung diskretionärer Rücklagen fest, ist der Feststellungsbeschluss anfechtbar (Rdnr. 25). Nichtigkeit entsprechend § 256 Abs. 1 Nr. 4 AktG scheidet dagegen nach zutreffender Ansicht aus, da nicht die Rücklagenbildung als solche rechtswidrig ist, sondern nur die Kompetenzüberschreitung[108].

bb) Als zweiten Fall, in dem anstelle des Jahresüberschusses der Bilanzgewinn maßgeblich ist, nennt § 29 Abs. 1 Satz 2 Var. 2 die **Auflösung von Rücklagen.** Anders als in der AG zählen in der GmbH auch die Kapitalrücklagen nach § 272 Abs. 2 Nr. 1–3 HGB (nicht nur Nr. 4) zu den frei verfügbaren Rücklagen, darüber hinaus auch alle Gewinnrücklagen, soweit das Gesetz (§ 272 Abs. 4, Abs. 5 HGB, § 5a Abs. 3) oder der Gesellschaftsvertrag nicht ausnahmsweise anderes bestimmen[109]. Die Entnahme aus einer Rücklage stellt nach der Systematik des § 29 Abs. 1 keine Ergebnisverwendung dar, wie sich aus der Unterscheidung der beiden Varianten des Satzes 2 ergibt. Sie darf aber andererseits auch nicht in den Posten Jahresüberschuss/Jahresfehlbetrag einfließen (§ 275 Abs. 4 HGB), sondern ist erst nach diesem Posten bei der Berechnung des Bilanzgewinns zu berücksichtigen (vgl. § 158 Abs. 1 AktG). Daher stellt § 29 Abs. 1 Satz 2 Var. 2 auch in diesem Fall auf den Bilanzgewinn ab. Da es sich bei der Auflösung von Rücklagen nicht um Ergebnisverwendung handelt, ist über die Auflösung von Rücklagen nicht im Verwendungsbeschluss nach § 29 Abs. 2, sondern **im Rahmen der Feststellung** des

34

---

105 *W. Müller*, in: Ulmer/Habersack/Löbbe, Rdnr. 57; *Strohn*, in: Henssler/Strohn, Gesellschaftsrecht, Rdnr. 25.

106 Die Geschäftsführer können die erwartete Entscheidung der Gesellschafter, das Jahresergebnis ganz oder teilweise in die Gewinnrücklagen einzustellen, bereits bei der Aufstellung des Jahresabschlusses antizipieren und den Jahresabschluss demgemäß unter Berücksichtigung der Ergebnisverwendung aufstellen; *Roth*, in: Roth/Altmeppen, Rdnr. 18; *Hommelhoff*, in: Lutter/Hommelhoff, Rdnr. 6.

107 *Hommelhoff*, in: Lutter/Hommelhoff, Rdnr. 6; *Mock*, in: Michalski u.a., Rdnr. 72 a.E.; *Roth*, in: Roth/Altmeppen, Rdnr. 18; *Priester*, in: MünchHdb. III, § 57 Rdnr. 27; a.A. *Ekkenga*, in: Münch-Komm. GmbHG, Rdnr. 138. Das muss m.E. auch für Rücklagen nach § 29 Abs. 4 gelten; abw. insoweit aber *W. Müller*, in: Ulmer/Habersack/Löbbe, Rdnr. 180.

108 A.A. *W. Müller*, in: Ulmer/Habersack/Löbbe, Rdnr. 68; *Strohn*, in: Henssler/Strohn, Gesellschaftsrecht, Rdnr. 33. Gegen die Anwendung des § 256 Abs. 1 Nr. 4 AktG (insoweit wie hier) *Ekkenga*, in: MünchKomm. GmbHG, Rdnr. 103, der jedoch seinerseits für Nichtigkeit analog § 241 Nr. 3 AktG eintritt (Kompetenzüberschreitung als Verstoß gegen das „Wesen der Aktiengesellschaft"). Das überzeugt jedoch nicht, da es anders als in den im Aktienrecht unter § 241 Nr. 3 AktG subsumierten Fällen nicht um die Verletzung der gesetzlichen Zuständigkeitsordnung geht, sondern um eine statutarische Kompetenzzuweisung.

109 *Grottel/Huber*, in: Beck Bil-Komm., § 268 HGB Rdnr. 73.

Jahresabschlusses zu entscheiden[110]. Bedeutung hat dies für eine etwaige Nachtragsprüfung nach § 316 Abs. 3 HGB[111] sowie immer dann, wenn die Kompetenzen für die Feststellung des Jahresabschlusses und die Ergebnisverwendung abweichend vom gesetzlichen Regelfall unterschiedlichen Organen zugewiesen sind.

35 **cc)** Der in den Fällen des § 29 Abs. 1 Satz 2 maßgebliche **Bilanzgewinn** tritt gemäß § 268 Abs. 1 Satz 2 Halbsatz 1 HGB in der Bilanz an die Stelle der Posten Jahresüberschuss/Jahresfehlbetrag und Gewinnvortrag/Verlustvortrag, fasst diese beiden Posten mithin zusammen. Ein vorhandener Gewinn- oder Verlustvortrag ist aber in der Bilanz oder im Anhang gesondert anzugeben (§ 268 Abs. 1 Satz 2 Halbsatz 2, Satz 3 HGB). Darüber hinaus sind Entnahmen aus den Rücklagen sowie Einstellungen in die Gewinnrücklagen bei der Berechnung des Bilanzgewinns erhöhend (Entnahmen) bzw. vermindernd (Einstellungen) zu berücksichtigen, vgl. § 158 Abs. 1 AktG[112]. Trotz der missverständlichen Formulierung des § 29 Abs. 1 Satz 2 („Anspruch auf den Bilanzgewinn") entsteht der Anspruch der Gesellschafter auf Auskehr des Bilanzgewinns nur, soweit keine Ausschüttungssperren eingreifen (Rdnr. 48 ff.) und im Verwendungsbeschluss nach § 29 Abs. 2 keine Thesaurierung, sondern eine Ausschüttung beschlossen wird[113]. Wollte man Letzteres anders sehen, würde in § 29 Abs. 1 Satz 2 doch noch das Vollausschüttungsgebot des alten Rechts perpetuiert, obwohl für eine Ungleichbehandlung zwischen § 29 Abs. 1 Satz 1 und Satz 2 insoweit kein sachlicher Grund erkennbar ist.

III. Verwendungsbeschluss (§ 29 Abs. 2)

1. Allgemeines

a) Bedeutung

36 Das Gesetz unterscheidet in den §§ 29 Abs. 2, 42a Abs. 2 Satz 1 und 46 Nr. 1 deutlich zwischen dem Feststellungsbeschluss (Rdnr. 13 ff.) und dem Verwendungsbeschluss. Während es bei ersterem im Grundsatz um einen Akt der Rechnungslegung geht, steht bei dem Verwendungsbeschluss die Frage der **zukünftigen Finanzierung** der Gesellschaft im Vordergrund, d.h. die Frage, in welchem Umfang die Gesellschaft zu Gunsten der Gesellschafter auf eine Eigenfinanzierung aus den erzielten Gewinnen verzichten kann. Allerdings ist die Grenze fließend, da auch schon bei der Feststellung des Jahresabschlusses Entscheidungen über die Ergebnisverwendung getroffen werden können (§ 29 Abs. 1 Satz 2, § 268 Abs. 1 HGB, Rdnr. 31 ff.)[114]. Genau genommen bezieht sich § 29 Abs. 2 also nur auf die *nachträgliche* (nicht schon auf den Feststellungsbeschluss vorgezogene) Gewinnverwendung[115].

---

110 Str., wie hier *Fastrich*, in: Baumbach/Hueck, Rdnr. 9; *Strohn*, in: Henssler/Strohn, Gesellschaftsrecht, Rdnr. 26; a.A. 11. Aufl., § 42a Rdnr. 32; *Crezelius*, in: FS 100 Jahre GmbHG, S. 315, 329 f.; *Hommelhoff*, in: Lutter/Hommelhoff, Rdnr. 27; *Mock*, in: Michalski u.a., Rdnr. 172; *Vonnemann*, GmbHR 1992, 637, 639; *Witt*, in: Bork/Schäfer, Rdnr. 19.

111 Sie ist bei prüfungspflichtigen Gesellschaften geboten, wenn das Feststellungsorgan von dem aufgestellten und geprüften Jahresabschluss abweicht (Rdnr. 13).

112 § 158 Abs. 1 AktG ist allerdings nur insoweit auf die GmbH übertragbar, als er die für die Überleitung vom Jahresüberschuss zum Bilanzgewinn maßgeblichen Positionen benennt. Dagegen besteht für die GmbH keine Verpflichtung, die Gewinn- und Verlustrechnung analog § 158 Abs. 1 AktG um die dort genannten Positionen zu erweitern; *Adler/Düring/Schmaltz*, § 158 AktG Rdnr. 32.

113 Letzteres str., aber heute ganz h.M., *Fastrich*, in: Baumbach/Hueck, Rdnr. 12; *Mock*, in: Michalski u.a., Rdnr. 168; *W. Müller*, in: Ulmer/Habersack/Löbbe, Rdnr. 66; *Roth*, in: Roth/Altmeppen, Rdnr. 18; *Walk*, Gewinnverwendungsklausel, S. 22; a.A. – im Fall des § 29 Abs. 1 Satz 2 keine weitere Thesaurierung nach § 29 Abs. 2 möglich – *Crezelius*, in: FS 100 Jahre GmbHG, S. 315, 321; *Hommelhoff*, ZGR 1986, 418, 420 f.

114 *Strohn*, in: Henssler/Strohn, Gesellschaftsrecht, Rdnr. 32.

115 *Ekkenga*, in: MünchKomm. GmbHG, Rdnr. 131.

Erst mit Fassung des Verwendungsbeschlusses und nur, soweit dieser eine Ausschüttung vor- 37
sieht, **entstehen** nach ständiger Rechtsprechung und h.L. die konkreten **Gewinnansprüche**
(Rdnr. 9, 78 ff.) der Gesellschafter[116]. Nach anderer Ansicht sollen die Gewinnansprüche dagegen schon mit dem Feststellungsbeschluss entstehen, lediglich ihre Fälligkeit soll bis zum
Verwendungsbeschluss bzw. bis zum fruchtlosen Ablauf der Frist des § 42a Abs. 2 aufgeschoben sein[117]. Indes besteht kein Anlass, von der seit jeher herrschenden Ansicht abzugehen.
Zum einen lässt sich diese eher mit dem Wortlaut des § 29 Abs. 1 Satz 1 vereinbaren, der
den Gewinnanspruch nur zuerkennt, wenn er nicht durch Beschluss nach § 29 Abs. 2 ausgeschlossen „ist"; nach dem Verständnis der Gegenansicht wäre stattdessen die Formulierung
zu erwarten gewesen, dass der Anspruch besteht, wenn er nicht durch einen (späteren) Beschluss nach § 29 Abs. 2 ausgeschlossen „wird" (Rdnr. 10). Zum anderen spricht für eine
Kurskorrektur auch kein praktisches Bedürfnis, da sich insbesondere das Problem einer Hi-
nauszögerung oder Blockade des Verwendungsbeschlusses auch auf Grundlage der h.M. befriedigend lösen lässt (Rdnr. 62 f.).

b) Ausnahmen vom Erfordernis eines Verwendungsbeschlusses

Die gesetzliche Regelung mit ihrem Erfordernis getrennter Feststellungs- und Verwendungs- 38
beschlüsse (§§ 29 Abs. 2, 42a Abs. 2 Satz 1 und 46 Nr. 1) ist **kein zwingendes Recht**, so
dass im Gesellschaftsvertrag auf einen gesonderten Verwendungsbeschluss verzichtet werden
kann[118]. In diesem Fall fällt die Entscheidung über die Gewinnverwendung bereits mit dem
Feststellungsbeschluss; mit diesem entsteht dann ausnahmsweise auch schon der (sofort fällige) Gewinnanspruch der Gesellschafter[119]. Allein aus der Tatsache, dass der Gesellschaftsvertrag **Vollausschüttung** vorschreibt, wird man allerdings noch **nicht** darauf schließen können, dass auch das Erfordernis eines Verwendungsbeschlusses abbedungen werden soll[120].
Denn auch bei einer Vollausschüttungsregelung mag es Zweifelsfälle geben, in denen es der
Rechtsklarheit dienlich ist, im Verwendungsbeschluss den auszuschüttenden Betrag genau
festzulegen.

---

116 BGH v. 12.1.1998 – II ZR 82/93, BGHZ 137, 378, 381 = GmbHR 1998, 324; BGH v. 14.9.1998 –
II ZR 172/97, BGHZ 139, 299, 302 f. = GmbHR 1998, 1177; BGH v. 30.6.2004 – VIII ZR 349/03,
GmbHR 2004, 1223, 1224; früher bereits RG v. 17.11.1915 – II 36/15, RGZ 87, 383, 386; BFH v.
21.5.1986 – I R 199/84, BFHE 147, 44, 45 = GmbHR 1986, 329; aus dem Schrifttum eingehend *Ar-
nold*, Gewinnauszahlungsanspruch, S. 69 ff., 125 f.; *Bork/Oepen*, ZGR 2002, 241, 270 ff.; ferner
Fastrich, in: Baumbach/Hueck, Rdnr. 49; *Pentz*, in: Rowedder/Schmidt-Leithoff, Rdnr. 22; *Strohn*,
in: Henssler/Strohn, Gesellschaftsrecht, Rdnr. 32; *Witt*, in: Bork/Schäfer, Rdnr. 6. Ebenso die ganz
h.M. zur Parallelfrage im Aktienrecht, s. BGH v. 24.1.1957 – II ZR 208/55, BGHZ 23, 150, 154 =
NJW 1957, 588; BGH v. 28.10.1993 – IX ZR 21/93, BGHZ 124, 27, 32 = AG 1994, 81; *Bayer*, in:
MünchKomm. AktG, 4. Aufl. 2016, § 58 AktG Rdnr. 103 m.w.N.
117 *Hommelhoff*, in: FS Rowedder, S. 171, 184 f.; *Hommelhoff*, in: Lutter/Hommelhoff, Rdnr. 4, 17;
Priester, in: MünchHdb. III, § 57 Rdnr. 22; *Ekkenga*, in: MünchKomm. GmbHG, Rdnr. 78 ff.
118 Allg. M.; BFH v. 21.5.1986 – I R 199/84, BFHE 147, 44, 45 = GmbHR 1986, 329; BayObLG v.
17.9.1987 – BReg 3 Z 122/87, NJW 1988, 426, 427 = GmbHR 1988, 102; *Hommelhoff*, in: Lutter/
Hommelhoff, Rdnr. 18.
119 BFH v. 21.5.1986 – I R 199/84, BFHE 147, 44, 45 = GmbHR 1986, 329; *Bayer*, in: Lutter/Hommel-
hoff, § 46 Rdnr. 6.
120 Str., wie hier RG v. 17.11.1915 – II 361/15, RGZ 87, 383, 386; *Fastrich*, in: Baumbach/Hueck,
Rdnr. 38; *Mock*, in: Michalski u.a., Rdnr. 152; *Strohn*, in: Henssler/Strohn, Gesellschaftsrecht,
Rdnr. 32; a.A. *Hommelhoff*, in: Lutter/Hommelhoff, Rdnr. 18; *Priester*, in: MünchHdb. III, § 57
Rdnr. 23; *Ekkenga*, in: MünchKomm. GmbHG, Rdnr. 78 mit Fn. 242.

2. Voraussetzungen

a) Formelle Voraussetzungen

39   Nach § 46 Nr. 1 i.V.m. § 29 Abs. 2 ist zur Entscheidung über die Gewinnverwendung grundsätzlich die **Gesellschafterversammlung** berufen, die **mit einfacher Mehrheit** (§ 47 Abs. 1) entscheidet. Stimmberechtigt sind alle nach § 16 Abs. 1 legitimierten Gesellschafter, auch die, die als Geschäftsführer den Jahresabschluss aufgestellt haben oder die vom Gewinnbezug ausgeschlossen sind. Der Verwendungsbeschluss ist wie der Feststellungsbeschluss (Rdnr. 13) von den Gesellschaftern nach § 42a Abs. 2 Satz 1 **binnen acht Monaten** nach Ende des Geschäftsjahrs zu fassen; lediglich bei kleinen Gesellschaften im Sinne des § 267 Abs. 1 HGB tritt an die Stelle dieser Frist eine solche von elf Monaten. Die Frist kann durch den Gesellschaftsvertrag nur verkürzt, nicht verlängert werden (§ 42a Abs. 2 Satz 2). Bei Fristversäumung kann (und muss) der Beschluss aber noch nachgeholt werden. Über die Gewinnverwendung wird in der Praxis häufig gemeinsam mit der Feststellung des Jahresabschlusses abgestimmt. Dagegen ist nichts einzuwenden, sofern der Gesellschaftsvertrag dies vorsieht oder alle in der Gesellschafterversammlung erschienenen Gesellschafter mit der Verbindung einverstanden sind. Rechtlich gesehen bleibt es aber dabei, dass es sich um zwei voneinander zu trennende Beschlüsse handelt.

40   Der Gesellschaftsvertrag kann andere Mehrheitserfordernisse vorsehen und die Zuständigkeit für den Verwendungsbeschluss einem **anderen Organ** zuweisen (§ 45), und zwar nicht nur einem Gesellschafterausschuss[121], sondern auch Organen, denen mehrheitlich Nicht-Gesellschafter angehören, wie dies bei einem Beirat, Aufsichtsrat oder den Geschäftsführern der Fall sein kann[122]. Ein unzulässiger Eingriff in das Selbstbestimmungsrecht der Gesellschafter liegt darin schon deshalb nicht, weil die Gesellschafterversammlung die Kompetenz durch Satzungsänderung wieder an sich ziehen kann[123]. Die Organwalter sind gehalten, im Rahmen ihrer Entscheidung über die Gewinnverwendung das Ausschüttungsinteresse der Gesellschafter und das Interesse der GmbH an einer an den wirtschaftlichen Erfordernissen orientierten Eigenkapitalbasis gegeneinander abzuwägen[124]. Rechtswidrige Beschlüsse des zuständigen Organs sind nach überwiegender Meinung in gleicher Weise wie die Gesellschafterbeschlüsse, an deren Stelle sie treten, durch Klage gegen die Gesellschaft anfechtbar[125].

41   Es besteht keine Notwendigkeit, das Verfahren und die Zuständigkeit für den Feststellungs- und für den Verwendungsbeschluss einheitlich zu regeln[126]. Weist der Gesellschaftsvertrag die Zuständigkeit für beide Beschlüsse **unterschiedlichen Organen** zu, ist das Feststellungsorgan im Zweifel nicht befugt, bereits bei der Feststellung des Jahresabschlusses diskretionär Rücklagen zu bilden; diese Befugnis bleibt dem für die Gewinnverwendung zuständigen Organ vorbehalten (Rdnr. 33).

---

121 In diese Richtung aber *Hüffer/Schürnbrand*, in: Ulmer/Habersack/Löbbe, § 46 Rdnr. 27.

122 Ganz h.M.; *Hommelhoff*, in: Lutter/Hommelhoff, Rdnr. 20; *Mock*, in: Michalski u.a., Rdnr. 155; *Priester*, in: MünchHdb. III, § 57 Rdnr. 26.

123 *Salje*, in: Michalski, 2. Aufl. 2010, Rdnr. 69; im Erg. auch *Mock*, in: Michalski u.a., Rdnr. 155; strenger *Hommelhoff/Priester*, ZGR 1986, 463, 499 ff.; *Hommelhoff*, in: Lutter/Hommelhoff, Rdnr. 20; *Priester*, in: MünchHdb. III, § 57 Rdnr. 26 (nur bei besonderen Schutzvorkehrungen wie begrenzter Amtszeit der Organmitglieder oder Abberufungsmöglichkeiten).

124 Die Einführung eines nicht auf das Verbandsinteresse verpflichteten Organs wäre dagegen unzulässig; näher *Schürnbrand*, Organschaft im Recht der privaten Verbände, 2007, S. 150 ff. m.w.N., insbes. S. 156 ff.

125 Str., s. schon Rdnr. 14 m.N.

126 S. nur BGH v. 14.2.1974 – II ZR 76/72, LM Nr. 3 zu § 29 GmbHG = GmbHR 1974, 109 (qualifiziertes Mehrheitserfordernis nur für Thesaurierungsbeschluss, nicht für Feststellungsbeschluss); *Mock*, in: Michalski u.a., Rdnr. 155.

b) Materielle Voraussetzungen

Materielle Voraussetzung für die Fassung eines Verwendungsbeschlusses ist das Vorliegen 42 eines wirksam festgestellten Jahresabschlusses sowie ein aus diesem abzuleitendes **verwendbares Ergebnis**, d.h. ein (nach Berücksichtigung von Gewinn- oder Verlustvorträgen) positives Jahresergebnis (Rdnr. 30) bzw. ein Bilanzgewinn (Rdnr. 31 ff.). Fehlt es an einem verwendbaren Ergebnis, erübrigt sich die Fassung eines Verwendungsbeschlusses. Ist dagegen ein verwendbares Ergebnis vorhanden, haben die Gesellschafter im Verwendungsbeschluss darüber zu entscheiden, ob und zu welchen Teilen sie diesen Betrag in die Gewinnrücklagen einstellen, auf neue Rechnung vortragen oder – vorbehaltlich bestehender Ausschüttungssperren – ausschütten wollen (s. im Einzelnen Rdnr. 44 ff.). Dabei sind sie analog § 174 Abs. 1 Satz 2 AktG **an den Inhalt des festgestellten Jahresabschlusses gebunden**[127]. Wollen sie von diesem abweichen, muss erst der Feststellungsbeschluss geändert werden (Rdnr. 27 f.). Davon zu unterscheiden ist der Fall, dass die Gesellschafter beschließen, neben der Ausschüttung des im Jahresabschluss ausgewiesenen Jahresergebnisses bzw. Bilanzgewinns auch noch **weitere Beträge** auszukehren. Bei diesen weiteren Beträgen geht es nicht mehr um Ergebnisverwendung nach § 29 Abs. 2, sondern um eine unterjährige Ausschüttung, die in der GmbH grundsätzlich zulässig ist, solange das nach § 30 Abs. 1 geschützte Stammkapital unangetastet bleibt[128].

Der Verwendungsbeschluss muss das **gesamte verwendbare Ergebnis** umfassen. Wird nur 43 über einen Teil davon Beschluss gefasst, kann im Wege der Auslegung anzunehmen sein, dass der Rest als Gewinn vorgetragen werden soll[129]. Andernfalls, also bei Nichtausschöpfung der Verwendungsmasse, ist der Beschluss anfechtbar[130].

3. Arten der Ergebnisverwendung

Inhaltlich stehen der Gesellschafterversammlung (oder dem sonst zuständigen Organ) drei 44 **Möglichkeiten der Ergebnisverwendung** zur Auswahl. Als Alternativen zur Gewinnausschüttung (Rdnr. 47 ff.) sieht § 29 Abs. 2 die Einstellung in Gewinnrücklagen (Rdnr. 45) sowie den Gewinnvortrag (Rdnr. 46) vor, sofern der Gesellschaftsvertrag nichts Abweichendes bestimmt[131]. Diese Möglichkeiten können ohne weiteres miteinander kombiniert werden, so dass z.B. ein Teil des Ergebnisses den Gewinnrücklagen zugeführt, ein anderer Teil auf neue Rechnung vorgetragen und der Rest ausgeschüttet werden kann.

a) Einstellung in Gewinnrücklagen

Nach § 29 Abs. 2 in der Fassung des BiRiLiG (Rdnr. 3) können die Gesellschafter im Verwen- 45 dungsbeschluss – mangels abweichender Satzungsregelung mit einfacher Mehrheit (Rdnr. 39) – das verwendbare Ergebnis **ganz oder teilweise** in die Gewinnrücklagen einstellen und insoweit die Entstehung von Gewinnansprüchen der Gesellschafter verhindern. Mit Gewinnrücklagen sind die **„anderen Gewinnrücklagen"** im Sinne des § 266 Abs. 3 A III 4 HGB gemeint. Soweit allerdings das verwendbare Ergebnis auf der Auflösung einer Kapitalrücklage beruht

---

127 *Ekkenga*, in: MünchKomm. GmbHG, Rdnr. 146; a.A. *Mock*, in: Michalski u.a., Rdnr. 162.
128 Andernfalls ist der Beschluss über die zusätzliche Ausschüttung in seinem Vollzug so lange gehemmt, bis eine Ausschüttung wieder möglich ist, ohne das Stammkapital anzutasten; s. § 30 Rdnr. 119.
129 *Strohn*, in: Henssler/Strohn, Gesellschaftsrecht, Rdnr. 36.
130 *Fastrich*, in: Baumbach/Hueck, Rdnr. 45; *Strohn*, in: Henssler/Strohn, Gesellschaftsrecht, Rdnr. 36; a.A. *Ekkenga*, in: MünchKomm. GmbHG, Rdnr. 158; *Mock*, in: Michalski u.a., Rdnr. 163.
131 Zu einem statutarischen Vollausschüttungsgebot s. bereits Rdnr. 38.

(Rdnr. 34), sind diese Beträge, sofern sich die Gesellschafter erneut für eine Rücklagendotierung entscheiden, wieder in die Kapitalrücklage (§ 266 Abs. 3 A II HGB) einzustellen[132]. Eine Mindestausschüttung ist nicht vorgeschrieben; Grenzen für übermäßige Thesaurierungen können sich aber aus der mitgliedschaftlichen Treupflicht ergeben (s. im Einzelnen Rdnr. 53 ff.). Das verwendbare Ergebnis kann auch dann den Gewinnrücklagen zugeführt werden, wenn bereits im Rahmen der Feststellung des Jahresabschlusses Rücklagen gebildet worden sind, mithin der Fall des § 29 Abs. 1 Satz 2 vorliegt[133]. Schreibt das Gesetz oder der Gesellschaftsvertrag die Bildung von Rücklagen verpflichtend vor, so ist dem bereits bei der Auf- und Feststellung des Jahresabschlusses nachzukommen (Rdnr. 32).

b) Gewinnvortrag

46 Anstelle der Rücklagenbildung können die Gesellschafter nach § 29 Abs. 2 im Verwendungsbeschluss das verwendbare Ergebnis auch ganz oder teilweise auf neue Rechnung vortragen (**Gewinnvortrag**). Wie im Fall der Einstellung in die Gewinnrücklagen wird auch durch den Gewinnvortrag die Entstehung von Gewinnansprüchen der Gesellschafter verhindert. Der Unterschied zur Einstellung in die Gewinnrücklagen besteht darin, dass der Gewinnvortrag im Folgejahr automatisch das verwendbare Ergebnis erhöht (Rdnr. 30, 35) und damit wieder zur Disposition der Gesellschafter steht. Eine Gewinnrücklage muss dagegen erst wieder im Rahmen der Feststellung des Jahresabschlusses eines der Folgejahre aufgelöst werden, bevor sie das verwendbare Ergebnis erhöht[134]. Dieser Unterschied hat namentlich dann Bedeutung, wenn die Feststellung des Jahresabschlusses und die Fassung des Verwendungsbeschlusses unterschiedlichen Organen zugewiesen oder an unterschiedliche Mehrheitserfordernisse geknüpft sind. Will das für die Verwendung zuständige Organ das Ergebnis nicht ausschütten, andererseits aber die Entscheidung über die Verwendung des Betrags auch nicht an das Feststellungsorgan verlieren, wird es für einen Gewinnvortrag anstelle einer Rücklagenbildung optieren. Der Gewinnvortrag kann unstreitig auch in den Folgejahren wiederholt werden. Einer übermäßigen Thesaurierung setzt auch hier die mitgliedschaftliche Treupflicht eine Grenze (Rdnr. 53 ff.).

c) Gewinnausschüttung

47 Soweit das verwendbare Ergebnis weder in die Rücklagen eingestellt noch auf neue Rechnung vorgetragen wird, bleibt als dritte und letzte Option für den Verwendungsbeschluss die Möglichkeit, das verwendbare Ergebnis nach dem Verteilungsschlüssel des § 29 Abs. 3 (Rdnr. 71 ff.) **auszuschütten**. Diese Möglichkeit besteht allerdings nach § 29 Abs. 1 Satz 1 Halbsatz 2 nur, soweit nicht gesetzliche oder gesellschaftsvertragliche Ausschüttungssperren oder ein möglicher verwendungsbedingter Zusatzaufwand entgegenstehen. Diese Abzugsposten sind trotz des missverständlichen Gesetzeswortlauts auch in den Fällen des § 29 Abs. 1 Satz 2 zu berücksichtigen (Rdnr. 35).

48 **aa) Gesetzliche Ausschüttungssperren** finden sich sowohl im Bilanzrecht als auch im GmbHG. Was zunächst das **Bilanzrecht** betrifft, so waren bis zur Reform durch das BilMoG (Rdnr. 7a) die Ausschüttungssperren nach § 269 Satz 2 und § 274 Abs. 2 Satz 3 HGB a.F. zu beachten, die einen Ausgleich für die inzwischen abgeschafften Bilanzierungshilfen für In-

---

132 *W. Müller*, in: Ulmer/Habersack/Löbbe, Rdnr. 65; *Strohn*, in: Henssler/Strohn, Gesellschaftsrecht, Rdnr. 37; unzutreffende Darstellung der hier vertretenen Ansicht bei *Mock*, in: Michalski u.a., Rdnr. 167.

133 *Ekkenga*, in: MünchKomm. GmbHG, Rdnr. 148; s. auch schon Rdnr. 35.

134 BGH v. 10.11.2009 – II ZR 196/08, NZG 2009, 1438 Rdnr. 4; OLG Nürnberg v. 9.7.2008 – 12 U 690/07, DB 2008, 2415, 2420; *Strohn*, in: Henssler/Strohn, Gesellschaftsrecht, Rdnr. 38.

gangsetzungs- und Erweiterungsaufwendungen sowie für aktive latente Steuern bildeten[135]. Für Geschäftsjahre, die nach dem 31.12.2009 beginnen[136], ist dagegen die **Ausschüttungssperre des § 268 Abs. 8 HGB** zu berücksichtigen. Diese übernimmt die Regelungstechnik der §§ 269 Satz 2, 274 Abs. 2 Satz 3 HGB a.F., hat aber ein wesentlich breiteres Anwendungsfeld und deshalb ungleich größere Bedeutung. Der Grundgedanke ist einfach: Das BilMoG soll einerseits in Annäherung an die IFRS die Informationsfunktion des Jahresabschlusses stärken[137]; zu diesem Zweck wird das Vorsichtsprinzip punktuell durchbrochen, indem einige Vorschriften eine Aktivierung gestatten oder gar vorschreiben, die – wie z.B. die Aktivierung selbst geschaffener immaterieller Vermögensgegenstände des Anlagevermögens (§ 248 Abs. 2 HGB) – nach früherem Recht als zu unvorsichtig galt und deshalb unzulässig war[138]. Andererseits wollte der Gesetzgeber aber verhindern, dass infolge dieser großzügigeren Bilanzierung das Ausschüttungspotenzial ansteigt und das Gläubigerschutzniveau dementsprechend absinkt; daher hat er die Aktivierung der „unvorsichtigen" Positionen in § 268 Abs. 8 HGB mit einer eigenen Ausschüttungssperre verknüpft. Die betreffenden Positionen werden somit zwar im Jahresabschluss ausgewiesen, stehen aber für die Gewinnausschüttung nicht zur Verfügung. Auf diese Weise soll beides gleichzeitig gelingen: die Stärkung der Informationsfunktion des Jahresabschlusses einerseits und die Beibehaltung des bisherigen Gläubigerschutzniveaus andererseits[139].

Im Einzelnen erstreckt sich die Ausschüttungssperre des § 268 Abs. 8 HGB auf die Summe aus (i) dem Betrag, der für **selbst geschaffene immaterielle Vermögensgegenstände** des Anlagevermögens (§ 248 Abs. 2 HGB) aktiviert wurde (abzüglich hierauf gebildeter passiver latenter Steuern[140]), (ii) dem ausgewiesenen **Aktivüberhang der latenten Steuern** (§ 274 HGB), wobei nunmehr auch steuerliche Verlustvorträge zu berücksichtigen sind (§ 274 Abs. 1 Satz 4 HGB), und (iii) dem Mehrbetrag, der sich aus der Zeitwertbewertung des Planvermögens gegenüber den Anschaffungskosten ergibt (wiederum abzüglich hierauf gebildeter passiver latenter Steuern). Der gesperrte Betrag ist im **Anhang** des Jahresabschlusses anzugeben (§ 285 Nr. 28 HGB). Im Unterschied zu anderen gesetzlich angeordneten Thesaurierungen – wie etwa der gesetzlichen Rücklage nach § 150 AktG oder § 5a Abs. 3 – ordnet § 268 Abs. 8 HGB nicht an, dass der einzubehaltende Betrag in eine eigens hierfür zu bildende Rücklage einzustellen ist. Vielmehr bewendet es bei der Vorgabe, dass Ausschüttungen nur zulässig sind, wenn auch nach der Ausschüttung noch so viel frei verfügbares Eigenkapital (frei verfügbare Rücklagen [Rdnr. 34] zuzüglich Gewinnvortrag und abzüglich Verlustvortrag) verbleibt, dass

49

---

135 Nach Art. 66 Abs. 5 EGHGB waren diese Vorschriften letztmals auf Jahresabschlüsse für das *vor* dem 1.1.2010 beginnende Geschäftsjahr anzuwenden, bei Übereinstimmung von Geschäfts- und Kalenderjahr also letztmals im Jahresabschluss für 2009.

136 Art. 66 Abs. 3 Satz 1 EGHGB. Es besteht allerdings ein Wahlrecht, die Vorschriften des neuen Bilanzrechts auch schon im Jahr 2009 vorzeitig anzuwenden; dies muss dann aber vollständig (nicht nur für einzelne Vorschriften) geschehen, Art. 66 Abs. 3 Satz 6 EGHGB; näher dazu *Petersen/Zwirner/Froschhammer*, DB 2009, 2277 ff.

137 Bericht des Rechtsausschusses, BT-Drucks. 16/12407, S. 1.

138 S. neben § 248 Abs. 2 HGB auch noch § 246 Abs. 2 Satz 2 i.V.m. § 253 Abs. 1 Satz 4 HGB sowie § 274 Abs. 1 Satz 4 HGB; näher dazu *Verse*, in: VGR 15 (2010), S. 67, 69 f.

139 *Hommelhoff*, ZGR 2008, 250, 257 f.; *Hennrichs*, in: Winkeljohann/Reuther (Hrsg.), Zukunft des Bilanzrechts in Familienunternehmen, 2009, S. 99, 116; *Rammert/Thies*, WPg 2009, 34, 36; *Verse*, in: VGR 15 (2010), S. 67, 71.

140 Dadurch soll verhindert werden, dass die passiven latenten Steuern, die für den betreffenden Aktivposten gebildet worden sind und das Ausschüttungspotenzial ohnehin schon verringern, bei der Ausschüttungsbemessung doppelt berücksichtigt werden; Begr. RegE BilMoG, BT-Drucks. 16/10067, S. 64. Im Fall eines Aktivüberhangs von latenten Steuern ist allerdings darauf zu achten, dass die passiven latenten Steuern nicht doppelt von dem gesperrten Betrag abgezogen werden; näher dazu *Küting/Lorson/Eichenlaub/Toebe*, GmbHR 2011, 1, 4 f.; *Ruberg*, NZG 2011, 1048, 1050 ff.; eingehend *Link*, Die Ausschüttungssperre des § 268 Abs. 8 HGB, S. 129 ff.

der gesperrte Betrag gedeckt ist[141]. Betragen z.B. der Jahresüberschuss 100, der Verlustvortrag aus dem Vorjahr 10 (verbleibendes Jahresergebnis also 90), die frei verfügbaren Rücklagen 30 und der nach § 268 Abs. 8 HGB gesperrte Betrag 50, hat dies zur Folge, dass max. (100−10+30−50 =) 70 ausgeschüttet werden können; denn nur dann verbleibt nach der Ausschüttung frei verfügbares Eigenkapital von 50. Ob der wegen § 268 Abs. 8 HGB nicht ausgeschüttete Teil des Jahresergebnisses (im Beispiel 90−70 = 20) im Verwendungsbeschluss nach § 29 Abs. 2 als Gewinn auf neue Rechnung vorgetragen oder den Rücklagen zugeführt wird, lässt das Gesetz offen und kann daher von den Gesellschaftern im Verwendungsbeschluss frei entschieden werden[142]. Bei einem **Verstoß** gegen § 268 Abs. 8 HGB ist der Verwendungsbeschluss analog § 241 Nr. 3 AktG (teil-) nichtig (Rdnr. 65).

49a Eine weitere bilanzrechtliche Ausschüttungssperre, die in der Regelungstechnik § 268 Abs. 8 HGB nachempfunden ist, findet sich in **§ 253 Abs. 6 Satz 2 HGB**. Diese neu eingefügte Vorschrift[143] trägt dem Umstand Rechnung, dass nach § 253 Abs. 2 Satz 1 HGB n.F. für die **Abzinsung von Pensionsrückstellungen** nicht mehr der durchschnittliche Marktzinssatz der letzten sieben Jahre, sondern der letzten zehn Jahre maßgeblich ist. Diese geänderte Abzinsung soll die Belastung der Unternehmen durch die aktuelle Niedrigzinsphase abmildern[144]. Der sich aus der geänderten Abzinsung ergebende Differenzbetrag soll aber nicht für Ausschüttungszwecke zur Verfügung stehen[145], weshalb § 253 Abs. 6 Satz 2 HGB eine entsprechende Sperre anordnet.

50 Gesetzliche Ausschüttungssperren im Sinne des § 29 Abs. 1 Satz 1 Halbsatz 2 finden sich aber nicht nur im Bilanzrecht, sondern auch im GmbHG, namentlich in **§ 58d** für den Zeitraum nach einer Kapitalherabsetzung (zu den Einzelheiten s. Erl. zu § 58d). Hinsichtlich der **Bindung des Stammkapitals (§ 30 Abs. 1)** ist zu differenzieren. Wenn schon zum Bilanzstichtag kein ausschüttungsfähiges Vermögen vorhanden ist, der festgestellte Jahresabschluss aber zu Unrecht einen verteilungsfähigen Gewinn ausweist, ist bereits die Feststellung des Jahresabschlusses entsprechend § 256 Abs. 1 Nr. 1, Abs. 5 Satz 1 Nr. 1 AktG nichtig und mit ihr analog § 253 AktG auch der Verwendungsbeschluss[146]. Schwieriger liegt es, wenn die GmbH nach dem Abschlussstichtag, aber vor der Beschlussfassung über die Gewinnverwendung Verluste erleidet, so dass nach dem festgestellten Jahresabschluss noch ausschüttungsfähiger Betrag im Zeitpunkt des Verwendungsbeschlusses ganz oder teilweise nur noch unter Verstoß gegen § 30 Abs. 1 ausgeschüttet werden könnte[147]. Nach herrschender und zutreffender Ansicht hindert dieser Umstand die Gesellschafter nicht, die Ausschüttung des nach

---

141 Ausführlich und instruktiv zur Wirkungsweise der Ausschüttungssperre nach § 268 Abs. 8 HGB *Gelhausen/Althoff*, WPg 2009, 584 ff.; *Link*, Die Ausschüttungssperre des § 268 Abs. 8 HGB, S. 96 ff., 117 ff.

142 *Gelhausen/Althoff*, WPg 2009, 584, 590 f.; *v. d. Laage*, WM 2012, 1322, 1323; *Link*, Die Ausschüttungssperre des § 268 Abs. 8 HGB, S. 144 m.w.N.; a.A. – Gewinnvortrag – *Mock*, in: Michalski u.a., Rdnr. 44; *Ekkenga*, in: MünchKomm. GmbHG, Rdnr. 14 a.E. Bedeutsam ist diese Frage, wenn die Zuständigkeit für die Feststellung des Jahresabschlusses und für die Ergebnisverwendung abweichend vom Normalstatut des GmbHG auseinanderfällt. Wird der Betrag den Rücklagen zugeführt, erweitert dies die Kompetenz des Feststellungsorgans, da nur dieses über die Auflösung der Rücklage entscheidet (Rdnr. 34), sobald die Ausschüttungssperre wieder entfällt. Wird der Betrag dagegen auf neue Rechnung vorgetragen, steht er nach Wegfall der Ausschüttungssperre automatisch wieder zur Disposition des für die Gewinnverwendung zuständigen Organs.

143 Eingeführt durch das Gesetz zur Umsetzung der Wohnimmobilienkreditrichtlinie und zur Änderung handelsrechtlicher Vorschriften v. 11.3.2016, BGBl. I 2016, 396. Zum Übergangsrecht s. Art. 75 Abs. 6, Abs. 7 EGHGB.

144 Bericht des Rechtsausschusses, BT-Drucks. 18/7584, S. 148 f.

145 Bericht des Rechtsausschusses, BT-Drucks. 18/7584, S. 149.

146 *Ekkenga*, in: MünchKomm. GmbHG, Rdnr. 162; *Strohn*, in: Henssler/Strohn, Gesellschaftsrecht, Rdnr. 35 a.E.; zur analogen Anwendung des § 253 AktG s. Rdnr. 65.

147 Davon zu unterscheiden ist der Fall, dass die Verluste erst *nach* dem Verwendungsbeschluss, aber vor der Ausschüttung eintreten; s. dazu Rdnr. 91 f.

dem Jahresabschluss ausschüttungsfähigen Gewinns in voller Höhe zu beschließen. Ein derartiger Verwendungsbeschluss steht mit § 29 im Einklang und ist daher weder nichtig noch anfechtbar[148]. Er ist gemäß den auch sonst zu § 30 Abs. 1 anerkannten Grundsätzen (§ 30 Rdnr. 119) nur in seinem Vollzug so weit und so lange gehemmt, bis eine Ausschüttung wieder möglich ist, ohne das Stammkapital anzutasten[149].

bb) Neben dem Gesetz kann auch der **Gesellschaftsvertrag** zusätzliche **Ausschüttungssperren** vorsehen. Denkbar ist sogar, dass er – etwa bei gemeinnützigen Gesellschaften – jegliche Gewinnausschüttung ausschließt[150]. Sieht der Gesellschaftsvertrag vor, dass ein bestimmter Teil des Jahresüberschusses in die Gewinnrücklagen einzustellen ist, führt dies dazu, dass die Bilanz unter Berücksichtigung der teilweisen Ergebnisverwendung (§ 268 Abs. 1 HGB) aufzustellen ist (Rdnr. 32), so dass kein Fall des § 29 Abs. 1 Satz 1 vorliegt, sondern Satz 2 eingreift; die Rücklagendotierung mindert dann bereits den Bilanzgewinn. Angesichts ihrer weitreichenden Bedeutung müssen Regelungen im Gesellschaftsvertrag, die das Gewinnbezugsrecht einschränken oder gar entziehen, in jedem Fall klar und eindeutig formuliert sein. Verbleiben Zweifel, bewendet es bei der gesetzlichen Regelung[151]. Wollen die Gesellschafter **im Verwendungsbeschluss von einer statutarischen Ausschüttungssperre abweichen**, ist zu unterscheiden. Soll die Regelung mit Wirkung auch für die Zukunft geändert werden, bedarf es einer Satzungsänderung nach §§ 53 f. Soll die Satzungsregelung dagegen für die Zukunft beibehalten und nur für den konkreten Verwendungsbeschluss außer Kraft gesetzt werden, genügt nach zutreffender Ansicht ein Beschluss mit satzungsändernder Mehrheit; einer Anmeldung und Eintragung zum Handelsregister (§ 54) bedarf es nicht, da es sich lediglich um eine Einzelfallsatzungsänderung (punktuelle Satzungsdurchbrechung) handelt[152]. Auch eine notarielle Beurkundung ist entbehrlich[153]. Wird der Beschluss nur mit einfacher Mehrheit gefasst, ist er wegen des Verstoßes gegen die statutarische Ausschüttungssperre anfechtbar[154].

cc) Als weiterer Abzugsposten ist nach § 29 Abs. 1 Satz 1 a.E. ein etwaiger Zusatzaufwand zu berücksichtigen, der sich aufgrund des Verwendungsbeschlusses ergibt (**verwendungsbedingter Zusatzaufwand**). Dieser Abzugsposten bezog sich ursprünglich vor allem auf den Fall, dass es infolge der von den Gesellschaftern beschlossenen Gewinnverwendung zu einer höheren Steuerbelastung kommt als ursprünglich bei der Bilanzaufstellung von den Geschäftsführern

51

52

---

148 *Ekkenga*, in: MünchKomm. GmbHG, Rdnr. 162; *Fastrich*, in: Baumbach/Hueck, Rdnr. 26; *Mock*, in: Michalski u.a., Rdnr. 161; *Strohn*, in: Henssler/Strohn, Gesellschaftsrecht, Rdnr. 35; ferner *W. Müller*, in: Ulmer/Habersack/Löbbe, Rdnr. 27 und Rdnr. 125 (wo allerdings die hier vertretene Position zu Unrecht der Gegenansicht zugeordnet wird); a.A. – Nichtigkeit entsprechend § 241 Nr. 3 AktG – *Pentz*, in: Rowedder/Schmidt-Leithoff, Rdnr. 36.

149 *Fastrich*, in: Baumbach/Hueck, Rdnr. 26, 45 a.E.; *Strohn*, in: Henssler/Strohn, Gesellschaftsrecht, Rdnr. 35; *W. Müller*, in: Ulmer/Habersack/Löbbe, Rdnr. 125; *Schulze-Osterloh*, in: FS G.H. Roth, 2011, S. 749, 752.

150 Allg. M., BGH v. 14.7.1954 – II ZR 342/53, BGHZ 14, 264, 271 = NJW 1954, 1563; BayObLG v. 17.9.1987 – 3 Z 122/87, NJW 1988, 426, 427 = GmbHR 1988, 102; *Fastrich*, in: Baumbach/Hueck, Rdnr. 36.

151 BayObLG v. 17.9.1987 – 3 Z 122/87, NJW 1988, 426, 427 = GmbHR 1988, 102; *Fastrich*, in: Baumbach/Hueck, Rdnr. 35.

152 Näher dazu *Leuschner*, ZHR 180 (2016), 422, 439 f., 450 ff.; ferner 11. Aufl., § 53 Rdnr. 29; *Mock*, in: Michalski u.a., Rdnr. 216; *Ulmer/Casper*, in: Ulmer/Habersack/Löbbe, § 53 Rdnr. 39; a.A. aber OLG Dresden v. 9.11.2011 – 12 W 1002/11, GmbHR 2012, 213; *Bayer*, in: Lutter/Hommelhoff, § 53 Rdnr. 30; *Ekkenga*, in: MünchKomm. GmbHG, Rdnr. 155 f.: Beschluss ohne Einhaltung der §§ 53 f. unwirksam, da es sich wegen des Mittelabflusses um eine Satzungsdurchbrechung mit Dauerwirkung handle.

153 Str., wie hier *Leuschner*, ZHR 180 (2016), 422, 453; für Beurkundungserfordernis auch bei nur punktueller Satzungsdurchbrechung aber 11. Aufl., § 53 Rdnr. 30a; offen gelassen von BGH v. 7.6.1993 – II ZR 81/92, BGHZ 123, 15, 19 = GmbHR 1993, 497.

154 *Leuschner*, ZHR 180 (2016), 422, 439 f.; s. auch noch Rdnr. 66.

vorgesehen. Zu solchen Abweichungen konnte es nach altem Recht kommen, da für thesaurierte und ausgeschüttete Gewinne unterschiedliche Körperschaftsteuersätze galten. Nachdem das Körperschaftsteuerrecht seit dem 2001 erfolgten Übergang zum Halb- bzw. nunmehr Teileinkünfteverfahren für Kapitalgesellschaften einen von der Gewinnverwendung unabhängigen einheitlichen Steuersatz vorsieht (zunächst 25 %, seit 2008 15 %), hat sich dieser Anwendungsfall jedoch erledigt[155]. Verwendungsbedingter Zusatzaufwand kann sich nunmehr noch in Fällen ergeben, in denen Dritte, z.B. Geschäftsführer, Aufsichtsratsmitglieder oder Genussrechtsinhaber, Vergütungsansprüche haben, die in ihrer Höhe nicht vom Jahresergebnis als solchem, sondern von der Gewinnausschüttung abhängen, und die Gesellschafterversammlung eine höhere Ausschüttung beschließt als von den Geschäftsführern bei Aufstellung der Bilanz angenommen[156]. Der zusätzliche Aufwand ist nach dem Vorbild des § 174 Abs. 2 Satz 1 Nr. 5 AktG in den Verwendungsbeschluss aufzunehmen[157]. Wird umgekehrt ein niedrigerer Betrag als angenommen ausgeschüttet, kann **verwendungsbedingter Ertrag** entstehen, der das verwendbare Ergebnis erhöht.

4. Ungeschriebene inhaltliche Schranken (Treuepflicht)

a) Übermäßige Thesaurierung

53 **aa)** Die Entscheidung über die Gewinnthesaurierung – sei es durch Einstellung in die Gewinnrücklagen, sei es durch Gewinnvortrag – steht nach § 29 Abs. 2 im Ermessen der (einfachen) Gesellschaftermehrheit. Das bedeutet jedoch nicht, dass eine Thesaurierung schrankenlos zulässig wäre. Vielmehr entspricht es der ganz h.M., dass die Mehrheit aufgrund der mitgliedschaftlichen **Treuepflicht**, die die Gesellschafter auch im Verhältnis untereinander bindet (§ 14 Rdnr. 73), auch auf die Ausschüttungsinteressen der Minderheit angemessen Rücksicht zu nehmen hat[158]; widrigenfalls ist der Verwendungsbeschluss anfechtbar (Rdnr. 66). Die Gefahr, dass diese Schranke missachtet wird, besteht insbesondere, wenn die Mehrheit im Unterschied zur Minderheit bereits auf anderem Weg (z.B. durch Geschäftsführervergütungen) am wirtschaftlichen Erfolg der GmbH partizipiert oder aus sonstigen Gründen nicht im gleichen Maße wie die Minderheit auf Ausschüttungen angewiesen ist[159].

54 Die durch die Treuepflicht gezogenen Grenzen sind freilich konkretisierungsbedürftig. Auf der Hand liegt zunächst, dass es der Mehrheit jedenfalls verboten ist, die Gewinnthesaurierung allein oder vornehmlich zu dem *Zweck* einzusetzen, die Minderheit **„auszuhungern"** und so zu einer Veräußerung ihres Anteils oder sonstigen Zugeständnissen zu bewegen[160].

---

155 *Ekkenga*, in: MünchKomm. GmbHG, Rdnr. 20; *Mock*, in: Michalski u.a., Rdnr. 58.

156 *Schulze-Osterloh*, in: Baumbach/Hueck, 18. Aufl., § 42 Rdnr. 564; *Ekkenga*, in: MünchKomm. GmbHG, Rdnr. 20; *Fastrich*, in: Baumbach/Hueck, Rdnr. 17; *Mock*, in: Michalski u.a., Rdnr. 59.

157 *Fastrich*, in: Baumbach/Hueck, Rdnr. 27.

158 OLG Hamm v. 3.7.1991 – 8 U 11/91, GmbHR 1992, 458 f.; OLG Nürnberg v. 9.7.2008 – 12 U 690/07, DB 2008, 2415, 2417 ff.; OLG Brandenburg v. 31.3.2009 – 6 U 4/08, ZIP 2009, 1955, 1957 ff. (unter gleichzeitiger Heranziehung des Gleichbehandlungsgebots), dazu BGH v. 21.6.2010 – II ZR 113/09, DStR 2010, 1899; aus dem Schrifttum etwa *Ekkenga*, in: MünchKomm. GmbHG, Rdnr. 167 f.; *Pentz*, in: Rowedder/Schmidt-Leithoff, Rdnr. 85 f.; *Strohn*, in: Henssler/Strohn, Gesellschaftsrecht, Rdnr. 44; *Hommelhoff*, GmbHR 2010, 1328 f.; zurückhaltender *Joost*, in: FS 100 Jahre GmbHG, S. 289, 303 f.: nur Rechtsmissbrauch als Grenze.

159 Zu diesem Interessenkonflikt bereits *Hommelhoff*, BB 1981, 944, 952; symptomatisch der Sachverhalt in BGH v. 21.6.2010 – II ZR 113/09, DStR 2010, 1899 und OLG Brandenburg v. 31.3.2009 – 6 U 4/08, ZIP 2009, 1955 (Vorinstanz). Ähnliche Fälle sind aus der Rechtsvergleichung geläufig, namentlich aus der französischen Rechtsprechung zum „abus de majorité"; dazu *Verse*, Gleichbehandlungsgrundsatz, S. 117 ff.; zum spanischen Recht *Fleischer/Trinks*, NZG 2015, 289 ff. mit weiteren rechtsvergleichenden Hinweisen.

160 Statt aller *Pentz*, in: Rowedder/Schmidt-Leithoff, Rdnr. 85.

Eine solche rechtsmissbräuchliche Zwecksetzung wird sich indes nur selten nachweisen lassen. Eine Verletzung der Treuepflicht kann aber auch schon unterhalb dieser Schwelle vorliegen, wenn die anzustellende **Interessenabwägung** ergibt, dass das Ausschüttungsinteresse der Minderheit das Thesaurierungsinteresse der Mehrheit überwiegt. Nicht abschließend geklärt sind allerdings die genauen Modalitäten dieser Abwägung.

bb) Fraglich ist zunächst, ob und inwieweit **§ 254 Abs. 1 AktG** zur Konkretisierung der Interessenabwägung herangezogen werden kann. Nach dieser Vorschrift sind in der AG Thesaurierungsbeschlüsse der Hauptversammlung anfechtbar, wenn die Thesaurierung bei vernünftiger kaufmännischer Beurteilung nicht notwendig ist, um die Lebens- und Widerstandsfähigkeit der Gesellschaft für einen überschaubaren Zeitraum zu sichern, *und* kein Gewinn in Höhe von 4 % des Grundkapitals ausgeschüttet wird. Da beide Voraussetzungen kumulativ vorliegen müssen, hat die Gesellschaftermehrheit in der AG freie Hand, solange nur ein Betrag von 4 % des Grundkapitals ausgeschüttet wird[161]. Auf eine Prüfung der Erforderlichkeit der Thesaurierung kommt es dann nicht mehr an; diese muss nur vorgenommen werden, wenn die 4 %-Grenze unterschritten wird. 55

Da der Gesetzgeber eine Übernahme dieser Regelung in das GmbHG verworfen hat (Rdnr. 6), kann der Maßstab des § 254 Abs. 1 AktG jedenfalls nicht „1:1" auf die GmbH übertragen werden. Weithin Einigkeit besteht denn auch, dass die starre **4 %-Regel** in der GmbH **nicht** zur Anwendung kommen kann[162]. Während also in der AG das Thesaurierungsinteresse bei Ausschüttung von 4 % des gezeichneten Kapitals kraft Gesetzes stets Vorrang hat, ist in der GmbH auch in diesem Fall eine Abwägung im Einzelfall erforderlich. 56

Dagegen wird die erste Voraussetzung des § 254 Abs. 1 AktG auch im GmbH-Recht verbreitet zur Konkretisierung der Treuepflicht herangezogen: Die Thesaurierung soll nur treuepflichtgemäß sein, wenn sie bei vernünftiger kaufmännischer Beurteilung **notwendig** ist, um die **Lebens- und Widerstandsfähigkeit** der Gesellschaft für einen überschaubaren Zeitraum zu sichern[163]. Damit wird allerdings ein Maßstab auf das GmbH-Recht übertragen, der im Aktienrecht nur dann zur Anwendung kommt, wenn keine Dividende von 4 % des Grundkapitals ausgeschüttet wird, der Gewinn also (nahezu) vollständig thesauriert wird. Auf Fälle, in denen ein höherer Betrag ausgeschüttet und nur der Rest thesauriert wird, lässt sich daher auch dieser Maßstab nicht unbesehen übertragen[164]. In solchen Fällen muss vielmehr auch ein **weniger dringliches Thesaurierungsinteresse** genügen können[165]. Generell wird man sagen können: Je mehr von dem erwirtschafteten Gewinn ausgeschüttet wird, umso geringer werden die Anforderungen an das Gewicht des Thesaurierungsinteresses. Ob man diesen Grundgedanken noch weiter fortführen und einem Vorschlag von *Hommelhoff* folgend so weit gehen kann, dass die Thesaurierung eines bestimmten Gewinnanteils stets als gerecht- 57

---

161 *Koch*, in: MünchKomm. AktG, § 254 AktG Rdnr. 2, 8.
162 *Mock*, in: Michalski u.a., Rdnr. 186; *Pentz*, in: Rowedder/Schmidt-Leithoff, Rdnr. 86; *Strohn*, in: Henssler/Strohn, Gesellschaftsrecht, Rdnr. 44; *Ekkenga*, in: MünchKomm. GmbHG, Rdnr. 166; *M. Winter*, Mitgliedschaftliche Treuebindungen, S. 285 i.V.m. S. 292 f.; einschränkend für die kapitalistisch strukturierte GmbH *Fastrich*, in: Baumbach/Hueck, Rdnr. 31.
163 *Pentz*, in: Rowedder/Schmidt-Leithoff, Rdnr. 86; *Strohn*, in: Henssler/Strohn, Gesellschaftsrecht, Rdnr. 44; *Ekkenga*, in: MünchKomm. GmbHG, Rdnr. 170 ff.; *M. Winter*, Mitgliedschaftliche Treuebindungen, S. 285 i.V.m. S. 292 f.; vgl. auch OLG Hamm v. 3.7.1991 – 8 U 11/91, GmbHR 1992, 458, 459.
164 In der Rechtsprechung wird er denn auch, soweit ersichtlich, nicht herangezogen; s. insbes. OLG Nürnberg v. 9.7.2008 – 12 U 690/07, DB 2008, 2415, 2417 ff.; OLG Brandenburg v. 31.3.2009 – 6 U 4/08, ZIP 2009, 1955, 1957 f.
165 In diesem Sinne auch *Schön*, in: 5. Hachenburg-Gedächtnisvorlesung, S. 17, 38 f.: Es „muss nicht die kaufmännische Notwendigkeit, sondern lediglich die kaufmännische Nützlichkeit der Thesaurierung belegt werden."

fertigt anzusehen ist („abwägungsfreier Sockelbetrag")[166], steht auf einem anderen Blatt. Bislang hat sich dieser Vorschlag jedenfalls nicht durchgesetzt[167].

58   **cc)** In die Abwägung sind **auf Seiten der Gesellschaft** sämtliche für die Beurteilung des Eigenkapitalbedarfs relevanten Umstände einzubeziehen, darunter (ohne Anspruch auf Vollständigkeit) der Gesellschaftszweck und die zu seiner Verfolgung erforderlichen Mittel einschließlich einer angemessenen Investitionsplanung für die weitere Entwicklung, die Vermögens-, Finanz- und Ertragslage der Gesellschaft, vor allem die bereits vorhandene Eigenkapitalausstattung, ferner Kreditfähigkeit und Grad der Ausschöpfung bereits vorhandener Kreditrahmen, allgemeine Wirtschaftslage und Marktsituation[168]. Da die Einschätzung des Eigenkapitalbedarfs der Gesellschaft eine unternehmerische Entscheidung ist, steht der Gesellschaftermehrheit ein **weiter Beurteilungsspielraum** zu. Es genügt, dass der behauptete Eigenkapitalbedarf bei vernünftiger kaufmännischer Beurteilung **plausibel** ist[169].

59   Dem Finanzierungsinteresse der Gesellschaft ist **auf Seiten des (Minderheits-) Gesellschafters** dessen Ausschüttungsinteresse gegenüberzustellen, namentlich sein Interesse an einer angemessenen Rendite für den Kapitaleinsatz, ferner wohl auch sein Interesse, mit der Beteiligung zusammenhängende Steuerlasten in Grenzen zu halten[170]. Zu berücksichtigen ist dabei auch das Ausmaß früherer Gewinnausschüttungen[171]. Grundsätzlich irrelevant sind dagegen die persönliche Ausgabenplanung des Gesellschafters sowie seine sonstigen persönlichen Verhältnisse[172]. Etwas anderes kann in engen Grenzen bei personalistisch strukturierten Gesellschaften in Betracht kommen, so wenn die Gewinnausschüttung auch ohne Anhalt im Gesellschaftsvertrag generell zum Lebensunterhalt der Gesellschafter bestimmt sein soll[173].

60   **dd)** Im **Anfechtungsprozess** ist es Sache der Gesellschaft, den Grund der Thesaurierung hinreichend substantiiert darzulegen, um eine Überprüfung der Interessenabwägung zu ermög-

---

166   Ausgehend von der Wertung des § 58 Abs. 2 AktG, nach der die Aktionäre einer AG eine Thesaurierung von 50 % ohne weiteres hinnehmen müssen, und unter Berücksichtigung rechtsformspezifischer Besonderheiten der GmbH (keine gesetzliche Rücklage, niedrigeres Stammkapital als in der AG) schlägt *Hommelhoff* einen abwägungsfreien Sockelbetrag von 60 % vor; s. *Hommelhoff*, ZGR 1986, 418, 423 ff., insbes. 429 f.; *Hommelhoff*, in: Lutter/Hommelhoff, Rdnr. 25.

167   Ablehnend die ganz h.L., s. etwa *Ehlke*, DB 1987, 671, 677 f.; *Bohl/Schamburg-Dickstein*, in: Küting/Weber, Hdb. Rechnungslegung, 14. Lfg. 2012, Rdnr. 56; *Ekkenga*, in: MünchKomm. GmbHG, Rdnr. 165 f.; *Strohn*, in: Henssler/Strohn, Gesellschaftsrecht, Rdnr. 44. Auch in der Rechtsprechung hat der Vorschlag bisher keine Resonanz gefunden.

168   Umfangreiche Auflistung der in Betracht kommenden Gesichtspunkte in OLG Nürnberg v. 9.7.2008 – 12 U 690/07, DB 2008, 2415, 2418 (dazu *Hommelhoff*, GmbHR 2010, 1328, 1329 f.); ferner OLG Brandenburg v. 31.3.2009 – 6 U 4/08, ZIP 2009, 1955, 1958; *Fastrich*, in: Baumbach/Hueck, Rdnr. 32; *W. Müller*, in: Ulmer/Habersack/Löbbe, Rdnr. 85.

169   OLG Hamm v. 3.7.1991 – 8 U 11/91, GmbHR 1992, 458, 459; OLG Nürnberg v. 9.7.2008 – 12 U 690/97, DB 2008, 2415, 2418, 2420; im Grundsatz auch OLG Brandenburg v. 31.3.2009 – 6 U 4/08, ZIP 2009, 1955, 1957 f., das den Spielraum im konkreten Fall aber überschritten sieht; *Fastrich*, in: Baumbach/Hueck, Rdnr. 34; *Strohn*, in: Henssler/Strohn, Gesellschaftsrecht, Rdnr. 44; *Ekkenga*, in: MünchKomm. GmbHG, Rdnr. 170; *Fleischer/Trinks*, NZG 2015, 289, 297. Die Kritik von *Einhaus/Selter*, GmbHR 2016, 1177, 1186, dass die h.M. zu hohe Anforderungen an die Darlegung des Thesaurierungsinteresses stelle und zu stark in das unternehmerische Ermessen der Gesellschaftermehrheit eingreife, erweist sich angesichts dessen als überzogen.

170   Dazu *Hommelhoff*, GmbHR 2010, 1328, 1330 (drohende Erbschafts- und Schenkungssteuerbelastung bei Wertzuwachs des Anteils infolge von permanenten Thesaurierungen).

171   OLG Nürnberg v. 9.7.2008 – 12 U 690/97, DB 2008, 2415, 2418.

172   *Hommelhoff*, ZGR 1986, 418, 432 („Anschaffung eines neuen Wagens"); *W. Müller*, in: Ulmer/Habersack/Löbbe, Rdnr. 85; *Fastrich*, in: Baumbach/Hueck, Rdnr. 33.

173   *Fastrich*, in: Baumbach/Hueck, Rdnr. 33.

lichen[174]. Nach allgemeinen Grundsätzen ist es sodann aber Sache des klagenden Gesellschafters, **darzulegen und zu beweisen**, dass die Gesellschaft daraus kein schutzwürdiges Thesaurierungsinteresse ableiten kann bzw. das Ausschüttungsinteresse des Minderheitsgesellschafters überwiegt[175]. In besonders gravierenden Fällen kommt neben der Anfechtungsklage als weitere Rechtsschutzmöglichkeit für die Minderheitsgesellschafter ein **Austritt aus wichtigem Grund** (Anh. § 34 Rdnr. 6 ff.) in Betracht. Ein Austrittsrecht liegt namentlich dann nahe, wenn sich die übermäßige Gewinnthesaurierung über einen längeren Zeitraum erstreckt und die Minderheit daher nicht nur einmal, sondern wiederholt in Prozesse gezwungen wird[176].

ee) Im **Konzern** kann eine übermäßige Gewinnthesaurierung auch dadurch betrieben werden, dass die Gesellschaftermehrheit der Obergesellschaft deren Geschäftsführer anweist, in den Untergesellschaften auf eine Einbehaltung der Gewinne hinzuwirken. Ob ein solches Verhalten der Gesellschaftermehrheit treuepflichtwidrig ist und u.U. sogar ein Austrittsrecht der Minderheit aus wichtigem Grund auslöst, beurteilt sich ebenfalls nach den vorstehend (Rdnr. 53 ff.) dargelegten allgemeinen Grundsätzen[177]. 60a

b) Übermäßige Gewinnausschüttung

Umgekehrt kann in eng begrenzten Ausnahmefällen auch ein auf Ausschüttung gerichteter Verwendungsbeschluss wegen Treuepflichtverletzung anfechtbar sein[178]. Insoweit kann man sich an der zum Personengesellschaftsrecht ergangenen Rechtsprechung orientieren. Dort ist anerkannt, dass die Gesellschafter ausnahmsweise auf die Geltendmachung eines Entnahmerechts verzichten müssen, wenn sich die Gewinnthesaurierung als erforderlich erweist, um das Unternehmen auf absehbare Zeit **lebens- und widerstandsfähig** zu halten[179]. Ein solcher Fall liegt etwa vor, wenn die Banken der Gesellschaft mit der Kündigung der zum Überleben nötigen Kreditlinien für den Fall der Ausschüttung von Gewinnen drohen[180]. 61

---

174 *Ekkenga*, in: MünchKomm. GmbHG, Rdnr. 173; *Fleischer/Trinks*, NZG 2015, 289, 292; s. auch OLG Brandenburg v. 31.3.2009 – 6 U 4/08, ZIP 2009, 1955, 1958; a.A. offenbar *Mock*, in: Michalski u.a., Rdnr. 195.

175 OLG Brandenburg v. 31.3.2009 – 6 U 4/08, ZIP 2009, 1955, 1958; *Ekkenga*, in: MünchKomm. GmbHG, Rdnr. 173; *Strohn*, in: Henssler/Strohn, Gesellschaftsrecht, Rdnr. 45; *Fleischer/Trinks*, NZG 2015, 289, 292; wohl auch OLG Nürnberg v. 9.7.2008 – 12 U 690/07, DB 2008, 2415, 2418.

176 *Strohn*, in: MünchKomm. GmbHG, § 34 Rdnr. 187; s. auch OLG Köln v. 26.3.1999 – 19 U 108/96, NZG 1999, 1222, 1223; Anh. § 34 Rdnr. 13 m.w.N.; zurückhaltend OLG München v. 9.6.1989 – 23 U 6437/88, GmbHR 1990, 221 f. und dazu BGH v. 15.1.1990 – II ZR 163/89, GmbHR 1990, 222 (Nichtannahmebeschluss); *Mock*, in: Michalski u.a., Rdnr. 25. Vgl. zum Ganzen auch Art. 18 Abs. 1 lit. d) des Kommissionsvorschlags einer SPE-Verordnung (KOM [2008] 396): Austrittsrecht, wenn „mindestens drei Jahre lang keine Dividenden ausgeschüttet [wurden], obwohl die Finanzlage der SPE eine solche Ausschüttung erlaubt hätte."

177 *W. Müller*, in: Ulmer/Habersack/Löbbe, Rdnr. 98; *Priester*, ZHR 176 (2012), 268, 280 f.

178 Zu sonstigen denkbaren Rechtsverstößen des Ausschüttungsbeschlusses (insbes. Verletzung gesetzlicher oder gesellschaftsvertraglicher Ausschüttungssperren) s. bereits Rdnr. 47 ff.

179 BGH v. 29.3.1996 – II ZR 263/94, BGHZ 132, 263, 276 f. = GmbHR 1996, 456; OLG Karlsruhe v. 28.2.2003 – 4 U 8/02, GmbHR 2003, 1359; im Erg. ebenso für die GmbH *W. Müller*, in: Ulmer/Habersack/Löbbe, Rdnr. 87; *Pentz*, in: Rowedder/Schmidt-Leithoff, Rdnr. 87; *Ekkenga*, in: MünchKomm. GmbHG, Rdnr. 177; ähnlich *Schön*, in: 5. Hachenburg-Gedächtnisvorlesung, S. 17, 35 ff.: Gewinnauskehr unzulässig, „wenn der Gesellschaftszweck in seiner Gesamtheit gefährdet würde oder in seiner Verfolgung eingeleiteten Maßnahmen die finanzielle Grundlage entzogen würde."

180 OLG Karlsruhe v. 28.2.2003 – 4 U 8/02, GmbHR 2003, 1359, 1360; *Mock*, in: Michalski u.a., Rdnr. 193.

5. Verzögerung, Blockade

62 Ebenso wie bei der Feststellung des Jahresabschlusses (Rdnr. 19 ff.) stellt sich auch hinsichtlich des Verwendungsbeschlusses die Frage, ob und wie einzelne Gesellschafter die Beschlussfassung erzwingen können, wenn diese infolge einer Verzögerungstaktik der Mehrheit, eines Stimmenpatts oder aus anderen Gründen nicht innerhalb der Frist des § 42a Abs. 2 erfolgt. Ihre Brisanz bezieht die Frage daraus, dass nach zutreffender h.M. der Gewinnanspruch der Gesellschafter vor Fassung eines Ausschüttungsbeschlusses nicht zur Entstehung gelangt (Rdnr. 37) und die Fassung eines solchen Beschlusses entgegen einer vereinzelt vertretenen Ansicht[181] auch im Fall einer noch so ungerechtfertigten Verzögerung nicht einfach fingiert werden kann[182]. Im Ausgangspunkt besteht heute ganz überwiegend Einvernehmen, dass jeder Gesellschafter aufgrund seines mitgliedschaftlichen Gewinnbezugsrechts einen einklagbaren **Anspruch gegen die Gesellschaft auf Fassung eines Verwendungsbeschlusses** hat[183]. Umstritten ist aber – wie schon beim Anspruch auf Feststellung des Jahresabschlusses – der genaue Anspruchsinhalt. Teils wird vertreten, dass nur ein Anspruch auf Fassung *irgendeines* rechtmäßigen Verwendungsbeschlusses besteht[184]. Diese Ansicht führt dazu, dass bei klageweiser Durchsetzung des Anspruchs nur eine Zwangsvollstreckung auf dem schwierigen Weg des § 888 ZPO möglich ist. Nach anderer Ansicht kann der Gesellschafter auf Fassung eines Verwendungsbeschlusses nach billigem Ermessen des Gerichts (analog § 315 Abs. 3 Satz 2 Halbsatz 2 BGB) klagen[185] mit der Folge, dass sich die Vollstreckung nach § 894 ZPO richtet[186]. Diese Auffassung sieht sich jedoch wie schon beim Feststellungsbeschluss dem Einwand ausgesetzt, dass sie das Gericht mit unternehmenspolitischen Entscheidungen überfordert. Vorzugswürdig ist daher eine dritte Ansicht, die sich im neueren Schrifttum immer mehr durchsetzt. Sie gewährt dem Gesellschafter einen (mit Ablauf der Frist des § 42a Abs. 2 fällig werdenden[187]) Anspruch auf Fassung eines Beschlusses, der auf Ausschüttung des gesamten ausschüttungsfähigen Jahresergebnisses bzw. Bilanzgewinns, also auf **Vollausschüttung** gerichtet ist[188]. Dieser Anspruch ist im Wege der Leistungsklage geltend zu machen; mit rechtskräftigem Urteil gilt der Ausschüttungsbeschluss nach § 894 ZPO als gefasst[189].

---

181 *Gutbrod*, GmbHR 1995, 551, 556.

182 Für eine derart weitreichende Präklusionswirkung fehlt jeglicher Anhaltspunkt im Gesetz; s. nur *Bork/Oepen*, ZGR 2002, 241, 262 f.

183 BGH v. 14.9.1998 – II ZR 172/97, BGHZ 139, 299, 303 (obiter) = GmbHR 1998, 1177; ferner die Nachw. in den folgenden Fn.; a.A. diejenigen, die abweichend von der h.M. den Verwendungsbeschluss nicht als Entstehungsvoraussetzung des Gewinnanspruchs ansehen, s. *Ekkenga*, in: MünchKomm. GmbHG, Rdnr. 52; ferner *Hommelhoff*, in: Lutter/Hommelhoff, Rdnr. 32 f., der zwar einen Anspruch auf Fassung des Verwendungsbeschlusses anerkennt, aber das Rechtsschutzbedürfnis für dessen Geltendmachung verneint, sofern der Gewinnanspruch auch ohne Verwendungsbeschluss eingeklagt werden kann.

184 OLG Düsseldorf v. 29.6.2001 – 17 U 200/00, NZG 2001, 1085 f.; *Teichmann*, in: Gehrlein/Born/Simon, § 46 Rdnr. 12; ebenso die wohl h.M. im Aktienrecht, s. *Bayer*, in: MünchKomm. AktG, 4. Aufl. 2016, § 58 AktG Rdnr. 99 m.w.N.

185 *Zöllner*, ZGR 1988, 392, 416 f.; ihm folgend *Pentz*, in: Rowedder/Schmidt-Leithoff, Rdnr. 68; ferner *Heusel/M. Goette*, GmbHR 2017, 385, 388 f.

186 *Pentz*, in: Rowedder/Schmidt-Leithoff, Rdnr. 68.

187 Vgl. *Arnold*, Gewinnauszahlungsanspruch, S. 269; *Bork/Oepen*, ZGR 2002, 241, 269: Durchsetzung vor diesem Zeitpunkt treuepflichtwidrig.

188 Eingehend *Arnold*, Gewinnauszahlungsanspruch, S. 143 ff.; *Bork/Oepen*, ZGR 2002, 241, 266 ff.; ferner *Hüffer/Schürnbrand*, in: Ulmer/Habersack/Löbbe, § 46 Rdnr. 24; *Mock*, in: Michalski u.a., Rdnr. 94; *W. Müller*, in: Ulmer/Habersack/Löbbe, Rdnr. 76; *Strohn*, in: Henssler/Strohn, Gesellschaftsrecht, Rdnr. 43; *Witt*, in: Bork/Schäfer, Rdnr. 17; grundsätzlich auch *G. Hueck*, in: FS Steindorff, S. 45, 54 f.

189 *Bork/Oepen*, ZGR 2002, 241, 267 f.; *Fastrich*, in: Baumbach/Hueck, Rdnr. 41; *G. Hueck*, in: FS Steindorff, S. 45, 54; *Witt*, in: Bork/Schäfer, Rdnr. 17; abw. insoweit (Gestaltungsurteil) *Arnold*, Gewinnauszahlungsanspruch, S. 150 ff.; *Strohn*, in: Henssler/Strohn, Gesellschaftsrecht, Rdnr. 43.

Ein Eingriff in die Entscheidungsfreiheit der Gesellschafterversammlung liegt in dieser Lösung nicht, da es der Gesellschafterversammlung auch noch während des Rechtsstreits frei steht, den Verwendungsbeschluss mit dem von ihr gewünschten Inhalt zu fassen[190]. Damit entfällt der Anspruch des klagenden Gesellschafters[191], worauf dieser mit der Erledigungserklärung reagieren kann[192]. Hält der klagende Gesellschafter von vornherein selbst eine gewisse Thesaurierung für angebracht, kann er sich auch darauf beschränken, auf Fassung eines Teilausschüttungsbeschlusses zu klagen[193].

Wegen der weiteren Einzelheiten der **prozessualen Geltendmachung** des Anspruchs kann an das angeknüpft werden, was zum Anspruch auf Feststellung des aufgestellten Jahresabschlusses gesagt wurde (Rdnr. 20). Da das Urteil analog § 248 AktG für und gegen alle Gesellschafter gilt, sind diese zur Wahrung rechtlichen Gehörs von der Klage zu unterrichten[194] und als Nebenintervenienten (§§ 66 ff. ZPO) zuzulassen. Die Klage kann mit der darauf aufbauenden Zahlungsklage verbunden werden[195]. Ist bereits die Feststellung des Jahresabschlusses unterblieben, ist auch eine Verbindung mit der Klage auf Feststellung des aufgestellten Jahresabschlusses zulässig. Da der Ausschüttungsbeschluss mit Rechtskraft des Urteils als gefasst gilt (§ 894 ZPO), muss der Gesellschafter nicht den mühevollen Weg beschreiten, erst die Einberufung einer Gesellschafterversammlung durchzusetzen und sich in dieser sodann gegen eine mögliche Absetzung des Tagesordnungspunkts zur Wehr zu setzen (zu dieser Möglichkeit Rdnr. 21). Das ändert jedoch nichts daran, dass auch dieses Vorgehen zulässig ist[196]. Gleichfalls entbehrlich ist eine **Inanspruchnahme der Mitgesellschafter** auf Mitwirkung an der Fassung des Verwendungsbeschlusses. Positive Stimmpflichten der Mitgesellschafter lassen sich ohnehin allenfalls in engen Grenzen begründen[197]. Ist durch eine treuwidrige Verzögerungstaktik der Mitgesellschafter dem ausschüttungswilligen Gesellschafter ein Schaden entstanden, kommt aber ergänzend zu der Klage gegen die Gesellschaft auf Fassung des Ausschüttungsbeschlusses ein Schadensersatzanspruch gegen die Mitgesellschafter wegen Treuepflichtverletzung in Betracht.

63

Ob man von einer Leistungsklage mit Vollstreckung nach § 894 ZPO oder einer Gestaltungsklage ausgeht, macht aber im Ergebnis keinen erheblichen Unterschied; näher dazu *Bork/Oepen*, ZGR 2002, 241, 267 f.

190 *Mock*, in: Michalski u.a., Rdnr. 98.

191 Wird ein Vollausschüttungsbeschluss gefasst, ergibt sich das Erlöschen des Anspruchs aus § 362 Abs. 1 BGB (Erfüllung); *Arnold*, Gewinnauszahlungsanspruch, S. 149. Wird ein abweichender Verwendungsbeschluss gefasst, lässt sich das Entfallen des Anspruchs auf eine von Gesetzes wegen bestehende auflösende Bedingung (*Arnold*, Gewinnauszahlungsanspruch, S. 148 ff.) oder – wohl vorzugswürdig – auf eine gesetzliche Ersetzungsbefugnis der Gesellschaft stützen (*Bork/Oepen*, ZGR 2002, 241, 266 f.).

192 Erledigt hat sich freilich nur der Rechtsstreit um den Anspruch auf Fassung des Verwendungsbeschlusses. Sofern die Klage mit einer Zahlungsklage verbunden wurde, was zulässig ist (Rdnr. 63), ist zu bedenken, dass letztere weiterhin begründet ist, soweit der Verwendungsbeschluss keine Thesaurierung vorsieht.

193 *Arnold*, Gewinnauszahlungsanspruch, S. 234 ff.; *Bork/Oepen*, ZGR 2002, 241, 269; *Strohn*, in: Henssler/Strohn, Gesellschaftsrecht, Rdnr. 43.

194 *Bork/Oepen*, ZGR 2002, 241, 268 f.

195 *Bork/Oepen*, ZGR 2002, 241, 268; *Mock*, in: Michalski u.a., Rdnr. 95; *Strohn*, in: Henssler/Strohn, Gesellschaftsrecht, Rdnr. 43.

196 *Bork/Oepen*, ZGR 2002, 241, 281.

197 *Bork/Oepen*, ZGR 2002, 241, 279 f.: nur wenn es aufgrund eines gesellschaftsvertraglichen Quorums zur Wirksamkeit des Beschlusses der positiven Zustimmung der Mitgesellschafter bedarf; ganz ablehnend *Arnold*, Gewinnauszahlungsanspruch, S. 186 ff.; großzügiger *Strohn*, in: Henssler/Strohn, Gesellschaftsrecht, Rdnr. 43. S. bereits Rdnr. 22 zur gleichen Frage im Rahmen des Feststellungsbeschlusses.

6. Mängel

64 Verstößt der gefasste Verwendungsbeschluss gegen Gesetz oder Gesellschaftsvertrag, ist er nach allgemeinen Regeln (11. Aufl., § 45 Rdnr. 35 ff.) analog §§ 241 ff. AktG je nach Schwere des Mangels nichtig oder durch Anfechtungsklage anfechtbar.

a) Nichtigkeit

65 **Nichtig** ist der Verwendungsbeschluss **analog § 253 Abs. 1 Satz 1 AktG** namentlich dann, wenn bereits die zugrunde liegende Feststellung des Jahresabschlusses entsprechend § 256 AktG nichtig oder erfolgreich angefochten (§ 256 Abs. 3 Nr. 3 AktG) ist[198]. Anderes gilt nur, wenn die Nichtigkeit der Feststellung entsprechend § 256 Abs. 6 AktG geheilt wurde (§ 253 Abs. 1 Satz 2 AktG analog). Der Verwendungsbeschluss ist ferner nichtig, wenn ein Feststellungsbeschluss gar nicht erst gefasst wurde; doch ist dann zu prüfen, ob sich der Verwendungsbeschluss zugleich als Feststellung des Jahresabschlusses auslegen lässt[199], was bei Vorliegen eines aufgestellten und erforderlichenfalls geprüften Jahresabschlusses regelmäßig anzunehmen sein wird[200]. Im Übrigen sind nach allgemeinen Regeln die Nichtigkeitstatbestände **analog § 241 AktG** zu beachten. Insbesondere ist der Verwendungsbeschluss wegen Verletzung gläubigerschützender Vorschriften (§ 241 Nr. 3 AktG) nichtig, wenn er die in § 29 Abs. 1 angesprochenen gesetzlichen Ausschüttungssperren (§ 268 Abs. 8 HGB, § 58d; Rdnr. 47 ff.) verletzt[201]. Bezieht sich der Verstoß nur auf einen Teil des beschlossenen Ausschüttungsbetrags, tritt allerdings grundsätzlich nur Teilnichtigkeit ein; denn der nach § 139 BGB maßgebliche mutmaßliche Wille der den Beschluss tragenden Gesellschaftermehrheit wird in aller Regel darauf gerichtet sein, die Ausschüttung so weit wie möglich aufrechtzuerhalten[202]. Nicht hierher gehört dagegen die Beschlussfassung über eine Ausschüttung, die zwar die Grenzen des § 29 Abs. 1 beachtet, aber infolge von nach dem Abschlussstichtag eingetretenen Verlusten im Zeitpunkt der Fassung des Verwendungsbeschlusses nicht vollzogen werden kann, ohne die Bindung des Stammkapitals (§ 30 Abs. 1) zu verletzen. Ein solcher Beschluss ist weder nichtig noch anfechtbar, sondern nur so weit und so lange in seinem Vollzug gehemmt, bis eine Ausschüttung wieder möglich ist, ohne das Stammkapital anzutasten (Rdnr. 50, § 30 Rdnr. 119).

b) Anfechtbarkeit

66 **Anfechtbar** ist der Verwendungsbeschluss **analog § 243 AktG** bei sonstigen, d.h. nicht unter § 241 AktG fallenden Verstößen gegen das Gesetz oder den Gesellschaftsvertrag. Hierun-

---

198 Allg. M.; BGH v. 21.7.2008 – II ZR 39/07, GmbHR 2008, 1092 Rdnr. 23; OLG Stuttgart v. 11.02.2004 – 14 U 23/03, GmbHR 2004, 662, 663; OLG Hamm v. 17.4.1991 – 8 U 173/90, BB 1991, 2122; *Fastrich*, in: Baumbach/Hueck, Rdnr. 43.

199 BFH v. 16.5.2007 – I R 84/06, GmbHR 2007, 1058, 1059 f.; OLG Hamm v. 17.4.1991 – 8 U 173/90, BB 1991, 2122; *Ekkenga*, in: MünchKomm. GmbHG, Rdnr. 161; *Fastrich*, in: Baumbach/Hueck, Rdnr. 43; *Strohn*, in: Henssler/Strohn, Gesellschaftsrecht, Rdnr. 45; s. auch 11. Aufl., § 42a Rdnr. 36.

200 *Ekkenga*, in: MünchKomm. GmbHG, Rdnr. 161; vgl. auch OLG Hamm v. 17.4.1991 – 8 U 173/90, BB 1991, 2122; zurückhaltender 11. Aufl., § 42a Rdnr. 36.

201 Zum Verstoß gegen § 268 Abs. 8 HGB s. *Gelhausen/Althoff*, WPg 2009, 584, 590; *Hennrichs*, NZG 2009, 921, 923; *Verse*, in: VGR 15 (2010), S. 67, 73; *v. d. Laage*, WM 2012, 1322, 1326; *Link*, Die Ausschüttungssperre des § 268 Abs. 8 HGB, S. 165 ff.; zweifelnd *Simon*, NZG 2009, 1081, 1085 („anfechtbar, ggf. sogar nach § 241 Nr. 3 AktG nichtig"). Zum Verstoß gegen § 58d s. 11. Aufl., § 58d Rdnr. 16; *Zöllner/Haas*, in: Baumbach/Hueck, § 58d Rdnr. 16.

202 *Verse*, in: VGR 15 (2010), S. 67, 73; *v. d. Laage*, WM 2012, 1322, 1326 f.; *Apfelbacher*, in: FS Hoffmann-Becking, S. 13, 14; ausführlich *Link*, Die Ausschüttungssperre des § 268 Abs. 8 HGB, S. 168 ff.; im Erg. auch bereits *Gelhausen/Althoff*, WPg 2009, 584, 590; für Gesamtnichtigkeit hingegen *Marx/Dallmann*, Stbg 2010, 453, 464 (ohne Begründung).

ter fallen relevante[203] Verfahrensfehler wie z.B. die fehlende Erstellung eines erforderlichen Lageberichts (§ 289 HGB)[204] ebenso wie inhaltliche Mängel, etwa die Verletzung des anwendbaren Verteilungsmaßstabes (§ 29 Abs. 3; s. aber noch Rdnr. 76), Verstöße gegen gesellschaftsvertragliche Ausschüttungsregeln[205] oder Treuepflichtverletzungen wie im Fall einer übermäßigen Thesaurierung (Rdnr. 53 ff.) oder existenzgefährdenden Ausschüttung (Rdnr. 61). Da die Gesellschafter von Fall zu Fall (nicht pauschal) auf die Einhaltung der Treuepflicht verzichten können[206], liegt aber keine Treuepflichtverletzung vor, wenn alle Gesellschafter dem Beschluss zugestimmt haben. Anfechtbar ist der Verwendungsbeschluss auch, wenn er die Verwendungsmasse nicht ausschöpft (Rdnr. 43). Kein Anfechtungsgrund ist hingegen die Überschreitung der Frist des § 42a Abs. 2[207]. Im Fall der Anfechtbarkeit des Verwendungsbeschlusses bleibt dieser bis zu einer erfolgreichen Anfechtung wirksam[208]; erst mit Rechtskraft des Urteils (§ 241 Nr. 5 AktG analog) entfällt die Wirksamkeit rückwirkend[209]. Gleiches gilt wegen der analogen Anwendung des § 253 AktG (Rdnr. 65) im Fall einer erfolgreichen Anfechtung des Feststellungsbeschlusses.

c) Folgen von Nichtigkeit und Anfechtbarkeit

Ist ein auf Ausschüttung gerichteter Verwendungsbeschluss **nichtig**, entsteht kein Auszahlungsanspruch der Aktionäre; der Beschluss muss neu gefasst werden. Ist der Verwendungsbeschluss (oder der zugrunde liegende Beschluss über die Feststellung des Jahresabschlusses[210]) **anfechtbar**, ist dagegen zu unterscheiden: Wird innerhalb der Anfechtungsfrist keine Anfechtungsklage erhoben[211], ist der Anfechtungsgrund unbeachtlich. Wird rechtzeitig eine begründete Anfechtungsklage erhoben, ist der Verwendungsbeschluss zwar zunächst wirksam; er wird erst mit Rechtskraft des stattgebenden Anfechtungsurteils rückwirkend vernichtet (§ 241 Nr. 5 AktG analog). Gleichwohl steht der GmbH in diesem Fall einer begründeten (!) Anfechtungsklage schon vor Rechtskraft des Urteils ein **Leistungsverweigerungsrecht** zu (Einrede der Anfechtbarkeit)[212]. Nach verbreiteter Ansicht soll die GmbH darüber hinaus generell die Auszahlung verweigern dürfen, wenn eine Nichtigkeits- oder Anfechtungsklage anhängig ist[213]. Das Einbehalten der Ausschüttung soll also offenbar selbst dann nicht pflichtwidrig sein, wenn sich die Nichtigkeits- oder Anfechtungsklage später als unbegründet erweist. Letzteres überzeugt jedoch nicht, da die GmbH die Dividende bei Unbegründetheit

67

---

203 Zum Relevanzerfordernis bei Verfahrensfehlern 11. Aufl., § 45 Rdnr. 100.

204 BGH v. 26.11.2007 – II ZR 227/06, AG 2008, 83 Rdnr. 10 (zur AG).

205 *Fastrich*, in: Baumbach/Hueck, Rdnr. 43 i.V.m. 35; s. dazu bereits Rdnr. 51 (dort auch zur Frage der Satzungsdurchbrechung/Einzelfallsatzungsänderung). Sofern der Gesellschaftsvertrag die Bildung von Rücklagen vorschreibt und dies nicht beachtet wurde, ist allerdings schon der Feststellungsbeschluss unrichtig und anfechtbar; *Ekkenga*, in: MünchKomm. GmbHG, Rdnr. 159.

206 S. etwa *Verse*, in: Henssler/Strohn, Gesellschaftsrecht, § 14 Rdnr. 115; vgl. auch § 19 Rdnr. 72.

207 11. Aufl., § 42a Rdnr. 43; *Ekkenga*, in: MünchKomm. GmbHG, Rdnr. 158; *Fastrich*, in: Baumbach/Hueck, Rdnr. 43; s. bereits Rdnr. 16 zum Feststellungsbeschluss.

208 S. aber noch Rdnr. 67 zum Leistungsverweigerungsrecht während des Anfechtungsprozesses.

209 11. Aufl., § 45 Rdnr. 172.

210 Die Anfechtbarkeit des Feststellungsbeschlusses muss im vorliegenden Zusammenhang der Anfechtbarkeit des Verwendungsbeschlusses gleichstehen, da bei erfolgreicher Anfechtung der Feststellung analog § 253 AktG auch der Verwendungsbeschluss rückwirkend entfällt; kritisch *Ekkenga*, in: MünchKomm. GmbHG, Rdnr. 101.

211 Die Geschäftsführer sind, sofern sie denn überhaupt anfechtungsbefugt sind (zu dieser offenen Frage 11. Aufl., § 45 Rdnr. 134 f.), nicht verpflichtet, Anfechtungsklage zu erheben; *Zöllner/Noack*, in: Baumbach/Hueck, § 43 Rdnr. 35.

212 *Haertlein*, ZHR 168 (2004), 437, 447 ff. (zur AG); a.A. *Mock*, in: Michalski u.a., Rdnr. 201.

213 *W. Müller*, in: Ulmer/Habersack/Löbbe, Rdnr. 127; *Priester*, in: MünchHdb. III, § 57 Rdnr. 56; *Strohn*, in: Henssler/Strohn, Gesellschaftsrecht, Rdnr. 46; zur AG grundsätzlich auch *Hennrichs/Pöschke*, in: MünchKomm. AktG, § 174 AktG Rdnr. 62 f. (sofern ernstliche Anhaltspunkte für die Nichtigkeit oder Anfechtbarkeit sprechen).

der Beschlussmängelklage objektiv zu Unrecht einbehält; es kann bei Fehleinschätzung der Rechtslage allenfalls am Verschulden fehlen[214]. Für die Exculpation der GmbH gelten dabei die strengen Voraussetzungen, welche die Rechtsprechung auch sonst für einen schuldlosen Rechtsirrtum des Schuldners verlangt[215]. Misslingt die Exculpation, droht der GmbH bei Vorliegen der weiteren Verzugsvoraussetzungen eine Haftung auf Ersatz des Verzögerungsschadens (§§ 280 Abs. 1, Abs. 2, 286 BGB) und Zahlung von Verzugszinsen (§ 288 BGB). Die Geschäftsführer der GmbH müssen daher, wenn die Erfolgsaussichten einer erhobenen Nichtigkeits- oder Anfechtungsklage offen sind, sorgfältig abwägen, welches Risiko aus ex-ante-Sicht schwerer wiegt: das Verzugshaftungsrisiko, falls die Dividende zu Unrecht einbehalten wird, oder das Rückforderungsrisiko, falls die Dividende zu Unrecht ausgezahlt wird[216]. Entscheiden sich die Geschäftsführer für die Auszahlung, sollten sie unter Vorbehalt leisten, um für den Fall einer möglichen späteren Rückforderung (Rdnr. 68) etwaige Einwendungen aus § 31 Abs. 2, § 32 oder aus § 818 Abs. 3 BGB auszuschließen.

68 Sind die Gewinne **bereits ausgeschüttet** worden, so sind diese bei Nichtigkeit oder nach erfolgreicher Anfechtung des Verwendungsbeschlusses als **rechtsgrundlos geleistet** anzusehen. Soweit durch die unberechtigten Zahlungen zugleich das Stammkapital tangiert wurde, gilt für die **Rückzahlung** § 31 mit den sich aus § 31 Abs. 2 ergebenden Beschränkungen zu Gunsten gutgläubiger Gesellschafter. Andernfalls folgt die Rückzahlungspflicht der Gesellschafter aus § 812 Abs. 1 Satz 1 Fall 1 bzw. (im Fall der erfolgreichen Anfechtung) § 812 Abs. 1 Satz 2 Fall 1 BGB[217]; doch sind gutgläubige Gesellschafter nach § 32 von der Rückzahlungspflicht befreit[218].

d) Verbindung von Beschlussmängelklage und Leistungsklage

69 Mit der Nichtigkeits- oder Anfechtungsklage gelangt man nur zur Feststellung der Nichtigkeit (§ 249 AktG analog) bzw. zur Nichtigerklärung des Verwendungsbeschlusses (§ 248 AktG analog). Das Entstehen des Gewinnanspruchs kann der klagende Gesellschafter allein auf diesem Weg nicht herbeiführen. Um dies zu erreichen, muss er die Beschlussmängelklage vielmehr mit einer Leistungsklage auf Fassung des Ausschüttungsbeschlusses (Rdnr. 62 f.) und der darauf aufbauenden Zahlungsklage verbinden; eine solche Verbindung ist im Interesse der Prozessökonomie zuzulassen[219].

7. Nachträgliche Änderung

70 Ein Verwendungsbeschluss kann **nachträglich geändert** werden, und zwar auch für länger als zwölf Monate zurückliegende Geschäftsjahre[220]. Welche Voraussetzungen dabei zu beachten sind, hängt von mehreren Faktoren ab. Ist der Beschluss nichtig oder erfolgreich angefochten, steht einer erneuten Beschlussfassung nichts im Wege. Ist der Beschluss wirksam, ist

---

214 Zutr. *Haertlein*, ZHR 168 (2004), 437, 446 f. (zur AG).

215 *Haertlein*, ZHR 168 (2004), 437, 452 ff. Nach ständiger Rechtsprechung ist der Rechtsirrtum des Schuldners nur entschuldigt, wenn er nach sorgfältiger Prüfung der Rechtslage „mit einer anderen Beurteilung durch die Gerichte nicht zu rechnen brauchte"; s. etwa BGH v. 30.4.2014 – VIII ZR 103/13, NJW 2014, 2720 Rdnr. 23; *Verse*, ZGR 2017, 174, 181 m.w.N.

216 Näher dazu *Haertlein*, ZHR 168 (2004), 437, 459 ff.

217 *Ekkenga*, in: MünchKomm. GmbHG, Rdnr. 246; *Fastrich*, in: Baumbach/Hueck, Rdnr. 44.

218 *Fastrich*, in: Baumbach/Hueck, Rdnr. 44; a.A. *Mock*, in: Michalski u.a., Rdnr. 201 (ohne Begründung).

219 *Fastrich*, in: Baumbach/Hueck, Rdnr. 44; ausführliche Begründung bei *Arnold*, Gewinnauszahlungsanspruch, S. 243 ff.

220 Zu Letzterem näher *Schulze-Osterloh*, in: FS G.H. Roth, S. 749 ff. (dort auch zu möglichen steuerrechtlichen Beweggründen für solche Änderungen).

danach zu differenzieren, ob es sich um einen Ausschüttungs- oder einen Thesaurierungsbeschluss handelt. Letzterer kann nach allgemeinen Regeln als actus contrarius mit derselben Beschlussmehrheit, die für den Ausgangsbeschluss erforderlich war – nach der gesetzlichen Regel also mit einfacher Mehrheit (§ 47 Abs. 1) –, wieder abgeändert werden[221]. Bei **Ausschüttungsbeschlüssen** ist dagegen zu bedenken, dass mit der Beschlussfassung die Gewinnansprüche der Gesellschafter als Gläubigerrechte entstanden sind und diese von der Gesellschaft nicht mehr einseitig beeinträchtigt werden können. Um die entstandenen Gläubigerrechte wieder ganz oder teilweise zum Erlöschen zu bringen, bedarf es eines Erlassvertrags (§ 397 BGB) und damit der **Zustimmung** aller betroffenen Gesellschafter[222]. Wird ein Abänderungsbeschluss mit allseitiger Zustimmung gefasst, wird darin allerdings regelmäßig der Antrag auf Abschluss eines Erlassvertrags zu erblicken sein[223], der dann konkludent von den Geschäftsführern für die GmbH angenommen wird. Ein Abänderungsbeschluss, der ohne die erforderliche Zustimmung aller betroffenen Gesellschafter gefasst wird, entfaltet keine Wirkung; einer Beschlussanfechtung bedarf es nicht[224]. Sofern ein Feststellungsinteresse besteht (§ 256 Abs. 1 ZPO), kann Klage auf Feststellung der Unwirksamkeit (keine Nichtigkeits- oder Anfechtungsklage) erhoben werden[225].

IV. Gewinnverteilung (§ 29 Abs. 3) und Gewinnanspruch

1. Verteilungsmaßstab

Entscheiden sich die Gesellschafter im Verwendungsbeschluss dafür, das Jahresergebnis bzw. den Bilanzgewinn ganz oder teilweise unter die Gesellschafter zu verteilen (auszuschütten), muss der nach § 29 Abs. 3 anwendbare **Verteilungsmaßstab** beachtet werden. Weicht der Verwendungsbeschluss hiervon ab, ist er analog § 243 Abs. 1 AktG anfechtbar (Rdnr. 66), sofern keine zulässige Satzungsdurchbrechung vorliegt (Rdnr. 76).

71

a) Gesetzlicher Verteilungsmaßstab

Sofern der Gesellschaftsvertrag nichts anderes bestimmt (§ 29 Abs. 3 Satz 2; Rdnr. 74 ff.), erfolgt die Verteilung gemäß § 29 Abs. 3 Satz 1 nach dem **Verhältnis der Geschäftsanteile**. Die Regelung entspricht damit dem allgemeinen Ordnungsprinzip der (relativen) Gleichberechtigung der Gesellschafter[226]. Maßgebend ist der **Nennbetrag** der Geschäftsanteile, nicht etwa der Betrag oder der Zeitpunkt der darauf geleisteten Einzahlungen; § 60 Abs. 2 AktG ist nicht entsprechend anwendbar[227]. Ebenso wenig spielt es eine Rolle, ob es sich um Sach-

72

---

221 *Priester*, ZIP 2000, 261, 262 ff.
222 *Priester*, ZIP 2000, 261, 263; *Roth*, in: Roth/Altmeppen, Rdnr. 54; *Schön*, in: Festg. 50 Jahre BGH Bd. II, 2000, S. 155, 164; *Schulze-Osterloh*, in: FS G.H. Roth, S. 749, 753 f.; s. auch 11. Aufl., § 46 Rdnr. 25. Zu der Frage, ob ausnahmsweise eine Pflicht zur Zustimmungserteilung bestehen kann, wenn die Änderung im Zusammenhang mit der Korrektur einer fehlerhaften Feststellung des Jahresabschlusses steht, s. Rdnr. 27.
223 *Priester*, ZIP 2000, 261, 263.
224 Allg. M.; RG v. 17.11.1915 – II 361/15, RGZ 87, 383, 386 f.; *Ekkenga*, in: MünchKomm. GmbHG, Rdnr. 75; *Fastrich*, in: Baumbach/Hueck, Rdnr. 50; *Pentz*, in: Rowedder/Schmidt-Leithoff, Rdnr. 25.
225 *Bayer*, in: MünchKomm. AktG, 4. Aufl. 2016, § 58 AktG Rdnr. 107 (zur AG); *Mock*, in: Michalski u.a., Rdnr. 199.
226 Dazu *Verse*, Gleichbehandlungsgrundsatz, S. 7 ff.
227 KG, OLGE 34 (1917 I), 358; *Fastrich*, in: Baumbach/Hueck, Rdnr. 51; *W. Müller*, in: Ulmer/Habersack/Löbbe, Rdnr. 92; *Pentz*, in: Rowedder/Schmidt-Leithoff, Rdnr. 103; *Strohn*, in: Henssler/Strohn, Gesellschaftsrecht, Rdnr. 47; *Ekkenga*, in: MünchKomm. GmbHG, Rdnr. 183; heute allg. M.

oder Geldeinlagen handelt[228]. Auch eine Überbewertung der Sacheinlage und die daraus resultierende Differenzhaftung nach § 9 sind im vorliegenden Zusammenhang unerheblich[229]; sie bleiben ebenso unberücksichtigt wie umgekehrt ein geleistetes Aufgeld (Agio)[230]. Der **maßgebliche Zeitpunkt** für die Beteiligungsverhältnisse ist derjenige der Entstehung des Gewinnanspruchs, nach zutreffender h.M. mithin der Zeitpunkt der Fassung des Verwendungsbeschlusses (Rdnr. 37). Für neue Geschäftsanteile aus einer **Kapitalerhöhung** gilt allerdings die Sonderregel des § 57n Abs. 1, die trotz ihrer systematischen Stellung nicht nur für Kapitalerhöhungen aus Gesellschaftsmitteln gilt, sondern auch auf Kapitalerhöhungen gegen Einlagen übertragbar ist[231]. Danach nehmen die neuen Geschäftsanteile vorbehaltlich einer abweichenden Regelung im Erhöhungsbeschluss erstmals am Gewinn des ganzen Geschäftsjahrs teil, in dem die Erhöhung des Stammkapitals beschlossen wurde.

73 Geschäftsanteile, die von der GmbH bei Fassung des Verwendungsbeschlusses als **eigene Anteile** (§ 33) gehalten werden, nehmen nicht an der Gewinnverteilung teil, da sämtliche Mitgliedschaftsrechte aus eigenen Anteilen ruhen (§ 33 Rdnr. 33). Der gesamte Gewinn kann folglich sogleich unter den übrigen Gesellschaftern verteilt werden[232]. Bestehen allerdings Rechte Dritter an dem eigenen Geschäftsanteil, die zum Gewinnbezug berechtigen (Nießbrauch, Nutzungspfand, Rdnr. 86), ist der Anteil bei der Gewinnverteilung normal, d.h. wie ein Fremdanteil, zu berücksichtigen[233]. Dieselben Grundsätze wie im Fall des § 33 finden auch auf gemäß § 21 Abs. 2 **kaduzierte Anteile** Anwendung, sofern diese im Zeitpunkt des Verwendungsbeschlusses noch nicht nach §§ 22 Abs. 4, 23 verwertet worden sind[234]. Auch in diesem Fall wird der Anteil nämlich von der Gesellschaft gehalten[235], so dass die Mitgliedschaftsrechte aus dem Anteil ruhen. Gleichfalls nicht bei der Gewinnverteilung zu berücksichtigen sind Geschäftsanteile, die vor Fassung des Verwendungsbeschlusses **nach § 34 eingezogen** worden sind[236], da die Einziehung den Geschäftsanteil vernichtet (§ 34 Rdnr. 62). Da die Gesellschaft in den genannten Fällen (Erwerb eigener Anteile, Kaduzierung, Einziehung) nicht gewinnberechtigt ist, aus den betreffenden Geschäftsanteilen mithin keine Früchte im Sinne des § 99 BGB ziehen kann, schuldet sie dem früheren Inhaber des Geschäftsanteils auch **keinen Ausgleich** für die Fruchtziehung gemäß § 101 Nr. 2 Halbsatz 2 BGB[237].

---

228 *Ekkenga*, in: MünchKomm. GmbHG, Rdnr. 183; *Fastrich*, in: Baumbach/Hueck, Rdnr. 51; *W. Müller*, in: Ulmer/Habersack/Löbbe, Rdnr. 93.

229 *Fastrich*, in: Baumbach/Hueck, Rdnr. 51; *Roth*, in: Roth/Altmeppen, Rdnr. 48.

230 *Ekkenga*, in: MünchKomm. GmbHG, Rdnr. 182; *Fastrich*, in: Baumbach/Hueck, Rdnr. 51; *W. Müller*, in: Ulmer/Habersack/Löbbe, Rdnr. 93; *Strohn*, in: Henssler/Strohn, Gesellschaftsrecht, Rdnr. 47.

231 *Priester*, in: MünchHdb. III, § 57 Rdnr. 43.

232 Heute ganz h.M.; BGH v. 30.1.1995 – II ZR 45/94, GmbHR 1995, 291 f.; BGH v. 8.12.1997 – II ZR 203/96, GmbHR 1998, 538, 539; s. § 33 Rdnr. 33; *Fastrich*, in: Baumbach/Hueck, Rdnr. 54; *Paura*, in: Ulmer/Habersack/Löbbe, § 33 Rdnr. 78 f. (dort auch Nachw. zu früheren, heute überwundenen Ansichten, nach denen auch auf eigene Anteile Dividenden anfallen sollten).

233 *Fastrich*, in: Baumbach/Hueck, Rdnr. 54, § 33 Rdnr. 25; a.A. *Mock*, in: Michalski u.a., Rdnr. 207.

234 Heute h.M., s. § 21 Rdnr. 30; *Bayer*, in: Lutter/Hommelhoff, § 21 Rdnr. 15; *W. Müller*, in: Ulmer/Habersack/Löbbe, § 21 Rdnr. 62; *Strohn*, in: Henssler/Strohn, Gesellschaftsrecht, Rdnr. 50; *Verse*, in: Henssler/Strohn, Gesellschaftsrecht, § 21 GmbHG Rdnr. 32 m.w.N.; a.A. noch 10. Aufl., Rdnr. 77; *Fastrich*, in: Baumbach/Hueck, Rdnr. 54, § 21 Rdnr. 12.

235 So die h.M. zu § 21, s. § 21 Rdnr. 29; *Verse*, in: Henssler/Strohn, Gesellschaftsrecht, § 21 GmbHG Rdnr. 30 m.w.N.

236 BGH v. 14.9.1998 – II ZR 172/97, BGHZ 139, 299, 302 ff. = GmbHR 1998, 1177 mit Anm. *G. Roth*, ZGR 1999, 715; *Fastrich*, in: Baumbach/Hueck, Rdnr. 54; *Strohn*, in: Henssler/Strohn, Gesellschaftsrecht, Rdnr. 50.

237 BGH v. 30.1.1995 – II ZR 45/94, GmbHR 1995, 291, 292 f.; BGH v. 8.12.1997 – II ZR 203/96, GmbHR 1998, 538, 539 (jeweils zu § 33); BGH v. 14.9.1998 – II ZR 172/97, BGHZ 139, 299, 302 ff. = GmbHR 1998, 1177 (zu § 34); s. zu § 101 Nr. 2 Halbsatz 2 BGB auch noch Rdnr. 83.

b) Abweichende Regelung im Gesellschaftsvertrag

Die Gewinnverteilung nach dem Nennbetrag der Geschäftsanteile ist nicht zwingend; im **Gesellschaftsvertrag** kann ein **anderer Verteilungsmaßstab** festgesetzt werden (§ 29 Abs. 3 Satz 2). Der Gestaltungsfreiheit sind dabei nahezu (Rdnr. 75) keine Grenzen gesetzt. So kann etwa vorgesehen werden, dass eine Verteilung nach Köpfen oder nach der Höhe der geleisteten Einlagen erfolgen soll oder dass die Gewinnberechtigung nur bei Volleinzahlung oder erst ab einem bestimmten Zeitpunkt gewährt wird. Der Gewinnanteil kann auch variabel ausgestaltet werden, etwa nach Maßgabe der Umsätze der Gesellschafter mit der Gesellschaft[238]. Zulässig ist auch eine **ungleiche Ausgestaltung** der Gewinnanteile. Es können z.B. einzelne Geschäftsanteile oder Gesellschafter von der Gewinnverteilung ganz oder teilweise ausgeschlossen[239] und umgekehrt Gewinnvorzüge geschaffen werden, sei es als Sondervorteil nur für den betreffenden Gesellschafter, sei es als Vorzugsgeschäftsanteil für dessen jeweiligen Inhaber[240]. Derartige Satzungsregelungen weichen zwar vom (dispositiven) Ordnungsprinzip der Gleich*berechtigung* der Gesellschafter ab, führen aber – sofern sie in der Gründungssatzung oder nachträglich mit Zustimmung der benachteiligten Gesellschafter vereinbart werden – nicht zu einem Verstoß gegen den Grundsatz der Gleich*behandlung*, da dieser sich nicht als Beschränkung der Vertragsfreiheit versteht, sondern nur als Schranke gegenüber Maßnahmen, die die Gesellschaftsorgane einseitig gegen den Willen der benachteiligten Gesellschafter treffen[241]. Unbedenklich ist es daher auch, bei der Gewinnverteilung nach den Ergebnissen der einzelnen Unternehmenssparten zu differenzieren (sog. tracking stocks)[242].

Die weit gezogenen **Grenzen der Gestaltungsfreiheit** sind erst erreicht, wenn der Gesellschaftsvertrag eine umfassende Entrechtung einzelner Gesellschafter vorsieht, die in der Diktion des BGH mit dem „Wesen der Gesellschaft" nicht mehr vereinbar ist[243] oder – treffender formuliert – die Grenze zur **Sittenwidrigkeit** (§ 138 Abs. 1 BGB) überschreitet[244]. Das ist aber selbst bei einem völligen Ausschluss einzelner Gesellschafter von der Gewinnberechtigung nicht der Fall, auch nicht in Kombination mit einem Ausschluss des Stimmrechts[245]. Nach Ansicht des BGH ist die Grenze aber überschritten, wenn der Gesellschaftsvertrag neben Gewinn- und Stimmrecht auch noch die Beteiligung am Liquidationserlös ausschließt[246]. Zweifelsfrei ist aber selbst das nicht (s. im Einzelnen § 14 Rdnr. 41). In formaler Hinsicht muss der von § 29 Abs. 3 Satz 1 abweichende Verteilungsmaßstab im Gesellschaftsvertrag **hinreichend klar** zum Ausdruck kommen[247]. Verbleiben Zweifel, bewendet es bei der gesetzlichen Regelung. Dem Gebot der Klarheit genügt auch eine sog. **Öffnungsklausel** im Gesellschafts-

74

75

---

238 RG v. 19.5.1922 – II 550/21, RGZ 104, 349, 350 f. (zur AG); *Fastrich*, in: Baumbach/Hueck, Rdnr. 52; *W. Müller*, in: Ulmer/Habersack/Löbbe, Rdnr. 94; weiteres Beispiel bei *Lenz*, GmbHR 1997, 932 (Anknüpfung der Gewinnverteilung an Gewinn einer Schwestergesellschaft).

239 Heute allg. M., statt aller BGH v. 14.7.1954 – II ZR 342/53, BGHZ 14, 264, 271; *Fastrich*, in: Baumbach/Hueck, Rdnr. 52; s. aber auch noch Rdnr. 75.

240 *Mock*, in: Michalski u.a., Rdnr. 211; *Priester*, in: MünchHdb. III, § 57 Rdnr. 46. Gesellschafter, die mit ungewöhnlichen Gewinnvorzügen ausgestattet sind, sollen jedoch in Krisensituationen auf Grund ihrer Treuepflicht gehalten sein, mit ihren Ansprüchen zurückzutreten, um die Gesellschaft lebensfähig zu erhalten; RG v. 24.4.1941 – II 170/40, RGZ 167, 65, 74 ff.; *Priester*, in: MünchHdb. III, § 57 Rdnr. 46.

241 Näher dazu *Verse*, Gleichbehandlungsgrundsatz, S. 3–9; s. auch *Fastrich*, in: Baumbach/Hueck, § 13 Rdnr. 33: Vorrang der Vertragsfreiheit.

242 Näher dazu *W. Müller*, in: Ulmer/Habersack/Löbbe, Rdnr. 95; *Peschke*, Zulässigkeit disquotaler Gewinnverteilungen, S. 44 ff.

243 So die Formulierung in BGH v. 14.7.1954 – II ZR 342/53, BGHZ 14, 264, 269 ff.

244 Zur Kritik an dem leerformelhaften „Wesensargument" namentlich *Hey*, Freie Gestaltung in Gesellschaftsverträgen und ihre Grenzen, 2004, S. 222 ff.

245 BGH v. 14.7.1954 – II ZR 342/53, BGHZ 14, 264, 273.

246 BGH v. 14.7.1954 – II ZR 342/53, BGHZ 14, 264, 273.

247 BayObLG v. 23.5.2001 – 3 Z BR 31/01, GmbHR 2001, 728; *Mock*, in: Michalski u.a., Rdnr. 215; *Priester*, in: MünchHdb. III, § 57 Rdnr. 46.

vertrag, nach der im Einzelfall mit Zustimmung des betroffenen Gesellschafters eine vom festgelegten Maßstab abweichende Gewinnverteilung beschlossen werden kann[248].

76 Eine **nachträgliche Änderung** des gesetzlichen oder gesellschaftsvertraglichen Gewinnverteilungsmaßstabs stellt eine Satzungsänderung im Sinne der §§ 53 f. dar. Diese bedarf nicht nur der qualifizierten Mehrheit nach § 53 Abs. 2, sondern mit Blick auf den Gleichbehandlungsgrundsatz auch der **Zustimmung aller Gesellschafter**, die durch die Änderung im Vergleich zum status quo ante **benachteiligt** werden[249]. Sofern einzelnen Gesellschaftern ein zunächst eingeräumtes Gewinnvorrecht wieder genommen werden soll, folgt das Zustimmungserfordernis bereits aus § 35 BGB[250]. Soll der Verteilungsmaßstab nicht auf Dauer geändert werden, sondern nur in dem konkreten Geschäftsjahr eine abweichende Gewinnverteilung erfolgen, genügt ein **satzungsdurchbrechender Gesellschafterbeschluss**, der wegen des Gleichbehandlungsgebots ebenfalls die Zustimmung aller benachteiligten Gesellschafter erfordert, nach zutreffender Ansicht aber keiner notariellen Beurkundung (§ 53 Abs. 2) und auch keiner Eintragung im Handelsregister (§ 54 Abs. 3) bedarf[251].

77 **In steuerrechtlicher Hinsicht** werden disquotale Gewinnverteilungen nur anerkannt, wenn sie nicht gegen das Verbot des Gestaltungsmissbrauchs (§ 42 AO) verstoßen. Während der BFH hierzu eine großzügige Linie eingeschlagen hat und die disquotale Gewinnverteilung grundsätzlich selbst dann anerkennt, wenn andere als steuerliche Gründe für diese Gestaltung nicht vorliegen[252], verlangt die Finanzverwaltung, dass wirtschaftlich vernünftige außersteuerliche Gründe nachgewiesen werden[253].

c) Abweichende Regelung in einer Gesellschaftervereinbarung

77a Die Gesellschafter können auch in einer **Gesellschaftervereinbarung** außerhalb des Gesellschaftsvertrags Regelungen zur Gewinnverteilung treffen, die von § 29 Abs. 3 Satz 1 oder dem gesellschaftsvertraglichen Verteilungsschlüssel abweichen. Hinsichtlich der Wirkung solcher Abreden ist zu unterscheiden: Sind an der Vereinbarung sämtliche Gesellschafter beteiligt, mag man auf der Grundlage der umstrittenen Rechtsprechung des BGH zu satzungsüberlagernden Nebenabreden (11. Aufl., § 45 Rdnr. 116) in Betracht ziehen, einer solchen Verein-

---

248 BayObLG v. 23.5.2001 – 3 Z BR 31/01, GmbHR 2001, 728 f. (gegen LG München I, GmbHR 2001, 114); *Priester*, in: FS W. Müller, 2001, S. 113, 116 ff.; *Peschke*, Zulässigkeit disquotaler Gewinnverteilungen, S. 100 ff.

249 Im Erg. ganz h.M., aber mit variierender Begründung; wie hier (Gleichbehandlungsgebot) *Fastrich*, in: Baumbach/Hueck, Rdnr. 53; zust. *Roth*, in: Roth/Altmeppen, Rdnr. 48; *Beckmann/Hofmann*, in: Gehrlein/Born/Simon, Rdnr. 42 (mit dem Vorbehalt, dass die Zustimmung des Benachteiligten zur Ungleichbehandlung ausnahmsweise entbehrlich ist, wenn das Gesellschaftsinteresse das Interesse des Betroffenen überwiegt, was aber bei Änderungen des Gewinnverteilungsschlüssels kaum vorstellbar ist). Teils wird stattdessen angeführt, dass in den Kernbereich der Mitgliedschaft eingegriffen werde (*M. Winter*, Mitgliedschaftliche Treuebindungen, S. 137 f.; *Ulmer/Casper*, in: Ulmer/Habersack/Löbbe, § 53 Rdnr. 69); teils wird § 53 Abs. 3 herangezogen, sei es in „extensiver Auslegung" (*Ekkenga*, in: MünchKomm. GmbHG, Rdnr. 193), sei es analog (*Hommelhoff*, in: Lutter/Hommelhoff, Rdnr. 39); ohne Begründung OLG München v. 18.5.2011 – 31 Wx 210/11, Mitt-BayNot 2011, 416, 417. Weitergehend offenbar *Pentz*, in: Rowedder/Schmidt-Leithoff, Rdnr. 109: Zustimmung aller Gesellschafter.

250 *Ekkenga*, in: MünchKomm. GmbHG, Rdnr. 193 a.E.

251 Das zu Rdnr. 51 a.E. (punktuelle Durchbrechung einer statutarischen Ausschüttungssperre) Gesagte gilt insoweit entsprechend.

252 Ständige Rechtsprechung seit BFH v. 19.8.1999 – I R 77/96, BFHE 189, 342, 346 ff. = GmbHR 1999, 1258; zuletzt BFH v. 4.12.2014 – IV R 28/11, GmbHR 2015, 274.

253 BMF v. 17.12.2013 – IV C 2 - S 2750 – a/11/10001, unter Aufhebung von BMF, Nichtanwendungserlass v. 7.12.2000 – IV A 2 - S 2810 – 4/00 zu BFH v. 19.8.1999 – I R 77/96, BFHE 189, 342, GmbHR 2001, 88. Näher dazu etwa *Pörschke*, DB 2017, 1165, 1166 ff.; *Schwedhelm/Olbing/Binnewies*, GmbHR 2014, 1233, 1236 f.; *Wälzholz*, notar 2016, 345, 347 f.

barung satzungsüberlagernde Wirkung zuzusprechen mit der Folge, dass mit Fassung des Ausschüttungsbeschlusses die Auszahlungsansprüche der Gesellschafter nach Maßgabe des vereinbarten Schlüssels entstehen[254]. Aber auch wenn man eine derartige Satzungsüberlagerung ablehnt und an einer strikten Trennung zwischen der Satzungsebene und schuldrechtlichen Vereinbarungen festhält, kann das angestrebte Ziel einer abweichenden Gewinnverteilung jedenfalls auch auf andere Weise erreicht werden. So kann die Vereinbarung etwa vorsehen, dass es auf der korporativen Ebene zwar bei dem gesetzlichen bzw. statutarischen Verteilungsschlüssel bleibt, die mit Fassung des Verwendungsbeschlusses entstehenden Auszahlungsansprüche aber vorab entsprechend dem gewünschten Schlüssel abgetreten werden oder die Gesellschaft angewiesen wird, entsprechend diesem Schlüssel auszuzahlen[255].

2. Gewinnanspruch

a) Allgemeines, Rechtsnatur

Erst mit Fassung eines wirksamen, auf Ausschüttung gerichteten Verwendungsbeschlusses – und mangels abweichender Satzungsregelung nicht schon mit Feststellung des Jahresabschlusses – entsteht der konkrete **Gewinnanspruch** des einzelnen Gesellschafters (Rdnr. 37). Folglich kann der Gewinnanspruch grundsätzlich auch erst von diesem Zeitpunkt ab in der **Bilanz** des Gesellschafters aktiviert werden. Eine „phasengleiche" Aktivierung des Gewinnanspruchs in der Bilanz des Gesellschafters, d.h. eine Aktivierung bereits in der Bilanz desselben Jahres, in dem der Gewinn erwirtschaftet wurde, kommt nur ausnahmsweise in engen Grenzen in Abhängigkeitsverhältnissen in Betracht[256]. Seiner Rechtsnatur nach ist der Gewinnanspruch ein **Gläubigerrecht**, d.h. ein von der Mitgliedschaft verselbständigter, schuldrechtlicher Anspruch, der von dem Gewinnstammrecht streng zu unterscheiden ist (Rdnr. 9). Anders als das dem Abspaltungsverbot unterliegende Gewinnstammrecht ist der Gewinnanspruch nicht an den Geschäftsanteil gebunden, sondern kann nach denselben Regeln wie sonstige Forderungen **gesondert von dem Geschäftsanteil** abgetreten oder belastet werden (§§ 398, 1069, 1273 BGB)[257], sofern der Gesellschaftsvertrag dies nicht ausschließt (§§ 399, 1069 Abs. 2, 1274 Abs. 2 BGB; s. dazu im Einzelnen Rdnr. 84 f., 88). Dementsprechend ist der Anspruch auch im Wege der Forderungspfändung (§§ 828 ff. ZPO) gesondert pfändbar (Rdnr. 89). Wird der Geschäftsanteil übertragen, gehen bereits entstandene Gewinnansprüche nicht wie das Gewinnstammrecht automatisch mit dem Geschäftsanteil auf den Erwerber über, sondern nur, wenn sie nach § 398 BGB eigens an den Erwerber abgetreten werden. Ist der Gewinnanspruch einmal entstanden, kann er von der Gesellschaft **nicht mehr einseitig beeinträchtigt** werden. Daher ist eine Änderung von Ausschüttungsbeschlüssen mit dem Ziel, das

78

---

254 Bejahend *Koch*, AG 2015, 213, 215 ff.; *Harbarth/Zeyher/Brechtel*, AG 2016, 801, 807 f.; ablehnend LG Frankfurt a.M. v. 23.12.2014 – 3-5 O 47/14, NZG 2015, 482, 484 = AG 2015, 590 (alle zur gleichen Frage im Rahmen des § 60 Abs. 3 AktG); dem LG folgend *Roth*, in: Roth/Altmeppen, Rdnr. 48; *Wälzholz*, notar 2016, 345, 346.

255 Ausführlich dazu *Harbarth/Zeyher/Brechtel*, AG 2016, 801, 805 ff.; ferner *Koch*, AG 2015, 213, 219 ff.; *Priester*, ZIP 2015, 2156, 2159.

256 S. einerseits zur Handelsbilanz BGH v. 12.1.1998 – II ZR 82/93, BGHZ 137, 378, 381 ff. = GmbHR 1998, 324 – Tomberger; andererseits zur Steuerbilanz BFH v. 7.8.2000 – GrS 2/99, BFHE 192, 339 (Großer Senat) = GmbHR 2000, 1106 mit Anm. *Wassermeyer* und *Hoffmann*; BFH v. 7.2.2007 – I R 15/06, BFHE 216, 541 = GmbHR 2007, 939; zusammenfassend *Schubert/Waubke*, in: Beck Bil-Komm., § 266 HGB Rdnr. 120 f.; beachte nunmehr auch § 272 Abs. 5 HGB und dazu *Mylich*, ZHR 181 (2017), 87, 92 ff. Zur Vereinbarkeit der phasengleichen Aktivierung mit der Bilanzrichtlinie EuGH v. 27.6.1996 – C-234/94, Slg. 1996-I, 3145 – Tomberger; dazu *Habersack/Verse*, Europäisches Gesellschaftsrecht, 4. Aufl. 2011, § 9 Rdnr. 34 f. m.w.N.

257 Allg. M.; *Fastrich*, in: Baumbach/Hueck, Rdnr. 49, 58; *Pentz*, in: Rowedder/Schmidt-Leithoff, Rdnr. 31 f.

Ausschüttungsvolumen zu reduzieren, nur möglich, wenn sich alle betroffenen Gesellschafter zu einem (Teil-) Erlass (§ 397 BGB) bereitfinden (Rdnr. 70).

b) Fälligkeit, Anspruchsinhalt

79 Der Gewinnanspruch ist mit seiner Entstehung sofort **fällig**, ohne dass es einer besonderen Mitteilung des Beschlusses etwa an abwesende Gesellschafter bedürfte[258]. Im Gesellschaftsvertrag können jedoch abweichende Fälligkeitstermine bestimmt oder zugelassen werden. Darüber hinaus muss es auch ohne Ermächtigung im Gesellschaftsvertrag zulässig sein, im Verwendungsbeschluss mit einfacher Mehrheit die Fälligkeit aufzuschieben[259]. Hierfür spricht, dass die Ausschüttung nach § 29 Abs. 2 (in den durch die Treuepflicht gezogenen Grenzen) mit einfacher Mehrheit sogar ganz ausgeschlossen werden könnte. Nachträglich, d.h. nach Fassung des Verwendungsbeschlusses und damit nach Entstehung des Gewinnanspruchs, ist dagegen ein Aufschub der Fälligkeit unstreitig nur noch durch Vereinbarung mit dem Anspruchsinhaber möglich.

80 Der **Anspruchsinhalt** ist grundsätzlich auf Zahlung in **Geld** gerichtet. Die Höhe der auf den einzelnen Gesellschafter entfallenden Zahlung errechnet sich aus der beschlossenen Höhe der Gesamtausschüttung, die nach dem gesetzlichen oder gesellschaftsvertraglichen Verteilungsschlüssel (§ 29 Abs. 3) auf die Gesellschafter verteilt wird. Sieht der Gesellschaftsvertrag eine entsprechende Ermächtigung vor, kann die Gesellschafterversammlung aber auch eine **Sachdividende** beschließen[260]. Erfolgt die Sachausschüttung zum Buchwert und bleibt dieser hinter dem Verkehrswert zurück, fließt den Gesellschaftern allerdings mehr zu als der zur Ausschüttung beschlossene Betrag des festgestellten Jahresergebnisses bzw. Bilanzgewinns[261]. Aus diesem Grund wird eine Sachdividende zu Buchwerten in der AG, in der nach § 57 Abs. 3 AktG nur der Bilanzgewinn ausgeschüttet werden darf, überwiegend als unzulässig angesehen[262]. Auf die GmbH lässt sich diese strenge Haltung indes nicht übertragen. Zwar handelt es sich in Höhe der Wertdifferenz in der Tat nicht mehr um Gewinnverteilung nach § 29, sondern um eine unterjährige Vermögensverteilung im laufenden Geschäftsjahr. Eine solche ist aber in der GmbH anders als in der AG in den Grenzen des § 30 unbedenklich (s. schon Rdnr. 42)[263].

81 Auch ohne Regelung im Gesellschaftsvertrag steht es den Gesellschaftern frei, eine Sachleistung als Leistung **an Erfüllungs statt** (§ 364 Abs. 1 BGB) zu akzeptieren. Freilich ist darauf zu achten, dass auf diese Weise nicht einzelnen Gesellschaftern höhere Werte zugewandt werden als anderen; sonst droht ein Verstoß gegen den Gleichbehandlungsgrundsatz (§ 14 Rdnr. 51 ff.). Keiner Zulassung im Gesellschaftsvertrag bedarf es auch, wenn der Verwendungsbeschluss den Gesellschaftern lediglich ein Wahlrecht zwischen dem Bezug einer Geldleistung oder einer Leistung an Erfüllungs statt einräumt[264].

---

258 *Fastrich*, in: Baumbach/Hueck, Rdnr. 49; *W. Müller*, in: Ulmer/Habersack/Löbbe, Rdnr. 121; *Pentz*, in: Rowedder/Schmidt-Leithoff, Rdnr. 27.

259 *Mock*, in: Michalski u.a., Rdnr. 111; *W. Müller*, in: Ulmer/Habersack/Löbbe, Rdnr. 121; zur AG vgl. nunmehr auch § 58 Abs. 4 Satz 3 AktG i.d.F. seit der Aktienrechtsnovelle v. 22.12.2015 (BGBl. I 2015, 2565). Abw. *Pentz*, in: Rowedder/Schmidt-Leithoff, Rdnr. 27.

260 *W. Müller*, in: Ulmer/Habersack/Löbbe, Rdnr. 122 f.; vgl. auch § 58 Abs. 5 AktG.

261 Beispiel: Es soll ein festgestellter Jahresüberschuss/Bilanzgewinn von 100 000 Euro nicht in bar ausgeschüttet werden, sondern durch Auskehr von 100 000 Aktien der A-AG, welche die GmbH für 1 Euro pro Aktie erworben hat und inzwischen einen Verkehrswert von 2 Euro haben. Im Ergebnis fließt den Gesellschaftern dann ein Wert von 200 000 Euro zu.

262 *Cahn/v. Spannenberg*, in: Spindler/Stilz, § 58 AktG Rdnr. 110; *Fleischer*, in: Karsten Schmidt/Lutter, § 58 AktG Rdnr. 60; jeweils m.w.N.

263 *W. Müller*, in: Ulmer/Habersack/Löbbe, Rdnr. 123.

264 *Fastrich*, in: Baumbach/Hueck, Rdnr. 55; *W. Müller*, in: Ulmer/Habersack/Löbbe, Rdnr. 122.

c) Anspruchsinhaber

aa) Gesellschafter. Der Gewinnanspruch entsteht grundsätzlich (zu Ausnahmen 82 Rdnr. 84–86) in der Person desjenigen, der im Zeitpunkt der Fassung des Verwendungsbeschlusses nach § 16 Abs. 1 Satz 1 als **Gesellschafter** und damit als Inhaber des von der Mitgliedschaft nicht trennbaren Gewinnstammrechts gilt.[265] Wird der Geschäftsanteil übertragen, kommt es folglich darauf an, ob der Verwendungsbeschluss vor oder nach dem Zeitpunkt gefasst wird, in dem die Gesellschafterliste, die den Erwerber als neuen Inhaber des Geschäftsanteils ausweist, im Handelsregister aufgenommen wird. Im ersten Fall (Beschlussfassung *vor* Aufnahme der neuen Liste) verbleibt der Gewinnanspruch noch dem Veräußerer, sofern er nicht zusätzlich zu dem Geschäftsanteil an den Erwerber abgetreten wird. Im zweiten Fall (Beschlussfassung *nach* Aufnahme der neuen Liste) entsteht der Gewinnanspruch schon in der Person des Erwerbers, es sei denn, er wurde im Voraus an den Veräußerer rückabgetreten (Veräußerung unter Vorbehalt des Gewinnbezugsrechts, Rdnr. 85).

Von der Frage, in wessen Person der Gewinnanspruch entsteht, ist die Frage der Gewinnver- 83 teilung im **Innenverhältnis** von Veräußerer und Erwerber zu unterscheiden. Diese richtet sich, sofern die Parteien nicht – wie häufig – abweichende Abreden treffen, nach **§ 101 Nr. 2 Halbsatz 2 BGB**, so dass der Gewinn pro rata temporis zu verteilen ist[266]. Danach gebührt im Zweifel dem Veräußerer der Gewinnanteil, der noch auf den Zeitraum seiner Beteiligung entfällt[267]. Bei einer Anteilsübertragung nach Ablauf des Geschäftsjahres, aber vor Entstehung des Gewinnanspruchs, steht dem Veräußerer folgerichtig sogar die gesamte Dividende für das abgelaufene Geschäftsjahr zu (zuzüglich des Dividendenanteils für das im Zeitpunkt der Übertragung laufende Geschäftsjahr). Besonderheiten gelten allerdings, wenn der Veräußerer den Geschäftsanteil an die Gesellschaft übertragen hat (§ 33). Da die Gesellschaft mit dem von ihr erworbenen Geschäftsanteil nicht an der Gewinnverteilung teilnimmt, mithin gar keine Früchte aus dem Geschäftsanteil ziehen kann, schuldet sie dem Veräußerer auch keinen Ausgleich für die Fruchtziehung nach § 101 Nr. 2 Halbsatz 2 BGB[268]. Veräußert die Gesellschaft den Geschäftsanteil weiter, steht der danach entstehende Gewinnanspruch dem Erwerber zu, ohne dass dieser seinerseits der Gesellschaft nach § 101 Nr. 2 Halbsatz 2 BGB ausgleichspflichtig wäre[269].

bb) Zessionar. Da der Gewinnanspruch – gesondert vom Geschäftsanteil – nach Maßgabe 84 der §§ 398 ff. BGB abtretbar ist (Rdnr. 78), kann er auch einem Nicht-Gesellschafter als **Zessionar** zustehen. Die Abtretung kann bereits vor dem Verwendungsbeschluss erfolgen, da anerkanntermaßen auch die Verfügung über noch nicht entstandene Ansprüche zulässig ist, sofern diese nur bestimmbar sind[270]. In diesem Fall einer **Vorausabtretung** entsteht mit dem Verwendungsbeschluss der Gewinnanspruch in der Person des Zessionars, und zwar nach

---

265 *Mock*, in: Michalski u.a., Rdnr. 108; *Pentz*, in: Rowedder/Schmidt-Leithoff, Rdnr. 22.

266 BGH v. 30.1.1995 – II ZR 45/94, GmbHR 1995, 291, 292; BGH v. 8.12.1997 – II ZR 203/96, GmbHR 1998, 538, 539; BGH v. 30.6.2004 – VIII ZR 349/03, GmbHR 2004, 1223, 1225; *Ekkenga*, in: MünchKomm. GmbHG, Rdnr. 59; *Fastrich*, in: Baumbach/Hueck, Rdnr. 59; *Pentz*, in: Rowedder/Schmidt-Leithoff, Rdnr. 21, 29; *Verse*, in: Henssler/Strohn, Gesellschaftsrecht, § 16 GmbHG Rdnr. 13.

267 Das Steuerrecht nimmt darauf freilich keine Rücksicht. Nach § 20 Abs. 5 Satz 2 EStG wird der Gewinnanteil in vollem Umfang dem *Erwerber* zugerechnet, und zwar mit der Begründung, dass auch nur in seiner Person der Gewinnanspruch entstanden ist; s. dazu im Einzelnen *Lange*, BWNotZ 1999, 70, 72 ff.

268 BGH v. 30.1.1995 – II ZR 45/94, GmbHR 1995, 291, 292 f.; BGH v. 8.12.1997 – II ZR 203/96, GmbHR 1998, 538, 539. S. dazu bereits Rdnr. 73, dort auch zu Kaduzierung und Einziehung.

269 *Pentz*, in: Rowedder/Schmidt-Leithoff, Rdnr. 21; *Strohn*, in: Henssler/Strohn, Gesellschaftsrecht, Rdnr. 53 a.E.

270 RG v. 16.4.1920 – II 396/10, RGZ 98, 318, 320; BGH v. 30.6.2004 – VIII ZR 349/03, GmbHR 2004, 1223, 1224; *Fastrich*, in: Baumbach/Hueck, Rdnr. 58; *Pentz*, in: Rowedder/Schmidt-Leithoff, Rdnr. 31; allg. zur Vorausabtretung *Grüneberg*, in: Palandt, § 398 BGB Rdnr. 11 ff.

(allerdings nicht zweifelsfreier) h.L. unmittelbar, d.h. ohne Durchgangserwerb des Gesellschafters[271]. Die Vorausabtretung geht jedoch ins Leere, wenn der Zedent noch vor dem Gewinnverwendungsbeschluss den Geschäftsanteil an einen Dritten überträgt oder auf sonstige
Weise seine Gesellschafterstellung verliert; denn der Zedent hat dann über eine Forderung
im Voraus verfügt, die ihm im Zeitpunkt der Verfügung noch nicht gehört und auch später
in seiner Hand nicht mehr entstehen kann[272]. Der Zessionar geht ferner auch dann leer aus,
wenn der Gewinnanspruch nicht zur Entstehung gelangt, weil die Gesellschafter einen Thesaurierungsbeschluss fassen. Als Nicht-Gesellschafter hat er kein Recht, an der Beschlussfassung mitzuwirken oder den Beschluss anzufechten[273]. Denkbar sind freilich Ersatzansprüche
gegen den Zedenten, wenn dieser durch die Mitwirkung an dem Thesaurierungsbeschluss gegen seine Pflichten aus dem Rechtsverhältnis mit dem Zessionar verstoßen hat (§ 280 Abs. 1
BGB)[274].

85   Wird ein Geschäftsanteil unter **Vorbehalt des Gewinnbezugsrechts** veräußert, so handelt es
sich dabei rechtlich gesehen um die Vorausabtretung des künftigen Gewinnanspruchs des
Anteilserwerbers an den Veräußerer[275]. Folglich entsteht der Anspruch auf Gewinnausschüttung mit der Fassung des Verwendungsbeschlusses in diesem Fall beim Veräußerer[276]. Fassen
die Gesellschafter einen Thesaurierungsbeschluss, so geht somit jetzt der Veräußerer leer aus.
Er kann sich aber beim Erwerber schadlos halten, wenn dieser mit seiner Zustimmung zu
der Gewinnthesaurierung gegen seine Pflichten aus dem Kaufvertrag verstoßen hat (vorige
Rdnr. a.E.).

86   **cc) Inhaber von Rechten am Geschäftsanteil.** Ist an dem Geschäftsanteil ein **Nießbrauch**
bestellt worden, entsteht der Gewinnanspruch als Rechtsfrucht und damit als Nutzung des
Geschäftsanteils gemäß §§ 1068 Abs. 2, 1030 Abs. 1, 99 Abs. 2, 100 BGB in der Person des
Nießbrauchers, und zwar auch hier unmittelbar, d.h. ohne Durchgangserwerb beim Gesellschafter[277]. Dagegen berechtigt die Bestellung eines **Pfandrechts** am Geschäftsanteil grundsätzlich nicht zum Bezug der Nutzungen (Gewinne), sofern dem Pfandgläubiger der Gewinnanspruch nicht gesondert abgetreten worden ist. Dem Pfandgläubiger des Geschäftsanteils
steht auch kein Pfandrecht an den Gewinnansprüchen zu, sofern diese nicht ihrerseits nach
§§ 1273 ff., 1279 ff. BGB (Rdnr. 88) verpfändet worden sind. Das versteht sich für die bereits
vor der Verpfändung entstandenen und damit von der Mitgliedschaft getrennten Gewinnansprüche von selbst, gilt aber nach herrschender Ansicht auch in Bezug auf später entstehende Gewinnansprüche; diese gelten also nicht etwa analog § 1289 BGB als automatisch mitver-

271 *W. Müller,* in: Ulmer/Habersack/Löbbe, Rdnr. 117; *Fastrich,* in: Baumbach/Hueck, Rdnr. 58; *Pentz,*
in: Rowedder/Schmidt-Leithoff, Rdnr. 31; *Bayer,* in: MünchKomm. AktG, 4. Aufl. 2016, § 58 AktG
Rdnr. 105 (zur AG); für Durchgangserwerb mit guten Gründen *Armbrüster,* NJW 1991, 606, 607 f.;
kritisch auch *Ekkenga,* in: MünchKomm. GmbHG, Rdnr. 120.
272 BGH v. 19.9.1983 – II ZR 12/83, BGHZ 88, 205 = GmbHR 1984, 101; BGH v. 16.5.1988 – II ZR
375/87, BGHZ 104, 351, 353 = NJW 1989, 458; BGH v. 14.7.1997 – II ZR 122/96, NJW 1997, 3370
(jeweils zum vergleichbaren Fall des Auseinandersetzungsguthabens); *Armbrüster,* NJW 1991,
606 ff.; *Ekkenga,* in: MünchKomm. GmbHG, Rdnr. 121 f.; *Grüneberg,* in: Palandt, § 398 BGB
Rdnr. 13.
273 RG v. 16.4.1920 – II 396/10, RGZ 98, 318, 320; *Fastrich,* in: Baumbach/Hueck, Rdnr. 58.
274 BGH v. 30.6.2004 – VIII ZR 349/03, GmbHR 2004, 1223.
275 RG v. 16.4.1920 – II 396/10, RGZ 98, 318, 320; BGH v. 30.6.2004 – VIII ZR 349/03, GmbHR 2004,
1223, 1224; *Fastrich,* in: Baumbach/Hueck, Rdnr. 59.
276 Nach h.L. handelt es sich auch hier um einen Direkterwerb; *Loritz,* DStR 1998, 84; abw. *Ekkenga,*
in: MünchKomm. GmbHG, Rdnr. 60 a.E. mit Fn. 179. S. auch schon die Nachw. in Rdnr. 84 zur
Vorausabtretung.
277 *Ekkenga,* in: MünchKomm. GmbHG, Rdnr. 125; *Fastrich,* in: Baumbach/Hueck, Rdnr. 58; *Koch,*
ZHR 168 (2004), 55, 56 f.; *W. Müller,* in: Ulmer/Habersack/Löbbe, Rdnr. 120; *Reichert/Weller,* in:
MünchKomm. GmbHG, § 15 Rdnr. 329. Im Innenverhältnis zwischen Nießbraucher und Gesellschafter gilt wiederum § 101 Nr. 2 Halbsatz 2 BGB; näher § 15 Rdnr. 214; ferner *Koch,* ZHR 168
(2004), 55, 59 ff.

pfändet[278]. Sofern allerdings ausnahmsweise ein **Nutzungspfand** (§§ 1273 Abs. 2, 1213 BGB) an dem Geschäftsanteil bestellt worden ist, entsteht der Gewinnanspruch wie im Fall des Nießbrauchs unmittelbar beim Nutzungspfandgläubiger[279]. Dieser muss sich den Gewinn nach Maßgabe der §§ 1273 Abs. 2, 1214 auf die gesicherte Forderung anrechnen lassen.

Ist der **Geschäftsanteil** nach §§ 857 Abs. 1, 828 f. ZPO **gepfändet** worden, so führt dies ebenso wenig wie bei einer rechtsgeschäftlichen Verpfändung automatisch dazu, dass dem Pfändungsgläubiger auch ein Pfandrecht an den Gewinnansprüchen erwächst, und zwar weder an den bereits vor der Pfändung des Geschäftsanteils entstandenen Gewinnansprüchen (allg. M.) noch an den später entstandenen[280]. Diese müssen also nach den Regeln der Forderungspfändung (Rdnr. 89) gesondert gepfändet werden. 87

d) Verpfändung und Pfändung des Gewinnanspruchs

Für die Pfändung und Verpfändung bereits bestehender oder künftiger (§§ 1274 Abs. 1 Satz 1, 1204 Abs. 2 BGB) Gewinnansprüche gelten die allgemeinen Regeln, die auch sonst für Forderungen gelten. Die **Verpfändung** richtet sich nach §§ 1273 ff., 1279 ff. BGB, sofern die Abtretbarkeit des Gewinnanspruchs nicht im Gesellschaftsvertrag ausgeschlossen wurde (§§ 399, 1274 Abs. 2 BGB). Neben der formlosen Einigung nach §§ 398, 1274 Abs. 1 BGB bedarf die Verpfändung zu ihrer Wirksamkeit einer Anzeige gegenüber der GmbH (§ 1280 BGB). Entsprechend den Ausführungen zur Vorausabtretung (Rdnr. 84) geht auch die Verpfändung eines künftigen Gewinnanspruchs ins Leere, wenn der Verpfänder noch vor der Fassung des Verwendungsbeschlusses seine Gesellschafterstellung verliert (§ 15 Rdnr. 183). Treffen mehrere Verfügungen zusammen (z.B. Vorausabtretung und Verpfändung), entscheidet das Prioritätsprinzip. Eine der Vorausabtretung nachfolgende Verpfändung geht daher ins Leere, während im umgekehrten Fall der Zessionar einen mit dem Pfandrecht belasteten Anspruch erwirbt[281]. Besonderheiten gelten für die Verpfändung, wenn ausnahmsweise den Gewinnanspruch verbriefende **Dividendenscheine** (Gewinnanteilscheine, § 14 Rdnr. 134) ausgestellt worden sind und es sich hierbei nicht um bloße Beweisurkunden handelt. Sind die Dividendenscheine auf Order ausgegeben, kann die Verpfändung auch durch Indossament und Übergabe des Papiers erfolgen (§ 1292 BGB). Bei Dividendenscheinen auf den Inhaber ist Einigung und Übergabe des Papiers erforderlich und hinreichend (§ 1293 i.V.m. §§ 1205 f. BGB)[282]. Einer Anzeige gemäß § 1280 BGB bedarf es in diesen Fällen nicht[283]. 88

Die **Pfändung** des Gewinnanspruchs erfolgt nach den Regeln der Forderungspfändung gemäß §§ 828 ff. ZPO. Sie ist nach § 851 Abs. 2 ZPO auch zulässig, wenn der Gesellschaftsvertrag die Abtretbarkeit nach § 399 BGB ausschließt. Sind Dividendenscheine (§ 14 Rdnr. 134) ausgegeben, ist zu unterscheiden[284]: Bei einem Orderpapier richtet sich die Pfändung nach 89

---

278 BGH v. 13.7.1992 – II ZR 251/91, BGHZ 119, 191, 194 = GmbHR 1992, 656; BGH v. 14.1.2010 – IX ZR 78/09, NZG 2010, 356; s. § 15 Rdnr. 181; *Reichert/Weller*, in: MünchKomm. GmbHG, § 15 Rdnr. 291 m.w.N.; a.A. *H. Roth*, ZGR 2000, 187, 219.

279 Dazu § 15 Rdnr. 181; *Damrau*, in: MünchKomm. BGB, 7. Aufl. 2017, § 1274 BGB Rdnr. 56; *Ebbing*, in: Michalski u.a., § 15 Rdnr. 224; *Verse*, in: Henssler/Strohn, Gesellschaftsrecht, § 15 GmbHG Rdnr. 105; *Löbbe*, in: Ulmer/Habersack/Löbbe, § 15 Rdnr. 193.

280 Letzteres str., wie hier die wohl h.M., s. § 15 Rdnr. 211 i.V.m. § 15 Rdnr. 181; *Fastrich*, in: Baumbach/Hueck, § 15 Rdnr. 62; *Reichert/Weller*, in: MünchKomm. GmbHG, § 15 Rdnr. 522 m.w.N.; a.A. *H. Roth*, ZGR 2000, 187, 212 f.; *Wertenbruch*, Die Haftung von Gesellschaften und Gesellschaftsanteilen in der Zwangsvollstreckung, 2000, S. 638 f.; *Löbbe*, in: Ulmer/Habersack/Löbbe, § 15 Rdnr. 315.

281 *Ebbing*, in: Michalski u.a., § 15 Rdnr. 226.

282 *Reichert/Weller*, in: MünchKomm. GmbHG, § 15 Rdnr. 311; *Löbbe*, in: Ulmer/Habersack/Löbbe, § 15 Rdnr. 177.

283 *Ekkenga*, in: MünchKomm. GmbHG, Rdnr. 124.

284 Zum Folgenden *Pentz*, in: Rowedder/Schmidt-Leithoff, Rdnr. 129.

§ 831 ZPO, bei einem Inhaberpapier nach § 808 Abs. 1 ZPO. Handelt es sich bei dem Dividendenschein um eine bloße Beweisurkunde, so bedarf es bei der Pfändung des Gewinnanspruchs keiner Pfändung des Dividendenscheins.

e) Einwendungen, Auszahlungshindernisse

90 **aa)** Der Gewinnanspruch kann nur auf der Grundlage eines wirksamen Ausschüttungsbeschlusses durchgesetzt werden. Ist dieser von Anfang an **nichtig** – was analog § 253 AktG auch bei Nichtigkeit des Feststellungsbeschlusses der Fall ist (Rdnr. 65) –, liegt darin eine rechtshindernde Einwendung gegen den Gewinnanspruch; dieser ist von Anfang an nicht entstanden. Die erfolgreiche **Anfechtung** des Verwendungs- oder des Feststellungsbeschlusses begründet demgegenüber eine rechtsvernichtende Einwendung; der zunächst entstandene Gewinnanspruch wird rückwirkend beseitigt. Zu der Frage, ob schon vor Rechtskraft des Anfechtungsurteils ein Leistungsverweigerungsrecht besteht, s. bereits Rdnr. 67.

91 **bb)** Die beschlossene Gewinnausschüttung darf nicht mit der **Kapitalbindung nach § 30 Abs. 1** in Konflikt geraten. Insoweit sind drei Konstellationen zu unterscheiden: (1) Ist bereits zum Bilanzstichtag kein ungebundenes Vermögen vorhanden, weist der Jahresabschluss aber zu Unrecht einen ausschüttungsfähigen Gewinn aus, ist wie dargelegt bereits die Feststellung des Jahresabschlusses und infolgedessen auch der Gewinnausschüttungsbeschluss nichtig (Rdnr. 50). (2) Sind erst nach dem Bilanzstichtag, aber vor dem Verwendungsbeschluss Verluste angefallen, die dazu führen, dass der zum Bilanzstichtag noch ausschüttungsfähige Betrag im Zeitpunkt des Verwendungsbeschlusses nicht mehr aus dem ungebundenen Vermögen ausgeschüttet werden kann, ist der Beschluss nicht nichtig; er ist aber so weit und so lange nicht vollziehbar, bis eine Ausschüttung wieder möglich ist, ohne das Stammkapital anzutasten (Rdnr. 50). (3) Streitig ist dagegen, wie zu verfahren ist, wenn sich die Vermögenssituation der Gesellschaft erst **nach Fassung des Verwendungsbeschlusses** (aber vor Erfüllung des Gewinnanspruchs) so verschlechtert, dass eine Unterbilanz entsteht. Nach bisher überwiegender Ansicht soll auch in diesem Fall eine Auszahlung des Gewinns nach § 30 Abs. 1 unzulässig sein[285]. Dagegen ist zwar der Einwand erhoben worden, dass der Gewinnanspruch wegen seiner Rechtsnatur als Gläubigerrecht einem Drittanspruch gleichstehe, weshalb die Erfüllung des Anspruchs nicht als Auszahlung „an die Gesellschafter" im Sinne des § 30 Abs. 1 eingestuft werden könne[286]. Doch steht dem das Argument der h.M. gegenüber, dass der Gewinnanspruch ungeachtet seiner Einordnung als Gläubigerrecht aus der Mitgliedschaft hervorgegangen und eine Leistung causa societatis daher nicht zu leugnen ist.

92 Zweifel daran, ob an der bisher h.M. festgehalten werden kann, ergeben sich aber aus dem durch das MoMiG eingeführten **§ 30 Abs. 1 Satz 3**[287]. Wenn die Gesellschafter den Gewinn stehen lassen, wird dies häufig auf einer Darlehensvereinbarung mit der GmbH beruhen. Der Gewinnanspruch wird dann in einen Darlehensanspruch umqualifiziert, was auch unter Zugrundelegung der h.M. jedenfalls dann zulässig sein muss, wenn diese Vereinbarung be-

---

285 *Fastrich*, in: Baumbach/Hueck, Rdnr. 56; *W. Müller*, in: Ulmer/Habersack/Löbbe, Rdnr. 125a; *Schmolke*, Kapitalerhaltung, § 30 Rdnr. 148; *Witt*, in: Bork/Schäfer, Rdnr. 29; mit eigener Begründung auch *Ekkenga*, in: MünchKomm. GmbHG, Rdnr. 112; einschränkend *Habersack*, in: Ulmer/Habersack/Löbbe, § 30 Rdnr. 59, mit dem Hinweis, dass im Fall des Stehenlassens des Gewinnanspruchs die Regeln des Gesellschafterdarlehens eingreifen und insoweit § 30 Abs. 1 Satz 3 das Auszahlungsverbot aufhebt (dazu sogleich im Text).

286 *Pentz*, in: Rowedder/Schmidt-Leithoff, Rdnr. 37, § 30 Rdnr. 32; *Sieker*, ZGR 1995, 250, 265 ff.; wohl auch *Mock*, in: Michalski u.a., Rdnr. 131.

287 Wie hier *Strohn*, in: Henssler/Strohn, Gesellschaftsrecht, Rdnr. 54; *Hommelhoff*, in: Lutter/Hommelhoff, Rdnr. 40a; *Diers*, in: Saenger/Inhester, § 30 Rdnr. 32; zuletzt auch *Mock*, in: Michalski u.a., Rdnr. 131; *Heidinger*, in: Michalski u.a., § 30 Rdnr. 65.

reits *vor* Eintritt der Unterbilanz abgeschlossen wird[288]. Ein Gesellschafterdarlehen kann aber nach § 30 Abs. 1 Satz 3 selbst dann ohne Verstoß gegen die Kapitalbindung beglichen werden, wenn zwischenzeitlich eine Unterbilanz eingetreten ist[289]. Jedenfalls in diesem Fall (Umwandlung in ein Darlehen vor Eintritt der Unterbilanz) kann also die Auszahlung nicht mehr an § 30 Abs. 1 scheitern. Wenn dem aber so ist, liegt es nicht mehr fern, ebenso zu entscheiden, wenn ausnahmsweise keine Kreditgewährung im Sinne des § 30 Abs. 1 Satz 3 vorliegt (z.B. wenn der Gesellschafter versucht hat, die Auszahlung durchzusetzen, die Geschäftsführer die Leistung aber verzögert haben)[290]. Die Schutzwürdigkeit des Gesellschafters ist dann eher höher zu veranschlagen als im Fall des § 30 Abs. 1 Satz 3, was dafür spricht, dass man ihm die Auszahlung erst recht nicht verwehren darf. Auch sind Belange des Gläubigerschutzes in diesem Fall nicht stärker tangiert als im Fall der Umqualifizierung des Gewinnanspruchs in ein Darlehen oder einer sonstigen Form der Kreditgewährung. Unter dem Strich dürfte daher seit Inkrafttreten des MoMiG mehr dafür sprechen, in der Erfüllung des Gewinnanspruchs trotz einer nach Fassung des Verwendungsbeschlusses eingetretenen Unterbilanz **keinen Verstoß** gegen § 30 Abs. 1 zu erblicken. Diese Lösung entspricht im Übrigen auch der herrschenden Ansicht im Aktienrecht zum Parallelproblem im Rahmen des § 58 Abs. 4 AktG[291].

cc) Ist Zahlungsunfähigkeit (§ 17 InsO) oder Überschuldung (§ 19 InsO) der Gesellschaft eingetreten, dürfen die Geschäftsführer den noch nicht erfüllten Gewinnanspruch nicht mehr erfüllen; andernfalls würden sie gegen das Zahlungsverbot des **§ 64 Satz 1** verstoßen. Darüber hinaus dürfen die Geschäftsführer den Gewinnanspruch nach **§ 64 Satz 3** auch dann nicht erfüllen, wenn absehbar ist, dass die Auszahlung zur Zahlungsunfähigkeit führen muss. Bei der Anwendung des § 64 Satz 3 ist allerdings sorgsam zu unterscheiden, ob der Gewinnanspruch im insolvenzrechtlichen Sinn (§ 17 Abs. 2 Satz 1 InsO) fällig ist oder nicht[292]. Die Erfüllung einer *fälligen* Gesellschafterforderung – hier: die Erfüllung des fälligen Gewinnanspruchs – kann die Zahlungsunfähigkeit **grundsätzlich nicht** herbeiführen und wird daher von § 64 Satz 3 grundsätzlich nicht erfasst; eine solche Zahlung reduziert nämlich im Liquiditätsstatus nicht nur die liquiden Mittel, sondern zugleich auch die fälligen Verbindlichkeiten der Gesellschaft, da zu diesen auch die fälligen Verbindlichkeiten gegenüber den Gesellschaftern gehören[293]. Die Zahlung auf den fälligen Gewinnanspruch verhält sich somit zur Liquidität der Gesell-

93)

---

288 Denn in diesem Fall könnten sich die Gesellschafter auch nach h.M. den Gewinn auszahlen lassen und ihn sogleich wieder als Darlehen einzahlen. Der Einwand von *W. Müller*, in: Ulmer/Habersack/Löbbe, Rdnr. 125a, dass die Umqualifizierung gedanklich eine verbotene Auszahlung voraussetze, verfängt daher nicht.

289 Freilich mit dem Vorbehalt des § 64 Satz 3 (Rdnr. 93) und unbeschadet einer späteren Anfechtung nach §§ 39 Abs. 1 Nr. 5, 135 InsO bzw. § 6 AnfG (Rdnr. 96).

290 Ebenso *Strohn*, in: Henssler/Strohn, Gesellschaftsrecht, Rdnr. 54; zustimmend auch *Hommelhoff*, in: Lutter/Hommelhoff, Rdnr. 40a.

291 *Cahn/v. Spannenberg*, in: Spindler/Stilz, § 58 AktG Rdnr. 98; *Drygala*, in: KölnKomm. AktG, 3. Aufl. 2011, § 58 AktG Rdnr. 140; *Fleischer*, in: Karsten Schmidt/Lutter, § 58 AktG Rdnr. 48 m.w.N.; a.A. *Bayer*, in: MünchKomm. AktG, 4. Aufl. 2016, § 58 AktG Rdnr. 108; *Henze*, in: Großkomm. AktG, 4. Aufl. 2000, § 58 AktG Rdnr. 102.

292 Der insolvenzrechtliche Fälligkeitsbegriff setzt zusätzlich zur Fälligkeit i.S. des § 271 BGB voraus, dass die Forderung „ernsthaft eingefordert" ist; BGH v. 19.7.2007 – IX ZB 36/07, BGHZ 173, 286 = ZIP 2007, 1666 Rdnr. 18; *Karsten Schmidt*, in: Karsten Schmidt, § 17 InsO Rdnr. 9 ff., 12 f. m.w.N.; speziell zu den Auswirkungen eines Rangrücktritts auf die insolvenzrechtliche Fälligkeit AG Itzehoe v. 1.5.2014 – 28 IE 1/14, ZIP 2014, 1038 – Prokon; *Thole*, in: FS Kübler, 2015, S. 681, 683 ff.

293 BGH v. 9.10.2012 – II ZR 298/11, BGHZ 195, 42 = GmbHR 2013, 31 Rdnr. 9 ff. im Anschluss u.a. an 11. Aufl., Rdnr. 93; *Desch*, BB 2010, 2586 ff. (speziell zum Gewinnanspruch Fn. 38); *Winstel/Skauradszun*, GmbHR 2011, 185, 186 f.; ferner *Schluck-Amend*, in: FS Hommelhoff, 2012, S. 961, 973 ff.; 11. Aufl., § 64 Rdnr. 98; a.A. – Gesellschafterforderung muss im Rahmen des § 64 Satz 3 ausgeblendet werden – *Casper*, in: Ulmer/Habersack/Löbbe, § 64 Rdnr. 145; *H.-F. Müller*, in: MünchKomm. GmbHG, § 64 Rdnr. 190.

schaft grundsätzlich neutral[294]. Anders liegt es nur in eng begrenzten Ausnahmefällen. So kann die Begleichung der fälligen Gesellschafterforderung zur Folge haben, dass eine unwesentliche Deckungslücke – d.h. eine Lücke von weniger als 10 %, die nach der Rechtsprechung des BGH noch keine Zahlungsunfähigkeit begründet[295] – zu einer wesentlichen Deckungslücke wird, und so ausnahmsweise doch die Zahlungsunfähigkeit auslösen[296]. Ferner kann die Begleichung einer fälligen Gesellschafterforderung auch dann ausnahmsweise zur Zahlungsunfähigkeit führen, wenn andere Kreditgeber der Gesellschaft die Verlängerung oder Gewährung von Krediten davon abhängig gemacht haben, dass die Gesellschafterforderung bestehen bleibt[297]. Die praktische Relevanz dieser Ausnahmefälle dürfte sich jedoch in Grenzen halten. Eine ungleich größere Rolle spielt § 64 Satz 3 hingegen, wenn auf eine im insolvenzrechtlichen Sinn *nicht fällige* Gesellschafterforderung gezahlt wird, da hier die Zahlung nicht liquiditätsneutral ist[298]. Sofern § 64 Satz 3 die Auszahlung des Gewinns verbietet, steht der GmbH gegenüber dem Gewinnanspruch der Gesellschafter ein **Leistungsverweigerungsrecht** zu[299].

94 **dd)** Der Dividendenanspruch der Gesellschafter ist grundsätzlich selbst dann zu erfüllen, wenn die Gesellschaft nicht über ausreichende flüssige Eigenmittel verfügt und deshalb erst einen Kredit aufnehmen muss, um ihren Zahlungsverpflichtungen gegenüber den Gesellschaftern nachkommen zu können[300]. Aufgrund ihrer mitgliedschaftlichen **Treuepflicht** können die Gesellschafter aber **ausnahmsweise**[301] gehalten sein, Ansprüche vorübergehend nicht geltend zu machen, wenn die Geltendmachung für die Gesellschaft mit schweren Nachteilen verbunden wäre und den Gesellschaftern eine Stundung zumutbar ist[302].

f) Verjährung

95 Der Gewinnanspruch **verjährt** gemäß **§ 195 BGB** in der seit dem 1.1.2002 geltenden Fassung[303] in drei Jahren, wobei die Verjährungsfrist mit Ende des Jahres beginnt, in dem der Verwendungsbeschluss gefasst wurde (§ 199 Abs. 1 BGB). Abweichende Regelungen sind im Gesellschaftsvertrag in den Grenzen des § 202 BGB möglich. Besonderheiten gelten, wenn die Gesellschaft über die Gewinnansprüche **Dividendenscheine** (§ 14 Rdnr. 134) ausgestellt hat. In diesem Fall beträgt die Verjährungsfrist nach § 801 Abs. 1 Satz 2 BGB (ebenfalls in

---

294 Nachw. wie vorige Fn.; a.A. *W. Müller*, in: Ulmer/Habersack/Löbbe, Rdnr. 128a.
295 BGH v. 24.5.2005 – IX ZR 123/04, BGHZ 163, 134 = GmbHR 2005, 1117 mit Anm. *Blöse*.
296 Beispiel nach *Desch*, BB 2010, 2586: Die GmbH hat liquide Mittel von 92 und fällige Verbindlichkeiten von 100, darunter eine Gesellschafterforderung von 50. Begleicht die GmbH die Gesellschafterforderung, wird aus einer zunächst bestehenden Deckungslücke von 8 % (92 zu 100) eine solche von 16 % (42 zu 50), so dass Zahlungsunfähigkeit eintritt. Zu derartigen Fällen beiläufig auch BGH v. 9.10.2012 – II ZR 298/11, BGHZ 195, 42 = GmbHR 2013, 31 Rdnr. 13.
297 BGH v. 9.10.2012 – II ZR 298/11, BGHZ 195, 42 = GmbHR 2013, 31 Rdnr. 13.
298 Vgl. zu diesem möglichen Anwendungsfall des § 64 Satz 3 auch BGH v. 9.10.2012 – II ZR 298/11, BGHZ 195, 42 = GmbHR 2013, 31 Rdnr. 13.
299 BGH v. 9.10.2012 – II ZR 298/11, BGHZ 195, 42 = GmbHR 2013, 31 Rdnr. 18 (unter Aufhebung von OLG München v. 6.5.2010 – 23 U 1564/10, GmbHR 2010, 815, 816); 11. Aufl., § 64 Rdnr. 106; *H.-F. Müller*, in: MünchKomm. GmbHG, § 64 Rdnr. 197; jew. m.w.N.; a.A. *Haas*, in: Baumbach/Hueck, § 64 Rdnr. 143.
300 *Sudhoff*, GmbHR 1961, 118; *W. Müller*, in: Ulmer/Habersack/Löbbe, Rdnr. 128; *Pentz*, in: Rowedder/Schmidt-Leithoff, Rdnr. 33; *Priester*, in: MünchHdb. III, § 57 Rdnr. 56.
301 Zur reduzierten Intensität der Treuebindung bei der Geltendmachung eigennütziger Mitgliedschafts- und Gläubigerrechte *Verse*, in: Henssler/Strohn, Gesellschaftsrecht, § 14 GmbHG Rdnr. 103, 110.
302 *Raiser*, in: Ulmer/Habersack/Löbbe, § 14 Rdnr. 87, 98; *Verse*, in: Henssler/Strohn, Gesellschaftsrecht, § 14 GmbHG Rdnr. 110; *M. Winter*, Mitgliedschaftliche Treuebindungen, S. 127 ff.
303 Nach § 195 BGB a.F. betrug die Frist 30 Jahre; zum Übergangsrecht s. Art. 229 § 6 EGBGB.

der seit dem 1.1.2002 geltenden Fassung) zwei Jahre, beginnt aber erst mit Ablauf der vierjährigen Vorlegungsfrist des § 801 Abs. 2 BGB[304].

g) Insolvenz, Liquidation

aa) In der **Insolvenz** der Gesellschaft ist hinsichtlich noch unbeglichener Gewinnansprüche 96 zu unterscheiden. Ist der Gewinnanspruch von Anfang an nicht durchsetzbar gewesen, da er bereits im Zeitpunkt des Verwendungsbeschlusses nicht aus ungebundenem Vermögen (§ 30 Abs. 1 Satz 1) bedient werden konnte (Rdnr. 91), ist er in der Insolvenz erst nach allen anderen Insolvenzforderungen zu erfüllen[305]. Ist die Unterbilanz dagegen erst nachträglich entstanden, stand die Erfüllung des Anspruchs nach hier vertretener Ansicht nicht unter dem Vorbehalt des § 30 Abs. 1 Satz 1 (Rdnr. 92). Folglich ist in diesem Fall der Anspruch nicht erst nach allen anderen Insolvenzforderungen zu erfüllen[306]. Ist der Gewinnanspruch in einen Darlehensanspruch umgewandelt worden oder liegt sonst eine Rechtshandlung vor, die einem Darlehen wirtschaftlich entspricht (z.B. eine Stundung des Gewinnanspruchs), ist der Anspruch als nachrangige Insolvenzforderung i.S. des § 39 Abs. 1 Nr. 5 InsO einzustufen, sofern nicht die Ausnahmen nach § 39 Abs. 4 Satz 2 und Abs. 5 InsO (Sanierungs- bzw. Kleinbeteiligtenprivileg) eingreifen[307]. Falls keine Umwandlung in ein Darlehen (oder eine entsprechende Rechtshandlung) stattgefunden hat oder das Sanierungs- oder Kleinbeteiligtenprivileg eingreift, ist der Anspruch als einfache, nicht nachrangige Insolvenzforderung zu qualifizieren[308].

Ist der Anspruch auf den stehengelassenen Gewinn nach Maßgabe der vorstehenden Grundsätze nachrangig i.S. des § 39 Abs. 1 Nr. 5 InsO, unterliegen **Auszahlungen**, die **im Jahr vor der Stellung des Insolvenzantrags** auf einen solchen Anspruch erfolgt sind, der **Anfechtung nach § 135 Abs. 1 Nr. 2 InsO** (bzw. § 6 Abs. 1 Satz 1 Nr. 2, Satz 2 AnfG). Umstritten und bisher nicht abschließend geklärt ist, ob dieser Anfechtungstatbestand auch eingreift, wenn Beträge aus frei verfügbaren **Rücklagen** oder einem **Gewinnvortrag** innerhalb eines Jahres vor dem Insolvenzantrag ausgeschüttet werden. Verbreitet wird dies angenommen, da es wirtschaftlich keinen Unterschied mache, ob ein im Geschäftsbetrieb generierter Gewinn als Darlehen stehen gelassen wird oder in die Rücklage eingestellt oder auf neue Rechnung vorgetragen wird; in allen Fällen dienten die Mittel gleichermaßen als Finanzierungsquelle der Gesellschaft[309]. Die Gegenansicht[310] verweist indes mit Recht darauf, dass durchaus erhebliche Unterschiede bestehen: Anders als beim Darlehen fehlt es bei Eigenkapitalpositionen wie Rücklagen und Gewinnvorträgen schon an einem Forderungsrecht des Gesellschafters; ein 96a

---

304 *W. Müller*, in: Ulmer/Habersack/Löbbe, Rdnr. 129.

305 Insoweit übereinstimmend *W. Müller*, in: Ulmer/Habersack/Löbbe, Rdnr. 130.

306 So aber *W. Müller*, in: Ulmer/Habersack/Löbbe, Rdnr. 130 (auf Grundlage seines von der hier vertretenen Position abweichenden Verständnisses zur Reichweite des § 30).

307 *Pentz*, in: Rowedder/Schmidt-Leithoff, Rdnr. 28 a.E.; weitergehend – auf Grundlage seines von der hier vertretenen Ansicht abweichenden Standpunkts zur Reichweite des § 30 konsequent – *W. Müller*, in: Ulmer/Habersack/Löbbe, Rdnr. 130: nach allen anderen Insolvenzforderungen.

308 Wie hier *Pentz*, in: Rowedder/Schmidt-Leithoff, Rdnr. 28; weitergehend *Strohn*, in: Henssler/Strohn, Gesellschaftsrecht, Rdnr. 55: § 39 Abs. 1 Nr. 5 InsO analog auch dann, wenn der Gewinnanspruch nicht in ein Darlehen umgewandelt wurde.

309 11. Aufl., Anh. § 64 Rdnr. 177; *Habersack*, in: Ulmer/Habersack/Löbbe, Anh. § 30 Rdnr. 58; *Mylich*, ZGR 2009, 474, 491 ff.; *Mylich*, ZIP 2017, 1255 ff.; *J. Vetter*, in: Goette/Habersack, Das MoMiG in Wissenschaft und Praxis, 2009, Rdnr. 4.118 ff. (allerdings mit der Einschränkung, dass sich gutgläubige Zahlungsempfänger auf den Schutz des § 32 berufen dürfen); für den Fall einer Einpersonen-GmbH auch OLG Koblenz v. 15.10.2013 – 3 U 635/13, NZG 2014, 998 (Gewinnvortrag); wohl auch LG Hamburg v. 18.6.2015 – 301 O 1/15, ZIP 2015, 1795, 1796.

310 OLG Schleswig v. 8.2.2017 – 9 U 84/16, ZIP 2017, 622, 624 f.; *Eidenmüller/Engert*, in: FS Karsten Schmidt, 2009, S. 305, 326 f.; *Büscher*, in: FS Hüffer, 2010, S. 81, 89; *Gehrlein*, in: MünchKomm. InsO, § 135 InsO Rdnr. 19; *Heckschen/Kreusslein*, RNotZ 2016, 351, 361 f.; *Menkel*, NZG 2014, 982, 983 ff.; *Seibold/Waßmuth*, GmbHR 2016, 962, 963; *Wünschmann*, NZG 2017, 51 ff.

solches entsteht erst mit Fassung des Ausschüttungsbeschlusses. Während das Darlehen gemäß § 30 Abs. 1 Satz 3 keiner Auszahlungssperre unterliegt und daher auch im Stadium der Unterbilanz zurückgezahlt werden kann, werden die Rücklagen und Gewinnvorträge im Fall einer negativen Ertragsentwicklung aufgezehrt und stehen dann nicht mehr zur Ausschüttung zur Verfügung. Angesichts dieser kategorialen Unterschiede zwischen Fremd- und Eigenkapitalpositionen kann man letztere nicht als darlehensähnlich qualifizieren. In Betracht käme daher allenfalls eine *analoge* Anwendung des § 135 Abs. 1 Nr. 2 InsO (bzw. § 6 Abs. 1 Satz 1 Nr. 2, Satz 2 AnfG). Für diese scheint auf den ersten Blick ein Erst-recht-Schluss zu sprechen: Wenn sogar Leistungen auf Forderungen der Gesellschafter innerhalb eines Jahres vor dem Insolvenzantrag ohne weiteres zurückzugewähren sind, dann läge dasselbe auch für Ausschüttungen nahe, auf die ein Gesellschafter grundsätzlich keinen Anspruch hat. Im Ergebnis dürfte eine Analogie jedoch am **Fehlen einer planwidrigen Lücke** scheitern[311]. Der Gesetzgeber ist offenbar davon ausgegangen, dass für Ausschüttungen bereits das Auszahlungsverbot des § 30 Abs. 1 Satz 1 (ergänzt durch § 64 Satz 3) ein hinreichendes Gläubigerschutzniveau gewährleistet. Den im Vorfeld des MoMiG unterbreiteten Vorschlag, die Insolvenzanfechtung nach § 135 InsO neben Darlehensrückzahlungen auch auf sämtliche Ausschüttungen innerhalb der letzten Jahres vor dem Insolvenzantrag zu erstrecken[312], hat er nicht aufgegriffen. I.Ü. müsste – wollte man den genannten Erst-recht-Schluss konsequent durchführen – neben der Auszahlung von Rücklagen und Gewinnvorträgen auch die zeitnahe Auszahlung des **Jahresüberschusses** analog § 135 Abs. 1 Nr. 2 InsO anfechtbar sein; so weit wollen aber auch diejenigen, die Auszahlungen aus Rücklagen und Gewinnvorträgen für anfechtbar halten, nicht gehen[313].

97 **bb)** Befindet sich die Gesellschaft in **Liquidation** (§§ 60 ff.), können die Liquidatoren Gewinnansprüche, die durch Fassung des Verwendungsbeschlusses noch vor der Auflösung entstanden sind, ohne Rücksicht auf das Sperrjahr des § 73 erfüllen[314]; sie tilgen insoweit nur eine Verbindlichkeit der Gesellschaft. Für Rechnungsperioden vom Zeitpunkt der Auflösung an kommt eine Gewinnverteilung nach § 29 dagegen nicht mehr in Betracht. Die Gesellschafter partizipieren an etwaigen Abwicklungsgewinnen stattdessen dadurch, dass sie gemäß §§ 72, 73 einen Anspruch auf Beteiligung an dem nach Begleichung aller Verbindlichkeiten verbleibenden Liquidationserlös haben[315]. Streitig ist, wie in Bezug auf solche Gewinne zu verfahren ist, die in Rechnungsperioden vor dem Zeitpunkt der Auflösung (einschließlich des Rumpfgeschäftsjahrs bis zur Auflösung) erwirtschaftet wurden, über deren Verwendung aber im Zeitpunkt der Auflösung noch nicht beschlossen war. Nach überwiegender Ansicht soll in diesem Fall zwar noch ein Verwendungsbeschluss gefasst werden können; der zur Ausschüttung beschlossene Gewinn soll jedoch nicht vor Ablauf des Sperrjahrs (§ 73) ausgezahlt werden können[316]. Soweit nach dem Gesagten das Sperrjahr einer Ausschüttung entgegensteht, sind auch Gewinnvorauszahlungen unzulässig[317].

---

311 So auch OLG Schleswig v. 8.2.2017 – 9 U 84/16, ZIP 2017, 622, 624 f.; *Eidenmüller/Engert*, in: FS Karsten Schmidt, 2009, S. 305, 326 f.; *Büscher*, in: FS Hüffer, 2010, S. 81, 89.

312 *Eidenmüller*, ZHR 171 (2007), 644, 682.

313 11. Aufl., Anh. § 64 Rdnr. 177; *Mylich*, ZGR 2009, 474, 491, 493; *Mylich*, ZIP 2013, 1255, 1257, 1260.

314 11. Aufl., § 69 Rdnr. 28; *Mock*, in: Michalski u.a., Rdnr. 147; *W. Müller*, in: Ulmer/Habersack/Löbbe, Rdnr. 131; *Strohn*, in: Henssler/Strohn, Gesellschaftsrecht, Rdnr. 55. Zur Frage, inwieweit dabei § 30 zu beachten ist, s. Rdnr. 91 f.

315 11. Aufl., § 69 Rdnr. 28; *W. Müller*, in: Ulmer/Habersack/Löbbe, Rdnr. 131.

316 BFH v. 12.9.1973 – I R 9/72, BStBl. II 1974, 14, 15; BFH v. 22.10.1998 – I R 15/98, GmbHR 1999, 429 f.; ausführlich 11. Aufl., § 69 Rdnr. 28 m.w.N.; gleichfalls für Möglichkeit der Beschlussfassung, aber ohne Bindung an das Sperrjahr *W. Müller*, in: Ulmer/Habersack/Löbbe, Rdnr. 131; a.A. *Mock*, in: Michalski u.a., Rdnr. 203: Verwendungsbeschluss nicht mehr möglich.

317 BGH v. 2.3.2009 – II ZR 264/07, GmbHR 2009, 712, 714 Rdnr. 19.

V. Rücklagenbildung bei Wertaufholungen (§ 29 Abs. 4)

1. Allgemeines

Die dem § 58 Abs. 2a AktG nachgebildete Bestimmung des § 29 Abs. 4 ist durch das BiRiLiG   98
(Rdnr. 3) eingeführt und durch das BilRUG (Rdnr. 7a) neu gefasst worden. § 29 Abs. 4
Satz 1 ermöglicht es, den Eigenkapitalanteil von **Wertaufholungen** nach § 253 Abs. 5 HGB in
die anderen Gewinnrücklagen (§ 272 Abs. 3 Satz 2 HGB) einzustellen. Wird hiervon Gebrauch gemacht, ist der Betrag dieser Rücklagen in der Bilanz gesondert auszuweisen (§ 29
Abs. 4 Satz 2 Halbs. 1); er kann aber auch im Anhang angegeben werden (§ 29 Abs. 4 Satz 2
Halbs. 2)[318]. Da die Rücklagenbildung regelmäßig schon durch § 29 Abs. 2 ermöglicht wird,
beschränkt sich die praktische Bedeutung des § 29 Abs. 4 im Wesentlichen[319] auf Altgesellschaften, sofern diese nach Art. 12 § 7 Abs. 1 ÄndG noch dem **Vollausschüttungsgebot** des alten Rechts unterliegen (Rdnr. 8), sowie auf Gesellschaften, deren Gesellschaftsvertrag die Vollausschüttung vorschreibt. In diesen Fällen ermöglicht es § 29 Abs. 4 den Eigenkapitalanteil
von Wertaufholungen mit einfacher Stimmenmehrheit der Gesellschafter (Rdnr. 103–105) in
die Gewinnrücklagen einzustellen. Damit wollte der Gesetzgeber des BiRiLiG einen Ausgleich
dafür gewähren, dass die in den Fällen des § 29 Abs. 4 vormals mögliche Bildung stiller Reserven nach Inkrafttreten des BiRiLiG nicht mehr zulässig ist (s. dazu noch Rdnr. 101).

§ 29 Abs. 4 Satz 1 ist nach allgemeiner Ansicht **dispositiv**[320]. Allein der Umstand, dass der   99
Gesellschaftsvertrag die Gewinnverwendung überhaupt abweichend vom Gesetz regelt, genügt jedoch nicht für die Annahme, dass gerade auch § 29 Abs. 4 abbedungen werden soll
(arg. e § 29 Abs. 4 Satz 1)[321]. Schreibt der Gesellschaftsvertrag eine bestimmte Rücklagenbildung vor, ist im Zweifel nicht anzunehmen, dass die nach § 29 Abs. 4 gebildeten Rücklagen
hierauf angerechnet werden sollen[322].

Die bis zum BilRUG (Rdnr. 7a) geltende **alte Fassung** erfasste neben dem Eigenkapitalanteil   100
von Wertaufholungen auch den Eigenkapitalanteil von **bei der steuerrechtlichen Gewinnermittlung gebildeten Passivposten**, die nicht im Sonderposten mit Rücklageanteil ausgewiesen werden dürfen (§ 29 Abs. 4 Satz 1 Var. 2 a.F.). Die Bezugnahme auf den Sonderposten
mit Rücklageanteil lief aber seit dem BilMoG (Rdnr. 7a) leer, da dieses die Bestimmungen
über den Sonderposten (§§ 247 Abs. 3, 270 Abs. 1 Satz 2, 273 HGB a.F.) aufgehoben hatte[323].
Der Gesetzgeber des BilRUG hat darauf mit der Aufhebung der zweiten Tatbestandsvariante
des § 29 Abs. 4 Satz 1 a.F. reagiert (zum Übergangsrecht s. Rdnr. 8a).

---

318 Das BilRUG hat die Formulierung des Abs. 4 Satz 2 gegenüber der a.F. („in der Bilanz gesondert
     auszuweisen oder im Anhang anzugeben") leicht verändert, das Wahlrecht (Bilanzausweis oder
     Anhangangabe) aber im Ergebnis unberührt gelassen. Die neue Formulierung soll offenbar nur
     zum Ausdruck bringen, dass der Gesetzgeber den Ausweis in der Bilanz als Regelfall ansieht; vgl.
     Begr. RegE BilRUG, BT-Drucks. 18/4050, S. 61 (zur gleichartigen Änderung des § 268 Abs. 1
     Satz 2-3 HGB).
319 S. aber noch Rdnr. 102 (Rücklagenbildung in Verlustjahren).
320 Statt vieler *Fastrich*, in: Baumbach/Hueck, Rdnr. 18; *W. Müller*, in: Ulmer/Habersack/Löbbe,
     Rdnr. 174. Anderes gilt freilich für Abs. 4 Satz 2; *Ekkenga*, in: MünchKomm. GmbHG, Rdnr. 6.
321 *Fastrich*, in: Baumbach/Hueck, Rdnr. 18.
322 *Hommelhoff*, ZGR 1986, 418, 437; *Strohn*, in: Henssler/Strohn, Gesellschaftsrecht, Rdnr. 27 a.E.
323 Welche Konsequenzen dies für die Anwendung des § 29 Abs. 4 Satz 1 Var. 2 a.F. hatte, war streitig;
     s. dazu einerseits 11. Aufl., Rdnr. 101; *W. Müller*, in: Ulmer/Habersack/Löbbe, Rdnr. 3, 176; ande-
     rerseits *Fastrich*, in: Baumbach/Hueck, Rdnr. 19; jeweils m.w.N.

2. Anwendungsbereich

a) Wertaufholungen

101 Mit den Wertaufholungen bei Vermögensgegenständen des Anlage- und Umlaufvermögens nimmt § 29 Abs. 4 Satz 1 auf das **Wertaufholungsgebot** des § 253 Abs. 5 HGB Bezug[324]. Nach dieser Vorschrift müssen bestimmte Abschreibungen, die sich später als nicht gerechtfertigt erweisen, durch Zuschreibungen wieder rückgängig gemacht werden, wenn die Gründe für die Abschreibung nicht mehr bestehen. Durch diese Zuschreibungen entstehen Erträge in der Gewinn- und Verlustrechnung[325], die das Jahresergebnis erhöhen und damit grundsätzlich für die Gewinnverteilung zur Verfügung stehen. Nach § 29 Abs. 4 kann der **Eigenkapitalanteil** solcher Wertaufholungen, d.h. die Differenz zwischen dem Betrag der Wertaufholung und der darin enthaltenen Steuerbelastung[326], indes selbst dann in die anderen Gewinnrücklagen eingestellt werden, wenn ansonsten Vollausschüttung vorgeschrieben ist. Der Gesetzgeber des BiRiLiG wollte mit dieser Regelung erreichen, dass die Einführung des Wertaufholungsgebots nach § 280 Abs. 1 HGB a.F. (§ 253 Abs. 5 HGB n.F.) nicht zu einer Schwächung der Eigenkapitalbasis der Gesellschaften führt. Vor Inkrafttreten des BiRiLiG war nämlich noch keine Wertaufholung vorgeschrieben, so dass stille Reserven gebildet werden konnten. Da dies nach dem BiRiLiG nicht mehr möglich ist, soll § 29 Abs. 4 zum Ausgleich die Bildung offener Reserven erleichtern[327].

b) Anwendbarkeit in Verlustjahren

102 Umstritten ist, ob von der Möglichkeit des § 29 Abs. 4 auch Gebrauch gemacht werden kann, wenn kein Jahresüberschuss vorliegt oder dieser hinter den Beträgen nach § 29 Abs. 4 zurückbleibt. Soweit das verneint wird, versucht man sich damit zu behelfen, dass eine Nachdotierung in einem Folgejahr mit positivem Ergebnis zugelassen wird[328]. Da der Gesetzeswortlaut keine derartige Beschränkung vorsieht und zwingende Gründe für sie nicht ersichtlich sind, spricht indes mehr dafür, auch in **Verlustjahren** die Rücklagenbildung nach § 29 Abs. 4 zuzulassen[329]. Die Folge einer solchen Thesaurierung ohne Gewinn ist die Entstehung eines Verlustvortrags und damit eine Reduzierung des Ausschüttungsvolumens für das Folgejahr[330]. Die fragwürdige Konstruktion einer Nachdotierung der Rücklage in einem Geschäftsjahr, in dem diese gar nicht entstanden ist, ist nach dieser Lösung entbehrlich.

3. Zuständigkeit

103 Die Zuständigkeit für die Rücklagenbildung nach § 29 Abs. 4 ist im Gesetzeswortlaut höchst missverständlich geregelt, wenn es dort heißt, die Entscheidung über die Rücklagenbildung werde von den Geschäftsführern mit Zustimmung des Aufsichtsrats (soweit vorhanden) oder der Gesellschafter gefasst. Was zunächst die **aufsichtsratsfreie GmbH** betrifft, so erweckt der

---

324 Mit dem BilMoG ist § 253 Abs. 5 HGB n.F. an die Stelle des § 280 Abs. 1 HGB a.F. getreten; zum Übergangsrecht s. Art. 66 Abs. 3, Abs. 5 EGHGB.

325 Zu den Einzelheiten der buchmäßigen Behandlung *Winkeljohann/Taetzner*, in: Beck Bil-Komm., § 253 HGB Rdnr. 649 ff.

326 *Strohn*, in: Henssler/Strohn, Gesellschaftsrecht, Rdnr. 28.

327 Bericht des Rechtsausschusses, BT-Drucks. 10/4268, S. 130 li. Sp. i.V.m. S. 123 f.

328 So namentlich *Adler/Düring/Schmaltz*, § 58 AktG Rdnr. 95 ff., 98.

329 Heute ganz überwiegende Ansicht; *Bayer*, in: MünchKomm. AktG, 4. Aufl. 2016, § 58 AktG Rdnr. 80; *Ekkenga*, in: MünchKomm. GmbHG, Rdnr. 241; *W. Müller*, in: Ulmer/Habersack/Löbbe, Rdnr. 178; *Pentz*, in: Rowedder/Schmidt-Leithoff, Rdnr. 92; *Strohn*, in: Henssler/Strohn, Gesellschaftsrecht, Rdnr. 31; *Winkeljohann/Taetzner*, in: Beck Bil-Komm., § 253 HGB Rdnr. 663.

330 *Ekkenga*, in: MünchKomm. GmbHG, Rdnr. 241; *W. Müller*, in: Ulmer/Habersack/Löbbe, Rdnr. 178.

Wortlaut („Geschäftsführer mit Zustimmung [...] der Gesellschafter") den Anschein, als könne die Rücklagenbildung nur im Zusammenwirken von Geschäftsführern und Gesellschaftern beschlossen werden. Darin läge indes eine markante Abweichung von der sonst geltenden Zuständigkeitsregelung, nach der die Geschäftsführer mit der Aufstellung des Jahresabschlusses lediglich einen unverbindlichen Vorschlag machen und es den Gesellschaftern freisteht, den Jahresabschluss mit einem anderen Inhalt festzustellen (Rdnr. 13). Es ist jedoch kein vernünftiger Grund erkennbar, warum ausgerechnet im Bereich des § 29 Abs. 4 von der allgemeinen Kompetenzordnung abgewichen werden sollte. Daher ist mit der ganz h.M. davon auszugehen, dass der Gesetzeswortlaut insoweit ungenau ist und es bei den **allgemeinen Zuständigkeitsregeln** bewendet, mithin allein die Gesellschafterversammlung verbindlich über die Rücklagenbildung entscheidet[331].

Nichts anderes gilt im Ergebnis für die **GmbH mit Aufsichtsrat.** Zwar legt der Wortlaut („Geschäftsführer mit Zustimmung des Aufsichtsrats oder der Gesellschafter") hier sogar das Verständnis nahe, dass die Rücklagenbildung von Geschäftsführern und Aufsichtsrat allein entschieden werden kann, ohne dass es noch auf die Gesellschafter ankommt. Ein solches Verständnis verträgt sich indes ersichtlich nicht damit, dass die Geschäftsführer auch bei der Aufstellung des Jahresabschlusses den Weisungen der Gesellschafterversammlung unterliegen (Rdnr. 12), ihnen also keine Entscheidungsautonomie zukommt. Auch dann, wenn Geschäftsführer und Aufsichtsrat gemeinsam für die Rücklage nach § 29 Abs. 4 optieren, muss es daher der Gesellschafterversammlung im Rahmen der Feststellung des Jahresabschlusses freistehen, diese Entscheidung umzustoßen. Im Ergebnis bleibt damit auch hier die nach der allgemeinen Zuständigkeitsordnung bestehende Entscheidungskompetenz der Gesellschafterversammlung unangetastet[332]. | 104

Ist die Rücklage bereits bei der Aufstellung des Jahresabschlusses gebildet worden (§ 268 Abs. 1 HGB), entscheidet die Gesellschafterversammlung im Rahmen der **Feststellung des Jahresabschlusses** (Rdnr. 13 ff.) darüber, ob an der Rücklage festgehalten werden soll[333]. Ist der Jahresabschluss ohne die Rücklage aufgestellt worden, kann die Gesellschafterversammlung den Jahresabschluss mit diesem Inhalt feststellen und im **Verwendungsbeschluss** (Rdnr. 36 ff.) die Rücklage nach § 29 Abs. 4 neben oder anstelle von den nach § 29 Abs. 2 gebildeten Gewinnrücklagen dotieren[334]. Auch die Mehrheitserfordernisse bestimmen sich nach allgemeinen Regeln, mangels abweichender Regelung im Gesellschaftsvertrag also nach § 47 Abs. 1 (einfache Mehrheit). | 105

VI. Sonderformen der Gewinnausschüttung

1. Vorabausschüttungen

a) Allgemeines

Die Gesellschafter müssen nicht zwingend die Feststellung des Jahresabschlusses abwarten, um eine Gewinnausschüttung beschließen zu können. Vielmehr ist es nach ganz h.M. grundsätzlich zulässig, nach dem anwendbaren Verteilungsschlüssel (§ 29 Abs. 3) Vorauszahlungen | 106

---

331 *Hommelhoff*, ZGR 1986, 418, 435; *Ekkenga*, in: MünchKomm. GmbHG, Rdnr. 244; *W. Müller*, in: Ulmer/Habersack/Löbbe, Rdnr. 180; *Strohn*, in: Henssler/Strohn, Gesellschaftsrecht, Rdnr. 30; im Erg. auch *Roth*, in: Roth/Altmeppen, Rdnr. 47.

332 *Hommelhoff*, ZGR 1986, 418, 436 f.; *Ekkenga*, in: MünchKomm. GmbHG, Rdnr. 244; *W. Müller*, in: Ulmer/Habersack/Löbbe, Rdnr. 180; *Strohn*, in: Henssler/Strohn, Gesellschaftsrecht, Rdnr. 30; im Erg. auch *Roth*, in: Roth/Altmeppen, Rdnr. 47; a.A. *Mock*, in: Michalski u.a., Rdnr. 221.

333 Zu dem Sonderfall, dass der Gesellschaftsvertrag die Feststellungskompetenz einem anderen Organ zuweist, s. bereits Rdnr. 33.

334 *Fastrich*, in: Baumbach/Hueck, Rdnr. 21.

auf den erwarteten Gewinn zu beschließen und auszukehren[335], und zwar auch ohne Ermächtigung im Gesellschaftsvertrag[336]. Man spricht dann von **Vorabausschüttungen**, synonym auch von Gewinnvorschüssen, Abschlags- oder Zwischendividenden. Da § 59 AktG in engem Zusammenhang mit der strengen aktienrechtlichen Vermögensbindung (§ 57 Abs. 3 AktG) steht und daher im GmbH-Recht nicht entsprechend anwendbar ist, kann die Vorabausschüttung schon während des laufenden Geschäftsjahrs auf den zum Ende des Geschäftsjahres erwarteten Gewinn erfolgen[337]. Sie kann aber auch noch im Zeitraum zwischen Ablauf des Geschäftsjahres und Feststellung des Jahresabschlusses beschlossen werden[338]. Daher kann ein Anspruch auf Zahlung einer vor Ablauf des Geschäftsjahres beschlossenen Vorabausschüttung auch noch nach Ablauf des Geschäftsjahres bis zur bestandskräftigen Feststellung des Jahresabschlusses geltend gemacht werden[339]. Der Anspruch entsteht mit der Beschlussfassung als selbständig abtretbares Gläubigerrecht.

b) Zuständigkeit, Voraussetzungen

107 **Zuständig** für die Entscheidung über die Vorabausschüttung ist vorbehaltlich abweichender Regelung im Gesellschaftsvertrag die **Gesellschafterversammlung**[340]. Dies folgt aus § 46 Nr. 1, da es um Gewinnverwendung geht, mag diese auch noch unter dem Vorbehalt eines später tatsächlich eintretenden Gewinns stehen und insoweit nur vorläufigen Charakter haben. Von den Geschäftsführern eigenmächtig vorgenommene Auszahlungen sind daher rechtsgrundlos erbracht und nach Bereicherungsrecht zurückzugewähren[341].

108 **Voraussetzung** einer jeden Vorabausschüttung ist, dass die **Stammkapitalbindung** (§ 30) respektiert wird. Ein Gesellschafterbeschluss, der trotz bestehender Unterbilanz eine Vorabausschüttung vorsieht, ist so lange nicht vollziehbar, bis die Auszahlung möglich wird, ohne das Stammkapital anzutasten (§ 30 Rdnr. 119). Selbstverständlich dürfen auch **keine existenzvernichtenden** – genauer: insolvenzverursachenden – Vorabausschüttungen beschlossen werden (vgl. § 13 Rdnr. 152 ff.). Als weitere Voraussetzung wird häufig verlangt, im Zeitpunkt der

---

335 So bereits RG v. 12.5.1914 – II 96/14, RGZ 85, 43; RG v. 21.1.1918 – VI 339/17, RGZ 92, 77, 82; ferner OLG Hamm v. 5.2.1992 – 8 U 159/91, GmbHR 1992, 456 f.; zum Schrifttum s. die Nachw. in folgender Fn.

336 *Fastrich*, in: Baumbach/Hueck, Rdnr. 60; *Hommelhoff*, in: Lutter/Hommelhoff, Rdnr. 45; *W. Müller*, in: Ulmer/Habersack/Löbbe, Rdnr. 136; *Strohn*, in: Henssler/Strohn, Gesellschaftsrecht, Rdnr. 58; a.A. noch LG Essen v. 2.6.1981 – 45 O 238/80, ZIP 1981, 1094 (gesellschaftsvertragliche Grundlage erforderlich).

337 Ganz h.M., RG v. 12.5.1914 – II 96/14, RGZ 85, 43; BFH v. 27.1.1977 – I R 39/75, BFHE 122, 43, 44 f. = GmbHR 1977, 160; *G. Hueck*, ZGR 1975, 133, 140 f.; *Fastrich*, in: Baumbach/Hueck, Rdnr. 60; *W. Müller*, in: Ulmer/Habersack/Löbbe, Rdnr. 135; *Pentz*, in: Rowedder/Schmidt-Leithoff, Rdnr. 98; abw. im Erg. OLG Hamburg v. 11.6.1969 – 26 T 16/68, MDR 1969, 848 = GmbHR 1973, 123 f.; OLG Hamburg v. 12.5.1971 – 4 U 6/71, MDR 1971, 1015.

338 *Fastrich*, in: Baumbach/Hueck, Rdnr. 60; *Strohn*, in: Henssler/Strohn, Gesellschaftsrecht, Rdnr. 58. Eine solche nachperiodische Vorabausschüttung wird zwar von Teilen des Schrifttums (etwa *W. Müller*, in: Ulmer/Habersack/Löbbe, Rdnr. 133) nicht mehr als Vorabausschüttung „im engeren Sinne" bezeichnet; das ist aber nur eine terminologische Frage.

339 *Strohn*, in: Henssler/Strohn, Gesellschaftsrecht, Rdnr. 58; a.A. – nur bis zur Aufstellung – OLG Hamm v. 5.2.1992 – 8 U 159/91, GmbHR 1992, 456, 457.

340 Ganz h.M.; *Hommelhoff*, in: Lutter/Hommelhoff, Rdnr. 45; *G. Hueck*, ZGR 1975, 133, 151; *Fastrich*, in: Baumbach/Hueck, Rdnr. 60; *Mock*, in: Michalski u.a., Rdnr. 225; *W. Müller*, in: Ulmer/Habersack/Löbbe, Rdnr. 139; *Pentz*, in: Rowedder/Schmidt-Leithoff, Rdnr. 99; *Strohn*, in: Henssler/Strohn, Gesellschaftsrecht, Rdnr. 58; a.A. *Ekkenga*, in: MünchKomm. GmbHG, Rdnr. 97 (Zuständigkeit der Geschäftsführer), da es sich bei den Vorschüssen um bloße Darlehensgewährungen handle.

341 *Renkl*, BB 1988, 2069, 2071. Bei Verstoß gegen § 30 ergibt sich der Rückgewähranspruch bereits aus § 31.

Beschlussfassung müsse die nach ordentlichen kaufmännischen Grundsätzen begründete Erwartung bestehen, dass im festgestellten Jahresabschluss ein den Betrag der Vorabausschüttung abdeckendes, ausschüttungsfähiges Ergebnis ausgewiesen werden wird[342]; darin soll eine Wirksamkeitsvoraussetzung für die Beschlussfassung liegen[343]. Es ist aber kein Grund ersichtlich, warum die Gesellschafter nicht auch bei zweifelhafter Gewinnerwartung wirksam eine Vorabausschüttung beschließen können, solange nur die Grenzen des § 30 gewahrt werden[344]. Bleibt der Gewinn aus, löst dies freilich eine Rückzahlungspflicht aus (Rdnr. 109). In der Konsequenz der hier vertretenen Ansicht liegt es, dass es zur Wirksamkeit der Beschlussfassung weder einer förmlichen Zwischenbilanz noch einer bilanzähnlichen Vorausberechnung des erwarteten Gewinns bedarf[345]. Im Zweifel ist die Erstellung einer Zwischenbilanz sowie einer Liquiditätsprognose freilich zu empfehlen, um Verletzungen des § 30 und des § 64 Satz 3 verlässlich auszuschließen. Unzulässig sind Vorabausschüttungen nach Eintritt der Gesellschaft in die Liquidation, solange nicht die Tilgung bzw. Sicherstellung der Gesellschaftsschulden erfolgt und das Sperrjahr nach § 73 Abs. 1 abgelaufen ist[346].

c) Rechtsfolgen

Alle Vorabausschüttungen stehen unter dem (selbstverständlichen) **Vorbehalt**, dass der Jahresabschluss tatsächlich einen ausschüttungsfähigen Gewinn in entsprechender Höhe ausweist[347]. Die ausdrückliche Aufnahme dieses Vorbehalts in den Beschluss der Gesellschafter ist zwar nicht unerlässlich[348], empfiehlt sich aber. Insbesondere sollte klargestellt werden, ob sich der Vorbehalt auf den erwarteten Jahresüberschuss oder den Bilanzgewinn bezieht und ob letzterenfalls eine Verpflichtung der Gesellschafter besteht, ggf. Rücklagen aufzulösen, um einen den Vorabausschüttungsbetrag abdeckenden Bilanzgewinn darzustellen[349]. Wird keine klare Regelung getroffen, soll im Zweifel anzunehmen sein, dass Vorabausschüttungen auf den erwarteten Jahresüberschuss erfolgen und keine Verpflichtung zur Auflösung von Rücklagen besteht[350]. Soweit das maßgebliche Ergebnis hinter dem Vorabausschüttungsbetrag zurückbleibt, steht der Gesellschaft ein Anspruch auf **Rückzahlung** gegen die Gesellschafter zu. Dieser Anspruch entsteht grundsätzlich mit Feststellung des Jahresabschlusses und wird dann auch fällig[351]. In eng begrenzten Sonderfällen wird ausnahmsweise auch schon eine frühere Rückforderung in Betracht gezogen[352]. Die Rechtsgrundlage des Rückzahlungsanspruchs er-

109

---

342 *Fastrich*, in: Baumbach/Hueck, Rdnr. 61; *Hommelhoff*, in: Lutter/Hommelhoff, Rdnr. 45; *G. Hueck*, ZGR 1975, 133, 143, 148; strenger *Pentz* in: Rowedder/Schmidt-Leithoff, Rdnr. 98: Gewinn muss sogar „mit Gewissheit" feststehen.

343 *Hommelhoff*, in: Lutter/Hommelhoff, Rdnr. 45.

344 Ebenso *W. Müller*, in: Ulmer/Habersack/Löbbe, Rdnr. 140; *Vonnemann*, BB 1989, 877, 878; *Witt*, in: FS Hommelhoff, 2012, S. 1363, 1366 f.; im Erg. auch *Ekkenga*, in: MünchKomm. GmbHG, Rdnr. 99.

345 *W. Müller*, in: Ulmer/Habersack/Löbbe, Rdnr. 141; strenger *Hommelhoff*, in: Lutter/Hommelhoff, Rdnr. 45 (bilanzähnliche Vorausberechnung kombiniert mit Liquiditätsprognose zwingend erforderlich); ähnlich *Fastrich*, in: Baumbach/Hueck, Rdnr. 61.

346 Eine gleichwohl erfolgte Vorabausschüttung ist analog § 31 zurückzugewähren; BGH v. 2.3.2009 – II ZR 264/07, GmbHR 2009, 712 Rdnr. 19 f.

347 BGH v. 2.3.2009 – II ZR 264/07, GmbHR 2009, 712 Rdnr. 21; OLG Hamm v. 5.2.1992 – 8 U 159/91, GmbHR 1992, 456, 457; *Fastrich*, in: Baumbach/Hueck, Rdnr. 61.

348 Vgl. BGH v. 2.3.2009 – II ZR 264/07, GmbHR 2009, 712 Rdnr. 21: „stillschweigender Vorbehalt".

349 Nach *Priester*, in: MünchHdb. III, § 57 Rdnr. 64, und *Witt*, in: FS Hommelhoff, 2012, S. 1361, 1365, soll im Zweifel Ersteres (Jahresüberschuss) anzunehmen sein.

350 *Priester*, in: MünchHdb. III, § 57 Rdnr. 64; *Witt*, in: FS Hommelhoff, S. 1361, 1365, 1368.

351 *W. Müller*, in: Ulmer/Habersack/Löbbe, Rdnr. 146 f.; *Ekkenga*, in: MünchKomm. GmbHG, Rdnr. 98; a.A. *Pentz*, in: Rowedder/Schmidt-Leithoff, Rdnr. 100: mit Ablauf des Geschäftsjahrs.

352 *W. Müller*, in: Ulmer/Habersack/Löbbe, Rdnr. 146: wenn evident ist, dass der Gewinn nicht ausreichen wird, und die Gesellschaft dringend liquide Mittel benötigt.

gibt sich nach zutreffender Auffassung aus einer – sei es auch nur stillschweigenden – vertraglichen Abrede der Parteien[353], nach anderer Ansicht aus ungerechtfertigter Bereicherung[354]. Da die Leistung unter Vorbehalt erfolgte, können sich die Gesellschafter weder auf Gutgläubigkeit nach § 32 noch – bei Annahme eines Bereicherungsanspruchs – auf § 818 Abs. 3 BGB berufen (§ 820 Abs. 1 Satz 2 BGB)[355]. Zinsen sind wie im Fall des § 31 (§ 31 Rdnr. 22) mangels abweichender Abreden erst ab Verzugseintritt zu zahlen (§§ 286, 288 BGB)[356].

110 Erreicht oder übersteigt der ausschüttungsfähige Gewinn den Vorabausschüttungsbetrag, braucht der Verwendungsbeschluss in Höhe dieses Betrags **nicht wiederholt** zu werden. Vielmehr ist jetzt nur noch über die Verwendung des restlichen Gewinns zu beschließen[357]. Die vorab ausgeschütteten Beträge können den Empfängern nicht mehr gegen ihren Willen entzogen werden.

d) Bilanzierung

111 Ist die Vorabausschüttung bereits vor Ablauf des Geschäftsjahres ausgezahlt worden, ist die Bilanz stets unter Berücksichtigung der teilweisen Ergebnisverwendung (§ 268 Abs. 1 HGB) aufzustellen (Rdnr. 32), so dass an die Stelle von Jahresüberschuss und Gewinn- bzw. Verlustvortrag der Bilanzgewinn tritt[358]. Wurde die Vorabausschüttung erst nach dem Abschlussstichtag ausgezahlt, kommen zwei Darstellungsmöglichkeiten in Betracht[359]. Die Bilanz kann zum einen ohne Berücksichtigung der Vorabausschüttung aufgestellt werden; in diesem Fall ist beim Jahresüberschuss bzw. Bilanzgewinn der Betrag der Vorabausschüttung kenntlich zu machen. Zum anderen kann eine Verbindlichkeit in Höhe des Vorabausschüttungsbetrags passiviert werden, so dass ein um die Vorabausschüttung geminderter Bilanzgewinn ausgewiesen wird.

2. Ergebnisunabhängige Ausschüttungen

a) Entnahmerechte

112 Das GmbHG kennt anders als das HGB (§§ 122, 161 Abs. 2) kein **Entnahmerecht** der Gesellschafter. Dies bedeutet jedoch kein Verbot entsprechender Abreden; vielmehr kann auch bei der GmbH durch den **Gesellschaftsvertrag** ein Entnahmerecht der Gesellschafter begründet

---

353 BGH v. 2.3.2009 – II ZR 264/07, GmbHR 2009, 712 Rdnr. 21; *W. Müller*, in: Ulmer/Habersack/Löbbe, Rdnr. 145.
354 RG v. 12.4.1914 – II 96/14, RGZ 85, 43, 45 (§ 812 Abs. 1 Satz 2 Alt. 2 BGB); BGH v. 22.9.2003 – II ZR 229/02, NJW 2003, 3629, 3631 (§ 812 Abs. 1 Satz 2 BGB); ebenso BFH v. 27.1.1977 – I R 39/75, BFHE 122, 43, 45 = GmbHR 1977, 160; *Fastrich*, in: Baumbach/Hueck, Rdnr. 61; *Mock*, in: Michalski u.a., Rdnr. 227; *Pentz*, in: Rowedder/Schmidt-Leithoff, Rdnr. 100.
355 *Fastrich*, in: Baumbach/Hueck, Rdnr. 61; *Mock*, in: Michalski u.a., Rdnr. 227; *W. Müller*, in: Ulmer/Habersack/Löbbe, Rdnr. 145; *Pentz*, in: Rowedder/Schmidt-Leithoff, Rdnr. 100. Zur (entsprechenden) Anwendung des § 820 Abs. 1 Satz 2 BGB auf Fälle der Leistung unter Vorbehalt s. nur *Sprau*, in: Palandt, § 820 BGB Rdnr. 4.
356 *W. Müller*, in: Ulmer/Habersack/Löbbe, Rdnr. 147. Strenger – Verzinsung analog § 111 Abs. 1 HGB – *Ekkenga*, in: MünchKomm. GmbHG, Rdnr. 98; dagegen jedoch bereits *Renkl*, BB 1988, 2069, 2071.
357 BFH v. 27.1.1977 – I R 39/75, BFHE 122, 43, 45 = GmbHR 1977, 160; *W. Müller*, in: Ulmer/Habersack/Löbbe, Rdnr. 143; *Gschwendtner*, BB 1978, 109, 112, 113; *Leuering/Rubner*, NJW-Spezial 2011, 207, 208; *Witt*, in: FS Hommelhoff, 2012, S. 1361, 1370.
358 Näher *Bohl/Schamburg-Dickstein*, in: Küting/Weber, Hdb. Rechnungslegung, 14. Lfg. 2012, Rdnr. 90 ff.
359 Zum Folgenden *W. Müller*, in: Ulmer/Habersack/Löbbe, Rdnr. 148 m.w.N.

werden, dessen Ausübung *unabhängig* von dem erzielten Jahresergebnis ist[360]. Es muss freilich sichergestellt werden, dass bei den Entnahmen die Grenze des § 30, des § 64 Satz 3 und das Verbot existenzvernichtender Eingriffe (§ 13 Rdnr. 152 ff.) eingehalten werden und der Gleichbehandlungsgrundsatz (§ 14 Rdnr. 51 ff.; ferner unter Rdnr. 120) gewahrt bleibt. Eine einmalige Entnahme ist auch ohne Regelung im Gesellschaftsvertrag durch **einfachen Gesellschafterbeschluss** möglich[361]. Auch in diesem Fall sind die genannten Grenzen zu beachten. Wird das Behaltendürfen des entnommenen Betrags von den voraussichtlichen Gewinnen der Gesellschaft abhängig gemacht, so handelt es sich der Sache nach um eine Vorabausschüttung (dazu Rdnr. 106 ff.).

b) Verzinsung der Stammeinlage

Anders als im Aktienrecht (§ 57 Abs. 2 AktG) kann den GmbH-Gesellschaftern auch eine ergebnisunabhängige **Verzinsung** ihrer Einlagen zugesagt werden, sofern diese zumindest konkludent unter dem **Vorbehalt** steht, dass durch die Zahlung der Zinsen **§ 30 Abs. 1** nicht verletzt wird[362] und – so ist zu ergänzen – auch § 64 Satz 3 und das Verbot existenzvernichtender Eingriffe (§ 13 Rdnr. 152 ff.) beachtet werden. Ein Vorbehalt dieses Inhalts ist im Zweifel anzunehmen[363]. Entsprechendes gilt für die Zusage sog. **Bauzinsen** (§ 57 Abs. 3 AktG a.F.), die den Gesellschaftern für den Zeitraum, den die Vorbereitung des Unternehmens bis zur Aufnahme des vollen Betriebs erfordert, zugesagt werden, heute aber kaum noch Bedeutung haben[364].   113

3. Ausschüttungsrückholverfahren

Unter Geltung des KStG 1976, das für thesaurierte Gewinne einen höheren Körperschaftsteuersatz als für ausgeschüttete vorsah, konnte es je nach persönlichem Einkommensteuersatz des Gesellschafters steuerlich vorteilhaft sein, Gewinne auch dann auszuschütten, wenn diese an sich im Unternehmen verbleiben sollten. Daher war es eine weit verbreitete Vorgehensweise, den gesamten Gewinn auszuschütten und ihn sodann ganz oder teilweise wieder als Eigen- oder Fremdkapital in die Gesellschaft zurückzuführen (Ausschüttungsrückholverfahren oder **„Schütt-aus-Hol-zurück-Verfahren"**). Eine entsprechende Verpflichtung kann durch Nachschusspflicht (§ 26) oder als Nebenpflicht (§ 3 Abs. 2) mit dem Inhalt begründet werden, der Gesellschaft die ausgeschütteten Beträge als Darlehen, durch Einzahlung in die Kapitalrücklage (§ 272 Abs. 2 Nr. 4 HGB) oder im Rahmen einer Kapitalerhöhung (§ 55) wieder zur Verfügung zu stellen. Dabei ist im Fall der Kapitalerhöhung das Verbot der verdeckten Sacheinlage (§§ 19 Abs. 4, 56 Abs. 2) zu beachten, da bei wirtschaftlicher Betrachtung kein Barbetrag, sondern der Gewinnanspruch eingebracht wird[365]. Zur Meidung einer verdeckten Sacheinlage sind die Gesellschafter jedoch in diesem Fall nicht zwangsläufig auf die Einhaltung der Sacheinlagevorschriften angewiesen. Wegen der Ähnlichkeit zur Kapitalerhöhung aus Gesellschaftsmitteln genügt es vielmehr, wenn der Vorgang gegenüber dem Registergericht offengelegt wird, entsprechend § 57i Abs. 2 eine höchstens acht Monate alte Bilanz der   114

---

360 Allg. M.; s. nur *Ekkenga*, in: MünchKomm. GmbHG, Rdnr. 92; *W. Müller*, in: Ulmer/Habersack/Löbbe, Rdnr. 155; ausführlich *Falkenstein*, Grenzen für die Entnahmerechte der GmbH-Gesellschafter, 1992.

361 *W. Müller*, in: Ulmer/Habersack/Löbbe, Rdnr. 155; s. auch BGH v. 12.12.1983 – II ZR 14/83, NJW 1984, 1037.

362 Heute ganz h.M.; s. nur *Fastrich*, in: Baumbach/Hueck, Rdnr. 62; *W. Müller*, in: Ulmer/Habersack/Löbbe, Rdnr. 151; jew. m.w.N. auch zu der früher verbreiteten Gegenansicht.

363 Ebenso *Fastrich*, in: Baumbach/Hueck, Rdnr. 62 (zu § 30 Abs. 1).

364 Näher dazu *W. Müller*, in: Ulmer/Habersack/Löbbe, Rdnr. 152 ff.

365 BGH v. 18.2.1991 – II ZR 104/90, BGHZ 113, 335, 342 ff. = GmbHR 1991, 255.

Anmeldung beigefügt und eine § 57i Abs. 1 Satz 2 entsprechende Erklärung abgegeben wird, dass nach Kenntnis der Anmeldenden seit dem Stichtag der Bilanz keine Vermögensminderung eingetreten ist, die der Kapitalerhöhung entgegenstünde, wenn sie am Tag der Anmeldung beschlossen worden wäre[366]. Diese Vorgehensweise steht den Gesellschaftern theoretisch auch nach dem MoMiG weiterhin offen[367]. Nachdem allerdings seit der Unternehmenssteuerreform 2000 die Gewinnthesaurierung steuerlich privilegiert wird[368] und diese Privilegierung durch die Unternehmenssteuerreform 2008 noch verstärkt worden ist[369], hat das Ausschüttungsrückholverfahren seinen steuerlichen Anreiz verloren und seine praktische Bedeutung eingebüßt.

4. Verdeckte Gewinnausschüttungen

a) Allgemeines, Begriff

115   Von den offenen Gewinnausschüttungen, die auf einem Gewinnverteilungsbeschluss beruhen, sind die sog. verdeckten Gewinnausschüttungen oder – wie man im Gesellschaftsrecht anders als im Steuerrecht (Rdnr. 132) besser formuliert – **verdeckten Vermögenszuwendungen**[370] zu unterscheiden. Dabei geht es um durch das Gesellschaftsverhältnis veranlasste Leistungen der Gesellschaft an einen Gesellschafter (oder einen nahe stehenden Dritten, Rdnr. 117) **außerhalb der förmlichen Gewinnverteilung** nach § 29, denen **keine gleichwertige Gegenleistung** gegenübersteht[371]. Den klassischen Anwendungsfall bilden unausgewogene Austauschgeschäfte zwischen der Gesellschaft und ihren Gesellschaftern, sei es, dass die GmbH dem Gesellschafter Lieferungen und Leistungen zu verbilligten Konditionen oder gar unentgeltlich gewährt[372], sei es, dass umgekehrt die GmbH Lieferungen und Leistungen des Gesellschafters zu überteuerten Konditionen bezieht. Häufig vorkommende Beispiele für Letzteres sind insbesondere überhöhte Gehalts- und Pensionszusagen an Gesellschafter-Geschäftsführer[373] sowie Konzernumlagen, denen keine angemessene Gegenleistung der Konzernspitze gegenübersteht[374]. In Betracht kommen aber auch alle anderen erdenklichen Zuwendungen aus dem

---

366   BGH v. 26.5.1997 – II ZR 69/96, BGHZ 135, 381, 384 ff. = GmbHR 1997, 788. Wegen weiterer Einzelheiten s. 11. Aufl., § 53 Rdnr. 116 f., § 55 Rdnr. 11 f.; vor § 57c Rdnr. 15 f.
367   *Schwandtner*, in: MünchKomm. GmbHG, § 19 Rdnr. 208; *Roth*, in Roth/Altmeppen, § 19 Rdnr. 58a; *Verse*, in: Henssler/Strohn, Gesellschaftsrecht, § 19 GmbHG Rdnr. 49.
368   *Priester*, DStR 2001, 795, 798.
369   *Harle*, BB 2003, 2151, 2156 ff.
370   Der aus dem Steuerrecht stammende Begriff der verdeckten Gewinnausschüttung ist im gesellschaftsrechtlichen Kontext ungenau, weil es nicht nur um die Auskehr von erzielten Gewinnen geht, sondern generell um die Zuwendung von Gesellschaftsvermögen an die Gesellschafter; *Pentz*, in: Rowedder/Schmidt-Leithoff, Rdnr. 160; *M. Winter*, Mitgliedschaftliche Treubindungen, S. 221; *T. Bezzenberger*, Kapital, S. 210 f.
371   Statt vieler *Fastrich*, in: Baumbach/Hueck, Rdnr. 68.
372   BGH v. 14.12.1959 – II ZR 187/57, BGHZ 31, 258, 275 f. = GmbHR 1960, 43; BGH v. 15.5.1972 – II ZR 70/70, WM 1972, 931; BGH v. 1.12.1986 – II ZR 306/85, NJW 1987, 1194 = GmbHR 1987, 187.
373   Dazu BGH v. 14.5.1990 – II ZR 126/89, BGHZ 111, 224, 227 ff. = GmbHR 1990, 344; BGH v. 15.6.1992 – II ZR 88/91, GmbHR 1992, 605, 606; BGH v. 11.12.2006 – II ZR 166/05, GmbHR 2007, 260 Rdnr. 10 f.; BGH v. 21.7.2008 – II ZR 39/07, GmbHR 2008, 1092 Rdnr. 18; OLG Frankfurt a.M. v. 22.12.2004 – 13 U 177/02, GmbHR 2005, 550, 553 ff.; OLG Karlsruhe v. 29.6.1999 – 8 U 99/98, NZG 1999, 1231, 1233 (Pensionszusage). Aus der umfangreichen steuerrechtlichen Judikatur s. etwa BFH v. 30.7.1997 – I R 65/96, BFHE 184, 297 = GmbHR 1998, 47: verdeckte Gewinnausschüttung, wenn Gehaltsbestandteile nicht nach dem Umfang der erbrachten Leistungen, sondern nach dem Umfang der Kapitalbeteiligung bemessen werden.
374   BGH v. 5.6.1975 – II ZR 23/74, BGHZ 65, 15, 17 f. = NJW 1976, 191 – ITT; s. auch zur AG BGH v. 1.3.1999 – II ZR 312/97, BGHZ 141, 79, 83 ff. = GmbHR 1999, 660 (Umlage in steuerlicher Organschaft).

Gesellschaftsvermögen an die Gesellschafter, etwa der Verzicht auf Ansprüche gegen einen Gesellschafter oder die Tilgung oder Besicherung von Gesellschafterschulden. Derartige verdeckte Vermögenszuwendungen sind zwar in der GmbH – von der Rechtsformvariante der UG (haftungsbeschränkt) abgesehen (Rdnr. 118) – im Gegensatz zur AG (§ 57 Abs. 3 AktG) und zur österreichischen GmbH (§ 82 Abs. 1 öGmbHG) **nicht schlechthin verboten**. Sie können aber aus gesellschaftsrechtlicher Sicht nach Lage des Einzelfalls in dreifacher Hinsicht problematisch sein (s. dazu im Einzelnen Rdnr. 118 ff.): (1.) in Bezug auf den Gläubigerschutz, namentlich die Kapitalerhaltung (§ 30), (2.) hinsichtlich der gesellschaftsinternen Kompetenzordnung, da durch verdeckte Vermögenszuwendungen die Kompetenz der Gesellschafterversammlung (§ 46 Nr. 1) zur Ergebnisverwendung ausgehöhlt zu werden droht, und (3.) in Bezug auf den Gleichbehandlungsgrundsatz, sofern die Zuwendung nur einzelnen Gesellschaftern gewährt wird.

Für die **Abgrenzung** von verdeckten Vermögenszuwendungen **zu normalen Umsatzgeschäften** (Drittgeschäften), die nicht durch das Gesellschaftsverhältnis veranlasst sind, kommt es darauf an, ob ein gewissenhafter, nach kaufmännischen Grundsätzen handelnder Geschäftsführer (§ 43 Abs. 1) unter sonst gleichen Umständen das Geschäft zu gleichen Bedingungen auch mit einem gesellschaftsfremden Dritten abgeschlossen hätte (**Drittvergleich**), ob die Leistung also aus betrieblichen Gründen gerechtfertigt ist[375]. Dabei wird dem handelnden Gesellschaftsorgan ein unternehmerischer **Beurteilungsspielraum** zugebilligt, innerhalb dessen eine bestimmte Bemessung der Gegenleistung nicht deshalb als unangemessen bezeichnet werden kann, weil eine andere Bemessung sich ebenso gut oder besser vertreten ließe[376]. Wegen weiterer Einzelheiten kann auf die Erl. zu § 30 Rdnr. 19 f. Bezug genommen werden. 116

Eine verdeckte Vermögenszuwendung an den Gesellschafter kann nach Lage des Einzelfalls auch vorliegen, wenn die Gesellschaft **an einen Dritten leistet**, die Zuwendung aber dem Gesellschafter zuzurechnen ist. Diesbezüglich kann wiederum an die zu §§ 30 f. entwickelten Grundsätze angeknüpft werden (§ 30 Rdnr. 35 ff.). Umgekehrt kann auch die **Leistung eines Dritten** ausnahmsweise eine verdeckte Vermögenszuwendung durch die Gesellschaft beinhalten, so namentlich dann, wenn sie auf Rechnung der Gesellschaft erfolgt (§ 30 Rdnr. 25 ff.). 117

b) Zulässigkeitsvoraussetzungen

aa) Gläubigerschutz. Auf der Hand liegt zunächst, dass verdeckte Vermögenszuwendungen die Bindung des Stammkapitals (§ **30**) respektieren müssen, mithin eine Unterbilanz weder herbeiführen noch vertiefen dürfen (s. die Erl. zu § 30). Ergänzend sind § 64 Satz 3 und das Verbot existenzvernichtender Eingriffe (§ 13 Rdnr. 152 ff.) zu beachten. Umstritten ist, ob in der **UG (haftungsbeschränkt)** weitergehende Gläubigerschutzanforderungen gelten und verdeckte Vermögenszuwendungen **generell verboten** sind, also auch dann, wenn sie keine Unterbilanz herbeiführen oder vertiefen. Richtigerweise ist dies zu bejahen, da ansonsten das Erfordernis, die gesetzliche Rücklage nach § 5a Abs. 3 zu bilden, nach Belieben umgangen 118

---

375 BGH v. 1.12.1986 – II ZR 306/85, NJW 1987, 1194, Leits. 1 und 1195 = GmbHR 1987, 187 mit zahlreichen Nachw.; BGH v. 13.11.1995 – II ZR 113/94, GmbHR 1996, 111, 112; *Ekkenga*, in: MünchKomm. GmbHG, Rdnr. 258; *Fastrich*, in: Baumbach/Hueck, Rdnr. 70; *Pentz*, in: Rowedder/Schmidt-Leithoff, Rdnr. 162; *Strohn*, in: Henssler/Strohn, Gesellschaftsrecht, Rdnr. 62.

376 BGH v. 14.5.1990 – II ZR 126/89, BGHZ 111, 224, 227 = GmbHR 1990, 344; BGH v. 15.6.1992 – II ZR 88/91, GmbHR 1992, 605, 606; BGH v. 13.11.1995 – II ZR 113/94, GmbHR 1996, 111, 112; OLG Düsseldorf v. 7.12.2011 – I-16 U 19/10, GmbHR 2012, 332, 333 f.; *Ekkenga*, in: MünchKomm. GmbHG, Rdnr. 258; *Fastrich*, in: Baumbach/Hueck, Rdnr. 70; *Strohn*, in: Henssler/Strohn, Gesellschaftsrecht, Rdnr. 62; *T. Bezzenberger*, Kapital, S. 229 ff.

werden könnte[377]. In der UG (haftungsbeschränkt) unterliegt mithin *jede* verdeckte Vermögenszuwendung der Rückforderung entsprechend § 31[378].

119 **bb) Kompetenzordnung.** Eine weitere Schranke für verdeckte Vermögenszuwendungen ergibt sich nach h.M. aus der innergesellschaftlichen Kompetenzordnung der GmbH. Da verdeckte Vermögenszuwendungen die Verwendungsmasse für die förmliche Gewinnverteilung reduzieren, beeinträchtigen sie im Ergebnis die Kompetenz des für die Gewinnverwendung zuständigen Organs, im gesetzlichen Normalfall also diejenige der Gesellschafter (§ 46 Nr. 1). Deshalb dürfen sie nicht von den Geschäftsführern eigenmächtig vorgenommen werden, sondern sind nach h.M. nur zulässig, wenn das **für die Ergebnisverwendung zuständige Organ** dem unausgewogenen Austauschgeschäft oder der sonstigen verdeckten Zuwendung **zugestimmt** hat[379]. Die Zustimmung der Gesellschafter muss allerdings nicht notwendig durch Beschluss der Gesellschafterversammlung erteilt werden. Sie kann auch durch das Einverständnis sämtlicher Gesellschafter mit dem Vertragsschluss ersetzt werden[380], was nicht zuletzt bei Einpersonengesellschaften von Bedeutung ist.

120 **cc) Gleichbehandlung.** Verdeckte Vermögenszuwendungen dürfen zudem nicht gegen den verbandsrechtlichen Gleichbehandlungsgrundsatz (§ 14 Rdnr. 51 ff.) verstoßen[381]. Sie sind daher nur zulässig, wenn sie allen Gesellschaftern nach dem gesetzlichen oder gesellschaftsvertraglichen Verteilungsschlüssel (§ 29 Abs. 3) gewährt werden oder die Abweichung von diesem Verteilungsschlüssel durch die Zustimmung der benachteiligten Gesellschafter gedeckt ist[382]. Die Zustimmung kann auch nachträglich erteilt werden[383]. Wenn sich alle Gesellschafter über die Gewährung der verdeckten Zuwendungen einig sind, liegt somit weder ein Verstoß gegen die Kompetenzordnung noch eine Verletzung des Gleichbehandlungsgrundsatzes vor. Hat die Gesellschafterversammlung dagegen nur mehrheitlich gegen die Stimmen eines benachteiligten Gesellschafters eine verdeckte Zuwendung beschlossen, ist der Beschluss wegen Verletzung des Gleichbehandlungsgebots anfechtbar (Rdnr. 122).

121 **dd) Treuepflicht.** Aus der Treuepflicht der Gesellschafter gegenüber der GmbH und ihren Mitgesellschaftern (§ 13 Rdnr. 50 ff.; § 14 Rdnr. 64 ff.) ergeben sich keine Zulässigkeitsvoraussetzungen, die über die bereits angeführten hinausgehen[384]. Insbesondere steht die Treuepflicht einer verdeckten Vermögenszuwendung, welche die im Interesse des Gläubigerschutzes gezogenen Grenzen (§ 30, Verbot der Existenzvernichtung) respektiert und mit Zu-

---

377 Wie hier *Eusani*, GmbHR 2009, 512, 516; *Rieder*, in: MünchKomm. GmbHG, § 5a Rdnr. 31 ff.; *C. Schäfer*, ZIP 2011, 53, 58; a.A. *Römermann*, NJW 2010, 905, 908. S. zu dieser Streitfrage auch § 30 Rdnr. 11 sowie § 5a Rdnr. 28.

378 Nachw. wie vorige Fn.

379 OLG Brandenburg v. 18.2.1996 – 7 U 78/96, GmbHR 1997, 750; *Ekkenga*, in: MünchKomm. GmbHG, Rdnr. 264; *Fastrich*, in: Baumbach/Hueck, Rdnr. 75; *Hager*, ZGR 1989, 71, 77 ff.; *Immenga*, Personalistische Kapitalgesellschaft, S. 224 ff.; *Roth*, in: Roth/Altmeppen, Rdnr. 61; *Schulze-Osterloh*, in: FS Stimpel, S. 487, 491 ff.; *Strohn*, in: Henssler/Strohn, Gesellschaftsrecht, Rdnr. 65; *M. Winter*, ZHR 148 (1984), 579, 582 f.; *M. Winter*, Mitgliedschaftliche Treuebindungen, S. 222; a.A. – kein Kompetenzverstoß, da sich § 46 Nr. 1 auf die förmliche Gewinnverwendung beschränke – *Bitter*, ZHR 168 (2004), 302, 345 ff.; *Pentz*, in: Rowedder/Schmidt-Leithoff, Rdnr. 164; *Tries*, Verdeckte Gewinnausschüttungen, S. 89 ff.

380 *Fastrich*, in: Baumbach/Hueck, Rdnr. 75; *Roth*, in: Roth/Altmeppen, Rdnr. 62a; *Strohn*, in: Henssler/Strohn, Gesellschaftsrecht, Rdnr. 65; *M. Winter*, ZHR 148 (1984), 579, 582; *M. Winter*, Mitgliedschaftliche Treuebindungen, S. 222.

381 S. dazu etwa BGH v. 15.5.1972 – II ZR 70/70, WM 1972, 931; BGH v. 14.5.1990 – II ZR 126/89, BGHZ 111, 224, 227.

382 Zur allgemein anerkannten Möglichkeit der benachteiligten Gesellschafter, auf Gleichbehandlung zu verzichten, s. nur *Verse*, in: Henssler/Strohn, Gesellschaftsrecht, § 14 GmbHG Rdnr. 87 f., sowie ausführlich *Verse*, Gleichbehandlungsgrundsatz, S. 320 ff.

383 Allg. M., statt vieler *Ekkenga*, in: MünchKomm. GmbHG, Rdnr. 263 m.w.N.; *Verse*, in: Henssler/Strohn, Gesellschaftsrecht, § 14 GmbHG Rdnr. 87.

384 Zutr. *Fiedler*, Verdeckte Vermögensverlagerungen, S. 38.

stimmung aller Gesellschafter bzw. des Alleingesellschafters vorgenommen wird, nicht im Wege[385]. Sofern allerdings ein Gesellschafter ohne Zustimmung seiner Mitgesellschafter die Geschäftsführer zu einer verbotenen Vermögenszuwendung veranlasst, begeht er eine Treuepflichtverletzung, die bei Verschulden Schadensersatzansprüche nach sich zieht (Rdnr. 129).

c) Rechtsfolgen von Verstößen

aa) Auswirkungen auf Gesellschafterbeschlüsse. Liegt der verdeckten Vermögenszuwendung ein Beschluss der Gesellschafterversammlung zugrunde, so ist hinsichtlich der Auswirkungen von Verstößen gegen die vorgenannten Zulässigkeitsvoraussetzungen zu unterscheiden. Mit Blick auf § 30 ist der Beschluss, ohne dass es einer Beschlussanfechtung bedarf, so weit und so lange nicht vollziehbar, wie seine Umsetzung das Stammkapital angreifen würde (§ 30 Rdnr. 119). Ein Verstoß gegen den Gleichbehandlungsgrundsatz begründet dagegen die Anfechtbarkeit des Beschlusses[386]. In diesem Fall müssen die benachteiligten Gesellschafter somit fristgerecht Anfechtungsklage erheben, wenn sie verhindern wollen, dass der Beschluss Bestandskraft erlangt und die Ungleichbehandlung dadurch legitimiert wird[387]. Die Beweislast dafür, dass der Beschluss einem Gesellschafter einen verdeckten Sondervorteil verschafft, liegt grundsätzlich beim Anfechtungskläger. Sofern allerdings eine Leistung unter Verstoß gegen die Kompetenzordnung bereits erbracht wurde (z.B. eigenmächtige Auszahlung einer Geschäftsführervergütung unter Verstoß gegen § 46 Nr. 5) und die Beschlussfassung lediglich dazu dient, diesen Vorgang nachträglich zu billigen, kehrt sich infolge des Kompetenzübergriffs die Beweislast um, so dass jetzt die Gesellschaft beweisen muss, dass die Voraussetzungen einer verdeckten Vermögenszuwendung nicht erfüllt sind[388].

bb) Rückgewähr der Zuwendung. Verbotene verdeckte Vermögenszuwendungen sind von dem Zuwendungsempfänger an die Gesellschaft zurückzugewähren. Bei Verstößen gegen die **Kapitalbindung** (§ 30) ergibt sich dies ohne weiteres aus **§ 31** (wegen aller Einzelheiten s. die Erl. zu § 31). Aber auch wenn § 30 nicht tangiert ist, sondern „nur" ein Verstoß gegen die genannten **gesellschaftsinternen Bindungen** (Kompetenzordnung, Gleichbehandlung) vorliegt, besteht nach ganz h.M. ein vom Verschulden des begünstigten Gesellschafters unabhängiger **Rückgewähranspruch** der Gesellschaft[389]. Rechtsgrundlage und Ausgestaltung dieses Anspruchs sind allerdings, sofern er nicht explizit im Gesellschaftsvertrag vorgesehen ist[390], umstritten und höchstrichterlich bisher nicht entschieden.

---

385 BGH v. 21.6.1999 – II ZR 47/98, BGHZ 142, 92, 95 = GmbHR 1999, 921; *Ekkenga*, in: MünchKomm. GmbHG, Rdnr. 261; *Verse*, in: Henssler/Strohn, Gesellschaftsrecht, Anh. § 13 GmbHG Rdnr. 44, 47; jew. m.w.N.

386 S. § 14 Rdnr. 61; BGH v. 16.12.1991 – II ZR 58/91, BGHZ 116, 359, 372 = GmbHR 1992, 257; *Ekkenga*, in: MünchKomm. GmbHG, Rdnr. 263; *Fastrich*, in: Baumbach/Hueck, Rdnr. 73, 77; *Verse*, Gleichbehandlungsgrundsatz, S. 355 f. m.w.N. auch zu der früher verschiedentlich vertretenen Gegenansicht (schwebende Unwirksamkeit des Beschlusses).

387 *Fastrich*, in: Baumbach/Hueck, Rdnr. 73, 77; *Strohn*, in: Henssler/Strohn, Gesellschaftsrecht, Rdnr. 69; näher *Verse*, Gleichbehandlungsgrundsatz, S. 376 f. Das Anfechtungserfordernis entfällt aber, wenn es an einer verbindlichen Feststellung des Beschlussergebnisses fehlt; dazu *Hillmann*, in: Henssler/Strohn, Gesellschaftsrecht, Anh. § 47 GmbHG Rdnr. 4; *Zöllner/Noack*, in: Baumbach/Hueck, Anh. § 47 Rdnr. 124.

388 BGH v. 21.7.2008 – II ZR 39/07, GmbHR 2008, 1092 Rdnr. 19; BGH v. 11.12.2006 – II ZR 166/05, GmbHR 2007, 260 Rdnr. 12; *Ekkenga*, in: MünchKomm. GmbHG, Rdnr. 264 a.E.

389 S. die Nachw. zu Rdnr. 124 f.; abw. *Pentz*, in: Rowedder/Schmidt-Leithoff, Rdnr. 168, und *W. Müller*, in: Ulmer/Habersack/Löbbe, Rdnr. 169: bereicherungsrechtlicher Rückgewähranspruch nur bei Missbrauch der Vertretungsmacht, d.h. nur bei Evidenz des Verstoßes für den Zuwendungsempfänger, i.Ü. nur verschuldensabhängige Schadensersatzansprüche; a.A. auch *Mock*, in: Michalski u.a., Rdnr. 248 ff.: nur verschuldensabhängige Schadensersatzansprüche.

390 Zu solchen Satzungsbestimmungen OLG Frankfurt a.M. v. 22.12.2004 – 13 U 177/02, GmbHR 2005, 550, 557; *Pentz*, in: Rowedder/Schmidt-Leithoff, Rdnr. 173.

124 Teilweise wird vorgeschlagen, den Anspruch auf eine **analoge Anwendung des § 31** zu stützen[391]. Dagegen spricht jedoch, dass § 31 ganz auf den – hier nicht berührten – Gläubigerschutz zugeschnitten ist. Nur so ist verständlich, dass § 31 Abs. 2 bei Gutgläubigkeit des Begünstigten auf Rückgewähr verzichtet, solange nur die Befriedigung der Gläubiger gewährleistet ist. Auf das Verhältnis der Gesellschafter untereinander lässt sich dies nicht übertragen. Die benachteiligten Gesellschafter werden schwerlich Verständnis dafür aufbringen, dass der begünstigte Gesellschafter einen unter Verstoß gegen gesellschaftsinterne Vorgaben bezogenen und bei ihm noch vorhandenen Vorteil nur deshalb nicht wieder an die Gesellschaft zurückstatten muss, weil er ihn gutgläubig empfangen hat. Auch die Ausfallhaftung nach § 31 Abs. 3 passt offensichtlich nicht[392].

125 Die heute überwiegende Ansicht stützt den Rückgewähranspruch der Gesellschaft stattdessen auf das **Bereicherungsrecht** (§ 812 Abs. 1 Satz 1 Alt. 1 BGB)[393]. Diese Lösung beruht auf der Prämisse, dass das einer verbotenen verdeckten Vermögenszuwendung zugrunde liegende **Verpflichtungsgeschäft** (schwebend) **unwirksam** ist[394]. In der Tat ist diese Annahme konsequent, wenn man mit der h.M. bei fehlender Zustimmung der Gesellschafter von einem Verstoß gegen die Kompetenzordnung ausgeht (Rdnr. 119). Bei einem solchen Kompetenzübergriff handeln die Geschäftsführer als Vertreter ohne Vertretungsmacht, da die in § 37 Abs. 2 Satz 1 angeordnete Unbeachtlichkeit interner Beschränkungen der Vertretungsmacht nur im Verhältnis zu außenstehenden Dritten, nicht aber im Verhältnis zu dem begünstigten Gesellschafter (11. Aufl., § 35 Rdnr. 30). Die schwebende Unwirksamkeit ergibt sich folglich aus § 177 Abs. 1 BGB[395]. Sie wird zur endgültigen Unwirksamkeit (Nichtigkeit), wenn die Gesellschafter die Genehmigung verweigern. Darin liegt entgegen anderslautenden Stimmen kein Widerspruch zur Rechtslage bei § 30[396]. Verstöße gegen § 30 führen zwar nach h.M. nicht zur Nichtigkeit und zur bereicherungsrechtlichen Rückabwicklung (§ 30 Rdnr. 120 ff.), doch beruht dies u.a. auf der Überlegung, dass für den Rückgriff auf Bereicherungsrecht neben der Sonderregelung des § 31 kein Bedürfnis besteht[397]. Ergänzend lässt sich die (schwebende) Unwirksamkeit nach zutreffender Ansicht auch unmittelbar auf die Verletzung des Gleichbehandlungsgebots stützen[398]; dies hat freilich keine nennenswerte Bedeutung, wenn man die

---

391 *Flume*, AT I/2, § 8 IV 2e (S. 295); *Hommelhoff*, in: Lutter/Hommelhoff, Rdnr. 54; ausführlich *M. Winter*, ZHR 148 (1984), 579, 587 ff.; *M. Winter*, Mitgliedschaftliche Treuebindungen, S. 227 ff.

392 *Hager*, ZGR 1989, 71, 77; *Bitter*, ZHR 168 (2004), 302, 344.

393 OLG Brandenburg v. 18.2.1996 – 7 U 78/96, GmbHR 1997, 750; OLG Stuttgart v. 15.2.2013 – 14 U 5/13, GmbHR 2013, 468 = NZG 2013, 869 Rdnr. 6 f.; *Ekkenga*, in: MünchKomm. GmbHG, Rdnr. 268; *Fastrich*, in: Baumbach/Hueck, Rdnr. 76; *Hager*, ZGR 1989, 71, 87 ff.; *Schulze-Osterloh*, in: FS Stimpel, S. 487, 493 f.; *Strohn*, in: Henssler/Strohn, Gesellschaftsrecht, Rdnr. 68; *Witt*, in: Bork/Schäfer, Rdnr. 40; *Fiedler*, Verdeckte Vermögensverlagerungen, S. 33 ff.

394 S. die Nachw. in folgender Fn.; ablehnend *Bitter*, ZHR 168 (2004), 302, 345 ff.; *Mock*, in: Michalski u.a., Rdnr. 248; einschränkend – Unwirksamkeit nur nach den Grundsätzen des Missbrauchs der Vertretungsmacht – *Pentz*, in: Rowedder/Schmidt-Leithoff, Rdnr. 168; *W. Müller*, in: Ulmer/Habersack/Löbbe, Rdnr. 169; ferner *Ekkenga*, in: MünchKomm. GmbHG, Rdnr. 265 f., der aber auch bei Wirksamkeit des Geschäfts einen bereicherungsrechtlichen Rückgewähranspruch bejaht (a.a.O. Rdnr. 268).

395 *Fastrich*, in: Baumbach/Hueck, Rdnr. 76; *Hager*, ZGR 1989, 71, 77 ff., 82; *Schulze-Osterloh*, in: FS Stimpel, S. 487, 493; *Strohn*, in: Henssler/Strohn, Gesellschaftsrecht, Rdnr. 68; *Fiedler*, Verdeckte Vermögensverlagerungen, S. 34.

396 So aber *Ekkenga*, in: MünchKomm. GmbHG, Rdnr. 265; *W. Müller*, in: Ulmer/Habersack/Löbbe, Rdnr. 169; *M. Winter*, ZHR 148 (1984), 579, 588 f.; *M. Winter*, Mitgliedschaftliche Treuebindungen, S. 227.

397 Wie hier *Strohn*, in: Henssler/Strohn, Gesellschaftsrecht, Rdnr. 68.

398 So bereits *G. Hueck*, Gleichmäßige Behandlung, S. 296 ff.; ausführlich *Verse*, Gleichbehandlungsgrundsatz, S. 363 ff., insbes. S. 365 f., 369 f. (unter Anwendung des § 134 letzter Halbsatz BGB). Der überwiegende Teil des Schrifttums zieht demgegenüber nur die Unwirksamkeit wegen des Kompetenzverstoßes in Betracht; vgl. die Nachw. in Rdnr. 119.

Unwirksamkeit bereits aus dem Kompetenzverstoß herleitet. Nicht hinreichend geklärt ist bisher die Frage, ob sich die infolge des Kompetenz- und Gleichbehandlungsverstoßes eintretende Unwirksamkeit auch auf Fälle erstreckt, in denen die Gesellschaft nicht mit dem Gesellschafter, sondern mit einem diesem zuzurechnenden **Dritten** (Rdnr. 117, § 30 Rdnr. 35 ff.) kontrahiert. Vieles dürfte dafür sprechen, insoweit nur dann von schwebender Unwirksamkeit auszugehen und einen Bereicherungsanspruch gegen den Dritten zu gewähren, wenn die Voraussetzungen des Missbrauchs der Vertretungsmacht – Evidenz des Verstoßes für den Dritten[399] – gegeben sind[400].

Die bereicherungsrechtliche Lösung der h.M. führt freilich dazu, dass die Rückabwicklung an § 818 Abs. 3 BGB scheitern kann, was teilweise als unbefriedigend empfunden wird[401]. Kritisiert wird zudem, dass die Annahme der Unwirksamkeit des Verpflichtungsgeschäfts überschießend sei, da sich der Verstoß nicht nur durch Rückabwicklung korrigieren lasse, sondern auch dadurch, dass der begünstigte Gesellschafter den empfangenen Gegenstand behält und die Wertdifferenz ausgleicht. Im Schrifttum ist daher versucht worden, rechtsfortbildend aus der **Treuepflicht** des begünstigten Gesellschafters gegenüber der Gesellschaft einen verschuldensunabhängigen **gesellschaftsrechtlichen Rückgewähranspruch** der Gesellschaft zu entwickeln[402]. Angesichts des grundsätzlichen Bestehens von Bereicherungsansprüchen ist allerdings fraglich, ob für eine derartige Rechtsfortbildung praeter legem ein hinreichendes Bedürfnis besteht[403]. Insbesondere lassen sich die angeblich überschießenden Folgen der Unwirksamkeit auch auf der Grundlage der h.M. vermeiden (Rdnr. 128). | 126

Verschiedentlich wird vertreten, dass sich ein Rückgewähranspruch der Gesellschaft neben § 812 BGB auch aus **§ 985 BGB** ergeben könne, da Kompetenz- und Gleichbehandlungsverstoß auch zur (schwebenden) Unwirksamkeit des **Verfügungsgeschäfts** führen würden[404]. Dem ist jedoch nicht zu folgen[405]. Unter der Geltung des Trennungs- und Abstraktionsprinzips lässt sich die Unwirksamkeit des Verfügungsgeschäfts nur bejahen, wenn die Umstände, welche die Unwirksamkeit des Verpflichtungsgeschäfts begründen, ausnahmsweise zugleich und unmittelbar das Verfügungsgeschäft betreffen, wenn also das Verbot gerade auch die Güterbewegung als solche verhindern will[406]. Daran fehlt es hier: Weder die Kompetenzordnung noch der Gleichbehandlungsgrundsatz enthalten ein generelles Verbot, über Gegenstände des Gesellschaftsvermögens zugunsten einzelner Gesellschafter zu verfügen. Ob ein Verstoß vorliegt, lässt sich immer nur unter Berücksichtigung der Konditionen des Verpflichtungsgeschäfts (Angemessenheit der Gegenleistung) beurteilen. Diese Konditionen müssen jedoch wegen des Trennungs- und Abstraktionsprinzips bei der Beurteilung des Verfügungsgeschäfts ausgeblendet bleiben; dieses ist daher für sich genommen nicht zu beanstanden. | 127

Die **Durchsetzung** des Bereicherungsanspruchs obliegt primär den zuständigen Gesellschaftsorganen, nach dem gesetzlichen Normalstatut mithin den Geschäftsführern auf der | 128

---

399 S. nur *Ellenberger*, in: Palandt, § 164 BGB Rdnr. 14.

400 Näher dazu *Hager*, ZGR 1989, 71, 98 f.; wie hier auch *Fastrich*, in: Baumbach/Hueck, Rdnr. 76 a.E. (unter Hinweis auf BGH v. 13.11.1995 – II ZR 113/94, GmbHR 1996, 111, 113; in dieser Entscheidung wird ein hinreichendes Näheverhältnis zwischen Gesellschafter und Drittem allerdings abgelehnt).

401 An § 814 Alt. 1 BGB kann die Rückabwicklung dagegen auch bei wissentlichem Verstoß der Geschäftsführer nicht scheitern; dazu *Hager*, ZGR 1989, 71, 88 f.

402 S. insbes. *Tries*, Verdeckte Gewinnausschüttungen, S. 223 ff., 228 ff.; ihm zustimmend *Ulmer*, in: FS 100 Jahre GmbHG, S. 363, 368 f.; ähnlich im Erg. *Bitter*, ZHR 168 (2004), 302, 344: gesellschaftsrechtlicher Rückgewähranspruch in Teilanalogie zu §§ 57, 62 AktG.

403 Anders noch *Verse*, Gleichbehandlungsgrundsatz, S. 374 f.

404 *Hager*, ZGR 1989, 71, 82, 87 f.; *Schulze-Osterloh*, in: FS Stimpel, S. 487, 493 f.; *Strohn*, in: Henssler/Strohn, Gesellschaftsrecht, Rdnr. 68; *Fiedler*, Verdeckte Vermögensverlagerungen, S. 34.

405 S. zum Folgenden bereits *Verse*, Gleichbehandlungsgrundsatz, S. 370; ferner *Bitter*, ZHR 168 (2004), 302, 345; mit anderer Begründung auch *Fastrich*, in: Baumbach/Hueck, Rdnr. 76.

406 Vgl. etwa *Ellenberger*, in: Palandt, § 134 BGB Rdnr. 13; *Wolf/Neuner*, BGB AT, § 45 Rdnr. 25.

Grundlage eines entsprechenden Gesellschafterbeschlusses (§ 46 Nr. 8)[407]. Subsidiär können aber auch einzelne Gesellschafter den Anspruch der GmbH nach den Regeln der **actio pro socio** geltend machen[408]. Der Anspruch richtet sich grundsätzlich auf **Rückgewähr in natura** und, wo das nicht möglich ist, auf Wertersatz (§ 818 Abs. 2 BGB) der von der GmbH erbrachten Leistung, jeweils Zug um Zug gegen Rückgewähr der vom Gesellschafter an die GmbH erbrachten Leistung. Fraglich und umstritten ist, ob der begünstigte Gesellschafter einseitig die Rückabwicklung verhindern kann, indem er die **Wertdifferenz** zwischen dem unausgewogenen Austauschgeschäft und dem Marktpreis durch Nachzahlung an die Gesellschaft **ausgleicht**[409]. Nach hier vertretener Ansicht ist eine derartige Ersetzungsbefugnis des Gesellschafters im vorliegenden Zusammenhang ebenso wenig anzuerkennen wie im Rahmen des § 31, da die Rückabwicklung sonst unnötig mit dem Streit um die richtige Bewertung des geleisteten Gegenstands belastet würde (§ 31 Rdnr. 17). Selbstverständlich können sich Gesellschaft und Gesellschafter aber gemeinsam auf einen marktgerechten Preis verständigen und das zunächst unwirksame Verpflichtungsgeschäft neu abschließen. Für die **Verjährung** des Bereicherungsanspruchs gelten §§ 195, 199 BGB, nicht § 31 Abs. 5 analog[410].

129 **cc) Schadensersatz.** Hat der begünstigte Gesellschafter die verdeckte Vermögenszuwendung durch Einflussnahme auf die Geschäftsführer schuldhaft veranlasst, tritt neben den Rückgewähranspruch ein Schadensersatzanspruch der **Gesellschaft** gegen den begünstigten Gesellschafter aus § 280 Abs. 1 BGB wegen Treuepflichtverletzung[411]. Ferner haften die Geschäftsführer der Gesellschaft bei Verschulden nach § 43 Abs. 2, Abs. 3. Der zu ersetzende Schaden umfasst auch etwaige steuerliche Nachteile, die der Gesellschaft entstanden sind[412]. Dagegen haben die **benachteiligten Mitgesellschafter** keine eigenen Ersatzansprüche gegen den Geschäftsführer aus § 43 und, soweit sie lediglich reflexweise durch die Schmälerung des Gesellschaftsvermögens betroffen sind, nach zutreffender Ansicht auch nicht gegen den begünstigten Gesellschafter wegen Treuepflichtverletzung[413]. Hinsichtlich des Reflexschadens bleibt ihnen aber die (subsidiäre) actio pro socio, um den Anspruch der Gesellschaft durchzusetzen. Eigene Ansprüche aus Treuepflichtverletzung stehen den Mitgesellschaftern nur zu,

---

407 Die Anwendung des § 46 Nr. 8 auf diesen Fall ist nicht zweifelsfrei, dürfte aber der weiten Auslegung der „Ersatzansprüche" im Sinne dieser Vorschrift durch die h.M. entsprechen; vgl. dazu 11. Aufl., § 46 Rdnr. 147; *Hüffer/Schürnbrand*, in: Ulmer/Habersack/Löbbe, § 46 Rdnr. 104.

408 Statt vieler *Fastrich*, in: Baumbach/Hueck, Rdnr. 78; *Strohn*, in: Henssler/Strohn, Gesellschaftsrecht, Rdnr. 71; zur actio pro socio s. 11. Aufl., § 46 Rdnr. 161; ferner *Verse*, in: Henssler/Strohn, Gesellschaftsrecht, § 14 GmbHG Rdnr. 120 ff.; *Verse*, in: FS Uwe H. Schneider, S. 1325 ff.

409 Grundsätzlich bejahend *Pentz*, in: Rowedder/Schmidt-Leithoff, Rdnr. 170 (unter Hinweis auf die Treuepflicht der Gesellschaft); im Erg. auch *Hager*, ZGR 1989, 71, 91 ff. (teleologische Reduktion der §§ 177 ff. BGB); ferner *Hommelhoff*, in: Lutter/Hommelhoff, Rdnr. 53; *W. Müller*, in: Ulmer/Habersack/Löbbe, Rdnr. 170; ablehnend *Fastrich*, in: Baumbach/Hueck, Rdnr. 76; *Strohn*, in: Henssler/Strohn, Gesellschaftsrecht, Rdnr. 71.

410 OLG Stuttgart v. 15.2.2013 – 14 U 5/13, GmbHR 2013, 468 = NZG 2013, 869 Rdnr. 8.

411 Allg. M., s. nur BGH v. 5.6.1975 – II ZR 23/74, BGHZ 65, 15, 17 ff. = NJW 1976, 191 – ITT; *Fastrich*, in: Baumbach/Hueck, Rdnr. 74, 78; *Strohn*, in: Henssler/Strohn, Gesellschaftsrecht, Rdnr. 70.

412 Näher dazu *Ekkenga*, in: MünchKomm. GmbHG, Rdnr. 272 ff.; *W. Müller*, in: Ulmer/Habersack/Löbbe, Rdnr. 169.

413 Letzteres str., wie hier *Habersack*, in: Emmerich/Habersack, Aktien- und GmbH-Konzernrecht, 8. Aufl. 2016, Anh. § 318 AktG Rdnr. 27; *W. Müller*, in: Ulmer/Habersack/Löbbe, Rdnr. 171; *Schwab*, Das Prozessrecht gesellschaftsinterner Streitigkeiten, 2005, S. 46 ff., 55 ff.; *Strohn*, in: Henssler/Strohn, Gesellschaftsrecht, Rdnr. 71; *Verse*, in: Henssler/Strohn, Gesellschaftsrecht, § 14 GmbHG Rdnr. 118; *M. Winter*, Mitgliedschaftliche Treuebindungen, S. 85 ff., 235; a.A. – eigener Anspruch, allerdings nur auf Leistung an die Gesellschaft – *Lutter*, ZHR 162 (1998), 164, 177 f., 180; *Raiser*, in: Ulmer/Habersack/Löbbe, § 14 Rdnr. 58; im Erg. auch BGH v. 5.6.1975 – II ZR 23/74, BGHZ 65, 15, 18 ff., 21 = NJW 1976, 191 – ITT; BGH v. 14.5.1990 – II ZR 125/89, NJW 1990, 2627, 2628 = GmbHR 1990, 343.

soweit sie ausnahmsweise einen über den Reflexschaden hinausgehenden Eigenschaden erlitten haben (Rechtsgedanke der §§ 117 Abs. 1 Satz 2, 317 Abs. 1 Satz 2 AktG)[414]. Der Anknüpfungspunkt für die Treuepflichtverletzung kann sich dabei nicht nur aus der Veranlassung der verbotenen Vermögenszuwendung durch den begünstigten Gesellschafter ergeben, sondern auch daraus, dass dieser den verdeckten Sondervorteil den Mitgesellschaftern nicht offengelegt hat[415].

dd) Aktive Gleichbehandlung? Ein Anspruch der benachteiligten Gesellschafter gegen die Gesellschaft auf Gewährung der gleichen Zuwendung, die dem begünstigten Gesellschafter gewährt wurde (aktive Gleichbehandlung), kommt **nur in Ausnahmefällen** in Betracht[416]. Dass ein solcher Anspruch nicht bestehen kann, soweit die Kapitalbindung (§ 30) entgegensteht, liegt auf der Hand[417]. Zurückhaltung ist aber auch geboten, wenn § 30 nicht berührt ist. Die Gesellschaft hat in diesem Fall grundsätzlich ein Wahlrecht, ob sie den Gleichbehandlungsverstoß durch Rückabwicklung der Zuwendung oder durch aktive Gleichbehandlung beseitigt (§ 14 Rdnr. 62). Ein Anspruch auf aktive Gleichbehandlung lässt sich daher aus dem Gleichbehandlungsgebot richtigerweise nur – aber immerhin – ableiten, wenn der Rückgewähranspruch gegen den begünstigten Gesellschafter ausnahmsweise nach § 818 Abs. 3 BGB ausgeschlossen oder seine Durchsetzung (z.B. wegen Zahlungsunfähigkeit des Empfängers) aussichtslos ist und damit das Wahlrecht entfällt[418]. Etwas weitergehend hat der BGH in einer älteren Entscheidung den benachteiligten Gesellschaftern einen Anspruch auf eine Ausgleichzahlung der Gesellschaft auch dann zuerkannt, wenn darin nach Lage des Einzelfalls die „allen Beteiligten am ehesten zumutbare und sachgerechte Lösung" liegt[419].

130

ee) Unterlassung. Erfahren die benachteiligten Gesellschafter noch vor Vollzug der Zuwendung davon, dass die Geschäftsführer eine verbotene Vermögenszuwendung an einen Gesellschafter planen oder bereits zugesagt haben, steht ihnen nach zutreffender Ansicht ein **Unterlassungsanspruch** gegen die Gesellschaft zu, um den drohenden Kompetenz- und Gleichbehandlungsverstoß abzuwenden[420]. Die Anerkennung dieses Anspruchs ist allerdings bis auf weiteres ungesichert, da der BGH in einer ähnlichen Konstellation zur GmbH & Co. KG Unterlassungsansprüche ausgeschlossen hat[421]. Die diesem Urteil zugrunde liegende Befürchtung, die Geschäftsführung könne durch u.U. unberechtigte Geltendmachung von Unterlassungsansprüchen blockiert werden, rechtfertigt indes keinen generellen Ausschluss derartiger Ansprüche, sondern allenfalls erhöhte Anforderungen an das Maß der Glaubhaft-

131

---

414 Nachw. wie vorige Fn.
415 BGH v. 11.12.2006 – II ZR 166/05, GmbHR 2007, 260 Rdnr. 9.
416 So mit Unterschieden im Einzelnen BGH v. 11.7.1960 – II ZR 24/58, WM 1960, 1007 (zur e.G.); BGH v. 15.5.1972 – II ZR 70/70, WM 1972, 931; *Pentz*, in: Rowedder/Schmidt-Leithoff, Rdnr. 172; *Verse*, Gleichbehandlungsgrundsatz, S. 381 ff., insbes. 389 ff.; *Verse*, in: Henssler/Strohn, Gesellschaftsrecht, § 14 GmbHG Rdnr. 90; *M. Winter*, ZHR 148 (1984), 579, 598 f.; *M. Winter*, Mitgliedschaftliche Treuebindungen, S. 236 ff.
417 BGH v. 27.11.1989 – II ZR 43/89, NJW-RR 1990, 290, 292.
418 In diesem Fall für einen Anspruch auf aktive Gleichbehandlung auch BGH v. 11.7.1960 – II ZR 24/58, WM 1960, 1007, 1009; *Verse*, Gleichbehandlungsgrundsatz, S. 390; *Verse*, in: Henssler/Strohn, Gesellschaftsrecht, § 14 GmbHG Rdnr. 90; *M. Winter*, Mitgliedschaftliche Treuebindungen, S. 238.
419 BGH v. 15.5.1972 – II ZR 70/70, WM 1972, 931, Leits. 2 und 933 f.
420 *Ekkenga*, in: MünchKomm. GmbHG, Rdnr. 271; *Strohn*, in: Henssler/Strohn, Gesellschaftsrecht, Rdnr. 71; zur Herleitung von Unterlassungsansprüchen unmittelbar aus dem Gleichbehandlungsgebot eingehend *Verse*, Gleichbehandlungsgrundsatz, S. 412 ff.
421 BGH v. 11.2.1980 – II ZR 41/79, BGHZ 76, 160, 167 f. = NJW 1980, 1463 (die Klage war dort freilich gegen die geschäftsführende Komplementärin gerichtet). S. zu dieser Entscheidung auch *Grunewald*, DB 1981, 407, 408 f., mit dem vermittelnden Vorschlag, Unterlassungsansprüche nur bei evidentem Verstoß anzuerkennen.

machung des Verstoßes bei Beantragung einer einstweiligen Verfügung[422]. Denkbar (aber gleichfalls ungesichert) ist ferner, dass die benachteiligten Gesellschafter neben oder anstelle der GmbH den begünstigten Gesellschafter auf Unterlassung in Anspruch nehmen[423]. Einigkeit besteht schließlich darin, dass die Gesellschaft ihrerseits gegenüber dem begünstigten Gesellschafter berechtigt ist, die pflichtwidrig zugesagte, aber noch nicht erbrachte **Leistung zu verweigern**[424]. Auf der Grundlage der hier in Übereinstimmung mit der h.M. vertretenen Ansicht folgt dies bereits aus der Unwirksamkeit des Verpflichtungsgeschäfts (Rdnr. 125).

d) Verhältnis zum Steuerrecht

132   Eine weitgehende Überschneidung, aber keine Deckungsgleichheit besteht zwischen dem gesellschaftsrechtlichen Begriff der verdeckten Vermögenszuwendung und dem steuerrechtlichen Begriff der **verdeckten Gewinnausschüttung**. Letzterer hat vor allem im Rahmen von § 8 Abs. 3 Satz 2 KStG und § 20 Abs. 1 Nr. 1 Satz 2 EStG Bedeutung. § 8 Abs. 3 Satz 2 KStG bestimmt, dass verdeckte Gewinnausschüttungen das Einkommen der Kapitalgesellschaft ebenso wenig mindern wie offene. Ergänzend regelt § 20 Abs. 1 Nr. 1 Satz 2 EStG, dass zu den steuerpflichtigen Bezügen aus Anteilen an einer Kapitalgesellschaft neben offenen auch verdeckte Gewinnausschüttungen gehören, so dass sie bei den Anteilseignern der Einkommensteuer unterliegen. Ziel dieser Vorgaben ist es, die steuerpflichtigen Gewinne vollständig zu erfassen und Manipulationen zu Lasten des Fiskus auszuschließen.

133   Eine gesetzliche **Definition** der verdeckten Gewinnausschüttung findet sich trotz der zentralen Bedeutung des Begriffs im Steuerrecht weder im KStG noch im EStG. Die Körperschaftsteuerrichtlinien definieren ihn in Übereinstimmung mit der Rechtsprechung des BFH[425] als „eine Vermögensminderung oder verhinderte Vermögensmehrung, die durch das Gesellschaftsverhältnis veranlasst ist, sich auf die Höhe des Unterschiedsbetrags i.S. des § 4 Abs. 1 Satz 1 EStG auswirkt und nicht auf einem den gesellschaftsrechtlichen Vorschriften entsprechenden Gewinnverteilungsbeschluss beruht" (R 8.5 [1] Satz 1 KStR 2015). Eine Veranlassung durch das Gesellschaftsverhältnis wird dabei immer dann angenommen, wenn ein ordentlicher und gewissenhafter Geschäftsleiter die Vermögensminderung oder verhinderte Vermögensmehrung gegenüber einer Person, die nicht Gesellschafter ist, unter sonst gleichen Umständen nicht hingenommen hätte[426]. Diese Definition entspricht, wenn man von der im Gesellschaftsrecht unerheblichen Auswirkung auf den Unterschiedsbetrag im Sinne des § 4 Abs. 1 Satz 1 EStG absieht, im Wesentlichen dem Begriff der verdeckten Vermögenszuwendung im Gesellschaftsrecht (Rdnr. 115 ff.). Im Detail sind jedoch wegen der unterschiedlichen Zielsetzungen der gesellschafts- und steuerrechtlichen Vorgaben Divergenzen nicht ausgeschlossen[427]. So werden Vereinbarungen mit einem **beherrschenden Gesellschafter** im Steuerrecht nur dann als gewöhnliche Umsatzgeschäfte anerkannt, wenn das marktübliche Entgelt im Vorhinein in einer zivilrechtlich wirksamen Vereinbarung klar und eindeutig ge-

---

422 Näher *Verse*, Gleichbehandlungsgrundsatz, S. 419 ff.

423 Sofern ihnen lediglich ein Reflexschaden droht, dürfte dies allerdings nur im Wege der actio pro socio möglich sein; *Verse*, Gleichbehandlungsgrundsatz, S. 454. Für Klage aus eigenem Recht hingegen *Ekkenga* in: MünchKomm. GmbHG, Rdnr. 271; *Strohn*, in: Henssler/Strohn, Gesellschaftsrecht, Rdnr. 71.

424 Im Ergebnis – soweit ersichtlich – unstr., s. etwa BGH v. 13.11.1995 – II ZR 113/94, GmbHR 1996, 111, 112; *Ekkenga*, in: MünchKomm. GmbHG, Rdnr. 267; *Tries*, Verdeckte Gewinnausschüttungen, S. 199 ff.

425 St. Rspr., zuletzt etwa BFH v. 27.7.2016 – I R 12/15, BFHE 255, 39 Rdnr. 11 = GmbHR 2016, 1319.

426 BFH v. 23.2.2005 – I R 70/04, BFHE 209, 252 = NJW-RR 2005, 979; BFH v. 27.7.2016 – I R 12/15, BFHE 255, 39 Rdnr. 11 = GmbHR 2016, 1319 m.w.N. aus der Rechtsprechung.

427 Eingehend zu Gemeinsamkeiten und Unterschieden *T. Bezzenberger*, Kapital, S. 211 ff.

regelt ist und entsprechend dieser Vereinbarung verfahren wird[428], während es im Gesellschaftsrecht bei den allgemeinen Kriterien bewendet[429].

VII. Gewinnbeteiligung Dritter

1. Allgemeines

Der Gesellschaft steht es frei, Dritten Ansprüche auf Beteiligung an dem Gewinn der Gesellschaft einzuräumen. Beispiele sind gewinnabhängige Tantiemen für Organmitglieder oder Arbeitnehmer, die Aufnahme stiller Gesellschafter, partiarische Darlehen sowie Genussrechte. Werden gegenüber Dritten derartige gewinnabhängige Verbindlichkeiten begründet, so handelt es sich dabei nicht um Ergebnisverwendung im Sinne des § 29. Vielmehr handelt es sich um Aufwendungen (und steuerrechtlich um Betriebsausgaben[430]), die in der Gewinn- und Verlustrechnung als Aufwand vor dem Jahresüberschuss in die Berechnung einzubeziehen und in der Bilanz als **Rückstellungen** bzw. Verbindlichkeiten zu verbuchen sind[431]. Dementsprechend **mindern** sie den **Jahresüberschuss** bzw. den Bilanzgewinn und damit das nach § 29 ausschüttungsfähige Ergebnis[432]. Die Ausgestaltung der Ansprüche der berechtigten Dritten im Einzelnen hängt von den Abreden der Beteiligten ab. Im Folgenden ist nur auf einige regelmäßig auftretende Fragen einzugehen, soweit sie unmittelbar mit § 29 zusammenhängen und nicht bereits an anderer Stelle behandelt sind. An sich gehören in den vorliegenden Zusammenhang auch die **Gewinnabführungsverträge**; jedoch handelt es sich bei diesen um Unternehmensverträge (§ 291 Abs. 1 Satz 1 AktG), so dass ihre Darstellung im Zusammenhang des Konzernrechts erfolgt (Anh. § 13 Rdnr. 198 ff.).

134

2. Tantiemen

Abreden über gewinnabhängige Dienstleistungsvergütungen (**Tantiemen**) finden sich vor allem bei Geschäftsführern, bei den Mitgliedern von Aufsichtsräten und Beiräten sowie bei leitenden Mitarbeitern und dienen in erster Linie dazu, diesen Personen einen zusätzlichen Leistungsanreiz zu geben. Die größte Bedeutung haben sie bei Geschäftsführern, weshalb die mit Tantiemen zusammenhängenden Fragen vorrangig im Zusammenhang mit der Vergütung der Geschäftsführer zu erörtern sind (11. Aufl., § 35 Rdnr. 358 ff.) und es im Folgenden bei einigen ergänzenden Bemerkungen bewenden kann. **Zuständig** für die Zusage von Tantiemen an die Geschäftsführer sind als Annexkompetenz zu § 46 Nr. 5 (11. Aufl., § 46 Rdnr. 70) mangels abweichender Satzungsregelung die Gesellschafter. An ihre Stelle tritt bei Gesellschaften, die der Mitbestimmung nach dem MitbestG (nicht dem DrittelbG) unterliegen, der Aufsichtsrat (§ 31 Abs. 1 MitbestG i.V.m. § 84 AktG)[433]. Über Tantiemen an Aufsichtsratsmitglieder entscheiden die Gesellschafter (§ 25 Abs. 1 Satz 1 Nr. 2 MitbestG, § 1 Abs. 1 Nr. 3 DrittelbG, § 52 Abs. 1, jeweils i.V.m. § 113 AktG), über Tantiemen an Arbeitnehmer nach dem gesetzlichen Normalstatut die Geschäftsführer.

135

---

428 R 8.5 (2) Satz 1 KStR 2015; aus der Rechtsprechung etwa BFH v. 26.6.2013 – I R 39/12, BFHE 242, 305 Rdnr. 20 = GmbHR 2014, 101 m.w.N.

429 *Ekkenga*, in: MünchKomm. GmbHG, Rdnr. 259; *W. Müller*, in: Ulmer/Habersack/Löbbe, Rdnr. 167 a.E.

430 Zu den Genussrechten s. allerdings noch Rdnr. 141 a.E.

431 Statt aller *W. Müller*, in: Ulmer/Habersack/Löbbe, Rdnr. 101, 105.

432 BGH v. 29.9.1955 – II ZR 225/54, BGHZ 18, 205, 208 = NJW 1955, 1716; *Strohn*, in: Henssler/Strohn, Gesellschaftsrecht, Rdnr. 74; allg. M.

433 § 31 Abs. 1 MitbestG bezieht sich dem Wortlaut nach zwar nur auf den körperschaftlichen Bestellungsakt, gilt aber wegen des Sachzusammenhangs auch für den Anstellungsvertrag; BGH v. 14.11.1983 – II ZR 33/83, BGHZ 89, 48, 52 ff. = GmbHR 1984, 151; *Ulmer/Habersack*, in: Ulmer/Habersack/Henssler, Mitbestimmungsrecht, § 31 MitbestG Rdnr. 38 f. m.w.N.

136 Im Schrifttum wird teilweise die Ansicht vertreten, dass Vereinbarungen über Tantiemen (ebenso wie sonstige schuldvertragliche Gewinnbeteiligungen Dritter), die einem **Drittvergleich** nicht standhalten, nur wirksam seien, wenn die strengen Voraussetzungen erfüllt sind, die auch für Gewinnabführungsverträge (§ 291 AktG) gelten. Wirksamkeitsvoraussetzung für dem Drittvergleich nicht standhaltende Gewinnbeteiligungen wäre demnach also stets eine (einstimmige) Zustimmung der Gesellschafter unter Beachtung der formellen Anforderungen einer Satzungsänderung (§§ 53 f.)[434]. Dieser Ansicht ist jedoch nicht zu folgen[435]. Die Anforderungen an Gewinnabführungsverträge beruhen darauf, dass derartige Verträge organisationsrechtlichen Charakter haben und in ihrer Bedeutung einer Satzungsänderung gleichstehen[436], was sich namentlich darin zeigt, dass die Kapitalbindung aufgehoben wird (§ 30 Abs. 1 Satz 2, § 291 Abs. 3 AktG) und bei Existenz von Minderheitsgesellschaftern im Ergebnis der Gewinnverteilungsschlüssel zwischen den Gesellschaftern verändert wird. Diese Erwägungen lassen sich auf den Abschluss schuldrechtlicher Tantiemevereinbarungen auch dann nicht übertragen, wenn diese einem Drittvergleich nicht genügen. Ist der Tantiemeberechtigte zugleich Gesellschafter (z.B. Gesellschafter-Geschäftsführer), sind aber die Regeln der verdeckten Vermögenszuwendung (Rdnr. 115 ff.) zu beachten[437]. Im Übrigen verhalten sich die für die Gesellschaft handelnden Personen selbstredend im Innenverhältnis pflichtwidrig, wenn sie Dritten überhöhte Gewinnbeteiligungen einräumen. Das kann aber nach den Grundsätzen des Missbrauchs der Vertretungsmacht nur zur Unwirksamkeit der Tantiemevereinbarung führen, wenn die Pflichtwidrigkeit für den Tantiemeberechtigten evident war.

137 Konkrete Vorgaben für die **inhaltliche Ausgestaltung** der Tantieme enthält das Gesetz nur in Bezug auf Aufsichtsratsmitglieder einer mitbestimmten GmbH; für sie ist gemäß § 1 Abs. 1 Nr. 3 DrittelbG bzw. § 25 Abs. 1 Satz 1 Nr. 2 MitbestG zwingend **§ 113 Abs. 3 AktG** zu beachten[438]. Dagegen ist die in § 52 Abs. 1 für den Fall eines fakultativen Aufsichtsrats vorgesehene Verweisung auf § 113 Abs. 3 AktG disponibel[439]. Der Gesellschaftsvertrag kann weitere Vorgaben für die Ausgestaltung der Tantieme vorsehen. Im Übrigen richten sich die Höhe der Tantieme, ihre Berechnung und ihre Dauer nach den Vereinbarungen der Parteien (§§ 675 Abs. 1, 611, 311 Abs. 1 BGB). Die maßgebliche **Bezugsgröße** für die Berechnung der Tantieme sollte in jedem Fall möglichst klar definiert werden. Wird ein Anteil am Jahresgewinn gewährt, ohne diesen näher zu präzisieren, wird man **im Zweifel** davon ausgehen können, dass der **Jahresüberschuss** maßgeblich sein soll, vermindert um die Beträge, die nach Gesetz oder Gesellschaftsvertrag aus dem Jahresüberschuss in Gewinnrücklagen einzustellen sind[440]. Nach h.M. soll aber der Betrag, der im Jahresabschluss für die Tantiemen als Rückstellung gebildet wurde, dem Jahresüberschuss zu addieren sein; die Tantiemen sollen mit anderen Worten im Zweifel nicht den tantiemepflichtigen Gewinn reduzieren[441]. Zweifelhaft ist, ob daneben auch die Rückstellungen, die für Gewinnbeteiligungen sonstiger Dritter (z.B. stiller Gesellschafter) ge-

---

434 *Ekkenga*, in: MünchKomm. GmbHG, Rdnr. 201, 208, 214. Zu den Anforderungen an Gewinnabführungsverträge s. Anh. § 13 Rdnr. 201; *Verse*, in: Henssler/Strohn, Gesellschaftsrecht, Anh. § 13 GmbHG Rdnr. 68 f.

435 Wie hier *W. Müller*, in: Ulmer/Habersack/Löbbe, Rdnr. 107.

436 BGH v. 24.10.1988 – II ZB 7/88, BGHZ 105, 324, 338 ff. = GmbHR 1989, 25 – Supermarkt; BGH v. 30.1.1992 – II ZB 15/91, NJW 1992, 1452, 1454 = GmbHR 1992, 253.

437 Nach der Rechtsprechung des BFH problematisch insbesondere bei Umsatztantiemen und bei Gewinntantiemen, die mehr als 25 % der Gesamtbezüge ausmachen; näher dazu 11. Aufl., § 35 Rdnr. 354 f.

438 *Fastrich*, in: Baumbach/Hueck, Rdnr. 82; *Zöllner/Noack*, in: Baumbach/Hueck, § 52 Rdnr. 203.

439 *Fastrich*, in: Baumbach/Hueck, Rdnr. 82; *Pentz*, in: Rowedder/Schmidt-Leithoff, Rdnr. 131; *Zöllner/Noack*, in: Baumbach/Hueck, § 52 Rdnr. 60.

440 *Fastrich*, in: Baumbach/Hueck, Rdnr. 82; *Strohn*, in: Henssler/Strohn, Gesellschaftsrecht, Rdnr. 74; vgl. auch § 86 Abs. 2 Satz 1 AktG a.F.

441 BGH v. 3.12.1962 – II ZR 57/62, BB 1963, 323; *Fastrich*, in: Baumbach/Hueck, Rdnr. 82; *Pentz*, in: Rowedder/Schmidt-Leithoff, Rdnr. 132; a.A. *Ekkenga*, in: MünchKomm. GmbHG, Rdnr. 218; einschränkend *W. Müller*, in: Ulmer/Habersack/Löbbe, Rdnr. 105: Die Berechnungsgrundlage für die

bildet wurden, dem tantiemepflichtigen Gewinn hinzuzurechnen sind[442]. Gewinn- bzw. Verlustvorträge aus dem Vorjahr werden im Zweifel nicht zu berücksichtigen sein, da der Wille der Parteien regelmäßig darauf gerichtet sein wird, nur die in dem Bemessungszeitraum erwirtschafteten Ergebnisse einfließen zu lassen[443]. Eine erst im Verwendungsbeschluss nach § 29 Abs. 2 vorgenommene Gewinnthesaurierung durch Bildung von Gewinnrücklagen oder Gewinnvortrag mindert, soweit sie nicht auf einer Ausschüttungssperre (§ 268 Abs. 8 HGB) beruht[444], den tantiemepflichtigen Gewinn grundsätzlich nicht[445]. Anders liegt es freilich, wenn die Tantiemevereinbarung ausnahmsweise an den jeweils *ausgeschütteten* Gewinn anknüpft. In diesem Fall ist aber im Zweifel anzunehmen, dass die spätere Auflösung der Gewinnrücklagen den tantiemepflichtigen Gewinn wieder erhöht[446]. Ferner ist bei ausschüttungsabhängigen Tantiemen zu beachten, dass bei Abweichung der tatsächlich beschlossenen Ausschüttung von dem bei Aufstellung der Bilanz antizipierten Ausschüttungsbetrag verwendungsbedingter Zusatzaufwand im Sinne des § 29 Abs. 1 Satz 1 a.E. oder umgekehrt verwendungsbedingter Ertrag entsteht (Rdnr. 52).

Wenn ein tantiemepflichtiger Gewinn erzielt wurde, **entsteht** der Tantiemeanspruch mangels anderer Abreden in der Regel mit der Feststellung des Jahresabschlusses[447]. Knüpft die Tantieme allerdings an den ausgeschütteten Gewinn an, entsteht der Anspruch – ebenso wie nach h.M. der Gewinnanspruch der Gesellschafter (Rdnr. 37) – erst mit der Fassung des Verwendungsbeschlusses[448]. 138

3. Stille Gesellschaft, partiarische Rechtsverhältnisse

Auch für **stille Beteiligungen** Dritter an der GmbH (§§ 230 ff. HGB) gilt das eingangs (Rdnr. 134) Gesagte: Bei den Gewinnanteilen des stillen Gesellschafters (§ 231 HGB) handelt es sich um Verbindlichkeiten der Gesellschaft, die bereits bei der Aufstellung des Jahresabschlusses zu berücksichtigen sind und den für die Verteilung unter den Gesellschaftern zur Verfügung stehenden Jahresüberschuss bzw. Bilanzgewinn mindern[449]. Der Umfang der Gewinnbeteiligung des Stillen richtet sich nach den Abreden der Parteien; dabei können sich ähnliche Auslegungsfragen stellen wie bei Tantiemen (Rdnr. 137). Für die AG ist anerkannt, dass es sich bei der stillen Gesellschaft um einen **Teilgewinnabführungsvertrag** im Sinne des § 292 Abs. 1 Nr. 2 AktG handelt, so dass der stille Gesellschaftsvertrag vorbehaltlich § 292 Abs. 2 AktG nur wirksam ist, wenn er den besonderen Wirksamkeitsvoraussetzungen für Unternehmensverträge genügt (§§ 293 ff. AktG)[450]. Ob daraus folgt, dass auch in der GmbH die 139

Geschäftsführer-Tantieme werde im Zweifel zwar nicht durch die Summe der Tantiemen der Geschäftsführer gemindert, wohl aber durch die Tantiemen der Arbeitnehmer und sonstiger Dritter.

442 Im Zweifel gegen Hinzurechnung *Pentz*, in: Rowedder/Schmidt-Leithoff, Rdnr. 133.
443 Str., wie hier *Ekkenga*, in: MünchKomm. GmbHG, Rdnr. 218; zum Verlustvortrag auch *Müller-Glöge*, in: MünchKomm. BGB, 7. Aufl. 2016, § 611 BGB Rdnr. 763; differenzierend *Fastrich*, in: Baumbach/Hueck, Rdnr. 82: Gewinnvortrag nicht zu berücksichtigen, wohl aber Verlustvortrag (so auch § 86 Abs. 2 Satz 1 AktG a.F.); wieder anders 11. Aufl., § 35 Rdnr. 359: Verlustvortrag nur zu berücksichtigen, wenn Verlust in der Zeit der Tantiemepflicht entstanden ist.
444 Für Berücksichtigung der Ausschüttungssperre auch *Ekkenga*, in: MünchKomm. GmbHG, Rdnr. 218.
445 *Fastrich*, in: Baumbach/Hueck, Rdnr. 82; *Strohn*, in: Henssler/Strohn, Gesellschaftsrecht, Rdnr. 74 (allerdings jeweils ohne den Vorbehalt zu § 268 Abs. 8 HGB).
446 BGH v. 3.7.2000 – II ZR 12/99, BGHZ 145, 1, 5 ff. = AG 2000, 516 (zur AG).
447 *Ekkenga*, in: MünchKomm. GmbHG, Rdnr. 217; *Fastrich*, in: Baumbach/Hueck, Rdnr. 83.
448 *Fastrich*, in: Baumbach/Hueck, Rdnr. 83; abw. diejenigen, die auch zum Gewinnanspruch anders entscheiden, s. *Ekkenga*, in: MünchKomm. GmbHG, Rdnr. 217.
449 *W. Müller*, in: Ulmer/Habersack/Löbbe, Rdnr. 108.
450 St. Rspr. des BGH, etwa BGH v. 21.7.2003 – II ZR 109/02, BGHZ 156, 38, 43 = NJW 2003, 3412; BGH v. 8.5.2006 – II ZR 123/05, BB 2006, 1405, 1407; BGH v. 18.9.2012 – II ZR 50/11, NZG 2013, 53 Rdnr. 25.

Wirksamkeit des Vertrags von den Erfordernissen abhängt, die im GmbH-Recht für Unternehmensverträge gelten (einstimmige Zustimmung der Gesellschafter unter Beachtung der Formalia der §§ 53 f.), ist allerdings umstritten und wegen des fehlenden organisationsrechtlichen Charakters der stillen Beteiligung richtigerweise zu verneinen[451]. Der stille Gesellschaftsvertrag kann daher auf Seiten der GmbH ohne Einhaltung der §§ 53 f. von den Geschäftsführern abgeschlossen werden; jedoch wird regelmäßig der Zustimmungsvorbehalt der Gesellschafterversammlung (mit einfacher Mehrheit) nach § 49 Abs. 2 zu beachten sein[452].

140 Gleiches wie für stille Beteiligungen gilt grundsätzlich für **partiarische Rechtsverhältnisse**. Von diesen spricht man, wenn bei einem Austauschvertrag die Gegenleistung des Geldschuldners und Sachleistungsgläubigers – im vorliegenden Zusammenhang z.B. die Gegenleistung der Gesellschaft für die Gewährung eines Darlehens, für die Einräumung eines Schutzrechtes oder für die Erbringung bestimmter Dienstleistungen – ganz oder teilweise in einer Beteiligung an dem Gewinn der Gesellschaft besteht. Auch hier geht es aus Sicht der GmbH um den Gewinn mindernde Verbindlichkeiten. Eine Anwendung der §§ 53 f., wie sie bei Gewinnabführungsverträgen anerkannt ist, kommt bei partiarischen Verträgen ebenso wenig in Betracht wie bei stillen Gesellschaften (Rdnr. 139)[453]. Ob eine Vorlage nach § 49 Abs. 2 erforderlich ist, hängt vom Einzelfall ab.

4. Genussrechte

141 Genussrechte, die in der Regel zum Zwecke der Kapitalbeschaffung ausgegeben werden, in der GmbH-Praxis aber anders als im Aktienrecht bisher nur vergleichsweise geringe Bedeutung haben, begründen **schuldrechtliche Ansprüche** auf gesellschaftertypische Vermögensrechte, namentlich einen Anteil am Gewinn und/oder am Liquidationserlös. Eine gesetzliche Regelung im GmbHG fehlt, auch das AktG erwähnt sie nur am Rande (§§ 160 Abs. 3 Nr. 6, 221 Abs. 3 AktG). In der Praxis weist die Gestaltung von Genussrechten eine große Vielfalt auf, weil sich die Rechte und Pflichten der Beteiligten ausschließlich nach den Abreden der Beteiligten richten (§ 311 Abs. 1 BGB). Da die Genussrechtsinhaber die Rechtsstellung von Gläubigern haben, schmälern ihre Ansprüche als normale Forderungsrechte den zur Verteilung nach § 29 anstehenden Gewinn. Das gilt auch, wenn die Genussrechte für Gesellschafter begründet werden, etwa als Gründervorteile, als Gegenleistung für Nebenleistungen im Sinne des § 3 Abs. 2 oder als Teilentgelt für eine Sacheinlage (§ 5 Abs. 4). Steuerrechtlich handelt es sich bei Zahlungen auf Genussrechte um Betriebsausgaben, es sei denn, das Genussrecht gewährt kumulativ sowohl ein Recht auf Beteiligung am Gewinn als auch ein Recht auf Beteiligung am Liquidationserlös (§ 8 Abs. 3 Satz 2 KStG)[454]. Einzelheiten zu den Genussrechten sind an anderer Stelle erörtert (§ 14 Rdnr. 132–150).

---

451 Wie hier BayObLG v. 18.2.2003 – 3Z BR 233/02, NJW-RR 2003, 908, 909; OLG München v. 17.3.2011 – 31 Wx 68/11, GmbHR 2011, 487, 488; KG v. 24.3.2014 – 12 W 43/12, NZG 2014, 668; LG Darmstadt v. 24.8.2004 – 8 O 96/04, AG 2005, 488, 489 f.; *Keul*, in: MünchHdb. II, § 76 StG Rdnr. 76, 81; *Habersack*, in: Liber amicorum Happ, 2006, S. 49, 54 f.; *Jebens*, BB 1996, 701, 702 f.; *Morshäuser/Dietz-Vellmer*, NZG 2011, 1135, 1136; *Verse*, in: Henssler/Strohn, Gesellschaftsrecht, Anh. § 13 GmbHG Rdnr. 122; a.A. s. Anh. § 13 Rdnr. 214 m.w.N.; *Ekkenga*, in: MünchKomm. GmbHG, Rdnr. 230.
452 11. Aufl., § 49 Rdnr. 22; *Keul*, in: MünchHdb. II, § 76 StG Rdnr. 75 f., 81; *Jebens*, BB 1996, 701, 703; strenger – Einstimmigkeit erforderlich – für atypische stille Gesellschaften *Karsten Schmidt*, in: MünchKomm. HGB, 3. Aufl. 2012, § 230 HGB Rdnr. 115 m.w.N.
453 *Jebens*, BB 1996, 701, 703.
454 Näher dazu *W. Müller*, in: Ulmer/Habersack/Löbbe, Anh. § 29 Rdnr. 41.

§ 30
Kapitalerhaltung

(1) Das zur Erhaltung des Stammkapitals erforderliche Vermögen der Gesellschaft darf an die Gesellschafter nicht ausgezahlt werden. Satz 1 gilt nicht bei Leistungen, die bei Bestehen eines Beherrschungs- oder Gewinnabführungsvertrags (§ 291 des Aktiengesetzes) erfolgen oder durch einen vollwertigen Gegenleistungs- oder Rückgewähranspruch gegen den Gesellschafter gedeckt sind. Satz 1 ist zudem nicht anzuwenden auf die Rückgewähr eines Gesellschafterdarlehens und Leistungen auf Forderungen aus Rechtshandlungen, die einem Gesellschafterdarlehen wirtschaftlich entsprechen.

(2) Eingezahlte Nachschüsse können, soweit sie nicht zur Deckung eines Verlustes am Stammkapital erforderlich sind, an die Gesellschafter zurückgezahlt werden. Die Zurückzahlung darf nicht vor Ablauf von drei Monaten erfolgen, nachdem der Rückzahlungsbeschluss nach § 12 bekanntgemacht ist. Im Fall des § 28 Abs. 2 ist die Zurückzahlung von Nachschüssen vor der Volleinzahlung des Stammkapitals unzulässig. Zurückgezahlte Nachschüsse gelten als nicht eingezogen.

Abs. 2 geändert durch das JKomG vom 22.3.2005 (BGBl. I 2005, 837), Abs. 1 geändert durch das MoMiG vom 23.10.2008 (BGBl. I 2008, 2026).

Schrifttum: *Altmeppen*, „Upstream-loans", Cash Pooling & Kapitalerhaltung nach neuem Recht, ZIP 2009, 49; *Altmeppen*, Cash Pooling und Kapitalerhaltung bei bestehendem Beherrschungs- oder Gewinnabführungsvertrag, NZG 2010, 361; *Altmeppen*, Cash Pooling und Kapitalerhaltung im faktischen Konzern, NZG 2010, 401; *Altmeppen*, Wie lange noch gilt das alte Kapitalersatzrecht?, ZIP 2011, 641; *Altmeppen*, Aufsteigende Sicherheiten im Konzern, ZIP 2017, 1977; *Armbrüster*, Treuhänderische Beteiligung an Gesellschaften, 2001; *A. Arnold*, Zur ökonomischen Theorie des Solvenztests, Der Konzern 2007, 118; *Ballerstedt*, Kapital, Gewinn und Ausschüttung bei Kapitalgesellschaften, 1949; *Baums*, Recht der Unternehmensfinanzierung, 2017; *Bayer*, Moderner Kapitalschutz, ZGR 2007, 220; *Bayer*, „MoMiG II" – Plädoyer für eine Fortführung der GmbH-Reform, GmbHR 2010, 1289; *Bayer*, Kapitalschutz in der GmbH – eine Generalkritik, in: Gesellschaftsrechtliche Vereinigung (VGR), Gesellschaftsrecht in der Diskussion 2012, Bd. 18, 2012, S. 25; *Becker*, Totgesagte leben länger – Limitation Languages bei Upstream-Besicherungen nach dem Urteil des II. Zivilsenats des BGH vom 21.3.2017, ZIP 2017, 1599; *Berg*, Rechtsdogmatische Fragen zu § 30 I GmbHG, 1995; *Bielak*, Kapitalschutz im Konzern, 2015; *Bitter*, Rechtsperson und Kapitalerhaltung, ZHR 168 (2004), 302; *Blasche/König*, Upstream-Darlehen vor dem Hintergrund des neuen § 30 Abs. 1 GmbHG, GmbHR 2009, 897; *Bormann/Urlichs*, Kapitalaufbringung und Kapitalerhaltung nach dem MoMiG, in: Römermann/Wachter (Hrsg.), GmbH-Beratung nach dem MoMiG, GmbHR-Sonderheft 2008, S. 37; *Brandes*, Die Behandlung von Nutzungsüberlassungen im Rahmen einer Betriebsaufspaltung unter Gesichtspunkten des Kapitalersatzes und der Kapitalerhaltung, ZGR 1989, 244; *Brocker/Rockstroh*, Upstream-Darlehen und Cash-Pooling in der GmbH nach der Rückkehr zur bilanziellen Betrachtungsweise, BB 2009, 730; *Cahn*, Kapitalerhaltung im Konzern, 1997; *Cahn*, Kredite an Gesellschafter, Der Konzern 2009, 67; *Canaris*, Die Rückgewähr von Gesellschaftereinlagen durch Zuwendung an Dritte, in: FS Fischer, 1979, S. 31; *Cavin*, Kapitalaufbringung in GmbH und AG, 2012; *Dampf*, Die Gewährung von Upstream-Sicherheiten im Konzern, Der Konzern 2007, 157; *Drygala/Kremer*, Alles neu macht der Mai – Zur Neuregelung der Kapitalerhaltungsvorschriften im Regierungsentwurf zum MoMiG, ZIP 2007, 1289; *Drygala*, Für eine alternative Rechtsform neben einer reformierten GmbH – Leipziger Entwurf einer Kommanditgesellschaft mit beschränkter Haftung (KmbH), ZIP 2006, 1797; *Eidenmüller*, Die GmbH im Wettbewerb der Rechtsformen, ZGR 2007, 168; *Ekkenga*, Einzelabschlüsse nach IFRS – Ende der aktien- und GmbH-rechtlichen Kapitalerhaltung?, AG 2006, 389; *Engert*, Solvenzanforderungen als gesetzliche Ausschüttungssperre bei Kapitalgesellschaften, ZHR 170 (2006), 296; *Erne*, Haftungsvermeidung des Geschäftsführers durch Frühwarnsysteme bei Nutzung von Cash-Pooling, GWR 2010, 314; *Eusani*, Das neue Deckungsgebot und Leistungen causa societatis nach § 30 Abs. 1 GmbHG, GmbHR 2009, 512; *Eusani*, Darlehensverzinsung und Kapitalerhaltung beim Cash Pooling, GmbHR 2009, 795; *Fabritius*, Vermögensbindung in AG und GmbH – tiefgreifender Unterschied oder grundsätzliche Identität?, ZHR 144 (1980), 628; *Fleck*, Der Grundsatz der Kapitalerhaltung

– seine Ausweitung und seine Grenzen, in: FS 100 Jahre GmbHG, 1992, S. 391; *Fleischer/Schmolke*, Klumpenrisiken im Bankaufsichts-, Investment- und Aktienrecht, ZHR 173 (2009), 649; *Fleischer/Thaten*, Einlagenrückgewähr und Übernahme des Prospekthaftungsrisikos durch die Gesellschaft bei der Platzierung von Altaktien, NZG 2011, 1081; *J. Flume*, Kapitalerhaltung und Konzernfinanzierung, GmbHR 2011, 1258; *W. Flume*, Der Gesellschafter und das Vermögen der Kapitalgesellschaft und die Problematik der verdeckten Gewinnausschüttung, ZHR 144 (1980), 18; *Freitag*, Upstream-Sicherheiten in der GmbH nach dem MoMiG, Der Konzern 2011, 330; *Freitag*, Die neue BGH-Rechtsprechung zur kapitalerhaltungsrechtlichen Zulässigkeit der Stellung von Upstream-Sicherheiten, WM 2017, 1633; *Fromm*, Gläubigerschutz durch Kapitalaufbringung und Kapitalerhaltung in Kommanditgesellschaft und GmbH, 1979; *Gärtner*, Die rechtlichen Grenzen der Zulässigkeit des Cash Pooling, 2011; *Goette*, Gesellschaftsrecht und Insolvenzrecht, KTS 2006, 217; *Goette*, Gedanken zum Kapitalschutzsystem der GmbH, ZHR 177 (2013), 740; *Goette/Habersack* (Hrsg.), Das MoMiG in Wissenschaft und Praxis, 2009; *Grigoleit*, Gesellschafterhaftung für interne Einflussnahme im Recht der GmbH, 2006; *Grigoleit/Rieder*, GmbH-Recht nach dem MoMiG, 2009; *Grimm*, Die Finanzverfassung der kleinen Kapitalgesellschaft, 2013; *Gross-Langenhoff*, Vermögensbindung im Aktienrecht, 2. Aufl. 2015; *Haas*, Reform des gesellschaftsrechtlichen Gläubigerschutzes, Gutachten E für den 66. Deutschen Juristentag, in: Verhandlungen des 66. Deutschen Juristentages, 2006, Bd. I, S. E1; *Haas*, Eigenkapitalersatzrecht und Übergangsrecht, DStR 2009, 976; *Habersack*, Aufsteigende Kredite im Lichte des MoMiG und des „Dezember"-Urteils des BGH, ZGR 2009, 347; *Habersack*, Aufsteigende Kredite nach MoMiG, in: FS Schaumburg, 2009, S. 1291; *Habersack/Schürnbrand*, Cash-Management und Sicherheitenbestellung bei AG und GmbH im Lichte des richterrechtlichen Verbots der Kreditvergabe an Gesellschafter, NZG 2004, 689; *Habersack/Verse*, Europäisches Gesellschaftsrecht, 4. Aufl. 2011; *Hager*, Die verdeckte Gewinnausschüttung in der GmbH – ein Beitrag zu den gesellschaftsrechtlichen Sanktionen, ZGR 1989, 71; *Heerma/R. Bergmann*, Sicherheitenbestellung an Dritte für Verbindlichkeiten des Gesellschafters als verbotene Auszahlung i.S. des § 30 Abs. 1 GmbHG, ZIP 2017, 1261; *Hennrichs*, Unternehmensfinanzierung und IFRS im deutschen Mittelstand, ZHR 170 (2006), 498; *Hennrichs*, IFRS und Mittelstand – Auswirkungen der GmbH-Reform und Zukunft der Kapitalerhaltung, ZGR 2008, 361; *Hennrichs*, Zur Zukunft der Kapitalerhaltung: Bilanztest – Solvenztest – oder beides?, Der Konzern 2008, 42; *Hennrichs*, Auswirkungen des BilMoG auf Bilanzpolitik, Gläubigerschutz und Ausschüttungsbemessung in Familienunternehmen, in: Winkeljohann/Uhl (Hrsg.), Zukunft des Bilanzrechts in Familienunternehmen, 2009, S. 99; *Hentzen*, Gewinnfinanzierung nach BGHZ 157, 72, ZGR 2005, 480; *Hirte/Knof/Mock*, Ein Abschied auf Raten? – Zum zeitlichen Anwendungsbereich des alten und neuen Rechts der Gesellschafterdarlehen, NZG 2009, 48; *Hömme*, Die Kapitalerhaltung nach dem MoMiG unter besonderer Berücksichtigung des Cash Poolings, 2015; *Hommelhoff*, Modernisiertes HGB-Bilanzrecht im Wettbewerb der Regelungssysteme, ZGR 2008, 250; *Hommelhoff*, Förder- und Schutzrecht für den faktischen Konzern, ZGR 2012, 535; *Hunscha*, Die Anwendung der §§ 30 Abs. 1, 31 GmbHG auf Zahlungen der GmbH & Co. KG an ihre Kommanditisten, GmbHR 1973, 257; *Joost*, Grundlagen und Rechtsfolgen der Kapitalerhaltungsregeln in der GmbH, ZHR 148 (1984), 27; *Joost*, Systematische Betrachtungen zur Neuregelung von Kapitalaufbringung und Kapitalerhaltung im Recht der GmbH, in: FS Hüffer, 2010, S. 405; *Jungmann*, Solvenztest- versus Kapitalschutzregeln, ZGR 2006, 639; *Kerber*, Die Übernahme von Gesellschaften mit beschränkter Haftung im Buy-Out-Verfahren, WM 1989, 473; *Kiefner/Bochum*, Aufsteigende Sicherheiten bei GmbH und AG im Lichte der neuen Rechtsprechung des BGH zur Kapitalerhaltung, NZG 2017 (im Erscheinen); *Kiefner/Theusinger*, Aufsteigende Darlehen und Sicherheitenbegebung im Aktienrecht nach dem MoMiG, NZG 2008, 801; *Kleffner*, Erhaltung des Stammkapitals und Haftung nach §§ 30, 31 GmbHG, 1994; *A. Koch*, Die Abkehr von der „bilanziellen Betrachtungsweise" und ihre Auswirkungen auf die Existenzvernichtungshaftung, 2007; *Kocher*, Upstream-Forderungen in der Krise des GmbH-Gesellschafters, GmbHR 2012, 1221; *Kollmorgen/Santelmann/Weiß*, Upstream-Besicherung und Limitation Language nach Inkrafttreten des MoMiG, BB 2009, 1819; *Kort*, Das Verhältnis von Auszahlungsverbot (§ 30 Abs. 1 GmbHG) und Erstattungspflicht (§ 31 GmbHG), ZGR 2001, 615; *Kramer*, Kapitalerhaltung und aufsteigende Sicherheiten im reformierten Kapitalschutzrecht, 2017; *Kropff*, Einlagenrückgewähr und Nachteilsausgleich im faktischen Konzern, NJW 2009, 814; *Kuhn*, Haftungsprobleme bei der GmbH & Co., in: Festgabe Heusinger, 1968, S. 203; *Kunkel/Lanzius*, Zum Verhältnis der Darlehensgewährung der Komplementär-GmbH an ihre KG und der Leistung der Stammeinlage, NZG 2007, 527; *Kuntz*, Sicherheiten für Gesellschafterverbindlichkeiten und die Kapitalerhaltung in GmbH und AG, ZGR 6/2017 (im Erscheinen); *Lanfermann/Röhricht*, § 268 Abs. 8 HGB als neue Generalnorm für außerbilanzielle Ausschüttungssperren, DStR 2009, 1216; *Lieder*, Kapitalaufbringung im Cash Pool nach neuem Recht, GmbHR 2009, 1177; *Lorenz*, Die Auswirkungen des MoMiG auf vor dem 1.11.2008 entstandene Ansprüche nach §§ 30, 31 GmbHG (analog), GmbHR 2009, 135; *Lutter*, Kapital, Sicherung der Kapitalaufbringung und Kapitalerhaltung in den Aktien- und GmbH-Rechten der EWG, 1964; *Lutter* (Hrsg.), Das Kapital der Aktiengesellschaft in Europa, 2006; *Lutter/Hommelhoff*, Nachrangiges Haftkapital und Unterkapitalisierung der GmbH, ZGR 1979, 31; *Maul/Lanfermann/Richard*, Zur Leistungsfähigkeit der Ausschüttungsmodelle in Europa und Drittstaaten, AG 2010, 279; *Maul/Lanfermann/Richard*, Zur Zukunft des gesellschaftsrechtlichen Kapitalschutzes in Europa, in: FS Hellwig, 2010, S. 221; *Meister*, Die Sicherheitsleistung der GmbH für Gesellschafterverbindlichkeiten, WM 1980, 390; *Mock*, Finanzverfassung der Kapitalgesellschaften und internationale Rechnungslegung, 2008; *Möller*, Upstream-Kreditsicherheiten, 2014; *Mülbert*, Sicherheiten einer Kapitalgesellschaft für Verbindlichkeiten ihres Gesellschafters, ZGR 1995, 578; *Mülbert*, Zukunft der Kapitalbringung/Kapitalerhaltung, Der Konzern 2004, 151; *Mülbert/Leuschner*, Aufsteigende Darlehen im Kapitalerhaltungs- und Konzernrecht – Gesetzgeber und BGH haben gesprochen, NZG 2009, 281; *Mülbert/Sajnovits*, Konzerninterne (Upstream-) Darlehen als unternehmerische Risikoentscheidung, WM 2015, 2345; *Mülbert/Wilhelm*, Haftungsübernahme als Einlagenrückgewähr – Überlegungen zu § 57 AktG im Nachgang zu Telekom III, in: FS Hommelhoff, 2013, S. 747; *H.-F. Müller*, Der Prokurist und das Auszahlungsverbot des § 30 GmbHG, ZGR 2003, 441; *H.-F. Müller*, Die gesetzliche Rücklage bei der Unternehmergesellschaft, ZGR 2012, 81; *K. J. Müller*, Kapitalerhaltung und Bilanzierung: zur Ermittlung der Unterbilanz bei § 30 Abs. 1 GmbHG, DStR 1997, 1577; *Neideck*, Rückforderungsansprüche der Unternehmergesellschaft bei Verstoß gegen die Rücklagenverpflichtung, GmbHR 2010, 624; *Oetker*, Rückzahlungsverbot (§ 30 I GmbHG) und Sicherheitsleistungen abhängiger GmbH's für Verbindlichkeiten anderer Konzerngesellschaften – am Beispiel der Bürgschaft, KTS 1991, 521; *Perwein*, Die Rechte der GmbH nach dem Kapitalerhaltungsgrundsatz – Verjährungsfalle für den Auszahlungsanspruch des Gesellschafters?, GmbHR 2006, 1149; *Porzelt*, Die Auszahlungen des zur Erhaltung des Stammkapitals erforderlichen Vermögens der Gesellschaft an die Gesellschafter gemäß § 30 Abs. 1 S. 1 GmbHG, GmbHR 2016, 627; *Pöschke/Steenbreker*, Kapitalerhaltung in der GmbH & Co. KG, NZG 2015, 614; *Priester*, Kapitalaufbringung, in: FS 100 Jahre GmbHG, 1992, S. 159; *Rammert*, Der Solvenztest – eine unausgereifte Alternative zur Kapitalerhaltung, in: Festgabe 50 Jahre Südtreu/Deloitte, 2008, S. 429; *Rellermeyer/Gröblinghoff*, Keine Ewigkeitsgeltung der Rechtsprechungsregeln zum Eigenkapitalersatz, ZIP 2009, 1933; *Rickford et al.*, Report of the Interdisciplinary Group on Capital Maintenance, EBLR 15 (2004), 919; *Riedel*, Unzulässige Vermögenszuwendungen und ihre Rechtsfolgen im Recht der Aktiengesellschaft, 2004; *Riegger*, Gesellschaftsrechtliche Probleme der Finanzierung von Unternehmensübernahmen durch Finanzinvestoren, ZGR 2008, 233; *Röhricht*, Die GmbH im Spannungsfeld zwischen wirtschaftlicher Dispositionsfreiheit ihrer Gesellschafter und Gläubigerschutz, in: FS 50 Jahre BGH, Bd. I, 2000, S. 83; *Schall*, Kapitalgesellschaftsrechtlicher Gläubigerschutz, 2009; *Schickerling/Blunk*, Die Haftung im Zusammenhang mit Upstream Loans – quo vadis?, GmbHR 2009, 1294; *Schläfke*, Vermögensbindung in der Kapitalgesellschaft & Co. KG als haftungsbeschränkter Personengesellschaft, 2013; *Karsten Schmidt*, Kapitalaufbringung, Kapitalerhaltung und Unterkapitalisierung bei der GmbH & Co. KG, DB 1973, 2227; *Karsten Schmidt*, GmbH-Reform auf Kosten der Geschäftsführer?, GmbHR 2008, 449; *Karsten Schmidt*, Mittelaufbringung und Mittelverwendung bei der GmbH & Co. KG – Funktionelles oder formelles Denken im Recht der Unternehmensfinanzierung?, ZIP 2009, 481; *Schmolke*, Kapitalerhaltung in der GmbH nach dem MoMiG, 2009; *Schnelle*, Haftung des Nur-Kommanditisten nach §§ 30, 31 GmbHG, GmbHR 1995, 853; *Schön*, Kreditbesicherung durch abhängige Kapitalgesellschaften, ZHR 159 (1995), 351; *Schön*, Bestandskraft fehlerhafter Bilanzen, in: Festgabe 50 Jahre BGH, Bd. II, 2000, S. 153; *Schön*, Balance Sheet Tests or Solvency Tests – or Both?, EBOR 7 (2006), 181; *Schulze-Osterloh*, Bilanzielle Voraussetzungen und bilanzielle Folgen unzulässiger Darlehensgewährung an GmbH-Gesellschafter, in: FS Eisenhardt, 2007, S. 505; *Séché/Theusinger*, Upstream-Sicherheiten und Kapitalerhaltung, BB 2017, 1550; *Sernetz/Kruis*, Kapitalaufbringung und -erhaltung in der GmbH, 2. Aufl. 2013; *Servatius*, Nutzungsweise Überlassung von Betriebsmitteln der GmbH an Gesellschafter als Auszahlung gemäß §§ 30, 31 GmbHG, GmbHR 1998, 723; *Söhner*, Leveraged Buy-outs und Kapitalschutz, ZIP 2011, 2085; *Sonnenhol/Groß*, Besicherung von Krediten Dritter an Konzernunternehmen, ZHR 159 (1995), 388; *Sonnenhol/Stützle*, Bestellung von Sicherheiten durch eine GmbH und der Grundsatz der Erhaltung des Stammkapitals (§ 30 GmbHG), DB 1979, 925; *Spindler*, Der Gläubigerschutz zwischen Gesellschafts- und Insolvenzrecht, JZ 2006, 839; *Steinbeck*, Besicherung von Gesellschafterverbindlichkeiten durch die GmbH, WM 1999, 885; *Stimpel*, Zum Auszahlungsverbot des § 30 Abs. 1 GmbHG, in: FS 100 Jahre GmbHG, 1992, S. 335; *Tasma*, Leveraged Buyout und Gläubigerschutz, 2012; *Theusinger/Kapteina*, Upstream-Sicherheiten und Limitation Language, NZG 2011, 881; *Thole*, Gläubigerschutz durch Insolvenzrecht, 2010; *Thole*, Konzernfinanzierung zwischen Gesellschafts- und Insolvenzrecht, ZInsO 2011, 1425; *Tillmann*, Upstream-Sicherheiten der GmbH im Licht der Kapitalerhaltung – Ausblick auf das MoMiG, NZG 2008, 401; *Tries*, Die verdeckte Gewinnausschüttung im GmbH-Recht, 1991; *Ulmer*, Der „Federstrich des Gesetzgebers" und die Anforderungen der Rechtsdogmatik, ZIP 2008, 45; *Verse*, Der Gleichbehandlungsgrundsatz im Recht der Kapitalgesellschaften, 2006; *Verse*, Auswirkungen der Bilanzrechtsmodernisierung auf den Kapitalschutz, in: Gesellschaftsrechtliche Vereinigung (VGR), Gesellschaftsrecht in der Diskussion 2009, Bd. 15, 2010, S. 67; *J. Vetter*, Reform des gesellschaftsrechtlichen Gläubigerschutzes, in: Verhandlungen des 66. Deutschen Juristentages, 2006, Bd. II/1, S. P 75; *J. Vetter*, Kapitalerhaltung nach MoMiG, in: Goette/Habersack (Hrsg.), Das MoMiG in Wissenschaft und Praxis, 2009, Kap. 4; *J. Vetter/Kahnert*, Konzerninnenfinanzierung: Der Blickwinkel des Gesellschaftsrechts, in: Veil (Hrsg.)., Unternehmensrecht in der Reformdiskussion, 2013, S. 57; *J. Vetter/Stadler*, Haftungsrisiken beim konzernweiten Cash Pooling, 2003; *Wand/Tillmann/Heckenthaler*, Aufsteigende Darlehen und Sicherheiten bei Aktiengesellschaften nach dem MoMiG und der MPS-Entscheidung des BGH, AG 2009, 148; *Weitzel/Socher*, Cash-Pooling-Risiken für die GmbH-Geschäftsführung und ihre Vermeidung, ZIP 2010, 1069; *H. P. Westermann*, Gesellschaftsrechtliche Risiken bei der bankmäßigen Projektfinanzierung, in: FS Odersky, 1996, S. 897; *A. Wilhelm*, Dritterstreckung im Gesellschaftsrecht, 2017; *J. Wilhelm*, Die Vermögensbindung bei der Aktiengesellschaft und der GmbH und das Problem der Unterkapitalisierung, in: FS Flume II, 1978, S. 337; *Wilhelmi*, Der Grundsatz der Kapitalerhaltung im System des GmbH-Rechts, 2001; *Winkler*, Die Haftungsverfassung der GmbH & Co. KG, NJW 1969, 1009; *Winkler/Becker*, Die Limitation Language bei Akquisitions- und Konzernfinanzierungen unter Berücksichtigung des MoMiG, ZIP 2009, 2361; *Ma. Winter*, Verdeckte Gewinnausschüttungen im GmbH-Recht, ZHR 148 (1984), 579; *Mi. Winter*, Upstream-Finanzierung nach dem MoMiG-RegE, DStR 2007, 1484; *Wirsch*, Die Vollwertigkeit des Rückgewähranspruchs, Der Konzern 2009, 443.

I. Grundlagen

1. Regelungsgegenstand

§§ 30, 31 normieren in Bezug auf die GmbH den für die Kapitalgesellschaften zentralen **Grundsatz der Kapitalerhaltung**, der sich als Ergänzung zu den Vorschriften über die Aufbringung des Stammkapitals (insbes. §§ 5, 7 Abs. 2–3, 19) versteht und vom BGH als „Kernstück des GmbH-Rechts" bezeichnet wird[1]. Von herausragender Bedeutung ist das **Auszahlungsverbot des § 30 Abs. 1 Satz 1**. Dieses errichtet eine **bilanzielle Ausschüttungssperre**, die sowohl für offene Ausschüttungen als auch für verdeckte Vermögenszuwendungen (§ 29 Rdnr. 115) an die Gesellschafter gilt und der Höhe nach denjenigen wertmäßigen Betrag des Vermögens der Gesellschaft bindet, der nach bilanziellen Grundsätzen zur Deckung des Stammkapitals erforderlich ist. Seit der Reform durch das **MoMiG**[2] wird der Anwendungsbereich des Auszahlungsverbots durch die Ausnahmen nach **§ 30 Abs. 1 Satz 2 und 3** präzisiert (vgl. auch § 57 Abs. 1 Satz 3 und 4 AktG). § 30 Abs. 1 Satz 2 Alt. 1 suspendiert die Kapitalbindung bei Bestehen eines Beherrschungs- oder Gewinnabführungsvertrags, was sich daraus erklärt, dass die Gesellschaft und ihre Gläubiger in diesem Fall durch andere Schutzmechanismen geschützt sind, namentlich die Verlustausgleichspflicht des herrschenden Unternehmens analog § 302 AktG (Rdnr. 72 ff.). § 30 Abs. 1 Satz 2 Alt. 2 reagiert auf eine als übermäßig streng empfundene Rechtsprechung des BGH zur Kreditvergabe an Gesellschafter[3] und stellt klar, dass Leistungen an Gesellschafter mit der Kapitalerhaltung stets vereinbar sind, wenn sie durch einen vollwertigen Gegenleistungs- oder Rückgewähranspruch an Gesellschafter gedeckt sind (Rdnr. 76 ff.). Ebenfalls in Abkehr von der bisherigen Rechtsprechung bestimmt § 30 Abs. 1 Satz 3, dass die Rückzahlung eines Gesellschafterdarlehens oder vergleichbarer Kreditgewährungen nicht unter das Auszahlungsverbot fällt. Damit hat der Gesetzgeber die über Jahrzehnte gewachsenen Rechtsprechungsregeln über eigenkapitalersetzende Darlehen aufgehoben. Stattdessen unterliegen Gesellschafterdarlehen nunmehr einem

1

---

1 BGH v. 30.6.1958 – II ZR 213/56, BGHZ 28, 77, 78.
2 Gesetz zur Modernisierung des GmbH-Rechts und zur Bekämpfung von Missbräuchen vom 23.10.2008, BGBl. I 2008, 2026.
3 BGH v. 24.11.2003 – II ZR 171/01, BGHZ 157, 72 = GmbHR 2004, 302; nach Inkrafttreten des MoMiG auch für Altfälle aufgegeben in BGH v. 1.12.2008 – II ZR 102/07, BGHZ 179, 71 Rdnr. 12 = NJW 2009, 850 – MPS.

rein insolvenzrechtlichen Regelungsregime (Rdnr. 107 ff.). Neben das Auszahlungsverbot des § 30 Abs. 1 treten in **§ 30 Abs. 2** zusätzliche Einschränkungen für die **Rückzahlung von eingezahlten Nachschüssen** im Sinne der §§ 26 ff. (Rdnr. 135 ff.). Ihre praktische Bedeutung ist allerdings gering, da Nachschusspflichten kaum verbreitet sind. Sieht man von den genannten Ergänzungen durch das MoMiG und einer marginalen Änderung des § 30 Abs. 2 Satz 2 durch das Justizkommunikationsgesetz (Rdnr. 143) ab, ist § 30 seit Inkrafttreten des GmbHG von 1892 unverändert.

2. Normzweck

2   Der Grundsatz der Kapitalerhaltung bezweckt den **Schutz der Gläubiger der Gesellschaft**, die einen Ausgleich für das Privileg der Haftungsbeschränkung der GmbH-Gesellschafter (§ 13 Abs. 2) erhalten sollen; er bildet damit für die Gesellschafter gewissermaßen den Preis für die beschränkte Haftung[4]. Dem Anliegen des Gläubigerschutzes dient die gesetzliche Kapitalbindung auf mehrfache Weise: Zunächst soll die Aussicht, ein Mindeststammkapital von 25 000 Euro (§ 5 Abs. 1) aufbringen zu müssen und dieses gemäß § 30 Abs. 1 nicht wieder abziehen zu dürfen, unseriöse Gründer abschrecken und so für eine gewisse Seriosität der Gründung sorgen[5]. Ferner sorgt die Kapitalbindung dafür, dass jedenfalls zunächst eine gewisse Eigenkapitaldecke vorhanden ist, die in Krisenzeiten als Puffer Verluste aufzufangen hilft und damit der Insolvenzprophylaxe dient[6]. Zudem entfaltet die Existenz eines gebundenen Kapitals eine die Gesellschafter disziplinierende, risikodämpfende Wirkung, die im Interesse der regelmäßig nicht am Gewinn partizipierenden und deshalb risikoaversen Gläubiger der Gesellschaft liegt; denn die Gefahr, dass die Gesellschafter ihre GmbH zur Eingehung unverantwortlicher Risiken veranlassen, ist umso geringer, je mehr Eigenkapital auf dem Spiel steht[7]. Schließlich wird durch die Ausschüttungssperre auch die Vorrangstellung der Gläubiger in der Insolvenz der Gesellschaft abgesichert[8].

3   Bisweilen wird neben dem Gläubigerschutz auch der **Schutz der Gesellschafter** als weiterer Zweck der Kapitalerhaltung genannt[9]. Dass die Gesellschafter davor geschützt werden, dass ein Mitgesellschafter Zuwendungen aus dem gebundenen Vermögen erhält, ist jedoch nach richtiger Ansicht nicht Zweck, sondern **allenfalls Schutzreflex** der Kapitalerhaltung[10]. Dem Gesellschafterschutz wird bereits durch andere Instrumente, namentlich den Gleichbehandlungsgrundsatz und die Zuständigkeit der Gesellschafterversammlung für Gewinnausschüttungen (§ 46 Nr. 1), Rechnung getragen.

---

4   So schon Entwurf eines Gesetzes betreffend die Gesellschaften mit beschränkter Haftung, 1891, S. 40; ferner BGH v. 27.9.1999 – II ZR 371/98, BGHZ 142, 315, 322 = GmbHR 1999, 1134; *Thiessen*, in: Bork/Schäfer, Rdnr. 1.

5   Vgl. Entwurf eines Gesetzes betreffend die Gesellschaften mit beschränkter Haftung, 1891, S. 54; ferner Begr. des (später zurückgezogenen) RegE MindestkapG, BT-Drucks. 15/5673, S. 4; *Goette*, DStR 2005, 197, 198.

6   *Habersack*, in: Ulmer/Habersack/Löbbe, Rdnr. 3; *Ekkenga*, in: MünchKomm. GmbHG, Rdnr. 15; näher *T. Bezzenberger*, Kapital, S. 120, 135 f.; *Haas*, in: Verhandlungen des 66. DJT, 2006, Bd. I, S. E 125 ff.

7   Statt vieler *T. Bezzenberger*, Kapital, S. 103 ff., 119 f.; *Grimm*, Finanzverfassung, S. 385 ff.; *A. Wilhelm*, Dritterstreckung, S. 28 f. m.w.N.

8   Näher dazu *Haas*, in: Verhandlungen des 66. DJT, 2006, Bd. I, S. E 127, 130 ff.

9   *Fastrich*, in: Baumbach/Hueck, Rdnr. 3; *Ekkenga*, in: MünchKomm. GmbHG, Rdnr. 16.

10 Wie hier *Bayer*, ZGR 2007, 220, 228 („geschützt werden sollen allein die Gläubiger, nicht dagegen die Mitgesellschafter"); *Habersack*, in: Ulmer/Habersack/Löbbe, Rdnr. 3; *Thole*, Gläubigerschutz, S. 553 f.

3. Grenzen und Ergänzungsbedürftigkeit der Kapitalerhaltung

Das angestrebte Ziel des Gläubigerschutzes vermag der gesetzliche Kapitalschutz allerdings **nur mit erheblichen Einschränkungen** zu erreichen. Nicht zu verkennen ist erstens, dass – anders als bei Inkrafttreten des GmbHG 1892[11] – schon das für die „Normal"-GmbH geltende Mindeststammkapitalerfordernis von 25 000 Euro sehr gering ist und damit nur einen schmalen Haftungspuffer bildet, der rasch aufgezehrt sein kann[12]. In der durch das MoMiG eingeführten Rechtsformvariante der UG (haftungsbeschränkt) mit einem gesetzlichen Mindeststammkapital von nur 1 Euro (§§ 5a Abs. 1, 5 Abs. 2) sind Seriositätsgewähr und Haftungspuffer sogar praktisch aufgehoben, wenngleich die gesetzliche Rücklage nach § 5a Abs. 3 einen gewissen Ausgleich zu schaffen sucht. Hinzu kommt zweitens, dass § 30 das gebundene Vermögen nur vor Zuwendungen an die Gesellschafter schützt, nicht aber davor, dass es für den Geschäftsbetrieb der Gesellschaft eingesetzt und bei schlechtem Geschäftsverlauf u.U. vollends **verwirtschaftet** wird[13]. Da eine Verpflichtung der Gesellschafter, das Stammkapital nach Eintritt operativer Verluste wiederaufzufüllen, nicht besteht – und zwar auch dann nicht, wenn die Gesellschafter zuvor ohne Verstoß gegen § 30 Gewinne entnommen haben[14] –, kann selbst bei Gesellschaften mit hoher Stammkapitalziffer der Fall eintreten, dass sie an der Grenze zur Insolvenz praktisch keinen Haftungspuffer mehr aufweisen und die Kapitalbindung ihre risikodämpfende Funktion kaum noch entfalten kann. Drittens stellt § 30 Abs. 1 im Sinne einer Momentaufnahme nur darauf ab, ob im Zeitpunkt des Vermögensentzugs das Stammkapital noch bilanziell gedeckt ist. Dabei bleibt unberücksichtigt, dass der Abzug von Produktionsmitteln, Liquidität oder Geschäftschancen Spätfolgen nach sich ziehen kann, welche die Fähigkeit der Gesellschaft zur Fortführung ihres Geschäftsbetriebs nachhaltig beeinträchtigen[15]. Viertens schließlich beschränkt § 31 die Rückgewähr bei Verstößen gegen die Kapitalbindung auf den entnommenen Geldwert, während der durch die Entnahme von dringend benötigten Produktionsmitteln angerichtete Kollateralschaden vielfach weit über jenen Betrag hinausgeht[16].

Es versteht sich daher, dass die §§ 30 f. der **Ergänzung durch weitere Gläubigerschutzinstrumente** bedürfen. So waren insbesondere die beiden zuletzt genannten Defizite des Kapitalschutzes Anlass dafür, dass der BGH als „Verlängerung des Schutzsystems der §§ 30, 31"[17] die Haftung der Gesellschafter für existenzvernichtende Eingriffe entwickelt hat, die inzwischen in § 826 BGB verortet wird (§ 13 Rdnr. 152 ff.). Aber auch jenseits dieser Fallgruppe kommt bei Missbräuchen der Haftungsbeschränkung in eng begrenzten Einzelfällen eine Haftung der Gesellschafter in Betracht, sei es über § 826 BGB, sei es – wie in Fällen der Vermögensvermischung – als gesellschaftsrechtliche Durchgriffshaftung[18]. Allein der Umstand, dass die Gesellschaft mit einer Eigenkapitalausstattung betrieben wird, die in keinem angemessenen Verhältnis zu den Risiken ihrer Geschäftstätigkeit steht (**„materielle Unterkapitalisierung"**), führt jedoch nach h.M. nicht zu einer Durchgriffshaftung und vorbehaltlich äußerster Ausnahmefälle auch nicht zu einer Haftung aus § 826 BGB, da ein derartiger Unterkapitalisierungstatbestand nicht mit hinreichender Rechtssicherheit bestimmbar wäre und nicht zuletzt

11 Damals war der geforderte Mindestbetrag von 20 000 Goldmark noch so bemessen, dass man sich davon eine „relativ noble Villa kaufen" konnte; *Priester*, in: FS 100 Jahre GmbHG, S. 159, 161.

12 *Haas*, in: Verhandlungen des 66. DJT, 2006, Bd. I, S. E 127 f.; *Habersack*, in: Ulmer, Rdnr. 5; *Grigoleit*, Gesellschafterhaftung, S. 76.

13 Allg. M., s. nur BGH v. 10.12.2007 – II ZR 180/06, BGHZ 174, 370 Rdnr. 11 = GmbHR 2008, 203; *Schmolke*, Kapitalerhaltung, Rdnr. 8.

14 Gleichfalls allg. M.; BGH v. 24.3.1980 – II ZR 213/77, BGHZ 76, 326, 333 f.; *Habersack*, in: Ulmer/Habersack/Löbbe, Rdnr. 2 a.E.

15 *Röhricht*, in: FS 50 Jahre BGH, S. 83, 93.

16 *Röhricht*, in: FS 50 Jahre BGH, S. 83, 94.

17 BGH v. 16.7.2007 – II ZR 3/04, BGHZ 173, 246 Rdnr. 33 = GmbHR 2007, 927 – Trihotel.

18 S. dazu im Einzelnen § 13 Rdnr. 110 ff.; *Verse*, in: Henssler/Strohn, Gesellschaftsrecht, § 13 GmbHG Rdnr. 28 ff., 35 ff.

die Einführung der UG (haftungsbeschränkt) zeigt, dass der Gesetzgeber die Existenz materiell unterkapitalisierter Gesellschaften bewusst in Kauf nimmt[19]. Ergänzt wird der gesetzliche Kapitalschutz des Weiteren durch gläubigerschützende Pflichten der Geschäftsführer, die über die Respektierung der Kapitalbindung (§ 43 Abs. 3 Satz 1) hinausgehen. Hierher gehören das Verbot zur Zahlungsunfähigkeit führender Zahlungen an Gesellschafter (§ 64 Satz 3), das Parallelen zum Solvenztest US-amerikanischer Prägung aufweist (Rdnr. 13), sowie die Verlustanzeigepflicht nach § 49 Abs. 3, sobald die Hälfte des Stammkapitals aufgezehrt ist. Mit Eintritt der Insolvenzreife treten das Verbot der Masseschmälerung (§ 64 Satz 1) und die Insolvenzantragspflicht (§ 15a InsO) hinzu.

4. Zwingender Charakter

6   Da § 30 Abs. 1 dem Gläubigerschutz dient, kann die Kapitalerhaltung im Gesellschaftsvertrag **weder abbedungen noch abgeschwächt** werden[20]. Die Kapitalbindung kann nur durch Abschluss eines Beherrschungs- oder Gewinnabführungsvertrags außer Kraft gesetzt werden (§ 30 Abs. 1 Satz 2 Alt. 1, Rdnr. 72 ff.). Ferner kann die Ausschüttungssperre durch Kapitalherabsetzung abgesenkt werden, was nach §§ 58 ff. freilich nur unter einschränkenden, dem Gläubigerschutz Rechnung tragenden Voraussetzungen möglich ist. Umgekehrt steht es den Gesellschaftern frei, im Gesellschaftsvertrag über § 30 Abs. 1 hinausgehende Ausschüttungssperren festzulegen (§ 29 Rdnr. 51).

5. Vergleich mit der Vermögensbindung in der AG

7   Wiewohl GmbH-rechtliche und aktienrechtliche Kapitalerhaltung den gleichen Zweck verfolgen und unverkennbare Parallelen aufweisen[21], bleibt der Umfang der Kapitalbindung nach § 30 Abs. 1 hinter den **aktienrechtlichen Parallelregelungen** in § 57 Abs. 1 und Abs. 3 AktG zurück. Das Aktienrecht stellt sowohl in materieller als auch in prozeduraler Hinsicht **strengere Anforderungen**. In materieller Hinsicht erstreckt sich die aktienrechtliche Vermögensbindung im Unterschied zu § 30 Abs. 1 nicht allein auf die Bindung des gezeichneten Kapitals, sondern auch auf die der GmbH unbekannte[22] **gesetzliche Rücklage** nach § 150 Abs. 1 AktG sowie die **Kapitalrücklagen nach § 272 Abs. 2 Nr. 1–3 HGB**. Diese Rücklagen können nach Maßgabe des § 150 Abs. 3–4 AktG nur zum Verlustausgleich und zu Kapitalerhöhungen aus Gesellschaftsmitteln verwendet werden. Eine Auflösung zu Ausschüttungszwecken ist dagegen in § 150 AktG nicht vorgesehen. Hinzu kommt in prozeduraler Hinsicht die sich aus § 57 Abs. 3 AktG ergebende Einschränkung, dass selbst diejenigen Rücklagen, die in der AG für Ausschüttungszwecke verfügbar sind (Kapitalrücklagen nach § 272 Abs. 2 Nr. 4 HGB und andere Gewinnrücklagen als die gesetzliche Rücklage) erst aufgelöst und im Jahresabschluss als **Bilanzgewinn** ausgewiesen werden müssen, bevor die Hauptversammlung (§§ 119 Abs. 1 Nr. 2, 174 AktG) eine Ausschüttung beschließen kann. Unterjährige Ausschüttungen und verdeckte Vermögenszuwendungen sind daher in der AG rundweg ver-

---

19 Explizit gegen eine Durchgriffshaftung wegen materieller Unterkapitalisierung BGH v. 28.4.2008 – II ZR 264/06, BGHZ 176, 204 Rdnr. 15 ff. = GmbHR 2008, 805 – Gamma, wo aber offengelassen wird, ob sich nicht im Rahmen des § 826 BGB eine besondere Fallgruppe der „Haftung wegen Unterkapitalisierung einer GmbH" bilden lässt (Rdnr. 25 des Urteils); vor Letzterem warnend etwa *Waclawik*, DStR 2008, 1486, 1490 f.; *Wackerbarth*, JZ 2008, 1166, 1167 f. Näher zu diesem Fragenkreis § 13 Rdnr. 138 ff.

20 Unstr., statt aller *Ekkenga*, in: MünchKomm. GmbHG, Rdnr. 9; *Habersack*, in: Ulmer/Habersack/Löbbe, Rdnr. 7.

21 Dazu *Fabritius*, ZHR 144 (1980), 628 ff. im Anschluss an *Wilhelm*, in: FS Flume II, S. 337, 348 ff.

22 S. aber noch Rdnr. 10 zur gesetzlichen Rücklage bei der UG (haftungsbeschränkt).

boten[23]. Dadurch soll sichergestellt werden, dass die Kompetenz der Hauptversammlung hinsichtlich der Gewinnverwendung nicht unterlaufen wird und die Aktionäre gleichmäßig an den Gewinnen partizipieren[24]. Insoweit dient also die umfassendere Vermögensbindung im Aktienrecht auch dem Schutz der Aktionäre[25], während es im Rahmen des § 30 Abs. 1 allein um den Schutz der Gesellschaftsgläubiger geht (Rdnr. 2 f.). Das strikte Verbot verdeckter Vermögenszuwendungen dürfte im Aktienrecht durch Art. 17 Abs. 1 der **europäischen Kapitalrichtlinie**[26], die nur für die AG, nicht für die GmbH gilt, sogar unionsrechtlich vorgegeben sein[27]. In der GmbH sind demgegenüber – wenn man von der Rechtsformvariante der UG (haftungsbeschränkt) absieht (Rdnr. 10 f.) – auch unterjährige Ausschüttungen und verdeckte Vermögenszuwendungen mit § 30 Abs. 1 vereinbar, solange nur der Gesellschaft nach der Ausschüttung ein das Stammkapital deckendes Nettoaktivvermögen verbleibt[28].

Sofern ein Verstoß gegen die Kapitalerhaltung vorliegt, fällt allerdings auf der **Rechtsfolgenseite** die Haftung der Gesellschafter im GmbH-Recht strenger aus als im Aktienrecht. So bleibt der Gutglaubensschutz des Empfängers nach § 31 Abs. 2 hinter demjenigen des § 62 Abs. 1 Satz 2 AktG zurück. Zudem kennt das Aktienrecht keine Ausfallhaftung der Mitgesellschafter nach Art des § 31 Abs. 3, wenn der zurückzugewährende Betrag von dem Empfänger nicht zu erlangen ist. 8

Diese rechtsformspezifischen Unterschiede im Kapitalerhaltungsschutz werden im Schrifttum darauf zurückgeführt, dass der umfassendere Vermögensschutz im Aktienrecht dem Schutz der ständig wechselnden und oft nur geringfügig beteiligten (Anleger-)Aktionäre diene, während diese Erwägung bei der GmbH als einer **personalistisch geprägten Gesellschaft** mit geschlossenem Gesellschafterkreis zurücktreten könne[29]. Die personalistische Prägung der GmbH rechtfertige es, die Abrechnung unter den Gesellschaftern weniger stark zu formalisieren als in der AG[30], zugleich aber auch eine größere gemeinsame Verantwortung der Gesellschafter für die Erhaltung des Stammkapitals in Gestalt der Ausfallhaftung nach § 31 Abs. 3 vorzusehen[31]. Ungeachtet dieser Begründungsansätze sind die bestehenden Unterschiede aus rechtspolitischer und rechtsvergleichender Sicht keineswegs selbstverständlich[32]. In **ausländischen Rechtsordnungen** orientiert sich das System der Kapitalerhaltung in den 9

---

23 Zulässig ist unter den Voraussetzungen des § 59 AktG nur eine Abschlagszahlung auf den erwarteten Bilanzgewinn nach Ablauf des Geschäftsjahrs und Aufstellung eines vorläufigen Jahresabschlusses.

24 *Bayer*, in: MünchKomm. AktG, 4. Aufl. 2016, § 57 AktG Rdnr. 2.

25 *Bayer*, in: MünchKomm. AktG, 4. Aufl. 2016, § 57 AktG Rdnr. 2; abw. *Fleischer*, in: Karsten Schmidt/Lutter, § 57 AktG Rdnr. 3; jew. m.w.N.

26 Richtlinie 2012/30/EU vom 25.10.2012, ABl. Nr. L 315 v. 14.11.2012, S. 74 (kodifizierte Fassung der mehrfach geänderten Richtlinie 77/91/EWG vom 13.12.1976, ABl. Nr. L 26 v. 31.1.1977, S. 1).

27 Str.; wie hier *Fleischer*, WM 2007, 909, 910 f.; *Habersack/Verse*, Europäisches Gesellschaftsrecht, § 6 Rdnr. 42; *Lutter/Bayer/J. Schmidt*, Europäisches Unternehmens- und Kapitalmarktrecht, 5. Aufl. 2012, § 20 Rdnr. 82 m.w.N.; a.A. etwa *T. Bezzenberger*, Kapital, S. 259 ff.; *Schall*, Gläubigerschutz, S. 31 ff.

28 Zwar sind neben § 30 auch im GmbH-Recht weitere Schranken zu beachten, nämlich die Wahrung der Kompetenzordnung (Zuständigkeit der Gesellschafter) und das Gebot der Gleichbehandlung der Gesellschafter (§ 29 Rdnr. 119 ff.). Diese Schranken sind jedoch im Gegensatz zur Kapitalbindung nicht zwingend und stehen daher verdeckten Vermögenszuwendungen, die vom Konsens aller Gesellschafter getragen sind, nicht im Wege.

29 *Bayer*, ZGR 2007, 220, 227.

30 10. Aufl., Rdnr. 8; *Fabritius*, ZHR 144 (1980), 628, 632; vgl. auch *Fastrich*, in: Baumbach/Hueck, Rdnr. 6; *Habersack*, in: Ulmer/Habersack/Löbbe, Rdnr. 21; *Grigoleit*, Gesellschafterhaftung, S. 110.

31 10. Aufl., Rdnr. 8; *Habersack*, in: Ulmer/Habersack/Löbbe, Rdnr. 21.

32 *De lege ferenda* für Angleichung an das aktienrechtliche Schutzniveau *Fleischer*, in: Michalski u.a., Syst. Darst. 5 Rdnr. 89 (Angleichung „liegt nahe"); für eine Annäherung auch *Habersack*, in: Ulmer/Habersack/Löbbe, Rdnr. 21; *Grimm*, Finanzverfassung, S. 486 f.; umgekehrt für weitgehende Angleichung der aktienrechtlichen Vermögensbindung an den GmbH-rechtlichen Kapitalschutz *Gross-Langenhoff*, Vermögensbindung, S. 359 ff.

„kleinen" Kapitalgesellschaftsformen, die das Pendant zur GmbH bilden, häufig am aktienrechtlichen Modell mit der Folge, dass nur der Bilanzgewinn ausgeschüttet werden darf[33].

6. Besonderheiten in der UG (haftungsbeschränkt)

10   Besonderheiten sind in der UG (**haftungsbeschränkt**) zu beachten. Zwar gelten in Bezug auf die Erhaltung des Stammkapitals uneingeschränkt die §§ 30 f.[34], da die UG (haftungsbeschränkt) lediglich eine Variante der GmbH ist (§ 5a Rdnr. 7) und als solche auch ein Stammkapital aufweisen muss, mag dieses auch hinter dem für die GmbH vorgeschriebenen Mindestbetrag von 25 000 Euro zurückbleiben. Besonderheiten ergeben sich aber hinsichtlich der **gesetzlichen Rücklage** nach § 5a Abs. 3, die jeweils mit einem Viertel des um einen Verlustvortrag aus dem Vorjahr geminderten Jahresüberschusses dotiert werden muss und nicht zur Ausschüttung verwendet werden darf. Dieser Thesaurierungszwang soll im Interesse des Gläubigerschutzes einen gewissen Ausgleich für den Verzicht auf das Mindestkapitalerfordernis der GmbH schaffen (s. dazu im Einzelnen § 5a Rdnr. 24 ff.).

11   Die in die gesetzliche Rücklage eingestellten Beträge nehmen nach herrschender und zutreffender Ansicht an der Kapitalbindung **entsprechend §§ 30 f.** teil[35]. Auszahlungen sind daher nicht nur dann unzulässig, wenn das Nettoaktivvermögen unter das Stammkapital absinkt, sondern auch dann, wenn das Nettoaktivvermögen unter die Summe aus Stammkapital und gesetzlicher Rücklage sinkt. Damit allein ist die Kapitalerhaltung in der UG (haftungsbeschränkt) jedoch nur unvollständig beschrieben. Zu berücksichtigen ist nämlich nicht nur die bereits gebildete gesetzliche Rücklage, sondern auch die nach jedem Geschäftsjahr wiederkehrende Verpflichtung, auch *künftig* ein Viertel des Jahresüberschusses der gesetzlichen Rücklage zuzuführen. Diese Verpflichtung könnte nach Belieben unterlaufen werden, wenn durch offene oder verdeckte Auszahlungen an die Gesellschafter außerhalb der jährlichen Gewinnverteilung nach § 29 das Jahresergebnis beeinträchtigt werden könnte. Daher ist davon auszugehen, dass derartige Auszahlungen in der UG (haftungsbeschränkt) anders als in der GmbH **generell verboten** sind, also auch dann, wenn sie das Stammkapital und die bereits gebildete Rücklage unangetastet lassen[36]. Für die Rückgewähr gleichwohl erfolgter Auszahlungen gilt § 31 entsprechend. Sie beschränkt sich auf ein Viertel des ausgekehrten Betrags[37]; dieses Viertel ist dann in vollem Umfang der gesetzlichen Rücklage zuzuführen.

7. Besonderheiten im Gründungs- und Liquidationsstadium

12   Im Stadium der **Vorgesellschaft**, d.h. vor Eintragung der GmbH oder UG (haftungsbeschränkt), finden die §§ 30 f. noch **keine Anwendung**[38]. Dies erklärt sich daraus, dass die Kapitalerhaltung Korrelat der Haftungsbeschränkung ist (Rdnr. 2), letztere aber im Grün-

---

33 S. den Überblick bei *Fleischer*, in: Michalski u.a., Syst. Darst. 5 Rdnr. 68 ff.; *Ekkenga*, in: MünchKomm. GmbHG, Rdnr. 42 ff.; sowie die Länderberichte in *van Hulle/Gesell*, European Corporate Law, 2006.

34 Allg. M.; statt vieler *Schmolke*, Kapitalerhaltung, Rdnr. 32.

35 *Fastrich*, in: Baumbach/Hueck, § 5a Rdnr. 22; *Fastrich*, in: Baumbach/Hueck, Rdnr. 14, 16; *Habersack*, in: Ulmer/Habersack/Löbbe, Rdnr. 17a; *H.-F. Müller*, ZGR 2012, 81, 92 f.; *Neideck*, GmbHR 2010, 624, 625 ff.; *Schmolke*, Kapitalerhaltung, Rdnr. 51 m.w.N.; a.A. *Thiessen*, in: Bork/Schäfer, Rdnr. 9; *Wachter*, in: GmbHR-Sonderheft MoMiG, 2008, S. 25, 34.

36 *Rieder*, in: MünchKomm. GmbHG, § 5a Rdnr. 31 ff.; *C. Schäfer*, ZIP 2011, 53, 58; *H.-F. Müller*, ZGR 2012, 81, 98 ff.; *Fastrich*, in: VGR 16 (2010), S. 119, 144; *Eusani*, GmbHR 2009, 512, 516; a.A. *Römermann*, NJW 2010, 905, 908. S. dazu auch § 5a Rdnr. 28.

37 *Habersack*, in: Ulmer/Habersack/Löbbe, Rdnr. 17a; *C. Schäfer*, ZIP 2011, 53, 58; *H.-F. Müller*, ZGR 2012, 81, 99.

38 *Habersack*, in: Ulmer/Habersack/Löbbe, Rdnr. 17; *Schmolke*, Kapitalerhaltung, Rdnr. 33; allg. M.

dungsstadium noch nicht eingreift. Entnahmen der Gesellschafter, die vor Eintragung der Gesellschaft erfolgen, können vielmehr zur Verlustdeckungshaftung (§ 11 Rdnr. 88 ff.) bzw. Unterbilanzhaftung (§ 11 Rdnr. 139 ff.) der Gesellschafter führen. Im **Stadium der Liquidation** der Gesellschaft bleiben die §§ 30 f. dagegen anwendbar. Allerdings ist daneben die umfassende Ausschüttungssperre des § 73 zu beachten (näher 11. Aufl., § 69 Rdnr. 28).

8. Rechtspolitische Diskussion und Perspektiven

a) Bilanz- vs. Solvenztest

Sowohl auf nationaler Ebene als auch – bezüglich der für Aktiengesellschaften geltenden Kapitalrichtlinie (Rdnr. 7) – auf europäischer Ebene ist intensiv über die **rechtspolitische Berechtigung** und eine mögliche **Reform** des herkömmlichen Kapitalschutzsystems gestritten worden[39]. Die Kritiker halten das bestehende Regelwerk für ineffizient, da es nur begrenzt leistungsfähig sei (Rdnr. 4), zugleich aber im Rahmen der Kapitalaufbringung unverhältnismäßige Kosten verursache. Zudem führe es im Bereich der Kapitalerhaltung zu Fehlallokationen, weil das investierte Kapital durch die starr an Bilanzgrößen orientierte Ausschüttungssperre u.U. unnötig in der Gesellschaft gebunden werde, anstatt andernorts höhere Renditen abzuwerfen[40]. Teil dieser breit angelegten Reformdebatte war die Forderung, die bilanzgestützte Kapitalerhaltung durch **Solvenztests** nach US-amerikanischem Vorbild[41] zu ersetzen, die Ausschüttungen nur, aber immer dann gestatten, wenn in einem bestimmten Prognosezeitraum die Zahlungsfähigkeit der Gesellschaft gewährleistet erscheint[42]. Die wesentlichen Vorzüge des Solvenztests werden darin gesehen, dass dieser durch seine Zukunftsgerichtetheit einen treffgenaueren Gläubigerschutz gewährleisten könne als ein im Wesentlichen vergangenheitsbezogener Bilanztest und zugleich Fehlallokationen vermeide, indem nur so viel Eigenkapital gebunden werde wie zur Befriedigung der Gläubiger erforderlich. Diesen behaupteten Vorzügen stehen allerdings erhebliche Unsicherheiten der Solvenzprognose gegenüber, während die bilanzielle Ausschüttungssperre den Vorteil einer vergleichsweise rechtssicheren Handhabung für sich hat. Darüber hinaus steht der Solvenztest vor der Schwierigkeit, langfristige Verbindlichkeiten adäquat zu berücksichtigen[43]. Daher ist es nachvollziehbar, dass sich weder der deutsche noch (in Bezug auf die Kapitalrichtlinie) der europäische Gesetzgeber dafür entschieden haben, den herkömmlichen Bilanztest durch einen Solvenztest zu ersetzen[44]. Der deutsche Gesetzgeber hat aber mit dem **MoMiG** (Rdnr. 1) den

13

---

39 Instruktiver Überblick über die Diskussion bei *Schall*, Gläubigerschutz, S. 37 ff.; s. auch *Habersack/Verse*, Europäisches Gesellschaftsrecht, § 6 Rdnr. 19 ff.

40 Näher zur Kritik am herkömmlichen Kapitalschutzsystem etwa Abschlussbericht der High Level Group of Company Law Experts, S. 94 ff. (abrufbar unter www.ec.europa.eu/internal_market/company/docs/modern/report_de.pdf); *Rickford et al.*, Report of the Interdisciplinary Group on Capital Maintenance, EBLR 15 (2004), 919 ff.; *Mülbert*, Der Konzern 2004, 151 ff.; *Mülbert/Birke*, EBOR 3 (2002), 695 ff.; *Armour*, EBOR 7 (2006), 5 ff.; *Haas*, in: Verhandlungen des 66. DJT, 2006, Bd. I, S. E 125 ff.; *Haas*, DStR 2006, 993 ff.; *Eidenmüller*, ZGR 2007, 168, 182 ff.

41 Vgl. sec. 6.40 Revised Model Business Corporation Act (RMBCA).

42 Ausführlich *Engert*, ZHR 170 (2006), 296 ff.; *Jungmann*, ZGR 2006, 638 ff.; *Marx*, Der Solvenztest als Alternative zur Kapitalerhaltung in der Aktiengesellschaft, 2006.

43 Zur Kritik am Solvenztest näher *A. Arnold*, Der Konzern 2007, 118, 120 ff.; *T. Bezzenberger*, Kapital, S. 191 ff.; *Hennrichs*, Der Konzern 2008, 42 ff.; *Hennrichs*, ZGR 2008, 361, 367 ff.; *Rammert*, in: Festg. 100 Jahre Südtreu/Deloitte, 2008, S. 429 ff.; *Schön*, EBOR 7 (2006), 181, 189 ff.

44 Auf europäischer Ebene hat es vielmehr die EU-Kommission im Jahr 2008 ausdrücklich abgelehnt, das herkömmliche Kapitalschutzsystem der Kapitalrichtlinie einer grundlegenden Revision zu unterziehen, nachdem eine von ihr in Auftrag gegebene Machbarkeitsstudie von KPMG keine Überlegenheit alternativer Gläubigerschutzinstrumente nachweisen konnte; s. dazu *Habersack/Verse*, Europäisches Gesellschaftsrecht, § 6 Rdnr. 20 m.N.; zu der angesprochenen Machbarkeitsstudie auch *Maul/Lanfermann/Richard*, AG 2010, 279 ff.; *Maul/Lanfermann/Richard*, in: FS Hellwig, S. 221 ff.

vermittelnden Vorschlag des Schrifttums[45] aufgegriffen, Bilanz- und Solvenztest miteinander zu kombinieren: In **§ 64 Satz 3** hat er dem Auszahlungsverbot des § 30 Abs. 1 ein zusätzliches Zahlungsverbot zur Seite gestellt, das Leistungen an Gesellschafter untersagt, die zur Zahlungsunfähigkeit der Gesellschaft führen müssen. Das ist im Ergebnis nichts anderes als ein – freilich nicht durch förmliche Solvenzerklärung oder gar externe Prüfung formalisierter – Solvenztest (zu den Einzelheiten 11. Aufl., § 64 Rdnr. 78 ff.).

b) Entwicklung des Bilanzrechts

14   Da die Ausschüttungssperre des § 30 Abs. 1 an bilanzielle Größen anknüpft, versteht es sich, dass ihre Wirkung auf das Engste mit der Entwicklung des Bilanzrechts verknüpft ist. Maßgeblich ist der nach den Regeln der **§§ 242 ff. HGB** zu erstellende Jahresabschluss (Einzelabschluss, nicht Konzernabschluss). Dagegen ist ein nach den **internationalen Rechnungslegungsstandards** (IFRS) erstellter Abschluss für die Kapitalerhaltung selbst dann unmaßgeblich, wenn sich eine Gesellschaft nach § 325 Abs. 2a HGB für die Offenlegung eines informatorischen IFRS-Einzelabschlusses entscheidet. Der des Öfteren erhobenen Forderung, der Gesetzgeber möge von der Option des Art. 5 IAS-Verordnung[46] Gebrauch machen und künftig auch eine IFRS-Bilanz für Zwecke der Ausschüttungsbemessung zulassen[47], ist der deutsche Gesetzgeber im Unterschied zu vielen anderen EU-Mitgliedstaaten bisher nicht nachgekommen. Das ist deshalb bedeutsam, weil sich die IFRS im Unterschied zur HGB-Bilanzierung nicht am gläubigerschützenden **Vorsichtsprinzip** (§ 252 Abs. 1 Nr. 4 HGB), sondern allein an der Informationsfunktion der Rechnungslegung orientieren. Sie streben deshalb eine möglichst realitätsnahe Darstellung der Vermögenslage an, die in Abweichung vom Vorsichtsprinzip auch den Ausweis noch nicht realisierter Gewinne einschließt. Die Verwendung eines IFRS-Abschlusses als Grundlage der Ausschüttungsbemessung würde folglich – sofern die unvorsichtigere Bilanzierung nicht mithilfe von außerbilanziellen Ausschüttungssperren wieder neutralisiert wird[48] – zur Folge haben, dass auch unrealisierte Gewinne ausgekehrt werden, das Niveau des bilanzgestützten Kapitalschutzes mithin absinkt[49].

15   Allerdings hat sich der deutsche Gesetzgeber mit dem **BilMoG**[50] insoweit auf die IFRS zubewegt, als er das die HGB-Rechnungslegung prägende Vorsichtsprinzip punktuell zugunsten einer stärkeren Informationsorientierung der Bilanz zurückgedrängt hat und nunmehr die Aktivierung von bestimmten Positionen ermöglicht, die nach früherem Recht als zu unvorsichtig galt und deshalb unzulässig war[51]. Um eine Absenkung des Gläubigerschutzniveaus

---

Auch der neueste Entwurf der – vorläufig gescheiterten – Verordnung über das Statut einer Europäischen Privatgesellschaft (Societas Privata Europaea, SPE) hält am Bilanztest fest und stellt es den Mitgliedstaaten lediglich frei, ergänzend einen Solvenztest vorzusehen; s. *Habersack/Verse*, Europäisches Gesellschaftsrecht, § 15 Rdnr. 5.

45   S. etwa *Schön*, EBOR 7 (2006), 181 ff.; *Spindler*, JZ 2006, 838, 844.

46   Verordnung (EG) Nr. 1606/2002 vom 19.7.2002, ABl. Nr. L 243 v. 11.9.2002, S. 1; dazu *Habersack/Verse*, Europäisches Gesellschaftsrecht, § 9 Rdnr. 62 ff.

47   So etwa *Lutter*, Zusammenfassung der Überlegungen des Arbeitskreises „Kapital in Europa", in: Lutter, Das Kapital der Aktiengesellschaft in Europa, S. 11 (aber nur in Kombination mit einem stärker formalisierten Solvenztest); ebenso Vorschläge des IDW zur Neukonzeption der Kapitalerhaltung und zur Ausschüttungsbemessung, Presseinformation 8/06 v. 11.9.2006; *J. Vetter*, in: Verhandlungen des 66. DJT, 2006, Bd. II/1, S. P 75, 110 ff.; *Lanfermann/Röhricht*, DStR 2009, 1216, 1221 f.; zur Kritik an diesen Vorschlägen insbes. *Hennrichs*, ZGR 2008, 361, 369 ff.

48   So die Rechtslage in Großbritannien; vgl. section 830 Companies Act 2006 und dazu *Lanfermann/Röhricht*, DStR 2009, 1216, 1220 f.

49   Näher *Ekkenga*, AG 2006, 389 ff.; *Hennrichs*, ZHR 170 (2006), 498, 516 ff.; *Mock*, Finanzverfassung, S. 225 ff., 248 f.

50   Gesetz zur Modernisierung des Bilanzrechts vom 25.5.2009, BGBl. I 2009, 1102.

51   Vgl. § 248 Abs. 2 HGB (Aktivierungswahlrecht für selbst geschaffene immaterielle Vermögensgegenstände des Anlagevermögens), § 274 Abs. 1 HGB (Aktivierungswahlrecht für latente Steuervorteile

zu vermeiden, hat er diese Positionen in **§ 268 Abs. 8 HGB** aber jeweils mit einer eigenen im Anhang anzugebenden (§ 285 Nr. 28 HGB) **außerbilanziellen Ausschüttungssperre** verknüpft (s. dazu bereits § 29 Rdnr. 48 f.; ferner Rdnr. 57, 66). Nach demselben Muster ist unlängst im Zusammenhang mit der Abzinsung von Pensionsverbindlichkeiten in **§ 253 Abs. 6 Satz 2 HGB** noch eine weitere außerbilanzielle Ausschüttungssperre eingeführt worden (§ 29 Rdnr. 49a). Das mit diesen Regelungen einhergehende Mehr an Komplexität bei der Ermittlung des ausschüttungsfähigen Vermögens ist bisher noch überschaubar. Richtet man den Blick aber in die Zukunft, so ist zu erwarten, dass sich die Komplexität umso weiter erhöhen wird, je mehr das deutsche Bilanzrecht im Sog der IFRS auf dem Weg voranschreitet, die Informationsfunktion des Jahresabschlusses zu Lasten der Ausschüttungsbemessungsfunktion in den Vordergrund zu rücken; denn umso mehr Korrekturen werden nötig sein, wenn man das herkömmliche Kapitalschutzniveau beibehalten will[52].

c) „KG-Modell" als rechtspolitische Alternative

MoMiG (Rdnr. 1) und BilMoG (Rdnr. 15) haben zwar zu einer gewissen Beruhigung der rechtspolitischen Diskussion um eine Reform des Kapitalschutzes geführt, diese jedoch keineswegs beendet. Zunehmende Unterstützung findet im neueren Schrifttum der Vorschlag, auf jegliche präventive Kontrolle der Kapitalaufbringung zu verzichten und von den GmbH-Gesellschaftern (insoweit wie bei Kommanditisten) lediglich zu verlangen, dass sie zu irgendeinem Zeitpunkt die im Gesellschaftsvertrag zugesagte Einlage wertmäßig leisten[53]. Wollte man *de lege ferenda* diesem **„KG-Modell"** näher treten, stünde konsequenterweise auch die Beibehaltung der Ausschüttungssperre des § 30 Abs. 1, die im Recht der KG bekanntlich keine Parallele findet[54], auf dem Prüfstand[55]. Freilich bedarf jener Vorschlag, wiewohl er den Reiz einer radikalen Vereinfachung des Kapitalschutzrechts für sich hat, noch weiterer Diskussion[56].

II. Auszahlungsverbot (§ 30 Abs. 1 Satz 1)

§ 30 Abs. 1 untersagt Auszahlungen, d.h. Zuwendungen zu Lasten des Gesellschaftsvermögens (Rdnr. 18 ff.), an Gesellschafter oder ihnen gleichgestellte Dritte (Rdnr. 28 ff.), die das zur Erhaltung des Stammkapitals erforderliche Vermögen antasten, d.h. eine Unterbilanz herbeiführen oder im Stadium einer bereits eingetretenen Unterbilanz erfolgen (Rdnr. 52 ff.), und die nicht unter die Ausnahmen nach § 30 Abs. 1 Satz 2 und 3 fallen (Rdnr. 71 ff.).

16

17

---

nunmehr auch für steuerliche Verlustvorträge), §§ 246 Abs. 2 Satz 2, 253 Abs. 1 Satz 4 HGB (Bewertung des sog. Planvermögens für die Altersversorgungsverpflichtungen mit dem Zeitwert, auch wenn dieser über die Anschaffungskosten hinausgeht). Näher dazu *Hennrichs*, in: Winkeljohann/ Uhl (Hrsg.), Zukunft des Bilanzrechts in Familienunternehmen, 2009, S. 99 ff.; *Hommelhoff*, ZGR 2008, 250 ff.; *Pellens/Kemper/Schmidt*, ZGR 2008, 381, 400 ff.; *Verse*, in: VGR 15 (2009), S. 67 ff.

52 Kritisch daher *Lanfermann/Röhricht*, DStR 2009, 1216, 1220 f., unter Hinweis auf die Erfahrungen in Großbritannien.

53 S. insbes. *Bayer*, ZGR 2007, 220, 233 ff.; *Bayer*, GmbHR 2010, 1289, 1295 ff.; *Bayer*, in: VGR 18 (2012), S. 25, 47 ff.; zust. *Lieder*, in: MünchKomm. GmbHG, § 56 Rdnr. 59, § 56a Rdnr. 38; ähnlich zuvor bereits der Gesetzentwurf von *Vossius/Wachter*, GmbHR 2005, R 373 (abrufbar unter www.gmbhr.de/volltexte.htm); *J. Vetter*, in: Verhandlungen des 66. DJT, 2006, Bd. II/1, S. P 75, 97 ff.; *Drygala*, ZIP 2006, 1797 ff. (mit dem Vorschlag einer eigenen „KmbH"); in ähnliche Richtung auch *Grimm*, Finanzverfassung, S. 470 ff.; zu weiteren Reformvorschlägen *Hentzen/Schwandtner*, ZGR 2009, 1007, 1025 ff.; *Cavin*, Kapitalaufbringung, insb. S. 462 ff., 648 ff.

54 S. nur *Karsten Schmidt*, in: MünchKomm. HGB, 3. Aufl. 2012, §§ 171, 172 HGB Rdnr. 62.

55 So denn auch *Bayer*, ZGR 2007, 220, 239; *Bayer*, GmbHR 2010, 1289, 1295 f.

56 Ablehnend *Ulmer*, ZIP 2008, 45, 52; *M. Winter*, in: FS Priester, S. 867, 872 f.

1. Auszahlung

a) Grundlagen

18 Der Begriff der „Auszahlung" beschränkt sich entgegen dem missverständlichen Wortlaut nicht auf Geldflüsse, sondern erstreckt sich mit Blick auf den Normzweck des Gläubigerschutzes auf **jede Verringerung des Gesellschaftsvermögens**[57]. Erfasst werden daher auch die Übertragung von Sachen, Rechten oder sonstigen Gegenständen und der Verzicht auf Ansprüche (Rdnr. 23), sofern dem jeweils keine angemessene, d.h. dem Drittvergleich (Rdnr. 19) standhaltende Gegenleistung gegenübersteht. Unerheblich ist, ob die Auszahlung offen auf der Grundlage eines förmlichen Ausschüttungsbeschlusses der Gesellschafter oder verdeckt im Rahmen eines unausgewogenen Austauschgeschäfts erfolgt[58].

18a Dass sich die **Vermögensminderung in der Bilanz** der Gesellschaft niederschlägt, ist nach zutreffender und inzwischen vom BGH bestätigter Ansicht **keine Voraussetzung** für eine Auszahlung[59]. Für diese weite Auslegung des Auszahlungsbegriffs spricht vor allem der Normzweck des Gläubigerschutzes; ihm würde es widersprechen, wenn man es im Stadium der Unterbilanz zuließe, das Gesellschaftsvermögen durch Auskehr nicht bilanzierter Vermögenswerte weiter zu schwächen[60]. Seit dem MoMiG wird diese Ansicht zudem durch § 30 Abs. 1 Satz 2 Alt. 2 bestätigt, wonach die Veräußerung eines Gegenstandes aus dem Gesellschaftsvermögen durch einen vollwertigen Gegenanspruch „gedeckt" sein muss[61]. Hiermit soll ausweislich der amtlichen Begründung zum Ausdruck gebracht werden, dass der Anspruch nicht nur den Buchwert, sondern auch einen höheren Marktwert des veräußerten Gegenstands kompensieren muss, damit keine Auszahlung vorliegt (Rdnr. 81). Dass die Materialien zum MoMiG an anderer Stelle von einer „Rückkehr zur bilanziellen Betrachtungsweise" sprechen[62], darf daher nicht missverstanden werden. Diese Aussage bezieht sich auf die nach dem sog. Novemberurteil (BGHZ 157, 72) in die Diskussion geratene Kreditvergabe an Gesellschafter und will besagen, dass es für die Frage der Vollwertigkeit des Rückzahlungsanspruchs i.S. des § 30 Abs. 1 Satz 2 Alt. 2 auf bilanzielle Maßstäbe ankommt (Rdnr. 78, 85); ein Übergang zu einer bilanziellen Betrachtung des Auszahlungsbegriffs im Rahmen des § 30 Abs. 1 Satz 1 ist damit aber nicht gemeint. Auf bilanzielle Grundsätze kommt es im Rahmen des § 30 Abs. 1 Satz 1 vielmehr erst bei der Ermittlung der Unterbilanz an, mithin bei der Frage, ob das geschützte Stammkapital beeinträchtigt ist (Rdnr. 53, 58 ff.).

---

57 Ständige Rspr., s. RG v. 22.4.1932 – II 349/31, RGZ 136, 260, 264 („Herausgabe von Vermögenswerten jeder Art und in jeder rechtlichen Form"); BGH v. 14.12.1959 – II ZR 187/57, BGHZ 31, 258, 276 („jede Leistung der Gesellschaft [...], der keine gleichwertige Gegenleistung gegenübersteht"); BGH v. 1.12.1986 – II ZR 306/85, NJW 1987, 1194, 1195 = GmbHR 1987, 187; BGH v. 9.2.2009 – II ZR 292/07, BGHZ 179, 344 Rdnr. 42 = GmbHR 2009, 601; BGH v. 21.3.2017 – II ZR 93/16, GmbHR 2017, 643 Rdnr. 14; aus dem Schrifttum statt vieler *Habersack*, in: Ulmer/Habersack/Löbbe, Rdnr. 47; *Schmolke*, Kapitalerhaltung, Rdnr. 135.
58 *Habersack*, in: Ulmer/Habersack/Löbbe, Rdnr. 47; *Schmolke*, Kapitalerhaltung, Rdnr. 135.
59 Deutlich BGH v. 21.3.2017 – II ZR 93/16 = GmbHR 2017, 643 Rdnr. 16 (zur Bestellung einer Sicherheit, die nach § 251 HGB unter der Bilanz zu vermerken ist; s. dazu noch Rdnr. 96 ff.); ferner *Fastrich*, in: Baumbach/Hueck, Rdnr. 33, 40, 62; *Habersack*, in: Ulmer/Habersack/Löbbe, Rdnr. 48 ff.; *Schmolke*, Kapitalerhaltung, Rdnr. 85 ff., 138; *Thole*, Gläubigerschutz, S. 561 ff., 573 ff., der indes zu Unrecht davon ausgeht, die h.M. sei anderer Auffassung; aus dem älteren Schrifttum (vor MoMiG) *Stimpel*, in: FS 100 Jahre GmbHG, S. 335, 340 ff.; *Grigoleit*, Gesellschafterhaftung, S. 87 f. A.A. *Thiessen*, in: Bork/Schäfer, Rdnr. 35, und *Möller*, Upstream-Kreditsicherheiten, S. 94 ff., die ihre abweichende Position über das Deckungsgebot des § 30 Abs. 1 Satz 2 Alt. 2 wieder zu korrigieren suchen (dagegen spricht aber, dass die Heranziehung des Deckungsverbots zunächst eine Auszahlung voraussetzt; zutr. *Fastrich*, in: Baumbach/Hueck, Rdnr. 33 mit Fn. 141); ferner *Séché/Theusinger*, BB 2017, 1550, 1553.
60 *Habersack*, in: Ulmer/Habersack/Löbbe, Rdnr. 48.
61 Zust. *Habersack*, in: Ulmer/Habersack/Löbbe, Rdnr. 50 a.E.
62 Begr. RegE MoMiG, BT-Drucks. 16/6140, S. 41.

Eine Auszahlung liegt daher auch vor, wenn die Gesellschaft einen Gegenstand zu einem hinter dem Verkehrswert zurückbleibenden Buchwert veräußert oder sonstwie **stille Reserven** auskehrt, wenn sie ohne angemessene Gegenleistung Dienstleistungen oder Nutzungsüberlassungen erbringt[63] oder wenn sie auf ihr zugeordnete[64] **Geschäftschancen**, mögliche Gewinne oder sonstige nicht aktivierte Vermögenswerte verzichtet[65]. Sofern die Gesellschaft dagegen nur Leistungen erbringt, die ihr keine Kosten verursachen und nicht anderweitig gegen Entgelt verwertbar sind (also auch nicht zu einem entgangenen Gewinn führen), liegt darin mangels Vermögensminderung auch dann keine Auszahlung, wenn die Leistung dem Gesellschafter einen vermögenswerten Vorteil einbringt[66]. Solche Fälle werden allerdings selten sein; denn in der Regel wird die Nachfrage durch den Gesellschafter den Schluss nahe legen, dass die Gesellschaft für die Leistung anderweitig ein Entgelt hätte erzielen können[67].

An der für eine Auszahlung erforderlichen realen Vermögensminderung fehlt es, wenn dem Vermögensabfluss bei der Gesellschaft eine angemessene, d.h. einem **Drittvergleich** standhaltende Gegenleistung des Gesellschafters gegenübersteht. Für den Drittvergleich kommt es darauf an, ob ein gewissenhafter, nach kaufmännischen Grundsätzen handelnder Geschäftsführer (§ 43 Abs. 1) unter sonst gleichen Umständen das Geschäft zu gleichen Bedingungen auch mit einem gesellschaftsfremden Dritten abgeschlossen hätte, ob die Leistung also aus betrieblichen Gründen gerechtfertigt ist[68]. Dabei wird dem handelnden Gesellschaftsorgan ein unternehmerischer **Beurteilungsspielraum** zugebilligt, innerhalb dessen eine bestimmte Bemessung der Gegenleistung nicht deshalb als unangemessen bezeichnet werden kann, weil eine andere Bemessung sich ebenso gut oder besser vertreten ließe[69]. Veräußert die GmbH an den Gesellschafter eigene Produkte oder erbringt sie ihm Dienstleistungen, ist dem Drittvergleich nur genügt, wenn **nicht nur die Selbstkosten** in Rechnung gestellt werden, sondern auch eine Gewinnmarge, wenn und soweit die Gesellschaft eine solche bei einem Geschäft mit einem Dritten hätte erzielen können[70]. Fraglich ist, wie zu verfahren ist, wenn das Austauschgeschäft zwischen der GmbH und ihrem Gesellschafter zwar **bei Abschluss des Verpflichtungsgeschäfts**, wegen veränderter Marktgegebenheiten aber nicht mehr im Zeitpunkt der Erfüllung einem Drittvergleich standhält. Da die Auszahlung noch nicht in der Eingehung der Verbindlichkeit gegenüber dem Gesellschafter, sondern erst in der Erfüllung zu sehen ist (Rdnr. 21 f.), könnte man auf den ersten Blick meinen, dass es auf den Drittvergleich im Erfüllungszeitpunkt ankommt. Zu bedenken ist aber, dass § 30 Abs. 1 nur Auszahlungen an den Gesellschafter in seiner Eigenschaft als solcher (*causa societatis*) erfasst (Rdnr. 30). Daran fehlt es, wenn das Verpflichtungsgeschäft einem Drittvergleich standhält,

18b

19

---

63 Statt vieler *Fastrich*, in: Baumbach/Hueck, Rdnr. 33; *Habersack*, in: Ulmer/Habersack/Löbbe, Rdnr. 51.
64 Zu den für die Zuordnung maßgeblichen Kriterien s. 11. Aufl., § 43 Rdnr. 203 ff.; *Verse*, in: Krieger/Uwe H. Schneider, Hdb. Managerhaftung, 3. Aufl. 2017, § 26 Rdnr. 29 ff.
65 *Habersack*, in: Ulmer/Habersack/Löbbe, Rdnr. 51; *Fastrich*, in: Baumbach/Hueck, Rdnr. 34; *Kruis*, in: Sernetz/Kruis, Kapitalaufbringung und -erhaltung, Rdnr. 771; *Kuntz*, in: Gehrlein/Born/Simon, Rdnr. 50; a.A. in Bezug auf Geschäftschancen *Hommelhoff*, ZGR 2012, 535, 547.
66 *Habersack*, in: Ulmer/Habersack/Löbbe, Rdnr. 51; *Fastrich*, in: Baumbach/Hueck, Rdnr. 35; *Schmolke*, Kapitalerhaltung, Rdnr. 138; *Grigoleit*, Gesellschafterhaftung, S. 90; a.A. *Brandes*, ZGR 1989, 244, 253; *Servatius*, GmbHR 1998, 723, 726; s. dazu auch die Diskussion bei *Stimpel*, in: FS 100 Jahre GmbHG, S. 335, 358 ff., der die Frage aber letztlich offenlässt.
67 *Habersack*, in: Ulmer/Habersack/Löbbe, Rdnr. 51; *Schmolke*, Kapitalerhaltung, Rdnr. 138.
68 BGH v. 1.12.1986 – II ZR 306/85, NJW 1987, 1194, Leits. 1 und 1195 = GmbHR 1987, 187 mit zahlreichen Nachw.; BGH v. 13.11.1995 – II ZR 113/94, GmbHR 1996, 111, 112.
69 BGH v. 14.5.1990 – II ZR 126/89, BGHZ 111, 224, 227 = GmbHR 1990, 344 (zum Parallelproblem im Rahmen des Gleichbehandlungsgrundsatzes); BGH v. 15.6.1992 – II ZR 88/91, GmbHR 1992, 605, 606; BGH v. 13.11.1995 – II ZR 113/94, GmbHR 1996, 111, 112; *Habersack*, in: Ulmer/Habersack/Löbbe, Rdnr. 62; *T. Bezzenberger*, Kapital, S. 229 ff.
70 *Stimpel*, in: FS 100 Jahre GmbHG, S. 335, 343 ff.; *Altmeppen*, in: Roth/Altmeppen, Rdnr. 76; *Fastrich*, in: Baumbach/Hueck, Rdnr. 35; zur AG *Bayer*, in: MünchKomm. AktG, 4. Aufl. 2016, § 57 AktG Rdnr. 57.

da der Gesellschafter dann eine echte Drittgläubigerforderung erwirbt[71]. Genügt das Verpflichtungsgeschäft also dem Drittvergleich, darf es selbst dann erfüllt werden, wenn im Erfüllungszeitpunkt der Drittvergleich nicht mehr gewahrt ist[72].

20 Eine zur AG ergangene, allerdings vereinzelt gebliebene Entscheidung des BGH verlangt beiläufig ohne nähere Begründung, dass die der Gesellschaft zufließende Gegenleistung **bilanziell messbar** sein müsse[73]. Nicht aktivierbare Vorteile scheinen danach als gleichwertige Kompensation einer Vermögensminderung auszuscheiden. Ob der BGH wirklich so verstanden werden will, ist allerdings zweifelhaft[74]. Vielmehr ging es ihm wohl nur darum, dass sich die Vorteile hinreichend konkret belegen lassen müssen. In der Tat wäre das Kriterium der Bilanzierbarkeit **nicht überzeugend**, da es auch für die Vermögensminderung anerkanntermaßen nicht auf eine bilanzielle Betrachtung ankommt (Rdnr. 18a) und für die Kompensation der Vermögensminderung nichts anderes gelten kann[75].

b) Präzisierung und Fallgruppen

21 Allein die **Begründung einer Verbindlichkeit gegenüber dem Gesellschafter** begründet nach ganz herrschender Ansicht **noch keine Auszahlung** im Sinne des § 30 Abs. 1, auch dann nicht, wenn dieser keine angemessene Gegenleistung gegenübersteht. Die Auszahlung liegt vielmehr erst in der Erfüllung der Verbindlichkeit[76]. Hierfür lässt sich anführen, dass der GmbH gegenüber dem Auszahlungsanspruch des Gesellschafters eine Einwendung zusteht, solange eine Unterbilanz besteht (Rdnr. 117). Vor der Erfüllung wird daher das gebundene Vermögen noch nicht geschmälert. **Anders** liegt es aber bei der **Begründung einer Verbindlichkeit gegenüber einem Dritten**, der nicht der Kapitalbindung des § 30 unterliegt und dem folglich auch keine Einwendung entgegengehalten werden kann. In diesem Fall liegt bereits in der Begründung der Verbindlichkeit gegenüber dem Dritten eine Auszahlung[77]. Ob diese auch verboten ist, hängt von der weiteren Voraussetzung ab, ob in der Begründung der Verbindlichkeit gegenüber dem Dritten auch eine Leistung *an den Gesellschafter* zu sehen ist, was namentlich dann zu bejahen ist, wenn die Eingehung der Verbindlichkeit auf Veranlassung oder im Einverständnis des Gesellschafters und in dessen Interesse erfolgt (Rdnr. 35 ff.)[78]. Praktische Bedeu-

---

71 BGH v. 15.6.1992 – II ZR 88/91, GmbHR 1992, 605, 606 f.; *Schmolke*, Kapitalerhaltung, Rdnr. 157, 159; *Ekkenga*, in: MünchKomm. GmbHG, Rdnr. 236; *Habersack*, in: Ulmer/Habersack/Löbbe, Rdnr. 64.

72 *Habersack*, in: Ulmer/Habersack/Löbbe, Rdnr. 64.

73 BGH v. 31.5.2011 – II ZR 141/09, BGHZ 190, 7 = NZG 2011, 829 Rdnr. 25 f. = AG 2011, 548 – Telekom III (Interesse der AG an Präsenz auf dem US-amerikanischen Kapitalmarkt und an breiter Streuung der Aktien nach der „maßgeblichen bilanziellen Betrachtungsweise" keine ausreichende Kompensation für die Übernahme des Prospekthaftungsrisikos durch die Gesellschaft).

74 Auf der VGR-Jahrestagung am 18.11.2011 hat der damalige Vorsitzende Richter des II. Zivilsenats des BGH *Bergmann* erläutert, es sei dem Senat nicht daran gelegen, nicht bilanzierbare Gegenleistungen generell auszuklammern.

75 *Fastrich*, in: Baumbach/Hueck, Rdnr. 29 mit Fn. 126; *Habersack*, in: Ulmer/Habersack/Löbbe, Rdnr. 63; *Fleischer/Thaten*, NZG 2011, 1081, 1082; *Leuschner*, NJW 2011, 3275 f.; *Nodoushani*, ZIP 2012, 97, 103 f.

76 BGH v. 1.4.1953 – II ZR 235/52, BGHZ 9, 157, 169; BGH v. 14.11.1988 – II ZR 115/88, ZIP 1989, 93, 95 = GmbHR 1989, 154; BGH v. 18.6.2007 – II ZR 86/06, BGHZ 173, 1 Rdnr. 24 = GmbHR 2007, 1102; *Habersack*, in: Ulmer/Habersack/Löbbe, Rdnr. 52 f.; *Schmolke*, Kapitalerhaltung, Rdnr. 140, 142; *Ekkenga*, in: MünchKomm. GmbHG, Rdnr. 127, 131; *Joost*, ZHR 148 (1984), 31 f.; a.A. – schon in der Begründung der schuldrechtlichen Verpflichtung – *Hommelhoff*, in: Lutter/Hommelhoff, Rdnr. 8; *Porzelt*, GmbHR 2016, 627, 628 f.

77 *Habersack*, in: Ulmer/Habersack/Löbbe, Rdnr. 52; *Schmolke*, Kapitalerhaltung, Rdnr. 141.

78 OLG Rostock v. 3.9.1997 – 6 U 557/96, GmbHR 1998, 329, 330; *Habersack*, in: Ulmer/Habersack/Löbbe, Rdnr. 52; *Schmolke*, Kapitalerhaltung, Rdnr. 141. Beispiel: Der Gesellschafter veranlasst die GmbH, einen Kaufvertrag mit einem Dritten über einen Gegenstand abzuschließen, den der Dritte an den Gesellschafter zur privaten Nutzung liefern soll.

tung hat die Frage, ob erst die Erfüllung oder ausnahmsweise bereits der Abschluss des Verpflichtungsgeschäfts eine Auszahlung darstellt, für den maßgeblichen Zeitpunkt, in dem das Vorliegen einer Unterbilanz ermittelt wird (Rdnr. 53), und für den Verjährungsbeginn (§ 31 Rdnr. 77).

Die **Erfüllung einer Verbindlichkeit** bewirkt für sich genommen keine Vermögensminderung, da dem Mittelabfluss der Wegfall der Verbindlichkeit gegenübersteht[79]. Jedoch muss in die Betrachtung auch einbezogen werden, wie die Verbindlichkeit begründet worden ist, genauer: ob die Gesellschaft für die Eingehung der Verbindlichkeit eine dem Drittvergleich (Rdnr. 19) standhaltende Gegenleistung erhalten hat[80]. Ist das nicht der Fall, liegt in der Erfüllung eine Auszahlung, sofern nicht ausnahmsweise schon die Begründung der Verbindlichkeit eine Auszahlung enthielt (Rdnr. 21). Hält das Austauschgeschäft dagegen dem Drittvergleich stand, stellt die Erfüllung keine Auszahlung im Sinne des § 30 Abs. 1 dar. Dies gilt nach § 30 Abs. 1 Satz 3 nunmehr uneingeschränkt auch für die Rückzahlung eines Gesellschafterdarlehens, also in Abkehr von den bis zum MoMiG praktizierten Rechtsprechungsregeln auch dann, wenn das Darlehen in der Krise der Gesellschaft gewährt oder stehen gelassen wurde und daher nach altem Recht eigenkapitalersetzend war (Rdnr. 107). Zahlt die GmbH indes überhöhte Darlehenszinsen, liegt in Höhe der Differenz zum angemessenen Zins eine Auszahlung vor[81]. Leistet die GmbH vor Fälligkeit ihrer Verbindlichkeit, kann auch darin eine Auszahlung zu erblicken sein, wenn und soweit der GmbH gerade durch die unnötig frühe Leistung ein Nachteil entsteht. Entsprechendes gilt für die Erfüllung einredebehafteter Forderungen. – **Besonderheiten** sind zu beachten, wenn die Erfüllung der Verbindlichkeit eine Vorleistung darstellt (**Kreditgewährung an Gesellschafter**). In diesem Fall wird der Drittvergleich durch § 30 Abs. 1 Satz 2 Alt. 2 modifiziert (Rdnr. 76 ff., insbes. 84, 94), ebenso bei der **Bestellung von Sicherheiten** (Rdnr. 96 ff.).   22

Der **Verzicht auf eine bestehende Forderung** oder ein sonstiges Recht bewirkt eine Vermögensminderung und fällt daher zwanglos unter den Auszahlungsbegriff. Unerheblich ist nach jedenfalls bisher h.M., ob der Verzicht auf einem förmlichen Erlass oder einer rein tatsächlichen Aufgabe der Forderung beruht, etwa durch bewusstes Verjährenlassen[82], durch „prozessuales Fallenlassen" im Wege der Säumnis[83] oder dadurch, dass die Forderung trotz sich abzeichnenden Vermögensverfalls des Schuldners nicht geltend gemacht und schließlich unrealisierbar wird[84]. Allerdings hat der BGH in einer neueren Entscheidung ausgeführt, dass das bloße **Unterlassen der Geltendmachung** eines Anspruchs noch keine Auszahlung darstellt[85]. Wie sich diese Aussagen miteinander vereinbaren lassen, ist bisher offen. Zutreffend dürfte es sein, dass das Unterbleiben der Geltendmachung für sich allein in der Tat nicht genügt, da eine Auszahlung stets einen willentlichen Akt der Gesellschaft voraussetzt   23

---

79 Vgl. Amtl. Begr. zu § 30, RT-Drucks. 1890/92, Aktenstück Nr. 660, S. 3745: „Selbstverständlich ist aber das Verbot des Absatzes 1 nur auf solche Zahlungen zu beziehen, welche sich rechtlich als eine Minderung des Gesellschaftsvermögens darstellen; die Tilgung einer rechtsgültig begründeten Verbindlichkeit fällt daher niemals unter die Bestimmung."

80 *Habersack*, in: Ulmer/Habersack/Löbbe, Rdnr. 53; *Schmolke*, Kapitalerhaltung, Rdnr. 142. Zu kraft Gesetzes entstehenden Verbindlichkeiten (z.B. Schadensersatzpflichten aus unerlaubter Handlung) s. noch Rdnr. 32.

81 *Fastrich*, in: Baumbach/Hueck, Rdnr. 47; *Habersack*, in: Ulmer/Habersack/Löbbe, Rdnr. 53.

82 *Schmolke*, Kapitalerhaltung, Rdnr. 143; *Habersack*, in: Ulmer/Habersack/Löbbe, Rdnr. 54; a.A. *Diers*, in: Saenger/Inhester, Rdnr. 44.

83 BGH v. 9.2.2009 – II ZR 292/07, BGHZ 179, 344 Rdnr. 42 = GmbHR 2009, 601.

84 BGH v. 10.5.1993 – II ZR 74/92, BGHZ 122, 333, 338; *T. Fleischer*, in: Henssler/Strohn, Gesellschaftsrecht, Rdnr. 4; *Habersack*, in: Ulmer/Habersack/Löbbe, Rdnr. 54; *Schmolke*, Kapitalerhaltung, Rdnr. 143.

85 BGH v. 21.3.2017 – II ZR 93/16, GmbHR 2017, 643 Rdnr. 23 (zur Unterlassung, einen Rückgewährbzw. Freistellungsanspruch gegen den Gesellschafter i.S. des § 30 Abs. 1 Satz 2 Alt. 2 geltend zu machen); näher dazu unten Rdnr. 88, 101.

(Rdnr. 24). Sofern aber der Nichtgeltendmachung eine bewusste Entscheidung der Geschäftsführer zugrunde liegt, sollte auch künftig die Annahme einer Auszahlung in Betracht kommen; denn mit Blick auf den angestrebten Gläubigerschutz ist es einerlei, ob die Forderung aufgrund eines Erlasses oder einer anderweitigen Entscheidung der GmbH wertlos wird. Zudem würde andernfalls Umgehungsstrategien Tür und Tor geöffnet. – Vom Verzicht auf eine bestehende Forderung sorgsam zu unterscheiden ist jedoch der Fall, dass eine Forderung schon gar nicht entsteht. Wenn etwa sämtliche Gesellschafter mit einer bestimmten Geschäftsführungsmaßnahme des geschäftsführenden Gesellschafters einverstanden waren und dieser deshalb nicht nach § 43 Abs. 2 auf Schadensersatz in Anspruch genommen werden kann, liegt in dem die Anspruchsentstehung hindernden Einverständnis keine „Auszahlung" im Sinne des § 30 Abs. 1.[86]

c) Veranlassung durch die Gesellschaft

24 Nach h.M. muss die Vermögensminderung **von der Gesellschaft veranlasst** worden sein, um als Auszahlung im Sinne des § 30 Abs. 1 angesehen werden zu können[87]. Die Ursache für die Vermögensminderung muss mit anderen Worten von der Gesellschaft willentlich gesetzt werden. Hierfür lässt sich anführen, dass der Gesetzeswortlaut („ausgezahlt" in § 30, „geleistet" in § 31) auf einen bewussten Akt der Gesellschaft bzw. der für sie handelnden Personen hindeutet. Ausgeklammert bleibt daher nach h.M. der Fall, dass ein Gesellschafter, der nicht zugleich Geschäftsführer ist, die Gesellschaft bestiehlt[88]. Die Gegenansicht hält es dagegen für ungereimt, dass ausgerechnet der die Gesellschaft bestehlende Gesellschafter vom Rückgewähranspruch aus § 31 Abs. 1 verschont bleiben soll und damit u.U. in Bezug auf die Verjährung privilegiert wird, da die deliktischen Ansprüche gegen den Dieb der Regelverjährung nach §§ 195, 199 BGB unterliegen und damit schon vor Ablauf der zehnjährigen Verjährungsfrist des § 31 Abs. 5 verjährt sein können[89]. Dem ist indes entgegenzuhalten, dass es in derartigen Fällen am Bezug zur *causa societatis* (Rdnr. 30) fehlt und auch die in der Konsequenz der Gegenansicht liegende Anwendung des § 31 Abs. 3 bedenklich wäre. – Eine (Mit-)Veranlassung der Auszahlung durch den **Gesellschafter** ist dagegen keine Voraussetzung für die Anwendung der §§ 30 f.[90]. Sie kann aber bei Einschaltung Dritter in den Auszahlungsvorgang Bedeutung erlangen (Rdnr. 37).

d) Auszahlung durch Dritte

25 Der typische Anwendungsfall des § 30 Abs. 1 besteht darin, dass dem Gesellschafter etwas unmittelbar aus dem Gesellschaftsvermögen zugewendet wird. Aus Gründen des **Umgehungsschutzes** müssen aber unter bestimmten Voraussetzungen auch Auszahlungen von Dritten erfasst werden, sofern dadurch mittelbar das Vermögen der GmbH geschmälert wird. Die Problematik wird bisher vornehmlich im Aktienrecht diskutiert, stellt sich aber gleichermaßen für die GmbH.

---

86 BGH v. 31.1.2000 – II ZR 189/99, NZG 2000, 544 mit Anm. *Haas*; *Habersack*, in: Ulmer/Habersack/Löbbe, Rdnr. 54; *Hommelhoff*, in: Lutter/Hommelhoff, Rdnr. 8.

87 OLG Hamm v. 13.3.2017 – I-8 U 79/16, GmbHR 2017, 703, 704; *Ekkenga*, in: MünchKomm. GmbHG, Rdnr. 142, 215; *Habersack*, in: Ulmer, Rdnr. 56; *Heidinger*, in: Michalski u.a., Rdnr. 63; *Pentz*, in: Rowedder/Schmidt-Leithoff, Rdnr. 30; *Wilhelmi*, Kapitalerhaltung, S. 134; vgl. auch BGH v. 14.12.1959 – II ZR 187/57, BGHZ 31, 258, 276 („Leistung" der Gesellschaft); ebenso BGH v. 1.12.1986 – II ZR 306/85, NJW 1987, 1194, 1195 = GmbHR 1987, 187.

88 Nachw. wie vorige Fn.

89 *Fastrich*, in: Baumbach/Hueck, Rdnr. 64; *A. Koch*, Abkehr von der bilanziellen Betrachtungsweise, S. 27.

90 A.A. zu § 57 AktG – gegen die bisher allg. M. – *Mülbert/Wilhelm*, in: FS Hommelhoff, S. 747, 751 ff.

Unter Umgehungsgesichtspunkten bedenklich ist zunächst die Auszahlung durch einen Drit- 26
ten, der als mittelbarer Stellvertreter **für Rechnung der GmbH** tätig wird. Die h.M. im Aktienrecht sucht die Lösung dieser Fälle im Verhältnis zwischen der Gesellschaft und dem
mittelbaren Stellvertreter. Läge bei einer gedachten Auszahlung der Gesellschaft ein Verstoß
gegen die Kapitalerhaltung vor, müsse sich der anstelle der Gesellschaft zahlende mittelbare
Stellvertreter analog § 56 Abs. 3 Satz 1 AktG so behandeln lassen, wie wenn er auf eigene
Rechnung gehandelt hätte; er könne daher von der Gesellschaft keinen Aufwendungsersatz
(§ 670 BGB) beanspruchen[91]. Falls die Gesellschaft dem mittelbaren Stellvertreter gleichwohl
Aufwendungsersatz oder einen Vorschuss gezahlt hat, sei sie befugt, den Betrag von ihm zurückzufordern[92]. Die Zuwendung des mittelbaren Stellvertreters an den Gesellschafter soll
dagegen in ihrem Bestand unberührt bleiben[93]. Letzteres führt im Ergebnis freilich dazu,
dass das Risiko eines Verstoßes gegen die Kapitalerhaltung allein den mittelbaren Stellvertreter und nicht den eigentlich der Kapitalbindung unterliegenden Gesellschafter trifft, was
schwerlich einleuchtet. Richtiger erscheint es, unmittelbar eine Auszahlung im Verhältnis der
GmbH zu dem begünstigten Gesellschafter anzunehmen und der GmbH, sofern das Stammkapital tangiert ist, einen Anspruch nach § 31 Abs. 1, Abs. 2 gegen diesen zu gewähren[94].

Zu denken ist des Weiteren an **Auszahlungen durch von der GmbH abhängige** (§ 17 AktG) 27
oder in ihrem Mehrheitsbesitz (§ 16 AktG) stehende **Unternehmen**. Im aktienrechtlichen
Schrifttum ist man sich unter Hinweis auf den Rechtsgedanken der §§ 56 Abs. 2 Satz 1, 71d
Satz 2 AktG weithin einig, dass Auszahlungen dieser Unternehmen der Muttergesellschaft
zuzurechnen und somit (auch) auf Ebene der Mutter an den Kapitalerhaltungsvorschriften
zu messen sind[95]. Allerdings ist diese Auffassung nicht zweifelsfrei. Eine ganz ähnliche Zurechnungsfrage stellt sich nämlich auch auf Seiten des Gesellschafters, wenn an ein von diesem beherrschtes Unternehmen ausgezahlt wird. Dort beantwortet der BGH die Zurechnungsfrage so, dass Abhängigkeit oder gar schlichter Mehrheitsbesitz für die Zurechnung
nicht genügen; stattdessen verlangt er, dass der Gesellschafter die Auszahlung an das von
ihm beherrschte Unternehmen entweder selbst veranlasst hat oder er eine maßgebliche, mit
einer Weisungsbefugnis verbundene Beteiligung an diesem hält (Rdnr. 43 f.). Wenn man dem
folgt, liegt es nahe, die Zurechnung auch auf Seiten der Gesellschaft von diesen Kriterien (Veranlassung oder maßgebliche Beteiligung/Weisungsbefugnis) abhängig zu machen[96]. Erst recht
ist unterhalb von Abhängigkeit und Mehrheitsbesitz die Zurechnungsfrage zu verneinen[97].
Zum Fall der Auszahlung durch eine **GmbH & Co. KG** s. noch Rdnr. 129 ff.

---

91 *Bayer*, in: MünchKomm. AktG, 4. Aufl. 2016, § 57 AktG Rdnr. 102; *Cahn/v. Spannenberg*, in: Spind-
ler/Stilz, § 57 AktG Rdnr. 58; *Fleischer*, in: Karsten Schmidt/Lutter, § 57 AktG Rdnr. 30; *Henze*, in:
Großkomm. AktG, 4. Aufl. 2000, § 57 AktG Rdnr. 212; ebenso für die GmbH *Ekkenga*, in: Münch-
Komm. GmbHG, Rdnr. 174.

92 *Bayer*, in: MünchKomm. AktG, 4. Aufl. 2016, § 57 AktG Rdnr. 232 (§ 62 AktG analog); *Henze*, in:
Großkomm. AktG, 4. Aufl. 2000, § 57 AktG Rdnr. 212 (§ 812 BGB).

93 *Bayer*, in: MünchKomm. AktG, 4. Aufl. 2016, § 57 AktG Rdnr. 102; *Henze*, in: Großkomm. AktG,
4. Aufl. 2000, § 57 AktG Rdnr. 212; grds. auch *Cahn/v. Spannenberg*, in: Spindler/Stilz, § 57 AktG
Rdnr. 58 (anders aber, wenn Gesellschaft und Gesellschafter den mittelbaren Stellvertreter gemeinsam als gutgläubiges Werkzeug zur Umgehung des Auszahlungsverbots eingesetzt haben).

94 Ebenso *Habersack*, in: Ulmer/Habersack/Löbbe Rdnr. 55; abw. noch Voraufl.

95 *Bayer*, in: MünchKomm. AktG, 4. Aufl. 2016, § 57 AktG Rdnr. 103 f.; *Cahn/v. Spannenberg*, in:
Spindler/Stilz, § 57 AktG Rdnr. 59 ff. (mit Modifikationen bei der Anwendung des § 16 AktG); *Fleischer*, in: Karsten Schmidt/Lutter, § 57 AktG Rdnr. 30; *Henze*, in: Großkomm. AktG, 4. Aufl. 2000,
§ 57 AktG Rdnr. 76; *Riedel*, Vermögenszuwendungen, S. 192 f.

96 *Habersack*, in: Ulmer/Habersack/Löbbe, Rdnr. 55 i.V.m. Rdnr. 79; im Ergebnis auch *Bielak*, Kapitalschutz, S. 256 ff., insbes. S. 260 ff.

97 Wohl allg. M.; s. nur *Bayer*, in: MünchKomm. AktG, 4. Aufl. 2016, § 57 AktG Rdnr. 105;
Cahn/v. Spannenberg, in: Spindler/Stilz, § 57 AktG Rdnr. 60.

2. Auszahlungsempfänger

a) Allgemeines

28 Der Wortlaut des § 30 Abs. 1 Satz 1 bezieht sich auf Auszahlungen **„an die Gesellschafter"**. Diese müssen die Zuwendung gerade in ihrer Eigenschaft als Gesellschafter (*causa societatis*) erhalten (Rdnr. 30 ff.). Unter bestimmten Voraussetzungen werden auch Zuwendungen an bereits ausgeschiedene und künftige Gesellschafter erfasst (Rdnr. 33 f.). Zuwendungen an Nichtgesellschafter fallen dagegen grundsätzlich nicht unter § 30 Abs. 1. Sofern sie für die GmbH nachteilig sind, können sie freilich zu Schadensersatzansprüchen gegen die Geschäftsführer nach § 43 Abs. 2 führen. Darüber hinaus ist stets zu prüfen, ob in der Auszahlung an den Dritten nicht eine Zuwendung an den Gesellschafter enthalten ist (Rdnr. 35 ff.) oder der Dritte eine gesellschafterähnliche Stellung einnimmt und deshalb doch § 30 Abs. 1 (entsprechend) anzuwenden ist (Rdnr. 49 ff.).

29 Die **Gesellschaftereigenschaft** i.S. des § 30 Abs. 1 bemisst sich im Ausgangspunkt nach § 16 Abs. 1 Satz 1[98]. Maßgeblich ist mithin die wirksame[99] Eintragung in die im Handelsregister aufgenommene **Gesellschafterliste**. Dies gilt auch, wenn der Eingetragene nicht der wahre Berechtigte ist; Auszahlungen an den **eingetragenen Scheingesellschafter** werden mit anderen Worten von § 30 Abs. 1 erfasst. Daraus folgt jedoch nicht im Umkehrschluss, dass Auszahlungen an den **nicht eingetragenen wahren Berechtigten** nicht erfasst würden[100]. Im Gegenteil ist auch zu dem Parallelproblem im Aktienrecht anerkannt, dass trotz der Legitimationswirkung der Eintragung im Aktienregister (§ 67 Abs. 2 Satz 1 AktG) Auszahlungen an den nicht eingetragenen wahren Berechtigten an den Kapitalerhaltungsregeln (§ 57 AktG) zu messen sind[101]. Im GmbH-Recht muss Entsprechendes gelten. Andernfalls entstünden inakzeptable Lücken im Gläubigerschutz und unüberbrückbare Wertungswidersprüche. Anerkanntermaßen fallen auch Auszahlungen, die mit Rücksicht auf eine künftige Gesellschafterstellung (Rdnr. 33) oder die Stellung als Treugeber eines Gesellschafters (Rdnr. 39) erfolgen, in den Anwendungsbereich des § 30. Angesichts dessen muss dasselbe auch und erst recht für Auszahlungen gelten, die im Hinblick auf eine bereits bestehende, aber (noch) nicht eingetragene Gesellschafterstellung geleistet werden.

b) Auszahlung an Gesellschafter in ihrer Eigenschaft als solche (causa societatis)

30 Nach einer alten Formulierung der Rechtsprechung erfasst das Auszahlungsverbot nur Zuwendungen an den **Gesellschafter „in seiner Eigenschaft als solcher"**[102]. Der ganz überwiegende Teil des Schrifttums formuliert denselben Gedanken so, dass die Zuwendung nur un-

---

98 *Ekkenga*, in: MünchKomm. GmbHG, Rdnr. 151; *Fastrich*, in: Baumbach/Hueck, Rdnr. 23; *Habersack*, in: Ulmer/Habersack/Löbbe, Rdnr. 68; *Schmolke*, Kapitalerhaltung, Rdnr. 116; einschränkend *Kruis*, in: Sernetz/Kruis, Kapitalaufbringung und -erhaltung, Rdnr. 731 ff. (dazu sogleich im Text).

99 Zu den Wirksamkeitsvoraussetzungen der Eintragung s. § 16 Rdnr. 22 ff.; *Verse*, in: Henssler/Strohn, Gesellschaftsrecht, § 16 GmbHG Rdnr. 29 ff.

100 Wie hier *Kruis*, in: Sernetz/Kruis, Kapitalaufbringung und -erhaltung, Rdnr. 733.

101 *Bayer*, in: MünchKomm. AktG, 3. Aufl. 2016, § 67 AktG Rdnr. 55; *Grigoleit/Rachlitz*, in: Grigoleit, § 67 AktG Rdnr. 19 mit Fn. 52.

102 RG, Recht 1908, Nr. 2248; BGH v. 24.3.1954 – II ZR 23/53, BGHZ 13, 49, 54; der Sache nach auch BGH v. 9.5.2005 – II ZR 287/02, NJW 2005, 2450, 2452 = AG 2005, 609 (zur AG). Nicht konsequent dagegen BGH v. 1.12.1986 – II ZR 306/85, NJW 1987, 1194, 1195 = GmbHR 1987, 187, wo der BGH bei einem unausgewogenen Austauschgeschäft zwischen GmbH und Gesellschafter zunächst das Vorliegen einer Zuwendung „mit Rücksicht auf die Gesellschafterstellung" betont, sodann aber den Einwand für unmaßgeblich erklärt, dass das fragliche Geschäft wegen eines Irrtums der Geschäftsführerin über dessen Marktüblichkeit auch mit einem Dritten zustande gekommen wäre (s. dazu noch Rdnr. 31).

ter § 30 fällt, wenn sie ihre Grundlage im Gesellschaftsverhältnis hat, mithin **causa societatis** erfolgt[103]. Ausgeklammert bleiben daher Auszahlungen, bei denen der Gesellschafter der GmbH wie ein außenstehender Dritter gegenübersteht. An dieser teleologischen Reduktion sollte entgegen bisweilen geübter Kritik[104] auch weiterhin festgehalten werden. Wenn die insoweit darlegungs- und beweispflichtigen (Rdnr. 115) Gesellschafter der GmbH nachweislich wie Dritte gegenübertreten, die Gesellschafterstellung mit anderen Worten ein rein zufälliger Begleitumstand ist, besteht kein Anlass, die Zuwendungen anders als Drittzuwendungen zu behandeln.

Der notwendige Bezug zur Mitgliedschaft ist zunächst immer dann gegeben, wenn die Gesell- 31 schaftereigenschaft Voraussetzung der Auszahlung ist. So liegt es etwa bei **Gewinnausschüttungen**[105], bei Vorabausschüttungen, beim Rückerwerb eigener Geschäftsanteile (§ 33 Abs. 2 Satz 1), ferner bei **Abfindungszahlungen** im Fall von Einziehung (§ 34 Abs. 3), Ausschluss und Austritt aus wichtigem Grund[106]. Ein hinreichender Bezug zur Mitgliedschaft ist darüber hinaus auch gegeben, wenn die Gesellschaftereigenschaft zwar keine Voraussetzung der Auszahlung ist, aber diese mitbeeinflusst hat. Das ist nicht nur der Fall, wenn der Mehrheitsgesellschafter die Leistung der GmbH selbst angewiesen hat[107], sondern **in der Regel** auch anzunehmen, wenn ein Rechtsgeschäft zwischen Gesellschaft und Gesellschafter abgeschlossen wird, das ein ordentlicher und gewissenhafter Geschäftsführer nicht abgeschlossen hätte, das also dem Drittvergleich in dem beschriebenen Sinn (Rdnr. 19) nicht genügt. Allerdings ist es entgegen verbreiteter Ansicht **nicht zwingend, bei unausgewogenen Geschäften** stets den erforderlichen Bezug zur Mitgliedschaft anzunehmen und damit zur Anwendbarkeit des Auszahlungsverbots zu gelangen[108]. Denkbar, wenngleich praktisch selten ist vielmehr auch der Fall, dass zwar Leistung und Gegenleistung unausgewogen sind, aber nachweislich (Rdnr. 115) kein Zusammenhang zwischen dieser Unausgewogenheit und der Mitgliedschaft besteht, weil der Geschäftsführer Geschäfte zu denselben unausgewogenen Konditionen sorgfaltswidrig auch mit Dritten tätigt. Man denke etwa an den Fall, dass der Gesellschafter einer Kaufhaus-GmbH wie jeder andere Kunde Waren zu sorgfaltswidrig niedrigen Preisen erwirbt oder die GmbH freiwillige Zuwendungen an alle Arbeitnehmer der Gesellschaft leistet und einzelne dieser Arbeitnehmer (zufällig) zugleich Gesellschafter sind[109]. In derartigen Fällen muss es mangels Bezugs zur Mitgliedschaft bei der Unanwendbarkeit des Auszahlungsverbots bleiben[110].

An dem Bezug zum Gesellschaftsverhältnis fehlt es ferner, wenn die GmbH Ansprüche des 32 Gesellschafters erfüllt, die dieser nicht in seiner Eigenschaft als Gesellschafter erworben hat.

---

103 *Ekkenga*, in: MünchKomm. GmbHG, Rdnr. 146; *Fastrich*, in: Baumbach/Hueck, Rdnr. 29; *Habersack*, in: Ulmer/Habersack/Löbbe, Rdnr. 58; *Pentz*, in: Rowedder/Schmidt-Leithoff, Rdnr. 31; *Schmolke*, Kapitalerhaltung, Rdnr. 146; *Grigoleit*, Gesellschafterhaftung, S. 86; *Kleffner*, Erhaltung des Stammkapitals, S. 74 ff. Ebenso zuletzt OLG Düsseldorf v. 2.12.2011 – I-16 U 19/10, GmbHR 2012, 332, 333.

104 *Tries*, Verdeckte Gewinnausschüttung, S. 49 ff.; *A. Koch*, Abkehr von der bilanziellen Betrachtungsweise, S. 32 ff.; *Eusani*, GmbHR 2009, 512, 516 ff.; *Thole*, Gläubigerschutz, S. 575.

105 Zu dem Fall, dass die Unterbilanz erst nach Verselbständigung des Ausschüttungsanspruchs zum Gläubigerrecht entstanden ist, s. aber § 29 Rdnr. 91 f.

106 *Habersack*, in: Ulmer/Habersack/Löbbe, Rdnr. 59; *Schmolke*, Kapitalerhaltung, Rdnr. 148.

107 Dass dieser Fall erfasst ist, versteht sich; s. nur *Habersack*, in: Ulmer/Habersack/Löbbe, Rdnr. 60.

108 So aber BGH v. 1.12.1986 – II ZR 306/85, NJW 1987, 1194, 1195 = GmbHR 1987, 187; BGH v. 13.11.1995 – II ZR 113/94, GmbHR 1996, 111, 112; *Schmolke*, Kapitalerhaltung, Rdnr. 154; zur AG *Bayer*, in: MünchKomm. AktG, 4. Aufl. 2016, § 57 AktG Rdnr. 63 f.; *Hüffer/Koch*, § 57 AktG Rdnr. 11.

109 Beispiele in Anlehnung an *Fleischer*, in: Karsten Schmidt/Lutter, § 57 AktG Rdnr. 20.

110 Wie hier *Habersack*, in: Ulmer/Habersack/Löbbe, Rdnr. 64; *Kleffner*, Erhaltung des Stammkapitals, S. 74 ff.; *Verse*, Gleichbehandlungsgrundsatz, S. 202 f.; zur AG *T. Bezzenberger*, Kapital, S. 232 ff.; *Cahn/v. Spannenberg*, in: Spindler/Stilz, § 57 AktG Rdnr. 24 ff.; *Drygala*, in: KölnKomm. AktG, 3. Aufl. 2011, § 57 AktG Rdnr. 88 ff.; tendenziell auch *Fleischer*, in: Karsten Schmidt/Lutter, § 57 AktG Rdnr. 20 („bedenkenswert").

Zu denken ist dabei etwa an **Schadensersatzleistungen** der GmbH zur Erfüllung von Ansprüchen aus unerlaubter Handlung[111] oder wegen Pflichtverletzung aus einem dem Drittvergleich standhaltenden Vertrag[112]. Anders verhält es sich aber, wenn der Ersatzanspruch auf einer Verletzung von Pflichten aus dem Mitgliedschaftsverhältnis beruht, wie dies z.B. bei Treuepflichtverletzungen oder Verletzungen des Gleichbehandlungsgebots der Fall ist. Die Erfüllung dieser Ersatzansprüche steht somit unter dem Vorbehalt des § 30 Abs. 1[113].

c) Auszahlung an künftige oder ehemalige Gesellschafter

33   Im Ausgangspunkt besteht Einigkeit, dass sich das Auszahlungsverbot nicht nur auf Leistungen an Empfänger erstreckt, die im Zeitpunkt der Auszahlung Gesellschafter sind, sondern unter bestimmten Voraussetzungen auch Leistungen an künftige und bereits ausgeschiedene Gesellschafter erfasst werden. Nach einer zur AG ergangenen Entscheidung des BGH unterliegen Leistungen an **künftige Gesellschafter** immer dann der Kapitalbindung, wenn zwischen der Auszahlung und dem Erwerb der Mitgliedschaft ein enger sachlicher und zeitlicher Zusammenhang besteht *und* die Leistung mit Rücksicht auf die künftige Gesellschafterstellung erfolgt[114]. Diese Formulierung ist allerdings unpräzise, da nicht einzusehen ist, warum es bei nachgewiesener Rücksichtnahme auf die künftige Mitgliedschaft zusätzlich noch auf den engen zeitlichen und sachlichen Zusammenhang ankommen soll. Treffender erscheint die Formulierung, dass Auszahlungen an künftige Gesellschafter stets erfasst werden, wenn sie **mit Rücksicht auf die künftige Mitgliedschaft** erfolgen[115]. Das ist namentlich dann der Fall, wenn die GmbH dem künftigen Gesellschafter die finanzielle Unterstützung des Anteilserwerbs zusagt, etwa durch Überlassung von Darlehen oder Bestellung von Sicherheiten[116]. Dem engen zeitlichen und sachlichen Zusammenhang zwischen Auszahlung und Erwerb der Mitgliedschaft kommt daneben nur, aber immerhin insoweit Bedeutung zu, als er eine widerlegliche Vermutung dafür begründet, dass die Auszahlung mit Rücksicht auf den Anteilserwerb erfolgt[117]. Ansonsten muss diese Tatsache von der Partei, die sich auf den Verstoß gegen das Auszahlungsverbot beruft (regelmäßig also die GmbH oder ihr Insolvenzverwalter), dargelegt und ggf. nachgewiesen werden. Darin unterscheidet sich die Rechtslage von Zuwendungen an gegenwärtige Gesellschafter, bei denen zwar auch der Bezug zur Mitgliedschaft gegeben sein muss, dieser aber bis zum Beweis des Gegenteils anzunehmen ist (Rdnr. 30, 115).

---

111 S. dazu aus der Paralleldiskussion im Aktienrecht insbes. BGH v. 9.5.2005 – II ZR 287/02, NJW 2005, 2450, 2452 (zu Ansprüchen aus §§ 826, 31 BGB wegen fehlerhafter Kapitalmarktinformation) mit zust. Anm. *Fleischer*, ZIP 2005, 1805, 1810 f.; *Möllers*, BB 2005, 1637, 1639 ff.

112 *Habersack*, in: Ulmer/Habersack/Löbbe, Rdnr. 60; *Pentz*, in: Rowedder/Schmidt-Leithoff, Rdnr. 32.

113 *Habersack*, in: Ulmer/Habersack/Löbbe, Rdnr. 60; näher *Verse*, Gleichbehandlungsgrundsatz, S. 405 ff. m.w.N. auch zu der vereinzelt vertretenen Gegenansicht. Zur AG implizit wie hier BGH v. 9.5.2005 – II ZR 287/02, NJW 2005, 2450, 2452, wo die Unanwendbarkeit des § 57 AktG damit begründet wird, dass die Ansprüche der Aktionäre „in erster Linie nicht auf ihrer (…) mitgliedschaftlichen Sonderrechtsbeziehung als Aktionäre, sondern auf ihrer Stellung als Drittgläubiger" beruhen.

114 BGH v. 13.11.2007 – XI ZR 294/07, NZG 2008, 106 Rdnr. 13 = AG 2008, 120 (Hervorhebung vom Verf.).

115 So denn auch *Altmeppen*, in: Roth/Altmeppen, Rdnr. 26; *Habersack*, in: Ulmer/Habersack/Löbbe, Rdnr. 69; *Heidinger*, in: Michalski u.a., Rdnr. 113; *Kruis*, in: Sernetz/Kruis, Kapitalaufbringung und -erhaltung, Rdnr. 749; zur AG *Fleischer*, in: Karsten Schmidt/Lutter, § 57 AktG Rdnr. 33; *Bayer*, in: MünchKomm. AktG, 4. Aufl. 2016, § 57 AktG Rdnr. 111.

116 BGH v. 13.11.2007 – XI ZR 294/07, NZG 2008, 106 Rdnr. 13 f. = AG 2008, 120 (zur AG); *Habersack*, in: Ulmer/Habersack/Löbbe, Rdnr. 69; *Schmolke*, Kapitalerhaltung, Rdnr. 117.

117 *Altmeppen*, in: Roth/Altmeppen, Rdnr. 26; *Habersack*, in: Ulmer/Habersack/Löbbe, Rdnr. 69; für die AG *Bayer*, in: MünchKomm. AktG, 4. Aufl. 2016, § 57 AktG Rdnr. 111 (unter Hinweis auf die ähnliche Vermutung bei der verdeckten Sacheinlage); *Cahn/v. Spannenberg*, in: Spindler/Stilz, § 57 AktG Rdnr. 54; *Riedel*, Vermögenszuwendungen, S. 194 f.

Ähnliche Grundsätze gelten für Auszahlungen an bereits **ausgeschiedene Gesellschafter**. In diesem Fall kommt es darauf an, ob die Auszahlung **mit Rücksicht auf die frühere Mitgliedschaft** bewirkt wird. Davon ist grundsätzlich[118] auszugehen, wenn der ausgeschiedene Gesellschafter **im Zeitpunkt der Begründung der Auszahlungsverpflichtung noch Gesellschafter** war[119]. Denkbar sind aber auch weitere Fälle. So hat der BGH bei einer Geschäftsanteilsveräußerung die Anwendbarkeit des § 30 Abs. 1 bejaht, wenn Erwerber und Veräußerer (ausgeschiedener Gesellschafter) bei Vertragsabschluss einvernehmlich davon ausgegangen sind, dass der Kaufpreis aus dem Vermögen der Gesellschaft bezahlt werde und dies dann auch so geschieht[120]. Erfolgt die Auszahlung in engem zeitlichen und sachlichen Zusammenhang mit der Beendigung der Mitgliedschaft, so wird man auch hier von einer Vermutung ausgehen können, dass die Auszahlung noch mit Rücksicht auf die frühere Mitgliedschaft erfolgt[121]. 34

d) Leistung an Dritte als Auszahlung an den Gesellschafter

Auszahlungen an Nichtgesellschafter (Dritte) fallen grundsätzlich nicht unter § 30. Allerdings kann die Leistung an einen Dritten unter bestimmten Voraussetzungen als Auszahlung an den Gesellschafter zu bewerten sein (dazu sogleich Rdnr. 36 ff.). Darüber hinaus kann die Kapitalbindung ausnahmsweise auch auf den Dritten selbst erstreckt werden, wenn dieser eine gesellschafterähnliche Position einnimmt. Die Folge ist dann, dass ausnahmsweise auch der Dritte als Rückgewährschuldner nach § 31 Abs. 1 in Betracht kommt (dazu Rdnr. 49 ff.). 35

aa) Allgemeine Grundsätze. Erbringt die Gesellschaft eine Leistung an einen Dritten, so ist diese Leistung *unabhängig von einer möglichen Nähebeziehung* zwischen diesem und dem Gesellschafter (etwa Familien- oder Konzernzugehörigkeit) anerkanntermaßen in **zwei Fallgruppen** als Zuwendung an den Gesellschafter zu bewerten. Die erste Gruppe umfasst Fälle, in denen in der Leistung der Gesellschaft an den Dritten **zugleich eine Zuwendung an den Gesellschafter** enthalten ist. So verhält es sich etwa, wenn die Gesellschaft eine Verbindlichkeit ihres Gesellschafters gegenüber dem Dritten erfüllt oder übernimmt[122] oder hierfür eine 36

---

118 D.h., wenn der Zusammenhang mit der Mitgliedschaft nicht ausnahmsweise nach Maßgabe des zu Rdnr. 30 ff. Gesagten widerlegt wird.

119 Allg. M., s. RG v. 23.10.1931 – II 67/31, RGZ 133, 393, 395; RG v. 16.2.1938 – II 155/37, JW 1938, 1176; BGH v. 24.3.1954 – II ZR 23/53, BGHZ 13, 49, 54; BGH v. 13.7.1981 – II ZR 256/79, BGHZ 81, 252, 258; *Fastrich*, in: Baumbach/Hueck, Rdnr. 23; *Habersack*, in: Ulmer/Habersack/Löbbe, Rdnr. 68 f.; *Schmolke*, Kapitalerhaltung, Rdnr. 116; ebenso zur AG OLG Frankfurt a.M. v. 30.11.1995 – 6 U 192/91, BB 1996, 445, 446; *Bayer*, in: MünchKomm. AktG, 4. Aufl. 2016, § 57 AktG Rdnr. 112 m.w.N.

120 BGH v. 24.3.1954 – II ZR 23/53, BGHZ 13, 49, 55 f.; zust. *Canaris*, in: FS R. Fischer, S. 31, 32; *Fastrich*, in: Baumbach/Hueck, Rdnr. 23.

121 *Bayer*, in: MünchKomm. AktG, 4. Aufl. 2016, § 57 AktG Rdnr. 111 (zur AG); *Riedel*, Vermögenszuwendungen, S. 194 f.; ablehnend *Cahn/v. Spannenberg*, in: Spindler/Stilz, § 57 AktG Rdnr. 55; *Drygala*, in: KölnKomm. AktG, 3. Aufl. 2011, § 57 AktG Rdnr. 119, jeweils mit dem Argument, dass die Geschäftsleiter mangels gegenwärtiger oder künftiger Einflussmöglichkeit des ausgeschiedenen Gesellschafters keinen Anlass mehr haben, diesem mit Rücksicht auf die Mitgliedschaft einen Vorteil zuzuwenden. Das spricht aber nicht zwingend gegen die Vermutung, wenn sie dem Ausgeschiedenen ausnahmsweise doch in engem zeitlichen und sachlichen Zusammenhang einen Vorteil zuwenden.

122 BGH v. 29.3.1973 – II ZR 25/70, BGHZ 60, 324, 330 f.; BGH v. 22.9.2003 – II ZR 229/02, NJW 2003, 3629, 3631 f. = GmbHR 2003, 1420; BGH v. 29.9.2008 – II ZR 234/07, GmbHR 2008, 1319 Rdnr. 8; *Fastrich*, in: Baumbach/Hueck, Rdnr. 25; *Habersack*, in: Ulmer/Habersack/Löbbe, Rdnr. 66; *Schmolke*, Kapitalerhaltung, Rdnr. 112; näher *Cahn/v. Spannenberg*, in: Spindler/Stilz, § 57 AktG Rdnr. 74 mit der zutreffenden Präzisierung, dass sich die Erstattungspflicht des Gesellschafters, wenn er die Zahlung nicht selbst veranlasst hat, auf den tatsächlich erlangten wirtschaftlichen Vorteil beschränkt (relevant z.B. bei einredebehafteten Forderungen); einschränkend *A. Wilhelm*, Dritterstreckung, S. 198 f. (Erstattungspflicht des Gesellschafters immer nur bei Veranlassung oder Einverständnis des Gesellschafters mit der Leistung der Gesellschaft).

Sicherheit bestellt[123]. Leistet die Gesellschaft auf eine eigene Schuld, für die der Gesellschafter seinerseits eine Sicherheit bestellt hat, scheint auf den ersten Blick auch darin die Zuwendung an den Gesellschafter zu liegen (Ablösung seiner Sicherheit). In diesem Fall ist allerdings § 30 Abs. 1 deshalb unanwendbar, weil sich die Ausnahme des § 30 Abs. 1 Satz 3 n.F. auch auf die mittelbare Gesellschafterfinanzierung erstreckt (Rdnr. 107). Es bewendet dann bei der Anwendung der §§ 44a, 135 Abs. 2, 143 Abs. 3 InsO bzw. §§ 6a, 11 Abs. 3 AnfG (s. dazu 11. Aufl., Anh. § 64 Rdnr. 266 ff.).

37   Die zweite Fallgruppe betrifft Fälle, in denen die Leistung der Gesellschaft an den Dritten **auf Veranlassung des Gesellschafters** bewirkt wird und diese Veranlassung nicht die Förderung des Gesellschaftsinteresses bezweckt, sondern durch das außerbetriebliche Eigeninteresse des Gesellschafters motiviert ist[124]. Anstelle der Veranlassung genügt auch das **Einverständnis des Gesellschafters**, sofern nur die genannte Motivation gegeben ist[125]. Liegen diese Voraussetzungen vor, ist es unerheblich, ob der Gesellschafter selbst begünstigt wird; es reicht aus, dass er dem Dritten aus dem Gesellschaftsvermögen etwas zuwenden will. Es kann nämlich keinen Unterschied machen, ob der Gesellschafter sich selbst etwas aus dem Gesellschaftsvermögen auszahlen lässt und es dann dem Dritten zuwendet oder die Zuwendung im Wege einer „abgekürzten Leistung" direkt von der Gesellschaft an den Dritten erfolgt[126]. Bei wertender Betrachtung muss der Gesellschafter vielmehr auch in diesem Fall als Auszahlungsempfänger angesehen werden.

38   **bb) Leistung an Mittelspersonen, die dem Gesellschafter nahestehen.** Steht der die Auszahlung empfangene Dritte in einer *besonderen Nähebeziehung* zum Gesellschafter, stellt sich die Frage, ob der Gesellschafter auch über die vorgenannten allgemeinen Grundsätze (Rdnr. 36 f.) hinaus als Auszahlungsempfänger angesehen werden kann, weil ihm der vom Dritten empfangene Vorteil zuzurechnen ist. Diese Frage hat die höchstrichterliche Rechtsprechung schon häufig beschäftigt; dennoch sind zahlreiche Einzelheiten umstritten. Einig ist man sich nur in dem Grundanliegen, einen hinreichenden **Schutz vor Umgehungen** der Kapitalbindung zu gewährleisten.

39   **(1) Mittelbare Stellvertreter des Gesellschafters.** Erfolgt die Auszahlung an einen mittelbaren Stellvertreter (Strohmann) des Gesellschafters, mithin einen Empfänger, der im Auftrag und **für Rechnung des Gesellschafters** tätig wird, so ist dies jedenfalls dann einer **Auszahlung an den Gesellschafter** gleichzustellen, wenn der mittelbare Stellvertreter das Erlangte pflichtgemäß (§ 667 BGB, § 384 Abs. 2 Halbsatz 2 Fall 2 HGB) an den Gesellschafter abführt[127]. Im

---

123 S. vorerst nur *Habersack*, in: Ulmer/Habersack/Löbbe, Rdnr. 66; *Schmolke*, Kapitalerhaltung, Rdnr. 112; ausführlich zur Sicherheitenbestellung Rdnr. 96 ff.

124 BGH v. 29.5.2000 – II ZR 118/98, NZG 2000, 883, 886 – Balsam Procedo I (insoweit in BGHZ 144, 336 ff. nicht abgedruckt); OLG Düsseldorf v. 21.10.2016 – I-16 U 178/15, GmbHR 2017, 239, 241; *Habersack*, in: Ulmer/Habersack/Löbbe, Rdnr. 67; *Schmolke*, Kapitalerhaltung, Rdnr. 113; zur AG *Bayer*, in: MünchKomm. AktG, 4. Aufl. 2016, § 57 AktG Rdnr. 122; *Cahn/v. Spannenberg*, in: Spindler/Stilz, § 57 AktG Rdnr. 73; *Henze*, in: Großkomm. AktG, 4. Aufl. 2000, § 57 AktG Rdnr. 88 f. Näher dazu, dass die Zuwendung durch das außerbetriebliche Eigeninteresse des Gesellschafters motiviert sein muss, *Cahn*, Kapitalerhaltung, S. 19 ff.; *Verse*, Gleichbehandlungsgrundsatz, S. 247.

125 *Habersack*, in: Ulmer/Habersack/Löbbe, Rdnr. 67; *Schmolke*, Kapitalerhaltung, Rdnr. 113; *A. Wilhelm*, Drittterstreckung, S. 194; wohl auch BGH v. 29.5.2000 – II ZR 118/98, NZG 2000, 883, 886.

126 *Bayer*, in: MünchKomm. AktG, 4. Aufl. 2016, § 57 AktG Rdnr. 122; *Canaris*, in: FS Fischer, S. 31, 39; *Verse*, Gleichbehandlungsgrundsatz, S. 247.

127 BGH v. 28.9.1981 – II ZR 223/80, BGHZ 81, 365, 368 = GmbHR 1982, 181; OLG Düsseldorf v. 21.10.2016 – I-16 U 178/15, GmbHR 2017, 239, 241; *Altmeppen*, in: Roth/Altmeppen, Rdnr. 37 f.; *Canaris*, in: FS Fischer, S. 31, 36; *Habersack*, in: Ulmer/Habersack/Löbbe, Rdnr. 74 i.V.m. Rdnr. 66; zur AG *Cahn/v. Spannenberg*, in: Spindler/Stilz, § 57 AktG Rdnr. 75; im Ergebnis auch *A. Wilhelm*, Drittterstreckung, S. 209, der darauf abstellt, dass die Entgegennahme der Leistung durch den Gesellschafter als Einverständnis i.S. der allgemeinen Grundsätze (Rdnr. 37) zu werten ist.

Fall eines Verstoßes gegen § 30 Abs. 1 haftet dann der Gesellschafter nach § 31 Abs. 1. Wenn der mittelbare Stellvertreter das Erlangte wegen Zahlungsunfähigkeit, Veruntreuung etc. nicht an den Gesellschafter weiterleitet, haftet der Gesellschafter dagegen nur, wenn er die Leistung an den mittelbaren Vertreter veranlasst hat oder mit ihr zumindest einverstanden war[128], was freilich regelmäßig der Fall sein wird und widerleglich zu vermuten ist[129]. Eine Haftung des **mittelbaren Vertreters** entsprechend § 31 Abs. 1 scheidet demgegenüber nach heute herrschender und zutreffender Ansicht aus, da dieser auch bei wirtschaftlicher Betrachtung keinem Gesellschafter gleichsteht[130]. Ob bei evidentem Verstoß gegen § 30 Abs. 1 das Geschäft mit dem mittelbaren Vertreter nach den Grundsätzen des Missbrauchs der Vertretungsmacht unwirksam ist und deshalb bürgerlich-rechtliche Ansprüche gegen den mittelbaren Vertreter bestehen, ist umstritten, nach hier vertretener Ansicht aber zu verneinen (Rdnr. 123).

(2) Angehörige des Gesellschafters. Unübersichtlich ist die Rechtslage bei Leistungen der GmbH an Angehörige eines Gesellschafters. Klar ist im Ausgangspunkt, dass nach allgemeinen Grundsätzen (Rdnr. 36 f.) auch hier eine Auszahlung an den Gesellschafter vorliegt, wenn dieser selbst begünstigt wird (z.B. durch die Befreiung von Unterhaltspflichten oder die unentgeltliche Weiterleitung vom Angehörigen an den Gesellschafter) oder er die Auszahlung an den Angehörigen selbst im Eigeninteresse veranlasst hat bzw. mit ihr einverstanden war. Für eine solche Veranlassung spricht bei Zuwendungen an Angehörige eine widerlegliche Vermutung[131]. Ob die Auszahlung an den Angehörigen selbst erfolgt oder an eine Gesellschaft, an der dieser maßgeblich beteiligt (Rdnr. 45 f.) ist, macht dabei keinen Unterschied[132]. Streitig ist dagegen, ob die Zuwendung an den Angehörigen auch jenseits dieser anerkannten Fallgruppen dem Gesellschafter allein wegen der Familienangehörigkeit zugerechnet werden kann. Während dies in Analogie zu §§ 89 Abs. 3 Satz 1, 115 Abs. 2 AktG bei nahen Angehörigen (Ehegatten, minderjährige Kinder, nunmehr auch eingetragene Lebenspartner) verschiedentlich bejaht wird[133], überwiegen im neueren Schrifttum die ablehnenden Stimmen[134]. Ihnen ist schon deshalb zu folgen, weil im unmittelbaren Anwendungsbereich der §§ 89 Abs. 3 Satz 1, 115 Abs. 2 AktG nur der nahe Angehörige selbst anspruchsverpflichtet ist, die angesprochene Analogie mithin allenfalls dessen Inanspruchnahme, nicht aber die des Gesellschafters begründen könnte. Zu dem Parallelproblem im Recht der Kapitalaufbringung hat der BGH inzwischen mit Recht klargestellt, dass allein das familiäre Näheverhältnis nicht ge-

40

---

128 *Cahn/v. Spannenberg*, in: Spindler/Stilz, § 57 AktG Rdnr. 75, § 62 Rdnr. 11 (allerdings ohne Einbeziehung des bloßen Einverständnisses); *A. Wilhelm*, Dritterstreckung, S. 208 f.; weitergehend aber *Altmeppen*, in: FS Kropff, S. 641, 645; *Bayer*, in: MünchKomm. AktG, 4. Aufl. 2016, § 57 AktG Rdnr. 119; *Canaris*, in: FS Fischer, S. 31, 36; *Riedel*, Vermögenszuwendungen, S. 212.
129 *A. Wilhelm*, Dritterstreckung, S. 208 f.
130 *Altmeppen*, in: Roth/Altmeppen, Rdnr. 41; *Habersack*, in: Ulmer/Habersack/Löbbe, Rdnr. 74, § 31 Rdnr. 19; *Schmolke*, Kapitalerhaltung, Rdnr. 126; eine Haftung entsprechend § 31 Abs. 1 ablehnend auch *Canaris*, in: FS Fischer, S. 31, 36 f., 54 f., der aber unter Hinweis auf den Rechtsgedanken der §§ 89 Abs. 3 Satz 2, 115 Abs. 2 AktG bürgerlich-rechtliche Rückgewähransprüche (§§ 985 ff., 812 ff. BGB) gegen den mittelbaren Vertreter gewähren will. Abw. noch (obiter) BGH v. 28.9.1981 – II ZR 223/80, BGHZ 81, 365, 368; von dieser Entscheidung hat sich der BGH aber in anderem Zusammenhang (Haftung naher Angehöriger) bereits seit Längerem distanziert (Rdnr. 41).
131 *Altmeppen*, in: Roth/Altmeppen, Rdnr. 48; *Ekkenga*, in: MünchKomm. GmbHG, Rdnr. 159, 162; *Cahn/v. Spannenberg*, in: Spindler/Stilz, § 57 AktG Rdnr. 76; enger 10. Aufl., Rdnr. 41: Veranlassung müsse stets festgestellt werden.
132 Vgl. BGH v. 14.10.1985 – II ZR 276/84, ZIP 1986, 456, 458.
133 So etwa *Grigoleit/Rachlitz*, in: Grigoleit, § 57 AktG Rdnr. 32; *Henze*, in: Großkomm. AktG, 4. Aufl. 2000, § 57 AktG Rdnr. 90.
134 *Altmeppen*, in: Roth/Altmeppen, Rdnr. 49; *Bayer*, in: MünchKomm. AktG, 4. Aufl. 2016, § 57 AktG Rdnr. 123; *Cahn*, Kapitalerhaltung, S. 25 ff.; *Cahn/v. Spannenberg*, in: Spindler/Stilz, § 57 AktG Rdnr. 76; *Hüffer/Koch*, § 57 AktG Rdnr. 19. Auch *Canaris*, in: FS Fischer, S. 31. 38 f., der häufig für die Gegenansicht zitiert wird, spricht sich für eine Zurechnung nur dann aus, wenn die Zuwendung durch Zutun oder zumindest mit Billigung des Gesellschafters erfolgt ist.

nügt, um eine Leistung an den Angehörigen einer solchen an den Gesellschafter gleichzustellen[135].

41 Davon zu trennen ist die Frage, ob der **Angehörige selbst** als **Haftungsadressat** analog §§ 30 Abs. 1, 31 Abs. 1 in Betracht kommt. Die frühere Rechtsprechung des BGH wollte dies für nahe Angehörige analog §§ 89 Abs. 3 Satz 1, 115 Abs. 2 AktG in der Tat annehmen[136]. Allerdings hat sich der BGH später im Eigenkapitalersatzrecht, das bis zu seiner Aufhebung durch das MoMiG (auch) auf einer entsprechenden Anwendung der §§ 30 f. beruhte (Rdnr. 107), wieder von dieser Rechtsprechung distanziert[137], weil eine typisierende Betrachtungsweise der Vielgestaltigkeit der Verhältnisse nicht gerecht werde[138]. Stattdessen hat er auf die Umstände des Einzelfalls abgehoben, insbesondere darauf, ob das vom Angehörigen ausgereichte Darlehen aus Mitteln des Gesellschafters stammt oder umgekehrt der Gesellschafter den Geschäftsanteil nur treuhänderisch für den Darlehensgeber/Angehörigen hält[139]. Noch nicht explizit entschieden ist, ob diese Kurskorrektur nur für das Eigenkapitalersatzrecht gilt oder der frühere Rechtsprechung auch im Rahmen der Kapitalerhaltung nach §§ 30 f. obsolet sein soll[140]. Nach vorzugswürdiger und im Schrifttum heute überwiegender Ansicht sollte von der Analogie zu den §§ 89 Abs. 3 Satz 1, 115 Abs. 2 AktG auch im Rahmen der Kapitalerhaltung Abstand genommen werden[141]. Diese provoziert nicht nur verfassungsrechtliche Bedenken (Art. 6 Abs. 1 GG)[142], sondern führt auch zu der Ungereimtheit, dass man bei konsequenter Fortführung des Rechtsgedankens der §§ 89 Abs. 3, 115 Abs. 2 AktG auch Ansprüche analog § 31 Abs. 1 gegen den in jenen Vorschriften ebenfalls angesprochenen mittelbaren Stellvertreter des Gesellschafters gewähren müsste – eine Konsequenz, die überwiegend abgelehnt wird (Rdnr. 39). Schließlich besteht für die Analogie zu §§ 89 Abs. 3, 115 Abs. 2 AktG auch kein dringendes Bedürfnis, um eine sonst drohende Lücke im Umgehungsschutz zu schließen, da bereits eine Auszahlung an den Gesellschafter vorliegt, wenn dieser die Veranlassungsvermutung nicht widerlegen kann (Rdnr. 40). Lehnt man somit die Analogie zu §§ 89 Abs. 3 Satz 1, 115 Abs. 2 AktG ab, **entfällt** die Grundlage für eine **Haftung des Angehörigen** entsprechend § 31 Abs. 1. Sie lässt sich auch nicht anderweitig begründen, da der Angehörige weder rechtlich Gesellschafter ist noch bei wirtschaftlicher Betrachtung diesem gleichsteht. Zu der – nach hier vertretener Ansicht zu verneinenden – Frage, ob stattdessen bürgerlich-rechtliche Ansprüche wegen Missbrauchs der Vertretungsmacht in Betracht kommen, s. Rdnr. 123.

---

135 BGH v. 12.4.2011 – II ZR 17/10, NZG 2011, 667 Rdnr. 15 = GmbHR 2011, 705; ebenso BGH v. 24.9.2013 – II ZR 39/12, GmbHR 2013, 1318 Rdnr. 17 f. (zum Kapitalersatzrecht).
136 BGH v. 28.9.1981 – II ZR 223/80, BGHZ 81, 365, 368 f. = GmbHR 1982, 181 (wo allerdings noch offen bleibt, ob dies nur bei Erkennbarkeit des Verstoßes für den nahen Angehörigen gilt); ohne diesen Vorbehalt sodann BGH v. 14.10.1985 – II ZR 276/84, ZIP 1986, 456, 458 = GmbHR 1986, 113; BGH v. 1.12.1986 – II ZR 306/85, ZIP 1987, 575, 577 = GmbHR 1987, 187; ebenso zur AG *Cahn*, in: Spindler/Stilz, § 62 AktG Rdnr. 17; im Ergebnis ähnlich *Canaris*, in: FS Fischer, S. 31, 38 i.V.m. 36 f., 54 f., der sich aber auf einen bürgerlich-rechtlichen Rückgewähranspruch gegen den Angehörigen stützt.
137 BGH v. 18.2.1991 – II ZR 259/89, GmbHR 1991, 155; BGH v. 8.2.1999 – II ZR 261/97, DStR 1999, 810, 811 mit Anm. *Goette*; BGH v. 6.4.2009 – II ZR 277/07, GmbHR 2009, 876 Rdnr. 9; s. auch BGH v. 17.2.2011 – IX ZR 131/10, GmbHR 2011, 413 (zu § 39 Abs. 1 Nr. 5 InsO); BGH v. 12.4.2011 – II ZR 17/10, GmbHR 2011, 705 Rdnr. 15 (zur Kapitalaufbringung).
138 So die Begründung von *Goette*, § 3 Rdnr. 43.
139 BGH v. 6.4.2009 – II ZR 277/07, GmbHR 2009, 876 Rdnr. 9.
140 Für Letzteres *Goette*, § 3 Rdnr. 43.
141 *Ekkenga*, in: MünchKomm. GmbHG, Rdnr. 159, 162; *Goette*, § 3 Rdnr. 43; *Habersack*, in: Ulmer/Habersack/Löbbe, Rdnr. 75; *Pentz*, in: Rowedder/Schmidt-Leithoff, Rdnr. 25; *Tries*, Verdeckte Gewinnausschüttung, S. 85; *A. Wilhelm*, Drittersteckung, S. 212 ff.
142 *Fleck*, in: FS 100 Jahre GmbHG, S. 391, 413; *Pentz*, in: Rowedder/Schmidt-Leithoff, Rdnr. 25; *Tries*, Verdeckte Gewinnausschüttung, S. 80.

(3) Mit dem Gesellschafter verbundene Unternehmen. Von großer praktischer Bedeutung **42** ist die (ebenfalls in vielen Einzelheiten umstrittene) Frage, unter welchen Voraussetzungen Auszahlungen an mit dem Gesellschafter **verbundene Unternehmen** von § 30 Abs. 1 erfasst werden. Zu unterscheiden sind zwei Grundkonstellationen, zum einen Zuwendungen an horizontal verbundene Unternehmen, beispielsweise eine Schwestergesellschaft der GmbH (Rdnr. 43 ff.), und zum anderen Zuwendungen an vertikal verbundene Unternehmen, die nur mittelbar zum Gesellschafterkreis der auszahlenden GmbH zählen, also etwa die Auszahlung von einer Enkel- an eine Muttergesellschaft (Rdnr. 47).

(a) Betrachtet man zuerst den Fall einer Auszahlung an ein horizontal verbundenes Unterneh- **43** men, an dem der Gesellschafter unmittelbar oder mittelbar beteiligt ist (z.B. ein **Schwesterunternehmen** der GmbH), so ist auch hier wieder von den allgemeinen Grundsätzen auszugehen. Danach liegt eine **Auszahlung an den Gesellschafter** (Muttergesellschaft) vor, wenn die Auszahlung an das Empfängerunternehmen (Schwestergesellschaft) im Interesse und auf Veranlassung[143] bzw. im Einverständnis[144] des Gesellschafters erfolgt oder ihm selbst einen Vorteil (z.B. die Befreiung von einer Verbindlichkeit) verschafft (Rdnr. 36 f.). Für eine Veranlassung spricht dabei auch hier eine widerlegliche Vermutung[145]. Fehlt es an der Veranlassung bzw. dem Einverständnis des Gesellschafters und kommt es deshalb darauf an, ob er selbst einen Vorteil empfangen hat, stellt sich die umstrittene Frage, ob sich ein eigener Vorteil des Gesellschafters allein aus seiner Beteiligung an dem Empfängerunternehmen ableiten lässt. Während Teile des Schrifttums diese Frage verneinen[146], bejahen sie andere bereits immer dann, wenn das Empfängerunternehmen von ihm abhängig ist (§ 17 AktG) oder in seinem Mehrheitsbesitz steht (§ 16 AktG)[147]. Der BGH verfolgt demgegenüber eine mittlere Linie: Eine Leistung an das Empfängerunternehmen steht danach (bei fehlender Veranlassung durch den Gesellschafter) nur dann einer Auszahlung an den Gesellschafter gleich, wenn dieser eine **maßgebliche Beteiligung** hält, die ihm derart bestimmenden Einfluss auf das Empfängerunternehmen verschafft, dass er dort **„Zugriff auf die Leistung"** hat[148].

Die damit aufgeworfene Frage, wann eine hinreichende **Zugriffsmöglichkeit** in diesem Sin- **44** ne besteht, hat der BGH noch nicht abschließend beantwortet. Aus seiner Rechtsprechung lässt sich immerhin in negativer Hinsicht entnehmen, dass eine Mehrheitsbeteiligung des Gesellschafters an der Empfängergesellschaft für sich genommen nicht genügen soll, wenn mit ihr kein **Weisungsrecht** des Gesellschafters verbunden ist (wie z.B. dann, wenn es sich bei dem Empfängerunternehmen um eine nicht vertraglich konzernierte AG handelt)[149]. Ob umgekehrt immer dann von einer hinreichenden Zugriffsmöglichkeit auszugehen ist, wenn

---

143 BGH v. 31.5.2011 – II ZR 141/09, BGHZ 190, 7 = NZG 2011, 829 Rdnr. 42, 44 (zur AG); *Altmeppen*, in: Roth/Altmeppen, Rdnr. 63; *Habersack*, in: Ulmer/Habersack/Löbbe, Rdnr. 79; *Pentz*, in: Rowedder/Schmidt-Leithoff, Rdnr. 131.

144 *Habersack*, in: Ulmer/Habersack/Löbbe, Rdnr. 79.

145 *Altmeppen*, in: Roth/Altmeppen, Rdnr. 63; *Pentz*, in: Rowedder/Schmidt-Leithoff, Rdnr. 130; *Cahn/v. Spannenberg*, in: Spindler/Stilz, § 57 AktG Rdnr. 79; näher *Cahn*, Kapitalerhaltung, S. 67 ff.; vgl. auch BGH v. 31.5.2011 – II ZR 141/09, BGHZ 190, 7 = NZG 2011, 829 Rdnr. 40 zu § 311 AktG: Beweis des ersten Anscheins oder Vermutung.

146 *Pentz*, in: Rowedder/Schmidt-Leithoff, Rdnr. 129; *A. Wilhelm*, Dritterstreckung, S. 198 f., 208 f.; grds. auch *Cahn*, Kapitalerhaltung, S. 31 ff.; *Cahn/v. Spannenberg*, in: Spindler/Stilz, § 57 AktG Rdnr. 78 f.

147 *Grigoleit/Rachlitz*, in: Grigoleit, § 57 AktG Rdnr. 32; *Drygala*, in: KölnKomm. AktG, 3. Aufl. 2011, § 57 AktG Rdnr. 124 (einschränkend aber Rdnr. 128 a.E.).

148 BGH v. 31.5.2011 – II ZR 141/09, BGHZ 190, 7 = NZG 2011, 829 Rdnr. 42; ebenso *Habersack*, in: Ulmer/Habersack/Löbbe, Rdnr. 79.

149 BGH v. 31.5.2011 – II ZR 141/09, BGHZ 190, 7 = NZG 2011, 829 Rdnr. 43 (zur mangelnden Weisungsabhängigkeit der als Anstalt öffentlichen Rechts verfassten Kreditanstalt für Wiederaufbau [KfW] trotz Mehrheitsbeteiligung der Bundesrepublik Deutschland); ferner BGH v. 5.5.2008 – II ZR 108/07, GmbHR 2008, 758 Rdnr. 13 (zum Eigenkapitalersatz); zuvor auch schon BGH v. 12.2.2007 – II ZR 272/05, BGHZ 171, 113 Rdnr. 11 = GmbHR 2007, 433 (zur Kapitalaufbringung);

dem Gesellschafter in dem Empfängerunternehmen ein Weisungsrecht zusteht – z.B. als Mehrheitsgesellschafter in einem Empfängerunternehmen in der Rechtsform der GmbH –, ist dagegen noch nicht entschieden. Zwar hat der BGH im Kapitalersatzrecht in solchen Fällen wiederholt eine maßgebliche Beteiligung angenommen[150]. Ob er dies auch auf die Kapitalerhaltung überträgt, bleibt aber abzuwarten. Zu bedenken ist nämlich, dass auch der Mehrheitsgesellschafter einer GmbH keineswegs eigenmächtig auf deren Vermögen zugreifen kann, sondern nur vorbehaltlich der Kapitalerhaltung dieser GmbH und nur mit Zustimmung der Mitgesellschafter[151]. Eine rechtlich gesicherte Möglichkeit des Zugriffs auf die Leistung besteht aber jedenfalls bei Bestehen eines Beherrschungsvertrags, ferner bei einer 100 %-Beteiligung an einer GmbH (sofern sich diese nicht ihrerseits im Stadium der Unterbilanz befindet).

45   Hinsichtlich des **Zeitpunkts**, in dem die maßgebliche Beteiligung des Gesellschafters an dem Empfängerunternehmen vorliegen muss, will der BGH allein auf den Zeitpunkt der Vornahme der Auszahlung abstellen. Daher sollen §§ 30 f. nicht tangiert sein, wenn die maßgebliche Beteiligung an dem Empfängerunternehmen nur im Zeitpunkt der Begründung der Auszahlungsverpflichtung, aber nicht mehr im Zeitpunkt der Auszahlung bestand[152]. Dem ist jedoch mit der h.L. zu widersprechen[153]. In dem vom BGH entschiedenen Fall kann nichts anderes gelten als in den Fällen, in denen direkt an den ausgeschiedenen Gesellschafter geleistet wird. Dieser bleibt aber anerkanntermaßen an § 30 gebunden, sofern er nur im Zeitpunkt der Eingehung der Auszahlungsverpflichtung noch Gesellschafter war (Rdnr. 34).

46   Umstritten ist, ob neben dem Gesellschafter **auch das Empfängerunternehmen** (Schwesterunternehmen), an dem der Gesellschafter maßgeblich beteiligt ist, bei einem Verstoß gegen § 30 Abs. 1 analog § 31 Abs. 1 haftet. Der BGH hat sich mit Rücksicht auf die „wirtschaftliche Einheit" des Konzerns für eine Haftung des Empfängerunternehmens ausgesprochen[154]. Im Schrifttum mehren sich demgegenüber mit Recht die ablehnenden Stimmen, da das Empfängerunternehmen als Schwester der auszahlenden GmbH auch bei wirtschaftlicher Betrachtung keine gesellschafterähnliche Stellung in der auszahlenden GmbH einnimmt und für eine Analogie neben der Haftung des Gesellschafters auch kein dringendes Bedürfnis besteht[155]. Zu der – nach hier vertretener Ansicht zu verneinenden – Frage, ob stattdessen bürgerlich-rechtliche Ansprüche wegen Missbrauchs der Vertretungsmacht in Betracht kommen, s. Rdnr. 123.

---

ebenso *Habersack*, in: Ulmer/Habersack/Löbbe, Rdnr. 79. Nicht explizit entschieden ist allerdings bisher, ob es auf die Weisungsbefugnis auch bei einer 100 %-Tochtergesellschaft ankommen soll.

150   BGH v. 21.6.1999 – II ZR 70/98, GmbHR 1999, 916; BGH v. 27.11.2000 – II ZR 179/99, NJW 2001, 1490, 1491 = GmbHR 2001, 106. Weitergehend nimmt der BGH im Kapitalersatzrecht an, dass auch eine 50 %-Beteiligung bereits eine „maßgebliche" Beteiligung ist, wenn der Gesellschafter zugleich alleinvertretungsbefugter Geschäftsführer ist; BGH v. 18.7.2013 – IX ZR 219/11, BGHZ 198, 64 = NJW 2013, 3035 Rdnr. 24 m.w.N.

151   *A. Wilhelm*, Drittterstreckung, S. 211.

152   BGH v. 13.11.1995 – II ZR 113/94, GmbHR 1996, 111, 112; *Henze*, in: Großkomm. AktG, 4. Aufl. 2000, § 57 AktG Rdnr. 92.

153   S. etwa *Altmeppen*, in: Roth/Altmeppen, Rdnr. 29; *Ekkenga*, in: MünchKomm. GmbHG, Rdnr. 182; *Habersack*, in: Ulmer/Habersack/Löbbe, Rdnr. 70; *Kruis*, in: Sernetz/Kruis, Kapitalaufbringung und -erhaltung, Rdnr. 751 f.; *Bayer*, in: MünchKomm. AktG, 4. Aufl. 2016, § 57 AktG Rdnr. 127.

154   BGH v. 13.11.1995 – II ZR 113/94, GmbHR 1996, 111, 112; zum Eigenkapitalersatzrecht auch BGH v. 16.12.1991 – II ZR 294/90, GmbHR 1992, 165, 166; BGH v. 27.11.2000 – II ZR 179/99, GmbHR 2001, 106; mit der Präzisierung, dass auch hier nur Leistungen *causa societatis* erfasst werden, d.h. Auszahlungen, die mit Rücksicht auf die Beteiligung des Gesellschafters an dem Empfängerunternehmen erfolgen, *Cahn*, Kapitalerhaltung, S. 61 ff.; *Cahn/v. Spannenberg*, in: Spindler/Stilz, § 57 AktG Rdnr. 80; differenzierend *Canaris*, in: FS Fischer, S. 31, 42 f.

155   *Altmeppen*, in: Roth/Altmeppen, Rdnr. 62; *Ekkenga*, in: MünchKomm. GmbHG, Rdnr. 182; *Habersack*, in: Ulmer/Habersack/Löbbe, Rdnr. 79; *Heidinger*, in: Michalski u.a., Rdnr. 182; *Kruis*, in: Sernetz/Kruis, Kapitalaufbringung und -erhaltung, Rdnr. 740.

(b) Leistet eine GmbH an einen mittelbaren Gesellschafter, also z.B. die **Enkel- an die Mut-** **47**
tergesellschaft, so liegt darin nach allgemeinen Grundsätzen (Rdnr. 36 f.) eine Auszahlung
an die unmittelbar beteiligte Gesellschafterin (Tochter), wenn diese in ihrem Interesse die
Auszahlung veranlasst hat bzw. mit ihr einverstanden war oder die Auszahlung ihr (z.B. durch
Befreiung von einer Verbindlichkeit der Tochter gegenüber der Mutter) ausnahmsweise zum
eigenen Vorteil gereicht[156]. Eine Veranlassung seitens der Tochter ist auch hier wieder zu vermuten[157]. Anerkanntermaßen ist darüber hinaus **auch die Mutter** analog § 31 Abs. 1 in die
Kapitalbindung einzubeziehen, soweit sie einen beherrschenden Einfluss auf die Tochter ausüben kann und daher auch hinsichtlich ihrer Einwirkungsmöglichkeiten eine gesellschafterähnliche Position (Rdnr. 49, 50b) in der Enkelin einnimmt[158]. Einer Auszahlung an die Mutter
steht es gleich, wenn auf ihre Veranlassung oder mit ihrem Einverständnis an einen Dritten, etwa eine andere Tochter, geleistet wird[159]; eine solche Veranlassung ist bei Leistung an einen
der Mutter nahe stehenden Dritten zu vermuten[160]. Die analoge Anwendung des § 31 Abs. 1
erstreckt sich aber nur auf Gesellschafter der Tochter, die diese beherrschen, nicht auf Minderheitsgesellschafter der Tochter[161].

(4) Unternehmen, an denen der Gesellschafter keine maßgebliche Beteiligung hält. Wird **48**
an ein Unternehmen ausgezahlt, an dem der Gesellschafter keine maßgebliche Beteiligung
(Rdnr. 43 f.) hält, bewendet es bei den allgemeinen Grundsätzen (Rdnr. 36 f.). Allein der Umstand, dass der Gesellschafter an dem Empfängerunternehmen eine größere Beteiligung hält
als an der GmbH, führt nicht dazu, dass die Auszahlung anteilig dem Gesellschafter zuzurechnen ist[162].

e) Auszahlung an gesellschafterähnliche Dritte

aa) Allgemeines. Von der Frage, wann die Leistung an einen Dritten als Auszahlung an den **49**
Gesellschafter zu bewerten ist (Rdnr. 35 ff.), ist die Frage zu unterscheiden, unter welchen
Voraussetzungen der die Leistung empfangende Dritte selbst wie ein Gesellschafter zu behandeln ist – mit anderen Worten: wann der Dritte selbst als Auszahlungsempfänger i.S. des § 30
Abs. 1 (analog) anzusehen ist und daher entsprechend § 31 Abs. 1 auf Rückgewähr haftet. Dies
ist in mehreren, sogleich darzustellenden Fallgruppen anerkannt, die sich auf einen gemeinsamen Grundgedanken zurückführen lassen: Ein Dritter wird im Wege der Analogie dem Gesellschafter gleichgestellt, wenn er im Wesentlichen **wie ein Gesellschafter** am wirtschaftlichen
Erfolg der GmbH partizipiert und über einem Gesellschafter vergleichbare Mitwirkungsbefugnisse verfügt. Wenn beides zusammentrifft (**gesellschafterähnliche Vermögens- und**
Mitwirkungsrechte), unterliegt der Dritte ganz ähnlichen Anreizen und Einflussmöglichkeiten wie ein Gesellschafter, so dass es gerechtfertigt ist, die Kapitalbindung mit der von
ihr ausgehenden disziplinierenden Wirkung (Rdnr. 2) auch auf ihn zu erstrecken[163]. Die
Schwierigkeiten liegen freilich bei der Konkretisierung dieser Voraussetzungen im Einzelfall

156 Statt vieler *Habersack*, in: Ulmer/Habersack/Löbbe, Rdnr. 78.
157 *Cahn/v. Spannenberg*, in: Spindler/Stilz, § 57 AktG Rdnr. 82.
158 Aus der Rechtsprechung (jeweils zum Eigenkapitalersatz) BGH v. 21.11.2005 – II ZR 277/03,
  GmbHR 2006, 311 Rdnr. 20 mit Anm. *Bormann*; BGH v. 21.2.2013 – IX ZR 32/12, BGHZ 196,
  220 = GmbHR 2013, 410 Rdnr. 21 m.w.N.; aus dem Schrifttum etwa *Habersack*, in: Ulmer/Haber-
  sack/Löbbe, Rdnr. 78; *Pentz*, in: Rowedder/Schmidt-Leithoff, Rdnr. 130; *A. Wilhelm*, Drittterstreckung, S. 107 ff. (mit der Präzisierung, dass hinsichtlich der Frage des beherrschenden Einflusses
  an § 17 AktG Maß zu nehmen ist); a.A. *Altmeppen*, in: Roth/Altmeppen, Rdnr. 56.
159 *Habersack*, in: Ulmer/Habersack/Löbbe, Rdnr. 78.
160 Gleichsinnig *Habersack*, in: Ulmer/Habersack/Löbbe, Rdnr. 78.
161 BGH v. 21.11.2005 – II ZR 277/03, GmbHR 2006, 311, 313 mit Anm. *Bormann*; *Ekkenga*, in:
  MünchKomm. GmbHG, Rdnr. 181; *Habersack*, in: Ulmer/Habersack/Löbbe, Rdnr. 78; *A. Wilhelm*,
  Drittterstreckung, S. 108; abw. *Altmeppen*, in: Roth/Altmeppen, Rdnr. 56.
162 Näher *Cahn*, Kapitalerhaltung, S. 33 f.; abw. *Tries*, Verdeckte Gewinnausschüttung, S. 78 f.
163 Umfassend dazu und zum Folgenden *A. Wilhelm*, Drittterstreckung, S. 55 ff., 103 ff.

(dazu Rdnr. 50 ff.). Im Übrigen versteht sich, dass das Merkmal einer Leistung causa societatis (Rdnr. 30) sinngemäß auch bei Auszahlungen an gesellschafterähnliche Dritte zu beachten ist. Erfasst werden also nur Leistungen, die im Hinblick auf die gesellschafterähnliche Position des Dritten erfolgen, woran es namentlich dann fehlt, wenn die GmbH von der gesellschafterähnlichen Stellung nachweislich[164] keine Kenntnis hatte.

50 **bb) Treugeber des Gesellschafters.** Hält ein Gesellschafter seinen Geschäftsanteil treuhänderisch, d.h. im Auftrag und für Rechnung eines anderen, und erfolgt die Auszahlung der GmbH direkt an den **Treugeber (Hintermann)**, so muss sich dieser anerkanntermaßen wie ein Gesellschafter behandeln lassen mit der Folge, dass er im Fall eines Verstoßes gegen § 30 Abs. 1 selbst analog § 31 Abs. 1 haftet[165]. Zur Begründung lässt sich anführen, dass der Treugeber wirtschaftlich wie ein Gesellschafter am Erfolg der Gesellschaft teilhat und über sein Weisungsrecht gegenüber dem Treuhänder (§ 665 BGB) auch wie ein Gesellschafter Einfluss auf die GmbH ausüben kann. Zudem lässt sich an den Rechtsgedanken des § 46 Abs. 5 AktG anknüpfen, der den Treugeber ebenfalls wegen seiner gesellschafterähnlichen Stellung in die Pflicht nimmt[166]. Der Treugeber haftet auch, wenn die verbotene Auszahlung zunächst an den Treuhänder (Gesellschafter) erfolgt und dieser die Zuwendung an den Treugeber weiterleitet[167]. Fraglich ist dagegen, ob dasselbe auch gilt, wenn der Treuhänder die Zuwendung infolge Zahlungsunfähigkeit, Veruntreuung oder dergleichen nicht weiterleitet[168]. In diesem Fall dürfte mehr dafür sprechen, den Treugeber nur dann mit dem Weiterleitungsrisiko zu belasten, wenn er die Zahlung an den Treuhänder selbst veranlasst hat oder mit dieser zumindest einverstanden war[169].

50a Im Verhältnis der GmbH zum **Treuhänder** (Gesellschafter) ist zu unterscheiden. Erfolgte die verbotene Auszahlung an ihn, ist er als Gesellschafter nach § 31 Abs. 1 unstreitig zur Rückgewähr verpflichtet, auch dann, wenn er die Zuwendung an den Treugeber weitergeleitet hat[170]. Erfolgte die verbotene Auszahlung dagegen direkt an den Treugeber, kommt es nach den allgemeinen Grundsätzen (Rdnr. 36 f.) darauf an, ob der Treuhänder gleichwohl selbst

---

164 Die Darlegungs- und Beweislast hierfür liegt beim Dritten/Auszahlungsempfänger (Rdnr. 30, 115).

165 Ständige Rechtsprechung des BGH, s. BGH v. 14.12.1959 – II ZR 187/57, BGHZ 31, 258, 266 f. = GmbHR 1960, 43; BGH v. 26.11.1979 – II ZR 104/77, BGHZ 75, 334, 335 f. = GmbHR 1980, 28; BGH v. 8.7.1985 – II ZR 269/84, BGHZ 95, 188, 193 = GmbHR 1986, 21; BGH v. 20.2.1989 – II ZR 167/88, BGHZ 107, 7, 11 f. = GmbHR 1989, 196; BGH v. 24.11.2003 – II ZR 171/01, BGHZ 157, 72, 74 f. = GmbHR 2004, 302 m.w.N.; *Altmeppen*, in: Roth/Altmeppen, Rdnr. 33; *Canaris*, in: FS Fischer, S. 31, 40 f.; *Ekkenga*, in: MünchKomm. GmbHG, Rdnr. 156; *Fastrich*, in: Baumbach/ Hueck, Rdnr. 27; *Habersack*, in: Ulmer/Habersack/Löbbe, Rdnr. 72; *Schmolke*, Kapitalerhaltung, § 31 Rdnr. 20; ebenso die ganz h.M. zur AG, s. *Cahn/v. Spannenberg*, in: Spindler/Stilz, § 57 AktG Rdnr. 68; a.A. *Armbrüster*, Treuhänderische Beteiligung, S. 395 ff.; *Armbrüster*, GmbHR 2001, 1021, 1028 f.

166 BGH v. 14.12.1959 – II ZR 187/57, BGHZ 31, 258, 267 (unter Hinweis auf § 39 Abs. 5 AktG 1937); *Canaris*, in: FS Fischer, S. 31, 40 f.; *Cahn*, in: Spindler/Stilz, § 62 AktG Rdnr. 15; *A. Wilhelm*, Drittterstreckung, S. 104 f.

167 BGH v. 31.5.2011 – II ZR 141/09, BGHZ 190, 7 = NZG 2011, 829 Rdnr. 45 (zur AG); *Altmeppen*, in: Roth/Altmeppen, Rdnr. 33; *Canaris*, in: FS Fischer, S. 31, 41; *Ekkenga*, in: MünchKomm. GmbHG, Rdnr. 156; a.A. *Armbrüster*, Treuhänderische Beteiligung, S. 401 f.; zurückhaltend auch *Ulmer/Löbbe*, in: Ulmer/Habersack/Löbbe, § 2 Rdnr. 76.

168 Bejahend *Altmeppen*, in: Roth/Altmeppen, Rdnr. 33; *Bayer*, in: MünchKomm. AktG, 4. Aufl. 2016, § 62 AktG Rdnr. 19; *Canaris*, in: FS Fischer, S. 31, 41.

169 *Habersack*, in: Ulmer/Habersack/Löbbe, Rdnr. 72; grds. gegen Inanspruchnahme des Treugebers bei unterbliebener Weiterleitung auch *Ulmer/Löbbe*, in: Ulmer/Habersack/Löbbe, § 2 Rdnr. 76; *Cahn*, in: Spindler/Stilz, § 62 AktG Rdnr. 15.

170 S. nur BGH v. 14.12.1959 – II ZR 187/57, BGHZ 31, 258, 263 f. = GmbHR 1960, 43; *Altmeppen*, in: Roth/Altmeppen, Rdnr. 34; zur AG *Bayer*, in: MünchKomm. AktG, 4. Aufl. 2016, § 62 AktG Rdnr. 16.

begünstigt wird oder er die Zuwendung an den Treugeber veranlasst hat bzw. hiermit zumindest einverstanden war[171]. Für eine Veranlassung durch den Treuhänder spricht dabei eine widerlegliche Vermutung[172]. Sofern nach diesen Grundsätzen sowohl Treugeber als auch Treuhänder nach § 31 Abs. 1 verantwortlich sind, haften sie als Gesamtschuldner[173].

cc) Mittelbare Gesellschafter. Wie ein Treugeber kann auch ein mittelbarer Gesellschafter   50b
als gesellschafterähnlicher Auszahlungsempfänger i.S. der §§ 30 f. (analog) einzustufen sein. Dies ist jedoch nach h.M. nur der Fall, wenn er auf den unmittelbaren Gesellschafter einen beherrschenden Einfluss ausüben kann, da er nur dann vermittelt über diesen Mitwirkungsrechte in der GmbH ausüben kann (s. schon Rdnr. 47). In welchem Umfang der unmittelbare Gesellschafter an der GmbH beteiligt ist, spielt dagegen keine Rolle[174]. Hinsichtlich der weiteren Einzelheiten kann auf die Ausführungen zum Treugeber (Rdnr. 50, 50a) Bezug genommen werden.

dd) Sonstige gesellschafterähnliche Dritte. Ist ein Geschäftsanteil mit einem **Nießbrauch**   51
belastet, so gelten für den Nießbraucher nach h.M. dieselben Grundsätze wie für einen Treugeber des Gesellschafters, da der Nießbraucher die vermögensrechtlichen Vorteile des Gesellschafters unmittelbar übernimmt (§ 15 Rdnr. 214 ff.)[175]. Dem ist mit der Einschränkung beizutreten, dass der Nießbraucher auch Einfluss auf die Ausübung wesentlicher Mitwirkungsrechte des Gesellschafters haben muss, um die Gleichstellung mit einem Gesellschafter zu rechtfertigen; in aller Regel wird ein solcher Einfluss aber aufgrund entsprechender Abreden gegeben sein[176]. **Stille Gesellschafter** und **Unterbeteiligte** sind dagegen regelmäßig keine Adressaten der Kapitalbindung; erst recht gilt dies für sonstige Gläubiger des Gesellschafters. Wird an sie ausgezahlt, kann darin freilich nach allgemeinen Grundsätzen (Rdnr. 36 f.) eine Auszahlung an den Gesellschafter liegen. Ist allerdings die Rechtsstellung des stillen Gesellschafters oder Unterbeteiligten so ausgestaltet, dass sie ähnlich wie ein Gesellschafter die Geschicke der GmbH mitbestimmen können und an deren Vermögen oder[177] Ertrag beteiligt sind, sind auch sie analog §§ 30 Abs. 1, 31 Abs. 1 für die Kapitalerhaltung verantwortlich[178].

---

171 *Habersack*, in: Ulmer/Habersack/Löbbe, Rdnr. 72; ähnlich (aber ohne Einbeziehung des bloßen Einverständnisses) *Altmeppen*, in: Roth/Altmeppen, Rdnr. 34 f.; *Cahn*, in: Spindler/Stilz, § 62 AktG Rdnr. 11; weitergehend *Canaris*, in: FS Fischer, S. 31, 41; *Bayer*, in: MünchKomm. AktG, 4. Aufl. 2016, § 62 AktG Rdnr. 17.

172 *Altmeppen*, in: Roth/Altmeppen, Rdnr. 35; *Habersack*, in: Ulmer/Habersack/Löbbe, Rdnr. 72 mit Fn. 218.

173 *Altmeppen*, in: Roth/Altmeppen, Rdnr. 35; *Ekkenga*, in: MünchKomm. GmbHG, Rdnr. 156.

174 *A. Wilhelm*, Drittstreckung, S. 110.

175 *Habersack*, in: Ulmer/Habersack/Löbbe, Rdnr. 73; *Pentz*, in: Rowedder/Schmidt-Leithoff, Rdnr. 23; *Schmolke*, Kapitalerhaltung, Rdnr. 123; *A. Wilhelm*, Drittstreckung, S. 106 f.; im Ergebnis auch *Wedemann*, ZGR 2016, 798, 830 f. (die dort betonte Einschränkung, die GmbH müsse Kenntnis von dem Nießbrauch haben, ergibt sich bereits aus dem Erfordernis einer Leistung causa societatis, s. Rdnr. 49 a.E.); zur AG *Cahn/v. Spannenberg*, in: Spindler/Stilz, § 57 AktG Rdnr. 71 m.w.N.; a.A. *Altmeppen*, in: Roth/Altmeppen, Rdnr. 66; *Ekkenga*, in: MünchKomm. GmbHG, Rdnr. 163.

176 Nach *A. Wilhelm*, Drittstreckung, S. 106 f., folgen hinreichende Einwirkungsbefugnisse des Nießbrauchers auch ohne schuldrechtliche Abreden bereits aus dem gesetzlichen Zustimmungsvorbehalt des § 1071 BGB (wie weit dieser Vorbehalt reicht, ist allerdings umstritten; *Löbbe*, in: Ulmer/Habersack/Löbbe, § 15 Rdnr. 192; *Verse*, in: Henssler/Strohn, Gesellschaftsrecht, § 15 GmbHG Rdnr. 114 i.V.m. Rdnr. 106).

177 BGH v. 7.11.1988 – II ZR 46/88, BGHZ 106, 7 LS = GmbHR 1989, 152 verlangt zwar noch eine Beteiligung des Stillen an „Vermögen und Ertrag“. In neuerer Zeit lässt der BGH aber eine Beteiligung am Ertrag genügen; BGH v. 24.9.2013 – II ZR 39/12, GmbHR 2013, 1318 Rdnr. 21; näher dazu *A. Wilhelm*, Drittstreckung, S. 121 f.

178 BGH v. 7.11.1988 – II ZR 46/88, BGHZ 106, 7 = GmbHR 1989, 152; BGH v. 13.2.2006 – II ZR 62/04, GmbHR 2006, 531; BGH v. 24.9.2013 – II ZR 39/12, GmbHR 2013, 1318 Rdnr. 20 (jeweils zum stillen Gesellschafter); zust. etwa *Fastrich*, in: Baumbach/Hueck, Rdnr. 28; *Pentz*, in: Rowedder/Schmidt-Leithoff, Rdnr. 27 f.; *A. Wilhelm*, Drittstreckung, S. 111 f.

Was schließlich **Pfandgläubiger** eines Geschäftsanteils betrifft, so befinden sich auch sie grundsätzlich nicht in einer gesellschafterähnlichen Position. Dabei bleibt es nach zutreffender Ansicht auch dann, wenn sie sich über schuldrechtliche Abreden Einfluss auf die Stimmrechtsausübung oder die Geschäftsführung verschafft haben[179]. Erst wenn darüber hinaus auch eine Beteiligung an Vermögen oder Ertrag der Gesellschaft gegeben ist, kann der Pfandgläubiger ausnahmsweise einem Gesellschafter gleichgestellt werden[180].

3. Zur Erhaltung des Stammkapitals erforderliches Vermögen

a) Allgemeines

52   Vorbehaltlich der für die UG (haftungsbeschränkt) geltenden Besonderheiten (Rdnr. 10 f.) erstreckt sich das Auszahlungsverbot des § 30 Abs. 1 – anders als nach der aktienrechtlichen Parallelvorschrift des § 57 AktG (Rdnr. 7) – nur auf das „zur Erhaltung des Stammkapitals erforderliche" Vermögen der Gesellschaft. Unzulässig sind daher nur solche Auszahlungen an Gesellschafter oder gleichgestellte Dritte, die (i) entweder zur Folge haben, dass das Reinvermögen (Nettoaktivvermögen) der Gesellschaft unter das Stammkapital absinkt, d.h. eine sog. **Unterbilanz entsteht**, oder (ii) bei denen sich die Gesellschaft im Auszahlungszeitpunkt **bereits im Stadium der Unterbilanz befindet**[181]. In der Sache nichts anderes soll ausgedrückt werden, wenn vielerorts formuliert wird, dass nur solche Auszahlungen unter das Verbot fallen, die eine Unterbilanz „herbeiführen oder vertiefen". Letztere Formulierung ist indes ungenau und birgt die Gefahr von Missverständnissen, da sie darauf hinzudeuten scheint, dass nur Vermögensminderungen, die sich auch in der Bilanz niederschlagen, erfasst werden. Das ist jedoch anerkanntermaßen nicht der Fall. Lässt sich ein Gesellschafter im Stadium der Unterbilanz z.B. stille Reserven auskehren, so wird dieser Vorgang unstreitig von § 30 Abs. 1 erfasst, auch wenn dadurch bei bilanzieller Betrachtung die Unterbilanz nicht „vertieft" wird (s. schon Rdnr. 18a, b).

53   Die Prüfung, ob das Stammkapital noch gedeckt ist (**Unterbilanzrechnung**, auch Unterbilanzkontrollrechnung), beurteilt sich nach dem **Zeitpunkt der Auszahlung**[182] und erfolgt in zwei Schritten. Im ersten Schritt ist der maßgebliche Betrag des Stammkapitals zu ermitteln und der Frage nachzugehen, ob dem Stammkapital u.U. weitere Beträge gleichzustellen sind (Rdnr. 55 ff.). Im zweiten Schritt ist dem Stammkapital das Nettoaktivvermögen gegenüberzustellen. Dieses wird mit geringfügigen Modifikationen nach den für die Handelsbilanz geltenden Regeln ermittelt, indem von den Aktiva die echten Passiva (Passiva ohne Eigenkapital) abgezogen werden (Rdnr. 58 ff.). Nur wenn und soweit das Nettoaktivvermögen das Stammkapital übersteigt, darf nach § 30 Abs. 1 ausgezahlt werden. Es geht bei § 30 Abs. 1 mithin um den Schutz des Gesellschaftsvermögens im rechnerischen Wert des Stammkapitals. Die konkrete **gegenständliche Zusammensetzung des Gesellschaftsvermögens** ist dagegen **nicht** geschützt[183].

---

179   *Altmeppen*, in: Roth/Altmeppen, § 30 Rdnr. 68, Anh. § 30 Rdnr. 84; *Habersack*, in: Ulmer/Habersack/Löbbe, § 30 Rdnr. 74, Anh. § 30 Rdnr. 92; *A. Wilhelm*, Dritterstreckung, S. 111 f.; weitergehend wohl BGH v. 13.7.1992 – II ZR 251/91, BGHZ 119, 191; *Ekkenga*, in: MünchKomm. GmbHG, Rdnr. 164; *Pentz*, in: Rowedder/Schmidt-Leithoff, Rdnr. 28.

180   *A. Wilhelm*, Dritterstreckung, S. 111 f.

181   Statt vieler *Habersack*, in: Ulmer/Habersack/Löbbe, Rdnr. 25; *Fastrich*, in: Baumbach/Hueck, Rdnr. 19; *Ekkenga*, in: MünchKomm. GmbHG, Rdnr. 196; weitergehend *Thole*, Gläubigerschutz, S. 578 f. (s. dazu aber noch Rdnr. 54a).

182   Unstr., s. nur *Ekkenga*, in: MünchKomm. GmbHG, Rdnr. 88; *Fastrich*, in: Baumbach/Hueck, Rdnr. 22.

183   Allg. M., BGH v. 24.11.2003 – II ZR 171/01, BGHZ 157, 72, 75 (insoweit nicht durch das MoMiG überholt); *Ekkenga*, in: MünchKomm. GmbHG, Rdnr. 94; *Habersack*, in: Ulmer/Habersack/Löbbe, Rdnr. 26; vgl. auch Begr. RegE MoMiG, BT-Drucks. 16/6140, S. 41.

Bleibt das Nettoaktivvermögen nicht nur hinter dem Stammkapital zurück, sondern ist es sogar negativ, weil die echten Passiva die Aktiva übersteigen, liegt nicht nur eine Unterbilanz, sondern eine **bilanzielle Überschuldung** vor, die sich auf der Aktivseite der Bilanz in dem Posten „Nicht durch Eigenkapital gedeckter Fehlbetrag" niederschlägt (§ 268 Abs. 3 HGB). Es versteht sich, dass Auszahlungen im Stadium der bilanziellen Überschuldung nach § 30 Abs. 1 erst recht verboten sind. Streitig war lange Zeit nur, ob es sich dabei um eine unmittelbare oder – weil das Stammkapital bereits vollständig aufgezehrt ist – eine entsprechende Anwendung des § 30 Abs. 1 handelt. Die heute ganz h.M. spricht sich mit Recht für Ersteres aus[184]. Da § 30 Abs. 1 auch bei negativem Reinvermögen zu beachten ist, steht zugleich fest, dass der Rückgewähranspruch gegen den Empfänger einer verbotenen Auszahlung aus § 31 Abs. 1 auch den Betrag des Stammkapitals übersteigen kann (§ 31 Rdnr. 15). Für die Ausfallhaftung der Mitgesellschafter nach § 31 Abs. 3 gilt dies allerdings nicht (§ 31 Rdnr. 61). Von der bilanziellen Überschuldung strikt zu unterscheiden ist die **Überschuldung im insolvenzrechtlichen Sinn** (§ 19 InsO), die die Insolvenzantragspflicht (§ 15a InsO) auslöst und zur Anwendbarkeit des Masseschmälerungsverbots (§ 64 Satz 1) führt. Die bilanzielle Überschuldung allein bewirkt noch keine insolvenzrechtliche Überschuldung, da diese nicht anhand der Buchwerte nach handelsbilanziellen Grundsätzen, sondern anhand der Verkehrswerte, mithin unter Einschluss der stillen Reserven, zu ermitteln ist. Zudem setzt die derzeit geltende Fassung des § 19 InsO stets eine negative Fortführungsprognose voraus[185].

Aus dem zu Rdnr. 52 Gesagten ergibt sich bereits, dass **niemals ein Verstoß gegen § 30 Abs. 1** vorliegen kann, wenn auch nach der Auszahlung das **Stammkapital noch gedeckt** ist. Nicht zu folgen ist daher einer im Schrifttum vertretenen Auffassung, für Zwecke des § 30 Abs. 1 sei zunächst nach handelsbilanziellen Grundsätzen das ausschüttungsfähige Vermögen zu ermitteln und dann in einem zweiten Schritt zu prüfen, ob die mit der Auszahlung verbundene Vermögensminderung diesen Betrag übersteigt[186]. In der Konsequenz dieser Auffassung liegt es, dass z.B. eine GmbH mit Stammkapital von 25 und bilanziellem Nettoaktivvermögen von 35 maximal einen Vermögenswert von 10 an ihre Gesellschafter auskehren kann. Überträgt die GmbH in dieser Situation einen Gegenstand, der einen Verkehrswert von 70 hat, zum Buchwert von 50 an ihren Gesellschafter G (Vermögensminderung um 20), soll der Gesellschafter in Höhe von 10 nach § 31 Abs. 1 verantwortlich sein. Dieses Ergebnis verstößt jedoch gegen den klaren Wortlaut des § 30 Abs. 1, da das bilanzielle Nettoaktivvermögen nach wie vor 35 beträgt, das Stammkapital also weiterhin (mehr als) gedeckt ist[187]. Auch in der Sache überzeugt das Ergebnis nicht, wie eine einfache Kontrollüberlegung zeigt: Hätte die GmbH den Gegenstand zum Verkehrswert von 70 an einen Dritten veräußert, wäre ihr ausschüttungsfähiges Vermögen durch die Aufdeckung der stillen Reserven von 10 auf 30 angestiegen. Auch dann hätte nichts dagegen gesprochen, den aus der Veräußerung erlösten Gewinn von 20 an den Gesellschafter auszukehren.

---

184 BGH v. 5.2.1990 – II ZR 114/89, NJW 1990, 1730, 1731 f. = GmbHR 1990, 249; KG v. 3.4.2000 – 23 U 865/98, NZG 2000, 1224, 1225; *Fastrich*, in: Baumbach/Hueck, Rdnr. 20; *Habersack*, in: Ulmer/Habersack/Löbbe, Rdnr. 43; *Schmolke*, Kapitalerhaltung, Rdnr. 81 f.; anders noch BGH v. 29.3.1973 – II ZR 25/70, BGHZ 60, 324, 331 f.; BGH v. 13.7.1981 – II ZR 256/79, BGHZ 81, 252, 259 = GmbHR 1982, 19 (entsprechende Anwendung). Mit der nur entsprechenden Anwendung wollte der BGH vor allem eine unkalkulierbare Haftung der Mitgesellschafter nach § 31 Abs. 3 über den Betrag des Stammkapitals hinaus vermeiden. Dieses Problem ist aber inzwischen auch bei unmittelbarer Anwendung des § 30 Abs. 1 gelöst (§ 31 Rdnr. 61).
185 Ausführlich zu § 19 InsO 11. Aufl., Vor § 64 Rdnr. 20 ff.
186 So *Thole*, Gläubigerschutz, S. 578 f.; ihm folgend *Porzelt*, GmbHR 2016, 627, 628; wie hier dagegen *Habersack*, in: Ulmer/Habersack/Löbbe, Rdnr. 25, 49 a.E.
187 Diese Konsequenz bewusst in Kauf nehmend aber *Thole*, Gläubigerschutz, S. 579.

b) Stammkapital

55 **aa) Maßgeblichkeit des statutarischen, nicht des eingezahlten Stammkapitals.** Mit der Bezugnahme auf das Stammkapital knüpft § 30 Abs. 1 an den im Gesellschaftsvertrag angegebenen und im Handelsregister eingetragenen **Stammkapitalbetrag** (§§ 3 Abs. 1 Nr. 3, 10 Abs. 1 Satz 1) an. Das gilt unstreitig auch dann, wenn die Einlagen noch nicht vollständig eingezahlt sind[188], und zwar ungeachtet der Tatsache, dass in der Bilanz, in der das Stammkapital als gezeichnetes Kapital ausgewiesen wird (§ 42 Abs. 1 GmbHG, §§ 266 Abs. 3 A I, 272 Abs. 1 Satz 1 HGB), der Betrag der nicht eingeforderten Einlagen vom gezeichneten Kapital abzusetzen ist (sog. Nettoausweis, § 272 Abs. 1 Satz 2 HGB)[189]. Der satzungsmäßige Stammkapitalbetrag bleibt auch dann maßgeblich, wenn die Gesellschaft eigene Geschäftsanteile erworben hat (§ 33), obwohl auch hier nach § 272 Abs. 1a HGB das gezeichnete Kapital in der Bilanz nur noch „netto", d.h. unter Abzug des Nennbetrags der zurückerworbenen Anteile, anzusetzen ist[190]. Wird das Stammkapital erhöht oder herabgesetzt, ist wegen § 54 Abs. 3 erst nach Eintragung der Kapitalmaßnahme im Handelsregister auf den erhöhten bzw. herabgesetzten Betrag abzustellen[191]. Einlagebeträge, die auf eine noch nicht eingetragene Kapitalerhöhung eingezahlt worden sind, werden daher noch nicht durch §§ 30 f. geschützt. Ein Rückfluss dieser Mittel an den Inferenten steht aber einer wirksamen Kapitalaufbringung und damit der Durchführung der Kapitalerhöhung entgegen[192].

56 **bb) Sonstiges gebundenes Vermögen.** Bei Gesellschaften mbH der früheren DDR erstreckt sich das Auszahlungsverbot neben dem Stammkapital nach § 27 Abs. 3 Satz 1 DMBilG auch auf die **Sonderrücklage**, in die nach § 27 Abs. 2 Satz 3 DMBilG ein das Stammkapital übersteigendes Eigenkapital einzustellen war[193]. Wenn im Folgenden vereinfachend von der Deckung des Stammkapitals gesprochen wird, ist bei diesen Gesellschaften somit die Deckung des Stammkapitals nebst der Sonderrücklage gemeint.

57 In diversen Einzelvorschriften ordnet das Gesetz an, dass weitere Beträge nicht an die Gesellschafter ausgezahlt werden dürfen. Hierher gehören zunächst die in **§§ 253 Abs. 6 Satz 2, 268 Abs. 8 HGB** mit einer Ausschüttungssperre belegten Bilanzpositionen (§ 29 Rdnr. 48 ff.), ferner der für Anteile an einem herrschenden oder mit Mehrheit beteiligten Unternehmen aktivierte Betrag, für den nach **§ 272 Abs. 4 HGB** eine Rücklage in gleicher Höhe gebildet werden muss[194], sowie die Rücklage für unrealisierte Beteiligungserträge nach **§ 272 Abs. 5 HGB**[195].

---

188 Allg. M., *Ekkenga*, in: MünchKomm. GmbHG, Rdnr. 59; *Fastrich*, in: Baumbach/Hueck, Rdnr. 14; *Schmolke*, Kapitalerhaltung, Rdnr. 47.

189 Das frühere Bilanzierungswahlrecht zwischen Netto- und Bruttoausweis ist durch das BilMoG (Gesetz zur Modernisierung des Bilanzrechts vom 25.5.2009, BGBl. I 2009, 1102) abgeschafft worden. Ausführlich dazu *Verse*, in: VGR 15 (2009), S. 67, 88 ff.; s. auch noch Rdnr. 63.

190 Näher dazu *Verse*, in: VGR 15 (2009), S. 67, 80 ff., insbes. 84 f.; *Kessler/Suchan*, in: FS Hommelhoff, S. 509, 516 f.; ferner *Ekkenga*, in: MünchKomm. GmbHG, Rdnr. 59; *Winkeljohann/K. Hoffmann*, in: Beck'scher Bilanz-Kommentar, 10. Aufl. 2016, § 272 HGB Rdnr. 136; *Lutter/Hommelhoff*, in: Lutter/Hommelhoff, § 33 Rdnr. 27 f.; *Wicke*, § 33 Rdnr. 7; abw. *Kropff*, ZIP 2009, 1137, 1140 ff., insbes. 1143 f. S. dazu auch noch Rdnr. 65.

191 Statt aller *Habersack*, in: Ulmer/Habersack/Löbbe, Rdnr. 28. Nach Eintragung der Kapitalherabsetzung ist neben § 30 Abs. 1 als ergänzende Ausschüttungssperre § 58d zu beachten.

192 Näher *Ekkenga*, in: MünchKomm. GmbHG, Rdnr. 60 f.; *Habersack*, in: Ulmer/Habersack/Löbbe, Rdnr. 28.

193 S. dazu OLG Brandenburg v. 23.9.1998 – 7 U 78/98, GmbHR 1999, 297, 299; *Habersack*, in: Ulmer/Habersack/Löbbe, Rdnr. 30.

194 Die früher vorgeschriebene Rücklage für eigene Anteile an der Gesellschaft selbst ist dagegen seit dem BilMoG nicht mehr zu bilden, da die eigenen Anteile auch nicht mehr aktiviert werden dürfen (Rdnr. 65).

195 Zu dieser durch das Bilanzrichtlinie-Umsetzungsgesetz vom 17.7.2015 (BGBl. I 2015, 1245) neu geschaffenen Rücklage *Mylich*, ZHR 181 (2017), 87, 92 ff.

Um diesen Ausschüttungssperren bei der Anwendung des Auszahlungsverbots nach § 30 Abs. 1 Rechnung zu tragen, kann man zwei unterschiedliche Wege beschreiten, die beide zu demselben Ergebnis führen[196]. Entweder addiert man die genannten Beträge im ersten Schritt zum Stammkapital bei der Ermittlung des gebundenen Vermögens; dann müssen die betreffenden Aktivpositionen freilich auch im zweiten Schritt der Unterbilanzrechnung in die Berechnung des Nettoaktivvermögens einfließen. Oder man lässt die betreffenden Positionen auf beiden Seiten der Unterbilanzrechnung, d.h. sowohl bei der Berechnung des gebundenen Vermögens als auch bei der Berechnung des Nettoaktivvermögens, außer Betracht. Gebräuchlicher ist die zuletzt genannte Vorgehensweise[197]; sie wird auch im Folgenden zugrunde gelegt. – In der **UG (haftungsbeschränkt)** ist zusätzlich die Verpflichtung zur Bildung einer gesetzlichen Rücklage nach **§ 5a Abs. 3** zu beachten; s. dazu bereits Rdnr. 10 f.

c) Nettoaktivvermögen (Reinvermögen)

aa) Allgemeines. Im zweiten Schritt der Unterbilanzrechnung ist dem Stammkapital das Nettoaktivvermögen (Reinvermögen) der Gesellschaft gegenüberzustellen. Anders als das Vorliegen einer Auszahlung (Rdnr. 18a) wird die Höhe des Nettoaktivvermögens grundsätzlich, d.h. vorbehaltlich einzelner Korrekturen (Rdnr. 62 ff.), **nach den für die Handelsbilanz geltenden Vorschriften** ermittelt. Maßgeblich ist mit anderen Worten die Vermögenssituation der GmbH, wie sie sich aus einer für den Zeitpunkt der Auszahlung aufzustellenden, den Anforderungen des § 42 GmbHG (i.V.m. §§ 242 ff., 264 ff. HGB) entsprechenden Bilanz ergibt[198]. Das Nettoaktivvermögen errechnet sich dabei aus der Differenz von Aktiva und echten Passiva, d.h. den Passiva mit Ausnahme des Eigenkapitals. Auch wenn die GmbH freiwillig neben dem HGB-Abschluss einen Abschluss nach IFRS erstellt, bleibt für Zwecke des § 30 Abs. 1 unstreitig allein die HGB-Bilanzierung maßgeblich[199]. Das erklärt sich zwanglos aus der Tatsache, dass sich die IFRS ausschließlich an der Informationsfunktion und nicht an der Ausschüttungsbemessungsfunktion der Rechnungslegung orientieren (Rdnr. 14).   58

Bei der Ermittlung der für den Zeitpunkt der Auszahlung maßgeblichen Bilanzansätze ist von der letzten Jahresbilanz vor der Auszahlung auszugehen. Von dort aus sind die nach den handelsbilanziellen Ansatz- und Bewertungsvorschriften (§§ 246 ff., 252 ff. HGB) ermittelten **Buchwerte auf den Zeitpunkt der Auszahlung fortzuschreiben**[200]. Etwaige stille Reserven bleiben – anders als in der Überschuldungsbilanz im Rahmen des § 19 InsO (Rdnr. 54) – außer Betracht[201]. Damit soll die Unterbilanzrechnung im Interesse des Gläubigerschutzes von den Unsicherheiten, mit denen die Bewertung etwa vorhandener stiller Reserven häufig ver-   59

---

196 S. zum Folgenden *K. Müller*, DStR 2007, 1577, 1580 (zu § 272 Abs. 4 HGB a.F.); *Habersack*, in: Ulmer/Habersack/Löbbe, Rdnr. 31.

197 Vgl. etwa *Ekkenga*, in: MünchKomm. GmbHG, Rdnr. 106 a.E., 121; *Habersack*, in: Ulmer/Habersack/Löbbe, Rdnr. 31.

198 Ganz h.M.; BGH v. 7.11.1988 – II ZR 46/88, BGHZ 106, 7, 12 = GmbHR 1989, 152; BGH v. 11.12.1989 – II ZR 78/89, BGHZ 109, 334, 337 = GmbHR 1990, 209; BGH v. 29.9.2008 – II ZR 234/07, GmbHR 2008, 1319 Rdnr. 11; *Ekkenga*, in: MünchKomm. GmbHG, Rdnr. 86 f.; *Fastrich*, in: Baumbach/Hueck, Rdnr. 15, 17; *Habersack*, in: Ulmer/Habersack/Löbbe, Rdnr. 33; *Pentz*, in: Rowedder/Schmidt-Leithoff, Rdnr. 10; *Schmolke*, Kapitalerhaltung, Rdnr. 54; abw. *Sonnenhol/Stützle*, DB 1979, 925, 928, und *Meister*, WM 1980, 390, 394, die jeweils für die Einbeziehung stiller Reserven plädieren.

199 Statt vieler *Thiessen*, in: Bork/Schäfer, Rdnr. 26; s. auch schon § 29 Rdnr. 15.

200 BGH v. 11.12.1989 – II ZR 78/89, BGHZ 109, 334, 337 = GmbHR 1990, 209; *Habersack*, in: Ulmer/Habersack/Löbbe, Rdnr. 33; *Schmolke*, Kapitalerhaltung, Rdnr. 54 m.w.N.

201 BGH v. 11.12.1989 – II ZR 78/89, BGHZ 109, 334, 339 = GmbHR 1990, 209; *Habersack*, in: Ulmer/Habersack/Löbbe, Rdnr. 37; *Schmolke*, Kapitalerhaltung, Rdnr. 58; *Wilhelmi*, Kapitalerhaltung, S. 126 ff.; jeweils m.w.N. Zur vereinzelt vertretenen Gegenansicht s. die Nachw. zu Rdnr. 58.

bunden ist, entlastet werden[202]. Auch im Übrigen bleiben Positionen außer Betracht, die nach den Vorschriften des Handelsbilanzrechts nicht aktivierungsfähig sind, wie etwa die in § 248 Abs. 1, Abs. 2 Satz 2 HGB angeführten Positionen. Auf einem anderen Blatt steht, ob die Gesellschafter verpflichtet sind, auf die Hebung stiller Reserven hinzuwirken, damit die Gesellschaft das Stadium der Unterbilanz verlässt und dadurch in die Lage versetzt wird, einem ausgeschiedenen Gesellschafter eine Abfindung zu zahlen. Eine solche Verpflichtung kann sich nach Lage des Einzelfalls aus der mitgliedschaftlichen Treuepflicht ergeben[203].

60   Im Rahmen der Unterbilanzrechnung ist die Gesellschaft grundsätzlich an die bisherige Bilanzierungspraxis gebunden (**Stetigkeitsgebot**, § 252 Abs. 1 Nr. 6 HGB), so dass sie insbesondere die Ausübung von Ansatz- und Bewertungswahlrechten gegenüber der letzten Jahresbilanz nicht willkürlich ändern darf[204]. Sachlich begründete Änderungen, die auch im nächsten Jahresabschluss vorzunehmen wären (etwa zur Fehlerkorrektur oder zur Berücksichtigung nachträglich bekannt gewordener Tatsachen), sind dagegen zu berücksichtigen. Fehlerhafte oder fehlerhaft unterbliebene Ansätze aus der letzten Jahresbilanz entfalten somit keine Bindungswirkung[205]. Anzusetzen sind nicht Liquidations-, sondern **Fortführungswerte**, sofern diese auch für eine zum Auszahlungszeitpunkt aufzustellende Jahresbilanz maßgeblich wären, sofern also von der Fortführung der Unternehmenstätigkeit auszugehen ist (§ 252 Abs. 1 Nr. 2 HGB)[206]. Wie auch sonst im Bilanzrecht (§ 29 Rdnr. 23) gilt für die Unterbilanzrechnung der Maßstab der subjektiven Richtigkeit, so dass darauf abzustellen ist, was unter Ausnutzung der verfügbaren rechtlichen und tatsächlichen Erkenntnisse nach bestem Wissen berücksichtigt werden konnte[207]. Entscheidend sind hierfür die **Erkenntnismöglichkeiten im Zeitpunkt der Auszahlung**; zu diesem Zeitpunkt noch unvorhersehbare Entwicklungen bleiben außer Betracht[208].

61   Ist zweifelhaft, ob genügend Nettoaktivvermögen vorhanden ist, um das Stammkapital zu decken, besteht eine Pflicht der Geschäftsführer (§ 43 Abs. 1), eine **Zwischenbilanz** auf den Auszahlungszeitpunkt aufzustellen, um sich Gewissheit zu verschaffen, dass nicht gegen § 30 Abs. 1 verstoßen wird[209]. Solange diese Gewissheit nicht besteht, sind sie verpflichtet, die Auszahlung einzubehalten. Allein der Umstand, dass die Aufstellung einer Zwischenbilanz unterbleibt, führt aber nicht zu einem Verstoß gegen § 30 Abs. 1[210]; hierfür kommt es nur

202 BGH v. 11.12.1989 – II ZR 78/89, BGHZ 109, 334, 337 f. = GmbHR 1990, 209; *Habersack*, in: Ulmer/Habersack/Löbbe, Rdnr. 37; *Schmolke*, Kapitalerhaltung, Rdnr. 59; *Wilhelmi*, Kapitalerhaltung, S. 127.
203 BGH v. 13.2.2006 – II ZR 62/04, GmbHR 2006, 531 Rdnr. 37 f.
204 BGH v. 11.12.1989 – II ZR 78/89, BGHZ 109, 334, 339 = GmbHR 1990, 209; *Habersack*, in: Ulmer/Habersack/Löbbe, Rdnr. 33, 35; *Schmolke*, Kapitalerhaltung, Rdnr. 55, 61.
205 *Habersack*, in: Ulmer/Habersack/Löbbe, Rdnr. 33; *Schmolke*, Kapitalerhaltung, Rdnr. 55; *Schön*, in: FS 50 Jahre BGH, S. 153, 167 f.; aus der Rechtsprechung etwa BGH v. 22.9.2003 – II ZR 229/02, GmbHR 2003, 1420, 1421 f. (zu Unrecht unterbliebene Rückstellung).
206 Näher *Habersack*, in: Ulmer/Habersack/Löbbe, Rdnr. 34; *Schmolke*, Kapitalerhaltung, Rdnr. 57; vgl. auch BGH v. 24.3.1980 – II ZR 213/77, BGHZ 76, 326, 335 = GmbHR 1980, 178; BGH v. 11.12.1989 – II ZR 78/89, BGHZ 109, 334, 337, 339 = GmbHR 1990, 209.
207 *Schön*, in: FS 50 Jahre BGH, S. 153, 168 f. unter Hinweis auf BGH v. 11.5.1987 – II ZR 226/86, GmbHR 1987, 390 f. = NJW 1988, 139 („alle *vorhersehbaren* Risiken und Verluste", vgl. § 252 Abs. 1 Nr. 4 HGB).
208 *Habersack*, in: Ulmer/Habersack/Löbbe, Rdnr. 33; *Schmolke*, Kapitalerhaltung, Rdnr. 56; *Schön*, in: FS 50 Jahre BGH, S. 153, 169; abw. *Pentz*, in: Rowedder/Schmidt-Leithoff, Rdnr. 10, unter Bezugnahme auf BGH v. 11.5.1987 – II ZR 226/86, GmbHR 1987, 390 f. = NJW 1988, 139; s. dagegen jedoch mit Recht *Schön*, in: FS 50 Jahre BGH, S. 153, 169.
209 *Habersack*, in: Ulmer/Habersack/Löbbe, Rdnr. 42; *Pentz*, in: Rowedder/Schmidt-Leithoff, Rdnr. 9; *Schmolke*, Kapitalerhaltung, Rdnr. 64.
210 *Fastrich*, in: Baumbach/Hueck, Rdnr. 18; *Habersack*, in: Ulmer/Habersack/Löbbe, Rdnr. 42; *Schmolke*, Kapitalerhaltung, Rdnr. 64; *Ekkenga*, in: MünchKomm. GmbHG, Rdnr. 84. Entgegen dem im Schrifttum bisweilen vermittelten Eindruck ist dies unstreitig.

darauf an, ob im Auszahlungszeitpunkt genügend Reinvermögen vorhanden ist. Das Fehlen einer Zwischenbilanz hat allerdings Auswirkungen auf die Beweislastverteilung (Rdnr. 116).

bb) Einzelne Bilanzpositionen – Aktivseite. Die Aktiva sind wie dargelegt (Rdnr. 58) grund- 62 sätzlich nach den für die Handelsbilanz geltenden Ansatz- und Bewertungsvorschriften (§§ 246 ff., 252 ff. HGB) anzusetzen. Allerdings sind für einzelne Positionen der Handelsbilanz Korrekturen angezeigt, um dem Zweck der Unterbilanzrechnung, das ausschüttungsfähige Vermögen zu ermitteln, vollumfänglich Rechnung zu tragen.

Für **offene Einlageforderungen** differenziert das Handelsbilanzrecht danach, ob die Einlagen 63 bereits eingefordert worden sind oder nicht. Bereits eingeforderte Einlageansprüche sind in der Handelsbilanz in voller Höhe anzusetzen, sofern sie (unter Berücksichtigung der Befriedigungsmöglichkeiten nach §§ 22–24) werthaltig sind; ansonsten sind entsprechende Wertberichtigungen vorzunehmen[211]. Ebenso ist auch im Rahmen der Unterbilanzrechnung zu verfahren. **Noch nicht eingeforderte Einlagen** dürfen dagegen seit dem BilMoG (Rdnr. 15) nicht mehr in der Handelsbilanz aktiviert werden[212]. Stattdessen ist auf der Passivseite der Handelsbilanz der Nennwert der nicht eingeforderten Einlagen vom gezeichneten Kapital abzusetzen (§ 272 Abs. 1 Satz 2 HGB). Nichts deutet jedoch darauf hin, dass der Gesetzgeber mit dieser Änderung in der Handelsbilanz, die wie diverse andere Neuerungen des BilMoG eine Annäherung an die IFRS bringen soll, das ausschüttungsfähige Vermögen verringern wollte. Daher spricht sich die wohl überwiegende Ansicht mit Recht dafür aus, die nicht eingeforderten Einlageansprüche für Zwecke des § 30 Abs. 1 weiterhin **zum Aktivvermögen zu addieren**[213]. Sind die noch nicht eingeforderten Einlageansprüche nicht mehr vollwertig, kann freilich nur ein entsprechend abgeschriebener Wert angesetzt werden[214].

Dagegen sind **Rückzahlungsansprüche aus § 31** sowie konkurrierende Bereicherungs- und 64 Herausgabeansprüche der Gesellschaft trotz Aktivierbarkeit in der Handelsbilanz in der Unterbilanzrechnung **außer Betracht** zu lassen, und zwar nach h.M. auch, soweit sich diese Ansprüche gegen Mitgesellschafter des Empfängers richten und auf früheren verbotenen Auszahlungen beruhen[215]. Hierfür spricht die Überlegung, dass ansonsten ein bereits erfolgter Verstoß gegen § 30 Abs. 1 für die Zulässigkeit weiterer Auszahlungen ohne Konsequenzen bliebe. Nicht zu berücksichtigen sind auch mit § 31 u.U. konkurrierende Ansprüche aus existenzvernichtendem Eingriff (§ 31 Rdnr. 33). Sonstige **Forderungen gegen die Gesellschafter**, etwa aus Kreditgewährung, sind aber nach den für die Handelsbilanz geltenden Regeln anzusetzen (s. noch Rdnr. 84 ff. zu § 30 Abs. 1 Satz 2 Alt. 2).

Eigene Anteile sind seit dem BilMoG (Rdnr. 15) nicht mehr in der Handelsbilanz zu aktivie- 65 ren. Stattdessen ist der Nennbetrag der eigenen Anteile nach § 272 Abs. 1a HGB n.F. vom gezeichneten Kapital abzusetzen, und die über den Nennbetrag hinausgehenden Anschaffungskosten sind mit den frei verfügbaren Rücklagen zu verrechnen[216]. Der fehlenden Aktivierung

---

211 Näher *Adler/Düring/Schmaltz*, § 272 HGB Rdnr. 66 ff.; *Winkeljohann/K. Hoffmann*, in: Beck'scher Bilanz-Kommentar, 10. Aufl. 2016, § 272 HGB Rdnr. 36.

212 Zum Übergangsrecht s. Art. 66 Abs. 3 EGHGB.

213 In diese Richtung erstmals *Kropff*, ZIP 2009, 1137, 1139 f.; ferner *Verse*, VGR 15 (2009), S. 67, 88 ff.; *T. Fleischer*, in: Henssler/Strohn, Gesellschaftsrecht, Rdnr. 28; *Habersack*, in: Ulmer/Habersack/Löbbe, Rdnr. 27; *Hommelhoff*, in: Lutter/Hommelhoff, Rdnr. 13; a.A. *Mock*, in: KölnKomm. Rechnungslegungsrecht, 2011, § 272 HGB Rdnr. 57; *Schmolke*, Kapitalerhaltung, Rdnr. 69; *Thiessen*, in: Bork/Schäfer, Rdnr. 20 f.

214 Nachw. wie vor.

215 *Fastrich*, in: Baumbach/Hueck, Rdnr. 18; *Habersack*, in: Ulmer/Habersack/Löbbe, Rdnr. 38; *Schmolke*, Kapitalerhaltung, Rdnr. 69; a.A. *Ekkenga*, in: MünchKomm. GmbHG, Rdnr. 102; *Diers*, in: Saenger/Inhester, Rdnr. 73 f.

216 Ausführlich dazu *Verse*, in: VGR 15 (2009), S. 67, 80 ff. (dort auch zu dem Fall, dass die Anteile ausnahmsweise zu Anschaffungskosten unter dem Nennbetrag zurückerworben werden; zust. *Kessler/Suchan*, in: FS Hommelhoff, S. 509, 522).

in der Handelsbilanz entspricht es, dass die eigenen Anteile auch bei der Berechnung des Aktivvermögens im Rahmen des § 30 Abs. 1 außer Betracht bleiben[217]. Im Ergebnis hat sich dadurch gegenüber dem alten Recht für die Unterbilanzrechnung nichts verändert[218]; denn vor dem BilMoG wurden die eigenen Anteile zwar in der Handelsbilanz aktiviert, aber mit Rücksicht auf die damals zu bildende Rücklage für eigene Anteile (§ 272 Abs. 4 HGB a.F.) gleichwohl aus der Unterbilanzrechnung eliminiert[219]. **Anteile an einem herrschenden oder mit Mehrheit beteiligten Unternehmen** sind dagegen auch nach neuem Recht in der Handelsbilanz zu aktivieren. Da dieser Aktivposten jedoch durch eine gleich hohe Rücklage neutralisiert wird (§ 272 Abs. 4 HGB), sind auch diese Anteile bei der Ermittlung des Aktivvermögens im Rahmen der Unterbilanzrechnung außer Ansatz zu lassen (Rdnr. 57).

66 In der Handelsbilanz angesetzte Aktiva, die nach **§§ 253 Abs. 6 Satz 2, 268 Abs. 8 HGB** mit einer Ausschüttungssperre belegt sind (§ 29 Rdnr. 49 ff.), müssen im Rahmen der Unterbilanzrechnung ebenfalls außer Betracht bleiben (Rdnr. 57)[220]. Gleiches war vor dem BilMoG (Rdnr. 15) auch für die **Bilanzierungshilfen** des alten Rechts (§§ 269 Abs. 3, 274 Abs. 2 HGB a.F.) anerkannt[221], an deren Regelungstechnik §§ 253 Abs. 6 Satz 2, 268 Abs. 8 HGB anknüpfen. Dagegen sind **aktive Rechnungsabgrenzungsposten** (§ 250 Abs. 1, 3 HGB) nach h.M. in der Unterbilanzrechnung in vollem Umfang zu berücksichtigen[222].

67 Keine Besonderheiten gelten für die Aktivierung eines entgeltlich erworbenen **Geschäfts- oder Firmenwerts**. Dieser ist seit dem BilMoG (Rdnr. 15) gemäß § 246 Abs. 1 Satz 4 HGB unter Berücksichtigung der kontinuierlichen Wertabschreibung nach § 253 Abs. 3 HGB nicht nur optional (so noch § 255 Abs. 4 HGB a.F.), sondern zwingend zu aktivieren. Dementsprechend wird er auch in der Unterbilanzrechnung angesetzt[223]. Die vorsichtige Formulierung des § 246 Abs. 1 Satz 4 HGB („gilt als" Vermögensgegenstand) steht dem nicht entgegen, da der Gesetzgeber darauf verzichtet hat, dem entgeltlich erworbenen Geschäfts- oder Firmenwert eine entsprechende Rücklage oder eine außerbilanzielle Ausschüttungssperre nach Art des § 268 Abs. 8 HGB gegenüberzustellen. Ein selbst geschaffener Geschäfts- oder Firmenwert kann dagegen in der Handelsbilanz nicht aktiviert werden[224] und bleibt demgemäß auch in der Unterbilanzrechnung außer Betracht[225].

68 **cc) Einzelne Bilanzpositionen – Passivseite.** Auf der Passivseite sind bei der Berechnung des Nettoaktivvermögens nur die **echten Passiva**, nicht das Eigenkapital, anzusetzen und

---

217 *Ekkenga*, in: MünchKomm. GmbHG, Rdnr. 103; *Fastrich*, in: Baumbach/Hueck, Rdnr. 16; *Habersack*, in: Ulmer/Habersack/Löbbe, Rdnr. 38; *Wicke*, Rdnr. 5, § 33 Rdnr. 7.
218 A.A. *Mock*, in: KölnKomm. Rechnungslegungsrecht, 2011, § 272 HGB Rdnr. 86.
219 S. zum alten Recht nur *Habersack*, in: Ulmer/Habersack/Winter, 1. Aufl. 2006, Rdnr. 36.
220 *Ekkenga*, in: MünchKomm. GmbHG, Rdnr. 97; *Verse*, in: VGR 15 (2009), S. 67, 73; *Wicke*, Rdnr. 5; im Ergebnis ebenso *Fastrich*, in: Baumbach/Hueck, Rdnr. 16 (der die Beträge zwar ansetzt, dann aber einen gleich hohen Betrag der Rücklagen wieder abzieht).
221 S. nur *Habersack*, in: Ulmer/Habersack/Winter, 1. Aufl. 2006, Rdnr. 37.
222 *Habersack*, in: Ulmer/Habersack/Löbbe, Rdnr. 36; *Schulze-Osterloh*, in: FS Eisenhardt, S. 505, 507; *K. J. Müller*, DStR 1997, 1577, 1581; *Fronhöfer*, in: MünchHdb. III, § 51 Rdnr. 33; *Pentz*, in: Rowedder/Schmidt-Leithoff, Rdnr. 10; *Schmolke*, Kapitalerhaltung, Rdnr. 77; a.A. *Ekkenga*, in: MünchKomm. GmbHG, Rdnr. 108; *Hommelhoff*, in: Lutter/Hommelhoff, Rdnr. 16; *Wilhelmi*, Kapitalerhaltung, S. 121.
223 *Ekkenga*, in: MünchKomm. GmbHG, Rdnr. 95; *Hommelhoff*, in: Lutter/Hommelhoff, Rdnr. 12; ferner (noch zu § 255 Abs. 4 HGB a.F.) *Kerber*, WM 1989, 473, 478; *K. J. Müller*, DStR 1997, 1577, 1579; *Schulze-Osterloh*, in: FS Eisenhardt, S. 505, 507 f.; zweifelnd *Wilhelmi*, Kapitalerhaltung, S. 125 f.
224 *Ballwieser*, in: MünchKomm. HGB, § 248 HGB Rdnr. 14; *Braun*, in: KölnKomm. Rechnungslegungsrecht, 2011, § 248 HGB Rdnr. 16.
225 OLG Celle v. 3.12.2003 – 9 U 119/03, GmbHR 2004, 309 f.; *Fastrich*, in: Baumbach/Hueck, Rdnr. 15 i.V.m. Rdnr. 19.

vom Aktivvermögen abzuziehen[226]. Außer Betracht bleiben daher Rücklagen, Gewinnvorträge und vergleichbare Reserveposten[227]. Zu den gesetzlichen Rücklagen nach § 5a Abs. 3 (Unternehmergesellschaft haftungsbeschränkt), § 272 Abs. 4 HGB (Anteile an einem herrschenden oder mit Mehrheit beteiligten Unternehmen), § 272 Abs. 5 HGB (Rücklage für unrealisierte Beteiligungserträge) und § 27 Abs. 2, 3 DMBilG (Gesellschaften der ehemaligen DDR) s. bereits Rdnr. 10 f., 56 f. Weist die Gesellschaft einen **Verlustvortrag** aus, so kommt es darauf an, ob dieser auch nach der Auszahlung noch durch frei verfügbare Rücklagen gedeckt ist[228].

Verbindlichkeiten sind wie in der Handelsbilanz mit ihrem Nennwert anzusetzen[229]. Einzubeziehen sind nicht nur Verbindlichkeiten gegenüber Dritten, sondern auch solche gegenüber Gesellschaftern[230]. Zu den zu passivierenden Verbindlichkeiten gehören ungeachtet ihrer Nachrangigkeit in der Insolvenz (§ 39 Abs. 1 Nr. 5 InsO) auch Rückzahlungsverpflichtungen aus **Gesellschafterdarlehen**. Das gilt wie in der Handelsbilanz[231] selbst dann, wenn ein Rangrücktritt hinter die in § 39 Abs. 1 InsO bezeichneten Forderungen vereinbart ist[232]. Dass für die Überschuldungsbilanz anderes gilt (§ 19 Abs. 2 Satz 2 InsO), steht nicht entgegen, da diese auch sonst anderen Regeln folgt (Rdnr. 54). In gleicher Weise wird auch die Einlage eines typischen oder atypischen **stillen Gesellschafters** im Rahmen der Unterbilanzrechnung als Verbindlichkeit angesetzt, und zwar ungeachtet der Tatsache, dass bei eigenkapitalähnlicher Ausgestaltung der stillen Einlage in der Handelsbilanz ein Ausweis als Sonderposten im Eigenkapital in Betracht kommt[233]. Entsprechendes gilt für Genussrechtskapital[234].   69

Anzusetzen sind ferner **Rückstellungen** für ungewisse Verbindlichkeiten, Verluste aus schwebenden Geschäften und kulanzweise übernommenen Gewährleistungen (§ 249 Abs. 1 Satz 1, Satz 2 Nr. 2 HGB)[235]. Anderes gilt nach h.L. für Aufwandsrückstellungen (§ 249 Abs. 1 Satz 2 Nr. 1 HGB), da diese als verdeckter Eigenkapitalposten mit Rücklagenfunktion ange-   70

---

226 S. aber noch Rdnr. 69 zu eigenkapitalähnlich ausgestalteten stillen Beteiligungen und Genussrechten.

227 Statt vieler *Fastrich*, in: Baumbach/Hueck, Rdnr. 16; *Habersack*, in: Ulmer/Habersack/Löbbe, Rdnr. 39. Zu dem früheren, durch das BilMoG (Rdnr. 15) aufgehobenen Sonderposten mit Rücklageanteil nach §§ 247 Abs. 3, 273 HGB a.F., bei dem es sich um einen Mischposten aus Rücklage und Rückstellung handelte, s. *Habersack*, in: Ulmer/Habersack/Winter, 1. Aufl. 2006, Rdnr. 40; zum Übergangsrecht Art. 66 Abs. 5 EGHGB.

228 OLG Brandenburg v. 26.11.1997 – 7 U 39/97, GmbHR 1998, 190, 192; *Habersack*, in: Ulmer/Habersack/Löbbe, Rdnr. 39; *Schmolke*, Kapitalerhaltung, Rdnr. 76.

229 Unstr., s. nur BGH v. 11.5.1987 – II ZR 226/86, NJW 1988, 139; *Habersack*, in: Ulmer/Habersack/Löbbe, Rdnr. 40.

230 Ganz h.M.; s. nur *Ekkenga*, in: MünchKomm. GmbHG, Rdnr. 111 m.w.N.; a.A. *Wilhelmi*, Kapitalerhaltung, S. 124.

231 *Kleindiek*, in: Lutter/Hommelhoff, § 42 Rdnr. 60; *Reiner/Haußer*, in: MünchKomm. HGB, 3. Aufl. 2013, § 266 HGB Rdnr. 103.

232 *Habersack*, in: Ulmer/Habersack/Löbbe, Rdnr. 40; *Fastrich*, in: Baumbach/Hueck, Rdnr. 16; *Schmolke*, Kapitalerhaltung, Rdnr. 75; differenzierend *Ekkenga*, in: MünchKomm. GmbHG, Rdnr. 114. Wie hier bereits die ganz h.M. zu eigenkapitalersetzenden Darlehen nach altem Recht (vor dem MoMiG), s. BGH v. 29.9.2008 – II ZR 234/07, GmbHR 2008, 1319 Rdnr. 11; *Habersack*, in: Ulmer/Habersack/Winter, 1. Aufl. 2006, Rdnr. 39 m.w.N.

233 OLG Brandenburg v. 26.11.1997 – 7 U 39/97, GmbHR 1998, 190, 191 f.; *Ekkenga*, in: MünchKomm. GmbHG, Rdnr. 123; *Habersack*, in: Ulmer/Habersack/Löbbe, Rdnr. 40; *Schmolke*, Kapitalerhaltung, Rdnr. 75; zum Ausweis in der Handelsbilanz *Mock*, in: KölnKomm. Rechnungslegungsrecht, 2011, § 272 HGB Rdnr. 32.

234 *Ekkenga*, in: MünchKomm. GmbHG, Rdnr. 124; *Habersack*, in: Ulmer/Habersack/Löbbe, Rdnr. 40; zum Ausweis in der Handelsbilanz *Mock*, in: KölnKomm. Rechnungslegungsrecht, 2011, § 272 HGB Rdnr. 31.

235 BGH v. 22.9.2003 – II ZR 229/02, NJW 2003, 3629, 3630 f. (ungewisse Verbindlichkeit); *Habersack*, in: Ulmer/Habersack/Löbbe, Rdnr. 41; *Schmolke*, Kapitalerhaltungsrecht, Rdnr. 72 f.

sehen werden[236]. Da es für die Unterbilanzrechnung auf den Zeitpunkt der Auszahlung ankommt (Rdnr. 53), ist es unerheblich, wenn sich das Risiko, das im Auszahlungszeitpunkt die Bildung einer Rückstellung erfordert, später nicht realisiert und die Rückstellung deshalb wieder aufgelöst wird[237]. Abzugrenzen sind die Rückstellungen von **bloßen Eventualverbindlichkeiten** (etwa aus der Bestellung von Sicherheiten), bei denen die Inanspruchnahme der Gesellschaft zum Stichtag der Auszahlung nicht wahrscheinlich ist und die deshalb nicht als Rückstellung, sondern nach § 251 HGB lediglich unter der Bilanz ("unter dem Strich") auszuweisen sind. Wie nicht zuletzt § 30 Abs. 1 Satz 2 Alt. 2 bestätigt (Rdnr. 85), sind solche abstrakten Ausfallrisiken nicht nur in der Handelsbilanz, sondern auch im Rahmen des Auszahlungsverbots außer Betracht zu lassen[238]. Dagegen sind nach h.M. **passive Rechnungsabgrenzungsposten** (§ 250 Abs. 2 HGB) auch in der Unterbilanzrechnung vollumfänglich zu berücksichtigen[239].

III. Ausnahmen vom Auszahlungsverbot (§ 30 Abs. 1 Satz 2–3)

71 Während § 30 Abs. 1 Satz 1 seit Inkrafttreten des GmbHG 1892 unverändert ist, sind die Ausnahmetatbestände des § 30 Abs. 1 Satz 2 und 3 – ebenso wie die Parallelvorschriften in § 57 Abs. 1 Satz 3 und 4 AktG – erst durch das **MoMiG** (Rdnr. 1) eingeführt worden (zum Übergangsrecht s. Rdnr. 73, 80, 110 ff.). Sie reagieren auf Rechtsentwicklungen und Zweifelsfragen im alten Recht und formulieren insgesamt drei Ausnahmen vom Auszahlungsverbot: § 30 Abs. 1 Satz 2 Alt. 1 suspendiert die Kapitalbindung im **Vertragskonzern**, genauer: bei Bestehen eines Beherrschungs- und/oder Gewinnabführungsvertrags (§ 291 AktG), in dem sich die GmbH den Weisungen des anderen Vertragsteils unterworfen bzw. zur Gewinnabführung an diesen verpflichtet hat (Rdnr. 72 ff.). § 30 Abs. 1 Satz 2 Alt. 2 widmet sich den nach altem Recht umstrittenen **Kreditvergaben der GmbH an ihre Gesellschafter** und erklärt diese für unbedenklich, wenn sie durch einen nach bilanziellen Grundsätzen vollwertigen Gegenleistungs- oder Rückzahlungsanspruch der GmbH gedeckt sind. Damit will der Gesetzgeber der GmbH vor allem die Teilnahme an einem konzernweiten Cash Pooling auf rechtssicherer Grundlage ermöglichen (Rdnr. 76 ff.). § 30 Abs. 1 Satz 3 schließlich betrifft den umgekehrten Fall, dass der Gesellschafter seiner GmbH Kredit gewährt hat, und will sicherstellen, dass die **Rückzahlung von Gesellschafterdarlehen** und vergleichbaren Rechtshandlungen im Interesse der Rechtsvereinfachung nunmehr allein nach insolvenzrechtlichen Regeln beurteilt wird. Der entsprechenden Anwendung der §§ 30 f. auf die Rückzahlung sog. eigenkapitalersetzender Gesellschafterdarlehen, wie sie der früheren Rechtsprechung entsprach, ist damit die Grundlage entzogen (Rdnr. 107, 109).

---

236 *Altmeppen*, in: Roth/Altmeppen, Rdnr. 11; *Ekkenga*, in: MünchKomm. GmbHG, Rdnr. 118; *Heidinger*, in: Michalski u.a., Rdnr. 44; *Hommelhoff*, in: Lutter/Hommelhoff, Rdnr. 15; *Kuntz*, in: Gehrlein/Born/Simon, Rdnr. 25; *Kruis*, in: Sernetz/Kruis, Kapitalaufbringung und -erhaltung, Rdnr. 901; a.A. – Rückstellungen werden ausnahmslos mitgerechnet – *T. Fleischer*, in: Henssler/Strohn, Gesellschaftsrecht, Rdnr. 29.

237 BGH v. 22.9.2003 – II ZR 229/02, GmbHR 2003, 1420, 1422; *Habersack*, in: Ulmer/Habersack/Löbbe, Rdnr. 41; s. dazu auch noch § 31 Rdnr. 25 (kein Erlöschen des Anspruchs aus § 31 bei nachträglichem Entfallen der Unterbilanz).

238 Ebenso *Ekkenga*, in: MünchKomm. GmbHG, Rdnr. 119; *Habersack*, in: Ulmer/Habersack/Löbbe, Rdnr. 41; abw. (noch aus der Zeit vor dem MoMiG) *Wilhelmi*, Kapitalerhaltung, S. 122 ff.

239 *Schulze-Osterloh*, in: FS Eisenhardt, S. 505, 508; *Ekkenga*, in: MünchKomm. GmbHG, Rdnr. 125; *Habersack*, in: Ulmer/Habersack/Löbbe, Rdnr. 36; *K. J. Müller*, DStR 1997, 1577, 1581; *Schmolke*, Kapitalerhaltung, Rdnr. 77; a.A. *Hommelhoff*, in: Lutter/Hommelhoff, Rdnr. 16; *Wilhelmi*, Kapitalerhaltung, S. 121.

1. Vertragskonzern (§ 30 Abs. 1 Satz 2 Alt. 1)

a) Allgemeines

Besteht ein **Beherrschungs- oder Gewinnabführungsvertrag** (§ 291 Abs. 1 AktG analog; s. Anh. § 13 Rdnr. 129 ff.) mit der GmbH als beherrschtem bzw. zur Gewinnabführung verpflichtetem Unternehmen, wird die **Kapitalbindung** durch § 30 Abs. 1 Satz 2 Alt. 1 **suspendiert**. Diese Regelung erklärt sich daraus, dass der andere Vertragsteil **analog § 302 AktG** ansonsten entstehende Jahresfehlbeträge der Gesellschaft auszugleichen und bei Beendigung des Unternehmensvertrags analog § 303 AktG Sicherheit zu leisten hat (Anh. § 13 Rdnr. 180 ff., 205 f.). Hierdurch ist bereits für ein der Kapitalbindung gleichwertiges Gläubigerschutzniveau gesorgt, sofern nur die Einbringlichkeit des Verlustausgleichs gesichert erscheint (zu dieser Einschränkung Rdnr. 75). Schon vor dem MoMiG ging daher die h.M. davon aus, dass die Kapitalbindung im Vertragskonzern analog § 291 Abs. 3 AktG a.F. suspendiert sei[240], so dass § 30 Abs. 1 Satz 2 Alt. 1 insoweit lediglich eine Klarstellung enthält. 72

Die Regelung belässt es jedoch nicht dabei, sondern geht im Vergleich zum alten Recht noch einen Schritt weiter. Nach § 291 Abs. 3 AktG a.F. waren nur Leistungen *„aufgrund"* eines Beherrschungs- und Gewinnabführungsvertrags von der Kapitalbindung befreit, beim Beherrschungsvertrag also nur Leistungen, denen eine (rechtmäßige) Weisung zugrunde lag, und beim (isolierten) Gewinnabführungsvertrag nur die jährliche Gewinnabführung. Demgegenüber setzt § 30 Abs. 1 Satz 2 Alt. 1 ebenso wie die aktienrechtlichen Parallelnormen in §§ 57 Abs. 1 Satz 3 Alt. 1, 291 Abs. 3 AktG n.F. die Kapitalbindung für sämtliche Leistungen *„bei Bestehen"* eines Beherrschungs- oder Gewinnabführungsvertrags außer Kraft. Damit steht fest, dass nunmehr auch bei einem isolierten Gewinnabführungsvertrag unterjährige Auszahlungen an die Muttergesellschaft – und damit etwa die Vergabe von Darlehen an die Muttergesellschaft im Rahmen eines konzernweit betriebenen Cash Pools – nicht mehr an § 30 Abs. 1 Satz 1 zu messen sind[241]. Darin liegt eine erhebliche Erleichterung für die Konzernpraxis, die angesichts des durch die entsprechende Anwendung der §§ 302 f. AktG gewährleisteten Gläubigerschutzes rechtspolitisch unbedenklich ist[242]. Der Regierungsentwurf zum MoMiG hatte demgegenüber noch auf Leistungen „zwischen den Vertragsteilen" abgehoben[243]. Diese Formulierung ist im weiteren Gesetzgebungsverfahren verworfen worden, um klarzustellen, dass auch solche Leistungen vom Auszahlungsverbot ausgenommen sind, die die GmbH auf Veranlassung des anderen Vertragsteils an einen Dritten erbringt (etwa an ein anderes Konzernunternehmen oder ein Unternehmen, mit dem eines der Konzernunternehmen in Geschäftsverbindung steht)[244]. Nach Sinn und Zweck nicht von § 30 Abs. 1 Satz 2 Alt. 1 erfasst sein dürfte dagegen der – freilich seltene – Fall, dass die GmbH neben dem anderen Vertragsteil noch weitere Gesellschafter hat und an diese ohne Veranlassung des anderen Vertragsteils auszahlt[245]. – Der **zeitliche Anwendungsbereich** der Regelung erstreckt sich nach Art. 25 MoMiG auf Auszahlungen der GmbH seit dem 1.11.2008. 73

---

240 S. etwa *Habersack*, in: Ulmer/Habersack/Winter, 1. Aufl. 2006, Rdnr. 86 mit zahlreichen Nachw.

241 *Fastrich*, in: Baumbach/Hueck, Rdnr. 44; *Habersack*, in: Ulmer/Habersack/Löbbe, Rdnr. 88; *Mülbert/Leuschner*, NZG 2009, 281, 287 (dort auch zu der im Ergebnis verneinten Frage, ob bei Mehrpersonengesellschaften andere gesellschaftsrechtliche Schranken wie der Gleichbehandlungsgrundsatz oder die Treuepflicht unterjährigen Zuwendungen entgegenstehen).

242 So auch *Altmeppen*, in: Roth/Altmeppen, Rdnr. 93; *Wicke*, Rdnr. 14.

243 Art. 1 Nr. 20 RegE MoMiG, BT-Drucks. 16/6140, S. 7.

244 Rechtsausschuss, BT-Drucks. 16/9737, S. 56, im Anschluss an eine Anregung des Handelsrechtsausschusses des DAV, NZG 2007, 735, 740.

245 Näher *Cahn/v. Spannenberg*, in: Spindler/Stilz, § 57 AktG Rdnr. 136 (zur AG); vgl. auch *Pentz*, in: Rowedder/Schmidt-Leithoff, Rdnr. 63.

b) Voraussetzungen im Einzelnen

74 Der Beherrschungs- oder Gewinnabführungsvertrag „besteht" auch dann, wenn er zwar fehlerhaft abgeschlossen wurde, aber nach den **Grundsätzen des fehlerhaften Unternehmensvertrags** (Anh. § 13 Rdnr. 163 ff.) gleichwohl wirksam ist. Hinsichtlich des zeitlichen Geltungsbereichs des Unternehmensvertrags ist zu bedenken, dass zwar nicht der Beherrschungs-, wohl aber der Gewinnabführungsvertrag auch **rückwirkend** auf den Beginn des im Zeitpunkt der Handelsregistereintragung des Vertrags laufenden Geschäftsjahrs abgeschlossen werden kann[246]. Daraus wird man ableiten müssen, dass eine im Rückwirkungszeitraum vorgenommene, ursprünglich gegen § 30 Abs. 1 Satz 1 verstoßende Auszahlung rückwirkend geheilt wird, so dass auch der bereits entstandene Rückgewähranspruch aus § 31 mit Wirkung ex tunc erlöschen muss (§ 31 Rdnr. 27). Auf **andere Unternehmensverträge** als Beherrschungs- und Gewinnabführungsverträge ist § 30 Abs. 1 Satz 2 Alt. 1 dagegen nicht, auch nicht entsprechend anwendbar[247]. Diskutabel wäre eine Anwendung allenfalls für Betriebspacht- oder Betriebsüberlassungsverträge (§ 292 Abs. 1 Nr. 3 AktG) in den Fällen der Verlustausgleichspflicht nach § 302 Abs. 2 AktG, doch dürfte es auch insoweit an einer planwidrigen Regelungslücke fehlen.

75 Die Aufhebung der Kapitalbindung im Vertragskonzern beruht auf der Annahme, dass die Verlustausgleichspflicht des anderen Vertragsteils analog § 302 AktG ein im Wesentlichen gleichwertiges Gläubigerschutzniveau gewährleistet (Rdnr. 72). Das ist jedoch nur der Fall, wenn der Verlustausgleichsanspruch auch durchgesetzt werden kann. Daher stellt sich die Frage, ob im Wege einer teleologischen Reduktion die **Vollwertigkeit des Verlustausgleichsanspruchs** im Zeitpunkt der Auszahlung als ungeschriebene Voraussetzung in § 30 Abs. 1 Satz 2 Alt. 1 hineinzulesen ist, so wie dies bereits zum alten Recht im Rahmen der analogen Anwendung des § 291 Abs. 3 AktG a.F. überwiegend vertreten wurde[248]. Zahlreiche Literaturstimmen sprechen sich in der Tat für eine derartige Einschränkung aus[249]. Für die Vollwertigkeit soll dabei der zu § 30 Abs. 1 Satz 2 Alt. 2 anerkannte Maßstab (Rdnr. 84 ff.) gelten, so dass bereits ein konkretes Ausfallrisiko hinsichtlich des Verlustausgleichsanspruchs als schädlich angesehen wird[250]. Die Gegenansicht hält dem entgegen, dass durch diese Einschränkung § 30 Abs. 1 Satz 2 Alt. 1 neben der zweiten Alternative weitgehend überflüssig werde. Deshalb und im Interesse der Rechtssicherheit müsse das Privileg des § 30 Abs. 1 Satz 2 Alt. 1 so lange anwendbar bleiben, bis der Beherrschungs- oder Gewinnabführungsvertrag wegen der zweifelhaften Leistungsfähigkeit des anderen Vertragsteils analog § 297 Abs. 1 AktG gekündigt wird oder aus einem sonstigen Grund endet[251]. Auch diese Ansicht erkennt aber immerhin eine Pflicht der Geschäftsführer (§ 43 Abs. 1) an, die Solvenz und Liquidität des anderen Vertragsteils fortwährend zu prüfen und ggf. unter Androhung der Kündigung des Unternehmensvertrags auf Besicherung des Verlustausgleichsanspruchs zu bestehen. Schließlich wird als dritte, vermittelnde Auffassung vertreten, dass die teleologische

---

246 *Emmerich*, in: Emmerich/Habersack, Aktien- und GmbH-Konzernrecht, 8. Aufl. 2016, § 291 AktG Rdnr. 15, 54 f.

247 *Schmolke*, Kapitalerhaltung, Rdnr. 170; *Thiessen*, in: Bork/Schäfer, Rdnr. 109; zur AG *Cahn/v. Spannenberg*, in: Spindler/Stilz, § 57 AktG Rdnr. 136.

248 S. zum alten Recht nur *Habersack*, in: Ulmer/Habersack/Winter, 1. Aufl. 2006, Rdnr. 86 m.w.N.

249 *Altmeppen*, in: Roth/Altmeppen, Rdnr. 100; *Bormann/Urlichs*, in: GmbHR-Sonderheft MoMiG, 2008, S. 37, 47 f.; *Blasche/König*, GmbHR 2009, 897, 902; *Fastrich*, in: Baumbach/Hueck, Rdnr. 45; *Geißler*, GmbHR 2015, 734, 737; *Kuntz*, in: Gehrlein/Born/Simon, Rdnr. 93; *Mülbert/Leuschner*, NZG 2009, 281, 287; *Thiessen*, in: Bork/Schäfer, Rdnr. 111 i.V.m. Rdnr. 115 ff.; *J. Vetter*, in: Goette/Habersack, MoMiG, Rdnr. 4.108; *Wicke*, Rdnr. 14; *Wilhelmi*, WM 2009, 1917, 1920 f.

250 Deutlich in diesem Sinne *Wilhelmi*, WM 2009, 1917, 1920 f.

251 OLG Frankfurt a.M. v. 8.11.2013 – 24 U 80/13, NZI 2014, 363, 365 (obiter); *Habersack*, in: Ulmer/Habersack/Löbbe, Rdnr. 89; *Hommelhoff*, in: Lutter/Hommelhoff, Rdnr. 48; *Schmolke*, Kapitalerhaltung, Rdnr. 171; *Ekkenga*, in: MünchKomm. GmbHG, Rdnr. 270; zur AG *Fleischer*, in: Karsten Schmidt/Lutter, § 57 AktG Rdnr. 37.

Reduktion zur Meidung eines Leerlaufens der gesetzlichen Privilegierung des Vertragskonzerns erst in Betracht komme, wenn die fehlende Werthaltigkeit des Verlustausgleichsanspruchs sicher und offenkundig ist[252]. Letztlich dürfte jedoch der ersten Ansicht der Vorzug gebühren, da nur sie unüberbrückbare Wertungswidersprüche vermeidet; denn es ist kein sachlicher Grund erkennbar, warum das Ausfallrisiko bezüglich des Verlustausgleichsanspruchs im Vertragskonzern weniger ins Gewicht fallen sollte als das Ausfallrisiko im Rahmen des § 30 Abs. 1 Satz 2 Alt. 2.

2. Deckung durch vollwertigen Gegenleistungs- oder Rückgewähranspruch (§ 30 Abs. 1 Satz 2 Alt. 2)

a) Entstehungsgeschichte und Normzweck

Zahlreiche Zweifelsfragen wirft die in § 30 Abs. 1 Satz 2 Alt. 2 vorgesehene, ebenfalls durch das MoMiG (Rdnr. 1) eingeführte zweite Ausnahme vom Auszahlungsverbot auf. Sie nimmt Leistungen der Gesellschaft vom Auszahlungsverbot aus, die durch einen **vollwertigen Gegenleistungs- oder Rückgewähranspruch** gegen den Gesellschafter gedeckt sind. Die Vorschrift versteht sich ausweislich der amtlichen Begründung[253] als Reaktion auf Unsicherheiten der Praxis, die im Anschluss an das sog. **Novemberurteil** des BGH vom 24.11.2003[254] eingetreten waren. In dieser Entscheidung hatte der II. Zivilsenat befunden, dass **Kreditgewährungen der GmbH an ihre Gesellschafter** aus gebundenem Vermögen grundsätzlich auch dann als verbotene Auszahlung zu bewerten seien, wenn sie angemessen verzinst sind und der Rückzahlungsanspruch gegen den Gesellschafter vollwertig ist. Etwas anderes könne allenfalls dann gelten, wenn die Kreditvergabe nicht nur im Interesse der Gesellschaft liege und einem Drittvergleich standhalte, sondern darüber hinaus auch die Rückzahlung „bei Anlegung strengster Maßstäbe außerhalb jedes vernünftigen Zweifels" stehe oder durch werthaltige Sicherheit voll gewährleistet sei. Begründet wurde diese strenge Sichtweise vor allem mit dem Argument, dass der Austausch liquider Haftungsmasse gegen eine zeitlich hinausgeschobene schuldrechtliche Forderung die Befriedigungsaussichten der Gesellschaftsgläubiger verschlechtere, da hierdurch die Gläubiger des Gesellschafters zum Nachteil der Gläubiger der Gesellschaft einen vollstreckungs- und insolvenzrechtlichen Zugriff auf Vermögenswerte der Gesellschaft erlangten. Im Stadium der Unterbilanz der Gesellschaft dürfe es daher nicht nur darum gehen, das Gesellschaftsvermögen in seinem bilanziellen Wert zu erhalten, sondern auch dessen reale Substanz zusammenzuhalten[255].

Die Praxis sah durch dieses Urteil vor allem das in Konzernen übliche **Cash Pooling** bedroht, bei dem zum Zwecke eines effizienten Liquiditätsmanagements täglich sämtliche Haben- und Sollstände der angeschlossenen Konzerngesellschaften zu Gunsten und zu Lasten eines zentralen Kontos der Konzernobergesellschaft oder einer von dieser kontrollierten Betreibergesellschaft „auf Null gestellt" werden (sog. zero balancing). Sofern dabei Liquidität von den Tochtergesellschaften an das Zentralkonto abgeführt wird, handelt es sich rechtlich um Darlehen der jeweiligen Tochter an die Mutter (bzw. die ihr gleichgestellte Betreibergesellschaft)[256],

76

77

---

252 *Grigoleit/Rieder*, MoMiG, Rdnr. 221; ähnlich zur AG *Cahn/v. Spannenberg*, in: Spindler/Stilz, § 57 AktG Rdnr. 136.

253 Begr. RegE MoMiG, BT-Drucks. 16/6140, S. 41.

254 BGH v. 24.11.2003 – II ZR 171/01, BGHZ 157, 72 = GmbHR 2004, 302. Eingehend zu diesem Urteil und der dadurch ausgelösten Diskussion im Schrifttum 10. Aufl., Rdnr. 19 ff.

255 BGH v. 24.11.2003 – II ZR 171/01, BGHZ 157, 72, 76 = GmbHR 2004, 302.

256 BGH v. 16.1.2006 – II ZR 76/04, BGHZ 166, 8 Rdnr. 12 = GmbHR 2006, 477; BGH v. 20.7.2009 – II ZR 273/07, BGHZ 182, 103 Rdnr. 11 = GmbHR 2009, 926; ebenso die h.L., s. *Habersack*, in: Ulmer/Habersack/Löbbe, Rdnr. 94 m.w.N.; für Qualifikation als unregelmäßige Verwahrung *C. Schäfer*, GmbHR 2005, 133, 135 f.; für Einordnung als Geschäftsbesorgung *Karsten Schmidt*, DB 2009, 1971, 1974; für Einstufung als Gesellschaft bürgerlichen Rechts *Decker*, ZGR 2013, 392 ff.

so dass die Anwendbarkeit der Grundsätze des „Novemberurteils" auf das Cash Pooling in der Tat nahe lag[257]. Zwar wollte das Urteil entgegen anderslautenden Deutungen wohl nicht davon abgehen, dass der Rückzahlungsanspruch bei der Frage, ob überhaupt eine Unterbilanz vorliegt, mit zu berücksichtigen ist; stattdessen sollte es offenbar nur den Fall betreffen, dass sich die kreditgewährende Gesellschaft nach bilanziellen Grundsätzen bereits im Stadium der Unterbilanz befand[258]. Auch mit dieser Einschränkung hatte das Urteil aber immerhin die Konsequenz, dass nicht vertraglich konzernierte Gesellschaften unmittelbar nach Eintritt einer Unterbilanz vom Cash Pooling abgetrennt werden mussten, um keinen Verstoß gegen § 30 zu riskieren.

78 Vor diesem Hintergrund zielt § 30 Abs. 1 Satz 2 Alt. 2 darauf ab, wirtschaftlich sinnvolle Leistungsbeziehungen zwischen den Gesellschaften und ihren Gesellschaftern – gerade auch im Konzern – zu erleichtern und zu diesem Zweck die Unsicherheiten für aufsteigende Kreditvergaben im Allgemeinen sowie das vom Gesetzgeber ausdrücklich als **„im Grundsatz ökonomisch sinnvoll"** anerkannte Cash Pooling im Besonderen zu beseitigen[259]. Daher regelt das Gesetz nunmehr, dass kein Verstoß gegen das Auszahlungsverbot vorliegt, wenn die Leistung der Gesellschaft durch einen nach bilanziellen Grundsätzen vollwertigen Gegenleistungs- oder Rückzahlungsanspruch gedeckt ist. Das ist insofern eine Erleichterung gegenüber der Novemberentscheidung, als die bilanzielle Vollwertigkeit schon bei Fehlen eines konkreten Ausfallrisikos zu bejahen ist (Rdnr. 85) und nicht erst, wenn die Rückzahlung „bei Anlegung strengster Maßstäbe außerhalb jedes vernünftigen Zweifels" steht. Die Gesetzesbegründung sieht in dieser Korrektur der Rechtsprechung eine **„Rückkehr zur bilanziellen Betrachtungsweise"**, die vor dem Novemberurteil „problemlos anerkannt" gewesen sei, bevor der BGH hiervon abgewichen sei. Diese Aussage ist allerdings **schief**[260], da sie nicht hinreichend berücksichtigt, dass zwischen der Ermittlung der Unterbilanz und dem Begriff der Auszahlung zu differenzieren ist. Die Ermittlung der Unterbilanz richtet sich seit jeher nach bilanziellen Grundsätzen (Rdnr. 58 ff.). Hiervon ist wie erwähnt (Rdnr. 77) nach zutreffendem Verständnis auch der BGH nicht abgewichen, so dass es insoweit keiner „Rückkehr", sondern allenfalls einer Klarstellung der bilanziellen Betrachtung bedurfte. Für den Begriff der Auszahlung ist dagegen seit jeher gerade keine bilanzielle Betrachtung maßgebend, weshalb auch insoweit die Formel von der „Rückkehr zur bilanziellen Betrachtungsweise" deplatziert ist. Vielmehr erfasst der Auszahlungsbegriff auch nicht bilanzwirksame Vermögensminderungen mit der Folge, dass sich auch die Auskehr stiller Reserven (z.B. durch Veräußerung eines Gegenstands zu einem hinter dem Marktwert zurückbleibenden Buchwert) im Stadium der Unterbilanz trotz ihrer bilanziellen Neutralität anerkanntermaßen als verbotene Auszahlung darstellt (Rdnr. 18a, b). Dieses Verständnis will auch die Gesetzesbegründung letztlich nicht in Frage stellen. Insoweit verweist sie darauf, dass der Anspruch der Gesellschaft nach dem Wortlaut des neuen § 30 Abs. 1 Satz 2 Alt. 2 nicht nur vollwertig sein muss, sondern auch wertmäßig den Marktwert (nicht nur den Buchwert) des veräußerten Gegenstands „decken" muss (Deckungsgebot, Rdnr. 81 ff.)[261]. Nach alledem ist die in Rechtsprechung und Schrifttum vielerorts bereitwillig

---

257 So denn auch die seinerzeit h.M.; s. nur OLG München v. 24.11.2005 – 23 U 3480/05, BB 2006, 286 mit zust. Anm. *Habersack/Schürnbrand*; *Habersack*, in: Ulmer/Habersack/Winter, 1. Aufl. 2006, Rdnr. 50 mit Nachw. zum Streitstand.

258 Näher dazu *Goette*, KTS 2006, 217, 227; *Goette*, DStR 2006, 767, 768; *J. Vetter*, in: Goette/Habersack, MoMiG, Rdnr. 4.26 f.; für die Gegenansicht *Drygala/Kremer*, ZIP 2007, 1289, 1290; jeweils mit zahlreichen Nachw.

259 Begr. RegE MoMiG, BT-Drucks. 16/6140, S. 41.

260 So bereits *Habersack*, in: Ulmer/Habersack/Löbbe, Rdnr. 82; auf die Missverständlichkeit jener Formel hinweisend auch *Thole*, ZInsO 2011, 1425 f.

261 Begr. RegE MoMiG, BT-Drucks. 16/6140, S. 41.

aufgegriffene Formel von der „Rückkehr zur bilanziellen Betrachtungsweise" geeignet, **mehr Verwirrung als Nutzen** zu stiften[262].

b) Anwendungsbereich

Auf die Ausnahme nach § 30 Abs. 1 Satz 2 Alt. 2 kommt es immer nur an, sofern **nicht bereits nach § 30 Abs. 1 Satz 1 eine unbedenkliche Auszahlung** vorliegt. Wenn etwa die GmbH einem Gesellschafter ein Darlehen gewährt, obwohl ein konkretes Ausfallrisiko besteht und der Rückzahlungsanspruch der GmbH daher nicht vollwertig im Sinne des § 30 Abs. 1 Satz 2 Alt. 2 ist, bleibt dieser Vorgang unter Kapitalschutzgesichtspunkten[263] nach § 30 Abs. 1 Satz 1 zulässig, sofern keine Unterbilanz besteht oder durch die Kreditvergabe herbeigeführt wird, sofern also die Kreditvergabe aus ungebundenem Vermögen erfolgt. Nur wo das nicht der Fall ist, kommt es auf § 30 Abs. 1 Satz 2 Alt. 2 an. Der **sachliche Anwendungsbereich** der Vorschrift erstreckt sich im Übrigen auf sämtliche Austauschbeziehungen zwischen der Gesellschaft und ihren Gesellschaftern oder diesen gleichgestellten Dritten (Rdnr. 35 ff.), die durch die **Gewährung von Kredit** seitens der Gesellschaft und die damit einhergehende Begründung eines Gegenleistungs- oder Rückzahlungsanspruchs gekennzeichnet sind. Neben der Gewährung von Darlehen (einschließlich des Cash Pooling) sind also auch Vorleistungen auf Austauschverträge (z.B. Veräußerung eines Gegenstands auf Ziel) und **Finanzierungshilfen aller Art** erfasst[264]. Gleiches gilt auch für die **Bestellung von Sicherheiten** aus dem Gesellschaftsvermögen für einen Kredit des Gesellschafters (oder eines gleichgestellten Dritten), da es sich dabei um nichts anderes als eine mittelbare Kreditgewährung der Gesellschaft an den Gesellschafter handelt (s. zur Sicherheitenbestellung noch gesondert unter Rdnr. 96 ff.).

Was den **zeitlichen Anwendungsbereich** betrifft, so ist § 30 Abs. 1 Satz 2 Alt. 2 zwar erst am 1.11.2008 in Kraft getreten (Art. 25 MoMiG). Zu beachten ist aber, dass der Gesetzgeber die Vorschrift nicht als konstitutive Neuregelung, sondern als lediglich klarstellende „Rückkehr zur bilanziellen Betrachtung" verstanden wissen will (Rdnr. 78). In Reaktion hierauf hat der BGH entschieden, dass er an den strengeren Grundsätzen des Novemberurteils auch für Altfälle nicht festhält[265]. Im Ergebnis finden daher die Vorgaben des § 30 Abs. 1 Satz 2 Alt. 2 auch auf Kreditgewährungen vor dem 1.11.2008 Anwendung[266].

c) Deckungsgebot

§ 30 Abs. 1 Satz 2 Alt. 2 setzt voraus, dass die Leistung der Gesellschaft durch einen vollwertigen (Rdnr. 84 ff.) Gegenleistungs- oder Rückzahlungsanspruch **„gedeckt"** ist. Damit ist nach der amtlichen Begründung gemeint, dass der Vermögensabfluss bei der Gesellschaft nicht nur mit dem bilanziellen Wert, sondern mit seinem Marktwert anzusetzen ist[267]. Bei der Gewährung eines Gelddarlehens an einen Gesellschafter ist dies nicht weiter bemerkenswert, da die Bewertung des weggegebenen Geldbetrags keine Probleme bereitet. Bedeutung gewinnt das Deckungsgebot jedoch in Fällen, in denen die Gesellschaft einen Sachwert auf Ziel veräußert.

79

80

81

---

262 Exemplarisch die irrige Bezugnahme auf die bilanzielle Betrachtungsweise in BGH v. 31.5.2011 – II ZR 141/09, BGHZ 190, 7 = NZG 2011, 829 Rdnr. 25 = AG 2011, 548 – Telekom III; dazu bereits Rdnr. 20.

263 Ob sich der Geschäftsführer nach § 43 Abs. 2 haftbar macht, steht auf einem anderen Blatt.

264 *Habersack*, in: Ulmer/Habersack/Löbbe, Rdnr. 93 f.; einschränkend in Bezug auf Vorleistungen aus Austauschverträgen *Ekkenga*, in: MünchKomm. GmbHG, Rdnr. 240.

265 BGH v. 1.12.2008 – II ZR 102/07, BGHZ 179, 71 Rdnr. 12 a.E. = NJW 2009, 850 = GmbHR 2009, 199 – MPS (zu § 57 Abs. 1 Satz 3 Alt. 2 AktG); BGH v. 23.4.2012 – II ZR 252/10, BGHZ 193, 96 = GmbHR 2012, 740 Rdnr. 25 (zu § 30 Abs.1 Satz 2 Alt. 2); zuletzt nochmals BGH v. 10.1.2017 – II ZR 94/15, NZG 2017, 344 Rdnr. 17 (zur AG).

266 *Habersack*, in: Ulmer/Habersack/Löbbe, Rdnr. 84.

267 Begr. RegE MoMiG, BT-Drucks. 16/6140, S. 41.

Für diesen Fall stellt das Deckungsgebot klar, dass der Kaufpreisanspruch der Gesellschaft die Höhe nicht nur des Buchwerts, sondern des Verkehrswerts des veräußerten Gegenstands erreichen muss. Das steht im Einklang mit dem zu § 30 Abs. 1 Satz 1 anerkannten Grundsatz, dass es für den Begriff der Auszahlung allein auf den Vermögensabfluss und nicht auf dessen Bilanzwirksamkeit ankommt (Rdnr. 18a)[268].

82 Hinsichtlich des **maßgeblichen Zeitpunkts**, in dem der von der Gesellschaft weggegebene Gegenstand zu bewerten ist, fragt sich, ob auf den Abschluss des Verpflichtungsgeschäfts oder die Erfüllung der Gesellschaftsverpflichtung abzustellen ist. Die Frage stellt sich insbesondere dann, wenn der Marktwert zwischen dem Abschluss des Verpflichtungsgeschäfts und der Erfüllung gestiegen ist, so dass zwar im ersten, nicht aber im zweiten Zeitpunkt die Deckung gegeben ist. Soweit die Frage im Schrifttum erörtert wird, plädiert man dafür, im Rahmen des § 30 Abs. 1 Satz 2 Alt. 2 auf den Zeitpunkt der Erfüllung abzustellen[269]. Hierfür spricht, dass es auch für die Vollwertigkeit des Anspruchs der Gesellschaft auf diesen Zeitpunkt ankommt (Rdnr. 88). Die Frage dürfte jedoch im vorliegenden Zusammenhang nur theoretischer Natur sein. Sofern die Parteien den von der Gesellschaft veräußerten Gegenstand im Zeitpunkt des Abschlusses des Verpflichtungsgeschäfts angemessen bewertet haben und das Austauschgeschäft daher in diesem Zeitpunkt einem Drittvergleich standhielt, liegt schon nach § 30 Abs. 1 Satz 1 keine Auszahlung vor (Rdnr. 19)[270], so dass es auf § 30 Abs. 1 Satz 2 Alt. 2 nicht mehr ankommt.

83 **Fehlt es an der Deckung**, führt das dazu, dass die Ausnahme des § 30 Abs. 1 Satz 2 Alt. 2 nicht eingreift und der Vorgang an den allgemeinen Grundsätzen des § 30 Abs. 1 Satz 1 zu messen ist. Veräußert also die Gesellschaft einen Gegenstand auf Ziel zum Buchwert von 100, obwohl der Verkehrswert 120 beträgt, liegt eine Vermögensminderung von 20 und damit eine Auszahlung in dieser Höhe vor, die im Stadium der Unterbilanz unzulässig ist.

d) Vollwertigkeit

84 **aa) Allgemeines.** § 30 Abs. 1 Satz 2 Alt. 2 setzt weiter voraus, dass der Gegenleistungs- oder Rückzahlungsanspruch der Gesellschaft **vollwertig** ist. Darauf, dass der Anspruch jederzeit fällig gestellt werden kann, kommt es dagegen nach der klaren und bewussten Regelung des Gesetzgebers im Unterschied zu der Parallelvorschrift im Rahmen der Kapitalaufbringung (§ 19 Abs. 5) nicht an[271]. Die Vollwertigkeit richtet sich nach dem Willen des Gesetzgebers – und insoweit in Übereinstimmung mit § 19 Abs. 5 (§ 19 Rdnr. 181 ff.) – nach **bilanziellen Grundsätzen**, also danach, ob der Anspruch nach § 253 HGB zum Nominalwert in der Bilanz angesetzt werden kann[272]. Damit wird der sonst im Rahmen des § 30 Abs. 1 Satz 1 anzustellende **Drittvergleich** (Rdnr. 19) **insoweit** für **entbehrlich** erklärt, um namentlich das Cash Pooling zu erleichtern. Die zu prüfende Frage lautet nicht, ob ein ordentlicher Geschäftsführer unter vergleichbaren Bedingungen auch einem Dritten einen unbesicherten Kredit gewähren würde, sondern nur, ob der Anspruch in der Bilanz mit 100 % angesetzt werden kann. Diese

---

268 In diesem Sinne auch *Kiefner/Theusinger*, NZG 2008, 801, 804: „bare Selbstverständlichkeit".
269 *Schmolke*, Kapitalerhaltung, Rdnr. 159 (soweit nicht ausnahmsweise bereits die Eingehung der Verbindlichkeit eine Auszahlung im Sinne des Abs. 1 enthält); *Fleischer*, in: Karsten Schmidt/Lutter, § 57 AktG Rdnr. 44.
270 Ebenso *Schmolke*, Kapitalerhaltung, Rdnr. 159.
271 *Altmeppen*, in: Roth/Altmeppen, Rdnr. 120; *Bormann/Urlichs*, in: GmbHR-Sonderheft MoMiG, 2008, S. 37, 48; *Habersack*, in: Ulmer/Habersack/Löbbe, Rdnr. 105; a.A. *Joost*, in: FS Hüffer, S. 405, 412 f.
272 Begr. RegE MoMiG, BT-Drucks. 16/6140, S. 41; BGH v. 1.12.2008 – II ZR 102/07, BGHZ 179, 71 Rdnr. 13 = GmbHR 2009, 199 – MPS (zu § 311 AktG, aber auch zu § 57 Abs. 1 Satz 3 Alt. 2 AktG, der § 30 Abs. 1 Satz 2 Alt. 2 entspricht); *Fastrich*, in: Baumbach/Hueck, Rdnr. 42; *Habersack*, in: Ulmer/Habersack/Löbbe, Rdnr. 104; *Schmolke*, Kapitalerhaltung, Rdnr. 96; *J. Vetter*, in: Goette/Habersack, MoMiG, Rdnr. 4.37; allg. M.

Eliminierung des Drittvergleichs ist allerdings, wenngleich sich das aus dem Wortlaut des § 30 Abs. 1 Satz 2 Alt. 2 nicht erschließt, nach richtiger Ansicht nur eine punktuelle. Sie bezieht sich nach ihrem Sinn und Zweck nur auf das Ausfallrisiko des Kredits, nicht auf die sonstigen Kreditkonditionen, insbesondere nicht auf die Frage der Verzinsung (Rdnr. 94).

bb) Bilanzieller Maßstab. Für die Beantwortung der Frage, ob der Gegenleistungs- oder Rückzahlungsanspruch zu 100 % in der Bilanz angesetzt werden kann, gelten grundsätzlich (s. aber noch Rdnr. 94 zur Verzinsung) dieselben Vorgaben, die auch für die bilanzielle Bewertung von Forderungen aus Drittgeschäften gelten. Die Forderung kann demnach mit dem vollen Nennwert angesetzt werden, wenn bei **„vernünftiger kaufmännischer Betrachtung"** ein Forderungsausfall als unwahrscheinlich anzusehen ist[273]. Eine an Sicherheit grenzende Wahrscheinlichkeit der Zahlung wird nicht verlangt[274]; es genügt, dass die Forderung „voraussichtlich" erfüllt werden wird[275]. Allein das allgemeine, theoretisch nie ganz auszuschließende Risiko eines Zahlungsausfalls schadet mit anderen Worten nicht. Daher kann **auch ohne Gewährung von banküblichen Sicherheiten** Vollwertigkeit gegeben sein[276]. Wenn jedoch ein **konkretes Ausfallrisiko** besteht, d.h. konkrete Zweifel an der Einbringlichkeit der Forderung bestehen, ist – sofern der Bonitätsmangel nicht durch die Stellung werthaltiger Sicherheiten wieder aufgefangen wird – bilanzieller Abwertungsbedarf gegeben, so dass es an der Vollwertigkeit fehlt[277]. Auf derselben Linie liegt es, wenn die Gesetzesmaterialien die Vollwertigkeit verneinen, wenn die Durchsetzbarkeit der Forderung „absehbar in Frage gestellt" ist[278]. Eine über diese allgemeinen Leitlinien hinausgehende exaktere Präzisierung, ab welchem Wahrscheinlichkeitsgrad des Ausfalls die Forderung nicht mehr vollwertig ist, hat sich dagegen bisher nicht herausgebildet[279].

Im Rahmen der Prüfung, ob ein konkretes Ausfallrisiko besteht, kommt insbesondere einem **Rating** des Gesellschafters Bedeutung zu, wenngleich daraus keine ohne weiteres bindende Vorgabe für die Beurteilung der Vollwertigkeit folgt. So bildet ein Investment Grade Rating ein gewichtiges **Indiz** für das Fehlen eines konkreten Ausfallrisikos, während umgekehrt ein Rating unterhalb von Investment Grade die fehlende Vollwertigkeit indiziert[280]. Allerdings ist das Rating nicht allein entscheidend, sondern nur ein wertvolles Hilfsmittel bei der Beurteilung der Vollwertigkeit – nicht mehr und nicht weniger[281]. Unterschiedlich beantwortet

85

86

---

273 BGH v. 1.12.2008 – II ZR 102/07, BGHZ 179, 71 Rdnr. 13 = GmbHR 2009, 199; BGH v. 10.1.2017 – II ZR 94/15, AG 2017, 233 Rdnr. 18 (zu § 57 Abs. 1 Satz 3 Alt. 2 AktG); vgl. auch BGH v. 21.3.2017 – II ZR 93/16, GmbHR 2017, 643 Rdnr. 18 f.

274 BGH v. 1.12.2008 – II ZR 102/07, BGHZ 179, 71 Rdnr. 13 = GmbHR 2009, 199; *Habersack*, in: Ulmer/Habersack/Löbbe, Rdnr. 105; *Schmolke*, Kapitalerhaltung, Rdnr. 96.

275 BGH v. 10.1.2017 – II ZR 94/15, AG 2017, 233 Rdnr. 19 a.E.

276 BGH v. 1.12.2008 – II ZR 102/07, BGHZ 179, 71 Rdnr. 13 = GmbHR 2009, 199; *Fastrich*, in: Baumbach/Hueck, Rdnr. 56; *Fleischer*, in: Karsten Schmidt/Lutter, § 57 AktG Rdnr. 48.

277 BGH v. 1.12.2008 – II ZR 102/07, BGHZ 179, 71 Rdnr. 13 = GmbHR 2009, 199; vgl. auch BGH v. 10.1.2017 – II ZR 94/15, AG 2017, 233 Rdnr. 22; aus dem Schrifttum etwa *Fastrich*, in: Baumbach/Hueck, Rdnr. 42; *Habersack*, in: Ulmer/Habersack/Löbbe, Rdnr. 105; zu einzelnen Anzeichen für ein konkretes Ausfallrisiko *Mülbert/Sajnovits*, WM 2015, 2345, 2347.

278 Begr. RegE MoMiG, BT-Drucks. 16/6140, S. 41.

279 Versuch einer Konkretisierung bei *Kiefner/Bochum*, NZG 2017 (im Erscheinen), unter IV.1. a bb, mit dem Vorschlag, die Grenze bei einem Ausfallrisiko von „25 % + x" zu ziehen (in Anlehnung an die – ihrerseits umstrittenen – Grundsätze zur Bildung von Rückstellungen für ungewisse Verbindlichkeiten); ähnlich *Becker*, ZIP 2017, 1599, 1602 f.

280 Vgl. *Cahn*, Der Konzern 2009, 67, 72 ff., sowie *Cahn/v. Spannenberg*, in: Spindler/Stilz, § 57 AktG Rdnr. 143 ff., die – je nachdem, ob das Rating Investment Grade erreicht oder nicht – sogar von einer widerlegbaren Vermutung zugunsten bzw. zuungunsten der Vollwertigkeit ausgehen; wie hier – gewichtiges Indiz – *Mülbert/Sajnovits*, WM 2015, 2345, 2348 m.w.N.

281 So wörtlich *J. Vetter*, in: Goette/Habersack, MoMiG, Rdnr. 4.41; gleichsinnig *Mülbert/Sajnovits*, WM 2015, 2345, 2348; gegen alleinige Maßgeblichkeit des Ratings auch *Altmeppen*, NZG 2010, 401, 402; *Fleischer*, in: Karsten Schmidt/Lutter, § 57 AktG Rdnr. 47.

wird die Frage, ob auch ein mögliches **„Klumpenrisiko"**, d.h. das Risiko, das sich unabhängig von der Bonität des Schuldners aus einer mangelnden Diversifizierung des Kreditrisikos ergibt[282], zu einem Bewertungsabschlag und damit zur mangelnden Vollwertigkeit führen muss[283]. Der Umstand, dass der Gesetzgeber die Vollwertigkeit nach bilanziellen Grundsätzen bestimmt wissen wollte, ein Bewertungsabschlag bei Klumpenrisiken im Bilanzrecht aber bisher nicht anerkannt ist und auch kaum plausibel zu bemessen wäre, sowie vor allem die Tatsache, dass Klumpenrisiken gerade beim konzernweiten Cash Pooling auftreten, der Gesetzgeber dieses aber erleichtern wollte, sprechen im Ergebnis gegen einen solchen Bewertungsabschlag[284]. Aus demselben Grund liegt allein in der Inkaufnahme allfälliger Klumpenrisiken durch Beteiligung an einem konzernweiten Cash Pooling auch keine Sorgfaltspflichtverletzung der Geschäftsführer im Sinne des § 43[285].

87 Als Beispiel, in dem die Durchsetzbarkeit der Forderung „absehbar in Frage gestellt" ist, nennt die amtliche Begründung Forderungen gegen eine „mit geringen Mitteln ausgestattete Erwerbsgesellschaft"[286]. Im Anschluss an diese Bemerkung wird im Schrifttum verschiedentlich bezweifelt, ob in der für **leveraged buy-out** (LBO)-Transaktionen typischen Konstellation, in der das Akquisitionsvehikel als einziges wesentliches Aktivum die Anteile an der das Darlehen vergebenden Zielgesellschaft hält, von der Vollwertigkeit des Darlehensrückzahlungsanspruchs ausgegangen werden kann[287]. Diese Zweifel lassen sich jedoch nicht verallgemeinern. Letztlich kommt es – wie sonst auch – darauf an, wie sich das Reinvermögen des Darlehensschuldners im konkreten Einzelfall darstellt, also vor allem darauf, in welchem Umfang das Erwerbsvehikel den Kaufpreis für die Anteile an der Zielgesellschaft nicht nur mit Fremdkapital, sondern auch mit Eigenkapital finanziert hat[288].

88 **cc) Maßgeblicher Zeitpunkt.** Für die Beurteilung der Vollwertigkeit kommt es auf den **Zeitpunkt der Ausreichung** der Darlehensvaluta bzw. der sonstigen Vorleistung der Gesellschaft an, nicht schon auf den Zeitpunkt, in dem die Leistungspflicht der Gesellschaft durch Abschluss des Darlehensvertrags oder sonstigen Verpflichtungsgeschäfts begründet wird[289]. Im

---

282 Eingehend zu Begriff und rechtlicher Einordnung von Klumpenrisiken *Fleischer/Schmolke*, ZHR 173 (2009), 649 ff.

283 BGH v. 1.12.2008 – II ZR 102/07, BGHZ 179, 71 = GmbHR 2009, 199 lässt diese Frage unerörtert; kritisch deshalb *Fleischer/Schmolke*, ZHR 173 (2009), 649, 681 ff.; *Kropff*, NJW 2009, 814, 815. Für einen Bewertungsabschlag zur Abbildung des Klumpenrisikos *Hentzen*, ZGR 2005, 480, 504 f. (Pauschalwertberichtigung); *Habersack*, in: Ulmer/Habersack/Löbbe, Rdnr. 105; vgl. auch *J. Vetter/ Kahnert*, in: Veil, Unternehmensrecht in der Reformdiskussion, S. 57, 65; dagegen die Nachw. in folgender Fn.

284 *Fleischer/Schmolke*, ZHR 173 (2009), 649, 683 ff.; *Fleischer*, in: Karsten Schmidt/Lutter, § 57 AktG Rdnr. 49; *Ekkenga*, in: MünchKomm. GmbHG, Rdnr. 244; *Mülbert/Sajnovits*, WM 2015, 2345, 2349; *Thole*, ZInsO 2011, 1425, 1426.

285 Ebenso zur AG *Fleischer/Schmolke*, ZHR 173 (2009), 649, 685 f., die jedoch für Kreditvergaben an Gesellschafter außerhalb des Cash Pools aus guten Gründen anders entscheiden; strenger offenbar *Hommelhoff*, in: Lutter/Hommelhoff, Rdnr. 28 mit Fn. 4.

286 Begr. RegE MoMiG, BT-Drucks. 16/6140, S. 41.

287 *Riegger*, ZGR 2008, 233, 238 f.; *v. Braunschweig*, FD-MA 2009, 273906; vgl. auch *Söhner*, ZIP 2011, 2085, 2087.

288 Näher *Käpplinger*, NZG 2010, 1411 ff.; *Thun*, in: Bunnemann/Zirngibl, Die Gesellschaft mit beschränkter Haftung in der Praxis, 2. Aufl. 2011, § 6 Rdnr. 130; *Tasma*, Leveraged Buyout, S. 246 ff.

289 Wie hier *Ekkenga*, in: MünchKomm. GmbHG, Rdnr. 241; *Habersack*, in: Ulmer/Habersack/Löbbe, Rdnr. 108; *Mülbert/Leuschner*, NZG 2009, 281, 282; *Schmolke*, Kapitalerhaltung, Rdnr. 97; *Wand/ Tillmann/Heckenthaler*, AG 2009, 148, 152; a.A. – Abschluss des Verpflichtungsgeschäfts maßgeblich – *Rothley/Weinberger*, NZG 2010, 1001, 1003, unter Berufung auf BGH v. 1.12.2008 – II ZR 102/07, BGHZ 179, 71 Rdnr. 13 = GmbHR 2009, 199, wo der BGH sich jedoch nur zu § 311 AktG äußert und auch nicht den für die hier interessierende Frage entscheidenden Fall behandelt, dass sich die für die Vollwertigkeit maßgeblichen Umstände zwischen dem Abschluss des Verpflichtungsgeschäfts und der Valutierung des Darlehens verändern.

Rahmen des Cash Pooling bedeutet dies, dass die Vollwertigkeit bei jeder einzelnen Abführung von Liquidität an das Zentralkonto gegeben sein muss[290]. Spätere, im Zeitpunkt der Auszahlung noch nicht vorhersehbare negative Entwicklungen der Forderung gegen den Gesellschafter lassen die Vollwertigkeit nicht rückwirkend entfallen. Allerdings ist zu beachten, dass die **Verlängerung** eines Kredits der Kreditausreichung gleichsteht, so dass die Vollwertigkeit auch in diesem Zeitpunkt gegeben sein muss[291]. Dagegen scheint die amtliche Begründung zu § 30 Abs. 1 Satz 2 davon auszugehen, dass das bloße Unterlassen der Geltendmachung (**„Stehenlassen"**) des Anspruchs nach Ende der Laufzeit des Kredits oder nach Eintritt eines Kündigungsrechts keine verbotene Auszahlung begründen kann[292]. Auch der BGH folgt in einem neueren Urteil dieser Linie; da das bloße Unterlassen der Geltendmachung den Anspruch unberührt lasse, könne darin keine Auszahlung liegen[293]. Sofern dem Unterlassen eine bewusste Entscheidung der Geschäftsführer zugrunde liegt, den Kredit trotz erkannter Berechtigung zur Rückforderung nicht zurückzufordern, und die Befriedigungsaussichten der Gesellschaft dadurch beeinträchtigt werden, ist allerdings nicht recht einzusehen, warum man in dieser Entscheidung keine Auszahlung erblicken können soll[294]. Dass auch das bewusste Unterlassen der Durchsetzung einer Forderung grundsätzlich eine Auszahlung begründen kann, hat der BGH in anderem Zusammenhang bereits anerkannt (Rdnr. 23)[295]. Angesichts dieser Ungereimtheit bleibt die weitere Entwicklung der Rechtsprechung zu dieser Frage abzuwarten.

Im Rahmen ihrer allgemeinen Sorgfaltspflicht sind die Geschäftsführer verpflichtet, **laufend** 89 **das Kreditrisiko zu überwachen** und auf eine nach der Kreditausreichung eintretende Verschlechterung der Vermögensverhältnisse des Schuldners unverzüglich mit einer Kreditkündigung (§ 490 Abs. 1 BGB) und der Geltendmachung des Zahlungsanspruchs oder der Anforderung von Sicherheiten zu reagieren[296]. Diese Überwachungspflicht der Geschäftsführer

---

290 *Habersack*, in: Ulmer/Habersack/Löbbe, Rdnr. 108; *Wirsch*, Der Konzern 2009, 443, 450; a.A. zum Cash Pooling *Hommelhoff*, in: Lutter/Hommelhoff, Rdnr. 38, der auf den Abschluss des Cash-Management-Vertrags abstellt, zu diesem Ergebnis aber nur unter Zugrundelegung der der ganz h.M. (Rdnr. 21) widersprechenden Prämisse gelangt, dass schon die bloße Begründung einer Verbindlichkeit eine Auszahlung im Sinne des § 30 Abs. 1 Satz 1 darstellt; ihm gleichwohl folgend *Erne*, GWR 2010, 314.

291 Allg. M.; s. nur *Fastrich*, in: Baumbach/Hueck, Rdnr. 43; *Habersack*, in: Ulmer/Habersack/Löbbe, Rdnr. 109.

292 Begr. RegE MoMiG, BT-Drucks. 16/6140, S. 41; dem folgend *Fastrich*, in: Baumbach/Hueck, Rdnr. 43 (anders aber bei „konsequentem Nichtgeltendmachen"); ferner *Altmeppen*, in: Roth/Altmeppen, Rdnr. 143; *J. Vetter*, in: Goette/Habersack, MoMiG, Rdnr. 4.57.

293 BGH v. 21.3.2017 – II ZR 93/16, GmbHR 2017, 643 Rdnr. 23 (zum Freistellungsanspruch bei der Bestellung von Sicherheiten aus dem Gesellschaftsvermögen); zust. *Séché/Theusinger*, BB 2017, 1550, 1554; kritisch *Kuntz*, Sicherheiten für Gesellschafterverbindlichkeiten, ZGR 6/2017 (im Erscheinen) unter V.

294 Für Auszahlung durch Stehenlassen denn auch *Ekkenga*, in: MünchKomm. GmbHG, Rdnr. 141 Fn. 598, Rdnr. 224; *Habersack*, in: Ulmer/Habersack/Löbbe, Rdnr. 109; *Heidinger*, in: Michalski u.a., Rdnr. 79; *Kuntz*, in: Gehrlein/Born/Simon, Rdnr. 65; *Schmolke*, Kapitalerhaltung, Rdnr. 97, 99; *Wicke*, Rdnr. 11; *Wilhelmi*, WM 2009, 1917, 1922; *Wirsch*, Der Konzern 2009, 443, 450; zur AG *Bayer*, in: MünchKomm. AktG, 4. Aufl. 2016, § 57 AktG Rdnr. 161; *Fleischer*, in: Karsten Schmidt/Lutter, § 57 AktG Rdnr. 57; tendenziell auch *Mülbert/Leuschner*, NZG 2009, 281, 283 f.; bei bewusstem Absehen von der Rückforderung wohl auch *Fastrich*, in: Baumbach/Hueck, Rdnr. 43, der ein „konsequentes Nichtgeltendmachen" verlangt, das eine Entscheidung der Geschäftsführer impliziert.

295 Wenn man eine Auszahlung annimmt, ist freilich zu berücksichtigen, dass diese wertmäßig nur den Betrag der Vermögensminderung umfassen kann, der durch die Entscheidung zur Nichtgeltendmachung bewirkt wird. War der Anspruch ohnehin nicht mehr in voller Höhe realisierbar, kann also nur noch ein entsprechend herabgesetzter Betrag angesetzt werden.

296 BGH v. 1.12.2008 – II ZR 102/07, BGHZ 179, 71 Rdnr. 14 = GmbHR 2009, 199 (zur AG); *Habersack*, in: Ulmer/Habersack/Löbbe, Rdnr. 109; *Schmolke*, Kapitalerhaltung, Rdnr. 97; vgl. auch Begr. RegE MoMiG, BT-Drucks. 16/6140 S. 41.

kann bei umfangreichen langfristigen Darlehen oder bei einem Cash-Management-System die Einrichtung eines geeigneten Informations- oder „**Frühwarnsystems**" erforderlich machen[297]. Solange das Stadium der Unterbilanz nicht erreicht ist, ergibt sich diese Überwachungs- und Reaktionspflicht aus § 43 Abs. 1, danach aus § 43 Abs. 3 Satz 1, da das bewusste Stehenlassen des Anspruchs trotz Vermögensverfalls des Schuldners eine Auszahlung im Sinne des § 30 Abs. 1 darstellt (str., Rdnr. 88). In diesem Fall vermag den Geschäftsführer auch eine Weisung der Gesellschafter, den Anspruch nicht geltend zu machen, jedenfalls dann nicht zu entlasten, wenn die Haftung des Geschäftsführers zur Befriedigung der Gläubiger der Gesellschaft erforderlich ist (§ 43 Abs. 3 Satz 3)[298].

90 Wie das angesprochene **Frühwarnsystem** konkret auszugestalten ist, hat der BGH bislang nicht präzisiert. Als geklärt gelten kann immerhin, dass nicht jede Kreditgewährung die Einrichtung eines umfassenden Informationssystems erfordert, das die ständige Information über die Vermögensverhältnisse des Gesellschafters gewährleistet. Vielmehr zieht der BGH die Einrichtung eines solchen Systems nur bei umfangreichen langfristigen Darlehen und beim Cash-Management in Betracht[299]. Ihm schwebt mithin offensichtlich ein flexibler, die Verhältnismäßigkeit wahrender Ansatz vor, bei dem die Anforderungen an die Überwachung des Kreditrisikos umso mehr zunehmen, je schwerer das Ausfallrisiko für die Gesellschaft wiegt[300]. Nimmt dieses Risiko, wie beim Cash Management häufig der Fall, für die Gesellschaft existenzbedrohende Dimensionen an, sind freilich strenge Anforderungen zu stellen. Zu verlangen ist dann insbesondere, dass sich die Gesellschaft ein **vertragliches Informationsrecht** ausbedingt, das ihr Zugang zu den für die fortlaufende Überwachung des Kreditrisikos erforderlichen Informationen verschafft, und dass sich die Konzernobergesellschaft verpflichtet, die Gesellschaft unverzüglich von einer wesentlichen Verschlechterung der Vermögensverhältnisse der an den Cash Pool angeschlossenen Konzerngesellschaften zu benachrichtigen[301]. Darauf, dass sich eine solche Benachrichtigungspflicht der Obergesellschaft wohl schon aus der mitgliedschaftlichen Treupflicht ableiten lässt[302], sollten sich die Geschäftsführer zur Vermeidung von Zweifelsfragen nicht verlassen. Gefordert ist vielmehr eine klare vertragliche Grundlage, um den Informationsfluss auch tatsächlich sicherzustellen[303]. Zudem sollte vertragliche Vorsorge getroffen werden, dass die Gesellschaft im Fall eines drohenden Verstoßes gegen die Kapitalerhaltungsvorschriften sofort den Cash Pool verlassen kann[304]. Die Darlegungs- und Beweislast für das Vorhandensein eines etwa erforderlichen Frühwarnsystems und dessen sachgerechte Ausgestaltung liegt entsprechend § 93 Abs. 2 Satz 2 AktG (11. Aufl., § 43 Rdnr. 234) bei den auf Schadensersatz in Anspruch genommenen Geschäftsführern[305].

---

297 BGH v. 1.12.2008 – II ZR 102/07, BGHZ 179, 71 Rdnr. 14 = GmbHR 2009, 199 (zur AG) unter Bezugnahme insbes. auf *J. Vetter/Stadler*, Haftungsrisiken, Rdnr. 194 ff.

298 Soweit die Geschäftsführerhaftung nicht zur Gläubigerbefriedigung benötigt wird, stellt sich dagegen die bisher nicht abschließend geklärte Frage, ob der Geschäftsführer der GmbH den Einwand der unzulässigen Rechtsausübung entgegenhalten kann, wenn er aufgrund einer gegen § 30 verstoßenden Weisung gehandelt hat, der alle Gesellschafter zugestimmt haben; s. dazu *Haas/Ziemons*, in: BeckOK-GmbHG, § 43 Rdnr. 280 f.

299 BGH v. 1.12.2008 – II ZR 102/07, BGHZ 179, 71 Rdnr. 14 = GmbHR 2009, 199 (zur AG).

300 *Habersack*, in: Ulmer/Habersack/Löbbe, Rdnr. 112 f.

301 Näher dazu *J. Vetter/Stadler*, Haftungsrisiken, Rdnr. 196 ff.; *Erne*, GWR 2010, 314, 316 f.; Formulierungsvorschlag bei *Weitzel/Socher*, ZIP 2010, 1069, 1070.

302 Bejahend mit guten Gründen *Lieder*, GmbHR 2009, 1177, 1184; *Schickerling/Blunk*, GmbHR 2009, 1294, 1299; vgl. zur Verantwortlichkeit des herrschenden Unternehmens für den Informationsfluss auch BGH v. 1.12.2008 – II ZR 102/07, BGHZ 179, 71 Rdnr. 14 = GmbHR 2009, 199 (zur AG); ferner *Altmeppen*, in: MünchKomm. AktG, 4. Aufl. 2015, § 311 AktG Rdnr. 246.

303 *Habersack*, in: Ulmer/Habersack/Löbbe, Rdnr. 113.

304 *J. Vetter/Stadler*, Haftungsrisiken, Rdnr. 195; *Erne*, GWR 2010, 314, 317; Formulierungsvorschlag bei *Weitzel/Socher*, ZIP 2010, 1069, 1070.

305 BGH v. 1.12.2008 – II ZR 102/07, BGHZ 179, 71 Rdnr. 20 = GmbHR 2009, 199 (zur AG).

dd) Fehlende Vollwertigkeit. Fehlt es im maßgeblichen Zeitpunkt an der Vollwertigkeit, ist   91
die Forderung also nach bilanziellen Maßstäben mit weniger als 100 % des Nennwerts anzusetzen, führt das ebenso wie bei Nichteinhaltung des Deckungsgebots (Rdnr. 83) dazu,
dass die Ausnahme des § 30 Abs. 1 Satz 2 Alt. 2 nicht eingreift und der Vorgang an den allgemeinen Grundsätzen des § 30 Abs. 1 Satz 1 zu messen ist. Fraglich ist allerdings, was das
konkret bedeutet, wenn die Forderung nach bilanziellen Maßstäben nicht mit null, sondern
immerhin mit einem Teilbetrag anzusetzen ist, weil ein darüber hinausgehender Forderungsausfall als unwahrscheinlich anzusehen ist (z.B. weil die Forderung immerhin teilweise werthaltig besichert ist oder weil die Leistungsfähigkeit des Gesellschafters aus anderen Gründen
nur bis zu einer bestimmten Grenze konkreten Zweifeln unterliegt). Nach zutreffender Ansicht ist die Forderung in einem solchen Fall ebenso wie in der Bilanz auch in der Unterbilanzrechnung nicht mit null, sondern **mit ihrem nach den Bilanzregeln abgeschriebenen
Wert** anzusetzen[306]. Teile des Schrifttums wollen dagegen eine nicht vollwertige Forderung
gegen den Gesellschafter für Zwecke des § 30 gänzlich unberücksichtigt lassen[307]. Sie verweisen darauf, dass ein lediglich anteiliger Bewertungsabschlag zu unsicher sei; zudem habe der
Gesetzgeber das Parallelproblem im Rahmen der Kapitalaufbringung (§ 19 Abs. 5, „Hin- und
Herzahlen") ausdrücklich im Sinne einer Alles-oder-nichts-Lösung entschieden[308]. Zu überzeugen vermögen diese Einwände jedoch nicht. Auch sonst werden Ansprüche gegen die Gesellschafter, deren volle Einbringlichkeit zweifelhaft erscheint (etwa offene Einlageansprüche), in der Unterbilanzrechnung nicht mit null, sondern mit ihrem nach den Bilanzregeln
abgeschriebenen Wert angesetzt (Rdnr. 63)[309]. Es bliebe unerfindlich, warum ausgerechnet
für Rückzahlungs- und Entgeltforderungen im Sinne des § 30 Abs. 1 Satz 2 Alt. 2 Abweichendes gelten sollte. Etwaige Bewertungsunsicherheiten sind nicht größer als in anderen
Fällen der bilanziellen Forderungsbewertung. Ein Verstoß gegen § 30 Abs. 1 Satz 1 liegt daher nur vor, wenn auch unter Berücksichtigung des bilanziellen Restwerts der Forderung das
Stammkapital nicht oder nicht mehr gedeckt ist.

ee) Nachträgliche Vollwertigkeit. Wenig diskutiert ist bisher der Fall, in dem der Rückzah-   92
lungsanspruch im Zeitpunkt der Ausreichung der Darlehensvaluta noch nicht vollwertig war
und die Ausreichung daher gegen § 30 Abs. 1 verstieß, der Rückzahlungsanspruch aber nachträglich doch noch vollwertig wird – sei es aufgrund einer Verbesserung der Vermögensverhältnisse des Gesellschafters, sei es aufgrund der nachträglichen Bestellung einer Sicherheit.
Die wenigen Stellungnahmen zu dieser Frage sind uneins, ob in diesem Fall der im Zeitpunkt
der Darlehensausreichung entstandene Anspruch aus § 31 Abs. 1 mit nachträglichem Eintritt
der Vollwertigkeit des Rückzahlungsanspruchs automatisch entfällt[310] oder fortbesteht[311]. Für
Letzteres lässt sich anführen, dass die Annahme, der bereits entstandene Anspruch aus § 31
Abs. 1 erlösche allein aufgrund der nachträglichen Vollwertigkeit der Rückzahlungsforderung,

306 *Mülbert/Leuschner*, NZG 2009, 281, 284; *J. Vetter*, in: Goette/Habersack, MoMiG, Rdnr. 4.51; *J. Flume*, GmbHR 2011, 1258, 1264; *Habersack*, in: Ulmer/Habersack/Löbbe, Rdnr. 103; *Diers*, in: Saen-
ger/Inhester, Rdnr. 100; *Heidinger*, in: Michalski u.a., Rdnr. 199; nunmehr auch *Ekkenga*, in:
MünchKomm. GmbHG, Rdnr. 242; ferner *Altmeppen*, in: Roth/Altmeppen, Rdnr. 113.
307 In diesem Sinne *Bormann/Urlichs*, in: GmbHR-Sonderheft MoMiG, 2008, S. 37, 48; *Fastrich*, in:
Baumbach/Hueck, Rdnr. 55; *Hommelhoff*, in: Lutter/Hommelhoff, Rdnr. 27.
308 Gegenäußerung der Bundesregierung, BT-Drucks. 16/6140, S. 76. Für § 19 Abs. 5 ist die Alles-
oder-nichts-Lösung auch unstreitig, s. § 19 Rdnr. 189; *Verse*, in: Henssler/Strohn, Gesellschaftsrecht, § 19 GmbHG Rdnr. 92.
309 *Ekkenga*, in: MünchKomm. GmbHG, Rdnr. 242.
310 So *Altmeppen*, in: Roth/Altmeppen, § 31 Rdnr. 18; *Altmeppen*, ZIP 2015, 1657, 1662: § 30 Abs. 1
Satz 2 Alt. 2 zumindest analog anwendbar; ihm folgend *Kuntz*, in: Gehrlein/Born/Simon, § 31
Rdnr. 17.
311 So *Bachmann/Hassner*, WuB II C. § 43a GmbHG 1.12 (S. 608), allerdings unter unzutr. Berufung
auf BGH v. 23.4.2012 – II ZR 252/10, BGHZ 193, 96 = GmbHR 2012, 740 Rdnr. 28 ff. (dort ging
es nicht um eine gegen § 30 verstoßende Darlehensvergabe, sondern eine andere, nicht vergleichbare Fallgestaltung; s. noch Rdnr. 92a); wohl auch *Gottschalk/Wighardt*, GWR 2012, 268.

im Gesetzeswortlaut keine Stütze findet. Zudem ist auch in dem vergleichbaren Fall des nachträglichen Wegfalls der Unterbilanz anerkannt, dass der Erstattungsanspruch bestehen bleibt (§ 31 Rdnr. 25). Geht man daher vom Fortbestand des Anspruchs aus § 31 Abs. 1 aus, kann die GmbH nach dieser Vorschrift die sofortige Rückzahlung verlangen. Zu bedenken ist dabei aber, dass der Darlehensvertrag trotz des ursprünglichen Verstoßes gegen § 30 Abs. 1 nicht nichtig ist (Rdnr. 120) und daher dem Gesellschafter nun, da kein konkretes Ausfallrisiko mehr besteht, seinerseits ein durchsetzbarer Anspruch auf Ausreichung des Darlehens aus dem Darlehensvertrag zusteht (vgl. § 31 Rdnr. 26). Um ein Hin- und Herzahlen der Darlehensvaluta zu vermeiden, kann die GmbH mit ihrem Erstattungsanspruch gegen den Auszahlungsanspruch des Gesellschafters aufrechnen[312]. Die Valuta bleibt dann beim Gesellschafter; dieser ist nach Maßgabe des Darlehensvertrags zur Rückzahlung verpflichtet.

92a **ff) Tilgung der nicht vollwertigen Forderung.** War der Rückzahlungsanspruch im Zeitpunkt der Ausreichung des Darlehens nicht vollwertig und verstieß die Darlehensvergabe daher gegen § 30 Abs. 1, führt die Rückzahlung des Darlehens nach zutreffender Ansicht dazu, dass sowohl der Anspruch aus § 31 Abs. 1 als auch der Darlehensrückzahlungsanspruch erlöschen (Anspruchskonkurrenz). Soweit demgegenüber im Schrifttum vertreten wird, der Gesellschafter müsse die Darlehensvaluta gleich doppelt zurückzahlen – einmal, um das Darlehen zu tilgen, und einmal, um den Anspruch aus § 31 Abs. 1 zu erfüllen[313] –, beruht dies auf einem Missverständnis eines BGH-Urteils, das einen anderen Fall betrifft. In dem vom BGH entschiedenen Fall bestand die verbotene Auszahlung nicht in der Darlehensvergabe, sondern in einer anderen Ausschüttung. In einem solchen Fall liegt auf der Hand, dass der Erstattungsanspruch aus § 31 Abs. 1 und der Darlehensrückzahlungsanspruch unabhängig voneinander bestehen und die Rückzahlung des Darlehens daher nur zum Erlöschen des letzteren Anspruchs führen kann[314]. Für den hier interessierenden Fall einer gegen § 30 verstoßenden Darlehensvergabe lässt sich daraus nichts ableiten. Im Gegenteil wäre eine Pflicht zur doppelten Rückzahlung evident überschießend. Aufgabe des § 31 ist es, Minderungen des Gesellschaftsvermögens auszugleichen, nicht aber, die GmbH und ihre Gläubiger mit einer Überkompensation zu beglücken.

e) Bedeutung der Verzinsung

93 Umstritten ist, welche Bedeutung der **Verzinsung** der Kreditgewährung im Rahmen des § 30 Abs. 1 Satz 2 Alt. 2 zukommt. In bilanzieller Hinsicht führt eine fehlende oder marktunüblich niedrige Verzinsung bei Kreditgewährungen mit einer Laufzeit von mehr als einem Jahr dazu, dass die Forderung zu diskontieren ist, während bei einer Laufzeit von bis zu einem Jahr die Forderung trotz fehlender oder unzulänglicher Verzinsung aus Vereinfachungsgründen zu 100 % angesetzt werden kann[315]. Eine verbreitete Ansicht im Schrifttum leitet daraus ab, dass Ausleihungen mit einer Laufzeit von bis zu einem Jahr selbst bei völlig fehlender Verzinsung nach § 30 Abs. 1 Satz 2 Alt. 2 unbedenklich seien, solange nur kein konkretes Ausfallrisiko besteht[316]. Zur Begründung wird angeführt, dass der Reformgesetzgeber in Bezug auf den Anspruch der Gesellschaft allein auf die bilanzielle Vollwertigkeit abgestellt

---

312 Dem Gesellschafter ist dagegen nach h.M. analog § 19 Abs. 2 Satz 2 die Aufrechnung verwehrt (§ 31 Rdnr. 74).

313 *Bachmann/Hassner*, WuB II C. § 43a GmbHG 1.12 (S. 608); *Nassall*, jurisPR-BGHZivilR 13/2012 Anm. 4 (unter lit. C); beide im Anschluss an BGH v. 23.4.2012 – II ZR 252/10, BGHZ 193, 96 = GmbHR 2012, 740 Rdnr. 28 ff.

314 BGH v. 23.4.2012 – II ZR 252/10, BGHZ 193, 96 = GmbHR 2012, 740 Rdnr. 27 ff., deutlich insbes. Rdnr. 31.

315 *Adler/Düring/Schmaltz*, § 253 HGB Rdnr. 532; *Schubert/Andrejewski/Roscher*, in: Beck'scher Bilanz-Kommentar, 10. Aufl. 2016, § 253 HGB Rdnr. 592.

316 *Brocker/Rockstroh*, BB 2009, 730, 732; *Drygala/Kremer*, ZIP 2007, 1289, 1293; *Kiefner/Theusinger*, NZG 2008, 801, 804; *Rothley/Weinberger*, NZG 2010, 1001, 1005; *Schmolke*, Kapitalerhaltung,

und auf einen Drittvergleich der übrigen Kreditkonditionen bewusst verzichtet habe. Wollte man dem folgen, müssten insbesondere Darlehensgewährungen im Cash Pool, die die Tochtergesellschaft kurzfristig zurückfordern kann, nicht verzinst werden[317].

Der genannten Ansicht ist jedoch nicht zu folgen. Die Verzinsung des Kredits ist vielmehr nach zutreffender Auffassung schon im Ansatz **von der Vollwertigkeit** im Sinne des § 30 Abs. 1 Satz 2 Alt. 2 **zu trennen** und gesondert **am Maßstab des Drittvergleichs** zu messen[318]. Hierfür spricht schon die Überlegung, dass es andernfalls möglich sein müsste, ein konkretes Ausfallrisiko durch einen erhöhten Zins auszugleichen, was aber der vom Gesetzgeber verfolgten Zielsetzung des § 30 Abs. 1 Satz 2 Alt. 2 ersichtlich nicht entspräche[319]. Vor allem aber lag es dem Gesetzgeber fern, zinslose Darlehen mit einer Laufzeit von bis zu einem Jahr zu privilegieren. Der Gesetzgeber wollte lediglich „wirtschaftlich sinnvolle" Leistungsbeziehungen zwischen Gesellschaft und Gesellschafter erleichtern und insbesondere das Cash Pooling auf eine rechtssichere Grundlage stellen (Rdnr. 78). Die Unsicherheiten, mit denen das Cash Pooling vor der Reform belastet war, beruhten jedoch nicht auf der Frage der Verzinsung. Es wäre auch durch nichts gerechtfertigt, warum ausgerechnet zinslose Kreditgewährungen gegenüber anderen unausgewogenen Austauschgeschäften privilegiert werden sollten. Nach Sinn und Zweck der Neuregelung ist deshalb davon auszugehen, dass mit der **Vollwertigkeit allein die Einbringlichkeit** der Forderung angesprochen ist. Nur insoweit eliminiert die Neuregelung den Drittvergleich und entlastet damit die Rechtsanwendung von der schwierigen Frage, unter welchen Umständen die Gesellschaft das Ausfallrisiko bei Drittgeschäften in Kauf nehmen würde. Bezüglich der Verzinsung muss es dagegen wie nach altem Recht dabei bleiben, dass die Kreditvergabe einem Drittvergleich standhalten muss. Ob man dieses Erfordernis mit in das Deckungsgebot (Rdnr. 81) hineinliest[320] oder aber § 30 Abs. 1 Satz 2 Alt. 2 einschränkend so auslegt, dass die Kreditgewährung nur hinsichtlich des Ausfallrisikos vom Drittvergleich nach § 30 Abs. 1 Satz 1 ausgenommen wird[321], macht im Ergebnis keinen Unterschied. Auf beiden Wegen gelangt man dazu, dass unabhängig von der Laufzeit des Kredits eine unzulängliche Verzinsung in Höhe der Differenz zum angemessenen Zins eine reale Vermögensminderung und damit eine Auszahlung im Sinne des § 30 Abs. 1 Satz 1 darstellt, die im Stadium der Unterbilanz verboten ist.

Bei der **Ermittlung des angemessenen Zinssatzes** ist den Parteien – wie sonst im Rahmen des Drittvergleichs auch (Rdnr. 19) – ein gewisser **Beurteilungsspielraum** zuzugestehen. Welchen Zins ein gewissenhafter, nach kaufmännischen Grundsätzen handelnder Geschäftsführer (§ 43 Abs. 1) von einem Dritten verlangen würde, hängt insbesondere davon ab, welche Kapitalerträge die Gesellschaft sonst erzielen könnte. Speziell für den **Cash Pool** wird teilweise vertreten, dass anstelle einer angemessenen Verzinsung eine hinreichende Gegenleistung auch darin bestehen könne, dass der Gesellschaft ihrerseits die Möglichkeit ge-

94

95

Rdnr. 98; *Wand/Tillmann/Heckenthaler*, AG 2010, 148, 152; die Grenze bei sechsmonatiger Laufzeit ziehend *Ekkenga*, in: MünchKomm. GmbHG, Rdnr. 252.

317 So speziell zum Cash Pooling auch *Fleischer*, in: Karsten Schmidt/Lutter, § 57 AktG Rdnr. 54.

318 *Fastrich*, in: Baumbach/Hueck, Rdnr. 56; *Habersack*, in: Ulmer/Habersack/Löbbe, Rdnr. 106; *Altmeppen*, in: Roth/Altmeppen, Rdnr. 119; *Cahn*, Der Konzern 2009, 67, 71; *Cahn/v. Spannenberg*, in: Spindler/Stilz, § 57 AktG Rdnr. 139 f.; *Mülbert/Leuschner*, NZG 2009, 281, 282 f.; *Mülbert/Sajnovits*, WM 2015, 2345, 2350 f.; im Ergebnis auch *J. Vetter*, in: Goette/Habersack, MoMiG, Rdnr. 4.66 f.; *Eusani*, GmbHR 2009, 795, 796 ff.; *Wirsch*, Der Konzern 2009, 443, 449. Für eine klare Trennung zwischen Ausfallrisiko und Verzinsung auch BGH v. 1.12.2008 – II ZR 102/07, BGHZ 179, 71 Rdnr. 17 = GmbHR 2009, 199 (zu § 311 AktG); dagegen jedoch *Hommelhoff*, in: Lutter/Hommelhoff, Rdnr. 30; *Kuntz*, Sicherheiten für Gesellschafterverbindlichkeiten, ZGR 6/2017 (im Erscheinen), unter III. 2 c).

319 *Habersack*, in: Ulmer/Habersack/Löbbe, Rdnr. 106; *Mülbert/Leuschner*, NZG 2009, 281, 284.

320 So *Cahn*, Der Konzern 2009, 67, 71; *Cahn/v. Spannenberg*, in: Spindler/Stilz, § 57 AktG Rdnr. 139 f.; *Eusani*, GmbHR 2009, 795, 800; *Mi. Winter*, DStR 2007, 1484, 1487.

321 So *Mülbert/Leuschner*, NZG 2009, 281, 283; *Habersack*, in: Ulmer/Habersack/Löbbe, Rdnr. 106.

währt wird, zinslos auf die Liquidität im Cash Pool zuzugreifen[322]. Dem wird man jedoch nur beitreten können, wenn zu erwarten ist, dass die Gesellschaft von dieser Möglichkeit in annähernd gleichem oder größerem Umfang Gebrauch machen wird, als sie dem Cash Pool umgekehrt Liquidität zur Verfügung stellt[323]. Dies im Vorhinein abzuschätzen wird aber kaum möglich sein[324]. Daher sehen die Cash-Management-Verträge in der Praxis regelmäßig eine Verzinsung vor. Da die Gesellschaft bei eigenem Liquiditätsbedarf die an den Cash Pool abgeführten Mittel jederzeit wieder zurückfordern kann, erscheint es grundsätzlich angemessen, sich bei der Bemessung des Zinssatzes an den für Tagesgeldeinlagen gebotenen Zinssätzen zu orientieren[325]. Sofern die an den Cash Pool abgeführten Beträge allerdings ein solches Volumen erreichen, dass mit einer kurzfristigen Rückforderung der Mittel aus dem Cash Pool nicht mehr zu rechnen ist, liegt es nahe, einen höheren Zinssatz anzusetzen. Im Schrifttum wird daher eine nach Kreditvolumen gestaffelte Verzinsung empfohlen[326].

f) Sicherheitenbestellung

96 **aa) Ausgangspunkt.** Bestellt die GmbH eine Sicherheit, um eine Verbindlichkeit des Gesellschafters (oder einer gleichgestellten Person, Rdnr. 49 ff.) gegenüber einem Dritten[327] abzusichern, spricht man von **aufsteigenden Sicherheiten.** Derartige Sicherheiten sind in der Praxis weit verbreitet; ihnen kommt insbesondere im Rahmen der Konzernfinanzierung (etwa zur Besicherung der Bankkredite der Betreibergesellschaft eines Cash Pools) und bei leveraged buy-out-Transaktionen (zur Besicherung der Bankverbindlichkeiten des Erwerbsvehikels) große Bedeutung zu. Im Ausgangspunkt besteht Einigkeit, dass solche Besicherungen an § 30 Abs. 1 zu messen sind. Zwar ist der Dritte nicht an die Kapitalschutzvorschriften gebunden, so dass er vorbehaltlich abweichender Abreden[328] die Sicherheit auch dann entgegennehmen und verwerten kann, wenn sich die Gesellschaft im Stadium der Unterbilanz befindet. Die Anwendbarkeit des § 30 Abs. 1 ergibt sich aber daraus, dass mit der Sicherheit für den Dritten im Außenverhältnis zugleich im Innenverhältnis dem Gesellschafter ein Vermögensvorteil zugewandt wird. Die Einzelheiten der Anwendung des § 30 Abs. 1 auf aufsteigende Sicherheiten sind zwar seit jeher umstritten; unlängst hat der BGH aber zumindest für dingliche Sicherheiten wesentliche Grundsatzfragen für die Praxis entschieden[329]. Die Rechtslage erschließt sich am besten, wenn man nach den einzelnen Zeitpunkten differenziert, in denen eine Auszahlung im Sinne des § 30 Abs. 1 vorliegen könnte.

97 **bb) Auszahlung durch Bestellung bzw. Verpflichtung zur Bestellung der Sicherheit.** Für dingliche Sicherheiten hat der BGH mit Recht entschieden, dass nicht erst die Verwertung, sondern bereits die Bestellung der Sicherheit als Auszahlung i.S. des § 30 Abs. 1 in Betracht kommt, da die übrigen Gläubiger der Gesellschaft ab diesem Zeitpunkt keinen Zugriff mehr auf das Sicherungsgut haben[330]. Ob sich die Sicherheitenbestellung schon in diesem Zeit-

---

322 *Altmeppen*, in: Roth/Altmeppen, Rdnr. 119; *Altmeppen*, in: MünchKomm. AktG, 3. Aufl. 2010, § 311 AktG Rdnr. 257; jeweils mit dem Zusatz, dass insoweit auf den Einzelfall abzustellen sei.
323 *Mülbert/Leuschner*, NZG 2009, 281, 283.
324 Ebenso *Mülbert/Leuschner*, NZG 2009, 281, 283: „kaum praktikabel"; ablehnend auch *Eusani*, GmbHR 2009, 795, 798; *Wirsch*, Der Konzern 2009, 443, 449 f.
325 *Wirsch*, Der Konzern 2009, 443, 448 f.; *Gärtner*, Die rechtlichen Grenzen der Zulässigkeit des Cash Pooling, S. 489 f.
326 *Wirsch*, Der Konzern 2009, 443, 448 f.
327 Zu dem Sonderfall, dass der Kreditgeber/Sicherungsnehmer seinerseits Gesellschafter ist, s. noch Rdnr. 104.
328 Zur sog. *limitation language* s. noch Rdnr. 103.
329 BGH v. 21.3.2017 – II ZR 93/16, GmbHR 2017, 643.
330 BGH v. 21.3.2017 – II ZR 93/16, GmbHR 2017, 643 Rdnr. 13 ff.; vgl. auch BGH v. 10.1.2017 – II ZR 94/15, AG 2017, 233 Rdnr. 15 (zur AG); aus dem Schrifttum etwa *Ekkenga*, in: MünchKomm. GmbHG, Rdnr. 140; *Fastrich*, in: Baumbach/Hueck, Rdnr. 61 m.w.N.

punkt in der Bilanz niederschlägt, ist für den Auszahlungsbegriff, wie der BGH zutreffend klargestellt hat, ohne Belang (Rdnr. 18a). Sofern sich die GmbH vorab gegenüber dem Dritten zur Bestellung der dinglichen Sicherheit verpflichtet hat, stellt sich die Frage, ob die Auszahlung sogar schon in der Eingehung dieser Verpflichtung zu sehen ist. Diese vom BGH bisher nicht entschiedene Frage ist nach zutreffender Ansicht zu bejahen[331], da die Eingehung einer Verbindlichkeit gegenüber einem Dritten auch sonst als Auszahlung anerkannt wird (Rdnr. 21). Dementsprechend ist auch bei schuldrechtlichen Sicherheiten (Bürgschaft, Schuldbeitritt etc.) anzunehmen, dass bereits mit Begründung des Einstandsversprechens eine Auszahlung vorliegt[332]. Ob die Bestellung der Sicherheit bzw. die Eingehung der Verpflichtung zur Gewährung der Sicherheit[333] mit § 30 Abs. 1 vereinbar ist, hängt folglich davon ab, ob bereits *in diesem Zeitpunkt* eine Unterbilanz entsteht oder die Leistung der Gesellschaft durch einen vollwertigen Freistellungsanspruch i.S. des § 30 Abs. 1 Satz 2 Alt. 2 gedeckt ist. Im Einzelnen ergibt sich daraus Folgendes:

Unproblematisch ist zunächst der Fall, dass sich die Gesellschaft auch unmittelbar nach der Sicherheitenbestellung weiterhin nicht im Stadium der Unterbilanz befindet (**Fallgruppe 1: keine Unterbilanz**). In diesem Fall ist die Sicherheitenbestellung schon nach § 30 Abs. 1 Satz 1 unbedenklich[334], so dass es auf die Ausnahme des § 30 Abs. 1 Satz 2 Alt. 2 nicht ankommt. Die Unterbilanzrechnung folgt dabei wie immer (Rdnr. 58 ff.) bilanziellen Grundsätzen. Die **bilanziellen Auswirkungen der Sicherheitenbestellung** hängen ihrerseits davon ab, ob bereits in diesem Zeitpunkt wahrscheinlich, d.h. ernsthaft damit zu rechnen ist, dass es zu einer Verwertung der Sicherheit kommen wird[335]. Ist das nicht der Fall, ist die Sicherheit nach §§ 251, 268 Abs. 7 HGB nur unter der Bilanz (**„unter dem Strich"**) zu vermerken, so dass sich das für die Unterbilanzrechnung maßgebliche bilanzielle Nettoaktivvermögen nicht vermindert[336]. Andernfalls ist eine Rückstellung (§ 249 HGB) zu bilden oder, soweit die Inanspruchnahme der Sicherheit bereits gewiss ist, eine Verbindlichkeit auszuweisen. Dann stellt sich die Frage, ob dieser Passivposten durch Aktivierung eines bilanziell vollwertigen Freistellungsanspruchs gegen den Gesellschafter wieder ausgeglichen wird. Letzteres wird aber kaum jemals der Fall sein; denn wenn die zukünftige Verwertung der Sicherheit wahrscheinlich ist, wird dies regelmäßig dem Umstand geschuldet sein, dass konkrete Zwei-

---

331 *Habersack*, in: Ulmer/Habersack/Löbbe, Rdnr. 96, 110; *Schmolke*, Kapitalerhaltung, Rdnr. 105 a.E.; a.A. *Kuntz*, in: Gehrlein/Born/Simon, Rdnr. 48 a.E.; *Mi. Winter*, DStR 2007, 1484, 1488.

332 *Habersack*, in: Ulmer/Habersack/Löbbe, Rdnr. 96, 110; im Erg. auch *Kiefner/Bochum*, NZG 2017 (im Erscheinen), unter III.5.; a.A. *Ekkenga*, in: MünchKomm. GmbHG, Rdnr. 140; *Kuntz*, in: Gehrlein/Born/Simon, Rdnr. 48; beide mit Hinweis auf die Entscheidung BGH v. 18.6.2007 – II ZR 86/06, BGHZ 173, 1, die jedoch nicht den hier interessierenden Fall einer Sicherheitengewährung an einen außenstehenden Dritten betrifft, sondern den Sonderfall, dass der Sicherungsnehmer seinerseits Gesellschafter der GmbH ist (Rdnr. 104).

333 Im Folgenden ist der sprachlichen Vereinfachung halber nur noch von Bestellung der Sicherheit die Rede.

334 Statt aller *J. Vetter*, in: Goette/Habersack, MoMiG, Rdnr. 4.78.

335 Nach der Rechtsprechung des BFH soll eine Rückstellung erst zu bilden sein, wenn eine überwiegende Wahrscheinlichkeit (50%+x) für die Inanspruchnahme spricht; vgl. BFH v. 19.10.2005 – XI R 64/04, NZG 2006, 359; *Hennrichs*, in: MünchKomm. BilanzR, § 249 HGB Rdnr. 50; aus guten Gründen kritisch dazu (BFH-Rechtsprechung mit Vorsichtsprinzip unvereinbar) *Adler/Düring/Schmaltz*, § 249 HGB Rdnr. 75; *Merkt*, in Baumbach/Hopt, § 249 HGB Rdnr. 2; ferner *Kiefner/Bochum*, NZG 2017 (im Erscheinen), unter III.4. („25%+x") m.w.N.

336 *Habersack*, in: Ulmer/Habersack/Löbbe, Rdnr. 97; *Baums*, Recht der Unternehmensfinanzierung, § 43 Rdnr. 100 f.; *Kruis*, in: Sernetz/Kruis, Kapitalaufbringung und -erhaltung, Rdnr. 841 m.w.N.; a.A. *Hommelhoff*, in: Lutter/Hommelhoff, Rdnr. 35 f.: Für Zwecke der Unterbilanzrechnung sei trotz § 251 HGB stets zu fingieren, dass die Gesellschaft aus der Sicherheit in Anspruch genommen wird. Letzteres überzeugt jedoch nicht, da man dann auch bei der Kreditvergabe an Gesellschafter stets die Uneinbringlichkeit der Rückzahlungsforderung fingieren müsste, was mit § 30 Abs. 1 Satz 2 Alt. 2 offensichtlich unvereinbar ist; wie hier *Habersack*, in: Ulmer/Habersack/Löbbe, Rdnr. 98.

97a

fel an der finanziellen Leistungsfähigkeit des Gesellschafters bestehen, so dass der Freistellungsanspruch nicht vollwertig ist. Wenn der Gesellschaft gleichwohl noch Nettoaktivvermögen in Höhe des Stammkapitals verbleibt, bleibt es freilich bei der Unbedenklichkeit der Sicherheitenbestellung.

98 Führt die Sicherheitenbestellung dagegen zu einer Unterbilanz oder vertieft sie diese noch, weil nach den genannten Grundsätzen ein Passivposten zu bilden ist, der nicht durch einen vollwertigen Freistellungsanspruch ausgeglichen wird und der Gesellschaft kein hinreichendes Nettoaktivvermögen mehr verbleibt (**Fallgruppe 2: Herbeiführung oder Vertiefung einer Unterbilanz**), liegt darin zweifelsfrei ein Verstoß gegen § 30 Abs. 1 Satz 1, an dem mangels Vollwertigkeit des Freistellungsanspruchs auch § 30 Abs. 1 Satz 2 Alt. 2 nichts zu ändern vermag[337].

99 Diskussionswürdig ist daher im Zeitpunkt der Sicherheitenbestellung nur der Fall, dass bereits eine Unterbilanz vorliegt und die Sicherheitenbestellung nicht zu einer weiteren Vertiefung der Unterbilanz führt, sei es, weil wegen der Bonität des Schuldners/Gesellschafters schon nicht mit einer Inanspruchnahme der Sicherheit zu rechnen ist, sei es, weil ausnahmsweise trotz konkreter Anhaltspunkte für eine drohende Verwertung ein vollwertiger Freistellungsanspruch gegen den Gesellschafter besteht (**Fallgruppe 3: bereits bestehende, aber nicht weiter vertiefte Unterbilanz**). Für diesen Fall wird im Schrifttum teilweise ohne weiteres eine verbotene Auszahlung angenommen, da im Stadium der Unterbilanz jede Vermögensminderung verboten sei[338]. Dieser Ansicht ist jedoch zu widersprechen, da sie der – nunmehr auch vom BGH anerkannten[339] – **Wertungsparallele zwischen aufsteigenden Sicherheiten und aufsteigenden Kreditvergaben** im Sinne des § 30 Abs. 1 Satz 2 Alt. 2 nicht Rechnung trägt[340]. Aus Sicht der Gläubiger macht es keinen Unterschied, ob die Gesellschaft dem Gesellschafter ein Darlehen gewährt oder für ihn eine Sicherheit bestellt. In beiden Fällen trägt sie das Risiko der Insolvenz des Gesellschafters in gleicher Weise, im einen Fall hinsichtlich ihres Darlehensanspruchs, im anderen Fall hinsichtlich ihres für den Fall der Verwertung der Sicherheit bestehenden Rückgriffsanspruchs[341]. Es wäre daher wertungswidersprüchlich, beide Fälle ungleich zu behandeln. Entsprechend der Rechtslage bei aufsteigender Kreditvergabe kommt es vielmehr darauf an, ob die Bestellung der Sicherheit in diesem Zeitpunkt durch einen i.S. des § 30 Abs. 1 Satz 2 Alt. 2 vollwertigen Freistellungsanspruch gedeckt ist[342]. Der Maßstab der Vollwertigkeit bestimmt sich dabei nach den auch sonst anerkannten Grundsätzen; nur ein **konkretes Ausfallrisiko** in dem beschriebenen Sinn (Rdnr. 85 ff.) lässt die Vollwertigkeit entfallen.

100 Eine von der eigentlichen Sicherheitenbestellung zu trennende, eigenständig an § 30 Abs. 1 Satz 1 zu messende Auszahlung liegt allerdings auch bei Fehlen eines konkreten Ausfallrisikos vor, wenn der Gesellschaft keine **angemessene Avalprovision** gewährt wird[343]. Auch insoweit besteht eine Parallele zur Kreditvergabe, wo die Frage der angemessenen Verzinsung

---

337 Allg. M.; s. nur *J. Vetter*, in: Goette/Habersack, MoMiG, Rdnr. 4.77.
338 *J. Vetter*, in: Goette/Habersack, MoMiG, Rdnr. 4.76 f.
339 BGH v. 21.3.2017 – II ZR 93/16, GmbHR 2017, 643 Rdnr. 15.
340 Diese Wertungsparallele betonen auch *Drygala/Kremer*, ZIP 2007, 1289, 1295; *Fleischer*, in: Karsten Schmidt/Lutter, § 57 AktG Rdnr. 59 (zur AG); *Freitag*, Der Konzern 2011, 330, 331 f.; *Habersack*, in: Ulmer/Habersack/Löbbe, Rdnr. 96; *Kramer*; Kapitalerhaltung S. 50 ff.; *Schmolke*, Kapitalerhaltung, Rdnr. 104; kritisch aber *Fastrich*, in: Baumbach/Hueck, Rdnr. 62; *Altmeppen*, ZIP 2017, 1977, 1980.
341 Sehr deutlich bereits *Schön*, ZHR 159 (1995), 351, 360: „Wirtschaftlich übernimmt die Tochtergesellschaft mit der Bestellung einer Kreditsicherheit das Insolvenzrisiko ihres Gesellschafters in derselben Weise wie durch Hingabe eines ungesicherten Darlehens."
342 BGH v. 21.3.2017 – II ZR 93/16, GmbHR 2017, 643 Rdnr. 18 ff.; *Habersack*, in: Ulmer/Habersack/Löbbe, Rdnr. 96; *Schmolke*, Kapitalerhaltung, Rdnr. 105.
343 *Altmeppen*, in: Roth/Altmeppen, Rdnr. 126; *Baums*, Recht der Unternehmensfinanzierung, § 43 Rdnr. 105; *Ekkenga*, in: MünchKomm. GmbHG, Rdnr. 141; zur AG *Bayer*, in: MünchKomm. AktG, 4. Aufl. 2016, § 57 AktG Rdnr. 191 m.w.N.; abw *Habersack*, in: Ulmer/Habersack/Löbbe, Rdnr. 98.

ebenfalls von derjenigen der Vollwertigkeit zu trennen ist (Rdnr. 94). Die Höhe der Auszahlung ergibt sich dann aus der Differenz zwischen der vereinbarten und der angemessenen, d.h. einem Drittvergleich standhaltenden Avalprovision[344].

cc) Auszahlung durch „Stehenlassen" des Freistellungsanspruchs? Aus der Wertungsparallele zur Kreditgewährung folgt des Weiteren, dass die Geschäftsführer nach der Sicherheitenbestellung das Ausfallrisiko ebenso überwachen müssen wie nach Ausreichung eines Darlehens an den Gesellschafter[345]. Auf das zur Kreditvergabe Gesagte (Rdnr. 88) kann daher auch insoweit Bezug genommen werden. Zeigt sich eine wesentliche Verschlechterung der Vermögensverhältnisse des Gesellschafters, sind die Geschäftsführer gehalten, gegenüber dem Gesellschafter auf Freistellung zu dringen. Ein entsprechender Freistellungsanspruch ergibt sich bei Bürgschaften unmittelbar aus § 775 Abs. 1 Nr. 1 BGB, ist aber nach richtiger Ansicht auch bei anderen Sicherheiten anzuerkennen[346]. Wird dieser Anspruch nicht geltend gemacht, stellt sich die Frage, ob auch in diesem Unterlassen („Stehenlassen" des Anspruchs) eine an § 30 Abs. 1 zu messende Auszahlung liegen kann. Diese Frage ist ebenso zu beantworten wie im Parallelfall der Kreditvergabe; nach hier vertretener Ansicht ist sie zu bejahen, sofern sich die Geschäftsführer trotz Kenntnis des bestehenden Anspruchs bewusst dafür entscheiden, den Anspruch nicht geltend zu machen (str., s. Rdnr. 88). | 101

dd) Auszahlung durch Verwertung der Sicherheit? Damit bleibt die Frage, ob eine Auszahlung auch noch in der Verwertung der Sicherheit erblickt werden kann. Im Schrifttum wurde dies bisher verbreitet angenommen, da der zeitlich gestreckte Sachverhalt der Besicherung erst mit der Verwertung der Sicherheit abgeschlossen sei und bei Ausblendung des Verwertungszeitpunkts Lücken im Gläubigerschutz entstünden[347]. Teilweise wurde stattdessen auch auf den Zeitpunkt abgestellt, in dem die Verwertung mit Wahrscheinlichkeit droht, die Besicherung mithin bilanzwirksam wird[348]. In der Konsequenz dieser Ansichten liegt es, dass auch im Zeitpunkt der (drohenden) Verwertung keine Unterbilanz bestehen oder eintreten darf. Andernfalls läge ein Verstoß gegen § 30 Abs. 1 Satz 1 vor, an dem auch § 30 Abs. 1 Satz 2 Alt. 2 regelmäßig nichts mehr ändern könnte, da im Zeitpunkt der (drohenden) Verwertung in aller Regel kein vollwertiger Freistellungs- bzw. Rückgriffsanspruch gegen den Gesellschafter mehr bestehen wird. | 102

Der BGH hat diesen Auffassungen jedoch – jedenfalls für dingliche Sicherheiten – eine Absage erteilt und klargestellt, dass es **auf den Zeitpunkt der Verwertung** oder der drohenden Verwertung der Sicherheit **nicht ankommt**[349]. Diese Auffassung verdient Zustimmung, und zwar nicht nur für den vom BGH entschiedenen Fall der dinglichen Sicherheiten, sondern auch für schuldrechtliche Sicherheiten[350]. Den Ausschlag muss auch hier wieder die vom | 103

---

344 Näher dazu *Kramer*, Kapitalerhaltung, S. 92 ff., 98 ff.
345 *Fastrich*, in: Baumbach/Hueck, Rdnr. 63; *Theusinger/Kapteina*, NZG 2011, 881, 886.
346 *Habersack*, in: MünchKomm. BGB, 7. Aufl. 2017, § 775 BGB Rdnr. 3; *Schön*, ZHR 159 (1995), 351, 355; jeweils m.w.N. auch zur Gegenansicht.
347 So mit Unterschieden im Einzelnen *J. Vetter*, in: Goette/Habersack, MoMiG, Rdnr. 4.79 ff.; *Grigoleit/Rieder*, MoMiG, Rdnr. 217; *Komo*, GmbHR 2010, 230, 233 f.; *Erne*, GWR 2012, 503, 504; für schuldrechtliche, nicht aber für dingliche Sicherheiten auch *Ekkenga*, in: MünchKomm. GmbHG, Rdnr. 140; *Kuntz*, in: Gehrlein/Born/Simon, Rdnr. 48.
348 *Desch*, in: Bunnemann/Zirngibl, Die Gesellschaft mit beschränkter Haftung in der Praxis, 2. Aufl. 2011, § 7 Rdnr. 119 ff.; *Söhner*, ZIP 2011, 2085, 2088; *Tillmann*, NZG 2008, 401, 404 f. (mit Fn. 45); *Möller*, Upstream-Kreditsicherheiten, S. 110 ff.; zum alten Recht (vor MoMiG) auch *Dampf*, Der Konzern 2007, 157, 165, 167.
349 BGH v. 21.3.2017 – II ZR 93/16, GmbHR 2017, 643 Rdnr. 17 ff., 24 ff.; ebenso bereits 11. Aufl.
350 Ohne Unterscheidung zwischen dinglichen und schuldrechtlichen Sicherheiten auch OLG Frankfurt a.M. v. 8.11.2013 – 24 U 80/13, NZI 2014, 363, 365 (obiter); *Drygala/Kremer*, ZIP 2007, 1289, 1295; *J. Flume*, GmbHR 2011, 1258, 1264; *Habersack*, in: Ulmer/Habersack/Löbbe, Rdnr. 110; *Schmolke*, Kapitalerhaltung, Rdnr. 105; *Theusinger/Kapteina*, NZG 2011, 881, 883 f.; *Kiefner/Bochum*, NZG 2017 (im Erscheinen), unter III.5.; zur AG *Fleischer*, in: Karsten Schmidt/Lutter, § 57

BGH mit Recht betonte[351] Wertungsparallele zur Kreditvergabe geben, bei der es ebenfalls nur auf den Zeitpunkt der Kreditvergabe (und ggf. das bewusste Stehenlassen des Rückzahlungsanspruchs) ankommt (Rdnr. 88), nicht aber auf den späteren Zeitpunkt, in dem sich das Ausfallrisiko endgültig realisiert. Der Wertungsparallele zur Kreditvergabe lässt sich insbesondere nicht entgegenhalten, dass es der GmbH anders als bei der Kreditvergabe nicht möglich sei, auf eine wesentliche Verschlechterung der Vermögensverhältnisse des Gesellschafters mit einer Kündigung zu reagieren[352]. Vielmehr stellt der Freistellungsanspruch der GmbH gegen den Gesellschafter (Rdnr. 101) das Pendant zur Kündigungsmöglichkeit im Rahmen der Kreditvergabe dar[353]. Dass der Freistellungsanspruch bei Vermögensverfall des Gesellschafters nicht immer durchsetzbar sein wird, ändert daran nichts, da es sich bei dem Rückzahlungsanspruch nach außerordentlicher Kündigung eines Darlehens ganz genauso verhält. Kommt es nach alledem weder bei dinglichen noch bei schuldrechtlichen Sicherheiten auf den Zeitpunkt der Verwertung an, so ergibt sich daraus zugleich, dass es einer sog. **limitation language** – also einer Abrede im Sicherungsvertrag, der zufolge die Verwertung der Sicherheit nicht erfolgen darf, soweit sie zur Entstehung oder Vertiefung einer Unterbilanz führen würde[354] – sub specie des § 30 nicht zwingend bedarf[355].

104 **ee) Sonderfall: Gesellschafter als Sicherungsnehmer.** Die vorstehenden Ausführungen bezogen sich auf den Fall, dass die Sicherheit einem Dritten gewährt wird. Denkbar ist aber natürlich auch, dass die Gesellschaft ihrem Gesellschafter eine Sicherheit bestellt, um dessen Forderung gegen einen Mitgesellschafter oder einen Dritten zu sichern. Diese Konstellation hat die höchstrichterliche Rechtsprechung im Zusammenhang mit Geschäftsanteilsveräußerungen, bei denen es um die Absicherung der Kaufpreisforderung des veräußernden Gesellschafters ging, wiederholt beschäftigt[356]. Weithin Einigkeit besteht, dass in dieser Konstellation jedenfalls bei **schuldrechtlichen Sicherheiten** (z.B. Bürgschaft, Schuldbeitritt) eine Auszahlung nicht schon mit Begründung der Einstandspflicht, sondern erst im Zeitpunkt der Erfüllung anzunehmen ist[357]. Dies entspricht dem allgemeinen Grundsatz, dass nicht schon in der Eingehung einer Verbindlichkeit gegenüber dem Gesellschafter, sondern erst in deren Erfüllung

---

AktG Rdnr. 61 m.w.N.; a.A. für schuldrechtliche Sicherheiten aber *Ekkenga*, in: MünchKomm. GmbHG, Rdnr. 140; *Kuntz*, in: Gehrlein/Born/Simon, Rdnr. 48; beide unter Hinweis auf die Entscheidung BGH v. 18.6.2007 – II ZR 86/06, BGHZ 173, 1, die aber nicht den hier interessierenden Fall einer Sicherheitengewährung an einen außenstehenden Dritten betrifft, sondern den Sonderfall, dass der Sicherungsnehmer seinerseits Gesellschafter der GmbH ist (Rdnr. 104).

351 BGH v. 21.3.2017 – II ZR 93/16, GmbHR 2017, 643 Rdnr. 15, 21, 26.

352 So aber *Grigoleit/Rieder*, MoMiG, Rdnr. 217 a.E.; *Altmeppen*, ZIP 2017, 1977, 1980.

353 *Habersack*, in: Ulmer/Habersack/Löbbe, Rdnr. 98.

354 Näher zu Inhalt und Ausgestaltung derartiger Abreden *Diem*, Akquisitionsfinanzierung, 3. Aufl. 2013, § 43 Rdnr. 94 ff.; *Winkler/Becker*, ZIP 2009, 2361 ff.; *Erne*, GWR 2012, 503, 505 f. Zu den Auswirkungen einer „limitation language" in der Insolvenz der GmbH einerseits OLG Frankfurt a.M. v. 8.11.2013 – 24 U 80/13, NZI 2014, 363; *Pleister*, ZIP 2015, 1097, 1100 f.; andererseits *Undritz/Degenhart*, NZI 2015, 348, 353 f.; *Heerma/R. Bergmann*, ZIP 2017, 803, 806 ff.

355 Ebenso *Habersack*, in: Ulmer/Habersack/Löbbe, Rdnr. 98; *Freitag*, Der Konzern 2011, 330, 336; *Bormann*, GmbHR 2017, 646, 647. Dass vorsichtige Geschäftsführer u.U. dennoch versuchen werden, auf einer „limitation language" zu bestehen, sei es, weil sie sich vor dem Risiko einer Fehleinschätzung der Vollwertigkeit des Freistellungsanspruchs schützen wollen, sei es, weil – in Bezug auf schuldrechtliche Sicherheiten – die Rechtslage noch nicht höchstrichterlich geklärt ist, steht auf einem anderen Blatt; dazu *Heerma/R. Bergmann*, ZIP 2017, 1261, 1263 f.; *Becker*, ZIP 2017, 1599, 1606 ff.

356 RG v. 23.10.1931 – II 67/31, RGZ 133, 393 ff.; RG v. 22.4.1932 – II 349/31, RGZ 136, 261 ff.; RG v. 15.12.1941 – II 103/41, RGZ 168, 292, 297 ff.; BGH v. 18.6.2007 – II ZR 86/06, BGHZ 173, 1 ff. = GmbHR 2007, 1102 mit Anm. *Bormann* = DStR 2007, 1874 mit Anm. *Goette*.

357 *Fastrich*, in: Baumbach/Hueck, Rdnr. 60; *Habersack*, in: Ulmer/Habersack/Löbbe, Rdnr. 100; *Schmolke*, Kapitalerhaltung, Rdnr. 106; zur AG *Fleischer*, in: Karsten Schmidt/Lutter, § 57 AktG Rdnr. 61; vor MoMiG auch BGH v. 18.6.2007 – II ZR 86/06, BGHZ 173, 1 Rdnr. 24 = GmbHR 2007, 1102.

eine Auszahlung liegt, da die Gesellschaft die Verbindlichkeit in der Zone der Unterbilanz nicht erfüllen muss und darf (Rdnr. 21). Darin liegt der entscheidende Unterschied zu einer schuldrechtlichen Sicherheit für einen außenstehenden Dritten, die auch im Stadium der Unterbilanz erfüllt werden muss, da der Dritte nicht an die Kapitalschutzvorschriften gebunden ist. Bei dinglichen Sicherheiten für einen Gesellschafter/Sicherungsnehmer ist dagegen umstritten, ob es auf den Zeitpunkt der Bestellung der Sicherheit oder (auch) den der Verwertung ankommt[358]. Für Ersteres mag man anführen, dass das Sicherungsgut bei dinglichen Sicherheiten bereits im Bestellungszeitpunkt aus dem Gesellschaftsvermögen ausscheidet (Sicherungsübereignung, -abtretung) oder mit einem beschränkt-dinglichen Recht belastet wird (Pfandrecht, Grundpfandrecht). Bedenkt man jedoch, dass der Gegenstand auch danach noch den schuldrechtlichen Bindungen aus dem Sicherungsvertrag zwischen Gesellschaft und Gesellschafter unterliegt, kann man in einem weiteren Sinn davon sprechen, dass sich der Vermögenstransfer zwischen Gesellschaft und Gesellschafter erst mit der Verwertung endgültig vollzieht und daher noch bis zu diesem Zeitpunkt unter dem Vorbehalt des § 30 Abs. 1 stehen muss.

ff) Rechtsfolgen von Verstößen. Verstößt die Bestellung einer Sicherheit an einen **Dritten** 105 gegen die Kapitalbindung, ist der Gesellschafter/Schuldner im Innenverhältnis zur GmbH nach § 31 Abs. 1 verpflichtet, die GmbH vor der Verwertung **von der Belastung zu befreien**[359]. Stimmt der Dritte der Ablösung der Sicherheit nicht zu (wozu er mangels Bindung an die Kapitalschutzvorschriften grundsätzlich nicht verpflichtet ist), muss die Befreiung im Innenverhältnis durch Gewährung einer Sicherheit des Gesellschafters an die GmbH erfolgen, damit sich die GmbH im Fall der Verwertung der von ihr bestellten Sicherheit schadlos halten kann[360]. Dagegen führt der Verstoß gegen § 30 Abs. 1 nicht zur Unwirksamkeit der Sicherheitenbestellung im Außenverhältnis zum Dritten, auch nicht über die Grundsätze vom Missbrauch der Vertretungsmacht (Rdnr. 120 ff.). Äußerstenfalls kann allerdings die Schwelle zur Sittenwidrigkeit (§ 138 Abs. 1 BGB) überschritten sein (Rdnr. 124). Kommt es zur Verwertung der wirksam bestellten Sicherheit, hat die GmbH Ansprüche gegen den begünstigten Gesellschafter (§ 31 Abs. 1), ggf. dessen Mitgesellschafter (§ 31 Abs. 3) und die Geschäftsführer (§ 43 Abs. 3), nicht aber gegen den Sicherungsnehmer.

Ist dagegen keinem Dritten, sondern einem **Gesellschafter** eine Sicherheit aus dem Gesellschaftsvermögen bestellt worden, so liegt darin nach dem Gesagten noch keine verbotene Auszahlung (Rdnr. 104). Die Sicherheit darf aber nicht verwertet werden, solange sich die Gesellschaft im Stadium der Unterbilanz befindet oder eine Unterbilanz durch die Verwertung herbeigeführt würde. Sonst werden auch hier die Ansprüche aus §§ 31 Abs. 1, Abs. 3, 43 Abs. 3 gegen die Gesellschafter und die Geschäftsführer ausgelöst. 106

3. Rückgewähr von Gesellschafterdarlehen (§ 30 Abs. 1 Satz 3)

a) Neuordnung des Rechts der Gesellschafterdarlehen durch das MoMiG

Die dritte Ausnahme vom Auszahlungsverbot, die das MoMiG (Rdnr. 1) eingeführt hat, bezieht sich auf die Rückgewähr von Gesellschafterdarlehen und Leistungen auf Forderungen, 107

---

358 Für Ersteres *Habersack*, in: Ulmer/Habersack/Löbbe, Rdnr. 100; *Kuntz*, in: Gehrlein/Born/Simon, Rdnr. 47; *Schmolke*, Kapitalerhaltung, Rdnr. 107; zur AG *Fleischer*, in: Karsten Schmidt/Lutter, § 57 AktG Rdnr. 61; für Letzteres *Fastrich*, in: Baumbach/Hueck/Fastrich, Rdnr. 60; vor dem MoMiG auch RG v. 23.10.1931 – II 67/31, RGZ 133, 393, 395; sowie BGH v. 18.6.2007 – II ZR 86/06, BGHZ 173, 1 Rdnr. 25 = GmbHR 2007, 1102, wo offengelassen wird, ob die Bestellung einer Sicherheit für den Gesellschafter/Sicherungsnehmer bereits eine Auszahlung darstellt, da jedenfalls der spätere Akt der Verwertung eine Auszahlung bewirkt habe.

359 *Altmeppen*, in: Roth/Altmeppen, Rdnr. 163.

360 *Altmeppen*, in: Roth/Altmeppen, Rdnr. 163.

die einem Gesellschafterdarlehen wirtschaftlich entsprechen (**§ 30 Abs. 1 Satz 3**, vgl. auch § 57 Abs. 1 Satz 4 AktG). Diese Vorschrift dient der **Abschaffung der Rechtsprechungsregeln zu den eigenkapitalersetzenden Gesellschafterdarlehen**[361]. Diese Regeln beruhten auf dem Grundgedanken, dass die Gesellschafter ihre GmbH im Stadium der Krise, d.h. bei fehlender Kreditwürdigkeit, nur durch die Zuführung von Eigenkapital oder ihm gleichstehender Mittel stützen dürfen, um ein Spekulieren zum Nachteil der Gläubiger zu verhindern. Daher wurde Gesellschafterdarlehen, die der GmbH im Stadium der Krise gewährt oder belassen („stehen gelassen") wurden, eigenkapitalersetzende Funktion zuerkannt mit der Folge, dass sie (einschließlich Zinsen) **analog § 30 Abs. 1** nur zurückgezahlt werden durften, wenn im Zeitpunkt der Rückzahlung das Stammkapital gedeckt war; widrigenfalls konnte die Rückzahlung nach § 31 zurückgefordert werden[362]. Entsprechendes galt für Fälle der mittelbaren Gesellschafterfinanzierung durch eigenkapitalersetzende Sicherheitsleistungen (gesellschafterbesicherte Drittdarlehen)[363]. Vor dem MoMiG konkurrierten diese Rechtsprechungsregeln mit den auf die GmbH-Novelle von 1980 zurückgehenden gesetzlichen Vorschriften über eigenkapitalersetzende Darlehen, die insbesondere in §§ 32a, b a.F. und § 135 InsO, § 6 AnfG a.F. geregelt waren (sog. Novellenregeln). Daraus ergab sich ein kompliziertes Nebeneinander von Rechtsprechungs- und Novellenregeln, dem der MoMiG-Gesetzgeber **im Interesse der Rechtsvereinfachung** ein Ende gesetzt hat[364].

108 Der Gesetzgeber hat freilich nicht nur die Rechtsprechungsregeln abgeschafft, sondern – aufbauend auf Vorarbeiten im Schrifttum[365] – auch die gesetzlichen Vorschriften über Gesellschafterdarlehen **von Grund auf reformiert**, indem er sich von dem früher zentralen Kriterium der Kreditvergabe bzw. -belassung in der Krise verabschiedet und damit die Rechtsfigur des eigenkapitalersetzenden Darlehens insgesamt aufgegeben hat[366]. Stattdessen bestimmt die neue Regelung nicht nur für eigenkapitalersetzende, sondern vorbehaltlich des Sanierungs- und des Kleinbeteiligtenprivilegs (§ 39 Abs. 4 Satz 2, Abs. 5 InsO) für *sämtliche* Gesellschafterdarlehen, dass sie in der Insolvenz nachrangig sind (§ 39 Abs. 1 Nr. 5 InsO) und Rückzahlungen innerhalb eines Jahres vor der Insolvenzantragstellung der Anfechtung unterliegen (§ 135 Abs. 1 Nr. 2 InsO, § 6 Abs. 1 Satz 1 Nr. 2 AnfG). Die Regeln zur mittelbaren Gesellschafterfinanzierung finden sich nunmehr in §§ 44a, 135 Abs. 2, 143 Abs. 3 InsO und §§ 6a, 11 Abs. 3 AnfG. Wegen aller Einzelheiten kann auf die Darstellung an anderer Stelle Bezug genommen werden (s. Erl. im Anh. § 64).

b) Folgen für die Kapitalerhaltung

109 Aus § 30 Abs. 1 Satz 3 folgt, dass die GmbH einem Gesellschafter, der vor Eintritt der Insolvenz die Rückzahlung eines fälligen Gesellschafterdarlehens verlangt, **keine Einwendung analog § 30** mehr entgegenhalten kann[367]. Das gilt auch für die Zinsen, es sei denn, diese halten einem Drittvergleich nicht stand und begründen deshalb einen eigenen Verstoß gegen § 30 Abs. 1 Satz 1 (Rdnr. 22)[368]. Zahlt die GmbH das Darlehen ohne betriebliche Veranlassung vor Fälligkeit zurück und entsteht ihr hierdurch ein Nachteil, wird man allerdings ungeachtet des § 30 Abs. 1 Satz 3 auch darin eine an § 30 Abs. 1 Satz 1 zu messende Auszahlung

---

361 Begr. RegE MoMiG, BT-Drucks. 16/6140, S. 42.
362 Erstmals BGH v. 14.12.1959 – II ZR 187/57, BGHZ 31, 258, 272 f. = GmbHR 1960, 43; eingehende Darstellung der Rechtsprechungsregeln in 10. Aufl., §§ 32a, b Rdnr. 77 ff.
363 *Habersack*, in: Ulmer/Habersack/Winter, 1. Aufl. 2006, §§ 32a, b Rdnr. 212, 224.
364 Begr. RegE MoMiG, BT-Drucks. 16/6140, S. 42.
365 Grundlegend *Huber/Habersack*, BB 2006, 1 ff.
366 Begr. RegE MoMiG, BT-Drucks. 16/6140, S. 42: „Die Rechtsfigur des eigenkapitalersetzenden Gesellschafterdarlehens wird damit aufgegeben".
367 Begr. RegE MoMiG, BT-Drucks. 16/6140, S. 42.
368 *Habersack*, in: Ulmer/Habersack/Löbbe, Rdnr. 114.

sehen müssen[369], da nicht einzusehen ist, warum für die Begleichung von Darlehensforderungen anderes gelten sollte als für sonstige Forderungen. Zu der Frage, ob einem fälligen Anspruch auf Darlehensrückzahlung nach **§ 64 Satz 3** auch die drohende Zahlungsunfähigkeit der GmbH entgegengehalten werden kann, s. bereits § 29 Rdnr. 93.

c) Zeitlicher Anwendungsbereich, Übergangsregelung

Die wegen der einschneidenden Veränderungen praktisch sehr bedeutsame Frage, für welche 110
Fälle die alten Rechtsprechungsregeln auch nach Inkrafttreten des MoMiG (1.11.2008) noch fortgelten und ab wann der neue § 30 Abs. 1 Satz 3 eingreift, bereitet Schwierigkeiten, da die **Übergangsvorschriften zu den Gesellschafterdarlehen** (Art. 103d EGInsO, § 20 Abs. 3 AnfG) nur die Novellenregeln, nicht aber die Rechtsprechungsregeln explizit ansprechen. Diese Unklarheit hat zu einer lebhaften Diskussion geführt, die erst zum Teil höchstrichterlich entschieden ist.

aa) Für (echte) **Altfälle**, in denen das Insolvenzverfahren vor Inkrafttreten des MoMiG am 111
1.11.2008 eröffnet wurde, bestimmt **Art. 103d Satz 1 EGInsO**, dass noch die bis dahin geltenden „gesetzlichen Vorschriften" anzuwenden sind. Damit sind, wie der BGH mit Recht entschieden hat, nicht nur die bisherigen Novellenregeln, sondern kraft Sachzusammenhangs auch die bisher analog angewendeten §§ 30 f. gemeint. Die **Rechtsprechungsregeln** bleiben daher in derartigen Altfällen **uneingeschränkt anwendbar**[370]. Ergänzend hat der BGH – allerdings nur *obiter* – darauf verwiesen, dass sich dasselbe Ergebnis auch durch Anwendung der Grundsätze des intertemporalen Schuldrechts begründen lasse[371]. Danach untersteht ein Schuldverhältnis dem Recht, das zu seiner Entstehung galt (Artt. 170, 229 § 5, 232 § 1 EGBGB analog)[372].

bb) Für die **übrigen Fälle** (keine Eröffnung des Insolvenzverfahrens vor dem 1.11.2008) hat 112
der BGH bislang nur entschieden, dass seit Inkrafttreten des MoMiG (1.11.2008) die Rückzahlung eines zuvor gewährten eigenkapitalersetzenden Darlehens nicht mehr wie früher analog § 30 Abs. 1 verweigert werden kann, sondern § 30 Abs. 1 Satz 3 maßgeblich ist[373]. Umstritten ist dagegen, ob Ansprüche aus § 31 analog, die vor dem 1.11.2008 aus der Rückzahlung eines kapitalersetzenden Darlehens entstanden sind, auch weiterhin fortbestehen. Vielfach wird dies bejaht[374]; zur Begründung wird auf die allgemeinen Grundsätze des intertemporalen Schuldrechts verwiesen.

Nach zutreffender und vordringender Ansicht ist jedoch für den Fortbestand solcher Erstat- 113
tungsansprüche kein Raum[375]. Aus **Art. 103d Satz 2 EGInsO, § 20 Abs. 3 AnfG** ergibt sich, dass in Fällen, in denen nicht schon vor dem 1.11.2008 das Insolvenzverfahren eröffnet wur-

---

369 Freilich nicht in Höhe der zurückgezahlten Darlehensvaluta, sondern nur in Höhe des dem Gesellschafter zugewandten Vorteils, über die Valuta schon vorzeitig disponieren zu können.

370 Ständige Rechtsprechung seit BGH v. 26.1.2009 – II ZR 260/07, BGHZ 179, 249 Rdnr. 17 f. = GmbHR 2009, 427 mit Anm. *Blöse*; BGH v. 11.1.2011 – II ZR 157/09, GmbHR 2011, 301 Rdnr. 20; BGH v. 28.5.2013 – II ZR 83/12, NZG 2013, 1028 Rdnr. 10; ebenso die ganz h.L., *Habersack*, in: Ulmer/Habersack/Löbbe, Anh. § 30 Rdnr. 42 m.w.N.

371 BGH v. 26.1.2009 – II ZR 260/07, BGHZ 179, 249 Rdnr. 19 ff. = GmbHR 2009, 427 mit Anm. *Blöse*.

372 *Grüneberg*, in: Palandt, Einl. v. § 241 BGB Rdnr. 14.

373 BGH v. 15.11.2011 – II ZR 6/11, GmbHR 2012, 206 Rdnr. 11; auch im Schrifttum allg. M., etwa *Habersack*, in: Ulmer/Habersack/Löbbe, Anh. § 30 Rdnr. 43; *Kleindiek*, in: Goette/Hommelhoff, Anh. § 64 Rdnr. 173; ebenso bereits Voraufl. Rdnr. 114 m.w.N.

374 So OLG Jena v. 18.3.2009 – 6 U 761/07, GmbHR 2009, 431, 432 f.; *Kleindiek*, in: Lutter/Hommelhoff, Anh. § 64 Rdnr. 173 f.; *Röck/Hucke*, GmbHR 2013, 791, 796; 11. Aufl., §§ 32a, 32b Rdnr. 17 i.V.m. 14 m.w.N.

375 *Altmeppen*, in: Roth/Altmeppen, Anh. § 30 Rdnr. 17; *Altmeppen*, ZIP 2011, 641, 645 ff.; *Haas*, DStR 2009, 976, 979; *Habersack*, in: Ulmer/Habersack/Löbbe, Anh. § 30 Rdnr. 43; nunmehr auch *Fastrich*, in: Baumbach/Hueck, Anh. § 30 Rdnr. 11.

de, die alten Regeln nur noch anwendbar sein sollen, wenn der Gesellschafter/Kreditgeber davon profitiert. Auch wenn das Gesetz diese Aussage unmittelbar nur für die Insolvenzanfechtung trifft, streitet der Sachzusammenhang dafür, daraus Konsequenzen für das gesamte Kapitalersatzrecht einschließlich der Rechtsprechungsregeln zu ziehen. Diese Konsequenz besteht darin, dass **Ansprüche aus § 31 analog** wegen der Rückzahlung kapitalersetzender Darlehen – soweit kein Altfall im Sinne des Art. 103d Satz 1 EGInsO (Rdnr. 111) vorliegt – mit Beginn des 1.11.2008 **erloschen** sind, da das anwendbare neue Recht sie nicht mehr anerkennt. Das verfassungsrechtliche Rückwirkungsverbot steht dem Erlöschen der Ansprüche nicht entgegen[376]; insoweit kann nichts anderes gelten als zu dem vom BGH entschiedenen Parallelproblem zur Neuregelung der verdeckten Sacheinlage[377].

114 Soweit es um Rechtshandlungen vor dem 1.11.2008 geht und die **alte Rechtslage** für den Kreditgeber/Gesellschafter **günstiger** ist als die neue Rechtslage, findet dagegen nach Art. 103d Satz 2 EGInsO, § 20 Abs. 3 AnfG noch das alte Recht Anwendung. War das Darlehen nach altem Recht nicht eigenkapitalersetzend, weil es nicht in der Krise gewährt oder stehen gelassen wurde, und wurde das Darlehen vor dem 1.11.2008 zurückgezahlt, bleibt es somit zugunsten des Gesellschafters bei der nach altem Recht gegebenen Unbedenklichkeit der Rückzahlung. Diese kann selbst dann nicht angefochten werden, wenn innerhalb eines Jahres nach der Rückzahlung Insolvenzantrag gestellt wird und sie daher nach neuem Recht (§ 135 Abs. 1 Nr. 2 InsO) anfechtbar wäre[378]. Liegt zwischen der vor dem 1.11.2008 erfolgten Rückzahlung und der Insolvenzantragstellung dagegen mehr als ein Jahr, ist die Rückzahlung schon nach neuem Recht unangreifbar. Die in Art. 103d Satz 2 EGInsO und § 20 Abs. 3 AnfG angeordnete Fortgeltung des alten Rechts zugunsten des Gesellschafters kann daher nur in Fällen relevant werden, in denen der Insolvenzantrag vor dem 1.11.2009 gestellt wurde[379].

IV. Darlegungs- und Beweislast

115 Die **Darlegungs- und Beweislast** für die Tatsachen, die einen Verstoß gegen **§ 30 Abs. 1 Satz 1** begründen, liegt nach allgemeinen Regeln grundsätzlich bei dem, der sich auf den Verstoß beruft, typischerweise also bei der Gesellschaft bzw. ihrem Insolvenzverwalter (§ 80 Abs. 1 InsO). Allerdings gilt das nicht ausnahmslos. So muss die GmbH bezüglich der Auszahlung nur den Vermögenstransfer an den Gesellschafter darlegen und beweisen. Der Einwand, dass dem eine dem Drittvergleich standhaltende Gegenleistung des Gesellschafters gegenübersteht, ist sodann von diesem darzulegen und zu beweisen[380]. Gleiches gilt für den Einwand, dass eine dem Gesellschafter zugeflossene Auszahlung ihm ausnahmsweise nicht in seiner Eigenschaft als Gesellschafter (*causa societatis*, Rdnr. 30) gewährt worden ist[381]. Der Nachweis, dass die Auszahlung zu Lasten des Stammkapitals ging, obliegt demgegenüber

---

376 Ebenso *Altmeppen*, ZIP 2011, 641, 648; skeptisch aber Thüringer OLG v. 18.3.2009 – 6 U 761/07, GmbHR 2009, 431, 433.
377 BGH v. 22.3.2010 – II ZR 12/08, BGHZ 185, 44 Rdnr. 29 f. = GmbHR 2010, 700; dazu § 19 Rdnr. 170; *Verse*, in: Henssler/Strohn, Gesellschaftsrecht, § 19 GmbHG Rdnr. 99 m.w.N.
378 *Altmeppen*, ZIP 2011, 641, 647; insoweit allg. M. Vgl. dazu auch OLG Düsseldorf v. 17.12.2015 – I-12 U 13/15, NZI 2016, 542, 543 (zum Fall einer vom Gesellschafter gestellten Sicherheit).
379 *Altmeppen*, ZIP 2011, 641, 647.
380 OLG Düsseldorf v. 21.10.2016 – I-16 U 178/15, GmbHR 2017, 239, 243; OLG Hamm v. 13.3.2017 – I-8 U 79/16, GmbHR 2017, 703, 705; *Ekkenga*, in: MünchKomm. GmbHG, Rdnr. 291; *Fastrich*, in: Baumbach/Hueck, Rdnr. 65; *Schmolke*, Kapitalerhaltung, Rdnr. 189.
381 *Ekkenga*, in: MünchKomm. GmbHG, Rdnr. 146, 291; *Habersack*, in: Ulmer/Habersack/Löbbe, Rdnr. 58; *Schmolke*, Kapitalerhaltung, Rdnr. 189. Zu den Besonderheiten, die bei der Auszahlung an künftige oder ausgeschiedene Gesellschafter zu beachten sind, s. aber Rdnr. 33 f.

grundsätzlich der Gesellschaft[382]. Er kann, muss aber nicht zwingend anhand einer Zwischenbilanz zum Auszahlungsstichtag erbracht werden. Trägt die Gesellschaft konkret und detailliert das Vorliegen einer Unterbilanz vor, darf sich der Gesellschafter zur Meidung der Geständnisfiktion des § 138 Abs. 3 ZPO nicht auf allgemeines Bestreiten beschränken, sondern muss substantiiert vortragen, in welchen Punkten die Bilanz unrichtig sein soll[383].

Besteht sowohl zu Beginn als auch am Ende des Geschäftsjahres eine Unterbilanz, so spricht ein **Beweis des ersten Anscheins** dafür, dass auch während des Geschäftsjahres das Stammkapital nicht gedeckt war[384]. Im Übrigen ist den Beweisschwierigkeiten, denen vor allem der Insolvenzverwalter ausgesetzt sein kann, wenn eine Zwischenbilanz fehlt und wenn nicht einmal geordnete Geschäftsaufzeichnungen vorhanden sind, nach den Grundsätzen über die sekundäre Darlegungslast zu begegnen[385]. Es genügt dann, dass der Insolvenzverwalter hinreichende Anhaltspunkte für das Vorliegen einer Unterbilanz darlegt; anschließend obliegt es dem Gesellschafter, darzulegen und zu beweisen, dass im Auszahlungszeitpunkt das Stammkapital gedeckt war[386]. Auszunehmen von dieser Beweislastumkehr ist allerdings der Fall, dass der Gesellschafter nicht Geschäftsführer war und substantiiert darlegt, dass er über die Verhältnisse der Gesellschaft nicht hinreichend informiert war[387]. Die Darlegungs- und Beweislast für die Tatsachen, die einen Ausnahmetatbestand nach **§ 30 Abs. 1 Satz 2–3** begründen, trägt dagegen der Gesellschafter[388].

V. Rechtsfolgen

1. Einwendung gegen Auszahlungsansprüche

Würde eine beabsichtigte Auszahlung gegen § 30 Abs. 1 verstoßen, muss sie zwingend unterbleiben. In einem auf Auszahlung gerichteten Rechtsstreit ist dieses Verbot als von Amts wegen zu berücksichtigende **Einwendung**, nicht nur als Einrede, zu berücksichtigen[389]. Die Einwendung besteht nur temporär, solange der Verstoß gegen § 30 Abs. 1 droht, d.h. eine Unterbilanz besteht oder durch die Auszahlung herbeigeführt würde. Solange der Auszah-

116

117

---

382 BGH v. 29.5.2000 – II ZR 118/98, NJW 2000, 2577, 2578 f. – Balsam Procedo I (insoweit in BGH v. 29.5.2000 – II ZR 118/98, BGHZ 144, 336 = GmbHR 2000, 771 nicht abgedruckt); *Habersack*, in: Ulmer, Rdnr. 46; *Schmolke*, Kapitalerhaltung, Rdnr. 188; abw. *Ekkenga*, in: MünchKomm. GmbHG, Rdnr. 291 f.

383 BGH v. 29.5.2000 – II ZR 118/98, NJW 2000, 2577, 2578 f.; *T. Fleischer*, in: Henssler/Strohn, Gesellschaftsrecht, Rdnr. 35.

384 KG v. 3.4.2000 – 23 U 865/09, NZG 2000, 1224, 1225; zust. *Altmeppen*, in: Roth/Altmeppen, Rdnr. 17; *T. Fleischer*, in: Henssler/Strohn, Gesellschaftsrecht, Rdnr. 35; *Habersack*, in: Ulmer/Habersack/Löbbe, Rdnr. 46; *Schmolke*, Kapitalerhaltung, Rdnr. 188.

385 BGH v. 17.2.2003 – II ZR 281/00, GmbHR 2003, 466, 467 mit Anm. *Schulze* (zur Unterbilanzhaftung); BGH v. 13.3.2006 – II ZR 165/04, GmbHR 2006, 537 Rdnr. 11 (zum Anspruch gegen den Geschäftsführer aus §§ 43 Abs. 3 Satz 1, 30 Abs. 1).

386 BGH v. 17.2.2003 – II ZR 281/00, GmbHR 2003, 466, 467 (zur Unterbilanzhaftung); *Altmeppen*, in: Roth/Altmeppen, Rdnr. 17; *Habersack*, in: Ulmer/Habersack/Löbbe, Rdnr. 46; *Schmolke*, Kapitalerhaltung, Rdnr. 188.

387 *Habersack*, in: Ulmer/Habersack/Löbbe, Rdnr. 46; vgl. auch BGH v. 13.3.2006 – II ZR 165/04, GmbHR 2006, 537 Rdnr. 11 (zur Haftung des inzwischen ausgeschiedenen Geschäftsführers aus §§ 43 Abs. 3 Satz 1, 30 Abs. 1).

388 *T. Fleischer*, in: Henssler/Strohn, Gesellschaftsrecht, Rdnr. 36; zu § 30 Abs. 1 Satz 2 auch *Bormann/Urlichs*, in: GmbHR-Sonderheft MoMiG, 2008, S. 37, 49; *Fastrich*, in: Baumbach/Hueck, Rdnr. 65; *Schmolke*, Kapitalerhaltung, Rdnr. 189.

389 BGH v. 15.2.1996 – IX ZR 245/94, GmbHR 1996, 285, 286; *Ekkenga*, in: MünchKomm. GmbHG, Rdnr. 282; *Habersack*, in: Ulmer/Habersack/Löbbe, Rdnr. 115; *Schmolke*, Kapitalerhaltung, Rdnr. 190; *Stimpel*, in: FS 100 Jahre GmbHG, S. 335, 356; abw. *Kleffner*, Erhaltung des Stammkapitals, S. 121; *Berg*, Rechtsdogmatische Fragen, S. 174 m.w.N. aus dem älteren Schrifttum.

lungsanspruch des Gesellschafters einwendungsbehaftet ist, kann er nach zutreffender, allerdings bestrittener Ansicht auch nicht verjähren[390]. Besteht die Einwendung von Anfang an, ist der Anspruch nicht i.S. der §§ 199, 200 BGB entstanden; sofern die Einwendung erst nachträglich eingreift, ergibt sich die Hemmung der Verjährung aus § 205 BGB analog[391]. Bis zur Klärung dieser Streitfrage wird dem Gesellschafter empfohlen, rechtzeitig Feststellungsklage zu erheben[392].

117a   Die Einwendung bleibt auch dann bestehen, wenn derjenige, der den Auszahlungsanspruch geltend macht, inzwischen aus dem Gesellschafterkreis ausgeschieden ist. Soweit in Anknüpfung an die Wertung des § 135 Abs. 1 Nr. 2 InsO vereinzelt vertreten wird, dass sich die GmbH gegenüber dem Abfindungsanspruch eines ausgeschiedenen Gesellschafters nicht mehr auf § 30 Abs. 1 berufen könne, wenn die Unterbilanz erst mehr als ein Jahr nach dessen Ausscheiden eingetreten sei[393], ist dem nicht zu folgen[394]. Wenn die verbleibenden Gesellschafter die Möglichkeit der Befriedigung des Abfindungsanspruchs aus ungebundenem Vermögen treuwidrig vereiteln, ist stattdessen an die vom BGH entwickelte Ausfallhaftung der verbleibenden Gesellschafter zu denken (§ 34 Rdnr. 57 ff.).

117b   Bei Abtretung, Pfändung oder Verpfändung des Auszahlungsanspruchs des Gesellschafters muss sich nach §§ 404, 1275 BGB auch der **Zessionar/Pfandgläubiger** die Einwendung aus § 30 Abs. 1 entgegenhalten lassen[395]. Im Fall einer Vorausabtretung greift § 404 BGB anerkanntermaßen auch ein, wenn das Auszahlungshindernis infolge einer Verschlechterung der Vermögensverhältnisse der Gesellschaft erst nach der Abtretung, aber bereits vor Entstehung des abgetretenen Anspruchs entstanden ist[396]. Da § 404 BGB nicht voraussetzt, dass im Zeitpunkt der Abtretung bereits der gesamte Einwendungstatbestand erfüllt war, sondern die Einwendung lediglich dem Grunde nach in dem Schuldverhältnis angelegt gewesen sein muss[397], dürfte das Auszahlungshindernis aber auch in sonstigen Fällen einer nachträglichen Vermögensverschlechterung gegen den Zessionar bzw. Pfandgläubiger wirken[398].

117c   Solange der Gesellschafter wegen § 30 Abs. 1 seinen Auszahlungsanspruch nicht durchsetzen kann, ist er bei Austauschverträgen **auch nicht zur Gegenleistung verpflichtet**[399]. Bietet der Gesellschafter an, das Austauschgeschäft so zu Gunsten der Gesellschaft abzuändern, dass es nicht mehr gegen § 30 Abs. 1 verstößt (z.B. den Differenzbetrag zum marktgerechten Preis zuzuzahlen), stellt sich die umstrittene Frage, ob die GmbH verpflichtet ist, dieser **Vertrags-**

390 *Ekkenga*, in: MünchKomm. GmbHG, Rdnr. 283; *Habersack*, in: Ulmer/Habersack/Löbbe, Rdnr. 115; a.A. *Perwein*, GmbHR 2006, 1149, 1150 f.; *Grothe*, in: MünchKomm. BGB, 7. Aufl. 2015, § 205 BGB Rdnr. 2.
391 Nachw. wie vor.
392 *Ekkenga*, in: MünchKomm. GmbHG, Rdnr. 283; *Perwein*, GmbHR 2006, 1149, 1150 f.
393 KG v. 9.3.2015 – 23 U 112/11, ZIP 2015, 937, 938 f. (zum Abfindungsanspruch eines ausgeschiedenen Gesellschafters).
394 Abl. auch *Thiessen*, in: Bork/Schäfer, Rdnr. 44.
395 BGH v. 2.2.2006 – IX ZR 67/02, BGHZ 166, 125 Rdnr. 12 = GmbHR 2006, 487; BGH v. 26.6.2006 – II ZR 133/05, GmbHR 2007, 43 Rdnr. 9; BGH v. 5.12.2007 – XII ZR 183/05, GmbHR 2008, 198 Rdnr. 30 (jeweils zur Zession); *Ekkenga*, in: MünchKomm. GmbHG, Rdnr. 285; *Habersack*, in: Ulmer/Habersack/Löbbe, § 31 Rdnr. 18. Zur Frage, gegen wen sich in diesem Fall der Erstattungsanspruch aus § 31 Abs. 1 richtet, wenn gleichwohl ausgezahlt wird, s. § 31 Rdnr. 14.
396 BGH v. 5.12.2007 – XII ZR 183/05, GmbHR 2008, 198 Rdnr. 32 f.
397 *Grüneberg*, in: Palandt, § 404 BGB Rdnr. 4; *G.H. Roth/Kieninger*, in: MünchKomm. BGB, 7. Aufl. 2016, § 404 BGB Rdnr. 12; jeweils m.N. aus der Rechtsprechung.
398 Ebenso *Ekkenga*, in: MünchKomm. GmbHG, Rdnr. 285; abw. *Pentz*, in: Rowedder/Schmidt-Leithoff, § 31 Rdnr. 8; zum Einwand der Verstrickung von Ansprüchen nach altem Kapitalersatzrecht auch BGH v. 21.3.1988 – II ZR 238/87, BGHZ 104, 33, 37 = GmbHR 1988, 301.
399 *Altmeppen*, in: Roth/Altmeppen, Rdnr. 155; *Ekkenga*, in: MünchKomm. GmbHG, Rdnr. 288; *Schmolke*, Kapitalerhaltung, Rdnr. 202.

anpassung zuzustimmen[400]. Die Frage ist richtigerweise ebenso zu verneinen wie die viel diskutierte Parallelfrage zu § 31, ob der Empfänger einer verbotenen Auszahlung die Rückgewähr des erlangten Gegenstands dadurch abwehren kann, dass er den zur Behebung des Verstoßes gegen § 30 Abs. 1 erforderlichen Differenzbetrag erstattet (§ 31 Rdnr. 17).

2. Erstattungsanspruch und Ausfallhaftung (Weiterverweis)

Wird unter Verstoß gegen § 30 Abs. 1 ausgezahlt, steht der Gesellschaft ein sofort fälliger **Erstattungsanspruch** nach § 31 Abs. 1 gegen den begünstigten Gesellschafter bzw. den ihm gleich gestellten Dritten (Rdnr. 49 ff.) zu. Daneben trifft die Mitgesellschafter eine **Ausfallhaftung** (§ 31 Abs. 3), die allerdings auf den Betrag des Stammkapitals beschränkt ist. Zu den Einzelheiten s. Erl. zu § 31, dort auch zu konkurrierenden Ansprüchen aus **Insolvenzanfechtung** nach §§ 129 ff. InsO (§ 31 Rdnr. 34 f.). | 118

3. Auswirkungen auf den Auszahlungsbeschluss

Ein **Gesellschafterbeschluss**, der eine Auszahlung vorsieht, die zum gegenwärtigen Zeitpunkt mit § 30 Abs. 1 unvereinbar ist, ist weder nichtig noch anfechtbar, sondern so lange **nicht vollziehbar**, bis sich die Auszahlung (wegen zwischenzeitlich eingetretener Deckung des Stammkapitals) mit § 30 Abs. 1 vereinbaren lässt[401]. Allerdings soll der Beschluss nach überwiegender Ansicht ausnahmsweise analog § 241 Nr. 3 AktG nichtig sein, wenn er auf eine Auszahlung trotz Verletzung des § 30 Abs. 1 geradezu abzielt[402]. In diesem Sinne hat der BGH für die Einziehung von Geschäftsanteilen wiederholt entschieden, dass ein darauf gerichteter Beschluss nichtig ist, wenn bereits bei der Beschlussfassung feststeht, dass die sofort fällige Abfindung des Gesellschafters ganz oder teilweise nicht aus ungebundenem Vermögen gezahlt werden kann (§§ 34 Abs. 3, 30 Abs. 1)[403]. Im Übrigen können Auszahlungsbeschlüsse selbstverständlich auch aus anderen Gründen nichtig oder anfechtbar sein, Letzteres etwa dann, wenn sie einzelnen Gesellschaftern ungerechtfertigte Sondervorteile verschaffen und deshalb gegen das Gleichbehandlungsgebot (§ 14 Rdnr. 51 ff.) verstoßen. | 119

4. Auswirkungen auf das Verpflichtungs- und das Verfügungsgeschäft

a) Keine Nichtigkeit nach § 134 BGB

Das der Auszahlung zugrunde liegende **Verpflichtungsgeschäft** und das die Auszahlung bewirkende **Verfügungsgeschäft** sind im Fall eines Verstoßes gegen § 30 Abs. 1 nach ganz h.M. | 120

---

400 Bejahend *Kleffner*, Erhaltung des Stammkapitals, S. 122 f.; *Karsten Schmidt*, GesR, § 37 III 2c; differenzierend *Altmeppen*, in: Roth/Altmeppen, Rdnr. 156 f.; ablehnend *Ekkenga*, in: MünchKomm. GmbHG, Rdnr. 288; *Habersack*, in: Ulmer/Habersack/Löbbe, Rdnr. 116; *Schmolke*, Kapitalerhaltung, Rdnr. 202.

401 *Ekkenga*, in: MünchKomm. GmbHG, Rdnr. 282; *Fastrich*, in: Baumbach/Hueck, Rdnr. 66; *Habersack*, in: Ulmer/Habersack/Löbbe, Rdnr. 118; *Heidinger*, in: Michalski u.a., Rdnr. 140; *Schmolke*, Kapitalerhaltung, Rdnr. 193.

402 *Ekkenga*, in: MünchKomm. GmbHG, Rdnr. 281; *Habersack*, in: Ulmer/Habersack/Löbbe, Rdnr. 118; *Heidinger*, in: Michalski u.a., Rdnr. 140; *Schmolke*, Kapitalerhaltung, Rdnr. 193; zweifelnd *Fastrich*, in: Baumbach/Hueck, Rdnr. 66.

403 BGH v. 24.1.2012 – II ZR 109/11, BGHZ 192, 236 Rdnr. 7 = ZIP 2012, 422 m.w.N. aus der Rechtsprechung; vgl. zuletzt auch BGH 10.5.2016 – II ZR 342/14, NZG 2016, 742 Rdnr. 13; im Schrifttum str., abl. etwa *Schockenhoff*, NZG 2012, 449, 452; *Fritz*, Die Zwangseinziehung von GmbH-Geschäftsanteilen, 2015, S. 92 ff. m.z.N. zum Streitstand.

nicht gemäß § 134 BGB nichtig[404]. Für das *Verpflichtungsgeschäft* ergibt sich die Richtigkeit dieser Auffassung schon aus der Überlegung, dass bei dessen Abschluss häufig noch gar nicht feststeht, ob im maßgeblichen Zeitpunkt der Erfüllung das Stammkapital angetastet wird[405]. Davon abgesehen ist für die Gewährung eines durch die Nichtigkeit des Verpflichtungsgeschäfts eröffneten Bereicherungsanspruchs neben dem Erstattungsanspruch aus § 31 auch kein Bedürfnis erkennbar. Aber auch für das *Verfügungsgeschäft* trifft die h.M. das Richtige. Die Annahme der Nichtigkeit des Verfügungsgeschäfts würde zwar den insolvenzrechtlichen Schutz der GmbH verstärken, da dieser dann in der Insolvenz des Gesellschafters u.U. ein Aussonderungsrecht (§ 47 InsO) zustünde. Ungeachtet dessen sprechen aber gleich mehrere Gründe gegen die Nichtigkeitsfolge: Erstens hätte die Annahme der Nichtigkeit in denjenigen Fällen, in denen die Auszahlung nur teilweise das Stammkapital angreift, überschießenden Charakter[406]. Zweitens wäre der sich aus einer Nichtigkeit des Verfügungsgeschäfts ergebende Anspruch aus § 985 BGB geeignet, den in § 31 Abs. 2 vorgesehenen Schutz des gutgläubigen Empfängers auszuhöhlen[407]. Drittens würde ein Anspruch aus § 985 BGB erst nach 30 Jahren verjähren (§ 197 Abs. 1 Nr. 2 BGB), was im Widerspruch zu der speziellen Verjährungsregelung des § 31 Abs. 5 stünde[408]. Viertens schützt § 30 Abs. 1 das Gesellschaftsvermögen nicht in seiner konkreten gegenständlichen Zusammensetzung, sondern nur im rechnerischen Wert des Stammkapitals (Rdnr. 53); die Vorschrift richtet sich daher nicht gegen die Übertragung eines bestimmten Gegenstands als solche, sondern nur gegen eine Übertragung zu unangemessenen Konditionen[409]. Fünftens und letztens wäre die dingliche Rechtslage mit erheblicher Rechtsunsicherheit behaftet, wenn die Wirksamkeit des Verfügungsgeschäfts von der Angemessenheit der Gegenleistung abhinge[410]. All diese Erwägungen gelten **auch bei bewusstem Verstoß gegen § 30 Abs. 1**. Mit Recht hat daher der BGH die frühere Rechtsprechung, die bei bewusstem Verstoß ausnahmsweise doch von Nichtigkeit ausgehen wollte[411], ausdrücklich aufgegeben[412].

121 Die vorstehenden Grundsätze gelten auch, wenn das Verfügungsgeschäft in einer **Aufrechnung** seitens der GmbH liegt, die gegen § 30 Abs. 1 verstößt (denkbar z.B. bei Aufrechnung gegen eine einredebehaftete Forderung des Gesellschafters). Die Aufrechnung ist folglich

---

404 BGH v. 23.6.1997 – II ZR 220/95, BGHZ 136, 125, 129 ff. = GmbHR 1997, 790; *Altmeppen*, in: Roth/Altmeppen, Rdnr. 151 f.; *Ekkenga*, in: MünchKomm. GmbHG, Rdnr. 276 f.; *Fastrich*, in: Baumbach/Hueck, Rdnr. 67; *Habersack*, in: Ulmer/Habersack/Löbbe, Rdnr. 119 f.; *Pentz*, in: Rowedder/Schmidt-Leithoff, Rdnr. 49 f.; *Schmolke*, Kapitalerhaltung, Rdnr. 194 ff.; ebenso für Verstöße gegen § 57 AktG nunmehr auch BGH v. 12.3.2013 – II ZR 179/12, BGHZ 196, 312 = AG 2013, 431, und die heute h.L. im Aktienrecht; vgl. *Hüffer/Koch*, § 57 AktG Rdnr. 32 m.w.N.

405 So bereits RG v. 16.4.1926 – II 532/25, RGZ 113, 241, 244; BGH v. 3.1.1953 – I ZR 169/51, LM Nr. 1 zu § 30 GmbHG; ferner etwa *Canaris*, in: FS Fischer, S. 31, 55; *Fastrich*, in: Baumbach/Hueck, Rdnr. 67; *Habersack*, in: Ulmer/Habersack/Löbbe, Rdnr. 120; *Schmolke*, Kapitalerhaltung, Rdnr. 196.

406 *Habersack*, in: Ulmer/Habersack/Löbbe, Rdnr. 120; *Schmolke*, Kapitalerhaltung, Rdnr. 195; vgl. auch BGH v. 23.6.1997 – II ZR 220/95, BGHZ 136, 125, 130 = GmbHR 1997, 790.

407 S. zu diesem Argument schon RG v. 15.12.1941 – II 103/41, RGZ 168, 292, 302; BGH v. 3.1.1953 – I ZR 169/51, LM Nr. 1 zu § 30 GmbHG; *Habersack*, in: Ulmer/Habersack/Löbbe, Rdnr. 120; *Pentz*, in: Rowedder/Schmidt-Leithoff, Rdnr. 50; *Kleffner*, Erhaltung des Stammkapitals, S. 108.

408 Vgl. BGH v. 12.3.2013 – II ZR 179/12, BGHZ 196, 312 Rdnr. 18 = AG 2013, 431 (zur gleichen Frage in der AG mit Blick auf die Verjährung nach § 62 Abs. 3 AktG).

409 BGH v. 12.3.2013 – II ZR 179/12, BGHZ 196, 312 Rdnr. 19 = AG 2013, 431 (zu § 57 AktG); *Habersack*, in: Ulmer/Habersack/Löbbe, Rdnr. 120.

410 BGH v. 12.3.2013 – II ZR 179/12, BGHZ 196, 312 Rdnr. 19 = AG 2013, 431 (zu § 57 AktG).

411 BGH v. 8.7.1985 – II ZR 269/84, BGHZ 95, 188, 192 = GmbHR 1986, 21 m.w.N. aus der älteren Rechtsprechung.

412 BGH v. 23.6.1997 – II ZR 220/95, BGHZ 136, 125, 129 ff. = GmbHR 1997, 790; zust. die ganz h.L., s. nur *Altmeppen*, in: Roth/Altmeppen, Rdnr. 151; *Habersack*, in: Ulmer/Habersack/Löbbe, Rdnr. 120; *Schmolke*, Kapitalerhaltung, Rdnr. 198 m.w.N.

nicht nichtig, löst aber den Rückgewähranspruch nach § 31 aus[413]. Besonderheiten gelten, wenn die GmbH mit einer Einlageforderung aufrechnet, da dann schon die Kapitalaufbringung und nicht erst die Kapitalerhaltung betroffen ist[414].

b) Unwirksamkeit wegen mangelnder Vertretungsmacht?

Nach ganz h.M. führt der bloße Verstoß gegen § 30 Abs. 1 auch **nicht** dazu, dass die **Vertretungsmacht** der GmbH-Geschäftsführer für den Abschluss des Verpflichtungs- oder des Verfügungsgeschäfts **entfällt**[415]. Zwar mag auf den ersten Blick die gegenteilige Annahme nahe liegen, da die Geschäftsführer mit einer gegen § 30 Abs. 1 verstoßenden Leistung ihre Pflichten gegenüber der Gesellschaft verletzen (§ 43 Abs. 3) und nach h.M. § 37 Abs. 2 im Verhältnis zu den Gesellschaftern keine Anwendung finden soll, so dass auch interne Beschränkungen auf die Vertretungsbefugnis durchschlagen können (11. Aufl., § 35 Rdnr. 30). Indes sprechen dieselben Gründe, die gegen die Nichtigkeit nach § 134 BGB sprechen (Rdnr. 120), auch dagegen, dass jeder Verstoß gegen § 30 Abs. 1 zur Unwirksamkeit nach § 177 BGB führt. | 122

Entfällt die Vertretungsmacht somit jedenfalls nicht generell, bleibt die Frage, ob nicht wenigstens in denjenigen Fällen, in denen der Verstoß gegen § 30 Abs. 1 für den begünstigten Gesellschafter **evident** ist, nach den Grundsätzen des **Missbrauchs der Vertretungsmacht**[416] der Pflichtverstoß der Geschäftsführer aus dem Innenverhältnis zur Gesellschaft auch auf das Außenverhältnis zum Gesellschafter durchschlägt mit der Folge, dass entsprechend § 177 BGB von der Unwirksamkeit des Verpflichtungs- und des Verfügungsgeschäfts auszugehen wäre[417]. Dafür spricht immerhin, dass das gegen eine generelle Unwirksamkeit angeführte Argument aus § 31 Abs. 2 bei Evidenz des Verstoßes nicht verfängt, da der Empfänger dann gerade nicht gutgläubig ist. Die weiteren angeführten Gründe (Rdnr. 120) gegen die Unwirksamkeit behalten dagegen auch hier ihre Gültigkeit. Mit der h.M. ist daher davon auszugehen, dass die Spezialregelung des § 31 auch für die **Anwendung der Grundsätze vom Missbrauch der Vertretungsmacht keinen Raum** lässt[418]. Daran ist entgegen einer verbreiteten Gegenansicht[419] **auch im Verhältnis zu Dritten** festzuhalten[420], was namentlich für die Fälle von Bedeutung | 123

---

413 BGH v. 8.7.1985 – II ZR 269/84, BGHZ 95, 188, 191 f. = GmbHR 1986, 21 (der dort gemachte Vorbehalt, bei bewusstem Verstoß sei abweichend zu entscheiden, ist nicht mehr aktuell; s. Rdnr. 120 a.E.); *Kuntz*, in: Gehrlein/Born/Simon, Rdnr. 102; *Habersack*, in: Ulmer/Habersack/Winter, §§ 32a, b Rdnr. 217 m.w.N.; a.A. *Joost*, ZHR 148 (1984), 27, 47 ff.; zweifelnd *Ekkenga*, in: MünchKomm. GmbHG, Rdnr. 279.

414 Näher dazu § 19 Rdnr. 71 ff.; *Verse*, in: Henssler/Strohn, Gesellschaftsrecht, § 19 GmbHG Rdnr. 24 ff.

415 *Ekkenga*, in: MünchKomm. GmbHG, Rdnr. 278 m.w.N.; ausführlich *Kleffner*, Erhaltung des Stammkapitals, S. 106 ff.; *Wilhelmi*, Kapitalerhaltung, S. 184 f.; a.A. aber *Wilhelm*, in: FS Flume II, S. 337, 364; für das Verfügungsgeschäft auch *Hager*, ZGR 1989, 71, 97 Fn. 113.

416 Zu diesen etwa *Ellenberger*, in: Palandt, § 164 BGB Rdnr. 14 ff.; *Habersack*, in: Staub, 5. Aufl. 2009, § 126 HGB Rdnr. 23 ff.

417 So namentlich *Altmeppen*, in: Roth/Altmeppen, Rdnr. 154, 158; ferner für das Verhältnis zu Dritten die Nachw. in übernächster Fn.

418 *Ekkenga*, in: MünchKomm. GmbHG, Rdnr. 278; *Fastrich*, in: Baumbach/Hueck, Rdnr. 67; *Habersack*, in: Ulmer/Habersack/Löbbe, Rdnr. 122; *Schmolke*, Kapitalerhaltung, Rdnr. 200; *Wilhelmi*, Kapitalerhaltung, S. 185 f.; implizit auch BGH v. 23.6.1997 – II ZR 220/95, BGHZ 136, 125, 129 ff. = GmbHR 1997, 790, wo trotz bewussten Verstoßes der Beteiligten die Grundsätze vom Missbrauch der Vertretungsmacht unerwähnt bleiben.

419 *Altmeppen*, in: Roth/Altmeppen, Rdnr. 154, 158 i.V.m. Rdnr. 42 ff.; *Hager*, ZGR 1989, 71, 101 ff.; *Pentz*, in: Rowedder/Schmidt-Leithoff, Rdnr. 53; *Steinbeck*, WM 1989, 885, 889 f.; zweifelnd *Schmolke*, Kapitalerhaltung, Rdnr. 201.

420 *Habersack*, in: Ulmer/Habersack/Löbbe, Rdnr. 122; *Oetker*, KTS 1991, 521, 535; *Schön*, ZHR 159 (1995), 351, 366 Fn. 59; *Sonnenhol/Groß*, ZHR 159 (1995), 388, 407 f.

ist, in denen die GmbH unter Verstoß gegen § 30 Abs. 1 eine Verbindlichkeit ihres Gesellschafters gegenüber einem Dritten erfüllt oder besichert.

c) Sittenwidrigkeit

124 Nur unter **engen Voraussetzungen** können nach § 30 Abs. 1 verbotswidrige Auszahlungen **sittenwidrig** sein und damit zur Nichtigkeit nach § 138 Abs. 1 BGB führen. Dass die Beteiligten im Zeitpunkt der Auszahlung Kenntnis von dem Verstoß gegen § 30 Abs. 1 hatten oder sie sich dieser Kenntnis leichtfertig verschlossen haben, genügt hierfür nicht[421]. Die Grenze zur Sittenwidrigkeit wird aber überschritten, wenn bei einer gegen § 30 Abs. 1 verstoßenden Sicherheitenbestellung der GmbH für eine Gesellschafterverbindlichkeit der Sicherheitsnehmer mit dem Gesellschafter **kollusiv zusammenwirkt**, um die Gesellschaft oder deren Gläubiger bewusst zu schädigen, namentlich um die Gläubiger über die Vermögensverhältnisse der Gesellschaft zu täuschen und zur Vergabe weiterer Kredite zu verleiten[422]. In einem solchen Fall ist die Sicherheitenbestellung nach § 138 Abs. 1 BGB nichtig. Allein die Gläubigergefährdung, die sich aus dem Umstand ergibt, dass die Gesellschaft nahezu ihr gesamtes Vermögen als Sicherheit zur Verfügung stellt, reicht für die Annahme der Sittenwidrigkeit jedoch nicht aus[423].

d) Unwirksamkeit aus anderen Gründen

125 Unberührt bleibt die Unwirksamkeit aus anderen Gründen als dem Verstoß gegen § 30 Abs. 1. So kann in **Mehrpersonengesellschaften** in der Gewährung von Sonderzuwendungen an einen Gesellschafter ohne entsprechenden Gesellschafterbeschluss neben dem Verstoß gegen § 30 Abs. 1 auch ein Verstoß gegen die **Zuständigkeitsordnung** sowie das **Gleichbehandlungsgebot** liegen, und zwar auch und gerade, soweit das Stammkapital nicht tangiert ist (§ 29 Rdnr. 118 ff.). Diese weiteren Verstöße führen nach überwiegender Ansicht zur Unwirksamkeit des zugrunde liegenden Verpflichtungsgeschäfts (§ 29 Rdnr. 125).

5. Schadensersatz

126 Trifft die **Geschäftsführer** ein Verschulden hinsichtlich des Verstoßes gegen § 30 Abs. 1, was analog § 93 Abs. 2 Satz 2 AktG vermutet wird, sind sie der GmbH nach Maßgabe des **§ 43 Abs. 3** gesamtschuldnerisch zum Schadensersatz verpflichtet (zu den Einzelheiten 11. Aufl., § 43 Rdnr. 268 ff.). Dies kommt nicht nur in Betracht, wenn die Geschäftsführer die Auszahlung selbst vorgenommen haben, sondern auch, wenn sie es versäumt haben, im Rahmen des Zumutbaren dafür zu sorgen, dass nicht ein anderer Geschäftsführer oder ein Angestellter der Gesellschaft eine verbotswidrige Zahlung vornimmt[424]. Die Geschäftsführer sind zudem bei (wiederum vermutetem) Verschulden nach **§ 31 Abs. 6** den Mitgesellschaftern des begünstigten Gesellschafters verantwortlich, soweit diese im Rahmen der Ausfallhaftung nach § 31 Abs. 3 in Anspruch genommen worden sind (§ 31 Rdnr. 82 ff.). Die Haftung nach diesen Vorschriften trifft auch den nur „faktischen" Geschäftsführer[425]. Dagegen bestehen anerkannter-

---

421 BGH v. 19.3.1998 – IX ZR 22/97, BGHZ 138, 291, 299 = GmbHR 1998, 935; *Habersack*, in: Ulmer/Habersack/Löbbe, Rdnr. 122; *Schmolke*, Kapitalerhaltung, Rdnr. 199; *Sonnenhol/Groß*, ZHR 159 (1995), 388, 411 f.; a.A. *Mülbert*, ZGR 1995, 578, 608; *Schön*, ZHR 159 (1995), 351, 366 f.
422 BGH v. 19.3.1998 – IX ZR 22/97, BGHZ 138, 291, 298 f.
423 BGH v. 19.3.1998 – IX ZR 22/97, BGHZ 138, 291, 299 f.
424 BGH v. 25.6.2001 – II ZR 38/99, BGHZ 148, 167, 170 = GmbHR 2001, 771; *Habersack*, in: Ulmer/Habersack/Löbbe, Rdnr. 23; *Schmolke*, Kapitalerhaltung, Rdnr. 43.
425 BGH v. 25.6.2001 – II ZR 38/99, BGHZ 148, 167, 169 f. = GmbHR 2001, 771; zust. *H.-F. Müller*, ZGR 2003, 441, 449; *Schmolke*, Kapitalerhaltung, Rdnr. 43; s. auch noch § 31 Rdnr. 84 m.w.N.;

maßen keine Ansprüche der Gläubiger der Gesellschaft gegen die Geschäftsführer aus § 30 Abs. 1 i.V.m. § 823 Abs. 2 BGB. Da eine unmittelbare Außenhaftung gegenüber den Gläubigern der auf eine Innenhaftung angelegten Konzeption der §§ 31, 43 Abs. 3 zuwider liefe, ist das Auszahlungsverbot **nicht als Schutzgesetz im Sinne des § 823 Abs. 2 BGB** anzusehen[426].

Nimmt ein den Geschäftsführern nachgeordneter **Angestellter der Gesellschaft** – etwa ein Prokurist – eine gegen § 30 Abs. 1 verstoßende Auszahlung vor, so kann darin eine Verletzung seiner arbeitsvertraglichen Pflichten gegenüber der GmbH liegen, die ihn nach Maßgabe der arbeitsrechtlichen Grundsätze des innerbetrieblichen Schadensausgleichs[427] zum Schadensersatz verpflichtet (§§ 280 Abs. 1, 619a BGB). Eine Pflichtverletzung ist jedoch grundsätzlich ausgeschlossen, wenn er auf Weisung der (dann ihrerseits nach § 43 Abs. 3 verantwortlichen) Geschäftsführer gehandelt hat[428]. Etwas anderes gilt freilich, wenn die Voraussetzungen einer deliktischen Haftung des Angestellten nach § 826 BGB oder § 823 Abs. 2 BGB i.V.m. § 266 StGB gegeben sind[429]. 127

Zu der Frage, ob und inwieweit die an der verbotenen Auszahlung mitwirkenden **Gesellschafter** (neben dem Erstattungsanspruch aus § 31 Abs. 1 bzw. Abs. 3) Schadensersatzansprüchen der GmbH wegen **Verletzung der mitgliedschaftlichen Treuepflicht** ausgesetzt sein können, s. noch § 31 Rdnr. 32. Eine Haftung der Gesellschafter aus § 823 Abs. 2 BGB i.V.m. § 30 Abs. 1 scheidet wegen des fehlenden Schutzgesetzcharakters (Rdnr. 126) aus. 128

VI. Auszahlungsverbot in der GmbH & Co. KG

1. Ausgangspunkt

Die Auszahlungssperre des § 30 Abs. 1 gilt auch für die Komplementär-GmbH einer **GmbH & Co. KG**. Insoweit sind zwei Fragenkreise zu unterscheiden. Zum einen fragt sich, ob unter § 30 Abs. 1 auch Auszahlungen aus dem KG-Vermögen fallen, die sich mittelbar auf die Komplementär-GmbH auswirken (Rdnr. 130 ff.). Zum zweiten stellt sich die Frage, ob auch für Auszahlungen aus dem Vermögen der Komplementär-GmbH selbst Besonderheiten zu beachten sind (Rdnr. 133 f.). Die gleichen Fragen stellen sich auch für die **UG (haftungsbeschränkt) & Co. KG.** Für sie gelten die nachstehenden Ausführungen entsprechend, freilich mit der Besonderheit, dass in der UG (haftungsbeschränkt) anders als in der GmbH nicht nur Auszahlungen zu Lasten des Stammkapitals, sondern auch sonstige Auszahlungen an die Gesellschafter außerhalb der jährlichen Gewinnverteilung verboten sind (Rdnr. 10 f.). 129

2. Auszahlungen aus dem KG-Vermögen

a) Mittelbare Auszahlung aus dem Stammkapital der GmbH

Eine Auszahlung (Rdnr. 18 ff.) **aus dem Vermögen der KG** kann sich in zweierlei Hinsicht als **mittelbare Auszahlung der GmbH** darstellen und deshalb in den Anwendungsbereich 130

---

zur Rechtsfigur des faktischen Geschäftsführers *Fleischer*, in: MünchKomm. GmbHG, § 43 Rdnr. 220 ff.; *Fleischer*, GmbHR 2011, 337 ff.

426 Heute wohl allg. M.; BGH v. 19.2.1990 – II ZR 268/88, BGHZ 110, 342, 359 f. = GmbHR 1990, 251; BGH v. 25.6.2001 – II ZR 38/99, BGHZ 148, 167, 170 = GmbHR 2001, 771; *Fastrich*, in: Baumbach/Hueck, Rdnr. 1; *Habersack*, in: Ulmer/Habersack/Löbbe, Rdnr. 22; *Schmolke*, Kapitalerhaltung, Rdnr. 192; alle m.w.N.

427 Dazu statt vieler *Henssler*, in: MünchKomm. BGB, 6. Aufl. 2012, § 619a BGB Rdnr. 5 ff.

428 BGH v. 25.6.2001 – II ZR 38/99, BGHZ 148, 167, 171 ff. = GmbHR 2001, 771; zust. *H.-F. Müller*, ZGR 2003, 441, 452 f.; ferner OLG Brandenburg v. 26.2.2002 – 11 U 141/01, GmbHR 2002, 854, 856.

429 BGH v. 25.6.2001 – II ZR 38/99, BGHZ 148, 167, 173 = GmbHR 2001, 771.

des § 30 Abs. 1 fallen. Zum einen liegt eine mittelbare Auszahlung der GmbH vor, soweit sich infolge der Auszahlung aus dem KG-Vermögen der **Wert der Beteiligung** der GmbH an der KG verringert (was nicht zwangsläufig der Fall ist, da die GmbH nicht am Gewinn und Vermögen der KG beteiligt sein muss). Zum anderen ist an den Fall zu denken, dass die KG auszahlt, obwohl konkrete Zweifel daran bestehen, ob sie ihre Verbindlichkeiten noch vollständig bedienen kann. In diesem Fall wird die **Haftung der Komplementär-GmbH** für die Verbindlichkeiten der KG (§§ 128, 161 Abs. 2 HGB) nicht mehr durch einen vollwertigen Freistellungsanspruch gegen die KG (§§ 161 Abs. 2, 110 Abs. 1 HGB) neutralisiert, so dass jede Auszahlung der KG eine Vermögensminderung der GmbH bewirkt. Befindet sich die GmbH im Stadium der Unterbilanz oder gerät sie durch die mittelbare Auszahlung in dieses Stadium, so sind beide Fallgruppen anerkanntermaßen an § 30 Abs. 1 zu messen[430].

b) Auszahlungsempfänger

131 In den genannten Fällen verbietet § 30 Abs. 1 fraglos die Auszahlung an einen Kommanditisten, der zugleich **GmbH-Gesellschafter** ist[431], sowie an etwaige sonstige Gesellschafter der GmbH[432]. Nach den auch sonst geltenden Grundsätzen können unter besonderen Voraussetzungen auch Auszahlungen an Dritte unter § 30 Abs. 1 fallen, soweit sie dem Gesellschafter zuzurechnen sind oder der Dritte eine gesellschafterähnliche Position einnimmt (Rdnr. 35 ff., 49 ff.). Darüber hinaus ist das Auszahlungsverbot nach höchstrichterlicher Rechtsprechung und heute h.L. auch auf Auszahlungen an Kommanditisten der GmbH & Co. KG analog anzuwenden, die an der GmbH weder unmittelbar noch mittelbar beteiligt sind („**Nur-Kommanditisten**")[433]. Letzteres gilt allerdings nur, wenn neben der GmbH nicht auch noch eine natürliche Person als Komplementärin unbeschränkt haftet[434]. Diese Rechtsfortbildung ist im Interesse des Gläubigerschutzes im Grundsatz zu begrüßen. Zwar wird der Kommanditist damit einem Haftungsrisiko ausgesetzt, das weit über das Haftungsrisiko des Kommanditisten

---

430 Grundlegend BGH v. 29.3.1973 – II ZR 25/70, BGHZ 60, 324, 328 f. (im Anschluss an *Kuhn*, in: Ehrengabe Heusinger, S. 203, 213 ff.); ferner BGH v. 24.3.1980 – II ZR 213/77, BGHZ 76, 326, 336 = GmbHR 1980, 178; zuletzt BGH v. 21.3.2017 – II ZR 93/16, GmbHR 2017, 643 Rdnr. 12; *Fastrich*, in: Baumbach/Hueck, Rdnr. 68; *Habersack*, in: Ulmer/Habersack/Löbbe, Rdnr. 125; *Pentz*, in: Rowedder/Schmidt-Leithoff, Rdnr. 118; *Schmolke*, Kapitalerhaltung, Rdnr. 225; zur zweiten Fallgruppe auch BGH v. 8.7.1985 – II ZR 269/84, BGHZ 95, 188, 191 = GmbHR 1986, 21; BGH v. 19.2.1990 – II ZR 268/88, BGHZ 110, 342, 357 = GmbHR 1990, 251; BGH v. 20.9.1993 – II ZR 151/92, BGHZ 123, 289, 296 = GmbHR 1994, 50; OLG Celle v. 1.2.2006 – 9 U 143/05, OLG-Report 2007, 403.
431 BGH v. 29.3.1973 – II ZR 25/70, BGHZ 60, 324, 328 ff.; BGH v. 29.9.1977 – II ZR 157/76, BGHZ 69, 274, 279 = GmbHR 1978, 64; BGH v. 24.3.1980 – II ZR 213/77, BGHZ 76, 326, 331 ff. = GmbHR 1980, 178; OLG Celle v. 1.2.2006 – 9 U 143/05, OLG-Report 2007, 403; *Habersack*, in: Ulmer/Habersack/Löbbe, Rdnr. 126; *Pentz*, in: Rowedder/Schmidt-Leithoff, Rdnr. 118; *Schmolke*, Kapitalerhaltung, Rdnr. 227.
432 *Fastrich*, in: Baumbach/Hueck, Rdnr. 70; *Habersack*, in: Ulmer/Habersack/Löbbe, Rdnr. 127; *Pentz*, in: Rowedder/Schmidt-Leithoff, Rdnr. 120; *Schmolke*, Kapitalerhaltung, Rdnr. 230.
433 BGH v. 19.2.1990 – II ZR 268/88, BGHZ 110, 342, 355 ff. = GmbHR 1990, 251 (gegen die früher h.L.); BGH v. 9.12.2014 – II ZR 360/13, GmbHR 2015, 248 Rdnr. 10; zust. *Fastrich*, in: Baumbach/Hueck, Rdnr. 70; *Heidinger*, in: Michalski u.a., Rdnr. 169 ff.; *Pentz*, in: Rowedder/Schmidt-Leithoff, Rdnr. 119; *Karsten Schmidt*, GesR, § 56 V 1b; *Schmolke*, Kapitalerhaltung, Rdnr. 229; *Thiessen*, in: Bork/Schäfer, Rdnr. 101; zuvor bereits *Hunscha*, GmbHR 1973, 257, 260 ff.; *Lutter/Hommelhoff*, ZGR 1979, 31, 48; a.A. *Schläfke*, Vermögensbindung in der Kapitalgesellschaft & Co. KG, S. 222 f.; einschränkend die Nachw. in übernächster Fn. Erst recht erfasst sind Auszahlungen an die Kommanditisten, wenn diese über die KG an der GmbH beteiligt sind (Einheitsgesellschaft), insoweit allg. M.
434 BGH v. 9.12.2014 – II ZR 360/13, GmbHR 2015, 248 Rdnr. 10, im Anschluss an BGH v. 19.2.1990 – II ZR 268/88, BGHZ 110, 342, 356; kritisch zu dieser Einschränkung *Pöschke/Steenbreker*, NZG 2015, 614, 618.

einer normalen KG nach §§ 171 Abs. 1, 172 Abs. 1, 4 HGB hinausgeht (Rdnr. 132). Als Gesellschafter einer GmbH & Co. KG, in der keine natürliche Person unbeschränkt haftet, muss er sich jedoch entgegenhalten lassen, dass die Besetzung der Komplementär-Stelle mit einer Kapitalgesellschaft auch von ihm besondere Rücksichtnahme auf die Interessen der Gesellschaftsgläubiger verlangt. Nicht zweifelsfrei ist allerdings, ob die entsprechende Anwendung des § 30 Abs. 1 auch dann gerechtfertigt ist, wenn der Kommanditist – wie etwa in der typischen Publikums-KG – nicht über Informationsmöglichkeiten verfügt, die denjenigen eines GmbH-Gesellschafters (§ 51a) nahekommen und ihm die Prüfung der Vereinbarkeit der Auszahlung mit § 30 Abs. 1 ermöglichen[435]. Ungeachtet dessen scheint der BGH von einer umfassenden Anwendung des Auszahlungsverbots auf alle Kommanditisten ausgehen zu wollen[436].

c) Rechtsfolgen

Für die Rechtsfolgen bei Verstößen gegen das Auszahlungsverbot gelten grundsätzlich die allgemeinen Regeln (Rdnr. 117 ff.). Allerdings soll der **Erstattungsanspruch** aus § 31 (analog) bei Auszahlungen aus dem KG-Vermögen nach ständiger Rechtsprechung nicht der GmbH, sondern **der KG** zustehen und auf Leistung an diese gerichtet sein (§ 31 Rdnr. 91). Unberührt von der Geltung der §§ 30 f. bleibt die **Kommanditistenhaftung nach §§ 171 f. HGB**, die durch die Auszahlung aus dem KG-Vermögen wieder aufleben kann (§ 172 Abs. 4 HGB). Beide Haftungsregime sind **nebeneinander anwendbar**[437]. Die Kommanditistenhaftung unterscheidet sich freilich in Voraussetzungen und Rechtsfolgen erheblich von der Haftung aus § 31. Abgesehen von der unterschiedlichen Ausgestaltung als Außenhaftung gegenüber den Gläubigern (Kommanditistenhaftung) bzw. Innenhaftung gegenüber der Gesellschaft (§ 31) ist auch der Haftungsumfang grundverschieden. So ist die Kommanditistenhaftung nach §§ 171 f. HGB auch dann auf den Betrag der im Handelsregister eingetragenen Haftsumme beschränkt, wenn dem Kommanditisten im Einvernehmen der Gesellschafter ein Mehrfaches dieses Betrags ausgezahlt wurde[438]. Dagegen ist nach § 31 Abs. 1 der gesamte Betrag der Auszahlung zu erstatten, soweit er zur Deckung des Stammkapitals der Komplementär-GmbH benötigt wird. Zur Frage der Ausfallhaftung nach § 31 Abs. 3 in der GmbH & Co. KG s. § 31 Rdnr. 92 f.

132

3. Auszahlungen aus dem GmbH-Vermögen

Auszahlungen, die aus **dem Vermögen der GmbH** an ihre Gesellschafter erfolgen, sind unmittelbar an § 30 Abs. 1 zu messen. Insoweit gelten keine Besonderheiten, auch nicht, wenn sich die GmbH die ausgezahlten Mittel zuvor von der KG verschafft hat[439]. Gleiches gilt, wenn die

133

---

435 Verneinend *Berg*, Rechtsdogmatische Fragen, S. 166; *Habersack*, in: Ulmer/Habersack/Löbbe, Rdnr. 128; *Ekkenga*, in: MünchKomm. GmbHG, Rdnr. 192; aus Gründen des Anlegerschutzes zurückhaltend gegenüber der Einbeziehung von Publikumsgesellschaften auch *Bergmann*, EWiR 1990, 479, 480; einschränkend ferner *Pöschke/Steenbreker*, NZG 2015, 614, 618 f. (Nur-Kommanditist haftet nur, wenn er die Möglichkeit hatte, die konkrete Entscheidung über Auszahlungen aus der KG zu beeinflussen).

436 Vgl. BGH v. 19.2.1990 – II ZR 268/88, BGHZ 110, 342, 358 = GmbHR 1990, 251 (bloßes Anlegerinteresse genügt). Gegen eine Ausnahme für die Publikums-KG auch *Schnelle*, GmbHR 1995, 853, 856 f.

437 Allg. M., BGH v. 19.2.1990 – II ZR 268/88, BGHZ 110, 342, 358 = GmbHR 1990, 251 („ungeachtet seiner Haftung nach § 172 Abs. 4 HGB"); *Habersack*, in: Ulmer/Habersack/Löbbe, Rdnr. 134; *Schmolke*, Kapitalerhaltung, Rdnr. 239 m.w.N.

438 BGH v. 29.3.1973 – II ZR 25/70, BGHZ 60, 324, 327 f.; BGH v. 19.2.1990 – II ZR 268/88, BGHZ 110, 342, 356 = GmbHR 1990, 251; *Karsten Schmidt*, in: MünchKomm. HGB, 3. Aufl. 2012, §§ 171 f. HGB Rdnr. 65.

439 *Habersack*, in: Ulmer/Habersack/Löbbe, Rdnr. 129.

Auszahlung zwar an einen Dritten erfolgt, aber dem GmbH-Gesellschafter zuzurechnen ist (Rdnr. 35 ff.) oder der Dritte eine gesellschafterähnliche Stellung einnimmt (Rdnr. 49 ff.). Zudem sind in analoger Anwendung des § 30 Abs. 1 auch hier wieder Auszahlungen an **Nur-Kommanditisten** einer KG, in der keine natürliche Person unbeschränkt haftet, dem Auszahlungsverbot zu unterstellen[440]. Wenn nämlich der Kommanditist einer solchen KG selbst bei Auszahlungen aus dem KG-Vermögen, die nur *mittelbar* das gebundene Vermögen der Komplementär-GmbH angreifen, analog §§ 30 f. haftet (Rdnr. 131), so muss dies erst recht gelten, wenn das gebundene Vermögen *unmittelbar* geschmälert wird[441]. Gläubiger des Erstattungsanspruchs aus § 31 ist in diesem Fall unstreitig die GmbH.

134 Umstritten ist die Anwendung des § 30 Abs. 1, wenn die GmbH eine **Auszahlung an die KG** tätigt und diese nicht (wie in der Einheitsgesellschaft) Gesellschafterin der GmbH ist. Da in der typischen gesellschafteridentischen GmbH & Co. KG die GmbH-Gesellschafter auch an der KG beteiligt sind, stellt sich die Frage, ob die Auszahlung an die KG einer Auszahlung an die GmbH-Gesellschafter gleichzustellen ist. Das ist in der obergerichtlichen Rechtsprechung verschiedentlich mit dem Argument abgelehnt worden, dass die KG und ihre Komplementärin eine „wirtschaftliche Einheit" bilden und Auszahlungen aus dem KG-Vermögen an die Gesellschafter ihrerseits den Beschränkungen der §§ 30 f. unterliegen (Rdnr. 131)[442]. In der Tat spricht bei wirtschaftlicher Betrachtung viel dafür, dass die Auszahlung der Komplementärin eher als Unterstützung für das Unternehmen „ihrer" KG anzusehen ist denn als Zahlung an ihre Gesellschafter. Der BGH hat dieser Sichtweise jedoch in einer Entscheidung zum Parallelproblem im Rahmen der Kapitalaufbringung („Hin- und Herzahlen") eine Absage erteilt und entschieden, dass eine Zahlung an die von den GmbH-Gesellschaftern „jedenfalls gemeinsam beherrschte KG" einer Zahlung an die GmbH-Gesellschafter gleichsteht[443]. Folgt man dieser Rechtsprechung, so wird man im Rahmen der Kapitalerhaltung konsequenterweise ebenso entscheiden und Auszahlungen an die KG in den Anwendungsbereich des § 30 Abs. 1 einbeziehen müssen[444]. Für den praktisch bedeutsamen Fall der **Darlehensgewährung** der Komplementär-GmbH an die KG folgt daraus, dass es im Stadium der Unterbilanz auf die Vollwertigkeit des Rückzahlungsanspruchs nach § 30 Abs. 1 Satz 2 Alt. 2 ankommt. Soweit allerdings die Darlehensgewährung im Zusammenhang mit der Gründung oder einer Kapitalerhöhung der GmbH erfolgt, ist nicht erst die Kapitalerhaltung, sondern schon die Kapitalaufbringung betroffen; Prüfungsmaßstab ist dann § 19 Abs. 5 (§ 19 Rdnr. 171 ff.). Misst man Auszahlungen an die KG an § 30 Abs. 1, ist es zudem konsequent, auch die Nichtgewährung einer angemessenen Vergütung für die Übernahme des Haftungsrisikos der GmbH zu erfassen[445].

---

440 *Habersack*, in: Ulmer/Habersack/Löbbe, Rdnr. 130; *Heidinger*, in: Michalski u.a., Rdnr. 166 ff.; *Pentz*, in: Rowedder/Schmidt-Leithoff, Rdnr. 119; *Schmolke*, Kapitalerhaltung, Rdnr. 233.

441 Zu dem möglichen Vorbehalt bei unzureichenden Informationsmöglichkeiten des Kommanditisten s. aber Rdnr. 131.

442 OLG Köln v. 5.2.2002 – 18 U 183/01, GmbHR 2002, 968; Thüringer OLG v. 28.6.2006 – 6 U 717/05, GmbHR 2006, 940, 942 mit zust. Anm. *Priester*, EWiR 2006, 497 f. (jeweils zum Parallelproblem im Rahmen der Kapitalaufbringung); aus dem Schrifttum etwa *Habersack*, in: Ulmer/Habersack/Löbbe, Rdnr. 131; *Karsten Schmidt*, ZIP 2008, 481 ff.; *Kunkel/Lanzius*, NZG 2007, 527 ff.

443 BGH v. 10.12.2007 – II ZR 180/06, BGHZ 174, 370 Rdnr. 5 ff. = GmbHR 2008, 203; ferner OLG Hamm v. 31.10.2006 – 27 U 81/06, GmbHR 2007, 201 f.; allgemein zur Zurechnung bei maßgeblicher Beteiligung am Empfängerunternehmen Rdnr. 44 ff.

444 So denn auch *Altmeppen*, in: Roth/Altmeppen, Rdnr. 171; *Fastrich*, in: Baumbach/Hueck, Rdnr. 69; *Kuntz*, in: Gehrlein/Born/Simon, Rdnr. 108; kritisch *Heidinger*, in: Michalski u.a., Rdnr. 159.

445 *Altmeppen*, in: Roth/Altmeppen, Rdnr. 176; *Heidinger*, in: Michalski u.a., Rdnr. 158; a.A. *Ekkenga*, in: MünchKomm. GmbHG, Rdnr. 192a; *Habersack*, in: Ulmer/Habersack/Löbbe, Rdnr. 131.

VII. Rückzahlung von Nachschüssen (§ 30 Abs. 2)

1. Allgemeines, Normzweck

§ 30 Abs. 2 knüpft an die Regelung der §§ 26–28 über die – in der Praxis wenig verbreiteten – Nachschusspflichten der Gesellschafter an und regelt die **Rückzahlung erbrachter Nachschüsse**. Bei Nachschüssen handelt es sich um Gesellschafterbeiträge, die in Geld zu erbringen sind (vgl. § 26: „Einzahlungen") und **Eigenkapitalcharakter** haben, aber nicht zum Stammkapital gehören, sondern über die Stammeinlagen hinaus zu erbringen sind (s. Erl. zu § 26). Der Eigenkapitalcharakter zeigt sich in der Bilanzierung eingeforderter und erbrachter Nachschüsse in der Kapitalrücklage (§ 42 Abs. 2 Satz 3 GmbHG, § 266 Abs. 3 Posten A II HGB)[446] sowie darin, dass das Nachschusskapital in der Insolvenz der Gesellschaft nicht wie eine Fremdforderung angemeldet werden kann[447]. Anders als die Vorschriften zum Schutz des Stammkapitals dienen die Nachschusspflichten nicht in erster Linie den Belangen des Gläubigerschutzes, sondern vielmehr dem Zweck, der Gesellschaft eine flexible Reaktion auf wechselnde Kapitalbedürfnisse zu ermöglichen[448]. Daraus erklärt sich, dass die besonderen Vorschriften der §§ 19, 24 zum Schutz der Kapitalaufbringung auf Nachschussforderungen keine Anwendung finden (§ 26 Rdnr. 5) und weder der Insolvenzverwalter noch die Gläubiger den Beschluss über die Einforderung der Nachschüsse nach § 26 Abs. 1 erzwingen können[449]. Vor diesem Hintergrund wird auch verständlich, warum § 30 Abs. 2 die Rückzahlung eingezahlter Nachschüsse ermöglicht, ohne dass es hierfür – wie beim Stammkapital – zuvor einer Kapitalherabsetzung bedarf. 135

§ 30 Abs. 2 Satz 1 stellt zunächst klar, dass das Nachschusskapital die Ausschüttungssperre des § 30 Abs. 1 nicht erhöht, sondern Rückzahlungen der Nachschüsse zulässig sind, solange das Stammkapital gedeckt ist. Insoweit gilt also nichts anderes als für alle anderen Auszahlungen aus dem Gesellschaftsvermögen; die Aussage des § 30 Abs. 1 Satz 1 wird lediglich wiederholt (Rdnr. 140). Ergänzend sehen allerdings **§ 30 Abs. 2 Satz 2 und 3** zusätzliche **Einschränkungen** (bekanntzumachender Rückzahlungsbeschluss, Sperrfrist von drei Monaten, Volleinzahlung des Stammkapitals) für die Rückzahlung des eingezahlten Nachschusskapitals vor (Rdnr. 141 ff.). Insoweit kommt somit doch noch der **Gläubigerschutz** zum Tragen, wenngleich in viel schwächerem Umfang als hinsichtlich des Stammkapitals. **§ 30 Abs. 2 Satz 4** schließlich bestimmt, dass zurückgezahlte Nachschüsse als nicht eingezogen gelten, was für die Berechnung der Beträge nach §§ 26 Abs. 3, 27 Abs. 4 von Bedeutung ist (Rdnr. 144). 136

Die Nachschusspflicht als solche muss durch den Gesellschaftsvertrag begründet werden (§ 26 Abs. 1). Wenn dies aber geschehen ist, sind die in **§ 30 Abs. 2 Satz 1–3** getroffenen Regeln wie alle der Kapitalerhaltung dienenden Vorschriften in dem Sinne **zwingend**, dass sie im Gesellschaftsvertrag nur verschärft, aber nicht abgemildert werden können[450]. Dagegen ist § 30 Abs. 2 Satz 4 disponibel[451]. 137

---

446 Näher zur Bilanzierung des Nachschusskapitals *Adler/Düring/Schmaltz*, § 42 GmbHG Rdnr. 23 ff.

447 *W. Müller*, in: Ulmer/Habersack/Löbbe, § 26 Rdnr. 18; *Verse*, in: Henssler/Strohn, Gesellschaftsrecht, § 26 GmbHG Rdnr. 3.

448 Stenogr. Berichte über die Verhandlungen des Reichstags, VIII/1, 1890/92, Nr. 660, 3730.

449 Stenogr. Berichte über die Verhandlungen des Reichstags, VIII/1, 1890/92, Nr. 660, 3730; *Fastrich*, in: Baumbach/Hueck, § 26 Rdnr. 8; *Verse*, in: Henssler/Strohn, Gesellschaftsrecht, § 26 GmbHG Rdnr. 2.

450 *Ekkenga*, in: MünchKomm. GmbHG, Rdnr. 294; *Habersack*, in: Ulmer, Rdnr. 114; *Schmolke*, Kapitalerhaltung, Rdnr. 205 (alle mit dem zutr. Hinweis, dass bei abweichender Regelung im Gesellschaftsvertrag zu prüfen ist, ob überhaupt eine Nachschusspflicht oder nicht eher eine Nebenleistungspflicht im Sinne des § 3 Abs. 2 gewollt ist).

451 *Ekkenga*, in: MünchKomm. GmbHG, Rdnr. 294, 298; *Habersack*, in: Ulmer/Habersack/Löbbe, Rdnr. 150; *Schmolke*, Kapitalerhaltung, Rdnr. 219.

2. Anwendungsbereich

138 § 30 Abs. 2 findet nur auf **echte Nachschüsse** im Sinne der §§ 26 ff. Anwendung. Freiwillige Zuschüsse der Gesellschafter, die ohne gesellschaftsvertragliche Verpflichtung erbracht werden, fallen nicht unter § 30 Abs. 2[452]. Ebenso wenig werden Nebenleistungspflichten im Sinne des § 3 Abs. 2, etwa ein Agio, erfasst (zur Abgrenzung § 26 Rdnr. 6a f.)[453]. Für die nicht erfassten Beträge bewendet es bei der Anwendung des § 30 Abs. 1. Abs. 2 gilt ferner nur für bereits **eingezahlte Nachschüsse** und betrifft nicht die Rechtslage zwischen Einforderung und Leistung eines Nachschusses. Eine Aufhebung des Einforderungsbeschlusses ist zulässig (§ 26 Rdnr. 19), desgleichen – da § 19 Abs. 2 nicht gilt – der Erlass, die Stundung oder die Aufrechnung der Nachschussforderung, sofern nur die Grenzen des § 30 Abs. 1 eingehalten werden (d.h. keine Unterbilanz be- oder entsteht)[454]. Wenn allerdings einer der zur Erfüllung der Nachschusspflicht aufgeforderten Gesellschafter schon gezahlt hat, ist ein Wiederaufhebungsbeschluss nicht mehr möglich, und es müssen die Voraussetzungen des § 30 Abs. 2 beachtet werden[455]. Wird die dem Nachschusskapital entsprechende Kapitalrücklage (§ 42 Abs. 2 Satz 3) zur Deckung von Verlusten aufgelöst, ist sie in späteren Jahren nicht wieder durch Dotierung aus den Jahresüberschüssen aufzufüllen. Werden stattdessen Gewinnrücklagen gebildet, so unterliegt deren Auflösung nicht den Beschränkungen des § 30 Abs. 2[456].

3. Voraussetzungen der Rückzahlung (§ 30 Abs. 2 Satz 1–3)

a) Rückzahlung

139 Unter dem Begriff **„Rückzahlung"** ist dasselbe zu verstehen wie unter „Auszahlung" im Sinne des § 30 Abs. 1 (Rdnr. 18 ff.)[457]. Gemeint ist also jeder Vermögenstransfer von der GmbH an einen Gesellschafter, einschließlich verdeckter Ausschüttungen und – unter den in Rdnr. 35 ff. erörterten Bedingungen – Zahlungen an Dritte. Eine Rückzahlung der „eingezahlten Nachschüsse" liegt vor, wenn sich aus den Umständen ergibt, dass die Auszahlung gerade zu Lasten des erbrachten Nachschusskapitals und nicht zu Lasten sonstiger Kapital- oder Gewinnrücklagen gehen soll. Auch die Umbuchung der das erbrachte Nachschusskapital ausweisenden Kapitalrücklage in ein Darlehen der Gesellschafter erfüllt nach diesen Kriterien den Tatbestand einer Rückzahlung im Sinne des § 30 Abs. 2[458].

b) Materielle Voraussetzungen

140 Die materiellen Voraussetzungen für die Zulässigkeit der Rückzahlung ergeben sich aus § 30 Abs. 2 Satz 1 und 3. **§ 30 Abs. 2 Satz 1** knüpft die Zulässigkeit an die Deckung des Stammkapitals und wiederholt damit **rein deklaratorisch** die Aussage des § 30 Abs. 1 Satz 1[459]: Die Rückzahlung muss unterbleiben, soweit sie zu einer Unterbilanz führen würde oder wenn eine Unterbilanz bereits besteht. Wegen der Einzelheiten kann auf die Erl. zu § 30 Abs. 1 Satz 1 Bezug genommen werden. Maßgebend ist auch im Rahmen des § 30 Abs. 2 Satz 1 der **Zeit-**

---

452 *Habersack*, in: Ulmer/Habersack/Löbbe, Rdnr. 139.
453 *Habersack*, in: Ulmer/Habersack/Löbbe, Rdnr. 139.
454 *Fastrich*, in: Baumbach/Hueck, Rdnr. 72; *Habersack*, in: Ulmer/Habersack/Löbbe, Rdnr. 138.
455 S. § 26 Rdnr. 19; *Fastrich*, in: Baumbach/Hueck, Rdnr. 72.
456 *Habersack*, in: Ulmer/Habersack/Löbbe, Rdnr. 138; *Schmolke*, Kapitalerhaltung, Rdnr. 207.
457 *Habersack*, in: Ulmer/Habersack/Löbbe, Rdnr. 148; *Heidinger*, in: Michalski u.a., Rdnr. 220; *Schmolke*, Kapitalerhaltung, Rdnr. 208.
458 *Habersack*, in: Ulmer/Habersack/Löbbe, Rdnr. 148; *Schmolke*, Kapitalerhaltung, Rdnr. 208.
459 *Ekkenga*, in: MünchKomm. GmbHG, Rdnr. 296; *Habersack*, in: Ulmer/Habersack/Löbbe, Rdnr. 141.

punkt der Auszahlung, nicht derjenige, in dem der Rückzahlungsbeschluss gefasst wird[460]. Daher darf auch ein an sich einwandfreier Rückzahlungsbeschluss nicht durchgeführt werden, soweit dies eine Unterbilanz verursachen würde oder eine solche inzwischen eingetreten ist. Wenn die verfügbaren Mittel nicht zur Rückzahlung aller Nachschüsse ausreichen, muss unter Beachtung des Gleichbehandlungsgrundsatzes jeder Anspruch verhältnismäßig gekürzt werden. Stellt sich der Fehlbetrag erst heraus, nachdem mit der Auszahlung begonnen wurde, ist direkt unter den Gesellschaftern so auszugleichen, dass die Rückzahlungsempfänger anteilmäßig an die anderen zu zahlen haben[461].

Eine über § 30 Abs. 1 hinausgehende Verschärfung der Auszahlungsvoraussetzungen enthält dagegen **§ 30 Abs. 2 Satz 3**. Danach darf im Fall des § 28 Abs. 2, in dem der Gesellschaftsvertrag ausnahmsweise die Einforderbarkeit von Nachschüssen schon vor vollständiger Einforderung der Stammeinlagen ermöglicht, die Rückzahlung der Nachschüsse erst erfolgen, wenn das **Stammkapital** (inzwischen) **voll eingezahlt** ist. Die bloße Einforderung der Stammeinlagen genügt nicht[462]. Das Gesetz sichert mit dieser Regelung die Aufbringung des Stammkapitals zusätzlich ab. Der in Bezug genommene § 28 Abs. 2 betrifft freilich nur einen Sonderfall; in der Regel verhält es sich so, dass die Nachschüsse erst eingefordert werden können, nachdem die Stammeinlagen vollständig eingefordert wurden (§ 28 Rdnr. 6). Auch in diesem Regelfall kann sich die Situation ergeben, dass das Stammkapital zwar bereits vollständig *eingefordert*, aber noch nicht tatsächlich *eingezahlt* wurde, bevor die Nachschüsse eingefordert und erbracht wurden. Daher stellt sich die Frage, ob es in diesem in § 30 Abs. 2 Satz 3 nicht ausdrücklich geregelten Fall möglich ist, die Nachschüsse schon vor voller Einzahlung des Stammkapitals zurückzuzahlen. Die Frage ist mit der ganz h.M. zu verneinen[463]; entsprechend § 30 Abs. 2 Satz 3 muss vielmehr auch in diesem Fall das Stammkapital vollständig eingezahlt sein, da das Interesse an vollständiger Kapitalaufbringung hier in genau derselben Weise besteht wie im unmittelbaren Anwendungsbereich der Vorschrift. Die Volleinzahlung des Stammkapitals ist mit anderen Worten **generell Voraussetzung** für die Rückzahlung von Nachschüssen. Sind allerdings ausnahmsweise nur einzelne Gesellschafter nachschusspflichtig, so kommt es nur auf die vollständige Einzahlung der auf sie entfallenden Stammeinlagen an[464]. 141

c) Formelle Voraussetzungen

aa) In formeller Hinsicht bedarf es nach § 30 Abs. 2 Satz 2 zunächst eines **Rückzahlungsbeschlusses**. Eine einfache Kündigung durch die Gesellschaft oder den Gesellschafter, wie sie bei einem Darlehen genügen würde, reicht nicht aus. Nach §§ 46 Nr. 3, 47 Abs. 1 ist der Beschluss mit einfacher Mehrheit von der **Gesellschafterversammlung** zu fassen. Dabei sind auch diejenigen Gesellschafter stimmberechtigt, die die Rückzahlung erhalten sollen; § 47 Abs. 4 steht nicht entgegen (11. Aufl., § 46 Rdnr. 62). Gemäß § 45 Abs. 2 kann der Gesellschaftsvertrag die Zuständigkeit auch einem anderen Organ, etwa einem Aufsichts- oder Beirat oder den Geschäftsführern, zuweisen[465]. Der Rückzahlungsbeschluss muss im Übrigen nicht unbedingt gesondert gefasst werden. Er kann auch mit einem Ergebnisverwendungs- 142

---

460 *Fastrich*, in: Baumbach/Hueck, Rdnr. 71; *Habersack*, in: Ulmer/Habersack/Löbbe, Rdnr. 142; *Schmolke*, Kapitalerhaltung, Rdnr. 211.
461 *Habersack*, in: Ulmer/Habersack/Löbbe, Rdnr. 142; *Schmolke*, Kapitalerhaltung, Rdnr. 212.
462 *Habersack*, in: Ulmer/Habersack/Löbbe, Rdnr. 143; *Pentz*, in: Rowedder/Schmidt-Leithoff, Rdnr. 108.
463 *Ekkenga*, in: MünchKomm. GmbHG, Rdnr. 296; *Fastrich*, in: Baumbach/Hueck, Rdnr. 71; *Habersack*, in: Ulmer/Habersack/Löbbe, Rdnr. 143; *Heidinger*, in: Michalski u.a., Rdnr. 222; *Pentz*, in: Rowedder/Schmidt-Leithoff, Rdnr. 108; *Schmolke*, Kapitalerhaltung, Rdnr. 213.
464 *Habersack*, in: Ulmer/Habersack/Löbbe, Rdnr. 143 a.E.; *Schmolke*, Kapitalerhaltung, Rdnr. 213.
465 *Habersack*, in: Ulmer/Habersack/Löbbe, Rdnr. 144; *Pentz*, in: Rowedder/Schmidt-Leithoff, Rdnr. 109; *Schmolke*, Kapitalerhaltung, Rdnr. 214.

beschluss nach § 46 Nr. 1 verbunden sein, wenn eine Ausschüttung über den Bilanzgewinn hinaus beschlossen wird (11. Aufl., § 46 Rdnr. 62). Mit der Beschlussfassung **entsteht** der **Rückzahlungsanspruch** der Gesellschafter als selbständig abtretbares und pfändbares Forderungsrecht[466], und zwar in der Person desjenigen, der in diesem Zeitpunkt nach § 16 Abs. 1 als Inhaber des betreffenden Geschäftsanteils gilt, also nicht zwingend der Person, die den Nachschuss eingezahlt hat[467]. Fällig wird der Anspruch aber erst mit Ablauf der Sperrfrist (Rdnr. 143). Zudem steht er unter dem Vorbehalt, dass auch dann noch das Stammkapital gedeckt ist (Rdnr. 140). Wird die Rückzahlung bereits im Gesellschaftsvertrag oder im Einforderungsbeschluss unter bestimmten Bedingungen zugesagt, soll der Rückzahlungsanspruch bereits mit der Einzahlung des Nachschusses aufschiebend bedingt entstehen[468]. Als Voraussetzung für die Rückzahlung ist aber auch in diesem Fall das Beschlusserfordernis wegen des zwingenden Charakters des § 30 Abs. 2 Satz 2 (Rdnr. 137) unverzichtbar[469].

143 **bb)** Der Beschluss bedarf ferner der **Bekanntmachung**, und zwar seit der Neufassung des § 30 Abs. 2 Satz 2 durch das Justizkommunikationsgesetz vom 22.3.2005[470] zumindest im **Bundesanzeiger** (§ 12 Satz 1) und je nach Regelung im Gesellschaftsvertrag auch noch in weiteren Gesellschaftsblättern (§ 12 Satz 2). Seit dieser Bekanntmachung muss schließlich eine **Sperrfrist** von drei Monaten vergangen sein. Die Frist läuft im Fall des § 12 Satz 2 ab dem Zeitpunkt, in dem die Bekanntmachung in dem zuletzt erschienenen Gesellschaftsblatt erfolgt ist[471]. Die Dreimonatsfrist soll es den Gesellschaftsgläubigern ermöglichen, durch geeignete Maßnahmen (Einklagen fälliger Beträge, Erwirkung von Arresten etc.) die Wahrung ihrer Rechte zu ermöglichen[472]. Ein weitergehender Schutz der Gläubiger, wie er für den Fall der Kapitalherabsetzung in § 58 in Gestalt der Befriedigung oder Sicherstellung dissentierender Gläubiger vorgesehen ist, besteht dagegen nicht.

4. Rechtsfolgen

a) Rechtsfolgen bei zulässiger Rückzahlung (§ 30 Abs. 2 Satz 4)

144 Zulässig zurückgezahlte Nachschüsse gelten nach § 30 **Abs. 2 Satz 4** als **„nicht eingezogen"**. Treffender wäre die Formulierung „nicht eingefordert"; denn andernfalls könnte man auf den Gedanken kommen, dass der ursprüngliche Einforderungsbeschluss noch Bestand hat und die Gesellschafter noch aufgrund dieses Beschlusses zur Nachschussleistung verpflichtet sind, was aber ersichtlich nicht gewollt ist[473]. Vielmehr soll der Zustand vor der Einforderung des Nachschusses wieder hergestellt werden. Auswirkungen hat diese Regelung für Nachschusspflichten, die auf einen bestimmten Betrag beschränkt sind (§ 26 Abs. 3), sowie für Nachschusspflichten, bei denen das Recht zum Abandon erst ab einer bestimmten Höhe eintritt (§ 27 Abs. 4). Die zurückgezahlten Nachschüsse gelten bei dieser Berechnung als nicht eingefordert und nicht eingezahlt; die mit der ursprünglichen Einzahlung eingetretene Vermin-

---

466 *Habersack*, in: Ulmer/Habersack/Löbbe, Rdnr. 145.
467 *Habersack*, in: Ulmer/Habersack/Löbbe, Rdnr. 151; *Heidinger*, in: Michalski u.a., Rdnr. 228; *Schmolke*, Kapitalerhaltung, Rdnr. 220. Ob der neue Gesellschafter seinem Rechtsvorgänger ausgleichspflichtig ist, richtet sich nach deren Innenverhältnis und ist im Zweifel nicht anzunehmen; *Habersack*, in: Ulmer/Habersack/Löbbe, Rdnr. 151, und *Schmolke*, Kapitalerhaltung, Rdnr. 220.
468 *Habersack*, in: Ulmer/Habersack/Löbbe, Rdnr. 145; *Schmolke*, Kapitalerhaltung, Rdnr. 216.
469 *Habersack*, in: Ulmer/Habersack/Löbbe, Rdnr. 145; *Schmolke*, Kapitalerhaltung, Rdnr. 216.
470 BGBl. I 2005, 837 (Art. 12 Nr. 2).
471 *Habersack*, in: Ulmer/Habersack/Löbbe, Rdnr. 147; *Kuntz*, in: Gehrlein/Born/Simon, Rdnr. 112; *Schmolke*, Kapitalerhaltung, Rdnr. 218; a.A. *Thiessen*, in: Bork/Schäfer, Rdnr. 170 (Bekanntmachung im Bundesanzeiger maßgeblich).
472 *Fastrich*, in: Baumbach/Hueck, Rdnr. 71; *Schmolke*, Kapitalerhaltung, Rdnr. 218.
473 *Feine*, S. 328; *Ekkenga*, in: MünchKomm. GmbHG, Rdnr. 298; *Habersack*, in: Ulmer/Habersack/Löbbe, Rdnr. 150; *Schmolke*, Kapitalerhaltung, Rdnr. 219.

derung der Nachschusssumme wird mit anderen Worten durch die Rückzahlung wieder beseitigt[474]. Der Gesellschaftsvertrag kann jedoch Abweichendes bestimmen (Rdnr. 137).

b) Rechtsfolgen bei unzulässiger Rückzahlung

Fehlt es an einer der Voraussetzungen nach § 30 Abs. 2 Satz 1–3, ist Rechtsfolge des Verstoßes ein **Erstattungsanspruch** gegen den Zahlungsempfänger (§ 31 Abs. 1, Abs. 2) und ggf. auch dessen Mitgesellschafter (§ 31 Abs. 3). Die früher vertretene Ansicht, dies gelte bei Verletzung der formellen Erfordernisse nicht[475], lässt sich angesichts des Wortlauts des § 31, der jeden Verstoß gegen § 30 erfasst, nicht halten[476]. Die Geschäftsführer haften bei einem Verstoß gegen § 30 Abs. 2 Satz 1, da darin zugleich ein Verstoß gegen § 30 Abs. 1 liegt (Rdnr. 140), nach § 43 Abs. 3[477]. Ob Gleiches auch bei Verstößen gegen § 30 Abs. 2 Satz 2 und Satz 3 gilt oder stattdessen „nur" § 43 Abs. 2 eingreift, ist wegen des im Vergleich zu § 31 engeren Wortlauts des § 43 Abs. 3 Satz 1[478] zweifelhaft und umstritten[479]. Da § 31 Abs. 3 eingreift, trifft die Geschäftsführer ggf. auch die Haftung nach § 31 Abs. 6.

145

---

474 Stenogr. Berichte über die Verhandlungen des Reichstags, VIII/1, 1890/92, Nr. 660, 3745; *Habersack*, in: Ulmer/Habersack/Löbbe, Rdnr. 150; *Schmolke*, Kapitalerhaltung, Rdnr. 219.

475 *Feine*, S. 329.

476 *Ekkenga*, in: MünchKomm. GmbHG, Rdnr. 297; *Habersack*, in: Ulmer/Habersack/Löbbe, Rdnr. 149; *Schmolke*, Kapitalerhaltung, Rdnr. 221.

477 A.A. (aber ohne Begründung) *Zöllner/Noack*, in: Baumbach/Hueck, § 43 Rdnr. 49e.

478 § 31 spricht nur von einer dem § 30 zuwider geleisteten Zahlung, § 43 Abs. 3 Satz 1 fügt hinzu: „aus dem zur Erhaltung des Stammkapitals erforderlichen Vermögen".

479 Für § 43 Abs. 2 *Paefgen*, in: Ulmer/Habersack/Löbbe, § 43 Rdnr. 261; differenzierend dagegen *Zöllner/Noack*, in: Baumbach/Hueck, § 43 Rdnr. 49e (§ 43 Abs. 2 bei Verstößen gegen § 30 Abs. 2 Satz 2, § 43 Abs. 3 bei Verstößen gegen § 30 Abs. 2 Satz 3).

§ 31
Erstattung verbotener Rückzahlungen

(1) Zahlungen, welche den Vorschriften des § 30 zuwider geleistet sind, müssen der Gesellschaft erstattet werden.

(2) War der Empfänger in gutem Glauben, so kann die Erstattung nur insoweit verlangt werden, als sie zur Befriedigung der Gesellschaftsgläubiger erforderlich ist.

(3) Ist die Erstattung von dem Empfänger nicht zu erlangen, so haften für den zu erstattenden Betrag, soweit er zur Befriedigung der Gesellschaftsgläubiger erforderlich ist, die übrigen Gesellschafter nach Verhältnis ihrer Geschäftsanteile. Beiträge, welche von einzelnen Gesellschaftern nicht zu erlangen sind, werden nach dem bezeichneten Verhältnis auf die übrigen verteilt.

(4) Zahlungen, welche auf Grund der vorstehenden Bestimmungen zu leisten sind, können den Verpflichteten nicht erlassen werden.

(5) Die Ansprüche der Gesellschaft verjähren in den Fällen des Absatzes 1 in zehn Jahren sowie in den Fällen des Absatzes 3 in fünf Jahren. Die Verjährung beginnt mit dem Ablauf des Tages, an welchem die Zahlung, deren Erstattung beansprucht wird, geleistet ist. In den Fällen des Absatzes 1 findet § 19 Abs. 6 Satz 2 entsprechende Anwendung.

(6) Für die in den Fällen des Absatzes 3 geleistete Erstattung einer Zahlung sind den Gesellschaftern die Geschäftsführer, welchen in betreff der geleisteten Zahlung ein Verschulden zur Last fällt, solidarisch zum Ersatz verpflichtet. Die Bestimmungen in § 43 Abs. 1 und 4 finden entsprechende Anwendung.

Text von 1892; Abs. 5 geändert, Abs. 6 Satz 2 angefügt durch Gesetz vom 9.12.2004 (BGBl. I 2004, 3214).

Schrifttum: S. zunächst die Angaben zu § 30, ferner *Altmeppen*, Ausfall- und Verhaltenshaftung des Mitgesellschafters in der GmbH, ZIP 2002, 961; *Altmeppen*, Das rechtliche Schicksal der Kapitalerhaltungshaftung in der GmbH bei nachträglichem Wegfall der Unterdeckung oder nachträglichem Eintritt einer Privilegierung, ZIP 2015, 1657; *Bayer*, Die Gesamtverantwortung der Gesellschafter für das Stammkapital und die Existenz der GmbH, in: FS Röhricht, 2005, S. 25; *Benecke*, Der Erstattungsanspruch nach § 31 Abs. 1 GmbHG bei anderweitig aufgefülltem Stammkapital, ZIP 2000, 1969; *Blöse*, Der Umfang der Ausfallhaftung bei Verstoß gegen das Auszahlungsverbot, GmbHR 2002, 1107; *Brandner*, Wegfall oder Beständigkeit des Erstattungsanspruchs aus § 31 GmbHG bei anderweitiger Wiederherstellung des Stammkapitals?, in: FS Fleck, 1988, S. 23; *Burgard*, Garantie- und Verschuldenshaftung von Mitgesellschaftern einer GmbH, NZG 2002, 606; *Butzke*, Die Bedeutung anderweitiger Auffüllungen des Stammkapitals für Einlage- oder Erstattungsansprüche der GmbH gegen ihre Gesellschafter, ZHR 154 (1990), 357; *Cahn*, Die Ausfallhaftung des GmbH-Gesellschafters, ZGR 2003, 298; *Carlé/Bauschatz*, Verzinsung des Erstattungsanspruchs nach § 31 GmbHG im Zivil- und Steuerrecht, ZIP 2001, 1351; *Eichele*, Die Reichweite des Kapitalerhaltungsgrundsatzes aus § 30 Abs. 1 GmbHG, die Finanzierungsverantwortung des Gesellschafters und das Eigenkapitalersatzrecht in der GmbH, 1998; *Eidenmüller/Engert*, Insolvenzrechtliche Ausschüttungssperren, in: FS Karsten Schmidt, 2009, S. 305; *Geißler*, Verdeckte Gewinnausschüttungen und Rückforderungsansprüche der GmbH, GmbHR 2003, 394; *Görner/Kling*, Die Ausfallhaftung des GmbH-Gesellschafters, GmbHR 2004, 714, 778; *Grunewald*, Die Verantwortlichkeit des gering beteiligten GmbH-Gesellschafters für Kapitalaufbringung und -erhaltung, in: FS Lutter, 2000, S. 413; *Haas*, Kapitalerhaltung, Insolvenzanfechtung, Schadensersatz und Existenzvernichtung – wann wächst zusammen, was zusammengehört?, ZIP 2006, 1373; *Hommelhoff*, Zum Wegfall des Erstattungsanspruchs aus § 31 GmbHG, in: FS Kellermann, 1991, S. 165; *Joost*, Kapitalbegriff und Reichweite der Bindung des aufgebrachten Vermögens in der GmbH, GmbHR 1983, 285; *Joost*, Kapitalsicherung einmal anders – eine Kritik der Privilegierung des Gewinnempfangs, in: FS Lutter, 2000, S. 473; *Jungmann*, Zur bilanziellen Behandlung und summenmäßigen Begrenzung von Ansprüchen aus § 31 GmbHG, DStR 2004, 688; *Koch*, Die Verzinsung des Rückgewähranspruchs beim Empfang verbotener Leistungen im Aktien- und

GmbH-Recht, AG 2004, 20; *Konzen*, Der Gläubigerschutz bei Liquidation einer masselosen GmbH, in: FS Ulmer, 2003, S. 323; *Kort*, Das Verhältnis von Auszahlungsverbot (§ 30 I GmbHG) und Erstattungspflicht (§ 31 GmbHG), ZGR 2001, 615; *O. Lange*, Das Verbot der Aufrechnung gegen den Erstattungsanspruch aus § 31 Abs. 1 GmbHG, NJW 2002, 2293; *Langer*, Die anderweitige Wiederherstellung der Stammkapitaldeckung vor dem Hintergrund des Gegenstands und der Rechtsnatur des Erstattungsanspruchs aus § 31 GmbHG, 2002; *Meyer*, Haftungsbeschränkung im Recht der Handelsgesellschaften, 2000; *G. Müller*, Fortbestand oder Untergang des Erstattungsanspruchs aus § 31 GmbHG bei Wegfall der Auszahlungssperre?, ZIP 1996, 941; *Mylich*, Rückgewähransprüche einer AG nach Ausschüttung oder Abführung von Scheingewinnen, AG 2011, 765; *Paul*, Der Erstattungsanspruch gem. § 31 Abs. 1 GmbHG und die Gläubigerschutzvorschriften des Kapitalaufbringungsrechts, ZInsO 2001, 243; *Paul*, Die Ausfallhaftung der Mitgesellschafter nach § 31 Abs. 3: Voraussetzungen und Rechtsfolgen der Vorschrift, ZInsO 2003, 454; *Peltzer/Bell*, Besicherung von Gesellschafterkrediten mit dem GmbH-Vermögen?, ZIP 1993, 1757; *Pentz*, Einzelfragen zu Cash Management und Kapitalerhaltung, ZIP 2006, 781; *Reemann*, Zur Ausfallhaftung des Gesellschafters für verbotene Auszahlungen der GmbH an andere Gesellschafter, ZIP 1990, 1309; *Schindler/Buchwald*, Neue Haftungsrisiken des Erwerbers beim Kauf von GmbH-Anteilen?, KSzW 2011, 369; *Karsten Schmidt*, Der gutgläubige Empfang von Scheingewinnen und die Kapitalsicherung im Aktienrecht, im Recht der GmbH und im Kommanditgesellschaftsrecht, BB 1984, 1588; *Karsten Schmidt*, Summenmäßige Grenzen der Haftung von Mitgesellschaftern aus rückständigen Einlagen und verbotenen Ausschüttungen, BB 1985, 154; *Karsten Schmidt*, Summenmäßige Begrenzung der Ausfallhaftung nach § 31 Abs. 3 GmbHG, BB 1995, 529; *Karsten Schmidt*, Die begrenzte Außenhaftung nach §§ 24, 31 Abs. 3 GmbHG im System des GmbH-Haftungsrechts, in: FS Raiser, 2005, S. 311; *Karsten Schmidt*, Anmerkung zu BGH II ZR 24/07, JZ 2008, 735; *Thiessen*, Zur Neuregelung der Verjährung im Handels- und Gesellschaftsrecht, ZHR 168 (2004), 503; *Thiessen*, Überleitungsfragen zur neuen Verjährung im Kapitalgesellschaftsrecht, NJW 2005, 2120; *Tillmann*, Zum Rechtsschicksal des Erstattungsanspruchs gem. § 31 Abs. 1 GmbHG nach Wiederauffüllung des Stammkapitals, in: FS Hübner, 2002, S. 425; *Ulmer*, Gesellschafterpflicht zur Erhaltung des satzungsmäßigen Haftungsfonds der GmbH?, ZGR 1985, 598; *Ulmer*, Gesellschafterhaftung gegenüber der GmbH bei Vorteilsgewährung unter Verstoß gegen § 30 Abs. 1 GmbHG, in: FS 100 Jahre GmbHG, 1992, S. 363; *Wagner/Sperneac-Wolfer*, Die neue „Balsam-Procedo"-Rechtsprechung des BGH – gesellschaftsrechtliche und verfassungsrechtliche Aspekte, NZG 2001, 9.

I. Grundlagen

1. Regelungsgegenstand

1 Die Vorschrift greift ein, wenn im Widerspruch zu den Auszahlungsverboten des § 30 Abs. 1 oder Abs. 2 eine Auszahlung an Gesellschafter oder Dritte, die einem Gesellschafter gleichstehen (§ 30 Rdnr. 35 ff.), geleistet worden ist. Nach § 31 **Abs. 1** hat in diesem Fall zunächst der Auszahlungsempfänger den rechtswidrig empfangenen Vorteil an die Gesellschaft zurück zu erstatten. Für den Fall, dass der Empfänger gutgläubig war, enthält allerdings **Abs. 2** die Einschränkung, dass er die Auszahlung nur zurückgewähren muss, soweit dies zur Befriedigung der Gesellschaftsgläubiger erforderlich ist. Soweit die Rückgewähr von dem Auszahlungsempfänger nicht zu erlangen ist, ordnet **Abs. 3** – ähnlich wie § 24 im Bereich der Kapitalaufbringung – eine verschuldensunabhängige Ausfallhaftung der Mitgesellschafter an. Sind diese in Anspruch genommen worden, können sie nach **Abs. 6** die Geschäftsführer, welche die gegen § 30 verstoßende Auszahlung vorgenommen haben, in Regress nehmen. Voraussetzung hierfür ist allerdings, dass den Geschäftsführern ein Verschulden zur Last fällt. **Abs. 4** stellt klar, dass die dem Gläubigerschutz (Rdnr. 2) dienenden Verpflichtungen nach Abs. 1 und Abs. 3 den Haftenden nicht erlassen werden können; auch das ist aus dem Recht der Kapitalaufbringung bekannt (§ 19 Abs. 2 Satz 1). **Abs. 5** schließlich regelt die Verjährung der Ansprüche aus Abs. 1 und Abs. 3. Abgesehen von den Änderungen des Abs. 5 und Abs. 6 Satz 2 durch das Gesetz zur Anpassung von Verjährungsvorschriften an das Gesetz zur Modernisierung des Schuldrechts vom 9.12.2004 (Rdnr. 77) ist die Vorschrift seit 1892 unverändert.

2. Normzweck und zwingender Charakter

§ 31 will sicherstellen, dass der durch § 30 geschützte Haftungsfonds in Höhe der verbotenen Auszahlungen wieder aufgefüllt wird, und bezweckt damit wie § 30 auch den **Schutz der Gläubiger der Gesellschaft**[1]. Die Interessen der Mitgesellschafter des nach § 31 Abs. 1 erstattungspflichtigen Gesellschafters werden dagegen nur reflexweise mitgeschützt (s. bereits § 30 Rdnr. 3). Im Vergleich zur aktienrechtlichen Parallelvorschrift des § 62 AktG fällt auf, dass die Haftung nach § 31 für die Gesellschafter in zweierlei Hinsicht strenger ausfällt. Zum einen erstreckt sie sich nach Maßgabe des § 31 Abs. 2 auch auf die Rückzahlung gutgläubig bezogener Dividenden (anders § 62 Abs. 1 Satz 2 AktG), und zum anderen findet die Ausfallhaftung der Mitgesellschafter nach § 31 Abs. 3 im Aktienrecht keine Entsprechung. Durch diese Verschärfungen auf der Rechtsfolgenseite soll ein gewisser Ausgleich dafür geschaffen werden, dass die Ausschüttungssperre in der GmbH weniger weit reicht und weniger formalisiert ist als in der AG (§ 30 Rdnr. 7 ff.)[2]. Zugleich soll die drohende Ausfallhaftung jeden Gesellschafter dazu veranlassen, präventiv im eigenen Interesse „auf solide Geschäftsführung und vorsichtige Aufstellung der Bilanzen hinzuwirken."[3]

Aus dem gläubigerschützenden Normzweck ergibt sich, dass die in § 31 geregelten Pflichten der Gesellschafter **zwingend** sind, d.h. im Gesellschaftsvertrag zwar verschärft, aber weder abbedungen noch abgeschwächt werden können[4]. Dem zwingenden Charakter entspricht auch das Erlassverbot des § 31 Abs. 4.

3. Anwendungsbereich; Besonderheiten bei der UG (haftungsbeschränkt)

§ 31 ist auf jede GmbH einschließlich der Rechtsformvariante der **UG (haftungsbeschränkt)** anwendbar. In der UG (haftungsbeschränkt) gilt allerdings die **Besonderheit**, dass nicht nur Auszahlungen aus dem Stammkapital (§ 30) zur Anwendung des § 31 führen. Vielmehr ist die Vorschrift analog auch auf sonstige Auszahlungen aus dem Gesellschaftsvermögen der UG anzuwenden, da ansonsten die Pflicht zur Bildung der gesetzlichen Rücklage nach § 5a Abs. 3 beliebig umgangen werden könnte (§ 30 Rdnr. 11). Der gesetzlichen Rücklage ist ferner bei der Bemessung der Obergrenze der Ausfallhaftung nach § 31 Abs. 3 Rechnung zu tragen (Rdnr. 63). In der „Normal"-GmbH kommt dagegen eine entsprechende Anwendung des § 31 auf Vermögenszuwendungen jenseits des durch § 30 geschützten Bereichs nach überwiegender und zutreffender Ansicht nicht in Betracht. Sollten verdeckte Vermögenszuwendungen unter Verstoß gegen die Zuständigkeit der Gesellschafterversammlung oder den Gleichbehandlungsgrundsatz erfolgt sein, ist nach h.M. vielmehr nach Bereicherungsrecht rückabzuwickeln (§ 29 Rdnr. 123 ff.). Zum zeitlichen Anwendungsbereich des § 31, namentlich zur Frage der Anwendbarkeit im Gründungs- und Liquidationsstadium, s. bereits § 30 Rdnr. 12; zur Anwendung auf die **GmbH & Co. KG** s. Rdnr. 90 ff.

II. Erstattungsanspruch gegen den Auszahlungsempfänger (§ 31 Abs. 1)

1. Rechtsnatur

Der Erstattungsanspruch nach § 31 Abs. 1 ist ein spezifisch **gesellschaftsrechtlicher Anspruch**, der sich einer Einordnung in die bürgerlich-rechtlichen Kategorien eines Bereiche-

---

1 Amtl. Begr. zu § 31, RT-Drucks. 1890/92, Aktenstück Nr. 660, S. 3745; allg. M.
2 Amtl. Begr. zu § 31, RT-Drucks. 1890/92, Aktenstück Nr. 660, S. 3745: „nothwendige Ergänzung der im Uebrigen den Gesellschaftern gewährten Freiheit von beschränkenden Kautelen".
3 Amtl. Begr. zu § 31, RT-Drucks. 1890/92, Aktenstück Nr. 660, S. 3745.
4 Unstr., statt aller *Fastrich*, in: Baumbach/Hueck, Rdnr. 1; *Habersack*, in: Ulmer/Habersack/Löbbe, Rdnr. 3.

rungs- oder Schadensersatzanspruchs entzieht. Insbesondere unterliegt der Anspruch nicht den Beschränkungen eines Bereicherungsanspruchs aus §§ 814 f., 817 Satz 2, 818 Abs. 3 BGB[5]. **Funktional** steht der Rückgewähranspruch **dem Einlageanspruch nahe**[6], was auch in der gelegentlichen Bezeichnung als „Rückeinlage-" oder „Wiedereinlageanspruch" durchscheint. Sofern allerdings verbreitet vom „Wiederaufleben der Einlagepflicht" gesprochen wird[7], darf dies nicht missverstanden werden. Obgleich unübersehbare Parallelen zwischen Einlage- und Erstattungsanspruch bestehen (s. etwa Rdnr. 69, 74 zum Erlass- und Aufrechnungsverbot), unterscheiden sich beide Ansprüche hinsichtlich ihres materiellen Grundes[8]. Während der Einlageanspruch eine unmittelbare rechtsgeschäftliche Grundlage im Gesellschafts- bzw. Übernahmevertrag hat, handelt es sich beim Erstattungsanspruch um einen gesetzlichen Anspruch, der sich an der Höhe der verbotswidrigen Auszahlung orientiert und daher (weit) über den Betrag der ursprünglichen Einlageforderung hinausgehen kann (Rdnr. 15). Vor diesem Hintergrund kommt eine generelle Übertragung der für die Kapitalaufbringung geltenden Regeln auf den Erstattungsanspruch nicht in Betracht. So sind etwa die Vorschriften über die Fälligkeitszinsen (§ 20) und die Kaduzierung (§§ 21–25) nicht, mangels planwidriger Regelungslücke auch nicht entsprechend, auf den Erstattungsanspruch nach § 31 Abs. 1 anzuwenden[9]. Ferner handelt es sich bei der Erstattungspflicht auch nicht um eine mit dem Geschäftsanteil verbundene Mitgliedschaftspflicht, sondern um eine **persönliche Verpflichtung des Auszahlungsempfängers**. Bei einer Geschäftsanteilsübertragung tritt der Erwerber daher nach zutreffender h.L. anders als bei rückständigen Einlageverpflichtungen (§ 16 Abs. 2) nicht in die Erstattungspflicht des Veräußerers ein[10]. Den Erwerber kann allerdings die Ausfallhaftung nach § 31 Abs. 3 treffen (Rdnr. 56).

2. Zahlung unter Verstoß gegen § 30

6   Die Erstattungspflicht nach § 31 Abs. 1 knüpft an eine dem § 30 zuwiderlaufende **„Zahlung"** an. Dieser Begriff ist gleichbedeutend mit demjenigen der „Auszahlung" in § 30 und daher ebenso wenig wie dieser auf Geldflüsse beschränkt, sondern weit auszulegen (§ 30 Rdnr. 18 ff.). Der **Verstoß gegen § 30** kann entweder in einer Verletzung der Stammkapitalbindung nach § 30 Abs. 1 oder in einem Verstoß gegen die formellen oder materiellen Beschränkungen liegen, die § 30 Abs. 2 für die Rückzahlung des Nachschusskapitals aufstellt. In der Praxis stehen angesichts der geringen Verbreitung des Nachschusskapitals freilich Verstöße gegen die Erhaltung des Stammkapitals ganz im Vordergrund. Auf andere als die von § 30 erfassten Auszahlungen ist § 31 grundsätzlich nicht entsprechend anwendbar (s. Rdnr. 4, dort aber auch zu den Besonderheiten in der UG [haftungsbeschränkt]).

---

5   Allg. M.; s. schon RG v. 4.10.1912 – II 225/12, RGZ 80, 148, 152; RG v. 15.12.1941 – II 103/41, RGZ 168, 292, 301; BGH v. 14.12.1959 – II ZR 187/57, BGHZ 31, 258, 265; *Hommelhoff*, in: Lutter/ Hommelhoff, Rdnr. 2; näher *Grigoleit*, Gesellschafterhaftung, S. 95.
6   BGH v. 29.5.2000 – II ZR 118/98, BGHZ 144, 336, 341 = GmbHR 2000, 2577; BGH v. 27.11.2000 – II ZR 83/00, BGHZ 146, 105, 107 = GmbHR 2001, 142; *Fastrich*, in: Baumbach/Hueck, Rdnr. 3.
7   Im Anschluss an *Lutter*, Kapital, S. 381.
8   *Grigoleit*, Gesellschafterhaftung, S. 96.
9   Allg. M., etwa *Fastrich*, in: Baumbach/Hueck, Rdnr. 3; *Habersack*, in: Ulmer/Habersack/Löbbe, Rdnr. 4, 26; zur Verzinsung s. auch noch Rdnr. 22.
10 *Bayer*, in: Lutter/Hommelhoff, § 16 Rdnr. 58; *Fastrich*, in: Baumbach/Hueck, Rdnr. 8; *Habersack*, in: Ulmer/Habersack/Löbbe, Rdnr. 9, 15; *Verse*, in: Henssler/Strohn, Gesellschaftsrecht, § 16 GmbHG Rdnr. 16; *Battke*, GmbHR 2014, 747, 750; *Schindler/Buchwald*, KSzW 2011, 369, 371 f.; ebenso die h.M. im Aktienrecht, *Fleischer*, in: Karsten Schmidt/Lutter, § 62 AktG Rdnr. 12 m.w.N.; a.A. OLG Köln v. 31.3.2011 – 18 U 171/10, GmbHR 2011, 648, 650; *Ebbing*, in: Michalski u.a., § 16 Rdnr. 137; *Heidinger*, in: Michalski u.a., Rdnr. 17; zweifelnd *Löbbe*, in: Ulmer/Habersack/Löbbe, § 16 Rdnr. 101.

3. Anspruchsberechtigter, Geltendmachung

a) Gesellschaft

Vorbehaltlich einer Abtretung (Rdnr. 28 f.) steht der Erstattungsanspruch aus § 31 Abs. 1 der **Gesellschaft** zu. Diese wird bei der Geltendmachung durch ihre Geschäftsführer (§ 35) vertreten, im Liquidationsstadium durch die Liquidatoren (§ 66). Eines Gesellschafterbeschlusses bedarf es für die Geltendmachung nicht; § 46 Nr. 2 und Nr. 8 finden keine Anwendung[11]. Bleiben die Geschäftsführer untätig, kann der Anspruch auch von **einzelnen Gesellschaftern** im Wege der actio pro socio durchgesetzt werden[12]. In der Insolvenz macht nach §§ 80 Abs. 1, 148 Abs. 1 InsO der **Insolvenzverwalter** den Anspruch geltend[13]. Zu der Frage, wer in der GmbH & Co. KG und der UG (haftungsbeschränkt) & Co. KG anspruchsberechtigt ist, s. noch Rdnr. 91, 93.

7

b) Rechte der Gesellschaftsgläubiger?

Die **Gesellschaftsgläubiger** können dagegen keine eigenen Ansprüche geltend machen (allg. M.). Auch ein **Verfolgungsrecht** der Gläubiger nach dem Muster des § 62 Abs. 2 AktG erkennen BGH und bisher h.L. **nicht** an, da das GmbHG keine entsprechende Vorschrift kennt[14]. Stattdessen sind die Gläubiger darauf verwiesen, den Erstattungsanspruch nach §§ 829, 835 f. ZPO **pfänden und sich überweisen** zu lassen (was nach heute h.M. auch bei fehlender Vollwertigkeit des titulierten Anspruchs zulässig ist, Rdnr. 29 f.). Um den Gläubigern diesen Umweg zu ersparen, plädiert eine vordringende Ansicht im Schrifttum mit Unterschieden im Einzelnen dafür, den Gläubigern zumindest bei masseloser Insolvenz der Gesellschaft ein Verfolgungsrecht analog § 62 Abs. 2 AktG zu gewähren[15]. Dabei gehen wie im unmittelbaren Anwendungsbereich des § 62 Abs. 2 AktG die Auffassungen darüber auseinander, ob das Verfolgungsrecht zur Klage auf Leistung an den klagenden Gläubiger oder auf Leistung an die Gesellschaft berechtigen soll[16]. Der BGH hat sich diesen – durchaus nahe liegenden – Ansätzen zu einer Rechtsfortbildung allerdings auch in jüngerer Zeit verschlossen. In den Entscheidungen zur Existenzvernichtungshaftung, die der BGH als Verlängerung des Schutzsystems der §§ 30 f. auf der Ebene des Deliktsrechts verstanden wissen will, werden die Gläubiger erneut auf den Weg über die Pfändung und Überweisung des Ersatzanspruchs der Gesellschaft verwiesen[17].

8

---

11 BGH v. 8.12.1986 – II ZR 55/86, NJW 1987, 779 = GmbHR 1987, 224; *Habersack*, in: Ulmer/Habersack/Löbbe, Rdnr. 26; ferner 11. Aufl., § 46 Rdnr. 51, 148.

12 *Habersack*, in: Ulmer/Habersack/Löbbe, Rdnr. 11; *Hommelhoff*, in: Lutter/Hommelhoff, Rdnr. 5; näher zur actio pro socio 11. Aufl., § 46 Rdnr. 161; *Verse*, in: Henssler/Strohn, Gesellschaftsrecht, § 14 GmbHG Rdnr. 120 ff.; *Verse*, in: FS Uwe H. Schneider, S. 1325 ff.

13 OLG Düsseldorf v. 21.10.2016 – I-16 U 178/15, GmbHR 2017, 239, 240 f.; *Fastrich*, in: Baumbach/Hueck, Rdnr. 6; *Habersack*, in: Ulmer/Habersack/Löbbe, Rdnr. 11.

14 BGH v. 4.5.1977 – VIII ZR 298/75, BGHZ 68, 312, 319 = GmbHR 1977, 198; BGH v. 19.2.1990 – II ZR 268/88, BGHZ 110, 342, 360 = GmbHR 1990, 251 (explizit in Abgrenzung zu § 62 Abs. 2 AktG); ebenso *Ekkenga*, in: MünchKomm. GmbHG, Rdnr. 21; *Fastrich*, in: Baumbach/Hueck, Rdnr. 6; *Heidinger*, in: Michalski u.a., Rdnr. 7; *Hommelhoff*, in: Lutter/Hommelhoff, Rdnr. 5; *Schmolke*, Kapitalerhaltung, Rdnr. 27; *Thiessen*, in: Bork/Schäfer, Rdnr. 8.

15 *Altmeppen*, in: Roth/Altmeppen, Rdnr. 9 i.V.m. § 43 Rdnr. 94 ff.; *Habersack*, in: Ulmer/Habersack/Löbbe, Rdnr. 12; *Konzen*, in: FS Ulmer, S. 323, 345 f.

16 Für Ersteres *Habersack*, in: Ulmer/Habersack/Löbbe, Rdnr. 12; für Letzteres *Konzen*, in: FS Ulmer, S. 323, 345 f. Zur Parallelfrage im unmittelbaren Anwendungsbereich des § 62 Abs. 2 AktG einerseits *Cahn*, in: Spindler/Stilz, § 62 AktG Rdnr. 31 ff.; andererseits *Fleischer*, in: Karsten Schmidt/Lutter, § 62 AktG Rdnr. 28 m.w.N.

17 BGH v. 16.7.2007 – II ZR 3/04, BGHZ 173, 246 Rdnr. 33, 36 = GmbHR 2007, 927 – Trihotel (wo aber offen bleibt, ob in besonderen Ausnahmefällen – etwa wenn das Restvermögen der Gesellschaft gezielt zum Zweck der Schädigung eines einzigen verbliebenen Gesellschaftsgläubigers beiseite ge-

4. Anspruchsgegner

a) Gesellschafter als Auszahlungsempfänger

9   Wenngleich § 31 Abs. 1 den Anspruchsschuldner nicht ausdrücklich nennt, ergibt sich aus der Anknüpfung an § 30 (Auszahlung an Gesellschafter) und dem Zusammenhang mit § 31 Abs. 3 (Ausfallhaftung der „übrigen" Gesellschafter) der Grundsatz, dass sich der Anspruch gegen **den die Auszahlung empfangenden Gesellschafter** richtet. Hat dagegen ein Nichtgesellschafter eine Auszahlung aus dem Gesellschaftsvermögen erhalten, kann dieser nur ausnahmsweise im Rahmen einer analogen Anwendung des § 31 Abs. 1 belangt werden (Rdnr. 13 f.).

10   Soweit § 30 auf Auszahlungen an **künftige oder bereits ausgeschiedene Gesellschafter** Anwendung findet – was immer dann der Fall ist, wenn mit Rücksicht auf die künftige oder frühere Mitgliedschaft ausgezahlt worden ist (§ 30 Rdnr. 33 f.) –, sind auch sie anspruchsverpflichtet. Wer etwa in seiner Zeit als Gesellschafter eine nach § 30 verbotene Auszahlung erhalten hat, kann sich gegenüber dem Erstattungsanspruch der GmbH nicht damit verteidigen, dass er den Geschäftsanteil inzwischen an einen Dritten übertragen hat. Der Anteilserwerber haftet der GmbH seinerseits nicht, da es sich bei der Erstattungspflicht um eine persönliche Verpflichtung handelt und daher § 16 Abs. 2 keine analoge Anwendung findet (Rdnr. 5). Geht die GmbH nach § 31 Abs. 1 gegen einen ausgeschiedenen Gesellschafter vor, kann dieser die Erstattung nicht davon abhängig machen, dass vorher eine Gesamtabrechnung unter den früheren Gesellschaftern stattfindet[18].

11   Denkbar ist nach Lage des Einzelfalls, dass **sowohl der ausgeschiedene als auch der aktuelle Gesellschafter** als Auszahlungsempfänger anzusehen sind. Dies kommt etwa in Betracht, wenn dem Altgesellschafter zur Sicherung einer Kaufpreisforderung gegen den aktuellen Gesellschafter aus einer Geschäftsanteilsveräußerung eine Sicherheit aus dem Gesellschaftsvermögen gewährt und diese unter Verstoß gegen § 30 verwertet wird (§ 30 Rdnr. 104). In einem derartigen Fall haften sowohl der Veräußerer als auch der Erwerber nach § 31 Abs. 1, und zwar als **Gesamtschuldner**[19]. Die Gesellschaft kann somit nach § 421 BGB wahlweise den Veräußerer oder den Erwerber in Anspruch nehmen. Das Wahlrecht wird zwar durch den allgemeinen Einwand des Rechtsmissbrauchs begrenzt (§ 242 BGB), doch wird dieser Einwand nur in eng begrenzten Ausnahmefällen aktuell, etwa dann, wenn die Gesellschaft sich nur deswegen an einen von mehreren Gesamtschuldnern halten und diesem das Regressrisiko aufbürden will, weil sie aus missbilligenswerten Motiven die Absicht verfolgt, gerade diesen Schuldner zu belasten[20]. Ein Grundsatz des Inhalts, dass sich die Gesellschaft vorrangig an den aktuellen Gesellschafter halten müsste, lässt sich dagegen nicht aufstellen, auch dann nicht, wenn dieser im Innenverhältnis zum Veräußerer verpflichtet sein sollte, diesen von der Inanspruchnahme freizustellen[21].

---

schafft wird – ein unmittelbares Vorgehen des Gläubigers zulässig sein kann); BGH v. 9.2.2009 – II ZR 292/07, BGHZ 179, 344 Rdnr. 32 = GmbHR 2009, 601 – Sanitary; s. dazu auch § 13 Rdnr. 159 f.; *Verse*, in: Henssler/Strohn, Gesellschaftsrecht, § 13 GmbHG Rdnr. 65 m.w.N.

18   BGH v. 24.3.1980 – II ZR 213/77, BGHZ 76, 326, 328 = GmbHR 1980, 179 (zur GmbH & Co. KG); *Habersack*, in: Ulmer/Habersack/Löbbe, Rdnr. 15; vgl. zum Parallelproblem des Ausschlusses von Zurückbehaltungsrechten im Rahmen der Kapitalaufbringung auch *Verse*, in: Henssler/Strohn, Gesellschaftsrecht, § 19 GmbHG Rdnr. 30 m.w.N.

19   BGH v. 18.6.2007 – II ZR 86/06, BGHZ 173, 1 Rdnr. 12 = GmbHR 2007, 1102 (zu einem Fall, in dem der Erwerber schon vor der Anteilsabtretung andere Geschäftsanteile an der GmbH hielt, er also bereits Gesellschafter war); *Habersack*, in: Ulmer/Habersack/Löbbe, Rdnr. 15.

20   BGH v. 18.6.2007 – II ZR 86/06, BGHZ 173, 1 Rdnr. 15 = GmbHR 2007, 1102; zust. *Ekkenga*, in: MünchKomm. GmbHG, Rdnr. 24; *Schmolke*, Kapitalerhaltung, Rdnr. 14.

21   Die zumindest andeutungsweise in diese Richtung gehende Entscheidung BGH v. 12.12.1983 – II ZR 14/83, NJW 1984, 1037 (krit. dazu *Fastrich*, in: Baumbach/Hueck, Rdnr. 8) kann nach BGH v. 18.6.2007 – II ZR 86/06, BGHZ 173, 1 = GmbHR 2007, 1102 als überholt gelten; ebenso *Ekkenga*,

Sind mehrere als **Mitberechtigte** (z.B. als Miterben) an einem Geschäftsanteil berechtigt (§ 18), so haftet jeder von ihnen nur anteilig für den Betrag, den er unter Verstoß gegen § 30 erhalten hat. Eine gesamtschuldnerische Haftung nach § 18 Abs. 2 scheidet aus, da die Erstattung nach § 31 Abs. 1 nicht im Sinne jener Vorschrift „auf den Geschäftsanteil zu bewirken" ist, sondern eine persönliche Verpflichtung des jeweiligen Auszahlungsempfängers darstellt (Rdnr. 5)[22]. Hat nur ein Mitberechtigter eine Auszahlung erhalten und ist diese nur ihm zuzurechnen, so können die übrigen Mitberechtigten lediglich nach § 31 Abs. 3 im Rahmen der Ausfallhaftung belangt werden (Rdnr. 53, 64). 12

b) Dritte als Auszahlungsempfänger

Erfolgt die Auszahlung aus dem Gesellschaftsvermögen an einen **Dritten**, sind zwei Fragen zu unterscheiden. Zum ersten ist zu prüfen, ob in der Leistung der Gesellschaft an den Dritten eine Auszahlung an den Gesellschafter liegt. Das ist namentlich dann zu bejahen, wenn die Leistung an den Dritten eine Zuwendung an den Gesellschafter enthält oder auf Veranlassung und im Eigeninteresse des Gesellschafters erfolgte, ferner bei Leistungen an dem Gesellschafter zuzurechnende Mittelspersonen (zu diesen Fallgruppen § 30 Rdnr. 36 ff.). In diesen Fällen haftet, sofern das Stammkapital tangiert wird, der Gesellschafter nach § 31 Abs. 1. Davon zu trennen ist die zweite Frage, ob der die Leistung empfangende Dritte seinerseits analog §§ 30 f. belangt werden kann, weil er (z.B. als Treugeber oder mittelbarer Gesellschafter) bei wertender Betrachtung einem Gesellschafter gleichsteht. Eine solche Gleichstellung ist immer dann gerechtfertigt, wenn der Dritte ähnlich wie ein Gesellschafter am Erfolg der Gesellschaft partizipiert und über entsprechende Mitwirkungsbefugnisse verfügt (näher dazu § 30 Rdnr. 49 ff.). 13

Das Auszahlungsverbot des § 30 beansprucht nach §§ 404, 1275 BGB auch gegenüber dem **Zessionar** oder **Pfandgläubiger eines Auszahlungsanspruchs** des Gesellschafters Geltung (§ 30 Rdnr. 117b). Vor diesem Hintergrund liegt es nahe, bei Auszahlung an den Zessionar bzw. Pfandgläubiger diesen als Schuldner des Anspruchs aus § 31 Abs. 1 anzusehen[23]. Der den Anspruch abtretende Gesellschafter haftet dagegen mangels eigenen Zahlungsempfangs nicht nach § 31 Abs. 1[24]. 14

5. Anspruchsumfang und -inhalt

a) Anspruchsumfang

Zu erstatten ist der Betrag der Auszahlung, *soweit* diese gegen § 30 verstößt. Wendet also eine GmbH, die frei verfügbare Rücklagen von 10 000 Euro hat, dem Gesellschafter einen Betrag 15

---

in: MünchKomm. GmbHG, Rdnr. 24; *Habersack*, in: Ulmer/Habersack/Löbbe, Rdnr. 16; *Schmolke*, Kapitalerhaltung, Rdnr. 14.

22 *Ekkenga*, in: MünchKomm. GmbHG, Rdnr. 27; *Habersack*, in: Ulmer/Habersack/Löbbe, Rdnr. 17; *Schmolke*, Kapitalerhaltung, Rdnr. 18.

23 So denn auch die h.M., *Fastrich*, in: Baumbach/Hueck, Rdnr. 11; *Habersack*, in: Ulmer/Habersack/Löbbe, Rdnr. 18; *Hommelhoff*, in: Lutter/Hommelhoff, Rdnr. 6; *Pentz*, in: Rowedder/Schmidt-Leithoff, Rdnr. 8; *Schmolke*, Kapitalerhaltung, Rdnr. 23; a.A. 10. Aufl., Rdnr. 12; *Canaris*, in: FS Fischer, S. 31, 55 (wegen der gesellschaftsrechtlichen Natur des Erstattungsanspruchs); ferner *Altmeppen*, in: Roth/Altmeppen, Rdnr. 4, § 30 Rdnr. 27, und *Ekkenga*, in: MünchKomm. GmbHG, Rdnr. 30, 40, § 30 Rdnr. 285, die sich stattdessen mit unterschiedlicher Begründung für einen Anspruch aus § 812 Abs. 1 BGB gegen den Zessionar bzw. Pfandgläubiger aussprechen.

24 *Fastrich*, in: Baumbach/Hueck, Rdnr. 11; *Pentz*, in: Rowedder/Schmidt-Leithoff, Rdnr. 8; grundsätzlich auch *Habersack*, in: Ulmer/Habersack/Löbbe, Rdnr. 18, und *Schmolke*, Kapitalerhaltung, Rdnr. 23, die aber anders entscheiden wollen, wenn der Zessionar ausnahmsweise keinen Regressanspruch gegen den Gesellschafter hat; a.A. *Altmeppen*, in: Roth/Altmeppen, Rdnr. 4, § 30 Rdnr. 27.

von 60 000 Euro zu, so liegt darin „nur" in Höhe von 50 000 Euro ein Verstoß gegen § 30 Abs. 1. Folglich beschränkt sich auch die Erstattung nach § 31 Abs. 1 auf diesen Betrag[25]. Hervorzuheben ist, dass der Anspruch **nicht auf die Höhe des Stammkapitals beschränkt** ist. Zehrt die Auszahlung nicht nur das Stammkapital auf, sondern führt sie darüber hinaus zu einer bilanziellen Überschuldung, kann der nach § 31 Abs. 1 zu erstattende Betrag vielmehr den Betrag des Stammkapitals übersteigen[26]. In dem genannten Beispiel beläuft sich der Anspruch somit auch dann auf 50 000 Euro, wenn die GmbH nur das Mindeststammkapital von 25 000 Euro aufweist. Umgekehrt ist die Anspruchshöhe aber stets auf den Auszahlungsbetrag beschränkt. Befand sich die GmbH im Zeitpunkt der Auszahlung bereits im Stadium der Unterbilanz oder gar der Überschuldung, muss der Auszahlungsempfänger somit (selbstverständlich) nur den erhaltenen Auszahlungsbetrag erstatten und nicht auch noch das Stammkapital vollständig wiederauffüllen[27].

b) Anspruchsinhalt

aa) Wertausgleich oder gegenständliche Rückgewähr?

16 Hat die Gesellschaft einen Geldbetrag ausgezahlt, versteht es sich, dass der Erstattungsanspruch auf Rückzahlung in Geld gerichtet ist. Hat die Gesellschaft dagegen eine Sachleistung erbracht, stellt sich die umstrittene Frage, ob sich die Erstattung auf **Wertersatz oder gegenständliche Rückgewähr** bezieht. Nach höchstrichterlicher Rechtsprechung ist, soweit möglich, grundsätzlich Letzteres geschuldet[28], also je nach Gegenstand der Zuwendung etwa die Rückübertragung der ausgekehrten Sache oder Forderung, die Rückzahlung des Darlehens (§ 30 Rdnr. 92a), die Befreiung von einer gewährten Sicherheit oder auch die Wiederbegründung einer verbotswidrig aufgegebenen Gesellschaftsforderung[29]. Die Gegenansicht wendet ein, dass § 30 das Gesellschaftsvermögen nicht in seiner gegenständlichen Zusammensetzung, sondern nur wertmäßig schützt (was unbestritten zutrifft, § 30 Rdnr. 53), und leitet daraus ab, dass der Anspruch stets auf Wertausgleich gerichtet sein müsse[30]. Hiergegen spricht jedoch, dass der Gesellschafter bei einer strikten Wertausgleichspflicht zu einem vollentgeltlichen Erwerb des Gegenstands gezwungen würde, dem er so nie zugestimmt hat[31]. Daher will eine vermittelnde Ansicht dem Gesellschafter ein Wahlrecht zugestehen, entweder gegenständliche Rückgewähr oder Wertausgleich zu leisten (Ersetzungsbefugnis). Diese vermittelnde Ansicht begegnet zum einen in der gegenstandsbezogenen Variante, dass primär Rückgewähr in natura geschuldet ist und der Gesellschafter auf Wertersatz ausweichen kann[32], und zum anderen in der wertbezogenen Variante, dass primär Wertausgleich geschuldet ist und

---

25 Hinsichtlich der übrigen 10 000 Euro kann nach Lage des Einzelfalls ein Verstoß gegen die Zuständigkeitsordnung und den Gleichbehandlungsgrundsatz vorliegen (§ 29 Rdnr. 115 ff.).

26 Allg. M., statt aller BGH v. 5.2.1990 – II ZR 114/89, NJW 1990, 1730, 1731 f.; *Habersack*, in: Ulmer/Habersack/Löbbe, Rdnr. 31; *Schmolke*, Kapitalerhaltung, Rdnr. 31; s. dazu auch schon § 30 Rdnr. 54.

27 Unstreitig, s. nur *Ekkenga*, in: MünchKomm. GmbHG, Rdnr. 9; *Schmolke*, Kapitalerhaltung, Rdnr. 31 a.E.

28 BGH v. 17.3.2008 – II ZR 24/07, BGHZ 176, 62 Rdnr. 9 = GmbHR 2008, 656; BGH v. 12.3.2013 – II ZR 179/12, BGHZ 196, 312 Rdnr. 19 = AG 2013, 431 (zur AG); ebenso *Habersack*, in: Ulmer/Habersack/Löbbe, Rdnr. 23; *Kort*, ZGR 2001, 615, 626; *Thiessen*, in: Bork/Schäfer, Rdnr. 31; grundsätzlich auch *Hommelhoff*, in: FS Kellermann, S. 165, 167 f., und *Schmolke*, Kapitalerhaltung, Rdnr. 32, 35, die dem Gesellschafter aber bei leicht beschaffbaren Gegenständen ausnahmsweise eine Ersetzungsbefugnis zubilligen wollen, wahlweise Wertersatz zu leisten.

29 So in BGH v. 8.7.1985 – II ZR 269/84, BGHZ 95, 188, 193 = GmbHR 1986, 21.

30 *Joost*, ZHR 148 (1984), 27, 53 f.; *Tries*, Verdeckte Gewinnausschüttungen, S. 43; für § 62 AktG auch *Fleischer*, in: Karsten Schmidt/Lutter, § 62 AktG Rdnr. 18 m.w.N.

31 *Ulmer*, in: FS 100 Jahre GmbHG, S. 363, 378.

32 *Ulmer*, in: FS 100 Jahre GmbHG, S. 363, 376 ff., 379; *Ekkenga*, in: MünchKomm. GmbHG, Rdnr. 6; *Pentz*, in: Rowedder/Schmidt-Leithoff, Rdnr. 15 f. (alle mit dem Vorbehalt, dass nach Lage des Ein-

der Gesellschafter ersatzweise gegenständliche Rückgewähr leisten kann[33]. Der Unterschied zwischen beiden Varianten zeigt sich bei Wertveränderungen des betreffenden Gegenstands. Ist der Gegenstand im Wert gestiegen, ist nach der ersten Variante dieser Wert maßgeblich[34]; nach der zweiten kommt es allein auf den Wert im Auszahlungszeitpunkt an[35].

Vorzugswürdig erscheint es, an dem vom BGH aufgestellten Grundsatz der **Rückgewähr in natura** festzuhalten. Dass § 30 das Vermögen der Gesellschaft in Höhe des Stammkapitals nur wertmäßig, nicht gegenständlich schützt, ist kein zwingendes Gegenargument, da auch die gegenständliche Rückabwicklung (ggf. zuzüglich Wertausgleich bei eingetretenen Wertminderungen, Rdnr. 19) zu dem angestrebten Erfolg führt, wertmäßig die erfolgte Auszahlung auszugleichen[36]. Der entscheidende Vorzug der BGH-Rechtsprechung besteht darin, dass der Gesellschaft der u.U. schwierige Nachweis abgenommen wird, welchen Wert der geleistete Gegenstand genau hat[37]. Diese Überlegung spricht sowohl gegen eine generelle Wertausgleichspflicht als auch gegen eine Ersetzungsbefugnis des Gesellschafters. Zwar mag man einwenden, dass Bewertungsfragen im Rahmen der §§ 30 f. ohnehin nicht ganz ausgewichen werden kann[38]; schon der Nachweis einer Auszahlung setzt bei Austauschgeschäften eine Bewertung von Leistung und Gegenleistung voraus. Jedoch wird es eine Reihe von Fällen geben, in denen zwar die Unangemessenheit des Austauschgeschäfts feststeht, der genaue Wert des von der Gesellschaft weggegebenen Gegenstands aber zwischen den Parteien umstritten und schwer zu ermitteln ist. In diesen Fällen erleichtert es der Ansatz des BGH der Gesellschaft (bzw. dem Insolvenzverwalter), die durch die Auszahlung entstandene Lücke im Kapitalschutz rasch und unkompliziert wieder zu schließen, indem sie die Rückgewähr in natura durchsetzt und dem Gesellschafter die von ihm erbrachte (unzureichende) Gegenleistung zurückerstattet. Nichts hindert die Gesellschaft und den Gesellschafter freilich daran, sich zur Vermeidung einer gegenständlichen Rückabwicklung gemeinsam auf einen angemessenen Preis zu verständigen. Erzielen sie eine solche Einigung und liegt der vereinbarte Preis innerhalb der als angemessen anzusehenden Bandbreite[39], kann die Gesellschaft auch den vereinbarten Wertausgleich an Erfüllungs statt akzeptieren (Rdnr. 76). Eine Verpflichtung der Gesellschaft, sich auf einen Wertausgleich einzulassen, ist dagegen aus den genannten Gründen grundsätzlich nicht anzuerkennen.

Besonderheiten sind allerdings zu beachten, wenn die Leistung der Gesellschaft **nur zum Teil aus gebundenem Vermögen** erfolgt ist. Beließe man es in diesem Fall bei einer Rückabwicklung in natura, würde das Gesellschaftsvermögen nicht nur bis zur Wiederherstellung des Stammkapitalbetrags, sondern sogar darüber hinaus wieder aufgefüllt, obwohl der überschießende Betrag nicht durch § 30 geschützt wird[40]. Daher ist dem Gesellschafter in diesem Fall – sofern er nicht nach den Regeln der verdeckten Vermögenszuwendung ohnehin auch den von

17

18

---

zelfalls die Treuepflicht das Wahlrecht einschränken kann; s. dazu noch Rdnr. 18); ferner *Kleffner*, Erhaltung des Stammkapitals, S. 130 ff., insbes. 134 f.

33 *Grigoleit*, Gesellschafterhaftung, S. 96 f.; *Karsten Schmidt*, GesR, § 37 III 2a; *Karsten Schmidt*, JZ 2008, 735, 736; *Thole*, Gläubigerschutz, S. 580 ff.

34 Deutlich *Pentz*, in: Rowedder/Schmidt-Leithoff, Rdnr. 16 a.E.

35 *Karsten Schmidt*, JZ 2008, 735, 737; s. zu nachträglichen Wertveränderungen auch noch Rdnr. 19 f.

36 *Kleffner*, Erhaltung des Stammkapitals, S. 129.

37 BGH v. 12.3.2013 – II ZR 179/12, BGHZ 196, 312 Rdnr. 19; BGH v. 17.3.2008 – II ZR 24/07, BGHZ 176, 62 Rdnr. 9 = GmbHR 2008, 656; *Hommelhoff*, in: FS Kellermann, S. 165, 168; *Schmolke*, Kapitalerhaltung, Rdnr. 32.

38 *Grigoleit*, Gesellschafterhaftung, S. 98; *Karsten Schmidt*, JZ 2008, 735, 736 f.

39 Zum Beurteilungsspielraum im Rahmen des Drittvergleichs s. § 30 Rdnr. 19.

40 Beispiel: Die GmbH hat frei verfügbare Rücklagen von 10 000 Euro und veräußert einen Gegenstand im Buchwert von 20 000 Euro zum Preis von 5000 Euro an ihren Gesellschafter. Die gegenständliche Rückabwicklung würde hier das Nettoaktivvermögen um 15 000 Euro erhöhen, obwohl ein Betrag von 5000 Euro zur Wiederauffüllung des Stammkapitalbetrags genügt.

§ 30 nicht erfassten Teil der Leistung zurückgewähren muss (§ 29 Rdnr. 115 ff., 123 ff.) – die Befugnis zuzusprechen, die gegenständliche Rückgewähr durch einen Wertausgleich abzuwenden[41]. Der Wertausgleich kann sich dann auf den Betrag beschränken, der unter Verstoß gegen § 30 ausgekehrt wurde. Diese Ersetzungsbefugnis darf der Gesellschafter freilich nur im Einklang mit seiner mitgliedschaftlichen Treuepflicht ausüben; falls die GmbH auf den Gegenstand dringend angewiesen ist und Ersatz nicht mit angemessenem Aufwand beschaffen kann, muss es daher auch in diesem Fall bei der gegenständlichen Rückgewähr bleiben[42].

bb) Untergang, Wertminderung und Werterhöhung

19 Ist die Rückgewähr des geleisteten Gegenstands wegen der Beschaffenheit des Erlangten (wie z.B. bei Dienstleistungen oder Nutzungsüberlassungen) oder aus anderen Gründen **unmöglich**, schuldet der Gesellschafter **Wertersatz**[43]. Im Interesse des von den §§ 30 f. bezweckten effektiven Gläubigerschutzes gilt dies – abweichend von §§ 275, 280, 283 BGB, aber ähnlich wie nach § 818 Abs. 2 BGB (freilich ohne den Einwand der Entreicherung, Rdnr. 5) – auch dann, wenn der Gesellschafter die Unmöglichkeit nicht zu vertreten hat[44]. Entsprechendes gilt, soweit der von der Gesellschaft geleistete Gegenstand seit der Übertragung eine **Wertminderung** erfahren hat; auch sie ist vom Gesellschafter verschuldensunabhängig auszugleichen[45]. Die Gesellschaft hat daher lediglich darzulegen und zu beweisen, dass und in welcher Höhe nach der Weggabe des Gegenstands ein Wertverlust eingetreten ist, der durch die Rückübertragung nicht oder nicht vollständig ausgeglichen wird[46]. Die h.M. geht allerdings mit Recht davon aus, dass sich der Gesellschafter mit der (von ihm zu beweisenden) Einwendung verteidigen kann, dass die Wertminderung oder gar der Untergang des Gegenstands auch dann eingetreten wäre, wenn es nicht zu der verbotswidrigen Auszahlung gekommen wäre[47]. Wollte man auch hier auf Wertausgleich bestehen, würde die Auszahlung nicht nur rückgängig gemacht, sondern die Gesellschaft sogar besser gestellt als ohne die Auszahlung, was auf eine durch die Kapitalschutzvorschriften nicht gerechtfertigte Bereicherung der Gesellschaft hinausliefe[48]. Ein entsprechender Rechtsgedanke liegt auch der Vorschrift des § 346 Abs. 3 Satz 1 Nr. 2 BGB zugrunde[49].

---

41 Wie hier *Habersack*, in: Ulmer/Habersack/Löbbe, Rdnr. 25; ähnlich *Fastrich*, in: Baumbach/Hueck, Rdnr. 16, der eine Ersetzungsbefugnis des Gesellschafters „insbesondere" in Fällen der vorliegenden Art befürwortet; insoweit übereinstimmend auch diejenigen, die sich generell für eine Ersetzungsbefugnis des Gesellschafters aussprechen (Rdnr. 16).

42 *Habersack*, in: Ulmer/Habersack/Löbbe, Rdnr. 25; *Pentz*, in: Rowedder/Schmidt-Leithoff, Rdnr. 16.

43 Heute allg. M.; s. nur BGH v. 10.5.1993 – II ZR 74/92, BGHZ 122, 333, 338 f. = GmbHR 1993, 427 (zur Wertminderung, beiläufig aber auch zur Unmöglichkeit); *Ekkenga*, in: MünchKomm. GmbHG, Rdnr. 11; *Habersack*, in: Ulmer/Habersack/Löbbe, Rdnr. 24; *Schmolke*, Kapitalerhaltung, Rdnr. 34.

44 Nachw. wie vor.

45 BGH v. 10.5.1993 – II ZR 74/92, BGHZ 122, 333, 338 f. = GmbHR 1993, 427; BGH v. 17.3.2008 – II ZR 24/07, BGHZ 176, 62 Rdnr. 10 = GmbHR 2008, 656; *Habersack*, in: Ulmer/Habersack/Löbbe, Rdnr. 24; *Schmolke*, Kapitalerhaltung, Rdnr. 33.

46 BGH v. 17.3.2008 – II ZR 24/07, BGHZ 176, 62 Rdnr. 10 = GmbHR 2008, 656; *Schmolke*, Kapitalerhaltung, Rdnr. 33.

47 BGH v. 17.3.2008 – II ZR 24/07, BGHZ 176, 62 Rdnr. 11 = GmbHR 2008, 656 mit zust. Anm. *Podewils* und gleichfalls zust. Anm. *M. Zimmermann*, WuB II C. § 31 GmbHG 2.08; *Altmeppen*, in: Roth/Altmeppen, § 30 Rdnr. 160; *Ekkenga*, in: MünchKomm. GmbHG, Rdnr. 12; *Habersack*, in: Ulmer/Habersack/Löbbe, Rdnr. 24; *Schmolke*, Kapitalerhaltung, Rdnr. 33; a.A. auf Grundlage der wertbezogenen Grundkonzeption *Karsten Schmidt*, JZ 2008, 735, 737. Die von der h.M. befürwortete Einschränkung ließe sich aber wohl auch auf dieser Grundlage rechtfertigen; s. *Grigoleit*, Gesellschafterhaftung, S. 98 Fn. 106.

48 BGH v. 17.3.2008 – II ZR 24/07, BGHZ 176, 62 Rdnr. 11 = GmbHR 2008, 656.

49 *Podewils*, GmbHR 2008, 657, 658.

Erfährt der Gegenstand nach Auskehr durch die Gesellschaft eine **Wertsteigerung**, so kommt   20
diese in Konsequenz der gegenstandsbezogenen Betrachtung der h.M. der Gesellschaft zugute[50]. Diese schuldet dem Gesellschafter keinen Ausgleich für die Wertsteigerung. Anderes
wird allerdings gelten müssen, soweit die Wertsteigerung auf Verwendungen des Gesellschafters beruht. In diesem Fall liegt es nahe, dem Gesellschafter einen Ausgleich analog § 347
Abs. 2 BGB zuzubilligen[51].

c) Fälligkeit, Verzinsung

Der Anspruch entsteht mit der verbotswidrigen Auszahlung und wird in diesem Zeitpunkt   21
sofort fällig[52]. Ein Gesellschafterbeschluss ist weder für die Fälligstellung noch sonst für die
Geltendmachung des Anspruchs erforderlich (Rdnr. 7). Die Fälligkeit hängt auch nicht davon ab, dass vorher ein fehlerhafter Jahresabschluss berichtigt wird[53], da die festgestellte Bilanz im Rahmen der §§ 30 f. keine Bindungswirkung entfaltet (§ 30 Rdnr. 60). Die Fälligkeit
kann auch nicht durch Stundung aufgeschoben werden, da eine solche nach § 31 Abs. 4 unwirksam ist (Rdnr. 71).

Eine verschuldensunabhängige **Verzinsung**, wie sie § 20 für Bareinlageforderungen vorsieht,   22
kennt das GmbHG für den Erstattungsanspruch nicht. § 20 ist mangels planwidriger Regelungslücke auch **nicht entsprechend anwendbar**[54]. Ebenso wenig kann auf § 818 Abs. 1
BGB zurückgegriffen werden, da der Erstattungsanspruch nicht bereicherungsrechtlicher Natur ist (Rdnr. 5)[55]. Auch eine Verzinsung nach § 353 HGB gegenüber Gesellschaftern mit
Kaufmannseigenschaft scheidet nach Ansicht des BGH aus, da es sich bei dem Erstattungsanspruch um einen gesetzlichen und nicht um einen rechtsgeschäftlich begründeten Anspruch handelt[56]. Nach Maßgabe der §§ 286, 288 BGB bewendet es damit bei **Verzugszinsen**
ab Eintritt des Schuldnerverzugs[57].

50 *Habersack*, in: Ulmer/Habersack/Löbbe, Rdnr. 23; *Schmolke*, Kapitalerhaltung, Rdnr. 33; a.A. auf
    der Grundlage der von ihm vertretenen wertbezogenen Grundkonzeption *Karsten Schmidt*, JZ 2007,
    735, 737; differenzierend *Thole*, Gläubigerschutz, S. 582 f.
51 Für analoge Anwendung der §§ 994 ff. BGB *Ekkenga*, in: MünchKomm. GmbHG, Rdnr. 15.
52 Allg. M., BGH v. 8.12.1986 – II ZR 55/86, NJW 1987, 779 = GmbHR 1987, 224; BGH v. 24.11.2003
    – II ZR 171/01, BGHZ 157, 72, 76 f. = GmbHR 2004, 302; *Fastrich*, in: Baumbach/Hueck,
    Rdnr. 5.
53 Ebenso statt vieler *Ekkenga*, in: MünchKomm. GmbHG, Rdnr. 10; *Habersack*, in: Ulmer/Habersack/
    Löbbe, Rdnr. 22, 26.
54 Ausführlich *Koch*, AG 2004, 20, 25 f. (der aber für § 62 AktG anders entscheidet); ferner § 20
    Rdnr. 3; *Carlé/Bauschatz*, ZIP 2001, 1351, 1353; *Ekkenga*, in: MünchKomm. GmbHG, Rdnr. 13; *Habersack*, in: Ulmer/Habersack/Löbbe, Rdnr. 26.
55 RG v. 4.10.1912 – II 225/12, RGZ 80, 148, 152; *Carlé/Bauschatz*, ZIP 2001, 1351, 1353; *Koch*, AG
    2004, 20, 21. Auch §§ 819 Abs. 2, 818 Abs. 4, 291 BGB sind nicht entsprechend anwendbar; dazu
    Koch a.a.O. gegen *Bommert*, Verdeckte Vermögensverlagerungen im Aktienrecht, 1989, S. 105,
    112 f.
56 BGH v. 15.11.2004 – II ZR 299/02, BB 2005, 177, 178 = GmbHR 2005, 230; abw. *Koch*, AG 2004,
    20, 22 unter Berufung auf eine vordringende Ansicht im Schrifttum zu § 353 HGB, die auch Rückgewährschuldverhältnisse als beiderseitige Handelsgeschäfte im Sinne des § 343 HGB ansieht. Vgl.
    zur (Nicht-) Anwendung des § 352 HGB im Bereich der Kapital*aufbringung* auch *Verse*, in: Henssler/Strohn, Gesellschaftsrecht, § 20 GmbHG Rdnr. 6.
57 Unstr., s. schon RG v. 4.10.1912 – II 225/12, RGZ 80, 148, 152; näher *Carlé/Bauschatz*, ZIP 2001,
    1351, 1353 ff.

6. Einwendungen und Einreden

a) Allgemeines

23 Gegen die Inanspruchnahme aus § 31 Abs. 1 kann der Gesellschafter einwenden, dass er die Leistung in **gutem Glauben** empfangen hat und die Erstattung nicht erforderlich ist, um die Gesellschaftsgläubiger zu befriedigen (§ 31 Abs. 2, dazu Rdnr. 36 ff.). Ferner kann er sich nach Maßgabe des § 31 Abs. 5 (Rdnr. 77 ff.) auf die Einrede der **Verjährung** berufen. Sonstige **Einwendungen und Einreden des bürgerlichen Rechts** kommen daneben – vom Einwand der Erfüllung (§ 362 BGB) abgesehen – nur **sehr eingeschränkt** zum Zuge. Durch § 31 Abs. 4 ausgeschlossen sind namentlich der Erlass und gleichgestellte Rechtsgeschäfte (etwa die Stundung, Rdnr. 71 ff.). In entsprechender Anwendung des § 19 Abs. 2 Satz 2 gilt Gleiches für die Aufrechnung durch den Gesellschafter (Rdnr. 74). Mit Rücksicht auf den bezweckten Gläubigerschutz kann dem Erstattungsanspruch auch nicht der Einwand der Verwirkung oder des Rechtsmissbrauchs entgegengehalten werden[58]. Unmöglichkeit entlastet den Gesellschafter ebenfalls nicht, sondern verpflichtet ihn zum Wertausgleich, sofern der Gesellschafter nicht ausnahmsweise nachweist, dass es auch ohne die verbotene Leistung zu dem Untergang des Gegenstands gekommen wäre (Rdnr. 19). Ferner sind die aus dem Bereicherungsrecht bekannten Einwendungen, allen voran die Entreicherung des gutgläubigen Auszahlungsempfängers (§ 818 Abs. 3 BGB), ausgeschlossen (Rdnr. 5). Schließlich ist auch die Geltendmachung von **Zurückbehaltungsrechten** mit dem Schutzzweck der §§ 30 f. unvereinbar (§ 19 Abs. 2 Satz 3 entsprechend)[59].

24 Hinsichtlich der **Erfüllung** des Erstattungsanspruchs ist zu beachten, dass bei konkurrierenden Ansprüchen der Gesellschaft gegen den Gesellschafter fraglich sein kann, auf welche Verbindlichkeit der Gesellschafter geleistet hat. Nach § 366 Abs. 1 BGB ist grundsätzlich die **Tilgungsbestimmung** des Gesellschafters entscheidend. Falls der Gesellschafter eine von ihm übernommene Einlageverpflichtung mit Mitteln erfüllen will, die ihm die Gesellschaft kurz zuvor unter Verstoß gegen § 30 ausgekehrt hat (Konkurrenz von Einlageforderung und Erstattungsanspruch), ist jedoch auch dann eine Zahlung auf den Erstattungsanspruch anzunehmen, wenn sich die Tilgungsbestimmung des Gesellschafters explizit auf die Einlageforderung bezieht[60]. Ein solches Hin- und Herzahlen läuft nämlich auf eine Umgehung der realen Kapitalaufbringung hinaus, so dass die getroffene Tilgungsbestimmung unwirksam ist[61].

b) Nachträglicher Wegfall der Unterbilanz

25 Anders als nach früherer Rechtsprechung erlischt der Erstattungsanspruch nach heute ganz h.M. auch nicht, wenn das Gesellschaftsvermögen zwischenzeitlich anderweitig bis zur Höhe des Stammkapitalbetrags wiederaufgefüllt wird, **die eingetretene Unterbilanz** mithin **wieder entfällt**[62]. Dies gilt auch, wenn die Unterbilanz dadurch wegfällt, dass im Zeitpunkt der Aus-

---

58 *Habersack*, in: Ulmer/Habersack/Löbbe, Rdnr. 27; zum *dolo-petit*-Einwand s. noch Rdnr. 26.
59 *Ulmer*, in: FS 100 Jahre GmbHG, S. 363, 382.
60 BGH v. 26.1.2009 – II ZR 217/07, GmbHR 2009, 485 Rdnr. 9 ff. = DStR 2009, 756 mit Anm. *Goette* unter Aufgabe der gegenteiligen Rechtsprechung in BGH v. 27.11.2000 – II ZR 83/00, BGHZ 146, 105 = GmbHR 2001, 142; im Erg. zust. *Haertlein*, LMK 2009, 280903.
61 Nachw. wie vor.
62 BGH v. 29.5.2000 – II ZR 118/98, BGHZ 144, 336, 340 ff. = GmbHR 2000, 771 – Balsam/Procedo (im Anschluss u.a. an *Brandner*, in: FS Fleck, S. 23, 32 f.; *Hommelhoff*, in: FS Kellermann, S. 165 ff.; *Ulmer*, in: FS 100 Jahre GmbHG, S. 363, 385 ff.); zust. *Benecke*, ZIP 2000, 1969 ff.; *Ekkenga*, in: MünchKomm. GmbHG, Rdnr. 32; *Habersack*, in: Ulmer/Habersack/Löbbe, Rdnr. 29; *Kort*, ZGR 2001, 615 ff.; *Schmolke*, Kapitalerhaltung, Rdnr. 40; im Ergebnis auch *Altmeppen*, in: Roth/Altmeppen, Rdnr. 18 ff. A.A. noch BGH v. 11.5.1987 – II ZR 226/86, NJW 1988, 139, 140 = GmbHR 1987, 390 und weite Teile des älteren Schrifttums; weiterhin *Langer*, Wiederherstellung, S. 70 ff., 145 ff.; *Tillmann*, in: FS Hübner, S. 425, 431 ff.; *Wagner/Sperneac-Wolfer*, NZG 2001, 9, 12 ff.

zahlung gebildete oder zu bildende Rückstellungen später wieder aufgelöst werden können[63] oder eine im Zeitpunkt der Auszahlung abgeschriebene Forderung später wider Erwarten doch erfüllt wird[64]. Dem Wortlaut der §§ 30 f. lässt sich ein automatisches Erlöschen des Anspruchs wegen anderweitiger Zweckerreichung in der Tat nicht entnehmen. Gegen ein Erlöschen spricht zudem, dass auch im Rahmen der Kapitalaufbringung Einlageforderungen nicht *ipso iure* erlöschen, sobald das Stammkapital anderweitig gedeckt ist[65]. Nimmt man hinzu, dass eine Abhängigkeit der Erstattungsforderung vom Fortbestand der Unterbilanz es der Gesellschaft faktisch unmöglich machen würde, die Forderung durch Veräußerung an Gesellschaftsgläubiger oder Dritte zu verwerten[66], wird man der heute h.M. gerne beitreten.

Entfällt der Erstattungsanspruch nicht automatisch mit Beseitigung der Unterbilanz, so ist aber für die weitere Abwicklung zu bedenken, dass dem Gesellschafter nunmehr ein **vollwirksamer Erfüllungsanspruch** aus dem der Auszahlung zugrunde liegenden Kausalgeschäft zusteht, sofern die Auszahlung nicht auch nach den Regeln über verdeckte Vermögenszuwendungen wegen Verletzung der Kompetenzordnung oder des Gleichbehandlungsgrundsatzes rückabzuwickeln ist (§ 29 Rdnr. 115 ff., 123 ff.). Der Anspruch des Gesellschafters ist durch die Leistung der Gesellschaft nicht erloschen, da keine Erfüllungswirkung eintreten kann, solange und soweit der Gesellschafter dem Erstattungsanspruch ausgesetzt ist[67]. Der Anspruch des Gesellschafters besteht also fort, und zwar nunmehr frei von Einwendungen, da das Auszahlungsverbot des § 30 Abs. 1 außerhalb des Stadiums der Unterbilanz nicht mehr entgegensteht. Allerdings kann der Gesellschafter mit diesem Anspruch nicht gegen den Erstattungsanspruch aufrechnen (§ 19 Abs. 2 Satz 2 analog, Rdnr. 74). Konsequent ist ihm auch der *dolo-petit*-Einwand (§ 242 BGB) verwehrt[68]. Aufrechnen kann allerdings nach allgemeinen Grundsätzen (Rdnr. 75) die Gesellschaft[69]. Tritt neuerlich eine Unterbilanz ein, so ist der Anspruch des Gesellschafters aufs Neue einwendungsbehaftet und darf von der Gesellschaft nicht erfüllt werden. Hat die Gesellschaft den Anspruch jedoch in der Zwischenzeit außerhalb des Stadiums der Unterbilanz bereits erfüllt oder gegen ihn aufgerechnet, hat es damit sein Bewenden. Der Gesellschafter ist dann nicht noch ein zweites Mal zur Erstattung verpflichtet[70].

26

Folgendes **Beispiel** mag das Gesagte am Beispiel eines gegen § 30 verstoßenden Austauschgeschäfts verdeutlichen: Gesellschafter G hat für die GmbH im Stadium der Unterbilanz Dienstleistungen im Wert von 100 000 Euro erbracht, für die ihm die GmbH mit Zustimmung aller Gesellschafter[71] ein vertraglich vereinbartes Honorar von 150 000 Euro gezahlt hat. Die

26a

---

63 BGH v. 22.9.2003 – II ZR 229/02, GmbHR 2003, 1420, 1422.
64 BGH v. 23.4.2012 – II ZR 252/10, BGHZ 193, 96 = GmbHR 2012, 740 Rdnr. 30.
65 Darauf verweist auch BGH v. 29.5.2000 – II ZR 118/98, BGHZ 144, 336, 341 = GmbHR 2000, 771.
66 BGH v. 29.5.2000 – II ZR 118/98, BGHZ 144, 336, 342 = GmbHR 2000, 771.
67 *Fastrich*, in: Baumbach/Hueck, Rdnr. 17; *Habersack*, in: Ulmer/Habersack/Löbbe, Rdnr. 30; *Kort*, ZGR 2001, 616, 629 f.; *Ulmer*, in: FS 100 Jahre GmbHG, S. 363, 385 f.; a.A. *Altmeppen*, ZIP 2015, 1657, 1660, und *Altmeppen*, in: Roth/Altmeppen, Rdnr. 17, der trotz Fortbestands des Anspruchs aus § 31 Abs. 1 davon ausgeht, dass mit Wegfall der Unterbilanz Erfüllungswirkung eintrete. Von Erfüllung kann nur richtigerweise nur die Rede sein, wenn der Empfänger die Leistung auch behalten darf; das ist nicht der Fall, soweit der Anspruch aus § 31 Abs. 1 fortbesteht.
68 BGH v. 29.5.2000 – II ZR 118/98, BGHZ 144, 336, 342 = GmbHR 2000, 771 („Gebot der realen Kapital(wieder)aufbringung"); *Habersack*, in: Ulmer/Habersack/Löbbe, Rdnr. 30; *Kort*, ZGR 2001, 616, 632; im Erg. auch *Ekkenga*, in: MünchKomm. GmbHG, Rdnr. 33; abw. insoweit *Ulmer*, in: FS 100 Jahre GmbHG, S. 363, 384 f.; kritisch auch *Fastrich*, in: Baumbach/Hueck, Rdnr. 17 („sinnloses Hin- und Herzahlen").
69 *Fastrich*, in: Baumbach/Hueck, Rdnr. 17; *Habersack*, in: Ulmer/Habersack/Löbbe, Rdnr. 30; *Hommelhoff*, in: Lutter/Hommelhoff, Rdnr. 13.
70 *Habersack*, in: Ulmer/Habersack/Löbbe, Rdnr. 30.
71 Sonst läge nicht nur ein Verstoß gegen § 30 Abs. 1, sondern auch gegen die Kompetenzordnung und den Gleichbehandlungsgrundsatz vor mit der Folge, dass das Geschäft nach Bereicherungsrecht rückabzuwickeln wäre (§ 29 Rdnr. 119 f., 123 ff.).

GmbH hat somit einen Erstattungsanspruch aus § 31 Abs. 1 in Höhe von 50 000 Euro. Entfällt die Unterbilanz, steht dem Erstattungsanspruch der GmbH ein nunmehr einwendungsfreier (Rest-) Vergütungsanspruch des G aus dem Dienstvertrag in Höhe von 50 000 Euro gegenüber, da in dieser Höhe die ursprüngliche Zahlung der GmbH wegen des Erstattungsanspruchs keine Erfüllungswirkung haben konnte. Die GmbH kann in dieser Situation aufrechnen. Macht sie davon Gebrauch, erlischt der Erstattungsanspruch endgültig und lebt nicht wieder auf, wenn später abermals eine Unterbilanz eintritt.

c) Nachträglicher Abschluss eines Beherrschungs- oder Gewinnabführungsvertrags

27 Wird nach einer verbotenen Auszahlung ein **Beherrschungs- und/oder Gewinnabführungsvertrag** mit der GmbH als beherrschter bzw. gewinnabführungspflichtiger Partei abgeschlossen, ist zu unterscheiden: (1) Wird der Vertrag rückwirkend abgeschlossen, was nur beim Gewinnabführungsvertrag und nur mit Wirkung zum Beginn des Geschäftsjahrs möglich ist, in dem das Bestehen des Vertrags im Handelsregister eingetragen wird[72], entfallen gemäß § 30 Abs. 1 Satz 2 Alt. 1 auch die Anwendungsvoraussetzungen des § 30 Abs. 1 Satz 1 rückwirkend. Daraus folgt, dass auch die im Rückwirkungszeitraum entstandenen Erstattungsansprüche aus § 31 mit Wirkung *ex tunc* erlöschen[73]. (2) Erstattungsansprüche der GmbH, die bereits **vor dem** (ggf. rückwirkenden) **Vertragsbeginn entstanden** sind, bleiben dagegen **unberührt**[74]. Wenig diskutiert ist bisher die Frage, ob auch in dieser Konstellation wie beim nachträglichen Wegfall der Unterbilanz (Rdnr. 26) die Einwendung aus § 30 Abs. 1 Satz 1 gegen den Erfüllungsanspruch des Gesellschafters mit Eintritt in den Vertragskonzern entfällt, dem Gesellschafter also nunmehr ein durchsetzbarer Erfüllungsanspruch zusteht, gegen den die GmbH aufrechnen kann[75]. Mehr spricht dafür, die Frage zu verneinen; denn § 30 Abs. 1 Satz 2 Alt. 1 nimmt nur Leistungen von der Kapitalbindung aus, die „bei Bestehen eines Beherrschungs- oder Gewinnabführungsvertrags erfolgen", während in dem hier interessierenden Fall die Leistung bereits vor Vertragsbeginn vollzogen wurde. Auch in der Sache wäre der Wegfall der Einwendung schwer zu rechtfertigen, da er im Ergebnis zu Lasten des anderen Vertragsteils ginge (durch Erhöhung des Verlustausgleichs bzw. Verringerung des abführungspflichtigen Gewinns), obwohl es sich um einen Vorgang vor Vertragsbeginn handelt.

d) Nachträgliche Vollwertigkeit des Rückgewähranspruchs

27a Es bleibt die Frage, wie es sich auf den Erstattungsanspruch aus § 31 Abs. 1 auswirkt, wenn die GmbH einem Gesellschafter unter Verstoß gegen § 30 Abs. 1 ein Darlehen gewährt hat, das zunächst nicht durch einen vollwertigen Rückgewähranspruch i.S. des § 30 Abs. 1 Satz 2 Alt. 2 gedeckt war, und der Rückgewähranspruch **nachträglich** (aufgrund einer Verbesserung der Vermögensverhältnisse des Gesellschafters oder einer nachträglich gewährten Sicherheit) doch noch **vollwertig** wird. Nach hier vertretener Ansicht gelten für die Beantwortung dieser Frage die gleichen Grundsätze, die bei nachträglichem Wegfall der Unterbilanz gelten (Rdnr. 26). Der einmal entstandene Anspruch aus § 31 Abs. 1 bleibt also bestehen; ihm steht jedoch ein nunmehr einwendungsfreier Anspruch des Gesellschafters auf Auszahlung des Darlehens gegenüber (str., s. dazu bereits § 30 Rdnr. 92).

---

72 *Verse*, in: Henssler/Strohn, Gesellschaftsrecht, Anh. § 13 GmbHG Rdnr. 109.
73 *Habersack*, in: Ulmer/Habersack/Löbbe, Rdnr. 30a; *Altmeppen*, in: Roth/Altmeppen, Rdnr. 20.
74 *Ekkenga*, in: MünchKomm. GmbHG, Rdnr. 36; *Habersack*, in: Ulmer/Habersack/Löbbe, Rdnr. 30a; *Kuntz*, in: Gehrlein/Born/Simon, Rdnr. 16; *Pentz*, ZIP 2006, 781, 786 f.
75 Bejahend *Habersack*, in: Ulmer/Habersack/Löbbe, Rdnr. 30a; ebenso auch noch Voraufl.; verneinend *Altmeppen*, ZIP 2015, 1657, 1662; *Altmeppen*, in: Roth/Altmeppen, Rdnr. 20.

7. Abtretung, Pfändung und Verpfändung

a) Abtretung

Dass der Erstattungsanspruch grundsätzlich einer **Abtretung** nach § 398 BGB zugänglich ist, steht außer Frage. Streitig ist jedoch, ob die Abtretung des Erstattungsanspruchs ähnlich wie diejenige von Einlageforderungen im Interesse des Kapitalschutzes besonderen Wirksamkeitsvoraussetzungen unterliegt. Einlageforderungen können nach (freilich nicht unbestrittener) Rechtsprechung und h.L. grundsätzlich nur wirksam abgetreten werden, wenn der Gesellschaft hierfür eine vollwertige Gegenleistung zufließt[76]. Dahinter steht die Befürchtung, dass andernfalls das Erlassverbot des § 19 Abs. 2 Satz 1 umgangen werden könnte[77]. 28

Die funktionale Vergleichbarkeit von Einlage- und Erstattungsanspruch sowie die Tatsache, dass § 31 Abs. 4 Schmälerungen des Anspruchs ebenso wenig zulässt wie § 19 Abs. 2 Satz 1 in Bezug auf Einlageforderungen, legen es auf den ersten Blick nahe, für den Erstattungsanspruch ebenso zu entscheiden[78]. Der BGH und ihm folgend die heute h.L. halten daran jedoch nicht uneingeschränkt fest. In Fällen, in denen die **Abtretung zur Befriedigung eines Fremdgläubigers** (Nichtgesellschafters) der GmbH erfolgt, hält man es für genügend, wenn die durch die Abtretung befriedigte Forderung des Fremdgläubigers im Betrag der Erstattungsforderung besteht und fällig ist. Die **Vollwertigkeit** der Forderung des Gläubigers wird dagegen als **unerheblich** angesehen[79]. Diese Ansicht stützt sich vor allem auf die Überlegung, dass die Gesellschaft die Erstattungsforderung auch erst einziehen und den eingezogenen Betrag dann zur Tilgung der Forderung des Gläubigers verwenden könnte, was wirtschaftlich auf dasselbe Ergebnis hinausläuft wie die Abtretung[80]. Ob sich die anderen Gläubiger gegen diese bevorzugte Befriedigung wehren können, wenn sie selbst ganz oder teilweise leer ausgehen, ist dann allein nach den Regeln der InsO und des AnfG über die Insolvenz- bzw. Gläubigeranfechtung zu entscheiden[81]. Die Argumentation des BGH hat in der Tat viel für sich. Der Gefahr einer Umgehung des § 31 Abs. 4 dürfte bereits dadurch hinreichend Rechnung getragen sein, dass man bei Abtretungen an Gesellschafter an dem Vollwertigkeitserfordernis festhält[82]. Denkt man die heute h.M. konsequent weiter, müsste dann aber auch im Rahmen der Kapitalaufbringung ebenso entschieden und auch dort die hergebrachte Rechtsprechung korrigiert werden[83]. 29

---

76 Ständige Rechtsprechung seit RG v. 14.6.1929 – II 653/28, RGZ 124, 380, 382 f. (zur AG); BGH v. 18.11.1969 – II ZR 83/68, BGHZ 53, 71, 72 ff.; BGH v. 15.6.1992 – II ZR 229/91, NJW 1992, 2229 = GmbHR 1992, 522; näher dazu § 19 Rdnr. 105 ff.; *Verse*, in: Henssler/Strohn, Gesellschaftsrecht, § 14 GmbHG Rdnr. 26 ff. m.w.N.

77 So bereits RG v. 14.6.1929 – II 653/28, RGZ 124, 380, 383.

78 So denn auch RG, HRR 1930, 1825 (zur AG); OLG Karlsruhe v. 11.10.1990 – 9 U 137/88, BB 1991, 1728 f. = GmbHR 1991, 529; *Konzen*, in: FS Ulmer, S. 323, 342; *Ulmer*, in: FS 100 Jahre GmbHG, S. 363, 382 f.

79 BGH v. 29.9.1977 – II ZR 157/76, BGHZ 69, 274, 282 ff.; zust. *Altmeppen*, in: Roth/Altmeppen, Rdnr. 8; *Ekkenga*, in: MünchKomm. GmbHG, Rdnr. 19; *Fastrich*, in: Baumbach/Hueck, Rdnr. 6; *Habersack*, in: Ulmer/Habersack/Löbbe, Rdnr. 13; *Hommelhoff*, in: Lutter/Hommelhoff, Rdnr. 4; *Pentz*, in: Rowedder/Schmidt-Leithoff, Rdnr. 4; *Schmolke*, Kapitalerhaltung, Rdnr. 29 f.

80 BGH v. 29.9.1977 – II ZR 157/76, BGHZ 69, 274, 283.

81 BGH v. 29.9.1977 – II ZR 157/76, BGHZ 69, 274, 283; *Ekkenga*, in: MünchKomm. GmbHG, Rdnr. 19; *Hommelhoff*, in: Lutter/Hommelhoff, Rdnr. 4; *Schmolke*, Kapitalerhaltung, Rdnr. 30.

82 Letzteres entspricht, soweit ersichtlich, einhelliger Ansicht; s. BGH v. 18.11.1969 – II ZR 83/68, BGHZ 53, 71, 74 (durch BGH v. 29.9.1977 – II ZR 157/76, BGHZ 69, 274, 284 ausdrücklich nicht in Frage gestellt); *Habersack*, in: Ulmer/Habersack/Löbbe, Rdnr. 13; *Hommelhoff*, in: Lutter/Hommelhoff, Rdnr. 4; *Pentz*, in: Rowedder/Schmidt-Leithoff, Rdnr. 4; *Schmolke*, Kapitalerhaltung, Rdnr. 30.

83 *Verse*, in: Henssler/Strohn, Gesellschaftsrecht, § 14 GmbHG Rdnr. 26.

b) Pfändung und Verpfändung

30   Für die **Verpfändung** des Erstattungsanspruchs gelten dieselben Regeln wie für die Abtretung. Unter Zugrundelegung der heute h.M. kommt es somit bei der Verpfändung an einen Fremdgläubiger nicht auf die Vollwertigkeit des gesicherten Anspruchs an[84]. Gleiches gilt konsequenterweise auch für die **Pfändung** des Erstattungsanspruchs[85]. Nach Eröffnung des Insolvenzverfahrens kommt eine Pfändung freilich nicht mehr in Betracht (§ 89 InsO). Ein vergleichbares Pfändungsverbot bei Ablehnung der Eröffnung des Insolvenzverfahrens mangels Masse besteht dagegen *de lege lata* nicht[86].

8. Konkurrierende Ansprüche gegen den Auszahlungsempfänger

a) Vindikations- und Kondiktionsansprüche

31   Verstöße gegen § 30 führen für sich genommen nicht zur Unwirksamkeit des der Auszahlung zugrunde liegenden Verpflichtungsgeschäfts und auch nicht zur Unwirksamkeit des die Auszahlung bewirkenden Verfügungsgeschäfts (§ 30 Rdnr. 120 ff.). Für konkurrierende **Vindikations- oder Kondiktionsansprüche** (§§ 985 ff., 812 ff. BGB) ist daher grundsätzlich kein Raum. Ist das Verpflichtungs- oder das Verfügungsgeschäft allerdings aus einem anderen Grund unwirksam, etwa nach § 138 Abs. 1 BGB (§ 30 Rdnr. 124) oder in Mehrpersonengesellschaften nach den Regeln für verdeckte Vermögenszuwendungen (§ 30 Rdnr. 125; § 29 Rdnr. 115 ff., 122 ff.), treten die bürgerlich-rechtlichen Ansprüche neben den Erstattungsanspruch aus § 31 Abs. 1[87]. Diese Ansprüche folgen dann ihren eigenen Regeln, insbesondere auch in Bezug auf die Verjährung[88].

b) Schadensersatzansprüche

32   Denkbar sind darüber hinaus konkurrierende **Schadensersatzansprüche**. Hat der Gesellschafter einer Mehrpersonengesellschaft, der die nach § 30 verbotene Auszahlung erhalten hat, diese schuldhaft herbeigeführt und haben die Mitgesellschafter der Auszahlung nicht zugestimmt, tritt neben den Erstattungsanspruch des § 31 Abs. 1 die Haftung des Auszahlungsempfängers wegen **Treuepflichtverletzung**[89]. Diese reicht weiter als der Erstattungsanspruch, sofern der durch die Auszahlung verursachte Schaden der Gesellschaft den Betrag

---

84 *Ekkenga*, in: MünchKomm. GmbHG, Rdnr. 20; *Schmolke*, Kapitalerhaltung, Rdnr. 30; *Habersack*, in: Ulmer/Habersack/Löbbe, Rdnr. 13 a.E.

85 *Ekkenga*, in: MünchKomm. GmbHG, Rdnr. 20; *Fastrich*, in: Baumbach/Hueck, Rdnr. 6; *Schmolke*, Kapitalerhaltung, Rdnr. 28; einschränkend – nur bei Einstellung der werbenden Tätigkeit der Gesellschaft – *Habersack*, in: Ulmer/Habersack/Löbbe, Rdnr. 12.

86 Ganz h.M., als selbstverständlich vorausgesetzt etwa in BGH v. 16.7.2007 – II ZR 3/04, BGHZ 173, 246 Rdnr. 36 = GmbHR 2007, 927 – Trihotel; zur Einlageforderung s. auch 11. Aufl., § 60 Rdnr. 30; a.A. im Interesse der Gläubigergleichbehandlung *Konzen*, in: FS Ulmer, S. 323, 345 ff., der den Gläubigern stattdessen ein Verfolgungsrecht analog § 62 Abs. 2 AktG gewähren will, mit dem sie die Erfüllung des Erstattungsanspruchs in das Gesellschaftsvermögen durchsetzen können.

87 *Fastrich*, in: Baumbach/Hueck, Rdnr. 4; *Habersack*, in: Ulmer/Habersack/Löbbe, Rdnr. 9; abw. für den Fall der Nichtigkeit des Verfügungsgeschäfts *Ekkenga*, in: MünchKomm. GmbHG, Rdnr. 38, da dann keine Auszahlung vorliege und deshalb §§ 30 f. unanwendbar seien.

88 *Fastrich*, in: Baumbach/Hueck, Rdnr. 4; *Habersack*, in: Ulmer/Habersack/Löbbe, Rdnr. 9.

89 Vgl. BGH v. 29.9.2008 – II ZR 234/07, GmbHR 2008, 1319 Rdnr. 21; *Fastrich*, in: Baumbach/Hueck, Rdnr. 25. Die gegenteiligen Formulierungen in BGH v. 21.6.1999 – II ZR 47/98, BGHZ 142, 92, 96 = GmbHR 1999, 921 und BGH v. 25.2.2002 – II ZR 196/00, BGHZ 150, 61, 66 f. = GmbHR 2002, 549 beziehen sich nach dem Sachzusammenhang nur auf die Haftung der Mitgesellschafter, die an einer Auszahlung mitwirken, aber nicht selbst Auszahlungsempfänger sind; s. dazu auch noch Rdnr. 68.

der Auszahlung übersteigt. Im Einvernehmen aller Gesellschafter begangene Verstöße gegen § 30 lösen dagegen keine Haftung wegen Treuepflichtverletzung aus[90]. Gleiches gilt in der Einpersonengesellschaft, da den Alleingesellschafter nach h.M. keine Treuepflicht gegenüber seiner Gesellschaft trifft (§ 13 Rdnr. 54).

Haben allerdings die Gesellschafter durch ihre Mitwirkung an der nach § 30 verbotenen Aus- **33** zahlung vorsätzlich die Insolvenz der Gesellschaft verursacht, greift auch in der Einpersonengesellschaft und bei einvernehmlichem Gesellschafterhandeln die **Haftung wegen existenzvernichtenden Eingriffs** (§ 826 BGB) ein[91]. Diese ist gegenüber Ansprüchen aus § 31 nicht subsidiär, sondern kann neben ihnen geltend gemacht werden[92]. Im Schrifttum wird allerdings vereinzelt vertreten, dass seit Inkrafttreten des MoMiG der Erstattungsanspruch nach dem Rechtsgedanken des § 30 Abs. 1 Satz 2 Alt. 2 ausgeschlossen sei, soweit der Anspruch aus § 826 BGB die Unterdeckung des Stammkapitals ausgleicht[93]. Dem ist jedoch nicht zu folgen, da der Ersatzanspruch aus § 826 BGB kein „Gegenleistungs- oder Rückgewähranspruch" im Sinne des § 30 Abs. 1 Satz 2 ist. Diese Vorschrift will wirtschaftlich sinnvolle Leistungsbeziehungen zwischen der Gesellschaft und ihren Gesellschaftern erleichtern[94], aber gewiss keine existenzvernichtenden Eingriffe. Davon abgesehen wäre ein Vorrang der Ansprüche aus Existenzvernichtungshaftung auch im Ergebnis unbefriedigend, da diese nach §§ 195, 199 BGB u.U. schneller verjähren als der nach § 31 Abs. 5 verjährende Erstattungsanspruch. Richtigerweise ist daher daran festzuhalten, dass der mit dem Erstattungsanspruch konkurrierende Anspruch aus Existenzvernichtungshaftung in der Unterbilanzrechnung ebenso außer Betracht bleibt, wie dies auch für konkurrierende Bereicherungs- und Herausgabeansprüche anerkannt ist (§ 30 Rdnr. 64), und deshalb den Erstattungsanspruch unberührt lässt. – Ist der Gesellschafter zugleich Geschäftsführer, trifft ihn überdies die **Geschäftsführerhaftung** nach § 43 Abs. 3; s. dazu § 30 Rdnr. 126 und 11. Aufl., § 43 Rdnr. 268 ff.

c) Insolvenz- und Gläubigeranfechtung

Neben dem Erstattungsanspruch aus § 31 Abs. 1 besteht ggf. auch die Möglichkeit der **An-** **34** **fechtung nach §§ 129 ff. InsO** und dem **AnfG**. Diese Vorschriften werden nicht durch §§ 30 f. verdrängt[95]. Als Anfechtungstatbestände kommen anerkanntermaßen insbesondere §§ 133 f. InsO, §§ 3 f. AnfG in Betracht[96], wobei die anfechtbare Rechtshandlung nicht nur in der ursprünglichen Auszahlung, sondern auch in der Nichtgeltendmachung des Erstattungsan-

---

90 BGH v. 21.6.1999 – II ZR 47/98, BGHZ 142, 92, 96 = GmbHR 1999, 921; BGH v. 29.9.2008 – II ZR 234/07, GmbHR 2008, 1319 Rdnr. 21.
91 Näher dazu § 13 Rdnr. 152 ff.; *Verse*, in: Henssler/Strohn, Gesellschaftsrecht, § 13 GmbHG Rdnr. 44 ff.
92 BGH v. 16.7.2007 – II ZR 3/04, BGHZ 173, 246 Rdnr. 38–40 = GmbHR 2007, 927; BGH v. 9.2.2009 – II ZR 292/07, BGHZ 179, 344 Rdnr. 44 = GmbHR 2009, 601; BGH v. 24.7.2012 – II ZR 177/11, NZG 2012, 1069 Rdnr. 31; dazu § 13 Rdnr. 175 m.w.N.; anders noch BGH v. 17.9.2001 – II ZR 178/99, BGHZ 149, 10, 16 = GmbHR 2001, 1036; BGH v. 24.6.2002 – II ZR 300/00, BGHZ 151, 181, 187 = GmbHR 2002, 902; BGH v. 13.12.2004 – II ZR 256/02, GmbHR 2005, 299, 301.
93 *Ekkenga*, in: MünchKomm. GmbHG, Rdnr. 37 und § 30 Rdnr. 31. Dieser Ausgleich wird freilich nie ganz gelingen, da die Existenzvernichtungshaftung nicht auf Wiederauffüllung des Stammkapitals gerichtet ist, sondern maximal auf Ausgleich der Überschuldung; s. § 13 Rdnr. 169; *Verse*, in: Henssler/Strohn, Gesellschaftsrecht, § 13 GmbHG Rdnr. 66.
94 Begr. RegE MoMiG, BT-Drucks. 16/6140, S. 41; s. schon § 30 Rdnr. 78.
95 *Eidenmüller/Engert*, in: FS Karsten Schmidt, S. 305, 313 f.; *Haas*, ZIP 2006, 1373, 1375; *Habersack*, in: Ulmer/Habersack/Löbbe, Rdnr. 10; *Mylich*, AG 2011, 765, 767.
96 Zu §§ 130–132 InsO s. daneben einerseits *Grigoleit*, Gesellschafterhaftung, S. 160 ff.; andererseits *Thole*, Gläubigerschutz, S. 608 f. Zu den gemäß § 30 Abs. 1 Satz 3 n.F. aus dem Kapitalschutz ausgeklammerten Leistungen auf Gesellschafterdarlehen und vergleichbaren Rechtshandlungen s. § 135 InsO, § 6 AnfG und dazu 10. Aufl., Nachtrag MoMiG, Erl. zu §§ 32a/b a.F. Rdnr. 40 ff.

spruchs aus § 31 Abs. 1 liegen kann[97]. Nach § 30 verbotene Auszahlungen sind als unentgeltliche Leistungen zu qualifizieren und unterliegen deshalb der **Schenkungsanfechtung gemäß § 134 InsO**, § 4 AnfG, sofern sie innerhalb von vier Jahren vor dem Insolvenzantrag bzw. der Anfechtung erfolgt sind[98]. Gesellschaftsrechtlich zulässige Auszahlungen fallen dagegen nicht unter die § 134 InsO, § 4 AnfG, da sie nicht unentgeltlich, sondern als Gegenleistung für den Kapitaleinsatz der Gesellschafter gewährt werden[99]. Allerdings können auch sie der **Vorsatzanfechtung nach § 133 InsO**, § 3 AnfG unterliegen, sofern die Gesellschaft mit Benachteiligungsvorsatz, d.h. trotz ihr bekannter ernsthafter Zweifel an der Zahlungsunfähigkeit, ausgezahlt und der Auszahlungsempfänger diesen Vorsatz erkannt hat[100]. Dabei sind die Vermutungen des § 133 Abs. 1 Satz 2, Abs. 4 InsO und § 3 Abs. 1 Satz 2, Abs. 4 AnfG zu beachten, wenn es sich um Auszahlungen handelt, die erst im Stadium der (mit überwiegender Wahrscheinlichkeit) drohenden Zahlungsunfähigkeit vorgenommen wurden oder an nahe stehende Personen im Sinne des § 138 Abs. 2 InsO (insbesondere Geschäftsführer, mit mehr als 25 % beteiligte Gesellschafter) geflossen sind[101]. Umstritten ist, ob im letzten Jahr vor Insolvenzantrag vorgenommene Auszahlungen, selbst wenn sie mit § 30 vereinbar sind, daneben auch **entsprechend § 135 Abs. 1 Nr. 2 InsO**, § 6 Abs. 1 Nr. 2 AnfG anfechtbar sein können; nach zutreffender Ansicht ist dies mangels planwidriger Regelungslücke zu verneinen (§ 29 Rdnr. 96a).

35 Die **Rechtsfolge der Anfechtung** besteht darin, dass der Auszahlungsempfänger das Erlangte nach Maßgabe der § 143 InsO, § 11 AnfG zurück zu gewähren hat. Anders als beim Erstattungsanspruch aus § 31 Abs. 1 (Rdnr. 8) kann der Gläubiger nach § 11 AnfG außerhalb des Insolvenzverfahrens direkt, d.h. ohne vorausgehende Pfändung und Überweisung, gegen den begünstigten Gesellschafter vorgehen. Ein weiterer Unterschied besteht darin, dass nach § 145 Abs. 2 InsO, § 15 Abs. 2 AnfG auch Einzelrechtsnachfolger des Auszahlungsempfängers belangt werden können. Zudem gewähren die Ansprüche aus § 143 Abs. 1 Satz 1 InsO und § 11 Abs. 1 Satz 1 AnfG in der Insolvenz des Anfechtungsgegners ein Aussonderungsrecht, sofern der anfechtbar übertragene Gegenstand noch in natura vorhanden ist[102].

III. Gutgläubiger Empfänger (§ 31 Abs. 2)

1. Allgemeines

36 Einem gutgläubigen Empfänger kommt die **Haftungserleichterung des § 31 Abs. 2** zugute. Danach muss er empfangene Beträge nur erstatten, soweit dies zur Befriedigung der Gläubiger der Gesellschaft erforderlich ist. Solange zwar eine Unterbilanz besteht, aber weder Überschuldung noch Zahlungsstockungen (Rdnr. 43) eingetreten sind, sondern die Ansprüche der Gläubiger voll bedient werden können, kann somit nicht gegen den gutgläubigen Empfänger vorgegangen werden. Die **praktische Bedeutung** des § 31 Abs. 2 ist allerdings be-

---

97 BGH v. 22.12.2005 – IX ZR 190/02, BGHZ 165, 343, 346 ff. = GmbHR 2006, 316; *Fischer*, ZGR 2006, 401, 415 f.; *Habersack*, in: Ulmer/Habersack/Löbbe, Rdnr. 10.
98 *Eidenmüller/Engert*, in: FS Karsten Schmidt, S. 305, 319 f.; *Grigoleit*, Gesellschafterhaftung, S. 165 f.; *Haas*, ZIP 2006, 1373, 1378; *Habersack*, in: Ulmer/Habersack/Löbbe, Rdnr. 10; *J. Vetter*, in: Goette/Habersack, Das MoMiG in Wissenschaft und Praxis, Rdnr. 4.117; zum Parallelproblem in der AG *Mylich*, AG 2011, 765, 768 f.
99 Nachw. wie vor; a.A. *Thole*, Gläubigerschutz, S. 613 ff.
100 Näher *Eidenmüller/Engert*, in: FS Karsten Schmidt, S. 305, 320 ff.; *Haas*, ZIP 2006, 1373, 1375 ff.; *Thole*, Gläubigerschutz, S. 617 ff.; einschränkend *Grigoleit*, Gesellschafterhaftung, S. 170 ff.
101 *Eidenmüller/Engert*, in: FS Karsten Schmidt, S. 305, 325 ff.; *Haas*, ZIP 2006, 1373, 1379.
102 BGH v. 23.10.2003 – IX ZR 252/01, BGHZ 156, 350, 358 ff. = NJW 2004, 214; *Ganter*, in: Münch-Komm. InsO, 3. Aufl. 2013, § 47 InsO Rdnr. 346; *Haas*, ZIP 2006, 1373, 1380; *Habersack*, in: Ulmer/Habersack/Löbbe, Rdnr. 10; *Thole*, Gläubigerschutz, S. 605; zu weiteren Unterschieden in den Rechtsfolgen *Grigoleit*, Gesellschafterhaftung, S. 175 ff.; *Haas* a.a.O. 1379 f.; *Thole* a.a.O. 605 ff.

grenzt, da Ansprüche aus § 31 Abs. 1 oft erst im Insolvenzverfahren geltend gemacht werden und dann die Erforderlichkeit zur Gläubigerbefriedigung außer Frage steht[103]. Ferner ist zu bedenken, dass die Haftungserleichterung auf mit dem Erstattungsanspruch konkurrierende Ansprüche (Rdnr. 31 ff.) keine Anwendung findet.

Die Vorschrift erinnert auf den ersten Blick an die Parallelnormen in **§ 62 Abs. 1 Satz 2 AktG** und **§ 172 Abs. 5 HGB**, unterscheidet sich von diesen bei näherem Hinsehen aber beträchtlich. So bezieht sich § 31 Abs. 2 anders als jene Vorschriften nicht nur auf Dividendenzahlungen auf der Grundlage eines Gewinnverwendungsbeschlusses, sondern auf sämtliche (auch verdeckte) Auszahlungen, die gegen § 30 verstoßen. Reicht die Privilegierung des § 31 Abs. 2 insofern also tatbestandlich weiter, so bleibt sie in ihrer Rechtsfolge doch weit jedenfalls hinter § 62 Abs. 1 Satz 2 AktG zurück[104]. Während diese Vorschrift die Haftung des Gutgläubigen in ihrem Anwendungsbereich ganz ausschließt, knüpft § 31 Abs. 2 die Haftung lediglich an die zusätzliche Voraussetzung der Erforderlichkeit zur Gläubigerbefriedigung. Der historische Gesetzgeber sah in dieser schon damals im Vergleich zum Aktienrecht (Art. 218 ADHGB) strengeren Regelung zusammen mit der Ausfallhaftung nach § 31 Abs. 3 einen Ausgleich dafür, dass die Ausschüttungssperre in der GmbH weniger weit reicht und weniger formalisiert ist als in der AG (s. schon Rdnr. 2). Ungeachtet dessen sind die rechtsformspezifischen Unterschiede in der Behandlung des gutgläubigen Auszahlungsempfängers in rechtspolitischer Hinsicht zweifelhaft[105]. 37

2. Guter Glaube

a) Begriff

Was unter gutem Glauben zu verstehen ist und auf welche Umstände er sich bezieht, regelt das Gesetz nicht ausdrücklich. In Anlehnung an § 932 Abs. 2 BGB wird man aber mit der ganz h.M. davon ausgehen können, dass der gute Glaube nur bei **Kenntnis oder grob fahrlässiger Unkenntnis** entfällt[106]. Hierfür lässt sich anführen, dass das GmbHG einige Jahre nach seinem Inkrafttreten insgesamt an das BGB angepasst wurde[107] und man in diesem Zusammenhang eine Klarstellung hätte erwarten können, wenn im GmbH-Recht ein anderer Maßstab hätte gelten sollen[108]. Bis zur Umsetzung der Kapitalrichtlinie im Jahr 1978[109] entsprach die Beschränkung auf grobe Fahrlässigkeit auch der Regelung in § 62 Abs. 1 Satz 2 AktG. Dass diese in Umsetzung der nur für die AG geltenden Richtlinie auf einfache Fahrlässigkeit verschärft wurde, zwingt angesichts der auch sonst bestehenden Unterschiede zwi- 38

---

103 *Ekkenga*, in: MünchKomm. GmbHG, Rdnr. 51.

104 Ob sie auch hinter § 172 Abs. 5 HGB zurückbleibt, hängt von der Streitfrage ab, ob diese Vorschrift nur die Kommanditistenhaftung im Außenverhältnis oder auch das Innenverhältnis zur KG betrifft; s. dazu *Karsten Schmidt*, in: MünchKomm. HGB, 3. Aufl. 2012, §§ 171, 172 HGB Rdnr. 92 ff.

105 Kritisch namentlich *Joost*, in: FS Lutter, S. 473 ff., 475, 480 („Produkt historisch-legislatorischer Zufälligkeiten", „kein stimmiges System").

106 *Ekkenga*, in: MünchKomm. GmbHG, Rdnr. 44; *Fastrich*, in: Baumbach/Hueck, Rdnr. 18a; *Habersack*, in: Ulmer/Habersack/Löbbe, Rdnr. 33; *Heidinger*, in: Michalski u.a., Rdnr. 47; *Schmolke*, Kapitalerhaltung, Rdnr. 47; *Thiessen*, in: Bork/Schäfer, Rdnr. 40; im Ergebnis auch *Karsten Schmidt*, BB 1984, 1588, 1591, allerdings in Anlehnung an § 62 Abs. 1 Satz 2 AktG a.F.; abw. – schon einfache Fahrlässigkeit schadet – *Peltzer/Bell*, ZIP 1993, 1757, 1764.

107 RGBl. 1898, 892.

108 *Ekkenga*, in: MünchKomm. GmbHG, Rdnr. 44; *Habersack*, in: Ulmer/Habersack/Löbbe, Rdnr. 33; *Schmolke*, Kapitalerhaltung, Rdnr. 47; kritisch zu diesem Argument *Karsten Schmidt*, BB 1984, 1588, 1591.

109 Gesetz zur Durchführung der Zweiten Richtlinie vom 13.12.1978, BGBl. I 1978, 1959.

schen beiden Vorschriften (Rdnr. 37) nicht dazu, im Rahmen des § 31 Abs. 2 ebenso zu entscheiden.

39   **Grobe Fahrlässigkeit** liegt nach allgemeinen Grundsätzen vor, wenn der Empfänger die im Verkehr erforderliche Sorgfalt in ungewöhnlich hohem Maße verletzt und dasjenige unbeachtet gelassen hat, was im gegebenen Fall sich jedem hätte aufdrängen müssen[110]. Bei der Anwendung dieser Formel ist zu beachten, dass **keine allgemeine Nachforschungsobliegenheit** des Gesellschafters besteht, ob die Gesellschaft die Auszahlungsverbote des § 30 beachtet. Insbesondere kann dem Gesellschafter nicht ohne weiteres entgegengehalten werden, er habe sich nach § 51a über die Vermögensverhältnisse der Gesellschaft genau informieren können, da dann § 31 Abs. 2 im Ergebnis weithin leer liefe[111]. Wenn aber dem Gesellschafter **konkrete Anhaltspunkte** bekannt sind, die auf eine kritische Vermögenslage der Gesellschaft hindeuten, muss er diesen nachgehen[112]. Im Übrigen sind die Informationsanforderungen auch von der Stellung des Betroffenen in der Gesellschaft abhängig. Bei einem geschäftsführenden Gesellschafter oder bei einem herrschenden Gesellschafter, der maßgeblich auf die Geschäftsführung Einfluss nimmt, reichen sie weiter als bei einem Minderheitsgesellschafter[113].

b) Bezugspunkt

40   **Bezugspunkt des guten Glaubens** sind nach h.M. die tatsächlichen Umstände, die dazu führen, dass eine Leistung nach § 30 unzulässig ist[114]. Der Empfänger ist danach bösgläubig, wenn er grob fahrlässig verkennt, dass das Vermögen der Gesellschaft (z.B. durch die Unausgewogenheit eines Austauschgeschäfts) real gemindert wird und kein Reinvermögen in Höhe des Stammkapitals mehr vorhanden ist. Der Rechtsirrtum über das Bestehen des Auszahlungsverbots soll dagegen nach h.M. generell unbeachtlich sein; anderes soll nur hinsichtlich der formalen Voraussetzungen des § 30 Abs. 2 (§ 30 Rdnr. 142 f.) gelten[115]. Diese Auffassung überrascht, da zu § 932 Abs. 2 BGB und zu § 62 Abs. 1 Satz 2 AktG jeweils anerkannt ist, dass auch leicht fahrlässige bzw. schuldlose Rechtsirrtümer zugunsten des Gutgläubigen berücksichtigt werden[116]. Richtigerweise sollte das auch im Rahmen des § 31 Abs. 2 gelten. Bezugspunkt des guten Glaubens ist danach schlicht die **Vereinbarkeit der Auszahlung mit § 30**, und dieser gute Glaube kann auch infolge von Rechtsirrtümern entfallen. Im Ergebnis dürfte sich dadurch gegenüber der h.M. freilich nicht viel ändern; denn der Rechtsirrtum, selbst bei ganz oder teilweise aufgezehrtem Stammkapital eine Auszahlung entgegennehmen zu dürfen, wird in aller Regel auch grob fahrlässig sein. Eher denkbar sind entschuldigte oder nur leicht fahrlässige Rechtsirrtümer über die Auszahlungssperren des § 30 Abs. 2, was die h.M. im Ergebnis auch bereits anerkennt, aber auf Grundlage ihrer Prämisse, dass es nur auf die tatsächlichen Umstände ankommen soll, nicht einleuchtend zu begründen vermag.

---

110 *Herrler*, in: Palandt, § 932 BGB Rdnr. 10.
111 *Habersack*, in: Ulmer/Habersack/Löbbe, Rdnr. 34; *Pentz*, in: Rowedder/Schmidt-Leithoff, Rdnr. 22; *Schmolke*, Kapitalerhaltung, Rdnr. 48; *Ekkenga*, in: MünchKomm. GmbHG, Rdnr. 45; strenger *Hommelhoff*, in: Lutter/Hommelhoff, Rdnr. 17.
112 Nachw. wie vor.
113 *Ekkenga*, in: MünchKomm. GmbHG, Rdnr. 45; *Habersack*, in: Ulmer/Habersack/Löbbe, Rdnr. 34; *Schmolke*, Kapitalerhaltung, Rdnr. 48.
114 *Fastrich*, in: Baumbach/Hueck, Rdnr. 18a; *Habersack*, in: Ulmer/Habersack/Löbbe, Rdnr. 35; *Heidinger*, in: Michalski u.a., Rdnr. 49; *Pentz*, in: Rowedder/Schmidt-Leithoff, Rdnr. 21; *Schmolke*, Kapitalerhaltung, Rdnr. 46; wohl auch OLG München v. 9.12.1982 – 24 U 227/82, DB 1983, 166, 167.
115 *Fastrich*, in: Baumbach/Hueck, Rdnr. 18a; *Habersack*, in: Ulmer/Habersack/Löbbe, Rdnr. 35.
116 *Oechsler*, in: MünchKomm. BGB, § 932 Rdnr. 38; *Fleischer*, in: Karsten Schmidt/Lutter, § 62 AktG Rdnr. 24; jeweils m.w.N.

c) Maßgeblicher Zeitpunkt und maßgebliche Person

Maßgeblich für die Beurteilung der Gutgläubigkeit ist allein der **Zeitpunkt der Auszahlung**; später eintretende Kenntnis schadet nicht[117]. In personeller Hinsicht kommt es auf den guten Glauben des **Empfängers** an, im Regelfall also denjenigen des begünstigten **Gesellschafters** (zu Auszahlungen an Dritte Rdnr. 42). Bei Auszahlung an mehrere Gesellschafter erfolgt die Prüfung für jeden Empfänger gesondert. Ist an Mitberechtigte (§ 18) eines Geschäftsanteils ausgezahlt worden, ist die Gutgläubigkeit ebenfalls für jeden Mitberechtigten gesondert zu prüfen[118]. Für die **Wissenszurechnung** gelten die allgemeinen Regeln, namentlich § 166 BGB einschließlich seiner Ausdehnung auf sog. Wissensvertreter. Bei Unternehmen und sonstigen arbeitsteiligen Organisationen sind zudem die von der Rechtsprechung anerkannten Grundsätze der Wissenszusammenrechnung zu beachten[119]. 41

Ist die Auszahlung einem **Dritten** (Nichtgesellschafter) zugeflossen, ist nach den zu § 30 Rdnr. 35 ff., 49 ff. geschilderten Grundsätzen zu entscheiden, ob darin eine Zuwendung an den Gesellschafter liegt und dieser deshalb als Auszahlungsempfänger anzusehen ist oder ob ausnahmsweise auch der Dritte selbst analog §§ 30 f. haftet. Ersterenfalls kommt es auf die Gutgläubigkeit des Gesellschafters an. Eine Zurechnung der Kenntnis oder grob fahrlässigen Unkenntnis des Dritten kommt nur nach allgemeinen Grundsätzen in Betracht, also namentlich dann, wenn der Dritte als Vertreter bzw. Wissensvertreter des Gesellschafters handelt (§ 166 Abs. 1 BGB)[120]. Das gilt nach zutreffender Ansicht auch, wenn zwischen dem Gesellschafter und dem Dritten eine besondere Nähebeziehung, etwa eine Konzernverbindung, besteht[121]. Wenn ausnahmsweise der Dritte selbst nach §§ 30 f. verantwortlich ist, kommt es für seine Haftung dagegen naturgemäß auf seine Gutgläubigkeit an. Ob ihm die Bösgläubigkeit des Gesellschafters zuzurechnen ist, beurteilt sich wiederum nach allgemeinen Grundsätzen. Eine pauschale Zurechnung in Nähebeziehungen ist auch hier abzulehnen[122]. 42

3. Erforderlichkeit zur Gläubigerbefriedigung

Die Rechtsfolge des gutgläubigen Empfangs besteht darin, dass sich der Erstattungsanspruch auf den Betrag reduziert, der **zur Befriedigung der Gesellschaftsgläubiger erforderlich** ist. Dieselbe Formulierung verwendet das Gesetz auch in § 31 Abs. 3 (Rdnr. 51), ferner in § 9b Abs. 1 Satz 1, um die Grenzen eines Verzichts oder Vergleichs betreffend Ersatzansprüche aus § 9a zu definieren (§ 9b Rdnr. 8), sowie in § 43 Abs. 3 Satz 2 und Satz 3 in Bezug auf die Geschäftsführerhaftung (11. Aufl., § 43 Rdnr. 271 f., 277). Zur Befriedigung der Gesellschaftsgläubiger erforderlich ist die Erstattung jedenfalls dann, wenn die Gesellschaft **zahlungsunfähig** oder **überschuldet** ist[123]. Maßgeblich für Letzteres ist der insolvenzrechtliche 43

---

117 Allg. M.; statt vieler *Ekkenga*, in: MünchKomm. GmbHG, Rdnr. 46; *Fastrich*, in: Baumbach/Hueck, Rdnr. 18a; *Habersack*, in: Ulmer/Habersack/Löbbe, Rdnr. 38.

118 *Ekkenga*, in: MünchKomm. GmbHG, Rdnr. 47; *Fastrich*, in: Baumbach/Hueck, Rdnr. 18a; *Habersack*, in: Ulmer/Habersack/Löbbe, Rdnr. 36; *Schmolke*, Kapitalerhaltung, Rdnr. 49.

119 Überblick bei *Bork*, Allgemeiner Teil des Bürgerlichen Rechts, 4. Aufl. 2016, Rdnr. 1665 ff.; *Ellenberger*, in: Palandt, § 166 BGB Rdnr. 8.

120 *Schmolke*, Kapitalerhaltung, Rdnr. 50.

121 Wie hier *Habersack*, in: Ulmer/Habersack/Löbbe, Rdnr. 37; wohl auch *Ekkenga*, in: MünchKomm. GmbHG, Rdnr. 47; *Fastrich*, in: Baumbach/Hueck, Rdnr. 18a; offen lassend *Schmolke*, Kapitalerhaltung, Rdnr. 51; abw. – Bösgläubigkeit sowohl des Gesellschafters als auch des Dritten schaden – *Pentz*, in: Rowedder/Schmidt-Leithoff, Rdnr. 25. Näher zu den allgemeinen Grundsätzen der Wissenszurechnung im Konzern *Schürnbrand*, ZHR 181 (2017), 357 ff.; *Verse*, AG 2015, 413, 418 ff.

122 *Ekkenga*, in: MünchKomm. GmbHG, Rdnr. 47; *Fastrich*, in: Baumbach/Hueck, Rdnr. 18a; *Habersack*, in: Ulmer/Habersack/Löbbe, Rdnr. 37.

123 BGH v. 22.9.2003 – II ZR 229/02, GmbHR 2003, 1420, 1423; *Ekkenga*, in: MünchKomm. GmbHG, Rdnr. 48; *Habersack*, in: Ulmer/Habersack/Löbbe, Rdnr. 39; *Jungmann*, DStR 2004, 688, 691; *Schmolke*, Kapitalerhaltung, Rdnr. 54.

Überschuldungsstatus[124], der nicht anhand der handelsbilanziellen Buchwerte, sondern anhand der Verkehrswerte, d.h. unter Einschluss der stillen Reserven, zu ermitteln ist (11. Aufl., Vor § 64 Rdnr. 42 ff.). Im Interesse eines effektiven Gläubigerschutzes ist nach wohl h.L. auch schon bei bloßen Zahlungsstockungen anzunehmen, dass die Erstattung zur Befriedigung der Gläubiger erforderlich ist[125]. Das bloße Bestehen einer Unterbilanz genügt dagegen unstreitig nicht, da sonst die Haftung nach § 31 Abs. 2 kaum hinter der aus § 31 Abs. 1 zurückbliebe[126]. Ebenso wenig genügt für sich allein der Umstand, dass der Erstattungsanspruch gepfändet und einem Gläubiger zur Einziehung überwiesen wurde. Der Gesellschafter kann § 31 Abs. 2 dem Gläubiger ebenso entgegenhalten wie der Gesellschaft (§§ 404, 1275 BGB)[127]. Allerdings dürfte es zu derartigen Pfändungen im Regelfall nur kommen, wenn sich die Gesellschaft in einer wirtschaftlichen Schieflage befindet und zumindest Zahlungsstockungen eingetreten sind.

44 Der **maßgebliche Zeitpunkt** für die Beurteilung, ob die Erstattung für die Gläubigerbefriedigung erforderlich ist, ist derjenige der Geltendmachung, im Prozess mithin derjenige der **letzten mündlichen Verhandlung** in der Tatsacheninstanz[128]. Für diese Lesart spricht bereits der Wortlaut der Vorschrift („erforderlich *ist*", nicht: erforderlich war)[129]. Denkbar ist daher, dass der Erstattungsanspruch unmittelbar nach der Auszahlung zunächst an § 31 Abs. 2 scheitert, diese Einwendung aber wegen einer späteren Verschlechterung der Vermögensverhältnisse der Gesellschaft wieder ganz oder teilweise entfällt. Umgekehrt kann anders als im Rahmen des § 31 Abs. 1 eine nachträgliche Verbesserung der Vermögensverhältnisse der Gesellschaft zu einer Enthaftung des Gesellschafters führen, allerdings nur temporär, da die Haftung bei anschließender Vermögensverschlechterung wiederaufleben kann. Daraus erklärt sich auch, dass die **rechtskräftige Abweisung** eines Erstattungsanspruchs einer erneuten Geltendmachung nicht entgegensteht, sofern die Klageabweisung nicht darauf beruhte, dass kein Verstoß gegen § 30 vorlag, sondern darauf, dass im Zeitpunkt der letzten mündlichen Verhandlung die Mittel zur Befriedigung der Gläubiger nicht erforderlich waren[130].

45 Sind **mehrere gutgläubige Gesellschafter** nach § 31 Abs. 1 und Abs. 2 verantwortlich und überschreitet die Summe der an sie verbotswidrig geleisteten Auszahlungen den Betrag, der zur Befriedigung der Gläubiger benötigt wird, wird § 31 Abs. 2 so ausgelegt, dass sich die Ansprüche nach dem Verhältnis der von den einzelnen Gesellschaftern verbotswidrig erhal-

---

124 Nachw. wie vor.
125 *Habersack*, in: Ulmer/Habersack/Löbbe, Rdnr. 40; *Hommelhoff*, in: Lutter/Hommelhoff, Rdnr. 19; *Schmolke*, Kapitalerhaltung, Rdnr. 54; bei „nicht nur vorübergehenden" Zahlungsstockungen auch *Fastrich*, in: Baumbach/Hueck, Rdnr. 19; abw. *Ekkenga*, in: MünchKomm. GmbHG, Rdnr. 48; *Thiessen*, in: Bork/Schäfer, Rdnr. 46; zu § 31 Abs. 3 auch *Jungmann*, DStR 2004, 688, 691. BGH v. 22.9.2003 – II ZR 229/02, GmbHR 2003, 1420, 1423 spricht zwar nur Zahlungsunfähigkeit und Überschuldung an, lässt aber nicht klar erkennen, ob dies als abschließend zu verstehen ist.
126 Der Unterschied bestünde sonst nur darin, dass eine spätere Wiederauffüllung des Stammkapitals den Anspruch aus § 31 Abs. 1 unberührt lässt (Rdnr. 25), während nachträgliche Entwicklungen im Rahmen des § 31 Abs. 2 durchaus Berücksichtigung finden (Rdnr. 44).
127 *Pentz*, in: Rowedder/Schmidt-Leithoff, Rdnr. 29 a.E.; *Schmolke*, Kapitalerhaltung, Rdnr. 55 a.E.
128 BGH v. 22.9.2003 – II ZR 229/02, GmbHR 2003, 1420, 1423; *Ekkenga*, in: MünchKomm. GmbHG, Rdnr. 49; *Habersack*, in: Ulmer/Habersack/Löbbe, Rdnr. 41, 43; *Schmolke*, Kapitalerhaltung, Rdnr. 55; *Thiessen*, in: Bork/Schäfer, Rdnr. 51; kritisch *Fastrich*, in: Baumbach/Hueck, Rdnr. 19; a.A. *Pentz*, in: Rowedder/Schmidt-Leithoff, Rdnr. 28: Nach der Auszahlung eintretende Entwicklungen sollen sich nur noch zu Lasten des Gesellschafters anspruchserhöhend, nicht aber anspruchsmindernd auswirken können. Abw. in Bezug auf § 43 Abs. 3 Satz 3 aber BGH v. 23.4.2012 – II ZR 252/10, BGHZ 193, 96 = GmbHR 2012, 740 Rdnr. 27: Zeitpunkt der Auszahlung entscheidend, spätere Entwicklungen unerheblich (zweifelhaft).
129 *Ekkenga*, in: MünchKomm. GmbHG, Rdnr. 49.
130 *Fastrich*, in: Baumbach/Hueck, Rdnr. 19; *Habersack*, in: Ulmer/Habersack/Löbbe, Rdnr. 41; *Pentz*, in: Rowedder/Schmidt-Leithoff, Rdnr. 29; *Schmolke*, Kapitalerhaltung, Rdnr. 55; *Thiessen*, in: Bork/Schäfer, Rdnr. 51.

tenen Beträge reduzieren[131]. Sofern die Auszahlungen ungleichmäßig, d.h. abweichend von dem anwendbaren Gewinnverteilungsschlüssel (§ 29 Abs. 3), vorgenommen wurden und die benachteiligten Gesellschafter dem nicht zugestimmt haben, ist allerdings zu bedenken, dass der darin liegende Gleichbehandlungsverstoß zu einem mit § 31 konkurrierenden Bereicherungsanspruch der Gesellschaft führt (§ 29 Rdnr. 122 ff.), auf den die Haftungserleichterung des § 31 Abs. 2 keine Anwendung findet.

4. Beweislast

Die Beweislast für den Einwand der Gutgläubigkeit trägt nach allgemeinen Regeln der **Auszahlungsempfänger**[132]. Ist dieser Nachweis erbracht, ist es sodann aber Sache der Gesellschaft, darzulegen und ggf. zu beweisen, dass die Erstattung zur Gläubigerbefriedigung erforderlich ist[133].   46

IV. Ausfallhaftung der Mitgesellschafter (§ 31 Abs. 3)

1. Allgemeines

Die in § 31 Abs. 3 geregelte Ausfallhaftung der Mitgesellschafter bedeutet im Vergleich zum Aktienrecht, dem eine vergleichbare Haftung fremd ist, eine erhebliche Haftungsverschärfung. Dadurch soll ein gewisser Ausgleich für den im Übrigen schwächeren Kapitalschutz in der GmbH geschaffen werden (s. schon Rdnr. 2). Die Gesetzesmaterialien betonen die **präventive Funktion** des § 31 Abs. 3. Das Haftungsrisiko soll alle Gesellschafter dazu anhalten, im eigenen Interesse auf solide Geschäftsführung und Bilanzierung hinzuwirken, und damit Kapitalschutzverstöße schon im Vorhinein unterbinden helfen[134]. Nach Ansicht des BGH trägt die Ausfallhaftung zudem der Tatsache Rechnung, dass die Gesellschafter der GmbH und ihren wirtschaftlichen Risiken **näher stehen** als die Gläubiger[135], was indes eher beschreibenden als erklärenden Charakter hat.   47

Die Ausfallhaftung ist doppelt **subsidiär**, indem sie erstens daran anknüpft, dass die Erstattung von dem nach § 31 Abs. 1 verantwortlichen Auszahlungsempfänger nicht beigetrieben werden kann, und zweitens ebenso wie § 31 Abs. 2 nur eingreift, soweit die Erstattung zur Befriedigung der Gesellschaftsgläubiger erforderlich ist. Diese doppelte Subsidiarität darf jedoch nicht über die Strenge der Vorschrift hinwegtäuschen, die auch am Auszahlungsvorgang gänzlich unbeteiligte Gesellschafter **verschuldensunabhängig** in die Pflicht nimmt[136].   48

---

131 *Habersack*, in: Ulmer/Habersack/Löbbe, Rdnr. 42; *Schmolke*, Kapitalerhaltung, Rdnr. 56; beide allerdings mit der Einschränkung, dass die Leistung an die Gesellschafter auf einem einheitlichen Rechtsgrund (z.B. demselben Gewinnverwendungsbeschluss) beruhen muss.

132 Allg. M.; BGH v. 22.9.2003 – II ZR 229/02, GmbHR 2003, 1420, 1423; *Bayer/Illhardt*, GmbHR 2011, 638, 641; *Ekkenga*, in: MünchKomm. GmbHG, Rdnr. 50; *Fastrich*, in: Baumbach/Hueck, Rdnr. 20; *Habersack*, in: Ulmer/Habersack/Löbbe, Rdnr. 43; *Thiessen*, in: Bork/Schäfer, Rdnr. 121.

133 Gleichfalls allg. M.; *Bayer/Illhardt*, GmbHR 2011, 638, 641; *Ekkenga*, in: MünchKomm. GmbHG, Rdnr. 50; *Habersack*, in: Ulmer/Habersack/Löbbe, Rdnr. 43; *Fastrich*, in: Baumbach/Hueck, Rdnr. 20.

134 Amtl. Begr. zu § 31, RT-Drucks. 1890/92, Aktenstück Nr. 660, S. 3745 (s. schon Rdnr. 2 a.E.); *Ekkenga*, in: MünchKomm. GmbHG, Rdnr. 52.

135 BGH v. 25.2.2002 – II ZR 196/00, BGHZ 150, 61, 65 = GmbHR 2002, 549; ferner *Ekkenga*, in: MünchKomm. GmbHG, Rdnr. 52; *Ulmer*, in: FS 100 Jahre GmbHG, S. 363, 370.

136 Ganz h.M.; etwa *Ekkenga*, in: MünchKomm. GmbHG, Rdnr. 52; *Fastrich*, in: Baumbach/Hueck, Rdnr. 22; *Habersack*, in: Ulmer/Habersack/Löbbe, Rdnr. 44; *Thiessen*, in: Bork/Schäfer, Rdnr. 59; *Ulmer*, in: FS 100 Jahre GmbHG, S. 363, 370; abw. *Reemann*, ZIP 1990, 1309 ff., der im Wege teleologischer Reduktion die Möglichkeit der Exculpation in § 31 Abs. 3 hineinlesen will; für eine bloße Verschuldenshaftung auch *Diers*, in: Saenger/Inhester, Rdnr. 57 (aber wohl nur de lege ferenda).

Angesichts dieser besonderen Strenge wird verständlich, dass sich der BGH für eine im Wortlaut der Vorschrift nicht unmittelbar angelegte Begrenzung der Haftung auf die Höhe des Stammkapitalbetrags ausgesprochen hat (Rdnr. 61). Dadurch wird eine unbegrenzte und damit unkalkulierbare Garantiehaftung vermieden. Systematisch steht die Regelung des § 31 Abs. 3 im **Zusammenhang mit § 24**, der für die Kapitalaufbringung eine vergleichbare Ausfallhaftung statuiert[137].

49 **Rechtspolitisch** ist die verschuldensunabhängige Ausfallhaftung seit jeher **umstritten**. In § 35 Abs. 2 des Entwurfs des Reichsjustizministeriums zum GmbHG von 1939 war vorgesehen, die Ausfallhaftung dergestalt zu entschärfen, dass sie bei fehlendem Verschulden des Mitgesellschafters die Höhe seiner eigenen Stammeinlage nicht überschreiten darf[138]. Im Zuge der MoMiG-Beratungen hat der Bundesrat erneut angeregt, die §§ 24, 31 Abs. 3 zu überarbeiten[139]. Diese Anregung ist aber im weiteren Gesetzgebungsverfahren nicht aufgenommen worden, was bedauerlich ist, da insbesondere in der umstrittenen Frage der sachgerechten Begrenzung der Ausfallhaftung (Rdnr. 61 ff.) ein klares Votum des Gesetzgebers wünschenswert wäre[140]. Ob man die Ausfallhaftung ganz in Frage stellen sollte, steht auf einem anderen Blatt. Rechtsvergleichend ist allerdings festzustellen, dass die verschuldensunabhängige Ausfallhaftung deutscher Prägung – von § 83 Abs. 3 des österreichischen GmbHG abgesehen – **international wenig verbreitet** ist[141].

2. Voraussetzungen der Ausfallhaftung

a) Ausfall des Primärschuldners

50 Die Ausfallhaftung nach § 31 Abs. 3 setzt zunächst voraus, dass wegen einer verbotenen Auszahlung ein Erstattungsanspruch der Gesellschaft nach § 31 Abs. 1 entstanden ist, die Erstattung aber vom Auszahlungsempfänger „nicht zu erlangen" ist. Dies ist anzunehmen, wenn der Erstattungsanspruch **mit zumutbaren Mitteln in angemessener Zeit nicht durchsetzbar** ist[142]. Der Nachweis, dass ein Vollstreckungsversuch gegen den Empfänger fruchtlos verlaufen ist oder das Insolvenzverfahren über sein Vermögen eröffnet bzw. die Eröffnung mangels Masse abgelehnt wurde, ist hierfür nicht unerlässlich, aber jedenfalls genügend[143]. Wenn die Gesellschaft die tatsächliche Aussichtslosigkeit eines Vorgehens gegen den Empfänger anders nachweisen kann, braucht sie den umständlichen Weg über die Erlangung eines Titels und die Durchführung einer Einzel- oder Gesamtvollstreckung nicht zu gehen. Sie muss sich, wenn der Empfänger in anfechtbarer Weise Vermögen auf einen Dritten übertragen hat, auch nicht darauf verweisen lassen, erst einen langwierigen Anfechtungsprozess gegen den Dritten zu führen[144]. Eine analoge Anwendung des § 22 Abs. 2 Halbs. 2, der zugunsten der

---

137 Zu dieser Parallele bereits Amtl. Begr. zu § 31, RT-Drucks. 1890/92, Aktenstück Nr. 660, S. 3746; näher *Görner/Kling*, GmbHR 2004, 714, 715 ff.

138 § 35 Abs. 2 Satz 2 GmbHG-E (abgedruckt bei *Schubert*, Entwurf des Reichsjustizministeriums zu einem Gesetz über Gesellschaften mit beschränkter Haftung von 1939, ZHR-Beiheft 58, 1985): „Konnte ein Gesellschafter die Leistung trotz Anwendung der ihm zuzumutenden Sorgfalt nicht verhindern, so ist er zum Ersatz nur bis zu einem Betrage in Höhe seines Stammanteils verpflichtet, auch wenn mehrere die Ersatzpflicht begründende Leistungen bewirkt worden sind."

139 BR-Drucks. 354/07, S. 15.

140 De lege ferenda für eine Orientierung an dem Vorschlag von 1939 *Meyer*, Haftungsbeschränkung, S. 544; aufgeschlossen auch *Jungmann*, DStR 2004, 688, 695 („diskussionswürdig"); für Beschränkung auf Verschuldenshaftung *Diers*, in: Saenger/Inhester, Rdnr. 57.

141 S. den Überblick bei *Meyer*, Haftungsbeschränkung, S. 546.

142 *Habersack*, in: Ulmer/Habersack/Löbbe, Rdnr. 53; *Pentz*, in: Rowedder/Schmidt-Leithoff, Rdnr. 40; *Schmolke*, Kapitalerhaltung, Rdnr. 67; ähnlich *Ekkenga*, in: MünchKomm. GmbHG, Rdnr. 54.

143 *Pentz*, in: Rowedder/Schmidt-Leithoff, Rdnr. 40; *Schmolke*, Kapitalerhaltung, Rdnr. 67.

144 BGH v. 5.7.1993 – II ZR 227/92, DStR 1993, 1528 (Nichtannahmebeschluss), berichtet von *Goette*, DStR 1993, 1528, 1529 (zu § 24); *Görner/Kling*, GmbHR 2004, 714, 716.

Gesellschaft eine Vermutung für die Zahlungsunfähigkeit des primär Haftenden aufstellt, wenn dieser trotz Zahlungsaufforderung nicht innerhalb eines Monats leistet, kommt allerdings im Rahmen des § 31 Abs. 3 ebenso wenig in Betracht wie im Rahmen des § 24[145].

b) Erforderlichkeit zur Gläubigerbefriedigung

Als zweite Voraussetzung verlangt § 31 Abs. 3, dass der zu erstattende Betrag **zur Befriedigung der Gläubiger** der Gesellschaft **erforderlich** ist. Hierzu gilt dasselbe wie zu § 31 Abs. 2 (Rdnr. 43 ff.). Ebenso wie dort ist die praktische Bedeutung dieser Einschränkung auch hier begrenzt, da die Ausfallhaftung oft erst in der Insolvenz der Gesellschaft geltend gemacht wird.   51

3. Gläubiger und Schuldner der Ausfallhaftung

a) Anspruchsberechtigter, Geltendmachung

Der Anspruch aus § 31 Abs. 3 steht ebenso wie derjenige aus § 31 Abs. 1 der **Gesellschaft** zu. Bezüglich der Geltendmachung des Anspruchs kann auf Rdnr. 7 f. Bezug genommen werden.   52

b) Anspruchsgegner

aa) Relevanter Personenkreis. Verpflichtet sind die „**übrigen Gesellschafter**", d.h. sämtliche Gesellschafter außer demjenigen, der die Auszahlung erhalten hat und deshalb nach § 31 Abs. 1 verantwortlich ist. Ist nach Maßgabe der zu Rdnr. 13 f. und § 30 Rdnr. 35 ff. geschilderten Grundsätze ausnahmsweise ein Nichtgesellschafter alleiniger Primärschuldner, so haften alle Gesellschafter nach § 31 Abs. 3[146]. Wer als Gesellschafter gilt, bestimmt sich gemäß § 16 Abs. 1 Satz 1 nach der im Handelsregister aufgenommenen Gesellschafterliste[147]. Auf den Umfang der Beteiligung kommt es nicht an. Ein Kleinbeteiligtenprivileg, wie es § 39 Abs. 5 InsO (§ 32a Abs. 3 Satz 2 a.F.) in Bezug auf die Regeln über Gesellschafterdarlehen enthält, ist im Rahmen des § 31 Abs. 3 bewusst nicht vorgesehen und daher nicht anzuerkennen[148]. Für die Haftung von Mitberechtigten gilt § 18 Abs. 2 (s. noch Rdnr. 64).   53

Hält der eingetragene Gesellschafter den Geschäftsanteil als **Treuhänder**, soll nach Auffassung des BGH zur Parallelvorschrift des § 24, aber wohl auch zu § 31 Abs. 3, neben ihm auch der **Treugeber** der Ausfallhaftung unterliegen[149]. Diese Ausdehnung der Haftungsadressaten   54

---

145 Auch dort wird eine analoge Anwendung des § 22 Abs. 2 im Verhältnis zu dem nach § 21 Abs. 3 verantwortlichen Gesellschafter allgemein abgelehnt; s. § 24 Rdnr. 7; *Fastrich*, in: Baumbach/Hueck, § 24 Rdnr. 3; *Verse*, in: Henssler/Strohn, Gesellschaftsrecht, § 24 GmbHG Rdnr. 3.
146 *Fastrich*, in: Baumbach/Hueck, Rdnr. 21; *Habersack*, in: Ulmer/Habersack/Löbbe, Rdnr. 47; *Schmolke*, Kapitalerhaltung, Rdnr. 59.
147 *Fastrich*, in: Baumbach/Hueck, Rdnr. 21; *Habersack*, in: Ulmer/Habersack/Löbbe, Rdnr. 48; *Schmolke*, Kapitalerhaltung, Rdnr. 59; a.A. wohl *Kruis*, in: Sernetz/Kruis, Kapitalaufbringung und -erhaltung, Rdnr. 998. Zu möglichen Ausnahmen bei Gesamtrechtsnachfolge s. § 16 Rdnr. 41; *Verse*, in: Henssler/Strohn, Gesellschaftsrecht, § 16 GmbHG Rdnr. 20.
148 BGH v. 13.2.2006 – II ZR 62/04, GmbHR 2006, 531 Rdnr. 32; *Bayer*, in: FS Röhricht, S. 25, 42 ff.; *Ekkenga*, in: MünchKomm. GmbHG, Rdnr. 58; *Habersack*, in: Ulmer/Habersack/Löbbe, Rdnr. 51; *Schmolke*, Kapitalerhaltung, Rdnr. 60; a.A. *Grunewald*, in: FS Lutter, S. 413, 422.
149 BGH v. 14.12.1959 – II ZR 187/57, BGHZ 31, 258, 266 ff.; BGH v. 13.4.1992 – II ZR 225/91, BGHZ 118, 107, 111 ff. = GmbHR 1992, 525; OLG Hamburg v. 27.4.1984 – 11 U 29/84, DB 1984, 1515 f. = GmbHR 1985, 84; vgl. auch BGH v. 25.2.2002 – II ZR 196/00, BGHZ 150, 61, 62 = GmbHR 2002, 549; aus dem Schrifttum etwa *Heidinger*, in: Michalski u.a., Rdnr. 61; *Schmolke*, Kapitalerhaltung, Rdnr. 59; für den Fall der offenen, d.h. von den Mitgesellschaftern konsentierten Treuhand auch *Hommelhoff*, in: Lutter/Hommelhoff, Rdnr. 21.

ist jedoch aus guten Gründen auf Kritik gestoßen. Dass der Treugeber analog § 31 Abs. 1 haftet, wenn ihm die Auszahlung selbst zugeflossen ist (§ 30 Rdnr. 39), besagt nicht zwingend, dass auch die strenge, verschuldens- und begünstigungsunabhängige Haftung aus § 31 Abs. 3 auf ihn als Nichtgesellschafter ausgedehnt werden müsste. Dagegen lässt sich vielmehr anführen, dass der Treuhänder regelmäßig Freistellungsansprüche gegen den Treugeber haben wird und die Gläubiger hierauf zugreifen können. Dem Gläubigerschutz dürfte daher auch ohne analoge Anwendung des § 31 Abs. 3 hinreichend Rechnung getragen sein[150].

55   **Nicht** zu den übrigen Gesellschaftern im Sinne des § 31 Abs. 3 gehört die **Gesellschaft**, selbst wenn sie **eigene Geschäftsanteile** hält[151]. Sie kann schon deshalb keine Haftungsschuldnerin sein, weil sie die Anspruchsberechtigte ist[152]. Denkbar wäre allenfalls, die eigenen Anteile so zu berücksichtigen, dass die Haftungsanteile der anderen Gesellschafter entsprechend gekürzt werden. Diese Lösung würde aber dem Normzweck des Gläubigerschutzes zuwiderlaufen[153]. Richtig ist daher, dass die eigenen Anteile nicht mitzuzählen sind und sich die Haftungsanteile der anderen Gesellschafter entsprechend erhöhen. Erwirbt ein Dritter später den Geschäftsanteil der Gesellschaft, trifft ihn aber nach § 16 Abs. 1, Abs. 2 die Ausfallhaftung wie jeden anderen Anteilserwerber auch (Rdnr. 56)[154]. Die Haftungsanteile der anderen Gesellschafter reduzieren sich dann entsprechend.

56   **bb) Maßgeblicher Zeitpunkt für die Gesellschaftereigenschaft.** Zweifelhaft und umstritten ist, zu welchem Zeitpunkt die Gesellschaftereigenschaft bestanden haben muss. Während eine Ansicht darauf abstellt, wer bei Eintreten der Voraussetzungen der Ausfallhaftung nach § 31 Abs. 3 Gesellschafter ist[155], hält die h.M. für maßgeblich, wer im **Zeitpunkt der Auszahlung** Gesellschafter war[156]. Der II. Zivilsenat des BGH hat die Frage im Rahmen des § 31 Abs. 3 bisher offen gelassen[157]; seine Rechtsprechung zur Parallelvorschrift des § 24 lässt aber eine Entscheidung im Sinne der h.M. erwarten[158]. Die Frage wird praktisch bei Abtretung eines Geschäftsanteils nach verbotener Auszahlung, aber vor Eintritt der weiteren Voraussetzungen des § 31 Abs. 3. Folgt man der h.M., trifft die Haftung den Anteilsveräußerer und, da die Verpflichtung als Mitgliedschaftspflicht auf dem Geschäftsanteil lastet, gemäß § 16 Abs. 1, Abs. 2 auch den in die Gesellschafterliste eingetragenen Erwerber[159]. Nach der Ge-

---

150 Gegen Ausfallhaftung des Treugebers daher *Habersack*, in: Ulmer/Habersack/Löbbe, Rdnr. 48; *Kruis*, in: Sernetz/Kruis, Kapitalaufbringung und -erhaltung, Rdnr. 1000; *Ebbing*, in: Michalski u.a., § 24 Rdnr. 45 mit zahlreichen Nachw.

151 Heute ganz h.M.; etwa *Ekkenga*, in: MünchKomm. GmbHG, Rdnr. 64; *Habersack*, in: Ulmer/Habersack/Löbbe, Rdnr. 49; *Pentz*, in: Rowedder/Schmidt-Leithoff, Rdnr. 34; *Schmolke*, Kapitalerhaltung, Rdnr. 61; *Thiessen*, in: Bork/Schäfer, Rdnr. 66 f.; abw. noch 10. Aufl., Rdnr. 26. Ebenso die allg. M. zu § 24, s. § 24 Rdnr. 14; *Verse*, in: Henssler/Strohn, Gesellschaftsrecht, § 24 GmbHG Rdnr. 5.

152 *Pentz*, in: Rowedder/Schmidt-Leithoff, Rdnr. 34; *Schmolke*, Kapitalerhaltung, Rdnr. 61.

153 *Pentz*, in: Rowedder/Schmidt-Leithoff, Rdnr. 34; *Schmolke*, Kapitalerhaltung, Rdnr. 61.

154 *Habersack*, in: Ulmer/Habersack/Löbbe, Rdnr. 49; *Pentz*, in: Rowedder/Schmidt-Leithoff, Rdnr. 34; *Thiessen*, in: Bork/Schäfer, Rdnr. 66.

155 *Goerdeler/W. Müller*, in: Hachenburg, Rdnr. 43; zu § 24 auch *Ebbing*, in: Michalski u.a., § 24 Rdnr. 30 f.; *W. Müller*, in: Ulmer/Habersack/Löbbe, § 24 Rdnr. 29 f.; *Schütz*, in: MünchKomm. GmbHG, § 24 Rdnr. 29 ff.

156 *Altmeppen*, in: Roth/Altmeppen, Rdnr. 24; *Ekkenga*, in: MünchKomm. GmbHG, Rdnr. 57 f.; *Fastrich*, in: Baumbach/Hueck, Rdnr. 21; *Habersack*, in: Ulmer/Habersack/Löbbe, Rdnr. 46; *Pentz*, in: Rowedder/Schmidt-Leithoff, Rdnr. 35; *Schmolke*, Kapitalerhaltung, Rdnr. 64; beiläufig auch BGH (II. Strafsenat) v. 20.2.1991 – 2 StR 421/90, GmbHR 1991, 195.

157 BGH v. 11.7.2005 – II ZR 285/03, GmbHR 2005, 1351.

158 BGH v. 13.5.1996 – II ZR 275/94, BGHZ 132, 390, 393 f. = GmbHR 1996, 601; BGH v. 19.5.2015 – II ZR 291/14, GmbHR 2015, 935 Rdnr. 9, 17 (Maßgeblichkeit des Eintritts der Fälligkeit der Einlageforderung, nicht des Ausfalls des primären Schuldners); s. dazu auch § 24 Rdnr. 15 ff.

159 Dass § 16 Abs. 2 nur von rückständigen „Einlageverpflichtungen" spricht, steht nicht entgegen; s. dazu § 16 Rdnr. 52; *Ebbing*, in: Michalski u.a., § 16 Rdnr. 137; *Schmolke*, Kapitalerhaltung,

genansicht wäre dagegen allein der Erwerber nach § 31 Abs. 3 verantwortlich. Die besseren Argumente sprechen indes für die überwiegende Auffassung. Die vom Gesetzgeber beabsichtigte disziplinierende Wirkung der Ausfallhaftung (Rdnr. 47) würde erheblich relativiert, wenn man es den Gesellschaftern gestatten würde, sich durch Anteilsveräußerung ihrer infolge der rechtswidrigen Auszahlung zwar noch nicht fälligen, aber doch schon entstandenen Ausfallhaftung zu entziehen[160]. Freilich muss man diesen Standpunkt dann auch konsequent durchhalten. Nicht zu folgen ist daher der Ansicht, dass ein in die Gesellschafterliste aufgenommener Zwischenerwerber, der den Anteil nach der verbotenen Auszahlung erworben hat, aber vor Eintritt der weiteren Voraussetzungen des § 31 Abs. 3 wieder ausgeschieden ist, nicht haften soll[161]. Vielmehr sind in einem solchen Fall der Anteilsveräußerer, der Zwischen- und der Letzterwerber gesamtschuldnerisch für den auf den betreffenden Geschäftsanteil entfallenden Haftungsbetrag verantwortlich (s. noch Rdnr. 64). Im Innenverhältnis zwischen Veräußerer und Erwerber wird vorbehaltlich abweichender Abreden regelmäßig der Veräußerer allein verantwortlich sein[162].

cc) Kapitalerhöhungen. Bislang nicht befriedigend gelöste Zweifelsfragen stellen sich, wenn nach der rechtswidrigen Auszahlung das Stammkapital erhöht wird. Die überwiegende Ansicht nimmt ohne weiteres an, dass auch die erst nach der Auszahlung im Zuge einer Kapitalerhöhung beitretenden **Neu-Gesellschafter** nach § 31 Abs. 3 verantwortlich seien, da das Gesetz keine Differenzierung zwischen Neu- und Alt-Gesellschaftern vorsehe[163]. Diese Aussage überrascht, da die h.M. grundsätzlich die Gesellschaftereigenschaft *im Zeitpunkt der Auszahlung* für maßgeblich hält (Rdnr. 56), der Neu-Gesellschafter im Zeitpunkt der Auszahlung aber gerade nicht Gesellschafter war. Es kommt hinzu, dass der in den Materialien betonte Zweck des § 31 Abs. 3, die Mitgesellschafter präventiv zu sorgfältiger Kontrolle der Einhaltung des Auszahlungsverbots anzuhalten (Rdnr. 47), auf Gesellschafter, die erst nach der Auszahlung in den Gesellschafterkreis eintreten, ersichtlich nicht zutrifft. Abgesehen von diesen Ungereimtheiten wirft die überwiegende Ansicht Folgefragen auf, die jedenfalls bisher nicht befriedigend gelöst sind. Wollte man nämlich die Neu-Gesellschafter einbeziehen, müsste sich konsequenterweise auch die Obergrenze der Haftung, die nach Rechtsprechung und h.L. durch den Stammkapitalbetrag definiert wird (Rdnr. 61), nunmehr nach dem erhöhten Stammkapital richten[164]. Das erscheint jedoch insbesondere mit Blick auf solche Mitgesellschafter, die nach der verbotenen Auszahlung, aber vor der Kapitalerhöhung aus der Gesellschaft ausgeschieden sind, überaus bedenklich.

57

Rdnr. 63; *Verse*, in: Henssler/Strohn, Gesellschaftsrecht, § 16 GmbHG Rdnr. 15; *Wicke*, § 16 Rdnr. 12; a.A. *Westphal*, in: Ring/Grziwotz, Praxiskommentar GmbH-Recht, § 16 Rdnr. 10; kritisch auch *Diers*, in: Saenger/Inhester, Rdnr. 47.

160 *Ekkenga*, in: MünchKomm. GmbHG, Rdnr. 57; *Habersack*, in: Ulmer/Habersack/Löbbe, Rdnr. 46.

161 So zu dem Parallelproblem im Rahmen des § 24 für den Fall eines Zwischenerwerbers, welcher den Anteil nach Fälligkeit der Einlageverpflichtung erworben und vor Eintritt der Voraussetzungen des § 24 wieder veräußert hat, OLG Celle v. 27.7.1994 – 9 U 101/93, NJW-RR 1995, 1065 = GmbHR 1995, 124; zust. *Fastrich*, in: Baumbach/Hueck, § 24 Rdnr. 6; wie hier dagegen *Bayer/Scholz*, GmbHR 2016, 89, 92; *Verse*, in: Henssler/Strohn, Gesellschaftsrecht, § 24 GmbHG Rdnr. 4.

162 *Pentz*, in: Rowedder/Schmidt-Leithoff, Rdnr. 36.

163 *Bayer*, in: FS Röhricht, S. 25, 43 f.; *Ekkenga*, in: MünchKomm. GmbHG, Rdnr. 57a; *Fastrich*, in: Baumbach/Hueck, Rdnr. 21; *Heidinger*, in: Michalski u.a., Rdnr. 69; *Kuntz*, in: Gehrlein/Born/Simon, Rdnr. 30; *Pentz*, in: Rowedder/Schmidt-Leithoff, Rdnr. 35; *Thiessen*, in: Bork/Schäfer, Rdnr. 62; ebenso die h.M. zu § 24 RG v. 1.4.1913 – II 580/12, RGZ 82, 116, 118 ff.; RG v. 11.7.1918 – II 52/18, RGZ 93, 251, 252 (beiläufig auch zu § 31 Abs. 3); RG v. 15.5.1931 – II 459/30, RGZ 132, 392, 394 ff.; LG Mönchengladbach v. 23.10.1985 – 7 O 45/85, NJW-RR 1986, 837, 838; § 24 Rdnr. 16. Gegen die h.M. aber *Diers*, in: Saenger/Inhester, Rdnr. 48; *Habersack*, in: Ulmer/Habersack/Löbbe, Rdnr. 50; *Schmolke*, Kapitalerhaltung, Rdnr. 73.

164 So als Befürworter der h.M. denn auch *Ekkenga*, in: MünchKomm. GmbHG, Rdnr. 57a; dagegen jedoch *Kuntz*, in: Gehrlein/Born/Simon, Rdnr. 31.

58 Folgendes Beispiel mag die **Bedenken** gegenüber der h.M. veranschaulichen: A und B seien zu gleichen Teilen am Stammkapital der GmbH von 100 000 Euro beteiligt. Im Laufe der Zeit kommt es zu verbotenen Auszahlungen an A im Betrag von 1 Mio. Euro. Wenig später veräußert B seinen Geschäftsanteil an A. Wieder einige Zeit später wird das Stammkapital auf 1 Mio. Euro erhöht, wobei neben A auch der Neu-Gesellschafter C einen Geschäftsanteil von 450 000 Euro übernimmt. In diesem Fall traf zunächst den B das Risiko einer Ausfallhaftung, und zwar maximal in Höhe von 100 000 Euro, da der Betrag des Stammkapitals die Obergrenze der Ausfallhaftung bildet (Rdnr. 61). Dieser Haftung konnte er sich durch die Anteilsveräußerung nicht entziehen (Rdnr. 56). Folgt man der überwiegenden Ansicht, wäre mit Wirksamwerden der Kapitalerhöhung nunmehr auch der Neu-Gesellschafter C neben B als Ausfallschuldner verantwortlich[165]. Die Obergrenze der Haftung müsste, will man konsequent sein, auf 1 Mio. Euro ansteigen; denn man kann schwerlich den im Rahmen der Kapitalerhöhung beigetretenen C einbeziehen, aber gleichzeitig für die Haftungsobergrenze die Kapitalerhöhung ausblenden. Fällt in dieser Situation neben A auch C aus, müsste B nunmehr in Höhe von 1 Mio. Euro haften, obwohl er bis zu seinem Ausscheiden maximal in Höhe von 100 000 Euro haftete – ein offensichtlich untragbares Ergebnis.

59 Die besseren Gründe sprechen deshalb dafür, mit einer im Vordringen befindlichen Ansicht auch bei Kapitalerhöhungen konsequent den Standpunkt durchzuhalten, dass es für die Ausfallhaftung auf die **Beteiligungsverhältnisse im Zeitpunkt der Auszahlung** ankommt und deshalb die Neu-Gesellschafter für Auszahlungen, die vor der Kapitalerhöhung bewirkt wurden, nicht verantwortlich sind[166]. Folgerichtig ist für die Haftungsobergrenze des Stammkapitals (Rdnr. 61) ebenfalls der Zeitpunkt der Auszahlung maßgeblich[167].

60 Nach denselben Kriterien beantwortet sich die Frage, ob umgekehrt die **Alt-Gesellschafter** nach § 31 Abs. 3 haften, wenn nach der Kapitalerhöhung eine verbotene Auszahlung an einen Neu-Gesellschafter erfolgt[168]. Entscheidend ist auch hier wieder, ob die Alt-Gesellschafter im Auszahlungszeitpunkt der Gesellschaft angehörten. Sofern dies der Fall ist, sind sie nach § 31 Abs. 3 auch für Auszahlungen an Neu-Gesellschafter verantwortlich. Die Höchstgrenze der Ausfallhaftung berechnet sich in diesem Fall nach dem erhöhten Stammkapitalbetrag, da im Auszahlungszeitpunkt das Stammkapital bereits erhöht war. Nach Lage des Einzelfalls (insbesondere bei großen Kapitalerhöhungsbeträgen und veränderten Mehrheitsverhältnissen) kann es für die Alt-Gesellschafter, die der Kapitalerhöhung widersprochen und sich an ihr nicht beteiligt haben, unzumutbar sein, das ihnen aufgedrängte vergrößerte Haftungsrisiko zu tragen. Ihnen ist dann ein **Austrittsrecht aus wichtigem Grund** zu gewähren, das allerdings nur unverzüglich nach dem Kapitalerhöhungsbeschluss ausgeübt werden kann[169]. Ein Haftungsprivileg für Kleingesellschafter analog § 39 Abs. 5 InsO (§ 32a Abs. 3 Satz 2 a.F.) ist dagegen auch in diesem Zusammenhang nicht anzuerkennen (s. schon Rdnr. 53).

---

165 Wie die Haftungsquoten zu bestimmen wären, sagt die h.M. nicht; doch dürfte in dem Beispiel vom Verhältnis 1:9 auszugehen sein, da B mit einem Geschäftsanteil von 50 000 Euro beteiligt war und C einen Geschäftsanteil von 450 000 Euro hält.

166 Zutr. *Diers*, in: Saenger/Inhester, Rdnr. 48; nunmehr auch *Habersack*, in: Ulmer/Habersack/Löbbe, Rdnr. 50, 56; im Ergebnis ebenso *Schmolke*, Kapitalerhaltung, Rdnr. 73.

167 *Diers*, in: Saenger/Inhester, Rdnr. 58; *Habersack*, in: Ulmer/Habersack/Löbbe, Rdnr. 50; insoweit auch *Kuntz*, in: Gehrlein/Born/Simon, Rdnr. 31; a.A. *Ekkenga*, in: MünchKomm. GmbHG, Rdnr. 57a.

168 RG v. 11.7.1918 – II 52/18, RGZ 93, 251, 252 f. (zu § 24 und beiläufig auch zu § 31 Abs. 3); *Fastrich*, in: Baumbach/Hueck, Rdnr. 21; *Pentz*, in: Rowedder/Schmidt-Leithoff, Rdnr. 35; ebenso die ganz h.M. zu § 24, s. § 24 Rdnr. 16.

169 Wie hier die h.M. zu § 24, LG Mönchengladbach v. 23.10.1985 – 7 O 45/85, NJW-RR 1986, 837, 838; *Fastrich*, in: Baumbach/Hueck, § 24 Rdnr. 5; s. § 24 Rdnr. 17 m.w.N.; kritisch gegenüber dem Austrittsrecht aber *Pentz*, in: Rowedder/Schmidt-Leithoff, § 24 Rdnr. 31, sowie unmittelbar zu § 31 Abs. 3 *Bayer*, in: FS Röhricht, S. 25, 43.

4. Umfang und Inhalt der Ausfallhaftung

a) Haftungsobergrenze

Der Umfang der Ausfallhaftung bemisst sich grundsätzlich nach dem Betrag, der vom Hauptschuldner zu erstatten ist, von diesem aber nicht zu erlangen ist. Da der Erstattungsanspruch gegen den Hauptschuldner nicht auf den Betrag des Stammkapitals beschränkt ist, sondern bei Überschuldung darüber hinausgehen kann (Rdnr. 15), würde eine wortlautgetreue Auslegung des § 31 Abs. 3 dazu führen, dass die Mitgesellschafter einem unbegrenzten verschuldensunabhängigen Haftungsrisiko ausgesetzt wären. Diese Konsequenz ist aber vom historischen Gesetzgeber in dieser Form offenbar nicht erkannt worden[170]. Heute ist man sich überwiegend einig, dass eine derart uferlose Ausfallhaftung, die die Mitgliedschaft in einer GmbH zu einem „Vabanquespiel mit unbeschränkter Haftung"[171] machen würde, zu weit ginge und die Attraktivität der Rechtsform nachhaltig beeinträchtigen würde[172]. Um das Risiko für die Gesellschafter kalkulierbar zu machen, hat der BGH daher unter weitgehender Zustimmung des Schrifttums entschieden, dass die Ausfallhaftung aller Mitgesellschafter gemeinsam **auf den Betrag des Stammkapitals beschränkt** ist[173]. Teile der Literatur wollen die Haftung noch weiter einschränken; sie plädieren teils dafür, die Haftungsobergrenze des Stammkapitalbetrags um die eigene Einlage des haftenden Mitgesellschafters zu kürzen[174], teils dafür, die Haftung auf die Höhe der Stammeinlage des ausgefallenen Hauptschuldners zu beschränken[175]. Der BGH hat diese weitergehenden Restriktionen jedoch ausdrücklich verworfen[176]. In der Tat würde die Kürzung um den eigenen Einlagebetrag zu einer fragwürdigen Privilegierung maßgeblich beteiligter Gesellschafter führen[177]. Gegen den Vorschlag, die Höhe der Stammeinlage des Primärschuldners als Obergrenze anzusetzen, lässt sich ferner anführen, dass der Betrag der verbotenen Auszahlung in keinem inneren Zusammenhang mit der Höhe der Stammeinlage des Primärschuldners steht. Daher ist es schwer zu vermitteln, warum das Ausmaß der Ausfallhaftung davon abhängen soll, ob die Auszahlung an einen Großgesellschafter oder einen nur geringfügig beteiligten Gesellschafter geflos-

61

---

170 Dazu BGH v. 25.2.2002 – II ZR 196/00, BGHZ 150, 61, 65 f. = GmbHR 2002, 549; *Grigoleit*, Gesellschafterhaftung, S. 100 f.; *Joost*, GmbHR 1983, 285, 289; *Karsten Schmidt*, in: FS Raiser, S. 311, 323 f.

171 *Joost*, GmbHR 1983, 285, 289.

172 S. die Nachw. in den folgenden Fn.; für unbeschränkte Ausfallhaftung allerdings noch *Fabritius*, ZHR 144 (1980), 628, 635; *Jungmann*, DStR 2004, 688, 693 ff.; *Kleffner*, Erhaltung des Stammkapitals, S. 177 ff.; *Meyer*, Haftungsbeschränkung, S. 544 f., *Wilhelm*, in: FS Flume II, S. 337, 361 ff.; auf der Grundlage einer Verschuldenshaftung auch *Reemann*, ZIP 1990, 1309 ff. (dazu bereits Rdnr. 48).

173 BGH v. 25.2.2002 – II ZR 196/00, BGHZ 150, 61, 64 ff. = GmbHR 2002, 549; BGH v. 22.9.2003 – II ZR 229/02, GmbHR 2003, 1420, 1424; BGH v. 11.7.2005 – II ZR 285/03, GmbHR 2005, 1351 f.; vgl. auch schon BGH v. 29.3.1973 – II ZR 25/70, BGHZ 60, 324, 331; ebenso bereits *Joost*, GmbHR 1983, 285, 288 ff.; *Ulmer*, in: FS 100 Jahre GmbHG, S. 363, 371 ff.; ferner *Altmeppen*, ZIP 2002, 961 ff.; *Bayer*, in: FS Röhricht, S. 25, 35 ff.; *Cahn*, ZGR 2003, 298 ff.; *Ekkenga*, in: MünchKomm. GmbHG, Rdnr. 62 f.; *Fastrich*, in: Baumbach/Hueck, Rdnr. 24; *Grigoleit*, Gesellschafterhaftung, S. 101 f.; *Habersack*, in: Ulmer/Habersack/Löbbe, Rdnr. 55; *Schmolke*, Kapitalerhaltung, Rdnr. 70.

174 So *Hommelhoff*, in: Lutter/Hommelhoff, Rdnr. 22; *Thiessen*, in: Bork/Schäfer, Rdnr. 73.

175 So namentlich *Karsten Schmidt*, BB 1985, 154, 157 f. und BB 1995, 529, 531 ff.; *Karsten Schmidt*, in: FS Raiser, S. 312 ff.; ferner *Blöse*, GmbHR 2002, 1107, 1110 f.; ebenso ein großer Teil der Literatur zu § 24, s. dazu § 24 Rdnr. 2b; *Verse*, in: Henssler/Strohn, Gesellschaftsrecht, § 24 GmbHG Rdnr. 8; jeweils m.w.N.

176 BGH v. 22.9.2003 – II ZR 229/02, GmbHR 2003, 1420, 1424. In BGH v. 25.2.2002 – II ZR 196/00, BGHZ 150, 61, 66 = GmbHR 2002, 549 war diese Frage noch offen geblieben.

177 Ablehnend daher auch *Bayer*, in: FS Röhricht, S. 25, 38; *Ekkenga*, in: MünchKomm. GmbHG, Rdnr. 63; *Habersack*, in: Ulmer/Habersack/Löbbe, Rdnr. 55.

sen ist[178]. Eine wirklich zwingende Argumentation fällt allerdings schwer. Letztlich handelt es sich bei der summenmäßigen Beschränkung um eine im Wege der Rechtsfortbildung vorgenommene Einschränkung aus Billigkeitsgründen, der ein dezisionistisches Element innewohnt.

62 Sind **mehrere verbotene Auszahlungen** vom begünstigten Gesellschafter nicht zu erlangen, so stellt sich die Frage, ob die Mitgesellschafter mehrfach oder **nur einmal bis zur Obergrenze** des Stammkapitals haften. Die Frage ist jedenfalls dann im letzteren Sinn zu beantworten, wenn sich die Zahlungen aufgrund eines zeitlichen und sachlichen Zusammenhangs bei wertender Betrachtung als einheitlicher Vorgang darstellen[179]. Im Übrigen muss die Frage als offen bezeichnet werden. Der Grundgedanke der summenmäßigen Beschränkung, die Haftung für die Mitgesellschafter kalkulierbar zu machen, spricht aber dafür, die Mitgesellschafter bei mehrfachen Zahlungen generell nur einmal bis zur Obergrenze des Stammkapitals haften zu lassen[180]. Zu den Auswirkungen von **Kapitalerhöhungen** auf die Haftungsobergrenze s. bereits Rdnr. 57 ff.

63 In der **UG (haftungsbeschränkt)** nimmt nicht nur das Stammkapital, sondern in entsprechender Anwendung der §§ 30 f. auch die gesetzliche Rücklage nach § 5a Abs. 3 an der Kapitalbindung teil (§ 30 Rdnr. 11). Das spricht dafür, dass sich hier die Obergrenze der Ausfallhaftung aus der Summe von Stammkapital und dem Betrag der gesetzlichen Rücklage berechnet[181].

b) Anteilige Haftung

64 Die Mitgesellschafter haften nach § 31 Abs. 3 Satz 1 nicht gesamtschuldnerisch, sondern **anteilig** nach dem Verhältnis ihrer Geschäftsanteile. Bei der Berechnung sind von der Gesellschaft selbst gehaltene Geschäftsanteile außer Betracht zu lassen (Rdnr. 55). Mitberechtigte an einem Geschäftsanteil, z.B. Miterben eines Gesellschafters, haften für den auf ihren Geschäftsanteil entfallenden Haftungsbetrag nach § 18 Abs. 2 als Gesamtschuldner[182]. Veräußert ein Gesellschafter seinen Geschäftsanteil nach der verbotenen Auszahlung, trifft die Ausfallhaftung für den betreffenden Anteil nach § 16 Abs. 2 gesamtschuldnerisch sowohl den Veräußerer als auch den Erwerber (Rdnr. 56). Der veräußerte Anteil wird aber bei der Berechnung der Haftungsquote nur einmal mitgezählt. Erhöht die GmbH nach der verbotenen Auszahlung ihr Stammkapital und verändern sich dadurch die Beteiligungsverhältnisse, so bleibt dies nach zutreffender Ansicht ohne Einfluss, da es allein auf die Beteiligungsverhältnisse im Zeitpunkt der Auszahlung ankommt (Rdnr. 57 ff.). Soweit von einem nach § 31 Abs. 3 haftenden Mitgesellschafter keine Zahlung zu erlangen ist – was entsprechend den zu Rdnr. 50 dargelegten Grundsätzen zu beurteilen ist –, erhöht sich nach **§ 31 Abs. 3 Satz 2** die Haftungsquote der übrigen, und zwar wiederum nach dem Verhältnis ihrer Geschäftsanteile.

---

178 *Ulmer*, in: FS 100 Jahre GmbHG, S. 363; *Cahn*, ZGR 2003, 298, 307; *Grigoleit*, Gesellschafterhaftung, S. 102; *Jungmann*, DStR 2004, 688, 694; s. dazu aber auch die Erwiderung von *Karsten Schmidt*, in: FS Raiser, S. 311, 329 f.

179 Vgl. den Sachverhalt in BGH v. 25.2.2002 – II ZR 196/00, BGHZ 150, 61 = GmbHR 2002, 549; ferner *Cahn*, ZGR 2003, 298, 306; *Habersack*, in: Ulmer/Habersack/Löbbe, Rdnr. 55 Fn. 177; *Schmolke*, Kapitalerhaltung, Rdnr. 72.

180 *Joost*, GmbHR 1983, 285, 290; *Grigoleit*, Gesellschafterhaftung, S. 101; *Cahn*, ZGR 2003, 298, 306 f.; *Paul*, ZInsO 2003, 454, 457; vgl. auch § 35 Abs. 2 Satz 2, letzter Hs. GmbHG-E 1939 (Rdnr. 49); abw. *Eichele*, Reichweite des Kapitalerhaltungsgrundsatzes, S. 149 f.; *T. Fleischer*, in: Henssler/Strohn, Gesellschaftsrecht, § 31 GmbHG Rdnr. 34; *Habersack*, in: Ulmer/Habersack/Löbbe, Rdnr. 55.

181 *Habersack*, in: Ulmer/Habersack/Löbbe, Rdnr. 55; *H.-F. Müller*, ZGR 2012, 81, 96; a.A. *Fastrich*, in: Baumbach/Hueck, Rdnr. 24.

182 *Fastrich*, in: Baumbach/Hueck, Rdnr. 23; *Habersack*, in: Ulmer/Habersack/Löbbe, Rdnr. 47.

c) Haftungsinhalt

Auch wenn der Hauptschuldner eine Sachleistung empfangen hat, haften die Mitgesellschaf- 65
ter immer nur auf **Geld**, da die verbotswidrige Sachleistung nicht mehr zurückgeholt werden
kann und anders eine anteilige Haftung nicht durchführbar ist[183].

5. Beweislast

Nach allgemeinen Grundsätzen liegt die Darlegungs- und Beweislast für sämtliche Vorausset- 66
zungen des § 31 Abs. 3 bei der **Gesellschaft** bzw. dem Insolvenzverwalter[184]. Das gilt insbesondere auch für den Nachweis der Aussichtslosigkeit eines Vorgehens gegen den Primärschuldner und im Fall des § 31 Abs. 3 Satz 2 den ausfallenden Mitgesellschafter. Die Regelung des
§ 22 Abs. 2, nach der im Rahmen des Kaduzierungsverfahrens die Zahlungsunfähigkeit eines
Rechtsvorgängers nach fruchtloser Zahlungsaufforderung bis zum Beweis des Gegenteils zu
vermuten ist, findet keine entsprechende Anwendung (Rdnr. 50).

6. Regress

Den nach § 31 Abs. 3 in Anspruch genommenen Gesellschaftern steht nach § 31 Abs. 6 ein 67
Schadensersatzanspruch gegen die **Geschäftsführer** zu, sofern diese hinsichtlich des Verstoßes
gegen § 30 schuldhaft gehandelt haben (dazu Rdnr. 82 ff.). Daneben treten verschuldensunabhängige Rückgriffsansprüche gegen den nach § 31 Abs. 1 erstattungspflichtigen **Primär-**
schuldner sowie im Fall des § 31 Abs. 3 Satz 2 (anteilig) gegen den **ausgefallenen Mitgesell-**
schafter[185]. Diese Ansprüche werden teilweise auf Geschäftsführung ohne Auftrag (§§ 677,
683, 670 BGB) gestützt[186], lassen sich aber wohl schon unmittelbar aus dem Gesellschaftsverhältnis selbst ableiten[187]. Bei Verschulden des Primärschuldners kommt ferner ein Schadensersatzanspruch aus Treuepflichtverletzung (§ 280 Abs. 1 BGB) in Betracht[188]. Freilich werden
diese Regressansprüche in der Regel praktisch wertlos sein, da die Ausfallhaftung erst eingreift,
wenn die Zahlung von den primär Verantwortlichen nicht zu erlangen ist.

7. Weitergehende Verschuldenshaftung?

Nach der früheren Rechtsprechung des BGH sollten die Gesellschafter über die Ausfallhaftung 68
des § 31 Abs. 3 hinaus auch einer **Schadensersatzhaftung gegenüber der Gesellschaft** ausgesetzt sein, wenn sie (z.B. durch ihre Zustimmung zu dem Auszahlungsbeschluss) schuldhaft
an einer verbotenen Auszahlung an einen anderen Gesellschafter mitgewirkt haben[189]. Die
Grundlage dieser Haftung hat der BGH nicht ausdrücklich benannt, doch wurde sie gemein-

---

183 Allg. M., s. nur *Fastrich*, in: Baumbach/Hueck, Rdnr. 23; *Pentz*, in: Rowedder/Schmidt-Leithoff,
Rdnr. 37.
184 Statt aller OLG Hamm v. 13.3.2017 – I-8 U 79/16, GmbHR 2017, 703, 704; *Pentz*, in: Rowedder/
Schmidt-Leithoff, Rdnr. 40; *Schmolke*, Kapitalerhaltung, Rdnr. 76.
185 Letzteres gilt freilich dann nicht, wenn der den Regress begehrende Gesellschafter zugleich Geschäftsführer war und nach § 31 Abs. 6 haftet; dazu *Ekkenga*, in: MünchKomm. GmbHG, Rdnr. 88.
186 So *Ekkenga*, in: MünchKomm. GmbHG, Rdnr. 66, und *Habersack*, in: Ulmer/Habersack/Löbbe,
Rdnr. 58, die in Ergänzung dazu analog § 774 Abs. 1 Satz 1 BGB auch eine cessio legis des Erstattungsanspruchs nach § 31 Abs. 1 annehmen.
187 Dazu schon *Ballerstedt*, Kapital, S. 182 ff.; ihm folgend etwa *W. Müller*, in: Ulmer/Habersack/Löb-
be, § 24 Rdnr. 62 zur Parallelfrage im Rahmen des § 24.
188 *Pentz*, in: Rowedder/Schmidt-Leithoff, Rdnr. 41.
189 BGH v. 10.12.1984 – II ZR 308/83, BGHZ 93, 146, 149 f. = GmbHR 1985, 191; BGH v. 27.3.1995
– II ZR 30/94, GmbHR 1995, 442, 443.

hin in einer **Treuepflichtverletzung** gesehen. Unter dem Eindruck der Kritik des Schrifttums[190] hat der BGH diese Rechtsprechung indes wieder **aufgegeben**, da sonst die differenzierte, tendenziell auf eine Haftungsbegrenzung des Mitgesellschafters angelegte Regelung des § 31 Abs. 3 unterlaufen würde[191]. Daher haften die der Auszahlung zustimmenden Mitgesellschafter nunmehr nur noch dann über die summenmäßig beschränkte Ausfallhaftung des § 31 Abs. 3 hinaus, wenn sie die Schwelle zu einem – Vorsatz voraussetzenden – **existenzvernichtenden Eingriff** (§ 13 Rdnr. 152 ff.) überschreiten. Im Schrifttum ist diese Kurskorrektur überwiegend auf Zustimmung gestoßen[192]. Sie ist allerdings in dieser weitreichenden Form nicht zwingend, da sich dem Anliegen, die Verantwortung der nicht geschäftsführenden Mitgesellschafter nicht zu überspannen, auch bei Beibehaltung einer Fahrlässigkeitshaftung durch Formulierung entsprechend begrenzter Sorgfaltspflichten hätte Rechnung tragen lassen[193]. Für die Praxis ist die Frage indes bis auf weiteres entschieden. Unberührt von der Kurskorrektur der Rechtsprechung bleiben jedoch Ansprüche aus Treuepflichtverletzung gegen den Primärschuldner, wenn dieser *ohne Zustimmung* seiner Mitgesellschafter die Gesellschaft schuldhaft veranlasst hat, ihm verbotene Auszahlungen zu gewähren[194].

V. Erlassverbot (§ 31 Abs. 4)

1. Allgemeines

69   Nach § 31 Abs. 4 können weder der Erstattungsanspruch nach § 31 Abs. 1 und Abs. 2 noch die Ausfallhaftung nach § 31 Abs. 3 erlassen werden. Dass der Erlass unzulässig ist, ergibt sich im Stadium der Unterbilanz streng genommen bereits aus § 30 Abs. 1, da auch der Verzicht auf Ansprüche eine Auszahlung im Sinne dieser Vorschrift begründet (§ 30 Rdnr. 23). Die im Interesse des Gläubigerschutzes **zwingende** (Rdnr. 3) Vorschrift des § 31 Abs. 4 stellt die Unzulässigkeit noch einmal klar, geht aber in zweifacher Hinsicht weiter als § 30 Abs. 1. Zum einen ist ein entgegen § 31 Abs. 4 abgeschlossener Erlassvertrag oder ein dem Erlass gleichstehendes Rechtsgeschäft (Rdnr. 71 ff.) gemäß § 134 BGB **nichtig**; Gleiches gilt analog § 241 Nr. 3 AktG für einen darauf gerichteten Gesellschafterbeschluss[195]. Verstöße gegen § 30 Abs. 1 führen dagegen nicht zur Nichtigkeit (§ 30 Rdnr. 119 ff.). Zum anderen gilt § 31 Abs. 4 jedenfalls bei wortlautgetreuer Auslegung selbst dann, wenn im Zeitpunkt des Erlasses das Stammkapital der Gesellschaft bereits anderweitig wieder aufgefüllt ist (zum Fortbestehen des Erstattungsanspruchs in diesen Fällen Rdnr. 25 f.)[196]. Auch dies wäre anders, wenn man den

---

190 S. etwa *Westermann* in der 9. Aufl. dieses Kommentars, Rdnr. 31 m.w.N.; einschränkend auch *Ulmer*, ZGR 1985, 598 ff.; *Ulmer*, in: FS 100 Jahre GmbHG, S. 363, 373 ff.

191 BGH v. 21.6.1999 – II ZR 47/98, BGHZ 142, 92, 96 = GmbHR 1999, 921; BGH v. 25.2.2002 – II ZR 196/00, BGHZ 150, 61, 66 f. = GmbHR 2002, 549.

192 S. etwa *Ekkenga*, in: MünchKomm. GmbHG, Rdnr. 67; *Geißler*, GmbHR 2003, 394, 399; *Heidinger*, in: Michalski u.a., Rdnr. 77; *Hommelhoff*, in: Lutter/Hommelhoff, Rdnr. 24; *K.-J. Müller*, GmbHR 1999, 923, 924 f.; *Pentz*, in: Rowedder/Schmidt-Leithoff, Rdnr. 48.

193 Kritisch mit Unterschieden im Einzelnen daher *Altmeppen*, in: Roth/Altmeppen, Rdnr. 28 f.; *Bayer*, in: FS Röhricht, 2005, S. 25, 39 ff.; *Habersack*, in: Ulmer/Habersack/Löbbe, Rdnr. 60; *Schmolke*, Kapitalerhaltung, Rdnr. 78 f.; differenzierend *Cahn*, ZGR 2003, 298, 313 f.

194 BGH v. 29.9.2008 – II ZR 234/07, GmbHR 2008, 1319 Rdnr. 21; *Fastrich*, in: Baumbach/Hueck, Rdnr. 25; *Diers*, in: Saenger/Inhester, Rdnr. 23.

195 Allg. M., s. nur *Habersack*, in: Ulmer/Habersack/Löbbe, Rdnr. 62; *Schmolke*, Kapitalerhaltung, Rdnr. 81; *Thiessen*, in: Bork/Schäfer, Rdnr. 75.

196 *Habersack*, in: Ulmer/Habersack/Löbbe, Rdnr. 62; *Heidinger*, in: Michalski u.a., Rdnr. 82 unter Hinweis auf die Parallele zur Kapitalaufbringung (§ 19 Abs. 2 Satz 1); *Schmolke*, Kapitalerhaltung, Rdnr. 81; *Fastrich*, in: Baumbach/Hueck, Rdnr. 17; für teleologische Reduktion allerdings *Ekkenga*, in: MünchKomm. GmbHG, Rdnr. 75; *Altmeppen*, in: Roth/Altmeppen, Rdnr. 30; *Diers*, in: Saenger/Inhester, Rdnr. 62; *Pentz*, in: Rowedder/Schmidt-Leithoff, Rdnr. 43; *Ulmer*, in: FS 100 Jahre GmbHG, S. 363, 387 f.; *Thiessen*, in: Bork/Schäfer, Rdnr. 75.

Erlass allein an § 30 Abs. 1 messen würde. Seine Entsprechung im Recht der Kapitalaufbringung findet § 31 Abs. 4 in dem **Befreiungsverbot des § 19 Abs. 2 Satz 1**. Nach h.M. findet darüber hinaus auch das Aufrechnungsverbot des § 19 Abs. 2 Satz 2 entsprechende Anwendung (Rdnr. 74).

2. Erfasste Forderungen

Neben den unstreitig erfassten **Ansprüchen aus § 31 Abs. 1, 2 und Abs. 3** soll sich der Anwendungsbereich des § 31 Abs. 4 nach verbreiteter Auffassung auch auf Gegenleistungs- und Rückgewähransprüche im Sinne des § 30 Abs. 1 Satz 2 Alt. 2 erstrecken[197]. Ein Bedürfnis für diese – bei Licht besehen analoge – Anwendung des § 31 Abs. 4 ist allerdings nicht erkennbar. Bereits aus § 30 Abs. 1 Satz 1 folgt, dass die GmbH den Rückgewähranspruch im Sinne des § 30 Abs. 1 Satz 2 Alt. 2 nicht erlassen darf, wenn dadurch im Zeitpunkt des Erlasses eine Unterbilanz herbeigeführt oder vertieft würde. Ein gleichwohl erfolgter Erlass ist dann zwar wirksam (§ 30 Rdnr. 120), stellt aber eine verbotene Auszahlung dar (§ 30 Rdnr. 23) und führt somit zu einem Erstattungsanspruch aus § 31 Abs. 1, der seinerseits dem Erlassverbot des Abs. 4 unterliegt. Wird durch den Erlass des Rückzahlungsanspruchs dagegen im Zeitpunkt des Erlasses keine Unterbilanz herbeigeführt oder vertieft, liegt schon kein Verstoß gegen § 30 vor; für eine Anwendung des § 31 ist dann von vornherein kein Raum. [70]

3. Erfasste Rechtsgeschäfte

a) Erlass, Stundung

§ 31 Abs. 4 erfasst nach seinem Sinn und Zweck nicht nur den **Erlass** (§ 397 Abs. 1 BGB) der Ansprüche aus § 31 Abs. 1–3, sondern entsprechend den zu § 19 Abs. 2 Satz 1 anerkannten Grundsätzen (§ 19 Rdnr. 52 ff.) **jedes rechtsgeschäftliche Aufgeben** der geschützten Ansprüche oder von Teilen hiervon. Unter § 31 Abs. 4 fallen daher auch negative Schuldanerkenntnisse (§ 397 Abs. 2 BGB), die Abtretung des Anspruchs an den Schuldner mit der Folge, dass der Anspruch durch Konfusion erlischt, oder sonstige Rechtsgeschäfte, die im Ergebnis einem Erlass gleichkommen[198]. In Parallele zu § 19 Abs. 2 Satz 1 (§ 19 Rdnr. 59 ff.) wird auch die **Stundung** vom Verbot des § 31 Abs. 4 erfasst und ist deshalb grundsätzlich nichtig[199]. Fraglich und umstritten ist, ob dies auch dann gilt, wenn keine konkreten Zweifel an der Einbringlichkeit des Anspruchs bestehen und ein angemessener Zins vereinbart wird[200]. Gegen ein Stundungsverbot lässt sich in diesem Fall anführen, dass prinzipiell auch im Stadium der Unterbilanz eine Kreditvergabe nach § 30 Abs. 1 Satz 2 Alt. 2 zulässig ist. Für ein striktes Stundungsverbot sprechen aber die Parallele zur Kapitalaufbringung sowie der Umstand, dass § 31 Abs. 4 den Erstattungsanspruch auch sonst strenger schützt, als dies bei sonstigen Ansprüchen der Gesellschaft nach den allgemeinen Grundsätzen des § 30 Abs. 1 der Fall ist (Rdnr. 69). [71]

---

197 *Altmeppen*, ZIP 2009, 49, 54; *Ekkenga*, in: MünchKomm. GmbHG, Rdnr. 69; *Heidinger*, in: Michalski u.a., Rdnr. 94; *Thiessen*, in: Bork/Schäfer, Rdnr. 75.

198 Allg. M., s. etwa *Ekkenga*, in: MünchKomm. GmbHG, Rdnr. 70.

199 BGH v. 24.11.2003 – II ZR 171/01, BGHZ 157, 72, 77 = GmbHR 2004, 302; *Ekkenga*, in: MünchKomm. GmbHG, Rdnr. 70; *Fastrich*, in: Baumbach/Hueck, Rdnr. 26.

200 Auch in diesem Fall für Unzulässigkeit der Stundung *Habersack*, in: Ulmer/Habersack/Löbbe, Rdnr. 63; *Ekkenga*, in: MünchKomm. GmbHG, Rdnr. 70; *Fastrich*, in: Baumbach/Hueck, Rdnr. 26; abw. *Altmeppen*, in: Roth/Altmeppen, Rdnr. 35; *Heidinger*, in: Michalski u.a., Rdnr. 84; *Schmolke*, Kapitalerhaltung, Rdnr. 84; *Wicke*, Rdnr. 7 (jeweils unter Hinweis auf § 30 Abs. 1 Satz 2 Alt. 2).

b) Vergleich, Schiedsfähigkeit

72 Ein **Vergleich** über die Ansprüche aus § 31 Abs. 1, 2 und Abs. 3 ist mit dem Erlassverbot vereinbar, wenn er wegen tatsächlicher oder rechtlicher Ungewissheit über den Bestand oder Umfang des Anspruchs geschlossen wird und sich dahinter nicht nur eine Befreiung in der Form eines Vergleichs verbirgt[201]. Zwar kann durch den Abschluss eines Vergleichs objektiv eine Befreiung des Gesellschafters von seiner Erstattungspflicht eintreten. Wegen der Unklarheit, ob und in welchem Umfang ein Anspruch besteht, steht eine solche Befreiung bei einem Vergleich, der die durch die Unklarheit gezogenen Grenzen nicht überschreitet, aber gerade nicht fest. Daher bestehen – wie der BGH mit Recht entschieden hat – keine Bedenken gegen einen Vergleich, dessen Inhalt „den Bereich nicht verlässt, der bei objektiver Beurteilung **ernstlich zweifelhaft ist**"[202]. Dass der Erstattungsanspruch aufgrund von Unsicherheiten über seine prozessuale Durchsetzbarkeit wirtschaftlich nahezu wertlos sein muss[203], ist dagegen keine notwendige Voraussetzung[204]. Vorsicht ist allerdings geboten, wenn sich die Gesellschaft mit dem Primärschuldner nicht wegen rechtlichen Zweifeln am Bestehen des Erstattungsanspruchs vergleicht, sondern deshalb, weil der Primärschuldner zahlungsunfähig ist und das Insolvenzverfahren über sein Vermögen abgewendet werden soll. In diesem Fall kann ein Vergleich wegen der Ausfallhaftung nach § 31 Abs. 3 nur wirksam sein, wenn Mitgesellschafter, die für den Ausfall haften, entweder nicht vorhanden oder ihrerseits insolvent sind[205]. Zu beachten ist schließlich, dass die Geschäftsführer einen Vergleich über Ansprüche aus § 31 Abs. 1–3 wegen seines außergewöhnlichen Charakters nur abschließen dürfen, wenn sie nach § 49 Abs. 2 die Zustimmung der Gesellschafterversammlung eingeholt haben[206].

73 § 31 Abs. 4 schließt es nicht aus, die Entscheidung über Bestand und Inhalt des Erstattungsanspruchs bzw. der Ausfallhaftung auf ein **Schiedsgericht** zu übertragen. Dies hat der BGH für Einlageforderungen anerkannt[207] und muss in gleicher Weise auch für Ansprüche aus § 31 gelten[208].

c) Aufrechnung

74 Obwohl § 31 Abs. 4 in auffälligem Kontrast zu § 19 Abs. 2 kein **Aufrechnungsverbot** vorsieht, ist es dem **Gesellschafter** nach höchstrichterlicher Rechtsprechung und heute h.L. **analog § 19 Abs. 2 Satz 2** verwehrt, gegen Ansprüche der Gesellschaft aus § 31 Abs. 1, 2 und Abs. 3 aufzurechnen, und zwar selbst bei Vollwertigkeit der Gegenforderung des Gesellschaf-

---

201 BGH v. 6.12.2011 – II ZR 149/10, BGHZ 191, 364 = NZG 2012, 69 Rdnr. 22 (zu § 66 AktG); vgl. auch BGH v. 19.7.2004 – II ZR 65/03, BGHZ 160, 127, 133 = GmbHR 2004, 1214 (zu § 19 Abs. 2 Satz 1); ferner *Ekkenga*, in: MünchKomm. GmbHG, Rdnr. 71; *Kocher*, GmbHR 2012, 1221, 1225.

202 BGH v. 6.12.2011 – II ZR 149/10, BGHZ 191, 364 = NZG 2012, 69 Rdnr. 23 (zu § 66 AktG); näher dazu *Fleischer*, AG 2015, 133, 141 f.; *Verse*, ZGR 2012, 875, 886 f.

203 So *Pentz*, in: Rowedder/Schmidt-Leithoff, Rdnr. 45; *Schmolke*, Kapitalerhaltung, Rdnr. 85; restriktiv auch *Fastrich*, in: Baumbach/Hueck, Rdnr. 26; *Habersack*, in: Ulmer/Habersack/Löbbe, Rdnr. 65.

204 Explizit *Ekkenga*, in: MünchKomm. GmbHG, Rdnr. 71; implizit auch BGH v. 6.12.2011 – II ZR 149/10, BGHZ 191, 364 = NZG 2012, 69 Rdnr. 22 f. (zu § 66 AktG).

205 Insoweit wie hier *Habersack*, in: Ulmer/Habersack/Löbbe, Rdnr. 65; *Schmolke*, Kapitalerhaltung, Rdnr. 85; großzügiger *Kocher*, GmbHR 2012, 1221, 1225 f.

206 *Habersack*, in: Ulmer/Habersack/Löbbe, Rdnr. 65; *Schmolke*, Kapitalerhaltung, Rdnr. 85.

207 BGH v. 19.7.2004 – II ZR 65/03, BGHZ 160, 127, 132 ff. = GmbHR 2004, 1214 (zu § 1025 Abs. 1 ZPO a.F.); zur Übertragbarkeit der Entscheidung auf das reformierte Schiedsverfahrensrecht (§ 1030 Abs. 1 ZPO) *Habersack*, SchiedsVZ 2004, 261, 262; *Schwandtner*, in: MünchKomm. GmbHG, § 19 Rdnr. 75; ferner oben § 19 Rdnr. 70.

208 *Habersack*, SchiedsVZ 2004, 261, 262; *Habersack*, in: Ulmer/Habersack/Löbbe, Rdnr. 65; *Altmeppen*, in: Roth/Altmeppen, Rdnr. 37.

ters[209]. Eine gleichwohl vom Gesellschafter erklärte Aufrechnung ist gemäß § 134 BGB nichtig, bringt den Erstattungsanspruch mithin nicht zum Erlöschen. Zur Begründung der Analogie stützt sich die h.M. auf den engen funktionalen Zusammenhang zwischen Kapitalaufbringung und -erhaltung sowie die Überlegung, dass das Interesse an effektiver Kapital*wieder*aufbringung nicht weniger schützenswert ist als dasjenige an effektiver Kapitalaufbringung. Folgt man dem, kann es für das Aufrechnungsverbot konsequenterweise auch nicht darauf ankommen, ob sich die Gesellschaft noch im Stadium der Unterbilanz befindet oder nicht[210]. Wollte man das Aufrechnungsverbot hiervon abhängig machen, wäre der Gesellschaft die Verwertung der Erstattungsforderung wesentlich erschwert, da ein Zessionar der Forderung dann mit dem Einwand des § 406 BGB rechnen müsste[211].

§ 19 Abs. 2 Satz 2 (analog) verbietet nur die Aufrechnung „gegen den Anspruch der Gesell- schaft". Die **Aufrechnung durch die Gesellschaft** und demzufolge auch die einvernehmliche Verrechnung durch Aufrechnungsvertrag fallen somit nicht unter die Vorschrift. Auch sie sind jedoch nach h.M. nicht uneingeschränkt zulässig, sondern nur voll wirksam, wenn dem Gesellschafter im Zeitpunkt der Aufrechnungserklärung ein **vollwertiger, fälliger und liquider Gegenanspruch** zusteht[212]. Diese Einschränkung ergibt sich aus § 31 Abs. 4, da die Aufrechnung sonst im Ergebnis auf eine Schmälerung des Erstattungsanspruchs hinausliefe[213]. Wegen der Kriterien vollwertig, fällig und liquide kann auf § 19 Rdnr. 74 ff. verwiesen werden. Wird gegen einen nicht vollwertigen Gesellschafteranspruch aufgerechnet, dürfte entsprechend § 19 Abs. 4 davon auszugehen sein, dass der Anspruch der Gesellschaft wenigstens anteilig erlischt[214]. Dem lässt sich nicht entgegenhalten, dass die Gesellschaft nicht mit dem Aufwand belastet werden dürfe, den realen Wert der Gesellschafterforderung zu beziffern[215]. Denn die Beweislast für den realen Wert trägt nicht die Gesellschaft, sondern analog § 19 Abs. 4 Satz 5 der Gesellschafter.

75

---

209 BGH v. 27.11.2000 – II ZR 83/00, BGHZ 146, 105, 107 f. = GmbHR 2001, 142 im Anschluss u.a. an *Hommelhoff*, in: FS Kellermann, S. 165, 175 f., und *Ulmer*, in: FS 100 Jahre GmbHG, S. 363, 381 f.; ferner *Ekkenga*, in: MünchKomm. GmbHG, Rdnr. 73; *Fastrich*, in: Baumbach/Hueck, Rdnr. 26; *Habersack*, in: Ulmer/Habersack/Löbbe, Rdnr. 64; *Heidinger*, in: Michalski u.a., Rdnr. 87 f.; a.A. – Aufrechnung mit werthaltigen Gegenforderungen zulässig – *Altmeppen*, in: Roth/Altmeppen, Rdnr. 32; *Diers*, in: Saenger/Inhester, Rdnr. 63; *Lange*, NJW 2002, 2293, 2294 ff.; kritisch auch *Schmolke*, Kapitalerhaltung, Rdnr. 86.
210 So aber *Pentz*, in: Rowedder/Schmidt-Leithoff, Rdnr. 44; *Ulmer*, in: FS 100 Jahre GmbHG, S. 363, 387 f.; wie hier dagegen BGH v. 29.5.2000 – II ZR 118/98, BGHZ 144, 336, 342 = GmbHR 2000, 771; *Ekkenga*, in: MünchKomm. GmbHG, Rdnr. 73; *Habersack*, in: Ulmer/Habersack/Löbbe, Rdnr. 30; *Kuntz*, in: Gehrlein/Born/Simon, Rdnr. 36.
211 *Ekkenga*, in: MünchKomm. GmbHG, Rdnr. 73; zu dem Argument der Verwertbarkeit der Erstattungsforderung in ähnlichem Zusammenhang auch BGH v. 29.5.2000 – II ZR 118/98, BGHZ 144, 336, 342 = GmbHR 2000, 771; s. Rdnr. 25 a.E.
212 *Altmeppen*, in: Roth/Altmeppen, Rdnr. 32; *Ekkenga*, in: MünchKomm. GmbHG, Rdnr. 72; *Fastrich*, in: Baumbach/Hueck, Rdnr. 26 i.V.m. § 19 Rdnr. 33; *Habersack*, in: Ulmer/Habersack/Löbbe, Rdnr. 64; *Schmolke*, Kapitalerhaltung, Rdnr. 87. Ebenso die h.M. zum Parallelproblem im Rahmen der Kapitalaufbringung, s. BGH v. 16.9.2002 – II ZR 1/00, BGHZ 152, 37, 42; § 19 Rdnr. 73 ff. m.w.N.; a.A. *Schall*, ZGR 2009, 126, 150; differenzierend *Habersack/Weber*, ZGR 2014, 509, 520 ff.
213 *Ekkenga*, in: MünchKomm. GmbHG, Rdnr. 72.
214 *Fastrich*, in: Baumbach/Hueck, Rdnr. 26; *Habersack*, in: Ulmer/Habersack/Löbbe, Rdnr. 64; ebenso zum Parallelproblem im Recht der Kapitalaufbringung § 19 Rdnr. 82; *Verse*, in: Henssler/Strohn, Gesellschaftsrecht, § 19 GmbHG Rdnr. 27 m.w.N.; einschränkend *Bayer*, in: Lutter/Hommelhoff, § 19 Rdnr. 36: anteilige Anrechnung nur mit Einverständnis des Gesellschafters, da andernfalls die GmbH dem Gesellschafter durch einseitige Erklärung dessen Forderung unter dem Nominalwert entziehen könnte; gegen diese Einschränkung jedoch *Habersack/Weber*, ZGR 2014, 509, 518 ff.
215 So aber *Ekkenga*, in: MünchKomm. GmbHG, Rdnr. 72.

d) Annahme an Erfüllungs statt

76 Die Annahme einer **Leistung an Erfüllungs statt** (§ 364 Abs. 1 BGB) verstößt nicht gegen § 31 Abs. 4, soweit die Leistung den vollen Wert der eigentlich geschuldeten Leistung erreicht[216]. Bleibt der Wert dahinter zurück, wird man auch hier in entsprechender Anwendung des § 19 Abs. 4 den Wert des geleisteten Gegenstands auf den Erstattungsanspruch anrechnen können, so dass dieser nur noch in Höhe der Wertdifferenz fortbesteht[217]. Zur Frage einer Ersetzungsbefugnis des Gesellschafters s. bereits Rdnr. 16 ff.

VI. Verjährung (§ 31 Abs. 5)

1. Aktuelle Regelung

77 § 31 Abs. 5 ist in seiner jetzigen Fassung durch das Verjährungsanpassungsgesetz[218] eingeführt worden, das am 15.12.2004 in Kraft getreten ist (zum alten Recht und zur Übergangsregelung s. Rdnr. 79 ff.). Die geltende Fassung differenziert nicht mehr wie das alte Recht zwischen Gut- oder Bösgläubigkeit des Schuldners, sondern zwischen Erstattungsanspruch und Ausfallhaftung. Nach § 31 Abs. 5 Satz 1 verjähren Erstattungsansprüche aus **§ 31 Abs. 1, 2 in zehn Jahren**, Ausfallhaftungsansprüche aus **§ 31 Abs. 3 in fünf Jahren**. Die Verjährungsfrist beginnt nach § 31 Abs. 5 Satz 2 bei allen Ansprüchen aus § 31 Abs. 1–3 unabhängig von der Kenntnis der Gesellschaft[219] mit dem Ablauf des Tages der verbotenen Auszahlung. Mehrere Auszahlungen werden nicht im Sinne einer fortgesetzten Handlung zusammengefasst; die Frist beginnt daher mit der jeweiligen Auszahlung und nicht erst mit der letzten[220]. Bei der Bestellung von Sicherheiten aus dem Gesellschaftsvermögen kommt es darauf an, ob die Auszahlung bereits in der Bestellung oder erst in der Verwertung der Sicherheit zu sehen ist (§ 30 Rdnr. 96 ff.)[221]. Der Zeitpunkt der effektiven Auskehr des Verwertungserlöses ist jedenfalls unerheblich[222].

78 Die Eröffnung des Insolvenzverfahrens (§ 27 InsO) über das Vermögen der Gesellschaft bewirkt in Bezug auf Erstattungsansprüche aus § 31 Abs. 1, 2 (nicht Abs. 3) eine **Ablaufhemmung** von sechs Monaten, wenn die Zehnjahresfrist zu diesem Zeitpunkt noch nicht abgelaufen ist (§ 31 Abs. 5 Satz 3 i.V.m. § 19 Abs. 6 Satz 2; s. dazu § 19 Rdnr. 196). Für den Erstattungsanspruch wird mit dieser Regelung ein Gleichlauf zu der ebenfalls zehnjährigen Verjährung von Einlageforderungen (§ 19 Abs. 6) hergestellt. Die Verjährungsfrist kann wegen des zwingenden Gläubigerschutzes **nicht verkürzt** werden (Rdnr. 3). Dagegen ist eine Verlängerung in den Grenzen des § 202 Abs. 2 BGB zulässig. Die allgemeinen Vorschriften über Hemmung, Ablaufhemmung und Neubeginn der Verjährung (§§ 203 ff. BGB) finden

---

216 *Altmeppen*, in: Roth/Altmeppen, Rdnr. 34; *Fastrich*, in: Baumbach/Hueck, Rdnr. 26; *Diers*, in: Saenger/Inhester, Rdnr. 66; *Heidinger*, in: Michalski u.a., Rdnr. 89; *Schmolke*, Kapitalerhaltung, Rdnr. 88; strenger *Ekkenga*, in: MünchKomm. GmbHG, Rdnr. 74.

217 *Fastrich*, in: Baumbach/Hueck, Rdnr. 26; *Habersack*, in: Ulmer/Habersack/Löbbe, Rdnr. 61; *Wicke*, Rdnr. 7; zu der gleichen Frage im Rahmen der Kapitalaufbringung § 19 Rdnr. 102; *Verse*, in: Henssler/Strohn, Gesellschaftsrecht, § 19 GmbHG Rdnr. 12; jeweils m.w.N.

218 Gesetz zur Anpassung der Verjährungsvorschriften an das Gesetz zur Modernisierung des Schuldrechts vom 9.12.2004, BGBl. I 2004, 3214; zum Regierungsentwurf eingehend *Thiessen*, ZHR 168 (2004), 503 ff., insbes. 529 ff.

219 *Habersack*, in: Ulmer/Habersack/Löbbe, Rdnr. 67; *Thiessen*, in: Bork/Schäfer, Rdnr. 94.

220 BGH v. 29.9.2008 – II ZR 234/07, GmbHR 2008, 1319 Rdnr. 20 (zu § 43 Abs. 3, 4); *Ekkenga*, in: MünchKomm. GmbHG, Rdnr. 78.

221 BGH v. 21.3.2017 – II ZR 93/16, GmbHR 2017, 643; abw. *Fastrich*, in: Baumbach/Hueck, Rdnr. 27, der im Rahmen des Abs. 5 selbst dann auf die Verwertung abstellen will, wenn die Auszahlung bereits in der Bestellung liegt.

222 BGH v. 18.6.2007 – II ZR 86/06, BGHZ 173, 1 Rdnr. 23; *Schmolke*, Kapitalerhaltung, Rdnr. 91.

Anwendung[223]. Mögliche **konkurrierende Ansprüche** etwa aus Vindikations-, Bereicherungs- oder Deliktsrecht einschließlich der Existenzvernichtungshaftung verjähren **nicht nach § 31 Abs. 5**, sondern nach den allgemeinen Regeln (§§ 195 ff. BGB)[224].

2. Übergangsrecht

Schwierigkeiten bei der Berechnung der Verjährungsfrist ergeben sich bei länger zurückliegenden Sachverhalten aus der Tatsache, dass sich die anwendbare Frist gleich **zweimal geändert** hat, einmal unmittelbar durch Änderung des § 31 Abs. 5 durch das Verjährungsanpassungsgesetz (Rdnr. 77) mit Wirkung zum 15.12.2004 und einmal mittelbar durch Änderung des BGB im Zuge der Schuldrechtsreform zum 1.1.2002. Vor dem 15.12.2004 sah § 31 Abs. 5 Satz 1 a.F. für Ansprüche aus § 31 Abs. 1–3 eine Verjährung nach fünf Jahren vor; allerdings sollte nach § 31 Abs. 5 Satz 2 a.F. bei **„böslicher Handlungsweise"** des Schuldners, d.h. wenn er die Unzulässigkeit der Auszahlung von Anfang an kannte[225], die Regelverjährung eingreifen. Diese betrug vor dem 1.1.2002 30 Jahre (§ 195 BGB a.F.), wurde jedoch durch die Schuldrechtsreform auf drei Jahre ab Jahresende (§§ 195, 199 BGB n.F.) abgesenkt. Dadurch wurde aus der vom historischen Gesetzgeber beabsichtigten Schlechterstellung des böslich Handelnden eine wertungswidersprüchliche Privilegierung[226], so dass sich der Gesetzgeber zu der Korrektur durch das Verjährungsanpassungsgesetz veranlasst sah[227]. **79**

Den Übergang von dem vor dem 15.12.2004 geltenden Recht zum neuen Recht regelt die komplizierte **Übergangsvorschrift** des **Art. 229 § 12 EGBGB**. Sie unterscheidet zunächst danach, ob der Anspruch bei Ablauf des 14.12.2004 nach dem bis dahin anwendbaren Recht bereits verjährt war[228]. Ist dies der Fall (echter Altfall), bleibt es bei der eingetretenen Verjährung (vgl. Art. 229 § 12 Abs. 1 i.V.m. § 6 Abs. 1: „noch nicht verjährten Ansprüche"). Sofern dagegen der Anspruch bei Ablauf des 14.12.2004 nach altem Recht **noch nicht verjährt** war (unechter Altfall), kommt es nach Art. 229 § 12 EGBGB darauf an, ob sie nach dem bis zu dem 14.12.2004 geltenden Recht der dreijährigen *Regelverjährung* nach §§ 195, 199 BGB unterlagen. Wenn dies zu bejahen ist, was bei Ansprüchen gegen einen **böslich handelnden Erstattungs- oder Ausfallhaftungsschuldner** nach § 31 Abs. 5 Satz 2 a.F. der Fall ist[229], sind nach Art. 229 § 12 Abs. 2 Satz 1 EGBGB die neuen Verjährungsfristen von zehn bzw. fünf Jahren anzuwenden[230]. Dabei wird nach Art. 229 § 12 Abs. 2 Satz 2 EGBGB der vor dem 15.12.2004 abgelaufene Zeitraum angerechnet. Ist also am 1.3.2003 verbotswidrig an einen böslich handelnden Empfänger ausgezahlt worden, tritt die Verjährung des Anspruchs aus **80**

---

223 *Ekkenga*, in: MünchKomm. GmbHG, Rdnr. 78; *Habersack*, in: Ulmer/Habersack/Löbbe, Rdnr. 67.

224 *Fastrich*, in: Baumbach/Hueck, Rdnr. 27 i.V.m. Rdnr. 4; *Thiessen*, in: Bork/Schäfer, Rdnr. 85.

225 Ständige Rechtsprechung; s. zuletzt BGH v. 24.9.2013 – II ZR 39/12, GmbHR 2013, 1318 Rdnr. 36, mit dem Hinweis, dass es der Kenntnis gleichsteht, wenn der Empfänger die Möglichkeit eines Verstoßes erkennt und sich weiterer Erkenntnismöglichkeiten verschließt.

226 Dazu *Altmeppen*, DB 2002, 514 f.

227 Vgl. Begr. RegE Verjährungsanpassungsgesetz, BT-Drucks. 15/3653, S. 25 re. Sp.

228 Diese Vorfrage beantwortet sich für bereits vor dem 1.1.2002 entstandene Ansprüche gegen einen böslich handelnden Schuldner nach der weiteren Übergangsvorschrift des Art. 229 § 6 EGBGB, die den Übergang vom alten zum neuen Schuldrecht regelt.

229 Die Anwendung der Regelverjährung auf den böslich handelnden Schuldner war zwar in der Zwischenzeit zwischen Schuldrechtsreform und Verjährungsanpassungsgesetz wegen des drohenden Wertungswiderspruchs nicht zweifelsfrei. Da der Gesetzgeber aber von dieser Prämisse ausgegangen ist (Begr. RegE Verjährungsanpassungsgesetz, BT-Drucks. 15/3653, S. 25 re. Sp.), ist sie der Auslegung des Übergangsrechts zugrunde zu legen; *Ekkenga*, in: MünchKomm. GmbHG, Rdnr. 80; abw. *Mansel/Budzikiewicz*, NJW 2005, 321, 328 f.

230 OLG Koblenz v. 31.3.2011 – 2 U 330/06, GmbHR 2011, 1153, 1155.

§ 31 Abs. 1 mit Ablauf des 1.3.2013 ein[231]. Erfolgte die Auszahlung bereits vor dem 1.1.2002, ist zu beachten, dass die Anrechnung nach Sinn und Zweck der Überleitungsvorschrift auf den seit dem 1.1.2002 verstrichenen Zeitraum beschränkt ist[232]. Wenn z.B. am 1.7.1990 an einen böslich handelnden Gesellschafter ausgezahlt wurde, führt die Anwendung des Art. 229 § 12 Abs. 2 Satz 1 EGBGB daher nicht rückwirkend zur Verjährung mit Ablauf des 1.7.2000, sondern zur Verjährung nicht vor Ablauf des 31.12.2011[233]. Falls allerdings der Anspruch bereits vor dem 31.12.1981 entstanden ist, so dass die 30-jährige Verjährungsfrist nach § 195 BGB a.F. noch vor dem 31.12.2011 abgelaufen ist, ist entsprechend Art. 229 § 6 Abs. 4 Satz 2 EGBGB der Ablauf der 30-jährigen Frist maßgeblich, da der Gesetzgeber ersichtlich keine Verlängerung der Verjährungsfrist auf über 30 Jahre beabsichtigt hat[234].

81 Sofern sich der bei Ablauf des 14.12.2004 bereits entstandene, aber noch unverjährte Anspruch gegen einen **nicht böslich handelnden Erstattungs- oder Ausfallhaftungsschuldner** richtet, unterlag er nach dem bis zum 14.12.2004 geltenden Recht nicht der Regelverjährung, sondern der fünfjährigen Verjährung nach § 31 Abs. 5 Satz 1 a.F. Diese Fallgruppe unterfällt folglich nicht Art. 229 § 12 Abs. 2 EGBGB, sondern dessen Abs. 1 i.V.m. Art. 229 § 6 EGBGB. Aus Abs. 3 der zuletzt genannten Vorschrift ergibt sich, dass der Erstattungsanspruch nach § 31 Abs. 1, 2 in diesem Fall noch nach der alten Fünfjahresfrist verjährt[235]. Für Ausfallhaftungsansprüche nach § 31 Abs. 3 gegen nicht böslich handelnde Mitgesellschafter hat sich die Verjährungsfrist dagegen weder durch die Schuldrechtsreform noch durch das Verjährungsanpassungsgesetz verändert. Es bleibt daher auch hier bei der Frist von fünf Jahren ab Auszahlung[236].

VII. Regress gegen die Geschäftsführer (§ 31 Abs. 6)

1. Allgemeines

82 Nach den zu Rdnr. 67 getroffenen Feststellungen steht den nach § 31 Abs. 3 in Anspruch genommenen Mitgesellschaftern ein Rückgriffsanspruch gegen den nach § 31 Abs. 1 verantwortlichen Primärschuldner zu. Dieser Anspruch wird sich allerdings kaum durchsetzen lassen, da die Ausfallhaftung nur eingreift, wenn der Erstattungsbetrag vom Primärschuldner nicht zu erlangen ist. Daher ist es für die nach § 31 Abs. 3 Haftenden von Bedeutung, dass § 31 Abs. 6 ihnen auch einen **Regressanspruch gegen die Geschäftsführer** einräumt, sofern diesen hinsichtlich der verbotenen Auszahlung ein Verschulden zur Last fällt. Die Vorschrift beruht auf der Erwägung, dass die schuldhaft ihre Pflichten verletzenden Geschäftsführer dem Schaden näher stehen als die Mitgesellschafter, die nach § 31 Abs. 3 ohne Rücksicht auf ihre Mitwirkung und ein mögliches Verschulden zur Verantwortung gezogen werden. Da der Anspruch aus § 31 Abs. 6 nicht dem Gläubiger-, sondern allein dem Gesellschafterschutz

---

231 *Mansel/Budzikiewicz*, NJW 2005, 321, 328. Bei einem böslich handelnden Ausfallschuldner nach § 31 Abs. 3 wäre stattdessen der 1.3.2008 (5 Jahre nach Auszahlung) anzusetzen.

232 BGH v. 11.2.2008 – II ZR 171/06, GmbHR 2008, 483 Rdnr. 25 ff. mit zust. Anm. *Witt*; Thüringer OLG v. 14.8.2009 – 6 U 833/08, NZG 2010, 68, 70; *Stenzel*, BB 2008, 1077, 1079 (jeweils zur Einlageforderung); unmittelbar zu § 31 Abs. 5 OLG Braunschweig v. 31.8.2005 – 3 W 27/05, ZInsO 2005, 1107, 1109; *Ekkenga*, in: MünchKomm. GmbHG, Rdnr. 81; *Thiessen*, in: Bork/Schäfer, Rdnr. 98; abw. *Mansel/Budzikiewicz*, NJW 2005, 321, 328 f.

233 Da der 31.12.2011 auf einen Samstag fiel, ist sogar erst der Ablauf des 2.1.2012 maßgeblich (§ 193 BGB).

234 *Herrler*, ZIP 2008, 1568 ff.; *Stenzel*, BB 2008, 1077, 1080; *Thiessen*, NJW 2005, 2120, 2121; *Wagner*, ZIP 2005, 558, 561.

235 *Ekkenga*, in: MünchKomm. GmbHG, Rdnr. 82. Die Frist beginnt wie gewohnt mit Ablauf des Tages der Auszahlung; abw. *Heidinger*, in: Michalski u.a., Rdnr. 103: fünf Jahre ab dem 1.1.2002.

236 *Ekkenga*, in: MünchKomm. GmbHG, Rdnr. 82; abw. *Heidinger*, in: Michalski u.a., Rdnr. 103: fünf Jahre ab dem 1.1.2002.

dient, können diese auf den Regressanspruch verzichten; das Erlassverbot des § 31 Abs. 4 findet keine Anwendung[237].

2. Anspruchsberechtigter

Anspruchsberechtigt sind diejenigen, die **nach § 31 Abs. 3 in Anspruch genommen** worden sind. Vorausgesetzt ist dabei, dass die Inanspruchnahme zu Recht erfolgt ist[238]. Von dem zu Unrecht in Anspruch Genommenen kann erwartet werden, dass er seine Inanspruchnahme abwehrt. Trotz des engen Wortlauts des § 31 Abs. 6 („geleistete Erstattung") kann der Regressanspruch nach einhelliger Ansicht auch schon geltend gemacht werden, wenn die nach § 31 Abs. 3 in Anspruch genommenen Mitgesellschafter den Erstattungsbetrag noch nicht an die Gesellschaft geleistet haben; in diesem Fall richtet sich der Anspruch auf Freistellung von der Ausfallhaftung[239]. Dem Regressanspruch kann allerdings der Einwand der **unzulässigen Rechtsausübung** (venire contra factum proprium, § 242 BGB) entgegenstehen, wenn die Mitgesellschafter **in Kenntnis des Verstoßes gegen § 30** für die Auszahlung gestimmt haben[240]. Der Primärschuldner ist dagegen niemals nach § 31 Abs. 6 anspruchsberechtigt. Ihm einen Regressanspruch zu gewähren besteht auch kein Anlass, da er nach § 31 Abs. 1, 2 höchstens das herauszugeben hat, was er zu Unrecht empfangen hat[241].

83

3. Anspruchsgegner, Verschulden

Anspruchsgegner sind die **Geschäftsführer**. Dies gilt auch für einen Gesellschafter-Geschäftsführer, der bereits nach § 31 Abs. 3 seinen Beitrag zur Ausfallhaftung leisten musste[242]. Maßgeblicher Zeitpunkt für die Geschäftsführerstellung ist derjenige der verbotenen Auszahlung[243]. Erfasst wird, soweit man diese Rechtsfigur mit der h.M. anerkennt[244], auch der faktische Geschäftsführer[245]. Hat die GmbH einen Aufsichtsrat, soll nach vereinzelt vertretener Ansicht auch eine Haftung der **Aufsichtsratsmitglieder** analog § 31 Abs. 6 in Betracht kommen[246]. Schon das Vorliegen einer planwidrigen Regelungslücke ist indes zu bezweifeln[247].

84

Die Geschäftsführer haften nach § 31 Abs. 6 Satz 1 nur bei **Verschulden**, also nur bei Fahrlässigkeit oder Vorsatz (§ 276 BGB). Über die Verweisung in § 31 Abs. 6 Satz 2 gilt der Sorgfaltsmaßstab des § 43 Abs. 1 einschließlich der hierzu anerkannten Grundsätze der Darle-

85

---

237 *Ekkenga*, in: MünchKomm. GmbHG, Rdnr. 86; *Habersack*, in: Ulmer/Habersack/Löbbe, Rdnr. 74, 76; *Heidinger*, in: Michalski u.a., Rdnr. 114.

238 *Habersack*, in: Ulmer/Habersack/Löbbe, Rdnr. 73.

239 *Ekkenga*, in: MünchKomm. GmbHG, Rdnr. 86; *Habersack*, in: Ulmer/Habersack/Löbbe, Rdnr. 74; *Heidinger*, in: Michalski u.a., Rdnr. 113; *Hommelhoff*, in: Lutter/Hommelhoff, Rdnr. 34; *Schmolke*, Kapitalerhaltung, Rdnr. 99.

240 *Ekkenga*, in: MünchKomm. GmbHG, Rdnr. 85; *Fastrich*, in: Baumbach/Hueck, Rdnr. 30; *Habersack*, in: Ulmer/Habersack/Löbbe, Rdnr. 69; *Schmolke*, Kapitalerhaltung, Rdnr. 94; im Ergebnis wohl auch *Thiessen*, in: Bork/Schäfer, Rdnr. 109.

241 Amtl. Begr. zu § 31, RT-Drucks. 1890/92, Aktenstück Nr. 660, S. 3746.

242 *Ekkenga*, in: MünchKomm. GmbHG, Rdnr. 88; *Habersack*, in: Ulmer/Habersack/Löbbe, Rdnr. 76.

243 Allg. M., etwa *Ekkenga*, in: MünchKomm. GmbHG, Rdnr. 85; *Fastrich*, in: Baumbach/Hueck, Rdnr. 30; *Habersack*, in: Ulmer/Habersack/Löbbe, Rdnr. 70.

244 Dazu statt vieler *Fleischer*, in: MünchKomm. GmbHG, § 43 Rdnr. 220 ff.; *Fleischer*, GmbHR 2011, 337 ff.

245 BGH v. 25.6.2001 – II ZR 38/99, BGHZ 148, 167, 169 f. = GmbHR 2001, 771 (zu § 43 Abs. 3); *Diers*, in: Saenger/Inhester, Rdnr. 86; *Thiessen*, in: Bork/Schäfer, Rdnr. 103; s. auch bereits § 30 Rdnr. 126 m.w.N.; differenzierend *Geißler*, GmbHR 2003, 1106, 1113 f.

246 So *Diers*, in: Saenger/Inhester, Rdnr. 87.

247 Ablehnend auch *Habersack*, in: Ulmer/Habersack/Löbbe, Rdnr. 70.

gungs- und Beweislastverteilung[248]. Nicht zwingend erforderlich ist, dass der Geschäftsführer an dem Auszahlungsvorgang aktiv mitgewirkt hat. Da ihn im Rahmen des Zumutbaren auch eine Überwachungspflicht trifft, Rechtsverstöße durch andere Geschäftsführer und nachgeordnete Unternehmensangehörige zu unterbinden[249], kann auch ein Unterlassen zur Haftung führen[250]. Eine Weisung durch Gesellschafterbeschluss, die Auszahlung vorzunehmen, entlastet die Geschäftsführer nicht, da der gegen § 30 verstoßende Beschluss nicht vollziehbar ist (§ 30 Rdnr. 119). Denjenigen Gesellschaftern, die in Kenntnis des Verstoßes für den Beschluss gestimmt haben, können die Geschäftsführer aber den Einwand der unzulässigen Rechtsausübung entgegenhalten (Rdnr. 83).

4. Umfang und Inhalt des Regressanspruchs

86 Jeder Geschäftsführer, der die Haftungsvoraussetzungen erfüllt, haftet sämtlichen Mitgesellschaftern, die nach § 31 Abs. 3 in Anspruch genommen worden sind. Sofern mehrere Geschäftsführer verantwortlich sind, haften sie nach § 31 Abs. 6 Satz 1 „solidarisch", d.h. als **Gesamtschuldner** gemäß §§ 421 ff. BGB[251]. Der Regressanspruch umfasst jedenfalls den Betrag, den die Mitgesellschafter nach § 31 Abs. 3 der Gesellschaft erstatten mussten bzw., soweit Freistellung begehrt wird (Rdnr. 83), noch erstatten müssen. Die h.M. versteht § 31 Abs. 6 darüber hinaus als umfassende **Schadensersatzhaftung**, so dass auch weitere Nachteile, die dem Gesellschafter im Zusammenhang mit seiner Inanspruchnahme entstehen (z.B. Zinsverluste, Refinanzierungskosten), zu ersetzen sind[252]. Dem ist beizutreten, da diese Rechtsfolge vom Gesetzeswortlaut („Ersatz" für geleistete Erstattung) gedeckt und aufgrund des Verschuldenserfordernisses auch sachgerecht ist. Für etwaiges Mitverschulden gilt § 254 BGB.

5. Verjährung

87 Die früher umstrittene Frage der Verjährung ist in § 31 Abs. 6 Satz 2, der durch das Verjährungsanpassungsgesetz (Rdnr. 77) eingeführt wurde und auf § 43 Abs. 4 verweist, in dem Sinne entschieden, dass der Anspruch in **fünf Jahren** verjährt[253]. Die Verjährungsfrist beginnt nach dem Willen des Gesetzgebers noch nicht mit Inanspruchnahme, sondern erst mit Zahlung des jeweiligen Gesellschafters nach § 31 Abs. 3[254].

---

248 Allg. M., etwa *Habersack*, in: Ulmer/Habersack/Löbbe, Rdnr. 71; *Schmolke*, Kapitalerhaltung, Rdnr. 96; zur Beweislastverteilung im Rahmen des § 43 s. 11. Aufl., § 43 Rdnr. 234 ff.; *Fleischer*, in: MünchKomm. GmbHG, § 43 Rdnr. 270 ff.

249 Näher *Fleischer*, in: MünchKomm. GmbHG, § 43 Rdnr. 108 ff., 142 ff.

250 *Ekkenga*, in: MünchKomm. GmbHG, Rdnr. 85; *Habersack*, in: Ulmer/Habersack/Löbbe, Rdnr. 71; *Pentz*, in: Rowedder/Schmidt-Leithoff, Rdnr. 64; s. dazu auch oben § 30 Rdnr. 126 m.w.N. zur gleichen Frage im Rahmen des § 43 Abs. 3.

251 Unstr., s. nur *Habersack*, in: Ulmer/Habersack/Löbbe, Rdnr. 76.

252 *Ekkenga*, in: MünchKomm. GmbHG, Rdnr. 87; *Habersack*, in: Ulmer/Habersack/Löbbe, Rdnr. 74; *Pentz*, in: Rowedder/Schmidt-Leithoff, Rdnr. 66; *Heidinger*, in: Michalski u.a., Rdnr. 113; a.A. *Schmolke*, Kapitalerhaltung, Rdnr. 99.

253 Für entsprechende Anwendung des § 43 Abs. 4 auch schon die h.M. vor dem Verjährungsanpassungsgesetz; s. 10. Aufl., Rdnr. 41; *Goerdeler/W. Müller*, in: Hachenburg, Rdnr. 71 m.w.N.

254 Begr. RegE Verjährungsanpassungsgesetz, BT-Drucks. 15/3653, S. 26 re. Sp.; *Altmeppen*, in: Roth/Altmeppen, Rdnr. 37; *Habersack*, in: Ulmer/Habersack/Löbbe, Rdnr. 75; *Schmolke*, Kapitalerhaltung, Rdnr. 100; *Thiessen*, in: Bork/Schäfer, Rdnr. 115; *Ekkenga*, in: MünchKomm. GmbHG, Rdnr. 89; ebenso bereits die h.M. zum alten Recht, s. *Goerdeler/W. Müller*, in: Hachenburg, Rdnr. 71 m.w.N.

6. Gesamtschuldnerausgleich, Regress gegen den Primärschuldner

Der Innenausgleich zwischen mehreren gesamtschuldnerisch haftenden Geschäftsführern richtet sich nach **§ 426 Abs. 1 und Abs. 2 BGB**. Im Zweifel sind die Geschäftsführer danach zu gleichen Teilen verpflichtet, doch kann sich aus den Umständen, insbesondere den unterschiedlichen Verursachungsbeiträgen und dem Maß des Verschuldens, Abweichendes ergeben[255]. Ein nach § 31 Abs. 6 in Anspruch genommener Geschäftsführer kann auch dann nach § 426 BGB gegen seinen Mitgeschäftsführer vorgehen, wenn Letzterer zugleich Gesellschafter ist und bereits nach § 31 Abs. 3 einen Haftungsbeitrag erbracht hat[256]; denn dieser Umstand ändert nichts an der Verantwortlichkeit nach § 31 Abs. 6 (Rdnr. 84). {88}

Die nach § 31 Abs. 6 in Anspruch genommenen Geschäftsführer sind ihrerseits im Verhältnis zum **Primärschuldner** regressberechtigt, soweit dieser der Gesellschaft Rückgewähr der Zuwendung schuldet[257]. Dieser Regressanspruch wird jedoch kaum praktische Bedeutung erlangen, da die Haftung der Geschäftsführer aus § 31 Abs. 6 nur aktuell wird, wenn die Erstattung vom Primärschuldner nicht zu erlangen war. Ungleich größere praktische Bedeutung hat der Regressanspruch dagegen, wenn der Geschäftsführer nach § 43 Abs. 3 von der Gesellschaft in Anspruch genommen wird, da diese Haftung den Ausfall des Primärschuldners nicht voraussetzt. {89}

VIII. Anwendung auf die GmbH & Co. KG

In der Rechtsform der **GmbH & Co. KG** und der **UG (haftungsbeschränkt) & Co. KG** ist zu beachten, dass nicht nur Auszahlungen unmittelbar aus dem Vermögen der Komplementärin, sondern unter bestimmten Voraussetzungen auch Auszahlungen aus dem KG-Vermögen an § 30 zu messen sind und bei Zuwiderhandlung dann auch die Rechtsfolgen des § 31 auslösen (§ 30 Rdnr. 129 ff.). Im Einzelnen ist daher zwischen Auszahlungen aus dem KG-Vermögen und solchen aus dem Vermögen der Komplementärin zu unterscheiden. {90}

1. Auszahlungen aus dem KG-Vermögen

Bei **Auszahlungen aus dem KG-Vermögen**, die gegen § 30 verstoßen, ist umstritten, ob der **Erstattungsanspruch** nach § 31 Abs. 1, 2 und der Ausfallhaftungsanspruch nach § 31 Abs. 3 **der KG** oder der Komplementärin zuzuordnen sind. Der BGH spricht sich in ständiger Rechtsprechung für Ersteres aus[258]. Hinter dieser Rechtsfortbildung steht vor allem die Überlegung, dass durch Verstöße gegen das Stammkapitalerhaltungsgebot der Komplementärin nicht nur deren Existenz, sondern mittelbar auch der Bestand der KG gefährdet wird. Daher haben die Gesellschafter der KG – gleich ob sie zugleich der Komplementärin angehören oder nicht – ein vitales Interesse daran, sich auch selbst gegen verbotswidrige Auszahlungen zu wenden und den begünstigten Gesellschafter notfalls im Wege der actio pro socio zu zwingen, das KG-Ver- {91}

---

255 *Schmolke*, Kapitalerhaltung, Rdnr. 101.

256 *Habersack*, in: Ulmer/Habersack/Löbbe, Rdnr. 76; *Schmolke*, Kapitalerhaltung, Rdnr. 102.

257 *Habersack*, in: Ulmer/Habersack/Löbbe, Rdnr. 76; *Schmolke*, Kapitalerhaltung, Rdnr. 101; weitergehend *Altmeppen*, in: Roth/Altmeppen, Rdnr. 44, demzufolge ein Regressanspruch gegen den gutgläubigen Empfänger nicht durch § 31 Abs. 2 begrenzt sein soll; dagegen jedoch *Thiessen*, in: Bork/ Schäfer, Rdnr. 112. Zur Rechtsgrundlage des Regressanspruchs vgl. Rdnr. 67.

258 BGH v. 29.3.1973 – II ZR 25/70, BGHZ 60, 324, 329 f. (im Anschluss an *Kuhn*, in: Ehrengabe Heusinger, S. 203, 215); BGH v. 27.9.1976 – II ZR 162/75, BGHZ 67, 171, 176 = GmbHR 1977, 105; BGH v. 19.2.1990 – II ZR 268/88, BGHZ 110, 342, 346 = GmbHR 1990, 251; BGH v. 9.12.2014 – II ZR 360/13, GmbHR 2015, 248 Rdnr. 12; zust. *Heidinger*, in: Michalski u.a., Rdnr. 12; *Karsten Schmidt*, GesR, § 56 V 1 b.

mögen wieder aufzufüllen[259]. Die Gegenansicht spricht den Erstattungsanspruch allein der Komplementärin zu, geht aber zugleich davon aus, dass er auf Leistung an die KG gerichtet ist[260]. Die Bedeutung des Streits reduziert sich damit im Wesentlichen darauf, welchen Gesellschaftern die actio pro socio offensteht. Aus den vom BGH angeführten Gründen liegt es nahe, diese auch den Kommanditisten zu eröffnen. Nichts spricht indes dagegen, *daneben* auch von einem Anspruch der Komplementärin auf Leistung an die KG auszugehen und damit auch den Gesellschaftern der Komplementärin unabhängig von einer gleichzeitigen Beteiligung an der KG die actio pro socio zu gewähren[261].

92 Der GmbH-Gesellschafter, der die verbotene Auszahlung empfangen hat, haftet nach **§ 31 Abs. 1, 2** und – falls er zugleich Kommanditist ist – ggf. aus §§ 171 f. HGB (§ 30 Rdnr. 132). Handelt es sich um eine GmbH & Co. KG, in der keine natürliche Person Komplementärin ist, gilt Gleiches für einen die Auszahlung empfangenden „Nur-Kommanditisten", also einen Kommanditisten, der nicht gleichzeitig an der Komplementär-GmbH beteiligt ist (§ 30 Rdnr. 131). Ob Nur-Kommanditisten auch in die Ausfallhaftung **analog § 31 Abs. 3** einzubeziehen sind, ist dagegen ungeklärt und fragwürdig[262]. Falls man dies tatsächlich bejahen wollte, müsste die anteilige Haftung konsequenterweise nicht nach den Beteiligungsverhältnissen in der GmbH, sondern nach den Anteilen am Haftkapital der KG bemessen werden[263].

2. Auszahlungen aus dem GmbH-Vermögen

93 Bei **Auszahlungen aus dem Vermögen der Komplementär-GmbH** oder einer Komplementär-UG (haftungsbeschränkt), die gegen § 30 verstoßen (§ 30 Rdnr. 133 f.), stehen die Ansprüche aus § 31 Abs. 1–3 unstreitig nicht der KG, sondern der Komplementärin zu[264]. Ist an einen Nur-Kommanditisten ausgezahlt worden, haftet dieser auch hier analog § 31 Abs. 1, 2, sofern neben der GmbH keine natürliche Person Komplementärin ist (§ 30 Rdnr. 133). Dass den Nur-Kommanditisten auch die Ausfallhaftung analog § 31 Abs. 3 trifft, ist damit aber nicht entschieden (s. schon Rdnr. 92)[265].

259 BGH v. 29.3.1973 – II ZR 25/70, BGHZ 60, 324, 329 f.
260 10. Aufl., Rdnr. 10; *Ekkenga*, in: MünchKomm. GmbHG, Rdnr. 22; *Karollus*, in: FS Kropff, S. 669, 674, 679; *Pöschke/Steenbreker*, NZG 2015, 614, 617; *Winkler*, NJW 1969, 1009, 1011; kritisch gegenüber der BGH-Rechtsprechung mit *Wiedemann*, GesR II, § 9 IV 4 b aa.
261 So auch *Pentz*, in: Rowedder/Schmidt-Leithoff, Rdnr. 73; sympathisierend *Fastrich*, in: Baumbach/Hueck, Rdnr. 7 („erwägenswert").
262 Ablehnend aus guten Gründen *Ekkenga*, in: MünchKomm. GmbHG, Rdnr. 60; *Haas/Mock*, in: Röhricht/Graf von Westphalen/Haas, § 172 HGB Rdnr. 65; *Schnelle*, GmbHR 1995, 853, 854 f.; *Thiessen*, in: Bork/Schäfer, Rdnr. 68; im Erg. auch *Karsten Schmidt*, GmbHR 1986, 337, 341; bejahend *Hommelhoff*, in: Lutter/Hommelhoff, Rdnr. 25 (unter Hinweis auf BGH v. 27.3.1995 – II ZR 30/94, GmbHR 1995, 442, wo die Frage aber nicht entschieden wird); *Pentz*, in: Rowedder/Schmidt-Leithoff, Rdnr. 74.
263 So denn auch *Hommelhoff*, in: Lutter/Hommelhoff, Rdnr. 25; *Pentz*, in: Rowedder/Schmidt-Leithoff, Rdnr. 74.
264 *Habersack*, in: Ulmer/Habersack/Löbbe, Rdnr. 6; *Schmolke*, Kapitalerhaltung, Rdnr. 26.
265 Ablehnend *Ekkenga*, in: MünchKomm. GmbHG, Rdnr. 60; *Pentz*, in: Rowedder/Schmidt-Leithoff, Rdnr. 74.

§ 32
Rückzahlung von Gewinn

Liegt die in § 31 Abs. 1 bezeichnete Voraussetzung nicht vor, so sind die Gesellschafter in keinem Fall verpflichtet, Beträge, welche sie in gutem Glauben als Gewinnanteile bezogen haben, zurückzuzahlen.

Text seit 1892 unverändert.

I. Allgemeines

Die seit 1892 unveränderte Vorschrift des § 32 schützt das **Vertrauen** gutgläubiger Dividendenempfänger auf die **Bestandskraft** von in Wahrheit unwirksamen **Gewinnverwendungsbeschlüssen**[1]. Der typische Anwendungsfall ist der, dass aufgrund eines Gewinnverwendungsbeschlusses nach § 29 Gewinne an die Gesellschafter verteilt wurden, der Beschluss sich aber nachträglich als nichtig herausstellt (z.B. analog § 253 Abs. 1 AktG wegen nichtiger Feststellung des Jahresabschlusses) oder erfolgreich angefochten wird (§ 29 Rdnr. 64 ff.). Die Gesellschaft hat dann wegen der verteilten Gewinne einen **Rückforderungsanspruch** aus Leistungskondiktion (§ 812 Abs. 1 Satz 1 Alt. 1 bzw. Satz 2 Alt. 1 BGB)[2]. In einzelnen, wegen des Abstraktionsprinzips freilich seltenen Fällen mag daneben ein Anspruch aus §§ 985 ff. BGB in Betracht kommen, bei entsprechender Satzungsregelung auch ein Anspruch unmittelbar aus dem Gesellschaftsverhältnis. Gegenüber diesen Rückforderungsansprüchen gewährt § 32 gutgläubigen Gesellschaftern eine dauernde **rechtshindernde Einwendung** (Rdnr. 14). 1

Der Gutglaubensschutz nach § 32 steht allerdings unter der wichtigen **Einschränkung**, dass die in § 31 Abs. 1 bezeichneten Voraussetzungen nicht vorliegen dürfen. Der Schutz erstreckt sich mit anderen Worten nur auf den Empfang von Gewinnanteilen, die **nicht unter Verstoß gegen den Kapitalerhaltungsgrundsatz** des § 30 ausgeschüttet wurden. Andernfalls, also bei Verstoß gegen § 30, sieht sich auch der gutgläubige Empfänger der Erstattungspflicht nach § 31 Abs. 1 ausgesetzt; ihm kommt lediglich die Haftungserleichterung des § 31 Abs. 2 zugute, welche die Erstattungspflicht nicht ausschließt, sondern nur der Höhe nach auf den zur Gläubigerbefriedigung erforderlichen Betrag begrenzt. § 32 hat somit keinerlei Auswirkungen auf Ansprüche aus § 31[3] und begründet keine Durchbrechung des Kapitalerhaltungs- 2

---

1 *Habersack*, in: Ulmer/Habersack/Löbbe, Rdnr. 1; *Löwisch*, in: MünchKomm. GmbHG, Rdnr. 1.

2 Im Fall der Beschlussanfechtung allerdings erst mit Rechtskraft des Urteils (§ 241 Nr. 5 AktG analog), s. § 29 Rdnr. 66.

3 S. aber noch Rdnr. 7 zu mit § 31 konkurrierenden Ansprüchen.

grundsatzes[4]. Der Gutglaubensschutz des § 32 bleibt damit erheblich hinter demjenigen des **§ 62 Abs. 1 Satz 2 AktG** zurück, der den gutgläubigen Dividendenempfänger in der AG auch bei Verstoß gegen die Kapitalbindung von jeder Inanspruchnahme freistellt[5]. Im Gegenzug fällt allerdings im Rahmen des § 62 Abs. 1 Satz 2 AktG der Maßstab der Gutgläubigkeit strenger aus als im Rahmen der §§ 31 Abs. 2, 32 (Rdnr. 12). – Da § 32 allein dem Schutz der Gesellschafter dient, kann die Vorschrift **im Gesellschaftsvertrag abbedungen** oder eingeschränkt werden[6].

II. Voraussetzungen

1. Gewinnbezug

3 § 32 knüpft an den **Bezug von Gewinnanteilen** (Dividenden) an. Damit ist die **förmliche Gewinnverwendung** im Sinne des § 29 angesprochen[7], im Vertragskonzern auch die Gewinnabführung aufgrund Ergebnisabführungsvertrags[8]. Auch wenn der Gesetzeswortlaut vom Bezug von „Beträgen" spricht, besteht Einigkeit, dass nicht nur Bardividenden, sondern entsprechend dem Schutzzweck der Vorschrift (Rdnr. 1) auch Sachdividenden erfasst werden[9]. Auf die Bezeichnung durch die Parteien kommt es nicht an, solange es sich in der Sache um Gewinnanteile handelt[10].

4 **Keine Anwendung** findet § 32 dagegen bei **verdeckten Vermögenszuwendungen** sowie **gewinnabhängigen Zahlungen** außerhalb der regulären Gewinnverwendung wie z.B. Tantiemen, Leistungen aufgrund partiarischer Rechtsverhältnisse, stiller Gesellschaften oder Genussrechte[11]. Ebenso wenig fallen die versehentliche Doppelzahlung und die **Zahlung an falsche Empfänger** (z.B. bei nichtiger Abtretung des Gewinnanspruchs) unter § 32, da der Rückforderungsanspruch dann nicht auf der Mangelhaftigkeit des Gewinnverwendungsbeschlusses, sondern auf anderen Gründen beruht[12]. Von der Zahlung an den falschen Empfänger strikt zu unterscheiden ist freilich die Dividendenauszahlung an einen Scheingesellschafter, der im Zeitpunkt des Verwendungsbeschlusses infolge wirksamer Eintragung in die im Handelsregister aufgenommene Gesellschafterliste nach § 16 Abs. 1 gegenüber der Gesellschaft als Gesellschafter gilt und deshalb als richtiger Empfänger anzusehen ist. Nicht von § 32 erfasst werden ferner die Zahlung des Erwerbspreises beim Erwerb eigener Anteile (§ 33), Rückzahlungen im Rahmen einer Kapitalherabsetzung und die Verteilung des Liquidationserlöses[13], ebenso wenig die Rückzahlung von Nachschüssen[14]. An der fehlenden An-

---

4 *Habersack*, in: Ulmer/Habersack/Löbbe, Rdnr. 1; unrichtig insoweit *Löwisch*, in: MünchKomm. GmbHG, Rdnr. 3 („den Grundsatz der Kapitalerhaltung durchbrechende Ausnahmevorschrift").

5 Zu den Gründen für diese rechtsformspezifische Differenzierung s. bereits § 31 Rdnr. 37.

6 *Löwisch*, in: MünchKomm. GmbHG, Rdnr. 3.

7 Allg. M., s. nur *Fastrich*, in: Baumbach/Hueck, Rdnr. 3; *Habersack*, in: Ulmer/Habersack/Löbbe, Rdnr. 4.

8 *Habersack*, in: Ulmer/Habersack/Löbbe, Rdnr. 4; zu § 62 Abs. 1 Satz 2 AktG auch *Hennrichs*, ZHR 174 (2010), 683, 700; *Mylich*, AG 2011, 765, 774.

9 *Habersack*, in: Ulmer/Habersack/Löbbe, Rdnr. 10; *Löwisch*, in: MünchKomm. GmbHG, Rdnr. 8.

10 *Löwisch*, in: MünchKomm. GmbHG, Rdnr. 8; zur AG statt vieler *Fleischer*, in: Karsten Schmidt/Lutter, § 62 AktG Rdnr. 22.

11 *Fastrich*, in: Baumbach/Hueck, Rdnr. 3; *Habersack*, in: Ulmer/Habersack/Löbbe, Rdnr. 5; *Löwisch*, in: MünchKomm. GmbHG, Rdnr. 9; *Pentz*, in: Rowedder/Schmidt-Leithoff, Rdnr. 6.

12 *Fastrich*, in: Baumbach/Hueck, Rdnr. 3; *Habersack*, in: Ulmer/Habersack/Löbbe, Rdnr. 5; *Löwisch*, in: MünchKomm. GmbHG, Rdnr. 9.

13 Zur AG *Fleischer*, in: Karsten Schmidt/Lutter, § 62 AktG Rdnr. 23.

14 *Habersack*, in: Ulmer/Habersack/Löbbe, Rdnr. 5; *Hommelhoff*, in: Lutter/Hommelhoff, Rdnr. 2; *Löwisch*, in: MünchKomm. GmbHG, Rdnr. 9.

wendbarkeit des § 32 ändert sich in all diesen Fällen auch nichts, wenn der Gesellschafter unverschuldet die rechtliche Qualität der Leistung verkannt hat[15].

Unterschiedlich beurteilt wird der Fall einer **vom Gewinnverteilungsschlüssel** (§ 29 Abs. 3) **abweichenden Gewinnverteilung**[16]. Insoweit wird zu unterscheiden sein: Haftet der Verstoß gegen den Verteilungsschlüssel schon dem Verwendungsbeschluss an, handelt es sich um Gewinnbezug. Wird dagegen ein korrekter Verwendungsbeschluss von den Geschäftsführern falsch ausgeführt, indem sie einem Gesellschafter mehr überweisen, als ihm nach dem Beschluss zusteht, ähnelt der Fall demjenigen der versehentlichen Doppelzahlung (Rdnr. 4)[17].

5

Der Bezug von **Vorabausschüttungen** (Gewinnvorauszahlungen, § 29 Rdnr. 106 ff.) genießt nach h.M. nicht den Schutz des § 32[18]. Das mag auf den ersten Blick überraschen, da im Rahmen des § 62 Abs. 1 Satz 2 AktG für Abschlagszahlungen nach § 59 AktG anders entschieden wird[19]. Bei näherer Betrachtung wird man differenzieren müssen: Da Vorabausschüttungen unter dem Vorbehalt gewährt werden, dass der festgestellte Jahresabschluss tatsächlich einen ausschüttungsfähigen Gewinn in entsprechender Höhe ausweisen wird (§ 29 Rdnr. 109), kann § 32 in Ermangelung eines schutzwürdigen Vertrauenstatbestands keine Anwendung finden, wenn sich dieser Vorbehalt realisiert. Sobald allerdings die Vorabausschüttung im Rahmen des Gewinnverwendungsbeschlusses nach Ablauf des Geschäftsjahrs bestätigt worden ist – sei es explizit, sei es implizit dadurch, dass nur noch über den restlichen Gewinn beschlossen wird (§ 29 Rdnr. 110) –, entfällt der Vorbehalt; aus der Vorabausschüttung ist eine „normale" Gewinnausschüttung geworden. Der Fall ist dann nicht anders zu behandeln, als wenn am Tag der Bestätigung der Vorabausschüttung eine Gewinnausschüttung erfolgt wäre. Wenn sich in einem solchen Fall der auf der Grundlage des festgestellten Jahresabschlusses getroffene Gewinnverwendungsbeschluss als unwirksam erweist, muss folglich § 32 Anwendung finden[20].

6

2. Kein Verstoß gegen § 30

§ 32 kommt nur zur Anwendung, soweit die Gewinnausschüttung zu **keinem Verstoß gegen § 30** Abs. 1 (Erhaltung des Stammkapitals) oder § 30 Abs. 2 (Bindung des Nachschusskapitals) geführt hat. Das ergibt sich aus der Bezugnahme auf § 31 Abs. 1, der seinerseits an die Verletzung des § 30 anknüpft. Soweit doch ein Verstoß gegen § 30 vorliegt, bleibt es bei den Ansprüchen aus § 31 und dem wesentlich weniger weitreichenden Gutglaubensschutz nach § 31 Abs. 2 (Rdnr. 2). Soweit eine Ausschüttung nur teilweise gegen § 30 verstößt, bleibt § 32 in Bezug auf den anderen Teil der Ausschüttung anwendbar[21]. Verstößt die Gewinnausschüttung gegen § 30 und ist der Gewinnverwendungsbeschluss zudem wegen **weiterer Rechtsverstöße** nichtig oder erfolgreich angefochten (§ 30 Rdnr. 119), findet § 32 gegenüber dem

7

---

15 *Löwisch*, in: MünchKomm. GmbHG, Rdnr. 8; zur AG *Bayer*, in: MünchKomm. AktG, 4. Aufl. 2016, § 62 AktG Rdnr. 73.
16 Für Anwendung des § 32 *Hommelhoff*, in: Lutter/Hommelhoff, Rdnr. 6; dagegen *Löwisch*, in: MünchKomm. GmbHG, Rdnr. 9.
17 Zust. *Habersack*, in: Ulmer/Habersack/Löbbe, Rdnr. 5 a.E.
18 *Fastrich*, in: Baumbach/Hueck, Rdnr. 3; *G. Hueck*, ZGR 1975, 133, 142; *Pentz*, in: Rowedder/Schmidt-Leithoff, Rdnr. 6; *Priester*, in: MünchHdb. III, § 57 Rdnr. 66; *Thiessen*, in: Bork/Schäfer, Rdnr. 7; einschränkend *Habersack*, in: Ulmer/Habersack/Löbbe, Rdnr. 5; *Löwisch*, in: MünchKomm. GmbHG, Rdnr. 10 (s. dazu sogleich im Text).
19 Statt vieler *Cahn*, in: Spindler/Stilz, § 62 AktG Rdnr. 26; *Fleischer*, in: Karsten Schmidt/Lutter, § 62 AktG Rdnr. 22.
20 *Habersack*, in: Ulmer/Habersack/Löbbe, Rdnr. 5; ähnlich *Löwisch*, in: MünchKomm. GmbHG, Rdnr. 10.
21 *Fastrich*, in: Baumbach/Hueck, Rdnr. 2; *Habersack*, in: Ulmer/Habersack/Löbbe, Rdnr. 2; *Pentz*, in: Rowedder/Schmidt-Leithoff, Rdnr. 4.

Rückforderungsanspruch aus § 31 Abs. 1 keine Anwendung, wohl aber gegenüber dem konkurrierenden, auf die Unwirksamkeit des Verwendungsbeschlusses gestützten Bereicherungsanspruch[22]. Dies kann insbesondere wegen der unterschiedlichen Verjährungsfristen – § 31 Abs. 5 einerseits, §§ 195, 199 BGB andererseits – von Bedeutung sein.

3. Geschützter Personenkreis

a) Gesellschafter

8 § 32 schützt in erster Linie den gutgläubigen Dividendenempfang der **Gesellschafter**, wobei es für die Gesellschaftereigenschaft auf die Legitimation nach § 16 Abs. 1 **im Zeitpunkt des Verwendungsbeschlusses** ankommen muss, da in diesem Zeitpunkt der (vermeintliche) Gewinnanspruch entsteht (§ 29 Rdnr. 37). Auch der nach diesem Zeitpunkt ausgeschiedene Gesellschafter, etwa derjenige, der nach dem Verwendungsbeschluss seinen Geschäftsanteil ohne den Gewinnanspruch (ex dividende) veräußert hat, kann sich somit auf § 32 berufen[23].

b) Zessionar des Gewinnanspruchs

9 Ist der (vermeintliche) Gewinnanspruch abgetreten worden, sei es mit oder ohne Geschäftsanteil (§ 29 Rdnr. 84), wird der Schutz des § 32 nach dem Rechtsgedanken des § 401 BGB auch dem **Zessionar** zuteil[24]. Mittelbar wird damit zugleich der Gesellschafter als Zedent vor Gewährleistungsansprüchen des Zessionars geschützt. Allerdings verhält es sich nach der (freilich umstrittenen) Rechtsprechung des BGH zum Bereicherungsausgleich im Mehrpersonenverhältnis regelmäßig ohnehin so, dass der Kondiktionsanspruch der Gesellschaft nicht gegen den Zessionar, sondern gegen den Zedenten (Gesellschafter) zu richten ist[25]. Zu der Frage, ob es auf die Gutgläubigkeit des Gesellschafters oder des Zessionars ankommt, s. noch Rdnr. 13. Ist die Abtretung selbst wegen Geschäftsunfähigkeit, mangelnder Vertretungsmacht oder dergleichen unwirksam, genießt der Zessionar unstreitig nicht den Schutz des § 32 (Rdnr. 4).

c) (Pfändungs-)Pfandgläubiger des Gewinnanspruchs

10 Die für den Zessionar getroffenen Feststellungen gelten im Grundsatz entsprechend für den (Pfändungs-)**Pfandgläubiger**, dem der vermeintliche Gewinnanspruch zur Einziehung überwiesen wurde (§ 835 Abs. 1 ZPO)[26]. Eine Abweichung ergibt sich allerdings daraus, dass unter Zugrundelegung der Rechtsprechung des BGH der Bereicherungsanspruch der Gesellschaft bei Nichtbestehen der gepfändeten Forderung direkt gegen den Pfändungspfandgläubiger und nicht gegen den Gesellschafter gerichtet ist[27].

---

22 *Habersack*, in: Ulmer/Habersack/Löbbe, Rdnr. 3; *Löwisch*, in: MünchKomm. GmbHG, Rdnr. 2.

23 *Habersack*, in: Ulmer/Habersack/Löbbe, Rdnr. 9.

24 *Fastrich*, in: Baumbach/Hueck, Rdnr. 4; *Habersack*, in: Ulmer/Habersack/Löbbe, Rdnr. 8; *Löwisch*, in: MünchKomm. GmbHG, Rdnr. 4, 13.

25 Vgl. BGH v. 2.11.1988 – IVb ZR 102/87, BGHZ 105, 365, 368 ff.; BGH v. 19.1.2005 – VIII ZR 173/03, NJW 2005, 1369 f. („sofern nicht besondere Gründe eine andere Risikoverteilung gebieten"); ausführlich zum Streitstand *Schwab*, in: MünchKomm. BGB, 7. Aufl. 2017, § 812 BGB Rdnr. 232 ff., der selbst entgegen der h.M. für eine Inanspruchnahme des Zessionars plädiert.

26 *Löwisch*, in: MünchKomm. GmbHG, Rdnr. 13.

27 Vgl. BGH v. 13.6.2002 – IX ZR 242/01, BGHZ 151, 127, 128 ff.; *Schwab*, in: MünchKomm. BGB, 7. Aufl. 2017, § 812 BGB Rdnr. 247 ff.

d) Nießbraucher

Der Schutz des § 32 erstreckt sich zudem auch auf **Nießbraucher** des Geschäftsanteils, da die Wirkung des Nießbrauchs darin besteht, dass etwaige Gewinnansprüche mit Fassung des Verwendungsbeschlusses nicht in der Person des Gesellschafters, sondern derjenigen des Nießbrauchers entstehen (§ 15 Rdnr. 214)[28]. 11

4. Guter Glaube

a) Begriff und Bezugspunkt

Das Privileg des § 32 steht nur demjenigen zu, der die Gewinnanteile in **gutem Glauben** bezogen hat. Für den Begriff der Gutgläubigkeit gilt das zu § 31 Abs. 2 (§ 31 Rdnr. 38 f.) Gesagte entsprechend. Hier wie dort schadet **analog § 932 Abs. 2 BGB** Kenntnis oder grob fahrlässige Unkenntnis[29], nicht schon einfache Fahrlässigkeit wie im Rahmen des § 62 Abs. 1 Satz 2 AktG. **Bezugspunkt** des guten Glaubens ist die **Berechtigung**, die Auszahlung beziehen zu dürfen. An der Gutgläubigkeit fehlt es mithin, wenn der Gesellschafter wusste oder grob fahrlässig verkannt hat, dass der Gewinnverwendungsbeschluss nichtig war und die Auszahlung deshalb ohne Rechtsgrund erfolgt ist. Analog § 142 Abs. 2 BGB stehen Kenntnis und grobe Fahrlässigkeit der Anfechtbarkeit des Verwendungsbeschlusses derjenigen der Nichtigkeit gleich[30]. Schuldlose oder leicht fahrlässige Rechtsirrtümer entlasten in gleicher Weise wie entsprechende Tatsachenirrtümer[31]. Sofern bisweilen formuliert wird, Bezugspunkt des guten Glaubens sei die äußerliche Ordnungsgemäßheit des Verfahrens der Gewinnfeststellung und -verwendung[32], darf das nicht missverstanden werden. Wer weiß, dass die Feststellung des Jahresabschlusses aus inhaltlichen Gründen, z.B. infolge der Überbewertung von Posten (§ 256 Abs. 5 AktG analog), unrichtig und nichtig ist, kann sich selbstverständlich nicht darauf zurückziehen, dass die Beschlussfassung über Gewinnfeststellung und -verwendung formal ordnungsgemäß abgelaufen sei. 12

b) Maßgeblicher Zeitpunkt und maßgebliche Person

Maßgeblicher **Zeitpunkt** für die Gutgläubigkeit ist derjenige des **Empfangs des Gewinnanteils**[33]. Maßgebliche Person ist der **Gesellschafter**, auf dessen Geschäftsanteil die Dividende ausgezahlt wird. Dabei bleibt es unabhängig vom Zeitpunkt der Abtretung selbst dann, wenn der (vermeintliche) Gewinnanspruch abgetreten wurde, die Ausschüttung an den Zessionar erfolgte und die Gesellschaft ihren Kondiktionsanspruch ausnahmsweise (Rdnr. 9) gegen den Zessionar richten kann. Die Bösgläubigkeit des Gesellschafters schadet mithin auch dem gutgläubigen Zessionar, während sich umgekehrt selbst ein bösgläubiger Zessionar auf § 32 berufen kann, wenn der Gesellschafter gutgläubig war[34]. Etwas anderes soll nach h.M. gelten, wenn der bösgläubige Zessionar selbst an dem Feststellungs- und Verwendungs- 13

---

28 *Habersack*, in: Ulmer/Habersack/Löbbe, Rdnr. 9; *Löwisch*, in: MünchKomm. GmbHG, Rdnr. 13. Zur relevanten Person für die Frage der Gutgläubigkeit s. noch Rdnr. 13.

29 *Altmeppen*, in: Roth/Altmeppen, Rdnr. 5 i.V.m. § 31 Rdnr. 22; *Fastrich*, in: Baumbach/Hueck, Rdnr. 6; *Habersack*, in: Ulmer/Habersack/Löbbe, Rdnr. 12; *Löwisch*, in: MünchKomm. GmbHG, Rdnr. 15.

30 *Thiessen*, in: Bork/Schäfer, Rdnr. 13; *Löwisch*, in: MünchKomm. GmbHG, Rdnr. 15.

31 *Löwisch*, in: MünchKomm. GmbHG, Rdnr. 15; *Thiessen*, in: Bork/Schäfer, Rdnr. 14; s. auch oben § 31 Rdnr. 40.

32 Vgl. etwa *Diers*, in: Saenger/Inhester, Rdnr. 5.

33 Allg. M.; *Fastrich*, in: Baumbach/Hueck, Rdnr. 6; *Habersack*, in: Ulmer/Habersack/Löbbe, Rdnr. 12; *Löwisch*, in: MünchKomm. GmbHG, Rdnr. 16; *Pentz*, in: Rowedder/Schmidt-Leithoff, Rdnr. 11.

34 *Fastrich*, in: Baumbach/Hueck, Rdnr. 4; *Habersack*, in: Ulmer/Habersack/Löbbe, Rdnr. 8, 12; *Löwisch*, in: MünchKomm. GmbHG, Rdnr. 17.

beschluss mitgewirkt hat[35]. Das leuchtet unmittelbar ein, soweit er dabei als Stellvertreter des Gesellschafters aufgetreten ist (§ 166 Abs. 1 BGB), erscheint im Übrigen jedoch zweifelhaft. Gleiches wie für den Zessionar muss für (Pfändungs-) Pfandgläubiger des Gewinnanspruchs und für Nießbraucher des Geschäftsanteils gelten[36].

III. Rechtsfolgen

1. Rechtsfolgen bei Vorliegen der Voraussetzungen des § 32

14 Liegen die Voraussetzungen des § 32 vor, ist der Empfänger unter keinem rechtlichen Gesichtspunkt verpflichtet, die empfangenen Gewinnanteile zu erstatten, da § 32 eine **dauernde rechtshindernde Einwendung** begründet[37]. Unerheblich ist, ob sich der Rückforderungsanspruch der Gesellschaft auf Bereicherungsrecht oder ausnahmsweise auf eine andere Rechtsgrundlage stützt, z.B. eine entsprechende Satzungsbestimmung oder §§ 985 ff. BGB (Rdnr. 1).

15 **Keinen Schutz** bietet § 32 aber, wenn der Insolvenzverwalter oder ein Gläubiger der Gesellschaft die Gewinnauszahlung erfolgreich nach §§ 129 ff. InsO bzw. den Vorschriften des AnfG angefochten hat und die Auszahlung daher nach **§ 143 InsO, § 11 AnfG** zurück zu gewähren ist[38]; denn in diesem Fall sind Gläubigerinteressen berührt, die das Vertrauen der Gesellschafter in eine Leistung ohne Rechtsgrund überwiegen[39]. Eine solche Anfechtung dürfte jedoch anders als bei gegen § 30 verstoßenden Ausschüttungen nur selten in Betracht kommen. Zwar mag man auf den ersten Blick insbesondere an die Schenkungsanfechtung nach § 134 InsO, § 4 AnfG denken, da rechtsgrundlose Zahlungen vielfach unentgeltlichen gleichgestellt werden[40]. Ob das allerdings ausnahmslos gilt, ist nicht gesichert. In den im Rahmen des § 32 interessierenden Fällen ist zu bedenken, dass zulässig ausgezahlte Gewinne nach h.M. als Gegenleistung für den Kapitaleinsatz der Gesellschafter und daher nicht als unentgeltlich anzusehen sind (§ 31 Rdnr. 34). In den Fällen des § 32 ist zwar rechtsgrundlos ausgezahlt worden, aber gerade nicht gegen § 30 verstoßen worden, so dass der ausgezahlte Gewinn auch bei korrekter Feststellung des Jahresabschlusses und fehlerfreiem Verwendungsbeschluss grundsätzlich ausschüttungsfähig gewesen wäre. Das mag dafür sprechen, auch solche Ausschüttungen noch als Gegenleistung für den Kapitaleinsatz der Gesellschafter und damit nicht als unentgeltlich einzustufen[41]. – Zu der umstrittenen Frage, ob Gewinnausschüttungen, die innerhalb eines Jahres vor dem Insolvenzantrag erfolgt sind, der Anfechtung analog § 135 Abs. 1 Nr. 2 InsO unterliegen, s. bereits § 29 Rdnr. 96a.

---

35 *Habersack*, in: Ulmer/Habersack/Löbbe, Rdnr. 12; *Heidinger*, in: Michalski u.a., Rdnr. 14; *Löwisch*, in: MünchKomm. GmbHG, Rdnr. 17; *Pentz*, in: Rowedder/Schmidt-Leithoff, Rdnr. 17; *Thiessen*, in: Bork/Schäfer, Rdnr. 9; a.A. *Altmeppen*, in: Roth/Altmeppen, Rdnr. 3; *Fastrich*, in: Baumbach/Hueck, Rdnr. 6 Fn. 7.
36 Nachw. wie vor.
37 *Habersack*, in: Ulmer/Habersack/Löbbe, Rdnr. 1, 13; *Löwisch*, in: MünchKomm. GmbHG, Rdnr. 1, 18.
38 *Habersack*, in: Ulmer/Habersack/Löbbe, Rdnr. 13; *Thiessen*, in: Bork/Schäfer, Rdnr. 17; zum Parallelproblem im Rahmen des § 62 Abs. 1 Satz 2 AktG auch *Mylich*, AG 2011, 765, 768.
39 *Mylich*, AG 2011, 765, 768.
40 S. dazu etwa BGH v. 21.12.2010 – IX ZR 199/10, ZIP 2011, 484 Rdnr. 12; *Baumert*, ZIP 2010, 212; aber auch *Thole*, KTS 2011, 219, 223 f.
41 In diesem Sinne jedenfalls *Mylich*, AG 2011, 765, 768 f. (zur AG); sympathisierend auch *Habersack*, in: Ulmer/Habersack/Löbbe, Rdnr. 13.

2. Rechtslage bei Nichtvorliegen der Voraussetzungen des § 32

Fehlt es an den Voraussetzungen des § 32, ist zu unterscheiden. Sofern ein Verstoß gegen § 30   16
vorliegt, greift die Erstattungspflicht nach § 31 ein. Jenseits des durch § 30 geschützten Bereichs besteht bei Unwirksamkeit des Gewinnverwendungsbeschlusses der **Rückforderungsanspruch** der Gesellschaft aus den allgemeinen Anspruchsgrundlagen, namentlich aus § 812 Abs. 1 BGB (Rdnr. 1). Diesem gegenüber kann sich der Empfänger bei Nichteingreifen des § 32 nur nach den allgemeinen Regeln verteidigen, gegenüber dem Bereicherungsanspruch also etwa nach §§ 814, 818 Abs. 3 BGB[42]. Der Entreicherungseinwand (§ 818 Abs. 3 BGB) kann auch dann gegeben sein, wenn der Empfänger im Sinne des § 32 bösgläubig ist, da die Anwendung des § 818 Abs. 3 BGB erst bei positiver Kenntnis oder Rechtshängigkeit (§§ 818 Abs. 4, 819 Abs. 1 BGB) und nicht schon bei grober Fahrlässigkeit entfällt.

IV. Beweislast

Für die Darlegungs- und **Beweislast** gelten die **allgemeinen Regeln.** Jede Partei trägt somit   17
die Darlegungs- und Beweislast für das Vorliegen der Voraussetzungen der für sie günstigen Normen. Die Gesellschaft hat somit die anspruchsbegründenden Voraussetzungen für den Rückforderungsanspruch und damit insbesondere die Rechtsgrundlosigkeit der Dividendenzahlung zu beweisen[43]. Der Empfänger trägt dagegen die Beweislast für die Voraussetzungen der rechtshindernden Einwendung des § 32, namentlich auch für die Charakterisierung der Leistung als Gewinnbezug und für die Gutgläubigkeit[44]. In dem zuletzt genannten Punkt unterscheidet sich die Rechtslage abermals von derjenigen zu § 62 Abs. 1 Satz 2 AktG, der die Bösgläubigkeit als anspruchsbegründende und damit von der Gesellschaft zu beweisende Voraussetzung formuliert[45].

---

42 Allg. M., *Heidinger*, in: Michalski u.a., Rdnr. 17; *Pentz*, in: Rowedder/Schmidt-Leithoff, Rdnr. 20; *Thiessen*, in: Bork/Schäfer, Rdnr. 16.

43 Unstr., statt aller *Bayer/Illhardt*, GmbHR 2011, 638, 642; *Habersack*, in: Ulmer/Habersack/Löbbe, Rdnr. 14.

44 Ganz h.M., *Bayer/Illhardt*, GmbHR 2011, 638, 642; *Fastrich*, in: Baumbach/Hueck, Rdnr. 6; *Habersack*, in: Ulmer/Habersack/Löbbe, Rdnr. 14; *Heidinger*, in: Michalski u.a., Rdnr. 15; *Löwisch*, in: MünchKomm. GmbHG, Rdnr. 20 f.; *Pentz*, in: Rowedder/Schmidt-Leithoff, Rdnr. 13; abw. zur Gutgläubigkeit 10. Aufl., Rdnr. 10; *Thiessen*, in: Bork/Schäfer, Rdnr. 18.

45 § 62 Abs. 1 Satz 3 AktG a.F. wies die Beweislast noch dem Aktionär zu, doch wurde diese Vorschrift in Reaktion auf Art. 16 der europäischen Kapitalrichtlinie (77/91/EWG) gestrichen; *Bayer*, in: MünchKomm. AktG, 4. Aufl. 2016, § 62 AktG Rdnr. 76.

§ 32a a.F.
Eigenkapitalersetzende Gesellschafterdarlehen

(1) Hat ein Gesellschafter der Gesellschaft in einem Zeitpunkt, in dem ihr die Gesellschafter als ordentliche Kaufleute Eigenkapital zugeführt hätten (Krise der Gesellschaft), statt dessen ein Darlehen gewährt, so kann er den Anspruch auf Rückgewähr des Darlehens im Insolvenzverfahren über das Vermögen der Gesellschaft nur als nachrangiger Insolvenzgläubiger geltend machen.

(2) Hat ein Dritter der Gesellschaft in einem Zeitpunkt, in dem ihr die Gesellschafter als ordentliche Kaufleute Eigenkapital zugeführt hätten, statt dessen ein Darlehen gewährt und hat ihm ein Gesellschafter für die Rückgewähr des Darlehens eine Sicherung bestellt oder hat er sich dafür verbürgt, so kann der Dritte im Insolvenzverfahren über das Vermögen der Gesellschaft nur für den Betrag verhältnismäßige Befriedigung verlangen, mit dem er bei der Inanspruchnahme der Sicherung oder des Bürgen ausgefallen ist.

(3) Diese Vorschriften gelten sinngemäß für andere Rechtshandlungen eines Gesellschafters oder eines Dritten, die der Darlehensgewährung nach Absatz 1 oder 2 wirtschaftlich entsprechen. Die Regeln über den Eigenkapitalersatz gelten nicht für den nicht geschäftsführenden Gesellschafter, der mit zehn vom Hundert oder weniger am Stammkapital beteiligt ist. Erwirbt ein Darlehensgeber in der Krise der Gesellschaft Geschäftsanteile zum Zweck der Überwindung der Krise, führt dies für seine bestehenden oder neugewährten Kredite nicht zur Anwendung der Regeln über den Eigenkapitalersatz.

Eingeführt durch Gesetz vom 4.7.1980 (BGBl. I 1980, 836).

§ 32b a.F.
Haftung für Befreiung von Gesellschafter-Sicherheit

Hat die Gesellschaft im Fall des § 32a Abs. 2, 3 das Darlehen im letzten Jahr vor dem Antrag auf Eröffnung des Insolvenzverfahrens oder nach diesem Antrag zurückgezahlt, so hat der Gesellschafter, der die Sicherung bestellt hatte oder als Bürge haftete, der Gesellschaft den zurückgezahlten Betrag zu erstatten; § 146 der Insolvenzordnung gilt entsprechend. Die Verpflichtung besteht nur bis zur Höhe des Betrags, mit dem der Gesellschafter als Bürge haftete oder der dem Wert der von ihm bestellten Sicherung im Zeitpunkt der Rückzahlung des Darlehens entspricht. Der Gesellschafter wird von der Verpflichtung frei, wenn er die Gegenstände, die dem Gläubiger als Sicherung gedient hatten, der Gesellschaft zu ihrer Befriedigung zur Verfügung stellt. Diese Vorschriften gelten sinngemäß für andere Rechtshandlungen, die der Darlehensgewährung wirtschaftlich entsprechen.

Eingeführt durch Gesetz vom 4.7.1980 (BGBl. I 1980, 836). Aufgehoben durch das MoMiG vom 23.10.2008 (BGBl. I 2008, 2026).

Schrifttum: S. 11. Aufl., Anh. § 64; älteres Schrifttum zu §§ 32a, b in der 10. Aufl., §§ 32a, b; MoMiG-Schrifttum bis 2009 in der 10. Aufl., Band III, Nachtrag MoMiG §§ 32a, b a.F.

I. Das Kapitalersatzrecht vor dem MoMiG

1. Normenbestand nach altem Recht

a) Die **§§ 32a, b (a.F.)** enthielten **gesetzliche Regeln über den sog. Eigenkapitalersatz.** Sie 1
basierten auf der **GmbH-Novelle vom 4.7.1980** (BGBl. I 1980, 836)[1]. Die Bestimmungen
wurden für die Kapitalgesellschaft & Co. ergänzt durch

§ 129a a.F.

Bei einer offenen Handelsgesellschaft, bei der kein Gesellschafter eine natürliche Person ist, gelten
die §§ 32a und 32b des Gesetzes betreffend die Gesellschaften mit beschränkter Haftung sinngemäß
mit der Maßgabe, dass an die Stelle der Gesellschafter der Gesellschaft mit beschränkter Haftung
die Gesellschafter oder Mitglieder der Gesellschafter der offenen Handelsgesellschaft treten. Dies
gilt nicht, wenn zu den Gesellschaftern der offenen Handelsgesellschaft eine andere offene Handelsgesellschaft oder Kommanditgesellschaft gehört, bei der ein persönlich haftender Gesellschafter eine natürliche Person ist.

§ 172a a.F. HGB

Bei einer Kommanditgesellschaft, bei der kein persönlich haftender Gesellschafter eine natürliche
Person ist, gelten die §§ 32a, 32b des Gesetzes betreffend die Gesellschaften mit beschränkter Haftung sinngemäß mit der Maßgabe, dass an die Stelle der Gesellschafter der Gesellschaft mit beschränkter Haftung die Gesellschafter oder Mitglieder der persönlich haftenden Gesellschafter der
Kommanditgesellschaft treten. Dies gilt nicht, wenn zu den persönlich haftenden Gesellschaftern
eine offene Handelsgesellschaft oder Kommanditgesellschaft gehört, bei der ein persönlich haftender Gesellschafter eine natürliche Person ist.

Alle Bestimmungen waren im **Zusammenhang mit insolvenzrechtlichen Sonderregeln** über
eigenkapitalersetzende Darlehen und vergleichbare Rechtshandlungen zu sehen, nämlich:

§ 39 Abs. 1 Nr. 5 InsO a.F.

Im Rang nach den übrigen Forderungen der Insolvenzgläubiger werden in folgender Rangfolge, bei
gleichem Rang nach dem Verhältnis ihrer Beträge, berichtigt:

1.-4. …

5.   Nach Maßgabe der Absätze 4 und 5 Forderungen auf Rückgewähr eines Gesellschafterdarle-
       hens oder Forderungen aus Rechtshandlungen, die einem solchen Darlehen wirtschaftlich
       entsprechen.

§ 135 InsO a.F.

Anfechtbar ist eine Rechtshandlung, die für die Forderung eines Gesellschafters auf Rückgewähr eines Darlehens im Sinne des § 39 Abs. 1 Nr. 5 oder für eine gleichgestellte Forderung

1. Sicherung gewährt hat, wenn die Handlung in den letzten zehn Jahren vor dem Antrag auf Eröffnung des Insolvenzverfahrens oder nach diesem Antrag vorgenommen worden ist, oder

2. Befriedigung gewährt hat, wenn die Handlung im letzten Jahr vor dem Eröffnungsantrag oder
   nach diesem Antrag vorgenommen worden ist.

---

1 Dazu 10. Aufl., Rdnr. 15; s. auch *Dahl/Linnenbrink*, in: Michalski u.a., Syst. Darst. 6 Rdnr. 7.

§ 6 AnfG a.F.

Anfechtbar ist eine Rechtshandlung, die für die Forderung eines Gesellschafters auf Rückgewähr eines Darlehens im Sinne des § 39 Abs. 1 Nr. 5 der Insolvenzordnung oder für eine gleichgestellte Forderung

1. **Sicherung gewährt hat, wenn die Handlung in den letzten zehn Jahren vor der Anfechtung vorgenommen worden ist, oder**

2. **Befriedigung gewährt hat, wenn die Handlung im letzten Jahr vor der Anfechtung vorgenommen worden ist.**

Die Bestimmungen waren mehrfach, vor allem durch Art. 110 EGInsO[2], durch die Einführung des Kleinbeteiligungs- und des Sanierungsprivilegs im Jahr 1998[3] und durch die mit der Wiedervereinigung verbundenen Regelungen[4] angepasst worden. Sie wurden hier in der **10. Aufl.** ausführlich erläutert. Grundlage war der Gedanke, dass Gesellschafterdarlehen und gleichgestellte Gesellschafterleistungen, sofern **in der Krise der Gesellschaft gewährt oder verlängert**, kapitalersetzend und deshalb als **Risikokapital** den Grundsätzen des Kapitalschutzes zu unterstellen seien. Doch waren die Vorschriften auf der Rechtsfolgenseite **insolvenzrechtlich inspiriert. Sie sind richtungweisend auch für das geltende Recht.**

2 **b)** Mit diesen gesetzlichen Vorschriften über eigenkapitalersetzende Gesellschafterleistungen (Gesellschafterdarlehen und gleichgestellte Rechtshandlungen) ging eine **richterrechtliche Sonderbehandlung** dieser Gesellschafterleistungen auf gesellschaftsrechtlicher Basis einher[5], und zwar schon vor der gesetzlichen Regelung von 1980 (Rdnr. 1)[6]. Die Hauptbedeutung dieses Richterrechts hatte bis 1980, also vor Inkrafttreten der bei Rdnr. 1 genannten Spezialvorschriften, darin gelegen, eine rechtliche Grundlage für ein **ungeschriebenes Eigenkapitalersatzrecht** zu schaffen. Wesentlicher Inhalt dieses Eigenkapitalersatzrechts war eine **Gleichbehandlung der eigenkapitalersetzenden Finanzierungsleistungen mit dem nach §§ 30, 31 gebundenen Kapital.** Hieraus ergab sich für die Dauer der Krise ein **Rückzahlungsverbot analog § 30**[7] und im Fall einer verbotenen Rückzahlung (bzw. in Fällen des § 32a Abs. 2 a.F. einer verbotenen Befreiung des Gesellschafters) ein gesellschaftsrechtlicher **Anspruch gegen den Gesellschafter analog § 31**[8]. Auch nach der Einführung der §§ 32a, b und der in Rdnr. 1 genannten Bestimmung hielt der BGH in **BGHZ 90, 370, 376 ff.**[9] an dieser Rechtsprechung fest. Das Ergebnis war ein Nebeneinander der im Wesentlichen auf die §§ 30, 31 gestützten „Rechtsprechungsregeln" und der aus Rdnr. 1 ersichtlichen „Novellenregeln"[10]. Die maßgeblichen **Tatbestände** wurden seither dem Recht der GmbH-Novelle von 1980 (Rdnr. 1), nämlich den §§ 32a und b GmbHG a.F., §§ 129a, 172a HGB a.F., entnommen[11]. Aber auf der **Rechtsfolgenseite** konkurrierten die §§ 30, 31[12] mit den gesetzlichen Spezialregeln der §§ 39 Abs. 1 Nr. 5 und 135 InsO a.F.[13]. In der forensischen Praxis standen gegenüber den schwächeren positivrechtlichen Rechtsfolgen der Insolvenzordnung (also den „Novellenregeln") die an

---

2 Dazu 10. Aufl., Rdnr. 25.

3 Dazu 10. Aufl., Rdnr. 26.

4 Dazu 10. Aufl., Rdnr. 27.

5 Eingehend 10. Aufl., Rdnr. 77 ff.

6 Dazu 10. Aufl., Rdnr. 15.

7 Näher 10. Aufl., Rdnr. 78 ff.

8 Eingehend 10. Aufl., Rdnr. 83 ff.

9 BGH v. 26.3.1984 – II ZR 14/84, BGHZ 90, 370, 376 ff. = NJW 1984, 1891, 1893 = GmbHR 1984, 313.

10 Vgl. 10. Aufl., Rdnr. 15, 77, 226; *B. Schäfer*, in: Kummer/Schäfer/Wagner, Insolvenzanfechtung, 3. Aufl. 2017, Rdnr. H 16.

11 Eingehend 10. Aufl., Rdnr. 28 ff., 155 ff., 227 ff.

12 Dazu 10. Aufl., Rdnr. 15, 77 ff. 183, 234.

13 Zu ihnen 10. Aufl., Rdnr. 58 ff.

§§ 30, 31 orientierten und deshalb schärferen „Rechtsprechungsregeln" im Vordergrund[14]. Das positive Recht der GmbH-Novelle wurde durch das Rechtsprechungsrecht marginalisiert.

2. Charakteristika des alten Rechts

a) Für das vor dem MoMiG geltende Recht charakteristisch war auf der **Tatbestandsseite**, dass nicht die Kreditgewährung durch einen Gesellschafter als solche, sondern erst deren **eigenkapitalersetzende Funktion** das **Sonderrecht** der **Gesellschafter-Fremdfinanzierung in der Krise** zur Anwendung brachte. Die **Finanzierungsverantwortung** (seit BGHZ 127, 336, 344 f.[15]: „Finanzierungsfolgenverantwortung"[16]) der Gesellschafter[17], verbunden mit der aktuellen **Kreditvergabe oder Kreditverlängerung („Stehenbleiben") in der Krise** führte zu einer **Umqualifizierung** von Gesellschafter-Fremdkapital in **Quasi-Eigenkapital** mit der Folge der Anwendbarkeit sowohl der sog. Rechtsprechungsregeln (Rdnr. 2) als auch der sog. Novellenregeln (Rdnr. 1). Das **Konzept** war, wenngleich seit dem MoMiG (Rdnr. 8 f.) in weite Ferne gerückt, rechtspolitisch nicht ohne Plausibilität[18], allerdings belastet durch ein hohes Maß an Rechtsunsicherheit, durch hohen Prozessaufwand und durch große Prozessrisiken[19]. Der **Hauptvorteil des neuen Rechts** (Rdnr. 8) dürfte nicht in seiner höheren Wertungsstimmigkeit, sondern in der ihm innewohnenden Vereinfachung liegen[20].   3

b) Eine Besonderheit des alten Rechts lag und liegt in der **Herausarbeitung eines Sonderrechts der eigenkapitalersetzenden Nutzungsüberlassung durch den Bundesgerichtshof**[21]. Die Nutzungsüberlassung wurde als eine Rechtshandlung angesehen, die einer Darlehensgewährung wirtschaftlich entspricht. Die gravierenden Rechtsfolgen wurden hier in der 10. Auflage umfassend dargestellt[22], der Ansatz allerdings einer Kritik im Grundsätzlichen unterzogen[23]. Im neuen Recht hat die Nutzungsüberlassung in Anbetracht des § 135 Abs. 3 InsO n.F. keinen Platz mehr unter den darlehensgleichen Gesellschafterleistungen (Rdnr. 8 a.E.).   4

3. Fortbleibende Bedeutung des alten Rechts

Die MoMiG-Regeln (Rdnr. 8 f.) sind ab November 2008 an die Stelle des alten Rechts (Rdnr. 1 f.) getreten. Bezüglich ihrer fortgeltenden Bedeutung ist zu unterscheiden.   5

---

14 10. Aufl., Rdnr. 15, 77.
15 BGH v. 7.11.1994 – II ZR 270/93, BGHZ 127, 336, 344 f. = GmbHR 1995, 38.
16 Zur Terminologie vgl. krit. *Karsten Schmidt*, in: Liber amicorum Martin Winter, 2011, S. 601, 608.
17 10. Aufl., Rdnr. 4.
18 Vgl. 10. Aufl., Rdnr. 18; 10. Aufl., Bd. III Nachtrag MoMiG §§ 32a/b a.F. Rdnr. 9; vgl. auch *Altmeppen*, NJW 2008, 3601 f.; *Karsten Schmidt*, GmbHR 2005, 797 ff.; *Karsten Schmidt*, ZIP 2006, 1925 f.
19 Vgl. 10. Aufl., Bd. III Nachtrag MoMiG §§ 32a/b a.F. Rdnr. 10.
20 Vgl. 10. Aufl., Bd. III Nachtrag MoMiG §§ 32a/b a.F. Rdnr. 9 f.
21 BGH v. 16.10.1989 – II ZR 307/88, BGHZ 109, 55, 58 f. = BB 1989, 2350 = NJW 1990, 516 = GmbHR 1990, 118; BGH v. 14.12.1992 – II ZR 298/91, BGHZ 121, 31 = NJW 1993, 392 = GmbHR 1993, 87 = ZIP 1993, 189; BGH v. 11.7.1994 – II ZR 146/92, BGHZ 127, 1 = NJW 1994, 2349 mit Anm. *Altmeppen* = GmbHR 1994, 612 = ZIP 1994, 1261; BGH v. 11.7.1994 – II ZR 162/92, BGHZ 127, 17 = NJW 1994, 2760 = GmbHR 1994, 691 = ZIP 1994, 1441; BGH v. 7.12.1998 – II ZR 382/96, BGHZ 140, 147 = NJW 1999, 577 = GmbHR 1999, 175 = NZG 1999, 305 = ZIP 1999, 65; BGH v. 16.6.1997 – II ZR 154/96, NJW 1997, 3026 = GmbHR 1997, 793; BGH v. 18.12.2000 – II ZR 191/99, GmbHR 2001, 197 mit Anm. *Bormann*; BGH v. 31.1.2005 – II ZR 240/02, GmbHR 2005, 534 = NZG 2005, 346 = ZIP 2005, 484; zusammenfassend *B. Schäfer*, in: Kummer/Schäfer/Wagner, Insolvenzanfechtung, 3. Aufl. 2017, Rdnr. H 13 f.
22 10. Aufl., Rdnr. 129–142.
23 10. Aufl., Rdnr. 135; Nachtrag MoMiG §§ 32a/b a.F. Rdnr. 66.

6 **a)** Die **Weiteranwendung des alten Rechts** bestimmt sich nach dem Übergangsrecht und wird bei Rdnr. 12 ff. behandelt.

7 **b)** Die **Fortwirkung der Interpretation** und die **fortlebende Bedeutung der fallrechtlichen Praxis** aus dem alten Recht ist eine Frage der Kontinuität oder Diskontinuität von Normzwecken.

II. Das Recht der Gesellschafter-Fremdfinanzierung seit dem MoMiG

1. Charakteristika der geltenden Regeln

8 Die durch das MoMiG eingeführten Änderungen sind vor allem durch folgende Züge gekennzeichnet: Die Sonderbehandlung der Gesellschafterdarlehen basiert nicht auf ihrer Gleichbehandlung mit Eigenkapital (**„Abschaffung des Eigenkapitalersatzrechts"**), sondern auf der Verschiedenbehandlung von Drittgläubigern und Gesellschaftern als Darlehensgläubigern in Vollstreckung und Insolvenz[24]. Es kommt also nicht mehr darauf an, ob der Kredit oder die gleichgestellte Gesellschafterleistung in der Krise begeben wurde oder stehengeblieben ist[25]. Das **Gesetzesrecht** hat das Rechtsprechungsrecht, das **Insolvenzrecht** hat das Gesellschaftsrecht beiseitegeschoben. Es gibt für Gesellschafterdarlehen kein aus § 30 GmbHG ableitbares oder daran angelehntes Rückzahlungsverbot (vgl. **§ 30 Abs. 1 Satz 3**) und deshalb auch keine Wiedereinzahlungspflicht des Zahlungsempfängers nach § 31 mehr (**„Abschaffung der Rechtsprechungsregeln"**)[26]. Die Rückforderung unzeitig zurückgeflossener Kredite kann nur noch auf § 135 InsO bzw. § 6 AnfG gestützt werden. Daneben gibt es zwar mit § 64 Satz 3 ein neues Zahlungsverbot, aber dieses ist an den Geschäftsführer gerichtet und die Rückzahlungsverpflichtung im Fall eines Verstoßes trifft ihn, nicht den Empfänger, zur Rückzahlung (dazu näher 11. Aufl., § 64 Rdnr. 108 f.)[27]. Ganz eigenständige Regeln, die nicht mehr auf einer Gleichstellung mit einer Kreditvergabe beruhen, sind für **Nutzungsüberlassungen** in **§ 135 Abs. 3 InsO** enthalten (11. Aufl., Anh. § 64 Rdnr. 304 ff.)[28]. Das Sonderrecht der Gesellschafterfinanzierung findet auf die Nutzungsüberlassung als solche keine Anwendung mehr[29]. Anderes gilt selbstverständlich für stehengebliebene oder gestundete Forderungen auf Nutzungsentgelt[30].

2. Das positive Recht

9 Hervorzuheben sind folgende Vorschriften:

§ 39 Abs. 1 Nr. 5 InsO

(1) Im Rang nach den übrigen Forderungen der Insolvenzgläubiger werden in folgender Rangfolge, bei gleichem Rang nach dem Verhältnis ihrer Beträge, berichtigt:

…

---

24 Vgl. 10. Aufl., Bd. III Nachtrag MoMiG §§ 32a/b a.F. Rdnr. 6, 8.
25 10. Aufl., Bd. III Nachtrag MoMiG §§ 32a/b a.F. Rdnr. 5.
26 10. Aufl., Bd. III Nachtrag MoMiG §§ 32a/b a.F. Rdnr. 32 ff.
27 10. Aufl., Bd. III Nachtrag MoMiG §§ 32a/b a.F. Rdnr. 33.
28 Eingehend 10. Aufl., Bd. III Nachtrag MoMiG §§ 32a/b a.F. Rdnr. 64 ff.; über praktische Auswirkungen vgl. *Karsten Schmidt*, in: FS Wellensiek, S. 551 ff.
29 BGH v. 29.1.2015 – IX ZR 279/13, BGHZ 204, 83 = ZIP 2015, 589 = GmbHR 2015, 420; *Karsten Schmidt*, § 135 InsO Rdnr. 31, eingehend 10. Aufl., Bd. III Nachtrag MoMiG §§ 32a/b a.F. Rdnr. 68; *Karsten Schmidt*, in: Liber amicorum Martin Winter, 2011, S. 601, 622 ff.; s. auch *Dahl/Linnenbrink*, in: Michalski u.a., Syst. Darst. 6 Rdnr. 186 ff.; a.M. *Haas*, in: FS Ganter, S. 189, 193 ff.
30 10. Aufl., Rdnr. 131.

5. nach Maßgabe der Absätze 4 und 5 Forderungen auf Rückgewähr eines Gesellschafterdarlehens oder Forderungen aus Rechtshandlungen, die einem solchen Darlehen wirtschaftlich entsprechen.

§ 44a InsO

In dem Insolvenzverfahren über das Vermögen einer Gesellschaft kann ein Gläubiger nach Maßgabe des § 39 Abs. 1 Nr. 5 für eine Forderung auf Rückgewähr eines Darlehens oder für eine gleichgestellte Forderung, für die ein Gesellschafter eine Sicherheit bestellt oder für die er sich verbürgt hat, nur anteilsmäßige Befriedigung aus der Insolvenzmasse verlangen, soweit er bei der Inanspruchnahme der Sicherheit oder des Bürgen ausgefallen ist.

§ 135 InsO

(1) Anfechtbar ist eine Rechtshandlung, die für die Forderung eines Gesellschafters auf Rückgewähr eines Darlehens im Sinne des § 39 Abs. 1 Nr. 5 oder für eine gleichgestellte Forderung

1. Sicherung gewährt hat, wenn die Handlung in den letzten zehn Jahren vor dem Antrag auf Eröffnung des Insolvenzverfahrens oder nach diesem Antrag vorgenommen worden ist, oder

2. Befriedigung gewährt hat, wenn die Handlung im letzten Jahr vor dem Eröffnungsantrag oder nach diesem Antrag vorgenommen worden ist.

(2) Anfechtbar ist eine Rechtshandlung, mit der eine Gesellschaft einem Dritten für eine Forderung auf Rückgewähr eines Darlehens innerhalb der in Absatz 1 Nr. 2 genannten Fristen Befriedigung gewährt hat, wenn ein Gesellschafter für die Forderung eine Sicherheit bestellt hatte oder als Bürge haftete; dies gilt sinngemäß für Leistungen auf Forderungen, die einem Darlehen wirtschaftlich entsprechen.

(3) Wurde dem Schuldner von einem Gesellschafter ein Gegenstand zum Gebrauch oder zur Ausübung überlassen, so kann der Aussonderungsanspruch während der Dauer des Insolvenzverfahrens, höchstens aber für eine Zeit von einem Jahr ab der Eröffnung des Insolvenzverfahrens nicht geltend gemacht werden, wenn der Gegenstand für die Fortführung des Unternehmens des Schuldners von erheblicher Bedeutung ist. Für den Gebrauch oder die Ausübung des Gegenstandes gebührt dem Gesellschafter ein Ausgleich; bei der Berechnung ist der Durchschnitt der im letzten Jahr vor Verfahrenseröffnung geleisteten Vergütung in Ansatz zu bringen, bei kürzerer Dauer der Überlassung ist der Durchschnitt während dieses Zeitraums maßgebend.

(4) § 39 Abs. 4 und 5 gilt entsprechend.

§ 143 InsO

(1) Was durch die anfechtbare Handlung aus dem Vermögen des Schuldners veräußert, weggegeben oder aufgegeben ist, muss zur Insolvenzmasse zurückgewährt werden. Die Vorschriften über die Rechtsfolgen einer ungerechtfertigten Bereicherung, bei der dem Empfänger der Mangel des rechtlichen Grundes bekannt ist, gelten entsprechend. Eine Geldschuld ist nur zu verzinsen, wenn die Voraussetzungen des Schuldnerverzugs oder des § 291 des Bürgerlichen Gesetzbuchs vorliegen; ein darüber hinausgehender Anspruch auf Herausgabe von Nutzungen eines erlangten Geldbetrags ist ausgeschlossen.

(2) Der Empfänger einer unentgeltlichen Leistung hat diese nur zurückzugewähren, soweit er durch sie bereichert ist. Dies gilt nicht, sobald er weiß oder den Umständen nach wissen muss, dass die unentgeltliche Leistung die Gläubiger benachteiligt.

(3) Im Fall der Anfechtung nach § 135 Abs. 2 hat der Gesellschafter, der die Sicherheit bestellt hatte oder als Bürge haftete, die dem Dritten gewährte Leistung zur Insolvenzmasse zu erstatten. Die Verpflichtung besteht nur bis zur Höhe des Betrags, mit dem der Gesellschafter als Bürge haftete oder der dem Wert der von ihm bestellten Sicherheit im Zeitpunkt der Rückgewähr des Darlehens oder der Leistung auf die gleichgestellte Forderung entspricht. Der Gesellschafter wird von der Verpflichtung frei, wenn er die Gegenstände, die dem Gläubiger als Sicherheit gedient hatten, der Insolvenzmasse zur Verfügung stellt.

§ 6 AnfG

(1) Anfechtbar ist eine Rechtshandlung, die für die Forderung eines Gesellschafters auf Rückgewähr eines Darlehens im Sinne des § 39 Abs. 1 Nr. 5 der Insolvenzordnung oder für eine gleichgestellte Forderung

1. Sicherung gewährt hat, wenn die Handlung in den letzten zehn Jahren vor Erlangung des vollstreckbaren Schuldtitels oder danach vorgenommen worden ist, oder

2. Befriedigung gewährt hat, wenn die Handlung im letzten Jahr vor Erlangung des vollstreckbaren Schuldtitels oder danach vorgenommen worden ist.

Wurde ein Antrag auf Eröffnung eines Insolvenzverfahrens nach § 26 Abs. 1 der Insolvenzordnung abgewiesen, bevor der Gläubiger einen vollstreckbaren Schuldtitel erlangt hat, so beginnt die Anfechtungsfrist mit dem Antrag auf Eröffnung des Insolvenzverfahrens.

(2) Die Anfechtung ist ausgeschlossen, wenn nach dem Schluss des Jahres, in dem der Gläubiger den vollstreckbaren Schuldtitel erlangt hat, drei Jahre verstrichen sind. Wurde die Handlung später vorgenommen, so ist die Anfechtung drei Jahre nach dem Schluss des Jahres ausgeschlossen, in dem die Handlung vorgenommen worden ist.

§ 6a AnfG

Anfechtbar ist eine Rechtshandlung, mit der eine Gesellschaft einem Dritten für eine Forderung auf Rückgewähr eines Darlehens innerhalb der in § 6 Abs. 1 Satz 1 Nr. 2 und Satz 2 genannten Fristen Befriedigung gewährt hat, wenn ein Gesellschafter für die Forderung eine Sicherheit bestellt hatte oder als Bürge haftete; dies gilt sinngemäß für Leistungen auf Forderungen, die einem Darlehen wirtschaftlich entsprechen. § 39 Abs. 4 und 5 der Insolvenzordnung und § 6 Abs. 2 gelten entsprechend.

3. Auslegung des seit dem MoMiG geltenden Rechts

10　Eine **eingehende Darstellung des neuen Rechts** befindet sich im vorliegenden Werk im Anhang § 64 (vgl. 11. Aufl., Anh. § 64 Rdnr. 36 ff.; zuvor bereits 10. Aufl., Bd. III Nachtrag MoMiG §§ 32a/b a.F.).

III. Übergangsrecht

1. Art. 103d EGInsO

11　**a)** Das **MoMiG** ist am 1.11.2008 in Kraft getreten (**Art. 25 MoMiG**). An diesem Tag traten die §§ 32a, b GmbHG und §§ 129a, 172a HGB außer Kraft. Die **haftungsrechtliche Behandlung von Altfällen** regelt **Art. 103d EGInsO**. Die Bestimmung ist eine unvollständige und wenig klärende Übergangsregel[31]. Sie lautet:

„Auf Insolvenzverfahren, die vor dem Inkrafttreten des Gesetzes vom 23. Oktober 2008 (BGBl. I S. 2026) am 1. November 2008 eröffnet worden sind, sind die bis dahin geltenden gesetzlichen Vorschriften weiter anzuwenden. Im Rahmen von nach dem 1. November 2008 eröffneten Insolvenzverfahren sind auf vor dem 1. November 2008 vorgenommene Rechtshandlungen die bis dahin geltenden Vorschriften der Insolvenzordnung über die Anfechtung von Rechtshandlungen anzuwenden, soweit die Rechtshandlungen nach dem bisherigen Recht der Anfechtung entzogen oder in geringerem Umfang unterworfen sind."

12　**b)** Nach dieser Bestimmung wird es in Zivilprozessen noch für lange Jahre bei der **Anwendung des durch das MoMiG aufgehobenen Kapitalersatzrechts** auf abgeschlossene Vorgänge vor dem 1.11.2008 bleiben. Für diese Fälle wird auf die **Darstellung in der 10. Aufl.** verwiesen.

31　Dazu *Goette*, in: Goette/Habersack, Das MoMiG in Wissenschaft und Praxis, 2009, Rdnr. 9.51 ff.; *Goette/Kleindiek*, Gesellschafterfinanzierung nach MoMiG, 6. Aufl. 2010, Rdnr. 81 ff.; *Altmeppen*, in: Roth/Altmeppen, Anh. § 30 Rdnr. 13 ff.; *Bayer*, in: Lutter/Hommelhoff, § 3 EGGmbHG Rdnr. 6; *Görner*, in: Rowedder/Schmidt-Leithoff, Anh. § 30 Rdnr. 200 ff.; *Habersack*, in: Ulmer/Habersack/Löbbe, Anh. § 30 Rdnr. 41; *Kleindiek*, in: Lutter/Hommelhoff, Anh. § 64 Rdnr. 171 ff.; *Kleindiek*, in: Kayser/Thole, § 39 InsO Rdnr. 28 ff.; *Haas*, DStR 2009, 976 ff.; *Gutmann/Nawroth*, ZInsO 2009, 174 ff.; *Hirte/Knof/Mock*, NZG 2009, 48 ff.; *Lorenz*, GmbHR 2009, 135 ff.; *Dahl/Schmitz*, NJW 2009, 1279 f.

2. Die Rechtslage in Altverfahren (Eröffnungsbeschluss vor 1.11.2008)

a) Art. 103d Satz 1 EGInsO enthält für **Altverfahren** dem Wortlaut nach nur eine **Verfahrens-**   13
regel: Danach werden Alt-Insolvenzverfahren, die bereits vor dem 1.11.2008 eröffnet waren,
ohne die durch das MoMiG herbeigeführten Veränderungen abgewickelt. Jedoch ist die Bestimmung in dem Sinne auszulegen, dass in den beschriebenen Altverfahren **auch das mate-**
rielle Recht nach dem Stand vor dem 1.11.2008 anzuwenden ist, und zwar auch, soweit es
vor diesem Stichtag in der InsO überhaupt nicht enthalten war[32]. Auch die sog. **Rechtspre-**
chungsregeln zu §§ 30, 31[33] gelten **für** diese **Altfälle** weiter (vgl. auch § 30 Rdnr. 111)[34]. Der
BGH hat im Urteil „Gut Buschow" vom 26.1.2009 offen gelassen, ob diese Übergangsregel aus
Art. 103d EGInsO oder aus den allgemeinen Grundsätzen des intertemporalen Rechts folgt[35]:
„Das Eigenkapitalersatzrecht in Gestalt der Novellenregeln (§§ 32a, 32b GmbHG a.F.) und der
Rechtsprechungsregeln (§§ 30, 31 GmbHG a.F. analog) findet gemäß der Überleitungsnorm
des Art. 103d EGInsO wie nach allgemeinen Grundsätzen des intertemporalen Rechts auf ‚Altfälle', in denen das Insolvenzverfahren vor Inkrafttreten des Gesetzes zur Modernisierung des
GmbH-Rechts und zur Bekämpfung von Missbräuchen (MoMiG) vom 23.10.2008 (BGBl. I
2008, 2026) eröffnet worden ist, als zurzeit der Verwirklichung des Entstehungstatbestands
des Schuldverhältnisses geltendes ‚altes' Gesetzesrecht weiterhin Anwendung." Der BGH hat
damit den Stimmen eine Absage erteilt, die aus § 30 Abs. 1 Satz 3 n.F. ein Erlöschen von mate-
riellrechtlichen Ansprüchen aus altem Eigenkapitalersatzrecht ableiten wollten[36]. Er hat durch
ein Urteil vom selben Tag ausgesprochen, dass dies nicht nur für die GmbH (§ 32a a.F.) und
GmbH & Co. KG (§§ 161, 129a HGB a.F.) gilt, sondern auch für eine GbR, bei der keine natürliche Person unbeschränkt haftet[37]. Diese Rechtsprechung überzeugt. Das MoMiG hat zwar
eingezahlte Gesellschafterdarlehen mit Wirkung ab 1.11.2008 von der zuvor aus § 30 abgeleiteten Bindung befreit („entstrickt")[38], hat jedoch aus bereits abgeschlossenen Tatbeständen
entstandene Ansprüche der Gesellschaft analog § 31 aus der Rückzahlung eigenkapitalersetzender Gesellschafterdarlehen (vgl. Rdnr. 2) nicht am 1.11.2008 zum Erlöschen gebracht (vgl.
auch Rdnr. 17)[39].

---

32 *Kleindiek*, in: Lutter/Hommelhoff, Anh. § 64 Rdnr. 172; *Haas*, DStR 2009, 976; *Gutmann/Nawroth*,
    ZInsO 2009, 174, 177 f.; *Büscher*; GmbHR 2009, 800, 801.
33 10. Aufl., Rdnr. 77 ff.
34 BGH v. 26.1.2009 – II ZR 260/07, BGHZ 179, 249 = DStR 2009, 699 mit Anm. *Goette* = GmbHR
    2009, 427 = NJW 2009, 1277 = JuS 2009, 870 (*Karsten Schmidt*) = ZIP 2009, 471; BGH v. 16.2.2009
    – II ZR 120/07, GmbHR 2009, 540, 544; OLG Jena v. 18.3.2009 – 6 U 761/07, ZIP 2009, 2098 =
    GmbHR 2009, 431; *Goette/Kleindiek*, Gesellschafterfinanzierung nach MoMiG, 6. Aufl. 2010,
    Rdnr. 83; *Altmeppen*, in: Roth/Altmeppen, Anh. § 30 Rdnr. 15; *Habersack*, in: Ulmer/Habersack/
    Löbbe, Anh. § 30 Rdnr. 42; *Kleindiek*, in: Kayser/Thole, § 39 InsO Rdnr. 32; *Haas*, DStR 2009, 976,
    978 f.; *Wedemann*, GmbHR 2008, 1131, 1134 f.
35 BGH v. 26.1.2009 – II ZR 260/07, BGHZ 179, 249 = DStR 2009, 699 mit Anm. *Goette* = GmbHR
    2009, 427 = NJW 2009, 1277 = JuS 2009, 870 (*Karsten Schmidt*) = ZIP 2009, 471; s. auch BGH v.
    26.1.2009 – II ZR 213/07, GmbHR 2009, 371 = NJW 2009, 997 = DStR 2009, 595; OLG Köln v.
    11.12.2008 – 18 U 138/07, GmbHR 2009, 256 f.; *Goette*, in: Goette/Habersack, Das MoMiG in Wis-
    senschaft und Praxis, 2009, Rdnr. 9.53.
36 So *Hirte*, WM 2008, 1429, 1435; *Hirte/Knof/Mock*, NZG 2009, 48, 49; *Holzer*, ZIP 2009, 206, 207.
37 BGH v. 26.1.2009 – II ZR 213/07, GmbHR 2009, 371 = NJW 2009, 997 = DStR 2009, 595.
38 Vgl. BGH v. 15.11.2011 – II ZR 6/11, GmbHR 2012, 206 = NJW 2012, 682 = ZIP 2012, 86 Rdnr. 11;
    Görner, in: Rowedder/Schmidt-Leithoff, Anh. § 30 Rdnr. 201; *Habersack*, in: Ulmer/Habersack/Löb-
    be, Anh. § 30 Rdnr. 43.
39 OLG Jena v. 18.3.2009 – 6 U 761/07, ZIP 2009, 2098, 2099 = GmbHR 2009, 431; OLG München v.
    22.12.2010 – 7 U 4960/07, ZIP 2011, 225, 226 = GmbHR 2011, 195; *Goette*, in: Goette/Habersack,
    Das MoMiG in Wissenschaft und Praxis, 2009, Rdnr. 9.53; *Dahl/Linnenbrink*, in: Michalski u.a.,
    Syst. Darst. 6 Rdnr. 31; *Görner*, in: Rowedder/Schmidt-Leithoff, Anh. § 30 Rdnr. 201; *Kleindiek*, in:
    Lutter/Hommelhoff, Anh. § 64 Rdnr. 176; *Gutmann/Nawroth*, ZInsO 2009, 174, 176; *Lorenz*,
    GmbHR 2009, 135, 137; *Wedemann*, GmbHR 2008, 1131, 1134 f.; a.M. *Altmeppen*, in: Roth/Altmep-

14 **b) Auch** Ansprüche gegen einen Gesellschafter **im Fall einer kapitalersetzenden Sicherheit**[40] können in diesem Umfang noch auf das alte Eigenkapitalersatzrecht gestützt werden. Das BGH-Urteil „Gut Buschow" vom 26.1.2009 (Rdnr. 13) entscheidet hierüber[41]: „Die Rückzahlungspflicht des bürgenden Gesellschafters nach Novellen- wie nach Rechtsprechungsregeln wird nicht durch das Vorhandensein einer Mehrzahl von Sicherheiten – hier: verlängerter Eigentumsvorbehalt und Wechselbürgschaft – berührt, solange sich unter den Sicherungsgebern auch ein Gesellschafter befindet. Da wirtschaftlich dessen Kreditsicherheit in der Krise der Gesellschaft funktionales Eigenkapital darstellt, darf dieses nicht auf dem Umweg über eine Leistung an den Gesellschaftsgläubiger aus dem Gesellschaftsvermögen dem Gesellschafter ,zurückgeführt' werden."

15 **c) Auch** sonst gelten **bei abgeschlossenen Tatbeständen**, die zu §§ 30, 31 entwickelten Rechtsprechungsregeln (Rdnr. 2) auf Grund allgemeinen intertemporalen Rechts weiter[42]. Dies gilt nicht nur für entstandene Ansprüche analog § 31, sondern auch für die Würdigung sonstiger Verstöße gegen den nach altem Recht anzuwendenden § 30 (z.B. im Rahmen der Geschäftsführerhaftung). Wegen der Rechtsfolgen des alten Rechts im Einzelnen wird verwiesen auf die Kommentierung bei §§ 32a, b in Band I der 10. Aufl.

3. Die Rechtslage in Neuverfahren (Eröffnungsbeschluss ab 1.11.2008)

16 **a)** In Verfahren, die erst ab 1.11.2008 eröffnet worden sind, gilt grundsätzlich **das durch das MoMiG eingeführte neue Recht** (Rdnr. 8 ff.). Das ergibt sich im Gegenschluss aus Art. 103d Satz 1 EGInsO[43]. Anderes kann für abgeschlossene Sachverhalte gelten[44]. Auch außerhalb eines Insolvenzverfahrens und auch innerhalb eines erst ab 1.11.2008 eröffneten Neu-Verfahrens bestehen entstandene Ansprüche aus § 31 für alle Altfälle fort (vgl. auch Rdnr. 13 a.E.)[45].

17 **b)** Art. 103d Satz 2 EGInsO enthält eine **Spezialregelung für Neu-Insolvenzverfahren**, die ab 1.11.2008 eröffnet worden sind. Darin angeordnet ist eine Sperrwirkung für die Anwendung neuen, verschärften Insolvenzanfechtungsrechts bezüglich abgeschlossener Sachverhalte aus der Zeit vor dem 1.11.2008. Der Gesetzgeber geht davon aus, dass unter der Geltung des alten Eigenkapitalersatzrechts auf dessen Geltung vertraut werden durfte. Insbesondere ist § 135 nach altem Recht nur unter den Voraussetzungen des § 32a a.F., also nur auf eigenkapitalersetzende Gesellschafterleistungen anwendbar, nicht auf Gesellschafterdarlehen insgesamt.

---

pen, Anh. § 30 Rdnr. 17; *Habersack*, in: Ulmer/Habersack/Löbbe, Anh. § 30 Rdnr. 53; s. jetzt auch *Fastrich*, in: Baumbach/Hueck, Anh. § 30 Rdnr. 11 f.; bedenklich *Büscher*, GmbHR 2009, 800, 802 f.: Ansprüche nicht mehr nach § 31 durchsetzbar, aber „ergänzende" (?) Anwendung im Rahmen von § 135 InsO.

40 10. Aufl., §§ 32a/b Rdnr. 180 ff.

41 BGH v. 26.1.2009 – II ZR 260/07, BGHZ 179, 249 = DStR 2009, 699 mit Anm. *Goette* = GmbHR 2009, 427 = NJW 2009, 1277 = JuS 2009, 870 (*Karsten Schmidt*) = ZIP 2009, 471.

42 OLG Jena v. 18.3.2009 – 6 U 761/07, GmbHR 2009, 431, 432; *Dahl/Schmitz*, NJW 2009, 1279, 1280; *Goette/Kleindiek*, Gesellschafterfinanzierung nach MoMiG, 6. Aufl. 2010, Rdnr. 83 ff.; *Lorenz*, GmbHR 2009, 135 f.; *Gutmann/Nawroth*, ZInsO 2009, 174, 176 ff.; *Wedemann*, GmbHR 2008, 1131, 1134 f.; a.A. *Habersack*, in: Ulmer/Habersack/Löbbe, Anh. § 30 Rdnr. 34; *Büscher*, 2009, 800, 802; *Haas*, DStR 2009, 976, 978 f.; *Rellermeyer/Gröhlinghoff*, ZIP 2009, 1933 ff.

43 Vgl. 10. Aufl., Bd. III Nachtrag MoMiG §§ 32a/b Rdnr. 12.

44 A.M. *Altmeppen*, in: Roth/Altmeppen, 7. Aufl., vor § 32a a.F. Rdnr. 5.

45 OLG Jena v. 18.3.2009 – 6 U 761/07, GmbHR 2009, 431, 432; *Goette*, in: Goette/Habersack, Das MoMiG in Wissenschaft und Praxis, 2009, Rdnr. 953; *Habersack*, in: Goette/Habersack, Das MoMiG in Wissenschaft und Praxis, 2009, Rdnr. 5.4; *Kleindiek*, in: Lutter/Hommelhoff, Anh. § 64 Rdnr. 176; *Blöse*, GmbHR 2009, 430, 431; *Dahl/Schmitz*, NJW 2009, 1279, 1280; *Gutmann/Nawroth*, ZInsO 2009, 174, 178.

4. Gläubigeranfechtung

Bezüglich der **§§ 6, 6a AnfG**, also bezüglich der Gläubigeranfechtung außerhalb eines Insol-   18
venzverfahrens, kommt es nach § 20 Abs. 3 AnfG auf die Erfüllung des Tatbestands vor oder
nach dem Inkrafttreten des MoMiG (Rdnr. 11) an[46]. **§ 20 Abs. 3 AnfG** lautet in der Fassung
des MoMiG:

„(3) Die Vorschriften des Gesetzes in der ab dem Inkrafttreten des Gesetzes vom 23. Oktober
2008 (BGBl. I S. 2026) am 1. November 2008 geltenden Fassung sind auf vor dem 1. November 2008 vorgenommene Rechtshandlungen nur anzuwenden, soweit diese nicht nach dem
bisherigen Recht der Anfechtung entzogen oder in geringerem Umfang unterworfen sind;
andernfalls sind die bis zum 1. November 2008 anwendbaren Vorschriften weiter anzuwenden.“

Auch diese Bestimmung hindert die Weiteranwendung der §§ 30, 31 auf vor dem 1.11.2008
abgeschlossene Sachverhalte nicht (Rdnr. 16)[47].

---

46 Dazu *Altmeppen*, in: Roth/Altmeppen, Anh. § 30 Rdnr. 14; *Görner*, in: Rowedder/Schmidt-Leithoff,
    Anh. § 30 Rdnr. 211; *Haas*, DStR 2009, 976, 976 f.; *Hirte/Knof/Mock*, NZG 2009, 48, 49.
47 A.M. *Büscher*, GmbHR 2009, 800, 802 f.

§ 33
Erwerb eigener Geschäftsanteile

(1) Die Gesellschaft kann eigene Geschäftsanteile, auf welche die Einlagen noch nicht vollständig geleistet sind, nicht erwerben oder als Pfand nehmen.

(2) Eigene Geschäftsanteile, auf welche die Einlage vollständig geleistet ist, darf sie nur erwerben, sofern sie im Zeitpunkt des Erwerbs eine Rücklage in Höhe der Aufwendungen für den Erwerb bilden könnte, ohne das Stammkapital oder eine nach dem Gesellschaftsvertrag zu bildende Rücklage zu mindern, die nicht zur Zahlung an die Gesellschafter verwandt werden darf. Als Pfand nehmen darf sie solche Geschäftsanteile nur, soweit der Gesamtbetrag der durch Inpfandnahme eigener Geschäftsanteile gesicherten Forderungen oder, wenn der Wert der als Pfand genommenen Geschäftsanteile niedriger ist, dieser Betrag nicht höher ist als das über das Stammkapital hinaus vorhandene Vermögen. Ein Verstoß gegen die Sätze 1 und 2 macht den Erwerb oder die Inpfandnahme der Geschäftsanteile nicht unwirksam; jedoch ist das schuldrechtliche Geschäft über einen verbotswidrigen Erwerb oder eine verbotswidrige Inpfandnahme nichtig.

(3) Der Erwerb eigener Geschäftsanteile ist ferner zulässig zur Abfindung von Gesellschaftern nach § 29 Abs. 1, § 122i Abs. 1 Satz 2, § 125 Satz 1 in Verbindung mit § 29 Abs. 1 und § 207 Abs. 1 des Umwandlungsgesetzes, sofern der Erwerb binnen sechs Monaten nach dem Wirksamwerden der Umwandlung oder nach der Rechtskraft der gerichtlichen Entscheidung erfolgt und die Gesellschaft im Zeitpunkt des Erwerbs eine Rücklage in Höhe der Aufwendungen für den Erwerb bilden könnte, ohne das Stammkapital oder eine nach dem Gesellschaftsvertrag zu bildende Rücklage zu mindern, die nicht zur Zahlung an die Gesellschafter verwandt werden darf.

Text i.d.F. des Gesetzes vom 4.7.1980 (BGBl. I 1980, 836); Abs. 2 i.d.F. des Gesetzes vom 19.12.1985 (BGBl. I 1985, 2355); Abs. 3 mit Wirkung ab 1.1.1995 eingefügt durch Gesetz zur Bereinigung des Umwandlungsrechts vom 28.10.1994 (BGBl. I 1994, 3210) und erweitert durch das 2. UmwGÄndG vom 19.4.2007 (BGBl. I 2007, 542). Grundlegend geändert wurde Abs. 2 und 3 durch das Gesetz zur Modernisierung des Bilanzrechts (BilMoG) vom 25.5.2009 (BGBl. I 2009, 1102); amtliche Überschrift ergänzt durch das MoMiG vom 23.10.2008 (BGBl. I 2008, 2026).

Schrifttum: *Bloching/Kettinger*, Kapitalerhaltung oder Kapitalquelle? – Eine Analyse des § 33 Abs. 2 GmbHG im Licht der aktuellen Rechtsprechung zum Kapitalschutz, BB 2006, 172; *Bloching/Kettinger*, Stellt die BGH-Entscheidung vom 24.11.2003 das Kapitalschutzsystem der GmbH wieder auf die Füße? – Eine Untersuchung anhand § 33 GmbHG, GmbHR 2005, 2098; *Breuninger/Müller*, Erwerb und Veräußerung eigener Anteile nach BilMoG. Steuerrechtliche Behandlung – Chaos perfekt?, GmbHR 2011, 10; *Emmerich*, Wechselseitige Beteiligungen bei AG und GmbH, NZG 1998, 622; *Geißler*, Der Erwerb eigener GmbH-Anteile zur Realisierung von Strukturmaßnahmen, GmbHR 2008, 1018; *Habersack*, Das Andienungs- und Erwerbsrecht bei Erwerb und Veräußerung eigener Anteile, ZIP 2004, 1121; *Heckschen/Weitbrecht*, Formwechsel und eigene Anteile, ZIP 2017, 1297; *Hösel*, Eigene Geschäftsanteile der GmbH, DNotZ 1958, 5; *Hunscha*, Die GmbH & Co. KG als Alleingesellschafterin ihrer GmbH-Komplementärin, 1974; *Kreutz*, Von der Einmann- zur „Keinmann"-GmbH?, in: FS Stimpel, 1985, S. 379; *Kropff*, Nettoausweis des gezeichneten Kapitals und Kapitalerhaltung, ZIP 2009, 1137; *Lieder*, Eigene Geschäftsanteile im Umwandlungsrecht, GmbHR 2014, 232; *Lutter*, Kapital, Sicherung der Kapitalaufbringung und Kapitalerhaltung in den Aktien- und GmbH-Rechten der EWG, 1964; *Lutter*, Rechtsverhältnisse zwischen den Gesellschaftern und der Gesellschaft, in: Probleme der GmbH-Reform, 1970, S. 63; *Mertens*, Die Einmann-GmbH & Co. KG und das Problem der gesellschaftsrechtlichen Grundtypenvermischung, NJW 1966, 1054; *Paulick*, Die GmbH ohne Gesellschafter, 1979; *Priester*, Zeitpunkt der Rücklagendeckung beim Erwerb eigener GmbH-Anteile, GmbHR 2013, 1121; *Rodewald/Pohl*, Neuregelungen des Erwerbs von eigenen Anteilen durch die GmbH im Bilanzrechtsmodernisierungsgesetz (BilMoG), GmbHR 2009, 32; *Salus/Pape*, Anmeldung der Kaufpreisforderung aus dem Verkauf eines Gesellschaftsanteils an die GmbH im Insolvenzverfahren, ZIP 1997, 577; *Schilling*, Die GmbH & Co. KG als Einheitsgesellschaft, in: FS Barz, 1974, S. 67; *Karsten Schmidt*, Grundzüge der GmbH-Novelle, NJW 1980, 1769; *Schuler*, Einziehung von GmbH-Anteilen kraft Satzung, GmbHR 1962, 116; *Schultze-Petzold*, Die GmbH als Träger eigener Geschäftsanteile, Diss. 1990; *Simon*, Kann die GmbH & Co. KG Inhaberin der Geschäftsanteile ihrer persönlich haftenden Gesellschafterin sein?, DB 1963, 1210; *Steding*, Die gesellschafterlose GmbH – eine rechtlich zulässige Unternehmensvariante?, NZG 2003, 57; *Ulmer*, Die neuen Vorschriften über kapitalersetzende Darlehen und eigene Geschäftsanteile der GmbH, in: Das neue GmbH-Recht in der Diskussion, 1981, S. 55; *Verhoeven*, GmbH-Konzernrecht: Der Erwerb von Anteilen der Obergesellschaft, GmbHR 1977, 97; *H. P. Westermann*, Grundsatzfragen des GmbH-Konzerns, in: Der GmbH-Konzern, 1976, S. 25; *Winkler*, Der Erwerb eigener Geschäftsanteile durch die GmbH, GmbHR 1972, 74; *Winter*, Die wechselseitige Beteiligung von Aktiengesellschaften, 1960; *Ziebe*, Der Erwerb eigener GmbH-Geschäftsanteile in den Staaten der Europäischen Gemeinschaft, GmbHR 1983, 38.

I. Der Erwerb eigener Geschäftsanteile im System der Kapitalbindung

1. Die Entstehung der Vorschrift

§ 33 ist durch die Novelle vom Jahre 1980 neu gefasst und erweitert worden; bis dahin war   1
der Text seit dem Jahre 1892 unverändert geblieben. Eine weitere Änderung des § 33 Abs. 2
Satz 1 hat sich aus dem Inkrafttreten des **Bilanzrichtliniengesetzes** vom 19.12.1985 ergeben,
wodurch die Rücklage für eigene Anteile eingeführt wurde (s. näher Rdnr. 42). Mittlerweile
ist aber durch das **BilMoG** vom Jahre 2009 die Konzeption dieser Regelung verändert und
der Erwerb voll eingezahlter eigener Geschäftsanteile bilanziell wie eine Kapitalherabsetzung

eingestuft worden, ohne dass deren gewöhnliche Voraussetzungen vorliegen müssen[1], mit der weiteren Folge, dass die Anteile nicht als Vermögensgegenstände der Gesellschaft zu bilanzieren sind. Das führt dazu, dass sich beim Erwerb das Eigenkapital verringert, indem der Nennbetrag oder der wirtschaftliche Wert der erworbenen eigenen Anteile nach § 272 Abs. 1a HGB vom Posten „Gezeichnetes Kapital" abzusetzen ist, was einen Nettoausweis des gezeichneten Kapitals zeigt. Da die eigenen Geschäftsanteile in der Bilanz nicht mehr als Aktivposten erscheinen, muss in der auf den Erwerb folgenden Jahresbilanz die in § 33 Abs. 2 Satz 1 erwähnte Rücklage nicht gebildet werden[2]. Bei Veräußerung der eigenen Anteile wird die Absetzung des gezeichneten Kapitals verringert, der Erlös bis zur Höhe der ursprünglichen Anschaffungskosten der freien Rücklage zugeführt, ein darüber hinausgehender Erlös nach § 272 Abs. 1b HGB der Kapitalrücklage zugeführt (näher Rdnr. 18, 42).

1a § 33 Abs. 3 war durch Art. 4 des UmwBerG geschaffen worden, in dem es um Strukturänderungen geht, die vorher, wenn überhaupt, nur an verstreuten Stellen gesetzlich geregelt waren. Die Regelung ist in Verbindung mit §§ 68 ff. UmwG zu sehen, die bestimmen, unter welchen Voraussetzungen das Vorhandensein von Anteilen der übertragenden im Besitz der übernehmenden Gesellschaft oder die Eignerschaft der übertragenden Gesellschaft an eigenen Anteilen oder solchen der übernehmenden Gesellschaft der Kapitalerhöhung bei der übernehmenden Gesellschaft entgegensteht. In vielen Fällen, etwa der Fusion (§ 29 Abs. 1 UmwG), der Spaltung (§ 125 UmwG) oder der formwechselnden Umwandlung (§ 207 UmwG) könnten praktisch die Voraussetzungen des § 33 Abs. 2 fehlen, weshalb zur Förderung der Strukturänderung in begrenztem Umfang der Erwerb eigener Anteile erleichtert werden sollte[3]. Dies geschieht, indem entweder der oder die übernehmenden bzw. der formwechselnde Rechtsträger der Strukturänderung widersprechenden Anteilseignern den Erwerb ihrer Anteile gegen eine angemessene Barabfindung anbieten können; durch das BilMoG ist diese Ausnahme von § 33 Abs. 1 sprachlich an die diesbezügliche Formulierung des § 33 Abs. 2 angepasst worden. Die Problematik des Erwerbs eigener Anteile über abhängige Unternehmen, für die es auch Regelungsvorschläge gab, bleibt der Rspr. überlassen[4], ungeregelt sind auch die Folgen des Erwerbs sämtlicher Geschäftsanteile durch die Gesellschaft (Rdnr. 44).

2. Zweck und systematische Bedeutung der Regelungen in § 33 Abs. 1 und 2

2 Das Gesetz lässt den Erwerb eigener Geschäftsanteile unter gewissen Voraussetzungen zu und entfernt sich dabei durch seine verhältnismäßige Großzügigkeit nicht unerheblich vom Aktienrecht, das trotz der Änderungen der §§ 71 ff. AktG durch das KonTraG immer noch eine schärfere Bindung des Kapitals verwirklicht. Dem GmbHG geht es weniger um Einlagenrückgewähr als darum, nach Sicherstellung der Aufbringung des Stammkapitals dafür zu sorgen, dass der Erwerb oder die Inpfandnahme eigener Geschäftsanteile nur aus Mitteln geschieht, die über das gebundene Stammkapital hinaus vorhanden sind. Sonst würde die

---

1 *Sosnitza*, in: Michalski u.a., Rdnr. 2; näher zu den Gründen (und krit. zu ihrer Verwirklichung) *Rodewald/Pohl*, GmbHR 2009, 32 ff.; s. auch *Kropff*, ZIP 2009, 1137 ff.; hierzu und zu den steuerrechtlichen Folgen *Breuninger/Müller*, GmbHR 2011, 10 ff.; zur Entwicklungsgeschichte bis zum UmwG eingehend *Paura*, in: Ulmer/Habersack/Löbbe, Rdnr. 5 ff.; zur Entstehungsgeschichte des BilMoG *Löwisch*, in: MünchKomm. GmbHG, Rdnr. 1 ff.

2 *Paura*, in: Ulmer/Habersack/Löbbe, Rdnr. 10; *Lutter/Hommelhoff*, in: Lutter/Hommelhoff, Rdnr. 5, 6.

3 Näher Begr. RegE BT-Drucks. 12/6699, S. 175; *Geißler*, GmbHR 2008, 1018 ff.; *Pentz*, in: Rowedder/Schmidt-Leithoff, Rdnr. 68; die aufwändige Formulierung kritisieren *Lutter/Hommelhoff*, in: Lutter/Hommelhoff, Rdnr. 30. Zu den Möglichkeiten eines Formwechsels nach u.U. verbotswidrigem Erwerb eigener Anteile durch die GmbH als Ausgangsrechtsträger *Heckschen/Weitbrecht*, ZIP 2017, 1297 ff., hier Rdnr. 29, 47.

4 Bericht des Rechtsausschusses BT-Drucks. 8/3908, S. 74.

GmbH die ausstehende Einlage oder die nach § 30 zurückzugewährende Auszahlung sich selbst schulden; somit dient § 33 Abs. 1 der realen Kapitalaufbringung und § 33 Abs. 2 der Kapitalerhaltung[5]. Unter den Zulässigkeitsvoraussetzungen steht die Differenzierung nach **voll** oder **nicht vollständig eingezahlten Geschäftsanteilen** im Vordergrund. Das Gesetz verzichtet bewusst darauf, den Erwerb eigener Geschäftsanteile auf einen bestimmten Prozentsatz des Stammkapitals zu begrenzen, wohl weil die als einzig wirksame Sanktion denkbare regelmäßige Berichtspflicht der Geschäftsführer und in letzter Konsequenz die erzwungene gerichtliche Veräußerung nach Beachtung der Regeln des Gläubigerschutzes überzogen erscheint[6]. Wenn die Mindesterfordernisse eines Erwerbs eigener Geschäftsanteile vorliegen, ist somit hinzunehmen, dass sich durch eine solche Maßnahme die Stimmverhältnisse in der GmbH zugunsten der Mehrheit verschieben, da die Gesellschaft aus eigenen Geschäftsanteilen kein Stimmrecht herleiten kann[7]. Hinter dieser aus dem Grundsatz der Kapitalerhaltung abgeleiteten Entscheidung tritt die vom Gesetz nicht beantwortete konstruktive Frage, wie eigentlich Beteiligungsrechte an einer juristischen Person ins Vermögen eben dieser Person gelangen und wie sie dort verwaltet werden sollen, ganz zurück; sie gewinnt freilich praktische Bedeutung, wenn Gesellschaften sich *wechselseitig* aneinander *beteiligen*, oder wenn eine GmbH Geschäftsanteile an einer GmbH erwirbt, von der sie kapitalmäßig abhängt. Da solche Erwerbsvorgänge zu mittelbaren Beteiligungen einer Gesellschaft an sich selbst führen können, muss im Grundsatz das Verbot des Erwerbs eigener Geschäftsanteile, soweit es Geltung beansprucht, auch hier gelten; s. im Einzelnen Rdnr. 13.

Der Erwerb eigener Geschäftsanteile unterscheidet sich von der **Kaduzierung** nach § 21 dadurch, dass die GmbH Inhaberin der Geschäftsanteile wird (zur Behandlung in der Bilanz aber Rdnr. 1), während bei der Kaduzierung zumindest nach verbreiteter Ansicht (Nachw. § 21 Rdnr. 29 f.) die Gesellschaft über das vorübergehend subjektlose Mitgliedschaftsrecht treuhänderisch verfügen kann und dies auch tun muss[8]. Beim **Abandon** (§ 27) bleibt der Gesellschafter bis zum Verkauf Inhaber des Geschäftsanteils und ist in seinen Rechten und Pflichten nur nach Maßgabe des Zwecks des Abandons beschränkt (§ 27 Rdnr. 19 f.). Scheitert der Verkauf, so fällt der Anteil der Gesellschaft zu, die ihn aber wiederum nur für einen künftigen Inhaber zu verwalten hat. Unter den Voraussetzungen des § 33 kommt nach einem Abandon auch ein Erwerb der Geschäftsanteile durch die Gesellschaft in Betracht. Bei der **Einziehung** geht der Geschäftsanteil dagegen unter, so dass auch hier das Stammkapital gefährdet ist, was die Zulässigkeit der Einziehung ähnlich wie den Erwerb eigener Geschäftsanteile beschränkt. Einziehung und Erwerb eigener Geschäftsanteile stehen als **Gestaltungsmittel** für einen vom Statut vorbereiteten **Gesellschafterwechsel**, etwa bei Ausschließung eines Gesellschafters, bei der Durchführung eines vertraglich vorgesehenen oder aus wichtigem Grund zulässigen Austritts oder bei der Durchsetzung einer qualifizierten Nachfolge eines durch Tod ausscheidenden Gesellschafters zur Verfügung, auch ist die Begründung einer Mitarbeiterbeteiligung durch Veräußerung eigener Geschäftsanteile seitens der Gesellschaft denkbar. Der Erwerb eigener Geschäftsanteile wird manchmal[9] auch als Instrument der Auskehrung nicht benötigter Liquidität an die Gesellschafter anstelle einer Kapitalherabsetzung erwogen[10], obwohl häufig der Anteil unverkäuflich sein wird und bei der Gesellschaft ver-

3

---

5 Näher *Winkler*, GmbHR 1972, 74; *Pentz*, in: Rowedder/Schmidt-Leithoff, Rdnr. 2; *Lutter/Hommelhoff*, in: Lutter/Hommelhoff, Rdnr. 1, 2; *Fastrich*, in: Baumbach/Hueck, Rdnr. 1; *Thiessen*, in: Bork/Schäfer, Rdnr. 1.
6 Zur praktischen Bedeutung bei der AG und zu den bestehenden Hindernissen *Johannsen-Roth*, ZIP 2011, 407 ff. Zu den wirtschaftlichen Gründen für Erwerbsvorgänge *Lieder*, GmbHR 2014, 57.
7 Zu diesem Gesichtspunkt *Verhoeven*, GmbHR 1977, 97.
8 *Paura*, in: Ulmer/Habersack/Löbbe, Rdnr. 131; zur Veräußerungspflicht *Pentz*, in: Rowedder/Schmidt-Leithoff, Rdnr. 77.
9 Zu der diesem Zweck dienenden Einräumung von Optionsrechten näher *Weber/Lohr*, GmbH-StB 2002, 330 ff., 361 ff.; *Weber/Lohr*, GmbH-StB 2003, 24 ff.
10 *Rodewald/Pohl*, GmbHR 2009, 32.

bleiben muss[11]. Ohnehin werden vielfach die Kapitalverhältnisse der praktikablen Durchführung eines auf diesem Wege bewirkten Gesellschafterwechsels in der GmbH entgegenstehen.

4 Soweit § 33 den Erwerb eigener Geschäftsanteile um des Kapitalschutzes willen verbietet, ist die Bestimmung **zwingend**[12]. Die Satzung kann nur die Voraussetzungen des Erwerbs verschärfen, wie sie auch die Veräußerlichkeit von Geschäftsanteilen beseitigen oder einschränken kann, s. § 15 Rdnr. 107 ff. Soweit der Anteilserwerb über die gesetzlichen Voraussetzungen hinaus erschwert wurde, bleibt immer die Möglichkeit der Kaduzierung oder des Abandons (Rdnr. 3), deren Folgen als gesetzliche Konsequenzen aus der eigenen Rechtssubjektivität der Gesellschaft nicht beseitigt werden können. Die Satzung kann also weder gewährleisten, dass Gesellschafter oder nahestehende Dritte, wenn sie Anteile – etwa eines austrittswilligen Partners – erwerben, den Erwerbspreis aus dem Gesellschaftsvermögen erhalten[13], noch wäre es – unabhängig von statutarischen Regelungen – zulässig, den Erwerb noch nicht voll eingezahlter Anteile durch die Gesellschaft mit dem Kaufpreis zu verrechnen[14]. Streitig ist dagegen, ob die Gesellschaft unter Wahrung der Erfordernisse des § 19 Abs. 5 dem verkaufwilligen Gesellschafter zur Deckung des noch fehlenden Einlageteils ein Darlehen geben kann, wenn er kreditwürdig ist und das Darlehen angemessen verzinst[15]. Die Gefahr ist zu groß, dass dabei wirtschaftlich die zur Vervollständigung der Einlage dienenden Mittel letztlich von der Gesellschaft stammen. Wenn dagegen der Gesellschafter die Mittel, die er zur Aufbringung der restlichen Einlage braucht, unter Einsatz des Anteils als Sicherheit für einen dritten Kreditgeber finanziert, tasten die Leistungen des Dritten die zur Deckung des Stammkapitals erforderlichen Mittel nicht an. Zu prüfen ist im Einzelfall auch immer, ob es sich bürgerlichrechtlich um ein Scheingeschäft handelt. Zur Aufrechnung der Einlageforderungen mit Verbindlichkeiten aus anderen Geschäften mit dem seinen Anteil verkaufenden Gesellschafter s. Rdnr. 10, dort auch zur Verbindung des Erwerbs eigener Geschäftsanteile mit Maßnahmen zur vollen Abdeckung des Stammkapitals.

II. Erwerb und Inpfandnahme nicht voll eingezahlter Geschäftsanteile (§ 33 Abs. 1)

1. Gegenstand des Verbots

5 Das Verbot des § 33 Abs. 1 gilt, solange noch **irgendein Teil** der für den betreffenden Geschäftsanteil geschuldeten **Geld- oder Sacheinlage** rückständig ist, ohne dass es auf die Einforderung der Einlage ankommt, auch wenn der Gesellschaft oder dem Veräußerer der Rückstand nicht bewusst ist[16]. Sonst nämlich träte beim Erwerb der unerwünschte Erfolg ein, dass die Gesellschaft ihr eigener Einlageschuldner würde und die Schuld durch Konfusion unterginge. Daher greift das Verbot auch ein, wenn eine durch den Vertrag als Einlageleistung zugelassene

---

11 *Sosnitza*, in: Michalski u.a., Rdnr. 7.
12 *Paura*, in: Ulmer/Habersack/Löbbe, Rdnr. 20; *Fastrich*, in: Baumbach/Hueck, Rdnr. 1; *Pentz*, in: Rowedder/Schmidt-Leithoff, Rdnr. 3; *Thiessen*, in: Bork/Schäfer, Rdnr. 1.
13 *Sosnitza*, in: Michalski u.a., Rdnr. 4.
14 *Paura*, in: Ulmer/Habersack/Löbbe, Rdnr. 32; *Lutter/Hommelhoff*, in: Lutter/Hommelhoff, Rdnr. 13; *Altmeppen*, in: Roth/Altmeppen, Rdnr. 11. Dagegen wollten *Buchwald*, GmbHR 1958, 170 und *Winkler*, GmbHR 1972, 74 eine Verrechnung von Einlage- und Kaufpreisforderung zulassen, wenn die Gesellschaft unbeschränkt, also namentlich (unter Beachtung des § 30) zahlungsfähig ist; die Verrechnung verstößt aber gegen die Anforderungen der Kapitalaufbringung und berührt § 30 nicht.
15 Dafür *Lieder*, GmbHR 2014, 60; zust. *Lutter/Hommelhoff*, in: Lutter/Hommelhoff, Rdnr. 12; *Löwisch*, in: MünchKomm. GmbHG, Rdnr. 26; a.M. *Altmeppen*, in: Roth/Altmeppen, Rdnr. 11.
16 *Paura*, in: Ulmer/Habersack/Löbbe, Rdnr. 26; *Lutter/Hommelhoff*, in: Lutter/Hommelhoff, Rdnr. 28; *Langheim/Klingsch*, in: Saenger/Inhester, Rdnr. 1; *Sosnitza*, in: Michalski u.a., Rdnr. 12; *Thiessen*, in: Bork/Schäfer, Rdnr. 6.

Aufrechnung hinfällig wird[17], erst recht dann, wenn die Aufrechnung oder eine Sacheinlage unzulässig war. Bei *geteilten Geschäftsanteilen*, die es nach dem Entfallen des § 17 aufgrund eines Gesellschafterbeschlusses geben kann, ist jeder Teil selbständig, d.h., wenn die auf einen Teil geschuldete Einlage aussteht, kann der andere, soweit § 33 Abs. 1 nicht entgegensteht, von der Gesellschaft erworben werden[18]. War die *Einlage* eingezahlt, ist sie aber unter Verstoß gegen § 30 *zurückgewährt* worden, nimmt die wohl h.M. an, die Gesellschaft dürfe den Geschäftsanteil erwerben[19]. Dies würde aber bedeuten, dass der GmbH als Inhaberin des Erstattungsanspruchs gegen den Zahlungsempfänger (§ 31 Abs. 1) sie selbst als Schuldnerin gegenüberstünde, was dem Sinn des § 33 Abs. 1 widerspräche, obwohl es zu einer Konfusion in der Tat nicht kommt[20]. Soweit die Mitgesellschafter nach § 31 Abs. 3 einzustehen haben, oder wenn ausnahmsweise ein außenstehender Dritter haftet (§ 31 Rdnr. 9 ff.), wirkt sich der Übergang des Anteils auf die Gesellschaft nicht aus. Das aber sollte nicht ausreichen, um dem Gesellschafter die Möglichkeit zu geben, sich der in Gestalt des Anspruchs aus § 31 wieder aufgelebten Einlagepflicht (§ 31 Rdnr. 5) durch Veräußerung des Geschäftsanteils an die Gesellschaft zu entziehen[21]; wenn die Gesellschaft erwerben und zahlen darf und der Anspruch aus § 31 bestehen bleibt, kann dagegen verrechnet werden[22]; zu einer Konfusion kommt es auch hierbei nicht, freilich kann § 33 Abs. 2 entgegenstehen[23].

Das Verbot gilt nur für den Fall rückständiger **Einlagen**. Schuldet der Anteilsinhaber noch *Zinsen, Agio* oder *Nebenleistungen*, so tastet der Erwerb des Geschäftsanteils durch die Gesellschaft die Einlage nicht an, und der Anwendung des § 33 bedarf es nicht[24]. Insoweit gilt eine Parallele zur Haftung nach § 24 (s. § 24 Rdnr. 1 ff.). Haftet jedoch ein Gesellschafter nach § 9 Abs. 1 wegen *Überbewertung* einer *Sacheinlage* auf die Gelddifferenz, so greift § 33 Abs. 1 seinem Sinn nach ein, da es sich um die nicht erfüllte Einlagepflicht handelt, ähnlich bei Bestehen einer Vorbelastungshaftung aus dem Gesichtspunkt der Beteiligung an einer Vorgesellschaft[25]. Zur Problematik, die eintritt, wenn eine *Umlegung der Einlagepflicht* nach § 24 auf eigene Geschäftsanteile der Gesellschaft erstreckt werden soll, s. die Ausführungen § 24 Rdnr. 21; die Tatsache, dass der veräußernde Gesellschafter nach § 24 herangezogen werden konnte, hindert aber jedenfalls nicht den Erwerb eines Geschäftsanteils, dessen durch seine Entstehung ausgelöste Einlageschuld erfüllt ist. Die Gesellschaft selber kann nicht Schuldnerin der Verpflichtungen aus § 24 werden, so dass die anderen Gesellschafter verstärkt heranzuziehen sind[26]. Wenn ein *kaduzierter* Geschäftsanteil von der Gesellschaft erworben wird, haftet sie auf einen im Vergleich zum Rückstand verbleibenden Fehlbetrag des Erlöses nicht, soweit sie den Kaufpreis bezahlt, § 23 Rdnr. 24. Die Haftung des Kaduzierten und der übrigen Gesell-

6

---

17 RG, DJZ 1915, 423; *Pentz*, in: Rowedder/Schmidt-Leithoff, Rdnr. 17.
18 RG, DJZ 1913, 867.
19 *Paura*, in: Ulmer/Habersack/Löbbe, Rdnr. 29; *Fastrich*, in: Baumbach/Hueck, Rdnr. 2; *Sosnitza*, in: Michalski u.a., Rdnr. 15; *Pentz*, in: Rowedder/Schmidt-Leithoff, Rdnr. 7; *Altmeppen*, in: Roth/Altmeppen, Rdnr. 6; *Thiessen*, in: Bork/Schäfer, Rdnr. 9.
20 *Paura*, in: Ulmer/Habersack/Löbbe, Rdnr. 29.
21 Wie hier *Lutter/Hommelhoff*, in: Lutter/Hommelhoff, Rdnr. 8; *Löwisch*, in: MünchKomm. GmbHG, Rdnr. 27.
22 Gegen das Erlöschen des Erstattungsanspruchs *Fleischer*, in: Henssler/Strohn, Gesellschaftsrecht, Rdnr. 5.
23 *Paura*, in: Ulmer/Habersack/Löbbe, Rdnr. 29.
24 *Paura*, in: Ulmer/Habersack/Löbbe, Rdnr. 27; *Fastrich*, in: Baumbach/Hueck, Rdnr. 2; *Altmeppen*, in: Roth/Altmeppen, Rdnr. 9; *Pentz*, in: Rowedder/Schmidt-Leithoff, Rdnr. 5; *Sosnitza*, in: Michalski u.a., Rdnr. 15; *Thiessen*, in: Bork/Schäfer, Rdnr. 5.
25 *Lutter/Hommelhoff*, in: Lutter/Hommelhoff, Rdnr. 8; *Paura*, in: Ulmer/Habersack/Löbbe, Rdnr. 28; *Sosnitza*, in: Michalski u.a., Rdnr. 15; *Altmeppen*, in: Roth/Altmeppen, Rdnr. 9; *Fastrich*, in: Baumbach/Hueck, Rdnr. 2.
26 Zu dieser Lösung auch *Paura*, in: Ulmer/Habersack/Löbbe, Rdnr. 30; *Fastrich*, in: Baumbach/Hueck, Rdnr. 2; *Sosnitza*, in: Michalski u.a., Rdnr. 15.

schafter schafft hierfür einen Ausgleich, so dass die Gesellschaft schon vor der Aufbringung des Ausfalls durch diese den Geschäftsanteil erwerben kann[27]. Zu den Möglichkeiten, durch besondere Modalitäten des obligatorischen Vertrags dem Mangel der Volleinzahlung abzuhelfen, s. Rdnr. 10, 11. Untersagt ist auch der **Erwerb von Todes wegen** oder durch Vermächtnis, obwohl hierfür eigene Mittel der Gesellschaft nicht eingesetzt werden müssen; aber hierdurch würde Konfusion bezüglich der restlichen Stammeinlageforderung eintreten[28], s. näher Rdnr. 9.

7 An einer **Kapitalerhöhung aus Gesellschaftsmitteln** nehmen eigene Anteile nach § 57l teil. Die Gesellschaft hat allerdings beim Beschluss über die Kapitalerhöhung kein Stimmrecht, weil sie aus dem gültig erworbenen Anteil Verwaltungsrechte nicht ausüben kann (näher Rdnr. 37). Nicht ausdrücklich geregelt ist, ob bei einer **Kapitalerhöhung gegen Einlagen** die Gesellschaft neue eigene Geschäftsanteile übernehmen kann. Dies kann sich aus § 33 nur mittelbar ergeben, da es sich nicht um den Erwerb eines Geschäftsanteils von einem Gesellschafter handelt. Aber abgesehen davon wäre die Übernahme eines neuen Geschäftsanteils durch die Gesellschaft im wirtschaftlichen Ergebnis nichts anderes als eine Kapitalerhöhung aus Gesellschaftsmitteln, die sich im Rahmen einer Kapitalerhöhung gegen Einlagen kein Außenstehender vorstellen wird und die schon darum bedenklich ist. Die Gesellschaft kann somit an einer Kapitalerhöhung gegen Einlagen nicht teilnehmen[29]. Zur Abtretung des „Bezugsrechts" aus Kapitalerhöhungen Rdnr. 35. Schließlich geht es nicht an, dass bei einer Kapitalerhöhung ein Gesellschafter seinen Geschäftsanteil als **Sacheinlage** einbringt; dies verstieße wiederum gegen die Grundsätze der Kapitalaufbringung[30].

2. Die Inpfandnahme eigener Geschäftsanteile und sonstige Rechtsgeschäfte über den Geschäftsanteil

8 Auch in Bezug auf die **Inpfandnahme** führt § 33 die Unterscheidung zwischen voll und nicht oder nur teilweise eingezahlten Geschäftsanteilen durch, differenziert aber in § 33 Abs. 1 und 2. Sind die Einlagen auf einen Geschäftsanteil nicht voll geleistet, so darf ihn die Gesellschaft auch nicht als Pfand nehmen, § 33 Abs. 1, was eine Umgehung darstellen würde. Für die **Pfändung** eigener Geschäftsanteile durch die Gesellschaft, die Forderungen gegen einen Gesellschafter hat, wird verbreitet anders entschieden[31]. Zwar kommt es vor, dass ein staatlicher Hoheitsakt der Zwangsvollstreckung anders zu werten ist als die rechtsgeschäftliche Begründung eines Befriedigungsrechts. Wenn das Pfandrecht freilich zustande kommt, nachdem sich der Gesellschafter bei der Begründung seiner Schuld gegenüber der Gesellschaft der sofortigen Zwangsvollstreckung unterworfen hat, und die Gesellschaft dann den Anteil pfändet, wurde tatsächlich der Geschäftsanteil als Zugriffsobjekt für die Gesellschaft eingesetzt, was auch mit Blick auf § 1277 BGB die Anwendung der Regeln über die „Inpfandnahme" nahe legt. Auch kann es keinen Unterschied machen, ob die Gesellschaft durch rechtsgeschäftliche Bestellung oder durch Vollstreckungszugriff zur Befriedigung einer gegen den Gesellschafter gerichteten Forderung zu kommen sucht. Deshalb ist auch dann, wenn die Pfändung nicht auf einer Voll-

27 Ebenso *Paura*, in: Ulmer/Habersack/Löbbe, Rdnr. 31.
28 *Lutter/Hommelhoff*, in: Lutter/Hommelhoff, Rdnr. 8; *Fastrich*, in: Baumbach/Hueck, Rdnr. 3; *Pentz*, in: Rowedder/Schmidt-Leithoff, Rdnr. 12; *Sosnitza*, in: Michalski u.a., Rdnr. 5; *Fleischer*, in: Henssler/Strohn, Gesellschaftsrecht, Rdnr. 8; nach *Lutter/Hommelhoff*, in: Lutter/Hommelhoff, Rdnr. 10 ist § 71 Abs. 1 Nr. 5 AktG analog anzuwenden; dagegen *Paura*, in: Ulmer/Habersack/Löbbe, Rdnr. 11.
29 *Paura*, in: Ulmer/Habersack/Löbbe, Rdnr. 107; *Löwisch*, in: MünchKomm. GmbHG, Rdnr. 71; *Fastrich*, in: Baumbach/Hueck, Rdnr. 26; *Thiessen*, in: Bork/Schäfer, Rdnr. 93; *Sosnitza*, in: Michalski u.a., Rdnr. 63.
30 *Fastrich*, in: Baumbach/Hueck, Rdnr. 4; näher bei § 56.
31 *Pentz*, in: Rowedder/Schmidt-Leithoff, Rdnr. 21; *Altmeppen*, in: Roth/Altmeppen, Rdnr. 30; *Fastrich*, in: Baumbach/Hueck, Rdnr. 5; *Lutter/Hommelhoff*, in: Lutter/Hommelhoff, Rdnr. 29.

streckungsunterwerfung beruht, § 33 Abs. 1 auch auf die Pfändung anzuwenden[32]. Verboten ist auch der Erwerb des Pfandes infolge des Erwerbs einer gegen den Gesellschafter gerichteten Forderung (§ 401 BGB)[33]. Zu möglichen Umgehungen Rdnr. 10.

Im Übrigen ist unter „Erwerb" jede **entgeltliche oder unentgeltliche Übernahme** des Geschäftsanteils durch die Gesellschaft zu verstehen. Da dies auch für den **Erwerb von Todes wegen** gilt (Rdnr. 6), verstößt eine letztwillige Verfügung, durch die der Gesellschaft etwa ein Anspruch auf ein Pfandrecht oder ein Vor- oder Ankaufsrecht zugewendet werden sollte, ebenso wie die Ausübung eines gesellschaftsvertraglichen Vor- oder Ankaufsrecht gegen § 33[34]; zu den Folgen des Verstoßes s. im Übrigen Rdnr. 15. Der Vorschlag, in solchen Fällen anstelle der Gesellschaft die gesetzlichen Erben als Berufene zu behandeln[35], entspricht nicht unbedingt dem Erblasserwillen. Neben der Ausdehnung des Verbots auf einen unentgeltlichen Erwerb[36] ist somit auch der Erwerb nicht voll eingezahlter Geschäftsanteile in der Zwangsversteigerung untersagt, so dass die Gesellschaft nicht mitbieten kann[37]; anders nach Abandon, da hier nur die Nichterfüllung einer Nachschusspflicht zum Verlust des Anteilsrechts des Gesellschafters führt, s. im Übrigen Rdnr. 3. Bei *Ausschließung* eines Gesellschafters ist zu beachten, dass die Durchführung durch den Erwerb des Geschäftsanteils seitens der Gesellschaft an § 33 scheitert, wenn der Geschäftsanteil nicht vollständig eingezahlt ist[38]. Es müssen dann andere der für die Abwicklung der Ausschließung denkbaren Wege, etwa Abtretung an einen Dritten, beschritten und in das Ausschließungsurteil (Anh. § 34 Rdnr. 48 ff.) aufgenommen werden, s. auch Rdnr. 3. Zulässig ist, dass die Gesellschaft sich in den *Verkauf* eines Geschäftsanteils durch den Gesellschafter *an einen Dritten* einschaltet, solange vermieden wird, dass sie selbst erwirbt. Daher ließ das RG es auch zu, dass die Gesellschaft einen im eigenen Namen geschlossenen Vertrag auf Verschaffung eines Geschäftsanteils – gegebenenfalls auch eines nicht voll eingezahlten – durch Abtretung seitens des bisherigen Inhabers an den Käufer erfüllt. Allerdings ist hier § 30 im Auge zu behalten[39]. Im Übrigen ist aber eine Einschaltung etwa als Einkaufskommissionär nicht statthaft; zum Erwerb für Rechnung der Gesellschaft Rdnr. 12.

Umgehungen des Verbots des Erwerbs oder der Inpfandnahme sind wie gewöhnlich an einer gezielten Vermeidung oder Erschleichung eines dem Normzweck entsprechenden Ergebnisses erkennbar. So steht § 33 Abs. 1 nicht entgegen, nicht voll eingezahlte Geschäftsanteile auf die Gesellschaft überzuleiten, wenn durch andere Vorkehrungen dem Zweck des Verbots Rechnung getragen wird, etwa, wenn mit dem Erwerb des Anteils eine *Kapitalherabsetzung* nach § 58 erfolgt, wobei allerdings alle Erfordernisse der Kapitalherabsetzung beachtet worden sein müssen[40]; dafür spricht jetzt auch die ratio des neugefassten § 33 Abs. 2 (Rdnr. 17). Soweit durch *Aufrechnung* seitens der Gesellschaft die Einlageforderung getilgt werden könn-

9

10

32 *Paura*, in: Ulmer/Habersack/Löbbe, Rdnr. 16; *Löwisch*, in: MünchKomm. GmbHG, Rdnr. 34; *Sosnitza*, in: Michalski u.a., Rdnr. 10.

33 *Beeser*, AcP 159 (1960/61), 56, 64 ff.; *Paura*, in: Ulmer/Habersack/Löbbe, Rdnr. 16; *Sosnitza*, in: Michalski u.a., Rdnr. 9; a.M. *Fastrich*, in: Baumbach/Hueck, Rdnr. 5.

34 *Altmeppen*, in: Roth/Altmeppen, Rdnr. 8; *Paura*, in: Ulmer/Habersack/Löbbe, Rdnr. 13; *Lutter/Hommelhoff*, in: Lutter/Hommelhoff, Rdnr. 10; *Fastrich*, in: Baumbach/Hueck Rdnr. 3.

35 *Wicke*, Rdnr. 3; *Sosnitza*, in: Michalski u.a., Rdnr. 5; ähnlich *Thiessen*, in: Bork/Schäfer, Rdnr. 15, der aber (Rdnr. 16) einen Erwerb von Todes wegen für zulässig halten möchte.

36 *Paura*, in: Ulmer/Habersack/Löbbe, Rdnr. 13; *Pentz*, in: Rowedder/Schmidt-Leithoff, Rdnr. 12; *Fastrich*, in: Baumbach/Hueck, Rdnr. 3.

37 RGZ 98, 278; *Paura*, in: Ulmer/Habersack/Löbbe, Rdnr. 13.

38 *Gonella*, GmbHR 1967, 93; *Hartmann*, GmbHR 1962, 5, 9; *Ganssmüller*, GmbHR 1963, 67; *Langheim/Klingsch*, in: Saenger/Inhester, Rdnr. 6; *Sosnitza*, in: Michalski u.a., Anh. § 34 Rdnr. 20; a.M. *Mezger*, GmbHR 1963, 64, 106 im Zusammenhang mit der Ausschließung eines Gesellschafters.

39 RG, JW 1928, 1564; zur grundsätzlichen Zulassung RGZ 71, 403; RGZ 76, 310.

40 RGZ 93, 329; so auch *Pentz*, in: Rowedder/Schmidt-Leithoff, Rdnr. 11; *Langheim/Klingsch*, in: Saenger/Inhester, Rdnr. 13; *Fastrich*, in: Baumbach/Hueck, Rdnr. 7.

te, weil dem Gesellschafter eine vollwertige Forderung gegen die Gesellschaft zusteht (§ 19 Rdnr. 73 ff.), könnte es vertretbar erscheinen, den Erwerb des Geschäftsanteils nach Aufrechnung zuzulassen. Das führt allerdings im wirtschaftlichen Ergebnis dazu, dass der Gesellschafter für die Leistung, auf der seine durch Aufrechnung erloschene Forderung beruhte, nicht den vereinbarten Gegenwert erhält, wohl aber für den nicht voll eingezahlten Geschäftsanteil. Man wird dies nur dann zulassen dürfen, wenn sowohl ein zeitlicher Abstand zwischen den beiden Geschäften als auch eine eigenständige wirtschaftliche Zielsetzung des Umsatzgeschäfts, aus dem die aufgerechnete Forderung stammt, bejaht werden können, weil sonst eine Umgehung des § 33 Abs. 1 vorliegt. Im Allgemeinen werden Geschäfte dieser Art nur einen Verzicht auf die Einlageleistung kaschieren, deshalb kommt etwa auch die Finanzierung der Transaktion durch einen Kredit der Gesellschaft, der aus dem Kaufpreis abgelöst werden soll, nicht in Betracht[41].

11 Die Annahme, der gegen § 33 verstoßende obligatorische Vertrag mit einem Gesellschafter über die Veräußerung des Anteils an die Gesellschaft könne dadurch in Ordnung gebracht werden, dass die **GmbH aus freiem Vermögen** oder **ein Dritter die erforderlichen Einlagemittel** beschafft, ist u.U. als Gegenstand einer **aufschiebenden Bedingung** des Kaufvertrages zwischen Gesellschaft und Gesellschafter vorstellbar, was auch durch Auslegung festgestellt werden kann, da dann der Bedingungseintritt einen nunmehr gesellschaftsrechtlich unbedenklichen Vertrag und damit einen Kaufpreisanspruch zustande bringt[42]. Das hierfür herangezogene Urteil RGZ 93, 326, 329 betraf eine Satzungsvorschrift, die den Erwerb seitens der Gesellschaft dadurch ermöglichen wollte, dass die übrigen Gesellschafter durch Nachschüsse die Stammeinlage auffüllten. Das wurde mit Recht für ausreichend gehalten; zum Grundsatz s. auch RG LZ 1913, 865, wo ausdrücklich von einer Bedingung der Volleinzahlung die Rede ist. Die Bedingung muss allerdings den schuldrechtlichen wie den dinglichen Erwerbsvorgang betreffen[43]. Soll der Fehlbetrag durch die Gesellschaft selbst aufgebracht werden und wird diese Art der Einzahlung zur Bedingung des Erwerbs erhoben, so muss mit Rücksicht auf § 30 der Fehlbetrag aus Mitteln kommen, die in dem über das Stammkapital hinausgehenden, also gesellschaftsrechtlich ungebundenen Vermögen vorhanden sind; dies ergibt sich aus der Wertung des § 33 Abs. 2. Daraus folgt dann weiter, dass in diesem Fall ein an den Gesellschafter allenfalls noch zu zahlendes weiteres Entgelt ebenfalls aus Mitteln genommen werden muss, die gesellschaftsrechtlich ungebunden sind, etwa aus ordnungsgemäß beschlossenen Gewinnausschüttungen. Unbedenklich ist danach weiter eine Bedingung des Inhalts, dass die Einzahlung aus Mitteln des Gesellschafters oder anderer Personen – möglicherweise auch der Mitgesellschafter – geschieht. Als bloßer Verzicht auf die Resteinlage bedenklich erscheint dagegen die Abrede, dass der Kaufpreis für einen teilweise eingezahlten Geschäftsanteil in Höhe der noch fehlenden Restzahlung zu ihrer Deckung verwendet wird. Auch wenn dies nämlich unter Wahrung des der Stammkapitalziffer entsprechenden Vermögens möglich ist, erwürbe in einem solchen Fall die Gesellschaft den eigenen Geschäftsanteil unter teilweiser Verrechnung mit der Einlageschuld, was § 33 Abs. 1 vermeiden will.

12 Der Erwerb eines nicht voll eingezahlten Anteils **durch einen Dritten für Rechnung der Gesellschaft** wird meist auf einer Vereinbarung zwischen der Gesellschaft und dem Dritten beruhen, aus der sich die Verhaltenspflichten des Dritten oder auch eine Pflicht zur späteren Übertragung des Anteils auf die Gesellschaft ergeben kann, die auch nur hilfsweise vor-

---

41 *Lutter/Hommelhoff*, in: Lutter/Hommelhoff, Rdnr. 13; *Thiessen*, in: Bork/Schäfer, Rdnr. 11; *Paura*, in: Ulmer/Habersack/Löbbe, Rdnr. 32; unbedenklich, wenn die Gesellschaft nur eine Verschaffungspflicht übernimmt, *Pentz*, in: Rowedder/Schmidt-Leithoff, Rdnr. 19.
42 *Paura*, in: Ulmer/Habersack/Löbbe, Rdnr. 35; *Löwisch*, in: MünchKomm. GmbHG, Rdnr. 29; *Lutter/Hommelhoff*, in: Lutter/Hommelhoff, Rdnr. 11; *Altmeppen*, in: Roth/Altmeppen, Rdnr. 11; krit. aber *Thiessen*, in: Bork/Schäfer, Rdnr. 11 („zirkulär"); *Langheim/Klingsch*, in: Saenger/Inhester, Rdnr. 15.
43 *Löwisch*, in: MünchKomm. GmbHG, Rdnr. 29.

geschrieben sein kann. Dieser Vertrag ist dann als Verstoß gegen § 33 anzusehen[44], obwohl angesichts der Gesellschafterstellung des Dritten an sich eine Konfusion nicht stattfindet; auch besteht eine Verpflichtung der Gesellschaft aus § 670 BGB nicht. Eine Umgehung liegt auch vor, wenn die Gesellschaft kurz nach der Zahlung durch einen „Dritten" diesen bzw. sein Unternehmen erwirbt[45]. Unabhängig davon kann der Dritte den Geschäftsanteil gültig erwerben, braucht ihn aber nach § 667 BGB an die Gesellschaft nur abzutreten, wenn § 33 nicht entgegensteht. Für die ausstehende Einlage haftet nach § 16 Abs. 2 der Veräußerer weiter, während der Gesellschaft an dem Anteil keine Rechte zustehen, da die Bindungen zwischen dem Dritten und ihr vom Recht nicht anerkannt werden.

3. Geltung des § 33 Abs. 1 im Rahmen von Unternehmensverbindungen sowie bei der GmbH & Co. KG

Wenn ein im Mehrheitsbesitz einer GmbH stehendes Unternehmen **Anteile der herrschen-** 13
den GmbH erwirbt, die die Muttergesellschaft nicht erwerben dürfte, ist die Beachtung der Grundsätze der §§ 30 und 33 gefährdet. Dennoch ist das Eingreifen des § 33 Abs. 1, Abs. 2 (Rdnr. 21, 22) zweifelhaft, weil ein Erlöschen des Anspruchs auf die (Rest-)Einlage beim Erwerb des Geschäftsanteils durch die rechtlich selbständige Tochtergesellschaft nicht zu befürchten ist. Eine Lösung auf der Grundlage der Gültigkeit des Anteilserwerbs – möglicherweise mit einer Schadensersatzhaftung der Geschäftsführung der Tochter für etwaige Schäden der Muttergesellschaft – widerspräche den gewöhnlichen Entscheidungsstrukturen, § 33 Abs. 1 sollte daher entsprechend angewendet werden, um die Entstehung wechselseitiger Beteiligungen auf der Grundlage nicht voll eingezahlter Geschäftsanteile zu verhindern[46]. Dieser Gestaltungswunsch geht zwar über § 33 Abs. 1 etwas hinaus, entspricht aber der Handhabung konzernrechtlicher Vorschriften. Das Verbot kann allerdings nur gelten, wenn sich das Abhängigkeitsverhältnis aus Anteilsbesitz ergibt, nicht bei anderen Grundlagen der Abhängigkeit[47]; andernfalls wäre Rechtsunsicherheit unvermeidlich, da die Gesellschaften selbständig sind und bleiben. Eine solche Kapitalerhöhung darf nicht eingetragen werden; geschieht es dennoch, so sind die Kapitalerhöhung und die Zuteilung des Geschäftsanteils wirksam, aber die Organe von Mutter- und Tochtergesellschaft haften auf Schadensersatz. Der Erwerb von Geschäftsanteilen an der Untergesellschaft durch eine mehrheitlich beteiligte Muttergesellschaft fällt nicht unter § 33[48].

In einer **GmbH & Co. KG** können die verschiedenen Konstellationen der Gesellschafteriden- 14
tität zwischen den beiden Gesellschaften einerseits zu den Problemen der wechselseitigen Beteiligung führen, daneben aber auch zur mittelbaren Einlagenrückgewähr (§ 30 Rdnr. 130 ff.).

---

44 *Winkler*, GmbHR 1973, 73, 75; *Löwisch*, in: MünchKomm. GmbHG, Rdnr. 30 (auch für Zwischenerwerb der Gesellschaft); *Fastrich*, in: Baumbach/Hueck, Rdnr. 4; *Altmeppen*, in: Roth/Altmeppen, Rdnr. 42; *Sosnitza*, in: Michalski u.a., Rdnr. 6; *Pentz*, in: Rowedder/Schmidt-Leithoff, Rdnr. 19; nach LG Saarbrücken v. 24.7.1990 – 7 T 10/90 IV, GmbHR 1991, 581 f. ist der Erwerb durch den Dritten demjenigen durch die Gesellschaft gleichzustellen.
45 OLG Hamm v. 3.11.1998 – 27 U 171/98, GmbHR 1999, 773.
46 *Pentz*, in: Rowedder/Schmidt-Leithoff, Rdnr. 65; *Fastrich*, in: Baumbach/Hueck, Rdnr. 21; *Fleischer*, in: Henssler/Strohn, Gesellschaftsrecht, Rdnr. 11; *Thiessen*, in: Bork/Schäfer, Rdnr. 94; anders wegen nicht eingetretener Konfusion *Paura*, in: Ulmer/Habersack/Löbbe, Rdnr. 116; *Löwisch*, in: MünchKomm. GmbHG, Rdnr. 81; *Sosnitza*, in: Michalski u.a., Rdnr. 50.
47 *Verhoeven*, GmbHR 1977, 97, 100. Der Anteilsbesitz der Muttergesellschaft sollte mindestens 25 % betragen, *Lutter/Hommelhoff*, in: Lutter/Hommelhoff, Rdnr. 41.
48 *Pentz*, in: Rowedder/Schmidt-Leithoff, Rdnr. 61; *Altmeppen*, in: Roth/Altmeppen, Rdnr. 43; a.M. *Emmerich*, NZG 1989, 622, 625; *Thiessen*, in: Bork/Schäfer, Rdnr. 92. Eine mindestens 25 % betragende Beteiligung lassen *Löwisch*, in: MünchKomm. GmbHG, Rdnr. 84 und *Lutter/Hommelhoff*, in: Lutter/Hommelhoff, Rdnr. 41 genügen.

Nach **§ 172 Abs. 6 HGB** gilt die Erbringung einer Kommanditeinlage durch Leistung von Geschäftsanteilen an der (alleinigen) Komplementär-GmbH (ins Vermögen der KG) nicht als befreiende Einlageleistung[49], ohne dass freilich Nichtigkeit anzunehmen wäre. In einem solchen Fall haftet der Kommanditist den Gläubigern gesamtschuldnerisch nach **§ 171 Abs. 1 HGB** bis zur Höhe seiner Einlage[50]. Die Anwendung des § 33 Abs. 1 erscheint hier sachgerecht[51], jedenfalls auch dann, wenn die KG im Rahmen einer **Einheitsgesellschaft** von einem anderen als einem ihrer Kommanditisten oder außerhalb von Leistungen auf die Hafteinlage eines Kommanditisten Anteile an ihrer Komplementär-GmbH erwirbt. War die GmbH zu diesem Zeitpunkt bereits Komplementärin der KG und handelte es sich um nicht voll eingezahlte Geschäftsanteile, so wird die GmbH kraft ihrer persönlichen Haftung für die Verbindlichkeiten der KG Schuldnerin auch der Einlageforderung und hat als Mitinhaberin des KG-Vermögens eine gesamthänderische Mitberechtigung auch an ihren eigenen Geschäftsanteilen. Dies ist die Situation, die § 33 Abs. 1 verhindern soll, der Erwerbsakt verstößt also gegen das Gesetz[52]. Eine analoge Anwendung des § 33 ist zu erwägen, wenn eine KG zunächst die Geschäftsanteile an einer GmbH erwirbt, die dann als Komplementärin in die KG eintritt. Bringt jetzt die GmbH ihre noch bestehende Einlageforderung ins Vermögen der KG ein, so haftet sie wiederum als Komplementärin für ihre eigene Einlageforderung, was als Verstoß gegen den Sinn des § 33 abzulehnen ist[53]. Rein begrifflich ließe sich dies zwar dadurch vermeiden, dass die GmbH am Vermögen der KG nicht beteiligt wird und auch nichts einbringt, denn zwischen der KG und ihrer rechtlich selbständigen Komplementär-GmbH sind Forderungen und Schulden nicht unmöglich; dennoch liegt auch hier eine Analogie zu § 33 nahe, weil eine Gefährdung der effektiven Aufbringung des Stammkapitals der GmbH nicht zu leugnen ist[54]. Zu erwägen ist freilich noch, ob nicht eine persönliche Haftung der Kommanditisten für die restliche Einlageforderung der GmbH aus der der Einheitsgesellschaft „innewohnenden Ordnung"[55] folgt, so dass die Überführung von teileingezahlten Geschäftsanteilen an der eigenen Komplementär-GmbH ins Vermögen der KG nichts an der Schuldnerschaft der Kommanditisten (als der bisherigen GmbH-Gesellschafter) ändert. In demselben Sinne wirkt die Tatsache, dass die Kommanditisten als Veräußerer der nicht voll eingezahlten Geschäftsanteile nach § 16 Abs. 2 für die ausstehende Einlage haften, so dass die GmbH nicht nur die KG und damit mittelbar sich selbst als Schuldner hat. In diesem Zusammenhang wird andererseits darauf hingewiesen[56], die Gläubiger der GmbH könnten einen Rückgriff der GmbH auf ihre ehemaligen Gesellschafter nicht erzwingen; deshalb sei die analoge Anwendung des § 33 geboten. Dies ist soweit richtig, als die Einlagen zwar nicht voll eingezahlt, aber noch nicht i.S. des § 16 Abs. 2 rückständig waren; soweit zurzeit der Anteilsübertragung auf die KG die Einlagezahlung bereits rückständig war, bedarf es des Schutzes der GmbH nach § 33 nicht.

49 LG Berlin v. 26.8.1986 – 98 T 24/86, GmbHR 1987, 395; *Lutter/Hommelhoff*, in: Lutter/Hommelhoff, Rdnr. 41; *Fastrich*, in: Baumbach/Hueck, Rdnr. 20; *Paura*, in: Ulmer/Habersack/Löbbe, Rdnr. 122.

50 *Pentz*, in: Rowedder/Schmidt-Leithoff, Rdnr. 57; *Fastrich*, in: Baumbach/Hueck, Rdnr. 20; *Thiessen*, in: Bork/Schäfer, Rdnr. 99; *Paura*, in: Ulmer/Habersack/Löbbe, Rdnr. 122; *Löwisch*, in: Münch-Komm. GmbHG, Rdnr. 86.

51 *Fastrich*, in: Baumbach/Hueck, Rdnr. 20.

52 *Hunscha*, Die GmbH & Co. KG als Alleingesellschafterin ihrer Komplementärin, S. 102 f.; *Pentz*, in: Rowedder/Schmidt-Leithoff, Rdnr. 58; *Fastrich*, in: Baumbach/Hueck, Rdnr. 20; *Thiessen*, in: Bork/Schäfer, Rdnr. 101; anders *Altmeppen*, in: Roth/Altmeppen, Rdnr. 47; *Paura*, in: Ulmer/Habersack/Löbbe, Rdnr. 122; schon früher *Schilling*, in: FS Barz, 1974, S. 75 f.

53 *Hunscha*, Die GmbH & Co. KG als Alleingesellschafterin ihrer Komplementärin, S. 102 f.; anders *Paura*, in: Ulmer/Habersack/Löbbe, Rdnr. 123.

54 *Fetsch*, Beil. DNotZ 1969, 111, 119; *Fastrich*, in: Baumbach/Hueck, Rdnr. 20.

55 So *Schilling*, in: FS Barz, 1974, S. 75 f., der hieraus eine Zulässigkeit des Erwerbs teileingezahlter Geschäftsanteile der GmbH durch die KG folgerte.

56 *Hunscha*, Die GmbH & Co. KG als Alleingesellschafterin ihrer Komplementärin, S. 103; a.M. wegen Nichteintretens einer Fusion *Paura*, in: Ulmer/Habersack/Löbbe, Rdnr. 123.

4. Rechtsfolgen eines Verstoßes

§ 33 Abs. 2 Satz 3 bestimmt die Rechtsfolgen eines Verstoßes ausdrücklich nur für Verletzun- 15
gen der „Sätze 1 und 2" (scil.: des Abs. 2), also Nichtachtung der Beschränkungen beim Erwerb voll eingezahlter Anteile. Hinsichtlich einer Verletzung der Regel des § 33 Abs. 1 ist zu
beachten, dass die Gesellschaft nach dem Gesetzeswortlaut die Anteile nicht erwerben kann,
was heißt, dass **der verbotswidrige Erwerbsakt gemäß § 134 BGB nichtig** ist[57], und zwar
der obligatorische wie der dingliche Teil. Das gilt auch für die Inpfandnahme. Heilung, etwa
durch nachträgliche Leistung der Einlage, ist nicht möglich[58]. Demnach gehört der Geschäftsanteil nach wie vor dem bisherigen Gesellschafter, was von beiden Teilen, etwa im
Hinblick auf fortbestehende Einlagenhaftung, und auch von jedem Dritten geltend gemacht
werden kann. Anderes gilt nur, wenn das obligatorische wie das dingliche Geschäft unter der
aufschiebenden Bedingung der Volleinzahlung stehen, s. schon Rdnr. 11, was bei Vorliegen
hinlänglich konkreter Anhaltspunkte durch ergänzende Vertragsauslegung zu begründen
sein kann[59]. Veräußert die GmbH den Geschäftsanteil weiter, kommt ein Gutglaubenserwerb
unter den Voraussetzungen des § 16 Abs. 3 in Betracht, andernfalls bedarf es der Zustimmung des Anteilseigners[60].

Die von der Gesellschaft erbrachte **Gegenleistung** ist nach § 812 BGB zurückzugeben. Soweit 16
sie aus einem nach § 30 gebundenen Vermögen genommen wurde, besteht auch der gesellschaftsrechtliche Rückgewähranspruch aus § 31, der in Voraussetzungen und Folgen selbständig neben dem Bereicherungsanspruch steht, § 31 Rdnr. 5 ff., 15 ff.[61] Dem abtretenden Gesellschafter bei gutem Glauben hinsichtlich der Zulässigkeit des Anteilserwerbs durch die
Gesellschaft § 31 Abs. 2 zugute kommen zu lassen, scheitert daran, dass das Verbot des § 33
Abs. 1 eigenständig ist und nicht allein auf dem Grundsatz der Kapitalerhaltung beruht[62].
Soweit der Erwerb aus gesellschaftsrechtlich nicht gebundenem Vermögen bezahlt worden
ist, besteht nur die Kondiktion, die wie gewöhnlich durch den Einwand aus § 818 Abs. 3 BGB
gefährdet ist[63]. Gelingt die Rückforderung aus diesem oder einem anderen tatsächlichen
Grunde nicht, so haftet gegenüber der Gesellschaft der Geschäftsführer für eine schuldhafte
Verletzung des § 33 nach Maßgabe des § 43. Wenn die Gesellschaft den Anteil inzwischen
weiterübertragen hat, was eine wirksame Verpflichtung begründet haben kann, so erfolgt die
Rückabwicklung des Geschäfts zwischen Gesellschafter und Gesellschaft unter Berücksichtigung des § 818 Abs. 3 BGB, die – zivilrechtlich ohnehin bedenkliche – Saldotheorie kann bei
Bezahlung des Anteils aus gebundenem Vermögen nicht eingreifen. Die Gesellschaft braucht
den Anteil nur Zug um Zug gegen Erstattung ihrer Leistung zurückzugeben, § 273 BGB; einem dritten Käufer haftet sie u.U. aus dem Gesichtspunkt des Rechtsmangels.

---

57 RGZ 71, 403; BGHZ 15, 393; *Goette*, DStR 1994, 107; *Fastrich*, in: Baumbach/Hueck, Rdnr. 6; *Pentz*,
   in: Rowedder/Schmidt-Leithoff, Rdnr. 13; *Lutter/Hommelhoff*, in: Lutter/Hommelhoff, Rdnr. 11;
   Altmeppen, in: Roth/Altmeppen, Rdnr. 11; *Paura*, in: Ulmer/Habersack/Löbbe, Rdnr. 18.
58 *Fastrich*, in: Baumbach/Hueck, Rdnr. 6; *T. Fleischer*, in: Henssler/Strohn, Gesellschaftsrecht,
   Rdnr. 12; *Paura*, in: Ulmer/Habersack/Löbbe, Rdnr. 37.
59 So auch *Fastrich*, in: Baumbach/Hueck, Rdnr. 6; *Sosnitza*, in: Michalski u.a., Rdnr. 19.
60 *Altmeppen*, in: Roth/Altmeppen, Rdnr. 11; *Paura*, in: Ulmer/Habersack/Löbbe, Rdnr. 42. Da die Anteile der Gesellschaft nicht zustehen, stört der Vorgang einen Formwechsel der GmbH (als Ausgangsrechtsträger eines Formwechsels in eine AG) nicht (näher *Heckschen/Weitbrecht*, ZIP 2017,
   1297, 1300).
61 *Altmeppen*, in: Roth/Altmeppen, Rdnr. 12; *Lutter/Hommelhoff*, in: Lutter/Hommelhoff, Rdnr. 3; z.T.
   wird die Kapitalaufbringungshaftung bevorzugt, *Thiessen*, in: Bork/Schäfer, Rdnr. 23.
62 *Paura*, in: Ulmer/Habersack/Löbbe, Rdnr. 40; *Sosnitza*, in: Michalski u.a., Rdnr. 20; a.M. *Winkler*,
   GmbHR 1972, 73, 76; zur Beweislast bei der Rückforderung des Kaufpreises BGH v. 30.9.1996 – II
   ZR 51/95, NJW 1997, 196, 197 = GmbHR 1997, 171.
63 *Lutter/Hommelhoff*, in: Lutter/Hommelhoff, Rdnr. 11; freilich wird der Gesellschafter häufig i.S.
   der §§ 819 Abs. 1, 818 Abs. 4 BGB bösgläubig sein; so auch *Paura*, in: Ulmer/Habersack/Löbbe,
   Rdnr. 40; *Sosnitza*, in: Michalski u.a., Rdnr. 17.

III. Erwerb und Inpfandnahme voll eingezahlter Geschäftsanteile (§ 33 Abs. 2)

1. Zweck und Anwendungsbereich des § 33 Abs. 2

a) Verhältnis zu § 30

17   § 33 Abs. 2 gehört systematisch zu den Vorschriften, denen es um die **Erhaltung des Stammkapitals** zu tun ist[64]. Voll eingezahlte eigene Geschäftsanteile darf die Gesellschaft daher erwerben, wenn sie für die hierfür gemachten Aufwendungen eine Rücklage bilden könnte, ohne dass das Stammkapital oder eine satzungsmäßige Rücklage, die nicht zu Zahlungen an Gesellschafter gebraucht werden darf, gemindert werden müsste. Dies geht auf das BilMoG zurück (Rdnr. 1), wobei die in der davor geltenden Regelung vorgeschriebene tatsächliche Bildung einer Rücklage für eigene Anteile (§ 272 Abs. 4 HGB a.F.) entfallen ist; stattdessen ist nur zu fragen, ob das zur Bildung einer solchen Rücklage genügende ungebundene Vermögen vorhanden wäre, wofür es auf eine fortgeschriebene Ertragsbilanz (§§ 264 ff. HGB) ankommt[65]; zu den für mögliche Ausschüttungen maßgeblichen bilanzrechtlichen Folgen s. Rdnr. 18. Jedenfalls muss aber die Möglichkeit der Entstehung von Unterbilanz durch die Zahlung eines Erwerbspreises geprüft werden[66], so dass unentgeltlicher Erwerb möglich ist. Demzufolge muss auch beim Erwerb eigener Geschäftsanteile während eines laufenden Passivprozesses geprüft werden, ob durch die Entgeltzahlung Unterbilanz droht oder vertieft wird[67]. Dass hier der Gesellschaft im Grundsatz keine Einlageforderungen verloren gehen können, spielt für die Regelung keine Rolle. Die Anwendung dieser Regeln auf die **Inpfandnahme** eigener Geschäftsanteile bedeutet, dass dies nicht zugelassen ist, wenn die Gesellschaft nach ihren Vermögensverhältnissen zurzeit der Inpfandnahme die bei der Verwertung des Pfandes eintretende Verrechnung der eigenen gesicherten Forderung mit dem Anteilserwerb nicht bewirken könnte, weil dieser Forderungsverlust nicht durch die Bildung einer Rücklage abgefangen werden könnte. Praktisch muss daher nicht erst die Verwertung des Pfandes, sondern schon die Inpfandnahme als solche davon abhängig gemacht werden, dass eine eventuelle Verwertung die unerwünschte Folge nicht haben kann, weil die gesicherte Forderung – gegebenenfalls nur in Höhe des niedrigeren Werts des in Pfand genommenen Geschäftsanteils – zur Deckung des Stammkapitals nicht benötigt wird. Ist die gesicherte Forderung nicht durch freies Vermögen gedeckt, so ist der Vertrag zwar dinglich wirksam, aber schuldrechtlich ungültig und muss rückabgewickelt werden[68]; zu den Rechtsfolgen einer Inpfandnahme im Übrigen Rdnr. 25. Im Übrigen gelten keine zahlenmäßigen Beschränkungen oder Erfordernisse der Verfolgung ganz bestimmter Erwerbszwecke, wie sie das Aktienrecht kennt.

---

64 BGH, NJW 1956, 1326 = DB 1956, 709; *Lutter/Hommelhoff*, in: Lutter/Hommelhoff, Rdnr. 13; *Pentz*, in: Rowedder/Schmidt-Leithoff, Rdnr. 38; *Sosnitza*, in: Michalski u.a., Rdnr. 21.

65 Fiktive Rücklage, *Langheim/Klingsch*, in: Saenger/Inhester, Rdnr. 17; OLG Rostock v. 30.1.2013 – 1 U 75/11, NZG 2013, 543 = GmbHR 2013, 305; so auch *Lutter/Hommelhoff*, in: Lutter/Hommelhoff, Rdnr. 15; BGH v. 30.9.1996 – II ZR 51/95, GmbHR 1997, 171; *Löwisch*: in: MünchKomm. GmbHG, Rdnr. 44; *Fastrich*, in: Baumbach/Hueck, Rdnr. 10.

66 *Kropff*, ZIP 2009, 1137; *Rodewald/Pohl*, GmbHR 2009, 32 ff.; *Breuninger/Müller*, GmbHR 2011, 10; *Sosnitza*, in: Michalski u.a., Rdnr. 22; *Altmeppen*, in: Roth/Altmeppen, Rdnr. 15, 14; *Fleischer*, in: Henssler/Strohn, Gesellschaftsrecht, Rdnr. 14.

67 BGH v. 30.9.1996 – II ZR 51/95, ZIP 1996, 1984, 1986 = GmbHR 2017, 171; BGH v. 24.6.1998 – XII ZR 195/96, BGHZ 139, 131 = NJW 1998, 3121; OLG Zweibrücken v. 6.11.2000 – 7 U 101/00, NZG 2001, 569; zum Grundsatz der Bilanzierung auch BGH v. 30.9.1996 – II ZR 51/95, NJW 1997, 196, 197 = GmbHR 1997, 171; *Altmeppen*, in: Roth/Altmeppen, Rdnr. 14; *Fastrich*, in: Baumbach/Hueck, Rdnr. 9; *Sosnitza*, in: Michalski u.a., Rdnr. 22.

68 *Lutter/Hommelhoff*, in: Lutter/Hommelhoff, Rdnr. 29; ähnlich *Altmeppen*, in: Roth/Altmeppen, Rdnr. 37.

Das Verhältnis der Regelung des § 33 Abs. 2 zu **§ 30** wird z.T. als Anspruchskonkurrenz 18
(Nachweise Rdnr. 16), z.T. als eine differenzierte Funktionsteilung zwischen den verschiedenen Kapitalschutzvorschriften verstanden, wobei die Art der Behandlung erworbener eigener Anteile in der Bilanz durch § 272 Abs. 1a HGB die Berechnung des ausschüttungsfähigen Betrags, die für die Kapitalerhaltung i.S. des § 30 bestimmend ist, in einer Weise beeinflusst, die die Aussagekraft der **Bilanz** vermindert[69], ohne freilich die für die Kapitalerhaltung maßgeblichen Werte zu verändern. Anstelle der Bildung einer Sonderrücklage ist jetzt vorgeschrieben, den Nominalbetrag erworbener eigener Geschäftsanteile in der Bilanz, die im Rahmen des § 30 vor einer Ausschüttung an Gesellschafter zu machen ist, „in der Vorspalte offen von dem Posten des Gezeichneten Kapitals abzusetzen." Damit wird der Erwerb eigener Anteile als eigenkapitalmindernd dargestellt[70]. Dem entspricht auch die steuerrechtliche Behandlung (Rdnr. 49). Wenn nun der Preis für den erworbenen Geschäftsanteil den Nominalbetrag übersteigt, muss der Unterschiedsbetrag aus einer vorhandenen Rücklage genommen werden, so dass die Bilanz nach Entnahme des Kaufpreises aus dem Aktivvermögen ausgeglichen sein kann. Allerdings betrifft die Absetzung in der Bilanz das „Gezeichnete Kapital", ohne dass dadurch die aus der Satzung oder aus dem Handelsregister ersichtliche Höhe des Stammkapitals verändert wird. Zu der Frage, ob bei einer Ermittlung des nach § 30 zulässigen Ausschüttungsbetrages auf diese Größe oder auf das aus der Bilanz ersichtliche „Gezeichnete" Kapital abzustellen ist[71], s. auch Rdnr. 42. Die Kapitalerhaltung nach § 30 ist auf das satzungsmäßige Stammkapital bezogen, so dass eine vorhandene Rücklage nur so vermindert werden darf, dass sie diesen Betrag deckt[72]. So wirkt die geltende Regelung wie eine Kapitalherabsetzung ohne deren formale und materielle Voraussetzungen, ohne dass man sagen könnte, dass sie wirtschaftlich zu einer die Kapitalerhaltung überwindenden Ausschüttung an die Gesellschafter führte. Unabhängig hiervon ist aber ein unentgeltlicher Erwerb zulässig[73]. Wie auch sonst ist die Feststellung, ob der Erwerbspreis aus dem über den Betrag des Stammkapitals hinaus vorhandenen Vermögen aufgebracht werden kann, aufgrund einer dem § 42 entsprechenden Bilanz zu Fortführungswerten ohne Berücksichtigung nicht aufgelöster stiller Reserven zu treffen[74]; zum maßgeblichen Zeitpunkt Rdnr. 26.

b) Einzelne Anwendungsfälle

Wenn für den Erwerb eigener voll eingezahlter Geschäftsanteile **ein überhöhter Preis** gezahlt 19
wird, steht nach dem Vorigen der Gesellschaft wegen Verstoßes gegen § 30 Abs. 1 ein Leistungsverweigerungsrecht bzw. der Rückgewähranspruch aus § 31 zu; das sollte anders gesehen werden können, wenn die Gesellschaft nach Lage des konkreten Einzelfalles unmittelbar die Möglichkeit hat, den Geschäftsanteil zu verkaufen und dadurch den aus ihrem Vermögen abgeflossenen Wert zu ersetzen. Ist dies nicht wahrscheinlich, so handelt es sich effektiv um eine Vermögensminderung oder zumindest um eine sehr ungünstige Art der Vermögensbindung, die nach dem Sinn des § 33 Abs. 2 wiederum nur erlaubt ist, wenn sie nur das über die Stammkapitalziffer hinaus vorhandene Vermögen betrifft[75]. Wenn für einen eigenen Ge-

69 *Kropff*, ZIP 2009, 1137; krit. *Lutter/Hommelhoff*, in: Lutter/Hommelhoff, Rdnr. 28.
70 *Breuninger/Müller*, GmbHR 2011, 10, 13; dort vor allem zu den steuerrechtlichen Folgen.
71 Dagegen *Fastrich*, in: Baumbach/Hueck, Rdnr. 10; eingehend *Rodewald/Pohl*, GmbHR 2009, 32, 34.
72 *Lutter/Hommelhoff*, in: Lutter/Hommelhoff, Rdnr. 28; *Löwisch*, in: MünchKomm. GmbHG, Rdnr. 46; s. auch *Thiessen*, in: Bork/Schäfer, Rdnr. 28.
73 So schon nach früherem Recht OLG Hamm v. 9.12.1992 – 8 U 183/91, GmbHR 1994, 179; zum geltenden Recht *Sosnitza*, in: Michalski u.a., Rdnr. 26.
74 BGH v. 30.9.1996 – II ZR 51/95, ZIP 1996, 1984 = GmbHR 2017, 171 mit im Ergebnis zust. Kurzkomm. *W. Müller*, EWiR § 32 GmbHG 1/97; s. auch die Nachw. Rdnr. 17.
75 S. den Fall BGH, NJW 1956, 1327 und zur Lösung die Überlegungen von *Winter*, Die wechselseitige Beteiligung von Aktiengesellschaften, 1960, S. 30 f.

schäftsanteil aus freiem Vermögen ein *überhöhter Preis* gezahlt wird, so kann darin eine verdeckte Gewinnausschüttung liegen. Bei einem unangemessen hohen Preis ist widerleglich zu vermuten, dass die aus § 33 Abs. 2 folgende Möglichkeit zur Umgehung des Kapitalerhaltungsgebots des § 30 benutzt wurde[76]. Das Recht zur Verweigerung des für voll eingezahlte Geschäftsanteile versprochenen Kaufpreises besteht auch für den Insolvenzverwalter. Hierfür hat ein Vergleich zwischen dem freien Vermögen der GmbH und dem Gesamtbetrag der offenen Ansprüche solcher Gesellschafter stattzufinden, die einen Zahlungsanspruch aus einem Anteilsabtretungsvertrag geltend machen, woran es nichts ändert, wenn offene Ansprüche ehemaliger Gesellschafter nicht rechtskräftig festgestellt sind. Dies ist nötig, um zu verhindern, dass im Insolvenzverfahren Gesellschafter, die ihre Anteile an die Gesellschaft veräußert haben, in Konkurrenz zu den Gesellschaftsgläubigern treten[77]. Dies hängt allerdings von dem für die Unterbilanz-Prüfung maßgeblichen Zeitpunkt (s. Rdnr. 26) ab; zur Rückabwicklung eines grundsätzlich nichtigen Vertrages zwischen dem ausgeschiedenen Gesellschafter und der Gemeinschuldnerin s. Rdnr. 29. Hat ein Gesellschafter **mehrere Geschäftsanteile** an die Gesellschaft verkauft, ohne dass das ungebundene Vermögen zur Befriedigung aller Kaufpreisforderungen ausreicht, so ist die Durchführung eines einzelnen Anteilserwerbs, dem die Kapitalbindung nicht entgegensteht, zulässig, wenn der auf den entsprechenden Geschäftsanteil entfallende Preis sich feststellen lässt, ebenso ist bei Teilung eines Geschäftsanteils zu verfahren.

20   Auch zu § 33 Abs. 2 kann die Frage auftreten, ob die **Nießbrauchsbestellung** an einem Geschäftsanteil zugunsten der Gesellschaft zulässig ist. Dies könnte angesichts der Behandlung der Inpfandnahme bezweifelt werden. Jedoch gefährdet die Einräumung eines Nutzungsrechts nicht wie die Bestellung eines Verwertungsrechts das Kapitalerhaltungsgebot i.d.F. des § 33, so dass der Nießbrauch zulässig ist[78]. Zweifelhaft ist aber, inwieweit bei einem Erwerb eigener Geschäftsanteile, der auf bestimmten Vorrechten oder Gestaltungsmöglichkeiten beruht, die Regel des § 33 Abs. 2 zurücktreten kann. Für den Erwerb von Geschäftsanteilen aufgrund eines satzungsmäßig begründeten **Vor- oder Ankaufsrechts** konnte nach der früheren Fassung der Vorschrift in Bezug auf voll eingezahlte Anteile die Ansicht vertreten werden, die Ausübung des Rechts werde nicht dadurch ausgeschlossen, dass das Entgelt dem gesellschaftsrechtlich gebundenen Vermögen entnommen werden müsse. Die Begründung mit der Parallelwertung zum Fall der Ausschließung eines Gesellschafters krankte aber bereits daran, dass dort die Verwertung auch eines voll eingezahlten Geschäftsanteils durch Abtretung an die Gesellschaft selber häufig davon abhängig gemacht wurde, dass die Mittel zur Abfindung aus dem nicht mehr zur Deckung des Stammkapitals erforderlichen Vermögen aufgebracht werden müssen[79]. Dieselbe Voraussetzung muss im geltenden Recht auch für die Ausübung von Vor- oder Ankaufsrechten vorliegen, was im konkreten Fall der Gesellschaft aber immerhin die Möglichkeit eröffnet, die Übertragung des Geschäftsanteils auf einen Dritten durchzusetzen, soweit sie hierbei nicht selber die Pflicht zur Zahlung des Erwerbspreises übernimmt.

76 Näher dazu *Hohage*, DB 2009, 1033.
77 BGH v. 29.6.1998 – II ZR 353/97, BGHZ 139, 132 = GmbHR 1998, 933 gegen OLG Dresden v. 9.7.1997 – 6 U 230/97, NZG 1998, 31 mit abl. Anm. *Scheid*, S. 32 f.; wie der BGH aber LG Leipzig v. 13.12.1996 – 5 O 8731/96, ZIP 1997, 602 f. (im selben Fall) mit zust. Kurzkomm. *van Zwoll*, EWiR § 33 GmbHG 2/97.
78 So auch *Altmeppen*, in: Roth/Altmeppen, Rdnr. 38.
79 *Ganssmüller*, GmbHR 1963, 67.

c) Geltung im Unternehmensverbund und bei der GmbH & Co. KG

Im **Konzernverbund** stellt sich die Frage der Anwendbarkeit des § 33 Abs. 2 zunächst dahin, 21 ob eine konzernabhängige Gesellschaft Anteile an der herrschenden GmbH, wenn sie voll eingezahlt sind, zu Lasten ihres nach § 30 gebundenen Vermögens erwerben darf[80]. Allerdings darf es nicht im Einzelfall dazu kommen, dass die Muttergesellschaft auf dem Wege über eine rechtlich selbständige Tochter ein Ergebnis erreicht, das sie selber nicht durchsetzen dürfte; dies gilt allgemein besonders im Hinblick auf Kapital- und Gläubigerschutz bei Kapitalgesellschaften[81]. Eine Lösung auf der Grundlage des § 33 Abs. 2 geht dahin, nicht zu fragen, ob die Muttergesellschaft den Erwerb der Anteile aus nach § 30 nicht gebundenen Mitteln finanzieren könnte, sondern zu prüfen, ob die Tochtergesellschaft genügend freies Vermögen hat[82]. Dass dann bei der Muttergesellschaft durch einen solchen Vorgang die Kapitalerhaltung gefährdet wird, ist schwer vorstellbar[83]. Ist freilich das herrschende Unternehmen eine AG, sind noch die Schranken aus §§ 56 Abs. 2, 71d AktG zu beachten, so dass auch der Erwerb von Anteilen der Muttergesellschaft im Wege der Kapitalerhöhung gegen Einlagen ausscheidet, die Kapitalerhöhung darf nicht eingetragen werden[84]. Damit ist dem Umstand Rechnung getragen, dass bei beiden Gesellschaften die Kapitalgarantie nicht entwertet werden darf. Im Gegensatz zum Normalfall des Erwerbs eigener Geschäftsanteile bestimmt § 272 Abs. 4 HGB für den Erwerb durch eine abhängige GmbH, dass diese den Gesellschaftsanteil an der Mutter zum Erwerbspreis oder einem höheren Marktwert aktivieren muss und diesem Posten auf der Passivseite eine Sonderrücklage in gleicher Höhe aus frei verfügbaren Mitteln gegenüberstellen muss; kann sie dies nicht, ist der Erwerb schuldrechtlich ungültig und muss rückabgewickelt werden. Nach einer Veräußerung oder Einziehung des Geschäftsanteils ist die Rücklage – gegebenenfalls gewinnsteigernd – aufzulösen[85].

Bei Herstellung einer **wechselseitigen Beteiligung** wird die Anwendung des § 33 Abs. 2 da- 22 von abhängig gemacht, dass durch den Erwerb eine Mehrheitsbeteiligung entsteht oder ein Beherrschungsvertrag geschlossen wird, wenn die Tochtergesellschaft bereits Anteile an der Mutter hält; sie muss dann die Rücklage gemäß § 272 Abs. 4 HGB bilden[86]. Freilich ist die Auszahlung aus dem Vermögen der Tochtergesellschaften an Gesellschafter der Obergesellschaft zunächst ein Problem der Kapitalerhaltung (§ 30 Rdnr. 72 ff.), doch handelt es sich, jedenfalls bei Anwendung der §§ 20 Abs. 1, 21 Abs. 1, 328 AktG im Kern um eine konzernrechtliche Frage (näher Anh. § 13 Rdnr. 35 ff.). Zur Übernahme nicht voll eingezahlter Anteile der Obergesellschaft durch eine Tochter s. Rdnr. 13.

Verstöße gegen § 33 Abs. 2 sind auch im Rahmen einer **GmbH & Co. KG** möglich (zur An- 23 wendung des § 33 Abs. 1 s. Rdnr. 14). Wenn die KG Anteile an ihrer eigenen Komplementär-GmbH erwirbt, so erhalten deren Gesellschafter aus dem Vermögen der KG mittelbar ihre Einlage zurück, so dass §§ 30, 31 anzuwenden sind (§ 30 Rdnr. 130). Ein selbständiges An-

---

80 *Emmerich*, NZG 1998, 622, 625; *Sosnitza*, in: Michalski u.a., Rdnr. 51; anders *Lutter/Hommelhoff*, in: Lutter/Hommelhoff, Rdnr. 43.

81 Bejahend *Paura*, in: Ulmer/Habersack/Löbbe, Rdnr. 115; *Löwisch*, in: MünchKomm. GmbHG, Rdnr. 82; *Fastrich*, in: Baumbach/Hueck, Rdnr. 21; *Lutter/Hommelhoff*, in: Lutter/Hommelhoff, Rdnr. 45.

82 So *Lutter/Hommelhoff*, in: Lutter/Hommelhoff, Rdnr. 45; *Fleischer*, in: Henssler/Strohn, Gesellschaftsrecht, Rdnr. 17; *Verhoeven*, GmbHR 1977, 77, 102; eine Mehrheitsbeteiligung verlangt in den Fällen des § 33 Abs. 3 *Altmeppen*, in: Roth/Altmeppen, Rdnr. 51.

83 Nach *Verhoeven*, GmbHR 1977, 97, 100, darf und muss der Umfang der eingesetzten Reserven nur der Höhe der mittelbaren Selbstbeteiligung, nicht dem Betrag des Anteilserwerbs entsprechen.

84 *Pentz*, in: Rowedder/Schmidt-Leithoff, Rdnr. 62; *Löwisch*, in: MünchKomm. GmbHG, Rdnr. 83; *Altmeppen*, in: Roth/Altmeppen, Rdnr. 45 f.; *Lutter/Hommelhoff*, in: Lutter/Hommelhoff, Rdnr. 44; *Paura*, in: Ulmer/Habersack/Löbbe, Rdnr. 119.

85 *Lutter/Hommelhoff*, in: Lutter/Hommelhoff, Rdnr. 47.

86 *Paura*, in: Ulmer/Habersack/Löbbe, Rdnr. 120.

wendungsfeld für § 33 Abs. 2 bleibt hier nicht[87], wenn man davon ausgeht, dass die KG nicht von ihrer Komplementär-GmbH beherrscht wird; anders, wenn der Regressanspruch gegen die KG, der sich aus der Haftung der Komplementärin für den Kaufpreis ergeben kann, nicht vollwertig ist[88]. Zur streitigen Behandlung des Erwerbs nicht voll eingezahlter Anteile s. Rdnr. 14.

2. Voraussetzungen und Durchführung des Erwerbs bzw. der Inpfandnahme eigener Geschäftsanteile

24   Für einen nach § 33 Abs. 2 zulässigen Erwerb aus dem über den Betrag des Stammkapitals hinaus vorhandenen Vermögen (näher Rdnr. 18) mindern (wegen der bilanzrechtlichen Folgen – auch dazu Rdnr. 18) früher erworbene eigene Geschäftsanteile den Betrag des freien Vermögens, auch können zu diesem Zweck nicht stille Reserven eingesetzt werden[89], da es auf die Buchwerte der (fortgeschriebenen) Bilanz ankommt. Anhand der genannten Bilanz ist festzustellen, ob die fiktive Rücklage (Rdnr. 17) gebildet werden könnte.

25   Bei der **Inpfandnahme** voll eingezahlter Geschäftsanteile gilt eine differenzierte Lösung. Soweit der Gesamtbetrag der durch das Pfandrecht zu sichernden Forderungen der Gesellschaft unter den der Gesellschaft zur Verfügung stehenden nicht gebundenen Mitteln bleibt, ist die Verpfändung zulässig, weil dann auch eine Verrechnung der Forderung mit dem Anteilserwerb möglich wäre[90]. Das Verbot greift auch dann nicht ein, wenn zwar der Betrag der gesicherten Forderungen über den des nicht gebundenen Vermögens hinausgeht, nicht aber der gegebenenfalls niedrigere Wert der als Pfand genommenen Geschäftsanteile[91]. Das ist vor dem Ziel der gesetzlichen Regelung hinnehmbar, weil die Forderung bei einer eventuellen Verwertung des Pfandes in Höhe des Restbetrages bestehen bleiben würde und das Vermögen insoweit nicht angetastet würde. Den Geschäftsanteil unabhängig von seinem Wert in voller Höhe der Forderung in Zahlung zu nehmen, wäre aber dann unzulässig. Bei alledem kommt es nicht darauf an, ob sich die gesicherte Forderung gegen den verpfändenden Gesellschafter oder gegen einen Dritten richtet, da jedenfalls verhindert werden soll, dass bei Verwertung des Pfandes der Geschäftsanteil an die Stelle gesellschaftsrechtlich gebundenen Vermögens tritt. Bei der Inpfandnahme kann sich der Umstand, dass ein verbotswidriges Geschäft nach § 33 Abs. 2 Satz 3 dinglich wirksam ist, im Ergebnis dahin auswirken, dass die erstrebte dingliche Sicherheit zunächst einmal begründet wird, s. dazu näher Rdnr. 29. Unabhängig von den im Einzelnen schwer festzustellenden Voraussetzungen einer zulässigen Inpfandnahme wird daher um der Interessen der Gesellschaft willen für richtig gehalten, die Verpfändung wenigstens teilweise aufrechtzuerhalten, wenn die gesicherte Forderung mit dem anderen Teil das gebundene Vermögen angreift[92].

26   Umstritten ist, auf welchen **Zeitpunkt** es für die Beurteilung der Voraussetzungen eines zulässigen Anteilserwerbs ankommt. Wenn das schuldrechtliche Geschäft, d.h. der Kauf, die

---

87   *Paura*, in: Ulmer/Habersack/Löbbe, Rdnr. 124; *Altmeppen*, in: Roth/Altmeppen, Rdnr. 49.
88   *Altmeppen*, in: Roth/Altmeppen, Rdnr. 49; *Paura*, in: Ulmer/Habersack/Löbbe, Rdnr. 124; ähnlich *Winkler*, GmbHR 1972, 73, 81.
89   BGH v. 30.9.1996 – II ZR 51/95, NJW 1997, 196 f. = GmbHR 1997, 171; BGH v. 29.6.1998 – II ZR 353/97, BGHZ 139, 132, 136 = GmbHR 1998, 933; *Paura*, in: Ulmer/Habersack/Löbbe, Rdnr. 51; anders noch *Sonnenhol/Stützle*, DB 1979, 925, 927; s. auch *Sosnitza*, in: Michalski u.a., Rdnr. 25; *Altmeppen*, in: Roth/Altmeppen, Rdnr. 24.
90   *Sosnitza*, in: Michalski u.a., Rdnr. 28; *Fastrich*, in: Baumbach/Hueck, Rdnr. 13; *Langheim/Klingsch*, in: Saenger/Inhester, Rdnr. 21.
91   *Sosnitza*, in: Michalski u.a., Rdnr. 28; *Fastrich*, in: Baumbach/Hueck, Rdnr. 13.
92   *Pentz*, in: Rowedder/Schmidt-Leithoff, Rdnr. 31; *Sosnitza*, in: Michalski u.a., Rdnr. 29; *Fastrich*, in: Baumbach/Hueck, Rdnr. 13; *Thiessen*, in: Bork/Schäfer, Rdnr. 68; für Anwendung des § 140 BGB in diesem Zusammenhang *Paura*, in: Ulmer/Habersack/Löbbe, Rdnr. 56.

Schenkung oder auch die Sicherungsabrede bei der Verpfändung, bei einem Regelverstoß nichtig ist, wie das Gesetz ausdrücklich vorschreibt, kann dies vernünftigerweise nur nach den Gegebenheiten bei Abschluss dieses Geschäfts beurteilt werden. Dieser Zeitpunkt ist außerdem derjenige, an dem der Geschäftsführer zur Vermeidung seiner Haftung (Rdnr. 31) angehalten werden soll, von dem Geschäft abzusehen. Allerdings passt diese Lösung nicht zu der Auslegung des in der Zielrichtung verwandten § 30, die davon ausgeht, dass es für das Entstehen einer Unterbilanz auf den Zeitpunkt der Auszahlung des fraglichen Betrages ankomme (§ 30 Rdnr. 53); auch sind Differenzierungen unvermeidlich, die sich ergeben müssen, wenn im Zeitpunkt des Vertragsschlusses keine Unterbilanz besteht oder droht, wohl aber bei Erfüllung, ebenso im umgekehrten Fall[93]. Es erscheint vor diesem Hintergrund auch unbedenklich, schuldrechtlich die Leistungspflicht der Gesellschaft erst wirksam werden zu lassen, wenn die bilanziellen Voraussetzungen gegeben sind[94]. Wenn demgegenüber verbreitet undifferenziert auf den Zeitpunkt abgestellt wird, an dem die Gegenleistung erbracht wird[95], so hieße dies praktisch, dass die Gesellschaft, auch wenn sie im Zeitpunkt der Erfüllung oder des Erfüllungsverlangens genügend ungebundene Mittel zur Verfügung hat, den Vertrag nicht erfüllen darf oder sich zu einem Neuabschluss entschließen muss[96]; im umgekehrten Fall müsste ein zunächst gültiger Vertrag nachträglich nichtig werden; beides leuchtet nicht recht ein, was dafür spricht, auf den Zeitpunkt des Abschlusses des schuldrechtlichen Geschäfts abzuheben[97]. Allerdings weicht die Nichtigkeitsfolge in diesem Fall der Kapitalerhaltung von den Grundregeln der §§ 30, 31 ab, was ein gesetzgeberischer Missgriff sein mag[98], aber damit zusammenhängt, dass dort nur ein Rückgewähranspruch begründet wird, auf den sich der Zahlungsempfänger (vorbehaltlich des § 31 Abs. 2) einrichten kann, ohne dass der auf Auszahlung gerichtete Vertrag nichtig ist. Eine Anpassung wird versucht, indem auf beide Zeitpunkte abgestellt und gefordert wird, dass die Wirksamkeitsvoraussetzungen schon im Zeitpunkt des schuldrechtlichen Geschäfts und noch bei seiner Erfüllung durch Auszahlung gegeben sein müssen[99]; dies würde aber auch auf eine nachträgliche Vernichtung eines zunächst gültigen Geschäfts und möglicherweise, wenn nach dem vom Geschäftsführer zunächst abgewehrten Erfüllungsverlangen die Verhältnisse der Gesellschaft sich bessern, auf eine Heilung auch durch Neuabschluss hinauslaufen[100], die dann aber nicht unbedingt mehr gewollt ist. Eher gesetzesnah erscheint es daher, in Anlehnung an die Verstoßfolgen nach Maßgabe der Verhältnisse in § 30 den schuldrechtlichen Vertrag als schwebend unwirksam

93 Zum Folgenden *Bloching/Kettinger*, BB 2006, 172, 173 ff.; *Sosnitza*, in: Michalski u.a., Rdnr. 27; *Altmeppen*, in: Roth/Altmeppen, Rdnr. 35; *Langheim/Klingsch*, in: Saenger/Inhester, Rdnr. 20. In diese Richtung BGH v. 15.11.1993 – II ZR 32/93, DStR 1994, 107; OLG Hamm v. 9.12.1992 – 8 U 183/91, GmbHR 1994, 179; zur diesbezüglichen Vertragsauslegung näher *Bloching/Kettinger*, BB 2006, 172, 174.

94 *Lutter/Hommelhoff*, in: Lutter/Hommelhoff, Rdnr. 24; *Altmeppen*, in: Roth/Altmeppen, Rdnr. 20.

95 BGH v. 29.6.1998 – II ZR 353/97, BGHZ 139, 132, 136 = GmbHR 1998, 933 = ZIP 1998, 1594 = BB 1998, 1996 mit Anm. *Henze*; *Röhricht*, in: Gesellschaftsrechtliche Vereinigung (VGR), Gesellschaftsrecht in der Diskussion 1999, 2000, S. 1, 4 f.; *Goette*, DStR 1989, 1486; *Sosnitza*, in: Michalski u.a., Rdnr. 27; ebenso *Thiessen*, in: Bork/Schäfer, Rdnr. 34.

96 *Röhricht*, in: Gesellschaftsrechtliche Vereinigung (VGR), Gesellschaftsrecht in der Diskussion 1999, 2000, S. 5; *Henze*, BB 1998, 1968; *Langheim/Klingsch*, in: Saenger/Inhester, Rdnr. 20; für ergänzende Vertragsauslegung aber *Altmeppen*, in: Roth/Altmeppen, Rdnr. 16.

97 So OLG Rostock v. 30.1.2013 – 1 U 75/11, NZG 2013, 543, 545 = GmbHR 2013, 305; *Bloching/Kettinger*, GmbHR 2005, 1099; Bedenken bei *Paura*, in: Ulmer/Habersack/Löbbe, Rdnr. 52.

98 *Röhricht*, in: Gesellschaftsrechtliche Vereinigung (VGR), Gesellschaftsrecht in der Diskussion 1999, 2000, S. 6.

99 Dafür LG Leipzig v. 13.12.1996 – 5 O 8731/96, ZIP 1997, 602; *Salus/Pape*, ZIP 1997, 577, 579; *Thiessen*, in: Bork/Schäfer, Rdnr. 34, 35; in diese Richtung auch *Lieder*, GmbHR 2014, 67.

100 *Henze*, BB 1998, 1968; dagegen *Paura*, in: Ulmer/Habersack/Löbbe, Rdnr. 52, 59; *Altmeppen*, in: Roth/Altmeppen, Rdnr. 20; *Fastrich*, in: Baumbach/Hueck, Rdnr. 11.

zu betrachten[101] (obwohl § 33 Abs. 2 Satz 3 dies nicht so erkennen lässt), der Gesellschaft aber eine **Erfüllungsverweigerung** zu gestatten (und sie ihr zur Pflicht zu machen), wenn die Erfüllung aus ungebundenen Mitteln nicht möglich ist[102]. Dann wird das Kausalgeschäft endgültig nichtig. Ein im Zeitpunkt des Vertragsabschlusses bedenkliches Geschäft kann dann, wenn im Zeitpunkt des Erfüllungsverlangens keine Unterbilanz mehr besteht oder droht, erfüllt werden, ohne dass ein Neuabschluss erforderlich ist; die bilanzielle Prüfung, ob erfüllt werden kann, muss ohnehin auf diesen Zeitpunkt hin erfolgen. Kaufpreiszahlungen, die danach unbedenklich erfolgt sind, brauchen nicht wegen einer späteren Verschlechterung der Bilanzverhältnisse rückabgewickelt zu werden. Wie gesagt, ist eine Lösung auch ein Vertragsabschluss mit der Maßgabe, dass Fälligkeit erst eintritt, wenn die Voraussetzungen in Bezug auf Vorhandensein ungebundener Mittel und die Möglichkeit der Bildung einer Rücklage gegeben sind; hierzu passt, dass die neue Gesetzeslage auf die hypothetische, also u.U. zum Gegenstand einer Prognose zu machende, Tatsachenlage abstellt, was bei hinausgeschobener oder bedingter Fälligkeit eine laufende Überprüfung erfordert. Zu der notwendigen Zwischenbilanz Rdnr. 18.

27   Das Gesetz lässt nicht erkennen, ob für den Erwerb oder die Inpfandnahme eines voll eingezahlten eigenen Geschäftsanteils die **Zustimmung der Gesellschafterversammlung** nötig ist. Sonderregeln bestehen nicht, zu beachten ist aber, dass durch den Erwerb eigener Geschäftsanteile die Mehrheitsverhältnisse in der Gesellschaft sich verschieben können und die Gesellschaft selbst aus dem Geschäftsanteil nicht abstimmen kann; dies und der Umstand, dass die Übernahme von Geschäftsanteilen durch die Gesellschaft in Krisenzeiten auch als Entlassung eines Teilhabers aus dem wirtschaftlichen Risiko wirken kann, spricht für ein Zustimmungserfordernis[103]. Aber eine Regel dieses Inhalts wird man angesichts der Vielgestaltigkeit der Innenverhältnisse kleiner Gesellschaftergruppen, wie sie meist in der GmbH zusammenwirken, nicht aufstellen können. Die **Satzung** kann nach den allgemeinen Regeln den Erwerb eigener Geschäftsanteile von weiteren Erfordernissen wie namentlich auch der Zustimmung der Gesellschafterversammlung abhängig machen, die ohne eine solche Satzungsregelung nicht Wirksamkeitserfordernis ist. Die Zuständigkeit für den Abschluss des Erwerbsgeschäfts liegt beim Geschäftsführer, der hierbei die Gesellschaft vertritt. Er muss freilich die Gesellschafter informieren, damit diese durch Weisungen (mit einfacher Mehrheit) eingreifen können[104]; ein Handeln allein des Geschäftsführers und des veräußernden Gesellschafters kann angesichts der u.U. schwer wiegenden Folgen für das Innenverhältnis im Regelfall nicht hingenommen werden. Der veräußernde Gesellschafter, der selber vom Stimmrecht ausgeschlossen wäre (§ 47 Abs. 4 Satz 2), könnte sich nach allgemeinen Grundsätzen auch nicht auf die unbeschränkbare Vertretungsmacht des Geschäftsführers im Geschäft mit ihm berufen[105]. Zur Weiterveräußerung des Geschäftsanteils Rdnr. 38.

28   Hinsichtlich der **Form** des Erwerbs gelten keine Besonderheiten. Auch können sonstige zivilrechtliche Geltungsvoraussetzungen oder die Regeln über Willensmängel eingreifen; da dies im Ergebnis nur bedeutet, dass der Übergang eines Geschäftsanteils auf die Gesellschaft rechtlich nicht anerkannt werden darf, kommen die Regeln über die Einschränkung allgemein zi-

---

101 *Lutter/Hommelhoff*, in: Lutter/Hommelhoff, Rdnr. 24; *Pentz*, in: Rowedder/Schmidt/Leithoff, Rdnr. 24; *Paura*, in: Ulmer/Habersack/Löbbe, Rdnr. 58.

102 Zu dieser Lösung *Bloching/Kettinger*, BB 2006, 172, 174 f.; *Altmeppen*, in: Roth/Altmeppen, Rdnr. 20; wird der Anteil trotzdem übertragen, so muss er im Wege der Kondiktion zurückgefordert werden, *Salus/Pape*, ZIP 1997, 579.

103 *Winkler*, GmbHR 1972, 73, 78; *Sosnitza*, in: Michalski u.a., Rdnr. 24; *Pentz*, in: Rowedder/Schmidt-Leithoff, Rdnr. 33; sogar für Zustimmung mit qualifizierter Mehrheit *Paura*, in: Ulmer/Habersack/Löbbe, Rdnr. 45; *Löwisch*, in: MünchKomm. GmbHG, Rdnr. 17; für einfache Mehrheit dagegen *Altmeppen*, in: Roth/Altmeppen, Rdnr. 27; *Fleischer*, in: Henssler/Strohn, Gesellschaftsrecht, Rdnr. 21.

104 *Lutter/Hommelhoff*, in: Lutter/Hommelhoff, Rdnr. 34.

105 So auch *Paura*, in: Ulmer/Habersack/Löbbe, Rdnr. 58.

vilrechtlicher Nichtigkeitsfolgen bei gesellschaftsrechtlichen Gründungsvorgängen unter Gesichtspunkten der fehlerhaften Gesellschaft hier nicht in Betracht[106].

3. Rechtsfolgen eines Verstoßes gegen § 33 Abs. 2

Nach § 33 Abs. 2 Satz 3 ist bei Verstößen zwar das **dingliche** Geschäft der **Übertragung** wirksam, nicht aber das **Verpflichtungsgeschäft**, also muss der Geschäftsführer die **Rückzahlung der aufgewendeten Gelder** gegen **Rückübertragung des Geschäftsanteils** betreiben, spätestens dann, wenn feststeht, dass nicht erfüllt werden könnte[107]. Anspruchsgrundlage ist **§ 812 BGB**. Der Rückgewähranspruch, der dem Schutz des Gesellschaftskapitals dient, soweit es zur Deckung der Stammkapitalziffer nötig ist, muss im Hinblick auf seine **Abtretbarkeit** ebenso behandelt werden wie der Erstattungsanspruch aus § 31 (s. § 31 Rdnr. 28 ff.). Die Gesellschaft darf den Anteil nur Zug um Zug gegen Erstattung des gezahlten Kaufpreises abtreten[108]. Ein Insolvenzverwalter könnte also, da der Bereicherungsanspruch nicht zur Aussonderung berechtigt, den Geschäftsanteil auch anderweitig verwerten[109]. Die Gültigkeit des dinglichen Geschäfts stellt im Übrigen sicher, dass ein Vertragspartner der Gesellschaft, der von ihr den Geschäftsanteil vor Rückgewähr an den Gesellschafter erworben hat, vom Berechtigten erwirbt, also in eine für den Außenstehenden u.U. schwierige Prüfung der Kapitalverhältnisse der Gesellschaft im maßgeblichen Zeitpunkt (Rdnr. 26) nicht einzutreten braucht. Zu den Einzelheiten der bereicherungsrechtlichen Rückgewährpflicht Rdnr. 16. Auf die Gutgläubigkeit des Dritten kommt es also nicht an; bei kollusivem Zusammenwirken mit der Gesellschaft gelten die allgemeinen Regeln. Wird nach dem Anteilserwerb durch die Gesellschaft ein Formwechsel in eine AG beschlossen, bleibt es bei der Pflicht zur Rückabwicklung, doch wird über eine Veräußerungspflicht der AG analog § 71c AktG nachzudenken sein[110].

Die Entscheidung des 3. Strafsenats des BGH (NJW 1956, 1326, 1328) in einem Urteil zur strafrechtlichen Untreue zum Nachteil der GmbH, die aufgrund des inzwischen aufgehobenen § 81a angenommen hatte, zur **Abwendung schwerer Nachteile** „müsse" der Erwerb eigener Anteile ausnahmsweise auch dann erlaubt sein, wenn der Gegenwert nicht den Reserven entnommen werden kann, ist nach der Gesetzesänderung erledigt. Eine wirtschaftliche Krise durch den Erwerb eigener Geschäftsanteile zu meistern, lässt sich ohnehin kaum einsehen.

Für die **Verantwortlichkeit des Geschäftsführers** kommt es angesichts des Verschuldenserfordernisses des § 43 darauf an, welche Kenntnis er von den für die Anwendung des Verbots maßgeblichen Umständen hat bzw. hätte haben müssen. Somit wird er der Haftung nur schwer entgehen können, da ihm im Regelfall zugemutet werden kann, die bilanziellen Verhältnisse der Gesellschaft bei Abschluss des schuldrechtlichen Vertrages zu prüfen[111]. Ein Gesellschafterbeschluss entlastet den Geschäftsführer allenfalls insoweit, als die Ersatzleistung nicht zur Gläubigerbefriedigung erforderlich ist, § 43 Abs. 3 Satz 3. Das gilt sowohl für den Erwerb der Geschäftsanteile unter Einsatz gebundener Mittel als auch für ein Versäumnis, den Rückforderungsanspruch aus ungerechtfertigter Bereicherung (Rdnr. 29) geltend zu machen. Den Ersatzanspruch gegen den Geschäftsführer können die Gesellschaftsgläubiger

29

30

31

---

106 RGZ 68, 209; a.M. *Ruth*, ZHR 88 (1925), 516.
107 *Altmeppen*, in: Roth/Altmeppen, Rdnr. 34, 35; *Pentz*, in: Rowedder/Schmidt-Leithoff, Rdnr. 37; *Fleischer*, in: Henssler/Strohn, Gesellschaftsrecht, Rdnr. 18.
108 *Lutter*, DB 1980, 1317, 1322; *Pentz*, in: Rowedder/Schmidt-Leithoff, Rdnr. 37.
109 Zweifelnd *Scheid*, NZG 1998, 32 f.
110 Eingehend dazu *Heckschen/Weitbrecht*, ZIP 2017, 1297, 1309 ff. (im Ergebnis ablehnend).
111 BGH v. 29.9.2008 – II ZR 234/07, GmbHR 2008, 1319 = NZG 2008, 910; so auch *Paura*, in: Ulmer/Habersack/Löbbe, Rdnr. 64; *Pentz*, in: Rowedder/Schmidt-Leithoff, Rdnr. 39; *Sosnitza*, in: Michalski u.a., Rdnr. 35.

pfänden, was etwa praktisch werden kann, wenn das gezahlte Entgelt beim Veräußerer des Geschäftsanteils nicht mehr beizutreiben ist. Auch wenn man bezüglich des Rückgewähranspruchs eine Abtretbarkeit an Dritte nur gegen vollwertiges Entgelt bejaht (zum Streitstand s. § 31 Rdnr. 28 ff.), gilt dies nicht für die Pfändung des Ersatzanspruchs gegen den Geschäftsführer, da sie unmittelbarer als die Sicherung des Stammkapitals den Gläubigern zugute kommt.

IV. Rechtliche Behandlung gültig erworbener eigener Geschäftsanteile

1. Die Zuordnung der mit dem Geschäftsanteil verbundenen Vermögensrechte

32 Obwohl die Rechte und Pflichten aus dem Geschäftsanteil sich jetzt in der Hand der Gesellschaft vereinigen, **geht** aufgrund der positiv-rechtlichen Zulassung des Erwerbs der **Geschäftsanteil nicht unter**[112]. Eigene Geschäftsanteile, für die ein Erwerbspreis aus dem Vermögen der Gesellschaft nach dem Gesetz gezahlt werden durfte, müssen dann mehr repräsentieren als nur die Chance, bei späterer Veräußerung an einen neuen Gesellschafter einen gewissen Preis wert zu sein[113], näher Rdnr. 38 ff. Der Geschäftsanteil stellt einen echten Aktivposten dar. Das schlägt sich auch in der steuerrechtlichen Behandlung als bewertungsfähiges Wirtschaftsgut nieder. Ohne eine zumindest grundsätzliche Aufrechterhaltung des Geschäftsanteils als Rechtsgut wäre das Aufleben aller mit ihm verbundenen Rechte und Pflichten nach seiner Wiederveräußerung nicht gut zu erklären. Das GmbHG enthält aber andererseits nicht den in § 71b AktG niedergelegten pauschalen Satz, dass der Gesellschaft aus eigenen Anteilen keine Rechte zustehen (s. aber Rdnr. 37), so dass die Frage der Zuordnung der aus dem Geschäftsanteil fließenden Vermögens- und Mitverwaltungsrechte auftritt. Beim *Veräußerer* verbleiben nur die zurzeit der Abtretung bereits begründeten Gewinnbezugsrechte, soweit sie nicht von der Abtretung erfasst sind, was dann das Erlöschen durch Konfusion zur Folge hat. Zur Einziehung eigener Geschäftsanteile § 34 Rdnr. 39. Wenn der vorletzte Gesellschafter seinen Geschäftsanteil wirksam an die Gesellschaft veräußert hat, geht der BGH davon aus, dass der verbleibende Gesellschafter, wenn er Geschäftsführer ist, bei der Veräußerung sämtlicher Geschäftsanteile an einen Dritten zugleich für die Gesellschaft handelt, die einen von dem seinen unabhängigen Willen nicht bilden könne. Dasselbe gelte, wenn ein Alleingesellschafter die Liquidatoren zur Veräußerung hätte anweisen können, so dass er nicht als Nichtberechtigter i.S. des § 816 Abs. 1 BGB verfüge[114].

33 Das Schicksal der **Gewinnbezugsrechte**, die während der Anteilseignerschaft der GmbH entstehen könnten, ist aufgrund einer herrschend akzeptierten Judikatur des BGH[115] im Aus-

---

112 Allg. Meinung, BGH v. 30.1.1995 – II ZR 45/94, GmbHR 1995, 291 = NJW 1995, 1027 f.; *Fastrich*, in: Baumbach/Hueck, Rdnr. 22; *Paura*, in: Ulmer/Habersack/Löbbe, Rdnr. 76; *Pentz*, in: Rowedder/Schmidt-Leithoff, Rdnr. 44; *Sosnitza*, in: Michalski u.a., Rdnr. 54; *Langheim/Klingsch*, in: Saenger/Inhester, Rdnr. 30.

113 So sah es noch *Loos*, DB 1964, 310.

114 BGH v. 22.9.2003 – II ZR 74/01, GmbHR 2003, 1426 = NJW 2004, 365 mit Kurzkomm. *Ziemons*, EWiR 2003, 1245; da, wie *Zimmermann*, Anm. WuB II C § 33 GmbHG 1.04, darstellt, nur die Gesellschaft Inhaberin des Anteils ist, muss man, um zu dem Ergebnis des BGH zu gelangen, annehmen, dass der Alleingesellschafter mit dem Verkauf seines eigenen Anteils schlüssig auch die Einwilligungserklärung der Gesellschaft abgegeben hat (und dies konnte; der Entscheidung zustimmend auch *Heisterhagen/Kleinert*, GmbHR 2003, 1427 f.).

115 BGH v. 30.1.1995 – II ZR 45/94, = NJW 1995, 1027, 1028 = ZIP 1995, 374 = GmbHR 1995, 291 mit Anm. *Goette*, DStR 1995, 539; zust. *W. Müller*, Kurzkomm/EWiR § 30 GmbHG 1/95; bestätigt bei BGH v. 8.12.1997 – II ZR 203/96, GmbHR 1998, 538 = DStR 1998, 498; ebenso *Pentz*, in: Rowedder/Schmidt-Leithoff, Rdnr. 45; *Paura*, in: Ulmer/Habersack/Löbbe, Rdnr. 78; *Fastrich*, in: Baumbach/Hueck, Rdnr. 25; *Thiessen*, in: Bork/Schäfer, Rdnr. 57 f.

gangspunkt dahin geklärt, dass das Gewinnbezugsrecht der Gesellschaft ruht[116] und der sonst auf die Gesellschaft entfallende Jahresgewinn den anderen Gesellschaftern nach Maßgabe ihrer Beteiligungen zukommt, was als Teil ihrer Mitgliedschaft ein von der Gesellschaft abgeleitetes Recht ist. Demgemäß ist, was aber zulässig bleibt, der auf den eigenen Anteil entfallende Gewinn nicht in eine Rücklage einzustellen, der veräußernde Gesellschafter hat einen Anspruch auf den während seiner Zugehörigkeit zur Gesellschaft noch angefallenen Gewinn nur, wenn nicht der Erwerb erst nach dem Gewinnverwendungsbeschluss durchgeführt worden ist[117], was aber im Abtretungsvertrag abweichend geregelt sein kann. Auch eine Abtretung des Gewinnbezugsrechts oder die Einräumung eines Nießbrauchs kann nicht durch die Gesellschaft als Anteilseignerin geschehen, der dieses Recht nicht zusteht, ist aber bei Vorausabtretung (vor dem Erwerb durch die Gesellschaft) u.U. wirksam[118]; der dem entgegenstehende Einwand, dass die Gewinne nach dem Erwerb des Anteils durch die Gesellschaft den anderen Gesellschaftern als eigenes Recht zustehen[119], ist begrifflich nicht von der Hand zu weisen, das Erwerbsgeschäft müsste aber auch so gestaltet werden können, dass die Gesellschaft die Vorausabtretung akzeptiert (was sich dann im Kaufpreis für den Anteil niederschlägt). Das „Ruhen der Rechte" nimmt auch sonst der Gesellschafterversammlung nicht von vornherein die Möglichkeit, zu entscheiden, wie die auf den eigenen Anteil entfallenden Gewinne verwendet werden können[120]. Die Gesellschaft kann aber solche Rechte, die ihr selber nicht zustehen, nicht neu begründen[121].

Schwierigkeiten macht das Vorhandensein von mit dem erworbenen Anteil verbundenen **Vorzugsrechten** im Vermögen der Gesellschaft. Soweit es noch weitere Vorzugsanteile gibt, die zusammen mit den im Vermögen der Gesellschaft befindlichen eine bestimmte Summe vom Gewinn zu beanspruchen haben, kann man den Vorzug nicht allein den übrigen bevorrechtigten Geschäftsanteilen zuweisen[122], weil sonst die Beteiligung der Inhaber der nicht bevorzugten Anteile an der GmbH – und damit mittelbar am eigenen Vorzugsanteil – unberücksichtigt bliebe. Auch insoweit sollte also der auf den eigenen Geschäftsanteil entfallende Gewinnanspruch auf die anderen Gewinnberechtigten verteilt werden[123], auch dies jeweils vorbehaltlich einer Entscheidung der Gesellschafterversammlung. **34**

Stünde der Anspruch auf **Rückzahlung von Nachschüssen** den übrigen Gesellschaftern zu, weil die Gesellschaft nicht forderungsberechtigt sein kann, so hieße dies, dass die Gesellschafter möglicherweise mehr zurückerhalten als sie nachgeschossen haben. Deshalb erscheint es vorzugswürdig, den Betrag im Gesellschaftsvermögen zu belassen, da die Gesell- **35**

---

116 Zum „Ruhen" *Winkler*, GmbHR 1972, 73, 78; *Sosnitza*, in: Michalski u.a., Rdnr. 54; *Altmeppen*, in: Roth/Altmeppen, Rdnr. 31; *Paura*, in: Ulmer/Habersack/Löbbe, Rdnr. 78; für Nichtbestehen eines Gewinnanspruchs *Lutter/Hommelhoff*, in: Lutter/Hommelhoff, Rdnr. 39; *Löwisch*, in: MünchKomm. GmbHG, Rdnr. 67.

117 *Altmeppen*, in: Roth/Altmeppen, Rdnr. 31. Zum Folgenden näher *Grothus*, GmbHR 1958, 19; *Winkler*, GmbHR 1972, 73, 79; *Buchwald*, GmbHR 1958, 172; gegen Konfusion *Altmeppen*, in: Roth/Altmeppen, Rdnr. 27.

118 *Fastrich*, in: Baumbach/Hueck, Rdnr. 25; *Sosnitza*, in: Michalski u.a., Rdnr. 56; *Pentz*, in: Rowedder/Schmidt-Leithoff, Rdnr. 46; ähnlich *Löwisch*, in: MünchKomm. GmbHG, Rdnr. 67 für den Fall, dass der veräußernde Gesellschafter nach dem Vertrag ein anteiliges Gewinnbezugsrecht wenigstens für die rechtliche Dauer seiner Mitgliedschaft behalten sollte – dann könne das Recht nicht durch Konfusion untergehen.

119 *Paura*, in: Ulmer/Habersack/Löbbe, Rdnr. 80; a.M. *Fastrich*, in: Baumbach/Hueck, Rdnr. 25, *Langheim/Klingsch*, in: Saenger/Inhester, Rdnr. 31; *Sosnitza*, in: Michalski u.a., Rdnr. 57; *Lutter/Hommelhoff*, in: Lutter/Hommelhoff, Rdnr. 39.

120 *Buchwald*, GmbHR 1958, 172.

121 *Fastrich*, in: Baumbach/Hueck, Rdnr. 25; *Lutter/Hommelhoff*, in: Lutter/Hommelhoff, Rdnr. 39; *Löwisch*, in: MünchKomm. GmbHG, Rdnr. 68.

122 *Paura*, in: Ulmer/Habersack/Löbbe, Rdnr. 79 – anders, wenn die Bevorzugung in der Satzung prozentual zugewiesen sei.

123 *Thiessen*, in: Bork/Schäfer, Rdnr. 77.

schaft derartige Ansprüche wirtschaftlich mitbezahlt hat[124], auch hier mit dem Vorbehalt, dass sich die Gesellschafter über eine andere Verwendung einigen; die Behandlung des laufenden Gewinnanspruchs durch die h.M. (Rdnr. 33) steht dem nicht entgegen. Bei der Verteilung einer **Liquidationsquote** ist dagegen so zu verfahren, als ob der eigene Geschäftsanteil der GmbH nicht mehr vorhanden wäre[125], da nunmehr ein Interesse der Gesellschaft am Behalten der Beträge nicht mehr in Betracht kommt. An einer **Kapitalerhöhung** gegen Einlagen kann die Gesellschaft nicht teilnehmen, wohl an einer Kapitalerhöhung aus Gesellschaftsmitteln (näher Rdnr. 7). Die Rechte entstehen aber in der Hand eines späteren Erwerbers des Geschäftsanteils in vollem Umfang. Ein eigenes **Bezugsrecht** der Gesellschaft stößt auf das formelle Bedenken der Identität von Gläubiger und Schuldner, die Verteilung der Mitgliedschaftsrechte sollte sich nach dem Verhältnis der Anteile der Mitgesellschafter richten[126]. Deshalb kann ein Bezugsrecht nicht abgetreten werden[127]. Die Gesellschaft sollte generell nicht durch eigene Ausübung des Bezugsrechts in das Innenverhältnis eingreifen können[128].

2. Die vermögensrechtlichen Pflichten

36 Soweit **Nachschüsse** oder **Sonderleistungen** eingefordert werden könnten, wäre bei Zuständigkeit der Gesellschaft diese ihre eigene Schuldnerin. Gerade deshalb will § 33 Abs. 1 den Erwerb nicht voll eingezahlter Geschäftsanteile verhindern. Eine Mithaft der verbliebenen Gesellschafter für rückständige Einlagen scheidet aus, weil solche Teile gar nicht erworben werden dürfen. In den Fällen der satzungsmäßigen Vereinbarung einer **Nachschusspflicht** (§§ 26 Abs. 2, 3, 27 Abs. 4), die eine Verteilung der Verpflichtungen nach dem Verhältnis der Geschäftsanteile erfordern, dürfen die verbliebenen Gesellschafter durch den Erwerb des Anteils seitens der Gesellschaft nicht schlechter gestellt werden, so dass der eigene Anteil bei der Berechnung der Nachschussgrenze mitzählt. Zur Haftung der Gesellschaft aus dem Gesichtspunkt des § 31 Abs. 3 s. § 31 Rdnr. 47 ff.; hier muss ein Fehlbetrag, der bei Fehlen der nötigen freien Mittel im Gesellschaftsvermögen entsteht, auf die verbliebenen Gesellschafter umgelegt werden, da sonst die Erhaltung des Stammkapitals durch den an sich zulässigen Erwerb eigener Geschäftsanteile am Ende doch gefährdet würde[129]. Eine bereits begründete Subsidiärhaftung aus § 24 muss aus freien Rücklagen abgedeckt werden können, andernfalls haften die anderen Gesellschafter nach § 24 Satz 2[130]. Unberührt bleibt auch die **Haftung des Veräußerers** gemäß § 16 Abs. 2 für Rückstände[131], ohne dass ein Gesamtschuldnerregress (der letztlich auf dem Ansatz einer Forderung der Gesellschaft gegen sich selbst beruhen würde) geltend gemacht werden kann. Eine Erwerberhaftung der Gesellschaft aus § 16 Abs. 2 ist abzulehnen[132], und die Haftung des Veräußerers lebt wieder auf, wenn die Gesellschaft den Anteil veräußert[133]. Hatte freilich die Gesellschaft dem Veräußerer zugesagt, Rückstände ihm gegenüber nicht einzufordern, so ist dies verbindlich, da auf Nachschüsse und Sonderleistungen wirksam verzichtet werden kann. Doch erhöht sich dadurch die für den eigenen Ge-

---

124 *Paura*, in: Ulmer/Habersack/Löbbe, Rdnr. 82; anders *Thiessen*, in: Bork/Schäfer, Rdnr. 78.
125 *Paura*, in: Ulmer/Habersack/Löbbe, Rdnr. 82; *Sosnitza*: in: Michalski u.a., Rdnr. 59.
126 *Lutter/Hommelhoff*, in: Lutter/Hommelhoff, Rdnr. 39; *Paura*, in: Ulmer/Habersack/Löbbe, Rdnr. 107; *Fastrich*, in: Baumbach/Hueck, Rdnr. 26.
127 *Fastrich*, in: Baumbach/Hueck, Rdnr. 26; *Pentz*, in: Rowedder/Schmidt-Leithoff, Rdnr. 48; *Paura*, in: Ulmer/Habersack/Löbbe, Rdnr. 107.
128 Zu dieser Lösung *Schultze-Petzold*, Die GmbH als Träger eigener Geschäftsanteile, S. 31 f.
129 *Fastrich*, in: Baumbach/Hueck, Rdnr. 27; *Sosnitza*, in: Michalski u.a., Rdnr. 60.
130 *Schultze-Petzold*, Die GmbH als Träger eigener Geschäftsanteile, S. 37; *Paura*, in: Ulmer/Habersack/Löbbe, Rdnr. 84; *Altmeppen*, in: Roth/Altmeppen, Rdnr. 52.
131 *Fastrich*, in: Baumbach/Hueck, Rdnr. 27.
132 *Fastrich*, in: Baumbach/Hueck, Rdnr. 27; *Langheim/Klingsch*, in: Saenger/Inhester, Rdnr. 34.
133 *Paura*, in: Ulmer/Habersack/Löbbe, Rdnr. 84; s. aber hier Rdnr. 40.

schäftsanteil gezahlte Gegenleistung, so dass auch der Ansatz dieser Beträge nicht zur Unterbilanz führen darf. Auch eine Ausfallhaftung des Veräußerers gemäß §§ 24, 31 Abs. 3 besteht fort, wenn ihre Voraussetzungen beim Erwerb des Geschäftsanteils eingetreten waren[134].

3. Die Mitverwaltungsrechte

Dass die Gesellschaft, das hieße aber die Geschäftsführung, an einer Abstimmung sollte teilnehmen dürfen, durch die ihr Wille erst gebildet werden soll, widerstrebt schon konstruktiv, ist aber hauptsächlich wegen der unangemessenen Verschiebung der Stimmverhältnisse zugunsten der Verwaltung abzulehnen. Deshalb nimmt die allgemeine Meinung an, dass das **Stimmrecht** während der Anteilseignerschaft der Gesellschaft **ruht**[135], so dass die Gesellschaft auch an einer Abstimmung über die Gewinnverteilung nicht teilnehmen kann[136]. Auch andere Mitverwaltungsrechte wie die aus §§ 50, 51a sowie das Recht zur klageweisen Anfechtung eines Gesellschafterbeschlusses ruhen[137]. Bei der Feststellung, ob nach den gesetzlichen oder satzungsmäßigen Vorschriften ein mehrheitlich zu fassender Gesellschafterbeschluss zustande gekommen ist, kann wegen des Ruhens des Stimmrechts der Gesellschaft ihre Stimme nicht als abgegeben angesehen werden; darauf aber kommt es bei der Bestimmung der Mehrheit an, so dass im Ergebnis der im Vermögen der Gesellschaft befindliche Geschäftsanteil nicht mitzählt[138]. Dies hat allerdings die Folge, dass die Stimmkraft der anderen Geschäftsanteile sich ändert, so dass ein bis dahin knapp unter der Grenze der Mehrheitsbeteiligung beteiligter Gesellschafter die Mehrheit gewinnen kann. Daher ist zu empfehlen, den Erwerb eigener Geschäftsanteile statutarisch an die Zustimmung der Mitgesellschafter zu binden; im Übrigen verbleibt es bei einer vorherigen Unterrichtung der Gesellschafterversammlung über einen geplanten Anteilserwerb, die dann weitere Schritte prüfen kann (s. Rdnr. 27). Schreibt das Statut für das Zustandekommen eines Beschlusses eine bestimmte Mehrheit des Stammkapitals vor, so ist dies für den Fall eigener Geschäftsanteile berichtigend dahin auszulegen, dass der auf die Gesellschaft entfallende Geschäftsanteil am Stammkapital nicht mitrechnet[139].

4. Veräußerung des Geschäftsanteils

Die Gesellschaft ist berechtigt, den Geschäftsanteil zu verkaufen und zu veräußern. Da freilich die Geschäftsführer aus eigener Machtvollkommenheit die Beteiligungsverhältnisse der Gesellschafter nicht verschieben dürfen[140], bedarf es eines Beschlusses der Gesellschafterver-

---

134 *Winkler*, GmbHR 1972, 73, 79.

135 RGZ 103, 64, 66; *Buchwald*, GmbHR 1958, 173; *Winkler*, GmbHR 1972, 73, 79; *Fastrich*, in: Baumbach/Hueck, Rdnr. 24; *Fleischer*, in: Henssler/Strohn, Gesellschaftsrecht, Rdnr. 22; *Lutter*, in: *Lutter/Hommelhoff*, Rdnr. 39; *Pentz*, in: Rowedder/Schmidt-Leithoff, Rdnr. 47; anders nur *Grothus*, GmbHR 1958, 19.

136 BGH v. 30.1.1995 – II ZR 45/94, GmbHR 1995, 291 = NJW 1995, 1027.

137 *Fastrich*, in: Baumbach/Hueck, Rdnr. 27; *Paura*, in: Ulmer/Habersack/Löbbe, Rdnr. 87.

138 *Pentz*, in: Rowedder/Schmidt-Leithoff, Rdnr. 47; *Sosnitza*, in: Michalski u.a., Rdnr. 61; *Paura*, in: Ulmer/Habersack/Löbbe, Rdnr. 86.

139 *Zöllner*, Schranken mitgliedschaftlicher Stimmrechtsmacht bei den privatrechtlichen Personenverbänden, 1963, S. 143; zust. *Paura*, in: Ulmer/Habersack/Löbbe, Rdnr. 86; *Pentz*, in: Rowedder/Schmidt-Leithoff, Rdnr. 47.

140 OLG Hamm v. 29.8.1983 – 8 U 304/82, ZIP 1983, 1332 mit Bezug auf die bergrechtliche Gewerkschaft; s. auch BGH v. 25.2.1982 – II ZR 174/80, BGHZ 83, 122, 137 – Holzmüller; offenlassend BGH v. 22.9.2003 – II ZR 74/01, GmbHR 2003, 1426 = NJW 2004, 365 f.; anders für das Außenverhältnis *Pentz*, in: Rowedder/Schmidt-Leithoff, Rdnr. 52; *Fastrich*, in: Baumbach/Hueck, Rdnr. 28; *Lutter/Hommelhoff*, in: Lutter/Hommelhoff, Rdnr. 35.

sammlung[141]. Das führt zwar nicht direkt zu einem **Bezugsrecht** der Gesellschafter oder zu einer Pflicht, ihnen den Geschäftsanteil **anzudienen**[142], weil die dem Rechtsgedanken des Bezugsrechts zugrundeliegende Vorstellung, durch schematische Gleichbehandlung aller Gesellschafter deren Beteiligung vor einer Verwässerung durch das Eintreten neuer Gesellschafter zu bewahren, nicht zu jedem konkreten Gesellschaftsvertrag zu passen braucht. Aber soweit aus dem Gesellschaftsvertrag unter Berücksichtigung der konkreten Interessenlage nichts Abweichendes folgt, muss auch hier der Grundsatz der Gleichberechtigung und damit eine Pflicht zur gleichmäßigen Andienung gelten[143], wenn nicht der Verkauf an einen bisher Außenstehenden den Vorzug verdient, was dann beschlossen werden muss, womit zugleich das Andienungsrecht entfällt[144]. Freilich ist im Einzelfall denkbar, dass nach einem Nebenvertrag oder auch der Grundstruktur einer Gesellschaft ein Gesellschafterstamm oder auch ein einzelner Gesellschafter vorrangige Rechte auf Erwerb des Anteils haben soll, um eine früher bestehende Beteiligungsquote wieder aufzustocken; dann hat wegen des einer Kapitalerhöhung vergleichbaren Effekts der Anteilsveräußerung über das Ob des Verkaufs und den Erwerber die Gesellschafterversammlung zu entscheiden, wobei – wenn sich nicht aus der Satzung etwas anderes ergibt – mit qualifizierter Mehrheit beschlossen werden muss. Hierbei sind die Schranken aus dem Minderheitenschutz zu beachten. Die Vertretungsmacht des Geschäftsführers ist unbeschränkt. Eine satzungsmäßig vorgesehene Zustimmung der Gesellschaft kann mit dem Vertragsschluss als erteilt angesehen werden[145]. Zur Registrierung des Vorgangs in der Gesellschafterliste s. § 16 Rdnr. 16 ff.; zur steuerrechtlichen Behandlung der Anteilsveräußerung Rdnr. 49, 50.

39   Die **vermögensrechtlichen Ansprüche**, die aus dem Geschäftsanteil fließen und die während der Anteilseignerschaft der Gesellschaft letztlich den anderen Gesellschaftern zugute gekommen waren (Rdnr. 33 f.), können in der Hand des Erwerbers nicht wieder aufleben. Da aber ihre Grundlage nicht entfallen ist, kann der Erwerber die nach seinem Erwerb fälligen Rechte ungeschmälert geltend machen. Dies gilt unabhängig davon, ob man im Übrigen das Schicksal der Vermögensrechte während der Zeit der Anteilsinhaberschaft der Gesellschaft als Ruhen oder als Konfusion versteht (Rdnr. 33). Bezüglich der Berechtigung des Erwerbers, den Gewinn aus dem letzten seinem Erwerb vorausgegangenen Geschäftsjahr geltend zu machen, kommt es also auf das zeitliche Verhältnis von Gewinnverteilungsbeschluss und Anteilsübertragung an, die Verteilung kann und sollte durch Vertrag geregelt werden.

40   Hinsichtlich **vermögensrechtlicher Pflichten** besteht die Besonderheit, dass das Gesellschaftsvermögen nicht in Anspruch genommen werden konnte, während die Gesellschaft den Anteil innehatte (Rdnr. 36). Das könnte zu dem Schluss führen, dass diese Verpflichtungen auch nach der Veräußerung nicht wieder aufleben können. Theoretisch könnte für derartige Verpflichtungen eine Haftung des Veräußerers nach § 16 Abs. 2 bestehen, und man wird angesichts der grundsätzlichen Anerkennung der Eignerstellung der Gesellschaft wohl auch annehmen müssen, dass derjenige, der von der Gesellschaft einen Anteil erwirbt, nicht Rechtsnachfolger des früheren Gesellschafters ist[146]. Zur Haftung des Veräußerers nach § 16 Abs. 2

---

141 Für Notwendigkeit eines Beschlusses mit qualifizierter Mehrheit *Paura*, in: Ulmer/Habersack/Löbbe, Rdnr. 91.

142 So aber *Paura*, in: Ulmer/Habersack/Löbbe, Rdnr. 92; *Löwisch*, in: MünchKomm. GmbHG, Rdnr. 74; a.M. *Fastrich*, in: Baumbach/Hueck, Rdnr. 28; *Sosnitza*, in: Michalski u.a., Rdnr. 64; ein Bezugsrecht als Rechtsinstitut voraussetzend BGH v. 18.4.2005 – II ZR 151/03, GmbHR 2005, 925; gegen die Parallele zur Kapitalerhöhung *Pentz*, in: Rowedder/Schmidt-Leithoff, Rdnr. 52.

143 Für ein allgemeines Erwerbsrecht der Gesellschafter aufgrund von Untersuchungen zum allgemeinen Kapitalgesellschaftsrecht *Habersack*, ZIP 2004, 1121 ff. (zur GmbH ebenda S. 1127); dementsprechend soll den Gesellschaftern auch ein allgemeines Andienungsrecht zustehen.

144 Zur Inhaltskontrolle des Beschlusses *Habersack*, ZIP 2004, 1121, 1126.

145 *Winkler*, GmbHR 1972, 73, 79.

146 Für Übergang der ausstehenden Einlagepflicht auf den Erwerber *Thiessen*, in: Bork/Schäfer, Rdnr. 86.

s. Rdnr. 36; er kann nach §§ 426 Abs. 2, 425 Abs. 2 BGB auch nicht Regress nehmen[147]. Im Ergebnis haftet der Erwerber also nur für Verbindlichkeiten, die nach seinem Anteilserwerb fällig werden; für die vor dem Erwerb des Anteils bestehenden Pflichten bleibt es bei der Haftung des Veräußerers (anders das in Rdnr. 36 angegebene Schrifttum).

5. Behandlung eigener Geschäftsanteile in der Bilanz

Anders als nach dem früheren Recht ist der Erwerb eigener Geschäftsanteile nicht mehr als Anschaffungsgeschäft zu behandeln, der Anteil wird nicht mehr als Wirtschaftsgut aktiviert. Die Wirkungen der neuen Grundsatz-Konzeption (Rdnr. 1, 18), die darin besteht, den Erwerb eigener Anteile wie eine Kapitalherabsetzung zu behandeln, für die Aussagekraft der Bilanz betreffen vor allem das Verhältnis des Stammkapitals zum „Gezeichneten Kapital", woraus geschlossen wird, dass die Bilanz kein zuverlässiges Bild der Höhe des nach § 30 (und damit nach §§ 33 und 34) zu Ausschüttungen verfügbaren Betrages gibt[148]. Eine aus Anlass eines früheren Erwerbs geduldete **Sonderrücklage** ist aufzulösen[149]; zur Behandlung auf der Passivseite Rdnr. 18, 42 und 48 ff.

41

Danach bleibt die früher durch § 272 Abs. 4 a.F. HGB vorgeschriebene **Sonderrücklage** für eigene Teile nur noch für Anteile an einem herrschenden oder mit Mehrheit beteiligten Unternehmen erhalten, im Übrigen gelten für nach dem 1.1.2010 beginnende Geschäftsjahre die in § 33 Abs. 2 auch materiell vollzogen (s. schon Rdnr. 18) neuen Regeln zur Behandlung auf der **Passivseite**. Nach der Absetzung des Nennbetrags eines erworbenen eigenen Geschäftsanteils im Posten „Gezeichnetes Kapital" und der Verrechnung des Unterschiedsbetrags zwischen dem Nennbetrag oder – falls ein solcher nicht vorhanden ist – dem „rechnerischen Wert" und den Anschaffungskosten für den Geschäftsanteil mit den frei verfügbaren Rücklagen (§ 272 Abs. 1a HGB) bildet der gesonderte Nachweis der eigenen Geschäftsanteile im Rahmen des Gezeichneten Kapitals somit einen Korrekturposten zum Eigenkapital. Die Aufwendungen und die Anschaffungsnebenkosten i.S. des § 255 Abs. 1 Satz 2 HGB sind Aufwand des Geschäftsjahres und nicht mit freien Rücklagen zu verrechnen[150]. Die weiterhin vorgeschriebene Rücklagenbildung in Bezug auf Anteile an einem herrschenden Unternehmen darf nur aus freien Passivposten wie Gewinnvortrag, Jahresüberschuss oder freien Gewinnrücklagen geschehen, und zwar in Höhe des auf der Aktivseite anzusetzenden Werts des Anteils. Dies hat sofort im Abschluss für das Geschäftsjahr zu geschehen, in dem ein Anteil erworben und dann zu aktivieren war. Das wirkt also als Ausschüttungssperre[151]. Nach Veräußerung oder Einziehung eines von einer Tochtergesellschaft erworbenen Anteils an der Muttergesellschaft ist die hierfür nach § 272 Abs. 4 HGB gebildete Sonderrücklage aufzulösen, was den Bilanzgewinn des Geschäftsjahres vergrößert[152]. Bezüglich der Folgen eines Verstoßes s. Rdnr. 29. Zum Zeitpunkt für die Notwendigkeit der Bildung einer Rücklage Rdnr. 26.

42

In einer **Liquidationsbilanz** soll das zur Verteilung unter die Gesellschafter anstehende Gesellschaftsvermögen ermittelt werden, wofür ein eigener Geschäftsanteil nicht in Betracht kommt. Er bleibt daher ausgeschlossen[153], anders bei einer für die Abfindung eines ausscheidenden Gesellschafters bestimmten **Auseinandersetzungsbilanz**. In einer **Überschuldungs-**

43

147 So wohl auch *Fastrich*, in: Baumbach/Hueck, Rdnr. 27; *Pentz*, in: Rowedder/Schmidt-Leithoff, Rdnr. 54; *Sosnitza*, in: Michalski u.a., Rdnr. 60.

148 *Lutter/Hommelhoff*, in: Lutter/Hommelhoff, Rdnr. 28 unter Bezugnahme auf *Kropff*, ZIP 2009, 1137.

149 *Breuninger/Müller*, GmbHR 2011, 10, 12; s. auch *Altmeppen*, in: Roth/Altmeppen, § 34 Rdnr. 13.

150 *Sosnitza*, in: Michalski u.a., Rdnr. 72; *Altmeppen*, in: Roth/Altmeppen, Rdnr. 25.

151 *Sosnitza*, in: Michalski u.a., Rdnr. 72.

152 *Lutter/Hommelhoff*, in: Lutter/Hommelhoff, Rdnr. 47.

153 *Hösel*, DNotZ 1958, 5, 9.

bilanz, die zwischen den Wertansätzen bei Unterstellung einer künftigen Liquidation und bei Annahme der Fortführung des Unternehmens abzuwägen hat, spielt der eigene Geschäftsanteil angesichts der Neutralisierung des ihn betreffenden Wertansatzes durch die Handhabung auf der Passivseite der Bilanz (Rdnr. 42) keine Rolle.

6. Erwerb sämtlicher Geschäftsanteile durch die Gesellschaft

44 Beim Erwerb des letzten nicht von ihr gehaltenen Geschäftsanteils durch die GmbH entstünde eine gesellschafterlose Gesellschaft, deren Zulässigkeit unter dem Stichwort der **„Keinmann-GmbH"** umstritten ist. Wichtig ist zunächst, dass zwischen den verschiedenen denkbaren Entstehungsursachen einer Keinmann-GmbH unterschieden wird; eine „Keinmann"-Gründung ist ausgeschlossen. Nach Erwerb des letzten nicht im Vermögen der GmbH befindlichen voll eingezahlten Geschäftsanteils, den für unmöglich zu halten § 33 keine Handhabe gibt, ist die GmbH zwar ohne Gesellschafter, aber die Geschäftsanteile existieren noch, im Gegensatz zum Fall der Einziehung, die den Geschäftsanteil vernichtet[154]. Eine Einziehung sämtlicher Geschäftsanteile würde also eine anteilslose Gesellschaft schaffen, die undenkbar ist, da bei ihr eine gesellschaftliche Willensbildung nicht möglich noch jemals wiederherstellbar ist[155]. Dagegen kann eine Gesellschaft, deren Geschäftsanteile sämtlich ihr selber zustehen, zumindest für einen gewissen Übergangszeitraum weiterexistieren, da die Aufgaben der wegen des Ruhens der Stimmrechte in ihrer Funktion gehinderten Gesellschafterversammlung durch Pfleger wahrgenommen werden können, und da ausreichende Gründe für eine Nichtigkeit oder Auflösung der GmbH allein im Fehlen von Gesellschaftern nicht gesehen werden können[156]. Deshalb wird von manchen[157] die vorübergehende Gesellschafterlosigkeit der GmbH nicht als unzulässig angesehen, wohl aber der Verwandlung dieser Situation in einen *Dauerzustand* als *Auflösungsgrund* betrachtet[158], was nicht ausschließt, dass bei Veräußerung eines Geschäftsanteils der Erwerber die Gesellschaft fortsetzen kann. Das Problem ist bisher lediglich theoretischer Natur, weshalb es noch nicht nötig war, die Einzelheiten zur Funktionsweise einer gesellschafterlosen GmbH zu klären[159]. Wahrscheinlich würde sich die ausführlich begründete Annahme als zutreffend erweisen, dass ein Zwischenstadium ohne jede Wahrnehmung von Gesellschafterrechten nicht angeht und in entsprechender Anwendung des § 29 BGB[160] ein Notgesellschafter zu bestellen ist. Erst wenn er die ihm obliegende Aufgabe, andere Gesellschafter zu suchen, die Geschäftsanteile von der Gesellschaft erwerben (Rdnr. 38), endgültig nicht erfüllen kann, ist die Auflösung geboten, die er dann zu betreiben

---

154 Die vorstehende Differenzierung ist von *Paulick*, Die GmbH ohne Gesellschafter, 1979 entwickelt worden. Anders insoweit *Steding*, NZG 2003, 57, 58. Für Nichtigkeit des Erwerbs noch *Winkler*, GmbHR 1972, 73, 76.

155 *Löwisch*, in: MünchKomm. GmbHG, Rdnr. 18; für Unzulässigkeit wegen Unvereinbarkeit mit dem körperschaftsrechtlichen Wesen der GmbH *Paura*, in: Ulmer/Habersack/Löbbe, Rdnr. 126; anders *Paulick*, Die GmbH ohne Gesellschafter, S. 58 ff.; *Kreutz*, in: FS Stimpel, 1985, S. 379 ff.

156 *Paulick*, Die GmbH ohne Gesellschafter, S. 80 ff.; dagegen wegen Abgrenzungsschwierigkeiten *Fastrich*, in: Baumbach/Hueck, Rdnr. 19.

157 *Schuler*, GmbHR 1962, 116; *Mertens*, NJW 1966, 1054; *Simon*, DB 1963, 1210; wohl auch *Steding*, NZG 2003, 60; wie hier *Paulick*, Die GmbH ohne Gesellschafter, S. 88 ff.; *Pentz*, in: Rowedder/Schmidt-Leithoff, Rdnr. 26.

158 Etwa *Fastrich*, in: Baumbach/Hueck, Rdnr. 19; *Löwisch*, in: MünchKomm. GmbHG, Rdnr. 19; *Pentz*, in: Rowedder/Schmidt-Leithoff, Rdnr. 27; *Thiessen*, in: Bork/Schäfer, Rdnr. 106; dagegen hält *Kreutz*, in: FS Stimpel, S. 379, 393 f. auch die auf Dauer so strukturierte „Keinmann"-Gesellschaft für zulässig.

159 Jedes praktische Bedürfnis leugnet *Paura*, in: Ulmer/Habersack/Löbbe, Rdnr. 27.

160 Entwickelt von *Paulick*, Die GmbH ohne Gesellschafter, S. 121 ff.; zurückhaltend insoweit *Kreutz*, in: FS Stimpel, S. 390 Fn. 43; unentschieden *Steding*, NZG 2003, 60. Übertrieben krit. „unausgegoren" *Paura*, in: Ulmer/Habersack/Löbbe, Rdnr. 126; dagegen auch *Karsten Schmidt/Bitter*, 11. Aufl., § 60 Rdnr. 65.

hat[161]. Dass Tatbestände, die zu einer solchen Entwicklung geführt haben, in aller Regel auch wirtschaftlich einen Auflösungsgrund darstellen werden, entschärft das Problem.

V. Abfindung bei Fusionen, Spaltung und Umwandlung (§ 33 Abs. 3)

1. Grundsätzlicher Anwendungsbereich

Zur Entstehung und zum Zweck der Vorschrift s. Rdnr. 1 f., die Sonderregelung gilt also für 45 die vier im Gesetzestext aufgezählten Fälle des UmwG, indem bei der Teilnahme einer GmbH als neugebildetem oder übernehmendem Rechtsträger für eine bestimmte Zeit die strikten Regeln über die Kapitalaufbringung gelockert werden[162]. Das betrifft also die Verschmelzung durch Aufnahme oder Neugründung, die Spaltung, eine grenzüberschreitende Verschmelzung und den Formwechsel, nicht aber die Ausgliederung, die ausscheidet, weil hier, anders als in anderen Fällen, eine durch Regelung zu erleichternde Barabfindung ausscheidender Gesellschafter nicht stattfindet[163]. Deshalb betrifft die Regelung eine Inpfandnahme eigener Geschäftsanteile nicht. Im Kern geht es darum, den Lösungsansatz des § 29 UmwG umzusetzen, der den Anteilseignern eines übertragenden oder formwechselnden Rechtsträgers, die der Maßnahme erfolglos widersprochen haben, eine Abfindung zusagt. Dabei muss nach § 33 Abs. 2 Satz 1 die (hypothetische) oder fiktive „Bildung" einer Rücklage für eigene Geschäftsanteile möglich sein; ob die Anteile voll eingezahlt sind oder nicht, spielt in den genannten Bestimmungen des UmwG keine Rolle[164]. Könnte freilich die Gesellschaft eine solche Rücklage nicht bilden, ohne das gebundene Vermögen anzutasten, sollte die Strukturmaßnahme unterbleiben müssen. Dies ist zwar mit Rücksicht auf die nur kurze Zeit, innerhalb derer die Maßnahme durchgeführt sein muss, umstritten[165], folgt aber aus der Bedeutung des Kapitalerhaltungsgebots. Auch erschiene es nicht unbedenklich, beim Erwerb nicht voll eingezahlter Geschäftsanteile durch die Gesellschaft ein Erlöschen des Einlageanspruchs durch Konfusion hinzunehmen, wenn man nicht darauf abstellen will, dass andernfalls Gesellschafter einer finanzschwachen GmbH, die angesichts der hier einschlägigen Strukturmaßnahmen ausscheiden möchten, in ihr festgehalten würden. Dennoch bleibt die Regelung rechtspolitisch ambivalent, und auch in diesem Fall sollte die Abfindung aus frei verfügbarem Gesellschaftsvermögen möglich sein. Wenn die Voraussetzungen des § 33 Abs. 3 vorliegen, kann die Gesellschaft also auch nicht voll eingezahlte Anteile zu dem im Umwandlungsplan bestimmten Preis erwerben, die Abfindung ist aber um den ausstehenden Einlageteil zu kürzen[166]. Nach einem solchen Erwerb bleiben ein ausgeschiedener Gesellschafter wie ein später eingetretener Erwerber sowie nach § 24 die Mitgesellschafter für die Einlage haftbar[167]. So-

---

161 Für automatische Auflösung *Löwisch*, in: MünchKomm. GmbHG, Rdnr. 20 mit Übersicht über im Schrifttum diskutierte Übergangszeiträume; für sofortige Auflösung auch *Fastrich*, in: Baumbach/Hueck, Rdnr. 19.

162 *Lutter/Hommelhoff*, in: Lutter/Hommelhoff, Rdnr. 30; zur Erleichterung der Umwandlung *Sosnitza*, in: Michalski u.a., Rdnr. 38; *Heckschen/Weitbrecht*, ZIP 2017, 1298; zum Folgenden eingehend *Geißler*, GmbHR 2008, 1018 ff.; *Lieder*, GmbHR 2014, 232.

163 *Altmeppen*, in: Roth/Altmeppen, Rdnr. 56; *Sosnitza*, in: Michalski u.a., Rdnr. 37.

164 *Lutter/Hommelhoff*, in: Lutter/Hommelhoff, Rdnr. 30; *Pentz*, in: Rowedder/Schmidt-Leithoff, Rdnr. 70; *Fastrich*, in: Baumbach/Hueck, Rdnr. 16; im Ergebnis auch *Altmeppen*, in: Roth/Altmeppen, Rdnr. 56.

165 Anders *Sosnitza*, in: Michalski u.a., Rdnr. 42; dagegen *Geißler*, GmbHR 2008, 1018, 1020; wie hier *Fastrich*, in: Baumbach/Hueck, Rdnr. 16; *Paura*, in: Ulmer/Habersack/Löbbe, Rdnr. 73; *Altmeppen*, in: Roth/Altmeppen, Rdnr. 51.

166 *Lieder*, GmbHR 2014, 235; *Löwisch*, in: MünchKomm. GmbHG, Rdnr. 57.

167 *Altmeppen*, in: Roth/Altmeppen, Rdnr. 52; a.M. *Paura*, in: Ulmer/Habersack/Löbbe, Rdnr. 74; *Thiessen*, in: Bork/Schäfer, Rdnr. 57.

mit muss in der Praxis sichergestellt sein, dass der Erwerb auch wirklich und allein zum Zweck der Abfindung widersprechender Gesellschafter stattfindet. Demgemäß stellt § 33 Abs. 3 klar, dass der Erwerb erst binnen 6 Monaten „nach dem Wirksamwerden der Umwandlung oder nach der Rechtskraft der gerichtlichen Entscheidung" erfolgen darf. Eine vorherige Vereinbarung unterliegt danach voll den Beschränkungen des § 33 Abs. 1 und 2, was im Einzugsbereich des § 33 Abs. 1 Nichtigkeit eines verbotswidrigen Verkaufs und Erwerbs (Rdnr. 15), im Fall des Verstoßes gegen § 33 Abs. 2 die Pflicht zur Rückabwicklung des dinglich nicht unwirksamen Erwerbs bedeutet (Rdnr. 29).

2. Das Vorgehen im Einzelnen

46   Die Ausnahme von den Verboten gemäß § 33 Abs. 1 und 2 hängt davon ab, dass die Gesellschaft zu dem Zweck handelt, widersprechenden Anteilseignern ein Abfindungsangebot machen zu können. Da für diese Maßnahme der Zeitraum von 6 Monaten nach Wirksamwerden der Umwandlung zur Verfügung steht, darf die Gesellschaft nur so viele eigene Geschäftsanteile erwerben, als für die Abfindung widersprechender Gesellschafter, die gegen den strukturändernden Beschluss Widerspruch eingelegt haben müssen, benötigt werden, also nicht darüber hinaus, so dass auch ein Erwerb gewissermaßen „auf Vorrat" nicht zulässig wäre; ein Erwerb ist auch dann nicht zulässig, wenn ein Abfindungsanspruch tatsächlich nicht entsteht[168]. Andererseits liegt auf der Hand, dass dem widersprechenden Gesellschafter sein ganzer Geschäftsanteil muss abgenommen werden können, umfangreiche Beschränkungen hinsichtlich des Erwerbs eigener Geschäftsanteile kennt das GmbHG nicht. Dass ein Erwerb eigener Geschäftsanteile nicht zulässig ist, soweit die Gesellschaft Abfindungsansprüche bereits aus dem Bestand an Anteilen erfüllen kann, die ihr selbst oder von ihr abhängigen Unternehmen zustehen, ist aber bei der Barabfindung, um die es hier geht, nicht problematisch.

47   Die **Frist von 6 Monaten** ab Wirksamwerden der Umwandlung, die Ausschlussfrist ist (Begründung zum RegE), gilt für den „Erwerb" der Geschäftsanteile. Zwar betrifft § 29 UmwG, auf den § 33 Abs. 3 verweist, nur das Angebot auf Erwerb, doch muss dies nach § 31 UmwG „binnen 2 Monaten nach dem Tage, an dem die Eintragung der Verschmelzung in das Register des Sitzes des übernehmenden Rechtsträgers bekannt gemacht worden ist, angenommen worden sein", wodurch der zu befriedigende Abfindungsanspruch entsteht[169]. Ist der widersprechende Anteilseigner mit dem Abfindungsangebot nicht zufrieden, so hat auf seinen Antrag das Gericht die angemessene Barabfindung zu bestimmen; die 6-Monats-Frist beginnt dann mit Bekanntmachung dieser Entscheidung. Unabhängig davon muss nach § 33 Abs. 3 Satz 1 der Anteilserwerb innerhalb von 6 Monaten nach dem Wirksamwerden der Strukturmaßnahme durchgeführt sein, nach Ablauf dieser Ausschlussfrist greifen die allgemeinen Regeln über die Kapitalerhaltung. Zu den Fristen s. die Regelungen in §§ 19, 20, 36 Abs. 1, 130 ff., 201 f. UmwG. Die **Folgen** der Anteilsübertragung richten sich nach den Regeln des § 33 über den zulässigen Erwerb eigener Geschäftsanteile[170]. Daher ist auch eine Weiterübertragung durch die Gesellschaft möglich, Rdnr. 38; hält man mit den in Rdnr. 45 angestellten Überlegungen in diesem Zusammenhang den Erwerb nicht voll eingezahlter Geschäftsanteile für zulässig, so bringt eine Weiterveräußerung durch die Gesellschaft den durch Konfusion

---

168   *Paura*, in: Ulmer/Habersack/Löbbe, Rdnr. 66.

169   *Paura*; in: Ulmer/Habersack/Löbbe, Rdnr. 72; *Fastrich*, in: Baumbach/Hueck, Rdnr. 17, 18.

170   Näher *Geißler*, GmbHR 2008, 1018, 1021 ff.; ähnlich *Paura*, in: Ulmer/Habersack/Löbbe, Rdnr. 75; *Löwisch*, in: MünchKomm. GmbHG, Rdnr. 61. Zur Anwendung der verschiedenen Absätze des § 33 bei Formwechsel aus der GmbH in eine AG als Zielrechtsträger *Heckschen/Weitbrecht*, ZIP 2017, 1297 ff.

untergegangenen Einlageanspruch nicht wieder zum Entstehen[171]. Die Gesellschaft muss aber die Geschäftsanteile nicht veräußern, auch nicht zur Wiederherstellung mit § 33 zu vereinbarender Kapitalverhältnisse, sondern kann sie nach Ablauf der Frist in ihrem Vermögen halten.

VI. Steuerrecht

Schrifttum: *Gosch*, KStG, 3. Aufl. 2015; *Hoffmann/Lüdenbach*, NWB Kommentar Bilanzierung, 8. Aufl. 2017; *Rödder/Herlinghaus/Neumann*, KStG, 2015.

Mit dem BilMoG ist **§ 272 HGB** durch Abs. 1a, 1b ergänzt worden. § 272 Abs. 1a HGB handelt von der Bilanzierung des Erwerbs eigener Anteile, § 272 Abs. 1b HGB behandelt die bilanzrechtlichen Folgen bei ihrer Veräußerung. Nach neuem Recht sind die eigenen Anteile auf der Passivseite mit dem Eigenkapital zu verrechnen (§ 272 Abs. 1a Satz 1 HGB). Daraus wird deutlich, dass es für das Bilanzrecht unerheblich ist, ob der Erwerb der eigenen Anteile zur Einziehung erfolgt oder nicht. Der Nennbetrag der eigenen Anteile ist vor dem Posten „Gezeichnetes Kapital" abzusetzen. Der Unterschied zwischen dem Nennbetrag und den (tatsächlichen) Anschaffungskosten ist mit frei verfügbaren Rücklagen zu saldieren. 48

Die Regelungen in § 272 HGB zu den eigenen Anteilen gehen von dem wirtschaftlichen Gesichtspunkt aus, dass ein Rückkauf eigener Anteile in der Sache eine Kapitalherabsetzung darstellt und die Wiederausgabe eine Kapitalerhöhung[172]. Diese handelsrechtliche Grundidee wird von der Finanzverwaltung übernommen, und sie behandelt auch steuerrechtlich **Anschaffungs- und Veräußerungsvorgänge** wie eine Kapitalherabsetzung oder Kapitalerhöhung[173]. Das heißt im Ergebnis, dass die Anordnungen des § 272 Abs. 1a HGB über den Maßgeblichkeitsgrundsatz der § 8 Abs. 1 KStG, § 5 Abs. 1 EStG auch für die steuerrechtliche Behandlung maßgebend sind[174]. Daraus folgt, dass der von der Kapitalgesellschaft (GmbH) aufgewendete Betrag zum Erwerb der eigenen Geschäftsanteile einkommensneutral ist. Für steuerrechtliche Zwecke sind die eigenen Anteile kein Vermögensgegenstand/Wirtschaftsgut, so dass sie weder über Teilwertabschreibungen noch über Veräußerungsvorgänge zu Aufwand oder Ertrag führen können. Das heißt, dass die Übertragung der handelsbilanzrechtlichen Situation auf das Steuerrecht für die GmbH nicht als Erwerb oder Veräußerung zu beurteilen ist. Damit findet auch § 8b Abs. 2, 3 KStG keine Anwendung. Die sich durch Zahlung des Erwerbspreises bzw. Erhalt des Veräußerungserlöses ergebende Betriebsvermögensveränderung ist als neutraler Vorgang zu behandeln. Obschon handelsrechtlich die eigenen Anteile nicht untergehen, handelt es sich nicht um Vermögensgegenstände/Wirtschaftsgüter der Gesellschaft. Die eigenen Anteile werden allein nachrichtlich als Vorschaltposten zum Passivposten „Gezeichnetes Kapital" erwähnt und nicht aktiviert. 49

Auf der **Ebene des Anteilseigners** handelt es sich um ein reguläres Veräußerungsgeschäft, das nach allgemeinen ertragsteuerrechtlichen Grundsätzen zu behandeln ist, in der Regel also nach § 17 EStG, soweit der Gesellschafter den GmbH-Geschäftsanteil im Privatvermögen hält. Das führt zu dem (überraschenden) Ergebnis, dass die handelsbilanzrechtlichen Regelungen auf die Anteilseignerebene nicht durchschlagen. Der Erwerb der eigenen Anteile durch die GmbH wird auf Gesellschaftsebene einerseits und auf Gesellschafterebene anderer- 50

---

171 *Fastrich*, in: Baumbach/Hueck, Rdnr. 16, 18; mit Betonung der Nichtanwendbarkeit der §§ 22 und 24 auch *Thiessen*, in: Bork/Schäfer, Rdnr. 57.

172 *Hoffmann/Lüdenbach*, NWB Kommentar Bilanzierung, § 272 HGB Rdnr. 41 ff.

173 BMF v. 27.11.2013 – IV C 2 - S 2742/07/10009, BStBl. I 2013, 1615 Rdnr. 8; auch *Roser*, in: Gosch, § 8 KStG Rdnr. 86d.

174 *Stimpel*, in: Rödder/Herlinghaus/Neumann, § 8 KStG Rdnr. 718, dort auch zu anderen Auffassungen.

seits steuerrechtlich unterschiedlich beurteilt[175]. Wenn der Anteilserwerb zu einem erhöhten Preis erfolgt, handelt es sich um eine verdeckte Gewinnausschüttung, die dann dazu führt, dass die Kosten, die den Nennbetrag des Anteils übersteigen, als Ausschüttungen nach § 20 Abs. 1 Nr. 1 EStG zu beurteilen sind[176].

51 Werden die eigenen Anteile veräußert, dann handelt es sich wirtschaftlich um eine Kapitalerhöhungssituation, so dass die durch den Erwerb vorgenommene wirtschaftliche Kapitalherabsetzung ausgeglichen werden muss. Das heißt, dass durch den Verkauf des Kapitals in Höhe des Nennbetrags der vorherige Ausweis teilweise oder komplett entfallen kann (§ 272 Abs. 1b Satz 1 HGB). Der den Nennbetrag übersteigende Betrag aus dem Veräußerungserlös durch die GmbH ist nach § 272 Abs. 1b Satz 2 HGB bis zur Höhe des mit Rücklagen verrechneten Betrags wieder in die Rücklage einzustellen[177]. Geht man auch hier vom Maßgeblichkeitsprinzip des Handelsrechts aus, dann handelt es sich bei der Veräußerung der eigenen Anteile um eine Einlage, also nicht um eine Anteilsveräußerung nach § 8b Abs. 2 KStG. Es kommt dann auch nicht zu einer Einkommenserhöhung von 5 % über § 8b Abs. 3 Satz 1 KStG.

---

175 BMF v. 27.11.2013 – IV C 2 - S 2742/07/10009, BStBl. I 2013, 1615 Rdnr. 20; *Stimpel*, in: Rödder/Herlinghaus/Neumann, § 8 KStG Rdnr. 720.
176 BMF v. 27.11.2013 – IV C 2 - S 2742/07/10009, BStBl. I 2013, 1615 Rdnr. 12, 15; *Blumenberg/Lechner*, DB 2014, 141; *Roser*, in: Gosch, § 8 KStG Rdnr. 86e; zu Einzelfragen *Stimpel*, in: Rödder/Herlinghaus/Neumann, § 8 KStG Rdnr. 721.
177 *Stimpel*, in: Rödder/Herlinghaus/Neumann, § 8 KStG Rdnr. 725.

§ 34
Einziehung von Geschäftsanteilen

(1) Die Einziehung (Amortisation) von Geschäftsanteilen darf nur erfolgen, soweit sie im Gesellschaftsvertrag zugelassen ist.

(2) Ohne die Zustimmung des Anteilsberechtigten findet die Einziehung nur statt, wenn die Voraussetzungen derselben vor dem Zeitpunkt, in welchem der Berechtigte den Geschäftsanteil erworben hat, im Gesellschaftsvertrag festgesetzt waren.

(3) Die Bestimmung in § 30 Abs. 1 bleibt unberührt.

Text von 1892.

Schrifttum: *Altmeppen*, Konzeptlosigkeit des II. Zivilsenats zum Abfindungsanspruch bei Einziehung des Geschäftsanteils in der GmbH, ZIP 2016, 1557; *Altmeppen*, Wer schuldet die Abfindung bei Einziehung von Geschäftsanteilen in der GmbH?, NJW 2013, 1025; *Battke/Grünberg*, Zulässigkeit von Hinauskündigungsklauseln bei Mitarbeiter- und Manager-Modellen, GmbHR 2006, 225; *Benecke*, Inhaltskontrolle im Gesellschaftsrecht oder „Hinauskündigung" und das Anstandsgefühl aller billig und gerecht Denkenden, ZIP 2005, 1437; *Bischoff*, Zur Pfändung und konkursbedingten Einziehung von Geschäftsanteilen, GmbHR 1984, 61; *Blath*, Einziehung und Nennbetragsanpassung, GmbHR 2011, 1177; *Braun*, Einziehung von GmbH-Geschäftsanteilen nach MoMiG, GmbHR 2010, 82; *Braun*, Nochmals: Einziehung von GmbH-Geschäftsanteilen und Konvergenz nach § 5 III 2 GmbHG, NJW 2010, 2700; *Clevinghaus*, Voraussetzungen und Folgen der Einziehung von GmbH-Geschäftsanteilen, RNotZ 2011, 449; *Drinkuth*, Hinauskündigungsregeln unter dem Damoklesschwert der Rechtsprechung, NJW 2006, 410; *Fingerhut/Schröder*, Die Einziehung eines GmbH-Anteils und Probleme in der Praxis, BB 1997, 1805; *Gehrlein*, Neue Tendenzen zum Verbot der freien Hinauskündigung eines Gesellschafters, NJW 2005, 1969; *Goette*, Zum Zeitpunkt des Wirksamwerdens des Zwangseinziehungsbeschlusses, in: FS Lutter, 2000, S. 399; *Grunewald*, Wer kann ohne besonderen Anlass seine Gesellschafterstellung verlieren?, in: FS Priester, 2007, S. 123; *Habersack*, Die unentgeltliche Einziehung des Geschäftsanteils beim Tod des GmbH-Gesellschafters, ZIP 1990, 625; *Harst*, Zur Zwangseinziehung von Geschäftsanteilen, GmbHR 1987, 183; *Heckelmann*, Abfindungsklauseln in Gesellschaftsverträgen, 1973; *Hohage*, Erwerb eigener Anteile, Einziehung, Aufstockung und vGA bei der GmbH, DB 2009, 1033; *Käppler*, Die Steuerung der Gesellschafternachfolge in der Satzung einer GmbH, ZGR 1978, 542; *Kesselmeier*, Ausschließungs- und Nachfolgeregelung in der GmbH-Satzung, 1989; *Kleindiek*, Einziehung von GmbH-Geschäftsanteilen, Legitimationswirkung der Gesellschafterliste und einstweiliger Rechtsschutz, GmbHR 2017, 815; *Lange*, Neues zu Abfindungsklauseln – Anmerkungen zu den Urteilen des OLG Dresden, NZG 2000, 1042 und des BGH, NZG 2000, 1027, NZG 2001, 635; *Langner/Heydel*, Vererbung von GmbH-Geschäftsanteilen, Sicherstellung einer familieninternen Nachfolge, GmbHR 2005, 277; *Lieder*, Die „Hinauskündigung" von Manager- und Mitarbeitergesellschaftern, DZWiR 2006, 63; *Lorenz*, Zivilprozessuale Probleme der Zwangseinziehung von GmbH-Anteilen, DStR 1996, 1794; *Löwe/Thoß*, Austritt und Ausschließung eines Gesellschafters aus der GmbH sowie Einziehung seines Geschäftsanteils, NZG 2003, 1005; *Lutz*, Rechtswirkung des Gesellschafterbeschlusses bei Zwangseinziehung des GmbH-Geschäftsanteils, DStR 1999, 1858; *Meyer*, Die Einziehung von GmbH-Anteilen im Lichte des MoMiG, NZG 2009, 1201; *Michalski*, Die Zwangseinziehung eines GmbH-Anteils im Falle der Anteilspfändung, ZIP 1991, 147; *Müller*, Folgen der Einziehung eines GmbH-Geschäftsanteils, DB 1999, 2005; *Niemeier*, Rechtstatsachen und Rechtsfragen der Einziehung von GmbH-Anteilen, 1982; *Niemeier*, Die Willensbildung über die Einziehung von Geschäftsanteilen, GmbHR 1983, 161; *Nolting*, Disquotale Aufstockung der Nennbeträge von GmbH-Geschäftsanteilen bei der Einziehung, ZIP 2011, 1292; *Priester*, Anteilsnennwert und Anteilsneubildung nach Einziehung von Geschäftsanteilen – zum System der Mitgliedsstellen in der GmbH, in: FS Kellermann, 1991, S. 337; *Priester*, Anteilsaufstockung nach Einziehung – Pflicht zur Einlagenleistung?, GmbHR 2016, 1065; *Priester*, Einziehungsbeschluss trotz Zahlungssperre aus § 30 GmbHG, ZIP 2012, 658; *Priester*, Grundsatzregelung, Wertmaßstäbe und Zahlungsmodalitäten des Einziehungsentgelts für GmbH-Anteile bei Pfändung und Konkurs, GmbHR 1976, 5; *Römermann*, Auflösung einer GmbH aufgrund der Einziehung eines GmbH-Geschäftsanteils?, DB 2010, 209; *Roth*, Einziehung des Geschäftsanteils und Dauer der Gewinnbeteiligung – Besprechung der Entscheidung BGHZ 139, 299, ZGR 1999, 715; *Schneider*, Zur Ausfallhaftung der GmbH-Gesellschafter für Abfindungszahlungen bei Einziehung, ZIP 2016, 2141; *Schockenhoff*, Die befristete Unternehmensbeteiligung des GmbH-Geschäftsführers, ZIP 2005, 1009; *Sieger/Mertens*, Die Rechtsfolgen der Einziehung von Geschäftsanteilen einer GmbH, ZIP 1996, 1493; *Soufleros*, Ausschließung und Abfindung eines GmbH-Gesellschafters, 1983; *Tröger*, Anteilseinziehung und Abfindungszahlung, in: VGR (Hrsg.), Gesellschaftsrecht in der Diskussion 2013, 2014, S. 23; *Ulmer*, Höchstrichterliche Rechtsfortbildung als Durchhauen des gordischen Knotens? – Bemerkungen zur BGH-Rechtsfortbildung bei Zwangseinziehung von GmbH-Anteilen, in: FS Hoffmann-Becking, 2013, S. 1261; *Ulmer*, Abfindungsklauseln in Personengesellschafts- und GmbH-Verträgen – Plädoyer für die Ertragswertklausel, in: FS Quack, 1991, S. 477; *Ulmer*, Die Sicherung der GmbH gegen das Überfremdungsrisiko in der Insolvenz eines Gesellschafters, ZHR 149 (1985), 28; *Ulmer*, Zwangseinziehung von Geschäftsanteilen und Ausschließung von GmbH-Gesellschaftern aus wichtigem Grund – Wirksamkeit schon vor Abfindung des betroffenen Gesellschafters?, in: FS Rittner, 1991, S. 735; *Ulmer*, Die Einziehung von GmbH-Anteilen – ein Opfer der MoMiG-Reform?, DB 2010, 321; *van Venrooy*, Einziehung im Gesellschafterkonkurs und Treuepflicht, GmbHR 1995, 339; *Wachter*, Ausfallhaftung der Gesellschafter bei der Einziehung von GmbH-Geschäftsanteilen, NZG 2016, 961; *Wanner-Laufer*, Die Zwangseinziehung von Geschäftsanteilen, NJW 2010, 1499; *Werner*, Kautelarjuristische Strategien zur Trennung zerstrittener Gesellschafter, GmbHR 2005, 1554; *H. P. Westermann*, Einziehung und Abfindung (§ 34 GmbHG), in: FS 100 Jahre GmbHG, 1992, S. 447; *Zinger*, Zur Haftung von Gesellschaftern für die Abfindung ausscheidender GmbH-Gesellschafter, ZGR 2017, 196.

I. Zweck und systematische Stellung der Vorschrift

1. Das Verhältnis von Einziehung und verwandten Rechtsinstituten

§ 34 nennt die Voraussetzungen der Einziehung, die erläuternd mit einem heute weniger gebräuchlichen Ausdruck als **Amortisation** bezeichnet wird. Es handelt sich um die Vernichtung eines Geschäftsanteils und damit der aus ihm fließenden Rechte, ohne dass gleichzeitig das Stammkapital verändert, insbesondere herabgesetzt wird. Dieses Ziel ist namentlich nach der Neufassung des § 5 Abs. 3 Satz 2 durch das MoMiG, die das Gebot der Übereinstimmung von Stammkapital und Summe der Nennbeträge der Geschäftsanteile (das Konvergenzgebot) auf das gesamte Bestehen der Gesellschaft ausgedehnt hat, in der praktischen Entwicklung nicht durchgehalten worden (näher Rdnr. 62)[1]. Ursprünglich war die Einziehung vom Gesetz als Veränderung der Kapitalverhältnisse und nicht des Personenbestandes der Gesellschaft konzipiert gewesen[2]; aber natürlich wirkte sich die Einziehung auf die Zusammensetzung des Gesellschafterkreises aus, indem bei der freiwilligen Einziehung die Beteiligungsverhältnisse und die möglichen Pflichten aus der anteiligen Subsidiärhaftung gemäß §§ 24, 31 Abs. 3 beeinflusst werden können[3], und indem bei der Zwangseinziehung ein Gesellschafter ausgeschlossen wird. Dies über die Vernichtung des Geschäftsanteils zu bewirken, ist kapitalgesellschaftsrechtlich konsequent, es hat aber nichts daran geändert, dass hinsichtlich der Gründe für eine Zwangseinziehung und der praktischen Probleme ihrer Finanzierung (Abfindung des Ausscheidenden) dieselben Schwierigkeiten aufgetreten sind wie im Personengesellschaftsrecht. In der Tat liegt der Schwerpunkt der tatsächlichen Anwendung der Einziehung klar bei der gegen den Willen des Anteilsinhabers von der Gesellschaft verfügten Einziehung seines Anteils[4]. Gesetzgebungspolitisch muss vor diesem Hintergrund gesichert sein, dass eine Einziehung nicht ohne satzungsmäßige Grundlage die Beteiligungsverhältnisse verändert und ein Gesellschafter seine Beteiligung nicht verlieren kann ohne Gründe, deren mögliche Relevanz ihm beim Beitritt zur Gesellschaft auf Grund der Satzung klar sein musste[5]. Auch ist darauf zu achten, dass die Zahlung eines Abfindungsbetrages an die Inhaber des eingezogenen Anteils nicht zur Schwächung des zur Deckung des Stammkapitals nötigen Aktivvermögens der Gesellschaft führt. Schließlich muss der einzuziehende Geschäftsanteil **voll eingezahlt** sein; andernfalls liefe die Einziehung auf einen Erlass der Einlageforderung hinaus, näher Rdnr. 52.

1

Die gesetzliche Regelung enthält bei der Bestimmung der Voraussetzungen und Folgen der Einziehung im Einzelnen große **Lücken**. Das hängt damit zusammen, dass das Institut entstehungsgeschichtlich weniger zur Bewältigung von Spannungen im Verhältnis der Gesellschafter untereinander diente, die durch Ausscheiden eines der Partner gelöst werden, als zur Herabsetzung des eingesetzten Kapitals und zur Verringerung der Zahl der Partner, die am Kapital beteiligt sind und den Gewinn unter sich aufteilen[6], was heute in Ansehung der häufigen Kapitalschwäche der GmbH überholt ist. Weiter verschließt es den Blick auf das in § 34 nicht

2

---

1 So zum grundlegenden Urteil BGH v. 2.12.2014 – II ZR 322/13, GmbHR 2015, 416 *Kleindiek*, NZG 2015, 489, 491; OLG Saarbrücken v. 1.12.2011 – 8 U 315/10, NZG 2012, 180 = GmbHR 2012, 209; *Nolting*, ZIP 2011, 1292 ff.; *Fastrich*, in: Baumbach/Hueck, Rdnr. 17a; *Altmeppen*, in: Roth/Altmeppen, Rdnr. 79.
2 *H. P. Westermann*, in: FS 100 Jahre GmbHG, S. 447 ff.; *Zeilinger*, GmbHR 2002, 772 ff.
3 Dazu *Niemeier*, Rechtstatsachen und Rechtsfragen, S. 127 ff.
4 Eingehend *Niemeier*, S. 26 ff. mit Nachw. aus der Rechtsprechung; *Balz*, GmbHR 1983, 185, 189, 191; *Ulmer/Habersack*, in: Ulmer/Habersack/Löbbe, Rdnr. 5; *Klingsch*, in: Saenger/Inhester, Rdnr. 3, überholt ist es wohl, mit RGZ 93, 326 die Einziehung als Ersatz für die fehlende Kündbarkeit der GmbH zu betrachten. Von einer praktischen Gleichstellung von Einziehung eines Geschäftsanteils und Ausschließung des Gesellschafters sprechen daher *Gehrlein*, ZIP 1996, 1157 ff. und *Altmeppen*, in: Roth/Altmeppen, Rdnr. 1.
5 *Ulmer/Habersack*, in: Ulmer/Habersack/Löbbe, Rdnr. 3.
6 Näher dazu *H. P. Westermann*, in: FS 100 Jahre GmbHG, S. 450 f.; zur Lückenhaftigkeit des Gesetzes auch *Peetz*, GmbHR 2000, 749 ff.

geregelte Problem des austrittswilligen Gesellschafters, der wegen der gebräuchlichen Anteilsvinkulierung seine Beteiligung nur schwer zu Geld machen kann und sich möglicherweise gezwungen sieht, gegen seinen Willen in der Gesellschaft zu verbleiben. Soll daher die Einziehung als Ausschließungsmittel auch in den Fällen einer Kapitalschwäche der GmbH funktionieren, die die Aufbringung des Einziehungsentgelts unter Wahrung der Grundsätze der Kapitalerhaltung erschwert, so muss sie mit statutarischen Bestimmungen über die Abtretung des Geschäftsanteils und/oder Erwerbsvorrechte verbunden werden[7], wobei Vorkaufsrechte oder Optionen in Bezug auf Gesellschaftsbeteiligungen ähnlich wie eine zweckgerechte Regelung der Einziehung die Erhaltung des Gleichgewichts zwischen Gesellschaftern bzw. Gesellschafterstämmen bezwecken können und hierauf zu achten haben[8]. Schließlich kann dem Gesellschafter in der Satzung ein Recht auf Einziehung seines Anteils eingeräumt werden[9], was im Zeichen des Kapitalerhaltungsprinzips freilich immer nur unter Beachtung des § 34 Abs. 3 eingreifen kann (näher Rdnr. 51 ff.); ein ordentliches Kündigungsrecht gibt es aber mangels satzungsmäßiger Begründung nicht.

3   Bei der Satzungsgestaltung sollten Überlegungen bezüglich der **Gründe** für die Zwangsausschließung angestellt werden. Gründe, die praktisch derzeit klar im Vordergrund des Anwendungsfeldes des § 34 stehen, sind hauptsächlich die **Insolvenz** eines Gesellschafters bzw. Vollstreckungsmaßnahmen in seinen Geschäftsanteil, letzteres mit der Maßgabe, dass häufig dem Betroffenen Gelegenheit gegeben werden soll, die Einziehung abzuwenden, wenn er binnen bestimmter Frist nachweist, dass die Vollstreckungsmaßnahme aufgehoben ist[10]. Während hier das Ziel verfolgt wird, zu verhindern, dass Insolvenzverwalter oder Pfandgläubiger Einfluss auf die gesellschaftliche Willensbildung nehmen können (was aber nicht ganz uneingeschränkt möglich ist, näher Rdnr. 30), geht es daneben oft auch um die Trennung von einem zur Mitgeschäftsführung unfähigen oder sonst in der Zusammenarbeit untragbaren Partner, so dass die Einziehung mit der **Ausschließung** konkurriert[11], die zwar durch spezielle Satzungsregelungen möglich werden kann[12], ohne solche aber im Wege einer Rechtsfortbildung im Anschluss an den Grundsatz der Lösbarkeit von Dauerschuldverhältnissen wegen Unmöglichkeit oder Unzumutbarkeit weiteren persönlichen Zusammenwirkens begründet werden konnte[13]. Die aktienrechtlichen Bestimmungen über ein Squeeze-Out (§§ 327a ff. AktG) scheinen demgegenüber hier nicht anwendbar[14]. Im Einzelfall mag ein Beschluss der Gesellschafterversammlung, die Gesellschafterstellung eines Gesellschafters zu beenden, sowohl als Ausschließung als auch als Einziehung seines Geschäftsanteils zu verstehen sein[15], doch ist ohne Einziehungsklausel in der Satzung, die auch entscheiden muss, ob und aus welchem Grund eine Einziehung gegen den Willen des Anteilseigners möglich sein

---

7   S. dazu näher *Ulmer*, ZHR 149 (1985), 28 ff.; *Lutter/Kleindiek*, in: Lutter/Hommelhoff, Rdnr. 1a.

8   Näher *H. P. Westermann/Klingberg*, in: FS Quack, 1991, S. 545 ff.; zu Optionen aufgrund GmbH-Beteiligungen eingehend *Mülsch/Penzel*, ZIP 2004, 1987 ff.

9   *Ulmer/Habersack*, in: Ulmer/Habersack/Löbbe, Rdnr. 28, 114; nach *Strohn*, in: MünchKomm. GmbHG, Rdnr. 92 müssen aber hierfür satzungsmäßige Grundlagen, auch zu den Gründen der Maßnahme, bestehen.

10 Zum Folgenden die Zusammenstellungen bei *Niemeier*, S. 14 ff.; *H. P. Westermann*, in: FS 100 Jahre GmbHG, S. 456 ff.

11 Demgemäß hat BGH v. 19.9.1977 – II ZR 11/76, NJW 1977, 2316 = GmbHR 1978, 131 ausgesprochen, eine in der Satzung vorgesehene Einziehung aus wichtigem Grund oder wegen Pfändung des Geschäftsanteils enthalte regelmäßig auch die Ausschließung des Anteilsberechtigten; s. auch BGH v. 12.6.1975 – II ZB 12/73, BGHZ 65, 22, 28 f. = GmbHR 1975, 227; *Ulmer*, ZHR 149 (1985), 33 f.

12 Dazu auch *Goette*, DStR 2001, 533.

13 BGH v. 1.4.1953 – II ZR 235/52, BGHZ 9, 157; BGH v. 23.2.1981 – II ZR 229/79, BGHZ 80, 346 = GmbHR 1981, 290; *Röhricht*, in: FS Kellermann, 1991, S. 361 ff.; *Strohn*, in: MünchKomm. GmbHG, Rdnr. 103.

14 *Altmeppen*, in: Roth/Altmeppen, Rdnr. 3 gegen *v. Morgen*, WM 2003, 1556, 1558.

15 S. den Fall BGH v. 20.9.1999 – II ZR 345/97, ZIP 1999, 1843 = GmbHR 1999, 1194, wo auf Grund einer restriktiven Satzungsklausel über die Ausschließung ein Einziehungsbeschluss angenommen

soll, nur eine Ausschließung durch (gestaltende) Ausschließungsklage möglich[16], was praktisch bedeutet, dass in diesem Rechtsstreit der wichtige Grund die Einziehungsklausel ersetzt. Sind aus der Satzung die Gründe für eine Zwangseinziehung nicht ersichtlich, reicht die bloße Regelung über eine Einziehung durch Beschluss zur Einziehung gegen den Willen des Betroffenen nicht aus[17]. Allerdings kann die Satzung den Gesellschaftern ein Wahlrecht zwischen Einziehung und Ausschließung einräumen[18] oder die Einziehung als Mittel einer Ausschließung bestimmen, sie muss aber deutlich machen, dass sie eine Entscheidung durch Beschluss der Gesellschafter ermöglichen will, was schon nötig ist angesichts der verschiedenen Voraussetzungen und Rechtsfolgen einer Einziehung, die auf einen oder mehrere, vielleicht auf alle Geschäftsanteile eines Gesellschafters zielt, und der Ausschließung einer Person, die die Folgefrage auslöst, was mit dem Geschäftsanteil des Ausgeschlossenen geschehen soll (im Einzelnen Anh. § 34 Rdnr. 31, 55). Die Bestimmungen der Satzung in diesen Fragen sind nicht selten auslegungsbedürftig, so wenn ein Rücktritts- oder Kündigungsrecht des Gesellschafters angesprochen ist[19] (näher Rdnr. 7, 8). So kann die Einräumung von Erwerbsrechten zugunsten der Gesellschaft oder der Mitgesellschafter nicht ohne starke diesbezügliche Anhaltspunkte als Einziehungsklausel ausgelegt werden[20]. Anlass für Regeln über die Beendigung der Gesellschafterstellung kann hier auch der Wunsch eines Gesellschafters sein, seinen Anteil zu verkaufen, nachdem dies an der Vinkulierung gemäß § 15 Abs. 5 gescheitert ist[21]. Insoweit konkurriert die Einziehung mit dem – allerdings in Voraussetzungen und Umfang umstrittenen – Austrittsrecht des Gesellschafters[22], s. dazu im Einzelnen Anh. § 34 Rdnr. 6 ff. Ähnliche Lösungen lassen sich freilich durch Modifikationen der Anteilsvinkulierung, gekoppelt mit Andienungs- und Vorkaufsrechten, erreichen[23]. Regeln über einen Austritt oder ein Recht auf Einziehung betreffen auch die Belange der übrigen Gesellschafter, deren Rechtsstellung, etwa eine mögliche Ausfallhaftung nach §§ 24, 31 Abs. 3, sich durch die Veränderung ihrer Beteiligungsquote verschlechtern könnte[24]. Sodann haben Einziehungsklauseln im Hinblick auf die Steuerung der **Gesellschafternachfolge** im Todesfall Bedeutung gewonnen[25], was in der Weise vorstellbar ist, dass Personen, die bestimmte qualifizierende Voraussetzungen nicht erfüllen, nicht Nachfolger eines verstorbenen Gesellschafters werden können, also die Einziehung des Anteils hinnehmen müssen[26]. Allerdings ist dies in der GmbH nur so durchführbar,

---

wurde; zum Verhältnis von Einziehung und Ausschließung bei dem erforderlichen Gesellschafterbeschluss auch BGH v. 5.4.2011 – II ZR 263/08, GmbHR 2011, 761 = ZIP 2011, 1104.

16 BGH v. 20.9.1999 – II ZR 345/97, NJW 1999, 3779, 3780 = GmbHR 1999, 1194 mit Anm. *Bärwaldt* und Kurzkomm. *Kort*, EWiR 1999, 1125.

17 BGH v. 17.9.2001 – II ZR 245/99, DStR 2001, 1898 und dazu *Goette*, DStR 2001, 1899; s. auch Anm. *Cahn*, LMK § 34 GmbHG Nr. 19; *Goette*, DStR 2001, 533; *Altmeppen*, in: Roth/Altmeppen, Rdnr. 1; zur Anfechtung eines solchen Gesellschafterbeschlusses auch *Teichmann*, Anm. WuB II C § 34 GmbHG 1.00.

18 *Lutter/Kleindiek*, in: Lutter/Hommelhoff, Rdnr. 1a; *Kort*, in: MünchHdb. III, § 28 Rdnr. 2.

19 *Ulmer/Habersack*, in: Ulmer/Habersack/Löbbe, Rdnr. 15; *Strohn*, in: MünchKomm. GmbHG, Rdnr. 10; zu einer „zu duldenden" Einziehung BGH v. 17.9.2001 – II ZR 245/99, DStR 2001, 1898.

20 *Ulmer/Habersack*, in: Ulmer/Habersack/Löbbe, Rdnr. 15; *Sosnitza*, in: Michalski u.a., Rdnr. 9.

21 So etwa *Niemeier*, S. 66 ff.; *Görner*, in: Rowedder/Schmidt-Leithoff, Rdnr. 4.

22 Zu den Rechtsfolgen des Austritts unter diesem Aspekt *Röhricht*, in: FS Kellermann, 1991, S. 361, 365.

23 Im Einzelnen *H. P. Westermann/Klingberg*, in: FS Quack, S. 547 ff. Zu Klauseln im Statut einer zweigliedrigen Gesellschaft, die bestimmen, dass jeder Partner dem anderen seine Beteiligung anbieten kann und der Angebotsempfänger, wenn er das Angebot nicht annimmt, seinen Anteil dem Anbietenden zum gleichen Preis zu verkaufen hat (Russian-Roulette-Klauseln), *Fleischer/Schneider*, DB 2010, 2713; *Sosnitza*, in: Michalski u.a., Rdnr. 45.

24 *Niemeier*, S. 169 ff.; folgend *Strohn*, in: MünchKomm. GmbHG, Rdnr. 8.

25 Dazu *Käppler*, ZGR 1978, 542; *Habersack*, ZIP 1990, 625; zur GmbH & Co. KG unter diesem Aspekt *Göz*, NZG 2004, 345 ff.

26 Zur Vererbung des Anteils an andere als die in der Klausel genannten Personen BGH v. 20.12.1976 – II ZR 115/75, DB 1977, 342 = GmbHR 1977, 342; OLG München v. 6.7.1984 – 23 U 1899/84, ZIP 1984, 1349; weiter *Käppler*, ZGR 1978, 548.

dass der oder die Erben zunächst den Anteil erwerben, der aber mit der Möglichkeit der Einziehung gewissermaßen belastet ist; zu Abfindungsbeschränkungen bis hin zum Abfindungsausausschluss Rdnr. 35 ff. Insgesamt ist im Hinblick auf die statutarische Regelung von Zwangseinziehung und Abfindung zu beachten, dass Gesichtspunkte des Minderheiten- und Individualschutzes gegen Gesellschafterbeschlüsse hinsichtlich des Ob und des Wie der Einziehung eine gerichtliche Inhalts- und Ausübungskontrolle auslösen können, die derjenigen im Personengesellschaftsrecht vergleichbar ist (näher dazu Rdnr. 44 ff.).

4   Die Einziehung kann auch als Maßnahme im Anschluss an den **Erwerb eines eigenen Geschäftsanteils** erfolgen, etwa dann, wenn eine ursprünglich vorgesehene Weiterveräußerung sich nicht realisieren lässt und die Gesellschaft wegen der bilanziellen und steuerlichen Folgen des Anteilserwerbs (§ 33 Rdnr. 38 ff.) die Vernichtung des Anteils für geboten hält, was allerdings auch wieder die Fragen nach der Auswirkung des Konvergenzgebots (Rdnr. 62) nach sich zieht, s. weiter Rdnr. 39. Die Einziehung stellt dann die Beteiligungsverhältnisse klar, wie sie nach dem Erwerb eigener Anteile bestehen[27]. Eine solche Einziehung kann auch der **Abschließung des Mitgliederkreises der GmbH** dienen, wobei Erwerbsvorrechte der Gesellschaft oder einzelner Gesellschafter gegenüber der Einziehung als schwächeres Mittel benutzt werden können, wenn eine Vinkulierung nicht gewollt ist[28]; insbesondere für den Erbfall (Rdnr. 3) werden ähnliche Erwägungen angestellt[29]. Die Einziehung kann schließlich durch das Statut vorgesehen sein als **Vertragsstrafe** für Zuwiderhandlung gegen speziell vorgesehene Pflichten wie ein Konkurrenzverbot[30], wobei freilich die unter dem Einfluss des § 1 GWB möglicherweise kritische Einstellung zu Wettbewerbsverboten gegenüber Gesellschaftern[31] gegen das Vorliegen der statuarischen Voraussetzungen sprechen könnte. Die Einziehung kann ferner vorgesehen werden für die Fälle der Gewährleistungspflicht eines Sacheinlegers gegenüber der Gesellschaft[32] oder der Erschleichung des Beitritts zu einer Gesellschaft; dann ersetzt die Einziehung bis zu einem gewissen Grade die Möglichkeit, den Beitritt wegen Täuschung über den Wert der Einlagen eines Partners anzufechten. Gelegentlich findet sich die Einziehung auch als Sanktion der Verletzung persönlicher Nebenleistungspflichten sowie bei der **GmbH & Co. KG** zur Sicherung der Personenidentität bei beiden Gesellschaften in der Weise, dass der Verlust der Kommanditisteneigenschaft die Einziehung auch des GmbH-Geschäftsanteils zur Folge hat[33].

5   Eine **Verminderung des Gesellschaftsvermögens** soll mit der Einziehung grundsätzlich nicht verbunden sein, sie kann sich aber im Zusammenhang mit der Abfindung ergeben, wenn nicht – ausnahmsweise – eine unentgeltliche Einziehung wirksam vorgesehen ist. Der Hinweis in § 34 Abs. 3 auf das Kapitalerhaltungsgebot des § 30 bedeutet, dass das an den Betroffenen zu zahlende Entgelt nur aus dem über das Stammkapital hinaus vorhandenen Vermögen (dazu § 30 Rdnr. 52) geschehen kann. Die Auszahlung eines Einziehungsentgelts darf also nicht zur **Unterbilanz** führen und kommt erst recht nicht in Betracht, um eine Unterbilanz zu beseitigen; wird das letztere bezweckt, so muss die Einziehung mit einer Kapitalherabsetzung nach § 58 verbunden werden (Rdnr. 51, 61). Somit werden durch eine korrekte Einziehung die Interessen der Gesellschaftsgläubiger nicht berührt.

---

27 *Altmeppen*, in: Roth/Altmeppen, Rdnr. 6; *Strohn*, in: MünchKomm. GmbHG, Rdnr. 9.
28 *Niemeier*, S. 58 f.; s. auch *Ulmer*, ZHR 149 (1985), 28 ff.
29 Im Einzelnen *Langner/Heydel*, GmbHR 2002, 377 ff.; s. OLG München v. 6.7.1984 – 23 U 1899/84, ZIP 1984, 1349.
30 OLG Königsberg, GmbHR 1915, 91; s. auch KG, OLGE 42, 220 sowie LG Hamburg v. 13.5.1998 – 417 O 182/97, GmbHR 1998, 739; OLG Nürnberg v. 19.3.1992 – 12 U 3500/91, GmbHR 1994, 252.
31 Zu den kartellrechtlichen Aspekten des Wettbewerbsverbots, besonders auch in der GmbH, *Lieder*, in: Michalski u.a., § 13 Rdnr. 234.
32 RGZ 68, 271.
33 Dazu *Niemeier*, S. 15 f., 24 ff.; *Ulmer/Habersack*, in: Ulmer/Habersack/Löbbe, Rdnr. 5.

2. Zur Dogmatik der Einziehung

Die dogmatische Bedeutung des § 34 besteht (nur) darin, dass die Voraussetzungen der Einziehung festgelegt werden, und zwar sowohl im Hinblick auf das Verfahren als auch auf seine Finanzierung. Obwohl der materiell-rechtliche Gehalt der Regelung nicht reichhaltig ist, ist die Zahl der Lücken in rechtstechnischen Einzelfragen beachtlich[34]; wie z.B. die Einziehung durchgeführt wird und wie sie wirkt, sagt das Gesetz nicht. Im Gegensatz zu den Folgen eines zulässigen Erwerbs eigener Anteile (§ 33 Rdnr. 32 ff.) wird durch die Einziehung der Anteil **vernichtet**, und mit ihm erlöschen die aus ihm fließenden Rechte und Pflichten (näher Rdnr. 62 ff.). Bis zu diesem Ergebnis, das als solches wiederum nicht unbestritten ist, bedarf es aber eines mehraktigen Vorgangs, der sich aus der Willensbildung der Gesellschafter – gegebenenfalls auch der Zustimmung des Betroffenen – und den Mitteilungen gegenüber dem Gesellschafter zusammensetzt; dies mag man dann als einen Gestaltungsakt der Gesellschaft oder als mehraktiges Verfügungsgeschäft bezeichnen[35], was das Erfordernis einschließt, dass eine gültige Willensbildung der nach § 46 Nr. 4 zuständigen Gesellschafterversammlung konstitutive Voraussetzung der Einziehung ist. Die Gesellschaft verbucht das Einziehungsentgelt zu Lasten des Eigenkapitals oder der Rücklagen, wenn die in Rdnr. 5 genannten Voraussetzungen vorliegen.

6

II. Voraussetzungen der Einziehung

1. Zulassung in der Satzung

Der Gesellschaftsvertrag muss die Einziehung **generell zulassen**, § 34 Abs. 1, auch wenn sie nur mit Zustimmung des betroffenen Gesellschafters soll erfolgen können[36]. Hierdurch sind die Interessen eines von Einziehung bedrohten Gesellschafters gewahrt, die Mitgesellschafter müssen – und können sich – mit den Folgen einer Einziehung auseinandersetzen. Einer Bestimmung über Gründe für eine Einziehung bedarf es hier anders als für eine Zwangseinziehung nicht[37]. Das Satzungserfordernis gilt auch für die Einziehung eigener Anteile, durch die das Stimmgewicht und die Beteiligungsverhältnisse jetzt wieder verändert dargestellt werden[38] (Rdnr. 4), dies auch mit Rücksicht auf die möglicherweise erweiterte Schuldenhaftung der verbliebenen Gesellschafter im Hinblick auf Pflichten aus den nicht eingezogenen Anteilen. Die danach genügende Satzungsbestimmung kann sich auch in der bloßen Klausel finden, dass die Einziehung der Geschäftsanteile zulässig ist. Sie kann sich nach allgemeiner Meinung aus dem Vertrag auch **schlüssig** ergeben, etwa wenn von Rücktritt oder Kündigung gesprochen wird (s. Rdnr. 3); doch wird man mit Rücksicht darauf, dass die Rechtsstellung aller Gesellschafter durch die Einziehung eines Geschäftsanteils betroffen ist, an eine diesbezügliche Auslegung hohe Anforderungen stellen müssen. Sonst könnte nämlich die Gesellschaftermehrheit mit Zustimmung des Betroffenen allzu leicht den Bestand an Anteilen und

7

---

34 S. etwa den Fragenkatalog bei *Niemeier*, S. 1–3; *Peetz*, GmbHR 2000, 749 ff.

35 Zum ersteren *Ulmer/Habersack*, in: Ulmer/Habersack/Löbbe, Rdnr. 54; zum zweiten OLG Düsseldorf v. 24.8.1995 – 6 U 124/94, GmbHR 1996, 443; *Strohn*, in: MünchKomm. GmbHG, Rdnr. 5; *Altmeppen*, in: Roth/Altmeppen, Rdnr. 6.

36 So auch *Fastrich*, in: Baumbach/Hueck, Rdnr. 4; *Lutter/Kleindiek*, in: Lutter/Hommelhoff, Rdnr. 19; *Ulmer/Habersack*, in: Ulmer/Habersack/Löbbe, Rdnr. 14; *Altmeppen*, in: Roth/Altmeppen, Rdnr. 8; *Görner*, in: Rowedder/Schmidt-Leithoff, Rdnr. 7; *Gehrlein*, ZIP 1996, 1158; *Strohn*, in: MünchKomm. GmbHG, Rdnr. 8.

37 *Ulmer/Habersack*, in: Ulmer/Habersack/Löbbe, Rdnr. 15; *Strohn*, in: MünchKomm. GmbHG, Rdnr. 10; *Fastrich*, in: Baumbach/Hueck, Rdnr. 4; *Klingsch*, in: Saenger/Inhester, Rdnr. 9.

38 *Ulmer/Habersack*, in: Ulmer/Habersack/Löbbe, Rdnr. 27; *Altmeppen*, in: Roth/Altmeppen, Rdnr. 6.

die personelle Zusammensetzung des Gesellschafterkreises verändern[39]. Im Übrigen kann mit einem Kündigungsrecht, wenn etwas derartiges dem Gesellschafter zugebilligt wird, auch der *Austritt* aus der Gesellschaft gemeint sein, dessen Folgen ganz anders geregelt sein können als die der Einziehung (Anh. § 34 Rdnr. 15 , 22).

8 Wenn die Einziehung im Gesellschaftsvertrag zweifelsfrei zugelassen ist, müssen die mit ihr im Einzelfall nicht einverstandenen Gesellschafter trotz der aus der Einziehung für sie möglicherweise folgenden Nachteile mit einer solchen Entwicklung rechnen, jedenfalls dann, wenn der Betroffene einverstanden ist. Ob die Zustimmung des Betroffenen durch eine Entgeltzahlung oder durch andere Vergünstigungen herbeigeführt worden ist, begründet dann ebenfalls keine Einwände, sofern nur die allgemeinen Voraussetzungen gültiger Beschlüsse gegeben waren. Fehlt es an einer vertraglichen Zulassung der Einziehung und können sich die Gesellschafter auch nicht auf ihre nachträgliche Aufnahme in den Vertrag einigen (Rdnr. 9), so bleibt nur die zwangsweise Ausschließung eines „lästigen" Gesellschafters, für die sich die möglichen Gründe aus der Satzung ergeben müssen (Rdnr. 13). Für die **Vertragsgestaltung** genügt also die einfache Zulassung der Einziehung in der Regel nicht, da das Fehlen hinlänglich klarer Bestimmungen über die Einziehungsvoraussetzungen – auch für eine Zwangseinziehung – die Maßnahme im Einzelfall von einer Zustimmung des Betroffenen abhängig macht. Zweifelhaft ist, ob die Regelung des Vorgehens bei einer **Zwangseinziehung** in der Satzung ohne Festlegung der Gründe als **Zulassung** einer Einziehung mit Zustimmung des Betroffenen (§ 34 Abs. 1) ausreicht[40]. Da die Schutztendenz der Abs. 1 und 2 verschieden ist (Rdnr. 7), würde eine auf wenige Gründe beschränkte Einführung der Zwangseinziehung als Grundlage für eine freiwillige Einziehung gegen den Willen einzelner beim Beschluss überstimmter Gesellschafter gewöhnlich nicht ausreichen, anders, wenn klar ist, dass die Satzung für Einziehungsgründe nur Beispiele nennen will[41].

9 Die Satzungsbestimmung, die die Einziehung zulässt, kann auch auf einer **nachträglichen Änderung der Satzung** beruhen[42]. Hierbei folgt aus § 53 Abs. 2 das Erfordernis eines notariell beurkundeten Gesellschafterbeschlusses; da auch § 54 Abs. 3 gilt, genügt nicht schon die einstimmige Entscheidung der Gesellschafter.

10 Streitig ist aber, ob für die nachträgliche Einführung der Möglichkeit einer freiwilligen Einziehung die in § 53 Abs. 2 vorgesehene **Dreiviertelmehrheit** ausreicht oder ob, wie vielfach angenommen wird[43], **alle von der Einziehung möglicherweise betroffenen Gesellschafter** zustimmen müssen, was bei genereller Formulierung der Einziehungsmöglichkeit einen einstimmigen Gesellschafterbeschluss erfordert. Dafür wird eine Parallele zu § 53 Abs. 3 angeführt, was in erster Linie auf die im konkreten Fall von der Einziehung nicht betroffenen Gesellschafter zielt, denn der Betroffene ist durch das aus § 34 Abs. 2 folgende Erfordernis der Zustimmung ohnehin geschützt. Für die übrigen Gesellschafter ergebe aber, so heißt es, die Einziehung die Gefahr einer Erhöhung ihres Anteils an der subsidiären Einlagenhaftung aus § 24. Da indessen die Einziehung eines nicht eingezahlten Anteils unzulässig ist (Rdnr. 52), gründet sich die Erhöhung des Risikos der Mitgesellschafter, soweit die Haftung aus § 31 Abs. 3 in Rede steht, nur auf den durch die Einziehung verursachten Ausfall eines möglichen Mitschuldners. Angesichts der Möglichkeit, eine Kapitalerhöhung mit qualifizier-

---

39 S. auch BGH v. 15.12.1975 – II ZR 17/74, WM 1976, 204, 205 r. Sp.

40 Ablehnend *Niemeier*, S. 172 ff.; *Fastrich*, in: Baumbach/Hueck, Rdnr. 4; *Ulmer/Habersack*, in: Ulmer/Habersack/Löbbe, Rdnr. 15.

41 So auch *Strohn*, in: MünchKomm. GmbHG, Rdnr. 11; *Sosnitza*, in: Michalski u.a., Rdnr. 9.

42 *Fastrich*, in: Baumbach/Hueck, Rdnr. 5; *Altmeppen*, in: Roth/Altmeppen, Rdnr. 7; *Görner*, in: Rowedder/Schmidt-Leithoff, Rdnr. 9, 10.

43 BGHZ 9, 160; BayObLG v. 25.7.1978 – BReg1 Z 69/78, GmbHR 1978, 269 = DB 1978, 2060; s. auch BGH v. 15.12.1975 – II ZR 17/74, WM 1976, 204 f.; im Schrifttum *A. Hueck*, DB 1957, 40; *Paulick*, GmbHR 1978, 123; *Görner*, in: Rowedder/Schmidt-Leithoff, Rdnr. 11; *Sosnitza*, in: Michalski u.a., Rdnr. 11; a.M. *Niemeier*, S. 147 ff.; differenzierend *Altmeppen*, in: Roth/Altmeppen, Rdnr. 7, 8.

ter Mehrheit zu beschließen, überzeugt es nicht, die insgesamt recht theoretische Gefahr einer Veränderung des Kreises möglicher Haftpflichtiger einer nachträglichen Leistungserhöhung i.S. des § 53 Abs. 3 gleichzusetzen. Ein gewisses Gewicht kommt freilich dem Umstand zu, dass eine mehrheitlich gewollte Einziehung die Gesellschaft durch die Pflicht zur Zahlung eines Entgelts belasten kann, was auch außerhalb der Voraussetzungen des § 34 Abs. 3 erheblich sein kann. Auch verschieben sich – zu Gunsten der verbleibenden Gesellschafter – die Stimmkraftverhältnisse. Vergleicht man insgesamt, was sonst im GmbH-Recht an Belastungen für die GmbH durch Mehrheitsbeschluss begründet werden kann, so erscheint ein Schutz durch das Einstimmigkeitserfordernis hier nicht generell notwendig, sondern nur dann, wenn die konkrete Ausgestaltung der Rechte und Pflichten der Gesellschafter vor und nach einer Einziehung oder auch das Erfordernis einer Zustimmung aller Gesellschafter zum Ausscheiden eines von ihnen ein vordringliches Interesse an einer Mitwirkung aller begründen[44].

Auch der BGH hat in seiner Entscheidung zur nachträglichen Einführung der Zwangseinziehung[45] Differenzierungen zwischen freiwilliger und Zwangseinziehung erkennen lassen, die es nahelegen, dass er im ersteren Fall keine einstimmige Entscheidung verlangen wird. In der Tat ist die nachträgliche Einführung einer Möglichkeit zur Zwangseinziehung anders zu beurteilen, näher Rdnr. 21. Ausnahmen mögen weiter in Betracht kommen, wenn – etwa bei einer Freiberufler-GmbH – die Person jedes Gesellschafters für das Engagement jedes anderen so wichtig war, dass eine personelle Veränderung des Gesellschafterkreises der Zustimmung aller bedarf, oder wenn sich wegen des Ausfalls des ausgeschiedenen Partners Nebenleistungspflichten der anderen gravierend erhöhen[46]. Auch darf, wenn die grundsätzlich ausreichende satzungsändernde Mehrheit entscheidet, die Einziehungsklausel nicht unter Verstoß gegen den **Gleichbehandlungsgrundsatz** geschaffen werden[47].

11

2. Die Einziehung mit Zustimmung des betroffenen Gesellschafters

Eine durch Satzungsbestimmung wirksam zugelassene Einziehung bedarf der Zustimmung des betroffenen Gesellschafters. Dies ist eine **formlose Erklärung** des Betroffenen zu der von der Gesellschaft einseitig verfügten (s. Rdnr. 6) und in den Modalitäten und Rechtsfolgen erkennbaren Gestaltung, durch die der Anteil vernichtet werden soll. Eine Abtretung oder Übertragung des Anteils liegt nicht vor, so dass die Voraussetzungen des § 15 Abs. 3 nicht erfüllt zu sein brauchen[48]. Wenn die Zustimmung in einer vertraglichen Einigung über die Höhe der Abfindung gesehen wird, was durchaus möglich ist[49], so ist die Zustimmung von der Gültigkeit der Vereinbarung, die also wirksam sein muss, über das Einziehungsentgelt nicht zu trennen. *Adressat* der Zustimmungserklärung ist die Gesellschaft als diejenige, die durch Einziehung das Rechtsverhältnis umgestalten will; es genügt also Zugang bei einem Geschäftsführer, § 35 Abs. 2 Satz 3. Daneben lassen manche[50] auch die Erklärung gegenüber der Gesellschafterversammlung als dem für die Einziehung nach § 46 Nr. 4 zuständigen Organ genügen. Dem ist, da die Sache hauptsächlich die Gesellschafterebene betrifft, zuzustimmen. Es spielt auch keine Rolle, ob die Zustimmung vor oder nach dem Gesellschafterbeschluss erteilt wird, da

12

44 *Strohn*, in: MünchKomm. GmbHG, Rdnr. 16; *Ulmer/Habersack*, in: Ulmer/Habersack/Löbbe, Rdnr. 18; *Thiessen*, in: Bork/Schäfer, Rdnr. 5.
45 BGH v. 16.12.1991 – II ZR 58/91, BGHZ 116, 359, 363 = GmbHR 1992, 257.
46 *Ulmer/Habersack*, in: Ulmer/Habersack/Löbbe, Rdnr. 18; zurückhaltend insoweit aber *Niemeier*, S. 159 ff., 164.
47 OLG Hamm, OLGE 32, 135.
48 RG, Recht 1913, 2640; *Niemeier*, S. 184; *Ulmer/Habersack*, in: Ulmer/Habersack/Löbbe, Rdnr. 22; *Strohn*, in: MünchKomm. GmbHG, Rdnr. 37.
49 RGZ 150, 28 sprach etwas missverständlich von einem Abfindungsvertrag.
50 *Görner*, in: Rowedder/Schmidt-Leithoff, Rdnr. 13; *Fastrich*, in: Baumbach/Hueck, Rdnr. 6; zum Zugang beim Geschäftsführer RG, JW 1934, 977.

ohnehin alles auf eine Einigkeit des Betroffenen und (zumindest) der Mehrheit der anderen Gesellschafter ankommt. Allerdings wird man die Zustimmung nicht schon in der Mitwirkung an der Einfügung einer die Einziehung zulassenden Vorschrift in das Statut erblicken können, da sich hiermit noch kein Gesellschafter der gerade ihn betreffenden konkreten Einzelmaßnahme unterwerfen, sondern nur die Möglichkeit als solche schaffen will. Anders ist zu entscheiden, wenn sich die Gesellschafter angesichts eines bestimmten Einziehungsvorhabens zunächst dahin verständigen, die satzungsmäßigen Voraussetzungen zu schaffen[51]. In der Stimmabgabe für einen Einziehungsbeschluss, der von der vorhandenen Einziehungsmöglichkeit Gebrauch macht, liegt jedenfalls auch das Einverständnis des Betroffenen[52]. Bedenklich ist vor dem Hintergrund des § 138 BGB eine schon bei Gründung der Gesellschaft oder beim Beitritt zu ihr akzeptierte freie Einziehungsmöglichkeit nach Belieben der übrigen Gesellschafter[53]. Wenn ein Anteil mehreren gemeinsam zusteht, müssen alle zugestimmt haben[54]; zu der Frage, ob eine Zustimmung des Betroffenen ausreicht, wenn sein Geschäftsanteil von einer Pfändung erfasst ist oder einer dinglichen Berechtigung unterliegt, s. Rdnr. 69.

3. Die Zwangseinziehung

a) Regelung der Gründe; Zulässigkeit einer „Hinauskündigungsklausel"

13 § 34 Abs. 2 betrifft die Einziehung ohne Zustimmung des von ihr betroffenen Gesellschafters, wobei davon ausgegangen wird, dass derjenige, der bei der Gründung der GmbH oder beim Beitritt eine Regelung über die Voraussetzungen der Einziehung seines Anteils akzeptiert, einer solchen späteren Maßnahme schlüssig zustimmt. Entscheidend ist daher, dass die Satzungsregelung bezüglich der Voraussetzungen einer Zwangseinziehung **so genau und vollständig** ist, dass die Subsumtion eines konkreten Geschehens unter sie – mögen auch die Tatsachen bestritten sein – möglich und gerichtlich (zum Rechtsweg s. die Ausführungen Rdnr. 20) nachprüfbar ist[55]; zur Regelung mit Hilfe unbestimmter Rechtsbegriffe s. Rdnr. 16.

14 Der häufigste Fall der Zwangseinziehung betrifft die **Pfändung** eines Geschäftsanteils und die **Insolvenz** eines Gesellschafters. Die h.M. erkennt für eine solche Einziehung, durch die praktisch Insolvenzverwalter oder Pfandgläubiger aus dem Gesellschafterkreis ferngehalten werden sollen, ein Bedürfnis an und hält die Klauseln, wenn sie schon vor der Zwangsvollstreckungsmaßnahme existierten, für wirksam[56]; allerdings muss die Pfändungsmaßnahme

---

51 *Niemeier*, S. 186; *Ulmer/Habersack*, in: Ulmer/Habersack/Löbbe, Rdnr. 21; *Sosnitza*, in: Michalski u.a., Rdnr. 14.

52 RGZ 139, 224, 229; *Strohn*, in: MünchKomm. GmbHG, Rdnr. 38; *Ulmer/Habersack*, in: Ulmer/Habersack/Löbbe, Rdnr. 22.

53 Bestimmung auf „Vorrat", *Ulmer/Habersack*, in: Ulmer/Habersack/Löbbe, Rdnr. 22; *Sosnitza*, in: Michalski u.a., Rdnr. 14.

54 *Fastrich*, in: Baumbach/Hueck, Rdnr. 6; *Lutter/Kleindiek*, in: Lutter/Hommelhoff, Rdnr. 23.

55 OLG Düsseldorf, GmbHR 1960, 126 mit zust. Anm. *Pleyer*; OLG Hamburg, GmbHR 1958, 43 mit zust. Anm. *Scholz*; BGH v. 19.9.1977 – II ZR 11/76, NJW 1977, 2316 = GmbHR 1978, 131; *Paulick*, GmbHR 1978, 121, 125; w.N. aus dem älteren Schrifttum bei *Niemeier*, S. 217 f. Zur heute h.M. *Fastrich*, in: Baumbach/Hueck, Rdnr. 7; *Altmeppen*, in: Roth/Altmeppen, Rdnr. 33; *Lutter/Kleindiek*, in: Lutter/Hommelhoff, Rdnr. 31; *Görner* in: Rowedder/Schmidt-Leithoff, Rdnr. 31.

56 BGH v. 12.6.1975 – II ZB 12/73, BGHZ 65, 22, 24 = GmbHR 1975, 227; BGH v. 19.6.2000 – II ZR 73/99, BGHZ 144, 365 = GmbHR 2000, 822 = NJW 2000, 2819; OLG Hamburg v. 26.4.1996 – 11 U 189/95, GmbHR 1996, 610 = ZIP 1996, 963 = BB 1997, 431 mit Anm. *Fingerhut*; OLG Frankfurt v. 18.6.1976 – 20 W 26/76, BB 1976, 1147 f.; *Michalski*, ZIP 1991, 148; zur Insolvenz OLG Frankfurt v. 27.3.1998 – 10 U 56/97, ZIP 1998, 1107 = NZG 1998, 595 mit Anm. *Eckhardt*; *Strohn*, in: MünchKomm. GmbHG, Rdnr. 53, 54; *Heckschen*, NZG 2010, 521; grundsätzlich zust., aber mit Diskussion der Nachteile einer Zwangseinziehung auch *van Venrooy*, GmbHR 1995, 339 ff.; *Fastrich*, in: Baumbach/Hueck, Rdnr. 10; *Sosnitza*, in: Michalski u.a., Rdnr. 36; *Lutter/Kleindiek*, in: Lutter/Hommelhoff, Rdnr. 31; *Ulmer/Habersack*, in: Ulmer/Habersack/Löbbe, Rdnr. 45.

oder die Insolvenz noch in dem Zeitpunkt des Einziehungsbeschlusses Bestand haben[57], so dass es sinnvoll ist, die Regelung im Vertrag dahin zu ergänzen, dass die Einziehungsmöglichkeit entfällt, wenn die Pfändung innerhalb einer bestimmten, meist recht kurzen Frist aufgehoben ist[58]. Eine solche Klausel dahin zu verstehen, dass die Einziehung nicht mehr soll stattfinden dürfen, wenn zum Zeitpunkt des Einziehungsbeschlusses die Pfändung nicht mehr besteht, ginge an der Tatsache vorbei, dass der Gesellschaft daran liegen wird, nicht einen Gesellschafter in ihren Reihen behalten zu müssen, dem es nicht binnen der in der Satzung bestimmten Zeit gelingt, eine in seinen Geschäftsanteil ausgebrachte Pfändung aufheben zu lassen[59]. Jedenfalls dann, wenn dies aufgrund einer Zahlung der Gesellschaft oder eines anderen Gesellschafters bewirkt worden ist, steht der Fortsetzung oder Durchführung eines Einziehungsverfahrens nichts entgegen[60], wie auch die Pfändung durch einen Mitgesellschafter ausreichen kann[61]. Allerdings bestehen im Schrifttum generelle Einwände gegen die Zulässigkeit einer pfändungsbedingten Einziehung, weil sich der Gesellschafter ein haftungsfreies Vermögen schaffe, ohne dass sich dies damit erklären lasse, dass er lediglich an einer für alle Partner geltenden gemeinsamen Vertragsordnung mitwirkt und so den Geschäftsanteil von vornherein nur mit dieser Belastung entstehen lässt. Die Gläubigerbenachteiligung sei Inhalt des Rechtsgeschäfts, das daher sittenwidrig sei[62]. Allerdings sind die Motive der Sicherung der Gesellschaft gegen unvorhergesehenen Kapitalabfluss und gegen Überfremdung der Gesellschaft durch eine u.U. störende Mitwirkung dritter Personen nicht mit einer Gläubigerbenachteiligungsabsicht gleichzustellen. Unbedenklich sind daher jedenfalls solche Regelungen, die nicht gezielt einzelne Anteile betreffen, sondern alle. Auch bei Gesellschaften, die – u.U. auch im Rahmen von Konzernverhältnissen – eine industrielle Kooperation der Teilhaber bezwecken oder sonst auf bestimmte Leistungen eines Gesellschafters angewiesen sind, kann dessen Insolvenz, erst recht die Ausbringung einer Pfändung in seinen Geschäftsanteil, die Gesellschaft in Schwierigkeiten bringen, weil das Ausscheiden des Gesellschafters eine Lücke in der wirtschaftlichen oder finanziellen Kooperation aufreißen kann. In solchen Fällen kann es die Treupflicht den übrigen Gesellschaftern gebieten, von einer an sich gestatteten Einziehung trotz Vorliegens der statutarischen Voraussetzungen abzusehen, wenn und soweit sie nicht selbst die Leistung des betroffenen Gesellschafters erbringen wollen oder können, und wenn geklärt ist, dass ein etwaiger Insolvenzverwalter die Erfüllung nicht ablehnen würde[63]. Auch gebietet u.U. die Treupflicht, den Gemeinschuldner oder den von einer Pfändungsmaßnahme Betroffenen im Gesellschafterkreis zu belassen, schon im Hinblick auf die statutarische Regelung der Einziehungsfolgen. Allerdings kommt u.U. die Insolvenzanfechtung nach § 133 Abs. 1 InsO in Betracht. Nicht zu rechtfertigen wären auf diese Weise auch unterschiedliche Abfindungsansprüche für die Gläubiger und die Gesellschafter selbst, die aber die h.M. auch nicht tolerieren will (Rdnr. 30). Ohnehin muss kein Gesellschafter für einen künftigen Gläubiger gerade den Anteil an der fortbestehenden Gesellschaft reservieren, um ihm mehr als das Einziehungsentgelt oder die Abfindung bei Ausschließung überlassen zu können. Schließlich kann der Gläubiger den Anteil nicht mit besseren Rechten ausgestattet

---

57 OLG Hamburg v. 26.4.1996 – 11 U 189/95, GmbHR 1996, 610 = ZIP 1996, 963 = BB 1997, 431; *Fastrich*, in: Baumbach/Hueck, Rdnr. 10; *Altmeppen*, in: Roth/Altmeppen, Rdnr. 37.

58 S. den Fall OLG Hamburg v. 26.4.1996 – 11 U 189/95, GmbHR 1996, 610 = ZIP 1996, 963 = BB 1997, 431 mit Anm. *Fingerhut*.

59 So *Fingerhut*, BB 1997, 432, gegen OLG Hamburg v. 26.4.1996 – 11 U 189/95, GmbHR 1996, 610 = ZIP 1996, 963; ähnlich insoweit *Michalski*, ZIP 1991, 141, 149 f., der allerdings auf die Gründe für die Einstellung der Zwangsvollstreckung abstellen will und ein Ruhen der Zwangsvollstreckung grundsätzlich als Hindernis für die Durchführung des Einziehungsverfahrens ansieht.

60 *Michalski*, ZIP 1991, 141, 149 unter Hinweis auf *Schuler*, NJW 1961, 2281 f.; *Obermüller*, DB 1961, 598 f.

61 OLG Hamm v. 18.5.2009 – I-8 U 184/08, GmbHR 2009, 1161 f.

62 *Bischoff*, GmbHR 1984, 61; *Grunewald*, Der Ausschluss aus Gesellschaft und Verein, 1987, S. 206 ff., 208; *Heuer*, ZIP 1998, 412.

63 *Van Venrooy*, GmbHR 1995, 339 ff.; *Strohn*, in: MünchKomm. GmbHG, Rdnr. 54.

finden als sie dem Gesellschafter selbst zuständen, und muss es deshalb auch hinnehmen, wenn das Statut als Folge der Einziehung an die Stelle der Entgeltzahlung ein vorrangiges Erwerbsrecht der Gesellschaft oder eines anderen setzt[64].

15 Andere Klauseltypen beruhen auf der Absicht, den **Personenkreis** der Gesellschaft in bestimmter Weise zu **beschränken**, indem etwa im Erbgang eingetretene, nicht zu einer Gründerfamilie gehörende Personen oder solche, die eine für die Zusammenarbeit etwa in einer Freiberufler-Gesellschaft nötige **Qualifikation** nicht besitzen oder sie verlieren, ihre Anteile durch Einziehung abgeben sollen[65]. Dies ist besonders im Erbfall wichtig, weil dem Gesellschafter wegen § 2302 BGB nicht vertraglich auferlegt werden kann, bestimmte Personen nicht als Erben zu bedenken. Allerdings muss, wenn Anteile von Gesellschafter/Erben eingezogen werden sollen, schon bei der Gestaltung der Einziehungsklausel mit erbrechtlichen Belastungen eines etwa als alleiniger Repräsentant eines Gesellschafterstamms in der Gesellschaft verbleibenden Gesellschafters und/oder mit den Abfindungsverpflichtungen der Gesellschaft gerechnet werden[66]. Auch muss dann eine Einziehung in angemessener Frist vorgesehen sein[67]. Verbreitet kommen auch Einziehungsklauseln vor, die an Verstöße eines Gesellschafters gegen ein **Wettbewerbsverbot** anknüpfen, welches dann allerdings kartellrechtlichen Anforderungen genügen muss (Rdnr. 4); eine solche Regelung kann etwa unter Gesichtspunkten der Freiheit der Berufsausübung zu weit gespannt und daher nichtig sein; dann kann aus dem Verstoß ein Einziehungs- oder Ausschließungsgrund nicht abgeleitet werden[68]. Besonderheiten gelten für die nicht seltenen so genannten **Manager-Modelle** einer Gesellschaftsbeteiligung, näher Rdnr. 18a. Bei **Gesellschafterstreitigkeiten** kommt es auf die Wertigkeit der Durchsetzungswünsche der einzelnen Beteiligten an, wobei der an sich zu respektierenden Durchsetzung vertraglicher Rechte im Gesellschafterkreis Gesichtspunkte einer treupflichtgemäßen Toleranz gegenüber den Bedürfnissen der Mitgesellschafter entgegenstehen können. Dabei kann es sogar sein, dass auch eine nach der Grundanlage des Vertrages abzusehende Doppelstellung eines Gesellschafters in der die Einziehung betreibenden und einer anderen Gesellschaft hingenommen werden muss[69]. Bedenklich, wenn auch nicht ohne weiteres als Einziehungsgrund relevant, sind Äußerungen des Austritts- oder Kündigungswillens eines Gesellschafters; schwerer wiegt dagegen i.d.R. die Erhebung einer Auflösungsklage[70], was aber, wenn dies in der Satzung explizit als Einziehungsgrund genannt wird, schon auf

---

64 Näher *Ulmer*, ZHR 149 (1985), 28, 35 ff.

65 S. die Urteile BGH v. 20.12.1976 – II ZR 115/75, DB 1977, 342, 343 = GmbHR 1977, 81; OLG München v. 6.7.1984 – 23 U 1899/84, ZIP 1984, 1349; BGH v. 20.6.1983 – II ZR 237/82, GmbHR 1984, 74 = NJW 1983, 2880; zum Verlust der Zulassung als Anwalt oder Wirtschaftsprüfer *Görner*, in: Rowedder/Schmidt-Leithoff, Rdnr. 32; zum Erbfall *Fleischer*, in: Henssler/Strohn, Gesellschaftsrecht, Rdnr. 6.

66 Im Einzelnen (mit Formulierungsvorschlägen) *Langner/Heydel*, GmbHR 2005, 377 ff.; s. auch *Mayer/Elfing*, GmbHR 2004, 869, 879.

67 BGH v. 19.9.1988 – II ZR 329/87, BGHZ 105, 213, 218 = GmbHR 1989, 117; *Fastrich*, in: Baumbach/Hueck, Rdnr. 10.

68 Zum Grundsatz OLG Nürnberg v. 19.3.1992 – 12 U 3500/91, GmbHR 1994, 252; OLG Nürnberg v. 29.3.2000 – 12 U 33/00, GmbHR 2001, 108 f.; LG Hamburg v. 13.5.1998 – 417 O 182/97, GmbHR 1998, 739 f.; zur Unzulässigkeit, an ein gegenständlich (nicht nur: zeitlich) zu weit gefasstes Wettbewerbsverbot eine Ausschließung zu knüpfen, s. BGH v. 3.11.1997 – II ZR 353/96, ZIP 1997, 2197, 2199 (zur Freiberufler-Sozietät).

69 OLG Karlsruhe v. 31.7.2003 – 9 U 200/02M, GmbHR 2003, 1004; *Altmeppen*, in: Roth/Altmeppen, Rdnr. 41; zu einer „mutwilligen" Ausübung von Gesellschafterrechten OLG Frankfurt v. 15.1.1992 – 13 U 196/88, GmbHR 1993, 659 f.; zur Ablehnung einer Satzungsänderung, von der nicht die Möglichkeit weiterer erfolgversprechender Zusammenarbeit abhängt, s. OLG Celle v. 6.8.1997 – 9 U 224/96, GmbHR 1998, 140, 142; OLG Dresden v. 5.2.2001 – 2 U 2422/00, NZG 2001, 809.

70 *Görner*, in: Rowedder/Schmidt-Leithoff, Rdnr. 30; *Ulmer/Habersack*, in: Ulmer/Habersack/Löbbe Rdnr. 40; *Strohn*, in: MünchKomm. GmbHG, Rdnr. 56; s. auch OLG München v. 1.7.2010 – 31 Wx 102/10, GmbHR 2010, 870 = ZIP 2010, 2348; zögernd *Sosnitza*, in: Michalski u.a., Rdnr. 36.

den Widerstand der Registergerichte gestoßen ist[71]. Auf der anderen Seite sollte dem Gesellschafter die Lösung aus der Gesellschaft nicht auf diesem Wege verbaut werden, so dass die Äußerung einer Kündigungsabsicht nicht hierher gehört[72], wohl u.U. die Ablehnung einer mehrheitlich für notwendig gehaltenen Kapitalerhöhung[73]. Eher hinnehmbar sind change of control-Klauseln, die auf eine tiefgreifende Veränderung des Anteilsbesitzes in einer Unternehmensgruppe abstellen[74]. Auf dieser Linie liegen auch die im Vertragswerk einer **GmbH & Co. KG** anzutreffenden Bestimmungen, die zur Koordination des Anteilsbesitzes an der KG und an der Komplementär-GmbH im Statut der GmbH für den Fall des Ausscheidens aus der Kommanditistenstellung eine Zwangseinziehung des Geschäftsanteils vorsehen[75].

Derartige Vorkommnisse werden nicht immer explizit im Statut als Einziehungsgrund genannt, sondern werden als Anwendungsfälle einer auf „**sachliche**" oder „wichtige" Gründe abstellenden Satzungsklausel in Anspruch genommen. Anerkannt ist, dass die Benennung der Einziehungsgründe mit Hilfe **unbestimmter Rechtsbegriffe** (auch: schwerwiegende Pflichtverletzung, Unzumutbarkeit weiterer Zusammenarbeit) nicht gegen das Gebot hinreichender Konkretheit verstößt, da eine Ausrichtung des persönlichen Verhaltens an solchen Maßstäben möglich ist[76]; das ist bei der Formulierung der Einziehungsklausel zu beachten. Das Vorliegen von solchermaßen beschriebenen Gründen und die Subsumtion sind im Rechtsstreit um die Einziehung unbeschränkt gerichtlich nachprüfbar, allerdings werden die Bestimmungen sehr eng auszulegen sein. Stets hat dabei eine Gesamtwürdigung aller Umstände stattzufinden, die entscheidend darauf abstellt, ob das Verbleiben des Gesellschafters im Gesellschafterkreis den anderen Teilhabern noch zumutbar ist[77], was auch aufgrund einer großen Zahl nicht allzu wichtiger Verfehlungen der Fall sein kann[78]. Andererseits kommt eine Einziehung nicht in Betracht, wenn der als wichtiger Grund in Anspruch genommene Umstand hauptsächlich auf einen für nichtig erklärten Beschluss der Gesellschafterversammlung gestützt wird[79]. Bei nicht begrifflich genau festgelegten, sondern von tatsächlichen Feststellungen und von einer Wertung abhängigen statutarischen Einziehungsgründen muss dem Betroffenen in der über die Einziehung beschließenden Gesellschafterversammlung Gelegenheit gegeben werden, zu den ihm gemachten Vorwürfen Stellung zu nehmen, ohne dass dem Aufklärungswunsch des Betroffenen ein Geheimhaltungsbedürfnis entgegengehalten werden kann[80]. Bei der Anwendung allgemein gehaltener Formulierungen des „wichtigen" oder „sachlichen" Grundes auf Verhalten eines Gesellschafters im Zusammenhang mit **streitigen Auseinandersetzungen** ist zu differenzieren. So ist die Erstattung einer **Strafanzeige** gegen einen Mitgesellschafter nicht als wichtiger Grund angesehen worden, wenn die Anzeige weder leichtfertig noch wider besseres Wissen erstattet wurde, nachdem der Anzeigende zunächst eine innergesellschaftliche Klä-

16

---

71 BayObLG v. 25.7.1978 – BReg1 Z 69/78, GmbHR 1978, 269; LG Dresden v. 20.12.1993 – 45 T 82/93, GmbHR 1994, 555.
72 Anders *Ulmer/Habersack*, in: Ulmer/Habersack/Löbbe, Rdnr. 40.
73 *Priester*, ZIP 2010, 499.
74 *Ulmer/Habersack*, in: Ulmer/Habersack/Löbbe, Rdnr. 40.
75 Auch dazu *Ulmer/Habersack*, in: Ulmer/Habersack/Löbbe, Rdnr. 40.
76 BGH v. 19.9.1977 – II ZR 11/76, NJW 1977, 2316 = GmbHR 1978, 131; BGH v. 20.9.1999 – II ZR 345/97, GmbHR 1999, 1194 mit Anm. *Bärwaldt* = NJW 1999, 3779; BGH v. 24.2.2003 – II ZR 243/02, GmbHR 2003, 583 = ZIP 2003, 759 mit Kurzkomm. *Kiem*, EWiR 2004, 65 und Anm. *Goette*, DStR 2003, 746; OLG Dresden v. 14.7.1999 – 12 U 464/99, NZG 1999, 1220; OLG Stuttgart v. 23.3.1989 – 2 U 36/88, GmbHR 1989, 466 f.; *Sachs*, GmbHR 1978, 169, 171; *Görner*, in: Rowedder/Schmidt-Leithoff, Rdnr. 36; *Altmeppen*, in: Roth/Altmeppen, Rdnr. 34; *Lutter/Kleindiek*, in: Lutter/Hommelhoff, Rdnr. 31; zusammenfassend *Goette*, DStR 1999, 1953.
77 OLG München v. 3.11.1993 – 7 U 2905/93, GmbHR 1994, 406; s. weiter *Lutter/Kleindiek*, in: Lutter/Hommelhoff, Rdnr. 25.
78 BGH v. 9.3.1987 – II ZR 215/86, GmbHR 1987, 302, 303 (zur Ausschließung).
79 BGH v. 13.2.1995 – II ZR 225/93, GmbHR 1995, 296 = ZIP 1995, 567.
80 OLG München v. 12.11.1997 – 7 U 2929/97, GmbHR 1998, 332 = DB 1998, 304 mit zust. Kurzkomm. *Weipert*, EWiR § 34 GmbHG 1/98.

rung der Probleme versucht hatte[81]; auch Unkorrektheiten bei der Abrechnung oder Wahrnehmung eigener mitgliedschaftlicher Interessen genügen nicht, wenn sie als leicht fahrlässig qualifiziert werden können[82]. Die Gestaltung von Einziehungsklauseln eignet sich daher nur beschränkt für eine vorbeugende Regelung der Trennung zerstrittener Gesellschafter, wenn nicht – was freilich nicht durchweg akzeptiert werden wird – für den Fall einer freiwilligen Trennung die Gesellschafter sich verpflichten, ihren Anteil einem oder den übrigen Gesellschaftern zu veräußern[83], was im Fall einer Zwei-Personen-Gesellschaft, in der sich bei Streitigkeiten die Gesellschafter häufig mit gegenseitigen Einziehungsversuchen überziehen, keine Lösung darstellt[84]. Als wichtigen Grund zu qualifizieren sind regelmäßig öffentlichkeitswirksame und der Gesellschaft nachteilige Aktivitäten (**Veröffentlichungen**) eines Gesellschafters[85]. Bei der Würdigung von Streitigkeiten als wichtigen Grund für eine Einziehung ist regelmäßig auch das Verhalten der (später oder von vornherein) die Einziehung betreibenden Gesellschafter zu berücksichtigen, zwar nicht im Sinne einer Verschuldenskompensation, aber doch bei der Feststellung, ob das Verbleiben des betroffenen Gesellschafters den übrigen weiter zugemutet werden kann[86]. Soll ein Gesellschafter/Geschäftsführer ausgeschlossen oder sein Anteil eingezogen werden, so wendet die Praxis auch das Gebot der Wahl des „**milderen Mittels**" an, indem zu prüfen ist, ob nicht auch eine Abberufung aus der Geschäftsführung genügt[87]; freilich ist dieses Prinzip nicht schematisch anwendbar, da es für einen wirtschaftlich stark beteiligten Gesellschafter u.U. vorzugswürdig ist, seine Beteiligung (gegen Entgelt) zu verlieren, als in der Stellung eines nicht geschäftsführenden Gesellschafters beteiligt zu bleiben. Eine Einziehung kann i.d.R. nicht auf einen schon zwei Jahre zurückliegenden Vorfall gestützt werden, wenn die Gesellschafter seitdem vorbehaltlos zusammengearbeitet haben[88].

17 Die Schwierigkeiten in der (vorausschauenden) Bestimmung eines Verhaltens, das als „wichtiger Grund" qualifiziert werden wird, führen immer zu Überlegungen, ob nicht die „**Hinauskündigung**" eines Gesellschafters durch eine Satzungsregelung erleichtert, also entweder vom freien oder von einem gebundenen Ermessen der anderen Partner abhängig gemacht werden kann. Auszugehen ist hier von der nach früherem Schwanken[89] zunächst für das Personengesellschaftsrecht, sodann für die GmbH ausgesprochenen Rechtsprechung, dass eine ins freie Belieben eines oder mehrerer Mitgesellschafter (bzw. der Gesellschaft) gestellte Hinauskündigung nicht zu billigen ist, weil eine solche Vereinbarung wegen des beständigen Drucks auf die

81 BGH v. 24.2.2003 – II ZR 243/02, GmbHR 2003, 583 = ZIP 2003, 759; zust. Kurzkomm. *Kiem*, EWiR 2004, 65 mit Stellungnahme zum Vorgehen im Prozess; im Ergebnis anders OLG Jena v. 5.10.2005 – 6 U 162/05, GmbHR 2005, 1566; s. auch *Goette*, DStR 2003, 746.
82 OLG Brandenburg v. 30.8.2005 – 6 U 149/04, MDR 2006, 582.
83 Zu dieser so genannten shotgun-Klausel *Werner*, GmbHR 2005, 1554 ff.
84 Dazu im Einzelnen *Reher*, Die Zweipersonen-GmbH – Notwendigkeit eines Sonderrechts?, 2003, S. 159 ff.; gegen eine Sonderbehandlung bei einer Ausschließung *Lieder*, GmbHR 2017, 1065, 1071.
85 Äußerungen über Insolvenzgefahr (OLG Dresden v. 14.7.1999 – 12 U 464/99, NZG 1999, 1220); *Strohn*, in: MünchKomm. GmbHG, Rdnr. 48; Verschweigen der Untersuchungshaft eines Geschäftsführers einer Gesellschafterin (OLG Brandenburg v. 24.3.1999 – 7 U 249/98, NZG 1999, 828, 832), Billigung von „Schwarzgeldreserven" (BGH v. 20.2.1995 – II ZR 46/94, ZIP 1995, 835, 836 = GmbHR 1995, 377).
86 BGH v. 13.2.1995 – II ZR 225/93, GmbHR 1995, 296 = NJW 1995, 1358; BGH v. 20.9.1999 – II ZR 345/97, GmbHR 1999, 1194 mit Anm. *Bärwaldt* = NJW 1999, 3779 f.
87 OLG Rostock v. 15.8.2001 – 6 U 49/00, NZG 2002, 294; OLG Hamm v. 9.6.2010 – I-8 U 133/09, juris.
88 BGH v. 20.2.1995 – II ZR 46/94, GmbHR 1995, 377 = ZIP 1995, 835 f.; BGH v. 19.9.1988 – II ZR 329/87, BGHZ 105, 213 = GmbHR 1989, 117; zur Verwirkung von Einziehungsgründen OLG Frankfurt v. 27.3.1998 – 10 U 56/97, GmbHR 1998, 786 = ZIP 1998, 1107.
89 Nachweise bei *Gehrlein*, NJW 2005, 1969 f.; zur Entwicklung der Rechtsprechung auch *Kowalski/Bormann*, GmbHR 2004, 1438, 1439 f.; *Grunewald*, in: FS Priester, 2007, S. 123, 125 ff.

Rechtsausübung des von ihr betroffenen Gesellschafters **„sittenwidrig"** sei[90]. Auch aufgrund unterschiedlicher Sichtweisen im Schrifttum[91] wurde zunehmend das Bedürfnis anerkannt, aus bestimmten sachlichen Gründen, hauptsächlich im Hinblick auf die Eigenart der Beteiligung eines Gesellschafters, die Trennung von ihm zu ermöglichen[92]. Dies lässt sich schon aufgrund der rechtstatsächlichen Ähnlichkeit der Strukturen auf das GmbH-Recht übertragen[93]. Infolgedessen haben sich mehrere (typische) besondere Umstände ergeben, die zwar nach wie vor keine „freie" Hinauskündigung zulassen, deren Auftreten aber als „sachlicher Grund" für eine Beendigung des Gesellschaftsverhältnisses mit einem Gesellschafter, in der GmbH also für die Einziehung eines Gesellschaftsanteils gegen den Willen des Gesellschafters, anerkannt wird; zu den „Mitarbeiter-Modellen" Rdnr. 18a. Damit ist allerdings das Prinzip der Unzulässigkeit einer freien Hinauskündigung nicht aufgegeben und wird auch nicht auf eine bloß auf den Einzelfall bezogene Ausübungskontrolle reduziert[94]. Auch bleibt immer noch eine geltungserhaltende Reduktion eines „freien" Hinauskündigungsrechts in Richtung auf die Anerkennung zwar nicht wichtiger – den Verbleib des Gesellschafters in der Gesellschaft unzumutbar machender –, aber „sachlicher Gründe", die entweder als solche in der Satzung genannt oder bei einer in der Satzung als „frei" oder „ermessenabhängig" gestatteten Hinauskündigung im konkreten Anwendungsfall als Begründung genannt (und bewiesen) werden[95]. Mit den Anforderungen an die genügende Bestimmbarkeit einer Regelung ist eine solche Lösung wohl vereinbar, da bei Anerkennung der Klausel klar ist, dass die Einziehung jederzeit, aber nicht willkürlich erfolgen kann, und da die „sachlichen Gründe", die die Regelung ausnahmsweise als zulässig erscheinen lassen, nicht konkret im Vertragstext angegeben sein müssen. Inhaltlich muss aber eine Einzelfallgestaltung gegeben sein, die die zur Sittenwidrigkeit führende Drucksituation verhindert oder sie für den Inhaber des einzuziehenden Geschäftsanteils zumutbar erscheinen lässt, auch unter Berücksichtigung der Bedürfnisse der übrigen Gesellschafter. Praktisch kommt es also darauf an, unter was für konkreten Umständen

---

90 BGH v. 9.12.1968 – II ZR 42/67, BGHZ 51, 205; BGH v. 20.1.1977 – II ZR 217/75, BGHZ 68, 212, 215 = GmbHR 1977, 177; BGH v. 13.7.1981 – II ZR 56/80, BGHZ 81, 263, 266; BGH v. 3.5.1982 – II ZR 78/81, BGHZ 84, 11, 14; BGH v. 21.3.1988 – II ZR 135/87, BGHZ 104, 50, 58 f.; BGH v. 25.3.1985 – II ZR 240/84, GmbHR 1985, 259 = NJW 1985, 2421; BGH v. 19.9.1988 – II ZR 329/87, BGHZ 105, 213 = GmbHR 1989, 117 = NJW 1989, 834; BGH v. 9.7.1990 – II ZR 194/89, BGHZ 112, 103, 107; s. auch BGH v. 7.2.1994 – II ZR 191/92, NJW 1994, 1156 = ZIP 1994, 445; w.N. bei *Benecke*, ZIP 2005, 1437, 1439 ff.
91 *Fastrich*, in: Baumbach/Hueck, Anh. § 34 Rdnr. 18; *Sosnitza*, in: Michalski u.a., Rdnr. 42; *Habersack/ Verse*, ZGR 2005, 451, 456; *Henssler*, in: FS Konzen, 2006, S. 267; a.M. *Altmeppen*, in: Roth/Altmeppen, Rdnr. 41. Nach *Grunewald*, Der Ausschluss aus Gesellschaft und Verein, 1987, S. 220 ff., hängt die Wirksamkeit der Klausel von einer vollen Abfindung und einer fairen Regelung des Verfahrens ab. Auf die bloße Ausübungskontrolle des Einziehungsbeschlusses verweist *Kesselmeier*, S. 101 ff.; für weitere Vertragsfreiheit aber *Loritz*, JZ 1986, 1073; *Kübler*, in: FS Sigle, 2000, S. 183.
92 Zum Personengesellschaftsrecht etwa BGH v. 8.3.2004 – II ZR 165/02, NJW 2004, 2013; *H.P. Westermann*, in: Westermann/Wertenbruch, Handbuch Personengesellschaften, Rdnr. I 1127 ff.
93 BGH v. 9.7.1990 – II ZR 194/89, BGHZ 112, 103, 108; *Ulmer/Habersack*, in: Ulmer/Habersack/Löbbe, Rdnr. 42, *Fastrich*, in: Baumbach/Hueck, Rdnr. 9a; *Strohn*, in: MünchKomm. GmbHG, Rdnr. 57; für weitergehende Gestaltungsfreiheit *Altmeppen*, in: Roth/Altmeppen, Rdnr. 44; krit. aber *Grunewald*, in: FS Priester, 2007, S. 124 ff.; *Battke/Grünberg*, GmbHR 2005, 225, 227; *Gehrlein*, NJW 2005, 969, 970; *Lutter/Kleindiek*, in: Lutter/Hommelhoff, Rdnr. 33 ff.
94 Dafür aber etwa *Wiedemann*, ZGR 1980, 147; *Hirtz*, BB 1981, 761; *Kreutz*, ZGR 1983, 109, 112 ff.; ähnlich *Kesselmeier*, S. 101.
95 Für geltungserhaltende Reduktion oder Ausschließung aus einem unbenannten, aber nachgeschobenen sachlichen Grund *Gehrlein*, NJW 2005, 1969, 1972 ff. Zur Reduktion einer zeitlich unbefristeten Ausschließungsmöglichkeit durch Annahme einer Befristung BGH v. 19.9.1988 – II ZR 329/87, BGHZ 105, 213, 218 = GmbHR 1989, 117; *Strohn*, in: MünchKomm. GmbHG, Rdnr. 141. Zur geltungserhaltenden Reduktion im Gesellschaftsrecht allgemein *H. P. Westermann*, in: FS Stimpel, 1985, S. 69, 82 ff.

die Möglichkeit einer Einziehung des Geschäftsanteils eines Gesellschafters, dessen Ausscheiden aus der Gesellschaft nicht von „wichtigen Gründen" gefordert wird, zu akzeptieren ist.

18 In einem nicht alltäglichen Fall, der aber zu einer Wendung der Rechtsprechung geführt hat[96], hatte die Inhaberin des eingezogenen Geschäftsanteils, die ohne eigenen Finanzierungsbeitrag in die Gesellschaft eingetreten war, ihrem Lebensgefährten, der ihr den Eintritt ermöglicht hatte, ein unbefristetes Angebot auf Abtretung des Geschäftsanteils gemacht, das er nach Zerbrechen der Lebenspartnerschaft annahm; darin konnte man die Begründung einer nur **treuhänderischen** Gesellschafterstellung sehen, weil der Geldgeber bezüglich der Geschäftsführung und der Wahrnehmung der aus dem Anteil fließenden Rechte ganz auf die Handhabung seiner Partnerin vertraut hatte. In einem solchen Fall sollte die Wirkung einer Hinauskündigungsmöglichkeit auf die Gestaltung des Gesellschaftsverhältnisses zusammen mit der Entwicklung der persönlichen Beziehungen der beteiligten Personen gewürdigt werden[97]. In anderen Fällen beeinflussen außergesellschaftliche Umstände die Zusammenarbeit in der Gesellschaft und können dazu führen, dass das Gesellschaftsverhältnis gelöst werden muss. So wurde es für die ordentliche Beendigung eines über die Gesellschaft hinausgehenden Kooperationsvertrages gesehen, an dem alle Gesellschafter beteiligt waren, und dessen Bestand für die Gesellschafter und ihre Zusammenarbeit in der Gesellschaft wirtschaftlich wichtiger war als der GmbH-Geschäftsanteil, weshalb dann nach der jederzeit möglichen Kündigung des Kooperationsvertrages auch der Verlust des Geschäftsanteils nicht als sittenwidrige Hinauskündigung betrachtet wurde[98]. Ob dies der Beendigung einer Lebenspartnerschaft vergleichbar war, mag zweifelhaft sein, richtig ist aber, dass auch in diesen Fällen der mögliche Verlust der Gesellschafterstellung nicht den sonst für unzulässig gehaltenen Druck auf den Gesellschafter ausübt.

18a Das bestimmt auch die Judikatur über die Gültigkeit einer satzungsgemäßen Hinauskündigung im Rahmen eines **„Manager- oder Mitarbeitermodells"**[99], mit denen einem Gesellschafter ein Anteilsverlust zugemutet wurde, der seine verhältnismäßig nicht starke, wenn

---

96 BGH v. 9.7.1990 – II ZR 194/89, BGHZ 112, 103 = NJW 1990, 2622, dazu Kurzkomm. *Priester*, EWiR 1990, 1209 sowie (zustimmend) *Gehrlein*, NJW 2005, 1971; *Ulmer/Habersack*, in: Ulmer/Habersack/Löbbe, Rdnr. 42; *Lutter/Kleindiek*, in: Lutter/Hommelhoff, Rdnr. 41. Dass die hier gewählte Konstruktion eines bindenden Angebots im Ergebnis einer Einziehung gleichkommt und daher unter dem Vorbehalt der Ungültigkeit einer freien Hinauskündigung steht, wurde auch später von OLG Düsseldorf v. 16.1.2004 – I-17 U 50/03, GmbHR 2004, 1339 = ZIP 2004, 1804 so gesehen; so auch bereits *Kowalski/Bormann*, GmbHR 2004, 1438, 1440; *Bütter/Tonner*, BB 2005, 283 f.; *Sosnitza*, DStR 2005, 72, 73; zu den Gestaltungsmöglichkeiten auch *Reymann*, DNotZ 2005, 106, dort auch zur Inhaltskontrolle der Vereinbarungen.

97 Ähnlich ist es zu beurteilen, wenn ein Kündigungsrecht an den Tod eines Mitgesellschafters angeknüpft wird, BGH v. 19.9.1988 – II ZR 329/87, BGHZ 105, 213 = GmbHR 1989, 117; s. auch BGH v. 8.10.1996 – XI ZR 283/95, ZIP 1996, 1895 mit Kurzkomm. *Reifner*, EWiR 1996, 1113; zust. auch *Lutter/Kleindiek*, in: Lutter/Hommelhoff, Rdnr. 35.

98 BGH v. 14.3.2005 – II ZR 153/03, GmbHR 2005, 620 = ZIP 2005, 706; zust. *Strohn*, in: MünchKomm. GmbHG, Rdnr. 58; ergänzend *Zimmermann*, Anm. WuB II § 34 GmbHG 1.05; s. auch *Goette*, DStR 2005, 800. Dies kann aber nicht für jedes nebenher laufende Vertragsverhältnis so angenommen werden, näher *Grunewald*, in: FS Priester, 2007, S. 123, 126 ff.

99 BGH v. 19.9.2005 – II ZR 173/04, BGHZ 164, 98, 102 = NJW 2005, 3641 = GmbHR 2005, 1558 (Manager); s. auch BGH v. 19.9.2005 – II ZR 342/03, BGHZ 164, 107 = NJW 2005, 3644, 3645 = GmbHR 2005, 1561 (verdiente Mitarbeiter); *Sosnitza*, in: Michalski u.a., Rdnr. 42; *Ulmer/Habersack*, in: Ulmer/Habersack/Löbbe, Rdnr. 42; *Strohn*, in: MünchKomm. GmbHG, Rdnr. 141; die Judikatur war bis dahin kontrovers, s. OLG Frankfurt v. 23.6.2004 – 13 U 89/03, GmbHR 2004, 1283 = ZIP 2004, 1801, das Sittenwidrigkeit annahm; dazu krit. *Schockenhoff*, ZIP 2005, 1009; a.M. schon früher OLG Düsseldorf v. 16.1.2004 – I-17 U 50/03, GmbHR 2004, 1339 = ZIP 2004, 1804; OLG Celle v. 15.10.2003 – 9 U 124/03, GmbHR 2003, 1428, und bei einem als Komplementär aufgenommenen früheren Manager BGH v. 25.3.1985 – II ZR 240/84, GmbHR 1985, 259 = NJW 1985, 2421; zum Vergleich mit den Personengesellschaften *Grunewald*, in: FS Priester, 2007, S. 123, 129.

auch gewinnbringende Beteiligung als zusätzliche Motivation für seine Arbeit erhalten hatte, sie aber nach der Regelung im Dienstvertrag[100] bei Beendigung der Tätigkeit zurückzugeben hatte. Der BGH legte Gewicht auf den Umstand, dass ein Geschäftsführer nach § 38 sich auf den Widerruf seiner Bestellung einrichten muss, so dass vom Verlust der Beteiligung keine weitere Bedrohung ausgehe[101], und dass ein Mitarbeiter Kündigungsschutz genieße, so dass auch insoweit eine „freie" Hinauskündigung nicht stattfinde. Dabei spielt es am Ende auch keine Rolle, ob die Abfindung (Ähnliches hätte für das Einziehungsentgelt zu gelten) angemessen war, was allerdings bei dem entlassenen Geschäftsführer durchaus zu bejahen war[102], wie überhaupt die Frage nach der wirksamen Festlegung von Einziehungsgründen von der Prüfung der Angemessenheit der Abfindungsregeln zu trennen ist[103]. Den Entscheidungen des BGH ist unter verschiedenen Gesichtspunkten zuzustimmen. Im Vordergrund steht dabei die Überlegung, dass eine Manager- oder Mitarbeiterbeteiligung praktisch unmöglich wird, wenn nicht gesichert ist, dass die Beteiligung einem Nachfolger in der Organstellung ebenfalls angeboten werden kann, und die Aufrechterhaltung der Beteiligung früherer Mitarbeiter nicht auf die Dauer zu einer Überfremdung des Gesellschafterkreises führen soll. Dies sind Gesichtspunkte der Zumutbarkeit im Einzelfall, die sich in das System der Inhaltskontrolle durchaus einfügen lassen[104]. Das gilt auch für die als sachliche Gründe diskutierten Befugnisse eines Alt-Gesellschafters oder der Partner einer Freiberufler-Sozietät[105], im Zuge einer **„Probezeit"** den in die Gesellschaft aufgenommenen Nachfolger nach einem naturgemäß nicht justiziablen Urteil über dessen Eignung wieder auszuschließen. In Betracht kommt somit auch eine Regelung, die für einen Gesellschafter, der nur wegen seiner erhofften Eignung für die Geschäftsführung als Teilhaber aufgenommen wurde, bei Scheitern der Zusammenarbeit (ohne dass es sich um wichtige Gründe handeln muss) die Einziehung nach freiem Entschluss der übrigen Gesellschafter gestattet. Keine „Hinauskündigung" sind die zuvor in Rdnr. 3 Fn. 23 beschriebenen „Russian-Roulette"- oder „Texan-Shoot-Out"-Klauseln.

Die hier ebenfalls als Maßstab angeführte Stellung eines generell **„minderberechtigten"** Ge- 19
sellschafters[106] ist als solche angesichts des Gleichbehandlungsgrundsatzes zu pauschal und

---

100 Im Fall des OLG Celle handelte es sich um eine Regelung im Gesellschaftsvertrag, die ohne Auseinandersetzung mit den Bedenken gegen eine freie Hinauskündigung gebilligt wurde, auch trotz der Unentgeltlichkeit der Rückgabepflicht (einen Vergleich mit einer treuhänderischen Rechtseinräumung stellte daher *Schröder*, GmbHR 2005, 1430, 1431 an).

101 In diesem Sinne auch *Habersack*, ZGR 2005, 451, 456; *Kowalski/Bormann*, GmbHR 2004, 1438, 1440; *Sosnitza*, DStR 2005, 72, 74; *Bütter/Tonner*, BB 2005, 283, 285.

102 Mehr als das Zehnfache des Erwerbspreises; dem ausscheidenden Mitarbeiter wurde im Fall BGH v. 19.9.2005 – II ZR 342/03, BGHZ 164, 107 = GmbHR 2005, 1561 eine Abfindung in Höhe des für die Beteiligung von ihm selbst aufgewendeten Betrages und ohne Beteiligung am Verlust gezahlt (zur Vorbildhaftigkeit dieser Regelung *Schockenhoff*, ZIP 2005, 1009, 1016), so dass der BGH (v. 19.9.2005 – II ZR 342/03, ZIP 2005, 1920, 1923 = GmbHR 2005, 1561) auch ein Entfallen jeglicher Abfindung bei unentgeltlichem Erwerb für möglich erklärte; s. dazu auch BGH v. 9.7.1990 – II ZR 194/89, NJW 1990, 2622; *Goette*, DStR 1997, 336.

103 OLG Nürnberg v. 29.3.2000 – 12 U 33/00, GmbHR 2001, 108 f.; zust. *Görner*, in: Rowedder/Schmidt-Leithoff, Rdnr. 29; ähnl. *Altmeppen*, in: Roth/Altmeppen, Rdnr. 42; krit. *Grunewald*, in: FS Priester, 2007, S. 123, 130.

104 Stärker für eine Interessenabwägung nach Maßgabe der gesellschaftlichen Treupflicht *Benecke*, ZIP 2005, 1437, 1440 ff.; die Ergebnisse dürften sich von denen des BGH in den „Mitarbeiter"-Fällen nicht unterscheiden; für die Anerkennung derartiger Geschäftskonzepte auch *Sosnitza*, DStR 2005, 72 ff.; s. auch *T. Fleischer/Schneider*, DB 2010, 2713, 2716; *Henssler*, in: FS Konzen, 2006, S. 267, 281 f.

105 BGH v. 8.3.2004 – II ZR 165/02, ZIP 2004, 903 (für BGB-Gesellschaft); BGH v. 7.5.2007 – II ZR 281/05, NJW-RR 2007, 1256 = ZIP 2007, 1309; ähnlich schon früher *Flume*, NJW 1979, 903; *Niemeier*, S. 228; *Kesselmeier*, S. 103 ff.

106 *Flume*, DB 1986, 629, 631; *Hinderer*, RNotZ 2005, 416, 420; *Altmeppen*, in: Roth/Altmeppen, Rdnr. 44; dagegen *Kesselmeier*, S. 103 ff.; BGH v. 25.3.1985 – II ZR 240/84, GmbHR 1985, 259 = ZIP 1985, 737; *Wiedemann*, ZGR 1980, 147.

nur haltbar, wenn konkrete Gründe eine Schlechterstellung in einem bestimmten Punkt rechtfertigen. Da der BGH sich für das GmbH-Recht insoweit auf seine Rechtsprechung zur Ausschließung aus der Personengesellschaft bezieht, ist auch davon auszugehen, dass die dort[107] für unerheblich erklärte Frage eines unbeschränkten Abfindungsanspruchs auch nicht eine grundlose Einziehung rechtfertigen kann, ebenso wenig die Herkunft des eingezogenen Anteils aus einer **Schenkung**[108]. Im Wege einer geltungserhaltenden Reduktion nach §§ 139, 140 BGB hat der BGH aber die unwirksame Bestimmung einer grundlosen Hinauskündigung aus einer Personengesellschaft als Grundlage für eine Ausschließung aus wichtigem Grund genügen lassen[109]. Dem ist auch für die GmbH zu folgen[110]. Ein Sonderfall ist die freie Einziehungsmöglichkeit, die ein Gesellschafter/Erbe im Rahmen der in Befolgung einer Auflage gegründeten GmbH durch den Gesellschaftsvertrag erhalten hatte, da hier die Grundlage in der Testierfreiheit des Erblassers gelegen hatte[111]; allerdings darf die Einziehung dann nicht zu lange hinausgeschoben werden[112].

b) Überprüfung der Einziehungsgründe

20 Der Beschluss über eine Zwangseinziehung ist nach dem Vorigen stets gerichtlich nachprüfbar, die im Ausnahmefall (Rdnr. 17) mögliche Hinauskündigung auch mit Blick auf die allgemeinen Grenzen der Rechtsausübung, ebenso bezüglich der notwendigen (Rdnr. 16) Anhörung des Betroffenen. Die Überprüfung erfolgt im Rahmen einer **Feststellungsklage** oder durch **Anfechtung** eines die Einziehung verfügenden Gesellschafterbeschlusses[113], wobei auch die Befristung zu beachten ist, eine zeitlich unbegrenzte Anfechtung wird nicht zugelassen[114]. Bei **Nichtigkeit**, die für die Einführung einer freien Hinauskündigungsmöglichkeit ohne sachlichen Grund[115], aber auch bei Verstoß gegen Gläubigerschutzvorschriften in Betracht kommt, sind die Vorschriften des § 241 AktG entsprechend anwendbar[116]; wenn der Beschluss nicht ordnungsmäßig zustande gekommen ist, ist er anfechtbar, aber nicht unwirksam[117], näher (auch zum Verhältnis von Feststellungs- und Anfechtungs- bzw. Nichtigkeitsklage) Rdnr. 48. Der **Rechtsweg** darf nicht ausgeschlossen werden[118]. Die **Schiedsfähigkeit** der Anfechtung ei-

---

107 BGH v. 13.7.1981 – II ZR 56/80, BGHZ 81, 263, 268 f.
108 BGH v. 19.9.2005 – II ZR 342/03, BGHZ 164, 107, 115 = GmbHR 2005, 1561; *Sosnitza*, in: Michalski u.a., Rdnr. 42; *Ulmer/Habersack*, in: Ulmer/Habersack/Löbbe, Rdnr. 42; *Lutter/Kleindiek*, in: Lutter/Hommelhoff, Rdnr. 39.
109 BGH v. 11.8.1989 – 3 StR 75/89, GmbHR 1989, 465.
110 *Görner*, in: Rowedder/Schmidt-Leithoff, Rdnr. 32.
111 BGH v. 19.3.2007 – II ZR 300/05, GmbHR 2007, 644 = DB 2007, 1017; zust. *Gehrlein/Witt/Volmer*, GmbH-Recht in der Praxis, 3. Aufl. 2015, S. 120.
112 BGH v. 19.9.1988 – II ZR 329/87, BGHZ 105, 213, 217 = GmbHR 1989, 117; *Fastrich*, in: Baumbach/Hueck, Rdnr. 9a.
113 BGH v. 20.2.1995 – II ZR 46/94, ZIP 1995, 835, 836 f. = GmbHR 1995, 377; BGH v. 25.1.1985 – III ZR 108/83, GmbHR 1985, 214; OLG Hamm v. 18.1.1993 – 8 U 90/92, GmbHR 1994, 256; *Görner*, in: Rowedder/Schmidt-Leithoff, Rdnr. 73 (bei Fristversäumung bleibe nur die Arglisteinrede); *Lutter/Kleindiek*, in: Lutter/Hommelhoff, Rdnr. 51; zu den Fristen bei einer Anfechtungsklage in diesem Zusammenhang auch *Wagner*, Kurzkomm. EWiR 2005, 621; *Teichmann*, Anm. WuB II C § 34 GmbHG 1.00 (auch zu prozessrechtlichen Fragen). Nur anfechtbar ist der im Anschluss an eine Kündigung gefasste, nicht auf wichtige Gründe gestützte Einziehungsbeschluss, OLG München v. 28.7.2011 – 23 U 750/11, GmbHR 2011, 1040.
114 BGH v. 14.3.2005 – II ZR 153/03, GmbHR 2005, 620 = ZIP 2005, 706 mit Anm. *Zimmermann*, WuB II C § 34 GmbHG 1.05.
115 *Ulmer/Habersack*, in: Ulmer/Habersack/Löbbe, Rdnr. 42.
116 *Strohn*, in: MünchKomm. GmbHG, Rdnr. 84; *Sosnitza*, in: Michalski u.a., Rdnr. 63.
117 OLG München v. 10.1.1992 – 23 U 4104/91, GmbHR 1992, 808; *Ulmer/Habersack*, in: Ulmer/Habersack/Löbbe, Rdnr. 46; *Strohn*, in: MünchKomm. GmbHG, Rdnr. 86; *Fastrich*, in: Baumbach/Hueck, Rdnr. 15.
118 RGZ 55, 326; RGZ 57, 156; *Strohn*, in: MünchKomm. GmbHG, Rdnr. 83.

nes Gesellschafterbeschlusses ist nach dem wichtigen Urteil „Schiedsfähigkeit II"[119] des BGH für Beschlussmängelstreitigkeiten grundsätzlich zu bejahen; allerdings sind die Anforderungen an die Gestaltung einer Schiedsklausel, auch im Hinblick auf die an ihr zu beteiligenden Personen oder Organe, hoch[120]. Streitigkeiten über die Einziehung wurden aber schon früher hierher gerechnet[121]. Das Gericht kann sowohl die Würdigung des Vorliegens von Ausschließungsgründen (einschließlich der Anwendung unbestimmter Rechtsbegriffe) als auch die der Wertung zugrunde gelegten Tatsachenfeststellungen nachprüfen.

c) Einführung durch Satzungsänderung

Wenn nach § 34 Abs. 2 die Satzungsbestimmung über die Einziehungsvoraussetzungen vor dem Beitritt des betroffenen Gesellschafters bestanden haben muss, so schließt dies nicht grundsätzlich aus, die Möglichkeit und die Erfordernisse einer Zwangseinziehung **nachträglich** durch **Satzungsänderung** einzuführen. Wenn das Gesetz formuliert, dass die Erfordernisse vor dem Beitritt des Betroffenen festgelegen haben müssen, beruht dies auf der Vorstellung einer zumindest schlüssigen Unterwerfung des Beitretenden; hieraus folgt, dass die Mitwirkung an einer entsprechenden Satzungsänderung denselben Bedeutungsgehalt haben kann[122]. Ohne besondere Anhaltspunkte im Zustandekommen der Satzungsänderung und/oder im Wortlaut der aufgenommenen Klausel wird man auch nicht annehmen können, die neu eingeführte Einziehungsmöglichkeit beziehe sich nur auf die Anteile künftig beitretender oder nachrückender Gesellschafter und lasse die gegenwärtigen Gesellschafter unbehelligt[123]. Ist ein Änderungsbeschluss über die Folgen einer Einziehung nichtig, weil er den Abfindungsanspruch zu stark einschränkt, so tritt nicht einfach die gesetzliche Regelung (u.U. als Abfindung zum Verkehrswert) an die Stelle, wenn die Satzungsbestimmung, die der nichtige Beschluss ändern wollte, unbeanstandbar war[124].   21

Unter diesen Umständen können aber die Möglichkeit und die Erfordernisse einer Zwangseinziehung nicht durch **Mehrheitsbeschluss** mit Wirkung gegen einen überstimmten Gesellschafter oder seinen Rechtsnachfolger eingeführt werden[125], obwohl an sich eine Satzungsänderung mit Dreiviertelmehrheit zu Stande kommen kann; der Schutz der später beitretenden Gesellschafter erfordert aber, dass jeder, gegen den sich eine spätere Einziehung richten soll, zugestimmt haben muss[126]. Denkbar ist allerdings, dass nach dem Beschlussinhalt die Möglichkeit einer Zwangseinziehung nur für später beitretende Gesellschafter gel-   22

---

119 BGH v. 6.4.2009 – II ZR 255/08, GmbHR 2009, 705 mit Anm. *Habersack* = JZ 2009, 744 = NJW 2009, 1962; *Böttcher/Holler*, NZG 2009, 700; *Borris*, NZG 2010, 482 ff.; *Saenger/Splitgerber*, DZWiR 2010, 179 ff.; *Riegger/Wilske*, ZGR 2010, 733; zur Schiedsfähigkeit kapitalgesellschaftsrechtlicher Streitigkeiten *H. P. Westermann*, ZGR 2017, 38.

120 Näher *Nitsch*, ZIP 2009, 2269 ff.; *Karsten Schmidt*, in: VGR, Gesellschaftsrecht in der Diskussion 2009, 2010, S. 97 ff.; *H. P. Westermann*, in: FS Goette, 2011, S. 601 ff.

121 OLG Celle v. 31.7.1998 – 9 U 1/98, GmbHR 1999, 551 mit krit. Anm. *Ebbing*, NZG 1999, 168.

122 S. BGH v. 19.9.1977 – II ZR 11/76, NJW 1977, 2316 = GmbHR 1978, 131; BayObLG v. 25.7.1978 – BReg.1 Z 69/78, DB 1978, 2164 = GmbHR 1978, 269; *Fastrich*, in: Baumbach/Hueck, Rdnr. 8; *Lutter/Kleindiek*, in: Lutter/Hommelhoff, Rdnr. 2; *Ulmer/Habersack*, in: Ulmer/Habersack/Löbbe, Rdnr. 33; *Altmeppen*, in: Roth/Altmeppen, Rdnr. 7.

123 Nachw. hierzu aus dem vorwiegend älteren Schrifttum bei *Niemeier*, S. 202 f.; dagegen *Ulmer/Habersack*, in: Ulmer/Habersack/Löbbe, Rdnr. 33; *Strohn*, in: MünchKomm. GmbHG, Rdnr. 41; zur Wirksamkeit einer nur auf künftig Beitretende bezogenen Regelung *Altmeppen*, in: Roth/Altmeppen, Rdnr. 9.

124 *Stopp*, NZG 2003, 1153 gegen OLG Hamm v. 4.12.2002 – 8 U 40/02, GmbHR 2003, 584 = NZG 2003, 440.

125 BGH v. 16.12.1991 – II ZR 58/91, BGHZ 116, 359 = GmbHR 1992, 257; *Sosnitza*, in: Michalski u.a., Rdnr. 33; *Strohn*, in: MünchKomm. GmbHG, Rdnr. 15.

126 *Fastrich*, in: Baumbach/Hueck, Rdnr. 7; *Strohn*, in: MünchKomm. GmbHG, Rdnr. 15; *Ulmer/Habersack*, in: Ulmer/Habersack/Löbbe, Rdnr. 35.

ten soll oder – vorbehaltlich der Wahrung des Gleichbehandlungsgrundsatzes – bestimmte Partner von ihr nicht erfasst sein sollen, etwa solche, die ihre Anteile im Zuge einer bevorstehenden Kapitalerhöhung erwerben[127]. Freilich kann ohne besondere Anhaltspunkte in Wortlaut oder Entstehungsgeschichte eines rechtlich unzureichenden Mehrheitsbeschlusses über die Einführung der Zwangsamortisation nicht angenommen werden, dass die Einziehungsmöglichkeit jedenfalls in Ansehung der Anteile gelten soll, deren Inhaber für den Beschluss gestimmt haben, denn eine solchermaßen unterschiedliche Ausgestaltung der Rechte der Mitglieder ist im Zweifel nicht gewollt[128]. Zu bedenken ist auch, dass eine Zwangseinziehung, auch wenn sie sich nur gegen die Rechtsnachfolger der beschließenden Gesellschafter richten sollte, die Konditionen der Mitgliedschaft für alle Beteiligten verändert. Im Ergebnis ist daher anzuraten, die Satzungsänderung stets einstimmig zu beschließen; fehlt es an einer erforderlichen Zustimmung, so sind auch die dem Beschluss Zustimmenden nicht gebunden, da im Allgemeinen Gleichbehandlung aller gewollt ist[129]. Zum Erfordernis der Zustimmung der Inhaber dinglicher Rechte am Geschäftsanteil Rdnr. 69.

4. Einziehung mit und ohne Entgelt

23   Ob die Wirksamkeit einer Einziehungsregelung vom Vorhandensein einer statutarischen Bestimmung über das an den betroffenen Gesellschafter zu zahlende Entgelt abhängt, ist im Gesetz, das eine Regelung über die Abfindung des Inhabers des eingezogenen Anteils nicht enthält, offen geblieben; allerdings besteht ein Abfindungsanspruch kraft allgemeinen Gesellschaftsrechts, wenn nicht eine Satzungsbestimmung dies ausschließt (Rdnr. 25). Somit ist die Annahme, es sei eine entgeltliche und eine unentgeltliche Einziehung zulässig, sogar eine unentgeltliche Zwangseinziehung, bei der der Gesellschafter an seiner privatautonomen Entscheidung bei Schaffung der Satzungsklausel festgehalten werde[130], nur bei hinlänglich bestimmter und keine Willkürherrschaft begründender Satzungsregelung richtig; liegt eine solche vor, bedarf es keiner Regelung des Abfindungsanspruchs[131]. Die Bedenken gegen eine Ausschließung ohne jede Abfindung[132] können nur in Sonderfällen triftiger sachlicher Gründe für eine solche Gestaltung überwunden werden, was bei Gesellschaften mit nicht-wirtschaftlichem Zweck, bei der Einziehung eines an einen familienfremden Erben gefallenen Geschäftsanteils, möglicherweise auch angesichts schwerer Verstöße des Betroffenen gegen Gesellschafterpflichten, in Betracht kommt[133]. Stets ist jedoch eine Einzelfallbetrachtung unerlässlich; zu einer Regelung, die im **Erbfall** die Erben zur unentgeltlichen Abtretung des Anteils verpflichtet oder eine entsprechende Einziehung vorsieht, s. Rdnr. 28, 34. Praktisch geht es meist um Abfindungsbeschränkungen; sie müssen im Statut genau geregelt sein, wenn vermieden werden soll, dass der volle Anteilswert ausgezahlt werden muss, dazu Rdnr. 29 ff. Ohnehin ist unter den Gegebenheiten des § 34 Abs. 2 kaum zu erwarten, dass ein Gesell-

127 *Ulmer/Habersack*, in: Ulmer/Habersack/Löbbe, Rdnr. 35; zust. *Altmeppen*, in: Roth/Altmeppen, Rdnr. 9; *Fastrich*, in: Baumbach/Hueck, Rdnr. 8.

128 Zur Wirkungslosigkeit gegenüber dem Rechtsnachfolger eines Gesellschafters, der der Änderung nicht zugestimmt hat, BGH v. 16.12.1991 – II ZR 58/91, BGHZ 116, 359, 363 = GmbHR 1992, 257.

129 *Sosnitza*, in: Michalski u.a., Rdnr. 33.

130 BGH v. 20.12.1976 – II ZR 115/75, DB 1977, 343.

131 *Ulmer/Habersack*, in: Ulmer/Habersack/Löbbe, Rdnr. 39; *Strohn*, in: MünchKomm. GmbHG, Rdnr. 29.

132 S. etwa BayObLG v. 5.11.1982 – BReg 3 Z 92/82, GmbHR 1983, 270 = BB 1983, 83; BGH v. 7.12.2001 – II ZR 348/99, GmbHR 2002, 265 = NZG 2002, 176; *Kuhn*, WM 1978, 598, 604; *Strohn*, in: MünchKomm. GmbHG, Rdnr. 205; *Sosnitza*, in: Michalski u.a., Rdnr. 46.

133 Zur Einziehung zum Zweck der Erhaltung des Charakters als reine Familiengesellschaft BGH v. 20.12.1976 – II ZR 115/75, DB 1977, 343.

schafter die Möglichkeit einer Zwangseinziehung akzeptiert, ohne dass die Abfindung aus dem Vertrag hervorgeht. Zu den Abfindungsbeschränkungen näher Rdnr. 26 ff.

a) Einziehung im Einverständnis des Anteilseigners

Soweit das Statut nur eine Einziehung mit Einverständnis des Anteilseigners zulässt (Rdnr. 7), kann die Frage der Abfindung zwischen den verbleibenden Gesellschaftern und dem durch die Einziehung Ausscheidenden vor dem Einziehungsbeschluss geklärt werden, so dass eine Satzungsänderung über die Abfindung entbehrlich ist[134]. Im Gegenseitigkeitsverhältnis stehen dann das Entgeltversprechen – das allerdings das Kapitalerhaltungsgebot zu beachten hat – und der Verzicht des Gesellschafters auf seinen Anteil; zum Einfluss von Auszahlungshindernissen aus dem Kapitalerhaltungsgrundsatz auf die Einziehungswirkung s. Rdnr. 56. Als Einziehungsentgelt kann auch ein Verzicht auf rückständige Pflichten des Ausscheidenden vereinbart werden[135], soweit hierdurch nicht ein Aktivposten in der Bilanz gemindert wird und eine Unterbilanz eintritt (Rdnr. 51). Behält dagegen der ausscheidende Gesellschafter in Anrechnung auf seine Abfindung Gewinnansprüche, so ist dies unbedenklich, da zur Ausschüttung nur der bilanzmäßige Reingewinn dient.

24

b) Abfindungsanspruch bei Zwangseinziehung

Bei der Zwangseinziehung werden in der Regel aus der Satzungsklausel Hinweise auf die Berechnung des Entgelts folgen. Allerdings ist eine solche Regelung nicht Voraussetzung der Gültigkeit der Einziehungsklausel[136]. Grundsätzlich hat der Inhaber des eingezogenen Anteils ohne abweichende Satzungsregelung **Anspruch auf vollwertige Abfindung**[137], der mit Bekanntgabe des Einziehungsbeschlusses gegenüber dem betroffenen Gesellschafter (Rdnr. 46) **fällig** werden soll[138], was aber so nicht durchgehalten werden kann, wenn die genaue Höhe des Anspruchs und seiner Erfüllbarkeit nach dem Gebot der Kapitalerhaltung noch nicht klar ist[139]; steht ein Mindestbetrag fest, gilt insoweit § 271 BGB[140]. Als Grundlage für den Anspruch wird verbreitet eine Analogie zu § 738 Abs. 1 Satz 2 BGB angeführt; da bei der GmbH im Gegensatz zur Personengesellschaft, wo eine Haftung der Mitgesellschafter neben der Gesellschaft bestehen kann[141], die Gesellschafter nicht Schuldner des Abfindungsan-

25

---

134 *Klingsch*, in: Saenger/Inhester, Rdnr. 39.

135 So im Fall KGJ 43, 110; zur Übereignung von Grundstücken als Einziehungsentgelt RGZ 150, 28.

136 *Niemeier*, S. 232 ff.; *Ulmer/Habersack*, in: Ulmer/Habersack/Löbbe, Rdnr. 39; *Görner*, in: Rowedder/Schmidt-Leithoff, Rdnr. 38; anders noch *Pleyer*, GmbHR 1960, 126.

137 BGHZ 9, 168; BGHZ 16, 322; BGH v. 16.12.1991 – II ZR 58/91, BGHZ 116, 370 = GmbHR 1992, 257; BGH v. 24.5.1993 – II ZR 36/92, GmbHR 1993, 505 = NJW 1993, 2101; BGH v. 20.9.1993 – II ZR 104/92, BGHZ 123, 2281 = NJW 1993, 3193 = GmbHR 1993, 806; BGH v. 13.6.1994 – II ZR 38/93, BGHZ 126, 226 = GmbHR 1994, 871 = NJW 1994, 2536; BGH v. 29.4.2014 – II ZR 216/13, GmbHR 2014, 811; OLG Dresden v. 18.5.2000 – 21 U 3559/99, NZG 2000, 1042 = GmbHR 2000, 718; *Altmeppen*, in: Roth/Altmeppen, Rdnr. 44; im Ergebnis übereinstimmend *Wiedemann*, ZGR 1978, 477, 488, 495 f.; *Schulze-Osterloh*, JZ 1993, 45; *Lutter/Kleindiek*, in: Lutter/Hommelhoff, Rdnr. 78; *Altmeppen*, in: Roth/Altmeppen, Rdnr. 47; *Fastrich*, in: Baumbach/Hueck, Rdnr. 22; *Görner*, in: Rowedder/Schmidt-Leithoff, Rdnr. 38; *Strohn*, in: MünchKomm. GmbHG, Rdnr. 205.

138 S. auch AG Homburg v. 11.5.2001 – 4 C 378/00, GmbHR 2001, 671: Zinsen erst ab Mahnung durch den Gesellschafter.

139 *Ulmer/Habersack*, in: Ulmer/Habersack/Löbbe, Rdnr. 80.

140 BGH v. 2.6.2008 – II ZR 27/07, GmbHR 2008, 815 mit Anm. *Podewils* = NZG 2008, 628 (zur Personengesellschaft).

141 BGH v. 2.7.2001 – II ZR 304/00, BGHZ 148, 201, 207; BGH v. 12.7.2016 – II ZR 74/14, ZIP 2016, 1627; *Schäfer*, in: MünchKomm. BGB, § 738 BGB Rdnr. 17.

spruchs sein können, ist Schuldner allein die Gesellschaft[142]. Dem liegen allgemeine Leitlinien des Gesellschaftsrechts zugrunde, die auch dazu führen, dass das Schrifttum in diesem Zusammenhang Ausschließung eines Gesellschafters und Einziehung eines Geschäftsanteils durchweg gleich behandelt[143]. Zwar kann die Satzung auch eine Zwangseinziehung ohne Abfindung vorschreiben, wenn auch unter den gewöhnlichen Vorbehalten gegenüber Freiheitsbeschränkungen, die sich daraus ergeben, dass eine Zwangseinziehung als vom typischen Zweck einer Kapitalbeteiligung so weit abweichende Regelung erscheint, dass sie nicht ohne spezielle und besondere Anhaltspunkte als unentgeltlich anzusehen ist. Die Vereinbarung von Abfindungsbeschränkungen steht dann einer rechtsgeschäftlichen Belastung gleich, deren Bindungswirkung nicht unbesehen bejaht werden kann, da sie künftige Privatgläubiger jedes Gesellschafters sowie ihn selbst bei Eintreten eines von ihm nicht vorbedachten Einziehungsfalls stark beeinträchtigen kann. Die Gesellschaftsgläubiger sind freilich mittelbar durch die in § 34 Abs. 3 verfügte Anwendung des § 30 geschützt. Dann ist Ausgangspunkt für die Beurteilung von Abfindungsbeschränkungen der volle wirtschaftliche Wert des Anteils[144]. Dabei stellt das genannte Schrifttum auf den Veräußerungswert ab; BGHZ 65, 22 spricht vom **„Verkehrswert"**, worunter derjenige Preis verstanden wird, den bei Veräußerung des Unternehmens ein Dritter für den Anteil zahlen würde[145], und zwar im Zeitpunkt des Einziehungsbeschlusses. Meist wird es freilich keinen Markt für GmbH-Geschäftsanteile geben, so dass nicht ohne weiteres vom Wert des gesamten Unternehmens auf denjenigen eines einzelnen Geschäftsanteils geschlossen werden kann, und zwar gerade dann nicht, wenn es sich um eine an sich frei veräußerliche Minderheitsbeteiligung handelt[146]. Jedenfalls muss zur Ermittlung einer vollen Abfindung eine notfalls durch einen Gutachter durchzuführende **Unternehmensbewertung** stattfinden[147]. Sie geschieht nach heutiger Praxis kaum noch auf der Grundlage der im GmbH-Vermögen enthaltenen **Substanzwerte**; anerkannt und von der Praxis ohne Entscheidung für eine bestimmte Methode[148] angewendet ist eine Bewertung nach Maßgabe des – allerdings auch nicht leicht zu berechnenden – **Ertragswerts**[149],

---

142 *Strohn*, in: MünchKomm. GmbHG, Rdnr. 206; *Ulmer/Habersack*, in: Ulmer/Habersack/Löbbe, Rdnr. 74.
143 S. etwa *Ulmer*, in: FS Quack, 1991, S. 477; *Sigle*, ZGR 1999, 659; zu den Überlegungen, was eigentlich durch die Abfindung abgegolten werden soll, *H. P. Westermann*, in: FS 100 Jahre GmbH-Gesetz, S. 447, 455.
144 *Priester*, GmbHR 1976, 5, 8 zum Einziehungsentgelt bei Insolvenz; *Käppler*, ZGR 1978, 542, 567 zur Einziehung als Erbregelung; allgemein ebenso *Niemeier*, S. 100; *Ulmer/Habersack*, in: Ulmer/Habersack/Löbbe, Rdnr. 77; *Lutter/Kleindiek*, in: Lutter/Hommelhoff, Rdnr. 78; aus der Rechtsprechung BGHZ 16, 317, 322; BGH v. 12.6.1975 – II ZB 12/73, BGHZ 65, 22 = GmbHR 1975, 227; BGH v. 16.12.1991 – II ZR 58/91, BGHZ 116, 359, 370 = GmbHR 1992, 257; BGH v. 30.4.2001 – II ZR 328/00, GmbHR 2001, 576 = NJW 2001, 2638; OLG München v. 17.9.1987 – 24 U 794/86, GmbHR 1988, 216, 218; OLG Köln v. 19.12.1997 – 4 U 31/97, GmbHR 1998, 641 = NZG 1998, 779.
145 RGZ 122, 114, 122; BGHZ 9, 168, 172; BGHZ 16, 317, 322; BGHZ 17, 130, 136; BGHZ 32, 23; BGH v. 16.12.1991 – II ZR 58/91, BGHZ 116, 359, 370 = GmbHR 1992, 257; *Fastrich*, in: Baumbach/Hueck, Rdnr. 22; *Sosnitza*, in: Michalski u.a., Rdnr. 48; *Strohn*, in: MünchKomm. GmbHG, Rdnr. 208; *Fleischer*, ZIP 2012, 1633, 1635.
146 *Sigle*, ZGR 1999, 669; anders *Strohn*, in: MünchKomm. GmbHG, Rdnr. 208.
147 BGH v. 16.12.1991 – II ZR 58/91, BGHZ 116, 359, 371 = GmbHR 1992, 257; *Lutter/Kleindiek*, in: Lutter/Hommelhoff, Rdnr. 79; *Sosnitza*, in: Michalski u.a., Rdnr. 48.
148 S. etwa die Urteile BGH v. 5.11.1992 – IX ZR 200/91, DB 1993, 1616; BGH v. 16.12.1991 – II ZR 58/91, BGHZ 116, 359, 371 = GmbHR 1992, 257; BayObLG v. 31.5.1995 – 3Z BR 67/89, GmbHR 1995, 662 = BB 1995, 1759.
149 S. dazu nach der IDW-Stellungnahme, WPg 1983, 468, besonders *Ulmer*, in: FS Quack, S. 490 ff.; *Piltz*, BB 1994, 2121 ff.; *Lutter/Kleindiek*, in: Lutter/Hommelhoff, Rdnr. 79; *Görner*, in: Rowedder/Schmidt-Leithoff, Rdnr. 39; aus der Rspr. BGH v. 24.9.1984 – II ZR 256/83, NJW 1985, 192, 193 = GmbHR 1985, 113; s. auch BGH v. 16.12.1991 – II ZR 58/91, BGHZ 116, 359, 371 = GmbHR 1992, 257 und OLG Düsseldorf v. 17.2.1984 – 19 W 1/81, WM 1984, 732; OLG Düsseldorf v.

der allerdings noch durch den Substanzwert der betriebsneutralen Vermögensgegenstände zu ergänzen ist[150], die schließlich, wenn sie wirtschaftliche Vorteile mit sich bringen, in die Erträge nicht eingehen müssen. In neuerer Zeit wird auch nach der **Discounted Cashflow-Methode** ein Unternehmenswert durch die Abzinsung zu erwartender Zahlungsüberschüsse des Unternehmens berechnet[151], was aber – insbesondere durch die Einbeziehung von Prognosen – durchweg keine großen Unterschiede zu den einfacher feststellbaren Ertragswerten ergeben wird. Bei Sozietäten von Freiberuflern oder bei ertragsschwachen Unternehmen können andere Methoden zum Zuge kommen[152]. Den **Liquidationswert** als maßgeblich anzusetzen, wenn er den Ertragswert übersteigt[153], geht nur an, wenn wirklich liquidiert wird, weil die Gesellschafter untereinander zu einer Liquidation wegen unbefriedigender Ertragslage nicht verpflichtet sind; im Einzelfall kann aber die Größe des nicht betriebsnotwendigen Vermögens eine solche Berechnung rechtfertigen[154], wie stets, kann sich anderes insoweit aus dem Gesellschaftsvertrag ergeben[155], nur in Ausnahmefällen ist dies missbräuchlich. Es kommt hinzu, dass eine Abfindung zu Substanz- oder Liquidationswerten im Einzelfall – besonders bei leichter Beendbarkeit einer Beteiligung – zu Anschlusskündigungen oder Austritten führen kann, die die Existenz der Gesellschaft gefährden. Ist der Substanzwert maßgeblich, so ist vom Wiederbeschaffungswert der Gegenstände auszugehen. Im Rahmen der Ertragswertberechnung muss ein **Kapitalisierungsfaktor** in z.T. recht unterschiedlicher Höhe eingesetzt werden[156], der insbesondere dann, wenn die Vinkulierung eines Geschäftsanteils wertmindernd berücksichtigt wird, was aber für sich allein nicht maßgeblich ist[157], ebenso wie die Schätzung nachhaltiger Zukunftserträge aus dem Gewinn vergangener Jahre letztlich Prognose- und Verhandlungssache ist. So kann der Wert des Anteils im Einzelfall, etwa in einer im Unternehmensverbund stehenden GmbH, für den Gesellschafter auch höher sein als das Entgelt, das ein Erwerber zahlen würde, dem die Vorteile aus der Beteiligung nicht in dieser Weise zugute kommen.

c) Abfindungsausschluss und -beschränkung als Schenkung

Soweit eine Einziehung ohne Entgelt auf Grund einer dies anordnenden Satzungsklausel zugelassen wird (s. bereits Rdnr. 23), muss wegen der möglichen Folgen einer solchen Qualifi- 26

11.4.1988 – 19 W 32/86, DB 1988, 1109 (zur AG); BGH v. 12.1.2016 – II ZB 25/14, ZIP 2016, 666 Rdnr. 31; OLG Köln v. 19.12.1997 – 4 U 31/97, GmbHR 1998, 641. Gegen die Verwendbarkeit des „Stuttgarter Verfahrens" in diesem Zusammenhang BVerfG v. 7.11.2006 – 1 BvL 10/02, GmbHR 2007, 320, 332; *Hülsmann*, GmbHR 2007, 390; *Göllert/Ringling*, DB 1999, 516; *Lutter/Kleindiek*, in: Lutter/Hommelhoff, Rdnr. 91; es kann allerdings im Vertrag für den Fall der Unwirksamkeit eine andere Berechnungsmethode vorgegeben sein, BGH v. 27.9.2011 – II ZR 279/09, GmbHR 2012, 92, so gerade auch das „Stuttgarter Verfahren", s. OLG Stuttgart v. 15.3.2017 – 14 U 3/14, ZIP 2017, 868 mit Kurzkomm. *H.P. Westermann*, EWiR 2017, 423.

150 BGH v. 24.5.1993 – II ZR 36/92, NJW 1993, 2101, 2103 = GmbHR 1993, 505; *Piltz*, BB 1994, 2121 ff.; *Sosnitza*, in: Michalski u.a., Rdnr. 49; *Strohn*, in: MünchKomm. GmbHG, Rdnr. 209.
151 *Sosnitza*, in: Michalski u.a., Rdnr. 48; näher zu den IDW-Grundsätzen *Lutter/Kleindiek*, in: Lutter/Hommelhoff, Rdnr. 79.
152 OLG München v. 17.9.1987 – 24 U 794/86, GmbHR 1988, 216 f.; dazu etwa *Sigle*, ZGR 1999, 674; *Peemöller/Bömelburg*, DStR 1993, 1036.
153 BayObLG v. 31.5.1995 – 3Z BR 67/89, BB 1995, 1760 = GmbHR 1995, 662; dagegen *Rodewald*, GmbHR 1996, 736, 739.
154 BGH v. 24.5.1993 – II ZR 36/92, GmbHR 1993, 505 = NJW 1993, 2101 für einen das Zehnfache des Buchwerts übersteigenden Substanzwert.
155 Zur Unternehmensbewertung unter Befassung mit betriebswirtschaftlichen Grundsätzen schon BGH v. 17.1.1973 – IV ZR 142/70, DB 1973, 563.
156 So etwa LG Konstanz v. 1.10.1987 – 3 HO 69/86, NJW-RR 1988, 1184; *Ulmer*, in: FS Quack, S. 494 ff.; näher mit Nachw. *Lutter/Kleindiek*, in: Lutter/Hommelhoff, Rdnr. 80.
157 S. näher *Räntsch*, AG 1984, 202, 211; gegen die Berücksichtigung aber *Ulmer/Habersack*, in: Ulmer/Habersack/Löbbe, Rdnr. 77; wohl auch *Fleischer*, ZIP 2012, 1637.

kation (Rdnr. 28) geprüft werden, inwieweit die Abrede eine Schenkung enthält. **Abfindungsbeschränkungen** wären dann als **gemischte Schenkung** zu beurteilen, allerdings nur insoweit, als nach dem (durch Auslegung zu ermittelnden) Parteiwillen den verbleibenden Gesellschaftern ein Wert zugewendet werden sollte, nicht bei bloßen Erleichterungen der Berechnung der Abfindung. Streitig ist bereits, ob in einer Satzungsklausel, die den Abfindungsanspruch ausschließt oder beschränkt, zu Gunsten der verbleibenden Gesellschafter oder gar der Gesellschaft[158] überhaupt eine unentgeltliche Zuwendung vereinbart wird. Eine vermögensmäßige Besserstellung, die durch die Einziehung eines Geschäftsanteils bei den Inhabern der verbleibenden Anteile in Gestalt einer Wertsteigerung mittelbar eintritt und ihnen, wenn sie nicht für die Abfindung einstehen müssen, ohne Gegenleistung zuwächst, wird man bejahen können, obwohl nicht gerade dieses Vermögensgut vom Schenker auf sie übergeht[159]. Ein Ausschluss des Entgelts, auch wenn er für alle Einziehungsfälle, namentlich für den Todesfall jedes einzelnen Gesellschafters vereinbart ist, wird von jedem beitretenden Gesellschafter nicht wegen der Chance einer Verbesserung seines Anteilswerts beim Ausscheiden der Partner akzeptiert, sondern ist eine hauptsächlich durch die Stärkung des Gesellschaftsvermögens motivierte Zuwendung eines unentgeltlichen Vermögensvorteils in Gestalt des Geschäftsanteils und somit Schenkung[160]. Ein Abfindungsverzicht, der nur einem einzigen Gesellschafter zugute kommen soll, könnte danach theoretisch ebenfalls Schenkung sein, wird aber wiederum in der Regel darauf zurückgehen, dass der Abfindungsausschluss andere Vorteile, die der Begünstigte dem Verzichtenden verschafft hatte, ausgleichen soll[161].

27 **Abfindungen**, die nach dem Sinn der Satzungsklausel **unter dem Verkehrswert** liegen sollen, sollen nach der gewöhnlichen Anschauung hauptsächlich deshalb an die Stelle der Abgeltung des vollen Verkehrswerts treten, weil dessen Berechnung von vielen Unwägbarkeiten abhängt. Das kann die Einigung über das Entgelt und damit möglicherweise (Rdnr. 56 ff.) das Eintreten der Einziehungswirkung stark hinausschieben. Auch haben die Gesellschafter bei der Einigung über eine solche Klausel die Bestandsfähigkeit der Gesellschaft sichern wollen, was zumindest bei einer alle Gesellschafter treffenden Regelung auch allen zugute kommen kann. Das spricht dagegen, hier überhaupt eine unentgeltliche Zuwendung anzunehmen[162]. Zu beachten ist die **Besteuerung** des in einer den Verkehrswert nicht erreichenden Abfindung bei den verbleibenden Gesellschaftern entstehenden Vorteils[163], die u.U. auch keine Rücksicht auf die Überlegungen nehmen wird, die Abfindungsansprüche wegen der Schwierigkeiten der Berechnung und wegen der sonst eintretenden Gefährdung der Gesellschaft zu beschränken, im Einzelnen §§ 3 Nr. 2, 7 Abs. 7 ErbStG.

---

158 Manche (etwa *Heckelmann*, Abfindungsklauseln, S. 62 ff., 86 ff.) sehen die Gesellschaft als Beschenkte an, doch ist dies nach dem Willen der Beteiligten, auf den es bei der Auslegung des Vertrages ankommt, nur ein Reflex aus einer u.U. gewollten Steigerung der Anteilswerte der Gesellschafter, die mithin die Zuwendung erhalten, s. auch *Habersack*, ZIP 1990, 625, 628.

159 Eingehend *Habersack*, ZIP 1990, 626 ff.; *Heckelmann*, Abfindungsklauseln, S. 46 ff., 68 ff.; *Niemeier*, S. 109 ff.; ebenso für die Einziehung im Todesfall *Käppler*, ZGR 1978, 543, 553; *Däubler*, Die Vererbung des Geschäftsanteils bei der GmbH, 1965, S. 94; *Wiedemann*, Übertragung und Vererbung von Mitgliedschaftsrechten bei Handelsgesellschaften, 1965, S. 96.

160 Eingehend unter Widerlegung des früheren Verständnisses als „aleatorisches", also nicht unentgeltliches Geschäft besonders *Heckelmann*, Abfindungsklauseln, S. 68 ff.; *Flume*, Allgemeiner Teil des BGB, Band I 1, § 18 VI 1; *Finger*, DB 1974, 27 ff.; s. auch *Priester*, GmbHR 1981, 206, 211 f.; *Lutter/Kleindiek*, in: Lutter/Hommelhoff, Rdnr. 98; in der Praxis BGH v. 29.4.2014 – II ZR 216/13, GmbHR 2014, 811 Rdnr. 11; BGH v. 9.1.1989 – II ZR 83/88, NJW 1989, 2685; *Fastrich*, in: Baumbach/Hueck, Rdnr. 34a; *Strohn*, in: MünchKomm. GmbHG, Rdnr. 247.

161 *Niemeier*, S. 114. Nach *Heckelmann*, Abfindungsklauseln, S. 86 f., ist Gegenstand der unentgeltlichen Zuwendung gerade der Abfindungsverzicht.

162 *Flume*, in: FS Ballerstedt, S. 207, 215; *Niemeier*, S. 112 ff.; a.M. aber *Heckelmann*, Abfindungsklauseln, S. 91; *Käppler*, ZGR 1978, 543, 567, die das Geschäft in einen entgeltlichen und einen unentgeltlichen Teil aufspalten wollen; ähnlich im Ergebnis *Habersack*, ZIP 1990, 631 f.

163 Im Einzelnen dazu *Casper/Altgen*, DStR 2008, 2319 ff.

Bei Qualifikation einer konkreten Regelung als Schenkung sind die **§§ 516 ff. BGB** anzuwen- 28
den. Das Formerfordernis des § 518 BGB ist erfüllt, da sowohl der Gesellschaftsvertrag als
auch eine spätere Satzungsänderung notariell beurkundet sind[164]. Zusätzlich sind die Vorschriften des **§ 2301 Abs. 1 BGB** über die Form von Verfügungen von Todes wegen zu beachten, wenn Abfindungsausschluss oder -beschränkung unter der Bedingung stehen, dass die
„Beschenkten" den „Schenker" überleben. Das ist zweifelhaft bei einer Vertragsklausel, die generell unabhängig von der Person und dem Überleben der „möglicherweise bedachten" Gründungsgesellschafter für alle zukünftigen Todesfälle gelten soll (dies dürfte der Regelfall sein);
allerdings ist eine Begünstigung allein der eigentlichen Vertragspartner ebenfalls denkbar[165].
Soweit eine Schenkung in Betracht kommt, kann sie durch Abschluss eines formgültigen
GmbH-Vertrages **vollzogen** sein. Das würde – unabhängig von der formalen Seite – nach
§ 2301 Abs. 2 BGB auch die materiell-erbrechtlichen Konsequenzen einer Schenkung auf den
Todesfall ausschalten. Zu Recht nimmt eine verbreitete Ansicht einen wirksamen Vollzug mit
der gültigen Vereinbarung der Abfindungsbeschränkung im Gesellschaftsvertrag an[166], weil
eine solche Vereinbarung von den an ihr beteiligten Gesellschaftern nur hingenommen wird,
wenn und weil sie sich auf ihre Bindungswirkung verlassen können, weshalb ihnen später,
beim Eintritt der Einziehungsvoraussetzungen, ein Entscheidungsspielraum nicht mehr bleiben soll. Sie verzichten also auf die in der Maßgeblichkeit des Verkehrswerts möglicherweise
liegende wirtschaftliche Besserstellung und scheiden demnach diesen Wert aus ihrem Vermögen endgültig aus.

d) Abfindungsbeschränkungen und ihre Wirksamkeitsgrenzen

Die bei allen Arten von Einziehungsgründen praktisch häufigen Abfindungsbeschränkungen 29
dienen z.T. der Rechtssicherheit gegenüber den Unwägbarkeiten der Unternehmensbewertung. In Verbindung damit bezwecken Bestimmungen, wonach die ebenfalls schwer bere-
chenbaren stillen Reserven nicht angetastet werden sollen, mehr den Bestandsschutz der Gesellschaft im Interesse der verbleibenden Gesellschafter. Beide Motive werden verwirklicht
durch **Buchwertabfindungsklauseln**, durch eine Abfindung zum Nominalwert zuzüglich
Rücklagenanteil oder durch die Verweisung auf **steuerliche Werte** wie die Handels- oder Er-
tragsteuerbilanz der Gesellschaft, früher auch **Vermögensteuerwerte**[167], u.U. auch auf den
Erbschaftsteuerwert[168]. Zur Sicherung der Liquidität der Gesellschaft kann auch eine Tilgungsstreckung, nicht selten mit für die Gesellschaft günstiger Verzinsung, vereinbart sein[169].
Die **Zulässigkeit** von Abfindungsbeschränkungen ist im Grundsatz anzuerkennen[170], doch

164 *Habersack*, ZIP 1990, 629; *Görner*, in: Rowedder/Schmidt-Leithoff, Rdnr. 56.
165 *Habersack*, ZIP 1990, 628 f.; a.M. *Käppler*, ZGR 1978, 555.
166 *Däubler*, Die Vererbung des Geschäftsanteils bei der GmbH, 1965, S. 94 f.; *Niemeier*, S. 121; s. auch
    die Überlegungen von *Heckelmann*, Abfindungsklauseln, S. 87 ff.; zust. *Ulmer/Habersack*, in: Ul-
    mer/Habersack/Löbbe, Rdnr. 102; a.M. aber *Wiedemann*, Übertragung und Vererbung, S. 186 f.;
    Käppler, ZGR 1978, 556 f.; *Wank*, ZGR 1979, 223, 249; für den Abschluss einer Unterbeteiligung
    ebenso BGH v. 29.11.2011 – II ZR 306/09, NZG 2012, 222 = ZIP 2012, 326; im Ergebnis wie hier
    wohl *Habersack*, ZIP 1990, 630.
167 Zur Rechtslage nach Aufhebung der Vermögensteuer *Strohn*, in: MünchKomm. GmbHG,
    Rdnr. 260.
168 Maßgeblich war bis Ende 2008 das BewG; zu den Folgen der Neufassung *Casper/Altgen*, DStR
    2009, 2322; *Klaag/Schweizer*, GmbHR 2009, 1198; zur Erbschaftsteuerreform 2016 *Crezelius*, in:
    Westermann/Wertenbruch, Handbuch Personengesellschaften, Rdnr. II 600 ff.; *Seer*, GmbHR 2016,
    673; *Drüen*, DStR 2016, 643; zu den neuen Erlassen der Finanzverwaltung, die praktisch das Gesetz
    kommentieren, *Wachter*, GmbHR 2017, 841; zul. *Seer/Michalowski*, GmbHR 2017, 609.
169 *Ulmer/Habersack*, in: Ulmer/Habersack/Löbbe, Rdnr. 88; *Altmeppen*, in: Roth/Altmeppen, Rdnr. 50.
170 BGH v. 12.6.1975 – II ZB 12/73, BGHZ 65, 22, 24 = GmbHR 1975, 227; BGH v. 16.12.1991 – II
    ZR 58/91, BGHZ 116, 359, 368 = GmbHR 1992, 257; BGH v. 24.5.1993 – II ZR 36/92, DB 1993,
    1614, 1616 = GmbHR 1993, 505; *Goette*, DStR 1997, 328; *Strohn*, in: MünchKomm. GmbHG,

ergeben sich Wirksamkeitsgrenzen unter den Gesichtspunkten der Gläubigerbenachteiligung, der Gleichbehandlung der Gesellschafter und der allzu starken Einschränkung ihres Interesses an Fungibilität und Erhaltung ihrer Vermögenswerte. Keinen Vorrang gegenüber der Gültigkeitsprüfung nach allgemeinen Maßstäben hat die insolvenzrechtliche Anfechtung[171].

30 Eine Regelung, nach der Abfindungsbeschränkungen **nur im Fall der Einziehung wegen Pfändung des Anteils bzw. Insolvenz** seines Inhabers eingreifen, die also zu Lasten der Privatgläubiger eines Gesellschafters gehen würde, kann nicht auf Anerkennung hoffen. Vielmehr müssen die diesbezüglichen Konditionen der Zwangsamortisation wegen Pfändung und Insolvenz einerseits und wegen vorliegender wichtiger Gründe in der Person andererseits sowie auch bei einer Ausschließung aus wichtigem Grund **gleich** sein[172], andernfalls ist die Klausel nichtig[173]; allerdings kann der Gläubiger nicht verlangen, besser gestellt zu werden als ein Gesellschafter. Damit müssen aber nicht alle Ausscheidensfälle gleich behandelt werden[174], deshalb kann bei der Bestimmung der Abfindung auch nach den Gründen der Ausschließung bzw. Abfindung differenziert werden, wofür aber eine sachliche Berechtigung bestehen muss[175]. So können die Dauer der Beteiligung eines Gesellschafters und der Wert seiner Beiträge zum Gesellschaftszweck bei der Höhe der ihm zugebilligten Abfindung berücksichtigt werden. Unter dem Gesichtspunkt, die Rechte des von der Einziehung betroffenen Gesellschafters gegen die Bestandsinteressen der Gesellschaft und der verbleibenden Gesellschafter abzuwägen, stehen Buchwertabfindungsklauseln sowie Regeln über die **Nichtansetzung** eines **immateriellen** Werts gleich[176]; auch hierbei darf es aber nicht zu einer unzumutbaren Benachteiligung des Gesellschafters kommen (Rdnr. 35). Das früher[177] anerkannte Motiv, durch entschädigungslose Einziehung eines Geschäftsanteils Fremde vom Erwerb des in die Gesellschaft eingebrachten Familienvermögens überhaupt auszuschließen, ist mit Rücksicht auf die mögliche Beeinträchtigung der Interessen des Anteilsinhabers von der neueren Judikatur nicht mehr gedeckt.

31 Gegenüber Abfindungsbeschränkungen im Zusammenwirken mit einer möglichen „Hinauskündigung" bestand zeitweise das Bedenken, dass hierdurch **Minderheitsgesellschafter** in

---

Rdnr. 271; *Fastrich*, in: Baumbach/Hueck, Rdnr. 25; *Ulmer/Habersack*, in: Ulmer/Habersack/Löbbe, Rdnr. 82, 83; *Lutter/Kleindiek*, in: Lutter/Hommelhoff, Rdnr. 81; *Lange*, NZG 2001, 635 ff.; s. auch *Emde*, ZIP 2000, 1753; *Siems*, Anm. WuB II C § 34 GmbHG 1.02.

171 *Sosnitza*, in: Michalski u.a., Rdnr. 63; *Thiessen*, in: Bork/Schäfer, Rdnr. 92.

172 Grundlegend BGH v. 12.6.1975 – II ZB 12/73, BGHZ 65, 22 = GmbHR 1975, 227; BGH v. 19.6.2000 – II ZR 73/99, BGHZ 144, 365 = NJW 2000, 2819 mit zust. Anm. *Kleindiek/Balke*, WuB II C § 242 AktG 1.01 und Kurzkomm. *Casper*, EWiR 2000, 943; OLG Naumburg v. 21.11.2013 – 1 U 105/13, GmbHR 2014, 716; zust. auch *Mutter*, Kurzkomm. EWiR 2002, 763; schon früher ebenso OLG Hamburg v. 23.9.1982 – 2 W 34/81, ZIP 1982, 1327 = DB 1982, 2344; *Strohn*, in: Münch-Komm. GmbHG, Rdnr. 234; *Thiessen*, in: Bork/Schäfer, Rdnr. 84; *Fastrich*, in: Baumbach/Hueck, Rdnr. 30; *Ulmer/Habersack*, in: Ulmer/Habersack/Löbbe, Rdnr. 95; *Altmeppen*, in: Roth/Altmeppen, Rdnr. 60; näher *Bischoff*, GmbHR 1984, 61, 67.

173 Zur Nichtigkeit BGH v. 19.6.2000 – II ZR 73/99, BGHZ 144, 365 = GmbHR 2000, 822; *Sosnitza*, in: Michalski u.a., Rdnr. 65; *Fastrich*, in: Baumbach/Hueck, Rdnr. 30; zur gleichzeitigen Anwendung des § 241 Nr. 3 AktG wegen Gläubigerbenachteiligung *Strohn*, in: MünchKomm. GmbHG, Rdnr. 236. Nach *Heuer*, ZIP 1998, 412 f. ist in solchen Fällen ein Anspruch auf vollwertige Abfindung zu Gunsten des Vollstreckungsgläubigers anzunehmen.

174 BGH v. 16.12.1991 – II ZR 58/91, BGHZ 116, 359, 374 = GmbHR 1992, 257; *Kesselmeier*, S. 140; *Ulmer/Habersack*, in: Ulmer/Habersack/Löbbe, Rdnr. 90; *Sosnitza*, in: Michalski u.a., Rdnr. 65.

175 BGH v. 16.12.1991 – II ZR 58/91, BGHZ 116, 359, 373 = GmbHR 1992, 257; *Strohn*, in: Münch-Komm. GmbHG, Rdnr. 231; *Zöllner*, Anm. zu BGHZ 144, 365, DNotZ 2001, 872, 873; *Fastrich*, in: Baumbach/Hueck, Rdnr. 30.

176 S. die Entscheidungen OLG Frankfurt v. 9.9.1977 – 20 W 702/76, NJW 1978, 328 = GmbHR 1978, 172; OLG Hamburg v. 23.9.1982 – 2 W 34/81, GmbHR 1983, 126.

177 BGH v. 20.12.1976 – II ZR 115/75, GmbHR 1977, 81 mit Anm. *Sachs*.

einer gegen die guten Sitten verstoßenen Weise erpressbar gemacht werden könnten[178]; dies ist heute in der in Rdnr. 17 dargestellten Weise differenziert zu sehen. Danach muss sowohl die Vereinbarung der Abfindungsbeschränkung als auch eine spätere Durchführung der Einziehung nach Maßgabe der eine Abfindungsbeschränkung verfügenden Satzungsregel auf die Vereinbarkeit mit **allgemeinen Rechtsgrundsätzen** überprüft werden. In der Tat kann dabei eine Beeinträchtigung der Kündigungsfreiheit des Gesellschafters durch eine nicht durch wichtige Gründe verursachte Zwangseinziehung unter Ausschluss oder Beschränkung der Abfindung gemäß **§ 138 BGB** bedenklich sein. Dies gilt nach der Rechtsprechung[179] dann, wenn die Beschränkung des Mittelabflusses aus der Gesellschaft vollkommen außer Verhältnis zu der im Interesse der Gesellschaft notwendigen Mittelerhaltung steht, was insbesondere aus der Sicht eines kündigungswilligen Gesellschafters zu einer zu starken Beschränkung der Fungibilität seiner Beteiligung führen kann. Ist allerdings die Einziehung für den Fall einer ordentlichen Kündigung der Gesellschaft vorgesehen, die ja das GmbHG nicht vorsieht, so werden jedenfalls gegen Abfindungsbeschränkungen, wenn sie nicht übermäßig sind oder sich besonders gegen einzelne Gesellschafter richten (was gegen § 138 BGB verstieße), geringere Bedenken erhoben. Bei der Wertung[180] kann allerdings nicht auf den Zeitpunkt der Kündigung abgestellt werden, da sich im Lauf der Zeit eine vertragliche Abfindung von den realen Werten stark entfernen kann. Daher ist auch unter diesem Gesichtspunkt bei der Nichtigkeitsprüfung auf den **Zeitpunkt des Vertragsschlusses** abzustellen[181], wie es auch dem Ansatz bei der Kontrolle des Gestaltungswillens der prinzipiell autonomen Parteien entspricht. Stets kann aber die Berufung auf eine übermäßige Beschränkung, die sich im Zeitpunkt eines Ausscheidens auswirken würde, im Einzelfall rechtsmissbräuchlich sein[182], was aber zu anderen Rechtsfolgen als der Nichtigkeit führt. Nichtigkeit unter dem Aspekt eines **anfänglichen Missverhältnisses** liegt nicht schon dann vor, wenn in großem Umfang stille Reserven vorhanden sind, auch dann nicht, wenn der wirtschaftliche Wert des Geschäftsanteils erheblich unter dem Abfindungsbetrag liegt, solange diese Differenz nicht ein Mehrfaches des Abfindungsbetrages ausmacht[183]. Unter diesen Voraussetzungen sind namentlich auch Buchwert- oder Nennwertabfindungsklauseln unbeanstandbar; zum **nachträglich** auftretenden **Missverhältnis** s. aber Rdnr. 35. Auch wenn für den Fall der Ausschließung eine dem Wert der Beteiligung nicht entsprechende Abfindung vorgesehen ist, kann dies nicht ohne weiteres als sittenwidrig

---

178 BGH v. 13.7.1981 – II ZR 56/80, NJW 1981, 2565.

179 BGH v. 16.12.1991 – II ZR 58/91, BGHZ 116, 359, 376 = GmbHR 1992, 257; s. auch BGH v. 20.9.1993 – II ZR 104/92, BGHZ 123, 281 = NJW 1993, 3193 (zur KG); BGH v. 13.6.1994 – II ZR 38/93, BGHZ 126, 226, 239 = GmbHR 1994, 871; BGH v. 2.6.1997 – II ZR 81/96, GmbHR 1997, 939 = ZIP 1997, 1453; zum Fall der Hinauskündigung BGH v. 29.5.1978 – II ZR 52/77, NJW 1979, 104; s. weiter *Lange*, NZG 2001, 635, 640; Bedenken aber bei *Sigle*, ZGR 1999, 659, 663 ff.; zust. *Dauner-Lieb*, GmbHR 1994, 836; *Schulze-Osterloh*, JZ 1993, 45 f.

180 OLG München v. 16.2.2001 – 23 U 4590/00, NZG 2001, 662; *Strohn*, in: MünchKomm. GmbHG, Rdnr. 230; *Ulmer/Habersack*, in: Ulmer/Habersack/Löbbe, Rdnr. 97; anders noch BGH v. 24.9.1984 – II ZR 256/83, GmbHR 1985, 113 = NJW 1985, 192; BGH v. 15.1.1998 – IX ZR 4/97, WM 1998, 783, 785; dagegen *Rasner*, NJW 1983, 2905, 2907; *Büttner*, in: FS Nirk, 1992, S. 119, 124 f.

181 BGH v. 20.9.1993 – II ZR 104/92, BGHZ 123, 281, 283; BGH v. 13.6.1994 – II ZR 38/93, BGHZ 126, 226, 233 = GmbHR 1994, 871; *Ulmer/Schäfer*, ZGR 1995, 134, 140; *Jaeger*, DB 1997, 1607; *Dauner-Lieb*, ZHR 158 (1994), 271, 276 ff.; *Strohn*, in: MünchKomm. GmbHG, Rdnr. 232; s. auch die Beispiele bei *Sigle*, ZGR 1999, 664 ff. Zur Berechnung und zur Prozesstaktik *Schröder*, GmbHR 2002, 541 ff.

182 *Ulmer/Habersack*, in: Ulmer/Habersack/Löbbe, Rdnr. 96; *Görner*, in: Rowedder/Schmidt-Leithoff, Rdnr. 110.

183 S. den Fall BGH v. 16.12.1991 – II ZR 58/91, BGHZ 116, 359 = GmbHR 1992, 257 mit Anm. *Schulze-Osterloh*, JZ 1993, 45; BGH v. 20.9.1993 – II ZR 104/92, BGHZ 123, 281 = NJW 1993, 3193; BGH v. 24.5.1993 – II ZR 36/92, GmbHR 1993, 505 = NJW 1993, 2101 f.; gegen eine Begrenzung der Abfindung auf den halben Buchwert BGH v. 9.1.1989 – II ZR 83/88, NJW 1989, 2686; *Fastrich*, in: Baumbach/Hueck, Rdnr. 35; *Strohn*, in: MünchKomm. GmbHG, Rdnr. 257; *Lutter/Kleindiek*, in: Lutter/Hommelhoff, Rdnr. 85.

verworfen werden[184]; erst recht ist ein Abfindungsausschluss möglich, wenn der Anteil keinen wirtschaftlichen Wert hat[185]. Die Parallele zur Vereinbarung einer Vertragsstrafe oder einer Verfallklausel[186], die von der Rechtsprechung mit Vorbehalten herangezogen wird[187], setzt voraus, dass es in der Absicht der Vertragsschließenden lag, den Kündigungs- oder Verkaufswilligen abzuschrecken, und dass Anhaltspunkte für eine legitime Druckausübung in diese Richtung bestehen. Dann ist aber auch § 343 BGB für Abfindungsausschluss wie -beschränkung entsprechend anwendbar.

32   Die Anforderungen an die **Konkretisierung der auf das Entgelt bezüglichen Vereinbarungen** in der satzungsmäßigen Einziehungsklausel dürfen nicht überspannt werden. So ist die frühere Forderung, dass die statutarische Einziehungsklausel nicht nur angibt, ob ein Entgelt gezahlt werden soll, sondern auch Hinweise auf die Berechnung des Entgelts enthält[188], angesichts des grundsätzlichen Ausgangspunkts beim vollen Verkehrswert der Beteiligung (Rdnr. 25) dahin abzuschwächen, dass die Satzung lediglich die Berechnung eines nicht vollwertigen Einziehungsentgelts hinreichend präzisieren muss, wie es den gewöhnlichen Regeln zu § 34 Abs. 2 entspricht[189]. Richtig ist ferner, dass außerhalb der Satzung keine rechtswirksamen (jedenfalls keine auch den Rechtsnachfolger bindenden) Vereinbarungen über die Festsetzung des Entgelts getroffen werden können. Auch ein *Gesellschafterbeschluss* über Richtlinien zur Berechnung eines angemessenen Einziehungsentgelts ist dann gegenüber einer anders lautenden Satzungsklausel nicht verbindlich[190], soweit nicht ein ausnahmsweise gültiger satzungsdurchbrechender Beschluss vorliegt.

33   In den genannten Grenzen besteht hinsichtlich des **Inhalts** der Abfindungsbeschränkung Gestaltungsfreiheit. Empfohlen werden satzungsmäßige Berechnungshinweise mit Gebot der Berücksichtigung von Besonderheiten wie dem Vorhandensein sog. 6b-Rücklagen, die Einbeziehung besonderer Ertragsverhältnisse, andererseits Abreden über die Ausklammerung des Firmenwerts aus der Berechnung, der Verzicht auf stille Reserven, die Einführung von Zahlungsfristen, Schiedsklauseln oder die Unerheblichkeit alles dessen, was nicht als Anteil am Stammkapital zuzüglich offener Rücklagen und Gewinnvortrag verhältnismäßig leicht berechenbar ist, schließlich – kaum als Abfindungsbeschränkung zu bezeichnen – Ertragswertklauseln[191]. Zur Verweisung auf durch **Steuergesetze** vorgegebene Bewertungsmethoden Rdnr. 29. Die Festlegung von Bewertungsmaßstäben durch die Satzung unterliegt der vollen Überprüfung durch das Gericht, in die auch die Beweggründe für eine Abfindungsbeschrän-

---

184 BGH v. 29.9.1983 – III ZR 213/82, WM 1983, 1207 – allerdings im eingeschränkten Rahmen der Überprüfung eines Schiedsspruchs.

185 OLG Brandenburg v. 24.7.2002 – 7 U 28/02, GmbHR 2002, 1066 = ZIP 2002, 1806 (zur Ausschließung); *Lutter/Kleindiek*, in: Lutter/Hommelhoff, Rdnr. 85.

186 *Soufleros*, Ausschließung und Abfindung, S. 274 f.; *Grunewald*, Der Ausschluss aus Gesellschaft und Verein, 1987, S. 159 f.; *Kesselmeier*, S. 135.

187 Eher positiv BGH v. 30.5.1983 – II ZR 138/82, WM 1983, 1208; abl. BGH v. 19.9.1977 – II ZR 11/76, NJW 1977, 2316 = GmbHR 1978, 131.

188 OLG Hamburg, NJW 1957, 1033; dazu Anm. *Scholz*, GmbHR 1958, 43; *Paulick*, GmbHR 1978, 121; *Kesselmeier*, S. 136; krit. aber *Niemeier*, S. 232 f.

189 BGH v. 19.9.1977 – II ZR 11/76, NJW 1977, 2316 = GmbHR 1978, 131; BayObLG v. 5.11.1982 – BReg 3 Z 92/82, BB 1983, 84 = GmbHR 1983, 270.

190 OLG Hamburg, NJW 1957, 1033.

191 Dazu eingehend *Ulmer*, in: FS Quack, S. 477, 490 f. mit Formulierungsvorschlägen auf S. 501 f.; s. auch *Sigle*, ZGR 1999, 659, 672; zu den Schwierigkeiten der Formulierung schlüssiger und genügend bestimmter Klageanträge in diesem Zusammenhang BGH v. 28.4.1977 – II ZR 208/75, GmbHR 1977, 151 f. Übersicht über die Judikatur bei *Siems*, Anm. WuB II C § 34 GmbHG 1.02; *Reymann*, DNotZ 2006, 106; zur Formulierung, namentlich auch zur Einbeziehung eines Schiedsgutachters, *Sosnitza*, in: Michalski u.a., Rdnr. 75. Zu den Maßstäben der Überprüfung eines auf der Grundlage des „Stuttgarter Verfahrens" erstellten Schiedsgutachtens OLG Stuttgart v. 15.3.2017 – 14 U 3/14, ZIP 2017, 868; *H. P. Westermann*, EWiR 2017, 423.

kung eingehen. So hat der BGH[192] bei einer auf den Pfändungsfall abstellenden Einziehungsklausel die Maßgeblichkeit der „wahren Vermögenswerte … ohne Ansatz eines Firmenwerts" akzeptiert; das würde auch heute noch zu gelten haben. Demgegenüber erscheint nicht recht einsehbar, warum – Wahrung des Gleichheitssatzes (Rdnr. 30) unterstellt – bei der pfändungsbedingten Einziehung nur die umfassende gesellschaftsvertragliche Gewährleistung des Fernhaltens Dritter[193] und nicht auch der Schutz des Betriebskapitals Abstriche von der Vollwertigkeit des Entgelts rechtfertigen sollen.

Wenn für eine auf den Fall der **Vererbung des Anteils** gemünzte Einziehungsklausel früher eine entschädigungslose Einziehung bei Vererbung an Familienfremde zugelassen wurde[194], so ist nach der Fortentwicklung der Inhaltskontrolle derartiger Bestimmungen auch in diesem Rahmen keine grob unbillige Benachteiligung des Ausscheidenden (näher Rdnr. 35) zuzulassen[195]. Dies soll noch nicht vorliegen, wenn es darum geht, die Beteiligung oder generell alle Anteile der jeweils nächsten Generation ungeschmälert zuzuwenden[196], die dann auch mit der Erbschaftsteuer belastet wird. Eine zumindest stillschweigende Billigung haben auch Regelungen über die **Ratenzahlung** des Einziehungsentgelts und die Hinausschiebung der **Fälligkeit** gefunden[197]. Da die diesbezügliche Entscheidung des BGH den Fall der Einziehung wegen Pfändung betraf, in dem die Vollwertigkeit eines in Raten zu zahlenden Entgelts bis dahin geleugnet worden war[198], scheint der Schluss erlaubt, dass bei Einziehung aus vom Anteilsinhaber zu vertretenden Gründen **Tilgungsstreckungen** jedenfalls durchgehen würden. Eine allgemein gültige zeitliche Grenze der Tilgungsstreckung lässt sich allerdings nicht angeben, zumal die dem Ausscheidenden zugemutete Wartefrist neben der Regelung der Verzinsung seines Abfindungsanspruchs während dieser Zeit ein Element der Sittenwidrigkeitsprüfung (Rdnr. 31) bildet. Eine länger als 10 Jahre laufende Tilgungsstreckung ist kaum akzeptabel[199], zumal die Auszahlung immer durch das Leistungsverweigerungsrecht bei drohendem Eintreten von Unterbilanz (§ 30 Rdnr. 52 ff.) bedroht ist. Aus ähnlichen Gründen werden bisweilen Stundungsvorbehalte in die Satzung aufgenommen[200]. Gegen längere Auszahlungsfristen werden aber noch weitere Bedenken erhoben[201]: Zum einen könne auf diese Weise der Ausscheidende zu einer Kreditgewährung (mit dem Insolvenzrisiko) an seine ehemalige Gesellschaft gezwungen werden, durch die ihm selber eine anderweitige Anlage des

34

---

192 BGH v. 12.6.1975 – II ZB 12/73, BGHZ 65, 22 = GmbHR 1975, 227; vorher war dies streitig (s. etwa BGHZ 32, 151; w. Nachw. bei *Priester*, GmbHR 1976, 5 f.).

193 So aber *Bischoff*, GmbHR 1984, 61, 66 ff.

194 BGH v. 20.12.1976 – II ZR 115/75, GmbHR 1977, 81, 83 mit Anm. *Sachs*; *Goette*, DStR 1997, 338; zu den Gestaltungsmöglichkeiten näher *Langner/Heydel*, GmbHR 2005, 377 ff.

195 *Behr*, ZGR 1990, 370.

196 BGH v. 20.12.1976 – II ZR 115/75, GmbHR 1977, 82; *Habersack*, ZIP 1990, 625, 631; *Strohn*, in: MünchKomm. GmbHG, Rdnr. 250; a.M. *Käppler* ZGR 1978, 542, 558.

197 BGH v. 12.6.1975 – II ZB 12/73, BGHZ 65, 22 = GmbHR 1975, 227; dazu *Priester*, GmbHR 1976, 5, 9; *Ulmer/Habersack*, in: Ulmer/Habersack/Löbbe, Rdnr. 92; *Sosnitza*, in: Michalski u.a., Rdnr. 77.

198 BGHZ 32, 151, 158; OLG Hamburg, NJW 1960, 870, 872; *Wiedemann*, Übertragung und Vererbung, S. 435.

199 BGH v. 9.1.1989 – II ZR 83/88, NJW 1989, 2685 f. erklärte die Ausdehnung auf 15 Jahre für sittenwidrig; ähnlich bereits RGZ 163, 388, 393; *Hennerkes/Maly*, NJW 1988, 2761, 2765; schon ein Zeitraum von 5 Jahren wird vom OLG Hamm v. 17.6.2004 – 27 U 44/03, NZG 2005, 440, und *Strohn*, in: MünchKomm. GmbHG, Rdnr. 229 beanstandet. Bei Abfindung zu vollen Werten hat BayObLG v. 5.11.1982 – BReg 3 Z 92/82, GmbHR 1983, 270 = WM 1983, 248 f. eine sechsjährige Tilgungsstreckung nicht beanstandet; für höchstens fünf Jahre wohl auch *Ulmer/Habersack*, in: Ulmer/Habersack/Löbbe, Rdnr. 92; s. auch *Lutter/Kleindiek*, in: Lutter/Hommelhoff, Rdnr. 82 (Obergrenze zwischen fünf und sieben Jahren).

200 Dazu *Harst*, GmbHR 1987, 183, 186.

201 OLG Dresden v. 18.5.2000 – 21 U 3559/99, NZG 2000, 1042 = GmbHR 2000, 718; im Wesentlichen zustimmend *Lange*, NZG 2001, 635, 637; s. auch *Sosnitza*, in: Michalski u.a., Rdnr. 77.

ihm zustehenden Geldes erschwert oder unmöglich gemacht werde. In der Tat wird dem
Ausscheidenden eine längere zinslose Wartefrist[202] nicht zugemutet werden können; andererseits wird die Gesellschaft, wenn sie zur kurzfristigen Auszahlung des Großteils der Abfindung unter Sicherstellung des ausstehenden Teils verpflichtet werden soll[203], oftmals kaum
in der Lage sein, die Zahlung eines Einziehungsentgelts überhaupt zu finanzieren, was sie bzw.
die verbleibenden Gesellschafter zwingen kann, den Verbleib eines wegen „wichtiger Gründe"
unzumutbaren Gesellschafters hinzunehmen. Eine derartige wirtschaftliche Schwäche der
Gesellschaft ist das gemeinsame Risiko aller Gesellschafter, dem sich auch der Ausgeschiedene
nicht entziehen kann. Sittenwidrigkeit derartiger Regelungen würde voraussetzen, dass die
wirtschaftliche Entwicklung einigermaßen verlässlich eingeschätzt werden konnte, als die
Klausel vereinbart wurde, nach allgemeinem Zivilrecht (§ 138 Abs. 2 BGB) kann Ungültigkeit
dieser und anderer Abfindungsbeschränkungen auch daraus folgen, dass ein Gesellschafter
oder eine Gruppe wegen Geschäftsunerfahrenheit bei der Regelung dieser Konditionen über-
vorteilt wurde[204]. Statt Nichtigkeit der Klausel erscheint es bei Vereinbarung einer zu langen
Zahlungsfrist oder bei Zumutung längerdauernder Zinslosigkeit der Forderung vorzugswürdig, die Regelung notfalls geltungserhaltend zu reduzieren[205]. Ob dafür eine **absolute Untergrenze** des Einziehungsentgelts angegeben werden kann, ist zweifelhaft; jedoch ist den diesbezüglichen Überlegungen[206] zuzugeben, dass die Gründe für Abfindungsbeschränkungen
durchweg mit der Bestandssicherung der Gesellschaft zusammenhängen, so dass eine Abfindung unterhalb eines hypothetischen Liquidationserlöses einer besonderen Rechtfertigung
bedarf, die aber auch nicht unmöglich erscheint. Im Hinblick auf Grundvermögen, das vom
fortgeführten Unternehmen schwer zu vermieten wäre, kann schließlich auch die Möglichkeit
eines günstigeren Verkaufs bei Liquidation nicht ohne weiteres zur Annahme der Sittenwidrigkeit eines nur auf den Buchwerten fußenden Einziehungsentgelts führen.

35 Nicht immer ist Nichtigkeit einer Regelung das passende Instrument zur Sicherung schutz-
würdiger Interessen. So kann eine statutarische Abfindungsbeschränkung einschließlich der
Buchwertabfindungsklausel **bei ihrer Schaffung** (durch die Satzung oder eine nachträgliche
Änderung[207]) nicht ohne weiteres als sittenwidrig und damit **nichtig** (zur Begründung der
Nichtigkeit s. auch Rdnr. 36) qualifiziert werden, weil es in diesem Zeitpunkt Umstände und
Beweggründe geben kann, die die Regelung rechtfertigen. Andererseits kann ein im Zeitpunkt
der Einziehung eintretendes Missverhältnis zwischen dem Abfindungswert nach Maßgabe der
Satzungsregelung und dem wirklichen Wert des Geschäftsanteils, wie es insbesondere nach
längerer positiver Entwicklung des Unternehmens häufig ist, nicht zu einer (**nachträglichen**)
Ungültigkeit der Abfindungsklausel führen[208]. Eine solche Entwicklung wird aber vom BGH
im Wege einer **ergänzenden Vertragsauslegung** zum Anlass für eine **Anpassung** der vertraglich vorgesehenen Abfindungsbeschränkung an das dem betroffenen Gesellschafter **zumut-**

202 Obwohl Verzinsung eines ausstehenden Abfindungsguthabens nicht vorgeschrieben sei, kann ein
vertraglicher oder satzungsmäßiger Ausschluss die Regelung unzumutbar machen, BayObLG v.
5.11.1982 – BReg 3 Z 92/82, GmbHR 1983, 270 = BB 1983, 83; *Fastrich*, in: Baumbach/Hueck,
Rdnr. 38.
203 So etwa *Lange*, NZG 2001, 637.
204 Beispiel BGH WM 1975, 325; zust. *Kesselmeier*, S. 137; *Thiessen*, in: Bork/Schäfer, Rdnr. 84.
205 Im Wesentlichen in diesem Sinne auch *Lange*, NZG 2001, 638.
206 *Bischoff*, GmbHR 1984, 61, 68 f.
207 Zur Gleichbehandlung anfänglich vorhandener und später eingeführter Regelungen *Ulmer/Haber-
sack*, in: Ulmer/Habersack/Löbbe, Rdnr. 106.
208 So schon BGH v. 20.9.1993 – II ZR 104/92, BGHZ 123, 281, 284 = GmbHR 1993, 806; ferner
BGH v. 24.5.1993 – II ZR 36/92, GmbHR 1993, 505 = NJW 1993, 2101; BGH v. 13.6.1994 – II ZR
38/93, BGHZ 126, 226, 233, 241 = GmbHR 1994, 871; zust. *Schulze-Osterloh*, JZ 1993, 45 ff.; *Dauner-Lieb*, ZHR 158 (1994), 271, 283; *Ulmer/Habersack*, in: Ulmer/Habersack/Löbbe, Rdnr. 109;
Fastrich, in: Baumbach/Hueck, Rdnr. 28; anders noch BGH v. 16.12.1991 – II ZR 58/91, BGHZ
116, 359, 360 = GmbHR 1992, 257 = NJW 1992, 892, 894.

bare Maß genommen[209]. Das bedeutet also keineswegs eine Abfindung zum vollen Verkehrswert, sondern immer noch namhafte Kürzungen des Abfindungsanspruchs, da die Vertragsregelung nicht nichtig ist. Dieses Ergebnis kann auch auf die Missbräuchlichkeit der Berufung auf eine durch die tatsächliche Entwicklung nicht mehr angemessene Abfindungsklausel gestützt werden[210], ähnlich auf Wegfall der Geschäftsgrundlage[211]. Praktikabel ist dies aber nur, wenn wenigstens ungefähre Klarheit über die Richtwerte besteht, die für den angemessenen Abschlag vom Verkehrswert zugrunde zu legen sind[212], etwa 30 % oder 50 %, ohne hierdurch die Würdigung des Einzelfalls einschließlich der Gründe für Ausscheiden und Einziehung überflüssig zu machen[213], derartige Grenzen sind niemals starr. Dogmatisch handelt es sich hier nicht um die Schließung einer Vertragslücke, deren Vorhandensein auch bezweifelt wird[214], sondern um eine einzelfallbezogene und flexible **Ausübungskontrolle**, mit der die Gestaltungspraxis, obwohl sie die diesbezügliche Judikatur bisweilen angreift[215], immer noch besser zurecht kommen sollte als mit dem Alles oder Nichts einer bloß auf § 138 BGB gestützten Inhaltskontrolle. Die **Kautelarpraxis** braucht unter diesen Umständen von statutarischen Abfindungsbeschränkungen nicht abzusehen[216], sie sollte aber flexibel gestaltet werden und eine Anpassung an die Entwicklung des Verkehrswerts (in beiderlei Richtung) vorsehen. Es kann in einem „Niedrigzinsumfeld" durch Änderungen des Kalkulationszinsfußes auch dazu kommen, dass die hiernach berechnete Abfindung den Verkehrswert des Anteils deutlich übersteigt; auch hier wird von der Notwendigkeit einer Korrektur der Satzungsregelung durch ergänzende Vertragsauslegung ausgegangen[217]. Die Satzung darf auch Differenzierungen zwischen den verschiedenen Abfindungsfällen regeln, solange der generell geltende Grundsatz der Gleichbehandlung nicht verletzt wird[218]. Ein aus wichtigen Gründen oder aufgrund von Satzungsregeln ordentlich ausscheidender Gesellschafter steht einem Ausgeschlossenen oder „Hinausgekündigten" zwar nicht völlig gleich, doch werden solche Umstände allzu große Unterschiede nicht rechtfertigen können, da im Vordergrund immer die Interessenabwägung zwischen dem durch Einziehung seines Anteils Ausscheidenden und dem Fortbestand des ge-

---

209 BGH v. 20.9.1993 – II ZR 104/92, BGHZ 123, 281, 285 ff. = GmbHR 1993, 806; BGH v. 13.6.1994 – II ZR 38/93, BGHZ 126, 226, 242 ff. = GmbHR 1994, 871 = NJW 1994, 2536, 2539; BGH v. 17.12.2001 – II ZR 348/99, GmbHR 2002, 265 = NZG 2002, 176; zust. *Strohn*, in: MünchKomm. GmbHG, Rdnr. 241; *Altmeppen*, in: Roth/Altmeppen, Rdnr. 49; *Thiessen*, in: Bork/Schäfer, Rdnr. 89; *Ulmer/Habersack*, in: Ulmer/Habersack/Löbbe, Rdnr. 109; *Klingsch*, in: Saenger/Inhester, Rdnr. 47; für offene Anwendung des § 242 BGB *Görner*, in: Rowedder/Schmidt-Leithoff, Rdnr. 47. Wenn die Satzung ausdrücklich die Anwendung des Stuttgarter Verfahrens vorsieht, kann nach BGH v. 27.9.2011 – II ZR 279/09, GmbHR 2012, 92 darauf zurückgegriffen werden.
210 *H. P. Westermann*, AcP 175 (1975), 375, 422; s. auch *Kort*, DStR 1995, 1966; *Müller*, ZIP 1995, 1569; *Fastrich*, in: Baumbach/Hueck, Rdnr. 28.
211 *Büttner*, in: FS Nirk, 1992, S. 128 ff.; *Ulmer/Habersack*, in: Ulmer/Habersack/Löbbe, Rdnr. 109.
212 *Erman*, in: FS H. Westermann, 1974, S. 74, 78 f.; *Heym*, in: FS Schiedermair, 1976, S. 271 f.; *Ulmer/Schäfer*, ZGR 1995, 153; *Kort*, DStR 1995, 1967; *Lutter/Kleindiek*, in: Lutter/Hommelhoff, Rdnr. 90.
213 *Altmeppen*, in: Roth/Altmeppen, Rdnr. 50; dagegen aber *Ulmer/Schäfer*, ZGR 1995, 151.
214 *Dauner-Lieb*, ZHR 158 (1994), 271; *Dauner-Lieb*, GmbHR 1994, 836; *Müller*, ZIP 1995, 1561; *Mark*, JZ 1994, 1125.
215 S. etwa *Heidenhain*, Anm. LM § 242 BGB (Ba) Nr. 90; *Sigle*, ZGR 1999, 661 ff.; *Rasner*, ZHR 158 (1994), 292 ff.; *Kort*, DStR 1995, 1961, 1967.
216 Zu den Folgen für die Vertragsgestaltung eingehend *Rasner*, ZHR 158 (1994), 292 ff.; s. auch den Vorschlag von *Lutter/Kleindiek*, in: Lutter/Hommelhoff, Rdnr. 91 („dynamische" Regelungen). Eine nach dem Wortlaut für den Fall der anfänglichen Unzulässigkeit einer Berechnungsmethode vorgegebene Abfindung nach dem „Stuttgarter Verfahren" griffe auch in diesem Fall ein, BGH v. 27.9.2011 – II ZR 279/09, GmbHR 2012, 92, obwohl die Regelung heute als unangemessen betrachtet wird (*Hülsmann*, GmbHR 2007, 290; *Altmeppen*, in: Roth/Altmeppen, Rdnr. 49).
217 So *Rodewald/Eckert*, GmbHR 2017, 329, 332 f. in Auseinandersetzung mit OLG München v. 23.3.2006 – 23 U 4425/04, NJW 2006, 2198 ff.
218 Anders insoweit *Rasner*, ZHR 158 (1994), 306.

sellschaftlichen Unternehmens steht. Wenn der **Verkehrswert** eines Anteils auf Grund von Ereignissen nach Vertragsschluss **unter dem Buchwert** liegt, fragt sich, ob dann die Abfindung trotz Vorhandenseins einer Buchwertklausel an den Verkehrswert angenähert oder auf ihn reduziert werden kann[219]. Bisweilen wird in solchen Fällen der Abfindungsforderung eines Gesellschafters, der die Einziehung seines Anteils durch ein ihm zuzurechnendes Verhalten veranlasst hat, bezüglich des Buchwerts Rechtsmissbrauch entgegengehalten werden können, in anderen Fällen, da es sich hier wohl in der Tat um eine Vertragslücke handelt, mit ergänzender Vertragsauslegung im Sinne der höchstrichterlichen Praxis geholfen werden. Wenn die verbleibenden Gesellschafter die Gründe für das Ausscheiden durch ihr Verhalten zu vertreten haben, können Abfindungsbeschränkungen nicht gelten[220].

36 Die **Auswirkungen** einer **Nichtigkeit** oder Korrekturbedürftigkeit der Entgeltregelung auf die Gültigkeit der satzungsmäßigen Einziehungsklausel als solcher sind hauptsächlich durch den Unterschied von Inhalts- und Ausübungskontrolle und durch die Möglichkeit geltungserhaltender Reduktion im Gesellschaftsrecht bestimmt[221]. Sie führen dazu, dass die Einziehungsklausel, die ausschließlich allgemeinen kapitalgesellschaftsrechtlichen Gestaltungsmöglichkeiten und -notwendigkeiten entspricht, Bestand hat; einer Anwendung des Rechtsgedankens des § 139 BGB bedarf es dafür nicht[222]. Einer geltungserhaltenden Auslegung kommt auch die Sichtweise[223] entgegen, dass die Gesellschafter in diesem Zusammenhang im Zweifel eine vernünftige und auf Dauer wirksame Behandlung aller gewollt haben. Dass im konkreten Fall der Betroffene die Satzungsregelung „nicht uneingeschränkt hinnehmen müsste", berührt auch die Wirksamkeit des auf diese Klausel gestützten Einziehungsbeschlusses nicht[224]. Es kann aber **Nichtigkeitsgründe** geben, die sich aus § 138 BGB und § 241 Nr. 4 AktG (analog) nebeneinander ergeben können[225]. Die Rechtsprechung hat verschiedentlich Anfechtbarkeit nach § 241 Nr. 4 AktG angenommen[226], was zur Anwendbarkeit der **Heilungsmöglichkeiten** nach §§ 241 ff. AktG führt, die allerdings ausscheiden, soweit der Gläubigerschutz betroffen ist, weil ein Gläubiger eine Anfechtungs- oder Nichtigkeitsklage nicht erheben kann, so dass ihm nur automatische Nichtigkeit hilft[227]. Nach anderer Ansicht[228] greift die Heilungsvorschrift, also die Dreijahresfrist nach Eintragung (§ 242 Abs. 2 Satz 1 AktG analog), im Innen- wie im Außenverhältnis ein, und ein betroffener Gläubiger muss eine Amtslöschung nach § 389 FamFG

---

219 So BGH v. 13.3.2006 – II ZR 295/04, ZIP 2006, 851; zum Folgenden *Sörgel/Engelmann*, DStR 2003, 1260, 1263 ff.; *Altmeppen*, in: Roth/Altmeppen, Rdnr. 53. Eine Anpassung ist nach OLG Stuttgart v. 15.3.2017 – 14 U 3/14, GmbHR 2017, 913 = ZIP 2017, 868, auch geboten, wenn der tatsächliche Verkehrswert deutlich unter dem vertragsgemäß ermittelten Anteilswert liegt.

220 *Altmeppen*, in: Roth/Altmeppen, Rdnr. 55 (dort auch zum Fall des Vertretenmüssens des Ausscheidenden), ebenso *Lutter/Kleindiek*, in: Lutter/Hommelhoff, Rdnr. 90; gegen Berücksichtigung dieses Aspekts *Müller*, ZIP 1995, 1561, 1567.

221 Zum Unterschied zwischen Inhalts- und Ausübungskontrolle in diesem Bereich *H. P. Westermann*, AcP 175 (1975), 375, 414 ff.; zur geltungserhaltenden Reduktion *H. P. Westermann*, in: FS Stimpel, 1985, S. 69 ff. – zu Unrecht dagegen *Görner*, in: Rowedder/Schmidt-Leithoff, Rdnr. 46 Fn. 154.

222 *Sachs*, GmbHR 1974, 84, 88 f.; *Harst*, GmbHR 1987, 184; *Niemeyer*, S. 101 ff.; *Ulmer/Habersack*, in: Ulmer/Habersack/Löbbe, Rdnr. 107.

223 BGH v. 27.9.2011 – II ZR 279/09, GmbHR 2012, 92.

224 BGH v. 19.9.1977 – II ZR 11/76, GmbHR 1978, 131; zum Grundsatz auch BGH v. 12.6.1975 – II ZB 12/73, BGHZ 65, 22, 29 = GmbHR 1975, 227; BGH v. 7.5.1973 – II ZR 140/71, NJW 1973, 1606; *Lutter/Kleindiek*, in: Lutter/Hommelhoff, Rdnr. 86.

225 *Fastrich*, in: Baumbach/Hueck, Rdnr. 26; *Strohn*, in: MünchKomm. GmbHG, Rdnr. 236.

226 BGH v. 19.9.2005 – II ZR 342/03, BGHZ 164, 107, 113 = GmbHR 2005, 1561 = NJW 2005, 3644; BGH v. 16.12.1991 – II ZR 58/91, BGHZ 116, 359, 368 = GmbHR 1992, 257.

227 *Lange*, NZG 2001, 635, 640; *Strohn*, in: MünchKomm. GmbHG, Rdnr. 249; *Altmeppen*, in: Roth/Altmeppen, Rdnr. 54.

228 BGH v. 20.2.1984 – II ZR 116/83, WM 1984, 473; *Ulmer/Habersack*, in: Ulmer/Habersack/Löbbe, Rdnr. 108.

betreiben, die Anwendung einer geheilten Bestimmung auf den Abfindungsanspruch wird nur selten den Missbrauchseinwand auslösen[229]. Ein Beschluss zur nachträglichen Einführung einer Einziehung mit Abfindungsbeschränkung kann gegen § 241 Nr. 4 AktG verstoßen und ist dann nichtig[230]. Die Trennung von Einziehungsklausel und Abfindungsregelung kann für die Bewertung der Interessen der Beteiligten genügen. So kann bei „Hinauskündigungsklauseln" mit einer sittenwidrigen Abfindungsbeschränkung die volle Verkehrswert-Abfindung eingreifen[231]. Soweit wegen unzulässiger Diskriminierung des Pfandgläubigers oder sonstiger Privatgläubiger des Gesellschafters ein Minderentgelt nicht gültig vereinbart worden ist (Rdnr. 30), passt, wenn keine Heilung eingetreten ist, die Nichtigkeit der ganzen Einziehungsklausel als Ergebnis nicht; vielmehr kann die Gesellschaft zwar die Einziehung durchsetzen, muss sich aber an Stelle der unwirksamen Entgeltregelung an der Pflicht zur Zahlung des vollen Verkehrswerts festhalten lassen. Diese mögliche Folge[232] legt es besonders nahe, die Forderung nach Gleichbehandlung der Einziehungsfälle schon bei der Satzungsgestaltung zu beachten.

5. Besondere Modalitäten der Einziehung in Sonderfällen

a) Rechte mehrerer an einem Geschäftsanteil

Bei **Mitberechtigung mehrerer an einem Geschäftsanteil** (§ 18) muss an der freiwilligen   37
Einziehung, also auch bei der Einführung der Einzugsmöglichkeit durch Satzungsänderung (Rdnr. 21), die Gesamtheit der Mitberechtigten mitwirken, und zwar, da es sich um eine Verfügung über das Gut als Grundlage der Gemeinschaft handelt (§ 745 Abs. 3 BGB), einstimmig[233]. Auch wenn die Mitberechtigten durch Mehrheitsbeschluss eine einheitliche Gruppenvertretung sollten einrichten können, berührt die Entscheidung über die Einziehung des Anteils die Grundlagen der Stellung eines jeden Mitberechtigten und kann daher nicht ohne ihn gefasst werden. Die Einführung satzungsmäßiger Voraussetzungen einer Zwangseinziehung kann, wenn zu diesem Zeitpunkt bereits die Mitberechtigung am Anteil besteht, schon wegen § 18 Abs. 1 nur gemeinschaftlich gebilligt werden. Ob dann für die Einziehung die Voraussetzungen bei allen oder auch bei einzelnen Mitberechtigten vorliegen können, hängt von der Auslegung der Klausel ab, doch wird mit der Insolvenz oder der Verursachung von Ausschließungsgründen durch einen Mitberechtigten im Zweifel ein Grund zum Tätigwerden gegenüber der Gemeinschaft vorliegen, da die Mitgesellschafter die Bildung gemeinsamer Berechtigungen nicht verhindern können. Gewisse Besonderheiten sind für die Einziehung von Geschäftsanteilen in einer **Zweipersonen-GmbH** anzuerkennen, soweit hier nicht eine der in Rdnr. 3 Fn. 23 erwähnten Regelungen wie eine Russian-Roulette-Klausel eingreifen. Was das Verfahren der Einziehung betrifft, so geht es im Wesentlichen um die Stimmberechtigung bei gegenseitigen Ausschließungs- und Einziehungsbegehren der Gesellschafter,

229 Anders *Geißler*, NZG 2006, 527 und *Ulmer/Habersack*, in: Ulmer/Habersack/Löbbe, Rdnr. 108.
230 BGH v. 16.12.1991 – II ZR 58/91, BGHZ 116, 359, 368 = GmbHR 1992, 257; BGH v. 19.6.2000 – II ZR 73/99, BGHZ 144, 365, 367 = GmbHR 2000, 822; *Sosnitza*, in: Michalski u.a., Rdnr. 91; einschränkend im Sinne von Anfechtbarkeit BGH v. 20.9.1993 – II ZR 104/92, BGHZ 123, 281, 284; näher *Lux*, MDR 2006, 1205.
231 BGH v. 16.12.1991 – II ZR 58/91, BGHZ 116, 359 = GmbHR 1992, 257; BGH v. 29.5.1978 – II ZR 52/77, NJW 1979, 104; BGH, WM 1962, 462 f.; BGH v. 27.9.2011 – II ZR 279/09, GmbHR 2012, 92; *Lutter/Kleindiek*, in: Lutter/Hommelhoff, Rdnr. 86; *Ulmer/Habersack*, in: Ulmer/Habersack/Löbbe, Rdnr. 110; anders für unzumutbar geringe Abfindung *Altmeppen*, in: Roth/Altmeppen, Rdnr. 54 (ergänzende Vertragsanpassung).
232 *Winter*, GmbHR 1967, 201; *Sachs*, GmbHR 1974, 87.
233 *Fastrich*, in: Baumbach/Hueck, Rdnr. 6; *Strohn*, in: MünchKomm. GmbHG, Rdnr. 37; *Sosnitza*, in: Michalski u.a., Rdnr. 15.

auf die es ankommt, weil ein Einziehungsbeschluss nicht für entbehrlich erachtet wird[234]. Zur Stimmberechtigung Rdnr. 43; davon unabhängig muss aber der betroffene Gesellschafter Gelegenheit zur Stellungnahme erhalten[235]. Was die Wertung der persönlichen Verhältnisse unter den Gesellschaftern (und ihrer Zerrüttung) als „wichtigen Grund" im Sinne der herkömmlichen Formulierung von Einziehungsgründen anbelangt, so ist die bloße Prognose, dass eine gedeihliche Zusammenarbeit zwischen den streitenden Parteien nicht mehr zu erwarten sei, nicht ausreichend, sondern spricht mehr für eine Auflösungsklage[236], die aber gegenseitige Einziehungsbeschlüsse nicht ersetzen kann, die dann nach § 147 ZPO zusammenzufassen sind[237], mit der weiteren Folge, dass beide Beschlüsse nicht umgesetzt werden können, wenn der jeweils Betroffene Anfechtungs- oder Nichtigkeitsklage erhebt[238]. Anfechtungs- und Nichtigkeitsklage sind hier gegen den Mitgesellschafter zu richten[239].

38 **Pfandgläubiger** oder **Nießbraucher** eines Geschäftsanteils müssen der *(freiwilligen) Einziehung* durch den Inhaber des belasteten Anteils zustimmen, da hierin eine die Rechte des Dritten unmittelbar beeinträchtigende Verfügung über das Rechtsgut liegt. §§ 1276 Abs. 2, 1071 Abs. 2 BGB, § 829 Abs. 1 Satz 2 ZPO sind zumindest entsprechend anwendbar[240], so dass sich die Rechte am Einziehungsentgelt fortsetzen. Für dieses Ergebnis spricht der Schutz der betreffenden Rechtsinhaber gegen einen völligen Gestaltwandel des Rechts in ein (womöglich noch minderwertiges) Einziehungsentgelt[241]. Die anderen Gesellschafter bedürfen keines Schutzes, weil sie es in der Hand hatten, vor der Schaffung der Belastung insbesondere für den Fall der Pfändung durch eine Einziehungsklausel mit der Bestimmung eines Mindestentgelts vorzusorgen. Die Fortsetzung des dinglichen Rechts am Einziehungsentgelt, auf die eine Gegenmeinung hinwies[242], ist zwar möglicherweise ein Ausgleich, doch sollte der Gläubiger bereits den Rechtsverlust verhindern können, und was die Gesellschaft betrifft, so reicht für ihre wegen der Rechtssicherheit zweckmäßige Kenntnis von der Belastung die entsprechend § 407 BGB gemachte Anmeldung zum Ersatz der Zustimmung aus. Eine andere Frage ist[243], ob die Zustimmung des Dritten auch zur *Schaffung der Voraussetzungen einer Zwangseinziehung* erforderlich ist. Da hierbei i.d.R. auf Störungen des Verhältnisses zu den Gesellschaftern reagiert wird, ist dies nicht anzunehmen, es genügt, dass die statutarische Möglichkeit der Einziehung bestand, als der Dritte das Recht erwarb[244].

234 OLG München v. 8.10.1993 – 23 U 3365/93, GmbHR 1994, 251 = NJW-RR 1994, 496; OLG Nürnberg v. 29.3.2000 – 12 U 33/00, GmbHR 2001, 108 = NJW-RR 2001, 403; *Strohn*, in: MünchKomm. GmbHG, Rdnr. 94.
235 BGH v. 7.7.1997 – II ZR 221/96, DStR 1997, 1257.
236 BGH v. 15.4.1985 – II ZR 274/83, GmbHR 1985, 297 = WM 1985, 916 f.; näher *Wolf*, ZGR 1999, 92, 95 f.; anders *Reher*, Die Zweipersonen-GmbH – Notwendigkeit eines Sonderrechts?, 2003, S. 65.
237 *Reher*, Die Zwei-Personen-GmbH, S. 123; zust. *Strohn*, in: MünchKomm. GmbHG, Rdnr. 54.
238 *Strohn*, in: MünchKomm. GmbHG, Rdnr. 94.
239 *Wolf*, ZGR 1999, 92, 106; *Reher*, S. 151 f.; *Strohn*, in: MünchKomm. GmbHG, Rdnr. 95.
240 S. auch das Urteil des OLG Hamm v. 23.5.1997 – 19 U 150/96, GmbHR 1997, 950 = WM 1998, 145, 147; *Strohn*, in: MünchKomm. GmbH, Rdnr. 70; s. auch BGH v. 16.5.1988 – II ZR 375/87, BGHZ 104, 351 GmbHR 1989, 71.
241 *Heuer*, ZIP 1998, 405, 409; *Thiessen*, in: Bork/Schäfer, Rdnr. 9; *Fastrich*, in: Baumbach/Hueck, Rdnr. 6; *Ulmer/Habersack*, in: Ulmer/Habersack/Löbbe, Rdnr. 23; für analoge Anwendung des § 16 *Strohn*, in: MünchKomm. GmbHG, Rdnr. 40.
242 *Fischer*, GmbHR 1961, 21 ff.; *K. Müller*, GmbHR 1969, 4, 8; *Teichmann*, Gestaltungsfreiheit in Gesellschaftsverträgen, 1969, S. 236.
243 Ebenso *Niemeier*, S. 196; *Fastrich*, in: Baumbach/Hueck, Rdnr. 6; *Ulmer/Habersack*, in: Ulmer/Habersack/Löbbe, Rdnr. 23; für analoge Anwendung des § 16 *Strohn*, in: MünchKomm. GmbHG, Rdnr. 40.
244 *Niemeier*, S. 195; *Ulmer/Habersack*, in: Ulmer/Habersack/Löbbe, Rdnr. 58.

b) Einziehung eigener Anteile

Ein eigener Anteil der Gesellschaft existiert als Vermögensrecht weiter (§ 33 Rdnr. 32) und   39
kann infolgedessen auch eingezogen werden, was auch gegenüber dem Kapitalerhaltungsgebot
unbedenklich ist, da sich die Gesellschaft nicht selbst eine Abfindung schulden kann. Nach allgemeiner Ansicht[245] ist eine besondere Zustimmung nicht erforderlich. Da die Willensbildung
ohne das ruhende Stimmrecht aus dem eigenen Anteil (§ 33 Rdnr. 37) stattfinden muss, bedarf es zur Schaffung satzungsmäßiger Einziehungsvoraussetzungen nur der Mitwirkung aller
Gesellschafter, nicht noch einer besonderen Zustimmung der Geschäftsführung der Gesellschaft. Soweit lediglich die Möglichkeit der Einziehung eigener Anteile geschaffen werden soll,
dürfte auch die besondere Vereinbarung einer Satzungsklausel sich erübrigen[246]. Allerdings ist
– besonders in Familiengesellschaften – darauf zu achten, dass die Satzungsregeln über die
Einziehung nicht dazu führen, restriktive Satzungsvorschriften betreffend die Veräußerung
von Geschäftsanteilen zu unterlaufen[247]. Da die Gesellschaft **nicht voll eingezahlte Geschäftsanteile** nicht erwerben kann (§ 33 Rdnr. 5, s. auch Rdnr. 52), kann die Einziehung nicht zur
Umgehung des Kapitalerhaltungsgebots benutzt werden. Aber auch unabhängig davon darf
die Einziehung eines eigenen Anteils nicht zur Entstehung oder Verstärkung einer *Unterbilanz*
führen, s. im Einzelnen Rdnr. 54. Zur Einziehung des letzten nicht von der Gesellschaft gehaltenen Geschäftsanteils s. § 33 Rdnr. 44. Im Rahmen eines Einziehungsverfahrens kann auf
Grund einer Satzungsbestimmung auch vorgeschrieben sein, dass bei Vorliegen der Einziehungsvoraussetzungen der betroffene Gesellschafter den Anteil auf die Gesellschaft zu übertragen hat, was dann eine Form der Ausschließung des Gesellschafters darstellt[248] und nur unter den Voraussetzungen des § 33 möglich ist, aber auch die Anordnungen des § 34 zum
Schutz des Anteilsinhabers zu beachten hat. Dann wird die Beteiligung aber nicht vernichtet,
bevor die Voraussetzungen der Einziehungswirkung, besonders die Zahlung des Einziehungsentgelts an den betroffenen Gesellschafter, eingetreten sind; zur Aufbringung des Einziehungsentgelts Rdnr. 51 ff., speziell bei Einziehung eigener Anteile Rdnr. 54. In der Hand der Gesellschaft bleibt der (zwangsweise) an sie abgetretene Anteil zunächst bestehen und muss, wenn
das Einziehungsentgelt nicht aus ungebundenem Vermögen aufgebracht werden kann (auch
nicht durch Zahlungen der Mitgesellschafter), an den früheren Eigner zurückübertragen werden[249].

c) Teilweise Einziehung

Zugelassen wird auch die teilweise Einziehung eines Geschäftsanteils[250], doch müsse § 5 Abs. 2   40
Satz 1 sowie das Gebot bzgl. der Übereinstimmung der Summe der Nennbeträge aller Geschäftsanteile mit dem Stammkapital gemäß § 5 Abs. 3 Satz 2 (Konvergenzgebot), das durch
das MoMiG auch über den Fall der Gründung hinaus ausgedehnt worden ist, beachtet werden
(näher Rdnr. 62 ff.). Soweit das geschuldete Einziehungsentgelt nicht aus gesellschaftsrecht-

245 *Niemeier*, S. 182 f.; *Ulmer/Habersack*, in: Ulmer/Habersack/Löbbe, Rdnr. 25; *Görner*, in: Rowedder/
     Schmidt-Leithoff, Rdnr. 75; *Strohn*, in: MünchKomm. GmbHG, Rdnr. 88; *Thiessen*, in: Bork/Schä-
     fer, Rdnr. 23; *Lutter/Kleindiek*, in: Lutter/Hommelhoff, Rdnr. 16.
246 *Hösel*, DNotZ 1958, 5, 12; *Zeilinger*, GmbHR 2002, 772, 774; *Strohn*, in: MünchKomm. GmbHG,
     Rdnr. 88; *Altmeppen*, in: Roth/Altmeppen, Rdnr. 6; a.M. *Ulmer/Habersack*, in: Ulmer/Habersack/
     Löbbe, Rdnr. 27 unter Berufung auf *Niemeier*, S. 133 ff.; *Görner*, in: Rowedder/Schmidt-Leithoff,
     Rdnr. 75; *Sosnitza*, in: Michalski u.a., Rdnr. 24.
247 S. das Beispiel BGH v. 15.12.1975 – II ZR 17/74, WM 1976, 204.
248 S. etwa BGH v. 20.6.1983 – II ZR 237/82, GmbHR 1984, 74 = NJW 1983, 2880 und dazu *Niemeier*,
     S. 88 f.; *Sieger/Mertens*, ZIP 1996, 1493, 1499.
249 Dazu im Einzelnen *Schultze-Petzold*, Die GmbH als Träger eigener Geschäftsanteile, 1990,
     S. 114 ff.
250 BGHZ 9, 157, 169; *Thiessen*, in: Bork/Schäfer, Rdnr. 25; *Görner*, in: Rowedder/Schmidt-Leithoff,
     Rdnr. 40; *Altmeppen*, in: Roth/Altmeppen, Rdnr. 32; *Ulmer/Habersack*, in: Ulmer/Habersack/Löb-
     be, Rdnr. 24; *Strohn*, in: MünchKomm. GmbHG, Rdnr. 90.

lich ungebundenem Vermögen aufgebracht werden kann, wird eine Teileinziehung zugelassen[251], anders, wenn ein Geschäftsanteil nicht voll eingezahlt ist, da man ihn nicht in einen eingezahlten und einen nicht eingezahlten – dann nicht einziehungsfähigen – Teil aufspalten kann[252], näher Rdnr. 52. Also muss die Teileinziehung mit einer *Kapitalherabsetzung* kombiniert werden, § 19 Abs. 3 (zum Verhältnis von Einziehung und Kapitalherabsetzung im Übrigen Rdnr. 61). Die Teileinziehung eines Geschäftsanteils – gleichzubehandeln wäre die Einziehung eines von mehreren Anteilen, die ein Gesellschafter hält – darf von den anderen Gesellschaftern nicht dazu gebraucht werden, lediglich die Mehrheitsverhältnisse in der Gesellschaft zu ihren Gunsten zu verschieben, wenn nicht die Satzungsklausel gerade auch hierzu dienen soll. Wenn die Einziehung vorgesehen ist, um von der Gesellschaft die Belastung durch einen insolventen oder zur weiteren Zusammenarbeit ungeeigneten Partner abzuwehren, so werden sich die verbleibenden Gesellschafter in der Regel nicht damit begnügen können, einen ihnen lästigen Teilhaber mit dem verhältnismäßig geringeren finanziellen Aufwand, den eine Abfindung nach Teileinziehung erfordert, um seinen gesellschaftsrechtlichen Einfluss zu bringen und ihn in die Rolle eines bloßen Kapitalanlegers zu versetzen[253]. Nur wenn die Satzungsklausel die Auslegung zulässt, dass es ihr (auch) darum geht, Geschäftsführungseinfluss zu neutralisieren, ohne dass die Gesellschaft durch die Abfindungslast in Schwierigkeiten gerät, kann in solchen Fällen die Teileinziehung gebilligt werden. Zu den Ausübungsschranken s. im Übrigen Rdnr. 44.

III. Durchführung der Einziehung und Aufbringung des Einziehungsentgelts

1. Der Vorgang der Einziehung, insbesondere: Abstimmung der Gesellschafter

a) Einziehungsbeschluss und -erklärung

41 Zwischen Einziehungsbeschluss und Erklärung und der Schaffung der Voraussetzungen ist eine bestimmte Reihenfolge nicht vorgeschrieben, d.h. die satzungsmäßigen Voraussetzungen der Einziehung können auch erst geschaffen werden, wenn die Gesellschafter den Beschluss, von ihnen Gebrauch zu machen, bereits gefasst haben, obwohl sie dies gewöhnlich erst können, wenn sie die statutarischen Voraussetzungen kennen. Die Durchführung des Beschlusses geschieht durch die einseitige gestaltende Erklärung (Rdnr. 6), bei der die einziehende Gesellschaft vertreten werden muss. Eine im Einzelnen umstrittene Sonderstellung nimmt in diesem Vorgang das Erfordernis der Zahlbarkeit des Einziehungsentgelts aus Mitteln ein, die der Gesellschaft außerhalb des zurzeit der Erklärung vorhandenen Reinvermögens zur Verfügung stehen (Rdnr. 51). Zur so genannten **statutarischen Einziehung** s. Rdnr. 49, 50.

42 Erforderlich ist ein Einziehungsbeschluss, für den regelmäßig die *Gesellschafterversammlung* zuständig ist, § 46 Nr. 4. Nach § 45 kann das Statut diese Aufgabe aber auch einem anderen Organ übertragen, etwa dem Geschäftsführer, einem Gesellschafterausschuss, einem Aufsichts- oder Beirat, nicht aber außenstehenden Dritten[254]. Eine Verkürzung der Rechte der

---

251 *Sosnitza*, in: Michalski u.a., Rdnr. 21; *Strohn*, in: MünchKomm. GmbH, Rdnr. 90.

252 *Strohn*, in: MünchKomm. GmbHG, Rdnr. 90; *Niemeier*, S. 292; *Görner*, in: Rowedder/Schmidt-Leithoff, Rdnr. 74.

253 Verstoß gegen die gesellschaftliche Treupflicht, *Strohn*, in: MünchKomm. GmbHG, Rdnr. 91.

254 *Fastrich*, in: Baumbach/Hueck, Rdnr. 14; *Ulmer/Habersack*, in: Ulmer/Habersack/Löbbe, Rdnr. 115; *Thiessen*, in: Bork/Schäfer, Rdnr. 29; *Lutter/Kleindiek*, in: Lutter/Hommelhoff, Rdnr. 20; einschränkend (nur für eine genossenschaftlich strukturierte Gesellschaft) LG Heilbronn v. 21.12.1993 – 2 S 519/93 III, GmbHR 1994, 322; gegen die Übertragung auf Geschäftsführer *Mertens*, in: FS Stimpel, 1985, S. 421; *Görner*, in: Rowedder/Schmidt-Leithoff, Rdnr. 14 (Gesellschafterbeschluss unentbehrlich, die Geschäftsführer haben die Erklärung abzugeben). Gegen Übertragung auf Außenstehende *Lutter/Kleindiek*, in: Lutter/Hommelhoff, Rdnr. 21; *Strohn*, in: MünchKomm. GmbHG, Rdnr. 26.

Gesellschafter bedeutet dies nicht, weil sie entweder der Maßnahme als solcher zugestimmt oder an der Einfügung der Einziehungsvoraussetzungen in die Satzung mitgewirkt haben müssen; ohne besondere statutarische Regelung, die dies beschränkt, können sie die Zuständigkeit nach Satzungsänderung wieder mit qualifizierter Mehrheit an sich ziehen[255]. Die satzungsmäßige Übertragung des Einziehungsrechts als Sonderrecht auf einen Gesellschafter oder eine Gesellschaftergruppe, die grundsätzlich möglich ist, darf nicht mit einer Befugnis zu willkürlichen Entscheidungen, u.U. über Veränderungen innerhalb einer Gesellschaftergruppe, verbunden sein[256]. Zweckmäßig kann auch die Übertragung auf eine **Schiedsinstanz**[257] sein, die dann kein Schiedsgericht i.S. der §§ 1025 ff. ZPO ist, deren Entscheidungen wie gesellschaftsinterne Beschlüsse mit Nichtigkeits- und Anfechtungsklage sollen angegriffen werden können, und bei der man dann zusätzlich verlangen muss, dass sie mindestens mehrheitlich mit Gesellschaftern besetzt ist[258]. Soll die Gesellschafterversammlung beschließen, so muss der wichtige Grund vor der Abstimmung bekannt sein[259], zur Abstimmung s. Rdnr. 43. Soweit neben der Einziehung eine Kapitalherabsetzung stattfinden muss, geht diese Zuständigkeit nicht auch auf das mit der Einziehung befasste Organ über, sondern bleibt bei der Gesellschafterversammlung (§§ 53, 58). Der mit der Einziehung nicht einverstandene Anteilseigner kann das Vorliegen der Voraussetzungen im Rahmen einer **Anfechtung** des Gesellschafterbeschlusses zur Nachprüfung stellen; liegt die Beschlusszuständigkeit bei einem anderen Gesellschaftsorgan, so bleibt ihm die Feststellungsklage gegen die Gesellschaft[260]. Besondere Vorschriften über die notwendigen **Mehrheiten** bestehen nicht, ohne satzungsmäßige Sonderregelung genügt also eine einfache Mehrheit[261], was keine Bedenken erweckt, weil genügende Sicherheiten gegen eine diesbezügliche Majorisierung bei der Schaffung der Einziehungsvoraussetzungen vorgesehen sind[262]. Ohne abweichende Satzungsregelung genügt die Mehrheit der in der Gesellschafterversammlung Erschienenen[263].

Zweifelhaft ist, ob der **Inhaber** des betroffenen Geschäftsanteils **mitstimmen** darf. Diese Frage berührt bei der freiwilligen und bei der Zwangseinziehung unterschiedliche Belange. Direkt aus dem Gesetz geht kein Stimmverbot hervor, doch hat die Zwangseinziehung häufig funktionelle Ähnlichkeit mit der Ausschließung aus wichtigem Grund, der im Verhalten des Gesellschafters liegt, so dass ähnlich wie dort § 47 Abs. 4 Satz 1 unter dem Aspekt des Verbots, Richter in eigener Sache zu sein, eingreifen kann[264], ähnlich, wenn auf Pfändung oder

43

---

255 *Ulmer/Habersack*, in: Ulmer/Habersack/Löbbe, Rdnr. 115.

256 Zu solchen Auseinandersetzungen innerhalb eines Konsortiums *H. P. Westermann*, in: FS Bezzenberger, 2000, S. 449 ff.

257 *Ulmer/Habersack*, in: Ulmer/Habersack/Löbbe, Rdnr. 15; folgend *Sosnitza*, in: Michalski u.a., Rdnr. 106; zur Erweiterung der Zuständigkeit „echter" Schiedsgerichte *H. P. Westermann*, in: FS Goette, 2011, S. 601, 608; *H. P. Westermann*, ZGR 2017, 38, 56.

258 *Strohn*, in: MünchKomm. GmbHG, Rdnr. 144.

259 OLG München v. 12.11.1997 – 7 U 2929/97, GmbHR 1998, 332.

260 Ebenso *Ulmer/Habersack*, in: Ulmer/Habersack/Löbbe, Rdnr. 115.

261 BGH v. 21.3.1988 – II ZR 308/87, BGHZ 104, 66, 74 = GmbHR 1988, 304; *Lutter/Kleindiek*, in: Lutter/Hommelhoff, Rdnr. 20; *Fastrich*, in: Baumbach/Hueck, Rdnr. 14; *Strohn*, in: MünchKomm. GmbHG, Rdnr. 18.

262 Gegen die Einführung einer Kapitalmehrheit *Strohn*, in: MünchKomm. GmbHG, Rdnr. 148 (für die Ausschließung), weil auf diese Weise der Mehrheitsgesellschafter trotz des für ihn geltenden Stimmverbots das Zustandekommen einer Mehrheit verhindern könnte.

263 OLG Hamm v. 11.2.1999 – 27 U 187/98, NZG 1999, 599.

264 So BGHZ 9, 157; BGH v. 22.1.1990 – II ZR 21/89, NJW-RR 1990, 531 = GmbHR 1990, 162 (betreffend Ausschließung); OLG Stuttgart v. 23.3.1989 – 2 U 36/88, GmbHR 1989, 466 = WM 1989, 1252 mit Anm. *Soehring*, WuB II C § 47 GmbHG 2/89; BGH v. 20.12.1976 – II ZR 115/75, GmbHR 1977, 81, 82; OLG Celle v. 6.8.1997 – 9 U 224/96, GmbHR 1998, 140; ebenso *Ulmer/Habersack*, in: Ulmer/Habersack/Löbbe, Rdnr. 52; *Fastrich*, in: Baumbach/Hueck, Rdnr. 14; *Görner*, in: Roweder/Schmidt-Leithoff, Rdnr. 12; *Strohn*, in: MünchKomm. GmbHG, Rdnr. 20.

Insolvenz reagiert werden soll[265]. Damit gibt es aber noch kein allgemeines gesetzliches oder aus gesetzlichen Wertungen ableitbares Stimmverbot, das sich allenfalls aus der Auslegung von Satzungsbestimmungen ergeben müsste[266], weshalb gewöhnlich bei einer freiwilligen Einziehung der Betroffene mitstimmen darf[267]. Dass die Einziehung wie der Erwerb eines Geschäftsanteils eine Gefährdung gebundenen Vermögens bedeuten kann, liegt schon bei der Schaffung einer Einziehungsklausel auf der Hand und wird z.T. dadurch abgefangen, dass das Einziehungsentgelt nicht aus gebundenen Mitteln genommen werden darf. Auch sollte der betroffene Gesellschafter hier nicht der Entscheidung allein der Mitgesellschafter unterworfen werden, zumal er mit der Gesellschaft schon wegen seines Abfindungsanspruchs verbunden bleibt, freilich mit der Einschränkung, dass das Betreiben einer vermögensgefährdenden freiwilligen Einziehung („Selbstbedienung") in Bezug auf das gebundene Kapital treuwidrig wäre[268]. Haben sich Gesellschafter im Rahmen einer konsortialen Bindung zur gemeinsamen (auch: kämpferischen) Wahrnehmung ihrer Mitgliedschaftsrechte zusammengeschlossen, so trifft das Stimmverbot des Auszuschließenden diesen auch insoweit, als er kraft des Konsortialvertrages die übrigen Konsorten bei der Stimmabgabe vertreten könnte. Bei einer Bindung der Konsorten an eine im Konsortium gebildete Meinung, einen von ihnen vor der Einziehung zu bewahren, kommt auch für die Konsorten des Auszuschließenden ein Stimmverbot in Betracht[269]. Ein vom Stimmrecht ausgeschlossener Gesellschafter darf aber an der Gesellschafterversammlung teilnehmen und dort seinen Standpunkt vertreten, wird ihm die Teilnahme oder eine Äußerung verwehrt, ist der Beschluss anfechtbar[270]. Vom Stimmrecht sind auch solche Gesellschafter ausgeschlossen, bei denen im Zeitpunkt der Beschlussfassung feststeht, dass auch ihnen ein Einziehungsgrund zur Last fällt[271].

44 Im Rahmen der Prüfung, ob der Einziehungsbeschluss nicht nur auf den gesetzlichen und satzungsmäßigen Voraussetzungen fußt, sondern auch die allgemeinen Schranken der Rechtsausübung beachtet hat (Rdnr. 20), stehen die Gesichtspunkte des **Gleichbehandlungsgrundsatzes** (dazu auch § 14 Rdnr. 51 ff.) und der **Treuepflicht** (dazu auch § 14 Rdnr. 64 ff.) im Vordergrund. Allerdings wird die Freiheit der Gesellschafter hierdurch kaum sehr weit eingeschränkt. Zumindest im Bereich der Zwangseinziehung wegen des Verhaltens des Anteilsinhabers sind Einzelfälle kaum je miteinander vergleichbar. Immerhin sind Gesichtspunkte wie die **Verwirkung** und das Verbot **widersprüchlichen Verhaltens** anwendbar, so dass etwa eine vorbehaltlose Zusammenarbeit der Gesellschafter in zwei Jahren nach dem als wichtiger Grund in Anspruch genommenen Vorfall der Einziehung entgegensteht[272], wobei allerdings ein Abwarten des oder der einziehungsberechtigten Gesellschafter während eines (auch ein

---

265 OLG Jena v. 6.11.2001 – 8 U 517/01, GmbHR 2002, 116; *Strohn*, in: MünchKomm. GmbHG, Rdnr. 20.

266 BGH v. 20.12.1976 – II ZR 115/75, BB 1977, 564 = GmbHR 1977, 81, 82; auf § 47 Abs. 4 Satz 2 verweisend *Ulmer/Habersack*, in: Ulmer/Habersack/Löbbe, Rdnr. 52.

267 *Görner*, in: Rowedder/Schmidt-Leithoff, Rdnr. 12; *Fastrich*, in: Baumbach/Hueck, Rdnr. 14; im Ergebnis auch *Strohn*, in: MünchKomm. GmbHG, Rdnr. 19.

268 *Fastrich*, in: Baumbach/Hueck, Rdnr. 14; *Strohn*, in: MünchKomm. GmbHG, Rdnr. 19; *Ulmer/Habersack*, in: Ulmer/Habersack/Löbbe, Rdnr. 51.

269 Zum Letzteren RGZ 146, 385, 391; BGHZ 36, 296, 299; BGH v. 29.3.1971 – III ZR 255/68, BGHZ 56, 47, 53; näher zum Ganzen *H. P. Westermann*, in: FS Bezzenberger, 2000, S. 449, 457 ff.

270 BGH bei *Goette*, DStR 1997, 1257; OLG Dresden v. 17.7.1996 – 12 U 202/96, GmbHR 1997, 946; *Fastrich*, in: Baumbach/Hueck, Rdnr. 14; *Sosnitza*, in: Michalski u.a., Rdnr. 112.

271 OLG Düsseldorf v. 24.2.2000 – 6 U 77/99, GmbHR 2000, 1050 = DB 2000, 1959; BGH v. 22.1.1990 – II ZR 21/89, GmbHR 1990, 162 = NJW-RR 1990, 530.

272 BGH v. 20.2.1995 – II ZR 46/94, GmbHR 1995, 377 = ZIP 1995, 835; s. auch OLG Celle v. 31.7.1998 – 9 U 1/98, GmbHR 1999, 551; *Strohn*, in: MünchKomm. GmbHG, Rdnr. 22; *Ulmer/Habersack*, in: Ulmer/Habersack/Löbbe, Rdnr. 53.

Jahr umfassenden) Zeitraums gerechtfertigt werden kann[273]. Eine auf Insolvenz oder Pfändungsmaßnahmen gestützte Einziehung wird gewöhnlich in ihrer Durchführbarkeit innerhalb eines Zeitraums von höchstens zwei Jahren beurteilt werden können[274]. Andererseits können wichtige Gründe **nachgeschoben** werden[275]. Die Satzung kann zeitliche Schranken einer Geltendmachung von Einziehungsgründen bestimmen. Nicht selten fallen Entscheidungen über eine Einziehung (ähnlich wie über eine Ausschließung, so dass die Fälle vergleichbar sind) in Situationen heftiger persönlicher Zerwürfnisse der Gesellschafter. Dabei stellt sich die Frage, welche Folge es hat, dass u.U. mehrere Gesellschafter die Einziehung aus wichtigem Grund hinnehmen müssten, aber nicht gegen alle die Einziehung betrieben wird. In Klarstellung früherer Urteile[276] nimmt der BGH an, dass die Stimmabgabe eines selbst nicht gesellschaftstreuen Gesellschafters nicht mitgezählt werden kann, wobei der Beschluss aber mit den Stimmen der gesellschaftstreuen Gesellschafter zu Stande kommen kann, so dass er nicht auf der Stimme eines missbräuchlich Handelnden beruht[277]; erst recht darf die Einziehung nicht dazu missbraucht werden, ein eigenes vertragswidriges Verhalten durchzusetzen[278] oder trotz eigenem Fehlverhaltens nur gegen den Betroffenen vorzugehen. Diese einer Kompensation vergleichbare Sichtweise zwingt allerdings einen etwa vorhandenen gesellschaftstreuen Gesellschafter, die oft nicht finanzierbare Einziehung mehrerer anderer Geschäftsanteile zu betreiben; die „Blockade" kann auch durch Auflösungsklage beendet werden. Bei der Zweimann-Gesellschaft kann unter diesen Umständen die Einziehung (ungeachtet der Probleme der Abfindung) praktisch ganz unmöglich werden. Schließlich kann sich unter dem Gesichtspunkt der **Treupflicht** eine Pflicht zur Mitwirkung an einem Einziehungsbeschluss ergeben, wenn das Verbleiben des Anteilseigners der Gesellschaft objektiv und eindeutig zum Schaden gereichen würde[279]. Der Beschluss, der wegen der die Einziehung ablehnenden Stimmen hierzu nicht kommt, ist dann anfechtbar; auch kommt eine positive Beschlussfeststellungsklage in Betracht[280].

Einziehungsklauseln, die u.a. der Erhaltung der engen persönlichen Verbundenheit der Gesellschafter dienen, können im Zuge einer grundlegenden Änderung des Gesellschafterkreises ihren Sinn verlieren und müssen dann zurückhaltend angewendet werden. Das kann etwa im Fall der Einziehung eines Anteils an einer Komplementär-GmbH wegen Ausscheidens aus der Kommanditbeteiligung gelten, wenn die Rolle der GmbH sich nicht mehr auf die eines reinen Geschäftsführungsinstruments beschränkt. Darüber hinaus wird man aber in der GmbH als einer grundsätzlich auf kapitalistische Beteiligung angelegten Gesellschaftsform nicht eine generelle Ermessensbindung des Beschlussorgans oder ein Hindernis in dem Sinne entwickeln dürfen, wie sie im Personengesellschaftsrecht die – allerdings nicht mehr unangefochtene – Lehre von der Vorrangigkeit des „*milderen Mittels*" darstellt. Dies mag aber wohl für eine statutarisch nicht zugelassene und von der Rechtsprechung ohne gesetzliche Grund-

45

---

273 Etwa durch das Abwarten der Beendigung eines Vergleichsverfahrens, OLG Frankfurt v. 27.3.1998 – 10 U 56/97, GmbHR 1998, 786 = ZIP 1998, 1107; differenzierend *Eckhardt*, NZG 1998, 597; zum Verwirkungseinwand auch OLG München v. 12.11.1997 – 7 U 2929/97, GmbHR 1998, 332, 334; *Ebbing*, NZG 1999, 168.

274 Eine Einziehung nach vier Jahren sah OLG Düsseldorf v. 21.6.2007 – I-9 U 7/07, GmbHR 2008, 262 daher als verspätet an.

275 OLG Nürnberg v. 29.3.2000 – 12 U 33/00, GmbHR 2001, 108 (für Zweipersonen-GmbH).

276 BGHZ 16, 322; BGH v. 23.2.1981 – II ZR 229/79, BGHZ 80, 346, 351 = GmbHR 1981, 290.

277 BGH v. 22.1.1991 – II ZR 21/89, GmbHR 1990, 162 = WM 1990, 677 mit Anm. *Hüffer*, WuB II C § 34 GmbHG 1/90; s. auch Kurzkomm. *Neis-Schieber*, EWiR § 34 GmbHG 1/89; s. auch *Strohn*, in: MünchKomm. GmbHG, Rdnr. 21.

278 BGH v. 8.3.2004 – II ZR 165/02, NJW 2004, 2013, 2015 für Ausschließung aus einer Freiberufler-GmbH; s. auch *Sosnitza*, in: Michalski u.a., Rdnr. 115.

279 *Thiessen*, in: Bork/Schäfer, Rdnr. 30.

280 BGH v. 22.1.1990 – II ZR 21/89, GmbHR 1990, 162 = WM 1990, 677 ff.

lage als ultima ratio für verfahrene Situationen entwickelte Ausschließungsklage gelten[281]. Das Mittel einer satzungsmäßig – und nicht ohne Mitwirkung des betroffenen Anteilsinhabers – zu Stande gekommenen Einziehung sollte dagegen nicht ohne Not ineffektiv gemacht werden[282]. Auch im **Liquidationsstadium** kann ein Geschäftsanteil eingezogen werden[283], was insbesondere für einen Neubeginn als werbende Gesellschaft notwendig sein kann. Der Einziehungsbeschluss braucht zur Höhe der Abfindung keine Entscheidung zu treffen, zu den diesbezüglichen Voraussetzungen s. Rdnr. 51.

b) Durchführung und Anfechtung des Einziehungsbeschlusses

46 Der Beschluss muss dem Inhaber des eingezogenen Anteils **zugehen**; eine besondere Mitteilung ist nach verbreiteter Ansicht nur dann entbehrlich, wenn der Gesellschafter bei der Beschlussfassung zugegen war; hier genügt die Bekanntgabe des Beschlusses durch den Versammlungsleiter[284]. Muss der Beschluss dem betroffenen Gesellschafter noch zugehen, so geschieht dies durch rechtsgestaltende **Einziehungserklärung**, für deren Mitteilung an den Betroffenen die Gesellschafterversammlung zuständig ist, die aber auch einen anderen beauftragen kann[285]. Zuständigkeit und Delegationskompetenz ergeben sich daraus, dass die Gesellschafterversammlung das gesellschaftsvertragliche Verhältnis zu regeln hat. Die Mitteilung ist aber nicht formal zu handhaben, da die Figur des zugangsbedürftigen Gesellschafterbeschlusses offensichtlich nur aus Rücksicht auf die Bedürfnisse des Inhabers des einzuziehenden Anteils entwickelt worden ist, während eine Zustellung gegenüber anderen, ebenfalls nicht anwesenden Gesellschaftern nicht erwogen wird. Bedenken, der Geschäftsführer könne bei einer ihm übertragenen Mitteilung des Beschlusses im Zusammenspiel mit dem Betroffenen die Einziehung hinauszögern, wären angesichts des Weisungsrechts der Gesellschafter und der Befugnis, die Durchführung ihres Beschlusses zu kontrollieren, übertrieben.

47 Die Eintragung der Einziehung im **Handelsregister** ist gesetzlich nicht vorgesehen, die Durchführung des Beschlusses braucht also nicht zum Register angemeldet zu werden, wohl aber ist nach § 40 eine Vervollständigung der Gesellschafterliste notwendig[286]. Das führt zu der Frage, ob der Betroffene, der durch die Änderung der Gesellschafterliste die aus § 16 Abs. 1 folgende Legitimation verliert, bei Mängeln des Einziehungsbeschlusses die Änderung (im Wege einstweiligen Rechtsschutzes) verhindern oder eine durchgeführte Änderung korrigieren lassen kann. Das hängt im Wesentlichen von den Funktionen der Gesellschafterliste und ihren Wirkungen bei unrichtigen oder im Klagewege angefochtenen Eintragungen[287] sowie (natürlich) von den Voraussetzungen einstweiligen Rechtsschutzes ab, die hier aber von der Rechtspre-

---

281 BGHZ 16, 322; BGHZ 35, 283 f.; *Soufleros*, S. 40 f. Im Übrigen ist die Ausschließungsklage als Gestaltungsklage nicht mehr zugelassen, wenn die Satzung die Ausschließung aus wichtigem Grund durch Gesellschafterbeschluss regelt, OLG Stuttgart v. 23.3.1989 – 2 U 36/88, GmbHR 1989, 466 = WM 1989, 1252; im Einzelnen Anh. § 34 Rdnr. 37.

282 A.M. *Niemeier*, S. 266, der aber mit Recht bei Zwangseinziehung wegen Pfändung oder Insolvenz eine weitergehende sachliche Rechtfertigung des Einziehungsbeschlusses für entbehrlich erklärt.

283 RGZ 125, 179; BGHZ 9, 157, 179; *Niemeier*, S. 270; *Ulmer/Habersack*, in: Ulmer/Habersack/Löbbe, Rdnr. 6; *Fastrich*, in: Baumbach/Hueck, Rdnr. 18.

284 RG, JW 1934, 976, 977; *Gehrlein*, ZIP 1996, 1157, 1158; *Fastrich*, in: Baumbach/Hueck, Rdnr. 16; *Altmeppen*, in: Roth/Altmeppen, Rdnr. 66; *Görner*, in: Rowedder/Schmidt-Leithoff, Rdnr. 18; *Niemeier*, S. 275 ff.

285 *Gehrlein*, ZIP 1996, 1157, 1158; *Ulmer/Habersack*, in: Ulmer/Habersack/Löbbe, Rdnr. 55, die im Normalfall eine konkludente Beauftragung des Geschäftsführers annehmen; *Fastrich*, in: Baumbach/Hueck, Rdnr. 12; *Strohn*, in: MünchKomm. GmbHG, Rdnr. 36; *Sosnitza*, in: Michalski u.a., Rdnr. 118; a.M. (nur Geschäftsführer) *Sieger/Mertens*, ZIP 1996, 1493, 1494; *Görner*, in: Rowedder/Schmidt-Leithoff, Rdnr. 14.

286 *Koppensteiner/Gruber*, in: Rowedder/Schmidt-Leithoff, § 40 Rdnr. 3; *Noack*, in: Baumbach/Hueck, § 40 Rdnr. 6.

287 Dazu etwa OLG Bremen v. 21.10.2011 – 2 U 43/11, GmbHR 2012, 687.

chung sehr restriktiv gehandhabt werden[288]. Im Register wird die Veränderung dadurch kenntlich, dass der Inhaber des eingezogenen Anteils in der Gesellschafterliste nicht mehr oder mit einer veränderten Beteiligung auftaucht. Eine *Kapitalherabsetzung*, zu der man sich – möglicherweise aus den in Rdnr. 40 erörterten Gründen – wegen der Einziehung entschlossen hat, muss aber nach den allgemeinen Regeln angemeldet werden. Da es somit einer weiteren Verlautbarung nicht bedarf, kann festgestellt werden, dass der **Zeitpunkt der Einziehung** grundsätzlich der des Zugangs der Einziehungserklärung beim Inhaber des betroffenen Geschäftsanteils ist[289], allerdings vorbehaltlich der Sicherung, dass ein etwaiges Einziehungsentgelt ohne Verstoß gegen das Kapitalerhaltungsgebot des § 34 Abs. 3 gezahlt werden kann (näher Rdnr. 56 f.). Vereinzelt hat allerdings das OLG Frankfurt die Wirksamkeit des Einziehungsbeschlusses mit der Bekanntgabe gegenüber dem betroffenen Gesellschafter, sofern es die Satzung nicht anders bestimmt, auch für den Fall angenommen, dass bei der Gesellschaft zwar Unterbilanz bestand, aber nicht sicher war, ob nicht der an der Einziehung interessierte Mehrheitsgesellschafter zur Finanzierung der Abfindung ein Darlehen gewähren und auf seine Rückzahlung verzichten werde[290]; in diesem Zusammenhang schloss sich das Gericht der Ansicht an, dass die Einziehung nicht erst mit vollständiger Zahlung der Abfindung, sondern schon mit der Bekanntgabe wirksam wird (dazu jetzt aufgrund neuerer BGH-Judikatur Rdnr. 55).

In Bezug auf **Mängel des Einziehungsbeschlusses** ist zu unterscheiden zwischen dem Fehlen der Voraussetzungen einer Einziehung und Mängeln des Beschlussverfahrens; diese Unterscheidung ist nicht durch die Anwendung der §§ 246, 248 AktG überwindbar. Danach ist Nichtigkeit anzunehmen, wenn die gesetzlichen oder satzungsmäßigen Voraussetzungen eines Einziehungsbeschlusses fehlen[291], etwa ein nicht stimmberechtigter Gesellschafter mitgewirkt hat, oder wenn eine freiwillige Einziehung praktiziert werden sollte, der Anteilsinhaber aber in Wahrheit nicht zugestimmt hat[292]. Der Mangel kann auch darin bestanden haben, dass die gesetzlichen oder satzungsmäßigen Voraussetzungen fehlen, etwa die Regeln über Kapitalerhaltung verletzt werden oder eine satzungsmäßige Grundlage für das Vorgehen fehlt, jedenfalls dann, wenn im Zeitpunkt des Beschlusses feststand, dass die Abfindung nicht aus ungebundenem Vermögen gezahlt werden kann[293]; ebenso, wenn ein nicht voll eingezahlter Anteil eingezogen werden sollte[294]. Statt von Nichtigkeit kann auch von Unwirksamkeit gesprochen werden, entscheidend ist, dass der Geschäftsanteil bestehen bleibt[295]. Dagegen wird Anfechtbarkeit angenommen, wenn der von der Satzung für die Zwangseinziehung geforderte wichtige Grund nicht gegeben ist oder die Gesellschafter bei dem Beschluss die Treupflicht nicht beachtet, etwa Verfahrensverstöße wie die Verletzung des rechtlichen Gehörs begangen haben oder Verwirkung hatten eintreten lassen[296]. Zur Mangelhaftigkeit eines eine Einziehung

48

---

288 Eingehend und kritisch dazu *Kleindiek*, GmbHR 2017, 815 ff.

289 *Sosnitza*, in: Michalski u.a., Rdnr. 117.

290 OLG Frankfurt v. 12.10.2010 – 5 U 189/09, GmbHR 2011, 1320 (Revision zurückgenommen); der Senat wich von einem Urteil des OLG Düsseldorf v. 23.11.2006 – I-6 U 283/05, GmbHR 2007, 538 ab.

291 *Niemeier*, ZGR 1990, 314, 331 f.; *Happ*, Die GmbH im Prozess, S. 274; *Fastrich*, in: Baumbach/Hueck, Rdnr. 15; *Altmeppen*, in: Roth/Altmeppen, Rdnr. 62; wobei *Lutter/Kleindiek*, in: Lutter/Hommelhoff, Rdnr. 51 und *Fastrich*, in: Baumbach/Hueck, Rdnr. 15 von Unwirksamkeit sprechen, so auch BGH v. 20.9.1999 – II ZR 345/97, GmbHR 1999, 1194 mit Anm. *Bärwaldt* = NJW 1999, 3779; *Pentz*, in: FS Ulmer, S. 451, 453.

292 *Ulmer/Habersack*, in: Ulmer/Habersack/Löbbe, Rdnr. 29.

293 *Ulmer/Habersack*, in: Ulmer/Habersack/Löbbe, Rdnr. 30; zum Fehlen einer ausreichenden Satzungsgrundlage BGH v. 20.9.1999 – II ZR 345/97, GmbHR 1999, 1194.

294 *Strohn*, in: MünchKomm. GmbHG, Rdnr. 84; *Fastrich*, in: Baumbach/Hueck, Rdnr. 15.

295 *Ulmer/Habersack*, in: Ulmer/Habersack/Löbbe, Rdnr. 29, 30.

296 Zur Anfechtbarkeit, wenn nur den zur Feststellung eines wichtigen Grundes erforderlichen Tatsachenbehauptungen oder Wertungen entgegengetreten wird, s. OLG München v. 10.1.1992 – 23 U 4104/91, GmbHR 1992, 808 (im Zweifel nur Anfechtbarkeit); s. vor allem *Niemeier*, ZGR 1990, 332 f.; *Ulmer/Habersack*, in: Ulmer/Habersack/Löbbe, Rdnr. 30.

ablehnenden Beschlusses s. Rdnr. 44. Mängel der Abfindungsregelung tasten den Einziehungsbeschluss als solchen nicht an[297]. Gegen den Einziehungsbeschluss muss der betroffene Gesellschafter mit **Nichtigkeits- oder Anfechtungsklage** vorgehen (was einen Unterschied zur Ausschließung darstellt, die die Gesellschaft durch Klage gegen den Auszuschließenden betreiben muss). Es wird aber auch eine einfache Feststellungsklage gemäß § 256 ZPO, die bei rechtlichem Interesse jedermann erheben kann, und die dann auch einem Schiedsgerichtsverfahren zugänglich ist, für möglich gehalten[298], verbreitet wird aber der Nichtigkeits- und Anfechtungsklage der Vorrang gegeben[299]. Die Anfechtungsklage gegen einen Einziehungsbeschluss wird sich im Wesentlichen an die Einmonatsfrist gemäß § 246 Abs. 1 AktG halten müssen, da die Zusammensetzung des Gesellschafterkreises nicht allzu lange in der Schwebe bleiben darf[300]. Allerdings sind Besonderheiten anerkannt, etwa, wenn der auf Feststellung der Gültigkeit der Einziehung klagende Gesellschafter selbst sittenwidrig gehandelt hat[301]; zur Rechtslage zwischen dem Einziehungsbeschluss und der Zahlung der Abfindung s. Rdnr. 60. Die Zahlung einer angemessenen Abfindung wird durch Leistungsklage eingefordert. Bei der Prüfung, ob die Einziehung berechtigt war, ist nicht zugleich über die Angemessenheit der Abfindung zu entscheiden[302], so dass der betroffene Gesellschafter eine angemessene Abfindung einklagen muss, es sei denn, das Gericht stellt fest, dass eine solche ohne Verstoß gegen die Kapitalbindung nicht aufgebracht werden kann. Wenn eine Einziehung **fehlerhaft** verlaufen, aber **tatsächlich vollzogen** worden ist, war rechtlich der Betroffene noch Gesellschafter. Wenn man dagegen mit einer im Vordringen befindlichen Auffassung die Grundsätze über die fehlerhafte Gesellschaft hier für anwendbar hält[303], ist der Betroffene zwar zunächst ausgeschieden, hat aber, wenn der Einziehungsbeschluss für nichtig erklärt worden ist, Anspruch auf Wiederaufnahme[304]. Das kann Folgen für Gesellschafterbeschlüsse haben, die zu Unrecht ohne ihn gefasst wurden, doch kann deren Mangel durch Versäumung der Anfechtung geheilt sein[305]. Aus der Lehre von der fehlerhaften Gesellschaft wird auch gefolgert, dass der Ausgeschlossene zwischenzeitlich von den anderen Gesellschaftern getroffene Beschlüsse gelten

---

297 BGH v. 12.6.1975 – II ZB 12/73, BGHZ 65, 22, 29 = GmbHR 1975, 227; BGH v. 19.1.1983 – IVa ZR 225/81, NJW 1983, 2881; zur Feststellungsklage gegen die Gültigkeit der Abfindungsregelung *Happ*, Die GmbH im Prozess, S. 272 ff., 275.

298 BGH v. 26.10.1983 – II ZR 87/83, BGHZ 88, 320 ff. = GmbHR 1984, 93; zur Schiedsfähigkeit s. Rdnr. 20; *Ulmer/Habersack*, in: Ulmer/Habersack/Löbbe, Rdnr. 46.

299 Zur Unzulässigkeit der Feststellungsklage BGH v. 26.10.1983 – II ZR 87/83, BGHZ 88, 320 = GmbHR 1984, 93; zur Vorrangigkeit der Nichtigkeits- und Anfechtungsklage bei Mangelhaftigkeit des Einziehungsbeschlusses *Ulmer/Habersack*, in: Ulmer/Habersack/Löbbe, Rdnr. 46 ff.; *Strohn*, in: MünchKomm. GmbHG, Rdnr. 83 ff.

300 BGH v. 12.10.1992 – II ZR 286/91, GmbHR 1992, 801, obwohl sonst die Rechtsprechung (BGH v. 14.5.1990 – II ZR 126/89, BGHZ 111, 224, 225) im GmbH-Recht die aktienrechtlichen Fristen nicht starr anwendet; zur Notwendigkeit, die Anfechtungsfristen zu beachten, s. auch BGH v. 14.3.2005 – II ZR 153/03, GmbHR 2005, 620 = ZIP 2005, 706. OLG Schleswig v. 27.1.2000 – 5 U 154/98, GmbHR 2000, 935, 936 lässt auch eine negative Feststellungsklage über Unwirksamkeit des Beschlusses zu, dazu Anm. *Sosnitza*, NZG 2000, 705.

301 BGH v. 1.6.1987 – II ZR 128/86, BGHZ 101, 113 ff. = GmbHR 1988, 18; gegen die Kritik an diesem Urteil (*Karsten Schmidt*, JZ 1987, 1083, 1084; *Niemeier*, S. 341 f.) *Lorenz*, DStR 1996, 1774, 1776.

302 OLG Nürnberg v. 29.3.2000 – 12 U 33/00, GmbHR 2001, 108 f.

303 *Schäfer*, Die Lehre vom fehlerhaften Verband, 2001, S. 385 ff.; *Niemeier*, ZGR 1990, 314, 342; *Strohn*, in: MünchKomm. GmbHG, Rdnr. 86; *Sosnitza*, in: Michalski u.a., Rdnr. 87.

304 *Ulmer/Habersack*, in: Ulmer/Habersack/Löbbe, Rdnr. 46; zum einstweiligen Rechtsschutz OLG Jena v. 7.9.2005 – 6 W 491/05, OLGR 2006, 582; OLG Hamm v. 14.3.2000 – 27 U 102/99, NJW-RR 2001, 105 = GmbHR 2001, 346 (nur LS); *Strohn*, in: MünchKomm. GmbHG, Rdnr. 86; im Zusammenhang mit der Gesellschafterliste *Kleindiek*, GmbHR 2017, 815.

305 Näher *Schothöfer*, GmbHR 2003, 1321, 1323 f.

lassen müsse[306]. Ist die Anfechtungs- oder Feststellungsklage rechtskräftig abgewiesen, so steht positiv fest, dass die Einziehung wirksam stattgefunden hat[307].

c) Statutarische Einziehung, Recht auf Einziehung

Heftig umstritten ist die Möglichkeit einer ohne Einziehungsbeschluss der Gesellschafter, also allein kraft Satzungsvorschrift bei Eintreten bestimmter Umstände stattfindenden **automatischen**, auch als **statutarisch** bezeichneten **Einziehung**. Derartige Satzungsklauseln scheinen geringe praktische Bedeutung zu haben und werden auch von den Registergerichten beanstandet[308]; eine Erleichterung gegenüber dem gesetzlich vorgesehenen Verfahren bringen sie allenfalls, wenn sie beim Tod eines Gesellschafters eingreifen, weil sie dann verhindern können, dass der Anteil den Erben überhaupt noch zufällt[309], ähnlich bei Anknüpfen an die Insolvenz des Anteilsinhabers. Man könnte auch daran denken, dass in der GmbH & Co. KG oder in anderen Verbindungen mehrerer Gesellschaften wie bei der Doppelgesellschaft das Ausscheiden aus der KG bzw. der Grundgesellschaft den automatischen Verlust des GmbH-Anteils zur Folge hat. Allerdings genügen hier auch Klauseln, die dem ausgeschiedenen Gesellschafter (und/oder der Gesellschaft) ein **Recht auf Einziehung** des GmbH-Anteils durch die Gesellschaft geben[310], ein solches Recht kann durch die Satzung begründet werden, der Anteilseigner kann es einklagen und nach § 894 Abs. 1 ZPO durchsetzen[311].

Der Einwand, dass das auf einen Gestaltungsakt hinauslaufende Einziehungsverfahren um der Rechtssicherheit willen jedenfalls eingehalten werden müsse, überzeugt nicht mehr, seit klar ist, dass auch eine erfolgte automatische Einziehung in der Gesellschafterliste verlautbart werden müsste; auf die Gefahren für die Kapitalerhaltung muss auch hierbei geachtet werden einschließlich der inzwischen weitgehend durchgesetzten Folgen bei Verstößen[312]. Jedenfalls kann nicht empfohlen werden, sich auf die erheblichen Unsicherheiten einzulassen, die darin liegen, dass zwar die statutarischen, nicht aber die zwingenden gesetzlichen Einziehungsvoraussetzungen wie die Volleinzahlung des Anteils und die Entgeltszahlung aus nicht gebundenem Gesellschaftsvermögen vorliegen werden; vielmehr bedarf es von Fall zu Fall einer Entscheidung der Gesellschafter, die diese Frage geprüft haben sollten. Wenn, was kaum vorstellbar ist, das Statut sogar eine unentgeltliche Einziehung bei Erfüllung bestimmter Voraussetzungen vorsieht, mag etwas anderes gelten, nicht aber schon dann, wenn die Abfindung in der betreffenden Satzungsklausel den verbleibenden Gesellschaftern persönlich auferlegt wird, was am Ende wieder Unsicherheit schafft[313]. Demgegenüber genügt der Aspekt der Bedingungsfeindlichkeit von Gestaltungsakten nicht für eine befriedigende Begründung für die

49

50

---

306 *Ulmer/Habersack*, in: Ulmer/Habersack/Löbbe, Rdnr. 46.

307 OLG Schleswig v. 27.1.2000 – 5 U 154/98, GmbHR 2000, 935.

308 *Niemeier*, S. 333 f. mit Übersicht über Instanzurteile; der BGH lässt die Beurteilung bisher offen (WM 1974, 192), für Zulässigkeit aber OLG Hamm v. 16.11.1987 – 8 U 338/86, GmbHR 1988, 308.

309 S. aber eingehend *Däubler*, Die Vererbung des Geschäftsanteils bei der GmbH, S. 118 ff.

310 S. dazu die Überlegungen von *Treeck*, Das Ausscheiden aus der Doppelgesellschaft, 1968, S. 54, 58 ff.; *Görner*, in: Rowedder/Schmidt-Leithoff, Rdnr. 76.

311 *Strohn*, in: MünchKomm. GmbHG, Rdnr. 92; *Ulmer/Habersack*, in: Ulmer/Habersack/Löbbe, Rdnr. 28, 114; *Görner*, in: Rowedder/Schmidt-Leithoff, Rdnr. 76.

312 Eingehend dazu *Niemeier*, S. 334 ff.; *Kesselmeier*, S. 218 ff.; für die Einziehung kraft Statuts *Grunewald*, Der Ausschluss aus Gesellschaft und Verein, 1987, S. 203 f.; *Ulmer/Habersack*, in: Ulmer/Habersack/Löbbe, Rdnr. 118; *Strohn*, in: MünchKomm. GmbHG, Rdnr. 27 f.; dagegen *Fastrich*, in: Baumbach/Hueck, Rdnr. 17; *Thiessen*, in: Bork/Schäfer, Rdnr. 29; *Lutter/Kleindiek*, in: Lutter/Hommelhoff, Rdnr. 21; *Sosnitza*, in: Michalski u.a., Rdnr. 102; *Käppler*, ZGR 1978, 542, 571.

313 Ähnlich *Scholz*, JR 1955, 331 f.; *Barella*, GmbHR 1959, 45; *Paulick*, GmbHR 1978, 121, 122 f.; *Wiedemann*, Übertragung und Vererbung, S. 78 ff.; a.M. *Däubler*, Vererbung, S. 117 ff.; *Haegele*, GmbHR 1972, 219, 221; *Finger*, GmbHR 1975, 97, 99.

Unzulässigkeit der statutarischen Einziehung[314]. In Bezug auf voll eingezahlte Anteile kann die Satzung aber die §§ 21 ff. über die Kaduzierung für anwendbar erklären; auch mag im Einzelfall eine die statutarische Einziehung bestimmende Satzungsklausel in eine Ermächtigung zur Zwangseinziehung umgedeutet werden können[315].

2. Die Aufbringung des Einziehungsentgelts

a) Grundsatz der Kapitalerhaltung

51 Wenn der Inhaber des einzuziehenden Geschäftsanteils Anspruch auf eine **Abfindung hat** (Rdnr. 24 ff.), so bedeutet der Hinweis auf § 30 Abs. 1 in § 34 Abs. 3, dass die Entgeltzahlungen aus dem über die Stammkapitalziffer hinaus vorhandenen Reinvermögen der Gesellschaft erfolgen müssen, mit anderen Worten **keine Unterbilanz herbeiführen** dürfen. Da die Einziehung eines Anteils das Stammkapital nicht herabsetzt (Rdnr. 62), muss die Amortisation, soll nicht zu einer Kapitalherabsetzung gegriffen werden, aus vorhandenen offen ausgewiesenen Überschüssen finanziert werden. Der Ausgangspunkt ist unbestreitbar, ein längerer Streit besteht aber hinsichtlich der Folgen eines – auch nur: praktisch vorgestellten – Verstoßes. Das beginnt mit dem für die Prüfung **maßgeblichen Zeitpunkt**. Nach der Systematik der Kapitalerhaltung und des § 30 kommt es auf den **Augenblick der Zahlung** an[316]. Eine Gegenansicht stellt auf die Fälligkeit des Anspruchs oder den Berechnungsstichtag ab[317], was allerdings bedeuten müsste, dass der Abfindungsanspruch nicht fällig wird, wenn feststeht, dass er nicht aus freien Mitteln wird erfüllt werden können. Die Rechtsprechung hat sich seit dem früheren Urteil BGHZ 9, 157 dahin entwickelt, dass Nichtigkeit entsprechend § 241 Nr. 3 AktG schon besteht, wenn im Zeitpunkt der Beschlussfassung klar ist, dass die Gesellschaft als Schuldnerin der Abfindung diese Pflicht nicht aus ungebundenem Vermögen wird erfüllen können[318]. Trotz inzwischen geäußerter Zweifel, ob es dieser Sanktion bedarf, nachdem die verbleibenden Gesellschafter für die Abfindung haften sollen (Rdnr. 57)[319], hat der BGH an der Nichtigkeit in diesem Fall festgehalten[320]. Allerdings müssen nicht unbedingt *bare Mittel* in der für die Abfindung benötigten Höhe vorhanden sein, sondern entscheidend ist die bilanzielle Auswir-

314 So wohl auch *Ulmer/Habersack*, in: Ulmer/Habersack/Löbbe, Rdnr. 118; zur These von der Bedingungsfeindlichkeit von Gestaltungsakten krit. *H. P. Westermann*, in: MünchKomm. BGB, § 158 BGB Rdnr. 31.

315 *Niemeier*, S. 337 ff.; *Ulmer/Habersack*, in: Ulmer/Habersack/Löbbe, Rdnr. 117.

316 RGZ 133, 395; RG, JW 1938, 1176; BGHZ 9, 169; *Ulmer/Habersack*, in: Ulmer/Habersack/Löbbe, Rdnr. 20; *Fastrich*, in: Baumbach/Hueck, Rdnr. 39; *Sosnitza*, in: Michalski u.a., Rdnr. 17; *Lutter/Kleindiek*, in: Lutter/Hommelhoff, Rdnr. 20; *Altmeppen*, in: Roth/Altmeppen, Rdnr. 18.

317 *Görner*, in: Rowedder/Schmidt-Leithoff, Rdnr. 21.

318 BGHZ 9, 157, 168; BGH v. 19.6.2000 – II ZR 73/99, BGHZ 144, 365, 369 = GmbHR 2000, 822; BGH v. 19.6.2000 – II ZR 73/99, NZG 2000, 1027 = GmbHR 2000, 822; BGH v. 8.12.2008 – II ZR 263/07, GmbHR 2009, 313; zul. BGH v. 24.1.2012 – II ZR 109/11, BGHZ 192, 236 = GmbHR 2012, 387; *Strohn*, in: MünchKomm. GmbHG, Rdnr. 31; *Lutter/Kleindiek*, in: Lutter/Hommelhoff, Rdnr. 46; *Ulmer/Habersack*, in: Ulmer/Habersack/Löbbe, Rdnr. 20, 30; *Grunewald*, GmbHR 1991, 186; *Thiessen*, in: Bork/Schäfer Rdnr. 36 f.; *Ulmer*, in: FS Hoffmann-Becking, 2013, S. 1263.

319 Anders *Tröger*, in: VGR (Hrsg.), Gesellschaftsrecht in der Diskussion 2013, 2014, S. 23, 69 ff., da angesichts der Haftung der verbleibenden Gesellschafter an einer den legitimen Anspruch des Ausgeschiedenen zerstörenden Nichtigkeit der Einziehung kein Bedürfnis bestehe; so auch *Priester*, ZIP 2012, 658; für bloße Anfechtbarkeit OLG Celle v. 6.8.1997 – 9 U 224/96, GmbHR 1998, 141; s. auch *Fastrich*, in: Baumbach/Hueck, Rdnr. 40; *Altmeppen*, in: Roth/Altmeppen, Rdnr. 24.

320 BGH v. 24.1.2012 – II ZR 109/11, GmbHR 2012, 387 = NZG 2012, 259 Rdnr. 7; s. auch schon BGH v. 5.4.2011 – II ZR 263/08, GmbHR 2011, 761 = NJW 2011, 2294 Rdnr. 15; später noch BGH v. 10.5.2016 – II ZR 342/14, NZG 2016, 742; zust. *Altmeppen*, ZIP 2012, 1691; *Lutter/Kleindiek*, in: Lutter/Hommelhoff, Rdnr. 49a; anders *Ulmer*, in: FS Hoffmann-Becking, S. 1261, 1263; *Strohn*, in: MünchKomm. GmbHG, Rdnr. 31; *J. Schmidt*, GmbHR 2013, 953, 961.

kung der Zahlung (zu den Grenzen der bilanziellen Betrachtung s. allerdings § 30 Rdnr. 20). Deshalb kann auch die Übereignung eines Grundstücks in Anrechnung auf den Abfindungsanspruch gegenüber §§ 34 Abs. 3, 30 hingenommen werden, wenn der ausscheidende Gesellschafter durch Gegenleistungen an die Gesellschaft das Entstehen einer Unterbilanz verhindert[321]. Bei Gesellschaften ohne Gewinnerzielungsabsicht der Gesellschafter, die dennoch Überschüsse erwirtschaften, kann hiernach die schrittweise Amortisation der Geschäftsanteile aus stehengelassenen Gewinnen vorgesehen werden. Die nach dem System des Kapitalschutzes durchaus folgerichtige Regelung hat in erster Linie *gläubigerschützenden Charakter*, daneben hatte aber der Gesichtspunkt eine gewisse Bedeutung, dass der *ausscheidende Gesellschafter* ein berechtigtes Interesse daran hat, seinen Anteil nur gegen ein ihm dauernd verbleibendes Entgelt zu verlieren, so dass die endgültige Einziehungswirkung erst mit einer irreversiblen Zahlung der gesamten Abfindung eintreten sollte[322]. Das führte dann zur Figur einer **aufschiebenden Bedingtheit** der Gültigkeit des Einziehungsbeschlusses durch die Abfindung des Ausgeschiedenen aus ungebundenem Vermögen, eine Lösung, die inzwischen nach einer Kette von BGH-Urteilen als aufgegeben zu betrachten ist (Rdnr. 57), wenn auch noch weitere Fragen bestehen (Rdnr. 58).

b) Einziehung nicht voll eingezahlter Anteile

Das Prinzip des Kapitalschutzes führt dazu, dass nicht voll eingezahlte Anteile nicht eingezogen werden dürfen, auch nicht teilweise (s. schon Rdnr. 40), ein diesbezüglicher Beschluss wäre nichtig. Das folgt allerdings nicht direkt aus § 34 Abs. 3, sondern aus dem Verbot des Erlasses einer rückständigen Einlage (§ 19 Abs. 2), worunter jedes rechtsgeschäftliche Aufgeben des Einzahlungsanspruchs zu verstehen ist, mithin auch das Erlöschen des Einzahlungsanspruchs durch Vernichtung des Geschäftsanteils[323], anders, wenn man die Bilanzneutralität der Einziehung eigener Anteile hier berücksichtigt[324]. Der Kapitalschutz durch Verbot der Einziehung nicht voll eingezahlter Anteile gilt auch unabhängig von der möglichen Haftung eines Rechtsvorgängers des durch die Amortisation des Anteils ausscheidenden Gesellschafters. Wegen der Herleitung des Verbots aus § 19 Abs. 2 ändert es auch nichts, wenn die Gesellschaft in der Lage wäre, die fehlende Einlage aus gesellschaftsrechtlich ungebundenen Mitteln aufzubringen[325]. Doch sollte wenigstens eine Verrechnung einer die restliche Einlageschuld übersteigenden Abfindungsforderung des Gesellschafters mit der Einlage zugelassen werden, wenn die restliche Abfindung aus freien Mitteln gezahlt werden kann[326].

52

Um einen nicht voll eingezahlten Anteil der Amortisation zugänglich zu machen, sind im Übrigen die zu § 19 Rdnr. 72 ff. erörterten verschiedenen Wege der **Aufrechnung** seitens der Gesellschaft anwendbar, allerdings kann der Anteilseigner nicht selber aufrechnen. Bei Versuchen der Zwangseinziehung eines nicht voll eingezahlten Anteils wird aber trotz allem nicht selten zum Mittel der Kaduzierung nach §§ 21 ff. gegriffen werden müssen. Für ein Verbot der Einziehung eines Anteils bei ausstehender *Volleinzahlung anderer Anteile* fehlt eine gesetzliche Grundlage.

53

---

321 RGZ 150, 28.
322 Zu diesem Ansatz s. OLG Celle v. 6.8.1997 – 9 U 224/96, GmbHR 1998, 140 = NJW-RR 1998, 175; OLG Frankfurt v. 26.11.1996 – 5 U 111/95, ZIP 1997, 645 mit Kurzkomm. *H. P. Westermann*, EWiR § 34 GmbHG 1/97; *Sieger/Mertens*, ZIP 1996, 1493, 1495; s. ferner *Niemeier*, S. 290 ff., 317 ff.; OLG Düsseldorf v. 23.11.2006 – 6 U 283/05, NZG 2007, 278 = GmbHR 2007, 538; *Gehrlein*, ZIP 1996, 1157, 1159; *Ulmer*, in: FS Rittner, S. 735, 737.
323 *Ulmer/Habersack*, in: Ulmer/Habersack/Löbbe, Rdnr. 19; *Fastrich*, in: Baumbach/Hueck, Rdnr. 11; *Sosnitza*, in: Michalski u.a., Rdnr. 16.
324 *Lutter/Kleindiek*, in: Lutter/Hommelhoff, Rdnr. 16.
325 *Niemeier*, S. 292; *Fastrich*, in: Baumbach/Hueck, Rdnr. 11; *Strohn*, in: MünchKomm. GmbHG, Rdnr. 30.
326 *Niemeier*, S. 292; *Görner*, in: Rowedder/Schmidt-Leithoff, Rdnr. 75.

c) Einziehung eigener Anteile

54 Auch die grundsätzlich nicht ausgeschlossene Einziehung eigener Anteile (Rdnr. 39) darf trotz der Bilanzneutralität des Erwerbs im Stadium einer Unterbilanz nicht stattfinden, anders, wenn der Anteil nach § 33 Abs. 3 zur Förderung umwandlungsrechtlicher Strukturmaßnahmen trotz fehlender Volleinzahlung hat erworben werden dürfen[327]. Auch kann infolge einer späteren wirtschaftlichen Entwicklung die Einziehung in einer Situation der Unterdeckung beschlossen werden. Dann tritt zwar keine weitere bilanzielle Verschlechterung ein, doch ist bei bestehender Unterbilanz eine Maßnahme, die die Wertrelationen zu Gunsten der Inhaber der anderen Geschäftsanteile verschiebt und der Gesellschaft eine Verwertungschance nimmt, mit § 30 Abs. 1 nicht zu vereinbaren.

d) Folgen von Verstößen gegen das Kapitalerhaltungsgebot

55 Ein Verstoß gegen § 34 Abs. 3 i.V.m. § 30 löst die Folgen des § 31 aus, d.h. grundsätzlich die Rückerstattungspflicht desjenigen, der für den eingezogenen Anteil ein Entgelt erhalten hat[328]. Deshalb kann die Gesellschaft die Leistung der Abfindung verweigern (§ 30 Rdnr. 31), ohne sich dabei auf eine Nichtigkeit wegen Gesetzesverstoßes (Rdnr. 51) berufen zu müssen. Der Umfang der Rückgewährpflicht, auch eine Haftung der früheren Mitgesellschafter des durch die Einziehung Ausgeschiedenen, richtet sich nach § 31[329]. Die früher verbreitet angenommene Nichtigkeit des Beschlusses[330], bei dessen Fassung feststeht, dass das Einziehungsentgelt nicht aus ungebundenem Vermögen geleistet werden kann, kann vermieden werden, wenn im Beschluss festgelegt wird, dass die Zahlung nur aus ungebundenem Vermögen erfolgen darf. Die im Schrifttum auch vertretene bloße Anfechtbarkeit[331] würde nur genügen, wenn es sich bei diesem Mangel lediglich um die Interessen des Gesellschafters handelte, wogegen aber spricht, dass an der Kapitalerhaltung ein allseitiges Interesse besonders auch der Gläubiger besteht. Allerdings muss der Einziehungsbeschluss nicht gleichzeitig bereits die Abfindungshöhe bestimmen; Wirksamkeitserfordernis ist eine solche Festlegung nur, wenn es die Satzung so anordnet[332]. Dem Problem können die Einziehungsberechtigten dadurch entgehen, dass sie statt der Einziehung die Abtretung an einen Gesellschafter oder einen Dritten beschließen, der dann das Entgelt aufzubringen hat; auch diese – manchmal für eine Ausschließung aus der Gesellschaft gewählte und empfohlene[333] – Regelung setzt freilich eine entsprechende Satzungs-

---

327 *Ulmer/Habersack*, in: Ulmer/Habersack/Löbbe, Rdnr. 74; *Strohn*, in: MünchKomm. GmbHG, Rdnr. 89; *Fastrich*, in: Baumbach/Hueck, Rdnr. 13 (zum Recht nach der Reform des § 33); *Lutter/ Kleindiek*, in: Lutter/Hommelhoff, Rdnr. 9; *Thiessen*, in: Bork/Schäfer, Rdnr. 24; zum früheren Recht *Ulmer/Habersack*, in: Ulmer/Habersack/Löbbe, Rdnr. 22; a.M. *Altmeppen*, in: Roth/Altmeppen, Rdnr. 13.

328 RGZ 150, 28.

329 S. eingehend *Niemeier*, S. 310 ff.

330 RGZ 142, 286; RGZ 168, 301; BGHZ 9, 157, 168; BGH v. 19.6.2000 – II ZR 73/99, BGHZ 144, 365 = GmbHR 2000, 822; BGH v. 19.6.2000 – II ZR 73/99, NZG 2000, 1027 f. = GmbHR 2000, 822; BGH v. 8.12.2008 – II ZR 263/07, GmbHR 2009, 313; BGH v. 5.4.2011 – II ZR 263/08, GmbHR 2011, 761 = ZIP 2011, 1104; BGH v. 24.1.2012 – II ZR 109/11, ZIP 2012, 422, 423 = GmbHR 2012, 387; s. auch BGH bei *Goette*, DStR 2001, 1898 mit Anm. *Lange*, NZG 2001, 635 ff.; s. auch *Emde*, ZIP 2000, 1753; *Casper*, Kurzkomm. EWiR 2000, 943; Anm. *Heidenhain*, LMK § 242 AktG Nr. 6; schon früher *Lutz*, DStR 1999, 1855; *Goette*, in: FS Lutter, 2000, S. 399. Gegen Nichtigkeit *Priester*, ZIP 2012, 658, 659; *Schockenhoff*, NZG 2012, 149 ff.

331 Für bloße Anfechtbarkeit OLG Celle v. 6.8.1997 – 9 U 224/96, GmbHR 1998, 140, 142; *Schneider/ Hager*, NJW 2013, 502.

332 BGH v. 20.2.1995 – II ZR 46/94, ZIP 1995, 835 = GmbHR 1995, 377; *Sosnitza*, in: Michalski u.a., Rdnr. 98; s. auch OLG Köln v. 21.5.1996 – 3 U 130/95, GmbHR 1996, 609.

333 Dazu *Müller*, DB 1999, 2045, 2047 f.

bestimmung oder das Einverständnis des Betroffenen voraus[334]. Sodann ist klar, dass der Ausgeschiedene, bevor er an die viel diskutierte Inanspruchnahme seiner Mitgesellschafter wegen seiner Abfindung (Rdnr. 57) denken kann, die Gesellschaft in Anspruch nehmen muss, die Gesellschafter haften nur subsidiär[335].

Heftig umstrittener Gegenstand sehr unterschiedlicher Lösungsversuche ist die Frage, welchen Einfluss eine nach § 34 Abs. 3 i.V.m. § 30 unzulässige oder auch nur ungesicherte Art der Aufbringung des Einziehungsentgelts auf das **Eintreten der Einziehungswirkung** (und damit auf die Pflicht zur Berichtigung der Gesellschafterliste gemäß § 40) hat, insbesondere bei tatsächlicher Unsicherheit, ob eine Zahlung aus freien Mitteln möglich sein wird. Einerseits tritt die Gefahr auf, dass der Inhaber des einzuziehenden Anteils zwar seine Gesellschafterposition verliert, aber die Abfindung zurückgewähren muss oder den Anspruch auf sie nicht durchsetzen kann (Rdnr. 51). Wenn er darauf besteht, die Abfindung sofort zu erhalten – gegebenenfalls nur Zug um Zug gegen seine Einverständniserklärung mit der Einziehung –, wird oftmals die Maßnahme für die Gesellschaft kaum finanzierbar sein, u.U. ist der Einziehungsbeschluss unwirksam (Rdnr. 51). Lässt der Ausscheidende sich auf die Einziehung ohne sofortige Entgeltzahlung ein, geht er ein i.d.R. unzumutbares Risiko der Zahlungsunfähigkeit der Gesellschaft ein. Bei der Ausschließung trug man einer ähnlichen Interessenlage durch die Figur des **bedingten Ausschließungsurteils** Rechnung, was auf den Fall der Einziehung übertragen wurde[336], obwohl dabei einige Unterschiede zwischen diesen beiden Gestaltungen vernachlässigt wurden, etwa der Umstand, dass es für die Ausschließung meist an einer satzungsmäßigen Grundlage fehlen wird[337] und auch oftmals neben dem Ausschließungsurteil ein Tätigwerden der Gesellschafterversammlung bezüglich der Art der Beendigung der Gesellschaftsbeteiligung (Einziehung, Erwerb als eigener Anteil, Veräußerung an einen Dritten) nötig sein wird[338]. Für die Einziehung bedeutete dies, dass der Einziehungsbeschluss in seiner Rechtswirksamkeit dadurch **aufschiebend bedingt** sein sollte, dass im Augenblick der Auszahlung (auf ihn kommt es für die Entstehung einer Unterbilanz an, Rdnr. 51) genügend gesellschaftsrechtlich ungebundene Mittel im Gesellschafts-

56

---

334 Zu dieser Lösung *Sieger/Mertens*, ZIP 1996, 1495, 1499 unter Hinweis auf BGH v. 20.6.1983 – II ZR 237/82, GmbHR 1984, 74. Das OLG Dresden (v. 21.8.2001 – 2 U 673/01, GmbHR 2001, 1047) weist insoweit allerdings darauf hin, dass nicht dem Dritten ein das Kapital angreifender Erstattungsanspruch erwachsen darf.

335 *Zinger*, ZGR 2017, 196, 198.

336 RGZ 142, 286, 288, 290; BGHZ 9, 157, 169, 173 f.; BGH v. 26.10.1983 – II ZR 87/83, BGHZ 88, 320, 324 = GmbHR 1984, 93; BGH v. 1.6.1987 – II ZR 128/86, BGHZ 101, 113, 120 = GmbHR 1988, 18; BGH v. 30.6.2003 – II ZR 326/01, GmbHR 2003, 1062 = ZIP 2003, 1544, OLG Schleswig v. 27.1.2000 – 5 U 154/98, GmbHR 2000, 935 = NZG 2000, 703; insoweit zust. *Sosnitza*, NZG 2005, 705; s. weiter KG v. 2.8.1999 – 2 W 509/99, GmbHR 1999, 1202; zu weiteren in Betracht kommenden Urteilen *Kesselmeier*, S. 196. Aus dem Schrifttum *Fichtner*, BB 1996, 146, 148; *Harst*, GmbHR 1987, 183, 185 f.; *Gehrlein*, ZIP 1996, 1157, 1159; *Bacher/v. Blumenthal*, NZG 2008, 406, 407; *Fastrich*, in: Baumbach/Hueck, Rdnr. 43. Gegen die „Bedingungslösung" *Lutz*, DStR 1999, 1858, 1861; *Goette*, in: FS Lutter, 2000, S. 399; *Pentz*, in: FS Ulmer, 2003, S. 451, 457 ff.; *Altmeppen*, in: Roth/Altmeppen, Rdnr. 19; *Thiessen*, in: Bork/Schäfer, Rdnr. 34; *Ulmer*, in: FS Priester, 2007, S. 775, 793 ff.; *Niemeier*, ZGR 1990, 353; umfassende Nachweise bei *Tröger*, in: VGR (Hrsg.), Gesellschaftsrecht in der Diskussion 2013, 2014, S. 23 ff.

337 Bei satzungsmäßiger Hinausschiebung der Abfindung kann sofortige Wirksamkeit der Einziehung eher angenommen werden, BGH v. 8.12.2008 – II ZR 263/07, GmbHR 2009, 313 = NZG 2009, 221; BGH v. 30.6.2003 – II ZR 326/01, NZG 2003, 872 = GmbHR 2003, 1062; BGH v. 24.1.2012 – II ZR 109/11, BGHZ 192, 236, Rdnr. 16 = GmbHR 2012, 387; *Schockenhoff*, NZG 2012, 449, 451; s. etwa *Sieger/Mertens*, ZIP 1996, 1493, 1495; *Tschernig*, GmbHR 1999, 691, 694.

338 Hinweis von *Goette*, in: FS Lutter, 2000, S. 402; ob allerdings diese Unterschiede wirklich ausreichen, das Problem der Kapitalerhaltung bei Einziehung und Ausschließung ganz unterschiedlich zu behandeln, ist derzeit noch nicht entschieden.

vermögen vorhanden sind und für die Auszahlung eingesetzt werden[339]. Auch könnte erreicht werden, dass die verbleibenden Gesellschafter nicht den wirtschaftlichen Wert des eingezogenen Anteils vereinnahmen und dem bisherigen Gesellschafter das Risiko des Abfindungsanspruchs aufbürden. Inhaber des einzuziehenden Anteils bleibt also bis zur Zahlung des Einziehungsentgelts der Gesellschafter, während des Schwebezustandes muss dann freilich ein Ruhen der Mitgliedschaftsrechte aus dem eingezogenen Anteil angenommen werden, näher Rdnr. 59. Das ist dann eher eine „Rechtsbedingung" als eine aufschiebende rechtsgeschäftliche Bedingung, da es sich um eine gesetzliche Wirksamkeitsvoraussetzung handelt. Daraus würde weiter folgen, dass bei einer (einverständlich möglichen, auch bei einer durch das Statut verfügten, Rdnr. 58) Hinausschiebung der Zahlung nicht feststeht, ob nicht die Gesellschaft eines Tages von ihrem Leistungsverweigerungsrecht Gebrauch machen kann und dies zur Erhaltung des Stammkapitals auch muss, was weiter bedeutet, dass die Einziehungswirkung bis zur unanfechtbaren Zahlung noch in der Schwebe bleiben müsste[340]. Klarheit über die Einziehungswirkung könnte dann also bei Streit über die Höhe der Abfindung angesichts der Verweisung des Streits um die Einziehung als solche in einen besonderen Rechtsstreit[341] nur mit der Feststellung und Erfüllung des Abfindungsanspruchs eintreten. Die Wirksamkeit der Einziehung kann also lange Zeit unsicher sein, was zu flankierenden, aber auch zu abweichenden Lösungsvorschlägen geführt hat. So wurde vorgeschlagen, die Einziehung als auflösend bedingt durch die Versäumung der Abfindungszahlung zu betrachten[342], aber dem Ausgeschlossenen dann einen Anspruch auf Wiederaufnahme in die Gesellschaft zu geben[343]. Bei diesen Lösungen ist aber das Eintreten eines u.U. jahrelangen **Schwebezustandes** unvermeidlich, und es müssten Einschränkungen der Rechte des Auszuschließenden während seiner – nicht endgültig gesicherten – Mitgliedschaft vorgesehen werden[344]; andernfalls könnte er in der Gesellschaft weiterhin als untragbar empfunden werden, was ja gerade zur Einziehung geführt hatte. Schließlich können nach Beendigung des Schwebezustandes Probleme mit der Verteilung von Gewinn und Verlust auftreten, ähnlich, wenn der Beschluss, ohne nichtig zu sein, aufgrund einer Anfechtungsklage aufgehoben wird. Auch wird hiermit immer noch dem ausgeschlossenen Gesellschafter bzw. dem Inhaber des einzuziehenden Geschäftsanteils eine Gefährdung des im Anteil steckenden wirtschaftlichen Werts, zugleich auch der Verlust eines in seiner weiteren Gesellschafterstellung liegenden Druckmittels in Bezug auf die Höhe seiner Abfindung zugemutet, der gelegentlich, aber nicht durchweg gerechtfertigt sein kann[345].

57 Diese verbreiteten Einwände gegen die „Bedingungslösung"[346] haben den BGH in einer Grundsatzentscheidung[347] dazu veranlasst, den Einziehungsbeschluss auch trotz der Unsicherheit, ob die Abfindung aus ungebundenem Vermögen wird geleistet werden können, mit

---

339 OLG Düsseldorf v. 23.11.2006 – 6 U 283/05, GmbHR 2007, 538 = NZG 2007, 278 mit krit. Anm. *Kolb*, NZG 2007, 815; OLG Schleswig v. 27.1.2000 – 5 U 154/98, GmbHR 2000, 935 = NZG 2000, 703; OLG Köln v. 21.5.1996 – 3 U 130/95, GmbHR 1996, 609; *Gehrlein*, ZIP 1996, 1157, 1159; *Fastrich*, in: Baumbach/Hueck, Rdnr. 41.
340 So auch BGH v. 30.6.2003 – II ZR 326/01, GmbHR 2003, 1062 = NZG 2003, 871 f.
341 BGH v. 19.9.1977 – II ZR 11/76, NJW 1977, 2316 f. = GmbHR 1978, 131.
342 *Ulmer*, in: FS Rittner, 1991, S. 735 ff.; *Ulmer/Habersack*, in: Ulmer/Habersack/Löbbe, Rdnr. 62.
343 *Grunewald*, GmbHR 1991, 185 f.; dagegen *Ulmer/Habersack*, in: Ulmer/Habersack/Löbbe, Rdnr. 63a.
344 Etwa BGH v. 26.10.1983 – II ZR 87/83, BGHZ 88, 320, 328 = GmbHR 1984, 93; *Peetz*, GmbHR 2000, 749, 753.
345 S. *Löwe/Thoß*, NZG 2003, 1005, 1007; schon früher ähnlich *Lutz*, DStR 1999, 1861 f.
346 *Goette*, in: FS Lutter, 2000, S. 399, 410; *Heckschen*, NZG 2010, 521 ff.; *Strohn*, in: MünchKomm. GmbHG, Rdnr. 77; *Görner*, in: Rowedder/Schmidt-Leithoff, Rdnr. 62.
347 BGH v. 24.1.2012 – II ZR 109/11, BGHZ 192, 236 = GmbHR 2012, 387 mit Anm. *Münnich*; dazu *Altmeppen*, ZIP 2012, 1685, 1690; krit. *Görner*, in: Rowedder/Schmidt-Leithoff, Rdnr. 64 mit Rücksicht auf die Gesellschafter, die gegen die Einziehung gestimmt haben.

der korrekten Mitteilung an den Betroffenen als wirksam anzusehen (vorbehaltlich nur der Anfechtbarkeit aus anderen Gründen), die damit für den Ausgeschlossenen verbundenen Risiken der Erfüllung seines Abfindungsanspruchs aber durch eine anteilige **persönliche**, aber unbeschränkte **Haftung** der verbleibenden Mitgesellschafter für diese Forderung auszugleichen, und zwar auch dann, wenn eine dies bestimmende Satzungsregelung fehlt. Die Annahme, dass ein Einziehungsbeschluss von Anfang an nichtig ist, wenn bei seiner Fassung feststeht, dass für die Abfindung nicht genügend Mittel frei sind, soll aber weiterhin gelten[348]. Dem Ausscheidenden wird also die sofortige Einziehungswirkung ohne völlige Sicherheit für seine Abfindung zugemutet, wobei also das Problem des Schwebezustandes auf die Zumutbarkeit einer **Rückabwicklung** nach womöglich längerer Zeit verlagert, mit der weiteren Folge, dass der Inhaber des (unwirksam) eingezogenen Anteils zwischenzeitlich gefasste Gesellschaftsbeschlüsse unangetastet lassen muss[349]. Die Bedingungslösung beruhte teilweise noch auf der Vorstellung, dass nur die Gesellschaft die Abfindung schuldet, wegen § 13 Abs. 2 nicht die Gesellschafter. Hiervon i.S. der „Haftungslösung" abzuweichen, setzt Gründe nicht nur aus den Gläubigerinteressen voraus, sondern muss sich am Innenverhältnis der Gesellschafter orientieren; die sonstigen Fälle einer Haftung der Gesellschafter im Zusammenhang mit Kapitalaufbringung und -erhaltung sind nicht vergleichbar[350]. Immerhin wird die Lösung des BGH dahin verstanden, dass die Haftung der verbleibenden Gesellschafter untereinander als **Ausfallhaftung** ausgestaltet ist[351]. Folge ist auch, dass die Verbleibenden, wenn die Abfindung nicht korrekt geleistet werden kann, gehalten sind, die Gesellschaft aufzulösen und den Ausgeschiedenen in der Liquidation zu befriedigen[352]. Weiter ist der BGH in seinem Grundsatzurteil davon ausgegangen, dass die Ausfallhaftung der Verbleibenden von einer Satzungsregelung zur Einziehung abhängt[353], in dieser sollte das Einverständnis mit ihrer Belastung bei einer anders nicht finanzierbaren Einziehung liegen. Sodann ist auch bei dieser Lösung nicht auszuschließen, dass eine Einziehung – möglicherweise infolge statutarischer Regelungen zur Berechnung und Fristigkeit der Abfindung – einer Ausübungskontrolle im Interesse des ausscheidenden Gesellschafters unterzogen und dabei verworfen oder von einem Gesellschafter mit Erfolg angefochten wird; zur Gesellschafterhaftung kommt es dann nicht. Zur Abschwächung der Folgen des Schwebezustandes kann die Satzung auch umgekehrt verfahren und die Mitgliedschaftsrechte des Betroffenen kürzen, solange nicht feststeht, ob die Gesellschaft aus ungebundenem Vermögen die Abfindung zahlen kann[354]. Beschließen die Gesellschafter gleichzeitig mit der Einziehung eines Geschäftsanteils die Ausschließung des betreffenden Gesellschafters, so ist mangels Zahlbarkeit des Einziehungsentgelts auch die Ausschließung nichtig, und zwar selbst dann, wenn die Satzung die Ausschließung von der Zahlung einer Abfindung abgekoppelt hat[355].

---

348 So versteht *Fastrich*, in: Baumbach/Hueck, Rdnr. 48 die „Haftungslösung".

349 So in der Tat *Fingerhut/Schröder*, BB 1997, 1806.

350 Dazu *Tröger*, in: VGR (Hrsg.), Gesellschaftsrecht in der Diskussion 2013, 2014, S. 23, 36 f.; ebenso *Ulmer*, in: FS Hoffmann-Becking, S. 1267 f.

351 *Ulmer*, in: FS Hoffmann-Becking, S. 1261, 1269; *Schockenhoff*, NZG 2012, 449, 451; *Lutter/Kleindiek*, in: Lutter/Hommelhoff, Rdnr. 49; a.M. aber *Tröger*, in: VGR (Hrsg.), Gesellschaftsrecht in der Diskussion 2013, 2014, S. 23, 59 f.

352 BGH v. 24.1.2012 – II ZR 109/11, BGHZ 192, 236 = GmbHR 2012, 387 mit Anm. *Münnich*; *Fastrich*, in: Baumbach/Hueck, Rdnr. 43; das geht allerdings über die gewöhnliche Regelung der Auflösung in § 61 hinaus, *Kesselmeier*, S. 200 ff., und wird als Lösungsweg auch wegen der schwierigen Folgen für Unbeteiligte zu Recht kritisiert, *Zinger*, ZGR 2017, 196, 201.

353 BGH v. 24.1.2012 – II ZR 109/11, BGHZ 192, 236 Rdnr. 16 = GmbHR 2012, 387; ebenso *Münnich*, GmbHR 2012, 390; dagegen *Altmeppen*, ZIP 2012, 1685, 1692.

354 S. etwa *Sieger/Mertens*, ZIP 1996, 1493, 1495; *Tschernig*, GmbHR 1999, 691, 694.

355 BGH v. 5.4.2011 – II ZR 263/08, GmbHR 2011, 761 = ZIP 2011, 1104 mit zust. Kurzkomm. *Schult/Wahl*, EWiR § 34 GmbHG 1/11.

58   Die Lösung des BGH, die in der Praxis zunächst sehr begrüßt wurde[356], hat mit erheblichen Begründungsschwierigkeiten zu kämpfen, was zu dem Vorwurf geführt hat, dass die hier erfolgte Rechtsfortbildung nicht mehr sei als das „Durchhauen eines gordischen Knotens" ohne eine durch Interessenabwägung gefundene Grundlage für die Gesellschafterhaftung[357]. Die zweifellos bestehenden Begründungsschwächen haben aber den BGH in seiner neueren Entscheidung vom 10.5.2016[358] nicht zu einem Abrücken von seinem Grundansatz, sondern nur zu gewissen Ergänzungen geführt. Der Fall war allerdings besonders gelagert[359], indem die verbleibenden Gesellschafter, die sich bei der freiwilligen Einziehung eines Geschäftsanteils satzungsmäßig zu einer Abfindung in drei gleichen Jahresraten verpflichtet hatten, durch einen zugleich mit dem Einziehungsbeschluss geschlossenen Vergleich ihre Geschäftsanteile an den Ausscheidenden als Sicherheit für seine Abfindung verpfändet hatten, wobei die Einziehung erst mit der Zahlung der ersten Rate wirksam werden sollte. Dies billigte der BGH mit Hinweis auf die Satzungsbestimmung, die Einziehung und Zustimmung des Betroffenen zuließ, auch mit ergänzenden Bemerkungen zur Satzungsdurchbrechung im Vergleich. Die Zahlung der dritten Rate unterblieb wegen bilanzieller Überschuldung, kurz danach wurde die Gesellschaft insolvent. Der Einziehungsbeschluss war also nicht nichtig, der noch offene Teil der Abfindungsforderung konnte aber nicht mehr durchgesetzt werden; da die verbleibenden Gesellschafter die Möglichkeit gehabt hatten, von der Wertsteigerung ihrer Anteile (trotz der Verpfändung) zu profitieren, sei ihre proratarische Haftung gerechtfertigt, zumal sie treuwidrig nicht dafür gesorgt hätten, der Gesellschaft freies Vermögen zuzuführen. Der BGH stellt aber klar, dass nicht per se mit dem Wirksamwerden des Einziehungsbeschlusses die persönliche Haftung der verbleibenden Gesellschafter entsteht, sondern erst mit der **Treupflichtverletzung**, die mithin Grundlage der persönlichen Haftung sein soll[360]. Dies letztere geht auf einen Begründungsansatz im ersten Grundsatzurteil zur „Haftungslösung" (Rdnr. 57) zurück und ist nicht unbedenklich (Stellungnahme Rdnr. 59). Auch rückt der BGH trotz der Möglichkeit einer persönlichen Ausfallhaftung der Verbleibenden nicht von der Nichtigkeit eines Einziehungsbeschlusses ab, bei dessen Fassung schon feststand, dass die Gesellschaft die Abfindung nicht aus freiem Vermögen würde leisten können. Nicht abschließend wurde auch entschieden, ob die Verpfändung der Anteile eine Ausnahme von der persönlichen Haftung rechtfertigte.

59   Eine **Stellungnahme** kann nicht daran vorbeikommen, dass die Begründung der einzelnen Lösungsschritte des BGH so schwierig ist, dass offen gebliebene Fragen nicht leicht auf dieser Grundlage gelöst werden können; allerdings sind auch die im wissenschaftlichen Schrifttum präsentierten Begründungsansätze durchaus unterschiedlich[361]. Angegriffen wird zunächst die im letzteren Urteil in den Vordergrund gerückte Annahme, dass die verbleibenden Gesellschafter treuwidrig handeln, wenn sie ohne Abfindung des Ausgeschiedenen die Gesellschaft fortsetzen, welche Verantwortung aber entfällt, wenn die Gesellschaft nachträglich in Unterdeckung gerät, wenn diese Lage durch Verschlechterung der wirtschaftlichen Verhält-

---

356 *Priester*, ZIP 2012, 658; *Blath*, GmbHR 2012, 657, 662; *Münnich*, GmbHR 2012, 390; *Lutter*, EWiR 2012, 177; *Schirrmacher*, GmbHR 2016, 1077.

357 *Ulmer*, in: FS Hoffmann-Becking, S. 1264 ff.

358 BGH v. 10.5.2016 – II ZR 342/14, GmbHR 2016, 754 mit Anm. *Münnich* = NZG 2016, 742 mit Aufsatz *Wachter*, NZG 2016, 961 ff.; s. auch *Priester*, EWiR 2016, 393; grundsätzlich krit. *Altmeppen*, ZIP 2016, 1557 ff.; s. auch *Zinger*, ZGR 2017, 196 ff.

359 So auch die Darstellung durch *Strohn*, in: VGR (Hrsg.), Gesellschaftsrecht in der Diskussion 2016, 2017, S. 10 ff.

360 Zustimmend *Münnich*, GmbHR 2016, 758; dem BGH im Wesentlichen zustimmend auch *Fastrich*, in: Baumbach/Hueck, Rdnr. 44.

361 Ausführliche Übersicht bei *Tröger*, in: VGR (Hrsg.), Gesellschaftsrecht in der Diskussion 2013, 2014, S. 23, 33 ff. (zur Ausfallhaftung).

nisse eingetreten ist[362]. Die verbleibenden Gesellschafter haben also die Haftung nicht zu fürchten, wenn und solange ihnen keine Treupflichtverletzung vorgeworfen werden kann, wie sie in einer Fortsetzung der Gesellschaft ohne Maßnahmen zur Befriedigung (oder Sicherung) des Abfindungsanspruchs läge[363]. Aber daran schließt sich schon die Frage an, ob die Treupflicht verhindern kann, dass sich die Gesellschafter von einem Partner trennen, der wichtige Einziehungsgründe gesetzt hat[364]. Der Einziehungsbeschluss bleibt wirksam, solange nicht die Unmöglichkeit einer korrekten Abfindung feststeht, und der Anteilseigner ist ausgeschieden, trägt aber das Risiko der Durchsetzung seiner Abfindung, deren Schuldner nicht die Mitgesellschafter sind (vielleicht später die treuwidrig Handelnden), sondern doch die Gesellschaft. Der Gesichtspunkt der Treuwidrigkeit trägt wohl nicht eine Ausfallhaftung solcher Gesellschafter, die gegen die Einziehung gestimmt haben[365] (anders die Lösung über den auflösend bedingten Einziehungsbeschluss[366]), erst recht nicht bei solchen Gesellschaftern, die später eingetreten sind[367], wie überhaupt die Fassung des Einziehungsbeschlusses, wenn die Voraussetzungen vorliegen, eigentlich nicht zu beanstanden ist, zumal die Rechtsfolge nicht von einer u.U. mehrjährigen Unsicherheit, ob eines Tages doch Unterdeckung eintritt, abhängig gemacht werden kann[368]. Auch die bloße Fortsetzung der Gesellschaft, die womöglich von allen Beteiligten für sinnvoll gehalten wurde, kann keinen Vorwurf begründen[369]. Entscheidend kann unter diesen Umständen nur eine objektive Interessenabwägung unter den Gesellschaftern sein, also zwischen dem Sicherungsbedürfnis des an der Gesellschaft nicht mehr Beteiligten, mit ihr aber durch seinen offenen Abfindungsanspruch noch verbundenen Ausgeschiedenen, und auf der anderen Seite den Verbleibenden, die, wenn die Einziehung begründet war, keinen Anlass sehen mögen, dem Ausgeschiedenen das Risiko für eine spätere Uneinbringlichkeit seines Abfindungsanspruchs abzunehmen. Keine ganz erschöpfende Lösung ermöglicht auch der Hinweis auf das **„Anwachsungsprinzip"**, das besagt, dass die verbleibenden Gesellschafter durch das Ausscheiden des Ausgeschlossenen eine Wertsteigerung ihrer Beteiligung erleben, die dann ausgeglichen werden müsste[370]. Eine Anlehnung an die Eingriffskondiktion stieße auf Bedenken hauptsächlich aus der damit indizierten Akzeptanz auch des Entreicherungseinwands (§ 818 Abs. 3 BGB)[371]; ob die Rechtsfigur der Anwachsung überhaupt auf das Kapitalgesellschaftsrecht übertragbar ist[372], kann im Rahmen einer auf Einzelfallgerechtigkeit ausgehenden Interessenabwägung nicht ausschlaggebend sein. Aber davon unabhängig wird die „Vermögensmehrung" der verbleibenden Gesellschafter nach der Konzeption des Gesetzes durch die Aufbringung der Abfindung aus dem Gesellschaftsvermögen

---

362 Rdnr. 23 des Urteils, krit. zu den verschiedenen Varianten angenommener Treupflichtverletzungen *Altmeppen*, ZIP 2016, 138 ff.

363 So die Folgerungen für die Praxis bei *Münnich*, GmbHR 2016, 758; gegen die Tragfähigkeit der Treupflicht zur Begründung der Haftung *Ulmer/Habersack*, in: Ulmer/Habersack/Löbbe, Rdnr. 62; *Fastrich*, in: Baumbach/Hueck, Rdnr. 45.

364 *Zinger*, ZGR 2017, 196, 204.

365 Gegen die Herleitung der Haftung aus Treupflichtverletzung *Schneider/Hoger*, NJW 2013, 502, 505; gegen Haftung der Überstimmten *Fastrich*, in: Baumbach/Hueck, Rdnr. 46; *Görner*, in: Rowedder/Schmidt-Leithoff, Rdnr. 64; *Zinger*, ZGR 2017, 196, 203; *Schockenhoff*, NZG 2012, 449, 451; *Priester*, ZIP 2012, 658 f.

366 *Ulmer/Habersack*, in: Ulmer/Habersack/Löbbe, Rdnr. 64; *Schneider/Hoger*, NJW 2013, 502, 506; *J. Schmidt*, GmbHR 2013, 957; ähnlich *Görner*, in: Rowedder/Schmidt-Leithoff, Rdnr. 64.

367 *Fastrich*, in: Baumbach/Hueck, Rdnr. 46.

368 *Ulmer*, in: FS Hoffmann-Becking, S. 1266; *J. Schmidt*, GmbHR 2013, 935; *Tröger*, in: VGR (Hrsg.), Gesellschaftsrecht in der Diskussion 2013, 2014, S. 23, 39.

369 *Altmeppen*, ZIP 2016, 1557.

370 Stark betont bei *Altmeppen*, ZIP 2016, 1557, 1560 ff.; dagegen („verfehlt") *Ulmer/Habersack*, in: Ulmer/Habersack/Löbbe, Rdnr. 62; anders *Fastrich*, in: Baumbach/Hueck, Rdnr. 46.

371 *Ulmer*, in: FS Hoffmann-Becking, S. 1267; *Tröger*, in: VGR (Hrsg.), Gesellschaftsrecht in der Diskussion 2013, 2014, S. 23, 40, 42 ff.

372 Abl. *Ulmer*, in: FS Hoffmann-Becking, S. 1273; scharf krit. *Altmeppen*, ZIP 2016, 1557, 1560.

ausgeglichen[373], was natürlich ein beiderseitiges Risiko begründet, aber eine anteilige Verstärkung bei den verbliebenen Gesellschaftern bei Zahlungsunfähigkeit der Gesellschaft nicht unbedingt rechtfertigt; auch eine Erhöhung ihres Haftungsanteils entsprechend §§ 24 Satz 2, 31 Abs. 3 Satz 2 findet nicht statt. Die Vorstellung, dass sich die Verbliebenen einen wirtschaftlichen Wert des eingezogenen Anteils „einverleiben", ist keine allgemein überzeugende Lösung, solange die Verbliebenen diesen Wert nicht – etwa durch Verkauf ihrer Anteile oder Ausschließung – effektiv realisieren[374]. Zwar mögen die Verbliebenen durch eine Auflösung stiller Reserven, die freilich Steuerpflichten auslösen kann, womöglich sogar durch eine Kapitalherabsetzung[375], die persönliche Haftung vermeiden, das letztere stünde freilich nach der Judikatur unter dem Verdacht eines Treupflichtverstoßes. Sowohl eine Treupflichtverletzung als auch eine ungerechtfertigte Anwachsung der Berechtigung der verbleibenden Gesellschafter dürfte durch die Verpfändung ihrer Geschäftsanteile an den Ausscheidenden verhindert worden sein (was der BGH aber wohl anders sah).

60 Insgesamt verringert daher die sofortige Wirksamkeit eines korrekt gefassten Einziehungsbeschlusses nicht gewisse Unsicherheiten bezüglich des Schicksals des Abfindungsanspruchs und kann auch nicht weiterbestehende Probleme des unternehmerischen Innenverhältnisses zwischen den verbliebenen und dem ausgeschiedenen Gesellschafter lösen. Die vom BGH nicht aufgegriffene Lösung über eine auflösende Bedingtheit des Einziehungsbeschlusses ist von einzelfallbezogenen Würdigungen des Verhaltens der verbleibenden Gesellschafter frei, die aber durch Kapitalmaßnahmen das Eintreten der Bedingung verhindern können (mit der Folge, dass ihnen bei Versäumung solcher Maßnahmen das Wiederaufleben des eingezogenen Geschäftsanteils und eine Schadensersatzpflicht droht)[376]. Das zwingt zu wiederum sehr einzelfallbezogenen Entscheidungen zum Verhältnis der Mitgliedschaftsrechte aller Gesellschafter während des Schwebezustandes und nach seiner Beendigung durch den Wiedereintritt des Ausgeschlossenen. Der Vorteil, den die Praxis in der Annahme sofortiger Wirksamkeit des Einziehungsbeschlusses sah, wird dadurch stark relativiert. Die Teilergebnisse des letzten Grundsatzurteils des BGH – das kaum schon das letzte Wort sein dürfte – mögen die Praxis zufriedenstellen, ersetzen aber kaum eine entwicklungsfähige dogmatische Grundkonzeption. Das zeigt sich auch an den Folgerungen für das Stammkapital und die Stückelung der Gesellschaftsanteile (Rdnr. 63, 68 f.). Da ohne eine die Einziehung zulassende Satzungsregelung die vorstehend erörterten schlüssigen Lösungen der Probleme zu § 34 Abs. 2 nicht gut vorstellbar sind, fragt sich, ob in diesen Punkten **statutarische Regelungen** möglich sind. Dazu wird zunächst angenommen, dass die Satzung die früher auch in der Rechtsprechung praktizierte „Bedingungslösung" einführen oder sie zur Vermeidung der Ausfallhaftung zur Wahl stellen kann[377], dies also mit einer Regelung der Rechte des Betroffenen während des Schwebezustandes verbinden kann. Das sollte zugelassen werden, da der Gläubigerschutz nicht gefährdet wird, ebenso wohl, wenn die Satzung den Ausgeschiedenen so zu stellen sucht, wie er bei Auflösung stünde[378]. Sieht man in einer Satzungsregelung zur Zwangseinziehung ein Einverständnis auch mit den Folgen des Fehlens eines zureichenden freien Vermögens, so kann hier u.U. auch mit einem Verzicht eines (künftig einmal) von Einziehung Betroffenen auf die Ausfallhaftung der Verbliebenen operiert werden; an einen konkludenten Verzicht sollte schon dann, wenn die Satzung Wirksamkeit der Einziehung mit der Mittei-

---

373 Eingehend dazu *Tröger*, in: VGR (Hrsg.), Gesellschaftsrecht in der Diskussion 2013, 2014, S. 23, 47 ff.
374 *Zinger*, ZGR 2017, 196, 204 ff., dort auf S. 201 auch zu den Nachteilen der Auflösung.
375 So versteht *Tröger*, in: VGR (Hrsg.), Gesellschaftsrecht in der Diskussion 2013, 2014, S. 23, 63 das Urteil BGH v. 24.1.2012 – II ZR 109/11, BGHZ 192, 236 Rdnr. 21 = GmbHR 2012, 387.
376 *Ulmer/Habersack*, in: Ulmer/Habersack/Löbbe, Rdnr. 64.
377 BGH v. 26.10.1983 – II ZR 87/83, BGHZ 88, 320 = GmbHR 1984, 93; *Grunewald*, GmbHR 2012, 771; *Zinger*, ZGR 2017, 196, 207; *Görner*, in: Rowedder/Schmidt-Leithoff, Rdnr. 68.
378 *Zinger*, ZGR 2017, 196, 207.

lung des Beschlusses an den Betroffenen vorschreibt[379], nur bei klaren Anhaltspunkten für einen Verzichtswillen gedacht werden. Die Satzung kann aber ohne Verstoß gegen § 34 Abs. 3 vorsehen, dass der Betroffene seinen Geschäftsanteil auf Weisung der Gesellschaft an einen Dritten abzutreten hat, der dann die Abfindung schuldet[380].

Weiter bleibt zu entscheiden, welche Rechtsstellung der Gesellschafter bis zur endgültig wirksamen Abfindung wegen seiner Entgeltansprüche hat. Dabei kommt es also auch auf eine im Zeitpunkt der tatsächlichen Zahlung gegebene Zulässigkeit an; dieser Schwebezustand dauert an, bis eine Rückforderung einer geleisteten Abfindung ausgeschlossen ist, also bis zum Ende der Verjährungsfrist nach § 31 Abs. 5[381]. Das macht es notwendig, die Stellung des nicht endgültig und irreversibel Ausgeschiedenen situationsgerecht zu bestimmen, was nicht ohne Abstriche an seinen Rechten möglich ist. Hier kommt zunächst ein **Ruhen der Rechte**[382] in Betracht, gegen das aber eingewendet wird, dass der Gesellschafter bis zur Zeit der endgültigen Klärung seines Status ein berechtigtes Interesse an der Mitwirkung an Gesellschaftsbeschlüssen haben kann, etwa über die Bilanzfeststellung, von der seine Abfindungsansprüche abhängen[383]. Dennoch scheint es zumutbar, den noch nicht endgültig – erst recht den auflösend bedingt – Ausgeschiedenen zwar grundsätzlich an die von den anderen Gesellschaftern getroffenen Entscheidungen zu binden, ihm aber für den Rechtsstreit um die Höhe der Abfindung den Beweis offenzuhalten, dass Bilanzpositionen zu seinem Nachteil manipuliert worden sind, was gegebenenfalls auch wieder als Treupflichtverletzung zur Ausfallhaftung führen würde. Allerdings erschiene eine finanzielle Kompensation über Schadensersatzansprüche, die sich an einen Bestandsschutz der Einziehung auch bei nachträglichem Obsiegen des Betroffenen mit der Anfechtungsklage anschließen sollen[384], besonders nach längeren Rechtsstreitigkeiten unsicher. Bei einem vollständigen Ruhen der Mitgliedschaftsrechte erscheint es u.U. auch zumutbar, den Gesellschafter zu verpflichten, den Geschäftsanteil Zug um Zug gegen Zahlung der Abfindung den Mitgesellschaftern zur Verwertung zur Verfügung zu stellen[385]. Das nicht zu leugnende Dilemma eines nicht mehr arbeitsfähigen Gesellschafterkreises ohne praktische Möglichkeit, einen Störenfried abzufinden, ist für alle Partner nur auf dem Wege über § 61 lösbar. Freilich bestehen Bedenken gegen ein vollständiges Ruhen aller Mitwirkungsrechte, das den Gesellschafter der Gefahr aussetzt, Entscheidungen nicht verhindern zu können, die die Realisierung seines Abfindungsanspruchs erschweren[386]. Deswegen sollte es genügen, das Stimmrecht dem Betroffenen mit der Einschränkung zu belassen, dass ihm die Treupflicht verbietet, gegen Maßnahmen zu stimmen, die seine Vermögensinteressen nicht berühren. Auch eine Anfechtungs- oder Nichtigkeitsklage ist dann nur mit diesem Vorbehalt weiter möglich[387]. Die Gewinnverteilung kann während des Schwebezustandes (s. dazu auch Rdnr. 56) bestehen bleiben, ist aber bei Bedingungseintritt zu korrigieren; auf der anderen Seite treffen den Gesellschafter, u.U. sogar nach seinem (vorläufigen) Ausscheiden, in der Zeit seiner Zugehörigkeit zur Gesellschaft verwirklichte Haftungstatbestände, wie etwa

60a

379 *Görner*, in: Rowedder/Schmidt-Leithoff, Rdnr. 68.
380 *Goette*, DStR 2006, 1901.
381 So auch *Goette*, in: FS Lutter, 2000, S. 408.
382 *Harst*, GmbHR 1987, 183, 185 f.; krit. *Niemeier*, S. 322 ff.; *Kesselmeier*, S. 197 ff. Praktische Bedenken bei *Sieger/Mertens*, ZIP 1996, 1493, 1495; dagegen OLG Frankfurt v. 26.11.1996 – 5 U 111/95, GmbHR 1997, 171 mit zust. Kurzkomm. *H. P. Westermann*, EWiR § 34 GmbHG 1/97.
383 S. dazu gerade den Fall des OLG Frankfurt v. 26.11.1996 – 5 U 111/95, GmbHR 1997, 171. Für Stimmrecht nur in Punkten, durch die der Abfindungsanspruch betroffen ist, *Görner*, in: Rowedder/Schmidt-Leithoff, Rdnr. 68.
384 So *Fingerhut/Schröder*, BB 1997, 1805, 1807.
385 Vorschlag von *Peetz*, GmbHR 2000, 749, 753.
386 So auch BGH v. 26.10.1983 – II ZR 87/83, BGHZ 88, 320, 325 ff. = GmbHR 1984, 93 zu den Folgen einer satzungswidrigen Kündigung.
387 Zu dieser Lösung s. auch *Sieger/Mertens*, ZIP 1996, 1495; *Michalski/Schulenberg*, NZG 1999, 408 f. Nach BGH v. 24.1.2012 – II ZR 109/11, ZIP 2012, 422, 425 l. Sp. = GmbHR 2012, 387, sind Unklarheiten über die Ausübung mitgliedschaftlicher Rechte nicht zu vermeiden.

die subsidiäre Kollektivhaftung nach § 31 Abs. 3[388]. Doch kann der „Zurückstufung" des aufschiebend oder vorläufig ausgeschiedenen Gesellschafters in diesem Zusammenhang dadurch Rechnung getragen werden, dass im Innenverhältnis unter Gesellschaftern und Geschäftsführern eine Entlastung zu Gunsten dessen erfolgt, der zurzeit der haftungsbegründenden Zahlung auf Grund des Ruhens seiner Mitgliedschaftsrechte keine Kontrollmöglichkeiten in Bezug auf die Geschäftsführung hatte. Ein weiteres durch Zeitablauf auftretendes Problem ist die Beendigung eines noch unter der Geltung der Lehre von der aufschiebenden Bedingtheit des Einziehungsbeschlusses (Rdnr. 56, 57) damals nicht ausgeschiedenen Gesellschafters, der erst nach Entscheidung für die „Haftungslösung" mit der sofortigen Wirksamkeit des vor einiger Zeit gefassten Einziehungsbeschlusses konfrontiert wird; hier mag mit der Lehre von der fehlerhaften Gesellschaft geholfen werden können[389].

e) Verhältnis zur Kapitalherabsetzung

61   Sollen die Folgen eines Verstoßes gegen das Kapitalerhaltungsgebot verlässlich vermieden werden, so muss die Einziehung mit einer Kapitalherabsetzung nach § 58 verbunden werden, die vollständig durchgeführt und in das Handelsregister eingetragen worden sein muss, ehe die Einziehung geschehen kann[390]. Dies gilt auch für den Fall der Einziehung nicht voll eingezahlter Anteile (Rdnr. 52) und kann nicht durch Teileinziehung umgangen werden (Rdnr. 40).

IV. Die Wirkung der Einziehung

1. Schicksal des Geschäftsanteils und des Stammkapitals

62   Mit der Bekanntgabe des Einziehungsbeschlusses an den Inhaber des betroffenen Geschäftsanteils wird das **Beteiligungsrecht vernichtet**, wenn alle Voraussetzungen der Einziehung vorliegen und das Einziehungsentgelt in zulässiger Weise gezahlt ist. Nach der Einziehung können aus dem Anteil keinerlei Rechte oder Pflichten mehr abgeleitet werden. Eine Vollstreckung in den Anteil kann nicht mehr stattfinden. Das **Stammkapital** der Gesellschaft als Rechnungsposten bleibt nach bisher ganz h.M. **unverändert**, wenn es nicht im Verfahren nach § 58 herabgesetzt worden ist[391]. Aber auch das Ist-Kapital bleibt unberührt, da die Einlage voll eingezahlt sein muss (Rdnr. 52) und der Wert des Stammkapitals wegen des Kapitalerhaltungsgebots weiterhin gedeckt bleiben muss (Rdnr. 51), damit das Entgelt zu Lasten der Rücklagen gebucht werden kann. Nach der Begr. RegE zur Neufassung des § 5 Abs. 3 Satz 2 könnte die Einziehung das **Konvergenzgebot** verletzen[392], indem das Gebot der Übereinstimmung der Nennbeträge sämtlicher Geschäftsanteile mit dem Stammkapital nicht nur auf den Gründungsvorgang bezogen sein, sondern auch „den weiteren Verlauf der Gesellschaft" erfassen soll. Während auf der Grundlage der alten Gesetzesfassung ein Auseinander-

---

388 S. auch dazu BGH v. 26.10.1983 – II ZR 87/83, BGHZ 88, 320, 327 = GmbHR 1984, 93; krit. *Niemeier*, S. 327 Fn. 56.

389 *Ulmer/Habersack*, in: Ulmer/Habersack/Löbbe, Rdnr. 64a; folgend *Fastrich*, in: Baumbach/Hueck, Rdnr. 46.

390 *Görner*, in: Rowedder/Schmidt-Leithoff, Rdnr. 25; *Ulmer/Habersack*, in: Ulmer/Habersack/Löbbe, Rdnr. 65.

391 BGH, NJW 1953, 780; BayObLG v. 25.10.1991 – BReg.3 Z 125/91, GmbHR 1992, 42; KG, OLGE 27, 372; KG, DR 1943, 1230; *Sieger/Mertens*, ZIP 1996, 1493, 1496; *Müller*, DB 1999, 2045 ff.; *Altmeppen*, in: Roth/Altmeppen, Rdnr. 78; *Lutter/Kleindiek*, in: Lutter/Hommelhoff, Rdnr. 2; *Fastrich*, in: Baumbach/Hueck, Rdnr. 20; *Sosnitza*, in: Michalski u.a., Rdnr. 121, 122.

392 Gesetzesbegründung BT-Drucks. 16/6140, S. 31 l. Sp.; hierzu und zum Folgenden eingehend *Blath*, GmbHR 2011, 1177 ff.; *Braun*, NJW 2010, 2700; *Lutter*, in: FS Meilicke, 2010, S. 481 ff.; *Nolting*, ZIP 2011, 1292; *Fastrich*, in: Baumbach/Hueck, Rdnr. 17a, 17b; *Altmeppen*, in: Roth/Altmeppen, Rdnr. 81.

fallen von Stammkapital und Summe der Anteils-Nennbeträge durch eine Einziehung als folgenlos betrachtet worden war, so dass eine Angleichung der Nennbeträge den Gesellschaftern freigestellt war[393], wurde nunmehr ein Einziehungsbeschluss, der die Konvergenz nicht durch Kapitalherabsetzung, eine nominelle Aufstockung der Geschäftsanteile oder die Bildung eines neuen Geschäftsanteils herstellte, als nichtig betrachtet[394], sogar mit der Folge einer Amtslöschung gemäß § 399 Abs. 4 FamFG[395]. Eine Gegenansicht sprach der Bemerkung der Reg-Begr. jegliche materiell-rechtliche Bedeutung ab, lehnt also insbesondere die Notwendigkeit eines Erwerbs des eingezogenen Anteils durch die Gesellschaft ab[396]; umstritten ist, ob eine automatische Erhöhung des Nennbetrages der verbliebenen Geschäftsanteile stattfindet[397], wofür sprechen könnte, dass durch das MoMiG (§ 5 Abs. 3 Satz 2) das Gebot der Übereinstimmung der Nennbeträge sämtlicher Geschäftsanteile mit dem Stammkapital nicht nur auf den Gründungsvorgang bezogen ist, sondern auch „den weiteren Verlauf der Gesellschaft" erfassen soll[398].

Die dadurch hinzunehmende Divergenz, die nicht erkennen lässt, dass materiell die Stammeinlage des Ausgeschiedenen den Verbleibenden – ähnlich wie in der Personengesellschaft – zugewachsen ist[399], hat auch nach dem Urteil des BGH[400] nicht die Nichtigkeit des Einziehungsbeschlusses zur Folge, so dass es im Ergebnis lediglich zu einer durch konstitutiven Gesellschafterbeschluss durchzuführenden **Aufstockung** der verbleibenden Anteile[401] (Rdnr. 68) und sodann zu einer Berichtigung der Gesellschafterliste (§ 40 Abs. 1 Satz 1)[402] kommt, die auf eine Glättung der Stückelung, notfalls durch Zuweisung eines Spitzenbetrages des Nominalbetrages des eingezogenen Anteils an die Verbliebenen[403] hinausläuft; eine Lösung kann auch durch Bildung eines neuen Geschäftsanteils als eigener Anteil (Revalorisierung)[404] erfolgen (dazu näher Rdnr. 70). Die Aufstockung ist keine Satzungsänderung, kann also mit einfacher Mehrheit beschlossen werden[405]. Für die Anpassungsmaßnahme ist der Gesellschaft und den Gesellschaftern eine angemessene Frist zuzugestehen[406]. Umstritten ist aber, ob die

63

---

393 BayObLG v. 25.10.1991 – BReg.3 Z 125/91, NJW-RR 1992, 736.
394 *Römermann*, DB 2010, 209; *Heckschen*, NZG 2010, 521, 524; LG Essen v. 9.6.2010 – 42 O 100/09, GmbHR 2010, 1036; *Katschinski/Rawert*, ZIP 2008, 1997; *Görner*, in: Rowedder/Schmidt-Leithoff, Rdnr. 26.
395 *Haberstroh*, NZG 2010, 1094; *Ulmer*, DB 2010, 322; *Blunk*, GmbHR 2013, 757.
396 *Meyer*, NZG 2012, 1203; dagegen *Ulmer/Habersack*, in: Ulmer/Habersack/Löbbe, Rdnr. 65a; *Fastrich*, in: Baumbach/Hueck, Rdnr. 7a; OLG Rostock v. 27.6.2012 – 1 U 59/11, GmbHR 2013, 753; *Grunewald*, GmbHR 2012, 769, 772.
397 Dagegen *Ulmer/Habersack*, in: Ulmer/Habersack/Löbbe, Rdnr. 65a; *Lutter*, GmbHR 2010, 1179; *Grunewald*, GmbHR 2012, 769, 772; dafür *Priester*, GmbHR 2017, 1065, 1066.
398 Gesetzesbegründung BT-Drucks. 16/6140, S. 31 l. Sp.; hierzu und zum Folgenden eingehend *Blath*, GmbHR 2011, 1177 ff.; *Braun*, NJW 2010, 2700; *Lutter*, in: FS Meilicke, 2010, S. 481 ff.; *Nolting*, ZIP 2011, 1292; *Fastrich*, in: Baumbach/Hueck, Rdnr. 17a, 17b; *Altmeppen*, in: Roth/Altmeppen, Rdnr. 81.
399 Im Einzelnen *Altmeppen*, in: Roth/Altmeppen, Rdnr. 82, 83.
400 BGH v. 2.12.2014 – II ZR 322/13, GmbHR 2015, 416; zust. *Wachter*, BB 2015, 785; *Kleindiek*, NZG 2015, 489; *Priester*, GmbHR 2017, 1066; *Altmeppen*, in: Roth/Altmeppen, Rdnr. 81.
401 OLG Frankfurt v. 12.10.2010 – 5 U 189/09, GmbHR 2011, 1320, 1322; *Strohn*, in: MünchKomm. GmbHG, Rdnr. 68; *Görner*, in: Rowedder/Schmidt-Leithoff, Rdnr. 27.
402 *Altmeppen*, in: Roth/Altmeppen, Rdnr. 84; *Strohn*, in: MünchKomm. GmbHG, Rdnr. 68; *Lutter/Kleindiek*, in: Lutter/Hommelhoff, Rdnr. 5a.
403 *Altmeppen*, in: Roth/Altmeppen, Rdnr. 86; nach *Strohn*, in: MünchKomm. GmbHG, Rdnr. 66 soll in Höhe des Spitzenbetrages ein neuer Geschäftsanteil gebildet werden.
404 *Strohn*, in: MünchKomm. GmbHG, Rdnr. 69; BayObLG v. 25.10.1991 – BReg 3 Z 125/91, GmbHR 1992, 42 = NJW-RR 1992, 736; *Fastrich*, in: Baumbach/Hueck, Rdnr. 20.
405 *Priester*, in: FS Kellermann, 1991, S. 352; *Lutter/Kleindiek*, in: Lutter/Hommelhoff, Rdnr. 6; *Ulmer/Habersack*, in: Ulmer/Habersack/Löbbe, Rdnr. 69; *Strohn*, in: MünchKomm. GmbHG, Rdnr. 65.
406 *Lutter/Kleindiek*, in: Lutter/Hommelhoff, Rdnr. 5; sehr großzügig *Warner-Laufer*, NJW 2010, 1499; dagegen aber *Haberstroh*, NZG 2010, 1094.

Anteilsaufstockung eine Pflicht der verbliebenen Gesellschafter zur **Einlageleistung** begründet, dazu im Zusammenhang mit der Schaffung eines neuen Gesellschaftsanteils Rdnr. 70.

64 Da es sich um einen Fehler der Gesetzgebung handelt, der wohl nicht durch eine Reduktion des Konvergenzgebots auf die Gründungsphase überspielt werden kann, und da andererseits das Gesetz keine Anwachsung bestimmt und Maßnahmen wie einen Aufstockungsbeschluss oder die Neubildung eines Geschäftsanteils bisher nicht gekannt hat, abgesehen von der Frage nach der Haftung für entstehende Einlagepflichten, ist die jetzige, noch nicht in den Einzelheiten geklärte Lage nur als Ergebnis einer möglichst gesetzestreuen **Rechtsfortbildung**[407] zu erklären. Für einen Teil der Probleme bietet sich eine Analogie zur Kapitalerhöhung aus Gesellschaftsmitteln an, in jedem Fall bedarf es eines aktiven Vorgehens der Gesellschaft, ohne dass auf einer zwangsläufigen Einheit der Einziehung und der Anpassungsmaßnahmen bestanden werden sollte, damit die Gesellschafter die Lösungsmöglichkeiten in ihren praktischen Folgen prüfen können[408]. Sehr mutig ist es, im Einziehungsbeschluss die Aufstockung als mitenthalten anzusehen[409]. Wenn und soweit nicht – etwa zur Glättung der „aufgestockten" Nominalbeträge im Zuge einer disquotalen Aufstockung[410] – eine Kapitalerhöhung oder eine Kapitalherabsetzung stattfindet, ist in der Bilanz das Stammkapital in der bisherigen Höhe auszuweisen, das gezahlte Einziehungsentgelt muss zu Lasten offener Rücklagen oder eines Gewinnvortrags gebucht werden[411].

2. Einfluss auf Rechte und Pflichten des ausgeschiedenen Gesellschafters

65 Das Verschwinden des Anteils steht nicht der beim Erwerb eigener Anteile vorkommenden (§ 33 Rdnr. 32 f.) Vermischung von Rechten und Pflichten gleich. Soweit also im Zeitpunkt der Einziehung noch ein Fehlbetrag aus einer nicht aufgebrachten Einlage eines anderen Gesellschafters offen stand (§ 24), **haftet** der Ausgeschiedene **weiter**[412]. Das gilt auch für andere bis zur Einziehung fällig gewordene Leistungen, z.B. auf Zahlung nach § 31 Abs. 3 oder auf Erfüllung von Nebenleistungspflichten. Soweit satzungsmäßig oder durch Vereinbarung mit dem Ausscheidenden Abweichendes, etwa der Verzicht auf rückständige Leistungen, vereinbart ist (s. Rdnr. 24), ist darauf zu achten, dass auch hierin ein Einziehungsentgelt liegt, das nicht zu einer Unterbilanz führen darf. Nachschüsse, deren Zahlung bereits vor der Einziehung beschlossen war, sind noch zu erbringen. Einen Anspruch auf **Gewinn für die zurückliegende Zeit** hat der Ausgeschiedene nur, wenn schon vor der Einziehung durch den Gewinnverteilungsbeschluss eine fällige Auszahlungsforderung entstanden war, auch wenn das betreffende Geschäftsjahr vor dem Einziehungsbeschluss abgelaufen war[413]. Die Abfindung ist dann nach dem Unternehmenswert im Zeitpunkt des Einziehungsbeschlusses zu bemessen, wobei ein vorher entstandener Gewinnanspruch den Unternehmenswert mindern kann[414].

---

407 Dazu *Ulmer*, DB 2010, 321 ff.; zum Fehlen gesetzlicher Grundlagen *Blath*, GmbHR 2011, 1177, 1181 ff.

408 *Altmeppen*, in: Roth/Altmeppen, Rdnr. 74.

409 So für eine zweigliedrige GmbH OLG Saarbrücken v. 1.12.2011 – 8 U 315/10-83, ZIP 2012, 729, 730; zust. *Niemeyer*, EWiR 2012, 205.

410 Dazu im Einzelnen *Nolting*, ZIP 2011, 1292; *Blath*, GmbHR 2011, 1177, 1181 ff.

411 Zur Bilanzierung auch *Müller*, DB 1999, 2045; *Hild*, GmbH-StB 2005, 137 ff.; *Altmeppen*, in: Roth/Altmeppen, Rdnr. 78.

412 *Fastrich*, in: Baumbach/Hueck, Rdnr. 19.

413 BGH v. 14.9.1998 – II ZR 172/97, BGHZ 139, 299 = NJW 1998, 3646; zust. *Altmeppen*, in: Roth/Altmeppen, Rdnr. 75; *Ulmer/Habersack*, in: Ulmer/Habersack/Löbbe, Rdnr. 57; *Strohn*, in: MünchKomm. GmbHG, Rdnr. 60.

414 Näher *Roth*, ZGR 1999, 715, 718 (zum Urteil BGH v. 14.9.1998 – II ZR 172/97, BGHZ 139, 299 ff.), der dann allerdings aus der Verlagerung der Einziehungswirkung auf die Zahlung der Abfindung (Rdnr. 60) die Forderung ableitet, die für die Abfindungshöhe maßgebliche Unternehmensbewertung ebenfalls nach dem voraussichtlichen Zahlungstermin zu bemessen (S. 721 f.).

Sodann tastet die Einziehung die Gläubigerstellung des Gesellschafters aus Individual- bzw. Drittgeschäften (Darlehen, Miete, Geschäftsbesorgung) nicht an[415]. Eine Beteiligung an schwebenden Geschäften kommt nicht in Betracht, sie können allerdings in die Ertragswertberechnung eingehen. Hatte sich der betroffene Gesellschafter für eine Gesellschaftsschuld verbürgt, so wird aus der Zwangseinziehung bei gleichzeitiger Erhöhung der Beteiligungsquote der anderen Gesellschafter deren Pflicht gefolgert, den Ausscheidenden von seiner Bürgschaftsschuld freizustellen[416].

Die Abschichtungsbilanz hat die Gesellschaft aufzustellen. Der Ausgeschiedene kann nach §810 BGB **Vorlage von Geschäftsbüchern und Bilanzen** verlangen, soweit dies zur Berechnung seines Einziehungsentgelts nötig ist[417]. Die Unterlagen müssen allerdings die Geschäftsvorfälle nach dem Ausscheiden des Gesellschafters nur insoweit erfassen, dass ein Fachmann daraus Schlüsse auf den (möglicherweise für die Abfindung bedeutsamen) Ertragswert ziehen kann. Der BGH[418] sieht Auskünfte über einen längeren Zeitraum als ein Jahr nach dem Ausscheiden nicht mehr als geschuldet an.

66

3. Auswirkung auf Rechte und Pflichten von Mitgesellschaftern

Die verbleibenden Gesellschafter müssen auf Grund der veränderten Bedeutung ihrer Geschäftsanteile im Verhältnis zur GmbH (Rdnr. 63) ein **Anwachsen ihrer gesellschaftsrechtlichen Pflichten** hinnehmen; dies betrifft etwa die Haftung aus §§ 24 und 31, s. auch Rdnr. 65 a.E. zur Freistellung von einer Bürgschaft. Nur in Person zu erfüllende Nebenleistungen des Ausgeschiedenen (§ 3 Abs. 2) treffen die verbleibenden Partner dagegen nicht[419], wenn nicht die Satzung oder die anlässlich des Ausscheidens getroffenen Vereinbarungen etwas anderes ergeben. Auf der anderen Seite wachsen die Ansprüche der verbliebenen Gesellschafter auf Beteiligung am *Jahresgewinn* und an einer *Liquidationsquote*[420]. Unabhängig davon, wie mit dem Nennwert der Geschäftsanteile der verbleibenden Gesellschafter verfahren wird, verändert sich der Beteiligungsmaßstab für die gesellschaftlichen Rechte und Pflichten der verbleibenden Gesellschafter, da der eingezogene Geschäftsanteil die verhältnismäßige Verteilung unter den Gesellschaftern nicht mehr beeinflussen kann, was auch für die Minderheitsrechte von Gesellschaftern gilt, maßgeblich ist die Beteiligungsquote. Dass der Nennwert auf den Wert der Beteiligung kaum Rückschlüsse zulässt, ist schon ohne die Folgen einer Einziehung eine allgemein bekannte Erscheinung. Im Innenverhältnis kann auch die durch die Einziehung verursachte erhöhte Stimmkraft von Gesellschaftern[421] Bedeutung gewinnen.

67

Der zur Erfüllung der Anforderungen des (erweiterten) Konvergenzgebots (Rdnr. 62, 63) nach verbreiteter Meinung geeignete **Aufstockungsbeschluss** lässt die Einlagepflichten unberührt und drückt im Grunde nur den Zuwachs an Rechten der verbleibenden Gesellschafter aus[422]. Da es eine automatische Ab- und Anwachsung des Vermögens bei den Anteilseignern im GmbH-Recht nicht gibt, da stets die Gesellschaft Eigentümerin ist, erfolgt die Aufstockung

68

---

415 *Ulmer/Habersack*, in: Ulmer/Habersack/Löbbe, Rdnr. 57; *Fastrich*, in: Baumbach/Hueck, Rdnr. 19.

416 OLG Hamburg v. 3.2.1984 – 11 U 208/83, GmbHR 1985, 58.

417 BGH v. 28.4.1977 – II ZR 208/75, GmbHR 1977, 151 f.; *Kuhn*, WM 1978, 598, 604; s. auch BGH v. 17.4.1989 – II ZR 258/88, NJW 1989, 3272 (für KG).

418 BGH v. 28.4.1977 – II ZR 208/75, GmbHR 1977, 151.

419 *Ulmer/Habersack*, in: Ulmer/Habersack/Löbbe, Rdnr. 67; *Görner*, in: Rowedder/Schmidt-Leithoff, Rdnr. 71; *Sosnitza*, in: Michalski u.a., Rdnr. 133.

420 *Ulmer/Habersack*, in: Ulmer/Habersack/Löbbe, Rdnr. 66; *Fastrich*, in: Baumbach/Hueck, Rdnr. 21. S. auch den Fall BGH v. 14.9.1998 – II ZR 172/97, BGHZ 139, 299 = GmbHR 1998, 1177.

421 *Kühn*, GmbHR 1965, 132; *Niemeier*, S. 363.

422 *Thiel*, GmbHR 1961, 49 f.; *Hohner*, in: FS Barz, 1974, S. 165; *Niemeier*, S. 364 f.; *Fastrich*, in: Baumbach/Hueck, Rdnr. 20; *Thiessen*, in: Bork/Schäfer, Rdnr. 53; zu einem konkludenten Aufstockungsbeschluss Rdnr. 64.

nur nominell[423], im Nennwert ist jetzt die veränderte Beteiligungsquote enthalten. Daher ist für die Aufstockung keine Satzungsänderung nötig, weil sich auch die Einziehung außerhalb der Satzung vollzieht[424]. Die Entscheidung über die Aufstockung kann demnach formlos und mit einfacher Mehrheit gefasst werden. Eine Eintragung im Handelsregister kann, da es sich nicht um Satzungsänderung handelt, nicht stattfinden, zur Gesellschafterliste s. 11. Aufl., § 40 Rdnr. 63. Die Gläubiger sind durch einen Aufstockungsbeschluss nicht betroffen, da durch die genauere Abstimmung von Nennwerten der Geschäftsanteile und der Stammkapitalziffer nicht wie bei der Kapitalherabsetzung Vermögen frei wird. Ein praktisches Problem folgt daraus, dass auch die neuen Nennwerte den Anforderungen des § 5 Abs. 3 Satz 2 genügen müssen, was zur Frage nach den Erfordernissen und Grenzen einer **disquotalen Aufstockung** führt, die nicht geklärt ist. Z.T. wird angenommen, eine solche Regelung, die materielle Folgen habe, liege im Geltungsbereich der Vertragsfreiheit und sei vom Gesetz nicht verboten[425], wobei allerdings früher auf die hierin gesehene Anteilsübertragung § 15 Abs. 3 angewendet werden sollte[426]. Nach einer anderen Ansicht[427] muss wie im rechtsähnlichen Fall einer Kapitalerhöhung aus Gesellschaftsmitteln (§ 57j) die Herstellung einer genauen Beteiligungsproportionalität gefordert werden, so dass allenfalls eine gleichmäßige Glättung der neuen Nominalbeträge möglich ist. Indessen scheint die Rechtsähnlichkeit der Glättung von Einziehungsfolgen mit einer Kapitalerhöhung aus Gesellschaftsmitteln angesichts des für die letzteren vorgeschriebenen verhältnismäßig umständlichen Verfahrens nicht recht passend. Im Ergebnis sollte es daher bei einer einverständlichen Nennwertfeststellung durch die Gesellschafter bleiben, wobei es vertretbar erscheint, auf vollständige Abbildung und Fortführung der bisherigen Beteiligungsverhältnisse (im geringfügigen Umfang) zu verzichten[428], zur Behandlung von Spitzenbeträgen s. aber Rdnr. 63.

4. Rechte Dritter in Bezug auf den Geschäftsanteil

69   Da der Geschäftsanteil verschwindet, können **dingliche** Rechte Dritter an ihm (wie Pfandrecht oder Nießbrauch) nicht bestehen bleiben. Dies entspricht im Ausgangspunkt allgemeiner Meinung[429]. Für die Zustimmung des Gesellschafters zu einer freiwilligen Einziehung bedarf es der Mitwirkung der Inhaber der genannten dinglichen Rechte (Rdnr. 38). Zur Fortsetzung der dinglichen Rechte am Einziehungsentgelt s. im Übrigen Rdnr. 38; die aus der dinglichen Surrogation Begünstigten müssen sich auch Schwächen des Abfindungsanspruchs, die aus § 34 Abs. 3 i.V.m. § 30 folgen, entgegenhalten lassen. Bei einer Zwangseinziehung bedarf es ihrer Zustimmung nicht, wenn sie das Recht nach der Schaffung der satzungsmäßigen

---

423 *Sosnitza*, in: Michalski u.a., Rdnr. 124; *Blath*, GmbHR 2011, 1177, 1181 (besonders S. 1182 im Zusammenhang mit der disquotalen Aufstockung); zur Verwendung dieses Ausdrucks krit. *Ulmer*, DB 2010, 321; *Altmeppen*, in: Roth/Altmeppen, Rdnr. 84.

424 BayObLG v. 25.10.1991 – BReg.3 Z 125/91, WM 1992, 227, 228 unter Hinweis auf Andeutungen im Urteil BGH v. 6.6.1988 – II ZR 318/87, NJW 1989, 168 f.; ebenso *Bokelmann*, Kurzkomm. EWiR § 34 GmbHG 1/92; *Priester*, in: FS Kellermann, 1991, S. 128; *Blath*, GmbHR 2011, 1177, 1181; *Görner*, in: Rowedder/Schmidt-Leithoff, Rdnr. 27; *Sosnitza*, in: Michalski u.a., Rdnr. 124.

425 Eingehend *Nolting*, ZIP 2011, 1292, 1295 ff.

426 *Mutter/Schwörer*, GmbHR 2000, 1144, 1146; dagegen *Nolting*, ZIP 2011, 1292, 1297; krit. auch *Blath*, GmbHR 2011, 1177, 1182.

427 *Blath*, GmbHR 2011, 1177, 1183 unter Bezugnahme auf BGH v. 30.6.2003 – II ZR 326/01, GmbHR 2003, 1062, 1064 (zur Gesellschafterkündigung), wodurch allerdings auch § 15 Abs. 3 eingehalten wäre; gegen diese Analogien *Nolting*, ZIP 2011, 1192, 1197.

428 Berechnungsbeispiele und Formulierungsvorschläge für Satzungsbestimmungen schon bei *Sieger/Mertens*, ZIP 1996, 1497 ff.

429 *Niemeier*, S. 354; *Ulmer/Habersack*, in: Ulmer/Habersack/Löbbe, Rdnr. 58; *Fastrich*, in: Baumbach/Hueck, Rdnr. 19; *Görner*, in: Rowedder/Schmidt-Leithoff, Rdnr. 70; *Thiessen*, in: Bork/Schäfer, Rdnr. 50.

Einziehungsklausel erworben haben[430]. Wurde ein Anteil vor der Einziehung gültig veräußert, so geht ein auf Gründe in der Person des Anteilseigners abgestellter Einziehungsbeschluss ins Leere, und es kommt auf die Umstände an, ob er im Hinblick auf den neuen Anteilseigner wiederholt werden kann; meist wird aber ohnehin eine Genehmigung zur Anteilsveräußerung vorgeschaltet sein. Mitverwaltungsrechte haben die dinglich Berechtigten auch dann nicht, wenn infolge längerfristiger Abwicklung der Abfindungsansprüche das Eintreten der Einziehungswirkungen in der Schwebe bleibt. Waren Ansprüche auf **künftige Dividende vor der Einziehung abgetreten**, so entfällt durch die Einziehung die Grundlage des abgetretenen Rechts, wogegen der Zessionar nicht geschützt ist. Es bedarf also insbesondere nicht seiner Zustimmung zur Einziehung, er muss sich wegen seines Ausfalls an den Zedenten halten. Vor der Einziehung fällig gewordene Gewinnansprüche (dazu Rdnr. 65) können nach den allgemeinen Regeln auch mit Wirkung gegenüber der Gesellschaft abgetreten werden.

5. Schaffung eines neuen Geschäftsanteils

Das Bedürfnis zur Neubildung eines Geschäftsanteils kann sich angesichts der automatischen Anpassung des gesellschaftlichen Innenverhältnisses an die durch die Vernichtung des eingezogenen Anteils entstandene Situation und die Möglichkeit eines Aufstockungsbeschlusses (Rdnr. 68) vor allem daraus ergeben, dass die Gesellschafter einen neuen Anteilseigner suchen und ihm einen dem eingezogenen entsprechenden Geschäftsanteil anbieten wollen; möglicherweise veranlassen hierzu auch die Schwierigkeiten mit einem nach der Aufstockung entstandenen Spitzen-Geschäftsanteil[431]. Ein neu gebildeter Geschäftsanteil steht der Gesellschaft als eigener zu[432], er kann auf diese Weise u.U. auch zur Finanzierung (oder zum Ausgleich des abgeflossenen Einziehungsentgelts) beitragen[433]. Die Rechte aus dem Anteil ruhen also, der Haftungsfonds und sonstige Gläubigerinteressen sind nicht tangiert. Eine verbreitete Ansicht, die schon bei einem Aufstockungsbeschluss (Rdnr. 63) Einlageleistungen der verbleibenden Gesellschafter für notwendig hält[434], stößt auf den Einwand, dass der eingezogene Anteil voll eingezahlt sein muss und durch die Abfindung des Ausgeschiedenen das Stammkapital nicht angetastet wurde. Andernfalls können die verbleibenden Gesellschafter die Zahlung notfalls aus bestehenden Rücklagen finanzieren, was sich empfiehlt, um die äußerstenfalls drohende persönliche Haftung zu vermeiden. Unter solchen Umständen fordert der Gläubigerschutz **zusätzliche Einlagen** auf aufgestockte oder einen neu gebildeten Anteil nicht[435], was im Hinblick darauf bezweifelt werden könnte, dass es auf eine Neubildung eines an sich vernichteten Geschäftsanteils ohne Begründung von Einlagepflichten hinauslaufen könnte. Da indessen die Nennwerte der bisherigen Geschäftsanteile unverändert geblieben sind und ein Geschäftsanteil im Vermögen der GmbH die nach der Einziehung eingetretene Gewichtverteilung im Innenverhältnis nicht beeinflusst, erscheint die Neubildung auch ohne Einlageleistung rechtstechnisch durchaus vertretbar. Sie setzt allerdings eine **qualifizierte Mehrheit** voraus, weil im späteren Verlauf durch Veräußerung des Anteils eine Verschiebung eintreten kann[436]. Einstim-

70

---

430 *Ulmer/Habersack*, in: Ulmer/Habersack/Löbbe, Rdnr. 58.
431 Im Einzelnen dazu *Sieger/Mertens*, ZIP 1996, 1498 f.
432 *Ulmer/Habersack*, in: Ulmer/Habersack/Löbbe, Rdnr. 70; *Görner*, in: Rowedder/Schmidt-Leithoff, Rdnr. 28; *Fastrich*, in: Baumbach/Hueck, Rdnr. 20.
433 Näher *Priester*, in: FS Kellermann, 1991, S. 353. Für die Zulässigkeit KG, DR 1943, 1230; BayObLG v. 25.10.1991 – BReg 3 Z 125/91, DB 1991, 2537; *Gonella*, GmbHR 1962, 253 f.; *Niemeier*, S. 367 f.; *Sosnitza*, in: Michalski u.a., Rdnr. 125; Bedenken bei *Hösel*, DNotZ 1958, 5, 15; *Buchwald*, GmbHR 1959, 68; *Fichtner*, BB 1976, 146, 148.
434 *Ulmer*, DB 2010, 321, 323; *Lutter*, GmbHR 2011, 1177, 1178; *Zöllner*, in: Baumbach/Hueck, § 46 Rdnr. 33b; *Ziemons*, in: BeckOGK GmbHG § 5 Fn. 95b.
435 *Priester*, GmbHR 2016, 1065, 1067.
436 *Niemeier*, S. 370; für Einstimmigkeit *Sieger/Mertens*, ZIP 1996, 1493, 1496.

migkeit ist nicht erforderlich, weil einem überstimmten Gesellschafter keine Rechte genommen werden, für die besondere Opfer gebracht worden wären; auch haftet er nicht persönlich für die Abfindung[437]. Soll allerdings die Verwertung des Anteils unter dem Betrag des gezahlten Einziehungsentgelts erfolgen, so bedarf es der Zustimmung aller Gesellschafter[438], ebenso, wenn anschließend der Geschäftsanteil veräußert werden soll, weil dies die Interessen der Mitgesellschafter berühren kann[439]. Geht man demgegenüber im Ausgangspunkt von einer automatischen Aufstockung des Nennwerts der Geschäftsanteile der verbliebenen Gesellschafter aus, so ist die Neubildung nur durch einen (Teil-)Abtretungsvertrag und eine Zusammenlegung durchführbar, die formbedürftig ist und, soweit Erwerber die Gesellschaft sein soll, nur unter den Voraussetzungen des § 33 Abs. 2 geschehen kann[440]. Im Ergebnis ist dieser Weg eher mit mehr Fehlerquellen behaftet als derjenige über einen Aufstockungsbeschluss[441].

V. Steuerrecht

71 Zur steuerrechtlichen Behandlung eigener Anteile, insbesondere aufgrund des neuen § 272 Abs. 1a HGB, s. § 33 Rdnr. 48 ff.

---

437 *Strohn*, in: MünchKomm. GmbHG, Rdnr. 69; *Sosnitza*, in: Michalski u.a., Rdnr. 125; a.M. *Gonella*, GmbHR 1962, 253 f.
438 Ebenso *Ulmer/Habersack*, in: Ulmer/Habersack/Löbbe, Rdnr. 70.
439 *Görner*, in: Rowedder/Schmidt-Leithoff, Rdnr. 28.
440 Zum Ganzen *Priester*, in: FS Kellermann, 1991, S. 358 ff.
441 Sehr zurückhaltend im Ergebnis auch *Blath*, GmbHR 2011, 1177, 1185 f.

Anhang § 34
Austritt und Ausschließung eines Gesellschafters

Schrifttum: *Altmeppen*, Ausschlussklage und Gewinnbeteiligung des ausscheidenden Gesellschafters der Personengesellschaft und GmbH, in: FS G.H. Roth, 2011, S. 1; *Bacher/Blumenthal*, Die Verwertung von GmbH-Geschäftsanteilen bei Ausscheiden eines Gesellschafters, NZG 2008, 406; *Bacher/Spieth*, Fehlerhafte Abfindungsklauseln in GmbH-Satzungen, GmbHR 2003, 517; *Bacher/Spieth*, Die Anfechtbarkeit oder Nichtigkeit fehlerhafter Abfindungsklauseln in der GmbH-Satzung, GmbHR 2003, 973; *Balz*, Die Beendigung der Mitgliedschaft in der GmbH, 1984; *Bärwaldt*, Ausschließung von Gesellschaftern aus wichtigem Grund, NZG 2003, 261; *Battke*, Der Ausschluss von Gesellschaftern aus der GmbH, GmbHR 2008, 850; *Baumann*, Die Ausschließung von GmbH-Gesellschaftern – Möglichkeiten der Satzungsgestaltung, MittRhNotK 1991, 271; *Becker*, Der Austritt aus der GmbH, 1985; *Blath*, Der Vollzug des Ausscheidens aus der GmbH – dogmatische und praktische Fragen, GmbHR 2012, 657; *Böhm*, Die Sicherung der Abfindung beim Ausscheiden aus der GmbH: Haftung der Mitgesellschafter beim Eingreifen der Kapitalerhaltungsschranke, 2016; *Clevinghaus*, Voraussetzungen und Folgen der Einziehung von GmbH-Geschäftsanteilen, RNotZ 2011, 449; *Cöster*, Der Ausschluss lästiger Gesellschafter, 1994; *Damrau-Schröter*, Der Ausschluss eines (mißliebigen) GmbH-Gesellschafters, NJW 1991, 1927; *Dreiss/Eitel-Dreiss*, Unfreiwilliges Ausscheiden aus Gesellschaften, insbesondere GmbH, 1971; *Esch*, Die mitgliedschaftlichen und steuerrechtlichen Wirkungen der Ausschließung oder des Austritts aus einer GmbH aus wichtigem Grund, GmbHR 1981, 25; *Eschenlohr*, Beschränkungen der Austritts- und Kündigungsmöglichkeiten des Gesellschafters einer Familien-GmbH, in: FS W. Sigle, 2000, S. 131; *Eser*, Zur Ausschließbarkeit eines GmbH-Gesellschafters, DStR 1991, 747; *R. Fischer*, Das Recht der OHG als ergänzende Rechtsquelle zum GmbH-Gesetz, GmbHR 1953, 131; *R. Fischer*, Die personalistische GmbH als rechtspolitisches Problem, in: FS W. Schmidt, 1959, S. 117; *Freund*, Das Recht der Ausschließung von Gesellschaftern aus wichtigem Grund in den Gesetzen betreffend die GmbH in den europäischen Staaten, 1962; *Freund*, Die in den europäischen Ländern bestehenden Regelungen des Ausschlusses eines GmbH-Gesellschafters, GmbHR 1962, 231; *Fritz*, Die Zwangseinziehung von GmbH-Geschäftsanteilen, 2016; *Gercke*, Die Ausschließung eines Gesellschafters aus der GmbH bei Schweigen des Gesellschaftsvertrages, 1959; *Gehrlein*, Ausschluß und Abfindung von GmbH-Gesellschaftern, 1997; *Goette*, Ausschließung und Austritt aus der GmbH in der Rechtsprechung des Bundesgerichtshofs, DStR 2001, 533; *Gondesa*, Der Mitgliedschaftsentzug aus wichtigem Grund im Recht der GmbH, 1992; *Gonnella*, Verwertungsmöglichkeiten eines Geschäftsanteils bei zwangsweisem Ausschluss eines GmbH-Gesellschafters aus wichtigem Grund und ihre rechtlichen Auswirkungen, 1965; *Gonnella*, Die zukünftige Regelung des Gesellschafterausschlusses in der GmbH, GmbHR 1967, 89; *Grunewald*, Der Ausschluss aus Gesellschaft und Verein, 1987; *Grunewald*, Probleme bei der Aufbringung der Abfindung für ausgetretene GmbH-Gesellschafter, GmbHR 1991, 185; *Hartmann*, Der Ausschluß eines GmbH-Gesellschafters, GmbHR 1962, 5; *Heckelmann*, Abfindungsklauseln in Gesellschaftsverträgen, 1973; *Heckschen*, Einziehung, Zwangsabtretung und Ausschluss in der Insolvenz des GmbH-Gesellschafters, NZG 2010, 521; *Heidinger/Blath*, Das Ausscheiden eines Gesellschafters aus der GmbH, GmbHR 2007, 1184; *Herrmann*, Die Bestimmung der Abfindung in der Satzung für die Fälle der Ausschließung und des Austritts aus der GmbH, 1967; *Heß*, Die Nichtigkeit von Abfindungsklauseln betreffend den Geschäftsanteil ausgeschiedener Gesellschafter nach § 138 BGB, NZG 2001, 648; *Höpfner*, Beginn der Verjährungsfrist des Abfindungsanspruchs eines Gesellschafters mit ausdrücklicher Annahme des Austritts durch die übrigen Gesellschafter, MittBayNot 2015, 420; *Hueck*, Ausschluß eines Gesellschafters aus einer GmbH, DB 1951, 108; *Hueck*, Die Bedeutung der Zwangsamortisation von Geschäftsanteilen für die Sicherung einer Finanzierungs-GmbH, DB 1957, 37; *Hülsmann*, Rechtspraktische Probleme beim Austritt von Gesellschaftern aus der GmbH, GmbHR 2003, 198; *Immenga*, Die personalistische Kapitalgesellschaft, 1970; *Kesselmeier*, Ausschließungs- und Nachfolgeregelung in der GmbH-Satzung, 1989; *Klöckner*, Aktuelle Praxisfragen zum Ausscheiden eines GmbH-Gesellschafters, GmbHR 2012, 1325; *Kühn*, Die Minderheitsrechte in der GmbH und ihre Reform, 1964; *Kulka*, Die gleichzeitige Ausschließung mehrerer Gesellschafter aus Personengesellschaften und GmbH, 1983; *Lange*, Neues zu Abfindungsklauseln, NZG 2001, 635; *Lindacher*, Die Klage auf Ausschließung eines OHG- bzw. GmbH-Gesellschafters, in: FS H. Paulick, 1973, S. 73; *Mezger*, Ausschließung eines Gesellschafters aus einer GmbH, 1961; *Mezger*, Ausschließung eines Gesellschafters aus einer GmbH, GmbHR 1963, 64; *Mezger*, Nochmals: Ausschließung eines Gesellschafters aus einer GmbH, GmbHR 1963, 106; *Michalski*, Gesellschaftsrechtliche Gestaltungsmöglichkeiten zur Perpetuierung von Unternehmen, 1980; *Müller*, Das Austrittsrecht des GmbH-Gesellschafters, 1996; *Pfitzmann*, Ausschluss und Austritt aus der personalistischen Kapitalgesellschaft, 1974; *Reinhardt*, Zum Ausscheiden und zur Abfindung von Gesellschaftern, ZGR 1975, 366; *Reuter*, Privatrechtliche Schranken der Perpetuierung von Unternehmen, 1973; *Reuter*, Nochmals – Das Kündigungsrecht des GmbH-Gesellschafters, GmbHR 1977, 77; *Röhricht*, Zum Austritt des Gesellschafters aus der GmbH, in: FS Kellermann, 1991, S. 361; *Römermann*, Ausschließung von GmbH-Gesellschaftern und Einziehung von Anteilen: Ein Minenfeld, NZG 2010, 96; *Schick*, Das Mehrheitserfordernis bei Ausschluss eines Minderheitsgesellschafters einer GmbH und Stimmrechtsverbote im Gesellschafterkonsortium, DB 2000, 2105; *Scholz*, Der Austritt aus der GmbH, 1931; *Scholz*, Ausschließung und Austritt aus der GmbH, 3. Aufl. 1950; *Schröer*, Der wichtige Grund für den Ausschluß eines Gesellschafters aus der GmbH, 1995; *Martin Schwab*, Kündigung, Ausschluss und Einziehung in der GmbH, DStR 2012, 707; *Schwerdtner*, Das Kündigungsrecht des GmbH-Gesellschafters, GmbHR 1976, 101; *Soufleros*, Ausschließung und Abfindung eines GmbH-Gesellschafters, 1983; *Spitze*, Der Ausschluss eines GmbH-Gesellschafters aus wichtigem Grund bei Schweigen der Satzung, 1985; *von Stetten*, Die Ausschließung von Mehrheitsgesellschaftern durch Minderheitsgesellschafter, GmbHR 1982, 105; *Teichmann*, Gestaltungsfreiheit in Gesellschaftsverträgen, 1970; *Topf-Schleuning*, Einfache Kündigungsklauseln in GmbH-Satzungen, 1993; *Tschernig*, Der Ausschluß eines GmbH-Gesellschafters durch Gesellschafterbeschluß, GmbHR 1999, 691; *Ulmer*, Zwangseinziehung von Geschäftsanteilen und Ausschließung von GmbH-Gesellschaftern aus wichtigem Grund – Wirksamkeit schon vor Abfindung des betroffenen Gesellschafters?, in: FS Rittner, 1991, S. 735; *H. Vogel*, Die Ausschließung eines GmbH-Gesellschafters aus der Gesellschaft, BB 1953, 460; *W. Vogel*, Die Kündigung der Gesellschaft mit beschränkter Haftung, in: FS Knur, 1972, S. 259; *Wellhöfer*, Ausscheiden eines GmbH-Gesellschafters in der Gesellschaftspraxis, GmbHR 1994, 212; *H. P. Westermann/Pöllath*, Abberufung und Ausschließung von Gesellschaftern, Geschäftsführern in Personengesellschaften und GmbH, 4. Aufl. 1988; *Wiedemann*, Die Übertragung und Vererbung von Mitgliedschaftsrechten bei Handelsgesellschaften, 1965; *Wilsing/Ogorek*, Wettbewerbsverbot und Mitspracherecht vor Umsetzung des Austritts eines GmbH-Gesellschafters, NZG 2010, 379; *Winkler*, Die Lückenausfüllung des GmbH-Rechts durch das Recht der Personengesellschaften, 1967; *Wolany*, Rechte und Pflichten des Gesellschafters einer GmbH, 1964; *Wolf*, Abberufung und Ausschluß in der Zweimann-GmbH, ZGR 1998, 92; *Ziegler*, Gesellschaftsvertragliche Abfindungsklauseln mit Ratenzahlung, DB 2000, 2107.

I. Überblick und Grundlagen

Der historische Gesetzgeber von 1892 hatte das Ziel verfolgt, die GmbH in der Mitte zwischen kapital- und personengesellschaftsrechtlichen Strukturen anzusiedeln (vgl. § 15 Rdnr. 1), und diesem Leitbild entspricht auch das gesetzgeberische Regelungskonzept (Betonung der statutarisch beschränkbaren Fungibilität der Geschäftsanteile und statutarische Einziehungsmöglichkeit) zur Beendigung der Mitgliedschaft bei der GmbH. Das GmbHG enthält bei den Tatbeständen zur Beendigung der Mitgliedschaft in der Gesellschaft verschiedene Rechtsinstitute, die einerseits den Gesellschaftern die aktive Rechtsmacht zur Beendigung zuweisen ("aktive Beendigungstatbestände"), andererseits zugunsten der übrigen Gesellschafter bzw. der Gesellschaft die Rechtsmacht regeln, die Mitgliedschaft eines anderen Gesellschafters zu beenden ("passive Beendigungstatbestände")[1]. 1

Zu den **aktiven (freiwilligen) Beendigungstatbeständen** gehört in erster Linie, entsprechend dem Grundsatz der freien Übertragbarkeit von Geschäftsanteilen (§ 15 Abs. 1), die Abtretung des Geschäftsanteils, die gesetzlich an Gesellschafter, gesellschaftsfremde Dritte oder die Gesellschaft selbst (vgl. § 33 Abs. 2) zulässig ist; allerdings ist der empirische Normalbefund bei Mehrpersonen-GmbH die statutarische Vinkulierung der Geschäftsanteile (§ 15 Abs. 5; hierzu § 15 Rdnr. 1 Fn. 4: ca. 85-90 % und Rdnr. 115 ff.). Zudem hat jeder Gesellschafter das Recht auf Preisgabe seines Geschäftsanteils gemäß § 27 Abs. 1 Satz 1 (Abandon), um sich von einer Nachschusspflicht durch Verwertung des Geschäftsanteils befreien zu können. Bei Strukturänderungen der Gesellschaft durch Umwandlung wird dem widersprechenden Gesellschafter einer GmbH ein außerordentliches Austrittrecht gewährt (vgl. § 29 Abs. 1 Sätze 1 und 2 und § 36 UmwG (Verschmelzungsfälle), § 125 UmwG (Spaltungsfälle ohne Ausgliederung), §§ 176, 177 UmwG (Vermögensübertragung) und § 207 UmwG (Formwechsel)). Als Minderheiten- oder Quorumsrecht kommen Gesellschaftern, die mindestens 10 % des Stammkapitals innehaben, das Recht zu, Auflösungsklage bei bestimmten, in den Verhältnissen der Gesellschaft liegenden wichtigen Gründen (§ 61) zu erheben. Ein zeitlich bis zum 30.9.1994 begrenzt geltendes Sonderkündigungsrecht der Mitgliedschaft enthielt § 18 Abs. 3 des 5. VermBG[2]. Ein gesetzliches, einfaches Kündigungsrecht ist im GmbHG anders als für die Genossenschaft (§ 65 GenG), den Verein (§ 39 Abs. 1 BGB), Gesellschaften bürgerlichen Rechts oder Personengesellschaften (§ 723 Abs. 1 Satz 1 BGB, § 724 Satz 1 BGB, §§ 132, 134 HGB, auch i.V.m. § 161 Abs. 2 HGB oder § 9 Abs. 1 PartGG) nicht geregelt, aber eine entsprechende statutarische Regelung ist zugelassen (§ 60 Abs. 2). 2

Zu den **passiven Beendigungstatbeständen** der Mitgliedschaft gehören die Kaduzierung wegen nicht erbrachter Stammeinlage (§ 21) und wegen verzögerter Leistung auf begrenzte Nachschusspflichten (§ 28). In Fällen von Nachschusspflichten bei voll eingezahlten Geschäftsanteilen kann die Befreiung auch seitens der Gesellschaft durch die Fiktion der Preisgabe des Geschäftsanteils (Abandon) erfolgen (§ 27 Abs. 1 Satz 2). Die Einziehung von Geschäftsanteilen bedarf einer Satzungsregelung (§ 34 Abs. 2). Die mit der Auflösungsklage (§ 61) erreichte Auflösung der Gesellschaft führt auch zur Beendigung der Verbandsmitgliedschaft der Gesellschafter. Ein einfaches Recht auf Ausschließung eines Gesellschafters ist im GmbHG nicht geregelt, aber eine statutarische Regelung ist zulässig. 3

Dieses **Regelungstableau der Beendigungsgründe ist in mehrfacher Hinsicht lückenhaft** und hat sich in der Praxis als ergänzungsbedürftig gezeigt[3]: (1) Das Gesetzeskonzept der freien Übertragbarkeit der Geschäftsanteile ist in der Praxis durch die statutarischen Vinkulie- 4

---

1 *Sosnitza*, in: Michalski u.a., Rdnr. 1 ff. spricht von Austritt bzw. Ausschluss im weiteren Sinne.
2 BGBl. I 1993, 2310; Neubekanntmachung in BGBl. I 1994, 406; Näheres dazu *Bösert*, GmbHR 1994, 293 ff.
3 Die Lückenhaftigkeit und Unzweckmäßigkeit wurde maßgeblich von *Scholz* kritisiert, vgl. *Scholz*, Der Austritt aus der GmbH, 1931; *Scholz*, Ausschließung und Austritt aus der GmbH, 1. Aufl. 1942 (zuletzt 3. Aufl. 1950).

rungsklauseln (§ 15 Abs. 5) weitgehend eingeschränkt. (2) Die Einziehung von Geschäftsanteilen gegen den Willen des betroffenen Gesellschafters bedarf einer Satzungsregelung und damit jedenfalls der Zustimmung der Gründungsgesellschafter. (3) Die aktiven sowie die passiven Beendigungstatbestände beziehen sich auf sehr ausgewählte, einer Erweiterung nicht zugänglichen wesentlichen Pflichtverletzungen bzw. auf bestimmte Strukturmaßnahmen (UmwG). Aus dem allgemeinen Rechtgedanken, dass auf Dauer angelegte Rechtsbeziehungen bei Vorliegen eines wichtigen Grundes beendbar sein müssen (vgl. § 314 BGB)[4] und der gesellschafterlichen Treuepflicht[5] (hierzu § 14 Rdnr. 64 ff.) folgt, dass dem Gesellschafter ein aktives Notrecht auf Beendigung im Wege eines Austrittsrechts bei Vorliegen eines wichtigen Grundes, ebenso wie den übrigen Gesellschaftern bzw. der Gesellschaft ein passives Notrecht auf Ausschließung eines Gesellschafters bei Vorliegen eines wichtigen Grundes zukommen muss. Die Rechtsprechung hat die Rechtsinstitute des Austritts und Ausschlusses aus wichtigem Grund entwickelt[6], und sie sind nun zu Recht auch allgemein anerkannt[7]. Die in den GmbHG-Reformentwürfen 1971 und 1973 vorgeschlagene Normierung beider Rechtsinstitute[8] wurde nicht umgesetzt und wird auch mittlerweile wegen der weitgehenden Konturierung durch Rechtsprechung und Literatur vom Gesetzgeber als nicht mehr notwendig empfunden[9].

5 Aus der Grundlegung der beiden Rechtsinstitute des Austrittsrechts und des Ausschlusses, jeweils bei Vorliegen eines wichtigen Grundes, aus den Grundsätzen von Treu und Glauben sowie der mitgliedschaftlichen Treuepflicht folgt zweierlei: (1) Es handelt sich um subsidiäre Notrechte. Dies wiederum bedeutet, dass die gesetzlichen oder statutarisch ausdrücklich geregelten Beendigungsgründe vorgehen und deren Wertung (z.B. Abfindungsregelungen) zu berücksichtigen sind. (2) Austrittsrecht und Ausschluss sind im Grundsatz und von vornherein nicht abdingbare Rechte. Allerdings kann ein Gesellschafter auf das konkrete Recht – bei freier, vernünftiger Willensbildung – verzichten (s. auch § 14 Rdnr. 72 [Treuepflicht] sowie Rdnr. 53 [Gleichbehandlungspflicht als Ausprägung der Treuepflicht]).

---

4 H.M., BGH v. 1.4.1953 – II ZR 235/52, BGHZ 9, 157, 161 f.; *Fastrich*, in: Baumbach/Hueck, Rdnr. 1; *Sosnitza*, in: Michalski u.a., Rdnr. 45 a.E.; *Strohn*, in: MünchKomm. GmbHG, § 34 Rdnr. 102 f.; *Altmeppen*, in: Roth/Altmeppen, § 60 Rdnr. 60; *Kort*, in: MünchHdb. III, § 29 Rdnr. 2 ff.; *Raiser/Veil*, Kapitalgesellschaften, § 40 Rdnr. 73; *Heckschen*, NZG 2010, 521, 525; *Blath*, GmbHR 2012, 657.

5 *Müller*, S. 33 ff.

6 RG v. 2.7.1926 – II 570/25, RGZ 114, 212, 218 (Anerkennung eines Einziehungsrechts auch ohne entsprechende Satzungsbestimmung); RG v. 7.2.1930 – II 247/29, RGZ 128, 1, 15 (Lösung von einer Nebenleistungspflicht aus wichtigem Grund); RG v. 13.8.1942 – II 67/41, RGZ 169, 330, 333 ff. (Anerkennung der Ausschließung aus wichtigem Grund); BGH v. 1.4.1953 – II ZR 235/52, BGHZ 9, 157, 159 (Ausschließung bei angemessener Abfindung) u. 162 f. (obiter dictum zum Austritt aus wichtigem Grund); BGH v. 17.2.1955 – II ZR 316/53, BGHZ 16, 317 (Ausschließung als ultima ratio); BGH v. 16.12.1991 – II ZR 58/91, BGHZ 116, 359, 369 = GmbHR 1992, 257 (Austritt aus wichtigem Grund als unverzichtbares Mitgliedschaftsrecht).

7 Aus der Literatur: *Ulmer/Habersack*, in: Ulmer/Habersack/Löbbe, Rdnr. 3 f.; *Fastrich*, in: Baumbach/Hueck, Rdnr. 1; *Sosnitza*, in: Michalski u.a., Rdnr. 4; *Strohn*, in: MünchKomm. GmbHG, § 34 Rdnr. 4; *Altmeppen*, in: Roth/Altmeppen, § 60 Rdnr. 60; *Lutter/Kleindiek*, in: Lutter/Hommelhoff, § 34 Rdnr. 52, 70; *Thiessen*, in: Bork/Schäfer, § 34 Rdnr. 56, 70; *Kort*, in: MünchHdb. III, § 29 Rdnr. 1; *Raiser/Veil*, Kapitalgesellschaften, § 40 Rdnr. 73; *Blath*, GmbHR 2012, 657.

8 GmbHG 1971, BT-Drucks. 6/3088, S. 57 ff. (sah in §§ 207–211 Austritts- und Ausschlussrecht wegen wichtigen Grunds vor, Wortlaut bei *Ulmer/Habersack*, in: Ulmer/Habersack/Löbbe, Rdnr. 8; *Sosnitza*, in: Michalski u.a., Rdnr. 5; *Strohn*, in: MünchKomm. GmbHG, § 34 Rdnr. 107); sowie GmbHG 1973 (unverändert zu GmbHG 1971) BT-Drucks. 7/253.

9 Vgl. BT-Drucks. 13/9720, S. 34 („Einer entsprechenden Regelung bedarf es nicht") zur Streichung von § 13 GWB, der ein Austrittsrecht begründete; ausführlich dazu *Sosnitza*, in: Michalski u.a., Rdnr. 4. – *Harbarth*, ZGR 2016, 85, 103 ff. führt Austritt und Ausschließung nicht im Bereich des „aktuellen punktuellen Reformbedarfs" auf.

II. Austrittsrecht

Das **GmbHG** sieht ein Austrittsrecht des Gesellschafters nicht vor; nur die Satzung kann ein Kündigungsrecht begründen (§ 60 Abs. 2) (Rdnr. 2).   6

Während das RG entgegen der schon damals vorgetragenen Bedenken[10] daran festgehalten hatte, dass ein **allgemeines außerordentliches Austrittsrecht** nicht gegeben ist (eine Ausnahme wurde von ihm nur für die Lösung von einer gesellschaftlichen Nebenleistungspflicht gemacht[11]), erkannte der BGH das Austrittsrecht aus wichtigem Grund an[12]. Heute besteht Einigkeit darüber, dass die gesetzliche Regelung insbesondere wegen der Möglichkeit zur Einschränkung (s. § 15 Rdnr. 107 ff.) oder zum Ausschluss der Veräußerlichkeit des Geschäftsanteils (s. § 15 Rdnr. 135) den Bedürfnissen nicht gerecht wird und elementare rechtliche Wertungen ein weitergehendes Lösungsrecht des Gesellschafters erfordern[13]. Es ist demgemäß in der Rechtsprechung[14] und im Schrifttum[15] unumstritten, dass jedem Gesellschafter ein zwingendes, unverzichtbares außerordentliches Austrittsrecht zusteht (s. § 14 Rdnr. 40), wenn Umstände vorliegen, die ihm den weiteren Verbleib in der Gesellschaft unzumutbar machen (Rdnr. 7 ff.).

1. Voraussetzungen

a) Anwendungsbereich

Ein Austrittsrecht wird im Allgemeinen dann gegeben sein, wenn der **Gesellschaftsvertrag die Veräußerlichkeit des Geschäftsanteils einschränkt oder ausschließt**[16]. Es genügt dagegen regelmäßig nicht, dass dem Gesellschafter ohne eine entsprechende statutarische Bestimmung die Veräußerung lediglich aus tatsächlichen Gründen nicht gelingt[17]. Nach der Wertung des GmbHG hat er das Risiko der wirtschaftlichen Verwertbarkeit seines Anteils   7

---

10 *Scholz*, Der Austritt aus der GmbH, 1931; Ausschließung und Austritt aus der GmbH, 1. Aufl. 1942 (zuletzt 3. Aufl. 1950).

11 RG v. 7.2.1930 – II 247/29, RGZ 128, 1, 15 ff.

12 BGH v. 1.4.1953 – II ZR 235/52, BGHZ 9, 157, 162 f. (obiter dictum); BGH v. 16.12.1991 – II ZR 58/91, BGHZ 116, 359, 369 = GmbHR 1992, 257.

13 Vgl. dazu *Röhricht*, in: FS Kellermann, S. 366 ff., insbes. 371; *Müller*, S. 25 ff.

14 BGH v. 1.4.1953 – II ZR 235/52, BGHZ 9, 157, 162 f. (obiter dictum); BGH v. 16.12.1991 – II ZR 58/91, BGHZ 116, 359, 369 = GmbHR 1992, 257; OLG Karlsruhe v. 25.4.1984 – 6 U 20/84, BB 1984, 2015, 2016; OLG München v. 9.6.1989 – 23 U 6437/88, GmbHR 1990, 221; OLG Hamm v. 28.9.1992 – 8 U 9/92, GmbHR 1993, 656, 657; OLG Köln v. 21.5.1996 – 3 U 130/95, GmbHR 1996, 609, 610; OLG Köln v. 26.3.1999 – 19 U 108/96, GmbHR 1999, 712; zurückhaltend noch OLG Saarbrücken v. 12.7.1979 – 8 U 14/78, AG 1980, 26, 28.

15 *Ulmer/Habersack*, in: Ulmer/Habersack/Löbbe, Rdnr. 46; *Fastrich*, in: Baumbach/Hueck, Rdnr. 18; *Lutter/Kleindiek*, in: Lutter/Hommelhoff, § 34 Rdnr. 71; *Altmeppen*, in: Roth/Altmeppen, § 60 Rdnr. 60; *Görner*, in: Rowedder/Schmidt-Leithoff, § 34 Rdnr. 80; *Kort*, in: MünchHdb. III, § 29 Rdnr. 3 ff.; *Karsten Schmidt*, GesR, § 35 IV 3; *Balz*, S. 90 ff.; *Müller*, S. 12 ff. m. umfassenden Nachw.

16 OLG Karlsruhe v. 25.4.1984 – 6 U 20/84, BB 1984, 2015, 2016; *Fischer*, GmbHR 1953, 137; *Ulmer/Habersack*, in: Ulmer/Habersack/Löbbe, Rdnr. 48 (im Einzelfall); *Winkler*, S. 74; *Wiedemann*, S. 91; *Lutter/Kleindiek*, in: Lutter/Hommelhoff, § 34 Rdnr. 72 und grundsätzlich auch *Balz*, S. 112 ff.; *Altmeppen*, in: Roth/Altmeppen, § 60 Rdnr. 106; krit. *Becker*, S. 155 f.; *Müller*, S. 79; *Kort*, in: MünchHdb. III, § 29 Rdnr. 5; *Strohn*, in: MünchKomm. GmbHG, § 34 Rdnr. 178; *Thiessen*, in: Bork/Schäfer, § 34 Rdnr. 72.

17 OLG Hamm v. 28.9.1992 – 8 U 9/92, GmbHR 1993, 656, 657; *Ulmer/Habersack*, in: Ulmer/Habersack/Löbbe, Rdnr. 48; *Lutter/Kleindiek*, in: Lutter/Hommelhoff, § 34 Rdnr. 74; a.M. *Wolany*, S. 99; *Immenga*, S. 305; *Reuter*, Verh. d. 55. DJT, 1984, B 66; *Roitzsch*, Der Minderheitenschutz im Verbandsrecht, 1981, S. 90, 92; differenzierend *Altmeppen*, in: Roth/Altmeppen, § 60 Rdnr. 108 f.; *Becker*, S. 156; *Müller*, S. 79 ff.

selbst zu tragen[18]; die Fungibilität der GmbH-Beteiligung ist „ein Vorzug, zugleich aber auch eine Last"[19]. Gleichzeitig dürfen die Umstände jedoch nicht zu einer **faktischen „Einmauerung"** des Gesellschafters in der Gesellschaft führen, obwohl diesem der Verbleib unzumutbar ist (strenger Maßstab). Innerhalb dieses **Spannungsfeldes** wurzelt die Antwort auf die Frage, in welcher Situation dem Gesellschafter ein Austrittsrecht zukommen soll. Eine Festsetzung **starrer Anforderungen**, wie beispielsweise die notwendige Vinkulierung des betreffenden Geschäftsanteils gemäß § 15 Abs. 5 ist zwar als Ausgangspunkt der Betrachtung durchaus sinnvoll, eine rigide Festlegung auf allein solche Sachverhalte kann aber unzweckmäßig sein und in einigen Situationen nicht zu befriedigenden Lösungen führen[20]. Vielmehr ist als Ergänzung eine **einzelfallbezogene Betrachtung** heranzuziehen, weil diese Flexibilität und Angemessenheit am ehesten sicherstellen kann[21]. Als Anknüpfungspunkt für diese Betrachtung hat sich die für die Feststellung eines wichtigen Grundes erforderliche Abwägung (Rdnr. 10 ff.) zwischen den Austrittsinteressen des Gesellschafters einerseits und den Interessen der Gesellschaft sowie denen der übrigen Gesellschafter andererseits etabliert, die im Zusammenhang mit dem Ultima Ratio-Prinzip (Rdnr. 14) zu sachgerechten Feststellungen führt. Das kann zur Folge haben, dass auch die lediglich **tatsächlichen Umständen** geschuldete Unmöglichkeit der Anteilsveräußerung durch den austrittswilligen Gesellschafter in Zusammenhang mit weitergehenden Unzumutbarkeitsgründen einen wichtigen Grund darstellen kann (vgl. Rdnr. 11). Allein das Misslingen der Anteilsveräußerung genügt jedoch nicht[22].

8   Die – zumindest grundsätzlich – notwendige **Einschränkung der Veräußerlichkeit** des Geschäftsanteils ist aber nicht gleichzusetzen mit den „weiteren Abtretungsvoraussetzungen" i.S. des § 15 Abs. 5. Zusätzliche Formerfordernisse des Übertragungsakts, z.B. die Übergabe des Anteilsscheins (§ 15 Rdnr. 116) oder die zur Wirksamkeitsvoraussetzung der Abtretung erhobene vorherige Anbietungspflicht (§ 15 Rdnr. 117), erschweren zwar die Übertragung, schränken aber nicht die Veräußerlichkeit des Geschäftsanteils ein. Es kommen daher nur solche Bestimmungen des Gesellschaftsvertrages in Betracht, die die freie Wahl des Erwerbers einengen oder die die Möglichkeit zur Verwertung des Geschäftsanteils durch besondere Eintrittsbedingungen für einen Erwerber beeinträchtigen, z.B. ihm das Stimmrecht aus dem Geschäftsanteil nehmen oder den Erwerb von der Übernahme neuer Pflichten abhängig machen (§ 15 Rdnr. 116). Anwendungsfälle der ersten Alternative sind vor allem die statutarischen Genehmigungsvorbehalte (§ 15 Rdnr. 115 ff.) sowie die persönlichen Erwerbsvoraussetzungen (§ 15 Rdnr. 119 ff.). Notwendig ist aber stets, dass die Veräußerlichkeit unter Berücksichtigung aller Umstände nicht nur unerheblich betroffen ist. Eine Satzungsbestimmung, die z.B. ein Mindesteintrittsalter von 25 Jahren vorschreibt, erfüllt die Anforderungen deshalb nicht.

b) Kein freies Kündigungsrecht

9   Übereinstimmung besteht heute weitgehend darüber, dass einem Gesellschafter das Recht zum Austritt zugebilligt werden muss, wenn ihm die Fortsetzung des Gesellschaftsverhältnisses aus wichtigem Grunde nicht zugemutet werden kann (Rdnr. 6). Mit dem **GmbHG unvereinbar** ist die Meinung, dass dem Gesellschafter einer GmbH, deren Satzung gemäß der gesetzlichen Regel mit qualifizierter Mehrheit (§ 53 Abs. 2 Satz 1) abänderbar ist, ein die Übertragbarkeit des Geschäftsanteils **ergänzendes subsidiäres Austrittsrecht** zuzubilligen sei, wenn seine Verkaufsbemühungen in angemessener Zeit und trotz angemessener Anstrengun-

---

18 S. auch *Ulmer/Habersack*, in: Ulmer/Habersack/Löbbe, Rdnr. 48; *Sosnitza*, in: Michalski u.a., Rdnr. 49, 52; *Teichmann*, S. 247; *Wiedemann*, S. 91; *Wiedemann*, GesR I, S. 401.
19 *Wiedemann*, S. 91.
20 Vgl. 10. Aufl., Rdnr. 4.
21 *Altmeppen*, in: Roth/Altmeppen, § 60 Rdnr. 109 („bewegliches Wertungssystem"); *Fastrich*, in: Baumbach/Hueck, Rdnr. 18; *Sosnitza*, in: Michalski u.a., Rdnr. 51.
22 *Lutter/Kleindiek*, in: Lutter/Hommelhoff, § 34 Rdnr. 74; *Raiser/Veil*, Kapitalgesellschaften, § 40 Rdnr. 75 a.E.

gen scheitern[23]. Eine derartige Rechtsergänzung *contra legem* ist weder mit dem Hinweis auf das vereinsspezifische Austrittsrecht des § 39 Abs. 2 BGB noch mit der gesellschafterlichen Treuepflicht noch mit einem vorbeugenden Minderheitenschutz[24] begründbar. **Andere wollen** jedenfalls bei den Gesellschaften, die auf unbestimmte Zeit oder für die Lebenszeit eines Gesellschafters eingegangen sind, auch ein **zusätzliches ordentliches Austrittsrecht** anerkennen[25]. Es wird mit dem der Regelung der § 723 Abs. 1 Satz 1 und Abs. 3, § 724 BGB zugrunde liegenden Rechtsgedanken begründet, auf den zurückgegriffen werden müsse, wenn die Veräußerlichkeit der Geschäftsanteile, die das GmbHG zum Ausgleich der fehlenden Lösungsmöglichkeit durch Kündigung eingeführt hat (§ 15 Rdnr. 1), im Gesellschaftsvertrag eingeschränkt worden sei. Ob gegen die Anwendung jenes Rechtsgedankens auf die GmbH eingewandt werden kann, dass die Gesellschafter den Gesellschaftsgläubigern nicht unmittelbar haften oder dass sie im Vergleich zu denen einer Personengesellschaft weniger stark persönlich gebunden seien[26], mag angesichts der Geltung der zitierten Vorschriften für Kommanditisten (§§ 132, 134, 161 Abs. 2 HGB) sowie für stille Gesellschafter[27] und wegen der weit gehenden Freiheit zur Gestaltung des internen Gesellschaftsverhältnisses zweifelhaft sein[28]. Entscheidend gegen die Zulässigkeit eines ordentlichen Austrittsrechts spricht aber, dass das GmbHG den Bestandsschutz der Gesellschaft allgemein verstärkt und in Verfolgung dieser Tendenz eine ordentliche Kündigung wegen der Auswirkung auf das Gesellschaftsvermögen als Befriedigungsobjekt der Gläubiger und als finanzielle Grundlage der Gesellschaft nicht eingeführt hat (§ 15 Rdnr. 1). Aus der grundsätzlichen Vorrangigkeit dieses Zieles erklärt es sich auch, dass das GmbHG die Einschränkung der Veräußerlichkeit gestattet (§ 15 Abs. 5), ohne zugleich eine andere Ausscheidungsmöglichkeit zu eröffnen. Das schließt sinnentsprechend auch die nicht willkürliche oder treuwidrige – ggf. mehrfache – Verweigerung einer statutarisch vorgeschriebenen Abtretungsgenehmigung ein, die als solche kein hinreichender Austrittsgrund sein kann[29]. Die gesetzlich zulässige Vinkulierung darf nicht auf diesem Wege ausgehöhlt werden[30]. Nach der gesetzlichen Wertung kann daher *praeter legem* ein Austritt nur in außergewöhnlichen Fällen, d.h. nur beim Vorliegen eines wichtigen Grundes zugelassen werden (s. aber zum einvernehmlichen Austritt Rdnr. 14a)[31]. Ebenso wenig ist es nach

---

23 So *Roitzsch*, S. 92; *Reuter*, S. 65 f., die darin freilich unzutreffenderweise (s. Rdnr. 7 f.) einen wichtigen Austrittsgrund sehen wollen.

24 Krit. dazu auch *Martens*, GmbHR 1984, 265, 271 f.; *Röhricht*, in: FS Kellermann, S. 372 f., 376 f.; *Müller*, S. 45 f.

25 *Teichmann*, S. 245 ff.; *Reuter*, S. 391 ff.; *Reuter*, GmbHR 1977, 77. Ebenso beim Bestehen über die Kapitalanlage hinausgehender persönlicher Leistungspflichten des Gesellschafters *Wiedemann*, GesR I, S. 402 (ähnlich *Vollmer*, ZGR 1979, 169 ff.) oder bei personengesellschaftsähnlicher Struktur *Altmeppen*, in: Roth/Altmeppen, § 60 Rdnr. 110.

26 *Wiedemann*, S. 89.

27 BGH v. 20.12.1956 – II ZR 166/55, BGHZ 23, 10 ff.; BGH v. 11.7.1968 – II ZR 179/66, BGHZ 50, 316, 321.

28 Dazu *Reuter*, Privatrechtliche Schranken, S. 391 f. u. Verh. d. DJT, B 64.

29 A.M. *Wiedemann*, GesR I, S. 401 f.; *Kort*, in: MünchHdb. III, § 29 Rdnr. 4; wie hier *Sosnitza*, in: Michalski u.a., Rdnr. 53; *Strohn*, in: MünchKomm. GmbHG, § 34 Rdnr. 188 (anders im Fall treuwidriger Blockade).

30 *Karsten Schmidt*, GesR, § 35 IV 3a; *Ulmer/Habersack*, in: Ulmer/Habersack/Löbbe, Rdnr. 48; *Sosnitza*, in: Michalski u.a., Rdnr. 53; *Eschenlohr*, in: FS Sigle, S. 131, 141; *Müller*, S. 46 ff. m.w.N.

31 Vgl. OLG Hamm v. 15.2.1993 – 8 U 154/92, GmbHR 1993, 656, 657; OLG Köln v. 21.5.1996 – 3 U 130/95, GmbHR 1996, 609, 610; *Schwerdtner*, GmbHR 1976, 101; *Röhricht*, in: FS Kellermann, S. 374 ff.; *Ulmer/Habersack*, in: Ulmer/Habersack/Löbbe, Rdnr. 48; *Fastrich*, in: Baumbach/Hueck, Rdnr. 21; *Altmeppen*, in: Roth/Altmeppen, § 60 Rdnr. 105; *Lutter/Kleindiek*, in: Lutter/Hommelhoff, § 34 Rdnr. 71; *Kort*, in: MünchHdb. III, § 29 Rdnr. 6; *Strohn*, in: MünchKomm. GmbHG, § 34 Rdnr. 178; *Klingsch*, in: Saenger/Inhester, Rdnr. 20; *Karsten Schmidt*, GesR, § 35 IV 3a; *Flume*, Juristische Person, 1983, S. 281 f.; *Bacher/Blumenthal*, NZG 2008, 406; *Martens*, GmbHR 1984, 265, 271 f.; *Becker*, S. 78, 148 ff.; *Müller*, S. 39 ff. und *Balz*, S. 107 ff., der beim Fehlen eines ordentlichen Kündigungsrechts aber den Ausschluss der Abtretbarkeit (§ 15 Rdnr. 135) für nichtig hält.

der Wertung des GmbHG zulässig, entsprechend dem Rechtsgedanken des § 135 HGB ein Kündigungsrecht der **Privatgläubiger** eines Gesellschafters einzuführen, wenn sie bei ihrem Schuldner keine Befriedigung erlangen können[32].

c) Wichtiger Grund

10 Ein zum Austritt berechtigender wichtiger Grund ist **allgemein** dann gegeben, wenn sich aus der wertenden Beurteilung der Gesamtumstände des Einzelfalls ergibt, dass dem austrittswilligen Gesellschafter die Fortsetzung des Gesellschaftsverhältnisses – gegebenenfalls bis zu einem im Gesellschaftsvertrag bestimmten Auflösungs- oder Kündigungstermin – nicht zuzumuten ist[33]. Erforderlich ist eine **Gesamtabwägung** (vgl. Rdnr. 7) zwischen den Interessen der Gesellschaft und der Mitgesellschafter einerseits sowie denen des Austrittswilligen andererseits unter Berücksichtigung der Struktur der Gesellschaft, des Ausnahmecharakters der Mitgliedschaftsbeendigung durch Austritt (Rdnr. 6) und sonstiger relevanter Umstände[34]. Bei dieser Abwägung können daher das Ausmaß des persönlichen und wirtschaftlichen Engagements des Gesellschafters sowie das Bestehen einer Nebenleistungspflicht (Rdnr. 11) von Bedeutung sein. Andererseits sind ebenso die berechtigten Interessen der übrigen Gesellschafter an der Aufrechterhaltung seiner Beteiligung einzubeziehen[35]. Erheblich für die Wertung ist auch, ob die Gründe dem mitgliedschaftlichen oder dem privaten Bereich zuzuordnen sind[36]. **Verschulden** eines anderen Beteiligten ist nicht Voraussetzung, wie auch umgekehrt das Verschulden des Austrittswilligen die Annahme eines wichtigen Grundes nicht ohne weiteres ausschließt[37], doch wird im Falle seines überwiegenden oder alleinigen Verschuldens das Austrittsverlangen meist rechtsmissbräuchlich[38] und im Übrigen sein Verschulden oder auch nur die Herkunft des Grundes aus seiner Sphäre[39] bei der Wertung zu berücksichtigen sein.

11 Eine Unzumutbarkeit fortgesetzter Mitgliedschaft in der Gesellschaft bei tatsächlicher oder rechtlicher Unmöglichkeit der Anteilsveräußerung ist daher anzunehmen, wenn der Gesellschafter mit der Pflicht zu dauernden oder zu regelmäßig wiederkehrenden **Nebenleistungen** von nicht nur kurzer Dauer erheblich belastet ist[40]. Von einer derart weitreichenden Bindung muss er sich bei Unzumutbarkeit auch im Falle der tatsächlichen Unveräußerlichkeit

---

32 A.M. *Ulmer/Habersack*, in: Ulmer/Habersack/Löbbe Rdnr. 50, der trotz Zweifeln für den Fall, dass sich der Geschäftsanteil wegen der Besonderheiten in den Verhältnissen der Gesellschaft als unveräußerlich erweist und bei einer Liquidation mit einem Überschuss für die Gesellschafter gerechnet werden kann § 135 HGB analog anwenden will; dem folgt *Strohn*, in: MünchKomm. GmbHG, § 34 Rdnr. 193, der dieses Recht auch dem Insolvenzverwalter zukommen lassen will.

33 BGH v. 16.12.1991 – II ZR 58/91, BGHZ 116, 359, 369 = GmbHR 1992, 257; *Ulmer/Habersack*, in: Ulmer/Habersack/Löbbe, Rdnr. 51; *Fastrich*, in: Baumbach/Hueck, Rdnr. 19; *Sosnitza*, in: Michalski u.a., Rdnr. 51; *Müller*, S. 52; *Karsten Schmidt*, GesR, § 35 IV 3b; *Balz*, S. 106.

34 *Strohn*, in: MünchKomm. GmbHG, § 34 Rdnr. 180; *Sosnitza*, in: Michalski u.a., Rdnr. 51.

35 RG v. 7.2.1930 – II 247/29, RGZ 128, 1, 18; *Wolany*, S. 100; *Immenga*, S. 305; *Balz*, S. 107.

36 *Fastrich*, in: Baumbach/Hueck, Rdnr. 19; *Müller*, S. 52.

37 *Altmeppen*, in: Roth/Altmeppen, § 60 Rdnr. 107; *Fastrich*, in: Baumbach/Hueck, Rdnr. 19; *Ulmer/Habersack*, in: Ulmer/Habersack/Löbbe, Rdnr. 51; *Sosnitza*, in: Michalski u.a., Rdnr. 51; *Strohn*, in: MünchKomm. GmbHG, § 34 Rdnr. 180; *Görner*, in: Rowedder/Schmidt-Leithoff, § 34 Rdnr. 105; *Kort*, in: MünchHdb. III, § 29 Rdnr. 14.

38 Vgl. RG v. 27.6.1940 – II 31/39, RGZ 164, 257, 258; BGH v. 23.2.1981 – II ZR 229/79, BGHZ 80, 346, 348 f. = GmbHR 1981, 290 betr. die Auflösungsklage bei schweren Zerwürfnissen unter den Gesellschaftern.

39 *Fastrich*, in: Baumbach/Hueck, Rdnr. 19; *Strohn*, in: MünchKomm. GmbHG, § 34 Rdnr. 180.

40 RG v. 7.2.1930 – 247/29, RGZ 128, 1, 17; *Lutter/Kleindiek*, in: Lutter/Hommelhoff, § 34 Rdnr. 72; *Görner*, in: Rowedder/Schmidt-Leithoff, § 34 Rdnr. 102; *Fastrich*, in: Baumbach/Hueck, Rdnr. 20; *Müller*, S. 65 f.; zu weitgehend *Wolany*, S. 100; *Wiedemann*, S. 91, die jede Nebenleistungspflicht ausreichen lassen.

befreien können, zumal die genannten Nebenleistungspflichten wie eine statutarische Veräußerungsbeschränkung wirken können[41]. Das **Bestehen einer Nebenleistungspflicht** ist außer in dem oben erörterten Sonderfall **nicht Voraussetzung** des Austritts[42]. Das Gesellschaftsverhältnis muss auch bei einer auf den Geschäftsanteil beschränkten Beitragspflicht lösbar sein, da es das eingelegte Privatvermögen des Gesellschafters[43], und wegen der Notwendigkeit einer Mitwirkung zur Wahrung seines Beteiligungsinteresses sowie aus der gesellschaftlichen Treuepflicht ebenso ihn persönlich, auf Dauer bindet. Es kann deshalb ebenso wenig der Auffassung[44] zugestimmt werden, die bei einer **„reinen" Kapitalbeteiligung** im Allgemeinen das Vorliegen eines wichtigen Grundes verneint[45]. Richtig ist nur, dass je nach der Art, dem Umfang und der Dauer einer zusätzlichen Nebenleistungspflicht u.U. eine gesteigerte persönliche und/oder wirtschaftliche Bindung vorliegt, die bei der erforderlichen Abwägung (Rdnr. 7, 10) zu berücksichtigen ist und die möglicherweise den Ausschlag gibt.

Anders als für die Auflösungsklage nach § 61 Abs. 1 braucht der maßgebliche Umstand nicht 12 notwendig „in den Verhältnissen der Gesellschaft" zu liegen (vgl. dazu 11. Aufl., Erl. zu § 61 Rdnr. 15 ff.), sondern er kann auch den **persönlichen Bereich des Gesellschafters** betreffen[46], soweit eine sachliche Beziehung zur Beteiligung an der Gesellschaft besteht, z.B. eine Nebenleistungspflicht die wirtschaftliche Existenz oder das Fortkommen des Gesellschafters schwerwiegend gefährdet[47] oder die Ausübung der Mitgliedschaftsrechte durch Berufsunfähigkeit bzw. dauernde Krankheit oder Umzug ins Ausland erheblich beeinträchtigt ist[48]. **Kein zureichender Austrittsgrund** ist im Allgemeinen ein dringender, anderweitig nicht zu deckender Geldbedarf des Gesellschafters[49]. Gleiches gilt für die Insolvenz des Gesellschafters, deren Risiko von den Gläubigern des Gesellschafters und nicht durch die Gesellschaft zu tragen ist[50].

Ein wichtiger Grund kann auch darin liegen, dass die **rechtlichen und wirtschaftlichen** 13 **Grundlagen des Gesellschaftsverhältnisses** oder die Gesellschafterstellung ohne freiwillige[51] Mitwirkung des Gesellschafters in einschneidender, ihm nicht zumutbarer Weise geändert

41 Zutr. RG v. 7.2.1930 – 247/29, RGZ 128, 1, 7.
42 A.M. *Fichtner*, S. 18.
43 *Wiedemann*, S. 91; *Immenga*, S. 305.
44 *Winkler*, S. 77; abschwächend *Kort*, in: MünchHdb. III, § 29 Rdnr. 6.
45 Dagegen zutr. *Immenga*, S. 304 f.; *Ulmer/Habersack*, in: Ulmer/Habersack/Löbbe, Rdnr. 51; *Balz*, S. 112; *Müller*, S. 67 f.; *Fastrich*, in: Baumbach/Hueck, Rdnr. 18; *Strohn*, in: MünchKomm. GmbHG, § 34 Rdnr. 180.
46 RG v. 7.2.1930 – 247/29, RGZ 128, 1, 16 f.; *Wolany*, S. 100; *Wiedemann*, S. 92; *Ulmer/Habersack*, in: Ulmer/Habersack/Löbbe, Rdnr. 52; *Fastrich*, in: Baumbach/Hueck, Rdnr. 19; *Lutter/Kleindiek*, in: Lutter/Hommelhoff, § 34 Rdnr. 72; *Altmeppen*, in: Roth/Altmeppen, § 60 Rdnr. 106; *Balz*, S. 106 f.; *Röhricht*, in: FS Kellermann, S. 378 ff.; *Müller*, S. 65 ff.; *Görner*, in: Roweder/Schmidt-Leithoff, § 34 Rdnr. 102; *Strohn*, in: MünchKomm. GmbHG, § 34 Rdnr. 181; a.A. *Thiessen*, in: Bork/Schäfer, § 34 Rdnr. 72.
47 RG v. 7.2.1930 – 247/29, RGZ 128, 1, 16.
48 Eb. *Görner*, in: Roweder/Schmidt-Leithoff, § 34 Rdnr. 102; *Sosnitza*, in: Michalski u.a., Rdnr. 52; *Ulmer/Habersack*, in: Ulmer/Habersack/Löbbe, Rdnr. 52; *Strohn*, in: MünchKomm. GmbHG, § 34 Rdnr. 181.
49 *Fastrich*, in: Baumbach/Hueck, Rdnr. 20; *Sosnitza*, in: Michalski u.a., Rdnr. 52; *Kort*, in: MünchHdb. III, § 29 Rdnr. 11; insoweit zutr. *Thiessen*, in: Bork/Schäfer, § 34 Rdnr. 72; grundsätzlich auch *Röhricht*, in: FS Kellermann, S. 386 f.; differenzierend nach der Vermögenslage der Gesellschaft *Müller*, S. 66; dem folgend *Strohn*, in: MünchKomm. GmbHG, § 34 Rdnr. 181; a.M. *Ulmer/Habersack*, in: Ulmer/Habersack/Löbbe, Rdnr. 52; *Balz*, S. 107; *Lutter/Kleindiek*, in: Lutter/Hommelhoff, § 34 Rdnr. 72; *Görner*, in: Roweder/Schmidt-Leithoff, § 34 Rdnr. 102.
50 *Heckschen*, NZG 2010, 521, 526.
51 Mitwirkungs- und Zustimmungspflichten auf Grund der gesellschaftlichen Treuepflicht (s. § 14 Rdnr. 84) schließen den Austritt nicht ohne weiteres aus; vgl. *Röhricht*, in: FS Kellermann, S. 380; *Fastrich*, in: Baumbach/Hueck, Rdnr. 19; *Müller*, S. 56.

werden[52]. Die §§ 29 ff., 125 Satz 1, 207 ff. UmwG regeln den Austritt bei der Umwandlung nicht abschließend, sondern bei anderen als den dort bestimmten Austrittsgründen (Rdnr. 2), z.B. bei zusätzlichen Haftungsrisiken oder Nebenleistungspflichten oder bei schwerwiegenden Ausgliederungen, greifen die allgemeinen Regeln ein[53]; das Gleiche gilt bei Konzerneintritt[54], nicht hingegen bei bloßem Abschluss eines Unternehmensvertrages mit der GmbH als abhängigem Unternehmen[55]. Ein Austrittsgrund kann weiter vorliegen, wenn das Haftungsrisiko aus § 24 durch Kapitalerhöhung untragbar ausgeweitet wird[56], die GmbH nachträglich in ein Konkurrenzverhältnis zum Gesellschafter tritt[57], die Ausschüttung von Gewinnen ohne wirtschaftliche Notwendigkeit und ohne Rücksicht auf die Gesellschafterinteressen über längere Zeit nach § 29 Abs. 2 verweigert wird[58], der Gesellschafter sonst durch Missbrauch der Mehrheitsmacht oder anderem treuwidrigen Verhalten ständig (s. aber Rdnr. 14) in einem nicht unerheblichen Ausmaß ungerechtfertigt in seinen berechtigten Gesellschafterinteressen beeinträchtigt wird[59] oder die erforderliche Zusammenarbeit durch erhebliche Zerwürfnisse zwischen ihm und den Mitgesellschaftern oder unter diesen auf Dauer schwerwiegend beeinträchtigt ist und die Gesellschaftermehrheit einem Ausschluss der Verantwortlichen nicht zustimmt[60]. **Keine zureichenden Austrittsgründe** sind im Allgemeinen die – ggf. auch mehrfache – nicht willkürliche oder treuwidrige – Verweigerung der vorgeschriebenen Abtretungsgenehmigung (Rdnr. 9), die verspätete Vorlage des Jahresabschlusses oder dessen Fehlerhaftigkeit[61] oder die auf Grund rechtmäßiger Ausschüttungen erzielte zu geringe Verzinsung des Anteilswerts[62]; anders kann es u.U. bei dauernder Ertraglosigkeit liegen, wenn die Gesellschaft trotz fehlendem oder mangelhaftem Sanierungskonzept gegen den Willen des Gesellschafters fortgeführt wird[63].

---

52 *Ulmer/Habersack*, in: Ulmer/Habersack/Löbbe, Rdnr. 53; *Sosnitza*, in: Michalski u.a., Rdnr. 54; *Fastrich*, in: Baumbach/Hueck, Rdnr. 20; *Immenga*, S. 306 f.; *Wiedemann*, GesR I, S. 468 ff.; *Röhricht*, in: FS Kellermann, S. 378 ff.; *Becker*, S. 112 ff.; *Lutter/Kleindiek*, in: Lutter/Hommelhoff, § 34 Rdnr. 73; *Görner*, in: Rowedder/Schmidt-Leithoff, § 34 Rdnr. 102; *Müller*, S. 53 ff.; *Kort*, in: MünchHdb. III, § 29 Rdnr. 9.

53 Zutr. *Grunewald*, in: Lutter, § 29 UmwG Rdnr. 32 f.; *Kalss*, in: Semler/Stengel, § 29 UmwG Rdnr. 20.

54 *Ulmer/Habersack*, in: Ulmer/Habersack/Löbbe, Rdnr. 53; *Sosnitza*, in: Michalski u.a., Rdnr. 54; *Wiedemann*, ZGR 1978, 477, 495. S. auch *Emmerich*, Anh. § 13 Rdnr. 118.

55 *Sosnitza*, in: Michalski u.a., Rdnr. 54 m.w.N; *Strohn*, in: MünchKomm. GmbHG, § 34 Rdnr. 185.

56 *Fastrich*, in: Baumbach/Hueck, Rdnr. 20; *Ulmer/Habersack*, in: Ulmer/Habersack/Löbbe, Rdnr. 52; *Müller*, S. 55 f.; *Görner*, in: Rowedder/Schmidt-Leithoff, § 34 Rdnr. 102; *Altmeppen*, in: Roth/Altmeppen, § 24 Rdnr. 17; s. auch LG Mönchengladbach v. 23.10.1985 – 7 O 45/85, GmbHR 1986, 312 = ZIP 1986, 306 und bei § 24 Rdnr. 17.

57 *Ulmer/Habersack*, in: Ulmer/Habersack/Löbbe, Rdnr. 53; *Sosnitza*, in: Michalski u.a., Rdnr. 54; *Müller*, S. 54; *Kort*, in: MünchHdb. III, § 29 Rdnr. 9.

58 OLG Köln v. 26.3.1999 – 19 U 108/96, NZG 1999, 1222, 1223 = GmbHR 1999, 712; *Sosnitza*, in: Michalski u.a., Rdnr. 53; *Ulmer/Habersack*, in: Ulmer/Habersack/Löbbe, Rdnr. 54; *Röhricht*, in: FS Kellermann, S. 382 f.; *Becker*, S. 99 ff.; *Müller*, S. 64. Zu weit einschr. dagegen OLG München v. 9.6.1989 – 23 U 6437/88, GmbHR 1990, 221, 222; *Fastrich*, in: Baumbach/Hueck, Rdnr. 20 (nur bei krass treuwidrigem „Aushungern").

59 *Ulmer/Habersack*, in: Ulmer/Habersack/Löbbe, Rdnr. 54; *Röhricht*, in: FS Kellermann, S. 381 f.; *Immenga*, S. 306; *Balz*, S. 107; *Görner*, in: Rowedder/Schmidt-Leithoff, § 34 Rdnr. 102; *Lutter/Kleindiek*, in: Lutter/Hommelhoff, § 34 Rdnr. 72; *Kort*, in: MünchHdb. III, § 29 Rdnr. 10.

60 *Ulmer/Habersack*, in: Ulmer/Habersack/Löbbe, Rdnr. 54; *Sosnitza*, in: Michalski u.a., Rdnr. 53; *Wolany*, S. 100; *Balz*, S. 107; *Müller*, S. 64; *Kort*, in: MünchHdb. III, § 29 Rdnr. 10.

61 OLG Hamm v. 28.9.1992 – 8 U 9/92, GmbHR 1993, 656, 657; *Lutter/Kleindiek*, in: Lutter/Hommelhoff, § 34 Rdnr. 74; *Kort*, in: MünchHdb. III, § 29 Rdnr. 11; *Görner*, in: Rowedder/Schmidt-Leithoff, § 34 Rdnr. 103.

62 OLG München v. 9.6.1989 – 23 U 6437/88, GmbHR 1990, 221, 222; *Lutter/Kleindiek*, in: Lutter/Hommelhoff, § 34 Rdnr. 74.

63 Wohl a.M. *Görner*, in: Rowedder/Schmidt-Leithoff, § 34 Rdnr. 102; wie hier wohl *Strohn*, in: MünchKomm. GmbHG, § 34 Rdnr. 182; während *Kort*, in: MünchHdb. III, § 29 Rdnr. 11 dies generell ablehnt.

Die Unzumutbarkeit der Fortsetzung ist zu verneinen, wenn dem Gesellschafter **andere geeignete und angemessene Mittel** zur Verfügung stehen, den störenden Zustand zu beheben oder ihm drohende Nachteile zu vermeiden (Ultima Ratio-Prinzip)[64], z.B. die Nichtigkeits- oder Anfechtungsklage gegen rechtswidrige Beschlüsse, die Abberufung des pflichtwidrig handelnden Geschäftsführers oder die ausnahmsweise Kündigung der untragbar gewordenen Nebenleistungspflicht aus wichtigem Grunde (s. dazu § 3 Rdnr. 91). Soweit die Veräußerung des Geschäftsanteils nicht durch den Gesellschaftsvertrag ausgeschlossen ist, muss der Gesellschafter zunächst auch von dieser Möglichkeit zum Ausscheiden Gebrauch machen[65]; ob er dabei einen erheblich den Wert des Geschäftsanteils unterschreitenden Kaufpreis hinzunehmen hat[66], ist ebenfalls eine Frage der Zumutbarkeit und kann demnach nur unter Berücksichtigung der Gesamtumstände entschieden werden. Der Gesellschafter hat das wirtschaftliche Risiko seiner Beteiligung einschließlich der Verwertung grundsätzlich zwar selbst zu tragen und darf es auch nicht durch einen Austritt auf die übrigen Gesellschafter abwälzen[67], aber die Zumutbarkeit eines Verkaufs unter Wert kann in diesem Fall nicht ohne Rücksicht darauf entschieden werden, ob der Austrittsgrund in seiner Sphäre oder in der der Gesellschaft liegt[68]. Die Versagung der statutarisch vorgeschriebenen Abtretungsgenehmigung (s. § 15 Rdnr. 127) macht erneute Verkaufsversuche nur dann entbehrlich, wenn auf Grund der bisherigen Genehmigungspraxis oder durch sonstige Umstände deren Erfolglosigkeit von vornherein feststeht und in angemessener Zeit keine Änderung zu erwarten ist[69].

14

d) Einvernehmlicher Austritt

Ein **Gesellschafter kann** unabhängig vom Vorliegen eines wichtigen Grundes oder einer Satzungsregelung wirksam aus der Gesellschaft **austreten, wenn die Gesellschaft den Austritt annimmt**. Dies bedeutet nicht die Anerkennung eines ordentlichen Austrittsrechts (s. Rdnr. 9), da der wirksame Austritt vielmehr die Annahme des durch den Gesellschafter ohne wichtigen Grund erklärten Austritts erfordert[70]. Der Annahmewille der Gesellschaft muss hinreichend deutlich zum Ausdruck kommen, da dem Gesellschafter grundsätzlich eine Abfindung zu zahlen und sein Geschäftsanteil durch Einziehung oder Abtretung zu verwerten ist. Eine bloße Kenntnisnahme der Austrittserklärung genügt nicht. Erforderlich ist eine **objektiv erkennbare Willensäußerung, ob der Austritt angenommen wird oder nicht**[71]. Die Annahme muss allerdings nicht ausdrücklich erklärt werden, sondern kann konkludent erfolgen. Eine schlüssige Annahme kann sich aus weiteren Verfahrensschritten – bspw. einem

14a

---

64 Vgl. OLG München v. 9.6.1989 – 23 U 6437/88, GmbHR 1990, 221; OLG Hamm v. 28.9.1992 – 8 U 9/92, GmbHR 1993, 656, 657; *Immenga*, S. 305; *Ulmer/Habersack*, in: Ulmer/Habersack/Löbbe, Rdnr. 55; *Wiedemann*, S. 81; *Fastrich*, in: Baumbach/Hueck, Rdnr. 22; *Sosnitza*, in: Michalski u.a., Rdnr. 5 ff.; *Karsten Schmidt*, GesR, § 35 IV 3b; *Altmeppen*, in: Roth/Altmeppen, § 60 Rdnr. 110; *Müller*, S. 75 ff.; *Balz*, S. 112 ff.; *Görner*, in: Rowedder/Schmidt-Leithoff, § 34 Rdnr. 101.

65 Einschr. *Altmeppen*, in: Roth/Altmeppen, § 60 Rdnr. 109, der beim Vorliegen eines Auflösungsgrundes i.S. des § 61 die Abtretungsmöglichkeit außer Betracht lassen will.

66 So RG v. 7.2.1930 – II 247/29, RGZ 128, 1, 17; *Winkler*, S. 76.

67 RG v. 7.2.1930 – II 247/29, RGZ 128, 1, 17; *Wiedemann*, S. 91; *Balz*, S. 113; *Fastrich*, in: Baumbach/Hueck, Rdnr. 22; *Sosnitza*, in: Michalski u.a., Rdnr. 55; *Kort*, in: MünchHdb. III, § 29 Rdnr. 16.

68 Zutr. *Fastrich*, in: Baumbach/Hueck, Rdnr. 22; *Altmeppen*, in: Roth/Altmeppen, § 60 Rdnr. 109; *Müller*, S. 80 f.; *Kort*, in: MünchHdb. III, § 29 Rdnr. 16. Krit. *Röhricht*, in: FS Kellermann, S. 383 ff. u. *Becker*, S. 156, die das angeführte Kriterium für ungeeignet halten und ausschlaggebend auf die Art des Austrittsgrundes abstellen.

69 Vgl. auch *Balz*, S. 114; *Müller*, S. 80; *Sosnitza*, in: Michalski u.a., Rdnr. 55 a.E.

70 BGH v. 18.2.2014 – II ZR 174/11, GmbHR 2014, 534, 535 mit Verweis auf BGH v. 30.11.2009 – II ZR 208/08, GmbHR 2010, 256, Rdnr. 10; OLG Köln v. 21.5.1996 – 3 U 130/95, GmbHR 1996, 609; *Wicke*, Rdnr. 10; *Lutter/Kleindiek*, in: Lutter/Hommelhoff, Rdnr. 74a; *Schindler*, in: BeckOK GmbHG, § 34 Rdnr. 165.

71 BGH v. 18.2.2014 – II ZR 174/11, GmbHR 2014, 534, 535; hierzu *Schodder*, EWiR 2014, 581, 582; *Höpfner*, MittBayNot 2015, 420, 422.

Einziehungsbeschluss[72] – ergeben, wenn daraus objektiv erkennbar ein Annahmewille hervorgeht.

14b   Ein Rechtsinstitut des einvernehmlichen Austritts ist **anerkennenswert**, da das Erfordernis eines wichtigen Grundes oder einer Satzungsregelung die verbleibenden Gesellschafter davor schützt, dass sich ein Mitgesellschafter seiner Verantwortung für die Gesellschaft entzieht[73]. Der verstärkte Bestandsschutz der GmbH (dazu Rdnr. 9) steht der Anerkennung einer einvernehmlichen Austrittslösung nicht entgegen, weil die Gesellschaft an der Einleitung (und dem Zustandekommen) des Ausscheidens notwendigerweise mitwirkt. Jedoch dürfen Gläubigerinteressen durch den Austritt nicht beeinträchtigt werden[74].

14c   Der BGH hat offen gelassen, ob der Annahmeerklärung ein **Gesellschafterbeschluss zu Grunde** liegen muss[75]. Die Abgabe der Erklärung wird teilweise ohne Erfordernis eines Gesellschafterbeschlusses der Geschäftsführung zugeordnet[76]. Dies kann nicht überzeugen, da dem Ausnahmecharakter des einvernehmlichen Austritts Rechnung zu tragen ist und die verbleibenden Gesellschafter hinreichend vor dem Verlust eines Mitgesellschafters zu schützen sind. Ein Austritt kann eben grundsätzlich nur bei wichtigem Grund oder Satzungsregelung erfolgen. Die Annahme einer Austrittserklärung allein durch die Geschäftsführung ohne Willensakt der Gesellschafter würde dies (Erfordernis der gesellschafterlichen Willensbildung in Form einer *Satzungsregelung* oder *außerordentliches* Austrittsrecht mit wichtigem Grund) unterlaufen. Für das Erfordernis der Beschlussfassung streitet auch der verstärkte Bestandsschutz der GmbH (zuvor und Rdnr. 9). Dies kann nicht mit der – umstrittenen[77] – Auffassung gerechtfertigt werden, dass die Geschäftsführung sich mit einem Gesellschafter einigen darf, seinen Austritt als nicht erklärt zu behandeln[78]. Die Folgen des einvernehmlichen Austritts reichen nämlich weiter: Sie verändern die Rechte und Pflichten der verbleibenden Gesellschafter und begründen eine Abfindungspflicht gegenüber dem Austretenden. Die Einigung, den Austritt als nicht erklärt zu behandeln, stellt nur den vorherigen Rechtszustand wieder her[79]. Auf die Beschlussfassung kann auch nicht verzichtet werden, weil die Gesellschafter im Folgenden (regelmäßig) über die Verwertung des Geschäftsanteils durch Abtretung oder Einziehung beschließen[80]. Die (angenommene) Austrittserklärung berechtigt und verpflichtet die Gesellschaft bereits zur Verwertung des Geschäftsanteils gegen Abfindung. Die Konsequenzen gebieten die Zustimmung der Gesellschafter; ein Gesellschafterbeschluss über die Annahme des Austritts ist erforderlich[81]. Dieser Beschluss ist mit einer qualifizierten Mehrheit zu fassen.

---

72 BGH v. 18.2.2014 – II ZR 174/11, GmbHR 2014, 534, 535, wenngleich im konkreten Fall dem Einziehungsbeschluss nicht entnommen; OLG Köln v. 21.5.1996 – 3 U 130/95, GmbHR 1996, 609.
73 OLG Köln v. 21.5.1996 – 3 U 130/95, GmbHR 1996, 609; *Schindler*, in: BeckOK GmbHG, § 34 Rdnr. 165.
74 Zu Letzterem OLG Köln v. 21.5.1996 – 3 U 130/95, GmbHR 1996, 609; *Höpfner*, MittBayNot 2015, 420, 422.
75 BGH v. 18.2.2014 – II ZR 174/11, GmbHR 2014, 534, 535.
76 *Froehner*, GWR 2014, 215 mit Hinweis auf regelmäßige spätere Umsetzung durch Beschlussfassung über Abtretung/Einziehung des Geschäftsanteils.
77 So *Sosnitza*, in: Michalski u.a., Rdnr. 59 (Gesellschafterbeschluss nur bei Änderung der Rechte und Pflichten der Gesellschafter); a.A. wohl (wie hier *Höpfner*, MittBayNot 2015, 420, 422); *Görner*, in: Rowedder/Schmidt-Leithoff, § 34 Rdnr. 108 a.E.
78 So *Froehner*, GWR 2014, 215.
79 Zu Recht *Höpfner*, MittBayNot 2015, 420, 422.
80 So *Froehner*, GWR 2014, 215.
81 Jedenfalls im Ergebnis OLG Köln v. 21.5.1996 – 3 U 130/95, GmbHR 1996, 609; *Schindler*, in: BeckOK GmbHG, § 34 Rdnr. 165; *Schodder*, EWiR 2014, 581, 582; *Höpfner*, MittBayNot 2015, 420, 422.

2. Austrittsverfahren

Der Vollzug des Austrittsrechts muss zwar notwendig durch eine Handlung des Berechtigten eingeleitet werden, aber sein Ausscheiden aus der Gesellschaft kann nur in den dafür vom GmbHG zugelassenen Formen erfolgen. Eine analoge Anwendung der Vorschriften über die Preisgabe des Geschäftsanteils (§ 27) ist wegen der anders gearteten Interessenlage und der besonderen Zielsetzung nicht möglich[82]. Der außerordentliche Austritt ist deshalb unter Zuhilfenahme der Ausscheidungsformen der Einziehung (§ 34) und der Abtretung (§ 15) zu konstruieren. Das Verfahren ist zweistufig gestaltet[83], das bedeutet:

a) Austrittserklärung

Erforderlich ist als erstes eine Austrittserklärung des Berechtigten gegenüber der Gesellschaft[84]. Sie ist nicht formbedürftig. Nach dem Zugang bei der Gesellschaft ist sie unwiderruflich[85], kann aber nach §§ 119 ff. BGB angefochten werden; die Wirksamkeit einer bereits erfolgten Einziehung oder Abtretung wird dadurch nicht mehr berührt. Eine bedingte Austrittserklärung ist wegen der mit ihr verbundenen Unsicherheit unwirksam[86].

Die Austrittserklärung **bewirkt** zunächst nur, dass die Gesellschaft berechtigt und verpflichtet ist, gegen Abfindung des Gesellschafters (Rdnr. 22) nach ihrer Wahl entweder seinen Geschäftsanteil einzuziehen oder dessen Abtretung unter Wahrung der Form des § 15 Abs. 3[87] zu verlangen[88] (vgl. Rdnr. 22). Die Gesellschaft kann also nicht selbst durch Abtretung oder (wie nach § 27 Abs. 2 Satz 1) durch Versteigerung über den Geschäftsanteil verfügen. Der Austrittsberechtigte bleibt noch Inhaber des Geschäftsanteils mit allen Rechten und Pflichten[89]. Die Mitgliedschaftsrechte ruhen auch nicht bis zum Vollzug des Austritts[90], da der Ge-

---

82 *Feine*, S. 359 Fn. 71; *Wiedemann*, S. 92; *Balz*, S. 115 f.

83 OLG Köln v. 20.3.1998 – 4 U 43/97, GmbHR 1999, 296 = NZG 1999, 268; *Lutter/Kleindiek*, in: Lutter/Hommelhoff, § 34 Rdnr. 75 f.; *Sosnitza*, in: Michalski u.a., Rdnr. 59; *Strohn*, in: MünchKomm. GmbHG, § 34 Rdnr. 196.

84 *Scholz*, Ausschließung, S. 36 ff.; *Ulmer/Habersack*, in: Ulmer/Habersack/Löbbe, Rdnr. 57; *Fastrich*, in: Baumbach/Hueck, Rdnr. 24; *Altmeppen*, in: Roth/Altmeppen, § 60 Rdnr. 112; *Lutter/Kleindiek*, in: Lutter/Hommelhoff, § 34 Rdnr. 75; *Sosnitza*, in: Michalski u.a., Rdnr. 59; *Strohn*, in: MünchKomm. GmbHG, § 34 Rdnr. 197; *Kort*, in: MünchHdb. III, § 29 Rdnr. 22; *Balz*, S. 106; *Becker*, S. 167 ff.; *Müller*, S. 87 f.; *Karsten Schmidt*, GesR, § 35 IV 3c; a.M. *Wiedemann*, S. 92: Austrittsklage; eb. offenbar *Görner*, in: Rowedder/Schmidt-Leithoff, § 34 Rdnr. 108.

85 OLG Köln v. 21.5.1996 – 3 U 130/95, GmbHR 1996, 609, 610; zust. *Bacher/Blumenthal*, NZG 2008, 406; *Strohn*, in: MünchKomm. GmbHG, § 34 Rdnr. 197; *Sosnitza*, in: Michalski u.a., Rdnr. 59.

86 *Müller*, S. 87; *Sosnitza*, in: Michalski u.a., Rdnr. 59; *Strohn*, in: MünchKomm. GmbHG, § 34 Rdnr. 197; *Kort*, in: MünchHdb. III, § 29 Rdnr. 22.

87 BGH v. 26.10.1983 – II ZR 87/83, BGHZ 88, 320, 322 = GmbHR 1984, 93.

88 BayObLG v. 9.12.1974 – BReg 2 Z 57/74, BB 1975, 249, 250; OLG Köln v. 19.12.1997 – 4 U 31/97, GmbHR 1998, 641, 644; OLG Celle v. 28.8.2002 – 9 U 29/02, GmbHR 2002, 1063, 1064; *Scholz*, Ausschließung, S. 36 ff.; *Fastrich*, in: Baumbach/Hueck, Rdnr. 24; *Ulmer/Habersack/Löbbe*, Rdnr. 59; *Sosnitza*, in: Michalski u.a., Rdnr. 60; *Altmeppen*, in: Roth/Altmeppen, § 60 Rdnr. 113; *Balz*, S. 116; *Görner*, in: Rowedder/Schmidt-Leithoff, § 34 Rdnr. 107, 109; *Hülsmann*, GmbHR 2003, 198, 199 f.

89 A.M. *Immenga*, S. 312.

90 BGH v. 26.10.1983 – II ZR 87/83, BGHZ 88, 320, 325 f. = GmbHR 1984, 93, 95; BGH v. 2.12.1996 – II ZR 243/95, GmbHR 1997, 501; OLG Celle v. 23.2.1983 – 9 U 114/82, GmbHR 1983, 273, 274; BayObLG v. 15.10.1999 – 3 Z BR 239/99, GmbHR 2000, 1296; OLG Düsseldorf v. 25.2.2000 – 16 U 59/99, GmbHR 2001, 301; OLG Köln v. 20.3.1998 – 4 U 43/97, GmbHR 1999, 296 = NZG 1999, 268; *Balz*, S. 117 f.; *Balz*, DB 1984, 1865; *Fastrich*, in: Baumbach/Hueck, Rdnr. 26; *Lutter/Kleindiek*, in: Lutter/Hommelhoff, § 34 Rdnr. 76; *Altmeppen*, in: Roth/Altmeppen, § 60 Rdnr. 114; *Görner*, in: Rowedder/Schmidt-Leithoff, § 34 Rdnr. 111; *Karsten Schmidt*, GesR, § 35 IV 3d; *Müller*, S. 92 f.; a.M. noch *Ulmer*, in: Ulmer, 1. Aufl., Rdnr. 60 ff.; *Becker*, S. 181 ff.; *Fichtner*, BB 1967, 17, 18; *Esch*, GmbHR 1981, 25, 27 f.

sellschafter, unbeschadet des erklärten Austrittswillens, bis zu seinem Ausscheiden ein berechtigtes Interesse hat, an der Verwaltung der Gesellschaft weiter mitzuwirken, insbesondere sein Stimmrecht auszuüben, und dem schutzwürdige Interessen der Gesellschaft auch nicht grundsätzlich entgegenstehen. Der Gesellschafter ist aber auf Grund der fortbestehenden gesellschaftlichen Treuepflicht in besonderem Maße zur Zurückhaltung bei der Ausübung der Verwaltungsrechte verpflichtet und darf nicht ohne triftigen Grund gegen eine von den verbleibenden Gesellschaftern oder der Geschäftsführung vorgeschlagene, sachlich vertretbare Maßnahme stimmen, die seine Vermögensinteressen unmittelbar oder mittelbar nicht beeinträchtigen kann[91]. Darüber hinaus besteht nach Ansicht des BGH eine Einschränkung insoweit, als dass der ausscheidende Gesellschafter, der nur noch am Erhalt seiner Abfindung interessiert ist, seine Mitspracherechte nur dann ausüben darf, wenn sein wirtschaftliches Interesse an der Durchsetzung des Abfindungsanspruchs betroffen ist[92]. Der Gewinnanspruch steht dem Gesellschafter, sofern die Satzung nichts anderes bestimmt (Rdnr. 24), z.B. ihn in die Abfindung einbezieht[93], nach allgemeinen Regeln (vgl. § 101 Nr. 2 Halbsatz 2 BGB) ebenfalls zu[94]. Andererseits hat der Gesellschafter grundsätzlich die bis zu seinem Ausscheiden fällig werdenden Pflichten zu erfüllen, insbesondere eingeforderte Stammeinlagen oder Haftungsleistungen nach §§ 24, 31 Abs. 3 zu erbringen[95].

18   Diese Grundsätze gelten auch für die sog. **Nebenleistungsgesellschaft,** und zwar entgegen der RG-Rechtsprechung[96], derzufolge dort in der Zwischenzeit bis zur Einziehung (oder Abtretung) die Mitgliedschaftsrechte und -pflichten ruhen, wogegen bereits Gründe des Gläubigerschutzes sprechen, soweit die Pflichten zur Aufbringung und Erhaltung des Stammkapitals betroffen sind. Aber auch die Suspendierung der Nebenleistungspflichten ist nicht allgemein, sondern nur im Einzelfall dann gerechtfertigt, wenn ihre Erfüllung selbst für die Übergangszeit dem Gesellschafter nicht mehr zuzumuten ist[97] oder wenn die Voraussetzungen vorliegen, die kraft zwingenden Rechts die sofortige Beendigung der betreffenden Pflicht als solcher ermöglichen. Ausschließlich in einem derartigen Fall ist es begründet, je nach der Art und Bedeutung der ruhenden Nebenleistungspflicht komplementäre Mitgliedschaftsrechte ganz oder, soweit möglich, teilweise zu suspendieren.

---

91 BGH v. 26.10.1983 – II ZR 87/83, BGHZ 88, 320, 328 = GmbHR 1984, 93, 95; OLG Celle v. 23.2.1983 – 9 U 114/82, GmbHR 1983, 273, 274 f.; *Fastrich*, in: Baumbach/Hueck, Rdnr. 26; *Lutter/ Kleindiek*, in: Lutter/Hommelhoff, § 34 Rdnr. 76; *Altmeppen*, in: Roth/Altmeppen, § 60 Rdnr. 114; *Görner*, in: Rowedder/Schmidt-Leithoff, § 34 Rdnr. 111; *Sosnitza*, in: Michalski u.a., Rdnr. 65; *Karsten Schmidt*, GesR, § 35 IV 3d.

92 BGH v. 30.11.2009 – II ZR 208/08, DStR 2010, 388, 390 = GmbHR 2010, 256, 257 f.; in diese Richtung nunmehr *Ulmer/Habersack*, in: Ulmer/Habersack/Löbbe, Rdnr. 61 (Gewährung des Informationsrechts nach § 51a und des Rechts, außergewöhnlichen Beschlüssen und Maßnahmen entgegenzutreten, die Abfindungsanspruch gefährden).

93 BGH v. 26.10.1983 – II ZR 87/83, BGHZ 88, 320, 323 = GmbHR 1984, 93, 94.

94 *Müller*, S. 95 f.; *Balz*, DB 1984, 1865, 1867; *Sosnitza*, in: Michalski u.a., Rdnr. 66; vgl. auch BGH v. 30.1.1995 – II ZR 45/94, GmbHR 1995, 291, 292 f. (Sonderfall eigene Anteile); a.A. (nur Verzinsung des Abfindungsanspruchs) *Ulmer/Habersack*, in: Ulmer/Habersack/Löbbe, Rdnr. 61 a.E., 65; *Altmeppen*, in: Roth/Altmeppen, § 60 Rdnr. 115; *Becker*, S. 187.

95 BGH v. 26.10.1983 – II ZR 87/83, BGHZ 88, 320, 326 f. = GmbHR 1984, 93, 95; *Balz*, S. 117; *Fastrich*, in: Baumbach/Hueck, Rdnr. 26; *Sosnitza*, in: Michalski u.a., Rdnr. 66; *Strohn*, in: Münch-Komm. GmbHG, § 34 Rdnr. 200. Eine grundsätzliche Beschränkung auf die dem Gläubigerschutz dienenden Gesellschafterpflichten (so *Ulmer/Habersack*, in: Ulmer/Habersack/Löbbe, Rdnr. 62) ist nicht gerechtfertigt.

96 RG v. 2.7.1926 – II 570/25, RGZ 114, 212, 218; RG v. 17.5.1929 – II 541/28, RGZ 125, 114, 118.

97 Vgl. OLG Karlsruhe v. 25.4.1984 – 6 U 20/84, BB 1984, 2015, 2016 betr. ein Wettbewerbsverbot; *Balz*, S. 117; *Balz*, DB 1984, 1865, 1867; *Müller*, S. 97 f.; *Sosnitza*, in: Michalski u.a., Rdnr. 66; *Strohn*, in: MünchKomm. GmbHG, § 34 Rdnr. 200; *Kort*, in: MünchHdb. III, § 29 Rdnr. 26.

b) Ausführung des Austrittsbegehrens

Die Ausführung des Austrittsbegehrens erfolgt nach Wahl der Gesellschaft entweder durch   19
die Einziehung des Geschäftsanteils oder durch dessen Abtretung an einen von ihr zu benennenden Erwerber[98]. Die Einziehung braucht beim außerordentlichen Austritt in Abweichung
von § 34 nicht im Gesellschaftsvertrag zugelassen zu sein; ebenso wenig muss der Austretende ihr zustimmen[99]. Auch die Abtretung an einen anderen Gesellschafter oder einen Dritten,
der von der Gesellschaft als Erwerber benannt wird, ist möglich. Statutarische Erwerbserfor-
dernisse und Genehmigungsvorbehalte (§ 15 Rdnr. 115 ff.) sind dabei jedoch zu beachten,
ein vereinbarter Ausschluss der Veräußerlichkeit gilt demgegenüber mit Rücksicht auf den
Zweck des Austrittsrechts nicht. In diesem Fall ist jedoch ein Genehmigungsbeschluss notwendig. Den Verkauf des Geschäftsanteils hat die Gesellschaft im eigenen Namen abzuschließen[100], während zur Übertragung nur der Gesellschafter befugt ist (Rdnr. 17); die Formvorschriften des § 15 Abs. 3 und 4 sind anwendbar. Der Austretende ist Rechtsvorgänger des
Erwerbers; er haftet nach §§ 16 Abs. 2, 22.

c) Berücksichtigung der Kapitalerhaltungsvorschriften

Sowohl die Einziehung als auch die Abtretung an die Gesellschaft setzen voraus, dass die   20
Stammeinlage voll eingezahlt ist[101] und dass die Abfindung an den Ausscheidenden aus dem
nicht zur Deckung des Stammkapitals erforderlichen Vermögen gezahlt werden kann, §§ 19
Abs. 2, 30 Abs. 1, 33, 34 Abs. 3[102]. Sind diese Erfordernisse nicht gegeben, so bleibt nur die
Möglichkeit der Kapitalherabsetzung oder der Abtretung an einen anderen Gesellschafter
oder an einen Dritten, den die Gesellschaft nach ihrem Ermessen auch sonst als Erwerber benennen kann. Auf eine solche Benennung eines Mitgesellschafters oder Dritten hat der Austretende jedoch keinen Anspruch[103]. Ihm bleibt in diesen Fällen nur das äußerste Mittel der
Auflösungsklage gemäß § 61[104] (vgl. Rdnr. 21).

d) Erfolgloser Austrittsversuch

Da zur Ausführung des Austrittsbegehrens die Mitwirkung der Gesellschaft erforderlich ist   21
(Rdnr. 19), muss der Gesellschafter davor geschützt werden, dass sie den Austritt vereitelt
oder verzögert. Es ist daher in Fortbildung des **§ 61** anzunehmen, dass er unabhängig von

---

 98 *Immenga*, S. 312 f.; *Ulmer/Habersack*, in: Ulmer/Habersack/Löbbe, Rdnr. 59; *Lutter/Kleindiek*, in:
     Lutter/Hommelhoff, § 34 Rdnr. 75a; *Altmeppen*, in: Roth/Altmeppen, § 60 Rdnr. 113; *Görner*, in:
     Rowedder/Schmidt-Leithoff, § 34 Rdnr. 109; *Sosnitza*, in: Michalski u.a., Rdnr. 60; *Strohn*, in:
     MünchKomm. GmbHG, § 34 Rdnr. 198; *Balz*, S. 116; *Becker*, S. 182; *Grunewald*, GmbHR 1991,
     185; *Müller*, S. 99.
 99 OLG München v. 28.7.2011 – 23 U 750/11, ZIP 2011, 2148, 2149 = GmbHR 2011, 1040, 1041;
     Fastrich, in: Baumbach/Hueck, Rdnr. 26; *Lutter/Kleindiek*, in: Lutter/Hommelhoff, § 34 Rdnr. 75a;
     wohl a.A. (für Zustimmungserfordernis) *Sosnitza*, in: Michalski u.a., Rdnr. 60, der aber Austritts-
     begehren als konkludente Zustimmung wertet (Fn. 271); abw. *Müller*, S. 99 f.
100 Abw. *Grunewald*, GmbHR 1991, 185, 187; teilw. zust. *Sosnitza*, in: Michalski u.a., Rdnr. 60.
101 RG v. 7.12.1942 – II 103/42, DR 1943, 811.
102 *Scholz*, Ausschließung, S. 48 ff.; *Feine*, S. 358 f.; *Immenga*, S. 312; *Ulmer/Habersack*, in: Ulmer/Ha-
     bersack/Löbbe, Rdnr. 49; *Fastrich*, in: Baumbach/Hueck, Rdnr. 23; *Sosnitza*, in: Michalski u.a.,
     Rdnr. 58; *Strohn*, in: MünchKomm. GmbHG, § 34 Rdnr. 201; *Müller*, S. 119 f.
103 *Ulmer/Habersack*, in: Ulmer/Habersack/Löbbe, Rdnr. 49; *Fastrich*, in: Baumbach/Hueck, Rdnr. 23;
     Sosnitza, in: Michalski u.a., Rdnr. 58; *Wellhöfer*, GmbHR 1994, 212, 216. Entgegen *Sosnitza*, in: Mi-
     chalski u.a., Rdnr. 60; *Becker*, S. 183 und *Grunewald*, GmbHR 1991, 185 steht dem Austrittswilligen
     auch kein Wahlrecht gemäß § 264 Abs. 2 BGB zu.
104 *Ulmer/Habersack*, in: Ulmer/Habersack/Löbbe, Rdnr. 49; *Fastrich*, in: Baumbach/Hueck, Rdnr. 25
     a.E.; *Sosnitza*, in: Michalski u.a., Rdnr. 58, 63; *Strohn*, in: MünchKomm. GmbHG, § 34 Rdnr. 201;
     Kort, in: MünchHdb. III, § 29 Rdnr. 25.

den Voraussetzungen des Abs. 1 und des Abs. 2 Satz 2 der genannten Vorschrift die Auflösungsklage gegen die Gesellschaft erheben kann, wenn sie den Geschäftsanteil **innerhalb** einer den Umständen **angemessenen Frist weder einzieht noch abnimmt** und die Abfindung nicht leistet[105]. Verzögerungen, die der Gesellschafter ungerechtfertigt verursacht, sind dabei zu seinen Lasten zu berücksichtigen, z.B. wenn er die Abtretung von der Zahlung einer überhöhten Abfindung abhängig macht. Wenn die Abfindungszahlung ohne Verstoß gegen die Kapitalerhaltungsvorschriften geleistet werden kann, von der Gesellschaft aber gleichwohl verzögert wird, geht die **Zahlungsklage der Auflösung vor**[106].

3. Abfindungsanspruch

22 Der austretende Gesellschafter hat einen Anspruch auf Abfindung, dessen Höhe sich mangels abweichender Satzungsbestimmung (Rdnr. 24) nach dem (vollen) Wert seines Geschäftsanteils (s. § 14 Rdnr. 17 ff.) bestimmt[107]. **Maßgebender Zeitpunkt** für die Wertberechnung ist der Zugang der Austrittserklärung, die die Pflicht zur Einziehung oder Abnahme begründet[108]. Der Abfindungsanspruch richtet sich stets gegen die Gesellschaft unabhängig davon, ob sie den Geschäftsanteil einzieht oder selbst erwirbt oder ob sie eine Abtretung an einen anderen (Gesellschafter oder Dritten) verlangt. Er wird fällig mit der Einziehung oder Abtretung[109]. Gegen einen entschädigungslosen Verlust des Geschäftsanteils ist der Gesellschafter – nach hier vertretener Auffassung – dadurch geschützt, dass der **Einziehungsbeschluss unter der gesetzlichen Bedingung** einer Zahlungsmöglichkeit ohne Verstoß gegen § 30 steht[110]. Die abweichende Meinung, die die Einziehungswirkung außer bei einem zurzeit der Beschlussfassung feststehenden Verstoß gegen § 30 unbedingt eintreten lässt, dem Gesellschafter aber bei einer späteren Verweigerung der Abfindungszahlung oder bei ihrer Rückerstat-

---

105 RG v. 17.5.1929 – II 541/28, RGZ 125, 114, 118; BGH v. 26.10.1983 – II ZR 87/83, BGHZ 88, 320, 326 = GmbHR 1984, 93, 95; BayObLG v. 9.12.1974 – BReg 2 Z 57/74, BB 1975, 250; *Fastrich*, in: Baumbach/Hueck, Rdnr. 24; *Lutter/Kleindiek*, in: Lutter/Hommelhoff, § 34 Rdnr. 77; *Strohn*, in: MünchKomm. GmbHG, § 34 Rdnr. 204; *Kort*, in: MünchHdb. III, § 29 Rdnr. 31; *Sosnitza*, in: Michalski u.a., Rdnr. 61; *Grunewald*, GmbHR 1991, 185, 187; einschr. *Balz*, S. 120 ff.; *Becker*, S. 185; *Müller*, S. 122; *Ulmer/Habersack*, in: Ulmer/Habersack/Löbbe, Rdnr. 59; zweifelnd *Meyer-Landrut*, Rdnr. 41.

106 *Balz*, S. 123 f.; *Sosnitza*, in: Michalski u.a., Rdnr. 60 m.w.N.; *Strohn*, in: MünchKomm. GmbHG, § 34 Rdnr. 204.

107 RG v. 17.5.1929 – II 541/28, RGZ 125, 114, 118; BGH v. 16.12.1991 – II ZR 58/91, BGHZ 116, 359, 370 f. = GmbHR 1992, 257, 260 f.; OLG Köln v. 19.12.1997 – 4 U 31/97, GmbHR 1998, 641, 642; OLG Köln v. 26.3.1999 – 19 U 108/96, NZG 1999, 1222, 1223 = GmbHR 1999, 712; *Scholz*, Ausschließung, S. 36 ff.; *Ulmer/Habersack*, in: Ulmer/Habersack/Löbbe, Rdnr. 64; *Fastrich*, in: Baumbach/Hueck, Rdnr. 25; *Altmeppen*, in: Roth/Altmeppen, § 60 Rdnr. 113; *Lutter/Kleindiek*, in: Lutter/Hommelhoff, § 34 Rdnr. 78; *Sosnitza*, in: Michalski u.a., Rdnr. 62; *Strohn*, in: MünchKomm. GmbHG, § 34 Rdnr. 208; *Balz*, S. 119 f.; *Becker*, S. 193; *Müller*, S. 107 ff.; a.M. *Wolany*, S. 101: nur Liquidationsquote.

108 *Ulmer/Habersack*, in: Ulmer/Habersack/Löbbe, Rdnr. 65; *Fastrich*, in: Baumbach/Hueck, Rdnr. 25; *Sosnitza*, in: Michalski u.a., Rdnr. 62; *Kort*, in: MünchHdb. III, § 29 Rdnr. 23; *Müller*, S. 106; *Bacher/Blumenthal*, NZG 2008, 406, 407; a.M. noch RG v. 17.5.1929 – II 541/28, RGZ 125, 114, 118 für den Vollzug durch Einziehung.

109 Zutr. *Balz*, S. 118 f.; s. aber *Müller*, S. 106 f. (Umstände des Einzelfalls), a.A. (Fälligkeit mit Zugang der Austrittserklärung) *Sosnitza*, in: Michalski u.a., Rdnr. 62; *Ulmer/Habersack*, in: Ulmer/Habersack/Löbbe, Rdnr. 59 (vgl. Fn. 177); *Sandhaus*, in: Gehrlein/Born/Simon, Rdnr. 100; wohl auch *Klöckner*, GmbHR 2012, 1325, 1330.

110 *Ulmer/Habersack*, in: Ulmer/Habersack/Löbbe, Rdnr. 49; *Sosnitza*, in: Michalski u.a., Rdnr. 63; wohl auch *Fastrich*, in: Baumbach/Hueck, Rdnr. 23, 25; a.A. *Heidinger/Blath*, GmbHR 2007, 1184, 1188.

tung (§§ 30 f., 34 Abs. 3) ein Auflösungsrecht gibt[111], ist mit dem Gesetz unvereinbar[112] und behebt auch nicht die mögliche Unsicherheit. Ebenso wenig ist es interessen- und wertungsgerecht, dem Austretenden in diesen Fällen einen Entschädigungs- oder Freistellungsanspruch gegen die Mitgesellschafter zu gewähren (s. dazu Rdnr. 44)[113]. Der Austritt soll demnach sofort wirksam werden und eine Ausfallhaftung der anderen Gesellschafter bei Nichtleistung der Abfindung eingreifen. Der **BGH** hat sich zwar für den Fall der Einziehung eines Geschäftsanteils der Ansicht angeschlossen, die dem **Einziehungsbeschluss sofortige Wirksamkeit** zuerkennt und die verbleibenden Gesellschafter der **anteiligen, subsidiären Haftung für den Abfindungsanspruch** unterwirft[114]. Gegen die Übertragung der Rechtsprechungsgrundsätze spricht, dass das Ausscheiden aus der Gesellschaft im Gegensatz zur Einziehung eines Geschäftsanteils nicht von den übrigen Gesellschaftern mittels Beschluss herbeigeführt wird. Der ausscheidende Gesellschafter könnte daher die Haftung der verbleibenden Gesellschafter begründen, was insbesondere bei illiquiden Gesellschaften, bei denen die Abfindung satzungsmäßig festgelegt ist, zur Kollision mit dem Belastungsverbot (§ 53 Abs. 3) führte[115]. Für den Austritt aus wichtigem Grund gilt deshalb weiterhin: Die **Abtretung** kann die Gesellschaft an sich oder einen anderen nur **unter der aufschiebenden Bedingung einer Zahlung** aus dem freien Gesellschaftsvermögen oder aus Drittmitteln **verlangen**[116], da andernfalls der Abfindungsanspruch wegen § 33 Abs. 2 Satz 2 nicht ausreichend sichergestellt ist und dem Gesellschafter ungerechtfertigt ein Zahlungsrisiko aufgebürdet würde[117]. Eine gesetzliche Bedingung[118] ist insoweit nicht gegeben, aber auch nicht notwendig, da der Ausscheidende seine berechtigten Interessen in der vorgenannten Weise wahren kann.

4. Konkurrierende Rechtsbehelfe

Der Austritt des Gesellschafters ist subsidiär zu anderen ihm zur Verfügung stehenden Mitteln der Mitgliedschaftsbeendigung (vgl. Rdnr. 14). Etwas anderes gilt ausnahmsweise dann, wenn ihm auch die Ausübung dieser unzumutbar ist, z.B. weil ein Zuwarten auf Ablauf der Kündigungsfrist nicht erwartet werden kann[119] oder aber ein Verkauf nur einen nicht hinnehmbaren, unverhältnismäßigen Preis erzielen würde[120]. Über das Verhältnis zur Auflösungsklage aus wichtigem Grunde s. 11. Aufl., Erl. zu § 61 Rdnr. 3.

23

---

111 *Grunewald*, S. 242 ff.; *Grunewald*, GmbHR 1991, 185, 186; *Müller*, S. 123 f.; vgl. auch *Niemeier*, S. 329 ff.

112 Ein Nichtgesellschafter kann kein Auflösungsklagerecht haben; vgl. *Kesselmeier*, S. 200 f.

113 So aber *Lutter/Kleindiek*, in: Lutter/Hommelhoff, § 34 Rdnr. 76a; *Klingsch*, in: Saenger/Inhester, Rdnr. 28; *Altmeppen*, in: Roth/Altmeppen, § 60 Rdnr. 118 (differenzierend); *Altmeppen*, ZIP 2012, 1685, 1693; wohl auch *Klöckner*, GmbHR 2012, 1325, 1330.

114 BGH v. 24.1.2012 – II ZR 109/11, NZG 2012, 259, 260 f. = GmbHR 2012, 387, 388 f. mit Anm. *Münnich* = EWiR § 34 GmbHG 1/12, 177 (*Lutter*). – Für die Ausschließung aus wichtigem Grund im Wege der Ausschlussklage soll die neue Rechtsprechung nicht gelten, vgl. Rdnr. 43; BGH v. 24.1.2012 – II ZR 109/11, NZG 2012, 259, 260 = GmbHR 2012, 387, 389 mit Anm. *Münnich*.

115 Wie hier *Fastrich*, in: Baumbach/Hueck, Rdnr. 23 ff.; *Ulmer/Habersack*, in: Ulmer/Habersack/Löbbe, Rdnr. 49; *Lieder*, GmbHR 2014, 232, 237.

116 *Bacher/Blumenthal*, NZG 2008, 406, 407; wohl auch *Fastrich*, in: Baumbach/Hueck, Rdnr. 23, 25; anders *Ulmer/Habersack*, in: Ulmer/Habersack/Löbbe, Rdnr. 62 (auflösende Bedingung); a.A. *Klingsch*, in: Saenger/Inhester, Rdnr. 28; *Heidinger/Blath*, GmbHR 2007, 1184, 1188.

117 Abw. *Grunewald*, GmbHR 1991, 185, 186 f.

118 So *Balz*, S. 121.

119 *Ulmer/Habersack*, in: Ulmer/Habersack/Löbbe, Rdnr. 55; *Strohn*, in: MünchKomm. GmbHG, § 34 Rdnr. 189.

120 *Strohn*, in: MünchKomm. GmbHG, § 34 Rdnr. 190.

5. Satzungsregelungen

24 Der Gesellschaftsvertrag kann den Austritt abweichend regeln, ihn aber nicht ausschließen oder unzumutbar beschränken. Die Bestimmungen können die **Voraussetzungen** des Austritts betreffen, z.B. zusätzliche Austrittsgründe oder ein ordentliches Austrittsrecht (meist zu bestimmten Terminen)[121] einführen, aber auch unter Beachtung der vorgenannten Grundsätze den Tatbestand eines wichtigen Grundes definieren oder auch festlegen, dass bestimmte Umstände nicht als wichtiger Grund zu werten sind. Auch den **Vollzug** des Austritts kann der Gesellschaftsvertrag näher regeln, z.B. eine Form für die Austrittserklärung vorschreiben oder das Ruhen der verzichtbaren Mitgliedschaftsrechte[122] und einzelner dispositiver Mitgliedschaftspflichten (nicht jedoch derjenigen zur Kapitalaufbringung und -erhaltung) für die Zwischenzeit anordnen; unwirksam wäre aber z.B. die Abrede, dass der Geschäftsanteil mit dem Zugang der Austrittserklärung als eingezogen gilt (s. darüber § 34 Rdnr. 49 f.). Die Satzung kann darüber hinaus festlegen, dass die Mitgliedschaft des Gesellschafters bereits mit Erklärung des Austritts endet[123]. Bestimmt eine Satzung dies nicht, wird die Gesellschafterstellung erst durch den Vollzug des Austritts beendet (vgl. Rdnr. 17), jedoch gelten für die Dauer der Mitgliedschaft bestehende Wettbewerbsverbote in diesem Fall nicht mehr für den nur noch vermögensrechtlich an der Gesellschaft beteiligten, austretenden Gesellschafter[124]. Ebenso ist der statutarische Ausschluss des **Abfindungsanspruchs** ungültig[125]; dagegen sind Vereinbarungen über die Höhe, die Berechnung und die Zahlungsweise der Abfindung wirksam, sofern sie die Freiheit zum Austritt nicht unvertretbar stark beschränken[126]. Auch die Vereinbarung einer Buchwertabfindung oder ähnlicher Abfindungsbeschränkungen kann noch vertretbar sein, wenn sie nicht im Einzelfall nach Maßgabe der bei ihrer Begründung gegebenen Umstände als grob unbillig zu bewerten ist[127]. Wird das Austrittsrecht nachträglich durch die Entstehung eines groben Missverhältnisses zwischen der vereinbarten Abfindung und dem wirtschaftlichen Wert des Geschäftsanteils unvertretbar eingeengt, so berührt das zwar nicht die Rechtswirksamkeit der Abfindungsklausel, aber die Abfindung ist im Ausscheidungsfall nach Ansicht des BGH durch ergänzende Vertragsauslegung angemessen anzupassen[128]. Die rechtliche Konstruktion der Korrektur bleibt weiterhin umstritten, ohne dass die

---

121 BGH v. 30.6.1969 – II ZR 71/68, NJW 1969, 2049 f.; BayObLG v. 9.12.1974 – BReg 2 Z 57/74, BB 1975, 249; *Schwab*, DStR 2012, 707, 708 f.
122 BGH v. 26.10.1983 – II ZR 87/83, BGHZ 88, 320, 323 = GmbHR 1984, 93, 94; *Schwab*, DStR 2012, 707, 708 f.
123 BGH v. 30.11.2009 – II ZR 208/08, DStR 2010, 388, 389 = GmbHR 2010, 256, 257; BGH v. 30.6.2003 – II ZR 326/01, NZG 2003, 871, 872 = GmbHR 2003, 1062, 1063; *Ulmer/Habersack*, in: Ulmer/Habersack/Löbbe, Rdnr. 68; *Strohn*, in: MünchKomm. GmbHG, § 34 Rdnr. 203; *Fastrich*, in: Baumbach/Hueck, Rdnr. 27; *Schwab*, DStR 2012, 707, 708 f.
124 BGH v. 30.11.2009 – II ZR 208/08, DStR 2010, 388, 389 = GmbHR 2010, 256, 257; zust. *Wilsing/Ogorek*, NZG 2010, 379, 380.
125 *Ulmer/Habersack*, in: Ulmer/Habersack/Löbbe, Rdnr. 66; *Strohn*, in: MünchKomm. GmbHG, § 34 Rdnr. 194; *Fastrich*, in: Baumbach/Hueck, Rdnr. 27; *Kort*, in: MünchHdb. III, § 29 Rdnr. 28 ff.; *Balz*, S. 140; *Wellhöfer*, S. 217; *Müller*, S. 142.
126 BGH v. 16.12.1991 – II ZR 58/91, BGHZ 116, 359, 368 f. = GmbHR 1992, 257, 260; *Wiedemann*, S. 92; *Winkler*, S. 78; *Ulmer/Habersack*, in: Ulmer/Habersack/Löbbe, § 34 Rdnr. 96; *Fastrich*, in: Baumbach/Hueck, Rdnr. 27; *Lutter/Kleindiek*, in: Lutter/Hommelhoff, § 34 Rdnr. 81 ff.; *Sosnitza*, in: Michalski u.a., Rdnr. 70; *Balz*, S. 140; *Karsten Schmidt*, GesR, § 50 IV 2c, cc; *Müller*, S. 138 ff.; *Becker*, S. 199, jeweils m.w.N. Nach *Flume*, Allg. Teil I, 1, 1977, § 12 IV S. 186, ist beim Austritt aus wichtigem Grunde jede Abfindungsbeschränkung unzulässig.
127 BGH v. 16.12.1991 – II ZR 58/91, BGHZ 116, 359, 368 = GmbHR 1992, 257, 260; *Ulmer/Habersack*, in: Ulmer/Habersack/Löbbe, § 34 Rdnr. 98; *Ulmer*, in: FS Quack, 1991, S. 477, 488; *Fastrich*, in: Baumbach/Hueck, § 34 Rdnr. 25 ff.; *Lutter/Kleindiek*, in: Lutter/Hommelhoff, § 34 Rdnr. 81 ff.; *Sosnitza*, in: Michalski u.a., § 34 Rdnr. 66 ff.; *Wicke*, Rdnr. 20.
128 BGH v. 20.9.1993 – II ZR 104/92, BGHZ 123, 281, 283 ff. (KG) = GmbHR 1993, 806 ff.; BGH v. 13.6.1994 – II ZR 38/93, BGHZ 126, 226, 239 f. = GmbHR 1994, 871, 875 f.; *Karsten Schmidt*,

Abkehr von der Nichtigkeitsannahme[129] insgesamt in Frage gestellt wird. Als Alternativen zum „zu Ende zu denken[den]" Vertrag[130] werden vor allem eine Ausübungskontrolle nach § 242 BGB und die Anwendung des § 313 BGB diskutiert. Gegen letztgenannte Ansicht spricht allerdings, dass gerade bei der Vereinbarung von Buchwertklauseln eine Auseinanderentwicklung von Wert und Buchwert des Geschäftsanteils in Kauf genommen wird, zum Teil sogar der Grund für die Festlegung eines Fixbetrags ist, so dass die Geschäftsgrundlage in diesen Fällen gerade nicht weggefallen sein dürfte[131]. Zu den Einzelheiten vgl. § 34 Rdnr. 35. Die Berufung auf erhebliche Abfindungsbeschränkungen ist jedenfalls rechtsmissbräuchlich, wenn der Austritt durch ein unzumutbares Verhalten der anderen Gesellschafter begründet ist[132]. Soweit die Anwendung der statutarischen Abfindungsklausel eine unzulässige Beeinträchtigung des Austrittsrechts zur Folge hat, ist statt des vereinbarten Betrages eine angemessene Abfindung zu leisten, deren Bemessung unter Berücksichtigung des Zwecks der Regelung und der eingetretenen Änderung der Verhältnisse zu erfolgen hat[133]. Unzulässig ist die Vereinbarung einer Vertragsstrafe für den Fall des Austritts.

III. Ausschließung

Die Ausschließung eines Gesellschafters lässt das GmbHG nur wegen Säumigkeit mit der Zahlung der Stammeinlage (§ 21) oder von Nachschüssen zu (§ 28 Abs. 1). Erweist sich ein Gesellschafter aus anderen Gründen als untragbar, so bleibt demnach, wenn nicht der Gesellschaftsvertrag deswegen die Einziehung gemäß § 34 Abs. 2 gestattet, nur die Auflösungsklage aus § 61, die aber in einem solchen Fall den Interessen der übrigen Gesellschafter nicht gerecht wird. Es hat sich deshalb in Rspr. und Literatur mit Recht die von *Scholz*[134] entwickelte Ansicht durchgesetzt, dass die Ausschließung eines Gesellschafters aus der GmbH auch ohne statutarische Grundlage möglich sein muss, wenn in seiner Person ein wichtiger Grund vorliegt, der sein Verbleiben in der Gesellschaft nicht als tragbar erscheinen lässt[135]. Die Rechts-

25

GesR, § 50 IV 2c, dd m.w.N.; abw. noch BGH v. 16.12.1991 – II ZR 58/91, BGHZ 116, 359, 369 = GmbHR 1992, 257, 260; s. aber auch OLG Oldenburg v. 15.6.1995 – 1 U 126/90, GmbHR 1997, 503, 504 ff.; krit. zur Korrektur von Abfindungsklauseln *Sosnitza*, in: Michalski u.a., Rdnr. 97.

129 So noch BGH v. 16.12.1991 – II ZR 58/91, BGHZ 116, 359, 368 ff. = GmbHR 1992, 257, 260 f.

130 BGH v. 20.9.1993 – II ZR 104/92, BGHZ 123, 281, 283 ff. = GmbHR 1993, 806 ff.

131 Vgl. *Strohn*, in: MünchKomm. GmbHG, § 34 Rdnr. 242 m.w.N.

132 *Geßler*, GmbHR 1984, 29, 32; *Wellhöfer*, S. 217; vgl. auch *Ulmer/Habersack*, in: Ulmer/Habersack/Löbbe, § 34 Rdnr. 99; weiter gehend OLG Köln v. 26.3.1999 – 19 U 108/96, GmbHR 1999, 712; *Altmeppen*, in: Roth/Altmeppen, § 34 Rdnr. 55; *Müller*, S. 154; *Becker*, S. 199.

133 BGH v. 16.12.1991 – II ZR 58/91, BGHZ 116, 359, 371 = GmbHR 1992, 257, 261; BGH v. 20.9.1993 – II ZR 104/92, BGHZ 123, 281, 284 = GmbHR 1993, 806 f.; BGH v. 13.6.1994 – II ZR 38/93, BGHZ 126, 226, 242 f. = GmbHR 1994, 871, 876 f.; *Ulmer/Habersack*, in: Ulmer/Habersack/Löbbe, § 34 Rdnr. 111; *Ulmer/Schäfer*, ZGR 1995, 134, 146 ff.; *Dauner-Lieb*, ZHR 158 (1994), 271, 285 ff.; *Kesselmeier*, S. 147 ff.; abw. *Müller*, S. 146 ff.

134 Ausschließung und Austritt aus der GmbH, 1. Aufl. 1942, in Fortführung der Ansätze in RG v. 2.7.1926 – II 570/25, RGZ 114, 212, 217 ff.; RG v. 17.5.1929 – II 541/28, RGZ 125, 114, 117 ff.; RG v. 7.2.1930 – II 247/29, RGZ 128, 1, 15 ff.

135 RG v. 13.8.1942 – II 67/41, RGZ 169, 330 ff.; BGH v. 1.4.1953 – II ZR 235/52, BGHZ 9, 157 ff.; BGH v. 17.2.1955 – II ZR 316/53, BGHZ 16, 317 ff.; BGH v. 23.2.1981 – II ZR 229/79, BGHZ 80, 346, 349 = GmbHR 1981, 290, 292; BGH v. 8.5.1972 – II ZR 96/70, GmbHR 1972, 177; BGH v. 19.9.1977 – II ZR 11/76, NJW 1977, 2316; BGH v. 9.3.1987 – II ZR 215/86, GmbHR 1987, 302, 303; BGH v. 13.2.1995 – II ZR 225/93, GmbHR 1995, 296, 298; *Ulmer/Habersack*, in: Ulmer/Habersack/Löbbe, Rdnr. 2 f., 9; *Fastrich*, in: Baumbach/Hueck, Rdnr. 2; *Lutter/Kleindiek*, in: Lutter/Hommelhoff, § 34 Rdnr. 52; *Görner*, in: Rowedder/Schmidt-Leithoff, § 34 Rdnr. 80; *Sosnitza*, in: Michalski u.a., Rdnr. 6; *Altmeppen*, in: Roth/Altmeppen, § 60 Rdnr. 79 f.; *Strohn*, in: MünchKomm. GmbHG, § 34 Rdnr. 103; *Thiessen*, in: Bork/Schäfer, § 34 Rdnr. 56; *Grunewald*, S. 45 ff.; *Gehrlein*, S. 9 ff.

grundlage der Ausschließungsbefugnis ist weder durch die ergänzende Auslegung der Satzung zu gewinnen[136] noch einer Analogie zu § 737 BGB, § 140 HGB zu entnehmen[137]. Sie folgt vielmehr aus der **gesellschaftlichen Treupflicht**[138] und überdies auch aus dem **allgemeinen Rechtsgedanken**, dass Rechtsverhältnisse von längerer Dauer aus wichtigem Grunde vorzeitig lösbar sind, wenn sie „stark in die Lebensbetätigung der Beteiligten eingreifen oder eine besondere gegenseitige Interessenverflechtung mit sich bringen und ein persönliches Zusammenarbeiten, ein gutes Einvernehmen oder ein ungestörtes gegenseitiges Vertrauen erfordern"[139] (vgl. auch § 314 BGB). Auch Prinzipien des GmbH-Rechts stehen der Anerkennung der Ausschließung eines Gesellschafters nicht entgegen[140], wohl aber wird ihre spezielle rechtliche Gestaltung insbesondere durch die zwingenden Vorschriften über die Kapitalaufbringung und -erhaltung (§ 19 Abs. 2, § 30 Abs. 1) sowie durch die Notwendigkeit einer Bestimmung über den Verbleib des Geschäftsanteils des Ausgeschlossenen entscheidend geprägt.

1. Voraussetzungen

a) Anwendungsbereich

26   Die Ausschließung eines Gesellschafters ist bei jeder GmbH **unabhängig von ihrer jeweiligen Verbandsstruktur und der Gesellschafterzahl zulässig**[141]. Die frühere abweichende Auffassung, wonach die Ausschließung rechtlich oder praktisch nur bei einer gegenüber dem sog. gesetzlichen Normalstatut stärker personalistisch gestalteten GmbH in Betracht kommt[142], führte damit nicht nur ein zur Abgrenzung ungeeignetes Merkmal ein. Sie verkannte überdies vor allem, dass die Ausschließungsbefugnis einem aus den in Rdnr. 25 dargestellten Rechtsgedanken sich ergebenden allgemeinen Grundsatz des Verbandsrechts entspricht, von dem wegen ihres Sondercharakters lediglich die AG und der VVaG ausgenommen sind[143]. Es gibt auch keinen Bewertungsmaßstab des Inhalts, dass die Mitgliedschaft in der gemäß dem gesetzlichen Normalstatut geordneten GmbH aus Gründen in der Person des Gesellschafters in der Regel nicht als untragbar zu beurteilen sei[144]. Die Stellung des Betreffenden in der Gesellschaft ist zwar in die erforderliche Abwägung (Rdnr. 33) mit einzubeziehen, aber sie ist nur ein Faktor unter mehreren, der je nach der Art des in seiner Person liegenden Grundes und der sonstigen Umstände des Falles ein sehr unterschiedliches Gewicht haben kann.

---

136 So noch RG v. 13.8.1942 – II 67/41, RGZ 169, 330, 334.
137 So aber *A. Hueck*, DB 1953, 776; *Fischer*, in: FS W. Schmidt, S. 117, 131 f.; wohl auch *Strohn*, in: MünchKomm. GmbHG, § 34 Rdnr. 103.
138 RG v. 13.8.1942 – II 67/41, RGZ 169, 330, 333 f.; BGH v. 1.4.1953 – II ZR 235/52, BGHZ 9, 157, 163; BGH v. 23.2.1981 – II ZR 229/79, BGHZ 80, 346, 349 = GmbHR 1981, 290; *Scholz*, Ausschließung, S. 16 f.; *Ulmer/Habersack*, in: Ulmer/Habersack/Löbbe, Rdnr. 10; *Sosnitza*, in: Michalski u.a., Rdnr. 6; *Strohn*, in: MünchKomm. GmbHG, § 34 Rdnr. 103; *H. P. Westermann/Pöllath*, S. 101; *Gehrlein*, S. 12 f.; *Soufleros*, S. 19 ff. m.w.N.; krit. insow. *Dreiss/Eitel-Dreiss*, S. 34 f.
139 BGH v. 1.4.1953 – II ZR 235/52, BGHZ 9, 157, 162; so auch *Sosnitza*, in: Michalski u.a., Rdnr. 6; *Strohn*, in: MünchKomm. GmbHG, § 34 Rdnr. 103; *Altmeppen*, in: Roth/Altmeppen, § 60 Rdnr. 79; *Wicke*, Rdnr. 1.
140 BGH v. 1.4.1953 – II ZR 235/52, BGHZ 9, 157, 159.
141 H.M.; vgl. *Immenga*, S. 305; *Ulmer/Habersack*, in: Ulmer/Habersack/Löbbe, Rdnr. 14; *Fastrich*, in: Baumbach/Hueck, Rdnr. 2; *Altmeppen*, in: Roth/Altmeppen, § 60 Rdnr. 82; *Sosnitza*, in: Michalski u.a., Rdnr. 7; *Strohn*, in: MünchKomm. GmbHG, § 34 Rdnr. 104; *Grunewald*, S. 48; *Soufleros*, S. 42 ff.; *Gehrlein*, S. 36 f.
142 *Fischer*, Anm. in LM § 34 Nr. 1; *Fischer*, in: FS W. Schmidt, S. 132; *Winkler*, S. 80; *Wolany*, S. 93.
143 BGH v. 1.4.1953 – II ZR 235/52, BGHZ 9, 157, 162 f.; *Nitschke*, Die körperschaftlich strukturierte Personengesellschaft, 1970, S. 390 ff.; *Gehrlein*, S. 36.
144 *Immenga*, S. 305; *Beckmann*, DNotZ 1972, 139; *Soufleros*, S. 43 f.; *Balz*, S. 53 f.; *Gehrlein*, S. 36 f.

Die Ausschließung aus wichtigem Grunde ist bereits in der **Vor-GmbH** zulässig (s. § 11 Rdnr. 48)[145]. Sie erfordert ebenfalls eine Gestaltungsklage (Rdnr. 37 ff.)[146]. Die Anforderungen an den wichtigen Grund sind weniger streng als bei der eingetragenen Gesellschaft (Rdnr. 29 ff.). Das Verfahren ist im Übrigen den rechtlichen Besonderheiten der Vor-GmbH anzupassen; die Gründersatzung muss zudem an die Veränderungen im Gesellschafterbestand angepasst werden[147]. Bei Abtretung des Geschäftsanteils an einen Dritten oder einen Gesellschafter ist eine gesonderte Anpassung nicht notwendig, denn diese ist bereits Voraussetzung der Rechtsübertragung. Bei Einziehung ist die gemäß § 5 Abs. 3 Satz 2 erforderliche Kongruenz von Stammkapital und Summe der Nennbeträge aller Geschäftsanteile herzustellen (vgl. § 14 Rdnr. 4). 27

Auch **nach der Auflösung** der Gesellschaft (§§ 60 ff.) ist die Ausschließung möglich[148]. Doch muss dann, wenn nicht eine ernsthafte Möglichkeit und Absicht zur Fortsetzung der Gesellschaft besteht (s. 11. Aufl., Erl. zu § 60 Rdnr. 79 ff.), der Grund in der Person des Gesellschafters so beschaffen sein, dass sein Verbleiben in der Gesellschaft deren sachgemäße Abwicklung unmöglich machen oder unvertretbar stören würde[149]. 28

b) Ausschließungsgrund

Ein Gesellschafter kann unter der Voraussetzung aus der GmbH ausgeschlossen werden, dass in seiner Person ein Grund vorliegt, der nach Maßgabe einer unter Einbeziehung aller relevanter Umstände vorzunehmenden Gesamtbewertung seine weitere Mitgliedschaft in der Gesellschaft als untragbar erscheinen lässt[150]. Dabei kann sich der Ausschluss gegen einen Minderheits- und einen **Mehrheitsgesellschafter** richten[151]. Das bedeutet im Einzelnen: 29

---

145 OLG Hamm v. 7.3.1994 – 8 U 148/93, GmbHR 1994, 706, 707 f.; OLG Dresden v. 17.6.1996 – 2 U 546/96, GmbHR 1997, 746, 747; *Ulmer/Habersack*, in: Ulmer/Habersack/Löbbe, § 11 Rdnr. 50; *Schmidt-Leithoff*, in: Rowedder/Schmidt-Leithoff, § 11 Rdnr. 63; *Sosnitza*, in: Michalski u.a., Rdnr. 7; *Strohn*, in: MünchKomm. GmbHG, § 34 Rdnr. 115; *Kort*, in: MünchHdb. III, § 29 Rdnr. 32.

146 OLG Hamm v. 7.3.1994 – 8 U 148/93, GmbHR 1994, 706, 707 f.; OLG Dresden v. 17.6.1996 – 2 U 546/96, GmbHR 1997, 746, 747.

147 *Strohn*, in: MünchKomm. GmbHG, § 34 Rdnr. 115.

148 BGH v. 1.4.1953 – II ZR 235/52, BGHZ 9, 157, 179; OLG Frankfurt v. 2.10.2001 – 5 U 31/2000, NZG 2002, 1022, 1023 = GmbHR 2002, 974, 975.

149 Vgl. OLG Frankfurt v. 2.10.2001 – 5 U 31/2000, NZG 2002, 1022, 1023 = GmbHR 2002, 974, 975; *Ulmer/Habersack*, in: Ulmer/Habersack/Löbbe, Rdnr. 9; *Fastrich*, in: Baumbach/Hueck, Rdnr. 2 a.E.; *Sosnitza*, in: Michalski u.a., Rdnr. 7; *Strohn*, in: MünchKomm. GmbHG, § 34 Rdnr. 116; *Thiessen*, in: Bork/Schäfer, § 34 Rdnr. 59; *Soufleros*, S. 44 f.; *Gehrlein*, S. 18.

150 RG v. 13.8.1942 – II 67/41, RGZ 169, 330, 333 f.; BGH v. 1.4.1953 – II ZR 235/52, BGHZ 9, 157, 159, 163 f.; BGH v. 17.2.1955 – II ZR 316/53, BGHZ 16, 317, 332 f.; BGH v. 25.1.1960 – II ZR 22/59, BGHZ 32, 17, 31; BGH v. 23.2.1981 – II ZR 229/79, BGHZ 80, 346, 350 = GmbHR 1981, 290, 292; BGH v. 19.9.1977 – II ZR 11/76, NJW 1977, 2316; BGH v. 9.3.1987 – II ZR 215/86, GmbHR 1987, 302, 303; OLG Düsseldorf v. 22.10.1998 – 6 U 78/97, GmbHR 1999, 543, 546; *Ulmer/Habersack*, in: Ulmer/Habersack/Löbbe, Rdnr. 12; *Fastrich*, in: Baumbach/Hueck, Rdnr. 3; *Lutter/Kleindiek*, in: Lutter/Hommelhoff, § 34 Rdnr. 53; *Sosnitza*, in: Michalski u.a., Rdnr. 8; *Thiessen*, in: Bork/Schäfer, § 34 Rdnr. 57; *Wicke*, Rdnr. 3; *Strohn*, in: MünchKomm. GmbHG, § 34 Rdnr. 124; *Altmeppen*, in: Roth/Altmeppen, § 60 Rdnr. 79 f.; *Grunewald*, S. 48 f.; *Balz*, S. 48 ff.; *Soufleros*, S. 28 ff.; *Schröer*, S. 64 ff.; *Karsten Schmidt*, GesR, § 35 IV 2b.

151 BGH v. 1.4.1953 – II ZR 235/52, BGHZ 9, 157, 159, 178; Brandenburgisches OLG v. 28.1.2015 – 7 U 170/13, GmbHR 2016, 357; *Fastrich*, in: Baumbach/Hueck, Rdnr. 2; *Sosnitza*, in: Michalski u.a., Rdnr. 7; *Strohn*, in: MünchKomm. GmbHG, § 34 Rdnr. 104; *Eser*, DB 1985, 29, 31; einschränkend *von Stetten*, GmbHR 1982, 105, 106 f.

aa) Gründe in der Person des Gesellschafters

30 Nur Gründe in der Person des Gesellschafters können seine Ausschließung rechtfertigen[152]. Maßgebend ist der gemäß § 16 Abs. 1 eingetragene Gesellschafter (s. Rdnr. 41 und § 16 Rdnr. 36, 39)[153]. Das Fehlverhalten seines Rechtsvorgängers kann ihm regelmäßig nicht zugerechnet werden[154] (s. aber auch Rdnr. 33). Die Gründe können **Eigenschaften** und **persönliche Verhältnisse** des Gesellschafters[155], z.B. eine andauernde schwere Erkrankung, die mangelnde Vertrauens- oder Kreditwürdigkeit, ungeordnete Vermögensverhältnisse, den Verlust statutarisch vorgeschriebener oder nach der Art der Gesellschaft vorausgesetzter[156] persönlicher Voraussetzungen, Unfähigkeit zur loyalen Zusammenarbeit[157], aber auch Scheidung oder Zerrüttung einer Ehe von in Familiengesellschaften aufgenommenen Ehegatten[158] u.Ä. betreffen oder sich aus seinem **Verhalten** ergeben, z.B. schwerwiegende Pflichtverletzungen[159], Verletzung der gesellschaftsvertraglichen Zuständigkeitsordnung[160], Verleitung eines Gesellschaftsangestellten zum Geheimnisverrat[161], kriminelle Handlungen[162], erhebliche unberechtigte Privatentnahmen und Verweigerung ihrer Rückzahlung[163], unzulässige eigenmächtige Eingriffe in das Gesellschaftsverhältnis[164], wesentliche Verstöße gegen ein Wettbewerbsverbot, Verweigerung oder Unmöglichkeit der satzungsmäßigen Mitarbeitspflicht[165], schwerwiegende Störung des Vertrauensverhältnisses[166], der Stellung der Gesellschaft abträgliches Auftreten in der Öffentlichkeit[167], die Verursachung unheilbarer Zerwürfnisse unter

---

152 RG v. 13.8.1942 – II 67/41, RGZ 169, 330, 334; BGH v. 1.4.1953 – II ZR 235/52, BGHZ 9, 157, 159; BGH v. 17.2.1955 – II ZR 316/53, BGHZ 16, 317, 322; BGH v. 25.1.1960 – II ZR 22/59, BGHZ 32, 17, 33; BGH v. 23.2.1981 – II ZR 229/79, BGHZ 80, 346, 350 = GmbHR 1981, 290, 292; OLG Hamm v. 8.7.1992 – 8 U 268/91, GmbHR 1993, 660, 661.

153 OLG Hamm v. 8.7.1992 – 8 U 268/91, GmbHR 1993, 660, 661; *Goette*, DStR 1993, 1033; *Gehrlein*, S. 48.

154 BGH v. 22.1.1990 – II ZR 21/89, GmbHR 1990, 162, 164; *Ulmer/Habersack*, in: Ulmer/Habersack/Löbbe, Rdnr. 16.

155 BGH v. 1.4.1953 – II ZR 235/52, BGHZ 9, 157, 164.

156 Z.B. Familienzugehörigkeit; BGH v. 9.11.1972 – II ZR 30/70, NJW 1973, 92 betr. KG; fachliche Qualifikation, s. OLG Frankfurt v. 11.12.1947 – 1 U 114/47, NJW 1947/48, 429.

157 BGH v. 20.6.1983 – II ZR 237/82, GmbHR 1984, 74.

158 BGH v. 9.11.1972 – II ZR 30/70, NJW 1973, 92, 93.

159 BGH v. 23.2.1981 – II ZR 229/79, BGHZ 80, 346, 350 = GmbHR 1981, 290, 292; BGH v. 9.3.1987 – II ZR 215/86, GmbHR 1987, 302, 303; BGH v. 10.6.1991 – II ZR 234/89, GmbHR 1991, 362; OLG Frankfurt v. 26.6.1979 – 5 U 219/78, GmbHR 1980, 56, 57; OLG Düsseldorf v. 22.10.1998 – 6 U 78/97, GmbHR 1999, 543, 546.

160 OLG Hamm v. 7.10.1992 – 8 U 75/92, GmbHR 1993, 743, 747.

161 BGH v. 22.1.1990 – II ZR 21/89, GmbHR 1990, 162, 163.

162 BGH v. 9.3.1987 – II ZR 215/86, GmbHR 1987, 302, 303; OLG Düsseldorf v. 22.10.1998 – 6 U 78/97, GmbHR 1999, 543, 546.

163 BGH v. 25.1.1960 – II ZR 22/59, BGHZ 32, 17, 20 f.; OLG München v. 8.1.1997 – 7 U 4025/96, GmbHR 1997, 451 f.

164 OLG Nürnberg v. 19.3.1992 – 12 U 3500/91, GmbHR 1994, 252, 253. Problematisch OLG Frankfurt v. 7.9.1991 – 11 U 21/91, GmbHR 1992, 668 = DB 1992, 2489 betr. Unterbeteiligung eines Konkurrenzunternehmens am Geschäftsanteil; krit. *Gehrlein*, S. 26; *Lutter/Kleindiek*, in: Lutter/Hommelhoff, § 34 Rdnr. 55; *Strohn*, in: MünchKomm. GmbHG, § 34 Rdnr. 130.

165 OLG Hamm v. 1.4.1998 – 8 U 72/97, GmbHR 1998, 1081, 1082; s. auch BGH v. 20.6.1983 – II ZR 237/82, GmbHR 1984, 74.

166 BGH v. 25.1.1960 – II ZR 22/59, BGHZ 32, 17, 34 f.; BGH v. 9.11.1972 – II ZR 30/70, GmbHR 1973, 44; OLG Frankfurt v. 26.6.1979 – 5 U 219/78, GmbHR 1980, 56, 57.

167 OLG Hamm v. 7.10.1992 – 8 U 75/92, GmbHR 1993, 743; *Ulmer/Habersack*, in: Ulmer/Habersack/Löbbe, Rdnr. 12; *Strohn*, in: MünchKomm. GmbHG, § 34 Rdnr. 128, zum Problem der Relevanz für das Gesellschaftsverhältnis vgl. Rdnr. 31.

den Gesellschaftern[168], unberechtigtes Anschwärzen von Mitgesellschaftern[169] oder Vertrauensmissbrauch[170]. Auch ein Verhalten vor dem Erwerb der Mitgliedschaft kann genügen, wenn es sich auf die Aufnahme in die Gesellschaft bezieht (z.B. das Verschweigen erheblicher Vorstrafen oder die Vorspiegelung von Fachkenntnissen)[171] oder wenn es sich auf das gesellschaftliche Verhalten oder die Gesellschafterstellung auswirkt[172]. Bei Mitberechtigten i.S. des § 18 können Gründe in der Person eines Beteiligten genügen, wenn die betreffende Gemeinschaft nicht intern selbst für Abhilfe gesorgt hat[173]. **Verschulden** braucht nicht gegeben zu sein[174], aber sein Fehlen ist ebenso wie umgekehrt seine Schwere bei der Abwägung (Rdnr. 33) zu berücksichtigen[175]. Bloßes Versagen als Geschäftsführer ist nicht ausreichend[176]. Die Ausübung der Gesellschafterrechte in den Grenzen der gesellschaftlichen Treuepflicht (s. § 14 Rdnr. 64 ff.) kann nicht deswegen ein zureichender Ausschließungsgrund sein, weil die anderen Beteiligten sie als hinderlich oder lästig empfinden[177]. Ebenso wenig braucht der Gesellschafter außer bei der Mitwirkung an Entscheidungen über Geschäftsführungsangelegenheiten seine wirtschaftlichen Interessen ohne weiteres denen der Gesellschaft unterzuordnen[178]. Er handelt grundsätzlich nicht pflichtwidrig, wenn er als Drittgläubiger trotz wirtschaftlicher Schwierigkeiten der Gesellschaft gegen sie Ansprüche gerichtlich geltend macht[179]. Nicht als Ausschließungsgründe kommen ferner **objektiv begründete Zustände der Gesellschaft**, z.B. die Unmöglichkeit des Gesellschaftszwecks (§ 61 Abs. 1), oder Gründe in der Person eines anderen Gesellschafters in Betracht.

bb) Relevanz für das Gesellschaftsverhältnis

Stets erforderlich ist darüber hinaus, dass der in der Person des Gesellschafters liegende Grund für das Gesellschaftsverhältnis relevant ist[180], was u.U. von der Struktur des Per- 31

---

168 RG v. 13.7.1940 – II 790/39, RGZ 164, 247, 258; BGH v. 23.2.1981 – II ZR 229/79, BGHZ 80, 346, 349 = GmbHR 1981, 290, 292; BGH v. 10.6.1991 – II ZR 234/89, GmbHR 1991, 362, 363.

169 BGH v. 10.6.1991 – II ZR 234/89, GmbHR 1991, 362 f.; OLG Frankfurt v. 26.6.1979 – 5 U 219/78, GmbHR 1980, 56 f. – Nicht ausreichend ist die Abgabe einer gegen einen anderen Gesellschafter gerichtete Strafanzeige, wenn zuvor Versuche innergesellschaftlicher Klärung gescheitert sind und Gesellschafter nach gewissenhafter Prüfung der Auffassung sein kann, es lägen strafbare Verhaltensweisen vor; vgl. BGH v. 24.2.2003 – II ZR 243/02, NZG 2003, 530 = GmbHR 2003, 583 f.; eb. *Fastrich*, in: Baumbach/Hueck, Rdnr. 3.

170 Weitere Beispiele vgl. *Balz*, S. 50; *Soufleros*, S. 28 f.; *Gehrlein*, S. 22 ff.; *Schröer*, S. 64 ff.

171 BGH v. 9.3.1987 – II ZR 215/86, GmbHR 1987, 302, 303; OLG Frankfurt v. 11.12.1947 – 1 U 114/47, NJW 1947/48, 429; *Fastrich*, in: Baumbach/Hueck, Rdnr. 3; *Strohn*, in: MünchKomm. GmbHG, § 34 Rdnr. 126.

172 BGH v. 25.1.1960 – II ZR 22/59, BGHZ 32, 17, 32; BGH v. 9.3.1987 – II ZR 215/86, GmbHR 1987, 302 f.

173 BGH v. 3.11.1980 – II ZB 1/79, BGHZ 78, 311, 314 f. = GmbHR 1981, 188; *Kulka*, S. 152 ff., 156 ff.

174 BGH v. 1.4.1953 – II ZR 235/52, BGHZ 9, 157, 164; BGH v. 23.2.1981 – II ZR 229/79, BGHZ 80, 346, 349 ff. = GmbHR 1981, 290, 292.

175 Eb. *Fastrich*, in: Baumbach/Hueck, Rdnr. 3; *Altmeppen*, in: Roth/Altmeppen, § 60 Rdnr. 80; *Görner*, in: Rowedder/Schmidt-Leithoff, § 34 Rdnr. 81; *Balz*, S. 51 f.

176 OLG Hamm v. 1.4.1998 – 8 U 72/97, GmbHR 1998, 1081; *Fastrich*, in: Baumbach/Hueck, Rdnr. 3; *Wicke*, Rdnr. 3.

177 OLG München v. 6.7.1984 – 23 U 1899/84, ZIP 1984, 1349, 1350; OLG Frankfurt v. 15.1.1992 – 13 U 196/88, GmbHR 1993, 659, 660; OLG Celle v. 6.8.1997 – 9 U 224/96, GmbHR 1998, 140, 142; *Ulmer/Habersack*, in: Ulmer/Habersack/Löbbe, Rdnr. 13; *Strohn*, in: MünchKomm. GmbHG, § 34 Rdnr. 130; nicht unbedenklich *Görner*, in: Rowedder/Schmidt-Leithoff, § 34 Rdnr. 81.

178 BGH v. 9.6.1954 – II ZR 70/53, BGHZ 14, 25, 38; BGH v. 10.6.1991 – II ZR 234/89, GmbHR 1991, 362.

179 OLG Hamm v. 28.9.1992 – 8 U 9/92, GmbHR 1993, 656, 658; *Lutter/Kleindiek*, in: Lutter/Hommelhoff, § 34 Rdnr. 55; *Fastrich*, in: Baumbach/Hueck, Rdnr. 3; *Wicke*, Rdnr. 3; krit. zu Unrecht *Gehrlein*, S. 28.

180 *Immenga*, S. 306; *Balz*, S. 50; *Soufleros*, S. 30; *Sosnitza*, in: Michalski u.a., Rdnr. 14; *Gehrlein*, S. 31 f.

sonenverbandes oder der Art und dem Umfang des gesellschaftlichen Engagements des Betreffenden abhängen kann (Rdnr. 26). Vorgänge und Verfehlungen im privaten Bereich eines Gesellschafters können deshalb nur dann eine Ausschließung rechtfertigen, wenn sie Auswirkungen auf die Gesellschaft oder die Beziehungen der Gesellschafter haben[181]. Die Verletzung der Pflichten aus einem Drittgeschäft mit der Gesellschaft (s. § 14 Rdnr. 24) berührt meist nur dieses Vertragsverhältnis, kann aber dann gesellschaftsrechtlich erheblich werden, wenn wegen der Art, Schwere oder Bedeutung des Vertragsbruchs des Gesellschafters zugleich auch dessen weitere Mitgliedschaft in der Gesellschaft als untragbar erscheint[182]. Schwerwiegende Straftaten im außergeschäftlichen Bereich oder ein sonst das Ansehen der Gesellschaft erheblich schädigendes Auftreten in der Öffentlichkeit können u.U. Ausschließungsgründe sein[183]. Die Einheirat in ein Konkurrenzunternehmen oder die Gründung eines solchen Unternehmens durch den Sohn des Gesellschafters genügen dagegen im Allgemeinen nicht[184].

cc) Treuhandbeteiligung

32 Bei einer treuhänderischen Beteiligung sind auch **Gründe in der Person des Treugebers** beachtlich, wenn er auf die gesellschaftlichen Verhältnisse einzuwirken und/oder an Stelle des Treuhänders wieder in die Gesellschaft einzutreten vermag[185]. Andernfalls ist nur auf den **Treuhänder-Gesellschafter** abzustellen. Desgleichen können das Verhalten eines nicht nur kurzfristig mit der Wahrnehmung von Gesellschaftsrechten betrauten **Vertreters**[186] und, soweit sie sich in der Person des Gesellschafters auswirkt, auch seine Beziehung zu Dritten die Ausschließung rechtfertigen[187].

dd) Gesamtabwägung

33 Die Gesamtbewertung aller einschlägigen Umstände entscheidet über die Untragbarkeit des Gesellschafters[188]. Sie bezieht sich zunächst auf die Modalitäten des Ausschließungsgrundes (Rdnr. 30) und auf seine Bedeutung für die Gesellschaft unter Berücksichtigung der besonderen Struktur des Gesellschaftsverhältnisses[189] sowie der Stellung des betreffenden Gesellschafters (s. Rdnr. 26, 30). Erheblich kann auch der Zeitablauf seit dem Eintritt des Grundes sein[190].

---

181 BGH v. 9.11.1972 – II ZR 30/70, NJW 1973, 92 betr. KG; *Fastrich*, in: Baumbach/Hueck, Rdnr. 3; *Sosnitza*, in: Michalski u.a., Rdnr. 14.

182 OLG Hamm v. 8.7.1992 – 8 U 268/91, GmbHR 1993, 660, 662; *Gehrlein*, S. 26 ff.

183 *Ulmer/Habersack*, in: Ulmer/Habersack/Löbbe, Rdnr. 12; *Fastrich*, in: Baumbach/Hueck, Rdnr. 3; *Sosnitza*, in: Michalski u.a., Rdnr. 14; *Kort*, in: MünchHdb. III, § 29 Rdnr. 35; *Gehrlein*, S. 24.

184 A.M. *Gehrlein*, S. 24.

185 BGH v. 25.1.1960 – II ZR 22/59, BGHZ 32, 17, 33; OLG München v. 8.1.1997 – 7 U 4025/96, GmbHR 1997, 451, 452 (Einziehung); *Sosnitza*, in: Michalski u.a., Rdnr. 13; *Fastrich*, in: Baumbach/Hueck, Rdnr. 5.

186 RG v. 21.11.1922 – II 75/22, RGZ 105, 376, 377; *Ulmer/Habersack*, in: Ulmer/Habersack/Löbbe, Rdnr. 11; *Fastrich*, in: Baumbach/Hueck, Rdnr. 5; *Görner*, in: Rowedder/Schmidt-Leithoff, § 34 Rdnr. 84; *Kort*, in: MünchHdb. III, § 29 Rdnr. 39.

187 BGH v. 14.10.1957 – II ZR 109/56, WM 1958, 49, 50.

188 BGH v. 17.2.1955 – II ZR 316/53, BGHZ 16, 317, 322 f.; BGH v. 25.1.1960 – II ZR 22/59, BGHZ 32, 17, 31; BGH v. 23.2.1981 – II ZR 229/79, BGHZ 80, 346, 350 = GmbHR 1981, 290, 292; BGH v. 9.3.1987 – II ZR 215/86, GmbHR 1987, 302, 303; BGH v. 13.2.1995 – II ZR 225/93, GmbHR 1995, 296, 298; Brandenburgisches OLG v. 15.10.1997 – 7 U 56/95, GmbHR 1998, 193, 194; OLG Düsseldorf v. 22.10.1998 – 6 U 78/97, GmbHR 1999, 543, 546; OLG Stuttgart v. 19.12.2012 – 14 U 10/12, GmbHR 2013, 414.

189 OLG Karlsruhe v. 31.7.2003 – 9 U 200/02, NZG 2004, 335, 336 = GmbHR 2003, 1004, 1005 f. – Zapf Transporte: Kenntnis von bei Gründung bestehender Strukturen können Ausschluss hindern; vgl. auch *Fastrich*, in: Baumbach/Hueck, Rdnr. 3.

190 BGH v. 20.2.1995 – II ZR 46/94, ZIP 1995, 835, 837 = GmbHR 1995, 377; eb. *Sosnitza*, in: Michalski u.a., Rdnr. 15.

Die bisherige Praxis der Gesellschaft in Fällen ähnlicher Art ist bei der Wertung zu beachten; die willkürliche Ungleichbehandlung von Gesellschaftern ist unzulässig[191]. **Mehrere Gründe**, die als einzelne nicht ausreichen, können in ihrer Gesamtwertung einen wichtigen Grund abgeben[192]. Auch **Umstände in der Person der übrigen Gesellschafter** sind daraufhin zu prüfen, ob sie zu einer anderen Wertung des in Frage stehenden Grundes führen oder sonst die Ausschließung als ungerechtfertigt erscheinen lassen[193]. Vor allem gilt das für die **Mitschuld** eines anderen Gesellschafters an der eingetretenen Störung des Gesellschaftsverhältnisses, die zur Folge haben kann, dass das zu beurteilende Fehlverhalten nicht mehr als zureichender Ausschließungsgrund zu werten ist[194]. Aber auch sonstige Umstände in der Person der übrigen Gesellschafter, die entweder deren Ausschluss rechtfertigen oder wenigstens zu einer milderen Beurteilung der vom auszuschließenden Gesellschafter gesetzten Gründe führen, sind zu berücksichtigen[195]. Dabei kann auch das mit dem Ausschließungsgrund im Zusammenhang stehende **Fehlverhalten ihrer Rechtsvorgänger** erheblich sein[196]. Die Ausschließung darf nur dann auf einen von **mehreren Mitverantwortlichen** beschränkt werden, wenn ihn das überwiegende Verschulden trifft[197] oder wenn einer Ausschließung der anderen sonstige, die Ungleichbehandlung rechtfertigende sachliche Gründe entgegenstehen[198]. Erfüllt aber das Verhalten aller anderen oder zumindest der die Ausschließung betreibenden (dem erforderlichen Mehrheitsbeschluss zustimmenden) Gesellschafter nach der Gesamtabwägung selbst die Voraussetzungen eines Ausschließungsgrundes, so kann der betroffene Gesellschafter nicht ausgeschlossen werden; das bloße Überwiegen seines Verschuldens reicht dann nicht aus[199]. Es sind daneben für die Abwägung auch solche Umstände bedeutsam, die nicht in einem unmittelbaren Zusammenhang mit dem in der Person des Gesellschafters vorliegenden wichtigen Grunde stehen, aber das Urteil über seine Tragbarkeit und über die Billigkeit seiner Ausschließung beeinflussen, z.B. die Dauer der Mitgliedschaft, besondere Verdienste beim Aufbau

---

191 BGH v. 22.1.1990 – II ZR 21/89, GmbHR 1990, 162, 163; eb. *Sosnitza*, in: Michalski u.a., Rdnr. 15.
192 BGH v. 25.1.1960 – II ZR 22/59, BGHZ 32, 17, 35; BGH v. 9.3.1987 – II ZR 215/86, GmbHR 1987, 302, 303; Brandenburgisches OLG v. 15.10.1997 – 7 U 56/95, GmbHR 1998, 193, 196.
193 BGH v. 17.2.1955 – II ZR 316/53, BGHZ 16, 317, 322 f.; BGH v. 25.1.1960 – II ZR 22/59, BGHZ 32, 17, 30 f., 35; BGH v. 23.2.1981 – II ZR 229/79, BGHZ 80, 346, 349 = GmbHR 1981, 290, 292; BGH v. 9.3.1987 – II ZR 215/86, GmbHR 1987, 302, 303; BGH v. 22.1.1990 – II ZR 21/89, GmbHR 1990, 162, 163; BGH v. 10.6.1991 – II ZR 234/89, GmbHR 1991, 362, 363; BGH v. 30.1.1995 – II ZR 42/94, GmbHR 1995, 296, 298; OLG Celle v. 6.8.1997 – 9 U 224/96, GmbHR 1998, 140, 142; OLG Düsseldorf v. 22.10.1998 – 6 U 78/97, GmbHR 1999, 543, 546; Brandenburgisches OLG v. 28.1.2015 – 7 U 170/13, GmbHR 2016, 357.
194 Vgl. zu alldem auch *Ulmer/Habersack*, in: Ulmer/Habersack/Löbbe, Rdnr. 11; *Fastrich*, in: Baumbach/Hueck, Rdnr. 4; *Altmeppen*, in: Roth/Altmeppen, § 60 Rdnr. 83; *Lutter/Kleindiek*, in: Lutter/Hommelhoff, § 34 Rdnr. 53; *Sosnitza*, in: Michalski u.a., Rdnr. 17; *Strohn*, in: MünchKomm. GmbHG, § 34 Rdnr. 124; *Wicke*, Rdnr. 3; *Görner*, in: Rowedder/Schmidt-Leithoff, § 34 Rdnr. 87; *Soufleros*, S. 29; *Balz*, S. 52 f.; *Gehrlein*, S. 37 ff.
195 BGH v. 17.2.1955 – II ZR 316/53, BGHZ 16, 317, 322 f.; BGH v. 25.1.1960 – II ZR 22/59, BGHZ 32, 17, 31; BGH v. 22.1.1990 – II ZR 21/89, GmbHR 1990, 162, 163.
196 BGH v. 22.1.1990 – II ZR 21/89, GmbHR 1990, 162, 164.
197 BGH v. 23.2.1981 – II ZR 229/79, BGHZ 80, 346, 351 f. = GmbHR 1981, 290, 292; BGH v. 10.6.1991 – II ZR 234/89, GmbHR 1991, 362, 363.
198 BGH v. 22.1.1990 – II ZR 21/89, GmbHR 1990, 162, 163.
199 Vgl. dazu BGH v. 25.1.1960 – II ZR 22/59, BGHZ 32, 17, 35; BGH v. 23.2.1981 – II ZR 229/79, BGHZ 80, 346, 351 f. = GmbHR 1981, 290, 292; BGH v. 22.1.1990 – II ZR 21/89, GmbHR 1990, 162, 163; BGH v. 10.6.1991 – II ZR 234/89, GmbHR 1991, 362, 363; BGH v. 30.1.1995 – II ZR 42/94, GmbHR 1995, 296, 298; OLG Frankfurt v. 15.1.1992 – 13 U 196/88, GmbHR 1993, 659, 659 f.; *Ulmer/Habersack*, in: Ulmer/Habersack/Löbbe, Rdnr. 11; *Fastrich*, in: Baumbach/Hueck, Rdnr. 4; *Balz*, S. 52; *Soufleros*, S. 29; *Gehrlein*, S. 40 f.; teilw. abw. *Altmeppen*, in: Roth/Altmeppen, § 60 Rdnr. 83 f.

der Gesellschaft oder des von ihr betriebenen Unternehmens, das bisherige Verhalten in der Gesellschaft, die Angemessenheit der statutarisch festgesetzten Abfindung u.a.[200].

ee) Ultima-Ratio-Prinzip

34 Nur als **äußerstes Mittel** kommt eine Ausschließung des Gesellschafters in Betracht[201]. Stehen andere geeignete und zumutbare Mittel zur Verfügung, um die vorhandene Störung der Gesellschaftsverhältnisse zu beseitigen, so gebietet es die gesellschaftliche Treupflicht, sie zu ergreifen. So können z.B. die Abberufung als Geschäftsführer[202], die Übertragung von Mitgliedschaftsrechten auf einen Vertreter, die Übertragung des Geschäftsanteils auf einen Treuhänder[203] oder die Bestellung eines Pflegers (§§ 1911, 1960 BGB) bei dauernder Unerreichbarkeit des Gesellschafters[204] genügen. Soweit ein **Teilausschluss** ausreicht, kann auch er bzw. eine Teileinziehung von Geschäftsanteilen u.U. als milderes Mittel in Betracht kommen (z.B. um eine querulatorische Sperrminorität zu überwinden)[205], aber im Hinblick auf das ungeteilte Gesellschafterinteresse des Auszuschließenden nur mit seinem Einverständnis[206]. Liegt ein solches nicht vor, kommt daher nur der vollständige Ausschluss des Gesellschafters in Betracht. Auch **Änderungen des Gesellschaftsvertrages**, z.B. die Einschränkung von (Sonder-)Rechten des Gesellschafters, können unter den vorgenannten Voraussetzungen eine angemessene Lösung darstellen, wenn es um entziehbare Mitgliedschaftsrechte geht[207] und er zustimmt[208]. Ebenso muss die Gesellschaft ein bindendes Angebot zum freiwilligen Ausscheiden gegen eine angemessene, etwaige statutarische Festsetzung (Rdnr. 59) nicht überschreitende Abfindung wahrnehmen[209], wenn es nicht bezüglich der Art des Ausscheidens oder der Person des Erwerbers an Bedingungen geknüpft ist. Über das Verhältnis zu konkurrierenden Rechtsbehelfen und zur Auflösungsklage vgl. Rdnr. 54.

---

200 Vgl. OLG Düsseldorf v. 24.2.2000 – 6 U 77/99, GmbHR 2000, 1050, 1056; *Balz*, S. 54 f.; *Gehrlein*, S. 35; *Sosnitza*, in: Michalski u.a., Rdnr. 15 a.E.; kritisch *Grunewald*, S. 74 f.

201 RG v. 13.8.1942 – II 67/41, RGZ 169, 330, 334; BGH v. 17.2.1955 – II ZR 316/53, BGHZ 16, 317, 322; BGH v. 6.7.1967 – II ZR 219/58, BGHZ 35, 272, 283 f. = GmbHR 1961, 162, 163; OLG Nürnberg v. 21.4.1970 – 7 U 130/69, BB 1970, 1371; OLG Stuttgart v. 23.3.1989 – 2 U 36/88, GmbHR 1989, 466, 466 f.; OLG Hamm v. 8.7.1992 – 8 U 268/91, GmbHR 1993, 660, 662; OLG Hamm v. 7.10.1992 – 8 U 75/92, GmbHR 1993, 743, 748; OLG Hamm v. 1.4.1998 – 8 U 72/97, GmbHR 1998, 1081, 1082; OLG Celle v. 6.8.1997 – 9 U 224/96, GmbHR 1998, 140, 142; OLG Düsseldorf v. 22.10.1998 – 6 U 78/97, GmbHR 1999, 543, 546; Brandenburgisches OLG v. 28.1.2015 – 7 U 170/13, GmbHR 2016, 357;*Fastrich*, in: Baumbach/Hueck, Rdnr. 6; *Lutter/Kleindiek*, in: Lutter/Hommelhoff, § 34 Rdnr. 57; *Sosnitza*, in: Michalski u.a., Rdnr. 18; *Klingsch*, in: Saenger/Inhester, Rdnr. 9; *Kort*, in: MünchHdb. III, § 29 Rdnr. 40; *Wicke*, Rdnr. 3; *Strohn*, in: MünchKomm. GmbHG, § 34 Rdnr. 136; kritisch *Scheifele*, BB 1989, 792, 794.

202 Vgl. OLG Rostock v. 18.8.2001 – 6 U 49/00, NZG 2002, 294; eb. *Fastrich*, in: Baumbach/Hueck, Rdnr. 6.

203 RG v. 13.7.1940 – IV 790/39, RGZ 164, 247, 262.

204 Vgl. *Beckmann*, DNotZ 1971, 132, 136, 139; *Schmitz*, GmbHR 1981, 226; *Fastrich*, in: Baumbach/Hueck, Rdnr. 6; *Soufleros*, S. 40 f.; *Gehrlein*, S. 50; abw. offenbar *Ulmer/Habersack*, in: Ulmer/Habersack/Löbbe, Rdnr. 12 (Fn. 41).

205 Vgl. BGH v. 6.7.1961 – II ZR 219/58, BGHZ 35, 272, 280 f. = GmbHR 1961, 162, 163; *Ulmer/Habersack*, in: Ulmer/Habersack/Löbbe, Rdnr. 18; *Fastrich*, in: Baumbach/Hueck, Rdnr. 6; *Sosnitza*, in: Michalski u.a., Rdnr. 19; *Strohn*, in: MünchKomm. GmbHG, § 34 Rdnr. 136; *Balz*, S. 56; *Soufleros*, S. 41; *Gehrlein*, S. 50; *Kort*, in: MünchHdb. III, § 29 Rdnr. 41.

206 *Ulmer/Habersack*, in: Ulmer/Habersack/Löbbe, Rdnr. 18; a.M. *Sosnitza*, in: Michalski u.a., Rdnr. 19.

207 Der Verzicht auf das Auskunfts- und Einsichtsrecht oder seine ausschließliche Wahrnehmung durch Beauftragte sind entgegen *Gehrlein*, S. 50 u. *Görner*, in: Rowedder/Schmidt-Leithoff, § 34 Rdnr. 86 nicht möglich (§ 51a Abs. 3); wie hier *Sosnitza*, in: Michalski u.a., Rdnr. 19.

208 BGH v. 6.7.1961 – II ZR 219/58, BGHZ 35, 272, 283 f. = GmbHR 1961, 162, 163.

209 *Balz*, S. 56; *Soufleros*, S. 40; *Sosnitza*, in: Michalski u.a., Rdnr. 19.

ff) Maßgeblicher Zeitpunkt

Maßgeblicher Zeitpunkt für die Berücksichtigungsfähigkeit von Umständen bei der Gesamt- 35
beurteilung ist die letzte mündliche Verhandlung in einer Tatsacheninstanz des Ausschlie-
ßungsrechtsstreits (dazu Rdnr. 37 ff.). Es reicht daher aus, dass der Ausschließungsgrund erst
nach der Klageerhebung eingetreten ist[210]. Soweit er nicht mit den für die Ausschließung
maßgebenden Gründen eng zusammenhängt, ist sein Nachschieben aber erst zulässig, wenn
die Gesellschafter beschlossen haben, sie auch auf ihn zu stützen (Rdnr. 39)[211].

c) Berücksichtigung der Kapitalerhaltungsvorschriften

Die Ausschließung kann trotz Vorliegens eines wichtigen Grundes nicht ausgesprochen wer- 36
den, wenn nach der Lage des Falles **keine ernsthafte Möglichkeit zu ihrer Durchführung gegeben** ist[212]. Das ist insbesondere der Fall, wenn keine vernünftige Aussicht besteht, die dem
auszuschließenden Gesellschafter zustehende Abfindung (Rdnr. 53) in angemessener Zeit
(Rdnr. 43 ff.) – gegebenenfalls nach einer **Kapitalherabsetzung** – ohne Verstoß gegen § 30 aus
dem Gesellschaftsvermögen zu zahlen oder durch den Verkauf seines Geschäftsanteils bereit-
zustellen[213]. Teilweise wird eine weitere Ausdehnung der sog. Haftungslösung (s. Rdnr. 43)
erwogen[214]. In diesem Fall könnten ein Ausschluss stets wirksam und die Mitgesellschafter
zur Ausfallhaftung verpflichtet sein, obwohl feststeht, dass die Abfindung nicht aus freiem
Vermögen der Gesellschaft gezahlt werden kann. Dieser Ansatz ist grundsätzlich abzulehnen
(s. Rdnr. 43 ff.). Zu den Besonderheiten bei einem durch Satzung ermöglichten Ausschluss
allein durch Gesellschafterbeschluss vgl. Rdnr. 37. Der Umstand, dass der Gesellschafter die
Zahlung auf den Geschäftsanteil nicht voll geleistet hat, hindert dagegen seine Ausschließung
nur dann, wenn die Abtretung des Geschäftsanteils an einen anderen und damit der Eintritt
eines neuen Einlageschuldners in absehbarer Zeit nicht als möglich erscheint. Folgerichtig ist
der ausgeschlossene Gesellschafter auch nur dann zur Annahme der Abfindungszahlung verpflichtet, wenn eindeutig, d.h. „ohne wenn und aber", klargestellt wird, dass die Auszahlung
nicht gegen § 30 verstößt[215].

2. Ausschließungsverfahren

a) Ausschließungsklage

Die Ausschließung setzt zwar einen **Gesellschafterbeschluss** voraus (Rdnr. 38 f.), aber er 37
führt die erstrebte Rechtsänderung im Regelfall nicht selbst herbei[216]. Die Bedeutung der

---

210 BGH v. 8.5.1972 – II ZR 96/70, GmbHR 1972, 177.
211 BGH v. 10.6.1991 – II ZR 234/89, GmbHR 1991, 362; *Gehrlein*, S. 36.
212 BGH v. 1.4.1953 – II ZR 235/52, BGHZ 9, 157, 175.
213 BGH v. 5.4.2011 – II ZR 263/08, ZIP 2011, 1104, 1105 = GmbHR 2011, 761, 762; *Wolany*, S. 98 f.;
   Fastrich, in: Baumbach/Hueck, Rdnr. 7; *Soufleros*, S. 38 ff.; *Gehrlein*, S. 51; *Kort*, in: MünchHdb. III,
   § 29 Rdnr. 46; *Strohn*, in: MünchKomm. GmbHG, § 34 Rdnr. 119; *Wicke*, Rdnr. 4; *Römermann*,
   NZG 2010, 96, 98; *Einhaus/Selter*, GmbHR 2015, 679, 683; mittlerweile kritisch *Lutter/Kleindiek*,
   in: Lutter/Hommelhoff, § 34 Rdnr. 58, 49a.
214 So jedenfalls in Bezug auf Ausschließung per Beschluss (Satzungsregelung) *Lutter/Kleindiek*, in:
   Lutter/Hommelhoff, § 34 Rdnr. 58, 49a; in diese Richtung *Fastrich*, in: Baumbach/Hueck, Rdnr. 14
   a.E. (wohl auch in Bezug auf Ausschlussklage); dagegen: *Strohn*, in: MünchKomm. GmbHG, § 34
   Rdnr. 175 f. – Zur (möglichen) Kopplung der Nichtigkeit von Ausschließungs- und Einziehungsbeschluss BGH v. 5.4.2011 – II ZR 263/08, ZIP 2011, 1104, 1105 = GmbHR 2011, 761, 762; vgl.
   auch BGH v. 10.5.2016 – II ZR 342/14, GmbHR 2014, 754 mit Anm. *Münnich*.
215 BGH v. 28.1.2008 – II ZR 290/06, GmbHR 2008, 765, 766.
216 A.M. RG v. 7.12.1942 – II 103/42, DR 1943, 811, 812; *Scholz*, Ausschließung, S. 30 ff.; neuerdings
   wohl *Altmeppen*, in: Roth/Altmeppen, § 60 Rdnr. 85 f.

Maßnahme für den Betroffenen und ihre Auswirkungen auf das Gesellschaftsverhältnis erfordern es, vor dem Eintritt der Rechtsfolgen durch eine gerichtliche Entscheidung Klarheit über das Vorliegen der Voraussetzungen, insbesondere über den eine Abwägung aller Umstände des Einzelfalls voraussetzenden Ausschließungsgrund (Rdnr. 29 ff.) und über die für die Gesellschaftsbeteiligung eintretenden Wirkungen der Ausschließung zu schaffen. Die Ausschließung muss deshalb entsprechend der Regelung in ähnlichen Fällen mittels einer **Gestaltungsklage** durchgesetzt werden[217]. Der Gesellschaftsvertrag kann aber abweichen und die Ausschließung durch Gesellschafterbeschluss vorsehen (Rdnr. 55), seine (schieds-)gerichtliche Überprüfung aber nicht ausschließen. Einer Gestaltungsklage bedarf es auch nicht, wenn ein Gesellschafter, der einen Teil seiner Geschäftsanteile verkauft hat, die Erfüllung der Abtretungspflicht mit der Begründung verweigert, dass beim Käufer ein wichtiger Grund vorliegt, der seine Ausschließung rechtfertigen würde[218].

aa) Parteien des Ausschließungsverfahrens

38 Das **Klagerecht** steht nicht den übrigen Gesellschaftern, sondern nur der GmbH zu[219]. Eine Ausnahme wird aber wegen der speziellen Interessenlage und aus Praktikabilitätsgründen für die **zweigliedrige GmbH** zu machen sein, bei der **auch**[220] eine Klagebefugnis der Gesellschafter anzuerkennen ist[221]. Die Gesellschaft wird im Ausschließungsrechtsstreit **durch ihre Geschäftsführung vertreten**[222], aber deren gesetzliche Vertretungsmacht gemäß § 35 reicht dafür nicht aus, da ein so weitgehender Eingriff in das Gesellschaftsverhältnis, wie ihn die Gestaltungsklage zum Ziele hat, nicht zu ihrem Aufgabengebiet gehört[223]; die Interessenlage ist hier anders als bei der Kaduzierung nach § 21. Der BGH fordert mit Recht für den Erfolg der Klage einen **Gesellschafterbeschluss**[224], dem jedoch nicht nur innergesellschaftliche Be-

---

217 Ganz h.M.; BGH v. 1.4.1953 – II ZR 235/52, BGHZ 9, 157, 165 ff.; BGH v. 17.2.1955 – II ZR 316/53, BGHZ 16, 317, 322; BGH v. 23.2.1981 – II ZR 229/79, BGHZ 80, 346, 349 = GmbHR 1981, 290, 292; BGH v. 9.3.1987 – II ZR 215/86, GmbHR 1987, 302; BGH v. 9.3.1987 – II ZR 215/86, GmbHR 1999, 1194, 1195; OLG Hamm v. 6.5.1992 – 8 U 171/91, GmbHR 1992, 757, 758; OLG Dresden v. 17.6.1996 – 2 U 546/96, GmbHR 1997, 746 (Vor-GmbH); OLG Düsseldorf v. 22.10.1998 – 6 U 78/97, GmbHR 1999, 543, 545; *Ulmer/Habersack*, in: Ulmer/Habersack/Löbbe, Rdnr. 21; *Fastrich*, in: Baumbach/Hueck, Rdnr. 8 f.; *Lutter/Kleindiek*, in: Lutter/Hommelhoff, § 34 Rdnr. 63; *Sosnitza*, in: Michalski u.a., Rdnr. 27; *Wicke*, Rdnr. 5; *Strohn*, in: MünchKomm. GmbHG, § 34 Rdnr. 162; *Thiessen*, in: Bork/Schäfer, § 34 Rdnr. 61 f.; *Spitze*, S. 55 ff., 81 ff.; *Balz*, S. 57; *Soufleros*, S. 48 ff.; *Görner*, in: Rowedder/Schmidt-Leithoff, § 34 Rdnr. 92; *Blath*, GmbHR 2012, 657, 658; *Einhaus/Selter*, GmbHR 2015, 679, 685.

218 BGH v. 6.7.1961 – II ZR 219/58, BGHZ 35, 272, 280 ff. = GmbHR 1961, 162, 163.

219 BGH v. 1.4.1953 – II ZR 235/52, BGHZ 9, 157, 177; BGH v. 17.2.1955 – II ZR 316/53, BGHZ 16, 317, 322.

220 Abw. *Fischer*, in: FS W. Schmidt, S. 133 f.; *Dreiss/Eitel-Dreiss*, S. 127, die offenbar von einer *ausschließlichen* Gesellschafterbefugnis ausgehen. Noch weitergehend für jede personalistische GmbH *Joost*, ZGR 1984, 71, 100 ff.

221 *Fastrich*, in: Baumbach/Hueck, Rdnr. 8a; *Ulmer/Habersack*, in: Ulmer/Habersack/Löbbe, Rdnr. 33; *Lutter/Kleindiek*, in: Lutter/Hommelhoff, § 34 Rdnr. 62; *Sosnitza*, in: Michalski u.a., Rdnr. 28; *Strohn*, in: MünchKomm. GmbHG, § 34 Rdnr. 163; *Uwe H. Schneider*, in: FS Kellermann, 1991, S. 403, 416 f.; *Mezger*, S. 115 ff.; *Soufleros*, S. 71 ff.; *Wolf*, S. 106; *Görner*, in: Rowedder/Schmidt-Leithoff, § 34 Rdnr. 93; a.M. OLG Nürnberg v. 21.4.1970 – 7 U 130/69, BB 1970, 1371; *Balz*, S. 47 m.w.N.

222 Für Mitgesellschafter als gesetzliche Vertreter der GmbH OLG München v. 19.5.1982 – 7 U 4099/81, WM 1982, 1061, 1063. Zur nicht eintragungsfähigen Vor-GmbH s. OLG Dresden v. 17.6.1996 – 2 U 546/96, GmbHR 1997, 746, 747; OLG Düsseldorf v. 22.10.1998 – 6 U 78/97, GmbHR 1999, 543, 545.

223 Eb. BGH v. 1.4.1953 – II ZR 235/52, BGHZ 9, 157, 177.

224 BGH v. 1.4.1953 – II ZR 235/52, BGHZ 9, 157, 177; BGH v. 17.2.1955 – II ZR 316/53, BGHZ 16, 317, 322; BGH v. 13.1.2003 – II ZR 227/00, BGHZ 153, 285, 287 = GmbHR 2003, 351; BGH v. 8.5.1972 – II ZR 96/70, GmbHR 1972, 177.

deutung beizumessen ist, sondern der richtigerweise **als Sachurteilsvoraussetzung** angesehen werden muss[225]. Der Gesellschafterbeschluss regelt neben der innergesellschaftlichen Entscheidung über die Klageerhebung zugleich die erforderliche besondere Ermächtigung des Geschäftsführers zur Prozessführung i.S. des § 51 ZPO. Dies verkennt die h.M., die dem Beschluss als Teil der Begründetheit materielle Bedeutung beimisst. Der Unterschied zwischen der hier vertretenen und der herrschenden Meinung erschöpft sich jedoch in der prozessrechtlichen Nuance, ob bei fehlendem Beschluss die Klage als unzulässig oder als „zur Zeit unbegründet" abgewiesen wird[226]. Man wird zudem darüber hinausgehend wie in den vergleichbaren Fällen, in denen es um eine außerhalb der Zuständigkeit der Geschäftsführer liegende Regelung des Gesellschaftsverhältnisses geht (s. 11. Aufl., Erl. zu § 37 Rdnr. 15 ff.), zulassen müssen, dass die Gesellschafter als Organ der GmbH zur Vertretung gegenüber dem Mitgesellschafter einen **besonderen Vertreter** bestellen; dafür besteht gerade bei Auseinandersetzungen dieser Art ein unabweisbares Bedürfnis[227].

Für den **Gesellschafterbeschluss** über die Erhebung der Gestaltungsklage (Rdnr. 38) fordert der BGH in ständiger Rechtsprechung ebenso wie die überwiegende Schrifttumsmeinung eine **Dreiviertelmehrheit der abgegebenen Stimmen** (bei Stimmverbot des betroffenen Gesellschafters nach § 47 Abs. 4)[228]. Dieses – der Satzungsdisposition unterliegende (Rdnr. 55) – Erfordernis einer qualifizierten Mehrheit wird auf die (vermeintliche) Nähe des Ausschließungsbeschlusses zum Auflösungsbeschluss gestützt, der nach § 60 Abs. 1 Nr. 2 eine solche Dreiviertelmehrheit vorsieht. Daneben wird allgemein darauf verwiesen, dass der Gesellschafterbeschluss zur Ausschließung eines Gesellschafters einen erheblichen Eingriff in die rechtlichen und wirtschaftlichen Sphären sowohl des auszuschließenden als auch der übrigen Gesellschafter (Liquiditätsabfluss) bedeute und Mitgliederbestand, Beteiligungsverhältnisse und – jedenfalls bei Einziehung des Geschäftsanteils – Vermögensstruktur der Gesellschaft erheblich verändere, was als Schranke eine qualifizierte Beschlussmehrheit verlange; auch § 207 Abs. 2 Satz 2 RegE GmbHG 1971/73[229] habe wegen dieser Wertungsüberlegungen eine Dreiviertelmehrheit vorgesehen. Diese Überlegungen überzeugen letztlich nicht, sondern für den Gesellschafterbeschluss zur Ausschließung ist vorbehaltlich abweichender Satzungsregelungen (Rdnr. 55) eine **einfache Stimmenmehrheit** ausreichend[230]. Der Vergleich des Ausschlie-

39

---

225 So wohl auch BGH v. 8.5.1972 – II ZR 96/70, GmbHR 1972, 177; ebenso Thüringer OLG (Jena) v. 5.10.2005 – 6 U 162/05, NZG 2006, 36, 37 = GmbHR 2005, 1566 ff.; OLG Nürnberg v. 21.4.1970 – 7 U 130/69, BB 1970, 1372; *Balz*, S. 47; *Soufleros*, S. 56; a.A. BGH v. 13.1.2003 – II ZR 227/00, BGHZ 153, 285, 287 f. = GmbHR 2003, 351; OLG Düsseldorf v. 22.10.1998 – 6 U 78/97, GmbHR 1999, 543, 545 (formelle Voraussetzung der Begründetheit); *Fastrich*, in: Baumbach/Hueck, Rdnr. 9; *Ulmer/Habersack*, in: Ulmer/Habersack/Löbbe, Rdnr. 22; *Sosnitza*, in: Michalski u.a., Rdnr. 26 a.E., 27; *Altmeppen*, in: Roth/Altmeppen, § 60 Rdnr. 88; *Gehrlein*, S. 126; *Battke*, GmbHR 2008, 850, 853: Fehlen führe zur sachlichen Klageabweisung/Unbegründetheit der Klage.

226 So zutr. *Strohn*, in: MünchKomm. GmbHG, § 34 Rdnr. 160; vgl. dazu 11. Aufl., § 46 Rdnr. 159.

227 Im Erg. eb. *Ulmer/Habersack*, in: Ulmer/Habersack/Löbbe, Rdnr. 32; *Fastrich*, in: Baumbach/Hueck, Rdnr. 8a; *Altmeppen*, in: Roth/Altmeppen, § 60 Rdnr. 88; *Gehrlein*, S. 128.

228 BGH v. 1.4.1953 – II ZR 235/52, BGHZ 9, 157, 177; BGH v. 13.1.2003 – II ZR 227/00, BGHZ 153, 285, 288 f. = GmbHR 2003, 351, 352 f.; BGH v. 13.1.2003 – II ZR 173/02, NZG 2003, 284, 285 = GmbHR 2003, 355 f.; OLG Frankfurt v. 26.6.1979 – 5 U 219/78, DB 1979, 2127; *Ulmer/Habersack*, in: Ulmer/Habersack/Löbbe, Rdnr. 25 f.; *Lutter/Kleindiek*, in: Lutter/Hommelhoff, § 34 Rdnr. 60; *Fastrich*, in: Baumbach/Hueck, Rdnr. 9; *Görner*, in: Rowedder/Schmidt-Leithoff, § 34 Rdnr. 90; *Sosnitza*, in: Michalski u.a., Rdnr. 25; *Strohn*, in: MünchKomm. GmbHG, § 34 Rdnr. 150; *Thiessen*, in: Bork/Schäfer, § 34 Rdnr. 64; wohl auch *Wicke*, Rdnr. 5; *Gehrlein*, S. 121; *Immenga*, S. 308; *Niemeier*, Rechtstatsachen und Rechtsfragen der Einziehung von GmbH-Anteilen, 1982, S. 241; *Spitze*, S. 86 ff.; *Tschernig*, GmbHR 1999, 691, 696; *Bärwaldt*, NZG 2003, 261; *Battke*, GmbHR 2008, 850, 853.

229 Für den Wortlaut vgl. Nw. bei Rdnr. 4.

230 So auch OLG Köln v. 20.6.2000 – 18 U 36/00, GmbHR 2001, 110, 111 (Vorinstanz zu BGH v. 13.1.2003 – II ZR 227/00, BGHZ 153, 285 = GmbHR 2003, 351); LG Köln v. 18.11.1999 – 83 O

ßungsbeschlusses mit dem ungleich stärker wirkenden Auflösungsbeschluss passt nicht und lässt überdies außer Acht, dass bei der Ausschließung der Gesellschafterbeschluss bloße Vorstufe für den Eingriff in die Sphären der Gesellschafter ist, da der Ausschluss erst nach eingehender gerichtlicher Prüfung durch Gestaltungsurteil erfolgt; überdies ist wertungsmäßig bei der Auflösung zu berücksichtigen, dass diese in bestimmten engen Fällen bereits von einer Gesellschafterminderheit durchgesetzt werden kann, deren Geschäftsanteile zusammen mindestens 10 % des Stammkapitals entsprechen (§ 61 Abs. 2)[231]. Unter Wertungsgesichtspunkten liegt eine Parallele zu § 34 Abs. 2 i.V.m. § 46 Nr. 4, § 47 Abs. 1 näher, die die Einziehung von Geschäftsanteilen bei einer Satzungsgrundlage mit einfacher Stimmenmehrheit zulässt. Das in diesem Fall bei der Einziehung zusätzliche Erfordernis der Satzungsgrundlage (deren Einführung nach § 53 Abs. 2 Satz 1 einer Dreiviertelmehrheit bedarf) wird hier funktional durch das bei der Ausschließung weitere Erfordernis der Ausschlussklage ersetzt. Rechtspolitisch ist auch nicht einzusehen, warum es einer Verdoppelung und Vorverlagerung des Minderheitsschutzes bedarf, der durch das qualifizierte Mehrheitserfordernis am Gesellschafterbeschluss erreicht wird, das im Übrigen auch nicht vor dem Hintergrund der dogmatischen Grundlage der Anerkennung eines Ausschlussrechts zu erklären ist (vgl. Rdnr. 25). Für eine Mindestkapitalbeteiligung der Zustimmenden (z.B. von 25 %)[232] ergibt sich aus dem Gesetz nichts und es ist auch kein Grund erkennbar, warum Großgesellschafter vor der Ausschließung a priori geschützt sein sollten[233]. Die gesellschaftsrechtliche Treuepflicht kann u.U. zur positiven Stimmabgabe für den Ausschließungsbeschluss verpflichten, so dass die trennungswilligen Gesellschafter die Ausschließung bei Vorliegen eines wichtigen Grundes auch dann – im Wege der Anfechtungs- und positiven Beschlussfeststellungsklage gegen den gescheiterten Beschluss – betreiben können, wenn die Beschlussmehrheit nicht erreicht worden ist[234].

40 Der Auszuschließende hat bei der Beschlussfassung über die Klageerhebung **kein Stimmrecht** (§ 47 Abs. 4)[235], aber ihm muss im Regelfall ausreichend Gelegenheit gegeben werden, Stellung zu den Anwürfen zu nehmen[236]; ansonsten ist der Beschluss analog § 243 Abs. 1 AktG anfechtbar. Das den auszuschließenden Gesellschafter treffende Stimmverbot greift auf die mit ihm in einem Konsortium verbundenen Gesellschafter nur über, wenn ersterem die

43/99, GmbHR 2000, 141, 142 f. (Erstinstanz zu BGH v. 13.1.2003 – II ZR 227/00, BGHZ 153, 285 = GmbHR 2003, 351) mit zust. Anm. *Kierdorf*, 143; *H. P. Westermann/Pöllath*, S. 105 f.; *A. Hueck*, DB 1953, 776, 777; *Wolany*, S. 99, 150; *Zöllner*, Die Schranken mitgliedschaftlicher Stimmrechtsmacht, 1963, S. 242; *Raiser/Veil*, Kapitalgesellschaften, § 40 Rdnr. 86; *Balz*, S. 38 ff.; *Soufleros*, S. 58 ff.; *Karsten Schmidt*, GesR, § 35 IV 2c; *Mayer/Elfring*, GmbHR 2004, 869, 877; *Dreiss/Eitel-Dreiss*, S. 109; *Kort*, in: MünchHdb. III, § 29 Rdnr. 43 („erwägenswert").

231 Vgl. *Wolany*, S. 150; *Mezger*, GmbHR 1963, 64 u. 106.

232 So *von Stetten*, GmbHR 1982, 105, 106 f.

233 I.E. eb. *Kulka*, S. 123 ff.; *Ulmer/Habersack*, in: Ulmer/Habersack/Löbbe, Rdnr. 25 f.; *Sosnitza*, in: Michalski u.a., Rdnr. 25; *Gehrlein*, S. 123 f.

234 BGH v. 13.1.2003 – II ZR 173/02, NZG 2003, 284, 285 = GmbHR 2003, 355 f.; BGH v. 28.4.1975 – II ZR 16/73, GmbHR 1975, 179, 181 (zur KG); *Lutter/Kleindiek*, in: Lutter/Hommelhoff, § 34 Rdnr. 61; *Ulmer/Habersack*, in: Ulmer/Habersack/Löbbe, Rdnr. 22, 29; *Balz*, S. 40 ff.; *Soufleros*, S. 63 ff.

235 Allg. M.; vgl. BGH v. 1.4.1953 – II ZR 235/52, BGHZ 9, 157, 178; BGH v. 17.2.1955 – II ZR 316/53, BGHZ 16, 317, 322; OLG Stuttgart v. 23.3.1389 – 2 U 36/88, GmbHR 1989, 466, 467; OLG Celle v. 6.8.1997 – 9 U 224/96, GmbHR 1998, 140, 141; OLG Düsseldorf v. 22.10.1998 – 6 U 78/97, GmbHR 1999, 543, 545; *Balz*, S. 37 f.; *Grunewald*, S. 108; *Spitze*, S. 86; *Zöllner*, Die Schranken mitgliedschaftlicher Stimmrechtsmacht, 1963, S. 242 f. m.w.N.; *Sosnitza*, in: Michalski u.a., Rdnr. 24; *Strohn*, in: MünchKomm. GmbHG, § 34 Rdnr. 152; *Ulmer/Habersack*, in: Ulmer/Habersack/Löbbe, Rdnr. 27.

236 OLG München v. 12.11.1997 – 7 U 2929/97, GmbHR 1998, 332 = DB 1998, 304; OLG Hamm v. 3.11.1997 – 8 U 197/96, GmbHR 1998, 138, 139; *Fastrich*, in: Baumbach/Hueck, Rdnr. 9; *Lutter/Kleindiek*, in: Lutter/Hommelhoff, § 34 Rdnr. 62; *Sosnitza*, in: Michalski u.a., Rdnr. 24; *Wicke*, Rdnr. 5; *Strohn*, in: MünchKomm. GmbHG, § 34 Rdnr. 153; *Wolany*, S. 171; *Balz*, S. 40; *Soufleros*, S. 42; *Gehrlein*, S. 122; zu Einzelheiten *Abramenko*, GmbHR 2001, 501 ff.

Rechtsmacht zur Bestimmung des Abstimmungsverhaltens im Konsortium zukommt; ein bloßes (tatsächliches) Näheverhältnis zwischen Gesellschaftern (z.B. Angehörige) genügt nicht[237]. Der Beschluss bedarf, s. stat., **keiner Form**, insbesondere ist weder nach § 53 Abs. 2 noch nach § 15 Abs. 3 seine notarielle Beurkundung notwendig[238]. Bei gleichzeitiger Ausschließung mehrerer Gesellschafter ist auf Antrag eine getrennte Beschlussfassung geboten, und die Betroffenen unterliegen bei beiden Abstimmungen dem Stimmverbot, wenn ein sachlicher Zusammenhang zwischen den Ausschließungsgründen besteht[239]. Ein Beschluss ist bei der **Zweimann-GmbH** nicht erforderlich[240], denn ein solcher wäre im Hinblick auf den Stimmrechtsausschluss ein sinnentleertes Erfordernis. Allerdings lässt sich in der Praxis ein „Wettlauf" der Gesellschafter durch den Verzicht auf das Beschlusserfordernis nicht vermeiden[241], nur wird der Weg zur gerichtlichen Klärung abgekürzt.

Beklagter ist der auszuschließende Gesellschafter. Da die Ausschließung sich gegen die Person des Gesellschafters richtet[242], ist die Klage auch im Falle der Nachlassverwaltung (s. § 15 Rdnr. 249) gegen den Gesellschafter-Erben und nicht gegen den Nachlassverwalter zu richten[243]. Das Ausscheiden des Gesellschafters aus der GmbH während des Rechtsstreits erledigt die Hauptsache; er kann gegen einen Rechtsnachfolger nicht wegen des wichtigen Grundes in der Person des Ausgeschiedenen fortgesetzt werden[244]. Die Erhebung der Gestaltungsklage schränkt das Recht des beklagten Gesellschafters nicht ein, seinen Geschäftsanteil abzutreten[245].

41

bb) Zuständigkeit

Ein ausschließlicher gesetzlicher Gerichtsstand für die Ausschließungsklage besteht nicht. Die entsprechende Anwendung des § 61 Abs. 3 ist nicht möglich. Vorbehaltlich einer anderweitigen statutarischen Bestimmung (§ 38 ZPO) kann sie daher sowohl im Allgemeinen Ge-

42

---

237 BGH v. 13.1.2003 – II ZR 227/00, BGHZ 153, 285, 291 ff. = GmbHR 2003, 351, 352 f.

238 OLG Frankfurt v. 26.6.1979 – 5 U 219/78, GmbHR 1980, 56 = DB 1979, 2127; *Fastrich*, in: Baumbach/Hueck, Rdnr. 9; *Sosnitza*, in: Michalski u.a., Rdnr. 23 a.E.; *Ulmer/Habersack*, in: Ulmer/Habersack/Löbbe, Rdnr. 24; *Balz*, S. 44 ff.; a.M. *Dreiss/Eitel-Dreiss*, S. 110: Schriftform.

239 Vgl. OLG Düsseldorf v. 24.2.2000 – 6 U 77/99, GmbHR 2000, 1050, 1052; *Sosnitza*, in: Michalski u.a., Rdnr. 24 *Strohn*, in: MünchKomm. GmbHG, § 34 Rdnr. 152. Enger *Ulmer/Habersack*, in: Ulmer/Habersack/Löbbe, Rdnr. 27; *Fastrich*, in: Baumbach/Hueck, Rdnr. 9: derselbe Sachgrund. Weiter gehend dagegen *Kulka*, S. 197 ff., der von einem sachlichen Zusammenhang u.ä. ganz absehen will, auch *Grunewald*, S. 109. Ein Stimmverbot des mitbetroffenen Gesellschafters verneint *von Stetten*, GmbHR 1982, 105, 107 für den Fall getrennter Abstimmung; vgl. dazu auch BGH v. 4.5.2009 – II ZR 166/07, DStR 2009, 2542, 2543 = GmbHR 2009, 1325 f. (Abberufung von Gesellschaftergeschäftsführern u. Stimmrechtsausschluss wegen gemeinsamer Pflichtverletzung).

240 *Ulmer/Habersack*, in: Ulmer/Habersack/Löbbe, Rdnr. 28; *Fastrich*, in: Baumbach/Hueck, Rdnr. 9 a.E.; *Lutter/Kleindiek*, in: Lutter/Hommelhoff, § 34 Rdnr. 62 a.E.; *Görner*, in: Rowedder/Schmidt-Leithoff, § 34 Rdnr. 93; *Soufleros*, S. 74; *Sosnitza*, in: Michalski u.a., Rdnr. 26; *Strohn*, in: MünchKomm. GmbHG, § 34 Rdnr. 147; *Wicke*, Rdnr. 5; *Wolf*, ZGR 1998, 92, 104 f.; *Uwe H. Schneider*, in: FS Kellermann, 1991, S. 416.

241 Dieser Kritikpunkt wurde der von *Scholz* vertretenden Ansicht entgegengehalten, nach der der Ausschluss allein durch den Gesellschafterbeschluss vollzogen werden sollte (vgl. *Scholz*, GmbHR 1951, 86; *Scholz*, GmbHR 1952, 18), was die Gefahr eines Wettlaufs um den Ausschlussbeschluss begründete, s. dazu *Schilling*, JZ 1955, 330, 332; LG Braunschweig v. 26.6.1952 – 7 O 157/52, MDR 1953, 239. In der Kommentarliteratur ist er trotz zweistufigem Verfahren weiterhin präsent, vgl. *Strohn*, in: MünchKomm. GmbHG, § 34 Rdnr. 147; *Sosnitza*, in: Michalski u.a., Rdnr. 26.

242 BGH v. 1.4.1953 – II ZR 235/52, BGHZ 9, 157, 164; BGH v. 19.9.1977 – II ZR 11/76, NJW 1977, 2316, 2316 f.

243 BGH v. 30.3.1967 – II ZR 102/65, BGHZ 47, 293, 296 betr. OHG.

244 *Gehrlein*, S. 48; vgl. auch *Ulmer/Habersack*, in: Ulmer/Habersack/Löbbe, Rdnr. 16; *Soufleros*, S. 32 m.w.N.; *Strohn*, in: MünchKomm. GmbHG, § 34 Rdnr. 132.

245 Eb. BGH v. 1.4.1953 – II ZR 235/52, BGHZ 9, 157, 170.

richtsstand der Mitgliedschaft, d.h. beim Gericht des Gesellschaftssitzes (§§ 22, 17 ZPO), als auch in dem des Beklagten erhoben werden[246]. Die sachliche Zuständigkeit bestimmt sich nach §§ 23, 71 GVG. Der Gesellschaftsvertrag kann die ausschließliche Zuständigkeit eines Schiedsgerichts begründen (§§ 1025, 1066 ZPO)[247].

b) Ausschließungsurteil

aa) Inhalt

43　Das Ausschließungsurteil muss grundsätzlich[248] auch **die dem Gesellschafter zustehende Abfindung festsetzen** und erforderlichenfalls eine den Umständen nach angemessene **Zahlungsfrist bestimmen**[249]. Der Ausspruch enthält insoweit aber keine selbständige Verurteilung zur Leistung des Abfindungsbetrages. Erforderlich ist die Festsetzung im Urteil vielmehr deshalb, weil der endgültige Eintritt der Ausschließungswirkungen mit Rücksicht auf die Vorschriften der §§ 19 Abs. 2, 30 f. zur Wahrung der schutzwürdigen Vermögensinteressen des betreffenden Gesellschafters nach zutreffender und noch herrschender Auffassung aufschiebend bedingt ist, dass er rechtsgültig und rechtsbeständig abgefunden worden ist (dazu Rdnr. 48). Von diesem Grundsatz ist der BGH auch nicht durch die Ablehnung einer solchen Koppelung im Rahmen der Einziehung eines Geschäftsanteils abgewichen[250]. Ohne Zustimmung des ausscheidenden Gesellschafters – wie im Fall der in der Satzung geregelten Einziehung – kann ein unbedingter Ausschluss nicht gerechtfertigt werden. Dem kann nicht entgegen gehalten werden, Gesellschafter müssten sich angesichts des ungeschriebenen, aber seit Jahrzehnten anerkannten Ausschließungsrechts auf die Möglichkeit des sofortigen Ausschlusses (mit Abfindungsverpflichtung) einstellen[251]. Denn eine solche Kenntnis bezieht sich allein auf das Ausschließungsrecht, nicht aber auf den unbedingten Verlust der Gesellschafterstellung. Vielmehr ist dieses Argument umzukehren: In Kenntnis der Rechtslage muss jeder Gesellschafter wissen, dass der Ausschluss eines Mitgesellschafters ohne Satzungsvorsorge grundsätzlich erst wirksam wird, wenn dieser die ihm zustehende Abfindung erhalten hat. Auch geht es fehl, zur Rechtfertigung des sofortigen Ausschlusses ergänzend darauf abzustellen, dass der Grund zum Ausschluss in der Person des Auszuschließenden verwirklicht ist[252]. Der wichtige Grund rechtfertigt die Ausschließung, nicht den sofortigen Verlust des Geschäftsanteils ohne Erhalt der Abfindung.

43a　Die **Koppelung des Ausschließungs- mit dem Abfindungsverfahren** (Bedingungskonstruktion) kann aber dazu führen, dass die Entscheidung über die Ausschließung erheblich verzögert und u.U. auch die Unsicherheit über den Erfolg des eingeleiteten Verfahrens verlän-

---

246　Vgl. *Balz*, S. 47.
247　BGH v. 29.9.1983 – III ZR 213/82, WM 1983, 1207, 1208; *Fastrich*, in: Baumbach/Hueck, Rdnr. 16; *Görner*, in: Rowedder/Schmidt-Leithoff, § 34 Rdnr. 95; *Altmeppen*, in: Roth/Altmeppen, § 60 Rdnr. 87; *Lutter/Kleindiek*, in: Lutter/Hommelhoff, § 34 Rdnr. 64 a.E.
248　Nach *Altmeppen*, in: Roth/Altmeppen, § 60 Rdnr. 98 muss der Beklagte die Festsetzung verlangen; s. auch Rdnr. 46.
249　Eb. BGH v. 1.4.1953 – II ZR 235/52, BGHZ 9, 157, 174, 176; BGH v. 17.2.1955 – II ZR 316/53, BGHZ 16, 317, 322; OLG Hamm v. 6.5.1992 – 8 U 171/91, GmbHR 1992, 757, 758; OLG Düsseldorf v. 22.10.1998 – 6 U 78/97, GmbHR 1999, 543, 547; OLG Schleswig v. 27.1.2000 – 5 U 154/98, NZG 2000, 703, 704 f. = GmbHR 2000, 935; *Wolany*, S. 150 ff.; *Immenga*, S. 308 ff.; *Karsten Schmidt*, GesR, § 35 IV 2c; *Balz*, S. 58 ff.; *Kort*, in: MünchHdb. III, § 29 Rdnr. 45 u.a.
250　Vgl. BGH v. 24.1.2012 – II ZR 109/11, BGHZ 192, 236 = GmbHR 2012, 387, 388; *Blath*, GmbHR 2012, 657, 662; *Wicke*, MittBayNot 2014, 13.
251　So aber in Anschluss an *Goette*, DStR 2001, 533, 539 u.a. *Strohn*, in: MünchKomm. GmbHG, § 34 Rdnr. 174; *Lutter/Kleindiek*, in: Lutter/Hommelhoff, § 34 Rdnr. 65a.
252　*Lutter/Kleindiek*, in: Lutter/Hommelhoff, § 34 Rdnr. 65a.

gert wird[253]. Die Interessenwertung erfordert es daher, von der **endgültigen Festsetzung der Abfindung ausnahmsweise abzusehen, wenn der Auszuschließende nicht alles in seinen Kräften Stehende dazu beiträgt, die Ermittlung des Werts des Geschäftsanteils** ohne nennenswerte Verzögerung des Ausschließungsverfahrens **zu ermöglichen**[254]. Dann ist eine vorläufige Abfindungshöhe festzusetzen, nach den Angaben der Gesellschaft und Schätzungen des Gerichts, die vom Ausgeschlossenen in einem gesonderten Verfahren angegriffen werden kann[255]. Auch kann durch Zwischenfeststellungsurteil über die Berechtigung zur Ausschließung entschieden werden, wenn die Höhe der Abfindung noch nicht feststeht[256].

Teilweise wird vorgeschlagen, die Bedingungskonstruktion (Rdnr. 43a) aufzugeben.   44

Der Ausschluss soll demnach grundsätzlich mit Rechtskraft des Urteils sofort wirksam werden, die **übrigen Gesellschafter aber für den Abfindungsanspruch (pro rata ihrer Beteiligung) haften**[257]. Allerdings fehlt eine Rechtsgrundlage für die **sog. Haftungslösung.** Mit der **Haftungsverfassung der GmbH** ist dieses Vorgehen **nicht vereinbar,** für die **überstimmten, verbleibenden Gesellschafter** ist eine Ausfallhaftung **unzumutbar,** wenn die Haftung nicht auf die anderen Gesellschafter beschränkt bleibt. Dem GmbHG ist die persönliche Haftung der Gesellschafter zwar nicht fremd[258] (vgl. §§ 24, 31 Abs. 3), jedoch dienen diese Vorschriften sämtlich der Sicherung von Ansprüchen der GmbH, die sich gegen die Gesellschafter richten, und damit dem Gläubigerschutz. Eine Übertragung dieser Konzeption auch auf die Abfindungsforderung des ausgeschlossenen Gesellschafters – also den umgekehrten Fall – wäre systemwidrig. Dies lässt sich auch nicht mit dem Erhalt eines Vermögensvorteils durch Werterhöhung der Anteile der verbleibenden Gesellschafter rechtfertigen[259]. Die persönliche Haftung in dieser Konstellation widerspricht der Systematik des GmbHG. Die Werterhöhung vermittelt keine Liquidität zur Abfindungszahlung und kann verbleibende

---

253 Krit. zur Schwebelage z.B. BGH v. 30.6.2003 – II ZR 326/01, NZG 2003, 871, 872 = GmbHR 2003, 1062, 1063 f.; *Goette,* in: FS Lutter, S. 399, 405 ff.; *Ulmer/Habersack,* in: Ulmer/Habersack/Löbbe, Rdnr. 37; *Fastrich,* in: Baumbach/Hueck, Rdnr. 12a; *Soufleros,* S. 78 ff.; *Grunewald,* S. 111 ff.; *Spitze,* S. 93 ff.; *Ulmer,* in: FS Rittner, 1991, S. 735, 751 ff.; *Strohn,* in: MünchKomm. GmbHG, § 34 Rdnr. 173; *Görner,* in: Rowedder/Schmidt-Leithoff, § 34 Rdnr. 92; *Immenga,* S. 309 f.; *H. P. Westermann/Pöllath,* S. 141 f.

254 BGH v. 17.2.1955 – II ZR 316/53, BGHZ 16, 317, 324 ff.; OLG Hamm v. 6.5.1992 – 8 U 171/91, DB 1992, 2181, 2182 = GmbHR 1992, 757; *Gehrlein,* S. 136 f.; *Kort,* in: MünchHdb. III, § 29 Rdnr. 45; *Balz,* S. 66; *Thiessen,* in: Bork/Schäfer, § 34 Rdnr. 62.

255 BGH v. 17.2.1955 – II ZR 316/53, BGHZ 16, 317, 325 f.; *Strohn,* in: MünchKomm. GmbHG, § 34 Rdnr. 170; insofern ungenau *Thiessen,* in: Bork/Schäfer, § 34 Rdnr. 62 (ergeht ohne die Abfindung festzusetzen).

256 OLG Celle v. 13.9.1995 – 9 U 149/94, GmbHR 1997, 1003; *Fastrich,* in: Baumbach/Hueck, Rdnr. 12 a.E.; *Strohn,* in: MünchKomm. GmbHG, § 34 Rdnr. 173.

257 So *R. Fischer,* in: FS W. Schmidt, S. 117, 132 f. (*de lege ferenda*); ausführlich *Strohn,* in: MünchKomm. GmbHG, § 34 Rdnr. 174; *Altmeppen,* in: Roth/Altmeppen, § 60 Rdnr. 99 f.; *Goette,* in: FS Lutter, S. 399, 410; *Lutter/Kleindiek,* in: Lutter/Hommelhoff, § 34 Rdnr. 65a; *Sosnitza,* in: Michalski u.a., Rdnr. 31; *Klingsch,* in; Saenger/Inhester, Rdnr. 16; ähnlich *Kesselmeier,* S. 197 ff., 213 f. (Haftung der Gesellschafter gegenüber der Gesellschaft); offen gelassen bei BGH v. 30.6.2003 – II ZR 326/01, NZG 2003, 871, 872 (2.b)bb)) = GmbHR 2003, 1062, 1064; so jetzt (nur) für Fälle der Einziehung von Geschäftsanteilen BGH v. 24.1.2012 – II ZR 109/11, BGHZ 192, 236 = GmbHR 2012, 387, 388 und BGH v. 10.5.2016 – II ZR 342/14, GmbHR 2016, 754 mit Anm. *Münnich*; abl. wie hier *Ulmer/Habersack,* in: Ulmer/Habersack/Löbbe, Rdnr. 37; *Thiessen,* in: Bork/Schäfer, § 34 Rdnr. 63; *Balz,* S. 63; *Soufleros,* S. 85 ff.; *Löwe/Thoß,* NZG 2003, 1005, 1007; *Peetz,* GmbHR 2000, 749, 752; *Lindemann/Imschweiler,* GmbHR 2009, 423, 425; *Blath,* GmbHR 2012, 657, 662; *Klöckner,* GmbHR 2012, 1325, 1327 f. – Weitergehend und unzutr. *Löwe/Thoß,* NZG 2003, 1005, 1006, die Ausschluss ohne Abfindungsentscheidung für zulässig halten, wenn wegen fehlender freier Mittel z.Zt. (!) keine Aussicht auf Realisierung des Abfindungsanspruchs besteht.

258 U.a. darauf stützt sich *Strohn,* in: MünchKomm. GmbHG, § 34 Rdnr. 174.

259 So *Strohn,* in: MünchKomm. GmbHG, § 34 Rdnr. 174, der die Gesellschafter zur Vermeidung der persönlichen Haftung ggf. auf die Auflösung der Gesellschaft verweisen will.

Gesellschafter zum Austritt oder zur Auflösung der Gesellschaft zwingen. Auch eine mögliche Einschränkung der Ausfallhaftung durch die Voraussetzung eines treuwidrigen Verhaltens[260] beseitigt nicht die grundsätzlichen systematischen Bedenken und lässt rechtssichere Maßstäbe vermissen. Zudem erscheint es inkonsistent, dass auch bei subsidiärer Haftung der übrigen Gesellschafter ein Ausschluss ausscheiden soll, wenn von vornherein ersichtlich ist, dass die Gesellschaft die Abfindung nicht aus freiem Vermögen begleichen wird können[261] (dazu vgl. Rdnr. 36, auch a.E.). Dies gebietet weder der Gläubigerschutz des § 30, der dieser Annahme zu Grunde liegt, denn bei der Mithaftung der Gesellschafter bleibt das zur Deckung des Stammkapitals erforderliche Vermögen gerade unangetastet, noch die bloß subsidiäre Haftung der Gesellschafter, die lediglich die Reihenfolge der Inanspruchnahme und eventuelle Rückforderungsansprüche begründet. Insbesondere in streitigen Fällen wird das Verfahren außerdem gleichfalls mit der Bewertung des Geschäftsanteils belastet, da für die Feststellung, ob die Gesellschaft die Abfindung aus freiem Vermögen tragen kann, deren Höhe zumindest ansatzweise feststehen muss, so dass auch hier eine Schätzung erfolgen müsste.

45 **Weiterhin wird vorgeschlagen,** dass der auszuschließende Gesellschafter zwar mit Rechtskraft des unbedingten Ausschlussurteils die **Befugnis zur Ausübung sämtlicher Mitgliedschaftsrechte verliert,** dieser aber zunächst noch Inhaber des Geschäftsanteils bleibt und nur **Zug um Zug gegen Zahlung** der Abfindung verpflichtet ist, diesen der Gesellschaft zur Einziehung oder sonstigen Verwertung zur Verfügung zu stellen[262]. Zum weiteren Schutz des auszuschließenden Gesellschafters, sich gegen eine unangemessene Verzögerung der Verwertung wehren zu können, soll diesem ein Auflösungsrecht entsprechend § 61 Abs. 2 eingeräumt werden, wenn der Abfindungsanspruch nicht binnen angemessener, auf Antrag auch im Urteil festzusetzender Frist erfüllt wird; dann kann sich der auszuschließende Gesellschafter aus dem Liquidationsüberschuss befriedigen[263]. Diese Lösung führt zwar dazu, dass der Abfindungsstreit erst nach rechtskräftigem Abschluss des Ausschließungsverfahrens auszutragen ist, aber hätte für den auszuschließenden Gesellschafter die unzumutbare Folge, dass er bei Verlust der Mitgliedschaftsrechte (einschließlich des Anspruchs auf Gewinnbeteiligung) sein Vermögen der Gesellschaft weiter als risikobehaftetes Kapital zur Verfügung stellen müsste; der Sanktionsmechanismus der Auflösungsklage ist überdies nach der beidseitigen Interessenlage inadäquat[264]. Diese Einwände gelten auch gegenüber dem **Vorschlag,** der in der **späteren Abfindungszahlung nicht eine aufschiebende Bedingung** des Ausschlusses, sondern eine **auflösende Bedingung mit der Folge sieht, dass die Mitgliedschaftsrechte bei verspäteter Zahlung wieder aufleben** sollen[265], und es kommen hier infolge des Zeitablaufs noch erhebliche Rückabwicklungsprobleme hinzu, die durch Schadensersatzansprüche in der Praxis nicht auszugleichen sein werden.

46 *De lege lata* – und trotz der abweichenden Entscheidung des BGH aus 2012 zur Einziehung von Geschäftsanteilen[266] (vgl. Rdnr. 44) – bleibt nur der für beide Seiten interessenwahrende

---

260 So BGH v. 10.5.2016 – II ZR 342/14, GmbHR 2016, 754 mit Anm. *Münnich* für den Fall der Einziehung.

261 So *Strohn,* in: MünchKomm. GmbHG, § 34 Rdnr. 175; kritisch auch *Blath,* GmbHR 2012, 657, 662.

262 *Fastrich,* in: Baumbach/Hueck, Rdnr. 12a (wohl als ein denkbarer Ansatz); *Thiessen,* in: Bork/Schäfer, § 34 Rdnr. 63; *Lindemann/Imschweiler,* GmbHR 2009, 423, 425; *A. Hueck,* DB 1951, 108, 109; *A. Hueck,* DB 1953, 776, 777 f.; *H. P. Westermann/Pöllath,* S. 142; ähnlich *Peetz,* GmbHR 2000, 749, 753.

263 Hierzu *A. Hueck,* DB 1953, 776, 777 f.; *Fastrich,* in: Baumbach/Hueck, Rdnr. 12a m.w.N.

264 Vgl. *Strohn,* in: MünchKomm. GmbHG, § 34 Rdnr. 173; *Sosnitza,* in: Michalski u.a., Rdnr. 30; *R. Fischer,* in: FS W. Schmidt, S. 130; *Immenga,* S. 311; *Balz,* S. 62 f.; *Soufleros,* S. 83 ff.

265 So *Ulmer/Habersack,* in: Ulmer/Habersack/Löbbe, Rdnr. 37; *Ulmer,* in: FS Rittner, S. 735, 751 ff.; abl. wie hier *Sosnitza,* in: Michalski u.a., Rdnr. 30 a.E.; *Thiessen,* in: Bork/Schäfer, § 34 Rdnr. 63; *Strohn,* in: MünchKomm. GmbHG, § 34 Rdnr. 171 f.

266 BGH v. 24.1.2012 – II ZR 109/11, BGHZ 192, 236, 239 ff. = GmbHR 2012, 387, 388.

Weg, dass dem auszuschließenden Gesellschafter auf seinen Antrag eine vom Gericht **zu schätzende (§ 287 Abs. 2 ZPO) vorläufige Abfindung** zugesprochen wird, die zwar nicht vollstreckbar ist, aber durch die Verknüpfung der fristgerechten Zahlung mit der Ausschlusswirkung zu einer Art Obliegenheit für die verbleibenden Gesellschafter wird[267]: Die vom Gericht zu tenorierende Entscheidung beschränkt sich dann inhaltlich allein auf den Ausschluss des Gesellschafters. In dem Fall, dass der beklagte Gesellschafter dies beantragt, sind zusätzlich Bestimmungen über die Abfindung (die vom Gericht gemäß § 287 Abs. 2 ZPO nach allgemein anerkannten betriebswirtschaftlichen Methoden zu schätzen ist[268]), die Zahlungsfrist (regelmäßig sechs Monate ab Rechtskraft der Entscheidung entsprechend § 208 Abs. 1 RegE GmbHG 1971/73) und die Folge einer verspäteten Zahlung zu treffen. Das Gestaltungsurteil ist an die aufschiebende Bedingung zu knüpfen, dass die vorläufige Abfindung an den Gesellschafter fristgerecht gezahlt wird, andernfalls die bis dahin ruhenden Verwaltungsrechte dem auszuschließenden Gesellschafter wieder uneingeschränkt zustehen (näher Rdnr. 51).

Die **materielle Rechtskraft** des Ausschließungsurteils erstreckt sich auf die Entscheidung   47
über die Abfindung. Der Ausgeschlossene kann später nicht erfolgreich mit der Begründung auf Abfindung klagen, dass das Gericht den Geschäftsanteil zu Unrecht für wertlos gehalten oder seinen Wert zu niedrig bemessen habe[269]. Er ist dagegen nicht gehindert, den Abfindungsanspruch gerichtlich geltend zu machen, wenn seine Festsetzung entsprechend den obigen Ausführungen wegen Verletzung der Mitwirkungspflicht des Gesellschafters unterblieben ist[270]; durchsetzbar ist er dann aber nur in den Grenzen des § 30 Abs. 1.

bb) Bedingtes Ausschließungsurteil

Wird die Abfindung nicht bis zur letzten mündlichen Verhandlung voll hinterlegt, so ist der   48
Ausspruch der Ausschließung an die Bedingung zu knüpfen, dass der Gesellschafter den im Urteil festgesetzten Abfindungsbetrag innerhalb der dort bestimmten Frist von der Gesellschaft oder durch sie erhält[271]. Der Erlass eines aufschiebend bedingten Ausschließungsurteils ist prozessrechtlich zulässig und aus den in Rdnr. 43 f. dargelegten Gründen insoweit auch sachgerecht, als die Ausschließungswirkungen vollständig und endgültig erst mit der rechtswirksamen und rechtsbeständigen (d.h. nicht dem Rückerstattungsanspruch gemäß § 31 Abs. 1 ausgesetzten) Zahlung der Abfindung eintreten sollen.

Der Interessenwertung widerspricht es aber, dass die Bedeutung des Ausschließungsurteils   49
sich vorher im Wesentlichen darin erschöpft, über das Vorliegen eines wichtigen Grundes

---

267 Eb. *Ulmer/Habersack*, in: Ulmer/Habersack/Löbbe, Rdnr. 38; *Görner*, in: Rowedder/Schmidt-Leithoff, § 34 Rdnr. 113; insoweit zutr. *Altmeppen*, in: Roth/Altmeppen, § 60 Rdnr. 98; *Sosnitza*, in: Michalski u.a., Rdnr. 32; *Raiser/Veil*, Kapitalgesellschaften, § 40 Rdnr. 89; *Soufleros*, S. 92 ff.; ähnlich *Grunewald*, S. 112 ff., 243; abl. noch *Winter*, 9. Aufl., § 15 Rdnr. 143. – Formulierungsvorschlag für Klageantrag bei *Happ*, Die GmbH im Prozeß, § 18 Rdnr. 17.

268 *Sosnitza*, in: Michalski u.a., Rdnr. 32 (anders bei sog. Haftungslösung, Rdnr. 31) will – in Anlehnung an § 208 Abs. 2 RegE GmbHG 1971/73 – vom anteiligen Einheitswert des Betriebsvermögens ausgehen, was häufig für den auszuschließenden Gesellschafter nicht interessengerecht sein wird; zudem wird der Einheitswert des Betriebsvermögens nicht mehr regelmäßig aus steuerlichen Gründen festgesetzt, so dass hier auch keine praktische Erleichterung für die Schätzung besteht.

269 *Gehrlein*, S. 135 f.; a.M. *Wolany*, S. 152.

270 BGH v. 17.2.1955 – II ZR 316/53, BGHZ 16, 317, 325.

271 BGH v. 1.4.1953 – II ZR 235/52, BGHZ 9, 157, 174, 178 f.; BGH v. 17.2.1955 – II ZR 316/53, BGHZ 16, 317, 324 ff.; eb. OLG Hamm v. 6.5.1992 – 8 U 171/91, GmbHR 1992, 757, 758; OLG Düsseldorf v. 22.10.1998 – 6 U 78/97, GmbHR 1999, 543, 547; *Wolany*, S. 150 ff.; *Immenga*, S. 308 ff.; *Lutter*, in: Lutter/Hommelhoff, § 34 Rdnr. 63; *Thiessen*, in: Bork/Schäfer, § 34 Rdnr. 62; *Gehrlein*, S. 134 f.; *Kort*, in: MünchHdb. III, § 29 Rdnr. 45; *Balz*, S. 58 ff. *Görner*, in: Rowedder/Schmidt-Leithoff, § 34 Rdnr. 92, 113.

Klarheit zu schaffen[272]; es hat vielmehr schon dann **unmittelbare Auswirkungen auf die nichtvermögensrechtlichen Gesellschafterrechte** des Verurteilten, die aber im Unterschied zu den zuvor erörterten Auffassungen (Rdnr. 44 f.) zunächst unter der auflösenden Bedingung der nicht fristgemäßen Abfindungszahlung stehen (im Einzelnen vgl. Rdnr. 50 f.).

cc) Urteilswirkungen

50 Das Ausschließungsurteil hat **rechtsgestaltende** Wirkung. Spricht es die Ausschließung unbedingt aus, so endet mit der Rechtskraft oder, wenn es sich um ein Schiedsgerichtsurteil handelt, mit der Vollstreckbarerklärung nach § 1060 ZPO (bestr.) die Mitgliedschaft des Gesellschafters und sein Geschäftsanteil fällt der Gesellschaft zur Weiterverwertung zu (Rdnr. 52). Anders liegt es, wenn das Urteil den Gesellschafter unter der Bedingung ausschließt, dass er die festgesetzte Abfindung innerhalb der bestimmten Frist von der Gesellschaft oder durch sie erhält (Rdnr. 43). Auch dann kann das Urteil seine gestaltende Wirkung zwar erst nach der Rechtskraft bzw. der Vollstreckbarerklärung ausüben, aber im Übrigen ist wie folgt zu unterscheiden:

51 **Vor dem Bedingungseintritt** ist der Betroffene noch Gesellschafter. Er bleibt über seinen Geschäftsanteil **verfügungsberechtigt**[273], es sei denn, das Gericht erlässt ausnahmsweise zur Sicherung der Interessen der übrigen Gesellschafter ein vorübergehendes Veräußerungsverbot i.S. von § 136 BGB; bei Bedingungseintritt ist in jedem Fall auf Zwischenverfügungen § 161 BGB entsprechend anzuwenden[274]. Die abweichende Meinung, die dem Gesellschafter das Verfügungsrecht ohne weiteres ganz entziehen will[275], greift ohne Rechtsgrundlage in einem während des Schwebezustandes nicht zu rechtfertigenden Übermaß in seine schutzwürdigen Vermögensinteressen ein. Der Gesellschafter behält auch sein Recht auf **Gewinnbeteiligung**[276], da er der Gesellschaft seinen Vermögensanteil bis zur Klärung des Bedingungseintritts weiter als risikotragendes Kapital zur Verfügung stellen muss[277] und er andererseits seine vermögensrechtlichen Pflichten gegenüber der GmbH weiter erfüllen, insbesondere die in der Schwebezeit fällig werdenden Einlageraten leisten oder nach §§ 24, 31 Abs. 3 haften muss[278]. Dem wird teilweise entgegengehalten, auch die Bereitstellung als risikotragendes Kapital sei bereits mit dem Abfindungsanspruch abgegolten[279]. Diese Ansicht lässt jedoch außer Acht, dass der durch das Urteil festgesetzte Abfindungsanspruch lediglich die Entwicklung der GmbH bis zur Erhebung der Ausschlussklage widerspiegelt. Auch am wirtschaftlichen Erfolg der Gesellschaft, der zeitlich nach dem Ausschlussurteil eintritt, muss der Gesellschafter jedoch Anteil nehmen, weil dieser teilweise mit dessen Kapital erwirtschaftet ist und

---

272 So aber BGH v. 1.4.1953 – II ZR 235/52, BGHZ 9, 157, 175; BGH v. 26.10.1983 – II ZR 87/83, BGHZ 88, 320, 324 = GmbHR 1984, 93, 95.

273 BGH v. 1.4.1953 – II ZR 235/52, BGHZ 9, 157, 170; *Soufleros*, S. 102 f.; *Balz*, S. 66; *Gehrlein*, S. 140; *Sosnitza*, in: Michalski u.a., Rdnr. 38. Abweichend auf Grund der Annahme eines auflösend bedingten Gestaltungsurteils *Ulmer/Habersack*, in: Ulmer/Habersack/Löbbe, Rdnr. 37, 39.

274 Eb. *Soufleros*, S. 103 f.; *Balz*, S. 66; *Sosnitza*, in: Michalski u.a., Rdnr. 38; a.M. *Esch*, GmbHR 1981, 25, 27; *Ganssmüller*, GmbHR 1956, 145, 150; *Ganssmüller*, GmbHR 1963, 65, 67; *Gehrlein*, S. 141.

275 *Ganssmüller*, GmbHR 1956, 145, 150; *Ganssmüller*, GmbHR 1963, 65, 67; *Esch*, GmbHR 1981, 25, 27.

276 *Wolany*, S. 151; *Balz*, S. 67; *Thiessen*, in: Bork/Schäfer, § 34 Rdnr. 62; *Altmeppen*, in: FS Roth, 2011, S. 1, 7 f.; *Gehrlein*, S. 141; s. auch OLG Nürnberg v. 19.3.1992 – 12 U 3500/91, GmbHR 1994, 252, 254; a.M. *Fastrich*, in: Baumbach/Hueck, Rdnr. 15 f.; *Sosnitza*, in: Michalski u.a., Rdnr. 38; *Soufleros*, S. 104; *Esch*, GmbHR 1981, 25, 27; *H. P. Westermann/Pöllath*, S. 146; *Kort*, in: MünchHdb. III, § 29 Rdnr. 49.

277 Die von *Ulmer/Habersack*, in: Ulmer/Habersack/Löbbe, Rdnr. 42 und *Soufleros*, S. 104 vorgeschlagene ertragsunabhängige Verzinsung wird dem nicht gerecht.

278 *Soufleros*, S. 105; *Gehrlein*, S. 141.

279 *Sosnitza*, in: Michalski u.a., Rdnr. 38.

es die Gesellschaft zudem selbst in der Hand hat, durch Zahlung den Ausschluss wirksam werden zu lassen. Der ausgeschlossene Gesellschafter kann nicht zu Leistungen herangezogen werden, die zur Abfindung verwendet werden sollen[280]. Die **nichtvermögensrechtlichen Mitgliedschaftsrechte** und -pflichten sind dagegen ab Rechtskraft des Ausschließungsurteils grundsätzlich suspendiert. Die Auffassung des BGH[281], wonach der Gesellschafter entsprechend dem Rechtsgedanken der §§ 160, 162 BGB lediglich an Maßnahmen zur weiteren Durchführung des Ausschlusses nicht mitwirken darf, entspricht regelmäßig nicht der Interessenlage[282]. Die Rechtslage unterscheidet sich in dieser Hinsicht wesentlich von der beim Austritt (Rdnr. 7)[283]. Wenn die Unzumutbarkeit der Fortsetzung des Gesellschaftsverhältnisses mit ihm rechtskräftig feststeht, ist seine persönliche Mitwirkung in der Gesellschaft schon für die Übergangzeit bis zum endgültigen Wirksamwerden des Ausschlusses normalerweise nicht mehr zu rechtfertigen, zumal sich der Schutzzweck der Urteilsbedingung auf die Vermögensinteressen beschränkt[284]. Der Gesellschafter ist also in der Schwebezeit weder zur Stimmabgabe noch zur Teilnahme an der Gesellschafterversammlung oder zu deren Einberufung berechtigt[285]. Das Anfechtungsrecht gegen Gesellschafterbeschlüsse wird ihm aber ausnahmsweise gegen solche Beschlüsse einzuräumen sein, die seinen Gewinnanspruch unzulässig beeinträchtigen und/oder die ihn, auch z.B. durch Rücklagenbildung aus den Jahresergebnissen, zur Finanzierung der Abfindung heranziehen[286]. Ebenso wenig kann er auf Auflösung der Gesellschaft klagen, wenn in dieser Zeit ein entsprechender Grund eintritt. Die vorstehenden Urteilswirkungen sind auflösend bedingt durch die nicht fristgemäße Zahlung der Abfindung[287].

Mit dem Bedingungseintritt endet die Mitgliedschaft des ausgeschlossenen Gesellschafters und sein Geschäftsanteil fällt der Gesellschaft zum Zwecke der Verwertung zu. Der BGH[288] hat zwar einen „Anfall an die Gesellschaft" formuliert, aber das ist, wie dessen übrige Ausführungen ergeben, im vorstehenden Sinne und nicht etwa als Zubilligung eines Anfallrechts zu verstehen. Ein notwendiger (Zwischen-)Erwerb durch die GmbH ist rechtlich nicht begründbar und, wenn es sich um einen nicht voll eingezahlten Geschäftsanteil handelt, nicht möglich (§ 33 Abs. 1). Anderseits kann aber auch der Gesellschafter, der sämtliche Rechte aus der Mitgliedschaft verliert, mit dem Wirksamwerden des Ausschlusses nicht mehr Anteilsinhaber sein. Die Gesellschaft wird bei Bedingungseintritt deshalb nicht Anteilsinhaberin, sondern der Geschäftsanteil, an dem sie das Verfügungsrecht erwirbt, besteht vorübergehend als **trägerloses Recht**[289]. Die Rechtslage stimmt in dieser Beziehung mit derjenigen

52

---

280 Eb. *Wolany*, S. 151; *Soufleros*, S. 105; *Gehrlein*, S. 141.

281 BGH v. 1.4.1953 – II ZR 235/52, BGHZ 9, 157, 175 f.

282 *Balz*, S. 67; *Soufleros*, S. 104; *Esch*, GmbHR 1981, 25, 27; *H. P. Westermann/Pöllath*, S. 141 f., 145; a.M. OLG Hamm v. 7.10.1992 – 8 U 75/92, GmbHR 1993, 743, 746; OLG Nürnberg v. 19.3.1992 – 12 U 3500/91, GmbHR 1994, 252, 254; *Gehrlein*, S. 140; *Battke*, GmbHR 2008, 850, 855.

283 A.M. noch *Lutter*, in: Lutter/Hommelhoff, 17. Aufl., § 34 Rdnr. 64, der auf die dafür geltenden Grundsätze zurückgriff.

284 Unzutr. daher *Wolany*, S. 151, der auf die Möglichkeit zur Regelung im Einzelfall verweist.

285 *Fastrich*, in: Baumbach/Hueck, Rdnr. 15 f.; *Sosnitza*, in: Michalski u.a., Rdnr. 38.

286 *Gehrlein*, S. 141.

287 *Soufleros*, S. 104; *Fastrich*, in: Baumbach/Hueck, Rdnr. 15a a.E.; *Ulmer/Habersack*, in: Ulmer/Habersack/Löbbe, Rdnr. 37; *Kort*, in: MünchHdb. III, § 29 Rdnr. 49 a.E.; vgl. auch OLG Nürnberg v. 19.3.1992 – 12 U 3500/91, GmbHR 1994, 252.

288 BGH v. 1.4.1953 – II ZR 235/52, BGHZ 9, 157, 178 einerseits, 167 ff., 177 f. anderseits.

289 Eb. OLG Düsseldorf v. 20.12.2006 – I-5 U 39/06, DB 2007, 848, 850; *Mezger*, GmbHR 1963, 64 f., 106 f.; *Soufleros*, S. 119 ff., 123 ff.; *Ulmer/Habersack*, in: Ulmer/Habersack/Löbbe, Rdnr. 39; *Spitze*, S. 94; *Gehrlein*, S. 168 f.; *Strohn*, in: MünchKomm. GmbHG, § 34 Rdnr. 118; *Balz*, S. 78 ff.; *Clevinghaus*, RNotZ 2011, 449, 451; krit. *Thiessen*, in: Bork/Schäfer, § 34 Rdnr. 68; anders *Sosnitza*, in: Michalski u.a., Rdnr. 39 (lediglich Übergang der Verfügungsbefugnis); *Fastrich*, in: Baumbach/Hueck, Rdnr. 10 (Konstruktion nicht erforderlich, Gesellschaft kann Abtretung verlangen/einziehen); *Blath*, GmbHR 2012, 657, 658.

nach erfolgter Kaduzierung überein, für die überwiegend dasselbe angenommen wird (Nachw. § 21 Rdnr. 29). Unterschiedlich ist aber das Verwertungsverfahren, für das wegen der anders gearteten Interessenlage nicht auf § 23 zurückgegriffen werden kann[290]. Die **Gesellschaft hat** nach dem Wirksamwerden der Ausschließung **die Wahl**, ob sie den Geschäftsanteil einziehen oder ihn an sich, an die Gesellschafter oder an einen Dritten abtreten oder ob sie mehrere Verwertungsarten kombinieren will[291]. Die Entscheidung darüber steht beim Fehlen einer abweichenden Satzungsregelung der **Gesellschafterversammlung analog § 46 Nr. 4 zu**[292]. Einziehung oder Erwerb durch die Gesellschaft kommen allerdings nur in Betracht, wenn die Stammeinlage voll eingezahlt ist (§§ 19 Abs. 2, 33 Abs. 1, 34) und, da es andernfalls schon nicht zum Bedingungseintritt kommen kann (Rdnr. 48), die Mittel zur Abfindung nicht aus dem zur Deckung des Stammkapitals erforderlichen Vermögen aufgebracht werden müssten. Der Zulassung der Einziehung durch die Satzung und der Zustimmung des bisherigen Anteilsinhabers (§ 34 Abs. 1 u. 2) bedarf es dagegen nicht[293]. Abtretungsbeschränkungen gemäß § 15 Abs. 5 sind bei der Verwertung zu beachten; die für eine Abtretungsgenehmigung erforderlichen Gesellschafterbeschlüsse (§ 15 Rdnr. 121, 125, 126) sind aber in der Regel konkludent im Verwertungsbeschluss enthalten[294]. Verfügt die GmbH vor dem Bedingungseintritt ohne Zustimmung des Gesellschafters durch Einziehung oder Abtretung über den Geschäftsanteil, so wird ihre Verfügung mit dem Erwerb der Verfügungsberechtigung in entsprechender Anwendung des § 185 Abs. 2 BGB wirksam[295]; eine solche vorherige Veräußerung kann insbesondere zur Beschaffung der Mittel für die Abfindung notwendig werden.

3. Abfindungsanspruch

53 Der Abfindungsanspruch des Gesellschafters bestimmt sich – vorbehaltlich abweichender Satzungsregeln (Rdnr. 59) – nach dem **vollen Wert des Geschäftsanteils**[296]. **Maßgebender Zeitpunkt** für die Wertbemessung ist im Grundsatz analog § 140 Abs. 2 HGB der Tag der Klageerhebung[297]. War der Ausschließungsgrund nicht schon bei Klageerhebung gegeben, sondern sind die dafür notwendigen Voraussetzungen (Rdnr. 29) ganz oder teilweise erst im Verlaufe

---

290 BGH v. 1.4.1953 – II ZR 235/52, BGHZ 9, 157, 167 f.
291 BGH v. 1.4.1953 – II ZR 235/52, BGHZ 9, 157, 168 ff.
292 *Ulmer/Habersack*, in: Ulmer/Habersack/Löbbe, Rdnr. 39; *Strohn*, in: MünchKomm. GmbHG, § 34 Rdnr. 118; *Sosnitza*, in: Michalski u.a., Rdnr. 40; *Gehrlein*, S. 172; *Kort*, in: MünchHdb. III, § 29 Rdnr. 50; *Römermann*, NZG 2010, 96, 98.
293 Vgl. BGH v. 1.4.1953 – II ZR 235/52, BGHZ 9, 157, 168; BGH v. 19.9.1977 – II ZR 11/76, NJW 1977, 2316, 2316 f.; *Fastrich*, in: Baumbach/Hueck, Rdnr. 10; *Strohn*, in: MünchKomm. GmbHG, § 34 Rdnr. 118; *Sosnitza*, in: Michalski u.a., Rdnr. 40; *Ulmer/Habersack*, in: Ulmer/Habersack/Löbbe, Rdnr. 39; *Gehrlein*, S. 168 ff.; *Clevinghaus*, RNotZ 2011, 449, 451; a.A. bezüglich der Satzungsgrundlage einer Einziehung nach Ausschluss *Soufleros*, S. 133.
294 *Ulmer/Habersack*, in: Ulmer/Habersack/Löbbe, Rdnr. 39.
295 Zust. *Soufleros*, S. 123; *Gehrlein*, S. 172.
296 BGH v. 1.4.1953 – II ZR 235/52, BGHZ 9, 157, 168; BGH v. 17.2.1955 – II ZR 316/53, BGHZ 16, 317, 322; BGH v. 25.1.1960 – II ZR 22/59, BGHZ 32, 17, 23; *Ulmer/Habersack/Löbbe*, Rdnr. 41; *Fastrich*, in: Baumbach/Hueck, Rdnr. 11; *Lutter/Kleindiek*, in: Lutter/Hommelhoff, § 34 Rdnr. 78; *Sosnitza*, in: Michalski u.a., Rdnr. 33; *Strohn*, in: MünchKomm. GmbHG, § 34 Rdnr. 119; *Görner*, in: Rowedder/Schmidt-Leithoff, § 34 Rdnr. 115, 38; *Kort*, in: MünchHdb. III, § 29 Rdnr. 47.
297 BGH v. 1.4.1953 – II ZR 235/52, BGHZ 9, 157, 176; BGH v. 17.2.1955 – II ZR 316/53, BGHZ 16, 317, 323; BGH v. 8.5.1972 – II ZR 96/70, GmbHR 1972, 177; OLG Düsseldorf v. 22.10.1998 – 6 U 78/97, GmbHR 1999, 543, 547; *Ulmer/Habersack*, in: Baumbach/Hueck, Rdnr. 11; *Lutter/Kleindiek*, in: Lutter/Hommelhoff, § 34 Rdnr. 78; *Sosnitza*, in: Michalski u.a., Rdnr. 34; *Strohn*, in: MünchKomm. GmbHG, § 34 Rdnr. 215; *Thiessen*, in: Bork/Schäfer, § 34 Rdnr. 93; *Gehrlein*, S. 135, 278 f.; *Soufleros*, S. 198 ff. m.w.N.; a.M. *Dreiss/Eitel-Dreiss*, S. 122 (Beschlussfassung).

des Rechtsstreits eingetreten (dazu Rdnr. 35), so ist in Abweichung von Vorstehendem der Zeitpunkt ihres Eintritts als Bewertungsstichtag zugrunde zu legen[298]. Ebenso ist zu verfahren, wenn eine andere Klagevoraussetzung erst nach der Rechtshängigkeit erfüllt, z.B. der fehlerhafte Gesellschafterbeschluss (Rdnr. 39) rechtswirksam wiederholt wird[299]. Über die Abfindung hinaus kann der Gesellschafter auch die Ausgleichung derjenigen einseitigen Leistungen verlangen, die er nach dem maßgebenden Bewertungsstichtag noch an die GmbH erbringen musste, z.B. später fällig werdende Einlageraten u.Ä. Der Ausgleichungsanspruch ist auf seinen Antrag ebenfalls im Ausschließungsurteil (ggf. vorläufig) festzusetzen und in die Urteilsbedingung (Rdnr. 48) einzubeziehen.

4. Konkurrierende Rechtsbehelfe

Beschränkt sich das gesellschaftswidrige Verhalten auf die Säumigkeit mit der Zahlung von Stammeinlageraten, so geht die **Kaduzierung** (§§ 21 ff.) als Spezialregelung der hier behandelten Ausschließung vor; dasselbe gilt bei unbeschränkter Nachschusspflicht für den sog. **fingierten Abandon** (§ 27 Abs. 1 Satz 2). Möglich ist das Zusammentreffen mit diesen Rechtsbehelfen aber auch derart, dass die (wiederholte) Säumigkeit in Verbindung mit weiteren Umständen als Ausschließungsgrund zu werten ist; dann besteht eine alternative Konkurrenz der Rechtsbehelfe, wobei ein Vorgehen nach § 21 für die Gesellschaft i.d.R. günstiger sein wird. Erfüllt der wichtige Grund in der Person des Gesellschafters zugleich die Voraussetzungen der **Auflösungsklage** (§ 61 Abs. 1), so steht das der Ausschließung grundsätzlich nicht entgegen[300]. Sie ist abzuweisen, wenn eine gegen den Auflösungskläger betriebene Ausschließung gerechtfertigt erscheint[301]. Zur Konkurrenz von Einziehung von Geschäftsanteilen i.S. von § 34 und der Ausschließung s. § 34 Rdnr. 3.

54

5. Satzungsregelungen

a) Allgemeines

Der Ausschluss eines Gesellschafters im Wege der Ausschlussklage ist in der Praxis ein langwieriges Unterfangen. Dieser Umstand steht im deutlichen Gegensatz zum Bedürfnis der Gesellschaft, bei Vorliegen eines wichtigen Grundes in der Person eines Gesellschafters, eine zeitnahe und rechtssichere Befriedung des Konfliktherdes herbeiführen zu können; satzungsmäßige Festlegungen, die diesem Interesse Rechnung tragen, sind daher anzuraten. Abweichende Bestimmungen über die Ausschließung kann der Gesellschaftsvertrag in den Grenzen des § 138 BGB und der zwingenden Vorschriften des GmbHG treffen[302]. Die Ausschließung kann statutarisch erschwert, aber nicht abbedungen oder wesentlich eingeschränkt werden[303], umge-

55

---

298 *Ulmer/Habersack*, in: Ulmer/Habersack/Löbbe, Rdnr. 42; *Soufleros*, S. 202; abw. RG v. 25.1.1921 – II 290/20, RGZ 101, 242, 245 betr. OHG.

299 BGH v. 8.5.1972 – II ZR 96/70, GmbHR 1972, 177; *Fastrich*, in: Baumbach/Hueck, Rdnr. 11; *Strohn*, in: MünchKomm. GmbHG, § 34 Rdnr. 215; *Sosnitza*, in: Michalski u.a., Rdnr. 34; *Soufleros*, S. 201 f.; *Gehrlein*, S. 279.

300 Vgl. BGH v. 1.4.1953 – II ZR 235/52, BGHZ 9, 157, 159 f. und oben Rdnr. 34.

301 BGH v. 23.2.1981 – II ZR 229/79, BGHZ 80, 346, 348 f. = GmbHR 1981, 290, 292.

302 Näheres zu den gebräuchlichen Satzungsklauseln *Seibt*, in: MünchAnwHdb. GmbH-Recht, § 2 Rdnr. 332, 254 ff.; *Balz*, S. 126 ff.; *Gehrlein*, S. 265 ff. und zur Abfindung vgl. *Soufleros*, S. 193 ff.; *Kesselmeier*, S. 119 ff.

303 BGH v. 16.12.1991 – II ZR 58/91, BGHZ 116, 359 f. = GmbHR 1992, 257; *Ulmer/Habersack*, in: Ulmer/Habersack/Löbbe, Rdnr. 19; *Fastrich*, in: Baumbach/Hueck, Rdnr. 1, 16; *Görner*, in: Rowedder/Schmidt-Leithoff, § 34 Rdnr. 80; *Wicke*, Rdnr. 2; *Sosnitza*, in: Michalski u.a., Rdnr. 41; *Strohn*, in: MünchKomm. GmbHG, § 34 Rdnr. 137; *Grunewald*, S. 126 ff.; *Gehrlein*, S. 52; *Heckschen*, NZG 2010, 521, 525.

kehrt aber auch durch besondere Vereinbarungen über die **Ausschließungsgründe**, das **Ausschließungsverfahren** und die **Abfindung** erleichtert werden. Die Aufzählung einzelner Ausschließungsgründe kann dabei im Zweifel nicht dahingehend ausgelegt werden, dass die Ausschließung in anderen Fällen nicht möglich sein soll[304]. Der Festlegung kann aber zu entnehmen sein, dass auch darüber hinausgehend ein vergleichbar strenger Beurteilungsmaßstab anzulegen ist[305]. Sollen Ausschlussgründe nachträglich in den Gesellschaftsvertrag eingeführt oder bestehende Gründe erweitert werden, so müssen alle Gesellschafter zustimmen[306].

b) „Hinauskündigungsklauseln"

56 Das Ausschließungsrecht muss aber grundsätzlich an das Vorliegen bestimmter sachlicher Gründe gebunden bleiben, wie beispielsweise dem **Erbfall** zur Ausschließung der Erben eines Gesellschafters[307]. Eine Satzungsbestimmung, die die Ausschließung ohne einen derartigen Grund in das **freie Ermessen** eines Gesellschaftsorgans, der Gesellschaftermehrheit oder einzelner Gesellschafter stellt, ist **nur zulässig**, wenn besondere Umstände dies hinreichend rechtfertigen. Andernfalls sind die entsprechende Satzungsbestimmung und schuldrechtliche Umgehungsverträge[308], die als solche wirken, gemäß § 138 BGB nichtig[309]. Diese Ausnahmen von der grundsätzlichen Erforderlichkeit sachlicher Gründe finden ihre Wurzel im Gedanken, dass die Schutzwürdigkeit des Gesellschafters in bestimmten Fällen als so gering zu bewerten ist, dass freies Belieben durch diese „außergewöhnliche Umstände"[310] gerechtfertigt scheint. Die vom BGH für die Personengesellschaften und die Einziehung niedergelegten Grundsätze gelten demnach auch für die Gestaltung von Satzungsklauseln den Ausschluss eines Gesellschafters betreffend. Insbesondere sind daher Satzungsbestimmungen bzw. zeitlich unbefristete Angebote zulässig, die es ermöglichen, den Ausschluss nach einer angemessenen Zeit des gegenseitigen Kennenlernens zumindest bei Freiberuflern („**Probezeit**")[311], die Rückübertragung eines zum Anreiz einem Geschäftsführer oder sonstigen Mitarbeiter übertragenen Geschäftsanteils („**Manager- oder Mitarbeitermodell**")[312], den Ausschluss eines lediglich

---

304 *Ulmer/Habersack*, in: Ulmer/Habersack/Löbbe, Rdnr. 19; *Strohn*, in: MünchKomm. GmbHG, § 34 Rdnr. 138; *Gehrlein*, S. 53; *Kort*, in: MünchHdb. III, § 29 Rdnr. 38; *Sosnitza*, in: Michalski u.a., Rdnr. 41; a.A. offenbar *Clevinghaus*, RNotZ 2011, 449, 455.

305 *Ulmer/Habersack*, in: Ulmer/Habersack/Löbbe, Rdnr. 19; *Strohn*, in: MünchKomm. GmbHG, § 34 Rdnr. 138; *Sosnitza*, in: Michalski u.a., Rdnr. 41.

306 BGH v. 21.10.1991 – II ZR 80/91, DStR 1991, 1597, 1597 f.; *Fastrich*, in: Baumbach/Hueck, Rdnr. 16; *Sosnitza*, in: Michalski u.a., Rdnr. 41 a.E.; *Strohn*, in: MünchKomm. GmbHG, § 34 Rdnr. 139.

307 BGH v. 19.9.1988 – II ZR 329/87, BGHZ 105, 213, 218 = GmbHR 1989, 117, 119 (jedoch nur bei zeitlicher Befristung nach Eintritt des Erbfalls).

308 In der Praxis sind aufschiebend bedingte Rückübertragungsangebote bzw. unbefristete (offene) Angebote üblich, die aber von der Rechtsprechung am Maßstab der Hinauskündigungsklauseln überprüft werden, vgl. BGH v. 19.9.2005 – II ZR 342/03, BGHZ 164, 107 = GmbHR 2005, 1561.

309 BGH v. 9.7.1990 – II ZR 194/89, BGHZ 112, 103, 108 = GmbHR 1990, 449, 450; *Seibt*, EWiR 2014, 509, 510. Vgl. dazu die Nachw. zur Zwangseinziehung bei *H. P. Westermann*, § 34 Rdnr. 13 ff.; *Kesselmeier*, S. 99 ff.; *Grunewald*, S. 219 ff.; *Görner*, in: Rowedder/Schmidt-Leithoff, § 34 Rdnr. 31, Fn. 105. – Die statutarische Ausschließungsregelung kann im Falle der Unzulässigkeit der Ermessensklauseln u.U. nach § 139 BGB mit der Maßgabe aufrechtzuerhalten sein, dass sie jedenfalls beim Vorliegen eines wichtigen Grundes gelten soll (BGH v. 5.6.1989 – II ZR 227/88, GmbHR 1989, 462, 464 f.). – Zur Kleinstbeteiligung als sachlicher Grund *Heusel/Goette*, DStR 2015, 1315.

310 BGH v. 13.7.1981 – II ZR 256/79, BGHZ 81, 263 ff. (für die KG).

311 BGH v. 8.3.2004 – II ZR 165/02, ZIP 2004, 903 ff.; BGH v. 7.5.2007 – II ZR 281/05, ZIP 2007, 1309 ff.

312 BGH v. 19.9.2005 – II ZR 173/04, BGHZ 164, 98 ff. = GmbHR 2005, 1558 ff.; BGH v. 19.9.2005 – II ZR 342/03, BGHZ 164, 107 ff. = GmbHR 2005, 1561 ff.

als Annex zu einem **Kooperationsvertrag** eingetretenen Gesellschafters[313] oder aber einen Ausschluss nach **Beziehungsende**, wenn die Beteiligung durch den Lebensabschnittsgefährten finanziert wurde[314], zu vollziehen. Besondere Umstände liegen allerdings nicht schon dann vor, wenn der Geschäftsanteil **schenkweise** abgetreten wurde, so dass ein freier Widerrufsvorbehalt auch bei einer Schenkung des Geschäftsanteils unwirksam ist[315]. Das gilt jedoch nicht für gesetzlich bestimmte (z.B. § 530 BGB) oder sonst an „feste Tatbestandsmerkmale"[316] (Tod des Beschenkten, Weiterveräußerung etc.) geknüpfte Widerrufsvorbehalte[317]. Eine Ausübungskontrolle gemäß § 242 BGB findet zwar grundsätzlich auch bei wirksamen Hinauskündigungsklauseln statt, jedoch führt diese nur dann zur Unwirksamkeit des Ausschlusses, wenn die Schwelle zum Rechtsmissbrauch überschritten ist, was nicht schon bei nur willkürlicher Beendigung von Dienst- und Arbeitsverhältnissen der Fall ist[318].

c) Ausschließungsverfahren

Ebenso ist die anderweitige Regelung des Ausschließungsverfahrens zulässig, z.B. kann der Gesellschaftsvertrag für den zur Erhebung der Ausschließungsklage erforderlichen Gesellschafterbeschluss (Rdnr. 39) eine andere Mehrheit oder Einstimmigkeit vorschreiben[319] oder die Ausschlusswirkung unabhängig von der Abfindungszahlung eintreten lassen[320], was auch bei einer Zweimann-GmbH zulässig ist[321]. Die Ausschließungsbefugnis kann auch einem anderen Gesellschaftsorgan, z.B. dem Aufsichtsrat oder einem Beirat übertragen werden[322]. Die gerichtliche Nachprüfbarkeit der Ausschließung muss aber erhalten bleiben; Vereinbarung

57

---

313 BGH v. 14.3.2005 – II ZR 153/03, GmbHR 2005, 620; BGH v. 19.9.2005 – II ZR 173/04, BGHZ 164, 98 ff. = GmbHR 2005, 1558 ff.; BGH v. 19.9.2005 – II ZR 342/03, BGHZ 164, 107 ff. = GmbHR 2005, 1561 ff.

314 BGH v. 9.7.1990 – II ZR 194/89, BGHZ 112, 103, 108 = GmbHR 1990, 449, 450.

315 *Strohn*, in: MünchKomm. GmbHG, § 34 Rdnr. 142; *Lutter/Kleindiek*, in: Lutter/Hommelhoff, § 34 Rdnr. 39; offen gelassen BGH v. 9.7.1990 – II ZR 194/89, NJW 1990, 2622, 2623.

316 BGH v. 19.9.1988 – II ZR 329/87, BGHZ 105, 213, 217 = GmbHR 1989, 117.

317 Vgl. dazu zutr. *Strohn*, in: MünchKomm. GmbHG, § 34 Rdnr. 142.

318 A.A. insofern *Nassall*, NZG 2008, 851, 853, der einen sachlichen Grund für die Beendigung von Dienst- und Arbeitsverhältnissen fordert.

319 BGH v. 1.4.1953 – II ZR 235/52, BGHZ 9, 157, 160; BGH v. 25.1.1960 – II ZR 22/59, BGHZ 32, 17, 22 f.; BGH v. 19.9.1977 – II ZR 11/76, NJW 1977, 2316 f.; BGH v. 10.6.1991 – II ZR 234/89, GmbHR 1991, 362; BGH v. 5.4.2011 – II ZR 263/08, ZIP 2011, 1104, 1106 = GmbHR 2011, 761, 762 f.; OLG Stuttgart v. 23.3.1989 – 2 U 36/88, GmbHR 1989, 466; OLG Oldenburg v. 21.5.1992 – 1 U 13/92, GmbHR 1992, 667; BayObLG v. 1.7.1993 – 3Z BR 96/93, BB 1993, 1547; Brandenburgisches OLG v. 15.10.1997 – 7 U 56/95, GmbHR 1998, 194; OLG Düsseldorf v. 22.10.1998 – 6 U 78/97, GmbHR 1999, 543, 545; *Ulmer/Habersack*, in: Ulmer/Habersack/Löbbe, Rdnr. 40; *Fastrich*, in: Baumbach/Hueck, Rdnr. 16; *Sosnitza*, in: Michalski u.a., Rdnr. 42; *Balz*, S. 131 f.; *Battke*, GmbHR 2008, 850, 856.

320 BGH v. 20.6.1983 – II ZR 237/82, NJW 1983, 2880, 2881 = GmbHR 1984, 74; BGH v. 30.6.2003 – II ZR 326/01, NZG 2003, 871, 872 = GmbHR 2003, 1062; OLG Hamm v. 7.10.1992 – 8 U 75/92, GmbHR 1993, 743, 747; LG Köln v. 21.8.1998 – 89 O 122/98, GmbHR 1998, 1083, 1084; *Löwe/Thoß*, NZG 2003, 1005; *Sosnitza*, in: Michalski u.a., Rdnr. 42; *Clevinghaus*, RNotZ 2011, 449, 452; a.A. KG v. 2.8.1999 – 2 W 509/99, GmbHR 1999, 1202, 1205. – Formulierungsbeispiele *Seibt*, in: MünchAnwHdb. GmbH-Recht, Rdnr. 332.

321 BGH v. 25.1.1960 – II ZR 22/59, BGHZ 32, 17, 22; OLG Düsseldorf v. 20.12.2006 – I-5 U 39/06, DB 2007, 848, 849; *Sosnitza*, in: Michalski u.a., Rdnr. 42; *Strohn*, in: MünchKomm. GmbHG, § 34 Rdnr. 167.

322 LG Heilbronn v. 21.12.1993 – 2 S 519/93, GmbHR 1994, 322, 323; *Fastrich*, in: Baumbach/Hueck, Rdnr. 16; *Lutter/Kleindiek*, in: Lutter/Hommelhoff, § 34 Rdnr. 64; *Balz*, S. 132; *Gehrlein*, S. 131; *Kort*, in: MünchHdb. III, § 29 Rdnr. 51.

eines Schiedsgerichts ist zulässig[323], soweit sie nicht die Entscheidung über Mängel eines der Ausschließung zugrunde liegenden Gesellschafterbeschlusses betrifft[324]. Möglich sind ferner nähere Bestimmungen über die Verwertung des Geschäftsanteils, z.B. durch die Anwendung der Kaduzierungsregeln (s. § 21 Rdnr. 7)[325], die Verbindung von Ausschließung und Einziehung in einem Akt[326], die Bestimmung der Erwerbsberechtigten des Geschäftsanteils, die unmittelbare Begründung des Erwerbsrechts durch den Ausschließungsbeschluss für den darin Benannten[327], Vereinbarung einer „Anwachsung" des Geschäftsanteils an die Geschäftsanteile der verbliebenen Gesellschafter[328] u.Ä. Die Satzung kann weiter die Ausübung der Mitgliedschaftsrechte während der Dauer des Ausschließungsverfahrens näher regeln, die zwingenden mitgliedschaftlichen Pflichten aber nicht suspendieren (s. Rdnr. 51)[329].

58 Auch die Ersetzung der Gestaltungsklage (Rdnr. 37) durch **die Ausschließung durch Gesellschafterbeschluss** kann grundsätzlich durch Satzungsregelung statuiert werden[330]. Die Rechtswirkungen eines solchen Beschlusses sind jedoch – bei fehlender Annexregelung in der Satzung – umstritten: Teilweise wird vertreten, in einem solchen Fall verliere der Gesellschafter bereits durch den Beschluss seine Gesellschafterstellung, und zwar, im Gegensatz zum lediglich bedingten Ausschlussurteil (vgl. Rdnr. 52), unabhängig von der Abfindungsausschüttung[331]. Diese Ansicht könnte nun auch die BGH-Entscheidung aus 2012 zur Wirksamkeit der Einziehung von Geschäftsanteilen durch Gesellschafterbeschluss und vor Zahlung des Abfindungsentgelts[332] zur Wertungsabsicherung heranziehen. Andere gehen davon aus, dass der Ausschließungsbeschluss ohne weiteres durch die Abfindungszahlung bedingt ist[333]. Dieser zweitgenannten Ansicht ist nicht zu folgen, denn sie basiert maßgeblich auf der unreflektierten Übertragung der Antwort auf die gleichgelagerte Frage im Rahmen des Austritts. Die Entscheidung der Gesellschafter, auf das gerichtliche Verfahren im Rahmen der Ausschließung zu verzichten, kehrt das Regel-Ausnahme-Verhältnis der Ausschließung um, die sonst für ihre (ausnahmsweise) Wirksamkeit ohne Abfindungszahlung einer entsprechenden Satzungsregelung bedarf: Eine bedingte Beschlusswirksamkeit beim Ausschluss durch rechtsgestaltenden Gesellschafterbeschluss muss daher durch Satzung festgelegt werden oder Be-

323 BGH v. 29.9.1983 – III ZR 213/82, WM 1983, 1207; eb. *Fastrich*, in: Baumbach/Hueck, Rdnr. 16; *Sosnitza*, in: Michalski u.a., Rdnr. 42; *Lutter/Kleindiek*, in: Lutter/Hommelhoff, § 34 Rdnr. 64 a.E.; vgl. Rdnr. 42 a.E.

324 Nach BGH v. 29.3.1996 – II ZR 124/95, BGHZ 132, 278 = GmbHR 1996, 437 fehlt es insoweit an der Schiedsfähigkeit des Rechtsstreits (bestr.; abw. *Sosnitza*, in: Michalski u.a., Rdnr. 42). Zu den Konsequenzen für eine Schiedsgerichtsvereinbarung vgl. *Gehrlein*, S. 253 f.

325 *Lutter/Kleindiek*, in: Lutter/Hommelhoff, § 34 Rdnr. 68.

326 BGH v. 19.9.1977 – II ZR 11/76, NJW 1977, 2316; OLG München v. 3.11.1993 – 7 U 2905/93, GmbHR 1994, 406, 409 f.

327 BGH v. 20.6.1983 – II ZR 237/82, NJW 1983, 2880 f. = GmbHR 1984, 74; hierzu näher *Baumann*, MittRhNotK 1991, 271, 276. – Zur Formbedürftigkeit nach § 15 Abs. 3 *Lutter/Kleindiek*, in: Lutter/Hommelhoff, § 34 Rdnr. 67; *Fastrich*, in: Baumbach/Hueck, Rdnr. 17.

328 BGH v. 30.6.2003 – II ZR 326/01, GmbHR 2003, 1062, 1063 ff.

329 Vgl. *Balz*, S. 135 f.

330 BGH v. 25.1.1960 – II ZR 22/59, BGHZ 32, 17, 23; BGH v. 30.6.2003 – II ZR 326/01, GmbHR 2003, 1062 = NZG 2003, 871; BGH v. 10.6.1991 – II ZR 234/89, GmbHR 1991, 362; BGH v. 8.12.2008 – II ZR 263/07, GmbHR 2009, 313; *Sosnitza*, in: Michalski u.a., Rdnr. 42; *Strohn*, in: MünchKomm. GmbHG, § 34 Rdnr. 176; *Altmeppen*, in: Roth/Altmeppen, § 60 Rdnr. 72; *Fastrich*, in: Baumbach/Hueck, Rdnr. 16; *Lutter/Kleindiek*, in: Lutter/Hommelhoff, § 34 Rdnr. 64; *Wicke*, Rdnr. 8; *Ulmer/Habersack*, in: Ulmer/Habersack/Löbbe, Rdnr. 40; *Kort*, in: MünchHdb. III, § 29 Rdnr. 51; *Heidinger/Blath*, GmbHR 2007, 1184, 1185; *Clevinghaus*, RNotZ 2011, 449, 452.

331 Ausdrücklich BGH v. 25.1.1960 – II ZR 22/59, BGHZ 32, 17, 23; *Strohn*, in: MünchKomm. GmbHG, § 34 Rdnr. 176.

332 BGH v. 24.1.2012 – II ZR 109/11, NZG 2012, 259 = GmbHR 2012, 387.

333 *Sosnitza*, in: Michalski u.a., Rdnr. 42 (anders bei abweichender Satzungsregelung); wohl auch *Kort*, in: MünchHdb. III, § 29 Rdnr. 51.

standteil des Beschlusses selbst sein. Dies ergibt sich vor dem Hintergrund des Verzichts auf das gerichtliche Verfahren bereits aus der Natur des Ausschlusses als „ultima ratio". Gerade eine Auslegung einer über die Bedingung des Ausschließungsbeschlusses schweigenden Klausel, die dessen Gestaltungswirkung festlegt, kann wohl regelmäßig nur dafür sprechen, dass die Gesellschafter durch Verzicht auf Gestaltungsurteil eine sofortige Ausschließung ermöglichen wollten[334]. Die Gestaltungswirkung des Gesellschafterbeschlusses birgt für die Gesellschaft den Vorteil, dass eben jenes langwierige Verfahren nicht mehr durchschritten werden muss bevor ein störender Gesellschafter ausgeschlossen wird, bedarf jedoch – so auch die Wertung der BGH-Entscheidung aus 2012 zur Einziehung von Geschäftsanteilen[335] – vor dem Hintergrund der §§ 30 Abs. 1, 33, 34 Abs. 3, 64 Satz 3 zumindest dann einer Korrektur, wenn bereits bei Beschlussfassung (hinreichend wahrscheinlich) feststeht, dass die Gesellschaft der Zahlung der Abfindung nicht ohne Verstoß gegen die Kapitalerhaltungsregelungen nachkommen kann. Ein solcher Beschluss ist nichtig[336]. War eine Auszahlung bei Beschlussfassung möglich, kann später aber wegen der Kapitalerhaltungsvorschriften nicht mehr geleistet werden, so verliert der Ausgeschlossene seine Gesellschafterstellung kompensationslos, hat aber einen Anspruch auf Wiedereinräumung der Gesellschafterstellung[337]. Gegen den Ausschlussbeschluss kann der Ausgeschlossene Anfechtungsklage analog § 243 AktG erheben[338].

d) Abfindung

Schließlich kann die Satzung auch die Höhe, die Berechnung, die Art und die Fälligkeit der **Abfindung** bestimmen[339]. Es ist nach den Grundsätzen über die ergänzende Vertragsauslegung (s. § 2 Rdnr. 39 ff.) zu entscheiden, ob eine Satzungsregelung, die sich auf **andere Ausscheidensfälle** oder auf Einzelfälle der Ausschließung aus wichtigem Grunde bezieht, darüber hinausgehend angewandt werden kann[340]. Die statutarisch festgelegte Abfindung braucht nicht dem Verkehrswert des Geschäftsanteils zu entsprechen[341]. Die Grenze zulässiger Abfindungsbeschränkungen ist im Einzelnen sehr streitig; vgl. § 34 Rdnr. 29 ff. Der Ge-

59

---

334 So OLG Düsseldorf v. 20.12.2006 – I-5 U 39/06, DB 2007, 848, 851; wohl im Ergebnis auch *Blath*, GmbHR 2012, 657, 662.

335 BGH v. 24.1.2012 – II ZR 109/11, NZG 2012, 259 = GmbHR 2012, 387 (Rdnr. 7 und 8).

336 BGH v. 8.12.2008 – II ZR 263/07, GmbHR 2009, 313; BGH v. 19.6.2000 – II ZR 73/99, BGHZ 144, 365, 369 f. = GmbHR 2000, 822, 824; BGH v. 24.1.2012 – II ZR 109/11, NZG 2012, 259 = GmbHR 2012, 387, 388; kritisch *Blath*, GmbHR 2012, 657, 662.

337 A.A. BGH v. 5.4.2011 – II ZR 263/08, BGHZ 32, 17, 23 = GmbHR 2011, 761 (obiter dictum: Auflösungsklage entsprechend § 61); vgl. auch *Strohn*, in: MünchKomm. GmbHG, § 34 Rdnr. 177 (subsidiäre Haftung der Gesellschafter); jüngst auch BGH v. 24.1.2012 – II ZR 109/11, NZG 2012, 259, 261 = GmbHR 2012, 387, 389 (subsidiäre Haftung bei der Einziehung).

338 *Lutter/Kleindiek*, in: Lutter/Hommelhoff, § 34 Rdnr. 64.

339 BGH v. 5.4.2011 – II ZR 263/08, ZIP 2011, 1104, 1105 = GmbHR 2011, 761, 762 f.; BGH v. 27.9.2011 – II ZR 279/09, GmbHR 2012, 92; *Ulmer/Habersack*, in: Ulmer/Habersack/Löbbe, Rdnr. 45; *Lutter/Kleindiek*, in: Lutter/Hommelhoff, § 34 Rdnr. 81; *Altmeppen*, in: Roth/Altmeppen, § 60 Rdnr. 75 f.; *Sosnitza*, in: Michalski u.a., Rdnr. 42 a.E.; *Strohn*, in: MünchKomm. GmbHG, § 34 Rdnr. 221; *Geßler*, GmbHR 1984, 29 ff.; *Balz*, S. 132 ff.; *Soufleros*, S. 213 ff.; *Grunewald*, S. 150 ff.; *Kesselmeier*, S. 119 ff.; *Görner*, in: Rowedder/Schmidt-Leithoff, § 34 Rdnr. 115, 40 ff.; *Gehrlein*, S. 280 ff.; *Kort*, in: MünchHdb. III, § 29 Rdnr. 48, jeweils m.w.N. – Zu Abfindungsregelungen *Herff*, GmbHR 2012, 621.

340 Zutr. *Ulmer/Habersack*, in: Ulmer/Habersack/Löbbe, Rdnr. 45; *Strohn*, in: MünchKomm. GmbHG, § 34 Rdnr. 224; *Sosnitza*, in: Michalski u.a., Rdnr. 42 a.E.; vgl. auch BGH v. 17.12.2001 – II ZR 348/99, NZG 2002, 176 ff. = GmbHR 2002, 265.

341 BGH v. 16.12.1991 – II ZR 58/91, BGHZ 116, 359, 368 = GmbHR 1992, 257, 260; BGH v. 19.9.1977 – II ZR 11/76, NJW 1977, 2316 f.; BGH v. 20.6.1983 – II ZR 237/82, NJW 1983, 2880, 2881 = GmbHR 1984, 74.

sellschaftsvertrag kann die Abfindungshöhe entsprechend dem Anlass des Ausscheidens unterschiedlich festsetzen, insbesondere sind dem Gesellschafter bei einer Ausschließung aus wichtigem Grunde weiter gehende vertragliche Abfindungsbeschränkungen zumutbar als in anderen Fällen[342]. Ein gesellschaftsvertraglicher Ausschluss der Abfindung ist grundsätzlich sittenwidrig (§ 138 Abs. 1 BGB) und damit nichtig (§ 241 Nr. 4 AktG analog); er ist nur in Ausnahmefällen wirksam (z.B. Mitarbeiter- oder Managerbeteiligungen). Ein Ausnahmefall liegt bei Ausschluss eines Gesellschafters wegen (grober) Verletzung der Interessen der Gesellschaft oder der Pflichten des Gesellschafters allerdings nicht vor[343]. Auch wenn die Abfindungsbeschränkung an ein Verschulden des Gesellschafters anknüpft, hat sie grundsätzlich keinen Vertragsstrafencharakter[344], so dass die §§ 336 ff. BGB nicht entsprechend angewandt werden können[345]. Die Berufung auf Abfindungsbeschränkungen kann aber auch auf Grund besonderer Umstände des Einzelfalls rechtsmissbräuchlich sein[346]. Eine danach unzulässige Abfindungsbeschränkung führt aber nicht zur Unwirksamkeit des Ausschlusses, sondern der Gesellschafter hat einen Anspruch auf angemessene Abfindung[347]. Setzen die Gesellschafter in einer schuldrechtlichen Nebenabrede eine von der Satzung abweichende, niedrigere Abfindung fest, so kann sich die Gesellschaft gemäß § 328 BGB auf diese berufen, wenn der Gesellschafter auf Zahlung der satzungsmäßigen Abfindung klagt[348].

---

342 BGH v. 12.6.1975 – II ZR 12/73, BGHZ 65, 22, 28 f.; BGH v. 24.5.1993 – II ZR 36/92, GmbHR 1993, 505, 506; BayObLG v. 5.11.1982 – BReg 3Z 92/82, GmbHR 1983, 270 = DB 1983, 99; *Soufleros*, S. 274 f.; *Grunewald*, S. 159 f.; *Fastrich*, in: Baumbach/Hueck, § 34 Rdnr. 30; *Strohn*, in: MünchKomm. GmbHG, § 34 Rdnr. 224. Krit. *Gehrlein*, S. 291.
343 BGH v. 29.4.2014 – II ZR 216/13, BB 2014, 2323 mit Anm. *Grunewald*; dazu *Seibt*, EWiR 2014, 509; *Wachter*, GmbHR 2014, 814.
344 BGH v. 19.9.1977 – II ZR 11/76, NJW 1977, 2316 f.; BGH v. 29.4.2014 – II ZR 216/13, BB 2014, 2323, 2324 mit Anm. *Grunewald* = GmbHR 2014, 811 mit Anm. *Wachter*.
345 Eb. *Geßler*, GmbHR 1984, 29, 35; *Grunewald*, S. 159 f.; *Kesselmeier*, S. 135; *Röhricht*, AcP 189 (1989), 386, 394; *Seibt*, EWiR 2014, 509, 510; a.M. *Reuter*, S. 403 ff.; *Ulmer/Habersack*, in: Ulmer/Habersack/Löbbe, § 34 Rdnr. 104; *Soufleros*, S. 275.
346 Vgl. BGH v. 12.6.1975 – II ZR 12/73, BGHZ 65, 22, 29; BGH v. 20.9.1993 – II ZR 104/92, BGHZ 123, 281, 284 ff. = GmbHR 1993, 806 ff.; BGH v. 19.9.1977 – II ZR 11/76, NJW 1977, 2316; BGH v. 24.5.1993 – II ZR 36/92, GmbHR 1993, 505, 506; *Geßler*, GmbHR 1984, 29, 32 ff.; *Ulmer/Habersack*, in: Ulmer/Habersack/Löbbe, § 34 Rdnr. 99.
347 Vgl. BGH v. 16.12.1991 – II ZR 58/91, BGHZ 116, 359, 368 f., 371 = GmbHR 1992, 257, 260 f.; BGH v. 13.6.1994 – II ZR 38/93, BGHZ 126, 226, 242 ff. = GmbHR 1994, 871, 876 ff.; BGH v. 19.9.1977 – II ZR 11/76, NJW 1977, 2316; BGH v. 20.6.1983 – II ZR 237/82, NJW 1983, 2880, 2881 = GmbHR 1984, 74; BGH v. 24.5.1993 – II ZR 36/92, GmbHR 1993, 505, 507; *Fastrich*, in: Baumbach/Hueck, Rdnr. 16, § 34 Rdnr. 33.
348 BGH v. 15.3.2010 – II ZR 4/09, DStR 2010, 1850, 1851 f. = GmbHR 2010, 980 ff.

Sachregister

Bearbeiter: Nikolaus Koch

Dieses Sachregister wertet die Erläuterungen in Band I aus. Sachregister für die Bände II und III finden sich in den jeweiligen Bänden.